AF860499

NOUVEAU

INCLUS GRATUITEMENT AVEC CE CODE

Code numérique feuilletable

Mise à jour *via* votre lettre d'actualité

Les Éditions Dalloz vous proposent de prolonger l'utilisation de votre code en retrouvant sur www.codesdalloz.fr sa version numérique feuilletable et en recevant une lettre d'actualité bimestrielle.

Vous bénéficierez de ces deux services jusqu'à la parution du prochain millésime de votre code.

Pour profiter de ces deux nouveaux services :

- munissez-vous de votre clé d'activation personnelle à 12 caractères située en couverture de votre Code (autocollant)
- connectez-vous sur le site www.codesdalloz.fr et validez votre inscription.

N°Indigo 0 820 800 017
0,12 € TTC/MN

DALLOZ

Codes Dalloz Droit privé

	Parution
Code des assurances – Code de la mutualité	mai
Code de l'avocat, *commenté*	octobre
Code des baux, *commenté*	janvier
Code civil	septembre
Code Dalloz Expert – Code civil	septembre
Code de commerce	septembre
Code Dalloz Expert – Code de commerce	septembre
Code de la consommation, *commenté*	juin
Code de la copropriété, *commenté*	janvier
Code monétaire et financier, *commenté*	mai
Code de procédure civile	septembre
Code Dalloz Expert – Code de procédure civile	septembre
Code pénal	septembre
Code de procédure pénale	septembre
Code Dalloz Expert – Code pénal & Code de procédure pénale	septembre
Code des procédures civiles d'exécution, *commenté*	juin
Code des procédures collectives, *commenté*	mars
Code de la propriété intellectuelle, *commenté*	janvier
Code de la route, *commenté*	mars
Code des sociétés, *commenté*	octobre
Code Dalloz Expert – Code des sociétés	octobre
Code du travail	avril
Code Dalloz Expert – Code du travail	avril
Mégacode du travail, *commenté*	octobre

ÉDITION 2014

CODE DE COMMERCE

DALLOZ

ÉDITION 2014

CODE DE COMMERCE

CENT-NEUVIÈME ÉDITION

Sous la direction de

Nicolas RONTCHEVSKY
Professeur à l'Université de Strasbourg

Annotations de jurisprudence et bibliographie par

Éric CHEVRIER
Directeur éditorial adjoint
Responsable du Pôle Droit des affaires
aux Éditions Dalloz

ET

Pascal PISONI
Rédacteur aux Éditions Dalloz

DALLOZ

DANGER
LE
PHOTOCOPILLAGE
TUE LE LIVRE

Le pictogramme qui figure ci-contre mérite une explication. Son objet est d'alerter le lecteur sur la menace que représente pour l'avenir de l'écrit, particulièrement dans le domaine de l'édition technique et universitaire, le développement massif du photocopillage.

Le Code de la propriété intellectuelle du 1er juillet 1992 interdit en effet expressément la photocopie à usage collectif sans autorisation des ayants droit. Or, cette pratique s'est généralisée dans les établissements d'enseignement supérieur, provoquant une baisse brutale des achats de livres et de revues, au point que la possibilité même pour les auteurs de créer des œuvres nouvelles et de les faire éditer correctement est aujourd'hui menacée.

Nous rappelons donc que toute reproduction, partielle ou totale, de la présente publication est interdite sans autorisation de l'auteur, de son éditeur ou du Centre français d'exploitation du droit de copie (CFC, 20, rue des Grands-Augustins, 75006 Paris).

ÉDITIONS DALLOZ
31-35, rue Froidevaux, 75685 Paris Cedex 14

ISBN 978-2-247-12878-5

Avertissement

Quelque deux cents ans après le Code napoléonien de 1807, l'ordonnance n° 2000-912 du 18 septembre 2000, donnant le jour au ***nouveau code de commerce****, avait redonné au droit commercial son homogénéité en réunissant, dans neuf livres, les règles fondamentales qui régissent la matière. Manquaient encore les parties Réglementaire et Arrêtés pour finir ce travail d'unification ; c'est chose faite depuis la publication du décret n° 2007-431 du 25 mars 2007 et de l'arrêté du 14 janvier 2009 qui reprennent le découpage de la partie Législative :*

- ***livre I*** *: Commerce et commerçants ; fonds de commerce*
- ***livre II*** *: Sociétés commerciales et groupements d'intérêt économique*
- ***livre III*** *: Ventes particulières (au déballage, aux enchères, soldes) et clauses d'exclusivité*
- ***livre IV*** *: Concurrence et prix*
- ***livre V*** *: Effets de commerce et garanties*
- ***livre VI*** *: Difficultés des entreprises (prévention, sauvegarde, redressement et liquidation judiciaires)*
- ***livre VII*** *: Juridictions commerciales et organisation du commerce*
- ***livre VIII*** *: Professions réglementées (administrateurs et mandataires judiciaires, experts en diagnostic, commissaires aux comptes)*
- ***livre IX*** *: Outre-mer*

L'édition 2014 du Code de commerce Dalloz comprend :

— *la nouvelle codification, aussi bien dans sa partie Législative que dans ses parties Réglementaire et Arrêtés. A la fin de chaque article codifié, la référence au texte ancien est mentionnée, permettant une correspondance entre disposition nouvelle et disposition ancienne ;*

— *un Appendice regroupant les principaux textes complémentaires intéressant la matière commerciale. Conséquence de la codification des parties Réglementaire et Arrêtés, certaines rubriques ont disparu, leurs textes se retrouvant dans le corpus du code, telles les rubriques Chambres de commerce et d'industrie, Difficultés des entreprises ou Registre du commerce et des sociétés ;*

— *d'importants extraits du code monétaire et financier, aussi bien dans sa partie Législative que Réglementaire. En raison de la parution du Code monétaire et financier Dalloz depuis 2011, ces dispositions, jusque-là regroupées au sein d'une rubrique « Code monétaire et financier (extraits) », le sont désormais sous l'intitulé « Banque et financement de l'entreprise » sans, toutefois, qu'elles perdent leur unité ;*

— *une refonte des annotations de jurisprudence relatives aux actes de commerce et à la prescription commerciale (C. com., art. L. 110-1 à L. 110-4) ;*

— *des tables sur pages roses : la table des matières du code de commerce en début d'ouvrage, les tables chronologique et alphabétique en fin d'ouvrage.*

Les pictogrammes (jurisprudence), (doctrine des revues Dalloz) et (législation) signalent que les textes intégraux correspondants sont accessibles en liens contextuels sur Dalloz.fr et/ou sur le CD-Rom Code Expert. En particulier, des textes communautaires et l'intégralité des annexes des articles codifiés, notamment de la partie Arrêtés, figurent dans les versions numériques du Code de commerce Dalloz. Il en va également ainsi pour plus de 10 900 arrêts en texte intégral et 10 850 articles de doctrine des revues Dalloz.

***NOTA.** Dans toutes les dispositions législatives et réglementaires en vigueur, la référence au gage et au créancier gagiste s'entend de la référence au nantissement et au créancier nanti lorsque la sûreté a pour objet un bien meuble incorporel. Réciproquement, la référence au nantissement et au créancier nanti s'entend de la référence au gage et au créancier gagiste lorsque la sûreté a pour objet un bien meuble corporel (Ord. n° 2006-346 du 23 mars 2006, art. 55).*

Liste des abréviations

Lien contextuel vers la décision intégrale accessible sur Dalloz.fr et sur le CD-Rom Code Expert

Lien contextuel vers un article de doctrine dans une revue Dalloz accessible sur Dalloz.fr et sur le CD-Rom Code Expert

Lien contextuel vers un texte complémentaire accessible sur Dalloz.fr et sur le CD-Rom Code Expert

AAI	Autorité administrative indépendante
ACP	Autorité de contrôle prudentiel
Act. proc. coll.	Actualité des procédures collectives
Actu.	Rubrique actualités du Recueil Dalloz (depuis mars 2010)
AJ	Actualité jurisprudentielle du Recueil Dalloz
AJDA	Actualité juridique Droit administratif (Dalloz)
AJDI	Actualité juridique Droit immobilier (Dalloz)
AJ fam.	Actualité juridique famille (Dalloz)
AJ pénal	Actualité juridique pénal (Dalloz)
Al.	Alinéa
ALD	Actualité législative Dalloz (à partir de 1993)
AMF	Autorité des marchés financiers
ANC	Autorité des normes comptables
Anc.	Ancien
Ann. loyers	Annales des loyers
ANSA	Association nationale des sociétés par actions
Arr.	Arrêté
Art.	Article
Ass.	Assemblée
Ass. nat.	Assemblée nationale
Ass. plén.	Assemblée plénière de la Cour de cassation
aud. sol.	Audience solennelle
Aut. conc.	Autorité de la concurrence (qui s'est substituée au Conseil de la concurrence en mars 2009)
BALO	Bulletin des annonces légales obligatoires
Banque	Revue Banque
Banque et Droit	Revue Banque et Droit
BIBL	Bibliographie
BIBL. GÉN.	Bibliographie générale
BICC	Bulletin d'information de la Cour de cassation

BID	Bulletin d'information et de documentation de la Direction générale de la concurrence, de la consommation et de la répression des fraudes
BLD	Bulletin législatif Dalloz
BOCC	Bulletin officiel de la concurrence, de la consommation et de la répression des fraudes
BODACC	Bulletin officiel des annonces civiles et commerciales
BOMJ	Bulletin officiel du ministère de la justice
BRDA	Bulletin rapide de droit des affaires
Bull. Aix-en-Provence	Bulletin d'Aix-en-Provence
Bull. civ.	Bulletin des arrêts des chambres civiles de la Cour de cassation
Bull. CNCC	Bulletin du Conseil national des commissaires aux comptes
Bull. COB	Bulletin de la Commission des opérations de bourse
Bull. crim.	Bulletin des arrêts de la chambre criminelle de la Cour de cassation
Bull. Joly	Bulletin mensuel Joly d'information des sociétés
Bull. Joly Bourse	Bulletin Joly Bourse et produits financiers
Bull. Joly Entrep. diff.	Bulletin Joly Entreprises en difficulté
Bull. RCS	Bulletin du registre du commerce et des sociétés
Bull. transp.	Bulletin des transports

C.	Code
c/	Contre
CAA	Cour administrative d'appel
C. adm.	Code administratif Dalloz
Cah. dr. entr.	Cahiers de droit de l'entreprise
Cah. dr. eur.	Cahiers de droit européen
Cah. fonct. publ.	Les Cahiers de la fonction publique et de l'Administration
Cah. jurispr. Aquitaine	Cahiers de jurisprudence d'Aquitaine
Cah. just.	Cahiers de la justice (Dalloz)
CASF	Code de l'action sociale et des familles Dalloz
Cass.	Cour de cassation
C. assur.	Code des assurances Dalloz
C. baux	Code des baux Dalloz
CCC	Contrats Concurrence Consommation
CCE	Communication Commerce électronique
CCI	Chambre de commerce et d'industrie
CCIA	Code du cinéma et de l'image animée
CCH	Code de la construction et de l'habitation Dalloz
CCLRF	Comité consultatif de la législation et de la réglementation financière
C. civ.	Code civil Dalloz
C. com.	Code de commerce Dalloz
C. communic.	Code de la communication Dalloz
C. consom.	Code de la consommation Dalloz
C. copr.	Code de la copropriété Dalloz

C. défense	Code de la défense
C. dom. Ét.	Code du domaine de l'État
CE	Conseil d'État
CECEI	Comité des établissements de crédit et des entreprises d'investissement
CEDH	Cour européenne des droits de l'homme
C. élect.	Code électoral Dalloz
C. énergie	Code de l'énergie
C. envir.	Code de l'environnement Dalloz
CEPC	Commission d'examen des pratiques commerciales
CESEDA	Code de l'entrée et du séjour des étrangers et du droit d'asile Dalloz
C. eur. concurrence	Code européen de la concurrence Dalloz
C. expr.	Code de l'expropriation pour cause d'utilité publique
CFE	Centre de formalités des entreprises
CGCT	Code général des collectivités territoriales Dalloz
CGI	Code général des impôts Dalloz
CGPPP	Code général de la propriété des personnes publiques Dalloz
ch.	Chambre
chap.	Chapitre
Ch. mixte	Chambre mixte de la Cour de cassation
Ch. réun.	Chambres réunies de la Cour de cassation
Chron.	Chronique
Chron. C. cass.	Chronique de jurisprudence de la Cour de cassation du Recueil Dalloz
Circ.	Circulaire
Civ.	Chambre civile de la Cour de cassation
CJCE	Cour de justice des Communautés européennes (jusqu'au 30 nov. 2009)
CJFI	Courrier juridique des finances et de l'industrie
CJUE	Cour de justice de l'Union européenne (depuis le 1er déc. 2009)
C. marchés	Code des marchés publics Dalloz
C. mon. fin.	Code monétaire et financier Dalloz
COB	Commission des opérations de bourse
COJ	Code de l'organisation judiciaire
Com.	Chambre commerciale de la Cour de cassation
Comm.	Commentaire
Comm. EDH	Commission européenne des droits de l'homme
Comm. CEE, Comm. CE	Commission des Communautés européennes
Comp.	Comparez
concl.	Conclusions
conf.	Solution conforme
conf. par	Confirmé par
Cons. conc.	Conseil de la concurrence (remplacé par l'Autorité de la concurrence en mars 2009)

Cons. const.	Conseil constitutionnel
Constr.-Urb.	Construction-Urbanisme
Contra	Solution contraire
Conv.	Convention
Conv. EDH	Convention européenne de sauvegarde des droits de l'homme et des libertés fondamentales
C. patr.	Code du patrimoine
CPCE	Code des postes et des communications électroniques
C. pén.	Code pénal Dalloz
CPI	Code de la propriété intellectuelle Dalloz
C. pr. civ.	Code de procédure civile Dalloz
C. pr. coll.	Code des procédures collectives Dalloz
C. pr. exéc.	Code des procédures civiles d'exécution Dalloz
C. pr. fisc.	Code de procédure fiscale Dalloz
C. pr. pén.	Code de procédure pénale Dalloz
CRBF	Comité de la réglementation bancaire et financière
Crim.	Chambre criminelle de la Cour de cassation
C. rur.	Code rural et de la pêche maritime
C. rur. et for.	Code rural et Code forestier Dalloz
CSI	Code de la sécurité intérieure
CSP	Code de la santé publique Dalloz
CSS	Code de la sécurité sociale Dalloz
C. sociétés	Code des sociétés Dalloz
C. sport	Code du sport Dalloz
C. tourisme	Code du tourisme Dalloz
C. transp.	Code des transports Dalloz (disponible sur Dalloz.fr)
C. trav.	Code du travail Dalloz
C. urb.	Code de l'urbanisme Dalloz
CVIM	Convention de Vienne sur les contrats de vente internationale de marchandises

D.	Recueil Dalloz
DA	Recueil analytique de jurisprudence et de législation Dalloz *(années 1941 à 1944)*
Dalloz actualité	Site d'actualité accessible sur Dalloz.fr
Dalloz jurisprudence	Base de jurisprudence accessible sur Dalloz.fr
D. Affaires	Dalloz Affaires (de 1995 à 1999)
DC	Recueil critique de jurisprudence et de législation Dalloz *(années 1941 à 1944)*
DDH	Déclaration des droits de l'homme et du citoyen de 1789
Décis.	Décision
Décr.	Décret
Décr.-L.	Décret-loi
Defrénois	Répertoire du notariat Defrénois
DGCCRF	Direction générale de la concurrence, de la consommation et de la répression des fraudes
DH	Recueil hebdomadaire de jurisprudence Dalloz *(années antérieures à 1941)*

Dict. perm. diff. entrep.	Dictionnaire permanent difficultés des entreprises
Dir.	Directive
Doctr.	Doctrine
Dossier ANSA	Dossier publié par l'Association nationale des sociétés par actions
DP	Recueil périodique et critique mensuel Dalloz *(années antérieures à 1941)*
Dr. adm.	Droit administratif
Dr. et patr.	Droit et patrimoine
Dr. et proc.	Droit et procédures (ancienne Revue des huissiers)
Dr. fam.	Droit de la famille
DMF	Droit maritime français
Dr. pénal	Droit pénal
Dr. soc.	Droit social (Dalloz)
Dr. sociétés	Droit des sociétés

EIRL	Entrepreneur individuel à responsabilité limitée
eod. loc.	Au même endroit
eod. v^{o}, *eisd.* v^{is}	Même(s) mot(s) que celui (ceux) qui vient (viennent) d'être cité(s)
Err.	Erratum
esp.	Espèce

FCP	Fonds commun de placement
FORM. PR. COM.	Formules de procédure commerciale Dalloz

Gaz. Pal.	Gazette du Palais
GEIE	Groupement européen d'intérêt économique
GIE	Groupement d'intérêt économique

---

ibid.	Au même endroit
infra	Ci-dessous
Instr.	Instruction
IR	Informations rapides du Recueil Dalloz

J.	Jurisprudence
JCP	Juris-Classeur périodique (Semaine juridique), édition générale
JCP E	Juris-Classeur périodique, édition Entreprise
JCP N	Juris-Classeur périodique, édition Notariale
JDI	Journal de droit international (Clunet)
JEX	Juge de l'exécution
JME	Juge de la mise en état
JO	Journal officiel
JOAN Q, JO Sénat Q	Journal officiel, Assemblée nationale, Sénat, Questions écrites

JOCE	Journal officiel des Communautés européennes (jusqu'au 1er févr. 2003)
JONC	Journal officiel, numéro complémentaire
JOUE	Journal officiel de l'Union européenne (depuis le 31 janv. 2003)
Journ. not.	Journal des notaires et des avocats
Journ. sociétés	Journal des sociétés
J. prox.	Juge de proximité
Just. et cass.	Justice et cassation (Dalloz)
Justices	Revue générale de droit processuel Justices (Dalloz)
L.	Loi
Lebon	Recueil des arrêts du Conseil d'État
LEDEN	L'essentiel droit des entreprises en difficulté
Légipresse	Légipresse
Lettre distrib.	La lettre de la distribution
Liv.	Livre
Loyers et copr.	Loyers et copropriété
LPA	Les Petites Affiches
LPF	Livre des procédures fiscales
Mod.	Modifié
Mon. TP	Le Moniteur des travaux publics et du bâtiment
n°	Numéro
NCPC	Nouveau code de procédure civile (pour les années 1975 à 2007; devenu le Code de procédure civile depuis la L. n° 2007-1787 du 2 déc. 2007, art. 26-III)
Nouv.	Nouveau
obs.	Observations
Ord.	Ordonnance
p.	Page
Pan.	Panorama
préc.	Précité
Propr. ind.	Propriété industrielle
QPC	Question prioritaire de constitutionnalité
Quot. jur.	Quotidien juridique
R.	Rapport annuel de la Cour de cassation
rapp.	Rapport
Rappr.	Rapprocher
RCA	Responsabilité civile et assurances
RCS	Registre du commerce et des sociétés
RD bancaire et bourse	Revue de droit bancaire et de la bourse (jusqu'en 1999)

RD banc. fin.	Revue de droit bancaire et financier (depuis 1999)
RD rur.	Revue de droit rural
RD transp.	Revue de droit des transports et de la mobilité
RDC	Revue des contrats
RDI	Revue de droit immobilier (Dalloz)
RDLC	Revue des droits de la concurrence – Concurrences
RDSS	Revue de droit sanitaire et social (Dalloz)
RDT	Revue de droit du travail (Dalloz)
REC	Réseau européen de la concurrence
Rec. jur. de l'Est	Recueil juridique de l'Est
Recomm.	Recommandation
Rect.	Rectificatif
réf.	Référé
Règl.	Règlement
Rép.	Réponse
Rép. C. cass.	Réponse de la Cour de cassation à une question posée par une juridiction du fond
RÉP. CIV.	Répertoire de droit civil Dalloz
RÉP. COM.	Répertoire de droit commercial Dalloz
RÉP. COMMUNAUTAIRE	Répertoire de droit communautaire Dalloz
RÉP. INTERN.	Répertoire de droit international Dalloz
Rép. min.	Réponse ministérielle
RÉP. PÉN.	Répertoire de droit pénal et de procédure pénale Dalloz
RÉP. PR. CIV.	Répertoire de procédure civile Dalloz
RÉP. SOCIÉTÉS	Répertoire des sociétés Dalloz
Req.	Chambre des requêtes de la Cour de cassation
req.	Requête
réquis.	Réquisitions
Rev. arb.	Revue de l'arbitrage
Rev. conc. consom.	Revue de la concurrence et de la consommation
Rev. crit. DIP	Revue critique de droit international privé (Dalloz)
Rev. fonds com.	Revue des fonds de commerce
Rev. huiss.	Revue des huissiers de justice
Rev. loyers	Revue des loyers et des fermages
Rev. proc. coll.	Revue des procédures collectives
Rev. sociétés	Revue des sociétés (Dalloz)
RF compt.	Revue française de comptabilité
RFDA	Revue française de droit administratif (Dalloz)
RG proc.	Revue générale des procédures
RID comp.	Revue internationale de droit comparé
RJ com.	Revue de jurisprudence commerciale
RJDA	Revue de jurisprudence de droit des affaires
RJF	Revue de jurisprudence fiscale
RJPF	Revue juridique personnes et famille
RLC	Revue Lamy de la concurrence
RLDA	Revue Lamy droit des affaires
RLDC	Revue Lamy droit civil

RSC	Revue de science criminelle et de droit pénal comparé (Dalloz)
RTD civ.	Revue trimestrielle de droit civil (Dalloz)
RTD com.	Revue trimestrielle de droit commercial (Dalloz)
RTD eur.	Revue trimestrielle de droit européen (Dalloz)
RTDI	Revue trimestrielle de droit immobilier
RTDF	Revue trimestrielle de droit financier

S.	Recueil Sirey
s.	Et suivants
SDECC	Service de documentation et d'études de la Cour de cassation
Sect.	Section
SICAF	Société d'investissement à capital fixe
Soc.	Chambre sociale de la Cour de cassation
sol. impl.	Solution implicite
Somm.	Sommaires
ss.	Sous
supra	Ci-dessus

t.	Tome
TA	Tribunal administratif
TASS	Tribunal des affaires de sécurité sociale
T. civ.	Tribunal, chambre civile
T. com.	Tribunal de commerce
T. confl.	Tribunal des conflits
T. corr.	Tribunal, chambre correctionnelle
TEG	Taux effectif global
Teutates	Revue Teutates (Université de Montpellier)
TFUE	Traité sur le fonctionnement de l'Union européenne (ex. Traité instituant les Communautés européennes)
TGI	Tribunal de grande instance
TI	Tribunal d'instance
Tit.	Titre
Tourisme et droit	Tourisme et droit (Dalloz, Juris Associations)
TPICE	Tribunal de première instance des Communautés européennes
TPIUE	Tribunal de première instance de l'Union européenne (depuis le 1er déc. 2009)
T. pol.	Tribunal de police
TRACFIN	Traitement du renseignement et action contre les circuits financiers clandestins

V.	Voir
v° ou vis	Mot ou mots

TABLE DES MATIÈRES

CODE DE COMMERCE

LIVRE PREMIER

DU COMMERCE EN GÉNÉRAL

L. 110-1 – L. 146-4
R. 121-1 – D. 146-2
A. 123-1 – A. 134-5

TITRE I DE L'ACTE DE COMMERCE .... L. 110-1 – L. 110-4

TITRE II DES COMMERÇANTS .... L. 121-1 – L. 129-1
R. 121-1 – R. 127-3
A. 123-1 – A. 123-96

CHAPITRE I De la définition et du statut .... L. 121-1 – L. 121-7
R. 121-1 – R. 121-6

SECTION I *De la qualité de commerçant* .... L. 121-1 – L. 121-3

SECTION II *Du conjoint du chef d'entreprise travaillant dans l'entreprise familiale ou du partenaire lié au chef d'entreprise par un pacte civil de solidarité* .... L. 121-4 – L. 121-8

CHAPITRE II Des commerçants étrangers .... L. 122-1 – L. 122-4
[abrogé]
D. 122-1 – D. 122-4

CHAPITRE III Des obligations générales des commerçants .... L. 123-1 – L. 123-31
R. 123-1 – R. 123-238
A. 123-1 – A. 123-96

SECTION PRÉLIMINAIRE *Des centres de formalités des entreprises* .... R. 123-1 – R. 123-30
A. 123-1 – A. 123-11

SECTION I *Du registre du commerce et des sociétés* .... L. 123-1 – L. 123-11-1
R. 123-31 – R. 123-171
A. 123-12 – A. 123-80

Sous-section 1 Des personnes tenues à l'immatriculation .... L. 123-1 – L. 123-5-1
R. 123-31 – R. 123-78
[abrogé]
A. 123-12 – A. 123-27

Sous-section 2	Tenue du registre et effets attachés à l'immatriculation	L. 123-6 – L. 123-9-1 R. 123-79 – R. 123-166 A. 123-28 – A. 123-80
Sous-section 3	Domiciliation des personnes immatriculées	L. 123-10 – L. 123-11-1 R. 123-166-1 – R. 123-171
Sous-section 4	De la publication d'avis relatifs à la société européenne	R. 123-171-1
SECTION II	*De la comptabilité des commerçants*	L. 123-12 – L. 123-28 R. 123-172 – R. 123-208
Sous-section 1	Des obligations comptables applicables à tous les commerçants	L. 123-12 – L. 123-24 R. 123-172 – R. 123-202
Sous-section 2	Des obligations comptables applicables à certains commerçants	L. 123-25 – L. 123-28 R. 123-203 – R. 123-208
SECTION III	*Des activités commerciales et artisanales ambulantes*	L. 123-29 – L. 123-31 R. 123-208-1 – R. 123-208-8
SECTION III	*Dispositions diverses*	R. 123-209 – R. 123-238 A. 123-81 – A. 123-96
Sous-section 1	Du Bulletin officiel des annonces civiles et commerciales	R. 123-209 – R. 123-219
Sous-section 2	Du système national d'identification et du répertoire des entreprises et de leurs établissements	R. 123-220 – R. 123-234 A. 123-81 – A. 123-96
Sous-section 3	Du numéro unique d'identification des entreprises	D. 123-235 – D. 123-236
Sous-section 4	Des mentions sur les papiers d'affaires	R. 123-237 – R. 123-238
CHAPITRE IV	Des sociétés coopératives de commerçants détaillants	L. 124-1 – L. 124-16
CHAPITRE V	Des magasins collectifs de commerçants indépendants	L. 125-1 – L. 125-19
SECTION I	*De la constitution du magasin collectif*	L. 125-1 – L. 125-9
SECTION II	*De l'administration du magasin collectif*	L. 125-10 – L. 125-11
SECTION III	*De l'agrément et de l'exclusion*	L. 125-12 – L. 125-18
SECTION IV	*De la dissolution*	L. 125-19
CHAPITRE VI	Des sociétés de caution mutuelle	L. 126-1
CHAPITRE VII	Du contrat d'appui au projet d'entreprise pour la création ou la reprise d'une activité économique	L. 127-1 – L. 127-7 R. 127-1 – R. 127-3
CHAPITRE VIII	Du fichier national des interdits de gérer	L. 128-1 – L. 128-5
CHAPITRE IX	Du tutorat rémunéré en entreprise	L. 129-1

TITRE III	**DES COURTIERS, DES COMMISSIONNAIRES, DES TRANSPORTEURS, DES AGENTS COMMERCIAUX ET DES VENDEURS À DOMICILE INDÉPENDANTS**	**L. 131-1 – L. 135-3** **R. 132-1 – R. 134-17** **A. 131-1 – A. 134-5**
CHAPITRE I	Des courtiers	L. 131-1 – L. 131-35 R. 131-1 – R. 131-40 A. 131-1 – A. 131-2
SECTION I	*Des courtiers en général*	L. 131-1 – L. 131-11
SECTION II	*Des courtiers de marchandises assermentés*	L. 131-12 – L. 131-35 R. 131-1 – R. 131-40 A. 131-1 – A. 131-2
Sous-section 1	Conditions d'assermentation	L. 131-12 – L. 131-22 R. 131-1 – R. 131-17 A. 131-1
Sous-section 2	Fonctions des courtiers de marchandises assermentés	L. 131-23 – L. 131-31
Sous-section 3	La discipline des courtiers de marchandises assermentés	L. 131-32 R. 131-18 – R. 131-23
Sous-section 4	Le Conseil national des courtiers de marchandises assermentés	L. 131-33 – L. 131-34 R. 131-24 – R. 131-40 A. 131-2
Sous-section 5	Conditions d'application	L. 131-35
CHAPITRE II	Des commissionnaires	L. 132-1 – L. 132-9 R. 132-1
SECTION I	*Des commissionnaires en général*	L. 132-1 – L. 132-2
SECTION II	*Des commissionnaires pour les transports*	L. 132-3 – L. 132-9 R. 132-1
CHAPITRE III	Des transporteurs	L. 133-1 – L. 133-9 R. 133-1 – R. 133-2
CHAPITRE IV	Des agents commerciaux	L. 134-1 – L. 134-17 R. 134-1 – R. 134-17 A. 134-1 – A. 134-5
CHAPITRE V	Des vendeurs à domicile indépendants	L. 135-1 – L. 135-3
TITRE IV	**DU FONDS DE COMMERCE**	**L. 141-1 – L. 146-4** **R. 141-1 – D. 146-2**
CHAPITRE I	De la vente du fonds de commerce	L. 141-1 – L. 141-22 R. 141-1 – R. 141-2
SECTION I	*De l'acte de vente*	L. 141-1 – L. 141-4
SECTION II	*Du privilège du vendeur*	L. 141-5 – L. 141-22

CHAPITRE II	Du nantissement du fonds de commerce	L. 142-1 – L. 142-5
CHAPITRE III	Dispositions communes à la vente et au nantissement du fonds de commerce	L. 143-1 – L. 143-23 R. 143-1 – R. 143-23
SECTION I	*De la réalisation du gage et de la purge des créances inscrites*	L. 143-1 – L. 143-15 R. 143-1 – R. 143-5
SECTION II	*Des formalités d'inscription et de radiation*	L. 143-16 – L. 143-20 R. 143-6 – R. 143-22
Sous-section 1	De l'inscription	R. 143-6 – R. 143-17
Sous-section 2	De la radiation	R. 143-18 – R. 143-20
Sous-section 3	Dispositions particulières	R. 143-21 – R. 143-22
SECTION III	*Des intermédiaires et de la répartition du prix*	L. 143-21 – L. 143-23 R. 143-23
CHAPITRE IV	De la location-gérance	L. 144-1 – L. 144-13 R. 144-1 – D. 144-5
SECTION I	*Des mesures de publicité*	R. 144-1
SECTION II	*Dispositions spécifiques pour les entreprises de transports publics et de location de véhicules industriels*	D. 144-2 – D. 144-5
CHAPITRE V	Du bail commercial	L. 145-1 – L. 145-60 R. 145-1 – D. 145-34
SECTION I	*Du champ d'application*	L. 145-1 – L. 145-3 R. 145-1
SECTION II	*De la durée*	L. 145-4 – L. 145-7-1 R. 145-2 – R. 145-22
Sous-section 1	De la détermination de la valeur locative	R. 145-2 – R. 145-11
Sous-section 2	De la commission départementale de conciliation en matière de baux d'immeubles ou locaux à usage commercial, industriel ou artisanal	D. 145-12 – D. 145-19
Sous-section 3	De la révision des loyers	R. 145-20 – R. 145-22
SECTION III	*Du renouvellement*	L. 145-8 – L. 145-13
SECTION IV	*Du refus de renouvellement*	L. 145-14 – L. 145-30
SECTION V	*De la sous-location*	L. 145-31 – L. 145-32
SECTION VI	*Du loyer*	L. 145-33 – L. 145-40
SECTION VII	*De la résiliation*	L. 145-41 – L. 145-46
SECTION VIII	*De la déspécialisation*	L. 145-47 – L. 145-55
SECTION IX	*De la procédure*	L. 145-56 – L. 145-60 R. 145-23 – R. 145-33
CHAPITRE VI	Des gérants-mandataires	L. 146-1 – L. 146-4 D. 146-1 – D. 146-2

LIVRE DEUXIÈME

DES SOCIÉTÉS COMMERCIALES ET DES GROUPEMENTS D'INTÉRÊT ÉCONOMIQUE

L. 210-1 – L. 252-13 [abrogé]
R. 210-1 – R. 252-1
A. 225-1 – A. 233-1

TITRE I — DISPOSITIONS PRÉLIMINAIRES .... L. 210-1 – L. 210-9
R. 210-1 – R. 210-20

SECTION I — *De la constitution de la société et de la modification de ses statuts* .... R. 210-1 – R. 210-13

Sous-section 1 — De la constitution de la société .... R. 210-1 – R. 210-8

Sous-section 2 — De la modification des statuts .... R. 210-9 – R. 210-11

Sous-section 3 — De l'action en régularisation .... R. 210-12 – R. 210-13

SECTION II — *De la dissolution de la société* .... R. 210-14 – R. 210-15

SECTION III — *Des formalités de publicité* .... R. 210-16 – R. 210-20

TITRE II — DISPOSITIONS PARTICULIÈRES AUX DIVERSES SOCIÉTÉS COMMERCIALES .... L. 221-1 – L. 229-15
R. 221-1 – R. 229-26
A. 225-1 – A. 225-4

CHAPITRE I — Des sociétés en nom collectif .... L. 221-1 – L. 221-17
R. 221-1 – R. 221-10

CHAPITRE II — Des sociétés en commandite simple .... L. 222-1 – L. 222-12
R. 222-1 – R. 222-3

CHAPITRE III — Des sociétés à responsabilité limitée .... L. 223-1 – L. 223-43
R. 223-1 – R. 223-36

CHAPITRE IV — Dispositions générales applicables aux sociétés par actions .... L. 224-1 – L. 224-3
R. 224-1 – R. 224-3

CHAPITRE V — Des sociétés anonymes .... L. 225-1 – L. 225-270
R. 225-1 – R. 225-172

SECTION I — *De la constitution des sociétés anonymes* .... L. 225-2 – L. 225-16-1
R. 225-1 – R. 225-14

Sous-section 1 — De la constitution avec offre au public .... L. 225-2 – L. 225-11-1
R. 225-1 – R. 225-12

Sous-section 2 — De la constitution sans offre au public .... L. 225-12 – L. 225-16-1
R. 225-13 – R. 225-14

SECTION II — *De la direction et de l'administration des sociétés anonymes* .... L. 225-17 – L. 225-95-1
R. 225-15 – R. 225-60

Sous-section 1	Du conseil d'administration de la direction générale	L. 225-17 – L. 225-56 R. 225-15 – R. 225-34
Sous-section 2	Du directoire et du conseil de surveillance	L. 225-57 – L. 225-93 R. 225-35 – R. 225-60
Sous-section 3	Dispositions communes aux mandataires sociaux des sociétés anonymes	L. 225-94 – L. 225-95-1
SECTION III	*Des assemblées d'actionnaires*	L. 225-96 – L. 225-126 R. 225-61 – R. 225-112 A. 225-1 – A. 225-4
SECTION IV	*Des modifications du capital social et de l'actionnariat des salariés*	L. 225-127 – L. 225-217 R. 225-113 – R. 225-160
Sous-section 1	De l'augmentation du capital	L. 225-127 – L. 225-176 R. 225-113 – R. 225-136
Sous-section 2	De la souscription et de l'achat d'actions par les salariés	L. 225-177 – L. 225-197-6 R. 225-137 – R. 225-145
Sous-section 3	De l'amortissement du capital	L. 225-198 – L. 225-203 R. 225-146 – R. 225-149
Sous-section 4	De la réduction du capital	L. 225-204 – L. 225-205 R. 225-150 – R. 225-158
Sous-section 5	De la souscription, de l'achat ou de la prise en gage par les sociétés de leurs propres actions	L. 225-206 – L. 225-217 R. 225-159 – R. 225-160
SECTION V	*Du contrôle des sociétés anonymes*	L. 225-218 – L. 225-242 *[abrogé]* R. 225-161 – R. 225-164
SECTION VI	*De la transformation des sociétés anonymes*	L. 225-243 – L. 225-245-1 R. 225-165
SECTION VII	*De la dissolution des sociétés anonymes*	L. 225-246 – L. 225-248 R. 225-166
SECTION VIII	*De la responsabilité civile*	L. 225-249 – L. 225-257 R. 225-167 – R. 225-170
SECTION IX	*Des sociétés anonymes à participation ouvrière*	L. 225-258 – L. 225-270 R. 225-171 – R. 225-172
CHAPITRE VI	Des sociétés en commandite par actions	L. 226-1 – L. 226-14 R. 226-1 – R. 226-3
CHAPITRE VII	Des sociétés par actions simplifiées	L. 227-1 – L. 227-20 R. 227-1
CHAPITRE VIII	Des valeurs mobilières émises par les sociétés par actions	L. 228-1 – L. 228-106 R. 228-1 – R. 228-96
SECTION I	*Dispositions communes aux valeurs mobilières*	L. 228-1 – L. 228-6-3 R. 228-1 – R. 228-14
SECTION II	*Des actions*	L. 228-7 – L. 228-29-7 R. 228-15 – R. 228-32

Sous-section 1	De l'émission, du rachat et de la conversion des actions de préférence	R. 228-15 – R. 228-22
Sous-section 2	Des clauses d'agrément de la cession de titres de capital ou de valeurs mobilières donnant accès au capital	R. 228-23
Sous-section 3	De la défaillance de l'actionnaire	R. 228-24 – R. 228-26
Sous-section 4	Du regroupement d'actions non admises aux négociations sur un marché réglementé	R. 228-27 – R. 228-32
SECTION III	*Dispositions applicables aux catégories de titres en voie d'extinction*	L. 228-29-8 – L. 228-35-11 R. 228-33 – R. 228-48
Sous-section 1	Dispositions générales	L. 228-29-8 – L. 228-29-10
Sous-section 2	Des certificats d'investissement	L. 228-30 – L. 228-35 R. 228-33 – R. 228-39
Sous-section 3	Les actions de priorité	L. 228-35-1
Sous-section 4	Les actions à dividende prioritaire sans droit de vote	L. 228-35-2 – L. 228-35-11 R. 228-40 – R. 228-48
SECTION IV	*Des titres participatifs*	L. 228-36 – L. 228-37 R. 228-49 – D. 228-56
SECTION V	*Des obligations*	L. 228-38 – L. 228-90 R. 228-57 – R. 228-86
SECTION VI	*Des valeurs mobilières donnant accès au capital ou donnant droit à l'attribution de titres de créance*	L. 228-91 – L. 228-106 R. 228-87 – R. 228-96
Sous-section 1	Dispositions générales	L. 228-91 – L. 228-97
Sous-section 2	Dispositions relatives aux valeurs mobilières donnant accès au capital	L. 228-98 – L. 228-106
CHAPITRE IX	De la société européenne	L. 229-1 – L. 229-15 R. 229-1 – R. 229-26
SECTION I	*Dispositions générales*	R. 229-1 – R. 229-2
SECTION II	*Du transfert du siège social*	R. 229-3 – R. 229-12
Sous-section 1	De la publicité et de la protection des droits des tiers	R. 229-3 – R. 229-11
Sous-section 2	Du contrôle de légalité du transfert de siège social	R. 229-12
SECTION III	*De la constitution de la société européenne*	D. 229-13 – R. 229-22
Sous-section 1	De la constitution par fusion	D. 229-13 – R. 229-14
Sous-section 2	De la constitution d'une société européenne holding	R. 229-15 – R. 229-19
Sous-section 3	De la constitution par transformation d'une société anonyme	R. 229-20 – R. 229-22
SECTION IV	*De l'administration de la société européenne*	R. 229-23
SECTION V	*De la transformation de la société européenne en société anonyme*	R. 229-24 – R. 229-26

TITRE III	**DISPOSITIONS COMMUNES AUX DIVERSES SOCIÉTÉS COMMERCIALES**	**L. 231-1 – L. 239-5** **R. 232-1 – R. 239-1** **A. 233-1**
CHAPITRE I	Du capital variable	L. 231-1 – L. 231-8
CHAPITRE II	Des comptes sociaux	L. 232-1 – L. 232-24 R. 232-1 – R. 232-21
SECTION I	*Des documents comptables*	L. 232-1 – L. 232-6 R. 232-1 – R. 232-8
SECTION II	*Des documents propres aux sociétés faisant publiquement appel à l'épargne*	L. 232-7 – L. 232-8 R. 232-9 – R. 232-16
SECTION III	*Des amortissements et des provisions*	L. 232-9
SECTION IV	*Des bénéfices*	L. 232-10 – L. 232-20 R. 232-17 – R. 232-18
SECTION V	*De la publicité des comptes*	L. 232-21 – L. 232-24 R. 232-19 – R. 232-21
CHAPITRE III	Des filiales, des participations et des sociétés contrôlées	L. 233-1 – L. 233-40 R. 233-1 – R. 233-19
SECTION I	*Définitions*	L. 233-1 – L. 233-5-1
SECTION II	*Des notifications et des informations*	L. 233-6 – L. 233-15 R. 233-1 – R. 233-2 A. 233-1
SECTION III	*Des comptes consolidés*	L. 233-16 – L. 233-28 R. 233-3 – R. 233-16
SECTION IV	*Des participations réciproques*	L. 233-29 – L. 233-31 R. 233-17 – R. 233-19
SECTION V	*Des offres publiques d'acquisition*	L. 233-32 – L. 233-40
CHAPITRE IV	De la procédure d'alerte	L. 234-1 – L. 234-4 R. 234-1 – R. 234-7
CHAPITRE V	Des nullités	L. 235-1 – L. 235-14 R. 235-1 – R. 235-3
CHAPITRE VI	De la fusion et de la scission	L. 236-1 – L. 236-32 R. 236-1 – R. 236-20
SECTION I	*Dispositions générales*	L. 236-1 – L. 236-12 R. 236-1 – R. 236-12
SECTION II	*Dispositions particulières aux sociétés anonymes*	L. 236-8 – L. 236-22
SECTION III	*Dispositions particulières aux sociétés à responsabilité limitée*	L. 236-23 – L. 236-24
SECTION IV	*Dispositions particulières aux fusions transfrontalières*	L. 236-25 – L. 236-32 R. 236-13 – R. 236-20

CHAPITRE VII De la liquidation .... L. 237-1 – L. 237-31 R. 237-1 – R. 237-18

SECTION I Dispositions générales .... L. 237-1 – L. 237-13 R. 237-1 – R. 237-9

SECTION II Dispositions applicables sur décision judiciaire .... L. 237-14 – L. 237-31 R. 237-10 – R. 237-18

CHAPITRE VIII Des injonctions de faire .... L. 238-1 – L. 238-6

CHAPITRE IX De la location d'actions et de parts sociales .... L. 239-1 – L. 239-5 R. 239-1

TITRE IV DISPOSITIONS PÉNALES .... **L. 241-1 – L. 248-1 R. 247-1 – R. 247-4**

CHAPITRE I Des infractions concernant les sociétés à responsabilité limitée .... L. 241-1 – L. 241-9

CHAPITRE II Des infractions concernant les sociétés anonymes .... L. 242-1 – L. 242-31

SECTION I Des infractions relatives à la constitution .... L. 242-1 – L. 242-5

SECTION II Des infractions relatives à la direction et à l'administration .... L. 242-6 – L. 242-8

SECTION III Des infractions relatives aux assemblées d'actionnaires .... L. 242-9 – L. 242-16 *[abrogé]*

SECTION IV Des infractions relatives aux modifications du capital social .... L. 242-17 – L. 242-24

Sous-section 1 De l'augmentation du capital .... L. 242-17 – L. 242-21

Sous-section 2 De l'amortissement du capital .... L. 242-22 *[abrogé]*

Sous-section 3 De la réduction du capital .... L. 242-23 – L. 242-24

SECTION V Des infractions relatives au contrôle .... L. 242-25 – L. 242-28

SECTION VI Des infractions relatives à la dissolution .... L. 242-29

SECTION VII Des infractions relatives aux sociétés anonymes comportant un directoire et un conseil de surveillance .... L. 242-30

SECTION VIII Des infractions relatives aux sociétés anonymes à participation ouvrière .... L. 242-31

CHAPITRE III Des infractions concernant les sociétés en commandite par actions .... L. 243-1 – L. 243-2 *[abrogé]*

CHAPITRE IV Des infractions concernant les sociétés par actions simplifiées .... L. 244-1 – L. 244-4

CHAPITRE IV *BIS* Des infractions concernant les sociétés européennes .... L. 244-5

CHAPITRE V Des infractions relatives aux valeurs mobilières émises par les sociétés par actions .... L. 245-1 – L. 245-17

SECTION I	*Des infractions relatives aux actions*	L. 245-1 *[abrogé]* – L. 245-5
SECTION II	*Des infractions relatives aux parts de fondateur*	L. 245-6 *[abrogé]*
SECTION III	*Des infractions relatives aux obligations*	L. 245-7 *[abrogé]* – L. 245-15
SECTION IV	*Dispositions communes*	L. 245-16
SECTION V	*Des infractions relatives aux sociétés anonymes comportant un directoire et un conseil de surveillance*	L. 245-17
CHAPITRE VI	Des infractions communes aux diverses formes de sociétés par actions	L. 246-1 *[abrogé]* – L. 246-2
CHAPITRE VII	Des infractions communes aux diverses formes de sociétés commerciales	L. 247-1 – L. 247-10 R. 247-1 – R. 247-4
SECTION I	*Des infractions relatives aux filiales, aux participations et aux sociétés contrôlées*	L. 247-1 – L. 247-3
SECTION II	*Des infractions relatives à la publicité*	L. 247-4
SECTION III	*Des infractions relatives à la liquidation*	L. 247-5 – L. 247-8
SECTION IV	*Des infractions relatives aux sociétés anonymes comportant un directoire et un conseil de surveillance*	L. 247-9
SECTION V	*Des infractions relatives aux sociétés à capital variable*	L. 247-10
CHAPITRE VIII	Dispositions concernant les directeurs généraux délégués des sociétés anonymes ou des sociétés européennes	L. 248-1
CHAPITRE IX	Peines complémentaires applicables aux personnes physiques	L. 240-1
TITRE V	**DES GROUPEMENTS D'INTÉRÊT ÉCONOMIQUE**	**L. 251-1 – L. 252-13 *[abrogé]* R. 251-1 – R. 252-1**
CHAPITRE I	Du groupement d'intérêt économique de droit français	L. 251-1 – L. 251-23 R. 251-1 – R. 251-3
CHAPITRE II	Du groupement européen d'intérêt économique	L. 252-1 – L. 252-13 *[abrogé]* R. 252-1

LIVRE TROISIÈME

DE CERTAINES FORMES DE VENTES ET DES CLAUSES D'EXCLUSIVITÉ

L. 310-1 – L. 330-3
R. 310-1 – R. 330-2
A. 310-1 – A. 321-36

TITRE I — **DES LIQUIDATIONS, DES VENTES AU DÉBALLAGE, DES SOLDES ET DES VENTES EN MAGASINS D'USINE** .... **L. 310-1 – L. 310-7** / **R. 310-1 – R. 310-19** / **A. 310-1 – A. 310-9**

SECTION I — *Des liquidations* .... R. 310-1 – R. 310-7 / A. 310-1 – A. 310-6

SECTION II — *Des ventes au déballage* .... R. 310-8 – R. 310-14

SECTION III — *Des soldes* .... R. 310-15 – R. 310-17 / A. 310-7 – A. 310-9

SECTION IV — *Des ventes en magasins ou dépôts d'usine* .... R. 310-18

SECTION V — *Des sanctions* .... R. 310-19

TITRE II — **DES VENTES AUX ENCHÈRES PUBLIQUES** .... **L. 320-1 – L. 322-16** / **R. 321-1 – R. 322-15** / **A. 321-1 – A. 321-37**

CHAPITRE I — Des ventes volontaires de meubles aux enchères publiques .... L. 321-1 – L. 321-38 / R. 321-1 – R. 321-74 / A. 321-1 – A. 321-37

SECTION I — *Dispositions générales* .... L. 321-1 – L. 321-23 / R. 321-1 – R. 321-55 / A. 321-1 – A. 321-20

Sous-section 1 — Les opérateurs de ventes volontaires de meubles aux enchères publiques .... L. 321-4 – L. 321-17 / R. 321-1 – R. 321-35 / A. 321-1 – A. 321-20

Sous-section 2 — Le Conseil des ventes volontaires de meubles aux enchères publiques .... L. 321-18 – L. 321-23 / R. 321-36 – R. 321-55

SECTION II — *Libre prestation de services de l'activité de ventes volontaires de meubles aux enchères publiques par les ressortissants des États membres de l'Union européenne et des États parties à l'accord sur l'Espace économique européen* .... L. 321-24 – L. 321-28 / R. 321-56 – R. 321-67

SECTION III	*De l'établissement en France des personnes habilitées à diriger des ventes volontaires de meubles aux enchères publiques dans un autre État membre de la Communauté européenne ou partie à l'accord sur l'Espace économique européen*	A. 321-27 – A. 321-37
SECTION III	*Des experts intervenants dans les ventes volontaires de meubles aux enchères publiques*	L. 321-29 – L. 321-35-1 R. 321-68 – R. 321-73 *[abrogés]*
SECTION IV	*Dispositions diverses*	L. 321-36 – L. 321-38 R. 321-74
CHAPITRE II	Des autres ventes aux enchères	L. 322-1 – L. 322-16 R. 322-1 – R. 322-15
TITRE III	**DES CLAUSES D'EXCLUSIVITÉ**	**L. 330-1 – L. 330-3** **R. 330-1 – R. 330-2**

LIVRE QUATRIÈME

DE LA LIBERTÉ DES PRIX ET DE LA CONCURRENCE

L. 410-1 – L. 470-8
R. 420-1 – R. 470-7
A. 441-1 – A. 450-5

TITRE I	**DISPOSITIONS GÉNÉRALES**	**L. 410-1 – L. 410-5**
TITRE II	**DES PRATIQUES ANTICONCURRENTIELLES**	**L. 420-1 – L. 420-7** **R. 420-1 – R. 420-5**
TITRE III	**DE LA CONCENTRATION ÉCONOMIQUE**	**L. 430-1 – L. 430-10** **R. 430-1 – R. 430-10**
TITRE IV	**DE LA TRANSPARENCE, DES PRATIQUES RESTRICTIVES DE CONCURRENCE ET D'AUTRES PRATIQUES PROHIBÉES**	**L. 440-1 – L. 443-3** **D. 440-1 – D. 442-4**
CHAPITRE PRÉLIMINAIRE	Dispositions générales	L. 440-1
CHAPITRE I	De la transparence	L. 441-1 – L. 441-7 R. 441-1 – D. 441-5 A. 441-1
CHAPITRE II	Des pratiques restrictives de concurrence	L. 442-1 – L. 442-10 R. 442-1 – D. 442-4

CHAPITRE III	Autres pratiques prohibées	L. 443-1 – L. 443-3
TITRE V	**DES POUVOIRS D'ENQUÊTE**	**L. 450-1 – L. 450-8** **R. 450-1 – D. 450-3** **A. 450-1 – A. 450-5**
TITRE VI	**DE L'AUTORITÉ DE LA CONCURRENCE**	**L. 461-1 – L. 461-5** **R. 461-1 – R. 464-31**
CHAPITRE I	De l'organisation	L. 461-1 – L. 461-5 R. 461-1 – R. 461-9
CHAPITRE II	Des attributions	L. 462-1 – L. 462-9 R. 462-1 – R. 462-4
CHAPITRE III	De la procédure	L. 463-1 – L. 463-8 R. 463-1 – R. 463-16
SECTION I	*De la saisine*	R. 463-1 – R. 463-2
SECTION II	*De l'instruction*	R. 463-3 – R. 463-10
SECTION III	*De la notification des griefs et du rapport*	R. 463-11 – R. 463-12
SECTION IV	*Du secret des affaires*	R. 463-13 – R. 463-15
SECTION V	*De l'expertise*	R. 463-16
CHAPITRE IV	Des décisions et des voies de recours	L. 464-1 – L. 464-9 R. 464-1 – R. 464-31
SECTION I	*Des décisions*	R. 464-1 – R. 464-9
SECTION II	*Des recours exercés devant la cour d'appel de Paris contre les décisions de l'Autorité de la concurrence*	R. 464-10 – R. 464-31
Sous-section 1	Des recours prévus à l'article L. 464-8	R. 464-12 – R. 464-19
Sous-section 2	Des recours prévus à l'article L. 464-7	R. 464-20 – R. 464-21
Sous-section 3	Des demandes de sursis à exécution	R. 464-22 – R. 464-24
Sous-section 4	Dispositions communes aux différentes demandes	R. 464-25 – R. 464-31

LIVRE CINQUIÈME
DES EFFETS DE COMMERCE ET DES GARANTIES

L. 511-1 – L. 527-11
R. 511-1 – R. 527-17
A. 526-1 – A. 526-5

TITRE I	**DES EFFETS DE COMMERCE**	**L. 511-1 – L. 512-8** **R. 511-1 – R. 512-1**
CHAPITRE I	De la lettre de change	L. 511-1 – L. 511-81 R. 511-1 – R. 511-11
SECTION I	*De la création et de la forme de la lettre de change*	L. 511-1 – L. 511-6
SECTION II	*De la provision*	L. 511-7

SECTION III	*De l'endossement*	L. 511-8 – L. 511-14
SECTION IV	*De l'acceptation*	L. 511-15 – L. 511-20
SECTION V	*De l'aval*	L. 511-21
SECTION VI	*De l'échéance*	L. 511-22 – L. 511-25
SECTION VII	*Du paiement*	L. 511-26 – L. 511-37 R. 511-1
SECTION VIII	*Du recours faute d'acceptation et faute de paiement*	L. 511-38 – L. 511-51
SECTION IX	*Des protêts*	L. 511-52 – L. 511-61 R. 511-2 – R. 511-11
Sous-section 1	Des formes	L. 511-52 – L. 511-55
Sous-section 2	De la publicité	L. 511-56 – L. 511-60
Sous-section 3	De la prorogation des délais	L. 511-61
SECTION X	*Du rechange*	L. 511-62 – L. 511-64
SECTION XI	*De l'intervention*	L. 511-65 – L. 511-71
Sous-section 1	De l'acceptation par intervention	L. 511-66
Sous-section 2	Du paiement par intervention	L. 511-67 – L. 511-71
SECTION XII	*De la pluralité d'exemplaires et de copies*	L. 511-72 – L. 511-76
Sous-section 1	De la pluralité d'exemplaires	L. 511-72 – L. 511-74
Sous-section 2	Des copies	L. 511-75 – L. 511-76
SECTION XIII	*Des altérations*	L. 511-77
SECTION XIV	*De la prescription*	L. 511-78
SECTION XV	*Dispositions générales*	L. 511-79 – L. 511-81
CHAPITRE II	Du billet à ordre	L. 512-1 – L. 512-8 R. 512-1
TITRE II	**DES GARANTIES**	**L. 521-1 – L. 527-11** **R. 521-1 – R. 527-17**
CHAPITRE I	Dispositions générales sur le gage commercial	L. 521-1 – L. 521-3 R. 521-1 – R. 521-2
CHAPITRE II	Des dépôts en magasins généraux	L. 522-1 – L. 522-40 R. 522-1 – R. 522-25
SECTION I	*De l'agrément, de la cession et de la cessation d'exploitation*	L. 522-1 – L. 522-13 R. 522-1 – R. 522-12
SECTION II	*Des obligations, des responsabilités et des garanties*	L. 522-14 – L. 522-19 R. 522-13 – R. 522-15
SECTION III	*Du fonctionnement et du contrôle*	L. 522-20 – L. 522-23 R. 522-16 – R. 522-19
SECTION IV	*Des récépissés et des warrants*	L. 522-24 – L. 522-37 R. 522-20 – R. 522-24
SECTION V	*Des sanctions*	L. 522-38 – L. 522-40 R. 522-25

CHAPITRE III	Du warrant hôtelier	L. 523-1 – L. 523-15 R. 523-1
CHAPITRE IV	Du warrant pétrolier	L. 524-1 – L. 524-21 R. 524-1
CHAPITRE V	Du nantissement de l'outillage et du matériel d'équipement	L. 525-1 – L. 525-20 R. 525-1 – R. 525-8
CHAPITRE VI	De la protection de l'entrepreneur individuel et du conjoint	L. 526-1 – L. 526-21 R. 526-1 – R. 526-24 A. 526-1 – A. 526-5
SECTION I	*De la déclaration d'insaisissabilité*	L. 526-1 – L. 526-5 R. 526-1 – R. 526-2
SECTION II	*De l'entrepreneur individuel à responsabilité limitée*	L. 526-6 – L. 526-21 R. 526-3 – R. 526-24 A. 526-1 – A. 526-5
Sous-section 1	Dispositions communes	R. 526-3 – R. 526-14 A. 526-1 – A. 526-4
Sous-section 2	Du registre spécial des entrepreneurs individuels à responsabilité limitée	R. 526-15 – R. 526-24 A. 526-5
CHAPITRE VII	Du gage des stocks	L. 527-1 – L. 527-11 R. 527-1 – R. 527-17
SECTION I	*Des formalités d'inscription*	R. 527-1 – R. 527-5
SECTION II	*Des formalités modificatives*	R. 527-6 – R. 527-8
SECTION III	*Des effets de l'inscription*	R. 527-9 – R. 527-10
SECTION IV	*De la radiation de l'inscription*	R. 527-11
SECTION V	*Des obligations des greffiers*	R. 527-12 – R. 527-13
SECTION VI	*Des recours*	R. 527-14 – R. 527-16
SECTION VII	*Dispositions diverses*	R. 527-17

LIVRE SIXIÈME
DES DIFFICULTÉS DES ENTREPRISES

L. 610-1 – L. 680-7
R. 600-1 – R. 670-6
[abrogé]
A. 623-1

TITRE I	DE LA PRÉVENTION DES DIFFICULTÉS DES ENTREPRISES	**L. 611-1 – L. 612-5** **D. 611-1 – R. 612-7**

CHAPITRE I De la prévention des difficultés des entreprises, du mandat *ad hoc* et de la procédure de conciliation...... L. 611-1 – L. 611-15 D. 611-1 – R. 611-50

SECTION I *Des groupements de prévention agréés*........ D. 611-1 – D. 611-9

SECTION II *De la détection des difficultés des entreprises par le président du tribunal de commerce*........ R. 611-10 – R. 611-17

SECTION III *Du mandat*........ R. 611-18 – R. 611-21

SECTION IV *De la procédure de conciliation*........ R. 611-22 – R. 611-46

SECTION V *De la rémunération du mandataire*........ R. 611-47 – R. 611-50

CHAPITRE II Des dispositions applicables aux personnes morales de droit privé non commerçantes ayant une activité économique........ L. 612-1 – L. 612-5 R. 612-1 – R. 612-7

TITRE II **DE LA SAUVEGARDE**........ **L. 620-1 – L. 628-7 R. 621-1 – R. 628-14 A. 623-1**

CHAPITRE I De l'ouverture de la procédure........ L. 621-1 – L. 621-12 R. 621-1 – R. 621-26

SECTION I *De la saisine et de la décision du tribunal*........ R. 621-1 – R. 621-16

SECTION II *Des organes de la procédure et des contrôleurs*........ R. 621-17 – R. 621-26

CHAPITRE II De l'entreprise au cours de la période d'observation........ L. 622-1 – L. 622-33 R. 622-1 – R. 622-26

SECTION I *Des mesures conservatoires*........ R. 622-2 – R. 622-5

SECTION II *De la gestion de l'entreprise*........ R. 622-6 – R. 622-8

SECTION III *De la poursuite de l'activité*........ R. 622-9 – R. 622-20

SECTION IV *De la déclaration de créances*........ R. 622-21 – R. 622-26

CHAPITRE III De l'élaboration du bilan économique, social et environnemental........ L. 623-1 – L. 623-3 R. 623-1 – R. 623-2 A. 623-1

CHAPITRE IV De la détermination du patrimoine du débiteur........ L. 624-1 – L. 624-19 R. 624-1 – R. 624-16

SECTION I *De la vérification et de l'admission des créances*........ L. 624-1 – L. 624-4 R. 624-1 – R. 624-11

Sous-section 1 De la vérification des créances........ R. 624-1 – R. 624-2

Sous-section 2 De l'admission des créances........ R. 624-3 – R. 624-7

Sous-section 3 De l'état des créances........ R. 624-8 – R. 624-11

SECTION II *Des droits du conjoint*........ L. 624-5 – L. 624-8 R. 624-12

SECTION III *Des droits du vendeur de meubles, des revendications et des restitutions*........ L. 624-9 – L. 624-18 R. 624-13 – R. 624-16

SECTION IV	*Dispositions particulières au débiteur entrepreneur individuel à responsabilité limitée*	L. 624-19
CHAPITRE V	Du règlement des créances résultant du contrat de travail	L. 625-1 – L. 625-9 R. 625-1 – R. 625-7
SECTION I	*De la vérification des créances*	L. 625-1 – L. 625-6
SECTION II	*Du privilège des salariés*	L. 625-7 – L. 625-8
SECTION III	*De la garantie du paiement des créances résultant du contrat de travail*	L. 625-9
CHAPITRE VI	Du plan de sauvegarde	L. 626-1 – L. 626-35 R. 626-1 – R. 626-63
SECTION I	*De l'élaboration du projet de plan*	L. 626-2 – L. 626-8 R. 626-1 – D. 626-15
Sous-section 1	De la convocation des assemblées	R. 626-1 – R. 626-3
Sous-section 2	Du remplacement de dirigeants de l'entreprise	R. 626-4 – R. 626-6 *[abrogé]*
Sous-section 3	De la consultation des créanciers	R. 626-7 – R. 626-8
Sous-section 4	Du règlement des créances publiques	D. 626-9 – D. 626-15
SECTION II	*Du jugement arrêtant le plan et de l'exécution du plan*	L. 626-9 – L. 626-28 R. 626-17 – R. 626-51
Sous-section 1	De l'arrêté du plan	R. 626-17 – R. 626-22
Sous-section 2	De l'exécution du plan	R. 626-23 – R. 626-51
SECTION III	*Des comités de créanciers*	L. 626-29 – L. 626-35 R. 626-52 – R. 626-63
CHAPITRE VII	Dispositions particulières en l'absence d'administrateur judiciaire	L. 627-1 – L. 627-4 R. 627-1
CHAPITRE VIII	De la sauvegarde financière accélérée	L. 628-1 – L. 628-7 R. 628-1 – R. 628-14
SECTION I	*De l'ouverture de la procédure*	R. 628-2 – R. 628-5
SECTION II	*De la déclaration des créances*	R. 628-6 – R. 628-7
SECTION III	*Du comité des établissements de crédit, de l'assemblée générale des obligataires et des assemblées d'actionnaires*	R. 628-8 – R. 628-11
SECTION IV	*De l'arrêté du plan et de la clôture de la procédure*	R. 628-12 – R. 628-14
TITRE III	**DU REDRESSEMENT JUDICIAIRE**	**L. 631-1 – L. 632-4** **R. 631-1 – R. 631-43**
CHAPITRE I	De l'ouverture et du déroulement du redressement judiciaire	L. 631-1 – L. 631-22 R. 631-1 – R. 631-43
SECTION I	*De l'ouverture de la procédure*	R. 631-1 – R. 631-16
Sous-section 1	De la saisine et de la décision du tribunal	R. 631-1 – R. 631-15
Sous-section 2	Des organes de la procédure et des contrôleurs	R. 631-16

SECTION II	*Du déroulement de la procédure*	R. 631-17 – R. 631-43
Sous-section 1	De la modification de la mission de l'administrateur	R. 631-17
Sous-section 2	Des mesures conservatoires au cours de la période d'observation	R. 631-18
Sous-section 3	De la gestion de l'entreprise au cours de la période d'observation	R. 631-19
Sous-section 4	De la poursuite de l'activité de l'entreprise au cours de la période d'observation	R. 631-20 – R. 631-25
Sous-section 5	De la situation des salariés au cours de la période d'observation	R. 631-26
Sous-section 6	De la déclaration de créances	R. 631-27
Sous-section 7	De l'élaboration du plan économique, social et environnemental	R. 631-28
Sous-section 8	De la vérification et de l'admission des créances	R. 631-29
Sous-section 9	Des droits du conjoint du débiteur	R. 631-30
Sous-section 10	Des droits du vendeur de meubles, des revendications et des restitutions	R. 631-31
Sous-section 11	Du règlement des créances résultant d'un contrat de travail	R. 631-32 – R. 631-33
Sous-section 12	Du projet de plan	R. 631-34 – R. 631-34-4
Sous-section 13	Du jugement arrêtant le plan	R. 631-35 – R. 631-36
Sous-section 14	Des comités de créanciers	R. 631-37
Sous-section 15	Dispositions particulières en l'absence d'administrateur judiciaire	R. 631-38
Sous-section 16	De la cession partielle ou totale de l'entreprise	R. 631-39 – R. 631-42
Sous-section 17	De la clôture de la procédure	R. 631-43
CHAPITRE II	De la nullité de certains actes	L. 632-1 – L. 632-4
TITRE IV	**DE LA LIQUIDATION JUDICIAIRE**	**L. 640-1 – L. 644-6** **R. 640-1 – R. 644-4**
CHAPITRE PRÉLIMINAIRE	Des conditions d'ouverture de la liquidation judiciaire	L. 640-1 – L. 640-6 R. 640-1 – R. 640-2
CHAPITRE I	Du jugement de liquidation judiciaire	L. 641-1 – L. 641-15 R. 641-1 – R. 641-40
SECTION I	*De la saisine et de la décision du tribunal*	R. 641-1 – R. 641-9
SECTION II	*Des conditions d'application de la liquidation judiciaire simplifiée*	D. 641-10
SECTION III	*Des organes de la procédure et des contrôleurs*	R. 641-11 – R. 641-13
SECTION IV	*Des mesures conservatoires*	R. 641-14 – R. 641-17
SECTION V	*Du maintien de l'activité*	R. 641-18 – R. 641-22
SECTION VI	*Des instances interrompues et des procédures d'ordre en cours*	R. 641-23 – R. 641-24

SECTION VII	*De la déclaration des créances*	R. 641-25 – R. 641-26
SECTION VIII	*De la vérification et de l'admission des créances*	R. 641-27 – R. 641-29
SECTION IX	*Des droits du conjoint du débiteur*	R. 641-30
SECTION X	*Des droits du vendeur de meubles, des revendications et des restitutions*	R. 641-31 – R. 641-32
SECTION XI	*Du règlement des créances résultant du contrat de travail*	R. 641-33 – R. 641-35 *[abrogé]*
SECTION XII	*Dispositions diverses*	R. 641-36 – R. 641-40
CHAPITRE II	De la réalisation de l'actif	L. 642-1 – L. 642-25 R. 642-1 – R. 642-41
SECTION I	*De la cession de l'entreprise*	L. 642-1 – L. 642-17 R. 642-1 – R. 642-21
SECTION II	*De la cession des actifs du débiteur*	L. 642-18 – L. 642-21 *[abrogé]* R. 642-22 – R. 642-39
Sous-section 1	Des ventes des immeubles	R. 642-22 – R. 642-37-1
Sous-section 2	De la vente des autres biens	R. 642-37-2 – R. 642-39 *[abrogé]*
SECTION III	*Dispositions communes*	L. 642-22 – L. 642-25 *[abrogé]* R. 642-40 – R. 642-41
CHAPITRE III	De l'apurement du passif	L. 643-1 – L. 643-13 R. 643-1 – R. 643-24
SECTION I	*Du règlement des créanciers*	L. 643-1 – L. 643-8 R. 643-1 – R. 643-15
SECTION II	*De la clôture des opérations de liquidation judiciaire*	L. 643-9 – L. 643-13 R. 643-16 – R. 643-24
CHAPITRE IV	De la liquidation judiciaire simplifiée	L. 644-1 – L. 644-6 R. 644-1 – R. 644-4
TITRE V	**DES RESPONSABILITÉS ET DES SANCTIONS**	**L. 650-1 – L. 654-20** **R. 651-1 – R. 654-1**
CHAPITRE I	De la responsabilité pour insuffisance d'actif	L. 651-1 – L. 651-4 R. 651-1 – R. 651-6
CHAPITRE II	De l'obligation aux dettes sociales	L. 652-1 – L. 652-5 *[abrogés]* R. 652-1 – R. 652-2 *[abrogés]*
CHAPITRE III	De la faillite personnelle et des autres mesures d'interdiction	L. 653-1 – L. 653-11 R. 653-1 – R. 653-4

CHAPITRE IV	De la banqueroute et des autres infractions	L. 654-1 – L. 654-20 R. 654-1
SECTION I	*De la banqueroute*	L. 654-1 – L. 654-7
SECTION II	*Des autres infractions*	L. 654-8 – L. 654-15
SECTION III	*Des règles de procédure*	L. 654-16 – L. 654-20
TITRE VI	**DES DISPOSITIONS GÉNÉRALES DE PROCÉDURE**	**L. 661-1 – L. 663-4** **R. 661-1 – R. 663-49**
CHAPITRE I	Des voies de recours	L. 661-1 – L. 661-12 R. 661-1 – R. 661-8
CHAPITRE II	Autres dispositions	L. 662-1 – L. 662-6 R. 662-1 – R. 662-16
CHAPITRE III	Des frais de procédure	L. 663-1 – L. 663-4 R. 663-1 – R. 663-49
SECTION I	*De la prise en charge de certains frais de justice par le trésor public*	R. 663-2
SECTION II	*De la rémunération de l'administrateur judiciaire, du commissaire à l'exécution du plan, du mandataire judiciaire et du liquidateur*	R. 663-3 – R. 663-40
Sous-section 1	De la rémunération de l'administrateur judiciaire	R. 663-3 – R. 663-13
Sous-section 2	De la rémunération du commissaire à l'exécution du plan	R. 663-14 – R. 663-17
Sous-section 3	De la rémunération du mandataire judiciaire et du liquidateur	R. 663-18 – R. 663-31
Sous-section 4	Dispositions communes à la rémunération de l'administrateur judiciaire, du commissaire à l'exécution du plan, du mandataire judiciaire et du liquidateur	R. 663-32 – R. 663-40
SECTION III	*De l'indemnisation des dossiers impécunieux*	R. 663-41 – R. 663-49
TITRE VII	**DISPOSITIONS DÉROGATOIRES PARTICULIÈRES AUX DÉPARTEMENTS DE LA MOSELLE, DU BAS-RHIN ET DU HAUT-RHIN**	**L. 670-1 – L. 670-8** **R. 670-1 – R. 670-6** ***[abrogé]***
TITRE VIII	**DISPOSITIONS PARTICULIÈRES À L'ENTREPRENEUR INDIVIDUEL À RESPONSABILITÉ LIMITÉE**	**L. 680-1 – L. 680-7**

LIVRE SEPTIÈME

DES JURIDICTIONS COMMERCIALES ET DE L'ORGANISATION DU COMMERCE

L. 710-1 – L. 762-3
R. 711-1 – R. 762-14
A. 711-1 – A. 762-18

TITRE I	**DU RÉSEAU DES CHAMBRES DE COMMERCE ET D'INDUSTRIE**	**L. 710-1 – L. 713-18** **R. 711-1 – R. 713-71** **A. 711-1 – A. 713-30**
CHAPITRE I	De l'organisation et des missions du réseau des chambres de commerce et d'industrie	L. 711-1 – L. 711-12 R. 711-1 – R. 711-75-3 A. 711-1 – A. 711-4
SECTION I	*Les chambres de commerce et d'industrie territoriales et départementales d'Île-de-France*	L. 711-1 – L. 711-4 R. 711-1 – R. 711-31 A. 711-1 – A. 711-3
Sous-section 1	Dispositions générales	R. 711-1 – R. 711-11-1 A. 711-1 – A. 711-2
Sous-section 2	Du fonctionnement	R. 711-12 – R. 711-17 A. 711-3
Sous-section 3	De la délégation des chambres de commerce et d'industrie	R. 711-18 – R. 711-21
Sous-section 4	Des groupements interconsulaires	R. 711-22 – R. 711-31
SECTION II	*Les chambres de commerce et d'industrie de région*	L. 711-6 – L. 711-10 R. 711-32 – R. 711-53
Sous-section 1	Des compétences	R. 711-33 – D. 711-34-3
Sous-section 2	Des schémas directeurs	R. 711-35 – R. 711-45
Sous-section 3	De l'organisation et du fonctionnement	R. 711-46 – R. 711-53
SECTION III	*La chambre de commerce et d'industrie de région Paris-Île-de-France*	L. 711-11 – L. 711-14
SECTION IV	*L'assemblée des chambres françaises de commerce et d'industrie*	L. 711-15 – L. 711-16 R. 711-54 – R. 711-67 *[abrogé]*
SECTION IV	*Dispositions communes*	D. 711-67 – R. 711-75-3 A. 711-4
CHAPITRE II	De l'administration des établissements du réseau des chambres de commerce et d'industrie	L. 712-1 – L. 712-12 R. 712-1 – R. 712-37 A. 712-1 – A. 712-42
SECTION I	*Des modalités de la tutelle*	R. 712-2 – R. 712-11-1 A. 712-7 – A. 712-18

SECTION II	*Des règles budgétaires*	R. 712-12 – R. 712-26 A. 712-19 – A. 712-42
Sous-section 1	Dispositions communes	R. 712-12 – R. 712-20-1 A. 712-19 – A. 712-42
Sous-section 2	Dispositions applicables aux chambres régionales	R. 712-121 – R. 712-23
Sous-section 3	Dispositions applicables aux groupements interconsulaires	R. 712-24
Sous-section 4	Dispositions applicables à l'assemblée des chambres françaises de commerce et d'industrie	R. 712-25 – R. 712-26
SECTION III	*Des emprunts*	R. 712-27 – R. 712-34
SECTION IV	*Des équipements et services*	R. 712-35 – R. 712-37
CHAPITRE III	De l'élection des membres des chambres de commerce et d'industrie et des délégués consulaires	L. 713-1 – L. 713-18 R. 713-1 – R. 713-71 A. 713-1 – A. 713-30
SECTION I	*De l'élection des membres des chambres de commerce et d'industrie*	L. 713-1 – L. 713-5 R. 713-1 – R. 713-30 A. 713-1 – A. 713-13
Sous-section 1	De l'établissement des listes électorales	R. 713-1-1 – R. 713-5 A. 713-1 – A. 713-3
Sous-section 2	Des candidatures	R. 713-6 – R. 713-12 A. 713-4 – A. 713-7-1
Sous-section 3	De la préparation du scrutin	R. 713-13 – R. 713-15 A. 713-8 – A. 713-10
Sous-section 4	Du vote par correspondance	R. 713-16 – R. 713-20 A. 713-11 – A. 713-13
Sous-section 5	Du vote électronique	R. 713-21 – R. 713-26
Sous-section 6	De la proclamation des résultats et du contentieux des élections	R. 713-27 – R. 713-30
SECTION II	*De l'élection des délégués consulaires*	L. 713-6 – L. 713-10 R. 713-31 – R. 713-62 A. 713-14 – A. 713-25
Sous-section 1	Dispositions générales	R. 713-31 – R. 713-36 A. 713-14 – A. 713-17
Sous-section 2	De l'établissement des listes électorales	R. 713-37 – R. 713-41 A. 713-18 – A. 713-19
Sous-section 3	Des candidatures	R. 713-42 – R. 713-48 A. 713-20 – A. 713-22-1
Sous-section 4	Du vote par correspondance	R. 713-49 – R. 713-53 A. 713-23 – A. 713-25
Sous-section 5	Du vote électronique	R. 713-54 – R. 713-58
Sous-section 6	De la proclamation des résultats et du contentieux	R. 713-59 – R. 713-62
SECTION III	*Dispositions communes*	L. 713-11 – L. 713-18 R. 713-63 – R. 713-71 A. 713-26 – A. 713-30

TITRE II	**DU TRIBUNAL DE COMMERCE**	**L. 721-1 – L. 724-7** **R. 721-1 – R. 724-21** **A. 721-1 – A. 721-10**
CHAPITRE I	De l'institution et de la compétence	L. 721-1 – L. 721-7 R. 721-1 – R. 721-18 A. 721-1 – A. 721-10
SECTION I	*Dispositions générales*	R. 721-1 – R. 721-4
SECTION II	*De la compétence*	R. 721-5 – R. 721-6
SECTION III	*Du Conseil national des tribunaux de commerce*	R. 721-7 – R. 721-18 A. 721-1 – A. 721-10
CHAPITRE II	De l'organisation et du fonctionnement	L. 722-1 – L. 722-16 R. 722-1 – R. 722-21
SECTION I	*De l'organisation et du fonctionnement du tribunal de commerce*	L. 722-1 – L. 722-5 R. 722-1 – R. 722-6
SECTION II	*Du mandat des juges des tribunaux de commerce*	L. 722-6 – L. 722-16 R. 722-7 – R. 722-21
CHAPITRE III	De l'élection des juges des tribunaux de commerce	L. 723-1 – L. 723-14 R. 723-1 – R. 723-31
SECTION I	*De l'électorat*	L. 723-1 – L. 723-3 R. 723-1 – R. 723-4
SECTION II	*De l'éligibilité*	L. 723-4 – L. 723-8 R. 723-5 – R. 723-31
SECTION III	*Du scrutin et des opérations électorales*	L. 723-9 – L. 723-14
Sous-section 1	Des candidatures et des opérations préalables au scrutin	R. 723-6 – R. 723-8
Sous-section 2	Du vote par correspondance	R. 723-9 – R. 723-15
Sous-section 3	Du vote électronique	R. 723-16 – R. 723-21
Sous-section 4	De la proclamation des résultats et du contentieux de l'élection des juges consulaires	R. 723-22 – R. 723-31
CHAPITRE IV	De la discipline des juges des tribunaux de commerce	L. 724-1 – L. 724-7 R. 724-1 – R. 724-21
SECTION I	*De la commission nationale de discipline*	R. 724-1 – R. 724-10
SECTION II	*De la procédure disciplinaire*	R. 724-11 – R. 724-21
TITRE III	**DES JURIDICTIONS COMMERCIALES PARTICULIÈRES**	**L. 731-1 – L. 732-7** **D. 731-1 – R. 732-8**
CHAPITRE I	Des dispositions applicables aux départements du Bas-Rhin, du Haut-Rhin et de la Moselle	L. 731-1 – L. 731-4 R. 731-1 – R. 731-5

CHAPITRE II	Des dispositions applicables aux départements et régions d'outre-mer	L. 732-1 – L. 732-7 R. 732-1 – R. 732-8
TITRE IV	**DU GREFFE DU TRIBUNAL DE COMMERCE**	**L. 741-1 – L. 744-2** **R. 741-1 – R. 743-182** **A. 741-1 – A. 743-7**
CHAPITRE I	De l'institution et des missions	L. 741-1 – L. 741-2 R. 741-1 – R. 741-23 A. 741-1 – A. 741-2
SECTION I	*Dispositions générales*	R. 741-1 – R. 741-6 A. 741-1 – A. 741-2
SECTION II	*De la modification du ressort des juridictions commerciales*	R. 741-7 – R. 741-9
SECTION III	*Du Conseil national des greffiers des tribunaux de commerce*	R. 741-10 – R. 741-23
CHAPITRE II	Des conditions d'accès à la profession et aux autres professions judiciaires et juridiques	L. 742-1 – L. 742-2 R. 742-1 – R. 742-38 A. 742-1 – A. 742-18
SECTION I	*Des conditions d'accès à la profession de greffier de tribunal de commerce*	R. 742-1 – R. 742-32 A. 742-1 – A. 742-18
Sous-section 1	Des conditions d'aptitude	R. 742-1 – R. 742-17 A. 742-1 – A. 742-18
Sous-section 2	De la nomination	R. 742-18 – R. 742-30
Sous-section 3	De l'entrée en fonctions et de l'honorariat	R. 742-31 – R. 742-32
SECTION II	*Des conditions d'accès aux professions judiciaires et juridiques de certains greffiers de tribunal de commerce*	R. 742-33 – R. 742-38
CHAPITRE III	Des conditions d'exercice	L. 743-1 – L. 743-15 R. 743-1 – R. 743-182 A. 743-1 – A. 743-7
SECTION I	*De l'inspection et de la discipline*	L. 743-1 – L. 743-11 R. 743-1 – R. 743-28
Sous-section 1	De l'inspection	L. 743-1 R. 743-1 – R. 743-4
Sous-section 2	De la discipline	L. 743-2 – L. 743-11 R. 743-5 – R. 743-28
SECTION II	*Des modes d'exercice*	L. 743-12 – L. 743-12-1 R. 743-29 – R. 743-139-20
Sous-section 1	Dispositions communes aux diverses sociétés	R. 743-29 – R. 743-80
Sous-section 2	Dispositions applicables aux sociétés civiles professionnelles	R. 743-81 – R. 743-119
Sous-section 3	Dispositions applicables aux sociétés d'exercice libéral	R. 743-120 – R. 743-134

Sous-section 4	Dispositions applicables aux sociétés en participation de greffiers de tribunal de commerce	R 743-135 – R. 743-139
Sous-section 5	Du salariat	R 743-139-1 – R 743-139-20
SECTION II BIS	*Des sociétés de participations financières de profession libérale de greffiers des tribunaux de commerce*	R 743-139-21 – R 743-139-31
SECTION III	*De la tarification des greffiers des tribunaux de commerce*	L. 743-13 R 743-140 – R. 743-157
SECTION IV	*De la comptabilité*	L. 743-14 R. 743-178 – R. 743-182 A. 743-1 – A. 743-6
SECTION V	*De la formation professionnelle continue*	L 743-15 R. 742-39 – R. 742-40
CHAPITRE IV	Des dispositions applicables aux départements et régions d'outre-mer	L 744-1 – L. 744-2
TITRE V	**DE L'AMÉNAGEMENT COMMERCIAL**	**L. 750-1 – L. 752-27** **R. 751-1 – R. 752-54** **A. 750-1 – A. 752-3**
CHAPITRE I	Des commissions d'aménagement commercial	L 751-1 – L. 751-9 R. 751-1 – R. 751-20 A. 751-1 – A. 751-12
SECTION I	*Des commissions départementales d'aménagement commercial*	L. 751-1 – L. 751-4 R. 751-1 – R. 751-7
SECTION II	*De la commission nationale d'aménagement commercial*	L. 751-5 – L. 751-8 R. 751-8 – R. 751-11
SECTION III	*Des observatoires départementaux d'aménagement commercial*	L. 751-9 R. 751-12 – R. 751-15 A. 751-1 – A. 751-6
SECTION IV	*De l'observatoire d'aménagement commercial d'Île-de-France*	R. 751-16 – R. 751-17 A. 751-7 – A. 751-12
SECTION V	*Des schémas de développement commercial*	R. 751-18 – R. 751-20
CHAPITRE II	De l'autorisation commerciale	L. 752-1 – L. 752-27 R. 752-1 – R. 752-54 A. 752-1 – A. 752-3
SECTION I	*Des projets soumis à autorisation*	L. 752-1 – L. 752-5 R. 752-1 – R. 752-4
SECTION II	*De la décision de la commission départementale*	L. 752-6 – L. 752-16 R. 752-6 – R. 752-28 A. 752-1 – A. 752-3

Sous-section 1	De la demande d'autorisation	R. 752-6 – R. 752-15 A. 752-1 – A. 752-3
Sous-section 2	De la procédure d'autorisation	R. 752-16 – R. 752-25
Sous-section 3	Dispositions diverses	R. 752-26 – R. 752-28
SECTION III	*De l'avis des commissions d'aménagement commercial*	R. 752-29 – R. 752-44
SECTION III	*Du recours contre la décision de la commission départementale*	L. 752-17 – L. 752-25 R. 752-45 – R. 752-52
SECTION IV	*Du contrôle de l'Autorité de la concurrence en cas de position dominante*	L. 752-26 – L. 752-27
SECTION V	*Des sanctions*	R. 752-53 – R. 752-54
TITRE VI	**DES MARCHÉS D'INTÉRÊT NATIONAL ET DES MANIFESTATIONS COMMERCIALES**	**L. 761-1 – L. 762-3** **R. 761-1 – R. 762-14** **A. 761-1 – A. 762-18**
CHAPITRE I	Des marchés d'intérêt national	L. 761-1 – L. 761-11 R. 761-1 – R. 761-26 A. 761-1 – A. 761-15
SECTION I	*Dispositions générales*	R. 761-1 – R. 761-6 A. 761-1 – A. 761-8
SECTION II	*Du périmètre de référence et de l'autorisation d'installation dans ce périmètre*	R. 761-7 – R. 761-12-7 A. 761-9 – A. 761-14
Sous-section 1	Du périmètre de référence	R. 761-7 – R. 761-9 A. 761-9 – A. 761-10
Sous-section 2	De l'autorisation d'installation dans un périmètre de référence	R. 761-10 – R. 761-12-7 A. 761-11 – A. 761-14
SECTION III	*De l'organisation générale des marchés d'intérêt national*	R. 761-13 – R. 761-26 A. 761-15
Sous-section 1	Dispositions communes à tous les marchés d'intérêt national	R. 761-13 – R. 761-21 A. 761-15
Sous-section 2	Dispositions applicables aux marchés d'intérêt national installés sur le domaine public	R. 761-22 – R. 761-24
Sous-section 3	Dispositions applicables aux marchés d'intérêt national installés sur le domaine privé d'une collectivité territoriale et à ceux installés sur des immeubles appartenant à des personnes privées	R. 761-25 – R. 761-26
CHAPITRE II	Des manifestations commerciales	L. 762-1 – L. 762-3 R. 762-1 – R. 762-14 A. 762-1 – A. 762-18

LIVRE HUITIÈME

DE QUELQUES PROFESSIONS RÉGLEMENTÉES

L. 811-1 – L. 823-18
R. 811-1 – R. 823-22
A. 811-1 – A. 823-37

TITRE I DES ADMINISTRATEURS JUDICIAIRES, MANDATAIRES JUDICIAIRES ET EXPERTS EN DIAGNOSTIC D'ENTREPRISE .... L. 811-1 – L. 814-13 / R. 811-1 – R. 814-169 / A. 811-1 – A. 814-7

CHAPITRE I Des administrateurs judiciaires .... L. 811-1 – L. 811-16 / R. 811-1 – R. 811-59 / A. 811-1 – A. 811-22

SECTION I *De la mission, des conditions d'accès et d'exercice et des incompatibilités* .... L. 811-1 – L. 811-10 / R. 811-1 – R. 811-39

Sous-section 1 Des missions .... L. 811-1 / R. 811-1 – R. 811-6

Sous-section 2 Des conditions d'accès à la profession .... L. 811-2 – L. 811-5 / R. 811-7 – R. 811-28

Sous-section 3 Des conditions d'exercice .... L. 811-6 – L. 811-9 / R. 811-29 – R. 811-39

Sous-section 4 Des incompatibilités .... L. 811-10

SECTION II *De la surveillance, de l'inspection et de la discipline* .... L. 811-11 – L. 811-16 / R. 811-40 – R. 811-57

Sous-section 1 De la surveillance et de l'inspection .... L. 811-11 – L. 811-11-3 / R. 811-40 – R. 811-42

Sous-section 2 De la discipline .... L. 811-12 A – L. 811-16 / R. 811-43 – R. 811-57

SECTION III *De la désignation d'un administrateur provisoire* .... R. 811-58 – R. 811-59

CHAPITRE II Des mandataires judiciaires .... L. 812-1 – L. 812-10 / R. 812-1 – R. 812-23 / A. 812-1 – A. 812-21

SECTION I *Des missions, des conditions d'accès et d'exercice et des incompatibilités* .... L. 812-1 – L. 812-8 / R. 812-1 – R. 812-20

Sous-section 1 Des missions .... L. 812-1 / R. 812-1 – R. 812-3

Sous-section 2 Des conditions d'accès à la profession .... L. 812-2 – L. 812-3 / R. 812-4 – R. 812-18

Sous-section 3 Des conditions d'exercice .... L. 812-4 – L. 812-7 / R. 812-19 – R. 812-20

Sous-section 4 Des incompatibilités .... L. 812-8

SECTION II *De la surveillance, de l'inspection et de la discipline* .... L. 812-9 – L. 812-10 / R. 812-21 – R. 812-23

CHAPITRE III	Des experts en diagnostic d'entreprise	L. 813-1 – L. 813-2 *[abrogé]*
CHAPITRE IV	Dispositions communes	L. 814-1 – L. 814-13 R. 814-1 – R. 814-169 A. 814-1 – A 814-6
SECTION I	*Des recours contre les décisions des commissions d'inscription et de la représentation auprès des pouvoirs publics*	L. 814-1 – L. 814-2 R. 814-1 – R. 814-2
Sous-section 1	Des recours contre les décisions des commissions d'inscription	L. 814-1
Sous-section 2	De la représentation des professions auprès des pouvoirs publics	L. 814-2 R. 814-3 – R. 814-15 A. 814-1 – A. 814-2
SECTION II	*De la garantie de la représentation des fonds, de la responsabilité civile professionnelle et de la rémunération*	L. 814-3 – L. 814-7 *[abrogé]* R. 814-16 – R. 814-28 A. 814-3 – A. 814-6
Sous-section 1	De la garantie de la représentation des fonds et de la responsabilité civile professionnelle	L. 814-3 – L. 814-5 R. 814-16 – R. 814-26 A. 814-3 – A. 814-6
Sous-section 2 [abrogée]	De la rémunération	L. 814-6 – L. 814-7 *[abrogés]* R. 814-27 – R. 814-28
SECTION III	*Dispositions diverses*	L. 814-8 – L. 814-13
SECTION IV	*De la comptabilité, du dépôt de fonds, des contrôles et dispositions diverses*	R. 814-29 – R. 814-58
Sous-section 1	De la tenue de la comptabilité et du dépôt des fonds	R. 814-29 – R. 814-41
Sous-section 2	Des contrôles	R. 814-42 – R. 814-49
Sous-section 3	De l'honorariat, du costume d'audience et du serment	R. 814-50 – R. 814-52
Sous-section 4	Du lieu d'exercice de la profession	R. 814-53 – R. 814-58
SECTION V	*Des sociétés d'administrateurs judiciaires et de mandataires judiciaires*	R. 814-59 – R. 814-157
Sous-section 1	Dispositions communes aux diverses sociétés	R. 814-59 – R. 814-108
Sous-section 2	Dispositions applicables aux sociétés civiles professionnelles	R. 814-109 – R. 814-144
Sous-section 3	Dispositions applicables aux sociétés d'exercice libéral	R. 814-145 – R. 814-154
Sous-section 4	Dispositions applicables aux sociétés en participation	R. 814-155 – R. 814-157

SECTION VI *Des sociétés de participations financières de professions libérales d'administrateurs judiciaires ou de mandataires judiciaires* ..... R. 814-158 – R. 814-169 A. 814-7

TITRE II **DES COMMISSAIRES AUX COMPTES** ..... **L. 820-1 – L. 823-20 R. 821-1 – R. 823-22 A. 821-1 – A. 823-37**

CHAPITRE PRÉLIMINAIRE Dispositions générales ..... L. 820-1 – L. 820-7

CHAPITRE I De l'organisation et du contrôle de la profession ..... L. 821-1 – L. 821-13 R. 821-1 – R. 821-72 A. 821-1

SECTION I *Du Haut Conseil du commissariat aux comptes* ..... R. 821-1 – R. 821-22 A. 821-1

Sous-section 1 De l'organisation ..... R. 821-1 – R. 821-5

Sous-section 2 Du fonctionnement ..... R. 821-6 – R. 821-14-19

Sous-section 3 Des relations du Haut Conseil avec ses homologues étrangers ..... R. 821-15 – R. 821-22

SECTION II *Des contrôles et inspections des commissaires aux comptes* ..... R. 821-23 – R. 821-27

SECTION III *De l'organisation professionnelle* ..... R. 821-23 – R. 821-72

Sous-section 1 De la compagnie nationale et des compagnies régionales ..... R. 821-23 – R. 821-40

Sous-section 2 Du conseil national ..... R. 821-41 – R. 821-55

Sous-section 3 Des conseils régionaux ..... R. 821-56 – R. 821-72

CHAPITRE II Du statut des commissaires aux comptes ..... L. 822-1 – L. 822-18 R. 822-1 – R. 822-162 A. 822-1 – A. 822-34

SECTION I *De l'inscription et de la discipline* ..... L. 822-1 – L. 822-8 R. 822-1 – R. 822-59 A. 822-1 – A. 822-28

Sous-section 1 De l'inscription ..... L. 822-1 – L. 822-5 R. 822-1 – R. 822-31 A. 822-1 – A. 822-28

Sous-section 2 De la discipline ..... L. 822-6 – L. 822-8 R. 822-32 – R. 822-59

SECTION II *De la déontologie et de l'indépendance des commissaires aux comptes* ..... L. 822-9 – L. 822-16 R. 822-60 – R. 822-69 A. 822-28-1 – A. 822-28-19 A. 822-29 – A. 822-33

SECTION III *De la responsabilité civile* ..... L. 822-17 – L. 822-18 R. 822-70 – R. 822-71 A. 822-29 – A. 822-33

SECTION IV	*Des sociétés de commissaires aux comptes*	R. 822-72 – R. 822-162 A. 822-34
Sous-section 1	Dispositions communes aux diverses sociétés	R. 822-72 – R. 822-108
Sous-section 2	Dispositions applicables aux sociétés civiles professionnelles	R. 822-109 – R. 822-134
Sous-section 3	Dispositions applicables aux sociétés autres que les sociétés civiles professionnelles	R. 822-135 – R. 822-144
Sous-section 4	Dispositions applicables aux sociétés en participation	R. 822-145 – R. 822-148
Sous-section 5	Des sociétés de participations financières de profession libérale de commissaires aux comptes	R. 822-149 – R. 822-162 A. 822-34
CHAPITRE III	De l'exercice du contrôle légal	L. 823-1 – L. 823-20 R. 823-1 – R. 823-22 A. 823-1 – A. 823-37
SECTION I	*De la nomination, de la récusation et de la révocation des commissaires aux comptes*	L. 823-1 – L. 823-8-1 R. 823-1 – R. 823-6
SECTION II	*De la mission du commissaire aux comptes*	L. 823-9 – L. 823-12 R. 823-7 – D. 823-7-1
SECTION III	*Des modalités d'exercice de la mission*	L. 823-12-1 – L. 823-20 R. 823-8 – R. 823-22 A. 823-1 – A. 823-37

LIVRE NEUVIÈME

DISPOSITIONS RELATIVES À L'OUTRE-MER

L. 910-1 A – L. 958-2
R. 910-1 – R. 958-2

TITRE I A	OBSERVATOIRES DES PRIX, DES MARGES ET DES REVENUS DANS LES OUTRE-MER	**L. 910-1 A – L. 910-1 J**
TITRE I	DISPOSITIONS SPÉCIFIQUES À SAINT-PIERRE-ET-MIQUELON	**L. 910-1 – L. 917-4** **R. 910-1 – R. 916-1**
CHAPITRE I	Dispositions d'adaptation du livre I	L. 911-1 – L. 911-14 R. 911-1 – R. 911-2
CHAPITRE II	Dispositions d'adaptation du livre II	L. 912-1 – L. 912-7
CHAPITRE III	Dispositions d'adaptation du livre III	L. 913-1 R. 913-1
CHAPITRE IV	Dispositions d'adaptation du livre IV	L. 914-1 – L. 914-2 R. 914-1 – D. 914-2
CHAPITRE V	Dispositions d'adaptation du livre V	L. 915-1 – L. 915-6

CHAPITRE VI	Dispositions d'adaptation du livre VI	L. 916-1 R. 916-1
CHAPITRE VII	Dispositions d'adaptation du livre VII	L. 917-1 – L. 917-5 D. 917-1 – D. 917-10
CHAPITRE VIII	Dispositions d'adaptation du livre VIII	Le livre VIII ne nécessite aucune mesure d'adaptation
TITRE II	**DISPOSITIONS APPLICABLES À MAYOTTE**	**L. 920-1 – L. 927-1** **R. 920-1 – R. 927-4**
CHAPITRE I	Dispositions d'adaptation du livre I	L. 921-1 – L. 921-14 R. 921-1 – R. 921-4
CHAPITRE II	Dispositions d'adaptation du livre II	L. 922-1 – L. 922-10 R. 922-1
CHAPITRE III	Dispositions d'adaptation du livre III	L. 923-1 – L. 923-2 R. 923-1
CHAPITRE IV	Dispositions d'adaptation du livre IV	L. 924-1 – L. 924-6 R. 924-1 – D. 924-2
CHAPITRE V	Dispositions d'adaptation du livre V	L. 925-1 – L. 925-7
CHAPITRE VI	Dispositions d'adaptation du livre VI	L. 926-1 – L. 926-7 R. 926-1
CHAPITRE VII	Dispositions d'adaptation du livre VII	L. 927-1 R. 927-1 – R. 927-4
CHAPITRE VIII	Dispositions d'adaptation du livre VIII	Le livre VIII ne nécessite aucune mesure d'adaptation
TITRE III	**DISPOSITIONS APPLICABLES EN NOUVELLE-CALÉDONIE**	**L. 930-1 – L. 938-1** **R. 930-1 – R. 938-1**
CHAPITRE I	Dispositions d'adaptation du livre I	L. 931-1 – L. 931-19 R. 931-1 – R. 931-4
CHAPITRE II	Dispositions d'adaptation du livre II	L. 932-1 *[abrogé]* – L. 932-17 R. 932-1
CHAPITRE III	Dispositions d'adaptation du livre III	L. 933-1 – L. 933-8 R. 933-1
CHAPITRE IV	Dispositions d'adaptation du livre IV	L. 934-1 – L. 934-5
CHAPITRE V	Dispositions d'adaptation du livre V	L. 935-1 – L. 935-10
CHAPITRE VI	Dispositions d'adaptation du livre VI	L. 936-1 – L. 936-12 R. 936-1 – R. 936-2

CHAPITRE VII	Dispositions d'adaptation du livre VII	L. 937-1 – L. 937-13 R. 937-1 – R. 937-10
CHAPITRE VIII	Dispositions d'adaptation du livre VIII	L. 938-1 R. 938-1
TITRE IV	**DISPOSITIONS APPLICABLES EN POLYNÉSIE FRANÇAISE**	**L. 940-1 – L. 947-13 R. 940-1 – R. 947-9**
CHAPITRE I	Dispositions d'adaptation du livre I	L. 941-1 – L. 941-19
CHAPITRE II	Dispositions d'adaptation du livre II	L. 942-1 – L. 942-15
CHAPITRE III	Dispositions d'adaptation du livre III	L. 943-1 – L. 943-8
CHAPITRE IV	Dispositions d'adaptation du livre IV	Le livre IV n'est pas applicable
CHAPITRE V	Dispositions d'adaptation du livre V	L. 945-1 – L. 945-9
CHAPITRE VI	Dispositions d'adaptation du livre VI	L. 946-1 – L. 946-13
CHAPITRE VII	Dispositions d'adaptation du livre VII	L. 947-1 – L. 947-13 R. 947-1 – R. 947-9
CHAPITRE VIII	Dispositions d'adaptation du livre VIII	Le livre VIII n'est pas applicable
TITRE V	**DISPOSITIONS APPLICABLES DANS LES ÎLES WALLIS-ET-FUTUNA**	**L. 950-1 – L. 958-2 R. 950-1 – R. 958-2**
CHAPITRE I	Dispositions d'adaptation du livre I	L. 951-1 – L. 951-14 R. 951-1 – R. 951-4
CHAPITRE II	Dispositions d'adaptation du livre II	L. 952-1 – L. 952-10 R. 952-1
CHAPITRE III	Dispositions d'adaptation du livre III	L. 953-1 – L. 953-3 R. 953-1
CHAPITRE IV	Dispositions d'adaptation du livre IV	L. 954-1 – L. 954-7 R. 954-1
CHAPITRE V	Dispositions d'adaptation du livre V	L. 955-1 – L. 955-8 R. 956-1 – R. 956-2
CHAPITRE VI	Dispositions d'adaptation du livre VI	L. 956-1 – L. 956-9
CHAPITRE VII	Dispositions d'adaptation du livre VII	L. 957-1 – L. 957-3 R. 957-1
CHAPITRE VIII	Dispositions d'adaptation du livre VIII	L. 958-1 – L. 958-2 R. 958-1 – R. 958-2

TITRE VI DISPOSITIONS DIVERSES APPLICABLES À SAINT-BARTHÉLEMY ET À SAINT-MARTIN... L. 960-1

TITRE VI DISPOSITIONS SPÉCIFIQUES À SAINT-BARTHÉLEMY .... R. 961-1

CHAPITRE I Dispositions d'adaptation du livre I .... R. 961-1

TITRE VII DISPOSITIONS SPÉCIFIQUES À SAINT-MARTIN .... R. 971-1

CHAPITRE I Dispositions d'adaptation du livre I .... R. 971-1

APPENDICE

ARTISANS .... p. 2549

BANQUE ET FINANCEMENT DE L'ENTREPRISE .... p. 2651

COMMERCE (ORGANISATION) .... p. 2932

COMMERCE MARITIME .... p. 2956

CONCURRENCE .... p. 2962

CONTRATS D'AFFAIRES (GÉNÉRALITÉS) .... p. 3043

ÉTRANGERS .... p. 3105

FACTURES .... p. 3113

FIDUCIE .... p. 3122

GARANTIE AUTONOME (OU INDÉPENDANTE) .... p. 3131

PRÊTS D'ARGENT – INTÉRÊTS DES CAPITAUX .... p. 3145

PUBLICITÉ COMMERCIALE .... p. 3164

SOCIÉTÉS COMMERCIALES .... p. 3192

SOUS-TRAITANCE .... p. 3205

TRIBUNAUX DE COMMERCE .... p. 3237

UNITÉS DE MESURE .... p. 3254

VENTES COMMERCIALES .... p. 3269

CODE DE COMMERCE

PREMIÈRE PARTIE : LÉGISLATIVE

(Ord. nº 2000-912 du 18 sept. 2000)

BIBL. GÉN. ▶ Codification : BUREAU et MOLFESSIS, *D. 2001. 361* (le nouveau code de commerce ? Une mystification). – ARRIGHI DE CASANOVA et DOUVRELEUR, *JCP 2001. I. 285* (la codification par ordonnances. A propos du code de commerce). – REIGNÉ et DELORME, *JCP E 2001, p. 1* (même thème). – REIGNÉ, *Dr. sociétés-mars 2001, repères, p. 3*. – Dossier spécial, *Dr. et patr. juill.-août 2001. 50* (nouveau code de commerce). – MOLFESSIS, *RTD civ. 2002. 592* (l'avènement du droit de la codification à droit constant). – PACLOT, *JCP E 2002, nº 39, p. 1514* (de l'illégalité des dispositions pénales de l'Ord. du 18 sept. 2000 relative à la partie législative du code de commerce). – GUÉVEL, *Gaz. Pal. 2003. 1. Doctr. 875* (remarques sur la syntaxe et quelques substantifs du code de commerce). – PÉTEL, 1807-2007, Bicentenaire du code de commerce : la transformation du droit commercial sous l'impulsion de la jurisprudence, *Dalloz 2008. 23* (décodification et recodification : un si mauvais code ?). – GARCIA, *Dr. et patr. juill.-août 2010. 54* (Conv. EDH et code de commerce : sources complémentaires ou concurrentes ?).

▶ Législation économique : P. DIDIER, Clés pour le siècle, *Dalloz, 2000, p. 465* (le droit commercial au tournant du siècle). – CHAREYRE, *Mélanges Paillusseau, Dalloz, 2003, p. 93* (le code des activités économiques : édification d'un nouveau droit des entreprises en République de Guinée). – DAIGRE, *ibid., p. 265* (de l'existence et de l'avenir du droit commercial). – GERMAIN, 1804-2004 Le Code civil, *Dalloz, 2004, p. 639* (le code civil et le droit commercial). – VOINOT, *LPA 9 mars 2005* (la législation commerciale : instrument du rayonnement du droit français dans le monde). – GUÉVEL, *Gaz. Pal. 2005. Doctr. 2483* (la loi commerciale française). – LARGARDE, *D. 2005. 2745* (brèves réflexions sur l'attractivité économique du droit français des contrats). – DU MARAIS, *D. 2006. 1110* (à la recherche du paradis du droit des affaires). – NIETO MARTIN, *RSC 2006. 767* (américanisation ou européanisation du droit pénal économique ?). – DEKEUWER-DÉFOSSEZ, *Mélanges Serra, Dalloz, 2006, p. 123* (le droit commercial face à la concurrence entre les formes de couples). – CAVALLINI, Le code de commerce 1807-2007, Livre du bicentenaire, *Dalloz, 2007, p. 651* (liberté du commerce et de l'industrie et libertés de circulation en Europe). – MENJUCQ, *JCP E 2007, nº 14-15, p. 34* (l'Europe et le droit de l'entreprise). – DEUMIER, *Mélanges le Tourneau, Dalloz, 2008, p. 337* (les sources de l'éthique des affaires : codes de bonne conduite, chartes et autres règles éthiques). – Table ronde, *RLDA mars 2008. 62* (liberté d'entreprendre). – PAILLUSSEAU, *RJ com. 2008. 169* (la mondialisation et le droit français des activités économiques). – A. BERNARD, *D. 2008. 2806* (*Law and Economics*, une science idiote ?). – PUIG, *LPA 5 mars 2009* (le contrôle de proportionnalité en droit des affaires). – AUBRY, *D. 2009. 2504* (réflexions sur l'évolution récente de la déontologie en droit des affaires). – BRIGNON, *LPA 2 févr. 2010* (la « perméabilité » des règles professionnelles). – COHEN, *D. 2010. 975* (contentieux d'affaires et abus de *forum shopping*). – G. J. MARTIN, *D. 2010. 1436* (le droit économique aujourd'hui). – ROBÉ, *Cah. just. 3/2010. 11* (l'entreprise au cœur du droit). – FRISON-ROCHE, *JCP N 2010, nº 1290* (acte authentique, acte de marché). – Colloque CREDA, *RLDA suppl. déc. 2010* (l'entreprise et le droit constitutionnel). – MASSON et BOUTHININ-DUMAS, *RTD com. 2011. 233* (l'approche « Law & Management »). – Colloque, *LPA 29 sept. 2011* (QPC et droit des affaires, premiers regards).

▶ Bicentenaire du code de commerce : Univ. Paris-II, Le code de commerce 1807-2007, Livre du bicentenaire, *Dalloz, 2007*. – Univ. Paris-I, 1807-2007, Bicentenaire du code de commerce : la transformation du droit commercial sous l'impulsion de la jurisprudence *Dalloz, 2008*. – Association du bicentenaire du code de commerce, *Bicentenaire du code de commerce 1807-2007, Dalloz, 2008*. ▶ LEVENEUR, *CCC 2007. Repère 1*. – VALLENS, *D. 2007. 669* (le droit des faillites de 1807 à aujourd'hui). – F.-X. LUCAS, *Bull. Joly mars 2007, Éditorial* (le prétendu bicentenaire du soi-disant code dit « de commerce »). – HILAIRE, *D. 2007. 928* (la codification du droit commercial). – MONÉGER, *Loyers et copr. 2007. Repère 4.* – TERRÉ et OUTIN-ADAM, *D. 2007. 1377* (si l'on voulait un code de commerce). – LE CORRE, *Gaz. Pal. 2007. 2311* (1807-2007, 200 ans pour passer du droit de la faillite du débiteur au droit de sauvegarde de l'entreprise). – PERRUCHOT-TRIBOULET, *LPA 7 sept. 2007* (le financement des entreprises dans un nouveau code des activités économiques). – STOFFEL-MUNCK, *Écrits en l'honneur de J. Foyer, Economica, 2008, p. 951* (le code de commerce : fils du code civil ?).

Ratification. Les différentes lois qui sont intervenues depuis l'ordonnance de codification du 18 sept. 2000 et qui ont modifié la partie législative du code de commerce n'ont eu ni pour objet ni pour effet de ratifier l'ensemble de cette ordonnance. • CE 27 mai 2002 : *D. 2002. AJ 2188, obs. Lienhard ; RTD com. 2003. 372, obs. Martin-Serf ; RD banc. fin. 2002, n° 192, obs. Lucas ; RJDA 2002, n° 1350.* ♦ Sur la ratification, V. L. n° 2003-7 du 3 janv. 2003.

LIVRE PREMIER DU COMMERCE EN GÉNÉRAL

TITRE PREMIER DE L'ACTE DE COMMERCE

Art. L. 110-1 La loi répute actes de commerce :

1° Tout achat de biens meubles pour les revendre, soit en nature, soit après les avoir travaillés et mis en œuvre ;

2° Tout achat de biens immeubles aux fins de les revendre, à moins que l'acquéreur n'ait agi en vue d'édifier un ou plusieurs bâtiments et de les vendre en bloc ou par locaux ;

3° Toutes opérations d'intermédiaire pour l'achat, la souscription ou la vente d'immeubles, de fonds de commerce, d'actions ou parts de sociétés immobilières ;

4° Toute entreprise de location de meubles ;

5° Toute entreprise de manufactures, de commission, de transport par terre ou par eau ;

6° Toute entreprise de fournitures, d'agence *[agences]*, bureaux d'affaires, établissements de ventes à l'encan, de spectacles publics ;

7° Toute opération de change, banque *(Ord. n° 2009-866 du 15 juill. 2009, art. 17, en vigueur le 1er nov. 2009)* « , courtage *(L. n° 2013-100 du 28 janv. 2013, art. 22)* « , activité d'émission et de gestion de monnaie électronique » et tout service de paiement » ;

8° Toutes les opérations de banques publiques ;

9° Toutes obligations entre négociants, marchands et banquiers ;

10° Entre toutes personnes, les lettres de change. – *[C. com., art. 632.]*

Les modifications apportées par l'Ord. n° 2009-866 du 15 juill. 2009 sont applicables en Nouvelle-Calédonie et dans les îles Wallis-et-Futuna (Ord. n° 2010-11 du 7 janv. 2010, art. 16).

Pour la définition du commerçant, V. art. L. 121-1.

Pour la définition légale des activités agricoles ayant un caractère civil, V. C. rur., art. L. 311-1.

Pour les activités de pêche maritime, V. C. rur., art. L. 931-1.

RÉP. COM. vis *Actes de commerce*, par HOUTCIEFF ; *Cautionnement commercial*, par PIETTE.

BIBL. GÉN. ▸ CALAIS-AULOY, *Études à la mémoire d'H. Cabrillac* (grandeur et décadence de l'art. 632 C. com.). – LE FUR, Le code de commerce 1807-2007, Livre du bicentenaire, *Dalloz, 2007, p. 307* (le compte courant, l'oublié du code de commerce). – J.-P. et M. BERTREL, *Dr. et patr. janv. 2008. 30* (la commercialité de l'acquisition de contrôle). – DONDERO, *D. 2009. 1097* (la présomption de solidarité en matière commerciale : une rigueur à modérer).

I. ACTES DE COMMERCE

A. ACTES DE COMMERCE PAR NATURE

1° ÉCHANGE ET NÉGOCE

1. Achat pour revendre : finalité lucrative. L'achat pour revendre avec bénéfice n'a le caractère commercial que s'il est exécuté avec une finalité lucrative. • T. com. Seine, 12 mars 1912 : *DP 1912. 2. 207.* ♦ L'achat pouvant porter sur tout bien meuble, le pharmacien qui achète des médicaments fait acte de commerce. • Crim. 25 mai 1905 : *DP 1905. 1. 399.* ♦ L'achat pour revendre à titre habituel des biens meubles par l'intermédiaire d'un site de vente aux enchères électroniques constitue pour un particulier une activité commerciale. • TGI Mulhouse, 12 janv. 2006 : *CCE 2006, n° 112, obs. Grynbaum.*

2. Preuve. L'intention de revendre se prouve par tout moyen et peut résulter notamment de la multiplicité des opérations. • Colmar, 16 juin 1982 : *Gaz. Pal. 1983. 1. Somm. 114.* ♦ Eu égard à l'importance et à la fréquence des transactions d'œuvres d'art et au fait que les œuvres étaient demeurées peu de temps dans le patrimoine du contribuable, il y a lieu de retenir que celui-ci doit être regardé non pas comme un simple collectionneur mais comme s'étant livré, habituellement, pour son propre compte, à une activité d'achat d'œuvres d'art en vue de leur revente. • CE 18 juin 2007 : *CCE 2008, n° 49, obs. Neau-Leduc.*

3. Opérations immobilières. BIBL. Frossard, *RTD com. 1966. 535.* – Jestaz, *D. 1972. Chron. 177.* – Steinmetz, *RTD com. 1973. 471.* ♦ Il résulte de l'art. 632, al. 3 [C. com., art. L. 110-1, al. 3], que l'achat pour revendre avec bénéfice est commercial lorsqu'il a pour objet un immeuble, et il n'en est autrement que lorsque l'acquéreur a agi en vue d'édifier un ou plusieurs bâtiments et de les vendre en bloc ou par locaux. V. : Rép. min., *JO déb. Sénat 18 mai 1971, p. 469.* ♦ Pour une application de cette disposition à un marchand de biens apparent, V. • Com. 3 mai 1994 : *Bull. civ. IV, n° 168.* ♦ Un commerçant ne peut prétendre tirer la preuve qu'une acquisition immobilière a été effectuée dans son intérêt et pour son usage personnel du fait qu'il n'a pas mentionné sa qualité de marchand de biens dans l'acte d'acquisition de l'immeuble ni fait figurer cette transaction dans son registre professionnel non plus qu'au bilan de son activité commerciale, alors qu'il est établi que le but de l'opération était bien de revendre l'immeuble après l'avoir transformé et amélioré ou de le louer pour en tirer des bénéfices et que l'achat a été réalisé dans un but spéculatif avec la participation de deux autres marchands de biens en s'inscrivant dans le cadre de l'activité commerciale de l'intéressé. • Paris, 11 janv. 1995 : *D. 1995. IR 62.* — V. RÉP. COM., v° *Marchand de biens*, par CRUVELIER. ♦ Le notaire ne peut céder séparément ses activités (de négociation de biens à louer et de gérance d'immeubles donnés à bail) pratiquées hors monopole qui, au sein de l'office, ne peuvent être exercées qu'à titre accessoire, sans méconnaître l'interdiction qui lui est faite de se livrer à des opérations de commerce. • Civ. 1re, 30 mars 2005 : *Bull. civ. I, n° 158 ; D. 2005. IR 1051, obs. Daleau ; JCP E 2005, n° 23, p. 975 ; JCP N 2005, n° 50, p. 2054, avis Sainte-Rose.* — V. Décr. n° 45-0117 du 19 déc. 1945, art. 13, 1°. — **C. pr. civ.**

4. Sociétés immobilières. Sur la nécessité de déterminer le caractère civil ou commercial de l'activité principale d'une société civile immobilière, dans la mesure où elle perd sa nature civile et donc sa personnalité morale en cas d'activité principale commerciale, V., s'agissant d'une société ayant été contrainte de vendre des terrains non bâtis alors que son objet social était la construction d'immeubles et la vente de ceux-ci, • Civ. 3e, 5 juill. 2000 : *D. 2002. Somm. 477, obs. Hallouin ; Rev. sociétés 2001. 100, note Saintourens ; BRDA 2000, n° 15-16, p. 4 ; Dr. sociétés 2000, n° 151, obs. Bonneau ; Bull. Joly 2000, p. 1171, note A. Couret.* — V. aussi • Civ. 3e, 18 févr. 2009 : *Defrénois 2009. 1961, obs. Hovasse ; Bull. Joly 2009. 566, note Saintourens.* ♦ Une SCI ayant été constituée en vue d'acquérir un terrain et y édifier des immeubles en vue de leur revente, il en résulte qu'elle n'effectue pas d'actes de commerce et n'a pas la qualité de commerçante. • Com. 13 nov. 2007 : *pourvoi n° 06-17.823.* ♦ Mais la société civile immobilière qui rénove des immeubles en vue de la vente a une activité commerciale malgré sa forme civile. • T. com. Paris, 18 avr. 1991 : *Dr. sociétés 1992, n° 179, obs. Chaput.* – V. aussi • Rouen, 22 nov. 1995 : *JCP E 1996. Pan. 461* • Paris, 14 juin 2002 : *RJDA 2003, n° 848* (pour une société en participation).

5. Construction. Une entreprise de construction est commerciale, même si elle ne comporte que la fourniture de la main-d'œuvre, sans revente de marchandises ou location de matériel. • Req. 20 oct. 1908 : *DP 1909. 1. 246.* ♦ Sur les travaux de nature artisanale, V. aussi notes 42 à 44.

6. Lotissement. Les opérations de lotissement qui consistent à acquérir un terrain, à le diviser en parcelles et à vendre celles-ci, après avoir réalisé les équipements de voirie et d'assainissement nécessaires dans le respect de la réglementation d'urbanisme applicable, constituent une activité de nature commerciale. • Rouen, 22 nov. 1995 : *préc. note 4.*

7. Location immobilière. Sur la nature civile de l'entreprise de location d'immeuble, à moins qu'elle ne soit l'accessoire d'une activité commerciale, V. • Com. 5 déc. 1961 : *D. 1962. 88.* – V. déjà • Req. 26 juill. 1911 : *DP 1913. 1. 298.* ♦ En revanche, l'exploitant d'un camping est commerçant. V. • Soc. 13 nov. 1980 : *Bull. civ. V, n° 816.*

2° INDUSTRIE

8. Activités extractives. Sur l'exploitation des mines, V. C. minier, art. L. 131-3, *infra.* ♦ Sur le caractère civil de l'exploitation des sources, V. • Req. 27 mars 1866 : *DP 1866. 1. 428.*

9. Manufactures. Sur la conception large de l'entreprise de manufacture, V. • Req. 20 oct. 1908 : *DP 1909. 1. 246.*

10. Activités agricoles. Sur le caractère civil de l'activité agricole, V. notes 39 et 40.

3° BANQUE, FINANCE ET ASSURANCES

11. Opérations de banque et d'assurance. **BIBL.** E. Prieur, *Banque et Droit mars-avr. 1990. 83* (banques non commerçantes). – P. Bernard et D. Sardin, *Procédures 1998. Chron. 6* (les tribunaux de commerce sont-ils compétents à l'égard des sociétés d'assurance mutuelles ?). – Vallansan, *RJ com. 2002. 243* (observations sur le caractère commercial des banques mutualistes). ♦ Les opérations de banque sont de nature commerciale. ♦ V., pour un notaire, • Com. 2 févr. 1970 : *JCP 1970. II. 16313, obs. J. A.* • TGI Bressuire, 5 janv. 1966 : *JCP 1966. II. 14683 ; D. 1966. Somm. 83 ; RTD com. 1966. 648, obs. Houin.* ♦ ... A moins qu'elles soient réalisées sans intention spéculative : V., en ce sens, pour le service public des chèques postaux, • Com. 20 oct. 1981 : *D. 1982. IR 121, obs. Vasseur.* ♦ Conf., pour une caisse de crédit agricole, société civile à caractère coopératif et mutualiste : • Civ. 3e, 26 janv. 1982 : *D. 1983. IR 185, obs. Vasseur.* – *Contra* : • Bastia, 26 nov. 1992 : *D. 1994. Somm. 322, obs. Vasseur.* ♦ ... Et, pour une caisse centrale de crédit mutuel : • Com. 24 janv. 1984 : *Bull. civ. IV, n° 27* • 11 déc. 1973 : *RTD com. 1974. 317, obs. Jauffret.* ♦ Une personne morale, même si elle est de statut civil, peut être tenue pour commerçante dans l'exercice d'une activité habituelle consistant en la pratique répétée d'actes de commerce, ce qui est le cas pour les Caisses de crédit agricole, dans leurs pratiques des opérations de banque. • Com. 17 juill. 2001 : *D. 2001. AJ 2409 ; RTD com. 2001. 868, obs. Saintourens ; Banque et Droit janv.-févr. 2002. 46, obs. Bonneau.* ♦ Dans le même sens, s'agissant des caisses d'épargne effectuant habituellement des opérations de banque et de bourse. • Orléans, 18 oct. 2001 : *RJDA 2002, n° 582.* ♦ Jugeant qu'aucun texte ne sanctionne le fait pour une société coopérative d'exercer une activité commerciale, V. • Paris, 1er avr. 2005 : *D. 2005. AJ 1148, obs. Delpech ; D. 2006. Pan. 161, obs. Synvet* (conf. par • Com. 20 nov. 2007 : *Bull. civ. IV, n° 246 ; D. 2008. Pan. 872, obs. Synvet ; ibid. AJ 7, obs. Delpech ; RTD com. 2008. 143, obs. Monsèrié-Bon ; JCP E 2008, n° 44, p. 34, obs. Gros ; Banque et Droit mars-avr. 2008. 12, obs. Bonneau ; ibid. mai-juin 2008. 53, obs. Urban ; RJDA 2008, n° 168 ; Dr. sociétés 2008, n° 150, obs. Mortier ; Bull. Joly 2008. 203, note Le Cannu*).

12. Compétence de la juridiction commerciale. Dès lors que la responsabilité contractuelle imputée à une caisse syndicale de crédit mutuel, ayant légalement la possibilité de garder son statut civil, est afférente à son activité de dispensatrice de crédits, la juridiction commerciale est compétente pour en connaître. • Com. 10 mars 1998 : *Bull. civ. IV, n° 94 ; D. 1998. IR 98 ; D. Affaires 1998. 621, obs. J. F. ; RTD com. 1998. 651, obs. Cabrillac.* ♦ Le litige opposant une banque à un syndic de copropriété professionnel, titulaire nominal de comptes bancaires ouverts pour la gestion des intérêts de la copropriété, relève de la compétence de la juridiction commerciale. • Paris, 28 févr. 1996 : *BICC 1996, n° 691.* — V. Veaux, *RTD com. 1950. 11.*

13. Sociétés d'assurances. Les sociétés d'assurances à primes fixes ont le caractère commercial et sont justiciables des tribunaux de commerce pour les engagements qu'elles contractent. • Civ. 5 févr. 1884 : *DP 1894. 1. 134.* ♦ En revanche, les compagnies d'assurances mutuelles sont, en principe, des sociétés civiles, dont les opérations n'ont pas le caractère commercial. • Civ. 3 août 1921 : *DP 1925. 1. 75* • Paris, 2 mars 1974 : *Gaz. Pal. 1975. Somm. 14 ; RTD com. 1975. 266, obs. Jauffret* • 4 déc. 1991 : *D. 1992. IR 75.* — Dans le même sens, V. • Civ. 1re, 22 oct. 1996 : *cité note 6 ss. art. L. 110-2* • Versailles, 14 févr. 2002 : *BICC 2002, n° 1115* • 28 févr. 2002 : *RJDA 2003, n° 93.* ♦ ... A moins que les statuts aient prévu la possibilité d'effectuer des opérations commerciales qui n'ont rien d'accessoire. • Com. 5 mai 2009 : *Bull. civ. IV, n° 64 ; D. 2009. AJ 1415 ; RTD com. 2009. 583, obs. Monsèrié-Bon ; Dr. sociétés 2009, n° 157 ; obs. Mortier ; Bull. Joly 2009. 973, note Teller.* ♦ V. C. assur., art. L. 310-7. — **C. assur.**

14. Opérations de bourse. Sur les cessions d'actions ou de parts sociales, V. note 5 ss. art.

L. 721-3. ♦ Sur les opérations boursières réalisées par des particuliers, qui sont commerciales, notamment en raison de la fréquence et de l'importance des ordres, V. • Paris, 13 janv. 1976 : *JCP 1977. II. 18576, note Boitard ; RTD com. 1977. 73, obs. Jauffret.*

4° ACTIVITÉ D'INTERMÉDIAIRES ET SPECTACLES

15. Agence d'affaires. Les activités d'agence d'affaires sont commerciales, qu'il s'agisse d'agences de recouvrement de créances. V. • Paris, 7 févr. 1977 : *Gaz. Pal. 1977. 1. 293.* ♦ ... De généalogistes. V. • CE 16 févr. 1948 : *JCP 1948. II. 4346.* ♦ Pour des consultations juridiques, V. • T. com. Seine, 18 avr. 1966 : *RTD com. 1967. 467, obs. Jauffret.* ♦ Pour l'exploitation d'un bureau d'expertises, V. • Com. 21 mars 1995 : *Bull. civ. IV, n° 93 ; RTD com. 1995. 827, obs. Bouloc ; Bull. Joly 1995. 509, note Couret.* ♦ L'activité, qui porte sur le diagnostic d'amiante, l'état parasitaire, le diagnostic thermique et plomb, la détermination de la surface habitable, l'expertise et la valeur vénale et de façon générale tous diagnostics et toutes opérations connexes participant à la pérennité, à l'optimisation et à la transmission du patrimoine, entre dans la catégorie des fournitures de service, et une telle activité, qui n'est pas purement intellectuelle, revêt un caractère commercial dès lors qu'elle est exercée à titre habituel et lucratif. • Com. 5 déc. 2006 : *Bull. civ. IV, n° 236 ; D. 2007. AJ 89, obs. Chevrier ; RTD com. 2007. 673, obs. Saintourens ; JCP E 2008, n° 1, p. 26, note Grimonprez ; LPA 13 juill. 2007, note Schultz ; CCC 2007, n° 87, obs. Leveneur ; RJDA 2007, n° 419.*

16. Agences de voyages. Sur le caractère commercial des agences de voyages et de tourisme. V. • Com. 8 juill. 1969 : *JCP 1970. II. 16155 bis.* ♦ Sur les agences de voyages, V. en matière de tribunal compétent : • Orléans, 26 avr. 2007 : *RJDA 2008, n° 350.* – V. L. n° 92-645 du 13 juill. 1992, abrogée et insérée au code du tourisme par l'Ord. n° 2004-1391 du 20 déc. 2004 *(JO 24 déc.).* – **C. consom.** – V. RÉP. COM., v^is^ *Agence de voyages*, par Dagorne-Labbe ; *Agents d'affaires*, par Voinot.

17. Agences matrimoniales. A un caractère commercial, malgré son objet, l'agence matrimoniale. V. • Com. 3 avr. 1984 : *Gaz. Pal. 1984. 2. 708, note Dupichot ; RTD com. 1985. 81, 89 et 563* • 11 oct. 1982 : *D. 1982. IR 536 ; RTD com. 1982. 85, obs. Derruppé.* ♦ Sur le courtage matrimonial, V. L. n° 89-421 du 23 juin 1989, art. 6. – **C. pén.** ou **C. consom.**

18. Activité de courtage. Sur le caractère commercial d'un acte de courtage immobilier isolé, V. • Civ. 1re, 21 oct. 1968 : *D. 1969. 82.* ♦ Mais une société exerçant à titre principal une activité de courtier d'assurance, qui a conclu avec des établissements bancaires et des entreprises d'investissement des contrats afin de prospecter et démarcher des clients, proposer à ces derniers des produits d'investissement et recueillir directement leurs ordres et qui, disposant d'un mandat permanent des établissements bancaires, est rémunérée pour cette activité par des commissions fixées selon des barèmes annexés aux contrats en agissant pour le compte de ses mandants et en recherchant leur intérêt exclusif, se livre à une activité à caractère non commercial alors même qu'elle n'est pas habilitée à conclure au nom de ses mandants. • CE 21 déc. 2007 : *JCP E 2008, n° 9, p. 47, note D. F.*

19. Agents artistiques et sportifs. Sur le caractère commercial de l'activité d'agent artistique, V. C. trav., art. L 7121-1, ss. art. L. 134-17 C. com. ♦ Sur la nature des sociétés de perception et de répartition des droits d'auteur et des droits voisins, V. CPI, art. L. 321-1 et L. 321-2. — **CPI.** ♦ Sur les dispositions encadrant la profession d'agent sportif, V. C. sport, art. L. 222-7 s. — **C. sport.**

20. Spectacles publics. L'exploitation d'une salle de conférence a un caractère commercial. • Com. 7 mars 1972 : *Bull. civ. IV, n° 81.* ♦ Dans le même sens, pour un théâtre, • Paris, 3 juill. 1996 : *D. Affaires 1996. 1187.* ♦ Conf., pour un club de football professionnel, • Reims, 19 févr. 1980 : *JCP 1981. II. 19496, note Guyon ; RTD com. 1981. 520, obs. Dubarry ; ibid. 606, obs. Merle.* ♦ Comp. : notes 21 et 23.

B. COMMERCIALITÉ ACCESSOIRE

21. Actes accomplis pour les besoins du commerce. Sur la présomption de commercialité, V. note 1 *quater* ss. art. L. 721-3. ♦ Un acte civil par nature accompli par un commerçant pour les besoins de son commerce est commercial par accessoire. • Req. 29 janv. 1883 : *DP 1883. 1. 514* • Civ. 3 janv. 1956 : *D. 1956. Somm. 133.* ♦ Ont été, dès lors, jugés de nature commerciale : un contrat d'assurance. • Civ. 24 janv. 1865 : *DP 1865. 1. 72* • Paris, 13 nov. 1909 : *ibid. 1910. 5. 9* • T. civ. Seine, 22 déc. 1931 : *DH 1932. 143.* ♦ ... Le mandat de représentation en justice donné par un commerçant à un agréé. • Req. 12 déc. 1911 : *DP 1913. 1. 129, note Feuilloley.* ♦ ... Des emprunts. • Civ. 30 juill. 1907 : *DP 1908. 1. 161* • Douai, 31 juill. 1913 : *ibid. 1914. 2. 1, note Percerou* • Besançon, 16 mars 1936 : *DH 1936. 2. 136.* ♦ ... Une convention de compte courant. • Req. 1er févr. 1928 : *DH 1928. 151.* ♦ ... Les cotisations d'assurance sociale. • Civ. 28 oct. 1957 : *D. 1958. 461.* ♦ ... Le contrat de location de matériel de télésurveillance destiné à assurer la sécurité d'un fonds de commerce. • Lyon, 30 avr. 1999 : *BICC 1999, n° 1312.* ♦ Comp., pour une association, • Com. 12 févr. 1985 : *Bull. civ. IV, n° 59* • Dijon, 4 nov. 1987 : *D. 1988. IR 223, obs. Hassler.*

22. Délits et quasi-délits. **BIBL.** Giverdon, *RTD com. 1953. 855.* ♦ Sont commerciales en vertu de l'accessoire, les obligations qui peuvent résulter pour un commerçant d'un délit ou d'un quasi-délit ou, plus généralement, des règles de la responsabilité civile. • Civ. 28 oct. 1896 : *DP 1897. 1. 583* • Req. 11 juill. 1900 : *DP 1900. 1. 508* • Civ. 19 mars 1907 : *DP 1907. 1. 423* • 25 févr. 1924 : *DP 1925. 1. 188* • Req. 11 déc. 1944 : *D. 1945. 213, note Gabolde* • T. com. Seine, 22 juin 1951 : *D. 1951. Somm. 78* • Paris, 11 févr. 1976 : *RTD com. 1976. 678, obs. Jauffret.* ♦ Il est nécessaire que l'infraction ou la faute se rattache par un lien direct et immédiat à l'exercice du commerce. • Civ. 9 déc. 1901 : *DP 1902. 1. 311.* – Comp. : • T. com. Paris, 7 avr. 1995 : *Gaz. Pal. 1996. 1. Somm. 62.* ♦ V., au cas d'injure ou de diffamation par un commerçant à l'égard d'un autre à propos de leur commerce, • T. civ. Saint-Nazaire, 17 avr. 1951 : *D. 1951. Somm. 69.* ♦ A propos de concurrence déloyale, V. • Com. 7 avr. 1967 : *D. 1968. 61.* ♦ V. cependant, pour les dommages causés par les véhicules, la compétence reconnue aux tribunaux de grande instance par l'art. R. 311-4 COJ. – **C. pr. civ.**

23. Actes civils par accessoire. Un acte commercial par nature a un caractère civil s'il n'est que l'accessoire d'une activité ou d'un acte civil, tel étant le cas de spectacles publics organisés par un comité des fêtes caritatif. • Com. 13 mai 1970 : *D. 1970. 644.* ♦ Comp. : notes 3, 4 et 7.

24. Actes mixtes. V. § VI ss. art. L. 721-3.

25. Sociétés à forme commerciale. V. note 4 ss. art. L. 721-3. ♦ Sur l'exclusion de la propriété commerciale, V. art. L. 145-1.

C. ACTES DE COMMERCE PAR LA FORME

BIBL. Pirovano, *D. 1976. Chron. 249.*

26. Effets de commerce. V. art. L. 511-1 et L. 721-4. ♦ V. aussi, C. consom., art. L. 313-13, App., v° *Ventes commerciales (V Crédit [ventes à]).*

D. COMMERCIALITÉ JURISPRUDENTIELLE

1° OPÉRATIONS SUR FONDS DE COMMERCE

27. Cession de fonds de commerce. Est commerciale la vente du fonds de commerce. • Com. 20 mai 1969 : *Bull. civ. IV, n° 189* • 13 juin 1989 : *D. 1989. IR 195.* ♦ V. *contra*, lorsque le vendeur n'a plus la qualité de commerçant : • Paris, 27 nov. 1962 : *D. 1963. 49.* ♦ La promesse synallagmatique de vente d'un fonds de commerce constitue un acte de commerce au sens de l'art. 632 [C. com., art. L. 110-1]. • Com. 8 janv. 1991 : *Bull. civ. IV, n° 23 ; RTD com. 1991. 565, obs. Derruppé.* ♦ La cession d'un fonds de commerce présentant le caractère d'un acte de commerce, les cédants, en l'absence de stipulation contraire, s'obligent solidairement au respect de la clause de non-rétablissement et à la réparation du préjudice causé par sa violation. • Com. 8 juin 1993 : *Bull. civ. IV, n° 228.* ♦ Sur la qualification d'acte de commerce d'une promesse d'achat d'un fonds de commerce en vue de son exploitation, V. • Com. 19 juin 1972 : *D. 1972. 607 ; JCP 1973. II. 17356, note Calais-Auloy.* ♦ Sur la souscription de billets à ordre en règlement du prix, V. • Paris, 18 mai 1957 : *D. 1957. Somm. 111.*

28. Autres actes en vue d'exercer un commerce. La location d'un immeuble par un commerçant pour y exploiter son commerce est un acte de commerce. • Civ. 19 nov. 1924 : *DP 1926. 1. 138* • Paris, 28 mai 1945 : *D. 1945. 341* • 14 nov. 1949 : *D. 1950. 372, note Ripert* • Com. 28 nov. 1961 : *Gaz. Pal. 1962. 1. 220.* ♦ Au sens de l'art. 632 [C. com., art. L. 110-1], un acte accompli par un non-commerçant devient un acte de commerce lorsqu'il est passé dans le but d'exercer un commerce et qu'il est indispensable à l'exercice de celui-ci. • Com. 13 mai 1997 : *Bull. civ. IV, n° 139 ; D. Affaires 1997. 753 ; Defrénois 1998. 664, obs. J. Honorat et Hovasse.* ♦ Tel n'est pas le cas du prêt souscrit par l'épouse d'un commerçant en vue de l'acquisition d'un fonds de commerce, dès lors que l'emprunteur, conjoint collaborateur, n'exploite pas personnellement le fonds. • Même arrêt. ♦ Il ne se déduit pas de la seule participation du conjoint à l'achat du fonds de commerce qu'il avait lui-même la qualité de commerçant, sans rechercher s'il avait, lui aussi, l'intention de l'exploiter. • Com. 15 nov. 2005 : *Bull. civ. IV, n° 224 ; D. 2006. AJ 229, obs. Chevrier ; RTD com. 2006. 563, obs. Saintourens ; JCP E 2006, n° 10, p. 453, note Reifegerste ; RJDA 2006, n° 451 ; Gaz. Pal. 2006. 2565, note Guével ; RLDA janv. 2006. 25, obs. Lefèvre et Vasa.* ♦ Sur la commercialité d'un contrat de concession de franchise, V. • Paris, 6 nov. 1991 : D. 1992. IR 24.

2° CAUTIONNEMENT COMMERCIAL

29. Intérêt personnel de la caution. **BIBL.** Bouloc, *Rev. sociétés 1992. 1* (cautionnement donné par un dirigeant de société). – Legros, *Rev. sociétés 1998. 281* (protection jurisprudentielle du dirigeant social caution). – Dumont-Lefrand, *Dr. et patr. juill.-août 2008. 72* (la nature civile ou commerciale du cautionnement). ♦ Le cautionnement est un acte civil, à moins que la caution, qu'elle ait ou non la qualité de commerçant, ait un intérêt patrimonial au paiement de la dette garantie, alors même qu'elle ne participe pas directement ou indirectement à l'activité du débiteur. • Com. 20 juill. 1981 : *RJ com. 1982. 59, note J. Mestre* • 21 oct. 1980 : *Gaz. Pal. 1981. 1. Somm. 34, obs. Piedelièvre* • 16 mars 1993 : *Bull. civ. IV, n° 110 ; D. 1993. IR 143 ; Bull. Joly 1993. 559, note Delebecque* (cassant • Versailles, 28 juin 1990 : *D. 1991. Somm. 385, obs. Aynès*) • Paris, 28 oct. 1992 : *Bull. Joly 1993. 75, note Delebecque.*

30. Dirigeants de sociétés commerciales. Est commercial le cautionnement donné par un gérant pour une dette de la SARL qu'il dirige. • Com. 7 juill. 1969 : *D. 1970. 14.* — V. aussi : • Versailles, 7 déc. 2006 : *RJDA 2007, n° 397.* ♦ Le cautionnement a un caractère commercial dès lors qu'il a été donné par le gérant associé majoritaire, pour garantir une opération à finalité commerciale et dans laquelle la caution avait un intérêt patrimonial personnel. • Paris, 3 juill. 2008 : *JCP E 2008, n° 38, p. 16.* ♦ Considérant que le dirigeant est présumé avoir un intérêt patrimonial lorsqu'il cautionne les dettes de la société qu'il dirige, V. • Com. 18 janv. 2000 : *RD banc fin. 2000, n° 191, obs. Legeais* • Paris, 9 févr. 2000 : *eod. loc.* ♦ Cette présomption semble renforcée lorsque le dirigeant est en même temps l'actionnaire majoritaire, V. • Paris, 21 janv. 2000 : *RD banc fin. 2000, n° 191, obs. Legeais* • 14 févr. 2001 : *BRDA 2001, n° 9, p. 3.* ♦ V., pour le président d'une SA : • Com. 28 oct. 1968 : *JCP 1969. II. 15884* • Paris, 16 juin 1993 : *D. 1993. IR 213.* ♦ Dans le même sens, s'agissant de cautions garantissant des sociétés commerciales faisant partie d'un groupe économique, dont l'une en était le véritable dirigeant et dans lequel les deux avaient des intérêts et des responsabilités croisés, V. • Com. 26 mai 1999 : *RJDA 1999, n° 1002.* ♦ ... Pour un associé, gérant de fait : • Com. 4 juin 1973 : *RJ com. 1975. 49, note Chartier* • 10 juill. 1973 : *ibid.* • Paris, 22 avr. 1992 : *RJDA 1992, n° 740* • Rouen, 28 juill. 1999 : *RD banc. fin. 2000, n° 191, obs. Legeais.* ♦ Comp., jugeant la qualité de dirigeant de fait insuffisante, • Paris, 10 févr. 1993 : *JCP 1995. II. 22438, note Guez.* ♦ N'a pas le caractère commercial un cautionnement donné par les administrateurs d'une société alors qu'il n'est pas établi qu'ils avaient un intérêt personnel dans le prix qu'ils cautionnaient. • Com. 19 nov. 1973 : *JCP 1973. IV. 429* • Paris, 10 déc. 1971 : *RTD com. 1972. 328 ; Gaz. Pal. 1972. 1. 218.*

31. Conjoint du dirigeant. La communauté de biens entre époux ne suffit pas à caractériser l'intérêt personnel du conjoint à l'obtention d'un crédit pour la société dont l'autre époux est le dirigeant. • Paris, 13 juin 1991 : *D. 1991. Somm. 385, obs. Aynès* • Civ. 1re, 9 déc. 1992 : *Bull. civ. I, n° 306 ; D. 1993. Somm. 311, obs. Aynès ; RJ com. 1994. 104, note Kiminou ; Dr. sociétés 1993, n° 68, obs. Bonneau* • Versailles, 18 mai 1995 : *Bull. Joly 1995. 841, note Delebecque.* ♦ La qualité de membre de surveillance de la société cautionnée à une date postérieure à l'engagement souscrit, tout comme la qualité d'épouse commune en biens du dirigeant de ladite société, ne saurait conférer au cautionnement une nature commerciale. • Paris, 1er déc. 1999 : *JCP E 2000, n° 3, p. 61 ; Bull. Joly 2000. 391, note Le Cannu.* ♦ Comp., en ce sens qu'a un intérêt personnel d'ordre patrimonial la caution, concubin du débiteur principal, vivant avec celui-ci au siège de l'entreprise, V. • Com. 22 avr. 1997 : *D. Affaires 1997. 701.* ♦ V. aussi, considérant que le fait, pour la caution, d'être le conjoint du gérant de la société débitrice suffit à caractériser son intérêt patrimonial : • Paris, 19 sept. 1997 : *JCP 1998. I. 149, n° 3, obs. Simler et Delebecque* • Nancy 27 nov. 1997 : *ibid.*

32. Associés de sociétés commerciales. Sur le caractère commercial de l'engagement d'un associé détenant 33 % des parts, les autres parts appartenant à ses frères, fondateur de la société et y exerçant depuis la création, les fonctions de directeur des travaux : • Paris, 20 janv. 1999 : *BRDA 1999, n° 7, p. 4 ; JCP E 1999, n° 9-10, p. 394.* ♦ ... Pour les associés d'une société qui se sont portés caution du remboursement d'un prêt consenti pour l'acquisition d'un fonds de commerce dès lors qu'ils s'étaient engagés dans le seul espoir de réaliser une opération permettant d'améliorer une situation financière et patrimoniale personnelle difficile : • Rouen, 7 oct. 1999 : *JCP 2000. IV. 2732 ; BRDA 2000, n° 8, p. 3.* ♦ ... Pour des associés qui avaient contribué à la création de la société, qui remplaçaient le gérant en cas d'empêchement de celui-ci et qui étaient habilités par les statuts à signer les effets de commerce : • Com. 21 févr. 2006 : *LPA 18 janv. 2007, note Guerchoun ; Bull. Joly 2006. 764, obs. Baranger ; RJDA 2006, n° 701.* ♦ ... Pour une directrice commerciale salariée, détentrice de 50 % des parts sociales : • Versailles, 19 oct. 1995 : *Bull. Joly 1996. 31, note P. S.* ♦ Comp. pour des actionnaires minoritaires : • Paris, 22 juin 1994 : *RTD com. 1994. 698, obs. Derruppé* • 11 déc. 1996 : *Bull. Joly 1997. 204, note Delebecque* • 26 nov. 1997 : *ibid. 1998. 220* • Toulouse, 8 mars 1999 : *RD banc. fin. 2000,* *nº 191, obs. Legeais.* ♦ ... Pour un associé égalitaire ne participant pas à la gestion de la société : • Paris, 25 janv. 1995 : *D. 1995. IR 80.* — V. aussi • Paris, 2 juill. 1997 : *RJDA 1997, nº 1377* • Aix-en-Provence, 26 nov. 1998 : *LPA 24 mai 2000, note Vincensini.* ♦ ... Pour un associé majoritaire retraité cautionnant les engagements de la société dont son fils était gérant dès lors que l'intention libérale résultant du lien parental est le seul moteur de l'engagement en tant que caution : • Aix-en-Provence, 17 sept. 1999 : *RD banc. fin. 2000, nº 191, obs. Legeais.* ♦ La possession de la moitié des parts de la société cautionnée ne suffit pas à donner à l'engagement de caution une nature commerciale. • Paris, 19 mai 1998 : *Gaz. Pal. 1999. 1. Somm. 261.*

33. Qualité de commerçant. Le caractère commercial du cautionnement, à lui seul, ne confère pas la qualité de commerçant à la caution. • Com. 25 mars 1997 : *Bull. civ. IV, nº 79 ; D. Affaires 1997. 608* • Paris, 14 févr. 2001 : *préc. note 30.* ♦ Le fait pour un dirigeant de s'engager en qualité de caution à de multiples reprises au profit de plusieurs personnes morales qu'il dirige ne confère pas à son engagement un caractère commercial dans la mesure où, n'accomplissant pas à titre habituel des actes de commerce, il ne peut être considéré comme commerçant. • Com. 1er oct. 1997 : *Bull. Joly 1997. 1083 ; RTD com. 1998. 131, obs. Derruppé ; LPA 24 mai 1999, note Kéita.*

34. Preuve. V. note 4 ss. art. L. 110-3.

3º CONTRÔLE D'UNE SOCIÉTÉ COMMERCIALE

35. Cession de contrôle. Sur le caractère commercial des conventions emportant cession de contrôle d'une société commerciale, encore qu'elles ne soient pas conclues entre commerçants : • Com. 28 déc. 1978 : *D. 1980. 316, note Bousquet* • 28 nov. 2006 : *RTD com. 2007. 148, obs. Champaud et Danet ; RJDA 2007, nº 489 ; Dr. sociétés 2007, nº 30, obs. Hovasse.* ♦ Plus généralement, sur les cessions d'actions ou de parts sociales, V. note 5 ss. art. L. 721-3.

36. Conventions portant sur le contrôle. La convention qui a pour objet l'organisation de la société commerciale en transférant son contrôle ou en garantissant le maintien de son titulaire est un acte commercial et relève de la compétence des tribunaux de commerce. • Com. 26 mars 1996 : *Bull. civ. IV, nº 93 ; D. 1996. Somm. 342, obs. Hallouin ; Bull. Joly 1996. 588, note Rontchevsky ; JCP E 1996. II. 855, note Bonneau.* ♦ Jugeant qu'un pacte d'actionnaires portant sur le contrôle d'une société commerciale doit être considéré comme un acte de commerce par nature, V. • TGI Lyon, 10 avr. 1992 : *cité note 5 ss. art. L. 721-3.*

II. ACTIVITÉS CIVILES

A. AGRICULTURE

BIBL. Crevel, *RD rur. 2009. Dossier 19* (la commercialité interstitielle du locataire rural).

37. Définition. V. l'art. L. 311-1 C. rur., reprenant l'art. 2 de la loi du 30 déc. 1988 et définissant les activités agricoles à caractère civil.

38. Juridiction compétente. Si l'art. L. 521-5 C. rur. soumet les sociétés coopératives et leurs unions à la compétence des juridictions civiles, il n'a pas pour effet de soustraire à la compétence des tribunaux de commerce les contestations relatives aux actes de commerce définis à l'art. L. 110-1 C. com. que les sociétés coopératives ou leurs unions peuvent faire avec des tiers non coopérateurs (agents commerciaux). • Rouen, 9 févr. 2006 : *RD rur. 2006, nº 255.*

Jurisprudence antérieure à la loi du 30 déc. 1988.

39. Activités à caractère civil. V. art. L. 721-6, al. 1er. ♦ La vente des produits d'un fonds rural par le propriétaire, fermier ou cultivateur de ce fonds, constitue un acte civil. • Civ. 30 nov. 1931 : *DH 1932. 83* • Rennes, 12 févr. 1974 : *D. 1974. Somm. 49 ; RTD com. 1957. 267.* ♦ Ainsi, par exemple, les Hospices de Beaune lorsqu'ils vendent leur vin accomplissent un acte civil. • Civ. 1re, 21 avr. 1976 : *JCP 1977. II. 18605, note Chaput ; D. 1976. Somm. 58 ; RTD com. 1976. 484, obs. Jauffret.* ♦ Il en va de même de l'exploitant dont la production d'œufs est l'activité principale, et bien qu'il achète une grande quantité hebdomadaire d'aliments, dès lors qu'il vend les produits de son élevage sans procéder à des achats pour revendre. • Com. 11 avr. 1995 : *Bull. civ. IV, nº 127 ; D. 1995. IR 151 ; Defrénois 1995. 1296, obs. J. Honorat ; Quot. jur. 27 juin 1995, p. 5, note P.M.*

40. Exploitation commerciale. Lorsque l'agriculteur procède à une exploitation agricole de transformation de produits venant à titre principal d'autres exploitations, son activité est de nature commerciale. • Req. 4 févr. 1925 : *DH 1925. 138* • Aix-en-Provence, 3 sept. 1976 : *D. 1978. 119, note Sortais ; RTD com. 1978. 92,* obs. Derruppé. ♦ Est commercial l'élevage d'animaux en vue de la revente dont l'engraissement n'est pas assuré par les produits de l'exploitation mais principalement par des fourrages ou aliments du dehors. • Com. 23 mars 1981 : *Bull. civ. IV, nº 153 ; RTD com. 1981. 515, obs. Derruppé* • 7 févr. 1982 : *Bull. civ. IV, nº 65 ; RTD* *com. 1983. 58, obs. Derruppé* • Rennes, 1er juin 1983 : *ibid. 1985. 82, obs. Derruppé* • 20 janv. 1984 : *ibid.* ♦ Les prestations de travaux agricoles qui ne sont pas le prolongement de l'acte de production et qui n'ont pas pour support l'exploitation agricole sont des activités de service ayant un caractère commercial. * Avis CCRCS n° 03-38 du 13 sept. 2004 : *Bull. RCS 2005, n° 28 ; BRDA 2005, n° 4, p. 16.* ♦ Les prestations d'hôtellerie fournies à titre habituel par la SCEA étant dépourvues de lien avec l'activité agricole, elles n'ont pas pour support l'exploitation, et la décision d'affecter à l'activité hôtelière le dernier bâtiment non encore exploité à cette fin est contraire aux statuts en ce qu'elle porte atteinte au caractère civil de l'objet social. • Com. 13 juill. 2010 : *Bull. civ. IV, n° 128 ; D. 2010. Actu. 1867 ; RJDA 2010, n° 1090 ; Bull. Joly 2010. 885, note Godon ; Dr. sociétés 2010, n° 199, obs. Hovasse.* ♦ Une EARL est, comme toute société civile, immatriculée au RCS ; elle ne peut exercer une activité commerciale qu'à condition que cette activité soit accessoire à son activité principale agricole et ne peut exercer une activité commerciale secondaire indépendante de son activité principale. * Avis CCRCS n° 2012-015 du 13 avr. 2012.

B. ARTISANAT

BIBL. Malassigne, *Droit soc. 1966. 609.* – Roblot, *Ann. dr. écon. 1953. 99.* – Stoufflet, *RTD com. 1968. 33.*

41. Statut professionnel. V. App., v° *Artisans.*

42. Définition. L'artisan se distingue du commerçant en ce que ses revenus professionnels proviennent essentiellement de son travail manuel et qu'il ne spécule ni sur les matières premières, ni sur le travail d'autrui. • Civ. 22 avr. 1909 : *DP 1909. 1. 344* • Com. 4 déc. 1968 : *D. 1969. 200 ; RTD com. 1969. 439, obs. Jauffret.* ♦ L'inscription au registre des métiers d'un artisan n'est qu'une formalité d'ordre purement administratif qui ne permet pas d'exclure la qualité de commerçant. • Poitiers, 23 nov. 1992 : *RJ Centre-Ouest 1994. 192, note Quément.*

43. Illustrations. Dès lors qu'il est constaté qu'un plombier-chauffagiste travaillait seul, sans l'apport d'une main-d'œuvre interne ou externe, qu'il exerçait de manière prépondérante une activité de production, transformation et prestation de services dont il tire l'essentiel de sa rémunération, et que l'achat pour revendre de marchandises représentait pour lui seulement l'équivalent d'environ 5 % de son résultat d'exploitation, c'est-à-dire était accessoire et marginal, une cour d'appel a fait ressortir que cet entrepreneur était un travailleur indépendant dont les gains provenaient essentiellement du produit de son travail personnel et qu'il ne spéculait ni sur les marchandises ni sur la main-d'œuvre. • Com. 11 mars 2008 : *cité note 69 ss. art. 2 de la L. n° 63-628 du 2 juill. 1963, App., v° Concurrence.* ♦ Est un artisan le cordonnier qui n'emploie aucun ouvrier, ne possède ni magasin, ni vitrine, ne travaille que sur commande et dont le gain ne semble avoir pour origine que son travail manuel, alors que ses achats de cuir ne sont faits qu'au fur et à mesure de ses besoins. • Req. 22 avr. 1909 : *DP 1909. 1. 344.* ♦ Pour un serrurier : • Req. 28 févr. 1933 : *DH 1933. 177.* ♦ Pour un chauffeur de taxi conduisant seul son propre véhicule : • Com. 28 mars 1973 : *Bull. civ. IV, n° 141.* ♦ Comp. pour des patrons bateliers : • Com. 21 mai 1985 : *D. 1985. IR 490, obs. A. Honorat* • 19 nov. 1975 : *JCP 1976. IV. 111.* ♦ ... Un maçon : • Com. 16 juill. 1982 : *Bull. civ. IV, n° 272. — Contra* : • Com. 19 juin 1984 : *RTD com. 1985. 83, obs. Derruppé.* ♦ ... Un réparateur de machines agricoles : • Com. 4 oct. 1966 : *D. 1966. 682 ; RTD com. 1967. 127, obs. Jauffret.* ♦ ... Un coiffeur : • Com. 3 nov. 1954 : *Bull. civ. IV, n° 324.* ♦ ... Un plâtrier-peintre : • Civ. 18 oct. 1954 : *D. 1954. 751.*

44. Incompatibilités avec la qualité de commerçant. N'a pas la qualité d'artisan, mais celle de commerçant, un fabricant de pâtes alimentaires n'employant pas de main-d'œuvre, mais utilisant des machines importantes. • Com. 2 mai 1972 : *Bull. civ. IV, n° 128 ; D. 1972. Somm. 163 ; RTD com. 1973. 60, obs. Jauffret.* ♦ L'emploi de huit salariés a été jugé incompatible avec le caractère civil de l'activité. V. • Toulouse, 13 janv. 1983 : *Gaz. Pal. 1983. 2. Somm. 413.* ♦ V., pour un employeur qui porte son personnel de dix à vingt-cinq puis à soixante ouvriers, bien qu'il n'ait qu'un seul client, • Com. 23 janv. 1967 : *Bull. civ. III, n° 40.*

45. Franchise. Le contrat de franchise n'étant pas nécessairement commercial, s'agissant du litige opposant le franchiseur à un franchisé artisan indépendant non inscrit au registre du commerce, le tribunal de commerce n'est pas compétent. • Com. 25 oct. 1994 : *CCC 1995, n° 27, obs. Leveneur.*

46. Nantissement du fonds artisanal. Sur la compétence de la juridiction civile, V. L. n° 96-603 du 5 juill. 1996, ss. art. L. 142-1.

C. ENSEIGNEMENT

47. Auto-école. L'enseignement de la pratique automobile est essentiellement un acte de technicien et a donc une nature civile, les fournitures n'en étant que l'accessoire. • Com. 3 juin

1986 : D. *1986. IR 417, obs. A. Honorat ; RTD com. 1986. 513, obs. Derruppé* • T. com. Paris, 8 juill. 1977 : *ibid. 1977. 476, obs. Derruppé* • Colmar, 17 déc. 1996 : *LPA 2 mai 1997, note Vallens.*

48. Internat. Un chef d'institution ne fait pas acte de commerce en assurant, avec le concours de collaborateurs, l'instruction de ses élèves, bien qu'il pourvoie au logement et à la nourriture de ceux-ci. • Civ. 20 avr. 1931 : *DH 1931. 314.* – Comp. : • Caen, 12 juill. 1967 : *D. 1968. 208.* ♦ Pour l'achat d'articles de bureau, V. • Civ. 14 mai 1952 : *D. 1953. Somm. 5.*

49. Instituteur. Sur l'incompatibilité de cette qualité avec celle de commerçant, V. • Com. 4 oct. 1994 : *Bull. civ. IV, nº 271 ; D. 1995. 456, note Barabé-Bouchard ; RTD com. 1995. 105, obs. Derruppé.*

Code minier *(Ord. nº 2011-91 du 20 janv. 2011, en vigueur le 1er mars 2011)* **Art. L. 131-3** L'exploitation des mines est considérée comme un acte de commerce.

Cette disposition s'applique aux sociétés civiles existant au 22 mai 1955 sans qu'il y ait lieu de modifier leurs statuts. – *[C. minier, art. 23.]*

Code rural et de la pêche maritime *(Ord. nº 2010-462 du 6 mai 2010, art. 1er)* **Art. L. 311-1** Sont réputées agricoles toutes les activités correspondant à la maîtrise et à l'exploitation d'un cycle biologique de caractère végétal ou animal et constituant une ou plusieurs étapes nécessaires au déroulement de ce cycle ainsi que les activités exercées par un exploitant agricole qui sont dans le prolongement de l'acte de production ou qui ont pour support l'exploitation. *(L. nº 97-1051 du 18 nov. 1997)* « Les activités de cultures marines sont réputées agricoles, nonobstant le statut social dont relèvent ceux qui les pratiquent. » *(L. nº 2005-157 du 23 févr. 2005, art. 38-I)* « Il en est de même des activités de préparation et d'entraînement des équidés domestiques en vue de leur exploitation, à l'exclusion des activités de spectacle. » *(L. nº 2010-874 du 27 juill. 2010, art. 59)* « Il en est de même de la production et, le cas échéant, de la commercialisation, par un ou plusieurs exploitants agricoles, de biogaz, d'électricité et de chaleur par la méthanisation, lorsque cette production est issue pour au moins 50 % de matières provenant de ces exploitations. Les revenus tirés de la commercialisation sont considérés comme des revenus agricoles, au prorata de la participation de l'exploitant agricole dans la structure exploitant et commercialisant l'énergie produite. Les modalités d'application du présent article sont déterminées par décret. »

Les activités agricoles ainsi définies ont un caractère civil.

*Al. 3. – V. **C. rur.** – [L. nº 88-1202 du 30 déc. 1988, art. 2.]*

RÉP. COM. vº *Agriculture*, par PRÉVAULT.

*Pour des annotations et des références bibliographiques, V. **C. rur.***

Art. L. 931-1 Toute activité de pêche maritime pratiquée, à titre professionnel, à bord d'un navire et en vue de la commercialisation des produits est réputée commerciale sauf lorsqu'elle est exercée à titre individuel sur des navires d'une longueur inférieure ou égale à douze mètres ou effectuant habituellement des sorties de moins de vingt-quatre heures.

Art. L. 110-2 La loi répute pareillement actes de commerce :

1º Toute entreprise de construction, et tous achats, ventes et reventes de bâtiments pour la navigation intérieure et extérieure ;

2º Toutes expéditions maritimes ;

3º Tout achat et vente d'agrès, apparaux et avitaillements ;

4° Tout affrètement ou nolissement, emprunt ou prêt à la grosse ;
5° Toutes assurances et autres contrats concernant le commerce de mer ;
6° Tous accords et conventions pour salaires et loyers d'équipages ;
7° Tous engagements de gens de mer pour le service de bâtiments de commerce. – *[C. com., art. 633.]*

1. Construction et réparation navale. Les dispositions du 1° de l'art. L. 110-2 attribuent la qualité d'acte de commerce par nature à l'activité de construction de navires à la condition qu'elle soit effectuée en entreprise. • Rouen, 30 mars 2006 : *JCP E 2006, n° 31-34, p. 1377.* ♦ Mais l'entreprise de réparation navale n'est pas envisagée par ce texte, elle ne constitue pas un acte de commerce par nature. • Même arrêt. ♦ V. aussi note 21 ss. art. L. 110-4.

2. Plaisance. L'achat d'un navire de plaisance, non en vue de la revente, mais pour l'usage personnel de l'acquéreur, n'a pas le caractère commercial. • Req. 23 janv. 1888 : *DP 1888. 1. 405.* ♦ ... Pas plus que la navigation de plaisance, même si le yacht se rendait pour réparations, dans le chantier d'un port. • Caen, 25 févr. 1963 : *D. 1963. 348, note Jambu-Merlin.* – Et, sur pourvoi, • Com. 2 déc. 1965 : *D. 1966. 501, note Rodière.*

3. Expéditions maritimes. Toutes les expéditions maritimes, sans exception, sont commerciales ; il en est ainsi, notamment, des entreprises de pêche, si modestes soient-elles. • Douai, 6 févr. 1913 : *DP 1914. 2. 56* • Rouen, 31 mars 1931 : *DH 1931. 359.* ♦ Mais ne donnait pas une base légale à sa décision la cour d'appel qui, pour attribuer la qualité de commerçant à un patron-pêcheur, retenait que, quelle que fût l'étendue de son activité de patron de pêche, simple pêcheur vendant les poissons tirés de la mer, ou pêcheur industriel transformant et conditionnant les fruits de sa pêche avant de les vendre, il effectuait habituellement des expéditions maritimes, lesquelles sont réputées actes de commerce par l'art. 633 [C. com., art. L. 110-2], sans rechercher dans quelles conditions s'exerçait son activité professionnelle. • Com. 18 janv. 1994 : *Bull. civ. IV, n° 24 ; JCP 1994. IV. 764.* ♦ Comp. désormais, disposant que toute activité de pêche maritime pratiquée, à titre professionnel, à bord d'un navire et en vue de la commercialisation des produits est réputée commerciale sauf lorsqu'elle est exercée à titre individuel sur des navires d'une longueur inférieure ou égale à douze mètres ou effectuant habituellement des sorties de moins de vingt-quatre heures : C. rur., art. L. 931-1. — **C. rur.**

4. Affrètement. Le contrat d'affrètement n'est commercial pour l'affréteur qu'autant qu'il se rattache à des opérations de commerce. • Req. 30 juill. 1884 : *DP 1885. 1. 193* • Aix-en-Provence, 22 juin 1899 : *DP 1899. 2. 438.* ♦ V. conf., pour un affrètement conclu par l'État en vue du transport de denrées nécessaires au ravitaillement de l'armée, • Paris 26 oct. 1927 : *DP 1928. 2. 205.* ♦ ... Ou par l'Office national interprofessionnel des céréales, • Aix-en-Provence, 16 oct. 1951 : *D. 1951. 676.* ♦ Comp., en ce sens que la nature maritime d'une vente *caf* ou *fob* ne suffit pas à la faire considérer comme commerciale : • Alger, 19 nov. 1952 : *D. 1954. 541, note Chauveau* • T. com. Alger, 14 déc. 1953 : *ibid.*

5. Transport de passagers. Le contrat de transport de passagers par mer, commercial pour l'armateur, est purement civil pour le passager, qui peut donc, à son choix, assigner l'armateur devant le tribunal civil ou le tribunal de commerce. • Req. 11 janv. 1860 : *DP 1860. 1. 91.*

6. Assurances concernant le commerce de mer. Il résulte de l'art. L. 322-26-1 C. assur. que les sociétés d'assurances mutuelles ont un objet non commercial ; par suite, elles échappent à la compétence des tribunaux de commerce, même si elles accomplissent des actes qui, telles les assurances concernant le commerce de la mer visées à l'art. 633 [C. com., art. L. 110-2], sont réputés acte de commerce. • Civ. 1re, 22 oct. 1996 : *Bull. civ. I, n° 360 ; RTD com. 1997. 85, obs. Derruppé ; Bull. Joly 1997. 468, note Rontchevsky ; Defrénois 1997. 652, obs. J. Honorat.* ♦ Comp. : note 13 ss. art. L. 110-1.

7. Engagement maritime. Le contrat d'engagement maritime est commercial, même pour les gens de mer. • Civ. 5 févr. 1896 : *DP 1896. 1. 575, concl. Desjardins.*

Art. L. 110-3 **A l'égard des commerçants, les actes de commerce peuvent se prouver par tous moyens à moins qu'il n'en soit autrement disposé par la loi.** – *[C. com., art. 109.]*

Sur la signature électronique, V. C. civ., art. 1316-4. — ***C. civ.*** *— V. aussi C. pr. civ., art. 287 à 288-1. —* ***C. pr. civ.***

RÉP. COM. v° *Preuve*, par GRYNBAUM.

BIBL. GÉN. ▸ PARLÉANI, *D. 1983. Chron. 65.* – CHAMOUX, *JCP 1981. I. 3008.* – C.N., *LPA 6 juill. 1987* (techniques nouvelles). – RUET, *RTD com. 1991. 151* (office du juge). – LÉONNET, *JCP 1993. I. 3722* (preuve en matière de concurrence et de réglementation économique).

▸ Sur le commerce électronique : TONNELLIER et DUPUIS-TOUBOL, *JCP E 1998, n° 51, p. 2011* (le commerce électronique vaut bien une réforme du droit de la preuve). – VILLEROIL, *Banque et Droit janv.-févr. 1999. 22* (télétransmission confrontée au droit de la preuve). – Colloque du 13 mai 1998, *Gaz. Pal. 1998. 2. Doctr. 1323* (commerce électronique et avenir des circuits de distribution). – ESPAGNON, *RD bancaire et bourse 1999. 7* (ordre de paiement émis sur internet). – HASSLER, *LPA 21 sept. 1999* (preuve de l'existence d'un contrat et internet). – MORENO, *ibid. 27 sept. 2000* (droit de la preuve à l'heure d'internet). – SCHWERER, *CCC 2000. Chron. 16* (réflexions sur la preuve et la signature dans le commerce électronique). – LUCAS DE LEYSSAC et LACAZE, *CCE 2001. Chron. 5* (le paiement en ligne). – COUPEZ et GAILLIÈGUE, *ibid. 2002. Chron. 25* (vers une signature électronique juridiquement maîtrisée). – LIARD, *ibid. 26* (responsabilité des prestataires de service de certification). – ASSAYA et BAUDOUIN, *JCP E 2003, n° 4, p. 164* (signature électronique par cryptographie à clé publique). – LINANT DE BELLEFONDS, *JCP N 2003, n° 10, p. 382* (notaires et huissiers face à l'acte authentique électronique). – KHALIL, *CCE 2003. Chron. 10* (signature électronique : certificats qualifiés « publics » ou certificats qualifiés « privés » ?). – PIETTE-COUDOL, *ibid. 2004. Chron. 29* (écrit et signature électronique depuis la LCEN). – STOFFEL-MUNCK, *JCP E 2004, n° 38, p. 1428* (réforme des contrats du commerce électronique). – PIETTE-COUDOUL, *CCE 2005. Chron. 2* (identité des personnes, les certificats et la signature électronique). – BLANCHETTE, *ibid. Chron. 13* (modernité et intelligibilité du droit de la preuve français).

A. DOMAINE

1. *Preuve à l'égard des commerçants.* V. C. civ., art. 1341, al. 2. – **C. civ.** ♦ L'art. 1326 C. civ. ne s'applique pas lorsqu'il s'agit, à l'égard de commerçants, de prouver des actes de commerce, lesquels, conformément à l'art. L. 110-3 C. com., peuvent se prouver par tous moyens, à moins qu'il n'en soit décidé autrement par la loi. • Civ. 1re, 2 mai 2001 : *Bull. civ. I, n° 108 ; D. 2001. AJ 1950, obs. Lienhard ; RTD com. 2001. 867, obs. Saintourens ; Defrénois 2001. 1057, obs. Libchaber* (pour une reconnaissance de dette). ♦ L'art. 109 [C. com., art. L. 110-3] n'est applicable que lorsque le commerçant a agi dans l'exercice ou pour l'intérêt de son propre commerce. • Com. 19 janv. 1993 : *Bull. civ. IV, n° 21 ; D. 1993. IR 36 ; Defrénois 1993. 1374, obs. Aubert* • 12 oct. 1982 : *Bull. civ. IV, n° 313.* ♦ Une société anonyme étant commerciale par la forme, un acte de commerce peut être prouvé contre elle par tous moyens. • Com. 13 nov. 2007 : *RJDA 2008, n° 162.* ♦ A l'égard d'une SARL, commerciale par la forme, une vente peut être prouvée par tous moyens, sauf à la société à justifier que l'acte était étranger à son commerce. • Com. 10 mars 2004 : *RJDA 2004, n° 994.* ♦ Dès lors qu'il est constaté que le demandeur a souhaité financer une opération commerciale consistant en l'aménagement et l'exploitation d'un restaurant après transformation d'un fonds de commerce de buvette, ce dont il résulte que la preuve est libre. • Com. 26 mai 2004 : *RJDA 2004, n° 1290.* ♦ Les règles de la preuve commerciale s'appliquent à l'acte modificatif d'une convention initiale intervenue entre deux commerçants pour l'exercice de leur commerce, même si l'une des parties a perdu la qualité de commerçant lors de l'acte modificatif. • Com. 16 déc. 1980 : *Bull. civ. IV, n° 425.* ♦ En revanche, les règles de preuve de droit civil s'appliquent à un commerçant dès lors que le prêt que celui-ci a consenti à un autre commerçant est étranger à l'exercice de son commerce. • Civ. 1re, 23 mai 1977 : *Bull. civ. I, n° 246.*

2. *Taux d'intérêt.* Sur la stipulation d'intérêt conventionnelle, V. C. civ. art. 1907. – **C. civ.** ♦ V. note 13 ss. art. L. 313-2 C. consom., App., v° *Prêts d'argent – Intérêts des capitaux.*

3. *Actes mixtes.* La règle vaut dans les actes mixtes à l'égard du seul commerçant, contre qui un acte de commerce peut se prouver par tout moyen. • Civ. 1re, 21 févr. 1984 : *Bull. civ. I, n° 66.* ♦ C'est à l'égard des commerçants que les actes de commerce peuvent se prouver par tous moyens. • Paris, 24 oct. 1986 : *D. 1987. Somm. 443, obs. Aynès* • Com. 21 juill. 1988 : *RTD com. 1989. 60, obs. Derruppé ; JCP E 1989. II. 15519, note Delebecque* • 21 juin 1994 : *Bull. civ. IV, n° 232 ; D. 1994. IR 216* (preuve à l'égard d'une banque) • Civ. 1re, 8 févr. 2000 : *Bull. civ. I, n° 35 ; D. 2000. AJ 135, obs. Daleau ; RTD com. 2000. 327, obs. Derruppé ; et 704, obs. Bouloc* (preuve à l'égard d'un garage). ♦ Dans un acte mixte, les règles de preuve de droit civil s'appliquent envers la partie pour laquelle il est de caractère civil. • Civ. 1re, 2 mai 2001 : *préc. note 1.* ♦ La preuve d'un nantissement, même consenti par un non-commerçant, peut être apportée par tous moyens, dès lors qu'il a été constitué en garantie des engagements d'un commerçant envers un autre commerçant. • Com. 2 oct. 2001 : *cité note 4 ss. art. L. 521-1.*

4. *Cautionnement.* BIBL. Bouloc, *Rev. sociétés 1992. 1* (cautionnement par un dirigeant de société). – Mouly, *RJDA 1993. 679* (cautionnement omnibus). – Danet, *RTD com. 1994. 173* (même thème). – Moulin, *RD banc. fin., janv.-févr. 2001, p. 32* (preuve du cautionnement par télécopie). – V. C. civ., art. 2292. – **C. civ.** ♦ Alors même qu'un cautionnement serait de nature commerciale, l'art. 1326 C. civ. s'applique à un souscripteur qui n'a pas la qualité de commerçant, aurait-il en tant que dirigeant de la société cautionnée un intérêt patrimonial dans l'opération principale. • Com. 21 juin 1988 : *Bull. civ. IV, n° 212 ; D. 1988. IR 195 ; JCP 1989. II. 21170, note Delebecque* • 7 févr. 1989 : *ibid.* • 11 janv. 1994 : *Bull. civ. IV, n° 16* • Paris, 24 oct. 1986 : *D. 1987. Somm. 443, obs. Aynès.* ♦ Dans le même sens, jugeant que l'application de l'art. 109 [C. com., art. L. 110-3], s'agissant du cautionnement d'une SARL donné par un associé détenant 50 % du capital, suppose la preuve que cet associé accomplissait à titre habituel et professionnel des actes de commerce : • Com. 2 avr. 1996 : *Bull. Joly 1996. 665, note Delebecque.* – V. aussi, • Com. 12 mai 1998 : *Bull. civ. IV, n° 150 ; D. Affaires 1998. 1174, obs. J. F. ; CCC 1998, n° 128, obs. Leveneur ; JCP E 1998, n° 50, p. 1970, note Leveneur* • Civ. 1re, 18 mai 2004 : *D. 2004. AJ 1665 ; JCP E 2005, n° 24, p. 1005, obs. Simler ; RTD com. 2004. 693, obs. Saintourens ; Defrénois 2005. 161, obs. Honorat ; LPA 21 mars 2005, note Favario.* ♦ En revanche, l'art. 1326 C. civ. ne s'applique pas lorsqu'il s'agit, à l'égard des commerçants, de prouver des actes de commerce. • Com. 15 nov. 1988 : *Bull. civ. IV, n° 310 ; D. 1990. 3, note Ancel* • 11 déc. 1990 : *Bull. civ. IV, n° 315 ; D. 1991. 584, note Bandrac*.

Sur les conséquences attachées au caractère commercial du cautionnement, en ce qui concerne l'application de l'art. 1326 C. civ. et la couverture des intérêts conventionnels, V. • Civ. 1re, 29 févr. 2000 : *Bull. civ. I, n° 68 ; D. 2000. Somm. 342, obs. Brémond* • 10 juill. 2001 : *D. 2001. AJ 2408*. – Comp. • Com. 16 mars 1999 : *Bull. civ. IV, n° 59 ; JCP 1999. II. 10184, note Casey* • 17 juill. 2001 : *D. 2001. AJ 2514*.

5. *Cession de parts sociales.* V. • Com. 11 mars 2003 : *RJDA 2003, n° 599.* ♦ V. aussi note 5 ss. art. L. 721-3.

B. LIBERTÉ DE LA PREUVE

BIBL. J. Huet, *D. 1992. Chron. 33* (télécopie) ; *ibid. 2000. Chron. 95* (consécration de la preuve et de la signature électroniques). – Dutour, *LPA 23 févr. 1996* (convention de preuve et télécopieurs). – Ammar, *RTD civ. 1993. 499* (preuve technologique). – Van Gœthem-Devoluet, *LPA 15 août 1994* (télépaiement). – Garola Giuglaris, *D. Affaires 1995. 211.* – Bréban et Pottier, *Gaz. Pal. 1996. 1. Doctr. 276 ; ibid. 2. Doctr. 863* (transactions électroniques). – Lautrette, *LPA 10 mai 1996* (télex, télécopie, télégramme). – Colloque du 10 nov. 1995, *ibid. 29 mai 1996* (informatique, télématique et preuve). – Oudot, *ibid. 6 mai 1998* (signature numérique). – Bitan, *Gaz. Pal. 27-28 oct. 2000, p. 53.* – V. aussi bibl sur le commerce électronique, ss. art. L. 110-3.

6. *Diversité des modes de preuve.* Tous les modes de preuve sont admissibles en matière commerciale, la preuve par présomptions comme la preuve par témoins. • Civ. 3 févr. 1904 : *DP 1904. 1. 215.* ♦ ... Même pour prouver contre et outre le contenu des actes. • Req. 25 nov. 1903 : *DP 1904. 1. 183.* ♦ Une cour d'appel, usant de son pouvoir souverain d'appréciation de l'impossibilité morale de se procurer une preuve littérale de l'acte juridique résultant de l'usage en matière agricole qui autorise les parties à conclure verbalement les ventes d'aliments pour le bétail, a estimé que ces commandes pouvaient être faites par téléphone et ne pas être concrétisées par un écrit daté et signé par le client. • Com. 22 mars 2011 : *Bull. civ. IV, n° 50 ; D. 2011. Chron. C. cass. 2687, obs. Arbellot ; ibid. Actu. 1076, obs. Delpech ; RTD civ. 2011. 491, obs. Deumier ; RJDA 2011, n° 599 ; Defrénois 2011. 1399, obs. Seube ; RLDC mai 2011. 14, obs. Paulin ; RDC 2011. 869, obs. Libchaber ; RD rur. 2011, n° 8', obs. Barbiéri.* ♦ Le juge peut souverainement retenir à titre de présomption simple la composition d'un code confidentiel d'un système informatique fonctionnant régulièrement. • Montpellier, 9 avr. 1987 : *JCP 1988. II. 20984, note Boizard ; RTD civ. 1988. 758, obs. Mestre* ♦ Cependant, l'automatisme d'une écriture informatisée ne saurait exprimer la volonté d'une banque de contrepasser une écriture. • Com. 22 nov. 1976 : *Banque 1977. 605, note L. Martin.*

7. *Conventions sur la preuve.* Sur la validité des conventions de preuve entre professionnels, V. • T. com. Paris, 3 sept. 2007 : *RD banc. fin. 2008, n° 121, obs. Caprioli.*

8. *Signature électronique.* Sur l'adaptation du droit commun de la preuve aux technologies de l'information et sur la signature électronique, V. la bibl. ss. art. L 110-3 et C. civ., art. 1316 s. – **C. civ.**

9. *Facture.* BIBL. R. Savatier, *RTD com. 1973. 1.* ♦ Une facture, bien qu'établie par des moyens informatiques, peut valoir preuve de l'existence et du contenu d'un contrat conclu entre EDF et ses clients, même non commerçants. • T. com. Paris, 24 juin 1975 : *RJ com. 1976. 19.* – Comp. • Com. 11 mars 1980 : *JCP 1980. IV. 206.* ♦ V. aussi, sur l'insuffisance de la seule production de factures pour justifier de l'obligation de la partie à laquelle on les oppose, en raison de la règle selon laquelle nul ne peut se créer une preuve à soi-même : • Versailles, 4 févr. 1993 : *Gaz. Pal. 1994. 1. Somm. 81* • Com. 6 déc. 1994 : *CCC 1994, n° 67, obs. Leveneur.* ♦ V. art. 289 *bis* CGI, App., v° *Factures.*

10. Comptabilité. Sur la force probante des *documents comptables*, V. notes ss. art. L. 123-23.

11. Preuve de la date. A l'égard des commerçants la date d'un acte de commerce peut être prouvée par tous moyens. • Civ. 3e, 29 nov. 2005 : *Bull. civ. III, n° 228 ; D. 2006. AJ 144, obs. Chevrier ; RTD com. 2006. 45, obs. Monéger ; JCP E 2006, n° 2, p. 69 ; Gaz. Pal. 2006. 1917, note Barbier ; RJDA 2006, n° 115 ; Defrénois 2006. 441, obs. Ruet ; Loyers et copr. 2006, n° 36, obs. Pereira-Osouf ; Administrer févr. 2006. 31, obs. Boccara et Lipman-W. Boccara ; Rev. loyers 2006. 186.* ♦ L'art. 1328 C. civ., relatif à la date certaine des actes sous seing privé, n'est pas applicable en matière commerciale. • Civ. 21 avr. 1869 : *DP 1869. 1. 407* • Req. 9 janv. 1906 : *DP 1906. 1. 77* • Com. 25 avr. 1983 : *D. 1984. 1, note Jourdain ; Gaz. Pal. 1983. 2. Pan. 239, obs. Dupichot* • 17 mars 1992 : *Bull. civ. IV, n° 121 ; D. 1992. Somm. 399, obs. Delebecque* • 4 mai 1999 : *RJDA 1999, n° 775.* ♦ Mais une SCI bailleresse n'ayant pas la qualité de commerçant, la preuve de la date du bail conclu par la société pour sa réinstallation ne peut être rapportée que dans les conditions de l'art. 1328 C. civ. • Civ. 3e, 13 juin 2007 : *Bull. civ. III, n° 105 ; D. 2007. AJ 1880, obs. Mbotaingar ; RLDA sept. 2007. 28, obs. Cerati-Gauthier.* ♦ Le contrat de location-gérance passé par acte sous seing privé n'a pu avoir date certaine à l'égard du propriétaire du local commercial – en l'absence des autres conditions susceptibles d'après l'art. 1328 C. civ. de conférer un tel effet et la publication dans un JAL ne figurant pas parmi ces conditions – que du jour de son enregistrement. • Paris, 21 mars 2007 : *AJDI 2007. 840* .

Art. L. 110-4 **I. — Les obligations nées à l'occasion de leur commerce entre commerçants ou entre commerçants et non-commerçants se prescrivent par** *(L. n° 2008-561 du 17 juin 2008, art. 15)* **« cinq » ans** *[précédente rédaction : dix ans]* **si elles ne sont pas soumises à des prescriptions spéciales plus courtes.**

II. — Sont prescrites toutes actions en paiement :

1° Pour nourriture fournie aux matelots par l'ordre du capitaine, un an après la livraison ;

2° Pour fourniture de matériaux et autres choses nécessaires aux constructions, équipements et avitaillements du navire, un an après ces fournitures faites ;

3° Pour ouvrages faits, un an après la réception des ouvrages.

III. — Les actions en paiement des salaires des officiers, matelots et autres membres de l'équipage se prescrivent par cinq ans *(Abrogé par L. n° 2008-561 du 17 juin 2008, art. 15)* ***« conformément à l'article 2277 du code civil ».*** *— [C. com., art. 189 bis, 433 et 433-1.]*

Les dispositions de la L. n° 2008-561 du 17 juin 2008 qui réduisent la durée de la prescription s'appliquent aux prescriptions à compter du jour de l'entrée en vigueur de la présente loi (JO 18 juin), sans que la durée totale puisse excéder la durée prévue par la loi antérieure. Lorsqu'une instance a été introduite avant l'entrée en vigueur de la loi précitée, l'action est poursuivie et jugée conformément à la loi ancienne. Cette loi s'applique également en appel et en cassation (L. n° 2008-561 du 17 juin 2008, art. 26-II et III).

RÉP. COM. v° *Prescription*, par DUBAELE.

BIBL. ► LEGROS, *Dr. Sociétés nov. 1991. 1* (prescription du cautionnement du dirigeant). – RODOLPHE, *LPA 5 nov. 2004* (prescription en matière d'octroi de crédit à long terme). – BRENNER, Le code de commerce 1807-2007, Livre du bicentenaire, *Dalloz, 2007, p. 502* (prescription commerciale). ► Loi n° 2008-561 du 17 juin 2008 : STORCK, *LPA 2 avr. 2009* (prescription commerciale et réforme du 17 juin 2008). – GRIMONPREZ, *RLDA nov. 2009. 51* (nouveau visage de la prescription en droit des affaires). – RUMEAU-MAILLOT, *Rev. sociétés 2012. 203* (délais de prescription en droit des sociétés).

I. PRESCRIPTION DE DROIT COMMUN

A. PRESCRIPTION QUINQUENNALE [RÉGIME NOUVEAU]

1. Application. V. la nouvelle rédaction du I de l'art. L. 110-4 et la seconde note rédactionnelle sous cet article. ♦ La durée du délai de prescription prévu à l'art. L. 110-4-I a été réduite de dix à cinq ans par la L. du 17 juin 2008 portant réforme de la prescription en matière civile. • Com. 3 avr. 2013 : *D. 2013. Actu. 905 ; JCP E 2013, n° 1221 ; BRDA 2013, n° 8, p. 1.*

B. PRESCRIPTION DÉCENNALE [RÉGIME ANCIEN]

2. Procès équitable et Convention EDH. La prescription instituée par l'art. L. 110-4 n'apporte aucune restriction incompatible avec les stipulations combinées des art. 6, § 1, de la Conv. EDH et 1er du Protocole additionnel à ladite Convention. • Com. 28 sept. 2010 : *JCP E 2010, n° 2122, note Maublanc ; Bull. Joly 2010. 917.* ♦ Sur le point de savoir si l'application immédiate d'une règle de prescription issue d'un revirement de jurisprudence aboutit à priver l'une des parties d'un procès équitable (à propos de la prescription décennale et de la prescription de droit commun), V. • Agen, 10 oct. 2007 : *BICC 1er avr. 2008, n° 584.*

1° DOMAINE

3. Obligations nées à l'occasion du commerce. La prescription de l'art. 189 *bis* [C. com., art. L. 110-4] vise toutes les obligations nées à l'occasion du commerce du commerçant, qu'elles soient contractuelles, V. • Nancy, 6 nov. 1979 : *JCP 1979. IV. 390.* ♦ ... Quasi contractuelles, V. • Com. 7 avr. 1967 : *Bull. civ. III, n° 125 ; D. 1967. 511 ; RTD com. 1967. 1047, obs. Jauffret* • Orléans, 18 oct. 2001 : *RJDA 2002, n° 582.* ♦ ... Délictuelles. V. • Com. 14 mai 1979 : *Bull. civ. IV, n° 152* • Civ. 3e, 5 oct. 1994 : *RJDA 1994, n° 1003* • Paris, 26 juin 1996 : *D. 1996. IR 185.* – V. aussi : • Com. 12 mai 2004 : *Bull. civ. IV, n° 92 ; D. 2004. Somm. 2708, obs. Aynès ; ibid. AJ 1664, note Avena-Robardet ; JCP E 2004, n° 27, p. 1079 ; Banque et Droit juill.-août 2004. 53, obs. Rontchevsky ; RD banc. fin. 2004, n° 160, obs. Legeais ; LPA 28 juill. 2004, obs. E. C. ; RJDA 2004, n° 1287 ; Defrénois 2005. 892, obs. Honorat* • Civ. 3e, 26 oct. 2004 : *AJDI 2004. 911* (responsabilité délictuelle de l'agent immobilier ayant commis une erreur lors de la conclusion d'un bail commercial entre commerçants). ♦ Sont soumises à la prescription décennale les obligations nées de la loi entre commerçants ou entre commerçants et non-commerçants à l'occasion de leur commerce, telle que l'obligation de rembourser résultant du paiement de l'indu. • Com. 29 nov. 2005 : *Bull. civ. IV, n° 237 ; D. 2006. AJ 230, obs. Chevrier ; JCP E 2006, n° 2, p. 82 ; RJDA 2006, n° 381* • 23 oct. 2001 : *RJDA 2002, n° 228.* ♦ C'est en vain que le prêteur soutient que le prêt d'argent entre personnes physiques est un acte civil, dès lors que le prêt était destiné à l'acquisition d'un fonds de commerce : un tel prêt s'inscrit dans l'activité commerciale, de sorte qu'il est soumis à l'art. L. 110-4. • Paris 4 juill. 2008 : *JCP 2008. IV. 2560.* ♦ En revanche, les formalités à accomplir en application de l'art. L. 221-14 C. com., qui ne constituent pas une obligation née à l'occasion du commerce entre commerçants ou entre commerçants et non-commerçants, ne relèvent pas de la prescription prévue à l'art. L. 110-4 dans sa rédaction antérieure à la loi du 17 juin 2008. • Com. 25 sept. 2012 : *Bull. civ. IV, n° 165 ; D. 2012. Actu. 2303, obs. Lienhard ; JCP E 2012, n° 1638 ; RJDA 2013, n° 60 ; Dr. sociétés 2012, n° 208, obs. Gallois-Cochet ; Bull. Joly 2012. 870, note Lucas ; RLDA déc. 2012. 13, obs. Mpandi ; Dr. et proc. déc. 2012. 287, note Reille.* ♦ S'agissant d'une action en nullité de vente d'œuvre d'art, les dispositions de l'art. L. 110-4 sont inapplicables, car il ne s'agit pas d'une action entre commerçants née de leur commerce. • Paris, 26 juin 2007 : *D. 2007. 2788, note Baillet Bouin.* ♦ Sur le point de départ du délai de prescription, V. notes 8 s.

4. Bon de caisse. Les bons de caisse n'étant pas des valeurs mobilières mais des titres exprimant une reconnaissance de dette de la banque qui a reçu les fonds dans le cadre de son activité, le délai de prescription est le délai de droit commun prévu par l'art. L. 110-4. • Com. 27 mars 2012 : *Bull. civ. IV, n° 64 ; D. 2012. Actu. 940, obs. Delpech ; JCP E 2012, n° 1646, spéc. n° 7, obs. Routier ; Gaz. Pal. 2012. 1563, obs. Houin-Bressand ; RJDA 2012, n° 817 ; RLDA mai 2012. 43, obs. Mauries.* ♦ ... Et non le délai spécifique aux effets de commerce édicté par l'art. 179 [C. com., art. L. 511-78]. • Com. 21 mars 1995 : *Bull. civ. IV, n° 92 ; RTD com. 1995. 824, obs. Cabrillac ; RJDA 1995, n° 1064.* – V. aussi note 1 ss. art. L. 223-1 C. mon fin., App., v° *Banque et financement de l'entreprise.*

5. Transport. La lettre qui garantit le transporteur maritime, ou le consignataire du navire, des conséquences dommageables pour eux d'une livraison irrégulière faite sans remise du connaissement, consacrant un engagement indépendant du contrat de transport, il en résulte que l'action exercée sur le fondement exclusif d'une telle lettre de garantie par son bénéficiaire à l'encontre de son signataire, celui-ci fût-il le commissionnaire ayant conclu le contrat de transport maritime, est soumise non à la prescription annale du droit des transports, mais à la prescription commerciale de droit commun. • Com. 17 juin 1997 : *Bull. civ. IV, n° 196 ; D. 1998. Somm. 322, obs. Mercadal ; D. Affaires 1997. 1115 ; Quot. jur. 29 juill. 1997, p. 4, note P.M.* (cet arrêt applique cette même prescription à l'action ayant pour fondement, non le contrat de transport, mais le mandat salarié existant entre les parties). ♦ L'action en responsabilité civile du transporteur contre l'entrepreneur de manutention pour dommage causé au navire relève de la prescription décennale de l'art. L. 110-4. • Com. 7 déc. 2004 : *Bull. civ. IV, n° 218 ; JCP E 2005, n° 4, p. 111 ; RJDA 2005, n° 258.*

6. Immobilier. Sur l'application de la prescription décennale de l'art. L. 110-4 à une demande tendant à voir constater la déchéance du droit aux intérêts, même présentée par voie d'exception, dans le cadre d'un litige en matière de prêt immobilier, V. • Civ. 1re, 16 oct. 2001 : *Bull. civ. I, n° 258 ; RTD com. 2002. 34, obs. Saintourens ; RTD civ. 2002. 351, obs. Normand ; CCC 2002, n° 67, obs. Raymond ; RJDA 2002, n° 296* • 24 avr. 2013 : *D. 2013. Actu. 1124 ; JCP 2013, n° 535* • 29 mai 2013 : *pourvoi n° 11-24.278.* ♦ Le délai de la prescription court alors à compter de la date à laquelle le contrat de crédit est définitivement formé. • Civ. 1re, 18 nov. 2003 : *RJDA 2004, n° 611.* ♦ Jugeant que le créancier bénéficiaire d'un engagement de main levée d'hypothèque doit en obtenir l'exécution dans les dix ans prévus à l'art. L. 110-4 pour ne pas encourir la prescription, V. • Civ. 3e, 24 avr. 2003 : *Bull. civ. III, n° 84 ; JCP E 2003, n° 25, p. 1025 ; RD banc. fin. 2003, n° 143, obs. Legeais ; RJDA 2003, n° 884.* ♦ Jugeant qu'il convient de rechercher l'activité effective d'une SCI afin de déterminer si elle est de nature civile ou commerciale en vue de l'application de l'art. L. 110-4. • Civ. 3e, 18 févr. 2009 : *cité note 4 ss. art. L. 110-1.* – V. aussi • Civ. 3e, 5 juill. 2000 : *eod. loc.*

7. Actes mixtes. Les actions en nullité des actes mixtes (en l'espèce un prêt bancaire) relèvent de la prescription décennale si elles ne sont pas soumises à des prescriptions plus courtes. • Civ. 1re, 27 juin 2006 : *Bull. civ. I, n° 325 ; D. 2006. AJ 1889, obs. Delpech ; RTD com. 2007. 675, obs. Saintourens ; JCP E 2006, n° 35, p. 1417 ; Banque et Droit nov.-déc. 2006. 23, obs. Bonneau ; RJDA 2006, n° 1200 ; Dr. et patr. sept. 2007. 82, obs. Stoffel-Munck ; Defrénois 2007. 461, obs. Libchaber.* ♦ L'art. 189 *bis* [C. com., art. L. 110-4] ne distingue pas selon le caractère civil ou commercial des obligations qu'il vise. • Civ. 1re, 29 avr. 1997 : *Bull. civ. I, n° 134 ; D. 1997. 327, note Chartier ; D. Affaires 1997. 757 ; CCC 1997, n° 130, note Leveneur ; Defrénois 1997. 1269, obs. Honorat et Hovasse* (obligations nées des fautes professionnelles d'un notaire à l'égard d'une banque) • Paris, 27 mai 2008 : *JCP 2008. IV. 2218* (action en responsabilité contre le notaire par une société commerciale ayant acheté un immeuble pour le louer) • Com. 2 mars 2010 : *pourvoi n° 09-13.257.* ♦ ... Il s'applique donc à la dette d'honoraires d'une société commerciale découlant des prestations d'un avocat exécutées pour son compte. • Civ. 2e, 4 janv. 2006 : *Bull. civ. II, n° 6 ; D. 2006. AJ 303, obs. Chevrier ; JCP E 2006, n° 5, p. 242 ; RJDA 2006, n° 484.* ♦ La prescription décennale s'applique à des obligations nées à l'occasion de l'exercice de son activité par un entrepreneur qui a exécuté des ouvrages pour une copropriété alors même que les factures correspondent à des travaux ayant un caractère civil. • Civ. 3e, 2 févr. 1994 : *Bull. civ. III, n° 17 ; RTD com. 1994. 473, obs. Derruppé.* ♦ Elle s'applique au litige né de la souscription au capital d'une société anonyme. • Paris, 17 janv. 2008 : *JCP E 2008, n° 28-29, p. 33, note Thomas.* ♦ L'obligation légale relative à la formation professionnelle des salariés d'une société commerciale étant née à l'occasion de l'exercice du commerce par cette société, la prescription de l'art. L. 110-4 est applicable. • Soc. 9 juill. 2008 : *Bull. civ. V, n° 157 ; D. 2008. AJ 2142, obs. Perrin ; JCP E 2008, n° 38, p. 47.* ♦ La société étant une société commerciale par la forme, il en résulte qu'elle a la qualité de commerçante et qu'il convient d'appliquer la prescription prévue à l'art. L. 110-4. • Com. 26 oct. 2010 : *RTD com. 2011. 309, obs. Saintourens*

8. Relations banque-emprunteur. Sur l'application de la prescription décennale à la demande de l'emprunteur d'un crédit immobilier à voir constater la déchéance du droit aux intérêts, en application de l'art. L. 312-33 C. consom., V. • Civ. 1re, 30 sept. 1997 : *Bull. civ. I, n° 262 ; D. 1997. IR 215 ; D. Affaires 1997. 1247 ; CCC 1997, n° 184, obs. Raymond* • 4 mai 1999 : *D. 1999. IR 170 ; D. Affaires 1999. 934, obs. V. A.-R. ; CCC 1999, n° 150, obs. Raymond ; RTD com. 1999. 629, obs. Derruppé* • 13 mars 2001 : *Bull. civ. I, n° 70* • 9 juill. 2003 : *Bull. civ. I, n° 170 ; D. 2003. AJ 2008 ; JCP E 2003*, n° 39, p. 1509 ; RD banc. fin. 2003, *n° 220, obs. Crédot et Gérard ; Dr. et patr. nov. 2003. 85, obs. Chauvel ; RJDA 2003, n° 1114* • Com. 7 janv. 2004 : *RDC 2004. 663, obs. Bruschi.* ♦ Pour une application de la prescription décennale à une caisse de crédit agricole dans sa pratique des opérations de banque, V.

• Com. 17 juill. 2001 : *Bull. civ. IV, n° 142 ; D. 2001. AJ 2409 ; RTD com. 2001. 868, obs Saintourens ; RJDA 2002, n° 116 ; Banque et Droit janv.-févr. 2002. 46, obs. Bonneau.* ♦ ... A une demande en responsabilité dirigée contre une banque sur le fondement d'une obligation d'information et de conseil qui lui incombe en sa qualité de souscripteur de l'assurance groupe proposée aux emprunteurs. • Civ. 2e, 24 févr. 2005 : *Bull. civ. II, n° 43 ; JCP E 2005, n° 15-16, p. 643 ; Gaz. Pal. 2006. Somm. 1944, obs. B. B. ; RJDA 2005, n° 774.*

2° POINT DE DÉPART DE LA PRESCRIPTION

9. Point de départ. La prescription d'une action en responsabilité court à compter de la réalisation du dommage ou de la date à laquelle il est révélé à la victime si celle-ci établit qu'elle n'en avait pas eu précédemment connaissance. • Civ. 1re, 9 juill. 2009 : *Bull. civ. I, n° 172 ; D. 2009. AJ 1960, obs. Delpech ; RTD com. 2009. 794, obs. Legeais ; RTD civ. 2009. 728, obs. Jourdain ; JCP E 2009, n° 38, p. 14 ; Gaz. Pal. 2009. 3224, obs. Bury ; RD banc. fin. 2009, n° 186, obs. Crédot et Samin ; Banque et Droit nov.-déc. 2009. 37, obs. Bonneau ; RJDA 2010, n° 454* • Civ. 2e, 19 nov. 2009 : *pourvoi n° 06-12.942.* ♦ Sur la question de savoir si le point de départ de l'action en responsabilité contre les gérants et dépositaires de fonds communs à crédits d'impôts, dits fonds turbo, en cas de redressement fiscal, doit être la date de notification du crédit d'impôts, celle des avis de mise en recouvrement ou celle des notifications de redressement, V. • Com. 23 sept. 2008 : *Bull. civ. IV, n° 157 ; D. 2008. AJ 2427, obs. Delpech ; JCP E 2008, n° 2350 ; Gaz. Pal. 2009. 2710, obs. du Rusquec ; BRDA 2008, n° 19, p. 13,* qui casse • Paris, 16 nov. 2006 : *D. 2007. AJ 16, obs. Delpech ; JCP E 2007, n° 17, p. 16* • T. com. Paris, 2 déc. 2003 : *D. 2004. AJ 504 ; RJDA 2004, n° 728.* – V. aussi sur cet arrêt, Belloc, *JCP E 2004, n° 45-46, p. 1768.* ♦ La responsabilité du mandataire commerçant envers son mandant, à raison des fautes résultant des vices affectant des notifications, se prescrit par dix ans à compter de la réalisation du dommage. • Com. 27 sept. 2005 : *Bull. civ. IV, n° 187 ; RTD com. 2006. 472, obs. Bouloc ; JCP 2005. IV. 3310 ; RJDA 2006, n° 23 ; Loyers et copr. 2005, n° 214, obs. Vial-Pedroletti* (la nullité des notifications n'a pas produit d'effets dommageables avant sa constatation judiciaire).

Saisie d'une action en responsabilité engagée à titre principal par des cautions contre une banque pour soutien abusif de crédit, une cour d'appel décide exactement que le point de départ du délai de prescription de l'art. L. 110-4 doit être fixé au jour où les cautions ont su que les obligations résultant de leurs engagements étaient mises à exécution du fait de la défaillance du débiteur principal, en l'espèce à la date à laquelle l'assignation en paiement leur a été délivrée. • Com. 24 juin 2003 : *Bull. civ. IV, n° 103 ; D. 2003. AJ 2308, obs. Avena-Robardet (3e esp.) ; JCP E 2003, n° 37, p. 1409 ; Banque et Droit nov.-déc. 2003. 56, obs Bonneau ; RJDA 2004, n° 98 ; LPA 24 nov. 2003, obs. Houtcieff ; Bull. Joly 2004. 35, note Routier.* ♦ Comp., retenant que le délai de prescription commence à courir à compter de la mise en demeure de la caution et non nécessairement à la date de son assignation devant les tribunaux : • Com. 12 mai 2004 : *préc. note 3* (cautionnement disproportionné). ♦ Dans un cas où un emprunteur avait mis en cause la responsabilité de la banque pour manquement à son obligation de mise en garde, cette action est prescrite dès lors qu'elle a été engagée plus de dix ans après une mise en demeure de payer adressée à l'emprunteur, ce dont il résultait que le dommage s'était révélé au plus tard à cette date. • Civ. 1re, 9 févr. 2012 : *RJDA 2012, n° 709.* ♦ Pour un arrêt retenant comme point de départ de la prescription le jour d'un commandement aux fins de saisie, V. • Com. 12 mai 2004 : *Bull. civ. IV, n° 93 ; JCP E 2004, n° 27, p. 1079 ; RD banc. fin. 2004, n° 160, obs. Legeais ; LPA 28 juill. 2004, obs. E. C. ; RJDA 2004, n° 1288 ; Defrénois 2005. 892, obs. Honorat.* ♦ Jugeant que, s'agissant d'une action en responsabilité pour soutien abusif, le point de départ de la prescription court à compter du jour de la connaissance par les créanciers du principe du dommage et de l'imputabilité de ce dommage aux concours financiers consentis par la banque. • Paris, 13 janv. 2005 : *RD banc. fin. 2005, n° 100, obs. Lucas.*

10. Date d'exigibilité de la créance contractuelle. La date de l'exigibilité de la créance à l'égard du débiteur principal constitue le point de départ de la prescription décennale, ce principe valant même en cas de prorogation du terme de l'ouverture de crédit consentie au débiteur principal. • Civ. 3e, 22 sept. 2010 : *Dalloz actualité, 19 oct. 2010, obs. Marrocchella ; D. 2010. 2292 ; RDI 2010. 558, obs. Tournafond ; JCP E 2010, n° 1900.* ♦ Le point de départ de la prescription doit être fixé au jour où l'obligation du débiteur principal a été mise à exécution. • Rennes, 20 sept. 1989 : *Gaz. Pal. 1990. 1. 152, note Prévault.* ♦ Le caractère accessoire du cautionnement a pour conséquence que le point de départ de l'obligation de la caution est le même que celui de l'obligation principale. • Même arrêt.

11. Action directe. Le delai de prescription de dix ans de l'action contractuelle directe du maître de l'ouvrage contre le fabricant, fondée sur la non-conformité des matériaux, court à compter de la livraison des matériaux à l'entrepreneur. • Civ. 3e, 26 juin 2002 : *Bull. civ. III, no 148 ; RTD civ. 2003. 103, obs. Jourdain ; RDI 2002. 424, obs. Malinvaud ; CCC 2002, no 173, obs. Leveneur.*

12. Répétition de l'indu. L'action en répétition de l'indu ne pouvant être utilement engagée qu'à compter de la date où le paiement est devenu indu, c'est à cette date que doit être fixé le point de départ de la prescription commerciale. • Civ. 3e, 31 mai 2007 : *Bull. civ. III, no 95 ; D. 2007. AJ 1733, obs. Forest ; JCP E 2007, no 30, p. 15 ; RJDA 2007, no 820 ; Rev. loyers 2007. 332, obs. Quément.*

3o RÉDUCTION, INTERRUPTION ET INTERVERSION DE LA PRESCRIPTION

13. Réduction conventionnelle. Le délai de l'art. 189 *bis* [C. com., art. L. 110-4] peut être conventionnellement réduit. • Com. 21 mars 1995 : *préc. note 4.*

14. Interruption. Il appartient à celui qui se prévaut d'un acte interruptif de prescription de l'établir, et ce n'est pas au commerçant débiteur qui oppose à la demande en paiement de son créancier que son obligation est prescrite par l'accomplissement du délai de dix ans prévu à l'art. 189 *bis* [C. com., art. L. 110-4] qu'il appartient d'établir que le versement d'une somme, invoquée par son adversaire comme ayant interrompu la prescription, est intervenu pour une autre raison que celle avancée par le demandeur. • Com. 9 nov. 1993 : *Bull. civ. IV, no 396 ; RTD civ. 1995. 115, obs. Mestre ; JCP 1994. IV. 77.* ♦ Sur l'effet interruptif attaché à la compensation, V. • Civ. 1re, 22 oct. 2002 : *Bull. civ. I, no 238 ; JCP E 2002, no 49, p. 1939 ; RJDA 2003, no 212 ; LPA 20 août 2003, note Brémond.* ♦ La procédure pénale, du chef de complicité de banqueroute, à l'encontre d'un banquier, s'étant terminée par un jugement de relaxe qui a débouté les parties civiles de leurs demandes de dommages-intérêts, et dès lors que, par application de l'art. 2247 [2243 nouv.] C. civ., si la demande est rejetée, l'interruption de la prescription est regardée comme non avenue, ladite procédure n'a pu interrompre la prescription de l'action des créanciers et du liquidateur en réparation du préjudice subi pour octroi abusif de crédit par ce banquier. • Civ. 2e, 24 janv. 1996 : *Bull. civ. II, no 13.*

15. Interversion. BIBL. Agostini, *D. 2010. 2465* (interversion des prescriptions et réforme de la prescription). ♦ Le code de commerce n'institue pas une interversion de prescriptions pour la prescription décennale prévue à l'art. L. 110-4. • Paris, 28 juin 2001 : *D. 2001. AJ 2741, obs. Avena-Robardet*, conf. par • Civ. 1re, 14 déc. 2004 : *Bull. civ. I, no 320 ; D. 2005. AJ 280, obs. Avena-Robardet ; JCP E 2005, no 6, p. 207 ; CCC 2005, no 63, obs. Leveneur ; RJDA 2005, no 487.*

16. Acte authentique revêtu de la formule exécutoire. La durée de la prescription est déterminée par la nature de la créance, et la circonstance que celle-ci soit constatée par un acte authentique revêtu de la formule exécutoire n'a pas pour effet de modifier cette durée. • Cass., ch. mixte, 26 mai 2006 : *Bull. civ. no 3 ; BICC 15 juill. 2006, p. 12, rapp. Mazars, avis Main ; D. 2006. 1793, note Wintgen ; ibid. IR 1564, obs. Delpech ; RTD civ. 2006. 558, obs. Mestre et Fages ; ibid. 829, obs. Perrot ; JCP 2006. II. 10129, note Croze ; RD banc. fin. 2006, no 144, obs. S. Piedelièvre ; Dr. et patr. avr. 2007. 52, note Galmard ; Defrénois 2006. 1233, obs. Libchaber ; RJDA 2006, no 974 ; RDC 2006. 1090, obs. Laithier ; ibid. 1197, obs. Serinet ; Procédures 2006, no 181, obs. Perrot ; Dr. et proc. 2006. 273, obs. Douchy-Oudot ; RLDA sept. 2006. 78, note Durand et Suquet.* ♦ La durée de la prescription d'une créance est exclusivement déterminée par la nature de celle-ci, peu important que soit poursuivie l'exécution du titre exécutoire la constatant. • Civ. 1re, 12 juill. 2007 : *Bull. civ. I, no 269 ; D. 2007. AJ 2030, obs. Delpech ; D. 2008. Pan. 1169, obs. Leborgne ; RTD com. 2007. 817, obs. Legeais ; 2008. 46, obs. Saintourens ; AJDI 2007. 847 ; JCP E 2008, no 3, p. 22, note Lamoril ; Banque et Droit nov.-déc. 2007. 29, obs. Bonneau ; RJDA 2007, no 1303 ; Dr. et proc. 2008. 35, obs. Putman* • Civ. 2e, 7 juin 2007 : *JCP 2007. II. 10135, note Salati ; RD banc. fin. 2007, no 193, obs. Piedelièvre ; Dr. et proc. 2007. 298 ; Procédures 2007, no 252.* ♦ V. aussi, jugeant qu'en retenant que la prescription applicable était celle prévue par l'art. 2262 [ancien] C. civ., même si la créance autrement constatée eût été soumise à la prescription prévue à l'art. L. 110-4 C. com., alors qu'il s'agissait d'une action en justice pour avoir paiement, peu important que l'acte litigieux fût un titre exécutoire et alors que les obligations nées à l'occasion de leur commerce entre commerçants ou entre commerçants et non-commerçants se prescrivent par dix ans sans distinguer selon la forme en laquelle elles ont été constatées, une cour d'appel a violé ce texte. • Civ. 1re, 11 févr. 2003 : *Bull. civ. I, no 43 ; D. 2003. AJ 694, obs. Chevrier ; JCP E 2003, no 14, p. 587 ; RJDA 2003, no 1033 ; Procédures 2003, no 165, obs. Perrot.* ♦ Sur la non-admission d'un pourvoi au motif que le moyen tiré de la violation des art. 189 *bis* [C. com., art.

L. 110-4] et 2262 [ancien] C. civ. n'est pas de nature à permettre l'admission des pourvois, V. • Com. 8 oct. 2003 : *JCP E 2004, n° 32-35, p. 1296, note Billiau ; JCP 2004. II. 10096, note Descorps-Declère* (contrariété avec • Civ. 1re, 11 févr. 2003 : *préc.*).

17. *Condamnations résultant d'une décision de justice.* L'action en recouvrement des condamnations résultant d'une décision de justice est soumise à la prescription de droit commun de trente ans, même entre commerçant. • Civ. 2e, 10 juin 2004 : *Bull. civ. II, n° 287 ; Defrénois 2005. 626, obs. Bénabent.* ♦ La durée de la prescription est déterminée par la nature de l'obligation, et la circonstance que celle-ci soit constatée par un jugement qui en prend acte n'a pas pour effet de modifier cette durée. • Com. 8 juin 2010 : *pourvoi n° 09-13.148.*

18. *Admission d'une créance au passif.* Dès lors qu'une créance résultant d'un prêt constaté par acte notarié a été admise définitivement, en l'absence de tout recours, au passif de la liquidation judiciaire de l'emprunteur, la cour d'appel retient exactement que l'admission au passif a entraîné la substitution de la prescription trentenaire à la prescription décennale et que cette interversion des prescriptions est opposable à la caution. • Com. 5 déc. 2006 : *Bull. civ. IV, n° 238 ; D. 2007. AJ 229 ; JCP E 2007, n° 1450, note Cabrillac ; RJDA 2007, n° 384.* – V. aussi • Com. 29 sept. 2009 : *Bull. civ. IV, n° 115 ; D. 2009. AJ 2422, obs. Lienhard ; Rev. sociétés 2010. 314, note Lecourt ; JCP 2010, n° 100, note Cabrillac ; RJDA 2010, n° 52 ; Dr. sociétés 2009, n° 225, obs. Gallois-Cochet ; Bull. Joly 2010. 64, note Rubellin.*

II. PRESCRIPTIONS SPÉCIALES

19. *Prescriptions prévues par la loi.* L'expiration des délais prévus par la convention de place du 22 nov. 1988 pour saisir la commission arbitrale prévue par cette convention n'est pas une cause d'extinction des obligations d'une société de bourse à qui il est demandé par une autre de livrer des titres, et ne peut introduire un délai préfix ou une prescription autre que celle que la loi détermine. • Paris, 18 mai 1992 : *LPA 28 oct. 1992, chron. de Vauplane ; Bull. Joly Bourse 1993. 143, note Peltier.*

20. *Prescriptions particulières.* Le régime spécifique réservé aux prescriptions particulières prévues aux art. 2271, 2272 et 2273 [anciens] C. civ. ne peut être étendu aux prescriptions des actions mentionnées à l'art. 433 [C. com., art. L. 110-4] ci-dessus, qui ne sont pas fondées sur une présomption de paiement. • Com. 26 mai 1987 : *Gaz. Pal. 1987. 2. Pan. 181.* ♦ La prescription décennale de l'art. L. 110-4 C. com. ne s'applique, selon ce texte, que si les obligations ne sont pas soumises à des prescriptions spéciales plus courtes ; or il résulte de l'art. 2277 [ancien] C. civ. que les intérêts moratoires des sommes dues se prescrivent par cinq ans, pourvu que la dette ne soit pas contestée en son principe ou sa quotité. • Paris, 10 mars 2004 : *Gaz. Pal. 2005. Somm. 564, obs. Vray.* ♦ De la même façon, si les droits résultant de la cession d'un fonds de commerce entre deux commerçants rentrent bien, en principe, dans le champ d'application de l'art. L. 110-4 C. com., l'analyse fait ressortir que la créance litigieuse porte sur le montant des loyers et des charges locatives, soumise par sa nature à la prescription quinquennale définie par l'art. 2277 C. civ. • Paris, 17 sept. 2008 : *AJDI 2009. 302* .

21. *Commerce maritime.* Le 2e al. de l'art. L. 110-4 C. com., qui n'est que la transposition de l'ancien art. 433 du même code, ne concerne que le commerce maritime. • Civ. 3e, 10 oct. 2007 : *Bull. civ. III, n° 173 ; D. 2007. AJ 2677, obs. Delpech ; JCP 2008. II. 10089, note Lebel.* ♦ La prescription annale de l'art. L. 110-4, II, al. 2, ne concerne que le commerce maritime. • Civ. 3e, 2 mars 2010 : *JCP 2010, n° 404, note Lebel.* ♦ Ayant relevé que la fourniture des équipements litigieux avait été faite pour les besoins de l'exploitation du navire, une cour d'appel n'a pas à effectuer une recherche sur la portée, entre coobligés solidaires, de l'interruption de la prescription de l'art. L. 110-4, II, 2°, par une mesure conservatoire pratiquée à l'égard de l'un d'eux. • Com. 5 juin 2012 : *Bull. civ. IV, n° 105 ; D. 2012. Actu. 1607, obs. Delpech ; ibid. 2580, note Hontebeyrie ; JCP E 2012, n° 1421 ; RJDA 2012, n° 850.*

22. *Construction et réparation d'un navire.* La prescription annale prévue par l'art. 433 [C. com., art. L. 110-4] pour les actions en paiement des travaux réalisés sur ouvrage existant ne s'applique pas à la construction d'un navire qui constitue une vente à livrer. • Com. 9 avr. 1991 : *Bull. civ. IV, n° 125 ; Bull. transp. 1991. 364.* ♦ Sauf impossibilité absolue d'agir, l'action en paiement du prix de travaux de réparation exécutés sur un navire se prescrit dans un délai d'un an à compter de leur réception. • Com. 14 janv. 1997 : *Bull. civ. IV, n° 16 ; RJDA 1997, n° 732 ; RJ com. 1998. 138, note Dalloz* ♦ De simples travaux de réparation avec fourniture de matériaux et de main-d'œuvre sur un navire existant ne constitue pas un contrat d'entreprise au sens de l'art. 1792 C. civ. dès lors, l'action en paiement du prix de ces réparations est soumise à la prescription annale de l'art. L. 110-4-II-2°. • Poitiers, 12 déc. 2006 : *RD transp. 2007, n° 140, obs. Staes.* ♦ Pour la réparation du moteur d'un navire de pêche, V. • Com. 8 janv. 2008 : *pour-*

voi n° 06-17.357. ♦ Sur le relevé d'office de l'interruption de la prescription annale et le principe du contradictoire, V. • Com. 22 janv. 2008 : *RD transp. 2008, n° 38, obs. O. S.*

23. Concours et combinaison de prescriptions. Jugé que le délai d'un an pour agir en garantie des vices cachés contre le constructeur d'un navire (C. transp., art. L. 5113-5) ne peut être utilement invoqué qu'à l'intérieur de la prescription extinctive de dix ans prévue par l'art. L. 110-4 • Com. 27 nov. 2001 : *Bull. civ. IV, n° 187 ; JCP E 2002, n° 8-9, p. 370 ; CCC 2002, n° 43, obs. Leveneur ; RJDA 2002, n° 454.* ♦ Comp. : • Com. 27 nov. 2001 : *Bull. civ. IV, n° 188 ; JCP E 2002, n° 3, p. 107 ; RJDA 2002, n° 455.* ♦ Sur l'articulation de la prescription commerciale et de la prescription de droit commun des constructeurs, V. • Civ. 3e, 16 oct. 2002 : *Bull. civ. III, n° 205 ; D. 2003. 300, note Malinvaud ; RDI 2003. 93, obs. Malinvaud ; JCP 2002. IV. 2901 et 2902 ; Defrénois 2003. 330, obs. Périnet-Marquet* • 26 oct. 2005 : *Bull. civ. III, n° 202 ; Dr. et patr. mars 2006. 115, obs. Mallet-Bricout* • 22 nov. 2006 : *Bull. civ. III, n° 228 ; RDI 2007. 93, obs. Malinvaud*. — V. aussi C. civ., art. 1792-4-1. — **C. civ.** ♦ La courte prescription de trois ans édictée au bénéfice des commissaires aux comptes (C. com., art. L. 822-18), en raison du caractère dérogatoire au droit commun de cette prescription, ne concerne que les interventions des commissaires aux comptes définies par la loi ; les obligations résultant des interventions définies par convention se prescrivent par dix ans en application de l'art. L. 110-4. • Paris, 30 juin 2006 : *D. 2006. AJ 2243, obs. Lienhard ; JCP E 2007, n° 8, p. 36, note Paclot ; Bull. Joly 2006. 1364, obs. Barbiéri.*

Loi n° 77-4 du 3 janvier 1977,

Modifiant l'article 189 bis du code de commerce [C. com., art. L. 110-4, I] concernant la prescription en matière commerciale.

....

Art. 2 Les établissements dépositaires de sommes et valeurs sont autorisés à clôturer les comptes qu'ils tiennent lorsque les dépôts et avoirs inscrits à ces comptes n'ont fait l'objet, de la part des ayants droit, d'aucune opération ou réclamation depuis dix années. Ces avoirs sont déposés dans un établissement habilité à cet effet par décret. — *L'établissement habilité est la caisse des dépôts et consignations (Décr. n° 79-894 du 15 oct. 1979, art. 1er).*

Ils resteront détenus pour le compte de leur titulaire par ledit établissement jusqu'à l'expiration du délai prévu à l'article *(Ord. n° 2006-460 du 21 avr. 2006, art. 2 et 7-I)* « L. 1126-1 du code général de la propriété des personnes publiques ».

Il en est de même pour les sociétés ou établissements à caractère commercial en ce qui concerne les titres émis par eux et visés à l'article *(Ord. n° 2006-460 du 21 avr. 2006, art. 2 et 7-I)* « L. 1126-1 (2°) du code général de la propriété des personnes publiques » lorsqu'il s'est écoulé plus de dix ans sans réclamation des titulaires depuis le jour où ils ont eu le droit d'en exiger le paiement. — *V. ledit art. L. 1126-1, App., v° Banque et financement de l'entreprise.*

Un décret en Conseil d'État fixera les conditions d'application du présent article. — *V. CGPPP, art. R. 1126-1, R. 1126-2, R. 1126-4 à R. 1126-6.* — ***C. sociétés** ou **CGPPP**.*

Les dispositions qui précèdent dérogent à l'article 189 *bis* du code de commerce *[C. com., art. L. 110-4, I].*

Clôture de compte. Sur la non-application de la prescription commerciale à un compte bancaire n'ayant enregistré aucun mouvement pendant plus de dix ans, V. • Paris, 13 oct. 2000 : *JCP E 2000, n° 50, p. 1930.* ♦ Pour une application combinée des art. 2, ci-dessus, et 189 *bis* [C. com. L. 110-4 (I)], V. • Com. 13 mars 2001 : *Bull. civ. IV, n° 54 ; RTD com. 2001. 745, obs. Cabrillac ; LPA 10 mai 2001, obs. E. C.* ♦ La prescription de l'action en restitution des dépôts inscrits en compte ne commence à courir qu'après la clôture du compte. • Com. 10 déc. 2003 : *RJDA 2004, n° 605.* ♦ Comp., retenant implicitement la connaissance par le déposant de la clôture du compte comme point de départ de la prescription, V. • Com. 8 mars 2005 : *Bull. civ. IV, n° 43 ; D. 2006. Pan. 164, obs. Martin ; D. 2005. AJ 884, obs. Chevrier ; JCP E 2005, n° 47, p. 1973, obs. Salgueiro ; LPA 16 janv. 2006, obs. E. C. ; Gaz. Pal. 2006. Somm. 1953, obs. F. B. ; RD* *banc. fin. 2005, n° 76, obs. Crédot ; Banque et Droit juill.-août 2005. 68, obs. Bonneau ; RTD com. 2005. 397, obs. Legeais ; RJDA 2005, n° 871.* ♦ Sur les conséquences des dispositions particulières régissant la clôture de compte en matière de délai de conservation des archives, V. • Douai, 21 déc. 2006 : *cité note 3 ss. art. L. 123-22.* ♦ De l'avis de la CEDH, l'État a l'obligation positive de protéger le citoyen et doit prévoir ainsi l'obligation des banques, compte tenu des conséquences fâcheuses que peut avoir la prescription, de tenir informé le titulaire d'un compte inactif de l'approche de la fin du délai de prescription et lui donner ainsi la possibilité d'interrompre la prescription. • CEDH 29 janv. 2013 : *JCP 2013, n° 181, obs. Gonzales.*

Art. 3 Les prescriptions en cours à la date de la publication de la présente loi seront acquises à l'expiration d'un délai de dix ans à compter de cette date sans que la durée totale de la prescription puisse excéder le délai prévu par la loi antérieure.

Art. 4 L'article 189 *bis* du code de commerce *[C. com., art. L. 110-4, I]* est applicable à la Nouvelle-Calédonie, dans les territoires de la Polynésie française, de Wallis-et-Futuna, des Terres australes et antarctiques françaises ainsi que dans le departement de Saint-Pierre-et-Miquelon.

TITRE DEUXIÈME DES COMMERÇANTS

CHAPITRE PREMIER DE LA DÉFINITION ET DU STATUT

SECTION PREMIÈRE DE LA QUALITÉ DE COMMERÇANT

Art. L. 121-1 Sont commerçants ceux qui exercent des actes de commerce et en font leur profession habituelle. – *[C. com., art. 1er.]*

Pour la définition des professions libérales, V. L. n° 2012-387 du 22 mars 2012, art. 29-I. – ***C. avocat.***

Sur les effets attachés à l'immatriculation au registre du commerce et des sociétés, V. art. L. 123-7 s.

RÉP. COM. v° *Commerçant*, par DUBAELE.

BIBL. ▸ RICHARD, Bicentenaire du code de commerce 1807-2007,*Dalloz, 2008* (la qualité de commerçant dans le code de 1807). – DONDERO, *D. 2009. 1097* (la présomption de solidarité en matière commerciale : une rigueur à modérer). – LEBEL, *RLDA févr. 2011. 60* (du commerçant et de l'artisan à l'activité commerciale et artisanale). – DELPECH, *D. 2012. Actu. 872* (L. n° 2012-387 du 22 mars 2012 : artisans et professions libérales). – VAN STEENLANDT, *Defrénois 2012. 368* (définition des professions libérales).

1. Actes de commerce. V. art. L. 110-1. ♦ N'accomplissant pas à titre habituel et principal des actes de commerce, n'ont pas la qualité de commerçant : les agréés près les tribunaux de commerce. V. • Civ. 5 févr. 1907 : *DP 1907. 1. 429.* ♦ ... Les architectes, V. • Civ. 12 déc. 1897 : *DP 1900. 1. 584* • T. com. Marseille, 23 févr. 1923 : *DP 1926. 2. 157, note Minvielle.* ♦ ... Sauf s'ils ne se cantonnent pas à l'exercice de leur profession, à l'égard d'entrepreneurs. • Civ. 10 juill. 1922 : *DP 1925. 1. 216.* ♦ ... Ou à l'occasion d'achats de matériaux de construction. • Civ. 15 janv. 1900 : *DP 1900. 1. 97.* ♦ A la qualité de commerçant la personne physique qui, bien que non inscrite au RCS et n'ayant pas réitéré la promesse d'achat du fonds de commerce de débit de boissons, a exploité ce fonds et fait des actes de commerce de manière habituelle et à titre professionnel. • Caen, 31 mars 2005 : *JCP E 2005, n° 36, p. 1430.*

Pour un arrêt jugeant que la demande tendant à ce qu'il soit fait interdiction à certaines sociétés d'exercer une activité d'assistance et de représentation devant le tribunal de commerce, de consultation et de rédaction d'actes en matière juridique, ne relève pas des tribunaux de commerce, V. • Paris, 29 oct. 1997 : *D. 1997. IR 246 ; D. Affaires 1998. 26, obs. V. A.-R.*

2. Profession habituelle. BIBL. Ponton-Grillet, *D. 1990. Chron. 157* (spéculation). – Pousson-Petit, *RTD com. 1984. 15* (pluriactivité). ♦ La profession s'entend d'une occupation sérieuse de nature à produire des bénéfices et à subvenir aux besoins de l'existence. • Paris, 30 avr. 1906 : *DP 1907. 5. 9.* ♦ Comp., pour des spéculations en bourse : • Paris, 13 janv. 1976 : *JCP 1977. II. 18576 ; RTD com. 1977, obs. Boitard* • Com. 28 avr. 1981 : *JCP 1982. II. 19740.* ♦ ... Pour la signature de lettres de change : • Com. 11 mai 1993 : *Bull. civ. IV, n° 179 ; Gaz. Pal. 1994. 2. 639, note Dupichot* • Paris, 14 janv. 1987 : *D. 1987. IR 38* • Orléans, 17 déc. 1964 : *D. 1965. 330 ; RTD com. 1965. 576, obs. Jauffret* • Aix-en-Provence, 28 févr. 1973 : *D. 1974. Somm. 111 ; RTD com. 1976. 62, obs. Jauffret* • 21 juin 1991 : *RJDA 1991, n° 1067.*

La qualification relève du contrôle de la Cour de cassation. • Com. 2 oct. 1984 : *RTD com. 1985. 506, obs. Derruppé* • 18 nov. 1986 : *Gaz. Pal. 1987. 1. 167, note A. Honorat.* ♦ L'exercice habituel d'actes de commerce constitue un fait juridique dont la preuve peut être rapportée par tous moyens. • Amiens, 17 oct. 1997 : *Gaz. Pal. 23-24 déc. 1998. Pan. 10.* ♦ La qualité de commerçant ne saurait résulter de cette seule indication dans une déclaration fiscale. • Civ. 1re, 31 janv. 1966 : *Bull. civ. I, n° 67 ; D. 1966. 288.* ♦ Comp. : • Req. 24 févr. 1903 : *DP 1903. 1. 189.* ♦ ... Et pour l'inscription au rôle des patentes : • Civ. 14 mai 1912 : *DP 1912. 1. 303.* ♦ ... Ou au répertoire SIRENE : • Nîmes, 22 mai 2003 : *cité note 3.* ♦ La qualité de commerçant ne saurait non plus résulter : de la seule inscription sur la liste des électeurs au tribunal de commerce. • Agen, 23 déc. 1921 : *DP 1922. 2. 7.* ♦ ... De l'inscription d'un nantissement sur du matériel d'équipement par un établissement de crédit. • Versailles, 22 janv. 1998 : *Gaz. Pal. 2-4 mai 1999, p. 14.* ♦ ... De l'accomplissement d'un acte de commerce isolé. • Aix-en-Provence, 12 nov. 1998 : *Act. proc. coll. 1999, n° 156.*

L'acte isolé de marchand de biens, non renouvelé, pas plus que l'utilisation de lettres de change et bordereaux Dailly pour règlements dans le cadre de l'activité professionnelle d'architecte ne peuvent permettre de caractériser une activité commerciale. • Pau, 18 mai 1995 : *Cah. jurispr. Aquitaine 1993, n° 3, p. 113.* ♦ V. aussi, sur l'insuffisance à cet égard de l'acte de donner son fonds de commerce en location-gérance à une société, de s'être porté caution des dettes de cette société et d'être inscrit au registre du commerce. • Com. 20 févr. 1996 : *Bull. civ. IV, n° 54 ; RTD com. 1996. 443, obs. Derruppé ; Defrénois 1996. 653, obs. J. Honorat.* ♦ V. également, pour la seule souscription d'un cautionnement commercial, note 33 ss. art. L. 110-1.

Sont commerçants pour avoir, de manière indépendante, effectué des actes de commerce à titre de profession habituelle, des frères ayant exploité en commun le fonds de commerce familial, et en ont assuré l'un et l'autre la direction effective en se substituant à leur mère âgée dans l'exercice d'une profession commerciale. • Com. 30 mars 1993 : *Bull. civ. IV, n° 126 ; D. 1993. IR 130.*

L'utilisation de personnes morales pour masquer des agissements personnels ne fait pas obstacle à la constatation d'une pratique habituelle, par leur auteur, d'actes de commerce pour son propre compte. • Paris, 27 sept. 1996 : *RJ com. 1997. 161, note X. Vincent.*

3. Activité indépendante. N'a pas la qualité de commerçant celui qui, bien qu'agissant à titre professionnel, n'accomplit pas d'actes de commerce en son nom et pour son compte personnel. ♦ V., pour des gérants salariés de succursales. • Soc. 19 nov. 1959 : *JCP 1960. II. 11397, note Bizière.* ♦ ... Des agents commerciaux. • Com. 28 oct. 1980 : *D. 1981. IR 196* • 29 oct. 1979 : *Bull. civ. IV, n° 266 ; Gaz. Pal. 1980. 1. 187, note Dupichot* • Amiens, 13 juill. 1977 : *JCP 1979. II. 19163, note J. Hémard ; RTD com. 1979. 697, obs. Derruppé.* ♦ ... Un agent d'assurances. • Req. 8 nov. 1933 : *DH 1933. 586.* ♦ ... Des VRP. • Civ. 15 mai 1912 : *DP 1912. 1. 303.* ♦ V. art. L. 7311-2 s. C. trav., ss. art. L. 134-17 C. com. ♦ N'ont pas non plus la qualité de commerçant : le médecin, personne physique exploitant et dirigeant un laboratoire d'analyses de biologie médicale [laboratoire de biologie médicale], car il exerce une activité libérale selon les règles de l'art. prescrites par l'art. L. 754 CSP [V. désormais l'art. L. 6223-1]. • Aix-en-Provence, 21 juin 1991 : *D. 1993. Somm. 24, obs. J. Penneau*. ♦ ... Le marabout fournissant des conseils et directives. • Paris, 27 mai 1992 : *JCP E 1992. Pan. 1194.* ♦ ... Le magnétiseur, qui reçoit des clients pour la mise en œuvre individuelle d'un art ou d'une science. • Nîmes, 22 mai 2003 : *JCP 2004. IV. 2338.* ♦ La qualité de commerçant a été, en revanche, reconnue à un salarié qui n'en accomplissait pas moins des actes de commerce pour son compte personnel. V. • Req. 9 juin 1928 : *DA 1928. 397.* ♦ ... Ou encore exceptionnellement à un conseil juridique, lequel était, en outre, organisateur-conseil. V. • Com. 18 janv.

1966 : *Bull. civ. III, n° 34 ; D. 1966. 358.* ♦ Sur la qualité de commerçant : du locataire-gérant d'un fonds de commerce, V. art. L. 144-2. ♦ ... De l'agent artistique, V. C. trav., art. L. 7121-11, ss. art. L. 134-17 C. com.

4. Associations. **BIBL.** Do Carmo, *LPA 7 juill. 1995.* – Grellière, *RTD com. 1997. 537* (de l'illicéité ou non de l'association commerçante). ♦ Nonobstant le caractère religieux et sacré de l'objet d'une association régie par la loi du 1er juill. 1901, les juges du fond ont pu décider que l'activité de l'association est de nature commerciale dès lors que, notamment, elle approvisionne les fidèles en denrées alimentaires préparées conformément à des préceptes religieux, et qu'ainsi elle exerce par profession habituelle des actes réputés de commerce par l'art. 1er [C. com., art. L. 121-1]. • Com. 17 mars 1981 : *D. 1983. 23, note Plaisant ; Rev. sociétés 1982. 124, note Sousi.* ♦ Comp., reprochant à une décision d'avoir retenu la qualité de commerçant d'une association, au motif qu'elle se livrait habituellement à des actes de commerce, sans avoir recherché si cette activité revêtait un caractère spéculatif répété au point de primer l'objet statutaire : • Com. 12 févr. 1985 : *Bull. civ. IV, n° 59 ; D. 1985. IR 473, obs. Julien ; RTD com. 1985. 772, obs. Alfandari et Jeantin ; ibid. 1986. 67, obs. Derruppé.* ♦ Relève des juridictions consulaires l'association dont l'activité commerciale d'agence de voyage absorbe l'essentiel voire même la totalité de l'activité sociale de l'association et alors que l'importance de la rémunération de son président ne peut être liée qu'à la recherche d'un profit. • Toulouse, 19 déc. 1995 : *LPA 5 mai 1997, note Do Carmo Silva.* ♦ Pour un arrêt considérant qu'une association, dont l'objet est l'insertion sociale de personnes handicapées, qui effectue des achats de matière première en vue de leur revente après transformation, n'a pas la qualité de commerçant dans la mesure où le but de ces actes n'est pas de générer des bénéfices dont elle aurait la libre disposition, ce qui est la situation de tout commerçant, V. • Versailles, 29 mai 2000 : *Rev. sociétés 2000. 735, obs. crit. Guyon*. ♦ V. aussi, refusant à une association le bénéfice : de la loi du 20 mars 1956 relative à la location-gérance des fonds de commerce, note 3 ss. art. L. 144-3. ♦ ... De l'inscription au RCS, note 1 ss. art. L. 123-1. ♦ V. aussi note 6.

5. Représentants d'une société. Si selon l'art. 5, al. 2, de la loi du 24 juill. 1966 [C. com., art. L. 210-6], les personnes agissant au nom d'une société en formation n'ayant pas encore acquis la personnalité morale sont tenues solidairement et indéfiniment des actes accomplis, il ne résulte pas de ce texte que leur soit nécessairement conférée la qualité de commerçant selon les critères de l'art. 1er [C. com., art. L. 121-1]. • Paris, 14 janv. 1987 : *préc. note 2.* ♦ Cette qualité n'est pas attribuée aux membres d'une SARL, fussent-ils gérants. • T. com. Seine, 14 janv. 1927 : *DP 1928. 2. 27, note Pic* • Lyon, 11 févr. 1943 : *DC 1943. 112, note Chéron* • Montpellier, 23 nov. 1954 : *D. 1956. Somm. 13.*

6. Paracommercialité. **BIBL.** Lapierre, *RJ com. 1980, n° spécial, p. 113.* – Le Foy, *JCP E 1981. II. 13587.* ♦ V. aussi note 4.

7. Fonctionnaires. Si la qualité de fonctionnaire est incompatible avec celle de commerçant, cette incompatibilité ne peut être invoquée par un fonctionnaire qui a pris un fonds de commerce en location-gérance pour se soustraire à ses obligations contractuelles. • Com. 30 janv. 1996 : *Bull. civ. IV, n° 30 ; D. 1996. IR 58 ; D. Affaires 1996. 377 ; Dr. sociétés 1996, n° 70, note Bonneau.*

8. Conseil en propriété industrielle. Sur l'incompatibilité de la profession de conseil en propriété industrielle avec toute activité de caractère commercial, qu'elle soit exercée directement ou par personne interposée, V. art. L. 422-12 CPI tel qu'issu de la L. n° 2004-130 du 11 févr. 2004 *(JO 12 févr.).* – **CPI.**

9. Professions civiles. Pour la définition légale des activités agricoles ayant un caractère civil, V. C. rur., art. L. 311-1, ss. art. L. 110-1 C. com. ♦ V. notes 19 s., *eod. loc.*

10. Preuve. **BIBL.** Delga, *ALD 1985. 79.* ♦ Sur les effets attachés à l'immatriculation au RCS, V. art. L. 123-7 s. – V. aussi • Com. 6 janv. 1987 : *Rev. sociétés 1987. 411, note Chaput.* ♦ ... Et sur l'absence de radiation, V. Delga, *D. 1985. Chron. 117.* ♦ Une personne physique ne saurait se soustraire au risque commercial en omettant de se soumettre à l'obligation d'inscription au RCS. • Caen, 31 mars 2005 : *préc. note 1.*

Art. L. 121-2 *(L. n° 2010-658 du 15 juin 2010, art. 2-V)* **Le mineur émancipé peut être commerçant sur autorisation du juge des tutelles au moment de la décision d'émancipation et du président du tribunal de grande instance s'il formule cette demande après avoir été émancipé.** – *V. aussi C. civ., art. 413-8.* – ***C. civ.***

Ancien art. L. 121-2 *Le mineur, même émancipé, ne peut être commerçant.* – [C. com., art. 2.]

BIBL. ► Gaudemet-Tallon, *RTD com. 1966. 229.* ► Sur l'accomplissement d'actes de commerce isolés : Jauffret, *ibid. 1974. 229.* – Massip, *Defrénois 1974. 1057.* – Couchez, *JCP 1975. I. 2684.* –

Lecourt, *JCP N 1974. I. 5788.* – Moreau, *JCP 1975. I. 2718.* ▶ Loi n° 2010-658 du 10 juin 2010 : Cathelineau-Roulaud, *JCP E 2010, n° 1727* (effets de la réglementation des incapacités sur les sociétés). – Julienne, *Dr. fam. 2010. Étude 31* (le mineur, acteur de la vie économique ?). – Legrand, *LPA 24 nov. 2010* (le mineur non émancipé EIRL : quelle perspective pour les parents ?). – Saintourens, *RTD com. 2010. 686* (mineur et activité commerciale : la réforme de 2010).

1. Mineur émancipé. Sur les actes accomplis par un mineur émancipé, V. art. 413-6 **C. civ.**

2. Jouissance légale. Sur l'exploitation d'un fonds appartenant au mineur en vertu du droit de jouissance légale, V. art. 383 et 384 **C. civ.**

3. Majeur sous tutelle. **BIBL.** Gosselin-Gorand, *JCP N 2008, n° 38, p. 27* (l'incapacité commerciale après la réforme de la protection des majeurs protégés). ♦ V. note 2 ss. art. L. 624-1 ancien, cité ss. art. L. 651-1.

Code civil

Art. 389-8 *(L. n° 2010-658 du 15 juin 2010, art. 2-I)* Un mineur *(L. n° 2012-387 du 22 mars 2012, art. 32)* « âgé de seize ans révolus » peut être autorisé, par ses deux parents qui exercent en commun l'autorité parentale ou par son administrateur légal sous contrôle judiciaire avec l'autorisation du juge des tutelles, à accomplir seul les actes d'administration nécessaires pour les besoins de la création et de la gestion d'une entreprise individuelle à responsabilité limitée ou d'une société unipersonnelle. Les actes de disposition ne peuvent être effectués que par ses deux parents ou, à défaut, par son administrateur légal sous contrôle judiciaire avec l'autorisation du juge des tutelles.

L'autorisation visée au premier alinéa revêt la forme d'un acte sous seing privé ou d'un acte notarié et comporte la liste des actes d'administration pouvant être accomplis par le mineur.

Sur l'entreprise individuelle à responsabilité limitée, V. art. L. 526-6 s.

BIBL. ▶ Loi n° 2012-387 du 22 mars 2012 : Maria, *Dr. fam. 2012, n° 104* (mineur et EIRL ou la prémajorité nécessairement au-delà de 16 ans). – Legros, *Dr. sociétés 2012. Repère 11* (âge minimal du mineur entrepreneur : 16 ans).

Art. L. 121-3 Le conjoint d'un commerçant n'est réputé lui-même commerçant que s'il exerce une activité commerciale séparée de celle de son époux. – *[C. com., art. 4.]*

RÉP. COM. v° *Conjoint du chef d'entreprise,* par Saintourens.

BIBL. ▶ Martin, *D. 1982. Chron. 293.* – Maubru, *JCP 1983. I. 3109.* – Randoux, *ibid. 3103.* – Colomer, *Defrénois 1982. 1393.* – Beauchard, *D. 1984. Chron. 147 ; Rect. 174.* – Derruppé, *RTD com. 1983. 209 et 1984. 67.* – Guyénot, *ALD 1983. 84 et 95.* – Wagner, *D. 1985. Chron. 1.* – Le Dolley, *JCP E 1982. II. 14069.* – Menjucq, *JCP N 1996. I. 1141.* – Teilliais, *Rev. huiss. 1997. 217* (conjoint collaborateur et régimes matrimoniaux) ; *LPA 29 nov. 1996* (collaboration non statutaire). – D'Hoir-Lauprêtre, *Dr. et patr. janv. 1998. 20* (le conjoint du chef d'entreprise : la nécessité d'une plus grande autonomie patrimoniale dans le respect des intérêts de tous les créanciers). – Cocquempot-Caulier, *JCP E 2002, n° 15, p. 639* (le conjoint collaborateur endetté « laissé pour compte » des mesures d'assainissement économique) ; *ibid. n° 15-16, p. 705* (la protection du conjoint collaborateur... un leurre !). – Conte et Monéger (ss. la dir.), *JCP N 2003, n° 17, p. 655* (conjoint et exploitation). – Malaurie et Fulchiron, *Defrénois 2004. 1503* (les relations pécuniaires entre époux à l'occasion de leur activité professionnelle). – Quétant, *ibid. 2005. 486* (contrat de travail entre époux). – Castagné, *JCP N 2006, n°s 45 et 46, p. 1951 et 1985* (un mariage à trois : le commerçant, son conjoint et le fonds de commerce).

1. Conditions. Après avoir constaté que le conjoint d'un commerçant non seulement entretenait avec les clients du magasin de son épouse des relations suivies et fréquentes, et avait une procuration sur le compte bancaire du commerce, mais surtout qu'il avait conclu le contrat d'assurance du magasin et que son nom figurait, comme celui de son épouse, dans la publicité du magasin, une cour d'appel peut, en l'état de ces constatations et sans inverser la charge de la preuve, retenir que ce conjoint était commerçant pour avoir, de manière indépendante, exercé des actes de commerce et en avoir fait sa profession habituelle. • Com. 15 oct. 1991 : *Bull. civ. IV, n° 286 ; D. 1991. IR 246.*

2. Office du juge. Ne met pas la Cour de cassation en mesure d'exercer son contrôle la cour d'appel qui retient qu'il n'est pas contesté que l'épouse n'est pas inscrite au RCS et qu'il ne résulte pas des pièces versées aux débats qu'elle ait la qualité de commerçante, se déterminant par de tels motifs impropres à établir que l'épouse n'exerçait pas des actes de commerce de manière indépendante et n'en avait pas fait sa profession habituelle. • Com. 4 janv. 1994 : *Bull. civ. IV, n° 1 ; D. 1994. IR 22.* ♦ Ne donne pas de base légale à sa décision la cour d'appel qui tient pour commerçante l'épouse d'un commerçant, dont il est par ailleurs allégué qu'elle est institutrice, sans rechercher si l'intéressée n'exerçait pas de manière habituelle une autre activité que celle de commerçante, exclusive de celle-ci. • Com. 4 oct. 1994 : *Bull. civ. IV, n° 271 ; D. 1995. 456, note Barabé-Bouchard ; Defrénois 1995. 249, obs. Le Cannu.* ♦ Comp., jugeant que la présomption dont bénéficie, en vertu de l'art. 4 [C. com., art. L. 121-3], le conjoint d'un commerçant, mentionné au RCS en qualité de collaborateur, est irréfragable. • Rouen, 12 nov. 1992 : *RJDA 1993, n° 343.*

3. Redressement judiciaire. BIBL. Maubru, *JCP 1976. I. 2804.* – Colloque du 30 mai 1997, *LPA 26 août 1998* (procédures collectives et communauté conjugale). – Castagné, *JCP N 2006, n° 25, p. 1208* (femmes, soyez soumises… ! après la loi de sauvegarde des entreprises). – Deckon, *LPA 14 et 15 janv. 2008* (le conjoint du débiteur soumis à une procédure collective en droit uniforme de l'OHADA). ♦ Une procédure de redressement judiciaire peut être ouverte à l'égard de chacun des époux dès lors que chacun d'eux a acquis la qualité de commerçant en accomplissant des actes de commerce de façon habituelle et indépendante au sein de l'activité commune, notamment en raison des operations commerciales effectuées par l'intermédiaire du compte bancaire de l'épouse. • Com. 27 mai 1986 : *RTD com. 1986. 514, obs. Derruppé* • 15 juil. 1987 : *ibid. 1988. 421, obs Derruppé ; Rev. proc. coll. 1988. 34, obs. Didier.* ♦ Il ne se déduit pas de la souscription, par l'épouse de l'exploitant d'un fonds de commerce en liquidation judiciaire, déclarée au registre du commerce en qualité de « conjoint collaborateur », en son nom personnel, d'un emprunt professionnel en vue de l'achat du droit au bail du local commercial et d'une ouverture de crédit sur le compte courant de l'entreprise dont elle avait la signature, qu'elle ait exercé une activité commerciale à titre de profession habituelle. • Com. 21 mai 1996 : *D. 1996. IR 162 ; Dr. sociétés 1996, n° 125, obs. Chaput.*

Les personnes qui exploitent en commun un fonds de commerce et qui remplissent les conditions fixées par l'art. L. 620-2 C. com. [ancien] peuvent, chacune, faire l'objet d'un redressement ou d'une liquidation judiciaire ; en l'absence de confusion des patrimoines, le tribunal doit, après avoir constaté l'état de cessation des paiements de chacune d'elles, ouvrir autant de procédures distinctes que de personnes. • Com. 15 mars 2005 : *Bull. civ. IV, n° 55 ; D. 2005. Pan. 2013, obs. Lucas ; ibid. AJ 952, obs. Lienhard ; Rev. sociétés 2005. 684, note Le Corre ; JCP E 2005. n° 49, p. 2098, note Léobon ; RJDA 2005, n° 839 ; Bull. Joly 2005. 949, note Lécuyer ; Defrénois 2005. 1924, obs. Gibirila.*

4. Surendettement. V. art. L. 333-3 C. consom. ♦ V. aussi note 2 ss. art. L. 121-4.

SECTION II DU CONJOINT DU CHEF D'ENTREPRISE OU DU PARTENAIRE LIÉ AU CHEF D'ENTREPRISE PAR UN PACTE CIVIL DE SOLIDARITÉ TRAVAILLANT DANS L'ENTREPRISE FAMILIALE *(L. n° 2005-882 du 2 août 2005, art. 12-I ; L. n° 2008-776 du 4 août 2008, art. 16-I).*

Art. L. 121-4 *(L. n° 2005-882 du 2 août 2005, art. 12-II)* **I. — Le conjoint du chef d'une entreprise artisanale, commerciale ou libérale qui y exerce de manière régulière une activité professionnelle opte pour l'un des statuts suivants :**

1° Conjoint collaborateur ;

2° Conjoint salarié ;

3° Conjoint associé.

II. — En ce qui concerne les sociétés, le statut de conjoint collaborateur n'est autorisé qu'au conjoint du gérant associé unique ou du gérant associé majoritaire d'une société à responsabilité limitée ou d'une société d'exercice libéral à responsabilité limitée répondant à des conditions de seuils fixées par décret en Conseil d'État.

Le choix effectué par le conjoint du gérant associé majoritaire de bénéficier du statut de conjoint collaborateur est porté à la connaissance des associés lors de la première assemblée générale suivant la mention de ce statut auprès des organismes mentionnés au IV.

III. — Les droits et obligations professionnels et sociaux du conjoint résultent du statut pour lequel il a opté.

(L. n° 2008-776 du 4 août 2008, art. 16-II) **« IV. — Le chef d'entreprise déclare le statut choisi par son conjoint auprès des organismes habilités à enregistrer l'immatriculation de l'entreprise. Seul le conjoint collaborateur fait l'objet d'une mention dans les registres de publicité légale à caractère professionnel. »**

V. — La définition du conjoint collaborateur, les modalités selon lesquelles le choix de son statut est mentionné auprès des organismes visés au IV et les autres conditions d'application du présent article sont fixées par décret en Conseil d'État. — *V. art. R. 121-1 s.*

Sur l'exercice d'une activité commerciale ou artisanale ambulante par tout préposé, salarié ou personne mentionné à l'art. L. 121-4, V. art. R. 123-208-5.

BIBL. ▶ Loi n° 2005-882 du 2 août 2005 : DELFOSSE et PENIGUEL, *Dr. et patr. oct. 2005, suppl., p. 5.* – LÉCUYER, *Dr. sociétés 2005. Chron. 12.* – SAINTOURENS, *RTD com. 2005. 701.* – MONNET, *Dr. sociétés 2005, n° 222.* – CASTAGNÉ, *JCP N 2005, n° 50, p. 2065 ; ibid. 2006, n°s 45 et 46, p. 1951 et 1985* (un mariage à trois : le commerçant, son conjoint et le fonds de commerce). – RAFFI, *LPA 4-5 août 2009* (statut de conjoint collaborateur : évolution récente et difficultés d'application). ▶ Loi n° 2008-776 du 4 août 2008 : DELPECH, *Rép. com. Dalloz, Cah. de l'actualité n° 2008-5, p. 19* (extension du statut du conjoint du chef d'entreprise au pacsé). – SAINTOURENS, *RTD com. 2008. 688* (idem). – BOUTIRON et LÉCUYER, *Dr. et patr. avr. 2012. 26* (le divorce de l'entrepreneur). – BOUTIRON, *ibid. sept. 2012. 77* (le partenaire ou concubin de l'entrepreneur).

1. Conjoint salarié. Dès lors qu'il est établi que le mari participe effectivement à l'activité de son épouse à titre professionnel et habituel et qu'il perçoit une rémunération horaire minimale égale au SMIC, il faut en déduire que les dispositions du code du travail sont applicables à leur relation professionnelle, sans qu'il soit nécessaire de se prononcer sur l'existence d'un lien de subordination qui n'est pas une condition d'application de l'art. L. 784-1 [abrogé] C. trav. • Soc. 6 nov. 2001 : *D. 2002. 987, note Rossi ; ibid. Somm. 767, obs. Lokiec ; RTD com. 2002. 33, obs. Saintourens ; JCP E 2002, n° 13, p. 575, note Corrignan-Carsin.*

2. Conjoint collaborateur. Le statut de conjoint collaborateur ne peut être adopté que par un couple marié ; un concubin, un pacsé ne peuvent bénéficier de ce statut (Avis CCRCS n° 05-81 du 15 déc. 2005 : *Bull. RCS 2005, n° 30-32, p. 51*). ♦ Seule la personne mariée au chef d'entreprise peut bénéficier de ce statut ; la question de son ouverture aux titulaires d'un PACS, évoquée lors des débats parlementaires, n'a pas été retenue (Rép. min. n° 102528 : *JOAN Q, 16 janv. 2006, p. 610 ; Bull. Joly 2007. 410*). ♦ L'ouverture du statut de conjoint collaborateur aux pacsés prend en compte les évolutions de la société et pourrait être proposée dans le cadre d'une prochaine évolution législative (Rép. min. n° 4737 : *JOAN Q, 25 déc. 2007, p. 8248 ; Rev. sociétés 2008. 215 ; JCP N 2008, n° 2, p. 12 ; Dr. sociétés 2008. Alerte 13*). ♦ Mais le code de commerce n'ayant pas été modifié par la L. n° 2006-728 du 23 juin 2006 portant réforme des successions et des libéralités, qui a étendu les droits des titulaires d'un PACS, la question de l'extension du statut de conjoint collaborateur aux pacsés reste à traiter pour les professions indépendantes non agricoles (Rép. min. n° 13777 : *JOAN Q, 26 févr. 2008, p. 1661 ; JCP N 2008, n° 11, p. 8*). ♦ V. désormais l'art. L. 121-8.

Un juge ne peut pas valablement déclarer irrecevable la demande d'ouverture d'une procédure de surendettement formée par un époux au motif que celui-ci est inscrit au RCS en qualité de conjoint collaborateur, sans rechercher si cet époux est lui-même commerçant ou artisan. • Civ. 2e, 14 sept. 2006 : *RTD com. 2006. 919, obs. Paisant ; JCP E 2007, n° 1, p. 20, obs. Cabrillac ; BRDA 2006, n° 19, p. 9 ; Dr. et patr. juin 2007. 89, obs. Macorig-Venier.*

3. Conjoint de l'agent commercial. Considérant que celui-ci peut opter pour le statut de conjoint collaborateur, et recommandant de porter cette mention sur le registre spécial des agents commerciaux (Avis CCRCS n° 03-74 : *BRDA 2006, n° 22, p. 11*).

4. Conjoint du gérant associé. Le statut de conjoint collaborateur peut bénéficier au conjoint de tout associé exerçant les fonctions de gérant au sein d'un collège de gérance majoritaire (Avis CCRCS nos 07-18 et 08-35 : *BRDA 2010, n° 19, p. 2*).

Art. L. 121-5 **Une personne immatriculée au répertoire des métiers ou un commerçant ne peut, sans le consentement exprès de son conjoint, lorsque celui-ci participe à son activité professionnelle en qualité de conjoint travaillant dans l'entreprise, aliéner ou grever de droits réels les éléments du fonds de commerce ou de l'entreprise artisanale dépendant de la communauté, qui, par leur importance ou par leur nature, sont nécessaires à l'exploitation de l'entreprise, ni donner à bail ce fonds de commerce ou cette entreprise artisanale. Il ne peut, sans ce consentement exprès, percevoir les capitaux provenant de telles opérations.**

Le conjoint qui n'a pas donné son consentement exprès à l'acte peut en demander l'annulation. L'action en nullité lui est ouverte pendant deux années à compter du jour où il a eu connaissance de l'acte, sans pouvoir jamais être intentée plus de deux ans après la dissolution de la communauté. – *[L. n° 82-596 du 10 juill. 1982, art. 2.]*

Sur la mention au répertoire des métiers du conjoint collaborant au fonctionnement de l'entreprise artisanale, V. Décr. n° 98-247 du 2 avr. 1998, art. 14, App., v° Artisans.

V. C. civ., art. 1424 et 1425. – ***C. civ.***

Art. L. 121-6 **Le conjoint collaborateur, lorsqu'il est mentionné au registre du commerce et des sociétés, au répertoire des métiers ou au registre des entreprises tenu par les chambres de métiers d'Alsace et de Moselle est réputé avoir reçu du chef d'entreprise le mandat d'accomplir au nom de ce dernier les actes d'administration concernant les besoins de l'entreprise.**

Par déclaration faite devant notaire, à peine de nullité, chaque époux a la faculté de mettre fin à la présomption de mandat, son conjoint présent ou dûment appelé. La déclaration notariée a effet, à l'égard des tiers, trois mois après que mention en aura été portée au registre du commerce et des sociétés, au répertoire des métiers ou au registre des entreprises tenu par les chambres de métiers d'Alsace et de Moselle. En l'absence de cette mention, elle n'est opposable aux tiers que s'il est établi que ceux-ci en ont eu connaissance.

La présomption de mandat cesse également de plein droit en cas d'absence présumée de l'un des époux, de séparation de corps ou de séparation de biens judiciaire, de même que lorsque les conditions prévues au premier alinéa ci-dessus ne sont plus remplies. – *[L. n° 82-596 du 10 juill. 1982, art. 9.]*

Présomption de mandat. Pour un arrêt ayant admis que puisse être déduite de l'attitude du conjoint collaborateur sa volonté de « sortir » du statut légal, V. • Douai, 13 mars 1997 : *D. 1997. 433, note Voinot* ✎. ♦ Jugeant que la conjointe du commerçant objet d'une procédure collective, qui n'est pas immatriculée en qualité de commerçante, ne peut, sur sa demande, être admise au bénéfice de la liquidation judiciaire : • Com. 11 févr. 2004 : *Bull. civ. IV, n° 28 ; D. 2004. AJ 565, obs. Lienhard* ✎ *; JCP E 2004, n° 22, p. 856, obs. Cabrillac ; ibid., n° 48, p. 1886, note Parachkevova ; RTD com. 2004. 243, obs. Saintourens* ✎ *; Dr. et patr. juin 2004. 101, obs. Monsèrié-Bon ; Defrénois 2004. 1654, obs. Gibirila ; RJDA 2004, n° 731 ; Bull. Joly 2004. 784, note Léobon.* – Comp. : • Angers, 11 mars 2003 : *RD banc. fin. 2004, n° 21, obs. Lucas.* – V. aussi note 4 *bis* ss. art. L. 620-2.

Art. L. 121-7 *(L. n° 2005-882 du 2 août 2005, art. 14)* **Dans les rapports avec les tiers, les actes de gestion et d'administration accomplis pour les besoins de l'entreprise par le conjoint collaborateur sont réputés l'être pour le compte du chef**

d'entreprise et n'entraînent à la charge du conjoint collaborateur aucune obligation personnelle.

BIBL. ▶ Loi du 2 août 2005 : DELFOSSE et PENIGUEL, *Dr. et patr. oct. 2005, suppl., p. 8.* – LÉCUYER, *Dr. sociétés 2005. Chron. 12.* – SAINTOURENS, *RTD com. 2005. 701.*

Art. L. 121-8 *(L. nº 2008-776 du 4 août 2008, art. 16-III)* **La présente section est également applicable aux personnes qui sont liées au chef d'entreprise par un pacte civil de solidarité.**

Sont applicables en Nouvelle-Calédonie et dans les îles Wallis-et-Futuna les adjonctions et modifications apportées à l'art. L. 121-8 par la L. nº 2008-776 du 4 août 2008 (Ord. nº 2009-896 du 24 juill. 2009, art. 1er-I).

Sur l'exercice d'une activité commerciale ou artisanale ambulante par tout préposé, salarié ou personne mentionné à l'art. L. 121-8, V. art. R. 123-208-5.

Loi nº 89-1008 du 31 décembre 1989,

Relative au développement des entreprises commerciales et artisanales et à l'amélioration de leur environnement économique, juridique et social.

Art. 14 I. — Le conjoint survivant du chef d'une entreprise *(L. nº 2005-882 du 2 août 2005, art. 16-V)* « artisanale, commerciale ou libérale » qui justifie par tous moyens avoir participé directement et effectivement à l'activité de l'entreprise pendant au moins dix années, sans recevoir de salaire ni être associé aux bénéfices et aux pertes de l'entreprise, bénéficie d'un droit de créance d'un montant égal à trois fois le salaire minimum interprofessionnel de croissance annuel en vigueur au jour du décès dans la limite de 25 p. 100 de l'actif successoral. Ce droit est garanti sur la généralité des meubles par le privilège inscrit au 4º de l'article *(Ord. nº 2006-346 du 23 mars 2006, art. 54)* « 2331 » du code civil, sur la généralité des immeubles par le privilège inscrit au 2º de l'article *(Ord. nº 2006-346 du 23 mars 2006, art. 54)* « 2375 » du code civil et sur les immeubles par une hypothèque légale. Le cas échéant, le montant des droits propres du conjoint survivant dans les opérations de partage successoral et de liquidation du régime matrimonial est diminué de celui de cette créance. Pour la liquidation des droits de succession, cette créance s'ajoute à la part du conjoint survivant.

II *et* III. ....

BIBL. ▶ DAGOT, *JCP N 1990. I. 317.*

Sur l'interprétation de l'art. 14 ci-dessus, V. : Rép. min. nº 51775, *JOAN Q, 13 avr. 1992, p. 1743 ; JCP E 1992. Pan. 531.*

CHAPITRE II DES COMMERÇANTS ÉTRANGERS

(L. nº 2006-911 du 24 juill. 2006, art. 22)

RÉP. COM. vº *Commerçant étranger*, par CHIRONNIER.

BIBL. GÉN. ▶ TAGER, *AJDI 1939. 278.* – PEUCHOT, *RD publ. 1989. 1095* (carte d'identité de commerçant étranger). ▶ Ord. nº 2004-279 du 25 mars 2004 : SAINTOURENS, *RTD com. 2004. 694* (suppression de la carte d'identité spéciale). ▶ Loi nº 2006-911 du 24 juill. 2006 : *BRDA 2006, nº 15-16, p. 11.* – ALVES, *RLDA oct. 2006. 18.* – INFOREG, *Cah. dr. entr. 2007, nº 6, p. 69* (nouveau statut du dirigeant étranger). – BERGER-WALLISER et MOES, *RTD com. 2009. 669* (conditions d'accès au marché français pour les opérateurs économiques étrangers, non ressortissants communautaires).

Art. L. 122-1 *(L. n° 2006-911 du 24 juill. 2006, art. 22)* **Un étranger qui exerce sur le territoire français, sans y résider, une profession commerciale, industrielle ou artisanale, dans des conditions rendant nécessaire son inscription ou sa mention au registre du commerce et des sociétés ou au répertoire des métiers, doit en faire la déclaration au préfet du département dans lequel il envisage d'exercer pour la première fois son activité dans des conditions définies par décret.** – *V. art. D. 122-1 s. et CESEDA, art. R. 322-3, App., v° Étrangers.*

Les ressortissants des États membres de l'Union européenne, des autres États parties à l'accord sur l'Espace économique européen ou de la Confédération suisse sont dispensés de l'obligation de déclaration prévue au premier alinéa.

Pour les étrangers titulaires de la carte de résident, V. CESEDA, art. L. 314-4, App., v° Étrangers.

Carte de commerçant (jurisprudence antérieure). La carte de commerçant étranger n'est accordée par le préfet qu'aux étrangers dotés de la capacité de faire le commerce selon la loi française et présentant des garanties de valeur morale et professionnelle, sans que son refus puisse être discrétionnaire. • CE 10 juill. 1987 : *Lebon 253* • 18 nov. 1987 : *ibid. 370* • 16 avr. 1986 : *D. 1987. Somm. 221.* ♦ Sur la réglementation issue de l'Ord. n° 2004-279 du 25 mars 2004, **V. C. com.**, éd. 2013 ou antérieures.

Art. L. 122-2 *(L. n° 2006-911 du 24 juill. 2006, art. 22)* **Toute infraction aux prescriptions de l'article L. 122-1 et à celles du décret d'application qu'il prévoit est punie d'un emprisonnement de six mois et d'une amende de 3 750 €.** *(Abrogé par L. n° 2009-526 du 12 mai 2009, art. 122-IV) « En cas de récidive, les peines sont portées au double. »* **Le tribunal peut, en outre, ordonner la fermeture de l'établissement.** – *[Décr.-L. 12 nov. 1938, art. 1er, al. 2.]*

1. Sanctions. Lorsque l'intéressé a commencé irrégulièrement à exercer le commerce, la délivrance de la carte doit lui être refusée et son exercice est pénalement sanctionné. • Crim. 30 déc. 1948 : *Bull. crim. n° 308 ; D. 1949. 84.* ♦ Sur la constitution frauduleuse d'une SARL par un étranger, commerçant de fait, V. • Paris, 7 oct. 1967 : *JCP 1968. II. 15525 ; RTD com. 1968. 1017, obs. Jauffret.* ♦ Sur la complicité d'un tiers dans la réalisation de l'infraction, V. • Paris, 9 juill. 1985 : *Gaz. Pal. 1985. 2. 551.*

2. Opposabilité. Les actes irrégulièrement accomplis par un étranger non titulaire de la carte sont annulables, sans que cette nullité soit opposable à un cocontractant de bonne foi. • Soc. 19 juill. 1957 : *Bull. civ IV, n° 878 ; JDI 1958. 1026, obs. Sialelli* • 11 avr. 1962 : *ibid. 1964. 99, obs. Sialelli.*

Art. L. 122-3 et L. 122-4 *Abrogés par L. n° 2006-911 du 24 juill. 2006, art. 22. – V. art. L. 122-1.*

CHAPITRE III DES OBLIGATIONS GÉNÉRALES DES COMMERÇANTS

SECTION PREMIÈRE DU REGISTRE DU COMMERCE ET DES SOCIÉTÉS

RÉP. COM. v° *Registre du commerce et des sociétés*, par BEDER.

BIBL. ▸ DERRUPPÉ, *RTD com. 1985. 84.* – A.P.S., *Gaz. Pal. 1984. 2. Doctr. 482.* – AZZOUZ, *JCP N 1988. Prat., p. 117.* – BOULOC, *Gaz. Pal. 1985. 2. Doctr. 419.* – LE CANNU, *LPA 11 sept. 1984.* – DELEBECQUE, *Journ. not. 1986. 1031.* – ROTTY, *JCP E 1984. I. 13621.* – BAHANS, *Dr. et patr. mars 2005. 66* (les actes de société sous forme électronique). – GUERIN, *Administrer oct. 2005. 25* (conséquences de la non-immatriculation d'une SCI au RCS dans ses relations avec la copropriété). – BARBIER, *AJDI 2005. 887* (particularités de l'obligation d'immatriculation au registre du commerce en droit spécial des baux commerciaux). - Menjucq, *RLDA juill. 2009. 89* (prépondérance de la loi d'immatriculation et nécessité d'un contrôle rapide et sûr de la constitution des sociétés). - Bobet et Gourgouillat, *ibid. 97* (les grandes tendances du RCS en Europe et le choix fait par la France dans la transposition de la directive de 1968). - Dossier, *Bull. Joly 2013. 75* (actualité 2012 du RCS).

SOUS-SECTION 1 DES PERSONNES TENUES À L'IMMATRICULATION

Art. L. 123-1 I. — Il est tenu un registre du commerce et des sociétés auquel sont immatriculés, sur leur déclaration :

1° Les personnes physiques ayant la qualité de commerçant, même si elles sont tenues à immatriculation au répertoire des métiers ;

2° Les sociétés et groupements d'intérêt économique ayant leur siège dans un département français et jouissant de la personnalité morale conformément à l'article 1842 du code civil ou à l'article L. 251-4 ;

3° Les sociétés commerciales dont le siège est situé hors d'un département français et qui ont un établissement dans l'un de ces départements ;

4° Les établissements publics français à caractère industriel ou commercial ;

5° Les autres personnes morales dont l'immatriculation est prévue par les dispositions législatives ou réglementaires ; — *V. art. A. 123-18 et A. 123-19. — Pour les intermédiaires d'assurances immatriculés au RCS, V. art. R. 512-2* ***C. assur.***

6° Les représentations commerciales ou agences commerciales des États, collectivités ou établissements publics étrangers établis dans un département français.

II. — Figurent au registre, pour être portés à la connaissance du public, les inscriptions et actes ou pièces déposés prévus par décret en Conseil d'État. — *[Décr. nº 84-406 du 30 mai 1984, art. 1er.] — V. art. R. 123-31 s.*

Pour l'immatriculation des personnes qui font profession habituelle d'effectuer des opérations de change manuel, V. C. mon. fin., art. L. 524-3. — ***C. mon. fin.***

L'immatriculation obligatoire à un registre de l'agriculture, prévue par l'art. L. 311-2 C. rur. des personnes physiques ou morales exerçant à titre habituel des activités réputées agricoles au sens du code rural, à l'exception des cultures marines et des activités forestières, ne dispense pas, le cas échéant, de l'immatriculation au RCS (C. rur., art. L. 311-2). — V. art. L. 311-1 C. rur., ss. art. L. 110-1.

Sur les conditions d'immatriculation des sociétés d'exercice libéral, V. Circ. 16 mars 1998 : BOMJ, nº 69, p. 92. — Sur l'obligation faite aux sociétés civiles constituées avant le 1er juill. 1978 et non encore immatriculées de s'immatriculer avant le 1er nov. 2002, V. L. nº 78-9 du 4 janv. 1978, telle que modifiée par la L. nº 2001-420 du 15 mai 2001, art. 44 au ***C. sociétés.*** *— Sur l'extension de cette obligation à toutes les sociétés, V. Rép. min. nº 36676 : JO Sénat Q, 14 févr. 2002, p. 499.*

1. Associations. **BIBL.** Kamden, *D. 1996. Chron. 213*. ♦ L'art. 1er du Décr. de 1984 [C. com., art. L. 123-1] limitant l'immatriculation au RCS des personnes morales à celles pour lesquelles la loi ou le règlement le prévoit, il y a lieu d'infirmer une ordonnance ayant dit qu'un greffier devait procéder à l'inscription d'une association ayant pour objet la gestion d'un foyer assurant la restauration, l'hébergement ainsi que l'animation culturelle de groupes de jeunes français ou étrangers. • Paris, 13 févr. 1992 : *JCP E 1992. II. 291 ; Bull. Joly 1992. 437, note Jeantin ; D. 1992. IR 142 ; RTD com. 1992. 579, obs. Derruppé* (V., rejetant le pourvoi, • Com. 1er mars 1994 : *Bull. civ. IV, nº 90 ; D. 1994. 528, note Coutant ; Rev. sociétés 1994. 502, note Guyon ; Defrénois 1994. 1038, obs. Hovasse ; JCP 1995. II. 22418, note Kamden ; Bull. Joly 1994. 529, note Baillod ; Dr. sociétés 1994, nº 88, note Bonneau*). ♦ La Convention européenne de sauvegarde des droits de l'homme ne peut pas être invoquée par une association pour réclamer son inscription au RCS qui lui a été justement refusée au motif qu'elle n'entrait dans aucune des catégories de personnes morales dont l'art. 1er prévoit qu'elles peuvent y être inscrites. • Com. 15 nov. 1994 : *Bull. civ. IV, nº 339 ; D. 1994. IR 269 ; Dr. sociétés 1995, nº 24, note Bonneau ; LPA 26 juill. 1995, note Gibirila* (V. l'arrêt d'appel : • Paris,

12 nov. 1992 : *Dr. sociétés 1993, n° 25, note Bonneau ; Bull. Joly 1993. 103, note Legros).*

Sur l'obligation d'immatriculation au RCS des associations exerçant, exclusivement ou non, une activité économique effective depuis au moins deux années et émettant des obligations, V. C. mon. fin., art. L. 213-10. – **C. sociétés.**

2. Agriculteurs exerçant des activités touristiques. Sur la nécessité et les conditions de l'immatriculation, V. : Rép. min. n° 21010 : *JO Sénat Q, 15 oct. 1992, p. 2358.*

3. Caisse de crédit mutuel. Les caisses de crédit agricole mutuel sont dispensées de l'immatriculation au registre du commerce ; il en résulte que la personnalité morale de la caisse est sans lien avec son inscription au RCS. • Com. 28 févr. 2006 : *Bull. civ. IV, n° 55 ; Rev. sociétés 2006. 800, note Mathey ; RD banc. fin. 2006, n° 87, obs. Crédot et Samin ; Dr. sociétés 2006, n° 102, obs. Lécuyer.* ♦ Une caisse de crédit mutuel, en sa qualité de société coopérative, n'est pas une société commerciale soumise à la L. n° 66-537 du 24 juill. 1966. Dès lors, c'est à bon droit qu'une cour d'appel a considéré qu'aux dates auxquelles les actes litigieux ont été signés (un commandement de payer délivré le 15 juill. 2003), la caisse de crédit mutuel, constituée le 15 janv. 1966, n'avait pas l'obligation de s'immatriculer au RCS. • Com. 23 mai 2006 : *Bull. civ. IV, n° 127 ; D. 2006. AJ 1894, obs. Lienhard ; JCP E 2007, n° 29, p. 24, obs. Mahfoudi ; RJDA 2006, n° 922 ; RLDA sept. 2006. 19, obs. Alves.*

4. Diffusion par voie télématique. **BIBL.** Colloque CREDA, *JCP E 1994. I. 387.* ♦ L'art. 1er, dern. al. [C. com., art. L. 123-1, dern. al.], prévoyant que les inscriptions, actes ou pièces déposés figurent au registre pour être portés à la connaissance du public, en diffusant ces informations par le biais de son serveur, INFOGREFFE ne fait que se conformer à ces prescriptions légales, sauf à démontrer qu'il porte à la connaissance du public des informations non prévues par le texte ou inexactes, et qu'il enfreint les dispositions de la loi du 6 janv. 1978 (informatique et libertés). • TGI Paris, 23 sept. 1992 : *JCP E 1992. Pan. 1196.* ♦ Ne peut être reprochée la diffusion de l'adresse personnelle du demandeur, cette mention étant prévue par l'art. 15 (10°) du Décr. n° 84-406 du 30 mai 1984 (devenu art. R. 123-54). • Même jugement. ♦ Comp., jugeant qu'un dirigeant peut s'opposer à la diffusion d'informations le concernant pour raison légitime : • Paris, 22 juin 1993 : *JCP E 1994. I. 359, n° 13, obs. Vivant et Le Stanc.*

5. Responsabilité du diffuseur. En ce que le serveur minitel EURIDILE, géré par l'Institut national de la propriété industrielle, constitue un service public à caractère industriel et commercial, les actions tendant à la réparation des préjudices causés aux tiers par son fonctionnement ressortissent à la compétence des juridictions de l'ordre judiciaire. • TGI Bar-le-Duc, 16 janv. 1997 : *D. Affaires 1997. 317.* ♦ La diffusion par l'INPI, par le biais de ce serveur, d'une information erronée est constitutive d'une faute civile de nature à engager la responsabilité délictuelle de son auteur. • Même jugement.

6. Artisans. L'art. L. 123-1 prévoit une immatriculation au registre du commerce et des sociétés pour les commerçants, mais non pour les artisans. Au regard de l'immatriculation à ce registre, les commerçants et les artisans se trouvent donc placés dans une situation différente. Il suit de là que le moyen tiré de ce que les art. 2 et 19 attaqués du Décr. n° 2007-750 du 9 mai 2007 créeraient une rupture d'égalité entre les commerçants et les artisans ne peut qu'être écarté. • CE 5 mai 2008 : *cité note 3 ss. art. R. 123-82.*

7. Cabinet d'avocats. Les cabinets d'avocats anglo-saxons constitués sous forme de sociétés commerciales, de SEL ou de SCP sont soumis, lors de l'ouverture d'un établissement en France, à l'obligation de s'immatriculer au greffe du tribunal de commerce prévue par l'art. R. 123-112. Les cabinets constitués sous forme d'associations ou de partenariats (Limited Liability Partnership), qui ne sont pas assimilables aux formes sociales soumises à l'obligation générale d'immatriculation posées par l'art. L. 123-1, ne sont en revanche pas inscrits au RCS à l'occasion de l'ouverture d'un bureau sur le territoire national. * Rép. min. n° 14614 : *JO Sénat Q 25 nov. 2010, p. 3119 ; D. 2010. Actu. 2833, obs. Lienhard ; JCP E 2010, n° 646.*

8. Professionnels de l'immobilier. Les activités de courtier, d'agent immobilier et d'administrateur de biens sont de nature commerciale et les personnes qui s'y livrent sont assujetties à l'immatriculation au RCS (Avis CCRCS n° 2012-035 du 25 oct. 2012). ♦ Dès lors qu'elles se livrent ou prêtent leur concours aux opérations d'entremise et de gestion immobilière portant sur des immeubles et des fonds de commerce, ces personnes doivent être titulaires d'une carte professionnelle dont il revient au greffier de vérifier l'obtention lors de l'inscription au RCS (Même avis).

Art. L. 123-1-1 *(L. n° 2008-776 du 4 août 2008, art. 8-I)* **Par dérogation à l'article L. 123-1, les personnes physiques exerçant une activité commerciale à titre principal ou complémentaire sont dispensées de l'obligation de s'immatriculer au registre**

du commerce et des sociétés tant qu'elles bénéficient du régime prévu à l'article L. 133-6-8 du code de la sécurité sociale.

Un décret en Conseil d'État précise les conditions d'application du présent article et, notamment, les modalités de déclaration d'activité en dispense d'immatriculation, auprès du centre de formalités des entreprises compétent, les conditions de l'information des tiers sur l'absence d'immatriculation, ainsi que les modalités de déclaration d'activité consécutives au dépassement de seuil. – *V. art. R. 123-3, R. 123-32-1, R. 123-220, R. 123-224, R. 123-237-1.*

Les personnes mentionnées au premier alinéa dont l'activité principale est salariée ne peuvent exercer à titre complémentaire auprès des clients de leur employeur, sans l'accord de celui-ci, l'activité professionnelle prévue par leur contrat de travail.

Les dispositions de l'art. L. 123-1-1 ne s'appliquent qu'aux personnes physiques qui n'étaient pas immatriculées au RCS à la date de publication de la L. n° 2008-776 du 4 août 2008 (JO 5 août).

DELMAS EXPRESS *Devenir auto-entrepreneur, 2011/2012,* par DELPECH.

BIBL. ▶ MONÉGER et BRAULT, *Loyers et copr. 2008. Étude 8* (la modernisation du statut des baux dans la LME du 4 août 2008). – DELPECH, *Rép. com. Dalloz, Cah. de l'actualité n° 2008-5, p. 15* (dispense d'immatriculation pour les commerçants « à temps partiel »). – TORCK et HOVASSE, *Dr. sociétés 2008. Étude 10* (analyse des mesures en faveur des PME). – SAINTOURENS, *RTD com. 2008. 687* (dispense d'immatriculation au RCS pour les commerçants bénéficiaires du régime micro-social). – BOISMAIN, *LPA 9 janv. 2009* (la dispense d'immatriculation au RCS et le renouvellement du bail commercial). – NURIT-PONTIER, *D. 2009. 585* (dispense d'immatriculation de l'auto-entrepreneur : une simplification non dénuée de risques). – REYGROBELLET, *RLDA mars 2009. 77* (l'« auto-entrepreneur » : vers un statut de l'activité indépendante). – GALLOIS-COCHET, *JCP E 2009, n° 16-17, p. 25* (micro-entreprise, micro-entrepreneur et auto-entrepreneur après la LME). – BARTHÉLÉMY, *ibid., n° 18, p. 42* (statut de l'auto-entrepreneur, présomption renforcée d'absence de contrat de travail et développement de la création d'entreprise). – BRUDER, *JCP N 2009, n° 24, p. 35* (les avantages du statut de l'auto-entrepreneur en matière de création d'entreprise). – LAVAL-MADER, *AJDA 2009. 1230* (un fonctionnaire peut-il devenir auto-entrepreneur ?). – VAUVILLÉ, *Rev. proc. coll. 2010. Étude 3* (brèves observations sur le passif de l'auto-entrepreneur). – LEGRAND, *D. 2010. 1898* (l'auto-entrepreneur à l'ère EIRL). – POMADE, *Rev. sociétés 2010. 495* (l'auto-entreprenariat : une solution à la création d'entreprise ?). – DELPECH, *RLDA févr. 2011. 63* (la création de l'entreprise individuelle simplifiée). – LEGRAND, *LPA 25-26 avr. 2011* (l'auto-entrepreneur EIRL).

1. Auto-entrepreneur : interdiction de gérer. S'agissant de l'interdiction de gérer prononcée en application de l'art. L. 653-8 C. com. dont l'étendue peut être limitée, elle l'autorise à adopter le statut d'auto-entrepreneur pendant la durée de son interdiction fixée à six ans. • Paris, 7 sept. 2010 : *Dr. sociétés 2011, n° 118, obs. J.-P. L.* ♦ *Contra*, estimant que l'auto-entrepreneur ne peut exercer son activité s'il se trouve sous le coup d'une interdiction de gérer une entreprise commerciale ou artisanale (Rép. min. n° 107215 : *JOAN Q, 20 sept. 2011, p. 10061 ; D. 2011. Actu. 2274, obs. Delpech ; JCP E 2012, n° 1069, note Delattre ; RLDA nov. 2011. 21, obs. Filiol de Raimond ; Rev. proc. coll. 2012, n° 105, obs. Martin-Serf*).

2. Liquidation judiciaire. Pour l'ouverture d'une procédure collective à l'encontre d'un auto-entrepreneur dont le passif provenait, de façon résiduelle, de son activité professionnelle, V. • T. com. Caen, 12 janv. 2011 : *cité note 9 ter ss. art. L. 620-2.*

3. Cumul avec une activité indépendante. L'activité de travailleur indépendant ne peut être cumulée avec une autre activité exercée sous le régime de l'auto-entrepreneur. En revanche, un travailleur indépendant peut très bien exercer plusieurs activités au sein de la même auto-entreprise, du moment que le chiffre d'affaires cumulé de ces activités ne dépasse pas les plafonds applicables pour le régime du microfiscal (Rép. min. n° 95807 : *JOAN Q, 20 sept. 2011, p. 10061 ; D. 2011. Actu. 2274, obs. Delpech ; JCP N 2011, n° 736 ; RLDA nov. 2011. 21, obs. Filiol de Raimond*).

4. Cumul avec une activité salariée. S'agissant des salariés, le régime de l'auto-entrepreneur présente une réelle opportunité, puisque le cumul d'activités est possible sous condition. En effet, le salarié qui crée une activité sous le régime de l'auto-entrepreneur ne peut toutefois pas exercer, en complément, une activité identique à celle de son employeur et auprès de la même clientèle, sans avoir obtenu l'accord de son employeur. En outre, le régime de l'auto-entrepreneur n'a nullement été conçu pour couvrir l'externalisation abusive de salariés ou le recrutement de faux indépendants (Rép. min. n° 95807 : *préc. note 3*).

5. Ressortissant étranger. Sur l'application du statut d'auto-entrepreneur aux ressortissants de l'Union européenne et des pays tiers, V. * Rép. min. n° 110909 : *JOAN Q, 22 mai 2012, p. 4089 ; JCP E 2012, n° 1405.*

6. Courtier d'assurances. L'auto-entrepreneur courtier d'assurances ne peut opter pour la dispense prévue à l'art. L. 123-1-1 ; il est tenu à l'immatriculation au RCS (Avis CCRCS n° 2012-006 du 16 févr. 2012).

Art. L. 123-2 **Nul ne peut être immatriculé au registre s'il ne remplit les conditions nécessaires à l'exercice de son activité. Les personnes morales doivent, en outre, avoir accompli les formalités prescrites par la législation et la réglementation en vigueur les concernant.** – *[Décr. n° 84-406 du 30 mai 1984, art. 2.]*

BIBL. ▸ LEBOUCHÉ, *Dr. sociétés 1999. Chron. 1* (dirigeants étrangers de sociétés : quelles règles respecter pour exercer ?).

Titre de séjour. S'agissant d'une demande d'immatriculation introduite par un gérant de SARL de nationalité algérienne, il n'y a pas lieu de prendre en compte la réglementation des étrangers relative aux conditions d'obtention d'un titre de séjour en France supérieur à trois mois, l'immatriculation au RCS n'étant soumise qu'aux seules conditions imposées par le Décr. n° 84-406 du 30 mai 1984 (art. R. 123-31 s.). • Paris, 7 juill. 1995 : *JCP E 1995. Pan. 1178.* ♦ Comp., en ce sens que, s'agissant d'un ressortissant algérien, le demandeur se trouve dispensé de la carte de commerçant étranger et peut présenter à l'appui de son immatriculation le récépissé de demande de carte de séjour, en vertu des dispositions de la circulaire du 14 mars 1986 relative aux conditions de circulation, d'emploi et de séjour en France des ressortissants algériens, • Paris, 12 oct. 1995 : *Bull. Joly 1996. 59, obs. P. S.* – V. aussi • Paris, 27 oct. 1995 : *Gaz. Pal. 1996. 2. Somm. 366.* ♦ V. également, sur l'obligation de présenter un titre de séjour, pour le ressortissant algérien acquéreur d'un fonds de commerce, Rép. min. n° 31063 : *JOAN Q, 22 janv. 1996, p. 389.* ♦ Sur le contrôle du greffier, V. note ss. art. R. 123-94.

Art. L. 123-3 **Faute par un commerçant personne physique de requérir son immatriculation dans le délai prescrit, le juge commis soit d'office, soit à la requête du procureur de la République ou de toute personne justifiant y avoir intérêt, rend une ordonnance lui enjoignant** *(L. n° 2012-387 du 22 mars 2012, art. 1er-I)* **« , le cas échéant sous astreinte, » de demander son immatriculation.**

Dans les mêmes conditions, le juge peut enjoindre *(L. n° 2012-387 du 22 mars 2012, art. 1er-I)* **« , le cas échéant sous astreinte, » à toute personne immatriculée au registre du commerce et des sociétés qui ne les aurait pas requises dans les délais prescrits, de faire procéder soit aux mentions complémentaires ou rectifications qu'elle doit y faire porter, soit aux mentions ou rectifications nécessaires en cas de déclarations inexactes ou incomplètes, soit à la radiation.**

Le greffier d'une juridiction qui rend une décision impliquant l'obligation pour une personne de s'immatriculer doit notifier cette décision au greffier du tribunal de commerce dans le ressort duquel l'intéressé a son siège ou son établissement principal. Le greffier du tribunal de commerce destinataire de la décision saisit le juge commis à la surveillance du registre. – *[Décr. n° 84-406 du 30 mai 1984, art. 58.]*

Saisine d'office. Le juge peut se saisir d'office, ou il peut être saisi par le procureur de la République ou par toute personne justifiant y avoir intérêt (Rép. min. n° 106126 : *JOAN Q, 15 mai 2007, p. 4600 ; JCP E 2007, n° 23, p. 32*).

Art. L. 123-4 *(Abrogé par L. n° 2012-387 du 22 mars 2012, art. 1er-I)* ***Le fait pour toute personne tenue de requérir une immatriculation, une mention complémentaire ou rectificative, ou une radiation au registre du commerce et des sociétés, de ne pas, sans excuse jugée valable, dans les quinze jours de la date à laquelle est devenue définitive l'ordonnance rendue par le juge commis à la surveillance du registre lui enjoignant de***

requérir l'une de ces formalités, déférer à cette injonction, est puni d'une amende de 3 750 €. – V. désormais, sur le prononcé d'astreintes, art. L. 123-3.

Le tribunal peut, en outre, priver l'intéressé, pendant un temps qui n'excédera pas cinq ans, du droit de vote et d'éligibilité aux élections des tribunaux de commerce, (L. n° 2010-853 du 23 juill. 2010, art. 8) ***« chambres de commerce et d'industrie territoriales » et conseils de prud'hommes.*** – V. désormais art. L. 123-5, al. 2.

Le tribunal ordonne que l'immatriculation, les mentions ou la radiation devant figurer au registre du commerce et des sociétés y seront portées dans un délai déterminé, à la requête de l'intéressé. – [Ord. n° 58-1352 du 27 déc. 1958, art. 1er.] – V. art. R. 123-84.

La sanction prévue en cas de récidive, telle qu'elle figurait à l'art. 1er de l'Ord. n° 58-1352 du 27 déc. 1958, n'a pas été reprise lors de la codification de cet art.

Sur la réinsertion de la virgule après les mots « sans excuse jugée valable », par l'art. 50-II de la L. n° 2003-7 du 3 janv. 2003 (JO 4 janv.), V. Saintourens, RTD com. 2003. 269.

Art. L. 123-5 Le fait de donner, de mauvaise foi, des indications inexactes ou incomplètes en vue d'une immatriculation, d'une radiation ou d'une mention complémentaire ou rectificative au registre du commerce et des sociétés est puni d'une amende de 4 500 € et d'un emprisonnement de six mois.

(L. n° 2012-387 du 22 mars 2012, art. 1er-I) **« Le tribunal compétent peut, en outre, priver l'intéressé, pendant un temps qui n'excède pas cinq ans, du droit de vote et d'éligibilité aux élections des tribunaux de commerce, chambres de commerce et d'industrie et conseils de prud'hommes. »** – *[Ord. n° 58-1352 du 27 déc. 1958, art. 2.]*

Mentions inexactes. Doit être condamné le prévenu qui, lors de son inscription en vue de sa nomination au poste de P-DG d'une société, a omis de mentionner une déclaration de faillite personnelle. • Paris, 26 avr. 1993 : *JCP E 1993. Pan. 744.* ♦ La présence d'un « homme de paille » destiné à occuper la place de gérant de droit alors que la direction effective de l'entreprise est assurée de fait par une autre personne constitue une fraude passible des sanctions pénales prévues par l'art. L. 123-5, et dont le but consiste à dissimuler aux autorités de contrôle et aux tiers l'identité du véritable dirigeant de l'entreprise ; celui qui a sciemment prêté son nom à l'accomplissement d'une telle fraude ne saurait s'en prévaloir, sauf à invoquer sa propre turpitude. • Versailles, 11 sept. 2003 : *RJDA 2004, n° 206.*

Art. L. 123-5-1 *(L. n° 2001-420 du 15 mai 2001)* **A la demande de tout intéressé ou du ministère public, le président du tribunal, statuant en référé, peut enjoindre sous astreinte au dirigeant de toute personne morale de procéder au dépôt des pièces et actes au registre du commerce et des sociétés auquel celle-ci est tenue par des dispositions législatives ou réglementaires.**

Le président peut, dans les mêmes conditions et à cette même fin, désigner un mandataire chargé d'effectuer ces formalités.

L'art. L. 123-5-1 est applicable à Mayotte, en Nouvelle-Calédonie et à Wallis-et-Futuna (Ord. n° 2004-604 du 24 juin 2004, art. 56-I, 57-II et 58-II).

1. *Référé-injonction.* L'art. L. 123-5-1 concerne notamment le dépôt des comptes annuels ; l'injonction à une finalité différente de celle prévue par l'art. L. 611-2 C. com. qui permet au président du tribunal de procéder à des investigations en cas d'injonction infructueuse : Rép. min. n° 92639 : *JOAN Q, 20 juin 2006, p. 6643 ; Bull. Joly 2006. 1097.* ♦ L'art. L. 123-5-1 est applicable en cas de carence du président du conseil d'administration dans la production du rapport sur le contrôle interne, qui doit être annexé au rapport de gestion et, à ce titre, déposé avec lui au greffe du tribunal de commerce : Rép. min. n° 3779 : *JOAN Q, 11 janv. 2005, p. 372.* ♦ L'instauration de la procédure de référé-injonction de faire afin de contraindre le dirigeant de la société d'effectuer le dépôt des pièces et actes au RCS, conforte l'intention du législateur de dépénaliser l'obligation de dépôt des comptes annuels visée par l'art. L. 232-22 C. com. • Douai, 3 déc. 2004 : *D. 2005. AJ 359, obs. Lienhard ; Rev. sociétés 2005. 668, obs.*

Bouloc ; *Bull. Joly 2005. 486, note Mascala* ; *RJDA 2005, n° 993*. ♦ Sur la désignation d'un mandataire *ad hoc* pour palier le refus du dirigeant, V. • Douai, 30 oct. 2012 : *Rev. proc. coll. 2012, n° 176, obs. Delattre.*

2. Faits justificatifs. Les menaces invoquées par le représentant légal d'une société anonyme pour justifier son refus de dépôts des comptes sociaux selon lesquelles cette publication était susceptible de porter atteinte aux intérêts de l'entreprise compte tenu du marché où elle intervient (exploitation de ces informations par les concurrents pour mettre en œuvre des politiques agressives), seraient-elles établies, n'apparaissent pas suffisantes pour justifier une violation délibérée de l'art. L. 232-23 C. com., et justifier que le juge des référés face usage de la faculté dont il dispose de ne pas prononcer d'injonction. • TGI Avesnes-sur-Helpe, ord., 15 nov. 2007 : *JCP E 2008, n° 9, p. 36, note Delattre.* ♦ Il y a lieu, cependant, d'apprécier le risque créé par l'absence de publication au regard des objectifs des textes de droit communautaire et de droit interne. • Même ordonnance.

3. Signature du greffier. Exigeant, dans le cadre du II de l'art. L. 611-2 C. com., que l'ordonnance du président du tribunal comporte l'indication du nom et la signature d'un greffier, V. • Com. 29 sept. 2009 : *Bull. civ. IV, n° 116* ; *D. 2009. AJ 2422, obs. Lienhard* ; *Rev. sociétés 2010. 90, note Poracchia* ; *JCP E 2009, n° 46, p. 37, note Roussel Galle* ; *RJDA 2010, n° 528* ; *RLDA nov. 2009. 25, obs. Filiol de Raimond.*

4. Communication de pièces. La communication de pièces (comptes annuels non déposés au greffe) ne peut être obtenue sur le fondement de l'art. L. 123-5-1, cette disposition ne visant que la possibilité de donner injonction au dirigeant d'une personne morale de procéder au dépôt au RCS des pièces et actes prévus par des dispositions législatives ou réglementaires. • Paris, 11 juin 2003 : *RJDA 2004, n° 578.*

5. Personne intéressée. Le terme « tout intéressé » se définit comme celui qui manifeste le désir d'accéder aux comptes sociaux sans qu'il lui soit demandé de s'expliquer sur les motifs de cet intérêt et sans que le juge ne puisse faire la part des choses entre l'intérêt légitime et la simple curiosité. • Poitiers, 18 janv. 2011 : *Rev. proc. coll. 2011, n° 154, obs. Delattre.* ♦ L'action prévue par l'art. L. 123-5-1 est ainsi ouverte à tout intéressé, c'est-à-dire toute personne qui cherche à avoir connaissance de l'information qui aurait dû être publiée, sans restriction. • Même arrêt. ♦ V. aussi jugeant que l'action tendant à assurer l'accomplissement des formalités de publicité incombant aux sociétés commerciales en application des dispositions de l'art. L. 232-23 C. com. est, sauf abus, ouverte à toute personne, sans condition tenant à l'existence d'un intérêt particulier : • Com. 3 avr. 2012 : *Bull. civ. IV, n° 75* ; *Dalloz actualité, 12 avr. 2012, obs. Lienhard* ; *Rev. sociétés 2012. 571, note Reygrobellet* ; *JCP E 2012, n° 263* ; *LPA 29 oct. 2012, note Stefania* ; *RJDA 2012, n° 683* ; *RJ com. mai-juin 2012. 39, obs. Jambort* ; *Dr. sociétés 2012, n° 100, obs. Gallois-Cochet* ; *Bull. Joly 2012. 545, note Lucas* ; *Banque et Droit sept.-oct. 2012. 65, obs. Urban* ; *RLDA mai 2012. 19 obs. Mpindi* ; *Rev. proc. coll. 2012, n° 175, obs. Delattre.*

6. Astreinte. Sur ses modalités, V. notamment : • Poitiers, 25 janv. 2011 : *Rev. proc. coll. 2011, n° 155, obs. Delattre.*

SOUS-SECTION 2 TENUE DU REGISTRE ET EFFETS ATTACHÉS À L'IMMATRICULATION

Art. L. 123-6 **Le registre du commerce et des sociétés est tenu par le greffier de chaque tribunal de commerce, sous la surveillance du président ou d'un juge commis à cet effet, qui sont compétents pour toutes contestations entre l'assujetti et le greffier.** — *[Décr. n° 84-406 du 30 mai 1984, art. 4, al. 1er.] — V. art. R. 123-79*

(L. n° 2012-1270 du 20 nov. 2012, art. 31) **« Dans les départements d'outre-mer et dans les collectivités d'outre-mer de Saint-Martin et de Saint-Barthélemy, le ministre de la justice peut déléguer, lorsque le fonctionnement normal des registres du commerce et des sociétés est compromis, par convention, leur gestion matérielle à la chambre de commerce et d'industrie de ces départements ou à la chambre consulaire interprofessionnelle à Saint-Martin ou à la chambre économique multiprofessionnelle à Saint-Barthélemy. Le greffe reste compétent pour le contrôle des actes et des extraits du registre ainsi que pour toute contestation entre l'assujetti et la chambre compétente. La durée maximale de la convention est de vingt-quatre mois, renouvelable dans les mêmes conditions. »**

Art. L. 123-7 L'immatriculation d'une personne physique emporte présomption de la qualité de commerçant. Toutefois, cette présomption n'est pas opposable aux tiers et administrations qui apportent la preuve contraire. Les tiers et administrations ne sont pas admis à se prévaloir de la présomption s'ils savaient que la personne immatriculée n'était pas commerçante. – *[Décr. n° 84-406 du 30 mai 1984, art. 64.]*

BIBL. ▸ DELGA, *ALD 1985. 79 ; D. 1985. Chron. 117.* – DESDEVISES, *JCP 1975. I. 2705.*

Qualité de commerçant. Sur la jurisprudence antérieure à l'art. 64 du Décr. du 30 mai 1984 [C. com., art. L. 123-7], V. • Com. 7 déc. 1983 : *Bull. civ. IV, n° 341.* ♦ Sur la présomption irréfragable de la qualité de commerçant, en l'absence de radiation, lorsque l'intéressé avait exercé une activité, V. • Com. 6 janv. 1987 : *Rev. sociétés 1987. 411, note Chaput* • 9 févr. 1971 : *D. 1972. 600, note Jauffret ; RTD com. 1972. 475, obs. Houin* • 17 mars 1981 : *ibid. 1981. 517, obs. Derruppé* • Paris, 19 sept. 1995 : *Dr. sociétés 1995, n° 243, obs. Chaput.* – Comp. : • Paris, 24 févr. 1995 : *ibid. 1995, n° 136, obs. Chaput ; RJDA 1995, n° 991.* ♦ Comp. aussi, exigeant, de la part d'une personne inscrite, la preuve de l'exercice effectif du commerce : • Paris, 1er oct. 1996 : *Bull. Joly 1997. 44, note crit. Vallansan.* ♦ Sur l'inefficacité d'une radiation anticipée alors que l'intéressé poursuit en fait son activité, V. • Com. 4 juill. 1960 : *Bull. civ. III, n° 270 ; D. 1960. Somm. 106.*

L'affiliation à un régime spécial d'assurance vieillesse des commerçants ne dépend pas de la capacité d'exercer le commerce de l'assuré, mais de l'exercice effectif par ce dernier d'une activité professionnelle comportant l'inscription au RCS. • Civ. 2e, 20 janv. 2012 : *Bull. civ. II, n° 17 ; Dalloz actualité, 24 févr. 2012, obs. Fontaine ; AJ fam. 2012. 149, note Verheyde ; JCP E 2012, n° 1410, note Gosselin-Gorand ; RJDA 2012, n° 463 ; Dr fam. 2012, n° 51, obs. Maria.*

Art. L. 123-8 La personne assujettie à immatriculation qui n'a pas requis cette dernière à l'expiration d'un délai de quinze jours à compter du commencement de son activité, ne peut se prévaloir, jusqu'à immatriculation, de la qualité de commerçant tant à l'égard des tiers que des administrations publiques. Toutefois, elle ne peut invoquer son défaut d'inscription au registre pour se soustraire aux responsabilités et aux obligations inhérentes à cette qualité.

Sans préjudice de l'application de l'article L. 144-7, le commerçant inscrit qui cède son fonds ou qui en concède l'exploitation notamment sous forme de location-gérance ne peut opposer la cessation de son activité commerciale, pour se soustraire aux actions en responsabilité dont il est l'objet du fait des obligations contractées par son successeur dans l'exploitation du fonds, qu'à partir du jour où a été opérée la radiation ou la mention correspondante. – *[Décr. n° 84-406 du 30 mai 1984, art. 65.]*

1. Défaut d'immatriculation. Sur l'impossibilité, pour une personne physique, faute d'immatriculation, de bénéficier d'un redressement judiciaire, V. note 4 *bis* ss. art. L. 620-2.

2. Siège social. Pour une société immatriculée au lieu de son siège social et non pas au lieu où elle exploite son fonds de commerce, V. • Civ. 3e, 31 mai 1978 : *Bull. civ. III, n° 229 ; RTD com. 1979. 89, obs. Derruppé.*

3. Compétence juridictionnelle. Sur l'influence de l'immatriculation sur la revendication de la compétence commerciale, V. • T. civ. Pontoise, 13 oct. 1964 : *RTD com. 1965. 85, obs. Jauffret.* ♦ ... De la prescription décennale [désormais quinquennale] découlant de l'art. 189 *bis* [C. com., art. L. 110-4], V. • Com. 2 mars 1993 : *Bull. civ. IV, n° 91.*

4. Radiation. Pour une application du 2e al. de l'art. L. 123-8, V. • Besançon, 30 nov. 2004 : *JCP E 2005, n° 4, p. 109.*

Art. L. 123-9 La personne assujettie à immatriculation ne peut, dans l'exercice de son activité, opposer ni aux tiers ni aux administrations publiques, qui peuvent toutefois s'en prévaloir, les faits et actes sujets à mention que si ces derniers ont été publiés au registre.

En outre, la personne assujettie à un dépôt d'actes ou de pièces en annexe au registre ne peut les opposer aux tiers ou aux administrations, que si la formalité correspondante a été effectuée. Toutefois, les tiers ou les administrations peuvent se prévaloir de ces actes ou pièces.

Les dispositions des alinéas précédents sont applicables aux faits ou actes sujets à mention ou à dépôt même s'ils ont fait l'objet d'une autre publicité légale. Ne peuvent toutefois s'en prévaloir les tiers et administrations qui avaient personnellement connaissance de ces faits et actes. – *[Décr. n° 84-406 du 30 mai 1984, art. 66.]*

1. Domaine d'application. Les art. 8 de la loi du 24 juill. 1966 [C. com., art. L. 210-9] et 66 [C. com., art. L. 123-9] ci-dessus ne sont pas applicables au litige qui oppose la société à une personne qui, après avoir cessé ses fonctions d'administrateur, agit en qualité de salarié et n'est donc pas un tiers. • Soc. 9 oct. 1991 : *Bull. civ. V, n° 404 ; D. 1991. IR 258 ; Rev. sociétés 1992. 318, note Chartier ; Bull. Joly 1991. 1119.* ♦ L'art. 66, al. 1er [C. com., art. L. 123-9, al. 1er], ne concerne que les actes par lesquels la responsabilité d'une société peut être engagée, et non ceux qui servent de base à l'application des sanctions à l'égard des dirigeants sociaux en cas de procédure collective. • Com. 14 oct. 1997 : *Bull. civ. IV, n° 254 ; D. 1997. IR 243 ; D. Affaires 1997. 1290* • Paris, 18 janv. 1994 : *RJDA 1994, n° 528 ; Bull. Joly 1994. 309, note A. C.* • 22 mars 1994 : *ibid. 679.* ♦ V. aussi note 2 ss. anc. art. L. 624-1, cité ss. art. L. 651-1, et note 2 *bis* ss. art. L. 653-5.

Une société en nom collectif, bénéficiaire d'un contrat de crédit-bail, n'ayant pas respecté l'obligation contractuelle d'informer le crédit-bailleur de sa transformation en SARL, ne peut pas opposer à celui-ci le changement de sa forme sociale, quand bien même ce changement a été régulièrement publié. • Com. 1er oct. 1996 : *Bull. Joly 1997. 37, note Le Cannu.*

2. Épouse du commerçant. L'épouse séparée de corps d'un commerçant exploitant un fonds ayant appartenu à la communauté, qui, n'ayant pas la qualité de commerçante, n'était pas assujettie à l'immatriculation, peut opposer aux tiers le jugement de séparation de corps bien qu'il n'ait pas été publié au registre du commerce. • Civ. 1re, 20 oct. 1992 : *Bull. civ. I, n° 260 ; Defrénois 1993. 512, obs. crit. Sénéchal* (Décr. n° 67-237 du 23 mars 1967). ♦ De même, l'épouse du commerçant peut opposer le changement de régime matrimonial, malgré le défaut de publication. • Toulouse, 27 avr. 1995 : *JCP 1995. I. 3869, n° 6, obs. Wiederkehr.*

3. Actes modificatifs. BIBL. Bahans, *Bull. Joly 2013. 95* (publicité au RCS et opposabilité de la disparition d'une personne morale). ♦ Manque de base légale l'arrêt qui, à la suite de la fusion de sociétés de caution mutuelle, retient que ces sociétés n'ont d'autres obligations, selon la loi du 13 mars 1917 [C. mon. fin., art. L. 515-4 s., V. App., v° *Banque et financement de l'entreprise*], que de déposer les actes modificatifs au greffe du tribunal d'instance, ce qui a été fait en l'espèce, alors que les actes modificatifs affectant une société ne sont opposables aux tiers que s'ils ont été publiés au RCS conformément à l'art. 66 [C. com., art. L. 123-9], même s'ils ont fait l'objet d'une autre publicité légale. • Com. 29 juin 1993 : *Bull. civ. IV, n° 275 ; D. 1993. IR 206 ; Defrénois 1993. 1454, obs. Hovasse ; Bull. Joly 1993. 914, note Saintourens ; Dr. sociétés 1993, n° 180, note Bonneau ; JCP E 1994. II. 563, note Le Nabasque.* ♦ Les actes concernant la vie d'une société commerciale ne sont opposables aux tiers qu'à compter de leur mention au RCS, même s'ils ont fait l'objet d'une autre publicité légale : • Com. 18 déc. 2007 : *RJDA 2008, n° 680 ; Dr. sociétés 2008, n° 90, obs. Coquelet.* – V. aussi • Com. 24 mai 2011 : *Bull. civ. IV, n° 81 ; D. 2011. Actu. 1556 ; Dr sociétés 2011, n° 189, obs. Mortier ; Bull. Joly 2011. 758, note Raffray.* ♦ L'opposabilité aux tiers des cessions de parts d'une SNC suppose que les formalités d'opposabilité à la société prévues par le 1er al. de l'art. L. 221-14 C. com. aient été accomplies antérieurement ou concomitamment à la publicité au RCS ; dès lors qu'une seule des formalités légales n'a pas été observée, la cession est inopposable aux tiers, peu important qu'ils en aient eu connaissance par ailleurs. • Paris, 4 nov. 2003 : *RJDA 2004, n° 998.* ♦ Il résulte de l'art. 1844-5, al. 3, C. civ., ensemble les art. L. 123-9, R. 210-14 et R. 123-66 C. com., que la disparition de la personnalité juridique d'une société n'est rendue opposable aux tiers que par la publication au RCS des actes ou événements l'ayant entraînée, même si ceux-ci ont fait l'objet d'une autre publicité légale. • Com. 20 sept. 2011 : *Bull. civ. IV, n° 135 ; D. 2011. Actu. 2333, obs. Lienhard ; JCP E 2011, n° 1827, note Lebel ; Gaz. Pal. 2011. 3463, obs. Zattara-Gros ; RLDA nov. 2011. 12, obs. Mpindi ; Dr. sociétés 2012, n° 2, obs. Mortier ; Rev. proc. coll. 2012, n° 15, obs. Saintourens.*

4. Possibilité pour les tiers de se prévaloir des actes non publiés. Les tiers, dont fait partie le banquier par rapport à la société qui est sa cliente, peuvent se prévaloir des actes ou faits même non publiés (changement de gérant) dont ils ont connaissance. • T. com. Paris, 22 mars 1994 : *Dr. sociétés 1994, n° 132, note Bonneau.*

5. Connaissance personnelle des tiers. BIBL. Gourlaouen, *Bull. Joly 2013. 97* (non-publication au RCS de la nomination d'un gérant et inopposabilité aux tiers). ♦ Les dispositions de l'art. L. 123-9, al. 3, bien que codifiées dans un chapitre concernant les obligations des commerçants, ont une portée générale ; elles s'appliquent à toutes personnes assujetties à un dépôt d'acte au registre du commerce telles que les associés des sociétés civiles qui sont tenus de publier l'acte par lequel ils cèdent leurs parts sociales. • Bordeaux, 17 juin 2004 : *RJDA 2005, n° 716*. – *Contra* : • Paris, 8 mars 2005 : *RTD com. 2005. 760, obs. Champaud et Danet* ; *Rev. sociétés 2005. 469, obs. Urbain-Parléani* ; *RJDA 2005, n° 1231*. ♦ En vertu de l'art. 66, al. 3, *in fine* [C. com., art. L. 123-9, al. 3], un établissement financier ne peut se prévaloir de l'absence de publication de la démission du gérant d'une SARL dès lors qu'il reconnaît en avoir eu connaissance dans un journal d'annonces légales. En conséquence, cette connaissance de la démission décharge le gérant qui, s'étant porté caution de la société vis-à-vis de l'établissement financier pour une durée limitée à ses fonctions, n'est pas concerné par les dettes sociales postérieures à la cessation de ses fonctions. • Bordeaux, 24 mars 1993 : *JCP 1993. IV. 1771*. ♦ De même une SARL ne peut prétendre n'avoir pas eu personnellement connaissance de la nomination du président du conseil d'administration d'une SA, alors que son personnel avait travaillé dans les locaux de cette SA et que la presse s'était largement fait l'écho de cette nomination. • Paris, 15 sept. 1995 : *BRDA 1995, n° 22, p. 3* ; *Bull. Joly 1996. 50, note Le Cannu*. ♦ Ayant relevé que la règle de répartition prévue par les statuts avait été modifiée par délibération adoptée en assemblée générale extraordinaire avant que l'intéressé acquière la qualité d'associé, et retenu que celui-ci avait une connaissance personnelle de la modification intervenue, ce dont il résulte qu'il ne pouvait se prévaloir du défaut de mise à jour et de publication des statuts modifiés, la cour d'appel en a exactement déduit que cette modification statutaire était opposable à l'associé. • Com. 9 mars 2010 : *Dr. sociétés 2010, n° 88, obs. Hovasse*. ♦ Un gérant de SARL ayant régulièrement démissionné et le tribunal en ayant été informé à l'audience, l'intéressé n'avait plus qualité pour représenter la société lors de l'audition préalable au prononcé d'un redressement judiciaire, eût-il été régulièrement convoqué en l'absence de publication de sa démission. • Com. 23 mai 1995 : *Bull. civ. IV, n° 156* ; *D. 1995. IR 195* ; *Bull. Joly 1995. 879, note Le Cannu*.

6. *Réinscription rétroactive.* L'autorité de chose jugée qui s'attache à l'arrêt ayant réformé l'ordonnance du juge commis à la surveillance du RCS, ayant, par suite d'une erreur administrative, ordonné à tort la radiation d'office de la société preneur à bail dudit registre, ne s'oppose pas à ce que le bailleur ait pu valablement, au regard des dispositions de l'art. 66 [C. com., art. L. 123-9], fonder le congé, avec refus de renouvellement sans indemnité d'éviction, sur le défaut, à la date où il avait été délivré, d'immatriculation au registre. • Com. 12 janv. 1999 : *Bull. civ. IV, n° 15* ; *D. Affaires 1999. 447, obs. Y. R.* ; *LPA 25 févr. 1999*, *Bull. Joly 1999. 488, note Bahans* ; *Defrénois 1999. 489, obs. Duplan-Miellet* ; *JCP 1999. II. 10125, note Kéita* ; *Loyers et copr. 1999, n° 154, obs. Brault et Mutelet*. ♦ Un preneur à bail ne peut donc faire grief à une cour d'appel d'avoir déclaré inopposable au bailleur sa réinscription rétroactive audit registre, suite à l'annulation de la radiation d'office. • Même arrêt.

7. *Renouvellement du bail commercial.* **BIBL.** Cornille, *Gaz. Pal. 2005. Doctr. 903* (immatriculation et droit au renouvellement). – Brault, *Loyers et copr. 2005. Chron. 5* (évolution de la jurisprudence). – Barbier, *AJDI 2005. 887* (particularités de l'obligation d'immatriculation en droit spécial des baux commerciaux). – Denizot, *AJDI 2006. 24* (rôle de la bonne foi dans la condition d'immatriculation au RCS posée par le statut des baux commerciaux). – Boccara, *Administrer avr. 2006. 13* (simplifier la problématique de l'immatriculation au RCS). – Betoulle, *AJDI 2006. 356* (immatriculation, commerces dépendants et statut des baux commerciaux). – Boismain, *LPA 9 janv. 2009* (la dispense d'immatriculation au RCS et le renouvellement du bail commercial). ♦ Pour des annotations de jurisprudence et des commentaires, V. **C. baux.**

Art. L. 123-9-1 *(L. n° 2003-721 du 1er août 2003)* **Le greffier du tribunal ou l'organisme mentionné au dernier alinéa de l'article 2 de la loi n° 94-126 du 11 février 1994 relative à l'initiative et à l'entreprise individuelle** *[V. ce texte ss. art. R. 123-1]* **délivre gratuitement un récépissé de dépôt de dossier de création d'entreprise à toute personne assujettie à l'immatriculation au registre, dès que celle-ci a déposé un dossier de demande d'immatriculation complet. Ce récépissé permet d'accomplir, sous la responsabilité personnelle de la personne physique ayant la qualité de commerçant ou qui agit au nom de la société en formation, les démarches nécessaires auprès des organismes publics et des organismes privés chargés d'une mission de service public. Il comporte la mention : « En attente d'immatriculation ».**

Les conditions d'application du présent article sont définies par décret en Conseil d'État.

Les dispositions de l'art. L. 123-9-1 sont applicables en Polynésie française, à Wallis-et-Futuna et en Nouvelle-Calédonie (L. n° 2003-721 du 1er août 2003).

V. relatif au RCS, art. R. 123-93.

BIBL. ▶ LIENHARD, *D. 2003. 1900*. – TRÉBULLE, *Dr. sociétés 2003, n° 159*. – SAINTOURENS, *RTD com. 2003. 687*.

SOUS-SECTION 3 DOMICILIATION DES PERSONNES IMMATRICULÉES

BIBL. ▶ Loi pour l'initiative économique : LIENHARD, *D. 2003. 1900*. – Œuvre collective, *RJ com. 2003. 339, spéc. 345*. – TRÉBULLE, *Dr. sociétés 2003, n° 161*. – BRAULT, *Gaz. Pal. 2003. Doctr. 2802*. – SAINTOURENS, *RTD com. 2003. 689*. – BLATTER, *AJDI 2004. 14*.

V. Circ. CIV 2004-06 D1 du 14 juin 2004, relative à la domiciliation des personnes demandant leur immatriculation au RCS et au répertoire des métiers (BOMJ 2004, n° 94 ; BRDA 2005, n° 3, p. 20).

§ 1er DISPOSITIONS APPLICABLES AUX PERSONNES PHYSIQUES *(L. n° 2003-721 du 1er août 2003, art. 6-I).*

Art. L. 123-10 *(L. n° 2003-721 du 1er août 2003, art. 6)* **Les personnes physiques demandant leur immatriculation au registre du commerce et des sociétés ou au répertoire des métiers doivent déclarer l'adresse de leur entreprise et en justifier la jouissance.** *(L. n° 2008-776 du 4 août 2008, art. 8-VI)* **« Elles peuvent notamment domicilier leur entreprise dans des locaux occupés en commun par plusieurs entreprises dans des conditions fixées par décret en Conseil d'État. Ce décret précise, en outre, les équipements ou services requis pour justifier la réalité de l'installation de l'entreprise domiciliée. »**

Les personnes physiques peuvent déclarer l'adresse de leur local d'habitation et y exercer une activité, dès lors qu'aucune disposition législative ou stipulation contractuelle ne s'y oppose.

Lorsqu'elles ne disposent pas d'un établissement, les personnes physiques peuvent, à titre exclusif d'adresse de l'entreprise, déclarer celle de leur local d'habitation. Cette déclaration n'entraîne ni changement d'affectation des locaux ni application du statut des baux commerciaux.

L'art. L. 123-10, dans sa rédaction issue de la L. n° 2003-721 du 1er août 2003, est applicable aux entreprises immatriculées au registre du commerce et des sociétés ou au répertoire des métiers à la date de la promulgation de cette loi (JO 1er août). — Les dispositions de l'art. L. 123-10 sont applicables en Polynésie française, à Wallis-et-Futuna et en Nouvelle-Calédonie (L. n° 2003-721 du 1er août 2003, art. 58-I). — Sont applicables en Nouvelle-Calédonie et dans les îles Wallis-et-Futuna les adjonctions et modifications apportées à l'art. L. 123-10 par la L. n° 2008-776 du 4 août 2008 (Ord. n° 2009-896 du 24 juill. 2009, art. 1er-I).

Sur l'insaisissabilité de la résidence principale de l'entrepreneur individuel qui y exerce son activité, V. note ss. art. L. 526-1.

V. relatif au RCS, art. R. 123-32 s., R. 123-37, R. 123-39, R. 123-48 et R. 123-49. — V. relatif au répertoire des métiers, Décr. n° 98-247 du 2 avr. 1998, art. 9, App., v° Artisans.

Domiciliation en commun. L'art. L. 123-10 [dans sa rédaction issue de la L. n° 2003-721 du 1er août 2003] n'autorise plus les personnes physiques à domicilier leurs entreprises dans des locaux occupés en commun par plusieurs entreprises en souscrivant un contrat de domiciliation : Avis CCRCS n° 03-51 du 6 nov. 2003, *Bull. RCS 2004, n° 24, p. 17.* ➧ Comp., précisant que la domiciliation d'une personne physique dans une société de domiciliation en commun est possible à la condition que cette personne y soit installée de manière effective et y exerce une activité, ce qui implique la mise à disposition d'un local dont l'adresse est déclarée au registre à titre d'adresse d'établissement : Avis CCRCS n° 04-40, *BRDA 2004, n° 17, p. 11.* ♦ V. désormais les 2e et 3e phrases du premier alinéa de l'art. L. 123-10.

• § 2 DISPOSITIONS APPLICABLES AUX PERSONNES MORALES *(L. n° 2003-721 du 1er août 2003).*

Art. L. 123-11 *(L. n° 2003-721 du 1er août 2003, art. 6-I)* **Toute personne morale demandant son immatriculation au registre du commerce et des sociétés doit justifier de la jouissance du ou des locaux où elle installe, seule ou avec d'autres, le siège de l'entreprise, ou, lorsque celui-ci est situé à l'étranger, l'agence, la succursale ou la représentation établie sur le territoire français.**

La domiciliation d'une *(Ord. n° 2009-104 du 30 janv. 2009, art. 9)* **« personne morale » dans des locaux occupés en commun par plusieurs entreprises est autorisée dans des conditions fixées par décret en Conseil d'État. Ce décret précise, en outre, les équipements ou services requis pour justifier la réalité du siège de l'entreprise domiciliée.** — *V. art. R. 123-167 s.*

Al. 3 à 9 *Abrogés par Ord. n° 2009-104 du 30 janv. 2009, art. 9. — V. art. L. 123-11-2 et L. 123-11-6.*

Sont applicables en Nouvelle-Calédonie et dans les îles Wallis-et-Futuna, dans les conditions prévues aux II et IV de l'art. 9 de l'Ord. n° 2009-865 du 15 juill. 2009 (V. art. L. 931-1-1 s. et L. 951-1-1 s.), les modifications apportées par l'art. 9 de l'Ord. n° 2009-104 du 30 janv. 2009 à l'art. L. 123-11 (Ord. n° 2009-865 du 15 juill. 2009, art. 9-I).

V. relatif au RCS, art. R. 123-31 s.

Sur la rédaction de l'art. L. 123-11 antérieure à la L. n° 2003-721 du 1er août 2003, V. ss. art. L. 123-11-1.

1. Centre de domiciliation. L'inscription d'une SARL au RCS ne peut pas être écartée au motif que le siège social se situe dans un centre de domiciliation. • Paris, 7 juill. 1995 : *Dr. sociétés 1995, n° 232, obs. Bonneau.* ♦ V. note ss. art. R. 123-168.

2. Boîte postale. Une boîte postale ne peut pas être considérée comme un lieu où il est possible d'installer une société. • Paris, 5 déc. 2007 : *RJDA 2008, n° 408 ; Dr. sociétés 2008, n° 93, obs. M.-L. C.*

Art. L. 123-11-1 *(L. n° 2003-721 du 1er août 2003, art. 6-I ; L. n° 2005-882 du 2 août 2005, art. 30)* **« Toute personne morale est autorisée » à installer son siège au domicile de son représentant légal et y exercer une activité, sauf dispositions législatives ou stipulations contractuelles contraires.**

Lorsque la personne morale est soumise à des dispositions législatives ou stipulations contractuelles mentionnées à l'alinéa précédent, son représentant légal peut en installer le siège à son domicile, pour une durée ne pouvant ni excéder cinq ans à compter de la création de celle-ci, ni dépasser le terme légal, contractuel ou judiciaire de l'occupation des locaux.

Dans ce cas, elle doit, préalablement au dépôt de sa demande d'immatriculation *(L. n° 2005-882 du 2 août 2005, art. 30)* **« ou de modification d'immatriculation »** ***notifier*** **par écrit au bailleur, au syndicat de la copropriété ou au représentant de l'ensemble immobilier son intention d'user de la faculté ainsi prévue.**

Avant l'expiration de la période mentionnée au deuxième alinéa, la personne doit, sous peine de radiation d'office, communiquer au greffe du tribunal les éléments justifiant son changement de situation, selon les modalités fixées par décret en Conseil d'État.

Il ne peut résulter des dispositions du présent article, ni le changement de destination de l'immeuble, ni l'application du statut des baux commerciaux. – *V. ancien art. L. 123-11.*

V. relatif au RCS, art. R. 123-53 s. et R. 123-171.

Les art. L. 123-11 et L. 123-11-1, dans leur rédaction issue de la L. n° 2003-721 du 1er août 2003, sont applicables aux entreprises immatriculées au RCS ou au répertoire des métiers à la date de la promulgation de cette loi. – Les dispositions des art. L. 123-11 et L. 123-11-1 sont applicables en Polynésie française, à Wallis-et-Futuna et en Nouvelle-Calédonie (L. n° 2003-721 du 1er août 2003).

BIBL. ▶ Loi du 2 août 2005 : SAINTOURENS, *Rev. sociétés 2005. 540* . – LÉCUYER, *Dr. sociétés 2005 Chron. 12.*

1. Domicile du représentant légal. Dans le cas où aucune disposition législative ou stipulation contractuelle contraire ne s'oppose à l'installation du siège social de la personne morale au domicile de son représentant légal (C. com., art. L. 123-11-1, al. 1er), le transfert du siège social est possible à tout moment ; dans le cas contraire, une personne morale ne peut transférer son siège social au domicile de son représentant légal après son immatriculation au RCS : Avis CCRCS n° 02-62 du 6 nov. 2003 : *Bull. RCS 2003, n° 24, p. 21*. – V. aussi Rép. min. n° 38172, *JOAN Q, 22 juin 2004, p. 4749 ; Bull. Joly 2004. 1008*. – V. la rédaction de l'al. 1er de l'art. L. 123-11-1, issue de la L. n° 2005-882 du 2 août 2005. ♦ La domiciliation d'une société par actions simplifiée n'est permise que dans le logement du président, seul représentant légal de la SAS, et non dans celui du directeur général ou du directeur général délégué, même lorsque les statuts leur confèrent le même pouvoir de représenter la société à l'égard des tiers que celui attribué par la loi au président : Avis CCRC n° 04-50 *Bull. RCS 2005, n° 30 ; BRDA 2005, n° 17, p. 3.* ♦ La faculté prévue à l'art. L. 123-11-1 de fixer le siège de la SA au domicile de son représentant légal est limitée à celui du directeur général ; une SA ne peut installer de siège au domicile des directeurs généraux délégués : Avis CCRCS n° 04-59 du 17 oct. 2005 *Bull. RCS 2005, n° 30-32, p. 63 ; BRDA n° 24, p. 4.*

2. Dispositions législatives contraires. Le déclarant n'est pas tenu de justifier qu'il n'existe aucune disposition légale qui s'oppose à l'installation du siège social de la personne morale au domicile de son représentant légal : Avis CCRC nos 04-22 et 03-56 : *Bull. RCS 2005, n° 28 ; BRDA 2005, n° 5, p. 14.* ♦ Les dispositions législatives contraires se trouvent aux art. L. 510-1 à L. 510-4 C. urb. et L. 631-7 s. CCH : Rép. min. n° 14295, *JO Sénat Q 7 juill. 2005, p. 1834 ; Bull. Joly 2005. 900.* ♦ Les dispositions des art. L. 631-7 à L. 631-10 CCH ont été modifiées par la L. n° 2008-776 du 4 août 2008 (JO 5 août).

Ancien art. L. 123-11 ***La personne qui demande son immatriculation lors de la création d'une entreprise ou société est autorisée, nonobstant toute disposition légale ou toute stipulation contraire, à en installer le siège dans son local d'habitation ou dans celui de son représentant légal pour une durée qui ne peut excéder deux ans ni dépasser le terme légal, contractuel ou judiciaire de l'occupation des locaux. Elle doit, préalablement au dépôt de sa demande, notifier par écrit au bailleur ou au syndicat de la copropriété son intention d'user de la faculté prévue au présent alinéa.***

Avant l'expiration de cette période, la personne doit, sous peine de radiation d'office, communiquer au greffe du tribunal le titre justifiant de la jouissance des locaux affectés au siège de son entreprise conformément à l'article L. 123-10. Si le bailleur ou le syndic le demande par lettre recommandée avec avis de réception au plus tard deux mois avant l'expiration de cette période, le copropriétaire ou le locataire doit justifier du transfert du siège de son entreprise. A défaut de justification du transfert au jour de l'expiration de ladite période, le tribunal constate la résiliation de plein droit du bail ou condamne le copropriétaire, le cas échéant, sous astreinte, à se conformer aux clauses du règlement de copropriété, et fixe, s'il y a lieu, des dommages et intérêts.

Il ne peut toutefois résulter des dispositions du présent article ni le changement de destination de l'immeuble, ni l'application du statut des baux commerciaux. – [Ord. n° 58-1352 du 27 déc. 1958, art. 1er ter.]

Jurisprudence relative à l'ancien art. L. 123-11. Les dispositions de l'art. L. 123-11 ne permettant que la domiciliation du siège social dans des locaux loués à usage d'habitation et non l'affectation de ceux-ci à l'exercice d'une activité commerciale, V. validant le congé délivré par le bailleur à un gérant exerçant une activité d'agent commercial, et ayant domicilié celle-ci dans un appartement loué à usage exclusif d'habitation, • Paris, 15 mars 2002 : *RJDA 2002, n° 1273.* ♦ En ce sens que les art. L. 631-7 et L. 631-7-3 CCH, disposant que l'exercice d'une activité professionnelle y compris commerciale est autorisé dans une partie du local d'habitation dès lors que l'activité considérée n'est exercée que par le ou les occupants ayant leur résidence principale dans ce local et ne conduit à y recevoir ni clientèle, ni marchandise, ne contiennent aucune dérogation à la limitation de durée prévue à l'art. 1er *ter* [C. com., art. L. 123-11], V. • Paris, 24 sept. 1999 : *D. 1999. AJ 57, obs. A. L.* ; *RJDA 2000, n° 162 ; Rev. sociétés 1999. 874, obs. Guyon ; Bull. Joly 2000. 543, note M. Storck.*

• § 3 DISPOSITIONS COMMUNES

(Ord. n° 2009-104 du 30 janv. 2009, art. 9)

Sont applicables en Nouvelle-Calédonie et dans les îles Wallis-et-Futuna, dans les conditions prévues aux II et IV de l'art. 9 de l'Ord. n° 2009-865 du 15 juill. 2009 (V. art. L. 931-1-1 s. et L. 951-1-1 s.), les modifications apportées par l'art. 9 de l'Ord. n° 2009-104 du 30 janv. 2009 aux art. L. 123-11-2 à L. 123-11-8 (Ord. n° 2009-865 du 15 juill. 2009, art. 9-I).

Art. L. 123-11-2 **L'activité de domiciliation ne peut être exercée dans un local à usage d'habitation principale ou à usage mixte professionnel.** — *Cet art. est l'ancien al. 3 de l'art. L. 123-11. — Sur les sanctions, V. art. L. 123-11-8.*

Les personnes exerçant l'activité mentionnée à l'art. L. 123-11-2 disposent, pour se mettre en conformité avec ces dispositions, d'un délai d'un an à compter de la publication du décret prévu à l'art. L. 123-11-7 (Ord. n° 2009-104 du 30 janv. 2009, art. 20). — V. Décr. n° 2009-1695 du 30 déc. 2009 (JO 31 déc.).

Les personnes exerçant l'activité mentionnée à l'art. L. 123-11-2 disposent, pour se mettre en conformité avec ces dispositions, d'un délai d'un an à compter de la publication des dernières dispositions réglementaires nécessaires pour rendre applicable en Nouvelle-Calédonie et dans les îles Wallis-et-Futuna la totalité des décrets prévus à l'art. L. 123-11-7 (Ord. n° 2009-865 du 15 juill. 2009, art. 13). — V. Décr. n° 2009-1695 du 30 déc. 2009 (JO 31 déc.).

Les personnes exerçant l'activité mentionnée à l'art. L. 123-11-2 à la date de publication du Décr. n° 2009-1695 du 30 déc. 2009 (JO 31 déc.) présentent au préfet, dans l'année suivant cette date, un dossier de demande d'agrément comprenant l'ensemble des pièces mentionnées à l'art. R. 123-166-2 ainsi qu'un extrait d'immatriculation au RCS. Le dépôt de la demande donne lieu à récépissé. Celui-ci habilite le demandeur à exercer régulièrement son activité jusqu'à l'intervention de la décision du préfet. Par dérogation à l'art. R. 123-166-3, cette décision doit être expresse quelle qu'en soit la teneur.

Art. L. 123-11-3 **I. — Nul ne peut exercer l'activité de domiciliation s'il n'est préalablement agréé par l'autorité administrative, avant son immatriculation au registre du commerce et des sociétés.** — *V. art. R. 123-166-1 s.*

II. — L'agrément n'est délivré qu'aux personnes qui satisfont aux conditions suivantes :

1° Justifier la mise à disposition des personnes domiciliées de locaux dotés d'une pièce propre à assurer la confidentialité nécessaire et à permettre une réunion régulière des organes chargés de la direction, de l'administration ou de la surveillance de l'entreprise ainsi que la tenue, la conservation et la consultation des livres, registres et documents prescrits par les lois et règlements ;

2° Justifier être propriétaire des locaux mis à la disposition de la personne domiciliée ou titulaire d'un bail commercial de ces locaux ;

3° N'avoir pas fait l'objet d'une condamnation définitive :

***a)* Pour crime ;**

***b)* A une peine d'au moins trois mois d'emprisonnement sans sursis pour :**

— l'une des infractions prévues au titre Ier du livre III du code pénal et pour les délits prévus par des lois spéciales et punis des peines prévues pour l'escroquerie et l'abus de confiance ;

— recel ou l'une des infractions assimilées au recel ou voisines de celui-ci, prévues à la section II du chapitre Ier du titre II du livre III du code pénal ;
— blanchiment ;
— corruption active ou passive, trafic d'influence, soustraction et détournement de biens ;
— faux, falsification de titres ou autres valeurs fiduciaires émises par l'autorité publique, falsification des marques de l'autorité ;
— participation à une association de malfaiteurs ;
— trafic de stupéfiants ;
— proxénétisme ou l'une des infractions prévues par les sections 2 et 2 *bis* du chapitre V du titre II du livre II du code pénal ;
— l'une des infractions prévues à la section 3 du chapitre V du titre II du livre II du code pénal ;
— l'une des infractions à la législation sur les sociétés commerciales prévues au titre IV du livre II du présent code ;
— banqueroute ;
— pratique de prêt usuraire ;
— l'une des infractions prévues par la loi du 21 mai 1836 portant prohibition des loteries, par la loi du 15 juin 1907 relative aux casinos et par la loi no 83-628 du 12 juillet 1983 relative aux jeux de hasard ; — *Ces lois ont été codifiées au CSI, art. L. 320-1 s. —* ***C. pén.***
— infraction à la législation et à la réglementation des relations financières avec l'étranger ;
— fraude fiscale ;
— l'une des infractions prévues aux articles L. 115-16 et L. 115-18, L. 115-24, L. 115-30, L. 121-6, L. 121-28, L. 122-8 à L. 122-10, L. 213-1 à L. 213-5, L. 217-1 à L. 217-3, L. 217-6 à L. 217-10 du code de la consommation ;
— l'une des infractions prévues aux articles L. 8221-1 et L. 8221-3 du code du travail ;

4° N'avoir pas été l'auteur de faits ayant donné lieu, depuis moins de cinq ans, à une sanction disciplinaire ou administrative de retrait de l'agrément de l'activité de domiciliation ;

5° N'avoir pas été frappé de faillite personnelle ou de l'une des mesures d'interdiction ou de déchéance prévues au livre VI du présent code.

BIBL. ▸ PAULIN, *Dr. sociétés 2010. Alerte 11* (l'agrément des domiciliataires d'entreprises).

Art. L. 123-11-4 L'agrément n'est délivré aux personnes morales que si les actionnaires ou associés détenant au moins 25 % des voix, des parts ou des droits de vote et les dirigeants satisfont aux conditions posées aux 3°, 4° et 5° de l'article L. 123-11-3.

Lorsqu'une personne exploite un ou plusieurs établissements secondaires, elle justifie que les conditions posées au*[x]* 1° et 2° de l'article L. 123-11-3 sont réalisées pour chacun des établissements exploités.

Tout changement important dans l'activité, l'installation, l'organisation ou la direction de la personne soumise à agrément doit être porté à la connaissance de l'autorité administrative.

Art. L. 123-11-5 Les personnes exerçant l'activité de domiciliation mettent en œuvre les obligations relatives à la lutte contre le blanchiment des capitaux et le financement du terrorisme définies au chapitre Ier du titre VI du livre V du code monétaire et financier. — *V. ces dispositions au* ***C. mon. fin.***

V. Lignes directrices DGCCRF et TRACFIN du 3 nov. 2010 relatives à la mise en œuvre, par les professionnels visés au 15° de l'art. L. 561-2 C. mon. fin. (domiciliaires d'entreprise), de leurs obli-

gations en matière de lutte contre le blanchiment de capitaux et le financement du terrorisme (www.dgccrf.gouv.fr).

Art. L. 123-11-6 **Sont qualifiés pour procéder, dans le cadre de leurs compétences respectives, à la recherche et à la constatation des infractions aux dispositions des articles de la présente sous-section et des règlements pris pour leur application :**

1° Les agents mentionnés à l'article L. 243-7 du code de la sécurité sociale ;

2° Les inspecteurs du travail et les contrôleurs du travail et fonctionnaires de contrôle assimilés au sens de l'article L. 8113-7 du code du travail ;

3° Les agents des caisses de mutualité sociale agricole mentionnés à l'article L. 724-7 du code rural et de la pêche maritime.

A cet effet, ils agissent, chacun pour ce qui le concerne, conformément aux règles de recherche et de constatation des infractions déterminées par les dispositions du code rural et de la pêche maritime, du code de la sécurité sociale et du code du travail qui leur sont applicables.

Les infractions sont constatées par des procès-verbaux faisant foi jusqu'à preuve du contraire et transmis directement au parquet. – *Anc. art. L. 123-11, al. 4 à 9.*

Art. L. 123-11-7 **Les conditions d'application du présent paragraphe sont déterminées par décret en Conseil d'État.** – *V. art. R. 123-166-1 s.*

Art. L. 123-11-8 **Est puni d'un emprisonnement de six mois et d'une amende de 7 500 € le fait, pour toute personne, d'exercer l'activité de domiciliation mentionnée à l'article L. 123-11-2 sans avoir préalablement obtenu l'agrément prévu à l'article L. 123-11-3 ou après le retrait ou la suspension de cet agrément.**

SECTION II DE LA COMPTABILITÉ DES COMMERÇANTS

SOUS-SECTION 1 DES OBLIGATIONS COMPTABLES APPLICABLES À TOUS LES COMMERÇANTS

RÉP. COM. v^is *Comptabilité*, par CRUVELIER ; *Inventaire et comptes annuels*, par ANDERNACK.

BIBL. GÉN. ▸ DERRUPPÉ, *RTD com. 1984. 66.* – CORDOLIANI, *JCP E 1983. II. 14158.* – DELMOTTE, *Journ. not. 1984. 145.* – KERVILER, *Banque 1984. 907 et 1246.* – DU PONTAVICE, CORMAILLE DE VALBRAY, D'ILLIERS, DANJOU, LEDOUBLE, MULLENBACH, KAISER, BLUETH et MANSON, *RF compt. 1987. 379.* – REINHARD, *RJ com. 1987, n° spéc., p. 34.* – LEDOUBLE, *JCP E 1995. I. 497.* – PETITJEAN, *JCP E 2004, n° 51, p. 2015* (l'internationalisation de la comptabilité française en 2005). – HOVASSE, *Cah. dr. entr. 2005, n° 1, p. 11* (comptes sociaux et liberté contractuelle). – BOULOC, *Rev. sociétés 2005. 31* (incidence des normes européennes sur les normes comptables). – ROSSIGNOL, *LPA 30 sept. 2005* (l'État et la comptabilité de l'entreprise). – RAYNOUARD, *RJ com. 2006. 276* (le droit comptable post-Eron). – PETITJEAN, *JCP E 2006, n° 45, p. 1898* (vers de nouvelles normes comptables pour les PME). – Colloque, *LPA 12 avr. 2007* (la comptabilité dans l'entreprise et la responsabilité pénale). – DE CASTET, *D. 2008. 860* (le droit au service de la comptabilité ou la comptabilité investie par le droit).

Art. L. 123-12 **Toute personne physique ou morale ayant la qualité de commerçant doit procéder à l'enregistrement comptable des mouvements affectant le patrimoine de son entreprise. Ces mouvements sont enregistrés chronologiquement.**

Elle doit contrôler par inventaire, au moins une fois tous les douze mois, l'existence et la valeur des éléments actifs et passifs du patrimoine de l'entreprise.

Elle doit établir des comptes annuels à la clôture de l'exercice au vu des enregistrements comptables et de l'inventaire. Ces comptes annuels comprennent le bilan, le compte de résultat et une annexe, qui forment un tout indissociable. – *[C. com., art. 8.] – V. art. L. 123-25.*

Sur la création de l'Autorité des normes comptables, V. Ord. n° 2009-79 du 22 janv. 2009 (JO 23 janv.) et Décr. n° 2010-56 du 15 janv. 2010 (JO 17 janv.).

BIBL. ▶ Barthès de Ruyter, *LPA 10 déc. 1999.*

1. Durée de l'exercice social. Les dispositions de l'art. 8, auxquelles il ne saurait être dérogé qu'à titre exceptionnel, ayant pour finalité de permettre l'appréciation suivant une périodicité fixe des résultats de l'activité de la société, notamment par comparaison des résultats financiers de chaque exercice, une société ne peut donc valablement adopter de manière permanente et pour des raisons de commodité, une périodicité inférieure ou supérieure à un an, en prévoyant dans ses statuts que les dates d'ouverture et de clôture des exercices sociaux seraient fixées « à la fin du mois de mars ou au début avril ». • Paris, 21 mars 2000 : *RJDA 2000, n° 876.* ♦ Jugeant qu'une cour d'appel devait rechercher si l'ancien gérant, qui produisait aux débats les factures, les relevés bancaires et un livre journal informatique, avait ou non l'obligation de présenter les comptes annuels avant la fin du premier exercice comptable de la société, à la fin de sa gérance qui n'avait durée que sept mois. • Com. 14 mai 2008 : *Bull. Joly 2008. 786, note Lecourt.*

2. Sanctions. En cas d'ouverture d'une procédure de redressement judiciaire, constitue le délit de banqueroute par abstention de tenue de toute comptabilité le fait, par tout commerçant ou dirigeant d'une personne morale commerçante, de s'abstenir de procéder, au mépris des dispositions de l'art. 8 [C. com., art. L. 123-12], à l'enregistrement chronologique des mouvements affectant le patrimoine de l'entreprise et à l'établissement de l'inventaire périodique des éléments actifs et passifs de ce patrimoine. • Crim. 6 déc. 1993 : *Bull. crim. n° 370 ; D. 1994. IR 50.* ♦ V. aussi : • Crim 17 nov. 2004 : *Dr. pénal 2005, n° 61, obs. Robert* • 26 janv. 2005 : *Dr. sociétés 2005, n° 146, obs. Salomon ; Dr. pénal 2005, n° 61, obs. Robert* • 8 oct. 2008 : *RJDA 2009, n° 568 ; Dr sociétés 2009, n° 17, obs. Salomon.* – V. aussi • Paris, 12 oct. 2005 : *Dr. sociétés 2006, n° 66, obs. Salomon.*

3. Fait justificatif. Le danger d'être éventuellement exposé à des vols et agressions (fonds de commerce de bijouterie) ne peut justifier le défaut de dépôt des comptes annuels au greffe du tribunal de commerce. • Crim. 1er juin 2005 : *D. 2005. Pan. 2993, obs. Mascala ; ibid. AJ 1777, obs. Lienhard ; RTD com. 2005. 751, obs. Champaud et Danet ; Rev. sociétés 2005. 681, obs. Bouloc ; Dr. pénal 2005, n° 121, obs. Véron ; ibid., n° 130, obs. Robert ; RJDA 2005, n° 1239 ; Bull. Joly 2005. 1367, note Malabat.* – V. art. L. 232-22.

4. Débiteur de l'obligation. L'obligation d'enregistrement comptable des mouvements affectant le patrimoine d'une entreprise, résultant de l'art. L. 123-12, incombe aux dirigeants de droit et de fait d'une personne morale. • Crim. 31 oct. 2007 : *D. 2007. AJ 3074, obs. Lienhard ; Rev. sociétés 2008. 165, obs. Matsopoulou ; Dr. pénal 2008, n° 10, obs. J.-H. Robert ; RJDA 2008, n° 314 ; Dr. sociétés 2008, n° 18, obs. Salomon ; Bull. Joly 2008. 332, note Chilstein.*

Art. L. 123-13 Le bilan décrit séparément les éléments actifs et passifs de l'entreprise, et fait apparaître, de façon distincte, les capitaux propres.

Le compte de résultat récapitule les produits et les charges de l'exercice, sans qu'il soit tenu compte de leur date d'encaissement ou de paiement. Il fait apparaître, par différence après déduction des amortissements et des provisions, le bénéfice ou la perte de l'exercice. Les produits et les charges, classés par catégorie, doivent être présentés soit sous forme de tableaux, soit sous forme de liste.

Le montant des engagements de l'entreprise en matière de pension, de compléments de retraite, d'indemnités et d'allocations en raison du départ à la retraite ou avantages similaires des membres ou associés de son personnel et de ses mandataires sociaux est indiqué dans l'annexe. Par ailleurs, les entreprises peuvent décider d'inscrire au bilan, sous forme de provision, le montant correspondant à tout ou partie de ces engagements.

L'annexe complète et commente l'information donnée par le bilan et le compte de résultat. – *[C. com., art. 9, al. 1er à 4.]*

Compte de résultat. Une espérance de dommages et intérêts ne constitue pas un produit susceptible d'être pris en compte dans les résultats de l'exercice, en application de l'art. L. 123-13. • Com. 20 juin 2006 : *Bull. civ. IV, n° 148 ; R. 2006, p. 368 ; RTD com. 2006. 891, obs. Legeais ; JCP E 2006, n° 48, p. 2036, n° 44, obs. Stoufflet ; Banque et Droit nov.-déc. 2006. 24, obs. Bonneau ; RJDA 2006, n° 1257.* ♦ Sur les conséquences, V. note 2 ss. art. L. 123-14.

Art. L. 123-14 **Les comptes annuels doivent être réguliers, sincères et donner une image fidèle du patrimoine, de la situation financière et du résultat de l'entreprise.**

Lorsque l'application d'une prescription comptable ne suffit pas pour donner l'image fidèle mentionnée au présent article, des informations complémentaires doivent être fournies dans l'annexe.

Si, dans un cas exceptionnel, l'application d'une prescription comptable se révèle impropre à donner une image fidèle du patrimoine, de la situation financière ou du résultat, il doit y être dérogé. Cette dérogation est mentionnée à l'annexe et dûment motivée, avec l'indication de son influence sur le patrimoine, la situation financière et le résultat de l'entreprise. – *[C. com., art. 9, al. 5 à 7.]*

Sans faire obstacle à l'application des peines de droit commun, est puni des peines prévues à l'art. 1741 CGI, quiconque a sciemment omis de passer ou de faire passer des écritures ou a passé ou fait passer des écritures inexactes ou fictives au livre-journal prévu par les art. L. 123-12 à L. 123-14 C. com., ou dans les documents qui en tiennent lieu (CGI, art. 1743).

BIBL. ► Sur l'image fidèle : DOYEN, *Gaz. Pal. 1984. 1. Doctr. 211.* – MATT et MIKOL, *RF compt. déc. 1986, p. 39.* – STOLOWY, *JCP E 2000, n° 6, p. 219.* – MEDUS, *Rev. sociétés 1993. 509* (conventions de portage et information comptable et financière). – LEDOUBLE, *JCP E 1995. I. 437* (même thème).

1. Engagement de portage. Des engagements de portage doivent, en application des art. 9 [C. com., art. L. 123-14] et 24 du Décr. n° 83-1020 du 29 nov. 1983 [C. com., art. R. 123-195 s.], faire l'objet d'une mention spéciale dans l'annexe du bilan pour donner une image fidèle du patrimoine, de la situation financière et des résultats de l'entreprise. • Paris, 6 avr. 1994 : *D. 1994. IR 144 ; JCP E 1994. I. 388, obs. Ledouble ; Rev. sociétés 1994. 735, note Medus ; Gaz. Pal. 1995. 1. 100, note J.M. ; Dr. sociétés 1995, n° 105, note Hovasse.* ♦ Comp., estimant, notamment, que les conséquences comptables de la convention de portage doivent être tirées au moment de son exécution, et non dès sa signature : Rép. min. n° 22967 : *JOAN Q,, 2 mai 1995, p. 2296 ; Dr. sociétés 1995, n° 167, note crit. Vidal.*

2. Dommages et intérêts. La comptabilisation irrégulière d'une espérance de dommages et intérêts en produit n'est pas susceptible de relever du régime spécifique du 3e al. de l'art. L. 123-14. • Com. 20 juin 2006 : *cité ss. art. L. 123-13.*

3. Événement significatif. S'il survient un événement susceptible de fausser les comptes déjà arrêtés, le dirigeant doit demander le report de l'assemblée générale ordinaire annuelle, et il doit en outre informer les actionnaires ou associés, par une mention dans l'annexe, des événements significatifs intervenus depuis la clôture de l'exercice jusqu'à la date de l'assemblée. • Crim. 17 oct. 2007 : *JCP E 2008, n° 42, p. 38, obs. Navarro ; BRDA 2008, n° 2, p. 4 ; Dr. sociétés 2008, n° 63, obs. Salomon.*

4. Sanctions de droit commun. Sur la faillite personnelle, V. art. L. 653-3. ♦ Sur la banqueroute, V. art. L. 654-2. ♦ Sur la sanction pénale des faux, V. art. 441-1 **C. pén.** — Comp. : • Paris, 18 avr. 1970 : *D. 1970. 595, note Vasseur ; RTD com. 1971. 514, obs. Bouza.* ♦ Sur le délit d'escroquerie, V. • Crim. 10 nov. 1971 : *D. 1972. Somm. 17.*

Art. L. 123-15 **Le bilan, le compte de résultat et l'annexe doivent comprendre autant de rubriques et de postes qu'il est nécessaire pour donner une image fidèle du patrimoine, de la situation financière et du résultat de l'entreprise. Chacun des postes du bilan et du compte de résultat comporte l'indication du chiffre relatif au poste correspondant de l'exercice précédent.**

(Ord. n° 2009-79 du 22 janv. 2009, art. 5-I) « **Les éléments composant les capitaux propres sont fixés par décret. Le classement des éléments du bilan et du compte de résultat ainsi que les mentions à inclure dans l'annexe sont fixés par un règlement de l'Autorité des normes comptables.** » – *[C. com., art. 10, al. 1er et 2.] – V. art. R. 123-180 s.*

Art. L. 123-16 *(L. n° 2011-525 du 17 mai 2011, art. 55-I)* « **Les commerçants, personnes physiques ou morales, peuvent, dans des conditions fixées par un règlement de l'Autorité des normes comptables, adopter une présentation simplifiée de leurs comptes annuels lorsqu'ils ne dépassent pas, à la clôture de l'exercice, des chiffres fixés par décret pour deux des critères suivants : le total de leur bilan le montant net de leur chiffre d'affaires ou le nombre moyen de salariés permanents employés au cours de l'exercice.** » **Ils perdent cette faculté lorsque cette condition n'est pas remplie pendant deux exercices successifs.** – *[C. com., art. 10, al. 3.] – V. art. R. 123-197-1 et R. 123-200 s.*

Présentation des comptes annuels. Les sociétés commerciales déposent au greffe du tribunal de commerce les comptes annuels dans la présentation avec laquelle ces comptes ont été établis, détaillée ou simplifiée. Les sociétés bénéficiant de la possibilité d'établir des comptes dans la présentation simplifiée peuvent également décider d'établir ces comptes dans une présentation détaillée et les déposer au greffe sous cette forme (Avis CCRCS n° 2012-021 du 30 mai 2012 : *JCP E 2012. Actu. 475*).

Art. L. 123-16-1 *(L. n° 2011-525 du 17 mai 2011, art. 55-I)* **Les personnes morales mentionnées à l'article L. 123-16 et placées sur option ou de plein droit sous le régime réel simplifié d'imposition peuvent présenter une annexe établie selon un modèle abrégé fixé par un règlement de l'Autorité des normes comptables.** – *V. Règl. ANC n° 2011-02 du 9 juin 2011 homologué par Arr. du 27 déc. 2011 (JO 30 déc.).*

Art. L. 123-17 A moins qu'un changement exceptionnel n'intervienne dans la situation du commerçant, personne physique ou morale, la présentation des comptes annuels comme des méthodes d'évaluation retenues ne peuvent être modifiées d'un exercice à l'autre. Si des modifications interviennent, elles sont décrites et justifiées dans l'annexe *(L. n° 2011-525 du 17 mai 2011, art. 55-I)* « **et signalées, le cas échéant, dans le rapport des commissaires aux comptes** ». – *[C. com., art. 11.]*

La prolongation des concessions aéroportuaires des sociétés prévue à l'art. L. 6322-2 C. transp. constitue un changement exceptionnel intervenu dans la situation de ces sociétés au sens de l'art. L. 123-17.

BIBL. ▶ BROUSSART, *RF compt. 1987. 81* (continuité).

Les comptes annuels d'une société en nom collectif ne peuvent être établis et approuvés que conformément aux dispositions de l'art. 16 de la loi du 24 juill. 1966 [C. com., art. L. 221-7]. • Com. 21 mars 1995 : *Bull. civ. IV, n° 100 ; D. 1995. IR 132 ; Defrénois 1995. 1306, obs. Hovasse ; Dr. sociétés 1995, n° 148, note Vidal ; Quot. jur. 6 juin 1995, p. 4 ; Bull. Joly 1995. 536, note Ledouble.* ♦ V. art. L. 221-7.

Art. L. 123-18 A leur date d'entrée dans le patrimoine de l'entreprise, les biens acquis à titre onéreux sont enregistrés à leur coût d'acquisition, les biens acquis à titre gratuit à leur valeur vénale et les biens produits à leur coût de production.

Pour les éléments d'actif immobilisés, les valeurs retenues dans l'inventaire doivent, s'il y a lieu, tenir compte des plans d'amortissement. Si la valeur d'un élément de l'actif devient inférieure à sa valeur nette comptable, cette dernière est ramenée à la valeur d'inventaire à la clôture de l'exercice, que la dépréciation soit définitive ou non.

Les biens fongibles sont évalués soit à leur coût moyen pondéré d'acquisition ou de production, soit en considérant que le premier bien sorti est le premier bien entré.

La plus-value constatée entre la valeur d'inventaire d'un bien et sa valeur d'entrée n'est pas comptabilisée. S'il est procédé à une réévaluation de l'ensemble des immobilisations corporelles et financières, l'écart de réévaluation entre la valeur actuelle et la valeur nette comptable ne peut être utilisé à compenser les pertes ; il est inscrit distinctement au passif du bilan. — *[C. com., art. 12.] — V. art. R. 123-178 et R. 123-208.*

BIBL. ▶ Sur la réévaluation des immobilisations : DOMINICIS, *RF compt. 1976. 289.* – JADAUD, *Defrénois 1978. 1391.* – PINOTEAU, *JCP 1974. I. 2636.* – DU PONTAVICE, *Rev. sociétés 1974. 29.* – Comp. : R. SAVATIER, *RF compt. 1975. 119.*

Art. L. 123-19 **Les éléments d'actif et de passif doivent être évalués séparément.**

Aucune compensation ne peut être opérée entre les postes d'actif et de passif du bilan ou entre les postes de charges et de produits du compte de résultat.

Le bilan d'ouverture d'un exercice doit correspondre au bilan de clôture de l'exercice précédent. — *[C. com., art. 13.]*

Art. L. 123-20 **Les comptes annuels doivent respecter le principe de prudence. Pour leur établissement, le commerçant, personne physique ou morale, est présumé poursuivre ses activités.**

Même en cas d'absence ou d'insuffisance du bénéfice, il doit être procédé aux amortissements et provisions nécessaires.

Il doit être tenu compte des risques et des pertes intervenus au cours de l'exercice ou d'un exercice antérieur, même s'ils sont connus entre la date de la clôture de l'exercice et celle de l'établissement des comptes. — *[C. com., art. 14.]*

BIBL. ▶ FEUILLET, *Rev. sociétés 1984. 464* (principe de prudence).

Art. L. 123-21 **Seuls les bénéfices réalisés à la date de clôture d'un exercice peuvent être inscrits dans les comptes annuels. Peut être inscrit, après inventaire, le bénéfice réalisé sur une opération partiellement exécutée et acceptée par le cocontractant lorsque sa réalisation est certaine et qu'il est possible, au moyen de documents comptables prévisionnels, d'évaluer avec une sécurité suffisante le bénéfice global de l'opération.** — *[C. com., art. 15.]*

BIBL. ▶ FEUILLET, *Rev. sociétés 1984. 464* (principe d'annuité).

Art. L. 123-22 **Les documents comptables sont établis en** *(L. nº 2003-7 du 3 janv. 2003)* **« euros » et en langue française.** — *V., dérogeant à cette règle pour les SICAV et les fonds communs de placement, C. mon. fin., art. L. 214-17-3 et L. 214-106. — **C. mon. fin.***

Les documents comptables et les pièces justificatives sont conservés pendant dix ans.

Les documents comptables relatifs à l'enregistrement des opérations et à l'inventaire sont établis et tenus sans blanc ni altération d'aucune sorte, dans des conditions fixées par décret en Conseil d'État. — *[C. com., art. 16.] — V. art. R. 123-172 s.*

BIBL. ▶ Inforeg, *Cah. dr. entr. 2011, nº 6, p. 73* (documents commerciaux : quels délais de conservation et quels moyens d'archivage pour le chef d'entreprise ?).

Sur l'unité monétaire et l'euro, V. C. mon. fin., art. L. 111-1 s., App. vº Banque et financement de l'entreprise.

1. Capital social en écus ou en euros. **BIBL.** Ghilardi, *Bull. Joly 1992. 880.* – Grua, *RJ com. 1993. 227.* – Barbiéri, *LPA 6 sept. 1999* (basculement du capital et tenue de comptabilité des sociétés en euros sont-ils dissociables ?). – Dossier : Les entreprises et l'euro, *JCP E 2001,* *n° 43-44, p. 1710 s.* ♦ Jugeant, avant la L. du 3 janv. 2003, que la loi ne fait pas obstacle au libellé du capital social en écus dès lors que dans les comptes, la contre-valeur en francs français de ce capital est indiquée pour assurer, notamment, l'information des tiers (à propos d'une société d'exercice libéral à responsabilité limitée). • Paris, 3 juin 1994 : *D. 1994. IR 190 ; Rev. sociétés 1994. 701, note G. Parléani ; JCP 1994. II. 22316, note Guyon ; Bull. Joly 1994. 791, note Fasquelle ; RF compt. oct. 1994. 43, note Reigne ; LPA 19 oct. 1994, note Gavalda ; Dr. sociétés 1994, n° 158, obs. Le Nabasque ; Gaz. Pal. 1995. 1. 13, note Monnot des Angles.*

2. *Publication des comptes établis en écus.* V. ancien art. 283-1 du Décr. n° 67-236 du 23 mars 1967. – **C. com.**, éditions antérieures à 2008, App., v° *Sociétés commerciales.*

3. *Délai de conservation.* Il résulte de l'art. L. 123-22 que les documents comptables et pièces justificatives n'ont pas à être conservés par un commerçant au-delà d'une durée de dix ans. • Com. 24 avr. 2007 : *Bull. civ. IV, n° 113 ; D. 2008. Pan. 882, obs. D. R. Martin ; D. 2007. AJ 1344, obs. Chevrier ; JCP E 2007, n° 41, p. 33, obs. Navarro ; ibid., n° 45, p. 12, obs. Routier ; LPA 7 sept. 2007, note Barbièri ; RD banc. fin. 2007, n° 135, obs. Crédot et Samin ; RJDA 2007, n° 922 ; RLDA juill. 2007. 15, obs. Faussurier ; Procédures 2007, n° 196, obs. H. C.* ♦ Une banque ne peut être condamnée à communiquer des documents de plus de dix ans, qu'elle n'était pas tenue de conserver. • Com. 11 janv. 2005 : *Banque et Droit mars-avr. 2006. 77, obs. Guillot* • Rennes, 14 sept. 2006 : *Banque et Droit nov.-déc. 2007. 52, obs. Guillot.* ♦ Mais l'expiration du délai de prescription n'interdit pas au juge d'ordonner la présentation du document qui aurait été conservé. • Dijon, 29 févr. 1876 : *DP. 1877. 2. 94.* ♦ Sur l'obligation de conservation décennale, V. • Paris, 10 mars 1986 : *Banque 1986. 505, obs. Rives-Lange.* ♦ Il ne résulte pas de l'art. L. 123-22 que le commerçant ait l'obligation de détruire ses archives à l'expiration du délai de dix ans pendant lequel il doit les conserver. • Com. 29 oct. 2003 : *Bull. civ. IV, n° 155 ; D. 2003. IR 2803 ; JCP E 2004, n° 10, p. 374, note Barbièri ; LPA 11 mars 2004, obs. E. C. ; Bull. Joly 2004. 92, note Saintourens ; RJDA 2004, n° 394* • 4 mars 2008 : *D. 2009. Pan. 1046, obs. D. R. Martin ; RJDA 2008, n° 700.* – V. aussi • Paris, 19 oct. 2010 : *Gaz. Pal. 2010. 3681, obs. Moore.* ♦ L'action en paiement d'un salarié n'étant pas prescrite, il appartient à la banque, qui ne conteste pas avoir été dépositaire des fonds (réserve de participation), de justifier, fût-ce au-delà du délai de conservation des archives commerciales, de l'exécution de son obligation de restitution. • Même arrêt. ♦ Une banque ne peut se retrancher derrière les dispositions de l'art. L. 123-22 pour soutenir son impossibilité à établir la clôture du compte (V. L. n° 77-4 du 3 janv. 1977, ss. art. L. 110-4), cet article n'instituant qu'un minimum de conservation qui n'exclut pas que la banque puisse prendre d'autres dispositions pour aller au-delà de ce minimum et qui n'implique pas non plus qu'elle détruise ses archives passé ce délai de dix ans. • Douai, 21 déc. 2006 : *JCP E 2007, n° 45, p. 14, obs. Routier.* ♦ Jugeant que la preuve de la conservation des archives, passé le délai de 10 ans, incombe à celui qui en demande communication : • Com. 22 janv. 2008 : *JCP E 2008, n° 24, p. 12, obs. Routier.*

Les difficultés à retrouver dans leurs archives certaines pièces utiles pour leur défense, sans montrer en quoi l'ancienneté de ces pièces excédait les délais imposés par les règles de droit commun de conservation des documents des sociétés commerciales, ne permettent pas aux requérantes de démontrer en quoi la durée de la procédure d'enquête a pu nuire à leur défense. • Cons. conc. n° 04-D-74 du 21 déc. 2004 : *BOCC 31 mars 2005 ; Lettre distrib. janv. 2005, p. 4.* ♦ Aux termes de l'art. L. 110-4 C. com., les obligations nées à l'occasion de leur commerce entre commerçants ou entre commerçants et non-commerçants se prescrivent généralement par dix ans [désormais cinq ans], de telle sorte que les entreprises, notamment celles visées par les griefs dans une procédure devant le Conseil de la concurrence, avaient l'obligation de conserver leurs documents commerciaux de manière à pouvoir présenter leur defense. • Cons. conc. n° 06-D-03 du 9 mars 2006 *BOCC 26 janv. 2007 ; D. 2006. AJ 1040, obs. Chevrier ; CCC 2006, n° 89, obs. Malaurie-Vignal ; RLDA avr. 2006. 40, obs. Méar ; RLC juill.-sept. 2006. 23, note Sélinsky ; RLDC 2006, n° 2, p. 81, obs. Claudel* (conf. par • Paris, 29 janv. 2008 : *cité note 7 ss. art. L. 464-8*). ♦ V. aussi, sur l'articulation entre les art. L. 123-22, L. 441-3, al. 2 et R. 441-3 C. com. • Cons. conc. n° 05-D-32 du 22 juin 2005 : *BOCC 14 mars 2006 ; Procédures 2005, n° 212, obs. Croze.*

Art. L. 123-23 La comptabilité régulièrement tenue peut être admise en justice pour faire preuve entre commerçants pour faits de commerce.

Si elle a été irrégulièrement tenue, elle ne peut être invoquée par son auteur à son profit.

La communication des documents comptables ne peut être ordonnée en justice que dans les affaires de succession, communauté, partage de société et en cas *(L. n° 2005-845 du 26 juill. 2005, art. 165-II)* **« de procédures de sauvegarde, » de redressement ou de liquidation judiciaires.** — *[C. com., art. 17.]*

1. Force probante. Sur la valeur probante des documents comptables, V. art. 1329 s. **C. civ.** – Comp. : art. L. 110-3 C. com. ♦ La comptabilité régulièrement tenue peut être admise par le juge pour faire preuve entre commerçants pour faits de commerce. • Com. 2 juin 1980 : *Bull. civ. IV, n° 226* • 27 avr. 1993 : *CCC 1993, n° 147.* ♦ Sur l'obligation, pour le juge, de rechercher si la comptabilité était régulièrement tenue, V. • Com. 18 févr. 1992 : *Bull. civ. IV, n° 77.* ♦ Sur le pouvoir souverain d'appréciation du juge, V. • Com. 18 mars 1969 : *D. 1969. 514.* ♦ Sur la présomption de fait tirée d'une comptabilité irrégulièrement tenue, V. • Civ. 17 mars 1938 : *DP 1938. 1. 115, note Mimin.* – V. aussi Japiot, *RTD com. 1923. 5.*

Dans l'impossibilité de se procurer une preuve littérale de la part d'un commerçant, les juges peuvent puiser dans les livres de commerce de celui-ci les renseignements propres à étayer des présomptions. • Com. 12 oct. 1982 : *Bull. civ. IV, n° 312.* ♦ Dans les secteurs où il est d'usage de ne pas avoir recours à l'écrit pour formaliser les transactions (ventes portant sur des fruits et légumes entre grossistes et détaillants), il est néanmoins possible de démontrer la réalité des transactions par les éléments comptables fournis aux débats. • Aix-en-Provence, 29 mai 2008 : *BICC 15 févr. 2010, n° 223.*

2. Production et communication. Sur la production et la communication de documents comptables, V. art. 11 et 132 à 142 **C. pr. civ.** ♦ Et sur une communication en dehors de tout litige, Comp. : • Req. 16 mars 1892 : *DP 1892. 1. 240.* ♦ Sur les droits de l'acquéreur d'un fonds de commerce, V. art. L. 141-2. ♦ Sur la communication à l'administration fiscale, V. art. L. 85 et R. 85-1 LPF. – **C. pr. fisc.** ♦ L'acquéreur d'actions ne peut pas utilement invoquer l'art. L. 123-23 car, en application de la clause d'*earn out*, l'existence ou non d'un droit pour le cédant à un complément de prix dépend exclusivement des résultats qui ne peuvent être constatés qu'au vu des documents comptables. • Caen, 30 mars 2006 : *RJDA 2007, n° 1108.*

3. Mesure d'instruction. Les dispositions de l'art. 17 [C. com., art. L. 123-23] ne peuvent être invoquées pour faire échec au pouvoir du juge d'ordonner, sur le fondement de l'art. 145 NCPC [renommé C. pr. civ.] (dans le cadre d'une mesure d'instruction *in futurum*), les productions utiles. • Civ. 2e, 6 mai 1999 : *Bull. civ. II, n° 81 ; D. Affaires 1999. 1080, obs. V. A.-R.*

Art. L. 123-24 Tout commerçant est tenu de se faire ouvrir un compte *(Abrogé par L. n° 2003-7 du 3 janv. 2003)* ***« dans une banque, »*** **dans un établissement de crédit ou dans un bureau de chèques postaux.** — *[L. 22 oct. 1940, art. 6, 1re phrase.]*

La 2e phrase de l'art. 6 de la L. du 22 oct. 1940 — normalement abrogée à compter de l'entrée en vigueur de la partie réglementaire du code de commerce (Ord. n° 2000-912 du 18 sept. 2000, art. 4-III-7°) — prévoyait, en cas d'infraction une amende fiscale de 0, 50 F recouvrée comme en matière de timbre, un arrêté devant désigner les agents qualifiés pour constater les contraventions.

● SOUS-SECTION 2 DES OBLIGATIONS COMPTABLES APPLICABLES À CERTAINS COMMERÇANTS *(L. n° 2011-525 du 17 mai 2011, art. 55-I).*

Art. L. 123-25 Par dérogation aux dispositions des premier et troisième alinéas de l'article L. 123-12, les personnes physiques placées sur option ou de plein droit sous le régime réel simplifié d'imposition peuvent n'enregistrer les créances et les dettes qu'à la clôture de l'exercice et ne pas établir d'annexe.

(L. n° 2011-525 du 17 mai 2011, art. 55-I) **« Par dérogation aux dispositions du premier alinéa de l'article L. 123-12, les personnes morales ayant la qualité de commerçant, à l'exception de celles contrôlées par une société qui établit des comptes en application de l'article L. 233-16, placées sur option ou de plein droit sous le régime réel simplifié d'imposition, peuvent n'enregistrer les créances et les dettes qu'à la clôture de l'exercice. »** — *[C. com., art. 17-1.]*

Art. L. 123-26 Par dérogation aux dispositions du deuxième alinéa de l'article L. 123-13, les personnes physiques placées sur option ou de plein droit sous le régime réel simplifié d'imposition peuvent inscrire au compte de résultat, en fonction de leur date de paiement, les charges dont la périodicité n'excède pas un an, à l'exclusion des achats. – *[C. com., art. 17-2.]*

Art. L. 123-27 Par dérogation aux dispositions du troisième alinéa de l'article L. 123-18, les personnes physiques placées sur option ou de plein droit sous le régime réel simplifié d'imposition peuvent procéder à une évaluation simplifiée des stocks et des productions en cours, selon une méthode fixée par *(Ord nº 2009-79 du 22 janv. 2009, art. 5-III)* « règlement de l'Autorité des normes comptables ».– *[C. com., art. 17-3.]*

Art. L. 123-28 *(L. nº 2008-776 du 4 août 2008, art. 9-I)* Par dérogation aux dispositions des articles L. 123-12 à L. 123-23, les personnes physiques bénéficiant du régime défini à l'article 50-0 du code général des impôts *[régime d'imposition des micro-entreprises]* peuvent ne pas établir de comptes annuels. Elles tiennent un livre mentionnant chronologiquement le montant et l'origine des recettes qu'elles perçoivent au titre de leur activité professionnelle. Elles tiennent également, lorsque leur commerce principal est de vendre des marchandises, objets, fournitures et denrées à emporter ou à consommer sur place, ou de fournir le logement, un registre récapitulé par année, présentant le détail de leurs achats. Un décret fixe les conditions dans lesquelles ce livre et ce registre sont tenus. – *V. art. D. 123-205-1.*

Sont applicables en Nouvelle-Calédonie et dans les îles Wallis-et-Futuna les adjonctions et modifications apportées à l'art. L. 123-28 par la L. nº 2008-776 du 4 août 2008 (Ord. nº 2009-896 du 24 juill. 2009, art. 1er-I).

Sur la communication à l'administration, par les personnes ayant la qualité de commerçant, des livres dont la tenue est obligatoire ainsi que des documents annexes, V. LPF, art. L. 85 et R. 85-1. — ***C. pr. fisc.***

BIBL. ▸ DELPECH, *Rép. com. Dalloz, Cah. de l'actualité nº 2008-5, p. 16* (simplification de la comptabilité des personnes physiques). – CASTAGNÉ, *JCP N 2008, nº 50, p. 25* (le statut d'auto-entrepreneur). ▸ V. aussi la bibl. ss. art. L. 123-1-1.

SECTION III DES ACTIVITÉS COMMERCIALES ET ARTISANALES AMBULANTES

(L. nº 2008-776 du 4 août 2008, art. 53-I)

RÉP. COM. vº *Marchands ambulants et forains,* par VOINOT.

Art. L. 123-29 Toute personne physique ou morale doit, pour exercer ou faire exercer par son conjoint ou ses préposés une activité commerciale ou artisanale ambulante hors du territoire de la commune où est situé son habitation ou son principal établissement, en faire la déclaration préalable auprès de l'autorité compétente pour délivrer la carte mentionnée au quatrième alinéa. – *Sur les sanctions, V. art. R. 123-208-8.*

Il en va de même pour toute personne n'ayant ni domicile ni résidence fixes de plus de six mois, au sens de l'article 2 de la loi nº 69-3 du 3 janvier 1969 relative à l'exercice des activités ambulantes et au régime applicable aux personnes circulant en France sans domicile ni résidence fixe, entendant exercer ou faire exercer par son conjoint ou ses préposés une activité commerciale ou artisanale ambulante.

La déclaration mentionnée au premier alinéa est renouvelable périodiquement.

Cette déclaration donne lieu à délivrance d'une carte permettant l'exercice d'une activité ambulante. – *V. art. R. 123-208-1 s. et A. 123-80-1 s.*

1. *Ventes ambulantes.* Sur la vente dans un stand installé sur une plage et la détermination du droit de propriété de l'espace public, V. • Fort-de-France, 4 juill. 2008 : *JCP 2008. IV. 3026.*

2. *Ventes sauvages.* V. note 1 ss. art. L. 442-8.

3. *Carte professionnelle.* Dans le cadre juridique actuel, il est délivré une carte par établissement. Les préposés (salariés ou conjoints collaborateurs) présentent, à toute réquisition, copie de la carte de la personne pour laquelle ils exercent une activité commerciale ou artisanale accompagnée d'un document justifiant un lien avec le titulaire de ladite carte ainsi qu'un document justifiant de leur identité. Le conjoint du chef d'une entreprise artisanale, commerciale ou libérale qui y exerce de manière régulière une activité professionnelle peut opter pour le statut qui correspond le mieux à sa situation au sein de l'entreprise : conjoint collaborateur, conjoint salarié ou conjoint associé : * Rép. min. n° 111285 : *JOAN Q, 23 août 2011, p. 9086 ; RLDA oct. 2011. 28, obs. Filiol de Raimond.*

Art. L. 123-30 **Outre les officiers et agents de police judiciaire, ont compétence pour constater par procès-verbal les contraventions prévues par le décret mentionné à l'article L. 123-31 :**

1° Les agents de police judiciaire adjoints mentionnés au 2° de l'article 21 du code de procédure pénale ; — *V. art. R. 123-208-5.*

2° Les fonctionnaires chargés du contrôle des marchés et des halles situés sur le territoire de la commune sur laquelle le commerçant ou l'artisan ambulant exerce son activité commerciale ou artisanale, habilités à cette fin. — *V. art. R. 123-208-6.*

Art. L. 123-31 **Les modalités d'application de la présente section sont fixées par décret en Conseil d'État, notamment les conditions d'habilitation des agents mentionnés au 2° de l'article L. 123-30 et les modalités d'exercice de leur compétence.**

CHAPITRE IV DES SOCIÉTÉS COOPÉRATIVES DE COMMERÇANTS DÉTAILLANTS

RÉP. SOCIÉTÉS v° *Coopérative de commerçants détaillants,* par HÉRAIL.

BIBL. GÉN ▶ GRANVUILLEMIN, *JCP E 2003, n° 20, p. 844* (déclin ou renouveau ?). – SAINTOURENS, *Bull. Joly 2004. 752* (réforme par l'Ord. n° 2004-274 du 25 mars 2004). – SOUILLEAUX, *Gaz. Pal. 2013. 596* (la double qualité du commerçant au sein d'un groupement du commerce associé). – HOLLER, *ibid. 602* (sort des excédents des coopératives de commerçants).

Art. L. 124-1 *(L. n° 2001-420 du 15 mai 2001)* **« Les sociétés coopératives de commerçants détaillants ont pour objet d'améliorer par l'effort commun de leurs associés les conditions dans lesquelles ceux-ci exercent leur activité commerciale. A cet effet, elles peuvent notamment exercer directement ou indirectement pour le compte de leurs associés les activités suivantes : »**

1° Fournir en totalité ou en partie à leurs associés les marchandises, denrées ou services, l'équipement et le matériel nécessaires à l'exercice de leur commerce, notamment par la constitution et l'entretien de tout stock de marchandises, la construction, l'acquisition ou la location ainsi que la gestion de magasins et entrepôts particuliers, l'accomplissement dans leurs établissements ou dans ceux de leurs associés de toutes opérations, transformations et modernisation utiles ;

2° Regrouper dans une même enceinte les commerces appartenant à leurs associés, créer et gérer tous services communs à l'exploitation de ces commerces, construire, acquérir ou louer les immeubles nécessaires à leur activité ou à celle des associés, et en assurer la gestion, le tout dans les conditions prévues par le chapitre V du présent titre ;

3° Dans le cadre des dispositions législatives concernant les activités financières, faciliter l'accès des associés et de leur clientèle aux divers moyens de financement et de crédit ;

4° Exercer les activités complémentaires à celles énoncées ci-dessus, et notamment fournir à leurs associés une assistance en matière de gestion technique, financière et comptable ;

5° *(L. n° 2012-387 du 22 mars 2012, art. 1er-II)* « Acheter des fonds de commerce dont, par dérogation à l'article L. 144-3, la location-gérance est concédée dans un délai de deux mois à un associé et qui doivent être rétrocédés dans un délai maximal de sept ans. Le défaut de rétrocession dans ce délai peut donner lieu à injonction suivant les modalités définies au second alinéa de l'article L. 124-15 ; »

6° *(L. n° 2001-420 du 15 mai 2001)* « Définir et mettre en œuvre par tous moyens une politique commerciale commune propre à assurer le développement et l'activité de ses associés, notamment :

(Ord. n° 2004-274 du 25 mars 2004, art. 1er) « – par la mise en place d'une organisation juridique appropriée ; »

« – par la mise à disposition d'enseignes ou de marques dont elles ont la propriété ou la jouissance ;

« – par la réalisation d'opérations commerciales publicitaires ou non pouvant comporter des prix communs ;

« – par l'élaboration de méthodes et de modèles communs d'achat, d'assortiment et de présentation de produits, d'architecture et d'organisation des commerces ;

« 7° Prendre des participations même majoritaires dans des sociétés directement ou indirectement associées exploitant des fonds de commerce. »

L'art. L. 124-1 dans sa rédaction issue de la L. n° 2001-420 du 15 mai 2001 et de l'Ord. n° 2004-274 du 25 mars 2004 est applicable à Mayotte (Ord. préc., art. 47-II).

Art. L. 124-2 Les sociétés coopératives de commerçants de détail ne peuvent admettre de tiers non associés à bénéficier de leurs services.

Toutefois, les sociétés coopératives de pharmaciens d'officine ne peuvent refuser leurs services en cas d'urgence, aux pharmaciens d'officine non associés et à tous les établissements publics ou privés où sont traités les malades, lorsque ces établissements sont régulièrement propriétaires d'une officine. – *[L. n° 72-652 du 11 juill. 1972, art. 2.]*

Art. L. 124-3 Les sociétés coopératives de commerçants de détail sont des sociétés anonymes à capital variable constituées et fonctionnant conformément aux dispositions du livre II, titre III, chapitre Ier. Elles sont régies par les dispositions du présent chapitre et par celles non contraires du livre II, titres Ier à IV et de la loi n° 47-1775 du 10 septembre 1947 portant statut de la coopération. Les dispositions du livre II, titres Ier à IV concernant la constitution des réserves légales leur sont applicables.

Peuvent être seules considérées comme sociétés coopératives de commerçants de détail ou unions de ces sociétés, et sont seules autorisées à prendre ce titre et à l'adjoindre à leur dénomination, les sociétés et unions constituées dans le but d'effectuer les opérations visées à l'article L. 124-1 et qui se conforment, pour leur constitution et leur fonctionnement, aux prescriptions du présent chapitre. – *[L. n° 72-652 du 11 juill. 1972, art. 3.] – V. L. n° 47-1775 du 10 sept. 1947, portant statut de la coopération au* **C. sociétés.**

Art. L. 124-4 *(Ord. n° 2004-274 du 25 mars 2004, art. 2-II)* « Sans préjudice de l'application des dispositions de l'article 3 *bis* de la loi n° 47-1775 du 10 septembre 1947 portant statut de la coopération, tout commerçant, exerçant le commerce de détail, régulièrement établi sur le territoire d'un État étranger, peut être membre de coopératives de commerçants. » Il en est de même des sociétés coopératives régies par le présent chapitre, ainsi que des entreprises immatriculées à la fois au répertoire des métiers et au registre du commerce et des sociétés. Les coopératives régies par le présent chapitre peuvent admettre en qualité d'associés des personnes physiques ou morales intéressées par leur activité et compétentes pour en connaître.

Les sociétés coopératives de commerçants de détail qui exercent les activités visées au 2° de l'article L. 124-1 peuvent, en outre, admettre en qualité d'associé toute personne visée à l'article L. 125-1. – *[L. n° 72-652 du 11 juill. 1972, art. 4.]*

(Ord. n° 2004-274 du 25 mars 2004, art. 2-II) « Les commerçants de détail dont la coopérative est affiliée à une autre coopérative de commerçants de détail peuvent bénéficier directement des services de cette dernière. » – *V. L. n° 47-1775 du 10 sept. 1947, portant statut de la coopération au* ***C. sociétés.***

Art. L. 124-5 Les sociétés régies par le présent chapitre peuvent constituer entre elles des unions ayant les mêmes objets que ceux définis à l'article L. 124-1.

Ces unions doivent se conformer, pour leur constitution et leur fonctionnement, aux mêmes règles que lesdites sociétés. Le deuxième alinéa de l'article 9 de la loi du 10 septembre 1947 portant statut de la coopération leur est applicable.

Les unions de sociétés coopératives de commerçants de détail ne peuvent comprendre que des sociétés coopératives de détail ou leurs associés. Les commerçants détaillants dont la coopérative est affiliée à une union peuvent bénéficier directement des services de cette union.

Les sociétés coopératives de commerçants de détail et leurs unions peuvent constituer des unions mixtes avec d'autres sociétés coopératives et leurs unions.

Par dérogation à l'article L. 225-1, le nombre des associés d'une union régie par le présent article peut être inférieur à sept. – *[L. n° 72-652 du 11 juill. 1972, art. 5.] – V. L. n° 47-1775 du 10 sept. 1947, portant statut de la coopération au* ***C. sociétés.***

Art. L. 124-6 Les administrateurs ou les membres du directoire et du conseil de surveillance sont des personnes physiques ayant soit la qualité d'associé, à titre personnel, soit la qualité de président du conseil d'administration, *(L. n° 2005-882 du 2 août 2005, art. 31-I)* « de directeur général, » de membre du directoire ou de gérant d'une société ayant elle-même la qualité d'associé.

Les fonctions des membres du conseil d'administration ou des membres du conseil de surveillance sont gratuites et n'ouvrent droit qu'au remboursement, sur justification, des frais, ainsi que, le cas échéant, au paiement d'une indemnité compensatrice du temps et du travail consacrés à l'administration de la coopérative.

(Ord. n° 2004-274 du 25 mars 2004, art. 3) « Le président du conseil d'administration ou les membres du directoire ainsi que le président du conseil de surveillance peuvent recevoir une rémunération. Toutefois, ils ne peuvent être rémunérés au prorata des opérations faites ou des excédents réalisés que si ce mode de rémunération est prévu par les statuts. » Ceux-ci précisent l'instance habilitée à fixer pour une durée n'excédant pas cinq années le maximum de rétributions annuelles.

Les décisions prises pour l'exécution de l'alinéa précédent sont ratifiées par l'assemblée générale annuelle qui suit la date à laquelle elles sont intervenues. – *[L. n° 72-652 du 11 juill. 1972, art. 7.]*

Art. L. 124-7 Les statuts peuvent prévoir que des sociétés coopératives de commerçants détaillants sont associées dans les conditions prévues à l'article 3 *bis* de la loi du 10 septembre 1947 portant statut de la coopération. Dans ce cas, elles ne peuvent recourir aux services de la société coopérative dont elles sont associées. – *[L. n° 72-652 du 11 juill. 1972, art. 8.]*

Art. L. 124-8 L'assemblée générale délibère valablement lorsque le tiers des associés existants à la date de la convention sont présents ou représentés.

Toutefois, les assemblées convoqués en vue de modifier les statuts ne délibèrent valablement que si la moitié au moins des associés existants à la date de la convocation sont présents ou représentés.

Les associés qui ont exprimé leur suffrage par correspondance, quand les statuts les y autorisent, comptent pour la détermination du quorum.

Lorsque le quorum n'est pas atteint, une nouvelle assemblée est convoquée. Elle délibère valablement quel que soit le nombre des associés présents ou représentés. – *[L. n° 72-652 du 11 juill. 1972, art. 9.]*

Art. L. 124-9 Les délibérations de l'assemblée générale sont prises à la majorité des voix dont disposent les associés présents ou représentés. *(Ord. n° 2004-274 du 25 mars 2004, art. 4)* **« Toutefois, une majorité des deux tiers des voix des associés présents ou représentés est requise pour toute modification des statuts. »**

Si la coopérative exerce les activités prévues au 2° de l'article L. 124-1, il est dérogé à cette disposition dans les conditions prévues par l'article L. 125-10. – *[L. n° 72-652 du 11 juill. 1972, art. 10.]*

Art. L. 124-10 L'exclusion d'un associé peut être prononcée, selon le cas, par le conseil d'administration ou par le conseil de surveillance, l'intéressé étant dûment entendu.

Tout associé frappé d'une mesure d'exclusion a la possibilité de faire appel de cette décision devant l'assemblée générale qui statue sur son recours lors de la première réunion ordinaire qui suit la notification de l'exclusion. Celle-ci prend effet au jour de la notification de son acceptation par l'assemblée générale.

Toutefois, le conseil d'administration ou le conseil de surveillance, selon le cas, peut, lorsque l'intérêt de la société l'exige, suspendre l'exercice des droits que l'associé exclu tient de sa qualité de coopérateur jusqu'à notification à ce dernier de la décision de l'assemblée générale, sans que la durée de cette suspension puisse excéder une année.

Si la décision tendant à exclure un associé n'est pas justifiée par un motif sérieux et légitime, le tribunal, saisi dans le délai d'un mois à compter de la notification du rejet du recours de l'associé par l'assemblée générale, peut, soit réintégrer l'associé indûment exclu, soit lui allouer des dommages et intérêts, soit prononcer l'une et l'autre de ces mesures.

Lorsque la coopérative exerce les activités prévues au 2° de l'article L. 124-1, les dispositions du présent article ne sont pas applicables. Il est fait application des articles L. 125-15 et L. 125-16. – *[L. n° 72-652 du 11 juill. 1972, art. 11.]*

BIBL. ► DONDERO, *Gaz. Pal. 2013. 607* (procédure d'exclusion d'un associé dans les coopératives de commerçants).

1. Contestation d'une exclusion. Un associé coopérateur exclu d'une coopérative par décision du conseil d'administration peut engager directement une action en justice pour faire constater que son exclusion n'était pas fondée, sans avoir à saisir au préalable l'assemblée générale d'un recours contre cette décision, un tel recours n'étant qu'une faculté et non une obligation. • Com. 18 janv. 2011 : *Rev. sociétés 2011. 351, note Urbain-Parléani ; JCP E 2011, n° 1133 ; RJDA 2011, n° 329 ; Dr. sociétés 2011, n° 67, obs. Hovasse ; Bull. Joly 2011. 402, note Mousseron.* ♦ L'art. L. 124-10 n'interdit pas à l'associé coopératif qui a voté lors de l'assemblée générale en faveur de la résolution ayant confirmé son exclusion de contester ultérieurement celle-ci en justice. • Com. 4 déc. 2012 : *JCP E 2013, n° 1031, obs. Dondero ; RJDA 2013, n° 138 ; Gaz. Pal. 2013. 12, obs. Dondero ; Dr. sociétés 2013, n° 45, obs. Hovasse ; Bull. Joly 2013. 320, note Mortier.*

2. Saisine du tribunal. L'art. L. 124-10 ne prévoyant aucune sanction en cas de non-respect du délai de saisine de la juridiction, il ne peut s'en déduire qu'à défaut de respect dudit délai, l'action en nullité serait prescrite. • Com. 4 déc. 2012 : *préc. note 1.*

Art. L. 124-11 S'il s'agit d'une coopérative exerçant les activités prévues au *(Ord. n° 2004-274 du 25 mars 2004, art. 5)* **« 2° » de l'article L. 124-1, le remboursement des parts sociales de l'associé qui se retire ou qui est exclu s'effectue, par dérogation**

à l'article 18 de la loi du 10 septembre 1947 portant statut de la coopération, dans les conditions prévues par les articles L. 125-17 et L. 125-18.

Il reste cependant tenu pendant cinq années à compter du jour où il a définitivement perdu la qualité d'associé, tant envers la coopérative qu'à l'égard des tiers, de toutes les obligations existant à la clôture de l'exercice au cours duquel il a quitté la coopérative. Le conseil d'administration ou le conseil de surveillance, selon le cas, peut, pendant cinq ans au plus, conserver tout ou partie des sommes dues à l'ancien associé, en application de l'alinéa précédent, dans la limite du montant nécessaire à la garantie des obligations dont il est tenu en application du présent alinéa, et à moins que l'intéressé ne fournisse des sûretés suffisantes. – *[L. n° 72-652 du 11 juill. 1972, art. 12.] – V. L. n° 47-1775 du 10 sept. 1947, portant statut de la coopération au* **C. *sociétés.***

Art. L. 124-12 L'assemblée générale ordinaire peut, en statuant aux conditions de quorum et de majorité de l'assemblée générale extraordinaire, transformer en parts sociales tout ou partie des ristournes bloquées en comptes individualisés ainsi que tout ou partie des ristournes distribuables aux coopérateurs au titre de l'exercice écoulé.

Dans ce dernier cas, les droits de chaque coopérateur dans l'attribution des parts résultant de cette augmentation de capital sont identiques à ceux qu'il aurait eus dans la distribution des ristournes. – *[L. n° 72-652 du 11 juill. 1972, art. 14.]*

Art. L. 124-13 La caisse centrale de crédit coopératif est autorisée à effectuer toutes opérations financières en faveur des sociétés constituées conformément aux dispositions du présent chapitre, notamment à mettre à leur disposition les fonds qui lui sont spécialement attribués ou qu'elle peut se procurer sous forme d'emprunts ou par le réescompte des effets souscrits, à donner son aval ou à se porter caution pour garantir leurs emprunts, à recevoir et à gérer leurs dépôts de fonds. – *[L. n° 72-652 du 11 juill. 1972, art. 15.]*

Art. L. 124-14 En cas de dissolution d'une société coopérative ou d'une union régie par les dispositions du présent chapitre et sous réserve des dispositions des alinéas suivants du présent article, l'excédent net de l'actif sur le capital est dévolu soit à d'autres sociétés coopératives ou unions de coopératives, soit à des œuvres d'intérêt général ou professionnel.

Toutefois, une société coopérative ou une union peut être autorisée par arrêté du ministre chargé de l'économie et des finances, pris après avis du Conseil supérieur de la coopération, à répartir l'excédent net de l'actif à ses associés. Cette répartition ne peut comprendre la part de l'excédent net d'actif qui résulte de l'aide accordée directement ou indirectement à la société ou à l'union par l'État ou par une collectivité publique. Cette part doit être reversée dans les conditions prévues par l'arrêté d'autorisation.

La répartition entre les associés de l'excédent net d'actif est de plein droit lorsque la société coopérative exerce les activités visées au 2° de l'article L. 124-1. – *[L. n° 72-652 du 11 juill. 1972, art. 16.]*

Art. L. 124-15 Tout groupement de commerçants détaillants établi en vue de l'exercice d'une ou plusieurs des activités visées aux 1°, 3° et 4° de l'article L. 124-1 doit, s'il n'a pas adopté la forme de société coopérative de commerçants détaillants régie par les dispositions du présent chapitre, être constitué sous la forme de société anonyme, de société à responsabilité limitée, de groupement d'intérêt économique ou de groupement européen d'intérêt économique.

(L. n° 2012-387 du 22 mars 2012, art. 1er-III) « Le ministère public ou toute personne intéressée peut saisir le président du tribunal compétent statuant en référé afin d'enjoindre, le cas échéant sous astreinte, aux commerçants membres du grou-

pement formé en violation du premier alinéa de se constituer sous l'une des formes prévues. » – *[L. n° 72-652 du 11 juill. 1972, art. 17.]*

Art. L. 124-16 Les sociétés coopératives d'achat en commun de commerçants détaillants et leurs unions constituées sous l'empire de la loi n° 49-1070 du 2 août 1949 sont considérées comme satisfaisant aux dispositions du présent chapitre sans qu'il soit nécessaire qu'elles modifient leurs statuts.

Toutefois, les sociétés bénéficiaires des dispositions de l'alinéa précédent doivent procéder à la mise en conformité de leurs statuts à l'occasion de toute modification ultérieure desdits statuts. – *[L. n° 72-652 du 11 juill. 1972, art. 18, al. 2 et 3.]*

CHAPITRE V DES MAGASINS COLLECTIFS DE COMMERÇANTS INDÉPENDANTS

RÉP. COM. v° *Magasins collectifs de commerçants indépendants,* par PAILLUSSEAU et LE FLOCH.

BIBL. GÉN. ▶ GUYON, *D. 1973. Chron. 91.* – SENNA, *Rev. sociétés 1972. 443* (sociétés coopératives de commerçants et magasins collectifs de commerçants indépendants).

SECTION PREMIÈRE DE LA CONSTITUTION DU MAGASIN COLLECTIF

Art. L. 125-1 Les dispositions du présent chapitre s'appliquent aux personnes physiques ou morales réunies dans une même enceinte, sous une même dénomination, pour exploiter, selon des règles communes, leur fonds de commerce ou leur entreprise immatriculée au répertoire des métiers sans en aliéner la propriété, créant ainsi un magasin collectif de commerçants indépendants. – *[L. n° 72-651 du 11 juill. 1972, art. 1er.]*

Art. L. 125-2 Les personnes visées à l'article L. 125-1 constituent, sous forme de groupement d'intérêt économique ou de société anonyme à capital variable ou de société coopérative de commerçants détaillants, une personne morale qui a la propriété et la jouissance ou seulement la jouissance des bâtiments et aires annexes du magasin collectif, définit et met en œuvre la politique commune, organise et gère les services communs.

Le groupement d'intérêt économique ou la société, propriétaire de tout ou partie des sols, bâtiments et aires annexes du magasin collectif, ne peut rétrocéder tout ou partie de ces biens immobiliers à ses membres pendant l'existence dudit magasin.

Peuvent seuls être considérés comme magasins collectifs de commerçants indépendants, et sont seuls autorisés à prendre ce titre et à l'adjoindre à leur dénomination, les groupements d'intérêt économique, les sociétés anonymes à capital variable et les sociétés coopératives de commerçants détaillants qui se conforment, pour leur constitution et leur fonctionnement, aux prescriptions du présent chapitre. – *[L. n° 72-651 du 11 juill. 1972, art. 2.]*

Art. L. 125-3 Le groupement d'intérêt économique ou la société qui a recours au crédit-bail, est considéré comme utilisateur au sens de l'article 5 *b* de l'ordonnance n° 67-837 du 28 septembre 1967. – *[L. n° 72-651 du 11 juill. 1972, art. 3.]*

Art. L. 125-4 Chaque membre du groupement d'intérêt économique ou de la société est titulaire de parts ou d'actions non dissociables de l'utilisation d'un emplacement déterminé par le contrat constitutif ou les statuts, et bénéficie de services communs.

Le contrat constitutif ou les statuts peuvent attribuer à tout titulaire un autre emplacement en fonction d'activités saisonnières.

L'assemblée des membres ou l'assemblée générale, selon le cas, est seule compétente pour modifier, avec l'accord des intéressés, les emplacements ainsi attribués.

Les dispositions du présent chapitre relatives aux parts sociales sont applicables aux actions visées au premier alinéa ci-dessus. – *[L. n° 72-651 du 11 juill. 1972, art. 4.]*

Art. L. 125-5 Lorsqu'un fonds de commerce ou une entreprise immatriculée au répertoire des métiers sont transférés ou créés dans le magasin collectif, il n'en est pas fait apport au groupement ou à la société en représentation des parts attribuées à leur propriétaire. Les parts du groupement ou de la société ne représentent pas la valeur du fonds ou de l'entreprise. Sont également prohibés tous apports autres qu'en espèces. – *[L. n° 72-651 du 11 juill. 1972, art. 5.]*

Art. L. 125-6 En cas de location-gérance du fonds de commerce ou de l'entreprise immatriculée au répertoire des métiers, le bailleur est seul membre du groupement ou de la société.

Le transfert dans le magasin collectif d'un fonds ou d'une entreprise préexistante ne peut être effectué qu'avec l'accord du locataire-gérant. – *[L. n° 72-651 du 11 juill. 1972, art. 6.]*

Art. L. 125-7 Le propriétaire d'un fonds de commerce grevé du privilège ou d'un nantissement prévu par les chapitres Ier à III du titre IV du présent livre doit, préalablement à son adhésion à un magasin collectif et au transfert de ce fonds dans ledit magasin, accomplir les formalités de publicité prévues aux articles L. 141-21 et L. 141-22.

Si le créancier titulaire du privilège ou du nantissement n'a pas notifié d'opposition par voie d'inscription au greffe dans les dix jours de la dernière en date des publications prévues aux articles L. 141-12 et L. 141-13, il est réputé avoir donné son accord à l'adhésion du propriétaire du fonds.

En cas d'opposition, la mainlevée de celle-ci est ordonnée en justice, si le propriétaire du fonds justifie que les sûretés dont dispose le créancier ne sont pas diminuées par le fait de l'adhésion au magasin collectif ou que des garanties au moins équivalentes lui sont offertes. A défaut de mainlevée de l'opposition, le commerçant ne peut adhérer au magasin collectif tant qu'il demeure propriétaire du fonds. – *[L. n° 72-651 du 11 juill. 1972, art. 7.]*

Art. L. 125-8 Le contrat constitutif ou les statuts, selon le cas, doivent, à peine de nullité, et sous la responsabilité solidaire des signataires, contenir la mention expresse, soit qu'aucun fonds n'est grevé du privilège ou d'un nantissement prévu aux chapitres Ier à III du titre IV du présent livre, soit, dans le cas contraire, qu'il n'a pas été formé d'opposition préalablement à l'adhésion d'un des membres ou que mainlevée en a été ordonnée par justice. – *[L. n° 72-651 du 11 juill. 1972, art. 8.]*

Art. L. 125-9 Les magasins collectifs de commerçants indépendants déjà créés par l'intermédiaire d'une personne morale peuvent, par voie d'adaptation ou de transformation, se placer sous le régime prévu par le présent chapitre.

Tout membre peut, par voie de référé, demander la désignation d'un mandataire spécialement chargé de convoquer l'assemblée aux fins de statuer sur ces adaptations ou transformations.

Nonobstant toute disposition contraire, ces décisions sont prises à la majorité en nombre des membres composant la personne morale. Ceux qui n'y ont pas concouru peuvent, toutefois, se retirer en demandant le remboursement de leurs titres, actions ou parts, dans les conditions prévues aux articles L. 125-17 et L. 125-18. – *[L. n° 72-651 du 11 juill. 1972, art. 19, al. 1er à 3.]*

SECTION II DE L'ADMINISTRATION DU MAGASIN COLLECTIF

Art. L. 125-10 Un règlement intérieur est annexé au contrat constitutif ou aux statuts, selon le cas.

Le contrat constitutif ou les statuts, ainsi que le règlement intérieur, ne peuvent être modifiés que par l'assemblée, ou l'assemblée générale, selon le cas, statuant à la majorité absolue en nombre des membres du groupement ou de la société, ou, si le contrat constitutif ou les statuts le prévoient, à une majorité plus importante. Il en est de même des décisions portant agrément ou exclusion.

Les autres décisions sont prises dans les conditions propres à chacune des formes prévues à l'article L. 125-2. Toutefois, nonobstant les dispositions du livre II, les statuts d'une société anonyme à capital variable constituée en application du présent chapitre peuvent stipuler que chacun des actionnaires dispose d'une voix en assemblée générale, quel que soit le nombre d'actions qu'il détient. – *[L. n° 72-651 du 11 juill. 1972, art. 9.]*

Art. L. 125-11 Le règlement intérieur détermine les règles propres à assurer une politique commerciale commune. Il fixe les conditions générales d'exploitation, et, notamment :

1° Les jours et heures d'ouverture ainsi que, le cas échéant, les périodes de fermeture saisonnières ou pour congés annuels ;

2° L'organisation et la gestion des services communs et la répartition des charges correspondant à ces services ;

3° Sous réserve de la législation en vigueur en la matière, l'aménagement des activités concurrentes, ainsi que la détermination des activités annexes qui peuvent être exercées par chaque membre en concurrence avec celles d'autres membres du magasin ;

4° Le choix des inscriptions publicitaires et décors propres à chaque emplacement et éventuellement leur harmonisation ;

5° Les actions collectives ou individuelles d'animation du magasin, notamment celles à caractère saisonnier. – *[L. n° 72-651 du 11 juill. 1972, art. 10.]*

SECTION III DE L'AGRÉMENT ET DE L'EXCLUSION

Art. L. 125-12 Le contrat constitutif ou les statuts, selon le cas, peuvent subordonner toute cession de parts à l'agrément du cessionnaire par l'assemblée du groupement ou par l'assemblée générale de la société, selon le cas. L'assemblée ou l'assemblée générale se prononce dans le délai d'un mois à compter de la date de la demande d'agrément.

Le contrat constitutif ou les statuts, selon le cas, peuvent également soumettre à cet agrément les ayants droit d'un titulaire de parts décédé qui ne participaient pas à son activité dans le magasin collectif.

Le refus d'agrément donne droit à indemnité dans les conditions prévues aux articles L. 125-17 et L. 125-18. – *[L. n° 72-651 du 11 juill. 1972, art. 11.]*

Art. L. 125-13 La clause d'agrément n'est pas opposable en cas de vente forcée des parts, que celles-ci aient ou non fait l'objet d'un nantissement. – *[L. n° 72-651 du 11 juill. 1972, art. 12.]*

Art. L. 125-14 Le contrat constitutif ou les statuts, selon le cas, peuvent subordonner la mise en location-gérance d'un fonds de commerce ou d'une entreprise artisanale du magasin collectif à l'agrément du locataire gérant par l'assemblée.

En cas *(L. nº 2005-845 du 26 juill. 2005, art. 165-II)* « de procédures de sauvegarde, » de redressement ou de liquidation judiciaires du propriétaire, cette clause ne peut être invoquée si la conclusion d'un contrat de location-gérance est autorisée par le tribunal conformément aux dispositions du titre II du livre VI. – *[L. nº 72-651 du 11 juill. 1972, art. 13.]*

Art. L. 125-15 L'organe d'administration du magasin collectif peut adresser un avertissement à tout membre qui, par son fait ou celui des personnes à qui il a confié l'exploitation de son fonds ou de son entreprise, commet une infraction au règlement intérieur.

En cas de location-gérance, cet avertissement est également notifié au locataire-gérant.

Si dans les trois mois qui suivent, cet avertissement est demeuré sans effet et si les intérêts légitimes du magasin collectif ou de certains de ses membres sont compromis, l'assemblée des membres, ou l'assemblée générale, selon le cas, a la faculté de prononcer, à la majorité prévue à l'article L. 125-10, l'exclusion de l'intéressé.

Jusqu'à ce que la décision d'exclusion soit devenue définitive, l'exclu a la faculté de présenter un ou plusieurs cessionnaires dans les conditions déterminées par le contrat constitutif ou les statuts. – *[L. nº 72-651 du 11 juill. 1972, art. 14.]*

Art. L. 125-16 Sous réserve de la procédure d'évaluation des parts prévue au second alinéa de l'article L. 125-17, tout membre d'un magasin collectif peut déférer au tribunal de grande instance, dans le délai d'un mois de sa notification par lettre recommandée avec demande d'avis de réception, toute décision prise en application des articles L. 125-12, L. 125-14 et du troisième alinéa de l'article L. 125-15.

Le tribunal peut annuler ou réformer la décision qui lui est déférée ou y substituer sa propre décision.

Nonobstant toute clause contraire, le recours en justice est suspensif de l'exécution de la décision déférée, sauf dans le cas d'une décision d'exclusion motivée par la non-utilisation des emplacements ou par le non-paiement des charges. – *[L. nº 72-651 du 11 juill. 1972, art. 15.]*

Art. L. 125-17 En cas d'exclusion, de départ ou de décès accompagnés du refus d'agrément du cessionnaire ou des successeurs, le titulaire des parts, ou, en cas de décès, ses ayants droit, ont la faculté de transférer ou d'aliéner leur fonds de commerce ou leur entreprise immatriculée au répertoire des métiers. Le nouvel attributaire de l'emplacement ou, à défaut, le groupement ou la société, selon le cas, leur rembourse la valeur de leurs parts, augmentée, s'il y a lieu, de la plus-value que leurs aménagements ont pu conférer à l'emplacement dont ils étaient titulaires.

Cette valeur est fixée par l'assemblée ou l'assemblée générale, selon le cas, en même temps qu'est prise la décision d'exclusion ou celle refusant l'agrément du cessionnaire ou des successeurs. En cas de désaccord, elle est déterminée à la date de ces décisions par un expert désigné par ordonnance du président du tribunal de grande instance statuant en la forme des référés. Cette ordonnance n'est susceptible d'aucune voie de recours nonobstant toute clause contraire. Le rapport d'expertise est soumis à l'homologation du président du tribunal de grande instance statuant en la forme des référés. – *[L. nº 72-651 du 11 juill. 1972, art. 16.]*

Art. L. 125-18 Dans les cas prévus au premier alinéa de l'article L. 125-17, le groupement ou la société ne peuvent procéder à l'installation d'un nouvel attributaire que si ont été versées à l'ancien titulaire des parts ou, en cas de décès, à ses ayants droit, les sommes prévues audit article L. 125-17, ou à défaut, une provision fixée par le président du tribunal de grande instance statuant en la forme des référés.

Toutefois, ce versement préalable n'est pas exigé lorsqu'une caution a été donnée pour le montant de ces sommes ou de cette provision par *(L. n° 2003-7 du 3 janv. 2003)* « un établissement de crédit » ou un établissement financier spécialement habilité à cet effet, ou lorsque ce montant a été consigné entre les mains d'un mandataire désigné au besoin par ordonnance rendue en la forme des référés.

En outre, s'il s'agit d'une coopérative, le conseil d'administration ou le directoire, selon le cas, peut invoquer les dispositions du second alinéa de l'article L. 124-11. – *[L. n° 72-651 du 11 juill. 1972, art. 17.]*

SECTION IV DE LA DISSOLUTION

Art. L. 125-19 Sauf clause contraire du contrat constitutif ou des statuts, *(L. n° 2005-845 du 26 juill. 2005, art. 165-II)* « la procédure de sauvegarde ou le » redressement ou la liquidation judiciaires de l'un des membres n'entraîne pas de plein droit la dissolution du groupement d'intérêt économique. – *[L. n° 72-651 du 11 juill. 1972, art. 18.]*

CHAPITRE VI DES SOCIÉTÉS DE CAUTION MUTUELLE

Art. L. 126-1 Les règles de création de sociétés de caution mutuelle entre commerçants, industriels, fabricants, artisans, sociétés commerciales, membres des professions libérales, propriétaires d'immeubles ou de droits immobiliers, ainsi qu'entre les opérateurs mentionnés à l'article L. 524-1, sont fixées par la loi du 13 mars 1917 *[C. mon. fin., art. L. 515-4 s.]. – V. App., v° Banque et financement de l'entreprise.*

CHAPITRE VII DU CONTRAT D'APPUI AU PROJET D'ENTREPRISE POUR LA CRÉATION OU LA REPRISE D'UNE ACTIVITÉ ÉCONOMIQUE

(L. n° 2003-721 du 1er août 2003, art. 20)

BIBL. ► AUZERO, *Bull. Joly 2003. 895, spéc. 902.* – Œuvre collective, *RJ com. 2003. 339, spéc. 370.* – CASTAGNÉ, *JCP N 2004, n° 14, p. 597, spéc. n° 28* (création d'entreprise). – TOUBOUL, *JCP E 2004, n° 27, p. 1092* (le dispositif « couveuse »). – ADOM et HIEZ, *Bull. Joly 2005. 1316.*

Art. L. 127-1 L'appui au projet d'entreprise pour la création ou la reprise d'une activité économique est défini par un contrat par lequel une personne morale s'oblige à fournir, par les moyens dont elle dispose, une aide particulière et continue à une personne physique, non salariée à temps complet, qui s'engage à suivre un programme de préparation à la création ou à la reprise et à la gestion d'une activité économique. Ce contrat peut aussi être conclu entre une personne morale et le dirigeant associé unique d'une personne morale.

Art. L. 127-2 Le contrat d'appui au projet d'entreprise est conclu pour une durée qui ne peut excéder douze mois, renouvelable deux fois. Les modalités du programme d'appui et de préparation et de l'engagement respectif des parties contractantes sont précisées par le contrat. Sont ainsi déterminées les conditions dans lesquelles la personne bénéficiaire peut prendre à l'égard des tiers des engagements en relation avec l'activité économique projetée.

Le contrat est, sous peine de nullité, conclu par écrit.

Art. L. 127-3 Le fait pour la personne morale responsable de l'appui de mettre à disposition du bénéficiaire les moyens nécessaires à sa préparation à la création ou à la reprise et à la gestion de l'activité économique projetée n'emporte pas, par lui-même, présomption d'un lien de subordination.

La mise à disposition de ces moyens et la contrepartie éventuelle des frais engagés par la personne morale responsable de l'appui en exécution du contrat figurent à son bilan.

Art. L. 127-4 Lorsqu'en cours de contrat débute une activité économique, le bénéficiaire doit procéder à l'immatriculation de l'entreprise, si cette immatriculation est requise par la nature de cette activité.

Avant toute immatriculation, les engagements pris par le bénéficiaire à l'égard des tiers à l'occasion du programme d'appui et de préparation sont, au regard de ces tiers, assumés par l'accompagnateur. La personne morale responsable de l'appui et le bénéficiaire sont, après l'immatriculation, tenus solidairement des engagements pris par ce dernier conformément aux stipulations du contrat d'appui, jusqu'à la fin de celui-ci.

Art. L. 127-5 Le contrat d'appui au projet d'entreprise pour la création ou la reprise d'une activité économique ne peut avoir pour objet ou pour effet d'enfreindre les dispositions des articles L. 125-1, L. 125-3, L. 324-9 ou L. 324-10 *[L. 8221-1, L. 8221-2, L. 8221-3, L. 8221-5, L. 8231-1, L. 8241-1, L. 8141-2 nouv.]* du code du travail.

L'acte de création ou de reprise d'entreprise doit être clairement distingué de la fonction d'accompagnement.

Art. L. 127-6 La situation professionnelle et sociale du bénéficiaire du contrat d'appui au projet d'entreprise est déterminée par les articles L. 783-1 et L. 783-2 *[L. 5142-1 et L. 5142-3 nouv.]* du code du travail.

La personne morale responsable de l'appui est responsable à l'égard des tiers des dommages causés par le bénéficiaire à l'occasion du programme d'appui et de préparation mentionné aux articles L. 127-1 et L. 127-2 avant l'immatriculation visée à l'article L. 127-4. Après l'immatriculation, la personne morale responsable de l'appui garantit la responsabilité à l'occasion du contrat d'appui, si le bénéficiaire a bien respecté les clauses du contrat jusqu'à la fin de ce dernier.

Art. L. 127-7 Les modalités de publicité des contrats d'appui au projet d'entreprise pour la création ou la reprise d'une activité économique et les autres mesures d'application du présent chapitre sont fixées par décret en Conseil d'État. – *V. art. R. 127-1 s.*

CHAPITRE VIII DU FICHIER NATIONAL DES INTERDITS DE GÉRER

(L. n° 2012-387 du 22 mars 2012, art. 71)

V. l'ancien chapitre VIII relatif aux incapacités d'exercer une profession commerciale ou industrielle, abrogé par L. n° 2008-776 du 4 août 2008. – ***C. com.****, éd. 2012 ou antérieures, et* ***C. com.***

BIBL. GÉN. ▶ Flaicher-Maneval et Reygrobellet, *RLDA mai 2012. 22* (L. n° 2012-387 du 22 mars 2012 : aspects de droit commercial).

Art. L. 128-1 Afin de lutter contre les fraudes, de prévenir la commission des infractions prévues aux articles 434-40-1 du code pénal et L. 654-15 du présent code et de favoriser l'exécution des mesures d'interdiction de gérer prononcées par les juridictions judiciaires, le Conseil national des greffiers des tribunaux de commerce est autorisé à mettre en œuvre un fichier national automatisé des interdits de gérer. – *V. art. L. 741-2.*

La tenue de ce fichier est une mission de service public assurée par le Conseil national des greffiers des tribunaux de commerce à ses frais et sous sa responsabilité.

Sont inscrites dans ce fichier les faillites personnelles et les autres mesures d'interdiction de diriger, de gérer, d'administrer ou de contrôler, directement ou indirectement, une entreprise commerciale, industrielle ou artisanale, une exploitation agricole, une entreprise ayant toute autre activité indépendante ou une personne morale prononcées à titre de sanction civile ou commerciale ou à titre de peine et résultant des décisions juridictionnelles passées en force de chose jugée. Ne sont pas inscrites les sanctions disciplinaires.

Le fichier mentionne le jugement ou l'arrêt ayant prononcé la mesure.

Ce fichier est régi par le présent chapitre et par la loi n° 78-17 du 6 janvier 1978 relative à l'informatique, aux fichiers et aux libertés. Il est mis en œuvre après accomplissement des formalités préalables prévues au chapitre IV de la même loi.

Art. L. 128-2 Les greffiers des tribunaux de commerce et les greffiers des tribunaux civils statuant en matière commerciale bénéficient d'un accès permanent au fichier mentionné à l'article L. 128-1.

Peuvent être destinataires, au sens du II de l'article 3 de la loi n° 78-17 du 6 janvier 1978 précitée, sur simple demande et sans frais, des informations et des données à caractère personnel enregistrées dans le fichier prévu au même article L. 128-1 :

1° Les magistrats et les personnels des juridictions de l'ordre judiciaire, pour les besoins de l'exercice de leurs missions ;

2° Les personnels des services du ministère de la justice, pour les besoins de l'exercice de leurs missions ;

3° Les représentants de l'administration et d'organismes définis par décret en Conseil d'État, dans le cadre de leur mission de lutte contre les fraudes.

Les personnes mentionnées au 2° informent le secrétaire général du comité interministériel de restructuration industrielle, à sa demande, si une personne pressentie pour exercer des fonctions de direction, gestion, administration ou contrôle dans un dossier dont ce comité a été saisi est inscrite dans ce fichier.

Art. L. 128-3 Les consultations du fichier mentionné à l'article L. 128-1 font l'objet d'un enregistrement comprenant l'identifiant du consultant, la date et l'heure de la consultation.

Art. L. 128-4 Aucune interconnexion au sens du 3° du I de l'article 30 de la loi n° 78-17 du 6 janvier 1978 précitée ne peut être effectuée entre le fichier national automatisé des interdits de gérer et tout autre fichier ou traitement de données à caractère personnel détenu par une personne quelconque ou par un service de l'État ne dépendant pas du ministère de la justice.

Art. L. 128-5 Les modalités d'application du présent chapitre sont déterminées par décret en Conseil d'État pris après avis de la Commission nationale de l'informatique et des libertés.

CHAPITRE IX DU TUTORAT RÉMUNÉRÉ EN ENTREPRISE *(L. nº 2008-776 du 4 août 2008, art. 69-III, 1º).*

(L. nº 2005-882 du 2 août 2005, art. 24-I)

BIBL. ▶ Delfosse et Peniguel, *Dr. et patr. oct. 2005, suppl., p. 11.* ▶ Loi nº 2008-776 du 4 août 2008 : Delpech, *Rép. com. Dalloz, Cah. de l'actualité nº 2008-5, p. 14* (extension du tutorat assuré par le cédant après la cession d'une entreprise).

Art. L. 129-1 *(L. nº 2005-882 du 2 août 2005, art. 24-I)* **Le cédant d'une entreprise commerciale, artisanale** *(L. nº 2008-776 du 4 août 2008, art. 69-III, en vigueur le 1er janv. 2009)* **« , libérale » ou de services peut, après cette cession** *(Abrogé par L. nº 2008-776 du 4 août 2008, art. 69-III, à compter du 1er janv. 2009)* ***« et la liquidation de ses droits à pension de retraite »*****, conclure avec le cessionnaire de cette entreprise une convention aux termes de laquelle il s'engage** *(L. nº 2008-776 du 4 août 2008, art. 69-III, en vigueur le 1er janv. 2009)* **« , contre rémunération, » à réaliser une prestation temporaire de tutorat. Cette prestation vise à assurer la transmission au cessionnaire de l'expérience professionnelle acquise par le cédant en tant que chef de l'entreprise cédée.** *(Abrogé par L. nº 2008-776 du 4 août 2008, art. 69-III, à compter du 1er janv. 2009)* ***« Lorsque la prestation de tutorat est rémunérée, »*** **le** *[Le]* **tuteur reste affilié aux régimes de sécurité sociale dont il relevait antérieurement à la cession.**

Les conditions d'application des dispositions du présent article sont fixées par décret en Conseil d'État. — *V. Décr. nº 2007-478 du 29 mars 2007 ci-dessous.*

Sur le cumul d'une rémunération et d'une pension de vieillesse pour les personnes effectuant une prestation de tutorat en application de l'art. L. 129-1, V. CSS, art. D. 634-13-2. - **CSS**.

Entreprises libérales. Depuis la L. nº 2008-776 du 4 août 2008, le tutorat d'entreprise concerne aussi le cédant d'une entreprise libérale. ♦ Antérieurement, les professionnels libéraux ne bénéficiaient pas du dispositif de tutorat en entreprise puisque l'art. L. 129-1 ne visait pas expressément les entreprises libérales (Rép. min. nº 240 : *JOAN Q, 9 oct. 2007, p. 6145 ; JCP N 2007, nº 42, p. 12 ; Bull. Joly 2007. 1297*).

Décret nº 2007-478 du 29 mars 2007,

Pris pour l'application de l'article L. 129-1 du code de commerce et relatif au tutorat en entreprise.

BIBL. ▶ Note de la rédaction, *BRDA 2007, nº 7, p. 13.* - Rédaction DO, *JCP E 2007, nº 17, p. 3.* - INFOREG, *Cah. dr. entr. mars-avr. 2010* (tutorat d'entreprise : aspects fiscaux).

Art. 1er Toute personne affiliée au régime de protection sociale visé au titre III du livre VI du code de la sécurité sociale, dès lors qu'elle a cédé à titre onéreux ou gratuit son entreprise individuelle, ou la majorité des parts de la société qu'elle possédait en son nom propre ou, en toute propriété ou en usufruit, avec son conjoint et ses enfants mineurs non émancipés, peut être le tuteur du cessionnaire d'une entreprise commerciale, artisanale ou de services, au sens de l'article L. 129-1 du code de commerce.

Art. 2 Les actions de tutorat, accomplies en application de la convention de tutorat prévue à l'article L. 129-1 du code de commerce, constituent une prestation de services.

Art. 3 La convention de tutorat détermine :

1º Le contenu des actions à engager par le tuteur envers son cessionnaire, celles-ci pouvant notamment porter sur la gestion financière et comptable, les méthodes de vente et de promotion, la gestion de la clientèle et des fournisseurs, ainsi que la connaissance des éléments spécifiques de toute nature liés à l'entreprise cédée, en fonction des besoins du cessionnaire ;

2° Les modalités pratiques de réalisation de ces actions et, si nécessaire, les moyens matériels, techniques ou de toute autre nature mis à la disposition du tuteur par le cessionnaire ;

3° La durée de la convention, les modalités de sa prolongation et, le cas échéant, de sa résiliation anticipée ;

4° Le cas échéant, le montant et les modalités de versement, par le cessionnaire, de la rétribution du tuteur et de remboursement des frais éventuels supportés par ce dernier dans le cadre de sa prestation.

Art. 4 La convention de tutorat est conclue au plus tard dans les soixante jours suivant la date de cession de l'entreprise. A titre dérogatoire, ce délai court à compter de la date d'entrée en vigueur du présent décret *[JO 30 mars]* pour les cessions d'entreprises intervenues à compter du 1er janvier 2006.

La convention est conclue pour une durée minimale de deux mois. Cette durée ne peut excéder un an, y compris les éventuelles prolongations.

Art. 5 Lorsque le tuteur perçoit une rétribution, il adresse une copie de la convention de tutorat à la caisse du régime social des indépendants dont il dépend, ainsi que des avenants prolongeant éventuellement la durée de la convention.

Sur la prime de transmission accordée au cédant d'une entreprise, V. CGI, art. 200 octies. – **CGI.** – *V. aussi Décr. n° 2007-479 du 29 mars 2007 (JO 30 mars).*

TITRE TROISIÈME DES COURTIERS, DES COMMISSIONNAIRES, DES TRANSPORTEURS, DES AGENTS COMMERCIAUX ET DES VENDEURS À DOMICILE INDÉPENDANTS *(L. n° 2008-776 du 4 août 2008, art. 61-I, 1°).*

CHAPITRE PREMIER DES COURTIERS

RÉP. COM. v° *Courtiers*, par DURANTON.

SECTION PREMIÈRE DES COURTIERS EN GÉNÉRAL *(L. n° 2011-850 du 20 juill. 2011, art. 41-I).*

Art. L. 131-1 Il y a des courtiers de marchandises, des courtiers interprètes et conducteurs de navires, des courtiers de transport par terre et par eau. – *[C. com., art. 77.] – V. notes 5, 7 et 8 ss. art. L. 132-1.*

Sur les courtiers de fret fluvial, V. C. transp., art. L. 4441-1, L. 4441-2, R. 4441-1 s.* – ***C. transp.***

BIBL. ▶ ABOU DAHER, *LPA 22 déc. 2011* (la rémunération des courtiers). – DILOY, *RLDA sept. 2012. 94* (étendue des pouvoirs du courtier et incidences lors de l'extinction du contrat à l'initiative du donneur d'ordre).

Art. L. 131-2 *(L. n° 2011-850 du 20 juill. 2011, art. 41-II, en vigueur le 1er sept. 2011)* **Le courtage de marchandises peut être effectué par tout commerçant.**

Ancien art. L. 131-2 (Abrogé par L. n° 2001-43 du 16 janv. 2001) ***Les courtiers interprètes et conducteurs de navires font le courtage des affrètements. Ils ont, en outre, seuls le droit de traduire, en cas de contestations portées devant les tribunaux, les déclarations, chartes-parties, connaissements, contrats, et tous actes de commerce dont la traduction serait nécessaire. Ils constatent le cours du fret ou du nolis.***

Dans les affaires contentieuses de commerce, et pour le service des douanes, ils servent seuls de truchement à tous étrangers, maîtres de navires, marchands, équipages de vaisseau et autres personnes de mer. – [C. com., art. 80.] – Sur l'entrée en vigueur de l'abrogation du privilège, V. L. n° 2001-43 du 16 janv. 2001, art. 6 ss. art. L. 131-11.

Constitutionnalité de l'abrogation de l'ancien art. L. 131-2. La suppression du privilège professionnel dont jouissaient les courtiers interprètes et conducteurs de navire tend à favoriser la libre concurrence et la liberté d'entreprendre et répond à un but d'intérêt général résultant de la volonté du législateur de mettre le droit national en conformité avec le Règl. n° 2913/92/CEE du 12 oct. 1992. Dès lors, le législateur, quelle que soit la portée de ce règlement, n'a pas affecté une situation légalement acquise dans des conditions contraires à la garantie des droits proclamée par l'art. 16 de la Déclaration de 1789. • Cons. const. 11 févr. 2011 : *Dalloz actualité, 17 févr. 2011, obs. Delpech ; RD transp. 2011, n° 157, obs. Ndendé* (sur une QPC de • CE 17 déc. 2010 : *Gaz. Pal. 2011. 400, note Guyomar*).

Art. L. 131-3 **Les courtiers de transport par terre et par eau constitués selon la loi ont seuls, dans les lieux où ils sont établis, le droit de faire le courtage des transports par terre et par eau. Ils ne peuvent cumuler leurs fonctions avec celles de courtiers de marchandises ou de courtiers conducteurs de navires, désignés** *(L. n° 2003-7 du 3 janv. 2003)* **« à l'article L. 131-1 ».** – *[C. com., art. 82.]*

Art. L. 131-4 *(Abrogé par L. n° 2001-43 du 16 janv. 2001)* ***La même personne peut, si l'acte qui l'institue l'y autorise, cumuler les fonctions de courtier de marchandises et de courtier interprète et conducteur de navire.*** – [C. com., art. 81.]

Le courtage des marchandises, devenu libre depuis la loi du 18 juill. 1866 (loi abrogée et remplacée par Décr. n° 64-399 du 29 avr. 1964, sauf son art. 7 qui a été abrogé et codifié par Ord. n° 2000-912 du 18 sept. 2000, à l'art. L. 131-11), peut être effectué par tout commerçant. – Sur les courtiers de marchandises assermentés, V. art. L. 131-12 s.

Art. L. 131-5 **Les prestataires de services d'investissement peuvent faire, concurremment avec les courtiers de marchandises, les négociations et le courtage des ventes ou achats des matières métalliques. Ils ont seuls le droit d'en constater le cours.** – *[C. com., art. 76.]*

Art. L. 131-6 *(Abrogé par L. n° 2001-43 du 16 janv. 2001)* ***Les courtiers interprètes conducteurs de navire sont tenus d'avoir un livre revêtu des formes prescrites par un décret en Conseil d'État.***

Ils sont tenus de mentionner dans ce livre, et par ordre de dates, sans ratures, interlignes ni transpositions, et sans abréviations ni chiffres, toutes les conditions des négociations et, en général, toutes les opérations faites par leur entremise. – [C. com., art. 84.]

Art. L. 131-7 *(Abrogé par L. n° 2001-43 du 16 janv. 2001)* ***Un courtier ne peut, dans aucun cas et sous aucun prétexte, faire des opérations de commerce ou de banque pour son compte.***

Il ne peut s'intéresser directement ni indirectement, sous son nom, ou sous un nom interposé, dans aucune entreprise commerciale. – [C. com., art. 85.]

Pour une exception à cet art. en ce qui concerne les courtiers de marchandises, V. note ss. art. L. 131-4.

Art. L. 131-8 *(Abrogé par L. n° 2001-43 du 16 janv. 2001)* ***Toute infraction aux dispositions énoncées à l'article précédent entraîne la peine de destitution, et est punie d'une amende de 3 750 €, sans préjudice de l'action des parties en dommages et intérêts.*** – [C. com., art. 87.]

Art. L. 131-9 *(Abrogé par L. n° 2001-43 du 16 janv. 2001)* ***Tout courtier destitué en vertu de l'article précédent ne peut être réintégré dans ses fonctions.*** – [C. com., art. 88.]

Art. L. 131-10 *(Abrogé par L. n° 2001-43 du 16 janv. 2001)* ***Un décret en Conseil d'État fixe les conditions relatives à la négociation et à la transmission de la propriété des effets publics et autres susceptibles d'être cotés.*** – [C. com., art. 90.]

Sur les dispositions applicables aux courtiers interprètes et conducteurs de navires, V. L. n° 2001-43 du 16 janv. 2001, ss. art. L. 131-11.

Art. L. 131-11 **Le fait pour un courtier d'être chargé d'une opération de courtage pour une affaire où il avait un intérêt personnel, sans en prévenir les parties auxquelles il aura servi d'intermédiaire, est puni d'une amende de 3 750 €, sans préjudice de l'action des parties en dommages-intérêts. S'il est inscrit sur la liste des courtiers** *(L. n° 2011-850 du 20 juill. 2011, art. 41-III, en vigueur le 1er sept. 2011)* **« mentionnée à l'article L. 131-12 », il en est rayé** *(L. n° 2012-387 du 22 mars 2012, art. 119-I)* **« sans pouvoir s'y inscrire de nouveau pendant une durée qui ne peut excéder cinq ans ».** – *[L. 18 juill. 1866, art. 7.]*

Loi n° 2001-43 du 16 janvier 2001,

Portant diverses dispositions d'adaptation au droit communautaire dans le domaine des transports.

TITRE Ier. TRANSPORTS MARITIMES ET ACTIVITÉS NAUTIQUES

CHAPITRE Ier. *DISPOSITIONS RELATIVES AUX COURTIERS INTERPRÈTES ET CONDUCTEURS DE NAVIRES*

Art. 1er I. – *Abrogation de l'art. L. 131-2 C. com.*

(Abrogé par Ord. n° 2010-1307 du 28 oct. 2010, art. 7, 101°) *« II. — Le courtage d'affrètement, la constatation du cours du fret ou du nolis, les formalités liées à la conduite en douane, la traduction des déclarations, des chartes-parties, des connaissements, des contrats et de tous actes de commerce, lorsqu'ils concernent les navires, sont effectués librement par l'armateur ou son représentant qui peut être le capitaine. »*

Art. 2 Les titulaires d'office de courtiers interprètes et conducteurs de navires sont indemnisés du fait de la perte du droit qui leur a été reconnu à l'article 91 de la loi du 28 avril 1816 sur les finances de présenter un successeur à l'agrément du ministre chargé de la marine marchande. – *V. Décr. n° 2003-247 du 13 mars 2003 (JO 20 mars).*

Lorsqu'ils exercent les activités mentionnées à l'article 1er, les courtiers interprètes et conducteurs de navires conservent leur qualité de commerçant.

....

Art. 5 Les conditions dans lesquelles les courtiers interprètes et conducteurs de navires peuvent, sur leur demande, accéder aux professions de commissionnaire de transport, de greffier de tribunal de commerce, d'huissier de justice ou de *(L. n° 2005-845 du 26 juill. 2005, art. 165-V)* « mandataire judiciaire », notamment en ce qui concerne les dispenses totales ou partielles de diplômes et de formation professionnelle, sont fixées par décret en Conseil d'État. Leur demande doit être présentée au plus tard dans les trois ans suivant la date de publication du décret susmentionné. – *V. Décr. n° 2003-247 du 13 mars 2003 (JO 20 mars).*

Les courtiers, interprètes et conducteurs de navires peuvent se porter candidat à l'exercice de la profession de greffier de tribunal de commerce sans avoir à justifier des conditions de diplôme, de stage et d'examen prévues aux 6°, 7° et 8° de l'art. R. 742-1 C. com. (C. com., art. R. 742-6) ; ... demander à être nommés aux offices d'huissier de justice sans avoir à justifier de la condition de diplôme prévue au 5° de l'art. 1er du Décr. n° 75-770 du 14 août 1975 ; ... demander à être inscrits sur la liste des mandataires judiciaires sans avoir à justifier de la condition de diplôme prévue à l'art. R. 811-7 C. com. Les demandes doivent être présentées dans les trois ans suivant la publication du Décr. n° 2003-247 du 13 mars 2003 (JO 20 mars).

Art. 6 Pendant un délai *(L. n° 2002-1576 du 30 déc. 2002)* « d'un an après la publication du décret prévu à l'article 3 », les courtiers interprètes et conducteurs de navires conserveront le privilège institué par l'article L. 131-2 du code de commerce dans sa rédaction antérieure à son abrogation par la présente loi, en étant cependant libérés des contraintes prévues par l'article L. 131-7 du même code avant son abrogation par la présente loi.

BIBL. ▶ DELPECH, *D. 2001. 682* (droit français des transports revisité par l'Europe).

Décret n° 2003-247 du 13 mars 2003,

Pris pour l'application du chapitre Ier du titre Ier de la loi n° 2001-43 du 16 janv. 2001 portant diverses dispositions d'adaptation au droit communautaire dans le domaine des transports et relatif aux courtiers interprètes et conducteurs de navires (JO 20 mars).

Loi n° 49-1652 du 31 décembre 1949,

Réglementant la profession de courtiers en vins dits « courtiers de campagne » (D. 1950. 15 ; BLD 1950. 23). — Mod. par L. n° 51-1125 du 26 sept. 1951 (D. 1951. 356 ; BLD 1951. 780), L. n° 96-314 du 12 avr. 1996, art. 63 (D. 1996. 162), Ord. n° 2005-1091 du 1er sept. 2005 (JO 2 sept.), Ord. n° 2008-507 du 30 mai 2008 (JO 31 mai), L. n° 2008-776 du 4 août 2008 (JO 5 août). — V. aussi, Décr. n° 51-372 du 27 mars 1951 (D. 1951. 91 ; BLD 1951. 213), mod. par Décr. n° 2006-1529 du 4 déc. 2006 (JO 6 déc.) ; Décr. n° 97-591 du 30 mai 1997 (JO 31 mai) ; Décr. n° 2007-222 du 19 févr. 2007 (JO 21 févr.) ; Décr. n° 2008-1274 du 5 déc. 2008 (JO 7 déc.) ; Décr. n° 2009-287 du 13 mars 2009 (JO 15 mars) ; Arr. 19 févr. 2007 (JO 21 févr.), mod. par Arr. 23 mars 2009 (JO 11 avr.).

SECTION II DES COURTIERS DE MARCHANDISES ASSERMENTÉS

(L. n° 2011-850 du 20 juill. 2011, art. 41-IV, en vigueur le 1er sept. 2011)

BIBL. GÉN. ▶ THOMESSET-PIERRE, *JCP E 2013, n° 1018* (réforme de la profession de courtiers de marchandises assermentés : handicap ou opportunité ?).

SOUS-SECTION 1 CONDITIONS D'ASSERMENTATION

Art. L. 131-12 **La liste des courtiers de marchandises assermentés est établie par chaque cour d'appel sur réquisition du procureur général. Elle fait apparaître, pour**

chacun d'eux, la date de son inscription ainsi que sa ou ses spécialisations professionnelles telles qu'elles ont été sanctionnées par l'examen d'aptitude prévu au 5° de l'article L. 131-13.

La cour d'appel peut procéder à de nouvelles inscriptions ou à des modifications de la liste chaque fois qu'elle en est requise.

Art. L. 131-13 Nul ne peut être inscrit sur la liste des courtiers de marchandises assermentés d'une cour d'appel s'il ne remplit les conditions suivantes :

1° Être français ou ressortissant d'un État membre de l'Union européenne ou d'un autre État partie à l'accord sur l'Espace économique européen ;

2° N'avoir pas été frappé de faillite personnelle ou d'une autre sanction en application du titre V du livre VI ou des dispositions antérieurement applicables et n'avoir pas été l'auteur de faits contraires à l'honneur ou à la probité ayant donné lieu à condamnation pénale ou de faits ayant donné lieu à une sanction disciplinaire ou administrative de destitution, radiation, révocation, de retrait d'agrément ou d'autorisation dans la profession exercée antérieurement ;

3° Être inscrit au registre du commerce et des sociétés à titre personnel ;

4° Être habilité à diriger des ventes volontaires de meubles aux enchères publiques et avoir exercé son activité pendant deux ans au moins dans la spécialité professionnelle pour laquelle l'inscription est demandée ; – *En vigueur le 1er janv. 2015.*

5° Avoir subi avec succès depuis moins de trois ans l'examen d'aptitude dans une ou plusieurs spécialités professionnelles pour lesquelles l'inscription est demandée ; – *V. art. R. 131-14 s.*

6° Avoir sa résidence dans le ressort de la cour d'appel. – *V. art. R. 131-1.*

Les courtiers de marchandises assermentés inscrits sur les listes des cours d'appel à la date d'entrée en vigueur de la L. n° 2011-850 du 20 juill. 2011 (fixée au 1er sept. 2011) remplissent la condition de qualification professionnelle prévue au 4° de l'art. L. 131-13. Ils restent en fonctions sous réserve de justifier auprès de la cour d'appel sur la liste de laquelle ils sont inscrits des garanties financières prévues à l'art. L. 131-15 dans un délai de six mois à compter de cette date (L. préc., art. 42-III).

Le 4° de l'art. L. 131-13 entre en vigueur le premier jour du premier mois de la quatrième année suivant la publication de la L. n° 2011-850 du 20 juill. 2011 (JO 21 juill.). Durant cette période, le candidat à l'inscription sur la liste des courtiers de marchandises assermentés d'une cour d'appel doit justifier avoir, depuis moins de deux ans avant sa demande, soit accompli un stage de quatre ans auprès d'un courtier assermenté, dont deux ans au moins dans la spécialité professionnelle dans laquelle l'inscription est demandée, soit exercé pendant trois ans la profession de courtier de marchandises, dont deux ans au moins dans cette même spécialité, à titre personnel ou en qualité de président du conseil d'administration ou de membre du directoire d'une société anonyme, de gérant d'une société commerciale, d'associé d'une société en nom collectif, de directeur ou de fondé de pouvoir d'une entreprise pratiquant le courtage (L. préc., art. 42-IV).

Art. L. 131-14 En vue de l'inscription d'une personne morale sur la liste des courtiers de marchandises assermentés d'une cour d'appel, il doit être justifié :

1° Que ses dirigeants n'ont pas fait l'objet d'une condamnation pénale définitive pour des faits contraires à l'honneur, à la probité ou aux bonnes mœurs ou de faits de même nature ayant donné lieu à une sanction disciplinaire ou administrative de destitution, radiation, révocation, de retrait d'agrément ou d'autorisation dans la profession qu'ils exerçaient antérieurement ;

2° Que la personne morale exerce une activité de courtage de marchandises depuis au moins deux ans dans la spécialité professionnelle pour laquelle l'inscription est demandée ;

3° Que les activités auxquelles se livre la personne morale ne sont pas incompatibles avec les fonctions de courtier de marchandises assermenté ;

4° Qu'elle compte parmi ses dirigeants, associés ou salariés au moins une personne remplissant les conditions prévues aux 1°, 2°, 4° et 5° de l'article L. 131-13 ;

5° Qu'elle a son siège social, une succursale ou un établissement en rapport avec sa spécialité dans le ressort de la cour d'appel. – *V. art. R. 131-1.*

Art. L. 131-15 Le courtier de marchandises assermenté doit justifier :

1° De l'existence dans un établissement de crédit d'un compte destiné exclusivement à recevoir les fonds détenus pour le compte d'autrui ; – *V. art. R. 131-8.*

2° D'une assurance couvrant sa responsabilité professionnelle ;

3° D'une assurance ou d'un cautionnement garantissant la représentation des fonds mentionnés au 1°. – *V. art. R. 131-7.*

Art. L. 131-16 Tout changement survenant dans la situation des courtiers ayant sollicité ou obtenu leur inscription sur une liste, en ce qui concerne les conditions prévues à l'article L. 131-15, doit être porté sans délai à la connaissance du procureur général.

Art. L. 131-17 Nul ne peut être inscrit en qualité de courtier de marchandises assermenté sur plusieurs listes de cours d'appel.

Art. L. 131-18 Les personnes inscrites sur les listes de courtiers assermentés mentionnées à l'article L. 131-12 peuvent faire état, dans les activités réservées à ces courtiers, de leur qualité sous la dénomination "courtier de marchandises assermenté près la cour d'appel de" suivie de la ou des spécialités professionnelles sous lesquelles elles sont inscrites.

Les courtiers de marchandises assermentés admis à l'honorariat peuvent continuer à utiliser leur titre à la condition de le faire suivre par le mot "honoraire". – *V. art. R. 131-6.*

Art. L. 131-19 Toute personne, autre que celles mentionnées à l'article L. 131-18, qui a fait usage de l'une des dénominations mentionnées à ce même article est punie des peines prévues à l'article 433-17 du code pénal.

Est puni des mêmes peines celui qui a fait usage d'une dénomination tendant à créer une confusion dans l'esprit du public avec les dénominations mentionnées à l'article L. 131-18 du présent code.

Art. L. 131-20 En dehors de sa fonction de courtier de marchandises assermenté, celui-ci peut exercer soit à titre personnel, soit dans le cadre d'une société *[,]* sa profession habituelle, notamment la commission, le courtage, l'agence commerciale et la consignation de marchandises. Dans l'exercice de ces activités, il doit clairement faire apparaître qu'il n'agit pas en qualité de courtier assermenté.

Art. L. 131-21 Lors de son inscription sur la liste dressée par la cour d'appel, le courtier de marchandises prête serment devant cette cour de remplir avec honneur et probité les devoirs de sa fonction. – *V. art. R. 131-4.*

Art. L. 131-22 Un courtier assermenté peut être radié de la liste dressée par la cour d'appel soit après une démission volontaire, soit par mesure disciplinaire.

Son inscription devient caduque s'il cesse d'exercer à titre personnel le courtage des marchandises faisant l'objet de la spécialité professionnelle pour laquelle il est inscrit ou si, spécialisé dans une branche d'activité pour laquelle l'exigence du renouvellement de l'examen technologique a été reconnue nécessaire, il n'a pas subi avec succès ce nouvel examen à l'expiration de la période fixée.

Il peut, pour des raisons importantes appréciées par la cour d'appel après avis du procureur général, demander sa mise en congé temporaire. Il en est fait mention sur la liste si cette mise en congé s'applique à une période égale ou supérieure à six mois.

• SOUS-SECTION 2 FONCTIONS DES COURTIERS DE MARCHANDISES ASSERMENTÉS

Art. L. 131-23 Si, dans le ressort de la cour d'appel, il n'existe pas de courtier assermenté spécialisé dans une catégorie de marchandises donnée ou si ce courtier se récuse, le tribunal peut désigner un courtier de la spécialité considérée assermenté auprès d'une autre cour d'appel ou un courtier de marchandises assermenté exerçant dans son ressort une autre spécialité professionnelle.

Hors les cas de désignation par le tribunal, le courtier de marchandises assermenté est compétent sur l'ensemble du territoire national dans la branche d'activité correspondant à sa spécialité professionnelle telle qu'elle figure sur les listes prévues à l'article L. 131-12.

Art. L. 131-24 Le cours des marchandises cotées à la bourse de commerce est constaté par les courtiers de marchandises assermentés de la spécialité professionnelle correspondante exerçant sur cette place.

Dans le cas où ces courtiers ne représenteraient pas suffisamment toutes les spécialités professionnelles et opérations commerciales qui se pratiquent sur cette place, la chambre de commerce et d'industrie, après avis du Conseil national des courtiers de marchandises assermentés, peut décider, chaque année, qu'un certain nombre de courtiers non assermentés et de négociants de la place concourront avec les courtiers de marchandises assermentés, et sous la responsabilité de ceux-ci, à la constatation du cours des marchandises.

Les courtiers de marchandises assermentés sont également compétents pour effectuer la constatation des cours des denrées et produits issus de l'agriculture et de la pêche faisant l'objet de ventes aux enchères en gros dans les lieux affectés à leur expédition ou à leur vente en gros.

Art. L. 131-25 Les courtiers de marchandises assermentés délivrent des certificats de cours des marchandises lorsque ceux-ci ont été constatés dans les conditions prévues à l'article L. 131-24.

Dans le cas contraire, ils établissent des attestations de prix indiquant, sous leur responsabilité, le prix pratiqué pour une marchandise à la date et aux lieux déterminés.

Art. L. 131-26 Les courtiers de marchandises assermentés procèdent aux reventes et rachats de marchandises en cas d'inexécution d'un contrat ou marché.

Art. L. 131-27 L'estimation, à défaut d'expert désigné par accord entre les parties, et la vente aux enchères publiques de marchandises déposées dans un magasin général en application de l'article L. 522-31 doivent être effectuées par les soins des courtiers de marchandises assermentés.

Les courtiers de marchandises assermentés peuvent être appelés à procéder à des expertises judiciaires ou amiables de marchandises en gros.

Art. L. 131-28 Les courtiers de marchandises assermentés sont compétents, sauf désignation par le tribunal d'un commissaire-priseur judiciaire ou d'un autre officier public, pour procéder aux ventes publiques suivantes :

1° Ventes de marchandises en gros autorisées ou ordonnées par le tribunal de commerce dans les conditions prévues aux articles L. 322-14 et suivants ;

2° Ventes des marchandises du débiteur en cas de liquidation judiciaire dans les conditions prévues aux articles L. 642-19 et suivants ;

3° Ventes sur réalisation de gage dans les conditions prévues à l'article L. 521-3.

Les courtiers de marchandises assermentés inscrits, à la date d'entrée en vigueur de la L. n° 2011-850 du 20 juill. 2011 (fixée au 1er sept. 2011), sur les listes des cours d'appel dressées en application de la réglementation applicable avant cette date, qui poursuivent une activité de ventes volontaires aux enchères publiques de marchandises en gros, disposent d'un délai de six mois à compter de la promulgation de cette même loi pour se mettre en conformité avec l'ensemble des dispositions du chapitre Ier du titre II du livre III (L. préc., art. 42-II).

Art. L. 131-29 Les courtiers de marchandises assermentés peuvent être désignés pour procéder aux ventes publiques suivantes :

1° Ventes aux enchères de marchandises en gros ayant fait l'objet d'une saisie administrative ou judiciaire ;

2° Ventes aux enchères de marchandises au détail ordonnées par décision de justice, à défaut de commissaire-priseur judiciaire ;

3° Ventes de marchandises en application de l'article L. 342-11 du code rural et de la pêche maritime ;

4° Ventes aux enchères dans les lieux affectés à l'expédition ou à la vente en gros des denrées et produits provenant de l'agriculture et de la pêche.

Art. L. 131-30 A peine de radiation définitive de la liste de la cour d'appel, le courtier de marchandises assermenté chargé de procéder à une vente publique ou qui a été requis pour l'estimation de marchandises déposées dans un magasin général ne peut se rendre acquéreur pour son compte des marchandises dont la vente ou l'estimation lui a été confiée.

Art. L. 131-31 Les droits de courtage pour les ventes publiques ainsi que le montant des vacations dues au courtier de marchandises assermenté pour l'estimation des marchandises déposées dans un magasin général sont fixés dans les conditions prévues par arrêté du ministre chargé du commerce.

Toutefois, en cas de ventes aux enchères publiques judiciaires ou forcées, la rémunération des courtiers de marchandises assermentés est fixée par application du tarif des commissaires-priseurs judiciaires.

SOUS-SECTION 3 LA DISCIPLINE DES COURTIERS DE MARCHANDISES ASSERMENTÉS

Art. L. 131-32 Tout manquement aux lois et règlements relatifs à sa profession ou à ses fonctions de courtier assermenté et tout manquement à la probité ou à l'honneur, même se rapportant à des faits étrangers aux missions qui lui ont été confiées, expose le courtier de marchandises assermenté qui en serait l'auteur à des poursuites disciplinaires.

La caducité de l'inscription ou la radiation du courtier de marchandises assermenté ne fait pas obstacle aux poursuites si les faits qui lui sont reprochés ont été commis pendant l'exercice de ses fonctions.

Les peines disciplinaires sont :

1° L'avertissement ;

2° La radiation temporaire pour une durée maximale de trois ans ;

3° La radiation avec privation définitive du droit d'être inscrit sur une des listes prévues à l'article L. 131-12 ou le retrait de l'honorariat.

Les poursuites sont exercées par le procureur de la République devant le tribunal de grande instance dans le ressort duquel le courtier assermenté exerce son activité. L'action disciplinaire se prescrit par dix ans. Les décisions en matière disciplinaire

sont motivées. Elles sont susceptibles d'un recours devant la cour d'appel. – *V. art. R. 131-18 s.*

La radiation définitive ainsi que les peines disciplinaires prononcées au jour de l'entrée en vigueur de la L. n° 2011-850 du 20 juill. 2011 (fixée au 1er sept. 2011) à l'encontre d'un courtier de marchandises assermenté continuent à produire leurs effets. Les pouvoirs disciplinaires des chambres syndicales de courtiers de marchandises assermentés supprimées par la loi précitée sont prorogés à l'effet de statuer sur les instances disciplinaires en cours au jour de l'entrée en vigueur de cette loi. Les TGI sont compétents pour connaître de l'ensemble des procédures engagées à compter de la date d'entrée en vigueur de ladite loi, quelle que soit la date des faits poursuivis. Seules peuvent être prononcées les sanctions encourues à la date des faits. Les cours d'appel et la Cour de cassation demeurent saisies des procédures disciplinaires pendantes devant elles (L. préc., art. 42-VI). – *V. aussi note ss. art. R. 131-24.*

• SOUS-SECTION 4 LE CONSEIL NATIONAL DES COURTIERS DE MARCHANDISES ASSERMENTÉS

Art. L. 131-33 **Les courtiers de marchandises assermentés sont représentés par un Conseil national des courtiers de marchandises assermentés.** – *V. art. R. 131-24 s.*

L'ensemble des biens, droits et obligations de l'assemblée permanente des présidents de chambres syndicales de courtiers de marchandises assermentés et des compagnies de courtiers de marchandises assermentés sont transférés au Conseil national des courtiers de marchandises assermentés, sans pouvoir donner lieu à aucune perception de droits, impôts ou taxes de quelque nature que ce soit. Les compagnies de courtiers de marchandises assermentés sont dissoutes dans un délai de six mois à compter de l'entrée en vigueur de la L. n° 2011-850 du 20 juill. 2011 (fixée au 1er sept. 2011). Les modalités d'application de ces dispositions sont fixées par décret en Conseil d'État (L. préc., art. 42-V).

Art. L. 131-34 **Le conseil national, établissement d'utilité publique doté de la personnalité morale, est chargé :**

1° D'examiner, sur le plan national, les questions relatives à l'exercice de la fonction de courtier de marchandises assermenté et de donner, le cas échéant, aux pouvoirs publics son avis sur ces questions ;

2° De donner son avis aux cours d'appel sur les candidatures aux fonctions de courtier de marchandises assermenté ;

3° De tenir à jour, sur le plan national, la liste des courtiers inscrits auprès des cours d'appel en les regroupant éventuellement par spécialités ;

4° D'organiser les examens d'aptitude ; – *V. art. R. 131-17.*

5° De prévenir et concilier tous différends entre courtiers de marchandises assermentés ainsi que de recevoir les réclamations faites contre les courtiers et de les communiquer, le cas échéant, au procureur de la République territorialement compétent.

• SOUS-SECTION 5 CONDITIONS D'APPLICATION

Art. L. 131-35 **Un décret en Conseil d'État fixe les conditions d'application de la présente section, notamment les modalités d'inscription sur les listes de courtiers de marchandises assermentés, ainsi que celles relatives à la prestation de serment, à l'honorariat, à la procédure disciplinaire, à l'organisation et au fonctionnement du Conseil national des courtiers de marchandises assermentés.** – *V. art. R. 131-1 s.*

CHAPITRE II DES COMMISSIONNAIRES

SECTION PREMIÈRE DES COMMISSIONNAIRES EN GÉNÉRAL

RÉP. COM. v° *Commissionnaire,* par CHAUVEL.

BIBL. GÉN. ▶ LAVABRE, *RJDA 1996, p. 619.* – AUCKENTHALER, *D. 1998. Chron. 53* (commettant, commissionnaire à la vente). – AUQUE, *AJDI 2001. 1059* (commission-affiliation). – MARTINET et AKYUREK, *RDC 2007. 944* (le droit au non-renouvellement du contrat de commission-affiliation). – MAINGUY et RESPAUD, *Mélanges le Tourneau, Dalloz, 2008, p. 705* (à propos du contrat de « commission-affiliation »). – LOYER-LEMERCIER, *JCP E 2011, n° 1218* (quel avenir pour le contrat de commission affiliation ?). – DISSAUX, *RTD com. 2011. 33* (la commission-affiliation : un monstre juridique ?).

Art. L. 132-1 Le commissionnaire est celui qui agit en son propre nom ou sous un nom social pour le compte d'un commettant.

Les devoirs et les droits du commissionnaire qui agit au nom d'un commettant sont déterminés par le titre XIII du livre III du code civil. – *[C. com., art. 94.]*

I. QUALIFICATION DU CONTRAT DE COMMISSION

A. CRITÈRES DE LA QUALITÉ DE COMMISSIONNAIRE

1. Action en son nom propre. Le commissionnaire, à la différence d'un mandataire, agit en son nom propre ou sous un nom social qui n'est pas celui de son commettant. • Com. 6 juill. 1960 : *Bull. civ. III, n° 279* • 3 mai 1965 : *ibid. n° 280.* ♦ En l'état d'une convention par laquelle un industriel confiait à une société la vente d'une certaine quantité de marchandises, qu'il s'engageait à fournir à un prix précisé, prix que la société devait facturer directement à sa propre clientèle et sur lequel elle devait toucher, à titre de rémunération, une commission forfaitaire, la cour d'appel, qui relève que la société traitait en toute liberté avec sa propre clientèle sans avoir à justifier de ses ventes envers son fournisseur, peut estimer, sans méconnaître l'art. 94 [C. com., art. L. 132-1], que l'absence de mandat dans les rapports entre les parties ne permet pas de considérer que la société a agi en qualité de commissionnaire de l'industriel et que l'opération s'analyse en un marché pour la vente d'une quantité de marchandise à un prix convenu. • Com. 29 avr. 1963 : *Bull. civ. III, n° 211.* ♦ V. aussi, pour une agence de voyages, • Com. 20 nov. 1967 : *D. 1968. 362.* ♦ ... Pour un commissionnaire de transport, • Com. 3 oct. 1989 : *Bull. civ. IV, n° 244 ; RTD com. 1990. 251, obs. Bouloc* • Civ. 1re, 10 févr. 1998 : *Bull. civ. I, n° 59 ; RTD com. 1998. 914, obs. Bouloc.* ♦ ... Pour l'exploitant d'une station-service, • Com. 3 janv. 1995 : *RJDA 1995, n° 425.*

2. Commissionnaire de transport. Pour décider qu'une société agit en qualité de commissionnaire de transport, il ne suffit pas de retenir que celle-ci est titulaire de la licence de commissionnaire de transport, que, dans ses relations contractuelles avec le donneur d'ordre, elle est tenue de réexpédier les marchandises de celui-ci, d'établir un contrat de transport émargé chaque fois par le transporteur affrété ; encore faut-il constater que, dans l'organisation du transport des marchandises que le donneur d'ordre lui confie, cette société agit en qualité d'intermédiaire libre du choix des voies et des moyens et concluant les conventions de transport en son propre nom. • Com. 6 oct. 1992 : *Bull. civ. IV, n° 298 ; D. 1992. IR 257.* ♦ V. aussi, • Rouen, 6 avr. 2000 : *JCP 2001. IV. 1768* • Versailles, 22 oct. 1998 : *BICC 1999, n° 1232.* ♦ Sur les critères de la qualité de commissionnaire de transport, V. aussi note 1 ss. art. L. 132-3.

3. Révélation du commettant. Dès lors que le commissionnaire a agi en son propre nom, il importe peu que l'acheteur ait eu connaissance de l'identité du commettant. • Com. 7 mai 1962 : *Bull. civ. III, n° 240.* ♦ Sur la responsabilité du commissionnaire révélant, sans l'accord de celui-ci, le nom du commettant, V. • Rouen, 25 juin 1904 : *DP 1906. 2. 191.*

B. DISTINCTION DU CONTRAT DE COMMISSION AVEC D'AUTRES CONTRATS

4. Mandataire. Il résulte de l'art. 94 [C. com., art. L. 132-1] que les dispositions du code civil sur le mandat, et notamment l'art. 1994, al. 2, qui autorise le mandataire substitué à agir directement contre le mandant en paiement de la rétribution qui lui est due, ne sont applicables au contrat de commission de transport que si le commissionnaire a agi au nom de son commettant et non en son propre nom. • Com. 9 déc. 1997 : *Bull. civ. IV, n° 333 ; D. Affaires 1998. 195, obs. S. P. ; RJ com. 1998. 194, rapp. Rémery et note Vialard ; JCP 1998. II. 10201, note Litty.* ♦ Il résulte des dispositions de l'art. 94, al. 2 [C. com., art. L. 132-1, al. 2], que les règles du code civil, relatives au mandat, s'appliquent au commissionnaire qui agit, non en son propre nom, mais en celui de son commettant. • Com. 20 juin 1995 : *Bull. civ. IV, n° 189.* ♦ V. aussi • Com. 28 mai 2002 : *Bull. civ. IV, n° 96 ; D. 2002. AJ 2187 ; JCP E 2003, n° 36, p. 1381, obs. Bon-Garcin ; RTD com. 2003. 160, obs. Bouloc.* ♦ Sur la qualité de mandataire, exclusive de celle de commissionnaire, V. aussi : • Com. 10 févr. 1970 : *Bull. civ. IV, n° 49* • Reims, 18 mai 1976 : *RTD com. 1976. 789, obs. Hémard.* – Comp. • Crim. 24 juill. 1852 : *DP 1852. 1. 255* • 30 avr. 1853 : *DP 1853. 5. 140.* ♦ La banque qui souscrit des parts d'un fonds d'investissement de droit des îles Vierges britanniques en son propre nom mais pour le compte de son client agit en qualité de commissionnaire au sens de l'art. L. 132-1. • T. com. Paris, 9 sept. 2011 : *Bull. Joly Bourse 2011. 655, note Riassetto.* ♦ Sur la distinction entre le contrat de commission et le mandat de transmission d'ordre, V. • TGI Paris, 15 déc. 1999 : *Banque et Droit juill.-août 2000. 41, obs. de Vauplane.* ♦ Sur le rejet de la qualification de mandat d'intérêt commun, V. note 32.

4 bis. Diffuseur de presse. BIBL. Ghestin, *D. 1994. Chron. 73* (les diffuseurs de presse bénéficient-ils du régime du mandat d'intérêt commun ?). ♦ Jugeant que le contrat de diffuseur de presse est un mandat d'intérêt commun : • Com. 20 févr. 2007 : *Bull. civ. IV, n° 57 ; D. 2007. AJ 867, obs. Delpech ; RTD com. 2007. 590, obs. Bouloc ; JCP E 2007, n° 30, p. 23, note Leveneur ; JCP E 2008, n° 15, p. 19, obs. Grignon ; CCC 2007, n° 124, obs. Malaurie-Vignal ; ibid., n° 145, obs. Leveneur ; RLDA juill. 2007. 43, note Grignon ; RJDA 2007, n° 1227* • 29 févr. 2000 : *Bull. civ. IV, n° 44 ; D. 2000. AJ 165, obs. Faddoul ; JCP E 2000. 1287, note Cadou.* – V. aussi : • Com. 2 mars 1993 : *Bull. civ. IV, n° 90 ; D. 1994. 48, note Aubert-Monpeyssen ; JCP 1993. II. 22176, note Béhar-Touchais.*

5. Courtier. Le courtier se distingue du commissionnaire en ce qu'il ne passe pas par lui-même un contrat et qu'il se borne à rapprocher les parties. • Com. 15 oct. 1964 : *D. 1965. 175.*

6. Agent commercial. L'agent commercial n'a pas la qualité de commissionnaire, dès lors qu'il ne s'engage pas personnellement. • Paris, 20 nov. 1963 : *RTD com. 1964. 136, obs. Hémard.* ♦ V. art. L. 134-1 s.

7. Centrales d'achat et de référencement : qualification. BIBL. Delbarre et Lavabre, *D. 1985. Chron. 165 ; RJDA 1996, p. 135.* – Van Eeckhout et Farasse, *RDC 2004. 502* (référencement de sites internet). – Kutscher-Puis, *RJ com. 2008. 349* (le régime juridique allemand des contrats d'affiliation et de référencement : une interrogation). ♦ Pour une qualification en contrat de courtage, V. : • Com. 17 mars 2004 : *cité note 1 ss. art. L. 442-6.* ♦ Une centrale d achat se borne à exécuter les commandes de ses adhérents en vue de les faire bénéficier de conditions plus avantageuses que celles consenties au commerce indépendant ; ses responsables agissant comme commissionnaires ne deviennent à aucun moment propriétaires de la marchandise et n'achètent pas en vue de revendre avec bénéfices. • T. corr. Paris, 30 janv. 1974 : *Gaz. Pal 1974. 2. 529, note Fourgoux.* – V. RÉP. COM v° *Centrales et groupements d'achat et de référencement*, par RETTERER.

S'analyse en un contrat de référencement, le contrat passé entre un fournisseur et un groupement d'achat qui se charge de négocier aux meilleures conditions des offres avec les fournisseurs au profit de ses adhérents ou affiliés qui conservent la maîtrise de leurs achats. • Versailles, 16 déc. 1987 : *D. 1988. IR 50* ♦ Ainsi, une telle centrale n'a pas la qualité de commissionnaire, lorsqu'elle se borne à apporter à ses adhérents une assistance technique et que les contrats sont conclus directement entre les adhérents et les fournisseurs. • Versailles, 29 sept. 1988 : *JCP 1989. II. 21190, note Estoup.* – Comp. : • Versailles, 16 déc. 1987 : *préc.* ♦ V. aussi, pour une centrale de référencement investie par les fournisseurs d'un mandat de recouvrement, • Paris, 5 mai 1993 : *D. 1995. Somm. 80, obs. Ferrier.* ♦ Ne caractérise pas un contrat de commission entre le fournisseur agréé d'une centrale d'acheteurs et celle-ci, le fait que l'organisme centralise les commandes de ses adhérents, les transmet aux fournisseurs à une date déterminée et vérifie la ponctualité des livraisons, qu'il effectue les paiements pour la totalité des factures de ses adhérents émanant des fournisseurs agréés et se porte « ducroire » des premiers à l'égard des seconds, lesquels doivent toujours et sans aucune exception considérer les membres du groupement au travers de celui-ci, alors que si la convention interdit au fournisseur de traiter avec un adhérent de la centrale, c'est uniquement dans le cas où ces relations se feraient en dehors et à l'insu d'elle. • Com.

22 mars 1994 : *Bull. civ. IV, n° 124 ; D. 1995. Somm. 80, obs. Ferrier* ; *JCP 1994. I. 3781, n° 4, obs. Virassamy.*

Sur la licéité des centrales au regard du droit de la concurrence, V. note 16 ss. art. L. 420-1.

8. Centrales d'achat et de référencement : régime. Dès lors qu'elle relève que le rôle d'une société était celui d'un intermédiaire qui faisait connaître des fournisseurs à ses adhérents et négociait les meilleures conditions des transactions à intervenir entre eux, une cour d'appel constate par là même que l'économie du contrat conclu entre cette société et un fournisseur n'impliquait pas que celle-là fût garante de l'exécution des commandes passées par les membres du groupement. • Com. 28 mai 1991 : *Bull. civ. IV, n° 196 ; D. 1992. Somm. 390, obs. Ferrier*. – V. déjà en ce sens : • Com. 23 oct. 1990 : *Bull. civ. IV, n° 257.* ♦ Ayant retenu qu'un fournisseur traitait directement avec les commerçants qu'une société, déclarant agir en qualité d'« organisme référenceur », avait fait connaître à ce fournisseur, une cour d'appel a décidé à juste titre qu'en l'absence de stipulation à cet égard, cette société n'avait pas l'obligation de l'informer de l'éventuelle insolvabilité de ses cocontractants pendant le cours des relations entre ces parties. • Com. 28 mai 1991 : *préc.* ♦ V., dans le même sens, pour un groupement d'achat agissant en qualité de courtier, • Com. 28 mai 1991 : *Bull. civ. IV, n° 183 ; D. 1992. Somm. 390, obs. Ferrier*. ♦ Comp., pour une société coopérative d'achats garante de la solvabilité de ses adhérents, • Com. 25 oct. 1994 : *Bull. civ. IV, n° 317 ; D. 1997. Somm. 64, obs. Ferrier*. – V. aussi • Com. 3 janv. 1995 : *Bull. civ. IV, n° 5 ; D. 1997. Somm. 64, obs. Ferrier*. ♦ V. aussi note 27.

9. Contrat de ferroutage. Une société qui conclut un contrat de ferroutage en optant pour le transport ferroviaire de ses marchandises selon un horaire SNCF qu'elle a choisi n'agit pas en qualité de commissionnaire dans la mesure où, dans l'organisation du transport, elle n'a pas eu le libre choix des voies et des moyens. • Com. 19 janv. 1999 : *Bull. civ. IV, n° 20 ; D. 1999. 243, note Delebecque* ; *D. Affaires 1999. 513 ; LPA 12 févr. 1999* (et sur renvoi • Rouen, 13 mai 2003 : *JCP E 2004, n° 38, p. 1443, obs. Letacq ; RDC 2004. 378, obs. Delebecque,* partiellement cassé par • Com. 1er févr. 2005 : *JCP E 2005, n° 44-45, p. 1865, obs. Letacq,* et de nouveau sur renvoi • Caen, 6 mars 2008 : *JCP E 2008, n° 40, p. 28, obs. Letacq ; RD transp. 2008, n° 130, obs. Bon-Garcin*). ♦ Sur la distinction entre contrat de ferroutage et contrat de commission, V. aussi • Paris, 2 juill. 1999 : *D. 2000. Somm. 293, obs. Mercadal*.

II. CARACTÈRES DU CONTRAT DE COMMISSION

10. Caractère commercial. Lorsque le commissionnaire conclut un contrat de commission à titre professionnel, l'opération est commerciale et il a la qualité de commerçant. • Com. 2 nov. 1954 : *Gaz. Pal. 1955. 1. 5.* ♦ Sur le droit du commissionnaire à la propriété commerciale, V. • Bordeaux, 18 oct. 1948 : *JCP 1949. II. 4706, note Hémard.*

11. Conséquences : liberté de la preuve. Sur la liberté de preuve de la commission commerciale, V. • Aix-en-Provence, 23 nov. 1937 : *DH 1938. 105.* ♦ Sur la preuve de la clause de ducroire, V. note 20.

12. Caractère personnel. Le contrat de commission est conclu *intuitu personae.* • Paris, 30 mai 1969 : *RTD com. 1970. 767, obs. Hémard.*

12 bis. Établissement stable (non). Il résulte des dispositions de l'art. L. 132-1 que les contrats conclus par le commissionnaire, alors même qu'ils sont conclus pour le compte de son commettant, n'engagent pas directement ce dernier vis-à-vis des cocontractants du commissionnaire ; par suite, un commissionnaire ne peut en principe constituer, du seul fait de ce qu'en exécution de son contrat de commission il vend, tout en signant les contrats en son propre nom, les produits ou services du commettant pour le compte de celui-ci, un établissement stable du commettant, sauf s'il ressort soit des termes mêmes du contrat de commission, soit de tout autre élément de l'instruction, qu'en dépit de la qualification de commission donnée par les parties au contrat qui les lie, le commettant est personnellement engagé par les contrats conclus avec des tiers par son commissionnaire qui doit alors, de ce fait, être regardé comme son représentant et constituer un établissement stable. • CE 31 mars 2010 : *JCP E 2010, n° 1433, note Rivière, Escaut et Bonneaud ; Dr. sociétés 2010, n° 153, obs. J.-L. Pierre.*

III. EXÉCUTION DU CONTRAT

A. OBLIGATIONS ET RESPONSABILITÉ DU COMMISSIONNAIRE

1° RÉALISATION DE L'OPÉRATION

13. Exécution des ordres du commettant. Les juges peuvent estimer que commet une faute le commissionnaire de transport qui, n'ayant reçu de l'expéditeur que le mandat limité de livrer la marchandise contre payement de son prix par le destinataire désigné au contrat de transport, excède les bornes de ce mandat en procédant, sans instructions, au payement des droits de douane. Par suite, ils peuvent mettre à la charge de ce transporteur le dommage résultant de cette faute en le condamnant à rembourser les droits de douane dus par l'expéditeur auquel les marchandises ont été renvoyées à la suite du refus du destinataire d'en prendre livraison. • Com. 18 nov. 1969 : *Bull. civ. IV, n° 343.*

14. Obligation d'information. Sur l'obligation d'information, à la charge du commissionnaire, au cas de difficultés d'exécution, V. • Com. 24 nov. 1970 : *D. 1971. Somm. 58* • Paris, 17 juin 1932 : *Gaz. Pal. 1932. 2. 56.*

15. Exclusivité. Le commissionnaire peut s'engager à traiter des opérations pour le compte exclusif du commettant. • Reims, 18 mai 1976 : *préc. note 4.*

16. Faculté de substitution. Au cas de substitution par un tiers, le commissionnaire reste responsable, à l'égard du commettant, du choix de la personne et de la transmission des instructions du commettant. • Com. 23 nov. 1970 : *Bull. civ. IV, n° 312.* ♦ Le commissionnaire intermédiaire est responsable vis-à-vis du commissionnaire principal des dommages dus au fait du voiturier qu'il a choisi librement. • Com. 3 oct. 1989 : *préc. note 1.* ♦ V. art. L. 133-1. ♦ Le recours à un substitué imposé par une autorité étrangère ne fait perdre au commissionnaire de transport ni sa qualité, ni la responsabilité qui s'y attache. • Com. 5 déc. 1989 : *Bull. transp. 1990. 204 ; D. 1990. Somm. 270, obs. Rémond-Gouilloud.*

17. Engagement personnel. Le commissionnaire agissant en son propre nom se trouve personnellement et seul engagé à l'égard des tiers avec lesquels il traite. • Com. 15 juill. 1963 : *Bull. civ. III, n° 378.* ♦ Sur l'action directe des tiers à l'encontre du commettant, V. note 29.

2° STIPULATIONS PARTICULIÈRES

18. Contrepartie. Le commissionnaire ne peut se porter contrepartiste à l'insu de son commettant, lequel serait en droit de demander la nullité de l'opération et la répétition des sommes payées. • Civ. 10 déc. 1912 : *DP 1914. 1. 97, note Lacour ; S. 1916. 1. 41, note Nacquet* • Req. 28 mars 1904 : *DP 1905. 1. 65, note Lacour ; S. 1904. 1. 456.* ♦ Sur la qualification d'escroquerie, V. • Crim. 1er déc. 1911 : *DP 1915. 1. 57, note Lacour* • 23 janv. 1913 : *ibid.* ♦ En revanche, le commettant peut expressément autoriser le commissionnaire à se porter contrepartiste, serait-ce par une régularisation *a posteriori.* • Civ. 10 déc. 1912 : *préc.*

Sur la validité des *marchés d'application,* V. • Versailles, 13 nov. 1985 : *Gaz. Pal. 1986. 2. Somm. 281.*

19. Ducroire : portée. BIBL. Hennebelle, *JCP E 2000, n° 36, p. 1366.* ♦ L'obligation du commissionnaire ducroire ne se limite pas, sauf convention contraire, à la solvabilité du tiers avec lequel il contracte. V. • Com. 6 janv. 1981 : *Bull. civ. IV, n° 4 ; JCP 1982. II. 19829, note Hémard ; Gaz. Pal. 1981. 2. Pan. 180, obs. Piedelièvre.* ♦ V. aussi cet arrêt pour l'inclusion dans la garantie des frais de poursuite et des intérêts de découverts supportés par le commettant. ♦ A défaut de stipulation contraire, fût-elle implicite, la clause de ducroire garantit le défaut de paiement à l'échéance par un tiers et non la solvabilité de celui-ci. • Com. 22 oct. 1996 : *Bull. civ. IV, n° 246 ; D. 1998. 511, note Arlie ; D. Affaires 1997. 23 ; CCC 1997, n° 21, note Leveneur.* ♦ Le commissionnaire ducroire d'une société de financement qui, en cette qualité, conclut un contrat de crédit-bail a qualité pour agir en résiliation du contrat pour non-paiement des loyers et a intérêt à poursuivre le débiteur pour obtenir réparation de son préjudice, dès lors que, en sa qualité, il est tenu de régler l'intégralité des loyers dus à la société de financement. • Paris, 15 mai 1990 : *D. 1990. IR 158.*

A légalement justifié sa décision, la cour d'appel qui a rejeté la demande des époux tendant à obtenir la nullité de la procédure de saisie sur le fondement de l'art. 1415 C. civ. dès lors que le locataire-gérant avait été condamné à payer à la société non pas en sa qualité de ducroire mais en sa qualité de commissionnaire, de sorte que le locataire-gérant et son épouse ne pouvaient pas invoquer des dispositions de l'art. 1415 précité. • Civ. 1re, 17 oct. 2007 : *RJDA 2008, n° 193.*

20. Ducroire : preuve. L'existence d'un engagement de ducroire ne se présume pas. V. • Versailles, 16 déc. 1987 : *préc. note 7.* ♦ Cependant, la preuve d'une convention de ducroire dans un contrat de commission commerciale peut être rapportée par tout moyen. • Aix-en-Provence, 23 nov. 1937 : *préc. note 11* • TGI Reims, 25 oct. 1984 : *Gaz. Pal. 1985. 1. Somm. 106.* ♦ La preuve peut résulter d'un usage professionnel, s'agissant d'un dépositaire distributeur de journaux. • Rennes, 9 juill. 1974 : *JCP 1975. II. 17990, note Plaisant.*

3° RESPONSABILITÉ DU COMMISSIONNAIRE

21. Responsabilité envers le commettant. S'agissant de la responsabilité du commissionnaire à l'égard du commettant, s'appliquent les règles du mandat. • Com. 4 déc. 1973 : *Bull.*

civ. IV, n° 351. ♦ V. art. 1991 s. **C. civ.** ♦ Sur sa responsabilité, s'il traite avec un tiers notoirement insolvable, V. • Com. 5 oct. 1965 : *Gaz. Pal. 1966. 1. 218.* ♦ Comp., sur l'obligation de renseignement sur la solvabilité des adhérents d'un groupement d'achat agissant en tant que courtier : • Com. 16 janv. 1990 : *D. 1990. IR 42.*

22. Force majeure. Sur le caractère libératoire de la force majeure, V. • Req. 7 nov. 1904 : *S. 1906. 1. 284.* ♦ La cour d'appel qui retient l'obligation faite à un chef de gare, par une décision soudaine qui n'était pas prévisible, d'interrompre la circulation de wagons contenant du vin importé, ce qui rendait absolument impossible leur acheminement, fait ainsi ressortir le caractère imprévisible et irrésistible d'un événement, qu'elle a pu dès lors considérer comme un cas de force majeure de nature à exonérer le commissionnaire de transport, garant du voiturier. • Com. 26 févr. 1980 : *Bull. civ. IV, n° 100.*

23. Responsabilité envers le transporteur. Le commissionnaire de transport qui agit en son propre nom est responsable envers le transporteur des dommages causés par la marchandise au moyen de transport. • Com. 14 janv. 2004 : *Bull. civ. IV, n° 12 ; D. 2004. Somm. 1348, obs. Delebecque ; JCP E 2004, n° 12, p. 445 ; CCC 2004, n° 36, obs. Leveneur ; RTD com. 2004. 588, obs. Bouloc ; RJDA 2004, n° 557* (et sur renvoi : • Paris, 18 janv. 2007 : *RD transp. 2007, n° 225, obs. Bon-Garcin*). ♦ Et dans la même affaire, jugeant que le commissionnaire de transport, dont la responsabilité vis-à-vis du transporteur a été retenue en raison de dommages causés par la marchandise au moyen de transport, ne peut être garanti par son donneur d'ordre, auquel il est lié par un contrat de commission de transport, que s'il établit que ce dommage a pour origine un fait imputable à ce dernier : • Com. 4 mars 2008 : *Bull. civ. IV, n° 52 ; D. 2008. AJ 846, obs. Delpech ; RTD com. 2008. 845, obs. Bouloc ; JCP E 2008, n° 16, p. 28 ; RJDA 2008, n° 1208 ; RD transp. 2008, n° 113, obs. Delebecque.*

24. Responsabilité envers les tiers. Le commissionnaire peut être tenu d'une obligation de garantir les vices cachés de la chose vendue à l'égard de l'acquéreur. • Paris, 13 juin 1892 : *DP 1893. 2. 470.*

Sur la responsabilité d'une agence de voyages, V. • Com. 20 nov. 1967 : *préc. note 1.* ♦ Comp., désormais : C. tourisme, art. L. 211-16 et L. 211-17. – **C. consom.** ou **C. tourisme.**

25. Responsabilité pénale. Sur la condamnation pour tromperie d'un commissionnaire français ayant introduit sur le territoire national des marchandises espagnoles non conformes aux qualités substantielles présentées sur l'étiquetage, V. • Crim. 9 mars 1999 : *D. Affaires 1999. 826, obs. C. R.*

B. OBLIGATIONS DU COMMETTANT

26. Frais et avances. Les frais et avances sont dus que l'opération soit ou non conclue. • Com. 26 janv. 1965 : *Bull. civ. III, n° 72.*

27. Paiement de la commission. A défaut de stipulation contraire, la commission est due dès la conclusion, que le contrat soit ou non exécuté. • Req. 21 déc. 1892 : *D. 1893. 1. 118.* ♦ Comp., subordonnant le versement de ristournes à une centrale d'achat au paiement effectif du prix par le fournisseur : • Versailles, 16 déc. 1987 : *préc. note 7.* ♦ La commission n'est pas due dès lors que l'inexécution tient à une faute du commissionnaire. • Req. 17 mars 1926 : *S. 1926. 1. 285* • Colmar, 6 juill. 1937 : *DH 1937. 559.*

28. Détermination de la commission. A défaut de détermination contractuelle, la commission est fixée par le juge lequel peut retenir les usages du lieu d'exécution. • Com. 16 janv. 1979 : *JCP 1979. IV. 98.*

29. Action des tiers. Sur l'absence d'engagement direct du commettant envers le cocontractant du commissionnaire, V. note 17. ♦ Sur l'exercice de l'action *de in rem verso* par le tiers, V. • Rouen, 25 juin 1904 : *DP 1906. 2. 191.* ♦ En revanche, en ce sens que le cocontractant dispose d'une action directe contre le commettant dont le nom lui a été révélé, V. • T. com. Paris, 25 sept. 1985 et • Lyon, 6 déc. 1985 : *Cah. dr. entr. 1986, n° 27, p. 10 et 12.*

C. FIN DU CONTRAT

30. Décès d'un contractant. Le contrat de commission est conclu *intuitu personae* et prend fin au décès de l'une des parties. • Paris, 30 mai 1969 : *cité note 12.*

31. Durée déterminée. A l'arrivée du terme, le commettant peut mettre fin au contrat sans avoir à justifier de son refus. • Paris, 20 nov. 1963 : *D. 1964. Somm. 42.* ♦ Pour un non-renouvellement abusif, V. • Com. 22 oct. 1996 : *préc. note 19.*

32. Durée indéterminée. Lorsque la commission est conclue pour une durée indéterminée, elle peut être résiliée unilatéralement par chacune des parties. • Rennes, 3 juill. 1974 : *JCP 1975. II. 17990, note Plaisant.* ♦ Sur la sanction d'une rupture abusive, V. • Com. 10 févr. 1970 : *Bull. civ. IV, n° 49 ; D. 1970. 392* • 30 nov. 1993 : *RJDA 1994, n° 513.* ♦ Sur le rejet de la qualification de mandat d'intérêt commun, V.

• Com. 27 juin 1978 : *Bull. civ. IV, n° 182 ; D. 1978. IR 452 ; RTD com. 1979. 316, obs. Hémard* • Reims, 18 mai 1976 : *ibid. 1976. 789, obs. Hémard* • Com. 10 févr. 1970 : *préc.* ♦ Comp., accordant cette qualité aux diffuseurs de presse • Com. 2 mars 1993 : *Bull. civ. IV, n° 90 ; D. 1994. 48, note Aubert-Monpeyssen ; JCP 1993. II. 22176, note Béhar-Touchais ; CCC 1993, n° 106, note Leveneur.* – V. Ghestin, *D. 1994. Chron. 73*. ♦ Dans le même sens, V. • Com. 29 févr. 2000 : *Bull. civ. IV, n° 44 ; D. 2000. AJ 165, obs. Faddoul ; CCC 2000, n° 93, obs. Leveneur.*

Art. L. 132-2 Le commissionnaire a privilège sur la valeur des marchandises faisant l'objet de son obligation et sur les documents qui s'y rapportent pour toutes ses créances de commission sur son commettant, même nées à l'occasion d'opérations antérieures.

Dans la créance privilégiée du commissionnaire sont compris, avec le principal, les intérêts, commissions et frais accessoires. – *[C. com., art. 95.]*

I. DOMAINE DU PRIVILÈGE

A. BÉNÉFICIAIRES DU PRIVILÈGE

1. *Commissionnaires visés.* Le privilège de l'art. 95 [C. com., art. L. 132-2] appartient au commissionnaire acheteur aussi bien qu'au commissionnaire vendeur. • Rouen, 7 mars 1906 : *DP 1910. 1. 345, note Lacour (sous Civ. 27 juill. 1909).* ♦ Il appartient au commissionnaire de transport, comme à tout autre commissionnaire. • Lyon, 13 mars 1933 : *DP 1933. 1. 60* • 27 mai 1977 : *Bull. transp. 1977. 336.*

Le commissionnaire de transport qui s'est dessaisi de la marchandise au profit de son client, avant de se la voir confiée à nouveau pour la stocker en attente d'une revente, doit, pour bénéficier du privilège, prouver que c'est en qualité de commissionnaire qu'il est en possession de ladite marchandise. • Com. 19 déc. 1995 : *Bull. civ. IV, n° 311 ; D. Affaires 1996. 174.* ♦ V. aussi • Paris, 11 juill. 1999 : *JCP 2000. I. 259, n° 22, obs. Simler et Delebecque.*

2. *Commissionnaire en douane.* Il appartient au commissionnaire en douane, pour bénéficier du privilège de l'art. 95 [C. com., art. L. 132-2], de rapporter la preuve qu'il a effectué les formalités douanières, non en qualité de transitaire, mais en celle de commissionnaire. • Com. 2 févr. 1999 : *Bull. civ. IV, n° 39 ; D. 2000. Somm. 293, obs. Mercadal ; D. Affaires 1999. 591, obs. J. F. ; LPA 27 mai 1999.* – V. rapp. Rémery, *RJDA 1999, p. 214.* ♦ En effet, un tel commissionnaire, malgré l'intitulé de sa profession, peut accomplir les formalités en douane, soit comme mandataire d'autrui, soit pour le compte d'un commettant, mais sous son nom propre, mais il ne bénéficie du privilège institué à l'art. 95 [C. com., art. L. 132-2] que dans le second cas. • Même arrêt. – V. aussi • Com. 2 oct. 2007 : *JCP E 2008, n° 35, p. 19, obs. Delebecque ; RD transp. 2007, n° 250, obs. Bon-Garcin.*

B. CRÉANCES GARANTIES

3. *Avances et frais.* Le privilège s'étend au payement des avances et frais relatifs à l'ensemble des opérations faites avec le commettant, sans distinguer suivant qu'elles se rapportent aux marchandises encore détenues ou à celles qui ont été précédemment expédiées. • Com. 11 mai 1976 : *Bull. civ. IV, n° 161* • 11 juin 1978 : *ibid., n° 171.*

4. *Absence de lien.* Il n'est pas nécessaire qu'existe un lien entre la créance garantie et les marchandises détenues. • Lyon, 13 mars 1933 : *préc. note 1* • Paris, 6 nov. 1968 : *D. 1969. Somm. 19* • Rouen, 15 mai 1959 : *JCP 1959. II. 11192, note Rodière.* ♦ Ainsi, par exemple, une société commise pour recevoir les marchandises et les acheminer sur le destinataire après avoir effectué les opérations de dédouanement nécessaires est en droit d'exercer sur les marchandises le privilège de l'art. 95 [C. com., art. L. 132-2] pour obtenir de son commettant le règlement des sommes dues relatives à un transport antérieur. • Paris, 18 mai 1994 : *D. 1995. 15, note B.M.*

II. EXERCICE DU PRIVILÈGE

5. *Absence de formalités.* L'art. 95 [C. com., art. L. 132-2] accorde de plein droit au commissionnaire régulièrement entré en possession, le privilège qu'il institue. • Com. 2 juin 1977 : *Bull. civ. IV, n° 158.*

A. ASSIETTE

6. *Propriété du donneur d'ordre.* Les marchandises entrant dans l'assiette du privilège doivent appartenir au donneur d'ordre. • Com. 5 févr. 1980 : *Bull. civ. IV, n° 63* • Paris, 27 janv. 1960 : *Gaz. Pal. 1960. 1. 170* • Rouen, 15 mai 1959 : *préc. note 4.* ♦ Mais il suffit que, lors de l'exercice de ce droit, le commissionnaire ait cru de bonne foi que la marchandise était la propriété de son débiteur, cette condition étant remplie lorsque l'existence d'une clause de réserve de propriété n'était pas visée sur les documents de transport et n'a été portée que tardivement à la connaissance du commissionnaire. • Paris, 18 mai 1994 : *préc. note 4.* ♦ Sur l'influence de la bonne foi, V. aussi • Paris, 25 avr. 1969 : *Gaz. Pal. 1969. 1. 322* • Lyon, 21 févr. 1969 : *RTD com. 1972. 680, obs. Hémard.*

7. Possession des marchandises. La L. n° 98-69 du 6 févr. 1998 a modifié les termes du privilège qui est désormais détaché de toute exigence de possession (sur l'exigence antérieure de possession des marchandises, V. • Paris, 12 mai 1980 : *D. 1980. IR 555* • 8 oct. 1987 : *D. 1987. IR 218*).

B. EFFETS

8. Rang du privilège. Les privilèges établis par les art. 91 et 95 [C. com., art. L. 521-1 et L. 132-2] étant du même ordre, leur rang, en cas de conflit, se règle d'après l'antériorité. • Civ. 12 mai 1885 : *DP 1885. 1. 185.* ♦ Le privilège du commissionnaire est primé par le privilège du tiers qui a engagé des frais pour la conservation des marchandises après leur remise au concessionnaire. • Civ. 13 nov. 1962 : *JCP 1963. II. 12976.* ♦ Il avait été jugé que le commissionnaire de transport, s'il est de bonne foi, peut opposer son privilège au vendeur non payé des marchandises qui les revendique dans la faillite de l'acheteur. • Com. 15 déc. 1947 : *D. 1948. 112* • Paris, 25 avr. 1969 : *D. 1969. Somm. 67.* ♦ V. aussi note 13.

9. Saisie-arrêt et saisie-attribution. Sur le droit du commissionnaire de faire saisir-arrêter le prix de vente en cas d'aliénation des marchandises par le commettant, V. • Civ. 24 déc. 1895 : *DP 1896. 1. 237.* ♦ V. note 10.

10. Droit de rétention : champ d'application. La rétention ne peut être interprétée comme une voie de fait, même si les sommes dues par le client du commissionnaire se situent dans la limite des facilités de règlement qu'il accorde habituellement, alors qu'il ne peut être fait échec à l'exercice du privilège prévu à l'art. 95 [C. com., art. L. 132-2] lorsque les conditions de cet exercice sont remplies. • Com. 15 oct. 1991 : *Bull. civ. IV, n° 287 ; D. 1991. IR 255.* ♦ En ce sens que la saisie-arrêt par le commissionnaire entre ses propres mains ne fait pas perdre le droit de rétention, seule la demande en validité de la saisie pouvant avoir cet effet, V. • Com. 23 juin 1992 : *Bull. transp. 1992. 498.* ♦ Un commissionnaire ne peut invoquer son droit de rétention sur des marchandises contrefaites dès lors que leur caractère illicite interdit leur commercialisation. • Com. 26 oct. 1999 : *Bull. civ. IV, n° 185 ; D. 2000. 365, note Marotte ; ibid. Somm. 388, obs. Piedelièvre ; JCP 1999. I. 209, n° 14, obs. Delebecque ; RJ com. 2000. 253, note Dumont.* ♦ Sur le droit de rétention du commissionnaire, V. aussi • Civ. 6 avr. 1875 : *DP 1875. 1. 354* • Com. 28 mai 1991 : *Bull. transp. 1991. 718.*

11. Droit de rétention : créance exigible. Sur l'exigence d'une créance certaine et exigible, V. • Com. 7 janv. 1992 : *Bull. civ. IV, n° 10.* ♦ ... Sauf en cas de doute sérieux sur la solvabilité du débiteur. V. • Paris, 27 janv. 1993 : *Bull. transp. 1993. 259.* ♦ Pour un exercice abusif, faute d'exigibilité des créances, V. • Com. 28 juin 1994 : *Bull. transp. 1994. 581.* ♦ Mais dès lors qu'il est établi qu'au jour de l'exercice du droit de rétention, le commissionnaire disposait de plusieurs créances liquides et exigibles à l'encontre du commettant, l'exercice du droit de rétention ne caractérise aucun abus quand bien même il aurait été fait état par erreur d'une dette n'incombant pas au commettant. • Versailles, 14 oct. 2004 : *BICC 2005, n° 447 ; JCP 2005. IV. 2524.* – V. aussi • T. com. Bordeaux, 3 oct. 2004 : *JCP E 2005, n° 24, p. 1008, obs. Delebecque.*

12. Droit de rétention : réserve de propriété. Sur le conflit avec le vendeur sous réserve de propriété, V. • Paris, 4 févr. 2000 : *BRDA 2000, n° 9, p. 9.* ♦ Jugeant que le commissionnaire, qui n'est pas partie au contrat de vente, n'a pas à vérifier que les marchandises qui lui sont confiées ne sont pas grevées d'une clause de réserve de propriété ni à informer le vendeur de ces marchandises de l'existence de créances antérieures susceptibles d'entraîner l'exercice du droit de rétention. • Paris, 17 sept. 2003 : *RJDA 2004, n° 161.* ♦ V. aussi, note 26 *in fine* ss. art. L. 624-16.

13. Droit de rétention et procédure collective. Le droit de rétention dont bénéficie le commissionnaire de transport sur les marchandises qui lui ont été confiées pour expédition est la conséquence du privilège institué au profit de tout commissionnaire par l'art. 95 [C. com., art. L. 132-2], ce dont il résulte que le commissionnaire qui n'a demandé son admission au passif de la procédure collective du commettant qu'à titre chirographaire, perdant ainsi son privilège, ne peut, non plus retenir les marchandises. • Com. 8 juin 1999 : *Bull. civ. IV, n° 125 ; D. 2000. Somm. 297, obs. Mercadal ; ibid. 388, obs. Piedelièvre ; D. Affaires 1999. 1209, obs. J. F. ; JCP 1999. II. 10121, rapp. Rémery ; ibid. 2000. I. 209, n° 18, obs. Delebecque, et 233, obs. Cabrillac ; Banque et Droit sept.-oct. 1999. 50, obs. Rontchevsky ; Dr. et patr. nov. 1999. 121, obs. Monsèrié-Bon ; RTD com. 1999. 968,* *obs. Martin-Serf* ; *ibid. 2000. 167, obs. Bouloc* . ♦ Sur l'exercice du droit de rétention dans la procédure collective, V. note 26 *bis* ss. art. L. 622-7.

SECTION II DES COMMISSIONNAIRES POUR LES TRANSPORTS

RÉP. COM. v° *Commissionnaire de transport*, par MERCADAL.

BIBL. GÉN. ▶ PEYREFITTE, *D. 1978. Chron. 213.* – RODIÈRE, *RTD com. 1957. 1 et 523.* – DELEBECQUE, *D. Affaires 1998. 870* (amélioration des conditions d'exercice de la profession de transporteur routier). – TILCHE, *Bull. transp. 1998. 275* (garanties de paiement). – PAULIN, *Mélanges Serra, Dalloz 2006, p. 325* (réflexions sur la distinction entre contrat de transport et contrat de commission de transport). – AYMERIC, *RTD com. 2009. 493* (sur le sous-commissionnaire de transport). – DELEBECQUE, *Mélanges Bouloc, Dalloz, 2006, p. 301* (actualité de la commission de transport). – BON-GARCIN, *RD transp. 2011, n° 14* (les commissionnaires et les auxiliaires de transport entrent dans le code des transports). – PAULIN, *JCP 2013, n° 25* (contrat de commission de transport : quels critères objectifs pour une qualification subjective ?).

Art. L. 132-3 **Le commissionnaire qui se charge d'un transport par terre ou par eau est tenu d'inscrire sur son livre-journal la déclaration de la nature et de la quantité des marchandises, et, s'il en est requis, de leur valeur.** — *[C. com., art. 96.]*

V. art. R. 132-1.

Sur l'impossibilité pour les sociétés coopératives d'entreprises de transport public routier de marchandises d'exercer les activités d'auxiliaire de transport régies par les art. L. 132-3 à L. 132-7 C. com., V. C. transp., art. L. 3441-6, ss. art. L. 133-5.

I. QUALIFICATION DU CONTRAT

A. CRITÈRES DISTINCTIFS DE LA COMMISSION DE TRANSPORT

1. *Libre choix de l'organisation de l'intégralité du transport.* La commission de transport, convention par laquelle le commissionnaire s'engage envers le commettant à accomplir pour le compte de celui-ci des actes juridiques nécessaires au déplacement d'une marchandise d'un lieu à un autre, se caractérise, non seulement par la latitude laissée au commissionnaire d'organiser librement le transport par les voies et les moyens de son choix, sous son nom et sa responsabilité, mais aussi par le fait que cette convention porte sur le transport de bout en bout. • Com. 16 févr. 1988 : *Bull. civ. IV, n° 75 ; RTD com. 1988. 682, obs. Hémard et Bouloc* • 8 déc. 1980 : *D. 1981. IR 346* • 26 févr. 1985 : *Bull. civ. IV, n° 81 ; RTD com. 1986. 155, obs. Hémard et Bouloc.* ♦ Revêt la qualité de commissionnaire de transport l'intermédiaire qui, aux termes mêmes de ses conditions générales, détermine librement l'organisation des prestations confiées à des sous-traitants, choisis par lui, sans que le cocontractant puisse intervenir dans ce choix. A ce premier critère s'ajoute la conclusion du contrat de transport par l'intermédiaire en son nom propre (circonstance résultant de sa qualité d'expéditeur et même de destinataire) portée sur la lettre de voiture, ainsi que celui de la facturation forfaitaire de l'ensemble des prestations. • Com. 6 mai 1997 : *Bull. civ. IV, n° 127 ; RJDA 1997, n° 1045 ; JCP E 1999, n° 16, p. 715, obs. D. M.* ♦ V. aussi note 2 ss. art. L. 132-1. ♦ Comp., définissant le commissionnaire de transport comme un intermédiaire chargé d'organiser et de faire exécuter tout ou partie du transport : • Versailles, 15 déc. 1994 : *RJDA 1995, n° 844.*

2. *Licence professionnelle.* La détention par l'intermédiaire d'une licence de commissionnaire n'emporte pas, par elle-même, qualification du contrat. • Rennes, 5 juin 1986 : *Bull. transp. 1986. 631* • Com. 6 oct. 1992 : *Bull. civ. IV, n° 298 ; D. 1992. IR 257* ♦ L'absence de licence n'est pas de nature à disqualifier un contrat de commission. • Com. 11 mai 1976 : *Bull. transp. 1976. 317* • Versailles, 14 juin 2001 : *JCP E 2002, n° 1, p. 11.*

3. *Substitution.* La qualité de commissionnaire de transport ne résulte pas, pour celui qui a été chargé de l'acheminement d'une marchandise de bout en bout, du seul fait qu'il s'est substitué un tiers dans l'exécution de l'expédition s'il ne justifie pas du consentement de son donneur d'ordre à l'existence de cette substitution. • Com. 10 mai 2005 : *Bull. civ. IV, n° 101 ; D. 2005. 2293, note Guignard* ; *ibid. Pan. 2753, obs. Kenfack* ; *ibid. AJ 1411, obs. Chevrier* ; *RTD com. 2006. 187, obs. Bouloc* ; *JCP E 2005,* *n° 44-45, p. 1866, obs. Letacq ; RJDA 2005, n° 1217 ; RDC 2005. 1100, obs. Delebecque.* ♦ La substitution d'un transporteur sans accord de son donneur d'ordre ne change pas la qualité de celui qui procède à cette substitution. • Com. 27 nov. 2007 : *Bull. civ. IV, n° 254 ; D. 2008. AJ 11, obs. Delpech ; JCP E 2008, n° 25, p. 20, note Sabard ; RJDA 2008, n° 522 ; RD transp. 2008, n° 52, obs. Bon-Garcin ; RCA 2008, n° 67.* ♦ Sur la qualification d'une entreprise de transport se substituant un tiers pour l'exécution du transport dont elle était chargée, V. • Com. 25 juin 1979 : *Bull. civ. IV, n° 214 ; Bull. transp. 1979. 452 et 446, chron. Brunat.* – V. aussi • Com. 29 mai 1990 : *D. 1992. Somm. 81, obs. Rèmond-Gouilloud*. ♦ N'a pas la qualité de commissionnaire, l'intermédiaire à qui un transport a été commandé et qui le sous traite. • Paris, 11 juin 1981 : *Bull. transp. 1981. 420* • Douai, 25 nov. 1982 : *ibid. 1982. 594.* ♦ V. aussi note 1.

B. DISTINCTION AVEC D'AUTRES CONTRATS

4. Contrat de transport. Ainsi, quelles qu'aient pu être les modalités ultérieures selon lesquelles, en pratique, le transporteur a exécuté ses obligations, il y a contrat de transport et non commission de transport, dès lors qu'une entreprise s'est engagée à prendre en charge des marchandises et à les transporter elle-même à destination, et encore que les parties au contrat n'aient entendu se lier que pour cet objet, s'il n'a pas été convenu que cette société donne ses soins au transport et y fasse procéder de bout en bout par les moyens de son choix. • Com. 13 févr. 1978 : *Bull. civ. IV, n° 63* • 17 juill. 1978 : *ibid. n° 203 ; D. 1979. IR 32.*

5. Transitaire. Sur la qualification de « transitaire » ayant pour mandat d'assurer le passage d'un moyen de transport à un autre, V. • Com. 10 oct. 1966 : *Bull. civ. III, n° 387.* – Comp. : • Req. 6 juill. 1927 : *Bull. transp. 1927. 103* • Paris, 25 févr. 1960 : *Gaz. Pal. 1960. 1. 110* • Com. 9 avr. 1991 : *Bull. transp. 1991. 378* • Paris, 12 avr. 1991 : *ibid.* – V. Brunat, *ibid. 1979. 478* ; Tilche, *ibid. 1995. 826.* ♦ V. note 12 ss. art. L. 132-5.

6. Manutentionnaire. L'entreprise qui a reçu mission du transporteur maritime de décharger un conteneur d'un navire et d'en assurer la garde et le dépotage dans ses entrepôts aux fins de délivrance des marchandises au destinataire est intervenue en qualité d'entreprise de manutention et non de commissionnaire de transport, dès lors que rien ne permet d'isoler la mission d'ensemble qui était la sienne, le transport ferroviaire du conteneur qu'impliquait la localisation de ses entrepôts. • Rouen, 10 sept. 1998 : *JCP E 1999, n° 26, p. 1129.*

7. Contrats particuliers. Il avait été jugé que l'entreprise de déménagement, qui s'engage à assurer le transport d'un mobilier, doit être considérée comme commissionnaire au sens des art. 96 s. [C. com., art. L. 132-3 s.] • Com. 19 juin 1957 : *D. 1958. 113, note Rodière* • 20 avr. 1967 : *Bull. civ. III, n° 157.* – Rappr. : • Com. 25 févr. 1963 : *D. 1963. 422.* ♦ Pour un déménagement industriel où il a été jugé que le prestataire – chargé du démontage, du transport et du remontage, sans instruction du client et disposant du libre choix des modalités de transport – est bien intervenu en qualité de commissionnaire de transport, V. • Versailles, 14 juin 2001 : *préc. note 2.* ♦ Comp., désormais : note 11 et note12 ss. art. L. 133-6.

Sur le contrat de remorquage, V. • Soc. 12 mars 1942 : *DC 1943. 35, note Roger* • Montpellier, 15 févr. 1956 : *D. 1957. Somm. 27.* ♦ Sur le contrat de « remonte-pente », V. • Grenoble, 11 mars 1941 : *DC 1943. 143, note Desbois,* et sur pourvoi, • Com. 7 févr. 1949 : *D. 1949. 377, note Derrida.*

II. EXÉCUTION DU CONTRAT

8. Devoir de conseil. Le commissionnaire est tenu d'un devoir de conseil à l'égard du commettant. • Com. 22 avr. 1986 : *Bull. transp. 1986. 395* • 18 juin 1980 : *ibid. 1980. 552.* ♦ Il en va différemment dès lors que le commettant est en mesure d'apprécier les risques courus. • Aix-en-Provence, 7 déc. 1977 : *Bull. transp. 1978. 264.* – V. • Com. 31 janv. 1978 : *JCP 1979. II. 19142, note Rodière.*

9. Obligation de se renseigner. Le commissionnaire de transport, tenu d'une obligation de résultat envers son client ainsi que d'une obligation de veiller au bon déroulement de l'opération, à charge pour lui de mettre tout en œuvre pour résoudre les difficultés qui pourraient se présenter, est tenu de se renseigner et d'informer son client, avant l'expédition, des conditions d'acheminement de la marchandise et notamment de l'aviser que des garanties bancaires pourraient être exigées pour traverser certains pays. • Versailles, 14 mai 1998 : *BICC 1999, n° 148 ; JCP E 1998, n° 40, p. 1524.* ♦ Il lui appartient donc, sous astreinte, de mettre en place la caution bancaire requise pour permettre la réexpédition de la marchandise. • Même arrêt.

10. Assurance de la marchandise. Sauf stipulation contraire, le commissionnaire n'est pas tenu d'assurer la marchandise contre le risque de transport. • Com. 27 oct. 1975 : *Bull. transp. 1975. 526.* ♦ Le mandat à lui donné de souscrire une assurance en garantie de la valeur de la marchandise doit résulter d'une manière non équivoque d'instructions précises, de même que l'acceptation par le commissionnaire de cette mission spécifique. • Paris, 29 mai 1990 : *D. 1992. Somm. 79, obs. Rèmond-Gouilloud*. ♦ Sur l'inexécution d'une obligation conventionnelle, V. • Paris, 24 mars 1983 : *Bull. transp. 1983. 542.* ♦ Sur l'obligation du commissionnaire de vérifier que le transporteur qu'il a choisi est assuré, V. • Bordeaux, 13 juill. 1982 : *Bull. transp. 1983. 542.*

11. Choix du transporteur. Le commissionnaire peut engager sa responsabilité si le transporteur qu'il a choisi n'est pas apte à assurer l'opération. • Com. 15 janv. 1980 : *Bull. transp. 1980. 160.*

12. Groupage de marchandises. **BIBL.** Brunat, *Bull. transp. 1989. 355.* ♦ Pour une application à des marchandises appartenant à des expéditeurs différents mais destinées à un même lieu, V. • T. com. Angoulême, 22 févr. 1979 : *JCP 1980. II. 19275, note Rodière.*

13. Ferroutage. Sur la pratique, par le commissionnaire de transport, du « ferroutage », V. • Paris, 6 juin 1996 : *Gaz. Pal. 1997. 1. 316.*

14. Droit international privé. Sur la loi d'autonomie applicable à un contrat de transport international, V. • Com. 8 juill. 1981 : *Bull. civ. IV, n° 311.* ♦ Sur la loi applicable au contrat par lequel une société belge confie à une autre société belge le soin de procéder au transport d'une machine depuis l'Espagne jusqu'en Belgique, V. • Rouen, 2 févr. 1995 : *D. 1995. 612, note B.M*. ♦ La Convention du 19 mai 1956, dite CMR, qui ne règle pas la commission de transport, ne peut justifier la compétence du tribunal saisi de l'action en responsabilité intentée par un commettant à l'encontre d'un commissionnaire de transport. • Com. 18 sept. 2007 : *Bull. civ. IV, n° 205 ; D. 2007. AJ 2468, obs. Delpech ; JCP 2007. IV. 2900 ; RJDA 2008, n° 128 ; RD transp. 2007, n° 224, obs. Delebecque* (et sur renvoi : • Versailles, 18 sept. 2008 : *RJDA 2008, n° 24*) • 11 déc. 2007 : *cité note 5 ss. art. L. 132-4.* ♦ En matière de clause limitative de responsabilité dont l'opposabilité dépend de la qualification de transporteur ou de commissionnaire, V. • Com. 27 nov. 2007 : *préc. note 3.*

15. Droit du travail. Lorsque le commissionnaire, en qualité d'intermédiaire, organise le transport en concluant avec le transporteur un contrat de transport, son exécution par les salariés du transporteur exclut qu'ils soient, au sens de l'art. L. 412-5 [L. 2141-11 nouv.] C. trav., mis à disposition du commissionnaire, peu importants les directives générales données par celui-ci au transporteur. • Soc. 15 févr. 2006 : *Bull. civ. V, n° 72 ; JCP E 2006, n° 22, p. 977, obs. Béal et Rouspide.*

Art. L. 132-4 **Il est garant de l'arrivée des marchandises et effets dans le délai déterminé par la lettre de voiture, hors les cas de la force majeure légalement constatée.** – *[C. com., art. 97.]*

Sur la responsabilité du voiturier en cas de retard, V. art. L. 133-2.

BIBL. ► DELEBECQUE, *RJDA 1996, p. 219.*

1. Délai de livraison. En l'absence de stipulation relative à la durée de l'opération, le commissionnaire doit respecter un délai raisonnable en fonction des circonstances. • Paris, 23 mars 1982 : *D. 1983. IR 125.* ♦ Sa mention sur le bordereau de groupage, signé par le transporteur, oblige ce dernier au respect de ce délai. • Grenoble, 10 juill. 1980 : *Bull. transp. 1981. 346.*

2. Information sur la livraison. Le commissionnaire de transport est tenu de suivre le déroulement du transport de bout en bout jusqu'à la livraison et notamment d'aviser le destinataire de l'arrivée de la marchandise. • Versailles, 14 sept. 2004 : *BICC 2005, n° 749.* ♦ Si une absence d'avis caractérise une faute personnelle du commissionnaire de nature à engager sa responsabilité, une condamnation à réparation suppose qu'un lien de causalité entre la faute et le préjudice puisse être établi ; tel n'est pas le cas lorsqu'il n'est pas démontré qu'un avis donné au destinataire aurait permis une prise de possession immédiate des marchandises par la suite volées. • Même arrêt.

3. Retards de livraison. Le retard dans la livraison en gare ne donne lieu à des dommages-intérêts qu'à partir du jour où le chemin de fer a été mis en demeure de livrer par une sommation ou autre acte équivalent, tel qu'une lettre recommandée. • Civ. 7 déc. 1938 : *DH 1939. 67* • 9 juill. 1945 : *D. 1946. 52* • Com. 13 juill. 1945 : *D. 1946. 52* • 13 juill. 1953 : *D. 1953. 644.* ♦ Sur les effets de l'avis d'arrivée en gare, qui n'opère pas mise en demeure, mais fixe seulement le point de départ des droits de magasinage, V. • Com. 3 juin 1953 : *D. 1954. Somm. 2.* ♦ Même en l'absence de mise en demeure, la société de chemin de fer peut être condamnée à des dommages-intérêts si elle a reconnu sa responsabilité. • Com. 10 janv. 1956 : *Bull. civ. III, n° 18 ; D. 1956. Somm. 109.* ♦ Sur la responsabilité d'un commissionnaire de transport pour manquement à son obligation de diligence et de surveillance en cas de retard dans la livraison de la marchandise destinée à un salon professionnel, V. • Aix-en-Provence, 9 mars 2000 : *JCP 2000. IV. 2903.*

4. Force majeure. En ce sens que présente les caractères de la force majeure, la situation de blocage même prévisible, qui empirait dans le transport aérien et résultait de la guerre du Golfe, à laquelle un commissionnaire de transport s'est heurté en dépit de toutes les mesures qu'il avait prises pour éviter que cet événement ne retarde l'acheminement des marchandises, mais sans toutefois pouvoir y parvenir en raison de l'irrésistibilité de la situation, V. • Com. 16 mars 1999 : *CCC 1999, n° 86, obs. Leveneur.* ♦ V. note 16 ss. art. L. 132-5.

5. Destination. Il appartient au commissionnaire de transport, qui s'est engagé, en cette qualité à accomplir, pour le compte de son commettant, les actes juridiques nécessaires au déplacement d'une marchandise, et qui, en cette qualité, a reçu toute latitude pour organiser librement le transport par les voies et les moyens de son choix, de prendre toutes les mesures appropriées pour faire en sorte que la marchandise soit acheminée jusqu'à la destination prévue. • Com. 11 déc. 2007 : *Bull. civ. IV, n° 264 ; D. 2008. Pan. 1245, obs. Kenfack ; ibid. AJ 82, obs. Delpech ; RTD com. 2008. 454, obs. Delebecque ; JCP E 2008, n° 4, p. 44 ; RJDA 2008, n° 520 ; RD transp. 2008, n° 55, obs. I. B.-G.* ♦ Dès lors que l'expéditeur avait confié à son commissionnaire de transport l'organisation du transport de la marchandise jusqu'à sa « mise à FOB », il en résulte que ce dernier en était responsable à l'égard de son commettant jusqu'à son chargement à bord du navire. • Com. 7 sept. 2010 : *Bull. civ. IV, n° 134 ; Dalloz actualité, 21 sept. 2010, obs. Delpech ; D. 2010. Actu. 2061 ; RJDA 2010, n° 1154 ; RD transp. 2011, n° 34, obs. Bon-Garcin.*

Art. L. 132-5 Il est garant des avaries ou pertes de marchandises et effets, s'il n'y a stipulation contraire dans la lettre de voiture, ou force majeure. – *[C. com., art. 98.]*

Sur la responsabilité du voiturier en cas de perte ou d'avaries, V. art. L. 133-1.

BIBL. ▸ RODIÈRE, *RTD com. 1957. 535.* – GEORGIADÈS, *Rev. fr. dr. aérien 1981. 47.* – DELEBECQUE, *RJDA 1996. 219.*

I. GARANTIE DU FAIT PERSONNEL DU COMMISSIONNAIRE

A. CONDITIONS ET PORTÉE DE LA GARANTIE

1. Commissionnaires intermédiaires. En vertu des art. 98 et 99 [C. com., art. L. 132-5 et L. 132-6] et sous réserve des clauses conventionnelles d'exonération de responsabilité, le commissionnaire de transport, fût-il un commissionnaire intermédiaire, est garant, sauf force majeure, vice propre de la marchandise ou faute de l'expéditeur, des avaries ou perte de marchandises qu'il a confiées au transporteur choisi par lui (à propos d'une action entre un commissionnaire principal et un commissionnaire intermédiaire). • Com. 1er juill. 1997 : *Bull. civ. IV, n° 217 ; D. 1997. IR 172 ; D. Affaires 1997. 939.*

2. Faute personnelle. Le commissionnaire de transport, responsable de son propre fait mais aussi de ceux des transporteurs qu'il s'est substitués, n'engage sa responsabilité pour son fait personnel que lorsque celui-ci est à l'origine des avaries ou des pertes de marchandises. • Com. 22 nov. 2011 : *RJDA 2012, n° 401 ; RD transp. 2012, n° 18, obs. Lemarié.* ♦ Sur l'obligation pour les juges du fond de caractériser la faute personnelle du commissionnaire, V. • Com. 22 juill. 1986 : *Bull. civ. IV, n° 187* • 16 nov. 1993 : *D. 1993. IR 256.*

3. Mode de transport. Le commissionnaire est responsable du non-respect des instructions de l'expéditeur dans le choix du mode de transport ayant entraîné une augmentation du coût de transport. • Paris, 27 févr. 1975 : *Bull. transp. 1975. 131* • 24 mars 1958 : *D. 1958. 127.* – Comp. : • Com. 16 déc. 1957 : *Bull. civ. III, n° 348 ; JCP 1958. II. 10675, note Rodière.* ♦ Jugeant que l'obligation du transporteur d'acheminer la marchandise par air ou par route est une obligation alternative, V. • Com. 7 déc. 2004 : *D. 2005. 2392, note Delebecque ; RTD civ. 2005. 782, obs. Mestre et Fages.*

Commet une faute personnelle le commissionnaire de transport qui choisit, d'une part, un matériel dépourvu d'unité de froid pour l'acheminement d'un conteneur chargé de bœuf congelé, d'autre part, des transporteurs qui ont accepté d'effectuer le transport dans de telles conditions. • Rouen, 16 mars 1995 : *JCP 1995. IV. 1830.*

4. Arrimage des marchandises. Sur la responsabilité du commissionnaire du fait du mauvais arrimage de fûts contenant la marchandise, V. • Paris, 15 juin 1979 : *DMF 1980. 86.* ♦ Comp., lorsque le défaut d'arrimage et de calage des marchandises est imputable à l'expéditeur : • Com. 3 oct. 1989 : *Bull. civ. IV, n° 245.* ♦ Mais le commissionnaire s'étant contractuellement chargé des opérations de saisissage et de conditionnement du voilier qu'il avait facturées à son commettant, la cour d'appel a pu retenir, par une interprétation de la portée de cet engagement, qu'il avait pris à sa charge les conséquences de ces opérations, peu important qu'elles puissent avoir été partiellement réalisées par le commettant. • Com. 4 mars 2008 : *RD transp. 2008, n° 112, obs. Bon-Garcin.*

5. *Conditionnement des marchandises.* Le commissionnaire de transport est responsable des avaries dues au conditionnement des marchandises chargées avec d'autres, dans un conteneur, lorsque ces avaries sont dues au contact avec ces dernières marchandises qui ont rendu les marchandises avariées impropres à la consommation à laquelle elles étaient destinées. • T. com. Paris, 19 nov. 1979 : *DMF 1980. 376.* ♦ Pour la condamnation d'un commissionnaire à réparer le préjudice occasionné aux marchandises alors qu'il avait préconisé au transporteur chargé de l'acheminement de celles-ci, de la faire dans une remorque bâché sans lui indiquer la nature et la valeur des marchandises, V. • Com. 5 févr. 2002 : *JCP E 2002, n° 13, p. 517.* ♦ Mais si le commissionnaire de transport doit réparer l'entier dommage causé aux marchandises transportées, l'indivisibilité d'éléments transportés dans des colis différents ne peut lui être opposée que s'il en a été informé lors de la conclusion du contrat et qu'il a pu ainsi prévoir l'aggravation possible des conséquences dommageables d'une avarie et de l'obligation à réparation lui incombant. • Paris, 19 juin 2003 : *RJDA 2003, n° 1176.*

6. *Déclaration de valeur.* Le commissionnaire qui a omis de faire une déclaration de valeur, alors que la marchandise dépasse le montant de la limitation de responsabilité du transporteur, commet une faute qui l'engage à réparer le préjudice ainsi causé au propriétaire des marchandises dont il avait la charge. • Rouen, 16 août 1979 : *DMF 1980. 272.*

7. *Prix du transport.* BIBL. Brunat, *Bull. transp. 1977. 311* (application des tarifs). ♦ En cas de redressement de tarif opéré par l'Administration dans les rapports entre commissionnaire et transporteurs affrétés, l'expéditeur, en raison du caractère d'ordre public des tarifs, doit payer au commissionnaire le supplément de tarif ; mais le commissionnaire doit lui payer la même somme à titre de dommages-intérêts pour faute professionnelle. • Com. 9 mai 1977 : *Bull. civ. IV, n° 127 ; D. 1977. IR 484.*

8. *Recouvrement du prix.* Le commissionnaire qui a contracté l'obligation, non seulement de pourvoir au transport des marchandises mais d'en recouvrer le prix, est responsable de plein droit, en vertu de l'art. 99 [C. com., art. L. 132-6], de celui qu'il a choisi pour exécuter cette prestation. • Com. 6 févr. 1973 : *Bull. civ. IV, n° 64 ; D. 1973. IR 88 ; JCP 1973. II. 17432, note Rodière* • 8 juill. 2003 : *Bull. civ. IV, n° 133 ; D. 2003. AJ 2237, obs. Chevrier ; JCP E 2003, n° 41, p. 1601 ; CCC 2003, n° 154, obs. Leveneur ; RTD com. 2004. 366, obs. Bouloc ; RJDA 2004, n° 41.*

9. *Expédition contre remboursement.* Sur la responsabilité du commissionnaire de transport chargé d'une expédition contre remboursement, le transporteur ayant accepté à son ordre un chèque, libellé, qui n'était pas provisionné alors que les modalités de paiement prévoyaient que le chèque devait être établi à l'ordre de l'expéditeur, V. • Paris, 8 avr. 1998 : *JCP E 1999, n° 16, p. 717, obs. B.-G.* ♦ Commet une faute le transporteur qui accepte en paiement une lettre de change alors que l'expédition contre remboursement impose un paiement par chèque ou espèces. • Com. 12 oct. 1999 : *JCP E 2000, n° 29, p. 1183, obs. Bon-Garcin.* ♦ En l'absence de stipulation contraire, le transport contre remboursement étant soumis au contrat type messagerie applicable en la cause, le transporteur est tenu de ne délivrer la marchandise qu'en contrepartie de la remise d'espèces ou d'un chèque. • Com. 8 juill. 2003 : *préc. note 8.*

10. *Attestation bancaire.* Le fait qu'un commissionnaire ait livré des marchandises en contrepartie d'une attestation bancaire qui était fausse ne peut engager sa responsabilité, car il n'aurait pu avoir l'obligation de s'assurer de l'authenticité de cette attestation que s'il s'était trouvé en présence de circonstances de nature à éveiller sa méfiance. • Paris, 22 avr. 1977 : *D. 1977. 531, note Vasseur.* ♦ Sur la responsabilité du commissionnaire pour inobservation des instructions de livraison contre remise d'une attestation bancaire de paiement et pour retard à informer le commettant du refus par le destinataire de prendre livraison, V. • Paris, 14 avr. 1980 : *Bull. transp. 1980. 500.*

10 bis. *Crédit documentaire.* L'obligation pour un commissionnaire de transport, chargé en cette qualité d'organiser un transport, de transmettre à son commettant, vendeur de la marchandise, les documents nécessaires à l'exécution par la banque émettrice d'un crédit documentaire, constitue, pour ce commissionnaire, un mandat distinct de son contrat de commission. • Com. 14 mai 2008 : *Bull. civ. IV, n° 100 ; D. 2008. AJ 1476, obs. Delpech ; RTD com. 2008. 899, obs. Delebecque ; JCP E 2008, n° 25, p. 24 ; Banque et Droit sept.-oct. 2008. 58,* *obs. Affaki et Stoufflet ; RJDA 2008, n° 1119 ; RD transp. 2008, n° 158, obs. Bon-Garcin.*

11. Solvabilité du destinataire. Dans le cadre de son mandat, le commissionnaire de transport a pour seule obligation de se faire remettre un chèque présentant une apparence régulière et portant la mention de certification. Il ne lui appartient pas de contrôler, lorsque ces vérifications ont été faites, la solvabilité du destinataire ou de se renseigner auprès de la banque mentionnée sur le titre ; s'il s'avère ultérieurement que le titre a été falsifié, la responsabilité du commissionnaire ne peut être engagée sauf à l'expéditeur de rapporter la preuve que l'anomalie que comportait le titre pouvait être aisément décelée par un professionnel vigilant. • Versailles, 24 juin 1993 : *D. 1993. IR 210.* ♦ Le commissionnaire de transport, qui, ayant en outre de sa mission reçu mandat de son commettant de se faire remettre, préalablement à la livraison de la marchandise, les documents en justifiant le paiement, et qui, pour avoir fait perdre à son mandant le prix de la marchandise en la délivrant sans exiger la remise de ces documents, est condamné à lui en payer le prix, est légalement subrogé dans les droits du vendeur créancier, qu'il a ainsi remboursé, contre l'acheteur, débiteur du prix, dont il a payé la dette. • Com. 5 oct. 1993 : *Bull. civ. IV, n° 324 ; D. 1993. IR 231.* ♦ Sur l'action du commissionnaire subrogé, V. aussi note 19.

B. CLAUSES LIMITATIVES DE RESPONSABILITÉ

12. Validité. BIBL. Brunat, *Bull. transp. 1976. 78.* – Tilche, Chao et Berthod, *ibid. 1992. 472* (adhésion du destinataire). ♦ Sur la validité, depuis la loi du 17 mars 1905, de la clause de non-responsabilité stipulée par un commissionnaire de transport, V. • Besançon, 27 janv. 1911 : *DP 1913. 2. 144.* ♦ Les conditions générales de la Fédération des commissionnaires et auxiliaires de transport, dont les limitations de réparation concernent tous les intermédiaires membres de la fédération, quels que soient le titre juridique ou la fonction au titre de laquelle ils interviennent, ces membres étant génériquement désignés sous le terme de « transitaires ». • Com. 11 juin 1996 : *Bull. civ. IV, n° 172 ; RJDA 1996, n° 1332.* ♦ V. aussi note 6 ss. art. L. 132-6.

13. Opposabilité. L'absence de protestation de l'expéditeur lors de la réception du récépissé de transport fixant un plafond de réparation ne prouve pas que l'expéditeur avait eu connaissance de la clause limitative et l'avait acceptée au moment de la formation du contrat. • Com. 3 déc. 1985 : *Bull. civ. IV, n° 289.* ♦ Une clause du papier à lettres du commissionnaire de transport mentionnant que toutes ses opérations sont effectuées aux conditions générales établies par une organisation professionnelle n'apporte pas la preuve que l'expéditeur ait connu cette clause à l'occasion soit du transport litigieux, qui n'avait donné lieu à aucun échange de correspondance, soit de transports antérieurs. • Paris, 26 janv. 1981 : *Bull. transp. 1981. 141.* ♦ Pour l'inopposabilité de clauses limitatives de responsabilité figurant au verso du bulletin de remise de marchandises signé par le préposé du donneur d'ordre, en raison de leur illisibilité et de leur manque de clarté, V. • Com. 14 avr. 1992 : *Bull. civ. IV, n° 166 ; D. 1992. IR 164.* – V. aussi • Com. 27 nov. 2007 : *RJDA 2008, n° 372.* ♦ Le destinataire de la marchandise volée au cours du transport, étant étranger au contrat conclu entre l'expéditeur et le commissionnaire, il en résulte qu'il n'avait pas eu connaissance de la clause et n'avait pu l'accepter. • Com. 26 mai 1992 : *Bull. civ. IV, n° 211.*

14. Faute lourde. Commet une faute lourde, le commissionnaire confiant des marchandises périssables à la SNCF, sans modifier l'itinéraire, alors qu'il savait qu'une grève des cheminots allait intervenir. • Com. 6 mai 1997 : *Bull. civ. IV, n° 127 ; D. Affaires 1997. 893.* ♦ La personne qui intervient dans l'organisation d'un transport en qualité de commissionnaire substitué est tenue de garantir le fait du voiturier en la personne duquel doivent être appréciées les conditions de la force majeure et de l'existence d'une faute lourde afin d'appliquer ou non une clause limitative de responsabilité (à propos du transport de pièces de monnaie). • Com. 3 oct. 1989 : *Bull. civ. IV, n° 246 ; D. 1990. 81, concl. Jéol, et Somm. 269, obs. Rèmond-Gouilloud.* ♦ Le commissionnaire de transport, « garant » des faits de son substitué, ne peut opposer à son client les limitations contractuelles de responsabilité si celui qu'il a choisi a commis une faute lourde. • Paris, 15 déc. 1986 : *Bull. transp. 1987. 171.* ♦ Sur la faute lourde du commissionnaire de transport et du transporteur substitué, V. • Com. 9 déc. 2008 : *Bull. civ. IV, n° 204 ; D. 2009. AJ 93 ; RTD com. 2009. 434, obs. Bouloc ; JCP E 2009, n° 5, p. 42 ; RJDA 2009, n° 429 ; RLDC mars 2009. 20, obs Bugnicourt.* ♦ Sur la faute lourde, V. aussi note 2 ss. art. L. 133-8. ♦ Le commissionnaire de transport qui sait, ou ne peut raisonnablement ignorer, que les marchandises qui lui sont confiées comportent un risque particulier de vol a l'obligation d'informer le voiturier de telle sorte que puissent être prises les mesures nécessaires à leur sécurité. Ayant retenu que le commissionnaire n'avait mentionné sur la lettre de voiture ni la nature de la marchandise ni leur valeur et n'avait donné aucune instruction quant à des précautions particulières à prendre, une cour d'appel a pu en déduire une faute personnelle à la charge du commissionnaire, en raison de laquelle il ne pouvait bénéficier de la limitation d'indemnisation, ainsi qu'il résulte de l'art. L. 132-5. • Com. 13 juill. 2010 : *Bull. civ. IV, n° 130 ; D. 2010. Actu. 1935 ; RTD com. 2010. 778, obs. Bouloc ; JCP E 2010, n° 1836 ; RJDA 2010, n° 1153 ; RD transp. 2010, n° 188, obs. Paulin ; ibid., n° 209, obs. Bon-Garcin.*

14 bis. Obligation essentielle. Il convient de rechercher si l'impossibilité de localiser les marchandises remises au transporteur pendant leur acheminement ne constituait pas un manquement de celui-ci à une obligation essentielle permettant de réputer non écrite la clause limitative d'indemnisation contenue non dans un contrat-type, s'agissant d'un commissionnaire de transport, mais dans la convention liant les parties. • Com. 5 juin 2007 : *Bull. civ. IV, n° 157 ; R. 2007, p. 434 ; BICC 15 oct. 2007, n° 2107, et les obs. ; D. 2007. Pan. 2973, obs. Fauvarque-Cosson ; ibid. AJ 1720, obs. Delpech ; RTD com. 2008. 174, obs. Bouloc ; RTD civ. 2007. 567, obs. Fages ; JCP 2007. II. 10145, note Houtcieff ; JCP E 2007, n° 40, p. 28, obs. Letacq ; LPA 6 févr. 2008, obs. Houtcieff ; Dr. et patr. sept. 2007. 95, obs. Stoffel-Munck ; RJDA 2008, n° 271 ; RDC 2007. 1121, obs. D. Mazeaud, et 1144, obs. Carval ; RD transp. 2007. Étude 10, par Paulin ; CCE 2007, n° 151, obs. Stoffel-Munck ; RCA 2007, n° 283, obs. Groutel.* – Sur cet arrêt, V. aussi Paulin, *JCP E 2007, n° 41, p. 22* (le caractère essentiel de l'obligation de traçabilité : à quoi bon ?).

C. EXONÉRATION DE RESPONSABILITÉ

15. Faute de l'expéditeur. Le commissionnaire de transport a la possibilité de s'exonérer de sa responsabilité envers le destinataire ou son assureur subrogé s'il fait la preuve que le dommage résulte de la faute du chargeur. • Com. 3 oct. 1989 : *préc. note 4.* ♦ V., refusant de limiter la responsabilité du commissionnaire de transport en raison de la faute de l'expéditeur qui n'aurait pas spécialement attiré son attention sur la valeur de la marchandise transportée, alors que la cour d'appel aurait dû rechercher si le chauffeur ne pouvait stationner son véhicule sur une aire de stationnement éclairée ou dans un site clos et surveillé du commissionnaire : • Com. 30 juin 2004 : *Bull. civ. IV, n° 145 ; JCP E 2004, n° 38, p. 1421.* – V. dans la même affaire : • Com. 27 nov. 2007 : *cité note 3 ss. art. L. 132-3.*

16. Force majeure. Sur le verglas, cas de force majeure, à condition qu'il soit cumulativement imprévisible et insurmontable, V. • Com. 6 févr. 1973 : *Bull. civ. IV, n° 62 ; JCP 1973. II. 17501, note Rodière.* ♦ V. aussi à propos de la tempête de décembre 1999 : • Versailles, 30 oct. 2003 : *RJDA 2004, n° 405.* ♦ Jugeant que la simple constatation administrative de l'état de catastrophe naturelle ne suffit pas à caractériser la force majeure, V. • Civ. 3e, 10 déc. 2002 : *D. 2003. IR 106 ; RJDA 2003, n° 243.* ♦ V., admettant la force majeure, pour des wagons-citernes bloqués dans une gare par la SNCF, • Com. 26 févr. 1980 : *Bull. civ. IV, n° 100 ; RTD com. 1981. 356, obs. Hémard.* ♦ En revanche, n'ont pas été jugées constitutives de force majeure : la guerre civile au Liban, événement connu au moment de la conclusion du contrat. • Paris, 9 févr. 1984 : *Bull. transp. 1985. 13.* – Comp. note 4 ss. art. L. 132-4. ♦ ... Une grève de dockers menaçant depuis treize jours. • Paris, 26 avr. 1984 : *ibid. 1985. 61.*

Saisis par l'expéditeur d'une marchandise, à l'égard du commissionnaire de transport, d'une demande de réparation du préjudice causé par le retard dû au fait du seul voiturier, les juges du fond ne peuvent, sans contradiction, d'une part, admettre, dans les relations entre le commissionnaire et le voiturier, la force majeure invoquée par ce dernier, et, d'autre part, rejeter cette même excuse, dans les rapports du commissionnaire avec l'expéditeur. • Com. 15 juin 1973 : *Bull. civ. IV, n° 207 ; D. 1973. Somm. 131.*

17. Vice de la chose. Dès lors que le commissionnaire de transport est lui-même expéditeur et n'allègue pas la force majeure, il ne peut s'exonérer de sa responsabilité qu'en établissant le vice propre de la marchandise transportée, à condition que celui-ci constitue pour lui une cause étrangère. • Com. 20 janv. 1998 : *RJDA 1998, n° 595.* ♦ V., pour un *vice propre de la marchandise* (santé fragile d'une jument), qualifié de cause étrangère ne pouvant être imputée, au sens de l'art. 1147 C. civ., au commissionnaire, • Paris, 14 déc. 1989 : *D. 1990. Somm. 269, obs. Rèmond-Gouilloud* ♦ V. aussi notes 10 et 11 ss. art. L. 133-1.

II. ACTION EN PAIEMENT CONTRE LE COMMISSIONNAIRE

18. Auteur de l'action. En ce sens que l'expéditeur et le destinataire ayant adhéré au contrat de transport disposent chacun d'un droit d'action contre le commissionnaire de transport et ce, quels que soient les termes de la vente à l'origine du déplacement de la marchandise, V. • Versailles, 14 mai 1998 : *JCP E 1998, n° 40, p. 1524.* ♦ Le destinataire, subrogé dans les droits de l'expéditeur, est en droit d'obtenir la condamnation *in solidum* du commissionnaire et de son transporteur. • Paris, 21 mars 2002 : *BICC 2002, n° 1179.*

19. Commissionnaire subrogé. Jugeant qu'en indemnisant son commettant en réparation d'une avarie, en application de l'art. L. 132-5, un commissionnaire a exécuté son obligation légale de garantie et se trouve légalement subrogé dans les droits du destinataire pour agir à l'encontre du transporteur aérien. • Versailles, 4 sept. 2003 : *RJDA 2004, n° 158.*

20. Contrats internationaux. Les juges du fond ne peuvent retenir l'application de la loi française sur les seuls motifs que le transport avait été exécuté en partie en France et que la livraison avait eu lieu en France ; ils se devaient de procéder à une comparaison avec la loi allemande, s'agissant d'un commissionnaire ayant son siège social en Allemagne duquel il avait organisé l'opération de transport. • Com. 19 déc. 2006 : *Bull. civ. IV, n° 254 ; D. 2007. Chron. C. cass. 1755, obs. Courbe ; ibid. Pan. 2566, obs. Bollée ; RTD com. 2007. 628, obs. Delebecque ; Rev. crit. DIP 2007. 592, obs. Lagarde (1re esp.) ; JCP E 2007, n° 8, p. 25 ; RJDA 2007, n° 449 ; RLDA mars 2007. 63, obs. Bonnamour ; RDC 2007. 467, obs. Deumier ; RD transp. 2007, n° 21.*

Art. L. 132-6 **Il est garant des faits du commissionnaire intermédiaire auquel il adresse les marchandises.** – *[C. com., art. 99.]*

BIBL. ▶ RODIÈRE, *D. 1958. Chron. 217* (commissionnaires de transport successifs). – AYMERIC, *RTD com. 2009. 493* (sur le sous-commissionnaire de transport).

I. GARANTIE DU COMMISSIONNAIRE DU FAIT DE SES SUBSTITUÉS

A. CONDITIONS ET PORTÉE DE LA GARANTIE

1. Commissionnaires et actions visés. V. note 1 ss. art. L. 132-5.

2. Domaine de la garantie. Le commissionnaire de transport ne répond que de la partie du transport dont il s'est chargé. • Com. 16 mars 1981 : *Bull. transp. 1981. 316.*

3. Responsabilité du fait d'autrui. Le commissionnaire-chargeur ne peut s'exonérer de sa responsabilité en alléguant qu'il n'a commis aucune faute et en prouvant que la perte ou l'avarie est imputable au transporteur intermédiaire. • Civ. 9 juill. 1872 : *DP 1872. 1. 224* • Req. 3 juill. 1894 : *DP 1894. 1. 488.* ♦ Le commissionnaire de transport est responsable non seulement de ses propres fautes mais aussi de celles des transporteurs qu'il s'est substitués. • Com. 16 nov. 1993 : *Bull. transp. 1993. 915.* ♦ Il répond même de la faute lourde du transporteur. • Com. 14 janv. 1975 : *Bull. transp. 1975. 81.* ♦ Le commissionnaire de transport est, par application des art. 98, 99 et 103 [C. com., L. 132-5, L. 132-6 et L. 133-1], responsable du fait de son substitué envers son donneur d'ordre, notamment en cas de vol des marchandises, et s'il peut invoquer une clause contractuelle limitative de responsabilité, encore faut-il que son substitué n'ait pas commis une faute lourde exclusive de toute limitation de responsabilité. • Versailles, 20 juin 2000 : *JCP E 2000, n° 42, p. 1639.*

4. Illustrations. Sur la responsabilité relative au recouvrement du prix des marchandises, V. note 8 ss. art. L. 132-5. ♦ Sur la responsabilité du commissionnaire de transport en cas de perte survenue au cours d'un transport aérien, V. • Com. 28 févr. 1984 : *Bull. civ. IV, n° 78 ; RTD com. 1985. 158, obs. Hémard et Bouloc.*

5. Absence de solidarité. Le commissionnaire de transport, garant des faits du commissionnaire ou du voiturier intermédiaire, n'est pas solidairement responsable avec eux des avaries ou des pertes survenues à la marchandise, alors du moins qu'aucune faute n'est relevée à sa charge. • Com. 5 déc. 1951 : *D. 1952. 449, note Goré.* ♦ Sur sa responsabilité solidaire en cas de faute, V. • Paris, 30 oct. 1944 : *D. 1945. 192, note Aubrun.*

B. LIMITATIONS DE RESPONSABILITÉ

6. Limitations de responsabilité du substitué. Le commissionnaire de transport, responsable en raison de la faute commise par l'un de ses substitués, bénéficie dans ce cas des limitations légalement prévues et applicables auxdits substitués (à propos d'un transport maritime régi par la L. n° 66-420 du 18 juin 1966, désormais codifiée au code des transports, V., App., v° *Commerce maritime*). • Com. 29 nov. 1994 : *Bull. civ. IV, n° 360 ; D. 1995. IR 8.* ♦ Lorsqu'il est poursuivi par le commettant, à la suite de la perte du colis transporté, sur le fondement de la responsabilité du fait du transporteur substitué, le commissionnaire de transport bénéficie de la limitation de responsabilité instituée au profit du transporteur. • Com. 5 déc. 2006 : *Bull. civ. IV, n° 240 ; D. 2007. AJ 222, obs. Delpech ; RTD com. 2007. 591, obs. Bouloc ; JCP E 2007, n° 5, p. 23 ; RJDA 2007, n° 612 ; RD transp. 2007, n° 22.* ♦ Comp., considérant qu'un commissionnaire de transport, garant envers son commettant du transporteur maritime qu'il s'est substitué, ne peut en cette qualité, ni opposer à l'ayant droit le caractère exclusif de la responsabilité du transporteur, ni se prévaloir des clauses limitatives de sa propre responsabilité personnelle, ni invoquer les limitations légales de responsabilité du transporteur maritime, dès lors que la faute inexcusable de celui-ci y fait échec. • Com. 27 oct. 1998 : *Bull. civ. IV, n° 268 ; D. 1999. 427, note Ammar ; JCP E 1998, n° 50, p. 1953 ; RJDA 1999, n° 41.* ♦ Comp., aussi jugeant que le commissionnaire de transport, tenu responsable du fait du transporteur aérien qu'il s'est substitué, sur le fondement de l'art. 99 [C. com., art. L. 132-6], ne peut se prévaloir à l'égard de son commettant des dispositions de l'art. 22 de la Convention de Varsovie relatives à la limitation de responsabilité du transporteur aérien. • Paris, 18 juin 1992 : *JCP 1992. IV. 2850.* ♦ Si le commissionnaire de transport ne peut être tenu à l'égard de son commettant, au-delà de ce à quoi est tenu son substitué, il peut en aller différemment lorsqu'il a commis une faute personnelle dans l'accomplissement de la mission qui lui avait été confiée (à propos dudit art. 22 de la Convention de Varsovie). • Com. 22 oct. 1996 : *Bull. civ. IV, n° 258.* – Sur la faute personnelle, V. note 14.

Sauf clause limitant sa responsabilité propre, le commissionnaire de transport peut se voir opposer, par le transporteur commis, la limitation de responsabilité incluse dans le récépissé de livraison de la marchandise qu'il a remis au transporteur. • Com. 6 févr. 1996 : *Bull. civ. IV, n° 43 ; D. Affaires 1996. 388.* ♦ Les conditions générales de la Fédération nationale des commissionnaires de transport n'ayant pas de caractère réglementaire, la limitation d'indemnité qu'elles contiennent, en cas de pertes ou avaries, ne peut être opposée par le commissionnaire substitué au commissionnaire principal, domicilié en Suisse, dès lors qu'elle n'avait pas été stipulée pour l'opération litigieuse ou à l'occasion de prestations antérieures. • Com. 20 févr. 1996 : *Bull. civ. IV, n° 60 ; D. 1996. 290, note Delebecque ; JCP 1996. IV. 858.* ♦ V. aussi note 11.

C. EXONÉRATION DU COMMISSIONNAIRE

7. Substitué imposé au commissionnaire. Le commissionnaire de transport ne répond de plein droit de l'activité des agents ultérieurs du transport que dans la mesure où ceux-ci ont été librement choisis par ses soins ; lorsque le choix d'un transitaire a été imposé par l'expéditeur au commissionnaire, à qui aucune faute personnelle n'est reprochée, les juges sont fondés à décider que ce dernier n'est pas responsable du préjudice causé à l'expéditeur par le fait dudit transitaire. • Com. 4 déc. 1973 : *Bull. civ. IV, n° 354.* – V. aussi • Lyon, 7 nov. 1974 : *Bull. transp. 1975. 46.* ♦ V., pour la responsabilité du commissionnaire dit « intermédiaire », • Paris, 12 mars 1975 : *Bull. transp. 180* • 20 mars 1975 : *ibid. 346* • 28 mars 1977 *ibid. 1977. 348.*

En revanche, le commissionnaire ne peut dégager sa responsabilité en invoquant le fait que le choix du transporteur lui a été imposé par un organisme public bénéficiaire d'un monopole. • Com. 13 janv. 1987 : *Bull. civ. IV, n° 18* • 11 févr. 2004 : *Bull. civ. IV, n° 24 ; D. 2004. AJ 699 ; JCP E 2004, n° 38, p. 1444, obs. Bon-Garcin ; RTD com. 2004. 395, obs. Delebecque ; RJDA 2004, n° 705.* ♦ V., dans le même sens, alors même que le commissionnaire a informé par lettre l'expéditeur de l'intervention nécessaire d'un agent imposé par une autorité locale : • Com. 5 déc. 1989 : *D. 1990. Somm. 270, obs. Rèmond-Gouilloud.*

8. Exonération du transporteur substitué. Lorsque le transporteur est légalement exonéré d'un dommage subi par la marchandise, le commissionnaire l'est pareillement à l'égard de son commettant. • Aix-en-Provence, 18 avr. 1975 : *Bull. transp. 1975. 383.* ♦ V. aussi, pour une exonération du voiturier pour cause de force majeure, • Com. 6 févr. 1973 : *Bull. civ. IV, n° 62 ; JCP 1973. II. 17501, note Rodière.*

II. ACTIONS EN RESPONSABILITÉ

A. ACTION DE L'EXPÉDITEUR OU DU DESTINATAIRE

9. Action contre le commissionnaire. Si le commissionnaire de transport est tenu envers son commettant en raison du fait de ses substitués, le commettant peut ne demander réparation qu'au commissionnaire de transport sur le fondement de l'art. 99 [C. com., art. L. 132-6], sans avoir à mettre en cause le transporteur en vertu de l'art. 103 [C. com., art. L. 133-1], aucune indivisibilité n'existant entre les deux actions. • Com. 6 janv. 1998 : *Bull. civ. IV, n° 10 ; D. 1998. IR 36 ; D. Affaires 1998. 244, obs. S. P. ; Quot. jur. 11 juin 1998, p. 8, obs. P. M.* – V. rapp. Apollis, *RJDA 1998, p. 179.*

10. Action directe. L'expéditeur, ou le destinataire, est recevable à agir contre les commissionnaires ou voituriers intermédiaires qui ont concouru au transport. • Civ. 12 juin 1872 : *DP 1872. 1. 216* • 1er déc. 1896 : *DP 1897. 1. 561.* ♦ Toutefois, le voiturier intermédiaire ne répond que de son fait ; il ne peut donc être déclaré responsable de la perte ou de l'avarie extérieure d'un colis que s'il est établi qu'il l'a reçu du précédent transporteur, et de l'avarie antérieure que s'il est prouvé qu'elle s'est produite pendant la partie du transport qu'il a effectuée. • Civ. 13 avr. 1874 : *DP 1876. 1. 255* • 4 févr.

1914 : *DP 1916. 1. 141* • 23 janv. 1924 : *DH 1924. 162.* ♦ Il en est de même du dernier voiturier. • Civ. 21 janv. 1925 : *DP 1927. 1. 127.* ♦ ... A moins que le transport n'ait eu lieu en port dû, auquel cas ce voiturier, exerçant, pour le recouvrement du prix, les droits des voituriers antérieurs, doit subir les conséquences des faits qui engagent leur responsabilité. • Civ. 6 mai 1872 : *DP 1872. 1. 107* • Req. 6 janv. 1874 : *DP 1875. 5. 81* • Civ. 7 juill. 1924 : *DH 1924. 583.*

Il résulte de la lettre et de l'esprit de l'art. 101 [C. com., art. L. 132-8, dans sa rédaction antérieure à la L. n° 98-69 du 6 févr. 1998] que, lorsque le commissionnaire fait exécuter un transport (en l'occurrence un déménagement) par un sous-traitant, qui a nécessairement en la matière la qualité de sous-commissionnaire ou de voiturier, l'expéditeur peut agir directement contre celui-ci, même si son nom ne figure pas dans le titre de transport, sur le fondement de la seule responsabilité contractuelle, s'agissant d'une demande concernant un même contrat de transport. • Paris, 18 janv. 1995 : *D. 1995. IR 111.* ♦ V. désormais art. L. 132-8.

B. ACTION EN GARANTIE DU COMMISSIONNAIRE

11. Action récursoire. Le commissionnaire de transport peut agir contre le transporteur en réparation du préjudice subi par son commettant, même s'il ne l'a pas encore indemnisé, faute d'action principale exercée par ce dernier. • Com. 4 nov. 1977 : *Bull. civ. IV, n° 247 ; D. 1978. IR 164* • 18 déc. 1978 : *Bull. civ. IV, n° 315 ; D. 1979. IR 135.* ♦ Toutefois, le commissionnaire ne peut agir en garantie contre le transporteur qu'à concurrence des sommes qu'il a lui-même payées à son commettant et son action doit être rejetée dès lors qu'il a été indemnisé par son assureur et ne justifie pas avoir indemnisé le destinataire. • Rouen, 14 mai 1980 : *Bull. transp. 1980. 331.* ♦ Le commissionnaire exerçant l'action directe contre le transporteur doit prouver qu'il a dédommagé l'ayant droit ou s'est engagé à le faire. • Com. 4 mai 1982 : *Bull. civ. IV, n° 151 ; D. 1982. IR 482* • 14 juin 1994 : *Bull. civ. IV, n° 219.* – V. aussi • Com. 2 févr. 1993 : *Bull. civ. IV, n° 47 ; D. 1993. 588, note B. M.* (à propos d'un commissionnaire qui s'était substitué un autre commissionnaire intermédiaire) • 23 sept. 1982 : *Bull. transp. 1982. 548* • 4 oct. 1982 : *ibid. 549* • 22 avr. 1997 : *Quot. jur. 27 mai 1997, p. 2.* ♦ Le commissionnaire de transport n'a pas à justifier d'une subrogation dans les droits de son client pour agir en garantie contre le voiturier. • Com. 13 juin 1989 : *Bull. transp. 1989. 527* • Reims, 22 mai 1996 : *D. 1998. Somm. 320, obs. Mercadal* . ♦ V. aussi • Com. 31 mars 1998 : *LPA 19 mai 1998, note Humann.* ♦ Les dommages subis par une machine transportée s'étant produits au cours de l'exécution du contrat de manutention conclu entre le manutentionnaire et le commissionnaire substitué en sa qualité de mandataire substitué du commettant, la responsabilité du manutentionnaire ne peut être recherchée par l'assureur, subrogé dans les droits du commettant, que sur le fondement contractuel. • Com. 20 févr. 1996 : *préc. note 6.*

Lorsque à la suite de pertes ou dommages résultant d'un transport maritime le commissionnaire de transport est assigné par son commettant en tant que garant du fait du transporteur maritime qu'il s'est substitué, il a qualité pour agir, dans le délai de trois mois, en responsabilité à l'encontre de celui-ci, par la voie d'un appel en garantie, quand bien même le commettant figurerait comme chargeur au connaissement, dès lors que c'est le commissionnaire qui, en tant que chargeur réel ayant conclu le contrat de transport maritime et du fait de la garantie qu'il assume, à ce titre envers son client, supporte le préjudice. • Com. 2 févr. 1999 : *Bull. civ. IV, n° 38 ; D. 2000. 295, obs. Mercadal* .

12. Preuve de la responsabilité du substitué. Le commissionnaire a la charge de la preuve de la responsabilité de son substitué dans l'avarie subie par la marchandise. Cette preuve n'est pas rapportée lorsqu'il n'est pas démontré que les réserves mentionnées dans la lettre de transport à l'arrivée n'ont pas été, en réalité, rajoutées postérieurement et qu'une lettre de confirmation a effectivement été adressée. • Paris, 18 juin 1992 : *préc. note 6.*

13. Défaut d'information du substitué. Justifie légalement sa décision de débouter le commissionnaire principal de transport, condamné à réparer le préjudice de l'expéditeur, de son appel en garantie dirigé contre le commissionnaire substitué, la cour d'appel qui retient que le commissionnaire principal n'a pas communiqué à son substitué les informations nécessaires à la bonne exécution du transport, dès lors qu'elle a ainsi établi le manquement personnel du commissionnaire principal non au regard de son obligation de conseil mais d'information. • Com. 22 févr. 1994 : *Bull. civ. IV, n° 80.*

14. Faute personnelle du commissionnaire. La faute personnelle du commissionnaire de transport lui interdit d'obtenir la garantie des voituriers. • Rouen, 16 mars 1995 : *JCP 1995. IV. 1830.* ♦ Ayant relevé que le vol de la marchandise avait comme origine le refus par le destinataire d'accepter la marchandise en raison d'une erreur dans la préparation de la commande commise par le commissionnaire qui a conduit le transporteur à reprendre puis entreposer la marchandise dans ses locaux où elle a été volée, une cour d'appel a ainsi caractérisé un lien de causalité entre la faute du commissionnaire et le préjudice, et a ainsi légalement justifié sa décision condamnant le commissionnaire. • Com. 12 avr. 2005 : *Bull. civ. IV, n° 90 ; D. 2005. Pan. 2753, obs. Kenfack ; ibid. AJ 1350, obs. Chevrier ; RTD com. 2005. 828, obs. Bouloc ; JCP E 2005, n° 26, p. 1119 ; RJDA 2005, n° 977 ; RDC 2006. 408, obs. Delebecque.*

15. Partage de responsabilité. Le commissionnaire de transport répondant envers le commettant non seulement de ses propres fautes mais aussi de celles des transporteurs qu'il s'est substitués, il convient de tenir compte dans la condamnation du commissionnaire de la part de préjudice provenant de la faute du transporteur. • Com. 12 avr. 2005 : *préc. note 14.* ♦ Un partage de responsabilité est sans incidence sur l'application du plafond d'indemnisation prévu par le contrat type. • Même arrêt.

Art. L. 132-7 La marchandise sortie du magasin du vendeur ou de l'expéditeur voyage, s'il n'y a convention contraire, aux risques et périls de celui à qui elle appartient, sauf son recours contre le commissionnaire et le voiturier chargés du transport. – *[C. com., art. 100.]*

Charge des risques. Les clauses franco-frontière, qui ne concernent que les frais de transport, n'ont pas pour effet de différer le transfert de propriété, et sont, dès lors, sans incidence sur les risques du transport, lesquels sauf convention contraire restent soumis à l'art. 100 [C. com., art. L. 132-7]. • Com. 23 juin 1998 : *Bull. civ. IV, n° 210.*

Art. L. 132-8 La lettre de voiture forme un contrat entre l'expéditeur, le voiturier et le destinataire ou entre l'expéditeur, le destinataire, le commissionnaire et le voiturier. Le voiturier a ainsi une action directe en paiement de ses prestations à l'encontre de l'expéditeur et du destinataire, lesquels sont garants du paiement du prix du transport. Toute clause contraire est réputée non écrite. – *[C. com., art. 101.]*

Sur l'action directe en matière de contrat de transports de déménagement V. C. consom., art. L. 121-96, ss. art. L. 133-9.

BIBL. ▶ DELEBECQUE, *D. Affaires 1998. 870* (amélioration des conditions d'exercice de la profession de transporteur routier) ; *ibid. 1995. 189* (le destinataire de la marchandise : tiers ou partie au contrat ?). – TILCHE, *Bull. transp. 1998. 275* (garanties de paiement). – VALLANSAN, *JCP E 2000, n° 37, p. 1415* (grande distribution et prix du transport). – ZERBO, *D. 2001. 2290* (privilège et droit de rétention du voiturier : halte à la confusion). – BON-GARCIN, *RJDA 2002, p. 1039* (action en paiement du prix du transport). – F. PETIT, *JCP E 2004, n° 26, p. 1044* (nature de l'action du transporteur impayé). – HÉCART, *D. 2006. 1821* (action directe du voiturier : sagacité ou maladresse ?). – INFOREG, *Cah. dr. entr. 2008, n° 2, p. 119* (cahier pratique). – DE GUILLENCHMIDT-GUIGNOT, *RD transp. 2009. Étude 8* (l'extension du domaine de l'action directe du voiturier). – PAULIN, *JCP E 2012, n° 1674* (autonomie de la garantie de paiement du transporteur).

1. Application dans le temps. La L. n° 98-69 du 6 févr. 1998 n'est pas applicable aux contrats conclus antérieurement à son entrée en vigueur. • Com. 10 mai 2005 : *Bull. civ. IV, n° 100 ; D. 2005. Pan. 2748, obs. Kenfack ; ibid. AJ 1412, obs. Chevrier ; JCP E 2005, n° 46, p. 1927, obs. C. L. ; RJDA 2005, n° 973.* – V. aussi note 2.

I. RESPONSABILITÉ CONTRACTUELLE DU TRANSPORTEUR

A. PARTIES AU CONTRAT DE TRANSPORT

2. Destinataire. Dès lors qu'il est établi qu'une société est destinataire de la marchandise transportée, il en résulte qu'elle est partie à un contrat de transport, peu important que la lettre de voiture ne comporte pas toutes les mentions imposées par l'art. L. 132-9 C. com. • Com. 15 mars 2005 : *Bull. civ. IV, n° 66 ; D. 2005. 1161, note Tosi ; ibid. AJ 889, obs. Chevrier ; RTD com. 2005. 827, obs. Bouloc ; JCP E 2005, n° 44-45, p. 1866, obs. Bon-Garcin ; RJDA 2005, n° 695 ; RDC 2005. 752, obs. Delebecque.* ♦ L'expéditeur, le transporteur et le destinataire sont parties à une convention ayant pour objet la même opération de transport. • Com. 10 janv. 2006 : *Bull. civ. IV, n° 7 ; D. 2006. AJ 442, obs. Chevrier ; RTD com. 2006. 658, obs. Bouloc ; JCP E 2006, n° 35, p. 1419, obs. Bon-Garcin ; BRDA 2006, n° 22, p. 5.* – V. aussi : • Com. 26 sept. 2006 : *cité note 9.*

Avant la L. n° 98-69 du 6 févr. 1998, le destinataire ne devenait partie au contrat de transport qu'à la livraison des marchandises : • Com. 18 mars 2003 : *Bull. civ. IV, n° 49 ; D. 2003. AJ 1164, obs. Chevrier ; JCP E 2003, n° 23, p. 932 ; RTD com. 2003. 562, obs. Bouloc ; RDC 2003. 139, obs. Delebecque ; RJDA 2003, n° 830* • Dijon, 24 sept. 2002 : *JCP E 2003, n° 10, p. 395.* ♦ Sur l'absence d'effet légal du contrat de transport, V. note 1.

3. Destinataire intermédiaire. En l'absence de lettre de voiture, celui qui reçoit la marchandise et l'accepte sans indiquer agir pour le compte d'un mandant est garant du paiement du prix du transport envers le voiturier. • Com. 22 janv. 2008 : *Bull. civ. IV, n° 13 ; D. 2008. AJ 471, obs. Delpech (1re esp.) ; RTD com. 2008. 618, obs. Bouloc ; JCP E 2008, n° 40, p. 29, obs. Bailly-Hascoët ; RJDA 2008, n° 651 ; RD transp. 2008, n° 20, obs. Paulin.* ♦ Celui qui, figurant sur la lettre de voiture en tant que destinataire, reçoit la marchandise et l'accepte sans indiquer agir pour le compte d'un mandant est garant du paiement du prix du transport envers le voiturier. • Com. 22 janv. 2008 : *Bull. civ. IV, nos 14 et 15 ; D. 2009. Pan. 973, obs. Kenfack ; D. 2008. AJ 471, obs. Delpech (2e, 3e et 4e esp.) ; RTD com. 2008. 618, obs. Bouloc ; JCP E 2008, n° 40, p. 29, obs. Bailly-Hascoët ; RJDA 2008, n° 651 ; RD transp. 2008, n° 20, obs. Paulin ; ibid. n° 90, obs. Bon-Garcin.* ♦ Même s'il ne figure pas en qualité de destinataire sur la lettre de voiture, celui qui reçoit la marchandise et l'accepte sans indiquer agir pour le compte d'un mandant est garant du paiement du prix du transport envers le voiturier. • Com. 15 avr. 2008 : *Bull. civ. IV, n° 91 ; D. 2009. 475, note Haftel ; ibid. Pan. 973, obs. Kenfack ; D. 2008. AJ 1343, obs. Delpech ; RTD com. 2008. 847, obs. Bouloc ; JCP E 2008, n° 24, p. 34 ; RJDA 2008, n° 909 ; RD transp. 2008, nos 119 et 222, obs. Paulin ; Lettre distrib. mai 2008, p. 2* • 7 avr. 2009 : *RJDA 2009, n° 844.*

Dès lors que les lettres de voiture mentionnent explicitement, sans précisions ou réserves, comme destinataire, la société contre laquelle le transporteur intente l'action directe, et, d'autre part, comportent toutes, dans la rubrique « émargement destinataires », le cachet de cette entreprise, cette dernière est bien ainsi le destinataire au sens de l'art. L. 132-8, peu important qu'après réception des colis transportés, elle ait ensuite, en vertu d'autres accords, finalement livré ces marchandises à un tiers. • Paris, 18 déc. 2003 : *D. 2004. AJ 698* (2 arrêts). ♦ Au regard du contrat de transport, a seul qualité de destinataire celui qui figure comme tel sur le document de transport ; c'est donc le destinataire désigné par l'expéditeur que le transporteur a seul à connaître, même s'il sait qu'il n'est pas le destinataire final. • Lyon, 12 janv. 2006 : *BICC 2006, n° 818.* – V. aussi • Rouen, 18 mai 2006 : *JCP E 2006, n° 35, p. 1420, obs. Letacq.* ♦ L'art. L. 132-8 n'opérant pas de distinction entre destinataire réel, intermédiaire, final ou de transit…, toutes notions qui lui sont étrangères, est destinataire celui à qui est remise physiquement la marchandise à l'issue du déplacement confié au transporteur exerçant l'action directe et qui l'a acceptée. • Orléans, 11 mai 2006 : *BICC 1er déc. 2006, n° 2362 ; RJDA 2006, n° 1138* (plate-forme logistique). ♦ Le second transporteur qui a reçu la marchandise des mains d'un premier transporteur est destinataire de celle-ci et peut être actionné en paiement du prix du transport par le premier transporteur. • Paris, 22 févr. 2007 : *RD transp. 2007, n° 76, obs. Paulin.* ♦ Pour la qualification de destinataire intermédiaire d'un dépôt de presse, V. • Paris, 27 mars 2008 : *BRDA 2008, n° 13, p. 6.*

4. Expéditeur. Il résulte de l'art. L. 132-8 que le transporteur doit apporter la preuve de la qualité d'expéditeur ou de destinataire de celui qu'il a assigné en garantie de paiement du prix du transport. • Com. 13 févr. 2007 : *Bull. civ. IV, n° 45 ; D. 2007. AJ 725, obs. Delpech ; RTD com. 2007. 592, obs. Bouloc ; JCP E 2007, n° 40, p. 28, obs. Bon-Garcin ; RJDA 2007, n° 1093 ; RD transp. 2007, n° 52, obs. Paulin.* ♦ Si la société, auprès de laquelle le transporteur était venu chercher la marchandise, a tenu le rôle de « remettant », le transporteur ne rapporte cependant pas la preuve de la qualité d'expéditrice de celle-ci. • Même arrêt. ♦ L'action directe en paiement du prix du transport ne peut être exercée, sur le fondement de l'art. L. 132-8, par le transporteur non réglé à l'encontre du vendeur « départ usine » de la marchandise transportée, dès lors que celui-ci n'a pas la qualité d'expéditeur et que le transporteur ne l'ignorait pas. • Orléans, 14 sept. 2007 : *BICC 1er mai 2008, n° 799 ; RJDA 2008, n° 656.* – V. aussi • Rouen, 6 déc. 2007 : *RD transp. 2008, n° 58, obs. Paulin.* ♦ Ayant relevé qu'une société, qui figure comme expéditrice sur les quatre lettres de voiture qu'elle a signées, a cependant vendu la marchandise transportée à la société X suivant l'incoterm EXW, c'est-à-dire « départ usine », qui désigne une vente au départ, dans laquelle le vendeur n'est pas l'expéditeur puisque c'est à l'acheteur d'assurer le transport, l'arrêt en déduit que la société X, acheteur, cumulait les positions d'expéditeur et de destinataire (rejet de l'action en paiement dirigée contre le vendeur en vertu de l'art. L. 132-8). • Com. 28 oct. 2008 : *D. 2009. Pan. 974, obs. Kenfack ; JCP E 2009, n° 41, p. 26, obs. Fl. Petit ; RD transp. 2008, n° 250, obs. Pau-*

lin. – V. aussi • Com. 11 oct. 2011 : *JCP E 2011, n° 1914, note Dupont-Legrand.*

5. *Manutention.* La manutention étant indissociable du contrat de transport, en raison de son caractère accessoire, il convient de faire application de l'art. 101 [ancienne rédaction] et de considérer que, le manutentionnaire ayant été requis par le commissionnaire, le recours direct de l'expéditeur contre cet opérateur relève de la responsabilité contractuelle. • Com. 11 juin 1996 : *Bull. civ. IV, n° 173 ; JCP 1996. IV. 1800.* ♦ V. aussi note 29 ss. art. L. 133-6. ♦ Dès lors qu'il n'est pas établi que les opérations de manutention ont été accomplies avant la prise en charge du matériel par le transporteur, elles ne font pas partie du contrat de transport. • Paris, 21 janv. 1998 : *JCP E 1999, n° 16, p. 715, obs. D. M.*

B. ACTION EN RESPONSABILITÉ

6. *Nature contractuelle de l'action.* Le destinataire, qui est en droit de réclamer au transporteur maritime la réparation des avaries subies par la marchandise livrée, exerce, même si les clauses attributives de compétence territoriale figurant sur l'ordre de mouvement ne lui sont pas opposables faute d'avoir été portées à sa connaissance et d'avoir été acceptées par lui, une action en responsabilité contractuelle sur le fondement de la convention de transport. • Com. 18 oct. 1994 : *Bull. civ. IV, n° 308 ; JCP 1995. I. 3853, n° 1, obs. Viney.* ♦ V. aussi, censurant les juges du fond pour refus d'application de l'art. L. 132-8, et jugeant que l'action pour avarie du destinataire contre le transporteur est une action contractuelle : • Com. 4 mars 2008 : *Bull. civ. IV, n° 54 ; D. 2008. AJ 845, obs. Delpech ; RTD com. 2008. 846, obs. Bouloc ; RTD civ. 2008. 483, obs. Jourdain ; JCP E 2008, n° 16, p. 28 ; RJDA 2008, n° 652 ; RD transp. 2008, n° 94, obs. Paulin.* ♦ De même, jugeant que l'action du destinataire, partie au contrat de transport, pour perte de marchandise, contre le transporteur, est une action contractuelle : • Com. 1er avr. 2008 : *Bull. civ. IV, n° 76 ; D. 2008. AJ 1140, obs. Delpech ; JCP E 2008, n° 21, p. 31 ; RJDA 2008, n° 911 ; RD transp. 2008, n° 94, obs. Paulin ; RCA 2008, n° 200, obs. H. G. ; RLDC juin 2008. 27, obs. Gaudin.*

7. *Clause attributive de compétence.* Le consentement du destinataire au contrat de transport ne s'étend pas à la clause attributive de compétence qui, insérée dans la lettre de voiture, ne fait pas partie de l'économie du contrat et doit être acceptée par lui. • Com. 4 janv. 2005 : *Bull. civ. IV, n° 5 ; D. 2005. Pan. 2749, obs. Kenfack ; ibid. AJ 214, obs. Chevrier ; RTD com. 2005. 589, obs. Bouloc ; JCP 2005. II. 10067, note Legros ; RJDA 2005, n° 377 ; Procédures 2005, n° 42, obs. Croze ; RDC 2005. 756, obs. Delebecque.* – V. aussi • Com. 18 oct. 1994 : *préc. note 6.* – Comp. • Com. 10 janv. 2006 : *préc. note 2.* ♦ V. aussi, jugeant que pour être opposable la clause de juridiction doit présenter un caractère contractuel et être acceptée par les parties, • Paris, 10 nov. 1999 : *Gaz. Pal. 3-5 févr. 2002. Somm. 21.*

7 bis. *Juridiction compétente.* La lettre de voiture n'ayant pas pour objet l'organisation d'un service public, ne faisant pas participer le transporteur à l'exécution d'un service public dans le transport de marchandises concernées, et ne comportant aucune clause exorbitante du droit commun, ce document ne fait naître entre les parties que des rapports de droit privé, de telle sorte que l'action en paiement directe prévue par l'art. L. 132-8 ne relève pas de la compétence du tribunal administratif. • TA Amiens, 14 oct. 2008 : *AJDA 2009. 221.* ♦ Le juge administratif est compétent pour statuer sur l'action directe en paiement de prestations de transport effectuées par un voiturier sous-traitant de la société de transports à laquelle elles avaient été commandées dans le cadre d'un marché public de transport. • T. confl. 19 nov. 2012 : *Bull. civ., n° 30 ; AJDA 2013. 298, note Martin ; RFDA 2013. 458 ; Procédures 2013, n° 57, obs. Deygas.*

II. GARANTIE DU PAIEMENT DU PRIX

8. *Transports internationaux.* L'art. L. 132-8 n'est pas une loi dont l'observation est nécessaire pour la sauvegarde de l'organisation politique, sociale et économique du pays au point de régir impérativement la situation quelle que soit la loi applicable et de constituer une loi de police. • Com. 13 juill. 2010 : *Bull. civ. IV, n° 131 ; D. 2010. 2339, note Da Silva ; ibid. Actu. 1863, obs. Delpech ; RTD com. 2010. 779, obs. Bouloc ; Rev. crit. DIP 2010. 720, rapp. Potocki ; JCP E 2010, n° 1937, note Chabert ; ibid. n° 1772, spéc. n° 9, obs. Bon-Garcin ; JCP 2010, n° 972, note Bureau et d'Avout ; RJDA 2010, n° 1152 ; RJ com. 2010. 546, obs. Berlioz ; Dr. et patr. déc. 2010. 114, obs. Ancel ; RD transp. 2010. Étude 12, par Legros ; ibid., n° 183, obs. Paulin ; ibid., n° 184, obs. Delebecque ; RDC 2011. 217, obs. Deumier* (sur renvoi : • Montpellier, 11 mai 2011 : *RD transp. 2011, n° 179, obs. Paulin*) • Rennes, 1er juin 2010 : *JCP E 2010, n° 1772, spéc. n° 9, obs. Bon-Garcin ; RD transp. 2010, n° 171, obs. Paulin* • Bordeaux, 26 janv. 2010 : *RTD com. 2010, obs. Delebecque.* ♦ L'art. L. 132-8 est une disposition d'ordre public interne de protection ; il ne répond pas à la définition de la loi de police, n'ayant pas un caractère « internationalement impératif » de nature à écarter le droit anglais dont l'application a été décidée selon les critères des art. 4.4 et 4.5 de la Convention de Rome. • Rennes, 5 sept. 2006 : *RTD com. 2007. 265, obs. Delebecque* ; *RLDA nov. 2006. 69, note Nourissat.* – V. aussi • Com. 18 sept. 2012 : *Bull. civ. IV, n° 164 ; D. 2012. 2930, note Haftel* ; *RTD com. 2012. 842, obs. Bouloc* ; *JCP E 2012, n° 1626 ; RDC 2013. 223, obs. Deumier.* ♦ La Convention internationale de transport de marchandises par route du 19 mai 1956, dite CMR, étant muette sur l'action directe du transporteur à l'encontre du destinataire, il convient, par application de l'art. 4 de la Convention de Rome du 19 juin 1980, de la soumettre à la loi avec laquelle le contrat présente les liens les plus étroits (en l'espèce l'art. L. 132-8). • Com. 24 mars 2004 : *Bull. civ. IV, n° 63 ; D. 2004. AJ 1163* ; *D. 2005. Pan. 2756, obs. Kenfack* ; *JCP E 2004, n° 30, p. 1208, note Delebecque ; ibid., n° 39, p. 1489, obs. D. M. ; RTD com. 2004. 805, obs. Bouloc* ; *RJDA 2004, n° 977 ; RDC 2004. 1066, obs. Deumier.* – Sur cet arrêt, V. aussi note 1 ss. art. L. 133-6. ♦ Dans le même sens : • Versailles, 3 avr. 2003 : *RTD com. 2003. 848, obs. Delebecque* • TGI Thionville, 22 janv. 2004 : *ibid. 2004. 640, obs. Delebecque* • Paris, 29 juin 2005 : *ibid. 2005. 872, obs. Delebecque* • Com. 7 mars 2006 : *RTD com. 2006. 701, obs. Delebecque* ; *RJDA 2006, n° 1020 ; Dr. et patr. déc. 2006. 77, obs. M.-E. Ancel.* ♦ C'est sur le fondement de l'art. L. 132-8 C. com., et non sur l'art. 32-1 de la Convention du 19 mai 1956, qu'il convient de fixer le délai de prescription annale, dans la mesure où, si cette convention s'applique au transport international, elle ignore l'action directe en paiement de l'expéditeur, ce qui conduit à l'écarter dans toutes ses composantes. • Aix-en-Provence, 6 déc. 2007 : *BICC 15 avr. 2008, n° 704.* ♦ Comp. retenant que l'art. L. 132-8 n'est pas applicable en matière de transports internationaux et que les obligations du destinataire doivent s'apprécier au regard de la Convention de Genève du 19 mai 1956, V. • Com. 26 nov. 2002 : *Bull. civ. IV, n° 180 ; JCP E 2003, n° 4, p. 154 ; RTD com. 2003. 211, obs. Delebecque* ; *RJDA 2003, n° 383.*

A. PORTÉE DE LA GARANTIE

9. *Preuve du prix.* L'expéditeur, le transporteur et le destinataire étant parties à une convention ayant pour objet la même opération de transport, le prix dont le destinataire est garant du paiement auprès du transporteur est celui convenu entre ce dernier et l'expéditeur. • Com. 10 janv. 2006 : *préc. note 2.* ♦ Ayant relevé que le transporteur n'apportait pas la preuve de ce prix convenu, un tribunal a légalement justifié sa décision rejetant la demande en paiement du transporteur dirigée contre le destinataire. • Même arrêt. ♦ Le transporteur ne rapportant pas la preuve du prix facturé par le commissionnaire au destinataire et partant, celle du prix convenu antérieurement, pour ce transport, entre le transporteur et le commissionnaire de transport, expéditeur de la marchandise, il doit être débouté de son action en paiement. • Com. 26 sept. 2006 : *Bull. civ. IV, n° 191 ; R. 2006, p. 390 ; D. 2006. AJ 2529, obs. Delpech* ; *RTD com. 2007. 442, obs. Bouloc* ; *JCP E 2006, n° 43-44, p. 1837 ; CCC 2007, n° 5 ; RJDA 2007, n° 348 ; RDC 2007. 389, obs. Delebecque.* – V. aussi : • Aix-en-Provence, 12 oct. 2006 : *RD transp. 2007, n° 29, obs. Paulin.* ♦ Les juges doivent rechercher si, pour l'exercice de l'action en garantie du paiement du prix du transport dirigée contre le destinataire, le transporteur ne justifiait pas du prix convenu avec l'expéditeur par l'envoi d'une facture à celui-ci. • Com. 30 oct. 2012 : *Bull. civ. IV, n° 198 ; D. 2012. Actu. 2591, obs. Delpech* ; *RTD com. 2013. 135, obs. Bouloc* ; *RJDA 2013, n° 231 ; RD transp. 2012, n° 49, obs. Paulin.* ♦ Sur la preuve du contrat de transport en l'absence de lettre de voiture, V. • Com. 22 janv. 2008 : *préc. note 3 (1re esp.).*

10. *Transport franco de port.* Le destinataire est garant du paiement du prix du transport franco de port envers le voiturier alors même qu'il s'est déjà acquitté de sa facture auprès de l'expéditeur. • Com. 15 mars 2005 : *préc. note 2.*

B. ACTION DIRECTE DU TRANSPORTEUR

11. *Condition de l'action directe.* Le voiturier qui exécute, en qualité de substitué, l'expédition, a une action directe en paiement de ses prestations contre l'expéditeur, garant du prix du transport sauf si ce dernier a interdit à son cocontractant toute substitution. • Com. 28 janv. 2004 : *Bull. civ. IV, n° 19 ; D. 2004. 944, note Tosi* ; *ibid. AJ 418* ; *JCP E 2004, n° 18, p. 722, note Delebecque ; JCP 2004. II. 10077, note Paulin ; CCC 2004, n° 54, obs. Leveneur ; RTD com. 2004. 588, obs. Bouloc* ; *RJDA 2004, n° 704.* – V. aussi Rép. min. n° 45952 : *JOAN Q, 12 oct. 2004, p. 7996 ; D. 2004. 2929* . ♦ Il résulte de l'art. L. 132-8 que ne peut être opposée au transporteur substitué exerçant l'action directe contre l'expéditeur que l'interdiction de substitution dont ce voiturier a eu ou aurait dû avoir connaissance. • Com. 13 juin 2006 : *Bull. civ. IV, n° 142 ; D. 2007. Pan. 117, obs. Kenfack* ; *D. 2006. 1967, note Tosi* ; *ibid. AJ 1740, obs. Delpech* ; *RTD com. 2007. 225, obs.*

Bouloc ; JCP E 2007, n° 40, p. 28, obs. Bon-Garcin ; RJDA 2006, n° 1218 ; RDC 2006. 1158, obs. Delebecque • Orléans, 28 juin 2007 : *BICC 1er oct. 2007, n° 2011 ; RJDA 2008, n° 650 ; RD transp. 2008, n° 66, obs. Ch. P.* ♦ L'action directe ouverte au voiturier contre le destinataire, partie au contrat de transport, n'est pas subordonnée par les dispositions légales à la constatation préalable d'un obstacle définitif au recouvrement de la créance du voiturier à l'encontre de l'expéditeur. • Paris, 18 déc. 2003 : *préc. note 3.* ♦ Jugeant que le voiturier qui n'a pas été réglé de ses prestations peut en exiger directement le paiement auprès de l'expéditeur, qui n'est pas fondé à lui opposer les paiements faits par lui antérieurement au commissionnaire, même s'il ignorait, lors de ces paiements, l'existence du transporteur. • Com. 26 nov. 2002 : *Bull. civ. IV, n° 181 ; JCP E 2003, n° 4, p. 154 ; RJDA 2003, n° 382.* ♦ Rappr., s'agissant de l'action de l'expéditeur contre le voiturier alors que son nom ne figure pas dans le titre de transport : • Paris, 18 janv. 1995 : *D. 1995. IR 111.* ♦ Le destinataire est garant du paiement du prix du transport alors même que l'expéditeur a déjà fait un premier versement entre les mains du commissionnaire. • Com. 4 févr. 2003 : *Bull. civ. IV, n° 16 ; JCP E 2003, n° 13, p. 541 ; RJDA 2003, n° 719.* ♦ *Contra,* s'agissant de l'action du sous-mandataire contre le mandant initial, • Com. 3 déc. 2002 : *Bull. civ. IV, n° 188 ; D. 2003. 786, note Mallet-Bricout ; JCP E 2003, n° 36, p. 1381, obs. Bon-Garcin ; CCC 2003, n° 55, obs. Leveneur ; Defrénois 2003. 236, obs. Savaux ; RTD com. 2003. 214, obs. Delebecque ; RTD civ. 2003. 312, obs. Gautier ; RJDA 2003, n° 486.* – Pour un parallèle avec la situation du mandataire substitué, V. les notes ss. art. 1994 **C. civ.**

12. Commissionnaire subrogé. Lorsque le commissionnaire de transport a réglé le prix des transports aux voituriers, il est subrogé dans leurs droits (C. civ., art. 1251, 3°) et comme tel fondé à actionner directement le destinataire en paiement. • Com. 2 juin 2004 : *Bull. civ. IV, n° 114 ; D. 2004. 2492, note Bon-Garcin ; JCP E 2004. II. 10185, note Planckeel ; CCC 2004, n° 120, obs. Leveneur ; RJDA 2004, n° 1213 ; RDC 2004. 997, obs. Delebecque ; RTD com. 2005. 163, obs. Bouloc ; RTD civ. 2005. 398, obs. Mestre et Fages .* ♦ L'exercice de l'action directe du commissionnaire n'est pas subordonné à la preuve de la défaillance de son donneur d'ordre. • Orléans, 19 janv. 2006 : *BICC 2006, n° 819 ; D. 2007. Pan. 117, obs. Kenfack ; RJDA 2006, n° 407.* ♦ La subrogation n'a lieu qu'à concurrence de la somme versée au transporteur, laquelle ne peut comprendre que le prix du transport à l'exclusion de la marge bénéficiaire et de la commission du commissionnaire. • Même arrêt. ♦ Mais encore faut-il que le commissionnaire apporte la preuve du paiement du transporteur pour exercer l'action directe à l'encontre de l'expéditeur ou du destinataire. • Com. 9 mai 2007 : *RD transp. 2007, n° 152, obs. Bon-Garcin.*

12 bis. Expéditeur subrogé. L'expéditeur, subrogé dans les droits du transporteur substitué pour l'avoir payé de son fret, n'acquiert, du fait de cette subrogation, ni la garantie de paiement exclusivement réservée au transporteur, ni aucun droit à l'égard du cessionnaire. • Com. 13 nov. 2007 : *Bull. civ. IV, n° 245 ; D. 2007. AJ 3004, obs. Delpech ; RTD com. 2008. 410, obs. Bouloc ; JCP 2007. IV. 3291 ; Banque et Droit mars-avr. 2008. 16, obs. Bonneau ; RJDA 2008, n° 269 ; RD transp. 2008, n° 2, obs. Delebecque.* ♦ Celui qui est subrogé dans les droits du voiturier pour l'avoir payé de son fret n'acquiert pas, du fait de cette subrogation, la garantie de paiement instituée par l'art. L. 132-8, réservée exclusivement au transporteur. • Com. 22 janv. 2008 : *Bull. civ. IV, n° 16 ; D. 2009. 475, note Haftel ; ibid. Pan. 973, obs. Kenfack ; D. 2008. AJ 471, obs. Delpech (3e esp.) ; RTD com. 2008. 618, obs. Bouloc ; JCP 2008. II. 10073, note Delebecque ; JCP E 2008, n° 40, p. 29, obs. Bailly-Hascoët ; RJDA 2008, n° 651 ; RD transp. 2008, n° 57, obs. Delebecque.*

13. Faute du transporteur. L'exercice de l'action directe prévue par l'art. L. 132-8 ne suppose pas l'absence de faute de la part du transporteur qui l'exerce. • Orléans, 22 févr. 2007 : *RJDA 2007, n° 1230.* ♦ Mais l'attitude du transporteur, qui ne s'est nullement inquiété du non-paiement de ces traites à leurs échéances et qui a poursuivi pendant plusieurs mois ses prestations de transport sans tenter aucun recouvrement à l'égard de l'expediteur, empreinte de négligence et de légèreté, se trouve être en grande partie à l'origine du préjudice subi par le destinataire actionné en vertu d'une action directe et qui se trouve contraint de régler à nouveau des frais de transport déjà inclus dans le prix des marchandises qu'il avait payées. • Colmar, 12 nov. 2003 : *JCP 2004. IV. 2595* (dommages-intérêts alloués au destinataire). ♦ Sur les conséquences de la mauvaise foi du transporteur qui connaissait les difficultés de trésorerie de son donneur d'ordre, V. • Douai, 17 janv. 2008 : *RD transp. 2008, n° 171, obs. Ch. P.*

14. Liquidation judiciaire. L'action directe du transporteur n'est pas subordonnée à la déclaration de sa créance au passif du donneur d'ordre. • Com. 17 déc. 2003 : *Bull. civ. IV, n° 209 ; D. 2004. AJ 212 ; JCP E 2004, n° 8-9, p. 301 ; RTD com. 2004. 367, obs. Bouloc ;*

RJDA 2004, n° 421 ; Dr. et patr. mai 2004. 88, obs. Monsèrié-Bon ; RDC 2004. 374, obs. Delebecque ; Procédures 2004, n° 80, obs. Laporte • Rouen, 13 janv. 2000 : *Act. proc. coll. 2000, n° 202* • Colmar, 12 nov. 2003 : *JCP 2004. IV. 2595.* ♦ Et la procédure collective dont le commissionnaire fait l'objet est, à cet égard, sans incidence sur l'action du transporteur. • Versailles, 21 nov. 2002 : *RJDA 2003, n° 719.* – V. aussi note 21 *quater* ss. art. L. 621-43 ancien, cité ss. art. L. 622-24.

15. Prescription. L'action directe en paiement que le transporteur peut exercer à l'encontre de l'expéditeur, sur le fondement de l'art. L. 132-8, se prescrit, en droit interne, par un an, ainsi qu'il est prévu à l'art. L. 133-6, al. 2. • Orléans, 23 sept. 2004 : *RJDA 2004, n° 1323.* ♦ Mais le transporteur sous-traitant qui agit en paiement contre le chargeur non sur le fondement de l'art. L. 132-8 mais sur la loi du 31 déc. 1975 (V. cette loi, App., v° *Sous-traitance*) n'est pas soumis à la prescription annale de l'art. L. 133-6. • Lyon, 8 févr. 2007 : *RD transp. 2007, n° 229, obs. Paulin.* ♦ Si, en matière de transports, l'art. L. 132-8 prévoit que l'expéditeur et le destinataire sont garants du prix du transport, il ne s'ensuit pas pour autant une solidarité ; il en résulte que le transporteur ne peut invoquer l'interruption de la prescription lorsque, après s'être tourné contre son donneur d'ordre, il se retourne contre le destinataire. • Paris, 1er avr. 2010 : *JCP E 2010, n° 1772, spéc. n° 9, obs. Bon-Garcin ; RD transp. 2010, n° 148, obs. Paulin.* ♦ En effet, l'expéditeur et le destinataire de la marchandise n'étant pas tenus solidairement, l'action directe en paiement du transporteur contre l'expéditeur ne peut avoir d'effet interruptif sur la prescription à l'égard du destinataire. • Com. 12 juill. 2011 : *Bull. civ. IV, n° 124 ; D. 2011. Actu. 2030, obs. Delpech ; D. 2012. Pan. 1440, obs. Kenfack ; RTD com. 2011. 791, obs. Bouloc ; JCP E 2012, n° 1090, note Paulin ; RJDA 2011, n° 912 ; RD transp. 2011, n° 170, obs. Staes ; Act. proc. coll. 2011, n° 241, obs. Delebecque ; Bull. Joly Entrep. diff. 2011. 261, note Brena.* ♦ V., pour les transports internationaux, note 1 ss. art. L. 133-6.

16. Transport aérien. Pour l'application de l'art. L. 132-8 au bénéfice d'un commissionnaire de transport qui a désintéressé une compagnie aérienne, V. • T. com. Nanterre, 16 déc. 2005 : *RD transp. 2007, n° 15, obs. Delebecque* (infirmé par • Versailles, 10 janv. 2008 : *RD transp. 2008, n° 131, obs. Bon-Garcin,* en raison de l'absence de qualité de commissionnaire de transport de l'agent de fret).

17. Transport fluvial. L'action directe en paiement prévue par l'art. L. 132-8 ne s'applique pas dans le cadre d'un transport fluvio-maritime, cette disposition ne s'appliquant pas aux transports maritimes. • Colmar, 20 janv. 2010 : *RD transp. 2010, n° 220, obs. Paulin.*

18. Transporteur substitué. Le paiement d'un transporteur sous-traitant par l'expéditeur ou le destinataire libère ces derniers de leur dette à l'égard de ce transporteur, en qualité de garants du paiement du fret au sens de l'art. L. 132-8, mais pas de la dette contractuelle à l'égard du donneur d'ordre qui reste impayé. • Com. 1er févr. 2011 : *Bull. civ. IV, n° 14 ; D. 2011. Actu. 512, obs. Delpech ; RTD com. 2011. 407, obs. Bouloc ; JCP E 2011, n° 1658, spéc. n° 8, obs. Petit ; RD transp. 2011, n° 56, obs. Carré ; Dr. et proc. 2011, suppl. n° 4 Droit du recouvrement, p. 3, obs. Putman ; Act. proc. coll. 2011, n° 103, obs. Petit.*

Art. L. 132-9 **I. — La lettre de voiture doit être datée.**

II. — Elle doit exprimer :

1° La nature et le poids ou la contenance des objets à transporter ;

2° Le délai dans lequel le transport doit être effectué.

III. — Elle indique :

1° Le nom et le domicile du commissionnaire par l'entremise duquel le transport s'opère, s'il y en a un ;

2° Le nom de celui à qui la marchandise est adressée ;

3° Le nom et le domicile du transporteur.

IV. — Elle énonce :

1° Le prix de la voiture ;

2° L'indemnité due pour cause de retard.

V. — Elle est signée par l'expéditeur ou le commissionnaire.

VI. — Elle présente en marge les marques et numéros des objets à transporter.

VII. — La lettre de voiture est copiée par le commissionnaire sur un registre coté et paraphé, sans intervalle et de suite. – *[C. com., art. 102.]*

La lettre de voiture a été remplacée par le récépissé, d'abord pour les transports par chemin de fer, puis pour les transports sur route et par eau (L. 13 mai 1863, art. 10, DP 1863. 4. 54 ; L. 30 mars 1872, art. 1er, § 2, DP 1872. 4. 77).

1. Portée des omissions. Il appartient aux tribunaux d'apprécier quelles sont, parmi les mentions prévues par l'art. 102 [C. com., art. L. 132-9], dont aucune n'est prescrite à peine de nullité, celles qui sont substantielles et sans lesquelles il ne peut y avoir de lettre de voiture. • Civ. 30 janv. 1867 : *DP 1867. 1. 72* • Req. 11 mai 1915 : *DP 1916. 1. 11.* ♦ Ainsi, l'écrit remis à un voiturier peut être qualifié lettre de voiture, bien qu'il n'indique ni le délai ni le prix du transport. • Civ. 2 mai 1854 : *DP 1854. 1. 253.* – V. aussi note 5 ss. art. L. 132-8.

2. Équivalences. La griffe ou le cachet d'une maison de commerce peut équivaloir, notamment pour les lettres de voiture, à la signature du négociant (sol. impl.). • Req. 11 mai 1915 : *préc. note 1.*

3. Droits du porteur. Bien que son nom ne figure sur la lettre de voiture ni comme expéditeur, ni comme destinataire, la personne qui a donné mandat à un tiers d'expédier des marchandises lui appartenant, et qui est porteur de la lettre de voiture, est recevable à agir directement contre le transporteur. • Civ. 24 mai 1897 : *DP 1898. 1. 23, note Sarrut* • Req 22 juin 1903 : *DP 1904. 1. 242.* – Comp. : • Civ 5 déc. 1952 : *D. 1953. Somm. 17.* ♦ V aussi note 9 ss. art. L. 132-6.

4. Absence de lettre de voiture. Viole les art. L. 110-3, L. 132-8 et L. 132-9 C. com., la cour d'appel qui, tout en constatant qu'une société avait effectué des transports pour le compte d'une autre, rejette la demande en paiement du transporteur au motif qu'aucune lettre de voiture n'avait été signée, alors que la lettre de voiture ne fait foi que jusqu à preuve contraire de l'existence et des conditions du contrat de transport. • Com. 27 mars 2007 : *RD transp. 2007, n° 135, obs. Paulin* • 30 oct. 2012 : *cité note 9 ss. art. L. 132-8* • Lyon, 2 avr. 2009 : *BICC 1er nov. 2009, n° 1441.*

Code des transports

(Ord. n° 2010-1307 du 28 oct. 2010)

CONTRAT DE COMMISSION DE TRANSPORT

Art. L. 1432-7 Sans préjudice des dispositions impératives issues des conventions internationales, les contrats de commission de transport sont, quel que soit le mode de transport, soumis aux règles prévues aux articles L. 132-3 à L. 132-9 du code de commerce. – *Sur la définition des commissionnaires de transport, V. C. transp., art. L. 1411-1, ss. art. L. 133-5.*

BIBL. ▸ Bon-Garcin, *RD transp. 2011, n° 14* (les commissionnaires et les auxiliaires de transport entrent dans le code des transports).

Art. L. 1432-8 Sans préjudice de l'article L. 1432-7, tout contrat de commission de transport comporte les clauses prévues par l'article L. 1432-2. – *[L. n° 82-1153 du 30 déc. 1982, art. 8-II, al. 1er.] – V. cet art. ss. art. L. 133-5.*

Art. L. 1432-9 Les rapports entre les parties au contrat de commission de transport sur les matières mentionnées à l'article L. 1432-2 sont régis par les dispositions des articles L. 1432-3 et L. 1432-4. – *V. ces art. ss. art. L. 133-5.*

Art. L. 1432-10 Sans préjudice des dispositions impératives issues des conventions internationales et à défaut de convention écrite définissant les rapports entre les parties au contrat sur les matières mentionnées à l'article L. 1432-2, les clauses des contrats types mentionnées à la section III s'appliquent de plein droit aux contrats de commission de transport ayant pour objet une liaison internationale.

Art. L. 1432-11 Sont applicables au contrat de commission de transport les articles L. 3222-1 à L. 3222-4 et L. 3222-9, en tant qu'ils concernent l'organisation du transport routier de marchandises et les articles L. 4451-4 à L. 4451-6, en tant qu'ils concernent l'organisation du transport fluvial de marchandises.

CONTRAT DE TRANSPORT DE MARCHANDISES PAR AIR

Art. L. 6422-1 Le contrat de transport de marchandises par air est constaté par une lettre de transport aérien ou un récépissé. Ce titre contient, outre les énonciations prévues par l'article L. 132-9 du code de commerce, l'indication que le transport est effectué par aéronef. — *[C. aviat., art. L. 321-2.] — Sur la responsabilité du transporteur aérien de marchandise, V. C. transp., art. L. 6422-2 s., ss. art. L. 133-5.*

Décret-loi du 14 juin 1938,

Relatif aux récépissés et lettres de voitures des chemins de fer (titre provisoire).

Art. 1er Le ministre des travaux publics peut autoriser, par arrêté, sur leur demande, les administrations des chemins de fer, à modifier les énonciations à faire figurer sur le récépissé délivré à l'expéditeur pour toute expédition de marchandises remise sans être accompagnée d'une lettre de voiture. — *V. Arr. 15 mai 1943 (JO 17 juin).*

Des autorisations analogues pourront être données par le ministre des travaux publics aux entreprises de transports par route.

Convention du 19 mai 1956, *relative au contrat de transport international de marchandises par route (CMR) [signée à Genève.] — Publiée par Décr. n° 61-725 du 5 juill. 1961 (D. 1961. 233 ; BLD 1961. 463). — V. Décr. n° 82-655 du 15 juill. 1982 (D. et BLD 1982. 370) portant publication du protocole fait à Genève le 5 juill. 1978.*

Convention internationale du 7 février 1970, *concernant le transport des marchandises par chemins de fer (CIM) [signée à Berne.] — Publiée par Décr. n° 75-786 du 7 août 1975 (JO 26 août). — V. Décr. n° 76-385 du 1er avr. 1976 (JO 4 mai) portant publication de divers protocoles et annexes, Décr. n° 78-614 du 17 mai 1978 (JO 31 mai), Décr. n° 81-380 du 14 avr. 1981 (JO 22 avr.).*

Convention du 9 mai 1980, *relative aux transports internationaux ferroviaires (Cotif) [signée à Berne.] — V. Décr. n° 87-722 du 25 août 1987 (JO 3 sept.) portant publication de cette convention et d'un protocole concernant sa mise en vigueur, fait à Berne le 17 févr. 1984. — V. aussi Décr. n° 91-497 du 15 mai 1991 (JO 23 mai) portant publication des appendices à cette convention, tels que modifiés et applicables à compter du 1er janv. 1991 ; Décr. n° 95-814 du 20 juin 1995 (JO 27 juin) portant publication des dispositions complémentaires aux règles uniformes de la convention, telles qu'adoptées le 26 nov. 1993 à Berne et applicables à compter du 1er janv. 1995 ; L. n° 2006-243 du 2 mars 2006 (JO 3 mars) autorisant l'approbation du protocole portant modification de la convention adoptée à Vilnius le 3 juin 1999.*

BIBL. ▶ BRONNER et ALLÉGRET, *JCP E 1986. II. 14770* (droit applicable aux transports internationaux de marchandises).

Règlement CE n° 593/2008 du 17 juin 2008, *sur la loi applicable aux obligations contractuelles (« Rome I »).* **Art. 5** *Contrats de transport.* **1.** A défaut de choix exercé conformément à l'article 3, la loi applicable au contrat de transport de marchandises est la loi du pays dans lequel le transporteur a sa résidence habituelle, pourvu que le lieu de chargement ou le lieu de livraison ou encore la résidence habituelle de l'expéditeur se situe aussi dans ce pays. Si ces conditions ne sont pas satisfaites, la loi du pays dans lequel se situe le lieu de livraison convenu par les parties s'applique.

2. Adéfaut de choix exercé conformément au deuxième alinéa du présent paragraphe, la loi applicable au contrat de transport de passagers est la loi du pays dans lequel le passager a sarésidence habituelle, pourvu que le lieu de départ ou le lieu d'arrivée se situe dans ce pays. Si ces conditions ne sont pas satisfaites, la loi du pays dans lequel le transporteur a sa résidence habituelle s'applique.

Les parties ne peuvent choisir comme loi applicable au contrat de transport de passagers, conformément à l'article 3, que la loi du pays dans lequel :

a) le passager a sa résidence habituelle, ou

b) le transporteur a sa résidence habituelle, ou

c) le transporteur a son lieu d'administration centrale, ou

d) le lieu de départ est situé, ou

e) le lieu de destination est situé.

3. S'il résulte de l'ensemble des circonstances de la cause que le contrat présente des liens manifestement plus étroits avec un pays autre que celui visé au paragraphe 1 ou 2, la loi de cet autre pays s'applique.

Le Règl. CE n° 593/2008 du 17 juin 2008 s'applique aux contrats conclus après le 17 déc. 2009 (Règl. préc., art. 28, JOUE L 177 du 4 juill. 2008).

BIBL. ▶ D'Avout, *RLDA juill.-août 2008. 69.* – Legros, *RD transp. 2009. Étude 3* (loi applicable au contrat de transport).

CHAPITRE III DES TRANSPORTEURS

V. C. civ., art. 1782 à 1786. – ***C. civ.***

V. Règl. (CE) n° 1071/2009 du 21 oct. 2009 établissant des règles communes sur les conditions à respecter pour exercer la profession de transporteur par route (JOUE L 300 du 14 nov. 2009).

RÉP. COM. v° *Contrat de transport,* par Mercadal.

RÉP. CIV. v° *Contrat de transport,* par le Tourneau.

BIBL. GÉN. ▶ Coudevylle-Loquet, *RTD com. 1992. 751* (effet relatif des contrats en matière de transport interne de marchandises). – Carré, *JCP E 2002, n° 26, p. 1086* (conditions d'exercice du métier de chauffeur routier et l'alternative du contrat de transport). – Delebecque, *Mélanges Aubert, Dalloz, 2005, p. 103* (pour une théorie du contrat de transport). – Legros, *JDI 2007. 799 et 1081* (conflits de normes en matière de contrats de transport internationaux de marchandises). – Staes, *RD transp. 2009. Étude 5* (la loi n° 2008-561 et le régime des prescriptions applicables aux transports terrestres de marchandises). – Mazzega et Job, *LPA 19 juin 2009* (médiation : quel avenir pour le règlement des litiges en matière de droit des transports et de la logistique ?). – Vallansan et Petit, *LPA 28 nov. 2012* (existe-t-il une théorie du contrat de transport ?).

Art. L. 133-1 Le voiturier est garant de la perte des objets à transporter, hors les cas de la force majeure.

Il est garant des avaries autres que celles qui proviennent du vice propre de la chose ou de la force majeure.

Toute clause contraire insérée dans toute lettre de voiture, tarif ou autre pièce quelconque, est nulle. – *[C. com., art. 103.]*

Sur la responsabilité du commissionnaire en cas de perte ou d'avaries, V. art. L. 132-5.

La responsabilité des prestataires de services postaux au sens de l'art. L. 1 CPCE est engagée dans les conditions prévues par les art. 1134 s. et 1382 s. C. civ. à raison des pertes et avaries survenues lors de la prestation. Toutefois, cette responsabilité tient compte des caractéristiques des envois et des tarifs d'affranchissement selon des modalités fixées par un décret en Conseil d'État qui détermine des plafonds d'indemnisation (CPCE, art. L. 7).

I. CONDITIONS DE LA GARANTIE

1. Exclusion des transports internationaux. Sur l'inapplicabilité de l'art. 103 [C. com., art. L. 133-1] en cas de transport international de marchandises sur route, les dispositions de la Convention CMR de Genève du 19 mai 1956 devant impérativement recevoir application, V. • Com. 25 mai 1993 : *Bull. civ. IV, n° 212 ; D. 1993. IR 162.* ♦ La Convention de Genève du 19 mai 1956, dite CMR, est un texte d'ordre public qui exclut l'application du droit national sauf sur les points où elle s'y réfère ou sur ceux qu'elle ne règle pas. Le juge doit l'appliquer d'office et les parties ne peuvent y déroger hors les cas qu'elle prévoit. • Com. 30 juin 2009 : *Bull. civ. IV, n° 91 ; D. 2009. AJ 1963, obs. Delpech ; RTD com. 2009. 802, obs. Bouloc ; JCP E 2009, n° 41, p. 25, obs. Bon-Garcin ; RDC 2010. 715, note Racine.*

A. NOTION DE VOITURIER

2. Définition du voiturier. BIBL. Brunat, *Bull. transp. 1979. 446.* ♦ V. • Lyon, 13 mars 1933 : *DP 1933. 2. 60, concl. Gabolde* • 12 nov. 1951 : *S. 1952. 2. 133, note Gervisié et Chabrier.* ♦ Celui qui effectue régulièrement des transports sous bordereau de livraison émis par un commissionnaire est un transporteur public, peu important qu'il ait été radié du RCS. • Com. 3 avr. 2002 : *Bull. civ. IV, n° 68 ; RTD com. 2002. 719, obs. Bouloc.* ♦ Est transporteur celui qui a la maîtrise et la direction de l'opération. • Paris, 30 janv. 1960 : *D. 1960. Somm. 61.* ♦ Comp., pour la qualification de contrat d'entreprise : • Versailles, 12 janv. 1989 : *D. 1989. IR 72.* ♦ Comp. aussi, à propos du contrat de promenade à cheval ou à dos d'âne, • Civ. 1re, 3 mai 1988 : *Bull. civ. I, n° 126* • *25 avr. 1967 : ibid., n° 148.* ♦ Le fait de tracter une semi-remorque avec un tracteur appartenant à l'entreprise et de la transporter d'un point à un autre pour le compte d'un tiers, constitue non un simple convoyage mais un transport routier de marchandises au sens de l'art. 1er du Décr. n° 86-567 du 14 mars 1986 *[abrogé]* relatif au registre des transporteurs. • Poitiers, 15 avr. 1994 : *JCP 1994. IV. 2522.*

Sur la distinction entre contrat de transport et contrat de déménagement, V. • Com., 20 janv. 1998 : *Bull. civ. IV, n° 26.*

Sur la distinction entre contrat de transport et contrat de convoyage, V. • Poitiers, 6 oct. 1998 : *BICC 1999, n° 482.* ♦ Sur le transport pour son propre compte, V. Brunat, *Bull. transp. 1990. 423.* ♦ Sur le contrat d'affrètement, V. • Civ. 1re, 6 juin 1990 : *Bull. civ. I, n° 151 ; D. 1990. Somm. 272, obs. Rèmond-Gouilloud.* – V. aussi Carré, *JCP E 1999, n° 5, p. 210.* ♦ Sur le contrat de ferroutage, V. • Com. 19 janv. 1999 : *préc. note 9 ss. art. L. 132-1.* ♦ Sur la responsabilité du tractionnaire, V. aussi • Com. 25 juin 1991 : *D. 1992. Somm. 80, obs. Rèmond-Gouilloud.* – Comp. • Com. 3 janv. 1991 : *Bull. transp. 1991. 237.*

3. Exclusion du transport bénévole. Le transport effectué à titre bénévole n'est pas soumis aux art. 103 s. [C. com., art. L. 133-1 s.]. • Com. 14 déc. 1993 : *Bull. transp. 1994. 51 ; RJDA 1994, n° 520.* ♦ Sur le caractère essentiel du prix pour l'existence d'un contrat de transport, V. • Aix-en-Provence, 27 janv. 1988 : *Bull. transp. 1989. 365.* ♦ Sur la notion de transport « intéressé », V. obs. Jourdain ss. • Civ. 1re, 6 avr. 1994 : *RTD civ. 1994. 866.* ♦ Sur l'expédition en port payé, V. • Rennes, 19 juin 1985 : *Bull. transp. 1985. 373.* ♦ Sur l'obligation pesant sur le destinataire en cas d'expédition en port dû, V. • Com. 19 mars 1985 : *Bull. civ. IV, n° 103* • 20 janv. 1987 : *ibid., n° 29.* – Comp. : • Paris, 13 sept. 1989 : *RTD com. 1990. 257, obs. Bouloc.*

4. Exclusion de la location de véhicule. La location de véhicule avec chauffeur n'est pas soumise aux art. 103 s. [C. com., art. L. 133-1 s.]. • Paris, 7 avr. 1994 : *Bull. transp. 1994. 352.* ♦ Si dans un contrat de transport, le transporteur est, sauf cas de force majeure, garant des objets transportés, le contrat de location de véhicule n'implique pas, quant à lui, que le loueur réponde des objets transportés. • Com. 3 juin 1998 : *Bull. civ. IV, n° 179.* ♦ Sur la distinction entre contrat de location et contrat de transport, V. • Paris, 26 févr. 2004 : *JCP E 2004, n° 38, p. 1443, obs. Bon-Garcin.*

B. PORTÉE DE LA GARANTIE

5. *Obligation de confidentialité.* **BIBL.** Tilche, *Bull. transp. 1994. 753.* ♦ Le transporteur est tenu vis-à-vis de l'expéditeur d'une obligation de confidentialité. • Lyon, 7 oct. 1994 : *Bull. transp. 1995. 757.*

6. *Vérification du poids.* Justifie légalement sa décision condamnant un voiturier à garantir un chargeur organisant un transport de marchandises en conteneur des condamnations, mises à la charge de ce dernier, l'arrêt qui, en relevant que ce voiturier a pris en charge le conteneur sans formuler de réserves, alors qu'il aurait pu aisément vérifier son poids, ne met pas à la charge de ce transporteur l'obligation de vérifier le contenu du conteneur ni inverse la charge de la preuve. • Com. 14 avr. 1992 : *Bull. civ. IV, n° 166 ; D. 1992. IR 169.*

7. *Marchandises impayées.* A commis une faute dans l'exécution de son mandat et doit être condamné au paiement du prix des marchandises transportées, le transporteur routier qui, à deux reprises, a livré les marchandises non dans le local commercial du destinataire mais directement dans le coffre d'une voiture garée dans la rue et a accepté du destinataire la remise de chèques, assortis d'une demande de présentation différée au paiement, qui se sont révélés non provisionnés. • Com. 7 juill. 1992 : *Bull. civ. IV, n° 269 ; JCP 1992. IV. 2651.* ♦ De même, est justifiée la condamnation d'un transporteur au paiement des marchandises qu'il a livrées au destinataire contre remise d'un chèque qui s'est révélé être sans provision, alors que ce transporteur qui, aux termes du contrat de transport, n'était tenu d'accepter des espèces que si la législation l'y autorisait, a livré la marchandise contre remise d'un chèque tiré, non pas sur le compte du destinataire, mais sur celui d'un tiers, et qu'il a ainsi commis une faute dans l'exécution de sa mission. • Com. 5 oct. 1993 : *Bull. civ. IV, n° 325 ; D. 1993. IR 231.* ♦ Comp., s'agissant d'un transporteur chargé dans le cadre de son mandat de livrer la marchandise contre remboursement d'un chèque tiré, non pas sur le compte du destinataire mais sur celui d'un tiers : • Versailles, 26 nov. 1998 : *RJDA 1999, n° 167.*

8. *Marchandises sous la garde de l'expéditeur.* Avant la prise en charge par le voiturier, la marchandise reste sous la garde de l'expéditeur, dont la responsabilité peut être engagée (à propos de l'explosion de produits pyrotechniques sur le quai d'embarquement de l'expéditeur). • Com. 8 févr. 1994 : *Bull. civ. IV, n° 59 ; LPA 15 mars 1996, note Duquesne.*

9. *Marchandises délivrées au destinataire.* Le voiturier est responsable des pertes et dommages subis par la marchandise jusqu'à sa livraison, laquelle s'entend de la remise physique de la marchandise au destinataire ou à son représentant qui l'accepte. • Com. 11 juin 2003 : *Bull. civ. IV, n° 98 ; D. 2003. AJ 1837 ; JCP E 2003, n° 32-35, p. 1313 ; RTD com. 2004. 150, obs. Bouloc ; RJDA 2003, n° 1175 ; RDC 2004. 375, obs. Delebecque* • 30 juin 2004 : *JCP E 2004, n° 38, p. 1422 ; CCC 2004, n° 150, obs. Leveneur ; RJDA 2005, n° 30.* ♦ Sur l'application du principe selon lequel le voiturier n'est plus responsable des marchandises dès lors qu'elles ont été délivrées au destinataire, au cas d'un wagon pénétrant sur un embranchement particulier, V. • Com. 29 nov. 1971 : *Gaz. Pal. 1972. 1. 216.* – Comp. : • Paris, 27 déc. 1920 : *ibid. 1921. 1. 57.*

Sauf en cas de faute de sa part ou de convention contraire, la mauvaise exécution de l'obligation de livraison ne pèse pas sur le chargeur, fût-il vendeur, mais sur le transporteur à qui elle incombe. • Com. 14 déc. 2010 : *Bull. civ. IV, n° 206 ; D. 2011. Actu. 159 ; RTD com. 2011. 405, obs. Bouloc ; JCP E 2011, n° 1059 ; RJDA 2011, n° 403.*

C. EXCLUSION DE LA GARANTIE

10. *Vice propre de la chose : notion.* Ni le défaut d'emballage, ni la fragilité de l'objet transporté ne constituent par eux-mêmes un vice propre de la chose ; il y a lieu de rechercher dans chaque espèce si l'emballage était défectueux à raison de la nature de l'objet. • Civ. 27 déc. 1909 : *DP 1912. 1. 59* • 26 mai 1914 : *DP 1916. 1. 157.* ♦ En ce qui concerne une marchandise impropre par elle-même à supporter un transport, V. • Paris, 28 mai 1980 : *Bull. transp. 1980. 346* • 24 nov. 1960 : *JCP 1961. II. 12222, note Rodière* • Rouen, 6 nov. 1970 : *D. 1971. 274, note Rodière.* ♦ ... Un arrimage insuffisant, V. • Com. 10 avr. 1962 : *JCP 1963. II. 12984.* ♦ Le transporteur routier s'exonère de sa responsabilité recherchée pour avaries à l'engin transporté en prouvant le fait de l'expéditeur qui n'a pas immobilisé les éléments mobiles de celui-ci, cette opération relevant du conditionnement, qui n'incombe pas au transporteur, et non de l'arrimage, qui est une opération distincte. • Orléans, 30 oct. 2008 : *BICC 1er nov. 2009, n° 1442.* ♦ Sur le fait de la chose d'un tiers (wagons chargés d'explosifs) sous la garde du voiturier, V. • Aix-en-Provence, 7 mars 1942 : *DC 1943. 137, note Le Balle* • Lyon, 1er mars 1943 : *ibid.* • T. com. Seine, 22 juill. 1943 : *ibid.*

11. *Preuve du vice propre de la chose.* La preuve du vice propre de la chose incombe au transporteur. • Com. 25 janv. 1954 : *Gaz. Pal. 1954. 1. 423.* ♦ La réception par le transporteur des colis sans observations ni réserves ne lui enlève pas le droit de faire la preuve du fait exonératoire. • Civ. 15 nov. 1897 : *DP 1898. 1. 127* • 24 avr. 1914 : *DP 1916. 1. 150* • 16 juill. 1914 : *ibid.* • 19 oct. 1914 : *ibid.* • 26 juin 1915 : *ibid.* • Aix-en-Provence, 27 mai 1988 : *RTD com. 1989. 723, obs. Bouloc.* ♦ Comp., sur la présomption d'avaries en cas de réserves formulées, • Com. 8 nov. 1983 : *Bull. civ. IV, n° 303.*

12. Force majeure. Le caractère de force majeure n'est reconnu à la guerre ou à la grève que s'il en résulte, pour le transporteur, une impossibilité absolue d'exécuter le contrat. • Req. 19 févr. 1872 : *DP 1872. 1. 245* • 24 avr. 1872 : *ibid. 448* • 17 juill. 1912 : *DP 1913. 1. 539* • Paris, 24 févr. 1916 : *DP 1916. 2. 49, note L.S.* • Grenoble, 8 mars 1916 : *ibid.* ♦ Les juges doivent rechercher si l'extension d'une grève de la SNCF est prévisible en fonction des circonstances. • Civ. 1re, 18 mai 1989 : *Bull. civ. I, n° 205 ; RTD com. 1990. 96, obs. Bouloc.* ♦ L'irrésistibilité de l'événement, est à elle seule, constitutive de la force majeure, lorsque sa prévision ne saurait permettre d'en empêcher les effets, sous réserve que le débiteur ait pris toutes les mesures requises pour éviter la réalisation de l'événement (à propos d'un vol à main armée). • Com. 1er oct. 1997 : *Bull. civ. IV, n° 240 ; D. 1998. Somm. 199, obs. Delebecque ; ibid. 318, obs. Mercadal ; Quot. jur. 21 oct. 1997, p. 9, note P.M. ; CCC 1998, n° 4, note Leveneur.* – V. Rapp. Apollis, *RJDA 1997, p. 899.* ♦ V. aussi, considérant que la force majeure peut être constituée par la seule irrésistibilité de l'événement, • Com. 28 avr. 1998 : *D. 1999. 469, note B. M.-F. L.* ♦ *Contra*, jugeant l'irrésistibilité insuffisante et réaffirmant l'exigence du critère de l'imprévisibilité, V. • Cass., ass. plén., 14 avr. 2006 : *cité note 252, App., v° Contrats d'affaires.* ♦ En déduisant le caractère irrésistible de l'incendie d'un entrepôt de son imprévisibilité et en se bornant à relever que le transporteur avait pris toutes les mesures requises pour éviter la réalisation de l'événement, une cour d'appel n'a pas dit en quoi l'événement avait été irrésistible. • Com. 5 juill. 2005 : *RJDA 2005, n° 1192.* ♦ Jugeant que l'imprévisibilité ne résulte pas du pourcentage de risque encouru mais de la connaissance de l'instant réel où elle peut être subie (l'attrait particulier de la marchandise transportée – tabac – ne rend pas le vol prévisible) : • Douai, 6 févr. 2003 : *BICC 2003, n° 1488 ; RJDA 2004, n° 526.*

13. Phénomènes naturels. Les phénomènes atmosphériques (inondation, neige, gelée ou chaleur) ne sont considérés comme des cas de force majeure que s'ils revêtent une intensité exceptionnelle. • Civ. 17 mai 1882 : *DP 1883. 1. 14* • 11 juill. 1892 : *DP 1892. 1. 429* • Req. 19 févr. 1924 : *DH 1924. 186* • Com. 6 févr. 1973 : *JCP 1973. II. 17501, note Rodière* • 19 avr. 1982 : *Bull. transp. 1982. 331.* ♦ Sur l'influence des prévisions météorologiques, V. • Paris, 21 mai 1985 : *Bull. transp. 1985. 346.*

Constitue un cas de force majeure pour la SNCF la coupure d'alimentation en électricité de la rame imputable au disjoncteur du fournisseur d'électricité qui s'est déclenché en raison de graves conditions climatiques locales. • Bourges, 10 nov. 1993 : *JCP 1994. IV. 1220.*

14. Vol ou incendie. En principe, l'incendie et le vol ne sont pas considérés comme des cas de force majeure. • Civ. 17 févr. 1874 : *DP 1874. 1. 302* • Req. 6 janv. 1892 : *DP 1892. 1. 356* • Lyon, 30 avr. 1947 : *D. 1948. Somm. 14* • Com. 5 janv. 1988 : *JCP E 1988. I. 17202* • Paris, 17 févr. 1988 : *D. 1988. IR 88* • Com. 3 oct. 1989 : *Bull. civ. IV, n° 246 ; RTD com. 1990. 255, obs. Bouloc.* ♦ Les vols ou les destructions volontaires commis à l'intérieur d'une enceinte où stationnent habituellement des véhicules de transport de marchandises ne sont, d'une manière générale, ni imprévisibles, ni inévitables, et ne peuvent par conséquent constituer un cas de force majeure, même lorsque l'enceinte est clôturée et fermée à clé. • Dijon, 26 sept. 1995 : *Gaz. Pal. 1998. 1. Somm. 397.* ♦ Jugeant que la perturbation du fonctionnement de l'entreprise ne constitue pas une circonstance propre à rendre l'événement inévitable, V. • Com. 2 juin 2004 : *Bull. civ. IV, n° 115 ; JCP E 2004, n° 30, p. 1223 ; RTD com. 2004. 640, obs. Delebecque ; RJDA 2004, n° 1214.*

Il appartient au commissionnaire de transport et à son transporteur substitué qui tentent de s'exonérer de la responsabilité pesant sur eux au titre de la perte totale de la marchandise transportée en se prévalant de la force majeure, de prouver la réalité d'un événement irrésistible dont la prévision n'a pas empêché les effets, et ce, sous réserve qu'aient été prises toutes les mesures requises pour éviter la réalisation de l'événement. • Versailles, 21 janv. 1999 : *BICC 1999, n° 1451.* ♦ Tel n'est pas le cas lorsque le vol avec violence dont a été victime le voiturier est survenu alors que celui-ci a commis une faute d'imprudence en choisissant de garer son camion, de nuit, sur une aire de stationnement non gardée, dans une zone géographique où le risque d'agression était important alors qu'il ne pouvait ignorer ni la fréquence des vols sur parkings, ni la nature aisément commercialisable des marchandises transportées et le caractère peu protecteur de son camion muni d'une simple bâche. • Même arrêt • Orléans, 11 mars 2004 : *RJDA 2004, n° 976* (mauvaise conception et organisation du transport). ♦ Est exonéré de sa responsabilité, en raison d'une force majeure, le transporteur qui, sauf à se rendre coupable de non-assistance à personne apparemment en danger, a stoppé son véhicule devant le corps inanimé d'un cycliste, alors qu'aucun fait ne pouvait l'inciter à la méfiance, que les conditions de la prise d'otage excluait toute résistance du chauffeur, le caractère insurmontable du vol étant ainsi établi. • Com. 29 mai 2001 : *Bull. civ. IV, n° 109.* ♦ Le départ du convoi en fin de journée impliquant un arrêt de nuit n'est pas fautif s'agissant d'un transport international d'environ 900 km. • Com. 30 juin 2004 : *JCP E 2004, n° 38, p. 1421 ; BRDA 2004, n° 19, p. 7.* ♦ Sur la question de savoir si la conclusion d'un contrat de transport sécurisé de matériel informatique rend le vol prévisible, V. • Com. 8 mars 2011 : *JCP E 2011, n° 1658, spéc. n° 10, obs. Bon-Garcin ; RD transp. 2011, n° 79, obs. Paulin* • 22 janv. 2013 : *RJDA 2013, n° 408.*

15. *Fait d'un tiers.* Le fait d'un tiers exonère le transporteur. • Req. 1er août 1929 : *DP 1930. 1. 25, note Josserand.* ♦ ... Du moins s'il est imprévisible et irrésistible, c'est-à-dire constitutif de la force majeure. • Req. 2 mars 1927 : *DP 1927. 1. 121, note L. Mazeaud* • Civ. 1er févr. 1937 : *DP 1937. 1. 41, note Roger.* – Jurisprudence constante. ♦ Sur la faute de la victime, V. • Lyon, 5 déc. 1929 : *DP 1930. 2. 23* • Grenoble, 12 juin 1945 : *D. 1945. 344* • 14 avr. 1958 : *D. 1958. 414, note Rodière.*

16. *Assurance de l'expéditeur.* Le transporteur ne peut s'exonérer de sa responsabilité en invoquant l'assurance contractée par l'expéditeur. • Civ. 13 mai 1924 : *DP 1924. 1. 160* • Req. 27 mars 1928 : *DH 1928. 272* • Paris, 3 mai 1949 : *D. 1950. 283.* – V. aussi, note Aubrun, *DP 1924. 2. 111.* – Comp. : • Grenoble, 3 févr. 1954 : *D. 1954. 617, note Sauvage.*

II. INDEMNISATION

17. *Preuve du dommage.* Il appartient au demandeur de rapporter la preuve du dommage qu'il allègue. • Paris, 10 juill. 1975 : *Bull. transp. 1975. 419.*

A. RÈGLES LÉGALES

18. *Étendue de l'indemnisation.* Le voiturier n'est tenu, conformément à l'art. 1150 C. civ., que des dommages-intérêts qui ont été prévus ou qu'on a pu prévoir lors du contrat. • Civ. 22 nov. 1893 : *DP 1894. 1. 358* • 7 juill. 1924 : *DP 1927. 1. 119.* ♦ ... Sauf en cas de faute lourde assimilable au dol, où le dommage doit être intégralement réparé. • Civ. 29 juin 1932 : *DP 1933. 1. 49, note Josserand.* ♦ Sur la faute lourde, V. notes ss. art. L 133-8. ♦ Si la SNCF, qui reconnaît sa responsabilité à la suite d'un retard de train ayant empêché les voyageurs de prendre un vol charter pour la suite d'un voyage organisé, ne peut effectivement connaître l'objet précis du voyage de chacun de ses clients ni, par suite, être tenue d'indemniser toutes les conséquences qu'un retard dans l'arrivée des trains peut avoir pour ceux-ci, elle n'ignore pas en revanche que, de manière générale, beaucoup de voyageurs ne sont pas arrivés à destination lorsqu'ils sont en gare d'arrivée, notamment s'il s'agit d'une gare parisienne, qui ne représente qu'une étape dans l'exécution d'un parcours nécessitant l'utilisation de plusieurs moyens de transport successifs (à propos de l'application de l'art. 1150 C. civ.). • Paris, 31 mars 1994 : *D. 1994. IR 134 ; Gaz. Pal. 1994. 1. 407.* – V. Tilche, *Bull. transp. 1995. 95.*

19. *Fixation de l'indemnité.* L'art. 1150 C. civ. ne concerne que la détermination du dommage (nature, étendue), et non son indemnisation ; c'est donc à bon droit qu'en cas de perte d'une marchandise, le juge tient compte, dans la fixation de l'indemnité, de la hausse des cours au jour du jugement. • Com. 16 févr. 1954 : *D. 1954. 534, note Rodière.* ♦ Le voiturier, en cas d'avarie, ne peut être contraint à réparer en nature. • Civ. 4 juin 1924 : *DP 1927. 1. 136 et la note.* – V. conf. • Civ. 19 janv. 1926 : *DH 1926. 115.* ♦ Les juges, devant trancher le litige conformément à l'art. 103 [C. com., art L. 133-1], ne peuvent modérer, en équité, la responsabilité du transporteur : V. • Com. 16 avr. 1996 : *CCC 1996, n° 122, note Leveneur.*

B. LIMITATIONS CONVENTIONNELLES DE RESPONSABILITÉ

20. *Prohibition des clauses de non-responsabilité.* Toute clause qui exonère le transporteur de sa responsabilité est réputée non écrite. • Com. 3 avr. 1968 : *JCP 1968. II. 15575, note Rodière.* ♦ Mais la nullité des clauses de non-responsabilité n'enlève pas au voiturier le droit de prouver que l'avarie provient de la force majeure, du vice propre de la chose ou de la faute de l'expéditeur • Civ. 25 févr. 1913 : *DP 1913. 1. 228* • 23 avr. 1913 : *ibid.* ♦ Le voiturier conserve également le droit de prouver qu'il y a eu erreur dans le pesage au départ, bien que le chargement et le poids mentionné aient été acceptés sans réserves. • Civ. 30 janv. 1923 : *DP 1923. 1. 46.*

21. *Principe de validité des clauses limitatives.* BIBL. Chao, *Bull. transp. 1938. 397.* – Rodière, *D. 1954. 123.* – Marchac, *RD transp. 2011. Formule 2 ; RCA 2011. Formule 2* (clause limitative de responsabilité dans les contrats de transport terrestre de marchandises). ♦ La prohibition des clauses de non-responsabilité, édictée par l'art. 103, al. 3 [C. com., art. L. 133-1, al. 3], ne s'étend pas aux clauses limitatives de la responsabilité, qui demeurent licites. • Civ. 12 juill. 1923 : *DP 1926. 1. 229* • 14 avr. 1924 : *DH 1924. 393* • Com. 3 janv. 1950 : *D. 1950. 225* • 30 janv. 1967 : *D. 1968. 160, note Durand.* ♦ Le voiturier, qui n'a commis aucune faute lourde équivalente au dol, ne peut être tenu de garantir son donneur d'ordres au-delà des limites du contrat qu'il a conclu avec lui. • Com. 26 mai 1992 : *Bull. civ. IV, n° 211.*

22. Conditions de validité des clauses limitatives. L'indemnité due pour cause de retard peut être invoquée alors même que le maximum fixé est inférieur à la valeur de l'objet pourvu que l'indemnité ne soit pas tellement réduite qu'il y aurait, en fait, exonération totale de responsabilité. • Com. 3 janv. 1950 : *cité note 21.* ♦ Le juge doit constater expressément le caractère dérisoire de l'indemnité. • Même arrêt. ♦ ... Et rechercher si la clause limitative n'a pas été acceptée en contrepartie de l'application d'un tarif réduit. • Com. 19 mars 1952 : *D. 1952. 401.* ♦ Une clause limitative de responsabilité n'est admise que si elle a été connue et acceptée par l'expéditeur au moment de la conclusion du contrat et si elle ne fixe pas un montant dérisoire à l'indemnité pouvant être due par le voiturier. Toutefois, quel que soit le montant de l'indemnité proposée, la clause limitative est valable lorsque le voiturier offre à l'expéditeur la possibilité d'une réparation intégrale moyennant la souscription d'une assurance. • Rouen, 25 sept. 1996 : *JCP 1997. IV. 664.* ♦ Sur l'acceptation de la clause, V. aussi note 13 ss. art. L. 132-5.

23. Inefficacité des clauses limitatives. V. notes ss. art. L. 133-8.

III. EXERCICE DE L'ACTION

24. Titulaires de l'action. BIBL. Delebecque, *D. Affaires 1995. 189.* ♦ Le droit d'agir contre le voiturier appartient à la fois à l'expéditeur, qui a contracté avec lui, et au destinataire, qui exerce une action directe née de la stipulation que le contrat contient en sa faveur. • Civ. 8 mars 1911 : *DP 1913. 1. 228* • 23 juin 1943 : *DA 1943. J. 69* • Paris, 19 juin 1943 : *DC 1944. J. 61, note Roger* • Com. 1er févr. 1955 : *D. 1956. 338, note Durand ; JCP 1955. II. 8772, note Hémard.* ♦ Le destinataire, subrogé dans les droits de l'expéditeur, est en droit d'obtenir la condamnation *in solidum* du commissionnaire et de son transporteur. • Paris, 21 mars 2002 : *BICC 2002, n° 1179.* ♦ Sur la qualité de destinataire de la société ayant réceptionné les marchandises en apposant sur le bon de livraison la mention « sous réserve de déballage », alors même que la livraison ne s'est pas faite au lieu de son établissement, V. • Com. 20 janv. 1998 : *Bull. civ. IV, n° 38 ; D. Affaires 1998. 373, obs. J. F. ; JCP E 1999, n° 16, p. 713, obs. D. M.*

25. Nature de l'action. L'action est de nature contractuelle. • Com. 28 févr. 1984 : *Bull. civ. IV, n° 81* • 10 juill. 1989 : *Bull. transp. 1989. 619.* ♦ Sur l'absence de lien juridique entre le destinataire et le mandataire de l'expéditeur, V. • Com. 20 févr. 1990 : *Bull. civ. IV, n° 50.* ♦ V. aussi note 6 ss. art. L. 132-8.

26. Recevabilité de l'action. L'action de l'expéditeur n'est pas subordonnée à la preuve d'un préjudice personnel ; mais elle n'est recevable que si le destinataire n'a pas pris livraison ou ne l'a fait qu'en conservant son recours conformément à l'art. 105 [C. com., art. L. 133-3]. • Paris, 19 juin 1943 : *préc. note 24.* ♦ Sur la réception des marchandises, V. art. L. 133-3 et L. 133-4. ♦ Sur la prescription de l'action, V. art. L. 133-6.

Art. L. 133-2 Si, par l'effet de la force majeure, le transport n'est pas effectué dans le délai convenu, il n'y a pas lieu à indemnité contre le voiturier pour cause de retard. – *[C. com., art. 104.]*

Sur la responsabilité du commissionnaire en cas de retard, V. art. L. 132-4.

Pour les dommages directs causés par le retard dans la distribution d'un envoi postal, la responsabilité des prestataires des services postaux au sens de l'art. L. 1 CPCE est engagée dans les conditions prévues par les art. 1134 s. et 1382 s. C. civ., si le prestataire a souscrit un engagement portant sur le délai d'acheminement de cet envoi postal. Toutefois, cette responsabilité tient compte des caractéristiques des envois et des tarifs d'affranchissement selon des modalités fixées par un décret en Conseil d'État qui détermine des plafonds d'indemnisation (CPCE, art. L. 8).

Art. L. 133-3 La réception des objets transportés éteint toute action contre le voiturier pour avarie ou perte partielle si dans les trois jours, non compris les jours fériés, qui suivent celui de cette réception, le destinataire n'a pas notifié au voiturier, par acte extrajudiciaire ou par lettre recommandée, sa protestation motivée. *(Abrogé par L. n° 2009-1503 du 8 déc. 2009, art. 40-II) (L. n° 2009-888 du 22 juill.*

2009, art. 34-II) ***« Ce délai de trois jours ne s'applique pas aux prestations de déménagement. »*** *— V., en matière de contrat de transports de déménagement, art. L. 121-95 C. consom., ss. art. L. 133-9.*

Si dans le délai ci-dessus prévu il est formé une demande d'expertise en application de l'article L. 133-4, cette demande vaut protestation sans qu'il soit nécessaire de procéder comme il est dit au premier alinéa.

Toutes stipulations contraires sont nulles et de nul effet. Cette dernière disposition n'est pas applicable aux transports internationaux. *— [C. com., art. 105.]*

BIBL. ▶ DURAND, *D. 1950. Chron. 56.* – HÉMARD, *RTD com. 1951. 3.* – BRUNAT, *Bull. transp. 1968. 98 ; ibid. 1977. 394.* – COLAS, *Gaz. Pal. 1981. 2. Doctr. 564.*

I. EXTINCTION DE L'ACTION

A. DOMAINE DE LA FIN DE NON-RECEVOIR

1° QUANT À LA NATURE DU TRANSPORT

1. CMR. Sur l'inapplicabilité de l'art. 105 [C. com., art. L. 133-3] au transport régi par la Convention de Genève du 19 mai 1956 (CMR), V. • Com. 2 oct. 1990 : *Bull. civ. IV, n° 226* • 25 mars 1997 : *D. Affaires 1997. 533.*

2. Transport maritime. La fin de non-recevoir de l'art. 105 [C. com., art. L. 133-3] n'est pas applicable aux transports maritimes. • Com. 28 févr. 1984 : *Bull. civ. IV, n° 80.*

3. Modalités d'expédition. Il n'y a pas à distinguer suivant que l'expédition est faite en port dû ou en port payé. • Req. 25 mai 1891 : *DP 1892. 1. 273* • Civ. 23 juin 1913 : *DP 1915. 1. 6.*

2° QUANT À LA NATURE DE L'ACTION

4. Action contre le commissionnaire. **BIBL.** Brunat, *Bull. transp. 1983. 174.* ♦ Le commissionnaire de transport ne peut invoquer l'inobservation des formalités de l'art. 105 [C. com., art. L. 133-3] lorsqu'il a l'obligation d'assurer ou de faire assurer leur accomplissement. • Com. 16 oct. 1967 : *D. 1968. Somm. 45.* ♦ Mais la fin de non-recevoir profite au commissionnaire dans la mesure où, faute de protestation régulière formulée par le destinataire à la livraison, l'action en responsabilité contre le transporteur effectif se trouve elle-même éteinte. • Com. 13 avr. 1972 : *D. 1972. Somm. 152.* ♦ La fin de non-recevoir tirée de l'art. L. 133-3 ne profite par voie de conséquence au commissionnaire de transport ou au voiturier ayant sous-traité le transport que dans la mesure où l'action contre le voiturier effectif ou le transporteur sous-traitant qui exécute les opérations de transport se trouve elle-même éteinte. • Com. 1er déc. 2009 : *Bull. civ. IV, n° 158 ; D. 2010. 409, note Tosi ; RTD com. 2010. 184 et 417, obs. Bouloc ; JCP E 2010, n° 1046 ; Gaz. Pal. 2010. 400, obs. Carayol ; RJDA 2010, n° 361 ; RD transp. 2010, n° 54, obs. Bon-Garcin.* – Et sur renvoi : • Paris, 2 févr. 2011 : *RD transp. 2011, n° 93, obs. Bon-Garcin.*

5. Action contre le transporteur. La fin de non-recevoir de l'art. 105 [C. com., art. L. 133-3] s'étend à toute action née du contrat de transport dirigée contre le voiturier en cas d'avarie ou de perte partielle. • Com. 6 mai 1965 : *D. 1966. Somm. 2.* ♦ Elle est opposable à l'expéditeur comme au destinataire. • Civ. 16 janv. 1923 : *DP 1926. 1. 237.* ♦ Mais elle ne concerne que les rapports entre l'expéditeur ou le destinataire d'une part, et le voiturier ou le commissionnaire de transport, d'autre part, et pour les seules actions nées du contrat de transport proprement dit. • Req. 5 nov. 1923 : *ibid.* ♦ Elle est donc inapplicable au cas où le transporteur est assigné en tant que responsable du fait d'un de ses préposés. • T. civ. Seine 14 mai 1949 : *D. 1949. 374.* ♦ Le dernier transporteur n'est pas soumis à l'art. 105 [C. com., art. L. 133-3], dans ses rapports avec une entreprise qui, ayant reçu la marchandise d'un transporteur intermédiaire, a seulement joué le rôle d'expéditeur à son égard. • Com. 30 janv. 1978 : *Bull. civ. IV, n° 40.* ♦ L'art. L. 133-3 ne concerne que les rapports entre le voiturier et le destinataire, et non entre le fournisseur et le destinataire. • Saint-Denis de la Réunion, 30 avr. 2008 : *BICC 15 sept. 2009, n° 1175.*

6. Retour de marchandises. **BIBL.** Tilche, *Bull. transp. 1994. 545.* ♦ L'expéditeur n'a pas à se conformer aux prescriptions de l'art. 105 [C. com., art. L. 133-3], applicables au seul destinataire ayant pris possession des marchandises. • Rouen, 9 juin 1994 : *Bull. transp. 1994. 555.*

3° QUANT AUX PERTES ET AVARIES

7. Retard et perte totale. L'action exercée contre le transporteur pour retard dans la livraison n'est pas soumise à la déchéance édictée par l'art. 105 [C. com., art. L. 133-3]. • Civ. 5 mai 1903 : *DP 1904. 1. 244* • Com. 4 nov. 1970 : *D. 1971. 324.* ♦ Sur l'absence d'application de l'art. 105 [C. com., art. L. 133-3] au cas de perte totale, V. • Com. 26 janv. 1982 : *D. 1983. IR 125, obs. Mercadal.*

8. Avarie et perte partielle. La fin de non-recevoir de l'art. 105 [C. com., art. L. 133-3] peut être opposée par le transporteur au cas de perte d'un ou de plusieurs des colis qui composent une expédition unique, cette perte étant partielle et non totale. • Civ. 7 juin 1904 : *DP 1906. 1. 296.* ♦ Sur la distinction entre ces deux sortes de pertes, V. • Com. 5 janv. 1973 : *Bull. civ. IV, n° 7 ; D. 1973. IR 40* • 6 juin 1984 : *Bull. civ. IV, n° 190 ; RTD com. 1985. 569, obs. Hémard et Bouloc.* ♦ Sur une fin de non-recevoir opposée au cas de substitution d'un colis étranger à l'expédition, V. • Civ. 1er juill. 1896 : *DP 1898. 1. 396, note Sarrut* • Req. 16 avr. 1904 : *DP 1905. 1. 415.*

9. Dommages non apparents. L'extinction de l'action contre le voiturier pour avarie ou perte partielle, lorsque, dans les trois jours, non compris les jours fériés, qui suivent celui de la réception des objets transportés, le destinataire n'a pas notifié au voiturier, par acte extrajudiciaire ou par lettre recommandée, sa protestation motivée, concerne tous les dommages, y compris ceux non apparents lors de cette réception. • Com. 7 nov. 2006 : *Bull. civ. IV, n° 220 ; D. 2006. AJ 2845, obs. Delpech ; RTD com. 2007. 442, obs. Bouloc ; JCP E 2007, n° 10, p. 14, note Poumarède ; RJDA 2007, n° 350 ; RDC 2007. 390, obs. Delebecque ; RD transp. 2007, n° 1, obs. Paulin.* ♦ La notification au transporteur de la protestation motivée du destinataire, qui doit être faite, par application des dispositions de l'art. L. 133-3, dans les trois jours à peine d'extinction de toute action contre le transporteur, concerne tous les dommages, y compris ceux non apparents lors de la réception. • Orléans, 4 avr. 2008 : *BICC 15 déc. 2008, n° 1938.*

Sur l'application de l'art. 105 [C. com., art. L. 133-3] au cas de vice caché, V. • Com. 30 mars 1993 : *Bull. transp. 1993. 307.*

B. CONDITIONS DE LA FIN DE NON-RECEVOIR

10. Réception de la marchandise. La réception de la marchandise, qui sert de point de départ au délai de trois jours de l'art. 105 [C. com., art. L. 133-3], s'entend de la prise de livraison effective ; l'émargement du livre de sortie et la mise de la marchandise à la disposition du destinataire ne suffisent pas. • Civ. 3 févr. 1913 : *DP 1914. 1. 63* • Paris, 24 nov. 1922 : *DP 1922. 2. 175.* ♦ Sur la « réception » et ses effets, V. note P.M.F. Durand ss. • Com. 21 oct. 1958 : *D. 1959. 224* • Com. 6 févr. 1968 : *D. 1968. 529.* ♦ V. aussi, jugeant que la livraison s'entend de la remise physique de la marchandise au destinataire où à son représentant qui l'accepte : • Com. 11 juin 2003 : *cité note 9 ss. art. L. 133-1.*

11. Absence de réception. Dès lors que la réception de la marchandise par le destinataire n'a pas été réalisée, le transporteur ne peut opposer la fin de non-recevoir de l'art. 105 [C. com., art. L. 133-3]. • Com. 9 mars 1967 : *Bull. civ. III, n° 114.* ♦ ... Même si, après avoir, aux termes du premier contrat de transport, refusé les pièces endommagées, le destinataire a donné son accord à un nouveau transport pour retour de celles-ci à leur fabricant aux fins de réparation. • Même arrêt.

Une cabine de téléphérique, objet lourd et encombrant transporté dans des conditions spéciales, ayant été déposée dans la cour du destinataire, qui avait refusé de signer une décharge au transporteur, sans qu'il en ait pris possession, une cour d'appel peut en déduire que la réception, au sens de l'art. 105 [C. com., art. L. 133-3], ne s'était pas opérée et que le transporteur n'était donc pas fondé à se prévaloir de la fin de non-recevoir instituée par ce texte. • Com. 20 mai 1986 : *Bull. civ. IV, n° 97 ; RTD com. 1987. 256, obs. Hémard et Bouloc.*

12. Droit de vérification. Le destinataire a le droit d'exiger, avant de prendre livraison, la vérification tant intérieure qu'extérieure des colis. • Civ. 22 nov. 1933 : *DP 1934. 1. 97, note Roger* • Req. 8 janv. 1912 : *DP 1912. 1. 293.* ♦ Le voiturier ne peut invoquer l'art. 105 [C. com., art. L. 133-3] si le destinataire n'a pas été mis en mesure de vérifier les marchandises, par le fait du voiturier ou par force majeure. • Civ. 27 avr. 1921 : *DP 1926. 1. 237* • 21 juin 1911 : *DP 1913. 1. 3.* ♦ Sur la fraude du voiturier, V. • Req. 29 avr. 1947 : *Gaz. Pal. 1947. 2. 79.*

13. Faute lourde. La faute lourde du transporteur est insuffisante pour rendre inapplicables les dispositions de l'art. 105 [C. com., art. L. 133-3]. • Com. 28 mars 2000 : *Dr. et patr. déc. 2000. 72, obs. Chabas.*

II. PROTESTATION DU DESTINATAIRE

A. FORME DE LA PROTESTATION

14. Formalités impératives. Les formalités imposées par l'art. 105 [C. com., art. L. 133-3] pour la notification au voiturier de la protestation motivée du destinataire sont impérativement et limitativement déterminées et ne cessent exceptionnellement de s'appliquer que si des réserves, même verbales, ont été faites par le destinataire lors de la livraison et acceptées, expressément ou tacitement, par le transporteur. • Civ. 5 févr. 1918 : *DP 1919. 1. 37* • 4 juin 1934 : *DH 1934. 430* • Com. 18 oct. 1949 : *D. 1949. 567.* ♦ La protestation motivée qui doit être adressée au transporteur par le destinataire doit être formulée dans les formes limitativement énumérées par l'art. 105 [C. com., art.

L. 133-3]. • Com. 3 janv. 1978 : *Bull. civ. IV, n° 7* • Com. 24 nov. 1987 : *Bull. civ. IV, n° 248 ; D. 1987. IR 250 ; Bull. transp. 1987. 651, obs. Chao ; RTD com. 1988. 498, obs. Hémard et Bouloc.* ♦ Une lettre recommandée adressée au fabricant de la marchandise est insuffisante, même confirmée par une lettre simple adressée au transporteur. • Com. 3 janv. 1978 : *préc.* ♦ L'envoi d'un télex ne satisfait pas aux exigences de ce texte. • Com. 4 nov. 1986 : *Bull. civ. IV, n° 203* • 30 nov. 1993 : *Bull. civ. IV, n° 443 ; CCC 1994, n° 45, note Leveneur.*

15. Expertise amiable. Une expertise amiable ne saurait être assimilée à l'une des formes de protestation de l'art. 105, al. 2 [C. com., art. L. 133-3, al. 2], dès lors qu'elle n'est pas formée en application de l'art. 106 [C. com., art. L. 133-4]. • Com. 11 déc. 1985 : *Bull. transp. 1986. 196* • 6 févr. 1968 : *ibid. 1968. 48* • Paris, 9 avr. 1986 : *ibid. 1987. 46.*

16. Réserves concomitantes à la livraison. Les juges du fond écartent à bon droit la fin de non-recevoir tirée de l'art. 105 [C. com., art. L. 133-3] soulevée par le transporteur en relevant que les réserves formulées par le destinataire de la livraison litigieuse avaient été portées par le réceptionnaire sur le bon de livraison et acceptées par le transporteur de façon non équivoque. • Com. 24 nov. 1987 : *préc. note 14.* ♦ La règle posée par l'art. 105 [C. com., art. L. 133-3] admet une dérogation lorsque des réserves, même verbales ont été faites et acceptées expressément ou tacitement par le transporteur. • Paris, 16 mai 1990 : *D. 1990. Somm. 270, obs. Rèmond-Gouilloud.*

17. Réserves antérieures à la livraison. Pour faire obstacle à la fin de non-recevoir de l'art. 105 [C. com., art. L. 133-3], les réserves ou protestations du destinataire formulées avant la livraison des marchandises doivent être réitérées postérieurement à la livraison dans les formes prescrites par le texte. • Com. 6 févr. 1968 : *D. 1968. 529* • Paris, 21 janv. 1964 : *D. 1964. Somm. 50.* ♦ Des réserves formulées avant livraison et au surplus non acceptées par le transporteur, ne suppléent pas valablement aux formalités de l'art. 105 [C. com., art. L. 133-3]. • Com. 23 mai 1977 : *Bull. civ. IV, n° 152.*

18. Acceptation tacite des réserves. Des réserves verbales sont insuffisantes dès lors que leur notification n'intervient que cinq jours après la livraison. • Com. 4 oct. 1971 : *Bull. civ. IV, n° 228.* ♦ Il en va différemment lorsqu'elles ont été acceptées par le transporteur de façon non équivoque. • Com. 17 juill. 1968 : *JCP 1969. II. 15717, note R.R. ; D. 1969. 98* • Aix-en-Provence, 18 mars 1982 : *D. 1983. 580, note Sériaux* • Paris, 16 mai 1990 : *préc. note 16.* ♦ Le conducteur d'un camion dont le commettant est un entrepreneur de transport représente celui-ci pour tout ce qui a trait à l'exécution du transport dont il est chargé. Par suite, le transporteur ne saurait faire grief aux juges du fond d'avoir écarté la fin de non-recevoir tirée de l'art. 105 [C. com., art. L. 133-3], dès lors que les réserves formulées par le destinataire ont été portées par le réceptionnaire sur le bon de livraison en présence du préposé du transporteur, qui ne les a ni contestées, ni contredites par une mention contraire. • Com. 24 nov. 1987 : *préc. note 14.* • 19 mars 1996 : *RJDA 1996, n° 918 ; Bull. transp. 1996. 273.* ♦ L'accusé de réception des réserves n'en implique pas l'acceptation. • Com. 11 déc. 1950 : *D. 1951. 110.* ♦ Sur la reconnaissance de responsabilité par le transporteur, V. • Paris, 10 juin 1955 : *D. 1955. 582, note Rodière.* ♦ Sur le refus de prendre livraison, V. • Com. 11 févr. 1958 : *RTD com. 1958. 818, obs. Hémard* • 20 mai 1986 : *Bull. transp. 1986. 446.*

19. Motivations. L'accomplissement, par le destinataire, des formalités de l'art. 105 [C. com., art. L. 133-3] ne le dispense pas d'établir que le dommage est antérieur à la livraison. • Paris, 18 mars 1977 : *JCP 1979. II. 19247, note Rodière.* ♦ Une réserve trop générale et imprécise faite à la livraison ne peut tenir lieu de cette preuve. • Même arrêt. ♦ Ne remplissent pas l'exigence de l'art. 105 [C. com., art. L. 133-3] les réserves telles que « matériels endommagés – sous réserve ». • T. com. Paris, 12 juin 1995 : *Gaz. Pal. 1996. 2. Somm. 549.* – V. aussi • Metz, 1er oct. 1980 : *D. 1981. IR 544, obs. Mercadal.* ♦ Pour pouvoir déroger aux dispositions de l'art. L. 133-3 les réserves écrites mentionnées à la livraison sur le document de transport doivent être significatives, complètes et acceptées par le transporteur ; ainsi les réserves doivent faire apparaître avec netteté l'étendue et l'importance du dommage et donc être précises quant à la nature de l'avarie et quant à la quantité de matériels concernés. • Versailles, 6 nov. 2003 : *RJDA 2004, n° 422.*

B. DÉLAI DE LA PROTESTATION

20. Délai de trois jours. Le délai de trois jours suivant la réception durant lequel le destinataire doit notifier au voiturier sa protestation motivée pour avarie ou perte partielle est d'ordre public. • Com. 8 juin 2010 : *JCP E 2010, n° 1772, spéc. n° 10, obs. Letacq ; RD transp. 2010, n° 169, obs. Staes.* ♦ Les réserves, dès lors qu'elles ont été formulées dans le délai de l'art. 105 [C. com., art. L. 133-3], n'ont pas à être renouvelées lors de la prise de possession ultérieure. • Com. 21 oct. 1958 : *D. 1959. 224.*

21. Jour férié. Dès lors qu'il a constaté que la livraison a été effectuée le 16 déc., la lettre recommandée comportant la protestation motivée du destinataire ayant été envoyée au voiturier le 20 déc., lendemain d'un jour férié, c'est à bon droit qu'un arrêt retient que la réclamation du destinataire relative à du mobilier livré après sa conservation en garde-meubles de façon incomplète est recevable. • Com. 12 mai 1992 : *Bull. civ. IV, n° 186 ; D. 1992. IR 190.* ♦ Sur la computation du délai, V. aussi, pour la prise en compte du samedi, • T. com. Paris, 11 janv. 1972 : *Bull. transp. 1972. 54.*

22. Fin de non-recevoir. Le juge peut relever d'office la fin de non-recevoir à condition d'inviter les parties à présenter leurs observations en respectant le principe de la contradiction. • Com. 16 févr. 1993 : *pourvoi n° 90-19.671, Dalloz jurisprudence.* ♦ *Contra*, jugeant que le juge n'a pas la possibilité, pour une réouverture des débats, de se substituer au transporteur pour soulever d'office la fin de non-recevoir : • Paris, 5 mars 2008 : *RJDA 2008, n° 912.*

Art. L. 133-4 **En cas de refus des objets transportés ou présentés pour être transportés, ou de contestation de quelque nature qu'elle soit, sur la formation ou l'exécution du contrat de transport, ou à raison d'un incident survenu au cours même et à l'occasion du transport, l'état des objets transportés ou présentés pour être transportés et, en tant que de besoin, leur conditionnement, leur poids, leur nature, etc., sont vérifiés et constatés par un ou plusieurs experts nommés par le président du tribunal de commerce ou, à défaut, par le président du tribunal d'instance et par ordonnance rendue sur requête.**

Le requérant est tenu, sous sa responsabilité, d'appeler à cette expertise, même par simple lettre recommandée ou par télégramme, toutes parties susceptibles d'être mises en cause, notamment l'expéditeur, le destinataire, le voiturier et le commissionnaire, et les experts doivent prêter serment, sans formalité d'audience, devant le juge qui les a commis ou devant le juge du tribunal d'instance où ils procèdent. Toutefois, en cas d'urgence, le juge saisi de la requête peut dispenser de l'accomplissement de tout ou partie des formalités prévues au présent alinéa. Mention est faite de cette dispense dans l'ordonnance.

Le dépôt ou séquestre des objets en litige, et ensuite leur transport dans un dépôt public, peut être ordonné.

La vente peut en être ordonnée jusqu'à concurrence des frais de voiture ou autres déjà faits. Le juge attribue le produit de la vente à celle des parties qui a fait l'avance desdits frais. – *[C. com., art. 106.]*

BIBL. ► BRUNAT, *Bull. transp. 1982. 306.* – JEULAND, *D. 2000. Chron. 209* (expertise commerciale).

I. EXPERTISE JUDICIAIRE

1. Domaine. L'art. 106 [C. com., art. L. 133-4] ne s'applique que dans les rapports du voiturier avec le destinataire ou l'expéditeur ; en cas de contestation entre ces derniers, l'expertise est soumise aux règles du droit commun. • Civ. 1er mars 1892 : *DP 1892. 1. 235* • Req. 15 juill. 1907 : *DP 1908. 1. 31* • Com. 9 juill. 1953 : *JCP 1954. II. 8072, note Rodière.*

2. Demande d'expertise. L'expertise peut intervenir utilement après l'introduction d'une instance relative à l'exécution du contrat de transport. • Req. 2 août 1911 : *DP 1912. 1. 264.* ♦ L'expertise ne peut être ordonnée qu'une seule fois en application de l'art. 106 [C. com., art. L. 133-4]. • Req. 1er août 1934 : *DH 1934. 457.* ♦ Sur la recevabilité d'une action en référé de droit commun, V. • Civ. 6 mai 1929 : *DP 1929. 1. 118.*

3. Autres modes de preuve. L'expertise de l'art. 106 [C. com., art. L. 133-4] n'est que l'un des procédés pour établir l'existence et l'importance du dommage et n'exclut aucun autre mode de preuve. • Com. 30 janv. 1978 : *Bull. civ. IV, n° 40.*

4. Caractère conservatoire. L'expertise de l'art. 106 [C. com., art. L. 133-4] est une mesure conservatoire prise dans l'intérêt commun de tous ceux que l'état de la marchandise intéresse. • Req. 2 août 1911 : *DP 1912. 1. 264* • 22 juill. 1913 : *DP 1915. 1. 16.* ♦ Il s'ensuit que les frais qu'elle occasionne incombent à celui dont elle établit la faute, et il n'importe que cette faute ait été ou non l'objet d'une action judiciaire. • Com. 7 déc. 1948 : *D. 1949. 43* • 14 mars 1949 : *D. 1949. 441 et la note.*

4 bis. Prescription. L'expertise ordonnée en application de l'art. L. 133-4 constitue une mesure conservatoire prise dans l'intérêt commun de tous ceux que l'état de la marchandise intéresse et non une citation en justice. La demande de désignation d'un expert judiciaire, présentée par simple requête, n'interrompt pas la prescription. • Com. 5 avr. 2011 : *Bull. civ. IV, n° 57 ; D. 2011. Actu. 1134, obs. Delpech ; D. 2012. Pan. 1442, obs. Kenfack ; RTD com. 2011. 632, obs. Bouloc ; JCP E 2011, n° 1658, spéc. n° 9, obs. Legros ; RJDA 2011, n° 697 ; RD transp. 2011, n° 97, obs. Staes.*

5. *Mise en cause.* Sur les formes (lettres simples ou télégrammes), V. • Com. 23 mai 1977 : *Bull. transp. 1977. 388.*

6. *Opposabilité de l'expertise.* Les résultats de l'expertise sont opposables même à ceux qui n'y ont été ni présents, ni représentés. • Civ. 3 avr. 1913 : *DP 1914. 1. 96* • Req. 24 juin 1912 : *DP 1913. 1. 363.* – Comp. : • Colmar, 9 nov. 1955 : *D. 1956. Somm. 70.*

7. *Portée de l'avis de l'expert.* Les juges ne sont pas tenus de suivre l'avis de l'expert, mais ils doivent établir expressément que le voiturier n'a pas prouvé le fait exonératoire, tel que le vice propre, qu'il invoque. • Civ. 19 janv. 1914 : *DP 1914. 1. 294* • 16 juill. 1914 : *DP 1916. 1. 150.* ♦ ... Ou du moins énoncer les motifs pour lesquels ils se sont écartés de l'avis des experts. • Civ. 16 juin 1914 : *DP 1914. 1. 294.*

8. *Principe du contradictoire.* La convocation des parties à une réunion d'expertise diligentée en application de l'art. 106 [C. com., art. L. 133-4], adressée par fax 24 heures à l'avance, satisfait suffisamment aux exigences de ce texte dès lors qu'un tel délai est suffisant pour permettre aux parties de se faire représenter et, s'agissant du transporteur, pour prévenir en tant que de besoin son assureur. • Versailles, 7 sept. 2000 : *JCP E 2001, n° 1, p. 14.*

II. VENTE DES MARCHANDISES

9. *Obligations du voiturier.* Le voiturier qui s'est conformé, pour procéder à la vente, aux dispositions de l'art. 106 [C. com., art. L. 133-4] n'est tenu envers le propriétaire de la marchandise que d'une somme égale au produit de la vente ; il ne peut être condamné, notamment, à verser à l'expéditeur le prix que celui-ci devait recevoir du destinataire acheteur. • Civ. 7 juin 1904 : *DP 1906. 1. 316* • 8 févr. 1909 : *DP 1910. 1. 158.*

10. *Responsabilité du voiturier.* La vente des marchandises par le transporteur sans observer les formalités de l'art. 106 [C. com., art. L. 133-4] est de nature à engager sa responsabilité et à le rendre débiteur, envers le destinataire, d'une somme supérieure au prix de la vente, si l'omission desdites formalités a été la cause du dommage. • Com. 15 déc. 1947 : *D. 1948. 153.*

Art. L. 133-5 *(Ord. n° 2010-1307 du 28 oct. 2010, art. 4, en vigueur le 1er déc. 2010)* **Sans préjudice des dispositions prévues par le code des transports, les dispositions contenues dans le présent chapitre sont applicables aux transporteurs routiers, fluviaux et aériens.** – *[C. com., art. 107.]*

BIBL. ▶ DELEBECQUE, *D. 2010. 2715* (le code à droit constant des transports : une œuvre monumentale encore perfectible). – FAIVRE, *LPA 10 févr. 2011* (nul n'est censé ignorer les dispositions du code des transports). – PAULIN, *RD transp. 2011. Repère 7* (le nouvel art. L. 133-5 C. com.).

Code des transports

(Ord. n° 2010-1307 du 28 oct. 2010)

DISPOSITIONS COMMUNES

Art. L. 1000-1 Sauf dispositions contraires, les transports terrestres régis par le présent code s'entendent des transports qui s'effectuent entre un point d'origine et un point de destination situés sur le territoire national. – *[L. n° 82-1153 du 30 déc. 1982, art. 44, al. 1er.]*

Art. L. 1000-2 Les dispositions de la présente partie s'appliquent sans préjudice des accords internationaux régissant certains modes de transport, infrastructures et ouvrages. – *[L. n° 82-1153 du 30 déc. 1982, art. 44, al. 1er et 2.]*

Art. L. 1000-3 Pour l'application des dispositions de la présente partie :
1° Est considéré comme transport public tout transport de personnes ou de marchandises, à l'exception de celui organisé pour son propre compte par une personne, publique ou privée, et de ceux relevant d'une autre réglementation ;
2° Sont considérées comme des transports de marchandises les opérations de transport effectuées dans le cadre d'un déménagement. — *[L. n° 82-1153 du 30 déc. 1982, art. 5, al. 7 et 10.]*

CONDITIONS D'EXERCICE

Art. L. 1411-1 I. — Pour l'application du présent livre sont considérés comme :
1° Commissionnaires de transport : les personnes qui organisent et font exécuter, sous leur responsabilité et en leur propre nom, un transport de marchandises selon les modes de leur choix pour le compte d'un commettant ;
2° Auxiliaires de transport : les personnes qui concourent à l'opération de transport sans toutefois l'exécuter, ni fournir les moyens d'exécution, les courtiers de transport mentionnés aux articles L. 131-1 et L. 131-3 du code de commerce, ainsi que les courtiers en affrètement aérien.
II. — Les dispositions du présent livre s'appliquent aux transports maritimes sous réserve des dispositions particulières figurant à la cinquième partie.

ACCÈS À LA PROFESSION DE TRANSPORTEUR

Art. L. 1422-1 L'exercice des professions du transport public de marchandises, y compris de déménagement, de loueur de véhicules industriels destinés au transport de marchandises, de commissionnaire ou d'auxiliaire de transport peut être subordonné à l'inscription à un registre tenu par l'autorité administrative compétente de l'État. — *[L. n° 82-1153 du 30 déc. 1982, art. 8-I, al. 1er.]*

Inscription au registre. V. • Poitiers, 15 avr. 1994 : *préc. note 2 ss. art. L. 133-1* • Paris, 22 févr. 2007 : *RD transp. 2007, n° 129, obs. Paulin.*

Art. L. 1422-2 L'inscription au registre mentionné à l'article L. 1422-1 peut être subordonnée, selon des modalités fixées par décret en Conseil d'État, à des conditions d'honorabilité professionnelle, de capacité financière et de capacité professionnelle. — *[L. n° 82-1153 du 30 déc. 1982, art. 8-I, al. 1er.]*

Art. L. 1422-3 Les modalités d'inscription au registre et les conditions d'exercice des professions de commissionnaire et d'auxiliaire de transport peuvent être fixées par décret en Conseil d'État.

Art. L. 1422-4 La capacité professionnelle mentionnée à l'article L. 1422-2 peut être reconnue par un organisme présentant des garanties d'impartialité et de compétence, habilité à cet effet dans des conditions fixées par décret en Conseil d'État. *(L. n° 2012-260 du 22 févr. 2012, art. 9)* « Les frais de gestion des procédures de reconnaissance de la capacité professionnelle et de délivrance des documents relatifs à cette reconnaissance sont à la charge des candidats, selon les modalités fixées par ce décret. » — *[L. n° 82-1153 du 30 déc. 1982, art. 8-I, al. 4.]*

Art. L. 1422-5 Les entreprises concernées par cette obligation et inscrites au registre à la date du 31 décembre 1982 conservent le bénéfice de cette inscription. Les titulaires, à la même date, d'une licence de commissionnaire de transport sont, le cas échéant, inscrits de droit au registre. — *[L. n° 82-1153 du 30 déc. 1982, art. 8-I, al. 2.]*

EXÉCUTION DES OPÉRATIONS DE TRANSPORT

Art. L. 1431-1 Les conditions dans lesquelles sont exécutées les opérations de transport public, notamment la formation des prix et tarifs applicables et les clauses des contrats de transport, permettent une juste rémunération du transporteur assurant la couverture des coûts réels du service rendu dans des conditions normales d'organisation et de productivité. — *[L. n° 82-1153 du 30 déc. 1982, art. 6.]*

Indétermination du prix. Sur la nullité d'une clause d'indétermination du prix, V. • Com. 13 avr. 1999 : *Bull. civ. IV, n° 89 ; JCP 1999. II. 10222, note Fages ; JCP E 2000, n° 29, p. 1184, obs. A. M.*

Art. L. 1431-2 La rémunération du commissionnaire de transport et de l'auxiliaire de transport est fixée en fonction des services effectivement rendus. Elle est supportée par ceux qui en bénéficient. – *[L. n° 82-1153 du 30 déc. 1982, art. 8-IV.]*

CONTRATS DE TRANSPORT DE MARCHANDISES

Art. L. 1432-1 Les dispositions des articles L. 133-1 à L. 133-9 du code de commerce s'appliquent aux contrats de transports routiers, fluviaux et aériens.

Art. L. 1432-2 Tout contrat de transport public de marchandises précise :

1° La nature et l'objet du transport ;

2° Les modalités d'exécution du service tant en ce qui concerne le transport proprement dit que les conditions d'enlèvement et de livraison des objets transportés ;

3° Les obligations respectives de l'expéditeur, du commissionnaire, du transporteur et du destinataire ;

4° Le prix du transport ainsi que celui des prestations accessoires prévues. – *[L. n° 82-1153 du 30 déc. 1982, art. 8-II, al. 1er.] – Pour les contrats de commission de transport, V. C. transp., art. L. 1432-8, ss. art. L. 132-9.*

Art. L. 1432-3 Les rapports entre les parties au contrat sur les matières mentionnées à l'article L. 1432-2 sont définis par une convention écrite conforme aux dispositions législatives régissant les contrats et, le cas échéant, aux dispositions impératives issues des conventions internationales. – *[L. n° 82-1153 du 30 déc. 1982, art. 8-II, al. 3.]*

Convention écrite. Les parties pouvant, aux termes de l'art. 8-II, définir leurs rapports par une convention écrite, doit être écarté le contrat type messagerie prévu par le Décr. du 7 avr. 1988, dès lors que les lettres de voiture avaient soumis le transport litigieux à la convention internationale de Genève du 19 mai 1956 (CMR), dont les dispositions (relatives aux limitations de responsabilité du transporteur) ne sont pas contraires aux règles d'ordre public régissant le contrat de transport national. • Com. 1er juill. 1997 : *Bull. civ. IV, n° 218 ; D. 1998. 143, note B. M.-F. L. ; D. Affaires 1997. 1114 ; JCP 1998. II. 10076, note Delebecque.* – V. Tilche, *Bull. transp 1997. 531.*

Art. L. 1432-4 A défaut de convention écrite et sans préjudice de dispositions législatives régissant les contrats, les rapports entre les parties sont, de plein droit, *(Ord. n° 2011-204 du 24 févr. 2011, art. 2)* « ceux » fixées *[fixés]* par les contrats-types *[contrats types]* prévus à la section 3. – *[L. n° 82-1153 du 30 déc. 1982, art. 8-II, al. 3.] – V. C. transp., art. L. 1432-12.*

BIBL. ▶ DELEBECQUE, *D. 2000. Chron. 135* (nouveau contrat type applicable aux transports publics routiers de marchandises). – DESFOUGÈRES, *RD transp. 2009. Étude 1* (renforcement de la sécurité lié à l'adoption du premier contrat type en matière de transport routier de personnes).

Clauses de contrats types. Un contrat type, institué sur le fondement de l'art. 8, § II, de la loi du 30 déc. 1982, règle pour l'avenir, dès l'entrée en vigueur du décret qui l'établit, les rapports que les parties n'ont pas définis au contrat de transport qui les lie. • Com. 22 janv. 2008 : *cité note 24 ss. art. L. 442-6.* ♦ En vertu de l'art. 8-II, les clauses des contrats types s'appliquent de plein droit à un contrat de transport public de marchandises qui ne comporte aucune convention écrite définissant les rapports entre les parties, et, par conséquent, les stipulations limitatives de responsabilité du transporteur en cas de perte ou d'avarie de l'art. 14 du contrat type messagerie approuvé par le Décr du 4 mai 1988 sont opposables au client bien que celui-ci ne les ait pas connues et acceptées. • Com. 28 juin 1994 : *Bull. civ. IV, n° 247 ; D. 1995. 206, note B.M. ; JCP 1994. I. 3809, n° 17, obs. Viney.* – V. aussi • Com. 25 nov. 1997 : *D. 1998 Somm. 319, obs. Mercadal ; D. Affaires 1998. 105, obs. S. P.* • Versailles, 9 mai 1996 : *BICC 1996, n° 1104.* ♦ En l'absence de stipulation contraire, le transport contre remboursement étant soumis au contrat type messagerie applicable en la cause, le transporteur est tenu de ne délivrer la marchandise qu'en contrepartie de la remise d'espèces ou d'un chèque. • Com. 8 juill. 2003 : *cité note 8 ss. art. L. 132-5.* ♦ Pour une application du contrat type citernes s'agissant des obligations de surveillance du destinataire lors des opérations de déchargement, V. • Com. 24 mai 2005 : *Bull. civ. IV, n° 118 ; RTD com. 2006. 188, obs. Bouloc.* ♦ Jugeant qu'après avoir décidé que la clause limitative de responsabilité du contrat pour retard à la livraison était réputée non écrite, cela entraîne l'application du plafond légal d'indemnisation prévu par le contrat type messagerie, V. • Com. 9 juill. 2002 : *Bull. civ. IV, n° 121 ; D. 2002. AJ 2329, obs. Chevrier ; ibid. Somm. 2836, obs. Delebecque ; ibid. 2003. 457, obs. D. Mazeaud ; JCP E 2002, n° 48, p. 1923, note Loiseau et Billiau ; CCC 2003, n° 2, obs. Leveneur ; RJDA 2003, n° 23.* – Comp. • T. com. Nanterre, 24 févr. 2003 : *LPA 22 oct. 2003, note Humann ; RDC 2004. 286, obs. D. Mazeaud.* ♦ V. aussi dans cette affaire *Chronopost* : • Com. 21 févr. 2006 : *cité note 2 ss. art. L. 133-8.* ♦ Pour d'autres exemples appliquant une règle régissant un contrat type, V. • Com. 1er oct. 1997 : *Bull. civ. IV, n° 241 ; D. 1997. IR 220 ; D. Affaires 1997. 1250* • CE 6 juill. 2005 : *D. 2005. 2094, note Delebecque ; RTD civ. 2005. 779, obs. Mestre et Fages (4e esp.) ; RFDA 2005. 1065 ; JCP 2005. II. 10154, concl. Donnat ; JCP E 2005, n° 44-45, p. 1868, obs. Bon-Garcin ; RJDA 2006, n° 594 ; RDC 2006. 375, obs. Fenouillet* (absence de caractère abusif). ♦ Toutefois, cette limitation de responsabilité cesse d'être applicable en cas de faute lourde du transporteur. • Com. 9 juill. 2002 : *préc.* • Versailles, 8 juin 1995 : *Gaz. Pal. 1996. 1. Somm. 189.* – V. notes ss. art. L. 133-8.

Art. L. 1432-5 Sans préjudice des dispositions impératives issues des conventions internationales et à défaut de convention écrite définissant les rapports entre les parties au contrat sur les matières mentionnées à l'article L. 1432-2, les clauses des contrats types prévus à la section 3 *[V. C. transp., art. L. 1432-12]* s'appliquent de plein droit aux contrats de transport international. — *[L. n° 82-1153 du 30 déc. 1982, art. 8-II, dern. al.]*

Art. L. 1432-6 Les obligations particulières découlant, le cas échéant, du présent chapitre figurent, en ce qui concerne les contrats de transports routiers de marchandises, aux chapitres Ier à IV du titre II du livre II de la troisième partie, en ce qui concerne les contrats de transport fluvial de marchandises au titre V du livre IV de la quatrième partie, en ce qui concerne le transport aérien de marchandises à la section 1 du chapitre II du titre II du livre IV de la sixième partie.

....

Art. L. 1432-12 Les clauses des contrats types de transport de marchandises et des contrats types de commission de transport sont établies par voie réglementaire. — *[L. n° 82-1153 du 30 déc. 1982, art. 8-II, al. 3.] — V. Décr. 14 mars 1986 (JO 19 mars)* [transport public routier de marchandises] ; *2 Décr. 12 févr. 2001 (JO 17 févr.)* [transport public routier de marchandises périssables sous température dirigée ; ... d'animaux vivants] ; *Décr. n° 2007-1226 du 20 août 2007 (JO 22 août) ; Décr. n° 90-193 du 1er mars 1990 (JO 4 mars)* [transport public routier d'objets indivisibles] ; *Décr. n° 2001-658 du 19 juill. 2001 (JO 22 juill.)* [transport public routier de véhicules roulants] ; *Décr. n° 2001-657 du 19 juill. 2001 (JO 22 juill.)* [transport public routier de fonds et de valeurs] ; *Décr. n° 99-269 du 6 avr. 1999 (JO 11 avr.)* [transports publics routiers de marchandises pour lesquels il n'existe pas de contrat type spécifique] ; *Décr. n° 2000-527 du 16 juin 2000 (JO 18 juin)* [transport routier en citernes] ; *Décr. n° 2000-528 du 16 juin 2000 (JO 18 juin)* [transport public d'objets indivisibles] ; *Décr. n° 2003-1295 du 26 déc. 2003 (JO 30 déc.)* [transports publics routiers de marchandises exécutés par des sous-traitants] ; *Décr. n° 2002-566 du 17 avr. 2002* [location d'un véhicule industriel avec conducteur pour le transport routier de marchandises] ; *Décr. n° 2008-828 du 22 août 2008 (JO 24 août)* [services occasionnels collectifs de transports intérieurs publics routiers de personnes] ; *Décr. n° 2013-293 du 5 avr. 2013* [commission de transport].

TRANSPORT ROUTIER DE MARCHANDISES

Art. L. 3211-1 L'exercice des professions de transporteur public routier de marchandises, y compris de déménagement, ou de loueur de véhicules industriels avec conducteur peut être subordonné, selon des modalités fixées par décret en Conseil d'État, à des conditions *(L. n° 2011-12 du 5 janv. 2011, art. 10)* « d'établissement, » d'honorabilité professionnelle, de capacité financière et de capacité professionnelle ainsi qu'à l'inscription à un registre tenu par les autorités de l'État.

(L. n° 2012-387 du 22 mars 2012, art. 91) « L'administration fiscale transmet au ministère chargé des transports les données fiscales nécessaires pour lui permettre d'apprécier la capacité financière des entreprises inscrites au registre prévu au premier alinéa. » – *[L. n° 82-1153 du 30 déc. 1982, art. 8-I, al. 1er.]*

Art. L. 3211-2 *(L. n° 2011-12 du 5 janv. 2011, art. 10)* Le décret en Conseil d'État prévu à l'article L. 3113-2 détermine les conditions d'application du règlement (CE) n° 1071/2009 du Parlement européen et du Conseil du 21 octobre 2009 établissant des règles communes sur les conditions à respecter pour exercer la profession de transporteur par route, et abrogeant la directive 96/26/CE du Conseil.

Art. L. 3211-3 *(L. n° 2012-260 du 22 févr. 2012, art. 9)* Les modalites selon lesquelles, en application du règlement mentionné à l'article L. 3211-2, les autorités compétentes délivrent les autorisations d'exercer la profession de transporteur par route, suspendent ou retirent ces autorisations sont fixées par le décret prévu à l'article L. 3211-1.

CONTRATS DE TRANSPORT ROUTIER DE MARCHANDISES

Art. L. 3221-1 Tout prestataire de transport public routier de marchandises, et notamment les transporteurs routiers de marchandises, commissionnaires de transport ou loueurs de véhicules industriels avec conducteur, est tenu d'offrir ou de pratiquer un prix qui permette de couvrir à la fois :

— les charges entraînées par les obligations légales et réglementaires, notamment en matière sociale et de sécurité ;
— les charges de carburant et d'entretien ;
— les amortissements ou les loyers des véhicules ;
— les frais de route des conducteurs de véhicules ;
— les frais de péage ;
— les frais de documents de transport et les timbres fiscaux ;
— et, pour les entreprises unipersonnelles, la rémunération du chef d'entreprise. – *[L. n° 95-96 du 1er févr. 1995, art. 23-1, al. 1er.]*

Art. L. 3221-2 Toute opération de transport public routier de marchandises est rémunérée sur la base :

1° Des prestations effectivement accomplies par le transporteur et ses préposés ;

2° Des durées pendant lesquelles le véhicule et son équipage sont à disposition en vue du chargement et du déchargement ;

3° De la durée nécessaire pour la réalisation du transport dans les conditions compatibles avec le respect des réglementations de sécurité, telles qu'elles résultent notamment de l'article L. 1611-1 ;

4° Des charges de carburant nécessaires à la réalisation de l'opération de transport ;

(Abrogé par L. n° 2013-431 du 28 mai 2013, art. 16-I) « 5° Des charges acquittées au titre des taxes prévues aux articles 269 à 283 quater et 285 septies du code des douanes pour l'usage des voies du réseau routier taxable par les véhicules de transport de marchandises. »

Les modalités d'application du présent article, lorsqu'une opération de transport implique plusieurs opérations successives de chargement ou de déchargement, sont précisées par décret en Conseil d'État. – *[L. n° 95-96 du 1er févr. 1995, art. 24, al. 1er à 7.] – V. Décr. n° 95-541 du 2 mai 1995 et la note ss. ce texte.*

BIBL. ▶ CARAYOL, *RD transp. 2008. Fiche pratique 5* (la négociation du prix dans le transport routier de marchandises).

Art. L. 3221-3 Chacun des contractants doit être en mesure de produire un document justifiant du prix conclu pour l'exécution des opérations prévues par :

1° Les contrats par lesquels un transporteur public routier de marchandises ou un commissionnaire de transport confie à un transporteur public routier de marchandises l'exécution d'une ou plusieurs opérations de transport de marchandises nécessitant l'utilisation intégrale d'au moins un véhicule ;

2° Les contrats par lesquels un transporteur public routier de marchandises ou un loueur de véhicules confie à un loueur de véhicules industriels avec conducteur l'exécution d'une ou plusieurs opérations de mise à disposition d'un véhicule avec conducteur.

Ces dispositions s'appliquent aux contrats concernant les transports de marchandises entre un point d'origine et un point de destination situé *[situés]* sur le territoire national, ainsi qu'aux contrats comportant à la fois des opérations de transport intérieur et de transport international.

Les modalités d'application du présent article sont précisées par voie réglementaire. – *[L. n° 92-1445 du 31 déc. 1992, art. 1er, 2 et 5, al. 1er et 2.]*

Art. L. 3221-4 Tout donneur d'ordre est tenu de rémunérer les contrats visés à l'article L. 3221-3 par un prix qui permette de couvrir à la fois :

— les charges entraînées par les obligations légales et réglementaires, notamment en matière sociale et de sécurité ;

— les charges de carburant et d'entretien des véhicules ;

— les amortissements ou loyers des véhicules ;

— les frais de route des conducteurs des véhicules ;

— les frais de péage ;

— les frais de documents de transport et les timbres fiscaux ;

— et, pour les entreprises unipersonnelles, la rémunération du chef d'entreprise. – *[L. n° 92-1445 du 31 déc. 1992, art. 3, al. 1er à 8.]*

Sur la sous-traitance dans le domaine du transport routier de marchandises, V. aussi C. transp., art. L. 1432-13 et L. 3224-1, ss. L. n° 75-1334 du 31 déc. 1975, art. 1er, App., v° Sous-traitance.

V. Circ. 21 août 1996 relative aux modalités de mise en œuvre des nouvelles dispositions législatives relatives à la sous-traitance et aux prix trop bas dans le transport routier de marchandises (JO 12 sept.).

V. Décr. n° 99-752 du 30 août 1999, art. 15 s.

Barème de prix. La loi du 31 déc. 1992 [aujourd'hui codifiée], destinée à individualiser les situations des sous-traitants, ne justifie pas la diffusion générale d'un même barème à un ensemble d'entreprises. • Paris, 25 janv. 1994 : *BOCC 9 févr.* – V. Magnan de Bornier, *CCC 1994. Chron. 10.*

Art. L. 3222-1 Lorsque le contrat de transport mentionne les charges de carburant retenues pour l'établissement du prix de l'opération de transport, le prix de transport initialement convenu est révisé de plein droit pour couvrir la variation des charges liée à la variation du coût du carburant entre la date du contrat et la date de réalisation de l'opération de transport. La facture fait apparaître les charges de carburant supportées par l'entreprise pour la réalisation de l'opération de transport. – *[L. n° 95-96 du 1er févr. 1995, art. 24, al. 8.]*

Art. L. 3222-2 A défaut de stipulations contractuelles identifiant les charges de carburant dans les conditions définies par l'article L. 3222-1, celles-ci sont déterminées, au jour de la commande de transport, par référence au prix du gazole publié par le Comité national routier et à la part des charges de carburant dans le prix du transport, telle qu'établie dans les indices synthétiques du Comité national routier. Le prix du transport initialement convenu est révisé de plein droit en appliquant aux charges de carburant la variation de l'indice gazole publié par le Comité national routier sur la période allant de la date de la commande de l'opération de transport à sa date de réalisation. La facture fait apparaître les charges de carburant supportées par l'entreprise pour la réalisation de l'opération de transport. – *[L. n° 95-96 du 1er févr. 1995, art. 24, al. 9.]*

Art. L. 3222-3 *(L. n° 2013-431 du 28 mai 2013, art. 16-I)* Pour prendre en compte la *taxe prévue aux articles* 269 à 283 *quater* du code des douanes acquittée par le transporteur, le prix de la prestation de transport routier de marchandises contractuellement défini fait l'objet de plein droit, pour la partie du transport effectuée sur le territoire métropolitain, quel que soit l'itinéraire emprunté, d'une majoration résultant de l'application d'un taux qui est fonction des régions de chargement et de déchargement des marchandises transportées et, pour les transports internationaux, à défaut de régions de chargement et de déchargement, des régions où se situent les points d'entrée et de sortie du territoire métropolitain.

Un taux uniforme est fixé, pour chaque région, pour les transports effectués à l'intérieur de cette seule région et pour les transports internationaux dont a partie effectuée sur le territoire métropolitain l'est à l'intérieur de cette seule région.

Un taux unique est fixé pour les transports effectués entre régions et pour les transports internationaux dont la partie effectuée sur le territoire métropolitain l'est sur plusieurs régions.

Les taux mentionnés aux deuxième et troisième alinéas du présent article sont compris entre 0 % et 7 %. Ils correspondent à l'évaluation de l'incidence moyenne de la taxe mentionnée au premier alinéa sur les coûts de transport compte tenu de la consistance du réseau soumis à cette taxe, des trafics de poids lourds et des itinéraires observés ainsi que du barème de cette taxe. Ils tiennent compte également des frais de gestion afférents à cette taxe supportés par les transporteurs. Ils sont fixés par arrêté du ministre chargé des transports.

La facture établie par le transporteur fait apparaître la majoration instituée par le premier alinéa du présent article.

Art. L. 3222-4 En vue de l'exécution d'un contrat de transport public routier de marchandises, le cocontractant de l'entreprise de transport est tenu, préalablement à la présentation du véhicule au chargement, de transmettre à celle-ci, par écrit ou par tout autre procédé permettant la mémorisation, les informations nécessaires à l'exécution du contrat, la liste des prestations annexes convenues ainsi que son acceptation des différentes durées prévues pour la réalisation du contrat et des conditions de rémunération des différentes opérations.

Les prestations annexes sont les prestations autres que la conduite du véhicule, la préparation de celui-ci aux opérations de chargement et de déchargement et la mise en œuvre des matériels spécialisés attachés au véhicule. — *[L. nº 95-96 du 1er févr 1995, art. 25.]*

Prestation annexe. Lorsqu'un transporteur s'oblige à restituer à l'expéditeur un nombre équivalent de supports de charges à celui constituant les envois dont il était chargé et qu'il prend l'engagement d'en effectuer la gestion de sorte que pèse sur lui la charge d'en assurer le retour en exécution des contrats de transport initiaux, ces retours constituent une prestation annexe au contrat de transport au sens de l'art. 25 et non un contrat de transport distinct. • Douai, 15 déc. 2005 : *BICC 2006, nº 921.*

Art. L. 3222-5 L'exécution des prestations prévues au contrat donne lieu à l'établissement par le transporteur d'un document qui est rempli au fur et à mesure de l'opération de transport.

Ce document, dûment signé par le remettant ou son représentant et conservé dans le véhicule, mentionne les dates et heures d'arrivée et de départ du véhicule ou de l'ensemble routier, tant au lieu de chargement qu'au lieu de déchargement, l'heure d'arrivée au lieu de déchargement demandée par le remettant ou son représentant, ainsi que les prestations annexes, prévues ou accomplies, effectuées par son équipage. — *Sur la sanction par l'immobilisation immédiate de l'absence à bord du véhicule de ce document, V.* ***C. route****, art. L. 325-4. — V. aussi Arr. 9 nov. 1999 (JO 25 nov.), mod. par Arr. 8 janv. 2004 (JO 28 janv.), Arr. 22 avr. 2010 (JO 4 mai) relatif aux documents de transport ou de location devant se trouver à bord des véhicules de transport routier de marchandises.*

Le dépassement des durées de réalisation des opérations de chargement et de déchargement par rapport à celles qui avaient été acceptées par le cocontractant ouvre droit à un complément de rémunération lorsque ce dépassement n'est pas imputable au fait du transporteur. Il en est de même pour toute prestation annexe non prévue par le contrat de transport.

Le document prévu par le premier alinéa fait foi jusqu'à preuve contraire des modalités d'exécution du contrat. Il est signé par le remettant ou son représentant sur le lieu de chargement et par le destinataire ou son représentant sur le lieu de déchargement.

Le refus non motivé de signature engage la responsabilité des personnes désignées au quatrième alinéa. — *[L. nº 95-96 du 1er févr. 1995, art. 26.]*

Art. L. 3222-6 Toute prestation annexe non prévue par le contrat de transport public routier de marchandises qui cause un dommage engage la responsabilité de l'entreprise bénéficiaire de la prestation. — *[L. nº 95-96 du 1er févr. 1995, art. 27.]*

Art. L. 3222-7 Pour la prise en compte des durées pendant lesquelles le véhicule et son équipage sont à disposition en vue du chargement et du déchargement, conformément aux dispositions du 2° de l'article L. 3221-2, l'identification du véhicule constitue le point de départ à partir duquel court le délai de chargement et de déchargement.

Les conditions dans lesquelles est opérée l'identification prévue par le premier alinéa sont fixées par voie réglementaire. — *[L. nº 98-69 du 6 févr. 1998, art. 14.]*

Art. L. 3222-8 Les contrats de transport public routier de marchandises prévoient, à peine de nullité, l'estimation des temps nécessaires à l'exécution des différentes tâches et les modalités de calcul, d'une part, de la rémunération des transporteurs lorsque les temps alloués sont dépassés du fait de l'expéditeur, du commissionnaire de transport, du destinataire ou de tout autre donneur d'ordre, d'autre part, des pénalités dues par le transporteur lorsque le dépassement est de son fait. — *[L. nº 82-1153 du 30 déc. 1982, art. 32.]*

Art. L. 3222-9 Les dispositions de l'article L. 3221-2 et des articles L. 3222-1 à L. 3222-6 sont d'ordre public. — *[L. nº 95-96 du 1er févr. 1995, art. 28.]*

V. Recomm. CCA nº 82-01 concernant les contrats proposés par les transporteurs terrestres de marchandises et les commissionnaires de transport (BOCC 27 mars 1982). — ***C. consom.***

CONTRAT DE LOCATION DE VÉHICULES INDUSTRIELS

Art. L. 3223-1 Tout contrat de location d'un véhicule industriel avec conducteur comporte des clauses précisant les obligations respectives des parties dans les conditions d'emploi du conducteur et dans l'exécution des opérations de transport. Ce contrat assure la couverture des coûts réels du service rendu dans des conditions normales d'organisation et de productivité.

A défaut de convention écrite définissant les rapports entre les parties au contrat sur les matières mentionnées au premier alinéa, les clauses de contrats types s'appliquent de plein droit.

Les contrats types sont établis par voie réglementaire. — *[L. nº 82-1153 du 30 déc. 1982, art. 34, al. 1er et 2.] — V. Décr. 14 mars 1986 (JO 19 mars).*

Art. L. 3223-2 S'il n'exécute pas un contrat de transport avec ses propres moyens, le transporteur public routier de marchandises peut assurer son exécution en passant un contrat de location avec un loueur de véhicules industriels avec conducteur. Dans ce cas le loueur a une action directe en paiement de ses prestations à l'encontre de l'expéditeur et du destinataire. Ces derniers sont garants du paiement du prix de la location dû par le transporteur auquel ils ont confié l'acheminement de leurs marchandises. Toute clause contraire est réputée non écrite. — *[L. nº 82-1153 du 30 déc. 1982, art. 34, al. 3.]*

Art. L. 3223-3 Les articles L. 3222-1 *(L. nº 2013-431 du 28 mai 2013, art. 17)* « et L. 3222-2 » sont applicables aux contrats de location de véhicules avec conducteur destinés au transport routier de marchandises.

(L. nº 2013-431 du 28 mai 2013, art. 17) « L'article L. 3222-3 est applicable à ces contrats de location lorsque le loueur est le redevable destinataire des avis de paiement des taxes prévues aux articles 269 à 283 *quater* du code des douanes. »

SANCTIONS

Art. L. 3241-1 Outre les officiers et agents de police judiciaire, les fonctionnaires mentionnés au II de l'article L. 450-1 du code de commerce recherchent et constatent :

1° Les infractions aux dispositions des articles L. 3221-3 et L. 3221-4 dans les conditions fixées par les articles L. 450-2 à L. 450-4, L. 450-7 et L. 450-8 du code de commerce ;

2° Les infractions aux dispositions des articles L. 3221-1 et L. 3222-1 à L. 3222-3 dans les conditions fixées par les articles L. 450-2, L. 450-3, L. 450-7 et L. 450-8 du code de commerce. – *[L. n° 92-1445 du 31 déc. 1992, art. 4, al. 1er et 2 ; L. n° 95-96 du 1er févr. 1995, art. 23-1, al. 5.]*

Art. L. 3241-2 Les fonctionnaires ou agents de l'État chargés du contrôle des transports terrestres placés sous l'autorité du ministre chargé des transports sont habilités à rechercher et à constater, par procès-verbal, les infractions aux dispositions de l'article L. 3221-3.

Art. L. 3241-3 Lors des contrôles qu'ils font en entreprise, pour l'application des dispositions du présent chapitre, les fonctionnaires ou agents de l'État visés à l'article L. 3241-2 :

a) Ont accès aux locaux de l'entreprise à l'exclusion des locaux d'habitation, entre 8 heures et 20 heures ;

b) Sont habilités à se faire communiquer tout document leur permettant de constater les prix pratiqués, ainsi que le volume de l'activité traitée ou sous-traitée. – *[L. n° 92-1445 du 31 déc. 1992, art. 4, al. 4 ; L. n° 95-96 du 1er févr. 1995, art. 23-2, al. 5.]*

Art. L. 3241-4 Le procureur de la République est préalablement avisé des opérations envisagées en application des dispositions du présent chapitre. Les procès-verbaux, qui font foi jusqu'à preuve du contraire, lui sont transmis sans délai. Une copie en est adressée à l'intéressé. – *[L. n° 92-1445 du 31 déc. 1992, art. 4, al. 5 ; L. n° 95-96 du 1er févr. 1995, art. 23-1, al. 5.]*

Art. L. 3241-5 L'action publique à l'encontre des auteurs des infractions prévues par les articles L. 3242-2 à L. 3242-4 est engagée par le ministère public ou par le ministre chargé de l'économie ou son représentant.

Le transporteur public routier de marchandises, le commissionnaire de transport ou le loueur de véhicule industriel avec conducteur évincé en raison d'un prix trop bas et les organisations professionnelles de transporteurs routiers, de commissionnaires de transport et de loueurs de véhicules industriels, représentatives au niveau national, peuvent se porter partie civile.

Le ministre chargé de l'économie ou son représentant peut, devant la juridiction compétente, déposer des conclusions et les développer oralement à l'audience. Il peut également produire les procès-verbaux et les rapports d'enquête.

L'action publique est prescrite dans le délai d'un an à compter de la date de fin d'exécution du contrat. – *[L. n° 92-1445 du 31 déc. 1992, art. 3, al. 11 à 14 ; L. n° 95-96 du 1er févr. 1995, art. 23-1, al. 4, 6 à 8.]*

Art. L. 3242-1 L'absence à bord du véhicule du document prévu par l'article L. 3222-5 ou, pour les transports qui ne sont pas soumis aux dispositions de cet article, de la lettre de voiture prévue par la convention de Genève du 19 mai 1956 relative au contrat de transport international de marchandises par route, dûment remplis et signés par le remettant ou son représentant, entraîne l'immobilisation immédiate du véhicule ou de l'ensemble routier et de son chargement, prévue par l'article L. 325-1 du code de la route, s'il a été en outre commis l'une des infractions suivantes :

1° Le dépassement de plus de 20 km/h de la vitesse maximale autorisée sur les voies ouvertes à la circulation publique ou de la vitesse maximale autorisée par construction pour son véhicule ;

2° Le dépassement de plus de 20 % de la durée maximale de conduite journalière ;

3° La réduction à moins de six heures de la durée de repos journalier. – *[C. route, art. L. 325-4.]*

Art. L. 3242-2 Est punie d'une amende de 90 000 € la méconnaissance, pour tout prestataire de transport mentionné à l'article L. 3221-1, des obligations résultant des dispositions de cet article. – *[L. n° 95-96 du 1er févr. 1995, art. 23-1, al. 1er.]*

Art. L. 3242-3 Est punie d'une amende de 15 000 € la méconnaissance, par le cocontractant du transporteur routier, des obligations résultant pour lui de l'application *(L. n° 2013-431 du 28 mai 2013, art. 16-I)* « des articles L. 3222-1, L. 3222-2 et L. 3222-3 ». – *[L. n° 95-96 du 1er févr. 1995, art. 24, al. 9.]*

Art. L. 3242-4 Est punie d'une amende de 90 000 € la méconnaissance, pour le donneur d'ordre mentionné à l'article L. 3221-4, des obligations résultant des dispositions de cet article en matière de rémunération des contrats mentionnés à l'article L. 3221-3. – *[L. n° 92-1445 du 31 déc. 1992, art. 3, al. 1er à 8.]*

Art. L. 3242-5 Est puni de six mois d'emprisonnement et de 3 750 € d'amende le refus de communiquer aux agents mentionnés à l'article L. 3241-2 le document prévu par l'article L. 3221-3. – *[L. n° 92-1445 du 31 déc. 1992, art. 4, al. 3.]*

TRANSPORT PUBLIC ROUTIER

Art. L. 3411-1 Les activités de transport routier public de personnes ou de marchandises et de location de véhicules industriels avec conducteur destinés au transport de marchandises s'effectuent sous le couvert d'une licence communautaire ou d'une licence de transport intérieur.

La licence communautaire est délivrée dans les conditions prévues par le règlement (CEE) n° 684/92 du Conseil du 16 mars 1992 établissant des règles communes pour les transports internationaux de voyageurs effectués par autocars et autobus ou le règlement (CEE) n° 881/92 du Conseil du 26 mars 1992 concernant l'accès au marché des transports de marchandises par route dans la Communauté exécutés au départ ou à destination du territoire d'un État membre, ou traversant le territoire d'un ou de plusieurs États membres.

La licence de transport intérieur est délivrée aux entreprises inscrites au registre mentionné aux articles L. 3113-1 et L. 3211-1 et qui n'ont pas l'obligation de détenir une licence communautaire. Elle est exigée de toute entreprise de transport routier public de personnes ou de marchandises ou de location de véhicules industriels avec conducteur disposant d'un ou plusieurs véhicules automobiles motorisés.

Elle est établie au nom de l'entreprise et incessible. L'entreprise reçoit des copies certifiées conformes de sa licence de transport intérieur en nombre égal à celui des véhicules qu'elle détient.

Les modalités d'application du présent article sont fixées par décret en Conseil d'État en tenant compte notamment des spécificités de chaque type de transport. – *[L. n° 82-1153 du 30 déc. 1982, art. 36.] – V. Décr. n° 99-752 du 30 août 1999, art. 10 s.*

V. aussi Arr. 14 déc. 2006 relatif aux transports publics routiers de marchandises assurés par des véhicules motorisés de moins de quatre roues (JO 23 déc.).

BIBL. ▶ MORINET, *RD transp. 2007. Prat. 3* (assujettissement des entreprises effectuant du transport de marchandises avec des véhicules motorisés de moins de quatre roues à la réglementation administrative des transports).

Transport de personnes. Sur la distinction entre transport public et transport privé de personnes, V. • Civ. 1re, 30 oct. 2007 : *Bull. civ. I, n° 332 ; D. 2007. AJ 2945, obs. Delpech ; D. 2008. Pan. 1240, obs. Kenfack ; RTD com. 2008. 174, obs. Bouloc ; JCP E 2007, n° 51-52, p. 28 ; RD transp. 2007, n° 230, obs. Paulin ; RCA 2008, n° 2.*

CABOTAGE ROUTIER DE MARCHANDISES

Art. L. 3421-3 L'activité de cabotage routier de marchandises, telle que prévue par le règlement (CE) n° 1072/2009 du Parlement européen et du Conseil du 21 octobre 2009 établissant des règles communes pour l'accès au marché du transport international de marchandises par route est subordonnée à la réalisation préalable d'un transport routier international. A cette condition, elle peut être pratiquée à titre temporaire par tout transporteur routier pour compte d'autrui établi dans un État partie à l'Espace économique européen et titulaire d'une licence communautaire, aux fins de rationalisation du transport international aux plans économique, énergétique et environnemental, sous réserve des dispositions transitoires prévues par les traités d'adhésion à l'Union européenne en matière de cabotage routier de marchandises. – *[L. n° 82-1153 du 30 déc. 1982, art. 6-1, al. 1er.]*

Art. L. 3421-4 Lorsque le transport international est à destination du territoire français, le cabotage routier est autorisé, après déchargement des marchandises, dans la limite de trois opérations sur le territoire français. Ces trois opérations de cabotage doivent être achevées dans le délai de sept jours à compter du déchargement des marchandises ayant fait l'objet du transport international. Le cabotage doit être réalisé avec le même véhicule que celui qui a servi au transport international ou, s'il s'agit d'un ensemble de véhicules, avec le même véhicule moteur. – *[L. n° 82-1153 du 30 déc. 1982, art. 6-1, al. 2.]*

Art. L. 3421-5 Lorsque le transport routier international n'a pas pour destination le territoire français, il ne peut être effectué qu'une seule opération de cabotage sur le territoire français, dans le délai maximum de trois jours suivant l'entrée à vide du véhicule sur le territoire national. Cette opération de cabotage doit être achevée dans le délai de sept jours à compter du déchargement des marchandises ayant fait l'objet du transport international. – *[L. n° 82-1153 du 30 déc. 1982, art. 6-1, al. 3.]*

Art. L. 3421-6 Tout véhicule effectuant en France une opération de cabotage routier de marchandises doit être accompagné des documents permettant de justifier du respect des dispositions qui précèdent. Ces documents attestent du transport international préalable auquel cette activité est subordonnée ainsi que de chaque opération de cabotage réalisée. – *[L. n° 82-1153 du 30 déc. 1982, art. 6-1, al. 4.]*

Art. L. 3421-7 Une entreprise ne peut faire réaliser par une entreprise de transport routier de marchandises plus de trois prestations de cabotage par un même véhicule moteur sur une période de sept jours à compter du chargement de la première opération de cabotage.

Lorsque l'entreprise de transport justifie qu'un de ses véhicules a effectué un transport international au cours de cette période, l'entreprise cocontractante a la possibilité de faire réaliser par ce véhicule trois nouvelles opérations de cabotage dans les sept jours suivant le déchargement des marchandises ayant fait l'objet du transport international. – *[L. n° 2009-1503 du 8 déc. 2009, art. 39-I.]*

Art. L. 3421-8 Sans préjudice de l'article L. 3421-2, un transporteur non résident ne peut se prévaloir des dispositions du règlement (CE) n° 1072/2009 du Parlement européen et du Conseil du 21 octobre 2009 établissant des règles communes pour l'accès au marché du transport international de marchandises par route, ni celles du règlement (CE) n° 12/98 du Conseil du 11 décembre 1997 fixant les conditions de l'admission des transporteurs non résidents aux transports nationaux de voyageurs par route dans un État membre, lorsqu'il exerce sur le territoire national :

1° Une activité de transport intérieur de façon habituelle, continuelle ou régulière ;

2° Une activité qui est réalisée à partir de locaux ou d'infrastructures situés sur le territoire national et concourant à l'exercice de cette activité d'une façon permanente, continuelle ou régulière.

Dans ces situations, le transporteur est assujetti aux dispositions des articles L. 3113-1 et L. 3211-1. – *[L. n° 82-1153 du 30 déc. 1982, art. 6-2.]*

Les locaux ou infrastructures visés au I de l'art. 6-2 de la L. n° 82-1153 du 30 déc. 1982 [désormais C. transp., art. L. 3421-8] sont un siège, un établissement, des locaux ou infrastructures implantés sur le territoire français, appartenant à l'entreprise non résidente ou pris en location par elle ou mis à sa disposition, qui concourent à l'exercice d'une activité de transport intérieur d'une façon permanente, continuelle ou régulière (Décr. n° 2010-389 du 19 avr. 2010, art. 6).

SOCIÉTÉS COOPÉRATIVES DE TRANSPORT

Art. L. 3441-1 Les sociétés coopératives de transport routier sont exclusivement formées par des personnes physiques en vue de l'exploitation en commun d'un fonds de commerce de transport public routier de marchandises ou de personnes.

Elles sont régies par la loi n° 78-763 du 19 juillet 1978 portant statut des sociétés coopératives ouvrières de production. – *[L. n° 83-657 du 20 juill. 1983, art. 35, al. 1er.]*

Propriété de la clientèle. La clientèle créée par la coopérative est distincte de celle de ses membres dès lors que la société a pour objet le développement des activités de transport de ses membres, ce qui inclut notamment la prise de commandes et de marchés auprès de tous clients, ainsi que l'exercice en commun de ces activités conformément au Décr. n° 63-94 du 8 févr. 1963 (V. ce texte au **C. sociétés**), lequel dispose que les entreprises de transports peuvent former des sociétés coopératives en vue de constituer, pour l'exploitation de tout ou partie de leurs fonds de commerce, une agence commune traitant avec la clientèle. • Com. 26 juin 2012 : *D. 2012. 2497, note Dondero* ; *RJDA 2013, n° 6* (sur les conséquences en matière de validité d'une clause de non-concurrence).

Art. L. 3441-2 Les sociétés coopératives d'entreprises de transport routier sont formées en vue d'exercer toutes les activités des entreprises de transport public routier de marchandises ou de personnes.

Elles sont régies par les dispositions du titre Ier de la loi n° 83-657 du 20 juillet 1983 relative au développement de certaines activités d'économie sociale, sous réserve des dispositions de l'article L. 3441-3. — *[L. n° 83-657 du 20 juill. 1983, art. 35, al. 1er et 2.]* — *V. ces dispositions, App., v° Artisans.*

Art. L. 3441-3 Pour l'application aux sociétés coopératives d'entreprises de transport des dispositions du titre Ier de la loi n° 83-657 du 20 juillet 1983 relative au développement de certaines activités d'économie sociale :

1° Aux articles 2, 6, et 18, l'inscription au registre prévu par les articles L. 3113-1 et L. 3211-1 est substituée à l'immatriculation au répertoire des métiers ou au registre détenu par les chambres de métiers d'Alsace et de Moselle ;

2° Au 1° de l'article 6, seules peuvent être associées d'une société coopérative d'entreprises de transport les personnes physiques ou morales exerçant la profession de transporteur public routier ;

3° A l'article 18, l'inscription des conjoints collaborateurs au registre du commerce et des sociétés prévue par l'article L. 121-4 du code de commerce est substituée à l'immatriculation au répertoire des métiers ou au registre détenu par les chambres de métiers d'Alsace et de Moselle ;

4° Le ministre chargé des transports exerce les pouvoirs dévolus au ministre chargé de l'artisanat.

Les modalités d'application du présent article sont définies par voie réglementaire. — *[L. n° 83-657 du 20 juill. 1983, art. 35, al. 3 à 8.]*

Art. L. 3441-4 I. — Les sociétés coopératives d'entreprises de transport peuvent exercer directement ou indirectement pour le compte de leurs associés, au sein d'une agence commune, les activités suivantes :

1° Fournir en totalité ou en partie à leurs associés les marchandises ou services, l'équipement et le matériel nécessaires à l'exercice de leurs activités de transport, notamment par la constitution et l'entretien de tout stock de marchandises, la construction, l'acquisition ou la location ainsi que la gestion de matériel, de stations ou d'entrepôts nécessaires au développement et à la modernisation de leurs entreprises ;

2° Dans le cadre des dispositions législatives concernant les activités financières, faciliter l'accès des associés aux divers moyens de financement et de crédit ;

3° Exercer les activités complémentaires à celles énoncées ci-dessus, notamment fournir à leurs associés une assistance en matière de gestion technique, financière et comptable ;

4° Définir et mettre en œuvre par tous moyens une politique commerciale commune propre à assurer le développement et l'activité de ses associés, notamment par :

— la mise à disposition d'enseignes ou de marques dont elles ont la propriété ou la jouissance ;

— la création d'une plate-forme commune assurant la gestion de la logistique des transports et de son organisation ;

— une gestion commune de la clientèle et du fret.

II. — Sans préjudice des dispositions du I, les sociétés coopératives d'entreprises de transport public routier de marchandises peuvent :

1° Conclure directement des contrats de transport mentionnés à l'article L. 1432-2 ou régis par la convention relative au contrat de transport international de marchandises par route du 19 mai 1956, dont l'exécution est assurée par les moyens propres de la coopérative ou ceux de ses membres ;

2° Prendre des participations même majoritaires dans des sociétés directement ou indirectement associées exploitant des fonds de commerce liés à l'activité de transport. — *[L. n° 83-657 du 20 juill. 1983, art. 35 ter.]*

Art. L. 3441-5 Les sociétés coopératives d'entreprises de transport public routier de marchandises ont la qualité de voiturier pour l'application des dispositions des articles L. 132-8, L. 132-9 et L. 133-1 à L. 133-9 du code de commerce. — *[L. n° 83-657 du 20 juill. 1983, art. 35 bis.]*

Art. L. 3441-6 Les sociétés coopératives de transport public routier de marchandises et les sociétés coopératives d'entreprises de transport public routier de marchandises, ainsi que leurs unions, et les membres de ces sociétés, ne peuvent exercer aucune des activités de commissionnaire de transport mentionnées au I-1° de l'article L. 1411-1. — *[L. n° 83-657 du 20 juill. 1983, art. 35 quater.]*

RESPONSABILITÉ DU TRANSPORTEUR AÉRIEN DE MARCHANDISES

RÉP. COM. v° *Transports aériens*, par MERCADAL.

BIBL. ▶ TOSI, *D. 2005. 719* (responsabilité du transporteur aérien : dépoussiérons le code de l'aviation civile !).

Art. L. 6422-2 La responsabilité du transporteur de marchandises par air est régie par les seules dispositions de la convention de Varsovie du 12 octobre 1929 et de toute convention la modifiant ou la complétant et applicable en France, même si le transport n'est pas international au sens de cette convention. — *[C. aviat., art. L. 321-3.] — Sur le contrat de transport de marchandises par air, V. C. transp., art. L. 6422-1, ss. art. L. 132-9.*

Art. L. 6422-3 Le transporteur aérien ne peut se prévaloir du régime de limitation de sa responsabilité prévu à la convention mentionnée à l'article L. 6422-2 si, en application de l'article 25 de cette convention, le dommage provient de sa faute inexcusable.

Est inexcusable la faute délibérée qui implique la conscience de la probabilité du dommage et son acceptation téméraire sans raison valable. — *[C. aviat., art. L. 321-4, al. 1er.]*

BIBL. ▶ LE ROY, *LPA 16 juill. 2009* (l'appréciation de la faute inexcusable du droit des transports, une hésitation symbole d'une inadéquation).

Faute inexcusable. Pour la consécration d'une approche objective de la faute inexcusable du transporteur aérien, V. • Civ. 1re, 2 oct. 2007 : *Bull. civ. I, n° 317 ; D. 2007. AJ 2606, obs. Delpech ; D. 2008. Pan. 1244, obs. Kenfack ; JCP 2007. II. 10190, note Delebecque ; RD transp. 2007, n° 223, obs. C. C. ; ibid., n° 247, obs. Delebecque ; RCA 2008, n° 32, obs. Vignon-Barrault ; Tourisme & Droit nov. 2007. 10, obs. X. D.* (basculement tardif sur le réservoir plein) • Civ. 1re, 2 oct. 2007 *Bull. civ. I, n° 318 ; eod. loc.* (fautes à l'atterrissage).

Art. L. 6422-4 Les actions contre le transporteur sont irrecevables après l'expiration des délais prévus à l'article 26 de la convention mentionnée à l'article L. 6422-2 sauf en cas de fraude.

La fraude est celle par laquelle le transporteur a dissimulé ou tenté de dissimuler les avaries, manquants ou retards, ou a, par tout autre moyen, empêché ou tenté d'empêcher le réceptionnaire de formuler ses protestations dans les délais requis.

Toutefois, la forclusion mentionnée au premier alinéa n'est pas opposable à la victime qui a été empêchée de formuler ses protestations par un cas de force majeure. — *[C. aviat., art. L. 321-4, al. 2.]*

Art. L. 6422-5 L'action en responsabilité contre le transporteur est intentée, sous peine de déchéance, dans le délai de deux ans à compter de l'arrivée à destination du jour où l'aéronef aurait dû arriver ou de l'arrêt du transport.

L'action en responsabilité, à quelque titre que ce soit, ne peut être exercée que dans les conditions prévues par le présent chapitre. — *[C. aviat., art. L. 321-5.]*

L'action en responsabilité contre le transporteur aérien de marchandises prévue à l'art. L. 6422-5 C. transp. doit être portée au choix du demandeur soit devant le tribunal du domicile du transporteur, du siège principal de son exploitation ou du lieu où il possède un établissement par le soin duquel le contrat a été conclu, soit devant le tribunal du lieu de destination (C. aviat., art. R. 321-1). — V. Convention de Varsovie, art. 28.

Décret n° 95-541 du 2 mai 1995,

Relatif aux opérations de transport impliquant plusieurs opérations successives de chargement et de déchargement.

Art. 1er Lorsqu'un contrat de transport prévoit plusieurs opérations successives de chargement ou de déchargement, les durées pendant lesquelles le véhicule et son équipage sont à disposition pour ces opérations de chargement et de déchargement, lorsque ces durées n'excèdent pas trente minutes, font l'objet d'une évaluation et d'une rémunération globales pour la totalité de l'opération de transport, sauf convention particulière entre les parties.

Dans le cas où les durées constatées sont supérieures à trente minutes, il est procédé au décompte réel des durées pendant lesquelles le véhicule et son équipage sont à disposition.

V. art. R. 133-2.

Art. 2 Pour l'application des dispositions de l'article 1er, un document de suivi est signé par chacun des remettants successifs ou son représentant sur les lieux de chargement et par chacun des destinataires successifs ou son représentant sur les lieux de déchargement. Lorsqu'une opération de transport implique plusieurs rotations, le document de suivi est signé lors de la dernière rotation.

Pour la prise en compte des durées pendant lesquelles le véhicule et son équipage sont à disposition en vue du changement et du déchargement, conformément à l'art. 24, al. 3, l'identification du véhicule constitue le point de départ à partir duquel court le délai de chargement et de déchargement. — A compter du 31 déc. 1998, un décret fixe en tant que de besoin, les conditions dans lesquelles est opérée l'identification (L. n° 98-69 du 6 févr. 1998, art. 14).

Décret n° 99-752 du 30 août 1999,

Relatif aux transports routiers de marchandises.

RÉP. COM. v° *Transports routiers de marchandises (Organisation des)*, par SCHMITTER.

TITRE Ier. DE L'EXERCICE DE LA PROFESSION DE TRANSPORTEUR OU DE LOUEUR

Les sections I « Conditions d'exercice » et II « Inscription au registre » du titre Ier ont été abrogées par le Décr. n° 2011-2045 du 28 déc. 2011, art. 2-I. — V. ces dispositions au ***C. com.****, éd. 2012 et antérieures.*

Art. 1er *(Décr. n° 2011-2045 du 28 déc. 2011, art. 2-II)* Le présent décret s'applique aux entreprises de transport public routier de marchandises, de déménagement et de location de véhicules industriels avec conducteur destinés au transport de marchandises, utilisant des véhicules motorisés, y compris des véhicules à moteur dont la vitesse maximale autorisée ne dépasse pas 40 km/h, ainsi qu'aux entreprises qui souhaitent exercer ces activités.

Art. 2 *(Décr. n° 2011-2045 du 28 déc. 2011, art. 2-II)* L'entreprise qui souhaite exercer la profession de transporteur public routier de marchandises ou de déménagement, ou de loueur de véhicules industriels avec conducteur destinés au transport de marchandises, formule une demande d'autorisation en ce sens auprès du préfet de a région où elle a ou souhaite avoir son siège ou, pour une entreprise n'ayant pas son siège en France, son établissement principal. Celui-ci dispose d'un délai qui n'excède pas trois mois, éventuellement prorogeable d'un mois dans l'hypothèse où le dossier présenté à l'appui de la demande s'avère incomplet, pour se prononcer sur cette demande.

Le préfet de région délivre à l'entreprise une autorisation d'exercer la profession lorsqu'elle satisfait aux exigences d'établissement, d'honorabilité professionnelle, de capacité financière et de capacité professionnelle prévues aux articles 6 à 9. — *V. Arr. du 28 déc. 2011 relatif à l'autorisation d'exercer la profession de transporteur public routier et aux modalités de la demande d'autorisation par les entreprises (JO 30 déc.). — V. Arr. du 3 févr. 2012 relatif à la capacité financière requise pour les entreprises de transport public routier (JO 11 févr.).*

Art. 3 *(Décr. n° 2011-2045 du 28 déc. 2011, art. 2-II)* Les entreprises établies en France, autorisées en vertu de l'article 2 à exercer une activité de transport public routier de marchandises, de déménagement ou de location de véhicules industriels avec conducteur destinés au transport de marchandises *[,]* sont immatriculées au registre du commerce et des sociétés ou au répertoire des métiers et inscrites au registre électronique national des entreprises de transport par route.

Art. 4 *(Décr. n° 2011-2045 du 28 déc. 2011, art. 2-II)* I. — Les entreprises ayant leur siège en France sont inscrites au registre électronique national des entreprises de transport par route par le préfet de la région où elles ont leur siège.

Les entreprises n'ayant pas leur siège en France sont inscrites à ce registre par le préfet de la région où leur établissement principal est situé. Celui-ci mentionne également au registre l'adresse du siège de l'entreprise.

Dans les cas prévus aux deux alinéas précédents, les établissements secondaires des entreprises situés sur le territoire national sont mentionnés au registre par le préfet de la région où l'entreprise est inscrite ainsi que, respectivement, par chacun des préfets des régions où ces établissements sont implantés.

II. — Pour l'application des articles 16 à 18 du règlement (CE) n° 1071/2009 du Parlement européen et du Conseil du 21 octobre 2009 établissant des règles communes sur les conditions à respecter pour exercer la profession de transporteur par route, et abrogeant la directive 96/26/CE du Conseil, l'inscription au registre électronique national des entreprises de transport par route est réalisée sur un support électronique dans les conditions prévues par la loi du 6 janvier 1978 susvisée.

Art. 5 *(Décr. n° 2011-2045 du 28 déc. 2011, art. 2-II)* Dans le cas des coopératives d'entreprises de transport public routier de marchandises, les entreprises membres de la coopérative, de même que celle-ci, sont autorisées à exercer la profession de transporteur public routier de marchandises conformément aux dispositions de l'article 2 et sont inscrites au registre électronique national des entreprises de transport par route. L'inscription de la coopérative porte mention de la liste des entreprises qui en sont membres.

En cas de location-gérance d'un fonds de commerce de transport public routier de marchandises, de déménagement ou de location de véhicules industriels avec conducteur destinés au transport de marchandises, le locataire-gérant est tenu de demander son inscription dans les mêmes conditions.

Art. 6 *(Décr. n° 2011-2045 du 28 déc. 2011, art. 2-II)* I. — Constituent l'établissement de l'entreprise les locaux de son siège ou, pour une entreprise n'ayant pas son siège en France, ceux de son établissement principal, ainsi que ceux mentionnés aux II et III.

II. — L'exigence d'établissement est satisfaite par le respect en France de l'ensemble des conditions suivantes :

1° Dans les locaux du siège de l'entreprise ou, pour une entreprise n'ayant pas son siège en France, dans ceux de son établissement principal sont conservés, sous réserve des dispositions du III, les documents mentionnés au point *a* de l'article 5 du règlement (CE) n° 1071/2009 précité ainsi que l'original de la licence de transport mentionnée à l'article 9-2 du présent décret et tous autres documents se rapportant à l'activité de transport de l'entreprise ;

2° L'entreprise dispose d'un ou plusieurs véhicules immatriculés, que ces véhicules soient détenus en pleine propriété ou, par exemple, en vertu d'un contrat de location-vente ou d'un contrat de location ou de crédit-bail ;

3° L'entreprise dirige effectivement et en permanence les activités relatives auxdits véhicules au moyen des équipements administratifs nécessaires et des installations techniques appropriées.

III. — Lorsque tout ou partie des documents visés au 1° du II sont conservés dans des locaux distincts de ceux de son siège ou, pour une entreprise n'ayant pas son siège en France, de son établissement principal, l'entreprise précise au préfet de la région dans laquelle se situe son siège ou, pour une entreprise n'ayant pas son siège en France, son établissement principal l'adresse des locaux où ces documents sont mis à disposition.

IV. — Les locaux du siège de l'entreprise ou, pour une entreprise n'ayant pas son siège en France, ceux de son établissement principal, ainsi que les locaux abritant ses équipements administratifs et ceux de ses installations techniques sont situés sur le territoire national et leurs adresses respectives figurent au registre électronique national des entreprises de transport par route.

V. — Pour les entreprises utilisant uniquement un véhicule n'excédant pas un poids maximum autorisé de 3,5 tonnes, les installations techniques mentionnées au 3° du II ne sont pas exigées. – *V. Arr. du 28 déc. 2011 relatif à l'exigence d'établissement applicable aux entreprises de transport routier (JO 30 déc.).*

Art. 7 *(Décr. nº 2011-2045 du 28 déc. 2011, art. 2-II)* I. — Il doit être satisfait à l'exigence d'honorabilité professionnelle par chacune des personnes suivantes :

1° L'entreprise, personne morale ;

2° Les personnes physiques suivantes :

a) Le commerçant, chef d'entreprise individuelle ;

b) Les associés et les gérants des sociétés en nom collectif ;

c) Les gérants des sociétés à responsabilité limitée ;

d) Les associés commandités et les gérants des sociétés en commandite ;

e) Le président du conseil d'administration, les membres du directoire et les directeurs généraux des sociétés anonymes ;

f) Le président et les dirigeants des sociétés par actions simplifiées ;

3° Le gestionnaire de transport de l'entreprise visé à l'article 9-1.

II. — Les personnes mentionnées au I peuvent perdre l'honorabilité professionnelle lorsqu'elles ont fait l'objet :

1° Soit de plusieurs condamnations mentionnées au bulletin nº 2 du casier judiciaire prononçant une interdiction d'exercer une profession commerciale ou industrielle ;

2° Soit de plusieurs condamnations mentionnées au bulletin nº 2 du casier judiciaire pour l'un des délits suivants :

a) Infractions mentionnées aux articles 221-6-1, 222-19-1, 222-20-1, 222-34 à 222-42, 223-1, 225-4-1 à 225-4-7, 314-1 à 314-4, 314-7, 321-6 à 321-12 et 521-1 du code pénal ;

b) Infractions mentionnées aux articles L. 654-4 à L. 654-15 du code de commerce ;

c) Infractions mentionnées aux articles L. 5224-1 à L. 5224-4, L. 8114-1, L. 8224-1 à L. 8224-6, L. 8234-1 et L. 8234-2, L. 8243-1 et L. 8243-2, L. 8256-1 à L. 8256-8 du code du travail ;

d) Infractions mentionnées aux articles L. 221-2, L. 223-5, L. 224-16 à L. 224-18, L. 231-1, L. 233-1, L. 233-2, L. 234-1, L. 234-8, L. 235-1, L. 235-3, L. 317-1 à L. 317-4, L. 325-3-1, L. 412-1 et L. 413-1 du code de la route ;

e) Infractions mentionnées aux articles L. 1252-5 à L. 1252-7, L. 3242-2 à L. 3242-5, L. 3315-4 à L. 3315-6, L. 3452-6, L. 3452-7, L. 3452-9 et L. 3452-10 du code des transports ;

f) Infraction mentionnée au 5° du I de l'article L. 541-46 du code de l'environnement ;

3° Soit de plusieurs amendes pour les contraventions visées :

— à l'article R. 323-1 du code de la route ;

— aux articles R. 312-2 à R. 312-4 du code de la route lorsque les infractions correspondent à un dépassement de masse maximale en charge autorisée de 20 % ou plus pour les véhicules dont le poids en charge autorisé est supérieur à 12 tonnes et de 25 % ou plus pour les véhicules dont le poids en charge autorisé est inférieur à 12 tonnes ;

— aux articles 22 et 23 du décret n° 2007-1340 du 11 septembre 2007 modifié relatif à la qualification initiale et à la formation continue des conducteurs de certains véhicules affectés aux transports routiers de marchandises ou de voyageurs ;

— à l'article 3, paragraphe III, du décret n° 86-1130 du 17 octobre 1986 modifié relatif aux obligations et aux sanctions applicables dans le champ de la réglementation sociale communautaire concernant les transports routiers et de l'accord européen relatif au travail des équipages des véhicules effectuant des transports internationaux par route (AETR) du 1er juillet 1970.

III. — Les personnes physiques mentionnées au I qui souhaitent créer une activité de transport, diriger une entreprise de transport ou devenir gestionnaire de transport ne satisfont pas à l'exigence d'honorabilité professionnelle lorsqu'elles ont fait l'objet de plusieurs des condamnations mentionnées au II.

IV. — *(Décr. n° 2013-448 du 30 mai 2013, art. 21-I)* « Les personnes mentionnées au I » *[qui]* ne satisfont pas à l'exigence d'honorabilité au regard de l'exercice de la profession lorsqu'elles font l'objet d'une décision du préfet de région ayant prononcé la perte de cette honorabilité au vu des condamnations pour des infractions mentionnées au II.

V. — Le préfet de région est, à sa demande, informé des condamnations mentionnées au II au moyen du bulletin n° 2 du casier judiciaire.

VI. — Les personnes physiques citées au I qui ne résident pas en France ou qui résident en France depuis moins de cinq ans, apportent la preuve qu'elles satisfont dans leur État de résidence habituelle, ou dans l'État de la résidence habituelle précédente, à la condition d'honorabilité professionnelle définie par cet État pour l'accès à la profession de transporteur par route, selon les modalités prévues à l'article 19 du règlement (CE) n° 1071/2009 précité. Cette disposition s'applique lorsque l'État de résidence habituelle est partie à l'accord sur l'Espace économique européen.

VII. — Lorsque le préfet de région est informé d'une condamnation pénale ou d'une sanction prononcées dans un ou plusieurs États membres de l'Union européenne autres que la France à l'encontre d'un gestionnaire de transport ou d'une entreprise en raison d'une ou plusieurs infractions mentionnées dans la liste visée à l'annexe IV au règlement (CE) n° 1071/2009 précité ou dans la liste des autres infractions graves aux règles communautaires établie par la Commission européenne en application de l'article 6, paragraphe 2, point *b*, dudit règlement, il engage la procédure administrative prévue au VIII et au point *a* du paragraphe 2 de l'article 6 dudit règlement.

VIII. — Pour l'application des IV et VII, le préfet de région apprécie le caractère proportionné ou non de la perte de l'honorabilité en fonction de l'incidence sur l'exercice de la profession après avis de la commission régionale des sanctions administratives mentionnée à l'article L. 3452-3 du code des transports.

Le préfet de région avise la personne concernée des faits qui lui sont reprochés et de la sanction qu'elle encourt. La personne visée est mise à même de présenter ses observations écrites ou orales dans un délai de quinze jours. Elle a accès au dossier et peut se faire assister par un conseil ou représenter par un mandataire de son choix.

Au terme de cette procédure, le préfet de région peut prononcer la perte de l'honorabilité professionnelle.

Cette décision fixe la durée de la perte de l'honorabilité, qui ne peut excéder deux ans lorsque la personne a été condamnée pour des contraventions ou la durée prévue aux articles 133-12 et suivants du code pénal et 782 et suivants du code de procédure pénale lorsqu'elle a été condamnée pour des délits.

Si le préfet de région conclut que la perte de l'honorabilité constituerait une mesure disproportionnée, il peut décider que l'honorabilité n'est pas remise en cause. Dans ce cas, les motifs qui sous-tendent cette décision sont inscrits dans le registre électronique national des entreprises de transport par route. — *V. Arr. du 28 déc. 2011 relatif aux sanctions administratives applicables aux entreprises de transport routier et à l'honorabilité professionnelle dans le secteur du transport routier (JO 30 déc.).*

Art. 8 *(Décr. n° 2011-2045 du 28 déc. 2011, art. 2-II)* I. — Il est satisfait à l'exigence de capacité financière mentionnée à l'article 2 lorsque l'entreprise démontre, conformément au V, qu'elle dispose chaque année de capitaux et de réserves d'un montant au moins égal à, pour les véhicules n'excédant pas un poids maximum autorisé de 3,5 tonnes, 1 800 euros pour le premier véhicule et 900 euros pour chacun des véhicules suivants et, pour les véhicules excédant cette limite, 9 000 euros pour le premier véhicule et 5 000 euros pour chacun des véhicules suivants.

II. — Pour les entreprises de transport public routier de marchandises, de déménagement ou de location de véhicules industriels avec conducteur destinés au transport de marchandises établies en Guadeloupe, en Guyane, en Martinique, à La Réunion ou à Mayotte et qui déclarent limiter leur activité à la seule collectivité où elles sont établies, et sous réserve des dispositions des articles 5 et 6 du décret n° 2011-2045 du 28 décembre 2011 portant diverses dispositions relatives à l'accès à la profession de transporteur routier et à l'accès au marché du transport routier, ces montants sont de 600 euros pour les véhicules n'excédant pas un poids maximum autorisé de 3,5 tonnes et, pour les véhicules excédant cette limite, 6 000 euros pour le premier véhicule et 3 000 euros pour chacun des véhicules suivants.

III. — A défaut de capitaux et de réserves suffisants, l'entreprise peut présenter des garanties accordées par un ou plusieurs organismes financiers se portant caution de l'entreprise pour les montants fixés au I et II. Ces garanties ne peuvent toutefois excéder la moitié de la capacité financière exigible.

La garantie est mise en œuvre par le liquidateur désigné en cas de liquidation judiciaire au bénéfice de tous les créanciers à proportion de leur créance.

IV. — Pour la détermination du montant de la capacité financière exigible sont pris en compte tous les véhicules utilisés par l'entreprise pour le transport public routier de marchandises, pour le déménagement ou pour la location de véhicules industriels avec conducteur destinés au transport de marchandises.

V. — Pour attester de sa capacité financière, l'entreprise transmet, lors de sa demande initiale d'autorisation d'exercer la profession de transporteur public routier de marchandises, de déménagement, ou de loueur de véhicules industriels avec conducteur destinés au transport de marchandises, tous documents certifiés par un expert-comptable, un commissaire aux comptes ou un centre de gestion agréé, justifiant de la mobilisation de capitaux et de réserves à hauteur de la capacité financière exigible.

Elle adresse ensuite, chaque année, au service territorial de l'État dont elle relève, dans les six mois qui suivent la clôture de l'exercice comptable, la liasse fiscale correspondante certifiée par un expert-comptable, un commissaire aux comptes ou un centre de gestion agréé.

A défaut de transmission de la liasse fiscale dans les délais prévus à l'alinéa précédent, et après une mise en demeure restée sans effet pendant trois mois, le préfet de région peut prononcer une décision de suspension de l'autorisation d'exercer la profession de transporteur public routier de marchandises ou de déménagement ou de loueur de véhicules industriels avec conducteur destinés au transport de marchandises. — *V. Arr. du 3 févr. 2012 relatif à la capacité financière requise pour les entreprises de transport public routier (JO 11 févr.).*

Art. 9 *(Décr. n° 2011-2045 du 28 déc. 2011, art. 2-II)* I. — Il est satisfait à l'exigence de capacité professionnelle mentionnée à l'article 2 lorsque le gestionnaire de transport mentionné à l'article 9-1 est titulaire d'une attestation de capacité professionnelle.

II. — L'attestation de capacité professionnelle est délivrée par le préfet de région aux personnes qui ont satisfait à un examen écrit obligatoire portant sur les matières et selon les dispositions figurant à l'annexe I du règlement (CE) n° 1071/2009 précité.

III. — L'attestation de capacité professionnelle peut également être attribuée par le préfet de région aux personnes titulaires d'un diplôme national ou visé par l'État, d'un titre universitaire, d'un certificat d'études ou d'un titre professionnel délivrés en France par les établissements d'enseignement supérieur ou les organismes habilités, qui impliquent la connaissance de toutes les matières énumérées à l'annexe I du règlement (CE) n° 1071/2009 précité. La liste de ces diplômes et titres est fixée par arrêté conjoint des ministres chargés respectivement des transports, de l'enseignement supérieur et du travail.

Par dérogation à l'alinéa précédent, les personnes titulaires d'un diplôme, d'un certificat d'études ou d'un titre délivré avant la date d'entrée en vigueur du décret n° 2011-2045 du 28 décembre 2011 portant diverses dispositions relatives à l'accès à la profession de transporteur routier et à l'accès au marché du transport routier et qui ouvrait droit avant l'entrée en application du règlement (CE) n° 1071/2009 précité à l'attribution, par équivalence directe, de l'attestation de capacité professionnelle, peuvent faire valoir ce droit jusqu'au 31 décembre 2012.

Par dérogation au premier alinéa du III, les personnes engagées avant la date d'entrée en vigueur du décret n° 2011-2045 du 28 décembre 2011 portant diverses dispositions relatives à l'accès à la profession de transporteur routier et à l'accès au marché du transport routier dans une formation débouchant sur un diplôme, un certificat d'études ou un titre délivré entre cette date et le 1er juillet 2014 et qui ouvrait droit, avant l'entrée en application du règlement (CE) n° 1071/2009 précité, à l'attribution, par équivalence directe, de l'attestation de capacité professionnelle, peuvent faire valoir ce droit jusqu'au 3 décembre 2014.

IV. — L'attestation de capacité professionnelle peut également être attribuée par le préfet de région aux personnes qui fournissent la preuve qu'elles ont géré de manière continue une entreprise de transport public routier de marchandises, de déménagement ou de location de véhicules industriels avec conducteur destinés au transport de marchandises, dans un ou plusieurs États appartenant à l'Union européenne durant les dix années précédant le 4 décembre 2009.

V. — Les attestations de capacité professionnelle, conformes au modèle d'attestation figurant à l'annexe III du règlement (CE) n° 1071/2009 précité, attribuées par les autorités compétentes des autres États membres de l'Union européenne sont reconnues comme preuve suffisante de la capacité professionnelle.

VI. — Pour les entreprises utilisant exclusivement des véhicules n'excédant pas un poids maximum autorisé de 3,5 tonnes, il est satisfait à l'exigence de capacité professionnelle lorsque le gestionnaire de transport mentionné à l'article 9-1 est titulaire d'une attestation de capacité professionnelle en transport léger.

L'attestation de capacité professionnelle en transport léger est attribuée par le préfet de région aux personnes qui ont suivi une formation sanctionnée par un examen écrit obligatoire portant sur un référentiel de connaissances défini par le ministre chargé des transports.

L'attestation de capacité professionnelle en transport léger peut également être attribuée par le préfet de région aux personnes titulaires d'un diplôme national ou visé par l'État ou d'un titre professionnel délivrés en France par les recteurs d'académie ou les organismes habilités, qui impliquent la connaissance de toutes les matières énumérées au référentiel de connaissances. Un arrêté conjoint des ministres chargés respectivement des transports, de l'éducation nationale et du travail fixe la liste de ces diplômes et titres.

Par dérogation à l'alinéa précédent, les personnes titulaires d'un diplôme ou d'un titre délivré avant la date d'entrée en vigueur du décret n° 2011-2045 du 28 décembre 2011 *portant diverses dispositions relatives* à l'accès à la profession de transporteur routier et à l'accès au marché du transport routier, qui ouvrait droit, avant cette date, à l'attribution du justificatif de capacité professionnelle par équivalence directe peuvent faire valoir ce droit jusqu'au 31 décembre 2012.

L'attestation de capacité professionnelle en transport léger peut également être attribuée par le préfet de région aux personnes qui fournissent la preuve qu'elles ont géré de manière continue une entreprise de transport public routier de marchandises durant deux années sous réserve qu'elles n'aient pas cessé cette activité depuis plus de dix ans.

L'attestation de capacité professionnelle en transport léger n'est pas exigée de la personne assurant la direction permanente et effective d'une entreprise immatriculée au registre du commerce et des sociétés ou au répertoire des métiers à la date du 2 septembre 1999.

VII. — Les personnes physiques titulaires d'une attestation de capacité professionnelle ou d'une attestation de capacité professionnelle en transport léger, qui n'ont pas géré une entreprise de transport public de marchandises, de déménagement ou de location de véhicules industriels avec conducteur destinés au transport de marchandises, dans les cinq dernières années, peuvent être assujetties par le préfet de région à suivre une formation dans un centre habilité par celui-ci pour actualiser leurs connaissances avant de pouvoir être désignées gestionnaires de transport.

VIII. — Les attestations de capacité professionnelle délivrées avant le 4 décembre 2011, à titre de preuve de la capacité professionnelle en vertu des dispositions législatives ou réglementaires nationales en vigueur jusqu'à cette date, sont réputées équivalentes aux attestations dont le modèle figure à l'annexe III du règlement (CE) n° 1071/2009 précité et sont acceptées à titre de preuve de la capacité professionnelle quels que soient les États membres de l'Union européenne dont elles émanent. — *V. Arr. du 28 déc. 2011 relatif à la délivrance des attestations de capacité professionnelle permettant l'exercice de la profession de transporteur public routier (JO 30 déc.).*

Art. 9-1 *(Décr. n° 2011-2045 du 28 déc. 2011, art. 2-II)* I. — L'entreprise qui exerce ou veut exercer la profession de transporteur public routier de marchandises, de déménagement ou de loueur de véhicules industriels avec conducteur destinés au transport de marchandises désigne une personne physique, le gestionnaire de transport, résidant dans l'Union européenne, qui satisfait aux exigences d'honorabilité et de capacité professionnelles mentionnées aux articles 7 et 9 et qui dirige effectivement et en permanence ses activités de transport.

Les missions confiées au gestionnaire de transport incluent notamment la gestion et l'entretien des véhicules affectés à l'activité de transport de l'entreprise, la vérification des contrats et des documents de transport, la comptabilité de base, l'affectation des chargements ou des services aux conducteurs et aux véhicules et la vérification des procédures en matière de sécurité.

II. — Le gestionnaire de transport justifie d'un lien réel avec l'entreprise en étant notamment employé, directeur ou propriétaire de cette entreprise, ou en la dirigeant, ou, si l'entreprise est une personne physique, en étant cette personne.

Dans le cas d'un groupe d'entreprises de transport public routier de marchandises, de déménagement ou de location de véhicules industriels avec conducteur destinés au transport de marchandises, une personne physique, salariée ou dirigeant d'une entreprise du groupe, peut être nommée gestionnaire de transport d'une ou plusieurs entreprises du groupe.

III. — Hors le cas des groupes d'entreprises de transport public routier de marchandises, de déménagement ou de location de véhicules industriels avec conducteur destinés au transport de marchandises, l'entreprise qui ne dispose pas en son sein d'un gestionnaire de transport peut désigner une personne physique qu'elle habilite par contrat à exercer, pour son compte, les tâches de gestionnaire de transport. Ce contrat précise les responsabilités que cette personne assume à ce titre, dans l'intérêt de l'entreprise cocontractante et en toute indépendance à l'égard de toute entité pour laquelle cette entreprise exécute des transports.

Cette personne peut diriger au maximum les activités de transport :

— soit de deux entreprises de transport public routier de marchandises, de déménagement ou de location de véhicules industriels avec conducteur destinés au transport de marchandises ;

— soit d'une entreprise de transport public routier de marchandises, de déménagement *ou de location* de véhicules industriels avec conducteur destinés au transport de marchandises et d'une entreprise de transport public routier de personnes, dès lors qu'elle possède également l'attestation de capacité professionnelle afférente au transport public routier de personnes.

Dans l'un ou l'autre cas, le nombre cumulé de véhicules motorisés des deux entreprises est limité à vingt.

Pour l'application des dispositions du présent paragraphe, les entreprises prises en compte sont celles établies dans tout État membre de l'Union européenne.

IV. — Une personne qui a été désignée gestionnaire de transport en vertu des dispositions du II ne peut pas être simultanément désignée gestionnaire de transport au titre des dispositions du III.

V. — La décision du préfet de région mentionnée au VIII de l'article 7, lorsqu'elle vise un gestionnaire de transport, emporte également déclaration d'inaptitude de celui-ci à gérer les activités de transport et de location de toute entreprise de transport public routier, de déménagement ou de location de véhicules industriels avec conducteur destinés au transport de marchandises.

La déclaration d'inaptitude produit effet aussi longtemps que le gestionnaire de transport n'a pas été réhabilité dans les conditions prévues au VIII de l'article 7. – *V. Arr. du 28 déc. 2011 relatif aux gestionnaires de transport dans les entreprises de transport routier (JO 30 déc.).*

BIBL. ► PAULIN, *RD transp. 2012. Étude 4* (subordonné mais pas salarié : le statut ambigu du gestionnaire de transport).

Art. 9-2 *(Décr. n° 2011-2045 du 28 déc. 2011, art. 2-II)* L'inscription au registre électronique national des entreprises de transport par route donne lieu à la délivrance par le préfet de région des licences suivantes :

a) Une licence communautaire lorsque l'entreprise utilise un ou plusieurs véhicules dont le poids maximum autorisé excède 3,5 tonnes, sous réserve, pour l'entreprise établie en Guadeloupe, en Guyane, en Martinique, à La Réunion ou à Mayotte, de ne pas avoir déclaré limiter son activité à la seule collectivité d'outre-mer où elle est établie ;

b) Une licence de transport intérieur lorsque l'entreprise utilise un ou plusieurs véhicules n'excédant pas cette limite ou lorsqu'elle déclare limiter son activité à la seule collectivité d'outre-mer où elle est établie.

La licence communautaire ou de transport intérieur, établie au nom de l'entreprise, lui est délivrée pour une durée maximale de dix ans renouvelable et ne peut faire l'objet d'aucun transfert à un tiers. Elle est accompagnée de copies certifiées conformes numérotées dont le nombre correspond à celui des véhicules visés au 2° du II de l'article 6.

L'original de la licence est conservé dans l'établissement de l'entreprise mentionné à l'article 6. Il doit être restitué au préfet de région, ainsi que l'ensemble de ses copies certifiées conformes, à la fin de la période de validité de la licence ou lorsque l'autorisation d'exercer la profession a été suspendue ou retirée.

Les licences communautaires et les licences de transport intérieur délivrées aux entreprises avant la date de publication du Décr. n° 2011-2045 du 28 déc. 2011 (JO 30 déc.) restent valables jusqu'à leur date d'expiration. Les entreprises inscrites au registre électronique national des entreprises de transport par route à la date d'entrée en vigueur du décret précité se voient attribuer, selon le cas, une autorisation d'exercer la profession de transporteur public routier de marchandises, de déménagement ou de loueur de véhicules industriels avec conducteurs destinés au transport de marchandises, dès lors qu'elles satisfont aux exigences posées par le décret du 30 août 1999 tel que modifié par les dispositions du Décr. n° 2011-2045 du 28 déc. 2011 (Décr. préc., art. 8).

Art. 9-3 *(Décr. n° 2011-2045 du 28 déc. 2011, art. 2-II)* Les entreprises qui disposent d'une autorisation d'exercer la profession de transporteur public routier de marchandises, de déménagement ou de loueur de véhicules industriels avec conducteur destinés au transport de marchandises notifient au préfet de région, dans un délai de vingt-huit jours, tout changement de nature à modifier leur situation au regard des données mentionnées aux points a à d de l'article 16, paragraphe 2, du règlement (CE) n° 1071/2009 précité. *V. Arr. du 28 déc. 2011 relatif à l'autorisation d'exercer la profession de transporteur public routier et aux modalités de la demande d'autorisation par les entreprises (JO 30 déc.).*

Art. 9-4 *(Décr. n° 2011-2045 du 28 déc. 2011, art. 2-II)* Lorsque, pour quelque motif que ce soit, l'entreprise cesse son activité de transport public routier de marchandises, de déménagement ou de location de véhicules industriels avec conducteur destinés au transport de marchandises ou que disparaît son établissement tel que défini au I de l'article 6, ou lorsqu'elle ne dispose plus depuis au moins un an de copies certifiées conformes de licence communautaire valide ou de copies certifiées conformes de licence de transport intérieur valide, le préfet de région lui retire l'autorisation d'exercer la profession de transporteur public routier de marchandises, de déménageur ou de loueur de véhicules industriels avec conducteur destinés au transport de marchandises et la radie du registre électronique national des entreprises de transport par route.

Art. 9-5 *(Décr. n° 2011-2045 du 28 déc. 2011, art. 2-II)* I. — Lorsqu'une entreprise ne satisfait plus à l'une des exigences d'accès à la profession de transporteur public routier de marchandises ou de déménagement, ou de loueur de véhicules industriels avec conducteur destinés au transport de marchandises mentionnées à l'article 2 ou lorsqu'elle a fourni des informations inexactes relatives à ces exigences, le préfet de région avise le responsable de l'entreprise de celle des exigences à laquelle son entreprise ne satisfait plus ainsi que des mesures susceptibles d'être prises à son encontre et, après l'avoir informé de la possibilité de présenter ses observations écrites ou orales, le cas échéant assisté par un conseil ou représenté par un mandataire de son choix, le met en demeure de régulariser sa situation dans les délais suivants :

1° Un délai maximum de neuf mois en cas d'incapacité physique ou de décès du gestionnaire de transport ;

2° Un délai maximum de six mois en cas de perte d'honorabilité du gestionnaire de transport ou du responsable de l'entreprise, ou lorsque le gestionnaire de transport ne peut plus se prévaloir de sa capacité professionnelle en raison d'une déclaration d'inaptitude ;

3° Un délai maximum de six mois pour régulariser sa situation au regard de l'exigence d'établissement ;

4° Un délai maximum de six mois afin de démontrer que son entreprise sera en mesure de satisfaire à nouveau l'exigence de capacité financière de façon permanente dans un délai raisonnable, compte tenu de la situation de l'entreprise.

II. — Lorsque le responsable de l'entreprise ne s'est pas conformé à la mise en demeure à l'issue de l'un ou l'autre des délais prévus aux 1°, 2° ou 3° du I, le préfet de région peut suspendre, pour une durée maximale de six mois, l'autorisation d'exercer la profession de transporteur public routier de marchandises ou de déménagement, ou de loueur de véhicules industriels avec conducteur destinés au transport de marchandises.

Lorsque le responsable de l'entreprise ne peut démontrer, à l'issue du délai pendant lequel son autorisation a été suspendue, que l'entreprise a régularisé sa situation au regard des exigences ou des événements mentionnés aux 1°, 2° ou 3° du I, le préfet de région peut lui retirer l'autorisation d'exercer la profession.

III. — Lorsque le responsable de l'entreprise ne s'est pas conformé à la mise en demeure à l'issue du délai prévu au 4° du I, le préfet de région peut :

1° Lorsque le responsable de l'entreprise ne fournit aucun élément, lui retirer l'autorisation d'exercer la profession de transporteur public routier de marchandises ou de déménagement, ou de loueur de véhicules industriels avec conducteur destinés au transport de marchandises ;

2° Lorsque le responsable de l'entreprise fournit des éléments relatifs à l'évolution de la situation financière de l'entreprise au regard de l'exigence de capacité financière, ajuster le nombre de copies certifiées conformes de la licence détenues par l'entreprise ou lui retirer l'autorisation d'exercer la profession de transporteur public routier de marchandises ou de déménagement, ou de loueur de véhicules industriels avec conducteur destinés au transport de marchandises, si les éléments fournis ne sont pas susceptibles de permettre à l'entreprise de satisfaire à l'exigence de capacité financière.

IV. — La décision de suspension de l'autorisation d'exercer la profession entraîne le retrait temporaire de la licence communautaire ou de la licence de transport intérieur mentionnées à l'article 9-2 et celui des copies certifiées conformes correspondantes.

A défaut de restitution par l'entreprise de ces documents dans le délai de quinze jours à compter de la réception de la décision de suspension, le préfet de région lui retire l'autorisation d'exercer la profession et la radie du registre électronique national des entreprises de transport par route.

Lorsque l'autorisation d'exercer la profession donnée à l'entreprise a été suspendue et que celle-ci satisfait à nouveau aux exigences prévues aux articles 6 à 9, le préfet de région rapporte la décision de suspension de l'autorisation d'exercer la profession et restitue à l'entreprise sa licence et un nombre de copies certifiées conformes de licence correspondant au montant de sa capacité financière.

V. — La décision de retrait de l'autorisation d'exercer la profession entraîne la radiation de l'entreprise du registre électronique national des entreprises de transport par route ainsi que le retrait de la licence communautaire ou de la licence de transport intérieur mentionnées à l'article 9-2 et celui des copies certifiées conformes correspondantes. *— V. Arr. du 3 févr. 2012 relatif à la capacité financière requise pour les entreprises de transport public routier (JO 11 févr.).*

Art. 9-6 *(Décr. n° 2011-2045 du 28 déc. 2011, art. 2-II)* I. — Des arrêtés du ministre chargé des transports fixent les modalités d'application des articles 2, 4, 6, 7, 9, 9-1, 9-2 et 9-5.

II. — Un arrêté conjoint des ministres chargés des transports et de l'économie fixe les modalités d'application de l'article 8.

TITRE II. DES TITRES ADMINISTRATIFS ET DES DOCUMENTS DE TRANSPORT

Art. 10 *et* 11 *Abrogés par Décr. n° 2011-2045 du 28 déc. 2011, art. 2-III. — V. ces art. au* **C. com.**, *éd. 2012 et antérieures.*

Art. 12 Tout véhicule effectuant en France un transport routier de marchandises doit, sous réserve des dispositions dérogatoires prévues au titre IV du présent décret et sans préjudice des dispositions correspondant à la réglementation spécifique de certains types de transports, être accompagné des documents suivants :

a) Le titre administratif de transport requis, soit, selon le cas, une copie conforme de l'un des deux types de licences *(Décr. n° 2011-2045 du 28 déc. 2011, art. 2-IV)* « mentionnés à l'article 9-2 » pour les entreprises établies en France ou, pour les entreprises non résidentes, une copie conforme de la licence communautaire ou une autorisation de transport délivrée en application de règlements communautaires ou d'accords internationaux ;

b) La lettre de voiture nationale ou internationale ;

c) Le cas échéant, le document justificatif de la location du véhicule avec ou sans conducteur ;

(Décr. n° 2007-751 du 9 mai 2007, art. 1er-III) « *d)* L'attestation de conducteur prévue par *(Décr. n° 2011-2045 du 28 déc. 2011, art. 2-IV)* « le règlement (CE) n° 1072/2009 du Parlement européen et du Conseil du 21 octobre 2009 établissant des règles communes pour l'accès au marché du transport international de marchandises par route », lorsque le transport international ou de cabotage est exécuté sous le couvert d'une licence communautaire et que le conducteur est ressortissant d'un État non partie à l'accord sur l'Espace économique européen ».

(Décr. n° 2011-2045 du 28 déc. 2011, art. 2-IV) « L'attestation de conducteur n'est toutefois pas exigée d'un conducteur qui bénéficie du statut de résident de longue durée accordé par un État partie à l'accord sur l'Espace économique européen en application de la directive n° 2003/109/CE du Conseil du 25 novembre 2003 relative au statut des ressortissants de pays tiers résidents de longue durée ; dans ce cas, le conducteur détient tout document établissant sa situation de résident de longue durée.

« Cette attestation, délivrée pour une période de cinq ans, est la propriété du transporteur qui la met à la disposition du conducteur désigné sur l'attestation lorsque celui-ci conduit un véhicule effectuant des transports sous le couvert d'une licence communautaire délivrée à ce transporteur. »

(Décr. n° 2010-389 du 19 avr. 2010, art. 1er) « *e)* En cas de cabotage, les documents justificatifs prévus *(Décr. n° 2011-2045 du 28 déc. 2011, art. 2-IV)* « à l'article L. 3421-6 du code des transports », à savoir la lettre de voiture internationale relative au transport international préalable auquel est subordonnée l'activité de cabotage et les lettres de voiture relatives à chaque opération de cabotage réalisée. »

L'entreprise doit conserver pendant deux ans, afin d'être en mesure de la présenter à toute réquisition des agents des services de contrôle de l'État, la lettre de voiture mentionnée au *b*.

L'entreprise qui fait réaliser par un transporteur routier des opérations de cabotage routier de marchandises doit conserver, pendant une durée minimale de deux ans, les contrats de transport ou autres documents justificatifs, incluant tout document dématérialisé équivalent, concernant les véhicules utilisés. Est puni de l'amende prévue pour les contraventions de la cinquième classe le fait de ne pas présenter, à toute réquisition des agents de contrôle mentionnés à l'art. L. 1451-1 C. transp., les documents précités (Décr. n° 2010-389 du 19 avril 2010, art. 2).

Licence communautaire. Justifie sa décision, au regard des art. 10 [désormais abrogé] et 12 du Décr. du 30 août 1999, l'arrêt qui, après avoir analysé l'objet social d'une entreprise et relevé que le transport constitue l'activité principale de celle-ci, retient que le véhicule pris par elle en location auprès d'une autre entreprise pour effectuer un transport routier de marchandises doit être muni de la licence communautaire de transport intérieur. • Crim. 13 mars 2012 : *Bull. crim. n° 69.*

Art. 12-1 *(Décr. n° 2007-751 du 9 mai 2007, art. 1er-IV)* Pour effectuer du transport routier de marchandises, il est admis :

a) L'utilisation d'un véhicule immatriculé dans un État partie à l'accord sur l'Espace économique européen et pris en location avec ou sans conducteur par une entreprise établie dans le même État ;

b) L'utilisation d'un véhicule immatriculé dans un État partie à l'accord sur l'Espace économique européen et pris en location sans conducteur par une entreprise établie dans un autre État partie à cet accord.

L'utilisation d'un véhicule immatriculé dans un État partie à l'accord sur l'Espace économique européen et pris en location avec conducteur par une entreprise établie dans un autre État partie à cet accord n'est pas admise.

Art. 13 Un arrêté du ministre chargé des transports précise, en tant que de besoin, les conditions d'application du présent titre. Il fixe notamment le contenu et le modèle de la licence de transport intérieur, des autorisations et des documents exigibles à bord des véhicules mentionnés à l'article 12 et rappelle en annexe la liste des règlements communautaires et des accords internationaux mentionnés au *a* de cet article. — *V. Arr. 9 nov. 1999 (JO 25 nov.), mod. par Arr. 8 janv. 2004 (JO 28 janv.) relatif aux documents de transport ou de location devant se trouver à bord des véhicules de transport routier de marchandises. — V. aussi Arr. 16 nov. 1999 (JO 30 nov.) relatif aux titres administratifs de transport qui doivent être détenus par les entreprises effectuant en France un transport routier de marchandises.*

Art. 14 *Abrogé par Décr. n° 2011-2045 du 28 déc. 2011, art. 2-III. — V. cet art. au* **C. com.**, *éd. 2012 et antérieures.*

TITRE III. DE LA SOUS-TRAITANCE

Art. 15 En application *(Décr. n° 2011-2045 du 28 déc. 2011, art. 2-V)* « de l'article L. 3224-1 du code des transports », peuvent recourir à la sous-traitance sans être inscrites au registre des commissionnaires de transport :

1° Les entreprises de transport, les coopératives de transport et les coopératives d'entreprises de transport n'ayant pas opté pour le statut résultant de la loi du 20 juillet 1983 susvisée, qui, en raison d'une surcharge temporaire d'activité, se trouvent dans l'impossibilité d'exécuter les contrats de transports dont elles sont titulaires par leurs propres moyens.

Les opérations sous-traitées à ce titre, dont le montant ne peut excéder 15 % du chiffre d'affaires annuel de l'activité de transport routier de marchandises de l'entreprise ou de la coopérative, sont enregistrées par l'entreprise et font l'objet d'une déclaration au préfet de région dans les conditions fixées par arrêté du ministre chargé des transports ; — *V. Arr. 19 nov. 1999 (JO 3 déc.).*

2° Les coopératives d'entreprises de transport ayant opté pour le statut résultant de la loi du 20 juillet 1983 susvisée, lorsqu'elles confient l'exécution des contrats de transport routier à d'autres transporteurs publics que leurs membres ou associés, dans les limites fixées par la loi susvisée et dans les conditions de déclaration fixées au 1° ci-dessus ;

3° Les entreprises de déménagement, pour les opérations de déménagement, y compris le transport, confiées à une autre entreprise de déménagement ;

4° Les entreprises qui recourent aux opérateurs de transport combiné, pour l'activité correspondant aux parcours initiaux et terminaux ;

(Abrogé par Décr. nº 2011-2045 du 28 déc. 2011, art. 2-V) « 5° Les entreprises de transport qui assurent des transports de lots inférieurs à trois tonnes et qui, tout en conservant leur responsabilité sur l'opération de transport, soit confient à d'autres transporteurs auxquels elles sont liées par une convention de compte courant certains des lots qui leur sont confiés, soit font exécuter par d'autres transporteurs les opérations terminales de ramassage ou de livraison. »

Art. 16 Le transporteur qui effectue un transport public routier de marchandises en le sous-traitant à un autre transporteur ou en prenant en location un véhicule avec conducteur doit s'assurer, préalablement à la conclusion du contrat, que le transporteur ou le loueur auquel il a recours est habilité à exécuter les opérations qui lui sont confiées.

TITRE IV. DISPOSITIONS DÉROGATOIRES

Art. 17 Les dispositions du titre Ier et du titre II ne sont pas applicables aux transports suivants :

1° Transports exécutés par des entreprises dont le transport n'est pas l'activité principale et qui sont liées entre elles par un contrat en vue de l'exécution d'un travail commun ou de la mise en commun d'une partie de leur activité dans les conditions suivantes :

a) Les véhicules utilisés appartiennent à ces entreprises ou ont été pris en location par elles ;

b) Les marchandises transportées sont la propriété de l'une des parties du contrat ;

c) Le transport est nécessaire à la réalisation, par l'une des autres parties contractantes, d'une activité de transformation, de réparation, de travail à façon ou de vente ;

d) Le transport est accessoire à l'activité principale définie par le contrat ;

Un arrêté du ministre chargé des transports fixe les modalités selon lesquelles le préfet de région accorde des dérogations à ce type de transports ;

2° Transports exécutés à l'intérieur d'une zone de 100 kilomètres de rayon autour de la commune dans laquelle ce transport a son origine :

a) (Décr. nº 2007-751 du 9 mai 2007, art. 1er-V) « Au moyen de véhicules et matériels agricoles tels que définis à l'article R. 311-1 du code de la route » pour les besoins d'une exploitation agricole ;

b) A titre occasionnel et gracieux, pour les besoins d'une exploitation agricole, au moyen de véhicules appartenant à une autre exploitation agricole ;

c) Pour la collecte du lait lorsque cette activité est le complément d'une activité agricole ;

(Abrogé par Décr. nº 2009-780 du 23 juin 2009, art. 3) « d) Pour le débardage du bois en grumes entre le lieu d'abattage et le lieu d'exploitation ; »

3° Transports exécutés dans le cadre des groupements d'entreprises agricoles dans les conditions suivantes :

a) Les véhicules utilisés appartiennent au groupement ou à ses membres ou encore ont été pris en location par ceux-ci ;

b) Les marchandises sont transportées pour les besoins de la production agricole à destination d'une exploitation pour l'approvisionnement nécessaire à sa production ou au départ de celle-ci pour la collecte et l'expédition de ses produits ;

c) Le transport n'est que l'accessoire et le complément de l'activité du groupement ou de celle de ses membres ;

4° Transports de marchandises exécutés *(Décr. nº 2011-2045 du 28 déc. 2011, art. 2-VI)* « , de manière accessoire, » par des transporteurs publics routiers de personnes au moyen de véhicules destinés au transport de personnes, à l'occasion de services réguliers ou à la demande ;

(Décr. n° 2007-751 du 9 mai 2007, art. 1er-V) « 5° Transports exécutés au moyen de véhicules et matériels agricoles, matériels forestiers, matériels de travaux publics et engins spéciaux mentionnés à l'article R. 311-1 du code de la route, dont l'intervention est nécessaire pour la mise en œuvre des matériaux qu'ils transportent ; »

6° Transports de véhicules accidentés ou en panne par véhicule spécialisé entre le lieu de l'accident ou de la panne et le lieu de réparation ;

7° Transports sur route de wagons de chemin de fer exécutés par des véhicules aménagés spécialement à cet effet ;

8° Transports exécutés par La Poste au moyen de ses véhicules pour ses missions de *(Décr. n° 2011-2045 du 28 déc. 2011, art. 2-VI)* « service universel postal ;

« 9° Transports de médicaments, d'appareils et d'équipements médicaux ainsi que d'autres articles nécessaires en cas de secours d'urgence, notamment en cas de catastrophes naturelles. »

BIBL. ▶ MORINET, *RD transp. 2007. Fiche pratique 7* (le transport routier de marchandises sous couvert d'une « autorisation de transport » ou « faux compte propre »).

Dérogation à l'inscription. Le déplacement de marchandises en cause ne relevait ni de la dérogation prévue au 1° de l'art. 17 en l'absence de contrat liant les deux entreprises et établissant le caractère accessoire du transport par rapport à l'activité principale ni de celle prévue au 2° de cet article, le transport, exécuté par une société ayant pour activité le commerce en gros de fruits et légumes au profit d'une société ayant la même activité, ne l'ayant pas été pour les besoins d'une exploitation agricole. • Crim. 22 juin 2010 : *Bull. crim. n° 115 ; Dalloz actualité, 13 sept. 2010, obs. Delpech ; RTD com. 2011. 187, obs. Bouloc* ; *AJ pénal 2010. 507* ; *LPA 1er-2 nov. 2010, note Lasserre Capdeville.*

TITRE V. DES SANCTIONS ADMINISTRATIVES ET DES SANCTIONS PÉNALES

Art. 18 *(Décr. n° 2011-2045 du 28 déc. 2011, art. 2-VII)* I. — Le préfet de la région dans laquelle l'entreprise a son siège ou, pour une entreprise n'ayant pas son siège en France, son établissement principal, est informé des infractions commises par celle-ci ou par ses dirigeants ou préposés :

1° En France, par la réception de la copie des éléments constitutifs de la constatation de l'infraction aux réglementations *(Décr. n° 2013-448 du 30 mai 2013, art. 21-II)* « des transports, du travail, de la santé ou de la sécurité relatives aux transports routiers de marchandises et à l'exercice de la profession de commissionnaire de transport, ainsi qu'à la réglementation sociale européenne ; »

2° Hors de France, selon la procédure prévue à l'article 11 du règlement (CE) n° 1072/2009 précité.

II. — Au vu de ces éléments, le préfet de région peut adresser un avertissement au responsable de l'entreprise dans les cas suivants :

1° Pour les entreprises titulaires d'une licence de transport intérieur *(Décr. n° 2013-448 du 30 mai 2013, art. 21-II)* « ou d'une licence communautaire, lorsque l'infraction commise en France » correspond au moins à une contravention de la 5e classe, ou au moins de la 3e classe en cas d'infractions répétées ;

(Décr. n° 2013-448 du 30 mai 2013, art. 21-II) « 2° Pour les entreprises établies en France, titulaires d'une licence communautaire et qui utilisent des véhicules d'un poids maximum autorisé supérieur à 3,5 tonnes, lorsque l'infraction commise hors de France concerne l'absence de respect de la réglementation européenne touchant l'un des domaines mentionnés au b du 1 de l'article 6 du règlement (CE) n° 1071/2009. »

Préalablement au prononcé de l'avertissement, le préfet de région avise le responsable de l'entreprise défaillant des faits qui lui sont reprochés ainsi que de la sanction qu'il encourt et l'informe de la possibilité de présenter ses observations, écrites ou orales, dans un délai de quinze jours, le cas échéant assisté par un conseil ou représenté par un mandataire de son choix.

III. — Si l'entreprise commet à nouveau l'une des infractions énoncées au II, le préfet de région avise le responsable de l'entreprise défaillant des faits qui lui sont reprochés ainsi que de la sanction qu'il encourt et l'informe de la possibilité de présenter ses observations, écrites ou orales, dans un délai de quinze jours, le cas échéant assisté par un conseil ou représenté par un mandataire de son choix.

Le préfet de région peut prononcer le retrait temporaire ou définitif de tout ou partie des copies certifiées conformes de la licence que l'entreprise détient ou de ses autres titres administratifs de transport. *(Décr. n° 2013-448 du 30 mai 2013, art. 21-II)* « Le retrait temporaire peut être prononcé pour une durée inférieure ou égale à un an. »

Pendant toute la durée du retrait temporaire des titres administratifs de transport, il ne pourra être délivré à l'entreprise aucun titre de transport nouveau de quelque nature que ce soit.

La décision de retrait définitif ne peut intervenir qu'après une première décision de retrait temporaire de titres administratifs intervenue au cours des cinq années précédentes. Elle porte sur l'ensemble des titres de transport détenus par l'entreprise.

(Décr. n° 2013-448 du 30 mai 2013, art. 21-II) « Le retrait total et définitif des titres administratifs de transport entraîne, pour l'entreprise, le retrait de l'autorisation d'exercer la profession prévue à l'article 2 et la radiation du registre prévu à l'article 3. »

IV. — *(Décr. n° 2013-448 du 30 mai 2013, art. 21-II)* « Lorsque, informé des éléments constitutifs de la constatation d'une infraction aux réglementations des transports, du travail, de la santé ou de la sécurité relatives aux transports routiers de marchandises ou à l'exercice de la profession de commissionnaire de transport ainsi qu à la reglementation sociale européenne, » le préfet constate qu'a été relevée une infraction de nature délictuelle figurant parmi celles mentionnées à l'article 7, commise après au moins une autre infraction de même nature, il peut prononcer l'immobilisation d'un ou de plusieurs véhicules de l'entreprise pour une durée de trois mois au plus, aux frais de l'entreprise. La décision du préfet précise le lieu de l'immobilisation, sa durée et les modalités du contrôle exercé par les agents de l'État.

(Décr. n° 2013-448 du 30 mai 2013, art. 21-II) « Le lieu de l'immobilisation est le siège social de l'entreprise ou un autre lieu désigné par le préfet. »

V. — Les décisions de retrait et d'immobilisation sont prises après avis de la commission régionale des sanctions administratives mentionnée à l'article L. 3452-3 du code des transports.

La décision du préfet est publiée dans deux journaux régionaux et est affichée dans les locaux de l'entreprise pour une durée qui ne peut excéder la durée du retrait ou de l'immobilisation. Les frais de publication et d'affichage sont à la charge de l'entreprise.

VI. — Les IV et V s'appliquent, outre les entreprises visées à l'article 1er, aux entreprises dont le transport est accessoire à leur activité. – *V. Arr. du 28 déc. 2011 relatif aux sanctions administratives applicables aux entreprises de transport routier et à l'honorabilité professionnelle dans le secteur du transport routier (JO 30 déc.).*

Art. 18-1 *(Décr. n° 2011-2045 du 28 déc. 2011, art. 2-VII)* Une entreprise de transport non résidente qui a commis en France, à l'occasion d'un transport de cabotage, une infraction grave au règlement (CE) n° 1072/2009 précité ou à la législation communautaire dans le domaine des transports routiers, peut faire l'objet d'une interdiction de réaliser des transports de cabotage sur le territoire national.

Le préfet de région qui prononce l'interdiction est celui de la région dans laquelle l'infraction a été relevée. La durée de cette interdiction ne peut excéder un an.

La décision du préfet de région est prise après avis de la commission régionale des sanctions administratives mentionnée à l'article L. 3452-3 du code des transports.

Une entreprise ne peut faire l'objet que d'une seule interdiction en même temps, valable pour toute la France. – *V. Arr. du 28 déc. 2011 relatif aux sanctions administratives applicables aux entreprises de transport routier et à l'honorabilité professionnelle dans le secteur du transport routier (JO 30 déc.).*

Art. 18-2 *(Décr. n° 2011-2045 du 28 déc. 2011, art. 2-VII)* Un arrêté du ministre chargé des transports fixe les modalités d'application des articles 18 et 18-1.

Art. 19 I. — Est puni de l'amende prévue pour les contraventions de la 5e classe le fait de méconnaître l'une des obligations mentionnées aux articles *(Décr. no 2011-2045 du 28 déc. 2011, art. 2-VIII)* « 9-3 » *(Décr. no 2007-751 du 9 mai 2007, art. 1er-VII)* « , 12 et 12-1 » du présent décret.

(Décr. no 2013-448 du 30 mai 2013, art. 21-III) « II.— Est puni de l'amende prévue pour les contraventions de la 4e classe le fait :

« *a)* De méconnaître les obligations d'enregistrement ou de déclaration prévues au deuxième alinéa du 1° de l'article 15 ;

« *b)* De méconnaître les obligations de publication et d'affichage prévues au V de l'article 18. »

TITRE VI. DISPOSITIONS DIVERSES

Art. 20 Dans le présent décret, l'expression « poids maximum autorisé » désigne :

a) Le poids total autorisé en charge d'un véhicule isolé ;

b) Pour les ensembles articulés, la plus petite des deux valeurs suivantes :

— poids total roulant autorisé du véhicule tracteur ;

— somme du poids à vide du véhicule tracteur et du poids total autorisé en charge de la semi-remorque ;

c) Pour les trains routiers, la plus petite des deux valeurs suivantes :

— poids total roulant autorisé du véhicule à moteur ;

— somme des poids totaux autorisés en charge du véhicule à moteur et de la remorque.

Les poids totaux autorisés en charge mentionnés ci-dessus sont éventuellement relevés des poids correspondant aux dérogations mentionnées *(Décr. no 2007-751 du 9 mai 2007, art. 1er-VIII)* « au IV de l'article R. 312-4 du code de la route ».

Art. 21 *Abrogé par Décr. no 2011-2045 du 28 déc. 2011, art. 2-III.– V. cet art. au* ***C. com.****, éd. 2012 et antérieures.*

Art. 22 *(Abrogation des textes antérieurs).*

Art. 22-1 *(Application à Mayotte).*

Art. L. 133-6 **Les actions pour avaries, pertes ou retards, auxquelles peut donner lieu contre le voiturier le contrat de transport, sont prescrites dans le délai d'un an, sans préjudice des cas de fraude ou d'infidélité.**

Toutes les autres actions auxquelles ce contrat peut donner lieu, tant contre le voiturier ou le commissionnaire que contre l'expéditeur ou le destinataire, aussi bien que celles qui naissent des dispositions de l'article 1269 du *(L. no 2007-1787 du 20 déc. 2007, art. 26-IV)* **« code de procédure civile », sont prescrites dans le délai d'un an.**

Le délai de ces prescriptions est compté, dans le cas de perte totale, du jour où la remise de la marchandise aurait dû être effectuée, et, dans tous les autres cas, du jour où la marchandise aura été remise ou offerte au destinataire.

Le délai pour intenter chaque action récursoire est d'un mois. Cette prescription ne court que du jour de l'exercice de l'action contre le garanti.

Dans le cas de transports faits pour le compte de l'État, la prescription ne commence à courir que du jour de la notification de la décision ministérielle emportant liquidation ou ordonnancement définitif. – *[C. com., art. 108.]*

Les actions en responsabilité pour avaries, pertes ou retards engagées au titre des art. L. 7 et L. 8 CPCE sont prescrites dans le délai d'un an à compter du lendemain du jour du dépôt de l'envoi (CPCE, art. L. 10). – V. les secondes notes ss. art. L. 133-1 et L. 133-2.

I. DOMAINE DE LA PRESCRIPTION

1. *Transports internationaux.* La Convention de Varsovie ne s'appliquant pas aux rapports entre le commissionnaire de transport et son commettant, la prescription applicable en matière de transport aérien est celle de l'art. 108 [C. com., art. L. 133-6], et non celle de deux ans de la Convention de Varsovie. • T. com. Paris, 28 nov. 1979 : *Bull. transp. 1980. 54.* ♦ Dès lors que les règles uniformes concernant le contrat de transport international de marchandises, dites RUCIM, de la Convention de Berne du 9 mai 1980 relatives aux transports ferroviaires internationaux sont applicables, l'application des dispositions de l'art. 108 [C. com., art. L. 133-6] est exclue. • Com. 9 déc. 1997 : *Bull. civ. IV, n° 335.* ♦ Dans le cadre d'un transport soumis à la Convention du 19 mai 1956, dite CMR, la prescription de l'action directe en paiement des prestations du transport à l'encontre du destinataire est soumise aux dispositions de l'art. 32 de cette Convention ; dès lors, pour déclarer prescrite cette action, le juge, qui fait application de l'art. L. 133-6 C. com., viole les art. 32 CMR et L. 132-8 C. com. • Com. 24 mars 2004 : *cité note 8 ss. art. L. 132-8* • Versailles, 11 mai 2006 : *JCP E 2006, n° 43-44, p. 1836.* ♦ Viole les art. 32 CMR, L. 132-8 et L. 133-6 C. com. la cour d'appel qui, pour déclarer prescrite l'action du transporteur en garantie du paiement du fret contre le destinataire, fait application du troisième de ces textes alors que l'action en garantie du paiement du prix du transport, prévue par le deuxième de ces textes, se prescrit conformément aux dispositions du premier. • Com. 6 déc. 2011 : *Bull. civ. IV, n° 205 ; D. 2012. Actu. 4, obs. Delpech ; RTD com. 2012. 187, obs. Bouloc ; Rev. crit. DIP 2012. 855, note Cocteau-Senn ; JCP E 2012, n° 1033 ; Gaz. Pal. 2012. 1689, obs. Tosi ; RJDA 2012, n° 399.* ♦ Comp., sur l'exclusion de l'art. 32 de la Convention de Genève (CMR) du 19 mai 1956, V. • Com. 22 nov. 1988 : *Bull. civ. IV, n° 321 ; RTD com. 1989. 532, obs. Bouloc* • Paris, 18 déc. 1996 : *Bull. transp. 1997. 570* • Lyon, 31 mai 2007 : *BICC 1er oct. 2007, n° 2012* (action entre commettant et commissionnaire). ♦ Jugeant que le transport routier qui succède à un transport aérien qui a pris fin conformément à la lettre de transport aérien au lieu de réacheminement des marchandises, est régi par le droit français et relève ainsi de la prescription de l'art. L. 133-6. • Montpellier, 27 mars 2007 : *RD transp. 2007, n° 118, obs. Delebecque.*

A. ACTIONS VISÉES

2. *Actions en paiement ou en restitution.* Sont soumises à la prescription annale édictée par l'art. L. 133-6, sauf au cas de fraude ou d'infidélité, toutes les actions auxquelles le contrat de transport peut donner lieu (restitution du montant des surfacturations). • Com. 3 mai 2011 : *Bull. civ. IV, n° 63 ; D. 2011. Actu. 1342, obs. Delpech ; RTD com. 2011. 632, obs. Bouloc ; JCP 2011, n° 1030, spéc. n° 2, obs. Billiau ; RJDA 2011, n° 772 ; RD transp. 2011, n° 119, obs. Bon-Garcin ; ibid., n° 124, obs. Staes ; RLDC juill.-août 2011. 14, obs. Paulin.* ♦ Un contrat type, institue sur le fondement de l'art. 8, § II, de la loi du 30 déc. 1982 [V. C. transp., art. L. 1432-4 et L. 1432-12], règle pour l'avenir, dès l'entrée en vigueur du décret qui l'établit, les rapports que les parties n'ont pas définis au contrat de transport qui les lie. • Com. 22 janv. 2008 : *cité note 24 ss. art. L. 442-6.* ♦ La demande du voiturier en règlement du prix du transport par lui exécuté est bien née du contrat de transport. • Com. 7 janv. 1955 : *D. 1955. 453* • 2 mai 1966 : *D. 1967. Somm. 3.* ♦ ... Comme l'action en réparation des avaries causées au moyen de transport par le vice propre des marchandises chargées par l'affréteur. • Rouen, 6 nov. 1970 : *D. 1971. 274, note Rodière.* ♦ Au nombre des actions relatives au contrat de transport doivent être comprises celles qui ont trait aux frais de magasinage. • Com. 7 janv. 1955 : *D. 1955. 453.* ♦ ... Ou de stockage. • Rouen, 10 mai 2007 : *RD transp. 2008, n° 6, obs. O. S.* ♦ ... Celle relative aux « taxes de précarite » destinées à compenser les moyens supplémentaires mis en œuvre par le transporteur pour une courte période. • Versailles, 4 nov. 2004 : *RJDA 2005, n° 1304.* ♦ ... Celle tendant au paiement de sommes encaissées par le transporteur. • Com. 30 oct. 1979 : *D. 1980. IR 29.* ♦ ... Celle visant à obtenir la restitution d'accessoires de transports, tels que les modules, étagères ou roll dancis utilisés pour le transport de végétaux. • Orléans, 17 mars 2005 : *RJDA 2005, n° 974* • Rouen, 31 mai 2007 : *RD transp. 2008, n° 166, obs. O. S.* (conteneur). ♦ ... Et, plus généralement, celles qui sont relatives aux frais exposés à l'occasion d'opérations se rattachant directement au contrat de transport et aux obligations respectives des voituriers. • Com. 4 déc. 1967 : *D. 1968. 246.* ♦ Est soumise à la prescription annale de l'art. 108 [C. com., art. L. 133-6] l'action du transporteur visant la compensation effectuée par son donneur d'ordre entre des créances nées à l'occasion de l'exécution de contrats de transport. • Com. 8 juin 1993 : *Bull. transp. 1993. 475.* ♦ L'action intentée par le transporteur contre l'expéditeur qui a pratiqué une compensation arbitraire est soumise à la prescription annale de l'art. L. 133-6. • Com. 16 janv. 2007 : *RD transp. 2007, n° 24, obs. Paulin ; ibid., n° 157,* *obs. Staes.* ♦ Sur l'effet interruptif attaché à la compensation et le moment où elle peut être invoquée, V. note 41. ♦ Pour une action en paiement d'un complément de prix d'un transport, V. • Orléans, 22 févr. 2007 : *BICC 1er mai 2007, no 952 ; RJDA 2007, no 835.*

Sur l'application au mandat spécial, accessoire du contrat de transport, V. • Paris, 16 janv. 1991 : *Bull. transp. 1991. 363.* ♦ Comp., pour un mandat d'assurance, • Lyon, 12 juill. 1996 : *ibid. 1997. 64.* ♦ V. aussi note 5 ss. art. L. 110-4.

Sur la prescription annale et les actions engagées en cas de rupture brutale des relations commerciales (C. com., art. L. 442-6 I-5o), V. • Dijon, 11 janv. 2007 : *RD transp. 2007, no 104, obs. Paulin.*

3. Action directe en paiement. V. note 15 ss. art. L. 132-8.

4. Livraison contre remboursement. Il a été jugé que sont applicables à la stipulation d'une livraison contre remboursement les dispositions de l'art. 108 [C. com., art. L. 133-6] fixant à un an la période pendant laquelle toute action dirigée contre le commissionnaire est recevable, la stipulation d'une livraison contre remboursement n'étant qu'une modalité de la livraison, elle-même incluse dans le contrat de commission. • Paris, 13 sept. 1989 : *D. 1989. IR 248 ; RTD com. 1990. 257, obs. Bouloc* ✐. ♦ V. aussi, pour l'action de l'expéditeur contre le transporteur tendant au remboursement, dans le cadre d'une « expédition contre remboursement », • Versailles, 16 janv. 1997 : *RJDA 1997, no 509.*

5. Actions en responsabilité du transporteur. La demande en paiement de dommages-intérêts intentée par le transporteur contre l'expéditeur pour rupture abusive du contrat de transport liant les parties est fondée sur le contrat de transport dont la résiliation est contestée (art. L. 133-6, al. 2) ; elle se prescrit donc dans le délai d'un an. • Com. 9 juill. 2002 : ♕ *RJDA 2002, no 1271.* ♦ L'action en responsabilité des transporteurs en cas de rétention abusive des marchandises découle du contrat de transport et, comme telle, est soumise à la prescription biennale. • Chambéry, 4 mai 2004 : *JCP E 2005, no 5, p. 181, obs. Delebecque.*

6. Actions en responsabilité contre le transporteur. Lorsque, en raison d'une avarie imputable au seul transporteur, un client a été condamné à payer au fournisseur le prix de la marchandise transportée, il ne saurait, deux années plus tard, retenir ce prix sur celui de transports ultérieurs, ce procédé revenant à imposer au transporteur, contre son gré, le paiement par voie de compensation d'une indemnité d'avarie, alors que ce client avait laissé se prescrire l'action en paiement d'une telle indemnité, soumise au délai d'un an prévu par l'art. 108 [C. com., art. L. 133-6]. • Rennes, 21 janv. 1998 : *JCP E 1998, no 50, p. 1954.*

7. Demande reconventionnelle contre le transporteur. La prétention du client d'une société de transport tendant à obtenir la compensation de sa dette (paiement du prix de transport) avec une créance sur la société de transport résultant de livraisons inférieures en quantité à celles prévues s'analyse en une créance de dommages-intérêts constituant une demande reconventionnelle. • Com. 26 mai 1998 : *Bull. civ. IV, no 172 ; D. 1998. IR 160 ; D. Affaires 1998. 1210, obs. S. P. ; RTD com. 1999. 182, obs. Bouloc* ✐. ♦ Sur la distinction entre demande reconventionnelle et action récursoire, V. note 33.

8. Actions du substitut du transporteur. La prescription annale de l'art. L. 133-6 est applicable à l'action en réparation introduite par une société à l'encontre d'une autre société avec laquelle elle a participé de manière concertée en vue d'assurer un transport de marchandise. • Com. 15 mai 2001 : ♕ *Bull. civ. IV, no 92.*

9. Actions contre l'assureur du transporteur. C'est la prescription annale, et non la prescription biennale de l'art. L. 114-1 C. assur., qui s'applique à l'égard de la victime de l'avarie qui agit contre l'assureur au titre du contrat d'assurance liant le transporteur à l'assureur. • Paris, 23 oct. 2001 : *D. 2001. IR 3327* ✐. ♦ L'action directe de la victime contre l'assureur de responsabilité trouve son fondement dans le droit de la victime à réparation de son préjudice et se prescrit, en conséquence, par le même délai que l'action de la victime contre le responsable. • Civ. 2e, 11 sept. 2008 : ♕ *RD transp. 2008, no 226, obs. Staes.*

10. Commissionnaires de transport. La prescription de l'art. 108 [C. com., art. L. 133-6] doit être étendue aux actions qui concernent le commissionnaire. • Com. 20 avr. 1967 : *D. 1968. 33* • Paris, 15 juill. 1925 : *DH 1925. 615.* ♦ Comp. : note Aubrun, *DP 1924. 2. 111* • T. com. Seine, 21 déc. 1938 : *DH 1939. 224* • Com. 8 avr. 1967 : *Bull. civ. III, no 132.* ♦ Sur l'application au commissionnaire de transport et en douane, V. • Paris, 25 juin 1991 : *Bull. transp. 1991. 489* • Rouen, 15 mars 2007 : *RD transp. 2007, no 151, obs. Bon-Garcin.* ♦ L'art. 108 [C. com., art. L. 133-6] s'applique à l'action du commissionnaire contre le transporteur, à qui il avait confié le soin d'acheminer les marchandises avariées, en réparation du préjudice commercial résultant de la perte de la clientèle de son mandant, cette perte étant en relation directe avec la mauvaise exécution du contrat de transport par le transporteur. • Com. 22 avr. 1997 : ♕

Bull. civ. IV, n° 106 ; D. 1998. Somm. 321, obs. Mercadal .

Les marchandises n'étant pas perdues du seul fait de leur rétention par un commissionnaire de transport, la prescription de l'action en réparation du préjudice résultant de l'exercice abusif du droit de rétention formée contre ce dernier par le destinataire non livré ne court pas. • Com. 8 juin 1999 : *préc. note 13 ss. art. L. 132-2.* ♦ Comp., jugeant que viole l'art. L. 133-6, al. 2, une cour d'appel qui, pour rejeter une fin de non-recevoir tirée de la prescription de l'action, retient que l'action intentée par le destinataire découle de l'exercice du droit de rétention du commissionnaire et qu'elle n'est donc pas atteinte par la prescription d'un an prévue par ce texte : • Com. 24 sept. 2003 : *D. 2003. AJ 2570 ; JCP E 2004, n° 36, p. 1343, obs. Delebecque ; RTD com. 2004. 366, obs. Bouloc ; RJDA 2004, n° 160.*

Sur la notion de commissionnaire de transport, V. notes 1 s. ss. art. L. 132-3. ♦ V. aussi note 18.

10 bis. Sous-traitance. L'action en paiement auquel le contrat de transport donne lieu contre l'expéditeur de la part du voiturier est soumise à la prescription annale édictée par l'art. L. 133-6, même lorsqu'elle est exercée conformément aux dispositions de la L. n° 75-1334 du 31 déc. 1975 relative à la sous-traitance. • Com. 1er avr. 2008 : *Bull. civ. IV, n° 75 ; D. 2008. AJ 1140, obs. Delpech ; RTD com. 2008. 846, obs. Bouloc ; JCP E 2008, n° 40, p. 31, obs Bon-Garçin ; RJDA 2008, n° 910 ; RD transp. 2008, n° 120, obs. Paulin.*

11. Entreprises de déménagement : jurisprudence antérieure à la loi de 2003. Le contrat de déménagement est un contrat d'entreprise qui se différencie du contrat de transport en ce que son objet n'est pas limité au déplacement de la marchandise. • Com. 20 janv. 1998 : *D. Affaires 1998. 331, obs. V. A.-R.* • 26 juin 2001 : *CCC 2001, n° 153, note Leveneur ; RTD com. 2003. 804, obs. Bouloc ; RJDA 2002, n° 37* • 1er avr. 2003 : *Bull. civ. IV, n° 52 ; JCP E 2003, n° 36, p. 1378, obs. Bon-Garcin ; CCC 2003, n° 103, obs. Leveneur ; RTD com. 2003. 804, obs. Bouloc ; RDC 2003. 137, obs. Delebecque ; RJDA 2003, n° 944* • 6 juill. 2010 : *CCC 2010, n° 241, obs. Leveneur.* ♦ Dès lors, les règles spéciales concernant la livraison et la prescription dans le contrat de transport et résultant des art. L. 133-3 à L. 133-6 ne trouvent pas à s'appliquer. • Com. 3 avr. 2001 : *Bull. civ. IV, n° 70 ; JCP E 2002, n° 15, 642, note Delebecque* • 26 juin 2001 : *préc.* • 9 juill. 2002 : *CCC 2003, n° 1, obs. Leveneur.* ♦ Sur la cassation d'un arrêt qui, ayant retenu que l'opération de déménagement s'analysant en un dépôt et un contrat de transport, la facturation du prix du garde-meuble étant inférieur au déménagement et la part du transport étant la plus importante des prestations effectuées, a accueilli la fin de non-recevoir tirée de l'art. L. 133-3 C. com., V. • Com. 11 juin 2002 : *Bull. civ. IV, n° 102 ; JCP E 2002, n° 36, p. 1360 ; RTD com. 2003. 159, obs. Bouloc ; Gaz. Pal. 2003. Somm. 552, obs. Peisse.* ♦ Comp., jugeant que la prescription de l'art. 108 [C. com., art. L. 133-6] est applicable à l'action en responsabilité exercée contre une entreprise de déménagements : • Com. 19 juin 1957 : *D. 1958. 113, note Rodière.* – Comp. : • Com. 25 févr. 1963 : *D. 1963. 422* • 20 avr. 1967 : *préc. note 10* • Paris, 2 avr. 1960 : *D. 1961. Somm. 66.* ♦ V. aussi note 4 ss. art. L. 132-3. ♦ Rappr., dans une hypothèse où l'expéditeur s'était chargé des opérations d'emballage, le voiturier ne se chargeant outre le transport, que de la manutention qui n'était alors que l'accessoire au transport proprement dit, de telle sorte que la relation contractuelle ainsi nouée devait être qualifiée de contrat de transport et non de contrat de déménagement : • Com. 10 mars 2004 : *Bull. civ. IV, n° 46 ; D. 2004. AJ 1019 ; JCP E 2004, n° 38, p. 1442, obs. Bon-Garcin ; CCC 2004, n° 93, obs. Leveneur ; RTD com. 2004. 803, obs. Bouloc ; RJDA 2004, n° 813 ; RDC 2005. 369, obs. Delebecque.*

12. Entreprises de déménagement : incidence de la loi de 2003. BIBL. Fl. Petit, *JCP E 2009, n° 41, p. 23* (les errements législatifs du déménagement). – Mausen, *LPA 3 nov. 2009* (le déménageur, nouveau Janus du monde juridique – à propos de la loi du 22 juill. 2009). – Brunaux, *CCC 2010. Étude 5* (la nature juridique du contrat de déménagement). ♦ L'art. 26 de la L. n° 2003-495 du 12 juin 2003 *(JO 13 juin)* a ajouté à l'art. 5 de la L. n° 82-1153 du 30 déc. 1982 [V. C. transp., art. L. 1000-3], un alinéa assimilant à un transport de marchandises l'opération de transport effectuée dans le cadre d'un déménagement, et a modifié en ce sens, notamment, l'art. 8 de cette même loi. – V. cet art. au **C. com.**, éd. 2011 ou antérieures, ss. art. L. 133-9. ♦ L'ensemble de ces modifications avait toutefois été abrogé par la L. n° 2009-526 du 12 mai 2009, art. 23 (*JO 13 mai*), avant d'être rétabli par la L. n° 2009-888 du 22 juill. 2009, art. 34 (*JO 24 juill.*). ♦ Les modifications apportées à la loi de 1982 précitée par la loi du 12 juin 2003 qui pour l'obligation de la présence de certaines clauses dans les contrats, assimilent désormais contrats de transport et contrats relatifs au déménagement, à supposer qu'on puisse en déduire que le contrat de déménagement soit devenu globalement, par détermination de la loi, un contrat de transport, n'ont pas vocation à s'appliquer en l'espèce, dès lors que la nouvelle loi est intervenue au cours du délibéré du premier juge et qu'il n'existe aucun indice que le législateur aurait entendu répondre à un impérieux motif d'intérêt général pour corriger la qualification du contrat de déménagement donnée par la Cour de cassation. • Orléans, 21 oct. 2004 : *RJDA 2005, n° 129.* ♦ *Contra*, jugeant la loi du 12 juin 2003 d'application immédiate : • Grenoble, 6 mars 2007 : *JCP E 2008, n° 40, p. 30, obs. Bon-Garcin ; RD transp. 2007, n° 226, obs. Paulin.* ♦ La clause d'un contrat de déménagement qui renvoie à l'art. L. 133-6 pour l'application de la prescription annale est licite et s'impose aux parties, peu important que l'art. 5 de la L. n° 82-1153 du 30 déc. 1982 [V. C. transp., art. L. 1000-3], dans sa rédaction issue de la L. n° 2003-495 du 12 juin 2003, assimile les opérations de transport effectuées dans le cadre d'un déménagement à des transports de marchandise. • Versailles, 25 mai 2004 : *BICC 2005, n° 298.* ♦ Il résulte des art. 5 et 8 de la loi de 1982, dans leur rédaction issue de la loi du 12 juin 2003, que les dispositions du contrat type général du 6 avr. 1999 sont applicables aux déménagements. • Paris, 19 mai 2010 : *RD transp. 2010, n° 185, obs. Paulin.*

12 bis. Prestation prépondérante. Ayant estimé que l'obligation principale de la société de transit consistait à transporter des échantillons ou des résultats reçus d'un laboratoire au cours de tournées régulières, tandis que les autres prestations n'étaient qu'accessoires, la cour d'appel a exactement retenu que les parties étaient liées par contrat de transport soumis à la prescription annale de l'art. L. 133-6. • Com. 11 déc. 2012 : *D. 2013. 884, note Paulin*.

B. ACTIONS EXCLUES

13. Transport de personnes. L'art. 108 [C. com., art. L. 133-6] ne concerne que les actions auxquelles donne lieu le transport des marchandises, à l'exclusion de celles qui naissent du transport des personnes. • Req. 28 juin 1916 : *DP 1917. 1. 35.*

14. Transport maritime. L'art. 108 [C. com., art. L. 133-6] ne s'applique qu'aux transports par terre ou par eau, à l'exclusion des transports maritimes, qui sont régis, à cet égard, par l'art. 433 [C. com., art. L. 110-4]. • Req. 7 nov. 1904 : *DP 1908. 1. 67.* – Comp. : • Com. 20 avr. 1967 : *préc. note 10.* ♦ La prescription de l'art. 108 [C. com., art. L. 133-6] ne s'applique pas au transport maritime international. • Versailles, 6 avr. 1995 : *RJDA 1995, n° 920.* ♦ V. C. transp., art. L. 5422-18, App., v° *Commerce maritime*.

15. Contrats distincts du transport. L'art. 108 [C. com., art. L. 133-6] ne s'applique pas aux engagements concernant un transport exceptionnel mais indépendants du contrat de transport. • Com. 21 avr. 1970 : *D. 1970. 611.* ♦ N'entre pas dans le domaine de l'art. L. 133-6 l'action dérivée d'un autre contrat que le contrat de transport, telle l'action fondée sur l'inexécution d'un contrat de vente et d'installation de divers équipements sur un tracteur ayant été endommagé lors d'un accident survenu à l'occasion du transport. • Paris, 8 juin 2001 : *Gaz. Pal. 3-5 févr. 2002. Somm. 21, note Vray.*

16. Actions récursoires. L'art. 108 [C. com., art. L. 133-6] ne s'applique pas aux actions récursoires entre propriétaires locateurs de wagons-réservoirs et réseaux immatriculateurs. • Civ. 22 nov. 1926 : *DP 1927. 1. 159, note Roger* • 7 mai 1945 : *D. 1945. 296.* ♦ ... Ni à l'action récursoire dirigée contre le manutentionnaire. • Com. 10 mars 1981 : *Bull. civ. IV, n° 130.*

17. Actions du destinataire. Dès lors que la marchandise ne lui a pas été livrée en raison d'un accident survenu au camion qui la transportait, le destinataire n'a pu adhérer au contrat de transport conclu entre l'expéditeur et le transporteur. Aussi ce destinataire, agissant contre le transporteur en réparation des dommages causés à son chantier par suite d'une erreur de manœuvre du camionneur, ne peut se voir opposer la prescription de l'art. 108 [C. com., art. L. 133-6]. • Com. 6 oct. 1992 : *Bull. civ. IV, n° 300 ; JCP 1992. IV. 3000.* ♦ La commune qui charge une entreprise de faire installer une pompe sur un lieu de livraison n'est pas partie au contrat de transport unissant cette entreprise au transporteur, quand bien même est-elle propriétaire de la pompe ; dès lors, en tant que tiers au contrat de transport, elle n'a pas à introduire son action dans le délai prévu à l'art. L. 133-6. • Lyon, 31 janv. 2008 : *BICC 15 déc. 2008, n° 1936.*

17 bis. Action du transitaire. L'action en paiement du transitaire à l'encontre de son mandant n'est pas soumise à la prescription annale mais à celle du droit commun de l'art. L. 110-4. • Com. 31 janv. 2012 : *Bull. civ. IV, n° 23 ; D. 2012. Actu. 493, obs. Delpech ; RJDA 2012, n° 768.*

18. Formalités de douane. L'art. 108 [C. com., art. L. 133-6] n'est pas applicable aux actions nées de l'exécution, par un commissionnaire de transport, d'un mandat donné pour l'accomplissement de formalités de douanes. • Com. 11 déc. 1985 : *Bull. civ. IV, n° 294 ; RTD com. 1987. 117, obs. Hémard et Bouloc* • 30 mai 1995 : *Bull. transp. 1995. 435* • Paris, 18 sept. 1990 : *D. 1991. IR 219 ; RTD com. 1991. 287, obs. Bouloc* • Versailles, 4 avr. 2002 : *BICC 2003, n° 187.* – Rappr. dans le cas d'un transport routier international : • Com. 28 mai 2002 : Bull. civ. IV, n° 97 ; RTD com. 2003. 161, obs. Bouloc ; BRDA 2002, n° 18, p. 9.

19. Autres litiges entre transporteurs. Est soumis à la prescription décennale applicable en matière commerciale et non à la prescription annale du contrat de transport de litige né de l'exécution d'une convention organisant, au sein d'un pool de transporteurs, tant la répartition des commandes de transport que leur facturation. • Rouen, 9 nov. 1995 : *JCP 1996. IV. 402.* ♦ Même si les créances relevaient de l'art. 108 [C. com., art. L. 133-6], celui-ci ne serait pas pour autant applicable dès lors que les transporteurs procédaient entre eux à des règlements par compte courant générant une novation des créances. • Même arrêt. ♦ L'art. 108 [C. com., art. L. 133-6] ne s'applique pas à l'action en responsabilité fondée sur un accident corporel survenu à l'occasion du contrat de transport. • Com. 28 avr. 1965 : *D. 1966. 6, note Durand* • Rouen, 6 nov. 1970 : *D. 1971. 274, note Rodière.* ♦ L'action engagée sur le fondement des dispositions de l'art. L. 442-6, 5) C. com. est une action délictuelle qui repose non sur un des contrats de transport qui ont lié les parties, mais sur la rupture brutale d'une relation commerciale établie. • Versailles, 5 nov. 2009 : *RD transp. 2010, n° 58, obs. Staes.*

20. Mesures d'instruction. L'action purement probatoire fondée sur l'art. 145 NCPC [renommé C. pr. civ.] n'est pas une action née du contrat de transport. • Com. 13 mai 2003 : *Bull. civ. IV, n° 81 ; D. 2003. AJ 1563 ; JCP 2003. II. 10193, note Chabot ; RTD com. 2003. 805, obs. Bouloc ; Gaz. Pal. 2004. Somm. 1403, obs. du Rusquec ; RJDA 2003, n° 1062 ; Procédures 2003, n° 173, obs. Croze ; RDC 2004. 376, obs. Delebecque.* ♦ Sur la mise en œuvre de l'art. 145 C. pr. civ., V. notes ss. cet art., App., v° *Tribunaux de commerce.*

C. CAS DE FRAUDE ET D'INFIDÉLITÉ

BIBL. Tilche, *Bull. transp. 1992. 650.*

21. Critères. La fraude ou l'infidélité s'entend d'un comportement qui met une partie dans l'impossibilité de faire valoir ses droits en temps utile. • Lyon, 2 févr. 2010 : *RD transp. 2010, n° 232, obs. Staes.* ♦ La fraude ou l'infidélité, visée par l'art. 108, al. 1er [C. com., art. L. 133-6, al. 1er], suppose de la part du voiturier la volonté malveillante, la déloyauté, la dissimulation du préjudice causé à l'expéditeur ou au destinataire ; elle ne peut consister en une simple rectification matérielle opérée sur le récépissé, conformément aux résultats du pesage à l'arrivée. • Com. 2 janv. 1952 : *D. 1952. Somm. 45* • Paris, 22 avr. 1992 : *Bull. transp. 1992. 653.* ♦ N'est pas constitutif de fraude ou d'infidélité le comportement d'un commissionnaire qui a gardé le silence pendant quelques mois sur la circonstance que la marchandise n'avait pas été délivrée contre remise de l'original de connaissement, comme le prévoyait le contrat conclu avec l'expéditeur. • Com. 11 janv. 1994 : *Bull. civ. IV, n° 22 ; JCP 1994. IV. 671 ; CCC 1994, n° 68, note Leveneur.* – V. aussi • Paris, 29 mars 2006 : *JCP E 2006, n° 35, p. 1425, obs. Bon-Garcin.*

22. Mensonges. Même s'ils ne sont pas constitutifs de fraude au sens de l'art. 108, les mensonges répétés d'un commissionnaire de transport ont pour effet de suspendre le délai de prescription entre la date où la livraison aurait dû avoir lieu et le jour où le commissionnaire de transport a annoncé aux destinataires la perte des colis. • Com. 3 mai 1976 : *JCP 1977. II. 18573, note Rodière.*

23. Portée. La fraude ou l'infidélité peuvent faire échec à la prescription annale des actions auxquelles peuvent donner lieu le contrat de transport, aussi bien qu'à celles qui naissent de l'art. 1269 C. pr. civ. • Com. 22 mai 2013 : *D. 2013. Actu. 1341, obs. Delpech .* ♦ V. aussi, jugeant que l'al. 1er concernant la fraude ou l'infidélité concerne également les actions visées à l'al. 2 : • Bordeaux, 7 janv. 1969 : *D. 1969. 422, note Rodière,* et sur pourvoi, • Com. 4 mai 1970 : *D. 1970. 521* • Paris, 22 avr. 1992 : *préc. note 21.*

II. DÉLAI DE PRESCRIPTION

BIBL. Tilche, *Bull. transp. 1995. 51* (computation du délai).

24. Clauses abréviatives. La disposition de l'art. 108, al. 1er, relative au délai de la prescription, n'est pas d'ordre public ; les parties peuvent donc y déroger, notamment par une clause abréviative. • Civ. 4 déc. 1895 : *DP 1896. 1. 241* • Montpellier, 9 nov. 1954 : *D. 1955. Somm. 35.* – V. aussi • Pau, 18 déc. 2006 : *RD transp. 2007, n° 97, obs. Staes.* ♦ Sur la preuve de la renonciation, V. • Com. 16 oct. 2007 : *RD transp. 2007, n° 241, obs. Staes.*

25. Faute lourde. La disposition contractuelle abrégeant le délai de prescription reçoit application même en cas de faute lourde. • Com. 12 juill. 2004 : *D. 2004. 2296, note Delebecque ; ibid. AJ 2231, obs. Chevrier ; D. 2005. Pan. 2845, obs. Fauvarque-Cosson ; JCP E 2005, n° 44-45, p. 1869, obs. Legros ; CCC 2004, n° 169, obs. Leveneur ; RJDA 2004, n° 1286 ; RTD com. 2005. 164, obs. Bouloc ;*

RTD civ. 2005. 133, obs. Mestre et Fages ; *RDC 2005. 272, obs. D. Mazeaud.*

26. Invocation du délai. Le moyen tiré de la prescription ne peut être invoqué pour la première fois devant la Cour de cassation. • Civ. 1er févr. 1899 : *DP 1899. 1. 337.*

A. POINT DE DÉPART

BIBL. Tilche, *Bull. transp. 1994. 667* (retour à l'expéditeur).

27. Principe. Le point de départ de la prescription des actions contre le voiturier n'est pas le jour de la conclusion du contrat de transport mais celui où la marchandise a été remise ou offerte au destinataire. • Com. 8 janv. 1979 : *D. 1979. IR 173.* ♦ De la même façon, viole l'art. 133-6, une cour d'appel qui fait partir le délai de prescription à la date de la rupture des relations contractuelles entre les parties alors que le délai de prescription court à compter du jour où la marchandise a été remise ou offerte au destinataire. • Com. 18 févr. 2003 : *Bull. civ. IV, n° 25 ; JCP E 2003, n° 15, p. 637 ; RTD com. 2003. 562, obs. Bouloc* ; *RJDA 2003, n° 720.* ♦ *Contra :* ayant déduit du transbordement de la marchandise depuis le navire choisi par le commissionnaire de transport sur un navire choisi par le donneur d'ordre et de la poursuite de l'expédition à la seule initiative de ce dernier que le contrat de commission de transport avait pris fin lors du transbordement, une cour d'appel a retenu à bon droit que le point de départ de la prescription de l'action contre le commissionnaire était la date du transbordement. • Com. 5 juill. 2005 : *Bull. civ. IV, n° 157 ; D. 2005. Pan. 2751, obs. Kenfack* ; *ibid. AJ 1997, obs. Chevrier* ; *JCP E 2005, n° 43, p. 1821 ; RJDA 2005, n° 1218.*

L'art. L. 133-6 précise que pour toutes actions dérivant du contrat de transport et autres que celles de perte totale, le délai de prescription annale court du jour où la marchandise aura été offerte ou remise au destinataire ; or, la marchandise n'est pas offerte au destinataire tant que le voiturier lui oppose son droit de rétention. • Com. 26 sept. 2006 : *Bull. civ. IV, n° 192 ; D. 2006. AJ 2600, obs. Delpech* ; *RTD com. 2007. 442, obs. Bouloc* ; *JCP E 2006, n° 43-44, p. 1837 ; RJDA 2007, n° 261 ; RD transp. 2007, n° 54, obs. Staes ; RLDA nov. 2006. 45, obs. Mignot.*

27 bis. Computation. Il résulte des art. 2260 [2228 nouv.] C. civ. et L. 133-6 C. com. que la prescription annale commence à courir le lendemain de la livraison à zéro heure et n'est acquise que lorsque le dernier jour du terme est accompli. • Com. 27 mars 2007 : *RD transp. 2007, n° 158, obs. Staes.* – V. aussi • Paris, 5 avr. 2007 : *RD transp. 2007, n° 182, obs. Staes.*

28. Fractionnement de l'envoi. Dans le cas où le contrat a prévu le fractionnement de l'expédition en plusieurs envois, le point de départ est le jour de la dernière livraison. • Com. 8 janv. 1979 : *préc. note 27* • Versailles, 27 nov. 2003 : *BICC 2004, n° 719.*

29. Avaries. En cas d'avaries, la prescription court du jour où la marchandise avariée a été livrée. • Com. 15 oct. 1957 : *D. 1958. 76, note Rodière.* ♦ ... Ou mise à la disposition du destinataire, sans qu'il soit nécessaire que le voiturier ait eu recours à une mise en demeure formelle, ou que la marchandise refusée ait été déposée dans un lieu public. • Civ. 4 mars 1890 : *DP 1890. 1. 371* • 7 mai 1930 : *DP 1930. 1. 142.* ♦ La date de restitution à l'expéditeur de colis endommagés constitue le point de départ du délai de prescription. • Com. 13 mars 1984 : *Bull. civ. IV, n° 100 ; RTD com. 1985. 571, obs. Hémard et Bouloc.* ♦ La manutention, malgré son importance, n'ayant été que l'accessoire du contrat unique de transport au cours duquel une machine a été avariée, l'action diligentée contre le transporteur hors délai annal de l'art. 108 [C. com., art. L. 133-6], courant à compter de la livraison, est prescrite. • Com. 11 juin 1996 : *Bull. civ. IV, n° 173.*

30. Accident. Lorsqu'un accident se produit lors d'une opération de transport, la prescription annale n'a pas pour point de départ le jour de cet accident mais le jour de livraison de la marchandise accidentée. • T. com. Paris, 27 juin 1994 : *RJDA 1994, n° 1141.*

31. Perte totale. En cas de perte totale, le délai de prescription court du jour où la remise de la marchandise aurait dû être effectuée. • Paris, 24 nov. 1960 : *D. 1961. Somm. 55* • Com. 6 juin 1984 : *Bull. civ. IV, n° 190 ; RTD com. 1985. 570, obs. Hémard et Bouloc.* ♦ V. au cas ou la date initiale de livraison a été retardée, jugeant que la nouvelle date se substitue à celle initialement prévue pour le décompte du délai de prescription annale : • Com. 11 juill. 2006 : *Bull. civ. IV, n° 183 ; D. 2006. AJ 2099, obs. Chevrier* ; *RTD com. 2006. 946, obs. Delebecque* ; *JCP E 2006, n° 36, p. 1487 ; Procédures 2006, n° 242, obs. Croze ; RJDA 2007, n° 46.* ♦ V. note 32.

32. Influence du lieu de livraison. Lorsque le contrat de commission prévoit que la livraison doit avoir lieu au domicile du destinataire et non à l'issue de la traversée maritime, l'exécution du contrat couvre la période d'entrepôt des meubles et le délai de prescription de l'art. 108 [C. com., art. L. 133-6] ne commence à courir que du jour où le mobilier a été remis au domicile du destinataire et accepté par lui. • Com. 3 janv. 1978 : *Bull. civ. IV, n° 6.* ♦ La perte, au sens de l'art. 108 [C. com., art. L. 133-6], s'entend non seulement de la destruction des choses transportées, mais encore de leur livraison par erreur à une personne autre que le destinataire. • Civ. 4 mars 1914 : *DP 1916. 1. 143* • 3 nov. 1947 : *D. 1948. Somm. 1.*

33. Actions récursoires : prescription d'un mois. BIBL. Tilche, *Bull. transp. 1993. 518.* ♦ Ne sont soumises aux délais de prescription d'un mois, prévu par l'art. 108, al. 4 [C. com., art. L. 133-6, al. 4], que les actions récursoires qui sont elles-mêmes fondées sur un contrat de transport. • Com. 26 mai 1998 : *Bull. civ. IV, n° 173 ; D. 1998. IR 166 ; D. Affaires 1998. 1125, obs. V. A.-R. ; JCP E 1999, n° 16, p. 714, obs. D. M. ; RTD com. 1999. 182, obs. Bouloc*. ♦ Le recours en garantie exercé par la SNCF contre une autre société n'est pas fondé sur le contrat de transport, mais sur le contrat de mandat qui lie ces deux sociétés, de telle sorte qu'il n'y a pas lieu d'appliquer le délai d'un mois prévu par l'art. L. 133-6 C. com., mais celui de dix ans [désormais cinq ans] prévu à l'art. L. 110-4 du même code. • Caen, 6 mars 2008 : *JCP 2009. IV. 1678.* ♦ Le délai de prescription d'un mois de l'art. L. 133-6 n'est pas opposable à un prestataire de services qui, assigné en indemnisation par son client en raison d'une livraison tardive de la prestation promise, appelle en garantie le transporteur, dès lors que cette action récursoire ne se rattache pas à une action principale née de l'exécution du contrat de transport mais d'un contrat d'entreprise. • Versailles, 15 mai 2003 : *BICC 2004, n° 542.* ♦ Le seul fait de relever qu'une société n'était pas seulement transitaire et agent de douane, mais également chargée de faire exécuter le transport maritime, ne suffit pas à caractériser la qualité de commissionnaire de transport de cette société, justifiant qu'elle puisse se prévaloir de la fin de non-recevoir tirée de la prescription posée à l'art. L. 133-6, al. 4. • Com. 27 juin 2006 : *Bull. civ. IV, n° 156 ; D. 2007. Pan. 117, obs. Kenfack ; D. 2006. AJ 2031, obs. Chevrier ; RTD com. 2006. 945, obs. Delebecque ; JCP E 2006, n° 35, p. 1427.* ♦ Sur la distinction entre demande reconventionnelle et action récursoire, V. • Com. 19 févr. 2008 : *Bull. civ. IV, n° 41 ; D. 2008. AJ 688, obs. Delpech ; RTD com. 2008. 844, obs. Bouloc ; JCP 2008. IV. 1569 ; RJDA 2008, n° 655 ; RD transp. 2008, n° 132, obs. Staes* • Orléans, 18 janv. 2007 : *RD transp. 2007, n° 188, obs. O. S.*

34. Actions récursoires : point de départ du délai de prescription. Cette prescription ne commence à courir que du jour où une action principale née du contrat de transport a été exercée contre le transporteur garanti. • Com. 15 oct. 1957 : *D. 1958. 37, note Rodière.* ♦ Viole l'art. 108, al. 4 [C. com., art. L. 133-6, al. 4], la cour d'appel qui, pour écarter la fin de non-recevoir tirée de la prescription d'un mois prévue par cet art., retient que la caducité de l'assignation du destinataire de la marchandise à l'encontre de l'expéditeur ayant été constatée par jugement, le tribunal n'avait pas à être saisi et que le délai d'un mois pour l'exercice de l'action récursoire du fournisseur à l'encontre du transporteur n'avait pas couru, alors que le délai pour exercer l'action récursoire à l'encontre du transporteur avait couru à compter du jour de l'exercice de l'action du destinataire contre le fournisseur. • Com. 7 juill. 1998 : *Bull. civ. IV, n° 223 ; D. Affaires 1998. 1691, obs. V. A.-R. ; RJDA 1998, n° 1220.* ♦ La règle de calcul du délai de l'art. 642 NCPC [renommé C. pr. civ.] est applicable. • Paris, 23 nov. 1994 : *Bull. transp. 1995. 55.*

B. SUSPENSION ET INTERRUPTION

1° SUSPENSION

35. Adage contra non valentem agere. La courte prescription de l'art. 108 [C. com., art. L. 133-6], en matière de transport, ne court pas à l'encontre de celui qui était dans l'impossibilité d'agir pour avoir, de manière légitime et raisonnable, ignoré la naissance de son droit. • Com. 13 avr. 1999 : *Bull. civ. IV, n° 89 ; JCP 1999. II. 10222, note Fages ; RTD com. 1999. 948, obs. Bouloc ; JCP E 2000, n° 29, p. 1184, obs. D. M.* ♦ Mais la règle selon laquelle la prescription ne court pas à l'encontre de celui qui est dans l'impossibilité d'agir par suite d'un empêchement quelconque résultant soit de la loi, soit de la convention ou de la force majeure ne s'applique pas lorsque le titulaire de l'action disposait encore, au moment où cet empêchement a pris fin, du temps nécessaire pour agir avant l'expiration du délai de prescription. • Com. 11 janv. 1994 : *préc. note 21.*

2° INTERRUPTION

36. Citation en justice. La citation en justice n'interrompt la prescription que si elle a été signifiée par le créancier lui-même au débiteur se prévalant de la prescription. • Com. 14 nov. 1977 : *Bull. civ. IV, n° 257* • 9 janv. 1990 : *ibid., n° 11 ; D. 1990. Somm. 271, obs. Rèmond-Gouilloud , RTD com. 1990. 465, obs. Bouloc*. ♦ Aussi l'assignation délivrée au transporteur par l'assureur de l'expéditeur n'a-t-elle pas d'effet interruptif sur l'action engagée par celui-ci. • Com. 11 juin 1996 : *préc. note 29.*

37. Assignation en référé. L'assignation en référé en vue de faire désigner un expert a pour effet d'interrompre la prescription annale. • Com. 10 oct. 1995 : *Bull. civ. IV, n° 229 ; D. Affaires 1995. 179 ; RJ com. 1996. 52, rapp. Rémery.* ♦ L'assignation en référé qui tend à obtenir une provision constitue une citation en justice interruptive de la prescription dont l'effet se prolonge jusqu'à ce que le litige porté devant le juge des référés ait trouvé sa solution. • Com. 27 nov. 2001 : *Bull. civ. IV, n° 191 ; RTD com. 2002. 361, obs. Bouloc.* ♦ V. art. 2241 **C. civ.**

38. Autres actes interruptifs. La prescription de l'art. 108 [C. com., art. L. 133-6] peut être interrompue par une demande reconventionnelle présentée oralement devant le tribunal de commerce (art. 871 C. pr. civ., désormais art. 860-1). • Paris, 14 oct. 1994 : *RJ com. 1996. 18, note François.* ♦ ... Ou par une assignation non placée (assignation dont la copie n'a pas été remise au greffe au plus tard huit jours avant la date de l'audience ; art. 857, al. 2, C. pr. civ.). • Paris, 9 nov. 1994 : *ibid.* ♦ ... La plainte avec constitution de partie civile contre une personne non dénommée, le demandeur manifestant ainsi sa volonté de mettre en jeu la responsabilité du transporteur. • Com. 28 avr. 1998 : *Bull. civ. IV, n° 142 ; D. 1998. IR 219 ; D. Affaires 1998. 996, obs. S. P. ; CCC 1998, n° 98, obs. Leveneur ; RTD com. 1999. 181, obs. Bouloc.* ♦ Dès lors que l'interruption de prescription n'exige pas que l'acte soit porté à la connaissance du débiteur dans le délai de prescription, viole les art. 108 [C. com., art. L. 133-6] et 2244 [ancien] C. civ., l'arrêt qui, pour une demande reconventionnelle en paiement du transporteur, présentée par conclusion au greffe dans le délai d'un an, déclare l'action prescrite pour ne pas avoir été signifiée dans le délai d'un an. • Civ. 2e, 26 nov. 1998 : *Bull. civ. II, n° 282 ; D. 1999. IR 28 ; D. Affaires 1999. 333, obs. J. F.* ♦ La prescription annale de l'art. L. 133-6 est interrompue du fait de la reconnaissance par l'expéditeur du non-paiement des sommes dues au transporteur. • Aix-en-Provence, 29 mai 2008 : *BICC 15 sept. 2009, n° 1173.* ♦ ... Constitue une telle reconnaissance la demande faite au transporteur de prendre en compte les sommes versées par un codébiteur et de l'informer sur le montant restant à payer. • Même arrêt.

39. Absence d'effet interruptif. Ni le refus d'accepter la marchandise, ni sa remise ultérieure, sous réserve des droits des parties, ni l'expertise prévue par l'art. 106 [C. com., art. L. 133-4], ni de simples pourparlers entre le voiturier et le destinataire, ne suffisent pour interrompre la prescription. • Civ. 19 juin 1895 : *DP 1896. 1. 171* • 7 mai 1930 : *DP 1930. 1. 142* • Paris, 24 nov. 1960 : *D. 1961. Somm. 55.* – V. aussi • Versailles, 16 déc. 2004 : *BICC 2005, n° 852.* ♦ ... Laquelle n'est pas davantage interrompue par l'envoi d'une lettre recommandée avec avis de réception. • Paris, 8 juill. 1977 : *RTD com. 1978. 180, obs. Hémard.* ♦ ... D'un courrier afin de trouver une solution amiable au litige. • Versailles, 30 janv. 1997 : *D. Affaires 1997. 569.* ♦ ... Ou par l'émission d'une facture de réclamation. • Versailles, 20 avr. 1995 : *Gaz. Pal. 1996. 1. Somm. 189.* ♦ Elle n'est pas non plus interrompue par une expertise amiable. • Com. 21 mars 1984 : *Bull. civ. IV, n° 116 ; RTD com. 1985. 160, obs. Hémard et Bouloc.* ♦ ... Ni par de nombreuses démarches précontentieuses. • Com. 12 nov. 1997 : *Bull. civ. IV, n° 291 ; D. Affaires 1997. 1461.* ♦ ... Ni par l'indemnisation du dommage matériel alors que l'assureur de responsabilité du transporteur a refusé l'indemnisation du dommage immatériel, les dommages litigieux relevant d'une garantie distincte. • Civ 1re, 9 oct. 2001 : *Bull. civ. I, n° 246 ; JCP E 2001, n° 47, p. 1841 ; RJDA 2002, n° 150.* ♦ ... Ou par l'existence d'une lettre du mandataire de l'assureur du transporteur contestant le droit à indemnisation réclamée par l'expéditeur. • Même arrêt. ♦ Des courriers adressés par un commissionnaire à son client, soit pour solliciter le versement de pièces nécessaires au traitement d'un dossier ouvert à la suite d'un vol des marchandises transportées, soit pour l'informer des principes qui régissent la responsabilité du commissionnaire de transport, ne peuvent avoir un caractère interruptif à défaut de renfermer une quelconque offre d'indemnisation comportant reconnaissance du préjudice subi ni aucune promesse formelle de le réparer. • Versailles, 11 mars 2004 : *BICC 2005, n° 2165.* ♦ Une demande de renseignements émanant tant du transporteur que de son assureur ne constitue pas une reconnaissance du droit du réclamant de nature à interrompre la prescription. • Versailles, 6 avr. 1995 : *BICC 1995, n° 1067.* ♦ Il en va de même d'un courrier émanant du transporteur destiné à faire savoir à l'expéditeur que le dossier sur la contestation résultant du sinistre serait géré par son service contentieux. • Lyon, 15 mars 2007 : *JCP E 2007, n° 31-34, p. 20.*

40. Régularisation de l'acte interruptif. Sur la possibilité de régulariser l'acte interruptif, et de le faire après l'expiration du délai d'un an, en vertu de l'art. 126 NCPC [renommé C. pr. civ.], V. • Com. 5 juill. 1988 : *Bull. civ. IV, n° 233 ; RTD com. 1989. 303, obs. Bouloc.* ♦ Pour une assignation affectée d'un vice de forme (date correspondant à un jour férié et où la juridiction ne siégeait pas) interrompant la prescription annale de l'art. L. 133-6, V. • Cass., ch. mixte, 7 juill. 2006 : *Bull. civ. n° 6 ; D. 2006. IR 1984, obs. Pahlawan-Sentilhes ; RTD civ.*

2006. 820, obs. Perrot ; Gaz. Pal. 2006. 2517, avis Domingo.

41. *Compensation.* Par application de l'art. 1290 C. civ., la compensation s'opère de plein droit par la seule force de la loi même à l'insu du débiteur, son bénéfice pouvant être invoqué à tout moment. • Com. 30 mars 2005 : *Bull. civ. IV, n° 72 ; D. 2005. Pan. 2751, obs. Kenfack ; ibid. AJ 1024, obs. Chevrier ; RTD civ. 2005. 599, obs. Mestre et Fages ; JCP E 2005, n° 23, p. 976 ; LPA 18 mai 2005, note Tosi ; RJDA 2005, n° 1034 et p. 791, rapp. de Monteynard ; Procédures 2005, n° 134, obs. Croze ; Defrénois 2005. 1249, note Libchaber ; RDC 2005. 755, obs. Delebecque ; ibid. 1021, obs. Stoffel-Munck.* ♦ *Contra* : • Com. 6 févr. 1996 : *Bull. civ. IV, n° 42 ; D. 1998. 87, note Brémond ; D. 1996. Somm. 336, obs. Delebecque ; RTD com. 1996. 518, obs. Bouloc* • Orléans, 26 avr. 2007 : *RJDA 2008, n° 450* (pour une compensation judiciaire). – V. aussi • Com. 26 mai 1998 : *Bull. civ. IV, n° 172 ; D. 1998. IR 160 ; D. Affaires 1998. 1210, obs. S. P. ; RTD com. 1999. 182, obs. Bouloc* (la prétention tendant à obtenir la compensation constitue une demande reconventionnelle qui doit être formée dans le délai d'un an). ♦ A la date de la compensation légale, la prescription de l'excédent de la dette la plus élevée est interrompue. • Com. 30 mars 2005 : *préc.* ♦ Sur l'absence d'effet interversif, V. • Com. 27 mai 2008 : *cité note 44.* – V. aussi • Com. 16 nov. 2010 : *RD transp. 2011, n° 18, obs. Staes.*

42. Durée de l'interruption. L'effet interruptif de la prescription résultant d'une action en justice se prolonge jusqu'à ce que le litige trouve sa solution. • Com. 15 oct. 1991 : *Bull. civ. IV, n° 295 ; D. 1992. Somm. 409, obs. Aubert .* ♦ Une assignation en référé aux fins de rendre communes à un tiers les opérations d'expertise précédemment ordonnées interrompt la prescription à l'égard de ce tiers jusqu'à ce que le litige ait trouvé sa solution, c'est-à-dire jusqu'à la décision rendant communes les opérations d'expertise. • Com. 30 juin 2004 : *Bull. civ. IV, n° 140 ; RJDA 2005, n° 30.*

43. Point de départ du nouveau délai. En procédant à l'assignation au fond plus d'un an après l'ordonnance de désignation d'expert, les demandeurs ont agi tardivement. • Civ. 2e, 27 janv. 1993 : *Bull. civ. II, n° 40.* – V. aussi • Com. 10 oct. 1995 : *préc. note 37* • 5 déc. 1995 : *Bull. civ. IV, n° 288 ; RTD com. 1996. 327, obs. Bouloc .* ♦ V., en matière de compensation, note 41.

44. Effet interversif : actes à caractère novatoire. BIBL. Agostini, *D. 2010. 2465* (interversion des prescriptions et réforme de la prescription). ♦ Les actes interruptifs de la prescription annale de l'art. 108 [C. com., art. L. 133-6] (reconnaissance de responsabilité, offre d'une indemnité) ne produisent effet interversif, substituant à cette prescription celle de trente ans du droit commun, que s'ils ont un caractère novatoire. • Civ. 11 juin 1877 : *DP 1877. 1. 374* • 12 nov. 1877 : *DP 1880. 1. 88, note Holleaux.* – V. aussi Halleaux, note *DP 1928. 2. 174* • Com. 3 juin 1955 : *D. 1956. Somm. 53.* ♦ La substitution de la prescription de droit commun à la courte prescription de l'art. 108 [C. com., art. L. 133-6] ne peut résulter que d'une reconnaissance de responsabilité et d'un engagement de réparer le dommage émanant du débiteur de l'obligation. • Com. 3 déc. 1996 : *Bull. civ. IV, n° 306 ; D. 1997. Somm. 180, obs. Delebecque* • 19 févr. 2002 : *RJDA 2002, n° 761* • Lyon, 21 déc. 2006 : *RD transp. 2007, n° 78, obs. Staes.* ♦ En présence d'une courte prescription ne reposant pas sur une présomption de paiement, la compensation opposée par un débiteur à la suite d'une mise en demeure délivrée par son créancier, si elle vaut reconnaissance de dette et interrompt la prescription (V. note 41), n'a pas d'effet novatoire et, en conséquence, n'entraîne pas l'interversion de la prescription. • Com. 27 mai 2008 : *Bull. civ. IV, n° 108 ; D. 2008. AJ 1621, obs. Delpech ; JCP E 2008, n° 27, p. 12, concl. Bonhomme ; ibid., n° 40, p. 31, obs. Reinhard ; RJDA 2008, n° 133 ; RD transp. 2008, n° 190, obs. Staes.*

45. Effet interversif : illustrations. Les juges du fond peuvent, par une souveraine appréciation, estimer que des écrits émanant d'un transporteur constituent, tant de la part du transporteur que de son assureur, une reconnaissance précise de responsabilité valant titre nouveau substituant à la prescription annale la prescription décennale entre commerçants. • Com. 12 janv. 1988 : *Bull. civ. IV, n° 29 ; D. 1989. 23, note Legros.* ♦ V. aussi, déduisant la reconnaissance de sa responsabilité, par le transporteur, d'une lettre de celui-ci invitant l'assureur à « faire le maximum » pour réparer le dommage, • Com. 26 févr. 1991 : *D. 1992. Somm. 80, obs. Rèmond-Gouilloud .* ♦ Comp., exigeant : une offre d'indemnisation : • Com. 3 déc. 1996 : *préc. note 44.* ♦ ... Une « promesse chiffrée de réparer les conséquences de l'accident » : • Com. 29 janv. 1985 : *Bull. civ. IV, n° 41 ; RTD com. 1986. 299, obs. Hémard et Bouloc.* ♦ L'existence d'un accord entre les parties, portant sur l'état de leurs factures et avoirs respectifs, a pour effet de substituer à la prescription prévue à l'art. 108 [C. com., art. L. 133-6] la prescription de droit commun. • Com. 23 juin 1987 : *Bull. civ. IV, n° 161 ; RTD com. 1988. 497, obs. Hé-*

mard et Bouloc. ♦ V. aussi, pour une reconnaissance de dette de l'expéditeur valant engagement inconditionnel de payer, provoquant l'interversion de la prescription, • Com. 14 mars 1995 : *Bull. civ. IV, n° 88 ; Quot. jur. 3 août 1995, p. 6.*

46. Absence d'effet interversif. A défaut de reconnaissance de la dette contenant un engagement inconditionnel de payer, l'acte interruptif fait simplement courir, à compter de sa date, un nouveau délai de prescription d'un an. • Paris, 15 oct. 1997 : *D. 1997. IR 241 ; D. Affaires 1998. 62, obs. J. F.* ♦ En ce sens que l'interversion de la prescription ne saurait résulter de la non-contestation par le transporteur de sa responsabilité envers l'expéditeur et de l'avis à celui-ci des démarches immédiatement accomplies auprès des gendarmes et de l'assureur à qui a été demandée la mise en jeu de la garantie, V. • Civ. 1re, 10 mai 2000 : *Bull. civ. I, n° 134 ; D. 2000. AJ 307, obs. Faddoul ; RTD com. 2000. 1004, obs. Bouloc.* ♦ Il ne saurait être fait grief à un tribunal d'avoir déclaré prescrite l'action contre le transporteur, alors que la reconnaissance de responsabilité de ce dernier, accompagnée de la remise d'un chèque, aurait substitué au délai annal de l'art. 108 [C. com., art. L. 133-6] la prescription de droit commun, dès lors qu'il ne résulte ni du jugement, ni du dossier de procédure, ni d'aucun autre moyen de preuve que l'ayant droit à la marchandise ait soutenu, en réplique aux conclusions orales de ce transporteur soulevant la prescription, qu'il y avait eu interversion de celle-ci du fait du règlement de l'indemnité. • Com. 2 mars 1999 : *JCP E 1999, n° 17, p. 744.* ♦ Une lettre adressée par un expert amiable, donnant son accord sur le devis de réparation le moins cher, ne constitue pas une reconnaissance de responsabilité et une offre d'indemnisation engageant le transporteur et son assureur et valant titre nouveau substituant à la prescription annale la prescription décennale. • Lyon, 19 avr. 2007 : *RD transp. 2008, n° 24, obs. Staes.*

Art. L. 133-7 Le voiturier a privilège sur la valeur des marchandises faisant l'objet de son obligation et sur les documents qui s'y rapportent pour toutes créances de transport, même nées à l'occasion d'opérations antérieures, dont son donneur d'ordre, l'expéditeur ou le destinataire restent débiteurs envers lui, dans la mesure où le propriétaire des marchandises sur lesquelles s'exerce le privilège est impliqué dans lesdites opérations.

Les créances de transport couvertes par le privilège sont les prix de transport proprement dits, les compléments de rémunération dus au titre de prestations annexes et d'immobilisation du véhicule au chargement ou au déchargement, les frais engagés dans l'intérêt de la marchandise, les droits, taxes, frais et amendes de douane liés à une opération de transport et les intérêts. – *[C. com., art. 108-1.]*

BIBL. ▶ Delebecque, *D. Affaires 1998. 870* (amélioration des conditions d'exercice de la profession de transporteur routier). – Tilche, *Bull. transp. 1998. 275* (garanties de paiement). – Simler et Delebecque, *JCP 1998. I. 149, n° 21.* – Zerbo, *D. 2001. 2290* (privilège et droit de rétention du voiturier : halte à la confusion).

1. Domaine du privilège. Le transporteur dispose, par application de l'art. 108-1, en garantie du paiement des créances dont elle est titulaire sur le propriétaire des marchandises, d'un droit de rétention sur l'ensemble des marchandises qui lui ont été confiées par ce dernier, sans que l'ouverture d'une procédure collective ne puisse remettre en cause son exercice, en le limitant aux seules marchandises confiées au voiturier antérieurement à l'ouverture de ladite procédure. • Besançon, 8 mars 2000 : *JCP 2000. I. 259, n° 23, obs. Delebecque.* ♦ Le liquidateur *n'ayant pas usé* de la faculté de solliciter le retrait des marchandises faisant l'objet du droit de rétention ni demandé leur réalisation, ce dont il résulte que les dispositions des art. L. 133-7 et L. 622-21 (ancien) ne peuvent trouver à s'appliquer. • Com. 16 janv. 2007 : *RD transp. 2007, n° 25, obs. Paulin.*

Le créancier titulaire du privilège du transporteur et d'un droit de rétention sur des marchandises peut être considéré comme se prévalant de façon non équivoque du privilège du transporteur lorsqu'il déclare sa créance à titre privilégié « compte tenu du droit de rétention exercé sur les marchandises ». • Com. 3 juill. 2007 : *Banque et Droit nov.-déc. 2007. 64, obs. Jacob.*

2. Étendue du privilège. Le privilège s'étend à tout document constitutif de droit au profit du débiteur, et notamment aux chèques remis à l'ordre de ce dernier dans le cadre, comme en l'espèce, d'expéditions contre remboursement. • Paris, 10 sept. 2003 : *JCP E 2004, n° 36, p. 1343, obs. Delebecque.*

3. Propriété des marchandises. Sur l'exigence que le propriétaire des marchandises soit « impliqué » dans les opérations pour que le transporteur puisse se prévaloir du privilège, V. • Paris, 5 avr. 2005 : *JCP E 2005, n° 51-52, p. 2209, obs. Delebecque.* ♦ Ne donne pas de base légale à sa décision au regard de l'art. L. 133-7 la cour d'appel qui, pour rejeter la demande de l'expéditeur tendant à voir juger abusif le droit de rétention exercé par le transporteur, se borne à relever que le propriétaire effectif de la marchandise, au moment où le transporteur a exercé son droit de rétention, soit le destinataire, était bien concerné par les transports impayés, alors qu'il lui revenait de préciser en quoi le propriétaire des marchandises sur lesquelles le transporteur avait exercé son privilège était impliqué dans les opérations de transport antérieures à l'occasion desquelles étaient nées les créances qu'elle entendait recouvrer. • Com. 27 juin 2006 : *Bull. civ. IV, n° 155 ; D. 2006. AJ 1888, obs. Delpech ; RTD com. 2007. 225, obs. Bouloc : JCP E 2006, n° 51-52, p. 2196, obs. Delebecque : RJDA 2007, n° 45.*

4. Remise ordonnée en justice. La libération des marchandises, après la perte judiciaire par le commissionnaire de transport de son droit de rétention, impose seulement à ce dernier de mettre à disposition de son client les marchandises qu'il détenait, c'est-à-dire de ne plus s'opposer à leur remise ordonnée en justice, cette libération n'impliquant pas, en outre, qu'il fasse l'avance de tous les frais qu'elle entraîne et dont, en tout état de cause, l'importateur reste le débiteur final. • Orléans, 22 févr. 2007 : *RJDA 2007, n° 636.*

Art. L. 133-8 *(L. n° 2009-1503 du 8 déc. 2009, art. 34-II)* **Seule est équipollente au dol la faute inexcusable du voiturier ou du commissionnaire de transport. Est inexcusable la faute délibérée qui implique la conscience de la probabilité du dommage et son acceptation téméraire sans raison valable. Toute clause contraire est réputée non écrite.**

BIBL. ▸ DELEBECQUE, *RD transp. 2009. Repère 10* (pour la faute inexcusable). – Note de la rédaction, *BRDA 2009, n° 24, p. 14* (faute du transporteur équivalente au dol). – LETACQ, *RJDA 2010. 453* (de la faute lourde à la faute inexcusable dans les transports). – DESHAYES, *RDC 2010. 615* (disparition de la faute lourde en droit des transports). – PAULIN, *RD transp. 2011. Repère 4* (considérations sur la faute inexcusable).

Jurisprudence antérieure à la L. n° 2009-1503 du 8 déc. 2009.

1. Inefficacité des clauses limitatives : dol ou faute lourde. **BIBL.** Matsopoulou, *JCP E 1997. I. 646.* – Brunat, *Bull. transp. 1979. 130.* – Rèmond-Gouilloud, *ibid. 1985. 337.* ♦ Le transporteur de marchandises, tenu de répondre contractuellement envers l'expéditeur du vol des marchandises transportées commis par ses préposés en cours du transport, ne peut se prévaloir en pareil cas de la limitation contractuelle d'indemnisation prévue à son profit. • Com. 17 nov. 1981 : *Bull. civ. IV, n° 398.* ♦ La faute lourde du transporteur doit, comme de droit commun, être assimilée au dol, de sorte que la limitation de responsabilité prévue par des dispositions tarifaires ne peut produire effet. • Com. 7 mai 1980 : *D. 1981. 245, note Chabas ; RTD com. 1980. 821, obs. Hémard ; JCP 1980. II. 19473, note Rodière.* ♦ *Contra*, en matière de clause abréviative de prescription : • Com. 12 juill. 2004 : *cité note 25 ss. art. L. 133-6.* ♦ Le transporteur qui a été chargé de transporter une marchandise en s'étant vu interdire toute sous-traitance par l'expéditeur et qui sous-traite l'opération, se refusant ainsi, de propos délibéré, à exécuter son engagement, commet une faute dolosive qui le prive du bénéfice des limitations d'indemnisation que lui ménage la loi ou le contrat. • Com. 4 mars 2008 *Bull. civ. IV, n° 53 ; D. 2009. Pan. 975, obs. Kenfack ; D. 2008. AJ 844, obs. Delpech ; RTD com. 2008. 845, obs. Bouloc ; RTD civ. 2008. 490, obs. Jourdain ; JCP 2008. II. 10079, note Guignard ; JCP E 2008, n° 40, p. 30 obs. Bon-Garçin ; CCC 2008, n° 172, obs. Leveneur ; RJDA 2008, n° 654 ; RD transp. 2008, n° 95, obs. Paulin ; RLDC mai 2008. 16, obs. Le Gallou ; RCA 2008, n° 168.* ♦ Les dispositions exonératoires de responsabilité telles qu'elles étaient prévues par l'art. 10 CPCE dans sa rédaction applicable en la cause ne s'appliquent pas dans le cas où La Poste a commis une faute lourde dans l'exécution de sa mission. • Com. 7 sept. 2010 : *Bull. civ. IV, n° 133 ; D. 2010. Actu. 2515, obs. Delpech ; JCP E 2010, n° 1909, note Delebecque ; RJDA 2011, n° 37.*

2. Définition et preuve de la faute lourde. La faute lourde est une négligence d'une extrême gravité, confinant au dol et dénotant l'inaptitude du transporteur, maître de son action, à l'accomplissement de la mission contractuelle qu'il a acceptée. • Com. 3 mai 1988 : *Bull. civ. IV, n° 150 ; RTD com. 1989. 116, obs. Bouloc* • Paris, 9 déc. 2009 : *Dalloz jurisprudence.* ♦ La faute lourde de nature à tenir en échec la limitation d'indemnisation prévue ne saurait résulter du seul retard de livraison (affaire *Chronopost*). • Cass., ch. mixte, 22 avr. 2005 : *Bull. civ. n° 4 ; BICC 15 juill. 2005, p. 17, rapp. Garban, avis de Gouttes ; D. 2005. 1864, note Tosi ; ibid. Pan. 2750, obs. Kenfack ; ibid. AJ 1224, obs. Chevrier ; RTD civ. 2005. 604, obs. Jourdain ; JCP E 2005, n° 40, p. 1634, note Paulin ; ibid. n° 44-45, p. 1868, obs. Letacq ; JCP 2005. II. 10066, note Loiseau ; CCC 2005, n° 150, obs. Leveneur ; RJDA 2005, n° 808 et p. 667, rapport Garban ; RDC 2005. 651, avis de Gouttes, note D. Mazeaud ; Dr. et patr. oct. 2005. 36, note Viney.* ♦ ... Ni du seul fait pour le transporteur de ne pouvoir fournir d'éclaircissements sur la cause du retard. • Cass., ch. mixte, 22 avr. 2005 : *Bull. civ. n° 3 ; eod. loc.* • Com. 13 nov. 2007 : *RD transp. 2008, n° 8, obs. I. B.-G.* – V. aussi • Paris, 2 déc. 2004 : *RDC 2005. 266, obs. D. Mazeaud.* ♦ Le seul fait pour le transporteur de ne pouvoir donner d'éclaircissements sur les causes et les circonstances de la perte d'une partie de la marchandise transportée n'établit pas l'existence d'une faute lourde. • Com. 9 mai 1995 : *Bull. civ. IV, n° 140 ; D. 1995. IR 150* • 30 mars 1999 : *JCP E 2000, n° 29, p. 1184, obs. Bon-Garcin* • Paris, 12 janv. 2000 : *ibid.* ♦ La faute lourde de nature à tenir en échec la limitation d'indemnisation prévue par le contrat type messagerie applicable à la cause ne saurait résulter du seul manquement à une obligation contractuelle, fût-elle essentielle, mais doit se déduire de la gravité du comportement du débiteur. • Com. 21 févr. 2006 : *Bull. civ. IV, n° 48 ; D. 2007. Pan. 114, obs. Kenfack ; D. 2006. Pan. 1933, obs. Jourdain ; ibid. AJ 717, obs. Chevrier ; RTD civ. 2006. 322, obs. Jourdain ; JCP E 2006, n° 16, p. 731 ; CCC 2006, n° 103, obs. Leveneur ; RJDA 2006, n° 645 ; RDC 2006. 694, obs. D. Mazeaud* • 13 juin 2006 : *Bull. civ. IV, n° 143 ; D. 2007. Pan. 114, obs. Kenfack ; D. 2006. AJ 1680, obs. Delpech ; RTD civ. 2006. 773, obs. Jourdain ; JCP E 2006, n° 45, p. 1892, note Paulin JCP 2006. II. 10123, note Loiseau ; Gaz. Pal. 2006. 2589, note Dagorne-Labbe (2e esp.) ; RJDA 2007, n° 44 ; RLDA sept. 2006. 50, obs. Méar ; RCA 2006, n° 288, obs. Groutel* (alors même que la distance à parcourir n'était que de 25 km.). ♦ Comp. la seconde note rédactionnelle ss. art. L. 133-2.

3. Appréciation par les juges du fond. La conjonction des fautes des auteurs du dommage dans la réalisation de celui-ci n'interdit pas aux juges du fond d'apprécier la gravité respective des fautes commises. • Com. 19 nov. 1996 : *Bull. civ. IV, n° 280 ; RJDA 1997, n° 354.*

4. Vol ou abandon de la marchandise. Pour un vol dans un camion laissé sans surveillance, • Com. 15 nov. 1988 : *Bull. civ. IV, n° 312* • 3 avr. 2002 : *Bull. civ. IV, n° 68 ; RTD com. 2002. 719, obs. Bouloc* • 10 oct. 1995 : *Bull. transp. 1995. 763* • 26 sept. 2006 : *CCC 2007, n° 3, obs. Leveneur ; RCA 2006, n° 380* • Paris, 11 janv. 1996 : *D. 1997. 149, note B.M*. • Versailles, 4 févr. 2003 : *RJDA 2003, n° 489* (chauffeur dormant dans la cabine) • 16 janv. 1997 : *D. Affaires 1997. 602* • 13 janv. 1999 : *Gaz. Pal. 12-14 déc. 1999, Somm., p. 45* (stationnement dans un lieu où l'attaque à main armée est courante) • 18 févr. 1998 : *JCP E 1999, n° 16, p. 716, obs. I. B.-G.* (chauffeur victime d'une supercherie) • 7 mai 1999 : *D. 2000. 198, note Mercadal ; RJDA 1999, n° 1208* • 28 mars 2000 : *RJDA 2000, n° 765.* ♦ Sur la faute lourde du voiturier qui n'a pas tenu compte de la consigne du commissionnaire de ne pas s'arrêter dans une zone déterminée, la marchandise ayant été volée la nuit, tandis que le camion était stationné dans un parking se situant dans cette zone alors que le chauffeur dormait pendant le stationnement qui a duré cinq heures, V. • Com. 28 nov. 2000 : *Bull. civ. IV, n° 188 ; D. 2001. 2029, note Mercadal et Letacq ; RTD com. 2001. 504, obs. Bouloc*. – Comp. : • Rouen, 27 juin 1996 : *JCP 1997. IV. 666.* ♦ Comp., lorsque le camion, fermé et équipé d'un dispositif antivol, n'est resté qu'une heure sans surveillance, • Com. 16 nov. 1993 : *Bull. civ. IV, n° 414.* ♦ Comp. aussi, en cas de vol du chargement d'un camion que le chauffeur avait garé dans la cour fermée du transporteur, contre un quai de déchargement en vue de bloquer les portes, qu'il avait verrouillées et dont l'antivol était enclenché : • Com. 3 avr. 2002 : *Bull. civ. IV, n° 67 ; RTD com. 2002. 719, obs. Bouloc*. – Dans le même sens : • Com. 14 juin 1994 : *Bull. civ. IV, n° 230 ; D. 1994. IR 185* • Versailles, 18 sept. 2003 : *RJDA 2004, n° 156.* ♦ ... Pour une omission d'informer le cocontractant de la non-livraison de la marchandise, stockée pendant plus de deux mois dans les entrepôts du transporteur. • Paris, 3 juin 1993 : *D. 1994. 255, note B.M*. ♦ ... Pour une négligence grave dans le contrôle de l'arrimage d'un voilier. • Com. 31 janv. 1995 : *Bull. civ. IV, n° 32.* ♦ ... Pour un transporteur qui remet un colis à un tiers sans s'assurer qu'il a reçu mandat de réceptionner la marchandise pour le compte du destinataire. • Com. 11 juill. 1995 : *Bull. civ. IV, n° 215.* ♦ ... Pour un transporteur qui remet un pli à un mauvais destinataire. • Com. 10 mars 2009 : *Bull. civ. IV, n° 38 ; D. 2009. AJ 869, obs. Delpech ; RTD com. 2009. 610, obs. Bouloc ; JCP E 2009, n° 18, p. 28 ; CCC 2009, n° 159 ; RJDA 2009, n° 642 ; RCA 2009, n° 146.* ♦ ... Pour l'abandon d'une partie de la marchandise. • Orléans, 7 oct. 2004 : *RJDA 2005, n° 130.* ♦ Sur la faute lourde de la SNCF dans le cas de disparitions successives de colis ayant une grande valeur et impliquant des précautions particulières, cette société ayant fait preuve de négligence en ne justifiant d'aucune mesure concrète prise à la suite des différents sinistres. V. • Paris, 21 janv. 2000 : *BICC 2000, n° 878.*

Dès lors que n'est pas constaté le fait qu'il ait circulé plusieurs heures avec un chargement précieux facilement repérable, ne commet pas de faute lourde le transporteur qui, n'ayant pas pu effectuer sa livraison au jour dit en raison d'une présentation tardive chez le destinataire, ramène en vue d'une seconde présentation la marchandise dans ses entrepôts et se trouve alors victime d'un vol avec agression. • Com. 2 févr. 1999 : *JCP E 1999, n° 13, p. 551.* ♦ Constitue une simple négligence et non une faute lourde le fait pour un transporteur de ne pas avoir retiré les clés de contact du camion contenant la marchandise volée alors que celui-ci était resté stationné sans surveillance pendant un bref instant dans un parking privé physiquement séparé de la voie publique par une clôture. • Paris, 13 sept. 2000 : *JCP E 2000, n° 43-44, p. 1686 ; RJDA 2001, n° 311,* cassé par • Com. 15 oct. 2002 : *RJDA 2003, n° 136.* ♦ Sur la faute lourde d'un transporteur pour un vol de marchandises entreposées dans ses locaux, celui-ci s'étant abstenu de changer le code d'accès après le départ de l'entreprise d'un salarié, V. • Paris, 25 oct. 2000 : *BRDA 2001, n° 1, p. 7.* ♦ Commet une faute lourde le transporteur dont le préposé, conducteur du véhicule, accepte de prendre à son bord un inconnu, qui, l'agressant, dérobe le véhicule et son chargement. • Paris, 14 déc. 2006 : *RD transp. 2007, n° 155, obs. Paulin.*

5. Accident de la circulation. Reposant sur le contrat de transport de marchandises, relève des art. L. 133-1 s., et non de la L. n° 85-677 du 5 juin 1985, l'action intentée par le commissionnaire sous-traitant pour perte de marchandises contre le transporteur victime d'un accident de la circulation ; étant entendu qu'un accident de véhicule terrestre à moteur n'est pas imprévisible. • Reims, 9 juin 2008 : *BICC 15 déc. 2008, n° 1937.* ♦ Pour un camion coincé sous un pont, • Com. 17 nov. 1992 : *CCC 1993, n° 42, note Leveneur* • 2 févr. 1993 : *Bull. civ. IV, n° 48* • 8 juin 1993 : *ibid. n° 238 ; D. 1993. IR 198.* ♦ Sur la faute lourde d'un transporteur roulant à une vitesse excessive, V. • Com. 28 juin 2005 : *Bull. civ. IV, n° 147 ; D. 2005. Pan. 2750, obs. Kenfack ; ibid. AJ 1939, obs. Chevrier ; RTD com. 2006. 474, obs. Bouloc ; JCP 2005. II. 10150, note Tricoire ; CCC 2005, n° 201, obs. Leveneur ; RJDA 2005, n° 1214.* – Comp. • Com. 3 mars 1998 : *Bull. civ. IV, n° 92 ; RJDA 1998, n° 860.* ♦ V. dans le domaine des transports ferroviaires, • Com. 26 juin 1972 : *D. 1972. 607 ; JCP 1973. II. 17379, note Rabut.* ♦ Jugeant que l'assoupissement du chauffeur n'étant pas dû à une cause exogène telle que l'alcool, que l'accident s'étant produit un mardi tandis que le conducteur, qui n'avait pas conduit pendant la fin de semaine précédente, n'avait parcouru que 300 km et que, les conditions atmosphériques et de trafic étant normales, la faute commise, en l'absence de tout élément aggravant, ne peut constituer une faute lourde : • Com. 30 juin 2004 : *Bull. civ. IV, n° 143 ; D. 2004. AJ 2301 ; D. 2005. Pan. 2750, obs. Kenfack ; JCP E 2004, n° 38, p. 1422 ; RJDA 2005, n° 31 ; RTD com. 2005. 163, obs. Bouloc.* ♦ Dès lors que les limitations de vitesse ont été respectées, un brusque coup de frein n'est pas la cause du dommage dans la mesure où celui-ci constitue un risque inhérent au transport par route qui doit être pleinement pris en compte par l'expéditeur dans la réalisation des opérations de calage/arrimage. • Versailles, 27 oct. 2005 : *RJDA 2006, n° 646 (2e esp.).* ♦ En perdant seul le contrôle de l'ensemble routier sur une voie en bon etat, le conducteur a commis une faute particulièrement lourde puisqu'il s'est montré incapable d'adopter un mode de conduite compatible avec les conditions de circulation et le comportement du véhicule. • Lyon, 8 févr. 2007 : *BICC 1er mai 2007, n° 953.* ♦ Mais en jugeant que le simple fait de s'endormir au volant, de s'engager involontairement sur une bretelle d'autoroute et de heurter la barrière de sécurité en provoquant la perte de sa cargaison suffit à caractériser la faute lourde, par le défaut total de toute maîtrise du camion, la maîtrise constante du camion étant la première obligation du conducteur, la cour d'appel s'est déterminée par des motifs impropres à caractériser la faute lourde du transporteur. • Com. 1er déc. 2009 : *cité note 4 ss. art. L. 133-3.*

6. Manquement à une obligation essentielle. Le spécialiste du transport rapide qui garantit la fiabilité et la célérité de son service, s'étant engagé à livrer les plis de son client dans un délai déterminé, en raison du manquement à cette obligation essentielle, la clause limitative de responsabilité du contrat, qui contredit la portée de l'engagement pris, doit être réputée non écrite. • Com. 22 oct. 1996 : *Bull. civ. IV, n° 261 ; D. 1997. 121, note Sériaux ; Quot. jur. 26 nov. 1996, p. 7, note P. M. ; D. Affaires 1997. 235 et 247, note Delebecque ; JCP 1997. I. 4002, n° 1, obs. Fabre-Magnan ; CCC 1997, n° 24, note Leveneur ; Defrénois 1997. 333, obs. D. Mazeaud ; JCP E 1997. I. 924, note Adam ; JCP 1997. II. 22881, note Cohen.* – V. aussi Larroumet, *D. 1997. Chron. 145* ; Chazal, *JCP 1998. I. 152* ; Guéguen, *D. 1999. Chron. 352.* ♦ V. sur renvoi, validant la limitation de responsabilité sur le fondement du contrat type applicable à la cause, • Com. 9 juill. 2002 : *cité ss. art. L. 1432-4 C. transp., reproduit ss. art. L. 133-5* (cassation de • Caen, 5 janv. 1999 : *D. 2000. Somm. 294, obs. Mercadal ; D. Affaires 1999. 1210 ; JCP 2000. I. 199, n° 14, obs. Viney ; ibid. 215, n° 1, obs. Rochfeld).* ♦ V. également • Paris, 28 avr. 2000 : *BRDA 2000, n° 12, p. 7* • T. com. Nanterre, 1er déc. 2000 : *D. 2001. IR 358*. – Rappr., • Com. 17 juill. 2001 : *JCP 2002. I. 148, n° 17, obs. Loiseau* • Civ. 1re, 22 juin 2004 : *LPA 7 juin 2006, note Grimaldi ; RDC 2005. 270, obs. D. Mazeaud.* ♦ Ne donne pas de base à sa décision au regard de l'art. 1131 C. civ. une cour d'appel qui, pour débouter l'expéditeur de sa demande d'indemnisation à la suite de la perte des marchandises pendant le transport, n'a pas recherché si la clause limitative d'indemnisation dont se prévalait la société *Chronopost*, qui n'était pas prévue par un contrat type établi par décret, ne devait pas être réputée non écrite par l'effet d'un manquement du transporteur à une obligation essentielle du contrat. • Com. 30 mai 2006 : *Bull. civ. IV, n° 132 ; D. 2007. Pan. 114, obs. Kenfack ; D. 2006. 2288, note D. Mazeaud ; ibid. Pan. 2646, obs. Fauvarque-Cosson ; ibid. AJ 1599, obs. Delpech ; RTD civ. 2006. 773, obs. Jourdain ; JCP 2006. IV. 2393 ; CCC 2006, n° 183, obs. Leveneur ; Gaz. Pal. 2006. 2589, note Dagorne-Labbe (1re esp.) ; RJDA 2006, n° 1021 ; RDC 2006. 1075, obs. Laithier ; RLDA sept. 2006. 49, obs. Méar ; RCA 2006, n° 288, obs. Groutel.* ♦ Jugeant que l'expéditeur ne saurait se prévaloir de la plaquette publicitaire du transporteur mentionnant des délais de livraison de 24 à 72 heures sur toute la France pour retenir la responsabilité du transporteur en raison d'un retard, ces délais n'ayant qu'un caractère indicatif, à défaut de signature du document par le client : • Paris, 29 janv. 1997 : *JCP 1997. IV. 2122.*

Sur l'opposition d'une clause excluant expressément la responsabilité de *Chronopost* dans le cas d'acheminement de réponses à appels d'offres, pour lesquels la société de transport rapide prévoit un service spécifique, V. • Versailles, 8 juin 2006 : *BICC 1er déc. 2006, n° 2363.*

Art. L. 133-9 *(L. n° 2009-1503 du 8 déc. 2009, art. 40-II)* **Sans préjudice des articles L. 121-95 et L. 121-96 du code de la consommation, les dispositions des articles L. 133-1 à L. 133-8 relatives au voiturier s'appliquent aux entreprises de transport de déménagement dès lors que la prestation objet du contrat de déménagement comprend pour partie une prestation de transport.**

BIBL. ▸ Fl. Petit, *JCP E 2009, n° 41, p. 23* (les errements législatifs du déménagement). – Mausen, *LPA 3 nov. 2009* (le déménageur, nouveau Janus du monde juridique – à propos de la loi du 22 juill. 2009). – Paulin, *RD transp. 2010, n° 57* (la loi du 8 déc. 2009 apporte certaines dérogations au régime du contrat de déménagement, par rapport au droit commun du contrat de transport). – Brunaux, *CCC 2010. Étude 5* (la nature juridique du contrat de déménagement). – Gency-Tandonnet, *JCP E 2010, n° 1655* (le régime mixte du contrat de transport de déménagement). – Fl. Petit, *ibid., n° 1772, spéc. n° 4* (le déménageur, un transporteur pas comme les autres). – Bon-Garcin, *RD transp. 2010. Étude 14* (le contrat de déménagement au regard du droit français et du droit allemand).

Code de la consommation

Art. L. 121-95 *(L. n° 2009-1503 du 8 déc. 2009, art. 40-I)* Par dérogation au premier alinéa de l'article L. 133-3 du code de commerce, le délai de forclusion applicable aux contrats de transports de déménagement conclus entre un professionnel et un consommateur est fixé à dix jours calendaires à compter de la réception des objets transportés. Les protestations motivées émises par lettre recommandée dans ce délai produisent leurs effets même en l'absence de réserves formulées à la livraison. Les réserves émises par le destinataire à la livraison et non contestées par le transporteur dispensent de la protes*tation motivée prévue* au présent alinéa.

Lorsque la procédure à suivre pour émettre des réserves n'a pas été communiquée au consommateur dans les conditions fixées par arrêté ministériel, le délai prévu au premier alinéa est porté à trois mois. — *V. Arr. du 27 avr. 2010 (JO 6 mai) au **C. consom.***

Art. L. 121-96 *(L. n° 2009-1503 du 8 déc. 2009, art. 40-I)* L'action directe en paiement du transporteur prévue par l'article L. 132-8 du code de commerce ne peut être mise en œuvre à l'encontre du consommateur qui s'est déjà acquitté du paiement de la prestation de déménagement auprès d'une entreprise de déménagement.

CHAPITRE IV DES AGENTS COMMERCIAUX

RÉP. COM. v° *Agent commercial*, par Leloup.

RÉP. COMMUNAUTAIRE v° *Agences commerciales*, par Leloup.

BIBL. GÉN. ▶ Jazé-Dekeuwer, *ALD 1992. 131*. – Ferrier, *Cah. dr. entr. 1991, n° 6*. – Leloup, *JCP 1992. I. 3557*. – Thréard, *Gaz. Pal. 1992. 1. Doctr. 74* (agents de l'automobile). – Ferry, *JCP E 1993. I. 233* (contrat international d'agent commercial). – Inforeg, *Cah. dr. entr. 2006, n° 3, p. 81* (l'agent commercial). – Rouquié, *RLDA mai 2007. 70* (prétendu contrat de prestation en visite médicale). – Rouquié, *JCP E 2009, n° 20-21, p. 27* (de la fraude à la loi commerciale aux délits de main-d'œuvre illicite et de marchandage de l'industrie pharmaceutique). – Hanine-Roussel, *RJ com. 2010. 521* (la compétence juridictionnelle en matière de contrat d'agence commerciale). – Dissaux, *RTD com. 2011. 33* (la commission-affiliation, : un monstre juridique ?). – Bonnet Desplan, *RLDA mai 2011. 41* (commission-affiliation : la menace des requalifications – de l'agent commercial au gérant de succursale).

Art. L. 134-1 **L'agent commercial est un mandataire qui, à titre de profession indépendante, sans être lié par un contrat de louage de services, est chargé, de façon permanente, de négocier et, éventuellement, de conclure des contrats de vente, d'achat, de location ou de prestation de services, au nom et pour le compte de producteurs, d'industriels, de commerçants ou d'autres agents commerciaux. Il peut être une personne physique ou une personne morale.**

Ne relèvent pas des dispositions du présent chapitre les agents dont la mission de représentation s'exerce dans le cadre d'activités économiques qui font l'objet, en ce qui concerne cette mission, de dispositions législatives particulières. — *[L. n° 91-593 du 25 juin 1991, art. 1er.]*

Sur la présomption légale de non-salariat s'agissant des personnes physiques immatriculées au registre des agents commerciaux, V. App., v° Commerce (organisation), C. trav., art. L. 8221-6.

1. Profession indépendante. Le statut d'agent commercial issu du Décr. du 23 déc. 1958 ne permet pas d'assimiler celui-ci à un mandataire salarié agissant dans le seul intérêt de son mandant. • Com. 31 mars 1992 : *RJDA 1992, n° 817.* ♦ Pour une qualification de mandat d'intérêt commun et non plus de contrat d'agence commerciale en raison du fait que le mandataire a cédé une certaine maîtrise de l'organisation de son activité en contrepartie d'un risque commercial amoindri, V. • Com. 29 oct. 2002 : *RJDA 2003, n° 132.* ♦ Retenant que c'est à celui qui se prétend agent commercial d'en rapporter la preuve : • Com. 24 sept. 2003 : *Lettre distrib. nov. 2003, p. 2.*

1 bis. L'agent commercial est un mandataire exerçant une activité civile ayant pour objet de négocier et de conclure des contrats pour le compte et au nom de son mandant, à l'inverse du concessionnaire, qui est un commerçant agissant pour son propre compte en achetant personnellement des marchandises en vue de les revendre à sa propre clientèle. • Versailles, 6 nov. 1997 : *RJDA 1998, n° 579* • 20 nov. 1997 : *JCP E 1998, n° 10, p. 349.* ♦ V. aussi • Com. 3 oct. 2000 : *RJDA 2001, n° 20* • Paris, 14 mai 1999 : *RJDA 1999, n° 1198.* ♦ Pour un distributeur pourvu d'une clientèle propre qui ne peut se prévaloir du statut d'agent commercial, V. • Com. 10 juill. 2007 : *Bull. civ. IV, n° 184 ; D. 2007. AJ 2158, obs. Delpech ; D. 2008. Pan. 2196, obs. Ferrier ; RTD com. 2008. 45, obs. Saintourens ; JCP E 2007, n° 39, p. 21 ; CCC 2007, n° 234, obs. Malaurie-Vignal ; RJDA 2008, n° 29* • Versailles, 1er oct. 2009 : *RTD com. 2010. 272, obs. Saintourens.* ♦ Sur la requalification d'une convention en contrat d'agence commerciale, V. • Paris, 2 mai 2002 : *RJDA 2002, n° 1130 ; LPA 3 juill. 2003, obs. Etner.* ♦ Pour une activité d'assistance technique et de conseil dépourvue de démarchage et de négociation, V. • Versailles, 8 févr. 2007 : *JCP E 2007, n° 23, p. 24.* – V. aussi • Poitiers, 15 mai 2007 : *JCP 2008. IV. 1195* • Paris, 6 nov. 2007 : *RJDA*

2008, n° 636 • 12 oct. 2007 : *CCC 2008, n° 41, obs. N. M.* ♦ Dès lors qu'il est constaté que l'intermédiaire ne dispose pas, de façon permanente, d'un pouvoir de négocier des contrats au nom et pour le compte de son mandant, il ne peut avoir la qualité d'agent commercial. • Com. 27 avr. 2011 : *Bull. civ. IV, n° 58 ; Dalloz actualité, 11 mai 2011, obs. Chevrier ; D. 2011. Actu. 1279 ; JCP E 2011, n° 1388 ; CCC 2011, n° 167, obs. N. M. ; RJDA 2011, n° 790 ; RLDA juin 2011. 45, obs. Mathonnière ; RDLC 2011, n° 3, p. 121, obs. Ferré.* ♦ N'est pas un agent commercial le mandataire chargé de négocier des contrats de référencement. • Montpellier, 8 févr. 2011 : *RJDA 2011, n° 410 ; RDLC 2011, n° 2, p. 127.*

1 ter. Une société qui reçoit mandat d'effectuer des opérations afférentes à l'enregistrement et au paiement de paris puis de restituer les fonds ainsi perçus n'exerce pas une activité d'agent commercial dès lors que, n'ayant pas reçu mission de démarcher la clientèle, elle est d'une part soumise à un contrôle de son mandant sur les conditions d'exploitation du point de vente et d'autre part, à des consignes réglementaires strictes lui otant toute marge de négociation. • Paris, 18 oct. 2001 : *RJDA 2002, n° 495.* ♦ V. aussi, s'agissant d'un distributeur de téléphones mobiles dépourvu de liberté commerciale par rapport à l'opérateur : • Versailles, 16 déc. 2004 : *BICC 2005, n° 633 ; JCP E 2005, n° 8, p. 304 ; Gaz. Pal. 2005. Somm. 1280.* – V. aussi • Paris, 23 févr. 2006 : *D. 2006. 2306, note crit. Ferrier ; JCP 2006. II. 10108, note appr. Stoffel-Munck ; CCE 2006, n° 82, obs. Stoffel-Munck ; RDC 2006. 1175, obs. crit. Béhar-Touchais* (conf. par • Com. 15 janv. 2008 : *Bull. civ. IV, n° 4 ; D. 2008. AJ 350, obs. Chevrier ; RTD com. 2008. 495, obs. Saintourens ; RTD civ. 2008. 299, obs. Fages ; JCP 2008. II. 10105, note Dissaux ; CCC 2008, n° 68, obs. Mathey ; RJDA 2008, n° 396 ; Lettre distrib. avr. 2008, p. 2*). – Sur la même problématique : • Com. 20 mai 2008 : *D. 2009. Pan. 2893, obs. Ferrier ; CCC 2008, n°s 176 et 179, obs. Mathey ; RLDA juill.-août 2008. 97, obs. Bourdeau et Grignon ; Lettre distrib. juin 2008, p. 2* • 20 mai 2008 : *ibid.* • 27 oct. 2009 : *D. 2011. Pan. 548, obs. Ferrier ; RLDA janv. 2010. 70, obs. Bourdeau et Grignon ; RDLC 2010, n° 1, p. 114, obs. Ferré ; Lettre distrib. déc. 2009, p. 2* • 21 juin 2011 : *D. 2012. Pan. 581, obs. Ferrier ; CCC 2011, n° 190, obs. Mathey ; RLDA janv. 2012. 66, obs. Bourdeau et Grignon ; RDLC 2011, n° 4, p. 109, obs. Ferré ; RDC 2012. 139, obs. Grimaldi.* ♦ Pour une qualification en contrat de courtage, V. • Com. 24 sept. 2003 : *préc. note 1.* ♦ Le paiement d'un droit d'entrée est incompatible avec le statut d'agent commercial, mais peut en revanche être regardé valablement comme la contrepartie des avantages supposés bénéficier au franchisé. • Nîmes, 14 févr. 2006 : *Lettre distrib. déc. 2006, p. 1, obs. Grignon.* ♦ Mais pour un contrat dit de « commissionnement-affiliation », comportant des stipulations contractuelles relevant à la fois du mandat et de la commission, requalifié en contrat d'agent commercial, V. • Paris, 13 sept. 2006 : *JCP E 2006, n° 51-52, p. 2202 ; Cah. dr. entr. 2007, n° 3, p. 47, note Bonnet-Desplan* (censurée par : • Com. 26 févr. 2008 : *cité note 2* ; et sur renvoi, requalifiant le commissionnaire affilié en agent commercial : • Paris, 9 avr. 2009 : *D. 2009. 1942, note Ferrier ; RTD com. 2009. 683, obs. Saintourens ; JCP E 2009, n° 37, p. 20, note Dissaux ; CCC 2009, n° 264, obs. Mathey ; RJDA 2009, n° 1070 ; RJ com. 2009. 272, note Lebreton-Derrien ; RLDA janv. 2010. 72, obs. Bourdeau ; Lettre distrib. sept. 2009, p. 1, obs. Bonnet-Desplan* ; de nouveau censurée par : • Com. 29 juin 2010 : *cité note 2*). – V. aussi Loyer-Lermercier, *JCP E 2011, n° 1218* (quel avenir pour le contrat de commission-affiliation ?). ♦ Sur le pouvoir souverain des juges du fond pour apprécier les caractères indépendant et permanent de l'activité de l'agent, V. • Com. 14 juin 2005 : *D. 2006. Pan. 514, obs. Ferrier ; Lettre distrib. juill.-août 2005, p. 3.*

2. Nature civile. L'agent commercial, simple mandataire qui n'a pas de clientèle propre, ne peut être titulaire d'un fonds de commerce, et n'a pas la qualité de commerçant. • Com. 26 févr. 2008 : *D. 2008. 2907, note Ferrier ; JCP E 2008, n° 22, p. 19, obs. Dissaux ; JCP 2008. II. 10094, note Mainguy ; CCC 2008, n° 95, obs. Mathey ; LPA 9 juill. 2008, note Tiquant ; RJDA 2008, n° 901 ; Lettre distrib. avr. 2008, p. 5.* ♦ La principale différence entre les commissionnaires et les agents commerciaux est que les agents commerciaux ne sont pas propriétaires de leur clientèle ni de leur fonds de commerce. Ainsi, dès lors qu'il est constaté que le distributeur est propriétaire de son fonds de commerce, ce qui est incompatible avec la qualité de mandataire, il faut en conclure qu'il s'agit bien d'un contrat de commission-affiliation relevant des dispositions des art. L. 132-1 s. C. com. • Pau, 16 déc. 2010 : *JCP E 2011, n° 1246, note Dissaux ; CCC 2011, n° 140, obs. Mathey.* ♦ La circonstance que le distributeur ait été titulaire du bail commercial est un élément essentiel pour déterminer si celui-ci a la qualité de commerçant qu'un agent commercial ne peut posséder. • Com. 29 juin 2010 : *Bull. civ. IV, n° 114 ; D. 2010. Actu. 1703, obs. Chevrier ; RTD com. 2010. 687, obs. Saintourens ; JCP E 2010, n° 1694, note Dissaux ; ibid., n° 1860, note*

Auque ; ibid. n° 2134, spéc. n° 1, obs. Grignon ; JCP 2010, n° 876, note Grimaldi ; CCC 2010, n° 223, obs. Mathey ; RJDA 2010, n° 1065 ; RJ com. 2010. 334, note Leloup ; RLDA sept. 2010. 59, obs. Fourment ; ibid. oct. 2010. 33, note Grignon ; RDLC 2010, n° 4, p. 136, obs. Ferré. ♦ Le contrat d'agent commercial étant de nature civile, il ne peut être reçu aucune preuve par témoins contre et outre le contenu des actes. • Com. 24 oct. 1995 : *Bull. civ. IV, n° 248 ; D. 1995. IR 247 ; D. Affaires 1995. 195.* ♦ De même, n'est pas valable la clause attributive de compétence au tribunal de commerce. • Com. 24 oct. 1995 : *Bull. civ. IV, n° 258 ; D. 1995. IR 247 ; D. Affaires 1995. 197.* ♦ V. et comp. : note 33 (Com. 10 juin 1997) ss. art. L. 721-3. ♦ Toutefois, nonobstant la nature civile du mandat unissant l'agent commercial à la société appelante, celle-ci est bien fondée à revendiquer la compétence de la juridiction consulaire puisque le litige oppose deux personnes morales ayant la qualité de commerçantes et ayant contracté à l'occasion de leur activité commerciale. • Paris, 3 oct. 2002 : *Lettre distrib. nov. 2002, p. 2* • Com. 3 nov. 2004 : *RJDA 2005, n° 543* (agent immatriculé au RCS). ♦ Sur l'application des options de compétence territoriale de l'art. 46 NCPC [renommé C. pr. civ.], V. • Paris, 17 sept. 1997 : *D. Affaires 1997. 1219.* ♦ Dès lors qu'un agent commercial n'entend pas prouver outre et contre le contenu du contrat mais démontrer l'existence d'une convention verbale distincte postérieure, la preuve d'un accord par tous moyens est recevable. • Com. 25 juin 2002 : *cité ss. art. L. 134-2.*

2 bis. Qualité du mandant. L'activité d'architecte d'intérieur-designer, qui consiste à aménager des magasins, à réaliser des stands de salons et des décors de vitrines ainsi qu'à créer des objets, constitue une activité économique impliquant la circulation de biens et la fourniture de services, se rattachant ainsi à celle de producteur au sens de l'art. L. 134-1. • Com. 20 mars 2012 : *Bull. civ. IV, n° 56 ; D. 2012. Actu. 871, obs. Chevrier ; RTD com. 2012. 609, obs. Bouloc ; CCC 2012, n° 120, obs. Mathey ; RJDA 2013, n° 222 ; RLDA mai 2012. 54, obs. Mathonnière.* ♦ Les dispositions des art. L. 134-1 s. n'exigent pas que l'activité économique qu'elles visent soit l'activité principale du mandant (chambre de commerce et d'industrie). • Com. 5 avr. 2005 : *Bull. civ. IV, n° 77 ; D. 2005. AJ 1149, obs. Chevrier ; JCP E 2005, n° 31-34, p. 1328, obs. Respaud ; CCC 2005, n° 110, obs. Malaurie-Vignal ; RJDA 2005, n° 963 ; AJDA 2005. 1364.*

3. Réglementation particulière. La mission d'intermédiaire en opérations de banque est une activité exercée en vertu d'un mandat délivré par un établissement de crédit, exclue en conséquence du champ d'application de la loi du 25 juin 1991 [C. com., art. L. 134-1]. • Agen, 11 mars 2002 : *BICC 2002, n° 838.* ♦ Conf. par : • Com. 18 févr. 2004 : *Bull. civ. IV, n° 32 ; D. 2004. AJ 633, obs. Chevrier ; JCP E 2004, n° 20-21, p. 811, obs. Stoufflet ; CCC 2004, n° 72, obs. Leveneur ; RD banc. fin. 2004, n° 151, obs. Crédot et Gérard ; Banque et Droit mai-juin 2004. 47, obs. Bonneau ; RTD com. 2004. 586, obs. Bouloc ; RJDA 2004, n° 1209.* – V. aussi • Com. 12 déc. 2006 : *RD banc. fin. 2007, n° 47, obs. Crédot et Samin.* ♦ Pour l'activité d'agent immobilier (loi Hoguet), V. désormais art. 4 de la L. n° 70-9 du 2 janv. 1970, ci-dessous. ♦ Pour l'activité d'agent général d'assurance, V. les obs. ss. • Com. 18 mai 2010 : *CCC 2010, n° 207, obs. N. M.*

4. Personne morale. Sur la substitution à l'agent personne physique d'une société pour exercer ses activités, V. • Versailles, 4 sept. 2003 : *RJDA 2004, n° 38.* ♦ La dissolution d'une société dont les parts sont réunies en une seule main entraîne la transmission universelle du patrimoine à l'associé unique, sans qu'il y ait lieu à liquidation. Si, sauf accord du cocontractant, un contrat d'agence commerciale conclu en considération de la personne d'une telle société prend fin au plus tard par l'effet de la dissolution de celle-ci, l'associé unique n'en recueille pas moins les créances et les dettes antérieurement nées dans le patrimoine social au titre de ce contrat. • Com. 7 juin 2006 *Bull. civ. IV, n° 140 ; R. 2006, p. 358 ; D. 2006. AJ 1685, obs. Lienhard ; RTD civ. 2006. 764, obs. Mestre et Fages ; JCP E 2006, n° 36, p. 1493, note Hovasse ; LPA 7 sept. 2006, note Morelli ; Dr sociétés 2006, n° 126, obs. Monnet ; Bull. Joly 2006. 1491, obs. Coquelet.* – V. aussi Dubertret, *Rev. sociétés 2006. 721* (*l'intuitu personae* dans les fusions). ♦ Sur l'impossibilité pour un agent commercial d'exercer sa profession sous la forme d'une société d'exercice libéral à responsabilité limitée, V. • Rouen, 13 mars 2008 : *cité ss. art. R. 123-95.*

5. Rattachement volontaire au statut. L'application du statut d'agent commercial ne dépend ni de la volonté exprimée par les parties dans le contrat, ni de la dénomination qu'elles ont donnée à leurs conventions mais des conditions dans lesquelles l'activité est effectivement exercée. • Com. 10 déc. 2003 : *Bull. civ. IV, n° 198 ; D. 2005. Pan. 150, obs. Ferrier ; D. 2004. AJ 210, obs. Chevrier ; JCP E 2004, n° 7, p. 252 ; CCC 2004, n° 34, obs. Leveneur ; RTD civ. 2004. 285, obs. Mestre et Fages ; RDC 2004. 731, obs. Béhar-Touchais ; Cah. dr. entr. 2004, n° 3, p. 31, obs. Grignon ; RJDA 2004, n° 416.* ♦ V. aussi, jugeant que les juges ne sont pas liés par la qualification juridique que les parties donnent à leurs conventions : • Paris, 15 mai 2003 : *RJDA 2003, n° 1056* • 2 mai 2002 : *préc. note 1 bis.* ♦ Si le statut d'agent commercial est inapplicable aux négociateurs immobiliers et ne peut donc régir l'activité de la personne considérée, les parties sont toutefois libres de convenir que cette dernière aurait droit, en cas de rupture de leurs relations à une indemnité telle que prévue par les art. L. 134-12 et L. 134-13 C. com., et ainsi décider contractuellement que, quel que soit le statut applicable, le négociateur pouvait prétendre à l'indemnité prévue en cas de rupture des relations entre l'agent commercial et son mandant. • Com. 10 févr. 2009 : *Lettre distrib. avr. 2009, p. 2.*

6. Conjoint de l'agent commercial. V. note 3 ss. art. L. 121-4.

7. Agent maritime. Sur l'application du statut des agents commerciaux à un agent consignataire de navires exerçant également des fonctions d'agent maritime pour le compte de l'armateur, V. • Montpellier, 18 nov. 2008 : *RD transp. 2009, n° 121, obs. Ndendé.*

8. EIRL. Sur l'application aux agents commerciaux du statut d'entrepreneur individuel à responsabilité limitée, V. * Rép. min. n° 87875 : *JOAN Q, 21 déc. 2010 ; D. 2011. Actu. 71 ; JCP N 2011, n° 112.* ♦ V. aussi art. R. 134-5 à R. 134-7, R. 134-12.

Loi n° 70-9 du 2 janvier 1970,

Réglementant les conditions d'exercice des activités relatives à certaines opérations portant sur les immeubles et les fonds de commerce.

Art. 4 *Al. 1er. — V. C.* ***baux.***

(L. n° 2006-872 du 13 juill. 2006, art. 97) « Les dispositions du chapitre IV du titre III du livre Ier du code de commerce sont applicables aux personnes visées au premier alinéa *[personnes habilitées par un titulaire de la carte professionnelle à négocier, s'entremettre ou s'engager pour le compte de ce dernier]* lorsqu'elles ne sont pas salariées. Toutefois, ces personnes ne peuvent recevoir ou détenir des sommes d'argent, des biens, des effets ou des valeurs ou en disposer à l'occasion des activités visées à l'article 1er de la présente loi. Elles ne peuvent donner des consultations juridiques ou rédiger des actes sous seing privé, à l'exception de mandats conclus au profit du titulaire de la carte professionnelle visée à l'article 3.

« Celles d'entre elles qui exercent déjà leur activité à titre non salarié à la date d'entrée en vigueur de la loi n° 2006-872 du 13 juillet 2006 *[JO 16 juill.]* portant engagement national pour le logement doivent s'immatriculer en qualité d'agents commerciaux dans les neuf mois à compter de cette date. »

BIBL. ► COHEN-BOULAKIA, *Lettre distrib. oct. 2006, p. 1* (agents immobiliers et agents commerciaux : de l'ordre dans la maison ?). – BEDDELEEM, *Administrer déc. 2006. 56* (l'agent commercial après la loi ENL). – DISSAUX, *Administrer mars 2010. 13* (l'application de la théorie du mandat d'intérêt commun à l'agent immobilier). – BEDDELEEM, *Administrer nov. 2011. 7* (formalités professionnelles de l'agent commercial). – MOYSE, *Gaz. Pal. 2012. 179* (limites de l'intervention des négociateurs immobiliers ayant le statut d'agent commercial).

1. Négociateur immobilier. La disposition issue de la L. du 13 juill. 2006 modifiant l'art. 4 de la L. du 2 janv. 1970 a pour objet de conférer aux négociateurs immobiliers non salariés un statut complet et adapté à leur activité de mandataire indépendant. Elle consiste en une extension du *champ d'application* du statut des agents commerciaux contenu aux art. L. 134-1 s. C. com. Elle déroge implicitement mais nécessairement, pour lui être postérieure, à la disposition restrictive du 2e al. de l'art. L. 134-1 de ce code qui faisait auparavant obstacle à ce que ces négociateurs puissent exercer sous le statut d'agent commercial. Pour étendu qu'il soit, le statut des agents commerciaux, en tant qu'il s'applique aux négociateurs immobiliers, doit se combiner avec les règles propres à cette activité, telle l'impossibilité d'exercer l'activité de négociateur sous une forme sociétaire (Rép. min. n° 25009 : *JO Sénat Q 14 déc. 2006, p. 3113 ; D. 2007. 9 ; AJDI 2007. 335 ; RLDA févr. 2007. 23, obs. Lefèvre ; Lettre distrib. janv. 2007, p. 4*). ♦ Les dispositions d'ordre public de la L. du 2 janv. 1970 s'appliquent aux personnes se livrant ou prêtant leur concours, de manière habituelle, à des opérations prévues par l'art. 1er de cette loi, fût-ce pour le compte de promoteurs, que ceux-ci soient ou non propriétaires des biens immobiliers en cause. Dès lors, ayant reçu mandat, par un contrat d'agence commerciale, d'exercer une activité relevant de la L. du 2 janv. 1970 en méconnaissance des dispositions de l'art. L. 134-1, al. 2, C. com., le mandataire était dans l'impossibilité d'exercer ses fonctions, et il ne pouvait donc prétendre aux indemnités sollicitées. • Civ. 1re, 23 févr. 2012 : *Bull. civ. I, n° 35 ; D. 2012. Actu. 611 ; RTD com. 2012. 393, obs. Bouloc ; JCP 2012, n° 272 ; RJDA 2012, n° 846 ; RLDA avr. 2012. 43, obs. Mathonnière ; Administrer févr. 2013. 17, note Beddeleem.*

2. Jurisprudence antérieure. Ayant exactement retenu que dès lors que le contrat litigieux, exécuté avant l'entrée en vigueur de la L. du 13 juill. 2006 modifiant l'art. 4, al. 1er de la L. du 2 janv. 1970, avait pour objet l'exercice d'une activité régie par cette loi, cette activité se trouvait exclue, en vertu de l'art. L. 134-1, al. 2, C. com., de l'application du statut des agents commerciaux, la cour d'appel en a déduit à bon droit qu'une telle exclusion, si elle privait les parties du droit de se prévaloir de ce statut, n'emportait pas annulation dudit contrat qu'elle a requalifié en mandat d'intérêt commun. • Com. 10 avr. 2008 : *RJDA 2008, n° 795* • Civ. 1re, 28 janv. 2010 : *Dalloz actualité, 8 févr. 2010, obs. Chevrier ; RLDA sept. 2010. 129, obs. Bourdeau.* ♦ V. aussi : • Com. 7 juill. 2004 : *Bull. civ. IV, n° 147 ; D. 2004. AJ 2230, obs. Rouquet ; JCP 2005. II. 10132, note Leloup ; CCC 2004, n° 167, obs. Leveneur ; RJDA 2005, n° 27 ; AJDI 2005. 236, note Thioye ; RTD com. 2005. 42, obs. Saintourens ; Loyers et copr. 2004, n° 177, obs. Vial-Pedroletti.* – Sur cet arrêt, V. aussi Guilly et d'Orso, *Rev. loyers 2005. 232.* ♦ Dès lors qu'il est démontré que l'activité principale du demandeur consistait à prêter son concours à des opérations de vente ou de location immobilière, ce qui caractérise l'activité d'agent immobilier et l'empêche en conséquence de réclamer l'application à son profit de l'art L. 134-1, al. 2. • Civ. 1re, 17 févr. 2011 : *Bull civ. I, n° 28 ; D. 2011. Actu. 676, obs. Rouquet ; RTD com. 2011. 310, obs. Saintourens ; AJDI 2011. 393, obs. Thioye ; JCP E 2011, n° 1248 ; CCC 2011, n° 109, obs. Leveneur ; RJDA 2011, n° 411 ; RLDA avr. 2011. 40, obs. Lecourt*

3. Carte professionnelle. Il résulte des art. 1er et 4 de la L. du 2 janv. 1970, ce dernier dans sa rédaction issue de la L. du 13 juill. 2006, ensemble de l'art. L. 134-1, al. 2, C. com., textes d'ordre public, que les agents commerciaux ne peuvent exercer, en cette qualité, des activités régies par la L. du 2 janv. 1970 pour le compte de mandants qui ne seraient pas titulaires de la carte professionnelle exigée par celle-ci. • Civ. 1re, 28 avr. 2011 : *Bull. civ. I, n° 75 ; D. 2011. Actu. 1282 ; RTD com. 2011. 631, obs. Bouloc ; AJDI 2011. 646, obs. Thioye ; JCP E 2011, n° 1391 ; RJDA 2011, n° 901 ; RLDA oct. 2011. 20, note Brena* • Com. 18 oct. 2011 : *Bull. civ. IV, n° 159 ; D. 2011. Actu. 2654, obs. Rouquet ; RTD com. 2012. 75, obs. Saintourens ; AJDI 2012. 295, note Thioye ; JCP E 2011, n° 1811.* ♦ En application de l'art. 4 de la L. du 2 janv. 1970 dans sa rédaction issue de l'art. 97 de la L. du 13 juill. 2006, le collaborateur non salarié d'un agent immobilier, qui est désormais soumis au statut des agents commerciaux, n'a pas à obtenir lui-même la carte professionnelle prévue par l'art. 1er du Décr. n° 72-678 du 20 juill. 1972, mais doit justifier de l'attestation prévue par l'art. 9 de ce décret, délivrée par son mandant, titulaire de la carte précitée. • Cass., avis, 28 avr. 2011 : *D. 2011. Actu. 1282 ; BRDA 2011, n° 9, p. 7.*

Art. L. 134-2 **Chaque partie a le droit, sur sa demande, d'obtenir de l'autre partie un écrit signé mentionnant le contenu du contrat d'agence, y compris celui de ses avenants.** – *[L. n° 91-593 du 25 juin 1991, art. 2.]*

Preuve du contrat. Le contrat d'agent commercial est un contrat consensuel qui peut être prouvé par tout écrit, dès lors qu'il est accepté par les cocontractants et qu'il indique la qualité de chacune des parties (à propos de l'ancien art. 1er du Décr. du 23 déc. 1958). • Com. 19 janv. 1993 : *Bull. civ. IV, n° 11.* ♦ Il peut ainsi être prouvé par de simples échanges de correspondances. • Com. 12 nov. 1997 : *D. Affaires 1997. 1663* • 9 juill. 2002 : *Cah. dr. entr. 2002, n° 5, p. 32, obs. Grignon.* ♦ Dans le même sens, s'agissant d'un contrat de sous-agent commercial, V. • Com. 28 mai 2002 : *Bull. civ. IV, n° 92 ; JCP 2002. IV. 2249 ; RTD com. 2003. 157, obs. Bouloc.* ♦ L'art. L. 134-2 n'exigeant aucun écrit, la preuve d'un accord par tous moyens est donc recevable, y compris par attestations, dès lors que l'agent commercial n'entend pas prouver contre et outre le contenu du contrat. • Com. 25 juin 2002 : *Bull. civ. IV, n° 110 ; D. 2002. AJ 2529, obs. Chevrier ; RTD com. 2003. 157, obs. Bouloc ; RJDA 2002, n° 1259 ; Cah. dr. entr. 2002, n° 5, p. 32, obs. Grignon ; LPA 3 juill. 2003, obs. Etner.* ♦ Sur la charge de la preuve, V. • Com. 24 sept. 2003 : *cité note 1 ss. art. L. 134-1.*

Art. L. 134-3 L'agent commercial peut accepter sans autorisation la représentation de nouveaux mandants. Toutefois, il ne peut accepter la représentation d'une entreprise concurrente de celle de l'un de ses mandants sans accord de ce dernier. – *[L. n° 91-593 du 25 juin 1991, art. 3.]*

Activités concurrentes. Même en l'absence d'exclusivité, l'agent commercial est tenu de se comporter loyalement vis-à-vis de son mandat, ce qui implique, conformément à l'art. L. 134-3, de l'informer pour obtenir son autorisation au cas où il voudrait mener des activités similaires avec un concurrent. • Com. 15 mai 2007 : *Bull. civ. IV, n° 128 ; D. 2007. AJ 1592, obs. Chevrier ; RTD com. 2008. 172, obs. Bouloc ; JCP E 2007, n° 46, p. 35, note Perruchot-Triboulet ; CCC 2007, n° 202, obs. Malaurie-Vignal ; RJDA 2008, n° 30 ; RLDA févr. 2008. 84, obs. Bourdeau.* – V. aussi • Com. 24 mai 2011 : *CCC 2011, n° 166, obs. N. M. ; RLDA sept. 2011. 32, note Favario.*

Art. L. 134-4 Les contrats intervenus entre les agents commerciaux et leurs mandants sont conclus dans l'intérêt commun des parties.

Les rapports entre l'agent commercial et le mandant sont régis par une obligation de loyauté et un devoir réciproque d'information.

L'agent commercial doit exécuter son mandat en bon professionnel ; le mandant doit mettre l'agent commercial en mesure d'exécuter son mandat. – *[L. n° 91-593 du 25 juin 1991, art. 4.]* – *V. art. L. 134-16.*

1. Obligation de loyauté. RÉP. COM. V° *Concurrence (Obligation de non-)*, par PICOD, AUGUET et GOMY. ♦ Sur l'obligation de non-concurrence qu'implique le devoir de loyauté, V. • Paris, 17 janv. 1995 : *D. 1995. Somm. 260, obs. Serra* (à propos de l'ancien art. 2 du Décr. du 23 déc. 1958) • 20 janv. 1995 : *ibid.* (même régime) • Com. 16 oct. 2001 : *RJDA 2002, n° 149* • 7 oct. 2008 : *D. 2009. Pan. 1442, obs. Gomy* • Lyon, 30 avr. 2008 : *CCC 2008, n° 201, obs. N. M.* ♦ Ne manque pas à son obligation de loyauté envers son mandant l'agent commercial qui l'informe tardivement de ce qu'il a retiré tous ses moyens de travail à son sous-agent, dès lors que l'exécution du contrat le liant à ce dernier relève exclusivement du pouvoir d'organisation dont l'agent est investi pour l'accomplissement de son mandat. • Com. 26 oct. 2010 : *Bull. civ. IV, n° 158.* ♦ Manque en revanche à son obligation de loyauté l'agent qui produit un faux contrat comportant une clause d'exclusivité dans le but d'obtenir les commissions et indemnités qu'il sollicitait. • Com. 29 nov. 2011 : *CCC 2012, n° 90, obs. Mathey ; RJDA 2012, n° 493.*

Sur l'obligation du mandant de mettre l'agent commercial en mesure d'exécuter son mandat, V. • Com. 24 nov. 1998 : *Bull. civ. IV, n° 277 ; D. 1999. IR 9 ; CCC 1999, n° 56, obs. Malaurie-Vignal ; Quot. jur. 22 déc. 1998, p. 6, obs. P. M. ; Defrénois 1999. 373, obs. Mazeaud ; JCP 1999. II. 10210, note Picod ; JCP E 1999, n° 29, p. 1242, note Jamin ; RTD civ. 1999. 98, obs. Mestre ; ibid. 646, obs. Gautier .*

2. Réciprocité. Sur la réciprocité de l'obligation de loyauté et d'information entre le mandant et l'agent commercial pouvant entraîner un partage de responsabilité, V. • Paris, 8 mars 2001 : *D. 2002. Somm. 1263, obs. Picod .* – V. aussi • Com. 30 mai 2007 : *RJDA 2007, n° 1223 ; Lettre distrib. juill.-août 2007, p. 2.*

3. Intérêt commun. Sur la notion de mandat d'intérêt commun dans le cas d'un contrat d'agence commerciale, V. • Aix-en-Provence, 19 juin 2001 : *JCP 2002. II. 10122, note Mouveau* • Com. 29 oct. 2002 : *RJDA 2003, n° 252.*

Art. L. 134-5 Tout élément de la rémunération variant avec le nombre ou la valeur des affaires constitue une commission au sens du présent chapitre.

Les articles L. 134-6 à L. 134-9 s'appliquent lorsque l'agent est rémunéré en tout ou partie à la commission ainsi définie.

Dans le silence du contrat, l'agent commercial a droit à une rémunération conforme aux usages pratiqués, dans le secteur d'activité couvert par son mandat, là où il exerce son activité. En l'absence d'usages, l'agent commercial a droit à une rémunération raisonnable qui tient compte de tous les éléments qui ont trait à l'opération. – *[L. n° 91-593 du 25 juin 1991, art. 5.]*

Art. L. 134-6 **Pour toute opération commerciale conclue pendant la durée du contrat d'agence, l'agent commercial a droit à la commission définie à l'article L. 134-5 lorsqu'elle a été conclue grâce à son intervention ou lorsque l'opération a été conclue avec un tiers dont il a obtenu antérieurement la clientèle pour des opérations du même genre.**

Lorsqu'il est chargé d'un secteur géographique ou d'un groupe de personnes déterminé, l'agent commercial a également droit à la commission pour toute opération conclue pendant la durée du contrat d'agence avec une personne appartenant à ce secteur ou à ce groupe. – *[L. nº 91-593 du 25 juin 1991, art. 6.]*

BIBL. ▶ BOURDEAU, *Cah. dr. entr. 2007, nº 3, p. 53* (retour sur le droit à commission de l'agent commercial) ; *ibid., p. 57* (vers une généralisation du droit à commission indirecte de l'agent ?) ; *ibid., p. 63* (portée d'une telle généralisation). – LICARI, *RLDA juin 2007. 47* (contours du commissionnement indirect de l'agent).

1. Agent chargé d'un secteur géographique. L'art. 7 § 2, premier tiret, de la Dir. 86-653-CEE du 18 déc. 1986, relative à la coordination des droits des États membres concernant les agents commerciaux indépendants, doit être interprété en ce sens que l'agent commercial, lorsqu'il est chargé d'un secteur géographique, a droit à la commission afférente aux opérations conclues avec des clients appartenant à ce secteur, même si elles l'ont été sans son intervention. • CJCE 12 déc. 1996 : *D. 1997. 438, note Leloup* ; *D. Affaires 1997. 184.* ♦ Le même art. 7 § 2 doit être interprété en ce sens que la notion de « client appartenant à ce secteur » est déterminée, dans le cas où le client est une personne morale, par le lieu des activités commerciales effectives de cette dernière. Lorsque la société exerce son activité commerciale en divers lieux ou lorsque l'agent opère sur plusieurs territoires, d'autres éléments peuvent entrer en ligne de compte pour déterminer le centre de gravité de l'opération encourue, notamment le lieu où les négociations avec l'agent ont eu lieu ou auraient normalement dû avoir lieu, l'endroit où la marchandise a été livrée, ainsi que le lieu où se trouve l'établissement qui a passé la commande. • Même arrêt. – V. aussi • Com. 3 mars 2009 : *D. 2009. Pan. 2893, obs. Ferrier* ; *CCC 2009, nº 126, obs. Mathey ; RJDA 2009, nº 535 ; RLDA janv. 2010. 74, obs. Grignon ; Lettre distrib. avr. 2009, p. 3.* ♦ S'agissant d'une convention qui concède à l'agent commercial le droit d'exercer son activité dans certains départements déterminés, il convient d'appliquer le principe selon lequel l'agent, dès lors qu'il est chargé d'un secteur géographique a droit à la commission afférente aux opérations conclues avec des clients appartenant à ce secteur, même si elles l'ont été sans son intervention. • Paris, 8 nov. 2000 : *D. 2001. 232, obs. Chevrier*. ♦ Dès lors qu'une cour d'appel constate que l'agent n'a pas été chargé d'un secteur géographique déterminé, elle ne peut accorder des commissions indirectes (cassation pour violation par fausse application de l'art. L. 134-6). • Com. 8 déc. 2009 : *Bull. civ. IV, nº 159 ; D. 2010. AJ 88, obs. Chevrier* ; *D. 2011. Pan. 548, obs. Ferrier* ; *RTD com. 2010. 416, obs. Bouloc* ; *RTD civ. 2010. 105, obs. Fages* ; *JCP E 2010, nº 4, p. 35 ; CCC 2010, nº 202, obs. Mathey ; RJDA 2010, nº 235 ; RLDA janv. 2010. 75, obs. Grignon ; RDLC 2010, nº 2, p. 90, obs. Ferrier.*

Mais si le droit à commission indirecte existe, c'est à la condition qu'aucune clause contraire ne figure dans le contrat. • Aix-en-Provence, 13 juin 2012 : *RDLC 2012, nº 4, p. 82, obs. Ferré.*

2. Exclusivité. L'art. 6 de la L. nº 91-593 du 25 juin 1992 [C. com., art. L. 134-6] ne lie pas le droit à commission de l'agent à l'existence en sa faveur d'une clause de représentation exclusive. • Paris, 8 nov. 2000 : *préc. note 1.* – Dans le même sens, V. • Com. 23 janv. 2007 : *Bull. civ. IV, nº 5 ; BICC 15 mai 2007, p. 68, et les obs. ; D. 2007. Chron. C. cass. 1308, obs. Salomon* ; *ibid. AJ 439, obs. Chevrier* ; *RTD com. 2007. 588, obs. Bouloc* ; *JCP E 2007, nº 9, p. 28, obs. Berlioz ; ibid., nº 50, p. 21, note Faure-Abbad ; CCC 2007, nº 68, obs. Malaurie-Vignal ; RJDA 2008, nº 260 ; RLDA mars 2007. 38, note Bacchetti.* – Comp. • Com. 8 avr. 2008 : *CCC 2008, nº 153, obs. Mathey ; RLDA juill.-août 2008. 100, obs. Bourdeau* (l'exclusivité ainsi accordé ouvre droit à l'agent à être rémunéré sur les ventes non effectuées directement par lui). ♦ Pour la reconnaissance d'une exclusivité implicite de secteur, V. • Com. 8 mars 2005 : *Lettre distrib. avr. 2005, p. 2.*

3. Ventes parallèles. L'art. 7, § 2, premier tiret, de la directive du 18 déc. 1986, doit être interprété en ce sens que l'agent commercial chargé d'un secteur géographique déterminé n'a pas droit à la commission pour les opérations conclues par des clients appartenant à ce secteur avec un tiers en l'absence d'intervention, directe ou indirecte, du commettant. • CJCE 17 janv. 2008 : *BICC 1er avr. 2008, nº 479 ; D. 2008. AJ 408, obs. Chevrier* ; *RTD com. 2008.*

902, obs. Delebecque ; JCP E 2009, n° 19, p. 27, obs. Respaud ; CCC 2008, n° 67, obs. Mathey ; Lettre distrib. févr. 2008, p. 1, note Bourdeau ; RJDA 2008, n° 637 ; RLDA avr. 2008. 55, note Nourissat ; ibid. juill.-août 2008. 100, obs. Bourdeau ; RLDC juin 2008. 6, note Licari ; Europe 2008, n° 95, obs. Idot. – Arrêt rendu sur question préjudicielle posée par • Com. 19 déc. 2006 : *Bull. civ. IV, n° 253 ; D. 2007. AJ 369, obs. Chevrier ; JCP E 2007, n° 6-7, p. 22 ; CCC 2007, n° 67, obs. Malaurie-Vignal ; RLDA juin 2007. 47, note Licari ; Lettre distrib. févr. 2007, p. 2.* ♦ Constatant que les achats ont été effectués auprès de grandes centrales ou de revendeurs métropolitains, que l'agent commercial ne démontre pas que ces achats auraient été contrôlés directement ou indirectement par ses mandantes et qu'il s'infère de l'arrêt se prononçant sur les conditions de la rupture des relations entre l'agent commercial et ses mandantes, qu'aucun manquement n'est imputable aux sociétés mandantes dans le cadre de ces ventes parallèles, il en résulte que ces dernières ne sont pas intervenues dans les ventes parallèles invoquées et que celles-ci n'ouvraient dans ces circonstances pas droit, pour l'agent commercial, à percevoir une commission. • Com. 1er juill. 2008 : *Bull. civ. IV, n° 131 ; D. 2008. Chron. C. cass. 2754, obs. Salomon ; ibid. AJ 1990, obs. Chevrier ; JCP E 2009, n° 19, p. 28, obs. Respaud ; CCC 2008, n° 197, obs. Mathey ; RJDA 2008, n° 1252 ; RLDA mai 2009. 86, obs. Bourdeau ; RLDC oct. 2008. 13, obs. Maugeri ; Lettre distrib. sept. 2008, p. 2.*

4. Garantie de bonne fin. Est valable la clause selon laquelle seules sont dues les commissions portant sur les affaires menées à bonne fin, qui a pour but d'assurer l'équilibre entre les parties et d'éviter les ventes hasardeuses par un agent assuré de percevoir immédiatement la commission prévue dans son intégralité. • Com. 31 mars 1992 : *RJDA 1992, n° 817.*

5. Fait générateur. Le fait générateur de la créance de commission de l'agent commercial se situe au moment où le cocontractant se trouve lié au mandant, conformément à l'art. L. 134-6, lequel fixe le droit à commission « pour toute opération commerciale conclue pendant la durée du contrat d'agence ». • Com. 15 nov. 2005 : *Bull. civ. IV, n° 225 ; D. 2005. AJ 3086, obs. Lienhard ; RTD com. 2006. 656, obs. Bouloc ; JCP E 2006, n° 2, p. 82 ; RJDA 2006, n° 432 ; RLDA janv. 2006. 50, obs. Marchand.* ♦ Sur la question de savoir si c'était le lieu de situation du magasin qui déterminait le paiement des commissions ou le lieu de situation de la plateforme ou centrale d'achat, V. • Com. 19 déc. 2006 : *CCC 2007, n° 69, obs. Malaurie-Vignal.*

6. Calcul des commissions. Les commissions devant être calculées sur le montant des ventes réalisées par le mandant dans le cadre de l'accomplissement de sa mission par l'agent, la cour d'appel en a exactement déduit que les bonifications, qui sont accordées par le mandant à ses clients en fin d'année indépendamment de ces ventes, devaient en être exclues. • Com. 19 mars 2013 : *CCC 2013, n° 135, obs. N. M. ; BRDA 2013, n° 7, p. 7.*

Art. L. 134-7 Pour toute opération commerciale conclue après la cessation du contrat d'agence, l'agent commercial a droit à la commission, soit lorsque l'opération est principalement due à son activité au cours du contrat d'agence et a été conclue dans un délai raisonnable à compter de la cessation du contrat, soit lorsque, dans les conditions prévues à l'article L. 134-6, l'ordre du tiers a été reçu par le mandant ou par l'agent commercial avant la cessation du contrat d'agence. – *[L. n° 91-593 du 25 juin 1991, art. 7.]*

Délai raisonnable. Jugeant qu'un délai de trois mois, fixé conventionnellement, pouvait être considéré comme raisonnable : • Lyon, 28 janv. 2011 : *JCP E 2011, n° 1346, obs. Mathey ; CCC 2011, n° 113, obs. Mathey ; RLDA juin 2011. 77, obs. Grignon.*

Art. L. 134-8 L'agent commercial n'a pas droit à la commission prévue à l'article L. 134-6 si celle-ci est due, en vertu de l'article L. 134-7, à l'agent commercial précédent, à moins que les circonstances rendent équitable de partager la commission entre les agents commerciaux. – *[L. n° 91-593 du 25 juin 1991, art. 8.]*

Art. L. 134-9 La commission est acquise dès que le mandant a exécuté l'opération ou devrait l'avoir exécutée en vertu de l'accord conclu avec le tiers ou bien encore dès que le tiers a exécuté l'opération.

La commission est acquise au plus tard lorsque le tiers a exécuté sa part de l'opération ou devrait l'avoir exécutée si le mandant avait exécuté sa propre part. Elle

est payée au plus tard le dernier jour du mois qui suit le trimestre au cours duquel elle était acquise. – *[L. n° 91-593 du 25 juin 1991, art. 9.] – V. art. L. 134-16.*

Art. L. 134-10 **Le droit à la commission ne peut s'éteindre que s'il est établi que le contrat entre le tiers et le mandant ne sera pas exécuté et si l'inexécution n'est pas due à des circonstances imputables au mandant.**

Les commissions que l'agent commercial a déjà perçues sont remboursées si le droit y afférent est éteint. – *[L. n° 91-593 du 25 juin 1991, art. 10.] – V. art. L. 134-16.*

Art. L. 134-11 **Un contrat à durée déterminée qui continue à être exécuté par les deux parties après son terme est réputé transformé en un contrat à durée indéterminée.**

Lorsque le contrat d'agence est à durée indéterminée, chacune des parties peut y mettre fin moyennant un préavis. Les dispositions du présent article sont applicables au contrat à durée déterminée transformé en contrat à durée indéterminée. Dans ce cas, le calcul de la durée du préavis tient compte de la période à durée déterminée qui précède.

La durée du préavis est d'un mois pour la première année du contrat, de deux mois pour la deuxième année commencée, de trois mois pour la troisième année commencée et les années suivantes. En l'absence de convention contraire, la fin du délai de préavis coïncide avec la fin d'un mois civil.

Les parties ne peuvent convenir de délais de préavis plus courts. Si elles conviennent de délais plus longs, le délai de préavis prévu pour le mandant ne doit pas être plus court que celui qui est prévu pour l'agent. – *V. art. L. 134-16.*

Ces dispositions ne s'appliquent pas lorsque le contrat prend fin en raison d'une faute grave de l'une des parties ou de la survenance d'un cas de force majeure. – *[L. n° 91-593 du 25 juin 1991, art. 11.]*

1. Domaine d'application. Si les dispositions de l'art. 11 [C. com., art. L. 134-11], selon lesquelles les parties à un contrat d'agence commerciale à durée indéterminée peuvent y mettre fin en respectant un préavis, s'appliquent au contrat à durée déterminée qui, du fait de la poursuite de son exécution par les deux parties au-delà de son terme est devenu un contrat à durée indéterminée, en revanche elles ne s'appliquent ni en cas de faute grave de l'une des parties ni en présence d'un contrat à durée déterminée dont la résiliation est intervenue avant l'expiration de cette durée. • Rouen, 14 mai 1998 : *RJDA 1998, n° 1353* • 11 mai 2000 : *BRDA 2000, n° 19, p. 7.*

2. Préavis. Dès lors qu'il est constaté que le contrat signé le 1er juill. 2005 a été rompu le 10 déc. 2007, il faut considérer que le contrat était dans sa troisième année d'exécution, de telle sorte que le préavis était de trois mois. • Com. 2 nov. 2011 : *Bull. civ. IV, n° 174 ; D. 2011. Actu. 2790, obs. Chevrier ; RTD com. 2012. 185, obs. Bouloc ; JCP E 2011, n° 1857 ; CCC 2012, n° 39, obs. Mathey ; RJDA 2012, n° 152 ; RLDA janv. 2012. 69, obs. Grignon ; RDLC 2012, n° 1, p. 120, obs. Ferré.* ♦ Sur la distinction entre préavis légal et préavis réel, V. • T. com. Paris, 3 avr. 2001 : *Gaz. Pal. 30 juin-2 juill. 2002. Somm. 20.*

L'art. L. 442-6-I-5° du code de commerce ne s'applique pas lors de la cessation des relations ayant existé entre un agent commercial et son mandant pour lesquelles la durée de préavis qui doit être respectée est fixée par l'art. L. 134-11 en fonction du nombre d'années d'exécution du contrat. • Com. 3 avr. 2012 : *Bull. civ. IV, n° 71 ; D. 2012. Pan. 2765, obs. Dorandeu ; ibid. Actu. 1062, obs. Chevrier ; JCP E 2013, n° 1200, spéc. n° 7, obs. Respaud ; CCC 2012, n° 149, obs. Mathey ; RJDA 2012, n° 804 ; RLDA mai 2012. 54, obs. Mathonnière ; RLC janv.-mars 2013. 43, obs. Béhar-Touchais.* – V. déjà • Com. 10 mai 2011 : *RJDA 2011, n° 694 ; RLDA janv. 2012. 69, obs. Grignon* • Aix-en-Provence, 25 janv. 2012 : *CCC 2012, n° 178, obs. N. M.* ♦ Sur l'indépendance des dispositions de l'art. L. 442-6-I-5° avec celles relatives au statut d'agent commercial : • Com. 26 févr. 2008 : *JCP E 2009, n° 1479, obs. Mainguy.*

3. Tacite reconduction d'un CDD. Pour un arrêt estimant, implicitement, qu'un contrat à durée déterminée avec tacite reconduction illimitée ne doit pas être requalifié en contrat à durée indéterminée en application de l'art. L. 134-11, V. • Com. 13 nov. 2003 : *Bull. civ. IV, n° 166 ; D. 2003. AJ 3047 obs. Chevrier ; JCP E 2004, n° 1-2, p. 6 ; RTD com. 2004. 365, obs. Bouloc ; Cah. dr. entr. 2004, n° 3, p. 32, obs. Grignon ; RJDA 2004, n° 300.*

4. Indemnité de préavis. Sur l'inapplicabilité du délai de déchéance de l'art. L. 134-12, V. • Com. 11 mars 2008 : *cité note 10 ss. art. L. 134-12.*

Art. L. 134-12 **En cas de cessation de ses relations avec le mandant, l'agent commercial a droit à une indemnité compensatrice en réparation du préjudice subi.**

L'agent commercial perd le droit à réparation s'il n'a pas notifié au mandant, dans un délai d'un an à compter de la cessation du contrat, qu'il entend faire valoir ses droits.

Les ayants droit de l'agent commercial bénéficient également du droit à réparation lorsque la cessation du contrat est due au décès de l'agent. — *[L. n° 91-593 du 25 juin 1991, art. 12.]*

BIBL. ▶ MOUSSERON, *Cah. dr. entr. 1992, n° 5, p. 27.* – WAGNER, *CCC 1998. Chron. 9* (indemnité de cessation de contrat après la directive du 18 déc. 1986). – ALFREDO, *JCP E 2007, n° 48, p. 22* (contrat d'agence franco-espagnol).

1. Ordre public. Est contraire à l'ordre public la clause par laquelle les parties décident qu'un comportement déterminé constitue une faute grave privative d'indemnité. • Com. 28 mai 2002 : *cité note 1 ss. art. L. 134-13.* ♦ Dans le même sens, s'agissant de la clause d'un contrat d'agence commerciale limitant l'indemnité de clientèle due à l'agent en cas de rupture imputable à l'entreprise. • Pau, 24 sept. 1998 : *Cah. Jurispr. d'Aquitaine 1999, n° 1, p. 120.* ♦ Quelles que soient les clauses de résiliation prévues dans le contrat, la légitimité de la rupture de celui-ci doit s'apprécier au regard des dispositions d'ordre public des art. L. 134-12 et L. 134-13. • Com. 19 mars 2013 : *CCC 2013, n° 112, obs. Mathey.* ♦ La stipulation selon laquelle le contrat peut être résilié sans indemnité compensatrice n'est pas opposable à l'agent commercial. • Nîmes, 17 avr. 2008 : *CCC 2009, n° 75, obs. N. M.* ♦ Le contrat ne peut subordonner l'octroi de l'indemnité de rupture à l'accroissement de la clientèle. • Paris, 9 déc. 2010 : *RJDA 2011, n° 235 ; RLDA juin 2011. 74, obs. Grignon.* ♦ Il résulte du caractère d'ordre public que si les parties peuvent convenir d'indemnités se cumulant avec celle prévue par le texte, toute clause prévoyant une indemnisation différente est non avenue. • Com. 17 juin 2003 : *cité note 9.* ♦ L'art. 19 de la Dir. 86/563/CEE du 18 déc. 1986 doit être interprété en ce sens que l'indemnité de cessation de contrat qui résulte de l'art. 17 de cette directive ne peut pas être remplacée, en application d'une convention collective, par une indemnité déterminée en fonction de critères autres que ceux fixés par cette dernière disposition sauf s'il est établi que l'application de cette convention garantit, dans tous les cas, à l'agent commercial une indemnité égale ou supérieure à celle qui résulterait de l'application de ladite disposition. • CJCE 23 mars 2006 : *JCP E 2006, n° 16, p. 728 ; RJ com. 2006. 345, obs. Raynouard ; RDC 2006. 1175, obs. Béhar-Touchais.* ♦ En l'absence de circonstances susceptibles de l'exclure, l'indemnité est due à l'agent commercial en cas de cessation de ses relations avec le mandant. • Com. 8 févr. 2011 : *CCC 2011, n° 90, obs. Mathey ; RLDA juin 2011. 74, obs. Grignon ; RDLC 2011, n° 2, p. 126* • 26 juin 2012 : *CCC 2012, n° 229, obs. Mathey ; RJDA 2012, n° 1067.*

2. Loi de police. La loi du 25 juin 1991 [C. com., art. L. 134-1 s.], loi protectrice d'ordre public interne, n'est pas une loi de police applicable dans l'ordre international, de telle sorte que la rupture du contrat de droit international peut être régie, conformément aux stipulations contractuelles, par le droit d'un autre État ne prévoyant pas l'attribution d'une indemnité de rupture. • Com. 28 nov. 2000 : *Bull. civ. IV, n° 183 ; D. 2001. AJ 305, obs. Chevrier ; RTD com. 2001. 1067, obs. Jacquet ; JCP 2001. II. 10527, note Bernardeau.* – V. aussi Raynaud, *Cah. dr. entr. 2001, n° 2, p. 12.* ♦ Déniant également le caractère d'ordre public international à l'art. L. 134-4 C. com. : • Civ. 1re, 25 oct. 2005 : *Bull. civ. I, n° 378 ; D. 2006. 199, avis Sainte-Rose ; Lettre distrib. nov. 2005, p. 3.*

3. Préjudice du mandataire. L'indemnité de cessation de contrat due à l'agent commercial a pour objet de réparer le préjudice qui comprend la perte de toutes les rémunérations acquises lors de l'activité développée dans l'intérêt commun des parties, sans qu'il y ait lieu de distinguer selon leur nature. • Com. 5 avr. 2005 : *Bull. civ. IV, n° 76 ; D. 2005. AJ 1150, obs. Chevrier ; JCP E 2005, n° 31-34, p. 1329, obs. Respaud ; JCP 2005. II. 10102, note Rouquié ; CCC 2005, n° 146, obs. Leveneur ; RJDA 2005, n° 964 ; RDC 2005. 903, obs. Bourgeon* • 26 mars 2008 : *CCC 2008, n° 154, obs. Mathey ; BRDA 2008, n° 8, p. 7 ; RLDA juill.-août 2008. 104, obs. Grignon.* ♦ Ainsi, il doit être tenu compte de tous les éléments de la rémunération de l'agent pendant l'exécution du contrat, sans qu'il y ait lieu de distinguer si elle provient de clients préexistants au contrat ou au contraire apportés par l'agent. • Com. 10 févr. 2009 : *CCC 2009, n° 126, obs. Mathey ; Lettre distrib. avr. 2009, p. 3.* ♦ Mais doit être pris en compte comme base de calcul de l'indemnité le montant des commissions perçues par l'agent à l'exclusion de la rémunération au titre de l'activité d'importation qu'il exerçait dès lors que cette dernière était une simple faculté accordée à l'agent qui ne pouvait être considérée comme accessoire à l'activité d'agent commercial. • Orléans, 12 mai 2005 : *RJDA 2005, n° 1345.* ♦ Sur les composantes de ce préjudice, V. • Com. 6 févr. 1996 : *RJDA 1996, n° 492* • Paris, 20 janv. 1995 : *D. 1997. Somm. 52, obs. Ferrier* • Com. 27 oct. 1998 : *Bull. civ. IV, n° 256 ; RJDA 1999, n° 32.* ♦ Sur le calcul du montant de l'indemnité de résiliation, V. • Nancy, 22 sept. 1999 : *D. 1999. AJ 62, obs. J. F. ; LPA 9 mars 2000, obs. Mathey* • Paris, 27 oct. 2000 : *D. 2001. AJ 477, obs. Chevrier* • 25 févr. 2004 : *cité note 2 ss. art. L. 134-16.* ♦ L'exercice, par l'agent commercial, de mandats similaires susceptibles de lui procurer des ressources de substitution est sans incidence sur l'évaluation de l'indemnité de cessation de contrat. • Paris, 11 févr. 2004 : *D. 2005. Pan. 153, obs. Ferrier* . ♦ La cessation du contrat d'agent commercial fait perdre à l'agent la part de marché qu'il pouvait espérer de la poursuite du contrat dès lors qu'il justifie des commissions perçues pendant la durée de celui-ci. • Com. 8 nov. 2005 : *Lettre distrib. déc. 2005, p. 3.* ♦ La disparition du fait du mandant du produit objet du contrat d'agence commerciale entraîne la rupture de celui-ci et ouvre droit, au profit de l'agent, à l'indemnité prévue à l'art. L. 134-12. • Com. 18 nov. 2008 : *RJDA 2009, n° 330.*

L'art. 17, § 2, sous a), de la Dir. 86/653/CEE du 18 déc. 1986 doit être interprété en ce sens, d'une part, qu'il ne permet pas que le droit de l'agent commercial à une indemnité soit d'office limité par ses pertes de commissions résultant de la cessation de la relation contractuelle, même lorsque les avantages conservés par le commettant doivent être considérés comme supérieurs et, d'autre part, dans le cas où le commettant appartiendrait à un groupe de sociétés, les avantages retirés par les sociétés dudit groupe ne sont, en principe, pas réputés faire partie des avantages du commettant et, par conséquent, ils ne doivent pas être nécessairement pris en compte dans le calcul du droit de l'agent commercial à une indemnité. • CJCE 26 mars 2009 : *D. 2009. AJ 1141 ; RTD com. 2009. 609, obs. Bouloc ; CCC 2010, n° 40, obs. Mathey ; RJ com. 2009. 251, note Kutscher-Puis ; Europe 2009, n° 186, obs. Mosbrucker ; Lettre distrib. mai 2009, p. 4.*

4. Période d'essai. Jugé que le statut des agents commerciaux, qui suppose pour son application que la convention soit définitivement conclue, n'interdit pas une période d'essai ; par suite, dans un cas où le mandant met fin au contrat avant l'expiration de cette période, l'indemnité compensatrice égale n'est pas due. • Com. 17 juill. 2001 : *RJDA 2002, n° 36.* ♦ Comp., jugeant que la clause qui permettrait au mandant de rompre sans indemnité le contrat au cours d'une période d'essai doit être réputée non écrite : • Paris, 6 sept. 2012 : *D. 2013. Pan. 737, obs. Ferrier ; CCC 2012, n° 253, obs. Mathey.*

5. Préjudice du mandant. Sur l'application de l'art. 2007 C. civ., selon lequel le mandant, si la renonciation du mandataire au mandat lui préjudicie, devra en être indemnisé par le mandataire (à propos de l'ancien art 3 du Décr. du 23 déc. 1958), V. • Com. 14 mars 1995 : *Bull. civ. IV, n° 74 ; D. 1995. IR 85.* ♦ En ce sens que l'art. 2007 C. civ. ne trouve application que s'il est établi que le mandataire a rompu le contrat de manière abusive ou déloyale et s'il en résulte un préjudice pour le mandant, V. : • Versailles, 26 juin 1997 : *D. Affaires 1997. 1151.*

6. Non-renouvellement. Jugeant que l'agent commercial a le droit au paiement de l'indemnité compensatrice à la suite du non-renouvellement du contrat par le mandant, V. • Com. 28 mai 2002 : *Bull. civ. IV, n° 91 ; Cah. dr. entr. 2002, n° 5, p. 33, obs. Grignon.*

7. Cumul d'indemnités. Pour un arrêt censurant une cour d'appel ayant accordé à un agent commercial une indemnité au titre de la rupture du contrat et une indemnité au titre de la perte de clientèle, V. • Com. 25 juin 2002 : *Bull. civ. IV, n° 109 ; D. 2002. AJ 2467, obs. Chevrier ; CCC 2002, n° 152, obs. Leveneur ; RTD com. 2003. 158, obs. Bouloc ; RJDA 2002, n° 1260 ; Cah. dr. entr. 2002, n° 5, p. 33, obs. Grignon ; LPA 3 juill. 2003, obs. Etner.*

8. Rupture d'un CDD. Selon l'art. L. 134-12 la cessation du contrat d'agent commercial, même à durée déterminée, donne droit à réparation du préjudice résultant de la perte pour l'avenir des revenus tirés de l'exploitation de la clientèle commune, tandis que le caractère anticipé de cette cessation donne droit à réparation du préjudice résultant de la perte de commissions jusqu'à la date conventionnellement prévue. • Com. 23 avr. 2003 : *Bull. civ. IV, n° 55 ; D. 2003. 2883, note Ferrier ; ibid. AJ 1362, obs. Chevrier ; JCP E 2004, n° 12, p. 464, obs. Grignon ; CCC 2003, n° 121, obs. Leveneur ; RJDA 2003, n° 940 ; Lettre distrib. mai 2003, p. 1 ; RJ com. 2003. 390, obs. Leloup.* ♦ Pour un arrêt entérinant, implicitement, la solution selon laquelle l'indemnité de rupture est due à l'échéance d'un contrat conclu pour une durée déterminée, V. • Com. 13 nov. 2003 : *cité note 3 ss. art. L. 134-11.*

9. Avance sur indemnité. Pour un arrêt refusant de considérer que l'indemnité de rupture avait été versée dans le cours de l'exécution du contrat car incluse dans le calcul des commissions perçues par l'agent, V. • Com. 17 juin 2003 : *Bull. civ. IV, n° 99 ; D. 2003. Somm. 2428, obs. Ferrier ; ibid. AJ 1910, obs. Chevrier ; JCP E 2004, n° 12, p. 464, obs. Grignon ; CCC 2003, n° 133, obs. Leveneur ; RJDA 2003, n° 1170.* ♦ Si l'agent n'a pas perçu de commission faute d'avoir atteint les quotas fixés, il a reçu une rémunération contractuelle mensuelle pour des activités annexes ; l'indemnité de fin de contrat doit être fixée par référence à cette rémunération. • Com. 21 oct. 2008 : *JCP E 2009, n° 1, p. 22, note Mathey ; CCC 2008, n° 268, obs. Mathey.*

9 bis. Compensation. Validant une clause organisant la transmission par un mandant à son agent commercial d'un fichier de clientèle contre paiement d'un prix matérialisé par une imputation sur l'indemnité compensatrice due en cas de rupture du contrat : • Com. 21 févr. 2012 : *D. 2013. Pan. 737, obs. Ferrier ; RLDA sept. 2012. 99, note crit. Bourdeau.*

10. Déchéance. La prescription annale commence à courir à compter de l'extinction effective des relations contractuelles et non à la date de la notification de la rupture par le mandant. • Com. 11 juin 2002 : *Cah. dr. entr. 2003, n° 3, p. 25, obs. Grignon ; Lettre distrib. oct. 2002, p. 3* • Douai, 5 mai 2009 : *CCC 2009, n° 268, obs. Mathey.* ♦ Le point de départ de ce délai de déchéance s'entend de la cessation effective des relations contractuelles, c'est-à-dire de la date à laquelle il a été décidé que le contrat cesserait d'être exécuté, peu important que cette date soit antérieure à l'expiration du préavis qui aurait dû être accordé. • Com. 18 janv. 2011 : *Bull. civ. IV, n° 1 ; D. 2011. Actu. 371, obs. Chevrier ; RTD com. 2011. 406, obs. Bouloc ; JCP E 2011, n° 1158 ; CCC 2011, n° 58, obs. Mathey ; RJDA 2011, n° 305 ; RLDA mars 2011. 40, obs. Lecourt ; RDLC 2011, n° 2, p. 120, obs. Ferré.* ♦ Il incombe au mandant qui invoque la déchéance du droit à indemnité d'établir que la réclamation de l'agent commercial est tardive. • Com. 27 sept. 2005 : *Bull. civ. IV, n° 179 ; D. 2005. AJ 2590, obs. Chevrier ; RTD com. 2006. 472, obs. Bouloc ; AJDI 2005. 857 ; JCP E 2005, n° 44-45, p. 1871 ; RJDA 2006, n° 129.* ♦ Le délai de déchéance d'un an prévu à l'art. L. 134-12 ne s'applique pas à l'indemnité visant à compenser le non-respect du préavis prévu par l'art. L. 134-11. • Com. 11 mars 2008 : *Bull. civ. IV, n° 55 ; D. 2008. AJ 913, obs. Chevrier ; RTD com. 2008. 843, obs. Bouloc ; JCP E 2008, n° 19, p. 32 ; CCC 2008, n° 127, obs. Mathey ; RJDA 2008, n° 638 ; RLDA juill.-août 2008. 102, obs. Bourdeau.* ♦ Seule la demande concernant l'indemnité de cessation du contrat réclamée par le mandataire est mentionnée par les dispositions de l'art. L. 134-12. • Paris, 20 oct. 2004 : *D. 2004. AJ 3067 (3 arrêts).*

Les dispositions de l'art. L. 134-12 ne sont assorties d'aucun formalisme particulier ; l'agent commercial a satisfait à la loi par son courrier notifiant au mandant son désaccord sur les conditions d'indemnisation proposées par ce dernier. • Mêmes arrêts. ♦ ... Ou par son assignation en référé qui manifestait de façon expresse son intention de faire valoir ses droits. • Mêmes arrêts. ♦ La notification prévue à l'art. 12, al. 2 [C. com., art. L. 123-18, al. 2], par laquelle l'agent commercial doit faire connaître au mandant dans le délai d'un an à compter de la cessation du contrat qu'il entend faire valoir ses droits, peut être faite par l'intermédiaire de son conseil dès lors que le courrier respecte les dispositions des art. 665 à 669 NCPC [renommé C. pr. civ.]. • Nancy, 22 sept. 1999 : *préc. note 3.* ♦ L'agent commercial peut faire valoir ses droits en la forme ordinaire prévue par l'art. 667 C. pr. civ., sans qu'il soit nécessaire d'y procéder par voie d'assignation en paiement. • Montpellier, 12 sept. 2012 : *RJDA 2013, n° 223.* ♦ Sur la prise en compte d'une lettre marquant sans équivoque, peu avant la rupture, la volonté de l'agent de réclamer au mandant l'indemnité qui lui serait due au cas ou celle-ci interviendrait, V. • Com. 11 mars 2008 : *préc.* ♦ L'indication faite à sa mandante par l'agent commercial de payer l'indemnité compensatrice à la personne de son gérant est sans incidence sur l'obligation dont il demande l'exécution. • Com. 18 nov. 2008 : *RLDA mai 2009. 90, obs. Grignon ; Lettre distrib. déc. 2008, p. 3.* ♦ Si pour conserver son droit à réparation l'agent doit notifier au mandant qu'il entend faire valoir ses droits dans le délai d'un an de la cessation du contrat, il n'est pas tenu de faire connaître le motif de sa décision. • Com. 8 févr. 2011 : *cité note 7 ss. art. L. 134-13.*

L'art. L. 134-12 n'institue pas une prescription extinctive de l'action de l'agent commercial, mais une déchéance de son droit à réparation. • Com. 18 mai 2005 : Bull. civ. IV, n° 102 ; *D. 2005. AJ 1475, obs. Chevrier ; RTD com. 2006. 186, obs. Bouloc ; JCP 2005. IV. 2505 ; CCC 2005, n° 134, obs. Malaurie-Vignal ; ibid., n° 162, obs. Leveneur ; RJDA 2005, n° 965 ; Procédures 2005, n° 185, obs. Croze* • Versailles, 11 sept. 2008 : *RJDA 2008, n° 1253.* ♦ ... De sorte que les règles de la prescription de l'action ne sont pas applicables. • Com. 27 sept. 2005 : *Bull. civ. IV, n° 180 ; D. 2005. AJ 2591, obs. Chevrier ; RTD com. 2006. 472, obs. Bouloc ; JCP E 2006, n° 5, p. 244, note Faure-Abbad ; RJDA 2005, n° 1346.* ♦ ... Et il importe peu que l'agent ait saisi une juridiction incompétente dès lors que cette saisine manifeste son intention de réclamer des indemnités. • Montpellier, 6 mai 2008 : *CCC 2009, n° 74, obs. N. M.* ♦ Mais les demandes présentées devant le conseil des prud'hommes et fondées sur l'existence d'un prétendu contrat de travail ne peuvent valoir notification au mandant de l'intention de l'agent de réclamer une indemnisation au titre de la cessation d'un contrat d'agence commerciale. • Com. 29 sept. 2009 : *Bull. civ. IV, n° 114 ; D. 2009. AJ 2423, obs. Chevrier ; RTD com. 2010. 183, obs. Bouloc ; RDT 2009. 667, note crit. Serverin ; JCP E 2009, n° 42, p. 28 ; CCC 2009, n° 286, obs. Mathey ; RJDA 2010, n° 22 ; RLDA janv. 2010. 77, obs. approb. Bourdeau ; Lettre distrib. oct. 2009, p. 5* (cassation de • Montpellier, 6 mai 2008 : *préc.*). ♦ En l'absence de la notification prévue à l'art. L. 134-12, al. 2, le droit à indemnité né de la rupture d'un premier contrat est éteint passé le délai d'un an après celle-ci, peu important la conclusion d'un second contrat, différent du premier. • Com. 3 oct. 2006 : *JCP E 2007, n° 14-15, p. 12, note Leveneur ; CCC 2007, n° 40, obs. Leveneur* (sur renvoi : • Grenoble, 25 juin 2008 : *RLDA mai 2009. 88, obs. Bourdeau*). ♦ Jugeant que les pourparlers qui auraient pu exister entre les parties sont sans incidence sur l'obligation pesant sur l'agent commercial : • Paris, 30 janv. 2008 : *CCC 2008, n° 101, obs. N. M.*

11. Tribunal compétent. BIBL. Hanine-Roussel, *JCP E 2013, n° 1307* (agence commerciale : règles de compétence territoriale). ♦ L'art. 5, point 1, sous b), second tiret, du Règl. n° 44/2001 doit être interprété en ce sens que, en cas de fourniture de services dans plusieurs États membres, le tribunal compétent pour connaître de toutes les demandes fondées sur le contrat est celui dans le ressort duquel se trouve le lieu de la fourniture principale des services. Pour un contrat d'agence commerciale, ce lieu est celui de la fourniture principale des services de l'agent, tel qu'il découle des dispositions du contrat ainsi que, à défaut de telles dispositions, de l'exécution effective de ce contrat et, en cas d'impossibilité de le déterminer sur cette base, celui où l'agent est domicilié. • CJUE 11 mars 2010 : *D. 2010. AJ 834 ; JCP E 2010, n° 1579, note Fernet ; RJDA 2010, n° 586 ; RJ com. 2010. 252, obs. Ancel ; RLDA juill.-août 2010. 72, note Porcheron ; Procédures 2010, n° 270, obs. Nourissat ; RDC 2010. 1395, note Treppoz* • Civ. 1re, 7 déc. 2011 : *Rev. crit. DIP 2012. 430, note Corneloup ; CCC 2012, n° 89, obs. Malaurie-Vignal.* ♦ Viole l'art. 5-1 du Règl. CE 44/2001 du 22 déc. 2000, l'arrêt qui, pour déclarer incompétente la juridiction française pour statuer sur une indemnité de clientèle réclamée par l'agent commercial en France d'une société ayant son siège au Portugal, retient que cette indemnité constitue l'exécution d'une obligation autonome devant s'exécuter au domicile du débiteur au Portugal, alors que les parties étaient liées par un contrat de fourniture de service et que les prestations de service devaient s'exécuter en France. • Civ. 1re, 3 oct. 2006 : *Bull. civ. I, n° 423 ; R. 2006, p. 459 ; D. 2006. IR 2548 ; RTD com. 2007. 267, obs. Delebecque ; JCP 2007. II. 10028, note Asfar ; LPA 18 juin 2007, note Toulouse ; RJDA 2007, n° 317 ; RLDA nov. 2006. 75, obs. Queguiner ; RJ com. 2007. 48, obs. Poillot-Peruzzetto ; JDI 2007. 132. obs. Égéa et Martel ; RDC 2007. 474, obs. Deumier* • Com. 8 juill. 2008 : *RJDA 2008, n° 1202 ; RLDA mai 2009. 87, obs. Bourdeau* ♦ *Contra*, jugeant que l'indemnité de fin de contrat étant une dette indépendante du caractère licite ou non de la rupture du contrat, il en résulte que la demande en paiement de cette indemnité ne porte pas sur l'exécution d'une prestation de service, de telle sorte qu'en application de l'art. 42 NCPC [renommé C. pr. civ.] étendu à l'ordre international, seul est compétent le tribunal du domicile du défendeur. • Civ. 1re, 14 mars 2006 : *Bull. civ. I, n° 149 ; D. 2006. IR 1062 ; JCP 2006. IV. 1815.* ♦ Comp., pour une demande également de dommages-intérêts pour rupture abusive du contrat, l'obligation servant de base à cette demande étant de nature à déterminer la compétence de la juridiction saisie, V. • Civ. 1re, 14 mars 2006 : *Lettre distrib. avr. 2006, p. 3.*

La clause de compétence faisant partie de l'économie des contrats internationaux, comme la définition du mandat confié de celle des contrats d'agents commerciaux, une cour d'appel a souverainement estimé que, compte tenu des éléments en cause, la signature globale du contrat, constituant un écrit au sens de l'art. 17 de la Convention de Bruxelles du 27 sept. 1968, suffisait à exprimer le consentement de l'agent commercial à la clause de prorogation de juridiction. • Civ. 1re, 12 déc. 2006 : *Bull. civ. I, n° 535 ; D. 2007. AJ 221, obs. Chevrier ; RTD com. 2007. 630, obs. Delebecque ; JCP 2007. IV. 1157 ; RLDA mars 2007. 61, obs. Pellegrini.*

La compétence du tribunal du lieu du domicile du défendeur n'a pas un caractère exclusif ; ayant relevé que le mandat d'agent commercial avait été exécuté dans la Sarthe, la cour d'appel a pu retenir que le tribunal de commerce du Mans était territorialement compétent, tant par application de l'art. 46, al. 2, C. pr. civ., pour connaître de la demande en paiement de commissions intéressant l'exécution de la prestation de service, qu'en raison de la connexité non contestée entre cette prétention et celle tendant au paiement d'une indemnité de fin de mandat, pour statuer sur cette autre demande. • Civ. 2e, 18 juin 2009 : *Bull. civ. II, n° 163 ; JCP E 2009, n° 31-34, p. 31 ; RJDA 2009, n° 916 ; RLDA janv. 2010. 75, obs. Bourdeau ; Lettre distrib. sept. 2009, p. 4.* ♦ Sur l'incompétence du tribunal de Beauvais, s'agissant d'un agent commercial dont l'essentiel des activités était exercé en Belgique, pour le compte d'une société dont le siège était au Luxembourg et dont il ressortait que le client français n'avait pas été démarché en France, V. • Com. 14 mai 2013 : *Dalloz actualité, 28 mai 2013, obs. Delpech.*

12. Régime fiscal. BIBL. Perrotin, *LPA 13-14 août 2012* (l'agent commercial et l'art. 155 A CGI). ♦ L'assujettissement à l'impôt de l'indemnité de cessation de contrat d'agence commerciale ne constitue pas un préjudice réparable. • Com. 15 sept. 2009 : *Bull. civ. IV, n° 108 ; D. 2009. AJ 2279, obs. Chevrier ; D. 2011. Pan. 548, obs. Ferrier ; RTD com. 2009. 802, obs. Bouloc ; JCP E 2009, n° 42, p. 28 ; CCC 2009, n° 263, obs. Mathey ; CCE 2010, n° 43, obs. Neau-Leduc ; RJDA 2009, n° 1071 ; Lettre distrib. oct. 2009, p. 1, obs. Chatain et P. Mousseron ; RLDA déc. 2009. 37, note Bourdeau et Grignon ; RDC 2010. 698, obs. Neau-Leduc* • 15 nov. 2011 : *CCC 2012, n° 88, obs. Mathey. – Contra* : • Amiens, 2 avr. 2009 : *CCC 2009, n° 218, obs. Mathey.* ♦ En effet, les dispositions fiscales frappant les revenus sont sans incidence sur les obligations des personnes responsables du dommage et le calcul de l'indemnisation des victimes. • Civ. 2e, 16 nov. 1994 : *Bull. civ. II, n° 233 ; D. 1995. 220, note Chartier ; RJDA 1995, n° 238.* ♦ Sur les modalités d'imposition des indemnités de rupture de contrat perçues par les agents commerciaux, V. : Res. n° 2006/26 (FP), 28 mars 2006 : *D. 2006. 1882, obs. Leloup ; JCP E 2006, n° 19, p. 887, obs. D. F. ; Lettre distrib. juin 2006, p. 3.*

13. Décès de l'agent. La loi ne distinguant pas entre les causes de décès de l'agent commercial, qui constitue l'événement objectif à l'origine de la rupture du contrat, le suicide de l'agent ne peut exclure le droit à indemnisation de ses ayants droit. • Com. 23 nov. 2010 : *Bull. civ. IV, n° 182 ; D. 2010. Actu. 2906, obs. Chevrier ; JCP E 2010, n° 2136 ; CCC 2011, n° 27, obs. Mathey ; RJDA 2011, n° 137 ; RLDA janv. 2011. 26, obs. Bocobza-Berlaud.*

Art. L. 134-13 La réparation prévue à l'article L. 134-12 n'est pas due dans les cas suivants :

1° La cessation du contrat est provoquée par la faute grave de l'agent commercial ;

2° La cessation du contrat résulte de l'initiative de l'agent à moins que cette cessation ne soit justifiée par des circonstances imputables au mandant ou dues à l'âge, l'infirmité ou la maladie de l'agent commercial, par suite desquels la poursuite de son activité ne peut plus être raisonnablement exigée ;

3° Selon un accord avec le mandant, l'agent commercial cède à un tiers les droits et obligations qu'il détient en vertu du contrat d'agence. – *[L. n° 91-593 du 25 juin 1991, art. 13.] – V. art. L. 134-16.*

1. Faute grave. La faute grave est celle qui porte atteinte à la finalité commune du mandat d'intérêt commun et rend impossible le maintien du lien contractuel. • Com. 15 oct. 2002 : *CCC 2003, n° 19, obs. Leveneur ; Cah. dr. entr. 2003, n° 3, p. 24, obs. Grignon ; Lettre distrib. déc. 2002, p. 2.* ♦ Il convient de distinguer la faute grave, justifiant la privation d'indemnité de rupture, du simple manquement aux obligations contractuelles justifiant la rupture du contrat. • Com. 21 juin 2011 : *JCP E 2011, n° 1607, note Mathey ; RJDA 2011, n° 1020.* ♦ Pour déterminer si un agent commercial a droit, lors de la rupture du contrat d'agence, à l'indemnité compensatrice légalement prévue, il appartient au seul juge, et non à la convention des parties, de qualifier de faute grave les faits qui lui sont soumis. • Com. 28 mai 2002 : *Bull. civ. IV, n° 91 ; D. 2003. Somm. 459, obs. Delebecque ; ibid. 2002. Somm. 3004, obs. Ferrier et AJ 2405 ; JCP E 2002, n° 51-52, p. 2063, note Perruchot-Triboulet ; RTD civ. 2002. 833, obs. Gautier ; RTD com. 2003. 158, obs. Bouloc ; Dr. et patr. oct. 2002, p. 102, obs. Chauvel ; LPA 3 juill. 2003, obs. Etner.* ♦ ... Et c'est au mandant qu'il appartient de rapporter la preuve d'une telle faute. • Com. 15 oct. 2002 : *préc.* • Versailles, 27 oct. 2005 : *BICC 2006, n° 425.* ♦ Pour la prise en compte, dans l'appréciation faite par les juges, de l'aveu même de l'agent de son incapacité à démarcher sérieusement la clientèle, V. • Com. 10 juill. 2007 : *JCP E 2008, n° 20, p. 27, obs. Mainguy ; RLDA oct. 2007. 56, obs. Anadon.* ♦ Viole les art. L. 134-12 et L. 134-13 l'arrêt qui, pour réduire le droit à indemnité compensatrice du préjudice résultant de la cessation des contrats, retient que celle-ci est imputable aux agents commerciaux qui ont commis des fautes, mais qui ne revêtent pas le caractère de gravité de nature à leur faire perdre tout droit à réparation. • Com. 23 sept. 2008 : *JCP E 2009, n° 1, p. 23, note Mathey ; CCC 2008, n° 269, obs. Mathey ; RJDA 2009, n° 91.*

Pour apprécier si les manquements de l'agent commercial à ses obligations sont suffisamment graves pour justifier la résiliation du contrat, les juges ont à prendre en compte toutes les circonstances de la cause intervenues jusqu'au jour de la décision. • Com. 14 nov. 2006 : *CCC 2007, n° 8, obs. Malaurie-Vignal ; RJDA 2007, n° 341 ; Lettre distrib. déc. 2006, p. 1, obs. Grignon.* ♦ Le mandant peut toujours, même si elle s'est révélée postérieurement à la rupture du contrat, invoquer l'existence d'une faute commise antérieurement. • Paris, 19 juin 2003 : *D. 2003. AJ 2437.* – V. aussi • Com. 15 mai 2007 : *cité ss. art. L. 134-3* • 1er juin 2010 : *RJDA 2010, n° 1067.* ♦ Mais le comportement de l'agent ne peut être qualifié de faute grave par le mandant qui en avait eu connaissance avant la rupture du contrat mais l'avait toléré en ne lui reprochant aucune faute grave dans le courrier qu'il invoquait. • Com. 11 juin 2002 : *RJDA 2002, n° 1132 ; LPA 3 juill. 2003, obs. Etner.* ♦ Jugé toutefois que l'art. 18, ss. a), de la Dir. 86/653/CEE du 18 déc. 1986 s'oppose à ce qu'un agent commercial indépendant soit privé de son indemnité de clientèle lorsque le commettant établit l'existence d'un manquement de l'agent commercial ayant eu lieu après la notification de la résiliation du contrat moyennant préavis et avant l'échéance de celui-ci et qui était de nature à justifier une résiliation sans délai du contrat en cause. • CJUE 28 oct. 2010 : *D. 2010. Actu. 2575, obs. Chevrier ; JCP E 2010, n° 1992 ; CCC 2011, n° 65, obs. N. M. ; RJDA 2011, n° 136 ; RJ com. 2010. 528, note Leloup ; RDC 2011. 955, obs. Tenenbaum ; RLDA déc. 2010. 72, obs. Bourdeau ; RDLC 2011, n° 1, p. 117, obs. Ferré.* ♦ Les juges du fond doivent rechercher si l'absence de tout reproche ou de mise en garde formulés par le mandant à son agent sur son comportement pendant l'exécution du contrat qui aurait été connu et toléré n'était pas de nature à avoir une incidence sur la gravité des manquements imputés. • Com. 7 avr. 2009 : *Lettre distrib. juin 2009, p. 3* (V. sur renvoi : • Amiens, 15 déc. 2011 : *CCC 2012, n° 127, obs. N. M.*). – V. aussi • Com. 8 déc. 2009 : *cité note 1 ss. art. L. 134-6.* ♦ L'examen de la réalité et de la gravité des manquements de l'agent commercial à son obligation de ne pas concurrencer déloyalement son mandant est nécessairement préalable à l'appréciation de l'existence d'une faute grave de l'agent commercial. • Com. 25 sept. 2007 : *CCC 2008, n° 5, obs. Mathey ; RLDA oct. 2007. 56, obs. Anadon.* ♦ Sur le contrôle de la gravité de la faute et de la proportionnalité de la sanction, V. • Com. 9 oct. 2012 : *CCC 2013, n° 5, obs. Mathey ; RJ com. nov.-déc. 2012. 12, note Leloup.*

Si la faute grave de l'agent commercial le prive de l'indemnité de cessation du contrat, elle peut aussi entraîner sa responsabilité pour faits de concurrence déloyale pour le préjudice causé au mandant. • Com. 15 mai 2007 : *CCC 2007, n° 239, obs. M. M.-V. ; RJDA 2008, n° 31 ; RLDA juill.-août 2008. 104, obs. Bourdeau ; Lettre distrib. janv. 2008, p. 6.*

2. Illustrations. Jugeant que le manquement d'un agent commercial au devoir de loyauté (représentation de produits concurrents) constitue une faute grave, exclusive du versement de l'indemnité de résiliation : • Com. 16 oct. 2001 : *RJDA 2002, n° 149* • 30 nov. 2004 : *RJDA 2005, n° 541* (actionnaire de l'agent en concurrence avec le mandant) • Paris, 27 janv. 2005 : *Lettre distrib. mars 2005, p. 3* (gravité intrinsèque) • Agen, 20 févr. 2008 : *D. 2009. AJ 1442, obs. Gomy.* ♦ Mais la dissimulation de la représentation d'une société concurrente par l'épouse de l'agent commercial qui n'était pas tenu d'une exclusivité au bénéfice de son mandant, ne constitue pas, par nature, une faute grave. • Com. 27 sept. 2005 : *Lettre distrib. nov. 2005, p. 2.* ♦ Commet une faute grave l'agent qui n'a pas exécuté le contrat en bon professionnel en négligeant de prospecter la clientèle pour laquelle il avait une exclusivité et en s'abstenant de pallier les conséquences de l'indisponibilité de son salarié. • Com. 10 juill. 2007 : *JCP E 2007, n° 40, p. 36* ♦ Ne commet pas une faute grave l'agent commercial qui n'a pas tenu informé son mandant de simples pourparlers préparatoires à une cession de contrat qui ne s'est finalement pas réalisée. • Com. 26 oct. 2010 : *Bull. civ. IV, n° 158.*

Sur la nullité d'une clause prevoyant la résiliation d'un contrat d'agence commerciale sans indemnité en cas de non-réalisation des objectifs assignés à l'agent, V. • Versailles, 15 sept. 2000 : *BRDA 2000, n° 21, p. 7.* ♦ V. aussi, considérant que le défaut de réalisation des objectifs commerciaux ne constitue pas nécessairement une faute grave, celle-ci devant être appréciée par le juge, les parties ne pouvant en définir valablement les éléments dans le contrat : • Même arrêt. ♦ De simples griefs même justifiés ne caractérisent pas la faute grave dès lors que les obligations respectives des parties n'avaient pas été formalisées par écrit et qu'aucun courrier préalable ne faisait précisément état de difficultés susceptibles de justifier la rupture. • Bordeaux, 17 mai 2004 : *JCP 2004. IV. 3542.* ♦ Il convient de rechercher si des fautes successives et renouvelées ne constituaient pas, par leur caractère répétitif et leur accumulation, une faute grave. • Com. 15 sept. 2009 : *RJDA 2009, n° 1072 ; RLDA janv. 2010. 73, obs. Grignon ; Lettre distrib. nov. 2009, p. 5.*

3. Clause résolutoire. Considérant que le fait que l'agent commercial ait demandé en justice l'application de la clause résolutoire figurant au contrat et la résiliation de ce dernier n'emporte pas, à lui seul, rupture du contrat de sa part, V. • Com. 24 nov. 1998 : *D. 1999. IR 9 ; RJDA 1999, n° 32.* ♦ Sur la résiliation d'un contrat d'agence par le mandant en application d'une clause lui en donnant le droit en cas de non-réalisation des objectifs par l'agent, V. • Paris, 18 juin 1999 : *RJDA 1999, n° 1199.*

4. Initiative de l'agent. Pour une rupture intervenue à l'initiative de l'agent qui a manifesté son intention de reprendre son travail salarié à l'issue d'un congé sabbatique durant lequel il avait, pour le compte de son employeur, exercé l'activité d'agent commercial, V. • Com. 22 janv. 2002 : *RJDA 2002, n° 375.* ♦ Rappr., jugeant que dès lors qu'elle ne justifie pas de la contrainte qu'elle invoque l'ayant obligée à nover son contrat d'agent commercial en contrat de travail, la requérante ne justifie pas d'une résiliation par le mandant de son contrat d'agent commercial mais bien plutôt d'un accord réciproque pour mettre fin, selon certaines modalités, à ce contrat : • Paris, 19 juin 2003 : *préc. note 1.* ♦ Pour une rupture de contrat d'agence commerciale intervenue à l'initiative de l'agent, mais imputable au mandant, V. • Com. 23 juin 2004 : *Bull. civ. IV, n° 130 ; JCP E 2004, n° 37, p. 1371 ; CCC 2004, n° 134, obs. Leveneur ; RTD com 2005. 409, obs. Bouloc ; RJDA 2005, n° 28* • Rouen, 14 mai 1998 : *RJDA 1998, n° 1353.* ♦ V. également • Rouen, 11 mai 2000 : *BRDA 2000, n° 19, p. 7* • Paris, 12 mars 2003 : *Lettre distrib. mai 2003, p. 4.* ♦ Pour une distinction entre initiative et imputabilité de la rupture, V. • Com. 6 mars 2007 : *CCC 2007, n° 118, obs. Malaurie-Vignal.* ♦ Pour un sous-agent prenant l'initiative de rompre le contrat le liant à un agent commercial du fait de la rupture du premier contrat liant ce dernier au mandant, V. • Bordeaux, 5 mars 2012 : *BRDA 2012, n° 6, p. 7.*

5. Circonstances imputables au mandant. Il appartient à l'agent commercial, demandeur de l'indemnité de rupture, de démontrer que la cessation de son activité était intervenue à l'initiative du mandant, ou, à défaut, qu'elle était justifiée par des actes imputables à celui-ci. • Com. 15 nov. 2011 : *CCC 2012, n° 61, obs. Mathey.* ♦ Le caractère tardif de l'invocation des manquements reprochés au mandant en établit la dimension accessoire et artificielle, la privant ainsi de crédibilité et de pertinence. • Rouen, 22 mars 2012 : *BRDA 2012, n° 9, p. 7.* ♦ La demande d'indemnité d'un agent commercial ayant pris l'initiative de la rupture du contrat doit être rejetée dès lors que le mandant qui s'était trouvé dans une situation financière délicate l'ayant empêché de continuer à assurer le même niveau de rémunération de son agent commercial, n'avait pas tenté de causer un préjudice à celui-ci et que c'était bien l'agent qui avait préféré ne pas poursuivre une activité qu'il n'estimait plus rentable. • Paris, 14 févr. 2002 : *RJDA 2002, n° 758 ; LPA 3 juill. 2003, obs. Etner.* ♦ Comp., jugeant au contraire que la réduction des commissions décidée par le mandant constitue une circonstance imputable à ce dernier : • Com. 18 déc. 2007 : *RJDA 2008, n° 639.* ♦ Le mandant qui ne respecte pas la clause d'exclusivité dont bénéficie l'agent et qui ne lui verse pas les commissions pour toute opération conclue avec une personne appartenant au secteur exclusif dont il bénéficie (C. com., art. L. 134-6, al. 2), crée les circonstances qui lui rendent imputable la rupture du contrat à l'initiative de l'agent. • Com. 5 oct. 2004 : *RJDA 2005, n° 373 ; Lettre distrib. nov. 2004, p. 3.* – V. aussi • Com. 5 avr. 2005 : *RJDA 2005, n° 1206 ; Lettre distrib. mai 2005, p. 2* • 14 juin 2005 : *Lettre distrib. juill.-août 2005, p. 2* • 1er mars 2011 : *RJDA 2011, n° 1019.*

Il n'est nullement interdit à un mandant de retirer, dans le cadre de sa politique commerciale et financière, une partie des attributions confiées à l'agent commercial en procédant aux adaptations souhaitées, dès lors que ce retrait s'inscrit dans le cadre de sa politique ; mais ce retrait ne doit pas avoir pour but ou pour effet principal d'affecter les ressources de l'agent, qui peut le cas échéant prétendre à être indemnisé partiellement en pourcentage de la perte constatée. • Aix-en-Provence, 5 sept. 2005 : *Lettre distrib. juin 2006, p. 2.*

6. Cession du contrat. Le contrat d'agence commerciale, conclu en considération de la personne du contractant, ne peut être transmis, même par cession partielle d'actif, qu'avec l'accord du cessionnaire et de l'agent commercial. • Com. 29 oct. 2002 : *D. 2003. 2231, note Brill et Koering ; CCC 2003, n° 36, obs. Leveneur ; Bull. Joly 2003. 192, note Krajeski ; RTD civ. 2003. 295, obs. Mestre et Fages ; RJDA 2003, n° 263.* ♦ V., toutefois, sur la poursuite du contrat d'agence commerciale en cas de mise en location-gérance du fonds du mandant malgré la contestation par le locataire-gérant de l'existence d'un lien contractuel entre lui et l'agent commercial engagé par le loueur : • Bordeaux, 13 nov. 2002 : *Lettre distrib. juill.-août 2003, p. 3.* ♦ Le refus d'agrément du successeur d'un agent commercial doit être justifié. • Rouen, 16 avr. 2009 : *CCC 2009, n° 217, obs. Mathey.*

7. Âge de l'agent. Les juges doivent rechercher si l'âge de soixante ans et les circonstances particulières de la situation personnelle de l'agent étaient susceptibles de ne plus lui permettre raisonnablement de poursuivre son activité. • Com. 8 févr. 2011 : *Bull. civ. IV, n° 16 ; Dalloz actualité, 28 févr. 2011, obs. Chevrier ; D. 2011. Actu. 591 ; JCP E 2011, n° 1220 ; CCC 2011, n° 91, obs. Mathey ; RJDA 2011, n° 521 ; RLDA juin 2011. 75, obs. Grignon ; RDLC 2011, n° 2, p. 120, obs. Ferré* • 29 nov. 2011 : *CCC 2012, n° 96, obs. N. M. ; RJDA 2012, n° 279 ; RDLC 2012, n° 1, p. 120, obs. Ferré* • 19 mars 2013 : *CCC 2013, n° 116, obs. N. M.* ♦ La seule circonstance que l'âge de l'agent était supérieur à 60 ans, âge de départ à la retraite de droit commun pour les salariés, ne le dispense pas de l'obligation de démontrer qu'en l'espèce cet âge ne permettait plus d'exiger raisonnablement de lui la poursuite de son activité et justifiait par là la cessation du contrat. • Paris, 12 févr. 2004 : *D. 2004. AJ 696 ; Cah. dr. entr. 2004, n° 3, p. 33, obs. Grignon ; RJDA 2004, n° 972* (2 arrêts).

♦ C'est au jour où l'agent prend l'initiative de rompre le mandat ou, au plus tard, à la date d'effet de cette rupture, que doivent exister les circonstances d'âge ou de maladie justifiant la cessation du contrat, étant précisé que, si elles n'existent qu'à la date où la cessation a pris effet, elles doivent avoir été prévisibles à la date où elle a été notifiée. • Mêmes arrêts. ♦ L'agent peut invoquer son état de santé postérieurement à la notification de sa décision de cesser son activité dès lors qu'il établit qu'il était effectivement dans l'impossibilité d'exécuter sa mission à cette date. • Douai, 2 juin 2011 : *CCC 2011, n° 239, obs. N. M.*

Il résulte du 2° de l'art. L. 134-13 qu'en cas de décès, âge, infirmité ou maladie de l'agent commercial, personne physique, l'indemnité est due aux ayants droit ou à l'agent commercial. En l'espèce, seule la SARL, personne morale, dont l'agent était le gérant, est à la cause et elle ne peut invoquer à son profit les dispositions rappelées ci-dessus, étant observé que son objet social ne se confond pas avec la seule activité d'agence commerciale et que l'agent a fait le choix d'exercer son activité sous la forme sociétaire avec les conséquences qui s'ensuivent. • Rennes, 31 oct. 2006 : *Lettre distrib. nov. 2006.*

Art. L. 134-14 **Le contrat peut contenir une clause de non-concurrence après la cessation du contrat.**

Cette clause doit être établie par écrit et concerner le secteur géographique et, le cas échéant, le groupe de personnes confiés à l'agent commercial ainsi que le type de biens ou de services pour lesquels il exerce la représentation aux termes du contrat.

La clause de non-concurrence n'est valable que pour une période maximale de deux ans après la cessation d'un contrat. – *[L. n° 91-593 du 25 juin 1991, art. 14.] – V. art. L. 134-16.*

1. Critère de proportionnalité. Sur l'absence de base légale d'une décision qui, pour décider de la nullité d'une clause de non-concurrence, se détermine par référence à l'étendue territoriale de la clause, sans constater qu'elle ne se limitait pas au secteur géographique et au type de biens et services pour lesquels le contrat d'agent commercial avait été conclu et qu'elle n'était pas nécessaire à la protection des intérêts du mandant et sans vérifier de façon concrète si cette clause avait pour effet d'empêcher les anciens agents commerciaux d'exercer toute activité professionnelle, V. • Com. 4 juin 2002 : *Bull. civ. IV, n° 98 ; D. 2003. Somm. 904, obs. Picod ; ibid. 2002. AJ 2328, obs. Chevrier ; JCP 2003. II. 10164, note Licari ; CCC 2002, n° 153, obs. Leveneur ; RTD com. 2003. 159, obs. Bouloc ; Gaz. Pal. 2003. Somm. 1112, obs. Guével ; Cah. dr. entr. 2002, n° 5, p. 33, n° 9, obs. Grignon.* – V. aussi • Rennes, 15 févr. 2011 : *RJDA 2011, n° 603 ; RLDA juin 2011. 76, obs. Grignon.* ♦ Jugeant que la limitation dans l'espace de la clause de non-concurrence était trop importante puisque son étendue sur un rayon de 50 kilomètres autour de chaque agence du mandant restreignait de manière excessive la liberté d'exercice professionnel de l'agent, V. • Com. 17 janv. 2012 : *Gaz. Pal. 2012. 1692, obs. Pignarre ; RJDA 2012, n° 468* ♦ Jugeant une clause nulle pour défaut de corrélation entre la clientèle contractuellement confiée à l'agent et l'engagement de non-concurrence, de telle sorte que l'étendue de celui-ci n'était pas nécessaire à la protection des intérêts du mandant, V. • Com. 15 mai 2012 : *RJDA 2012, n° 847.* ♦ Sur le critère de proportionnalité en matière de clause de non-concurrence, V. L. n° 63-628 du 2 juill. 1963, art. 2, notes 83 et 89, App., v° *Concurrence.*

2. Contrepartie financière. Le législateur n'a pas entendu que l'obligation de non-concurrence soit indemnisée lorsque la clause qui la stipule est conforme aux dispositions de l'art. L. 134-14. • Com. 4 déc. 2007 : *Bull. civ. IV, n° 255 ; D. 2008. Pan. 248, obs. Gomy ; ibid. AJ 10, obs. Chevrier ; RTD com. 2008. 409, obs. Bouloc ; JCP E 2008, n° 20, p. 27, obs. Mainguy ; CCC 2008, n° 38, obs. Mathey ; RJDA 2008, n° 261 ; RLC avr.-juin 2008. 91, note Chagny.* L'exigence d'une contrepartie financière ne saurait être imposée dans le cadre du contrat d'agent commercial dans la mesure où rien ne permet d'ajouter aux conditions de validité limitativement énumérées par le législateur dans l'art. L. 134-14. • Reims, 9 mai 2005 : *JCP 2006. IV. 1858* • Caen, 3 nov. 2005 : *cité note 3* • Aix-en-Provence, 19 juin 2006 : *D. 2006. Pan. 2924, obs. Gomy* • Grenoble, 19 oct. 2006 : *D. 2008. Pan. 248, obs. Gomy*. Rien n'interdit toutefois que le contrat prévoie une telle contrepartie financière : • Pau, 14 déc. 2009 : *D. 2010. Pan. 2542, obs. Gomy*. Sur cette exigence en matière de contrat de travail, V. L. n° 63-628 du 2 juill. 1963, art. 2, note 84, App., v° *Concurrence*.

3. Clause pénale. Dans un contrat d'agent commercial, la clause qui prévoit une indemnité minimale en cas de violation de la clause de non-concurrence par l'agent s'analyse en une clause pénale. • Caen, 3 nov. 2005 : *JCP E 2006, n° 23, p. 1015.*

Art. L. 134-15 **Lorsque l'activité d'agent commercial est exercée en exécution d'un contrat écrit passé entre les parties à titre principal pour un autre objet, celles-ci peuvent décider par écrit que les dispositions du présent chapitre ne sont pas applicables à la partie correspondant à l'activité d'agence commerciale.**

Cette renonciation est nulle si l'exécution du contrat fait apparaître que l'activité d'agence commerciale est exercée, en réalité, à titre principal ou déterminant. — *[L. n° 91-593 du 25 juin 1991, art. 15.] — V. art. L. 134-16.*

Renonciation au statut. Pour une application de ce texte à un agent de marque automobile (agent services) malgré la maladresse de la rédaction de la clause, les juges préférant rechercher la commune intention des parties plutôt que de s'arrêter aux termes de la stipulation contractuelle, V. • Paris, 26 mars 2002 : *Cah. dr. entr. 2002, n° 5, p. 32, obs. Grignon.* Pour une appréciation du caractère « principal ou déterminant » de l'activité d'agence commerciale, V. • Com. 3 mars 2004 : *Bull. civ. IV, n° 42 ; D. 2004. AJ 1382 ; JCP E 2004, n° 49, p. 1928, note Rouquié ; CCC 2004, n° 73, obs. Leveneur ; LPA 27 juin 2005, obs. Baccichetti et Dom ; RTD com. 2004. 804, obs. Bouloc ; Cah. dr. entr. 2004, n° 3, p. 32, obs. Grignon ; RJDA 2004, n° 971 ; RJ com. 2005. 194, obs. Lebreton-Derrien.*

Ayant constaté que l'activité d'agent commercial ne représentait que 1 % de son chiffre d'affaires total, ce dont il résultait qu'elle était accessoire, une cour d'appel, qui retient que le distributeur ne justifie nullement du caractère déterminant du contrat d'agent de service Renault pour son activité principale de garagiste liée à l'attrait du panneau de la marque Renault, a pu estimer licite la renonciation au statut d'agent commercial. • Com. 12 juill. 2005 : *Bull. civ. IV, n° 158 ; D. 2005. AJ 2216, obs. Chevrier ; RTD com. 2006. 471, obs. Bouloc ; JCP E 2006, n° 27-28, p. 1213, obs. Grignon ; RJDA 2005, n° 1205.*

Art. L. 134-16 **Est réputée non écrite toute clause ou convention contraire aux dispositions des articles L. 134-2 et L. 134-4, des troisième et quatrième alinéas de l'article L. 134-11, et de l'article L. 134-15 ou dérogeant, au détriment de l'agent commercial, aux dispositions du deuxième alinéa de l'article L. 134-9, du premier alinéa de l'article L. 134-10, des articles L. 134-12 et L. 134-13 et du troisième alinéa de l'article L. 134-14.** — *[L. n° 91-593 du 25 juin 1991, art. 16.]*

1. Immatriculation. L'art. L. 134-16, qui répute non écrite toute clause contraire à certaines dispositions du statut des agents commerciaux, n'interdit pas aux parties de subordonner la prise d'effet du contrat d'agent commercial à l'immatriculation de l'agent sur le registre spécial. • Com. 8 juill. 2003 : *Bull. civ. IV, n° 116 ; D. 2003. AJ 2234, obs. Chevrier ; JCP E 2004, n° 11, p. 422, obs. Grignon ; RTD com. 2004. 364, obs. Bouloc ; RJDA 2004, n° 37 ; RJ com. 2003. 389, obs. Leloup ; RDC 2004. 394, obs. Béhar-Touchais.* – Sur l'immatriculation, V. notes ss. art. R. 134-6.

2. Indemnisation. Si la clause d'évaluation *a priori* de l'indemnisation d'un agent commercial en cas de cessation de ses relations avec le mandant n'est pas valable dans la mesure où elle a un caractère forfaitaire, il n'en est pas de même de la clause qui permet à l'agent d'obtenir, en cas de rupture, une indemnité compensatrice du préjudice subi égale ou supérieure à ce préjudice. • Com. 20 nov. 2007 : *RJDA 2008, n° 262.* ♦ Jugeant que la clause limitant l'indemnité prévue à l'art. L. 134-12 C. com. à la valeur revenant personnellement à l'agent commercial dans l'apport, la création ou le développement de la clientèle, empêche l'indemnisation entière du préjudice éprouvé par l'agent et qu'elle doit donc être réputée non écrite : • Paris, 25 févr. 2004 : *RJDA 2004, n° 1210.* – Comp., pour les VRP, art. L. 7313-13 s. C. trav., V. ss. art. L. 134-17.

Art. L. 134-17 Un décret en Conseil d'État fixe les conditions d'application du présent chapitre. – *[L. n° 91-593 du 25 juin 1991, art. 19.] – V. art. R. 134-1 s.*

Code du travail

(Ord. n° 2007-329 du 12 mars 2007)

VOYAGEURS, REPRÉSENTANTS ET PLACIERS

RÉP. COM. v° *VRP (Voyageurs, Représentants, Placiers)*, par GRIGNON.

BIBL. ▸ GRIGNON, *RLDA mai 2007. 43* (nouvelle codification « à droit constant » du statut des VRP).

Art. L. 7311-2 Les dispositions du présent titre s'appliquent au voyageur, représentant ou placier exclusif, ainsi qu'au salarié qui, conjointement à l'exercice effectif et habituel de la représentation, accepte de se livrer à d'autres activités, quelle qu'en soit la nature, pour le compte d'un ou plusieurs de ses employeurs. – *[Anc. art. L. 751-2.]*

Art. L. 7311-3 Est voyageur, représentant ou placier, toute personne qui :

1° Travaille pour le compte d'un ou plusieurs employeurs ;

2° Exerce en fait d'une façon exclusive et constante une profession de représentant ;

3° Ne fait aucune opération commerciale pour son compte personnel ;

4° Est liée à l'employeur par des engagements déterminant :

a) La nature des prestations de services ou des marchandises offertes à la vente ou à l'achat ;

b) La région dans laquelle il exerce son activité ou les catégories de clients qu'il est chargé de visiter ;

c) Le taux des rémunérations. – *[Anc. art. L. 751-1, al. 1er fin et al. 2 à 5.]*

Art. L. 7312-1 Les dispositions du chapitre VII du titre II du livre Ier du code de commerce relatives aux incapacités d'exercer une profession commerciale et industrielle sont applicables au voyageur, représentant ou placier qui exerce la représentation commerciale dans les conditions du présent titre. – *[Anc. art. L. 751-14.]*

Art. L. 7313-1 Toute convention dont l'objet est la représentation, conclue entre un voyageur, représentant ou placier et un employeur est, nonobstant toute stipulation expresse du contrat ou en son silence, un contrat de travail. – *[Anc. art. L. 751-1, al. 1er.]*

Art. L. 7313-2 L'absence de clauses interdisant soit l'exercice d'une autre profession, soit l'accomplissement d'opérations commerciales personnelles ne peut faire obstacle à l'application des dispositions de l'article L. 7313-1. – *[Anc. art. L. 751-1, al. 6.]*

Art. L. 7313-3 En l'absence de contrat de travail écrit, toute personne exerçant la représentation est présumée être un voyageur, représentant ou placier soumis aux règles particulières du présent titre. – *[Anc. art. L. 751-4.]*

Art. L. 7313-4 Est nulle toute convention qui aurait pour objet de faire obstacle à l'application des dispositions du présent titre. – *[Anc. art. L. 751-11.]*

Art. L. 7313-5 Le contrat de travail peut comporter une période d'essai dont la durée ne peut être supérieure à trois mois. – *[Anc. art. L. 751-6, al. 1er.]*

Art. L. 7313-6 Le contrat de travail peut, pour sa durée, prévoir l'interdiction pour le voyageur, représentant ou placier, de représenter des entreprises ou des produits déterminés.

Lorsque le contrat de travail ne prévoit pas cette interdiction, il comporte, à moins que les parties n'y renoncent par une stipulation expresse, la déclaration des entreprises ou des produits que le voyageur, représentant ou placier représente déjà et l'engagement de ne pas prendre en cours de contrat de nouvelles représentations sans autorisation préalable de l'employeur. – *[Anc. art. L. 751-3.]*

Art. L. 7313-7 Les commissions dues au voyageur, représentant ou placier du commerce sont payées au moins tous les trois mois. – *[Anc. art. L. 751-12.]*

Art. L. 7313-8 Les dispositions des articles L. 3253-2 et L. 3253-3, relatives aux garanties des rémunérations dans le cadre d'une procédure de sauvegarde, de redressement ou de liquidation judiciaire, s'appliquent aux voyageurs, représentants ou placiers pour les rémunérations de toute nature dues au titre des quatre-vingt-dix derniers jours de travail. – *[Anc. art. L. 751-15.]*

Art. L. 7313-9 En cas de rupture du contrat de travail, la durée du préavis ne peut être inférieure à :

1° Un mois durant la première année de présence dans l'entreprise ;

2° Deux mois durant la deuxième année ;

3° Trois mois au-delà. – *[Anc. art. L. 751-5, al. 1er fin de la 1re et 2e phrase.]*

Art. L. 7313-10 La durée du préavis du voyageur, représentant ou placier employé hors de France est augmentée de la durée normale du voyage de retour lorsque la rupture du contrat entraîne son retour en France. – *[Anc. art. L. 751-5, al. 2.]*

Art. L. 7313-11 Quelles que soient la cause et la date de rupture du contrat de travail, le voyageur, représentant ou placier a droit, à titre de salaire, aux commissions et remises sur les ordres non encore transmis à la date de son départ, mais qui sont la suite directe des remises d'échantillon et des prix faits antérieurs à l'expiration du contrat. – *[Anc. art. L. 751-8, al. 1er.]*

Art. L. 7313-12 Sauf clause contractuelle plus favorable au voyageur, représentant ou placier, le droit à commissions est apprécié en fonction de la durée normale consacrée par les usages.

Une durée plus longue est retenue pour tenir compte des sujétions administratives, techniques, commerciales ou financières propres à la clientèle. Cette durée ne peut excéder trois ans à compter de la date à laquelle le contrat de travail a pris fin. – *[Anc. art. L. 751-8, al. 2.]*

Art. L. 7313-13 En cas de rupture du contrat de travail à durée indéterminée par l'employeur, en l'absence de faute grave, le voyageur, représentant ou placier a droit à une indemnité pour la part qui lui revient personnellement dans l'importance en nombre et en valeur de la clientèle apportée, créée ou développée par lui.

Le montant de cette indemnité de clientèle tient compte des rémunérations spéciales accordées en cours de contrat pour le même objet ainsi que des diminutions constatées dans la clientèle préexistante et imputables au salarié.

Ces dispositions s'appliquent également en cas de rupture du contrat de travail par suite d'accident ou de maladie entraînant une incapacité permanente totale de travail du salarié. – *[Anc. art. L. 751-9, al. 1er.]*

Art. L. 7313-14 L'indemnité de clientèle est due en cas de rupture du contrat de travail à durée déterminée par l'employeur avant l'échéance du terme ou lorsque le contrat venu à échéance n'est pas renouvelé, et en l'absence de faute grave. – *[Anc. art. L. 751-9, al. 2.]*

Art. L. 7313-15 L'indemnité de clientèle ne se confond ni avec l'indemnité pour rupture abusive du contrat de travail à durée indéterminée, ni avec celle due en cas de rupture anticipée du contrat de travail à durée déterminée. – *[Anc. art. L. 751-9, al. 3.]*

Art. L. 7313-16 L'indemnité de clientèle ne peut être déterminée forfaitairement à l'avance. – *[Anc. art. L. 751-9, al. 4.]*

Art. L. 7313-17 Lorsque l'employeur est assujetti à une convention ou accord collectif de travail ou à une décision unilatérale de sa part ou d'un groupement d'employeurs, le voyageur, représentant ou placier peut, dans les cas de rupture du contrat de travail mentionnés aux articles L. 7313-13 et L. 7313-14, bénéficier d'une indemnité.

L'indemnité est égale à celle à laquelle le voyageur, représentant ou placier aurait pu prétendre si, bénéficiant de la convention ou du règlement il avait, selon son âge, été licencié ou mis à la retraite.

Cette indemnité n'est pas cumulable avec l'indemnité de clientèle Seule la plus élevée est due. – *[Anc. art. L. 751-9, al. 5.]*

Art. L. 7313-18 Le conseil de prud'hommes est seul compétent pour connaître des litiges relatifs à l'application du contrat de représentation régi par les dispositions du présent titre. – *[Anc. art. L. 751-10, phrase 1.]*

ARTISTES DE SPECTACLES

Art. L. 7121-11 L'activité d'agent artistique présente un caractère commercial au sens des dispositions du code de commerce. – *[Anc. art. L. 762-4.]*

CHAPITRE V DES VENDEURS À DOMICILE INDÉPENDANTS

(L. n° 2008-776 du 4 août 2008, art. 61-I, 2°)

BIBL. ▶ DELPECH, *Rép. com. Dalloz, Cah. de l'actualité n° 2008-5, p. 22* (régime juridique des vendeurs à domicile indépendants).

Art. L. 135-1 **Le vendeur à domicile indépendant est celui qui effectue la vente de produits ou de services dans les conditions prévues par la section III du chapitre Ier du titre II du livre Ier du code de la consommation, à l'exclusion du démarchage par téléphone ou par tout moyen technique assimilable, dans le cadre d'une convention écrite de mandataire, de commissionnaire, de revendeur ou de courtier, le liant à l'entreprise qui lui confie la vente de ses produits ou services.** – *V. C. consom., art. L. 121-21 s., App., v° Ventes commerciales (VII Domicile (ventes à)).*

Art. L. 135-2 **Le contrat peut prévoir que le vendeur assure des prestations de service visant au développement et à l'animation du réseau de vendeurs à domicile indépendants, si celles-ci sont de nature à favoriser la vente de produits ou de services de l'entreprise, réalisée dans les conditions mentionnées à l'article L. 135-1. Le contrat précise la nature de ces prestations, en définit les conditions d'exercice et les modalités de rémunération.**

Pour l'exercice de ces prestations, le vendeur ne peut en aucun cas exercer une activité d'employeur, ni être en relation contractuelle avec les vendeurs à domicile indépendants qu'il anime.

Aucune rémunération, à quelque titre que ce soit, ne peut être versée par un vendeur à domicile indépendant à un autre vendeur à domicile indépendant, et aucun achat ne peut être effectué par un vendeur à domicile indépendant auprès d'un autre vendeur à domicile indépendant.

Art. L. 135-3 **Les vendeurs à domicile indépendants dont les revenus d'activité ont atteint un montant fixé par arrêté au cours d'une période définie par le même arrêté sont tenus de s'inscrire au registre du commerce et des sociétés ou au registre spécial des agents commerciaux à compter du 1er janvier qui suit cette période.**

Arrêté du 31 mai 2001,

Portant fixation des cotisations forfaitaires et des assiettes forfaitaires relatives aux personnes assurant la vente de produits et de services à domicile par démarchage de personne à personne ou par réunion en application de l'article 42 de la loi n° 94-637 du 25 juillet 1994 relative à la sécurité sociale.

Art. 5 Sont tenus de s'inscrire au registre du commerce et des sociétés ou au registre spécial des agents commerciaux, en application de l'article 42 de la loi du 25 juillet 1994 susvisée, les vendeurs à domicile indépendants qui remplissent les deux conditions suivantes :

1° Avoir exercé l'activité de vente à domicile durant trois années civiles complètes et consécutives ;

2° Avoir tiré de cette activité, pour chacune de ces trois années, une rémunération, telle qu'elle est prise en compte pour la détermination du mode de calcul des cotisations de sécurité sociale fixé à l'article 2 du présent arrêté, dont le montant brut est supérieur à 50 % du plafond annuel de la sécurité sociale.

Dès lors que ces deux conditions sont réunies simultanément, l'inscription à l'un de ces deux registres est obligatoire à compter du 1er janvier qui suit ces trois années civiles.

TITRE QUATRIÈME DU FONDS DE COMMERCE

RÉP. COM. v^is *Fonds de commerce,* par DERRUPPÉ ; *Fonds de commerce (Régime fiscal),* par CRUVELIER.

DALLOZ ACTION *Fonds de commerce,* par REYGROBELLET et DENIZOT, *2012/2013, 2e édition.*

DELMAS *Fonds de commerce, 2011/2012,* par DELPECH.

BIBL. GÉN. ► CHAVEAU, *DH 1939. 1. 37.* – COLLOMB, *RTD com. 1979. 1.* – GUYÉNOT et GALLIMARD, *Dr. prat. jud. 1981. 1.* – LESCAILLON, *Rev. huiss. 1980. 89.* – SAVARY, *Defrénois 1984. 673 et 753.* – THOMAS, *RJ com., n° spéc., nov. 1988. 25.* – VIATTE, *Rev. loyers 1972. 132.* – MONÉGER, *AJDI 2001. 1042* (émergence et évolution de la notion de fonds de commerce). – VERBIEST et LEBORNE, *Gaz. Pal. 23-24 oct. 2002, p. 21* (fonds de commerce virtuel : une réalité juridique ?). – REZEK, *JCP N 2002, n° 51-52, p. 1785* (nécessaire distinction entre fonds de commerce et fonds artisanal) ; *ibid. 2006, n° 39, p. 1716* (vingt raisons de réformer la vente des fonds de commerce). – ADENOT, *JCP E 2006, n° 46, p. 1934* (évaluation du fonds de commerce d'agence immobilière). – VERBIEST, *CCE 2008. Étude 10* (le fonds de commerce électronique : vers une reconnaissance juridique ?). – MENDOZA-CAMINADE, *Mélanges le Tourneau, Dalloz, 2008, p. 763* (la notion de fonds de commerce à l'épreuve de l'Internet : faut-il admettre le fonds de commerce électronique ?). – BRENNER, *Dr. et patr. janv. 2009. 52* (la saisie du fonds d'entreprise). – SAVARY et DUBUISSON, *JCP N 2009, n° 15-16, p. 31* (le fonds et l'immeuble d'exploitation) ; *RLDA avr. 2009. 21* (un site internet est-il un fonds de commerce ?). – LÉCUYER, *Gaz. Pal. 2009. 1738* (la spécificité traditionnelle du fonds de commerce et sa mise en concurrence contemporaine par des notions voisines). – STOFFEL-MUNCK et DECOCQ, *ibid. 1781* (l'avènement du fonds de commerce électronique). – CHABOT, *RLDA juill. 2009. 109* (retour sur le « fonds d'exercice libéral ». Plaidoyer pour la consécration législative d'une notion prétorienne). – LAPORTE-LECONTE, *AJDI 2010. 273* (l'ouverture de l'immeuble aux activités commerciales). – LÉVI et REYGROBELLET, *Mélanges Tricot, Dalloz/Litec, 2011, p. 207* (questions de fonds). – REYGROBELLET, *RLDA févr. 2011. 68* (sort du fonds de commerce et du fonds artisanal dans le contexte juridique modifié). – VABRES, *RTD com. 2011. 215* (valorisation du fonds de commerce par l'intermédiation). – LACHIÈZE, *LPA 29 sept. 2011* (QPC et fonds de commerce). – PERO AUGEREAU-HUE et DELORME, *AJDI 2013. 257* (sécurisation des droits du commerçant sur le domaine public).

La vente ou l'apport d'un fonds de commerce en société, ainsi que la vente-échange-dation d'un fonds de commerce doivent être regardés comme un acte de disposition du patrimoine des personnes placées en curatelle ou en tutelle (Décr. n° 2008-1484 du 22 déc. 2008, annexe I, JO 31 déc.). – **C. civ.**

CHAPITRE PREMIER DE LA VENTE DU FONDS DE COMMERCE

SECTION PREMIÈRE DE L'ACTE DE VENTE

BIBL. ▶ LE MAZIER, *Defrénois 1990. 271.* – RAFFRAY, *JCP N 1997. Prat. 3929* (rédaction de l'acte de vente de fonds de commerce). – TEILLIAIS, *LPA 25 avr. 1997.* – BILLON-GRAND et HERRNBERGER, *JCP N 2004, n° 40, p. 1477* (« questionnaire-cédant » préalable à une cessaion de fonds de commerce). – BIGAS et VARLET, *ibid. 2005, n° 44-45, p. 1844* (réalisation en France d'un contrat de *sale of business* de droit anglais). – HERRNBERGER et BILLON-GRAND, *ibid. 2006 n° 7, p. 361* (lettre de mission du conseil pour une cession de fonds de commerce). – REZEK, *ibid., n° 9, p. 450 ; rect. ibid. n° 15-16, p. 795* (nécessaire relecture de certains textes relatifs aux ventes de fonds de commerce). – REZEK et KÉRAVEC, *ibid. n° 47, p. 2038* (cession amiable de fonds de commerce : prix payable comptant et à terme – formules). – REZEK, *JCP E 2008, n° 47, p. 34* (pourquoi modérer la libération du prix de vente du fonds de commerce). – PROOST, *Defrénois 2008. 2141* (vente de fonds de commerce par acte sous signatures privees et cession de bail par acte authentique séparé : danger !). – HUGON, *Gaz. Pal. 2009. 1763* (la cession du fonds de commerce, instrument d'un changement de contrôle de l'entreprise). – VÉRIGNON, *JCP N 2012, n° 1377* (vente de fonds de commerce avec clause de réserve de propriété).

Art. L. 141-1 **I. — Dans tout acte constatant une cession amiable de fonds de commerce, consentie même sous condition et sous la forme d'un autre contrat ou l'apport en société d'un fonds de commerce, le vendeur est tenu d'énoncer :**

1° Le nom du précédent vendeur, la date et la nature de son acte d'acquisition et le prix de cette acquisition pour les éléments incorporels, les marchandises et le matériel ;

2° L'état des privilèges et nantissements grevant le fonds ;

3° *(L. n° 2008-776 du 4 août 2008, art. 56-VI)* **« Le chiffre d'affaires qu'il a réalisé durant les trois exercices comptables précédant celui de la vente, ce nombre étant réduit à la durée de la possession du fonds si elle a été inférieure à trois ans ; »**

4° Les *(L. n° 2012-387 du 22 mars 2012, art. 3-I)* **« résultats d'exploitation** *[ancienne rédaction : bénéfices commerciaux]* **» réalisés pendant le même temps ;**

5° Le bail, sa date, sa durée, le nom et l'adresse du bailleur et du cédant, s'il y a lieu.

II. — L'omission des énonciations ci-dessus prescrites peut, sur la demande de l'acquéreur formée dans l'année, entraîner la nullité de l'acte de vente. — *[L. 29 juin 1935, art. 12.]*

Sont applicables en Nouvelle-Calédonie et dans les îles Wallis-et-Futuna les adjonctions et modifications apportées à l'art. L. 141-1 par la L. n° 2008-776 du 4 août 2008 (Ord. n° 2009-896 du 24 juill. 2009, art. 1er-I).

BIBL. ▶ DAGOT, *Defrénois 2007. 191* (le point sur les déclarations de chiffres d'affaires et bénéfices commerciaux). – Note de la rédaction, *BRDA 2007, n° 14, p. 14* (mentions obligatoires de l'acte de vente). ▶ Loi n° 2008-776 du 4 août 2008 : LÉVI, *RLDA nov. 2008. 17* (un grand pas pour le praticien de la vente de fonds de commerce... ?). – SAINTOURENS, *RTD com. 2008. 689* (la réforme des mentions obligatoires). – MAZAN et SAMSON, *JCP E 2009, n° 19, p. 9* (la loi du 4 août 2008 apporte-t-elle les évolutions suffisantes ?). ▶ L. n° 2012-387 du 22 mars 2012 : VAUVILLÉ, *Defrénois 2012. 399* (clarification du droit, amélioration des procédures et « trompe-l'œil »). – SAINTOURENS, *RTD com. 2012. 293* (modification des mentions légales devant figurer dans l'acte de vente). – Rezek, *JCP E 2012, n° 1609* (nouveautés dans la rédaction des ventes de fonds de commerce).

I. CHAMP D'APPLICATION

A. ACTES VISÉS

1. Acte de vente d'un fonds. BIBL. Rossignol, *JCP N 1977. I. 6596.* ♦ La loi du 29 juin 1935 ne vise que le cas où un acte a été rédigé pour constater la vente d'un fonds de commerce. • Riom, 23 juin 1947 : *D. 1948. 117, note crit. Ripert.* ♦ Le fait que le fonds vendu soit en location-gérance ne permet pas au vendeur de se soustraire à l'obligation d'énoncer les mentions prévues par la loi. • Riom, 27 oct. 1964 : *D. 1964. 771 ; RTD com. 1965. 88.* ♦ L'art. 12 [C. com., art. L. 141-1] s'applique à la cession d'une agence matrimoniale, laquelle constitue un fonds de commerce. • Limoges, 10 juin 1980 : *D. 1981. 573, note Jauffret.* ♦ La rétrocession à titre onéreux d'une activité de courtage matrimonial constitue une cession d'un fonds de commerce même si cette activité s'exerce par le moyen d'une franchise de service. • Lyon, 21 juin 2007 : *JCP E 2008, n° 3, p. 20.* ♦ En l'absence de clientèle attachée au site Internet et de référence au chiffre d'affaires généré par les ventes de biens présentés sur le site, il n'est pas établi que la cession a porté sur un fonds de commerce. • Poitiers, 2 juill. 2010 : *JCP 2011, n° 137.*

2. Promesse de vente. BIBL. Biquez, *RTD com. 1957. 73.* – Boccara, *JCP 1970. I. 2357 bis.* – J. Honorat, *Defrénois 1986. 1334.* – Précigout, *JCP N 1955. I. 1243.* – Rezek et Kéravec, *JCP N 2006, n° 20, p. 1012* (formule). ♦ L'art. 12 [C. com., art. L. 141-1] est applicable lorsqu'il ressort des stipulations que l'acte relate une promesse synallagmatique de vente sous une condition qui ne s'est pas réalisée, alors qu'aux termes de l'art. 1589 C. civ. une telle promesse vaut vente. • Com. 24 nov. 1954 : *Gaz. Pal. 1955. 1. 35* • Paris, 3 juill. 1963 : *D. 1963. 654 ; RTD com. 1964. 53, obs. Jauffret.* ♦ Une promesse unilatérale de vente assortie d'un important dédit doit contenir les énonciations de l'art. 12 [C. com., art. L. 141-1]. • Com. 8 nov. 1972 : *JCP 1973. II. 17565, note Boccara* • Lyon, 26 juill. 1950 : *D. 1951. 97, note Ripert* • Paris, 22 oct. 1991 : *D. 1993. Somm. 234, obs. Paisant.* – Comp. : • Com. 20 nov. 1962 : *D. 1963. 3.* ♦ V., pour un dédit non chiffré, • Com. 24 oct. 1984 : *Bull. civ. IV, n° 282 ; RTD com. 1985. 507, obs. Derruppé.* – *Contra* : • Com. 9 nov. 1971 : *D. 1972. 62* • Caen, 16 févr. 1970 : *JCP 1970. II. 16526* • T. com. Seine, 22 déc. 1949 : *D. 1950. 308, note Ripert.* ♦ Le fait que la promesse doive être réitérée devant notaire ne dispense pas d'y faire figurer les énonciations obligatoires. • Com. 24 avr. 1981 : *Bull. civ. IV, n° 184 ; D. 1981. 556* • Paris, 8 oct. 1991 : *RJDA 1991, n° 1012.* ♦ Pour un avenant modifiant un contrat de location-gérance tendant à réduire sa durée et consentir au locataire-gérant une promesse unilatérale de vente du fonds, comportant des erreurs flagrantes en ce qui concerne les mentions du chiffre d'affaires et du bénéfice : • Nancy, 30 mai 2007 : *JCP 2008. IV. 1269 ; Dr. sociétés 2008, n° 157, obs. Monnet.*

3. Opérations assimilées. Pour un contrat de gérance-vente, V. • Rouen, 22 nov. 1968 : *D. 1969. 67 ; RTD com. 1969. 442, obs. Jauffret.* ♦ ... Pour la cession du matériel à un locataire-gérant, V. • Com. 18 janv. 1984 : *RTD com. 1984. 656, obs. Derruppé.* ♦ ... Pour la résiliation de droit au bail contre une indemnité, V. • Civ. 1re, 4 mai 1977 : *RTD com. 1977. 484, obs. Derruppé.* ♦ ... Pour l'ouverture et la fermeture concomitantes, V. • Civ. 1re, 10 oct. 1979 : *RTD com. 1980. 73, obs. Derruppé.* ♦ ... Pour une cession de contrat de concession, V. • Versailles, 24 mars 1988 : *D. 1988. IR 124.* – *Contra* : • Com. 3 juin 1982 : *RTD com. 1983. 219, obs. Derruppé.* ♦ ... Pour une concession de licence d'exploitation, V. • Com. 9 juin 2004 : *JCP E 2004, n° 32-35, p. 1280.* – Sur cet arrêt, V. aussi Cozian, *JCP E 2004, n° 47, p. 1819* (abus de droit ?).

4. Droit international privé. L'art. 12 [C. com., art. L. 141-1] s'applique à la vente passée en France d'un fonds de commerce situé à l'étranger, lorsque n'est pas établie la volonté des parties de soumettre la forme de leur contrat à la loi qui régit au fond celui-ci ou à leur loi nationale. • Civ. 1re, 10 déc. 1974 : *D. 1975. 685, note Malaurie et Morin.*

B. ACTES EXCLUS

5. Ventes verbales. Sur leur validité, V. • Com. 22 déc. 1955 : *Bull. civ. III, n° 380* • Rennes, 2 mars 1976 : *D. 1976. Somm. 87.* ♦ Sur la preuve par tout moyen, V. • Civ. 3 févr. 1930 : *DP 1932. 1. 28* • Com. 22 déc. 1955 : *préc.*

6. Actes n'emportant pas cession de clientèle. En ce sens que la cession distincte du mobilier et d'une licence de débit de boissons, ne comportant aucun élément relatif à la nature et à l'importance d'une clientèle, ni au chiffre d'affaires d'un fonds de commerce, ne constitue pas la vente d'un fonds de commerce, V. • Com. 26 mars 1996 : *D. Affaires 1996. 640.* ♦ V. considérant que la cession d'un service minitel ne saurait constituer une cession de fonds de commerce : • Paris, 6 avr. 2001 : *CCE 2002, n° 60, obs. Grynbaum.* – *Contra* : • Paris, 28 janv.

2005 : *RTD com. 2005. 250, obs. Saintourens* ; *RJDA 2006, n° 893.* ♦ Pour l'hypothèse d'une cession du droit au bail et non d'une cession du fonds de commerce, V. • Paris, 26 mars 2003 : *Rev. loyers 2003. 374.* ♦ Sur l'application de l'art. 12 [C. com., art. L. 141-1] dans le cadre de la mise en œuvre d'un droit de préemption contractuel accordé au bailleur en cas de vente du fonds par le preneur, V. • Versailles, 7 juin 1991 : *D. 1991. IR 215* • Civ. 3e, 12 juill. 1995 : *Bull. civ. III, n° 184.*

7. Cession de parts sociales. Sur l'inapplicabilité de l'art. 12 [C. com., art. L. 141-1] à une cession massive de parts sociales, V. • Com. 13 févr. 1990 : *Bull. civ. IV, n° 42 ; D. 1990. 470, note d'Hoir-Laupretre* ; *JCP 1990. II. 21587, note Lazarski ; Rev. sociétés 1990. 251, note Le Cannu* ; *Bull. Joly 1990. 660, note Jeantin* • 6 juin 1990 : *Bull. civ. IV, n° 161 ; Defrénois 1991. 607, note J. Honorat* • 19 nov. 1991 : *Dr. sociétés 1992, n° 12, obs. Le Nabasque* • Paris, 28 mars 1995 : *D. 1995. IR 163* • 25 juin 2004 : *RJDA 2004, n° 1337. – Contra* : • Paris, 31 janv. 1997 : *D. 1997. IR 59 ; D. Affaires 1997. 319 ; JCP 1997. II. 22875, note Viandier ; Bull. Joly 1997. 427, note Le Cannu* • Montpellier, 24 oct. 1991 : *JCP E 1992. I. 172, n° 12, obs. Viandier et Caussain* • Aix-en-Provence, 5 oct. 1993 : *JCP 1994. IV. 629* (jugeant que les cessions successives de la totalité des parts sociales d'une SARL impliquent nécessairement le transfert du fonds de commerce constitutif de l'objet social). – Comp. : • Com. 3 nov. 1980 : *Bull. civ. IV, n° 358.* ♦ V. toutefois, sur la nullité d'une cession de parts de SARL ayant eu pour but de dissimuler une cession de fonds de commerce, afin d'éluder l'art. 12 [C. com., art. L. 141-1], • Versailles, 25 févr. 1988 : *D. 1988. IR 94.* – Rappr. : • Paris, 31 mai 1996 : *RJDA 1996, n° 1205.*

8. Fusion de sociétés. Le choix fait par les parties en faveur de l'adoption du régime juridique de la fusion-absorption exclut l'application des règles propres à la cession de fonds de commerce. • Paris, 10 avr. 1986 : *Rev. sociétés 1986. 428, note Daigre ; D. 1987. Somm. 391, obs. Bousquet.*

II. ÉNONCIATIONS OBLIGATOIRES

9. Liste exhaustive. La liste des énonciations obligatoires de l'art. 12 [C. com., art. L. 141-1] est limitative. • Com. 7 juin 1974 : *Bull. civ. IV, n° 177 ; D. 1974. Somm. 103 ; RTD com. 1974. 485, obs. Jauffret.* ♦ La perte d'une clientèle ne figure pas au nombre de ces énonciations. • Com. 13 janv. 1998 : *D. Affaires 1998. 322, obs. A.-L. M.-D. ; RTD com. 1998. 323, obs. Derruppé* . ♦ Pour les livres de comptabilité, V. art. L. 141-2.

10. Chiffre d'affaires et bénéfices (Jurispr. antérieure à la L. n° 2008-776 du 4 août 2008). La déclaration de l'acquéreur figurant dans l'acte, qu'il a pris connaissance du chiffre d'affaires et des bénéfices des trois dernières années, ne remplace pas l'indication précise et exacte de ces chiffres. • Lyon, 26 juill. 1950 : *D. 1951. 97, note Ripert.* ♦ De même, les indications orales sur le chiffre d'affaires sont insuffisantes en l'absence des énonciations légales. • Com. 18 oct. 1971 : *Bull. civ. IV, n° 242.* ♦ La mise en location-gérance d'un fonds de commerce ne dispense pas, par elle-même, son vendeur d'observer les prescriptions édictées par l'art. 12 [C. com., art. L. 141-1] • Com. 7 déc. 1993 : *Bull. civ. IV, n° 453 ; D. 1994. IR 16 ; Defrénois 1994. 554, obs. Le Cannu ; RTD com. 1994. 42, obs. Derruppé* ; *JCP N 1996. II. 231, note Raffray.* – V. déjà en ce sens : • Riom, 27 oct. 1964 : *D. 1964. 771 ; RTD com. 1965. 88, obs. Jauffret.* – Comp. : • Com. 1er déc. 1992 : *Bull. civ. IV, n° 385 ; D. 1993. IR 17.* ♦ Mais ne constitue pas « l'omission » de la mention obligatoire des chiffres d'affaires et des bénéfices prévue par l'art. 12 [C. com., art. L. 141-1] l'irrégularité résultant de ce que les chiffres d'affaires et les bénéfices mentionnés ne correspondent pas à l'activité du seul fonds de commerce mais également aux ventes réalisées sur les marchés. • Paris, 6 sept. 1994 : *RJDA 1994, n° 1273.* ♦ Sur la ventilation du résultat comptable activité par activité ou établissement par établissement, V. aussi : • Douai, 9 févr. 2006 : *JCP N 2007, n° 45, p. 24, obs. Rezek* • Aix-en-Provence, 1er mars 2006 : *ibid.*

11. Calcul de la période triennale. La période des trois dernières années mentionnée par la loi doit être calculée de quantième en quantième en remontant dans le passé à partir du jour de la conclusion de la vente. • Com. 24 nov. 1954 : *Gaz. Pal. 1955. 1. 35 ; RTD com. 1955. 303* • 9 mars 1964 : *Gaz. Pal. 1964. 1. 361 ; RTD com. 1964. 526* • 22 juill. 1969 : *D. 1970. Somm. 52* • 10 déc. 1991 : *D. 1993. 21, note Hallouin* ; *Bull. civ. IV, n° 381.* ♦ Lorsque l'exploitation a été inférieure à trois ans, le vendeur n'est tenu de fournir que les chiffres correspondant au temps où il a personnellement exploité le fonds. • Com. 23 juill. 1957 : *D. 1957. 710* • 22 juill. 1969 : *Bull. civ. IV, n° 278.* ♦ Il appartient à l'acquéreur de tenir compte du fait qu'il achète un fonds de commerce n'ayant pas même une année d'existence ; le seul fait de communiquer des comptes prévisionnels établis sur trois années ne saurait constituer une manœuvre dolosive susceptible d'entraîner l'annulation de la cession. • Paris, 11 janv. 2005 : *RTD com. 2005. 251, obs. Saintourens* . ♦ Des mentions relatives à deux années sur trois sont insuffisantes. • Civ. 1re,

12 déc. 1979 : *D. 1980. IR 176.* ♦ Comp. • Paris, 29 juin 2000 : *JCP E 2000, n° 37, p. 1401.* ♦ Le vendeur, qui n'a fourni à l'acquéreur qu'un seul bilan accompagné de deux déclarations non signés de TVA, n'a pas respecté l'art. L. 141-1. • Toulouse, 5 nov. 2002 : *JCP E 2003, n° 41, p. 1598.*

12. Comptes non arrêtés. Le vendeur ne peut s'exonérer de son obligation pour la période correspondant à l'exercice en cours au prétexte que ses comptes ne sont pas arrêtés et doit, au contraire, prendre toutes dispositions pour fournir ces informations à l'acquéreur, en procédant, si nécessaire, par approximation à partir des éléments comptables en sa possession. • Com. 29 avr. 1997 : *D. Affaires 1997. 851 ; RTD com. 1998. 134, obs. Derruppé.* – V. aussi • Versailles, 9 oct. 1992 : *D. 1992. IR 272 ; RTD com. 1993. 83, obs. Derruppé* • Paris, 12 sept. 2005 : *AJDI 2005. 906.* ♦ Ainsi, est nul l'acte de cession dans lequel le chiffre d'affaires et les bénéfices commerciaux [désormais résultats d'exploitation] indiqués ne portent pas sur la totalité de la période écoulée entre la création du fonds et la date de l'acte de cession, même si cette période ne correspond pas à la période d'exercice de référence pour l'établissement des comptes annuels. • Versailles, 30 juin 2011 : *RJDA 2012, n° 30* • Paris, 12 sept. 2005 : *AJDI 2005. 906.* – Comp. : • Nancy, 22 janv. 1992 : *JCP 1992. IV. 2481 ; RTD com. 1992. 784, obs. Derruppé.*

13. Communication des bénéfices réels. Le montant du chiffre d'affaires et des bénéfices commerciaux [désormais résultats d'exploitation] ne doit pas être celui du forfait fiscal des bénéfices commerciaux. • Paris, 28 oct. 1953 : *D. 1954. 81* • 22 nov. 1976 : *RTD com. 1977. 486, obs. Derruppé* • T. com. Lyon, 14 janv. 1953 : *D. 1953. 280 ; RTD com. 1953. 627, obs. Jauffret.* ♦ Il s'agit des bénéfices réels nets et non bruts. • Paris, 18 déc. 1965 : *Gaz. Pal. 1966. 1. 154 ; RTD com. 1966. 309, obs. Jauffret* • Com. 8 févr. 1971 : *Bull. civ. IV, n° 36* • Civ. 1re, 12 déc. 1979 : *D. 1980. IR 176 ; RTD com. 1980. 74, obs. Derruppé.* ♦ L'art. L. 141-1 exige que soient communiqués les bénéfices et donc *a contrario* également les pertes subies. • Versailles, 23 mars 2006 : *RJDA 2006, n° 1013.* ♦ V. note 1 ss. art. L. 141-3.

14. Évaluation comparative. Il est de principe que la valeur vénale d'un bien, pour l'acquisition d'un fonds de commerce, doit être fixée par l'administration par comparaison avec les cessions de biens intrinsèquement similaires reflétant la réalité du marché. Toutefois, lorsque la méthode dite comparative ne peut être appliquée, il incombe à l'administration de rechercher la méthode la plus pertinente mettant en œuvre des critères en adéquation avec la situation du fonds concerné. Ainsi, c'est à bon droit que l'administration a estimé les fonds, objets du litige, en utilisant une méthode d'évaluation à partir des données comptables et reposant sur le chiffre d'affaires moyen de la société au cours des trois derniers exercices précédant la mutation. • Rouen, 8 nov. 2006 : *JCP 2007. IV. 1459.*

15. Bail. Sur l'insuffisance de la seule mention de l'existence d'un bail « en cours de renouvellement », V. • Paris, 22 sept. 1987 : *D. 1987. IR 199.*

16. Contrats de distribution. V. note 26 ss. art. L. 141-5.

III. SANCTION DES OMISSIONS

17. Réduction du prix. La loi ne prévoyant que l'action en nullité, une action en réduction du prix est irrecevable. • Paris, 12 oct. 1962 : *D. 1963. 167* • Com. 18 janv. 1984 : *Bull. civ. IV, n° 23.* – V. cep. • Com. 23 mars 1965 : *Bull. civ. III, n° 226.* ♦ Rappr. note 7 ss. art. L. 141-3.

18. Dommages et intérêts. Le dommage peut être suffisamment réparé par l'octroi de dommages et intérêts. • Com. 11 juill. 1977 : *D. 1978. 155 ; RTD com. 1978. 95, obs. Derruppé.* ♦ Comp., au cas d'inexactitude : note 5 ss. art. L. 141-3.

19. Responsabilité de l'intermédiaire. Pour la condamnation d'un rédacteur d'acte ayant omis les indications relatives aux chiffres d'affaires et bénéfices, sans même avoir vérifié si la comptabilité empêchait de fournir ces résultats, V. • Civ. 1re, 17 déc. 1996 : *Bull. civ. I, n° 453 ; D. Affaires 1997. 150 ; Bull. Joly 1997. 243, note Baranger.* ♦ Le notaire, en sa qualité d'officier public, est tenu de veiller à l'efficacité des actes qu'il établit et doit prendre toutes les mesures qui permettent de sauvegarder les intérêts des acquéreurs d'un fonds de commerce au regard des exigences de l'art. 12 [C. com., art. L. 141-1]. • Civ. 1re, 13 oct. 1999 : *Bull. civ. I, n° 276 ; JCP 1999. IV. 2948 ; Defrénois 1999. 1342, obs. Aubert ; RTD com. 2000. 330, obs. Derruppé.* ♦ La faute du notaire ayant fait signer aux vendeurs un acte de vente incomplet au regard de l'art. 12 [C. com., art. L. 141-1], dès lors qu'elle a concouru avec celle des vendeurs à l'annulation de la vente, peut entraîner un partage de responsabilité entre l'officier public et ses clients ; mais le notaire, s'il peut être condamné à garantir les vendeurs des dommages-intérêts prononcés au profit de l'acquéreur, ne peut être tenu à la restitution d'un prix qu'il n'a pas lui-même perçu. • Civ. 1re,

17 mars 1993 : *JCP N 1996. II. 1089, obs. Sanséau.* ♦ Bien qu'il puisse écarter tout recours en garantie contre le notaire, en dépit de sa faute professionnelle, de la part du client s'étant rendu coupable d'un dol, le juge dispose également de la faculté de condamner l'officier public, en considération de la faute commise par lui, à une garantie partielle dans une mesure qui relève de son pouvoir souverain d'appréciation. • Civ. 3e, 3 mars 1998 : *D. Affaires 1998. 572, obs. J. F.* ♦ V. aussi • Civ. 1re, 16 janv. 2001 : *D. 2001. IR 594.* ♦ Mais l'acquéreur qui a contracté en toute connaissance de cause est mal fondé à faire grief au notaire d'avoir établi l'acte authentique malgré l'absence des derniers chiffres d'affaires et bénéfices commerciaux [désormais résultats d'exploitation] non fournis par le vendeur, dès lors que le notaire a agi sur demande expresse de l'acquéreur et qu'il a effectué toutes les diligences requises. • Bordeaux, 22 mars 1994 : *JCP N 1996. II. 1090, obs. Sanséau.* ♦ Sur la responsabilité contractuelle d'un avocat, rédacteur de la promesse de vente unilatérale du fonds de commerce, et la responsabilité délictuelle à l'égard d'un autre avocat qui l'a régularisée, V. • Paris, 3 mars 2009 : *Gaz. Pal. 2009. 2645, obs. J.-G. M.* ♦ Le notaire n'est, en principe, pas tenu à une obligation de conseil et de mise en garde en ce qui concerne l'opportunité économique de l'opération à laquelle il prête son concours. • Civ. 1re, 4 nov. 2011 : *Bull. civ. I, n° 193 ; Dalloz actualité, 23 nov. 2011, obs. Rabu ; D. 2011. Actu. 2793 ; AJDI 2012. 52 ; JCP E 2012, n° 1006, note Legeais ; JCP N 2012, n° 1063, note Poumarède ; RD banc. fin. 2012, n° 15, obs. Legeais.*

A. ACTION EN NULLITÉ

20. *Nullité relative.* Aux termes de l'art. 12 [C. com., art. L. 141-1], l'omission des formalités prévues par ce texte ne peut être prononcée que sur la demande de l'acquéreur. • Com. 17 nov. 1998 : *D. Affaires 1999. 116.* ♦ La nullité résultant de l'omission des énonciations prescrites est relative et seul l'acquéreur peut l'invoquer. • *Lyon, 10 févr. 1948 : D. 1948. Somm. 22.* ♦ Le vendeur et ses créanciers sont irrecevables. • T. com. Saint-Étienne, 6 juill. 1939 : *Rev. fonds com. 1938. 168.* ♦ V. aussi note 21.

21. *Renonciation.* Si l'acquéreur ne peut renoncer dans l'acte de vente à demander la nullité. • Com. 4 nov. 1970 : *D. 1971. 231.* ♦ ... Ni même renoncer à ce droit avant la conclusion de l'acte. • Versailles, 1er juill. 1999 : *D. 1999. AJ 28.* ♦ ... Il a été cependant jugé que, s'agissant d'une nullité relative, il peut y renoncer après la vente. • T. com. Mirecourt, 13 déc. 1935 : *Rev. loyers 1936. 263.*

22. *Réitération de la vente par acte authentique.* Si les dispositions de l'art. 12 [C. com., art. L. 141-1] sont applicables à l'acte sous seing privé, par lequel le transfert de propriété du fonds vendu est subordonné à la passation d'un acte authentique, et qui ne comporte aucune mention quant au résultat du fonds, l'acquéreur n'est toutefois pas forcé à poursuivre l'annulation de la vente dès lors que les parties ont maintenu leur commune volonté lors de la signature de l'acte authentique qui n'était affecté d'aucune cause de nullité. • Com. 27 juin 2000 : *Bull. civ. IV, n° 132 ; D. 2000. AJ 357, obs. Monéger-Dupuis ; RTD com. 2000. 849, obs. Derruppé ; JCP N 2001, n° 25, p. 1068, note Leveneur ; LPA 16 mars 2001, obs Martin ; Defrénois 2001. 513, obs. Honorat.*

23. *Délai pour agir : caractère préfix.* Après avoir exactement énoncé que le délai d'un an dans lequel se trouve enfermée l'action fondée sur les art. 12 et 13 de la loi du 29 juin 1935 [C. com., art. L. 141-1 et L. 141-3] constitue un délai préfix, une cour d'appel décide à bon droit que l'expiration de ce délai interdit à l'acquéreur d'un fonds de commerce d'invoquer, même par voie d'exception, les omissions et inexactitudes visées par ces textes. • Com. 31 mars 2004 : *Bull. civ. IV, n° 67 ; D. 2004. AJ 1238, obs. Chevrier ; JCP E 2004, n° 28-29, p. 1153, note Kéita ; RTD com. 2004. 695, obs. Saintourens ; RJDA 2004, n° 966 ; Procédures 2004, n° 129, obs. Croze.* ♦ Il s'agit d'un délai préfix, qui n'est susceptible ni d'interruption, ni de suspension. • Com. 10 déc. 1991 : *Bull. civ. IV, n° 382 ; CCC 1992, n° 45, obs. crit. Leveneur ; RTD com. 1992. 353, obs Derruppé.*

24. *Point de départ du délai.* Le délai d'une année court du jour de la vente et non de la prise de possession. • Com. 15 déc. 1987 : *Bull. civ. IV, n° 273 ; JCP 1988. IV. 77* • 3 mars 1992 : *Bull. civ. IV, n° 106 ; D. 1992. IR 101 ; RTD com. 1992. 353, obs. Derruppé* (à propos d'un compromis de vente sous seing privé). – Dans le même sens : • Com. 6 févr. 1996 : *Bull. civ. IV, n° 44 ; D. 1996. IR 84 ; D. Affaires 1996. 452 ; JCP E 1996. II. 841, note Petit.* – V. aussi • Rouen, 31 janv. 1958 : *D. 1958. 455* • Rennes, 30 avr. 1969 : *Gaz. Pal. 1969. 2. 378 ; RTD com. 1970. 98, obs. Jauffret.* ♦ Pour la détermination du point de départ du délai de prescription en cas de pluralité d'actes, V. • Com. 26 mai 2004 : *RJDA 2004, n° 1208.* ♦ Sur la possibilité d'agir encore en nullité pour dol, V. • Com. 5 juill. 1977 : *D. 1977. IR 494.* ♦ V. notes 28 s.

B. PRONONCÉ DE LA NULLITÉ

25. *Preuve.* C'est à l'acquéreur qu'il incombe, du fait qu'il est demandeur en annulation du contrat, de prouver que, par l'omission des énonciations légales, son consentement a été vicié et qu'il a subi un préjudice. • Com. 21 juill. 1953 : *Gaz. Pal. 1953. 2. 316* • 10 mai 1982 : *Bull. civ. IV, n° 166* • Paris, 12 sept. 2005 : *préc. note 12.* ♦ Il incombe à l'acquéreur de prouver que son consentement a été vicié par erreur à raison de l'omission des énonciations légales ; tel n'est pas le cas s'il est établi que l'acheteur connaissait exactement l'activité et la valeur du fonds, s'il a pu consulter les livres comptables et ainsi être suffisamment averti de la situation du fonds. • Caen, 31 mars 2005 : *JCP E 2005, n° 31-34, p. 1318.* ♦ L'omission de respecter les dispositions de l'art. L. 141-1 est sans incidence sur le consentement de l'acquéreur lorsque celui-ci, déjà commerçant lors de l'acquisition, est entré en possession des différents contrats souscrits par les clients depuis le début de l'activité de la cédante ; l'acquéreur étant informé du chiffre d'affaires et de l'existence du contrat de concession de marque, ainsi que du caractère accessoire de l'activité de courtage exercée par la cédante par rapport à son activité principale d'agent immobilier. • Lyon, 21 juin 2007 : *préc. note 1.*

26. Vice du consentement. Le juge doit rechercher si l'omission a vicié le consentement de l'acquéreur et a été pour lui la cause d'un préjudice. • Com. 5 janv. 1971 : *Bull. civ. IV, n° 6* • 6 mars 1973 : *ibid., n° 112* • 11 oct. 1982 : *ibid. n°s 299 et 302* • 13 mars 2001 : *JCP E. 2001, n° 48, p. 1915, note Kamdem* • 27 avr. 2011 : *RJDA 2011, n° 789* • Paris, 10 sept. 1993 : *D. 1993. IR 239* • Versailles, 24 mars 1994 : *D. 1994. IR 155.* ♦ V. aussi • Paris, 29 juin 2000 : *JCP E 2000, n° 37, p. 1401.* ♦ La nullité n'a pas été retenue, même en l'absence de toute énonciation, dès lors qu'il est établi que l'acquéreur connaissait la plupart des précisions exigées et que l'omission des autres ne lui a pas causé préjudice. • Com. 4 févr. 1965 : *Bull. civ. III, n° 92* • 9 janv. 1978 : *ibid. IV, n° 15* • 8 juin 1970 : *D. 1970. Somm. 192 ; RTD com. 1971. 283* • 1er déc. 1992 : *préc. note 10.* – V. aussi • Dijon, 19 févr. 1998 : *JCP 1998. IV. 3146* • Rouen, 2 déc. 1999 : *RJDA 2000, n° 645.* ♦ Comp., pour un acquéreur, professionnel averti : • Com. 22 nov. 1965 : *Bull. civ. III, n° 590* • 18 janv. 1984 : *ibid. IV, n° 23.* ♦ ... Ou ayant pu compulser les livres comptables : • Com. 23 juin 1980 : *D. 1980. 542 ; RTD com. 1981. 65, obs. Derruppé* • *30 janv. 1990 : Bull. civ. IV, n° 29 ; D. 1991. Somm. 163, obs. Paisant.* ♦ Tel est le cas du cessionnaire qui avait exploité le fonds antérieurement à la cession dans le cadre d'une location-gérance et qui disposait des documents comptables indiquant le montant du chiffre d'affaires pour les trois dernières années d'exploitation. • Paris, 16 oct. 2008 : *RJDA 2009, n° 418.*

Pour l'exclusion de la nullité lorsque l'acte de vente a été rédigé par l'avocat de l'acquéreur, à la demande expresse de ce dernier, qui a reconnu, dans cet acte, avoir visé et paraphé les livres de comptabilité, V. • Paris, 9 nov. 2001 : *RJDA 2002, n° 491.* – V. aussi note 19.♦ Sur la possibilité de se servir d'éléments postérieurs à la vente pour prouver l'existence d'un vice du consentement au moment de celle-ci, V. • Com. 10 déc. 1991 : *préc. note 11.*

27. Erreur. N'est pas une cause de nullité de la vente l'erreur portant uniquement sur la valeur du fonds de commerce. • Com. 28 juin 1994 : *Rev. loyers 1994. 493.* ♦ Dès lors que le caractère erroné des énonciations fournies par les vendeurs concernant les résultats d'exploitation du bien cédé ainsi que l'absence de clientèle propre à celui-ci malgré sa désignation à l'acte de vente comme partie du fonds de commerce ont vicié le consentement des acquéreurs au point qu'ils n'auraient pas contracté s'ils en avaient eu connaissance, il en résulte une erreur sur les qualités substantielles de la chose vendue, sanctionnée par la nullité de la vente. • Com. 18 juin 1996 : *D. 1998. 305, note Jault-Seseke.* ♦ L'inexactitude des indications relatives aux horaires d'ouverture du fonds consistant dans la mention d'horaires inférieurs à ceux réellement pratiqués est de nature à causer un préjudice aux acquéreurs en ce qu'elle a eu pour conséquence d'augmenter le prix de cession. • Rennes, 23 mai 2006 : *JCP N 2007, n° 45, p. 26, obs. Rezek.*

Pour une nullité en raison de l'absence des mentions prescrites par l'art. 1326 C. civ., V. • Bourges, 31 janv. 1996 : *JCP E 1997. Pan. 796.*

28. Dol : notion. Le dol ne peut être invoqué par l'acquéreur que dans la mesure où le vendeur lui a caché sciemment l'existence d'une situation susceptible d'influer dans des conditions notables sur le chiffre d'affaires des fonds et où, par sa réticence ou son silence volontaire, il a manqué à la bonne foi sur laquelle l'autre partie était en droit de compter. • Versailles, 21 mai 1986 : *D. 1986. 560, note Jeantin.* ♦ V. aussi • Com. 21 mars 2000 : *Dr. et patr.-oct. 2000. 103, obs. Chauvel.* ♦ Le simple silence observé par l'une des parties sur un fait qui aurait été de nature à influencer la négociation peut constituer un dol, mais celui-ci doit être apprécié en considération de la personne du cocontractant. • Paris, 28 janv. 2000 : *AJDI 2000. 350.* ♦ Pour un arrêt considérant que la réticence dolosive rend toujours excusable l'erreur provoquée, V. • Civ. 3e, 21 févr. 2001 : *Bull. civ. III, n° 20 ; D. 2001. 2702, note D. Mazeaud ; JCP 2001. I. 330, n° 10, obs. Constantin ; Defrénois 2001. 703,* *obs. Libchaber.* – Sur cet arrêt, V. aussi Mouly, *D. 2003. 2023* ✎. ♦ Sur le caractère déterminant du dol, V. • Com. 9 oct. 2001 : *RJDA 2002, n° 5.*

29. Dol : illustrations. L'acquéreur d'un fonds de commerce de réparation automobile ne peut se prétendre victime de manœuvres dolosives en invoquant que la cession incluait l'activité de vente de véhicules, dès lors qu'étant lui-même un professionnel de l'automobile, il ne pouvait ignorer que par nature le nom du constructeur n'était pas aliénable, que la concession de vente, dépendant d'un contrat conclu *intuitu personae* entre le représentant de la marque et le concessionnaire était incessible, et que la modicité du prix ne pouvait laisser penser que la concession était incluse dans la vente. • Versailles, 6 juin 1997 : *BICC 1998, n° 332.* ♦ La vente du fonds de commerce doit être annulée pour vice du consentement en raison du dol du vendeur, ce dernier ayant cédé un fonds indisponible en raison de la vente forcée dont il avait fait l'objet antérieurement à la cession. • T. com. Paris, 17 juin 1992 : *JCP 1992. IV. 2342.* ♦ Sur le dol résultant de l'absence d'information sur un litige intéressant le droit au bail, V. • Com. 14 nov. 1995 : *JCP 1997. II. 22818, note Boccara.* ♦ Sur l'annulation d'une vente de fonds d'officine de pharmacie lorsque, par des manœuvres dolosives, des ventes massives de produits et de substances illicites augmentant le chiffre d'affaires ont été dissimulées à l'acquéreur du fonds, alors qu'un tel chiffre était irréalisable dans le cadre d'une exploitation licite normale, V. • Rouen, 10 déc. 1996 : *JCP E 1998, n° 41, p. 1571.* ♦ Sur l'annulation pour dol en raison du défaut d'information du cessionnaire de la non-réalisation de travaux demandés par la commission départementale de sécurité, V. • Civ. 3e, 6 juill. 2005 : *JCP E 2005, n° 38, p. 1534 ; BRDA 2005, n° 19, p. 5.*

Pour une réticence dolosive relative aux contrats de distribution, V. note 26 ss. art. L. 141-5. ♦ ... A l'obligation de non-concurrence, V. • Com. 20 juin 1995 : *cité note 9 ss. art. L. 141-5.* ♦ ... A l'opposition du voisinage à la poursuite de l'exploitation, manifestée par de nombreuses plaintes, pétitions et enquêtes de police. • Amiens, 9 janv. 1998 : *JCP E 1998, n° 44, p. 1714.* ♦ ... A l'existence d'un projet d'implantation à proximité du fonds d'une enseigne concurrente. • Rouen, 7 avr. 2005 : *RJDA 2005, n° 985.*

V. aussi note 7 ss. art. L. 141-3.

30. Dol : régime. Viole les art. 1116 et 1234 C. civ., l'arrêt qui, après avoir constaté l'existence d'un dol commis par un vendeur de fonds de cinéma ayant dissimulé la résiliation du droit au bail, dol qui avait eu pour effet de vicier l'ensemble de la transaction, considère que la remise en l'état des parties étant impossible en fait, le vendeur doit simplement être condamné à restituer une indemnité, alors qu'il résulte de la nullité de la cession que l'acheteur est en droit d'obtenir restitution de l'intégralité des sommes versées lors de la vente. • Com. 19 mai 1998 : *Bull. civ. IV, n° 160 ; D. 1999. 406, note Ribeyrol-Subrenat* ✎ *; D. Affaires 1998. 1252, obs. S. P. ; JCP 1999. II. 10194, note Karm ; RJDA 1998, n° 1094.* ♦ Viole l'art. 1371 C. civ., l'arrêt qui pour décider que le cessionnaire d'un fonds de commerce ne peut prétendre à la restitution intégrale des sommes versées lors de la cession énonce que cette restitution le ferait profiter d'un enrichissement sans cause, alors que le cédant s'étant rendu coupable de dol, se trouve donc privé de l'action *de in rem verso.* • Même arrêt. ♦ Une réticense dolosive rend toujours excusable l'erreur provoquee ; l'erreur de l'acquéreur (obligation de vérifier l'état de la concurrence), provoquée par la réticense dolosive du vendeur (défaut d'information de l'ouverture prochaine d'un fonds concurrent), est excusable. • Com. 13 févr. 2007 : *RJDA 2007, n° 1076 (1re esp.).*

Seul un dol imputable à la société cédante ou à son représentant agissant en tant que tel peut justifier l'action en réduction de prix formée par l'acquéreur. • Com. 23 nov. 1993 : *Bull. civ. IV, n° 421 ; D. 1994. Somm. 234, obs. Paisant* ✎. ♦ Le droit de demander la nullité d'un contrat par application des art. 1116 et 1117 C. civ. n'exclut pas l'exercice, par la victime des manœuvres dolosives, d'une action en responsabilité délictuelle pour obtenir de leur auteur réparation du préjudice qu'elle a subi. • Com. 18 oct. 1994 : *Bull. civ. IV, n° 293 ; D. 1995. 180, note Atias* ✎ *; Defrénois 1995. 332, obs. D. Mazeaud.* ♦ Les acquéreurs ayant obtenu l'annulation de la cession du fonds de commerce pour dol peuvent se faire indemniser des dépenses faites pour l'amélioration de ce fonds en y développant une activité complémentaire de celle qui existait lors de la cession annulée. • Com. 7 mars 1995 : *Bull. civ. IV, n° 69 ; D. 1995. IR 88 ; JCP 1996. II. 22661, note du Rusquec.* ♦ Sur l'indemnisation de l'acquéreur d'un fonds de commerce bien que figurât une mention expresse dans l'acte de vente sur la non-reprise par les acquéreurs du contrat de franchise, dans la mesure où la cédante avait néanmoins failli à son devoir d'information en omettant d'attirer l'attention de sa cocontractante sur le fait que, conséquence de cette renonciation et contrairement à ce qui était indiqué, l'enseigne n'était pas incluse dans les éléments cédés, la demande d'indemnisation de l'acquéreur est alors fondée, V. • Com. 9 oct.

2001 : *Defrénois 2002. 608, obs. Honorat.*

31. Nullité facultative. La nullité est facultative pour le juge, qui peut apprécier si l'omission des énonciations a pu vicier le consentement de l'acquéreur. • Com. 30 oct. 1951 : *D. 1952. 86 ; RTD com. 1952. 305* • 21 juin 1966 : *Bull. civ. III, n° 317* • Poitiers, 26 févr. 1986 : *Defrénois 1986. 1334, obs. J. Honorat* • Versailles, 24 mars 1988 : *D. 1988. IR 124.* ♦ Le juge du fond doit rechercher si l'omission a pu causer un préjudice à l'acquéreur. • Com. 8 févr. 1971 : *Bull. civ. IV, n° 36* • 11 oct. 1982 : *ibid., n° 299* • Versailles, 24 mars 1988 : *préc.* ♦ V. aussi • Com. 20 oct. 1998 : *D. Affaires 1998. 1892 ; RJDA 1998, n° 1347.* ♦ Par suite, il y a lieu à cassation de l'arrêt qui juge que l'omission des mentions suffit à rendre admissible l'action en nullité et refuse d'apprécier si cette nullité devait ou non être prononcée. • Com. 19 janv. 1983 : *Bull. civ. IV, n° 25* • 23 juill. 1957 : *D. 1957. 710 ; RTD com. 1958. 66* • 9 déc. 1957 : *Gaz. Pal. 1958. 1. 109.* – Comp. : • Com. 3 mai 1976 : *D. 1976. IR 208.*

32. Liquidation judiciaire. L'action en nullité de la cession d'un fonds de commerce en raison du non-respect des dispositions de l'art. L. 141-1, n'entre pas dans les prévisions de l'art. L. 621-40 C. com. *[ancien]*, dans la mesure où si cette cession peut effectivement entraîner la restitution du prix, elle n'est pas une action en paiement visée à l'art. L. 621-40 *[ancien]*, la restitution du prix n'étant que la conséquence de l'annulation de la vente. • Toulouse, 5 nov. 2002 : *JCP E 2003, n° 41, p. 1598.*

Art. L. 141-2 **Au jour de la cession, le vendeur et l'acheteur visent tous les livres de comptabilité qui ont été tenus par le vendeur** *(L. n° 2005-882 du 2 août 2005, art. 32)* **« durant les trois exercices comptables précédant celui de la vente, ce nombre étant réduit à la durée de possession du fonds si elle a été inférieure à trois ans, ainsi qu'un document présentant les chiffres d'affaires mensuels réalisés entre la clôture du dernier exercice et le mois précédant celui de la vente. »**

Ces livres font l'objet d'un inventaire signé par les parties et dont un exemplaire est remis à chacune d'elles. Le cédant doit mettre ces livres à la disposition de l'acquéreur pendant trois ans, à partir de son entrée en jouissance du fonds.

Toute clause contraire est réputée non écrite. – *[L. 29 juin 1935, art. 15.]*

V. note ss. art. L. 141-12.

BIBL. ► Crémieux, *Rev. fonds com. 1936. 408.* – Hugot, *JCP E 1994. I. 347* (panorama de jurisprudence). ► Loi du 2 août 2005 : Delfossé et Peniguel, *Dr. et patr. oct. 2005, suppl., p. 16.* – Saintourens, *RTD com. 2005. 706* .

1. Promesses de vente. L'art. 15 [C. com., art. L. 141-2] concernant le visa des livres de comptabilité du vendeur est applicable aux promesses synallagmatiques de vente. • Paris, 24 mai 1983 : *D. 1983. IR 355 ; RTD com. 1984. 68, obs. Derruppé.*

2. Non-confidentialité des livres de comptabilité. Il résulte de l'art. 15 [C. com., art. L. 141-2] que les documents comptables qui s'y trouvent mentionnés n'ont, à l'égard de l'acheteur d'un fonds de commerce, aucun caractère confidentiel ; ces documents peuvent donc être communiqués directement à l'acquéreur par le comptable du vendeur, sans faute de sa part. • Civ. 1re, 27 janv. 1993 : *Bull. civ. I, n° 36 ; Defrénois 1993. 1440, obs. Vermelle.*

3. Délai triennal. La période des trois dernières années mentionnée à l'art. 15 [C. com., art. L. 141-2] doit être calculée de quantième à quantième en remontant dans le passé à partir du jour de la conclusion de la vente. • Paris, 24 mai 1983 : *préc. note 1.*

4. Mise à disposition. Le vendeur d'un fonds de commerce, qui demeure propriétaire de ses livres de comptabilité, satisfait à l'obligation, que lui impose l'art. 15, al. 2 [C. com., art. L. 141-2, al. 2], de les communiquer à l'acquéreur, en les tenant à sa disposition chez un tiers, si aucun obstacle n'empêche leur consultation. • Com. 16 mars 1993 : *Bull. civ. IV, n° 108 ; D. 1993. IR 95.* ♦ Jugeant que l'exécution de l'obligation de communication des livres de comptabilité est sans incidence sur la prise de possession des éléments du fonds de commerce dont ces livres ne font pas partie. • Com. 23 juin 2004 : *cité note 3 ss. art. L. 141-4.*

5. Non-communication. Lorsque le vendeur n'a pas communiqué ses livres, il lui appartiendra d'établir l'exactitude des mentions figurant dans l'acte de vente. • Lyon, 30 mars 1938 : *Rev. fonds com. 1939. 177.* – Comp. : note 4 ss. art. L. 141-3. ♦ Le non-respect des dispositions de l'art. L. 141-2 n'étant pas sanctionné par la nullité de la cession du fonds de commerce, la cour d'appel a fait l'exacte application de ce texte en n'annulant pas la cession. • Com. 12 oct. 2010 : *RTD com. 2011. 312, obs. Saintourens* . ♦ Le défaut de visa n'implique pas de vice de consentement d'un acquéreur qui ne conteste pas avoir eu connaissance de la comptabilité. • Com. 29 mai 1973 : *Bull. civ. IV, n° 190.* – V. aussi • Com. 17 nov. 1998 : *D. Affaires 1999. 18, obs. A.-L. M.-D.* ♦ Il a parfois été jugé que l'art. 15 [C. com., art. L. 141-2] n'ayant prévu aucune sanction, le défaut de visa et d'inventaire n'emporterait aucune conséquence en lui-même. V. • Lyon, 30 mars 1938 : *Rev. fonds com. 1939. 177* • Rouen, 24 févr. 1939 : *ibid. 372.*

Art. L. 141-3 **Le vendeur est, nonobstant toute stipulation contraire, tenu de la garantie à raison de l'inexactitude de ses énonciations dans les conditions édictées par les articles 1644 et 1645 du code civil.**

Les intermédiaires, rédacteurs des actes et leurs préposés, sont tenus solidairement avec lui s'ils connaissent l'inexactitude des énonciations faites. – *[L. 29 juin 1935, art. 13.]*

1. Assimilation de l'inexactitude à un vice caché. L'art. 13 [C. com., art. L. 141-3] assimile l'inexactitude des énonciations de l'acte de vente d'un fonds de commerce à un vice caché (à propos d'une officine de pharmacie inapte, dans le cadre d'un exercice régulier de la profession de pharmacien, à produire le chiffre d'affaires annoncé). • Civ. 1re, 3 juill. 1996 : *Bull. civ. I, n° 290 ; JCP E 1997. II. 1021, note Monéger.*

2. Énonciation facultative. Lorsqu'une action en garantie est exercée en raison de l'inexactitude d'une énonciation qui n'est pas exigée par l'art. 12 [C. com., art. L. 141-1], elle est soumise au droit commun de la garantie des vices cachés. • Com. 7 juin 1974 : *Bull. civ. IV, n° 177 ; RTD com. 1974. 485, obs. Jauffret.* – *Contra* : • Lyon, 21 mai 1975 : *ibid. 1975. 801, obs. Jauffret.*

3. Notion d'inexactitude. Les mentions portées dans l'acte de vente sont inexactes lorsqu'elles ne se rapportent pas exclusivement au fonds de commerce vendu (à propos d'annuités de bénéfices commerciaux correspondant à l'activité de l'ensemble du fonds exploité par les vendeurs, dont seule une partie est vendue). • Com. 31 mars 1992 : *Bull. civ. IV, n° 142 ; D. 1992. IR 133* • 3 déc. 2002 : *JCP N 2003, n° 7-8, p. 297 ; RTD com. 2003. 270, obs. Saintourens ; RJDA 2003, n° 583.* ♦ Dès lors que dans l'acte de vente doit figurer la mention du bénéfice réel, l'indication des seuls bénéfices fiscaux constitue une inexactitude, pas une omission. • Com. 10 mai 1982 : *Bull. civ. IV, n° 166* • 3 nov. 1983 : *ibid., n° 286 ; JCP 1984. IV. 10* • 29 avr. 1997 : *D. Affaires 1997. 851 ; RTD com. 1998. 134, obs. Derruppé.* ♦ L'acquéreur qui établit le caractère incertain des pièces comptables à partir desquelles a été calculé le montant des mentions relatives au chiffre d'affaires porté dans l'acte de vente apporte la preuve de l'inexactitude des énonciations. • Com. 29 mars 1994 : *Bull. civ. IV, n° 129.* ♦ Considérant que constitue une inexactitude justifiant une réduction du prix de vente le fait de mentionner dans l'acte de vente d'un fonds de commerce que les chiffres d'affaires étaient donnés hors taxes alors qu'il s'agissait de montants toutes taxes comprises, V. • Paris, 15 déc. 1999 : *RJDA 2000, n° 646.* ♦ Sur la distinction entre omission et inexactitude, V. aussi • Chambéry, 28 oct. 1991 : *JCP E 1992. Pan. 606.*

4. Charge de la preuve. S'agissant de la garantie du vendeur, l'acquéreur doit démontrer cette inexactitude. • Com. 9 juin 1970 : *D. 1970. 762* • Paris, 13 mai 1969 : *D. 1969. 608.* ♦ Le seul fait que l'acheteur n'ait pas réalisé les mêmes bénéfices ou chiffre d'affaires n'est pas, en lui-même, pertinent. • Paris, 13 mai 1969 : *D. 1969. 608* • T. com. Seine, 1er déc. 1937 : *Gaz. Pal. 1938. 1. 214.* ♦ Comp. note 5 ss. art. L. 141-2.

5. Intérêt pour agir. Il est nécessaire que les inexactitudes soient préjudiciables à l'acquéreur et l'action ne saurait être admise lorsque les bénéfices réels ont été supérieurs au bénéfice fiscal, seul indiqué. • Com. 21 mars 1966 : *D. 1966. 435.* ♦ Il a pu être exigé la preuve que l'inexactitude a constitué une cause d'erreur viciant le consentement. • Com. 8 juin 1970 : *D. 1970. Somm. 200.* ♦ La relaxe du vendeur des poursuites pour escroquerie n'est pas un obstacle à l'action. • Com. 1er mars 1971 : *Bull. civ. IV, n° 62.* ♦ Estimant que les juges doivent rechercher si les inexactitudes relevées n'avaient pas déterminé l'acquéreur à accepter le prix auquel il a contracté : • Com. 6 mai 2008 : *RJDA 2008, n° 1248.*

6. Clause de non-garantie et information de l'acquéreur. La clause par laquelle l'acquéreur d'un fonds de commerce s'oblige à prendre le fonds dans l'état où il se trouve, sans pouvoir exiger aucune indemnité ou diminution de prix pour quelque cause que ce soit, ne fait pas obstacle à l'action résolutoire résultant de l'existence d'un vice caché. • Com. 26 juin 1973 : *Bull. civ. IV, n° 223.* ♦ L'accord des parties pour une approximation du montant des bénéfices en cause figurant à l'acte de vente n'enlève rien à la garantie des cédants concernant le montant énoncé. • Com. 12 mars 1966 : *RTD com.*

1996. 445, obs. Derruppé ✎. ♦ La garantie due par le vendeur ne saurait être écartée par le fait que l'acquéreur ait été informé par l'acte de vente que les chiffres mentionnés étaient globaux et incluaient en conséquence toutes les activités exercées par le vendeur, y compris celles qu'il avait conservées (hypothèse d'une cession partielle). • Com. 3 déc. 2002 : *préc. note 3.*

7. Action en réduction de prix. Dans le cas de la cession d'un fonds de commerce, les défauts du commerce cédé ne peuvent être invoqués au soutien d'une action en réduction du prix que s'ils sont cachés et tels que le fonds n'aurait pas été acquis ou que l'acheteur en aurait donné un moindre prix s'il les avait connus. • Paris, 17 janv. 2008 : *RJDA 2008, n° 897.* ♦ L'inexactitude des mentions obligatoires ne peut donner lieu qu'à l'action en garantie prévue à l'art. 13, al. 1er [C. com., art. L. 141-3, al. 1er], sans pouvoir entraîner, à la différence de leur omission, l'annulation de la vente du fonds de commerce, seule demandée par les acquéreurs. • Com. 1er déc. 1992 : *Bull. civ. IV, n° 385 ; D. 1993. IR 17.* ♦ Retenant les inexactitudes, et pas seulement les omissions dans les mentions d'un acte de vente relatives au chiffre d'affaires et aux bénéfices, les juges ont pu déclarer recevable et fondée l'action en réduction de prix de l'acquéreur procédant de l'art. 13 [C. com., art. L. 141-3]. • Com. 23 mars 1965 : *Bull. civ. III, n° 226* • 16 juill. 1981 : *ibid. IV, n° 319 ; RTD com. 1982. 400, obs. Derruppé.* ♦ Le prix de cession d'un fonds de commerce peut être réduit au motif que le fichier « clients » était difficilement exploitable par le cessionnaire. • Com. 20 oct. 1992 : *JCP 1992. IV. 3089.* ♦ Seul peut justifier l'action en réduction du prix de vente formée par l'acquéreur un dol imputable au vendeur ou à son représentant, à l'exclusion des réticences dolosives qui pourraient être le fait du cédant du pas-de-porte de la boutique où s'exerce l'activité, lequel, n'étant pas le vendeur du fonds, ne peut être condamné personnellement à supporter la réduction du prix. • Com. 23 nov. 1993 : *Bull. civ. IV, n° 421 ; D. 1994. Somm. 234, obs. Paisant* ✎ *; JCP 1994. IV. 267.* ♦ La simple exagération du prix de cession du fonds ne peut justifier une réduction de celui-ci, dès lors que la négociation avait été loyale et que la seule circonstance de la réalisation, par les acquéreurs, d'un chiffre d'affaires inférieur à celui mentionné dans l'acte, ne suffisait pas à remettre en cause la vente du fonds, ni à en modifier les conditions. • Rennes, 11 févr. 1998 : *JCP E 1998, n° 26, p. 1015.* ♦ Considérant que la restitution à laquelle un cocontractant est condamné à la suite d'une réduction de prix prévue à l'art. 1644 C. civ. ne constitue pas par elle-même un préjudice indemnisable, V. • Civ. 1re, 16 janv. 2001 : *Bull. civ. I, n° 4 ; D. 2001. IR 594* ✎ *; Defrénois 2001. 722, obs. Aubert.* ♦ V. • Poitiers, 21 janv. 1987 : *Defrénois 1987. 1317, note J. Honorat.* ♦ Sur les sanctions de la garantie des vices cachés, V. art. 1644 et 1645 C. civ.

8. Obligation de délivrance. L'acquéreur mis en possession de l'objet de la vente a néanmoins, s'il s'agit d'une vente commerciale, le droit d'obtenir la réduction du prix en cas d'exécution défectueuse ou incomplète par le vendeur de son obligation de délivrance, prévue par l'art. 1610 C. civ. • Com. 15 déc. 1992 : *Bull. civ. IV, n° 421.* ♦ Pour une résolution de la vente aux torts du vendeur, celui-ci n'ayant pas assuré la conservation du fonds de commerce jusqu'au terme convenu pour sa livraison en raison de la disparition du fonds, le locataire-gérant ayant cessé de l'exploiter. • Com. 12 mai 2004 : *RJDA 2004, n° 1206.* ♦ Pour un manquement à l'obligation de délivrance résultant de vices cachés empêchant l'exploitation du fonds cédé dans des conditions normales et de sécurité, V. • Paris, 2 févr. 2005 : *AJDI 2005. 479* ✎.

9. Garantie d'éviction. BIBL. Coudert, *D. 1973. Chron. 113.* – Chalvignac, *LPA 16 déc. 2002.* ♦ Pour la mise en œuvre de la garantie d'éviction, il n'y a pas lieu de rechercher si l'acquéreur était de bonne foi, V. • Com. 20 févr. 2001 : *JCP E 2001, n° 47, p. 1866, note Kéita.* ♦ Pour un arrêt écartant le jeu de la garantie d'éviction à l'occasion d'une vente des éléments incorporels d'un fonds de commerce, l'acquéreur s'étant engagé dans une opération risquée sans précaution, V. • Com. 9 oct. 2001 : *RJDA 2002, n° 240.*

10. Responsabilité de droit commun. Les dispositions spéciales de l'art. 13 [C. com., art. L. 141-3] n'interdisent pas à l'acquéreur d'un fonds de commerce de rechercher la responsabilité de droit commun du vendeur, notamment pour dol, quand bien même les manœuvres alléguées auraient trait à l'inexactitude des énonciations obligatoires portées à l'acte. • Com. 15 janv. 2002 : *Bull. civ. IV, n° 11 ; D. 2002. Somm. 2045, obs. Brémond* ✎ *; JCP 2002. II. 136, note Cermolacce ; RTD com. 2002. 265, obs. Saintourens* ✎ *; RTD civ. 2002. 290, obs. Mestre et Fages* ✎ *; Defrénois 2002. 1536, obs. J. Honorat.* ♦ Sur l'obligation du vendeur de s'abstenir de tout acte de nature à priver l'acquéreur des avantages du fonds cédé et à lui causer un préjudice, V. • Rouen, 8 janv. 2004 : *JCP E 2004, n° 42, p. 1613.* ♦ Pour un vendeur sanctionné pour réticence dolosive à propos de l'exploitation d'une terrasse qui avait été construite sur une plage sans autorisation administrative, V.

• Com. 19 févr. 2008 : *RJDA 2008, n° 780.*

11. Responsabilité des intermédiaires. Pour un arrêt écartant le recours en garantie formé par le cédant d'un fonds de commerce qui était coresponsable d'un dol, contre le notaire rédacteur de l'acte ayant commis une faute professionnelle, V. • Civ. 1re, 16 janv. 2001 : *JCP 2001. IV. 1411* • Com. 28 avr. 2004 : *RJDA 2004, n° 1087* (rejet d'un recours en garantie contre un expert-comptable) • Caen, 3 nov. 2005 : *JCP E 2006, n° 23, p. 1011* (rejet d'un recours contre un agent immobilier). ♦ Pour une rédaction fautive de l'acte authentique, qui mentionnait que la cession du fonds de commerce comprenait, au titre des éléments incorporels, l'enseigne et le nom commercial de la marque du constructeur automobile qui y était visé, V. • Civ. 1re, 20 déc. 2007 : *RJDA 2008, n° 391.* ♦ Pour des applications de l'art. 13, al. 2 [C. com., art. L. 141-3, al. 2], V. • Civ. 3e, 7 mars 1969 : *Bull. civ. III, n° 206* • Lyon, 10 oct. 1968 : *RTD com. 1969. 443, obs. Jauffret* • Paris, 11 avr. 1973 : *ibid. 1973. 503, obs. Jauffret.*

Art. L. 141-4 **L'action résultant de l'article L. 141-3 doit être intentée par l'acquéreur dans le délai d'une année, à compter de la date de sa prise de possession.** – *[L. 29 juin 1935, art. 14.]*

1. Caractère préfix du délai. Le délai imposé par l'art. 14 [C. com., art. L. 141-4] est un délai préfix qui n'est susceptible ni d'interruption, ni de suspension. • Com. 7 oct. 1997 : *Bull. civ. IV, n° 249 ; D. 1997. IR 230 ; D. Affaires 1997. 1277 ; JCP E 1997. II. 1034, note Croze ; Defrénois 1998. 245, obs. Le Cannu ; RTD com. 1998. 134, obs. Derruppé*. ♦ Il ne peut donc être interrompu par une assignation délivrée devant un tribunal incompétent. • Même arrêt. – V. déjà • T. com. Montauban, 8 janv. 1937 : *Rev. fonds com. 1938. 367* • Grenoble, 14 déc. 1998 : *RTD com. 1999. 632, obs. Derruppé ; JCP 1999. IV. 1810.* ♦ *Contra* : • Com. 14 mars 1972 : *D. 1972. 547 ; RTD com. 1973. 69, obs. Jauffret.* ♦ Comp., considérant que les conclusions reconventionnelles déposées au greffe d'un tribunal de commerce interrompent, à leur date, la prescription dès lors que le concluant a comparu ou a été représenté à l'audience et qu'il en résulte que viole les art. 2244 [ancien] C. civ., 871 NCPC [renommé C. pr. civ.], ensemble les art. 13 et 14 de la loi du 19 juin 1935 [C. com., art. L. 141-3 et L. 141-4], l'arrêt qui, pour déclarer irrecevable la demande reconventionnelle de l'acquéreur d'un fonds de commerce en réduction du prix, retient que les conclusions reconventionnelles de l'acquéreur produisent effet à la date à laquelle elles ont été soutenues et que le délai préfix de l'art. 14 [C. com., art. L. 141-4] était alors expiré : • Civ. 2e, 26 nov. 1998 : *Bull. civ. II, n° 283 ; D. 1999. IR 28 ; D. Affaires 1999. 199, obs. A.-L. M.-D.*

Après avoir exactement énoncé que le délai d'un an dans lequel se trouve enfermée l'action fondée sur les art. 12 et 13 de la loi du 29 juin 1935 [C. com., art. L. 141-1 et L. 141-3] constitue un délai préfix, une cour d'appel décide à bon droit que l'expiration de ce délai interdit à l'acquéreur d'un fonds de commerce d'invoquer, même par voie d'exception, les omissions et inexactitudes visées par ces textes. • Com. 31 mars 2004 : *cité note 23 ss. art. L. 141-1.*

2. Dol. Seule l'action fondée sur l'inexactitude des mentions obligatoires est enfermée dans le délai de l'art. 14 [C. com., art. L. 141-4], mais non l'action en résolution de la vente pour dol. • Com. 5 juill. 1977 : *D. 1977. IR 494.* ♦ L'action en nullité fondée sur le dol ne se prescrit que par cinq ans. • Paris, 19 févr. 1971 : *RTD com. 1973. 69, obs. Jauffret.* – Comp. : • Lyon, 21 mai 1975 : *D. 1975. Somm. 107.*

3. Computation du délai. Le délai d'une année court de la date de prise de possession et non pas à dater du jour de l'acte de vente. • Amiens, 13 mars 1968 : *RTD com. 1969. 41* • Com. 11 oct. 1971 : *D. 1972. 181 ; RTD com. 1972. 50, obs. Jauffret* • 3 mars 1992 : *Bull. civ. IV, n° 106.* ♦ Dès lors que l'acquéreur n'a pas pris possession, le délai n'a pas couru et il est toujours en droit d'agir. • Rouen, 31 janv. 1958 : *D. 1958. 455 ; RTD com. 1958. 740.* ♦ L'action en garantie intentée plus d'un an après la prise de possession est prescrite sans qu'il y ait lieu de rechercher si le point de départ du délai devait être différé à la date de remise des livres de caisse à l'acquéreur qui ne font pas partie des éléments du fonds. • Com. 23 juin 2004 : *RJDA 2005, n° 22.* – V. aussi note 4 ss. art. L. 141-2.

4. Date de l'action. Au regard des prescriptions de l'art. 14 [C. com., art. L. 141-4], l'action en garantie est intentée par l'acquéreur à la date de la délivrance de l'assignation au vendeur (et non de la saisine du tribunal). • Com. 15 oct. 1996 : *Bull. civ. IV, n° 235 ; D. 1996. IR 240 ; D. Affaires 1996. 1347 ; Defrénois 1997. 464, obs. Le Cannu.*

5. Exception de nullité. L'exception de nullité peut seulement jouer pour faire échec à la demande d'exécution d'un acte juridique qui n'a pas encore été exécuté ; par suite, dans un cas où, poursuivie en exécution de son engagement, une caution avait opposé la nullité de celui-ci en conséquence de la nullité de la vente du fonds de commerce sur lequel le créancier avait inscrit un nantissement, une cour d'appel peut décider que, la caution n'ayant invoqué la nullité de cette vente qu'après l'expiration du délai d'un an prévu à l'art. L. 141-4, sa demande d'annulation était irrecevable. • Com. 8 oct. 2003 : *RJDA 2004, n° 272.* ♦ V., pour une demande reconventionnelle par voie d'exception, • Com. 31 mars 2004 : *cité note 23 ss. art. L. 141-1.*

SECTION II DU PRIVILÈGE DU VENDEUR

Art. L. 141-5 **Le privilège du vendeur d'un fonds de commerce n'a lieu que si la vente a été constatée par un acte authentique ou sous seing privé, dûment enregistré, et que s'il a été inscrit sur un registre public tenu au greffe du tribunal de commerce dans le ressort duquel le fonds est exploité.**

Il ne porte que sur les éléments du fonds énumérés dans la vente et dans l'inscription, et à défaut de désignation précise, que sur l'enseigne et le nom commercial, le droit au bail, la clientèle et l'achalandage.

Des prix distincts sont établis pour les éléments incorporels du fonds, le matériel et les marchandises.

Le privilège du vendeur qui garantit chacun de ces prix, ou ce qui en reste dû, s'exerce distinctement sur les prix respectifs de la revente afférents aux marchandises, au matériel et aux éléments incorporels du fonds.

Nonobstant toute convention contraire, les paiements partiels autres que les paiements comptants s'imputent d'abord sur le prix des marchandises, ensuite sur le prix du matériel.

Il y a lieu à ventilation du prix de revente mis en distribution, s'il s'applique à un ou plusieurs éléments non compris dans la première vente. — *[L. 17 mars 1909, art. 1er.]*

FORM. PR. COM. v° *Envoi au greffe des bordereaux d'inscription du privilège du vendeur*, par PUECH.

BIBL. ▶ REZEK, *JCP N 2009, n° 36, p. 29* (spécificités rédactionnelles du bordereau d'inscription d'un privilège de vendeur de fonds de commerce) ; *JCP N 2011, n° 1224* (réflexion sur l'unité du privilège de vendeur de fonds de commerce).

I. ÉLÉMENTS DU FONDS DE COMMERCE

BIBL. Derruppé, *in Mélanges Terré, Dalloz, PUF, Juris-Classeur, 1999, p. 577* (avenir du fonds de commerce et de la propriété commerciale). – Chazal, *Defrénois 2001. 167* (l'usufruit d'un fonds de commerce). – Rezek, *JCP N 2004, n° 36, p. 1294* (principe de spécialité des inscriptions grevant un fonds de commerce).

1. *Universalité mobilière de fait.* **BIBL.** Meiller, *RTD civ. 2012. 651* (universalité de fait). ♦ Aucun texte ne définit la composition du fonds de commerce et la loi du 17 mars 1909 énumère seulement les divers éléments qui peuvent servir à le constituer. • Civ. 2e, 10 juill. 1953 : *Bull. civ. II, n° 252 ; D. 1953. 598 ; Gaz. Pal. 1953. 2. 292.* ♦ Le fonds de commerce est une universalité distincte des éléments qui la composent. • Req. 13 mars 1888 : *DP 1888. 1. 351* • Civ. 31 oct. 1906 : *DP 1906. 1. 528 ; S. 1922. 1. 313, note H. Rousseau* • 26 juill. 1932 : *Gaz. Pal. 1932. 2. 687, sous note.* ♦ C'est une universalité mobilière insusceptible de cession partielle (à propos de l'application de l'art. 1840 CGI). • Com. 12 nov. 1992 : *Bull. civ. IV, n° 350 ; Defrénois 1993. 502, obs. Le Cannu ; D. 1992. IR 281* • 26 oct. 1993 : *Bull. civ. IV, n° 362 ; D. 1994. Somm. 54, obs. Rozès ; JCP N 1994. II. 65, note Destame* (à propos de la cession d'un fonds de commerce exploité dans un local essentiel à cette exploitation et pris à bail, qui emporte nécessairement cession de ce bail).

2. *Appréciation par les juges du fond.* Il appartient aux juges du fond d'apprécier, d'après les éléments désignés par la convention, si ceux que les parties ont compris dans leurs opérations sont ou non des éléments essentiels sans lesquels un fonds ne saurait exister. • Civ. 10 juill. 1953 : *préc. note 1.* ♦ La question de savoir si un fonds survit à la disparition de certains éléments et la détermination des éléments essentiels à cet égard, sont laissées aux juges du fond. • Civ. 1re, 30 oct. 1957 : *Bull. civ. I, no 407.* ♦ Sur la recherche par le juge, tant au travers des éléments intrinsèques qu'extrinsèques, des éléments inclus dans la cession du fonds de commerce, V. • Caen, 28 mars 2002 : *RTD com. 2002. 651, obs. Saintourens* .

A. CLIENTÈLE

3. *Distinction avec la personne de l'exploitant.* Juridiquement, il serait contraire à la dignité de l'Homme et à la liberté du travail de considérer la personne physique de l'exploitant (chef étoilé de renommée internationale) ou celle de ses collaborateurs comme un élément matériel d'un fonds de commerce ; il convient de ne pas confondre l'attraction de la personne de l'exploitant, ayant son effet propre de valorisation économique du fonds où il travaille, avec le transfert juridique d'une clientèle d'un fonds de commerce à un autre. • Paris, 1er juill. 2004 : *RTD com. 2005. 248, obs. Saintourens* .

4. *Distinction avec l'achalandage.* **BIBL.** Derruppé, *Écrits en l'honneur de J. Savatier, p. 167.* – Rotondi, *Ann. dr. com. 1930. 137.* ♦ L'achalandage constitué par le monopole de fait résultant du privilège d'exploitation par un concessionnaire d'un emplacement de marché se distingue d'une véritable clientèle nécessaire à l'existence d'un fonds de commerce. • Com. 3 févr. 1970 : *Bull. civ. IV, no 42 ; D. 1970. 626.* – Comp. : • Paris, 9 juin 1987 : *RTD com. 1987. 495, obs. Derruppé* • Com. 31 mai 1988 : *ibid. 1988. 609, obs. Derruppé.*

5. *Caractère essentiel de la clientèle.* **BIBL.** Collomb, *RTD com. 1979. 1.* – Derruppé, *in Études Jauffret, 1974, p. 231.* – Randoux, *JCP 1991. I. 3533* (désinvestissement). – Sabireau-Perez, *Gaz. Pal. 1998. 2. Doctr. 1313.* – Leloup, *Gaz. Pal. 2009. 1801* (la place de la clientèle aujourd'hui). ♦ La clientèle est la condition essentielle d'existence d'un fonds de commerce. • Req. 15 févr. 1937 : *DP 1938. 1. 13, note Cordonnier ; S. 1937. 1. 169, note H. Rousseau ; Rev. gén. dr. com. 1938. 164, note Lagarde* • Com. 29 mai 1953 : *JCP 1953. II. 7720, note Cohen* • Civ. 10 juill. 1953 : *D. 1953. 598* • Com. 7 mars 1978 : *Bull. civ. IV, no 84 ; D. 1978. IR 453 ; RTD com. 1979. 91, obs. Derruppé* • Civ. 3e, 18 mai 1978 : *RTD com. 1978. 559, obs. Derruppé.* ♦ A défaut de clientèle, un fonds de commerce ne saurait exister. • Com. 23 mai 1960 : *Bull. civ. III, no 192* • 16 janv. 1990 : *JCP 1991. II. 21662* • Civ. 3e, 18 mai 1978 : *D. 1978. IR 488.* ♦ Sur une clientèle réduite à un seul client, V. • Com. 7 déc. 1965 : *Bull. civ. III, no 630.* ♦ Un fonds de commerce ne survit pas à la disparition de la clientèle. • Civ. 3e, 18 mai 1978 : *JCP 1978. IV. 220.* ♦ V. cependant, • Com. 2 août 1949 : *JCP 1949 II. 5188, note Saint-Alary* • 10 mars 1970 : *D. 1970. 586 ; Journ. not. 1971, art. 49897, note Viatte.* ♦ En ce sens que la cession d'une branche autonome d'activité à laquelle est attachée une clientèle propre constitue une cession de fonds de commerce indépendant, V. • Com. 14 avr. 1992 : *Bull. civ. IV, no 161 ; RTD com. 1993. 82, obs. Derruppé* . ♦ Sur la cession successive d'éléments isolés emportant transfert de clientèle, V. • Com. 6 juin 1990 : *Bull. civ. IV, no 165 ; RTD com. 1991. 27, obs. Derruppé* . ♦ V. aussi note 7.

L'omission de transmettre tout ou partie de la clientèle lors de la cession du fonds constitue pour le vendeur une inexécution de son obligation de délivrance et justifie la demande en résiliation de ladite cession formée par l'acquéreur. • Com. 24 nov. 1992 : *Bull. civ. IV, no 371.* ♦ Mais le bailleur ne peut demander la nullité de la cession d'un fonds de commerce au motif que la clientèle n'a pas été cédée du fait du retrait des produits offerts à la vente – à base de porc ou d'alcool –, alors que la liberté du commerce permet au cessionnaire de s'adapter à sa clientèle et que la preuve n'est pas rapportée du départ de la clientèle de proximité. • TGI Bobigny, 22 sept. 2004 : *Rev. loyers 2004. 689, obs. Pansier.*

6. *Clientèle préexistante.* **BIBL.** Boccara, *Gaz. Pal. 1994. 2. Doctr. 1021* (distribution intégrée). – Rakotovahiny, *Bull. act. Lamy droit commercial juill. 2003, p. 1* (commerce inclus). – Sainturat, *AJDI 2004. 355* (même thème). – Boulogne-Yang-Ting, *AJDI 2005. 556* (commerce intégré). ♦ Le premier gérant libre d'une station-service ne peut prétendre n'avoir trouvé aucune clientèle à son entrée dans les lieux, dès lors que dès le premier jour des automobilistes s'y sont ravitaillés. • Com. 27 févr. 1973 : *D. 1974. 283, obs. Derruppé ; JCP 1973. II. 17403, note A.S.* – Dans le même sens, V. • Com. 21 mars 1995 : *Bull. civ. IV, no 91 ; D. 1995. IR 101 ; Defrénois 1995. 950, obs. Le Cannu.* – Comp. cependant : • Com. 3 juin 1982 : *Bull. civ. IV, no 216.*

Le public qui fréquente les buffets-buvettes s'étant rendu sur les lieux pour assister aux courses de chevaux, les exploitants ne se constituent pas une clientèle personnelle distincte de celle de l'organisateur des courses. • Cass., ass. plén., 24 avr. 1970 : *D. 1970. 381, note R.L.* • Amiens, 26 juin 1978 : *RTD com. 1979. 94, obs. Derruppé.* ♦ Il revient au juge de rechercher si le titulaire du fonds de commerce exploitait une clientèle attachée à l'activité de restauration qui soit distincte de celle du port de plaisance où elle était exercée. • Com. 28 mai 2013 : *pourvoi no 12-14.049.* ♦ Exigeant que le preneur rapporte la preuve d'une clientèle propre, mais non que celle-ci soit *prépondérante*, V. • Civ. 3e, 19 mars 2003 : *Bull. civ. III, n° 66 ; D. 2003. 2749, note Kenfack ; ibid. AJ 973, obs. Rouquet ; JCP E 2003, n° 30, p. 1243, note Kéita ; JCP 2003. II. 10143, note Clamour et Tosi ; RTD com. 2003. 275, obs. Monéger ; RJDA 2003, n° 572 ; Loyers et copr. 2003, n° 110, obs. Brault et Pereira-Osouf ; Rev. loyers 2003. 353, obs. Vaissie ; Administrer juill. 2003. 29, note Barbier* • 19 janv. 2005 : *Bull. civ. III, n° 10 ; D. 2006. Pan. 926, obs. Rozès ; D. 2005. AJ 491, obs. Rouquet ; JCP E 2005, n° 22, p. 915, obs. Kenfack ; JCP E 2005. II. 10040, note Reifegerste ; JCP 2005. II. 10097, note Bouzol ; LPA 22 nov. 2005, note Humann ; ibid. 10 janv. 2006, p. 10, note Boismain ; Gaz. Pal. 2005. Somm. 1305, obs. Jacquin ; RJDA 2005, n° 362 ; AJDI 2005. 476, obs. Blatter ; Loyers et copr. 2005, n° 51, obs. Brault ; Administrer mars 2005. 29, obs. Boccara et Lipman-W. Boccara ; Rev. loyers 2005. 241, note de Maillard.* ♦ *Contra*, précisant que n'est pas titulaire d'un fonds de commerce le commerçant exploitant un banc de poissons installé à proximité d'un supermarché, dès lors que la clientèle de ce commerce est constituée, de manière largement prépondérante, par celle du supermarché exploité par la société propriétaire du local. • Civ. 3e, 27 nov. 1991 : *Bull. civ. III, n° 289.* ♦ Comp., lorsque le locataire a une pleine autonomie de gestion et une clientèle propre, distincte de celle du supermarché : • Civ. 3e, 24 janv. 1996 : *RJDA 1996, n° 464.* ♦ Validant la cession d'un fonds de commerce de librairie-papeterie situé dans le hall de la tour Montparnasse dans la mesure où le fonds ne se situe pas dans le périmètre d'un autre fonds de commerce dans une situation de dépendance totale de clientèle : • Paris, 17 déc. 2008 : *RJDA 2009, n° 533.* ♦ Pour une discussion sur l'existence d'un « fonds de commerce de messagerie télématique » et la notion de clientèle attachée à ce fonds, V. • TGI Paris, 10 mai 2000 : *CCE 2000, n° 102, obs. Galloux.* ♦ L'arrêt de l'exploitation du fonds de commerce depuis trois ans n'a pas entraîné la disparition de la clientèle compte tenu de la situation de l'hôtel, en bordure de mer à proximité d'un site touristique, dont l'activité est essentiellement saisonnière et la clientèle non habituelle mais continuellement renouvelée. • Caen, 19 sept. 2006 : *JCP N 2007, n° 45, p. 18, obs. Rezek.* ♦ La cessation d'exploitation par le cédant, qui n'a pas à elle seule d'incidence sur l'existence du fonds de commerce, ne peut constituer la cause de sa disparition que si elle a entraîné la perte de la clientèle. • Com. 17 janv. 2012 : *JCP E 2012, n° 1129 ; RJDA 2012, n° 490.*

Sur la propriété de la clientèle en cas de franchise, V. notes 29 s. ss. art. L. 330-3.

7. Clientèle commerciale. Pour que le fonds soit commercial, il est nécessaire qu'il soit exploité par un commerçant et que l'objet du fonds soit de faire des actes de commerce. • Pau, 30 mars 1960 : *Gaz. Pal. Tables 1960-1965, v° Fonds de commerce, n° 1.* ♦ Une société à forme commerciale et à objet civil n'exploite pas un fonds de commerce. • Paris, 14 nov. 1959 : *Gaz. Pal. 1960. 1. 339 ; JCP 1960. II. 11784, note Boccara ; RTD com. 1960. 551, obs. Jauffret.* ♦ Comp. : note 25 ss. art. L. 110-1.

Les débits de tabacs ne constituent pas des fonds de commerce. • Req. 13 mars 1905 : *DP 1907. 1. 15* • Lyon, 20 juin 1912 : *DP 1915. 2. 69 ; S. 1914. 2. 1, note Mestre* • Aix-en-Provence, 21 févr. 1939 : *DH 1939. 234.* ♦ Les établissements publics ne sont pas propriétaires d'un fonds de commerce. • Civ. 29 janv. 1952 : *D. 1952. 737, note Derrida* (à propos d'EDF).

8. Obligation légale de non-rétablissement. BIBL. Chalvignac, *LPA 16 déc. 2002* (garantie légale d'éviction et clause de non-concurrence). – Violet, *Defrénois 2006. 467* (quels rapports entre obligation de garantie et obligation de non-concurrence). – Bucher, *CCC 2011. Étude 12* (l'obligation de non-concurrence née de la garantie d'éviction : entre droit de la concurrence et droits fondamentaux). ♦ RÉP. COM. v° *Concurrence* (Obligation de non-), par Picod, Auguet et Gomy. ♦ Même si l'acte de cession ne comporte aucune clause de non-rétablissement, il n'en demeure pas moins que le vendeur qui a cédé son fonds de commerce, et notamment sa clientèle, est tenu de procurer à son acheteur la jouissance paisible de la chose vendue et de s'abstenir de tout acte de nature à détourner la clientèle du fonds vendu. V. • Paris, 26 nov. 1990 : *JCP E 1991. Pan. 88* • Com. 14 avr. 1992 : *Bull. civ. IV, n° 160 ; CCC 1992, n° 149, note Leveneur ; Defrénois 1992. 1358, obs. Sénéchal ; D. 1993. Somm. 239, obs. Paisant .* ♦ En cas de cession d'un fonds de commerce, la garantie légale d'éviction interdit au vendeur de détourner la clientèle du fonds cédé, et si le vendeur est une personne morale cette interdiction pèse non seulement sur elle, mais aussi sur son dirigeant ou sur les personnes qu'il pourrait interposer pour échapper à ses obligations. • Com. 24 mai 2005 : *Bull. civ. IV, n° 112 ; D. 2005. AJ 1634, obs. Chevrier ; RTD com. 2006. 295, obs. Saintourens ; JCP E 2005, n° 27-28, p. 1181 ; CCC 2005, n° 135, obs. Malaurie-Vignal ; RJDA 2005, n° 962 ; Dr. et patr. sept. 2005. 113, obs. Poracchia ; AJDI 2005. 660 ; Bull. Joly 2005. 1362* • Orléans, 7 févr. 2008 : *D. 2009. Pan. 1441, obs. Gomy .* ♦ Ne donne pas de base légale à sa décision la cour d'appel qui refuse d'ordonner la cessation d'actes manifestement déloyaux en raison de l'illicéité patente d'une clause de non-concurrence, sans rechercher si l'accomplissement de tels actes, qui pouvait avoir pour effet d'empêcher le cessionnaire de poursuivre l'activité économique cédé et de réaliser l'objet social, ne constituait pas une méconnaissance de la garantie légale d'éviction. • Com. 18 oct. 2011 : *JCP E 2011, n° 1807 ; CCC 2012, n° 3, obs. Leveneur.*

Constitue une faute délictuelle à la charge de l'acquéreur l'achat d'un fonds de commerce créé par le vendeur en infraction à l'obligation légale de garantie pesant sur lui à l'égard du cessionnaire d'un fonds similaire, objet d'une vente antérieurement conclue, dès lors que l'acquéreur du fonds était informé de cette obligation. • Com. 4 mai 1993 : *Bull. civ. IV, n° 164 ; RJDA 1993, n° 888.* ♦ Sur la condamnation à une réduction du prix de cession du fonds, du cédant n'ayant pas respecté l'obligation de garantie d'éviction à laquelle il est tenu à l'égard du cessionnaire, bien que la clause de non-concurrence insérée dans l'acte ait été respectée, V. • Paris, 17 déc. 1999 : *JCP E 2000, n° 8, p. 295 ; RTD com. 2000. 329, obs. Derruppé*. ♦ Jugeant qu'un fonds de commerce ambulant peut parfaitement concurrencer un fonds de commerce fixe quant à l'activité commune. • Besançon, 18 sept. 2007 : *JCP E 2008, n° 5, p. 24.*

9. Clause de non-rétablissement. RÉP. COM. v° *Concurrence (Obligation de non-)*, par Picod, Auguet et Gomy. ♦ En ce sens qu'en l'absence de préjudice, l'acheteur est sans intérêt à agir en exécution de la clause de non-réinstallation et qu'il commet un abus de droit en en demandant l'exécution, V. • Civ. 1re, 19 nov. 1996 : *BRDA 1996, n° 23, p. 6* (vente d'une officine pharmaceutique). ♦ En cas de clause de non-rétablissement, il est nécessaire de constater en quoi le comportement du vendeur est contraire aux stipulations, lorsqu'il n'est que salarié d'une société concurrente : • Com. 22 janv. 1991 : *Bull. civ. IV, n° 35 ; D. 1991. IR 53* • 22 oct. 1991 : *D. 1992. Somm. 349, obs. Serra* • 8 déc. 1992 : *Bull. civ. IV, n° 395 ; D. 1993. 603, note Sage ; D. 1994. Somm. 76, obs. Picod* (relevant le lien de subordination entre le vendeur devenu gérant technique salarié d'un concurrent et son employeur) • Rouen, 7 mars 2002 : *RJDA 2003, n° 2.* ♦ V. aussi, pour un vendeur vivant maritalement avec la locataire-gérante d'un fonds de même nature, • Com. 4 mai 1993 : *Bull. civ. IV, n° 161.* ♦ Le vendeur d'un fonds de commerce ne contrevient à la clause de non-concurrence insérée dans l'acte de vente que s'il participe à la direction d'un établissement concurrent mais ne la méconnaît pas s'il n'en est qu'un collaborateur subordonné même bénévole. • Com. 5 déc. 2000 : *RJDA 2001, n° 414.* ♦ Le vendeur d'un fonds de commerce de café-restaurant qui trouve un emploi dans un établissement de même nature, exploitant dans la même avenue que le fonds vendu avec en partie la même clientèle, viole la clause de non-concurrence dès lors qu'il remplit dans cet établissement un rôle administratif de responsable, participant ainsi à l'exploitation d'un établissement concurrent, et alors même qu'il n'avait pas de contact avec la clientèle commune. • Pau, 22 mars 2005 : *BICC 2006, n° 1445.* ♦ Le cédant d'un fonds de commerce ne viole pas son engagement de non-concurrence même s'il a répondu à des commandes de clients situés dans la zone visée par la clause de non-concurrence dès lors qu'il n'est pas prouvé que le cédant ait procédé à un démarchage actif des clients. • Grenoble, 18 nov. 2004 : *CCC 2005, n° 130, obs. Malaurie-Vignal.* ♦ V. pour le vendeur qui a financé, sous couvert d'une tierce personne, l'acquisition d'un fonds concurrent, se trouvait en permanence dans le magasin, participait directement à la gestion, recevait les clients et réalisait les opérations commerciales : • Dijon, 15 avr. 2004 : *JCP E 2004, n° 25, p. 983.*

Sur l'interprétation d'une clause de non-concurrence relative à un fonds de commerce de débit de boissons, proposant également de la petite restauration, V. • Com. 26 oct. 1993 : *Bull. civ. IV, n° 356 ; D. 1995. Somm. 207, obs. Serra*. ♦ Pour les mêmes difficultés s'agissant de l'activité de location de salle avec traiteur et brasserie, V. • Com. 20 sept. 2011 : *RTD com. 2012. 80, obs. Saintourens ; RJDA 2012, n° 5.*

Dans le cas où les parties ont stipulé que le vendeur ne pourrait se rétablir dans une activité déterminée pendant un certain délai, l'expiration de ce délai n'a pas pour effet de le libérer de l'obligation légale de garantie de son fait personnel, qui est d'ordre public (arrêt fondé sur les art. 1625, 1626 et 1628 C. civ.). • Com. 14 avr. 1992 : *préc.* ♦ Dans le même sens, V. • Com. 16 janv. 2001 : *Bull. civ. IV, n° 16 ; D. 2001. Somm. 1312, obs. Serra ; D. 2002. 712, note Archer ; JCP E 2001, n° 37, p. 1429, note Kéita ; RTD com. 2001. 406, obs. Derruppé ; CCC 2001, n° 42, obs. Malaurie-Vignal, et n° 71, obs. Leveneur.* ♦ Après l'expiration de la clause de non-concurrence, le cessionnaire des actions de la société demeure fondé à se prévaloir de la garantie légale d'éviction, qui interdit au cédant tout agissement ayant pour effet de l'empêcher de poursuivre l'activité économique de la société et de réaliser l'objet social. • Com. 15 déc. 2009 : *Bull. civ. IV, n° 172 ; D. 2010. AJ 206 ; RTD com. 2010. 155, obs. Dondero ; JCP E 2010, n° 1359, note Roussille ; CCC 2010, n° 66, obs. Leveneur ; RJDA 2010, n° 378 ; dr. sociétés 2010, n° 69, obs. Roussille ; Bull. Joly 2010. 459, note Couret ; RLDA févr. 2010. 38, obs. Anadon.* – V. aussi • Orléans, 11 mars 2010 : *D. 2010. Pan. 2541, obs. Gomy*. ♦ Même si le vendeur d'un fonds de commerce a été une SARL et non personnellement sa gérante, il n'en demeure pas moins que l'obligation de non-concurrence pèse également sur cette dernière. • Paris, 30 janv. 1992 : *D. 1993. Somm. 160, obs. Serra*. – *Contra* : • Com. 11 juill. 2006 : *cité note 88 ss. L. n° 63-628 du 2 juill. 1963, App.*, v° *Concurrence*.

Commet une réticence dolosive le gérant d'une société venderesse de son fonds de commerce contractuellement tenu d'une obligation de non-concurrence et de non-rétablissement, dès lors que son épouse est gérante d'une autre société, qui a un objet social et une activité identiques, et que ladite épouse n'a cédé ses parts et cessé son activité qu'après la vente du fonds. • Com. 20 juin 1995 : *D. Affaires 1995. 9 ; D. 1995. IR 211*.

La cession d'un fonds de commerce présentant le caractère d'un acte de commerce, les cédants, en l'absence de stipulation contraire, s'obligent solidairement au respect de la clause de non-rétablissement stipulée à l'acte et à la réparation du préjudice en résultant. • Com. 8 juin 1993 : *Bull. civ. IV, n° 228.* ♦ Sur la transmissibilité de l'obligation de non-concurrence, V. • Com. 1er avr. 1997 : *cité note 27.* ♦ Sur la détermination du débiteur de l'obligation de non-concurrence en cas de vente d'un fonds de commerce, V. aussi les obs. de Saintourens ss. • Paris, 31 oct. 2007 : *RTD com. 2008. 46*.

B. DIVERSITÉ DES ÉLÉMENTS

BIBL. Rezek, *JCP E 2003, n° 28-29, p. 1183* (vente de fonds de commerce et titre d'occupation des locaux commerciaux). – Dejoie et Phan Thanh, *JCP N 2009, n° 19, p. 17* (cession du droit au bail).

10. Droit au bail. De principe, le droit au bail n'est pas nécessairement l'élément essentiel d'un fonds de commerce. • Req. 22 oct. 1923 : *DP 1924. 1. 77* • Civ. 17 juill. 1928 : *DH 1928. 510* • Req. 30 janv. 1934 : *S. 1935. 1. 12* • Civ. 13 mars 1944 : *Gaz. Pal. 1944. 1. 263* • Com. 29 mai 1953 : *D. 1953. 599 ; RTD com. 1954. 75, obs. Jauffret* • Civ. 1re, 8 déc. 1964 : *Bull. civ. I, n° 549 ; Gaz. Pal. 1965. 1. 250.* ♦ Quelle que soit son importance, le droit au bail ne constitue pas, de plein droit, un élément nécessaire du fonds de commerce, qui peut exister en dehors de lui (à propos d'un local occupé en vertu d'un droit d'usage intransmissible). • Com. 27 avr. 1993 : *Bull. civ. IV, n° 157 ; D. 1993. IR 129 ; Defrénois 1993. 1202, obs. Le Cannu.* ♦ Il n'importe que le bail ait une importance considérable et constitue à lui seul la presque totalité de la valeur du fonds. • T. civ. Cambrai, 10 déc. 1953 : *JCP 1954. II. 8289, note Cohen.* – Comp. : • Com. 6 déc. 1982 : *JCP 1984. II. 20158, note Cohen* • 14 nov. 1995 : *Administrer févr. 1996. 33, obs. Boccara.* ♦ Sur les conséquences de la résolution de la vente d'un fonds de commerce sur le bail commercial conclu en vue de son exploitation, V. • Civ. 3e, 30 oct. 2002 : *AJDI 2003. 31, obs. Dumont ; Defrénois 2003. 249, obs. Libchaber ; RTD com. 2003. 56, obs. Saintourens ; JCP E 2003, n° 26, p. 1096, note Kéita ; RDC 2003. 115, obs. Lardeux ; RJDA 2003, n° 12 ; Rev. loyers 2003. 81, obs. Gallet.* ♦ V. aussi note 4 ss. art. L. 642-7 et, en la matière, • Com. 13 nov. 2002 : *AJDI 2003. 504, obs. Le Corre*. ♦ Sur les conséquences de la résiliation judiciaire du bail sur la vente du fonds de commerce, V. • Com. 16 oct. 2007 : *cité note 172, App., v° Contrats d'affaires.*

11. Cession du droit au bail. La cession d'un fonds de commerce n'inclut pas nécessairement celle du bail des locaux d'exploitation de ce fonds. • Com. 9 mai 2007 : *RJDA 2007, n° 993 ; Rev. loyers 2007. 393, obs. Gallet.* ♦ La cession du droit au bail ne constitue celle du fonds de commerce que lorsqu'elle implique la cession de la clientèle. • T. civ. Périgueux, 30 déc. 1927 : *JCP 1928. 214.* – Comp. : • Rennes, 10 juill. 1986 : *JCP 1987. II. 20784, note Bey* • Paris, 6 janv. 1989 : *RTD com. 1989. 646, obs. Derruppé.* ♦ Jugeant que dès lors qu'une partie non négligeable de la clientèle a été effectivement cédée, il y a bien vente de fonds de commerce et non cession de droit au bail, V. • Civ. 3e, 29 nov. 2005 : *Administrer févr. 2006. 32, obs. Boccara et Lipman-W. Boccara.* ♦ Comp., jugeant que l'acte, intitulé cession de fonds de commerce, emportait en réalité la vente du seul droit au bail en l'absence totale d'achalandage, de marchandises et d'activité commerciale durant l'année ayant précédé l'acte litigieux : • Com. 24 janv. 2006 : *RJDA 2006, n° 626 ; Rev. loyers 2006. 185.* ♦ La cession qui porte sur un fonds fermé alors que l'exploitant était radié du RCS pour cessation d'activité s'analyse en une cession de droit au bail. • Toulouse, 4 avr. 2006 : *JCP N 2007, n° 45, p. 18, obs. Rezek.* ♦ Sur la cession du fonds de commerce incluant le droit au bail à une société en formation et ses conséquences sur le droit au renouvellement et, partant, ses corollaires que sont le droit à indemnité d'éviction et le droit au maintien dans les lieux, V. • Civ. 3e, 2 févr. 2005 : *Bull. civ. III, n° 22 ; D. 2005. AJ 718, obs. Lienhard ; JCP E 2005, n° 11, p. 452 ; RTD com. 2005. 259, obs.*

Monéger ; *ibid. 340, obs. Champaud et Danet* ; *RJDA 2005, n° 509* ; *Rev. loyers 2005. 247, note Quément* ; *Bull. Joly 2005. 643, note Saintourens* • 6 avr. 2005 : *Bull. civ. III, n° 84* ; *D. 2006. Pan. 929, obs. Rozès* ; *D. 2005. AJ 1229, obs. Rouquet* ; *JCP E 2005, n° 43, p. 1089, note Brault* ; *ibid., n° 48, p. 2042, obs. Kenfack* ; *AJDI 2005. 659, obs. Dumont* ; *RJDA 2005, n° 943* ; *Loyers et copr. 2005, n° 156, obs. Brault* ; *Administrer juill. 2005. 46, obs. Boccara et Lipman-W. Boccara.* ♦ Sauf clause contraire incluse dans l'acte, toute cession de fonds de commerce emporte cession de la créance d'indemnité d'éviction due au cédant et du droit au maintien dans les lieux, et cette cession peut valablement intervenir jusqu'au paiement de l'indemnité d'éviction. • Civ. 3e, 17 févr. 2010 : *Bull. civ. III, n° 44* ; *Dalloz actualité, 3 mars 2010, obs. Rouquet* ; *AJDI 2010. 631, note Dumont-Lefrand* ; *JCP E 2010, n° 1680, note Mercier* ; *RJDA 2010, n° 921* ; *Dr. et proc. 2010. 158* ; *Rev. loyers 2010. 169, obs. Vaissié* ; *Administrer juin 2010. 34, note Barbier.* ♦ Une ordonnance d'expropriation, qui éteint le droit au bail, ne fait pas disparaître le fonds de commerce, et la cession de ce fonds emporte, sauf clause contraire incluse dans l'acte, cession de la créance d'indemnité d'éviction due au cédant. • Civ. 3e, 20 mars 2013 : *D. 2013. Actu. 839* ; *AJDA 2013. 661, obs. Grand* ; *Dr. et patr. juin 2013. 76, obs. Seube* ; *Administrer mai 2013. 34, obs. Lipman-W. Boccara.*

Pour une cession de fonds de commerce requalifiée en cession déguisée du droit au bail, V. • Paris, 22 nov. 2007 : *Administrer févr. 2008. 23, obs. Lipman-W. Boccara.* ♦ La cession du fonds de commerce qui comprend la cession du bail n'entraîne pas la transmission de l'obligation d'informer le bailleur d'une sous-location intervenue antérieurement à la cession de ce fonds. • Civ. 3e, 17 sept. 2008 : *Bull. civ. III, n° 133* ; *D. 2008. AJ 2426, obs. Forest* ; *RTD com. 2009. 280, obs. Saintourens* ; *RTD civ. 2008. 677, obs. Fages* ; *AJDI 2009. 360, obs. Denizot* ; *JCP E 2008, n° 42, p. 22* ; *Gaz. Pal. 2009. 527, obs. Brault* ; *RJDA 2009, n° 8* ; *RLDA nov. 2008. 22, obs. Filiol de Raimond* ; *Loyers et copr. 2008, n° 278, obs. Brault* ; *Rev. loyers 2008. 483, note Prigent* ; *Administrer nov. 2008. 44, obs. Lipman-W. Boccara.*

1° ÉLÉMENTS INCLUS

12. Droit de place sur un marché. **BIBL.** Jauffret, *RTD com. 1968. 1019.* – Vilar, *ibid. 1973. 27.* ♦ La présentation d'un successeur par le bénéficiaire d'un droit de place sur un marché à l'autorité municipale octroyante, qui ne contrevient en rien à l'inaliénabilité du domaine public, peut s'accompagner de la cession onéreuse d'éléments identiques à ceux d'un fonds de commerce. • Civ. 1re, 5 déc. 1995 : *Bull. civ. I, n° 445* ; *D. Affaires 1996. 167* ; *JCP 1996. I. 3929, n° 10, obs. Billiau* ; *Defrénois 1996. 743, obs. Delebecque.*

Sur le droit d'occupation d'emplacement dans un marché d'intérêt national, V. art. L. 761-1 s. ♦ Sur la concession immobilière, V. note 13.

13. Concession immobilière. Le droit de concession immobilière est susceptible d'être compris dans un nantissement de fonds de commerce. – V. L. n° 67-1253 du 30 déc. 1967, art. 51, al. 2 et 3. – **C. civ.** ou **C. baux.**

14. Marchandises et matériel. **BIBL.** Garçon, *JCP N 2008, n° 40, p. 17* (le casse-tête des agencements dans la cession de fonds de commerce). ♦ La cession de marchandises n'est pas essentielle pour caractériser la cession d'un fonds de commerce et il n'y a pas lieu à se livrer dans le détail à l'examen des marchandises susceptibles d'avoir été liquidées ou non, cédées ou non. • Paris, 21 janv. 2009 : *Administrer avr. 2009. 44, obs. Lipman-W. Boccara.* ♦ Mais quand, dans un fonds de commerce, la clientèle a presque totalement disparu et qu'une ordonnance d'expulsion est sur le point de mettre fin au droit au bail, le matériel peut constituer la seule valeur et la véritable substance du fonds. • Com. 2 août 1949 : *JCP 1949. II. 5188, note Saint-Alary* ; *S. 1950. 1. 81, note Cohen.* ♦ V. art. L. 142-2. – Comp. : • Com. 2 juill. 1979 : *Bull. civ. IV, n° 220.* – V. aussi • Com. 9 oct. 1990 : *Bull. civ. IV, n° 227.* ♦ Pour l'inclusion dans la cession d'un fonds de commerce d'ambulancier des véhicules spécialisés, au regard des éléments intrinsèques et extrinsèques du contrat, V. • Caen, 28 mars 2002 : *préc. note 2.* ♦ Sur l'immobilisation, V. note 24.

15. Nom commercial. V. **RÉP. COM.**, v° *Nom commercial*, par LOISEAU. ♦ Le nom commercial est un élément du fonds de commerce. L'extinction du droit privatif portant sur le nom commercial et l'enseigne ne pouvant résulter que de la disparition du fonds de commerce ou de l'abandon de ce droit, le commerçant, qui quitte le lieu où se trouve installé son établissement, peut conserver les éléments incorporels et les utiliser ultérieurement pour distinguer son activité au nouveau siège de celle-ci (à propos d'un théâtre). • Paris, 3 juill. 1996 : *D. Affaires 1996. 1187.* ♦ L'obligation de délivrance du vendeur d'un fonds de commerce comprenant tous les éléments corporels et incorporels composant le fonds, y compris l'enseigne et le nom commercial, manque à cette obligation le vendeur qui affirme dans l'acte de cession avoir la libre disposition du fonds et de tous les éléments le composant, alors qu'il avait autorisé un ancien employé à utiliser l'enseigne, bien qu'il ait obtenu en justice, avant la cession, la condamnation de celui-ci à en cesser toute utilisation. • Paris, 25 oct. 2000 : *BRDA 2000, n° 24, p. 9.*

En principe, l'acquéreur et tous les exploitants successifs ont le droit de faire usage du nom du fondateur sous lequel la maison est connue. • Paris, 7 nov. 1949 : *JCP 1951. II. 6079.* ♦ A défaut de mention dans l'acte, l'usage du nom par l'acquéreur ne doit pas être réduit en fonction de la durée d'une interdiction de rétablissement. • Com. 16 juin 1958 : *Bull. civ. III, n° 249.* ♦ En revanche, l'acquéreur du fonds ne saurait se présenter sous ce nom dans l'accomplissement d'actes juridiques par substitution à son nom patronymique. • Paris, 12 nov. 1908 : *Ann. propr. ind. 1909. 293.* – Comp. : • Com. 12 mars 1985 : *D. 1985. 471, note Ghestin ; GAJC 2007. 172, note Terré et Lequette ; Gaz. Pal. 1985. 1. 246, note Le Tallec ; JCP 1985. II. 20400, concl. Montanier et note Bonet* • TGI Paris, 27 juin 1984 : *JCP 1986. II. 20582, note Plaisant ; RTD com. 1986. 245, obs. Chavanne et Azéma ; RTD civ. 1987. 83, obs. Rubellin-Devichi.*

16. Marque. Lorsque la marque est cédée dans le même temps que le fonds qui l'exploite, elle constitue un élément du fonds de commerce et supporte, avec l'ensemble des autres éléments, le droit de mutation applicable aux cessions de fonds de commerce ; il en est de même pour la cession des droits de propriété industrielle, dès lors qu'ils sont cédés en même temps que tout ou partie d'un fonds de commerce dont ils dépendent. • Com. 23 oct. 2007 : *Bull. civ. IV, n° 222 ; D. 2007. AJ 2880, obs. Chevrier ; JCP E 2007, n° 50, p. 53, note Debat ; CCE 2008, n° 15, obs. Neau-Leduc ; RLDA déc. 2007. 21, obs. Filiol de Raimond ; Dr. sociétés 2008, n° 21, obs. J.-L. Pierre.* ♦ A raison de son exploitation antérieure, la marque cédée bénéficiait d'une renommée et d'une notoriété certaines et, de ce fait, d'une clientèle propre qui lui était attachée, de sorte que sa cession, ainsi que celle des droits de possession industrielle, est soumise au droit de mutation de l'art. 719 CGI, peu important que la mutation du fonds ait été opérée par deux cédants au bénéfice de deux acquéreurs. • Même arrêt. ♦ Ayant relevé que les marques n'étaient ni apportées ni mises à disposition de la société bénéficiaire de l'apport, et que seul un droit d'usage précaire était consenti sur les noms commerciaux, et retenu que l'exploitation autonome et durable de la branche d'activité qui ne pouvait être acquise qu'à la condition que soit garantie la pérennité, sinon de l'usage de la marque, en tout cas celle du nom commercial assurant le ralliement de la clientèle constitutive d'un élément essentiel du fonds de commerce n'était pas assurée, la cour d'appel en a exactement déduit que, nonobstant la garantie légale d'éviction du fait personnel du vendeur pesant sur l'apporteur, celui-ci n'avait pas apporté une branche complète et autonome d'activité au sens du CGI. • Com. 10 janv. 2006 : *Bull. Joly 2006. 945, obs. Couret et Dondero.*

17. Dénomination sociale. La dénomination sociale, en tant qu'elle a vocation à désigner la société elle-même, se distingue du nom commercial, qui désigne l'entreprise ou le fonds de commerce et ne saurait donc se confondre avec la personne morale qui l'exploite. Par suite, une société ne peut pas faire valoir qu'en acquérant le fonds de commerce d'une autre société avec notamment l'enseigne et le nom de commercial de celle-ci, elle en avait également acquis la dénomination sociale. • Versailles, 19 oct. 2006 : *RJDA 2007, n° 356.* ♦ Dès lors que la société locataire de locaux à usage commercial a été autorisée par les propriétaires à utiliser leur nom patronymique, ce nom est devenu un élément du fonds de commerce et une cour d'appel retient à bon droit que la société peut valablement céder ce nom avec le fonds. • Civ. 3e, 25 nov. 2009 : *Bull. civ. III, n° 262 ; JCP 2010, n° 1005 ; RJDA 2010, n° 119.*

18. Enseigne. BIBL. Boulanger, *Rev. gén. dr. com. 1940. 5.* ♦ L'enseigne commerciale est un attribut du fonds de commerce, au même titre que le droit au bail, la clientèle et l'achalandage d'une part, le mobilier commercial, le matériel et l'outillage servant à l'exploitation du fonds d'autre part. • Paris, 5 janv. 2011 : *BRDA 2011, n° 7, p. 7 ; Administrer mars 2011. 30, obs. Lipman-W. Boccara.* ♦ L'enseigne, qui est un signe par lequel le commerçant informe la clientèle de sa présence à l'emplacement des locaux loués dans lesquels il exerce son activité, indispensable à l'individualisation de son commerce, est un attribut du fonds de commerce. • Versailles, 29 sept. 2011 : *Loyers et copr. 2012, n° 78, obs. Brault.* ♦ Le cédant d'un fonds de commerce ayant vendu, parmi les éléments incorporels du fonds, l'enseigne et le nom commercial, n'est pas fondé à se rétablir dans un fonds de même nature en reprenant ces mêmes nom et enseigne, même en dehors du périmètre de la clause de non-concurrence qu'il a souscrite. • Orléans, 14 juin 2007 : *BICC 1er nov. 2007, n° 2222 ; RJDA 2008, n° 736.* ♦ L'absence de transfert de l'enseigne, qui n'est pas l'élément essentiel d'un fonds de commerce, ne permet pas d'écarter la réalité de la cession, laquelle peut intervenir sans que soit associée celle de l'enseigne, sauf à démontrer que l'enseigne est indissolublement liée à la vie du fonds. • Paris, 21 janv. 2009 : *préc. note 14.*

♦ Sur la dissociation du fonds et de l'enseigne, V. aussi • T. com. Lyon, 19 déc. 1949 : *D. 1950. 275, note Ripert.* ♦ V. aussi • Paris, 3 juill. 1996 : *préc. note 15.* ♦ RÉP. COM. v° *Enseigne*, par Olszak.

19. Propriété industrielle. Sur l'inclusion de droits de propriété industrielle dans un fonds de commerce, V. • Com. 18 janv. 1950 : *Bull. civ. II, n° 24* • 6 déc. 1984 : *D. 1987. Somm. 39, obs. Burst* • 24 sept. 2002 : *JCP E 2003, n° 37, p. 1436, obs. Greffe* • TGI Paris, 9 juill. 1985 : *RTD com. 1987. 51, obs. Azéma et Chavanne.*

20. Licences. Les licences de débits de boissons sont des accessoires du fonds de commerce. • Req. 14 juin 1926 : *S. 1927. 1. 266* • 23 juin 1930 : *DH 1930. 410* • Com. 17 juin 1953 : *Bull. civ. III, n° 227* • Civ. 3e, 14 déc. 1971 : *Bull. civ. III, n° 628.* ♦ Comp., jugeant que la licence ne peut être cédée qu'en tant qu'élément du fonds de commerce indispensable à son exploitation mais dépourvu d'utilité en dehors de ce cadre commercial : • Limoges, 24 mai 1993 : *RTD com. 1994. 38, obs. Derruppé.* ♦ Pour un arrêt considérant que la cession d'une licence de débit de boissons, présentée comme seul élément d'actif subsistant, équivaut à la cession du fonds de commerce, V. • Com. 20 oct. 1998 : *D. Affaires 1998. 1946, obs. A.-L. M.-D.* ♦ La licence d'exploitation d'un débit de boissons constitue un droit incorporel saisissable dans les conditions de la saisie des valeurs mobilières. • Cass., avis, 8 févr. 1999 : *Bull. civ., n° 1 ; D. Affaires 1999. 583, obs. A.-L. M.-D. ; Rev. huiss. 1999. 454, obs. Daigre ; RTD com. 1999. 631, obs. Derruppé.* ♦ V. aussi note 1 ss. art. L. 141-1. ♦ La licence d'exploitation d'un débit de boissons ayant la même nature de meuble incorporel que le fonds de commerce dont elle est l'un des éléments et ne se transmettant pas par simple tradition manuelle, doit être écartée pour ladite licence la présomption prévue par l'art. 2279 [2276 nouv.] C. civ. selon lequel « en fait de meubles, la possession vaut titre ». • Com. 7 mars 2006 : *Bull. civ. IV, n° 62 ; D. 2006. 2897, note Kuhn ; ibid. Pan. 2363, obs. Mallet-Bricout ; RTD civ. 2006. 348, obs. Revet ; JCP 2006. II. 10143, note Loiseau ; ibid. 2006. I. 178, n° 3, obs. Périnet-Marquet ; Dr. et patr. nov. 2006. 103, obs. Seube ; Defrénois 2007. 70, obs. J. Honorat ; RLDA mai 2006, p. 25, obs. Lefèvre et Vasa.*

La caducité de la licence peut entraîner la disparition du fonds si elle était nécessaire à l'exploitation, et provoquer la nullité de la cession pour dol. • Com. 11 mai 1970 : *Bull. civ. IV, n° 152.* ♦ Comp., pour la cession de la jouissance d'une licence : • Com. 20 mars 1973 : *Bull. civ. IV, n° 128.* ♦ ... Et pour une licence d'exploitation de moulins ou les contingents d'exploitation ou de mouture : • Com. 7 mars 1955 : *Gaz. Pal. 1955. 1. 336 ; RTD com. 1955. 545, obs. Jauffret* • 23 juin 1965 : *Bull. civ. III, n° 393* • 10 mai 1971 : *ibid. IV, n° 126.*

Sur la cession de la carte de transports publics, V. • Com. 24 oct. 1949 : *D. 1949. 550.*

21. Numéro de téléphone. Le numéro de téléphone d'un établissement commercial, lié au nom commercial et servant comme lui à identifier et à localiser l'activité, constitue un élément incorporel du fonds de commerce dans la mesure où il sert à l'exploitation du fonds. • Nancy, 21 mai 1997 : *JCP 1998. IV. 2553.* ♦ Commettent une faute engageant leur responsabilité les anciens gérants salariés d'un fonds de commerce qui, alors qu'ils figurent dans l'annuaire téléphonique, transfèrent la ligne sous le même numéro au nom du nouvel établissement qu'ils exploitent. • Même arrêt.

22. Contrats d'édition. Sur la transmission des contrats d'édition en cas de transmission du fonds de commerce d'édition, V. CPI, art. L. 132-16 (ancien art. 62 de la L. n° 57-298 du 11 mars 1957). – **C. civ.** ou **CPI**.

23. Contrats d'assurance. BIBL. Pichard, *JCP E 1996. I. 547.* – V. C. assur., art. L. 121-10. – **C. civ.** ou **C. assur.**

2° ÉLÉMENTS EXCLUS

24. Immeubles. BIBL. Blaise, *RTD com. 1966. 827.* – Savary et Dubuisson, *JCP N 2009, n° 15-16, p. 31* (le fonds et l'immeuble d'exploitation). – Bouquet, *Gaz. Pal. 2009. 1827* (repenser l'exclusion traditionnelle des immeubles). ♦ Lorsque le propriétaire d'un fonds de commerce est en même temps propriétaire de l'immeuble où s'effectue l'exploitation, ledit immeuble n'est pas un élément du fonds de commerce, lequel consiste en un ensemble de biens mobiliers corporels et incorporels. • Limoges, 26 nov. 1990 : *D. 1992. 452, note Prévault.* ♦ Le droit réel en vertu duquel le commerçant occupe un immeuble est exclu des éléments du fonds susceptibles d'être cédés ou nantis. • Civ. 21 juill. 1937 : *DP 1940. 1. 17, note Voirin ; S. 1938. 1. 337, note Lagarde.* ♦ Sur l'exclusion d'un droit de passage, V. • Civ. 3e, 8 déc. 1971 : *Bull. civ. III, n° 616.* ♦ L'exclusion s'étend aux immeubles par destination, tel le matériel qui est au service de l'immeuble. • Req. 20 janv. 1913 : *S. 1920. 1. 33, note Wahl* • Civ. 27 juin 1944 : *DC 1944. 93, note A.C.* • Civ. 3e, 6 janv. 1972 : *D. 1972. 398* • Civ. 1re, 4 juin 1962 : *Bull. civ. I, n° 284 ; D. 1962. Somm. 133.* ♦ La vente du matériel par le propriétaire met fin à l'immobilisation. • Aix-en-Provence, 29 déc. 1949 : *JCP 1950. 2. 5571, note Saint-Alary ; RTD com. 1950. 399, obs. Jauf-*

fret. – Comp. : • Req. 23 févr. 1926 : *DH 1926. 179.*

L'adjudicataire d'un immeuble comportant un fonds, et qui n'a contracté aucune obligation particulière sur l'exploitation dudit fonds, ne peut voir sa responsabilité mise en œuvre par l'exploitant du seul fait de la privation imposée de la jouissance des lieux où s'exerce le commerce. • Limoges, 26 nov. 1990 : *préc.* ♦ L'adjudicataire d'un immeuble comportant un fonds de commerce, s'il n'a pas droit à la jouissance de ce fonds dès la date d'adjudication et n'en acquiert pas la propriété, entre cependant en jouissance de l'immeuble et peut donc l'exploiter à cette date, en sorte que les sommes perçues depuis lors par l'ancien propriétaire qui occupait encore les locaux lui étaient dues. • Com. 31 mars 2009 : *Bull. civ. IV, n° 47 ; D. 2009. AJ 1139, obs. Chevrier ; RTD com. 2009. 686, obs. Saintourens ; RTD civ. 2010. 139, obs. Revet ; JCP E 2009, n° 39, p. 24, note Planckeel ; Defrénois 2009. 1962, note Thullier ; RLDA mai 2009. 25, obs. Filiol de Raimond.*

25. Exclusion de principe des contrats. BIBL. Savary et Dubuisson, *JCP N 2009, n° 19, p. 41* (le fonds et les contrats d'exploitation). – Inforeg, *Cah. dr. entr. 2009, n° 3, p. 51* (sort des contrats en cas de vente d'un fonds de commerce). – Pancrazi, *Gaz. Pal. 2009. 1820* (repenser l'exclusion traditionnelle des contrats et obligations). ♦ En l'absence de clause expresse, la vente d'un fonds de commerce n'emporte pas de plein droit cession à la charge de l'acheteur du passif des obligations dont le vendeur pourra être tenu en raison des engagements initialement souscrits par lui. • Civ. 3e, 7 déc. 2005 : *Bull. civ. III, n° 244 ; JCP E 2006, n° 4, p. 190 ; RJDA 2006, n° 766* • Com. 3 oct. 2006 : *RJDA 2007, n° 140* • 13 janv. 2009 : *RJDA 2009, n° 534.* ♦ Il est de principe constant que le fonds de commerce n'est pas un patrimoine autonome, et ne comprend ni les dettes ni les créances du commerçant, et que, par voie de conséquence, les contrats en sont exclus. • Paris, 19 juin 1991 : *D. 1992. Somm. 388, obs. Ferrier* . ♦ Il n'est d'exception que pour certains d'entre eux admis par la loi, à savoir les contrats de travail, d'assurance, d'édition et de bail. Pour tous autres contrats, il appartient aux parties de prévoir leur inclusion, ce qui peut être fait, de manière expresse ou tacite, et dans le cas seulement où lesdits contrats n'ont pas été passés *intuitu personae* (à propos d'un contrat de distribution). • Même arrêt. – V., dans le même sens, • Com. 25 janv. 2000 : *RJDA 2000, n° 644* • Paris, 24 sept. 1991 : *D. 1991. IR 248.* ♦ V. aussi, à défaut d'acceptation par le crédit-bailleur de la clause de reprise du contrat de crédit-bail, • Com. 8 mars 1994 : *RJDA 1994, n° 771.* – Rappr. : • Civ. 1re, 30 avr. 2009 : *Bull. civ. I, n° 82 ; D. 2009. 2400, note Andreu ; RTD civ. 2009. 531, obs. Fages ; JCP 2009, n° 27, p. 17, note Ansault ; RLDA juill. 2009. 30, obs. Filiol de Raimond.* ♦ Le contrat de vente du fonds de commerce prévoyant que l'acquéreur était tenu de faire son affaire personnelle et de prendre à son compte la poursuite de toutes commandes et marchés en cours, ce dernier est tenu de répondre aux désordres affectant des chantiers de son prédécesseur, les chantiers faisant l'objet de réserves s'assimilant à des marchés en cours. • Com. 18 sept. 2007 : *RJDA 2007, n° 1214.*

Viole les art. 1134 et 1165 C. civ., l'arrêt qui condamne l'acquéreur d'un fonds de commerce à exécuter les obligations engendrées par un contrat que son vendeur avait conclu avec un tiers pour l'exploitation du fonds, dès lors qu'aucun accord de volontés entre l'acquéreur et le tiers pour la continuation entre eux du contrat litigieux n'a été constaté. • Com. 24 juin 1997 : *Defrénois 1998. 345, obs. D. Mazeaud.* ♦ V. aussi, • Com. 3 juin 1998 : *RJDA 1998, n° 1178.* ♦ Il appartient au loueur du matériel informatique, qui réclame l'exécution d'un contrat conclu avec le cédant du fonds de commerce, de prouver que l'acquéreur de ce fonds avait accepté de reprendre le contrat. • Com. 20 oct. 2009 : *RTD com. 2010. 62, obs. Saintourens ; RJDA 2010, n° 18.* ♦ Pour un arrêt retenant la validité entre les parties de la cession d'un contrat de crédit-bail lors de la vente d'un fonds de commerce, V. • Bordeaux, 19 janv. 1999 : *RTD com. 1999. 835, obs. Derruppé* . ♦ Sur la transmission des contrats d'exploitation, V. aussi : • Paris, 29 nov. 2006 : *JCP N 2007, n° 45, p. 26, obs. Rezek.*

26. Contrat de distribution. Pour conclure valablement le contrat de cession du fonds, l'acquéreur devant avoir connaissance du contenu des contrats de distribution, la vente peut être annulée, dès lors que le vendeur a, par une réticence dolosive, omis de révéler à l'acquéreur l'interdépendance des contrats de distributeurs agréés dont il avait le bénéfice et les conditions contractuelles qui subordonnaient leur reconduction. • Com. 4 mai 1993 : *Bull. civ. IV, n° 163 ; D. 1993. IR 144 ; JCP E 1994. I. 310, n° 2, obs. Izorche ; CCC 1993, n° 171, note Leveneur.* ♦ V. aussi : sur la responsabilité du fait de la rupture suite à la cession du fonds, • Paris, 30 juin 1994 : *RTD com. 1994. 696, obs. Derruppé* . ♦ ... Sur la stipulation, dans l'acte de vente, d'une condition suspensive de reconduction, au profit de l'acquéreur, du contrat de distribution, • Com. 10 janv. 1995 : *CCC 1995, n° 66, note Leveneur.*

27. Clause de non-concurrence. Une clause de non-concurrence ne peut valablement être opposée au cessionnaire du fonds qu'à condition qu'elle ait été insérée dans l'acte de cession du fonds et expressément acceptée par lui. • Com. 1er avr. 1997 : *Bull. civ. IV, n° 89 ; D. 1998. Somm. 111, obs. Libchaber ; ibid. 214, obs. Serra ; D. Affaires 1997. 629 ; RTD com. 1998. 135, obs. Derruppé ; RTD civ. 1999. 659, obs. Zenati*. ♦ De même, la convention passée entre l'apporteur du fonds et un tiers, comportant une obligation de non-concurrence à la charge de ce dernier, n'a pas été transmise dans le cadre de l'apport en société dans la mesure où l'acte d'apport n'y fait nullement référence et n'en prévoit aucune évaluation. Au surplus, à supposer que cette convention ait réellement été comprise dans l'acte d'apport, il aurait fallu, pour que la convention d'apport soit opposable au débiteur de l'obligation de non-concurrence, qu'elle lui soit signifiée conformément à l'art. 1690 C. civ., en l'absence de transmission des éléments d'actif et de passif à titre universel. • Paris, 14 juin 1993 : *JCP 1994. IV. 226 ; Dr. sociétés 1994, n° 4, note Bonneau.* ♦ V. aussi, cassant un arrêt ayant admis qu'une clause de non-concurrence, constituant un accessoire du fonds de commerce, avait été transmise au locataire-gérant, • Com. 1er oct. 1996 : *RJDA 1997, n° 12.*

Comp., décidant que c'est par une appréciation souveraine de volontés qu'une cour d'appel a condamné une EURL à l'exécution d'une obligation qui incombait primitivement à l'apporteur du fonds de commerce et a ainsi retenu implicitement mais nécessairement que l'apport de ce fonds de commerce à la société s'était accompagné d'une cession de l'obligation de garantie afférente à la vente d'une caravane : • Com. 4 juill. 1995 : *Bull. civ. IV, n° 306 ; Defrénois 1995. 1299, obs. J. Honorat ; Dr. sociétés 1995, n° 205, note Bonneau ; JCP 1996. II. 22623, note Leveneur.*

28. Taxe professionnelle. Lors de la cession du fonds de commerce, les parties peuvent convenir que le cessionnaire supportera une fraction de la taxe professionnelle, mais eu égard à la nature personnelle de cette imposition la clause du contrat doit être expresse et dépourvue de toute ambiguïté. • Paris, 22 oct. 1999 : *D. 1999. IR 272.*

29. Subvention de fonctionnement d'un CE. Selon l'art. L. 141-5 C. com., la vente d'un fonds de commerce ne transmet pas au cessionnaire les dettes du cédant, et si, selon l'art. L. 435-5 C. trav., devenu l'art. L. 2327-11 du même code, le comité d'entreprise mis en place dans le cadre d'un établissement cédé demeure en fonction, il n'en résulte pas que le nouvel employeur est tenu des dettes de l'ancien. • Soc. 28 mai 2008 : *Bull. civ. V, n° 119 ; D. 2008. AJ 1699 ; JCP E 2008, n° 26, p. 38 ; RLDA juill.-août 2008. 28, obs. Filiol de Raimond.*

30. Services télématiques. Les services minitels créés par une société ne sauraient être assimilés au fonds de commerce lui-même. • Paris, 6 avr. 2001 : *CCE 2002, n° 60, obs. Grynbaum.*

31. Documents comptables. V. art. L. 141-2.

II. PRIVILÈGE

A. CONDITIONS

32. Acte écrit. Une inscription de privilège peut être prise en vertu d'un jugement constatant l'existence d'une vente de fonds de commerce. • T. com. Marseille, 7 juill. 1939 : *Rev. fonds com. 1939. 532.* ♦ Sur la subrogation à un cessionnaire, V. • Req. 15 janv. 1934 : *DP 1934. 1. 158, note Montier.* ♦ ... Et sur les billets de fonds, V. • Civ. 11 déc. 1940 : *DC 1943. J. 49, note Trasbot* • Com. 10 déc. 1968 : *RTD com. 1969. 549.*

33. Ventilation du prix. V. note 34 et art. L. 141-9 et sur la nullité qui résulterait de l'énonciation d'un prix global, V. • Paris, 2 nov. 1923 : *DH 1924. 13.*

B. PORTÉE DU PRIVILÈGE

34. Éléments du fonds. A défaut de précision sur les éléments dans la vente et dans l'inscription, le privilège, en ce qui concerne les éléments incorporels, ne portera que sur le nom commercial et l'enseigne, le droit au bail, la clientèle et l'achalandage. • Paris, 2 nov. 1923 : *DH 1924. 13.* ♦ Comp : art. L. 141-9. ♦ Sur les frais et coûts du contrat, V. • Paris, 17 oct. 1935 : *Rev. fonds com. 1939. 454.*

35. Rang du privilège. BIBL. Mazin, *Defrénois 1935. 281.* ♦ V. aussi note 1 ss. art. L. 141-1.

36. Renonciation. Manque à son devoir de conseil l'avocat qui n'attire pas spécialement l'attention de son client sur les risques de la renonciation au privilège du vendeur : • Civ. 1re, 21 janv. 2003 : *RD banc. fin. 2004, n° 19, obs. Legeais.*

Art. L. 141-6 **L'inscription doit être prise, à peine de nullité, dans la quinzaine de la date de l'acte de vente. Elle prime toute inscription prise dans le même délai du chef de l'acquéreur ; elle est opposable aux créanciers de l'acquéreur** *(L. n° 2005-*

845 du 26 juill. 2005, art. 165-II) « en sauvegarde, » en redressement ou en liquidation judiciaire, ainsi qu'à sa succession bénéficiaire.

L'action résolutoire, établie par l'article 1654 du code civil, doit, pour produire effet, être mentionnée et réservée expressément dans l'inscription. Elle ne peut être exercée au préjudice des tiers après l'extinction du privilège. Elle est limitée, comme le privilège, aux seuls éléments qui ont fait partie de la vente. – *[L. 17 mars 1909, art. 2, al. 1er et 2.]*

FORM. PR. COM. v° *Bordereau d'inscription de privilège du vendeur et d'action résolutoire*, par PUECH.

A. INSCRIPTION DU PRIVILÈGE

1. Délai d'inscription. Le délai court à compter de la signature de l'acte de vente par l'une et l'autre des parties. • Paris, 25 avr. 1974 : *RTD com. 1974. 485, obs. Jauffret.* – Comp. : • Amiens, 24 juin 1952 : *JCP 1953. II. 7770, note Cohen.* ♦ Le jour qui sert de point de départ au délai n'appartient pas à celui-ci. • Paris, 3 févr. 1969 : *D. 1969. Somm. 58* • Rouen, 16 juin 1961 : *Gaz. Pal. Tables 1961-1965,* v° *Fonds de commerce, n° 102.* ♦ V. art. 642 **C. pr. civ.**

2. Nullité. La perte, par le vendeur, du privilège dont il n'a requis l'inscription dans les délais ou à défaut de renouvellement de l'inscription, emporte, vis-à-vis des tiers, celle de l'action résolutoire. • Civ. 17 juill. 1928 : *Gaz. Pal. 1928. 2. 609* • Req. 16 avr. 1942 : *ibid. 1942. 2. 15.* ♦ Sur l'influence du redressement ou de la liquidation judiciaire de l'acheteur, V. art. L. 622-30.

B. ACTION RÉSOLUTOIRE

3. Condition de publicité. **BIBL.** Jauffret, *Rev. crit. législ. et jurispr. 1929. 183.* ♦ L'action résolutoire du vendeur impayé est subordonnée à l'inscription régulière du privilège du vendeur. • Com. 3 oct. 1977 : *Bull. civ. IV, n° 213.* ♦ Comp. note 2. ♦ Toutefois, les créanciers chirographaires n'étant pas des tiers au sens de l'art. 7 de la loi du 23 mars 1855 (art. 2379 C. civ.), la sanction de l'absence d'inscription ne peut être invoquée que par les créanciers nantis du chef de l'acquéreur ou par les sous-acquéreurs de bonne foi. • Req. 7 mai 1923 : *S. 1924. 1. 103* • 12 févr. 1936 : *DH 1936. 145.* ♦ *Contra*, à propos de la masse des créanciers du débiteur en liquidation judiciaire : • Req. 16 avr. 1942 : *Gaz. Pal. 1942. 2. 15.* ♦ Sur l'interdiction actuelle d'une action en résolution après ouverture d'un redressement ou d'une liquidation judiciaires, V. les art. L. 622-21 et L. 643-1. ♦ V. aussi note 3 ss. art. L. 643-2. ♦ Seuls les tiers pouvant invoquer l'absence de publicité, le vendeur reste recevable à agir en résolution de la vente selon le droit commun, à l'égard de l'acquéreur. • Com. 10 févr. 1958 : *Bull. civ. III, n° 65 ; JCP 1959. II. 10993, note Cohen ; RTD com. 1959. 688, obs. Jauffret* • Req. 7 mai 1923 : *préc.* • T. com. Dunkerque, 26 juin 1950 : *RTD com. 1950. 401, obs. Jauffret.*

4. Location-gérance. La résolution de la vente entraîne résiliation de la location-gérance. • T. com. Marseille, 3 juill. 1957 : *JCP 1958. II. 10847, note Cohen ; RTD com. 1959. 77, obs. Jauffret.*

Art. L. 141-7 **En cas de résolution judiciaire ou amiable de la vente, le vendeur est tenu de reprendre tous les éléments du fonds qui ont fait partie de la vente, même ceux pour lesquels son privilège et l'action résolutoire sont éteints. Il est comptable du prix des marchandises et du matériel existant au moment de sa reprise de possession d'après l'estimation qui en est faite par expertise contradictoire, amiable ou judiciaire, sous la déduction de ce qui peut lui rester dû par privilège sur les prix respectifs des marchandises et du matériel, le surplus, s'il y en a, devant rester le gage des créanciers inscrits et, à défaut, des créanciers chirographaires.** – *[L. 17 mars 1909, art. 2, al. 3.]*

V. note rédactionnelle à la fin de l'Avertissement en début d'ouvrage.

1. Compte de reprise de possession. La reprise porte sur tous les éléments du fonds objet de la vente. • Com. 14 mai 1952 : *JCP 1952. II. 7327, note Cohen* • Dijon, 18 nov. 1938 : *Rev. gén. dr. com. 1939. 796, note Hémard* • Aix-en-Provence, 19 janv. 1954 : *D. 1954. Somm. 37.* ♦ Les éléments incorporels doivent être repris pour le prix porté au contrat. • Com. 20 juin 1978 : *Bull. civ. IV, n° 175 ; JCP 1979. II. 19122, note A.S.* ♦ V., sur la limitation de la mission de l'expert à l'estimation du matériel et des marchandises, • Aix-en-Provence, 19 janv. 1954 : *préc.* ♦ Le vendeur peut compenser de façon séparée pour chaque compartiment, le prix qu'il doit régler avec ce qui lui restait dû sur ces éléments. • Paris, 27 juin 1975 : *RTD com. 1976. 49, obs. Jauffret.*

2. Bénéfices réalisés par l'acheteur. Il y a lieu de tenir compte des bénéfices réalisés par l'acheteur dans l'exploitation du fonds qu'il doit restituer. • Orléans, 13 mai 1925 : *DP 1931. 2. 65, note Montier* • T. com. Le Havre, 27 févr. 1934 : *ibid.* • Lyon, 1er juin 1939 : *Rev. fonds com. 1939. 437.* ♦ Sur le droit de rétention de l'acheteur invoquant des créances contre le vendeur, V. • Amiens, 11 juin 1964 : *D. 1965. 355, note M. Cabrillac.*

3. Dommages-intérêts. Le vendeur peut obtenir des dommages-intérêts de résolution : ... en cas de préjudice causé par la moins-value du fonds. • Com. 4 nov. 1975 : *RTD com. 1976. 343, obs. Jauffret* • Versailles, 17 déc. 1980 : *Gaz. Pal. 1982. 1. Somm. 24* • Orléans, 13 mai 1925 : *préc. note 2.* ♦ ... En cas de préjudice certain, et pour indemnisation de privation de jouissance. • T. com. Le Havre, 25 nov. 1933 : *Gaz. Pal. 1934. 1. 143* • 27 févr. 1934 : *ibid. 1934. 1. 764.* ♦ ... Quand la mauvaise gestion de l'acquéreur a entraîné une diminution de valeur des éléments incorporels. • Paris, 1er avr. 1941 : *Gaz. Pal. 1941. 1. 489* ♦ Sur la réparation du préjudice subi par le vendeur d'un fonds de commerce en cas de résolution de la vente entraînant la disparition du fonds, V. • Com. 30 juin 1998 : ♔ *JCP E 1999, n° 22, p. 960, note Moizard.*

4. Droits des sous-acquéreurs. L'action en résolution du vendeur lui permet de reprendre en quelques mains qu'ils soient et en quelque lieu qu'ils aient été transportés, tous les éléments du fonds qui ont fait partie de la vente, même ceux dont il a reçu le prix et pour lesquels son privilège est éteint. • Com. 14 mai 1952 : *Bull. civ. II, n° 189 : JCP 1952. II. 7327, note Cohen.* ♦ Pour les sous-acquéreurs d'éléments isolés, la revendication est permise, s'agissant d'éléments incorporels, l'art. 2279 [2276 nouv.] C. civ. n'étant pas applicable, alors que, pour les éléments corporels, elle est possible si les acquéreurs sont de mauvaise foi. • Civ. 28 juill. 1938 : *DH 1938. 497.*

Art. L. 141-8 **Le vendeur qui exerce l'action résolutoire doit la notifier aux créanciers inscrits sur le fonds au domicile par eux élu dans leurs inscriptions. Le jugement ne peut intervenir qu'après un mois écoulé depuis la notification.** – *[L. 17 mars 1909, art. 2, al. 4.]*

FORM. PR. COM. v° *Notification au créancier inscrit d'une action en résolution de vente de fonds de commerce*, par Puech.

1. Notification aux créanciers inscrits. L'art. 2 [C. com., art. L. 141-10] disposant que le jugement ne peut intervenir qu'après un mois écoulé depuis la notification, celle-ci peut encore avoir lieu postérieurement à l'introduction de l'instance, dès lors qu'entre la date de la notification et celle du jugement du tribunal se sera écoulé au moins un mois. • Com. 25 oct. 1972 : ♔ *Bull. civ. IV, n° 266.* ♦ Seuls les créanciers inscrits peuvent se prévaloir de cette irrecevabilité, à l'exclusion de l'acquéreur. • T. com. Marseille, 25 oct. 1933 : *Rev. fonds com. 1936. 614.* ♦ En l'absence de notification, la demande de résolution sera déclarée irrecevable. • T. com. Seine, 30 déc. 1909 : *DP 1910. 2. 315.* ♦ En revanche, s'il n'y a pas de créanciers inscrits, la résolution peut intervenir sans qu'il y ait lieu à notification. • Orléans, 13 mai 1925 : *Gaz. Trib. 1925. 2. 795.*

2. Opposition des créanciers du vendeur. La résolution est opposable aux créanciers du vendeur, alors même qu'ils auraient fait opposition au paiement du prix. • Req. 12 févr. 1936 : *DH 1936. 145.*

Art. L. 141-9 **Le vendeur, qui a stipulé lors de la vente que, faute de paiement dans le terme convenu, la vente serait résolue de plein droit, ou qui en a obtenu de l'acquéreur la résolution à l'amiable, doit notifier aux créanciers inscrits, aux domiciles élus, la résolution encourue ou consentie, qui ne deviendra définitive qu'un mois après la notification ainsi faite.** – *[L. 17 mars 1909, art. 2, al. 5.]*

FORM. PR. COM. vis *Mise en demeure de payer visant une clause résolutoire ; Notification à un créancier inscrit d'une mise en demeure visant une clause résolutoire ; Action résolutoire pour défaut de paiement du prix ; Notification à un créancier inscrit de la résiliation amiable d'un acte de vente d'un fonds de commerce*, par Puech.

Art. L. 141-10 **Lorsque la vente d'un fonds est poursuivie aux enchères publiques, soit à la requête d'un administrateur judiciaire ou d'un** *(L. n° 2005-845 du 26 juill. 2005, art. 165-V)* **« mandataire judiciaire », soit judiciairement à la requête de tout autre ayant droit, le poursuivant doit la notifier aux précédents vendeurs, au domi-**

cile élu dans leurs inscriptions, avec déclaration que, faute par eux d'intenter l'action résolutoire dans le mois de la notification, ils sont déchus, à l'égard de l'adjudicataire, du droit de l'exercer. – *[L. 17 mars 1909, art. 2, al. 6.]*

Art. L. 141-11 Les articles L. 624-11 à L. 624-18 ne sont applicables ni au privilège ni à l'action résolutoire du vendeur d'un fonds de commerce. – *[L. 17 mars 1909, art. 2, al. 7.]*

Art. L. 141-12 Sous réserve des dispositions relatives à l'apport en société des fonds de commerce prévues aux articles L. 141-21 et L. 141-22, toute vente ou cession de fonds de commerce, consentie même sous condition ou sous la forme d'un autre contrat, ainsi que toute attribution de fonds de commerce par partage ou licitation, est, *(L. n° 2005-845 du 26 juill. 2005, art. 161-I)* **« sauf si elle intervient en application de l'article L. 642-5, » dans la quinzaine de sa date, publiée à la diligence de l'acquéreur sous forme d'extrait ou d'avis dans un journal habilité à recevoir les annonces légales dans l'arrondissement ou le département dans lequel le fonds est exploité et** *(Abrogé par L. n° 2012-387 du 22 mars 2012, art. 3-II)* **«** ***, dans la quinzaine de cette publication,*** **» au** ***Bulletin officiel des annonces civiles et commerciales.*** **En ce qui concerne les fonds forains, le lieu d'exploitation est celui où le vendeur est inscrit au registre du commerce et des sociétés.** – *[L. 17 mars 1909, art. 3, al. 1er.]*

L'abrogation résultant de la L. n° 2012-387 du 22 mars 2012 s'applique aux cessions de fonds de commerce ayant fait l'objet d'un acte signé à compter de la publication de cette loi (L. préc., art. 3-V, JO 23 mars).

FORM. PR. COM. v^is *Annonce après la vente d'un fonds de commerce ; Lettre à un journal d'annonces légales,* par Puech.

BIBL. ▶ Allain, *JCP E 2012, n° 1277* (durée de séquestre du prix de cession d'un fonds de commerce après la loi du 22 mars 2012). ▶ L. n° 2012-387 du 22 mars 2012 : Rezek, *JCP N 2012. Actu. 408 ; JCP E 2012, n° 1609* (nouveautés dans la rédaction des ventes de fonds de commerce). – Proost, *ibid. 519* (commentaires complémentaires et avis divergents). – Saintourens, *RTD com. 2012. 294* (calcul du délai d'accomplissement des formalités de publicité).

Attribution à titre de dividende. Le transfert du fonds de commerce résultant de son attribution à titre de dividende doit être publié dans un journal d'annonces légales et au BODACC. * Communic. ANSA n° 12-005 du 4 janv. 2012 : *BRDA 2012, n° 4, p. 4.*

Art. L. 141-13 La publication de l'extrait ou de l'avis faite en exécution de l'article précédent doit être, à peine de nullité, précédée soit de l'enregistrement de l'acte contenant mutation, soit, à défaut d'acte, de la déclaration prescrite par les articles 638 et 653 du code général des impôts. Cet extrait doit, sous la même sanction, rapporter les date, volume et numéro de la perception, ou, en cas de simple déclaration, la date et le numéro du récépissé de cette déclaration et, dans les deux cas, l'indication du bureau où ont eu lieu ces opérations. Il énonce, en outre, la date de l'acte, les noms, prénoms et domiciles de l'ancien et du nouveau propriétaire, la nature et le siège du fonds, le prix stipulé, y compris les charges ou l'évaluation ayant servi de base à la perception des droits d'enregistrement, l'indication du délai ci-après fixé pour les oppositions et une élection de domicile dans le ressort du tribunal. – *[L. 17 mars 1909, art. 3, al. 2.]*

FORM. PR. COM. v° *Enregistrement d'un acte de vente d'un fonds de commerce,* par Puech.

BIBL. ▶ Cohen, *RTD com. 1949. 256 ; JCP 1955. I. 1252.* – Rezek, *JCP N 2006, n° 9, p. 450, spéc. p. 453* (rédaction d'une annonce légale). – Dejoie et Phan Thanh, *Defrénois 2009. 977* (publication de la cession de fonds de commerce).

I. DOMAINE ET FORME DE LA PUBLICITÉ DE LA VENTE

A. OPÉRATIONS VISÉES

1. Vente de fonds de commerce. **BIBL.** Raffray et Sénéchal, *JCP N 1986. Prat. 441.* ♦ Une vente portant sur un élément isolé du fonds de commerce autre que la clientèle n'est pas soumise à publicité. • Civ. 13 mars 1944 : *S. 1944. 1. 83* • T. civ. Seine, 12 févr. 1957 : *JCP 1957. II. 10282, note Cohen.* ♦ V., au cas de disparition de la clientèle et de l'achalandage, • Com. 10 mars 1970 : *Bull. civ. IV, n° 92 ; D. 1970. 586.* – Comp. : • Amiens, 13 mai 1976 : *D. 1976. Somm. 68.* ♦ V. note 1 ss. art. L. 141-5. ♦ Jugé que la vente d'un manège forain avec tournée est une vente de fonds de commerce dont le paiement est inopposable aux tiers en l'absence de formalités de publicité. • Grenoble, 10 janv. 1968 : *Journ. Grenoble 1968. 93* • Com. 1er févr. 1966 : *Bull. civ. III, n° 69.* ♦ Sur l'exclusion de la vente des fonds artisanaux, V. • Com. 29 oct. 1963 : *Bull. civ. III, n° 449 ; D. 1964. 51.*

2. Donation. Sur l'application des formalités à la donation, V. Rép. min. : *JOAN Q, 11 juin 1952, p. 2825.*

3. Redressement et liquidation judiciaires. **BIBL.** Jaffrain, *JCP E 1993. I. 205.* – Rakotovahiny, *D. 2000. Chron. 51.* ♦ La L. n° 85-98 du 25 janv. 1985 sur le redressement et la liquidation judiciaires ne contenant aucune disposition particulière sur la publicité de la cession des fonds dans le cadre d'une telle procédure, il en résulte que les formalités de publicité des cessions de fonds sont régies par la loi de 1909 et que les publicités doivent être effectuées, que la cession intervienne ou non dans le cadre de procédures collectives (Rép. min. n° 11026 : *JOAN Q, 3 déc. 1998, p. 3879).* ♦ V. aussi, note 18 ss. art. L. 642-1 et notes 2 et 3 ss. art. L. 622-17 ancien, cité ss. art. L. 642-19. ♦ Sur les conséquences du non-respect des mesures de publicité, en cas de clôture des opérations de liquidation pour insuffisance d'actif, V. note 4 *bis* ss. anc. art. L. 622-32, cité ss. art. L. 643-11.

4. Indemnité d'éviction. Sur la question de savoir si une indemnité d'éviction peut être assimilée au prix de cession d'un fonds de commerce pour l'application de l'art. 3 [C. com., art. L. 141-12 s.], V. • Paris, 24 avr. 1998 : *D. Affaires 1998. 991, obs. A.-L. M.-D.*

B. OPÉRATIONS EXCLUES

5. Cession de parts sociales. **BIBL.** Jeantin, *JCP N 1988. Prat. 353.* – Taudin, *LPA 21 janv. 1987.* ♦ La loi du 17 mars 1909 [C. com., art. L. 141-5 s.] est inapplicable, en l'absence de simulation : au cas de cession de la majorité des parts. • Com. 1er mars 1982 : *Bull. Joly 1982. 395* • 22 janv. 1974 : *Bull. civ. IV, n° 28.* ♦ ... Ou même de la réunion des parts entre les mains d'un unique associé. • Com. 4 janv. 1971 : *Rev. sociétés 1972. 239, note J.H.* • 17 juill. 1973 : *ibid. 1974. 321, note Sortais.* ♦ Comp., en matière fiscale, Instr. 17 avr. 1987 *BODGI 7 H. 1. 87* • Com. 7 mars 1984 : *Rev. sociétés 1985. 406, note Sortais ; Defrénois 1984. 1246, note Jadaud* • CE 2 mars 1987 : *Rev. sociétés 1988. 81, note David.* ♦ En revanche, la publicité est nécessaire lorsque la cession des parts ou des actions d'une société dissimule la vente d'un fonds de commerce. • Paris, 4 nov. 1963 : *D. 1964. 60 ; RTD com. 1964. 286, obs. Jauffret* • Com. 29 nov. 1971 : *Bull. civ. IV, n° 286 ; Rev. sociétés 1972. 703, note Oppetit.* ♦ V. aussi note 7 ss. art. L. 141-1.

Sur l'apport en société, V. art. L. 141-21.

6. Cession isolée du droit au bail. **BIBL.** Dagot, *JCP N 1992. I. 197.* ♦ L'art. 3 [C. com., art. L. 141-12 s.] n'est pas applicable à la cession isolée du bail. • Com. 6 déc. 1982 : *Bull. civ. IV, n° 396* • Paris, 15 sept. 1995 : *Loyers et copr. 1995, n° 479, obs. Brault.*

C. FORMES

7. Auteur. Si, suivant l'art. 3 [C. com., art. L. 141-12], la publicité est opérée à la diligence de l'acquéreur, elle peut aussi être effectuée à la diligence du vendeur ou des créanciers ou d'un *syndic de faillite.* • T. civ. Hazebrouck, 6 juin 1932 : *Gaz. Pal. 1933. 1. 152, sous-note.*

8. Enregistrement. A défaut d'enregistrement ou de mention dans les publications de cet enregistrement, la publicité est nulle et la nullité est d'ordre public. • T. com. Saint-Étienne, 10 oct. 1929 : *DH 1930. 31.* ♦ Cependant, la vente elle-même est valable. • T. com. Salon-de-Provence, 6 déc. 1935 : *Rev. fonds com. 1936. 46.* ♦ ... Et l'acte sous seing privé a date certaine. • Colmar, 3 juill. 1935 : *ibid. 616.*

9. Publicité. Les publications ne sont pas faites suivant les formes prescrites lorsque : l'insertion ne porte ni la mention du nom et du domicile de l'acquéreur, ni le domicile précis du vendeur, ni l'élection de domicile. • Paris, 24 janv. 1925 : *Gaz. Trib. 1926. 2. 74.* ♦ ... Lorsque ni le nom des parties, ni la date de l'acte de vente, ni l'indication des délais d'opposition ne figurent dans l'insertion. • T. com. Marseille, 24 juin 1912 : *Journ. Marseille 1913. 5* • 23 juill. 1914 : *ibid. 1915-1916. 39.* ♦ ... Lorsque l'insertion ne contient ni la date, ni le domicile des parties, ni l'indication des délais, ni l'élection de domicile. • T. com. Nice, 15 juill. 1910 : *D. 1913. 5. 3.* ♦ ... Ne contient pas élection de domicile. • Rennes, 23 mai 1914 : *Rec. Nantes 1914. 1. 316* • T. civ. Hazebrouck, 6 juin 1932 : *préc. note 7* • T. com. Orléans, 13 janv. 1954 : *D. 1954. Somm. 47 ; Gaz. Pal. 1954. 1. 235.* ♦ ... Ne contient pas le nom de l'acquéreur. • T. com. Marseille, 17 mai 1922 : *Journ. Marseille 1924. 50.*

Au contraire, ont été tenues pour valables : l'insertion ne contenant pas mention du délai des oppositions. • T. com. Calais, 29 déc. 1925 : *Gaz. Pal. 1926. 1. 611.* ♦ Comp. note 12. ♦ ... L'insertion incomplète mais ne laissant aucun doute ni sur le nom du vendeur, ni sur la situation du fonds, ni sur la personne chargée de recevoir les oppositions, alors qu'une opposition a été utilement formée. • T. com. Marseille, 11 mai 1911 : *Journ. Marseille 1911. 268.* ♦ ... L'insertion ne portant pas le nom de l'acquéreur. • T. com. Seine, 16 juin 1910 : *Journ. Trib. com. 1912. 54.*

10. Immatriculation ultérieure. Sur les difficultés rencontrées par l'acquéreur d'un fonds de commerce demandant son immatriculation au RCS postérieurement à sa demande de parution de l'avis au BODACC, V. Rép. min. n° 10424 : *JOAN Q, 8 juin 1998, p. 3170.*

II. SANCTIONS

11. Validité de la vente. La publicité organisée par la loi du 17 mars 1909 n'ayant d'autre objet que de protéger les créanciers contre la disparition de leur gage, la vente du fonds est parfaite dès que les parties sont d'accord sur la chose et sur le prix. • Poitiers, 9 juill. 1929 : *S. 1930. 2. 27.* ♦ ... Et le transfert de propriété du fonds, qui a lieu par le seul consentement, se réalise le jour même de la vente. • T. com. Marseille, 6 déc. 1961 : *RTD com. 1963. 72, obs. Jauffret.* ♦ Le défaut d'accomplissement de la publicité requise par l'art. 3 [C. com., art. L. 141-12] n'est pas sanctionné par la nullité de la vente mais par l'inopposabilité du paiement du prix aux créanciers du précédent propriétaire. • Com. 30 juin 1998 : ⚖ *RJDA 1998, n° 1206.* ♦ Le fait que la vente n'ait pas été publiée n'est pas une cause de nullité, la seule sanction consistant dans la non-libération de l'acquéreur à l'égard des tiers s'il paye son vendeur sans avoir accompli les formalités. • Paris, 9 janv. 1929 : *JCP 1929. 347 ; Gaz. Pal. 1929. 1. 84* • Poitiers, 9 juill. 1929 : *préc.* – V. aussi • Com. 24 mai 2005 : ⚖ *cité note 1 ss. art. L. 141-17.* ♦ Sur la qualité de tiers des créanciers qui n'ont pas fait opposition au paiement du prix pour une action exercée par un syndic en cas de règlement judiciaire, V. • Com. 1er juin 1981 : ⚖ *Bull. civ. IV, n° 256 ; D. 1981. 654, note Marty ; RTD com. 1982. 91, obs. Derruppé ; JCP 1982. II. 19878, note Cohen* • 24 mai 2005 : ⚖ *cité note 2 ss. art. L. 141-17.*

12. Délai des oppositions. Lorsque la publication au *Bulletin officiel du registre du commerce* a été faite tardivement, la seule sanction est que le délai des oppositions ne part que de la publication au Bulletin. • T. com. Orléans, 13 janv. 1954 : *Gaz. Pal. 1954. 1. 235 ; RTD com. 1954. 597, obs. Jauffret ;* et sur appel : • Orléans, 29 juin 1954 : *Gaz. Pal. 1955. 1. 12 ; RTD com. 1955. 306, obs. Jauffret ;* et sur pourvoi, • Com. 14 oct. 1958 : *Gaz. Pal. 1958. 2. 297 ; RTD com. 1959. 79, obs. Jauffret.* – Comp. : • Alger, 18 mai 1954 : *ibid. 1955. 811.* ♦ En l'absence, dans l'avis de cession, de l'indication du délai légal de dix jours, l'opposition d'un des créanciers du vendeur au paiement du prix ne peut, du seul fait qu'elle est formée hors de ce délai, être déclarée irrecevable. • Com. 16 janv. 1996 : ⚖ *Bull. civ. IV, n° 17 ; D. 1996. IR 49 ; D. Affaires 1996. 315 ; RTD com. 1996. 239, obs. Derruppé* ✎ (V. l'arrêt cassé : • Paris, 30 juin 1992 : ⚖ *RJDA 1993, n° 15*). ♦ Mais jugeant que l'avis paru au BODACC n'avait pas à mentionner à nouveau le délai de dix jours qui figurait dans l'avis publié au JAL auquel l'avis au BODACC renvoyait : • Paris, 3 déc. 2004 : *RTD com. 2005. 252, obs. Saintourens* ✎. ♦ L'engagement du vendeur de faire son affaire personnelle des éventuelles oppositions ne saurait faire échec aux dispositions de l'art. 3, al. 9 [C. com., art. L. 141-17], qui sont d'ordre public. • Com. 15 mai 1973 : *D. 1973. Somm. 103.*

13. Conflits entre acquéreurs. BIBL. Boulanger, *RTD civ. 1935. 435.* ♦ Sur l'opposabilité de la cession par la publicité aux seuls créanciers, à l'exclusion des acquéreurs successifs d'un même fonds, V. • Civ. 17 juill. 1930 : *S. 1931. 1. 297, note Hubert* • T. com. Marseille, 6 déc. 1961 : *RTD com. 1963. 72, obs. Jauffret.* ♦ L'art. 1141 C. civ. est inapplicable à la cession de fonds de commerce, le conflit entre deux acquéreurs successifs devant être résolu en fonction de la date de l'acte. • Besançon, 15 mars 1989 : *RTD com. 1990. 186, obs. Derruppé* ✎.

14. Préjudice du vendeur. L'acquéreur commet une faute en ne procédant pas aux formalités dans les délais requis (40 jours de retard) et en remettant les fonds tardivement au vendeur, dès lors qu'il n'expliquait pas pourquoi l'acte de cession avait été enregistré plus de dix jours après l'expiration du délai de quinzaine et que le délai d'un mois qui s'était écoulé entre la publication dans un JAL et la parution au BODACC ne pouvait pas être imputé au greffe du tribunal de commerce. • Versailles, 7 juin 2007 : *RJDA 2007, n° 1216.*

Art. L. 141-14 Dans les dix jours suivant la dernière en date des publications visées à l'article *(L. nº 2003-7 du 3 janv. 2003)* **« L. 141-12 », tout créancier du précédent propriétaire, que sa créance soit ou non exigible, peut former au domicile élu, par simple acte extrajudiciaire, opposition au paiement du prix. L'opposition, à peine de nullité, énonce le chiffre et les causes de la créance et contient une élection de domicile dans le ressort de la situation du fonds. Le bailleur ne peut former opposition pour loyers en cours ou à échoir, et ce, nonobstant toutes stipulations contraires. Aucun transport amiable ou judiciaire du prix ou de partie du prix n'est opposable aux créanciers qui se sont ainsi fait connaître dans ce délai.** – *[L. 17 mars 1909, art. 3, al. 4.]*

FORM. PR. COM. vº *Opposition au paiement du prix de vente d'un fonds de commerce,* par PUECH.

BIBL. GÉN. ▶ MOREL, *Ann. dr. com. 1912. 103.* – JAFFRAIN, *JCP N 1992. I. 363* (paiement d'un avis à tiers détenteur). – TEILLIAIS, *Rev. huiss. 1998. 11.* – BOUTRY, *JCP N 2001, nº 8, p. 478* (le sort des créanciers du cédant lors de la cession du fonds). – REZEK, *ibid. 2006, nº 9, p. 450, spéc. p. 413* (sort du prix de vente des marchandises) ; *ibid., nº 39, p. 1716* (vingt raisons de réformer la vente des fonds de commerce). – THÉRON, *Rev. proc. coll. 2008. Dossier 13* (liquidation judiciaire et ventes de fonds de commerce). – DEJOIE et PHAN THANH, *Defrénois 2009. 801* (le sort du prix de vente de fonds de commerce).

I. CONDITIONS DE L'OPPOSITION

A. CONDITIONS DE FOND

1. Qualité du cédant. Les dispositions des art. L. 141-14 à L. 141-20 ne peuvent s'appliquer dans les cas où le vendeur du fonds de commerce est une collectivité ou un établissement public local : Rép. min. nº 12654 : *JO Sénat Q 26 août 2004, p. 1939 ; D. 2004. 2485 ; RTD com. 2005. 44, obs. Saintourens.*

2. Créanciers opposants. Le droit de faire opposition est ouvert à tout créancier du vendeur du fonds de commerce ; il n'importe qu'il s'agisse d'un créancier chirographaire ou d'un créancier privilégié, mais l'opposition est inutile aux créanciers inscrits pour exercer leur droit de suite. • Civ. 21 déc. 1937 : *DH 1938. 65.* ♦ Il n'importe que les créanciers soient antérieurs ou postérieurs à la vente. • Colmar, 11 mai 1935 : *Gaz. Pal. 1935. 2. 288.* ♦ Si les créanciers d'un précédent vendeur ne sont pas recevables, il en va différemment d'un porteur de billets de fonds faisant opposition au paiement du prix par un sous-acquéreur du fonds alors que le porteur du billet pouvait être considéré comme ayant un privilège inscrit. • Civ. 19 févr. 1946 : *D. 1946. 184 ; JCP 1946. II. 3113, note crit. Toujas.* ♦ Toutefois, le créancier agent d'affaires ne peut se prévaloir de la protection de l'art. 3 [C. com., art. L. 141-14] lorsqu'il a donné son accord au paiement fait par l'acheteur entre les mains du vendeur. • Com. 8 avr. 1976 : *D. 1976. Somm. 55.* ♦ En outre, seuls les créanciers peuvent faire opposition à l'exclusion de l'acquéreur du fonds. • Paris, 8 juin 1935 : *DH 1935. 546* • 17 avr. 1945 : *Gaz. Pal. 1945. 2. 157* • T. civ. Toulouse, 14 févr. 1947 : *JCP 1947. II. 3705, note Madray* • Grenoble, 17 juin 1963 : *D. 1964. 334 ; RTD com. 1964. 527, obs. Jauffret* • Amiens, 26 oct. 1977 : *D. 1978. IR 79 ; RTD com. 1978. 98, obs. Derruppé* • Paris, 16 mai 1990 : *RTD com. 1990. 376, obs. Derruppé.* ♦ Est régulière l'opposition effectuée par l'huissier du Trésor public créancier, lequel est habilité au même titre que les huissiers de justice, à procéder aux mesures conservatoires nécessaires au recouvrement des créances. • Com. 6 mai 2002 : *cité note 8.*

3. Créances. La créance invoquée doit être certaine et non pas éventuelle pour ouvrir droit à l'opposition. • Com. 21 janv. 1974 : *Bull. civ. IV, nº 25* • Civ. 26 déc. 1927 : *DH 1928. 134* • Req. 16 nov. 1921 : *S. 1923. 1. 217, note Bourcart.* ♦ Est insuffisante l'invocation d'une créance litigieuse. • Civ. 2e, 10 juill. 1957 : *Bull. civ. II, nº 511* • Lyon, 14 déc. 1925 : *DP 1927. 2. 97, note Chéron.*

4. Délais. L'opposition doit être faite dans le délai de dix jours, au-delà elle serait nulle et de nul effet. • Civ. 5 juill. 1932 : *DP 1933. 1. 165, note Nast* • Com. 24 févr. 1981 : *D. 1981. 272 ; RTD com. 1981. 720, obs. Derruppé* • Paris, 5 mai 1924 : *DP 1927. 2. 65, note Chéron.* ♦ *Contra,* dès lors que le prix n'a pas encore été payé au vendeur : • T. com. Seine, 6 juill. 1920 : *Gaz. Pal. 1920. 2. 585* • T. com. Marseille, 15 mars 1928 : *Gaz. Trib. 1928. 1. 72* • Dijon, 16 juill. 1941 : *Gaz. Pal. 1941. 2. 261.* ♦ Le point de départ du délai est constitué par la publication au *BODACC :* Rép. min. : *JOAN Q, 4 févr. 1980, p. 429 ; RTD com. 1980. 77, obs. Derruppé.*

5. Saisie de droit commun. Sur la possibilité s'offrant aux créanciers de pratiquer une saisie-arrêt de droit commun au-delà du délai de 10 jours tant que le prix n'est pas payé, V. • Civ.

5 juill. 1932 : *préc. note 4* • Paris, 5 mai 1924 : *préc. note 4.*

6. Action paulienne. Sur l'exercice de l'action paulienne en application de l'art. 1167 C. civ., lorsque la cession a été faite en fraude des droits des créanciers, V. • Com. 12 janv. 1988 : *Bull. civ. IV, n° 20.*

7. Avis à tiers détenteur. Les avis à tiers détenteur émanant du Trésor public, même qualifiés par leur auteur d'opposition au paiement du prix de vente de fonds de commerce, restent soumis aux dispositions combinées des art. 1663 CGI [exigibilité de l'impôt], L. 262 et L. 263 LPF [attribution immédiate de la créance saisie], auxquels l'art. 3 [C. com., art. L. 141-14] ne déroge pas, de sorte qu'agit en violation de ces textes, l'administration qui procède au recouvrement forcé, par une voie d'exécution entraînant transfert immédiat de la créance appréhendée dans le patrimoine du Trésor, de sommes dont il est constant qu'elles n'étaient pas encore exigibles faute d'avoir fait l'objet de mises en recouvrement, et qu'elle ne peut davantage prétendre avoir agi à titre purement conservatoire faute de justifier d'une créance fiscale certaine à l'encontre de la société débitrice. • TGI Thonon-les-Bains, 15 avr. 1997 : *BICC 1997, n° 1130.* – V. aussi Bourdillat, *JCP N 1998, n° 10, p. 361.* ♦ V. également considérant que l'avis à tiers détenteur ne peut plus servir de support à la procédure d'opposition, • CE 28 nov. 1997 : *JCP N 1998, n° 15-16, p. 577, note Bourdillat ; RTD com. 1998. 570, obs. Derruppé.*

Il convient de rechercher si les créances de taxe sur la valeur ajoutée, ayant fait l'objet de l'avis à tiers détenteur, ne constituaient pas des dettes de la société qui, étant afférentes à des périodes d'activité antérieures à la cession du fonds de commerce, étaient nées avant la publication de la cession, peu important à cet égard que ces dettes ne fussent devenues exigibles que par la notification des rappels d'imposition postérieurs à cette date. • Com. 24 mai 2011 : *cité note 2 ss. art. L. 141-17.*

B. CONDITIONS DE FORME

8. Acte extrajudiciaire. BIBL. Soulard, *Rev. huiss. 1958. 205.* ♦ L'opposition au paiement du prix de vente d'un fonds de commerce, qui constitue un acte conservatoire, ne peut, aux termes de l'art. 3, al. 4 de la loi de 1909 [C. com., art. L. 141-14], être effectuée que par acte extrajudiciaire. • Com. 6 mai 2002 : *Bull. civ. IV, n° 80 ; D. 2002. AJ 2126 ; RTD com. 2002. 652, obs. Saintourens.* ♦ Est donc régulière l'opposition effectuée par un huissier du Trésor public, lequel est habilité à procéder, de même que les huissiers de justice, aux actes conservatoires nécessaires au recouvrement des créances de l'État. • Même arrêt. ♦ Toute opposition doit être faite par acte extrajudiciaire, sous peine de nullité. • Paris, 5 nov. 1957 : *D. 1958. Somm. 23 ; RTD com. 1958. 69, obs. Jauffret ; Gaz. Pal. 1957. 2. 381* • 9 mars 1994 : *JCP N 1994. II. 247, note Kuhn.* ♦ L'acte extrajudiciaire est une formalité substantielle et d'ordre public, requise à peine de nullité. Par suite, la télécopie envoyée par le conseil d'un créancier au notaire du cédant ne satisfait pas aux exigences de l'art. L. 141-14 et cette opposition se trouve dénuée de tout effet. • Versailles, 3 déc. 2009 : *RJDA 2010, n° 491.* ♦ L'opposition prévue par l'art. 808 C. civ. n'équivaut pas à l'acte extrajudiciaire exigé par la loi de 1909. • Civ. 5 juill. 1932 : *préc. note 4.* ♦ Une opposition formée par lettre recommandée est dénuée de tout effet sans qu'il y ait à rechercher l'existence d'un préjudice. • Civ. 2e, 12 mai 1986 : *RTD com. 1986. 395, obs. Derruppé ; JCP N 1987. II. 4, note Lafond.* ♦ Comp., pour l'insuffisance d'une déclaration à une faillite : • Com. 5 déc. 1955 : *JCP 1956. II. 9131, note Cohen.* – *Contra* : • Paris, 28 mars 1946 : *D. 1946. 246.* ♦ Une lettre recommandée ne peut entraîner l'indisponibilité du prix de vente et son destinataire n'est tenu à l'égard du créancier d'aucune obligation d'information. • Civ. 1re, 22 mai 2001 : *Defrénois 2002. 1095, obs. Théry.*

9. Énonciations. L'opposition doit porter l'énonciation du chiffre et des causes de la créance. • Paris, 5 nov. 1957 : *préc. note 8.*

II. EFFETS DE L'OPPOSITION

10. Effet sur la prescription. L'opposition au paiement du prix de vente d'un fonds de commerce n'étant qu'un acte conservatoire, elle ne peut être assimilée à une saisie et n'est pas, par conséquent, un acte interruptif de la prescription au sens de l'art. 2244 [ancien] C. civ., dont l'énumération est limitative. • Com. 16 juin 1998 : *Bull. civ. IV, n° 194 ; D. Affaires 1998. 1207, obs. A.-L. M.-D. ; Procédures 1998, n° 195, obs. Perrot.*

11. Indisponibilité du prix. N'est pas opposable aux créanciers du vendeur d'un fonds de commerce le paiement fait à ce dernier par l'acquéreur avant l'expiration du délai accordé par la loi aux créanciers pour faire opposition. • Com. 19 mai 1998 : *D. Affaires 1998. 1120, obs. A.-L. M.-D. ; RTD com. 1998. 823, obs. Derruppé.* ♦ L'opposition ne tend pas à une appropriation du prix au profit du créancier opposant mais s'analyse en un acte conservatoire ayant pour but de faire défense au séquestre de se dessaisir des fonds et de permettre au créancier opposant de faire valoir postérieurement ses droits. • Versailles, 10 juin 1993 : *D. 1993. IR 214.* ♦ Le transfert du prix étant inopposable, un endossement prématuré des lettres de change acceptées par l'acquéreur est inopposable au créancier opposant. • Paris, 29 mars 1966 : *RTD com. 1967. 472, obs. crit. Jauffret.*

12. Modification du prix. Les parties à l'acte ne sauraient ultérieurement à l'opposition modifier le montant du prix au détriment des créanciers. • Grenoble, 28 janv. 1910 : *DP 1910. 2. 317.* ♦ V. cep., pour une résolution judiciaire de la vente, • Req. 12 févr. 1936 : *DH 1936. 145.*

13. Droit de suite. En prolongeant l'indisponibilité du prix de la vente, l'opposition, loin de valoir renonciation tacite au droit de suite du créancier opposant, tend à préserver l'exercice de celui-ci. • Versailles, 10 juin 1993 : *préc. note 11.*

14. Absence de droit de préférence. Les créanciers qui ont fait opposition dans le délai légal ne tiennent d'aucune disposition de la loi de 1909 [C. com., art. L. 141-5 s.], le droit d'être payé par préférence. • Civ. 3 juin 1935 : *Gaz. Pal. 1935. 2. 274* • Com. 5 avr. 1965 : *D. 1965. 742 ; JCP 1965. II. 14316, note J.A.* ♦ ... L'opposition, simple mesure conservatoire ayant pour effet de rendre provisoirement indisponible la créance du vendeur. • Com. 21 sept. 2004 : *RJDA 2005, n° 118.* ♦ V. toutefois les exceptions résultant de l'art. L. 141-15, al. 2.

15. Saisie-attribution. Les créanciers opposants ne tiennent pas, de la loi de 1909, le droit d'être payés par préférence, l'opposition, simple mesure conservatoire, ayant pour effet de rendre provisoirement indisponible le prix, un créancier est donc en droit d'exercer une saisie-attribution. • Civ. 2e, 6 juill. 2000 : *D. 2000. AJ 371, obs. Monéger-Dupuis ; RTD com. 2000. 850, obs. Derruppé.* ♦ L'opposition au paiement du prix de vente d'un fonds de commerce est une simple mesure conservatoire qui a pour effet de rendre provisoirement indisponible la créance mais n'interdit pas au créancier d'exercer une saisie-attribution dont l'effet sera différé jusqu'à ce que la créance devienne disponible. L'opposition au prix de vente empêche seulement le paiement immédiat du créancier. • Colmar, 12 déc. 2011 : *RTD com. 2012. 82, obs. Saintourens ; RJDA 2012, n° 150.* ♦ L'acte de saisie-attribution emportant à concurrence des sommes pour lesquelles elle est pratiquée attribution immédiate au profit du saisissant de la créance disponible entre les mains du tiers, V. cassant un arrêt qui accueille la demande du créancier saisissant dirigée contre le tiers saisi en paiement des causes de la saisie, alors que la créance saisie, constituée par le prix de vente d'un fonds de commerce, n'est pas disponible : • Civ. 2e, 16 mars 2000 : *Bull. civ. II, n° 49 ; RTD com. 2000. 589, obs. Derruppé ; RD banc. fin. 2000, n° 167, obs. Delleci.*

16. Maintien de l'opposition. S'agissant de la cession d'un fonds de commerce, c'est à bon droit qu'une cour d'appel a relevé que l'opposition sur le prix de vente prévue par l'art. 3 de la loi du 17 mars 1909 [C. com., art. L. 141-12 s.], a pour objet de préserver et de garantir les droits éventuels du bailleur et que dès lors que ce dernier, par son inaction, retarde l'issue du litige, il n'a aucune légitimité à voir maintenir une opposition, même cantonnée. • Civ. 3e, 9 juill. 2003 : *JCP E 2003, n° 39, p. 1510.*

17. Défaut d'opposition. En ce sens que l'absence d'opposition d'un créancier, en cas de liquidation amiable d'une société, ne peut exonérer de sa responsabilité le liquidateur qui a refusé de prendre en considération cette créance, V. • Com. 9 nov. 1993 : *Bull civ. IV, n° 400 ; Dr. sociétés 1994, n° 22, note Bonneau* • 7 déc. 1993 : *Bull. civ. IV, n° 464 ; Dr. sociétés 1994, n° 22, note Bonneau.* ♦ Ayant constaté que la banque avait fait connaître sa volonté de se prévaloir de son nantissement et revendiqué à plusieurs reprises le paiement de ses créances, les juges du fond ont pu déduire que le séquestre et son mandataire (qui avaient reçu mission de ne payer le prix aux vendeurs qu'après avoir désintéressé les éventuels créanciers inscrits ou opposants suivant leur rang) avaient commis une faute en négligeant d'appeler ce créancier à la répartition du prix. • Com. 22 mai 2002 : *Banque et Droit nov.-déc. 2003. 62, obs. Guillot.*

III. PROCÉDURE COLLECTIVE

18. Déclaration des créances. Sur l'obligation faite aux créanciers opposants de déclarer leurs créances à la procédure collective du vendeur, V. • Paris, 7 nov. 2001 : *D. 2001. AJ 3618.*

19. Nullité de la période suspecte. L'opposition au paiement du prix de cession d'un fonds de commerce formée par un créancier du propriétaire du fonds n'est qu'un acte conservatoire ayant pour seul effet de rendre indisponible le prix de vente et de permettre au créancier de faire valoir postérieurement ses droits dans une distribution du prix et ne peut être assimilée à une saisie. Par suite, dans un cas où une banque avait reçu un paiement après avoir fait opposition au versement du prix de vente d'un fonds de commerce entre les mains du cédant, son débiteur, et où, dans le cadre de la liquidation judiciaire de ce dernier, le liquidateur judiciaire avait demandé l'annulation de ce paiement sur le fondement de l'art. L. 621-108 C. com. (désormais art. L. 632-2) car la vente était intervenue en période suspecte, la banque ne peut pas utilement soutenir qu'ayant fait opposition, elle avait perçu un paiement forcé ne tombant pas sous le coup des nullités de la période suspecte. • Com. 1er déc. 2009 : *RJDA 2010, n° 490.*

Art. L. 141-15 **Au cas d'opposition au paiement du prix, le vendeur peut, en tout état de cause, après l'expiration du délai de dix jours, se pourvoir en référé devant le président du tribunal de grande instance afin d'obtenir l'autorisation de toucher son prix malgré l'opposition, à la condition de verser à la Caisse des dépôts et consignations, ou aux mains d'un tiers commis à cet effet, une somme suffisante, fixée par le juge des référés, pour répondre éventuellement des causes de l'opposition dans le cas où il se reconnaîtrait ou serait jugé débiteur. Le dépôt ainsi ordonné est affecté spécialement, aux mains du tiers détenteur, à la garantie des créances pour sûreté desquelles l'opposition aura été faite et privilège exclusif de tout autre leur est attribué sur ledit dépôt, sans que, toutefois, il puisse en résulter transport judiciaire au profit de l'opposant ou des opposants en cause à l'égard des autres créanciers opposants du vendeur, s'il en existe. A partir de l'exécution de l'ordonnance de référé, l'acquéreur est déchargé et les effets de l'opposition sont transportés sur le tiers détenteur.**

Le juge des référés n'accorde l'autorisation demandée que s'il lui est justifié par une déclaration formelle de l'acquéreur mis en cause, faite sous sa responsabilité personnelle et dont il est pris acte, qu'il n'existe pas d'autres créanciers opposants que ceux contre lesquels il est procédé. L'acquéreur, en exécutant l'ordonnance, n'est pas libéré de son prix à l'égard des autres créanciers opposants antérieurs à ladite ordonnance s'il en existe. – *[L. 17 mars 1909, art. 3, al. 5 et 6.]*

FORM. PR. COM. v° *Référé à fin de cantonnement après opposition,* par PUECH.

1. Mainlevée et bien-fondé de l'opposition. **BIBL.** Ver Hulst, *LPA 7 mars 2001* (compétence d'attribution du président du TGI). ♦ En l'absence d'instance au principal, le juge des référés est compétent si l'opposition est sans titre ni cause, les deux conditions devant être réunies. • Paris, 6 mars 1929 : *JCP 1929. 861* • Poitiers, 27 mars 1962 : *RTD com. 1962. 638, obs. Jauffret.* ♦ Le président du tribunal n'est compétent qu'en l'absence d'instance au principal, alors même qu'il aurait été antérieurement saisi. • Com. 9 mai 1956 : *Gaz. Pal. 1956. 2. 30 ; JCP 1956. II. 9461, note E. M.* • 7 déc. 1960 : *cité note 3.* ♦ L'art. 3 [C. com., art. L. 141-15] ne distingue pas entre l'instance introduite par le vendeur du fonds de commerce aux fins d'obtenir mainlevée de l'opposition et celle qui est engagée par le créancier opposant pour faire statuer sur son droit de créance, dès lors que l'action ainsi exercée met en jeu le bien-fondé de l'opposition. • Com. 29 juin 1954 : *JCP 1954. II. 8278, note A.C.* – V. aussi • Paris, 16 janv. 1924 : *DH 1924. 173* • Colmar, 15 juin 1955 : *D. 1955. 672.* ♦ Le président est compétent lorsque l'opposition est nulle par irrespect des formes. • Colmar, 13 janv. 1937 : *Rev. fonds com. 1937. 228.* ♦ Il en est ainsi en cas d'opposition tardive. • Paris, 5 mai 1924 : *DP 1927. 2. 65, note Chéron* • T. civ. Oran, 8 avr. 1930 : *DH 1930. 343.* – *Contra* : • Dijon, 16 juill. 1941 : *DA 1942. 44.* ♦ ... Ou au cas où l'opposant ne démontre pas l'existence d'une créance certaine à son profit. • Com. 21 janv. 1974 : *Bull. civ. IV, n° 25.*

2. Mise en cause de l'acquéreur. En vertu de l'art. 3, al. 7 [C. com., art. L. 141-16], l'autorisation par le vendeur de toucher son prix est subordonnée à la justification par l'acquéreur de l'absence d'autres créanciers opposants que ceux qui se sont manifestés ; par suite le défaut de l'acquéreur devant le juge des référés paralyse l'action du vendeur. • Com. 25 juin 1969 : *Bull. civ. IV, n° 247.* ♦ La mise en cause de l'acquéreur absent de l'instance est nécessaire à la recevabilité de la demande de mainlevée. • Paris, 17 nov. 1982 : *D. 1983. IR 130.* ♦ Comp., au cas d'opposition par un créancier sans droit ni titre : • Versailles, 30 sept. 1988 : *Gaz. Pal. 1989. 1. Somm. 125.*

3. Cantonnement. En cas de demande de cantonnement, la mise en cause de l'acquéreur est obligatoire. • Paris, 19 mars 1960 : *D. 1960. Somm. 78* • 15 oct. 1965 : *D. 1966. 261* • 26 mars 1966 : *RTD com. 1967. 131, obs. Jauffret.* ♦ Sur la compétence exclusive du président du TGI, juge des référés, V. • Civ. 28 févr. 1933 : *DH 1933. 218 ; S. 1935. 1. 57, note Hébraud* • Lyon, 14 déc. 1925 : *DP 1927. 2. 97, note Chéron* • Colmar, 11 mai 1935 : *Gaz. Pal. 1935. 2. 288.* ♦ Sur la voie de l'appel à l'ordonnance, V. • Colmar, 14 mai 1952 : *JCP 1953. II. 7437, note Cohen.* ♦ ... Et sur l'incidence de l'instance au fond, • Com. 7 déc. 1960 : *Bull. civ. III, n° 405 ; Gaz. Pal. 1961. 1. 169.* ♦ V. aussi note 16 ss. art. L. 141-14.

4. Appel de l'ordonnance. La cour d'appel est incompétente, sur appel de l'ordonnance, si, à la date de l'audience, le juge du principal est saisi. • Com. 7 déc. 1960 : *préc. note 1. – Contra* : • Paris, 5 nov. 1957 : *préc. note 9 ss. art. L. 141-14* • T. civ. Lille, 10 déc. 1957 : *D. 1958. Somm. 60.* ♦ Il n'en irait autrement qu'au cas où la loi du 17 mars 1909 n'est pas applicable. V. • Civ. 20 juin 1979 : *JCP E 1979. I. 8079 ; RTD com. 1979. 709, obs. Derruppé.*

5. Compétence matérielle au principal. Sur la compétence au principal du tribunal civil, V. • T. com. Seine, 29 juin 1938 : *Gaz. Pal. 1938. 2. 669.* ♦ *Contra*, sur la compétence exclusive au principal du tribunal de commerce, V. • T. civ. Lille, 18 juill. 1911 : *S. 1912. 2. 190.* ♦ Sur l'influence de la nature civile ou commerciale de la créance contestée, V. • T. com. Reims, 7 janv. 1938 : *Rev. fonds com. 1938. 16*[1].

Art. L. 141-16 **Si l'opposition a été faite sans titre et sans cause ou est nulle en la forme et s'il n'y a pas instance engagée au principal, le vendeur peut se pourvoir en référé devant le président du tribunal de grande instance, à l'effet d'obtenir l'autorisation de toucher son prix, malgré l'opposition.** – *[L. 17 mars 1909, art. 3, al. 7.]*

FORM. PR. COM. v[is] *Référé après opposition sans titre et sans cause ou nulle en la forme ; Mainlevée d'une opposition au paiement du prix de vente d'un fonds de commerce*, par PUECH.

1. Opposition irrégulière. L'opposition irrégulière n'est pas en elle-même une faute justifiant l'octroi de dommages et intérêts. • Civ. 2e, 10 févr. 1977 : *D. 1977. IR 245 ; RTD com. 1977. 489, obs. Derruppé.*

2. Notaire. Les notaires qui ont désintéressé le créancier du vendeur d'un fonds de commerce, ce créancier n'ayant pas été payé par l'acquéreur en raison du caractère irrégulier de son opposition, sont valablement subrogés dans les droits de celui-ci et peuvent ainsi obtenir du vendeur payé indûment le remboursement de leurs règlements. • Civ. 1re, 8 juill. 1994 : *Bull. civ. I, n° 243 ; Defrénois 1994. 1465, obs. Delebecque.* ♦ Engage sa responsabilité le notaire qui, nonobstant une opposition au paiement du prix de vente du fonds de commerce formée par un créancier du vendeur, se dessaisit d'une partie du prix au profit de ce dernier, alors qu'en cas de doute sur la régularité de l'opposition il lui appartient, non de se faire juge de cette validité, mais d'attendre qu'il soit statué sur la demande de mainlevée. • TGI Rochefort-sur-Mer, 23 avr. 1997 : *Gaz. Pal. 1998. 1. Somm. 200, obs. Vray.*

3. Instance principale. Une instance ayant été engagée au principal par le créancier opposant pour faire statuer sur l'existence de son droit de créance, il en résulte, par application de l'art. L. 141-16, que le juge des référés est dépourvu de pouvoirs pour se prononcer sur la demande d'autorisation faite par le vendeur de toucher son prix malgré l'opposition, peu important que cette instance au principal n'ait été introduite que postérieurement à la demande du vendeur. • Orléans, 18 déc. 2003 : *RJDA 2004, n° 414.* ♦ V. aussi notes 1 et 3 ss. art. L. 141-15.

Art. L. 141-17 **L'acquéreur qui paie son vendeur sans avoir fait les publications dans les formes prescrites, ou avant l'expiration du délai de dix jours, n'est pas libéré à l'égard des tiers.** – *[L. 17 mars 1909, art. 3, al. 8.]*

1. Opposabilité du paiement du prix. Il résulte de l'art. 3, al. 8, de la loi du 17 mars 1909, devenu l'art. L. 141-17, que la publicité de la vente du fonds de commerce constitue une condition d'opposabilité aux tiers, non de la vente, mais du paiement du prix. • Com. 24 mai 2005 : *Bull. civ. IV, n° 114 ; D. 2005. AJ 1698, obs. Chevrier ; RTD com. 2006. 294, obs. Saintourens ; JCP E 2006, n° 12, p. 563, note Rezek ; Banque et Droit sept.-oct. 2005. 63, obs. Rontchevsky ; RJDA 2005, n° 960.* ♦ La publication de la vente du fonds de commerce ne constitue pas une condition d'opposabilité de la cession au créancier du vendeur. • Com. 15 juin 2010 : *RJDA 2010, n° 1063.* ♦ V. aussi note 11 ss. art. L. 141-13.

2. Action en paiement. Après avoir relevé que l'acquéreur d'un fonds de commerce avait versé le prix au vendeur avant l'expiration du délai pendant lequel les oppositions pouvaient être faites, une cour d'appel a légalement justifié sa décision en retenant que le paiement était inopposable aux créanciers du vendeur, peu important qu'ils aient ou non fait opposition au paiement du prix. • Com. 24 mai 2005 : *Bull. civ. IV, n° 113 ; D. 2005. 2612, note Sénéchal ; ibid. AJ 1634, obs. Chevrier ; RTD com. 2006. 294, obs. Saintourens ; JCP E 2005, n° 30, p. 1284 ; RJDA 2005, n° 961 ; AJDI 2005. 661 ; RDC 2005. 1073, obs. Collart-Dutilleul.* ♦ La faute commise par le cessionnaire en payant le prix avant l'expiration du délai d'opposition prive le receveur des impôts du paiement de la totalité des sommes qu'il aurait pu appréhender lors de la distribution du prix de cession et non des seules sommes au titre desquelles il a fait opposition. • Com. 24 mai 2011 : *Bull. civ. IV, n° 83 ; D. 2011. Actu. 1554 ; RTD com. 2011. 724, obs. Saintourens ; JCP E 2011, n° 1512 ; RJDA 2011, n° 693 ; RLDA juill.-août 2011. 20, obs. Mpindi.* ♦ Les créanciers du vendeur du fonds étant des tiers au sens de l'art. 3 [C. com., art. L. 141-17], qu'ils aient ou non fait opposition au paiement du prix, le *syndic de faillite*, agissant au nom de l'ensemble des créanciers du vendeur, a qualité pour exercer l'action en paiement contre les acquéreurs sur le fondement du dernier alinéa de l'art. 3 [C. com., art. L. 141-17]. • Com. 1er juin 1981 : *préc. note 11 ss. art. L. 141-13.*

3. Saisie-arrêt. Lorsque les créanciers n'ont pas fait opposition régulière dans les délais, ils peuvent agir suivant les voies d'exécution du droit commun en opérant saisie-arrêt. • Civ. 5 juill. 1932 : *DP 1933. 1. 165, note Nast.*

4. Paiement partiel. En payant partie du prix entre les mains du vendeur sans attendre l'expiration du délai pour faire opposition, l'acquéreur a commis une faute dont il doit réparation ; il lui revient alors de payer à la banque, créancière chirographaire au titre de la créance de découvert, la totalité des sommes dont cette dernière restait créancière sur sa cliente. • TGI Paris, 25 janv. 2006 : *Banque et Droit mai-juin 2007. 64, obs. Guillot.*

Art. L. 141-18 **Si la vente ou cession d'un fonds de commerce comprend des succursales ou établissements situés sur le territoire français, l'inscription et la publication prescrites aux articles L. 141-6 à L. 141-17 doivent être faites également dans un journal habilité pour recevoir les annonces légales au lieu du siège de ces succursales ou établissements.** — *[L. 17 mars 1909, art. 4, al. 1er, 1re phrase.]*

Notion de succursale. BIBL. Lescot, *Rev. jur. sociétés 1924. 207.* – Bruzin, *JCP 1946. I. 567.* ♦ La succursale effectue des activités semblables à celles de l'établissement principal. • Com. 6 nov. 1951 : *D. 1952.58.* ♦ Le seul emploi d'une enseigne commune ne saurait suffire à caractériser la succursale. • T. civ. Rouen, 30 nov. 1948 : *Gaz. Pal. 1949. 1. 96.* ♦ Le responsable de la direction de la succursale doit être sous la dépendance du propriétaire de l'établissement principal. • Req. 29 janv. 1934 : *S. 1934. 1. 181* • Paris, 5 juill. 1971 : *Gaz. Pal. 1971. 2. 761* • Bourges, 7 nov. 1923 : *S. 1924. 2. 4* • Aix-en-Provence, 9 mai 1933 : *S. 1933. 2. 171.* ♦ Toutefois, le directeur de la succursale doit avoir qualité pour traiter au nom de l'établissement avec des tiers. • Besançon, 25 janv. 1928 : *Gaz. Pal. 1928. 1. 546* • Bordeaux, 16 mars 1923 : *Journ. sociétés 1924. 280* • Agen, 22 juill. 1935 : *S. 1935. 2. 236* • T. civ. Lille, 6 nov. 1950 : *D. 1951. 198.* – Comp. : • CJCE 22 nov. 1978 : *Rec. CJCE, p. 2138.*

Art. L. 141-19 **Pendant les vingt jours qui suivent la publication au *Bulletin officiel des annonces civiles et commerciales* prévue à l'article L. 141-12, une copie authentique ou l'un des originaux de l'acte de vente est tenu, au domicile élu, à la disposition de tout créancier opposant ou inscrit pour être consulté sans déplacement.**

Pendant le même délai, tout créancier inscrit ou qui a formé opposition dans le délai de dix jours fixé par l'article L. 141-14 peut prendre, au domicile élu, communication de l'acte de vente et des oppositions et, si le prix ne suffit pas à désintéresser les créanciers inscrits et ceux qui se sont révélés par des oppositions, au plus tard dans les dix jours qui suivent la publication au *Bulletin officiel des annonces civiles et commerciales* prévue à l'article L. 141-12, former, en se conformant aux prescriptions des articles L. 141-14 à L. 141-16 une surenchère du sixième du prix principal du fonds de commerce, non compris le matériel et les marchandises.

La surenchère du sixième n'est pas admise après la vente judiciaire d'un fonds de commerce ou la vente poursuivie à la requête d'un administrateur judiciaire ou d'un *(L. n° 2005-845 du 26 juill. 2005, art. 165-V)* **« mandataire judiciaire », ou de copropriétaires indivis du fonds, faite aux enchères publiques et conformément aux articles L. 143-6 et L. 143-7** *(L. n° 2005-845 du 26 juill. 2005, art. 161-II)* **« , ou selon les dispositions de l'article L. 642-5 ».**

L'officier public commis pour procéder à la vente doit n'admettre à enchérir que des personnes dont la solvabilité lui est connue, ou qui ont déposé soit entre ses mains, soit à la Caisse des dépôts et consignations, avec affectation spéciale au paie-

ment du prix, une somme qui ne peut être inférieure à la moitié du prix total de la première vente, ni à la portion du prix de ladite vente stipulée payable comptant, augmentée de la surenchère.

L'adjudication sur surenchère du sixième a lieu aux mêmes conditions et délais que la vente sur laquelle la surenchère est intervenue.

Si l'acquéreur surenchéri est dépossédé par suite de la surenchère, il doit, sous sa responsabilité, remettre les oppositions formées entre ses mains à l'adjudicataire, sur récépissé, dans la huitaine de l'adjudication, s'il ne les a pas fait connaître antérieurement par mention insérée au cahier des charges. L'effet de ces oppositions est reporté sur le prix de l'adjudication. – *[L. 17 mars 1909, art. 5.]*

FORM. PR. COM. v^{is} *Surenchère du sixième formée après les publications d'annonces ; Récépissé des oppositions formulées ; Envoi au surenchérisseur d'une demande de mention au cahier des charges des oppositions reçues,* par PUECH.

BIBL. ▶ RIVAL, *Rev. fonds com. 1938. 1.*

I. CONDITION DE LA SURENCHÈRE

A. VENTE D'UN FONDS DE COMMERCE

1. Nécessité d'une vente. La surenchère, supposant une vente de fonds de commerce, est irrecevable au cas d'une cession de location-gérance. • Civ. 8 mars 1938 : *DH 1938. 225.* ♦ Sur l'admission au cas d'échange, V. • Com. 21 mars 1960 : *Bull. civ. III, n° 108.*

2. Exclusion des ventes judiciaires. Les ventes qui ont été effectuées aux enchères publiques assujetties aux formes de l'art. 17 [C. com., art. L. 143-6], offrant toutes les garanties de juste prix n'ouvrent pas la voie de la surenchère, qu'il s'agisse d'une vente ordonnée à la requête de l'administration des Domaines. • Paris, 12 juill. 1948 : *Gaz. Pal. 1948. 2. 206.* ♦ ... De la vente d'un fonds de commerce indivis appartenant pour partie à un mineur. • Com. 6 mai 1953 : *JCP 1953. II. 7688, note Cohen ; RTD com. 1953. 880, obs. Jauffret.* ♦ ... De la vente décidée par l'ordonnance du président du tribunal civil à la requête de l'administrateur séquestre. • Paris, 12 juill. 1948 : *préc.* ♦ Il en irait autrement au cas d'irrégularité dans le déroulement de la procédure. • T. civ. Doullens, 14 févr. 1945 : *Gaz. Pal. 1945. 1. 190* (à propos de l'omission d'une signification aux créanciers inscrits). ♦ En outre, les dispositions de l'art. 5 [C. com., art. L. 141-19] ne sont pas d'ordre public. • Req. 14 déc. 1926 : *S. 1927. 1. 50.* – Comp. : • T. com. Fécamp, 19 févr. 1958 : *Rec. Le Havre 1958. 2. 53.* ♦ Par conséquent, a pu être insérée au cahier des charges de la vente une clause autorisant la surenchère, alors même que la vente portait sur un immeuble et sur un fonds de commerce. • Req. 1er avr. 1925 : *DP 1925. 1. 169, note J. Percerou* • 2 juill. 1928 : *JCP 1928. 1350* (sur la théorie de l'accessoire). ♦ Pour une licitation du seul fonds de commerce, V. • Aix-en-Provence, 17 avr. 1931 : *DP 1932. 2. 103* • T. civ. Perpignan, 30 mars 1949 : *RTD com. 1949. 207, obs. Jauffret.*

3. Préemption. En cas d'exercice du droit de préemption de l'enregistrement ou de l'administration des impôts prévu, en cas d'insuffisance de prix, par l'art. 668 CGI (art. L. 18 LPF), les créanciers conservent les droits d'opposition et de surenchère. • Lyon, 31 mars 1949 : *Gaz. Pal. 1949. 2. 37 ; JCP 1949. II. 7067, note D.L. ; RTD com. 1949. 623, obs. Jauffret.*

4. Redressement judiciaire. **BIBL.** Bac, *JCP E 1998, n° 6, p. 211.* ♦ Sous l'ancienne législation, il a été jugé que l'autorisation donnée au syndic de traiter à forfait une partie de l'actif mobilier du débiteur ne transforme pas la vente amiable du fonds de commerce ainsi consentie en une vente judiciaire de nature à faire échec à la surenchère du sixième. • Com. 30 mars 1981 : *Bull. civ. IV, n° 164 ; RTD com. 1981. 519, obs. Derruppé ; JCP E 1981 I. 9823.* ♦ V. note 18 ss. art. L. 642-1 et notes 2 et 3 ss. art. L. 622-17 ancien, cité ss. art. L. 642-19.

B. INSUFFISANCE DU PRIX

5. Créances inférieures au prix. Dès lors que le montant total des créances ouvrant droit à surenchère s'avère inférieur au prix de la vente, la demande de surenchère n'a plus de raison d'être et sera rejetée. • Grenoble, 28 janv. 1910 : *DP 1910. 2. 317 ; S. 1911. 2. 297, note Wahl.*

6. Détermination du prix. Bien que la surenchère se calcule sur les seuls éléments incorporels, il doit être tenu compte du prix de tous les éléments du fonds. • Aix-en-Provence, 22 janv. 1913 : *S. 1913. 2. 217* • Req. 24 mai 1927 : *DP 1927. 1. 170* • Com. 23 mai 1960 : *D. 1960. Somm. 110 ; Gaz. Pal. 1960. 2. 177 ; RTD com. 1961. 57, obs. Jauffret.* ♦ Le prix à prendre en considération est le prix total comportant et la partie du prix payable au comptant et les paiements à terme. • Aix-en-Provence, 11 juill. 1939 : *Rev. fonds com. 1939. 513.* ♦ V. toutefois, ne tenant compte que du prix payé comptant, • Paris, 21 nov. 1911 : *Gaz. Pal. 1911. 2. 634* • T. com. Marseille, 23 nov. 1938 : *Rev. fonds com. 1939. 300* • Aix-en-Provence, 10 mars 1941 : *Gaz. Pal. 1941. 1. 505.* ♦ Au cas d'une vente globale du fonds avec d'autres biens, V. • Aix-en-Provence, 10 mars 1941 : *préc.* – *Contra* : • T. com. Toulouse, 29 mai 1936 : *Gaz. Pal. 1936. 2. 110* • T. com. Seine, 19 nov. 1935 : *ibid. 1936. 1. 198* (procédant à une ventilation du prix s'agissant des droits de gérance d'un débit de tabacs).

C. CRÉANCIERS SURENCHÉRISSEURS

7. Qualité des créances. En ce qui concerne les créances permettant de surenchérir, il n'y a lieu de tenir compte que des créances inscrites et de celles des créanciers qui ont fait opposition dans les délais. La seule formalité de déclaration des créances ne saurait, au cas de procédure collective du vendeur suppléer à l'absence d'opposition. • Com. 5 déc. 1955 : *Bull. civ. III, n° 353 ; JCP 1956. II. 9131, note Cohen.* ♦ Pour des exemples jurisprudentiels de créances permettant de former surenchère, V. • Toulouse, 13 oct. 1930 : *S. 1931. 2. 224* • T. com. Saint-Étienne, 11 févr. 1954 : *Gaz. Pal. 1954. 1. 318 ; RTD com. 1954. 596, obs. Jauffret.* – Comp. : • Req. 16 nov. 1921 : *S. 1923. 1. 217, note Bourcart.* ♦ Dès lors que sa créance est certaine, alors même qu'elle n'est pas exigible, l'épouse divorcée du vendeur, créancière d'une pension alimentaire, est recevable en sa surenchère. • Req. 24 mai 1927 : *DP 1927. 1. 170 ; Gaz. Pal. 1927. 2. 330.*

8. Pouvoir du dirigeant social. S'agissant d'un acte utile à la conservation du gage de la société, le représentant légal de celle-ci a le pouvoir de former surenchère, en l'absence de décision de l'assemblée générale. • Com. 21 mars 1960 : *préc. note 1.*

9. Société en formation. La surenchère faite au nom d'une société en formation qui, non immatriculée, était alors dépourvue d'existence légale, n'est pas régulière. • Civ. 2e, 18 mai 1989 : ♔ *JCP N 1990. II. 205, note Garçon* • 13 déc. 1995 : ♔ *Dr. sociétés 1996, n° 50, note Bonneau ; Defrénois 1996. 666, obs. Hovasse ; RJ com. 1998. 19, note Putman* • 25 juin 1997 : ♔ *Dr. sociétés 1997, n° 141, note Bonneau ; Defrénois 1997. 1287, obs. Hovasse.*

II. PROCÉDURE DE LA SURENCHÈRE

A. DÉLAI

10. Nature juridique. Le délai de 20 jours n'est pas un délai franc. – V. art. 640 s. **C. pr. civ.** ♦ Ce délai n'est pas d'ordre public et peut être allongé d'un commun accord entre vendeur et acquéreur. • Civ. 14 avr. 1924 : *DH 1924. 370.*

11. Nullité de la publication. Lorsque la publication est nulle, le délai de surenchère comme le délai d'opposition courent et il n'est pas possible pour les créanciers de faire opposition à une surenchère. • Rennes, 3 janv. 1950 : *JCP 1950. II. 5483, note crit. Cohen ; RTD com. 1950. 401, obs. crit. Jauffret.*

B. FORMES

12. Signification. En ce qui concerne les formes de la surenchère, la signification peut être faite au domicile élu, bien que la loi ne le précise pas, alors qu'il importe que tous les actes faits pour la sauvegarde de l'intérêt des créanciers puissent être signifiés au domicile élu. • Civ. 27 juill. 1920 : *S. 1921. 1. 55.*

13. Contenu de l'acte. Une surenchère supérieure à la surenchère légale (sixième du prix des éléments incorporels, non compris le matériel et les marchandises), en ce qu'elle porte sur le prix total du fonds, n'est pas nulle, les juges pouvant rectifier l'erreur matérielle. • T. com. Marseille, 20 juill. 1928 : *DH 1928. 603.* ♦ En revanche, la surenchère est nulle si elle ne contient pas offre de fournir caution, ni justification d'une solvabilité suffisante. • Toulouse, 13 oct. 1930 : *S. 1931. 2. 224.* – Comp. : • T. com. Beauvais, 24 juill. 1928 : *Gaz. Pal. 1928. 2. 907.* ♦ Jugé que la surenchère était valable, même sans qu'aucune caution n'ait été présentée, lorsque le juge a enjoint au surenchérisseur de fournir cette caution pour une somme fixée. • T. com. Rouen, 4 déc. 1957 : *RTD com. 1958. 319, obs. crit. Jauffret.* ♦ S'agissant d'une formalité qui n'est pas substantielle, le défaut de signature du surenchérisseur n'est pas sanctionné par la nullité. – V. • Lyon, 2 déc. 1981 : *JCP N 1983. II. 256.*

14. Solvabilité du surenchérisseur. V. aussi note 13. ♦ La justification de la solvabilité suffisante du surenchérisseur ne saurait être exigée dans l'acte, la L. n'en précisant pas le moment. • Com. 21 juill. 1987 : ♔ *Bull. civ. IV, n° 203.* ♦ La solvabilité peut être implicitement admise. • Com. 21 mars 1960 : *préc. note 1.* – Comp. : • Com. 28 févr. 1956 : *Bull. civ. III, n° 88.*

15. Désistement. V. art. L. 143-14, al. 4. ♦ Il résulte de la combinaison de l'art. 5 [C. com., art. L. 141-19] et de l'art. 23, al. 4 [C. com., art. L. 143-14, al. 4], que le désistement du surenchérisseur doit être accepté par tous les créanciers opposants et inscrits. • Com. 6 déc. 1961 : *Bull. civ. III, n° 465.* ♦ Sur l'effet de ce désistement, V. • Com. 19 nov. 1963 : *ibid. III, n° 487.*

16. Surenchère abusive. V., sur les hypothèses de procédure de surenchère abusive, • Com. 2 nov. 1964 : *Bull. civ. III, n° 469*

• 17 nov. 1966 : *ibid. III, n° 435* • Lyon, 16 janv. 1961 : *Gaz. Pal. Tables 1960-65, n° 199.*

III. ADJUDICATION

17. Acquéreur initial adjudicataire. Quand l'adjudication est prononcée au profit de l'acquéreur primitif, c'est du jour de la vente qu'il est réputé propriétaire du fonds. • T. com. Marseille, 15 mars 1936 : *Rev. fonds com. 1936. 282.* ♦ Sur des offres réelles pour désintéresser les créanciers inscrits et opposants, comp. : • Civ. 23 déc. 1924 : *DP 1926. 1. 188 ; Gaz. Pal. 1925. 1. 313* (à propos de l'art. 23 [C. com., art. L. 143-13 s.]).

18. Tiers adjudicataire. Jugé que la surenchère du sixième ne rend pas le surenchérisseur propriétaire ou ne le rend propriétaire que sous condition suspensive et que les risques ne sont point à sa charge et qu'il est donc fondé en cas de perte totale du fonds à demander la décharge de sa surenchère. • Paris, 29 nov. 1923 : *Journ. Trib. com. 1925. 207.* ♦ Lorsque l'adjudication a été opérée au profit d'un autre que l'acquéreur primitif, l'adjudicataire est censé tenir ses droits non de l'acquéreur surenchéri, dont le titre est anéanti, mais du vendeur primitif. • T. com. Seine, 24 août 1912 : *Gaz. Pal. 1912. 2. 429.* ♦ L'adjudication consécutive à la surenchère du sixième entraîne la résolution de la vente initiale. • Civ. 2e, 17 déc. 1984 : *Bull. civ. II, n° 199 ; RTD com. 1985. 739, obs. Derruppé ; JCP 1985. II. 20520, note Cohen.* ♦ Le surenchérisseur reste en dehors de la gestion du fonds et ne saurait encourir aucune responsabilité en raison du passif créé entre la surenchère et l'adjudication définitive. • Montpellier, 10 juin 1933 : *DH 1933. 531.*

19. Dépenses. Lorsque l'acquéreur surenchéri a effectué des dépenses il a été décidé (mais en matière de surenchère du dixième) que, par application de l'art. 2175 [2470] C. civ., l'adjudicataire devait rembourser les dépenses utiles, dans la mesure où elles ont procuré une plus-value au fonds et les dépenses nécessaires intégralement. • Req. 23 mars 1925 : *DH 1925. 285.*

Art. L. 141-20 **Lorsque le prix de la vente est définitivement fixé, qu'il y ait eu ou non surenchère, l'acquéreur, à défaut d'entente entre les créanciers pour la distribution amiable de son prix, est tenu, sur la sommation de tout créancier, et dans la quinzaine suivante, de consigner la portion exigible du prix, et le surplus au fur et à mesure de l'exigibilité, à la charge de toutes les oppositions faites entre ses mains ainsi que des inscriptions grevant le fonds et des cessions qui lui ont été notifiées.** – *[L. 17 mars 1909, art. 6.]*

BIBL. ► Vauvillé, *JCP E 1996. I. 548* (distribution amiable du prix de cession).

Art. L. 141-21 **Sauf s'il résulte d'une opération de fusion ou de scission soumise aux dispositions du quatrième alinéa de l'article L. 236-2 et des articles L. 236-7 à L. 236-22, tout apport de fonds de commerce fait à une société en constitution ou déjà existante doit être porté à la connaissance des tiers dans les conditions prévues par les articles L. 141-12 à L. 141-18 par voie d'insertion dans les journaux d'annonces légales et au *Bulletin officiel des annonces civiles et commerciales.***

Toutefois, si par suite de l'application des dispositions législatives et réglementaires en vigueur relatives à la publication des actes de société, les indications prévues par ces articles figurent déjà dans le numéro du journal d'annonces légales où les insertions doivent être effectuées, il peut être procédé par simple référence à cette publication.

Dans ces insertions, l'élection de domicile est remplacée par l'indication du greffe du tribunal de commerce où les créanciers de l'apporteur doivent faire la déclaration de leurs créances. – *[L. 17 mars 1909, art. 7, al. 1er à 3.]*

RÉP. SOCIÉTÉS vis *Apports*, par Blaise ; *Entreprise unipersonnelle à responsabilité limitée*, par Serlooten.

BIBL. ► Bouvier-Bangillon, *Ann. dr. com. 1909. 449.* – Houpin, *Journ. sociétés 1933. 321.*

1. Apport d'un fonds. L'apport d'éléments corporels se présentant comme l'essentiel d'un fonds de commerce avec tous les éléments de valeur qui le composent est soumis à l'art. 7 [C. com., art. L. 141-21] et suppose l'accomplissement des mêmes formalités de publicité qu'au cas de vente. • Amiens, 13 mai 1976 : *D. 1976. Somm. 68 ; RTD com. 1976 681, obs. Jauffret ; Banque 1977. 603* – Comp. : • TGI Villefranche, 9 oct. 1970 : *Defrénois 1972. 706.* ♦ Sur les apports mixtes, V. • Paris, 24 oct. 1934 : *DP 1936. 2. 59.* ♦ Sur l'apport en jouissance, V. Wahl, *Journ. sociétés 1909. 252.* ♦ L'art. 7 ne faisant aucune distinction entre les droits rémunérant l'apport, l'attribution de parts en nue-propriété n'empêche pas l'application de ce texte. • Bordeaux, 27 nov. 1995 : *Cah. jurispr. Aquitaine 1996, n° 2, p. 91.* ♦ Sur la notion de fonds de commerce, V. art. L. 141-5.

2. Sociétés bénéficiaires. Toute société commerciale personnalisée quelle qu'en soit la forme est assujettie aux formalités de la loi du 17 mars 1909 [C. com., art. L. 141-21 s.], notamment une société anonyme. • T. com. Seine, 6 mars 1929 : *Gaz. Pal. 1929. 2. 132.* ♦ Toutefois, en l'absence de transfert de propriété, les dispositions légales ne s'appliquent pas. • Com. 15 mai 1973 : *D. 1974. 418, note Bouloc.* ♦ V. cependant, pour une application originale à une société en participation, au cas de transfert de la propriété du fonds à un membre, • Rouen, 23 avr. 1971 : *D. 1972. 676, note Bouloc,* conf. par • Com. 15 mai 1973 : *préc.* ♦ Comp., au cas de *faillite* de l'apporteur à une société de fait : • Com. 15 oct. 1963 : *Bull. civ. III, n° 415.*

3. Fusion. BIBL. Solal, *RTD com. 1967. 459.* ♦ Sur l'exclusion de la publicité légale au cas de fusion de sociétés, V., déjà avant l'intervention de la loi du 11 févr. 1994, • Paris, 17 juin 1930 : *DP 1932. 2. 104* • Bordeaux, 26 août 1997 : *BICC 1998, n° 453.* ♦ V. aussi note 8 ss. art. L. 141-1. ♦ Jurisprudence désormais confirmée par L. 141-21, al. 1er, reprenant l'art. 7, al. 1er de la loi de 1909 tel que mod. par L. n° 94-126 du 11 févr. 1994. ♦ Sur la portée de cette modification, V. Dossier ANSA nov.-déc. 1995, n° 2796.

4. Formalités. La publicité de l'apport étant distincte de celle de l'acte de société, avec laquelle elle ne se confond pas, il convient de procéder à des insertions distinctes ; sauf en ce qui concerne les informations communes aux deux publications, la seconde peut alors faire référence au premier avis. • Com. 11 févr. 1969 : *JCP 1969. II. 16137, note Richard ; RTD com. 1970. 100, obs. Jauffret.*

Art. L. 141-22 **Dans les dix jours de la dernière en date des publications prévues aux articles L. 141-12 et L. 141-13, tout créancier non inscrit de l'associé apporteur fait connaître au greffe du tribunal de commerce de la situation du fonds, sa qualité de créancier et la somme qui lui est due. Le greffier lui délivre un récépissé de sa déclaration.** — *V. art. R. 143-10.*

A défaut par les associés ou l'un d'eux de former dans la quinzaine suivante une demande en annulation de la société ou de l'apport, ou si l'annulation n'est pas prononcée, la société est tenue, solidairement avec le débiteur principal, au paiement du passif déclaré dans le délai ci-dessus et justifié.

En cas d'apport d'un fonds de commerce par une société à une autre société, notamment par suite d'une fusion ou d'une scission, les dispositions de l'alinéa précédent ne sont pas applicables lorsqu'il y a lieu à application des articles L. 236-14, L. 236-20 et L. 236-21 ou lorsque est exercée la faculté prévue à l'article L. 236-22. — *[L. 17 mars 1909, art. 7, al. 4 à 6.]*

A. DÉCLARATION DES CRÉANCES

1. Qualité de créancier. L'action est réservée aux seuls créanciers. • Com. 2 juin 1965 : *Bull. civ. III, n° 357.* ♦ Le créancier n'a pas à fournir de justification de sa créance au greffier. • Paris, 27 févr. 1926 : *Journ. sociétés 1926. 485.* ♦ Au cas de compte courant, une partie peut, en se prétendant créancière, être admise à bénéficier de l'art. 7. • Civ. 21 juill. 1931 : *DP 1932. 1. 49, note Hamel.* ♦ Lorsqu'une créance est reconnue par un jugement, celui-ci rétroagit au jour de la demande. • T. com. Seine, 6 mars 1929 : *Gaz. Pal. 1929. 2. 132.*

2. Créanciers inscrits. Les créanciers inscrits bénéficient d'un droit de suite et conservent leurs droits sans avoir à procéder à déclaration. • Civ. 21 déc. 1937 : *DP 1938. 1. 65.* ♦ V. cependant, sur la solidarité de la société, • T. com. Lyon, 29 juill. 1914 : *DP 1920. 2. 71.*

3. Délai. Le point de départ du délai de déclaration des créances est la dernière des publications prévues par l'art. 3 [C. com., art. L. 141-12 s.] et le délai n'est pas franc. • T. com. Marseille, 27 nov. 1925 : *DH 1925. 704.* ♦ Le créancier peut faire la déclaration avant même que le délai n'ait commencé à courir. • Com. 28 déc. 1968 : *D. 1969. Somm. 71* • 14 oct. 1958 : *Bull. civ. III, n° 346.*

4. Formalités. L'indication de la cause de la créance n'est pas exigée, la publicité n'étant établie que pour rendre la société débitrice ou l'obliger à demander la nullité de l'apport ou de la société. • Com. 14 oct. 1958 : *Bull. civ. III, n° 346 ; Gaz. Pal. 1958. 2. 297.*

5. Défaut de déclaration. Lorsque la déclaration n'a pas été faite ou lorsqu'elle est nulle, le créancier est déchu de tout droit contre la société à laquelle le fonds a été apporté. • T. com. Seine, 8 mai 1931 : *Gaz. Pal. 1931. 2. 213* • Orléans, 26 nov. 1970 : *RTD com. 1971. 984.* ♦ Sur l'inefficacité d'une saisie-arrêt à l'initiative du créancier forclos, V. • T. com. Marseille, 21 juin 1926 : *Journ. sociétés 1928. 592.*

B. ACTION EN NULLITÉ DES ASSOCIÉS

6. *Titulaire.* L'action en nullité n'appartient pas à l'apporteur lui-même qui ne peut invoquer une nullité provenant de son fait. • T. com. Seine, 19 avr. 1937 : *Gaz. Pal. 1937. 2. 53.*

7. *Délai.* L'action doit être engagée dans le délai de quinzaine dont le point de départ est le lendemain du jour où expire le délai de déclaration des créances. • T. com. Marseille, 27 nov. 1925 : *Gaz. Pal. 1926. 1. 256.*

8. *Nullité facultative.* Le tribunal saisi de la demande en nullité n'est pas obligé de prononcer la nullité de l'apport ou de la société et peut rejeter la demande, en particulier lorsque les créanciers ont été désintéressés ou vont l'être. • T. com. Seine, 19 avr. 1937 : *Gaz. Pal. 1937. 2. 53.* ♦ Sur la nullité, V. art. L. 235-1.

C. ENGAGEMENT SOLIDAIRE DE LA SOCIÉTÉ

9. *Nature juridique.* La solidarité légale établie par l'art. 7 [C. com., art. L. 141-22] produit les mêmes effets que celle qui résulterait d'une convention et en vertu de l'art. 1285 C. civ., dès lors la remise de dette accordée par la société à l'un des codébiteurs doit profiter aux autres. • Lyon, 25 févr. 1914 : *Journ. sociétés 1914. 451* ♦ La société n'a que les obligations d'une caution solidaire de la dette de l'apporteur. • Toulouse, 25 mars 1927 : *Journ. sociétés 1929. 288.* ♦ Sur le recours contre la société au cas de faillite de l'apporteur, V. • T. com. Seine, 4 avr. 1911 : *Journ. sociétés 1911. 514.* ♦ La dette de la société est chirographaire. • T. com. Marseille, 9 janv. 1911 : *Journ. faillites 1912. 186.*

D. SORT DES DETTES

10. *Absence de décharge du cédant.* L'apport d'un fonds de commerce à une société, même accompagné d'une cession expresse des dettes contractées pour son exploitation, n'a pas pour effet de décharger le cédant de ces dettes. • Com. 27 janv. 1998 : *D. Affaires 1998. 411, obs. A.-L. M.-D. ; RTD com. 1998. 324, obs. Derruppé.*

CHAPITRE II DU NANTISSEMENT DU FONDS DE COMMERCE

RÉP. COM. v^is *Fonds de commerce ; Nantissement de fonds de commerce,* par DERRUPPÉ.

BIBL. GÉN. ▸ MAZIN, *Defrénois 1935. 281.* – MONTIER et FAUCON, *Rev. fonds com. 1939. 329.* – WEILL et MAUS, *D. 1956. Chron. 87.*

Art. L. 142-1 **Les fonds de commerce peuvent faire l'objet de nantissements, sans autres conditions et formalités que celles prescrites par le présent chapitre et le chapitre III ci-après.**

Le nantissement d'un fonds de commerce ne donne pas au créancier gagiste le droit de se faire attribuer le fonds en paiement et jusqu'à due concurrence. – *[L. 17 mars 1909, art. 8.]*

FORM. PR. COM. v° *Bordereau d'inscription d'un nantissement de fonds de commerce,* par PUECH.

Loi n° 96-603 du 5 juillet 1996, *relative au développement et à la promotion du commerce et de l'artisanat.* **Art. 22** Le fonds exploité dans l'exercice de l'une des activités professionnelles visées au I de l'article 19, par une personne physique ou morale qui n'a pas la qualité de commerçant, peut faire l'objet de nantissement dans les conditions et sous les formalités prévues par la loi du 17 mars 1909 *[C. com., art. L. 142-1 s.]* relative à la vente et au nantissement des fonds de commerce. – *V. ledit art. 19, App., v° Artisans.*

Ce fonds est dénommé fonds artisanal.

Sont seuls susceptibles d'être compris dans le nantissement du fonds artisanal : l'enseigne et le nom professionnel, le droit au bail, la clientèle et l'achalandage, le mobilier professionnel, le matériel ou l'outillage servant à l'exploitation du fonds, les dessins ; modèles ainsi que les autres droits de propriété industrielle, littéraire ou artistique qui y sont attachés.

Sous réserve des dispositions de la loi n° 85-98 du 25 janvier 1985 *[C. com., art. L. 620-1 s.]* précitée, la juridiction civile connaît des questions relatives au nantissement du fonds artisanal. – *V. C. com., art. L. 620-1 s.*

BIBL. ▶ LEBLANC, *RD rur. 1997. 99.* – PUYGAUTHIER, *JCP N 1997. Prat. 4035.* – LE GARS, *Defrénois 2012. 242* (vente du fonds artisanal : éléments de comparaison avec la vente du fonds de commerce).

Code rural et de la pêche maritime *(Ord. n° 2010-462 du 6 mai 2010, art. 1er).*
Art. L. 311-3 *(L. n° 2006-11 du 5 janv. 2006, art. 1er-I)* Le fonds exploité dans l'exercice de l'activité agricole définie à l'article L. 311-1, dénommé « fonds agricole », peut être créé par l'exploitant. Cette décision fait l'objet d'une déclaration au centre de formalités des entreprises de la chambre d'agriculture compétente. – *V. art. préc., ss. art. L. 110-1.*

Ce fonds, qui présente un caractère civil, peut faire l'objet d'un nantissement dans les conditions et selon les formalités prévues par les chapitres II et III du titre IV du livre Ier du code de commerce.

Sont seuls susceptibles d'être compris dans le nantissement du fonds agricole le cheptel mort et vif, les stocks et, s'ils sont cessibles, les contrats et les droits incorporels servant à l'exploitation du fonds, ainsi que l'enseigne *(L. n° 2010-874 du 27 juill. 2010, art. 54)* « , le nom d'exploitation », les dénominations, la clientèle, les brevets et autres droits de propriété industrielle qui y sont attachés.

BIBL. ▶ DELORME et GOSSEIN, *Defrénois 2006. 396* (le fonds agricole). – CAMPELS, *RD rur. 2006. Étude 3* (même thème). – PÉTEL-TEYSSIÉ, *ibid. Étude 4* (nantissement du fonds agricole). – HUDAULT, *ibid. Étude 25 ; Mélanges Bouloc, Dalloz, 2006, p. 427* (obstacles d'ordre civil, pénal et fiscal à l'existence de l'entreprise agricole). – FOYER, *Le code de commerce 1807-2007, Livre du bicentenaire, Dalloz, 2007, p. 271* (exploitation agricole et entreprise agricole : du droit rural au droit commercial). – COTESSAT, *RD rur. 2007. Étude 10* (le fonds agricole). – BOSSE-PLATIÈRE, *ibid. Étude 17* (de l'exploitation à l'entreprise agricole). – LE-PETIT-LEBON, *RD rur. janv. 2009, p. 21* (fonds agricole et fonds de commerce : examen comparé des deux institutions). – GASSELIN et CLERGET, *RD rur. 2009. Étude 8* (l'originalité du fonds agricole : son caractère optionnel). – LEBEL, *RD rur. 2011. Alerte 1* (l'exploitant individuel à responsabilité limitée, ou l'EIRL en agriculture !).

1. Créances garanties. Le nantissement peut être consenti en garantie d'une créance future et d'une créance conditionnelle ou éventuelle. • Civ. 24 juin 1903 : *DP 1903. 1. 472* • 21 juill. 1931 : *DP 1932. 1. 49, note Hamel.* ♦ En revanche, les causes de nullité, d'extinction ou de résolution de la créance entraînent la nullité du nantissement. • *Lyon, 1er déc. 1909 : Gaz. Lyon 20 févr. 1910* • Rennes, 12 juill. 1933 : *Rec. Rennes 1933. 376* • T. com. Marseille, 10 avr. 1935, Req. 8 oct. 1940 : *Rev. fonds com. 1935. 356 ; Gaz. Pal. 1940. 2. 62.* ♦ Est nul le nantissement pris du chef d'une créance fictive. • T. com. Seine, 19 mars 1934 : *Gaz. trib. 1934. II. 2.*

2. Sûreté réelle. Sur la suppression de la dépossession symbolique et la nature d'hypothèque mobilière, V. Boyer, *Ann. dr. com. 1899. 384.* ♦ Le nantissement d'un fonds de commerce consenti en garantie de la dette d'un tiers est une sûreté réelle qui n'a pas pour effet de faire peser sur le propriétaire du fonds une obligation personnelle au paiement de cette dette. • Com. 24 sept. 2003 : *JCP E 2004, n° 36, p. 1340, obs. Simler ; RJDA 2004, n° 231* (nantissement consenti par le propriétaire du fonds au profit du créancier du locataire-gérant). ♦ Le nantissement des fonds de commerce ne constitue qu'une garantie et non pas une modalité d'exécution du prêt. • Civ. 1re, 10 mai 2006 : *Bull. civ. I, n° 219 ; D. 2006. IR 1480* ; *RTD com. 2007. 326, obs. Saintourens*.

3. Objet du nantissement : fonds de commerce. Les concessions administratives ne constituent pas des fonds de commerce susceptibles d'être l'objet d'un nantissement. V. • Req. 22 juin 1943 : *D. 1946. 390, note Blaevoet* • Com. 29 janv. 1952 : *D. 1952. 737, note Derrida* • CE 6 sept. 1944 : *Lebon p. 260.* ♦ Jugé autrefois qu'un fonds de commerce en formation ne saurait être donné en nantissement. • Bourges, 29 avr. 1901 : *S. 1902. 2. 273, note Wahl* • Req. 30 janv. 1934 : *S. 1935. 1. 12.* ♦ Faute d'immatriculation, une société ne peut consentir de nantissement sur le fonds de commerce qui résultera de l'exploitation des éléments de son actif, • Civ. 1re, 5 juill. 1989 : *RTD com. 1990. 400, obs. Champaud* ; *Gaz. Pal. 1989. 2. 634, note Hatoux. – Contra* : • Paris, 3 juill. 1963 : *Banque 1964. 115, obs. Marin ; RTD com. 1964. 54, obs. Jauffret ; JCP 1963. II. 13398* • TGI Paris, 20 avr. 1971 : *Journ. not. 1971. 960.* – Comp. : Mestre : *D. 1982. Chron. 141.*

Le nantissement de l'art. 8 [C. com., art. L. 142-1] ne saurait porter sur des éléments isolés du fonds. • Civ. 17 juin 1918 : *S. 1922. 1. 313, note H. Rousseau.* ♦ Le nantissement d'un fonds de commerce qui grève indivisiblement les éléments en constituant l'assiette ne confère pas au créancier inscrit un droit de préférence sur un élément isolé (en l'occurrence deux véhicules automobiles), de sorte que la caution ne saurait reprocher à la banque le non-excercice d'un droit que cette dernière ne pouvait acquérir et sur lequel elle ne pouvait compter. • Com. 19 déc. 2006 : *Bull. civ. IV, n° 267 ; D. 2007. AJ 369, obs. Avena-Robardet* ; *JCP E 2007, n° 8, p. 19 ; RJDA 2007, n° 779 ; RLDA févr. 2007. 24, obs. Lefèvre.* ♦ Sur le nantissement de l'outillage et du matériel, V. art. L. 525-1 s.

Sur la validité d'un nantissement constitué sur un fonds indivis, V. • Lyon, 6 juill. 1983 : *Gaz. Pal. 1984. 1. Somm. 40.*

4. Fonds artisanal. V. art. 22 de la L. n° 96-603 du 5 juill. 1996, ss. art. L. 142-1.

5. Fonds agricole. V. art. L. 311-3 C. rur., ss. art. L. 142-1.

6. Fonds appartenant au constituant. Pour consentir un nantissement, le débiteur doit être propriétaire du fonds de commerce. • T. com. Marseille, 31 mai 1923 : *Rec. Marseille 1925. 195.* ♦ L'acheteur éventuel bénéficiaire d'une promesse unilatérale de vente ne saurait consentir un nantissement sur le fonds. • T. com. Seine, 16 août 1928 : *JCP 1928. II. 1313.* ♦ La nullité du nantissement d'un fonds de commerce appartenant à autrui est couverte lorsque, avant toute action en nullité, le constituant devient propriétaire du fonds. • Com. 5 nov. 2002 : *Bull. civ. IV, n° 159 ; D. 2003. AJ 70, obs. Chevrier* ; *JCP E 2003, n° 14, p. 616, note Kéita ; ibid., n° 23, p. 952, obs. Delebecque ; RTD com. 2003. 58, obs. Saintourens* ; *RJDA 2003, n° 322.* ♦ Comp. jugeant qu'est nul de nullité absolue le nantissement d'un fonds de commerce appartenant à autrui : • Rouen, 3 mai 1924 : *Gaz. Pal. 1924. 2. 312.* ♦ Aussi le débiteur qui a cédé son fonds ne saurait consentir valablement un nantissement. • Com. 8 juill. 1974 : *Bull. civ. IV, n° 220.* ♦ En revanche, est valable un nantissement consenti avant que ne soit exécutée la vente forcée du fonds. • T. com. Seine, 17 févr. 1958 : *RTD com. 1958. 518, obs. Jauffret.*

7. Fonds en indivision. La limitation de l'inscription de nantissement à un seul des propriétaires indivis du fonds de commerce a pour effet d'en réduire l'efficacité, et par là même la valeur du droit pouvant être transmis par subrogation, même en cas de confusion des patrimoines à l'occasion d'une procédure collective. • Civ. 1re, 26 avr. 2000 : *Bull. civ. I, n° 121 ; RTD com. 2000. 590, obs. Derruppé*. ♦ Le propriétaire indivis d'un fonds de commerce peut donner en nantissement la part qui lui revient ou même le fonds tout entier, le droit du créancier nanti étant en revanche subordonné au résultat du partage. • Paris, 22 oct. 1999 : *D. 2000. AJ 52* ; *RTD com. 2000. 331, obs. Derruppé*. ♦ Sur la nullité d'un nantissement consenti sur un fonds appartenant en indivision à un mineur, V. • Aix-en-Provence, 22 janv. 1957 : *JCP 1957. II. 9877, note Cohen. – Contra* : • T. com. Tours, 20 nov. 1959 : *RJ com. 1960. 294.*

8. Fonds en location-gérance. Est nul le nantissement consenti par le gérant libre d'un fonds de commerce. • Paris, 24 juin 1929 : *DP 1931. 2. 15, note Chéron* • Poitiers, 7 févr. 1933 : *S. 1933. 2. 100.* ♦ Jugé, cependant, que la mise en gérance libre du fonds et le fait qu'il a consenti une promesse de vente privent le propriétaire de la possibilité de donner le fonds en nantissement. • T. com. Le Havre, 18 déc. 1933 : *Gaz. Pal. 1934. 2. 296.* ♦ Comp. aussi, sur l'application de la théorie de l'apparence, s'agissant d'une location-gérance ne constituant qu'un artifice : • Com. 13 déc. 1994 : *RJDA 1995, n° 435.*

9. Promesse de nantissement. Si la promesse de consentir un nantissement sur un fonds de commerce futur est valable, elle ne peut donner lieu à une inscription de nantissement, l'assiette de la sûreté devant exister au moment de sa constitution, et permet seulement d'obtenir ultérieurement, en tant que de besoin par voie judiciaire, l'inscription de la sûreté lorsque le fonds est créé. • Paris, 27 sept. 1996 : *D. 1997. Somm. 251, obs. S. Piedelièvre* ; *RTD com. 1997. 629, obs. Derruppé*.

10. Absence de droit d'attribution. En application de l'art. 8, al. 2 [C. com., art. L. 142-1, al. 2], le nantissement d'un fonds de commerce ne donne pas au créancier gagiste le droit de se faire attribuer le fonds en paiement, et viole ce texte l'arrêt, qui pour accueillir le moyen de défense de cautions se prévalant de la décharge prévue par l'art. 2037 [2314] C. civ., reproche à une banque dont la créance était garantie par un nantissement sur le fonds de ne pas avoir demandé l'attribution judiciaire de son gage. • Com. 13 oct. 1998 : *Bull. civ. IV, n° 233 ; D. 1999. Somm. 299, obs. Piedelièvre ; D. Affaires 1998. 1805, obs. A.-L. M.-D. ; RJDA 1998, n° 1420 ; JCP 1999. I. 316, obs. Delebecque ; RTD com. 1999. 66, obs. Derruppé* • Orléans, 19 janv. 2006 : *RJDA 2006, n° 459.* ♦ V. aussi, jugeant que la banque, qui n'avait aucune obligation légale de consulter la caution, n'a pas commis de faute en ne s'opposant pas à la vente du fonds de commerce nanti : • Com. 8 oct. 2003 : *RJDA 2004, n° 272.* ♦ Lorsque ce n'est pas un nantissement du chef de la loi du 18 janv. 1951 qui a été inscrit et visé dans un acte notarié, mais un nantissement sur le fonds de commerce comprenant en annexe un état détaillé et chiffré du matériel, c'est en application de l'art. 8, al. 2 [C. com., art. L. 142-1, al. 2], ci-dessus, et non en application de la loi précitée que l'attribution judiciaire du matériel faisant partie du fonds de commerce est interdite. • Paris, 23 avr. 1992 : *D. 1992. IR 195 ; RTD com. 1992. 786, obs. Derruppé*.

Art. L. 142-2 Sont seuls susceptibles d'être compris dans le nantissement soumis aux dispositions du présent chapitre comme faisant partie d'un fonds de commerce : l'enseigne et le nom commercial, le droit au bail, la clientèle et l'achalandage, le mobilier commercial, le matériel ou l'outillage servant à l'exploitation du fonds, les brevets d'invention, les licences, les marques, les dessins et modèles industriels, et généralement les droits de propriété intellectuelle qui y sont attachés. – *Pour le fonds artisanal, V. L. n° 96-603 du 5 juill. 1996, art. 22, al. 2, ss. art. L. 142-1.*

Le certificat d'addition postérieur au nantissement qui comprend le brevet auquel il s'applique suit le sort de ce brevet et fait partie, comme lui, du gage constitué.

A défaut de désignation expresse et précise dans l'acte qui le constitue, le nantissement ne comprend que l'enseigne et le nom commercial, le droit au bail, la clientèle et l'achalandage.

Si le nantissement porte sur un fonds de commerce et ses succursales, celles-ci doivent être désignées par l'indication précise de leur siège. – *[L. 17 mars 1909, art. 9.]*

BIBL. ▸ REZEK, *JCP N 2006, n° 39, p. 1716* (vingt raisons de réformer la vente des fonds de commerce).

A. ÉLÉMENTS NÉCESSAIRES

1. Absence de désignation. Les éléments corporels ou incorporels énumérés dans l'art. 9, al. 1er [C. com., art. L. 142-2, al. 1er], et autres que ceux mentionnés à l'al. 3, ne peuvent être compris dans le même nantissement que moyennant une désignation expresse et précise dans l'acte constitutif et, par conséquent, à titre d'accessoire des éléments principaux et essentiels du fonds. • Civ. 17 juin 1918 : *S. 1922. 1. 313, note Rousseau.*

2. Droit au bail. Le créancier titulaire d'un nantissement sur un fonds de commerce ne bénéficie d'aucun droit de préférence ou de suite sur l'indemnité de résiliation du bail grâce auquel est exploité le fonds de commerce. • Civ. 3e, 6 avr. 2005 : *Bull. civ. III, n° 87 ; D. 2005. 1367, note S. Piedelièvre ; ibid. AJ 1152, obs. Rouquet ; RTD com. 2006. 292, obs. Saintourens ; JCP E 2005, n° 48, p. 2034, obs. Kenfack ; Loyers et copr. 2005, n° 117, obs. Brault ; RD banc. fin. 2005, n° 137, obs. Legeais ; Banque et Droit mai-juin 2005. 66, obs. Jacob ; RJDA 2005, n° 942 ; Rev. loyers 2005. 382, note Gallet ; Administrer juin 2005. 37, obs. Boccara et Lipman-W. Boccara ; RDC 2005. 1083, obs. Lardeux.* ♦ En l'absence de fraude du bailleur et d'une législation précise protégeant les créanciers inscrits en cas de versement d'une indemnité d'éviction, ces derniers ne peuvent faire valoir leurs droits sur le montant de l'indemnité d'éviction versée au locataire évincé et réclamer au bailleur le solde de leur gage. • Paris, 10 oct. 1997 : *Loyers et copr. 1998, n° 12, obs. Brault et Mutelet.* – V. déjà • T. com. Charleville, 29 août 1951 : *JCP 1952. II. 7037, note Cohen* • Toulouse, 13 avr. 1938 : *JCP 1938. II. 717.* ♦ *Contra,* en ce sens doit être comprise dans le droit au bail l'indemnité qui serait accordée au propriétaire du fonds au cas de défaut de renouvellement du bail, V. • Rouen, 25 juill. 1935 : *Gaz. Pal. 1935. 2. 650* • Aix-en-Provence, 23 mai 1961 : *D. 1961. 572 ; RTD com. 1961. 815, obs. Jauffret.*

Le droit au bail est exclu de l'assiette du nantissement lorsque le fonds est exploité dans un local appartenant au commerçant ou se trouve dépourvu de local. • T. com. Marseille, 13 juin 1929 : *Gaz. Pal. 1929. 2. 645.* ♦ Comp., pour une convention d'occupation précaire : • Aix-en-Provence, 25 juin 1936 : *DH 1936. 499.*

3. Clientèle. Un nantissement portant sur des éléments accessoires et notamment corporels décrits à l'al. 1er, mais considérés individuellement, n'est pas un nantissement de fonds de commerce régi par la loi de 1909 [C. com., art. L. 142-1 s.], mais un contrat de gage ordinaire. • Civ. 17 juin 1918 : *préc. note 1.* – V. aussi • Civ. 28 juin 1938 : *S. 1939. 1. 15.* ♦ V. cep., pour un fonds réduit à son seul matériel, • Com. 2 août 1949 : *S. 1950. 1. 81, note Cohen ; JCP 1949. II. 5188, note Saint-Alary.*

4. Licences. Outre les éléments énumérés à l'art. 9, al. 3 [C. com., art. L. 142-2, al. 3], la licence d'un débit de boissons est comprise dans le nantissement malgré le silence de l'acte. • Paris, 9 avr. 1996 : *JCP 1997. I. 4033, n° 22, obs. Delebecque* • 29 oct. 1936 : *Rev. fonds com. 1936. 645* • T. com. Le Havre, 29 juill. 1931 : *Rec. Le Havre 1931. 172.*

B. ÉLÉMENTS FACULTATIFS

5. Énumération légale. La liste donnée par l'art. 9, al. 1er [C. com., art. L. 142-2, al. 1er], est limitative. • Paris, 25 mai 1936 : *Rev. fonds com. 1939. 325.* ♦ Les dispositions de la loi du 18 janv. 1851 relatives au nantissement spécial sur le matériel ne sont pas applicables au nantissement sur le fonds de commerce. • Com. 23 nov. 1999 : *Bull. civ. IV, n° 209 ; D. 2000. AJ 23, obs. A.-L. M.-D. ; JCP 2000. II. 10293, note Kéita ; Banque et Droit mars-avr. 2000. 45, obs. Jacob.*

6. Désignation. Les éléments autres que ceux précités à l'art. 9, al. 3 [C. com., art. L. 142-2, al. 3], doivent être spécifiés de façon expresse et précise dans l'acte de nantissement et dans les bordereaux. • T. com. Nantes, 2 juin 1921 : *Rec. Nantes 1921. 1. 165* • T. com. Marseille, 13 juin 1929 : *JCP 1929. 1279.* ♦ Toutefois, un inventaire complet et analytique du matériel ne semble pas exigé. • Orléans, 5 déc. 1919 : *DP 1921. 2. 67* • Montpellier, 5 juin 1920 : *ibid.* • T. com. Cherbourg, 6 janv. 1922 : *Gaz. Pal. 1922. 1. 369.* – V. cep. • T. com. Lyon, 30 juin 1911 : *DP 1914. 2. 95* • T. com. Marseille, 22 juill. 1912 : *ibid.* • Bourges, 5 nov. 1913 : *DP 1914. 2. 142.* ♦ Sur la nécessité de mentionner le matériel dans l'acte, malgré une mention au seul bordereau d'inscription, V. • Aix-en-Provence, 21 avr. 1978 : *JCP N 1980. II. 16 ; RTD com. 1980. 76, obs. Derruppé.*

7. Droits sur des locaux. BIBL. Boccara, *JCP 1969. I. 2245.* ♦ Sur l'inclusion, dans l'assiette du nantissement, du droit à la concession immobilière, V. L. n° 67-1253 du 30 déc. 1967, art. 51. – **C. civ.** ou **C. baux.** ♦ ... Et sur le droit d'occupation sur un marché d'intérêt national, V. art. L. 761-9.

8. Matériel apparent. Lorsqu'un créancier a reçu pour sûreté de sa créance le matériel d'un fonds de commerce qui comprenait, sans qu'il le sût, des objets loués à un commerçant par un tiers, le créancier nanti peut exercer son privilège à l'encontre du locataire de ces objets. • Req. 26 mars 1912 : *Gaz. Pal. 1912. 2. 208.* – V. aussi • Paris, 14 oct. 1912 : *ibid. 536* • Douai, 20 nov. 1930 : *DH 1931. Somm. 41.*

C. ÉLÉMENTS EXCLUS

9. Immeubles. Sont exclus les immeubles par nature et les droits réels immobiliers ; en conséquence le propriétaire de l'immeuble dans lequel il exploite le fonds ne peut comprendre dans le contrat de nantissement le mobilier et le matériel qui sont attachés à l'immeuble à perpétuelle demeure et qui sont ainsi devenus immeubles par destination. • Req. 28 juill. 1937 : *Gaz. Pal. 1937. 2. 639* • Civ. 25 juin 1944 : *JCP 1945. II. 2782, note Toujas* • Paris, 5 juill. 1935 : *DP 1936. 2. 30, note Lalou* • Com. 14 oct. 1965 : *Bull. civ. III, n° 499.* ♦ Sur la concession immobilière, V. note 7.

10. Objets personnels. Les meubles, tableaux et objets d'art appartenant au mobilier personnel du commerçant, même lorsqu'ils sont disposés dans les lieux où le fonds est exploité, ne font pas l'objet du nantissement. • Nancy, 4 déc. 1936 : *S. 1937. 2. 90.* ♦ V. cep., sur le matériel d'autrui, note 8.

11. Marchandises. Les marchandises ne peuvent faire l'objet d'un nantissement, bien qu'elles se distinguent parfois difficilement du matériel. • Bourges, 24 févr. 1914 : *DP 1915. 2. 83.* – Comp. : • Req. 21 juin 1933 : *DH 1933. 426.* ♦ La qualification relève du pouvoir souverain des juges du fond. • Req. 21 juin 1933 : *préc.*

D. MODIFICATION DES ÉLÉMENTS NANTIS

12. Renouvellement du bail. Le nantissement, portant sur le droit au bail, s'étend à l'expiration du bail initial, au bail renouvelé. • Paris, 19 juin 1924 : *DP 1924. 2. 129, note Lalou.*

13. Propriété commerciale. L'indemnité d'éviction remplaçant le droit au renouvellement du bail, le privilège du créancier nanti doit s'exercer sur l'indemnité qui le représente. • Rouen, 25 juill. 1935 : *S. 1937. 2. 81, note Marin* • Aix-en-Provence, 23 mai 1961 : *D. 1961. 572 ; RTD com. 1961. 814, obs. Jauffret. – Contra* : • Toulouse, 13 avr. 1938 : *JCP 1938. II. 717* • T. com. Charleville, 29 août 1951 : *JCP 1952. II. 7037, note Cohen.*

14. Dommages et intérêts. Le privilège des créanciers nantis s'étend à l'indemnité substituée à un élément nanti, au cas d'expropriation. • T. com. Marseille, 8 nov. 1935 : *Rev. fonds com. 1935. 720.* ♦ … Ou à l'indemnité réparant le dommage causé par la perte du fonds. • T. com. Seine, 14 mars 1940 : *Gaz. Pal. 1940. 2. 73.* ♦ Le solde de l'indemnité dû par l'assureur garantissant la perte d'exploitation en cas de disparition du fonds de commerce par incendie, ne peut être attribué au créancier nanti dès lors que cette perte d'exploitation, qui ne constitue pas un élément du fonds n'est pas comprise dans le nantissement. • Civ. 1re, 9 nov. 1999 : *Bull. civ. I, n° 296 ; D. 2000. Somm. 390, obs. Piedelièvre ; ibid. AJ 1, obs. A.-L. M.-D. ; JCP 2000. I. 209, n° 16, obs. Delebecque ; RTD com. 2000. 72, obs. Derruppé.*

Art. L. 142-3 Le contrat de nantissement est constaté par un acte authentique ou par un acte sous seing privé, dûment enregistré.

Le privilège résultant du contrat de nantissement s'établit par le seul fait de l'inscription sur un registre public tenu au greffe du tribunal de commerce dans le ressort duquel le fonds est exploité.

La même formalité doit être remplie au greffe du tribunal de commerce dans le ressort duquel est située chacune des succursales du fonds comprise dans le nantissement. – *[L. 17 mars 1909, art. 10.]* – *V. art. R. 143-12.*

FORM. PR. COM. v° *Envoi au greffe des bordereaux d'inscription du nantissement d'un fonds de commerce*, par PUECH.

1. Lieu d'inscription. Le lieu d'exploitation du fonds ne saurait s'entendre du lieu, parfois indéterminé ou instable, où le propriétaire du fonds concentre la direction intellectuelle de l'entreprise, mais du lieu où se réalise objectivement, à la connaissance du public, la mise en valeur des divers éléments soit corporels, soit incorporels, dont l'ensemble constitue le fonds de commerce et qui ont été remis en nantissement aux créanciers. • Civ. 20 juill. 1938 : *D. 1939. 1. 31, note Montier ; S. 1938. 1. 329, note H. Rousseau* • Com. 13 nov. 2003 : *RJDA 2004, n° 629.* ♦ Sur la notion de succursale, V. note ss. art. L. 141-18.

2. Acte enregistré. BIBL. Rouget, *Mélanges Derruppé, p. 355* (portée de la virgule de l'art. 10, al. 1er, de la loi de 1909). ♦ La rédaction d'un acte écrit est exigée. • Nîmes, 1er avr. 1914 : *Journ. Trib. com. 1916. 833* • T. civ. Seine, 9 nov. 1922 : *DP 1922. 5. 18.* ♦ La formalité de l'enregistrement est requise et l'inscription prise avant enregistrement est nulle. • T. com. Versailles, 28 juin 1950 : *D. 1950. 518.*

3. Inscription. Une erreur de qualification dans l'énoncé du bordereau entraîne la nullité de l'inscription en ce qu'elle interdit des recherches utiles aux tiers. • Douai, 19 déc. 1929 : *DH 1930. Somm. 42.* ♦ La nullité suppose qu'un préjudice résulte effectivement de l'irrégularité. • Amiens, 24 juin 1952 : *JCP 1953. II. 7770, note Cohen* • Rouen, 22 oct. 1958 : *Gaz. Pal. 1959. 1. 75.* ♦ Pour un nantissement consenti par le propriétaire du fonds de commerce au profit d'un créancier du locataire-gérant, alors que l'inscription du nantissement a été faite par erreur au nom de ce dernier et non à celui du propriétaire du fonds, V. • Com. 24 sept. 2003 : *cité note 1 ss. art. L. 142-1.* ♦ Ayant relevé, dans le cadre de son pouvoir souverain d'appréciation des éléments qui lui étaient soumis, que l'erreur d'adresse du fonds de commerce nanti figurant sur les bordereaux d'inscription du privilège de nantissement et du privilège de vendeur n'empêchait pas les tiers de faire toutes les recherches utiles, la cour d'appel en a déduit à bon droit que cette erreur n'avait pas pour effet de priver l'inscription d'effet à l'égard de la société débitrice. • Com. 6 mai 2008 : *RJDA 2008, n° 1051 ; RLDC juin 2008. 32, obs. Marraud des Grottes.*

4. Date de constitution du nantissement. Sur cette question, V. • Com. 5 nov. 2002 : *Bull. civ. IV, n° 159 ; D. 2003. AJ 70, obs. Chevrier ; JCP E 2003, n° 14, p. 616, note Kéita ; ibid., n° 23, p. 952, obs. Delebecque ; RTD com. 2003. 58, obs. Saintourens ; RJDA 2003, n° 322.*

Art. L. 142-4 L'inscription doit être prise, à peine de nullité du nantissement, dans la quinzaine de la date de l'acte constitutif.

En cas de redressement ou de liquidation judiciaires, les articles L. 632-1 à L. 632-4 sont applicables aux nantissements de fonds de commerce. – *[L. 17 mars 1909, art. 11.]*

1. Délai de quinzaine. Retenant, à défaut de date figurant sur l'acte constitutif de garantie, la validité de l'inscription d'un nantissement opérée dans les quinze jours de l'enregistrement de l'acte constitutif, V. • Com. 17 sept. 2002 : *Bull. civ. IV, nº 127 ; D. 2002. AJ 2800 ; ibid. Somm. 3338, obs. Aynès ; JCP 2003. I. 124, nº 19, obs. Delebecque ; ibid. 2004, nº 5, p. 178, note Kéita ; RTD com. 2003. 57, obs. Saintourens ; Banque et Droit nov.-déc. 2002. 48, obs. Rontchevsky ; RJDA 2003, nº 76.* ♦ Pour une autre application de l'art. L. 142-4, V. • Civ. 1re, 18 févr. 1997 : *Bull. civ. I, nº 64 ; D. 1997. Somm. 252, obs. S. Piedelièvre ; RTD com. 1997. 628, obs. Derruppé.* ♦ Pour un acte de prêt garanti par un nantissement sur fonds de commerce, stipulant que l'inscription du nantissement devait intervenir dans les quinze jours du début de l'exploitation du fonds, V. • Com. 9 juin 2004 : *RJDA 2004, nº 1391.* ♦ Comp., jugeant que, pour être valable, l'inscription au greffe du nantissement consent à la caisse devait être prise dans la quinzaine de l'acte de prêt qui l'a constitué. • Com 6 sept. 2011 : *RTD com. 2011. 726, obs. Saintourens ; JCP E 2011, nº 1052, obs. Delebecque.*

2. Caution. Une caution n'a pas l'obligation d'informer la banque sur les risques encourus par elle en cas d'inscription tardive du nantissement. • Com. 23 nov. 2004 : *Bull. civ. IV, nº 198 ; D. 2005. AJ 276 ; LPA 28-29 mars 2005, obs. D.H. ; RD banc. fin. 2005, nº 40, obs. Legeais ; RJDA 2005, nº 329 ; Bull. Joly 2005. 477, obs. Constantin.*

Art. L. 142-5 **Le rang des créanciers gagistes entre eux est déterminé par la date de leurs inscriptions. Les créanciers inscrits le même jour viennent en concurrence.** – *[L. 17 mars 1909, art. 12.]*

Sur l'inscription provisoire de nantissement sur un fonds de commerce, à titre de sûreté judiciaire, V. C. pr. exéc., art. L. 531-1 à L. 533-1, R. 531-1, R. 532-2, R. 532-5 à R. 533-2, R. 533-4 à R. 533-6, App., vº Banque et financement de l'entreprise.

En ce qui concerne le nantissement de l'outillage et du matériel d'équipement, V. art. L. 525-1 s.

1. Conflit de privilèges. Sur le conflit du privilège général de la Sécurité sociale et du privilège spécial du créancier nanti, V. • Com. 25 oct. 1976 : *D. 1977. 380, note Taisne.*

2. Renonciation. Si le privilège du créancier gagiste suit le fonds de commerce en quelques mains qu'il passe, ce droit de suite cesse d'exister par la renonciation, même tacite, du créancier. • Paris, 4 févr. 1987 : *D. 1987. IR 40.*

CHAPITRE III DISPOSITIONS COMMUNES À LA VENTE ET AU NANTISSEMENT DU FONDS DE COMMERCE

RÉP. COM. vº *Fonds de commerce*, par Derruppé.

BIBL. ▶ Mazin, *Defrénois 1935. 281.*

SECTION PREMIÈRE DE LA RÉALISATION DU GAGE ET DE LA PURGE DES CRÉANCES INSCRITES

BIBL. ▶ Pallu de Lessort, *Journ. not. 1962. 938.*

Art. L. 143-1 **En cas de déplacement du fonds de commerce, les créances inscrites deviennent de plein droit exigibles si le propriétaire du fonds n'a pas fait connaître aux créanciers inscrits, quinze jours au moins d'avance, son intention de déplacer le fonds et le nouveau siège qu'il entend lui donner.**

Dans la quinzaine de l'avis à eux notifié ou dans la quinzaine du jour où ils ont eu connaissance du déplacement, le vendeur ou le créancier gagiste doivent faire men-

tionner, en marge de l'inscription existante, le nouveau siège du fonds, et si le fonds a été transféré dans un autre ressort, faire reporter à sa date l'inscription primitive avec l'indication du nouveau siège, sur le registre du tribunal de ce ressort.

Le déplacement du fonds de commerce, sans le consentement du vendeur ou des créanciers gagistes, peut, s'il en résulte une dépréciation du fonds, rendre leurs créances exigibles.

L'inscription d'un nantissement peut également rendre exigibles les créances antérieures ayant pour cause l'exploitation du fonds.

Les demandes en déchéance du terme formées en vertu des deux alinéas précédents devant le tribunal de commerce sont soumises aux règles de procédure édictées par le quatrième alinéa de l'article L. 143-4. — *[L. 17 mars 1909, art. 13.]*

FORM. PR. COM. v^is *Notification aux créanciers inscrits du déplacement d'un fonds de commerce par acte d'huissier ; ... par lettre recommandée ; Bordereau d'inscription d'un nantissement après déplacement du fonds dans un autre ressort ; ... d'inscription du privilège du vendeur... ; Modification du bordereau d'inscription d'un nantissement après déplacement du fonds dans le ressort du même tribunal ; ... d'inscription du privilège du vendeur... ; Assignation en déchéance du terme après déplacement du fonds ; ... sans avis préalable ; Assignation en déchéance du terme après inscription d'un nantissement,* par PUECH.

BIBL. ▶ BÉQUIGNON, *Rev. crit. 1927. 325* (détournement d'objet compris dans un nantissement).

1. Droit du débiteur. Le débiteur conserve le droit de déplacer le fonds. • Req. 29 avr. 1938 : *Gaz. Pal. 1938. 2. 278.*

2. Notion de déplacement. Le déplacement d'un fonds de commerce ne saurait par principe, entraîner sa disparition, à moins que, compte tenu de sa nature et de son activité, sa localisation ne constitue une condition de sa survie. • Com. 6 oct. 1998 : *Bull. civ. IV, n° 227 ; D. 1999. Somm. 297, obs. Piedelièvre ; D. Affaires 1998. 1769, obs. A.-L. M.-D. ; JCP 1999. I. 316, obs. Delebecque ; RTD com. 1999. 64, obs. Derruppé ; Defrénois 1999. 1181, note Honorat.* ♦ Il n'y a pas déplacement si le lieu d'exploitation reste le même, sans qu'il importe que le fonds soit apporté à une société dont le siège social est dans un lieu différent. • T. com. Marseille, 16 nov. 1931 : *Gaz. Pal. 1932. 1. 329.* ♦ De même, l'art. 13 [C. com., art. L. 143-1] est inapplicable lorsque le fonds restant exploité dans les mêmes lieux, seule une partie du matériel est déplacée. • T. com. Lyon, 6 mars 1903 : *Gaz. com.* • Lyon, 28 avr. 1903. – Comp. : • T. civ. Seine, 17 déc. 1956 : *JCP 1957. II. 10282, note Cohen* • 12 févr. 1957 : *ibid.* ♦ Sur la prise de nantissement sur l'outillage ou le matériel et équipement, V. art. L. 525-9. ♦ Sur le transfert d'un fonds dans un magasin collectif de commerçants indépendants, V. art. L. 125-7.

3. Notification. Le propriétaire du fonds doit *faire connaître son intention* de déplacer le fonds quinze jours au moins d'avance et une notification tardive resterait sans effet. • Paris, 7 janv. 1932 : *Gaz. Pal. 1932. 2. 577.* ♦ Il a été jugé qu'une mention au registre du commerce ne peut tenir lieu de la notification de l'art. 13 [C. com., art. L. 143-1]. • Paris, 15 nov. 1930 : *JCP 1931. 111.* – Dans le même sens, V. • Com. 29 janv. 2002 : *Bull. civ. IV, n° 22 ; D. 2002. AJ 959, obs. Chevrier ; RTD com. 2002. 267, obs. Saintourens ; JCP E 2002, n° 21, p. 861, note Kéita ; RD banc. fin. 2002, n° 50, obs. Legeais ; Defrénois 2002. 1538, note J. Honorat ; Banque et Droit mars-avr. 2003. 66, obs. Guillot ; RJDA 2002, n° 694.* ♦ ... Pas plus que la publicité que prévoit le droit des sociétés. • T. com. Seine, 10 déc. 1937 : *Rev. fonds com. 1938. 85.*

4. Connaissance du créancier. Jugé que la connaissance personnelle par le créancier du déplacement du fonds équivaudrait à un avis et entraînerait les mêmes conséquences. • Montpellier, 30 nov. 1932 : *Gaz. Pal. 1933. 1. 268.* ♦ En revanche, la connaissance du déplacement du fonds par le créancier ne peut se déduire du fait que celui-ci a été informé du changement d'adresse de la société, dès lors que le déplacement du siège social d'une société propriétaire d'un fonds de commerce n'emporte pas nécessairement transfert de ce fonds. • Com. 29 janv. 2002 : *préc. note 3* • 7 déc. 2004 : *RJDA 2005, n° 467.* ♦ Mais le fait de diligenter des mesures d'exécution au nouveau siège, et en aucun autre lieu, notamment en faisant procéder, en ces lieux, à la saisie de matériels d'exploitation, démontre bien que le créancier avait une connaissance effective du déplacement du fonds. • Com. 7 juill. 2009 : *Bull. civ. IV, n° 101 ; D. 2009. AJ 1967 ; Dalloz actualité, 9 sept. 2009, obs. Chevrier ; RTD com. 2010. 182, obs. Bouloc ; JCP E 2009, n° 38, p. 32 ; Gaz. Pal. 2010. 338, obs. Dumont-Lefrand ; RJDA 2010, n° 431 ; RLDA nov. 2009. 21, obs. Filiol de Raimond.*

5. Absence d'avis. L'exigibilité des créances

prévue par l'art. 13, al. 1er [C. com., art. L. 143-1, al. 1er], doit être prononcée par le tribunal de commerce ; mais elle est de droit et les juges n'ont aucun pouvoir d'appréciation. • T. com. Seine, 27 oct. 1922 : *Gaz. Trib. 1923. 2. 132.* – Comp. : • Civ. 3e, 16 févr. 1982 : *Rev. loyers 1982. 191, note Viatte ; JCP 1983. II. 19934, note Boccara ; RTD com. 1983. 221, obs. Derruppé.*

6. Absence de régularisation. Lorsque le créancier n'a pas fait régulariser l'inscription, la nullité de l'inscription primitive n'est pas de droit et les tribunaux doivent apprécier si le défaut de régularisation a causé un préjudice aux tiers induits en erreur sur la situation juridique du fonds. • Req. 19 oct. 1943 : *D. 1944. 112, note Chéron ; JCP 1943. II. 2464, rapp. Lescot* • Rouen, 30 mai 1932 : *Rev. fonds com. 1938. 96* • Montpellier, 30 nov. 1932 : *Gaz. Pal. 1933. 1. 268.* – *Contra* : • Paris, 29 mai 1934 : *DH 1934. 401.* ♦ Le propriétaire du fonds qui n'a pas procédé à la notification ne saurait se prévaloir de l'absence de régularisation. • T. com. Paris, 1er avr. 1969 : *RJ com. 1969. 217, note Diebolt.*

Le bénéficiaire d'un nantissement sur fonds de commerce qui n'a pas eu connaissance du transfert du fonds nanti, et n'a pas, pour ce motif, procédé à la modification de son inscription au nouveau lieu d'exploitation, ne saurait être sanctionné par la déchéance de son privilège. • Com. 6 oct. 1998 : *préc. note 2.* ♦ Sur la preuve de la connaissance du déplacement, V. • Paris, 29 mai 1934 : *préc.*

7. Déchéance du terme. L'expiration du délai de quinzaine pour faire modifier l'inscription après une notification n'implique pas acceptation du déplacement par les créanciers, qui peuvent agir après expiration de ce délai. • Paris, 7 janv. 1932 : *Gaz. Pal. 1932. 1. 577.*

8. Déspécialisation. **BIBL.** Solal, *AJPI 1966. 782.* – Pédamon, *RTD com. 1971 987.* – Boccara, *JCP 1972. I. 2445.* ♦ L'obligation imposée à un locataire d'exploiter son fonds de commerce exclusivement sous l'enseigne franchisée est contraire au droit de déspécialisation partielle. • Civ. 3e, 12 juill. 2000 : *Bull civ. III, no 139 ; D. 2000. AJ 399, obs. Monéger-Dupuis ; JCP E 2001, no 4, p. 177, note Kéita ; CCC 2001, no 1, obs. Leveneur ; RTD com. 2000. 872, obs Derruppé ; RJDA 2000, no 953 ; Administrer nov. 2000. 28, obs. Barbier ; Loyers et copr. 2001, no 10, obs. Brault.* – Comp. • Civ. 3e, 30 juin 2010 : *RJDA 2010, no 1066.* ♦ V. art. L. 145-49 et L. 145-50.

Art. L. 143-2 **Le propriétaire qui poursuit la résiliation du bail de l'immeuble dans lequel s'exploite un fonds de commerce grevé d'inscriptions doit notifier sa demande aux créanciers antérieurement inscrits, au domicile élu par eux dans leurs inscriptions. Le jugement ne peut intervenir qu'après un mois écoulé depuis la notification.**

La résiliation amiable du bail ne devient définitive qu'un mois après la notification qui en a été faite aux créanciers inscrits, aux domiciles élus. — *[L. 17 mars 1909, art. 14.]*

FORM. PR. COM. vo *Notification aux créanciers inscrits d'une action en résiliation de bail*, par PUECH.

BIBL. ► GUÉRIN, *Loyers et copr. mai 1989. 1.* – BLATTER, *AJPI 1997. 466.* – HUMBLOT-GIGNOUX, *Loyers et copr. 2006. Étude. 21* (le bail et les créanciers). – DUMONT-LEFRAND, *AJDI 2007. 450* (résiliation du bail : la nécessaire information des créanciers inscrits).

I. RÉSILIATION DU BAIL

1. Bail protégé. L'art. 14 [C. com., art. L. 143-2] visant le bail de l'immeuble dans lequel est exploité un fonds de commerce, peu importe que le bail soit écrit ou qu'il y ait location verbale, que le bail soit donc d'une durée limitée ou illimitée. • Paris, 4 janv. 1927 : *Gaz. Pal. 1927. 2. 167.* ♦ De même, peu importe qu'il s'agisse d'un bail d'origine, d'un bail prorogé ou renouvelé judiciairement. • Même arrêt. ♦ La notification doit être faite même si le preneur n'est pas celui d'origine mais le cessionnaire de la location, et si les différentes cessions intervenues n'ont pas été signifiées au bailleur. • Civ. 3e, 8 déc. 1993 : *Bull. civ. IV, no 162 ; JCP 1994. IV. 393.*

Toutefois, l'art. 14 [C. com., art. L. 143-2] est inapplicable à la location en gérance. • Paris, 24 juin 1929 : *D. 1931. 2. 15, note Chéron.*

2. Notion de résiliation. La résiliation du bail de plein droit par le jeu d'une *clause résolutoire* est assimilée à la résiliation judiciaire ou amiable. • Civ. 23 janv. 1932 : *DP 1933. 1. 39, note Lalou* • 12 janv. 1944 : *S. 1944. 1. p. 120 ; JCP N 1944. II. 2748, note Boré* • Com. 6 nov. 1961 : *Gaz. Pal. 1962. 1. 132* • Civ. 3e, 21 juill. 1975 : *JCP 1977. II. 18545, note Boccara ; RTD com. 1977. 81, obs. Jauffret* • 13 avr 1976 : *JCP 1977. II. 18546, note Boccara* • 16 févr. 1982 : *Rev. loyers 1982. 191, note Viatte ; JCP 1983. II. 19934, note Boccara ; RTD com. 1983. 221, obs. Derruppé* • 27 juin 1990 : *D. 1990. IR 200.* ♦ L'art. 14 [C. com., art L. 143-2] s'applique donc, par exemple, à la demande en constatation de l'acquisition d'une clause résolutoire avant l'ouverture d'une procédure collective à l'encontre du locataire. • Civ. 3e, 22 janv. 1997 : *Rev. loyers 1997. 254, note Gallet.* ♦ Lorsque le locataire, après avoir reçu un commandement de payer visant la clause résolutoire, prend l'initiative de saisir le juge des référés d'une demande de délais de paiement, il n'a aucune obligation de dénoncer la procédure au créancier inscrit, l'objet de cette procédure n'étant aucunement de voir constater l'acquisition de la clause résolutoire. Il appartient en revanche au bailleur, à réception de l'assignation, s'il entend demander reconventionnellement la résiliation du bail, de dénoncer au créancier inscrit ses conclusions, ou à défaut de lui notifier la décision rendue. • Paris, 22 juin 2007 : *AJDI 2008. 125*. ♦ En vertu de l'art. 14 [C. com., art. L. 143-2], la dénonciation de l'assignation initiale (constatation de l'acquisition de la clause résolutoire) faite par le bailleur aux créanciers inscrits n'a pour but que de leur faire savoir qu'ils disposent d'un délai d'un mois pour se substituer au débiteur afin de sauvegarder leur gage sans entraîner pour le bailleur l'obligation de leur signifier l'ordonnance de référé rendue. • Civ. 3e, 4 mars 1998 : *Bull. civ. III, n° 53 ; D. Affaires 1998. 564, obs. A.-L. M.-D. ; Loyers et copr. 1998, n° 190, obs. Brault et Mutelet ; RTD com. 1998. 572, obs. Derruppé ; LPA 18 juin 1999, note Teilliais ; Administrer août-sept. 1999. 48, obs. Boccara, Lipman-Boccara et Sainturat.* ♦ L'absence de dénonciation régulière aux créanciers antérieurement inscrits a pour effet de rendre inopposable à ceux-ci la résiliation ainsi que l'ensemble de la procédure suivie. • Toulouse, 28 sept. 1998 : *Loyers et copr. 1999, n° 66, obs. Brault.* – V. déjà • TGI Paris, réf., 14 nov. 1996 : *AJPI 1997. 479.* ♦ Sur la fraude aux droits du créancier inscrit, V. • Civ. 3e, 21 janv. 2009 : *Bull. civ. III, n° 15 ; D. 2009. AJ 370 ; AJDI 2009. 787, note Forest ; Gaz. Pal. 2009. 1927, note Barbier ; RJDA 2009, n° 316 ; Defrénois 2009. 1934, note Libchaber ; Rev. loyers 2009. 111, obs. de Lacger.*

La résiliation de plein droit d'un bail devant être, pour l'application de la loi de 1909, assimilée à une résiliation amiable, la procédure de résiliation est opposable aux créanciers inscrits dès lors que le bailleur leur a signifié l'ordonnance suspendant les effets de la clause résolutoire. • Civ. 3e, 4 mars 1998 : *Bull. civ. III, n° 54 ; D. Affaires 1998. 564, obs. A.-L. M.-D. ; RTD com. 1998. 572, obs. Derruppé ; Defrénois 1998. 1192, obs. Duplan-Miellet.* ♦ Le bailleur qui entend poursuivre en justice la résiliation du bail par acquisition de la clause résolutoire doit notifier sa demande à tous les créanciers inscrits à la date de celle-ci. • Civ. 3e, 22 mars 2006 : *Bull. civ. III, n° 75 ; R. 2006, p. 337 ; D. 2006. AJ 1044, obs. Rouquet ; JCP E 2006, n° 20-21, p. 907, obs. Monéger ; ibid., n° 30, p. 1313, note Pereira ; RJDA 2006, n° 628 ; Defrénois 2006. 1409, obs. Ruet ; Loyers et copr. 2006, n° 106, obs. Pereira ; RLDA mai 2006, p. 26, obs. Lefèvre et Vasa ; Administrer juill. 2006. 50, obs. Lipman-W. Boccara ; ibid. oct. 2006. 49, note Barbier ; Rev. loyers 2006. 276, note Prigent.* ♦ ... Et la délivrance par le bailleur d'un commandement visant la clause résolutoire ne constitue pas une demande en justice. • Civ. 3e, 3 oct. 2007 : *Bull. civ. III, n° 162 ; D. 2007. AJ 2676, obs. Mbotaingar ; JCP E 2008, n° 31-34, p. 13, note Brault ; RJDA 2007, n° 1196 ; RLDA déc. 2007. 22, obs. Filiol de Raimond ; Loyers et copr. 2008, n° 132, obs. Brault ; Rev. loyers 2007. 506, note Prigent ; Administrer déc. 2007. 83, obs. Lipman-W. Boccara.*

3. Distinction entre expulsion et résiliation. L'expulsion ne pouvant être assimilée à la résiliation, le bailleur conserve le droit de faire ordonner l'expulsion en référé sans être tenu à la notification. • Req. 29 oct. 1934 : *DH 1934. 553* • Paris, 21 avr. 1944 : *S. 1945. 2. 48* • Bordeaux, 11 avr. 1951 : *JCP 1951. II. 6586.* ♦ Mais si l'expulsion ne met pas fin au bail, elle doit être distinguée de l'assignation en référé aux fins de faire constater la résiliation et le prononcé d'expulsion, cette assignation devant être notifiée. • Com. 13 nov. 1969 : *Bull. civ. IV, n° 333* • Rouen, 24 déc. 1959 : *Gaz. Pal. 1960. 1. 138 ; RTD com. 1960. 309* • TGI Gap, 9 oct. 1969 : *D. 1969. 663* • Rouen, 8 oct. 1971 : *D. 1971. Somm. 218.*

4. Redressement et liquidation judiciaires. L'art. 14 [C. com., art. L. 143-2] n'est pas applicable à la mise en demeure du bailleur à l'administrateur d'une procédure de redressement judiciaire, d'exercer l'option prévue par l'art. 37 de la loi du 25 janv. 1985 [C. com., art. L. 621-28 ancien], relative à la continuation des contrats en cours. • Com. 11 déc. 1990 : *Bull. civ. IV, n° 319, JCP E 1991. I. 46, n° 20, obs. Cabrillac* • Paris, 28 juin 1991 : *D. 1992. Somm. 261, obs. Derrida* • 26 nov. 2003 : *Loyers et copr. 2004, n° 112, obs. Brault.* ♦ Comp., considérant que les dispositions de l'art. 14 [C. com., art. L. 143-2], qui sont d'application générale, doivent être respectées lorsque le bailleur, après renonciation du mandataire de justice à la poursuite du contrat de bail, demande la résiliation de celui-ci pour permettre aux créanciers nantis de faire valoir leurs droits : • Com. 13 oct. 1998 : *D. 1999. Somm. 297, obs. Piedelièvre ; D. Affaires 1998. 1846, obs. A.-L. M.-D. ; RJDA 1998, n° 1332.* – Dans le même sens : • TGI Béthune,

11 août 2004 : *D. 2004. AJ 2376* ; *RJDA 2005, n° 418.* ♦ Ni l'art. 37 de la loi du 25 janv. 1985 [C. com., art. L. 621-28 ancien], ni l'art. 1722 C. civ., n'autorisent le mandataire à la liquidation du preneur à résilier amiablement le bail et vendre la licence de boissons sans aviser le banquier créancier nanti, conformément à l'art. 14 [C. com., art. L. 143-2]. • Paris, 1er févr. 1996 : *JCP 1997. I. 4033, n° 22, obs. Delebecque.*

5. Résiliation définitive. La résiliation du bail n'étant pas devenue *définitive* avant inscription du nantissement, les juges peuvent décider que le délai d'un mois prévu par le bail pour mettre fin au manquement invoqué n'a pu courir contre le créancier inscrit à compter de la sommation faite au débiteur. • Civ. 3e, 13 mai 1980 : *JCP 1981. II. 19618, note Boccara.*

6. Absence de substitution. Il importe peu que le créancier ne puisse se substituer au preneur pour faire cesser l'infraction. • Civ. 3e, 14 déc. 1988 : *D. 1989. IR 5* • 8 févr. 1989 : *D. 1989. IR 77* ; *RTD com. 1989. 459, obs. Derruppé.*

II. MODALITÉS DE LA NOTIFICATION

7. Initiative du bailleur. La notification doit émaner du bailleur pour que la résiliation soit opposable aux créanciers inscrits. • Com. 3 mars 1992 : *cité note 8* • Grenoble, 10 janv. 1966 : *ibid.*

8. Formes. La notification prévue à l'art. L. 143-2 n'est régulière que si elle comporte l'ensemble des informations permettant au créancier d'apprécier l'intérêt d'un règlement de la dette à la place du débiteur. • Paris, 21 janv. 2004 : *AJDI 2004. 288* . ♦ En cas de clause résolutoire, c'est l'assignation tendant à la constatation de la résiliation et le jugement constatant cette résiliation qui doivent être notifiés aux créanciers. • Civ. 3e, 27 juin 1990 : *préc. note 2* • Paris, 18 juin 1991 : *Rev. loyers 1992. 445, note Gallet.* ♦ Dans la mesure où seule importe l'information claire et non équivoque fournie au créancier inscrit, afin de lui permettre d'agir en temps utile, V., considérant que la lettre adressée par le bailleur au créancier lui rappelant les pourparlers engagés entre eux en vue de la relocation des lieux faisant l'objet du bail résilié et les différents contacts déjà intervenus constitue une preuve suffisante de l'information requise et vaut dès lors notification au sens de l'art. L. 143-2 : • Com.16 janv. 2001 : *Bull. civ. IV, n° 15* ; *D. 2001. AJ 862, obs. Rouquet* ; *JCP E 2001, n° 27, p. 1144, note Kéita* ; *RTD com. 2001. 408, obs. Derruppé* . ♦ En revanche, le défaut de notification à un créancier inscrit de la demande de résiliation ne peut être suppléé par la connaissance implicite des défaillances que révélerait la tierce opposition formée par celui-ci. • Civ. 3e, 4 juin 1986 : *Bull. civ. III, n° 86* ; *RTD com. 1987. 194, obs. Derruppé.* ♦ ... Ni par la lettre recommandée adressée par le syndic au créancier nanti, l'informant de ce que le propriétaire avait délivré au locataire un commandement de payer visant la clause résolutoire. • Com. 3 mars 1992 : *Bull. civ. IV, n° 105* ; *RTD com. 1992. 586, obs. Derruppé* ; *D. 1992. IR 101.* ♦ ... Ni par la preuve de sa connaissance de la résiliation. • Grenoble, 10 janv. 1966 : *RTD com. 1967. 131, obs. Jauffret* • Limoges, 10 juin 1991 : *Rev. loyers 1992. 450, note Gallet.* ♦ La publicité dans un journal d'annonces légales faite par le bailleur de la résiliation ne peut remplacer la notification de l'art. 14 [C. com., art. L. 143-2]. • Req. 25 avr. 1939 : *Gaz. Pal. 1939. 2. 220.* ♦ ... Et ce, alors même que la résiliation comporte le versement d'une indemnité aux locataires. • Douai, 3 mai 1928 : *Rec. Douai 1928. 269.*

A été jugée insuffisante la notification de la sommation d'avoir à payer le loyer. • Com. 6 nov. 1961 : *Gaz. Pal. 1962. 1. 132* ; *RTD com. 1962. 236, obs. Jauffret* • Civ. 3e, 21 juill. 1975 : *JCP 1977. II. 18545, note Boccara* ; *RTD com. 1977. 81, obs. Jauffret.* – Comp. : • Com. 22 oct. 1963 : *Bull. civ. III, n° 434.* ♦ ... De même que la simple mention de la résiliation au cahier des charges après incident de saisie immobilière. • Com. 6 mars 1968 : *Bull. civ. IV, n° 98.* ♦ ... Ou que la notification de la mise en demeure de faire cesser les infractions au bail. • Com. 6 nov. 1961 : *Gaz. Pal. 1962. 1. 132* ; *RTD com. 1962. 236, obs. Jauffret* • Civ. 3e, 21 juill. 1975 : *JCP 1977. II. 18545, note Boccara* ; *RTD com. 1977. 81, obs. Jauffret.*

9. Délais. L'inopposabilité de la résiliation intervenue est acquise de plein droit dès lors que le bailleur a manqué à ses obligations à l'égard du créancier inscrit. • Civ. 3e, 12 juill. 2006 : *Bull. civ. III, n° 169* ; *D. 2006. AJ 2242, obs. Rouquet* ; *JCP E 2006, n° 37, p. 1521* ; *RJDA 2006, n° 1119* ; *RD banc. fin. 2006, n° 160, obs. Legeais* ; *Loyers et copr. 2006, n° 200, obs. Brault* ; *Administrer oct. 2006. 52, obs. Lipman-W. Boccara* ; *Rev. loyers 2006. 456, obs. Gallet.* ♦ L'intervention d'un créancier à l'instance en résiliation judiciaire dispense le propriétaire de la notification et fait courir le délai d'un mois. • Com. 20 juin 1967 : *Bull. civ. III, n° 254.* ♦ Le bailleur qui notifie au créancier nanti les assignation et résolution du bail après le jugement, et non un mois avant comme le prescrit l'art. 14 [C. com., art. L. 143-2], satisfait néanmoins à ce texte dès lors que le jugement frappé d'appel ne peut être exécuté et que le créancier nanti a été ainsi mis en mesure de défendre ses intérêts en intervenant devant la cour d'appel. • Com. 6 juill. 1967 : *Bull. civ. III, n° 281.*

III. DROITS ET OBLIGATIONS DES CRÉANCIERS

A. NOTIFICATION RÉGULIÈRE

10. Notification régulière. Le créancier inscrit qui a reçu une notification peut empêcher la résiliation en exécutant à la place du débiteur les obligations nées du bail, notamment quand la résiliation est fondée sur le défaut de paiement des loyers. • Civ. 23 janv. 1933 : *DH 1933. 161* • Com. 27 mai 1972 : *Bull. civ. IV, nº 157.* ♦ L'offre de paiement, émanant d'un créancier nanti du preneur et parvenue au bailleur plus d'un mois après la notification faite au créancier inscrit de l'assignation délivrée au preneur en résiliation du bail, est faite hors délai et est inopérante ; la résiliation du bail doit donc être prononcée. • Douai, 17 nov. 1994 : *Loyers et copr. 1996, nº 74, obs. Brault et Mutelet.* ♦ S'il fait des offres réelles, elles doivent être valables en la forme et suffisantes. • Req. 17 avr. 1934 : *S. 1934. 1. 190.* ♦ Le créancier nanti ne commet aucune faute en ne payant pas le loyer du bail commercial à la place du débiteur et par là même en n'empêchant pas la résiliation du bail, même s'il en résulte une diminution de la valeur du fonds de commerce. • Paris, 20 janv. 1998 : *D. Affaires 1998. 280, obs. A.-L. M.-D.* ♦ Sur l'intérêt, pour le créancier inscrit, à régler la dette de loyer de son débiteur, V. • Com. 11 juill. 2006 : *Bull. civ. IV, nº 176 ; D. 2006. AJ 2242, obs. Rouquet ; JCP E 2006, nº 51-52, p. 2196, obs. Delebecque ; JCP E 2007, nº 18, p. 21, nº 79, obs. Kenfack ; RD banc. fin. 2006, nº 161, obs. Legeais ; RJDA 2007, nº 21.*

Les créanciers inscrits peuvent demander le renouvellement du bail. • Rouen, 25 juill. 1935 : *Gaz. Pal. 1935. 2. 642.* ♦ Ou une indemnité d'éviction. • Montpellier, 20 oct. 1948 : *JCP 1949. II. 4828 ; RTD com. 1949. 462, obs. Jauffret.* ♦ Mais il a été jugé que les créanciers inscrits ne sauraient empêcher la résiliation en agissant dans le mois en vente forcée du fonds. • Paris, 2 déc. 1930 : *Gaz. Pal. 1930. 2. 1051* • 13 nov. 1935 : *ibid. 1935. 2. 920* • Lyon, 31 janv. 1935 : *Rev. fonds com. 1936. 99.* ♦ De même, les créanciers inscrits ne bénéficient d'aucun droit de préférence ou de suite sur l'indemnité de résiliation du bail. • Civ. 3e, 6 avr. 2005 : *cité note 2 ss. art. L. 142-2.*

11. Intervention à l'instance du créancier. Le créancier inscrit peut intervenir dans l'instance en résiliation judiciaire pour contester la demande du bailleur, et cela, même en appel. • Aix-en-Provence, 22 nov. 1922 : *D. 1923. 2. 70* • Grenoble, 13 nov. 1935 : *Rev. fonds com. 1936. 104* • Paris, 17 mars 1937 : *DH 1937. 368.* ♦ Sur l'intervention en l'absence de notification, V. note 13.

12. Information des cautions. Le créancier nanti ne commet pas de faute en s'abstenant d'informer la caution de l'intention du bailleur de résilier le bail de l'immeuble dans lequel s'exploite un fonds de commerce grevé d'inscription. • Com. 7 déc. 2004 : *RD banc. fin. 2005, nº 39, obs. Legeais ; RJDA 2005, nº 464.* ♦ Sur la recevabilité de l'action en responsabilité intentée par des cautions à l'encontre d'une banque pour avoir prétendument laissé dépérir son gage, V. • Com. 25 juin 2002 : *RJDA 2002, nº 1322.*

B. DÉFAUT DE NOTIFICATION

13. Inopposabilité de la résiliation aux créanciers inscrits. Lorsque la notification n'a pas été faite, la résiliation est inopposable aux créanciers inscrits et il ne peut être suppléé ultérieurement à ce défaut de notification. • Com. 25 mai 1970 : *D. 1970. Somm. 166* • Civ. 3e, 22 mars 1989 : *Bull. civ. III, nº 67 ; D. 1990. Somm. 258, obs. Rozès* • 6 déc. 1995 : *Bull. civ. III, nº 252 ; D. 1996. Somm. 386, obs. S. Piedelièvre ; D. Affaires 1996. 137.* • Paris, 18 nov. 1988 : *D. 1989. IR 5* • Aix-en-Provence, 11 juin 1987 : *D. 1989. 100, note Roy-Loustaunau.* ♦ ... Peu important que le défaut de notification soit imputable à la faute du greffier qui a omis un créancier. • Civ. 1er oct. 1941 : *DA 1942. Somm. 2* • 12 oct. 1944 : *S. 1944. 1. 120.* – Comp. : • Com. 3 juill. 1978 : *Bull. civ. IV, nº 185 ; RTD com. 1979. 233, obs. Derruppé.* ♦ Lorsque aucune notification n'a été faite à un créancier inscrit qui a exercé une tierce opposition, c'est à bon droit qu'est prononcée la rétractation à l'égard de toutes les parties de l'arrêt ayant prononcé la résiliation de plein droit du bail. • Civ. 3e, 15 déc. 1976 : *Bull. civ. III, nº 466 ; D. 1977. IR 145 ; RTD com. 1977. 82, obs. Jauffret.* – Comp. : • Civ. 2 déc. 1946 : *D. 1947. 93* • Civ. 3e, 8 févr. 1989 : *Bull. civ. III, nº 31 ; RTD com. 1989. 459, obs. Derruppé.* – V. cependant : • Orléans, 22 févr. 1973 : *JCP 1973. IV. 239.* ♦ Encore faut-il que son inscription soit antérieure à la résiliation. • Com. 20 juin 1967 : *RTD com. 1968. 46* • Paris, 24 déc. 1965 : *ibid. 1966. 909.* ♦ Le créancier inscrit a le droit de poursuivre la vente forcée du fonds de commerce, y compris le droit au bail, la résiliation ne lui étant pas opposable. • Req. 3 déc. 1930 : *Gaz. Pal. 1931. 1. 113* • Paris, 23 mars 1937 : *DH 1937. 274* • Civ. 3e, 14 déc. 1988 : *D. 1989. IR 5 ; JCP 1989. II. 21261 ; RTD com. 1989. 459, obs. Derruppé.* ♦ Le créancier titulaire d'un nantissement sur fonds de commerce régulièrement publié dispose d'un droit propre pour s'opposer à la résiliation du bail en invoquant l'inobservation des formalités prévues à l'art. L. 143-2 et la possibilité de se substituer au débiteur défaillant pour éviter le dépérissement de sa sûreté. • Com. 19 mai 2004 : *RJDA 2004, n° 1196 ; Loyers et copr. 2004, n° 188, obs. Brault.*

L'art. 14 [C. com., art. L. 143-2], instauré dans le seul intérêt des créanciers inscrits pour préserver leur gage, n'étant pas d'ordre public, l'absence des formalités qu'il édicte n'a d'autre sanction que l'inopposabilité de la décision à celui des créanciers précités à qui la procédure n'aurait pas été notifiée. • Paris, 14 oct. 1998 : *D. Affaires 1999. 113, obs. Y. R.* ♦ L'art. L. 143-2 n'a pour but que de faire savoir aux créanciers inscrits qu'ils disposent d'un délai d'un mois pour se substituer au débiteur afin de sauver leur gage sans leur conférer la qualité de partie à l'instance en résiliation du bail. • Civ. 3e, 15 sept. 2009 : *AJDI 2009. 792 ; Administrer nov. 2009. 58, obs. Lipman-W. Boccara ; Rev. loyers 2009. 436.* ♦ ... Il s'ensuit que l'absence de notification régulière n'a d'autre effet que de rendre la résiliation ainsi que la procédure suivie inopposables à ceux-ci et ne leur ouvre pas le droit d'appel. • Paris, 23 nov. 2007 : *AJDI 2008. 206*. ♦ ... En effet, la faculté d'appel n'est ouverte au créancier inscrit que si celui-ci offre d'exécuter les causes du commandement dans le délai d'un mois de la notification de la demande en résiliation du bail. • Civ. 3e, 27 mai 2009 : *Bull. civ. III, n° 120 ; D. 2009. AJ 1535, obs. Rouquet ; JCP E 2009, n° 47, p. 21, obs. Mbotaingar, et p. 24, note Chavance ; Gaz. Pal. 2009. 3068, note Brault ; RJDA 2009, n° 708 ; RLDA août-sept. 2009. 30, obs. Filiol de Raimond ; Loyers et copr. 2009, n° 236, obs. Chavance ; Rev. loyers 2009. 431, note Gallet ; Administrer août-sept. 2009. 33, obs. Lipman-W. Boccara.*

14. Absence de droit de rétention. Le nantissement, toutefois, ne confère à un créancier aucun droit de rétention ; dès lors en cas de vente forcée du fonds à la requête d'autrui, le droit de préférence de ce créancier ne se reporte qu'à son rang sur le produit de la vente et sa créance ne peut être préférée à celle du Trésor, qui bénéficie d'un privilège général. • Com. 13 avr. 1972 : *Bull. civ. IV, n° 102.*

15. Indemnisation du préjudice. Les juges du fond peuvent condamner le bailleur à rembourser aux créanciers inscrits le montant non payé de leurs créances sur le fonds si leurs constatations justifient la relation de causalité entre la faute du bailleur et le préjudice des créanciers. • Com. 13 nov. 1969 : *D. 1970. Somm. 111* • 3 mars 1992 : *JCP 1992. IV. 1347.* ♦... Le créancier pouvant obtenir la condamnation du bailleur à des dommages et intérêts s'il justifie d'un préjudice. • Req 3 juill. 1935 : *DH 1935. 458* • 21 mars 1938 : *DH 1938. 308* • Paris 7 janv. 1932 : *Gaz. Pal. 1932. 1 577* • 12 janv. 1993 : *D. 1993. IR 109* • 5 janv. 1996 : *Gaz. Pal. 1996. 2. Somm. 487, obs. Brault.* ♦ Mais le créancier inscrit ne saurait obtenir des dommages-intérêts dès lors que le préjudice né de la perte de sa sûreté résulte de son inertie et non de la notification tardive de l'assignation en résiliation du bail. • Civ. 3e, 9 nov. 2011 : *Bull. civ. III, n° 186 ; D. 2011. Actu. 2864, obs. Rouquet ; D. 2012. Pan. 1850, obs. Dumont-Lefrand ; AJDI 2012. 343, note Dumont-Lefrand ; JCP 2012, n° 626, spéc. n° 25 obs. Delebecque ; Gaz. Pal. 2012. 445, obs. Brault ; RJDA 2012, n° 256 ; RLDA janv. 2012. 22, obs. Filiol de Raimond ; Loyers et copr. 2012, n° 14, obs. Brault ; RTDI 2012, n° 1, p. 38, obs. Dumont-Lefrand.* ♦ Le bailleur condamné à des dommages et intérêts bénéficie d'un recours contre l'officier ministériel qui a omis de faire les notifications légales. • Req. 3 juill. 1935 : *DH 1935. 458* • Paris, 7 nov. 1932 : *Gaz. Pal. 1933. 1. 281* • Com. 1er févr. 1971 : *Bull. civ. IV, n° 31.* ♦ Sur l'appel en garantie d'un huissier, qui n'a pas dénoncé une demande en justice tendant à la résiliation du bail, V. • TGI Paris, 27 mai 1992 : *Gaz. Pal. 1992. 2. Somm. 509.* – V. aussi, appliquant la théorie de la perte d'une chance, • Paris, 17 juin 1993 : *Gaz. Pal. 1994. 1. Somm. 173.*

16. Autres créanciers. Seuls les créanciers inscrits pouvant se prévaloir du défaut de notification, un créancier chirographaire ne saurait s'en prévaloir. • Req. 14 nov. 1933 : *S. 1934. 1. 66* • 30 déc. 1940 : *DA 1941. 87.* ♦ Comp., pour l'exclusion du Trésor, invoquant son hypothèque légale : • Bordeaux, 11 avr. 1951 : *JCP 1951. II. 6586, note Cohen ; RTD com. 1952. 70, obs. Jauffret.* ♦ *Contra*, jugeant que le Trésor public et les organismes chargés du recouvrement des cotisations prévues par l'art. L. 243-4 CSS sont des créanciers inscrits visés par le texte : • TGI Paris, 7 juill. 1994 : *Gaz. Pal. 1994. 2. 713.* ♦ Les dispositions de l'art. 14 [C. com., art. L. 143-2] ne peuvent pas non plus être invoquées par un créancier titulaire d'une inscription provisoire de nantissement sur le fonds de commerce de son débiteur, dès lors que cette inscription est devenue rétroactivement sans effet, faute d'inscription complémentaire prise dans les deux mois à dater du jour où la décision constatant la créance a acquis l'autorité de la chose jugée (sous l'empire de l'art. 53 ancien C. pr. civ. ; V. désormais C. pr. exéc., art. L. 511-4, prévoyant la caducité de l'inscription provisoire. – **C. pr. civ.**). • Civ. 3e, 6 déc. 1995 : *Bull. civ. III, n° 248 ; D. 1996. Somm. 386, obs. S. Piedelièvre ; D. Affaires 1996. 137 ; BRDA 1995, n° 24, p. 5.* ♦

Ayant relevé qu'aux termes des art. L. 142-4 et L. 141-6 C. com. les inscriptions doivent être prises à peine de nullité dans la quinzaine de l'acte de vente ou de l'acte constitutif, et constaté que le nantissement et le privilège de l'établissement financier avaient été inscrits dix-neuf jours après l'acte de vente, il en résulte que ce dernier n'avait manifestement pas la qualité de créancier inscrit lui permettant de se prévaloir des dispositions de l'art. L. 143-2. • Civ. 3e, 15 févr. 2012 : *Bull. civ. III, nº 30 ; Dalloz actualité, 28 févr. 2012, obs. Rouquet ; D. 2012. Actu. 608* ; *JCP E 2012, nº 1425, note Brault ; Gaz. Pal. 2012. 2865, obs. Dumont-Lefrand ; RJDA 2012, nº 649 ; RD banc. fin. 2012, nº 122, obs. Cerles ; Loyers et copr. 2012, nº 168, obs. Brault ; Administrer mai 2012. 32, obs. Lipman-W. Boccara ; RLDA avr. 2012. 20, obs. Filiol de Raimond ; RLDC avr. 2012. 30, obs. Marraud des Grottes.*

17. Locataires. Seul le créancier inscrit pouvant se prévaloir des dispositions de l'art. L. 143-2, il en résulte que les irrégularités alléguées ne sont pas de nature à constituer une faute à l'égard des locataires. • Com. 16 oct. 2007 : *Bull. civ. IV, nº 216 ; D. 2008. Pan. 1649, obs. Rozès* ; *D. 2007. AJ 2736, obs. Rouquet* ; *JCP E 2008, nº 9, p. 33, obs. Caussain, Deboissy et Wicker ; LPA 30 nov. 2007, note Guedj ; RD banc. fin. 2007, nº 214, obs. Legeais ; RJDA 2008, nº 10 ; RLDA déc. 2007. 22, obs. Filiol de Raimond.* ♦ Le locataire ne saurait invoquer le défaut de notification. • Civ. 3e, 22 mai 1973 : *Bull. civ. III, nº 358* • 4 nov. 1987 : *ibid. nº 178 ; RTD com. 1988. 426, obs. Derruppé* • 20 mai 1992 : *Bull. civ. III, nº 155 ; D. 1992. IR 206* • 20 juill. 1993 : *Rev. huiss. 1993. 1052* • 6 déc. 1995 : *Bull. civ. III, nº 249* • Aix-en-Provence, 29 mars 1988 : *D. 1989. 100, note Roy-Loustaunau.* ♦ Sur la recevabilité de la demande d'un nouveau locataire des lieux en résolution du bail, motivée par l'absence de notification aux créanciers nantis de la résiliation de baux antérieurs au sien, V. • Civ. 3e, 10 mai 1990 : *Bull. civ. III, nº 111 ; D. 1990. Somm. 258, obs. Rozès*.

Art. L. 143-3 Tout créancier qui exerce des poursuites de saisie-exécution et le débiteur contre lequel elles sont exercées peuvent demander, devant le tribunal de commerce dans le ressort duquel s'exploite le fonds, la vente du fonds de commerce du saisi avec le matériel et les marchandises qui en dépendent. – *V. LPF, art. 268, en note ci-dessous.*

Sur la demande du créancier poursuivant, le tribunal de commerce ordonne qu'à défaut de paiement dans le délai imparti au débiteur, la vente du fonds a lieu à la requête dudit créancier, après l'accomplissement des formalités prescrites par l'article L. 143-6.

Il en est de même si, sur l'instance introduite par le débiteur, le créancier demande à poursuivre la vente du fonds.

S'il ne le demande pas, le tribunal de commerce fixe le délai dans lequel la vente du fonds doit avoir lieu à la requête du débiteur, suivant les formalités édictées par l'article L. 143-6, et il ordonne que, faute par le débiteur d'avoir fait procéder à la vente dans ledit délai, les poursuites de saisie-exécution sont reprises et continuées sur les derniers errements. – *[L. 17 mars 1909, art. 15, al. 1er à 4.]*

Lorsqu'il envisage de faire procéder à la vente d'un fonds de commerce, le comptable public compétent peut, par dérogation aux art. L. 143-3 et L. 143-4 C. com., faire ordonner par le président du tribunal de grande instance que cette vente soit effectuée dans les formes prévues pour les ventes de biens appartenant à des mineurs. Le président exerce, à cet égard, toutes les attributions confiées au tribunal par les art. 1272 s. C. pr. civ. (LPF, art. L. 268).

FORM. PR. COM. vº *Assignation en conversion de saisie-vente en vente judiciaire*, par PUECH.

BIBL. ► PALLU DE LESSERT, *Journ. not. 1962. 398.*

1. Matériel d'équipement. L'art. 15 [C. com., art. L. 143-3] est applicable en cas de saisie par le créancier nanti sur le matériel d'équipement et le débiteur peut demander la mise en vente globale du fonds. • Com. 3 nov. 1970 : *D. 1971. Somm. 105 ; RTD com. 1971. 654, obs. crit. Jauffret.*

2. Initiative de la conversion. Peu important le créancier qui a poursuivi la saisie-exécution, la vente globale peut être demandée par le fisc. • Paris, 28 nov. 1938 : *Gaz. Trib. 5 janv. 1939.* ♦ ... Ou par le bailleur pour des loyers arriérés. • Req. 19 janv. 1938 : *DH 1938. 161.* ♦ Jugé qu'il résulte *a contrario* de l'art. 15, al. 4 [C. com., art. L. 143-3, al. 4], que la demande de vente globale formée par le débiteur suspend la procédure de saisie-exécution. • T. com. Seine, 19 août 1924 : *Gaz. Trib. 1925. II. 170.*

Mais le débiteur qui demande la vente globale du fonds doit établir l'avantage qu'elle pourrait présenter soit pour ses créanciers, soit pour lui-même. • Paris, 21 nov. 1961 : *D. 1962. Somm. 30.*

3. Délai d'exécution. La fixation du délai en cas de vente globale demandée par le créancier saisissant est obligatoire pour le juge et doit intervenir même si aucun délai de grâce n'est possible pour le paiement de la créance en vertu de laquelle la saisie-exécution a eu lieu. • Civ. 2 nov. 1955 : *D. 1956. 55 ; JCP 1956. II. 9088, note Cohen* • Rouen, 18 avr. 1955 : *D. 1955. 497 ; RTD com. 1955. 813, obs. Jauffret.* ♦ Et si l'art. 15, al. 2 et 3 [C. com., art. L. 143-3, al. 2 et 3], ne prévoit pas de délai à fixer par le tribunal de commerce pour la réalisation de la vente du fonds à la requête des créanciers poursuivants, après saisie-exécution, le silence de la loi sur ce point n'a pas pour effet de priver le juge de la faculté d'impartir, dans l'intérêt d'une bonne administration de la justice, un délai pour la réalisation d'une telle vente. • Com. 18 mars 1975 : *D. 1975. Somm. 79.* ♦ Il en va de même, en cas de vente forcée à la requête du Trésor : • Com. 4 nov. 1976 : *RTD com. 1977. 80, obs. Jauffret* • Versailles, 8 avr. 1993 : *D. 1993. IR 57.* ♦ V. art. L. 268 LPF, en note ss. art. L. 143-3.

4. Dessaisissement. Sur le dessaisissement du tribunal de commerce au profit de la juridiction civile, V. • Com. 9 déc. 1966 : *Gaz. Pal. 1967. 1. 111.*

5. Trésor public. BIBL. Du Cheyron, *JCP E 1991. I. 33.* ♦ V. art. L. 268 LPF, en note ss. art. L. 143-3.

Art. L. 143-4 **Le tribunal nomme, s'il y a lieu, un administrateur provisoire du fonds, fixe les mises à prix, détermine les conditions principales de la vente, commet pour y procéder l'officier public qui dresse le cahier des charges.** – *V. art. R. 143-5.*

La publicité extraordinaire, lorsqu'elle est utile, est réglée par le jugement ou, à défaut, par ordonnance du président du tribunal de commerce rendue sur requête.

Ce dernier peut, par la décision rendue, autoriser le poursuivant, s'il n'y a pas d'autre créancier inscrit ou opposant, et sauf prélèvement des frais privilégiés au profit de qui de droit, à toucher le prix directement et sur sa simple quittance, soit de l'adjudicataire, soit de l'officier public vendeur, selon les cas, en déduction ou jusqu'à concurrence de sa créance en principal, intérêts et frais.

Le tribunal de commerce statue, dans la quinzaine de la première audience, par jugement non susceptible d'opposition, exécutoire sur minute. L'appel du jugement est suspensif. Il est formé dans la quinzaine de sa signification à partie et jugé par la cour dans le mois. L'arrêt est exécutoire sur minute. – *[L. 17 mars 1909, art. 15, al. 5 à 8.]*

1. Pouvoir du tribunal. Le tribunal saisi de la demande dispose d'un pouvoir d'appréciation pour ordonner la vente globale, V. • Lyon, 28 oct. 1913 : *S. 1914. 2. 203 ; Gaz. Pal. 1914. 1. 155* • Rennes, 23 déc. 1943 : *ibid. 1944. 1. 66.*

2. Délai d'appel. Aucune disposition de la loi du 17 mars 1909 [C. com., art. L. 141-5 s.] ne prescrit de donner avertissement à la partie signifiée du délai spécial d'appel fixé par l'art. 15, dernier al. [C. com., art. L. 143-4, dern. al.]. • Com. 26 mai 1965 : *Bull. civ. III, n° 338.*

Art. L. 143-5 **Le vendeur et le créancier gagiste inscrits sur un fonds de commerce peuvent également, même en vertu de titres sous seing privé, faire ordonner la vente du fonds qui constitue leur gage, huit jours après sommation de payer faite au débiteur et au tiers détenteur, s'il y a lieu, demeurée infructueuse.**

La demande est portée devant le tribunal de commerce dans le ressort duquel s'exploite ledit fonds, lequel statue comme il est dit à l'article L. 143-4. – *[L. 17 mars 1909, art. 16.]*

V. note rédactionnelle à la fin de l'Avertissement en début d'ouvrage.

FORM. PR. COM. v^is *Sommation de payer préparant une assignation à fin de vente du fonds ; Action à fin de vente d'un fonds de commerce après sommation de payer demeurée vaine huit jours*, par PUECH.

1. Sommation préalable. Une demande en paiement doit avoir été faite au débiteur, par sommation, une simple lettre adressée au débiteur étant insuffisante. • Versailles, 25 mai 1989 : *D. 1989. IR 209 ; RTD com. 1989. 648, obs. Derruppé.* – Comp. : • Paris, 14 juin 1988 : *D. 1988. IR 222.* ♦ Sur le sort de la sommation de payer en cas de liquidation judiciaire du propriétaire du fonds, V. note 17 *ter* ss. art. L. 622-21. ♦ En revanche, l'art. 16 [C. com., art. L. 143-5] n'exige pas, préalablement à la vente du fonds, une condamnation du débiteur. • Civ. 2e, 5 avr. 1993 : *Bull. civ. II, n° 142 ; D. 1994. Somm. 13, obs. A. Penneau.*

2. Assignation. L'assignation peut être signifiée dans le même exploit que la sommation. • T. com. Marseille, 3 févr. 1921 : *Journ. Marseille 1921. 1. 307* • T. com. Lyon, 20 août 1935 : *Gaz. jud. Lyon 1935. 402.* ♦ Comp., jugeant que l'assignation « contenant mise en demeure » qui ne fixe aucun délai de paiement ni n'informe le débiteur de la caducité de l'assignation en cas de paiement ne répond pas aux exigences de l'art. 16 [C. com., art. L. 143-5], et qu'à défaut de sommation valable préalable à l'action en vente du fonds, celle-ci est irrecevable : • Versailles, 10 mai 1990 : *D. 1990. IR 169 ; RTD com. 1990. 560, obs. Derruppé.* ♦ Comme la sommation, l'assignation doit être délivrée à la fois au débiteur et au tiers détenteur s'il y en a un. • T. com. Marseille, 19 mars 1936 : *Journ. Marseille 1936. 1. 333.*

3. Droit de suite. La renonciation à un droit ne résultant que d'actes manifestant sans équivoque la volonté de renoncer, l'acceptation, même sans réserve, par le créancier titulaire d'un nantissement sur un fonds de commerce, de sommes à lui versées par le séquestre du prix de cession de ce fonds, ne constitue pas une manifestation univoque de sa volonté de renoncer à son gage et n'implique donc, ni sa renonciation à exercer le droit de suite, ni son acceptation du caractère libératoire à son égard de la consignation de l'acquéreur. • Com. 18 févr. 1997 : *D. 1997. Somm. 251, obs. S. Piedelièvre ; D. Affaires 1997. 405 ; RTD com. 1998. 325, obs. Derruppé.* ♦ *Contra*, jugeant que la renonciation par le créancier à son droit de suite peut s'induire du fait qu'il a concouru à la vente en acceptant le choix du séquestre du prix : ce qui a été assimilé à une acceptation du versement du prix : • Req. 23 déc. 1931 : *DH 1932. 68* • Rouen, 12 juill. 1943 : *D. 1946. 164.* – Comp. : • T. com. Seine, 22 mars 1928 : *Gaz. Pal. 1928. 2. 50* • Paris, 19 oct. 1962 : *D. 1963. 285* • 4 févr. 1987 : *D. 1987. IR 40.*

4. Paiement par le tiers détenteur. Le tiers détenteur peut arrêter les poursuites en payant jusqu'à l'adjudication. • Paris, 1er févr. 1934 : *Gaz. Pal. 1934. 2. 344, sous-note.* ♦ Jugé cependant que les offres de paiement notifiées après l'expiration du délai de huit jours sont inefficaces. • Paris, 2 mai 1935 : *Gaz. Pal. 1935. 2. 272.* ♦ Une société nouvellement constituée reprenant les mêmes associés, la même dénomination et exploitant dans les mêmes locaux la même activité qu'une précédente société dissoute de plein droit, est considérée comme tiers détenteur du fonds de commerce, au sens de l'art. 16 [C. com., art. L. 143-5]. • Paris, 17 janv. 1997 : *RJ com. 1998. 35, obs. Gallet.*

5. Redressement et liquidation judiciaires. V. art. L. 141-10 et L. 141-19, al. 3. – V. aussi, art. L. 642-18 s.

6. Compétence territoriale. L'art. 16, al. 2 [C. com., art. L. 143-5, al. 2], étant d'ordre public, ne peut recevoir application la clause attribuant compétence à un autre tribunal de commerce. • Paris, 23 nov. 1994 : *RJDA 1995, n° 493.*

7. Objet de la vente. Il a été jugé que si la vente doit porter sur tous les éléments du fonds, même ceux qui ne sont pas grevés du privilège, elle ne peut englober un élément nouveau ajouté par le tiers détenteur, par exemple un droit au bail. • Civ. 21 juill. 1937 : *DP 1940. 1. 17, note Voirin ; S. 1938. 1. 337, note Lagarde.*

Art. L. 143-6 Le poursuivant fait sommation au propriétaire du fonds et aux créanciers inscrits antérieurement à la décision qui a ordonné la vente, au domicile élu par eux dans leurs inscriptions, quinze jours au moins avant la vente, de prendre communication du cahier des charges, de fournir leurs dires et observations et d'assister à l'adjudication, si bon leur semble.

La vente a lieu dix jours au moins après l'apposition d'affiches indiquant : les noms, professions, domiciles du poursuivant et du propriétaire du fonds, la décision en vertu de laquelle on agit, une élection de domicile dans le lieu où siège le tribunal de commerce dans le ressort duquel s'exploite le fonds, les divers éléments constitutifs dudit fonds, la nature de ses opérations, sa situation, les mises à prix, les lieu, jour et heure de l'adjudication, les nom et domicile de l'officier public commis et dépositaire du cahier des charges.

Ces affiches sont obligatoirement apposées, à la diligence de l'officier public, à la porte principale de l'immeuble et de la mairie de la commune où le fonds est situé, du tribunal de commerce dans le ressort duquel se trouve le fonds, et à la porte de l'étude de l'officier public commis.

L'affiche est insérée dix jours avant la vente dans un journal habilité à recevoir les annonces légales dans l'arrondissement ou le département dans lequel le fonds est situé.

La publicité est constatée par une mention faite dans le procès-verbal de vente. – *[L. 17 mars 1909, art. 17, al. 1er à 5.]*

FORM. PR. COM. v^is *Sommation à un créancier inscrit, au propriétaire, à l'adjudicataire surenchéri avant la vente publique d'un fonds de commerce ; Affiche annonçant la vente publique d'un fonds de commerce ; Envoi à un journal d'annonces légales pour insertion d'une affiche avisant de la vente publique d'un fonds sur surenchère ou non,* par PUECH.

1. Absence de sommation. L'art. 17, al. 1er [C. com., art. L. 143-6, al. 1er], ayant pour seul but de lier à la procédure les créanciers inscrits dont le droit sera purgé par l'adjudication, le défaut de sommation n'a pas pour conséquence d'entraîner la nullité de l'adjudication, mais de placer l'acheteur, à l'égard des créanciers, dans la situation d'un acheteur lors d'une vente amiable. • Reims, 23 févr. 1976 : *D. 1977. IR 43.*

2. Causes de nullité. Les nullités de procédure comprises entre le jugement ordonnant la vente et le jugement d'adjudication doivent être soulevées huit jours au moins avant l'adjudication, mais la déchéance n'est pas encourue si le caractère incomplet de la publicité a empêché le créancier inscrit d'agir dans le délai. • Com. 2 juin 1964 : *D. 1965. Somm. 6.* ♦ Les nullités sont celles qui visent les formalités préalables à l'adjudication. • T. com. Marseille, 22 mars 1923 : *Journ. Marseille 1925. 1. 15* • T. civ. Seine, 2 nov. 1928 : *Gaz. Trib. 1929. 1. 312.*

3. Compétence. Les nullités du jugement qui ordonne la vente, y compris celles qui sont relatives à sa signification, échappent à la compétence du président du tribunal de grande instance et sont de la compétence de la juridiction d'appel. • Orléans, 24 nov. 1911 : *Gaz. Trib. 1912. 2. 262.*

4. Effet de l'adjudication. Lorsque l'adjudication est prononcée, aucune nullité ne peut plus être proposée. • T. civ. Seine, 19 janv. 1926 : *Gaz. Trib. 1926. 2. 599.*

5. Procédures collectives. V. note 18 ss. art. L. 642-1.

Art. L. 143-7 **Il est statué, s'il y a lieu, sur les moyens de nullité de la procédure de vente antérieure à l'adjudication, et sur les dépens, par le président du tribunal de grande instance de l'arrondissement où s'exploite le fonds. Ces moyens doivent être opposés, à peine de déchéance, huit jours au moins avant l'adjudication. Le quatrième alinéa de l'article L. 143-4 est applicable à l'ordonnance rendue par le président.** – *[L. 17 mars 1909, art. 17, al. 6.]*

Art. L. 143-8 **Le tribunal de commerce, saisi de la demande en paiement d'une créance se rattachant à l'exploitation d'un fonds de commerce, peut, s'il prononce une condamnation et si le créancier le requiert, ordonner par le même jugement la vente du fonds. Il statue dans les termes des premier et deuxième alinéas de l'article L. 143-4 et fixe le délai après lequel, à défaut de paiement, la vente pourra être poursuivie.**

Les dispositions du quatrième alinéa de l'article L. 143-4 et des articles L. 143-6 et L. 143-7 sont applicables à la vente ainsi ordonnée par le tribunal de commerce. – *[L. 17 mars 1909, art. 18.]*

FORM. PR. COM. v° *Assignation en paiement d'une créance chirographaire et à fin de vente d'un fonds de commerce,* par PUECH.

1. Intérêt pour agir. Sur l'irrecevabilité de la demande au cas de *faillite* ou de *règlement judiciaire* du débiteur, V. • Paris, 30 avr. 1924 : *Gaz. Pal. 1924. 2. 215.* ♦ Comp. art. L. 622-21.

2. Dettes du locataire-gérant. L'art. 18 [C. com., art. L. 143-8] ne saurait être utilisé par les fournisseurs contre le locataire-gérant ou gérant libre du fonds de commerce afin de leur permettre d'obtenir la vente du fonds. • Req. 22 févr. 1939 : *DP 1940. 1. 5, note Ripert.*

Art. L. 143-9 Faute par l'adjudicataire d'exécuter les clauses de l'adjudication, le fonds est vendu à la folle enchère, selon les formes prescrites par les articles L. 143-6 et L. 143-7.

Le fol enchérisseur est tenu, envers les créanciers du vendeur et le vendeur lui-même, de la différence entre son prix et celui de la revente sur folle enchère, sans pouvoir réclamer l'excédent s'il y en a. – *[L. 17 mars 1909, art. 19.]*

Art. L. 143-10 Il n'est procédé à la vente séparée d'un ou plusieurs éléments d'un fonds de commerce grevé d'inscriptions, poursuivie soit sur saisie-exécution, soit en vertu des dispositions du présent chapitre, que dix jours au plus tôt après la notification de la poursuite aux créanciers qui se sont inscrits quinze jours au moins avant ladite notification, au domicile élu par eux dans leurs inscriptions. Pendant ce délai de dix jours, tout créancier inscrit, que sa créance soit ou non échue, peut assigner les intéressés devant le tribunal de commerce dans le ressort duquel s'exploite le fonds, pour demander qu'il soit procédé à la vente de tous les éléments du fonds, à la requête du poursuivant ou à sa propre requête, dans les termes et conformément aux dispositions des articles L. 143-3 à L. 143-7.

Le matériel et les marchandises sont vendus en même temps que le fonds sur des mises à prix distinctes, ou moyennant des prix distincts si le cahier des charges oblige l'adjudicataire à les prendre à dire d'experts.

Il y a lieu à ventilation du prix pour les éléments du fonds non grevés des privilèges inscrits. – *[L. 17 mars 1909, art. 20.]*

Le défaut de notification ne peut être invoqué par le locataire. • Civ. 3e, 6 déc. 1995 : *Bull. civ. III, n° 249.*

Art. L. 143-11 Aucune surenchère n'est admise lorsque la vente a eu lieu dans les formes prescrites par les articles L. 141-19, L. 143-3 à L. 143-8, L. 143-10 et L. 143-13 à L. 143-15. – *[L. 17 mars 1909, art. 21.]*

1. Ordre public. Sur l'absence de caractère d'ordre public de l'art. 21 [C. com., art. L. 143-11], V. • Req. 14 déc. 1926 : *S. 1927. 1. 50.*

2. Personnes pouvant agir. Sur l'énumération limitative des personnes recevables à agir, V. • T. civ. Perpignan, 30 mars 1950 : *RTD com. 1950. 207, obs. Jauffret* • Paris, 9 mars 1965 : *ibid. 1966. 488, obs. Jauffret ; Gaz. Pal. 1966. 2. 505.*

3. Résiliation du bail. Le recours d'un créancier nanti sur un fonds de commerce à la procédure prévue par l'art. 20 [C. com., art. L. 143-10] pour obtenir la vente de tous les éléments du fonds ne peut, à lui seul, soustraire le droit au bail qui y est compris à toutes les éventualités pouvant l'affecter en vertu du droit commun et en application, notamment, du bail lui-même et ne suffit donc pas à priver le bailleur du droit de résilier le contrat. • Paris, 1er oct. 1991 : *D. 1991. IR 242.*

Art. L. 143-12 Les privilèges du vendeur et du créancier gagiste suivent le fonds en quelques mains qu'il passe.

Lorsque la vente du fonds n'a pas eu lieu aux enchères publiques conformément aux articles mentionnés à l'article L. 143-11 l'acquéreur qui veut se garantir des poursuites des créanciers inscrits est tenu, à peine de déchéance, avant la poursuite ou dans la quinzaine de la sommation de payer à lui faite, d'effectuer des notifications à tous les créanciers inscrits, dans des conditions définies par décret. – *[L. 17 mars 1909, art. 22, al. 1er et 2.] – V. art. R. 143-1 s.*

FORM. PR. COM. v° *Notification aux créanciers inscrits de la vente d'un fonds de commerce,* par PUECH.

1. Vente d'éléments isolés. Au cas de vente d'éléments isolés, tels le matériel ou le droit au bail, n'emportant pas transmission du fonds, la procédure de purge est inapplicable. • Req. 22 avr. 1913 : *DP 1913. 1. 225, note Feuilloley* • Com. 5 nov. 1963 : *D. 1964. Somm. 71* • T. com. Charleville, 29 août 1951 : *JCP 1952. II. 7037, note Cohen ; RTD com. 1952. 69, obs. Jauffret* • Versailles, 4 juin 1992 : *JCP E 1993. I. 268, n° 23, obs. Delebecque.* ♦ Mais la cession d'un élément, par exemple le bail, pourrait dissimuler une cession de fonds. • Paris, 12 juin 1928 : *D. 1929. 2. 33, note L. Mazeaud* • Dijon, 14 oct. 1953 : *JCP 1954. II. 8044, note Cohen.* ♦ La disparition de l'immeuble n'ayant pas entraîné celle du fonds de commerce, la clientèle liée à l'emplacement et à l'enseigne demeurant, la cession de la licence de débit de boissons, présentée comme seul élément d'actif subsistant, était de nature à porter atteinte aux droits des créanciers inscrits, et que, par conséquent, le créancier nanti à qui l'acquéreur avait notifié la cession conformément à l'art. 22 [C. com., art. L. 143-12] était fondé à former une surenchère sur la vente du fonds de commerce, pris en ses éléments incorporels subsistants, en application de l'art. 23 [C. com., art. L. 143-13] : • Com. 20 oct. 1998 : *Bull. civ. IV, n° 248 ; D. 1999. Somm. 299, obs. Piedelièvre ; D. Affaires 1998. 1946, obs. A.-L. M.-D. ; RJDA 1999, n° 27 ; RTD com. 1999. 67, obs. Derruppé.*

Sur les conditions de saisie d'une licence de boissons, V. note 20 ss. art. L. 141-5. ♦ Sur le jeu de l'action paulienne de l'art. 1167 C. civ. • Com. 12 janv. 1988 : *Bull. civ. IV, n° 20 ; RTD com. 1989. 458, obs. Derruppé* • T. com. Béthune, 18 juill. 1928 : *Gaz. Pal. 1928. 2. 860.*

2. Détournement de gage. Le créancier peut, en cas de nantissement, invoquer le délit de détournement de gage que constitue la vente d'un élément isolé, par exemple le matériel. • Crim. 13 mars 1909 : *DP 1911. 1. 159* • 25 juill. 1912 : *DP 1913. 1. 123.* ♦ ... Ou une licence de débits de boissons. • Aix-en-Provence, 23 janv. 1936 : *Rev. fonds com. 1936. 182.*

3. Purge. La purge ne produit effet que si le tiers détenteur paie ou consigne la somme offerte. • T. com. Seine, 12 déc. 1924 : *DH 1925. 235 ; Gaz. Pal. 1925. 1. 606* • Civ. 10 avr. 1933 : *DH 1933. 317 ; Gaz. Pal. 1933. 2. 134.* ♦ La procédure de purge des inscriptions sur le fonds de commerce ayant pour but de permettre à l'acquéreur de se garantir des poursuites des créanciers inscrits, sa mise en œuvre constitue une faculté dont l'acquéreur est, sauf faute lourde ou abus, libre de ne pas user, peu important qu'il ait connaissance des inscriptions grevant le fonds. • Com. 28 avr. 2004 : *Bull. civ. IV, n° 78 ; D. 2004. AJ 1527 ; JCP E 2004, n° 44, p. 1740, note Kéita ; RD banc. fin. 2004, n° 166, obs. Legeais ; RTD com. 2004. 696, obs. Saintourens ; RJDA 2004, n° 967 ; Defrénois 2005. 344, obs. Théry ; Gaz. Pal. 2005, Somm. 2833, obs. Guével.* ♦ Sur l'inapplicabilité à une vente ordonnée par le Trésor public, sur le fondement de l'art. 1909 CGI [LPF, art. L. 268. – V. note ss. art. L. 143-3], V. • Civ. 12 juill. 1933 : *S. 1935. 1. 289, note G. Lagarde.*

4. Distribution par contribution. Il ne résulte pas des art. 22, al. 1er [C. com., art. L. 143-12, al. 1er], ci-dessus, et 13, 15 et 16 de l'Ord. du 3 juill. 1816, qu'en cas de distribution par contribution, la Caisse des dépôts et consignations puisse être tenue pour responsable, dans le cas où elle viendrait à libérer les fonds consignés au vu d'un procès-verbal de distribution, sans que celui-ci comporte mainlevée des nantissements. • Civ. 2e, 20 nov. 1991 : *Bull. civ. II, n° 311 ; D. 1992. IR 10.*

5. Liquidation judiciaire. La cession du fonds de commerce grevé d'un nantissement garantissant le remboursement d'un crédit consenti à l'entreprise pour en permettre le financement, ordonnée par le jugement ayant arrêté le plan de cession, opère transmission de plein droit au cessionnaire de la charge de la sûreté qui n'est pas perdue et le privilège du créancier gagiste suit le fonds de commerce en quelques mains qu'il passe. • Com. 7 juill. 2009 : *Bull. civ. IV, n° 100 ; D. 2009. AJ 1891 ; RTD com. 2009. 684, obs. Saintourens ; ibid. 2010. 787, obs. Martin-Serf ; JCP E 2009, n° 38, p. 15 ; Gaz. Pal. 2009. 3987, obs. P.-M. L. ; ibid. 2010. 330, obs. Dumont-Lefrand ; RJDA 2010, n° 75 ; Dr. et proc. 2010, suppl. n° 4, p. 5, obs. Salati ; RLDA oct. 2009. 34, obs. Filiol de Raimond ; RLDC oct. 2009. 38, obs. Ansault ; Rev. proc. coll. 2010, n° 66, obs. Pérochon.* ♦ La banque qui n'est pas créancière de la société mise en redressement judiciaire n'est pas tenue de déclarer sa créance pour exercer le droit de suite que lui confère l'art. L. 143-12. • Com 17 déc. 2002 : *Bull. civ. IV, n° 195 ; JCP E 2003, n° 37, p. 1440, note Kéita ; RTD com. 2003. 365, obs. Martin-Serf ; RJDA 2003, n° 515.*

Art. L. 143-13 **Tout créancier inscrit sur un fonds de commerce peut, lorsque l'article L. 143-11 n'est pas applicable, requérir sa mise aux enchères publiques, en offrant de porter le prix principal, non compris le matériel et les marchandises, à un dixième en sus et de donner caution pour le paiement des prix et charges ou de justifier de solvabilité suffisante.**

Cette réquisition, signée du créancier, doit être, à peine de déchéance, signifiée à l'acquéreur et au débiteur précédent propriétaire dans la quinzaine des notifications, avec assignation devant le tribunal de commerce de la situation du fonds, pour voir statuer, en cas de contestation, sur la validité de la surenchère, sur l'admissibilité de la caution ou la solvabilité du surenchérisseur, et voir ordonner qu'il sera procédé à la mise aux enchères publiques du fonds avec le matériel et les marchandises qui en dépendent, et que l'acquéreur surenchéri sera tenu de communiquer son titre et l'acte de bail ou de cession de bail à l'officier public commis. Le délai de quinzaine ci-dessus n'est pas susceptible d'augmentation à raison de la distance entre le domicile élu et le domicile réel des créanciers inscrits. – *[L. 17 mars 1909, art. 23, al. 1er et 2.]*

FORM. PR. COM. v° *Surenchère du dixième formée par un créancier inscrit après notification de la vente,* par PUECH.

Art. L. 143-14 A partir de la signification de la surenchère, l'acquéreur, s'il est rentré en possession du fonds, en est de droit administrateur séquestre et ne peut plus accomplir que des actes d'administration. Toutefois, il peut demander au tribunal de commerce ou au juge des référés, suivant les cas, à tout moment de la procédure, la nomination d'un autre administrateur. Cette demande peut également être formée par tout créancier.

Le surenchérisseur ne peut, même en payant le montant de la soumission, empêcher par un désistement l'adjudication publique, si ce n'est du consentement de tous les créanciers inscrits.

Les formalités de la procédure et de la vente sont accomplies à la diligence du surenchérisseur et, à son défaut, de tout créancier inscrit ou de l'acquéreur, aux frais, risques et périls du surenchérisseur et sa caution restant engagée, selon les règles prescrites par les articles L. 143-4, L. 143-5 à L. 143-7 et par le troisième alinéa de l'article L. 143-10.

A défaut d'enchère, le créancier surenchérisseur est déclaré adjudicataire. – *[L. 17 mars 1909, art. 23, al. 3 à 6.]*

FORM. PR. COM. v° *Affiche annonçant une vente après surenchère,* par PUECH.

Art. L. 143-15 L'adjudicataire est tenu de prendre le matériel et les marchandises existant au moment de la prise de possession, aux prix fixés par une expertise amiable ou judiciaire, contradictoirement entre l'acquéreur surenchéri, son vendeur et l'adjudicataire.

Il est tenu, au-delà de son prix d'adjudication, de rembourser à l'acquéreur dépossédé les frais et loyaux coûts de son contrat, ceux des notifications, ceux d'inscription et de publicité prévus par les articles L. 141-6 à L. 141-18, et, à qui de droit, ceux faits pour parvenir à la revente.

L'article L. 143-9 est applicable à la vente et à l'adjudication sur surenchère.

L'acquéreur surenchéri, qui se rend adjudicataire par suite de la revente sur surenchère, a son recours tel que de droit contre le vendeur pour le remboursement de ce qui excède le prix stipulé par son titre et pour l'intérêt de cet excédent à compter du jour de chaque paiement. – *[L. 17 mars 1909, art. 23, al. 7 à 10.]*

1. Initiative de la surenchère. Le créancier qui est intervenu comme rédacteur de l'acte et a été désigné comme séquestre répartiteur du prix est réputé avoir accepté le prix de vente et ne peut faire surenchère. • Paris, 19 oct. 1962 : *D. 1963. 285 ; RTD com. 1963. 286.* ♦ En vertu de l'art. 23, al. 5 [C. com., art. L. 143-14, al. 2], et de l'art. 5, al. 2 [C. com., art. L. 141-19, al. 2], la procédure et la vente, en cas de surenchère ne peuvent être poursuivies, à défaut du surenchérisseur, qu'à la diligence de l'acquéreur ou des créanciers inscrits ou opposants, et non à celle du vendeur. • Com. 6 déc. 1961 : *Bull. civ. III, n° 465.*

Sur la nullité d'une surenchère faite antérieurement à la notification à fin de purge, V. • Paris, 10 mars 1914 : *Gaz. Trib. 1914. 2. 41 ; Journ. Trib. com. 1915. 302.*

2. Cautionnement. La caution doit être donnée à peine de nullité de la surenchère. • Toulouse, 13 oct. 1930 : *S. 1931. 2. 224 ; Gaz. Pal. 1930. 2. 577.* ♦ Le tribunal apprécie souverainement la solvabilité du créancier surenchérisseur et de la caution. • T. com. Marseille, 7 mars 1934 : *Rev. fonds com. 1936. 652.* ♦ La caution personnelle doit être désignée dans la notification même de la surenchère. • T. com. Seine, 22 mai 1928 : *Gaz. Pal. 1928. 2. 726.* ♦ Mais un délai a pu être accordé au créancier inscrit pour désigner la caution. • T. civ. Perpignan, 30 mars 1950 : *RTD com. 1950. 207, obs. Jauffret* • T. com. Beauvais, 24 juill. 1928 : *Gaz. Pal. 1928. 2. 907.*

3. Gestion intermédiaire. Il appartient à l'acquéreur surenchéri d'assurer une exploitation normale du fonds. • T. com. Seine, 24 août 1912 : *Journ. not. 1913. 124* • Paris, 28 nov. 1997 : *D. Affaires 1998. 138, obs. A.-L. M.-D. et P.P. ; RTD com. 1998. 325, obs. Derruppé* . ♦ Toutefois, dès lors qu'un administrateur a été désigné par le tribunal, le créancier surenchérisseur est tenu de fournir les sommes nécessaires à cette exploitation. • T. com. Nantes, 17 févr. 1912 : *Defrénois 1912. 457.*

4. Remboursement des frais. Il convient d'inclure dans la liste limitative des frais que le surenchérisseur adjudicataire d'un fonds de commerce doit rembourser à l'acquéreur dépossédé et donnée par l'art. 23 [C. com., art. L. 143-15], les frais d'acte de la vente initiale, V. • Com. 7 mars 2000 : *Bull. civ. IV, n° 51 ; D. 2000. AJ 163, obs. Monéger-Dupuis ; RTD com. 2000. 332, obs. Derruppé ; JCP 2000. IV. 1741*, cassant • Paris, 14 janv. 1997 : *D. 1997. IR 45 ; D. Affaires 1997. 596.* ♦ V. aussi : • Com. 25 févr. 2003 : *Bull. civ. IV, n° 28 ; D. 2003. AJ 909, obs. Chevrier ; JCP E 2003. n° 20, p. 857, note Keita ; RTD com. 2004. 68, obs. Saintourens ; RJDA 2003, n° 712*, cassant • Paris, 25 févr. 2000 : *RTD civ. 2000. 332, obs. Derruppé* .

5. Répétition des impenses. La règle de l'art. 2175 [2470] C. civ., suivant laquelle le tiers détenteur d'un immeuble hypothéqué peut répéter ses impenses à concurrence de la plus-value résultant de l'amélioration, s'applique à l'acquéreur d'un fonds de commerce surenchéri. Devenu tiers détenteur du fonds après validation de la surenchère, celui-ci est dès lors en droit d'exiger de l'adjudicataire la répétition de ses impenses. • Paris, 16 juin 1995 : *RJ com 1996. 71, note Guével* • 28 nov. 1997 : *préc. note 3.* – V. déjà • Req., 23 mars 1925 : *Gaz. Pal. 1925. 1, 624 ; DH 1925. 285.* ♦ Ne donne pas de base légale à sa décision la cour d'appel qui, pour rejeter la demande de remboursement de l'arriéré de loyers et du dépôt de garantie que l'acquéreur surenchéri avait versé au bailleur, se borne à énoncer que ce paiement ne constitue pas une dépense nécessaire et utile à la conservation de la chose dans les termes de l'art. 1381 C. civ. et n'entre pas dans les frais prévus par l'art. L. 143-15 C. com., sans rechercher si les dépenses litigieuses n'avaient pas eu pour but ce conserver le bail indispensable à l'exploitation du fonds de commerce. • Com 25 févr. 2003 : *préc. note 4.* ♦ Pour une référence à la fois à l'art. 1381 C. civ. et à l'art. 2175 du même code, V. • Paris, 28 nov. 1997 : *préc. note 3.*

6. Purge. Si des offres réelles, suivies de consignation, de désintéresser tous les créanciers inscrits paralysent la surenchère, il en va différemment d'une simple offre de déposer des sommes suffisantes entre les mains d'un notaire. • Civ. 23 déc. 1924 : *DP 1926. 1. 188 ; Gaz. Pal. 1925. 1. 313.*

7. Liquidation judiciaire. V. note 8 ss. art. L. 642-19.

SECTION II DES FORMALITÉS D'INSCRIPTION ET DE RADIATION

Art. L. 143-16 L'inscription et la radiation du privilège du vendeur ou du créancier gagiste sont soumises à des formalités dont les modalités sont fixées par décret en Conseil d'État. – *V. pour les formalités requises, art. R. 143-6 s.*

Art. L. 143-17 Outre les formalités d'inscription mentionnées à l'article L. 143-16, les ventes ou cessions de fonds de commerce comprenant des marques de fabrique et de commerce, des dessins ou modèles industriels, ainsi que les nantissements de fonds qui comprennent des brevets d'invention ou licences, des marques ou des dessins et modèles, doivent être inscrits à l'Institut national de la propriété

industrielle, sur la production du certificat d'inscription délivré par le greffier du tribunal de commerce, dans la quinzaine qui suivra cette inscription, à peine de nullité à l'égard des tiers, des ventes, cessions ou nantissements en ce qu'ils s'appliquent aux brevets d'invention et aux licences, aux marques de fabrique et de commerce, aux dessins et modèles industriels.

Les brevets d'invention compris dans la cession d'un fonds de commerce restent soumis pour leur transmission aux règles édictées aux articles L. 613-8 et suivants du code de la propriété intellectuelle. – *[L. 17 mars 1909, art. 24, al. 3 et 4.]* – *V. art. R. 143-9 s.*

FORM. PR. COM. v^is *Réquisition d'inscription d'un nantissement à l'INPI ; Réquisition d'inscription du privilège du vendeur à l'INPI ; Avis à l'INPI d'un transfert de droit*, par PUECH.

Art. L. 143-18 **Si le titre d'où résulte le privilège inscrit est à ordre, la négociation par voie d'endossement emporte la translation du privilège.** – *[L. 17 mars 1909, art. 27.]*

Bénéfice de la sûreté réelle. L'endossement des billets de fonds emporte par lui-même, et en dehors de toute subrogation expresse, la transmission au porteur de la sûreté réelle qui en est l'accessoire. • Civ. 11 déc. 1940 : *DC 1943. 49, note Trasbot ; JCP 1941. II. 1667, note Demontès.* ♦ … Dès lors que la souscription de ces billets a été prévue par l'acte de vente lui-même et n'en constitue ainsi qu'une modalité. • Civ. 19 févr. 1946 : *D. 1946. 184 ; JCP 1946. II. 3113, note Toujas.*

Art. L. 143-19 **L'inscription conserve le privilège pendant dix années à compter du jour de sa date. Son effet cesse si elle n'a pas été renouvelée avant l'expiration de ce délai.**

Elle garantit au même rang que le principal deux années d'intérêt. – *[L. 17 mars 1909, art. 28.]*

FORM. PR. COM. v^is *Bordereau de renouvellement d'inscription de nantissement de fonds de commerce ; Bordereau de renouvellement d'inscription du privilège du vendeur*, par PUECH.

BIBL. ► REZEK, *JCP N 2005, n° 6, p. 262* (privilège de vendeur ou de nantissement de fonds de commerce) ; *ibid. 2006, n° 39, p. 1716* (vingt raisons de réformer la vente des fonds de commerce).

1. Renouvellement de l'inscription. Si la production de l'effet légal du nantissement sur fonds de commerce, qui a lieu, en cas de cession amiable de celui-ci, à la date de la notification de l'offre de purge faite par l'acquéreur, ne dispense pas le créancier nanti de renouveler son inscription avant l'expiration du délai de 10 ans fixé à l'art. 28, al. 1er [C. com., art. L. 143-19], cette formalité n'est obligatoire, comme en matière d'hypothèque, que jusqu'à paiement du prix ou à sa consignation. • Com. 14 janv. 1997 : *Bull. civ. IV, n° 15 ; D. 1997. 315, rapp. Rémery ; ibid. Somm. 213, obs. A. Honorat ; D. Affaires 1997. 270.*

Après avoir constaté que la banque avait fait connaître le montant de sa créance au notaire chargé d'établir l'acte de vente du fonds, l'arrêt relève que celle-ci a accepté un paiement partiel, sans que la procédure de purge des nantissements ait été engagée, et sans procéder à un renouvellement à due concurrence de sa créance impayée, renonçant ainsi à se prévaloir d'un droit de suite, bien que le nantissement n'ait pas produit son effet légal ; il en résulte que la banque ayant renoncé au bénéfice de son gage, et la subrogation aux privilèges du créancier ne pouvant plus, par ce fait, s'opérer en faveur des cautions, celles-ci doivent être déchargées de leurs obligations. • Com. 11 déc. 2007 : *RJDA 2008, n° 453.*

2. Intérêts garantis. En application de l'art. L. 143-19, al. 2, la banque ne peut être payée par privilège que sur les intérêts de deux annuités, les autres intérêts n'étant pas garantis par l'inscription de nantissement, peu important que le bordereau de celle-ci mentionne une somme supérieure. • Orléans, 31 mai 2007 : *RTD com. 2008. 49, obs. Saintourens ; RJDA 2007, n° 1013.*

Art. L. 143-20 **Les inscriptions sont rayées, soit du consentement des parties intéressées et ayant capacité à cet effet, soit en vertu d'un jugement passé en force de chose jugée.**

A défaut de jugement, la radiation totale ou partielle ne peut être opérée par le greffier que sur le dépôt d'un acte authentique *(L. n° 2003-721 du 1er août 2003, art. 3)* **« ou sous seing privé dûment enregistré » de consentement à la radiation donné par le créancier ou son cessionnaire régulièrement subrogé et justifiant de ses droits.**

La radiation totale ou partielle de l'inscription prise à l'Institut national de la propriété industrielle est opérée sur la production du certificat de radiation délivré par le greffier du tribunal de commerce. — *[L. 17 mars 1909, art. 29.] — V. art. R. 143-20.*

Les dispositions de l'art. L. 143-20, issues de la L. n° 2003-721 du 1er août 2003, sont applicables en Polynésie française, à Wallis-et-Futuna et en Nouvelle-Calédonie (art. 58-I).

BIBL. ▶ Œuvre collective, *RJ com. 2003. 339, spéc. 349* (L. n° 2003-721 pour l'initiative économique). – Saintourens, *RTD com. 2003. 694* (même thème).

1. Radiation. Pour une appréciation de l'absence de parallélisme des formes en ce qui concerne les formalités requises pour l'inscription d'un nantissement de fonds de commerce et celles requises en cas de radiation de ce nantissement, V. Rép. min. n° 30831 : *JOAN Q, 27 sept. 1999, p. 5635.* ♦ Sur l'application de l'art. 29 [C. com., art. L. 143-20], V. aussi : Rép. min. n° 63860 : *JOAN Q, 28 déc. 1992, p. 5864.*

2. Subrogation. L'art. 29 [C. com., art. L. 143-20] visant le créancier ou son cessionnaire régulièrement subrogé et justifiant de ses droits, il en résulte que seul le cessionnaire dont la subrogation a été régulièrement mentionnée en marge de l'inscription peut consentir la mainlevée. • Riom, 20 déc. 1935 : *DH 1936. 61.*

SECTION III DES INTERMÉDIAIRES ET DE LA RÉPARTITION DU PRIX

Art. L. 143-21 **Tout tiers détenteur du prix d'acquisition d'un fonds de commerce chez lequel domicile a été élu doit en faire la répartition dans les** *(L. n° 2012-387 du 22 mars 2012, art. 3-III)* **« cinq** *[ancienne rédaction : trois]* **» mois de la date de l'acte de vente.**

A l'expiration de ce délai, la partie la plus diligente peut se pourvoir en référé devant la juridiction compétente du lieu de l'élection du domicile, qui ordonne soit le dépôt à la Caisse des dépôts et consignations, soit la nomination d'un séquestre répartiteur. — *[L. 29 juin 1935, art. 19.] — V. art. R. 143-23.*

Les dispositions issues de la L. n° 2012-387 du 22 mars 2012 s'appliquent aux cessions de fonds de commerce ayant fait l'objet d'un acte signé à compter de la publication de cette loi (L. préc., art. 3-V, JO 23 mars).

*V. L. n° 70-9 du 2 janv. 1970 réglementant les conditions d'exercice des activités relatives à certaines opérations portant sur les immeubles et les fonds de commerce, et Décr. n° 72-678 du 20 juill. 1972 fixant les conditions d'application. — **C. baux**.*

BIBL. ▶ Vauvillé, *JCP E 1996. I. 548* (distribution amiable de prix de cession ; régime antérieur au décret n° 96-740 du 14 août 1996). – Rémery, *D. 1997. Chron. 75* (procédure de distribution des deniers instaurée par le décret du 14 août 1996). – Plygauthier, *JCP E 1999, n° 4, p. 162* (distribution du prix de vente d'un fonds de commerce et le décret du 14 août 1996). – Crône, *Defrénois 2004. 1198* (cas pratique). – Souweine, *RTD com. 2004. 647* (séquestre du prix de vente à l'amiable d'un fonds de commerce et procédures de redressement ou de liquidation judiciaires). – Rezek, *JCP N 2006, n° 39, p. 1716* (vingt raisons de réformer la vente des fonds de commerce). – Chalvignac, *JCP E 2008, n° 24, p. 24* (libérez le prix de vente du fonds de commerce !). – Inforeg, *Cah. dr. entr. nov.-déc. 2009. 61* (l'ABC du séquestre dans la vente de fonds de commerce). – Allain, *JCP E 2012, n° 1277* (durée de séquestre du prix de cession d'un fonds de commerce après la loi du 22 mars 2012). – Rezek, *JCP N 2012. Actu. 408* (L. n° 2012-387 du 22 mars 2012). – Proost, *ibid. 519* (nouveautés dans la rédaction des ventes de fonds de commerce (*bis*) : commentaires complémentaires et avis divergents). – Vauvillé, *Defrénois 2012. 399* (clarification du droit, amélioration des procédures et « trompe-l'œil »). – Saintourens, *RTD com. 2012. 295* (augmentation du délai pour procéder à la répartition du prix de vente).

1. Juridiction compétente. La répartition demandée provenant de la vente amiable consentie, en dehors de toute procédure d'exécution, d'un fonds de commerce, le juge de l'exécution, institué par la L. n° 91-650 du 9 juill. 1991 [codifiée au C. pr. exéc.], n'est pas compétent. • TGI Lyon, 9 nov. 1993 : *D. 1994. IR 16.* ♦ Sur la procédure à suivre, V. désormais art. 1281-1 s. C. pr. civ., rendus applicables par l'art. 19, al. 2, mod. ♦ Pour une décision rendue en application de ce nouveau texte, V. • T. com. Chambéry, réf., 20 sept. 1996 : *Procédures 1996, n° 331, note Croze* (compétence du président du tribunal de commerce en référé pour désigner une personne chargée de la distribution du prix de vente).

2. Séquestre du prix. Les juges doivent rechercher, comme ils l'étaient invités, si la caution, en sa qualité de dirigeant de la société débitrice, n'avait pas eu la possibilité, comme la banque elle-même, de solliciter en référé, soit le dépôt du prix d'acquisition du fonds de commerce à la Caisse des dépôts et consignations, soit la nomination d'un séquestre répartiteur. • Com. 25 nov. 2008 : *RJDA 2009, n° 268.* ♦ Le prix de vente, qui a été remis au séquestre conventionnel, n'entre pas dans le patrimoine de la société débitrice, le séquestre étant investi d'un mandat irrévocable d'effectuer les paiements. • Com. 7 janv. 2003 : *JCP N 2003, n° 47, p. 1696, obs. Vauvillé.* ♦ Le prix de vente d'un fonds de commerce remis par l'acquéreur à un séquestre n'entre pas dans le patrimoine du cédant, ce dont il résulte qu'en cas de mise en liquidation judiciaire de ce dernier, la distribution de ce prix n'est pas soumise aux règles de la procédure collective. • Com. 3 mai 2006 : *JCP N 2007, n° 42, p. 28, obs. Vauvillé ; RJDA 2006, n° 1217.* ♦ La procédure de distribution du prix de cession d'un fonds de commerce, objet, avant le jugement d'ouverture de la procédure collective du vendeur, d'un séquestre conventionnel en cours à la date de ce jugement, constitue une procédure de distribution du prix de vente d'un meuble ne faisant pas suite à une procédure d'exécution ayant produit un effet attributif avant le jugement d'ouverture. • Com. 22 mars 2011 : *RTD com. 2011. 725, obs. Saintourens ; BRDA 2011, n° 9, p. 6 ; Rev. proc. coll. 2012, n° 36, obs. Staes* (cassation de • Paris, 23 sept. 2009 : *D. 2009. AJ 2423, et les obs.*, ayant jugé que le prix de vente du fonds de commerce, qui a été remis au séquestre conventionnel, n'est pas entré dans le patrimoine du débiteur mis en procédure collective, le séquestre étant investi d'un mandat irrévocable d'effectuer les paiements). ♦ A commis une faute le notaire qui a remis au cédant le prix de vente séquestré d'un fonds de commerce sans s'être assuré du sort des inscriptions grevant le fonds. • Montpellier, 18 avr. 2006 : *JCP N 2007, n° 45, p. 28, obs. Rezek.* ♦ Jugeant que, faute d'avoir répondu aux conclusions par lesquelles une banque, dont le prêt était garanti par un nantissement inscrit sur le fonds de commerce, soutenait que le séquestre avait, en s'abstenant de l'informer de la cession du fonds et de l'appeler à la répartition du prix, commis des fautes engageant sa responsabilité délictuelle à son égard, une cour d'appel a méconnu les exigences de l'art. 455 NCPC [renommé C. pr. civ.]. • Com. 28 avr. 2004 : *préc. note 3 ss. art. L. 143-12.*

3. Distribution mobilière. La distribution du prix de vente d'un fonds de commerce séquestré avant le jugement d'ouverture constitue bien une procédure de distribution mobilière au sens des nouvelles dispositions de l'art. R. 622-19 C. com. sans qu'il y ait lieu de faire une distinction entre séquestre conventionnel ou judiciaire, et notamment entre la procédure amiable de distribution et celle confiée au séquestre répartiteur désigné judiciairement dans les conditions prévues à l'art. L. 143-21 du même code à défaut de répartition effective dans les trois mois [désormais cinq mois] de l'acte de vente. • TGI Paris, 18 juin 2008 : *D. 2008. 1823, et les obs.* ; *RJDA 2008, n° 1152* (conf. par • Paris, 2 juin 2009 : *D. 2009. AJ 1691, et les obs.*). ♦ En effet, vouloir limiter la portée des nouvelles dispositions de l'art. R. 622-19 aux seules procédures de distribution mobilière organisées par un séquestre désigné judiciairement dans les conditions de l'art. L. 143-21, qui renvoie aux dispositions des art. 1281-2 s. C. pr. civ. reviendrait à faire coexister deux régimes distincts applicables au prix de vente du fonds de commerce séquestré avant le jugement d'ouverture, dont l'un seulement échapperait à la procédure collective. • Même décision. ♦ La procédure de distribution du prix de cession d'un fonds de commerce ayant fait l'objet, avant le jugement d'ouverture, d'un séquestre conventionnel en cours à la date de ce jugement, constitue une procédure de distribution du prix de vente d'un meuble ne faisant pas suite à une procédure d'exécution ayant produit un effet attributif avant le jugement d'ouverture au sens des dispositions de l'art. R. 622-19 C. com. • Com. 8 juin 2010 : *Bull. civ. IV, n° 109 ; D. 2010. Actu. 1478, obs. Lienhard ; Rev. sociétés 2010. 411, obs. Roussel Galle ; JCP 2010, n° 358, spéc. n° 4, obs. Pétel ; JCP N 2010, n° 1297, obs. Garçon ; BRDA 2010, n° 14, p. 7 ; RJ com. 2011. 58, obs. Sortais ; Procédures 2010, n° 318, obs. Rolland.* ♦ Comp., note 2.

Art. L. 143-22 **Lorsque la confiscation d'un fonds de commerce est prononcée par une juridiction répressive en application des articles 225-16, 225-19 et 225-22 du code pénal et 706-39 du code de procédure pénale, l'État doit procéder à la mise en vente du fonds confisqué selon les formes prévues par le présent titre dans un délai d'un an, sauf prorogation exceptionnelle de ce délai par ordonnance du président du tribunal de grande instance. Il n'est tenu à l'égard des créanciers qu'à concurrence du prix de vente de ce fonds.**

Cette mise en vente doit être réalisée sous forme d'une annonce légale faite quarante-cinq jours au moins avant la vente, que celle-ci ait lieu par adjudication ou sous forme amiable.

Les sûretés inscrites après la date de la mention de l'engagement des poursuites pour l'une des infractions visées au premier alinéa sont nulles de plein droit sauf décision contraire du tribunal.

L'autorité administrative peut, à tout moment, demander la fixation du loyer à un taux correspondant à la valeur locative des locaux.

Lorsque le propriétaire du fonds confisqué est en même temps propriétaire des locaux dans lesquels le fonds est exploité, il doit être établi un bail dont les conditions sont fixées, à défaut d'accord amiable, par le président du tribunal de grande instance, qui statue dans les formes prévues pour les baux d'immeubles ou de locaux à usage commercial, industriel ou artisanal. – *[L. 17 mars 1909, art. 34.]*

Art. L. 143-23 **Un décret en Conseil d'État détermine toutes les mesures d'exécution des chapitres Ier et II ci-dessus et du présent chapitre, notamment les émoluments à allouer aux greffiers des tribunaux de commerce, les conditions dans lesquelles sont effectuées, à l'Institut national de la propriété industrielle, les inscriptions, radiations et délivrances d'états ou certificats négatifs concernant les ventes, cessions ou nantissements des fonds de commerce qui comprennent des brevets d'invention ou licences, des marques de fabrique et de commerce, des dessins et modèles industriels.** – *V. art. R. 143-1 s.*

Il détermine, en outre, les droits à percevoir par le Conservatoire des arts et métiers, pour le service de l'Institut national de la propriété industrielle, sur les inscriptions et mentions d'antériorité, de subrogation et de radiation, les états d'inscriptions ou certificats qu'il n'en existe aucune. – *[L. 17 mars 1909, art. 37.]*

Ordonnance n° 45-2339 du 13 octobre 1945, *relative aux spectacles.*

Art. 3 Les baux d'immeubles à usage de spectacles, les locations, sous-locations et cessions de fonds de commerce d'entreprises de spectacles conclus postérieurement à la publication de la présente ordonnance doivent, à peine de nullité, être autorisés par le ministre *(L. n° 99-198 du 18 mars 1999)* « chargé de la culture ».

La nullité est constatée à la requête du ministère public, des parties, de l'une d'elles ou de tout tiers intéressé.

Code civil

RÉP. COM. v° *Fonds de commerce,* par DERRUPPÉ.

Art. 1321-1 *(Ord. n° 2005-1512 du 7 déc. 2005, art. 24-I)* Est nulle et de nul effet toute contre-lettre ayant pour objet une augmentation du prix stipulé dans le traité de cession d'un office ministériel et toute convention ayant pour but de dissimuler partie du prix d'une vente d'immeubles ou d'une cession de fonds de commerce ou de clientèle ou d'une cession d'un droit à un bail ou du bénéfice d'une promesse de bail portant sur tout ou partie d'un immeuble et tout ou partie de la soulte d'un échange ou d'un partage comprenant des biens immeubles, un fonds de commerce ou une clientèle.

....

Art. 1589-2 *(Ord. n° 2005-1512 du 7 déc. 2005, art. 24-I)* Est nulle et de nul effet toute promesse unilatérale de vente afférente à un immeuble, à un droit immobilier, à un fonds de commerce, à un droit à un bail portant sur tout ou partie d'un immeuble ou aux titres des sociétés visées aux articles 728 et 1655 *ter* du code général des impôts, si elle n'est pas constatée par un acte authentique ou par un acte sous seing privé enregistré dans le délai de dix jours à compter de la date de son acceptation par le bénéficiaire. Il en est de même de toute cession portant sur lesdites promesses qui n'a pas fait l'objet d'un acte authentique ou d'un acte sous seing privé enregistré dans les dix jours de sa date. – *Anc. art. 1840 A CGI (Ord. n° 2005-1512 du 7 déc. 2005, art. 20-II).*

Sur la vente des fonds de commerce appartenant à des mineurs ou à des majeurs sous tutelle, V. C. pr. civ., art. 1271 s. — ***C. pr. civ.***

Sur le consentement nécessaire du conjoint pour aliéner ou grever de droits réels un fonds de commerce, V. C. civ., art. 1424, al. 1er. — ***C. civ.*** *; ... des éléments de celui-ci, V. art. L. 121-5.*

BIBL. ► SUQUET, *JCP N 2006, n° 15-16, p. 743* (faut-il encore enregistrer les promesses unilatérales de vente d'immeubles et de fonds de commerce ?).

Promesse unilatérale de vente. Viole les art. 1103 C. civ. et 1840 A CGI une cour d'appel qui déclare une promesse unilatérale de vente nulle faute d'enregistrement tout en relevant qu'elle est contenue dans un accord constituant une transaction entre les parties. • Civ. 3e, 26 mars 2003 : *Bull. civ. III, n° 71 ; D. 2003. 2197, note Lipinski ; JCP E 2004, n° 18, p. 724, note Schmidt-Szalewski ; LPA 3 déc. 2003, note Dagorne-Labbe ; ibid. 27 janv. 2004, note Chassagnard ; Defrénois 2003. 841, obs. Savaux ; Gaz. Pal. 2004. 408, note Bletterie ; RJDA 2003, n° 820 ; Procédures 2003, n° 151, obs. Croze* • Cass., ass. plén., 24 févr. 2006 : *Bull. civ. n° 1 ; D. 2006. 1396, obs. Najjaz ; ibid. 2076, note Jamin ; ibid. IR 677, obs. Gallmeister ; RTD civ. 2006. 301, obs. Mestre et Fages ; JCP 2006. II. 10065, avis Cédras ; RJDA 2006, n° 1003 ; Gaz. Pal. 2006. 1886, note Deharo ; Defrénois 2006. 973, note Becqué-Ickowicz ; JCP N 2006, n° 36, p. 1541, obs. S. Piedelièvre ; RDC 2006. 689, obs. Laithier ; ibid. 715, obs. Dauriac.* – V. aussi Chassagnard-Pinet, *D. 2006. 2057* (perte d'autonomie de la promesse de vente insérée dans une transaction). ♦ L'offre de vente faite à un acquéreur sans lui réserver un droit d'option ne saurait être qualifiée de promesse unilatérale de vente. • Civ. 3e, 5 déc. 2007 : *AJDI 2008. 324 ; RJDA 2008, n° 502.* ♦ Jugeant que le fait que le jour même un notaire ait dressé un acte contenant dépôt de la promesse, auquel celle-ci était annexée, et constatant sa remise au bénéficiaire, ne confère pas audit dépôt le caractère authentique dispensant la promesse d'un enregistrement dans le délai de dix jours : • Paris, 10 mai 2007 : *Gaz. Pal. 2007. 4278, et les obs.* ♦ Sur l'enregistrement tardif d'une promesse unilatérale de vente et la responsabilité du notaire, V. • Civ. 1re, 30 oct. 2008 : *AJDI 2009. 378, obs. Thioye.* ♦ Ce texte [CGI, art. 1840 A], d'interprétation stricte, ne s'applique pas aux avant-contrats qui n'obligent pas le propriétaire du bien ou des droits concernés. • Versailles, 6 févr. 2004 : *JCP 2004. IV. 2403.* ♦ L'art. 1840 A CGI, devenu l'art. 1589-2 C. civ., n'est pas applicable en Polynésie française. • Civ. 3e, 6 déc. 2006 : *Bull. civ. III, n° 245 ; D. 2007. AJ 153 ; JCP 2007. IV. 1065 ; RJDA 2007, n° 468.*

CHAPITRE IV DE LA LOCATION-GÉRANCE

RÉP. COM. v° *Location-gérance de fonds de commerce*, par Kenfack.

BIBL. GÉN. ▸ Houin, *RTD com. 1956. 197.* – Maus, *D. 1956. Chron. 69.* – Maus et Lidsky, *D. 1957. 269 ; ALD 1957. 1.* – Béraud, *Ann. loyers 1979, n° 3-4.* – Cohen, *JCP 1953. I. 1127.* – Derrida, *JCP E 1959. 65816.* – Esmein, *Gaz. Pal. 1953. 2. Doctr. 60.* – Guyénot, *Rev. huiss. 1977. 21.* – Teilliais, *ibid. 1997. 1407.* – Boniface, *JCP N 1995. Prat. 3322* (location-gérance d'un fonds appartenant à un mineur). – Raffray, *JCP N 1997. Prat. 3979* (bon usage de la location-gérance). – Trousset, *JCP E 1999, n° 44-45, p. 1760* (la location gérance : une solution pour anticiper les effets d'une fusion en cours de réalisation). – Salvador, *JCP N 2000, n° 45, p. 1617* (cession d'entreprise et absence de surface financière du repreneur). – Gouyet, *JCP E 2000, n° 51-52, p. 2034* (la location-gérance : un mode de gestion fiscale à part entière ?). – Valdès, *Administrer nov. 2003. 20* (la mise en location-gérance du fonds de commerce de l'administrateur de biens). – Billon-Grand et Herrnberger, *JCP N 2005, n° 40, p. 1635* (mise en location-gérance : questionnaire préalable – fiche pratique). – Castagné, *ibid. 2006, n° 14, p. 725* (les clauses essentielles du contrat de location-gérance). – Inforeg, *Cah dr. entr. 2007, n° 5, p. 59* (location-gérance ou gérance-mandat, que choisir ?). – Cevaër et Perrot, *JCP N 2011, n° 1181* (la location-gérance : un outil de financement à sécuriser). – Rakotovahiny, *RLDA avr. 2012. 65* (la location-gérance d'un fonds à l'épreuve des procédures collectives).

Art. L. 144-1 Nonobstant toute clause contraire, tout contrat ou convention par lequel le propriétaire ou l'exploitant d'un fonds de commerce ou d'un établissement artisanal en concède totalement ou partiellement la location à un gérant qui l'exploite à ses risques et périls est régi par les dispositions du présent chapitre. – *[L. n° 56-277 du 20 mars 1956, art. 1er.] — V. art. D. 144-2 s.*

I. QUALIFICATION

1. *Définition légale.* Nonobstant toute clause contraire, tout contrat ou convention par lequel le propriétaire ou l'exploitant d'un fonds de commerce ou d'un établissement artisanal en concède totalement ou partiellement la location à un gérant qui l'exploite à ses risques et périls est régi par les dispositions du code de commerce relatives à la location-gérance. • Civ. 3e, 7 déc. 2010 : *Gaz. Pal. 2011. 964, obs. Barbier ; RJDA 2011, n° 288 ; RJ com. 2011. 165, obs. Gourdon ; Loyers et copr. 2011, n° 49, obs. Brault ; Administrer févr. 2011. 26, obs. Lipman-W. Boccara.* ♦ Un contrat doit être qualifié de location-gérance s'il correspond à la définition légale, même s'il est qualifié différemment par les parties. • Paris, 31 mars 1994 : *D. 1994. IR 122 ; RTD com. 1994. 475, obs. Derruppé ; JCP E 1995 I. 439, n° 3, obs. Raynard.* ♦ L'opération par laquelle une société concède à une autre société, dans un intérêt économique commun, un fonds de commerce que cette dernière a exploité à ses risques et périls relève de l'art. 1er de la loi [C. com., art. L. 144-1], sans qu'il soit nécessaire de rapporter la preuve d'une volonté non équivoque des parties de conclure un contrat de location-gérance (à propos d'une exploitation sans contrat écrit, ni redevance stipulée). • Com. 23 mars 1999 : *Bull. civ. IV, n° 71 ; D. 2000. Somm. 19, obs. Reygrobellet ; D. Affaires 1999. 825, obs. A.-L. M.-D. ; LPA 27 avr. 1999, note P. M. ; CCC 1999, n° 88, obs. Leveneur ; JCP E 1999, n° 39, p. 1541, obs. Leveneur ; RTD com. 1999. 633, obs. Derruppé ; Dr. et patr. nov. 1999. 116, obs. Chauvel.* ♦ Pour une autre hypothèse de contrat verbal de location-gérance, V. • Paris, 1er juill. 2004 : *AJDI 2004. 811.*

La circonstance que le contrat de location-gérance litigieux constituerait une solution fiscale plus avantageuse, pour la société requérante, que l'intégration fiscale ou la fusion-absorption, ne saurait être nécessairement regardée comme caractérisant l'existence d'un abus de droit dès lors qu'une société mère peut, pour des motifs économiques et financiers, avoir intérêt à prendre en location-gérance le fonds de commerce d'une de ses filiales en difficulté et qu'un tel contrat permet la consolidation financière entre sociétés d'un même groupe avec effet d'intégration fiscale. • CAA Versailles, 15 juill. 2009 : *Dr. sociétés 2009, n° 236, obs. J.-L. Pierre.* ♦ Sur les conséquences fiscales d'une location-gérance dissimulant une cession de fonds, V. • TGI Évry, 7 déc. 1989 : *Defrénois 1991. 164, note Chappert.*

2. *Nature juridique.* La location-gérance a la nature d'une location d'un meuble incorporel. • Com. 9 mars 1953 : *D. 1953. 324.* ♦ V. aussi • Com. 16 févr. 1993 : *cité note 1 ss. art. L. 144-11.* ♦ Sur les droits d'un usufruitier, V.

note 1 ss. art. L. 144-3.

3. Caractère civil ou commercial. Le locataire-gérant étant nécessairement commerçant, le contrat présente pour lui un caractère commercial. • Colmar, 16 janv. 1937 : *Gaz. Pal. 1937. 1. 693* • T. com. Tours, 28 nov. 1952 : *RTD com. 1953. 388, obs. Jauffret.* – Comp. : art. L. 144-2. ♦ Lorsque le loueur exploitait le fonds antérieurement, le contrat est commercial à son égard. • Paris, 13 mars 1953 : *Gaz. Pal. 1953. 1. 265.* ♦ Sur la compétence du tribunal de commerce, V. • Civ. 14 nov. 1923 : *S. 1925. 1. 49* • T. com. Aix-en-Provence, 13 déc. 1954 : *D. 1956. Somm. 6 ; RTD com. 1955. 538, obs. Jauffret.* ♦ Si le loueur n'a jamais exercé d'activité commerciale, l'opération présente à son égard un caractère civil. • Bordeaux, 10 mai 1966 : *D. 1966. 422.* ♦ V. aussi, en ce sens que l'acte de donner son fonds de commerce en location-gérance n'entraîne pas la qualité de commerçant pour le loueur, • Com. 20 févr. 1996 : *Bull. civ. IV, n° 54 ; RTD com. 1996. 443, obs. Derruppé ; Defrénois 1996. 653, obs. J. Honorat.* ♦ Le loueur, qui n'a pas la qualité de commerçant pour avoir reçu le fonds de commerce en usufruit, est fondé à soutenir que le contrat de location-gérance revêt à son égard un caractère civil et, s'agissant d'une action en paiement des redevances de location-gérance et non des loyers commerciaux, il peut assigner le locataire-gérant devant le tribunal d'instance. • Paris, 8 nov. 2000 : *D. 2001. AJ 236*. ♦ Sur le crédit-bail, V. note 12.

A. CRITÈRES DE LA LOCATION-GÉRANCE

4. Mise à disposition d'un fonds de commerce. BIBL. Raffray, *JCP N 1986. I. 9831* (crédit-bail). – Viatte, *Rev. loyers 1969. 204.* – Béraud, *Ann. loyers 1952. 522.* – Cohen, *JCP 1955. I. 1222.* – V. aussi notes 1 s. ss. art. L. 141-5 et notes ss. art. L. 144-3. ♦ La location-gérance suppose que le loueur procure au locataire la jouissance d'un fonds de commerce, lequel peut comprendre le droit au bail du local d'exploitation. • Com. 30 juin 1970 : *Bull. civ. IV, n° 227.* ♦ Le statut spécial des baux commerciaux est en conséquence inapplicable. • Com. 16 juill. 1980 : *Bull. civ. IV, n° 294.* – V. aussi • Com. 29 avr. 1997 : *RTD com. 1997. 630, obs. Derruppé*. ♦ Il en irait autrement au cas de fictivité de la location d'un prétendu fonds de commerce en l'absence de clientèle. • Com. 9 mars 1953 : *préc. note 2* • Douai, 28 mai 1954 : *D. 1955. Somm. 11* • T. civ. Sarreguemines, 23 janv. 1951 : *JCP 1952. II. 6693, note Cohen.* ♦ Sur l'inexploitation des lieux caractérisant une sous-location prohibée qualifiée de location-gérance, V. • Paris, 24 mars 2004 : *AJDI 2004. 723*. – Comp. • Paris, 30 sept. 2004 : *BRDA 2004, n° 23, p. 11 ; Administrer déc. 2004. 48, obs. Boccara et Lipman-Boccara.* ♦ La demande de requalification d'un contrat de location-gérance en contrat de bail doit être rejetée dès lors qu'il est constaté qu'entre la cessation de l'exploitation du fonds de commerce par son propriétaire et sa mise en location-gérance il ne s'était pas écoulé un temps suffisamment long pour entraîner la perte du fonds. • Civ. 3e, 10 nov. 2009 : *RTD com. 2010. 273, obs. Saintourens ; RJDA 2010, n° 145.* ♦ La cessation temporaire d'activité n'implique pas en elle-même la disparition de la clientèle ; l'interruption temporaire d'exploitation à la suite du décès de l'exploitant n'a pas affecté l'achalandage attaché au fonds en raison de l'activité exercée, concernant en quasi-totalité la clientèle de passage, et, tout comme l'achalandage, la clientèle du fonds n'a pas davantage pâti de l'interruption de l'exploitation, s'étant naturellement reconstituée dès la réouverture du fonds au public. Dès lors, la cour d'appel, qui a ainsi caractérisé l'existence d'une clientèle actuelle et certaine et non future ou potentielle, en a déduit, à bon droit, que le fonds de commerce litigieux n'avait pas disparu à la date de la conclusion du contrat de location-gérance. • Civ. 3e, 15 sept. 2010 : *Bull. civ. III, n° 155 ; Dalloz actualité, 7 oct. 2010, obs. Rouquet ; RTD com. 2011. 311, obs. Saintourens ; AJDI 2011. 287, note Rouquet ; JCP E 2010, n° 2065, note Brault ; Gaz. Pal. 2010. 3562, obs. Barbier ; RJDA 2011, n° 15 ; Loyers et copr. 2010, n° 291, obs. Brault ; Rev. loyers 2010. 413, note de Lacger* • 29 janv. 2013 : *RJDA 2013, n° 475 ; RLDA mai 2013. 25, obs. Filiol de Raimond.* ♦ V. aussi, note 7 ss. art. L. 144-9.

Sur la possibilité de donner en location-gérance un fonds de boucherie qui ne préexistait pas à la conclusion du contrat, s'agissant d'un rayon dans une grande surface, V. • Paris, 31 mars 1994 : *préc. note 1.* ♦ Un contrat de location-gérance n'est pas nul pour défaut de clientèle, lorsque la clientèle attachée au fonds existait lors de la conclusion du contrat, alors même que le locataire-gérant ne souhaitait pas l'exploiter et envisageait de créer une nouvelle activité après accord du bailleur sur la déspécialisation, activité pour laquelle la clientèle n'était certes que potentielle. • Toulouse, 21 sept. 2004 : *JCP 2005. IV. 1320.*

Le contrat par lequel une commune confie à un particulier l'exploitation d'un bar-restaurant situé sur une parcelle domaniale ne peut être regardé, eu égard au caractère nécessairement précaire et révocable de l'occupation du domaine public, comme portant sur un fonds de commerce. • Bordeaux, 4 nov. 1997 : *RJDA 1998, n° 709.* ♦ Le gardien d'un refuge fournissant aux usagers des prestations de nourriture et de repas dans le cadre de l'obligation de faire subordonnée à un mandat de gestion confié par une association de ski alpin, celle-ci peut légitimement s'opposer à la mise en location-gérance de cette activité d'alimentation dans la mesure où il n'existe pas une clientèle indépendante attachée à un fonds de commerce que le gardien aurait créé. • Civ. 3e, 9 juill. 2008 : *Bull. civ. III, n° 122 ; D. 2008. AJ 2074* ; *RTD com. 2009. 279, obs. Saintourens* ; *JCP E 2008, n° 38, p. 26 ; LPA 18 déc. 2008, note Denizot ; RJDA 2008, n° 1012 ; Loyers et copr. 2008, n° 220, obs. Chavance ; Tourisme et Droit oct. 2008. 10, obs. G. F.*

5. Preuve de l'existence du fonds. La charge de la preuve de l'existence du fonds de commerce au moment de la signature d'un contrat de location-gérance incombe au loueur. • Com. 27 oct. 2009 : *Dalloz actualité, 17 nov. 2009, obs. Chevrier.* ♦ La validité d'un contrat de location-gérance s'apprécue à la date de sa signature et c'est à cette date qu'il importe de se placer pour déterminer si le fonds de commerce avait, ou non, une clientèle. • Même arrêt.

6. Redevance. La Cour de cassation avait considéré que l'existence d'une redevance à la charge du gérant était une condition essentielle de la location-gérance. • Com. 11 mai 1971 : *Bull. civ. IV, n° 129* • Civ. 3e, 28 mars 1973 : *ibid. III, n° 237.* ♦ Comp., désormais : • Com. 23 mars 1999 : *préc. note 1.* ♦ Sur l'obligation de payer la redevance, V. aussi note 21. ♦ Sur l'interprétation par le juge d'une clause prévoyant l'indexation de la redevance jugée ambiguë, V. • Civ. 3e, 1er juin 2011 : *cité note 20 bis.*

7. Location-gérance partielle. La location-gérance d'un fonds de commerce peut n'être que partielle. • Paris, 31 mars 1994 : *préc. note 1.* ♦ Le contrat de stand par lequel une société exploitant un supermarché autorise une autre société à ouvrir et tenir un rayon boucherie à l'intérieur de son commerce général d'alimentation n'est ni une location d'espace, ni un mandat, mais une location-gérance d'une fraction du fonds de commerce. • Même arrêt.

B. OPÉRATIONS DISTINCTES

8. Location-gérance et sous-location. **BIBL.** Barbier, *Administrer avr. 2013. 41* (clauses interdisant la location-gérance). ♦ La mise en location-gérance ne constitue pas une sous-location. • Com. 23 mai 1995 : *Bull. civ. IV, n° 127 ; RTD com. 1995. 752*. ♦ ... La jouissance des lieux n'étant que la conséquence accessoire et nécessaire de la location-gérance. • Civ. 3e, 9 juill. 2003 : *Bull. civ. III, n° 148 ; D. 2003. AJ 2013, obs. Rouquet* ; *JCP E 2003, n° 39, p. 1510 ; RJDA 2003, n° 925 ; Dr. et patr. déc. 2003. 94, obs. Chauvel ; LPA 24 mai 2004, obs. Teilliais ; Administrer nov. 2003. 30, note Barbier* • 19 mars 2008 : *Bull. civ. III, n° 54 ; D. 2008. AJ 1056, obs. Rouquet* ; *AJDI 2008. 581, obs. Dumont-Lefrand* ; *JCP E 2009, n° 3, p. 21, obs. Kenfack ; Gaz. Pal. 2008. 2530, obs. Brault ; RJDA 2008, n° 614 ; Loyers et copr. 2008, n° 111, obs. Brault ; Dr. et proc. juill.-août 2008, suppl. Droit des baux immobiliers, p. 14, obs. Schütz ; Rev. loyers 2003. 317, obs. de Lacger ; Administrer mai 2008. 47, obs. Lipman-W. Boccara.* ♦ Dès lors, le propriétaire bailleur du local où est exploité le fonds ne pouvait opposer au locataire la clause du bail lui imposant une « occupation » personnelle des lieux pour s'opposer à la location-gérance. • Civ. 3e, 14 nov. 2002 : *RJDA 2003, n° 115.* – *Contra* : • Paris, 14 déc. 2005 : *Loyers et copr. 2006, n° 131, obs. Pereira-Osouf.* ♦ V. une solution différente lorsque l'obligation pesant sur le locataire est celle d'« exploiter » personnellement les lieux loués : • Civ. 3e, 14 nov. 1996 : *D. Affaires 1997. 74 ; RTD com. 1997. 227* • Paris, 5 avr. 2007 : *AJDI 2007. 840*. ♦ ... Ou « de ne pas se substituer quelque personne que ce soit ni prêter les lieux, même temporairement, à des tiers ». • Civ. 3e, 22 janv. 2003 : *RJDA 2003, n° 367 ; Rev. loyers 2003. 180.* – Rappr. • Civ. 3e, 6 nov. 2001 : *Defrénois 2003. 706, obs. J. Honorat.* ♦ ... Ou lui interdit de « concéder la jouissance des lieux loués à qui que ce soit et sous quelque forme que ce soit, même temporairement à titre gratuit ou précaire ». • Paris, 12 oct. 2005 : *AJDI 2006. 195, obs. Denizot* ; *RJDA 2006, n° 510* (cassé par : • Civ. 3e, 23 janv. 2007 : *Gaz. Pal. 2007. 1893, obs. Barbier ; Loyers et copr. 2007, n° 79, obs. Pereira-Osouf ; Rev. loyers 2007. 134 ; RDC 2007. 814, obs. Seube*) • Paris, 19 mars 2008 : *AJDI 2008. 939*. ♦ Une clause, si elle peut interdire au preneur de consentir, pendant le cours du nouveau bail, une location-gérance de son fonds de commerce, ne peut faire obstacle à la poursuite normale jusqu'à son terme d'un contrat de location-gérance régulièrement consenti au cours du bail antérieur. • Versailles, 26 mai 2011 : *AJDI 2012. 113*.

Les art. 1732 et 1733 C. civ., relatifs à la responsabilité du preneur en cas d'incendie, ne sont pas applicables à la location-gérance. • Com. 16 juill. 1980 : *Bull. civ. IV, n° 294* • 21 avr. 1992 : *ibid., n° 168 ; D. 1992. IR 189 : JCP 1993. II. 22101, note Dubaele.* – Dans le même sens, V. • Civ. 3e, 13 oct. 1999 : *JCP E 2000, n° 18-19, p. 758, note Leveneur ; RTD com. 2000. 592, obs. Derruppé*. ♦ V. aussi note 9 ss. art. L. 144-9. ♦ Comp., déclarant l'art. 684 C. pr. civ. [ancien], relatif au sort des baux en cas de saisie immobilière (V. depuis l'Ord. n° 2006-461 du 21 avr. 2006, C. civ., art. 2199), applicable à la location-gérance : • Civ. 2e, 5 juin 1996 : *Bull. civ. II, n° 140 ; D. Affaires 1996. 865 ; RTD com. 1996. 655, obs. Derruppé*.

9. Qualification de sous-location. Constituent une sous-location : la convention par laquelle le fonds est mis en gérance libre avec droit au bail, qui impose au sous-locataire le paiement direct du loyer au propriétaire indépendamment du prix de gérance et lui impose de satisfaire à toutes les charges, clauses et obligations du bail. • Com. 2 juin 1958 : *Bull. civ. III, n° 219 ; JCP 1958. II. 11501, note Cohen* • Paris, 14 mars 1991 : *D. 1992. Somm. 367, obs. Rozès* ; *RTD com. 1991. 380, obs. crit. Derruppé*. ♦ ... Le prétendu contrat de location-gérance, lorsque le gérant exerce dans les lieux une activité plus étendue que celle que prévoyait le bail, sous son enseigne propre, et sans faire usage du nom commercial du fonds prétendument cédé. • Civ. 3e, 1er juill. 1975 : *Bull. civ. III, n° 229* • Paris, 20 nov. 2002 : *Loyers et copr. 2003, n° 132, obs. Brault et Pereira-Osouf* • Civ. 3e, 26 juin 2007 : *AJDI 2007. 925* ; *JCP E 2007, n° 40, p. 18, note Brault ; LPA 20 févr. 2008, note Terryn ; RJDA 2007, n° 1066 ; Loyers et copr. 2007, n° 175, obs. Brault.* ♦ ... Y compris lorsque le bail est à destination de « tous commerces ». • Paris, 21 mars 2007 : *AJDI 2007. 839* • Bastia, 1er juin 2011 : *AJDI 2012. 114*. ♦ ... La convention par laquelle le propriétaire d'un fonds de commerce se réserve toute l'exploitation prévue à son propre bail. • Civ. 3e, 26 nov. 1997 : *JCP E 1998, n° 4, p. 98.* ♦ Sur la distinction entre la location-gérance et la sous-location, V. aussi • Civ. 3e, 4 nov. 1998 : *JCP E 1999, n° 47, p. 1862, obs. Monéger* • Pau, 28 févr. 2008 : *RTD com. 2008. 499, obs. Saintourens*.

10. Bail commercial. Sur la distinction entre location-gérance et bail commercial, V. • Civ. 3e, 30 janv. 2002 : *Bull. civ. III, n° 19 ; RTD com. 2002. 266, obs. Saintourens* • Com. 26 janv. 1993 : *RJDA 1993, n° 498 ; RTD com. 1994. 40, obs. Derruppé* • 13 févr. 2007 *RJDA 2007, n° 607* • Toulouse, 25 mai 1998 : *Loyers et copr. 1999, n° 150, obs. Brault et Mutelet* • Paris, 31 oct. 2003 : *AJDI 2004. 121*. ♦ En ne se prononçant pas sur l'existence d'éléments comptables et en retenant que la spécificité des lieux ne permet pas de faire ressortir une clientèle personnelle, sans autre précision, alors que le propriétaire générait en 1996/1997 un chiffre d'affaires, la décision du premier juge ayant fait droit à la demande d'application du statut des baux commerciaux, au visa de l'art. L. 144-1, ne peut qu'être infirmée. • Montpellier, 26 janv. 2011 : *AJDI 2011. 292*.

11. Location-vente. Sur la distinction entre location-gérance et location-vente, V. • Rouen, 22 nov. 1968 : *D. 1969. 67 ; RD 1980. 22, obs. Lancereau.*

12. Opérations de crédit-bail. BIBL. Guingand, *Banque 1986. 566.* – Derruppé, *RTD com. 1986. 230.* – Daublon, *Defrénois 1986. 625.* – Raffray, *JCP N 1986. I. 9831.* – Zénati, *RTD com. 1986. 540.* ♦ V. C. mon. fin., art. L. 313-7, App., v° *Banque et financement de l'entreprise.*

13. Apport en jouissance. Viole les art. 1832 et 1843-3 C. civ. l'arrêt qui retient que l'apport en jouissance d'un fonds de commerce s'analyse en un bail de ce fonds. • Com. 3 déc. 1991 : *Bull. civ. IV, n° 373 ; Rev. sociétés 1992. 52* ; *Dr. sociétés 1992, n° 22, obs. Bonneau ; RTD com. 1992. 382, obs. Champaud et Danet*.

14. Convention d'occupation précaire. Sur la question de savoir si la location d'un local commercial à usage de pizzeria doit s'analyser en une convention d'occupation précaire ou en une location-gérance déguisée d'un fonds de commerce, V. • Civ. 3e, 3 juin 2004 : *Rev. loyers 2004. 604.*

15. Cessation d'activité. La loi de 1956 ne saurait être invoquée au cas de cessation d'activité. • Com. 23 févr. 1988 : *Bull. civ. IV, n° 82.* ♦ ... Ou d'immoralité de l'exploitation. • Crim. 13 oct. 1965 : *JCP 1966. II. 14470, concl. Combaldieu.* ♦ ... Ou encore, s'agissant de la concession d'emplacement sur un marché. • Com. 3 févr. 1970 : *D. 1970. 626.* ♦ Après avoir constaté que la cession consentie en 1958 avait fait l'objet d'une facture qui ne mentionnait que les éléments corporels du fonds de commerce et sans s'expliquer, comme elle y était invitée, sur le fait que le bail renouvelé en 1964, qui portait sur la clientèle et le nom commercial, avait nécessairement pour objet le fonds de commerce lui-même, lequel n'avait donc pas été cédé en 1958, la cour d'appel n'a pas donné de base légale à sa décision au regard des art. L. 141-5 et L. 144-1. • Com. 4 déc. 2007 : *Dalloz jurisprudence.*

La mise en location-gérance d'un fonds de commerce ne peut caractériser une cessation d'activité rendant exigible le pas-de-porte que si la locataire des locaux commerciaux ne continue pas d'exploiter ces locaux en qualité de gérante de la société locataire du fonds. • Civ. 3e, 1er juin 2011 : AJDI 2011. 624 ; RJDA 2012, *n° 12.*

II. RÉGIME

16. Délivrance du fonds de commerce. Sur l'obligation de délivrance du loueur dans un cas de location-gérance d'un fonds de commerce comprenant une licence de débit de boissons périmée pour laquelle le locataire ne pouvait espérer une régularisation rapide, V. • Com. 30 juin 1998 : *RJDA 1998, n° 1214.* ♦ Sur la délivrance d'un fonds de commerce déclaré postérieurement inexploitable en raison de sa non-conformité aux normes de sécurité, V. • Com. 17 déc. 2002 : *RJDA 2003, n° 587.* ♦ Sur la délivrance d'un fonds de commerce inexploitable puisque ne disposant pas des autorisations indispensables à l'exercice de l'activité de casse automobile, V. • Com. 27 oct. 2009 : *Dalloz jurisprudence.* ♦ Jugeant que le bailleur ne peut pas, par le biais d'une clause relative à l'exécution de travaux rendus nécessaires dans les lieux loués ou dans l'immeuble dont ils dépendent, s'affranchir de son obligation de délivrance : • Civ. 3e, 1er juin 2005 : *Bull. civ. III, n° 119 ; AJDI 2005. 650, obs. Rouquet ; RTD civ. 2005. 779, obs. Mestre et Fages (3e esp.) ; JCP E 2005, n° 30, p. 1284 ; RJDA 2005, n° 1071 ; Defrénois 2006. 439, obs. Ruet ; Rev. loyers 2005. 375, note Vaissie ; Administrer août-sept. 2005. 43, obs. Boccara et Lipman-W. Boccara.* ♦ Un locataire-gérant est fondé à suspendre le paiement des redevances dès lors qu'il a été dans l'obligation de cesser toute exploitation du fait de l'inertie que lui opposait la loueuse en s'abstenant de répondre aux demandes qu'il lui avait adressées en vue d'obtenir le remboursement du coût élevé des travaux qu'il avait dû effectuer dans les locaux en ses lieu et place. • Civ. 3e, 11 janv. 2006 : *Bull. civ. III, n° 13 ; D. 2006. AJ 443, obs. Chevrier ; RTD com. 2006. 566, obs. Saintourens ; JCP E 2006, n° 6-7, p. 292 ; RJDA 2006, n° 404 ; Administrer mars 2006. 40, obs. Boccara et Lipman-W. Boccara.* – V. aussi • Paris, 14 nov. 2005 : *AJDI 2006. 282.*

Sur l'annulation pour dol d'un contrat de location-gérance, le propriétaire du fonds n'ayant pas informé le locataire-gérant qu'il ouvrait simultanément un point de vente concurrent à 50 mètres du magasin, V. • Paris, 5 nov. 2008 : *RJDA 2009, n° 210* (condamnation à verser au locataire-gérant, à titre de *dommages-intérêts,* la différence entre le bénéfice prévisionnel et le bénéfice réalisé).

17. Statut des baux commerciaux. La location-gérance est autorisée sauf disposition contraire dans le contrat de location. Tel n'est pas le cas de la clause stipulant que le preneur ne peut se substituer quelque personne que ce soit ni prêter les lieux même temporairement à des tiers figurant dans un art. consacré à « l'occupation et à la jouissance » et au sein d'un alinéa relatif à la cession et à la sous-location qui vise uniquement les locaux et non l'exploitation du fonds de commerce. • Versailles, 24 juin 2004 : *Gaz. Pal. 2005. Somm. 1310, obs. Brault.* ♦ Sur l'exercice d'une activité non comprise dans la destination contractuelle du bail commercial et l'éventuelle faute du locataire-gérant en résultant, V. • Civ. 3e, 10 déc. 2008 : *Loyers et copr. 2009, n° 41, obs. E. C.* ♦ Sur la non-immatriculation du loueur au RCS et le bénéfice du statut des baux commerciaux, V. art L. 145-1-II. – V. Derruppé, *RTD com. 1985. 295.*

18. Gérants de stations-service. BIBL. Mousseron et Fabre, *Cah. dr. entr. 1978, n° 2.* – Schaeffer, *JCP 1972. I. 2503.* ♦ La loi du 21 mars 1941 [C. trav., art. L. 7321-1 s.] n'ayant pas été modifiée par la loi du 20 mars 1956 le locataire-gérant de station-service n'est pas exclu du bénéfice de la législation du travail. • Soc. 18 déc. 1975 : *D. 1976. 399, note Jeammaud* • 14 oct. 1976 : *D. 1977. 356, note Jeammaud* • 24 févr. 1977 : *D. 1978. 75, note Guyénot* • 13 janv. 1972 : *D. 1972. Somm. 124 ; JCP 1972. II. 17240 bis, note Schaeffer* • 27 févr. 1973 : *D. 1974. 283, note Derruppé* • Aix-en-Provence, 5 janv. 1977 : *JCP 1978. II. 18960, note Bizière.* ♦ Comp., pour l'application à un contrat de bière : • Soc. 19 déc. 1978 : *Bull. civ. V, n° 896.* ♦ Sur la compétence du tribunal de commerce lorsque le litige concerne exclusivement les modalités d'exploitation, V. • Paris, 11 juill. 1975 : *JCP 1976. IV. 120 ; RTD com. 1975. 303, obs. Jauffret.* ♦ ... Et pour la validité d'une clause attributive de compétence, V. • Paris, 14 juin 1982 (2 arrêts) : *JCP 1983. II. 19924 et 19925, concl. Connen.* ♦ Est, en revanche, un salarié le locataire-gérant incapable de pratiquer une réelle politique personnelle des prix. • Soc. 17 janv. 1979 : *Bull. civ. V, n° 48.*

Dès lors qu'il est établi que les cogérants d'une station-service en location-gérance ont dissimulé la marque initiale et se sont approvisionnés en carburant à d'autres sources, ils se sont résolument placés hors du champ contractuel et se sont purement et simplement appropriés le fonds de commerce de la société. • Com. 8 févr. 2005 : *Bull. Joly 2005. 855, note Lafortune.*

19. TVA. BIBL. Puyraveau, *RJ com. 1979. 201.* ♦ En l'absence de tout texte impératif imposant la charge de la TVA à l'une des parties, la taxe peut être mise d'un commun accord à la charge du locataire-gérant. • Com. 25 oct. 1976 : *D. 1977. IR 22.*

20. Taxe professionnelle. Sur les clauses de répartition entre les parties, V. • Com. 8 déc. 1992 : *Defrénois 1993. 504, obs. Sénéchal.*

20 bis. Taxes foncières. La clause qui met à la charge du locataire « les impôts, contributions, taxes et autres charges auxquels est assujetti le fonds de commerce » ne permet pas au loueur, locataire des locaux dans lesquels le fonds est exploité, de réclamer au locataire le remboursement des taxes foncières dans la mesure où l'impôt foncier est payé par le propriétaire de l'immeuble indépendamment de l'existence ou non d'un fonds. • Civ. 3e, 1er juin 2011 : *RJDA 2012, n° 283.*

21. Résiliation. Le seul fait que le loueur n'ait pas mis en œuvre la clause résolutoire stipulée au contrat n'est de nature ni à faire peser sur lui l'imputabilité de la résiliation ni à libérer le locataire-gérant de son obligation de s'acquitter des redevances échues antérieurement. • Com. 25 janv. 2005 : *JCP E 2005, n° 8, p. 304.*

22. Saisie conservatoire. Les mesures et saisies conservatoires opérées au seul fondement d'un contrat de location-gérance de fonds de commerce et sans autorisation judiciaire sont nulles et de nul effet pour être exécutées sans droit ni titre. • Paris, 23 févr. 2006 : *Dr. et proc. 2006. 225, note Bourdillat.*

23. Liquidation judiciaire. V. art. L. 642-13 s.

Décret n° 2010-720 du 28 juin 2010, *relatif à l'exercice du monopole de la vente au détail des tabacs manufacturés.* **Art. 4** Ne peut exercer en qualité de débitant de tabac, dans le cadre du contrat mentionné à l'article 2 *[contrat de gérance conclu avec l'administration des douanes et des droits indirects]*, que l'exploitant individuel ou la société en nom collectif qui réunit les conditions suivantes :

1° Disposer d'un local commercial adéquat situé au lieu d'implantation retenu par le directeur régional des douanes et droits indirects après avis des organisations représentant dans le département concerné la profession des débitants de tabac ;

2° Avoir la pleine et entière propriété du fonds de commerce associé au débit de tabac.

Toutefois, dans les communes rurales au sens des dispositions du code général des collectivités territoriales relatives à la dotation globale d'équipement des départements et ne comptant aucun autre débit de tabac, il peut être dérogé à la condition de pleine et entière propriété du fonds de commerce en cas :

a) De contrat de location-gérance conclu dans les conditions prévues aux articles L. 144-1 et suivants du code de commerce avec une commune ou un groupement de communes ou, en zone de revitalisation rurale au sens de l'article 1465 A du code général des impôts, avec une personne privée ;

b) D'exploitation du fonds dans le cadre d'un contrat de franchise au sens de l'article L. 330-3 du code de commerce.

Art. L. 144-2 Le locataire-gérant a la qualité de commerçant. Il est soumis à toutes les obligations qui en découlent.

Lorsque le fonds est un établissement artisanal, le locataire-gérant est immatriculé au répertoire des métiers et est soumis à toutes les obligations qui en découlent. — *[L. n° 56-277 du 20 mars 1956, art. 2.]*

1. Fonctionnaire. Si la qualité de fonctionnaire est incompatible avec celle de commerçant, cette incompatibilité ne peut être invoquée par un fonctionnaire qui a pris un fonds de commerce en location-gérance pour se soustraire à ses obligations contractuelles. • Com. 30 janv. 1996 : *Bull. civ. IV, n° 30 ; D. 1996. IR 58 ; D. Affaires 1996. 377 ; Dr. sociétés 1996, n° 70, note Bonneau.*

V. note 3 ss. art. L. 144-1.

2. Taxi. Sur l'exploitation d'un véhicule de taxi en location-gérance, V. Rép. min. n° 120793 : *JOAN Q, 15 mai 2007, p. 4623 ; JCP E 2007, n° 47, p. 23, obs. Azarian et Saintourens.*

Art. L. 144-3 Les personnes physiques ou morales qui concèdent une location-gérance doivent *(Abrogé par Ord. n° 2004-274 du 25 mars 2004, art. 10-I)* ***« avoir été commerçants ou avoir été immatriculés au répertoire des métiers pendant sept années ou avoir exercé pendant une durée équivalente les fonctions de gérant ou de directeur commer-***

cial ou technique et **» avoir exploité pendant deux années au moins le fonds ou l'établissement artisanal mis en gérance.**

(Abrogé par Ord. n° 2004-274 du 25 mars 2004, art. 10-I) ***« Toutefois, ne peuvent consentir une location-gérance les personnes visées par l'article 1er de la loi n° 47-1635 du 30 août 1947*** *[C. com., art. L. 128-1].* **»** – *[L. n° 56-277 du 20 mars 1956, art. 4.]*

V. L. n° 56-672 du 9 juill. 1956, art. 7, qui édicte une dérogation temporaire à l'art. L. 144-3, en faveur des militaires rappelés ou maintenus provisoirement sous les drapeaux.

BIBL. ▶ ALLIX et LEFEBVRE, *Bull. Joly 1999. 235* (location-gérance et opérations de fusion-acquisition). – LELOUP, *RJ com. 2001. 298* (faut-il supprimer les conditions de mise en location-gérance d'un fonds de commerce ?). ▶ Ord. n° 2004-274 du 25 mars 2004 : SAINTOURENS, *RTD com. 2004. 245*. – REYGROBELLET, *D. 2005. 220*.

1. Capacité. Il résulte de l'art. 595 C. civ. que l'usufruitier peut, sans le concours du nu-propriétaire, donner à bail un fonds de commerce dès lors que l'art. 815-3 C. civ., qui exige le consentement de tous les indivisaires, n'est pas applicable à leurs relations. • Civ. 1re, 25 nov. 1986 : *D. 1987. 141, note Morin ; RTD com. 1987. 194, obs. Derruppé ; JCP 1987. II. 20866, note Cohen.*

2. Conjoint travaillant dans l'entreprise. V. art. L. 121-5. ♦ Sur le conjoint survivant, V. note 4 ss. art. L. 144-5.

3. Qualité de commerçant ou assimilé – Condition des sept ans (jurispr. antérieure à l'Ord. du 25 mars 2004). Le contrat de location-gérance tacitement reconduit le 2 nov. 2004 constituant un nouveau contrat, l'art. 10-1 de l'Ord. du 25 mars 2004 qui a supprimé la condition des sept ans lui était applicable. • Com. 19 janv. 2010 : *Dalloz actualité, 1er févr. 2010, obs. Chevrier ; RJDA 2010, n° 620 ; RLDA mars 2010. 24, obs. Filiol de Raimond.* ♦ Une association de la loi de 1901 qui n'a pas la qualité de commerçant ne peut donner un bar-restaurant en location-gérance. • Com. 19 janv. 1988 : *Bull. civ. IV, n° 33 ; D. 1988. IR 36 ; Defrénois 1988. 594, obs. J. Honorat ; RTD com. 1988. 420, obs. Derruppé ; ibid. 465, obs. Alfandari et Jeantin ; Rev. sociétés 1988. 565, note Castro ; Brichet, JCP 1989. I. 3385* • Chambéry, 15 mai 1996 : *Gaz. Pal. 1996. 2. Somm. 513, obs. Vray.* ♦ La veuve de l'exploitant, alors même qu'elle a participé à l'exploitation du fonds, mais qui n'en a pas assumé la direction ne remplit pas les conditions légales. • Com. 13 nov. 1963 : *JCP 1964. II. 13801, note Castro ; RTD com. 1964. 753, obs. Jauffret.* – Comp. : • Nancy, 6 nov. 1959 : *D. 1959. 607.*

Lorsque le loueur est une société commerciale, le point de départ du délai de sept années court à compter de son immatriculation au RCS, et non de la date de signature du contrat de société. • Aix-en-Provence, 10 sept. 1991 : *RJDA 1991, n° 1018.* ♦ Lorsque le loueur est une société, celle-ci doit avoir été immatriculée depuis au moins sept ans puisque c'est cette formalité qui confère la qualité de commerçant. • Rouen, 6 nov. 2008 : *Dr. sociétés 2009, n° 67, obs. M.-L. C.*

La réunion des conditions en la personne d'un gérant de cantine ou d'un directeur commercial, n'aurait-il pas la qualité de commerçant, est suffisante. • Com. 22 mai 1970 : *D. 1970. 530.*

4. Exploitation personnelle – Condition des deux ans. Il n'est pas nécessaire que le délai soit acquis pour l'ensemble des activités, l'élément essentiel étant l'ouverture du fonds pendant deux ans. • TGI Laval, 21 févr. 1989 : *RTD com. 1989. 647, obs. Derruppe.* ♦ Si le propriétaire d'un fonds de commerce ne peut donner celui-ci en location-gérance sans l'avoir préalablement exploité au moins pendant deux ans il n'est pas nécessaire que cette période précède immédiatement le contrat par lequel est concédé le fonds. • Com. 7 févr. 1995 : *Bull. civ. IV, n° 36 ; D. 1995. 489, note Coutant* • Paris, 6 oct. 2009 : *AJDI 2010. 218*. – V. aussi • T. civ. Mont-de-Marsan, 24 sept. 1954 : *JCP 1955. II. 8461, note Cohen* • T. civ. Saint-Malo, 20 oct. 1954 : *ibid.*

La circonstance que l'épouse, qui avait signé seule le contrat de mise en location-gérance, ait aidé occasionnellement son mari à tenir le fonds de commerce ne peut suffire à établir qu'elle a exploité personnellement ce fonds pendant au moins deux années. • Versailles, 29 nov. 2001 : *RTD com. 2002. 653, obs. Saintourens*.

5. Acquéreur d'un fonds antérieurement donné en location-gérance. L'acquéreur du fonds antérieurement donné en location-gérance doit remplir les conditions légales en sa personne dès lors qu'il a fait l'acquisition en vue d'une location-gérance ou à des fins spéculatives. • Com. 25 juin 1974 : *Bull. civ. IV, n° 205.* ♦ L'acquéreur d'un fonds de commerce donné en location-gérance, contre lequel la preuve d'aucune fraude ni intention spéculative n'est établie, et alors que l'acquisition est liée à son activité professionnelle, doit être dispensé des conditions d'exploitation personnelle prévues à l'art. 4 [C. com., art. L. 144-3]. • Limoges,

13 mai 1985 : *JCP 1986. II. 20578, note Raffray ; RTD com. 1985. 508, obs. Derruppé.* – V. aussi • TGI Guéret, 22 févr. 1989 : *RTD com. 1989. 647, obs. Derruppé.*

6. Sous-location du fonds par un locataire-gérant. Dans cette hypothèse, la condition d'exploitation du fonds pendant deux années au moins doit s'apprécier en la personne du premier locataire-gérant, et non en celle du propriétaire du fonds. • Com. 18 oct. 1994 : *Bull. civ. IV, n° 295 ; D. 1995. 231, note Coutant ; Defrénois 1994. 1546, obs. Hovasse ; CCC 1995, n° 26, note Leveneur.*

7. Fonds de commerce commun. Lorsque la location-gérance est consentie par deux époux sur un fonds commun, les conditions légales peuvent être réunies en la personne d'un seul. • Nancy, 6 nov. 1959 : *préc note 3.* ♦ *Contra,* pour des coïndivisaires : • Montpellier, 2 mai 1973 : *JCP E 1974. I. 3476.* ♦ V. aussi, jugeant que la réunion des conditions légales doit s'apprécier en la personne des copropriétaires loueurs du fonds, et prononçant la nullité du contrat de location-gérance consenti par deux copropriétaires dont l'un n'avait pas exploité le fonds, • Paris, 9 nov. 2001 : *RJDA 2002, n° 251.*

8. Activité exercée à l'étranger. V., estimant une dispense judiciaire nécessaire : Rép. min. 9 juin 1980 : *JOAN Q, 9 juin 1980, p. 2358 ; RTD com. 1980. 762, obs. crit. Derruppé.*

9. Fonds de commerce transféré. Le preneur qui a personnellement exploité un fonds de commerce pendant les délais visés par la loi avant de le transférer dans un nouveau local pris à bail, sans que ce transfert ait pour effet de créer une nouvelle clientèle, compte tenu de la proximité des deux établissements, dispose de la possibilité de le mettre en location-gérance dans les nouveaux locaux dès lors qu'il n'y a pas création d'un fonds nouveau mais simple transfert. • Civ. 3e, 15 juin 1994 : *Bull. civ. III, n° 123 ; Defrénois 1994. 1225, obs. Le Cannu ; RJDA 1994, n° 1018 ; Administrer janv. 1995. 37, note Duthil.*

10. Charge de la preuve. Il appartient au loueur de justifier qu'il répond aux conditions requises par l'art. 4 [C. com., art. L. 144-3] lors de la conclusion du contrat de location-gérance. • Com. 18 avr. 2000 : *Bull. civ. IV, n° 77 ; D. 2000. AJ 255, obs. Monéger-Dupuis ; JCP E 2000, n° 47, p. 1864, note Leveneur ; Defrénois 2001. 517, obs. Honorat.*

11. Nullité. Le contrat de location-gérance conclu en violation des conditions exigées du loueur, qui n'ont pas pour finalité la protection des intérêts particuliers des parties, est atteint d'une nullité absolue, faisant échec à l'art. 1304 C. civ. • Com. 4 oct. 2005 : *CCC 2006, n° 22, obs. Leveneur.* ♦ La nullité du contrat, faute de remplir les conditions de l'art. 4 [C. com., art. L. 144-3], est d'ordre public et peut être invoquée par tout intéressé, même par celui qui l'a provoquée par son mensonge ou sa réticence. • Com. 4 févr. 1975 : *D. 1975. IR 83* • 22 juin 1976 : *D. 1976. Somm. 76* • Aix-en-Provence, 28 sept. 1962 : *Gaz. Pal. 1962. 2. 312 ; RTD com. 1963. 73, obs. Jauffret.* – Comp. : • Paris, 31 mars 1994 : *D. 1994. IR 122.* ♦ *Contra*, s'agissant du loueur : • T. com. Grenoble, 14 mars 1960 : *D. 1960. 363 ; RTD com. 1960. 553, obs. Jauffret.* ♦ Le loueur doit alors rembourser au locataire-gérant toutes les sommes qu'il a reçues en exécution du contrat sans que puisse lui être allouée une indemnité d'occupation. • Orléans, 14 juin 2007 : *RJDA 2008, n° 645.* ♦ Sur l'inefficacité d'une autorisation judiciaire ultérieure pour couvrir la nullité, V. • Agen, 18 juin 1984 : *JCP N 1987. II. 37, note Raffray* • Paris, 19 nov. 1963 : *D. 1964. Somm. 42* ; et art. L. 144-4. ♦ V. aussi note 2 ss. art. L. 144-10. ♦ Sur les droits des tiers, V. art. L. 144-10.

12. Liquidation judiciaire. V. art. L. 642-13 s.

Art. L. 144-4 Le délai prévu par l'article L. 144-3 peut être supprimé ou réduit par ordonnance du président du tribunal de grande instance rendue sur simple requête de l'intéressé, le ministère public entendu, notamment lorsque celui-ci justifie qu'il est dans l'impossibilité d'exploiter son fonds personnellement ou par l'intermédiaire de préposés. – *[L. n° 56-277 du 20 mars 1956, art. 5.]*

FORM. PR. COM. v° *Requête en réduction de délai d'exploitation en vue d'obtenir la réduction du délai pour concéder une location-gérance de fonds de commerce,* par PUECH.

1. Délais visés. Bien que la loi ne le précise pas, le juge est compétent pour réduire ou supprimer l'un ou l'autre des délais visés à l'art. 4 [C. com., art. L. 144-3]. • Civ. 3e, 9 avr. 1970 : *JCP 1970. II. 16477* • Grenoble, 17 mars 1965 : *D. 1965. 419 ; JCP 1965. II. 14199, note Givord.* – *Contra* : • Paris, 18 mars 1961 : *D. 1961. 399.*

2. Justifications. Les exemples de justification n'étant pas limitatifs, ont pu être pris en considération, sous le régime du décret de 1953 [abrogé] ou de la loi : la maladie du commerçant. • T. civ. Fontainebleau, 31 mars 1954 : *D. 1954. 414* • T. civ. Douai, 30 nov. 1954 : *JCP 1955. II. 8630* • Grenoble, 17 mars 1965 : *ibid.*

1965. II. 14199, note Givord. ♦ ... L'impossibilité de vendre ou de trouver un gérant salarié. • T. civ. Cahors, 18 sept. 1954 : *D. 1955. Somm. 18* • T. civ. Rouen, 30 mars 1954 : *D. 1954. 285.* ♦ ... L'intention d'établir un enfant. • Nancy, 19 nov. 1954 : *Gaz. Pal. 1954. 2. 431* • Colmar, 20 juin 1961 : *D. 1962. 158.* ♦ ... L'exploitation prévue par un ascendant. • Colmar, 1er oct. 1954 : *Gaz. Pal. Tables 1950-1955, vº Fonds de commerce, nº 185.* ♦ Pour la réorganisation d'une entreprise, V. • Rennes, 5 juill. 1977 : *D. 1978. IR 466 ; RTD com. 1979. 94, obs. Derruppé.* ♦ Pour la mise en location-gérance de restaurants faisant partie d'une chaîne de restauration rapide, V., supprimant le délai, • Versailles, 18 janv. 1988 : *D. 1988. IR 77* • Paris, 1er déc. 1994 : *RJDA 1995, nº 279 ; LPA 25 août 1995, note Marot.* ♦ *Contra*, refusant la suppression : • Montpellier, 29 janv. 1996 : *Gaz. Pal. 1996. 2. Somm. 512, obs. Vray* • Versailles, 26 mars 2009 : *RTD com. 2009. 687, obs. Saintourens ; RJDA 2009, nº 843.* ♦ V. aussi, jugeant suffisante la motivation tirée de la recherche d'une meilleure rentabilité résultant de la prise en gérance libre par une société mère de sept filiales, • TGI Bobigny, 23 mars 1993 : *Gaz. Pal. 1994. 2. Somm. 439.* ♦ L'acquisition d'un fonds de commerce et sa mise en location-gérance au profit de la filiale vendeur constituent des décisions de gestion internes au groupe de sociétés et sont exclusives de toute intention spéculative ou frauduleuse. • Paris, 10 nov. 2004 : *JCP E 2005, nº 14, p. 600.*

Sur l'impossibilité absolue d'exploiter le fonds personnellement, V. • Lyon, 8 juin 1971 : *Gaz. Pal. 1971. 2. 720* • Versailles, 18 janv. 1988 : *D. 1988. IR 77* • TGI Montauban, 9 sept. 1985 : *RTD com. 1986. 394, obs. Derruppé ; JCP 1986. II. 20706, note Raffray.* ♦ *Contra*, lorsque l'intéressé peut se faire remplacer par un préposé : • T. civ. Briançon, 5 janv. 1954 : *D. 1954. 51.* ♦ ... Ou ne poursuit qu'un but spéculatif : • Com. 13 nov. 1963 : *JCP 1964. II. 13801, note Castro* • 11 avr. 1970 : *D. 1970. 627* • Poitiers, 13 nov. 1991 : *JCP 1992. IV. 1453.* – V. aussi • TGI Toulouse, 13 sept. 1993 : *JCP N 1994. II. 173, note crit. Raffray.*

Pour une dérogation accordée à un contrat de location-gérance – conclu à l'occasion du déménagement du siège de la société et de la boutique et de l'ouverture du musée au sein de la « Maison Baccarat » – portant sur un restaurant-salon de thé, avec l'enseigne, le nom commercial et les licences nécessaires, situé dans les locaux de la société Baccarat, et particulièrement du musée Baccarat, décoré et meublé dans l'esprit du musée, équipé tant s'agissant de la cuisine que du restaurant par des ustensiles de la société Baccarat, et dont il est, notamment, stipulé que le restaurant soit être ouvert aux heures d'ouverture de la boutique et du musée, que la carte, sa présentation matérielle et son contenu devront être soumis à l'accord du bailleur et que le locataire-gérant s'engage à réserver un accueil prioritaire aux membres de la direction générale du bailleur ainsi qu'à la clientèle de la boutique et du musée. • Paris, 23 oct. 2009 : *AJDI 2010. 314.*

3. Pouvoirs du juge. Les juges du fond sont souverains pour apprécier si les faits justifient une dérogation aux conditions de délai prévues par l'art. 4 [C. com., art. L. 144-3]. • Com. 11 avr. 1970 : *D. 1970. 627.* ♦ La dérogation accordée par le juge peut n'être que temporaire, compte tenu de la situation. • T. civ. Toulouse, 22 févr. 1954 : *JCP 1954. II. 8019, note Madray.*

4. Nullité. Sur l'absence de rétroactivité de l'autorisation, V. note 11 ss. art. L. 144-3. ♦ Le contrat de location-gérance conclu au mépris des termes de l'autorisation judiciaire est nul. • Com. 11 avr. 1970 : *D. 1970. 627.* ♦ En cas de fraude commise par le loueur, celui-ci ne peut, toutefois, invoquer la nullité pour se soustraire à son obligation de payer le passif du gérant. • Com. 26 juin 1973 : *Bull. civ. IV, nº 222.* ♦ V. art. L. 144-10 et note 2 ss. cet art.

Art. L. 144-5 *(Abrogé par Ord. nº 2004-274 du 25 mars 2004, art. 10-II)* « *I. –* » **L'article L. 144-3 n'est pas applicable :**

1º A l'État ;

2º Aux collectivités territoriales ;

3º Aux établissements de crédit ;

4º Aux majeurs faisant l'objet d'une mesure de protection légale ou aux personnes *(L. nº 2011-803 du 5 juill. 2011, art. 1er-III, en vigueur le 1er août 2011)* **« faisant l'objet de soins psychiatriques » en raison de troubles mentaux dans les conditions fixées par les articles L. 3211-2 et L. 3212-1 à L. 3212-12 du code de la santé publique, en ce qui concerne le fonds dont ils étaient propriétaires avant la mesure de protection légale ou avant la survenance de l'hospitalisation ;**

5º Aux héritiers ou légataires d'un commerçant ou d'un artisan décédé, ainsi qu'aux bénéficiaires d'un partage d'ascendant, en ce qui concerne le fonds recueilli ;

6° A l'établissement public créé par l'article L. 325-1 du code de l'urbanisme. *[;]*

(Ord. n° 2004-274 du 25 mars 2004, art. 10-II) **« 7° Au conjoint attributaire du fonds de commerce ou du fonds artisanal à la suite de la dissolution du régime matrimonial, lorsque ce conjoint a participé à son exploitation pendant au moins deux ans avant la dissolution du régime matrimonial ou son partage** *[;]* **»**

(Abrogé par Ord. n° 2004-274 du 25 mars 2004, art. 10-II) ***« II. — Le premier alinéa de l'article L. 144-3 n'est pas applicable : »***

(Ord. n° 2004-274 du 25 mars 2004, art. 10-II) **« 8° » Au loueur de fonds de commerce, lorsque la location-gérance a pour objet principal d'assurer, sous contrat d'exclusivité, l'écoulement au détail des produits fabriqués ou distribués par lui-même ;**

(Ord. n° 2004-274 du 25 mars 2004, art. 10-II) **« 9° » Aux loueurs de fonds de commerce de cinéma, théâtres et music-halls.** — *[L. n° 56-277 du 20 mars 1956, art. 6.]*

La conclusion d'un contrat de location-gérance sur un fonds de commerce doit être regardée comme un acte de disposition du patrimoine des personnes placées en curatelle ou en tutelle (Décr. n° 2008-1484 du 22 déc. 2008, annexe I, JO 31 déc.). — **C. civ.**

BIBL. ► REYGROBELLET, *D. 2005. 220* (Ord. n° 2004-274 du 25 mars 2004).

1. Stations-service. Sur l'existence d'une clientèle nécessaire et préalable à l'exploitation d'un fonds lors de l'installation du premier gérant à l'ouverture d'une station-service, V. • Com. 27 févr. 1973 : *D. 1974. 283, note Derruppé ; JCP 1973. II. 17403, note A.S.* – Comp. : • Com. 1er févr. 1984 : *Bull. civ. IV, n° 52 ; D. 1984. IR 299.* ♦ Le contrat de location-gérance conclu pour la vente de lubrifiants et autres ne peut être annulé pour non-respect de la condition d'exploitation personnelle par le loueur pendant deux ans dans la mesure où le contrat a pour objet principal d'assurer sous contrat d'exclusivité l'écoulement au détail des produits du loueur. • T. com. Paris, 26 oct. 1992 : *JCP 1993. IV. 360.*

2. Production de programmes audiovisuels. Un fonds de commerce portant sur la production et la diffusion sur tous supports, et par le biais d'abonnements à des chaînes thématiques, de programmes audiovisuels, n'entre pas dans le champ de l'exception de l'art. 6 [C. com., art. L. 144-5]. • Versailles, 3 mai 2001 : *Gaz. Pal. 30-31 janv. 2002, p. 10.*

3. Obligation précontractuelle d'information. V. notes ss. art. L. 330-3.

4. Héritier. Le conjoint survivant ayant la qualité d'héritier, il peut donner le fonds de commerce légué sans remplir les conditions prévues à l'art. L. 144-3, al. 1er, dans sa rédaction applicable à la cause. • Com. 11 déc. 2007 : *Bull. civ. IV, n° 263 ; D. 2008. AJ 159, obs. Chevrier ; RTD com. 2008. 500, obs. Saintourens ; JCP E 2008, n° 16, p. 22, note Mairot ; RJDA 2008, n° 265 ; RLDA févr. 2008. 24, obs. Filiol de Raimond.*

Art. L. 144-6 Au moment de la location-gérance, les dettes du loueur du fonds afférentes à l'exploitation du fonds peuvent être déclarées immédiatement exigibles par le tribunal de commerce de la situation du fonds, s'il estime que la location-gérance met en péril leur recouvrement.

L'action doit être introduite, à peine de forclusion, dans le délai de trois mois à dater de la publication du contrat de gérance dans un journal habilité à recevoir les annonces légales. — *[L. n° 56-277 du 20 mars 1956, art. 7.]*

1. Exigibilité immédiate. **BIBL.** Houin, *RTD com. 1954. 21* (location-gérance et communauté d'exploitation). ♦ Il appartient aux créanciers du loueur dont les créances sont afférentes à l'exploitation de demander au tribunal de commerce de *prononcer* leur *exigibilité immédiate* s'il estime que la location-gérance met en péril leur recouvrement. • Com. 26 nov. 1979 : *Bull. civ. IV, n° 302 ; RTD com. 1980. 76, obs. Derruppé.* ♦ Sur les clauses de déchéance conventionnelle du terme, V. • Paris, 24 avr. 1928 : *Gaz. Pal. 1928. 2. 398.*

2. Absence de novation. L'art. 7 [C. com., art. L. 144-6] n'impliquant pas une novation par changement de débiteur, le fournisseur créancier du loueur est en droit de poursuivre le recouvrement de sa créance contre le propriétaire, en l'absence de preuve d'une volonté contraire. • Com. 26 nov. 1979 : *Bull. civ. IV, n° 302 ; D. 1980. IR 175.*

3. Universalité. Sauf clause expresse de l'acte de location-gérance, le locataire-gérant, qui n'est pas l'ayant cause à titre universel du propriétaire du fonds, n'est pas tenu des obligations personnelles de ce dernier. • Com. 9 déc. 2008 : *Bull. civ. IV, n° 203 ; D. 2009. AJ 95, obs. Chevrier ; RTD com. 2009. 280, obs. Saintourens ; JCP E 2009, n° 5, p. 30 ; CCC 2009, n° 70, obs. Leveneur ; RJDA 2009, n° 211 ; RLDA janv. 2009. 21, obs. Filiol de Raimond.*

Art. L. 144-7 Jusqu'à la publication du contrat de location-gérance et pendant un délai de six mois à compter de cette publication, le loueur du fonds est solidairement responsable avec le locataire-gérant des dettes contractées par celui-ci à l'occasion de l'exploitation du fonds. — *[L. n° 56-277 du 20 mars 1956, art. 8.]*

1. Codification. L'abrogation d'une loi à la suite de sa codification à droit constant ne modifie ni la teneur des dispositions transférées ni leur portée. Dès lors, l'action en paiement d'une dette contractée par le locataire-gérant à l'occasion de l'exploitation de son fonds, à l'encontre du loueur, se trouve désormais soumise à l'art. L. 144-7, peu important que le créancier ait dans ses conclusions invoqué l'art. 8 de la loi du 20 mars 1956. • Com. 4 avr. 2006 : *Bull. civ. IV, n° 93 ; D. 2006. AJ 1455, obs. Chevrier ; RTD com. 2007. 324, obs. Saintourens ; JCP E 2006, n° 19, p. 865 ; RJDA 2006, n° 1017 ; RLDA juin 2006. 33, obs. Lefèvre et Vasa.*

2. Affectation des dettes : dettes nécessaires à l'exploitation du fonds. L'art. 8 [C. com., art. L. 144-7] est d'interprétation stricte. • Com. 8 janv. 1980 : *JCP 1980. II. 19358, note A.S. ; RTD com. 1980. 318, obs. Derruppé* • Paris, 28 juin 2002 : *RJDA 2002, n° 1266* • 15 oct. 2009 : *RJDA 2010, n° 500.* ♦ Les juges doivent relever le lien entre la conclusion du prêt et l'exploitation du fonds et le fait que la dette résulte de cette dernière exploitation. • Com. 19 févr. 1969 : *Bull. civ. IV, n° 70* • 19 févr. 1979 : *ibid., n° 67 ; D. 1979. IR 187* • 8 janv. 1980 : *préc.* • 24 juin 1986 : *Bull. civ. IV, n° 139 ; RTD com. 1987. 41, obs. Derruppé.* ♦ Sur une simulation, V. • Civ. 3e, 14 mars 1968 : *Bull. civ. III, n° 114.* ♦ Doit être déclaré solidairement responsable du remboursement d'un prêt bancaire destiné au financement d'un programme d'investissements, malgré l'imprécision des mentions de l'acte quant aux biens en vue d'acquisition, le loueur qui est intervenu à l'acte de prêt pour confirmer son engagement solidaire et permettre le nantissement du fonds à titre de sûreté, reconnaissant ainsi expressément que la dette contractée par son locataire-gérant était liée à l'exploitation du fonds. • Angers, 27 avr. 2004 : *JCP 2004. IV. 3278.*

Pour l'application de l'art. 8 [C. com., art. L. 144-7], il suffit que les dettes impayées aient été nécessaires à l'exploitation du fonds donné en location-gérance. • Com. 4 mai 1999 : *Bull. civ. IV, n° 92 ; D. 2000. 135, note Langlès ; D. Affaires 1999. 893, obs. A.-L. M.-D. ; RTD com. 1999. 635, obs. Derruppé.* ♦ Dès lors, ne tire pas les conséquences légales de ses constatations et viole ce texte l'arrêt qui, pour rejeter une demande en paiement de cotisations de retraite complémentaire des salariés, retient que l'art. 8 [C. com., art. L. 144-7] ne vise que les dettes contractuelles et que tel n'est pas le cas d'une cotisation sociale qui résulte de la loi. • Même arrêt (cassant, • Basse-Terre, 13 janv. 1997 : *BICC n° 1119 ; Gaz. Pal. 1997. 2. Somm. 406, obs. Vray*). ♦ Un prêt destiné à payer les marchandises garnissant le fonds constitue une dette visée à l'art. 8 [C. com., art. L. 144-7]. • Com. 8 févr. 1972 : *Bull. civ. IV, n° 52.* – Comp : • Com. 19 janv. 1981 : *JCP 1981. IV. 117.*

3. Dettes exclues : dettes étrangères à l'exploitation du fonds. Le loueur n'est pas responsable des obligations relatives à une activité étrangère à l'exploitation du fonds. • Com. 6 juin 1972 : *Bull. civ. IV, n° 178 ; D. 1972. 580 ; JCP 1973. II. 17332, note A.S. ; RTD com. 1973. 73, obs. Jauffret.* • T. com. Seine, 17 mai 1965 : *RJ com. 1965. 294, note J.F.M.* – Comp. : • Com. 3 juill. 1968 : *Bull. civ. III, n° 315.* ♦ ... De dettes telles que des cotisations de retraite vieillesse qui sont strictement personnelles au commerçant. • Com. 6 juin 1972 : *préc.* ♦ Comp., pour des cotisations de retraite complémentaire des salariés, • Com. 4 mai 1999 : *préc. note 2.* ♦ ... D'un prêt contracté par le locataire-gérant afin de verser le cautionnement réclamé par le loueur. • Com. 6 juin 1972 : *préc.* • 15 oct. 2009 : *préc. note 2.* ♦ ... Des fournitures destinées à l'aménagement d'un hôtel-restaurant-bar, alors que la location portait sur un café-restaurant. • Com. 16 janv. 1985 : *Bull. civ. IV, n° 28.* ♦ Comp., pour une dette relative à l'extension du fonds non nécessaire à l'exploitation : • Com. 24 juin 1986 : *préc. note 2.* ♦ Le loueur d'un fonds de commerce de bar-tabacs n'est pas tenu solidairement de payer un matériel de restauration, dès lors que cet achat ne répondait pas aux nécessités de l'exploitation donnée en location-gérance mais était destiné à développer une activité de restauration, ni une machine à glaçons car celle-ci n'était pas indispensable au fonds qui avait été précédemment exploité sans une telle machine. • Paris, 17 janv. 2008 : *RJDA 2008, n° 792.* ♦ Le loueur d'un fonds de commerce de boulangerie-pâtisserie n'est pas tenu solidairement de payer les factures des boissons commandées par le locataire car la distribution de boissons n'est pas nécessaire à l'exploitation du fonds. • Paris, 27 mai 2009 : *RJDA 2009, n° 1076.*

Ayant relevé que le créancier du locataire-gérant d'un fonds de commerce avait traité avec celui-ci avant qu'il n'acquière cette qualité, un tribunal a, par ce seul motif, légalement justifié sa décision rejetant la demande en paiement solidaire de la somme due formée par le créancier à l'encontre du loueur du fonds. • Com. 26 mai 1992 : *Bull. civ. IV, n° 207.* ♦ *Contra*, jugeant que les dettes relatives à l'exploitation du fonds engagent la responsabilité solidaire du loueur même si elles sont antérieures à la conclusion du contrat de location-gérance : • Com. 6 juin 1972 : *Bull. civ. IV, n° 179 ; D. 1972. 580 ; JCP 1973. II. 17332, note A.S.*

4. Bonne foi. Par l'application de l'art. L. 144-7 seuls les tiers de bonne foi peuvent invoquer le bénéfice de la responsabilité solidaire du loueur (contrat d'installation et de maintenance d'un publiphone conclu par le locataire gérant et inopposable au loueur), V. • Paris, 28 juin 2002 : *préc. note 2.* ♦ Le loueur ne peut écarter la responsabilité solidaire qui pèse sur lui, en vertu de l'art. 8 [C. com., art. L. 144-7], qu'à condition d'établir que le fournisseur a commis une imprudence en laissant le locataire-gérant s'endetter à son égard de façon excessive. • Com. 17 oct. 1995 : *Bull. civ. IV, n° 238 ; D. 1995. IR 236 ; D. Affaires 1995. 127 ; Defrénois 1996. 242, obs. Le Cannu* • T. com. Chambéry, 11 déc. 1998 : *RJDA 1999, n° 781.* ♦ Mais c'est alors au loueur qu'il incombe d'apporter la preuve d'une telle faute du créancier. • Com. 2 juill. 2002 : *RJDA 2002, n° 1267.* ♦ La responsabilité du loueur n'est pas engagée à l'égard du créancier qui a recruté le gérant. • Com. 11 oct. 1977 : *Bull. civ. IV, n° 225 ; RTD com. 1978. 97, obs. Derruppé.*

L'organisme financier, qui a réglé directement le fournisseur d'un commerçant, locataire-gérant de son fonds, sur présentation de la facture du matériel commandé devant servir à l'exploitation du fonds, n'a pas à surveiller l'utilisation effective ultérieure de ce crédit par le commerçant pour se prévaloir, à l'égard du loueur du fonds, des dispositions de l'art. 8 [C. com., art. L. 144-7]. • Com. 15 juin 1993 : *Bull. civ. IV, n° 248 ; D. 1993. IR 199.*

5. Créances fiscales. V. art. 1684 CGI. ♦ L'obligation solidaire porte, s'agissant de la TVA, sur les droits dont le fait générateur est intervenu au cours des six mois mentionnés à l'art. L. 144-7, alors même que la déclaration que le locataire-gérant aurait dû souscrire devait intervenir à une date à laquelle le loueur n'était plus tenu par son obligation solidaire. • CAA Nantes, 26 mai 2004 : *RJDA 2005, n° 29.*

6. Nullité du contrat. Sur l'absence d'influence de la nullité du contrat de location-gérance résultant de la fraude, V. • Com. 26 juin 1973 : *D. 1973. IR 182.* ♦ V. aussi note 4 ss. art. L. 144-4.

7. Confusion entre le créancier du locataire-gérant et le loueur. La confusion qui s'opère entre le créancier d'un locataire-gérant et le loueur de ce fonds solidairement responsable avec son locataire-gérant en application de l'art. 8 [C. com., art. L. 144-7], décharge la caution du locataire-gérant. • Com. 24 mars 1992 : *Bull. civ. IV, n° 127.*

8. Publicité de la location. Dès lors qu'un contrat de location-gérance n'a pas été publié, le bailleur est solidairement responsable des dettes contractées par le locataire-gérant pour l'exploitation du fonds de commerce sans qu'il y ait lieu de rechercher si le créancier a eu connaissance de la mise en location-gérance de ce fonds. • Com. 7 janv. 1992 : *Bull. civ. IV, n° 5 ; D. 1992. IR 52.* ♦ *Contra*, en cas d'information des créanciers par lettre recommandée avec accusé de réception : • T. com. Paris, 25 janv. 1993 : *RJDA 1993, n° 500.* ♦ Le contrat de location-gérance ayant fait l'objet d'une publication au RCS et ayant été enregistré à la recette principale des impôts, il ne pouvait être ignoré du trésorier qui devait alors vérifier, par l'examen de l'inventaire annexé au contrat, si les meubles saisis puis vendus appartenaient bien à son débiteur. • Civ. 2e, 23 sept. 2004 : *JCP E 2004, n° 43, p. 1662.*

La publication de la location-gérance n'a pas à être renouvelée en cas de tacite reconduction, si aucune modification n'est intervenue dans la nature de l'exploitation, ni dans la personne de l'exploitant depuis la publication initiale. • Com. 7 juill. 1966 : *D. 1966. 555 ; JCP 1966. II. 14842, note Nectoux ; RTD com. 1966. 908, obs. Jauffret* • 3 mars 1992 : *Bull. civ. IV, n° 104 ; Defrénois 1992. 1365, obs. Le Cannu ; D. 1992. IR 101* • 4 mai 1999 : *préc. note 2.* – *Contra* : • Aix-en-Provence, 6 juin 1961 : *JCP 1961. II. 12316, note Cohen.* ♦ Toutefois, il y a lieu à renouvellement de la publicité lorsque les contrats successifs sont, dans l'intérêt des parties, distincts les uns des autres, alors que pour chacun d'eux le délai de six mois court de façon indépendante. • Com. 13 déc. 1971 : *Bull. civ. IV, n° 300 ; D. 1972. 421 ; JCP 1972. II. 17120, note A. S.* • Versailles, 16 avr. 1986 : *RTD com. 1986. 515, obs. Derruppé.*

Viole l'art. 8 [C. com., art. L. 144-7] et la loi du contrat, la cour d'appel qui, en présence d'une seconde convention reprenant le contenu d'un avenant, dûment publié, emportant substitution de gérant, déclare qu'il s'agit d'un acte distinct nécessairement soumis à la publication, alors que l'avenant désignait clairement le nouvel exploitant. • Com. 16 janv. 1996 : *Bull. civ. IV, n° 16 ; D. Affaires 1996. 346 ; JCP 1996. IV. 544.* ♦ Par ailleurs, le seul fait que la seconde convention comporte des dispositions plus contraignantes pour le gérant, notamment en ce qui concerne la charge des réparations et la consistance du matériel, ne saurait caractériser une modification dans la nature de l'exploitation du fonds depuis la publication initiale. • Même arrêt.

Sur la responsabilité du propriétaire en l'absence de publicité, V. aussi art. L. 123-8, al. 2.

9. Délai de six mois. Pour le calcul du point de départ du délai de six mois, il convient de retenir la date de naissance de la dette ; lorsqu'un contrat à exécution successive est conclu à l'intérieur de la période de six mois, le loueur est responsable des dettes du gérant qui en résultent, auraient-elles une échéance postérieure. • Com. 19 nov. 1975 : *Bull. civ. IV, n° 277 ; D. 1976. 286 ; JCP 1976. II. 18300* • 25 nov. 1986 : *Bull. civ. IV, n° 222 ; RTD com. 1987. 497, obs. Derruppé.* ♦ Sur les dettes d'impôts, non soumises au délai de six mois, V. art. 1684 **CGI**.

10. Compétence juridictionnelle. En raison de la solidarité légale existant entre loueur et locataire-gérant, le propriétaire du fonds, même s'il n'est pas commerçant, doit être attrait en paiement devant le tribunal de commerce. • Com. 22 janv. 1991 : *Bull. civ. IV, n° 40 ; D. 1991. IR 53 ; Defrénois 1991. 876, obs. Le Cannu.*

11. Qualité pour agir. La responsabilité solidaire du loueur avec le locataire-gérant des dettes contractées par celui-ci à l'occasion de l'exploitation du fonds n'étant instituée que dans l'intérêt des créanciers, le locataire-gérant ne peut agir, sur le fondement de l'art. 8 [C. com., art. L. 144-7], afin de voir déclarer le loueur du fonds solidaire de son passif. • Com. 16 janv. 1996 : *Bull. civ. IV, n° 16 ; D. 1996. IR 48.* ♦ V., en matière de procédure collective, note 3 *ter* ss. art. L. 622-20.

12. Responsabilité de droit commun. La cour d'appel, qui constate que les créances des fournisseurs du locataire-gérant étaient postérieures au délai de six mois couvert par la publication du contrat et écarte la responsabilité de plein droit du loueur résultant de l'art. 8 [C. com., art. L. 144-7], fonde à juste titre la condamnation de celui-ci au paiement des dettes sur le droit commun de la responsabilité en relevant qu'il avait laissé créer et entretenir une confusion entre sa propre affaire et celle exploitée par le locataire-gérant. • Com. 22 déc. 1980 : *Bull. civ. IV, n° 439 ; RTD civ. 1981. 297, obs. Derruppé.* ♦ V. aussi • Com. 21 avr. 1977 : *Bull. civ. IV, n° 104 ; RTD com. 1977. 720, obs. Derruppé* • 12 mars 1979 : *Bull. civ. IV, n° 95 ; D. 1979. IR 285.*

13. Recours du loueur. Le loueur a un recours contre le gérant lorsque la dette a été contractée dans l'intérêt exclusif de ce dernier. • Com. 17 juill. 1978 : *Bull. civ. IV, n° 201.* ♦ La nullité du contrat de gérance pour inobservation de l'art. 4 [C. com., art. L. 144-3] n'a pas d'influence sur la validité de ce recours. • Même arrêt. ♦ La responsabilité du loueur si elle profite aux tiers, ne le prive pas de son recours contre le gérant pour le recouvrement du prix des marchandises qu'il a pu livrer en qualité de fournisseur. • Paris, 26 janv. 1984 : *D. 1984. IR 175.* ♦ Sur l'appel en garantie formé par le titulaire d'un bail commercial à l'encontre de son locataire-gérant au titre de sa condamnation au paiement d'un arriéré de loyer du bail commercial et sa compatibilité avec une condamnation *in solidum*, V. • Civ. 3e, 28 mai 2008 : *Bull. civ. III, n° 98 ; D. 2008. AJ 1522, obs. Rouquet ; JCP E 2008, n° 26, p. 16 ; RLDA juill.-août 2008. 29, obs. Filiol de Raimond.*

14. Redressement judiciaire du locataire-gérant. **BIBL.** Guérin, *JCP E 1995. II. 14547.* ♦ Le bailleur, qui a régulièrement publié le contrat de location-gérance, est dispensé de revendiquer le fonds de commerce sans avoir à recourir à une seconde publicité dans les formes requises par l'ancien art. 85-5, al. 1er, du Décr. du 27 déc. 1985. • Com. 15 mars 2005 : *D. 2005. AJ 890, obs. Lienhard ; RTD com. 2006. 291, obs. Saintourens ; JCP E 2005, n° 36, p. 1426, obs. Cabrillac ; JCP N 2005, n° 36, p. 1459, note Puygauthier ; Loyers et copr. 2005, n° 116, obs. Brault ; RJDA 2006, n° 170.* ♦ Sur le rejet d'une production à la faillite sous l'empire des textes antérieurs à la réforme du 25 janv. 1985, V. • Com. 29 oct. 1963 : *D. 1964. Somm. 58.* ♦ Sur la qualité du syndic du locataire-gérant à invoquer l'art. 8 [C. com., art. L. 144-7], V. • Aix-en-Provence, 6 juin 1961 : *RTD com. 1961. 460, obs. Houin. – Contra :* • Paris, 22 oct. 1962 : *D. 1963. 49 ; RTD com. 1963. 654, obs. Houin.* ♦ Sur la mise en cause de la responsabilité solidaire du loueur du fonds de commerce concernant les dettes contractées par le locataire-gérant à l'occasion de l'exploitation du fonds, V. note 3 *ter* ss. art. L. 622-20.

V. aussi art. L. 642-13 s. ♦ Sur l'effet à l'égard du loueur de l'extinction de la créance, faute de déclaration, V. note 6 ss. art. L. 621-46 ancien, cité ss. art. L. 622-26.

15. Mandataire de justice. L'intervention de l'autorité compétente fait disparaître la responsabilité du loueur dans les six mois de la publicité. • Com. 13 déc. 1971 : ♔ *préc. note 8.*

L'exonération de solidarité ne s'étend pas au renouvellement d'une location-gérance pour deux périodes successives par un mandataire de justice à l'expiration d'une période expressément limitée et en l'absence de mandat spécial. • Même arrêt.

Art. L. 144-8 Les dispositions des articles L. 144-3, L. 144-4 et L. 144-7 ne s'appliquent pas aux contrats de location-gérance passés par des mandataires de justice, chargés, à quelque titre que ce soit, de l'administration d'un fonds de commerce, à condition qu'ils aient été autorisés aux fins desdits contrats par l'autorité de laquelle ils tiennent leur mandat et qu'ils aient satisfait aux mesures de publicité prévues. — *[L. nº 56-277 du 20 mars 1956, art. 9.]*

Mandataire ad hoc. La désignation d'un mandataire *ad hoc*, dans le cadre de la L. nº 84-148 du 1er mars 1984 [C. com., art. L. 611-3 ancien], avec pour seule mission de faire rapport sur la situation de l'entreprise, échappe aux prévisions de l'art. 9 [C. com., art. L. 144-8]. • Versailles, 3 mai 2001 : *Gaz. Pal. 30-31 janv. 2002, p. 10.*

V. note 15 ss. art. L. 144-7.

Art. L. 144-9 La fin de la location-gérance rend immédiatement exigibles les dettes afférentes à l'exploitation du fonds ou de l'établissement artisanal, contractées par le locataire-gérant pendant la durée de la gérance. — *[L. nº 56-277 du 20 mars 1956, art. 10.]*

I. RÉSILIATION DU CONTRAT

1. Mode de résiliation. Lorsque le contrat est à durée indéterminée chacune des parties peut le dénoncer par un congé qui ne doit pas être équivoque. • Com. 9 mars 1970 : ♔ *Bull. civ. IV, nº 87* • T. com. Marseille, 4 févr. 1932 : *Rec. Marseille, 1932. 1. 121 ; Gaz. Pal. tables, vº Fonds de commerce, nos 279 ter et quater.* ♦ Sur les formes de droit commun de la notification, V. • Civ. 3e, 11 déc. 1984 : *Gaz. Pal. 1985. 1. Pan. 122.* ♦ Mais un contrat de location-gérance à durée déterminée ne peut être résilié que d'un commun accord des deux parties. • Com. 10 oct. 1966 : *Bull. civ. III, nº 386.* ♦ Sur le jeu d'une clause résolutoire au cas de non-paiement de la redevance, V. • Civ. 3e, 18 déc. 1968 : *Bull. civ. III, nº 564.* ♦ Au cas de résiliation du contrat avant terme par le locataire-gérant, le préjudice subi par le propriétaire sera réparé par le prélèvement sur le dépôt de garantie, des loyers restant dus jusqu'à la date normale d'expiration du contrat. • Com. 14 oct. 1975 : *D. 1976. IR 8.* – Comp. : • Civ. 1re, 3 mai 1972 : ♔ *Bull. civ. I, nº 121.*

L'art. L. 145-41, *al. 2, C. com.* prévoyant la possibilité pour le juge de suspendre la réalisation des effets de la clause résolutoire n'est pas applicable en l'espèce dès lors que le statut des baux commerciaux n'est pas applicable en cas de location-gérance. • Colmar, 26 août 2010 : *Loyers et copr. 2011, nº 15, obs. Brault.*

2. Motifs de résiliation. Il y a lieu à résiliation au cas d'insuffisance d'exploitation de la part du gérant. • Com. 8 févr. 1966 : *Bull. civ. III, nº 82.* ♦ ... Lorsque le fonds disparaît à la suite d'une expropriation ou d'une fermeture par décision administrative ou judiciaire. • Crim. 20 janv. 1960 : *JCP 1960. II. 11774, note Legeais* • Civ. 14 janv. 1941 : *D. 1941. 66.* ♦ L'indemnité d'expropriation est en principe due au propriétaire du fonds. • Com. 27 févr. 1973 : ♔ *JCP 1973. II. 17403, note A.S.* ♦ ... Au cas de non-paiement des redevances, sans que s'appliquent les dispositions du Décr. du 30 sept. 1953. • Paris, 18 janv. 1984 : *D. 1984. IR 175 ; RTD com. 1984. 657, obs. Derruppé.* ♦ Sur le pouvoir d'appréciation des juges du fond, V. • Com. 8 févr. 1966 : *préc.*

3. Résiliation du bail des locaux. La clause d'un contrat de location-gérance prévoyant la résiliation de plein droit du contrat en cas de résiliation du bail des locaux dans lesquels est exploité le fonds, ne recèle pas une condition potestative et n'est donc pas nulle, dès lors que la résiliation du bail des locaux par le propriétaire de ceux-ci est un événement qui dépend de sa seule volonté, même en cas de manquement du locataire à ses obligations, puisque la décision de poursuivre ou non la résiliation appartient au propriétaire qui est un tiers au regard du contrat de location-gérance. • Civ. 3e, 22 nov. 1995 : ♔ *RJDA 1996, nº 341.* ♦ La société pétrolière, qui avait résilié la location-gérance à l'expiration de la convention d'occupation précaire, a été condamnée à indemniser le locataire-gérant au titre des gains qu'il pouvait escompter de l'exécution de bonne foi du contrat d'une durée prévisible de dix ans, n'ayant pas été informé, lors de la conclusion du contrat, de la détention précaire du site d'exploitation. • Com. 16 déc. 2008 : *JCP E 2009, n° 19, p. 24, obs. Mainguy ; RJDA 2009, n° 334 ; RCA 2009, n° 40.*

4. Redressement et liquidation judiciaires. Ni la liquidation judiciaire du locataire-gérant, ni la décision du liquidateur de mettre fin à l'exécution du contrat en cours n'ont, à elles seules, pour effet d'entraîner la résiliation du contrat de location-gérance et le retour au bailleur de l'entreprise donnée à bail. • Com. 7 févr. 1989 : *Bull. civ. IV, n° 49 ; D. 1989. IR 67 ; RTD com. 1989. 215, obs. Derruppé.* ♦ Pas plus la liquidation judiciaire du propriétaire du fonds n'entraîne-t-elle automatiquement la cessation du contrat de location-gérance, le fonds de commerce et ledit contrat pouvant être cédés dans le cadre des opérations de liquidation. • Paris, 2 déc. 1994 : *RJDA 1995, n° 436.* ♦ V. aussi, art. L. 622-13 et L. 641-11. ♦ Comp., sous l'empire de la loi du 13 juill. 1967 : • Soc. 14 mai 1987 : *JCP N 1987. II. 641.*

5. Tacite reconduction. Lorsque le locataire-gérant continue son exploitation après l'échéance du terme sans qu'un nouveau contrat ait été conclu, il y a tacite reconduction, que celle-ci ait été prévue par le bail. • Com. 11 juill. 1967 : *Bull. civ. III, n° 289* • Paris, 28 juin 1966 : *Gaz. Pal. 1966. 2. 311.* ♦ ... Ou qu'elle ne l'ait pas été. • Com. 7 juill. 1966 : *D. 1966. 555 ; JCP 1966. II. 14842, note Nectoux.* ♦ Sur le sort, en cas de tacite reconduction, d'une promesse de vente du fonds, V. • Com. 22 oct. 1996 : *Bull. civ. IV, n° 257 ; Defrénois 1997. 657, obs. J. Honorat ; RTD com. 1997. 228, obs. Derruppé.*

Dans le cas d'un contrat de location-gérance renouvelable par tacite reconduction, il ne résulte pas des termes de la clause précisant que la durée renouvelable « est fixée sous réserve du renouvellement du bail consenti par le propriétaire », que les parties aient eu la volonté de faire du non-renouvellement du bail de l'immeuble un obstacle au renouvellement du contrat de location-gérance, qui pouvait se perpétuer aussi longtemps que les loueurs disposaient du droit au maintien dans les lieux. • Com. 24 sept. 2003 : *RJDA 2004, n° 303.* ♦ Pour une obligation de réévaluation des loyers jugée conforme à l'exigence contractuelle d'un motif sérieux et légitime du non-renouvellement d'un contrat de location-gérance, V. • Com. 12 avr. 2005 : *LPA 14 déc. 2005, note Boismain ; Rev. loyers 2005. 426, note Gallet.*

II. EFFETS DE LA RÉSILIATION

6. Exigibilité des redevances à échoir. La clause, stipulant, en cas de résiliation, l'exigibilité des redevances à échoir jusqu'à l'issue de la période contractuelle, tend seulement à assurer le paiement de la totalité du prix convenu pour la durée du contrat et ne peut s'analyser comme tendant à sanctionner l'inexécution de ses obligations par le locataire-gérant. • Paris, 22 juin 1993 : *D. 1993. IR 219.* ♦ Condamnant le locataire-gérant à payer des dommages-intérêts dans la mesure où, en ne réglant pas les redevances, celui-ci a mis le liquidateur judiciaire du propriétaire du fonds de commerce dans l'impossibilité de régler le loyer, conduisant ainsi à la résiliation du bail : • Colmar, 25 oct. 2007 : *JCP E 2008, n° 15, p. 12.*

7. Exclusion du statut des baux commerciaux. BIBL. Kéita, *JCP E 2003, n° 12, p. 504.* ♦ Le bénéfice du statut des baux commerciaux n'étant accordé qu'aux propriétaires de fonds de commerce, ne saurait être invoqué par le locataire-gérant. • Req. 22 juill. 1931 : *DH 1931. 507* • Com. 11 janv. 1960 : *D. 1960. 383.* ♦ Il en va différemment et le locataire-gérant peut invoquer le statut des baux commerciaux et le droit à renouvellement du bail, lorsqu'il s'est constitué une clientèle propre dans une activité indépendante. • Civ. 22 mai 1968 : *JCP 1969. II. 15784, note Boccara.* – Comp. : • Civ. 3e, 10 mai 1968 : *Bull. civ. III, n° 198.* ♦ L'art. L. 145-17 C. com., réglant les rapports entre bailleurs et locataires en ce qui concerne le renouvellement des locaux à usage commercial, n'est pas applicable à la location-gérance. • Com. 12 avr. 2005 : *préc. note 5.* ♦ La demande de requalification d'un contrat de location-gérance en contrat de bail commercial est soumise à la prescription biennale de l'art. L. 145-60 C. com. dès lors qu'elle tend à voir reconnaître le bénéfice du statut des baux commerciaux. • Civ. 3e, 29 oct. 2008 : *AJDI 2009. 123, note Mbotaingar ; Loyers et copr. 2009, n° 94, obs. Brault.* ♦ V. art. L. 145-1 et L. 145-8. ♦ V. aussi, note 10 ss. art. L. 144-1.

8. Restitution du fonds et indemnités. La résiliation du contrat de location-gérance n'entraîne le retour de l'entité économique au propriétaire du fonds que si l'entreprise subsiste et que son exploitation est susceptible d'être poursuivie. • Paris, 16 déc. 2009 : *RJDA 2010, n° 842.* ♦ A l'expiration du contrat, le locataire-gérant doit restituer le fonds, à défaut il peut être expulsé sur ordonnance de référé s'il s'y refuse. • Com. 3 oct. 1972 : *Bull. civ. IV, n° 230*

• 18 déc. 1968 : *ibid., n° 564.* ♦ Sauf clause contraire, le gérant est tenu de restituer sans indemnité les éléments nouveaux inséparables de l'exploitation du fonds. • Com. 11 janv. 1960 : *D. 1960. 383* • Fort-de-France, 12 mars 1981 : *RTD com. 1982. 90, obs. Derruppé.* ♦ *Contra*, au cas de création d'un fonds distinct, V. note 7. ♦ Au cas de maintien abusif dans les lieux, le propriétaire est fondé à réclamer au gérant une indemnité d'occupation. • Com. 17 mai 1966 : *Bull. civ. III, n° 255.* ♦ L'obligation qui pèse sur le locataire-gérant de restituer le fonds en tous ses éléments en l'état où il se trouvait lors de la conclusion du contrat, n'implique pas celle de rendre un fonds ayant nécessairement la même valeur marchande qu'en début de contrat. • Com. 19 mai 1998 : *RJDA 1998, n° 1103.* ♦ Il appartient au propriétaire du fonds qui fait état d'une diminution de valeur de son fonds résultant des agissements du locataire de justifier cette prétention. • Même arrêt. ♦ Le locataire-gérant tenu, à l'expiration du contrat, de restituer le fonds en tous ses éléments, doit répondre de la perte de valeur de celui-ci, lorsqu'elle est survenue par sa faute. • Com. 6 mai 2002 : *Bull. civ. IV, n° 79 ; RTD com. 2003. 55, obs. Saintourens ; JCP 2002. IV. 2048 ; RJDA 2002, n° 1016.* ♦ Est fautif l'arrêt d'exploitation du fonds pendant plus de six mois alors que la résolution judiciaire du contrat n'était pas assortie de l'exécution provisoire. • Même arrêt. ♦ Le propriétaire doit restituer en fin de gérance le dépôt de garantie alors même que les fonds auraient été dissipés par son mandataire. • Com. 11 mai 1976 : *Bull. civ. IV, n° 158.* ♦ Dans l'hypothèse où le fonds loué et le local où il est exploité appartiennent au même propriétaire, V. art. L. 145-46.

9. Clauses relatives aux restitutions. L'art. 1732 C. civ., relatif aux baux des maisons et des biens ruraux, n'étant pas applicable aux rapports entre loueur et locataire-gérant d'un fonds de commerce, l'engagement solidaire de locataires-gérants d'exécuter les obligations mises à leur charge par le contrat de location-gérance, notamment celle de restituer le matériel à la fin du contrat, oblige l'un quelconque d'entre eux à payer au loueur la valeur du matériel perdu, même si cette perte résulte de la faute de l'autre. • Com. 2 juill. 1996 : *Bull. civ. IV, n° 198 ; D. 1996. IR 192 ; D. Affaires 1996. 944 ; RTD civ. 1996. 923, obs. Gautier ; CCC 1996, n° 197, note Leveneur.* ♦ Sur l'exclusion des art. 1732 et 1733 C. civ., en cas d'incendie, V. note 5 ss. art. L. 144-1. ♦ Sur les clauses d'indemnisation pour dépréciation anormale, V., pour une baisse du chiffre d'affaires due à l'environnement, • Poitiers, 16 nov. 1986 : *Defrénois 1987. 1323, obs. J. Honorat ; RTD com. 1988. 611, obs. Derruppé.* ♦ Sur la validité des clauses stipulant la restitution des locaux sans indemnité à raison des améliorations apportées, V. • Com. 14 avr. 1992 : *JCP E 1992. Pan. 825.* ♦ Pour une clause mettant à la charge du locataire-gérant l'obligation de remettre en état identique les agencements en fin de contrat, V. • Paris, 4 juill. 2012 : *RTD com. 2012. 722, obs. Saintourens ; RJDA 2012, n° 952.*

10. Reprise du stock. Aucune disposition légale n'impose au propriétaire d'un fonds de commerce donné en location-gérance de racheter le stock à l'expiration du contrat. Par conséquent, en l'absence de clause de reprise de stocks à l'expiration du contrat de location-gérance, le loueur n'est pas tenu de racheter les marchandises laissées par le locataire-gérant après son départ. • Com. 23 mars 1999 : *Bull. civ. IV, n° 72 ; D. 1999. IR 110 ; D. Affaires 1999. 703, obs. A.-L. M.-D. ; LPA 27 avr. 1999 ; CCC 1999, n° 109, obs. Leveneur ; RTD com. 1999. 636, obs. Derruppé.* ♦ Comp., ayant jugé que, sauf disposition contractuelle contraire, le loueur est tenu de reprendre le stock à l'expiration du contrat de location-gérance : • Paris, 10 juin 1992 : *RJDA 1992, n° 1123.* ♦ S'agissant de matériel manquant, il appartient au loueur qui en demande la restitution d'apporter la preuve qu'il était compris dans la location-gérance. • Com. 11 juin 1979 : *Bull. civ. IV, n° 192 ; RTD com. 1979. 708, obs. Derruppé.* ♦ V. aussi • Com. 15 déc. 1998 : *RJDA 1999, n° 165.* ♦ La présomption édictée par l'art. 1731 C. civ. n'est pas applicable. • Même arrêt.

11. Contrats de travail. Si à l'expiration du contrat de location d'un fonds de commerce, les contrats de travail subsistent en principe avec le bailleur, c'est à la condition que la même entreprise continue à fonctionner et fasse retour dans le patrimoine de celui-ci. • Soc. 9 juin 1983 : *Bull. civ. V, n° 318 ; RTD com. 1984. 476, obs. Derruppé.* ♦ Dès lors qu'il est constaté que le loueur avait mis fin au contrat de location-gérance, avait repris possession de son fonds de commerce, puis avait conclu un nouveau contrat de location-gérance avec un autre gérant, d'où il résultait des modifications dans la situation juridique de l'employeur intervenues en vertu de conventions successives entre ceux-ci, une cour d'appel a pu décider que le dernier employeur était tenu de verser au salarié la provision réclamée sur des sommes qui lui étaient dues. • Soc. 24 sept. 2002 : Bull. civ. V, n° 274 ; *JCP E 2003, n° 2, p. 86, note Fin-Langer.* ♦ Comp., en cas de liquidation judiciaire : • Com. 7 févr. 1989 : *préc. note 4.* ♦ La résiliation d'un contrat de location-gérance entraînant le retour du fonds loué au bailleur, le contrat de travail qui lui est attaché se poursuit avec ce dernier lorsque le fonds n'est pas inexploitable au jour de sa restitution. • Soc. 14 mars 2012 : *RJDA 2012, n° 849* • Grenoble, 12 sept. 2007 : *JCP 2008. IV. 2202* • Paris, 16 déc. 2009 : *préc. note 8.*

Sur le sort du comité d'entreprise, V. • Soc. 15 nov. 2011 : *Bull. civ. V, n° 264 ; Dalloz actualité, 15 déc. 2011, obs. Siro ; D. 2011. Actu. 2875.*

12. Clauses de non-rétablissement. Si un contrat de location-gérance n'interdit pas de plein droit au locataire-gérant d'exercer, à l'issue de la location-gérance, la même activité que celle faisant l'objet du fonds loué, aucune règle n'interdit aux parties de convenir, par une clause particulière du contrat, d'une telle prohibition pourvu qu'elle soit proportionnée à l'objet du contrat de location-gérance. • Paris, 2 févr. 2005 : *AJDI 2005. 479.* ♦ V. aussi • Com. 28 avr. 1987 : *D. 1988. Somm. 175, obs. Serra.*

Art. L. 144-10 **Tout contrat de location-gérance ou toute autre convention comportant des clauses analogues, consenti par le propriétaire ou l'exploitant d'un fonds de commerce ne remplissant pas les conditions prévues aux articles ci-dessus, est nul. Toutefois, les contractants ne peuvent invoquer cette nullité à l'encontre des tiers.**

La nullité prévue à l'alinéa précédent entraîne à l'égard des contractants la déchéance des droits qu'ils pourraient éventuellement tenir des dispositions du chapitre V du présent titre réglant les rapports entre bailleurs et locataires en ce qui concerne le renouvellement des baux à loyer d'immeubles ou de locaux à usage commercial, industriel ou artisanal. – *[L. n° 56-277 du 20 mars 1956, art. 11.]*

1. Champ d'application. L'art. 11 [C. com., art. L. 144-10] n'attache la sanction de la nullité à l'égard des parties au contrat de location qu'aux infractions commises contre les prescriptions impératives de la loi concernant la conclusion même de ces contrats, et non pas à celles relatives à la publicité devant lui être donnée qui n'ont pour objet que d'informer les tiers. • Com. 5 mars 1969 : *Bull. civ. IV, n° 86.*

2. Caractère impératif de la nullité. Le contrat de location-gérance conclu en violation des conditions exigées du loueur, qui n'ont pas pour finalité la protection des intérêts particuliers des parties, est atteint d'une nullité absolue et comme tel insusceptible de confirmation. • Com. 9 juin 2004 : *Loyers et copr. 2004, n° 186, obs. Brault.* ♦ Doit être cassé, pour violation des art. 4 et 11 [C. com., art. L. 144-3 et L. 144-10], l'arrêt qui, sur la demande en nullité d'une location-gérance faute par le bailleur, commerçant depuis moins de sept ans, d'avoir obtenu l'autorisation du président du tribunal de grande instance compétent, énonce qu'il a présenté une requête aux fins de dispense et que si l'ordonnance conforme n'a été rendue qu'après la signature du contrat de location-gérance, le retard incombe au service du procureur de la République, que le locataire a exécuté la convention et n'a invoqué qu'en cause d'appel la nullité, qu'aucun tiers n'a été lésé par la gérance et qu'en définitive « dans un tel concours de circonstances indépendantes de la volonté des parties et surtout du bailleur, le locataire n'est pas fondé à invoquer à son seul profit la nullité de la convention ». • Com. 4 févr. 1997 : *Bull. civ. IV, n° 42 ; D. 1998. 153, note Pasqualini et Pasqualini-Salerno ; D. Affaires 1997. 369 ; JCP E 1997. II. 977, note Leveneur.*

3. Opposabilité aux tiers. La nullité ne pouvant être invoquée par les cocontractants à l'encontre des tiers, le loueur ne saurait s'en prévaloir pour se libérer de la responsabilité des dettes contractées pour l'exploitation du fonds. • Com. 24 avr. 1985 : *Gaz. Pal. 1985. 2. Pan. 359* • 4 févr. 1986 : *Bull. civ. IV, n° 1.* ♦ Comp. : • Com. 12 janv. 1981 : *Bull. civ. IV, n° 21 ; D. 1981. IR 223, obs. Derrida* (à propos d'indemnités de licenciement du personnel du locataire-gérant mis en liquidation des biens).

4. Propriété commerciale. La déchéance des droits à renouvellement des baux à loyer, prévue par l'art. 11, al. 2 [C. com., art. L. 144-10, al. 2], étant encourue dès lors que le preneur consent un contrat de location-gérance atteint par la nullité prévue à l'al. 1er du même art., l'auteur d'un tel contrat ne peut invoquer une réitération de la convention, quand bien même la cause de nullité aurait cessé, pour échapper à la déchéance de ses droits. • Com. 30 juin 1992 : *Bull. civ. IV, n° 256 ; D. 1992. IR 287* • Paris, 9 nov. 2001 : *cité note 7 ss. art. L. 144-3.* ♦ Sur la déchéance du droit à la propriété commerciale, V. aussi • Com. 28 mars 1973 : *Gaz. Pal. 1973. 2. 562* • 13 nov. 1963 : *JCP 1964. II. 13801, note Castro.* ♦ Toutefois, la nullité de la location-gérance n'entraîne pas nécessairement la résiliation du bail. • Civ. 3e, 18 oct. 1968 : *JCP 1969. II. 15965, note B. B.* ♦ Du fait de l'effet rétroactif de l'annulation du contrat de location-gérance, les propriétaires du fonds de commerce ne peuvent prétendre à une indemnité d'éviction sans avoir à justifier de leur immatriculation au registre du commerce et des sociétés ou au répertoire des métiers. • Civ. 3e,

10 nov. 2010 : *JCP N 2010, n° 836 ; Gaz. Pal. 2011. 964, obs. Barbier ; RJDA 2011, n° 216 ; RJ com. 2011. 161, obs. Gourdon ; Loyers et copr. 2011, n° 50, obs. Chavance ; Administrer janv. 2011. 43, obs. Lipman-W. Boccara.* ♦ Ayant retenu que le contrat de location-gérance conclu entre les parties doit être déclaré nul par application de l'art. L. 144-10 et que ce contrat n'a pu dès lors produire aucun effet, une cour d'appel en a exactement déduit que le demandeur doit être débouté de sa demande de requalification du contrat en sous-bail commercial et déclaré occupant sans droit ni titre du local où est exploité le fonds de commerce. • Civ. 3e, 18 mai 2005 : *Bull. civ. III, n° 110 ; D. 2005. AJ 1556, obs. Rouquet ; RTD com. 2006. 293, obs. Saintourens ; AJDI 2005. 833, obs. Dumont ; JCP E 2005, n° 48, p. 2034, obs. Kenfack ; Loyers et copr. 2005, n° 136, obs. Brault ; Rev. loyers 2005. 377, note Quément ; RJDA 2005, n° 1100 ; Administrer juill. 2005. 47, obs. Boccara et Lipman-W. Boccara.*

Art. L. 144-11 **Si le contrat de location-gérance est assorti d'une clause d'échelle mobile, la révision du loyer peut, nonobstant toute convention contraire, être demandée chaque fois que, par le jeu de cette clause, ce loyer se trouve augmenté ou diminué de plus du quart par rapport au prix précédemment fixé contractuellement ou par décision judiciaire.**

Si l'un des éléments retenus pour le calcul de la clause d'échelle mobile vient à disparaître, la révision ne peut être demandée et poursuivie que si les conditions économiques se sont modifiées au point d'entraîner une variation de plus du quart de la valeur locative du fonds. – *[L. n° 56-277 du 20 mars 1956, art. 12.]*

BIBL. ▶ BÉRAUD, *Ann. loyers 1954. 674.* – JAUFFRET, *RTD com. 1955. 55.*

1. Licéité de l'indice. Dès lors qu'une clause prévoyant l'indexation du prix est en relation directe avec l'activité du locataire-gérant du fonds, elle ne tombe pas sous le coup de la prohibition édictée par l'art. 79, al. 3, de l'ordonnance du 30 déc. 1958 [désormais codifié à l'art. L. 112-2 C. mon. fin. ; V. cet art., App., v° *Banque et financement de l'entreprise*]. • Paris, 27 mars 1987 : *D. 1987. IR 110.* ♦ Le contrat de location-gérance d'un fonds de commerce étant relatif à un bien meuble incorporel et non à un immeuble bâti, la clause prévoyant l'indexation sur l'indice national du coût de la construction n'est pas valable. • Com. 16 févr. 1993 : *Bull. civ. IV, n° 63 ; Defrénois 1993. 1193, obs. Le Cannu ; D. 1993. IR 68* • Dijon, 17 juill. 1975 : *Gaz. Pal. 1976. 1. 338 ; RTD com. 1976. 344, obs. Jauffret.* – Comp. : • Civ. 3e, 13 janv. 1988 : *Loyers et copr. 1988, n° 81.*

Sur la validité d'une clause prévoyant que l'indexation est la condition déterminante du contrat, V. • Com. 27 mars 1990 : *Bull. civ. IV, n° 93 ; D. 1991. 289, note Testu ; Defrénois 1991. 610, note J. Honorat.*

2. Disparition de l'indice. Au cas de disparition de l'indice, la variation ne pourra être demandée qu'au cas d'une modification des conditions économiques entraînant une variation de plus du quart de la valeur locative du fonds. • TGI Bourg, 29 avr. 1963 : *D. 1964. Somm. 41* • TGI Grasse, 4 oct. 1966 : *Gaz. Pal. 1966. 2. 292* • Aix-en-Provence, 1er févr. 1968 : *ibid. 1968. 1. 347.*

3. Résultat de la révision. La Cour de cassation a admis, à propos du texte analogue de l'art. 28 du Décr. du 30 sept. 1953 [C. com., art. L. 145-39], en matière de bail commercial, que le texte doit jouer même lorsque la valeur locative est plus élevée que le loyer résultant de l'indexation. • Civ. 3e, 6 janv. 1993 : *Bull. civ. III, n° 3 ; RTD com. 1993. 632, obs. Derruppé.*

Art. L. 144-12 **La partie qui veut demander la révision doit en faire la notification à l'autre partie par lettre recommandée avec demande d'avis de réception ou par acte extrajudiciaire.**

A défaut d'accord amiable, l'instance est introduite et jugée conformément aux dispositions prévues en matière de révision du prix des baux à loyer d'immeubles ou de locaux à usage commercial ou industriel. – *V. art. L. 145-57 à L. 145-60, R. 145-23 s.*

Le juge doit, en tenant compte de tous les éléments d'appréciation, adapter le jeu de l'échelle mobile à la valeur locative équitable au jour de la notification. Le nouveau prix est applicable à partir de cette même date, à moins que les parties ne se soient mises d'accord avant ou pendant l'instance sur une date plus ancienne ou plus récente. – *[L. n° 56-277 du 20 mars 1956, art. 13.]*

FORM. PR. COM. v^{is} *Notification par lettre recommandée d'une demande de révision du loyer d'un contrat de location-gérance d'un fonds de commerce ; Notification par acte d'huissier...*, par PUECH.

1. Prescription. L'art. 13 [C. com., art. L. 144-12] dispose que l'instance en révision du loyer d'une location-gérance est introduite et jugée conformément aux dispositions du Décr. n° 53-960 du 30 sept. 1953 et ne comporte aucune restriction ; l'action en révision est donc soumise à la prescription biennale édictée par l'art. 33 dudit décret [C. com., art. L. 145-60]. • Com. 16 juin 1992 : *Bull. civ. IV, n° 237 ; D. 1992. IR 227.*

2. Référé. Le droit pour le bailleur de se prévaloir de bonne foi d'une faculté de résiliation après avoir entrepris un processus de négociation sur la révision du montant de la redevance, sans mettre en œuvre la procédure de fixation du loyer prévue par l'art. L. 144-12, mérite un débat de fond, justifiant le refus du juge des référés d'ordonner au locataire-gérant de quitter les lieux. • Civ. 2e, 13 mars 2008 : *pourvoi n° 07-16.390.*

Art. L. 144-13 **Les dispositions des articles L. 144-11 et L. 144-12 ne sont pas applicables aux opérations de crédit-bail en matière de fonds de commerce ou d'établissement artisanal mentionnées au 3° de l'article 1er de la loi n° 66-455 du 2 juillet 1966 relative aux entreprises pratiquant le crédit-bail.**

Les dispositions de l'article L. 144-9 ne sont pas applicables lorsque le locataire-gérant qui a pris en location par un contrat de crédit-bail un fonds de commerce ou un établissement artisanal lève l'option d'achat. — *[L. n° 56-277 du 20 mars 1956, art. 13-1.]*

BIBL. ▶ RAFFRAY, *JCP N 1986. I. 9831.* – BEY, *JCP E 1987. II. 14860* (formule commentée).

CHAPITRE V DU BAIL COMMERCIAL

Le code des baux commenté Dalloz comporte l'ensemble des textes, codifiés ou non, régissant la matière, assortis d'annotations de jurisprudence et de bibliographie. — ***C. baux.***

RÉP. COM. v° *Baux commerciaux*, par DUMONT-LEFRAND.

BIBL. ▶ AUQUE, *JCP 2000, n° 45, Actualité* (codification des baux commerciaux à droit presque constant). – BLATTER, *AJDI 2001. 113* (pour une lecture à droit constant d'une codification à droit constant). – MONÉGER, *Loyers et copr. oct. 2000, Repères, p. 3* – PH.-H. BRAULT, *ibid. Chron. 11.* – BOCCARA, *D. 2001, Point de vue, p. 2018* (de l'interprétation obligée d'une codification à droit constant). – MONÉGER, *Rev. loyers 2004. 262* (baux commerciaux et sources du droit). – SEUBE, *Cah. dr. entr. 2005, n° 3, p. 22* (baux commerciaux : occuper les espaces de liberté). – PLANCKEEL, *RLDA févr. 2011. 72* (EIRL : quelles conséquences pour le bail commercial ?). – GUILLAUME, *Rev. loyers 2013. 68* (quelques incidences du e-commerce sur les baux commerciaux).

▶ Loi n° 2008-776 du 4 août 2008 : MONÉGER, *Loyers et copr. 2008. Repère 7* (des bonheurs collatéraux). – MONÉGER et BRAULT, *JCP E 2008, n° 40, p. 15 ; Loyers et copr. 2008. Étude 8* (modernisation du statut des baux dans la LME). – AUQUE, *JCP E 2008, n° 39, p. 6* (toilette des baux commerciaux et professionnels). – BLATTER, *AJDI 2008. 649* (LME et baux commerciaux). – LAFOND, *JCP E 2008, n° 47, p. 24* (application volontaire du statut des baux commerciaux aux « professionnels » après la LME). – BARBIER, *Gaz. Pal. 2008. 2879* (réforme du statut des baux commerciaux par LME). – GUÉVEL, *RLDA oct. 2008. 31* (LME et jouissance entrepreneuriale des biens immobiliers). – MONÉGER, *RTD com. 2008. 501* (bail commercial et LME). – LACGER, *Rev. loyers 2008. 414* (LME et statut des baux commerciaux). – RUET, *LPA 11 mars 2009* (de quelques réformes récentes en droit des baux commerciaux). – PRIGENT, *Rev. loyers 2009. 318* (l'impact de la réforme du droit des entreprises en difficulté sur le bail commercial). – DUMORTIER, *Defrénois 2009. 1769* (modifications du statut des baux commerciaux par la LME).

SECTION PREMIÈRE DU CHAMP D'APPLICATION

Art. L. 145-1 **I. — Les dispositions du présent chapitre s'appliquent aux baux des immeubles ou locaux dans lesquels un fonds est exploité, que ce fonds appartienne,**

soit à un commerçant ou à un industriel immatriculé au registre du commerce et des sociétés, soit à un chef d'une entreprise immatriculée au répertoire des métiers, accomplissant ou non des actes de commerce, et en outre :

1° Aux baux de locaux ou d'immeubles accessoires à l'exploitation d'un fonds de commerce quand leur privation est de nature à compromettre l'exploitation du fonds et qu'ils appartiennent au propriétaire du local ou de l'immeuble où est situé l'établissement principal. En cas de pluralité de propriétaires, les locaux accessoires doivent avoir été loués au vu et au su du bailleur en vue de l'utilisation jointe ;

2° Aux baux des terrains nus sur lesquels ont été édifiées — soit avant, soit après le bail — des constructions à usage commercial, industriel ou artisanal, à condition que ces constructions aient été élevées ou exploitées avec le consentement exprès du propriétaire.

II. — Si le fonds est exploité sous forme de location-gérance en application du chapitre IV du présent titre, le propriétaire du fonds bénéficie néanmoins des présentes dispositions sans avoir à justifier de l'immatriculation au registre du commerce et des sociétés ou au répertoire des métiers. — *[Décr. n° 53-960 du 30 sept. 1953, art. 1er.]*

(L. n° 2008-776 du 4 août 2008, art. 42) « III. — Si le bail est consenti à plusieurs preneurs ou indivisaires, l'exploitant du fonds de commerce ou du fonds artisanal bénéficie des dispositions du présent chapitre, même en l'absence d'immatriculation au registre du commerce et des sociétés ou au répertoire des métiers de ses copreneurs ou coïndivisaires non exploitants du fonds.

« En cas de décès du titulaire du bail, ces mêmes dispositions s'appliquent à ses héritiers ou ayants droit qui, bien que n'exploitant pas de fonds de commerce ou de fonds artisanal, demandent le maintien de l'immatriculation de leur ayant cause pour les besoins de sa succession. »

V. note ss. art. L. 145-2.

Sur la possibilité, pour un GIE dont l'objet est commercial, d'être titulaire d'un bail commercial, V. art. L. 251-4.

BIBL. ▶ CANU, *Gaz. Pal. 2004. Doctr. 75* (pour le bail économique). - BOISMAIN, *LPA 9 janv. 2009* (la dispense d'immatriculation au RCS et le renouvellement du bail commercial).

Art. L. 145-2 I. — Les dispositions du présent chapitre s'appliquent également :

1° Aux baux des locaux ou immeubles abritant des établissements d'enseignement ;

2° Aux baux consentis aux communes pour des immeubles ou des locaux affectés, soit au moment de la location, soit ultérieurement et avec le consentement exprès ou tacite du propriétaire, à des services exploités en régie ;

3° Aux baux d'immeubles ou de locaux principaux ou accessoires, nécessaires à la poursuite de l'activité des entreprises publiques et établissements publics à caractère industriel ou commercial, dans les limites définies par les lois et règlements qui les régissent et à condition que ces baux ne comportent aucune emprise sur le domaine public ;

4° Sous réserve des dispositions de l'article L. 145-26 *[,]* aux baux des locaux ou immeubles appartenant à l'État, *(L. n° 2008-776 du 4 août 2008, art. 43-I)* « aux collectivités territoriales » et aux établissements publics, dans le cas où ces locaux ou immeubles satisfont aux dispositions de l'article L. 145-1 ou aux 1° et 2° ci-dessus ;

5° Aux baux d'immeubles abritant soit des sociétés coopératives ayant la forme commerciale ou un objet commercial, soit des sociétés coopératives de crédit, soit des caisses d'épargne et de prévoyance ;

6° Aux baux des locaux consentis à des artistes admis à cotiser à la caisse de sécurité sociale de la maison des artistes et reconnus auteurs d'œuvres graphiques et plastiques, tels que définis par l'article 98 A de l'annexe III du code général des impôts ;

(L. nº 2008-776 du 4 août 2008, art. 43-I) « 7º Par dérogation à l'article 57 A de la loi nº 86-1290 du 23 décembre 1986 tendant à favoriser l'investissement locatif, l'accession à la propriété de logements sociaux et le développement de l'offre foncière, aux baux d'un local affecté à un usage exclusivement professionnel si les parties ont conventionnellement adopté ce régime. »

II. — Toutefois, les dispositions du présent chapitre ne sont pas applicables aux autorisations d'occupation précaire accordées par l'administration sur un immeuble acquis par elle à la suite d'une déclaration d'utilité publique. *(L. nº 2005-882 du 2 août 2005, art. 58-II)* « Elles ne sont également pas applicables, pendant la période *(L. nº 2012-387 du 22 mars 2012, art. 4-I)* « de deux ans *[ancienne rédaction : d'un an]* » mentionnée au premier alinéa de l'article L. 214-2 du code de l'urbanisme, aux fonds artisanaux, aux fonds de commerce ou aux baux commerciaux préemptés en application de l'article L. 214-1 du même code. » — *[Décr. nº 53-960 du 30 sept. 1953, art. 2.] — V. les art. préc.*

Sont applicables en Nouvelle-Calédonie et dans les îles Wallis-et-Futuna les modifications apportées aux art. L. 145-1, L. 145-2, L. 145-5, L. 145-8, L. 145-9, L. 145-10, L. 145-12, L. 145-26 et L. 145-29 par la L. nº 2008-776 du 4 août 2008 (Ord. nº 2009-896 du 24 juill. 2009, art. 1er-I).

Art. L. 145-3 Les dispositions du présent chapitre ne sont pas applicables aux baux emphytéotiques, sauf en ce qui concerne la révision du loyer. Toutefois, elles s'appliquent, dans les cas prévus aux articles L. 145-1 et L. 145-2, aux baux passés par les emphytéotes, sous réserve que la durée du renouvellement consenti à leurs sous-locataires n'ait pas pour effet de prolonger l'occupation des lieux au-delà de la date d'expiration du bail emphytéotique. — *[Décr. nº 53-960 du 30 sept. 1953, art. 3.]*

SECTION II DE LA DURÉE

Art. L. 145-4 La durée du contrat de location ne peut être inférieure à neuf ans.

Toutefois, à défaut de convention contraire, le preneur a la faculté de donner congé à l'expiration d'une période triennale, dans les formes et delai de l'article L. 145-9.

(L. nº 2006-872 du 13 juill. 2006, art. 45) « Le bailleur a la même faculté s'il entend invoquer les dispositions des articles L. 145-18, L. 145-21, L. 145-23-1 et L. 145-24 afin de construire, de reconstruire ou de surélever l'immeuble existant, de réaffecter le local d'habitation accessoire à cet usage ou d'exécuter des travaux prescrits ou autorisés dans le cadre d'une opération de restauration immobilière et en cas de démolition de l'immeuble dans le cadre d'un projet de renouvellement urbain. »

Le preneur ayant demandé à bénéficier de ses droits à la retraite du régime social auquel il est affilié ou ayant été admis au bénéfice d'une pension d'invalidité attribuée dans le cadre de ce régime social a la faculté de donner congé dans les formes et délais de l'article L. 145-9.

Les dispositions de l'alinéa précédent sont applicables à l'associé unique d'une entreprise unipersonnelle à responsabilité limitée, ou au gérant majoritaire depuis au moins deux ans d'une société à responsabilité limitée, lorsque celle-ci est titulaire du bail. — *[Décr. nº 53-960 du 30 sept. 1953, art. 3-1 et 38-2.]*

Art. L. 145-5 Les parties peuvent, lors de l'entrée dans les lieux du preneur, déroger aux dispositions du présent chapitre à la condition *(L. nº 2008-776 du 4 août 2008, art. 44)* « que la durée totale du bail ou des baux successifs ne soit pas supérieure à deux ans. »

Si, à l'expiration de cette durée, le preneur reste et est laissé en possession, il s'opère un nouveau bail dont l'effet est réglé par les dispositions du présent chapitre.

Il en est de même *(L. n° 2008-776 du 4 août 2008, art. 44)* « , à l'expiration de cette durée, » en cas de renouvellement exprès du bail ou de conclusion, entre les mêmes parties, d'un nouveau bail pour le même local.

Les dispositions des deux alinéas précédents ne sont pas applicables s'il s'agit d'une location à caractère saisonnier. — *[Décr. n° 53-960 du 30 sept. 1953, art. 3-2.]*

V. note ss. art. L. 145-2.

Art. L. 145-6 Le bailleur d'un local à usage commercial, industriel ou artisanal peut, au cours du bail originaire ou d'un bail renouvelé, reprendre les lieux en tout ou partie pour exécuter des travaux nécessitant l'évacuation des lieux compris dans un secteur ou périmètre prévu aux articles *(Ord. n° 2005-1527 du 8 déc. 2005, art. 29, en vigueur le 1er oct. 2007)* « L. 313-4 à L. 313-4-2 » du code de l'urbanisme et autorisés ou prescrits dans les conditions prévues auxdits articles, s'il offre de reporter le bail sur un local équivalent dans le même immeuble ou dans un autre immeuble. Cette offre précise les caractéristiques du local offert, lequel doit permettre la continuation de l'exercice de l'activité antérieure du locataire. L'offre doit être notifiée un an à l'avance.

Le locataire doit, dans un délai de deux mois, soit faire connaître son acceptation, soit saisir des motifs de son refus la juridiction compétente, faute de quoi il est réputé avoir accepté l'offre. — *[Décr. n° 53-960 du 30 sept. 1953, art. 38-1, al. 1er et 2.]*

Art. L. 145-7 Le locataire dont le bail est reporté a droit à une indemnité de dépossession qui comprend l'indemnisation des conséquences dommageables de la privation temporaire de jouissance, compte tenu, s'il y a lieu, de l'installation provisoire réalisée aux frais du bailleur et du remboursement de ses frais normaux de déménagement et de réinstallation.

Lorsque l'offre a été acceptée ou reconnue valable par la juridiction compétente, et après l'expiration du délai d'un an à compter de la ratification de l'offre, le locataire doit quitter les lieux dès la mise à la disposition effective du local offert et le versement d'une indemnité provisionnelle dont le montant est fixé dans les formes prévues à l'article L. 145-19.

Les prix et les conditions accessoires du bail peuvent être modifiés à la demande de la partie la plus diligente. — *[Décr. n° 53-960 du 30 sept. 1953, art. 38-1, al. 3 à 5.]*

Art. L. 145-7-1 *(L. n° 2009-888 du 22 juill. 2009, art. 16)* Les baux commerciaux signés entre les propriétaires et les exploitants de résidences de tourisme mentionnées à l'article L. 321-1 du code du tourisme sont d'une durée de neuf ans minimum, sans possibilité de résiliation à l'expiration d'une période triennale.

SECTION III DU RENOUVELLEMENT

Art. L. 145-8 Le droit au renouvellement du bail ne peut être invoqué que par le propriétaire du fonds qui est exploité dans les lieux.

Le fonds transformé, le cas échéant, dans les conditions prévues à la section VIII du présent chapitre, doit, sauf motifs légitimes, avoir fait l'objet d'une exploitation effective au cours des trois années qui ont précédé la date d'expiration du bail ou de sa *(L. n° 2012-387 du 22 mars 2012, art. 2-I)* « prolongation » telle qu'elle est prévue à l'article L. 145-9, cette dernière date étant soit la date pour laquelle le congé a été donné, soit, si une demande de renouvellement a été faite, le *(L. n° 2008-776 du 4 août 2008, art. 45)* « premier jour du trimestre civil » qui suit cette demande. — *[Décr. n° 53-960 du 30 sept. 1953, art. 4.]*

V. note ss. art. L. 145-2.

Les baux consentis par le tuteur ne confèrent au preneur, à l'encontre de la personne protégée devenue capable, aucun droit de renouvellement et aucun droit à se maintenir dans les lieux à l'expiration du bail, quand bien même il existerait des dispositions légales contraires. Ces dispositions ne sont toutefois pas applicables aux baux consentis avant l'ouverture de la tutelle et renouvelés par le tuteur (C. civ., art. 504, al. 3).

L'usufruitier ne peut sans le concours du nu-propriétaire, donner à bail un immeuble à usage commercial, industriel ou artisanal (C. civ., art. 595). Pour les baux en cours, V. L. n° 65-570 du 13 juill. 1965, art. 22, al. 1er. — **C. civ.**

Sont réputés pouvoir être accomplis sans emporter acceptation tacite de la succession le renouvellement, en tant que bailleur ou preneur à bail, des baux qui, à défaut, donneraient lieu au paiement d'une indemnité, ainsi que la mise en œuvre de décisions d'administration ou de disposition engagées par le défunt et nécessaires au bon fonctionnement de l'entreprise (C. civ., art. 784). — **C. civ.**

Le ou les indivisaires titulaires d'au moins deux tiers des droits indivis peuvent, à cette majorité, conclure et renouveler les baux autres que ceux portant sur un immeuble à usage agricole, commercial, industriel ou artisanal. Toutefois, le consentement de tous les indivisaires est requis pour effectuer tout acte qui ne ressortit pas à l'exploitation normale des biens indivis et pour effectuer tout acte de disposition autre que la vente de meubles indivis pour payer les dettes et charges de l'indivision. Si un indivisaire prend en main la gestion des biens indivis, au su des autres et néanmoins sans opposition de leur part, il est censé avoir reçu un mandat tacite couvrant les actes d'administration mais non la conclusion ou le renouvellement des baux (C. civ., art. 815-3). — **C. civ.**

Sur la nécessité du consentement des deux conjoints pour donner à bail un immeuble à usage commercial, industriel ou artisanal dépendant de la communauté, V. art. L. 121-5.

Sur le droit au renouvellement en cas d'opération de crédit-bail immobilier, V. App., v° Banque et financement de l'entreprise, art. L. 313-9, al. 2, C. mon. fin.

Sur la dispense de l'obligation d'exploiter pour les commerçants et artisans en stage de formation, V. art. L. 145-43.

Sur les effets sur le droit au renouvellement, en cas de location-gérance du fonds de commerce, de la nullité de ce contrat, V. art. L. 144-10.

Art. L. 145-9 *(L. n° 2012-387 du 22 mars 2012, art. 2-II)* **« Par dérogation aux articles 1736 et 1737 du code civil, les baux de locaux soumis au présent chapitre ne cessent que par l'effet d'un congé donné six mois à l'avance ou d'une demande de renouvellement.**

« A défaut de congé ou de demande de renouvellement, le bail fait par écrit se prolonge tacitement au-delà du terme fixé par le contrat. Au cours de la tacite prolongation, le congé doit être donné au moins six mois à l'avance et pour le dernier jour du trimestre civil. »

Le bail dont la durée est subordonnée à un événement dont la réalisation autorise le bailleur à demander la résiliation ne cesse, au-delà de la durée de neuf ans, que par l'effet d'une notification faite six mois à l'avance et *(L. n° 2008-776 du 4 août 2008, art. 45)* **« pour le dernier jour du trimestre civil ». Cette notification doit mentionner la réalisation de l'événement prévu au contrat.**

S'agissant d'un bail comportant plusieurs périodes, si le bailleur dénonce le bail à la fin des neuf premières années ou à l'expiration de l'une des périodes suivantes, le congé doit être donné dans les délais prévus à l'alinéa premier ci-dessus.

Le congé doit être donné par acte extrajudiciaire. Il doit, à peine de nullité, préciser les motifs pour lesquels il est donné et indiquer que le locataire qui entend, soit contester le congé, soit demander le paiement d'une indemnité d'éviction doit *(Abrogé par L. n° 2008-776 du 4 août 2008, art. 45)* **« ,** ***à peine de forclusion,*** **» saisir le tribunal avant l'expiration d'un délai de deux ans à compter de la date pour laquelle le congé a été donné.** — *[Décr. n° 53-960 du 30 sept. 1953, art. 5.]*

V. note ss. art. L. 145-2.

Art. L. 145-10 **A défaut de congé, le locataire qui veut obtenir le renouvellement de son bail doit en faire la demande soit dans les six mois qui précèdent l'expiration**

du bail, soit, le cas échéant, à tout moment au cours de sa *(L. n° 2012-387 du 22 mars 2012, art. 2-I)* « prolongation ».

La demande en renouvellement doit être signifiée au bailleur par acte extrajudiciaire. Sauf stipulations ou notifications contraires de la part de celui-ci, elle peut, aussi bien qu'à lui-même, lui être valablement adressée en la personne du gérant, lequel est réputé avoir qualité pour la recevoir. S'il y a plusieurs propriétaires, la demande adressée à l'un d'eux vaut, sauf stipulations ou notifications contraires, à l'égard de tous.

Elle doit, à peine de nullité, reproduire les termes de l'alinéa ci-dessous.

Dans les trois mois de la signification de la demande en renouvellement, le bailleur doit, dans les mêmes formes, faire connaître au demandeur s'il refuse le renouvellement en précisant les motifs de ce refus. A défaut d'avoir fait connaître ses intentions dans ce délai, le bailleur est réputé avoir accepté le principe du renouvellement du bail précédent.

L'acte extrajudiciaire notifiant le refus de renouvellement doit, à peine de nullité, indiquer que le locataire qui entend, soit contester le refus de renouvellement, soit demander le paiement d'une indemnité d'éviction, doit *(Abrogé par L. n° 2008-776 du 4 août 2008, art. 45)* **« , à peine de forclusion, »** saisir le tribunal avant l'expiration d'un délai de deux ans à compter de la date à laquelle est signifié le refus de renouvellement. — *[Décr. n° 53-960 du 30 sept. 1953, art. 6.]*

V. note ss. art. L. 145-2.

Art. L. 145-11 Le bailleur qui, sans être opposé au principe du renouvellement, désire obtenir une modification du prix du bail doit, dans le congé prévu à l'article L. 145-9 ou dans la réponse à la demande de renouvellement prévue à l'article L. 145-10, faire connaître le loyer qu'il propose, faute de quoi le nouveau prix n'est dû qu'à compter de la demande qui en est faite ultérieurement suivant des modalités définies par décret en Conseil d'État. — *[Décr. n° 53-960 du 30 sept. 1953, art. 6-1.] — V. art. R. 145-1 et R. 145-23.*

Art. L. 145-12 La durée du bail renouvelé est de neuf ans sauf accord des parties pour une durée plus longue.

Les dispositions des deuxième et troisième alinéas de l'article L. 145-4 sont applicables au cours du bail renouvelé.

Le nouveau bail prend effet à compter de l'expiration du bail précédent, ou, le cas échéant, de sa *(L. n° 2012-387 du 22 mars 2012, art. 2-I)* « prolongation », cette dernière date étant soit celle pour laquelle le congé a été donné, soit, si une demande de renouvellement a été faite, le *(L. n° 2008-776 du 4 août 2008, art. 45)* « premier jour du trimestre civil » qui suit cette demande.

Toutefois, lorsque le bailleur a notifié, soit par un congé, soit par un refus de renouvellement, son intention de ne pas renouveler le bail, et si, par la suite, il décide de le renouveler, le nouveau bail prend effet à partir du jour où cette acceptation a été notifiée au locataire par acte extrajudiciaire. — *[Décr. n° 53-960 du 30 sept. 1953, art. 7.]*

V. note ss. art. L. 145-2.

Art. L. 145-13 Sous réserve des dispositions de la loi du 28 mai 1943 relative à l'application aux étrangers des lois en matière de baux à loyer et de baux à ferme, les dispositions de la présente section ne peuvent être invoquées par des commerçants, industriels ou personnes immatriculées au répertoire des métiers de nationalité étrangère, agissant directement ou par personne interposée, à moins que, pendant les guerres de 1914 et de 1939, ils n'aient combattu dans les armées françaises ou alliées, ou qu'ils n'aient des enfants ayant la qualité de Français. — *V. L. 28 mai 1943. —* ***C. civ.*** *ou* ***C. baux.***

L'alinéa précédent n'est pas applicable aux ressortissants d'un État membre de la Communauté européenne ou d'un État partie à l'accord sur l Espace économique européen. – *[Décr. n° 53-960 du 30 sept. 1953, art. 38, al. 1er, 2 et 4.]*

SECTION IV DU REFUS DE RENOUVELLEMENT

Art. L. 145-14 Le bailleur peut refuser le renouvellement du bail. Toutefois, le bailleur doit, sauf exceptions prévues aux articles L. 145-17 et suivants, payer au locataire évincé une indemnité dite d'éviction égale au préjudice causé par le défaut de renouvellement.

Cette indemnité comprend notamment la valeur marchande du fonds de commerce, déterminée suivant les usages de la profession, augmentée éventuellement des frais normaux de déménagement et de réinstallation, ainsi que des frais et droits de mutation à payer pour un fonds de même valeur, sauf dans le cas où le propriétaire fait la preuve que le préjudice est moindre. – *[Décr. n° 53-960 du 30 sept. 1953, art. 8.]*

Art. L. 145-15 Sont nuls et de nul effet, quelle qu'en soit la forme, les clauses, stipulations et arrangements qui ont pour effet de faire échec au droit de renouvellement institué par le présent chapitre ou aux dispositions des articles L. 145-4, L. 145-37 à L. 145-41, du premier alinéa de l'article L. 145-42 et des articles L. 145-47 à L. 145-54. – *[Décr. n° 53-960 du 30 sept. 1953, art. 35.]*

Art. L. 145-16 Sont également nulles, quelle qu'en soit la forme, les conventions tendant à interdire au locataire de céder son bail ou les droits qu'il tient du présent chapitre à l'acquéreur de son fonds de commerce ou de son entreprise.

En cas de fusion de sociétés ou d'apport d'une partie de l'actif d'une société réalisé dans les conditions prévues *(L. n° 2012-387 du 22 mars 2012, art. 16-II)* « aux articles L. 236-6-1, L. 236-22 et L. 236-24, » la société issue de la fusion ou la société bénéficiaire de l'apport est, nonobstant toute stipulation contraire, substituée à celle au profit de laquelle le bail était consenti dans tous les droits et obligations découlant de ce bail.

En cas de cession, de fusion ou d'apport, si l'obligation de garantie ne peut plus être assurée dans les termes de la convention, le tribunal peut y substituer toutes garanties qu'il juge suffisantes. – *[Décr. n° 53-960 du 30 sept. 1953, art. 35-1.]*

Art. L. 145-17 I. – Le bailleur peut refuser le renouvellement du bail sans être tenu au paiement d'aucune indemnité :

1° S'il justifie d'un motif grave et légitime à l'encontre du locataire sortant. Toutefois, s'il s'agit soit de l'inexécution d'une obligation, soit de la cessation sans raison sérieuse et légitime de l'exploitation du fonds, compte tenu des dispositions de l'article L. 145-8, l'infraction commise par le preneur ne peut être invoquée que si elle s'est poursuivie ou renouvelée plus d'un mois après mise en demeure du bailleur d'avoir à la faire cesser. Cette mise en demeure doit, à peine de nullité, être effectuée par acte extrajudiciaire, préciser le motif invoqué et reproduire les termes du présent alinéa ;

2° S'il est établi que l'immeuble doit être totalement ou partiellement démoli comme étant en état d'insalubrité reconnue par l'autorité administrative ou s'il est établi qu'il ne peut plus être occupé sans danger en raison de son état.

II. – En cas de reconstruction par le propriétaire ou son ayant droit d'un nouvel immeuble comprenant des locaux commerciaux, le locataire a droit de priorité pour louer dans l'immeuble reconstruit, sous les conditions prévues par les articles L. 145-19 et L. 145-20. – *[Décr. n° 53-960 du 30 sept. 1953, art. 9.]*

Art. L. 145-18 Le bailleur a le droit de refuser le renouvellement du bail pour construire ou reconstruire l'immeuble existant, à charge de payer au locataire évincé l'indemnité d'éviction prévue à l'article L. 145-14.

Il en est de même pour effectuer des travaux nécessitant l'évacuation des lieux compris dans un secteur ou périmètre prévu aux articles *(Ord. n° 2005-1527 du 8 déc. 2005, art. 29)* « L. 313-4 à L. 313-4-2 » du code de l'urbanisme et autorisés ou prescrits dans les conditions prévues auxdits articles.

Toutefois, le bailleur peut se soustraire au paiement de cette indemnité en offrant au locataire évincé un local correspondant à ses besoins et possibilités, situé à un emplacement équivalent.

Le cas échéant, le locataire perçoit une indemnité compensatrice de sa privation temporaire de jouissance et de la moins-value de son fonds. Il est en outre remboursé de ses frais normaux de déménagement et d'emménagement.

Lorsque le bailleur invoque le bénéfice du présent article, il doit, dans l'acte de refus de renouvellement ou dans le congé, viser les dispositions de l'alinéa 3 et préciser les nouvelles conditions de location. Le locataire doit, dans un délai de trois mois, soit faire connaître par acte extrajudiciaire son acceptation, soit saisir la juridiction compétente dans les conditions prévues à l'article L. 145-58.

Si les parties sont seulement en désaccord sur les conditions du nouveau bail, celles-ci sont fixées selon la procédure prévue à l'article L. 145-56. – *[Décr. n° 53-960 du 30 sept. 1953, art. 10.]*

V. note ss. art. L. 145-6.

Art. L. 145-19 Pour bénéficier du droit de priorité prévu à l'article L. 145-17, le locataire doit, en quittant les lieux ou, au plus tard dans les trois mois qui suivent, notifier sa volonté d'en user au propriétaire, par acte extrajudiciaire, en lui faisant connaître son nouveau domicile ; il doit notifier de même, sous peine de déchéance, tout nouveau changement de domicile.

Le propriétaire qui a reçu une telle notification doit, avant de louer ou d'occuper lui-même un nouveau local, aviser de la même manière le locataire qu'il est prêt à lui consentir un nouveau bail. A défaut d'accord entre les parties sur les conditions de ce bail, celles-ci sont déterminées selon la procédure prévue à l'article L. 145-56.

Le locataire a un délai de trois mois pour se prononcer ou saisir la juridiction compétente. Ce délai doit, à peine de nullité, être indiqué dans la notification visée à l'alinéa précédent. Passé ce délai, le propriétaire peut disposer du local.

Le propriétaire qui ne se conformerait pas aux dispositions des alinéas précédents est passible, sur demande de son locataire, du paiement à ce dernier de dommages-intérêts. – *[Décr. n° 53-960 du 30 sept. 1953, art. 11.]*

Art. L. 145-20 Lorsque l'immeuble reconstruit, dans les conditions prévues à l'article L. 145-17, possède une superficie supérieure à celle de l'immeuble primitif, le droit de priorité est limité à des locaux possédant une superficie équivalente à celle des locaux précédemment occupés ou susceptibles de satisfaire aux mêmes besoins commerciaux que ces derniers.

Lorsque l'immeuble reconstruit ne permet pas la réinstallation de tous les occupants, la préférence est accordée aux locataires titulaires des baux les plus anciens qui ont fait connaître leur intention d'occuper les lieux. – *[Décr. n° 53-960 du 30 sept. 1953, art. 12.]*

Art. L. 145-21 Le propriétaire peut également différer pendant une durée maximum de trois ans le renouvellement du bail, s'il se propose de surélever l'immeuble et si cette surélévation rend nécessaire l'éviction temporaire du locataire. Celui-ci a droit, dans ce cas, à une indemnité égale au préjudice subi sans pouvoir excéder trois ans de loyer. – *[Décr. n° 53-960 du 30 sept. 1953, art. 13.]*

Art. L. 145-22 Le bailleur peut refuser le renouvellement du bail exclusivement sur la partie concernant les locaux d'habitation accessoires des locaux commerciaux pour habiter lui-même ceux-ci ou les faire habiter par son conjoint, ses ascendants, ses descendants ou ceux de son conjoint, à condition que le bénéficiaire de la reprise ne dispose pas d'une habitation correspondant à ses besoins normaux et à ceux des membres de sa famille vivant habituellement ou domiciliés avec lui.

Toutefois, la reprise dans les conditions ci-dessus indiquées ne peut être exercée sur des locaux affectés à usage d'hôtel ou de location en meublé, ni sur des locaux à usage hospitalier ou d'enseignement.

De même, la reprise ne peut être exercée lorsque le locataire établit que la privation de jouissance des locaux d'habitation apporte un trouble grave à l'exploitation du fonds ou lorsque les locaux commerciaux et les locaux d'habitation forment un tout indivisible.

Lorsque l'immeuble a été acquis à titre onéreux, le bailleur ne peut bénéficier des dispositions du présent article que si son acte d'acquisition a date certaine plus de six ans avant le refus de renouvellement.

Le bénéficiaire du droit de reprise est tenu de mettre à la disposition du locataire dont il reprend le local, le logement qui, le cas échéant, pourrait être rendu vacant par l'exercice de ce droit.

Dans le cas de reprise partielle prévu au présent article, le loyer du bail renouvelé tient compte du préjudice causé au locataire ou à son ayant droit dans l'exercice de son activité.

Sauf motif légitime, le bénéficiaire de la reprise doit occuper personnellement les lieux dans un délai de six mois à dater du départ du locataire évincé et pendant une durée minimum de six ans, faute de quoi le locataire évincé a droit à une indemnité d'éviction en rapport avec l'importance des locaux repris. – *[Décr. n° 53-960 du 30 sept. 1953, art. 14.]*

Art. L. 145-23 Les dispositions de l'article *(L. n° 2003-7 du 3 janv. 2003)* « L. 145-22 » ne sont pas applicables aux bailleurs de nationalité étrangère, agissant directement ou par personne interposée, à moins que, pendant les guerres de 1914 et de 1939, ils n'aient combattu dans les armées françaises ou alliées, ou qu'ils n'aient des enfants ayant la qualité de Français.

L'alinéa précédent n'est pas applicable aux ressortissants d'un État membre de la Communauté européenne ou d'un État partie à l'accord sur l'Espace économique européen. – *[Décr. n° 53-960 du 30 sept. 1953, art. 38, al. 3.]*

Art. L. 145-23-1 *(L. n° 2006-872 du 13 juill. 2006, art. 45)* Le bailleur peut, à l'expiration d'une période triennale, dans les formes prévues par l'article L. 145-9 et au moins six mois à l'avance, reprendre les locaux d'habitation loués accessoirement aux locaux commerciaux s'ils ne sont pas affectés à cet usage d'habitation. La reprise ne peut être exercée que si, après un délai de six mois suivant le congé délivré à cet effet, les locaux ne sont pas utilisés à usage d'habitation.

Toutefois, la reprise dans les conditions indiquées au premier alinéa ne peut être exercée sur des locaux affectés à usage d'hôtel ou de location en meublé, ni sur des locaux à usage hospitalier ou d'enseignement.

De même, la reprise ne peut être exercée lorsque le locataire établit que la privation de jouissance des locaux d'habitation apporte un trouble grave à l'exploitation du fonds ou lorsque les locaux commerciaux et les locaux d'habitation forment un tout indivisible.

Dans le cas de reprise partielle prévu au présent article, le loyer du bail est diminué pour tenir compte des surfaces retranchées sans que cette reprise puisse en elle-même constituer une modification notable des éléments de la valeur locative mentionnée à l'article L. 145-33.

Art. L. 145-24 Le droit au renouvellement n'est pas opposable au propriétaire qui a obtenu un permis de construire un local d'habitation sur tout ou partie d'un des terrains visés au 2° de l'article L. 145-1.

Ce droit de reprise ne peut, en tout état de cause, être exercé que sur la partie du terrain indispensable à la construction. S'il a pour effet d'entraîner obligatoirement la cessation de l'exploitation commerciale, industrielle ou artisanale, les dispositions de l'article L. 145-18 sont applicables. – *[Décr. n° 53-960 du 30 sept. 1953, art. 15.]*

Art. L. 145-25 Le propriétaire ou le principal locataire qui, en même temps qu'il est bailleur des lieux, est le vendeur du fonds de commerce qui y est exploité et qui a reçu le prix intégral ne peut refuser le renouvellement qu'à la charge de payer l'indemnité d'éviction prévue à l'article L. 145-14, sauf s'il justifie d'un motif reconnu grave et légitime à l'encontre du preneur. – *[Décr. n° 53-960 du 30 sept. 1953, art. 16.]*

Art. L. 145-26 Le renouvellement des baux concernant des immeubles appartenant à l'État, *(L. n° 2008-776 du 4 août 2008, art. 43-II)* « aux collectivités territoriales » et aux établissements publics ne peut être refusé sans que la collectivité propriétaire soit tenue au paiement de l'indemnité d'éviction prévue à l'article L. 145-14, même si son refus est justifié par une raison d'utilité publique. – *[Décr. n° 53-960 du 30 sept. 1953, art. 17.]*

V. note ss. art. L. 145-2.

Art. L. 145-27 Au cas où il viendrait à être établi à la charge du bailleur qu'il n'a exercé les droits qui lui sont conférés aux articles L. 145-17 et suivants qu'en vue de faire échec frauduleusement aux droits du locataire, notamment par des opérations de location et de revente, que ces opérations aient un caractère civil ou commercial, le locataire a droit à une indemnité égale au montant du préjudice subi. – *[Décr. n° 53-960 du 30 sept. 1953, art. 19.]*

Art. L. 145-28 Aucun locataire pouvant prétendre à une indemnité d'éviction ne peut être obligé de quitter les lieux avant de l'avoir reçue. Jusqu'au paiement de cette indemnité, il a droit au maintien dans les lieux aux conditions et clauses du contrat de bail expiré. Toutefois, l'indemnité d'occupation est déterminée conformément aux dispositions des sections VI et VII, compte tenu de tous éléments d'appréciation.

Par dérogation au précédent alinéa, dans le seul cas prévu au deuxième alinéa de l'article L. 145-18, le locataire doit quitter les lieux dès le versement d'une indemnité provisionnelle fixée par le président du tribunal de grande instance statuant au vu d'une expertise préalablement ordonnée dans les formes fixées par décret en Conseil d'État, en application de l'article L. 145-56. – *[Décr. n° 53-960 du 30 sept. 1953, art. 20, al. 1er et 2.]*

Art. L. 145-29 En cas d'éviction, les lieux doivent être remis au bailleur *(L. n° 2008-776 du 4 août 2008, art. 46)* « à l'expiration d'un délai de trois mois suivant la date du versement de l'indemnité d'éviction au locataire lui-même ou de la notification à celui-ci du versement de l'indemnité à un séquestre. » A défaut d'accord entre les parties, le séquestre est nommé par le jugement prononçant condamnation au paiement de l'indemnité ou à défaut par simple ordonnance sur requête.

L'indemnité est versée par le séquestre au locataire sur sa seule quittance, s'il n'y a pas d'opposition des créanciers et contre remise des clés du local vide, sur justification du paiement des impôts, des loyers et sous réserve des réparations locatives. – *[Décr. n° 53-960 du 30 sept. 1953, art. 20, al. 3 et 4.]*

V. note ss. art. L. 145-2.

Art. L. 145-30 En cas de non-remise des clés à la date fixée et après mise en demeure, le séquestre retient 1 % par jour de retard sur le montant de l'indemnité et restitue cette retenue au bailleur sur sa seule quittance.

Lorsque le délai de quinzaine prévu à l'article L. 145-58 a pris fin sans que le bailleur ait usé de son droit de repentir, l'indemnité d'éviction doit être versée au locataire ou, éventuellement, à un séquestre, dans un délai de trois mois à compter de la date d'un commandement fait par acte extrajudiciaire qui doit, à peine de nullité, reproduire le présent alinéa. – *[Décr. n° 53-960 du 30 sept. 1953, art. 20, al. 5 et 6.]*

SECTION V DE LA SOUS-LOCATION

Art. L. 145-31 Sauf stipulation contraire au bail ou accord du bailleur, toute sous-location totale ou partielle est interdite.

En cas de sous-location autorisée, le propriétaire est appelé à concourir à l'acte.

Lorsque le loyer de la sous-location est supérieur au prix de la location principale, le propriétaire a la faculté d'exiger une augmentation correspondante du loyer de la location principale, augmentation qui, à défaut d'accord entre les parties, est déterminée selon une procédure fixée par décret en Conseil d'État, en application des dispositions de l'article L. 145-56.

Le locataire doit faire connaître au propriétaire son intention de sous-louer par acte extrajudiciaire ou par lettre recommandée avec demande d'avis de réception. Dans les quinze jours de la réception de cet avis, le propriétaire doit faire connaître s'il entend concourir à l'acte. Si, malgré l'autorisation prévue au premier alinéa, le bailleur refuse ou s'il omet de répondre, il est passé outre. – *[Décr. n° 53-960 du 30 sept. 1953, art. 21.]*

Art. L. 145-32 Le sous-locataire peut demander le renouvellement de son bail au locataire principal dans la mesure des droits que ce dernier tient lui-même du propriétaire. Le bailleur est appelé à concourir à l'acte, comme il est prévu à l'article L. 145-31.

A l'expiration du bail principal, le propriétaire n'est tenu au renouvellement que s'il a, expressément ou tacitement, autorisé ou agréé la sous-location et si, en cas de sous-location partielle, les lieux faisant l'objet du bail principal ne forment pas un tout indivisible matériellement ou dans la commune intention des parties. – *[Décr. n° 53-960 du 30 sept. 1953, art. 22.]*

SECTION VI DU LOYER

Art. L. 145-33 Le montant des loyers des baux renouvelés ou révisés doit correspondre à la valeur locative.

A défaut d'accord, *(L. n° 2001-1168 du 11 déc. 2001)* « cette valeur est déterminée d'après :

« 1° Les caractéristiques du local considéré ;

« 2° La destination des lieux ;

« 3° Les obligations respectives des parties ;

« 4° Les facteurs locaux de commercialité ;

« 5° Les prix couramment pratiqués dans le voisinage.

« Un décret en Conseil d'État précise la consistance de ces éléments. » – *[Décr. n° 53-960 du 30 sept. 1953, art. 23, al. 1er.] – V. art. R. 145-2 s.*

Les modifications apportées à l'art. L. 145-33 par la L. n° 2001-1168 du 11 déc. 2001 sont applicables à Wallis-et-Futuna.

Art. L. 145-34 A moins d'une modification notable des éléments *(L. n° 2001-1168 du 11 déc. 2001)* « mentionnés aux 1° à 4° de l'article L. 145-33 », le taux de variation du loyer applicable lors de la prise d'effet du bail à renouveler, si sa durée n'est pas supérieure à neuf ans, ne peut excéder la variation *(L. n° 2008-776 du 4 août 2008, art. 47-I)* « , intervenue depuis la fixation initiale du loyer du bail expiré, de l'indice national trimestriel mesurant le coût de la construction ou, *(L. n° 2011-525 du 17 mai 2011, art. 63-III)* « s'ils sont applicables, de l'indice trimestriel des loyers commerciaux ou de l'indice trimestriel des loyers des activités tertiaires mentionnés aux premier et deuxième alinéas » de l'article L. 112-2 du code monétaire et financier, publiés par l'Institut national de la statistique et des études économiques. » A défaut de clause contractuelle fixant le trimestre de référence de cet indice, il y a lieu de prendre en compte la variation de l'indice national trimestriel mesurant le coût de la construction ou, *(L. n° 2011-525 du 17 mai 2011, art. 63-III)* « s'ils sont applicables, de l'indice trimestriel des loyers commerciaux ou de l'indice trimestriel des loyers des activités tertiaires », calculée sur la période de neuf ans antérieure au dernier indice publié.

En cas de renouvellement postérieur à la date initialement prévue d'expiration du bail, cette variation est calculée à partir du dernier indice publié, pour une période d'une durée égale à celle qui s'est écoulée entre la date initiale du bail et la date de son renouvellement effectif.

Les dispositions de l'alinéa ci-dessus ne sont plus applicables lorsque, par l'effet d'une tacite *(L. n° 2012-387 du 22 mars 2012, art. 2-I)* « prolongation », la durée du bail excède douze ans. — *[Décr. n° 53-960 du 30 sept. 1953, art. 23-6.]*

Sont applicables dans les îles Wallis-et-Futuna les modifications apportées à l'art. L. 145-34 par le I de l'art. 47 de la L. n° 2008-776 du 4 août 2008 (Ord. n° 2009-896 du 24 juill. 2009, art. 1er-II).

Art. L. 145-35 Les litiges nés de l'application de l'article L. 145-34 sont soumis à une commission départementale de conciliation composée de bailleurs et de locataires en nombre égal et de personnes qualifiées. La commission s'efforce de concilier les parties et rend un avis.

Si le juge est saisi parallèlement à la commission compétente par l'une ou l'autre des parties, il ne peut statuer tant que l'avis de la commission n'est pas rendu.

La commission est dessaisie si elle n'a pas statué dans un délai de trois mois.

La composition de la commission, le mode de désignation de ses membres et ses règles de fonctionnement sont fixés par décret. — *[Décr. n° 53-960 du 30 sept. 1953, art. 23-6-1.] — V. art. D. 145-12 s.*

Art. L. 145-36 Les éléments permettant de déterminer le prix des baux des terrains, des locaux construits en vue d'une seule utilisation et des locaux à usage exclusif de bureaux sont fixés par décret en Conseil d'État. — *V. art. R. 145-9 à R. 145-11.*

(L. n° 2010-1149 du 30 sept. 2010, art. 5) « Le prix du bail des locaux construits ou aménagés en vue d'une utilisation comme établissement de spectacles cinématographiques au sens de l'article L. 212-2 du code du cinéma et de l'image animée est, par dérogation aux articles L. 145-33 et suivants du présent code, déterminé selon les seuls usages observés dans la branche d'activité considérée. »

Art. L. 145-37 Les loyers des baux d'immeubles ou de locaux régis par les dispositions du présent chapitre, renouvelés ou non, peuvent être révisés à la demande de l'une ou de l'autre des parties sous les réserves prévues aux articles L. 145-38 et L. 145-39 et dans des conditions fixées par décret en Conseil d'État. — *[Décr. n° 53-960 du 30 sept. 1953, art. 26, al. 1er.]*

Art. L. 145-38 La demande en révision ne peut être formée que trois ans au moins après la date d'entrée en jouissance du locataire ou après le point de départ du bail renouvelé.

De nouvelles demandes peuvent être formées tous les trois ans à compter du jour où le nouveau prix sera applicable.

(L. n° 2001-1168 du 11 déc. 2001) **« Par dérogation aux dispositions de l'article L. 145-33, et » à moins que ne soit rapportée la preuve d'une modification matérielle des facteurs locaux de commercialité ayant entraîné par elle-même une variation de plus de 10 % de la valeur locative, la majoration ou la diminution de loyer consécutive à une révision triennale ne peut excéder la variation de l'indice trimestriel du coût de la construction** *(L. n° 2008-776 du 4 août 2008, art. 47-1, 2°)* **« ou,** *(L. n° 2011-525 du 17 mai 2011, art. 63-IV)* **« s'ils sont applicables, de l'indice trimestriel des loyers commerciaux ou de l'indice trimestriel des loyers des activités tertiaires mentionnés aux premier et deuxième alinéas » de l'article L. 112-2 du code monétaire et financier, » intervenue depuis la dernière fixation amiable ou judiciaire du loyer.** *– V. art. R. 145-6. – V. C. mon. fin., art. L. 112-2, App., v° Banque et financement de l'entreprise.*

En aucun cas il n'est tenu compte, pour le calcul de la valeur locative, des investissements du preneur ni des plus ou moins-values résultant de sa gestion pendant la durée du bail en cours. *– [Décr. n° 53-960 du 30 sept. 1953, art. 27.]*

Les modifications apportées à l'art. L. 145-38 par la L. n° 2001-1168 du 11 déc. 2001 et par le I de l'art. 47 de la L. n° 2008-776 du 4 août 2008 sont applicables à Wallis-et-Futuna (Ord. n° 2009-896 du 24 juill. 2009, art. 1er-II).

Décret n° 59-790 du 3 juillet 1959,

Relatif à la révision des loyers commerciaux..

Ce décret a été abrogé par le Décr. n° 66-12 du 3 janv. 1966. Toutefois ses dispositions continuent à recevoir application dans tous les cas où le montant du loyer a été fixé antérieurement à la publication du décret du 3 janv. 1966 (art. 10)

Art. 1er Les augmentations résultant des actions en revision introduites en application de l'article 27 du décret susvisé du 30 septembre 1953 *[C. com., art. L. 145-38]* sont, sauf accord des parties, limitées chaque semestre à une majoration de 20 p. 100 par rapport au loyer du semestre précédent. Le point de départ de la première majoration est la date de la demande en révision. *– V. L. n° 59-1483 du 28 déc. 1959.*

La valeur locative équitable mentionnée à l'article 23 du décret susvisé du 30 septembre 1953 *[C. com., art. L. 145-33]* ne s'applique qu'à la date à laquelle les majorations successives prévues à l'alinéa précédent auront permis d'en atteindre le montant. Toutefois, cette valeur sera exigible dès le semestre qui précède immédiatement :

1° L'expiration de la période de revision triennale en cours ;

2° La date d'expiration du bail résultant soit de la convention des parties, soit d'un congé régulier en cas de bail fait sans durée déterminée, lorsque, dans ces deux hypothèses, le bail prend fin avant le terme de la période triennale considérée.

Art. 2 Les dispositions du présent décret sont applicables au loyer provisionnel qui serait éventuellement fixé.

Art. 3 *(Abrogation de texte).*

Loi n° 59-1483 du 28 décembre 1959, *relative à la révision des loyers commerciaux.* **Art. unique** Les dispositions du décret du 3 juillet 1959 relatif à la révision des loyers commerciaux sont applicables aux demandes en révision n'ayant pas fait l'objet d'une décision passée en force de chose jugée ou d'un accord amiable.

Elles s'appliquent à ces demandes à compter de la date à laquelle celles-ci ont été formées.

Loi nº 65-356 du 12 mai 1965, *modifiant et complétant le décret nº 53-960 du 30 septembre 1953 [C. com., art. L. 145-1 s.] réglant les rapports entre les bailleurs et les locataires en ce qui concerne les baux à loyer d'immeubles ou de locaux à usage commercial, industriel ou artisanal.* **Art. 17** I. Le prix des baux en cours à la date de la publication de la présente loi pourra encore faire l'objet d'une révision suivant les règles de fond antérieurement applicables dès lors qu'à cette date, ce prix a effet depuis deux ans au moins.

A cette fin, toutes les demandes en révision déjà formées sont validées et déclarées recevables, en tant que de besoin. Les demandes nouvelles seront recevables sous la seule condition que le prix ait effet depuis plus de trois années.

Art. L. 145-39 **En outre, et par dérogation à l'article L. 145-38, si le bail est assorti d'une clause d'échelle mobile, la révision peut être demandée chaque fois que, par le jeu de cette clause, le loyer se trouve augmenté ou diminué de plus d'un quart par rapport au prix précédemment fixé contractuellement ou par décision judiciaire.** — *[Décr. nº 53-960 du 30 sept. 1953, art. 28, al. 1er.]*

V. art. L. 112-1 C. mon. fin., App., vº Banque et financement de l'entreprise.

Art. L. 145-40 **Les loyers payés d'avance, sous quelque forme que ce soit, et même à titre de garantie, portent intérêt au profit du locataire, au taux pratiqué par la Banque de France pour les avances sur titres, pour les sommes excédant celle qui correspond au prix du loyer de plus de deux termes.** — *[Décr. nº 53-960 du 30 sept. 1953, art. 24.]*

Loi nº 77-1457 du 29 décembre 1977, *relative à diverses dispositions en matière de prix.* **Art. 11** Tout locataire ou occupant de bonne foi peut exiger la remise d'une quittance ou d'un reçu à l'occasion d'un règlement effectué par lui.

SECTION VII DE LA RÉSILIATION

Art. L. 145-41 **Toute clause insérée dans le bail prévoyant la résiliation de plein droit ne produit effet qu'un mois après un commandement demeuré infructueux. Le commandement doit, à peine de nullité, mentionner ce délai.**

Les juges saisis d'une demande présentée dans les formes et conditions prévues aux articles 1244-1 à 1244-3 du code civil peuvent, en accordant des délais, suspendre la réalisation et les effets des clauses de résiliation, lorsque la résiliation n'est pas constatée ou prononcée par une décision de justice ayant acquis l'autorité de la chose jugée. La clause résolutoire ne joue pas, si le locataire se libère dans les conditions fixées par le juge. — *[Décr. nº 53-960 du 30 sept. 1953, art. 25.] — En cas de procédures de sauvegarde et de liquidation judiciaire, V. art. L. 622-14 et L. 641-12.*

Compte tenu de la situation du débiteur et en considération des besoins du créancier, le juge peut, dans la limite de deux années, reporter ou échelonner le paiement des sommes dues. — Par décision spéciale et motivée, le juge peut prescrire que les sommes correspondant aux échéances reportées porte-

ront intérêt à un taux réduit qui ne peut être inférieur au taux légal ou que les paiements s'imputeront d'abord sur le capital. — En outre, il peut subordonner ces mesures à l'accomplissement, par le débiteur, d'actes propres à faciliter ou à garantir le paiement de la dette (C. civ., art. 1244-1).

La décision du juge, prise en application de l'art. 1244-1 C. civ., suspend les procédures d'exécution qui auraient été engagées par le créancier. Les majorations d'intérêts ou les pénalités encourues à raison du retard cessent d'être dues pendant le délai fixé par le juge (C. civ., art. 1244-2).

Toute stipulation contraire aux dispositions des art. 1244-1 et 1244-2 C. civ. est réputée non écrite (C. civ., art. 1244-3). — ***C. civ.***

Art. L. 145-42 Les clauses de résiliation de plein droit pour cessation d'activité cessent de produire effet pendant le temps nécessaire à la réalisation des transformations faites en application des dispositions de la section VIII

Ce délai ne saurait excéder six mois à dater de l'accord sur la déspécialisation ou de la décision judiciaire l'autorisant. — *[Décr. n° 53-960 du 30 sept. 1953 art. 34-7.]*

Art. L. 145-43 Sont dispensés de l'obligation d'exploiter pendant la durée de leur stage les commerçants et personnes immatriculées au répertoire des métiers, locataires du local dans lequel est situé leur fonds, qui sont admis à suivre un stage de conversion ou un stage de promotion au sens de l'article L. 900-2 (3° et 5°) *[L. 6313-1 nouv.]* **du code du travail, dont la durée minimum est fixée par arrêté et dont la durée maximum ne peut excéder un an sauf s'il s'agit d'un stage dit de promotion bénéficiant de l'agrément prévu à l'article L. 961-3** *[L. 6341-4 nouv.]* **dudit code.** — *[L. n° 73-1193 du 27 déc. 1973, art. 53.]*

Art. L. 145-44 Dans le cas où, à l'issue d'un des stages prévus à l'article L. 145-43, le commerçant ou l'artisan quitte le local dont il est locataire pour convertir son activité en la transférant dans un autre local ou pour prendre une activité salariée, la résiliation du bail intervient de plein droit et sans indemnité à l'expiration d'un délai de trois mois à partir du jour où elle est signifiée au bailleur. — *[L. n° 73-1193 du 27 déc. 1973, art. 55.]*

Art. L. 145-45 *(L. n° 2005-845 du 26 juill. 2005, art. 165-II)* **« La sauvegarde, » le redressement et la liquidation judiciaires n'entraînent pas, de plein droit, la résiliation du bail des immeubles affectés à l'industrie, au commerce ou à l'artisanat du débiteur, y compris les locaux dépendant de ces immeubles et servant à son habitation ou à celle de sa famille. Toute stipulation contraire est réputée non écrite.** — *[Décr. n° 53-960 du 30 sept. 1953, art. 36.] — V. art. L. 622-13 s. et L. 641-12.*

BIBL. ▶ AUQUE, *RJ com. 2005. 478* (résiliation du bail commercial en cas de procédure de sauvegarde ou de redressement judiciaire du preneur). – SAINTOURENS, *Loyers et copr. 2005. Chron. 11* (régime du bail commercial après la réforme des procédures collectives). – GALLET, *Rev. loyers 2006. 71* (bail commercial après la loi du 26 juill. et le décret du 28 déc. 2005). – LE CORRE, *AJDI 2006. 175* (les baux commerciaux et la réforme des procédures collectives).

Art. L. 145-46 Lorsqu'il est à la fois propriétaire de l'immeuble loué et du fonds de commerce qui y est exploité et que le bail porte en même temps sur les deux, le bailleur doit verser au locataire, à son départ, une indemnité correspondant au profit qu'il peut retirer de la plus-value apportée soit au fonds, soit à la valeur locative de l'immeuble par les améliorations matérielles effectuées par le locataire avec l'accord exprès du propriétaire. — *[Décr. n° 53-960 du 30 sept. 1953, art. 37.]*

SECTION VIII DE LA DÉSPÉCIALISATION

Art. L. 145-47 Le locataire peut adjoindre à l'activité prévue au bail des activités connexes ou complémentaires.

A cette fin, il doit faire connaître son intention au propriétaire par acte extrajudiciaire, en indiquant les activités dont l'exercice est envisagé. Cette formalité vaut mise en demeure du propriétaire de faire connaître dans un délai de deux mois, à peine de déchéance, s'il conteste le caractère connexe ou complémentaire de ces activités. En cas de contestation, le tribunal de grande instance, saisi par la partie la plus diligente, se prononce en fonction notamment de l'évolution des usages commerciaux.

Lors de la première révision triennale suivant la notification visée à l'alinéa précédent, il peut, par dérogation aux dispositions de l'article L. 145-38, être tenu compte, pour la fixation du loyer, des activités commerciales adjointes, si celles-ci ont entraîné par elles-mêmes une modification de la valeur locative des lieux loués. – *[Décr. n° 53-960 du 30 sept. 1953, art. 34.]*

Art. L. 145-48 Le locataire peut, sur sa demande, être autorisé à exercer dans les lieux loués une ou plusieurs activités différentes de celles prévues au bail, eu égard à la conjoncture économique et aux nécessités de l'organisation rationnelle de la distribution, lorsque ces activités sont compatibles avec la destination, les caractères et la situation de l'immeuble ou de l'ensemble immobilier.

Toutefois, le premier locataire d'un local compris dans un ensemble constituant une unité commerciale définie par un programme de construction ne peut se prévaloir de cette faculté pendant un délai de neuf ans à compter de la date de son entrée en jouissance. – *[Décr. n° 53-960 du 30 sept. 1953, art. 34-1.]*

Art. L. 145-49 La demande faite au bailleur doit, à peine de nullité, comporter l'indication des activités dont l'exercice est envisagé. Elle est formée par acte extrajudiciaire et dénoncée, en la même forme, aux créanciers inscrits sur le fonds de commerce. Ces derniers peuvent demander que le changement d'activité soit subordonné aux conditions de nature à sauvegarder leurs intérêts.

Le bailleur doit, dans le mois de cette demande, en aviser, dans la même forme, ceux de ses locataires envers lesquels il se serait obligé à ne pas louer en vue de l'exercice d'activités similaires à celles visées dans la demande. Ceux-ci doivent, à peine de forclusion, faire connaître leur attitude dans le mois de cette notification.

A défaut par le bailleur d'avoir, dans les trois mois de la demande, signifié son refus, son acceptation ou encore les conditions auxquelles il subordonne son accord, il est réputé avoir acquiescé à la demande. Cet acquiescement ne fait pas obstacle à l'exercice des droits prévus à l'article L. 145-50. – *[Décr. n° 53-960 du 30 sept. 1953, art. 34-2.]*

Art. L. 145-50 Le changement d'activité peut motiver le paiement, à la charge du locataire, d'une indemnité égale au montant du préjudice dont le bailleur établirait l'existence.

Ce dernier peut en outre, en contrepartie de l'avantage procuré, demander au moment de la transformation, la modification du prix du bail sans qu'il y ait lieu d'appliquer les dispositions des articles L. 145-37 à L. 145-39.

Les droits des créanciers inscrits s'exercent avec leur rang antérieur, sur le fonds transformé. – *[Décr. n° 53-960 du 30 sept. 1953, art. 34-3.]*

Art. L. 145-51 Lorsque le locataire ayant demandé à bénéficier de ses droits à la retraite ou ayant été admis au bénéfice d'une pension d'invalidité attribuée par le régime d'assurance invalidité-décès des professions artisanales ou des professions industrielles et commerciales, a signifié à son propriétaire et aux créanciers inscrits sur le fonds de commerce son intention de céder son bail en précisant la nature des activités dont l'exercice est envisagé ainsi que le prix proposé, le bailleur a, dans un délai de deux mois, une priorité de rachat aux conditions fixées dans la signification. A défaut d'usage de ce droit par le bailleur, son accord est réputé acquis si, dans le même délai de deux mois, il n'a pas saisi le tribunal de grande instance.

La nature des activités dont l'exercice est envisagé doit être compatible avec la destination, les caractères et la situation de l'immeuble.

Les dispositions du présent article sont applicables à l'associé unique d'une entreprise unipersonnelle à responsabilité limitée, ou au gérant majoritaire depuis au moins deux ans d'une société à responsabilité limitée, lorsque celle-ci est titulaire du bail. – *[Décr. nº 53-960 du 30 sept. 1953, art. 34-3-1 et 38-2.]*

Art. L. 145-52 Le tribunal de grande instance peut autoriser la transformation totale ou partielle malgré le refus du bailleur, si ce refus n'est point justifié par un motif grave et légitime.

Si le différend porte seulement sur le prix du bail, celui-ci est fixé conformément aux dispositions réglementaires prévues pour la fixation du prix des baux révisés. Dans les autres cas, l'affaire est portée devant le tribunal. – *[Décr. nº 53-960 du 30 sept. 1953, art. 34-4.]*

Art. L. 145-53 Le refus de transformation est suffisamment motivé si le bailleur justifie qu'il entend reprendre les lieux à l'expiration de la période triennale en cours, soit en application des articles L. 145-18 à L. 145-24, soit en vue d'exécuter des travaux prescrits ou autorisés dans le cadre d'une opération de rénovation urbaine ou de restauration immobilière.

Le bailleur qui a faussement invoqué l'un des motifs prévus à l'alinéa qui précède ou qui n'a pas satisfait aux conditions ayant motivé le rejet de la demande du locataire ne peut s'opposer à une nouvelle demande de transformation d'activité, sauf pour motifs graves et légitimes, à moins que le défaut d'exécution ne lui soit pas imputable. Il peut, en outre, être condamné à verser au locataire une indemnité à raison du préjudice subi par ce dernier. – *[Décr. nº 53-960 du 30 sept. 1953, art. 34-5.]*

Art. L. 145-54 Il n'est pas tenu compte de la plus-value conférée au fonds par la transformation prévue à l'article L. 145-48, lorsque l'immeuble dans lequel est exploité le fonds doit être démoli ou restauré, ou lorsque le fonds doit être exproprié dans le cadre d'une opération de rénovation ou de restauration immobilière décidée moins de trois ans après la demande prévue à l'alinéa 1er dudit article. – *[Décr. nº 53-960 du 30 sept. 1953, art. 34-6.]*

Art. L. 145-55 A tout moment et jusqu'à l'expiration d'un délai de quinze jours à compter de la date à laquelle la décision est passée en force de chose jugée, le locataire qui a formé une demande conformément aux articles L. 145-47, L. 145-48 ou L. 145-49 peut y renoncer en le notifiant au bailleur par acte extrajudiciaire et, dans ce cas, il supporte tous les frais de l'instance. – *[Décr. nº 53-960 du 30 sept. 1953, art. 34-8.]*

SECTION IX DE LA PROCÉDURE

Art. L. 145-56 Les règles de compétence et de procédure des contestations relatives au bail sont fixées par décret en Conseil d'État. – *V. art. R. 145-23 s.*

Art. L. 145-57 Pendant la durée de l'instance relative à la fixation du prix du bail révisé ou renouvelé, le locataire est tenu de continuer à payer les loyers échus au prix ancien ou, le cas échéant, au prix qui peut, en tout état de cause, être fixé à titre provisionnel par la juridiction saisie, sauf compte à faire entre le bailleur et le preneur, après fixation définitive du prix du loyer.

Dans le délai d'un mois qui suit la signification de la décision définitive, les parties dressent un nouveau bail dans les conditions fixées judiciairement, à moins que le locataire renonce au renouvellement ou que le bailleur refuse celui-ci, à charge de celle des parties qui a manifesté son désaccord de supporter tous les frais. Faute par le bailleur d'avoir envoyé dans ce délai à la signature du preneur le projet de bail conforme à la décision susvisée ou, faute d'accord dans le mois de cet envoi, l'ordonnance ou l'arrêt fixant le prix ou les conditions du nouveau bail vaut bail. – *[Décr. n° 53-960 du 30 sept. 1953, art. 31.]*

Art. L. 145-58 Le propriétaire peut, jusqu'à l'expiration d'un délai de quinze jours à compter de la date à laquelle la décision est passée en force de chose jugée, se soustraire au paiement de l'indemnité, à charge par lui de supporter les frais de l'instance et de consentir au renouvellement du bail dont les conditions, en cas de désaccord, sont fixées conformément aux dispositions réglementaires prises à cet effet. Ce droit ne peut être exercé qu'autant que le locataire est encore dans les lieux et n'a pas déjà loué ou acheté un autre immeuble destiné à sa réinstallation. – *[Décr. n° 53-960 du 30 sept. 1953, art. 32.]*

Art. L. 145-59 La décision du propriétaire de refuser le renouvellement du bail, en application du dernier alinéa de l'article L. 145-57, ou de se soustraire au paiement de l'indemnité, dans les conditions prévues au dernier alinéa de l'article L. 145-58, est irrévocable. – *[Décr. n° 53-960 du 30 sept. 1953, art. 32-1.]*

L'art. 32-1 du Décr. n° 53-960 du 30 sept. 1953, bien que codifié ss. l'art. L. 145-59 et initialement abrogé par Ord. n° 2000-912 du 18 sept. 2000, ne figure plus parmi les articles abrogés, dans le texte rectificatif de ladite ordonnance (JO 18 nov.).

Art. L. 145-60 Toutes les actions exercées en vertu du présent chapitre se prescrivent par deux ans. – *[Décr. n° 53-960 du 30 sept. 1953, art. 33, al. 1er.] – V. Décr. n° 53-960 du 30 sept. 1953, art. 33, al. 2, ss. art. R. 145-23.*

Sur le droit de préemption urbain et les zones d'aménagement différé, V. C. urb., art. L. 213-9, L. 213-10. – ***C. urb.***

Sur les obligations pesant sur les locataires de locaux à usage commercial, industriel ou artisanal en matière de restauration immobilière ou de secteurs sauvegardés, V. C. urb., art. L. 313-5, L. 313-6, L. 313-7, L. 313-10. – ***C. urb.***

En ce qui concerne l'offre d'un local équivalent par l'expropriant au commerçant, à l'artisan ou à l'industriel évincé, V. C. expr., art. L. 13-20. – ***C. baux*** *; ... la protection et l'indemnisation des commerçants et artisans afférentes à l'activité qu'ils exercent dans un immeuble devant être acquis ou exproprié en vue de sa démolition dans le cadre d'une opération d'aménagement, V. C. urb., art. L. 314-1, L. 314-2, L. 314-3, L. 314-4, L. 314-5, L. 314-6, L. 314-7, L. 314-8. –* ***C. baux.***

En ce qui concerne la réquisition des locaux commerciaux vacants ou inoccupés dans les communes où sévit une crise du logement, V. CCH, art. L. 641-12, R. 641-23 à R. 641-25. – ***CCH.***

Code de l'urbanisme

DROIT DE PRÉEMPTION DES COMMUNES SUR LES FONDS ARTISANAUX, LES FONDS DE COMMERCE, LES BAUX COMMERCIAUX ET LES TERRAINS FAISANT L'OBJET DE PROJETS D'AMÉNAGEMENT COMMERCIAL
(L. n° 2008-776 du 4 août 2008, art. 101-I)

BIBL. ▸ Dutrieux, *JCP N 2005, n° 35, p. 1377.* – Delfosse et Péniguel, *Dr. et patr. oct. 2005, suppl., p. 18.* – Blatter, *AJDI 2005. 705*. – Saintourens, *RTD com. 2005. 707*. – Jacquin, *Gaz. Pal. 2005. Doctr. 3950.* – Bénard, *Dr. et patr. févr. 2006. 32.* – de Girard et Pascaud, *JCP N 2006, n° 10, p. 497* (quel impact en matière de fusions-acquisitions ?). – Pérignon, *AJDA 2008. 743* (le droit de préemption communal sur les biens commerciaux). –

Boituzat, *RDI 2008. 313* (le droit de préemption des communes sur les cessions de fonds de commerce et artisanaux et de baux commerciaux) – Hinfray, *Loyers et copr. 2008. Étude 6* (le nouveau droit de préemption communal sur les fonds de commerce). – Marchand et Schütz, *Defrénois 2009. 1109* (la purge du droit de préemption commercial). ▸ Décret n° 2007-1827 du 26 déc. 2007 : Jacquin, *Gaz. Pal. 2007. 2356* (3e version du projet de décret). – Dutrieux, *JCP E 2008, n° 3, p. 3* (mesures réglementaires). – Reygrobellet et Flaicher-Maneval, *BRDA 2008, n° 2, p. 28*. – Viannay et Poirier, *LPA 6 févr. 2008*. – Blatter, *AJDI 2008. 88*. – Inforeg, *Cah. dr. entr. 2008, n° 1, p. 62*. – Kenfack, *RLDA mars 2008. 17*. – Ringler, *LPA 3 avr. 2008*. – Vaissié, *Rev. loyers 2008. 198*. – Boggiraud, *JCP N 2008, n° 16, p. 27* (préempter pour rétrocéder...). – Foundoux et Glon, *JCP E 2008, n° 21, p. 13* (formules). – Broussolle, *Defrénois 2008. 1065*. – Vaissié, *Dr. et patr. juin 2008. 40* – Jacquin, *Gaz. Pal. 2008. 2097* (droit de préemption dans les périmètres de sauvegarde du commerce et de l'artisanat de proximité). ▸ Loi n° 2008-776 du 4 août 2008 : Dutrieux, *JCP N 2008, n° 37, p. 6* (préemption et vente de certains terrains). – Durteste et Glon, *ibid., n° 43-44, p. 27* (formules). – Broussolle, *Defrénois 2008. 2382* (extension du droit de préemption aux terrains destinés à l'aménagement commercial). – Bon-Julien, *LPA 15 avr. 2009* (le droit de préemption « commercial » : un droit inapplicable ?). – Zolynski, *Constr.-Urb. 2009. Étude 16* (l'exemple de la préemption commerciale). – Savarit-Bourgeois, *JCP E 2009, n° 51-52, p. 34* (le cadre juridique du droit de préemption commercial). – Rapp, *Gaz. Pal. 2009. 1752* (l'appréhension du fonds de commerce par les politiques publiques). – Panepinto, *Administrer nov. 2009. 19* (le droit de préemption des communes sur les fonds artisanaux ou de commerce, les baux commerciaux et les terrains). ▸ Décr. n° 2009-753 du 22 juin 2009 : Dutrieux, *JCP N 2009, n° 27, p. 3* (mesures réglementaires concernant la préemption sur les terrains portant ou destinés à porter des commerces). – Schütz, *Defrénois 2009. 1787* (les suites de la préemption commerciale). – Driard, *AJDI 2009. 679* (le droit de préemption des communes sur les terrains à vocation commerciale). – Meng, *Defrénois 2009. 2129* (la purge du droit de préemption en cas de cession de terrains dits « commerciaux »). – Dumont-Lefrand, *JCP N 2011, n° 1262* (préemption des espaces commerciaux). – Maurey et Tarrade, *BRDA 2013, n° 7, p. 12* (droit de préemption commercial).

Art. L. 214-1 *(L. n° 2005-882 du 2 août 2005, art. 58-I)* Le conseil municipal peut, par délibération motivée, délimiter un périmètre de sauvegarde du commerce et de l'artisanat de proximité, à l'intérieur duquel sont soumises au droit de préemption institué par le présent chapitre les *(L. n° 2012-387 du 22 mars 2012, art. 5)* « aliénations à titre onéreux » de fonds artisanaux, de fonds de commerce ou de baux commerciaux. — *V. C. com., art. L. 750-1-1. — V. aussi CGPPP, art. L. 1112-6. —* ***C. adm.***

(L. n° 2008-776 du 4 août 2008, art. 101-II, 1°) « A l'intérieur de ce périmètre, sont également soumises au droit de préemption visé à l'alinéa précédent les *(L. n° 2012-387 du 22 mars 2012, art. 5)* « aliénations à titre onéreux » de terrains portant ou destinés à porter des commerces d'une surface de vente comprise entre 300 et 1 000 mètres carrés. »

Chaque *(L. n° 2012-387 du 22 mars 2012, art. 5)* « aliénation à titre onéreux » est subordonnée, à peine de nullité, à une déclaration préalable faite par le cédant à la commune. Cette déclaration précise le prix et les conditions de la cession. — *V. CCH, art. *R. 214-4, infra.*

Le droit de préemption est exercé selon les modalités prévues par les articles L. 213-4 à L. 213-7. Le silence de la commune pendant *(L. n° 2008-776 du 4 août 2008, art. 101-II-2°)* « le délai de deux mois à compter de la réception de cette » déclaration vaut renonciation à l'exercice du droit de préemption. Le cédant peut alors réaliser la vente aux prix et conditions figurant dans sa déclaration.

*(Abrogé par L. n° 2008-776 du 4 août 2008, art. 101-II-3°) « L'action en nullité se prescrit par cinq ans à compter de la prise d'effet de la cession. » — V. CCH, art. *R. 214-10, infra.*

1. Entrée en vigueur. Si l'application des dispositions de l'art. L. 214-1 n'était pas manifestement impossible, en l'absence du décret prévu à l'art. L. 214-3, en tant qu'elles permettent au conseil municipal de délimiter un périmètre de sauvegarde du commerce et de l'artisanat de proximité, à l'intérieur duquel les cessions [désormais aliénations à titre onéreux] de fonds de commerce ou de baux commerciaux pourront être soumises au droit de préemption, il en va différemment des autres dispositions de cet article et de celles de l'art. L. 214-2 relatives à l'exercice du droit de préemption et au droit de rétrocession qui en est inséparable, dès lors que ce dispositif entièrement nouveau, qui se distingue des droits de préemption existants régis par les art. L. 213-1 à L. 213-18 – auxquels il n'est d'ailleurs fait renvoi que sur certains points – ne peut être mis en œuvre sans qu'aient été apportées par voie réglementaire les précisions nécessaires à son application, notamment sur les modalités de rétrocession du bien préempté. • CE 21 mars 2008 : *AJDA 2008. 669 ; JCP 2008. II. 10104, note Kenfack ; JCP N 2009, n° 13, p. 27, obs. Dutrieux ; RJDA 2008, n° 1008 ; RLDA mai 2008. 23, obs. Filiol de Raimond.* ♦ V. aussi, subordonnant l'entrée en vigueur du droit de préemption à la publication du décret prévu à l'art. L. 214-3 C. urb., V. • TA Paris, 2 août 2007 : *JCP N 2008, n° 2, p. 19, obs. Dutrieux.* – V. désormais les art. *R. 214-1 s. C. urb., *infra*.

2. Droit de préemption. Pour une commune s'étant placée sur le terrain du droit de préemption urbain et non sur celui institué aux art. L. 214-1 s. L. 214-1 s. pour devenir propriétaire de bâtiments commerciaux dans le but d'assurer la pérennité d'un bail commercial, V. • TA Lyon, 24 mai 2006 : *AJDA 2006. 1800, concl. Gondouin*.

3. Périmètre de sauvegarde. Le silence des textes quant à la définition de ce périmètre permet une grande souplesse pour la commune, qui peut définir librement son contour ainsi que sa superficie. Elle peut, par exemple, choisir uniquement le centre-ville, certains quartiers ou certaines rues. Les textes ne précisent pas non plus quels sont les fonds de commerce, les fonds artisanaux et les baux commerciaux concernés, ce qui permet un choix au plan local des commerces à préempter, au regard des insuffisances constatées en matière de satisfaction des besoins essentiels et courants des consommateurs. * Rép. min. n° 82275 : *JOAN Q, 14 sept. 2010, p. 9975 ; AJDI 2010. 772.*

4. Renonciation. Jugeant que la renonciation au droit de préemption sur les biens commerciaux est définitive, V. • CE 27 avr. 2011 : *AJCT 2011. 422, note Forest*.

5. Déclaration préalable. Sur l'absence de déclaration préalable et la nullité de la cession du fonds de commerce, V. • Paris, 10 oct. 2012 : *Administrer déc. 2012. 49, obs. Lipman-W. Boccara.*

6. Motivation. A pour objet d'organiser le maintien d'activités économiques au sens de l'art. L. 300-1 C. urb. l'acquisition des fonds de commerce par la commune ayant pour but de permettre soit la réinstallation dans la rue principale de commerces ou d'artisanats remplacés récemment par des boutiques vendant des produits régionaux à vocation essentiellement saisonnière et touristique, soit l'installation de producteurs ou d'artisans d'art. • CAA Bordeaux, 26 mars 2013 : *Constr.-Urb. 2013, n° 67, obs. Couton.*

Art. L. 214-2 *(L. n° 2005-882 du 2 août 2005, art. 58-I)* La commune doit, dans le délai *(L. n° 2012-387 du 22 mars 2012, art. 4-II)* « de deux ans *[ancienne rédaction : d'un an]* » à compter de la prise d'effet de *(L. n° 2012-387 du 22 mars 2012, art. 5)* « l'aliénation à titre onéreux », rétrocéder le fonds artisanal, le fonds de commerce *(L. n° 2008-776 du 4 août 2008, art. 101-III)* « , le bail commercial ou le terrain » à une entreprise immatriculée au registre du commerce et des sociétés ou au répertoire des métiers, en vue d'une exploitation destinée à préserver la diversité *(L. n° 2008-776 du 4 août 2008, art. 101-III)* « et à promouvoir le développement » de l'activité commerciale et artisanale dans le périmètre concerné. L'acte de rétrocession prévoit les conditions dans lesquelles il peut être résilié en cas d'inexécution par le cessionnaire du cahier des charges. – *V. CCH, art. *R. 214-11, infra.*

L'acte de rétrocession d'un fonds de commerce est effectué dans le respect des conditions fixées par les dispositions du chapitre Ier du titre IV du livre Ier du code de commerce.

La rétrocession d'un bail commercial est subordonnée, à peine de nullité, à l'accord préalable du bailleur. Cet accord figure dans l'acte de rétrocession.

(L. n° 2012-387 du 22 mars 2012, art. 4-II) « Pendant le délai indiqué au premier alinéa du présent article, la commune peut mettre le fonds en location-gérance dans les conditions prévues aux articles L. 144-1 à L. 144-13 du code de commerce. »

1. Création d'un service public. Déduisant des stipulations de la convention par laquelle une commune a confié l'exploitation d'un cinéma qu'elle avait racheté qu'elle a entendu ériger celui-ci en service public de telle sorte que le fonds de commerce acquis par la commune avait disparu et ne pouvait plus faire l'objet d'une cession : • TA Dijon, 2 févr. 2006 : *AJDA 2006. 1437, note Rousset ; RLC oct.-déc. 2006. 61, obs. Clamour.*

2. Obligations de la commune. Pendant le délai de conservation du fonds, la commune se trouve placée dans la même situation juridique et matérielle que tout propriétaire d'un fonds de commerce ou d'un fonds artisanal exerçant une activité * Rép. min. n° 20233 : *JOAN Q, 23 déc. 2008, p. 11122 ; JCP N 2009, n° 1-2, p. 14.*

Art. L. 214-3 *(L. n° 2005-882 du 2 août 2005, art. 58-I)* Un décret en Conseil d'État précise les conditions d'application des dispositions du présent chapitre. — *V. CCH, art. *R. 214-1, infra.*

V. note 1 ss. art. L. 214-1 C. urb., infra.

....

Art. *R. 214-1 *(Décr. n° 2009-753 du 22 juin 2009)* « Lorsqu'une commune envisage d'instituer, en application de l'article L. 214-1, le droit de préemption sur les fonds artisanaux, les fonds de commerce, les baux commerciaux et les terrains portant ou destinés à porter des commerces d'une surface de vente comprise entre 300 et 1 000 mètres carrés » *(Décr. n° 2007-1827 du 26 déc. 2007)* « , le maire soumet pour avis le projet de délibération du conseil municipal à la chambre de commerce et d'industrie et à la chambre des métiers et de l'artisanat dans le ressort desquelles se trouve la commune. Le projet de délibération est accompagné du projet de plan délimitant le périmètre de sauvegarde du commerce et de l'artisanat de proximité et d'un rapport analysant la situation du commerce et de l'artisanat de proximité à l'intérieur de ce périmètre et les menaces pesant sur la diversité commerciale et artisanale. En l'absence d'observations de la chambre de commerce et d'industrie et de la chambre des métiers et de l'artisanat dans les deux mois de leur saisine, l'avis de l'organisme consulaire est réputé favorable. »

Avis des chambres consulaires. Dans le silence du décret, l'avis des chambres consulaires est nécessairement un avis consultatif que le conseil municipal est donc libre de ne pas suivre. Toutefois, en pratique, compte tenu de la connaissance par ces organismes de l'activité commerciale et artisanale locale, leur avis présente un grand intérêt et gagnerait à être pris en compte (Rép. min. n° 3742 : *JO Sénat Q 28 août 2008, p. 1733 ; JCP E 2008, n° 37, p. 13*).

Art. *R. 214-2 *(Décr. n° 2007-1827 du 26 déc. 2007)* La délibération du conseil municipal délimitant le périmètre de sauvegarde du commerce et de l'artisanat de proximité fait l'objet des mesures de publicité et d'information dans les conditions prévues par l'article R. 211-2.

Art. *R. 214-3 *(Décr. n° 2009-753 du 22 juin 2009)* Le droit de préemption institué en application de l'article L. 214-1 peut s'exercer sur les biens suivants, lorsqu'ils sont aliénés à titre onéreux :

a) Les fonds artisanaux, les fonds de commerce ou les baux commerciaux ;

b) Les terrains portant des commerces ou destinés à porter des commerces dans un délai de cinq ans à compter de leur aliénation, dès lors que ces commerces sont des magasins de vente au détail ou des centres commerciaux au sens de l'article L. 752-3 du code de commerce, ayant une surface de vente comprise entre 300 et 1 000 mètres carrés.

Le présent article ne s'applique pas aux biens ou droits qui sont inclus dans la cession d'une ou de plusieurs activités prévue à l'article L. 626-1 du code de commerce ou dans le plan de cession arrêté en application de l'article L. 631-22 ou des articles L. 642-1 à L. 642-17 du code de commerce.

Art. *R. 214-4 *(Décr. n° 2009-753 du 22 juin 2009)* La déclaration préalable prévue au troisième aliéna de l'article L. 214-1 est établie dans les formes prescrites par un arrêté du ministre chargé de l'urbanisme et du ministre de la justice. — *V. le formulaire enregistré par la direction générale de la modernisation de l'État sous le numéro CERFA 13644*01 et disponible sur le site www.developpement-durable.gouv.fr (Arr. 29 févr. 2008, JO 1er avr.). — Sur ce formulaire, V. Rép. min. n° 4864, JO Sénat Q 28 août 2008, p. 1727 ; JCP N 2008, n° 37, p. 12.*

(Décr. n° 2012-489 du 13 avr. 2012, art. 3-I) « La déclaration en quatre exemplaires est adressée au maire de la commune où est situé le fonds, l'immeuble dont dépendent les locaux loués ou le terrain portant les commerces ou destiné à porter des commerces

d'une surface de vente comprise entre 300 et 1 000 mètres carrés. Elle est adressée par pli recommandé avec demande d'avis de réception, ou par voie électronique en un seul exemplaire dans les conditions prévues par le I de l'article 5 de l'ordonnance n° 2005-1516 du 8 décembre 2005 relative aux échanges électroniques entre les usagers et les autorités administratives et entre les autorités administratives. » La déclaration peut aussi être déposée en mairie contre récépissé.

Lorsque l'aliénation porte sur un terrain défini au *b* de l'article R. 214-3 et qu'elle est soumise au droit de préemption institué par le chapitre II ou le chapitre III du présent titre, la déclaration est souscrite dans les formes et conditions prévues par l'article R. 213-5. Elle précise, selon le cas, la surface de vente du commerce existant sur le terrain ou la possibilité d'implanter sur le terrain, dans les cinq ans suivant l'aliénation, un commerce d'une surface de vente comprise entre 300 et 1 000 mètres carrés.

BIBL. ▶ DUTRIEUX, *JCP E 2008, n° 16, p. 3* (formulaire de déclaration préalable).

Art. *R. 214-4-1 *(Décr. n° 2009-753 du 22 juin 2009)* Lorsque la déclaration préalable porte sur un terrain défini au *b* de l'article R. 214-3, le maire transmet copie de la déclaration dès sa réception au directeur des services fiscaux en lui précisant si cette transmission vaut demande d'avis.

Art. *R. 214-4-2 *(Décr. n° 2009-753 du 22 juin 2009)* Lorsque la commune décide d'acquérir un terrain qui est soumis à la fois au droit de préemption prévu par le présent chapitre et au droit de préemption institué par le chapitre II ou le chapitre III du présent titre, elle indique sur le fondement de quel chapitre elle exerce son droit de préemption.

Art. *R. 214-4-3 *(Décr. n° 2009-753 du 22 juin 2009)* Lorsqu'un terrain situé dans un périmètre délimité en application de l'article R. 214-1 fait l'objet d'une aliénation sans que celle-ci ait été précédée de la déclaration prévue à l'article R. 214-4, le vendeur en informe l'acquéreur par une mention spécifique figurant dans l'acte de vente ou, en cas de vente par adjudication, par une mention spécifique portée dans le cahier des charges.

Art. *R. 214-5 *(Décr. n° 2007-1827 du 26 déc. 2007)* Dans un délai de deux mois à compter de la réception de la déclaration préalable, *(Décr. n° 2012-489 du 13 avr. 2012, art. 3-II)* « ou du premier des accusés de réception ou d'enregistrement délivré en application du I de l'article 5 de l'ordonnance n° 2005-1516 du 8 décembre 2005, » le titulaire du droit de préemption notifie au cédant soit sa décision d'acquérir aux prix et conditions indiqués dans la déclaration préalable, soit son offre d'acquérir aux prix et conditions fixés par l'autorité judiciaire saisie dans les conditions prévues à l'article R. 214-6, soit sa décision de renoncer à l'exercice du droit de préemption.

(Décr. n° 2012-489 du 13 avr. 2012, art. 3-II) « Il notifie sa décision au cédant par pli recommandé avec demande d'avis de réception, par remise contre décharge au domicile ou au siège social du cédant, ou par voie électronique en un seul exemplaire dans les conditions prévues par le I de l'article 5 de l'ordonnance n° 2005-1516 du 8 décembre 2005 relative aux échanges électroniques entre les usagers et les autorités administratives et entre les autorités administratives. La notification par voie électronique n'est possible que si la déclaration prévue à l'article R.* 214-4 a été faite de la même manière. » Lorsque le cédant est lié par un contrat de bail, une copie de cette notification est adressée au bailleur.

Le silence gardé par le titulaire du droit de préemption au terme du délai fixé au premier alinéa vaut renonciation à l'exercice de son droit.

Art. *R. 214-6 *(Décr. n° 2007-1827 du 26 déc. 2007)* En cas de désaccord sur le prix ou les conditions indiqués dans la déclaration préalable, le titulaire du droit de préemption qui veut acquérir saisit dans le délai fixé à l'article R. 214-5 la juridiction compétente en matière d'expropriation par lettre recommandée avec demande d'avis de réception adressée au secrétariat de cette juridiction, accompagnée d'une copie en double exemplaire de son mémoire. Copie de la lettre de saisine et du mémoire est simultanément notifiée au cédant et, le cas échéant, au bailleur.

Art. *R. 214-7 *(Décr. n° 2009-753 du 22 juin 2009)* « En cas de cession, par voie d'adjudication, d'un fonds artisanal, d'un fonds de commerce, d'un bail commercial ou d'un terrain portant ou destiné à porter des commerces d'une surface de vente comprise entre 300 et 1 000 mètres carrés » *(Décr. n° 2007-1827 du 26 déc. 2007)* « , le greffier de la juridiction ou le notaire chargé de procéder à la vente, selon la nature de l'adjudication, procède à la déclaration préalable prévue à l'article L. 214-1. Cette déclaration est établie dans les formes prescrites à l'article R. 214-4 et indique la date et les modalités de la vente. Elle est adressée au maire trente jours au moins avant la date fixée pour la vente par lettre recommandée avec demande d'avis de réception *(Décr. n° 2012-489 du 13 avr. 2012, art. 3-III)* « ou par voie électronique dans les conditions prévues par le I de l'article 5 de l'ordonnance n° 2005-1516 du 8 décembre 2005 ».

« Le titulaire du droit de préemption dispose d'un délai de trente jours à compter de l'adjudication pour notifier, par lettre recommandée avec demande d'avis de réception *(Décr. n° 2012-489 du 13 avr. 2012, art. 3-III)* « ou par voie électronique dans les conditions prévues par le I de l'article 5 de l'ordonnance n° 2005-1516 du 8 décembre 2005 », au greffier ou au notaire sa décision de se substituer à l'adjudicataire. Copie de cette décision est annexée au jugement ou à l'acte de l'adjudication et publiée au bureau des hypothèques en même temps que celui-ci.

« La substitution ne peut intervenir qu'au prix et aux conditions de la dernière enchère ou de la surenchère.

« Le greffier, le notaire ou le rédacteur de l'acte, selon les cas, informe l'adjudicataire évincé de l'acquisition réalisée par voie de préemption. »

Art. *R. 214-8 *(Décr. n° 2009-753 du 22 juin 2009)* « En cas de cession de gré à gré d'un fonds artisanal, d'un fonds de commerce, d'un bail commercial ou d'un terrain portant ou destiné à porter des commerces d'une surface de vente comprise entre 300 et 1 000 mètres carrés » *(Décr. n° 2007-1827 du 26 déc. 2007)* « autorisée par le juge-commissaire en application de l'article L. 642-19 du code de commerce, le liquidateur procède, avant la signature de cet acte, à la déclaration préalable prévue à l'article L. 214-1 dans les formes prévues à l'article R. 214-7.

« Le titulaire du droit de préemption peut exercer son droit dans les conditions prévues à l'article R. 214-7. En cas d'acquisition par voie de préemption, le liquidateur en informe l'acquéreur évincé. »

Art. *R. 214-9 *(Décr. n° 2009-753 du 22 juin 2009)* « En cas d'acquisition du fonds, d'un bail ou d'un terrain » *(Décr. n° 2007-1827 du 26 déc. 2007)* « par le titulaire du droit de préemption, l'acte constatant la cession est dressé dans un délai de trois mois suivant la notification de l'accord sur le prix et les conditions indiqués dans la déclaration préalable ou de la décision judiciaire devenue définitive fixant le prix et les conditions de la cession ou suivant la date de l'acte ou du jugement d'adjudication.

« Le prix est payé au moment de l'établissement de l'acte constatant la cession, sous réserve de l'application des dispositions des articles L. 141-12 et suivants du code de commerce. »

Art. *R. 214-10 *(Décr. n° 2007-1827 du 26 déc. 2007)* L'action en nullité prévue à l'article L. 214-1 s'exerce devant le tribunal de grande instance du lieu de situation du fonds ou de l'immeuble dont dépendent les locaux loués *(Décr. n° 2009-753 du 22 juin 2009)* « ou du terrain ».

Art. R.* 214-10-1 *(Décr. n° 2012-489 du 13 avr. 2012, art. 3-IV)* Un arrêté du ministre chargé de l'urbanisme fixe les conditions dans lesquelles sont effectuées les transmissions par voie électronique prévues au présent chapitre.

Art. *R. 214-11 *(Décr. n° 2007-1827 du 26 déc. 2007)* Le cahier des charges de rétrocession mentionné à l'article L. 214-2 est approuvé par délibération du conseil municipal. *(Abrogé par Décr. n° 2009-753 du 22 juin 2009) « Il comporte les clauses permettant d'assurer le respect des objectifs de diversité de l'activité commerciale ou artisanale. »*

Art. *R. 214-12 *(Décr. n° 2007-1827 du 26 déc. 2007)* Avant toute décision de rétrocession *(Décr. n° 2009-753 du 22 juin 2009)* « du fonds artisanal, du fonds de commerce, du bail commercial ou du terrain », le maire publie, par voie d'affichage en mairie pendant une durée de quinze jours, un avis de rétrocession. Cet avis comporte un appel à candidatures, *(Décr. n° 2009-753 du 22 juin 2009)* « la description du fonds, du bail ou du terrain », le prix proposé et mentionne que le cahier des charges peut être consulté en mairie. Lorsque la rétrocession porte sur un bail commercial, l'avis précise que la rétrocession est subordonnée à l'accord préalable du bailleur. Il indique le délai dans lequel les candidatures doivent être présentées.

Les personnes candidates à la rétrocession justifient de leur immatriculation au registre du commerce et des sociétés ou au répertoire des métiers ou, lorsqu'elles sont établies dans un autre État membre de l'Union européenne, d'un titre équivalent leur conférant ou leur reconnaissant la qualité de commerçant ou d'artisan.

Art. *R. 214-13 *(Décr. n° 2007-1827 du 26 déc. 2007)* En cas de rétrocession d'un bail commercial, le maire recueille l'accord préalable du bailleur sur le projet d'acte accompagné du cahier des charges qu'il lui a transmis par lettre recommandée avec demande d'avis de réception.

Si le bailleur entend s'opposer au projet de rétrocession, il saisit, en la forme du référé, le président du tribunal de grande instance du lieu de situation de l'immeuble dont dépendent les lieux loués pour faire valider son opposition à la rétrocession. A défaut d'avoir notifié à la commune, dans le délai de deux mois suivant la réception du projet d'acte, la saisine motivée de la juridiction, le bailleur est réputé avoir donné son accord à la rétrocession.

Le délai d'un an imparti à la commune pour procéder à la rétrocession est suspendu à compter de la notification du projet d'acte au bailleur jusqu'au recueil de l'accord du bailleur ou, à défaut d'accord, pendant la durée de la procédure jusqu'à l'intervention d'une décision juridictionnelle devenue définitive. La cession ne peut intervenir avant le terme de cette procédure, sauf accord exprès du bailleur.

Art. *R. 214-14 *(Décr. n° 2007-1827 du 26 déc. 2007)* La rétrocession est autorisée par délibération du conseil municipal indiquant les conditions de la rétrocession et les raisons du choix du cessionnaire.

Art. *R. 214-15 *(Décr. n° 2007-1827 du 26 déc. 2007)* Dans le mois suivant la signature de l'acte de rétrocession, le maire procède à l'affichage en mairie, pendant une durée de quinze jours, d'un avis comportant *(Décr. n° 2009-753 du 22 juin 2009)* « la désignation sommaire du fonds, du bail ou du terrain rétrocédé », le nom et la qualité du cessionnaire, ainsi que les conditions financières de l'opération.

Art. *R. 214-16 *(Décr. n° 2007-1827 du 26 déc. 2007)* Si la rétrocession n'est pas intervenue à l'expiration du délai d'un an à compter de la prise d'effet de l'acquisition par le titulaire du droit de préemption, l'acquéreur évincé, dans le cas où son identité a été mentionnée dans la déclaration préalable mentionnée à l'article R. 214-4, bénéficie d'un droit de priorité d'acquisition.

1. Délai de rétrocession. Le délai d'un an imparti à la commune pour procéder à la rétrocession est suspendu, en application du 3e al. de l'art. R. 214-13, jusqu'au recueil de l'accord du bailleur à la rétrocession ou, à défaut d'accord, jusqu'à l'intervention de la décision devenue définitive du tribunal de grande instance que le bailleur avait saisi en référé en application du 2e al. de l'art. R. 214-13 (Rép. min. n° 18532 : *JOAN Q, 17 nov. 2009, p. 10897 ; RLDA janv. 2010. 23*).

2. Droit de priorité d'acquisition. L'acquéreur évincé ne bénéficie d'aucun droit de « propriété » sur le fonds ou le bail dans le cas où la mairie n'aurait pas trouvé preneur, mais d'un simple droit de « priorité » d'achat. En effet, l'acquéreur évincé ne pourrait éventuellement se prévaloir que d'une simple promesse de vente, qui pourrait s'analyser comme une promesse de vente sous condition suspensive que la commune ne préempte pas (Rép. min. n° 18532 : *préc. note 1*).

CHAPITRE VI DES GÉRANTS-MANDATAIRES

(L. n° 2005-882 du 2 août 2005, art. 19)

RÉP. COM. v° *Gérance de fonds de commerce*, par Kenfack.

BIBL. ▶ Delfosse et Péniguel, *Dr. et patr. oct. 2005, suppl., p. 9.* – Saintourens, *RTD com. 2005. 704*. – Juchs, *RLDA avr. 2006. 20.* – N. Ferrier, *LPA 26 mai 2006.* – Olivier, *Le code de commerce 1807-2007, Livre du bicentenaire, Dalloz, 2007, p. 288* (les « commerçants salariés » à propos des « gérants »). – Inforeg, *Cah. dr. entr. 2007, n° 5, p. 59* (location-gérance ou gérance-mandat, que choisir ?). – Peskine, *RDT 2008. 371* (entre subordination et indépendance : en quête d'une troisième voie). – Auque, *Gaz. Pal. 2009. 1792* (l'apparition de nouveaux modes d'exploitation du fonds de commerce). – Dissaux, *D. 2010. 667* (la gérance-mandat : une troisième voie ?). ▶ L. n° 2010-853 du 23 juill. 2010 : Delpech, *D. 2010. Actu. 1937* (sécurisation législative du contrat de gérance-mandat). – Note de la rédaction, *BRDA 2010, n° 15-16, p. 6* (gérance-mandat conclue dans le cadre d'un réseau) – Auzero, *RDT 2010. 642* (le législateur à nouveau au chevet de la gérance-mandat). – Saintourens, *RTD com. 2010. 690* (effet des normes de gestion et d'exploitation du fonds). – Mainguy, *D. 2013. 1222* (faut-il brûler le droit de la distribution ?).

Art. L. 146-1 *(L. n° 2005-882 du 2 août 2005, art. 19)* **Les personnes physiques ou morales qui gèrent un fonds de commerce ou un fonds artisanal, moyennant le versement d'une commission proportionnelle au chiffre d'affaires, sont qualifiées de « gérants-mandataires » lorsque le contrat conclu avec le mandant, pour le compte duquel, le cas échéant dans le cadre d'un réseau, elles gèrent ce fonds, qui en reste propriétaire et supporte les risques liés à son exploitation, leur fixe une mission, en leur laissant toute latitude, dans le cadre ainsi tracé, de déterminer leurs conditions de travail, d'embaucher du personnel et de se substituer des remplaçants dans leur activité à leurs frais et sous leur entière responsabilité.**

(L. n° 2010-853 du 23 juill. 2010, art. 30) **« La mission précise, le cas échéant, les normes de gestion et d'exploitation du fonds à respecter et les modalités du contrôle susceptible d'être effectué par le mandant. Ces clauses commerciales ne sont pas de nature à modifier la nature du contrat. »**

Le gérant-mandataire est immatriculé au registre du commerce et des sociétés et, le cas échéant, au répertoire des métiers. Le contrat est mentionné à ce registre ou à ce répertoire et fait l'objet d'une publication dans un journal habilité à recevoir des annonces légales.

Les dispositions du présent chapitre ne sont pas applicables aux professions régies par le chapitre II du titre VIII du livre VII *[chapitre II du titre II du livre III de la partie VII nouv.]* **du code du travail.** – *V. C. trav., art. L. 7322-1 s., ss. art. L. 146-4.*

1. Application dans le temps. La réglementation du contrat de gérance-mandat issue de la loi du 2 août 2005 ne s'applique pas aux situations contractuelles en cours. Sans doute, le contrat de gérance-mandat existait-il avant sa consécration législative, mais les règles nouvelles adoptées en 2005 ne pouvaient s'appliquer aux contrats conclus avant son entrée en vigueur car il ne s'agissait ni de dispositions d'un ordre public particulièrement impérieux, ni d'une loi interprétative. • Pau, 29 sept. 2008 : *CCC 2009, n° 48, obs. N. M. ; RLDA mai 2009. 91, obs. Grignon* • Poitiers, 7 sept. 2010 : *CCC 2011, n° 118, obs. N. M.*

2. Distinction avec le contrat de travail. Ayant constaté que les cogérants d'une société ne disposaient d'aucune autonomie réelle dans la gestion d'un hôtel, qu'ils étaient personnellement tenus d'assurer en permanence son exploitation, qu'ils devaient recueillir l'accord de la société exploitant en franchise cet hôtel pour tout engagement ou paiement, que cette société contrôlait la gestion de l'hôtel en adressant des directives dont elle contrôlait l'exécution, en effectuant des visites mensuelles, et en leur imposant de rendre compte de leur bonne exécution, et qu'en cas d'inobservation de ces directives, elle disposait d'un pouvoir de sanction, une cour d'appel, dans l'exercice de son pouvoir souverain d'appréciation, a pu en déduire que les soit disant cogérants se trouvaient placés dans un état de subordination à l'égard de la société franchisée et qu'ils étaient ainsi liés à celle-ci par un contrat de travail. • Soc. 16 janv. 2008 : *D. 2008. AJ 477, obs. Chevrier ; JCP E 2008, n° 30, p. 30, note Béal et Terrenoire ; Lettre distrib. févr. 2008, p. 4 ; Tourisme & Droit, mars 2008. 23, obs. Chevrier.*

Il convient de rechercher non seulement si le contrat entre dans le cadre général défini par l'art. L. 146-1, mais encore de quelle autonomie les intéressés (hôteliers) disposaient pour accomplir leur tâche. En l'espèce, l'autonomie du « mandataire-gérant » mentionnée au contrat est de pure forme et la réalité des relations contractuelles est celle d'un lien de subordination. • Paris, 30 mai 2007 : *AJDI 2008. 388*. ♦ Pour une même conclusion, dès lors qu'il est relevé que les gérants-mandataires d'une chaine d'hôtels travaillaient sous l'autorité et le contrôle direct du groupe hôtelier, qu'ils devaient impérativement respecter les normes et standards de la chaîne, selon le livret d'exploitation annexé au contrat sans pouvoir y déroger, qu'ils ne disposaient d'aucune liberté en matière de fixation des prix et de choix des clients, de procédure d'accueil, de promotion, de publicité et de tenue de la comptabilité, qu'ils devaient suivre les directives du groupe hôtelier qui en contrôlait la bonne exécution en pratiquant des inspections suivies de remontrances et en menaçant de représailles ceux qui ne respecteraient pas ces instructions, et de résiliation du contrat ceux qui voudraient être indépendants dans leurs décisions commerciales : • Soc. 8 juin 2010 : *Dalloz actualité, 21 juin 2010, obs. Maillard ; D. 2011. Pan. 550, obs. Ferrier ; RDLC 2010, n° 4, p. 135, obs. Ferrier.* ♦ V. désormais le 2e al. de l'art. L. 146-1.

Art. L. 146-2 *(L. n° 2005-882 du 2 août 2005, art. 19)* **Le mandant fournit au gérant-mandataire, avant la signature du contrat, toutes informations nécessaires à sa mission, telles que définies par décret, afin de lui permettre de s'engager en connaissance de cause.** — *V. art. D. 146-1.*

Art. L. 146-3 *(L. n° 2005-882 du 2 août 2005, art. 19)* **Un accord-cadre conclu entre le mandant et les gérants-mandataires auxquels il est lié par un contrat, ou leurs représentants, fixe notamment le montant de la commission minimale garantie dans tous les contrats de gérance-mandat conclus par ledit mandant. Cette commission minimale tient compte de l'importance de l'établissement et des modalités de son exploitation.**

A défaut d'accord, le ministre chargé des petites et moyennes entreprises fixe cette commission minimale.

Art. L. 146-4 *(L. n° 2005-882 du 2 août 2005, art. 19)* **Le contrat liant le mandant et le gérant-mandataire peut prendre fin à tout moment dans les conditions fixées par les parties. Toutefois, en cas de résiliation du contrat par le mandant, sauf faute grave de la part du gérant-mandataire, le mandant lui verse une indemnité égale, sauf conditions plus favorables fixées par les parties, au montant des commissions acquises, ou à la commission minimale garantie mentionnée à l'article L. 146-3, pendant les six mois précédant la résiliation du contrat, ou pendant la durée d'exécution du contrat si celle-ci a été inférieure à six mois.**

Code du travail

Gérants de succursales

Art. L. 7321-1 Les dispositions du présent code sont applicables aux gérants de succursales, dans la mesure de ce qui est prévu au présent titre. — *[Anc. art. L. 781-1, al. 1.]*

Art. L. 7321-2 Est gérant de succursale toute personne :

1° Chargée, par le chef d'entreprise ou avec son accord, de se mettre à la disposition des clients durant le séjour de ceux-ci dans les locaux ou dépendances de l'entreprise, en vue de recevoir d'eux des dépôts de vêtements ou d'autres objets ou de leur rendre des services de toute nature ;

2° Dont la profession consiste essentiellement :

a) Soit à vendre des marchandises de toute nature qui leur sont fournies exclusivement ou presque exclusivement par une seule entreprise *(L. n° 2008-776 du 4 août 2008, art. 39)* « , lorsque ces personnes exercent leur profession dans un local fourni ou agréé par cette entreprise et aux conditions *(L. n° 2009-526 du 12 mai 2009, art. 55)* « et » prix imposés par cette entreprise » ;

b) Soit à recueillir les commandes ou à recevoir des marchandises à traiter, manutentionner ou transporter, pour le compte d'une seule entreprise, lorsque ces personnes exercent leur profession dans un local fourni ou agréé par cette entreprise et aux conditions et prix imposés par cette entreprise. — *[Anc. art. L. 781-1, al. 2 et 3.]*

Art. L. 7321-3 Le chef d'entreprise qui fournit les marchandises ou pour le compte duquel sont recueillies les commandes ou sont reçues les marchandises à traiter, manutentionner ou transporter n'est responsable de l'application aux gérants salariés de succursales des dispositions du livre Ier de la troisième partie relatives à la durée du travail, aux repos et aux congés et de celles de la quatrième partie relatives à la santé et à la sécurité au travail que s'il a fixé les conditions de travail, de santé et de sécurité au travail dans l'établissement ou si celles-ci ont été soumises à son accord.

Dans le cas contraire, ces gérants sont assimilés à des chefs d'établissement. Leur sont applicables, dans la mesure où elles s'appliquent aux chefs d'établissement, directeurs ou gérants salariés, les dispositions relatives :

1° Aux relations individuelles de travail prévues à la première partie ;

2° A la négociation collective et aux conventions et accords collectifs de travail prévus au livre II de la deuxième partie ;

3° A la durée du travail, aux repos et aux congés prévus au livre Ier de la troisième partie ;

4° Aux salaires prévus au livre II de la troisième partie ;

5° A la santé et à la sécurité au travail prévues à la quatrième partie. — *[Anc. art. L. 781-1, al. 4 et 5.]*

Art. L. 7321-4 Les gérants de succursales sont responsables à l'égard des salariés placés sous leur autorité, au lieu et place du chef d'entreprise avec lequel ils ont contracté, de l'application des dispositions mentionnées aux 1° à 5° de l'article L. 7321-3 à condition d'avoir toute liberté en matière d'embauche, de licenciement et de fixation des conditions de travail de ces salariés. — *[Anc. art. L. 781-1, al. 6.]*

Art. L. 7321-5 Est nulle toute convention contraire aux dispositions du présent chapitre. — *[Anc. art. L. 781-2.]*

Gérants non salariés des succursales de commerce de détail alimentaire

Art. L. 7322-1 Les dispositions du chapitre Ier sont applicables aux gérants non salariés définis à l'article L. 7322-2, sous réserve des dispositions du présent chapitre.

L'entreprise propriétaire de la succursale est responsable de l'application au profit des gérants non salariés des dispositions du livre Ier de la troisième partie relatives à la durée du travail, aux repos et aux congés, ainsi que de celles de la quatrième partie relatives à la santé et à la sécurité au travail lorsque les conditions de travail, de santé et de sécurité au travail dans l'établissement ont été fixées par elle ou soumises à son accord.

Dans tous les cas, les gérants non salariés bénéficient des avantages légaux accordés aux salariés en matière de congés payés.

Par dérogation aux dispositions des articles L. 3141-1 et suivants relatives aux congés payés, l'attribution d'un congé payé peut, en cas d'accord entre les parties, être remplacée par le versement d'une indemnité d'un montant égal au douzième des rémunérations perçues pendant la période de référence.

Les obligations légales à la charge de l'employeur incombent à l'entreprise propriétaire de la succursale. — *[Anc. art. L. 782-1, al. 2, et L. 782-7, al. 1.]*

Art. L. 7322-2 Est gérant non salarié toute personne qui exploite, moyennant des remises proportionnelles au montant des ventes, les succursales des commerces de détail alimentaire ou des coopératives de consommation lorsque le contrat intervenu ne fixe pas les conditions de son travail et lui laisse toute latitude d'embaucher des salariés ou de se faire remplacer à ses frais et sous son entière responsabilité.

La clause de fourniture exclusive avec vente à prix imposé est une modalité commerciale qui ne modifie pas la nature du contrat. – *[Anc. art. L. 782-1, al. 1.]*

Art. L. 7322-3 Les accords collectifs fixant les conditions auxquelles doivent satisfaire les contrats individuels conclus entre les entreprises et leurs gérants de succursales non salariés sont régis, en ce qui concerne leur validité, leur durée, leur résolution, leur champ d'application, leurs effets et leurs sanctions, par les dispositions du livre II de la deuxième partie.

Ces accords déterminent, notamment, le minimum de la rémunération garantie aux gérants non salariés, compte tenu de l'importance de la succursale et des modalités d'exploitation de celle-ci. – *[Anc. art. L. 782-3.]*

Art. L. 7322-4 Les dispositions des accords collectifs mentionnés à l'article L. 7322-3 peuvent, après consultation des organisations professionnelles intéressées, être rendues obligatoires par l'autorité administrative à l'ensemble des commerces de détail alimentaire et des coopératives de consommation comprises dans leur champ d'application.

A défaut de tels accords, l'autorité administrative peut, après consultation des organisations professionnelles intéressées, fixer, soit pour la région déterminée, soit pour l'ensemble du territoire, les conditions auxquelles doivent satisfaire les contrats individuels conclus entre les entreprises et leurs gérants non salariés, notamment le minimum de rémunération. – *[Anc. art. L. 782-4.]*

Art. L. 7322-5 Les litiges entre les entreprises et leurs gérants non salariés relèvent de la compétence des tribunaux de commerce lorsqu'ils concernent les modalités commerciales d'exploitation des succursales.

Ils relèvent de celle des conseils de prud'hommes lorsqu'ils concernent les conditions de travail des gérants non salariés. – *[Anc. art. L. 782-5.]*

Art. L. 7322-6 Toute clause attributive de juridiction incluse dans un contrat conclu entre une entreprise mentionnée à l'article L. 7322-2 et un gérant non salarié de succursale est nulle. – *[Anc. art. L. 782-6.]*

LIVRE DEUXIÈME DES SOCIÉTÉS COMMERCIALES ET DES GROUPEMENTS D'INTÉRÊT ÉCONOMIQUE

*Le code des sociétés Dalloz comporte l'ensemble des textes, codifiés ou non, régissant la matière, assortis d'annotations de jurisprudence et de bibliographie. — **C. sociétés.***

RÉP. SOCIÉTÉS v° *Sociétés,* par P. DIDIER et B. SAINT-ALARY.

BIBL. ▶ GUYON, *Rev. sociétés 2000. 647* (nouveau code de commerce et droit des sociétés). – DOM, *Bull. Joly 2001. 215* (la sécurité juridique à l'épreuve du droit constant : aspects de droit des sociétés). – MATSOPOULOU, *D. 2001. 2021* (nouveau code de commerce et droit pénal des sociétés). – MERLE, *Bicentenaire du code de commerce 1807-2007, Dalloz, 2008, p. 347* (le droit français des sociétés est-il codifié ? est-il codifiable ?). – MATHEY, *RTD civ. 2008. 205* (les droits et libertés fondamentaux des personnes morales de droit privé). – G. ROYER, *JCP 2008. I. 185* (la Conv. EDH et le droit des sociétés). – MERVILLE et DEMALDENT, *LPA 23 avr. 2009* (l'utilisation frauduleuse de la personne morale). – ROUSSILLE, *LPA 29 sept. 2011* (QPC et droit des sociétés).

TITRE PREMIER DISPOSITIONS PRÉLIMINAIRES

Art. L. 210-1 Le caractère commercial d'une société est déterminé par sa forme ou par son objet.

Sont commerciales à raison de leur forme et quel que soit leur objet, les sociétés en nom collectif, les sociétés en commandite simple, les sociétés à responsabilité limitée et les sociétés par actions. — *[L. n° 66-537 du 24 juill. 1966, art. 1er.]*

Art. L. 210-2 La forme, la durée qui ne peut excéder quatre-vingt-dix-neuf ans, la dénomination sociale, le siège social, l'objet social et le montant du capital social sont déterminés par les statuts de la société. — *[L. n° 66-537 du 24 juill. 1966, art. 2.] — V. art. R. 210-2.*

Art. L. 210-3 Les sociétés dont le siège social est situé en territoire français sont soumises à la loi française.

Les tiers peuvent se prévaloir du siège statutaire, mais celui-ci ne leur est pas opposable par la société si son siège réel est situé en un autre lieu. — *[L. n° 66-537 du 24 juill. 1966, art. 3.]*

Art. L. 210-4 Les formalités de publicité exigées lors de la constitution de la société ou en cas d'actes et délibérations postérieurs sont déterminées par décret en Conseil d'État. — *[L. n° 66-537 du 24 juill. 1966, art. 4.] — V. art. R. 210-16 s.*

Art. L. 210-5 En ce qui concerne les opérations des sociétés à responsabilité limitée et des sociétés par actions intervenues avant le seizième jour de la publication au *Bulletin officiel des annonces civiles et commerciales* des actes et indications soumis à cette publicité, ceux-ci ne sont pas opposables aux tiers qui prouvent qu'ils ont été dans l'impossibilité d'en avoir connaissance.

(L. n° 2008-776 du 4 août 2008, art. 56-II, 2°) « Le délai prévu au premier alinéa court à compter de la date de l'inscription des actes et indications au registre du commerce et des sociétés pour les sociétés à responsabilité limitée et les sociétés par actions simplifiées dont l'associé unique, personne physique, assume personnellement la gérance ou la présidence de la société. »

Si, dans la publicité des actes et indications concernant les sociétés à responsabilité limitée et les sociétés par actions, il y a discordance entre le texte déposé au registre du commerce et des sociétés et le texte publié au *Bulletin officiel des annonces civiles et commerciales*, ce dernier ne peut être opposé aux tiers ; ceux-ci peuvent toutefois s'en prévaloir, à moins que la société ne prouve qu'ils ont eu connaissance du texte déposé au registre du commerce et des sociétés. – *[L. n° 66-537 du 24 juill. 1966, art. 4-1.]*

Les dispositions issues de la L. n° 2008-776 du 4 août 2008 entrent en vigueur à la date de publication du décret prévu à l'avant-dernière phrase du 2e alinéa de l'art. L. 223-1, et au plus tard le 31 mars 2009 (L. n° 2008-776 du 4 août 2008). – Ledit décret (n° 2008-1419 du 19 déc. 2008) a été publié au JO du 27 déc. 2008.

V. la 2e note rédactionnelle ss. art. L. 223-1.

Art. L. 210-6 Les sociétés commerciales jouissent de la personnalité morale à dater de leur immatriculation au registre du commerce et des sociétés. La transformation régulière d'une société n'entraîne pas la création d'une personne morale nouvelle. Il en est de même de la prorogation.

Les personnes qui ont agi au nom d'une société en formation avant qu'elle ait acquis la jouissance de la personnalité morale sont tenues solidairement et indéfiniment responsables des actes ainsi accomplis, à moins que la société, après avoir été régulièrement constituée et immatriculée, ne reprenne les engagements souscrits. Ces engagements sont alors réputés avoir été souscrits dès l'origine par la société. – *[L. n° 66-537 du 24 juill. 1966, art. 5.] – V. art. R. 210-7.*

Sur l'immatriculation au RCS, V. art. L. 123-1 s. et R. 210-1.

Art. L. 210-7 Il est procédé à l'immatriculation de la société après vérification par le greffier du tribunal compétent de la régularité de sa constitution dans les conditions prévues par les dispositions législatives et réglementaires relatives au registre du commerce et des sociétés.

Si les statuts ne contiennent pas toutes les énonciations exigées par la loi et les règlements ou si une formalité prescrite par ceux-ci pour la constitution de la société a été omise ou irrégulièrement accomplie, tout intéressé est recevable à demander en justice que soit ordonnée, sous astreinte, la régularisation de la constitution. Le ministère public est habile à agir aux mêmes fins.

Les dispositions des alinéas qui précèdent sont applicables en cas de modification des statuts.

L'action prévue au deuxième alinéa se prescrit par trois ans à compter, soit de l'immatriculation de la société au registre du commerce et des sociétés, soit de l'inscription modificative audit registre et du dépôt, en annexe dudit registre, des actes modifiant les statuts. – *[L. n° 66-537 du 24 juill. 1966, art. 6.] – V. art. R. 210-12.*

Art. L. 210-8 Les fondateurs de la société, ainsi que les premiers membres des organes de gestion, d'administration, de direction et de surveillance sont solidairement responsables du préjudice causé par le défaut d'une mention obligatoire dans les statuts ainsi que par l'omission ou l'accomplissement irrégulier d'une formalité prescrite par la loi et les règlements pour la constitution de la société.

Les dispositions de l'alinéa précédent sont applicables en cas de modification des statuts, aux membres des organes de gestion, d'administration, de direction, de surveillance et de contrôle, en fonction lors de ladite modification.

L'action se prescrit par dix ans à compter de l'accomplissement de l'une ou l'autre, selon le cas, des formalités visées au quatrième alinéa de l'article L. 210-7. – *[L. n° 66-537 du 24 juill. 1966, art. 7.] – V. art. R. 210-13.*

Art. L. 210-9 Ni la société ni les tiers ne peuvent, pour se soustraire à leurs engagements, se prévaloir d'une irrégularité dans la nomination des personnes chargées de gérer, d'administrer ou de diriger la société, lorsque cette nomination a été régulièrement publiée.

La société ne peut se prévaloir, à l'égard des tiers, des nominations et cessations de fonction des personnes visées ci-dessus, tant qu'elles n'ont pas été régulièrement publiées. — *[L. n° 66-537 du 24 juill. 1966, art. 8.]*

TITRE DEUXIÈME DISPOSITIONS PARTICULIÈRES AUX DIVERSES SOCIÉTÉS COMMERCIALES

CHAPITRE PREMIER DES SOCIÉTÉS EN NOM COLLECTIF

Art. L. 221-1 Les associés en nom collectif ont tous la qualité de commerçant et répondent indéfiniment et solidairement des dettes sociales.

Les créanciers de la société ne peuvent poursuivre le paiement des dettes sociales contre un associé, qu'après avoir vainement mis en demeure la société par acte extrajudiciaire. — *[L. n° 66-537 du 24 juill. 1966, art. 10.] — V. art. R. 221-10.*

Art. L. 221-2 La société en nom collectif est désignée par une dénomination sociale, à laquelle peut être incorporé le nom d'un ou plusieurs associés et qui doit être précédée ou suivie immédiatement des mots « société en nom collectif ». — *[L. n° 66-537 du 24 juill. 1966, art. 11.] — V. art. R. 123-238.*

Art. L. 221-3 Tous les associés sont gérants, sauf stipulation contraire des statuts qui peuvent désigner un ou plusieurs gérants, associés ou non, ou en prévoir la désignation par un acte ultérieur.

Si une personne morale est gérant, ses dirigeants sont soumis aux mêmes conditions et obligations et encourent les mêmes responsabilités civile et pénale que s'ils étaient gérants en leur nom propre, sans préjudice de la responsabilité solidaire de la personne morale qu'ils dirigent. — *[L. n° 66-537 du 24 juill. 1966, art. 12.]*

Art. L. 221-4 Dans les rapports entre associés, et en l'absence de la détermination de ses pouvoirs par les statuts, le gérant peut faire tous actes de gestion dans l'intérêt de la société.

En cas de pluralité de gérants, ceux-ci détiennent séparément les pouvoirs prévus à l'alinéa précédent, sauf le droit pour chacun de s'opposer à toute opération avant qu'elle soit conclue. — *[L. n° 66-537 du 24 juill. 1966, art. 13.]*

Art. L. 221-5 Dans les rapports avec les tiers, le gérant engage la société par les actes entrant dans l'objet social.

En cas de pluralité de gérants, ceux-ci détiennent séparément les pouvoirs prévus à l'alinéa précédent. L'opposition formée par un gérant aux actes d'un autre gérant est sans effet à l'égard des tiers, à moins qu'il ne soit établi qu'ils en ont eu connaissance.

Les clauses statutaires limitant les pouvoirs des gérants qui résultent du présent article sont inopposables aux tiers. — *[L. n° 66-537 du 24 juill. 1966, art. 14.]*

Art. L. 221-6 Les décisions qui excèdent les pouvoirs reconnus aux gérants sont prises à l'unanimité des associés. Toutefois les statuts peuvent prévoir que certaines décisions sont prises à une majorité qu'ils fixent.

Les statuts peuvent également prévoir que les décisions sont prises par voie de consultation écrite, si la réunion d'une assemblée n'est pas demandée par l'un des associés. – *[L. n° 66-537 du 24 juill. 1966, art. 15.] – V. art. R. 221-2 à R. 221-4.*

Art. L. 221-7 Le rapport de gestion, l'inventaire et les comptes annuels établis par les gérants sont soumis à l'approbation de l'assemblée des associés, dans le délai de six mois à compter de la clôture dudit exercice.

A cette fin, les documents visés à l'alinéa précédent, le texte des résolutions proposées ainsi que, le cas échéant, le rapport des commissaires aux comptes, les comptes consolidés et le rapport sur la gestion du groupe sont communiqués aux associés dans les conditions et délais déterminés par décret en Conseil d'État. Toute délibération, prise en violation des dispositions du présent alinéa et du décret pris pour son application, peut être annulée.

Toute clause contraire aux dispositions du présent article et du décret pris pour son application est réputée non écrite. – *[L. n° 66-537 du 24 juill. 1966, art. 16.] – V. art. R. 221-6 et R. 221-7.*

(Ord. n° 2004-1382 du 20 déc. 2004, art. 6) « Les troisième à sixième alinéas de l'article L. 225-100 et l'article L. 225-100-1 s'appliquent au rapport de gestion lorsque l'ensemble des parts sont détenues par des personnes ayant l'une des formes suivantes : société anonyme, société en commandite par actions ou société à responsabilité limitée. »

Art. L. 221-8 Les associés non gérants ont le droit, deux fois par an, d'obtenir communication des livres et documents sociaux et de poser par écrit des questions sur la gestion sociale, auxquelles il doit être répondu également par écrit. – *[L. n° 66-537 du 24 juill. 1966, art. 17.] – V. art. R. 221-8.*

Art. L. 221-9 Les associés peuvent nommer un ou plusieurs commissaires aux comptes dans les formes prévues à l'article L. 221-6.

Sont tenues de désigner un commissaire aux comptes au moins les sociétés qui dépassent, à la clôture de l'exercice social, des chiffres fixés par décret en Conseil d'État pour deux des critères suivants : le total de leur bilan, le montant hors taxes de leur chiffre d'affaires ou le nombre moyen de leurs salariés au cours d'un exercice. – *V. art. R. 221-5.*

Même si ces seuils ne sont pas atteints, la nomination d'un commissaire aux comptes peut être demandée en justice par un associé. – *[L. n° 66-537 du 24 juill. 1966, art. 17-1.]*

Art. L. 221-10 *I. – Abrogé par Ord. n° 2005-1126 du 8 sept. 2005, art. 20-III.*
II et III – Abrogés par L. n° 2003-706 du 1er août 2003, art. 112.
IV. – Abrogé par Ord. n° 2005-1126 du 8 sept. 2005, art. 20-III.

V. désormais, art. L. 820-3-1, L. 822-1 s. et L. 822-11.

Art. L. 221-11 *Al. 1er et 2 abrogés par Ord. n° 2005-1126 du 8 sept. 2005, art. 20-III. – V. les art. L. 822-1 s.*

Les documents visés au premier alinéa de l'article L. 221-7 sont mis à la disposition du commissaire aux comptes dans les conditions et délais fixés par décret en Conseil d'État. – *[L. n° 66-537 du 24 juill. 1966, art. 17-3.] – V. art. R. 221-6.*

Art. L. 221-12 Si tous les associés sont gérants ou si un ou plusieurs gérants choisis parmi les associés sont désignés dans les statuts, la révocation de l'un d'eux de ses fonctions ne peut être décidée qu'à l'unanimité des autres associés. Elle entraîne la dissolution de la société, à moins que sa continuation ne soit prévue par les statuts ou que les autres associés ne la décident à l'unanimité. Le gérant révoqué peut alors décider de se retirer de la société en demandant le remboursement de ses droits sociaux, dont la valeur est déterminée conformément à l'article 1843-4 du code civil. Toute clause contraire à l'article 1843-4 dudit code est réputée non écrite.

Si un ou plusieurs associés sont gérants et ne sont pas désignés par les statuts, chacun d'eux peut être révoqué de ses fonctions, dans les conditions prévues par les statuts ou, à défaut, par une décision des autres associés, gérants ou non, prise à l'unanimité.

Le gérant non associé peut être révoqué dans les conditions prévues par les statuts ou, à défaut, par une décision des associés prise à la majorité.

Si la révocation est décidée sans juste motif, elle peut donner lieu à dommages-intérêts. – *[L. n° 66-537 du 24 juill. 1966, art. 18.]*

Art. L. 221-13 Les parts sociales ne peuvent être représentées par des titres négociables. Elles ne peuvent être cédées qu'avec le consentement de tous les associés.

Toute clause contraire est réputée non écrite. – *[L. n° 66-537 du 24 juill. 1966, art. 19.]*

Art. L. 221-14 La cession des parts sociales doit être constatée par écrit. Elle est rendue opposable à la société, dans les formes prévues à l'article 1690 du code civil. Toutefois, la signification peut être remplacée par le dépôt d'un original de l'acte de cession au siège social contre remise par le gérant d'une attestation de ce dépôt.

Elle n'est opposable aux tiers qu'après accomplissement de ces formalités et, en outre, après publicité au registre du commerce et des sociétés – *[L n° 66-537 du 24 juill. 1966, art. 20.] – V. art. R. 221-9.*

Art. L. 221-15 La société prend fin par le décès de l'un des associés, sous réserve des dispositions du présent article.

S'il a été stipulé qu'en cas de mort de l'un des associés, la société continuerait avec son héritier ou seulement avec les associés survivants, ces dispositions sont suivies, sauf à prévoir que pour devenir associé, l'héritier devra être agréé par la société.

Il en est de même s'il a été stipulé que la société continuerait, soit avec le conjoint survivant, soit avec un ou plusieurs des héritiers, soit avec toute autre personne désignée par les statuts ou, si ceux-ci l'autorisent, par dispositions testamentaires.

Lorsque la société continue avec les associés survivants, l'héritier est seulement créancier de la société et n'a droit qu'à la valeur des droits sociaux de son auteur. L'héritier a pareillement droit à cette valeur s'il a été stipulé que, pour devenir associé il devrait être agréé par la société et si cet agrément lui a été refusé.

Lorsque la société continue dans les conditions prévues au troisième alinéa ci-dessus, les bénéficiaires de la stipulation sont redevables à la succession de la valeur des droits sociaux qui leur sont attribués.

Dans tous les cas prévus au présent article, la valeur des droits sociaux est déterminée au jour du décès conformément à l'article 1843-4 du code civil.

En cas de continuation et si l'un ou plusieurs des héritiers de l'associé sont mineurs non émancipés, ceux-ci ne répondent des dettes sociales qu'à concurrence des forces de la succession de leur auteur. En outre, la société doit être transformée, dans le délai d'un an, à compter du décès, en société en commandite dont le mineur devient commanditaire. A défaut, elle est dissoute. – *[L. n° 66-537 du 24 juill. 1966, art. 21.]*

Art. L. 221-16 Lorsqu'un jugement de liquidation judiciaire ou arrêtant un plan de cession totale, une mesure d'interdiction d'exercer une profession commerciale ou une mesure d'incapacité est *(L. n° 2005-845 du 26 juill. 2005, art. 162-I)* « devenu définitif » à l'égard de l'un des associés, la société est dissoute, à moins que sa continuation ne soit prévue par les statuts ou que les autres associés ne la décident à l'unanimité.

Dans le cas de continuation, la valeur des droits sociaux à rembourser à l'associé qui perd cette qualité est déterminée conformément aux dispositions de l'article 1843-4 du code civil. Toute clause contraire à l'article 1843-4 dudit code est réputée non écrite. – *[L. nº 66-537 du 24 juill. 1966, art. 22.]*

Art. L. 221-17 Les sociétés en nom collectif qui, à la date du 1er avril 1967, utilisaient dans leur raison sociale le nom d'un ou plusieurs associés fondateurs décédés peuvent, par dérogation aux dispositions des articles L. 221-2 et L. 222-3, être autorisées à conserver ce nom dans leur dénomination sociale.

Un décret en Conseil d'État détermine les conditions auxquelles est subordonnée cette autorisation.

Ce décret fixe en outre les conditions dans lesquelles une opposition peut être formée par les tiers devant les juridictions de l'ordre judiciaire. – *[L. nº 66-537 du 24 juill. 1966, art. 490 bis.]*

CHAPITRE II DES SOCIÉTÉS EN COMMANDITE SIMPLE

Art. L. 222-1 Les associés commandités ont le statut des associés en nom collectif.

Les associés commanditaires répondent des dettes sociales seulement à concurrence du montant de leur apport. Celui-ci ne peut être un apport en industrie. – *[L. nº 66-537 du 24 juill. 1966, art. 23.]*

Art. L. 222-2 Les dispositions relatives aux sociétés en nom collectif sont applicables aux sociétés en commandite simple, sous réserve des règles prévues au présent chapitre. – *[L. nº 66-537 du 24 juill. 1966, art. 24.] — V. art. R. 221-1 s. et R. 222-1.*

Art. L. 222-3 La société en commandite simple est désignée par une dénomination sociale à laquelle peut être incorporé le nom d'un ou plusieurs associés et qui doit être précédée ou suivie immédiatement des mots : « société en commandite simple ». – *[L. nº 66-537 du 24 juill. 1966, art. 25.]*

Art. L. 222-4 Les statuts de la société doivent contenir les indications suivantes :

1° Le montant ou la valeur des apports de tous les associés ;

2° La part dans ce montant ou cette valeur de chaque associé commandité ou commanditaire ;

3° La part globale des associés commandités et la part de chaque associé commanditaire dans la répartition des bénéfices et dans le boni de liquidation. – *[L. nº 66-537 du 24 juill. 1966, art. 26.]*

Art. L. 222-5 Les décisions sont prises dans les conditions fixées par les statuts. Toutefois, la réunion d'une assemblée de tous les associés est de droit, si elle est demandée soit par un commandité, soit par le quart en nombre et en capital des commanditaires. – *[L. nº 66-537 du 24 juill. 1966, art. 27.]*

Art. L. 222-6 L'associé commanditaire ne peut faire aucun acte de gestion externe, même en vertu d'une procuration.

En cas de contravention à la prohibition prévue par l'alinéa précédent, l'associé commanditaire est tenu solidairement avec les associés commandités, des dettes et engagements de la société qui résultent des actes prohibés. Suivant le nombre ou l'importance de ceux-ci, il peut être déclaré solidairement obligé pour tous les engagements de la société ou pour quelques-uns seulement. – *[L. n° 66-537 du 24 juill. 1966, art. 28.] – V. art. R. 222-2.*

Art. L. 222-7 Les associés commanditaires ont le droit, deux fois par an, d'obtenir communication des livres et documents sociaux et de poser par écrit des questions sur la gestion sociale, auxquelles il doit être répondu également par écrit. – *[L. n° 66-537 du 24 juill. 1966, art. 29.] – V. art. R. 222-3.*

Art. L. 222-8 I. – Les parts sociales ne peuvent être cédées qu'avec le consentement de tous les associés.

II. – Toutefois, les statuts peuvent stipuler :

1° Que les parts des associés commanditaires sont librement cessibles entre associés ;

2° Que les parts des associés commanditaires peuvent être cédées à des tiers étrangers à la société avec le consentement de tous les commandités et de la majorité en nombre et en capital des commanditaires ;

3° Qu'un associé commandité peut céder une partie de ses parts à un commanditaire ou à un tiers étranger à la société dans les conditions prévues au 2° ci-dessus. – *[L. n° 66-537 du 24 juill. 1966, art. 30.]*

Art. L. 222-9 Les associés ne peuvent, si ce n'est à l'unanimité, changer la nationalité de la société.

Toutes autres modifications des statuts peuvent être décidées avec le consentement de tous les commandités et de la majorité en nombre et en capital des commanditaires.

Les clauses édictant des conditions plus strictes de majorité sont réputées non écrites. – *[L. n° 66-537 du 24 juill. 1966, art. 31.]*

Art. L. 222-10 La société continue malgré le décès d'un commanditaire.

S'il est stipulé que malgré le décès de l'un des commandités, la société continue avec ses héritiers, ceux-ci deviennent commanditaires lorsqu'ils sont mineurs non émancipés. Si l'associé décédé était le seul commandité et si ses héritiers sont tous mineurs non émancipés, il doit être procédé à son remplacement par un nouvel associé commandité ou à la transformation de la société, dans le délai d'un an à compter du décès. A défaut, la société est dissoute de plein droit à l'expiration de ce délai. – *[L. n° 66-537 du 24 juill. 1966, art. 32.]*

Art. L. 222-11 En cas de redressement ou de liquidation judiciaires d'un des associés commandités, d'interdiction d'exercer une profession commerciale ou d'incapacité frappant l'un des associés commandités, la société est dissoute, à moins que, s'il existe un ou plusieurs autres associés commandités, la continuation de la société ne soit prévue par les statuts ou que les associés ne la décident à l'unanimité. Dans ce cas, *les dispositions* du deuxième alinéa de l'article L. 221-16 sont applicables. – *[L. n° 66-537 du 24 juill. 1966, art. 33.]*

Art. L. 222-12 Les dispositions de l'article L. 221-17 sont applicables aux sociétés en commandite *(L. n° 2003-7 du 3 janv. 2003)* « simple ».

● CHAPITRE III DES SOCIÉTÉS À RESPONSABILITÉ LIMITÉE

Art. L. 223-1 La société à responsabilité limitée est instituée par une ou plusieurs personnes qui ne supportent les pertes qu'à concurrence de leurs apports.

Lorsque la société ne comporte qu'une seule personne, celle-ci est dénommée « associé unique ». L'associé unique exerce les pouvoirs dévolus à l'assemblée des associés par les dispositions du présent chapitre. *(L. n° 2008-776 du 4 août 2008, art. 56-I)* « Un décret fixe un modèle de statuts types de société à responsabilité limitée dont l'associé unique, personne physique, assume personnellement la gérance et les conditions dans lesquelles ces statuts sont portés à la connaissance de l'intéressé. Ces statuts types s'appliquent à moins que l'intéressé ne produise des statuts différents lors de sa demande d'immatriculation de la société. » – *V. art. D. 223-2.*

(L. n° 2008-776 du 4 août 2008, art. 56-II, 1°) « La société à responsabilité limitée dont l'associé unique, personne physique, assume personnellement la gérance est soumise à des formalités de publicité allégées déterminées par décret en Conseil d'État. Ce décret prévoit les conditions de dispense d'insertion au *Bulletin officiel des annonces civiles et commerciales.* »

La société est désignée par une dénomination sociale, à laquelle peut être incorporé le nom d'un ou plusieurs associés, et qui doit être précédée ou suivie immédiatement des mots « société à responsabilité limitée » ou des initiales « SARL » et de l'énonciation du capital social. – *V. art. R. 123-238. – V. aussi art. L. 241-7 (dispositions pénales).*

Les sociétés d'assurance, de capitalisation et d'épargne ne peuvent adopter la forme de société à responsabilité limitée. – *[L. n° 66-537 du 24 juill. 1966, art. 34 et 490.]*

Les dispositions du 3e alinéa entrent en vigueur à la date de publication du décret prévu à l'avant-dernière phrase du 2e alinéa, et au plus tard le 31 mars 2009 (L. n° 2008-776 du 4 août 2008). – Ledit décret (n° 2008-1419 du 19 déc. 2008) a été publié au JO du 27 déc. 2008.

Sont applicables en Nouvelle-Calédonie et dans les îles Wallis-et-Futuna les adjonctions et modifications apportées aux art. L. 210-5 et L. 223-1 par la L. n° 2008-776 du 4 août 2008 (Ord. n° 2009-896 du 24 juill. 2009, art. 2). – Les modifications apportées aux art. L. 210-5 et L. 223-1 par le II de l'art. 56 de la L. n° 2008-776 du 4 août 2008 entrent en vigueur en Nouvelle-Calédonie et dans les îles Wallis-et-Futuna à la date à laquelle les dispositions du décret prévu à l'avant-dernière phrase du 2e al. de l'art. L. 223-1 seront applicables en Nouvelle-Calédonie et dans les îles Wallis-et-Futuna (Ord. n° 2009-896 du 24 juill. 2009, art. 8-I).

Art. L. 223-2 *(L. n° 2003-721 du 1er août 2003, art. 1er-I)* Le montant du capital de la société est fixé par les statuts. Il est divisé en parts sociales égales.

Les dispositions de l'art. L. 223-2 sont applicables en Polynésie française, à Wallis-et-Futuna et en Nouvelle-Calédonie (L. n° 2003-721 du 1er août 2003).

Art. L. 223-3 *(Ord. n° 2004-274 du 25 mars 2004, art. 11)* Le nombre des associés d'une société à responsabilité limitée ne peut être supérieur à cent. Si la société vient à comprendre plus de cent associés, elle est dissoute au terme d'un délai d'un an à moins que, pendant ce délai, le nombre des associés soit devenu égal ou inférieur à cent ou que la société ait fait l'objet d'une transformation. – *V. art. R. 210-15.*

Art. L. 223-4 En cas de réunion en une seule main de toutes les parts d'une société à responsabilité limitée, les dispositions de l'article 1844-5 du code civil relatives à la dissolution judiciaire ne sont pas applicables. – *[L. n° 66-537 du 24 juill. 1966, art. 36-1.]*

Art. L. 223-5 Une société à responsabilité limitée ne peut avoir pour associé unique une autre société à responsabilité limitée composée d'une seule personne.

En cas de violation des dispositions de l'alinéa précédent, tout intéressé peut demander la dissolution des sociétés irrégulièrement constituées. Lorsque l'irrégularité résulte de la réunion en une seule main de toutes les parts d'une société ayant plus d'un associé, la demande de dissolution ne peut être faite moins d'un an après la réunion des parts. Dans tous les cas, le tribunal peut accorder un délai maximal de six mois pour régulariser la situation et ne peut prononcer la dissolution si, au

jour où il statue sur le fond, la régularisation a eu lieu. – *[L. nº 66-537 du 24 juill. 1966, art. 36-2.]*

Sur la résiliation par l'associé unique d'un bail commercial dont l'EURL est titulaire, V. art. L. 145-4.

Art. L. 223-6 **Tous les associés doivent intervenir à l'acte constitutif de la société, en personne ou par mandataire justifiant d'un pouvoir spécial.** – *[L. nº 66-537 du 24 juill. 1966, art. 37.] – V. art. R. 223-1.*

Art. L. 223-7 *(L. nº 2001-420 du 15 mai 2001)* **« Les parts sociales doivent être souscrites en totalité par les associés. Elles doivent être intégralement libérées lorsqu'elles représentent des apports en nature. Les parts représentant des apports en numéraire doivent être libérées d'au moins un cinquième de leur montant. La libération du surplus intervient en une ou plusieurs fois sur décision du gérant, dans un délai qui ne peut excéder cinq ans à compter de l'immatriculation de la société au registre du commerce et des sociétés. Toutefois, le capital social doit être intégralement libéré avant toute souscription de nouvelles parts sociales à libérer en numéraire, à peine de nullité de l'opération.**

« Le cas échéant, les statuts déterminent les modalités selon lesquelles peuvent être souscrites des parts sociales en industrie. »

La répartition des parts sociales est mentionnée dans les statuts.

Les fonds provenant de la libération des parts sociales sont déposés dans les conditions et délais déterminés par décret en Conseil d'État. – *[L nº 66-537 du 24 juill. 1966, art. 38.] – V. art. R. 223-3. – Sur les sanctions pénales, V. art. L. 241-1.*

Pour l'application de l'art. L. 223-7 dans sa rédaction issue de la L. nº 2001-420 du 15 mai 2001 en Polynésie française, dans le territoire des îles Wallis-et-Futuna, en Nouvelle-Calédonie et à Mayotte, V. L. nº 2003-721 du 1er août 2003.

Art. L. 223-8 **Le retrait des fonds provenant de la libération des parts sociales ne peut être effectué par le mandataire de la société, avant l'immatriculation de celle-ci au registre du commerce et des sociétés.** – *V. art. R. 223-4.*

(Ord. nº 2004-274 du 25 mars 2004, art. 15) **« Si la société n'est pas constituée dans le délai de six mois à compter du premier dépôt de fonds, ou si elle n'est pas immatriculée au registre du commerce et des sociétés dans le même délai, les apporteurs peuvent individuellement demander en justice l'autorisation de retirer le montant de leurs apports. Dans les mêmes cas, un mandataire, dès lors qu'il représente tous les apporteurs, peut demander directement au dépositaire le retrait des fonds. »** – *V. art. R. 223-5.*

Si les apporteurs décident ultérieurement de constituer la société, il doit être procédé à nouveau au dépôt des fonds. – *[L. nº 66-537 du 24 juill. 1966, art. 39.]*

Art. L. 223-9 **Les statuts doivent contenir l'évaluation de chaque apport en nature. Il y est procédé au vu d'un rapport annexé aux statuts et établi sous sa responsabilité par un commissaire aux apports désigné à l'unanimité des futurs associés ou à défaut par une décision de justice à la demande du futur associé le plus diligent.** – *V. art. R. 223-6.*

Toutefois, les futurs associés peuvent décider à l'unanimité que le recours à un commissaire aux apports ne sera pas obligatoire, lorsque la valeur d'aucun apport en nature n'excède *(L. nº 2010-658 du 15 juin 2010, art. 11-I)* **« un montant fixé par décret** *[ancienne rédaction : 7 500 €]* **» et si la valeur totale de l'ensemble des apports en nature non soumis à l'évaluation d'un commissaire aux apports n'excède pas la moitié du capital.** – *V. art. D. 223-6-1.*

Lorsque la société est constituée par une seule personne, le commissaire aux apports est désigné par l'associé unique. Toutefois le recours à un commissaire aux apports n'est pas obligatoire si les conditions prévues à l'alinéa précédent sont réunies.

Lorsqu'il n'y a pas eu de commissaire aux apports ou lorsque la valeur retenue est différente de celle proposée par le commissaire aux apports, les associés sont solidairement responsables pendant cinq ans, à l'égard des tiers, de la valeur attribuée aux apports en nature lors de la constitution de la société. — *[L. n° 66-537 du 24 juill. 1966, art. 40.] — Sur les sanctions pénales, V. art. L. 241-3, 1°.*

Art. L. 223-10 Les premiers gérants et les associés auxquels la nullité de la société est imputable, sont solidairement responsables, envers les autres associés et les tiers, du dommage résultant de l'annulation. L'action se prescrit par le délai prévu au premier alinéa de l'article L. 235-13. — *[L. n° 66-537 du 24 juill. 1966, art. 41.] — V. art. R. 210-5.*

Art. L. 223-11 *(Ord. n° 2004-274 du 25 mars 2004, art. 12)* Une société à responsabilité limitée, tenue en vertu de l'article L. 223-35 de désigner un commissaire aux comptes et dont les comptes des trois derniers exercices de douze mois ont été régulièrement approuvés par les associés, peut *(Ord. n° 2009-80 du 22 janv. 2009, art. 7-I, en vigueur le 1er avr. 2009)* « émettre des obligations nominatives à condition qu'elle ne procède pas à une offre au public de ces obligations ».

L'émission d'obligations est décidée par l'assemblée *(Abrogé par L. n° 2004-1343 du 9 déc. 2004, art. 78-XV)* « *générale* » des associés conformément aux dispositions applicables aux assemblées générales d'actionnaires. Ces titres sont soumis aux dispositions applicables aux obligations émises par les sociétés par actions, à l'exclusion de celles prévues par les articles L. 228-39 à L. 228-43 et L. 228-51.

Lors de chaque émission d'obligations par une société remplissant les conditions de l'alinéa 1er, la société doit mettre à la disposition des souscripteurs une notice relative aux conditions de l'émission et un document d'information selon les modalités fixées par décret en Conseil d'État. — *V. art. R. 223-7 s.*

A peine de nullité de la garantie, il est interdit à une société à responsabilité limitée de garantir une émission de valeurs mobilières, sauf si l'émission est faite par une société de développement régional ou s'il s'agit d'une émission d'obligations bénéficiant de la garantie subsidiaire de l'État. — *Sur les sanctions pénales, V. art. L. 241-2.*

Les modifications apportées par la L. n° 2004-1343 du 9 déc. 2004 sont applicables à Mayotte, en Nouvelle-Calédonie et à Wallis-et-Futuna (L. préc., art. 78-XV).

Art. L. 223-12 Les parts sociales ne peuvent être représentées par des titres négociables. — *[L. n° 66-537 du 24 juill. 1966, art. 43.]*

Art. L. 223-13 Les parts sociales sont librement transmissibles par voie de succession ou en cas de liquidation de communauté de biens entre époux et librement cessibles entre conjoints et entre ascendant et descendant.

(Ord. n° 2004-274 du 25 mars 2004, art. 13-I) « Toutefois, les statuts peuvent stipuler que le conjoint, un héritier, un ascendant ou un descendant ne peut devenir associé qu'après avoir été agréé dans les conditions prévues à l'article L. 223-14. » A peine de nullité de la clause, les délais accordés à la société pour statuer sur *l'agrément* ne peuvent être plus longs que ceux prévus à l'article L. 223-14, et la majorité exigée ne peut être plus forte que celle prévue audit article. En cas de refus d'agrément, il est fait application des dispositions des troisième et quatrième alinéas de l'article L. 223-14. Si aucune des solutions prévues à ces alinéas n'intervient dans les délais impartis, l'agrément est réputé acquis. — *[L. n° 66-537 du 24 juill. 1966, art. 44.]*

(Ord. nº 2004-274 du 25 mars 2004, art. 13-II) **« Les statuts peuvent stipuler qu'en cas de décès de l'un des associés la société continuera avec son héritier ou seulement avec les associés survivants. Lorsque la société continue avec les seuls associés survivants, ou lorsque l'agrément a été refusé à l'héritier, celui-ci a droit à la valeur des droits sociaux de son auteur.**

« Il peut aussi être stipulé que la société continuera, soit avec le conjoint survivant, soit avec un ou plusieurs des héritiers, soit avec toute autre personne désignée par les statuts ou, si ceux-ci l'autorisent, par dispositions testamentaires. *(Abrogé par L. nº 2004-1343 du 9 déc. 2004, art. 78-XV)* ***« Lorsque la société continue dans ces conditions, la valeur des droits sociaux attribués aux bénéficiaires de cette stipulation est rapportée à la succession. »***

« Dans les cas prévus au présent article, la valeur des droits sociaux est déterminée au jour du décès conformément à l'article 1843-4 du code civil. »

V. note ss. art. L. 223-11.

Art. L. 223-14 *(Ord. nº 2004-274 du 25 mars 2004, art. 14-I)* **« Les parts sociales ne peuvent être cédées à des tiers étrangers à la société qu'avec le consentement de la majorité des associés représentant au moins la moitié des parts sociales, à moins que les statuts prévoient une majorité plus forte. »**

Lorsque la société comporte plus d'un associé, le projet de cession est notifié à la société et à chacun des associés. Si la société n'a pas fait connaître sa décision dans le délai de trois mois à compter de la dernière des notifications prévues au présent alinéa, le consentement à la cession est réputé acquis.

(Ord. nº 2004-274 du 25 mars 2004, art. 14-II) **« Si la société a refusé de consentir à la cession, les associés sont tenus, dans le délai de trois mois à compter de ce refus, d'acquérir ou de faire acquérir les parts à un prix fixé dans les conditions prévues à l'article 1843-4 du code civil, sauf si le cédant renonce à la cession de ses parts. Les frais d'expertise sont à la charge de la société. A la demande du gérant, ce délai peut être prolongé par décision de justice, sans que cette prolongation puisse excéder six mois. »**

La société peut également, avec le consentement de l'associé cédant, décider, dans le même délai, de réduire son capital du montant de la valeur nominale des parts de cet associé et de racheter ces parts au prix déterminé dans les conditions prévues ci-dessus. Un délai de paiement qui ne saurait excéder deux ans peut, sur justification, être accordé à la société par décision de justice. Les sommes dues portent intérêt au taux légal en matière commerciale. *(Abrogé par L. nº 2003-721 du 1er août 2003, art. 1er-III)* ***« Le cas échéant, les dispositions de l'article L. 223-2 sont suivies. »***

Si, à l'expiration du délai imparti, aucune des solutions prévues aux troisième et quatrième alinéas ci-dessus n'est intervenue, l'associé peut réaliser la cession initialement prévue.

Sauf en cas de succession, de liquidation de communauté de biens entre époux, ou de donation au profit d'un conjoint, ascendant ou descendant, l'associé cédant ne peut se prévaloir des dispositions des troisième et cinquième alinéas ci-dessus s'il ne détient ses parts depuis au moins deux ans.

Toute clause contraire aux dispositions du présent article est réputée non écrite. – *[L. nº 66-537 du 24 juill. 1966, art. 45.] – V. art. R. 223-11 et R. 223-12.*

Art. L. 223-15 **Si la société a donné son consentement à un projet de nantissement de parts sociales dans les conditions prévues aux premier et deuxième alinéas de l'article L. 223-14, ce consentement emportera agrément du cessionnaire en cas de réalisation forcée des parts sociales nanties selon les dispositions du premier alinéa de l'article 2078 du code civil, à moins que la société ne préfère, après la cession, racheter sans délai les parts, en vue de réduire son capital.** – *[L. nº 66-537 du 24 juill. 1966, art. 46.] – V. art. R. 223-11.*

Art. L. 223-16 Les parts sont librement cessibles entre les associés.

Si les statuts contiennent une clause limitant la cessibilité, les dispositions de l'article L. 223-14 sont applicables. Toutefois, les statuts peuvent, dans ce cas, réduire la majorité ou abréger les délais prévus audit article. – *[L. n° 66-537 du 24 juill. 1966, art. 47.]*

Art. L. 223-17 La cession des parts sociales est soumise aux dispositions de l'article L. 221-14. – *[L. n° 66-537 du 24 juill. 1966, art. 48.] – V. art. R. 223-13.*

Art. L. 223-18 La société à responsabilité limitée est gérée par une ou plusieurs personnes physiques.

Les gérants peuvent être choisis en dehors des associés. Ils sont nommés par les associés, dans les statuts ou par un acte postérieur, dans les conditions prévues *(Ord. n° 2004-274 du 25 mars 2004, art. 16-I et II)* « à l'article L. 223-29. Dans les mêmes conditions, la mention du nom d'un gérant dans les statuts peut, en cas de cessation des fonctions de ce gérant pour quelque cause que ce soit, être supprimée par décision des associés. »

En l'absence de dispositions statutaires, ils sont nommés pour la durée de la société.

Dans les rapports entre associés, les pouvoirs des gérants sont déterminés par les statuts, et dans le silence de ceux-ci, par l'article L. 221-4.

Dans les rapports avec les tiers, le gérant est investi des pouvoirs les plus étendus pour agir en toute circonstance au nom de la société, sous réserve des pouvoirs que la loi attribue expressément aux associés. La société est engagée même par les actes du gérant qui ne relèvent pas de l'objet social, à moins qu'elle ne prouve que le tiers savait que l'acte dépassait cet objet ou qu'il ne pouvait l'ignorer compte tenu des circonstances, étant exclu que la seule publication des statuts suffise à constituer cette preuve.

Les clauses statutaires limitant les pouvoirs des gérants qui résultent du présent article sont inopposables aux tiers.

En cas de pluralité de gérants, ceux-ci détiennent séparément les pouvoirs prévus au présent article. L'opposition formée par un gérant aux actes d'un autre gérant est sans effet à l'égard des tiers, à moins qu'il ne soit établi qu'ils en ont eu connaissance. – *[L. n° 66-537 du 24 juill. 1966, art. 49.]*

(Ord. n° 2004-274 du 25 mars 2004, art. 16-III) « Le déplacement du siège social dans le même département ou dans un département limitrophe peut être décidé par le ou les gérants, sous réserve de ratification de cette décision par les associés dans les conditions prévues au deuxième alinéa de l'article L. 223-30.

« Dans les mêmes conditions, le gérant peut mettre les statuts en harmonie avec les dispositions impératives de la loi et des règlements. »

(L. n° 2005-882 du 2 août 2005, art. 26-II) « Lorsque des parts sociales ont fait l'objet d'un contrat de bail en application de l'article L. 239-1, le gérant peut inscrire dans les statuts la mention du bail et du nom du locataire à côté du nom de l'associé concerné, sous réserve de la ratification de cette décision par les associés dans les conditions prévues à l'article L. 223-29. Il peut, dans les mêmes conditions, supprimer cette mention en cas de non-renouvellement ou de résiliation du bail. »

Sur la résiliation, par le gérant majoritaire, d'un bail commercial dont le titulaire est une SARL, V. art. L. 145-4.

Art. L. 223-19 Le gérant ou, s'il en existe un, le commissaire aux comptes, présente à l'assemblée ou joint aux documents communiqués aux associés en cas de consultation écrite, un rapport sur les conventions intervenues directement ou par personnes interposées entre la société et l'un de ses gérants ou associés. L'assemblée statue sur ce rapport. Le gérant ou l'associé intéressé ne peut prendre part au vote et ses parts ne sont pas prises en compte pour le calcul du quorum et de la majorité.

Toutefois, s'il n'existe pas de commissaire aux comptes, les conventions conclues par un gérant non associé sont soumises à l'approbation préalable de l'assemblée.

Par dérogation aux dispositions du premier alinéa, lorsque la société ne comprend qu'un seul associé et que la convention est conclue avec celui-ci, il en est seulement fait mention au registre des décisions *[délibérations]*.

Les conventions non approuvées produisent néanmoins leurs effets, à charge pour le gérant, et, s'il y a lieu, pour l'associé contractant, de supporter individuellement ou solidairement, selon les cas, les conséquences du contrat préjudiciables à la société.

Les dispositions du présent article s'étendent aux conventions passées avec une société dont un associé indéfiniment responsable, gérant, administrateur, directeur général, membre du directoire ou membre du conseil de surveillance, est simultanément gérant ou associé de la société à responsabilité limitée. – *[L. n° 66-537 du 24 juill. 1966, art. 50.] – V. art. R. 223-16, R. 223-17 et R. 223-26.*

Art. L. 223-20 Les dispositions de l'article L. 223-19 ne sont pas applicables aux conventions portant sur des opérations courantes et conclues à des conditions normales. – *[L. n° 66-537 du 24 juill. 1966, art. 50-1.]*

Art. L. 223-21 A peine de nullité du contrat, il est interdit aux gérants ou associés autres que les personnes morales de contracter, sous quelque forme que ce soit, des emprunts auprès de la société, de se faire consentir par elle un découvert, en compte courant ou autrement, ainsi que de faire cautionner ou avaliser par elle leurs engagements envers les tiers. Cette interdiction s'applique aux représentants légaux des personnes morales associées.

L'interdiction s'applique également aux conjoint, ascendants et descendants des personnes visées à l'alinéa précédent ainsi qu'à toute personne interposée.

Toutefois, si la société exploite un établissement financier, cette interdiction ne s'applique pas aux opérations courantes de ce commerce conclues à des conditions normales. – *[L. n° 66-537 du 24 juill. 1966, art. 51.]*

Art. L. 223-22 Les gérants sont responsables, individuellement ou solidairement, selon le cas, envers la société ou envers les tiers, soit des infractions aux dispositions législatives ou réglementaires applicables aux sociétés à responsabilité limitée, soit des violations des statuts, soit des fautes commises dans leur gestion.

Si plusieurs gérants ont coopéré aux mêmes faits, le tribunal détermine la part contributive de chacun dans la réparation du dommage.

Outre l'action en réparation du préjudice subi personnellement, les associés peuvent, soit individuellement, soit en se groupant dans les conditions fixées par décret en Conseil d'État, intenter l'action sociale en responsabilité contre les gérants. Les demandeurs sont habilités à poursuivre la réparation de l'entier préjudice subi par la société à laquelle, le cas échéant, les dommages-intérêts sont alloués.

Est réputée non écrite toute clause des statuts ayant pour effet de subordonner l'exercice de l'action sociale à l'avis préalable ou à l'autorisation de l'assemblée, ou qui comporterait par avance renonciation à l'exercice de cette action.

Aucune décision de l'assemblée ne peut avoir pour effet d'éteindre une action en responsabilité contre les gérants pour faute commise dans l'accomplissement de leur mandat. – *[L. n° 66-537 du 24 juill. 1966, art. 52.]*

Art. L. 223-23 Les actions en responsabilité prévues aux articles L. 223-19 et L. 223-22 se prescrivent par trois ans à compter du fait dommageable ou, s'il a été dissimulé, de sa révélation. Toutefois, lorsque le fait est qualifié crime, l'action se prescrit par dix ans. – *[L. n° 66-537 du 24 juill. 1966, art. 53.]*

Art. L. 223-24 En cas d'ouverture d'une procédure *(L. n° 2005-845 du 26 juill. 2005, art. 165-II)* « de sauvegarde, » de redressement ou de liquidation judiciaire en application des dispositions du livre VI, titre II *[titres II à IV]*, les personnes visées par ces dispositions peuvent être rendues responsables du passif social et sont soumises aux interdictions et déchéances, dans les conditions prévues par lesdites dispositions. – *[L. n° 66-537 du 24 juill. 1966, art. 54.]*

Art. L. 223-25 *(Ord. n° 2004-274 du 25 mars 2004, art. 17)* « Le gérant peut être révoqué par décision des associés dans les conditions de l'article L. 223-29, à moins que les statuts prévoient une majorité plus forte. Si la révocation est décidée sans juste motif, elle peut donner lieu à des dommages et intérêts. »

En outre, le gérant est révocable par les tribunaux pour cause légitime, à la demande de tout associé.

Par dérogation au premier alinéa, le gérant d'une société à responsabilité limitée exploitant une entreprise de presse au sens de l'article 2 de la loi n° 86-897 du 1er août 1986 portant réforme du régime juridique de la presse, n'est révocable que par une décision des associés représentant au moins les trois quarts du capital social. – *[L. n° 66-537 du 24 juill. 1966, art. 55 et 491, al. 1er.]*

Art. L. 223-26 Le rapport de gestion, l'inventaire et les comptes annuels établis par les gérants, sont soumis à l'approbation des associés réunis en assemblée, dans le délai de six mois à compter de la clôture de l'exercice. *(L. n° 2012-387 du 22 mars 2012, art. 17-I)* « Si l'assemblée des associés n'a pas été réunie dans ce délai, le ministère public ou toute personne intéressée peut saisir le président du tribunal compétent statuant en référé afin d'enjoindre, le cas échéant sous astreinte, aux gérants de convoquer cette assemblée ou de désigner un mandataire pour y procéder. »

(Abrogé par L. n° 2012-387 du 22 mars 2012, art. 17-I) « A cette fin, » les documents visés à l'alinéa précédent, le texte des résolutions proposées ainsi que le cas échéant, le rapport des commissaires aux comptes, les comptes consolidés et le rapport sur la gestion du groupe sont communiqués aux associés dans les conditions et délais déterminés par décret en Conseil d'État. Toute délibération, prise en violation des dispositions du présent alinéa et du décret pris pour son application, peut être annulée.

A compter de la communication prévue à l'alinéa précédent, tout associé a la faculté de poser par écrit des questions auxquelles le gérant est tenu de répondre au cours de l'assemblée.

L'associé peut, en outre, et à toute époque, obtenir communication, dans les conditions fixées par décret en Conseil d'État, des documents sociaux déterminés par ledit décret et concernant les trois derniers exercices.

Toute clause contraire aux dispositions du présent article et du décret pris pour son application, est réputée non écrite. – *[L. n° 66-537 du 24 juill. 1966, art. 56.] – V. art. R. 223-14, R. 223-15, R. 223-18 et R. 223-28. – Sur les sanctions pénales, V. art. L. 241-3, 2° et 3°, L. 241-4 et L. 241-5.*

(Ord. n° 2004-1382 du 20 déc. 2004, art. 5) « Les troisième à sixième alinéas de l'article L. 225-100 et l'article L. 225-100-1 s'appliquent au rapport de gestion. Le cas échéant, l'article L. 225-100-2 s'applique au rapport consolidé de gestion. »

Art. L. 223-27 Les décisions sont prises en assemblée. Toutefois, les statuts peuvent stipuler qu'à l'exception de celles prévues au premier alinéa de l'article L. 223-26 toutes les décisions ou certaines d'entre elles peuvent être prises par consultation écrite des associés ou pourront résulter du consentement de tous les associés exprimé dans un acte.

Les associés sont convoqués aux assemblées dans les formes et délais prévus par décret en Conseil d'État. La convocation est faite par le gérant ou, à défaut, par le commissaire aux comptes, s'il en existe un. *(Ord. n° 2004-274 du 25 mars 2004, art. 18-I)* « L'assemblée ne peut se tenir avant l'expiration du délai de communication des documents mentionnés à l'article L. 223-26. »

(L. n° 2008-776 du 4 août 2008, art. 56-III) « Hors les cas où l'assemblée délibère sur les opérations mentionnées aux articles L. 232 1 et L. 233 16 et lorsque les statuts le prévoient, sont réputés présents pour le calcul du quorum et de la majorité les associés qui participent à l'assemblée par visioconférence ou par des moyens de télécommunication permettant leur identification et dont la nature et les conditions d'application sont déterminées par décret en Conseil d'État. Les statuts peuvent prévoir un droit d'opposition à l'utilisation de ces moyens au profit d'un nombre déterminé d'associés et pour une délibération déterminée. » — *V. art. R. 223-20-1.*

Un ou plusieurs associés détenant la moitié des parts sociales ou détenant, s'ils représentent au moins le *(L. n° 2012-387 du 22 mars 2012, art. 17-I)* « dixième » des associés, le *(L. n° 2012-387 du 22 mars 2012, art. 17-I)* « dixième » des parts sociales peuvent demander la réunion d'une assemblée. Toute clause contraire est réputée non écrite.

Tout associé peut demander en justice la désignation d'un mandataire chargé de convoquer l'assemblée et de fixer son ordre du jour.

(Ord. n° 2004-74 du 25 mars 2004, art. 18-II) « En cas de décès du gérant unique, le commissaire aux comptes ou tout associé convoque l'assemblée des associés à seule fin de procéder au remplacement du gérant. Cette convocation a lieu dans les formes et délais prévus par décret en Conseil d'État. » — *V. art. R. 223-20.*

Toute assemblée irrégulièrement convoquée peut être annulée. Toutefois, l'action en nullité n'est pas recevable lorsque tous les associés étaient présents ou représentés. — *[L. n° 66-537 du 24 juill. 1966, art. 57.] — V. art. R. 223-19, R. 223-20 et R. 223-22.*

Sont applicables en Nouvelle-Calédonie et dans les îles Wallis-et-Futuna les adjonctions et modifications apportées à l'art. L. 223-27 par la L. n° 2008-776 du 4 août 2008 (Ord. n° 2009-896 du 24 juill. 2009, art. 2).

Art. L. 223-28 Chaque associé a droit de participer aux décisions et dispose d'un nombre de voix égal à celui des parts sociales qu'il possède.

Un associé peut se faire représenter par son conjoint à moins que la société ne comprenne que les deux époux. Sauf si les associés sont au nombre de deux, un associé peut se faire représenter par un autre associé.

Il ne peut se faire représenter par une autre personne que si les statuts le permettent.

Un associé ne peut constituer un mandataire pour voter du chef d'une partie de ses parts et voter en personne du chef de l'autre partie.

Toute clause contraire aux dispositions des premier, deuxième et quatrième alinéas ci-dessus est réputée non écrite. — *[L. n° 66-537 du 24 juill. 1966, art. 58.] — V. art. R. 223-21.*

Art. L. 223-29 Dans les assemblées ou lors des consultations écrites, les décisions sont adoptées par un ou plusieurs associés représentant plus de la moitié des parts sociales.

Si cette majorité n'est pas obtenue et sauf stipulation contraire des statuts, les associés sont, selon les cas, convoqués ou consultés une seconde fois, et les décisions sont prises à la majorité des votes émis, quel que soit le nombre des votants. — *[L. n° 66-537 du 24 juill. 1966, art. 59.] — V. art. R. 223-23 et R. 223-24. — Sur la révocation du gérant, V. art. L. 223-25, al. 1er.*

Art. L. 223-30 Les associés ne peuvent, si ce n'est à l'unanimité, changer la nationalité de la société.

Toutes autres modifications des statuts sont décidées par les associés représentant au moins les trois quarts des parts sociales. Toute clause exigeant une majorité plus élevée est réputée non écrite. *(Abrogé par L. n° 2005-882 du 2 août 2005, art. 35)* « *Toutefois, en aucun cas, la majorité ne peut obliger un associé à augmenter son engagement social.* » — *Sur le déplacement du siège social, V. art. L. 223-18, al. 8.*

(L. n° 2005-882 du 2 août 2005, art. 35) « Toutefois, pour les modifications statutaires des sociétés à responsabilité limitée constituées après la publication de la loi n° 2005-882 du 2 août 2005 en faveur des petites et moyennes entreprises, l'assemblée ne délibère valablement que si les associés présents ou représentés possèdent au moins, sur première convocation, le quart des parts et, sur deuxième convocation, le cinquième de celles-ci. A défaut de ce quorum, la deuxième assemblée peut être prorogée à une date postérieure de deux mois au plus à celle à laquelle elle avait été convoquée. Dans l'un ou l'autre de ces deux cas, les modifications sont décidées à la majorité des deux tiers des parts détenues par les associés présents ou représentés. Les statuts peuvent prévoir des quorums ou une majorité plus élevés, sans pouvoir, pour cette dernière, exiger l'unanimité des associés.

« Les sociétés constituées antérieurement à la publication de la loi n° 2005-882 du 2 août 2005 précitée peuvent, sur décision prise à l'unanimité des associés, être régies par les dispositions du troisième alinéa.

« La majorité ne peut en aucun cas obliger un associé à augmenter son engagement social. »

Par dérogation aux dispositions *(L. n° 2005-882 du 2 août 2005, art. 35)* « des deuxième et troisième alinéas », la décision d'augmenter le capital par incorporation de bénéfices ou de réserves est prise par les associés représentant au moins la moitié des parts sociales. — *[L. n° 66-537 du 24 juill. 1966, art. 60.] — V. art. R. 223-23 et R. 223-24.*

Art. L. 223-31 Les trois premiers alinéas de l'article L. 223-26 et les articles L. 223-27 à L. 223-30 ne sont pas applicables aux sociétés ne comprenant qu'un seul associé.

Dans ce cas, le rapport de gestion, l'inventaire et les comptes annuels sont établis par le gérant. L'associé unique approuve les comptes, le cas échéant après rapport des commissaires aux comptes, dans le délai de six mois à compter de la clôture de l'exercice. *(L. n° 2005-882 du 2 août 2005, art. 34)* « Lorsque l'associé unique est seul gérant de la société, le dépôt au registre du commerce et des sociétés, dans le même délai, *(Abrogé par L. n° 2008-776 du 4 août 2008, art. 56-V)* « *du rapport de gestion,* » de l'inventaire et des comptes annuels, dûment signés, vaut approbation des comptes » *(L. n° 2008-776 du 4 août 2008, art. 56-V)* « sans que l'associé unique ait à porter au registre prévu à l'alinéa suivant le récépissé délivré par le greffe du tribunal de commerce ». — *V. art. R. 223-26.*

L'associé unique ne peut déléguer ses pouvoirs. Ses décisions, prises au lieu et place de l'assemblée, sont répertoriées dans un registre.

Les décisions prises en violation des dispositions du présent article peuvent être annulées à la demande de tout intéressé. — *[L. n° 66-537 du 24 juill. 1966, art. 60-1.] — V. art. R. 223-25 et R. 223-26.*

Art. L. 223-32 En cas d'augmentation de capital par souscription de parts sociales en numéraire, les dispositions du dernier alinéa de l'article L. 223-7 sont applicables. *(L. n° 2012-387 du 22 mars 2012, art. 10)* « Ces parts sont obligatoirement libérées, lors de la souscription, d'un quart au moins de leur valeur nominale. La libération du surplus doit intervenir, en une ou plusieurs fois, dans le délai de cinq ans à compter du jour où l'augmentation du capital est devenue définitive. »

Le retrait des fonds provenant de souscriptions peut être effectué par un mandataire de la société après l'établissement du certificat du dépositaire.

Si l'augmentation du capital n'est pas réalisée dans le délai de six mois à compter du premier dépôt de fonds, il peut être fait application des dispositions du deuxième alinéa de l'article L. 223-8. – *[L. n° 66-537 du 24 juill. 1966, art. 61.] – V. art. R. 223-3 à R. 223-5.*

Art. L. 223-33 Si l'augmentation du capital est réalisée, soit en totalité, soit en partie par des apports en nature, les dispositions du premier alinéa de l'article L. 223-9 sont applicables. *(L. n° 2012-387 du 22 mars 2012, art. 7-I)* « Le commissaire aux apports est désigné à l'unanimité des associés ou, à défaut, par une décision de justice à la demande d'un associé ou du gérant. »

Lorsqu'il n'y a pas eu de commissaire aux apports ou lorsque la valeur retenue est différente de celle proposée par le commissaire aux apports, les gérants de la société et les personnes ayant souscrit à l'augmentation du capital sont solidairement responsables pendant cinq ans, à l'égard des tiers, de la valeur attribuée *(L. n° 2003-7 du 3 janv. 2003)* « auxdits » apports. – *[L. n° 66-537 du 24 juill. 1966, art. 62.] – V. art. R. 223-6.*

Art. L. 223-34 La réduction du capital est autorisée par l'assemblée des associés statuant dans les conditions exigées pour la modification des statuts. En aucun cas, elle ne peut porter atteinte à l'égalité des associés.

S'il existe des commissaires aux comptes, le projet de réduction du capital leur est communiqué dans le délai fixé par décret en Conseil d'État. Ils font connaître à l'assemblée leur appréciation sur les causes et conditions de la réduction.

Lorsque l'assemblée approuve un projet de réduction du capital non motivée par des pertes, les créanciers dont la créance est antérieure à la date de dépôt au greffe du procès-verbal de délibération peuvent former opposition à la réduction dans le délai fixé par décret en Conseil d'État. Une décision de justice rejette l'opposition ou ordonne, soit le remboursement des créances, soit la constitution de garanties, si la société en offre et si elles sont jugées suffisantes. Les opérations de réduction du capital ne peuvent commencer pendant le délai d'opposition.

L'achat de ses propres parts par une société est interdit. Toutefois, l'assemblée qui a décidé une réduction du capital non motivée par des pertes peut autoriser le gérant à acheter un nombre déterminé de parts sociales pour les annuler. – *[L. n° 66-537 du 24 juill. 1966, art. 63.] – V. art. R. 223-33 à R. 223-35.*

Art. L. 223-35 Les associés peuvent nommer un ou plusieurs commissaires aux comptes dans les conditions prévues à l'article L. 223-29.

Sont tenues de désigner un commissaire aux comptes au moins les sociétés à responsabilité limitée qui dépassent à la clôture d'un exercice social des chiffres fixés par décret en Conseil d'État pour deux des critères suivants : le total de leur bilan, le montant hors taxes de leur chiffre d'affaires ou le nombre moyen de leurs salariés au cours d'un exercice. – *V. art. R. 221-5 et R. 223-27.*

Même si ces seuils ne sont pas atteints, la nomination d'un commissaire aux comptes peut être demandée en justice par un ou plusieurs associés représentant au moins le dixième du capital. – *[L. n° 66-537 du 24 juill. 1966, art. 64.] – Sur les sanctions pénales, V. art. L. 241-8. – Sur l'émission d'obligations nominatives, V. art. L. 223-11.*

Art. L. 223-36 Tout associé non gérant peut, deux fois par exercice, poser par écrit des questions au gérant sur tout fait de nature à compromettre la continuité de l'exploitation. La réponse du gérant est communiquée au commissaire aux comptes. – *[L. n° 66-537 du 24 juill. 1966, art. 64-1.] – V. art. R. 223-29.*

Art. L. 223-37 Un ou plusieurs associés représentant au moins le dixième du capital social peuvent, soit individuellement, soit en se groupant sous quelque forme que ce soit, demander en justice la désignation d'un ou plusieurs experts chargés de présenter un rapport sur une ou plusieurs opérations de gestion.

Le ministère public et le comité d'entreprise sont habilités à agir aux mêmes fins.

S'il est fait droit à la demande, la décision de justice détermine l'étendue de la mission et des pouvoirs des experts. Elle peut mettre les honoraires à la charge de la société.

Le rapport est adressé au demandeur, au ministère public, au comité d'entreprise, au commissaire aux comptes ainsi qu'au gérant. Ce rapport doit, en outre, être annexé à celui établi par le commissaire aux comptes en vue de la prochaine assemblée générale et recevoir la même publicité. — *[L. nº 66-537 du 24 juill. 1966, art. 64-2.]*

— V. art. R. 223-30. — Sur les sanctions pénales, V. art. L. 241-8.

Art. L. 223-38 *I. — Abrogé par Ord. nº 2005-1126 du 8 sept. 2005, art. 20-III.*

II et III. — Abrogés par L. nº 2003-706 du 1er août 2003, art. 112.

IV. — Abrogé par Ord. nº 2005-1126 du 8 sept. 2005, art. 20-III.

V. désormais, art. L. 820-3-1, L. 822-1 s. et L. 822-11.

Art. L. 223-39 *Al. 1er abrogé par Ord. nº 2005-1126 du 8 sept. 2005, art. 20-III. — V. art. L. 822-1 s.*

Les commissaires aux comptes sont avisés, au plus tard en même temps que les associés, des assemblées ou consultations. Ils ont accès aux assemblées.

Les documents visés au premier alinéa de l'article L. 223-26 sont mis à la disposition des commissaires aux comptes dans les conditions déterminées par décret en Conseil d'État. — *[L. nº 66-537 du 24 juill. 1966, art. 66.] — V. art. R. 223-28.*

Le 2e al. de l'art. L. 223-39 n'a pas été abrogé par l'art. 20-III de l'Ord. nº 2005-1126 du 8 sept. 2005, contrairement au 2e al. de l'art. L. 221-11.

Art. L. 223-40 La répétition des dividendes ne correspondant pas à des bénéfices réellement acquis peut être exigée des associés qui les ont reçus.

L'action en répétition se prescrit par le délai de trois ans à compter de la mise en distribution des dividendes. — *[L. nº 66-537 du 24 juill. 1966, art. 67.]*

Art. L. 223-41 La société à responsabilité limitée n'est pas dissoute lorsqu'un jugement de liquidation judiciaire, la faillite personnelle, l'interdiction de gérer prévue par l'article L. 625-8 ou une mesure d'incapacité est prononcé à l'égard de l'un des associés.

Elle n'est pas non plus dissoute par le décès d'un associé, sauf stipulation contraire des statuts. — *[L. nº 66-537 du 24 juill. 1966, art. 67 bis.]*

Art. L. 223-42 Si, du fait de pertes constatées dans les documents comptables, les capitaux propres de la société deviennent inférieurs à la moitié du capital social, les associés décident, dans les quatre mois qui suivent l'approbation des comptes ayant fait apparaître cette perte s'il y a lieu à dissolution anticipée de la société.

Si la dissolution n'est pas prononcée à la majorité exigée pour la modification des statuts, la société est tenue, au plus tard à la clôture du deuxième exercice suivant celui au cours duquel la constatation des pertes est intervenue *(Abrogé par L. nº 2003-721 du 1er août 2003, art. 1er-I) « et sous réserve des dispositions de l'article L. 223-2 »*, de réduire son capital d'un montant au moins égal à celui des pertes qui n'ont pu être imputées sur les réserves, si, dans ce délai, les capitaux propres n'ont pas été reconstitués à concurrence d'une valeur au moins égale à la moitié du capital social.

Dans les deux cas, la résolution adoptée par les associés est publiée selon les modalités fixées par décret en Conseil d'État.

A défaut par le gérant ou le commissaire aux comptes de provoquer une décision ou si les associés n'ont pu délibérer valablement, tout intéressé peut demander en justice la dissolution de la société. Il en est de même si les dispositions du deuxième alinéa ci-dessus n'ont pas été appliquées. Dans tous les cas, le tribunal peut accorder à la société un délai maximal de six mois pour régulariser sa situation. Il ne peut prononcer la dissolution, si, au jour où il statue sur le fond, cette régularisation a eu lieu.

Les dispositions du présent article ne sont pas applicables aux sociétés *(L. n° 2005-845 du 26 juill. 2005, art. 165-II)* « en procédure de sauvegarde ou de redressement judiciaire » ou qui bénéficient *(L. n° 2005-845 du 26 juill. 2005, art. 165-II)* « d'un plan de sauvegarde ou de redressement judiciaire ». — *[L. n° 66-537 du 24 juill. 1966, art. 68.] — V. art. R. 210-15 et R. 223-36. — Sur les sanctions pénales, V. art. L. 241-6.*

Art. L. 223-43 La transformation d'une société à responsabilité limitée en société en nom collectif, en commandite simple ou en commandite par actions, exige l'accord unanime des associés.

La transformation en société anonyme est décidée à la majorité requise pour la modification des statuts. Toutefois, elle peut être décidée par des associés représentant la majorité des parts sociales si les capitaux propres figurant au dernier bilan excèdent *(Ord. n° 2000-916 du 19 sept. 2000)* « 750 000 € ».

La décision est précédée du rapport d'un commissaire aux comptes inscrit, sur la situation de la société.

Toute transformation, effectuée en violation des règles du présent article, est nulle. — *[L. n° 66-537 du 24 juill. 1966, art. 69.]*

Sur les infractions concernant les sociétés à responsabilité limitée, V. art. L. 241-1 s.

CHAPITRE IV DISPOSITIONS GÉNÉRALES APPLICABLES AUX SOCIÉTÉS PAR ACTIONS

Art. L. 224-1 La société par actions est désignée par une dénomination sociale, qui doit être précédée ou suivie de la mention de la forme de la société et du montant du capital social.

Le nom d'un ou plusieurs associés peut être inclus dans la dénomination sociale. Toutefois, dans la société en commandite par actions, le nom des associés commanditaires ne peut y figurer. — *[L. n° 66-537 du 24 juill. 1966, art. 70.] — V. art. R. 123-238. — Sur les sanctions pénales V. art. L. 242-1 s.*

Art. L. 224-2 *(Ord. n° 2009-80 du 22 janv. 2009, art. 7-II, en vigueur le 1er avr. 2009)* « Le capital social doit être de 37 000 € au moins. »

La réduction du capital social à un montant inférieur ne peut être décidée que sous la condition suspensive d'une augmentation de capital destinée à amener celui-ci à un montant au moins égal au montant prévu à l'alinéa précédent, à moins que la société ne se transforme en société d'une autre forme. En cas d'inobservation des dispositions du présent alinéa, tout intéressé peut demander en justice la dissolution de la société. Cette dissolution ne peut être prononcée si, au jour où le tribunal statue sur le fond, la régularisation a eu lieu. — *V. art. R. 210-15.*

Par dérogation au premier alinéa, le capital des sociétés de rédacteurs de presse est de *(Ord. n° 2000-916 du 19 sept. 2000)* « 300 € » au moins lorsqu'elles sont constituées sous la forme de société anonyme. — *[L. n° 66-537 du 24 juill. 1966, art. 71 et 491, al. 3.]*

Pour la définition de l'offre au public de titres financiers, V. C. mon. fin., art. L. 411-1. — ***C. mon. fin.*** *ou* ***C. sociétés.***

Art. L. 224-3 *(L. n° 2003-706 du 1er août 2003)* « Lorsqu'une société de quelque forme que ce soit qui n'a pas de commissaire aux comptes se transforme en société par actions, » un ou plusieurs commissaires à la transformation, chargés d'apprécier sous leur responsabilité la valeur des biens composant l'actif social et les avantages particuliers, sont désignés, sauf accord unanime des associés par décision de justice à la demande des dirigeants sociaux ou de l'un d'eux. Les commissaires à la transformation peuvent être chargés de l'établissement du rapport sur la situation de la société mentionné au troisième alinéa de l'article L. 223-43. Dans ce cas, il n'est rédigé qu'un seul rapport. Ces commissaires sont soumis aux incompatibilités prévues à l'article L. 225-224 *[Abrogé par L. n° 2003-706 du 1er août 2003 ; V. note ss. cet art.]*. Le commissaire aux comptes de la société peut être nommé commissaire à la transformation. Le rapport est tenu à la disposition des associés.

Les associés statuent sur l'évaluation des biens et l'octroi des avantages particuliers. Ils ne peuvent les réduire qu'à l'unanimité.

A défaut d'approbation expresse des associés, mentionnée au procès-verbal, la transformation est nulle. – *[L. n° 66-537 du 24 juill. 1966, art. 72-1.] – V. art. R. 224-3.*

CHAPITRE V DES SOCIÉTÉS ANONYMES

Dans les sociétés mentionnées aux chapitres V et VI dont les actions sont admises aux négociations sur un marché réglementé, la proportion des administrateurs ou des membres du conseil de surveillance de chaque sexe ne peut être inférieure à 20 % à l'issue de la première assemblée générale ordinaire qui suit le 1er janv. 2014. Lorsque l'un des deux sexes n'est pas représenté au sein du conseil d'administration ou de surveillance à la date de publication de la L. n° 2011-103 du 27 janv. 2011 (JO 28 janv.), au moins un représentant de ce sexe doit être nommé lors de la plus prochaine assemblée générale ordinaire ayant à statuer sur la nomination d'administrateurs ou de membres du conseil de surveillance. Le représentant permanent d'une personne morale nommée administrateur ou membre du conseil de surveillance est pris en compte pour apprécier la conformité de la composition du conseil d'administration ou de surveillance aux dispositions ci-dessus. Toute nomination ou toute désignation intervenue en violation de ces dispositions et n'ayant pas pour effet de remédier à l'irrégularité de la composition du conseil d'administration ou de surveillance est nulle. Cette nullité n'entraîne pas celle des délibérations auxquelles a pris part l'administrateur ou le membre du conseil irrégulièrement nommé (L. n° 2011-103 du 27 janv. 2011, art. 5-II).

Art. L. 225-1 La société anonyme est la société dont le capital est divisé en actions et qui est constituée entre des associés qui ne supportent les pertes qu'à concurrence de leurs apports. Le nombre des associés ne peut être inférieur à sept. – *[L. n° 66-537 du 24 juill. 1966, art. 73.]*

SECTION PREMIÈRE DE LA CONSTITUTION DES SOCIÉTÉS ANONYMES

SOUS-SECTION 1 DE LA CONSTITUTION AVEC OFFRE AU PUBLIC *(Ord. n° 2009-80 du 22 janv. 2009, art. 7-III).*

Art. L. 225-2 Le projet de statuts est établi et signé par un ou plusieurs fondateurs, *qui déposent* un exemplaire au greffe du tribunal de commerce du lieu du siège social.

Les fondateurs publient une notice dans les conditions déterminées par décret en Conseil d'État.

Aucune souscription ne peut être reçue si les formalités prévues aux premier et deuxième alinéas ci-dessus n'ont pas été observées.

Les personnes déchues du droit d'administrer ou de gérer une société ou auxquelles l'exercice de ces fonctions est interdit ne peuvent être fondateurs. – *[L. nº 66-537 du 24 juill. 1966, art. 74.] – V. art. R. 224-1, R. 224-2, R. 225-2, R. 225-3 et R. 225-4. – V. art. L. 228-27 s.*

L'art. L. 225-2 s'applique à l'ensemble des entreprises publiques et des établissements publics (L. nº 2010-788 du 12 juill. 2010, art. 226).

Art. L. 225-3 Le capital doit être intégralement souscrit.

Les actions de numéraire sont libérées, lors de la souscription, de la moitié au moins de leur valeur nominale. La libération du surplus intervient en une ou plusieurs fois sur décision du conseil d'administration ou du directoire selon le cas, dans un délai qui ne peut excéder cinq ans à compter de l'immatriculation de la société au registre du commerce et des sociétés.

Les actions d'apport sont intégralement libérées dès leur émission.

Les actions ne peuvent représenter des apports en industrie. – *[L. nº 66-537 du 24 juill. 1966, art. 75.]*

Art. L. 225-4 La souscription des actions de numéraire est constatée par un bulletin établi dans les conditions déterminées par décret en Conseil d'État. – *[L. nº 66-537 du 24 juill. 1966, art. 76.] – V. art. R. 225-5.*

Art. L. 225-5 Les fonds provenant des souscriptions en numéraire et la liste des souscripteurs avec l'indication des sommes versées par chacun d'eux font l'objet d'un dépôt dans les conditions déterminées par décret en Conseil d'État, celui-ci fixe également les conditions dans lesquelles est ouvert le droit à communication de cette liste.

A l'exception des dépositaires visés par le décret prévu à l'alinéa précédent, nul ne peut détenir plus de huit jours les sommes recueillies pour le compte d'une société en formation. – *[L. nº 66-537 du 24 juill. 1966, art. 77.] – V. art. R. 225-6.*

Art. L. 225-6 Les souscriptions et les versements sont constatés par un certificat du dépositaire établi, au moment du dépôt des fonds, sur présentation des bulletins de souscription. – *[L. nº 66-537 du 24 juill. 1966, art. 78.]*

Art. L. 225-7 Après la délivrance du certificat du dépositaire les fondateurs convoquent les souscripteurs en assemblée générale constitutive dans les formes et délais prévus par décret en Conseil d'État.

Cette assemblée constate que le capital est entièrement souscrit et que les actions sont libérées du montant exigible. Elle se prononce sur l'adoption des statuts qui ne peuvent être modifiés qu'à l'unanimité de tous les souscripteurs, nomme les premiers administrateurs ou membres du conseil de surveillance, désigne un ou plusieurs commissaires aux comptes. Le procès-verbal de la séance de l'assemblée constate, s'il y a lieu, l'acceptation de leurs fonctions par les administrateurs ou membres du conseil de surveillance et par les commissaires aux comptes. – *[L. nº 66-537 du 24 juill. 1966, art. 79.] – V. art. R. 210-7, R. 225-10, R. 225-12, R. 225-36, R. 225-38.*

Art. L. 225-8 En cas d'apports en nature comme au cas de stipulation d'avantages particuliers au profit de personnes associées ou non, un ou plusieurs commissaires aux apports sont désignés *(L. nº 2012-387 du 22 mars 2012, art. 7-II)* « à l'unanimité des fondateurs ou, à défaut, » par décision de justice, à la demande des fondateurs ou de l'un d'entre eux. Ils sont soumis aux incompatibilités prévues à l'article *(L. nº 2009-526 du 12 mai 2009, art. 46-I)* « L. 822-11 ».

Les commissaires apprécient, sous leur responsabilité, la valeur des apports en nature et les avantages particuliers. Le rapport déposé au greffe, avec le projet de statuts, est tenu à la disposition des souscripteurs, dans les conditions déterminées par décret en Conseil d'État.

L'assemblée générale constitutive statue sur l'évaluation des apports en nature et l'octroi d'avantages particuliers. Elle ne peut les réduire qu'à l'unanimité de tous les souscripteurs.

A défaut d'approbation expresse des apporteurs et des bénéficiaires d'avantages particuliers, mentionnée au procès-verbal, la société n'est pas constituée. – *[L. n° 66-537 du 24 juill. 1966, art. 80.] – V. art. R. 225-7 à R. 225-9.*

Art. L. 225-8-1 *(L. n° 2012-387 du 22 mars 2012, art. 8-I)* I. – L'article L. 225-8 n'est pas applicable, sur décision des fondateurs, lorsque l'apport en nature est constitué :

1° De valeurs mobilières donnant accès au capital mentionnées à l'article L. 228-1 ou d'instruments du marché monétaire, au sens de l'article 4 de la directive 2004/39/CE du Parlement européen et du Conseil du 21 avril 2004 concernant les marchés d'instruments financiers, modifiant les directives 85/611/CEE et 93/6/CEE du Conseil et la directive 2000/12/CE du Parlement européen et du Conseil et abrogeant la directive 93/22/CE du Conseil, s'ils ont été évalués au prix moyen pondéré auquel ils ont été négociés sur un ou plusieurs marchés réglementés au cours des trois mois précédant la date de la réalisation effective de l'apport ;

2° D'éléments d'actif autres que les valeurs mobilières ou les instruments du marché monétaire mentionnés au 1° si, dans les six mois précédant la date de la réalisation effective de l'apport, ces éléments ont déjà fait l'objet d'une évaluation à la juste valeur par un commissaire aux apports dans les conditions définies à l'article L. 225-8.

II. – L'apport en nature fait l'objet d'une réévaluation dans les conditions mentionnées à l'article L. 225-8, à l'initiative et sous la responsabilité des fondateurs, lorsque :

1° Dans le cas prévu au 1° du I du présent article, le prix a été affecté par des circonstances exceptionnelles pouvant modifier sensiblement la valeur de l'élément d'actif à la date de la réalisation effective de l'apport ;

2° Dans le cas prévu au 2° du même I, des circonstances nouvelles ont modifié sensiblement la juste valeur de l'élément d'actif à la date de la réalisation effective de l'apport.

III. – Les informations relatives aux apports en nature mentionnés aux 1° et 2° du I sont portées à la connaissance des souscripteurs dans des conditions définies par décret en Conseil d'État.

Art. L. 225-9 Les souscripteurs d'actions prennent part au vote ou se font représenter dans les conditions prévues aux articles L. 225-106, L. 225-110 et L. 225-113.

L'assemblée constitutive délibère aux conditions de quorum et de majorité prévues pour les assemblées extraordinaires. – *[L. n° 66-537 du 24 juill. 1966, art. 81.]*

Art. L. 225-10 Lorsque l'assemblée délibère sur l'approbation d'un apport en nature ou l'octroi d'un avantage particulier, les actions de l'apporteur ou du bénéficiaire ne sont pas prises en compte pour le calcul de la majorité.

L'apporteur ou le bénéficiaire n'a voix délibérative ni pour lui-même ni comme mandataire. – *[L. n° 66-537 du 24 juill. 1966, art. 82, al. 2 et 3.]*

Art. L. 225-11 Le retrait des fonds provenant des souscriptions en numéraire ne peut être effectué par le mandataire de la société avant l'immatriculation de celle-ci au registre du commerce et des sociétés.

Si la société n'est pas constituée dans le délai de six mois à compter du dépôt du projet de statuts au greffe, tout souscripteur peut demander en justice la nomina-

tion d'un mandataire chargé de retirer les fonds pour les restituer aux souscripteurs, sous déduction des frais de répartition.

Si le ou les fondateurs décident ultérieurement de constituer la société, il doit être procédé à nouveau au dépôt des fonds et à la déclaration prévus aux articles L. 225-5 et L. 225-6. – *[L. n° 66-537 du 24 juill. 1966, art. 83.] – V. art. R. 225-11 et R. 225-12.*

Art. L. 225-11-1 *(L. n° 2012-387 du 22 mars 2012, art. 17-II)* **Les droits de vote et les droits à dividende des actions ou coupures d'actions émises en violation des dispositions relatives à la constitution avec offre au public des sociétés anonymes prévues à la présente sous-section sont suspendus jusqu'à régularisation de la situation. Tout vote émis ou tout versement de dividende effectué pendant la suspension est nul.**

● SOUS-SECTION 2 **DE LA CONSTITUTION SANS OFFRE AU PUBLIC** *(Ord. n° 2009-80 du 22 janv. 2009, art. 7-IV).*

Art. L. 225-12 Lorsqu'il n'est pas *(Ord. n° 2009-80 du 22 janv. 2009, art. 7-V, en vigueur le 1er avr. 2009)* **« procédé à une offre au public », les dispositions de la sous-section 1 sont applicables, à l'exception des articles L. 225-2, L. 225-4, L. 225-7, des deuxième, troisième et quatrième alinéas de l'article L. 225-8 et des articles L. 225-9 et L. 225-10.** – *[L. n° 66-537 du 24 juill. 1966, art. 84.] – V. art. R. 225-13.*

Art. L. 225-13 Les versements sont constatés par un certificat du dépositaire établi, au moment du dépôt des fonds, sur présentation de la liste des actionnaires mentionnant les sommes versées par chacun d'eux. – *[L. n° 66-537 du 24 juill. 1966, art. 85.]*

Art. L. 225-14 Les statuts contiennent l'évaluation des apports en nature. Il y est procédé au vu d'un rapport annexé aux statuts et établi, sous sa responsabilité, par un commissaire aux apports.

Si des avantages particuliers sont stipulés, la même procédure est suivie. – *[L. n° 66-537 du 24 juill. 1966, art. 86.] – V. art. R. 225-14.*

Art. L. 225-15 Les statuts sont signés par les actionnaires, soit en personne, soit par mandataire justifiant d'un pouvoir spécial, après l'établissement du certificat du dépositaire et après mise à disposition des actionnaires, dans les conditions et délais ***déterminés par*** **décret en Conseil d'État, du rapport prévu à l'article L. 225-14.** – *[L. n° 66-537 du 24 juill. 1966, art. 87.] – V. art. R. 210-6.*

Art. L. 225-16 Les premiers administrateurs ou les premiers membres du conseil de surveillance et les premiers commissaires aux comptes sont désignés dans les statuts. – *[L. n° 66-537 du 24 juill. 1966, art. 88.]*

Sur les infractions relatives à la constitution des sociétés anonymes, V. art. L. 242-1 s.

Art. L. 225-16-1 *(L. n° 2012-387 du 22 mars 2012, art. 17-II)* **Les droits de vote et les droits à dividende des actions ou coupures d'actions émises en violation de la présente sous-section sont suspendus jusqu'à régularisation de la situation. Tout vote émis ou tout versement de dividende effectué pendant la suspension est nul.**

SECTION II DE LA DIRECTION ET DE L'ADMINISTRATION DES SOCIÉTÉS ANONYMES

SOUS-SECTION 1 DU CONSEIL D'ADMINISTRATION DE LA DIRECTION GÉNÉRALE *(L. n° 2001-420 du 15 mai 2001).*

Art. L. 225-17 La société anonyme est administrée par un conseil d'administration composé de trois membres au moins. Les statuts fixent le nombre maximum des membres du conseil, qui ne peut dépasser *(L. n° 2001-420 du 15 mai 2001)* « dix-huit ».

(L. n° 2011-103 du 27 janv. 2011, art. 1er-I) « Le conseil d'administration est composé en recherchant une représentation équilibrée des femmes et des hommes. »

Toutefois, en cas de décès *(L. n° 2003-706 du 1er août 2003)* « , de démission ou de révocation » du président du conseil d'administration et si le conseil n'a pu le remplacer par un de ses membres, il peut nommer, sous réserve des dispositions de l'article L. 225-24, un administrateur supplémentaire qui est appelé aux fonctions de président. – *[L. n° 66-537 du 24 juill. 1966, art. 89.] – Concernant le nombre d'administrateurs en cas de fusion, V. art. L. 225-95.*

Les conseils d'administration disposent d'un délai de trois ans à compter de la date de publication de la L. n° 2001-420 du 15 mai 2001 (JO 16 mai) pour se mettre en conformité avec les art. L. 225-17 et L. 225-95 dans leur rédaction issue de ladite loi (L. n° 2001-420 du 15 mai 2001, art. 129).

Art. L. 225-18 Les administrateurs sont nommés par l'assemblée générale constitutive ou par l'assemblée générale ordinaire. Dans le cas prévu à l'article L. 225-16, ils sont désignés dans les statuts. La durée de leurs fonctions est déterminée par les statuts sans pouvoir excéder six ans *(Abrogé par L. n° 2012-387 du 22 mars 2012, art. 6-I) « en cas de nomination par les assemblées générales et trois ans en cas de nomination dans les statuts »*. Toutefois, en cas de fusion ou de scission, la nomination peut être faite par l'assemblée générale extraordinaire.

Les administrateurs sont rééligibles, sauf stipulation contraire des statuts. Ils peuvent être révoqués à tout moment par l'assemblée générale ordinaire.

Toute nomination intervenue en violation des dispositions précédentes est nulle, à l'exception de celles auxquelles il peut être procédé dans les conditions prévues à l'article L. 225-24. – *[L. n° 66-537 du 24 juill. 1966, art. 90.] – V. art. R. 225-15 et R. 225-26.*

Art. L. 225-18-1 *(L. n° 2011-103 du 27 janv. 2011, art. 1er-II, en vigueur le 1er janv. 2017)* La proportion des administrateurs de chaque sexe ne peut être inférieure à 40 % dans les sociétés dont les actions sont admises aux négociations sur un marché réglementé et, à l'issue de la plus prochaine assemblée générale ayant à statuer sur des nominations, dans les sociétés qui, pour le troisième exercice consécutif, emploient un nombre moyen d'au moins cinq cents salariés permanents et présentent un montant net de chiffre d'affaires ou un total de bilan d'au moins 50 millions d'euros. Dans ces mêmes sociétés, lorsque le conseil d'administration est composé au plus de huit membres, l'écart entre le nombre des administrateurs de chaque sexe ne peut être supérieur à deux.

Toute nomination intervenue en violation du premier alinéa et n'ayant pas pour effet de remédier à l'irrégularité de la composition du conseil est nulle. Cette nullité n'entraîne pas celle des délibérations auxquelles a pris part l'administrateur irrégulièrement nommé.

La conformité de la composition des conseils d'administration des sociétés concernées est appréciée à l'issue de la première assemblée générale ordinaire qui suit le 1er janv. 2017. Le troisième exercice consécutif prévu au 1er al. de l'art. L. 225-18-1 s'entend à compter du 1er janv. 2017 (L. no 2011-103 du 27 janv. 2011, art. 5-I).

Art. L. 225-19 **Les statuts doivent prévoir, pour l'exercice des fonctions d'administrateur, une limite d'âge s'appliquant soit à l'ensemble des administrateurs, soit à un pourcentage déterminé d'entre eux.**

A défaut de disposition expresse dans les statuts, le nombre des administrateurs ayant dépassé l'âge de soixante-dix ans ne peut être supérieur au tiers des administrateurs en fonctions.

Toute nomination intervenue en violation des dispositions de l'alinéa précédent est nulle.

A défaut de disposition expresse dans les statuts prévoyant une autre procédure, lorsque la limitation statutaire ou légale fixée pour l'âge des administrateurs est dépassée, l'administrateur le plus âgé est réputé démissionnaire d'office. — *[L. no 66-537 du 24 juill. 1966, art. 90-1.]*

Art. L. 225-20 **Une personne morale peut être nommée administrateur. Lors de sa nomination, elle est tenue de désigner un représentant permanent qui est soumis aux mêmes conditions et obligations et qui encourt les mêmes responsabilités civile et pénale que s'il était administrateur en son nom propre, sans préjudice de la responsabilité solidaire de la personne morale qu'il représente.**

(L. no 2011-103 du 27 janv. 2011, art. 1er-III, en vigueur le 1er janv. 2017) **« Le représentant permanent est pris en compte pour apprécier la conformité de la composition du conseil d'administration au premier alinéa de l'article L. 225-18-1. Toute désignation intervenue en violation de cet alinéa et n'ayant pas pour effet de remédier à l'irrégularité de la composition du conseil est nulle. Cette nullité n'entraîne pas celle des délibérations auxquelles a pris part le représentant permanent irrégulièrement désigné. »**

Lorsque la personne morale révoque son représentant, elle est tenue de pourvoir en même temps à son remplacement. — *[L. no 66-537 du 24 juill. 1966, art. 91.] — V. art. R. 225-16 et R. 225-17.*

La conformité de la composition des conseils d'administration des sociétés concernées est appréciée à l'issue de la première assemblée générale ordinaire qui suit le 1er janv. 2017 (L. no 2011-103 du 27 janv. 2011, art. 5-I).

Art. L. 225-21 *(L. no 2001-420 du 15 mai 2001)* **Une personne physique ne peut exercer simultanément plus de cinq mandats d'administrateur de sociétés anonymes ayant leur siège sur le territoire français.**

(L. no 2002-1303 du 29 oct. 2002) **« Par dérogation aux dispositions du premier alinéa, ne sont pas pris en compte les mandats d'administrateur ou de membre du conseil de surveillance exercés par cette personne dans les sociétés contrôlées au sens de l'article L. 233-16 par la société dont elle est administrateur.**

« Pour l'application des dispositions du présent article, les mandats d'administrateur des sociétés dont les titres ne sont pas admis aux négociations sur un marché réglementé et contrôlées au sens de l'article L. 233-16 par une même société ne comptent que pour un seul mandat, sous réserve que le nombre de mandats détenus à ce titre n'excède pas cinq. »

Toute personne physique qui se trouve en infraction avec les dispositions du présent article doit se démettre de l'un de ses mandats dans les trois mois de sa nomination, ou du mandat en cause dans les trois mois de l'événement ayant entraîné la disparition de l'une des conditions fixées à l'alinéa précédent. A l'expiration de ce délai, elle est réputée s'être démise, selon le cas, soit de son nouveau mandat, soit du mandat ne répondant plus aux conditions fixées à l'alinéa précédent, et doit res-

tituer les rémunérations perçues, sans que soit, de ce fait, remise en cause la validité des délibérations auxquelles elle a pris part.

Les administrateurs, présidents du conseil d'administration, directeurs généraux, membres du directoire, directeurs généraux uniques et membres du conseil de surveillance disposent d'un délai de deux mois à compter de la date de publication de la L. nº 2002-1303 du 29 oct. 2002 (JO 30 oct.) modifiant certaines dispositions du code de commerce relatives aux mandats sociaux pour se mettre en conformité avec les art. L. 225-21, L. 225-54-1, L. 225-67, L. 225-77, L. 225-94 et L. 225-94-1 C. com. dans la rédaction issue de la loi précitée. A défaut, ils sont réputés démissionnaires de tous leurs mandats (L. nº 2001-420 du 15 mai 2001, art. 131 (II), mod. par L. nº 2002-1303 du 29 oct. 2002, art. 5). — Pour les sociétés immatriculées selon la réglementation applicable à Mayotte, en Nouvelle-Calédonie et dans les îles Wallis-et-Futuna, V. Ord. nº 2004-604 du 24 juin 2004, art. 65-IV (JO 26 juin).

Les dérogations aux dispositions limitant le cumul des mandats prévues aux art. L. 225-21, L. 225-54-1, L. 225-67, L. 225-77, L. 225-94-1 et L. 225-95-1 C. com. sont applicables aux présidents, directeurs généraux ou directeurs généraux adjoints des établissements publics de l'État exerçant une activité industrielle et commerciale ainsi qu'au directeur général et aux directeurs de la Caisse des dépôts et consignations pour les mandats qu'ils détiennent dans des sociétés contrôlées au sens de l'art. L. 233-16 du même code par l'établissement public dans lequel ils exercent l'une des fonctions ci-dessus énumérées. Pour l'application des art. L. 225-54-1 et L. 225-67 C. com., l'exercice de chacune des fonctions ci-dessus énumérées compte pour un mandat (L. nº 2003-706 du 1er août 2003, art. 130).

Art. L. 225-21-1 *(L. nº 2012-387 du 22 mars 2012, art. 6-II)* **Un administrateur peut devenir salarié d'une société anonyme au conseil de laquelle il siège si cette société ne dépasse pas, à la clôture d'un exercice social, les seuils définissant les petites et moyennes entreprises prévus à l'article 2 de l'annexe à la recommandation 2003/361/CE de la Commission, du 6 mai 2003, concernant la définition des micro, petites et moyennes entreprises et si son contrat de travail correspond à un emploi effectif.**

Tout administrateur mentionné au premier alinéa du présent article est compté pour la détermination du nombre des administrateurs liés à la société par un contrat de travail mentionné à l'article L. 225-22.

Art. L. 225-22 Un salarié de la société ne peut être nommé administrateur que si son contrat de travail *(Abrogé par L. nº 2001-1168 du 11 déc. 2001)* ***« est antérieur de deux années au moins à sa nomination et »*** **correspond à un emploi effectif. Il ne perd pas le bénéfice de ce contrat de travail. Toute nomination intervenue en violation des dispositions du présent alinéa est nulle. Cette nullité n'entraîne pas celle des délibérations auxquelles a pris part l'administrateur irrégulièrement nommé.**

Le nombre des administrateurs liés à la société par un contrat de travail ne peut dépasser le tiers des administrateurs en fonction.

Toutefois, les administrateurs élus par les salariés *(L. nº 2013-504 du 14 juin 2013, art. 9-I)* **« ou désignés en application de l'article L. 225-27-1 », les administrateurs représentant les salariés actionnaires ou le fonds commun de placement d'entreprise en application de l'article L. 225-23 et, dans les sociétés anonymes à participation ouvrière, les représentants de la société coopérative de main-d'œuvre ne sont pas comptés pour la détermination du nombre des administrateurs liés à la société par un contrat de travail mentionné à l'alinéa précédent.**

En cas de fusion ou de scission, le contrat de travail peut avoir été conclu avec l'une des sociétés fusionnées ou avec la société scindée. — *[L. nº 66-537 du 24 juill. 1966, art. 93.]*

Il convient de souligner que l'art. L. 225-22, codification à « droit constant » de l'art. 93 de la L. nº 66-537 du 24 juill. 1966, ne reprend pas l'al. 1er de cet article tel que modifié par la L. nº 94-126 du 11 févr. 1994, et dans lequel la condition d'ancienneté du contrat de travail avait été supprimée. En effet, l'al. 1er dans sa rédaction modifiée disposait que : « Un salarié de la société ne peut être nommé administrateur que si son contrat de travail correspond à un emploi effectif ; il ne perd pas le bénéfice de ce contrat de travail. Toute nomination intervenue en violation des dispositions du présent alinéa est nulle. Cette nullité n'entraîne pas celles des délibérations auxquelles a pris part l'administrateur irrégulièrement nommé. » — Par la Rép. min. nº 30569 (JO Sénat Q, 1er mars 2001, p. 757), le garde des sceaux confirme qu'il s'agit là d'une erreur matérielle et que la condition d'antériorité devrait pouvoir être écartée, la L. nº 2001-1168 du 11 déc. 2001 a par ailleurs réparé cette erreur en supprimant la condition d'antériorité.

Art. L. 225-22-1 *(L. nº 2005-842 du 26 juill. 2005, art. 8-I)* **Dans les sociétés dont les titres sont admis aux négociations sur un marché réglementé, en cas de nomination aux fonctions de président, de directeur général ou de directeur général délégué d'une personne liée par un contrat de travail à la société ou à toute société contrôlée ou qui la contrôle au sens des II et III de l'article L. 233-16, les dispositions dudit contrat correspondant, le cas échéant, à des éléments de rémunération, des indemnités ou des avantages dus ou susceptibles d'être dus à raison de la cessation ou du changement de ces fonctions, ou postérieurement à celles-ci, sont soumises** *(L. nº 2007-1223 du 21 août 2007, art. 17-II)* **« au régime prévu par l'article L. 225-42-1 ».**

Ces dispositions sont applicables aux conventions conclues à compter du 1er mai 2005 (L. nº 2005-842 du 26 juill. 2005, art. 8-II).

V. aussi la 2e note rédactionnelle ss. l'art. L. 225-42-1.

Art. L. 225-23 *(L. nº 2006-1770 du 30 déc. 2006, art. 32-I)* **« Dans les sociétés dont les titres sont admis aux négociations sur un marché réglementé, »** *(L. nº 2002-73 du 17 janv. 2002)* **« lorsque le rapport présenté par le conseil d'administration lors de l'assemblée générale en application de l'article L. 225-102 établit que les actions détenues par le personnel de la société ainsi que par le personnel de sociétés qui lui sont liées au sens de l'article L. 225-180 représentent plus de 3 % du capital social de la société, un ou plusieurs administrateurs** *(L. nº 2006-1770 du 30 déc. 2006, art. 32-I)* **« sont élus » par l'assemblée générale des actionnaires sur proposition des actionnaires visés à l'article L. 225-102.** *(L. nº 2006-1770 du 30 déc. 2006, art. 32-I)* **« Ceux-ci se prononcent par un vote dans des conditions fixées par les statuts. » Ces administrateurs** *(L. nº 2006-1770 du 30 déc. 2006, art. 32-I)* **« sont élus » parmi les salariés actionnaires ou, le cas échéant, parmi les salariés membres du conseil de surveillance d'un fonds commun de placement d'entreprise détenant des actions de la société. Ces administrateurs ne sont pas pris en compte pour la détermination du nombre minimal et du nombre maximal d'administrateurs prévus à l'article L. 225-17. »** *(L. nº 2006-1770 du 30 déc. 2006, art. 32-I)* **« La durée de leur mandat est déterminée par application de l'article L. 225-18. Toutefois, leur mandat prend fin par l'arrivée du terme ou la rupture, pour quelque cause que ce soit, de leur contrat de travail. »**

(L. nº 2001-152 du 19 févr. 2001) **« Si l'assemblée générale extraordinaire ne s'est pas réunie dans un délai de dix-huit mois à compter de la présentation du rapport, tout salarié actionnaire peut demander au président du tribunal statuant en référé d'enjoindre sous astreinte au conseil d'administration de convoquer une assemblée générale extraordinaire et de soumettre à celle-ci les projets de resolutions tendant à modifier les statuts dans le sens prévu à l'alinéa précédent et au dernier alinéa du présent article.**

« Lorsqu'il est fait droit à la demande, l'astreinte et les frais de procédure sont à la charge des administrateurs. »

Les sociétés dont le conseil d'administration comprend un ou plusieurs administrateurs nommés parmi les membres du conseil de surveillance des fonds communs de placement d'entreprise représentant les salariés, ou un ou plusieurs salariés élus en application des dispositions de l'article L. 225-27, ne sont pas tenues aux obligations prévues *(L. nº 2001-152 du 19 févr. 2001)* **« au premier alinéa.**

« Lorsque l'assemblée générale extraordinaire est convoquée en application du premier alinéa, elle se prononce également sur un projet de résolution prévoyant l'élection d'un ou plusieurs administrateurs par le personnel de la société et des filiales directes ou indirectes dont le siège social est fixé en France. Le cas échéant, ces représentants sont désignés dans les conditions prévues à l'article L. 225-27. »

Dernier al. abrogé par L. n° 2002-73 du 17 janv. 2002, art. 217, 2°.

La modification des statuts des sociétés mentionnées aux art. L. 225-23 et L. 225-71, rendue nécessaire par la rédaction de ces articles issue du 2° du I de l'art. 32 de la L. n° 2006-1770 du 30 déc. 2006, intervient par décision de l'assemblée générale extraordinaire qui se réunit au plus tard à la date de la prochaine assemblée générale ordinaire suivant la publication de ladite loi (JO 31 déc. ; L. préc., art. 32-II).

Art. L. 225-24 En cas de vacance par décès ou par démission d'un ou plusieurs sièges d'administrateur, le conseil d'administration peut, entre deux assemblées générales, procéder à des nominations à titre provisoire.

Lorsque le nombre des administrateurs est devenu inférieur au minimum légal, les administrateurs restants doivent convoquer immédiatement l'assemblée générale ordinaire en vue de compléter l'effectif du conseil.

Lorsque le nombre des administrateurs est devenu inférieur au minimum statutaire, sans toutefois être inférieur au minimum légal, le conseil d'administration doit procéder à des nominations à titre provisoire en vue de compléter son effectif dans le délai de trois mois à compter du jour où se produit la vacance.

(L. n° 2011-103 du 27 janv. 2011, art. 1er-IV, en vigueur le 1er janv. 2017) « Lorsque sa composition n'est plus conforme au premier alinéa de l'article L. 225-18-1, le conseil d'administration doit procéder à des nominations à titre provisoire afin d'y remédier dans le délai de six mois à compter du jour où se produit la vacance. »

Les nominations effectuées par le conseil en vertu des premier *(L. n° 2011-103 du 27 janv. 2011, art. 1er-IV, en vigueur le 1er janv. 2017)* « , troisième et quatrième » alinéas ci-dessus sont soumises à ratification de la plus prochaine assemblée générale ordinaire. A défaut de ratification, les délibérations prises et les actes accomplis antérieurement par le conseil n'en demeurent pas moins valables.

Lorsque le conseil néglige de procéder aux nominations requises ou de convoquer l'assemblée, tout intéressé peut demander en justice, la désignation d'un mandataire chargé de convoquer l'assemblée générale, à l'effet de procéder aux nominations ou de ratifier les nominations prévues au troisième alinéa. – *[L. n° 66-537 du 24 juill. 1966, art. 94.] – V. art. R. 225-18.*

V. note ss. art. L. 225-20.

Art. L. 225-25 *(L. n° 2008-776 du 4 août 2008, art. 57-I, en vigueur le 1er janv. 2009)* « Les statuts peuvent imposer que chaque administrateur soit propriétaire d'un nombre d'actions de la société, qu'ils déterminent. » *(Abrogé par L. n° 2001-420 du 15 mai 2001)* ***« Ce nombre ne peut être inférieur à celui exigé par les statuts pour ouvrir aux actionnaires le droit d'assister à l'assemblée générale ordinaire. »***

Si, au jour de sa nomination, un administrateur n'est pas propriétaire du nombre d'actions requis ou si, en cours de mandat, il cesse d'en être propriétaire, il est réputé démissionnaire d'office, s'il n'a pas régularisé sa situation dans le délai de *(L. n° 2008-776 du 4 août 2008, art. 57-I, en vigueur le 1er janv. 2009)* « six » mois.

(L. n° 2001-420 du 15 mai 2001) « Les dispositions du premier alinéa ne s'appliquent pas aux actionnaires salariés nommés administrateurs en application de ***l'article L. 225-23*** » *(L. n° 2013-504 du 14 juin 2013, art. 9-I)* « , ni aux salariés nommés administrateurs en application des articles L. 225-27 et L. 225-27-1 ». – *[L. n° 66-537 du 24 juill. 1966, art. 95.]*

Sont applicables en Nouvelle-Calédonie et dans les îles Wallis-et-Futuna les adjonctions et modifications apportées à l'art. L. 225-25 par la L. n° 2008-776 du 4 août 2008 (Ord. n° 2009-896 du 24 juill. 2009, art. 2).

Art. L. 225-26 Les commissaires aux comptes veillent, sous leur responsabilité, à l'observation des dispositions prévues à l'article L. 225-25 et en dénoncent toute violation dans leur rapport à l'assemblée générale annuelle. – *[L. n° 66-537 du 24 juill. 1966, art. 97.]*

Art. L. 225-27 Il peut être stipulé dans les statuts que le conseil d'administration comprend, outre les administrateurs dont le nombre et le mode de désignation sont prévus aux articles L. 225-17 et L. 225-18, des administrateurs élus soit par le personnel de la société, soit par le personnel de la société et celui de ses filiales directes ou indirectes dont le siège social est fixé sur le territoire français. Le nombre de ces administrateurs ne peut être supérieur à quatre ou, dans les sociétés dont les actions sont admises aux négociations sur un marché réglementé, cinq, ni excéder le tiers du nombre des autres administrateurs. Lorsque le nombre des administrateurs élus par les salariés est égal ou supérieur à deux, les ingénieurs, cadres et assimilés ont un siège au moins.

Les administrateurs élus par les salariés ne sont pas pris en compte pour la détermination du nombre minimal et du nombre maximal d'administrateurs prévus à l'article L. 225-17 *(L. n° 2011-103 du 27 janv. 2011, art. 1er-V, en vigueur le 1er janv. 2017)* « , ni pour l'application du premier alinéa de l'article L. 225-18-1 ». – *[L. n° 66-537 du 24 juill. 1966, art. 97-1.]*

Art. L. 225-27-1 *(L. n° 2013-504 du 14 juin 2013, art. 9-I)* I. – Dans les sociétés qui emploient, à la clôture de deux exercices consécutifs, au moins cinq mille salariés permanents dans la société et ses filiales, directes ou indirectes, dont le siège social est fixé sur le territoire français, ou au moins dix mille salariés permanents dans la société et ses filiales, directes ou indirectes, dont le siège social est fixé sur le territoire français et à l'étranger, et qui ont pour obligation de mettre en place un comité d'entreprise en application de l'article L. 2322-1 du code du travail, il est stipulé dans les statuts que le conseil d'administration comprend, outre les administrateurs dont le nombre et le mode de désignation sont prévus aux articles L. 225-17 et L. 225-18 du présent code, des administrateurs représentant les salariés.

Une société n'est pas soumise à l'obligation prévue au premier alinéa du présent I dès lors qu'elle est la filiale, directe ou indirecte, d'une société elle-même soumise à cette obligation.

II. – Le nombre des administrateurs représentant les salariés est au moins égal à deux dans les sociétés dont le nombre d'administrateurs mentionnés aux articles L. 225-17 et L. 225-18 est supérieur à douze et au moins à un s'il est égal ou inférieur à douze.

Les administrateurs représentant les salariés ne sont pas pris en compte pour la détermination du nombre minimal et du nombre maximal d'administrateurs prévus à l'article L. 225-17, ni pour l'application du premier alinéa de l'article L. 225-18-1.

III. – Dans les six mois suivant la clôture du second des deux exercices mentionnés au I, après avis, selon le cas, du comité de groupe, du comité central d'entreprise ou du comité d'entreprise, l'assemblée générale extraordinaire procède à la modification des statuts pour déterminer les conditions dans lesquelles sont désignés les administrateurs représentant les salariés, selon l'une des modalités suivantes :

1° L'organisation d'une élection auprès des salariés de la société et de ses filiales, directes ou indirectes, dont le siège social est fixé sur le territoire français dans les conditions fixées à l'article L. 225-28 ;

2° La désignation, selon le cas, par le comité de groupe prévu à l'article L. 2331-1 du code du travail, le comité central d'entreprise ou le comité d'entreprise de la société mentionnée au I du présent article ;

3° La désignation par l'organisation syndicale ayant obtenu le plus de suffrages au premier tour des élections mentionnées aux articles L. 2122-1 et L. 2122-4 du même code dans la société et ses filiales, directes ou indirectes, dont le siège social est fixé sur le territoire français lorsqu'un seul administrateur est à désigner, ou par chacune des deux organisations syndicales ayant obtenu le plus de suffrages au premier tour de ces élections lorsque deux administrateurs sont à désigner ;

4° Lorsqu'au moins deux administrateurs sont à désigner, la désignation de l'un des administrateurs selon l'une des modalités fixées aux 1° à 3° et de l'autre par le comité d'entreprise européen, s'il existe, ou, pour les sociétés européennes au sens de l'article L. 2351-1 du code du travail, par l'organe de représentation des salariés mentionné à l'article L. 2352-16 du même code ou, à défaut, par le comité de la société européenne mentionné à l'article L. 2353-1 dudit code.

L'élection ou la désignation des administrateurs représentant les salariés intervient dans les six mois suivant la modification des statuts prévue au premier alinéa du présent III.

IV. — Si l'assemblée générale extraordinaire ne s'est pas réunie dans le délai prévu au premier alinéa du III, tout salarié peut demander au président du tribunal statuant en référé d'enjoindre sous astreinte au conseil d'administration de convoquer une assemblée générale extraordinaire et de soumettre à celle-ci les projets de résolution tendant à modifier les statuts dans le sens prévu au même III.

A défaut de modification des statuts à l'issue du délai prévu au premier alinéa dudit III, les administrateurs représentant les salariés sont désignés par la voie de l'élection mentionnée au 1° du III dans les six mois suivant l'expiration du même délai. Tout salarié peut demander au président du tribunal statuant en référé d'enjoindre sous astreinte à la société d'organiser l'élection.

V. — Les sociétés répondant aux critères fixés au I du présent article et dont le conseil d'administration comprend un ou plusieurs membres désignés en application de l'article L. 225-27 du présent code, de l'article 5 de la loi n° 83-675 du 26 juillet 1983 relative à la démocratisation du secteur public ou de l'article 8-1 de la loi n° 86-912 du 6 août 1986 relative aux modalités des privatisations, ainsi que leurs filiales directes ou indirectes, ne sont pas soumises à l'obligation prévue aux I à III du présent article dès lors que le nombre de ces administrateurs est au moins égal au nombre prévu au II.

Lorsque le nombre de ces administrateurs est inférieur au nombre prévu au II, les I à IV sont applicables à l'expiration du mandat en cours des administrateurs représentant les salariés.

Pour les sociétés répondant aux critères posés aux art. L. 225-27-1, L. 225-79-2 ou L. 226-5-1 à la date de promulgation de la L. n° 2013-504 du 14 juin 2013, l'entrée en fonction des administrateurs mentionnés à l'art. L. 225-27-1 et des membres du conseil de surveillance mentionnés aux mêmes art. L. 225-79-2 et L. 226-5-1 doit intervenir au plus tard six mois après l'assemblée générale portant les modifications statutaires nécessaires à leur élection ou désignation, qui doit elle-même intervenir au plus tard en 2014 (L. préc., art. 9-VIII).

Art. L. 225-28 Les administrateurs élus par les salariés *(L. n° 2013-504 du 14 juin 2013, art. 9-I)* « ou désignés en application de l'article L. 225-27-1 » doivent être titulaires d'un contrat de travail avec la société ou l'une de ses filiales directes ou indirectes dont le siège social est fixé sur le territoire français antérieur de deux années au moins à leur nomination et correspondant à un emploi effectif. *(L. n° 2013-504 du 14 juin 2013, art. 9-I)* « Par dérogation, le second administrateur désigné en application du 4° du III de l'article L. 225-27-1 doit être titulaire d'un contrat de travail avec la société ou l'une de ses filiales directes ou indirectes antérieur de deux années au moins à sa nomination et correspondant à un emploi effectif. » Toutefois, la condition d'ancienneté n'est pas requise lorsque au jour de la nomination la société est constituée depuis moins de deux ans.

Tous les salariés de la société et le cas échéant de ses filiales directes ou indirectes, dont le siège social est fixé sur le territoire français dont le contrat de travail est antérieur de trois mois à la date de l'élection sont électeurs. Le vote est secret.

Lorsqu'un siège au moins est réservé aux ingénieurs, cadres et assimilés *(L. n° 2013-504 du 14 juin 2013, art. 9-I)* « en application de l'article L. 225-27 », les salariés sont divisés en deux collèges votant séparément. Le premier collège comprend les ingénieurs, cadres et assimilés, le second les autres salariés. Les statuts fixent la répartition des sièges par collège en fonction de la structure du personnel.

(L. n° 2013-504 du 14 juin 2013, art. 9-I) « Lorsqu'il est fait application du même article L. 225-27, » les candidats ou listes de candidats peuvent être présentés soit par une ou plusieurs organisations syndicales représentatives au sens de l'article *(Ord. n° 2007-329 du 12 mars 2007, art. 3)* « L. 2122-1 » du code du travail, soit par le vingtième des électeurs ou, si le nombre de ceux-ci est supérieur à deux mille, par cent d'entre eux. *(L. n° 2013-504 du 14 juin 2013, art. 9-I)* « Lorsqu'il est fait application de l'article L. 225-27-1 du présent code, les candidats ou listes de candidats sont présentés par une ou plusieurs organisations syndicales représentatives au sens de l'article L. 2122-1 du code du travail. »

Lorsqu'il y a un seul siège à pourvoir pour l'ensemble du corps électoral, l'élection a lieu au scrutin majoritaire à deux tours. Lorsqu'il y a un seul siège à pourvoir dans un collège électoral, l'élection a lieu au scrutin majoritaire à deux tours dans ce collège. Chaque candidature doit comporter, outre le nom du candidat, celui de son remplaçant éventuel. *(L. n° 2013-504 du 14 juin 2013, art. 9-I)* « Le candidat et son remplaçant sont de sexe différent. » Est déclaré élu le candidat ayant obtenu au premier tour la majorité absolue des suffrages exprimés, au second tour la majorité relative.

Dans les autres cas, l'élection a lieu au scrutin de liste à la représentation proportionnelle au plus fort reste et sans panachage. Chaque liste doit comporter un nombre de candidats double de celui des sièges à pourvoir *(L. n° 2011-103 du 27 janv. 2011, art. 1er-VI)* « et être composée alternativement d'un candidat de chaque sexe. Sur chacune des listes, l'écart entre le nombre des *[de]* candidats de chaque sexe ne peut être supérieur à un. » – *La L. n° 2013-504 du 14 juin 2013, art. 9-VII, a supprimé l'entrée en vigueur différée des dispositions introduites par la L. n° 2011-103 du 27 janv. 2011.*

En cas d'égalité des voix, les candidats dont le contrat de travail est le plus ancien sont déclarés élus.

Les autres modalités du scrutin sont fixées par les statuts.

Les contestations relatives à l'électorat, à l'éligibilité et à la régularité des opérations électorales sont portées devant le juge d'instance qui statue en dernier ressort dans les conditions prévues par le premier alinéa de l'article L. 433-11 *[L. 2324-23 nouv.]* du code du travail. – *[L. n° 66-537 du 24 juill. 1966, art. 97-2.]*

Art. L. 225-29 La durée du mandat d'administrateur élu par les salariés *(L. n° 2013-504 du 14 juin 2013, art. 9-I)* « ou désigné en application de l'article L. 225-27-1 » est déterminée par les statuts, sans pouvoir excéder six ans. Le mandat est renouvelable, sauf stipulation contraire des statuts.

Toute nomination intervenue en violation des articles L. 225-27, *(L. n° 2013-504 du 14 juin 2013, art. 9-I)* « L. 225-27-1, » L. 225-28 et du présent article est nulle. Cette nullité n'entraîne pas celle des délibérations auxquelles a pris part l'administrateur irrégulièrement nommé. – *[L. n° 66-537 du 24 juill. 1966, art. 97-3.]*

Art. L. 225-30 Le mandat d'administrateur élu par les salariés *(L. n° 2013-504 du 14 juin 2013, art. 9-I)* « ou désigné en application de l'article L. 225-27-1 » est incompatible avec tout mandat de délégué syndical, de membre du comité d'entreprise, *(L. n° 2013-504 du 14 juin 2013, art. 9-I)* « de membre du comité de groupe, » de délégué du personnel ou de membre du comité d'hygiène, de sécurité et des conditions de travail de la société. *(L. n° 2013-504 du 14 juin 2013, art. 9-I)* « Il est également incompatible avec tout mandat de membre d'un comité d'entreprise européen, s'il existe, ou, pour les sociétés européennes au sens de l'article L. 2351-1 du code du travail, de membre de l'organe de représentation des salariés mentionné à l'article L. 2352-16 du même code ou de membre d'un comité de la société européenne mentionné à l'article L. 2353-1 dudit code. » L'administrateur qui, lors de son élection *(L. nº 2013-504 du 14 juin 2013, art. 9-I)* « ou de sa désignation en application de l'article L. 225-27-1 du présent code », est titulaire d'un ou de plusieurs de ces mandats doit s'en démettre dans les huit jours. A défaut, il est réputé démissionnaire de son mandat d'administrateur. – *[L. nº 66-537 du 24 juill. 1966, art. 97-4.]*

Art. L. 225-30-1 *(L. nº 2013-504 du 14 juin 2013, art. 9-I)* Les administrateurs élus par les salariés ou désignés en application de l'article L. 225-27-1 disposent du temps nécessaire pour exercer utilement leur mandat, dans les conditions définies par décret en Conseil d'État.

Art. L. 225-30-2 *(L. nº 2013-504 du 14 juin 2013, art. 9-I)* Les administrateurs élus par les salariés ou désignés en application de l'article L. 225-27-1 bénéficient à leur demande d'une formation adaptée à l'exercice de leur mandat, à la charge de la société, dans des conditions définies par décret en Conseil d'État. Ce temps de formation n'est pas imputable sur le crédit d'heures prévu à l'article L. 225-30-1.

Art. L. 225-31 Les administrateurs élus par les salariés *(L. nº 2013-504 du 14 juin 2013, art. 9-I)* « ou désignés en application de l'article L. 225-27-1 » ne perdent pas le bénéfice de leur contrat de travail. Leur rémunération en tant que salariés ne peut être réduite du fait de l'exercice de leur mandat. – *[L. nº 66-537 du 24 juill. 1966, art. 97-5.]*

Art. L. 225-32 La rupture du contrat de travail met fin au mandat de l'administrateur élu par les salariés *(L. nº 2013-504 du 14 juin 2013, art. 9-I)* « ou désigné en application de l'article L. 225-27-1 ».

Les administrateurs élus par les salariés *(L. nº 2013-504 du 14 juin 2013, art. 9-I)* « ou désignés en application de l'article L. 225-27-1 » ne peuvent être révoqués que pour faute dans l'exercice de leur mandat, par décision du président du tribunal de grande instance, rendue en la forme des référés, à la demande de la majorité des membres du conseil d'administration. La décision est exécutoire par provision. – *[L. nº 66-537 du 24 juill. 1966, art. 97-6.]*

Art. L. 225-33 *(Abrogé par L. nº 2013-504 du 14 juin 2013, art. 9-I) **Sauf en cas de résiliation à l'initiative du salarié, la rupture du contrat de travail d'un administrateur élu par les salariés ne peut être prononcée que par le bureau de jugement du conseil des prud'hommes statuant en la forme des référés. La décision est exécutoire par provision.*** – [L. nº 66-537 du 24 juill. 1966, art. 97-7.]

Art. L. 225-34 I. – En cas de vacance, par décès, démission, révocation, rupture du contrat de travail ou pour toute autre cause que ce soit, d'un siège d'administrateur élu par les salariés *(L. nº 2013-504 du 14 juin 2013, art. 9-I)* « ou désigné en application de l'article L. 225-27-1 », le siège vacant est pourvu de la manière suivante :

1º Lorsque l'élection a eu lieu au scrutin majoritaire à deux tours, par le remplaçant ;

2º Lorsque l'élection a eu lieu au scrutin de liste, par le candidat figurant sur la même liste immédiatement après le dernier candidat élu ;

(L. nº 2013-504 du 14 juin 2013, art. 9-I) « 3º Lorsque la désignation a eu lieu selon l'une des modalités prévues aux 2º à 4º du III de l'article L. 225-27-1, par un salarié désigné dans les mêmes conditions. »

II. – Le mandat de l'administrateur ainsi désigné prend fin à l'arrivée du terme normal du mandat des autres administrateurs élus par les salariés *(L. n° 2013-504 du 14 juin 2013, art. 9-I)* « ou désignés en application de l'article L. 225-27-1 ». – *[L. n° 66-537 du 24 juill. 1966, art. 97-8.]*

Art. L. 225-35 *(L. n° 2001-420 du 15 mai 2001)* « Le conseil d'administration détermine les orientations de l'activité de la société et veille à leur mise en œuvre. Sous réserve des pouvoirs expressément attribués aux assemblées d'actionnaires et dans la limite de l'objet social, il se saisit de toute question intéressant la bonne marche de la société et règle par ses délibérations les affaires qui la concernent.

« Dans les rapports avec les tiers, la société est engagée même par les actes du conseil d'administration qui ne relèvent pas de l'objet social, à moins qu'elle ne prouve que le tiers savait que l'acte dépassait cet objet ou qu'il ne pouvait l'ignorer compte tenu des circonstances, étant exclu que la seule publication des statuts suffise à constituer cette preuve.

« Le conseil d'administration procède aux contrôles et vérifications qu'il juge opportuns. » *(L. n° 2003-706 du 1er août 2003)* « Le président ou le directeur général de la société est tenu de communiquer à chaque administrateur tous les documents et informations nécessaires à l'accomplissement de sa mission. »

Les cautions, avals et garanties donnés par des sociétés autres que celles exploitant des établissements bancaires ou financiers font l'objet d'une autorisation du conseil dans les conditions déterminées par décret en Conseil d'État. Ce décret détermine également les conditions dans lesquelles le dépassement de cette autorisation peut être opposé aux tiers. – *[L. n° 66-537 du 24 juill. 1966, art. 98.] – V. art. R. 225-28 et R. 225-29.*

Art. L. 225-36 Le déplacement du siège social dans le même département ou dans un département limitrophe peut être décidé par le conseil d'administration, sous réserve de ratification de cette décision par la prochaine assemblée générale ordinaire. – *[L. n° 66-537 du 24 juill. 1966, art. 99.]*

Art. L. 225-36-1 *(L. n° 2001-420 du 15 mai 2001)* Les statuts de la société déterminent les règles relatives à la convocation et aux délibérations du conseil d'administration.

Lorsqu'il ne s'est pas réuni depuis plus de deux mois, le tiers au moins des membres du conseil d'administration peut demander au président de convoquer celui-ci sur un ordre du jour déterminé.

Le directeur général peut également demander au président de convoquer le conseil d'administration sur un ordre du jour déterminé.

Le président est lié par les demandes qui lui sont adressées en vertu des deux alinéas précédents.

Art. L. 225-37 Le conseil d'administration ne délibère valablement que si la moitié au moins de ses membres sont présents. Toute clause contraire est réputée non écrite.

A moins que les statuts ne prévoient une majorité plus forte, les décisions sont prises à la majorité des membres présents ou représentés.

(L. n° 2005-842 du 26 juill. 2005, art. 5-I) « Sauf lorsque le conseil est réuni pour procéder aux opérations visées aux articles L. 232-1 et L. 233-16 et sauf disposition contraire des statuts, le règlement intérieur peut prévoir que sont réputés présents, pour le calcul du quorum et de la majorité, les administrateurs qui participent à la réunion par des moyens de visioconférence ou de télécommunication permettant leur identification et garantissant leur participation effective, dont la nature et les conditions d'application sont déterminées par décret en Conseil d'État. Les statuts peuvent limiter la nature des décisions pouvant être prises lors d'une réunion tenue

dans ces conditions et prévoir un droit d'opposition au profit d'un nombre déterminé d'administrateurs. » – *V. art. R. 225-21 et R. 225-48.*

Sauf disposition contraire des statuts, la voix du président de séance est prépondérante en cas de partage.

Les administrateurs, ainsi que toute personne appelée à assister aux réunions du conseil d'administration, sont tenus à la discrétion à l'égard des informations présentant un caractère confidentiel et données comme telles par le président du conseil d'administration. – *[L. n° 66-537 du 24 juill. 1966, art. 100.] – V. art. R. 225-19 s.*

(L. n° 2008-649 du 3 juill. 2008, art. 26) « Dans les sociétés *(Ord. n° 2009-80 du 22 janv. 2009, art. 7-VI, en vigueur le 1er avr. 2009)* « dont les titres financiers sont admis aux négociations sur un marché réglementé », le président du conseil d'administration rend compte, dans un rapport joint au rapport mentionné aux articles L. 225-100, L. 225-102, L. 225-102-1 et L. 233-26, de la composition *(L. n° 2011-103 du 27 janv. 2011, art. 1er-VII, en vigueur le 1er janv. 2017)* « du conseil et de l'application du principe de représentation équilibrée des femmes et des hommes en son sein », des conditions de préparation et d'organisation des travaux du conseil, ainsi que des procédures de contrôle interne et de gestion des risques mises en place par la société, en détaillant notamment celles de ces procédures qui sont relatives à l'élaboration et au traitement de l'information comptable et financière pour les comptes sociaux et, le cas échéant, pour les comptes consolidés. Sans préjudice des dispositions de l'article L. 225-56, ce rapport indique en outre les éventuelles limitations que le conseil d'administration apporte aux pouvoirs du directeur général.

« Lorsqu'une société se réfère volontairement à un code de gouvernement d'entreprise élaboré par les organisations représentatives des entreprises, le rapport prévu au présent article précise également les dispositions qui ont été écartées et les raisons pour lesquelles elles l'ont été. Se trouve de surcroît précisé le lieu où ce code peut être consulté. Si une société ne se réfère pas à un tel code de gouvernement d'entreprise, ce rapport indique les règles retenues en complément des exigences requises par la loi et explique les raisons pour lesquelles la société a décidé de n'appliquer aucune disposition de ce code de gouvernement d'entreprise.

« Le rapport prévu au présent article précise aussi les modalités particulières relatives à la participation des actionnaires à l'assemblée générale ou renvoie aux dispositions des statuts qui prévoient ces modalités. – *Sur la publicité de ces informations, pour les sociétés faisant appel public à l'épargne, V. C. mon. fin., art. L. 621-18-3. – **C. mon. fin.** ou **C. sociétés**.*

(Abrogé par Ord. n° 2009-80 du 22 janv. 2009, art. 7-VI, à compter du 1er avr. 2009) « *Dans les sociétés dont les titres sont admis aux négociations sur un marché réglementé,* » *(L. n° 2008-649 du 3 juill. 2008, art. 26)* « Ce rapport présente en outre les principes et les règles arrêtés par le conseil d'administration pour déterminer les rémunérations et avantages de toute nature accordés aux mandataires sociaux et il mentionne la publication des informations prévues par l'article L. 225-100-3.

« Le rapport prévu au présent article est approuvé par le conseil d'administration et est rendu public. »

Art. L. 225-37-1 *(L. n° 2011-103 du 27 janv. 2011, art. 8-I)* Le conseil d'administration délibère annuellement sur la politique de la société en matière d'égalité professionnelle et salariale. Dans les sociétés devant établir le rapport sur la situation *comparée des conditions* générales d'emploi et de formation des femmes et des hommes dans l'entreprise prévu à l'article L. 2323-57 du code du travail et dans celles qui mettent en œuvre un plan pour l'égalité professionnelle entre les femmes et les hommes visé par l'article L. 1143-1 du même code, il délibère sur cette base.

Art. L. 225-38 *(L. n° 2001-420 du 15 mai 2001)* Toute convention intervenant directement ou par personne interposée entre la société et son directeur général, l'un de ses directeurs généraux délégués, l'un de ses administrateurs, l'un de ses actionnaires disposant d'une fraction des droits de vote supérieure à *(L. n° 2003-706 du 1er août 2003)* « 10 % » ou, s'il s'agit d'une société actionnaire, la société la contrôlant au sens de l'article L. 233-3, doit être soumise à l'autorisation préalable du conseil d'administration.

Il en est de même des conventions auxquelles une des personnes visées à l'alinéa précédent est indirectement intéressée.

Sont également soumises à autorisation préalable les conventions intervenant entre la société et une entreprise, si le directeur général, l'un des directeurs généraux délégués ou l'un des administrateurs de la société est propriétaire, associé indéfiniment responsable, gérant, administrateur, membre du conseil de surveillance ou, de façon générale, dirigeant de cette entreprise.

Art. L. 225-39 Les dispositions de l'article L. 225-38 ne sont pas applicables aux conventions portant sur des opérations courantes et conclues à des conditions normales. — *[L. n° 66-537 du 24 juill. 1966, art. 102.] — V. art. R. 225-32.*

Al. 2 abrogé par L. n° 2011-525 du 17 mai 2011, art. 58.

Art. L. 225-40 *(L. n° 2001-420 du 15 mai 2001)* « L'intéressé » est tenu d'informer le conseil, dès qu'il a connaissance d'une convention à laquelle l'article L. 225-38 est applicable. Il ne peut prendre part au vote sur l'autorisation sollicitée.

Le président du conseil d'administration donne avis aux commissaires aux comptes de toutes les conventions autorisées et soumet celles-ci à l'approbation de l'assemblée générale.

Les commissaires aux comptes présentent, sur ces conventions, un rapport spécial à l'assemblée, qui statue sur ce rapport.

L'intéressé ne peut pas prendre part au vote et ses actions ne sont pas prises en compte pour le calcul du quorum et de la majorité. — *[L. n° 66-537 du 24 juill. 1966, art. 103.] — V. art. R. 225-30, R. 225-31 et R. 225-161.*

Art. L. 225-41 Les conventions approuvées par l'assemblée, comme celles qu'elle désapprouve, produisent leurs effets à l'égard des tiers, sauf lorsqu'elles sont annulées dans le cas de fraude.

Même en l'absence de fraude, les conséquences, préjudiciables à la société, des conventions désapprouvées peuvent être mises à la charge *(L. n° 2001-420 du 15 mai 2001)* « de l'intéressé » et, éventuellement, des autres membres du conseil d'administration. — *[L. n° 66-537 du 24 juill. 1966, art. 104.]*

Art. L. 225-42 Sans préjudice de *(L. n° 2001-420 du 15 mai 2001)* « la responsabilité de l'intéressé », les conventions visées à l'article L. 225-38 et conclues sans autorisation préalable du conseil d'administration peuvent être annulées si elles ont eu des conséquences dommageables pour la société.

L'action en nullité se prescrit par trois ans, à compter de la date de la convention. Toutefois, si la convention a été dissimulée, le point de départ du délai de la prescription est reporté au jour où elle a été révélée.

La nullité peut être couverte par un vote de l'assemblée générale intervenant sur rapport spécial des commissaires aux comptes exposant les circonstances en raison desquelles la procédure d'autorisation n'a pas été suivie. Les dispositions du quatrième alinéa de l'article L. 225-40 sont applicables. — *[L. n° 66-537 du 24 juill. 1966, art. 105.]*

Art. L. 225-42-1 *(L. n° 2005-842 du 26 juill. 2005, art. 8-I)* Dans les sociétés dont les titres sont admis aux négociations sur un marché réglementé, les engagements pris au bénéfice de leurs présidents, directeurs généraux ou directeurs généraux délégués, par la société elle-même ou par toute société contrôlée ou qui la contrôle au sens des II et III de l'article L. 233-16, et correspondant à des éléments de rémunération, des indemnités ou des avantages dus ou susceptibles d'être dus à raison de la cessation ou du changement de ces fonctions, ou postérieurement à celles-ci, sont soumis aux dispositions des articles L. 225-38 et L. 225-40 à L. 225-42.

(L. n° 2007-1223 du 21 août 2007, art. 17-I) « Sont interdits les éléments de rémunération, indemnités et avantages dont le bénéfice n'est pas subordonné au respect de conditions liées aux performances du bénéficiaire, appréciées au regard de celles de la société dont il préside le conseil d'administration ou exerce la direction générale ou la direction générale déléguée.

« L'autorisation donnée par le conseil d'administration en application de l'article L. 225-38 est rendue publique selon des modalités et dans des délais fixés par décret en Conseil d'État. – *V. art. R. 225-34-1.*

« La soumission à l'approbation de l'assemblée générale en application de l'article L. 225-40 fait l'objet d'une résolution spécifique pour chaque bénéficiaire. Cette approbation est requise à chaque renouvellement du mandat exercé par les personnes mentionnées au premier alinéa.

« Aucun versement, de quelque nature que ce soit, ne peut intervenir avant que le conseil d'administration ne constate, lors ou après la cessation ou le changement effectif des fonctions, le respect des conditions prévues. Cette décision est rendue publique selon des modalités et dans des délais fixés par décret en Conseil d'État. Tout versement effectué en méconnaissance des dispositions du présent alinéa est nul de plein droit. – *V. art. R. 225-34-1.*

« Les engagements correspondant à des indemnités en contrepartie d'une clause interdisant au bénéficiaire, après la cessation de ses fonctions dans la société, l'exercice d'une activité professionnelle concurrente portant atteinte aux intérêts de la société ne sont soumis qu'aux dispositions du premier alinéa. Il en va de même des engagements de retraite à prestations définies répondant aux caractéristiques des régimes mentionnés à l'article L. 137-11 du code de la sécurité sociale, ainsi que des engagements répondant aux caractéristiques des régimes collectifs et obligatoires de retraite et de prévoyance visés à l'article L. 242-1 du même code. »

Les dispositions issues de la L. n° 2005-842 du 26 juill. 2005 sont applicables aux conventions conclues à compter du 1er mai 2005 (L. préc., art. 8-II).

Les dispositions issues de la L. n° 2007-1223 du 21 août 2007 sont applicables aux engagements mentionnés aux art. L. 225-42-1 et L. 225-90-1 pris à compter de la publication de la loi précitée (JO 22 août). Les engagements en cours à cette date sont mis en conformité avec les dispositions des art. L. 225-42-1 ou L. 225-90-1 au plus tard dix-huit mois après la publication de la loi précitée (JO 22 août). A défaut de mise en conformité au terme de ce délai, l'engagement peut être annulé dans les conditions prévues aux art. L. 225-42 ou L. 225-90. Le délai de prescription de trois ans mentionné au 2e alinéa de ces articles court, en ce cas, à compter de l'expiration du délai de dix-huit mois. Le rapport des commissaires aux comptes mentionné au dernier alinéa des mêmes articles expose les circonstances en raison desquelles la mise en conformité n'a pas été faite (L. préc., art. 17-VI).

Art. L. 225-43 A peine de nullité du contrat, il est interdit aux administrateurs autres que les personnes morales de contracter, sous quelque forme que ce soit, des emprunts auprès de la société, de se faire consentir par elle un découvert, en compte courant ou autrement, ainsi que de faire cautionner ou avaliser par elle leurs engagements envers les tiers.

Toutefois, si la société exploite un établissement bancaire ou financier, cette interdiction ne s'applique pas aux opérations courantes de ce commerce conclues à des conditions normales.

La même interdiction s'applique *(L. n° 2001-420 du 15 mai 2001)* « au directeur général, aux directeurs généraux délégués » et aux représentants permanents des personnes morales administrateurs. Elle s'applique également aux conjoint, ascendants et descendants des personnes visées au présent article ainsi qu'à toute personne interposée.

(Abrogé par L. n° 2009-323 du 25 mars 2009, art. 8-IV) ***« L'interdiction ne s'applique pas aux prêts qui sont consentis par la société en application des dispositions de l'article L. 313-1 du code de la construction et de l'habitation aux administrateurs élus par les salariés. »*** – *[L. n° 66-537 du 24 juill. 1966, art. 106.]*

Art. L. 225-44 **Sous réserve des** *(L. n° 2012-387 du 22 mars 2012, art. 6-III)* **« articles L. 225-21-1, L. 225-22 »** *(L. n° 2013-504 du 14 juin 2013, art. 9-I)* **« , L. 225-23, L. 225-27 et L. 225-27-1 », les administrateurs ne peuvent recevoir de la société aucune rémunération, permanente ou non, autre que celles prévues aux articles L. 225-45, L. 225-46, L. 225-47 et L. 225-53.**

Toute clause statutaire contraire est réputée non écrite et toute décision contraire est nulle. – *[L. n° 66-537 du 24 juill. 1966, art. 107.]*

Art. L. 225-45 **L'assemblée générale peut allouer aux administrateurs en rémunération de leur activité, à titre de jetons de présence, une somme fixe annuelle que cette assemblée détermine sans être liée par des dispositions statutaires ou des décisions antérieures. Le montant de celle-ci est porté aux charges d'exploitation.** *(L. n° 2001-420 du 15 mai 2001)* **« Sa répartition entre les administrateurs est déterminée par le conseil d'administration. »** – *V. art. R. 225-33.*

(L. n° 2011-103 du 27 janv. 2011, art. 1er-VIII, en vigueur le 1er janv. 2017) **« Lorsque le conseil d'administration n'est pas composé conformément au premier alinéa de l'article L. 225-18-1, le versement de la rémunération prévue au premier alinéa du présent article est suspendu. Le versement est rétabli lorsque la composition du conseil d'administration devient régulière, incluant l'arriéré depuis la suspension. »** – *[L. n° 66-537 du 24 juill. 1966, art. 108.]*

V. note ss. art. L. 225-20.

Art. L. 225-46 **Il peut être alloué, par le conseil d'administration, des rémunérations exceptionnelles pour les missions ou mandats confiés à des administrateurs. Dans ce cas, ces rémunérations, portées aux charges d'exploitation sont soumises aux dispositions des articles L. 225-38 à L. 225-42.** – *[L. n° 66-537 du 24 juill. 1966, art. 109.]*

Art. L. 225-47 **Le conseil d'administration élit parmi ses membres un président qui est, à peine de nullité de la nomination, une personne physique. Il détermine sa rémunération.**

Le président est nommé pour une durée qui ne peut excéder celle de son mandat d'administrateur. Il est rééligible.

Le conseil d'administration peut le révoquer à tout moment. Toute disposition contraire est réputée non écrite. – *[L. n° 66-537 du 24 juill. 1966, art. 110.]*

Art. L. 225-48 **Les statuts doivent prévoir pour l'exercice des fonctions de président du conseil d'administration une limite d'âge qui, à défaut d'une disposition expresse, est fixée à soixante-cinq ans.**

Toute nomination intervenue en violation des dispositions prévues à l'alinéa précédent est nulle.

Lorsqu'un président de conseil d'administration atteint la limite d'âge, il est réputé démissionnaire d'office. – *[L. n° 66-537 du 24 juill. 1966, art. 110-1.]*

Art. L. 225-49 *Abrogé par L. n° 2001-420 du 15 mai 2001, art. 110, 2°.*

Art. L. 225-50 **En cas d'empêchement temporaire ou de décès du président, le conseil d'administration peut déléguer un administrateur dans les fonctions de président.**

En cas d'empêchement temporaire, cette délégation est donnée pour une durée limitée. Elle est renouvelable. En cas de décès, elle vaut jusqu'à l'élection du nouveau président. – *[L. n° 66-537 du 24 juill. 1966, art. 112.] – V. art. R. 225-34.*

Art. L. 225-51 *(L. n° 2001-420 du 15 mai 2001)* Le président du conseil d'administration *(Abrogé par L. n° 2003-706 du 1er août 2003)* *« représente le conseil d'administration. Il »* organise et dirige les travaux de celui-ci, dont il rend compte à l'assemblée générale. Il veille au bon fonctionnement des organes de la société et s'assure, en particulier, que les administrateurs sont en mesure de remplir leur mission.

Art. L. 225-51-1 *(L. n° 2001-420 du 15 mai 2001)* La direction générale de la société est assumée, sous sa responsabilité, soit par le président du conseil d'administration, soit par une autre personne physique nommée par le conseil d'administration et portant le titre de directeur général.

Dans les conditions définies par les statuts, le conseil d'administration choisit entre les deux modalités d'exercice de la direction générale visées au premier alinéa. Les actionnaires et les tiers sont informés de ce choix dans des conditions définies par décret en Conseil d'État.

Lorsque la direction générale de la société est assumée par le président du conseil d'administration, les dispositions de la présente sous-section relatives au directeur général lui sont applicables. – *V. art. R. 225-26, R. 225-27, R. 225-93.*

Pour les sociétés anonymes immatriculées au RCS à la date de publication de la L. n° 2001-420 du 15 mai 2001 (JO 16 mai), et celles dont l'immatriculation est faite conformément à la réglementation applicable à Mayotte, en Nouvelle-Calédonie et dans les îles Wallis-et-Futuna à la date de publication de l'Ord. n° 2004-604 du 24 juin 2004 (JO 26 juin), une assemblée générale extraordinaire est convoquée dans un délai de dix-huit mois à compter de cette même date pour procéder à la modification des statuts prévue par le deuxième al. de l'art. L. 225-51-1 C. com. A défaut, tout intéressé peut demander au président du tribunal statuant en référé d'enjoindre au conseil d'administration de procéder à cette convocation. Lorsqu'il est fait droit à la demande, l'astreinte et les frais de procédure sont mis à la charge des administrateurs. — Les sociétés anonymes dont les titres ne sont pas admis sur un marché réglementé et qui étaient immatriculées au RCS avant la date de publication de la présente loi, et celles immatriculées selon la réglementation applicable à Mayotte, en Nouvelle-Calédonie et dans les îles Wallis-et-Futuna avant la publication de l'Ord. n° 2004-604 du 24 juin 2004 peuvent conserver leurs statuts sans délibération particulière de leur assemblée générale, jusqu'à la convocation d'une assemblée générale extraordinaire pour d'autres raisons (L. n° 2001-420 du 15 mai 2001, art. 131-I ; Ord. n° 2004-604 du 24 juin 2004, art. 65-III).

Art. L. 225-52 En cas d'ouverture d'une procédure *(L. n° 2005-845 du 26 juill. 2005, art. 165-II)* « de sauvegarde, » de redressement ou de liquidation judiciaire en application du titre II *[des titres II à IV]* du livre VI, les personnes visées par ces dispositions peuvent être rendues responsables du passif social et sont soumises aux interdictions et déchéances, dans les conditions prévues par lesdites dispositions. – *[L. n° 66-537 du 24 juill. 1966, art. 114.]*

Art. L. 225-53 *(L. n° 2001-420 du 15 mai 2001)* Sur proposition du directeur général, le conseil d'administration peut nommer une ou plusieurs personnes physiques chargées d'assister le directeur général, avec le titre de directeur général délégué.

Les statuts fixent le nombre maximum des directeurs généraux délégués, qui ne peut dépasser cinq.

Le conseil d'administration détermine la rémunération du directeur général et des directeurs généraux délégués.

Les personnes qui, à la date de publication de la L. n° 2001-420 du 15 mai 2001 (JO 16 mai) avaient reçu du conseil d'administration mandat d'assister le président avec le titre de directeur général prennent le titre de directeur général délégué (L. n° 2001-420 du 15 mai 2001, art. 131 (III)).

Art. L. 225-54 Les statuts doivent prévoir pour l'exercice des fonctions de directeur général *(L. n° 2001-420 du 15 mai 2001)* « ou de directeur général délégué » une limite d'âge qui, à défaut d'une disposition expresse, est fixée à soixante-cinq ans.

Toute nomination intervenue en violation des dispositions prévues à l'alinéa précédent est nulle.

Lorsqu'un directeur général *(L. n° 2001-420 du 15 mai 2001)* « ou un directeur général délégué » atteint la limite d'âge, il est réputé démissionnaire d'office. – *[L. n° 66-537 du 24 juill. 1966, art. 115-1.]*

Art. L. 225-54-1 *(L. n° 2001-420 du 15 mai 2001)* Une personne physique ne peut exercer simultanément plus d'un mandat de directeur général de sociétés anonymes ayant leur siège sur le territoire français.

(L. n° 2002-1303 du 29 oct. 2002) « Par dérogation aux dispositions du premier alinéa :

« – un deuxième mandat de directeur général ou un mandat de membre du directoire ou de directeur général unique peut être exercé dans une société contrôlée au sens de l'article L. 233-16 par la société dont il est directeur général ;

« – une personne physique exerçant un mandat de directeur général dans une société peut également exercer un mandat de directeur général, de membre du directoire ou de directeur général unique dans une société, dès lors que les titres de celles-ci ne sont pas admis aux négociations sur un marché réglementé. »

Toute personne physique qui se trouve en infraction avec les dispositions du présent article doit se démettre de l'un de ses mandats dans les trois mois de sa nomination, ou du mandat en cause dans les trois mois de l'événement ayant entraîné la disparition de l'une des conditions fixées à l'alinéa précédent. A l'expiration de ce délai, elle est réputée s'être démise, selon le cas, soit de son nouveau mandat, soit du mandat ne répondant plus aux conditions fixées à l'alinéa précédent, et doit restituer les rémunérations perçues, sans que soit, de ce fait, remise en cause la validité des délibérations auxquelles elle a pris part. – *V. notes ss. art. L. 225-21.*

Art. L. 225-55 *(L. n° 2001-420 du 15 mai 2001)* Le directeur général est révocable à tout moment par le conseil d'administration. Il en est de même, sur proposition du directeur général, des directeurs généraux délégués. Si la révocation est décidée sans juste motif, elle peut donner lieu à dommages-intérêts, sauf lorsque le directeur général assume les fonctions de président du conseil d'administration.

Lorsque le directeur général cesse ou est empêché d'exercer ses fonctions, les directeurs généraux délégués conservent, sauf décision contraire du conseil, leurs fonctions et leurs attributions jusqu'à la nomination du nouveau directeur général.

Art. L. 225-56 *(L. n° 2001-420 du 15 mai 2001)* I. – Le directeur général est investi des pouvoirs les plus étendus pour agir en toute circonstance au nom de la société. Il exerce ces pouvoirs dans la limite de l'objet social et sous réserve de ceux que la loi attribue expressément aux assemblées d'actionnaires et au conseil d'administration.

Il représente la société dans ses rapports avec les tiers. La société est engagée même par les actes du directeur général qui ne relèvent pas de l'objet social, à moins qu'elle ne prouve que le tiers savait que l'acte dépassait cet objet ou qu'il ne pouvait l'ignorer compte tenu des circonstances, étant exclu que la seule publication des statuts suffise à constituer cette preuve.

Les dispositions des statuts ou les décisions du conseil d'administration limitant les pouvoirs du directeur général sont inopposables aux tiers.

II. – En accord avec le directeur général, le conseil d'administration détermine l'étendue et la durée des pouvoirs conférés aux directeurs généraux délégués.

Les directeurs généraux délégués disposent, à l'égard des tiers, des mêmes pouvoirs que le directeur général.

Sur les infractions relatives à la direction et à l'administration des sociétés anonymes, V. art. L. 242-6.

SOUS-SECTION 2 DU DIRECTOIRE ET DU CONSEIL DE SURVEILLANCE

Art. L. 225-57 **Il peut être stipulé par les statuts de toute société anonyme que celle-ci est régie par les dispositions de la présente sous-section. Dans ce cas, la société reste soumise à l'ensemble des règles applicables aux sociétés anonymes, à l'exclusion de celles prévues aux articles L. 225-17 à L. 225-56.**

L'introduction dans les statuts de cette stipulation, ou sa suppression, peut être décidée au cours de l'existence de la société. – *[L. n° 66-537 du 24 juill. 1966, art. 118.]*

Art. L. 225-58 **La société anonyme est dirigée par un directoire composé de cinq membres au plus. Lorsque les actions de la société sont admises aux négociations sur un marché réglementé, ce nombre peut être porté par les statuts à sept.**

Dans les sociétés anonymes dont le capital est inférieur à *(Ord. n° 2000-916 du 19 sept. 2000)* **« 150 000 € », les fonctions dévolues au directoire peuvent être exercées par une seule personne.**

Le directoire exerce ses fonctions sous le contrôle d'un conseil de surveillance. – *[L. n° 66-537 du 24 juill. 1966, art. 119.] – V. art. R. 225-35.*

Art. L. 225-59 **Les membres du directoire sont nommés par le conseil de surveillance qui confère à l'un d'eux la qualité de président.**

Lorsqu'une seule personne exerce les fonctions dévolues au directoire, elle prend le titre de directeur général unique.

A peine de nullité de la nomination, les membres du directoire ou le directeur général unique sont des personnes physiques. Ils peuvent être choisis en dehors des actionnaires. – *[L. n° 66-537 du 24 juill. 1966, art. 120.] – V. art. R. 225-37.*

Art. L. 225-60 **Les statuts doivent prévoir pour l'exercice des fonctions de membre du directoire ou de directeur général unique une limite d'âge qui, à défaut d'une disposition expresse, est fixée à soixante-cinq ans.**

Toute nomination intervenue en violation des dispositions prévues à l'alinéa précédent est nulle.

Lorsqu'un membre du directoire ou le directeur général unique atteint la limite d'âge, il est réputé démissionnaire d'office. – *[L. n° 66-537 du 24 juill. 1966, art. 120-1.]*

Art. L. 225-61 *(L. n° 2001-420 du 15 mai 2001)* **« Les membres du directoire ou le directeur général unique peuvent être révoqués par l'assemblée générale, ainsi que, si les statuts le prévoient, par le conseil de surveillance. » Si la révocation est décidée sans juste motif, elle peut donner lieu à dommages-intérêts.**

Au cas où l'intéressé aurait conclu avec la société un contrat de travail, la révocation de ses fonctions de membre du directoire n'a pas pour effet de résilier ce contrat. – *[L. n° 66-537 du 24 juill. 1966, art. 121.]*

Art. L. 225-62 **Les statuts déterminent la durée du mandat du directoire dans des limites comprises entre deux et six ans. A défaut de disposition statutaire, la durée du mandat est de quatre ans. En cas de vacance, le remplaçant est nommé pour le temps qui reste à courir jusqu'au renouvellement du directoire.** – *[L. n° 66-537 du 24 juill. 1966, art. 122.] – V. art. R. 225-36.*

Art. L. 225-63 L'acte de nomination fixe le mode et le montant de la rémunération de chacun des membres du directoire. – *[L. n° 66-537 du 24 juill. 1966, art. 123.]*

Art. L. 225-64 Le directoire est investi des pouvoirs les plus étendus pour agir en toute circonstance au nom de la société. Il les exerce dans la limite de l'objet social et sous réserve de ceux expressément attribués par la loi au conseil de surveillance et aux assemblées d'actionnaires.

Dans les rapports avec les tiers, la société est engagée même par les actes du directoire qui ne relèvent pas de l'objet social, à moins qu'elle ne prouve que le tiers savait que l'acte dépassait cet objet ou qu'il ne pouvait l'ignorer compte tenu des circonstances, étant exclu que la seule publication des statuts suffise à constituer cette preuve.

Les dispositions des statuts limitant les pouvoirs du directoire sont inopposables aux tiers.

Le directoire délibère et prend ses décisions dans les conditions fixées par les statuts. – *[L. n° 66-537 du 24 juill. 1966, art. 124.] – V. art. R. 225-39 et R. 225-40.*

Art. L. 225-65 Le déplacement du siège social dans le même département ou dans un département limitrophe peut être décidé par le conseil de surveillance, sous réserve de ratification de cette décision par la prochaine assemblée générale ordinaire. – *[L. n° 66-537 du 24 juill. 1966, art. 125.]*

Art. L. 225-66 Le président du directoire ou, le cas échéant, le directeur général unique représente la société dans ses rapports avec les tiers.

Toutefois, les statuts peuvent habiliter le conseil de surveillance à attribuer le même pouvoir de représentation à un ou plusieurs autres membres du directoire, qui portent alors le titre de directeur général.

Les dispositions des statuts limitant le pouvoir de représentation de la société sont inopposables aux tiers. – *[L. n° 66-537 du 24 juill. 1966, art. 126.]*

Art. L. 225-67 *(L. n° 2001-420 du 15 mai 2001)* Une personne physique ne peut exercer plus d'un mandat de membre du directoire ou de directeur général unique de sociétés anonymes ayant leur siège social sur le territoire français.

(L. n° 2002-1303 du 29 oct. 2002) « Par dérogation aux dispositions du premier alinéa :

« – un deuxième mandat de membre du directoire ou de directeur général unique ou un mandat de directeur général peut être exercé dans une société contrôlée au sens de l'article L. 233-16 par la société dont cette personne est membre du directoire ou directeur général unique ;

« – une personne physique exerçant un mandat de membre du directoire ou de directeur général unique dans une société peut également exercer un mandat de directeur général, de membre du directoire ou de directeur général unique dans une société, dès lors que les titres de celles-ci ne sont pas admis aux négociations sur un marché réglementé. »

Toute personne physique qui se trouve en infraction avec les dispositions du présent article doit se démettre de l'un de ses mandats dans les trois mois de sa nomination, ou du mandat en cause dans les trois mois de l'événement ayant entraîné la disparition de l'une des conditions fixées à l'alinéa précédent. A l'expiration de ce délai, elle est réputée s'être démise, selon le cas, soit de son nouveau mandat, soit du mandat ne répondant plus aux conditions fixées à l'alinéa précédent, et doit restituer les rémunérations perçues, sans que soit, de ce fait, remise en cause la validité des délibérations auxquelles elle a pris part. – *V. notes ss art. L 225-21.*

Art. L. 225-68 Le conseil de surveillance exerce le contrôle permanent de la gestion de la société par le directoire.

Les statuts peuvent subordonner à l'autorisation préalable du conseil de surveillance la conclusion des opérations qu'ils énumèrent. Toutefois, la cession d'immeubles par nature, la cession totale ou partielle de participations, la constitution de sûretés, ainsi que les cautions, avals et garanties, sauf dans les sociétés exploitant un établissement bancaire ou financier, font l'objet d'une autorisation du conseil de surveillance dans des conditions déterminées par décret en Conseil d'État. Ce décret détermine également les conditions dans lesquelles le dépassement de cette autorisation peut être opposé aux tiers. – *V. art. R. 225-40, R. 225-52 à R. 225-55.*

A toute époque de l'année, le conseil de surveillance opère les vérifications et les contrôles qu'il juge opportuns et peut se faire communiquer les documents qu'il estime *(L. n° 2005-842 du 26 juill. 2005, art. 11-II)* « nécessaires » à l'accomplissement de sa mission.

Une fois par trimestre au moins le directoire présente un rapport au conseil de surveillance.

Après la clôture de chaque exercice et dans le délai fixé par décret en Conseil d'État, le directoire lui présente, aux fins de vérification et de contrôle, les documents visés au deuxième alinéa de l'article L. 225-100.

Le conseil de surveillance présente à l'assemblée générale prévue à l'article L. 225-100 ses observations sur le rapport du directoire ainsi que sur les comptes de l'exercice. – *[L. n° 66-537 du 24 juill. 1966, art. 128.]*

(L. n° 2008-649 du 3 juill. 2008, art. 27) « Dans les sociétés *(Ord. n° 2009-80 du 22 janv. 2009, art. 7-VII, en vigueur le 1er avr. 2009)* « dont les titres financiers sont admis aux négociations sur un marché réglementé », le président du conseil de surveillance rend compte, dans un rapport joint au rapport mentionné à l'alinéa précédent et aux articles L. 225-102, L. 225-102-1 et L. 233-26, de la composition *(L. n° 2011-103 du 27 janv. 2011, art. 2-I)* « du conseil et de l'application du principe de représentation équilibrée des femmes et des hommes en son sein », des conditions de préparation et d'organisation des travaux du conseil, ainsi que des procédures de contrôle interne et de gestion des risques mises en place par la société, en détaillant notamment celles de ces procédures qui sont relatives à l'élaboration et au traitement de l'information comptable et financière pour les comptes sociaux et, le cas échéant, pour les comptes consolidés.

« Lorsqu'une société se réfère volontairement à un code de gouvernement d'entreprise élaboré par les organisations représentatives des entreprises, le rapport prévu au septième alinéa du présent article précise également les dispositions qui ont été écartées et les raisons pour lesquelles elles l'ont été. Se trouve de surcroît précisé le lieu où ce code peut être consulté. Si une société ne se réfère pas à un tel code de gouvernement d'entreprise, ce rapport indique les règles retenues en complément des exigences requises par la loi et explique les raisons pour lesquelles la société a décidé de n'appliquer aucune disposition de ce code de gouvernement d'entreprise.

« Le rapport prévu au septième alinéa précise aussi les modalités particulières relatives à la participation des actionnaires à l'assemblée générale ou renvoie aux dispositions des statuts qui prévoient ces modalités.

(Abrogé par Ord. n° 2009-80 du 22 janv. 2009, art. 7-VII, à compter du 1er avr. 2009) ***« Dans les sociétés dont les titres sont admis aux négociations sur un marché réglementé, »*** *(L. n° 2008-649 du 3 juill. 2008, art. 26)* « Ce rapport présente en outre les principes et les règles arrêtés par le conseil de surveillance pour déterminer les rémunérations et avantages de toute nature accordés aux mandataires sociaux et il mentionne la publication des informations prévues par l'article L. 225-100-3.

« Le rapport prévu au septième alinéa du présent article est approuvé par le conseil de surveillance et est rendu public. » – *Sur la publicité de ces informations, pour les sociétés dont les titres financiers sont admis aux négociations sur un marché réglementé, V. C. mon. fin., art. L. 621-18-3.–* ***C. mon. fin.*** *ou* ***C. sociétés.***

Art. L. 225-69 Le conseil de surveillance est composé de trois membres au moins. Les statuts fixent le nombre maximum des membres du conseil, qui est limité à *(L. nº 2001-420 du 15 mai 2001)* « dix-huit ». — *V. art. L. 225-95.*

(L. nº 2011-103 du 27 janv. 2011, art. 2-II) « Le conseil de surveillance est composé en recherchant une représentation équilibrée des femmes et des hommes. » — *[L. nº 66-537 du 24 juill. 1966, art. 129.]*

Les conseils de surveillance disposent d'un délai de trois ans à compter de la publication de la L. nº 2001-420 du 15 mai 2001 (JO 16 mai) pour se mettre en conformité avec les art. L. 225-69 (...) dans leur rédaction issue de ladite loi (L. nº 2001-420 du 15 mai 2001, art. 129).

Art. L. 225-69-1 *(L. nº 2011-103 du 27 janv. 2011, art. 2-III, en vigueur le 1er janv. 2017)* La proportion des membres du conseil de surveillance de chaque sexe ne peut être inférieure à 40 % dans les sociétés dont les actions sont admises aux négociations sur un marché réglementé et, à l'issue de la plus prochaine assemblée générale ayant à statuer sur des nominations, dans les sociétés qui, pour le troisième exercice consécutif, emploient un nombre moyen d'au moins cinq cents salariés permanents et présentent un montant net de chiffre d'affaires ou un total de bilan d'au moins 50 millions d'euros. Dans ces mêmes sociétés, lorsque le conseil de surveillance est composé au plus de huit membres, l'écart entre le nombre des membres de chaque sexe ne peut être supérieur à deux.

Toute nomination intervenue en violation du premier alinéa et n'ayant pas pour effet de remédier à l'irrégularité de la composition du conseil est nulle. Cette nullité n'entraîne pas celle des délibérations auxquelles a pris part le membre du conseil irrégulièrement nommé.

La conformité de la composition des conseils de surveillance des sociétés concernées est appréciée à l'issue de la première assemblée générale ordinaire qui suit le 1er janv. 2017. Le troisième exercice consécutif prévu au 1er al. de l'art. L. 225-69-1 s'entend à compter du 1er janv. 2017 (L. nº 2011-103 du 27 janv. 2011, art. 5-I).

Art. L. 225-70 Les statuts doivent prévoir pour l'exercice des fonctions de membre du conseil de surveillance une limite d'âge s'appliquant soit à l'ensemble des membres du conseil de surveillance, soit à un pourcentage déterminé d'entre eux.

A défaut de disposition expresse dans les statuts, le nombre des membres du conseil de surveillance ayant atteint l'âge de soixante-dix ans ne peut être supérieur au tiers des membres du conseil de surveillance en fonctions.

Toute nomination intervenue en violation des dispositions prévues à l'alinéa précédent est nulle.

A défaut de disposition expresse dans les statuts prévoyant une autre procédure, lorsque la limitation statutaire ou légale fixée pour l'âge des membres du conseil de surveillance est dépassée, le membre du conseil de surveillance le plus âgé est réputé démissionnaire d'office. — *[L. nº 66-537 du 24 juill. 1966, art. 129-1.]*

Art. L. 225-71 *(L. nº 2006-1770 du 30 déc. 2006, art. 32-I)* « Dans les sociétés dont les titres sont admis aux négociations sur un marché réglementé, » *(L. nº 2002-73 du 17 janv. 2002)* « lorsque le rapport présenté par le directoire lors de l'assemblée générale en application de l'article L. 225-102 établit que les actions détenues par le personnel de la société ainsi que par le personnel de sociétés qui lui sont liées au sens de l'article L. 225-180 représentent plus de 3 % du capital social de la société, un ou plusieurs membres du conseil de surveillance *(L. nº 2006-1770 du 30 déc. 2006, art. 32-I)* « sont élus » par l'assemblée générale des actionnaires sur proposition des actionnaires visés à l'article L. 225-102. *(L. nº 2006-1770 du 30 déc. 2006, art. 32-I)* « Ceux-ci se prononcent par un vote dans des conditions fixées par les statuts. » Ces membres *(L. nº 2006-1770 du 30 déc. 2006, art. 32-I)* « sont élus » parmi les salariés actionnaires ou, le cas échéant, parmi les salariés membres du conseil de surveillance d'un fonds commun de placement d'entreprise détenant des actions de la société. Ces membres ne sont pas pris en compte pour la détermination du nombre minimal et du nombre maximal de membres du conseil de surveillance prévus à l'article L. 225-69 ». *(L. n° 2006-1770 du 30 déc. 2006, art. 32-I)* « La durée de leur mandat est déterminée par application de l'article L. 225-18. Toutefois, leur mandat prend fin par l'arrivée du terme ou la rupture, pour quelque cause que ce soit, de leur contrat de travail. »

(L. n° 2001-152 du 19 févr. 2001) « Si l'assemblée générale extraordinaire ne s'est pas réunie dans un délai de dix-huit mois à compter de la présentation du rapport, tout salarié actionnaire peut demander au président du tribunal statuant en référé d'enjoindre sous astreinte au directoire de convoquer une assemblée générale extraordinaire et de soumettre à celle-ci les projets de résolutions tendant à modifier les statuts dans le sens prévu à l'alinéa précédent et au dernier alinéa du présent article.

« Lorsqu'il est fait droit à la demande, l'astreinte et les frais de procédure sont à la charge des membres du directoire. »

Les sociétés dont le conseil de surveillance comprend un ou plusieurs membres nommés parmi les membres des conseils de surveillance des fonds communs de placement d'entreprise représentant les salariés, ou un ou plusieurs salariés élus en application des dispositions de l'article L. 225-79, ne sont pas tenues aux obligations prévues *(L. n° 2001-152 du 19 févr. 2001)* « au premier alinéa.

« Lorsque l'assemblée générale extraordinaire est convoquée en application du premier alinéa, elle se prononce également sur un projet de résolution prévoyant l'élection d'un ou plusieurs membres du conseil de surveillance par le personnel de la société et des filiales directes ou indirectes dont le siège social est fixé en France. Le cas échéant, ces représentants sont désignés dans les conditions prévues à l'article L. 225-79. »

Dernier al. *abrogé par L. n° 2002-73 du 17 janv. 2002, art. 217, 4°.*

V. note ss. art. L. 225-23.

Art. L. 225-72 *(L. n° 2008-776 du 4 août 2008, art. 57-II, en vigueur le 1er janv. 2009)* « Les statuts peuvent imposer que chaque membre du conseil de surveillance soit propriétaire d'un nombre d'actions de la société, qu'ils déterminent. » *(Abrogé par L. n° 2001-420 du 15 mai 2001)* ***« Ce nombre ne peut être inférieur à celui exigé par les statuts pour ouvrir aux actionnaires le droit d'assister à l'assemblée générale ordinaire. »***

Si, au jour de sa nomination, un membre du conseil de surveillance n'est pas propriétaire du nombre d'actions requis ou si, en cours de mandat, il cesse d'en être propriétaire, il est réputé démissionnaire d'office, s'il n'a pas régularisé sa situation dans le délai de *(L. n° 2008-776 du 4 août 2008, art. 57-II, en vigueur le 1er janv. 2009)* « six » mois.

(L. n° 2001-420 du 15 mai 2001) « Les dispositions du premier alinéa ne s'appliquent pas aux actionnaires salariés nommés membres du conseil de surveillance en application de l'article L. 225-71 » *(L. n° 2013-504 du 14 juin 2013, art. 9-II)* « , ni aux salariés nommés membres du conseil de surveillance en application des articles L. 225-79 et L. 225-79-2 ».

Sont applicables en Nouvelle-Calédonie et dans les îles Wallis-et-Futuna les adjonctions et modifications apportées à l'art. L. 225-72 par la L. n° 2008-776 du 4 août 2008 (Ord. n° 2009-896 du 24 juill. 2009, art. 2).

Art. L. 225-73 Les commissaires aux comptes veillent, sous leur responsabilité, à l'observation des dispositions prévues à l'article L. 225-72 et en dénoncent toute violation dans leur rapport à l'assemblée générale annuelle. – *[L. n° 66-537 du 24 juill. 1966, art. 132.]*

Art. L. 225-74 Aucun membre du conseil de surveillance ne peut faire partie du directoire. – *[L. n° 66-537 du 24 juill. 1966, art. 133.] – V. art. R. 225-37.*

Art. L. 225-75 Les membres du conseil de surveillance sont nommés par l'assemblée générale constitutive ou par l'assemblée générale ordinaire. Dans le cas prévu à l'article L. 225-16, ils sont désignés dans les statuts. La durée de leurs fonctions est déterminée par les statuts, sans pouvoir excéder six ans *(Abrogé par L. n° 2012-387 du 22 mars 2012, art. 6-I)* ***« en cas de nomination par les assemblées générales et trois ans en cas de nomination dans les statuts »***. Toutefois, en cas de fusion ou de scission, la nomination peut être faite par l'assemblée générale extraordinaire.

Ils sont rééligibles, sauf stipulation contraire des statuts. Ils peuvent être révoqués à tout moment par l'assemblée générale ordinaire.

Toute nomination intervenue en violation des dispositions précédentes est nulle à l'exception de celles auxquelles il peut être procédé dans les conditions prévues à l'article L. 225-78. – *[L. n° 66-537 du 24 juill. 1966, art. 134.]*

Art. L. 225-76 Une personne morale peut être nommée au conseil de surveillance. Lors de sa nomination, elle est tenue de désigner un représentant permanent qui est soumis aux mêmes conditions et obligations et qui encourt les mêmes responsabilités civile et pénale que s'il était membre du conseil en son nom propre, sans préjudice de la responsabilité solidaire de la personne morale qu'il représente.

(L. n° 2011-103 du 27 janv. 2011, art. 2-IV, en vigueur le 1er janv. 2017) « Le représentant permanent est pris en compte pour apprécier la conformité de la composition du conseil de surveillance au premier alinéa de l'article L. 225-69-1. Toute désignation intervenue en violation de cet alinéa et n'ayant pas pour effet de remédier à l'irrégularité de la composition du conseil est nulle. Cette nullité n'entraîne pas celle des délibérations auxquelles a pris part le représentant permanent irrégulièrement désigné. »

Lorsque la personne morale révoque son représentant, elle est tenue de pourvoir en même temps à son remplacement. – *[L. n° 66-537 du 24 juill. 1966, art. 135.] – V. art. R. 225-42 et R. 225-43.*

La conformité de la composition des conseils de surveillance des sociétés concernées est appréciée à l'issue de la première assemblée générale ordinaire qui suit le 1er janv. 2017 (L. n° 2011-103 du 27 janv. 2011, art. 5-I).

Art. L. 225-77 *(L. n° 2001-420 du 15 mai 2001)* Une personne physique ne peut exercer simultanément plus de cinq mandats de membre de conseil de surveillance de sociétés anonymes ayant leur siège social sur le territoire français.

(L. n° 2002-1303 du 29 oct. 2002) « Par dérogation aux dispositions du premier alinéa, ne sont pas pris en compte les mandats de membre du conseil de surveillance ou d'administrateur exercés par cette personne dans les sociétés contrôlées au sens de l'article L. 233-16 par la société dont elle est déjà membre du conseil de surveillance.

« Pour l'application des dispositions du présent article, les mandats de membre du conseil de surveillance des sociétés dont les titres ne sont pas admis aux négociations sur un marché réglementé et contrôlées au sens de l'article L. 233-16 par une même société ne comptent que pour un seul mandat, sous réserve que le nombre de mandats détenus à ce titre n'excède pas cinq. »

Toute personne physique qui se trouve en infraction avec les dispositions du présent article doit se démettre de l'un de ses mandats dans les trois mois de sa nomination, ou du mandat en cause dans les trois mois de l'événement ayant entraîné la disparition de l'une des conditions fixées à l'alinéa précédent. A l'expiration de ce délai, elle est réputée s'être démise, selon le cas, soit de son nouveau mandat, soit du mandat ne répondant plus aux conditions fixées à l'alinéa précédent, et doit restituer les rémunérations perçues, sans que soit, de ce fait, remise en cause la validité des délibérations auxquelles elle a pris part. – *V. notes ss. art. L. 225-21.*

Art. L. 225-78 En cas de vacance par décès ou par démission d'un ou plusieurs sièges de membre du conseil de surveillance, ce conseil peut, entre deux assemblées générales, procéder à des nominations à titre provisoire.

Lorsque le nombre des membres du conseil de surveillance est devenu inférieur au minimum légal, le directoire doit convoquer immédiatement l'assemblée générale ordinaire en vue de compléter l'effectif du conseil de surveillance.

Lorsque le nombre des membres du conseil de surveillance est devenu inférieur au minimum statutaire sans toutefois être inférieur au minimum légal, le conseil de surveillance doit procéder à des nominations à titre provisoire en vue de compléter son effectif dans le délai de trois mois à compter du jour où se produit la vacance.

(L. nº 2011-103 du 27 janv. 2011, art. 2-V, en vigueur le 1er janv. 2017) « Lorsque sa composition n'est plus conforme au premier alinéa de l'article L. 225-69-1, le conseil de surveillance doit procéder à des nominations à titre provisoire afin d'y remédier dans le délai de six mois à compter du jour où se produit la vacance. »

Les nominations effectuées par le conseil, en vertu des premier *(L. nº 2011-103 du 27 janv. 2011, art. 2-V, en vigueur le 1er janv. 2017)* « , troisième et quatrième » alinéas ci-dessus, sont soumises à ratification de la prochaine assemblée générale ordinaire. A défaut de ratification, les délibérations prises et les actes accomplis antérieurement par le conseil n'en demeurent pas moins valables.

Lorsque le conseil néglige de procéder aux nominations requises ou si l'assemblée n'est pas convoquée, tout intéressé peut demander en justice la désignation d'un mandataire chargé de convoquer l'assemblée générale, à l'effet de procéder aux nominations ou de ratifier les nominations prévues au troisième alinéa. – *[L. nº 66-537 du 24 juill. 1966, art. 137.] – V. art. R. 225-44.*

V. note ss. art. L. 225-76.

Art. L. 225-79 Il peut être stipulé dans les statuts que le conseil de surveillance comprend, outre les membres dont le nombre et le mode de désignation sont prévus aux articles L. 225-69 et L. 225-75, des membres élus soit par le personnel de la société, soit par le personnel de la société et celui de ses filiales directes ou indirectes dont le siège social est fixé sur le territoire français.

Le nombre des membres du conseil de surveillance élus par les salariés ne peut être supérieur à quatre ni excéder le tiers du nombre des autres membres. Lorsque le nombre des membres élus par les salariés est égal ou supérieur à deux, les ingénieurs, cadres et assimilés ont un siège au moins.

Les membres du conseil de surveillance élus par les salariés ne sont pas pris en compte pour la détermination du nombre minimal et du nombre maximal de membres prévus à l'article L. 225-69 *(L. nº 2011-103 du 27 janv. 2011, art. 2-VI, en vigueur le 1er janv. 2017)* « , ni pour l'application du premier alinéa de l'article L. 225-69-1 ». – *[L. nº 66-537 du 24 juill. 1966, art. 137-1.]*

Art. L. 225-79-1 *(L. nº 2005-842 du 26 juill. 2005, art. 8-I)* Dans les sociétés dont les titres sont admis aux négociations sur un marché réglementé, en cas de nomination aux fonctions de membre du directoire d'une personne liée par un contrat de travail à la société ou à toute société contrôlée ou qui la contrôle au sens des II et III de l'article L. 233-16, les dispositions dudit contrat correspondant, le cas échéant, à des éléments de rémunération, des indemnités ou des avantages dus ou susceptibles d'être dus à raison de la cessation ou du changement de ces fonctions, ou postérieurement à celles-ci, sont soumises *(L. nº 2007-1223 du 21 août 2007, art. 17-IV)* « au régime prévu par l'article L. 225-90-1 ».

Ces dispositions sont applicables aux conventions conclues à compter du 1er mai 2005 (L. nº 2005-842 du 26 juill. 2005, art. 8-II).

V. aussi la 2e note rédactionnelle ss. l'art. L. 225-42-1.

Art. L. 225-79-2 *(L. nº 2013-504 du 14 juin 2013, art. 9-II)* **I. — Dans les sociétés qui emploient, à la clôture de deux exercices consécutifs, au moins cinq mille salariés permanents dans la société et ses filiales, directes ou indirectes, dont le siège social est fixé sur le territoire français, ou au moins dix mille salariés permanents dans la société et ses filiales, directes ou indirectes, dont le siège social est fixé sur le territoire français et à l'étranger, et qui ont pour obligation de mettre en place un comité d'entreprise en application de l'article L. 2322-1 du code du travail, il est stipulé dans les statuts que le conseil de surveillance comprend, outre les membres dont le nombre et le mode de désignation sont prévus aux articles L. 225-69 et L. 225-75 du présent code, des membres représentant les salariés.**

Une société n'est pas soumise à l'obligation prévue au premier alinéa du présent I dès lors qu'elle est la filiale, directe ou indirecte, d'une société elle-même soumise à cette obligation.

II. — Le nombre des membres du conseil de surveillance représentant les salariés est au moins égal à deux dans les sociétés dont le nombre de membres désignés selon les modalités mentionnées à l'article L. 225-75 est supérieur à douze et au moins à un s'il est égal ou inférieur à douze.

Les membres du conseil de surveillance représentant les salariés ne sont pris en compte ni pour la détermination du nombre minimal et du nombre maximal des membres du conseil de surveillance prévus à l'article L. 225-69, ni pour l'application du premier alinéa de l'article L. 225-69-1.

III. — Dans les six mois suivant la clôture du second des deux exercices mentionnés au I, après avis, selon le cas, du comité de groupe, du comité central d'entreprise ou du comité d'entreprise, l'assemblée générale extraordinaire procède à la modification des statuts pour déterminer les conditions dans lesquelles sont désignés les membres du conseil de surveillance représentant les salariés, selon l'une des modalités suivantes :

1° L'organisation d'une élection auprès des salariés de la société et de ses filiales, directes ou indirectes, dont le siège social est fixé sur le territoire français dans les conditions fixées à l'article L. 225-28 ;

2° La désignation, selon le cas, par le comité de groupe prévu à l'article L. 2331-1 du code du travail, le comité central d'entreprise ou le comité d'entreprise de la société mentionnée au I du présent article ;

3° La désignation par l'organisation syndicale ayant obtenu le plus de suffrages au premier tour des élections mentionnées aux articles L. 2122-1 et L. 2122-4 du code du travail dans la société et ses filiales, directes ou indirectes, dont le siège social est fixé sur le territoire français lorsqu'un seul membre est à désigner, ou par chacune des deux organisations syndicales ayant obtenu le plus de suffrages au premier tour de ces élections lorsque deux membres sont à désigner ;

4° Lorsqu'au moins deux membres sont à désigner, la désignation de l'un des membres selon l'une des modalités fixées aux 1° à 3° et de l'autre par le comité d'entreprise européen, s'il existe, ou, pour les sociétés européennes au sens de l'article L. 2351-1 du code du travail, par l'organe de représentation des salariés mentionné à l'article L. 2352-16 du même code ou, à défaut, par le comité de la société européenne mentionné à l'article L. 2353-1 dudit code.

L'élection ou la désignation des membres du conseil de surveillance représentant les salariés intervient dans les six mois suivant la modification des statuts prévue au premier alinéa du présent III.

IV. — Si l'assemblée générale extraordinaire ne s'est pas réunie dans le délai prévu au premier alinéa du III, tout salarié peut demander au président du tribunal sta-

tuant en référé d'enjoindre sous astreinte au directoire de convoquer une assemblée générale extraordinaire et de soumettre à celle-ci les projets de résolutions *[résolution]* tendant à modifier les statuts dans le sens prévu au même III.

A défaut de modification des statuts à l'issue du délai prévu au premier alinéa dudit III, les membres du conseil de surveillance représentant les salariés sont désignés par la voie de l'élection mentionnée au 1° du III dans les six mois suivant l'expiration du même délai. Tout salarié peut demander au président du tribunal statuant en référé d'enjoindre sous astreinte à la société d'organiser l'élection.

V. – Les sociétés répondant aux critères fixés au I du présent article et dont le conseil de surveillance comprend un ou plusieurs membres désignés en application de l'article L. 225-79 du présent code, de l'article 5 de la loi n° 83-675 du 26 juillet 1983 relative à la démocratisation du secteur public ou de l'article 8-1 de la loi n° 86-912 du 6 août 1986 relative aux modalités des privatisations, ainsi que leurs filiales directes ou indirectes, ne sont pas soumises à l'obligation prévue aux I à III du présent article dès lors que le nombre de ces administrateurs est au moins égal au nombre prévu au II.

Lorsque le nombre de ces membres est inférieur au nombre prévu au II, les I à IV sont applicables à l'expiration du mandat en cours des membres du conseil de surveillance représentant les salariés.

V. note ss. art. L. 225-27-1.

Art. L. 225-80 Les conditions relatives à l'éligibilité, à l'électorat, à la composition des collèges, aux modalités du scrutin, aux contestations, à la durée et aux conditions d'exercice du mandat, à la révocation, à la protection du contrat de travail et au remplacement des membres du conseil de surveillance élus par les salariés *(L. n° 2013-504 du 14 juin 2013, art. 9-II)* « ou désignés en application de l'article L. 225-79-2 » sont fixées selon les règles définies aux articles L. 225-28 à L. 225-34. – *[L. n° 66-537 du 24 juill. 1966, art. 137-2.]*

Art. L. 225-81 Le conseil de surveillance élit en son sein un président et un vice-président qui sont chargés de convoquer le conseil et d'en diriger les débats. Il détermine, s'il l'entend, leur rémunération.

A peine de nullité de leur nomination, le président et le vice-président du conseil de surveillance sont des personnes physiques. Ils exercent leurs fonctions pendant la durée du mandat du conseil de surveillance. – *[L. n° 66-537 du 24 juill. 1966, art. 138.]*

Art. L. 225-82 Le conseil de surveillance ne délibère valablement que si la moitié au moins de ses membres sont présents.

A moins que les statuts ne prévoient une majorité plus forte, les décisions sont prises à la majorité des membres présents ou représentés.

(L. n° 2005-842 du 26 juill. 2005, art. 5-II) « Sauf lorsque le conseil est réuni pour procéder aux opérations visées au cinquième alinéa de l'article L. 225-68 et sauf disposition contraire des statuts, le règlement intérieur peut prévoir que sont réputés présents, pour le calcul du quorum et de la majorité, des membres du conseil de surveillance qui participent à la réunion par des moyens de visioconférence ou de télécommunication permettant leur identification et garantissant leur participation effective, dont la nature et les conditions d'application sont déterminées par décret en Conseil d'État. Les statuts peuvent limiter la nature des décisions pouvant être prises lors d'une réunion tenue dans ces conditions et prévoir un droit d'opposition au profit d'un nombre déterminé de membres du conseil de surveillance. » – *V. art. R. 225-48.*

Sauf disposition contraire des statuts, la voix du président de séance est prépondérante en cas de partage. – *[L. n° 66-537 du 24 juill. 1966, art. 139.] – V. art. R. 225-45 à R. 225-52.*

Art. L. 225-82-1 *(L. nº 2011-103 du 27 janv. 2011, art. 8-II)* Le conseil de surveillance délibère annuellement sur la politique de la société en matière d'égalité professionnelle et salariale. Dans les sociétés devant établir le rapport sur la situation comparée des conditions générales d'emploi et de formation des femmes et des hommes dans l'entreprise prévu à l'article L. 2323-57 du code du travail et dans celles qui mettent en œuvre un plan pour l'égalité professionnelle entre les femmes et les hommes visé par l'article L. 1143-1 du même code, il délibère sur cette base.

Art. L. 225-83 L'assemblée générale peut allouer aux membres du conseil de surveillance, en rémunération de leur activité, à titre de jetons de présence, une somme fixe annuelle que cette assemblée détermine sans être liée par des dispositions statutaires ou des décisions antérieures. Le montant de celle-ci est porté aux charges d'exploitation. *(L. nº 2001-420 du 15 mai 2001)* « Sa répartition entre les membres du conseil de surveillance est déterminée par ce dernier. » – *V. art. R. 225-60.*

(L. nº 2011-103 du 27 janv. 2011, art. 2-VII, en vigueur le 1er janv. 2017) « Lorsque le conseil de surveillance n'est pas composé conformément au premier alinéa de l'article L. 225-69-1, le versement de la rémunération prévue au premier alinéa du présent article est suspendu. Le versement est rétabli lorsque la composition du conseil de surveillance devient régulière, incluant l'arriéré depuis la suspension. » – *[L. nº 66-537 du 24 juill. 1966, art. 140.]*

V. note ss. art. L. 225-76.

Art. L. 225-84 Il peut être alloué, par le conseil de surveillance, des rémunérations exceptionnelles pour les missions ou mandats confiés à des membres de ce conseil. Dans ce cas, ces rémunérations, portées aux charges d'exploitation, sont soumises aux dispositions des articles L. 225-86 à L. 225-90. – *[L. nº 66-537 du 24 juill. 1966, art. 141.]*

Art. L. 225-85 Les membres du conseil de surveillance ne peuvent recevoir de la société aucune rémunération, permanente ou non, autre que celles qui sont prévues aux articles L. 225-81, L. 225-83 et L. 225-84 et, le cas échéant, celles dues au titre d'un contrat de travail correspondant à un emploi effectif.

Le nombre des membres du conseil de surveillance liés à la société par un contrat de travail ne peut dépasser le tiers des membres en fonctions. Toutefois, les membres du conseil de surveillance élus conformément aux articles L. 225-79 et L. 225-80 et ceux nommés conformément aux dispositions de l'article L. 225-71 ne sont pas comptés pour la détermination de ce nombre.

Toute clause statutaire contraire est réputée non écrite et toute décision contraire est nulle. – *[L. nº 66-537 du 24 juill. 1966, art. 142.]*

Art. L. 225-86 *(L. nº 2001-420 du 15 mai 2001)* Toute convention intervenant directement ou par personne interposée entre la société et l'un des membres du directoire ou du conseil de surveillance, un actionnaire disposant d'une fraction des droits de vote supérieure à *(L. nº 2003-706 du 1er août 2003)* « 10 % » ou, s'il s'agit d'une société actionnaire, la société la contrôlant au sens de l'article L. 233-3 doit être soumise à l'autorisation préalable du conseil de surveillance.

Il en est de même des conventions auxquelles une des personnes visées à l'alinéa précédent est indirectement intéressée.

Sont également soumises à autorisation préalable les conventions intervenant entre la société et une entreprise, si l'un des membres du directoire ou du conseil de surveillance de la société est propriétaire, associé indéfiniment responsable, gérant, administrateur, membre du conseil de surveillance ou, de façon générale, dirigeant de cette entreprise.

Art. L. 225-87 Les dispositions de l'article L. 225-86 ne sont pas applicables aux conventions portant sur des opérations courantes et conclues à des conditions normales. – *[L. nº 66-537 du 24 juill. 1966, art. 144.] – V. art. R. 225-59.*

Al. 2 abrogé par L. nº 2011-525 du 17 mai 2011, art. 58.

Art. L. 225-88 *(L. nº 2001-420 du 15 mai 2001)* « L'intéressé » est tenu d'informer le conseil de surveillance dès qu'il a connaissance d'une convention à laquelle l'article L. 225-86 est applicable. S'il siège au conseil de surveillance, il ne peut prendre part au vote sur l'autorisation sollicitée.

Le président du conseil de surveillance donne avis aux commissaires aux comptes de toutes les conventions autorisées et soumet celles-ci à l'approbation de l'assemblée générale.

Les commissaires aux comptes présentent, sur ces conventions, un rapport spécial à l'assemblée, qui statue sur ce rapport.

L'intéressé ne peut pas prendre part au vote et ses actions ne sont pas prises en compte pour le calcul du quorum et de la majorité. – *[L. nº 66-537 du 24 juill. 1966, art. 145.] – V. art. R. 225-58 et R. 225-161.*

Art. L. 225-89 Les conventions approuvées par l'assemblée, comme celles qu'elle désapprouve, produisent leurs effets à l'égard des tiers, sauf lorsqu'elles sont annulées dans le cas de fraude.

Même en l'absence de fraude, les conséquences, préjudiciables à la société, des conventions désapprouvées peuvent être mises à la charge *(L. nº 2001-420 du 15 mai 2001)* « de l'intéressé » et, éventuellement, des autres membres du directoire. – *[L. nº 66-537 du 24 juill. 1966, art. 146.]*

Art. L. 225-90 Sans préjudice de la responsabilité de l'intéressé, les conventions visées à l'article L. 225-86 et conclues sans autorisation préalable du conseil de surveillance peuvent être annulées si elles ont eu des conséquences dommageables pour la société.

L'action en nullité se prescrit par trois ans à compter de la date de la convention. Toutefois, si la convention a été dissimulée, le point de départ du délai de prescription est reporté au jour où elle a été révélée.

La nullité peut être couverte par un vote de l'assemblée générale intervenant sur rapport spécial des commissaires aux comptes exposant les circonstances en raison desquelles la procédure d'autorisation n'a pas été suivie. Le quatrième alinéa de l'article L. 225-88 est applicable. – *[L. nº 66-537 du 24 juill. 1966, art. 147.]*

Art. L. 225-90-1 *(L. nº 2005-842 du 26 juill. 2005, art. 8-I)* Dans les sociétés dont les titres sont admis aux négociations sur un marché réglementé, les engagements pris au bénéfice d'un membre du directoire, par la société elle-même ou par toute société contrôlée ou qui la contrôle au sens des II et III de l'article L. 233-16, et correspondant à des éléments de rémunération, des indemnités ou des avantages dus ou susceptibles d'être dus à raison de la cessation ou du changement de ces fonctions, ou postérieurement à celles-ci, sont soumis aux dispositions des articles L. 225-86 et L. 225-88 à L. 225-90.

(L. nº 2007-1223 du 21 août 2007, art. 17-III) « Sont interdits les éléments de rémunération, indemnités et avantages dont le bénéfice n'est pas subordonné au respect de conditions liées aux performances du bénéficiaire, appréciées au regard de celles de la société dont il est membre du directoire.

« L'autorisation donnée par le conseil de surveillance en application de l'article L. 225-86 est rendue publique selon des modalités et dans des délais fixés par décret en Conseil d'État. – *V. art. R. 225-60-1.*

« La soumission à l'approbation de l'assemblée générale en application de l'article L. 225-88 fait l'objet d'une résolution spécifique pour chaque bénéficiaire. Cette approbation est requise à chaque renouvellement du mandat exercé par les personnes mentionnées au premier alinéa.

« Aucun versement, de quelque nature que ce soit, ne peut intervenir avant que le conseil de surveillance ne constate, lors ou après la cessation ou le changement effectif des fonctions, le respect des conditions prévues. Cette décision est rendue publique selon des modalités et dans des délais fixés par décret en Conseil d'État. Tout versement effectué en méconnaissance des dispositions du présent alinéa est nul de plein droit. *– V. art. R. 225-60-1.*

« Les engagements correspondant à des indemnités en contrepartie d'une clause interdisant au bénéficiaire, après la cessation de ses fonctions dans la société, l'exercice d'une activité professionnelle concurrente portant atteinte aux intérêts de la société ne sont soumis qu'aux dispositions du premier alinéa. Il en va de même des engagements de retraite à prestations définies répondant aux caractéristiques des régimes mentionnés à l'article L. 137-11 du code de la sécurité sociale, ainsi que des engagements répondant aux caractéristiques des régimes collectifs et obligatoires de retraite et de prévoyance visés à l'article L. 242-1 du même code. »

Les dispositions issues de la L. nº 2005-842 du 26 juill. 2005 sont applicables aux conventions conclues à compter du 1er mai 2005 (L. préc., art. 8-II).

V. aussi la 2e note rédactionnelle ss. l'art. L. 225-42-1.

Art. L. 225-91 A peine de nullité du contrat, il est interdit aux membres du directoire et aux membres du conseil de surveillance autres que les personnes morales, de contracter, sous quelque forme que ce soit, des emprunts auprès de la société, de se faire consentir par elle un découvert, en compte courant ou autrement, ainsi que de faire cautionner ou avaliser par elle leurs engagements envers les tiers.

L'interdiction s'applique aux représentants permanents des personnes morales membres du conseil de surveillance. Elle s'applique également aux conjoint, ascendants et descendants des personnes visées au présent article, ainsi qu'à toute personne interposée.

Toutefois, si la société exploite un établissement bancaire ou financier, l'interdiction ne s'applique pas aux opérations courantes de ce commerce conclues à des conditions normales.

(Abrogé par L. nº 2009-323 du 25 mars 2009, art. 8-IV) ***« L'interdiction ne s'applique pas aux prêts qui sont consentis par la société en application des dispositions de l'article L. 313-1 du code de la construction et de l'habitation aux membres du conseil de surveillance élus par les salariés. »*** – *[L. nº 66-537 du 24 juill. 1966, art. 143.]*

Art. L. 225-92 Les membres du directoire et du conseil de surveillance, ainsi que toute personne appelée à assister aux réunions de ces organes, sont tenus à la discrétion à l'égard des informations présentant un caractère confidentiel et données comme telles par le président. – *[L. nº 66-537 du 24 juill. 1966, art. 149.]*

Art. L. 225-93 En cas d'ouverture d'une procédure *(L. nº 2005-845 du 26 juill. 2005, art. 165-II)* « de sauvegarde, » de redressement ou de liquidation judiciaire, en application du titre II *[des titres II à IV]* du livre VI, les personnes visées par ces dispositions peuvent être rendues responsables du passif social et sont soumises aux interdictions et déchéances, dans les conditions prévues par lesdites dispositions. – *[L. nº 66-537 du 24 juill. 1966, art. 150.]*

Sur les infractions concernant les sociétés anonymes comportant un directoire et un conseil de surveillance, V. art. L. 247-9.

SOUS-SECTION 3 DISPOSITIONS COMMUNES AUX MANDATAIRES SOCIAUX DES SOCIÉTÉS ANONYMES

Art. L. 225-94 La limitation du nombre de sièges d'administrateur ou de membre du conseil de surveillance qui peuvent être occupés simultanément par une même personne physique, en vertu des articles L. 225-21 et L. 225-77, est applicable au cumul de sièges d'administrateur et de membre du conseil de surveillance.

(L. nº 2002-1303 du 29 oct. 2002 « Pour l'application des articles L. 225-54-1 et L. 225-67, est autorisé l'exercice simultané de la direction générale par une personne physique dans une société et dans une autre société qu'elle contrôle au sens de l'article L. 233-16. » – *V. note ss. art. L. 225-21.*

Art. L. 225-94-1 *(L. nº 2002-1303 du 29 oct. 2002)* « Sans préjudice des dispositions des articles L. 225-21, L. 225-54-1, L. 225-67, L. 225-77 et L. 225-94, une personne physique ne peut exercer simultanément plus de cinq mandats de directeur général, de membre du directoire, de directeur général unique, d'administrateur ou de membre du conseil de surveillance de sociétés anonymes ayant leur siège sur le territoire français. Pour l'application de ces dispositions, l'exercice de la direction générale par un administrateur est décompté pour un seul mandat. »

(L. nº 2003-706 du 1er août 2003, en vigueur le 16 nov. 2002) « Par dérogation aux dispositions ci-dessus, ne sont pas pris en compte les mandats d'administrateur ou de membre de conseil de surveillance dans les sociétés qui sont contrôlées, au sens de l'article L. 233-16, par la société dans laquelle est exercé un mandat au titre du premier alinéa. »

(L. nº 2001-420 du 15 mai 2001) « Toute personne physique qui se trouve en infraction avec les dispositions du présent article doit se démettre de l'un de ses mandats dans les trois mois de sa nomination, ou du mandat en cause dans les trois mois de l'événement ayant entraîné la disparition de l'une des conditions fixées à l'alinéa précédent. A l'expiration de ce délai, elle est réputée s'être démise, selon le cas, soit de son nouveau mandat, soit du mandat ne répondant plus aux conditions fixées à l'alinéa précédent, et doit restituer les rémunérations perçues, sans que soit, de ce fait, remise en cause la validité des délibérations auxquelles elle a pris part. » – *V. notes ss. art. L. 225-21.*

Art. L. 225-95 En cas de fusion de sociétés anonymes, le nombre de membres du conseil d'administration ou du conseil de surveillance, selon le cas, peut dépasser le nombre de *(L. nº 2001-420 du 15 mai 2001)* « dix-huit », prévu aux articles L. 225-17 et L. 225-69, pendant un délai de trois ans à compter de la date de la fusion fixée à l'article L. 236-4, sans pouvoir être supérieur à *(L. nº 2001-420 du 15 mai 2001)* « vingt-quatre ». – *[L. nº 66-537 du 24 juill. 1966, art. 152, al. 1er.]*

Les conseils d'administration et conseils de surveillance disposent d'un délai de trois ans à compter de la date de publication de la L. nº 2001-420 du 15 mai 2001 (JO 16 mai) pour se mettre en conformité avec l'art. L. 225-95 dans sa rédaction issue de ladite loi (L. nº 2001-420 du 15 mai 2001, art. 129).

Art. L. 225-95-1 *(L. nº 2001-420 du 15 mai 2001)* Par dérogation aux dispositions des articles L. 225-21, L. 225-77 et L. 225-94-1, ne sont pas pris en compte les mandats de représentant permanent d'une société de capital-risque mentionnée à l'article 1er de la loi nº 85-695 du 11 juillet 1985 portant diverses dispositions d'ordre économique et financier, d'une société financière d'innovation mentionnée au III (B) de l'article 4 de la loi nº 72-650 du 11 juillet 1972 portant diverses dispositions d'ordre économique et financier ou d'une société de gestion habilitée à gérer les fonds communs de placement régis par *(L. nº 2003-706 du 1er août 2003)*

« le paragraphe 1 de la sous-section 6 de la section I du chapitre IV du titre Ier du livre II » et les *(Ord. n° 2011-915 du 1er août 2011, art. 26)* **« articles L. 214-28 et L. 214-30 » du code monétaire et financier.**

Dès lors que les conditions prévues au présent article ne sont plus remplies, toute personne physique doit se démettre des mandats ne répondant pas aux dispositions des articles L. 225-21, L. 225-77 et L. 225-94-1 dans un délai de trois mois. A l'expiration de ce délai, elle est réputée ne plus représenter la personne morale, et doit restituer les rémunérations perçues, sans que soit, de ce fait, remise en cause la validité des délibérations auxquelles elle a pris part.

(L. n° 2002-1303 du 29 oct. 2002) **« Par dérogation aux articles L. 225-21, L. 225-54-1, L. 225-67 et L. 225-94-1, les mandats de président, de directeur général, de directeur général unique, de membre du directoire ou d'administrateur d'une société d'économie mixte locale, exercés par un représentant d'une collectivité territoriale ou d'un groupement de collectivités territoriales ne sont pas pris en compte pour l'application des règles relatives au cumul des mandats sociaux. »**

V. note ss. art. L. 225-21.

SECTION III DES ASSEMBLÉES D'ACTIONNAIRES

Art. L. 225-96 **L'assemblée générale extraordinaire est seule habilitée à modifier les statuts dans toutes leurs dispositions. Toute clause contraire est réputée non écrite. Elle ne peut, toutefois, augmenter les engagements des actionnaires, sous réserve des opérations résultant d'un regroupement d'actions régulièrement effectué.**

(L. n° 2005-842 du 26 juill. 2005, art. 6-I) **« Elle ne délibère valablement que si les actionnaires présents ou représentés possèdent au moins, sur première convocation, le quart et, sur deuxième convocation, le cinquième des actions ayant le droit de vote. A défaut, la deuxième assemblée peut être prorogée à une date postérieure de deux mois au plus à celle à laquelle elle avait été convoquée.** *(Ord. n° 2009-80 du 22 janv. 2009, art. 7-VIII, en vigueur le 1er avr. 2009)* **« Dans les sociétés dont les actions ne sont pas admises aux négociations sur un marché réglementé », les statuts peuvent prévoir des quorums plus élevés. »**

Elle statue à la majorité des deux tiers des voix dont disposent les actionnaires présents ou représentés. – *[L. n° 66-537 du 24 juill. 1966, art. 153.] – V. art. R. 210-9 s., R. 225-70, R. 225-85, R. 225-87, R. 225-100 à R. 225-108. – En ce qui concerne les actions détenues par la société elle-même, V. art. L. 225-111.*

En ce qui concerne l'approbation par les associés de la clause de participation au bénéfice net de l'emprunteur dans le cas d'un prêt participatif, V. C. mon. fin., art. L. 313-17, App., v° Banque et financement de l'entreprise.

Art. L. 225-97 **L'assemblée générale extraordinaire peut changer la nationalité de la société, à condition que le pays d'accueil ait conclu avec la France une convention spéciale permettant d'acquérir sa nationalité et de transférer le siège social sur son territoire, et conservant à la société sa personnalité juridique.** – *[L. n° 66-537 du 24 juill. 1966, art. 154.]*

Art. L. 225-98 **L'assemblée générale ordinaire prend toutes les décisions autres que celles visées aux articles L. 225-96 et L. 225-97.**

(L. n° 2005-842 du 26 juill. 2005, art. 6-II) **« Elle ne délibère valablement sur première convocation que si les actionnaires présents ou représentés possèdent au moins le cinquième des actions ayant le droit de vote.** *(Ord. n° 2009-80 du 22 janv. 2009, art. 7-VIII, en vigueur le 1er avr. 2009)* **« Dans les sociétés dont les actions ne**

sont pas admises aux négociations sur un marché réglementé », les statuts peuvent prévoir un quorum plus élevé. » Sur deuxième convocation, aucun quorum n'est requis.

Elle statue à la majorité des voix dont disposent les actionnaires présents ou représentés. – *[L. n° 66-537 du 24 juill. 1966, art. 155.] – V. art. R. 225-70, R. 225-85, R. 225-87, R. 225-100 à R. 225-108.*

Art. L. 225-99 Les assemblées spéciales réunissent les titulaires d'actions d'une catégorie déterminée.

La décision d'une assemblée générale de modifier les droits relatifs à une catégorie d'actions n'est définitive qu'après approbation par l'assemblée spéciale des actionnaires de cette catégorie.

(L. n° 2005-842 du 26 juill. 2005, art. 6-III) « Les assemblées spéciales ne délibèrent valablement que si les actionnaires présents ou représentés possèdent au moins, sur première convocation, le tiers et, sur deuxième convocation, le cinquième des actions ayant le droit de vote et dont il est envisagé de modifier les droits. A défaut, la deuxième assemblée peut être prorogée à une date postérieure de deux mois au plus à celle à laquelle elle avait été convoquée. *(Ord. n° 2009-80 du 22 janv. 2009, art. 7-IX, en vigueur le 1er avr. 2009)* « Dans les sociétés dont les actions ne sont pas admises aux négociations sur un marché réglementé », les statuts peuvent prévoir des quorums plus élevés. »

Elles statuent dans les conditions prévues au troisième alinéa de l'article L. 225-96. – *[L. n° 66-537 du 24 juill. 1966, art. 156.] – V. art. R. 225-70, R. 225-85, R. 225-87, R. 225-100 à R. 225-108.*

Art. L. 225-100 L'assemblée générale ordinaire est réunie au moins une fois par an, dans les six mois de la clôture de l'exercice, sous réserve de prolongation de ce délai par décision de justice. *(L. n° 2012-387 du 22 mars 2012, art. 17-II)* « Si l'assemblée générale ordinaire n'a pas été réunie dans ce délai, le ministère public ou tout actionnaire peut saisir le président du tribunal compétent statuant en référé afin d'enjoindre, le cas échéant sous astreinte, aux dirigeants de convoquer cette assemblée ou de désigner un mandataire pour y procéder. »

(Ord. n° 2004-1382 du 20 déc. 2004, art. 3) « Le conseil d'administration ou le directoire présente à l'assemblée son rapport ainsi que les comptes annuels et, le cas échéant, les comptes consolidés accompagnés du rapport de gestion y afférent. »

(Ord. n° 2004-604 du 24 juin 2004, art. 51-I) « Ce rapport comprend une analyse objective et exhaustive de l'évolution des affaires, des résultats et de la situation financière de la société, notamment de sa situation d'endettement, au regard du volume et de la complexité des affaires. » *(Ord. n° 2004-1382 du 20 déc. 2004, art. 3)* « Dans la mesure nécessaire à la compréhension de l'évolution des affaires, des résultats ou de la situation de la société et indépendamment des indicateurs clés de performance de nature financière devant être insérés dans le rapport en vertu d'autres dispositions du présent code, l'analyse comporte le cas échéant des indicateurs clés de performance de nature non financière ayant trait à l'activité spécifique de la société, notamment des informations relatives aux questions d'environnement et de personnel.

« Le rapport comporte également une description des principaux risques et incertitudes auxquels la société est confrontée.

« L'analyse mentionnée au troisième alinéa contient, le cas échéant, des renvois aux montants indiqués dans les comptes annuels et des explications supplémentaires y afférentes.

« Le rapport comporte en outre des indications sur l'utilisation des instruments financiers par l'entreprise, lorsque cela est pertinent pour l'évaluation de son actif, de son passif, de sa situation financière et de ses pertes ou profits. Ces indications portent sur les objectifs et la politique de la société en matière de gestion des ris-

ques financiers, y compris sa politique concernant la couverture de chaque catégorie principale de transactions prévues pour lesquelles il est fait usage de la comptabilité de couverture. Elles portent également sur l'exposition de la société aux risques de prix, de crédit, de liquidité et de trésorerie. »

(Ord. nº 2004-604 du 24 juin 2004, art. 51-I) **« Est joint à ce rapport un tableau récapitulatif des délégations en cours de validité accordées par l'assemblée générale des actionnaires au conseil d'administration ou au directoire dans le domaine des augmentations de capital, par application des articles L. 225-129-1 et L. 225-129-2. Le tableau fait apparaître l'utilisation faite de ces délégations au cours de l'exercice.**

« Les commissaires aux comptes relatent, dans leur rapport, l'accomplissement de la mission qui leur est dévolue par l'article *(Ord. nº 2005-1126 du 8 sept. 2005, art. 22)* **« L. 823-9 ».**

L'assemblée délibère et statue sur toutes les questions relatives aux comptes annuels *(L. nº 2001-420 du 15 mai 2001)* **« et, le cas échéant, aux comptes consolidés » de l'exercice écoulé.**

Elle exerce les pouvoirs qui lui sont attribués notamment par l'article L. 225-18, le quatrième alinéa de l'article L. 225-24, le troisième alinéa de l'article L. 225-40, le troisième alinéa de l'article L. 225-42 et par l'article L. 225-45 ou, le cas échéant, par l'article L. 225-75, le quatrième alinéa de l'article L. 225-78, l'article L. 225-83, le troisième alinéa de l'article L. 225-88 et le troisième alinéa de l'article L. 225-90.

Dernier al. *abrogé par Ord. nº 2004-604 du 24 juin 2004, art. 51-I. — [L. nº 66-537 du 24 juill. 1966, art. 157.] — V. art. R. 225-64, R. 225-83, R. 225-100 à R. 225-108, R. 232-9, R. 232-15, R. 823-7.*

Les 3e à 6e alinéas de l'art. L. 225-100 s'appliquent au rapport de gestion (C. com., art. L. 223-26, al. 6). — V. aussi le 4e alinéa de l'art. L. 221-7.

Les dispositions des art. L. 225-100, L. 225-102-1 et L. 225-129-5 entrent en vigueur pour les exercices ouverts à partir du 1er janv. 2004. Les délégations accordées par les assemblées générales extraordinaires des sociétés antérieurement à la publication de l'Ord. nº 2004-604 du 24 juin 2004 (JO 26 juin) restent valables jusqu'à leur terme sauf décision contraire d'une nouvelle assemblée générale extraordinaire. Toutefois, les modalités d'exercice de ces délégations sont régies par les dispositions de l'ordonnance précitée dès son entrée en vigueur (Ord. nº 2004-604 du 24 juin 2004, art. 64-I). Les dispositions de l'Ord. nº 2004-1382 du 20 déc. 2004 s'appliquent à partir du premier exercice ouvert à compter du 1er janv. 2005 (art. 12 de l'Ord. préc.).

Art. L. 225-100-1 *(Ord. nº 2004-1382 du 20 déc. 2004, art. 4)* **Les troisième à sixième alinéas de l'article L. 225-100 ne s'appliquent pas aux sociétés qui ne dépassent pas à la clôture de l'exercice des chiffres fixés par décret pour deux des critères suivants : le total de leur bilan, le montant net de leur chiffre d'affaires ou le nombre moyen de salariés permanents employés au cours de l'exercice. Le présent alinéa ne s'applique pas aux sociétés dont des instruments financiers mentionnés au 1 ou au 2 du** *(Ord. nº 2009-15 du 8 janv. 2009, art. 7)* **« II » de l'article L. 211-1 du code monétaire et financier sont admis à la négociation sur un marché réglementé.** — *V. cet art., App., vº Banque et financement de l'entreprise.*

Ne sont pas tenues de fournir les informations de nature non financière mentionnées à la dernière phrase du troisième alinéa de l'article L. 225-100 les sociétés qui ne dépassent pas à la clôture de l'exercice des chiffres fixés par décret pour deux des critères suivants : le total de leur bilan, le montant net de leur chiffre d'affaires ou le nombre moyen de salariés permanents employés au cours de l'exercice. Le présent alinéa ne s'applique pas aux sociétés dont des instruments financiers mentionnés au 1 ou au 2 du *(Ord. nº 2009-15 du 8 janv. 2009, art. 7)* **« II » de l'article L. 211-1 du code monétaire et financier sont admis à la négociation sur un marché réglementé.**

Les dispositions de l'Ord. nº 2004-1382 du 20 déc. 2004 s'appliquent à partir du premier exercice ouvert à compter du 1er janv. 2005 (art. 12 de l'Ord. préc.).

L'art. L. 225-100-1 s'applique au rapport de gestion (C. com., art. L. 223-26, al. 6). — V. aussi le 4ᵉ al. de l'art. L. 221-7.

Art. L. 225-100-2 *(Ord. nº 2004-1382 du 20 déc. 2004, art. 4)* Lorsque la société établit des comptes consolidés en application de l'article L. 233-16, le rapport consolidé de gestion comprend une analyse objective et exhaustive de l'évolution des affaires, des résultats et de la situation financière de l'ensemble des entreprises comprises dans la consolidation, notamment de leur situation d'endettement, au regard du volume et de la complexité des affaires. Dans la mesure nécessaire à la compréhension de l'évolution des affaires, des résultats ou de la situation des entreprises, l'analyse comporte des indicateurs clés de performance de nature tant financière que, le cas échéant, non financière ayant trait à l'activité spécifique des entreprises, notamment des informations relatives aux questions d'environnement et de personnel.

Le rapport comporte également une description des principaux risques et incertitudes auxquels l'ensemble des entreprises comprises dans la consolidation est confronté.

L'analyse mentionnée au premier alinéa contient, le cas échéant, des renvois aux montants indiqués dans les comptes consolidés et des explications supplémentaires y afférentes.

Le rapport comporte en outre des indications sur l'utilisation des instruments financiers par l'entreprise, lorsque cela est pertinent pour l'évaluation de son actif, de son passif, de sa situation financière et de ses pertes ou profits. Ces indications portent sur les objectifs et la politique de la société en matière de gestion des risques financiers, y compris sa politique concernant la couverture de chaque catégorie principale de transactions prévues pour lesquelles il est fait usage de la comptabilité de couverture. Elles portent également sur l'exposition de la société aux risques de prix, de crédit, de liquidité et de trésorerie.

Les dispositions de l'Ord. nº 2004-1382 du 20 déc. 2004 s'appliquent à partir du premier exercice ouvert à compter du 1ᵉʳ janv. 2005 (art. 12 de l'Ord. préc.).

Le cas échéant, l'art. L. 225-100-2 s'applique au rapport consolidé de gestion (C. com., art. L. 223-36, al. 6).

Art. L. 225-100-3 *(L. nº 2006-387 du 31 mars 2006, art. 6)* Pour les sociétés dont des titres sont admis aux négociations sur un marché réglementé, le rapport visé à l'article L. 225-100 expose et, le cas échéant, explique les éléments suivants lorsqu'ils sont susceptibles d'avoir une incidence en cas d'offre publique :

1° La structure du capital de la société ;

2° Les restrictions statutaires à l'exercice des droits de vote et aux transferts d'actions ou les clauses des conventions portées à la connaissance de la société en application de l'article L. 233-11 ;

3° Les participations directes ou indirectes dans le capital de la société dont elle a connaissance en vertu des articles L. 233-7 et L. 233-12 ;

4° La liste des détenteurs de tout titre comportant des droits de contrôle spéciaux et la description de ceux-ci ;

5° Les mécanismes de contrôle prévus dans un éventuel système d'actionnariat du personnel, quand les droits de contrôle ne sont pas exercés par ce dernier ;

6° Les accords entre actionnaires dont la société a connaissance et qui peuvent entraîner des restrictions au transfert d'actions et à l'exercice des droits de vote ;

7° Les règles applicables à la nomination et au remplacement des membres du conseil d'administration ou du directoire ainsi qu'à la modification des statuts de la société ;

8° Les pouvoirs du conseil d'administration ou du directoire, en particulier l'émission ou le rachat d'actions ;

9° Les accords conclus par la société qui sont modifiés ou prennent fin en cas de changement de contrôle de la société, sauf si cette divulgation, hors les cas d'obligation légale de divulgation, porterait gravement atteinte à ses intérêts ;

10° Les accords prévoyant des indemnités pour les membres du conseil d'administration ou du directoire ou les salariés, s'ils démissionnent ou sont licenciés sans cause réelle et sérieuse ou si leur emploi prend fin en raison d'une offre publique.

Art. L. 225-101 Lorsque la société, dans les deux ans suivant son immatriculation, acquiert un bien appartenant à un actionnaire et dont la valeur est au moins égale à un dixième du capital social, un commissaire, chargé d'apprécier, sous sa responsabilité, la valeur de ce bien, est désigné par décision de justice, à la demande du président du conseil d'administration ou du directoire, selon le cas. Ce commissaire est soumis aux incompatibilités prévues à l'article L. 225-224 *[abrogé par L. n° 2003-706 du 1er août 2003. — V. note ss. art. L. 225-223]*.

Le rapport du commissaire est mis à la disposition des actionnaires. L'assemblée générale ordinaire statue sur l'évaluation du bien, à peine de nullité de l'acquisition. Le vendeur n'a voix délibérative, ni pour lui-même ni comme mandataire.

Les dispositions du présent article ne sont pas applicables lorsque l'acquisition est faite en bourse, sous le contrôle d'une autorité judiciaire ou dans le cadre des opérations courantes de la société et conclues à des conditions normales. — *[L. n° 66-537 du 24 juill. 1966, art. 157-1.] — V. art. R. 225-83 et R. 225-103.*

Art. L. 225-102 Le rapport présenté par le conseil d'administration ou le directoire, selon le cas, à l'assemblée générale rend compte annuellement de l'état de la participation des salariés au capital social au dernier jour de l'exercice et établit la proportion du capital que représentent les actions détenues par le personnel de la société et par le personnel des sociétés qui lui sont liées au sens de l'article L. 225-180 dans le cadre du plan d'épargne d'entreprise prévu par les articles L. 443-1 à L. 443-9 *[L. 3332-1 à L. 3332-28 nouv.]* du code du travail et par les salariés et anciens salariés dans le cadre des fonds communs de placement d'entreprise régis par le chapitre III de la loi n° 88-1201 du 23 décembre 1988 relative aux organismes de placement collectif en valeurs mobilières et portant création des fonds communs de créances *[C. mon. fin., art. L. 214-39 s. — **C. mon. fin.**]* Sont également prises en compte les actions détenues directement par les salariés durant les périodes d'incessibilité prévues aux articles L. 225-194 et L. 225-197, à l'article 11 de la loi n° 86-912 du 6 août 1986 relative aux modalités des privatisations et à l'article L. 442-7 *[L. 3324-10 nouv.]* du code du travail. — *V. les art. préc. du C. mon. fin., l'art. préc. du C. trav. et la loi du 6 août 1986, art. 11, au **C. sociétés.***

Les titres acquis par les salariés dans le cadre d'une opération de rachat d'une entreprise par ses salariés prévue par la loi n° 84-578 du 9 juillet 1984 sur le développement de l'initiative économique ainsi que par les salariés d'une société coopérative ouvrière de production au sens de la loi n° 78-763 du 19 juillet 1978 portant statut de sociétés coopératives ouvrières de production ne sont pas pris en compte pour l'évaluation de la proportion du capital prévue à l'alinéa précédent. — *[L. n° 66-537 du 24 juill. 1966, art. 157-2.] — V. ladite loi du 19 juill. 1978 au **C. sociétés.***

(L. n° 2001-152 du 19 févr. 2001) « Lorsque le rapport annuel ne comprend pas les mentions prévues au premier alinéa, toute personne intéressée peut demander au président du tribunal statuant en référé d'enjoindre sous astreinte au conseil d'administration ou au directoire, selon le cas, de communiquer ces informations.

« Lorsqu'il est fait droit à la demande, l'astreinte et les frais de procédure sont à la charge des administrateurs ou des membres du directoire, selon le cas. »

Art. L. 225-102-1 *(L. n° 2001-420 du 15 mai 2001)* Le rapport visé à l'article L. 225-102 rend compte de la rémunération totale et des avantages de toute nature versés, durant l'exercice, à chaque mandataire social *(Ord. n° 2004-604 du*

24 juin 2004, art. 51-II) « , y compris sous forme d'attribution de titres de capital, de titres de créances ou de titres donnant accès au capital ou donnant droit à l'attribution de titres de créances de la société ou des sociétés mentionnées aux articles L. **228-13** et L. **228-93** ».

Il indique également le montant des rémunérations et des avantages de toute nature que chacun de ces mandataires a reçu durant l'exercice de la part des sociétés contrôlées au sens de l'article L. **233-16** *(L. n° 2003-706 du 1er août 2003)* « ou de la société qui contrôle, au sens du même article, la société dans laquelle le mandat est exercé ».

(L. n° 2005-842 du 26 juill. 2005, art. 9-I) « Ce rapport décrit en les distinguant les éléments fixes, variables et exceptionnels composant ces rémunérations et avantages ainsi que les critères en application desquels ils ont été calculés ou les circonstances en vertu desquelles ils ont été établis. *(L. n° 2011-103 du 27 janv. 2011, art. 3)* « Il fait mention, s'il y a lieu, de l'application du second alinéa, selon le cas, de l'article L. **225-45** ou de l'article L. **225-83**. » Il indique également les engagements de toutes natures, pris par la société au bénéfice de ses mandataires sociaux, correspondant à des éléments de rémunération, des indemnités ou des avantages dus ou susceptibles d'être dus à raison de la prise, de la cessation ou du changement de ces fonctions ou postérieurement à celles-ci. L'information donnée à ce titre doit préciser les modalités de détermination de ces engagements. Hormis les cas de bonne foi, les versements effectués et les engagements pris en méconnaissance des dispositions du présent alinéa peuvent être annulés. »

Il comprend également la liste de l'ensemble des mandats et fonctions exercés dans toute société par chacun de ces mandataires durant l'exercice.

(L. n° 2010-788 du 12 juill. 2010, art. 225-I) « Il comprend également des informations sur la manière dont la société prend en compte les conséquences sociales et environnementales de son activité ainsi que sur ses engagements sociétaux en faveur du développement durable *(L. n° 2011-672 du 16 juin 2011, art. 9)* « et en faveur de la lutte contre les discriminations et de la promotion des diversités ». Un décret en Conseil d'État établit » *(L. n° 2012-387 du 22 mars 2012 art. 12-I)* « deux listes précisant les informations visées au présent alinéa ainsi que les modalités de leur présentation, de façon à permettre une comparaison des données, selon que la société est ou non admise aux négociations sur un marché réglementé. » *– V. art. R. 225-105 et R. 225-105-1.*

(Abrogé par L. n° 2010-1249 du 22 oct. 2010, art. 32-I) ***« Les institutions représentatives du personnel et les parties prenantes participant à des dialogues avec les entreprises peuvent présenter leur avis sur les démarches de responsabilité sociale, environnementale et sociétale des entreprises en complément des indicateurs présentés.***

« A partir du 1er janvier 2011, le Gouvernement présente tous les trois ans au Parlement un rapport relatif à l'application de ces dispositions par les entreprises et sur les actions qu'il promeut en France, en Europe et au niveau international pour encourager la responsabilité sociétale des entreprises. »

(L. n° 2010-1249 du 22 oct. 2010, art. 32-I) « L'alinéa précédent s'applique » *(L. n° 2010-788 du 12 juill. 2010, art. 225-I)* « aux sociétés dont les titres sont admis aux négociations sur un marché réglementé ainsi qu'aux sociétés dont le total de bilan ou le chiffre d'affaires et le nombre de salariés excèdent des seuils fixés par décret en Conseil d'État. Lorsque la société établit des comptes consolidés, les informations fournies sont consolidées et portent sur la société elle-même ainsi que sur l'ensemble de ses filiales au sens de l'article L. **233-1** ou les sociétés qu'elle contrôle au sens de l'article L. **233-3**. *(L. n° 2012-387 du 22 mars 2012, art. 12-I)* « Les filiales ou sociétés contrôlées qui dépassent les seuils mentionnés à la première phrase du présent alinéa ne sont pas tenues de publier les informations mentionnées au cinquième alinéa du présent article dès lors que ces informations sont publiées par la société qui les contrôle, au sens de l'article L. **233-3**, de manière détaillée par

filiale ou par société contrôlée et que ces filiales ou sociétés contrôlées indiquent comment y accéder dans leur propre rapport de gestion. » Lorsque les filiales ou les sociétés contrôlées sont installées sur le territoire national et qu'elles comportent des installations classées soumises à autorisation ou à enregistrement, les informations fournies portent sur chacune d'entre elles lorsque ces informations ne présentent pas un caractère consolidable. — *V. art. R. 225-104.*

« Les informations sociales et environnementales figurant ou devant figurer au regard des obligations légales et réglementaires font l'objet d'une vérification par un organisme tiers indépendant, selon des modalités fixées par décret en Conseil d'État. Cette vérification donne lieu à un avis qui est transmis à l'assemblée des actionnaires ou des associés en même temps que le rapport du conseil d'administration ou du directoire. — *V. art. R. 225-105-2.*

« L'alinéa précédent s'applique à partir de l'exercice *(L. n° 2012-387 du 22 mars 2012, art. 12-I)* « qui a été ouvert après le » 31 décembre 2011 pour les entreprises dont les titres sont admis aux négociations sur un marché réglementé. Il s'applique à partir de l'exercice clos au 31 décembre 2016 pour l'ensemble des entreprises concernées par le présent article.

« L'avis de l'organisme tiers indépendant comporte notamment une attestation sur la présence de toutes les informations devant figurer au regard des obligations légales ou réglementaires. Cette attestation est due à partir de l'exercice *(L. n° 2012-387 du 22 mars 2012, art. 12-I)* « qui a été ouvert après le » 31 décembre 2011 pour l'ensemble des entreprises concernées par le présent article. »

(L. n° 2005-842 du 26 juill. 2005, art. 9-I) « Les dispositions des deux derniers alinéas de l'article L. 225-102 sont applicables aux informations visées au présent article. »

(L. n° 2003-706 du 1er août 2003) « Les dispositions des premier *(L. n° 2005-842 du 26 juill. 2005, art. 9-I)* « à troisième » alinéas ne sont pas applicables aux sociétés dont les titres ne sont pas admis aux négociations sur un marché réglementé et qui ne sont pas contrôlées au sens de l'article L. 233-16 par une société dont les titres sont admis aux négociations sur un marché réglementé. » *(Ord. n° 2004-604 du 24 juin2004, art. 51-II)* « Ces dispositions ne sont, en outre, pas applicables aux mandataires sociaux ne détenant aucun mandat dans une société dont les titres sont admis aux négociations sur un marché réglementé. »

(L. n° 2010-1249 du 22 oct. 2010, art. 32-I) « A partir du 1er janvier *(L. n° 2012-387 du 22 mars 2012, art. 12-I)* « 2013 », le Gouvernement présente tous les trois ans au Parlement un rapport relatif à l'application par les entreprises des dispositions visées au cinquième alinéa et aux actions qu'il promeut en France, en Europe et au niveau international pour encourager la responsabilité sociétale des entreprises. »

V. note ss. art. L. 225-100.

Les modifications issues de la L. n° 2010-788 du 12 juill. 2010 sont applicables aux exercices qui ont été ouverts après le 31 déc. 2011 (L. préc., art. 225-VII, mod. par L. n° 2012-387 du 22 mars 2012, art. 12-II).

Les dispositions des trois premiers [deux premiers et du quatrième] al. de l'art. L. 225-102-1 prennent effet à compter de la publication du rapport annuel portant sur l'exercice ouvert à compter du 1er janv. 2001, celles du dernier [cinquième] al. de l'art. L. 225-102-1 prennent effet à compter de la publication du rapport annuel portant sur l'exercice ouvert à compter du 1er janv. 2002 (L. n° 2001-420 du 15 mai 2001, art. 116-II, JO 16 mai). Ces dates sont respectivement le 1er janv. 2004 et le 1er janv. 2005 pour Mayotte, la Nouvelle-Calédonie et les îles Wallis-et-Futuna (Ord. n° 2004-604 du 24 juin 2004, art. 65-I).

Les dispositions issues de la L. n° 2010-1249 du 22 oct. 2010 sont applicables en Nouvelle-Calédonie et dans les îles Wallis-et-Futuna (L. préc., art. 85-II).

Art. L. 225-102-2 *(L. n° 2003-699 du 30 juill. 2003, art. 23)* Pour les sociétés exploitant au moins une installation figurant sur la liste prévue au IV de l'article L. 515-8 du code de l'environnement, le rapport mentionné à l'article L. 225-102 du présent code :

– informe de la politique de prévention du risque d'accident technologique menée par la société ;

– rend compte de la capacité de la société à couvrir sa responsabilité civile vis-à-vis des biens et des personnes du fait de l'exploitation de telles installations ;

– précise les moyens prévus par la société pour assurer la gestion de l'indemnisation des victimes en cas d'accident technologique engageant sa responsabilité.

Art. L. 225-103 I. – L'assemblée générale est convoquée par le conseil d'administration ou le directoire, selon le cas.

II. – A défaut, l'assemblée générale peut être également convoquée :

1° Par les commissaires aux comptes ;

2° Par un mandataire, désigné en justice, à la demande, soit de tout intéressé en cas d'urgence, soit d'un ou plusieurs actionnaires réunissant au moins *(L. n° 2001-420 du 15 mai 2001)* « 5 % » du capital social, soit d'une association d'actionnaires répondant aux conditions fixées à l'article L. 225-120 ;

3° Par les liquidateurs ;

4° Par les actionnaires majoritaires en capital ou en droits de vote après une offre publique d'achat ou d'échange ou après une cession d'un bloc de contrôle.

III. – Dans les sociétés soumises aux articles L. 225-57 à L. 225-93, l'assemblée générale peut être convoquée par le conseil de surveillance.

IV. – Les dispositions qui précédent *[précèdent]* sont applicables aux assemblées spéciales. Les actionnaires agissant en désignation d'un mandataire de justice doivent réunir au moins *(L. n° 2012-387 du 22 mars 2012, art. 17-II)* « un vingtième » des actions de la catégorie intéressée.

V. – Sauf clause contraire des statuts, les assemblées d'actionnaires sont réunies au siège social ou en tout autre lieu du même département. – *[L. n° 66-537 du 24 juill. 1966, art. 158.] – V. art. R. 225-65 et R. 225-162.*

Art. L. 225-104 La convocation des assemblées d'actionnaires est faite dans les formes et délais fixés par décret en Conseil d'État. – *V. art. R. 225-62, R. 225-66 à R. 225-70.*

Toute assemblée irrégulièrement convoquée peut être annulée. Toutefois, l'action en nullité n'est pas recevable lorsque tous les actionnaires étaient présents ou représentés. – *[L. n° 66-537 du 24 juill. 1966, art. 159.]*

Art. L. 225-105 L'ordre du jour des assemblées est arrêté par l'auteur de la convocation.

Toutefois, un ou plusieurs actionnaires représentant au moins 5 % du capital ou une association d'actionnaires répondant aux conditions fixées à l'article L. 225-120 ont la faculté de requérir l'inscription à l'ordre du jour *(Ord. n° 2010-1511 du 9 déc. 2010, art. 2)* « de points ou » de projets de résolution. Ces *(Ord. n° 2010-1511 du 9 déc. 2010, art. 2)* « points ou ces » projets de résolution sont inscrits à l'ordre du jour de l'assemblée *(L. n° 2003-706 du 1er août 2003)* « et portés à la connaissance des actionnaires » dans les conditions déterminées par décret en Conseil d'État. Celui-ci peut réduire le pourcentage exigé par le présent alinéa, lorsque le capital social excède un montant fixé par ledit décret. – *V. art. R. 225-71 à R. 225-74.*

L'assemblée ne peut délibérer sur une question qui n'est pas inscrite à l'ordre du jour. Néanmoins, elle peut, en toutes circonstances, révoquer un ou plusieurs administrateurs ou membres du conseil de surveillance et procéder à leur remplacement.

L'ordre du jour de l'assemblée ne peut être modifié sur deuxième convocation. – *[L. n° 66-537 du 24 juill. 1966, art. 160.]*

(L. nº 2003-706 du 1er août 2003) « Lorsque l'assemblée est appelée à délibérer sur des modifications de l'organisation économique ou juridique de l'entreprise sur lesquelles le comité d'entreprise a été consulté en application de l'article L. 432-1 *[L. 2323-19 nouv.]* du code du travail, l'avis de celui-ci lui est communiqué. »

Les dispositions issues de l'Ord. nº 2010-1511 du 9 sept. 2010 s'appliquent aux assemblées tenues à compter du 1er janv. 2011 (Ord. préc., art. 7).

Art. L. 225-106 *(Ord. nº 2010-1511 du 9 déc. 2010, art. 3)* « I. – Un actionnaire peut se faire représenter par un autre actionnaire, par son conjoint ou par le partenaire avec lequel il a conclu un pacte civil de solidarité.

« Il peut en outre se faire représenter par toute autre personne physique ou morale de son choix :

« 1° Lorsque les actions de la société sont admises aux négociations sur un marché réglementé ;

« 2° Lorsque les actions de la société sont admises aux négociations sur un système multilatéral de négociation qui se soumet aux dispositions législatives ou réglementaires visant à protéger les investisseurs contre les opérations d'initiés, les manipulations de cours et la diffusion de fausses informations dans les conditions prévues par le règlement général de l'Autorité des marchés financiers, figurant sur une liste arrêtée par l'autorité dans des conditions fixées par son règlement général, et que les statuts le prévoient.

« II. – Le mandat ainsi que, le cas échéant, sa révocation sont écrits et communiqués à la société. Les conditions d'application du présent alinéa sont précisées par décret en Conseil d'État.

« III. – » Avant chaque réunion de l'assemblée générale des actionnaires, le président du conseil d'administration ou le directoire, selon le cas, peut organiser la consultation des actionnaires mentionnés à l'article L. 225-102 afin de leur permettre de désigner un ou plusieurs mandataires pour les représenter à l'assemblée générale conformément aux dispositions du présent article.

Cette consultation est obligatoire lorsque, les statuts ayant été modifiés en application de l'article L. 225-23 ou de l'article L. 225-71, l'assemblée générale ordinaire doit nommer au conseil d'administration ou au conseil de surveillance, selon le cas, un ou des salariés actionnaires ou membres des conseils de surveillance des fonds communs de placement d'entreprise détenant des actions de la société.

(L. nº 2001-152 du 19 févr. 2001) « Cette consultation est également obligatoire lorsque l'assemblée générale extraordinaire doit se prononcer sur une modification des statuts en application de l'article L. 225-23 ou de l'article L. 225-71. »

Les clauses contraires aux dispositions des alinéas précédents sont réputées non écrites.

Pour toute procuration d'un actionnaire sans indication de mandataire, le président de l'assemblée générale émet un vote favorable à l'adoption des projets de résolution présentés ou agréés par le conseil d'administration ou le directoire, selon le cas, et un vote défavorable à l'adoption de tous les autres projets de résolution. Pour émettre tout autre vote, l'actionnaire doit faire choix d'un mandataire qui accepte de voter dans le sens indiqué par le mandant. – *[L nº 66-537 du 24 juill. 1966, art. 161.] – V. art. R. 225-79 et R. 225-81.*

V. note ss. art. L. 225-105.

Art. L. 225-106-1 *(Ord. nº 2010-1511 du 9 déc. 2010, art. 4)* Lorsque, dans les cas prévus aux troisième et quatrième alinéas du I de l'article L. 225-106, l'actionnaire se fait représenter par une personne autre que son conjoint ou le partenaire avec lequel il a conclu un pacte civil de solidarité, il est informé par son mandataire de tout fait lui permettant de mesurer le risque que ce dernier poursuive un intérêt autre que le sien.

Cette information porte notamment sur le fait que le mandataire ou, le cas échéant, la personne pour le compte de laquelle il agit :

1° Contrôle, au sens de l'article L. 233-3, la société dont l'assemblée est appelée à se réunir ;

2° Est membre de l'organe de gestion, d'administration ou de surveillance de cette société ou d'une personne qui la contrôle au sens de l'article L. 233-3 ;

3° Est employé par cette société ou par une personne qui la contrôle au sens de l'article L. 233-3 ;

4° Est contrôlé ou exerce l'une des fonctions mentionnées au 2° ou au 3° dans une personne ou une entité contrôlée par une personne qui contrôle la société, au sens de l'article L. 233-3.

Cette information est également délivrée lorsqu'il existe un lien familial entre le mandataire ou, le cas échéant, la personne pour le compte de laquelle il agit, et une personne physique placée dans l'une des situations énumérées aux 1° à 4°.

Lorsqu'en cours de mandat survient l'un des faits mentionnés aux alinéas précédents, le mandataire en informe sans délai son mandant. A défaut par ce dernier de confirmation expresse du mandat, celui-ci est caduc.

La caducité du mandat est notifiée sans délai par le mandataire à la société.

Les conditions d'application du présent article sont précisées par décret en Conseil d'État.

V. note ss. art. L. 225-105.

Art. L. 225-106-2 *(Ord. n° 2010-1511 du 9 déc. 2010, art. 4)* Toute personne qui procède à une sollicitation active de mandats, en proposant directement ou indirectement à un ou plusieurs actionnaires, sous quelque forme et par quelque moyen que ce soit, de recevoir procuration pour les représenter à l'assemblée d'une société mentionnée aux troisième et quatrième alinéas de l'article L. 225-106, rend publique sa politique de vote.

Elle peut également rendre publiques ses intentions de vote sur les projets de résolution présentés à l'assemblée. Elle exerce alors, pour toute procuration reçue sans instructions de vote, un vote conforme aux intentions de vote ainsi rendues publiques.

Les conditions d'application du présent article sont précisées par décret en Conseil d'État.

V. note ss. art. L. 225-105.

Art. L. 225-106-3 *(Ord. n° 2010-1511 du 9 déc. 2010, art. 4)* Le tribunal de commerce dans le ressort duquel la société a son siège social peut, à la demande du mandant et pour une durée qui ne saurait excéder trois ans, priver le mandataire du droit de participer en cette qualité à toute assemblée de la société concernée en cas de non-respect de l'obligation d'information prévue aux troisième à septième alinéas de l'article L. 225-106-1 ou des dispositions de l'article L. 225-106-2. Le tribunal peut décider la publication de cette décision aux frais du mandataire.

Le tribunal peut prononcer les mêmes sanctions à l'égard du mandataire sur demande de la société en cas de non-respect des dispositions de l'article L. 225-106-2.

V. note ss. art. L. 225-105.

Art. L. 225-107 *(L. n° 2001-420 du 15 mai 2001)* « I. » — Tout actionnaire peut voter par correspondance, au moyen d'un formulaire dont les mentions sont fixées par décret en Conseil d'État. Les dispositions contraires des statuts sont réputées non écrites.

Pour le calcul du quorum, il n'est tenu compte que des formulaires qui ont été reçus par la société avant la réunion de l'assemblée, dans les conditions de délais fixées par décret en Conseil d'État. Les formulaires ne donnant aucun sens de vote ou exprimant une abstention sont considérés comme des votes négatifs. – *[L. n° 66-537 du 24 juill. 1966, art. 161-1.] – V. art. R. 225-66, R. 225-73, R. 225-75 à R. 225-78, R. 225-81 et R. 225-85.*

(L. n° 2001-420 du 15 mai 2001) « II. – Si les statuts le prévoient, sont réputés présents pour le calcul du quorum et de la majorité les actionnaires qui participent à l'assemblée par visioconférence ou par des moyens de télécommunication permettant leur identification et dont la nature et les conditions d'application sont déterminées par décret en Conseil d'État. » – *V. art. R. 225-97 s.*

Art. L. 225-107-1 *(L. n° 2001-420 du 15 mai 2001)* Les propriétaires de titres mentionnés au *(Ord. n° 2004-604 du 24 juin 2004, art. 51-II)* « septième » alinéa de l'article L. 228-1 peuvent se faire représenter dans les conditions prévues audit article par un intermédiaire inscrit.

Art. L. 225-108 Le conseil d'administration ou le directoire, selon le cas, doit adresser ou mettre à la disposition des actionnaires les documents nécessaires pour permettre à ceux-ci de se prononcer en connaissance de cause et de porter un jugement informé sur la gestion et la marche des affaires de la société.

La nature de ces documents et les conditions de leur envoi ou de leur mise à la disposition des actionnaires sont déterminées par décret en Conseil d'État. – *V. art. R. 225-81, R. 225-83, R. 225-88, R. 225-89, R. 225-91, R. 225-94.*

A compter de la communication prévue au premier alinéa, tout actionnaire a la faculté de poser par écrit des questions auxquelles le conseil d'administration ou le directoire, selon le cas, est tenu de répondre au cours de l'assemblée. *(Ord. n° 2010-1511 du 9 déc. 2010, art. 5)* « Une réponse commune peut être apportée à ces questions dès lors qu'elles présentent le même contenu.

« La réponse à une question écrite est réputée avoir été donnée dès lors qu'elle figure sur le site internet de la société dans une rubrique consacrée aux questions-réponses. » – *[L. n° 66-537 du 24 juill. 1966, art. 162.] – V. art. R. 225-84.*

V. note ss. art. L. 225-105.

Art. L. 225-109 Le président, les directeurs généraux, les membres du directoire d'une société, les personnes physiques ou morales exerçant dans cette société les fonctions d'administrateur ou de membre du conseil de surveillance ainsi que les représentants permanents des personnes morales qui exercent ces fonctions sont tenus, dans les conditions déterminées par décret en Conseil d'État, de faire mettre sous la forme nominative ou de déposer les actions qui appartiennent à eux-mêmes ou à leurs enfants mineurs non émancipés et qui sont émises par la société elle-même, par ses filiales, par la société dont elle est la filiale ou par les autres filiales de cette dernière société, lorsque ces actions sont admises aux négociations sur un marché réglementé.

La même obligation incombe aux conjoints non séparés de corps des personnes mentionnées à l'alinéa précédent.

(L. n° 2012-387 du 22 mars 2012, art. 17-II) « Les droits de vote et les droits à dividende des actions détenues par toute personne n'ayant pas rempli les obligations du présent article sont suspendus jusqu'à régularisation de la situation. Tout vote émis ou tout versement de dividende effectué pendant la suspension est nul. » – *[L. n° 66-537 du 24 juill. 1966, art. 162-1.] – V. art. R. 225-110 à R. 225-112. – Sur les pénalités, V. art. L. 247-4. – V. aussi C. mon. fin., art. L. 465-1. –* ***C. mon. fin.*** *ou* ***C. sociétés****.*

Art. L. 225-110 Le droit de vote attaché à l'action appartient à l'usufruitier dans les assemblées générales ordinaires et au nu-propriétaire dans les assemblées générales extraordinaires.

Les copropriétaires d'actions indivises sont représentés aux assemblées générales par l'un d'eux ou par un mandataire unique. En cas de désaccord, le mandataire est désigné en justice à la demande du copropriétaire le plus diligent.

Le droit de vote est exercé par le propriétaire des titres remis en gage. A cet effet, le créancier gagiste dépose, à la demande de son débiteur, les actions qu'il détient en gage, dans les conditions et délais fixés par décret en Conseil d'État.

Les statuts peuvent déroger aux dispositions du premier alinéa. – *[L. n° 66-537 du 24 juill. 1966, art. 163.] – V. art. R. 225-85, R. 225-87 et R. 228-7.*

Art. L. 225-111 La société ne peut valablement voter avec des actions par elle souscrites, acquises ou prises en gage. Il n'est pas tenu compte de ces actions pour le calcul du quorum. – *[L. n° 66-537 du 24 juill. 1966, art. 164.]*

Art. L. 225-112 *Abrogé par L. n° 2001-420 du 15 mai 2001, art. 115, 2°.*

Art. L. 225-113 Tout actionnaire peut participer aux assemblées générales extraordinaires et tout actionnaire possédant des actions visées à l'article L. 225-99 peut participer aux assemblées spéciales. Toute clause contraire est réputée non écrite. – *[L. n° 66-537 du 24 juill. 1966, art. 166.]*

Art. L. 225-114 *(L. n° 2012-387 du 22 mars 2012, art. 17-II)* A chaque assemblée, est tenue une feuille de présence dont les mentions sont déterminées par décret en Conseil d'État et à laquelle sont annexés les pouvoirs donnés à chaque mandataire. – *V. art. R. 225-95.*

Les décisions de l'assemblée doivent être constatées par un procès-verbal dont les mentions sont déterminées par décret en Conseil d'État.

En cas de non-respect du présent article, les délibérations de l'assemblée peuvent être annulées. – *[L. n° 66-537 du 24 juill. 1966, art. 167.]*

Art. L. 225-115 Tout actionnaire a droit, dans les conditions et délais déterminés par décret en Conseil d'État, d'obtenir communication :

1° *(Abrogé par L. n° 2011-525 du 17 mai 2011, art. 59-I)* « *De l'inventaire,* » des comptes annuels et de la liste des administrateurs ou des membres du directoire et du conseil de surveillance, et, le cas échéant, des comptes consolidés ;

2° Des rapports du conseil d'administration ou du directoire et du conseil de surveillance, selon le cas, et des commissaires aux comptes, qui seront soumis à l'assemblée ;

3° Le cas échéant, du texte et de l'exposé des motifs des résolutions proposées, ainsi que des renseignements concernant les candidats au conseil d'administration ou au conseil de surveillance, selon le cas ;

4° Du montant global, certifié exact par les commissaires aux comptes, des rémunérations versées aux personnes les mieux rémunérées, le nombre de ces personnes étant de dix ou de cinq selon que l'effectif du personnel excède ou non deux cents salariés ;

5° Du montant global, certifié par les commissaires aux comptes des *(Ord. n° 2004-604 du 24 juin 2004, art. 51-VI)* « versements effectués en application des 1 et 4 de l'article 238 *bis* du code général des impôts » ainsi que de la liste des actions nominatives de parrainage, de mécénat.

6° *abrogé par L. n° 2011-525 du 17 mai 2011, art. 58. – [L. n° 66-537 du 24 juill. 1966, art. 168.]*

Art. L. 225-116 Avant la réunion de toute assemblée générale, tout actionnaire a le droit d'obtenir, dans les conditions et les délais déterminés par décret en Conseil d'État, communication de la liste des actionnaires. – *[L. n° 66-537 du 24 juill. 1966, art. 169.] – V. art. R. 225-90, R. 225-91, R. 225-94 et R. 228-7.*

Art. L. 225-117 Tout actionnaire a le droit, à toute époque, d'obtenir communication des documents visés à l'article L. 225-115 et concernant les trois derniers exercices, ainsi que des procès-verbaux et feuilles de présence des assemblées tenues au cours de ces trois derniers exercices. – *[L. n° 66-537 du 24 juill. 1966, art. 170.] – V. art. R. 225-92, R. 225-94, R. 225-109 et R. 232-12.*

Art. L. 225-118 Le droit à communication des documents, prévu aux articles L. 225-115, L. 225-116 et L. 225-117, appartient également à chacun des copropriétaires d'actions indivises, au nu-propriétaire et à l'usufruitier d'actions. – *[L. n° 66-537 du 24 juill. 1966, art. 171.] – V. art. R. 225-83, R. 225-88 à R. 225-92, R. 225-94.*

Art. L. 225-119 *Abrogé par L. n° 2001-420 du 15 mai 2001, art. 122, 2°.*

Art. L. 225-120 I. – Dans les sociétés dont les actions sont admises aux négociations sur un marché réglementé, les actionnaires justifiant d'une inscription nominative depuis au moins deux ans et détenant ensemble au moins 5 % des droits de vote peuvent se regrouper en associations destinées à représenter leurs intérêts au sein de la société. Pour exercer les droits qui leur sont reconnus aux articles L. 225-103, L. 225-105, *(Ord. n° 2005-1126 du 8 sept. 2005, art. 22)* « L. 823-6 », L. 225-231, L. 225-232, *(Ord. n° 2005-1126 du 8 sept. 2005, art. 22)* « L. 823-7 » et L. 225-252, ces associations doivent avoir communiqué leur statut à la société et à *(L. n° 2003-706 du 1er août 2003, art. 46-V)* « l'Autorité des marchés financiers ».

II. – Toutefois, lorsque le capital de la société est supérieur à *(Ord. n° 2000-916 du 19 sept. 2000)* « 750 000 € », la part des droits de vote à représenter en application de l'alinéa précédent, est, selon l'importance des droits de vote afférent au capital, réduite ainsi qu'il suit :

1° 4 % entre *(Ord. n° 2000-916 du 19 sept. 2000)* « 750 000 € et jusqu'à 4 500 000 € » ;

2° 3 % entre *(Ord. n° 2000-916 du 19 sept. 2000)* « 4 500 000 € et 7 500 000 € » ;

3° 2 % entre *(Ord. n° 2000-916 du 19 sept. 2000)* « 7 500 000 € et 15 000 000 € » ;

4° 1 % au-delà de *(Ord. n° 2000-916 du 19 sept. 2000)* « 15 000 000 € ». – *[L. n° 66-537 du 24 juill. 1966, art. 172-1.]*

Art. L. 225-121 Les délibérations prises par les assemblées en violation des articles L. 225-96, L. 225-97, L. 225-98, des troisième et quatrième alinéas de l'article L. 225-99, du deuxième alinéa de l'article L. 225-100 et *(L. n° 2012-387 du 22 mars 2012, art. 17-II)* « de l'article L. 225-105 » sont nulles.

En cas de violation des dispositions des articles L. 225-115 et L. 225-116 ou du décret pris pour leur application, l'assemblée peut être annulée. – *[L. n° 66-537 du 24 juill. 1966, art. 173.]*

Art. L. 225-122 I. – Sous réserve des dispositions des articles L. 225-10, L. 225-123, L. 225-124, L. 225-125 et L. 225-126, le droit de vote attaché aux actions de capital ou de jouissance est proportionnel à la quotité de capital qu'elles représentent et chaque action donne droit à une voix au moins. Toute clause contraire est réputée non écrite.

II. – Dans les sociétés par actions dont le capital est, pour un motif d'intérêt général, en partie propriété de l'État, de départements, de communes ou d'établissements publics, et dans celles ayant pour objet des exploitations concédées par les autorités administratives compétentes, hors de la France métropolitaine, le droit de vote est réglé par les statuts en vigueur le 1er avril 1967. – *[L. n° 66-537 du 24 juill. 1966, art. 174 et 492.]*

Art. L. 225-123 Un droit de vote double de celui conféré aux autres actions, eu égard à la quotité de capital social qu'elles représentent, peut être attribué, par les statuts ou une assemblée générale extraordinaire ultérieure, à toutes les actions entièrement libérées pour lesquelles il sera justifié d'une inscription nominative, depuis deux ans au moins, au nom du même actionnaire.

En outre, en cas d'augmentation du capital par incorporation de réserves, bénéfices ou primes d'émission, le droit de vote double peut être conféré, dès leur émission, aux actions nominatives attribuées gratuitement à un actionnaire à raison d'actions anciennes pour lesquelles il bénéficie de ce droit.

Le droit de vote prévu aux premier et deuxième alinéas ci-dessus peut être réservé aux actionnaires de nationalité française et à ceux ressortissant d'un État membre de la Communauté européenne ou d'un État partie à l'accord sur l'Espace économique européen. – *[L. n° 66-537 du 24 juill. 1966, art. 175.]*

Art. L. 225-124 *(L. n° 2008-776 du 4 août 2008, art. 57-III, en vigueur le 1er janv. 2009)* « Toute action convertie au porteur ou transférée en propriété perd le droit de vote double attribué en application de l'article L. 225-123. Néanmoins, le transfert par suite de succession, de liquidation de communauté de biens entre époux, ou de donation entre vifs au profit d'un conjoint ou d'un parent au degré successible, ne fait pas perdre le droit acquis et n'interrompt pas le délai mentionné au premier alinéa de l'article L. 225-123. Il en est de même, sauf stipulation contraire des statuts de la société ayant attribué le droit de vote double, en cas de transfert par suite d'une fusion ou d'une scission d'une société actionnaire. »

La fusion ou la scission de la société est sans effet sur le droit de vote double qui peut être exercé au sein de la ou des sociétés bénéficiaires, si les statuts de celles-ci l'ont institué. – *[L. n° 66-537 du 24 juill. 1966, art. 176.]*

Sont applicables en Nouvelle-Calédonie et dans les îles Wallis-et-Futuna les adjonctions et modifications apportées à l'art. L. 225-124 par la L. n° 2008-776 du 4 août 2008 (Ord. n° 2009-896 du 24 juill. 2009, art. 2).

Art. L. 225-125 Les statuts peuvent limiter le nombre de voix dont chaque actionnaire dispose dans les assemblées, sous la condition que cette limitation soit imposée à toutes les actions sans distinction de catégorie, autres que les actions à dividende prioritaire sans droit de vote. – *[L. n° 66-537 du 24 juill. 1966, art. 177.]*

(L. n° 2006-387 du 31 mars 2006, art. 18) « Les effets de la limitation mentionnée à l'alinéa précédent, prévue dans les statuts d'une société qui fait l'objet d'une offre publique et dont des actions sont admises à la négociation sur un marché réglementé, sont suspendus lors de la première assemblée générale qui suit la clôture de l'offre lorsque l'auteur de l'offre, agissant seul ou de concert, vient à détenir une fraction du capital ou des droits de vote de la société visée par l'offre supérieure à une quotité fixée par le règlement général de l'Autorité des marchés financiers, au moins égale à celle requise pour modifier les statuts, et dans la limite des trois quarts. »

Art. L. 225-126 *(L. n° 2010-1249 du 22 oct. 2010, art. 49-I)* I. — Lorsque les actions d'une société dont le siège social est établi en France sont admises aux négociations sur un marché réglementé d'un État membre de l'Union européenne ou d'un autre État partie à l'accord sur l'Espace économique européen, toute personne, à l'exception des personnes visées au 3° du IV de l'article L. 233-7, qui détient, seule ou de concert, au titre d'une ou plusieurs opérations de cession temporaire portant sur ces actions ou de toute opération lui donnant le droit ou lui faisant obligation de revendre ou de restituer ces actions au cédant, un nombre d'actions représentant plus du deux-centième des droits de vote, informe la société et l'Autorité des marchés financiers, au plus tard le troisième jour ouvré précédant l'assemblée générale à zéro heure, heure de Paris, et lorsque le contrat organisant cette opération demeure en vigueur à cette date, du nombre total d'actions qu'elle possède à titre temporaire. Cette déclaration doit comporter, outre le nombre d'actions acquises au titre de l'une des opérations susmentionnées, l'identité du cédant, la date et l'échéance du contrat relatif à l'opération et, s'il y a lieu, la convention de vote. La société publie ces informations dans les conditions et selon les modalités prévues par le règlement général de l'Autorité des marchés financiers.

II. — A défaut d'information de la société et de l'Autorité des marchés financiers dans les conditions prévues au I, les actions acquises au titre de l'une des opérations mentionnées au même I sont privées de droit de vote pour l'assemblée d'actionnaires concernée et pour toute assemblée d'actionnaires qui se tiendrait jusqu'à la revente ou la restitution desdites actions. Les délibérations prises par l'assemblée d'actionnaires en violation du présent II peuvent être annulées.

III. — Le tribunal de commerce dans le ressort duquel la société a son siège social peut, le ministère public entendu, sur demande du représentant de la société, d'un actionnaire ou de l'Autorité des marchés financiers, prononcer la suspension totale ou partielle, pour une durée ne pouvant excéder cinq ans, de ses droits de vote à l'encontre de tout actionnaire qui n'aurait pas procédé à l'information prévue au I.

L'art. L. 225-126 tel qu'issu de la L. nº 2010-1249 du 22 oct. 2010 est applicable en Nouvelle-Calédonie et dans les îles Wallis-et-Futuna (L. préc., art. 85-II).

Sur les infractions relatives aux assemblées d'actionnaires, V. art. L. 242-6, L. 242-8 à L. 242-16 [abrogé], L. 242-25 et L. 247-1.

SECTION IV DES MODIFICATIONS DU CAPITAL SOCIAL ET DE L'ACTIONNARIAT DES SALARIÉS

SOUS-SECTION 1 DE L'AUGMENTATION DU CAPITAL

Art. L. 225-127 *(Ord. nº 2004-604 du 24 juin 2004, art. 2)* Le capital social est augmenté soit par émission d'actions ordinaires ou d'actions de préférence, soit par majoration du montant nominal des titres de capital existants.

Il peut également être augmenté par l'exercice de droits attachés à des valeurs mobilières donnant accès au capital, dans les conditions prévues aux articles L. 225-149 et L. 225-177.

Art. L. 225-128 *(Ord. nº 2004-604 du 24 juin 2004, art. 3)* Les titres de capital nouveaux sont émis soit à leur montant nominal, soit à ce montant majoré d'une prime d'émission.

Ils sont libérés soit par apport en numéraire y compris par compensation avec des créances liquides et exigibles sur la société, soit par apport en nature, soit par incorporation de réserves, bénéfices ou primes d'émission, soit en conséquence d'une fusion ou d'une scission.

Ils peuvent aussi être libérés consécutivement à l'exercice d'un droit attaché à des valeurs mobilières donnant accès au capital comprenant, le cas échéant, le versement des sommes correspondantes.

Art. L. 225-129 *(Ord. nº 2004-604 du 24 juin 2004, art. 4)* L'assemblée générale extraordinaire est seule compétente pour décider, sur le rapport du conseil d'administration ou du directoire, une augmentation de capital immédiate ou à terme. Elle peut déléguer cette compétence au conseil d'administration ou au directoire dans les conditions fixées à l'article L. 225-129-2. — *V. art. R. 225-113.*

L'augmentation de capital doit, sous réserve des dispositions prévues aux articles L. 225-129-2 et L. 225-138, être réalisée dans le délai de cinq ans à compter de cette décision ou de cette délégation. Ce délai ne s'applique pas aux augmentations de capital à réaliser à la suite de l'exercice d'un droit attaché à une valeur mobilière donnant accès au capital ou à la suite des levées d'options prévues à l'article L. 225-177 *(L. n° 2006-1770 du 30 déc. 2006, art. 41)* « ou du fait de l'attribution définitive d'actions gratuites prévue à l'article L. 225-197-1 ».

Art. L. 225-129-1 *(Ord. n° 2004-604 du 24 juin 2004, art. 5)* Lorsque l'assemblée générale extraordinaire décide l'augmentation de capital, elle peut déléguer au conseil d'administration ou au directoire le pouvoir de fixer les modalités de l'émission des titres.

Art. L. 225-129-2 *(Ord. n° 2004-604 du 24 juin 2004, art. 5)* Lorsque l'assemblée générale extraordinaire délègue au conseil d'administration ou au directoire sa compétence pour décider de l'augmentation de capital, elle fixe la durée, qui ne peut excéder vingt-six mois, durant laquelle cette délégation peut être utilisée et le plafond global de cette augmentation.

Cette délégation prive d'effet toute délégation antérieure ayant le même objet.

Les émissions mentionnées aux articles L. 225-135 à L. 225-138-1 et L. 225-177 à L. 225-186, *(L. n° 2004-1484 du 30 déc. 2004, art. 83-I)* « L. 225-197-1 à L. 225-197-3 » ainsi que les émissions d'actions de préférence mentionnées aux articles L. 228-11 à L. 228-20 doivent faire l'objet de résolutions particulières.

Dans la limite de la délégation donnée par l'assemblée générale, le conseil d'administration ou le directoire dispose des pouvoirs nécessaires pour fixer les conditions d'émission, constater la réalisation des augmentations de capital qui en résultent et procéder à la modification corrélative des statuts.

Art. L. 225-129-3 *Abrogé par L. n° 2006-387 du 31 mars 2006, art. 22-I. — V. art. L. 233-32.*

Art. L. 225-129-4 *(Ord. n° 2009-80 du 22 janv. 2009, art. 11-I, en vigueur le 1er avr. 2009)* « Dans les sociétés anonymes dont les titres de capital sont admis aux négociations sur un marché réglementé ou sur un système multilatéral de négociation qui se soumet aux dispositions législatives ou réglementaires visant à protéger les investisseurs contre les opérations d'initiés, les manipulations de cours et la diffusion de fausses informations : »

(Ord. n° 2004-604 du 24 juin 2004, art. 5) « *a)* Le conseil d'administration peut, dans les limites qu'il aura préalablement fixées, déléguer au directeur général, ou, en accord avec ce dernier, à un ou plusieurs directeurs généraux délégués le pouvoir de décider la réalisation de l'émission, ainsi que celui d'y surseoir ;

« *b)* Le directoire peut déléguer à son président ou, en accord avec celui-ci, à l'un de ses membres le pouvoir de décider la réalisation de l'émission, ainsi que celui d'y surseoir.

« Les personnes désignées rendent compte au conseil d'administration ou au directoire de l'utilisation faite de ce pouvoir dans les conditions prévues par ces derniers. »

Art. L. 225-129-5 *(Ord. n° 2004-604 du 24 juin 2004, art. 5)* Lorsqu'il est fait usage des délégations prévues aux articles L. 225-129-1 et L. 225-129-2, le conseil d'administration ou le directoire établit un rapport complémentaire à l'assemblée générale ordinaire suivante dans les conditions fixées par décret en Conseil d'État.

V. note ss. art. L. 225-100.

Art. L. 225-129-6 *(Ord. n° 2004-604 du 24 juin 2004, art. 5)* Lors de toute décision d'augmentation du capital par apport en numéraire, sauf si elle résulte d'une émission au préalable de valeurs mobilières donnant accès au capital, l'assemblée générale extraordinaire doit se prononcer sur un projet de résolution tendant à la réalisation d'une augmentation de capital dans les conditions prévues à l'article L. 443-5 *[L. 3332-18 à L. 3332-24 nouv.]* du code du travail *(L. nº 2011-525 du 17 mai 2011, art. 60)* « , lorsque la société a des salariés ». *(L. nº 2004-1343 du 9 déc. 2004, art. 78-XXVII)* « Toutefois, l'assemblée générale extraordinaire se prononce sur un tel projet de résolution lorsqu'elle délègue sa compétence pour réaliser l'augmentation de capital conformément à l'article L. 225-129-2. »

(L. nº 2005-842 du 26 juill. 2005, art. 42) « Tous les trois ans », une assemblée générale extraordinaire est convoquée pour se prononcer sur un projet de résolution tendant à réaliser une augmentation de capital dans les conditions prévues *(L. nº 2012-387 du 22 mars 2012, art. 13)* « à la section IV du chapitre II du titre III du livre III de la troisième partie » du code du travail si, au vu du rapport présenté à l'assemblée générale par le conseil d'administration ou le directoire en application de l'article L. 225-102, les actions détenues par le personnel de la société et des sociétés qui lui sont liées au sens de l'article L. 225-180 représentent moins de 3 % du capital. *(L. nº 2012-387 du 22 mars 2012, art. 13)* « Ce délai est repoussé à cinq ans si, dans les conditions prévues au premier alinéa du présent article, une assemblée générale extraordinaire s'est prononcée depuis moins de trois ans sur un projet de résolution tendant à la réalisation d'une augmentation de capital dans les conditions prévues à la même section IV. » — *V. art. R. 225-130 s.*

(L. nº 2011-525 du 17 mai 2011, art. 60) « Les premier et deuxième alinéas ne sont pas applicables aux sociétés contrôlées au sens de l'article L. 233-16 du présent code lorsque la société qui les contrôle a mis en place, dans les conditions prévues au deuxième alinéa de l'article L. 3344-1 du code du travail, un dispositif d'augmentation de capital dont peuvent bénéficier les salariés des sociétés contrôlées. »

Art. L. 225-130 *(Ord. nº 2004-604 du 24 juin 2004, art. 6)* Lorsque l'augmentation du capital, que ce soit par émission de titres de capital nouveaux ou par majoration du montant nominal des titres de capital existants, est réalisée par incorporation de réserves, bénéfices ou primes d'émission, l'assemblée générale, par dérogation aux dispositions de l'article L. 225-96, statue dans les conditions de quorum et de majorité prévues à l'article L. 225-98. Dans ce cas, elle peut décider que les droits formant rompus ne sont ni négociables, ni cessibles et que les titres de capital correspondants sont vendus. Les sommes provenant de la vente sont allouées aux titulaires des droits dans un délai fixé par décret en Conseil d'État. — *V. art. R. 225-130.*

L'augmentation de capital par majoration du montant nominal des titres de capital, en dehors des cas prévus à l'alinéa précédent, n'est décidée qu'avec le consentement unanime des actionnaires.

Art. L. 225-131 Le capital doit être intégralement libéré avant toute émission d'actions nouvelles à libérer en numéraire *(Abrogé par Ord. nº 2004-604 du 24 juin 2004, art. 51-IV)* « *, à peine de nullité de l'opération* ».

En outre, l'augmentation du capital par *(Ord. nº 2009-80 du 22 janv. 2009, art. 11-II, en vigueur le 1er avr. 2009)* « offre au public », réalisée moins de deux ans après la constitution d'une société selon les articles L. 225-12 à L. 225-16, doit être précédée, dans les conditions visées aux articles L. 225-8 à L. 225-10, d'une vérification de l'actif et du passif ainsi que, le cas échéant, des avantages particuliers consentis. — *[L. nº 66-537 du 24 juill. 1966, art. 182.]*

Art. L. 225-132 Les actions comportent un droit préférentiel de souscription aux augmentations de capital.

Les actionnaires ont, proportionnellement au montant de leurs actions, un droit de préférence à la souscription des actions de numéraire émises pour réaliser une augmentation de capital. *(Abrogé par Ord. n° 2004-604 du 24 juin 2004, art. 51-V) « Toute clause contraire est réputée non écrite. »*

Pendant la durée de la souscription, ce droit est négociable lorsqu'il est détaché d'actions elles-mêmes négociables. Dans le cas contraire, il est cessible dans les mêmes conditions que l'action elle-même.

Les actionnaires peuvent renoncer à titre individuel à leur droit préférentiel. – *[L. n° 66-537 du 24 juill. 1966, art. 183.] – V. art. R. 225-122.*

(Ord. n° 2004-604 du 24 juin 2004, art. 7) « La décision relative à la conversion des actions de préférence emporte renonciation des actionnaires au droit préférentiel de souscription aux actions issues de la conversion.

« La décision d'émission de valeurs mobilières donnant accès au capital emporte également renonciation des actionnaires à leur droit préférentiel de souscription aux titres de capital auxquels les valeurs mobilières émises donnent droit. »

Art. L. 225-133 *(Ord. n° 2004-604 du 24 juin 2004, art. 8)* Si l'assemblée générale ou, en cas de délégation prévue à l'article L. 225-129, le conseil d'administration ou le directoire le décide expressément, les titres de capital non souscrits à titre irréductible sont attribués aux actionnaires qui auront souscrit un nombre de titres supérieur à celui auquel ils pouvaient souscrire à titre préférentiel, proportionnellement aux droits de souscription dont ils disposent et, en tout état de cause, dans la limite de leurs demandes.

Art. L. 225-134 I. – Si les souscriptions à titre irréductible et, le cas échéant, à titre réductible n'ont pas absorbé la totalité de l'augmentation de capital :

(Ord. n° 2004-604 du 24 juin 2004, art. 9) « 1° Le montant de l'augmentation de capital peut être limité au montant des souscriptions sauf décision contraire de l'assemblée générale. En aucun cas, le montant de l'augmentation de capital ne peut être inférieur aux trois quarts de l'augmentation décidée ; »

2° Les actions non souscrites peuvent être librement réparties totalement ou partiellement, à moins que l'assemblée en ait décidé autrement ;

3° Les actions non souscrites peuvent être offertes au public totalement ou partiellement lorsque l'assemblée a expressément admis cette possibilité.

II. – Le conseil d'administration ou le directoire peut utiliser dans l'ordre qu'il détermine les facultés prévues ci-dessus ou certaines d'entre elles seulement. L'augmentation de capital n'est pas réalisée lorsque après l'exercice de ces facultés, le montant des souscriptions reçues n'atteint pas la totalité de l'augmentation de capital ou les trois quarts de cette augmentation dans le cas prévu au 1° du I.

III. – Toutefois, le conseil d'administration ou le directoire peut, d'office et dans tous les cas, limiter l'augmentation de capital au montant atteint lorsque les actions non souscrites représentent moins de 3 % de l'augmentation de capital. Toute délibération contraire est réputée non écrite. – *[L. n° 66-537 du 24 juill. 1966, art. 185.]*

Art. L. 225-135 *(L. n° 2011-525 du 17 mai 2011, art. 61)* L'assemblée qui décide ou autorise une augmentation de capital, soit en en fixant elle-même toutes les modalités, soit en déléguant son pouvoir ou sa compétence dans les conditions prévues aux articles L. 225-129-1 ou L. 225-129-2, peut supprimer le droit préférentiel de souscription pour la totalité de l'augmentation de capital ou pour une ou plusieurs tranches de cette augmentation, selon les modalités prévues par les articles L. 225-136 à L. 225-138-1.

Elle statue sur rapport du conseil d'administration ou du directoire.

Lorsqu'elle décide de l'augmentation de capital, soit en fixant elle-même toutes les modalités, soit en déléguant son pouvoir dans les conditions fixées à l'article L. 225-

129-1, elle statue également sur rapport des commissaires aux comptes, sauf dans le cas mentionné au premier alinéa du 1° de l'article L. 225-136.

Lorsqu'il est fait usage d'une délégation de pouvoir ou de compétence, le conseil d'administration ou le directoire ainsi que le commissaire aux comptes établissent chacun un rapport sur les conditions définitives de l'opération présenté à l'assemblée générale ordinaire suivante. Le rapport du conseil d'administration ou du directoire satisfait à l'obligation prévue à l'article L. 225-129-5.

Dans les sociétés dont les titres de capital sont admis aux négociations sur un marché réglementé, l'assemblée peut prévoir que l'augmentation de capital qu'elle décide ou autorise comporte un délai de priorité de souscription en faveur des actionnaires, dont la durée minimale est fixée par décret en Conseil d'État. Elle peut également déléguer au conseil d'administration ou au directoire la faculté d'apprécier s'il y a lieu de prévoir un tel délai et, éventuellement, de fixer ce délai dans les mêmes conditions. – *V. art. R. 225-131.*

Un décret en Conseil d'État fixe les conditions dans lesquelles sont établis les rapports prévus au présent article. – *V. art. R. 225-114.*

Art. L. 225-135-1 *(Ord. n° 2004-604 du 24 juin 2004, art. 11)* En cas d'augmentation de capital avec ou sans droit préférentiel de souscription, l'assemblée peut prévoir que le nombre de titres pourra être augmenté pendant un délai fixé par décret en Conseil d'État, dans la limite d'une fraction de l'émission initiale déterminée par ce même décret et au même prix que celui retenu pour l'émission initiale. La limite prévue au 1° du I de l'article L. 225-134 est alors augmentée dans les mêmes proportions. – *V. art. R. 225-118.*

Art. L. 225-136 *(Ord n° 2009-80 du 22 janv. 2009, art. 11-III, en vigueur le 1er avr. 2009)* « L'émission de titres de capital sans droit préférentiel de souscription par une offre au public ou par une offre visée au II de l'article L. 411-2 du code monétaire et financier est soumise aux conditions suivantes :

« 1° Pour les sociétés dont les titres de capital sont admis aux négociations sur un marché réglementé et dans la mesure où les titres de capital à émettre de manière immédiate ou différée leur sont assimilables, le prix d'émission desdits titres doit être fixé selon des modalités prévues par décret en Conseil d'État pris après consultation de l'Autorité des marchés financiers*[.]* » – *V. art. R. 225-119.*

(Ord n° 2004-604 du 24 juin 2004, art. 12) « Toutefois, dans la limite de 10 % du capital social par an, l'assemblée générale extraordinaire peut autoriser le conseil d'administration ou le directoire, à fixer le prix d'émission selon des modalités qu'elle détermine au vu d'un rapport du conseil d'administration ou du directoire, et d'un rapport spécial du commissaire aux comptes. Lorsqu'il est fait usage de cette autorisation, le conseil d'administration ou le directoire établit un rapport complémentaire, certifié par le commissaire aux comptes, décrivant les conditions définitives de l'opération et donnant des éléments d'appréciation de l'incidence effective sur la situation de l'actionnaire.

« 2° Dans les autres cas, le prix d'émission ou les conditions de fixation de ce prix sont déterminés par l'assemblée générale extraordinaire sur rapport du conseil d'administration ou du directoire et sur rapport spécial du commissaire aux comptes » ; – *V. art. R. 225-114.*

(Ord n° 2009-80 du 22 janv. 2009, art. 11-III, en vigueur le 1er avr. 2009) « 3° L'émission de titres de capital réalisée par une offre visée au II de l'article L. 411-2 du code monétaire et financier est limitée à 20 % du capital social par an. »

Art. L. 225-137 *Abrogé par Ord. n° 2004-604 du 24 juin 2004, art. 51-VII.*

Art. L. 225-138 *(Ord. n° 2004-604 du 24 juin 2004, art. 13, 1°)* I. – L'assemblée générale qui décide l'augmentation du capital peut la réserver à une ou plusieurs personnes nommément désignées ou catégories de personnes répondant à des caractéristiques déterminées. A cette fin, elle peut supprimer le droit préférentiel de souscription. Les personnes nommément désignées bénéficiaires de cette disposition ne peuvent prendre part au vote. Le quorum et la majorité requis sont calculés après déduction des actions qu'elles possèdent. La procédure prévue à l'article L. 225-147 n'est pas applicable.

Lorsque l'assemblée générale extraordinaire supprime le droit préférentiel de souscription en faveur d'une ou plusieurs catégories de personnes répondant à des caractéristiques qu'elle fixe, elle peut déléguer au conseil d'administration ou au directoire le soin d'arrêter la liste des bénéficiaires au sein de cette ou de ces catégories et le nombre de titres à attribuer à chacun d'eux, dans les limites des plafonds prévus au premier alinéa de l'article L. 225-129-2. Lorsqu'il fait usage de cette délégation, le conseil d'administration ou le directoire établit un rapport complémentaire à la prochaine assemblée générale ordinaire, certifié par le commissaire aux comptes, décrivant les conditions définitives de l'opération.

II. – Le prix d'émission ou les conditions de fixation de ce prix sont déterminés par l'assemblée générale extraordinaire sur rapport du conseil d'administration ou du directoire et sur rapport spécial du commissaire aux comptes. – *V. art. R. 225-114.*

III. – L'émission doit être réalisée dans un délai de dix-huit mois à compter de l'assemblée générale qui l'a décidée ou qui a voté la délégation prévue à l'article L. 225-129.

Art. L. 225-138-1 *(Ord. nº 2004-604 du 24 juin 2004, art. 13, 2º)* Pour l'application du premier alinéa de l'article L. 443-5 *[L. 3332-18 nouv.]* du code du travail *(Ord. nº 2004-604 du 24 juin 2004, art. 14-1)* « relatif aux augmentations de capital réservées aux adhérents d'un plan d'épargne d'entreprise », lorsque l'assemblée générale a supprimé le droit préférentiel de souscription en faveur des salariés de la société ou des sociétés qui lui sont liées au sens de l'article L. 225-180 *(Ord. nº 2004-604 du 24 juin 2004, art. 14-1)* « , les dispositions des I et II de l'article L. 225-138 s'appliquent et » :

1º Le prix de souscription demeure déterminé dans les conditions définies à l'article L. 443-5 *[L. 3332-18 à L. 3332-24 nouv.]* du code du travail ;

2º L'augmentation de capital n'est réalisée qu'à concurrence du montant des *(Ord. nº 2004-604 du 24 juin 2004, art. 14-1)* « titres de capital souscrits » par les salariés individuellement ou par l'intermédiaire d'un fonds commun de placement ou des titres émis par des sociétés d'investissement à capital variable régies par l'article *(Ord. nº 2011-915 du 1er août 2011, art. 26)* « L. 214-41 » du code monétaire et financier. Elle ne donne pas lieu aux formalités prévues aux articles L. 225-142, L. 225-144 et L. 225-146 ;

(Abrogé par Ord. nº 2004-604 du 24 juin 2004, art. 14-III) « 3º L'émission par une société dont les actions sont admises aux négociations sur un marché réglementé peut être réalisée dans un délai de cinq ans à compter de l'assemblée générale qui l'a autorisée ; »

4º Le délai susceptible d'être accordé aux souscripteurs pour la libération de leurs titres ne peut être supérieur à trois ans ;

5º Les *(Ord. nº 2004-604 du 24 juin 2004, art. 14-IV)* « titres de capital ou valeurs mobilières donnant accès au capital peuvent être libérés », à la demande de la société ou du souscripteur, soit par versements périodiques, soit par prélèvements *égaux et réguliers sur* le salaire du souscripteur ;

6º Les *(Ord. nº 2004-604 du 24 juin 2004, art. 14-V)* « titres de capital ou valeurs mobilières donnant accès au capital ainsi souscrits délivrés » avant l'expiration du délai de cinq ans prévu à l'article L. 443-6 *[L. 3332-25, L. 3332-26 nouv.]* du code du travail ne sont négociables qu'après avoir été intégralement *(Ord. nº 2004-604 du 24 juin 2004, art. 14-V)* « libérés » ;

(Ord. nº 2004-604 du 24 juin 2004, art. 14-VI) **« 7º Les titres de capital ou valeurs mobilières donnant accès au capital réservés aux adhérents aux plans d'épargne mentionnés à l'article L. 443-1** *[L. 3332-1 à L. 3332-8 nouv.]* **du code du travail peuvent, par dérogation aux dispositions du premier alinéa de l'article L. 225-131 du présent code, être émis alors même que le capital social n'aurait pas été intégralement libéré.**

« Le fait que les titres mentionnés à l'alinéa précédent n'aient pas été entièrement libérés ne fait pas obstacle à l'émission de titres de capital à libérer en numéraire.

« Les participants au plan d'épargne d'entreprise prévu à l'article L. 443-1 *[L. 3332-1 à L. 3332-8 nouv.]* **du code du travail peuvent obtenir la résiliation ou la réduction de leur engagement de souscription ou de détention de titres de capital ou de valeurs mobilières donnant accès au capital émis par l'entreprise dans les cas et conditions fixés par les décrets en Conseil d'État prévus à l'article L. 442-7** *[L. 3324-10 nouv.]* **du même code. »** *– Anc. art. L. 225-138, IV.*

Art. L. 225-139 *(Ord. nº 2004-604 du 24 juin 2004, art. 15)* **Un décret en Conseil d'État détermine les mentions qui doivent figurer dans les rapports prévus aux articles L. 225-129, L. 225-135, L. 225-136 et L. 225-138, de même que dans les rapports prévus en cas d'émission d'actions de préférence ou de valeurs mobilières donnant accès au capital.** *– V. art. R. 225-114.*

Art. L. 225-140 Lorsque *(Ord. nº 2004-604 du 24 juin 2004, art. 16)* **« les titres de capital sont grevés » d'un usufruit, le droit préférentiel de souscription qui leur est attaché appartient au nu-propriétaire. Si celui-ci vend les droits de souscription, les sommes provenant de la cession ou les biens acquis par lui au moyen de ces sommes sont soumis à l'usufruit. Si le nu-propriétaire néglige d'exercer son droit, l'usufruitier peut se substituer à lui pour souscrire aux** *(Ord. nº 2004-604 du 24 juin 2004, art. 16)* **« titres nouveaux » ou pour vendre les droits. Dans ce dernier cas, le nu-propriétaire peut exiger le remploi des sommes provenant de la cession. Les biens ainsi acquis sont soumis à l'usufruit.**

Les *(Ord. nº 2004-604 du 24 juin 2004, art. 16)* **« titres nouveaux » appartiennent au nu-propriétaire pour la nue-propriété et à l'usufruitier pour l'usufruit. Toutefois, en cas de versement de fonds effectué par le nu-propriétaire ou l'usufruitier pour réaliser ou parfaire une souscription, les** *(Ord. nº 2004-604 du 24 juin 2004, art. 16)* **« titres nouveaux » n'appartiennent au nu-propriétaire et à l'usufruitier qu'à concurrence de la valeur des droits de souscription. Le surplus des** *(Ord. nº 2004-604 du 24 juin 2004, art. 16)* **« titres nouveaux » appartient en pleine propriété à celui qui a versé les fonds.**

Un décret en Conseil d'État fixe les conditions d'application du présent article dont les dispositions sont également suivies en cas d'attribution *(Ord. nº 2004-604 du 24 juin 2004, art. 16)* **« de titres gratuits ».** *– V. art. R. 225-123.*

Les dispositions du présent article s'appliquent dans le silence de la convention des parties. *– [L. nº 66-537 du 24 juill. 1966, art. 187.]*

Art. L. 225-141 Le délai accordé aux actionnaires pour l'exercice du droit de souscription ne peut être inférieur à *(Ord. nº 2004-604 du 24 juin 2004, art. 17)* **« cinq jours de bourse » à dater de l'ouverture de la souscription.**

Ce délai se trouve clos par anticipation dès que tous les droits de souscription à titre irréductible ont été exercés ou que l'augmentation de capital a été intégralement souscrite après renonciation individuelle à leurs droits de souscription des actionnaires qui n'ont pas souscrit. *– [L. nº 66-537 du 24 juill. 1966, art. 188.]*

Art. L. 225-142 La société accomplit, avant l'ouverture de la souscription, des formalités de publicité dont les modalités sont fixées par décret en Conseil d'État. *– [L.*

n° 66-537 du 24 juill. 1966, art. 189.] – V. art. R. 210-9, R. 225-120, R. 225-121, R. 225-124 à R. 225-127.

Art. L. 225-143 Le contrat de souscription *(Ord. n° 2004-604 du 24 juin 2004, art. 18)* « à des titres de capital ou à des valeurs mobilières donnant accès au capital » est constaté par un bulletin de souscription, établi dans les conditions déterminées par décret en Conseil d'État. *– V. art. R. 225-128.*

Toutefois, le bulletin de souscription n'est pas exigé des établissements de crédit et des prestataires de services d'investissement qui reçoivent mandat d'effectuer une souscription à charge pour ces mandataires de justifier de leur mandat. *– [L. n° 66-537 du 24 juill. 1966, art. 190.]*

Art. L. 225-144 Les actions souscrites en numéraire sont obligatoirement libérées, lors de la souscription, d'un quart au moins de leur valeur nominale et, le cas échéant, de la totalité de la prime d'émission. La libération du surplus doit intervenir, en une ou plusieurs fois, dans le délai de cinq ans à compter du jour où l'augmentation du capital est devenue définitive.

Les dispositions du premier alinéa de l'article L. 225-5, à l'exception de celles relatives à la liste des souscripteurs, sont applicables. Le retrait des fonds provenant des souscriptions en numéraire peut être effectué par un mandataire de la société après l'établissement du certificat du dépositaire.

Si l'augmentation de capital n'est pas réalisée dans le délai de six mois à compter de l'ouverture de la souscription, il peut être fait application des dispositions du deuxième alinéa de l'article L. 225-11. *– [L. n° 66-537 du 24 juill. 1966, art. 191.] – V. art. R. 225-129, R. 225-134 et R. 225-135.*

Art. L. 225-145 Dans les sociétés faisant, pour le placement de leurs actions, *(Ord. n° 2009-80 du 22 janv. 2009, art. 11-IV, en vigueur le 1er avr. 2009)* « offre au public ou offre visée au II de l'article L. 411-2 du code monétaire et financier », l'augmentation de capital est réputée réalisée lorsqu'un ou plusieurs prestataires de services d'investissement agréés *(L. n° 2001-1168 du 11 déc. 2001)* « pour fournir le service d'investissement mentionné au 6 de l'article L. 321-1 du code monétaire et financier, ou personnes mentionnées à l'article L. 532-18 de ce code et autorisées à fournir le même service sur le territoire de leur État d'origine, » ont garanti de manière irrévocable sa bonne fin. Le versement de la fraction libérée de la valeur nominale et de la totalité de la prime d'émission doit intervenir au plus tard le trente-cinquième jour qui suit la clôture du délai de souscription. *– [L. n° 66-537 du 24 juill. 1966, art. 191-1.]*

Pour l'application en Nouvelle-Calédonie, en Polynésie française, dans les îles Wallis-et-Futuna et à Mayotte, V. L. n° 2001-1168 du 11 déc. 2001, art. 27-III (JO 12 déc.).

Art. L. 225-146 Les souscriptions et les versements sont constatés par un certificat du dépositaire établi, au moment du dépôt des fonds, sur présentation des bulletins de souscription.

Les libérations d'actions par compensation de créances liquides et exigibles sur la société sont constatées par un certificat du notaire ou du commissaire aux comptes. Ce certificat tient lieu de certificat du dépositaire. *– [L. n° 66-537 du 24 juill. 1966, art. 192.] – V. art. R. 225-134.*

Art. L. 225-147 En cas d'apports en nature ou de stipulation d'avantages particuliers, un ou plusieurs commissaires aux apports sont désignés *(L. n° 2012-387 du 22 mars 2012, art. 7-III)* « à l'unanimité des actionnaires ou, à défaut, » par décision de justice. Ils sont soumis aux incompatibilités prévues à l'article *(Ord. n° 2004-604 du 24 juin 2004, art. 19)* « L. 822-11 ».

Ces commissaires apprécient, sous leur responsabilité, la valeur des apports en nature et les avantages particuliers. *(Ord. n° 2004-604 du 24 juin 2004, art. 19)* « Un décret en Conseil d'État fixe les mentions principales de leur rapport, le délai dans lequel il doit être remis et les conditions dans lesquelles il est mis à la disposition des actionnaires. » Les dispositions de l'article L. 225-10 sont applicables à l'assemblée générale extraordinaire. – *V. art. R. 225-136.*

Si l'assemblée approuve l'évaluation des apports et l'octroi d'avantages particuliers, elle constate la réalisation de l'augmentation du capital.

Si l'assemblée réduit l'évaluation des apports ainsi que la rémunération d'avantages particuliers, l'approbation expresse des modifications par les apporteurs, les bénéficiaires ou leurs mandataires dûment autorisés à cet effet, est requise. A défaut, l'augmentation du capital n'est pas réalisée. – *[L. n° 66-537 du 24 juill. 1966, art. 193.]*

(Ord. n° 2004-604 du 24 juin 2004, art. 19) « Les titres de capital émis en rémunération d'un apport en nature sont intégralement libérés dès leur émission.

« L'assemblée générale extraordinaire d'une société dont les titres sont admis aux négociations sur un marché réglementé peut déléguer, pour une durée maximale de vingt-six mois, au conseil d'administration ou au directoire les pouvoirs nécessaires à l'effet de procéder à une augmentation de capital, dans la limite de 10 % de son capital social, en vue de rémunérer des apports en nature consentis à la société et constitués de titres de capital ou de valeurs mobilières donnant accès au capital, lorsque les dispositions de l'article L. 225-148 ne sont pas applicables. Le conseil d'administration ou le directoire statue conformément au troisième ou quatrième alinéas ci-dessus, sur le rapport du ou des commissaires aux apports mentionnés aux premier et deuxième alinéas ci-dessus. »

Art. L. 225-147-1 *(L. n° 2012-387 du 22 mars 2012, art. 8-II)* I. – L'article L. 225-147 n'est pas applicable, sur décision du conseil d'administration ou du directoire, lorsque l'apport en nature est constitué :

1° De valeurs mobilières donnant accès au capital mentionnées à l'article L. 228-1 ou d'instruments du marché monétaire, au sens de l'article 4 de la directive 2004/39/CE du Parlement européen et du Conseil du 21 avril 2004 concernant les marchés d'instruments financiers, modifiant les directives 85/611/CEE et 93/6/CEE du Conseil et la directive 2000/12/CE du Parlement européen et du Conseil et abrogeant la directive 93/22/CE du Conseil, s'ils ont été évalués au prix moyen pondéré auquel ils ont été négociés sur un ou plusieurs marchés réglementés durant les trois mois précédant la date de la réalisation effective de l'apport ;

2° D'éléments d'actif autres que les valeurs mobilières ou les instruments du marché monétaire mentionnés au 1° si, dans les six mois précédant la date de la réalisation effective de l'apport, ces éléments ont déjà fait l'objet d'une évaluation à la juste valeur par un commissaire aux apports dans les conditions définies à l'article L. 225-147.

II. – L'apport en nature fait l'objet d'une réévaluation dans les conditions mentionnées aux deux premiers alinéas de l'article L. 225-147, à l'initiative et sous la responsabilité du conseil d'administration ou du directoire, lorsque :

1° Dans le cas prévu au 1° du I du présent article, le prix a été affecté par des circonstances exceptionnelles pouvant modifier sensiblement la valeur de l'élément d'actif à la date de la réalisation effective de l'apport ;

2° Dans le cas prévu au 2° du même I, des circonstances nouvelles ont modifié sensiblement la juste valeur de l'élément d'actif à la date de la réalisation effective de l'apport. Faute d'une telle réévaluation, un ou plusieurs actionnaires représentant au moins 5 % du capital à la date de la décision d'augmenter le capital ou une association d'actionnaires répondant aux conditions fixées à l'article L. 225-120 ont la faculté de demander une évaluation par un commissaire aux apports dans les conditions mentionnées aux deux premiers alinéas de l'article L. 225-147.

III. – Les informations relatives aux apports en nature mentionnés aux 1° et 2° du I sont portées à la connaissance des actionnaires dans des conditions définies par décret en Conseil d'État.

Art. L. 225-148 Les dispositions de l'article L. 225-147 ne sont pas applicables dans le cas où une société dont les actions sont admises aux négociations sur un marché réglementé procède à une augmentation de capital à l'effet de rémunérer des titres apportés à une *(Ord. n° 2004-604 du 24 juin 2004, art. 51-VIII)* « offre publique d'échange sur des titres d'une société » dont les actions sont admises aux négociations sur un marché réglementé d'un État partie à l'accord sur l'Espace économique européen ou membre de l'Organisation de coopération et de développement économique.

L'augmentation de capital intervient dans les conditions prévues *(Ord. n° 2004-604 du 24 juin 2004, art. 51-VIII)* « aux articles L. 225-129 à L. 225-129-6 ». Toutefois, les commissaires aux comptes doivent exprimer leur avis sur les conditions et les conséquences de l'émission, dans le prospectus diffusé à l'occasion de sa réalisation et dans leur rapport à la première assemblée générale ordinaire qui suit l'émission. *– [L. n° 66-537 du 24 juill. 1966, art. 193-1.]*

Art. L. 225-149 *(Ord. n° 2004-604 du 24 juin 2004, art. 20)* L'augmentation de capital résultant de l'exercice de droits attachés aux valeurs mobilières donnant accès au capital n'est pas soumise aux formalités prévues à l'article L. 225-142, au deuxième alinéa de l'article L. 225-144 et à l'article L. 225-146. Lorsque le titulaire d'une valeur mobilière émise en application de l'article L. 225-149-2 n'a pas droit à un nombre entier, la fraction formant rompu fait l'objet d'un versement en espèces selon les modalités de calcul fixées par décret en Conseil d'État. *– V. art. R. 228-94.*

L'augmentation de capital est définitivement réalisée du seul fait de l'exercice des droits et, le cas échéant, des versements correspondants.

A tout moment de l'exercice en cours et au plus tard lors de la première réunion suivant la clôture de celui-ci, le conseil d'administration ou le directoire constate, s'il y a lieu, le nombre et le montant nominal des actions créées au profit des titulaires des droits au cours de l'exercice écoulé et apporte les modifications nécessaires aux clauses des statuts relatives au montant du capital social et au nombre des titres qui le composent.

Le président du directoire ou le directeur général peut, sur délégation du directoire ou du conseil d'administration, procéder à ces opérations à tout moment de l'exercice et au plus tard dans une limite fixée par décret en Conseil d'État. *– V. art. R. 225-132.*

Art. L. 225-149-1 *(Ord. n° 2004-604 du 24 juin 2004, art. 21)* En cas d'émission de nouveaux titres de capital ou de nouvelles valeurs mobilières donnant accès au capital ainsi qu'en cas de fusion ou de scission de la société appelée à émettre de tels titres, le conseil d'administration ou le directoire peut suspendre, pendant un délai maximum fixé par décret en Conseil d'État, la possibilité d'obtenir l'attribution de titres de capital par l'exercice du droit mentionné à l'article L. 225-149 *(L. n° 2004-1343 du 9 déc. 2004, art. 78-XXVII)* « ou à l'article L. 225-178 ». *– V. art. R. 225-133.*

Sauf disposition contraire du contrat d'émission, les titres de capital obtenus, à l'issue de la période de suspension, par l'exercice des droits attachés aux valeurs mobilières donnent droit aux dividendes versés au titre de l'exercice au cours duquel ils ont été émis.

Art. L. 225-149-2 *(Ord. n° 2004-604 du 24 juin 2004, art. 22)* **Les droits attachés aux titres donnant accès au capital qui ont été utilisés ou qui ont été acquis par la société émettrice ou par la société appelée à émettre de nouveaux titres de capital, sont annulés par la société émettrice.**

Art. L. 225-149-3 *(L. n° 2012-387 du 22 mars 2012, art. 20)* **Les rapports et les formalités mentionnés à l'article L. 225-129-2, au second alinéa de l'article L. 225-131, aux 1° et 2° de l'article L. 225-136, aux articles L. 225-138, L. 225-142 et L. 225-143, au dernier alinéa de l'article L. 225-144, aux articles L. 225-145 à L. 225-147, au second alinéa de l'article L. 225-148, à l'avant-dernier alinéa de l'article L. 225-149 et à l'article L. 225-149-2 peuvent donner lieu à une injonction de faire suivant les modalités définies aux articles L. 238-1 et L. 238-6.**

Sont nulles les décisions prises en violation du premier alinéa des articles L. 225-129 et L. 225-129-1, des deux premiers alinéas de l'article L. 225-129-2, du premier alinéa de l'article L. 225-129-6, de la première phrase du premier alinéa et du second alinéa de l'article L. 225-130, du premier alinéa de l'article L. 225-131, du deuxième alinéa de l'article L. 225-132 et du dernier alinéa de l'article L. 225-147.

Peuvent être annulées les décisions prises en violation de l'article L. 233-32 ainsi que les décisions prises en violation des dispositions de la présente sous-section 1 autres que celles mentionnées au deuxième alinéa du présent article.

Les articles L. 225-127 et L. 225-128, le premier alinéa des articles L. 225-132 et L. 225-135, l'article L. 225-140 et le premier alinéa de l'article L. 225-148 ne sont pas soumis au présent article.

Art. L. 225-150 *(L. n° 2012-387 du 22 mars 2012, art. 17-II)* **Les droits de vote et les droits à dividende des actions ou coupures d'actions émises en violation de la présente sous-section sont suspendus jusqu'à régularisation de la situation. Tout vote émis ou tout versement de dividende effectué pendant la suspension est nul.**

Art. L. 225-151 à L. 225-160 *Abrogés par Ord. n° 2004-604 du 24 juin 2004, art. 51-IX.*

Ces art., avec l'art. L. 225-150 dans sa rédaction antérieure, constituaient l'ancienne sous-section 2 « Des obligations avec bon de souscription d'actions ». — V. éd. 2004 du ***C. com.*** *ou au* ***C. sociétés.***

Art. L. 225-161 à L. 225-167 *Abrogés par Ord. n° 2004-604 du 24 juin 2004, art. 51-IX.*

Ces art. constituaient l'ancienne sous-section 3 « Des obligations convertibles en actions ». — V. éd. 2004 du ***C. com.*** *ou au* ***C. sociétés.***

Art. L. 225-168 à L. 225-176 *Abrogés par Ord. n° 2004-604 du 24 juin 2004, art. 51-IX.*

Ces art. constituaient l'ancienne sous-section 4 « Des obligations échangeables contre des actions ». — V. édition 2004 du ***C. com.*** *ou au* ***C. sociétés.***

Les valeurs mobilières donnant accès au capital ou donnant droit à l'attribution de titres de créances, émises sur le fondement des régimes prévus par les sous-sections 2, 3, 4 de la section IV du chapitre V et par la section VI du chapitre VIII du titre II du livre II du code de commerce, sont régies, à compter de l'entrée en vigueur de l'Ord. n° 2004-604 du 24 juin 2004 (JO 26 juin), par la sous-section 4 de la section 3 et par la section 6 du chapitre VIII du titre II du livre II du même code, sous réserve du maintien des droits des titulaires définis par le contrat d'émission, lorsque celui-ci est antérieur à l'entrée en vigueur de l'ordonnance précitée (art. 64-II ; L. n° 2004-1343 du 9 déc. 2004, art. 78-XXVII).

• SOUS-SECTION 2 DE LA SOUSCRIPTION ET DE L'ACHAT D'ACTIONS PAR LES SALARIÉS *(Ord. n° 2004-604 du 24 juin 2004, art. 51-IX).*

(Anciennement sous-section 5)

• § 1er DES OPTIONS DE SOUSCRIPTION OU D'ACHAT D'ACTIONS

Art. L. 225-177 L'assemblée générale extraordinaire, sur le rapport du conseil d'administration ou du directoire, selon le cas, et sur le rapport spécial des commissaires aux comptes, peut autoriser le conseil d'administration ou le directoire à consentir, au bénéfice des membres du personnel salarié de la société ou de certains d'entre eux, des options donnant droit à la souscription d'actions. L'assemblée générale extraordinaire fixe le délai pendant lequel cette autorisation peut être utilisée par le conseil d'administration ou par le directoire, ce délai ne pouvant être supérieur à *(L. n° 2001-420 du 15 mai 2001)* « trente-huit mois. Toutefois, les autorisations antérieures à la date de publication de la loi n° 2001-420 du 15 mai 2001 relative aux nouvelles régulations économiques *[JO 16 mai]* sont valables jusqu'à leur terme. »

Le conseil d'administration ou le directoire fixe les conditions dans lesquelles seront consenties les options. Ces conditions pourront comporter des clauses d'interdiction de revente immédiate de tout ou partie des actions sans que le délai imposé pour la conservation des titres puisse excéder trois ans à compter de la levée de l'option.

Les options peuvent être consenties ou levées alors même que le capital social n'aurait pas été intégralement libéré.

Le prix de souscription est fixé au jour où l'option est consentie, par le conseil d'administration ou le directoire selon les modalités déterminées par l'assemblée générale extraordinaire sur le rapport des commissaires aux comptes. *(L. n° 2001-420 du 15 mai 2001)* « Si les actions de la société ne sont pas admises aux négociations sur un marché réglementé, le prix de souscription est déterminé conformément aux méthodes objectives retenues en matière d'évaluation d'actions en tenant compte, selon une pondération appropriée à chaque cas, de la situation nette comptable, de la rentabilité et des perspectives d'activité de l'entreprise. Ces critères sont appréciés le cas échéant sur une base consolidée ou, à défaut, en tenant compte des éléments financiers issus des filiales significatives. A défaut, le prix de souscription est déterminé en divisant par le nombre de titres existants le montant de l'actif net réévalué, calculé d'après le bilan le plus récent. » *(Abrogé par L. n° 2006-1770 du 30 déc. 2006, art. 62-VI) « Un décret fixe les conditions de calcul du prix de souscription. »* Si les actions de la société sont admises aux négociations sur un marché réglementé le prix de souscription ne peut pas être inférieur à 80 % de la moyenne des cours cotés aux vingt séances de bourse précédant ce jour, aucune option ne pouvant être consentie moins de vingt séances de bourse après le détachement des actions d'un coupon donnant droit à un dividende ou à une augmentation de capital.

(L. n° 2001-420 du 15 mai 2001) « Dans une société dont les titres sont admis aux négociations sur un marché réglementé, les options ne peuvent être consenties :

« 1° Dans le délai de dix séances de bourse précédant et suivant la date à laquelle les comptes consolidés, ou à défaut les comptes annuels, sont rendus publics ;

« 2° Dans le délai compris entre la date à laquelle les organes sociaux de la société ont connaissance d'une information qui, si elle était rendue publique, pourrait avoir une incidence significative sur le cours des titres de la société, et la date postérieure de dix séances de bourse à celle où cette information est rendue publique.

« Des options donnant droit à la souscription de titres qui ne sont pas admis aux négociations sur un marché réglementé ne peuvent être consenties qu'aux salariés de la société qui attribue ces options ou à ceux des sociétés mentionnées au 1° de l'article L. 225-180. »

Art. L. 225-178 L'autorisation donnée par l'assemblée générale extraordinaire comporte, au profit des bénéficiaires des options, renonciation expresse des actionnaires à leur droit préférentiel de souscription aux actions qui seront émises au fur et à mesure des levées d'options.

L'augmentation de capital résultant de ces levées d'options ne donne pas lieu aux formalités prévues aux articles L. 225-142, au deuxième alinéa de l'article L. 225-144 et à l'article L. 225-146. Elle est définitivement réalisée du seul fait de la déclaration de levée d'option, accompagnée du bulletin de souscription et du paiement en numéraire ou par compensation avec des créances, de la somme correspondante.

(L. n° 2008-776 du 4 août 2008, art. 57-IV, en vigueur le 1er janv. 2009) « Lors de sa première réunion suivant la clôture de chaque exercice, le conseil d'administration ou le directoire, selon le cas, constate, s'il y a lieu, le nombre et le montant des actions émises pendant la durée de l'exercice à la suite des levées d'options et apporte les modifications nécessaires aux clauses des statuts relatives au montant du capital social et au nombre des actions qui le représentent. Le conseil d'administration peut déléguer au directeur général ou, en accord avec ce dernier, à un ou plusieurs directeurs généraux délégués les pouvoirs pour procéder, dans le mois qui suit la clôture de l'exercice, aux opérations mentionnées à l'alinéa précédent. Le directoire peut, aux mêmes fins, déléguer les mêmes pouvoirs à son président ou, en accord avec ce dernier, à un ou plusieurs de ses membres. Le conseil d'administration ou le directoire, ou les personnes qui ont reçu délégation, peuvent également, à toute époque, procéder à ces opérations pour l'exercice en cours. » — *[L. n° 66-537 du 24 juill. 1966, art. 208-2.] — V. art. R. 225-145.*

Sont applicables en Nouvelle-Calédonie et dans les îles Wallis-et-Futuna les adjonctions et modifications apportées à l'art. L. 225-178 par la L. n° 2008-776 du 4 août 2008 (Ord. n° 2009-896 du 24 juill. 2009, art. 2).

Art. L. 225-179 L'assemblée générale extraordinaire peut aussi autoriser le conseil d'administration ou le directoire, selon le cas, à consentir au bénéfice des membres du personnel salarié de la société ou de certains d'entre eux, des options donnant droit à l'achat d'actions provenant d'un rachat effectué, préalablement à l'ouverture de l'option, par la société elle-même dans les conditions définies aux articles L. 225-208 ou L. 225-209. *(L. n° 2001-420 du 15 mai 2001)* « L'assemblée générale extraordinaire fixe le délai pendant lequel cette autorisation peut être utilisée par le conseil d'administration ou par le directoire, ce délai ne pouvant être supérieur à trente-huit mois. Toutefois, les autorisations antérieures à la date de publication de la loi n° 2001-420 du 15 mai 2001 *[JO 16 mai]* relative aux nouvelles régulations économiques sont valables jusqu'à leur terme. »

En ce cas, les dispositions *(L. n° 2001-420 du 15 mai 2001)* « des deuxième et quatrième à septième alinéas » de l'article L. 225-177 sont applicables. En outre, le prix de l'action, au jour où l'option est consentie, ne peut pas être inférieur à 80 % du cours moyen d'achat des actions détenues par la société au titre des articles L. 225-208 et L. 225-209. — *[L. n° 66-537 du 24 juill. 1966, art. 208-3.]*

(L. n° 2001-420 du 15 mai 2001) « Des options donnant droit à l'achat de titres qui ne sont pas admis aux négociations sur un marché réglementé ne peuvent être consenties qu'aux salariés de la société qui attribue ces options ou à ceux des sociétés mentionnées au 1° de l'article L. 225-180. »

Art. L. 225-180 I. — Des options peuvent être consenties, dans les mêmes conditions qu'aux articles L. 225-177 à L. 225-179 ci-dessus :

1° Soit au bénéfice des membres du personnel salarié des sociétés ou des groupements d'intérêt économique dont 10 % au moins du capital ou des droits de vote sont détenus, directement ou indirectement, par la société consentant les options ;

2° Soit au bénéfice des membres du personnel salarié des sociétés ou des groupements d'intérêt économique détenant, directement ou indirectement, au moins 10 % du capital ou des droits de vote de la société consentant les options ;

3° Soit au bénéfice des membres du personnel salarié des sociétés ou des groupements d'intérêt économique dont 50 % au moins du capital ou des droits de vote sont détenus, directement ou indirectement, par une société détenant elle-même, directement ou indirectement, au moins 50 % du capital de la société consentant les options.

II. – L'assemblée générale ordinaire de la société contrôlant majoritairement, directement ou indirectement, celle qui consent les options est informée dans les conditions prévues à l'article L. 225-184. – *[L. n° 66-537 du 24 juill. 1966, art. 208-4.]*

(L. n° 2006-1770 du 30 déc. 2006, art. 40-I) « III. – Des options peuvent également être consenties dans les mêmes conditions qu'aux articles L. 225-177 à L. 225-179 par une entreprise contrôlée, directement ou indirectement, exclusivement ou conjointement, par un organe central, des organes centraux ou les établissements de crédit qui lui ou leur sont affiliés au sens des articles L. 511-30 à L. 511-32 du code monétaire et financier, aux salariés desdites sociétés ainsi qu'à ceux des entités dont le capital est détenu pour plus de 50 %, directement ou indirectement, exclusivement ou conjointement, par cet organe central, ces organes centraux ou des établissements affiliés. » – *V. art. préc. au* ***C. mon. fin.***

Art. L. 225-181 Le prix fixé pour la souscription ou l'achat des actions ne peut pas être modifié pendant la durée de l'option. *(Abrogé par Ord. n° 2004-604 du 24 juin 2004, art. 51-X)* ***« Toutefois, lorsque la société réalise une des opérations prévues aux cinquième et sixième alinéas de l'article L. 225-161, aux premier et troisième alinéas de l'article L. 225-162, le conseil d'administration ou le directoire doit procéder, dans des conditions qui sont fixées par décret en Conseil d'État, pour tenir compte de l'incidence de cette opération, à un ajustement du nombre et du prix des actions comprises dans les options consenties aux bénéficiaires des options. »*** – *[L. n° 66-537 du 24 juill. 1966, art. 208-5.]*

(Ord. n° 2004-604 du 24 juin 2004, art. 51-X) « Toutefois, lorsque la société réalise un amortissement ou une réduction du capital, une modification de la répartition des bénéfices, une attribution gratuite d'actions, une incorporation au capital de réserves, bénéfices ou primes d'émission, une distribution de réserves ou toute émission de titres de capital ou de titres donnant droit à l'attribution de titres de capital comportant un droit de souscription réservé aux actionnaires, elle doit prendre les mesures nécessaires à la protection des intérêts des bénéficiaires des options dans les conditions prévues à l'article L. 228-99. »

Art. L. 225-182 Le nombre total des options ouvertes et non encore levées ne peut donner droit à souscrire un nombre d'actions excédant une fraction du capital social déterminée par décret en Conseil d'État. – *V. art. R. 225-143.*

Il ne peut être consenti d'options aux salariés et aux mandataires sociaux possédant plus de 10 % du capital social. – *[L. n° 66-537 du 24 juill. 1966, art. 208-6.]*

Art. L. 225-183 L'assemblée générale extraordinaire fixe le délai pendant lequel les options doivent être exercées.

Les droits résultant des options consenties sont incessibles jusqu'à ce que l'option ait été exercée.

En cas de décès du bénéficiaire, ses héritiers peuvent exercer l'option dans un délai de six mois à compter du décès. – *[L. n° 66-537 du 24 juill. 1966, art. 208-7.]*

Art. L. 225-184 *(L. n° 2001-420 du 15 mai 2001)* Un rapport spécial informe chaque année l'assemblée générale ordinaire des opérations réalisées en vertu des dispositions prévues aux articles L. 225-177 à L. 225-186.

Ce rapport rend également compte :

– du nombre, des dates d'échéance et du prix des options de souscription ou d'achat d'actions qui, durant l'année et à raison des mandats et fonctions exercés dans la société, ont été consenties à chacun de ces mandataires par la société et par celles qui lui sont liées dans les conditions prévues à l'article L. 225-180 ;

– du nombre, des dates d'échéance et du prix des options de souscription ou d'achat d'actions qui ont été consenties durant l'année à chacun de ces mandataires, à raison des mandats et fonctions qu'ils y exercent par les sociétés contrôlées au sens de l'article L. 233-16 ;

– du nombre et du prix des actions souscrites ou achetées durant l'exercice par les mandataires sociaux de la société en levant une ou plusieurs des options détenues sur les sociétés visées aux deux alinéas précédents.

Ce rapport indique également :

– le nombre, le prix et les dates d'échéance des options de souscription ou d'achat d'actions consenties, durant l'année, par la société et par les sociétés ou groupements qui lui sont liés dans les conditions prévues à l'article L. 225-180, à chacun des dix salariés de la société non mandataires sociaux dont le nombre d'options ainsi consenties est le plus élevé ;

– le nombre et le prix des actions qui, durant l'année, ont été souscrites ou achetées, en levant une ou plusieurs options détenues sur les sociétés visées à l'alinéa précédent, par chacun des dix salariés de la société non mandataires sociaux dont le nombre d'actions ainsi achetées ou souscrites est le plus élevé.

(L. n° 2008-1258 du 3 déc. 2008, art. 22-III) « Ce rapport indique également le nombre, le prix et les dates d'échéance des options de souscription ou d'achat d'actions consenties, durant l'année, par les sociétés visées à l'alinéa précédent, à l'ensemble des salariés bénéficiaires ainsi que le nombre de ceux-ci et la répartition des options consenties entre les catégories de ces bénéficiaires. »

Les dispositions issues de la L. n° 2008-1258 du 3 déc. 2008 s'appliquent aux attributions d'options ou aux attributions gratuites d'actions autorisées par les assemblées générales extraordinaires réunies à compter de la date de publication de la loi précitée (JO 4 déc. ; L. préc., art. 22-VII).

Art. L. 225-185 Des options donnant droit à la souscription d'actions peuvent être consenties pendant une durée de deux ans à compter de l'immatriculation de la société, aux mandataires sociaux personnes physiques qui participent avec des salariés à la constitution d'une société.

De telles options peuvent également être consenties, pendant une durée de deux ans à compter du rachat, aux mandataires sociaux personnes physiques d'une société qui acquièrent avec des salariés la majorité des droits de vote en vue d'assurer la continuation de la société.

Al. 3 abrogé par L. n° 2001-420 du 15 mai 2001, art. 132-IV (1°).

En cas d'attribution d'options, dans un délai de deux ans après la création d'une société ou le rachat de la majorité du capital d'une société par ses salariés ou ses mandataires sociaux, le maximum prévu au dernier alinéa de l'article L. 225-182 est porté au tiers du capital.

(L. n° 2001-420 du 15 mai 2001) « Le président du conseil d'administration, le directeur général, les directeurs généraux délégués, les membres du directoire ou le gérant d'une société par actions peuvent se voir attribuer par cette société des options donnant droit à la souscription ou à l'achat d'actions dans les conditions prévues aux articles L. 225-177 à L. 225-184 » *(L. n° 2008-1258 du 3 déc. 2008, art. 22-I)* « et L. 225-186-1 ». *(L. n° 2006-1770 du 30 déc. 2006, art. 62-I)* « Toutefois, par dérogation à ces dispositions, le conseil d'administration ou, selon le cas, le conseil de surveillance soit décide que les options ne peuvent être levées par les intéressés avant la cessation de leurs fonctions, soit fixe la quantité des actions issues de levées d'options qu'ils sont tenus de conserver au nominatif jusqu'à la ces-

sation de leurs fonctions. L'information correspondante est publiée dans le rapport mentionné à l'article L. 225-102-1. »

(L. n° 2001-420 du 15 mai 2001) « Ils peuvent également se voir attribuer *(L. n° 2006-1770 du 30 déc. 2006, art. 62-I)* « , dans les mêmes conditions, » des options donnant droit à la souscription ou à l'achat d'actions d'une société qui est liée dans les conditions prévues à l'article L. 225-180, sous réserve que les actions de cette dernière soient admises aux négociations sur un marché réglementé. »

Les dispositions issues de la L. n° 2006-1770 du 30 déc. 2006 s'appliquent aux options consenties et aux actions attribuées à compter de la date de publication de la loi précitée (JO 31 déc. ; L. préc., art. 62-V).

V. aussi note ss. art. L. 225-184.

Art. L. 225-186 *(L. n° 2001-420 du 15 mai 2001)* Les articles L. 225-177 à L. 225-185 sont applicables aux certificats d'investissement, aux certificats coopératifs d'investissement et aux certificats coopératifs d'associés. – *V. art. R. 225-137 s.*

Art. L. 225-186-1 *(L. n° 2008-1258 du 3 déc. 2008, art. 22-II)* Dans une société dont les titres sont admis aux négociations sur un marché réglementé, des options ouvrant droit à la souscription ou à l'achat d'actions ne peuvent être attribuées aux personnes mentionnées au quatrième alinéa de l'article L. 225-185 que si la société remplit au moins une des conditions suivantes au titre de l'exercice au cours duquel sont attribuées ces options :

1° La société procède, dans les conditions prévues aux articles L. 225-177 à L. 225-186, à une attribution d'options au bénéfice de l'ensemble de ses salariés et d'au moins 90 % de l'ensemble des salariés de ses filiales au sens de l'article L. 233-1 et relevant de l'article L. 210-3 ;

2° La société procède, dans les conditions prévues aux articles L. 225-197-1 à L. 225-197-5, à une attribution gratuite d'actions au bénéfice de l'ensemble de ses salariés et d'au moins 90 % de l'ensemble des salariés de ses filiales au sens de l'article L. 233-1 et relevant de l'article L. 210-3 ;

3° Un accord d'intéressement au sens de l'article L. 3312-2 du code du travail, un accord de participation dérogatoire au sens de l'article L. 3324-2 du même code ou un accord de participation volontaire au sens de l'article L. 3323-6 du même code est en vigueur au sein de la société et au bénéfice d'au moins 90 % de l'ensemble des salariés de ses filiales au sens de l'article L. 233-1 et relevant de l'article L. 210-3 du présent code. Si, dans la société ou dans ses filiales précitées, des accords sont en vigueur ou étaient en vigueur au titre de l'exercice précédent, la première attribution autorisée par une assemblée générale postérieure à la date de publication de la loi n° 2008-1258 du 3 décembre 2008 en faveur des revenus du travail *[JO 4 déc.]* ne peut intervenir que si les sociétés concernées modifient les modalités de calcul de chacun de ces accords au moyen d'un accord ou d'un avenant ou versent un supplément d'intéressement collectif au sens de l'article L. 3314-10 du code du travail ou un supplément de réserve spéciale de participation au sens de l'article L. 3324-9 du même code.

Les dispositions de l'art. L. 225-186-1 s'appliquent aux attributions d'options ou aux attributions gratuites d'actions autorisées par les assemblées générales extraordinaires réunies à compter de la date de publication de la L. n° 2008-1258 du 3 déc. 2008 (JO 4 déc. ; L. préc., art. 22-VII).

• § 2 DE L'ÉMISSION ET DE L'ACHAT EN BOURSE D'ACTIONS RÉSERVÉES AUX SALARIÉS

Art. L. 225-187 *Abrogé par L. n° 2001-152 du 19 févr. 2001.*

Art. L. 225-187-1 *(L. nº 2001-152 du 19 févr. 2001)* **Les articles L. 225-192 à L. 225-194 et l'article L. 225-197 demeurent applicables dans leur rédaction antérieure à la publication de la loi nº 2001-152 du 19 février 2001 sur l'épargne salariale jusqu'à l'expiration d'un délai de cinq ans à compter de cette publication.**

Art. L. 225-188 à L. 225-197 *Abrogés par L. nº 2001-152 du 19 févr. 2001.*

• § 3 DES ATTRIBUTIONS D'ACTIONS GRATUITES

(L. nº 2004-1484 du 30 déc. 2004, art. 83-I)

Art. L. 225-197-1 *(L. nº 2006-1770 du 30 déc. 2006, art. 39-I)* **« I. — L'assemblée générale extraordinaire, sur le rapport du conseil d'administration ou du directoire, selon le cas, et sur le rapport spécial des commissaires aux comptes, peut autoriser le conseil d'administration ou le directoire à procéder, au profit des membres du personnel salarié de la société ou de certaines catégories d'entre eux, à une attribution gratuite d'actions existantes ou à émettre.**

« L'assemblée générale extraordinaire fixe le pourcentage maximal du capital social pouvant être attribué dans les conditions définies au premier alinéa. Le nombre total des actions attribuées gratuitement ne peut excéder 10 % du capital social à la date de la décision de leur attribution par le conseil d'administration ou le directoire. *(L. nº 2012-387 du 22 mars 2012, art. 14)* **« Dans les sociétés dont les titres ne sont pas admis aux négociations sur un marché réglementé ou sur un système multilatéral de négociation et ne dépassant pas, à la clôture d'un exercice social, les seuils définissant les petites et moyennes entreprises prévus à l'article 2 de l'annexe à la recommandation 2003/361/CE de la Commission, du 6 mai 2003, concernant la définition des micro, petites et moyennes entreprises, les statuts peuvent prévoir un pourcentage plus élevé, qui ne peut toutefois excéder 15 % du capital social à la date de la décision d'attribution des actions par le conseil d'administration ou le directoire. »**

« Elle fixe également le délai pendant lequel cette autorisation peut être utilisée par le conseil d'administration ou le directoire. Ce délai ne peut excéder trente-huit mois.

« Lorsque l'attribution porte sur des actions à émettre, l'autorisation donnée par l'assemblée générale extraordinaire emporte de plein droit, au profit des bénéficiaires des actions attribuées gratuitement, renonciation des actionnaires à leur droit préférentiel de souscription. L'augmentation de capital correspondante est définitivement réalisée du seul fait de l'attribution définitive des actions aux bénéficiaires.

« L'attribution des actions à leurs bénéficiaires est définitive au terme d'une période d'acquisition dont la durée minimale, qui ne peut être inférieure à deux ans, est déterminée par l'assemblée générale extraordinaire. Toutefois, l'assemblée peut prévoir l'attribution définitive des actions avant le terme de la période d'acquisition en cas d'invalidité du bénéficiaire correspondant au classement dans la deuxième ou la troisième des catégories prévues à l'article L. 341-4 du code de la sécurité sociale.

« L'assemblée générale extraordinaire fixe également la durée minimale de l'obligation de conservation des actions par les bénéficiaires. Cette durée court à compter de l'attribution définitive des actions, mais ne peut être inférieure à deux ans. Toutefois, les actions sont librement cessibles en cas d'invalidité des bénéficiaires correspondant à leur classement dans les catégories précitées du code de la sécurité sociale.

« Si l'assemblée générale extraordinaire a retenu pour la période d'acquisition mentionnée au cinquième alinéa une durée au moins égale à quatre ans pour tout ou

partie des actions attribuées, elle peut réduire ou supprimer la durée de l'obligation de conservation, mentionnée au sixième alinéa, de ces actions.

« Dans une société dont les titres sont admis aux négociations sur un marché réglementé, à l'issue de la période d'obligation de conservation, les actions ne peuvent pas être cédées :

« 1° Dans le délai de dix séances de bourse précédant et *(L. n° 2012-387 du 22 mars 2012, art. 14)* « de trois séances de bourse » suivant la date à laquelle les comptes consolidés, ou à défaut les comptes annuels, sont rendus publics ;

« 2° Dans le délai compris entre la date à laquelle les organes sociaux de la société ont connaissance d'une information qui, si elle était rendue publique, pourrait avoir une incidence significative sur le cours des titres de la société, et la date postérieure de dix séances de bourse à celle où cette information est rendue publique.

« Le conseil d'administration ou, le cas échéant, le directoire détermine l'identité des bénéficiaires des attributions d'actions mentionnées au premier alinéa. Il fixe les conditions et, le cas échéant, les critères d'attribution des actions. »

II. — Le président du conseil d'administration, le directeur général, les directeurs généraux délégués, les membres du directoire ou le gérant d'une société par actions peuvent se voir attribuer des actions de la société dans les mêmes conditions que les membres du personnel salarié *(L. n° 2008-1258 du 3 déc. 2008, art. 22-IV)* « et dans le respect des conditions mentionnées à l'article L. 225-197-6 ».

Ils peuvent également se voir attribuer des actions d'une société liée dans les conditions prévues à l'article L. 225-197-2, sous réserve que les actions de cette dernière soient admises aux négociations sur un marché réglementé *(L. n° 2008-1258 du 3 déc. 2008, art. 22-IV)* « et dans le respect des conditions mentionnées à l'article L. 225-197-6 ».

Il ne peut pas être attribué d'actions aux salariés et aux mandataires sociaux détenant chacun plus de 10 % du capital social. Une attribution gratuite d'actions ne peut pas non plus avoir pour effet que les salariés et les mandataires sociaux détiennent chacun plus de 10 % du capital social.

(L. n° 2006-1770 du 30 déc. 2006, art. 62-II) « Par dérogation aux dispositions précédentes, pour les actions ainsi attribuées au président du conseil d'administration, au directeur général, aux directeurs généraux délégués, aux membres du directoire ou au gérant d'une société par actions, le conseil d'administration ou, selon le cas, le conseil de surveillance soit décide que ces actions ne peuvent être cédées par les intéressés avant la cessation de leurs fonctions, soit fixe la quantité de ces actions qu'il sont tenus de conserver au nominatif jusqu'à la cessation de leurs fonctions. L'information correspondante est publiée dans le rapport mentionné à l'article L. 225-102-1. » — *Dispositions applicables aux options consenties et aux actions attribuées à compter de la date de publication de la L. n° 2006-1770 du 30 déc. 2006 (JO 31 déc. ; L. préc., art. 62-V).*

(L. n° 2006-1770 du 30 déc. 2006, art. 39-I, en vigueur le 1er janv. 2005) « III. — En cas d'échange sans soulte d'actions résultant d'une opération de fusion ou de scission réalisée conformément à la réglementation en vigueur pendant les périodes d'acquisition ou de conservation prévues au I, les dispositions du présent article et, notamment, les périodes précitées, pour leur durée restant à courir à la date de l'échange, restent applicables aux droits à attribution et aux actions reçus en échange. Il en est de même de l'échange résultant d'une opération d'offre publique, de division ou de regroupement réalisée conformément à la réglementation en vigueur qui intervient pendant la période de conservation.

« En cas d'apport à une société ou à un fonds commun de placement dont l'actif est exclusivement composé de titres de capital ou donnant accès au capital émis par la société ou par une société qui lui est liée au sens de l'article L. 225-197-2, l'obligation de conservation prévue au I reste applicable, pour la durée restant à courir à la date de l'apport, aux actions ou parts reçues en contrepartie de l'apport. »

Les dispositions issues de la L. n° 2008-1258 du 3 déc. 2008 s'appliquent aux attributions d'options ou aux attributions gratuites d'actions autorisées par les assemblées générales extraordinaires réunies à compter de la date de publication de la loi précitée (JO 4 déc. ; L. préc., art. 22-VII).

Art. L. 225-197-2 I. – Des actions peuvent être attribuées, dans les mêmes conditions que celles mentionnées à l'article L. 225-197-1 :

1° Soit au bénéfice des membres du personnel salarié des sociétés ou des groupements d'intérêt économique dont 10 % au moins du capital ou des droits de vote sont détenus, directement ou indirectement, par la société qui attribue les actions ;

2° Soit au bénéfice des membres du personnel salarié des sociétés ou des groupes d'intérêt économique détenant, directement ou indirectement, au moins 10 % du capital ou des droits de vote de la société qui attribue les actions ;

3° Soit au bénéfice des membres du personnel salarié des sociétés ou des groupements d'intérêt économique dont 50 % au moins du capital ou des droits de vote sont détenus, directement ou indirectement, par une société détenant elle-même, directement ou indirectement, au moins 50 % du capital de la société qui attribue les actions.

Les actions qui ne sont pas admises aux négociations sur un marché réglementé ne peuvent être attribuées dans les conditions ci-dessus qu'aux salariés de la société qui procède à cette attribution ou à ceux mentionnés au 1°.

(L. n° 2006-1770 du 30 déc. 2006, art. 40-II) « II. – Des actions peuvent également être attribuées dans les mêmes conditions que celles prévues à l'article L. 225-197-1 par une entreprise contrôlée, directement ou indirectement, exclusivement ou conjointement, par un organe central, des organes centraux ou les établissements de crédit qui lui ou leur sont affiliés au sens et pour l'application des articles L. 511-30 à L. 511-32 du code monétaire et financier, aux salariés de ces sociétés ainsi qu'à ceux des entités dont le capital est détenu pour plus de 50 %, directement ou indirectement, exclusivement ou conjointement, par cet organe central, ces organes centraux ou ces établissements de crédit. » – *V. art. préc. au* ***C. mon. fin.***

Art. L. 225-197-3 Les droits résultant de l'attribution gratuite d'actions sont incessibles jusqu'au terme de la période d'acquisition.

En cas de décès du bénéficiaire, ses héritiers peuvent demander l'attribution des actions dans un délai de six mois à compter du décès. *(L. n° 2006-1770 du 30 déc. 2006, art. 39-I, en vigueur le 1er janv. 2005)* « Ces actions sont librement cessibles. »

V. CGI, art. 80 terdecies et 200 A. – ***CGI.*** *– V. aussi CSS, art. L. 241-1. –* ***CSS.***

Art. L. 225-197-4 Un rapport spécial informe chaque année l'assemblée générale ordinaire des opérations réalisées en vertu des dispositions prévues aux articles L. 225-197-1 à L. 225-197-3.

Ce rapport rend également compte :

– du nombre et de la valeur des actions qui, durant l'annee et à raison des mandats et fonctions exercés dans la société, ont été attribuées gratuitement à chacun de ces mandataires par la société et par celles qui lui sont liées dans les conditions prévues à l'article L. 225-197-2.

– du nombre et de la valeur des actions qui ont été attribuées gratuitement, durant l'année à chacun de ces mandataires, à raison des mandats et fonctions qu'ils y exercent, par les sociétés contrôlées au sens de l'article L. 233-16.

Ce rapport indique également le nombre et la valeur des actions qui, durant l'année, ont été attribuées gratuitement par la société et par les sociétés ou groupements qui lui sont liés dans les conditions prévues à l'article L. 225-197-2, à chacun des dix salariés de la société non mandataires sociaux dont le nombre d'actions attribuées gratuitement est le plus élevé.

(L. n° 2008-1258 du 3 déc. 2008, art. 22-VI) « Ce rapport indique également le nombre et la valeur des actions qui, durant l'année, ont été attribuées gratuitement

par les sociétés visées à l'alinéa précédent à l'ensemble des salariés bénéficiaires ainsi que le nombre de ceux-ci et la répartition des actions attribuées entre les catégories de ces bénéficiaires. »

V. note ss. art. L. 225-197-1.

Art. L. 225-197-5 L'assemblée générale ordinaire de la société contrôlant majoritairement, directement ou indirectement, celle qui attribue gratuitement les actions est informée dans les conditions prévues à l'article L. 225-197-4.

Art. L. 225-197-6 *(L. nº 2008-1258 du 3 déc. 2008, art. 22-V)* Dans une société dont les titres sont admis aux négociations sur un marché réglementé, des actions ne peuvent être attribuées dans le cadre des premier et deuxième alinéas du II de l'article L. 225-197-1 que si la société remplit au moins une des conditions suivantes au titre de l'exercice au cours duquel sont attribuées ces actions :

1º La société procède, dans les conditions prévues aux articles L. 225-197-1 à L. 225-197-5, à une attribution gratuite d'actions au bénéfice de l'ensemble de ses salariés et d'au moins 90 % de l'ensemble des salariés de ses filiales au sens de l'article L. 233-1 et relevant de l'article L. 210-3 ;

2º La société procède, dans les conditions prévues aux articles L. 225-177 à L. 225-186, à une attribution d'options au bénéfice de l'ensemble de ses salariés et d'au moins 90 % de l'ensemble des salariés de ses filiales au sens de l'article L. 233-1 et relevant de l'article L. 210-3 ;

3º Un accord d'intéressement au sens de l'article L. 3312-2 du code du travail, un accord de participation dérogatoire au sens de l'article L. 3324-2 du même code ou un accord de participation volontaire au sens de l'article L. 3323-6 du même code est en vigueur au sein de la société et au bénéfice d'au moins 90 % de l'ensemble des salariés de ses filiales au sens de l'article L. 233-1 et relevant de l'article L. 210-3 du présent code. Si, dans la société ou dans ses filiales précitées, des accords sont en vigueur ou étaient en vigueur au titre de l'exercice précédent, la première attribution autorisée par une assemblée générale postérieure à la date de publication de la loi nº 2008-1258 du 3 décembre 2008 en faveur des revenus du travail ne peut intervenir que si les sociétés concernées modifient les modalités de calcul de chacun de ces accords au moyen d'un accord ou d'un avenant ou versent un supplément d'intéressement collectif au sens de l'article L. 3314-10 du code du travail *[JO 4 déc.]* ou un supplément de réserve spéciale de participation au sens de l'article L. 3324-9 du même code.

V. note ss. art. L. 225-197-1.

SOUS-SECTION 3 DE L'AMORTISSEMENT DU CAPITAL *(Ord. nº 2004-604 du 24 juin 2004, art. 51-IX).*

(Anciennement sous-section 6)

Art. L. 225-198 L'amortissement du capital est effectué en vertu d'une stipulation statutaire ou d'une décision de l'assemblée générale extraordinaire et au moyen des sommes distribuables au sens de l'article L. 232-11. Cet amortissement ne peut être réalisé que par voie de remboursement égal sur chaque action d'une même catégorie et n'entraîne pas de réduction du capital.

Les actions intégralement amorties sont dites actions de jouissance. — *[L. nº 66-537 du 24 juill. 1966, art. 209.]*

Art. L. 225-199 Les actions intégralement ou partiellement amorties perdent, à due concurrence, le droit au premier dividende prévu à l'article L. 232-19 et au

remboursement de la valeur nominale. Elles conservent tous leurs autres droits. – *[L. nº 66-537 du 24 juill. 1966, art. 210.]*

Art. L. 225-200 **Lorsque le capital est divisé, soit en actions de capital et en actions totalement ou partiellement amorties, soit en actions inégalement amorties, l'assemblée générale des actionnaires peut décider, dans les conditions requises pour la modification des statuts, la conversion des actions totalement ou partiellement amorties en actions de capital.**

A cet effet, elle prévoit qu'un prélèvement obligatoire sera effectué, à concurrence du montant amorti des actions à convertir, sur la part des profits sociaux d'un ou plusieurs exercices revenant à ces actions, après paiement, pour les actions partiellement amorties, du premier dividende ou de l'intérêt statutaire auquel elles peuvent donner droit. – *[L. nº 66-537 du 24 juill. 1966, art. 211.] – V. art. R. 225-146 et R. 225-147.*

Art. L. 225-201 **Les actionnaires peuvent être autorisés, dans les mêmes conditions, à verser à la société le montant amorti de leurs actions, augmenté, le cas échéant, du premier dividende ou de l'intérêt statutaire pour la période écoulée de l'exercice en cours et, éventuellement, pour l'exercice précédent.** – *[L. nº 66-537 du 24 juill. 1966, art. 212.] – V. art. R. 225-146, R. 225-148 et R. 225-149.*

Art. L. 225-202 **Les décisions prévues aux articles L. 225-200 et L. 225-201 sont soumises à la ratification des assemblées spéciales de chacune des catégories d'actionnaires ayant les mêmes droits.** – *[L. nº 66-537 du 24 juill. 1966, art. 213.]*

Art. L. 225-203 **Le conseil d'administration ou le directoire, selon le cas, apporte les modifications nécessaires aux clauses des statuts, dans la mesure où ces modifications correspondent matériellement aux résultats effectifs des opérations prévues aux articles L. 225-200 et L. 225-201.** – *[L. nº 66-537 du 24 juill. 1966, art. 214.] – V. art. R. 225-147.*

Sur les infractions en matière d'amortissement du capital, V. art. L. 242-22.

● SOUS-SECTION 4 DE LA RÉDUCTION DU CAPITAL *(Ord. nº 2004-604 du 24 juin 2004, art. 51-IX).*

(Anciennement sous-section 7)

Art. L. 225-204 **La réduction du capital est autorisée ou décidée par l'assemblée générale extraordinaire, qui peut déléguer au conseil d'administration ou au directoire, selon le cas, tous pouvoirs pour la réaliser. En aucun cas, elle ne peut porter atteinte à l'égalité des actionnaires.**

Un rapport établi par les commissaires aux comptes sur l'opération envisagée est communiqué aux actionnaires de la société dans un délai fixé par décret en Conseil d'État. L'assemblée statue sur le rapport des commissaires qui font connaître leur appréciation sur les causes et conditions de la réduction. – *V. art. R. 225-150.*

(L. nº 2012-387 du 22 mars 2012, art. 17-II) **« Lorsque le conseil d'administration ou le directoire, selon le cas, réalise l'opération sur délégation de l'assemblée générale, il en dresse procès-verbal soumis à publicité au registre du commerce et des sociétés et procède à la modification corrélative des statuts. En cas de non-respect de cette obligation de publicité, les décisions de réalisation de cette opération peuvent être annulées. »** – *[L. nº 66-537 du 24 juill. 1966, art. 215.]*

Art. L. 225-205 **Lorsque l'assemblée approuve un projet de réduction du capital non motivée par des pertes, le représentant de la masse des obligataires et les**

créanciers dont la créance est antérieure à la date de dépôt au greffe du procès-verbal de délibération peuvent former opposition à la réduction, dans le délai fixé par décret en Conseil d'État. — *V. art. R. 225-152.*

Une décision de justice rejette l'opposition ou ordonne, soit le remboursement des créances, soit la constitution de garanties si la société en offre et si elles sont jugées suffisantes.

Les opérations de réduction du capital ne peuvent commencer pendant le délai d'opposition ni, le cas échéant, avant qu'il ait été statué en première instance sur cette opposition.

Si le juge de première instance accueille l'opposition, la procédure de réduction du capital est immédiatement interrompue jusqu'à la constitution de garanties suffisantes ou jusqu'au remboursement des créances. S'il la rejette, les opérations de réduction peuvent commencer. — *[L. n° 66-537 du 24 juill. 1966, art. 216.]*

Sur les infractions en matière de réduction de capital, V. art. L. 242-23.

SOUS-SECTION 5 DE LA SOUSCRIPTION, DE L'ACHAT OU DE LA PRISE EN GAGE PAR LES SOCIÉTÉS DE LEURS PROPRES ACTIONS *(Ord. n° 2004-604 du 24 juin 2004, art. 51-IX).*

(Anciennement sous-section 8)

Art. L. 225-206 I. — Est interdite la souscription par la société de ses propres actions, soit directement, soit par une personne agissant en son propre nom, mais pour le compte de la société.

Les fondateurs, ou, dans le cas d'une augmentation de capital, les membres du conseil d'administration ou du directoire, selon le cas, sont tenus, dans les conditions prévues à l'article L. 225-251 et au premier alinéa de l'article L. 225-256, de libérer les actions souscrites par la société en violation du premier alinéa.

Lorsque les actions ont été souscrites par une personne agissant en son propre nom mais pour le compte de la société, cette personne est tenue de libérer les actions solidairement avec les fondateurs ou, selon le cas, les membres du conseil d'administration ou du directoire. Cette personne est en outre réputée avoir souscrit ces actions pour son propre compte. — *V. art. R. 225-153 s.*

II. — L'achat par une société de ses propres actions est autorisé dans les conditions et selon les modalités prévues aux articles L. 225-207 à L. 225-217.

Les achats d'actions par une personne agissant pour le compte de la société sont interdits sauf s'il s'agit d'un prestataire de services d'investissement ou d'un membre d'un marché réglementé intervenant dans les conditions du I de l'article 43 de la loi n° 96-597 du 2 juillet 1996 de modernisation des activités financières *[C. mon. fin., art. L. 421-6]. — [L. n° 66-537 du 24 juill. 1966, art. 217.] — V. ce texte au **C. sociétés** ou au **C. mon. fin.***

Art. L. 225-207 L'assemblée générale qui a décidé une réduction de capital non motivée par des pertes peut autoriser le conseil d'administration ou le directoire, selon le cas, à acheter un nombre déterminé d'actions pour les annuler. — *[L. n° 66-537 du 24 juill. 1966, art. 217-1-A.] — V. art. R. 225-158.*

Art. L. 225-208 Les sociétés qui font participer leurs salariés à leurs résultats par attribution de leurs actions *(L. n° 2004-1484 du 30 déc. 2004, art. 83-I)* « , celles qui attribuent leurs actions dans les conditions prévues aux articles L. 225-197-1 à L. 225-197-3 » et celles qui consentent des options d'achat de leurs actions dans les conditions prévues aux articles L. 225-177 et suivants peuvent, à cette fin, racheter leurs propres actions. Les actions doivent être attribuées ou les options doivent être consenties dans le délai d'un an à compter de l'acquisition. – *[L. n° 66-537 du 24 juill. 1966, art. 217-1.]*

Art. L. 225-209 L'assemblée générale d'une société dont les actions sont admises aux négociations sur un marché réglementé *(L. n° 2012-387 du 22 mars 2012, art. 15)* « ou sur un système multilatéral de négociation qui se soumet aux dispositions législatives ou réglementaires visant à protéger les investisseurs contre les opérations d'initiés, les manipulations de cours et la diffusion de fausses informations dans les conditions prévues par le règlement général de l'Autorité des marchés financiers, figurant sur une liste arrêtée par cette autorité dans les conditions fixées par son règlement général, » peut autoriser le conseil d'administration ou le directoire, selon le cas, à acheter un nombre d'actions représentant jusqu'à 10 % du capital de la société. L'assemblée générale définit les finalités et les modalités de l'opération, ainsi que son plafond. Cette autorisation ne peut être donnée pour une durée supérieure à dix-huit mois. Le comité d'entreprise est informé de la résolution adoptée par l'assemblée générale.

(Ord. n° 2009-105 du 30 janv. 2009, art. 1er-I) « Lorsque les actions sont rachetées pour favoriser la liquidité dans les conditions définies par le règlement général de l'Autorité des marchés financiers, le nombre d'actions pris en compte pour le calcul de la limite de 10 % prévue au premier alinéa correspond au nombre d'actions achetées, déduction faite du nombre d'actions revendues pendant la durée de l'autorisation. »

(Ord. n° 2004-604 du 24 juin 2004, art. 23) « Le conseil d'administration peut déléguer au directeur général ou, en accord avec ce dernier, à un ou plusieurs directeurs généraux délégués, les pouvoirs nécessaires pour réaliser *(Ord. n° 2009-105 du 30 janv. 2009, art. 1er-I)* « l'opération mentionnée au premier alinéa ». Le directoire peut déléguer à son président ou avec son accord à un ou plusieurs de ses membres les pouvoirs nécessaires pour la réaliser. Les personnes désignées rendent compte au conseil d'administration ou au directoire de l'utilisation faite de ce pouvoir dans les conditions prévues par ces derniers. »

L'acquisition, la cession ou le transfert de ces actions peut être effectué par tous moyens. Ces actions peuvent être annulées dans la limite de 10 % du capital de la société par périodes de vingt-quatre mois. *(Abrogé par Ord. n° 2009-105 du 30 janv. 2009, art. 1er-I)* ***« La société informe chaque mois** (L. n° 2003-706 du 1er août 2003, art. 46-V)* ***« l'Autorité des marchés financiers » des achats, cessions, transferts et annulations ainsi réalisés.** (L. n° 2003-706 du 1er août 2003, art. 46-V)* ***« L'Autorité des marchés financiers » porte cette information à la connaissance du public. »***

Les sociétés qui font participer les salariés aux fruits de l'expansion de l'entreprise par l'attribution de leurs propres actions *(L. n° 2004-1484 du 30 déc. 2004, art. 83-I)* « , celles qui attribuent leurs actions dans les conditions prévues aux articles L. 225-197-1 à L. 225-197-3 » ainsi que celles qui entendent consentir des options d'achat d'actions à des salariés peuvent utiliser à cette fin tout ou partie ces actions acquises dans les conditions prévues ci-dessus. Elles peuvent également leur proposer d'acquérir leurs propres actions dans les conditions prévues *(Abrogé par L. n° 2006-1770 du 30 déc. 2006, art. 23-II)* ***« par le II de l'article L. 225-196 et »*** par les articles *(Ord. n° 2009-105 du 30 janv. 2009, art. 1er-I)* « L. 3332-1 » et suivants du code du travail.

(L. n° 2005-842 du 26 juill. 2005, art. 27) « Le nombre d'actions acquises par la société en vue de leur conservation et de leur remise ultérieure en paiement ou en échange dans le cadre d'une opération de fusion, de scission ou d'apport ne peut excéder 5 % de son capital. Ces dispositions sont applicables aux programmes de rachat soumis à l'approbation des assemblées générales se tenant à compter du 1er janvier 2006. »

En cas d'annulation des actions achetées, la réduction de capital est autorisée ou décidée par l'assemblée générale extraordinaire qui peut déléguer au conseil d'administration ou au directoire, selon le cas, tous pouvoirs pour la réaliser. Un rapport spécial établi par les commissaires aux comptes sur l'opération envisagée est communiqué aux actionnaires de la société dans un délai fixé par décret en Conseil d'État. – *[L. nº 66-537 du 24 juill. 1966, art. 217-2.] – V. art. R. 225-151 et R. 225-157.*

(Abrogé par L. nº 2012-354 du 14 mars 2012, art. 6-I) (L. nº 2006-1770 du 30 déc. 2006, art. 23-II) ***« Les dispositions du présent article sont applicables aux sociétés dont les titres ne sont pas admis aux négociations sur un marché réglementé aux fins mentionnées aux articles*** *(Ord. nº 2009-105 du 30 janv. 2009, art. 1er-I)* ***« L. 3332-1 » et suivants du code du travail. »*** *(Ord. nº 2009-105 du 30 janv. 2009, art. 1er-I)* ***« Dans ce cas, les dispositions de l'article*** **L. 225-212** ***ne sont pas applicables. »***

Art. L. 225-209-1 *Abrogé par L. nº 2012-387 du 22 mars 2012, art. 15.*

Art. L. 225-209-2 *(L. nº 2012-354 du 14 mars 2012, art. 6-I)* Dans les sociétés dont les actions ne sont pas admises aux négociations sur un marché réglementé ou sur un système multilatéral de négociation qui se soumet aux dispositions législatives ou réglementaires visant à protéger les investisseurs contre les opérations d'initiés, les manipulations de cours et la diffusion de fausses informations, l'assemblée générale ordinaire peut autoriser le conseil d'administration ou le directoire, selon le cas, à acheter les actions de la société, pour les offrir ou les attribuer :

– dans l'année de leur rachat, aux bénéficiaires d'une opération mentionnée à l'article L. 225-208 ou intervenant dans le cadre des articles L. 3332-1 et suivants du code du travail ;

– dans les deux ans de leur rachat, en paiement ou en échange d'actifs acquis par la société dans le cadre d'une opération de croissance externe, de fusion, de scission ou d'apport ;

– dans les cinq ans de leur rachat, aux actionnaires qui manifesteraient à la société l'intention de les acquérir à l'occasion d'une procédure de mise en vente organisée par la société elle-même dans les trois mois qui suivent chaque assemblée générale ordinaire annuelle.

Le nombre d'actions acquises par la société ne peut excéder :

– 10 % du capital de la société lorsque le rachat est autorisé en vue d'une opération prévue au deuxième ou *[au]* quatrième alinéa du présent article ;

– 5 % du capital de la société lorsque le rachat est autorisé en vue d'une opération prévue au troisième alinéa.

L'assemblée générale ordinaire précise les finalités de l'opération. Elle définit le nombre maximal d'actions dont elle autorise l'acquisition, le prix ou les modalités de fixation du prix ainsi que la durée de l'autorisation, qui ne peut excéder douze mois.

Le prix des actions rachetées est acquitté au moyen d'un prélèvement sur les réserves dont l'assemblée générale a la disposition en vertu du deuxième alinéa de l'article L. 232-11 du présent code.

A défaut d'avoir été utilisées pour l'une des finalités et dans les délais mentionnés aux deuxième à quatrième alinéas du présent article, les actions rachetées sont annulées de plein droit.

L'assemblée générale ordinaire statue au vu d'un rapport établi par un expert *indépendant*, dans des conditions définies par décret en Conseil d'État, et sur un rapport spécial des commissaires aux comptes faisant connaître leur appréciation sur les conditions de fixation du prix d'acquisition.

Le prix des actions ne peut, à peine de nullité, être supérieur à la valeur la plus élevée ni inférieur à la valeur la moins élevée figurant dans le rapport d'évaluation de l'expert indépendant communiqué à l'assemblée générale.

Le conseil d'administration peut déléguer au directeur général ou, en accord avec ce dernier, à un ou plusieurs directeurs délégués les pouvoirs nécessaires pour réaliser ces opérations. Le directoire peut déléguer à son président ou, avec son accord, à un ou plusieurs de ses membres les pouvoirs nécessaires à l'effet de les réaliser. Les personnes désignées rendent comptent au conseil d'administration ou au directoire de l'utilisation faite de ce pouvoir dans les conditions prévues par ces derniers.

Les commissaires aux comptes présentent à l'assemblée générale ordinaire annuelle un rapport spécial sur les conditions dans lesquelles les actions ont été rachetées et utilisées au cours du dernier exercice clos.

Les actions rachetées peuvent être annulées dans la limite de 10 % du capital de la société par périodes de vingt-quatre mois. En cas d'annulation des actions achetées, la réduction de capital est autorisée ou décidée par l'assemblée générale extraordinaire qui peut déléguer au conseil d'administration ou au directoire, selon le cas, tous pouvoirs pour la réaliser.

Par dérogation aux dispositions du dixième alinéa, les actions rachetées mais non utilisées peuvent, sur décision de l'assemblée générale ordinaire, être utilisées pour une autre des finalités prévues au présent article.

En aucun cas, ces opérations ne peuvent porter atteinte à l'égalité des actionnaires.

Art. L. 225-210 La société ne peut posséder, directement ou par l'intermédiaire d'une personne agissant en son propre nom, mais pour le compte de la société, plus de 10 % du total de ses propres actions, ni plus de 10 % d'une categorie déterminée. Ces actions doivent être mises sous la forme nominative *(Ord. n° 2009-105 du 30 janv. 2009, art. 1er-III)* « , à l'exception des actions rachetées pour favoriser la liquidité des titres de la société, » et entièrement libérées lors de l'acquisition. A défaut, les membres du conseil d'administration ou du directoire, selon le cas, sont tenus, dans les conditions prévues à l'article L. 225-251 et au premier alinéa de l'article L. 225-256 de libérer les actions.

L'acquisition d'actions de la société ne peut avoir pour effet d'abaisser les capitaux propres à un montant inférieur à celui du capital augmenté des réserves non distribuables.

La société doit disposer de réserves, autres que la réserve légale, d'un montant au moins égal à la valeur de l'ensemble des actions qu'elle possède.

Les actions possédées par la société ne donnent pas droit aux dividendes et sont privées de droits de vote.

En cas d'augmentation du capital par souscription d'actions en numéraire, la société ne peut exercer par elle-même le droit préférentiel de souscription. L'assemblée générale peut décider de ne pas tenir compte de ces actions pour la détermination des droits préférentiels de souscription attachés aux autres actions. A défaut les droits attachés aux actions possédées par la société doivent être, avant la clôture du délai de souscription, soit vendus en bourse, soit repartis *[répartis]* entre les actionnaires au prorata des droits de chacun. — *[L. n° 66-537 du 24 juill. 1966, art. 217-3.]*

Sont applicables en Nouvelle-Calédonie et dans les îles Wallis-et-Futuna les modifications apportées aux art. L. 225-210 et L. 225-212 par l'Ord. n° 2009-105 du 30 janv. 2009 (Ord. n° 2009-896 du 24 juill. 2009, art. 2).

Art. L. 225-211 Des registres des achats et des ventes effectués en application des articles *(L. n° 2012-354 du 14 mars 2012, art. 6-I)* « L. 225-209-2, » L. 225-208 *(L. n° 2012-387 du 22 mars 2012, art. 15)* « et L. 225-209 » doivent être tenus, dans les conditions fixées par décret en Conseil d'État, par la société ou par la personne chargée du service de ses titres. — *V. art. R. 225-159 et R. 225-160.*

Le conseil d'administration ou le directoire, selon le cas, doit indiquer, dans le rapport prévu à l'article L. 225-100, le nombre des actions achetées et vendues au cours de l'exercice par application des articles *(L. n° 2012-354 du 14 mars 2012, art. 6-I)* « L. 225-209-2, » L. 225-208 *(L. n° 2012-387 du 22 mars 2012, art. 15)* « et L. 225-209 », les cours moyens des achats et des ventes, le montant des frais de négociation, le nombre des actions inscrites au nom de la société à la clôture de l'exercice et leur valeur évaluée au cours d'achat, ainsi que leur valeur nominale *(Ord. n° 2009-105 du 30 janv. 2009, art. 1er-IV)* « pour chacune des finalités, le nombre des actions utilisées, les éventuelles réallocations dont elles ont fait l'objet » et la fraction du capital qu'elles représentent. – *[L. n° 66-537 du 24 juill. 1966, art. 217-4.]*

Art. L. 225-212 Les sociétés doivent déclarer à *(L. n° 2003-706 du 1er août 2003)* « l'Autorité des marchés financiers » les opérations qu'elles envisagent d'effectuer en application des dispositions *(L. n° 2012-387 du 22 mars 2012, art. 15)* « de l'article L. 225-209 ». *(Ord. n° 2009-105 du 30 janv. 2009, art. 1er-V)* « Elles rendent compte chaque mois à l'Autorité des marché financiers des acquisitions, cessions, annulations et transferts qu'elles ont effectués. »

(L. n° 2003-706 du 1er août 2003) « L'Autorité des marchés financiers » peut leur demander à ce sujet toutes les explications ou les justifications qu'elle juge nécessaires.

S'il n'est pas satisfait à ces demandes ou lorsqu'elle constate que ces transactions enfreignent les dispositions *(L. n° 2012-387 du 22 mars 2012, art. 15)* « de l'article L. 225-209 », *(L. n° 2003-706 du 1er août 2003)* « l'Autorité des marchés financiers peut » prendre toutes mesures pour empêcher l'exécution des ordres que ces sociétés transmettent directement ou indirectement. – *[L. n° 66-537 du 24 juill. 1966, art. 217-5.]*

V. note ss. art. L. 225-210.

Art. L. 225-213 Les dispositions des articles *(L. n° 2012-354 du 14 mars 2012, art. 6-I)* « L. 225-209-2, » L. 225-206 *(L. n° 2012-387 du 22 mars 2012, art. 15)* « et L. 225-209 » ne sont pas applicables aux actions entièrement libérées, acquises à la suite d'une transmission de patrimoine à titre universel ou encore à la suite d'une décision de justice.

Toutefois, les actions doivent être cédées dans un délai de deux ans à compter de la date d'acquisition lorsque la société possède plus de 10 % de son capital. A l'expiration de ce délai, elles doivent être annulées. – *[L. n° 66-537 du 24 juill. 1966, art. 217-6.]*

Art. L. 225-214 Les actions possédées en violation des articles L. 225-206 à *(L. n° 2012-354 du 14 mars 2012, art. 6-I)* « L. 225-209-1 et » L. 225-210 doivent être cédées dans un délai d'un an à compter de leur souscription ou de leur acquisition. A l'expiration de ce délai, elles doivent être annulées. – *[L. n° 66-537 du 24 juill. 1966, art. 217-7.]*

Art. L. 225-215 Est interdite la prise en gage par la société de ses propres actions, directement ou par l'intermédiaire d'une personne agissant en son propre nom, mais pour le compte de la société.

Les actions prises en gage par la société doivent être restituées à leur propriétaire dans le délai d'un an. La restitution peut avoir lieu dans un délai de deux ans si le transfert du gage à la société résulte d'une transmission de patrimoine à titre universel ou d'une décision de justice. A défaut, le contrat de gage est nul de plein droit.

L'interdiction prévue au présent article n'est pas applicable aux opérations courantes des établissements de crédit. – *[L. n° 66-537 du 24 juill. 1966, art. 217-8.]*

Art. L. 225-216 **Une société ne peut avancer des fonds, accorder des prêts ou consentir une sûreté en vue de la souscription ou de l'achat de ses propres actions par un tiers.**

(L. n° 2001-152 du 19 févr. 2001) **« Les dispositions du présent article ne s'appliquent ni aux opérations courantes des entreprises de crédit ni aux opérations effectuées en vue de l'acquisition par les salariés d'actions de la société, d'une de ses filiales ou d'une société comprise dans le champ d'un plan d'épargne de groupe prévu à l'article L. 444-3** *[L. 3344-1 et L. 3344-2 nouv.]* **du code du travail ».**

Art. L. 225-217 **Les articles L. 225-206 à L. 225-216 sont applicables aux certificats d'investissement.** – *[L. n° 66-537 du 24 juill. 1966, art. 217-10.]*

Sur les infractions en matière de souscription, d'achat ou de prise en gage par les sociétés de leurs propres actions, V. art. L. 242-24.

SECTION V **DU CONTRÔLE DES SOCIÉTÉS ANONYMES**

Art. L. 225-218 **Le contrôle est exercé, dans chaque société, par un ou plusieurs commissaires aux comptes.**

Al. 2 à 5 transférés par L. n° 2003-706 du 1er août 2003, ss. art. L. 822-9.

Art. L. 225-219 à L. 225-221 *Abrogés par L. n° 2003-706 du 1er août 2005. – V. art. L. 822-1, L. 822-2, L. 822-6 et L. 822-7.*

Art. L. 225-222 *Dispositions transférées par L. n° 2003-706 du 1er août 2003, ss. art. L. 822-10.*

Art. L. 225-223 à L. 225-226 *Abrogés par L. n° 2003-706 du 1er août 2003. – V. art. L. 822-3, L. 822-11, L. 822-12 et L. 822-13.*

Art. L. 225-227 *Abrogé par Ord. n° 2005-1126 du 8 sept. 2005, art. 20-III. – V. art. L. 820-3-1.*

Art. L. 225-228 *(L. n° 2003-706 du 1er août 2003)* **« Les commissaires aux comptes sont proposés à la désignation de l'assemblée générale par un projet de résolution émanant du conseil d'administration ou du conseil de surveillance ou, dans les conditions définies par la section 3 du présent chapitre, des actionnaires.** *(Ord. n° 2009-80 du 22 janv. 2009, art. 7-X, en vigueur le 1er avr. 2009)* **« Lorsque les actions de la société sont admises aux négociations sur un marché réglementé », le conseil d'administration choisit, sans que prennent part au vote le directeur général et le directeur général délégué, s'ils sont administrateurs, les commissaires aux comptes qu'il envisage de proposer. »**

Al. 2 à 6 abrogés par Ord. n° 2005-1126 du 8 sept. 2005, art. 20-III.

La nomination des commissaires aux comptes légalement faite avant l'entrée en vigueur de la loi du 1er août 2003 ne peut être remise en cause du seul fait de l'entrée en vigueur de celle-ci (L. n° 2003-706 du 1er août 2003, art. 114-II, JO 2 août).

Art. L. 225-229 *Abrogé par Ord. n° 2005-1126 du 8 sept. 2005, art 20-III. – V. art. L. 823-3 s.*

Art. L. 225-230 *(Ord. n° 2005-1126 du 8 sept. 2005, art. 20-I)* **L'action mentionnée à l'article L. 823-6 peut être exercée par une association répondant aux conditions fixées par l'article L. 225-120.**

Art. L. 225-231 *(L. n° 2001-420 du 15 mai 2001)* « Une association répondant aux conditions fixées à l'article L. 225-120, ainsi que un ou plusieurs actionnaires représentant au moins 5 % du capital social, soit individuellement, soit en se groupant sous quelque forme que ce soit, peuvent poser par écrit au président du conseil d'administration ou au directoire des questions sur une ou plusieurs opérations de gestion de la société, ainsi que, le cas échéant, des sociétés qu'elle contrôle au sens de l'article L. 233-3. Dans ce dernier cas, la demande doit être appréciée au regard de l'intérêt du groupe. La réponse doit être communiquée aux commissaires aux comptes.

« A défaut de réponse dans un délai d'un mois ou à défaut de communication d'éléments de réponse satisfaisants, ces actionnaires peuvent demander en référé la désignation d'un ou plusieurs experts chargés de présenter un rapport sur une ou plusieurs opérations de gestion.

« Le ministère public, le comité d'entreprise et, dans les sociétés *(Ord. n° 2009-80 du 22 janv. 2009, art. 7-XI, en vigueur le 1er avr. 2009)* « dont les actions sont admises aux négociations sur un marché réglementé », *(L. n° 2003-706 du 1er août 2003, art. 46-V)* « l'Autorité des marchés financiers » peuvent également demander en référé la désignation d'un ou plusieurs experts chargés de présenter un rapport sur une ou plusieurs opérations de gestion. »

S'il est fait droit à la demande, la décision de justice détermine l'étendue de la mission et des pouvoirs des experts. Elle peut mettre les honoraires à la charge de la société.

Le rapport est adressé au demandeur, au ministère public, au comité d'entreprise, au commissaire aux comptes et, selon le cas, au conseil d'administration ou au directoire et au conseil de surveillance ainsi que, dans les sociétés *(Ord. n° 2009-80 du 22 janv. 2009, art. 7-XI, en vigueur le 1er avr. 2009)* « dont les actions sont admises aux négociations sur un marché réglementé », à *(L. n° 2003-706 du 1er août 2003, art. 46-V)* « l'Autorité des marchés financiers ». Ce rapport doit, en outre, être annexé à celui établi par les commissaires aux comptes en vue de la prochaine assemblée générale et recevoir la même publicité. – *[L. n° 66-537 du 24 juill. 1966, art. 226.] – V. art. R. 225-163.*

Art. L. 225-232 Un ou plusieurs actionnaires représentant au moins *(L. n° 2001-420 du 15 mai 2001)* « 5 % » du capital social ou une association répondant aux conditions fixées à l'article L. 225-120 peuvent, deux fois par exercice, poser par écrit des questions au président du conseil d'administration ou au directoire sur tout fait de nature à compromettre la continuité de l'exploitation. La réponse est communiquée au commissaire aux comptes. – *[L. n° 66-537 du 24 juill. 1966, art. 226-1.] – V. art. R. 225-164.*

Art. L. 225-233 *(Ord. n° 2005-1126 du 8 sept. 2005, art. 20-II)* L'action mentionnée à l'article L. 823-7 peut être exercée par une association répondant aux conditions fixées par l'article L. 225-120.

Art. L. 225-234 *Abrogé par Ord. n° 2005-1126 du 8 sept. 2005, art. 20-III. – V. art. L. 823-8.*

Art. L. 225-235 *Al. 1er à 4 abrogés par Ord. n° 2005-1126 du 8 sept. 2005, art. 20-III. – V. art. L. 822-15, al. 2, L. 823-9 à L. 823-11, R. 823-7 et R. 823-8.*

(L. n° 2003-706 du 1er août 2003) « Les commissaires aux comptes présentent, dans un rapport joint au rapport mentionné au deuxième alinéa de l'article L. 225-100, leurs observations sur le rapport mentionné, selon le cas, à l'article L. 225-37 ou à l'article L. 225-68, pour celles des procédures de contrôle interne *(L. n° 2009-526 du 12 mai 2009, art. 46-I)* « et de gestion des risques » qui sont relatives à l'élaboration et au traitement de l'information comptable et financière. » *(L. n° 2008-*

649 du 3 juill. 2008, art. 29) « Ils attestent l'établissement des autres informations requises aux articles L. 225-37 et L. 225-68. »

Les modifications issues de la L. n° 2009-526 du 12 mai 2009 s'appliquent aux exercices clos après le 30 juin 2009 (L. préc., art. 46-II).

Art. L. 225-236 à L. 225-242 *Abrogés par Ord. n° 2005-1126 du 8 sept. 2005, art. 20-III. — V. art. L. 823-12 s. — V. aussi art. L. 234-1 s., L. 242-25, R. 225-161, R. 823-4, R. 823-7, R. 823-8 et R. 823-9.*

SECTION VI DE LA TRANSFORMATION DES SOCIÉTÉS ANONYMES

Art. L. 225-243 Toute société anonyme peut se transformer en société d'une autre forme si, au moment de la transformation, elle a au moins deux ans d'existence et si elle a établi et fait approuver par les actionnaires le bilan de ses deux premiers exercices. — *[L. n° 66-537 du 24 juill. 1966, art. 236.]*

Art. L. 225-244 La décision de transformation est prise sur le rapport des commissaires aux comptes de la société. Le rapport atteste que les capitaux propres sont au moins égaux au capital social.

La transformation est soumise, le cas échéant, à l'approbation des assemblées d'obligataires et de l'assemblée des porteurs de parts bénéficiaires ou de parts de fondateur.

La décision de transformation est soumise à publicité, dont les modalités sont fixées par décret en Conseil d'État. — *[L. n° 66-537 du 24 juill. 1966, art. 237.] — V. art. R. 225-165.*

Art. L. 225-245 La transformation en société en nom collectif nécessite l'accord de tous les associés. En ce cas, les conditions prévues aux articles L. 225-243 et au premier alinéa de l'article L. 225-244 ne sont pas exigées.

La transformation en société en commandite simple ou par actions est décidée dans les conditions prévues pour la modification des statuts et avec l'accord de tous les associés qui acceptent d'être associés commandités.

La transformation en société à responsabilité limitée est décidée dans les conditions prévues pour la modification des statuts des sociétés de cette forme. — *[L. n° 66-537 du 24 juill. 1966, art. 238.]*

Art. L. 225-245-1 *(L. n° 2005-842 du 26 juill. 2005, art. 11-II)* En cas de transformation d'une société anonyme en société européenne, le premier alinéa de l'article L. 225-244 n'est pas applicable.

La société établit un projet de transformation de la société en société européenne. Ce projet est déposé au greffe du tribunal dans le ressort duquel la société est immatriculée et fait l'objet d'une publicité dont les modalités sont fixées par décret en Conseil d'État. — *V. art. R. 229-20.*

Un ou plusieurs commissaires à la transformation désignés par décision de justice établissent sous leur responsabilité un rapport destiné aux actionnaires de la société se transformant attestant que *(L. n° 2008-649 du 3 juill. 2008, art. 11)* « la société dispose d'actifs nets au moins équivalents au capital augmenté des réserves que la loi ou les statuts ne permettent pas de distribuer ». Ils sont soumis aux incompatibilités prévues à l'article L. 822-11.

La transformation en société européenne est décidée selon les dispositions prévues aux articles L. 225-96 et L. 225-99.

SECTION VII DE LA DISSOLUTION DES SOCIÉTÉS ANONYMES

Art. L. 225-246 La dissolution anticipée de la société est prononcée par l'assemblée générale extraordinaire. – *[L. nº 66-537 du 24 juill. 1966, art. 239.]*

Art. L. 225-247 Le tribunal de commerce peut, à la demande de tout intéressé, prononcer la dissolution de la société, si le nombre des actionnaires est réduit à moins de sept depuis plus d'un an.

Il peut accorder à la société un délai maximal de six mois pour régulariser la situation. Il ne peut prononcer la dissolution si, le jour où il statue sur le fond, cette régularisation a eu lieu. – *[L. nº 66-537 du 24 juill. 1966, art. 240.]*

Art. L. 225-248 Si, du fait de pertes constatées dans les documents comptables, les capitaux propres de la société deviennent inférieurs à la moitié du capital social, le conseil d'administration ou le directoire, selon le cas, est tenu dans les quatre mois qui suivent l'approbation des comptes ayant fait apparaître cette perte, de convoquer l'assemblée générale extraordinaire à l'effet de décider s'il y a lieu à dissolution anticipée de la société.

Si la dissolution n'est pas prononcée, la société est tenue, au plus tard à la clôture du deuxième exercice suivant celui au cours duquel la constatation des pertes est intervenue et sous réserve des dispositions de l'article L. 224-2 de réduire son capital d'un montant au moins égal à celui des pertes qui n'ont pas pu être imputées sur les réserves, si, dans ce délai, les capitaux propres n'ont pas été reconstitués à concurrence d'une valeur au moins égale à la moitié du capital social.

Dans les deux cas, la résolution adoptée par l'assemblée générale est publiée selon les modalités fixées par décret en Conseil d'État.

A défaut de réunion de l'assemblée générale, comme dans le cas ou *[où]* cette assemblée n'a pas pu délibérer valablement sur dernière convocation, tout intéressé peut demander en justice la dissolution de la société. Il en est de même si les dispositions du deuxième alinéa ci-dessus n'ont pas été appliquées. Dans tous les cas, le tribunal peut accorder à la société un délai maximal de six mois pour régulariser la situation. Il ne peut prononcer la dissolution, si, au jour où il statue sur le fond, cette régularisation a eu lieu.

Les dispositions du présent article ne sont pas applicables aux sociétés *(L. nº 2005-845 du 26 juill. 2005, art. 165-II)* « en procédure de sauvegarde ou en redressement judiciaire » ou qui bénéficient d'un *(L. nº 2005-845 du 26 juill. 2005, art. 165-II)* « plan de sauvegarde ou de redressement judiciaire ». – *[L. nº 66-537 du 24 juill. 1966, art. 241.] – V. art. R. 210-15 et R. 225-166.*

SECTION VIII DE LA RESPONSABILITÉ CIVILE

Art. L. 225-249 Les fondateurs de la société auxquels la nullité est imputable et les administrateurs en fonction au moment où elle a été encourue peuvent être déclarés solidairement responsables du dommage résultant pour les actionnaires ou pour les tiers de l'annulation de la société.

La même responsabilité solidaire peut être prononcée contre ceux des actionnaires dont les apports ou les avantages n'ont pas été vérifiés et approuvés. – *[L. nº 66-537 du 24 juill. 1966, art. 242.]*

Art. L. 225-250 L'action en responsabilité fondée sur l'annulation de la société se prescrit dans les conditions prévues au premier alinéa de l'article L. 235-13. – *[L. nº 66-537 du 24 juill. 1966, art. 243.]*

Art. L. 225-251 *(L. nº 2001-420 du 15 mai 2001)* « Les administrateurs et le directeur général sont responsables, individuellement ou solidairement selon le cas, » envers la société ou envers les tiers, soit des infractions aux dispositions législatives ou réglementaires applicables aux sociétés anonymes, soit des violations des statuts, soit des fautes commises dans leur gestion.

Si plusieurs administrateurs *(L. nº 2001-420 du 15 mai 2001)* « ou plusieurs administrateurs et le directeur général » ont coopéré aux mêmes faits, le tribunal détermine la part contributive de chacun dans la réparation du dommage. – *[L. nº 66-537 du 24 juill. 1966, art. 244.] – V. art. R. 225-167 et R. 225-168.*

Art. L. 225-252 Outre l'action en réparation du préjudice subi personnellement, les actionnaires peuvent, soit individuellement, soit par une association répondant aux conditions fixées à l'article L. 225-120 soit en se groupant dans les conditions fixées par décret en Conseil d'État, intenter l'action sociale en responsabilité contre les administrateurs *(L. nº 2001-420 du 15 mai 2001)* « ou le directeur général ». Les demandeurs sont habilités à poursuivre la réparation de l'entier préjudice subi par la société, à laquelle, le cas échéant, les dommages-intérêts sont alloués. – *[L. nº 66-537 du 24 juill. 1966, art. 245.] – V. art. R. 225-169 et R. 225-170.*

Art. L. 225-253 Est réputée non écrite, toute clause des statuts ayant pour effet de subordonner l'exercice de l'action sociale à l'avis préalable ou à l'autorisation de l'assemblée générale, ou qui comporterait par avance renonciation à l'exercice de cette action.

Aucune décision de l'assemblée générale ne peut avoir pour effet d'éteindre une action en responsabilité contre les administrateurs *(L. nº 2001-420 du 15 mai 2001)* « ou contre le directeur général » pour faute commise dans l'accomplissement de leur mandat. – *[L. nº 66-537 du 24 juill. 1966, art. 246.]*

Art. L. 225-254 L'action en responsabilité contre les administrateurs *(L. nº 2001-420 du 15 mai 2001)* « ou le directeur général », tant sociale qu'individuelle, se prescrit par trois ans, à compter du fait dommageable ou s'il a été dissimulé, de sa révélation. Toutefois, lorsque le fait est qualifié crime, l'action se prescrit par dix ans. – *[L. nº 66-537 du 24 juill. 1966, art. 247.]*

Art. L. 225-255 En cas d'ouverture d'une procédure *(L. nº 2005-845 du 26 juill. 2005, art. 165-II)* « de sauvegarde, » de redressement ou de liquidation judiciaire en application des dispositions du titre II *[des titres II à IV]* du livre VI relatives au redressement et à la liquidation judiciaires des entreprises, les personnes visées par ces dispositions peuvent être rendues responsables du passif social et sont soumises aux interdictions et déchéances, dans les conditions prévues par celles-ci. – *[L. nº 66-537 du 24 juill. 1966, art. 248.]*

Art. L. 225-256 Lorsque la société est soumise aux dispositions des articles L. 225-57 à L. 225-93, les membres du directoire sont soumis à la même responsabilité que les administrateurs dans les conditions prévues aux articles L. 225-249 à L. 225-255.

En cas d'ouverture d'une procédure *(L. nº 2005-845 du 26 juill. 2005, art. 165-II)* « de sauvegarde, » de redressement ou de liquidation judiciaire en application des dispositions du titre II *[des titres II à IV]* du livre VI relatives au redressement et à la liquidation judiciaires des entreprises, les personnes visées par ces dispositions peuvent être rendues responsables du passif social et sont soumises aux interdictions et déchéances, dans les conditions prévues par celles-ci. – *[L. nº 66-537 du 24 juill. 1966, art. 249.]*

Art. L. 225-257 Les membres du conseil de surveillance sont responsables des fautes personnelles commises dans l'exécution de leur mandat. Ils n'encourent aucune responsabilité, en raison des actes de la gestion et de leur résultat. Ils peuvent être déclarés civilement responsables des délits commis par les membres du directoire si, en ayant eu connaissance, ils ne les ont pas révélés à l'assemblée générale.

Les dispositions des articles L. 225-253 et L. 225-254 sont applicables. – *[L. n° 66-537 du 24 juill. 1966, art. 250.]*

SECTION IX DES SOCIÉTÉS ANONYMES À PARTICIPATION OUVRIÈRE

Art. L. 225-258 Il peut être stipulé dans les statuts de toute société anonyme que la société est « à participation ouvrière ».

Les sociétés dont les statuts ne contiennent pas cette stipulation peuvent se transformer en sociétés à participation ouvrière, en procédant conformément à l'article L. 225-96.

Les sociétés à participation ouvrière sont soumises, indépendamment des règles générales applicables aux sociétés anonymes, aux dispositions de la présente section. – *[L. 24 juill. 1867, art. 72.]*

Art. L. 225-259 Si la société use de la faculté d'émettre des actions de travail, cette circonstance doit être mentionnée sur tous ses actes et documents destinés aux tiers par l'addition des mots « à participation ouvrière ». – *[L. 24 juill. 1867, art. 64, al. 2.]*

Art. L. 225-260 Les actions de la société se composent :

1° D'actions ou coupures d'actions de capital ;

2° D'actions dites « actions de travail ». – *[L. 24 juill. 1867, art. 73.]*

Art. L. 225-261 Les actions de travail sont la propriété collective du personnel salarié (ouvriers et employés), constitué en société commerciale coopérative de main-d'œuvre. Cette société de main-d'œuvre comprend obligatoirement et exclusivement tous les salariés liés à l'entreprise depuis au moins un an et âgés de plus de dix-huit ans. La perte de l'emploi salarié prive le participant, sans indemnité, de tous ses droits dans la coopérative de main-d'œuvre. La liquidation des droits qui ont été acquis dans l'entreprise par l'intéressé antérieurement à son départ, au cours du dernier exercice, est faite compte tenu du temps passé par lui au cours de cet exercice, et des dispositions de l'article L. 225-269.

Lorsqu'une société se constitue, dès son début, sous la forme de société anonyme à participation ouvrière, les statuts de la société anonyme doivent prévoir la mise en réserve, jusqu'à la fin de l'année, des actions de travail attribuées à la collectivité des salariés. A la fin de ce délai, les actions sont remises à la coopérative de main-d'œuvre légalement constituée.

Les dividendes attribués aux ouvriers et employés faisant partie de la coopérative ouvrière sont répartis entre eux conformément aux règles fixées par les statuts de la société ouvrière et aux décisions de ses assemblées générales. Toutefois, les statuts de la société anonyme doivent disposer que, préalablement à toute distribution de dividende, il est prélevé sur les bénéfices, au profit des porteurs d'actions de capital, une somme correspondant à celle que produirait, à l'intérêt qu'ils fixent, le capital versé.

En aucun cas les actions de travail ne peuvent être attribuées individuellement aux salariés de la société, membres de la coopérative de main-d'œuvre. – *[L. 24 juill. 1867, art. 74.]*

Art. L. 225-262 Les actions de travail sont nominatives, inscrites au nom de la société coopérative de main-d'œuvre, inaliénables pendant toute la durée de la société à participation ouvrière. – *[L. 24 juill. 1867, art. 75.]*

Art. L. 225-263 Les participants à la société coopérative de main-d'œuvre sont représentés aux assemblées générales de la société anonyme par des mandataires élus par ces participants, réunis en assemblée générale de la coopérative.

Les mandataires élus doivent être choisis parmi les participants. Leur nombre est fixé par les statuts de la société anonyme.

Le nombre des voix dont disposent ces mandataires, à chaque assemblée générale de la société anonyme, est établi d'après le nombre de voix dont disposent les autres actionnaires présents ou représentés, en respectant la proportion entre les actions de travail et les actions de capital résultant de l'application des statuts de la société. Il est déterminé au début de chaque assemblée d'après les indications de la feuille de présence.

Les mandataires présents partagent également entre eux les voix qui leur sont ainsi attribuées, les plus âgés bénéficiant des voix restantes.

L'assemblée générale de la coopérative de main-d'œuvre est réunie chaque année dans un délai fixé par les statuts et, à défaut de dispositions statutaires, dans un délai de quatre mois après la réunion de l'assemblée générale de la société anonyme. – *[L. 24 juill. 1867, art. 76.]*

Art. L. 225-264 Chaque participant dispose, à l'assemblée générale de la coopérative de main-d'œuvre, d'une voix.

Les statuts peuvent toutefois attribuer plusieurs voix aux participants, en fonction du montant de leur salaire, dans la limite d'un chiffre maximum égal à autant de voix que le salaire annuel de l'intéressé, établi sur les comptes arrêtés à la clôture de l'exercice précédent, comprend de fois le chiffre du salaire le plus faible attribué par la société aux salariés âgés de plus de dix-huit ans.

Les statuts peuvent prévoir que les participants sont répartis par collèges regroupant chacun une catégorie de personnel, chaque collège élisant son ou ses mandataires et que l'accord de chaque collège, à des majorités que les statuts précisent, est nécessaire pour la modification des statuts de la coopérative et d'autres décisions énumérées par les statuts. – *[L. 24 juill. 1867, art. 76-1.]*

Art. L. 225-265 L'assemblée générale de la coopérative de main-d'œuvre ne délibère valablement que si, sur première convocation, les deux tiers au moins des participants de la coopérative sont présents ou représentés. Les statuts fixent le quorum requis pour l'assemblée réunie sur seconde convocation. A défaut de dispositions statutaires, ce quorum est de la moitié des participants de la coopérative, présents ou représentés.

L'assemblée générale statue à la majorité des voix exprimées. Dans le cas où il est procédé à un scrutin, il n'est pas tenu compte des bulletins blancs.

Toutefois, pour la modification des statuts de la coopérative et pour d'autres décisions énumérées par les statuts, le quorum ne peut être inférieur à la moitié des participants de la coopérative. De plus, ces mêmes décisions sont prises à la majorité des deux tiers des voix exprimées. Dans le cas où il est procédé à un scrutin, il n'est pas tenu compte des bulletins blancs. – *[L. 24 juill. 1867, art. 76-2.]*

Art. L. 225-266 En cas d'action en justice, les mandataires élus à la dernière assemblée générale désignent un ou plusieurs d'entre eux pour représenter les participants. Si aucune élection n'a encore été faite, ou si aucun des mandataires élus ne fait partie de la coopérative de main-d'œuvre, il est procédé à l'élection de mandataires spéciaux dans les formes et conditions prévues au premier alinéa de l'article L. 225-263 et aux articles L. 225-264 et L. 225-265. – *[L. 24 juill. 1867, art. 76-3.]*

Art. L. 225-267 Toutefois, les assemblées générales des sociétés anonymes à participation ouvrière délibérant sur des modifications à apporter aux statuts ou sur des propositions de continuation de la société au-delà du terme fixé pour sa durée ou de dissolution avant ce terme ne sont régulièrement constituées et ne peuvent valablement délibérer qu'autant qu'elles comprennent un nombre d'actionnaires représentant les trois quarts des actions de capital. Il peut en être décidé autrement par les statuts.

Dans le cas où une décision de l'assemblée générale comporte une modification dans les droits attachés aux actions de travail, cette décision n'est définitive qu'après avoir été ratifiée par une assemblée générale de la coopérative de main-d'œuvre. – *[L. 24 juill. 1867, art. 77.]*

Art. L. 225-268 Le conseil d'administration de la société anonyme à participation ouvrière comprend un ou plusieurs représentants de la société coopérative de main-d'œuvre. Ces représentants sont élus par l'assemblée générale des actionnaires et choisis parmi les mandataires qui représentent la coopérative à cette assemblée générale. Le nombre en est fixé par le rapport qui existe entre les actions de travail et les actions de capital. Ils sont nommés pour le même temps que les autres administrateurs et sont comme eux rééligibles. Toutefois, leur mandat prend fin s'ils cessent d'être salariés de la société et, par suite, membres de la société. Si le conseil d'administration ne se compose que de trois membres, il doit comprendre tout au moins un représentant de ladite société coopérative. – *[L. 24 juill. 1867, art. 78.]*

Art. L. 225-269 En cas de dissolution, l'actif social n'est réparti entre les actionnaires qu'après l'amortissement intégral des actions de capital.

La part représentative des actions de travail, conformément aux décisions prises par l'assemblée générale de la coopérative ouvrière convoquée à cet effet, est alors répartie entre les participants et anciens participants comptant au moins dix ans de services consécutifs dans les établissements de la société, ou tout au moins une durée de services sans interruption égale à la moitié de la durée de la société, et ayant quitté la société pour l'une des raisons suivantes : départ à la retraite volontaire ou d'office avec droit à pension, maladie ou invalidité entraînant l'inaptitude à l'emploi précédemment occupé, licenciement motivé par une suppression d'emploi ou une compression de personnel.

Toutefois, les anciens participants remplissant les conditions prévues à l'alinéa précédent ne figurent à la répartition que pour une part correspondant à la durée de leurs services réduite d'un dixième de son montant total par année écoulée depuis la cessation de leurs services.

La dissolution de la société anonyme amène la dissolution de la coopérative de main-d'œuvre. – *[L. 24 juill. 1867, art. 79.]*

Art. L. 225-270 I. – Lorsqu'une société anonyme à participation ouvrière vient à se trouver dans la situation visée à l'article L. 225-248, et que sa dissolution n'est pas prononcée, l'assemblée générale extraordinaire peut décider, dans le délai fixé au deuxième alinéa du même article, une modification des statuts de la société entraînant la perte de la forme de société anonyme à participation ouvrière et, par la *[là]* même, la dissolution de la société coopérative de main-d'œuvre, nonobstant les dispositions du second alinéa de l'article L. 225-267 et toute disposition statutaire contraire.

Toutefois, la mise en œuvre de cette décision est subordonnée à l'existence d'un accord collectif d'entreprise conclu avec une ou plusieurs organisations syndicales de *salariés représentatives* au sens de l'article L. 132-2 *[L. 2231-1 et L. 2231-3 nouv.]* du code du travail et prévoyant la dissolution de la société coopérative de main-d'œuvre. L'existence d'un accord collectif d'entreprise, incluant le même objet et conclu dans les mêmes conditions, antérieurement à l'entrée en vigueur de la loi n° 94-679 du 8 août 1994 portant diverses dispositions d'ordre économique et financier, répond aux dispositions du présent alinéa.

II. – Si la société coopérative de main-d'œuvre est dissoute en application des dispositions du I ci-dessus, il est attribué aux participants et anciens participants mentionnés au deuxième alinéa de l'article L. 225-269 une indemnisation.

Le montant de cette indemnisation, déterminé en prenant en compte notamment la nature et la portée particulière des droits attachés aux actions de travail, est fixé par l'assemblée générale extraordinaire des actionnaires de la société anonyme, après consultation des mandataires de la société coopérative de main-d'œuvre et au vu du rapport d'un expert indépendant désigné selon des modalités prévues par décret en Conseil d'État. – *V. art. R. 225-171 et R. 225-172.*

III. – Sur décision de l'assemblée générale extraordinaire des actionnaires de la société anonyme, l'indemnisation peut prendre la forme d'une attribution d'actions au bénéfice exclusif des participants et anciens participants mentionnés au deuxième alinéa de l'article L. 225-269.

Ces actions peuvent être créées par prélèvement sur les primes et réserves disponibles. Par dérogation aux dispositions de l'article L. 225-206, la société anonyme peut également acquérir ses propres actions afin de les attribuer, dans le délai d'un an à compter de leur acquisition, aux participants et anciens participants mentionnés au deuxième alinéa de l'article L. 225-269.

Les actions ainsi attribuées ne peuvent être cédées qu'à l'expiration d'un délai de trois ans à compter de la date de la dissolution de la société coopérative de main-d'œuvre.

Nonobstant les dispositions de l'alinéa précédent, l'assemblée générale extraordinaire des actionnaires de la société anonyme peut décider de confier la gestion de ces actions à un fonds commun de placement d'entreprise, régi par les dispositions de l'article 21 de la loi n° 88-1201 du 23 décembre 1988 relative aux organismes de placement collectif en valeurs mobilières *[C. mon. fin., art. L. 214-40]* et portant création des fonds communs de créances, spécialement et exclusivement constitué à cet effet au plus tard le jour de l'attribution des actions. Dans ce cas, les parts du fonds et les actions qui en constituent l'actif ne peuvent être cédées qu'à l'expiration du délai mentionné à l'alinéa précédent. Le règlement de ce fonds est approuvé par la voie d'un accord collectif de travail. – *V. C. mon. fin., art. L. 214-40.* – ***C. mon. fin.*** *ou* ***C. sociétés.***

IV. – Pour l'application des dispositions prévues par le présent article, les décisions prises par l'assemblée générale des actionnaires de la société anonyme s'imposent de plein droit à tout actionnaire et à tout porteur ou titulaire de titres obligataires ou donnant immédiatement ou à terme accès au capital.

V. – L'indemnisation visée au II est répartie entre les ayants droit, en tenant compte de la durée de leurs services dans la société, de l'ancienneté acquise dans la coopérative de main-d'œuvre et de leur niveau de rémunération.

Après dissolution de la société coopérative de main-d'œuvre, et dans un délai de six mois après délibération de l'assemblée générale extraordinaire des actionnaires de la société anonyme fixant le montant et la forme de l'indemnisation, cette répartition est effectuée conformément aux décisions prises par l'assemblée générale de la société coopérative sur proposition de ses mandataires. À défaut de répartition dans ce délai de six mois, celle-ci est effectuée par un mandataire liquidateur désigné par le président du tribunal de commerce du ressort du siège social de la société.

Les dispositions du troisième alinéa de l'article L. 225-269 sont applicables dans le cas visé au présent V.

VI. – L'indemnisation visée au II ou, le cas échéant, la valeur des actions attribuées à ce titre n'ont pas le caractère d'éléments de salaires pour l'application de la législation du travail et de la sécurité sociale. Elles ne sont pas retenues pour le calcul de l'assiette de tous impôts, taxes et prélèvements assis sur les salaires ou les revenus, sous réserve des dispositions de l'article 94 A du code général des impôts. – *[L. 24 juill. 1867, art. 79-1.]*

CHAPITRE VI DES SOCIÉTÉS EN COMMANDITE PAR ACTIONS

V. note au-dessus de l'art. L. 225-1.

Art. L. 226-1 La société en commandite par actions, dont le capital est divisé en actions, est constituée entre un ou plusieurs commandités, qui ont la qualité de commerçant et répondent indéfiniment et solidairement des dettes sociales, et des commanditaires, qui ont la qualité d'actionnaires et ne supportent les pertes qu'à concurrence de leurs apports. Le nombre des associés commanditaires ne peut être inférieur à trois.

Dans la mesure où elles sont compatibles avec les dispositions particulières prévues par le présent chapitre, les règles concernant les sociétés en commandite simple et les sociétés anonymes, à l'exception des articles L. 225-17 à L. 225-93, sont applicables aux sociétés en commandite par actions. – *[L. n° 66-537 du 24 juill. 1966, art. 251.] – V. art. R. 226-1.*

Art. L. 226-2 Le ou les premiers gérants sont désignés par les statuts. Ils accomplissent les formalités de constitution dont sont chargés les fondateurs de sociétés anonymes par les articles L. 225-2 à L. 225-16.

Au cours de l'existence de la société, sauf clause contraire des statuts, le ou les gérants sont désignés par l'assemblée générale ordinaire avec l'accord de tous les associés commandités.

Le gérant, associé ou non, est révoqué dans les conditions prévues par les statuts.

En outre, le gérant est révocable par le tribunal de commerce pour cause légitime, à la demande de tout associé ou de la société. Toute clause contraire est réputée non écrite. – *[L. n° 66-537 du 24 juill. 1966, art. 252.]*

Art. L. 226-3 Les statuts doivent prévoir pour l'exercice des fonctions de gérant une limite d'âge qui, à défaut d'une disposition expresse, est fixée à soixante-cinq ans.

Toute nomination intervenue en violation des dispositions prévues à l'alinéa précédent est nulle.

Lorsqu'un gérant atteint la limite d'âge, il est réputé démissionnaire d'office. – *[L. n° 66-537 du 24 juill. 1966, art. 252-1.]*

Art. L. 226-4 L'assemblée générale ordinaire nomme, dans les conditions fixées par les statuts, un conseil de surveillance, composé de trois actionnaires au moins.

(L. n° 2011-103 du 27 janv. 2011, art. 4-I) « Le conseil de surveillance est composé en recherchant une représentation équilibrée des femmes et des hommes. »

A peine de nullité de sa nomination, un associé commandité ne peut être membre du conseil de surveillance. Les actionnaires ayant la qualité de commandité ne peuvent participer à la désignation des membres de ce conseil.

A défaut de disposition statutaire, les règles concernant la désignation et la durée *du mandat* des administrateurs de sociétés anonymes sont applicables. – *[L. n° 66-537 du 24 juill. 1966, art. 253.]*

Art. L. 226-4-1 *(L. n° 2011-103 du 27 janv. 2011, art. 4-II, en vigueur le 1er janv. 2017)* La proportion des membres du conseil de surveillance de chaque sexe ne peut être inférieure à 40 % dans les sociétés dont les actions sont admises aux négocia-

tions sur un marché réglementé et, à l'issue de la plus prochaine assemblée générale ayant à statuer sur des nominations, dans les sociétés qui, pour le troisième exercice consécutif, emploient un nombre moyen d'au moins cinq cents salariés permanents et présentent un montant net de chiffre d'affaires ou un total de bilan d'au moins 50 millions d'euros. Dans ces mêmes sociétés, lorsque le conseil de surveillance est composé au plus de huit membres, l'écart entre le nombre des membres de chaque sexe ne peut être supérieur à deux.

Toute nomination intervenue en violation du premier alinéa et n'ayant pas pour effet de remédier à l'irrégularité de la composition du conseil est nulle. Cette nullité n'entraîne pas celle des délibérations auxquelles a pris part le membre du conseil irrégulièrement nommé.

La conformité de la composition des conseils de surveillance des sociétés concernées est appréciée à l'issue de la première assemblée générale ordinaire qui suit le 1er janv. 2017. Le troisième exercice consécutif prévu au 1er al. de l'art. L. 226-4-1 s'entend à compter du 1er janv. 2017 (L. no 2011-103 du 27 janv. 2011, art. 5-I).

Art. L. 226-5 Les statuts doivent prévoir pour l'exercice des fonctions de membre du conseil de surveillance une limite d'âge s'appliquant soit à l'ensemble *(L. no 2003-7 du 3 janv. 2003)* **« des membres du conseil de surveillance », soit à un pourcentage déterminé d'entre eux.**

A défaut de disposition expresse dans les statuts, le nombre des membres du conseil de surveillance ayant atteint l'âge de soixante-dix ans ne peut être supérieur au tiers des membres du conseil de surveillance en fonctions.

Toute nomination intervenue en violation des dispositions prévues à l'alinéa précédent est nulle.

A défaut de disposition expresse dans les statuts prévoyant une autre procédure, lorsque la limitation statutaire ou légale fixée pour l'âge des membres du conseil de surveillance est dépassée, le membre du conseil de surveillance le plus âgé est réputé démissionnaire d'office. – *[L. no 66-537 du 24 juill. 1966, art. 253-1.]*

Art. L. 226-5-1 *(L. no 2013-504 du 14 juin 2013, art. 9-III)* **Dans les sociétés répondant aux critères fixés au I de l'article L. 225-79-2, les salariés sont représentés au sein du conseil de surveillance dans les conditions prévues aux articles L. 225-79-2 et L. 225-80.**

La modification des statuts nécessaire pour déterminer les conditions dans lesquelles sont désignés les membres du conseil de surveillance représentant les salariés est adoptée selon les règles définies au présent chapitre. Si l'assemblée des commanditaires ou des commandités ne s'est pas réunie dans le délai prévu au premier alinéa du III de l'article L. 225-79-2, tout salarié peut demander au président du tribunal statuant en référé d'enjoindre sous astreinte au gérant ou à l'un des gérants de convoquer une assemblée des commanditaires ou des commandités et de soumettre à celle-ci les projets de résolution tendant à modifier les statuts dans le sens prévu au même III.

V. note ss. art. L. 225-27-1.

Art. L. 226-6 L'assemblée générale ordinaire désigne un ou plusieurs commissaires aux comptes. – *[L. no 66-537 du 24 juill. 1966, art. 254.]*

Art. L. 226-7 Le gérant est investi des pouvoirs les plus étendus pour agir en toute circonstance au nom de la société.

Dans les rapports avec les tiers, la société est engagée même par les actes du gérant qui ne relèvent pas de l'objet social, à moins qu'elle ne prouve que le tiers savait que l'acte dépassait cet objet ou qu'il ne pouvait l'ignorer compte tenu des circonstances, étant exclu que la seule publication des statuts suffise à constituer cette preuve.

Les clauses statutaires limitant les pouvoirs du gérant qui résultent du présent article sont inopposables aux tiers.

En cas de pluralité de gérants, ceux-ci détiennent séparément les pouvoirs prévus au présent article. L'opposition formée par un gérant aux actes d'un autre gérant est sans effet à l'égard des tiers, à moins qu'il ne soit établi qu'ils en ont eu connaissance.

Sous réserve des dispositions du présent chapitre, le gérant a les mêmes obligations que le conseil d'administration d'une société anonyme. – *[L. n° 66-537 du 24 juill. 1966, art. 255.]*

Art. L. 226-8 Toute autre rémunération que celle prévue aux statuts ne peut être allouée au gérant que par l'assemblée générale ordinaire. Elle ne peut l'être qu'avec l'accord des commandités donné, sauf clause contraire, à l'unanimité. – *[L. n° 66-537 du 24 juill. 1966, art. 256.]*

Art. L. 226-9 Le conseil de surveillance assume le contrôle permanent de la gestion de la société. Il dispose, à cet effet, des mêmes pouvoirs que les commissaires aux comptes.

Il fait à l'assemblée générale ordinaire annuelle un rapport dans lequel il signale, notamment, les irrégularités et inexactitudes relevées dans les comptes annuels et, le cas échéant, les comptes consolidés de l'exercice.

Il est saisi en même temps que les commissaires aux comptes des documents mis à la disposition de ceux-ci.

Il peut convoquer l'assemblée générale des actionnaires. – *[L. n° 66-537 du 24 juill. 1966, art. 257.]*

Art. L. 226-9-1 *(L. n° 2011-103 du 27 janv. 2011, art. 8-III)* Le conseil de surveillance délibère annuellement sur la politique de la société en matière d'égalité professionnelle et salariale. Dans les sociétés devant établir le rapport sur la situation comparée des conditions générales d'emploi et de formation des femmes et des hommes dans l'entreprise prévu à l'article L. 2323-57 du code du travail et dans celles qui mettent en œuvre un plan pour l'égalité professionnelle entre les femmes et les hommes visé par l'article L. 1143-1 du même code, il délibère sur cette base.

Art. L. 226-10 *(L. n° 2001-420 du 15 mai 2001)* « Les dispositions des articles L. 225-38 à L. 225-43 sont applicables aux conventions intervenant directement ou par personne interposée entre la société et l'un de ses gérants, l'un des membres de son conseil de surveillance, l'un de ses actionnaires disposant d'une fraction des droits de vote supérieure à *(L. n° 2003-706 du 1er août 2003)* « 10 % » ou, s'il s'agit d'une société actionnaire, la société la contrôlant au sens de l'article L. 233-3. De même, ces dispositions sont applicables aux conventions auxquelles une de ces personnes est indirectement intéressée. »

Elles sont également applicables aux conventions intervenant entre une société et une entreprise si l'un des gérants ou l'un des membres du conseil de surveillance de la société est propriétaire, associé indéfiniment responsable, gérant, administrateur, directeur général, membre du directoire ou membre du conseil de surveillance de l'entreprise.

L'autorisation prévue au premier alinéa de l'article L. 225-38 est donnée par le conseil de surveillance. – *[L. n° 66-537 du 24 juill. 1966, art. 258.] – V. art. R. 226-2.*

Art. L. 226-10-1 *(Ord. n° 2009-80 du 22 janv. 2009, art. 7-XII, en vigueur le 1er avr. 2009)* « Lorsque les titres financiers de la société sont admis aux négociations sur un marché réglementé, » *(L. n° 2008-649 du 3 juill. 2008, art. 28)* « le président du conseil de surveillance établit un rapport joint au rapport prévu aux articles L. 225-

102, L. 225-102-1 et L. 233-26, qui comporte les informations mentionnées aux septième à neuvième alinéas de l'article L. 225-68.

« Ce rapport est approuvé par le conseil de surveillance et est rendu public. »

(L. n° 2009-526 du 12 mai 2009, art. 46-I) **« Les commissaires aux comptes présentent leurs observations sur ce rapport pour celles des procédures de contrôle interne et de gestion des risques qui sont relatives à l'élaboration et au traitement de l'information comptable et financière, dans les conditions prévues à l'article L. 225-235. Ils attestent l'établissement des autres informations requises dans les mêmes conditions. »**

Les dispositions issues de la L. n° 2009-526 du 12 mai 2009 s'appliquent aux exercices clos après le 30 juin 2009 (L. préc., art. 46-II).

Art. L. 226-11 La modification des statuts exige, sauf clause contraire, l'accord de tous les commandités.

La modification des statuts résultant d'une augmentation de capital est constatée par les gérants. – *[L. n° 66-537 du 24 juill. 1966, art. 259.]*

Art. L. 226-12 Les dispositions des articles L. 225-109 et L. 225-249 sont applicables aux gérants et membres du conseil de surveillance.

Les dispositions des articles L. 225-52, L. 225-251 et L. 225-255 sont applicables aux gérants, même non associés. – *[L. n° 66-537 du 24 juill. 1966, art. 260.] – V. art. R. 226-3.*

Art. L. 226-13 Les membres du conseil de surveillance n'encourent aucune responsabilité, en raison des actes de la gestion et de leur résultat.

Ils peuvent être déclarés civilement responsables des délits commis par les gérants si, en ayant eu connaissance, ils ne les ont pas révélés à l'assemblée générale. Ils sont responsables des fautes personnelles commises dans l'exécution de leur mandat. – *[L. n° 66-537 du 24 juill. 1966, art. 261.]*

Art. L. 226-14 La transformation de la société en commandite par actions en société anonyme ou en société à responsabilité limitée est décidée par l'assemblée générale extraordinaire des actionnaires, avec l'accord de la majorité des associés commandités. – *[L. n° 66-537 du 24 juill. 1966, art. 262.]*

Sur les infractions relatives aux sociétés en commandite par actions, V. art. L. 243-1 s.

CHAPITRE VII DES SOCIÉTÉS PAR ACTIONS SIMPLIFIÉES

Art. L. 227-1 Une société par actions simplifiée peut être instituée par une ou plusieurs personnes qui ne supportent les pertes qu'à concurrence de leur apport.

Lorsque cette société ne comporte qu'une seule personne, celle-ci est dénommée « associé unique ». L'associé unique exerce les pouvoirs dévolus aux associés lorsque le présent chapitre prévoit une prise de décision collective.

Dans la mesure où elles sont compatibles avec les dispositions particulières prévues par le présent chapitre, les règles concernant les sociétés anonymes, à l'exception des articles *(L. n° 2008-776 du 4 août 2008, art. 59-I, en vigueur le 1er janv. 2009)* **« L. 224-2, L. 225-17 à L. 225-126, L. 225-243 et du I de l'article L. 233-8 », sont applicables à la société par actions simplifiée. Pour l'application de ces règles, les attributions du conseil d'administration ou de son président sont exercées par le président de la société par actions simplifiée ou celui ou ceux de ses dirigeants que les statuts désignent à cet effet.** – *[L. n° 66-537 du 24 juill. 1966, art. 262-1.]*

(L. n° 2008-776 du 4 août 2008, art. 59-I, en vigueur le 1er janv. 2009) **« La société par actions simplifiée peut émettre des actions inaliénables résultant d'apports en**

industrie tels que définis à l'article 1843-2 du code civil. Les statuts déterminent les modalités de souscription et de répartition de ces actions. Ils fixent également le délai au terme duquel, après leur émission, ces actions font l'objet d'une évaluation dans les conditions prévues à l'article L. 225-8.

« La société par actions simplifiée dont l'associé unique, personne physique, assume personnellement la présidence est soumise à des formalités de publicité allégées déterminées par décret en Conseil d'État. Ce décret prévoit les conditions de dispense d'insertion au *Bulletin officiel des annonces civiles et commerciales*. »

Sont applicables en Nouvelle-Calédonie et dans les îles Wallis-et-Futuna les adjonctions et modifications apportées aux art. L. 227-1, L. 227-9, L. 227-9-1 et L. 227-10 par la L. nº 2008-776 du 4 août 2008 (Ord. nº 2009-896 du 24 juill. 2009, art. 2).

Art. L. 227-2 *(Ord. nº 2009-80 du 22 janv. 2009, art. 7-XIII)* La société par actions simplifiée ne peut procéder à une offre au public de titres financiers ou à l'admission aux négociations sur un marché réglementé de ses actions. Elle peut néanmoins procéder aux offres définies aux 2 et 3 du I et au II de l'article L. 411-2 du code monétaire et financier. – *Sur les sanctions pénales, V. art. L. 244-3.*

Art. L. 227-3 La décision de transformation en société par actions simplifiée est prise à l'unanimité des associés. – *[L. nº 66-537 du 24 juill. 1966, art. 262-4.]*

Art. L. 227-4 En cas de réunion en une seule main de toutes les actions d'une société par actions simplifiée, les dispositions de l'article 1844-5 du code civil relatives à la dissolution judiciaire ne sont pas applicables. – *[L. nº 66-537 du 24 juill. 1966, art. 262-5.]*

Art. L. 227-5 Les statuts fixent les conditions dans lesquelles la société est dirigée. – *[L. nº 66-537 du 24 juill. 1966, art. 262-6.]*

Art. L. 227-6 La société est représentée à l'égard des tiers par un président désigné dans les conditions prévues par les statuts. Le président est investi des pouvoirs les plus étendus pour agir en toute circonstance au nom de la société dans la limite de l'objet social.

Dans les rapports avec les tiers, la société est engagée même par les actes du président qui ne relèvent pas de l'objet social, à moins qu'elle ne prouve que le tiers savait que l'acte dépassait cet objet ou qu'il ne pouvait l'ignorer compte tenu des circonstances, étant exclu que la seule publication des statuts suffise à constituer cette preuve.

(L. nº 2003-706 du 1er août 2003) « Les statuts peuvent prévoir les conditions dans lesquelles une ou plusieurs personnes autres que le président, portant le titre de directeur général ou de directeur général délégué, peuvent exercer les pouvoirs confiés à ce dernier par le présent article. »

Les dispositions statutaires limitant les pouvoirs du président sont inopposables aux tiers. – *[L. nº 66-537 du 24 juill. 1966, art. 262-7.]*

Art. L. 227-7 Lorsqu'une personne morale est nommée président ou dirigeant d'une société par actions simplifiée, les dirigeants de ladite personne morale sont soumis aux mêmes conditions et obligations et encourent les mêmes responsabilités civile et pénale que s'ils étaient président ou dirigeant en leur nom propre, sans préjudice de la responsabilité solidaire de la personne morale qu'ils dirigent. – *[L. nº 66-537 du 24 juill. 1966, art. 262-8.]*

Art. L. 227-8 Les règles fixant la responsabilité des membres du conseil d'administration et du directoire des sociétés anonymes sont applicables au président et aux dirigeants de la société par actions simplifiée. – *[L. nº 66-537 du 24 juill. 1966, art. 262-9.]*

Art. L. 227-9 Les statuts déterminent les décisions qui doivent être prises collectivement par les associés dans les formes et conditions qu'ils prévoient.

Toutefois, les attributions dévolues aux assemblées générales extraordinaires et ordinaires des sociétés anonymes, en matière d'augmentation, d'amortissement ou de réduction de capital, de fusion, de scission, de dissolution, *(L. nº 2001-420 du 15 mai 2001)* « de transformation en une société d'une autre forme, » de nomination de commissaires aux comptes, de comptes annuels et de bénéfices sont, dans les conditions prévues par les statuts, exercées collectivement par les associés.

Dans les sociétés ne comprenant qu'un seul associé, le rapport de gestion, les comptes annuels et le cas échéant les comptes consolidés sont arrêtés par le président. L'associé unique approuve les comptes, après rapport du commissaire aux comptes *(L. nº 2008-776 du 4 août 2008, art. 59-I, 4º, en vigueur le 1er janv. 2009)* « s'il en existe un », dans le délai de six mois à compter de la clôture de l'exercice. L'associé unique ne peut déléguer ses pouvoirs. Ses décisions sont répertoriées dans un registre. *(L. nº 2008-776 du 4 août 2008, art. 59-I, 5º, en vigueur le 1er janv. 2009)* « Lorsque l'associé unique, personne physique, assume personnellement la présidence de la société, le dépôt, dans le même délai, au registre du commerce et des sociétés de l'inventaire et des comptes annuels dûment signés vaut approbation des comptes sans que l'associé unique ait à porter au registre prévu à la phrase précédente le récépissé délivré par le greffe du tribunal de commerce. »

Les décisions prises en violation des dispositions du présent article peuvent être annulées à la demande de tout intéressé. – *[L. nº 66-537 du 24 juill. 1966, art. 262-10.]*

V. note ss. art. L. 227-1.

Art. L. 227-9-1 *(L. nº 2008-776 du 4 août 2008, art. 59-I, 6º, en vigueur le 1er janv. 2009)* Les associés peuvent nommer un ou plusieurs commissaires aux comptes dans les conditions prévues à l'article L. 227-9.

Sont tenues de désigner au moins un commissaire aux comptes les sociétés par actions simplifiées qui dépassent, à la clôture d'un exercice social, deux des seuils suivants, fixés par décret en Conseil d'État : le total de leur bilan, le montant de leur chiffre d'affaires hors taxe, ou le nombre moyen de leurs salariés au cours de l'exercice. – *V. art. R. 227-1.*

Sont également tenues de désigner au moins un commissaire aux comptes les sociétés par actions simplifiées qui contrôlent, au sens des II et III de l'article L. 233-16, une ou plusieurs sociétés, ou qui sont contrôlées, au sens des mêmes II et III, par une ou plusieurs sociétés.

Même si les conditions prévues aux deux alinéas précédents ne sont pas atteintes, la nomination d'un commissaire aux comptes peut être demandée en justice par un ou plusieurs associés représentant au moins le dixième du capital.

V. note ss. art. L. 227-1.

Art. L. 227-10 *(L. nº 2001-420 du 15 mai 2001)* « Le commissaire aux comptes *(L. nº 2008-776 du 4 août 2008, art. 59-I, 7º, en vigueur le 1er janv. 2009)* « ou, s'il n'en a pas été désigné, le président de la société » présente aux associés un rapport sur les conventions intervenues directement ou par personne interposée entre la société et son président, l'un de ses dirigeants, l'un de ses actionnaires disposant d'une fraction des droits de vote supérieure à *(L. nº 2003-706 du 1er août 2003)* « 10 % » ou, s'il s'agit d'une société actionnaire, la société la contrôlant au sens de l'article L. 233-3. »

Les associés statuent sur ce rapport.

Les conventions non approuvées, produisent néanmoins leurs effets, à charge pour la personne intéressée et éventuellement pour le président et les autres dirigeants d'en supporter les conséquences dommageables pour la société.

Par dérogation aux dispositions du premier alinéa, lorsque la société ne comprend qu'un seul associé, il est seulement fait mention au registre des décisions des conventions intervenues directement ou par personnes interposées entre la société et son dirigeant. — *[L. nº 66-537 du 24 juill. 1966, art. 262-11.]*

V. note ss. art. L. 227-1.

Art. L. 227-11 *(L. nº 2011-525 du 17 mai 2011, art. 58)* L'article L. 227-10 n'est pas applicable aux conventions portant sur des opérations courantes et conclues à des conditions normales.

Art. L. 227-12 Les interdictions prévues à l'article L. 225-43 s'appliquent, dans les conditions déterminées par cet article, au président et aux dirigeants de la société. — *[L. nº 66-537 du 24 juill. 1966, art. 262-13.]*

Art. L. 227-13 Les statuts de la société peuvent prévoir l'inaliénabilité des actions pour une durée n'excédant pas dix ans. — *[L. nº 66-537 du 24 juill. 1966, art. 262-14.]*

Art. L. 227-14 Les statuts peuvent soumettre toute cession d'actions à l'agrément préalable de la société. — *[L. nº 66-537 du 24 juill. 1966, art. 262-15.]*

Art. L. 227-15 Toute cession effectuée en violation des clauses statutaires est nulle. — *[L. nº 66-537 du 24 juill. 1966, art. 262-16.]*

Art. L. 227-16 Dans les conditions qu'ils déterminent, les statuts peuvent prévoir qu'un associé peut être tenu de céder ses actions.

Ils peuvent également prévoir la suspension des droits non pécuniaires de cet associé tant que celui-ci n'a pas procédé à cette cession. — *[L. nº 66-537 du 24 juill. 1966, art. 262-17.]*

Art. L. 227-17 Les statuts peuvent prévoir que la société associée dont le contrôle est modifié au sens de l'article L. 233-3 doit, dès cette modification, en informer la société par actions simplifiée. Celle-ci peut décider, dans les conditions fixées par les statuts, de suspendre l'exercice des droits non pécuniaires de cet associé et de l'exclure.

Les dispositions de l'alinéa précédent peuvent s'appliquer, dans les mêmes conditions, à l'associé qui a acquis cette qualité à la suite d'une opération de fusion, de scission ou de dissolution. — *[L. nº 66-537 du 24 juill. 1966, art. 262-18.]*

Art. L. 227-18 Si les statuts ne précisent pas les modalités du prix de cession des actions lorsque la société met en œuvre une clause introduite en application des articles L. 227-14, L. 227-16 et L. 227-17, ce prix est fixé par accord entre les parties ou, à défaut, déterminé dans les conditions prévues à l'article 1843-4 du code civil. — *V. C. civ., art. 1843-4, App., vº Sociétés commerciales.*

Lorsque les actions sont rachetées par la société, celle-ci est tenue de les céder dans un délai de six mois ou de les annuler. — *[L. nº 66-537 du 24 juill. 1966, art. 262-19.]*

Art. L. 227-19 Les clauses statutaires visées aux articles L. 227-13, L. 227-14, L. 227-16 et L. 227-17 ne peuvent être adoptées ou modifiées qu'à l'unanimité des associés. — *[L. nº 66-537 du 24 juill. 1966, art. 262-20.]*

Art. L. 227-20 Les articles L. 227-13 à L. 227-19 ne sont pas applicables aux sociétés ne comprenant qu'un seul associé. – *[L. nº 66-537 du 24 juill. 1966, art. 262-21.]*

Sur les infractions relatives aux sociétés par actions simplifiées, V. art. L. 244-1 à L. 244-4.

CHAPITRE VIII DES VALEURS MOBILIÈRES ÉMISES PAR LES SOCIÉTÉS PAR ACTIONS

SECTION PREMIÈRE DISPOSITIONS COMMUNES AUX VALEURS MOBILIÈRES

Art. L. 228-1 *(Ord. nº 2004-604 du 24 juin 2004, art. 24)* « Les sociétés par actions émettent toutes valeurs mobilières dans les conditions du présent livre.

(Ord. nº 2009-15 du 8 janv. 2009, art. 7) « Les valeurs mobilières sont des titres financiers au sens de l'article L. 211-1 du code monétaire et financier, qui confèrent des droits identiques par catégorie. » – *V. cet art., App., vº Banque et financement de l'entreprise.*

(Ord. nº 2004-604 du 24 juin 2004, art. 24) « Les valeurs mobilières émises par les sociétés par actions revêtent la forme de titres au porteur ou de titres nominatifs, sauf pour les sociétés pour lesquelles la loi ou les statuts imposent la seule forme nominative, pour tout ou partie du capital.

« Nonobstant toute convention contraire, tout propriétaire dont les titres font partie d'une émission comprenant à la fois des titres au porteur et des titres nominatifs a la faculté de convertir ses titres dans l'autre forme.

« Toutefois, la conversion des titres nominatifs n'est pas possible s'agissant des sociétés pour lesquelles la loi ou les statuts imposent la forme nominative pour tout ou partie du capital. »

Ces valeurs mobilières, quelle que soit leur forme, doivent être inscrites en compte au nom de leur propriétaire, dans les conditions prévues *(Ord. nº 2009-15 du 8 janv. 2009, art. 7)* « aux articles L. 211-3 et L. 211-4 du code monétaire et financier ». – *V. ces art., App., vº Banque et financement de l'entreprise.*

Toutefois, lorsque des titres de capital de la société ont été admis aux négociations sur un marché réglementé et que leur propriétaire n'a pas son domicile sur le territoire français, au sens de l'article 102 du code civil, tout intermédiaire peut être inscrit pour le compte de ce propriétaire. Cette inscription peut être faite sous la forme d'un compte collectif ou en plusieurs comptes individuels correspondant chacun à un propriétaire.

L'intermédiaire inscrit est tenu, au moment de l'ouverture de son compte auprès soit de la société émettrice, soit de *(Ord. nº 2009-15 du 8 janv. 2009, art. 7)* « l'intermédiaire mentionné à l'article L. 211-3 du code monétaire et financier qui tient le compte-titres », de déclarer, dans les conditions fixées par décret, sa qualité d'intermédiaire détenant des titres pour le compte d'autrui. – *V. art. R. 225-85 et R. 228-1 s.*

(Ord. nº 2009-15 du 8 janv. 2009, art. 7) « En cas de cession de valeurs mobilières admises aux opérations d'un dépositaire central ou livrées dans un système de règlement et de livraison mentionné à l'article L. 330-1 du code monétaire et financier, le transfert de propriété s'effectue dans les conditions prévues à l'article L. 211-17 de ce code. » *(Ord. nº 2004-604 du 24 juin 2004, art. 24)* « Dans les autres cas, le transfert de propriété résulte de l'inscription des valeurs mobilières au compte de l'acheteur, dans des conditions fixées par décret en Conseil d'État. » – *V. art. R. 228-10.*

L'intermédiaire déjà inscrit pour le compte de propriétaires d'actions, à la date d'entrée en vigueur du Décr. n° 2002-803 du 3 mai 2002 (JO 5 mai), doit, dans les trois mois de la publication de celui-ci, déclarer sa qualité dans les conditions de l'art. L. 228-1 (Décr. n° 2002-803 du 3 mai 2002, art. 59).

Art. L. 228-2 *(L. n° 2001-420 du 15 mai 2001)* **I. — En vue de l'identification des détenteurs des titres au porteur, les statuts peuvent prévoir que la société émettrice est en droit de demander à tout moment, contre rémunération à sa charge,** *(L. n° 2003-706 du 1er août 2003, art. 125)* **« au dépositaire central »** *(Ord. n° 2004-604 du 24 juin 2004, art. 25)* **« qui assure la tenue du compte émission de ses titres », selon le cas, le nom ou la dénomination, la nationalité, l'année de naissance ou l'année de constitution et l'adresse des détenteurs de titres conférant immédiatement ou à terme le droit de vote dans ses propres assemblées d'actionnaires ainsi que la quantité de titres détenue par chacun d'eux et, le cas échéant, les restrictions dont les titres peuvent être frappés.**

Les renseignements sont recueillis par *(Ord. n° 2004-604 du 24 juin 2004, art. 25)* **« le dépositaire central » susmentionné auprès des établissements teneurs de comptes qui lui sont affiliés, lesquels les lui communiquent dans un délai fixé par décret en Conseil d'État. Dans les cinq jours ouvrables qui en suivent la réception, ces renseignements sont portés par** *(Ord. n° 2004-604 du 24 juin 2004, art. 25)* **« le dépositaire central » à la connaissance de la société.**

Lorsque le délai fixé par décret n'est pas respecté, ou lorsque les renseignements fournis par l'établissement teneur de comptes sont incomplets ou erronés, *(Ord. n° 2004-604 du 24 juin 2004, art. 25)* **« le dépositaire central » peut demander l'exécution de l'obligation de communication, sous astreinte, au président du tribunal de grande instance statuant en référé.** *— V. art. R. 228-3 et R. 228-4.*

II. — La société émettrice, après avoir suivi la procédure prévue au I et au vu de la liste transmise par *(Ord. n° 2004-604 du 24 juin 2004, art. 25)* **« le dépositaire central » susmentionné, a la faculté de demander, soit par l'entremise de** *(Ord. n° 2004-604 du 24 juin 2004, art. 25)* **« ce dépositaire central », soit directement, dans les mêmes conditions et sous peine des sanctions prévues à l'article L. 228-3-2, aux personnes figurant sur cette liste et dont la société estime qu'elles pourraient être inscrites pour compte de tiers les informations concernant les propriétaires des titres prévues au I.**

Ces personnes sont tenues, lorsqu'elles ont la qualité d'intermédiaire, de révéler l'identité des propriétaires de ces titres. L'information est fournie directement à *(Ord. n° 2009-15 du 8 janv. 2009, art. 7)* **« l'intermédiaire mentionné à l'article L. 211-3 du code monétaire et financier qui tient le compte-titres », à charge pour ce dernier de la communiquer, selon le cas, à la société émettrice ou** *(Ord. n° 2004-604 du 24 juin 2004, art. 25)* **« au dépositaire central » susmentionné.** *— V. l'art. préc., App., v° Banque et financement de l'entreprise.*

III. — Les renseignements obtenus par la société ne peuvent être cédés par celle-ci, même à titre gratuit. Toute violation de cette disposition est punie des peines prévues à l'article 226-13 du code pénal.

Art. L. 228-3 *(L. n° 2001-420 du 15 mai 2001)* **S'il s'agit de titres de forme nominative, donnant immédiatement ou à terme accès au capital, l'intermédiaire inscrit dans les conditions prévues à l'article L. 228-1 est tenu, dans un délai fixé par décret en Conseil d'État, de révéler l'identité des propriétaires de ces titres** *(Ord. n° 2004-604 du 24 juin 2004, art. 51-XI)* **« , ainsi que la quantité de titres détenus par chacun d'eux » sur simple demande de la société émettrice ou de son mandataire, laquelle peut être présentée à tout moment.** *— V. art. R. 228-5.*

Les droits spéciaux attachés aux actions nominatives, notamment ceux prévus aux articles L. 225-123 et L. 232-14, ne peuvent être exercés par un intermédiaire ins-

crit dans les conditions prévues à l'article L. 228-1 que si les renseignements qu'il fournit permettent le contrôle des conditions requises pour l'exercice de ces droits.

Art. L. 228-3-1 *(L. nº 2001-420 du 15 mai 2001)* I. — Aussi longtemps que la société émettrice estime que certains détenteurs dont l'identité lui a été communiquée le sont pour le compte de tiers propriétaires des titres, elle est en droit de demander à ces détenteurs de révéler l'identité des propriétaires de ces titres *(Ord. nº 2004-604 du 24 juin 2004, art. 51-XI)* « , ainsi que la quantité de titres détenus par chacun d'eux », dans les conditions prévues respectivement au premier alinéa du II de l'article L. 228-2 pour les titres au porteur et au premier alinéa de l'article L. 228-3 pour les titres nominatifs. — *V. art. R. 228-3.*

II. — A l'issue de ces opérations, et sans préjudice des obligations de déclaration de participations significatives imposées par les articles L. 233-7, L. 233-12 et L. 233-13, la société émettrice peut demander à toute personne morale propriétaire de ses actions et possédant des participations dépassant le quarantième du capital ou des droits de vote de lui faire connaître l'identité des personnes détenant directement ou indirectement plus du tiers du capital social de cette personne morale ou des droits de vote qui sont exercés aux assemblées générales de celle-ci.

Art. L. 228-3-2 *(L. nº 2001-420 du 15 mai 2001)* L'intermédiaire qui a satisfait aux obligations prévues aux *(Ord. nº 2004-604 du 24 juin 2004, art. 51-XII)* « septième et huitième » alinéas de l'article L. 228-1 peut, en vertu d'un mandat général de gestion des titres, transmettre pour une assemblée le vote ou le pouvoir d'un propriétaire d'actions tel qu'il a été défini au *(Ord. nº 2004-604 du 24 juin 2004, art. 51-XII)* « septième » alinéa du même article.

Avant de transmettre des pouvoirs ou des votes en assemblée générale, l'intermédiaire inscrit conformément à l'article L. 228-1 est tenu, à la demande de la société émettrice ou de son mandataire, de fournir la liste des propriétaires non résidents des actions auxquelles ces droits de vote sont attachés *(Ord. nº 2004-604 du 24 juin 2004, art. 51-XII)* « ainsi que la quantité d'actions détenues par chacun d'eux ». Cette liste est fournie dans les conditions prévues, selon le cas, aux articles L. 228-2 ou L. 228-3.

Le vote ou le pouvoir émis par un intermédiaire qui soit ne s'est pas déclaré comme tel en vertu du *(Ord. nº 2004-604 du 24 juin 2004, art. 51-XII)* « huitième » alinéa de l'article L. 228-1 ou du deuxième alinéa du présent article, soit n'a pas révélé l'identité des propriétaires des titres en vertu des articles L. 228-2 ou L. 228-3, ne peut être pris en compte. — *V. art. R. 228-6.*

Art. L. 228-3-3 *(L. nº 2001-420 du 15 mai 2001)* Lorsque la personne qui fait l'objet d'une demande en vertu des articles L. 228-2 à L. 228-3-1 n'a pas transmis les informations dans les délais prévus à ces articles ou a transmis des renseignements incomplets ou erronés relatifs soit à sa qualité, soit aux propriétaires des titres, *(Ord. nº 2004-604 du 24 juin 2004, art. 51-XIII)* « soit à la quantité de titres détenus par chacun d'eux, » les actions ou les titres donnant accès immédiatement ou à terme au capital et pour lesquels cette personne a été inscrite en compte sont privés des droits de vote pour toute assemblée d'actionnaires qui se tiendrait jusqu'à la date de régularisation de l'identification, et le paiement du dividende correspondant est différé jusqu'à cette date.

En outre, au cas où la personne inscrite méconnaîtrait sciemment les dispositions des articles L. 228-1 à L. 228-3-1, le tribunal dans le ressort duquel la société a son siège social peut, sur demande de la société ou d'un ou plusieurs actionnaires détenant au moins 5 % du capital, prononcer la privation totale ou partielle, pour une durée totale ne pouvant excéder cinq ans, des droits de vote attachés aux actions ayant fait l'objet de l'interrogation et, éventuellement et pour la même période, du dividende correspondant.

Art. L. 228-3-4 *(L. nº 2001-420 du 15 mai 2001)* Toute personne participant à un titre quelconque à la direction ou à la gestion *(L. nº 2003-706 du 1er août 2003)* « du dépositaire central d'instruments financiers » ainsi que toute personne employée par celui-ci, par la société émettrice ou par l'intermédiaire inscrit, et ayant dans le cadre de son activité professionnelle connaissance des renseignements mentionnés aux articles L. 228-1 à L. 228-3-2 est tenue au secret professionnel dans les conditions et sous les peines prévues aux articles 226-13 et 226-14 du code pénal. Le secret professionnel ne peut être opposé ni à *(L. nº 2003-706 du 1er août 2003, art. 46-V)* « l'Autorité des marchés financiers » ni à l'autorité judiciaire.

Art. L. 228-4 *(Ord. nº 2004-604 du 24 juin 2004, art. 26)* « A peine de nullité, » l'émission de parts bénéficiaires ou parts de fondateur est interdite.

Toutefois, les parts bénéficiaires ou parts de fondateurs émises avant le 1er avril 1967 demeurent régies par les textes les concernant. – *[L. nº 66-537 du 24 juill. 1966, art. 264 et 504.]*

Art. L. 228-5 A l'égard de la société, les titres sont indivisibles, sous réserve de l'application des articles L. 225-110 et L. 225-118. – *[L. nº 66-537 du 24 juill. 1966, art. 266.]*

Art. L. 228-6 Nonobstant toutes stipulations statutaires contraires, les sociétés qui ont effectué soit des échanges de titres consécutifs à une opération de fusion ou de scission, de réduction de capital, de regroupement ou de division et de conversion obligatoire de titres au porteur en titres nominatifs, soit des distributions de titres imputées sur les réserves ou liées à une réduction de capital, soit des distributions ou attributions d'actions gratuites peuvent, sur simple décision du conseil d'administration, du directoire ou des gérants, vendre selon des modalités fixées par décret en Conseil d'État les titres dont les ayants droit n'ont pas demandé la délivrance, à la condition d'avoir procédé, deux ans au moins à l'avance, à une publicité selon des modalités fixées par ledit décret. – *V. art. R. 228-11 et R. 228-12.*

A dater de cette vente, les titres anciens ou les anciens droits aux distributions ou attributions sont, en tant que de besoin, annulés et leurs titulaires ne peuvent plus prétendre qu'à la répartition en numéraire du produit net de la vente des titres non réclamés. – *[L. nº 66-537 du 24 juill. 1966, art. 266-1.]*

Sur les infractions relatives aux valeurs mobilières émises par les sociétés par actions, V. art. L. 245-1.

Art. L. 228-6-1 *(Ord. nº 2004-604 du 24 juin 2004, art. 27)* Dans les sociétés dont les titres sont admis aux négociations sur un marché réglementé, l'assemblée générale extraordinaire des actionnaires ayant autorisé une fusion ou une scission peut décider qu'à l'issue d'une période qui ne peut excéder une limite fixée par décret en Conseil d'État, suivant la date d'inscription à leur compte du nombre entier d'actions attribuées, une vente globale des actions non attribuées correspondant aux droits formant rompus aura lieu, selon des modalités fixées par ce décret, en vue de la répartition des fonds entre les intéressés. – *V. art. R. 228-13.*

Art. L. 228-6-2 *(Ord. nº 2004-604 du 24 juin 2004, art. 27)* Les droits non pécuniaires attachés aux valeurs mobilières inscrites en compte joint sont exercés par *l'un ou l'autre* des co-titulaires dans les conditions déterminées par la convention d'ouverture de compte.

Art. L. 228-6-3 *(Ord. nº 2004-604 du 24 juin 2004, art. 27)* Les titres dont les titulaires, malgré le respect des formalités de convocation aux assemblées générales, sont inconnus du teneur de compte ou n'ont pas été atteints par les convocations, depuis dix années révolues, peuvent être vendus selon la procédure prévue à l'article L. 228-6. Cette vente a lieu à l'expiration d'un délai fixé, par décret en Conseil d'État, à compter de la publicité prévue à cet article, à condition que le teneur de compte ait, pendant ce délai, accompli toutes les diligences nécessaires, dans les conditions fixées par ce même décret, pour entrer en contact avec les titulaires ou leurs ayants droit. – *V. art. R. 228-14.*

SECTION II DES ACTIONS

Art. L. 228-7 Les actions de numéraire sont celles dont le montant est libéré en espèces ou par compensation, celles qui sont émises par suite d'une incorporation au capital de réserves, bénéfices ou primes d'émission, et celles dont le montant résulte pour partie d'une incorporation de réserves, bénéfices ou primes d'émission et pour partie d'une libération en espèces. Ces dernières doivent être intégralement libérées lors de la souscription.

(Ord. nº 2004-604 du 24 juin 2004, art. 28) « Sous réserve des règles spécifiques applicables aux actions résultant d'une fusion ou d'une scission, toutes les autres actions sont des actions d'apport. » – *[L. nº 66-537 du 24 juill. 1966, art. 267.]*

Art. L. 228-8 Le montant nominal des actions ou coupures d'action peut être fixé par les statuts. Cette option s'applique alors à toutes les émissions d'actions. – *[L. nº 66-537 du 24 juill. 1966, art. 268.]*

Art. L. 228-9 L'action de numéraire est nominative jusqu'à son entière libération.

(L. nº 2012-387 du 22 mars 2012, art. 17-III) « Le non-respect du premier alinéa peut entraîner l'annulation de ladite action. » – *[L. nº 66-537 du 24 juill. 1966, art. 270.]*

Art. L. 228-10 Les actions ne sont négociables qu'après l'immatriculation de la société au registre du commerce et des sociétés. En cas d'augmentation de capital, les actions sont négociables à compter de la réalisation de celle-ci.

La négociation de promesse d'actions est interdite, à moins qu'il ne s'agisse d'actions à créer *(Ord. nº 2004-604 du 24 juin 2004, art. 29)* « dont l'admission sur un marché réglementé a été demandée, ou » à l'occasion d'une augmentation du capital d'une société dont les actions anciennes sont déjà admises aux négociations sur un marché réglementé. En ce cas, la négociation n'est valable que si elle est effectuée sous la condition suspensive de la réalisation de l'augmentation de capital. A défaut d'indication expresse, cette condition est présumée. – *[L. nº 66-537 du 24 juill. 1966, art. 271.]*

Art. L. 228-11 *(Ord. nº 2004-604 du 24 juin 2004, art. 31)* Lors de la constitution de la société ou au cours de son existence, il peut être créé des actions de préférence, avec ou sans droit de vote, assorties de droits particuliers de toute nature, à titre temporaire ou permanent. Ces droits sont définis par les statuts dans le respect des dispositions des articles L. 225-10 et L. 225-122 à L 225-125.

Le droit de vote peut être aménagé pour un délai déterminé ou déterminable. Il peut être suspendu pour une durée déterminée ou déterminable ou supprimé.

Les actions de préférence sans droit de vote ne peuvent représenter plus de la moitié du capital social, et dans les sociétés dont les actions sont admises aux négociations sur un marché réglementé, plus du quart du capital social.

Toute émission ayant pour effet de porter la proportion au-delà de cette limite peut être annulée.

(L. nº 2008-776 du 4 août 2008, art. 57-V, en vigueur le 1er janv. 2009) « Par dérogation aux articles L. 225-132 et L. 228-91, les actions de préférence sans droit de

vote *(Ord. n° 2008-1145 du 6 nov. 2008, art. 1er, en vigueur le 1er janv. 2009)* « à l'émission » auxquelles est attaché un droit limité de participation aux dividendes, aux réserves ou au partage du patrimoine en cas de liquidation sont privées de droit préférentiel de souscription pour toute augmentation de capital en numéraire, sous réserve de stipulations contraires des statuts. »

L'Ord. n° 2004-604 du 24 juin 2004 (art. 30-I et II) a transféré aux art. L. 228-35-1 et L. 228-35-2, en les modifiant, les dispositions de l'ancien art. L. 228-11.

Sont applicables en Nouvelle-Calédonie et dans les îles Wallis-et-Futuna les adjonctions et modifications apportées à l'art. L. 228-11 par la L. n° 2008-776 du 4 août 2008 (Ord. n° 2009-896 du 24 juill. 2009, art. 2).

Art. L. 228-12 *(Ord. n° 2004-604 du 24 juin 2004, art. 31)* L'assemblée générale extraordinaire des actionnaires est seule compétente pour décider l'émission, le rachat et la conversion des actions de préférence au vu d'un rapport spécial des commissaires aux comptes. Elle peut déléguer ce pouvoir dans les conditions fixées par les articles L. 225-129 à L. 225-129-6. – *V. art. R. 228-19.*

Les modalités de rachat ou de conversion des actions de préférence peuvent également être fixées dans les statuts.

A tout moment de l'exercice en cours et au plus tard lors de la première réunion suivant la clôture de celui-ci, le conseil d'administration ou le directoire constate, s'il y a lieu, le nombre et le montant nominal des actions issues de la conversion des actions de préférence, au cours de l'exercice écoulé, et apporte les modifications nécessaires aux clauses des statuts relatives au montant du capital social et au nombre des titres qui le composent.

Le président du directoire ou le directeur général peut, sur délégation du directoire ou du conseil d'administration, procéder à ces opérations à tout moment de l'exercice et au plus tard dans le délai fixé par décret en Conseil d'État. – *V. art. R. 225-132.*

Les dispositions de l'ancien art. L. 228-12 ont été transférées ss. le nouvel art. L. 228-35-3 (Ord. n° 2004-604 du 24 juin 2004, art. 30-III).

Art. L. 228-13 *(L. n° 2004-1343 du 9 déc. 2004, art. 78-XXVII)* « Les droits particuliers mentionnés à l'article L. 228-11 peuvent être exercés dans la société qui possède directement ou indirectement plus de la moitié du capital de l'émettrice ou dans la société dont l'émettrice possède directement ou indirectement plus de la moitié du capital. »

(Ord. n° 2004-604 du 24 juin 2004, art. 31) « L'émission doit alors être autorisée par l'assemblée générale extraordinaire de la société appelée à émettre des actions de préférence et par celle de la société au sein de laquelle les droits sont exercés.

« Les commissaires aux comptes des sociétés intéressées doivent établir un rapport spécial. »

Les dispositions de l'ancien art. L. 228-13 ont été transférées ss. le nouvel art. L. 228-35-4 (Ord. n° 2004-604 du 24 juin 2004, art. 30-III).

Art. L. 228-14 *(Ord. n° 2004-604 du 24 juin 2004, art. 31)* Les actions de préférence peuvent être converties en actions ordinaires ou en actions de préférence d'une autre catégorie.

En cas de conversion d'actions de préférence en actions aboutissant à une réduction de capital non motivée par des pertes, les créanciers dont la créance est antérieure à la date du dépôt au greffe du procès-verbal de délibération de l'assemblée générale, ou du conseil d'administration ou du directoire en cas de délégation, peuvent former opposition à la conversion dans le délai et suivant les modalités fixés par décret en Conseil d'État.

Les opérations de conversion ne peuvent commencer pendant le délai d'opposition ni, le cas échéant avant qu'il ait été statué en première instance sur cette opposition.

Les dispositions de l'ancien art. L. 228-14 ont été transférées ss. le nouvel art. L. 228-35-5 (Ord. n° 2004-604 du 24 juin 2004, art. 30-III).

Art. L. 228-15 *(Ord. n° 2004-604 du 24 juin 2004, art. 31)* **La création de ces actions donne lieu à l'application des articles L. 225-8, L. 225-14, L. 225-147 et L. 225-148 relatifs aux avantages particuliers lorsque les actions sont émises au profit d'un ou plusieurs actionnaires nommément désignés. Dans ce cas, le commissaire aux apports prévu par ces articles est un commissaire aux comptes n'ayant pas réalisé depuis cinq ans et ne réalisant pas de mission au sein de la société.**

Les titulaires d'actions devant être converties en actions de préférence de la catégorie à créer ne peuvent, à peine de nullité de la délibération, prendre part au vote sur la création de cette catégorie et les actions qu'ils détiennent ne sont pas prises en compte pour le calcul du quorum et de la majorité, à moins que l'ensemble des actions ne fassent l'objet d'une conversion en actions de préférence.

(L. n° 2008-776 du 4 août 2008, art. 57-VI, en vigueur le 1er janv. 2009) **« Par dérogation au premier alinéa, lorsque l'émission porte sur des actions de préférence relevant d'une catégorie déjà créée, l'évaluation des avantages particuliers qui en résultent est faite dans le rapport spécial mentionné à l'article L. 228-12. »**

Les dispositions de l'ancien art. L. 228-15 ont été transférées ss. le nouvel art. L. 228-35-6 (Ord. n° 2004-604 du 24 juin 2004, art. 30-III).

Sont applicables en Nouvelle-Calédonie et dans les îles Wallis-et-Futuna les adjonctions et modifications apportées à l'art. L. 228-15 par la L. n° 2008-776 du 4 août 2008 (Ord. n° 2009-896 du 24 juill. 2009, art. 2).

Art. L. 228-16 *(Ord. n° 2004-604 du 24 juin 2004, art. 31)* **En cas de modification ou d'amortissement du capital, l'assemblée générale extraordinaire détermine les incidences de ces opérations sur les droits des porteurs d'actions de préférence.**

Ces incidences peuvent également être constatées dans les statuts.

Les dispositions de l'ancien art. L. 228-16 ont été transférées ss. le nouvel art. L. 228-35-7 (Ord. n° 2004-604 du 24 juin 2004, art. 30-III).

Art. L. 228-17 *(Ord. n° 2004-604 du 24 juin 2004, art. 31)* **En cas de fusion ou de scission, les actions de préférence peuvent être échangées contre des actions des sociétés bénéficiaires du transfert de patrimoine comportant des droits particuliers équivalents, ou selon une parité d'échange spécifique tenant compte des droits particuliers abandonnés.**

En l'absence d'échange contre des actions conférant des droits particuliers équivalents, la fusion ou la scission est soumise à l'approbation de l'assemblée spéciale prévue à l'article L. 225-99.

Les dispositions de l'ancien art. L. 228-17 ont été transférées ss. le nouvel art. L. 228-35-8 (Ord. n° 2004-604 du 24 juin 2004, art. 30-III).

Art. L. 228-18 *(Ord. n° 2004-604 du 24 juin 2004, art. 31)* **Le dividende distribué, le cas échéant, aux titulaires d'actions de préférence peut être accordé en titres de capital, selon les modalités fixées par l'assemblée générale extraordinaire ou les statuts.**

Les dispositions de l'ancien art. L. 228-18 ont été transférées ss. le nouvel art. L. 228-35-9 (Ord. n° 2004-604 du 24 juin 2004, art. 30-III).

Art. L. 228-19 *(Ord. n° 2004-604 du 24 juin 2004, art. 31)* **Les porteurs d'actions de préférence, constitués en assemblée spéciale, ont la faculté de donner mission à l'un des commissaires aux comptes de la société d'établir un rapport spécial sur le**

respect par la société des droits particuliers attachés aux actions de préférence. Ce rapport est diffusé à ces porteurs à l'occasion d'une assemblée spéciale. — *V. art. R. 228-22.*

Les dispositions de l'ancien art. L. 228-19 ont été transférées ss. le nouvel art. L. 228-35-10 (Ord. n° 2004-604 du 24 juin 2004, art. 30-III).

Art. L. 228-20 *(Abrogé par Ord. n° 2008-1145 du 6 nov. 2008, art. 2)* (Ord. n° 2004-604 du 24 juin 2004, art. 31) ***Lorsque les actions de préférence sont inscrites aux négociations sur un marché réglementé, elles peuvent être rachetées ou remboursées, à l'initiative de la société ou du porteur, si le marché n'est pas liquide, dans les conditions prévues par les statuts.*** — V. art. R. 228-19.

Les dispositions de l'ancien art. L. 228-20 ont été transférées ss. le nouvel art. L. 228-35-11 (Ord. n° 2004-604 du 24 juin 2004, art. 30-III).

Art. L. 228-21 Les actions demeurent négociables après la dissolution de la société et jusqu'à la clôture de la liquidation. — *[L. n° 66-537 du 24 juill. 1966, art. 272.]*

Art. L. 228-22 L'annulation de la société ou d'une émission d'actions n'entraîne pas la nullité des négociations intervenues antérieurement à la décision d'annulation, si les titres sont réguliers en la forme. Toutefois, l'acquéreur peut exercer un recours en garantie contre son vendeur. — *[L. n° 66-537 du 24 juill. 1966, art. 273.]*

Art. L. 228-23 *(Ord. n° 2009-80 du 22 janv. 2009, art. 7-XIV, en vigueur le 1er avr. 2009)* Dans une société dont les actions ne sont pas admises aux négociations sur un marché réglementé, la cession d'actions ou de valeurs mobilières donnant accès au capital, à quelque titre que ce soit, peut être soumise à l'agrément de la société par une clause des statuts.

Une clause d'agrément ne peut être stipulée que si les titres sont nominatifs en vertu de la loi ou des statuts.

Cette clause est écartée en cas de succession, de liquidation du régime matrimonial ou de cession, soit à un conjoint, soit à un ascendant ou à un descendant.

Les dispositions de l'alinéa précédent ne sont pas applicables lorsqu'une société dont les actions ne sont pas admises aux négociations sur un marché réglementé réserve des actions à ses salariés, dès lors que la clause d'agrément a pour objet d'éviter que lesdites actions ne soient dévolues ou cédées à des personnes n'ayant pas la qualité de salarié de la société.

Toute cession effectuée en violation d'une clause d'agrément figurant dans les statuts est nulle. — *[L. n° 66-537 du 24 juill. 1966, art. 274.]*

Art. L. 228-24 Si une clause d'agrément est stipulée, la demande d'agrément indiquant les nom, prénoms et adresse du cessionnaire, le nombre des *(Ord. n° 2004-604 du 24 juin 2004, art. 33)* « titres de capital ou valeurs mobilières donnant accès au capital » dont la cession est envisagée et le prix offert, est notifiée à la société. L'agrément résulte, soit d'une notification, soit du défaut de réponse dans un délai de trois mois à compter de la demande.

Si la société n'agrée pas le cessionnaire proposé, le conseil d'administration, le directoire ou les gérants, selon le cas, sont tenus, dans le délai de trois mois à compter de la notification du refus, de faire acquérir les *(Ord. n° 2004-604 du 24 juin 2004, art. 33)* « titres de capital ou valeurs mobilières donnant accès au capital », soit par un actionnaire ou par un tiers, soit, avec le consentement du cédant, par la société en vue d'une réduction du capital. A défaut d'accord entre les parties, le prix des *(Ord. n° 2004-604 du 24 juin 2004, art. 33)* « titres de capital ou valeurs mobilières donnant accès au capital » est déterminé dans les conditions prévues à l'article 1843-4 du code civil. *(Ord. n° 2004-604 du 24 juin 2004, art. 33)*

« Le cédant peut à tout moment renoncer à la cession de ses titres de capital ou valeurs mobilières donnant accès au capital. » Toute clause contraire à l'article 1843-4 dudit code est réputée non écrite.

Si, à l'expiration du délai prévu à l'alinéa précédent, l'achat n'est pas réalisé, l'agrément est considéré comme donné. Toutefois, ce délai peut être prolongé par décision de justice à la demande de la société. – *[L. nº 66-537 du 24 juill. 1966, art. 275.] – V. art. R. 228-23.*

Art. L. 228-25 *Abrogé par Ord. nº 2004-604 du 24 juin 2004, art. 51-VII.*

Art. L. 228-26 Si la société a donné son consentement à un projet de nantissement d'actions dans les conditions prévues au premier alinéa de l'article L. 228-24, ce consentement emporte agrément du cessionnaire en cas de réalisation forcée des actions nanties selon les dispositions du premier alinéa de l'article 2078 du code civil, à moins que la société ne préfère, après la cession, racheter sans délai les actions, en vue de réduire son capital. – *[L. nº 66-537 du 24 juill. 1966, art. 277.]*

Art. L. 228-27 A défaut par l'actionnaire de libérer aux époques fixées par le conseil d'administration, le directoire ou les gérants, selon le cas, les sommes restant à verser sur le montant des actions par lui souscrites, la société lui adresse une mise en demeure.

Un mois au moins après cette mise en demeure restée sans effet, la société poursuit, sans aucune autorisation de justice, la vente desdites actions.

La vente des actions cotées est effectuée en bourse. Celle des actions non cotées est effectuée aux enchères publiques. L'actionnaire défaillant reste débiteur ou profite de la différence. Les modalités d'application du présent alinéa sont déterminées par décret en Conseil d'État. – *[L. nº 66-537 du 24 juill. 1966, art. 281.] – V. art. R. 228-24 et R. 228-25.*

Art. L. 228-28 L'actionnaire défaillant, les cessionnaires successifs et les souscripteurs sont tenus solidairement du montant non libéré de l'action. La société peut agir contre eux, soit avant ou après la vente, soit en même temps, pour obtenir tant la somme due que le remboursement des frais exposés.

Celui qui a désintéressé la société dispose d'un recours pour le tout contre les titulaires successifs de l'action. La charge définitive de la dette incombe au dernier d'entre eux.

Deux ans après le virement d'un compte de valeurs mobilières à un autre compte, tout souscripteur ou actionnaire qui a cédé son titre cesse d'être tenu des versements non encore appelés. – *[L. nº 66-537 du 24 juill. 1966, art. 282.]*

Art. L. 228-29 A l'expiration du délai fixé par décret en Conseil d'État, les actions sur le montant desquelles les versements exigibles n'ont pas été effectués, cessent de donner droit à l'admission et aux votes dans les assemblées d'actionnaires et sont déduites pour le calcul du quorum. – *V. art. R. 228-26.*

Le droit aux dividendes et le droit préférentiel de souscription aux augmentations de capital attachés à ces actions sont suspendus.

Après paiement des sommes dues, en principal et intérêt, l'actionnaire peut demander le versement des dividendes non prescrits. Il ne peut exercer une action du chef du droit préférentiel de souscription à une augmentation de capital, après expiration du délai fixé pour l'exercice de ce droit. – *[L. nº 66-537 du 24 juill. 1966, art. 283.]*

Sur les infractions relatives aux actions, V. art. L. 245-1 s., L. 245-16 et L. 245-17.

Art. L. 228-29-1 *(Ord. nº 2004-604 du 24 juin 2004, art 34)* Les actions ayant une valeur nominale inférieure ou égale à un montant fixé par décret en Conseil d'État et non admises aux négociations sur un marché réglementé peuvent être regroupées nonobstant toute disposition législative ou statutaire contraire. Ces regroupements sont décidés par les assemblées générales d'actionnaires statuant dans les conditions prévues pour la modification des statuts et conformément aux dispositions de l'article L. 228-29-2. – *V. art. R. 228-27.*

Art. L. 228-29-2 *(Ord. nº 2004-604 du 24 juin 2004, art. 34)* Les regroupements d'actions prévus à l'article L. 228-29-1 comportent l'obligation, pour les actionnaires, de procéder aux achats ou aux cessions d'actions nécessaires pour réaliser le regroupement.

La valeur nominale des actions regroupées ne peut être supérieure à un montant fixé par décret en Conseil d'État. – *V. art. R. 228-27.*

Pour faciliter ces opérations, la société doit, avant la décision de l'assemblée générale, obtenir d'un ou de plusieurs actionnaires l'engagement de servir, pendant un délai de deux ans, au prix fixé par l'assemblée, la contrepartie tant à l'achat qu'à la vente des offres portant sur les rompus ou des demandes tendant à compléter le nombre de titres appartenant à chacun des actionnaires intéressés. – *V. art. R. 228-29.*

Art. L. 228-29-3 *(Ord. nº 2004-604 du 24 juin 2004, art. 34)* A l'expiration du délai fixé par le décret prévu à l'article L. 228-29-7, les actions non présentées en vue de leur regroupement perdent leur droit de vote et leur droit au dividende est suspendu. – *V. art. R. 228-30.*

Le décret mentionné au premier alinéa peut accorder un délai supplémentaire aux actionnaires ayant pris l'engagement prévu au troisième alinéa de l'article L. 228-29-2.

Les dividendes dont le paiement a été suspendu en exécution du premier alinéa sont, en cas de regroupement ultérieur, versés aux propriétaires des actions anciennes dans la mesure où ils n'ont pas été atteints par la prescription.

Art. L. 228-29-4 *(Ord. nº 2004-604 du 24 juin 2004, art. 34)* Lorsque les propriétaires de titres n'ont pas la libre administration de leurs biens, la demande d'échange des anciens titres et les achats ou cessions de rompus nécessaires pour réaliser le regroupement sont assimilés à des actes de simple administration, sauf si les nouveaux titres sont demandés sous la forme au porteur en échange de titres nominatifs.

Art. L. 228-29-5 *(Ord. nº 2004-604 du 24 juin 2004, art. 34)* Les titres nouveaux présentent les mêmes caractéristiques et confèrent de plein droit et sans l'accomplissement d'aucune formalité les mêmes droits réels ou de créances que les titres anciens qu'ils remplacent.

Les droits réels et les nantissements sont reportés de plein droit sur les titres nouveaux attribués en remplacement des titres anciens qui en sont grevés.

Art. L. 228-29-6 *(Ord. nº 2004-604 du 24 juin 2004, art. 34)* En cas d'inobservation par la société soit des articles L. 228-29-1 ou L. 228-29-2, soit des conditions dans lesquelles doivent être prises les décisions des assemblées générales et des formalités de publicité fixées par le décret prévu à l'article L. 228-29-7, le regroupe*ment reste facultatif* pour les actionnaires. Les dispositions de l'article L. 228-29-3 ne peuvent être appliquées aux actionnaires.

Si le ou les actionnaires ayant pris l'engagement prévu à l'article L. 228-29-2 ne remplissent pas celui-ci, les opérations de regroupement peuvent être annulées. Dans ce cas, les achats et les ventes de rompus peuvent être annulés à la demande des actionnaires qui y ont procédé ou de leurs ayants cause, à l'exception des actionnaires défaillants, sans préjudice de tous dommages et intérêts s'il y a lieu. – *V. art. R. 228-32.*

Art. L. 228-29-7 *(Ord. n° 2004-604 du 24 juin 2004, art. 34)* Un décret en Conseil d'État fixe les modalités d'application des articles L. 228-29-1 à L. 228-29-6, notamment les conditions non prévues à l'article L. 228-29-1 dans lesquelles doivent être prises les décisions des assemblées générales d'actionnaires et accomplies les formalités de publicité de ces décisions.

SECTION III **DISPOSITIONS APPLICABLES AUX CATÉGORIES DE TITRES EN VOIE D'EXTINCTION** *(Ord. n° 2004-604 du 24 juin 2004, art. 35-I).*

SOUS-SECTION 1 **DISPOSITIONS GÉNÉRALES** *(Ord. n° 2004-604 du 24 juin 2004, art. 35-II).*

Art. L. 228-29-8 *(Ord. n° 2004-604 du 24 juin 2004, art. 35-II)* Aucun titre nouveau ne peut être émis en application des articles de la présente section à l'exception de ceux qui seraient émis en application de décisions d'assemblées générales antérieures à l'entrée en vigueur de l'ordonnance n° 2004-604 du 24 juin 2004 portant réforme du régime des valeurs mobilières émises par les sociétés commerciales et extension à l'outre-mer de dispositions ayant modifié la législation commerciale.

Art. L. 228-29-9 *(Ord. n° 2004-604 du 24 juin 2004, art. 35-II)* Les porteurs de titres régis par la présente section disposent, sauf application de l'article L. 225-138, d'un droit préférentiel de souscription des actions de préférence mentionnées à l'article L. 228-11 lorsque celles-ci confèrent des droits équivalents à ceux des titres qu'ils possèdent.

Les porteurs de titres régis par la présente section disposent, sauf application de l'article L. 225-138, d'un droit de préférence à la souscription des valeurs mobilières mentionnées à l'article L. 228-91 lorsque celles-ci donnent lieu à l'attribution de titres conférant des droits équivalents à ceux des titres qu ils possèdent.

Art. L. 228-29-10 *(Ord. n° 2004-604 du 24 juin 2004, art. 35-II)* Pour le calcul des quotités prévues à l'article L. 228-11, il est tenu compte des actions à dividende prioritaire sans droit de vote et des certificats d'investissement existants.

Toutefois, l'application des dispositions de l'alinéa précédent ne fait pas obstacle au maintien des droits des titulaires de titres existants.

SOUS-SECTION 2 **DES CERTIFICATS D'INVESTISSEMENT** *(Ord. n° 2004-604 du 24 juin 2004, art. 36-I).*

Art. L. 228-30 L'assemblée générale extraordinaire d'une société par actions, ou dans les sociétés qui n'en sont pas dotées, l'organe qui en tient lieu, peut décider, sur le rapport du conseil d'administration ou du directoire, selon le cas, et sur celui des commissaires aux comptes, la création, dans une proportion qui ne peut être supérieure au quart du capital social, de certificats d'investissement représentatifs des droits pécuniaires et de certificats de droit de vote représentatifs des autres droits attachés aux actions émises à l'occasion d'une augmentation de capital ou d'un fractionnement des actions existantes.

En cas d'augmentation de capital, les porteurs d'actions et, s'il en existe, les porteurs de certificats d'investissement, bénéficient d'un droit de souscription préférentiel aux certificats d'investissement émis et la procédure suivie est celle des augmentations de capital. Les porteurs de certificats d'investissement renoncent au droit préférentiel en assemblée spéciale convoquée et statuant selon les règles de l'assemblée générale extraordinaire des actionnaires. Les certificats de droit de vote sont répartis entre les porteurs d'actions et les porteurs des certificats de droit de vote, s'il en existe, au prorata de leurs droits.

En cas de fractionnement, l'offre de création des certificats d'investissement est faite en même temps et dans une proportion égale à leur part du capital à tous les porteurs d'actions. A l'issue d'un délai fixé par l'assemblée générale extraordinaire, le solde des possibilités de création non attribuées est réparti entre les porteurs d'actions qui ont demandé à bénéficier de cette répartition supplémentaire dans une proportion égale à leur part du capital et, en tout état de cause, dans la limite de leurs demandes. Après cette répartition, le solde éventuel est réparti par le conseil d'administration ou le directoire, selon le cas.

Le certificat de droit de vote doit revêtir la forme nominative.

Le certificat d'investissement est négociable. Sa valeur nominale est égale à celle des actions. Lorsque les actions sont divisées, les certificats d'investissement le sont également.

Le certificat de droit de vote ne peut être cédé qu'accompagné d'un certificat d'investissement. Toutefois, il peut être également cédé au porteur du certificat d'investissement. La cession entraîne de plein droit reconstitution de l'action dans l'un et l'autre cas. L'action est également reconstituée de plein droit entre les mains du porteur d'un certificat d'investissement et d'un certificat de droit de vote. Celui-ci en fait la déclaration à la société dans les quinze jours. Faute de cette déclaration, l'action est privée du droit de vote jusqu'à régularisation et pendant un délai d'un mois suivant celle-ci. — *V. art. R. 228-39.*

Il ne peut être attribué de certificat représentant moins d'un droit de vote. L'assemblée générale fixe les modalités d'attribution des certificats pour les droits formant rompus.

En cas de fusion ou de scission, les certificats d'investissement et les certificats de droit de vote d'une société qui disparaît peuvent être échangés contre des actions de sociétés bénéficiaires du transfert de patrimoine. — *[L. n° 66-537 du 24 juill. 1966, art. 283-1.]*

Sur la cession des droits de vote dans les sociétés privatisées, V. L. n° 86-912 du 6 août 1986, art. 6, al. 2 (D. et ALD 1986. 431). — ***C. sociétés.***

Sur les certificats coopératifs d'investissement, V. L. n° 47-1775 du 10 sept. 1947, art. 19 sexdecies s. — ***C. sociétés.***

Sur les procédures d'offre publique et de demande de retrait portant sur des certificats d'investissement ou des certificats de droit de vote admis à la négociation sur un marché réglementé ou qui ont cessé d'être négociés sur ce marché, V. C. mon. fin., art. L. 212-6-3 et L. 212-6-4, App., v° Banque et financement de l'entreprise.

Art. L. 228-31 L'assemblée générale extraordinaire d'une société dont les actions sont admises aux négociations sur un marché réglementé et dont les certificats d'investissement existants représentent au plus 1 % du capital social peut décider, sur le rapport du conseil d'administration, de procéder à la reconstitution des certi*ficats existants* en actions, et à celle des certificats existants assortis d'avantages particuliers en actions conférant à leurs titulaires les mêmes avantages.

L'assemblée générale extraordinaire prévue à l'alinéa précédent statue dans les conditions prévues pour l'approbation des avantages particuliers par l'article L. 225-147, après qu'une assemblée des titulaires de certificats de droits de vote, convoquée et statuant selon les règles des assemblées spéciales d'actionnaires, a approuvé le projet à une majorité de 95 % des titulaires présents ou représentés. La cession s'opère alors à la société, par dérogation au sixième alinéa de l'article L. 228-30, au prix fixé par l'assemblée générale extraordinaire mentionnée au premier alinéa du présent article.

Le prix mentionné à l'alinéa précédent est déterminé selon les modalités énoncées au 2° de l'article 283-1-1 de la loi n° 66-537 du 24 juillet 1966 sur les sociétés commerciales *[C. mon. fin., art. L. 212-6-3 et L. 212-6-4]. — V. ces art., App., v° Banque et financement de l'entreprise.*

Le montant de l'indemnisation revenant aux détenteurs non identifiés est consigné.

La reconstitution s'opère par la cession aux porteurs de certificats d'investissement, à titre gratuit, des certificats de droits de vote correspondants.

A cet effet, la société peut demander l'identification des porteurs de certificats, même en l'absence de disposition statutaire expresse, selon les modalités prévues par l'article L. 228-2. — *[L. n° 66-537 du 24 juill. 1966, art. 283-1-2.]*

Art. L. 228-32 Les porteurs de certificats d'investissement peuvent obtenir communication des documents sociaux dans les mêmes conditions que les actionnaires. — *[L. n° 66-537 du 24 juill. 1966, art. 283-2.]*

Art. L. 228-33 En cas de distribution gratuite d'actions, de *(Ord. n° 2004-604 du 24 juin 2004, art. 36-II)* « nouvelles actions de préférence sans droit de vote et assorties des mêmes droits que les certificats d'investissement doivent être créées et remises » gratuitement aux propriétaires des certificats anciens, dans la proportion du nombre des actions nouvelles attribuées aux actions anciennes, sauf renonciation de leur part au profit de l'ensemble des porteurs ou de certains d'entre eux. — *[L. n° 66-537 du 24 juill. 1966, art. 283-3.]*

Art. L. 228-34 *(Ord. n° 2004-604 du 24 juin 2004, art. 37-I)* En cas d'augmentation de capital en numéraire, à l'exception de celle réservée aux salariés sur le fondement de l'article L. 225-138-1, il est émis de nouvelles actions de préférence sans droit de vote et assorties des mêmes droits que les certificats d'investissement en nombre tel que la proportion qui existait avant l'augmentation entre actions ordinaires et certificats d'investissement soit maintenue, en tenant compte de ces actions de préférence, après l'augmentation en considérant que celle-ci sera entièrement réalisée.

Les propriétaires des certificats d'investissement ont, proportionnellement au nombre de titres qu'ils possèdent, un droit de préférence à la souscription à titre irréductible de ces nouvelles actions de préférence. Lors d'une assemblée spéciale, convoquée et statuant selon les règles de l'assemblée générale extraordinaire des actionnaires, les propriétaires des certificats d'investissement peuvent renoncer à ce droit. Les actions de préférence non souscrites sont réparties par le conseil d'administration ou le directoire. La réalisation de l'augmentation de capital s'apprécie sur sa fraction correspondant à l'émission d'actions. Toutefois, par dérogation aux dispositions du premier alinéa ci-dessus, lorsque les propriétaires de certificats ont renoncé à leur droit préférentiel de souscription, il n'est pas procédé à l'émission de nouvelles actions de préférence.

Art. L. 228-35 En cas d'émission d'obligations convertibles en actions, les porteurs des certificats d'investissement ont, proportionnellement au nombre de titres qu'ils possèdent, un droit de préférence à leur souscription à titre irréductible. Leur assemblée spéciale, convoquée et statuant selon les règles de l'assemblée générale extraordinaire des actionnaires, peut y renoncer.

(Ord. n° 2004-604 du 24 juin 2004, art. 36-IV) « Ces obligations ne peuvent être converties qu'en actions de préférence sans droit de vote et assorties des mêmes

droits que les certificats d'investissement. » – *[L. n° 66-537 du 24 juill. 1966, art. 283-5.] – V. art. R. 228-33 s.*

SOUS-SECTION 3 LES ACTIONS DE PRIORITÉ *(Ord. n° 2004-604 du 24 juin 2004, art. 37I).*

Art. L. 228-35-1 *(Ord. n° 2004-604 du 24 juin 2004, art. 30-I)* **Lors de la constitution de la société ou au cours de son existence, il peut être créé des actions de priorité jouissant d'avantages par rapport à toutes autres actions, sous réserve des dispositions des articles L. 225-122 à L. 225-125.** – *[L. n° 66-537 du 24 juill. 1966, art. 269, al. 1er.]*

(Ord. n° 2004-604 du 24 juin 2004, art. 37-II) **« Par exception à l'article L. 225-99, les statuts ou le contrat d'émission peuvent prévoir que la décision de conversion des actions de priorité en actions ordinaires par l'assemblée générale extraordinaire ne s'impose pas aux porteurs de ces actions. »** – *Anc. art. L. 228-11, al. 1er.*

SOUS-SECTION 4 LES ACTIONS À DIVIDENDE PRIORITAIRE SANS DROIT DE VOTE *(Ord. n° 2004-604 du 24 juin 2004, art. 38-1).*

Art. L. 228-35-2 *(Ord. n° 2004-604 du 24 juin 2004, art. 30-II et 38-II)* **Il peut de même être créé des actions à dividende prioritaire sans droit de vote dans les conditions prévues aux articles L. 228-35-3 à L. 228-35-11 sous réserve des dispositions des articles L. 225-122 à L. 225-126.** – *[L. n° 66-537 du 24 juill. 1966, art. 269, al. 2.] – Anc. art. L. 228-11, al. 2.*

Art. L. 228-35-3 *(Ord. n° 2004-604 du 24 juin 2004, art. 30-III)* **Les actions à dividende prioritaire sans droit de vote peuvent être créées par augmentation de capital ou par conversion d'actions ordinaires déjà émises. Elles peuvent être converties en actions ordinaires.**

Les actions à dividende prioritaire sans droit de vote ne peuvent représenter plus du quart du montant du capital social. Leur valeur nominale est égale à celle des actions ordinaires ou, le cas échéant, des actions ordinaires de l'une des catégories précédemment émises par la société.

Les titulaires d'actions à dividende prioritaire sans droit de vote bénéficient des droits reconnus aux autres actionnaires, à l'exception du droit de participer et de voter, du chef de ces actions, aux assemblées générales des actionnaires de la société.

En cas de création d'actions à dividende prioritaire sans droit de vote par conversion d'actions ordinaires déjà émises ou en cas de conversion d'actions à dividende prioritaire sans droit de vote en actions ordinaires, l'assemblée générale extraordinaire détermine le montant maximal d'actions à convertir et fixe les conditions de conversion sur rapport spécial du commissaire aux comptes. Sa décision n'est définitive qu'après approbation *(Ord. n° 2004-604 du 24 juin 2004, art. 38-III)* **« des assemblées spéciales prévues aux articles L. 228-35-6 et L. 228-103 ».**

L'offre de conversion est faite en même temps et à proportion de leur part dans ***le capital social à tous les*** **actionnaires, à l'exception des personnes mentionnées à l'article** *(Ord. n° 2004-604 du 24 juin 2004, art. 38-II)* **« L. 228-35-8 ». L'assemblée générale extraordinaire fixe le délai pendant lequel les actionnaires peuvent accepter l'offre de conversion.** – *[L. n° 66-537 du 24 juill. 1966, art. 269-I.] – V. art. R. 228-43.*

(Ord. n° 2004-604 du 24 juin 2004, art. 38-III) **« Par exception à l'article L. 225-99, les statuts ou le contrat d'émission peuvent prévoir que la décision de conver-**

sion des actions à dividende prioritaire sans droit de vote en actions ordinaires par l'assemblée générale extraordinaire ne s'impose pas aux porteurs de ces actions. » – *Anc. art. L. 228-12.*

Art. L. 228-35-4 *(Ord. nº 2004-604 du 24 juin 2004, art. 30-III)* **Les actions à dividende prioritaire sans droit de vote donnent droit à un dividende prioritaire prélevé sur le bénéfice distribuable de l'exercice avant toute autre affectation. S'il apparaît que le dividende prioritaire ne peut être intégralement versé en raison de l'insuffisance du bénéfice distribuable, celui-ci doit être réparti à due concurrence entre les titulaires d'actions à dividende prioritaire sans droit de vote. Le droit au paiement du dividende prioritaire qui n'a pas été intégralement versé en raison de l'insuffisance du bénéfice distribuable est reporté sur l'exercice suivant et, s'il y a lieu, sur les deux exercices ultérieurs ou, si les statuts le prévoient, sur les exercices ultérieurs. Ce droit s'exerce prioritairement par rapport au paiement du dividende prioritaire dû au titre de l'exercice.**

Le dividende prioritaire ne peut être inférieur ni au premier dividende visé à l'article *(Ord. nº 2004-604 du 24 juin 2004, art. 38-II)* **« L. 232-35-7 » ni à un montant égal à 7,5 % du montant libéré du capital représenté par les actions à dividende prioritaire sans droit de vote. Ces actions ne peuvent donner droit au premier dividende.**

Après prélèvement du dividende prioritaire ainsi que du premier dividende, si les statuts en prévoient, ou d'un dividende de 5 % au profit de toutes les actions ordinaires calculé dans les conditions prévues à l'article *(Ord. nº 2004-604 du 24 juin 2004, art. 38-II)* **« L. 232-35-7 », les actions à dividende prioritaire sans droit de vote ont, proportionnellement à leur montant nominal, les mêmes droits que les actions ordinaires.**

Dans le cas où les actions ordinaires sont divisées en catégories ouvrant des droits inégaux au premier dividende, le montant du premier dividende prévu au second alinéa du présent article s'entend du premier dividende le plus élevé. – *[L. nº 66-537 du 24 juill. 1966, art. 269-2.] – Anc. art. L. 228-13.*

Art. L. 228-35-5 *(Ord. nº 2004-604 du 24 juin 2004, art. 30-III)* **Lorsque les dividendes prioritaires dus au titre de trois exercices n'ont pas été intégralement versés, les titulaires des actions correspondantes acquièrent, proportionnellement à la quotité du capital représentée par ces actions, un droit de vote égal à celui des autres actionnaires.**

Le droit de vote prévu à l'alinéa précédent subsiste jusqu'à l'expiration de l'exercice au cours duquel le dividende prioritaire aura été intégralement versé, y compris le dividende dû au titre des exercices antérieurs. – *Anc. art. L. 228-14.*

Art. L. 228-35-6 *(Ord. nº 2004-604 du 24 juin 2004, art. 30-III)* **Les titulaires d'actions à dividende prioritaire sans droit de vote sont réunis en assemblée spéciale dans des conditions fixées par décret en Conseil d'État.** – *V. art. R. 225-96 et R. 228-40 à R. 228-48.*

Tout actionnaire possédant des actions à dividende prioritaire sans droit de vote peut participer à l'assemblée spéciale. Toute clause contraire est réputée non écrite.

L'assemblée spéciale des actionnaires à dividende prioritaire sans droit de vote peut émettre un avis avant toute décision de l'assemblée générale. Elle statue alors à la majorité des voix exprimées par les actionnaires présents ou représentés. Dans le cas où il est procédé à un scrutin, il n'est pas tenu compte des bulletins blancs. L'avis est transmis à la société. Il est porté à la connaissance de l'assemblée générale et consigné à son procès-verbal.

L'assemblée spéciale peut désigner un ou, si les statuts le prévoient, plusieurs mandataires chargés de représenter les actionnaires à dividende prioritaire sans droit de vote à l'assemblée générale des actionnaires et, le cas échéant, d'y exposer leur

avis avant tout vote de cette dernière. Cet avis est consigné au procès-verbal de l'assemblée générale. – *V. art. R. 228-45.*

Sous réserve de l'article *(Ord. n° 2004-604 du 24 juin 2004, art. 38-II)* **« L. 228-35-7 », toute décision modifiant les droits des titulaires d'actions à dividende prioritaire sans droit de vote n'est définitive qu'après approbation par l'assemblée spéciale visée au premier alinéa du présent article, statuant selon les conditions de quorum et de majorité prévues à l'article L. 225-99.** – *[L. n° 66-537 du 24 juill. 1966, art. 269-4.]*

(Ord. n° 2004-604 du 24 juin 2004, art. 38-IV) **« S'il est fait obstacle à la désignation des mandataires chargés de représenter les actionnaires à dividende prioritaire sans droit de vote à l'assemblée générale des actionnaires, le président du tribunal, statuant en référé, peut à la demande de tout actionnaire désigner un mandataire chargé de cette fonction. »** – *Anc. art. L. 228-15 modifié.*

Art. L. 228-35-7 *(Ord. n° 2004-604 du 24 juin 2004, art. 30-III)* **En cas d'augmentation de capital par apports en numéraire, les titulaires d'actions à dividende prioritaire sans droit de vote bénéficient, dans les mêmes conditions que les actionnaires ordinaires, d'un droit préférentiel de souscription. Toutefois, l'assemblée générale extraordinaire peut décider, après avis de l'assemblée spéciale prévue à l'article** *(Ord. n° 2004-604 du 24 juin 2004, art. 38-II)* **« L. 228-35-6 », qu'ils auront un droit préférentiel à souscrire, dans les mêmes conditions, de nouvelles** *(Ord. n° 2004-604 du 24 juin 2004, art. 38-V)* **« actions de préférence sans droit de vote et assorties des mêmes droits que les actions à dividende prioritaire sans droit de vote » qui seront émises dans la même proportion.**

L'attribution gratuite d'actions nouvelles, à la suite d'une augmentation de capital par incorporation de réserves, bénéfices ou primes d'émission, s'applique aux titulaires d'actions à dividende prioritaire sans droit de vote. Toutefois l'assemblée générale extraordinaire peut décider, après avis de l'assemblée spéciale prévue à l'article L. 228-15, que les titulaires d'actions à dividende prioritaire sans droit de vote recevront, au lieu et place d'actions ordinaires, *(Ord. n° 2004-604 du 24 juin 2004, art. 38-V)* **« des actions de préférence sans droit de vote et assorties des mêmes droits que les actions à dividende prioritaire sans droit de vote » qui seront émises dans la même proportion.**

Toute majoration du montant nominal des actions existantes à la suite d'une augmentation de capital par incorporation de réserves, bénéfices ou primes d'émission, s'applique aux actions à dividende prioritaire sans droit de vote. Le dividende prioritaire prévu à l'article *(Ord. n° 2004-604 du 24 juin 2004, art. 38-II)* **« L. 228-35-4 » est alors calculé, à compter de la réalisation de l'augmentation du capital, sur le nouveau montant nominal majoré, s'il y a lieu, de la prime d'émission versée lors de la souscription des actions anciennes.** – *[L. n° 66-537 du 24 juill. 1966, art. 269-5.] – Anc. art. L. 228-16 modifié.*

Art. L. 228-35-8 *(Ord. n° 2004-604 du 24 juin 2004, art. 30-III)* **Le président et les membres du conseil d'administration, les directeurs généraux, les membres du directoire et du conseil de surveillance d'une société anonyme, les gérants d'une société en commandite par actions et leur conjoint non séparé de corps ainsi que leurs enfants mineurs non émancipés ne peuvent détenir, sous quelque forme que ce soit,** ***des actions*** **à dividende prioritaire sans droit de vote émises par cette société.** – *Anc. art. L. 228-17.*

Art. L. 228-35-9 *(Ord. n° 2004-604 du 24 juin 2004, art. 30-III)* **Il est interdit à la société qui a émis des actions à dividende prioritaire sans droit de vote d'amortir son capital.**

(L. n° 2012-387 du 22 mars 2012, art. 17-III) « Peuvent être annulés les remboursements effectués avant le rachat intégral ou l'annulation des actions à dividende prioritaire sans droit de vote. »

En cas de réduction du capital non motivée par des pertes, les actions à dividende prioritaire sans droit de vote sont, avant les actions ordinaires, achetées dans les conditions prévues aux deux derniers alinéas de l'article *(Ord. n° 2004-604 du 24 juin 2004, art. 38-II)* « L. 228-35-10 » et annulées. *(L. n° 2012-387 du 22 mars 2012, art. 17-III)* « Peut être annulé l'achat d'actions ordinaires qui ne respecterait pas le présent alinéa. »

Toutefois, ces dispositions ne sont pas applicables aux réductions de capital réalisées dans le cadre de l'article L. 225-209. Dans ce cas, les dispositions de l'article L. 225-99 ne sont pas applicables si les actions ont été acquises sur un marché réglementé.

Les actions à dividende prioritaire sans droit de vote ont, proportionnellement à leur montant nominal, les mêmes droits que les autres actions sur les réserves distribuées au cours de l'existence de la société. — *[L. n° 66-537 du 24 juill. 1966, art. 269-7.] — Anc. art. L. 228-18.*

Art. L. 228-35-10 *(Ord. n° 2004-604 du 24 juin 2004, art. 30-III)* Les statuts peuvent donner à la société la faculté d'exiger le rachat, soit de la totalité de ses propres actions à dividende prioritaire sans droit de vote, soit de certaines catégories d'entre elles, chaque catégorie étant déterminée par la date de son émission. Le rachat d'une catégorie d'actions à dividende prioritaire sans droit de vote doit porter sur l'intégralité des actions de cette catégorie. Le rachat est décidé par l'assemblée générale statuant dans les conditions fixées à l'article L. 225-204. Les dispositions de l'article L. 225-205 sont applicables. Les actions rachetées sont annulées conformément à l'article L. 225-207 et le capital réduit de plein droit.

Le rachat d'actions à dividende prioritaire sans droit de vote ne peut être exigé par la société que si une stipulation particulière a été insérée à cet effet dans les statuts avant l'émission de ces actions.

La valeur des actions à dividende prioritaire sans droit de vote est déterminée au jour du rachat d'un commun accord entre la société et une assemblée spéciale des actionnaires vendeurs, statuant selon les conditions de quorum et de majorité prévues à l'article L. 225-99. En cas de désaccord, il est fait application de l'article 1843-4 du code civil. — *V. art. R. 228-44.*

Le rachat des actions à dividende prioritaire sans droit de vote ne peut intervenir que si le dividende prioritaire dû au titre des exercices antérieurs et de l'exercice en cours a été intégralement versé. — *Anc. art. L. 228-19.*

Art. L. 228-35-11 *(Ord. n° 2004-604 du 24 juin 2004, art. 30-III)* Il n'est pas tenu compte des actions à dividende prioritaire sans droit de vote pour la détermination du pourcentage prévu à l'article L. 233-1 ou à l'article L. 233-2. — *Anc. art. L. 228-20.*

SECTION IV DES TITRES PARTICIPATIFS

Art. L. 228-36 Les sociétés par actions appartenant au secteur public *(L. n° 2001-624 du 17 juill. 2001)* « et les sociétés coopératives constituées sous la forme de société anonyme ou de société à responsabilité limitée » peuvent émettre des titres participatifs. Ces titres ne sont remboursables qu'en cas de liquidation de la société ou, à son initiative, à l'expiration d'un délai qui ne peut être inférieur à sept ans et dans les conditions prévues au contrat d'émission.

Leur rémunération comporte une partie fixe et une partie variable calculée par référence à des éléments relatifs à l'activité ou aux résultats de la société et assise sur le nominal du titre. Un décret en Conseil d'État fixe les conditions dans lesquelles l'assiette de la partie variable de la rémunération est plafonnée. — *V. art. R. 228-49.*

Les titres participatifs sont négociables.

Pour l'application de l'article 26 de la loi n° 78-741 du 13 juillet 1978 relative à l'orientation de l'épargne vers le financement des entreprises, les prêts participatifs ne sont remboursés qu'après désintéressement complet de tous les autres créanciers privilégiés ou chirographaires à l'exclusion des propriétaires de titres participatifs. — *[L. n° 66-537 du 24 juill. 1966, art. 283-6.] — V. C. mon. fin., art. L. 313-15, App., v° Banque et financement de l'entreprise.*

Art. L. 228-37 L'émission et le remboursement de titres participatifs doivent être autorisés dans les conditions prévues par le cinquième alinéa de l'article L. 225-100 et les articles L. 228-40 à L. 228-44.

Les porteurs de titres participatifs d'une même émission sont groupés de plein droit pour la défense de leurs intérêts communs en une masse qui jouit de la personnalité civile. Ils sont soumis aux dispositions des articles L. 228-47 à L. 228-71, L. 228-73 et L. 228-76 à L. 228-90.

En outre, la masse est réunie au moins une fois par an pour entendre le rapport des dirigeants sociaux sur la situation et l'activité de la société au cours de l'exercice écoulé et le rapport des commissaires aux comptes sur les comptes de l'exercice et sur les éléments servant à la détermination de la rémunération des titres participatifs.

Les représentants de la masse assistent aux assemblées d'actionnaires ou de porteurs de parts. Ils sont consultés sur toutes les questions inscrites à l'ordre du jour, à l'exception de celles relatives à la désignation ou à la révocation des membres des organes sociaux. Ils peuvent intervenir à tout moment au cours de l'assemblée.

Les porteurs de titres participatifs peuvent obtenir communication des documents sociaux dans les mêmes conditions que les actionnaires.

Dans les entreprises publiques non pourvues d'une assemblée générale, le conseil d'administration exerce les pouvoirs dévolus à l'assemblée générale ordinaire pour l'émission des titres participatifs. Le quatrième alinéa du présent article n'est pas applicable. — *[L. n° 66-537 du 24 juill. 1966, art. 283-7.]*

V. art. R. 228-49 à R. 228-56.

Le régime fiscal des titres participatifs est celui des obligations à taux fixe (L. n° 83-1 du 3 janv. 1983, art. 22).

Sur l'émission de titres participatifs par les banques mutualistes ou coopératives, les établissements publics de l'État à caractère industriel et commercial, V. C. mon. fin., art. L. 213-32, L. 213-35 et D. 213-27 au ***C. mon. fin.*** *ou au* ***C. sociétés*** *; ... les sociétés coopératives agricoles et leurs unions, V. C. rur., art. L. 523-8 au* ***C. rur.*** *ou au* ***C. sociétés*** *; ... les sociétés d'assurances à forme mutuelle, les sociétés mutuelles d'assurances et leurs unions, ainsi que les caisses d'assurances et de réassurances mutuelles agricoles soumises à l'agrément administratif, V. C. assur., art. L. 322-2-1,* ***C. assur.*** *; ... les institutions de prévoyance complémentaire des salariés et les mutuelles, V. CSS, art. L. 931-12, et C. mutualité, art. L. 144-44 au* ***CSS****.*

SECTION V DES OBLIGATIONS

Art. L. 228-38 Comme il est dit à l'article *(Ord. n° 2000-1223 du 14 déc. 2000, art. 3)* « L. 213-5 du code monétaire et financier » :

Art. L. 213-5 Les obligations sont des titres négociables qui, dans une même émission, confèrent les mêmes droits de créance pour une même valeur nominale.

Art. L. 228-39 *(L. nº 2001-420 du 15 mai 2001)* **« L'émission d'obligations par une société par actions n'ayant pas établi deux bilans régulièrement approuvés par les actionnaires doit être précédée d'une vérification de l'actif et du passif dans les conditions prévues aux articles L. 225-8 et L. 225-10. »**

L'émission d'obligations est interdite aux sociétés dont le capital n'est pas intégralement libéré sauf si les actions non libérées ont été réservées aux salariés en application de l'article L. 225-187 ou de l'article L. 443-5 *[L. 3332-18 à L. 3332-24 nouv.]* **du code du travail, et sauf si elle est faite en vue de l'attribution aux salariés des obligations émises au titre de la participation de ceux-ci aux fruits de l'expansion de l'entreprise.** – *[L. nº 66-537 du 24 juill. 1966, art. 285.]*

*L'art. L. 228-39 n'est pas applicable aux sociétés de crédit foncier (C. mon. fin., art. L. 515-32). – V. **C. mon. fin.***

Art. L. 228-40 *(Ord. nº 2004-604 du 24 juin 2004, art. 39)* **Le conseil d'administration, le directoire, le ou les gérants ont qualité pour décider ou autoriser l'émission d'obligations, sauf si les statuts réservent ce pouvoir à l'assemblée générale ou si celle-ci décide de l'exercer.**

Le conseil d'administration peut déléguer à un ou plusieurs de ses membres, au directeur général ou, en accord avec ce dernier, à un ou plusieurs directeurs généraux délégués, et dans les établissements de crédit, à toute personne de son choix, les pouvoirs nécessaires pour réaliser, dans un délai d'un an l'émission d'obligations et en arrêter les modalités.

Le directoire peut déléguer à son président et avec l'accord de celui-ci à un ou plusieurs de ses membres, et dans les établissements de crédit, à toute personne de son choix, les pouvoirs nécessaires pour réaliser dans le même délai, l'émission d'obligations et en arrêter les modalités.

Les personnes désignées rendent compte au conseil d'administration ou au directoire dans les conditions déterminées par ces organes.

Art. L. 228-41 *et* L. 228-42 *Abrogés par Ord. nº 2004-604 du 24 juin 2004, art. 40.*

Art. L. 228-43 *(Abrogé par Ord. nº 2009-80 du 22 janv. 2009, art. 29, à compter du 1er avr. 2009)* ***S'il est fait publiquement appel à l'épargne, la société accomplit, avant l'ouverture de la souscription, des formalités de publicité sur les conditions d'émission selon des modalités fixées par décret en Conseil d'État.*** – [L. nº 66-537 du 24 juill. 1966, art. 289.] – V. art. R. 228-57 s.

Art. L. 228-44 **La société ne peut constituer un gage quelconque sur ses propres obligations.** – *[L. nº 66-537 du 24 juill. 1966, art. 290.]*

Art. L. 228-45 **Dans le cas où la société émettrice a continué à payer les produits *d'obligations remboursables* par suite d'un tirage au sort, elle ne peut répéter ces sommes lorsque ces obligations sont présentées au remboursement.**

Toute clause contraire est réputée non écrite. – *[L. nº 66-537 du 24 juill. 1966, art. 291.]*

Sur les conditions d'émission d'obligations à lots, V. C. mon. fin., art. L 213-6, App., vº Banque et financement de l'entreprise.

Art. L. 228-46 **Les porteurs d'obligations d'une même émission sont groupés de plein droit pour la défense de leurs intérêts communs, en une masse qui jouit de la personnalité civile.**

Toutefois, en cas d'émissions successives d'obligations, la société peut, lorsqu'une clause de chaque contrat d'émission le prévoit, grouper en une masse unique les

porteurs d'obligations ayant des droits identiques. – *[L. n° 66-537 du 24 juill. 1966, art. 293.]*

Art. L. 228-47 La masse est représentée par un ou plusieurs mandataires élus par l'assemblée générale des obligataires. Leur nombre ne peut en aucun cas excéder trois. *(Abrogé par Ord. n° 2009-80 du 22 janv. 2009, art. 7-XV, à compter du 1er avr. 2009)* ***« En cas d'émission par appel public à l'épargne, »*** Les représentants peuvent être désignés dans le contrat d'émission. – *[L. n° 66-537 du 24 juill. 1966, art. 294.] – V. art. R. 228-61, R. 228-62 et R. 228-64.*

Art. L. 228-48 Le mandat de représentant de la masse ne peut être confié qu'aux personnes de nationalité française ou ressortissant d'un État membre de la Communauté européenne, domiciliées en territoire français, et aux associations et sociétés y ayant leur siège. – *[L. n° 66-537 du 24 juill. 1966, art. 295.]*

Art. L. 228-49 Ne peuvent être choisis comme représentants de la masse :

1° La société débitrice ;

2° Les sociétés possédant au moins le dixième du capital de la société débitrice ou dont celle-ci possède au moins le dixième du capital ;

3° Les sociétés garantes de tout ou partie des engagements de la société débitrice ;

4° Les gérants, administrateurs, membres du directoire, du conseil de surveillance, directeurs généraux, commissaires aux comptes ou employés des sociétés visées aux 1° et 3°, ainsi que leurs ascendants, descendants et conjoint ;

5° Les personnes auxquelles l'exercice de la profession de banquier est interdit ou qui sont déchues du droit de diriger, administrer ou gérer une société à un titre quelconque. – *[L. n° 66-537 du 24 juill. 1966, art. 296.]*

Art. L. 228-50 En cas d'urgence, les représentants de la masse peuvent être désignés par décision de justice à la demande de tout intéressé. – *[L. n° 66-537 du 24 juill. 1966, art. 297.] – V. art. R. 228-60.*

Art. L. 228-51 Lorsqu'ils n'ont pas été désignés dans le contrat d'émission, les représentants de la masse des porteurs d'obligations d'un emprunt *(Ord. n° 2009-80 du 22 janv. 2009, art. 7-XVI, en vigueur le 1er avr. 2009)* « sont nommés dans le délai d'un an à compter de la date d'émission » et au plus tard un mois avant le premier amortissement prévu.

Cette nomination est faite par l'assemblée générale ou, à défaut, par décision de justice, à la demande de tout intéressé. – *[L. n° 66-537 du 24 juill. 1966, art. 298.] – V. art. R. 228-60 et R. 228-61.*

Art. L. 228-52 Les représentants de la masse peuvent être relevés de leurs fonctions par l'assemblée générale des obligataires. – *[L. n° 66-537 du 24 juill. 1966, art. 299.] – V. art. R. 228-61 et R. 228-62.*

Art. L. 228-53 Les représentants de la masse ont, sauf restriction décidée par l'assemblée générale des obligataires, le pouvoir d'accomplir au nom de la masse tous les actes de gestion pour la défense des intérêts communs des obligataires. – *[L. n° 66-537 du 24 juill. 1966, art. 300.]*

Art. L. 228-54 Les représentants de la masse, dûment autorisés par l'assemblée générale des obligataires, ont seuls qualité pour engager, au nom de ceux-ci, les actions en nullité de la société ou des actes et délibérations postérieurs à sa constitution, ainsi que toutes actions ayant pour objet la défense des intérêts communs des obligataires, et notamment requérir la mesure prévue à l'article L. 237-14.

Les actions en justice dirigées contre l'ensemble des obligataires d'une même masse ne peuvent être intentées que contre le représentant de cette masse.

Toute action intentée contrairement aux dispositions du présent article doit être déclarée d'office irrecevable. – *[L. n° 66-537 du 24 juill. 1966, art. 301.]*

Art. L. 228-55 Les représentants de la masse ne peuvent s'immiscer dans la gestion des affaires sociales. Ils ont accès aux assemblées générales des actionnaires, mais sans voix délibérative.

Ils ont le droit d'obtenir communication des documents mis à la disposition des actionnaires dans les mêmes conditions que ceux-ci. – *[L. n° 66-537 du 24 juill. 1966, art. 302.]*

Art. L. 228-56 La rémunération des représentants de la masse telle que fixée par l'assemblée générale ou par le contrat d'émission est à la charge de la société débitrice.

A défaut de fixation de cette rémunération, ou si son montant est contesté par la société, il est statué par décision de justice. – *[L. n° 66-537 du 24 juill. 1966, art. 303.] – V. art. R. 228-63.*

(L. n° 2003-706 du 1er août 2003) « Sans préjudice de l'action en responsabilité contre les mandataires sociaux ou le représentant de la masse, toute décision accordant à ce dernier une rémunération en violation des dispositions du présent article est nulle. »

Art. L. 228-57 L'assemblée générale des obligataires d'une même masse peut être réunie à toute époque. – *[L. n° 66-537 du 24 juill. 1966, art. 304.]*

Art. L. 228-58 L'assemblée générale des obligataires est convoquée par le conseil d'administration, le directoire ou les gérants, par les représentants de la masse ou par les liquidateurs pendant la période de liquidation.

Un ou plusieurs obligataires, réunissant au moins le trentième des titres d'une masse, peuvent adresser à la société et au représentant de la masse une demande tendant à la convocation de l'assemblée.

Si l'assemblée générale n'a pas été convoquée dans le délai fixé par décret en Conseil d'État, les auteurs de la demande peuvent charger l'un d'entre eux de poursuivre en justice la désignation d'un mandataire qui convoquera l'assemblée. – *[L. n° 66-537 du 24 juill. 1966, art. 305.] – V. art. R. 228-65.*

Art. L. 228-59 La convocation des assemblées générales d'obligataires est faite dans les mêmes conditions de forme et de délai que celle des assemblées d'actionnaires. En outre, les avis de convocation contiennent des mentions spéciales qui sont déterminées par décret en Conseil d'État.

Toute assemblée irrégulièrement convoquée peut être annulée. Toutefois, l'action en nullité n'est pas recevable lorsque tous les obligataires de la masse intéressée sont présents ou représentés. – *[L. n° 66-537 du 24 juill. 1966, art. 306.] – V. art. R. 228-66, R. 228-67, R. 228-69, R. 228-71 et R. 228-72.*

Art. L. 228-60 L'ordre du jour des assemblées est arrêté par l'auteur de la convocation.

Toutefois, un ou plusieurs obligataires ont la faculté, dans les conditions prévues au deuxième alinéa de l'article L. 228-58, de requérir l'inscription à l'ordre du jour de projets de résolution. Ceux-ci sont inscrits à l'ordre du jour et soumis par le président de séance au vote de l'assemblée.

L'assemblée ne peut délibérer sur une question qui n'est pas inscrite à l'ordre du jour.

Sur deuxième convocation, l'ordre du jour de l'assemblée ne peut être modifié.

(Abrogé par Ord. n° 2004-604 du 24 juin 2004, art. 41-I) *« Les dispositions de l'article L. 225-114 sont applicables. »* – *[L. n° 66-537 du 24 juill. 1966, art. 307.] – V. art. R. 228-70 et R. 228-74.*

Art. L. 228-60-1 *(Ord. nº 2004-604 du 24 juin 2004, art. 41-II)* A chaque assemblée est tenue une feuille de présence.

Les décisions prises à chaque assemblée sont constatées par procès-verbal, signé par les membres du bureau et conservé au siège social dans un registre spécial.

Les mentions que doivent comporter la feuille de présence et le procès-verbal sont déterminées par décret en Conseil d'État.

Art. L. 228-61 S'il existe plusieurs masses d'obligataires, elles ne peuvent en aucun cas délibérer au sein d'une assemblée commune.

Tout obligataire a le droit de participer à l'assemblée ou de s'y faire représenter par un mandataire de son choix.

(Ord. nº 2004-604 du 24 juin 2004, art. 42) « Tout obligataire peut voter par correspondance, au moyen d'un formulaire dont les mentions sont fixées par décret en Conseil d'État. Les dispositions contraires des statuts sont réputées non écrites.

« Pour le calcul du quorum, il n'est tenu compte que des formulaires qui ont été reçus par la société avant la réunion de l'assemblée, dans les conditions de délais fixées par décret en Conseil d'État. Les formulaires ne donnant aucun sens de vote ou exprimant une abstention sont considérés comme des votes négatifs.

« Si les statuts le prévoient, sont réputés présents pour le calcul du quorum et de la majorité les obligataires qui participent à l'assemblée par visioconférence ou par des moyens de télécommunication permettant leur identification. La nature des moyens techniques admis et les conditions d'application de cette disposition sont déterminées par décret en Conseil d'État. »

Les porteurs d'obligations amorties et non remboursées par suite de la défaillance de la société débitrice ou à raison d'un litige portant sur les conditions de remboursement, peuvent participer à l'assemblée.

La société qui détient au moins 10 % du capital de la société débitrice ne peut voter à l'assemblée avec les obligations qu'elle détient. – *[L. nº 66-537 du 24 juill. 1966, art. 308.] – V. art. R. 228-71 et R. 228-75.*

Art. L. 228-62 Ne peuvent représenter les obligataires aux assemblées générales, les gérants, administrateurs, membres du directoire et du conseil de surveillance, directeurs généraux, commissaires aux comptes ou employés de la société débitrice ou des sociétés garantes de tout ou partie des engagements de ladite société, ainsi que leurs ascendants, descendants et conjoint. – *[L. nº 66-537 du 24 juill. 1966, art. 309.]*

Art. L. 228-63 La représentation d'un obligataire ne peut être confiée aux personnes auxquelles l'exercice de la profession de banquier est interdit ou qui sont déchues du droit de diriger, d'administrer ou de gérer une société à un titre quelconque. – *[L. nº 66-537 du 24 juill. 1966, art. 310.]*

Art. L. 228-64 L'assemblée est présidée par un représentant de la masse. En cas d'absence des représentants ou en cas de désaccord entre eux, l'assemblée désigne une personne pour exercer les fonctions de président. En cas de convocation par un mandataire de justice, l'assemblée est présidée par ce dernier.

A défaut de représentants de la masse désignés dans les conditions prévues aux articles L. 228-50 et L. 228-51, la première assemblée est ouverte sous la présidence provisoire du porteur détenant ou du mandataire représentant le plus grand nombre d'obligations. – *[L. nº 66-537 du 24 juill. 1966, art. 311.] – V. art. R. 228-73 et R. 228-74.*

Art. L. 228-65 I. – L'assemblée générale délibère sur toutes mesures ayant pour objet d'assurer la défense des obligataires et l'exécution du contrat d'emprunt ainsi que sur toute proposition tendant à la modification du contrat et notamment :

1° Sur toute proposition relative à la modification de l'objet ou de la forme de la société ;

2° Sur toute proposition, soit de compromis, soit de transaction sur des droits litigieux ou ayant fait l'objet de décisions judiciaires ;

3° Sur les propositions de fusion ou de scission de la société dans les cas prévus aux articles L. 236-13 et L. 236-18 ;

4° Sur toute proposition relative à l'émission d'obligations comportant un droit de préférence par rapport à la créance des obligataires composant la masse ;

5° Sur toute proposition relative à l'abandon total ou partiel des garanties conférées aux obligataires, au report de l'échéance du paiement des intérêts et à la modification des modalités d'amortissement ou du taux des intérêts ; – *[L. n° 66-537 du 24 juill. 1966, art. 313.]*

(L. n° 2005-842 du 26 juill. 2005, art. 11-II) « 6° Sur tout projet de transfert du siège social d'une société européenne dans un autre État membre. »

(Ord. n° 2004-604 du 24 juin 2004, art. 43) « II. – L'assemblée générale délibère dans les conditions de quorum prévues au deuxième alinéa de l'article L. 225-98. Elle statue à la majorité des deux tiers des voix dont disposent les porteurs présents ou représentés. »

Art. L. 228-66 Le droit de vote dans les assemblées générales d'obligataires appartient au nu-propriétaire. – *[L. n° 66-537 du 24 juill. 1966, art. 314]*

Art. L. 228-67 Le droit de vote attaché aux obligations doit être proportionnel à la quotité du montant de l'emprunt qu'elles représentent. Chaque obligation donne droit à une voix au moins. – *[L. n° 66-537 du 24 juill. 1966, art. 315.]*

Art. L. 228-68 Les assemblées ne peuvent ni accroître les charges des obligataires ni établir un traitement inégal entre les obligataires d'une même masse.

Elles ne peuvent décider la conversion des obligations en actions, sous réserve des dispositions de l'article *(Ord. n° 2004-604 du 24 juin 2004, art. 51-XIV)* « L. 228-106 ».

Toute disposition contraire est réputée non écrite. – *[L. n° 66-537 du 24 juill. 1966, art. 317.]*

Art. L. 228-69 Tout obligataire a le droit d'obtenir, dans les conditions et délais déterminés par décret en Conseil d'État, communication du texte des résolutions qui seront proposées et des rapports qui seront présentés à l'assemblée générale.

Il a, à toute époque, le même droit en ce qui concerne les procès-verbaux et les feuilles de présence des assemblées générales de la masse à laquelle il appartient. – *[L. n° 66-537 du 24 juill. 1966, art. 318.] – V. art. R. 228-74, R. 228-76 et R. 228-77.*

Art. L. 228-70 Les obligataires ne sont pas admis individuellement à exercer un contrôle sur les opérations de la société ou à demander communication des documents sociaux. – *[L. n° 66-537 du 24 juill. 1966, art. 319.]*

Art. L. 228-71 La société débitrice supporte les frais de convocation, de tenue des assemblées générales, de publicité de leurs décisions ainsi que les frais résultant de la procédure prévue à l'article L. 228-50. Les autres dépenses de gestion décidées par l'assemblée générale de la masse peuvent être retenues sur les intérêts servis aux obligataires et leur montant peut être fixé par décision de justice.

Les retenues visées à l'alinéa précédent ne peuvent excéder le dixième de l'intérêt annuel. – *[L. n° 66-537 du 24 juill. 1966, art. 320.] – V. art. R. 228-78.*

Art. L. 228-72 A défaut d'approbation par l'assemblée générale des propositions visées aux 1° et 4° du I. de l'article L. 228-65, le conseil d'administration, le directoire ou les gérants de la société débitrice peuvent passer outre, en offrant de rembourser les obligations dans le délai fixé par décret en Conseil d'État.

La décision du conseil d'administration, du directoire ou des gérants de passer outre est publiée dans les conditions fixées par décret en Conseil d'État, qui détermine également le délai pendant lequel le remboursement doit être demandé. – *[L. n° 66-537 du 24 juill. 1966, art. 321.] – V. art. R. 228-79.*

Art. L. 228-73 Si l'assemblée générale des obligataires de la société absorbée ou scindée n'a pas approuvé une des propositions visées *(L. n° 2005-842 du 26 juill. 2005, art. 11-II)* « aux 3° et 6° du I » de l'article L. 228-65 ou si elle n'a pu délibérer valablement faute du quorum requis, le conseil d'administration, le directoire ou les gérants de la société débitrice peuvent passer outre. La décision est publiée dans les conditions fixées par décret en Conseil d'État.

Les obligataires conservent alors leur qualité dans la société absorbante ou dans les sociétés bénéficiaires des apports résultant de la scission, selon le cas.

Toutefois, l'assemblée générale des obligataires peut donner mandat aux représentants de la masse de former opposition à l'opération dans les conditions et avec les effets prévus à l'article L. 236-14. – *[L. n° 66-537 du 24 juill. 1966, art. 321-1.] – V. art. R. 228-80 et R. 236-9.*

Art. L. 228-74 Les obligations rachetées par la société émettrice, ainsi que les obligations sorties au tirage et remboursées, sont annulées et ne peuvent être remises en circulation. – *[L. n° 66-537 du 24 juill. 1966, art. 322.]*

Art. L. 228-75 En l'absence de dispositions spéciales du contrat d'émission, la société ne peut imposer aux obligataires le remboursement anticipé des obligations. – *[L. n° 66-537 du 24 juill. 1966, art. 323.]*

Art. L. 228-76 En cas de dissolution anticipée de la société, non provoquée par une fusion ou par une scission, l'assemblée générale des obligataires peut exiger le remboursement des obligations et la société peut l'imposer. – *[L. n° 66-537 du 24 juill. 1966, art. 324.]*

Art. L. 228-77 En cas d'émission d'obligations assorties de sûretés particulières, celles-ci sont constituées par la société avant l'émission, pour le compte de la masse des obligataires. L'acceptation résulte du seul fait des souscriptions. Elle rétroagit à la date de l'inscription pour les sûretés soumises à inscription et à la date de leur constitution pour les autres sûretés. – *[L. n° 66-537 du 24 juill. 1966, art. 325.]*

Art. L. 228-78 Les garanties prévues à l'article L. 228-77 sont conférées par le président du conseil d'administration, le représentant du directoire ou le gérant, sur autorisation de l'organe social habilité à cet effet par les statuts. – *[L. n° 66-537 du 24 juill. 1966, art. 326.]*

Art. L. 228-79 Les sûretés sont constituées dans un acte spécial. Les formalités de publicité desdites sûretés doivent être accomplies avant toute souscription, pour le compte de la masse des obligataires en formation.

Dans le délai de six mois à compter de l'ouverture de la souscription, le résultat de celle-ci est constaté dans un acte authentique par le représentant de la société.

Les modalités de l'inscription et du renouvellement de l'inscription des sûretés sont déterminées par décret en Conseil d'État.

Les représentants de la masse veillent, sous leur responsabilité, à l'observation des dispositions relatives au renouvellement de l'inscription. – *[L. n° 66-537 du 24 juill. 1966, art. 327.] – V. art. R. 228-81 et R. 228-82.*

Art. L. 228-80 La mainlevée des inscriptions intervient dans les conditions déterminées par décret en Conseil d'État. – *[L. nº 66-537 du 24 juill. 1966, art. 328.] – V. art. R. 228-83.*

Art. L. 228-81 Les garanties constituées postérieurement à l'émission des obligations sont conférées par le président du conseil d'administration, le représentant du directoire ou le gérant, sur autorisation de l'organe social habilité à cet effet par les statuts. Elles sont acceptées par le représentant de la masse. – *[L. nº 66-537 du 24 juill. 1966, art. 329.]*

Art. L. 228-82 L'émission d'obligations, dont le remboursement est garanti par une société de capitalisation, est interdite. – *[L. nº 66-537 du 24 juill. 1966, art. 330.]*

Art. L. 228-83 En cas *(L. nº 2005-845 du 26 juill. 2005, art. 165-II)* « de sauvegarde, » de redressement ou de liquidation judiciaires de la société, les représentants de la masse des obligataires sont habilités à agir au nom de celle-ci. – *[L. nº 66-537 du 24 juill. 1966, art. 331.]*

Art. L. 228-84 Les représentants de la masse déclarent au passif *(L. nº 2005-845 du 26 juill. 2005, art. 165-II)* « de la sauvegarde, » du redressement ou de la liquidation judiciaires de la société, pour tous les obligataires de cette masse, le montant en principal des obligations restant en circulation augmenté pour mémoire des coupons d'intérêts échus et non payés, dont le décompte est établi par le *(L. nº 2005-845 du 26 juill. 2005, art. 165-III)* « mandataire judiciaire ». Ils ne sont pas tenus de fournir les titres de leurs mandants, à l'appui de cette déclaration. – *[L. nº 66-537 du 24 juill. 1966, art. 332.]*

Art. L. 228-85 A défaut de déclaration par les représentants de la masse, une décision de justice désigne à la demande du *(L. nº 2005-845 du 26 juill. 2005, art. 165-III)* « mandataire judiciaire », un mandataire chargé d'assurer la représentation de la masse dans les opérations *(L. nº 2005-845 du 26 juill. 2005, art. 165-II)* « de sauvegarde, » de redressement ou de liquidation judiciaires et d'en déclarer la créance. – *[L. nº 66-537 du 24 juill. 1966, art. 333.] – V. art. R. 228-85.*

Art. L. 228-86 Les représentants de la masse sont consultés par le *(L. nº 2005-845 du 26 juill. 2005, art. 165-III)* « mandataire judiciaire » sur les modalités de règlement des obligations proposées en application de l'article L. 626-4. Ils donnent leur accord dans le sens défini par l'assemblée générale ordinaire des obligataires, convoquée à cet effet. – *[L. nº 66-537 du 24 juill. 1966, art. 335.]*

Art. L. 228-87 Les frais entraînés par la représentation des obligataires au cours de la procédure *(L. nº 2005-845 du 26 juill. 2005, art. 165-II)* « de sauvegarde ou » de redressement judiciaire de la société incombent à celle-ci et sont considérés comme des frais d'administration judiciaire. – *[L. nº 66-537 du 24 juill. 1966, art. 336.]*

Art. L. 228-88 *(L. nº 2005-845 du 26 juill. 2005, art. 165-II)* « La sauvegarde, » le redressement ou la liquidation judiciaires de la société ne met pas fin au fonctionnement et au rôle de l'assemblée générale des obligataires. – *[L. nº 66-537 du 24 juill. 1966, art. 337.] – V. art. R. 228-84 s.*

Art. L. 228-89 En cas de clôture pour insuffisance d'actif, le représentant de la masse ou le mandataire de justice désigné, recouvre l'exercice des droits des obligataires. – *[L. nº 66-537 du 24 juill. 1966, art. 338.]*

Art. L. 228-90 Sauf clause contraire du contrat d'émission, les dispositions des articles L. 228-46 à L. 228-69, L. 228-71, L. 228-72, L. 228-76 à L. 228-81 et

L. 228-83 à L. 228-89 ne sont pas applicables aux sociétés dont les emprunts sont soumis à un régime légal spécial, ni aux emprunts garantis par l'État, les départements, les communes ou les établissements publics ni aux emprunts émis à l'étranger par des sociétés françaises. – *[L. n° 66-537 du 24 juill. 1966, art. 339.]*

Sur les infractions relatives aux obligations, V. art. L. 245-7 s.

SECTION VI DES VALEURS MOBILIÈRES DONNANT ACCÈS AU CAPITAL OU DONNANT DROIT À L'ATTRIBUTION DE TITRES DE CRÉANCE *(Ord. n° 2004-604 du 24 juin 2004, art. 44).*

SOUS-SECTION 1 DISPOSITIONS GÉNÉRALES *(Ord. n° 2004-604 du 24 juin 2004, art. 44).*

Art. L. 228-91 *(Ord. n° 2004-604 du 24 juin 2004, art. 45)* Les sociétés par actions peuvent émettre des valeurs mobilières donnant accès au capital ou donnant droit à l'attribution de titres de créance.

Les actionnaires d'une société émettant des valeurs mobilières donnant accès au capital ont, proportionnellement au montant de leurs actions, un droit de préférence à la souscription de ces valeurs mobilières.

Ce droit est régi par les dispositions applicables au droit de préférence à la souscription attaché aux titres de capital conformément aux articles L. 225-132 et L. 225-135 à L. 225-140.

Le contrat d'émission peut prévoir que ces valeurs mobilières et les titres de capital ou de créances auxquels ces valeurs mobilières donnent droit ne peuvent être cédés et négociés qu'ensemble. Dans ce cas, si le titre émis à l'origine est un titre de capital, celui-ci ne relève pas d'une catégorie déterminée au sens de l'article L. 225-99.

Les titres de capital ne peuvent être convertis ou transformés en valeurs mobilières représentatives de créances. Toute clause contraire est réputée non écrite.

Les valeurs mobilières émises en application du présent article ne peuvent être regardées comme constitutives d'une promesse d'action pour l'application du second alinéa de l'article L. 228-10.

Pour la sanction, V. art. L. 228-95.

Art. L. 228-92 *(Ord. n° 2004-604 du 24 juin 2004, art. 46)* Les émissions de valeurs mobilières donnant accès au capital ou donnant droit à l'attribution de titres de créance régies par l'article L. 228-91 sont autorisées par l'assemblée générale extraordinaire des actionnaires conformément aux articles L. 225-129 à L. 225-129-6. Celle-ci se prononce sur le rapport du conseil d'administration ou du directoire et sur le rapport spécial du commissaire aux comptes. – *V. art. R. 225-117.*

Art. L. 228-93 *(Ord. n° 2004-604 du 24 juin 2004, art. 47)* Une société par actions peut émettre des valeurs mobilières donnant accès au capital de la société qui possède directement ou indirectement plus de la moitié de son capital ou de la société dont elle possède directement ou indirectement plus de la moitié du capital.

A peine de nullité, l'émission doit être autorisée par l'assemblée générale extraordinaire de la société appelée à émettre ces valeurs mobilières et par celle de la société au sein de laquelle les droits sont exercés, dans les conditions prévues par l'article L. 228-92.

Art. L. 228-94 *Abrogé par Ord. n° 2004-604 du 24 juin 2004, art. 51-VII.*

Art. L. 228-95 *(Ord. n° 2004-604 du 24 juin 2004, art. 48)* **Sont nulles les décisions prises en violation du deuxième et du troisième alinéa de l'article L. 228-91.**

Art. L. 228-96 *Abrogé par Ord. n° 2004-604 du 24 juin 2004, art. 51-VII.*

Art. L. 228-97 *(L. n° 2003-706 du 1er août 2003)* **Lors de l'émission de valeurs mobilières représentatives de créances sur la société émettrice, y compris celles donnant le droit de souscrire ou d'acquérir une valeur mobilière, il peut être stipulé que ces valeurs mobilières ne seront remboursées qu'après désintéressement des autres créanciers, à l'exclusion ou y compris des titulaires de prêts participatifs et de titres participatifs, nonobstant les dispositions de l'article L. 228-36 du présent code et celles des articles L. 313-13 et suivants du code monétaire et financier.**

Dans ces catégories de valeurs mobilières, il peut être également stipulé un ordre de priorité des paiements. – *[L. n° 66-537 du 24 juill. 1966, art. 339-7.]*

● SOUS-SECTION 2 **DISPOSITIONS RELATIVES AUX VALEURS MOBILIÈRES DONNANT ACCÈS AU CAPITAL** *(Ord. n° 2004-604 du 24 juin 2004, art. 49-I).*

Art. L. 228-98 *(Ord. n° 2004-604 du 24 juin 2004, art. 49-II)* **A dater de l'émission de valeurs mobilières donnant accès au capital, la société appelée à attribuer ces titres ne peut modifier sa forme ou son objet, à moins d'y être autorisée par le contrat d'émission ou dans les conditions prévues à l'article L. 228-103.**

En outre, elle ne peut ni modifier les règles de répartition de ses bénéfices, ni amortir son capital, *(L. n° 2008-776 du 4 août 2008)* **« ni créer d'actions de préférence entraînant une telle modification ou un tel amortissement, » à moins d'y être autorisée** *(Abrogé par L. n° 2008-776 du 4 août 2008, art. 57-VII, à compter du 1er janv. 2009)* ***« par le contrat d'émission ou »*** **dans les conditions prévues à l'article L. 228-103 et sous réserve de prendre les dispositions nécessaires au maintien des droits des titulaires des valeurs mobilières donnant accès au capital dans les conditions définies à l'article L. 228-99** *(L. n° 2008-776 du 4 août 2008, art. 57-VII, en vigueur le 1er janv. 2009)* **« ou par le contrat d'émission ».**

Sous ces mêmes réserves, elle peut cependant créer des actions de préférence.

En cas de réduction de son capital motivée par des pertes et réalisée par la diminution du montant nominal ou du nombre des titres composant le capital, les droits des titulaires des valeurs mobilières donnant accès au capital sont réduits en conséquence, comme s'ils les avaient exercés avant la date à laquelle la réduction de capital est devenue définitive.

Sont applicables en Nouvelle-Calédonie et dans les îles Wallis-et-Futuna les adjonctions et modifications apportées à l'art. L. 228-98 par la L. n° 2008-776 du 4 août 2008 (Ord. n° 2009-896 du 24 juill. 2009, art. 2).

Art. L. 228-99 *(Ord. n° 2004-604 du 24 juin 2004, art. 49-II)* **La société appelée à attribuer les titres de capital ou les valeurs mobilières y donnant accès doit prendre les mesures nécessaires à la protection des intérêts des titulaires des droits ainsi créés si elle décide de procéder à l'émission, sous quelque forme que ce soit, de nouveaux titres de capital avec droit préférentiel de souscription réservé à ses actionnaires, de distribuer des réserves, en espèces ou en nature, et des primes d'émission ou de modifier la répartition de ses bénéfices par la création d'actions de préférence.**

A cet effet, elle doit :

1° Soit mettre les titulaires de ces droits en mesure de les exercer, si la période prévue au contrat d'émission n'est pas encore ouverte, de telle sorte qu'ils puissent

immédiatement participer aux opérations mentionnées au premier alinéa ou en bénéficier ;

2° Soit prendre les dispositions qui leur permettront, s'ils viennent à exercer leurs droits ultérieurement, de souscrire à titre irréductible les nouvelles valeurs mobilières émises, ou en obtenir l'attribution à titre gratuit, ou encore recevoir des espèces ou des biens semblables à ceux qui ont été distribués, dans les mêmes quantités ou proportions ainsi qu'aux mêmes conditions, sauf en ce qui concerne la jouissance, que s'ils avaient été, lors de ces opérations, actionnaires ;

3° Soit procéder à un ajustement des conditions de souscription, des bases de conversion, des modalités d'échange ou d'attribution initialement prévues de façon à tenir compte de l'incidence des opérations mentionnées au premier alinéa. *— V. art. R. 225-137.*

Sauf stipulations différentes du contrat d'émission, la société peut prendre simultanément les mesures prévues aux 1° et 2°. Elle peut, dans tous les cas, les remplacer par l'ajustement autorisé au 3°. Cet ajustement est organisé par le contrat d'émission lorsque les titres de capital ne sont pas admis aux négociations sur un marché réglementé.

Les conditions d'application du présent article sont fixées par décret en Conseil d'État. *— V. art. R. 228-87 à R. 228-92.*

Art. L. 228-100 *(Ord. nº 2004-604 du 24 juin 2004, art. 49-II)* Les dispositions des articles L. 228-98 et L. 228-99 sont applicables aussi longtemps qu'il existe des droits attachés à chacun des éléments des valeurs mobilières mentionnées à ces articles.

Art. L. 228-101 *(Ord. nº 2004-604 du 24 juin 2004, art. 49-II)* Si la société appelée à émettre les titres de capital est absorbée par une autre société ou fusionne avec une ou plusieurs autres sociétés pour former une société nouvelle, ou procède à une scission, les titulaires de valeurs mobilières donnant accès au capital exercent leurs droits dans la ou les sociétés bénéficiaires des apports. L'article L. 228-65 n'est pas applicable, sauf stipulations contraires du contrat d'émission.

Le nombre de titres de capital de la ou des sociétés absorbantes ou nouvelles auquel ils peuvent prétendre est déterminé en corrigeant le nombre de titres qu'il est prévu d'émettre ou d'attribuer au contrat d'émission en fonction du nombre d'actions à créer par la ou les sociétés bénéficiaires des apports. Le commissaire aux apports émet un avis sur le nombre de titres ainsi déterminé.

L'approbation du projet de fusion ou de scission par les actionnaires de la ou des sociétés bénéficiaires des apports ou de la ou des sociétés nouvelles emporte renonciation par les actionnaires, et le cas échéant, par les titulaires de certificats d'investissement de ces sociétés, au droit préférentiel de souscription mentionné à l'article L. 228-35 ou au deuxième alinéa de l'article L. 228-91, au profit des titulaires de valeurs mobilières donnant accès de manière différée au capital.

La ou les sociétés bénéficiaires des apports ou la ou les nouvelles sociétés sont substituées de plein droit à la société émettrice dans ses obligations envers les titulaires des dites valeurs mobilières.

Art. L. 228-102 *(Ord. nº 2004-604 du 24 juin 2004, art. 49-II)* Sauf stipulations spéciales du contrat d'émission et hors le cas de dissolution anticipée ne résultant *pas d'une fusion* ou d'une scission, la société ne peut imposer aux titulaires de valeurs mobilières donnant accès à son capital le rachat ou le remboursement de leurs droits.

Art. L. 228-103 *(Ord. nº 2004-604 du 24 juin 2004, art. 49-II)* Les titulaires de valeurs mobilières donnant accès à terme au capital après détachement, s'il y a lieu, des droits du titre d'origine en application de la présente section sont groupés de plein droit, pour la défense de leurs intérêts communs, en une masse qui jouit de la personnalité civile et est soumise à des dispositions identiques à celles qui sont prévues, en ce qui concerne les obligations, par les articles L. 228-47 à L. 228-64, L. 228-66 et L. 228-90. Il est formé, s'il y a lieu, une masse distincte pour chaque nature de titres donnant les mêmes droits.

Les assemblées générales des titulaires de ces valeurs mobilières sont appelées à autoriser toutes modifications au contrat d'émission et à statuer sur toute décision touchant aux conditions de souscription ou d'attribution de titres de capital déterminées au moment de l'émission.

Chaque valeur mobilière donnant accès au capital donne droit à une voix. Les conditions de quorum et de majorité sont celles qui sont déterminées aux deuxième et troisième alinéas de l'article *(L. nº 2004-1343 du 9 déc. 2004, art. 78-XXVII)* « L. 225-96 ».

Les frais d'assemblée ainsi que, d'une façon générale tous les frais afférents au fonctionnement des différentes masses, sont à la charge de la société appelée à émettre ou attribuer de nouvelles valeurs mobilières représentatives de son capital social.

Lorsque les valeurs mobilières émises en application de la présente section sont des obligations destinées à être converties ou remboursées en titres de capital ou échangées contre des titres de capital, les dispositions des deuxième, troisième et quatrième alinéas du présent article sont applicables à la masse créée en application de l'article L. 228-46.

Art. L. 228-104 *(Ord. nº 2004-604 du 24 juin 2004, art. 49-II)* Les délibérations ou stipulations prises en violation des articles L. 228-98 à L. 228-101 et L. 228-103 sont nulles.

Art. L. 228-105 *(Ord. nº 2004-604 du 24 juin 2004, art. 49-II)* Les titulaires des valeurs mobilières donnant accès au capital disposent, dans les conditions fixées par décret en Conseil d'État, auprès de la société émettrice des titres qu'ils ont vocation à recevoir, d'un droit de communication des documents sociaux transmis par la société aux actionnaires ou aux titulaires de certificats d'investissement ou mis à leur disposition. – *V. art. R. 228-95.*

Lorsque les droits à l'attribution d'une quote-part du capital social sont incorporés ou attachés à des obligations, le droit de communication est exercé par les représentants de la masse des obligataires, conformément à l'article L. 228-55.

Après détachement de ces droits du titre d'origine, le droit de communication est exercé par les représentants de la masse constituée conformément à l'article L. 228-103.

Dans tous les cas les représentants des différentes masses ont accès à l'assemblée générale des actionnaires, mais sans voix délibérative. Ils ne peuvent, en aucune façon, s'immiscer dans la gestion des affaires sociales.

Art. L. 228-106 *(Ord. nº 2004-604 du 24 juin 2004, art. 49-II)* Lorsqu'une procédure *(L. nº 2005-845 du 26 juill. 2005, art. 165-II)* « de sauvegarde ou » de redressement judiciaire est ouverte à l'égard d'une société émettrice de valeurs mobilières donnant accès au capital dans les conditions de l'article L. 228-91, le délai prévu pour l'exercice du droit à attribution d'une quote-part de capital social est ouvert dès le jugement arrêtant le *(L. nº 2005-845 du 26 juill. 2005, art. 165-II)* « plan de sauvegarde ou de redressement judiciaire », au gré de chaque titulaire, et dans les conditions prévues par ce plan.

CHAPITRE IX DE LA SOCIÉTÉ EUROPÉENNE

(L. n° 2005-842 du 26 juill. 2005, art. 11-I)

Art. L. 229-1 *(L. n° 2005-842 du 26 juill. 2005, art. 11-I)* Les sociétés européennes immatriculées en France au registre du commerce et des sociétés ont la personnalité juridique à compter de leur immatriculation.

La société européenne est régie par les dispositions du règlement (CE) n° 2157/2001 du Conseil, du 8 octobre 2001, relatif au statut de la société européenne, celles du présent chapitre et celles applicables aux sociétés anonymes non contraires à celles-ci. — *V. le Règl. préc. au* ***C. sociétés****.*

La société européenne est soumise aux dispositions de l'article L. 210-3. Le siège statutaire et l'administration centrale de la société européenne ne peuvent être dissociés.

Art. L. 229-2 *(L. n° 2005-842 du 26 juill. 2005, art. 11-I)* Toute société européenne régulièrement immatriculée au registre du commerce et des sociétés peut transférer son siège dans un autre État membre *(L. n° 2008-649 du 3 juill. 2008, art. 12-II)* « de la Communauté européenne ». Elle établit un projet de transfert. Ce projet est déposé au greffe du tribunal dans le ressort duquel la société est immatriculée et fait l'objet d'une publicité dont les modalités sont fixées par décret en Conseil d'État. — *V. art. R. 229-3.*

Le transfert de siège est décidé par l'assemblée générale extraordinaire dans les conditions prévues à l'article L. 225-96 et est soumis à la ratification des assemblées spéciales d'actionnaires mentionnées aux articles L. 225-99 et L. 228-35-6. — *V. art. R. 229-5.*

En cas d'opposition à l'opération, les actionnaires peuvent obtenir le rachat de leurs actions dans les conditions fixées par décret en Conseil d'État. — *V. art. R. 229-6.*

Le projet de transfert de siège est soumis aux assemblées spéciales des porteurs de certificats d'investissement statuant selon les règles de l'assemblée générale des actionnaires, à moins que la société n'acquière ces titres sur simple demande de leur part et que cette acquisition ait été acceptée par leur assemblée spéciale. L'offre d'acquisition est soumise à publicité dont les modalités sont fixées par décret en Conseil d'État. Tout porteur de certificats d'investissement qui n'a pas cédé ses titres dans le délai fixé par décret en Conseil d'État le demeure sous réserve d'un échange de ces certificats d'investissement et de droit de vote contre des actions. — *V. art. R. 229-9.*

Le projet de transfert est soumis à l'assemblée d'obligataires de la société, à moins que le remboursement des titres sur simple demande de leur part ne soit offert auxdits obligataires. L'offre de remboursement est soumise à publicité dont les modalités sont fixées par décret en Conseil d'État. Tout obligataire qui n'a pas demandé le remboursement dans le délai fixé par décret en Conseil d'État conserve sa qualité dans la société aux conditions fixées dans le projet de transfert. — *V. art. R. 229-10.*

Les créanciers non obligataires de la société transférant son siège et dont la créance est antérieure au transfert du siège peuvent former opposition à celui-ci dans le délai fixé par décret en Conseil d'État. Une décision de justice rejette l'opposition ou ordonne soit le remboursement des créances, soit la constitution de garanties si la société transférant son siège en offre et si elles sont jugées suffisantes. A défaut de remboursement des créances ou de constitution des garanties ordonnées, le transfert de siège est inopposable à ces créanciers. L'opposition formée par un créancier n'a pas pour effet d'interdire la poursuite des opérations de transfert. Les dispositions du présent alinéa ne mettent pas obstacle à l'application des conventions autorisant le créancier à exiger le remboursement immédiat de sa créance en cas de transfert de siège. – *V. art. R. 229-11.*

Un notaire délivre un certificat attestant de manière concluante l'accomplissement des actes et formalités préalables au transfert. – *V. art. R. 229-2 et R. 229-12.*

Art. L. 229-3 *(L. nº 2009-526 du 12 mai 2009, art. 46-I)* « I. – Dans un délai fixé par voie réglementaire, le greffier du tribunal dans le ressort duquel la société participant à l'opération est immatriculée délivre, après avoir procédé à la vérification prévue à l'article L. 236-6, une attestation de conformité des actes et des formalités préalables à la fusion. – *V. art. D. 229-13.*

« Un notaire ou le greffier du tribunal dans le ressort duquel la société issue de la fusion sera immatriculée contrôle, dans un délai fixé par voie réglementaire, la légalité de la réalisation de la fusion et de la constitution de la société nouvelle issue de la fusion. – *V. art. R. 229-2 et D. 229-13-2.*

« A cette fin, chaque société qui fusionne remet au notaire ou au greffier le certificat visé à l'article 25 du règlement (CE) nº 2157/2001 du Conseil du 8 octobre 2001 précité dans un délai de six mois à compter de sa délivrance ainsi qu'une copie du projet de fusion approuvé par la société. – *V. le Règl. préc. au* ***C. sociétés.***

« Le notaire ou le greffier contrôle en particulier que les sociétés qui fusionnent ont approuvé un projet de fusion dans les mêmes termes et que les modalités relatives à l'implication des salariés ont été fixées conformément aux chapitres Ier à III du titre V du livre II de la deuxième partie du code du travail. – *Ces dispositions prévoient notamment la mise en place d'un groupe spécial de négociation chargé de déterminer les modalités de l'implication des salariés au sein de la société européenne et, à défaut d'accord, d'un comité de la société européenne, et excluent les règles gouvernant le comité d'entreprise européen alors même que la société européenne serait une entreprise ou un groupe d'entreprises de dimension communautaire.*

« Il contrôle en outre que la constitution de la société européenne formée par fusion correspond aux conditions fixées par les dispositions législatives françaises. »

(L. nº 2005-842 du 26 juill. 2005, art. 11-I) « II. – Les causes de nullité de la délibération de l'une des assemblées qui ont décidé de l'opération de fusion conformément au droit applicable à la société anonyme ou les manquements au contrôle de légalité constituent une cause de dissolution de la société européenne. – *V. art. R. 229-14.*

« Lorsqu'il est possible de porter remède à l'irrégularité susceptible d'entraîner la dissolution, le tribunal saisi de l'action en dissolution d'une société européenne créée par fusion accorde un délai pour régulariser la situation.

« Les actions en dissolution de la société européenne se prescrivent par six mois à compter de la date de la dernière inscription au registre du commerce et des sociétés rendue nécessaire par l'opération.

« Lorsque la dissolution de la société européenne est prononcée, il est procédé à sa liquidation conformément aux dispositions des statuts et du chapitre VII du titre III du présent livre.

« Lorsqu'une décision judiciaire prononçant la dissolution d'une société européenne pour l'une des causes prévues au sixième alinéa du présent article est devenue définitive, cette décision fait l'objet d'une publicité dont les modalités sont fixées par décret en Conseil d'État. » – *V. art. R. 229-14.*

Art. L. 229-4 *(L. nº 2005-842 du 26 juill. 2005, art. 11-I)* L'autorité compétente pour s'opposer, conformément aux dispositions du 14 de l'article 8 et de l'article 19 du règlement (CE) nº 2157/2001 du Conseil, du 8 octobre 2001, précité, au transfert de siège social d'une société européenne immatriculée en France et dont résulterait un changement du droit applicable ainsi qu'à la constitution d'une société européenne par voie de fusion impliquant une société relevant du droit français, est le procureur de la République. – *V. le Règl. préc. au* ***C. sociétés.***

(L. n° 2008-649 du 3 juill. 2008, art. 12-I) « Il se saisit d'office ou est saisi par toute personne ou autorité qui estime qu'une telle opération est contraire à un intérêt public.

« La décision du procureur de la République est susceptible de recours devant la cour d'appel de Paris. »

Sur la compétence de l'Autorité de contrôle prudentiel s'agissant des établissements de crédit, V. C. mon. fin., art. L. 511-13-1, App., v° Banque et financement de l'entreprise. — ... Et s'agissant des entreprises d'investissement, V. C. mon. fin., art. L. 532-3-2 au ***C. mon. fin.*** *ou au* ***C. sociétés****. — Sur la compétence de l'Autorité des marchés financiers s'agissant des sociétés de gestion de portefeuille, V. C. mon. fin., art. L. 532-9-2 au* ***C. mon. fin.*** *ou au* ***C. sociétés****.*

Art. L. 229-5 *(L. n° 2005-842 du 26 juill. 2005, art. 11-I)* Les sociétés promouvant l'opération de constitution d'une société européenne holding établissent un projet commun de constitution de la société européenne.

Ce projet est déposé au greffe du tribunal dans le ressort duquel lesdites sociétés sont immatriculées et fait l'objet d'une publicité dont les modalités sont fixées par décret en Conseil d'État. — *V. art. R. 229-15.*

Un ou plusieurs commissaires à la constitution d'une société européenne holding, désignés par décision de justice, établissent sous leur responsabilité un rapport destiné aux actionnaires de chaque société dont les mentions sont précisées par décret en Conseil d'État. — *V. art. R. 229-17.*

Par accord entre les sociétés qui promeuvent l'opération, le ou les commissaires peuvent établir un rapport écrit pour les actionnaires de l'ensemble des sociétés.

Les dispositions des troisième et quatrième alinéas de l'article L. 236-9 et des articles L. 236-13 et L. 236-14 sont applicables en cas de constitution d'une société européenne holding.

Art. L. 229-6 *(L. n° 2005-842 du 26 juill. 2005, art. 11-I)* Par exception à la deuxième phrase de l'article L. 225-1, une société européenne peut constituer une société européenne dont elle est le seul actionnaire. Elle est soumise aux dispositions applicables à la société européenne et à celles relatives à la société à responsabilité limitée à associé unique édictées par les articles L. 223-5 et L. 223-31.

Dans cette hypothèse, l'actionnaire unique exerce les pouvoirs dévolus à l'assemblée générale.

En cas de société européenne unipersonnelle, les articles L. 225-25, L. 225-26, L. 225-72 et L. 225-73 ne s'appliquent pas aux administrateurs ou membres du conseil de surveillance de cette société.

Art. L. 229-7 *(L. n° 2005-842 du 26 juill. 2005, art. 11-I)* La direction et l'administration de la société européenne sont régies par les dispositions de la section II du chapitre V du présent titre, à l'exception du premier alinéa des articles L. 225-37 et L. 225-82 et du quatrième alinéa de l'article L. 225-64.

Toutefois, par exception à l'article L. 225-62, en cas de vacance au sein du directoire, un membre du conseil de surveillance peut être nommé par ce conseil pour exercer les fonctions de membre du directoire pour une durée maximale fixée par décret en Conseil d'État. Pendant cette durée, les fonctions de l'intéressé au sein du conseil de surveillance sont suspendues. — *V. art. R. 229-23.*

Les dispositions du premier alinéa de l'article L. 225-17, du deuxième alinéa de *l'article L. 225-22*, de l'article L. 225-69 et du deuxième alinéa de l'article L. 225-79 ne peuvent faire obstacle à la participation des travailleurs définie à l'article L. 439-25 *[L. 2351-1 à L. 2351-6 nouv.]* du code du travail.

Chaque membre du conseil de surveillance peut se faire communiquer par le président du directoire les documents qu'il estime nécessaires à l'accomplissement de sa mission.

La société européenne est dirigée par un directoire composé de sept membres au plus.

Les statuts doivent prévoir des règles similaires à celles énoncées aux articles L. 225-38 à L. 225-42 et L. 225-86 à L. 225-90. Toutefois, lorsqu'il s'agit d'une société visée à l'article L. 229-6, la mention au registre des délibérations vaut approbation de la convention.

Art. L. 229-8 *(L. n° 2005-842 du 26 juill. 2005, art. 11-I)* Les assemblées générales de la société européenne sont soumises aux règles prescrites par la section III du chapitre V du présent titre dans la mesure où elles sont compatibles avec le règlement (CE) n° 2157/2001 du Conseil, du 8 octobre 2001, précité. — *V. ce texte au* ***C. sociétés****.*

Art. L. 229-9 *(L. n° 2005-842 du 26 juill. 2005, art. 11-I)* Si la société européenne n'a plus son administration centrale en France, tout intéressé peut demander au tribunal la régularisation de la situation par le transfert du siège social ou le rétablissement de l'administration centrale au lieu du siège social en France, le cas échéant sous astreinte.

Le tribunal fixe une durée maximale pour cette régularisation.

A défaut de régularisation à l'issue de ce délai, le tribunal prononce la liquidation de la société dans les conditions prévues aux articles L. 237-1 à L. 237-31.

Ces décisions sont adressées par le greffe du tribunal au procureur de la République. Le juge indique dans sa décision que le jugement est transmis par le greffe.

En cas de constat de déplacement de l'administration centrale en France d'une société européenne immatriculée dans un autre État membre *(L. n° 2008-649 du 3 juill. 2008, art. 12-II)* « de la Communauté européenne », contrevenant à l'article 7 du règlement (CE) n° 2157/2001 du Conseil, du 8 octobre 2001, précité, le procureur de la République du tribunal de grande instance dans le ressort duquel l'administration centrale est installée doit informer sans délai l'État membre *(L. n° 2008-649 du 3 juill. 2008, art. 12-II)* « de la Communauté européenne » du siège statutaire.

En cas de constat de déplacement de l'administration centrale dans un autre État membre *(L. n° 2008-649 du 3 juill. 2008, art. 12-II)* « de la Communauté européenne » d'une société européenne immatriculée en France, contrevenant à l'article 7 du règlement (CE) n° 2157/2001 du Conseil du 8 octobre 2001, précité, les autorités de cet État membre *(L. n° 2008-649 du 3 juill. 2008, art. 12-II)* « de la Communauté européenne » doivent informer sans délai le procureur de la République du tribunal de grande instance dans le ressort duquel la société est immatriculée. — *V. le Règl. préc. au* ***C. sociétés****.*

Art. L. 229-10 *(L. n° 2005-842 du 26 juill. 2005, art. 11-I)* Toute société européenne peut se transformer en société anonyme si, au moment de la transformation, elle est immatriculée depuis plus de deux ans et a fait approuver le bilan de ses deux premiers exercices.

La société établit un projet de transformation de la société en société anonyme. Ce projet est déposé au greffe du tribunal du siège de la société et fait l'objet d'une publicité dont les modalités sont fixées par décret en Conseil d'État. — *V. art. R. 229-24.*

Un ou plusieurs commissaires à la transformation désignés par décision de justice établissent sous leur responsabilité un rapport destiné aux actionnaires de la société se transformant attestant que les capitaux propres sont au moins équivalents au capital social. Ils sont soumis aux incompatibilités prévues à l'article L. 822-11.

La transformation en société anonyme est décidée selon les dispositions prévues aux articles L. 225-96 et L. 225-99.

Art. L. 229-11 *(L. nº 2005-842 du 26 juill. 2005, art. 11-I)* Les statuts d'une société européenne *(Ord. nº 2009-80 du 22 janv. 2009, art. 7-XVII, en vigueur le 1er avr. 2009)* « qui n'entend pas offrir au public ses actions » peuvent soumettre tout transfert d'actions à des restrictions à la libre négociabilité sans que ces restrictions ne puissent avoir pour effet de rendre ces actions inaliénables pour une durée excédant dix ans.

Toute cession réalisée en violation de ces clauses statutaires est nulle. Cette nullité est opposable au cessionnaire ou à ses ayants droit. Elle peut être régularisée par une décision prise à l'unanimité des actionnaires non parties au contrat ou à l'opération visant à transférer les actions.

Art. L. 229-12 *(L. nº 2005-842 du 26 juill. 2005, art. 11-I)* Dans les conditions qu'ils déterminent, les statuts d'une société européenne *(Ord. nº 2009-80 du 22 janv. 2009, art. 7-XVII, en vigueur le 1er avr. 2009)* « qui n'entend pas offrir au public ses actions » peuvent prévoir qu'un actionnaire peut être tenu de céder ses actions. Ils peuvent également prévoir la suspension des droits non pécuniaires de cet actionnaire tant que celui-ci n'a pas procédé à cette cession.

Art. L. 229-13 *(L. nº 2005-842 du 26 juill. 2005, art. 11-I)* Les statuts d'une société européenne *(Ord. nº 2009-80 du 22 janv. 2009, art. 7-XVII, en vigueur le 1er avr. 2009)* « qui n'entend pas offrir au public ses actions » peuvent prévoir que la société actionnaire dont le contrôle est modifié au sens de l'article L. 233-16 doit, dès cette modification, en informer la société européenne. Celle-ci peut décider, dans les conditions fixées par les statuts, de suspendre l'exercice des droits non pécuniaires de cet actionnaire et de l'exclure.

Les dispositions du premier alinéa peuvent s'appliquer, dans les mêmes conditions, à l'actionnaire qui a acquis cette qualité à la suite d'une opération de fusion, de scission ou de dissolution.

Art. L. 229-14 *(L. nº 2005-842 du 26 juill. 2005, art. 11-I)* Si les statuts ne précisent pas les modalités d'évaluation du prix de cession des actions lorsque la société européenne met en œuvre une clause introduite en application des articles L. 229-11 à L. 229-13, ce prix est fixé par accord entre les parties ou, à défaut, déterminé dans les conditions prévues à l'article 1843-4 du code civil.– *V. cet art., App., vº Sociétés commerciales.*

Lorsque les actions sont rachetées par la société européenne, celle-ci est tenue de les céder dans un délai de six mois ou de les annuler.

Art. L. 229-15 *(L. nº 2005-842 du 26 juill. 2005, art. 11-I)* Les clauses stipulées en application des articles L. 229-11 à L. 229-14 ne sont adoptées ou modifiées qu'à l'unanimité des actionnaires.

TITRE TROISIÈME DISPOSITIONS COMMUNES AUX DIVERSES SOCIÉTÉS COMMERCIALES

CHAPITRE PREMIER DU CAPITAL VARIABLE

Art. L. 231-1 Il peut être stipulé dans les statuts des sociétés qui n'ont pas la forme de société anonyme ainsi que dans toute société coopérative que le capital social est susceptible d'augmentation par des versements successifs des associés ou l'admission d'associés nouveaux et de diminution par la reprise totale ou partielle des apports *(L. n° 2003-7 du 3 janv. 2003)* « effectués ». – *V. L. n° 81-1162 du 30 déc. 1981, art. 32, ss. art. L. 231-6.*

Les sociétés dont les statuts contiennent la stipulation ci-dessus sont soumises, indépendamment des règles générales qui leur sont propres suivant leur forme spéciale, aux dispositions du présent chapitre. – *[L. 24 juill. 1867, art. 48.]*

Art. L. 231-2 Si la société a usé de la faculté accordée par l'article L. 231-1 cette circonstance doit être mentionnée dans tous les actes et documents émanant de la société et destinés aux tiers, par l'addition des mots « à capital variable ». – *[L. 24 juill. 1867, art. 64, al. 1er.]*

Art. L. 231-3 Ne sont pas assujettis aux formalités de dépôt et de publication les actes constatant les augmentations ou les diminutions du capital social opérées dans les termes de l'article L. 231-1, ou les retraits d'associés, autres que les gérants ou administrateurs, qui auraient lieu conformément à l'article L. 231-6. – *[L. 24 juill. 1867, art. 49.]*

Art. L. 231-4 Les actions ou coupons d'actions sont nominatifs, même après leur entière libération.

Ils ne sont négociables qu'après la constitution définitive de la société.

La négociation ne peut avoir lieu que par voie de transfert sur les registres de la société, et les statuts peuvent donner, soit au conseil d'administration, soit à l'assemblée générale, le droit de s'opposer au transfert. – *[L. 24 juill. 1867, art. 50.]*

Art. L. 231-5 Les statuts déterminent une somme au-dessous de laquelle le capital ne peut être réduit par les reprises des apports autorisés par l'article L. 231-1.

(L. n° 2001-420 du 15 mai 2001) « Cette somme ne pourra être inférieure ni au dixième du capital social stipulé dans les statuts ni, pour les sociétés autres que coopératives, au montant minimal du capital exigé pour la forme de la société considérée par les dispositions législatives la régissant. »

« Les sociétés coopératives sont définitivement constituées après le versement du dixième. »

Les sociétés régies par les dispositions du chapitre Ier du titre III du Livre II du code de commerce, immatriculées au RCS à la date de publication (JO 16 mai) de la L. n° 2001-420 du 15 mai 2001, et celles dont l'immatriculation est faite conformément à la réglementation applicable à Mayotte, en Nouvelle-Calédonie et dans les îles Wallis-et-Futuna à la date de publication de l'Ord. n° 2004-604 du 24 juin 2004 (JO 26 juin), ont un délai de 5 ans pour se mettre en conformité avec les dispositions de l'art. L. 231-5 et notamment pour procéder à la libération de leur capital social (L. n° 2001-420 du 15 mai 2001, art. 124-II (2)).

Art. L. 231-6 Chaque associé peut se retirer de la société lorsqu'il le juge convenable à moins de conventions contraires et sauf application du premier alinéa de l'article L. 231-5.

Il peut être stipulé que l'assemblée générale a le droit de décider à la majorité fixée pour la modification des statuts, que l'un ou plusieurs des associés cessent de faire partie de la société. – *V. L. n° 81-1162 du 30 déc. 1981, art. 32.*

L'associé qui cesse de faire partie de la société, soit par l'effet de sa volonté, soit par suite de décision de l'assemblée générale, reste tenu, pendant cinq ans, envers les associés et envers les tiers, de toutes les obligations existant au moment de sa retraite. – *[L. 24 juill. 1867, art. 52.]*

Loi n° 81-1162 du 30 décembre 1981,

Relative à la mise en harmonie du droit des sociétés commerciales avec la deuxième directive adoptée par le Conseil des communautés européennes, le 13 décembre 1976.

Art. 32 Dans les sociétés anonymes à capital variable, qui sont tenues d'harmoniser leurs statuts avec les dispositions de l'article 30 *[V. art. L. 231-1 C. com.]* ci-dessus, la clause insérée dans les statuts en vertu de l'article 52, alinéas 1 et 2, de la loi du 24 juillet 1867 précitée demeure valable.

Les actions des associés qui cessent de faire partie de la société sont soit cédées à un autre associé ou à un salarié de la société, soit apportées à un fonds commun de placement comprenant exclusivement des actions de la société ; ce fonds commun de placement peut être géré par la société.

Le règlement du fonds commun de placement doit prévoir l'institution d'un conseil de surveillance composé des représentants des actionnaires désignés selon des conditions fixées par décret. Le conseil de surveillance exerce les droits de vote attachés aux actions comprises dans le fonds commun de placement et désigne à cet effet un ou plusieurs mandataires.

(L. n° 83-1 du 3 janv. 1983) « Les dispositions de l'article 3 et de l'article 7, alinéas 1, 2 et 4, de la loi n° 79-594 du 13 juillet 1979 relative aux fonds communs de placement *[abrogée par L. n° 88-1201 du 23 déc. 1988]* ne sont pas applicables aux fonds communs de placement constitués en vertu du présent article ; le gérant n'est pas non plus tenu de demander la désignation d'un commissaire aux comptes. »

Art. L. 231-7 La société, quelle que soit sa forme, est valablement représentée en justice par ses administrateurs. – *[L. 24 juill. 1867, art. 53.]*

Art. L. 231-8 La société n'est dissoute ni par la mort ou par le retrait d'un associé ni par un jugement de liquidation, ou par une mesure d'interdiction d'exercer une profession commerciale, ou par une mesure d'incapacité prononcée à l'égard de l'un des associés ou la déconfiture de l'un d'entre eux. Elle continue de plein droit entre les autres associés. – *[L. 24 juill. 1867, art. 54.]*

CHAPITRE II DES COMPTES SOCIAUX

SECTION PREMIÈRE DES DOCUMENTS COMPTABLES

Art. L. 232-1 I. – A la clôture de chaque exercice le conseil d'administration, le directoire ou les gérants dressent l'inventaire, les comptes annuels conformément aux dispositions de la section II du chapitre III du titre II du livre Ier et établissent un rapport de gestion écrit. Ils annexent au bilan :

1° Un état des cautionnements, avals et garanties donnés par la société. Cette disposition n'est pas applicable aux sociétés exploitant un établissement de crédit ou une entreprise d'assurance ;

2° Un état des sûretés consenties par elle.

II. – Le rapport de gestion expose la situation de la société durant l'exercice écoulé, son évolution prévisible, les événements importants survenus entre la date de la clôture de l'exercice et la date à laquelle il est établi, ses activités en matière de recherche et de développement.

III. – Les documents mentionnés au présent article sont, le cas échéant, mis à la disposition des commissaires aux comptes dans des conditions déterminées par décret en Conseil d'État. – *[L. nº 66-537 du 24 juill. 1966, art. 340.] – V. art. R. 232-1.*
(L. nº 2009-1255 du 19 oct. 2009, art. 8) « IV. – Sont dispensées de l'obligation d'établir un rapport de gestion les sociétés à responsabilité limitée et les sociétés par actions simplifiées dont l'associé unique, personne physique, assume personnellement la gérance ou la présidence, et qui ne dépassent pas à la clôture d'un exercice social deux des seuils fixés par décret en Conseil d'État relatifs au total de leur bilan, au montant de leur chiffre d'affaires hors taxe et au nombre moyen de leurs salariés au cours de l'exercice. » – *V. art. R. 232-1-1.*

Les modifications apportées par la L. nº 2009-1255 du 19 oct. 2009 sont applicables en Nouvelle-Calédonie et dans les îles Wallis-et-Futuna (Ord. nº 2010-377 du 14 avr. 2010, art. 2).

Art. L. 232-2 Dans les sociétés commerciales qui répondent à l'un des critères définis par décret en Conseil d'État et tirés du nombre de salariés ou du chiffre d'affaires, compte tenu éventuellement de la nature de l'activité, le conseil d'administration, le directoire ou les gérants sont tenus d'établir une situation de l'actif réalisable et disponible, valeurs d'exploitation exclues, et du passif exigible, un compte de résultat prévisionnel, un tableau de financement en même temps que le bilan annuel et un plan de financement prévisionnel.

Le décret en Conseil d'État ci-dessus mentionné précise la périodicité, les délais et les modalités d'établissement de ces documents. – *V. art. R. 232-2 et R 232-3.*

Pour la détermination du nombre des salariés, sont assimilés aux salariés de la société, ceux des sociétés, quelle que soit leur forme, dont elle détient directement ou indirectement plus de la moitié du capital. – *[L. nº 66-537 du 24 juill. 1966, art. 340-1.]*

Art. L. 232-3 Dans les sociétés anonymes, les documents visés à l'article L. 232-2 sont analysés dans des rapports écrits sur l'évolution de la société, établis par le conseil d'administration ou le directoire. Les documents et rapports sont communiqués simultanément au conseil de surveillance, au commissaire aux comptes et au comité d'entreprise.

En cas de non-observation des dispositions de l'article L. 232-2 et de l'alinéa précédent, ou si les informations données dans les rapports visés à l'alinéa précédent appellent des observations de sa part, le commissaire aux comptes le signale dans un rapport au conseil d'administration ou au directoire, selon le cas. Le rapport du commissaire aux comptes est communiqué simultanément au comité d'entreprise. Il est donné connaissance de ce rapport à la prochaine assemblée générale. – *[L. nº 66-537 du 24 juill. 1966, art. 340-2.] – V. art. R. 232-3 s.*

Art. L. 232-4 Dans les sociétés autres que les sociétés anonymes, les rapports prévus à l'article L. 232-3 sont établis par les gérants qui les communiquent au commissaire aux comptes, au comité d'entreprise et, le cas échéant, au conseil de surveillance lorsqu'il est institué dans ces sociétés.

En cas de non-observation des dispositions de l'article L. 232-2 et de l'alinéa précédent, ou si les informations données dans les rapports visés à l'alinéa précédent appellent des observations de sa part, le commissaire aux comptes le signale dans un rapport au gérant ou dans le rapport annuel. Il peut demander que son rapport soit adressé aux associés ou qu'il en soit donné connaissance à l'assemblée des associés. Ce rapport est communiqué au comité d'entreprise. – *[L. nº 66-537 du 24 juill. 1966, art. 340-3.] – V. art. R. 232-3 s.*

Art. L. 232-5 Les sociétés qui établissent des comptes consolidés conformément aux articles L. 233-18 à L. 233-26 peuvent, dans les conditions prévues à l'article L. 123-17 et par dérogation à l'article L. 123-18, inscrire les titres des sociétés qu'elles contrôlent de manière exclusive, au sens de l'article L. 233-16, à l'actif du bilan en fonction de la quote-part des capitaux propres déterminée d'après les règles de consolidation que ces titres représentent. Cette méthode d'évaluation, si elle est choisie, s'applique à l'ensemble des titres qui répondent aux conditions précédentes. Il est fait mention de l'option dans l'annexe.

La contrepartie de la variation annuelle de la quote-part globale de capitaux propres représentative de ces titres ne constitue pas un élément de résultat ; elle est inscrite distinctement dans un poste de capitaux propres ; elle n'est pas distribuable et ne peut être utilisée à compenser les pertes. Néanmoins, si l'écart global devient négatif, il est inscrit au compte de résultat.

Si une société fait usage de la méthode prévue aux alinéas précédents, les sociétés qu'elle contrôle appliquent la même méthode lorsqu'elles contrôlent elles-mêmes d'autres sociétés dans les mêmes conditions.

Un décret en Conseil d'État fixe les modalités d'application du présent article. – *[L. n° 66-537 du 24 juill. 1966, art. 340-4.] – V. art. R. 232-8.*

Art. L. 232-6 *(Abrogé par L. n° 2011-525 du 17 mai 2011, art. 55-I)* ***Lorsque, dans les conditions définies à l'article L. 123-17, des modifications interviennent dans la présentation des comptes annuels comme dans les méthodes d'évaluation retenues, elles sont de surcroît signalées dans le rapport de gestion et, le cas échéant, dans le rapport des commissaires aux comptes.*** – [L. n° 66-537 du 24 juill. 1966, art. 341.] – V. art. L. 123-17.

SECTION II DES DOCUMENTS PROPRES AUX SOCIÉTÉS FAISANT PUBLIQUEMENT APPEL À L'ÉPARGNE

Art. L. 232-7 *(Ord. n° 2009-80 du 22 janv. 2009, art. 29, en vigueur le 1er avr. 2009)* Les sociétés dont les actions sont admises aux négociations sur un marché réglementé annexent à leurs comptes annuels un tableau relatif à la répartition et à l'affectation des sommes distribuables qui seront proposées à l'assemblée générale.

Les I, III, IV et VII de l'article L. 451-1-2 du code monétaire et financier sont applicables aux sociétés mentionnées au premier alinéa, à l'exception des sociétés d'investissement à capital variable. – *V. cet art. au* ***C. mon. fin.*** *ou au* ***C. sociétés.***

Art. L. 232-8 *Abrogé par Ord. n° 2009-80 du 22 janv. 2009, art. 29, à compter du 1er avr. 2009. – V. édition 2012* ***C. com.***

SECTION III DES AMORTISSEMENTS ET DES PROVISIONS

Art. L. 232-9 Sous réserve des dispositions du deuxième alinéa de l'article L. 232-15, les frais de constitution de la société sont amortis avant toute distribution de bénéfices et, au plus tard, dans un délai de cinq ans.

Les frais d'augmentation de capital sont amortis au plus tard à l'expiration du cinquième exercice suivant celui au cours duquel ils ont été engagés. Ces frais peuvent être imputés sur le montant des primes d'émission afférentes à cette augmentation.

Toutefois, les sociétés dont l'objet exclusif est la construction et la gestion d'immeubles locatifs à usage principal d'habitation ou le crédit-bail immobilier, ainsi *que les sociétés* immobilières pour le commerce et l'industrie, peuvent amortir les frais de constitution de la société et les frais d'augmentation de capital dans les mêmes conditions que leurs immeubles. Les sociétés agréées pour le financement des télécommunications peuvent amortir les frais de constitution et les frais d'augmentation de capital dans les mêmes conditions que leurs immeubles et leurs équipements. – *[L. n° 66-537 du 24 juill. 1966, art. 343.]*

SECTION IV DES BÉNÉFICES

Art. L. 232-10 A peine de nullité de toute délibération contraire, dans les sociétés à responsabilité limitée et les sociétés par actions, il est fait sur le bénéfice de l'exercice, diminué, le cas échéant, des pertes antérieures, un prélèvement d'un vingtième au moins affecté à la formation d'un fonds de réserve dit « réserve légale ».

Ce prélèvement cesse d'être obligatoire, lorsque la réserve atteint le dixième du capital social. – *[L. n° 66-537 du 24 juill. 1966, art. 345.]*

Art. L. 232-11 Le bénéfice distribuable est constitué par le bénéfice de l'exercice, diminué des pertes antérieures, ainsi que des sommes à porter en réserve en application de la loi ou des statuts, et augmenté du report bénéficiaire.

En outre, l'assemblée générale peut décider la mise en distribution de sommes prélevées sur les réserves dont elle a la disposition. En ce cas, la décision indique expressément les postes de réserve sur lesquels les prélèvements sont effectués. Toutefois, les dividendes sont prélevés par priorité sur le bénéfice distribuable de l'exercice.

Hors le cas de réduction du capital, aucune distribution ne peut être faite aux actionnaires lorsque les capitaux propres sont ou deviendraient à la suite de celle-ci inférieurs au montant du capital augmenté des réserves que la loi ou les statuts ne permettent pas de distribuer.

L'écart de réévaluation n'est pas distribuable. Il peut être incorporé en tout ou partie au capital. – *[L. n° 66-537 du 24 juill. 1966, art. 346.]*

Art. L. 232-12 Après approbation des comptes annuels et constatation de l'existence de sommes distribuables, l'assemblée générale détermine la part attribuée aux associés sous forme de dividendes.

Toutefois, lorsqu'un bilan établi au cours ou à la fin de l'exercice et certifié par un commissaire aux comptes fait apparaître que la société, depuis la clôture de l'exercice précédent, après constitution des amortissements et provisions nécessaires, déduction faite s'il y a lieu des pertes antérieures ainsi que des sommes à porter en réserve en application de la loi ou des statuts et compte tenu du report bénéficiaire, a réalisé un bénéfice, il peut être distribué des acomptes sur dividendes avant l'approbation des comptes de l'exercice. Le montant de ces acomptes ne peut excéder le montant du bénéfice défini au présent alinéa. Ils sont répartis aux conditions et suivant les modalités fixées par décret en Conseil d'État. – *V. art. R. 232-17.*

Tout dividende distribué en violation des règles ci-dessus énoncées est un dividende fictif. – *[L. n° 66-537 du 24 juill. 1966, art. 347.]*

Art. L. 232-13 Les modalités de mise en paiement des dividendes votés par l'assemblée générale sont fixées par elle ou, à défaut, par le conseil d'administration, le directoire ou les gérants, selon le cas.

Toutefois, la mise en paiement des dividendes doit avoir lieu dans un délai maximal de neuf mois après la clôture de l'exercice. La prolongation de ce délai peut être accordée par décision de justice. – *[L. n° 66-537 du 24 juill. 1966, art. 347-1.] – V. art. R. 232-18.*

Art. L. 232-14 Une majoration de dividendes dans la limite de 10 % peut être attribuée par des statuts à tout actionnaire qui justifie, à la clôture de l'exercice, d'une inscription nominative depuis deux ans au moins et du maintien de celle-ci à la date de mise en paiement du dividende. Son taux est fixé par l'assemblée générale extraordinaire. *(Ord. n° 2009-80 du 22 janv. 2009, art. 7-XVIII, en vigueur le*

1er *avr. 2009)* « Dans les sociétés dont les titres de capital sont admis » aux négociations sur un marché réglementé, le nombre de titres éligibles à cette majoration de dividendes ne peut excéder, pour un même actionnaire, 0,5 % du capital de la société. La même majoration peut être attribuée, dans les mêmes conditions en cas de distribution d'actions gratuites.

Cette majoration ne peut être attribuée avant la clôture du deuxième exercice suivant la modification des statuts. – *[L. n° 66-537 du 24 juill. 1966, art. 347-2.]*

Art. L. 232-15 Il est interdit de stipuler un intérêt fixe ou intercalaire au profit des associés. Toute clause contraire est réputée non écrite.

Les dispositions de l'alinéa précédent ne sont pas applicables, lorsque l'État a accordé aux actions la garantie d'un dividende minimal. – *[L. n° 66-537 du 24 juill. 1966, art. 348.]*

Art. L. 232-16 Les statuts peuvent prévoir l'attribution, à titre de premier dividende, d'un intérêt calculé sur le montant libéré et non remboursé des actions. Sauf disposition contraire des statuts, les réserves ne sont pas prises en compte pour le calcul du premier dividende. – *[L. n° 66-537 du 24 juill. 1966, art. 349.]*

Art. L. 232-17 La société ne peut exiger des actionnaires ou porteurs de parts aucune répétition de dividendes, sauf lorsque les deux conditions suivantes sont réunies :

1° Si la distribution a été effectuée en violation des dispositions des articles L. 232-11, L. 232-12 et L. 232-15 ;

2° Si la société établit que les bénéficiaires avaient connaissance du caractère irrégulier de cette distribution au moment de celle-ci ou ne pouvaient l'ignorer compte tenu des circonstances. – *[L. n° 66-537 du 24 juill. 1966, art. 350.]*

Art. L. 232-18 Dans les sociétés par actions, les statuts peuvent prévoir que l'assemblée statuant sur les comptes de l'exercice a la faculté d'accorder à chaque actionnaire, pour tout ou partie du dividende mis en distribution ou des acomptes sur dividende, une option entre le paiement du dividende ou des acomptes sur dividende en numéraire ou en actions.

Lorsqu'il existe des catégories différentes d'actions, l'assemblée générale statuant sur les comptes de l'exercice a la faculté de décider que les actions souscrites seront de la même catégorie que les actions ayant donné droit au dividende ou aux acomptes sur dividende.

L'offre de paiement du dividende ou des acomptes sur dividende en actions doit être faite simultanément à tous les actionnaires. – *[L. n° 66-537 du 24 juill. 1966, art. 351.]*

Art. L. 232-19 Le prix d'émission des actions émises dans les conditions prévues à l'article L. 232-18 ne peut être inférieur au nominal.

Dans les sociétés dont les actions sont admises aux négociations sur un marché réglementé, le prix d'émission ne peut être inférieur à 90 % de la moyenne des cours cotés aux vingt séances de bourse précédant le jour de la décision de mise en distribution diminuée du montant net du dividende ou des acomptes sur dividende.

Dans les autres sociétés, le prix d'émission est fixé, au choix de la société, soit en divisant le montant de l'actif net calculé d'après le bilan le plus récent par le nombre de titres existants, soit à dire d'expert désigné en justice à la demande du conseil d'administration ou du directoire, selon le cas. L'application des règles de détermination du prix d'émission est vérifiée par le commissaire aux comptes qui présente un rapport spécial à l'assemblée générale visée à l'article L. 232-18.

Lorsque le montant des dividendes ou des acomptes sur dividende auquel il a droit ne correspond pas à un nombre entier d'actions, l'actionnaire peut recevoir le nombre d'actions immédiatement inférieur complété d'une soulte en espèces ou, si l'assemblée générale l'a demandé, le nombre d'actions immédiatement supérieur, en versant la différence en numéraire. – *[L. nº 66-537 du 24 juill. 1966, art 352.]*

Art. L. 232-20 La demande de paiement du dividende en actions, accompagnée, le cas échéant, du versement prévu au deuxième alinéa de l'article L. 232-19 doit intervenir dans un délai fixé par l'assemblée générale, sans qu'il puisse être supérieur à trois mois à compter de la date de ladite assemblée générale. L'augmentation de capital est réalisée du seul fait de cette demande, et, le cas échéant, de ce versement et ne donne pas lieu aux formalités prévues à l'article L. 225-142, au deuxième alinéa de l'article L. 225-144, et à l'article L. 225-146.

Toutefois, en cas d'augmentation du capital, le conseil d'administration ou le directoire, selon le cas, peut suspendre l'exercice du droit d'obtenir le paiement du dividende en actions pendant un délai qui ne peut excéder trois mois.

Lors de sa première réunion suivant l'expiration du délai fixé par l'assemblée générale en application du premier alinéa du présent article, le conseil d'administration ou, selon le cas, le directoire, constate le nombre des actions émises en application du présent article et apporte les modifications nécessaires aux clauses des statuts relatives au montant du capital social et au nombre des actions qui le représentent. Le président peut, sur délégation du conseil d'administration ou du directoire, procéder à ces opérations dans le mois qui suit l'expiration du délai fixé par l'assemblée générale. – *[L. nº 66-537 du 24 juill. 1966, art. 353.]*

SECTION V DE LA PUBLICITÉ DES COMPTES

Art. L. 232-21 I. – *(L. nº 2012-387 du 22 mars 2012, art. 9-I)* « Les sociétés en nom collectif dont tous les associés indéfiniment responsables sont des sociétés à responsabilité limitée ou des sociétés par actions sont tenues de déposer au greffe du tribunal, pour être annexés au registre du commerce et des sociétés, dans le mois suivant l'approbation des comptes annuels par l'assemblée ordinaire des associés ou dans les deux mois suivant cette approbation lorsque ce dépôt est effectué par voie électronique : »

1º Les comptes annuels *(Abrogé par L. nº 2012-387 du 22 mars 2012, art. 9-I)* « *, le rapport de gestion* » et, le cas échéant, les comptes consolidés, le rapport sur la gestion du groupe, les rapports des commissaires aux comptes sur les comptes annuels et les comptes consolidés, éventuellement complétés de leurs observations sur les modifications apportées par l'assemblée qui leur ont été soumis ;

2º La proposition d'affectation du résultat soumis à l'assemblée et la résolution d'affectation votée ou la décision d'affectation prise.

(L. nº 2012-387 du 22 mars 2012, art. 9-I) « Le rapport de gestion doit être tenu à la disposition de toute personne qui en fait la demande, selon des conditions définies par décret en Conseil d'État. »

II. – En cas de refus d'approbation ou d'acceptation, une copie de la délibération de l'assemblée est déposée dans le même délai.

III. – Les obligations définies ci-dessus s'imposent également aux sociétés en nom collectif dont tous les associés indéfiniment responsables sont des sociétés en nom collectif ou en commandite simple dont tous les associés indéfiniment responsables sont des sociétés à responsabilité limitée ou par actions.

IV. – Pour l'application du présent article, sont assimilées aux sociétés à responsabilité limitée ou par actions les sociétés de droit étranger d'une forme juridique comparable. – *[Décr. nº 67-236 du 23 mars 1967, art. 13-1.] – Sur les sanctions pénales, V. art. R. 247-3. – Sur le dépôt par voie électronique, V. art. R. 123-111.*

Art. L. 232-22 I. – *(L. n° 2012-387 du 22 mars 2012, art. 9-II)* « Toute société à responsabilité limitée est tenue de déposer au greffe du tribunal, pour être annexés au registre du commerce et des sociétés, dans le mois suivant l'approbation des comptes annuels par l'assemblée ordinaire des associés ou par l'associé unique ou dans les deux mois suivant cette approbation lorsque ce dépôt est effectué par voie électronique : »

1° Les comptes annuels *(Abrogé par L. n° 2012-387 du 22 mars 2012, art. 9-II)* « *, le rapport de gestion* » et, le cas échéant, les comptes consolidés, le rapport sur la gestion du groupe, les rapports des commissaires aux comptes sur les comptes annuels et les comptes consolidés, éventuellement complétés de leurs observations sur les modifications apportées par l'assemblée ou l'associé unique aux comptes annuels qui leur ont été soumis ;

2° La proposition d'affectation du résultat soumise à l'assemblée ou à l'associé unique et la résolution d'affectation votée ou la décision d'affectation prise.

(L. n° 2012-387 du 22 mars 2012, art. 9-II) « Le rapport de gestion doit être tenu à la disposition de toute personne qui en fait la demande, selon des conditions définies par décret en Conseil d'État. »

II. – En cas de refus d'approbation ou d'acceptation, une copie de la délibération de l'assemblée ou de la décision de l'associé unique est déposée dans le même délai. *– [Décr. n° 67-236 du 23 mars 1967, art. 44-1.] – Sur les sanctions pénales, V. art. R. 247-3. – Sur le dépôt par voie électronique, V. art. R. 123-111.*

Art. L. 232-23 I. – *(L. n° 2012-387 du 22 mars 2012, art. 9-III)* « Toute société par actions est tenue de déposer au greffe du tribunal, pour être annexés au registre du commerce et des sociétés, dans le mois suivant l'approbation des comptes annuels par l'assemblée générale des actionnaires ou dans les deux mois suivant cette approbation lorsque ce dépôt est effectué par voie électronique : »

1° Les comptes annuels, le rapport de gestion, le rapport des commissaires aux comptes sur les comptes annuels, éventuellement complété de leurs observations sur les modifications apportées par l'assemblée aux comptes annuels qui ont été soumis à cette dernière ainsi que, le cas échéant, les comptes consolidés, le rapport sur la gestion du groupe, le rapport des commissaires aux comptes sur les comptes consolidés et le rapport du conseil de surveillance ;

2° La proposition d'affectation du résultat soumise à l'assemblée et la résolution d'affectation votée.

(L. n° 2012-387 du 22 mars 2012, art. 9-III) « Il est fait exception à l'obligation de déposer le rapport de gestion pour les sociétés mentionnées au premier alinéa autres que celles dont les titres sont admis aux négociations sur un marché réglementé ou sur un système multilatéral de négociation qui se soumet aux dispositions législatives ou réglementaires visant à protéger les investisseurs contre les opérations d'initiés, les manipulations de cours et la diffusion de fausses informations dans les conditions prévues par le règlement général de l'Autorité des marchés financiers. Le rapport de gestion doit toutefois être tenu à la disposition de toute personne qui en fait la demande, selon des conditions définies par décret en Conseil d'État. »

II. – En cas de refus d'approbation des comptes annuels, une copie de la délibération de l'assemblée est déposée dans le même délai. *– [Décr. n° 67-236 du 23 mars 1967, art. 293, al. 1er et 2.] – Sur le dépôt par voie électronique, V. art. R. 123-111. – Sur les sanctions pénales, V. art. R. 247-3.*

Art. L. 232-24 *(L. n° 2012-387 du 22 mars 2012, art. 18-I)* Le greffier, lorsqu'il constate l'inexécution du dépôt prévu au I des articles L. 232-21 à L. 232-23, informe le président du tribunal de commerce pour qu'il puisse faire application du II de l'article L. 611-2.

CHAPITRE III DES FILIALES, DES PARTICIPATIONS ET DES SOCIÉTÉS CONTRÔLÉES

SECTION PREMIÈRE DÉFINITIONS

Art. L. 233-1 Lorsqu'une société possède plus de la moitié du capital d'une autre société, la seconde est considérée, pour l'application du présent chapitre, comme filiale de la première. – *[L. n° 66-537 du 24 juill. 1966, art. 354.]*

Art. L. 233-2 Lorsqu'une société possède dans une autre société une fraction du capital comprise entre 10 et 50 %, la première est considérée, pour l'application du présent chapitre, comme ayant une participation dans la seconde. – *[L. n° 66-537 du 24 juill. 1966, art. 355.]*

Art. L. 233-3 I. – Une société est considérée, pour l'application des sections II et IV du présent chapitre, comme en contrôlant une autre :

1° Lorsqu'elle détient directement ou indirectement une fraction du capital lui conférant la majorité des droits de vote dans les assemblées générales de cette société ;

2° Lorsqu'elle dispose seule de la majorité des droits de vote dans cette société en vertu d'un accord conclu avec d'autres associés ou actionnaires et qui n'est pas contraire à l'intérêt de la société ;

3° Lorsqu'elle détermine en fait, par les droits de vote dont elle dispose, les décisions dans les assemblées générales de cette société. *[;]*

(L. n° 2005-842 du 26 juill. 2005, art. 33-I) « 4° Lorsqu'elle est associée ou actionnaire de cette société et dispose du pouvoir de nommer ou de révoquer la majorité des membres des organes d'administration, de direction ou de surveillance de cette société. »

II. – Elle est présumée exercer ce contrôle lorsqu'elle dispose directement ou indirectement, d'une fraction des droits de vote supérieure à 40 % et qu'aucun autre associé ou actionnaire ne détient directement ou indirectement une fraction supérieure à la sienne. – *[L. n° 66-537 du 24 juill. 1966, art. 355-1.]*

(L. n° 2001-1168 du 11 déc. 2001) « III. – Pour l'application des mêmes sections de *[du]* présent chapitre, deux ou plusieurs personnes agissant de concert sont considérées comme en contrôlant conjointement une autre lorsqu'elles déterminent en fait les décisions prises en assemblée générale. »

Art. L. 233-4 Toute participation au capital même inférieure à 10 % détenue par une société contrôlée est considérée comme détenue indirectement par la société qui contrôle cette société. – *[L. n° 66-537 du 24 juill. 1966, art. 355-2.]*

Art. L. 233-5 Le ministère public et *(L. n° 2003-706 du 1er août 2003, art. 46-V)* « l'Autorité des marchés financiers » pour les sociétés *(Ord. n° 2009-80 du 22 janv. 2009, art. 7-XIX, en vigueur le 1er janv. 2009)* « dont les actions sont admises aux négociations sur un marché d'instruments financiers mentionné au II de l'article L. 233-7 » sont habilités à agir en justice pour faire constater l'existence d'un contrôle sur une ou plusieurs sociétés. – *[L. n° 66-537 du 24 juill. 1966, art. 355-3.]*

Art. L. 233-5-1 *(L. n° 2010-788 du 12 juill. 2010, art. 227-I)* La décision par laquelle une société qui possède plus de la moitié du capital d'une autre société au sens de l'article L. 233-1, qui détient une participation au sens de l'article L. 233-2 ou qui exerce le contrôle sur une société au sens de l'article L. 233-3 s'engage à prendre à sa charge, en cas de défaillance de la société qui lui est liée, tout ou partie des obligations de prévention et de réparation qui incombent à cette dernière en application des articles L. 162-1 à L. 162-9 du code de l'environnement est soumise, selon la forme de la société, à la procédure mentionnée aux articles L. 223-19, L. 225-38, L. 225-86, L. 226-10 ou L. 227-10 du présent code.

SECTION II DES NOTIFICATIONS ET DES INFORMATIONS

Art. L. 233-6 Lorsqu'une société a pris, au cours d'un exercice, une participation dans une société ayant son siège social sur le territoire de la République française représentant plus du vingtième, du dixième, du cinquième, du tiers ou de la moitié du capital de cette société ou s'est assuré le contrôle d'une telle société, il en est fait mention dans le rapport présenté aux associés sur les opérations de l'exercice et, le cas échéant, dans le rapport des commissaires aux comptes.

Le conseil d'administration, le directoire ou le gérant d'une société rend compte dans son rapport de l'activité et des résultats de l'ensemble de la société, des filiales de la société et des sociétés qu'elle contrôle par branche d'activité. Lorsque cette société établit et publie des comptes consolidés, le rapport ci-dessus mentionné peut être inclus dans le rapport sur la gestion du groupe mentionné à l'article L. 233-26. – *[L. n° 66-537 du 24 juill. 1966, art. 356.]*

Art. L. 233-7 *(L. n° 2005-842 du 26 juill. 2005, art. 33-II)* I. – Lorsque les actions d'une société ayant son siège sur le territoire de la République sont admises aux négociations sur un marché réglementé *(L. n° 2007-1774 du 17 déc. 2007, art. 10-I)* « d'un État partie à l'accord sur l'Espace économique européen » ou sur un marché d'instruments financiers admettant aux négociations des actions pouvant être inscrites en compte chez *(Ord. n° 2009-15 du 8 janv. 2009, art. 7)* « un intermédiaire mentionné à l'article L. 211-3 du code monétaire et financier », toute personne physique ou morale agissant seule ou de concert qui vient à posséder un nombre d'actions représentant plus du vingtième, du dixième, des trois vingtièmes, du cinquième, du quart, *(L. n° 2010-1249 du 22 oct. 2010, art. 50-II)* « des trois dixièmes, » du tiers, de la moitié, des deux tiers, des dix-huit vingtièmes ou des dix-neuf vingtièmes du capital ou des droits de vote informe la société dans un délai fixé par décret en Conseil d'État, à compter du franchissement du seuil de participation, du nombre total d'actions ou de droits de vote qu'elle possède. – *V. art. R. 233-1. – Pour la définition de l'action de concert, V. art. L. 233-10.*

L'information mentionnée à l'alinéa précédent est également donnée dans les mêmes délais lorsque la participation en capital ou en droits de vote devient inférieure aux seuils mentionnés par cet alinéa.

(Ord. n° 2009-105 du 30 janv. 2009, art. 2, en vigueur le 1er nov. 2009) « La personne tenue à l'information prévue au premier alinéa précise en outre dans sa déclaration :

« *a)* Le nombre de titres qu'elle possède donnant accès à terme aux actions à émettre et les droits de vote qui y seront attachés ;

« *b)* Les actions déjà émises que cette personne peut acquérir, en vertu d'un accord ou d'un instrument financier mentionné à l'article L. 211-1 du code monétaire et financier *[V. cet art., App., v° Banque et financement de l'entreprise]*, sans préjudice des dispositions *(L. n° 2012-387 du 22 mars 2012, art. 25-I, en vigueur le 1er oct. 2012)* « des 4° et 4° *bis* » du I de l'article L. 233-9 du présent code. Il en est de même pour les droits de vote que cette personne peut acquérir dans les mêmes conditions ;

(Abrogé par L. n° 2012-387 du 22 mars 2012, art. 25-I, à compter du 1er oct. 2012) ***« c) Les actions déjà émises sur lesquelles porte tout accord ou instrument financier mentionné à l'article L. 211-1 du code monétaire et financier, réglé exclusivement en espèces et ayant pour cette personne un effet économique similaire à la possession desdites actions. Il en va de même pour les droits de vote sur lesquels porte dans les mêmes conditions tout accord ou instrument financier. »***

II. — La personne tenue à l'information mentionnée au I informe également l'Autorité des marchés financiers, dans un délai et selon des modalités fixées par son règlement général, à compter du franchissement du seuil de participation, lorsque les actions de la société sont admises aux négociations sur un marché réglementé ou sur un marché d'instruments financiers autre qu'un marché réglementé, à la demande de la personne qui gère ce marché d'instruments financiers. *(Ord. n° 2009-105 du 30 janv. 2009, art. 2, en vigueur le 1er août 2009)* « Dans ce dernier cas, l'information peut ne porter que sur une partie des seuils mentionnés au I, dans les conditions fixées par le règlement général de l'Autorité des marchés financiers. » Cette information est portée à la connaissance du public dans les conditions fixées par le règlement général de l'Autorité des marchés financiers. *— V. Règl. gén. AMF, livre II (Émetteurs et information financière). —* ***C. mon. fin.*** *ou* ***C. sociétés.***

(L. n° 2012-387 du 22 mars 2012, art. 25-I, en vigueur le 1er oct. 2012) « Le règlement général précise également les modalités de calcul des seuils de participation. »

III. — Les statuts de la société peuvent prévoir une obligation supplémentaire d'information portant sur la détention de fractions du capital ou des droits de vote inférieures à celle du vingtième mentionnée au I. L'obligation porte sur la détention de chacune de ces fractions, qui ne peuvent être inférieures à 0,5 % du capital ou des droits de vote.

IV. — Les obligations d'information prévues aux I, II et III *(L. n° 2010-1249 du 22 oct. 2010, art. 49-II)* « du présent article ainsi que l'obligation d'information prévue au I de l'article L. 225-126 » ne s'appliquent pas aux actions :

1° Acquises aux seules fins de la compensation, du règlement ou de la livraison d'instruments financiers, dans le cadre habituel du cycle de règlement à court terme défini par le règlement général de l'Autorité des marchés financiers ;

2° Détenues par les teneurs de comptes conservateurs dans le cadre de leur activité de tenue de compte et de conservation ;

3° Détenues par un prestataire de services d'investissement dans son portefeuille de négociation au sens de la *(Ord. n° 2009-105 du 30 janv. 2009, art 2, en vigueur le 1er août 2009)* « directive 2006/49/CE du Parlement et du Conseil du 14 juin 2006 sur l'adéquation des fonds propres des entreprises d'investissement et des établissements de crédit » à condition que ces actions ne représentent pas une quotité du capital ou des droits de vote de l'émetteur de ces titres supérieure à un seuil fixé par le règlement général de l'Autorité des marchés financiers et que les droits de vote attachés à ces titres ne soient pas exercés ni autrement utilisés pour intervenir dans la gestion de l'émetteur ; *— La Dir. 93/6/CE du 15 mars 1993 a été remplacée par la Dir. 2006/49/CE du 14 juin 2006 (JOUE L 177 du 30 juin).*

4° Remises aux membres du Système européen de banques centrales ou par ceux-ci dans l'exercice de leurs fonctions d'autorités monétaires, dans les conditions fixées par le règlement général de l'Autorité des marchés financiers.

V. — Les obligations d'information prévues aux I, II et III ne s'appliquent pas :

1° Au teneur de marché lors du franchissement du seuil du vingtième du capital ou des droits de vote dans le cadre de la tenue de marché, à condition qu'il n'intervienne pas dans la gestion de l'émetteur dans les conditions fixées par le règlement général de l'Autorité des marchés financiers ;

2° Lorsque la personne mentionnée au I est contrôlée, au sens de l'article L. 233-3, par une entité soumise à l'obligation prévue aux I à III pour les actions détenues par cette personne ou que cette entité est elle-même contrôlée, au sens de l'article L. 233-3, par une entité soumise à l'obligation prévue aux I à III pour ces mêmes actions.

VI. – En cas de non-respect de l'obligation d'information mentionnée au III, les statuts de la société peuvent prévoir que les dispositions des deux premiers alinéas de l'article L. 233-14 ne s'appliquent qu'à la demande, consignée dans le procès-verbal de l'assemblée générale, d'un ou plusieurs actionnaires détenant une fraction du capital ou des droits de vote de la société émettrice au moins égale à la plus petite fraction du capital dont la détention doit être déclarée. Cette fraction ne peut toutefois être supérieure à 5 %.

(L. n° 2012-387 du 22 mars 2012, art. 25-I, en vigueur le 1er oct. 2012) « VI *bis*. – Le règlement général de l'Autorité des marchés financiers précise les cas et conditions dans lesquels une modification de la répartition de la participation entre les différents types d'instruments mentionnés au I du présent article et de l'article L. 233-9 oblige la personne tenue à l'information mentionnée aux I et II du présent article à déclarer un franchissement d'un seuil prévu au I. »

VII. – *(Ord. n° 2009-105 du 30 janv. 2009, art. 2, en vigueur le 1er août 2009)* « Lorsque les actions de la société sont admises aux négociations sur un marché réglementé, la personne tenue à l'information prévue au I est tenue de déclarer, à l'occasion des franchissements de seuil du dixième, des trois vingtièmes, du cinquième ou du quart du capital ou des droits de vote, les objectifs qu'elle a l'intention de poursuivre au cours des six mois à venir. »

(L. n° 2012-387 du 22 mars 2012, art. 25-I, en vigueur le 1er oct. 2012) « Cette personne précise dans sa déclaration :

« *a)* Les modes de financement de l'acquisition ;

« *b)* Si elle agit seule ou de concert ;

« *c)* Si elle envisage d'arrêter ses achats ou de les poursuivre et d'acquérir ou non le contrôle de la société ;

« *d)* La stratégie qu'elle envisage vis-à-vis de l'émetteur et les opérations pour la mettre en œuvre ;

« *e)* Ses intentions quant au dénouement des accords et instruments mentionnés aux 4° et 4° *bis* du I de l'article L. 233-9, si elle est partie à de tels accords ou instruments ;

« *f)* Tout accord de cession temporaire ayant pour objet les actions et les droits de vote ;

« *g)* Si elle envisage de demander sa nomination ou celle d'une ou plusieurs personnes comme administrateur, membre du directoire ou du conseil de surveillance.

« Le règlement général de l'Autorité des marchés financiers précise le contenu de ces éléments en tenant compte, le cas échéant, du niveau de la participation et des caractéristiques de la personne qui procède à la déclaration. »

(Ord. n° 2009-105 du 30 janv. 2009, art. 2, en vigueur le 1er août 2009) « Cette déclaration est adressée à la société dont les actions ont été acquises et doit parvenir à l'Autorité des marchés financiers dans des délais fixés par décret en Conseil d'État. Cette information est portée à la connaissance du public dans les conditions fixées par le règlement général de l'Autorité des marchés financiers.

« En cas de changement d'intention dans le délai de six mois à compter du dépôt de cette déclaration, une nouvelle déclaration motivée doit être adressée à la société *et à l'Autorité des marchés* financiers sans délai et portée à la connaissance du public dans les mêmes conditions. Cette nouvelle déclaration fait courir à nouveau le délai de six mois mentionné au premier alinéa. » – *V. Règl. gén. AMF, livre II (Émetteurs et information financière).* – ***C. mon. fin.*** *ou* ***C. sociétés.***

Les dispositions issues de la L. n° 2010-1249 du 22 oct. 2010 sont applicables en Nouvelle-Calédonie et dans les îles Wallis-et-Futuna (L. préc., art. 85-II).

Art. L. 233-7-1 *(L. nº 2009-1255 du 19 oct. 2009, art. 11)* Lorsque les actions de la société ont cessé d'être admises aux négociations sur un marché réglementé pour être admises aux négociations sur un système multilatéral de négociation qui se soumet aux dispositions législatives ou réglementaires visant à protéger les investisseurs contre les opérations d'initiés, les manipulations de cours et la diffusion de fausses informations, la personne tenue à l'information mentionnée au I de l'article L. 233-7 informe également l'Autorité des marchés financiers dans un délai et selon des modalités fixées par son règlement général, à compter du franchissement du seuil de participation, pendant une durée de trois ans à compter de la date à laquelle ces actions ont cessé d'être admises aux négociations sur un marché réglementé. Cette information est portée à la connaissance du public dans les conditions fixées par le règlement général de l'Autorité des marchés financiers.

L'alinéa précédent est applicable aux sociétés dont la capitalisation boursière est inférieure à un milliard d'euros.

Le VII de l'article L. 233-7 est également applicable à la personne mentionnée au premier alinéa du présent article.

Art. L. 233-8 *(L. nº 2005-842 du 26 juill. 2005, art. 33-III)* I. — Au plus tard dans les quinze jours qui suivent l'assemblée générale ordinaire, toute société par actions informe ses actionnaires du nombre total de droits de vote existant à cette date. *(L. nº 2012-387 du 22 mars 2012, art. 11)* « Néanmoins, les sociétés dont les actions ne sont pas admises aux négociations sur un marché réglementé ne sont pas tenues à cette information lorsque le nombre de droits de vote n'a pas varié par rapport à celui de la précédente assemblée générale ordinaire. » Dans la mesure où, entre deux assemblées générales ordinaires, le nombre de droits de vote varie d'un pourcentage fixé par arrêté du ministre chargé de l'économie, par rapport au nombre déclaré antérieurement, la société, lorsqu'elle en a connaissance, informe ses actionnaires. — *V. art. A. 233-1.*

II. — Les sociétés *(L. nº 2007-1774 du 17 déc. 2007, art. 10-I)* « mentionnées au I de l'article L. 233-7 » dont des actions sont admises aux négociations sur un marché réglementé *(L. nº 2007-1774 du 17 déc. 2007, art. 10-II)* « d'un État partie à l'accord sur l'Espace économique européen » *(L. nº 2010-1249 du 22 oct. 2010, art. 55)* « ou dont les actions sont admises aux négociations sur un système multilatéral de négociation qui se soumet aux dispositions législatives ou réglementaires visant à protéger les investisseurs contre les opérations d'initiés, les manipulations de cours et la diffusion de fausses informations dans les conditions déterminées par le règlement général de l'Autorité des marchés financiers » publient chaque mois le nombre total de droits de vote et le nombre d'actions composant le capital de la société s'ils ont varié par rapport à ceux publiés antérieurement, dans des conditions et selon des modalités fixées par le règlement général de l'Autorité des marchés financiers. Ces sociétés sont réputées remplir l'obligation prévue au I. — *V. art. R. 233-2. — V. Règl. gén. AMF, livre II (Émetteurs et information financière). —* ***C. mon. fin.*** *ou* ***C. sociétés****.*

V. note ss. art. L. 233-7.

Art. L. 233-9 *(L. nº 2005-842 du 26 juill. 2005, art. 33-IV)* I. — Sont assimilés aux actions ou aux droits de vote possédés par la personne tenue à l'information prévue au I de l'article L. 233-7 :

1º Les actions ou les droits de vote possédés par d'autres personnes pour le compte de cette personne ;

2º Les actions ou les droits de vote possédés par les sociétés que contrôle cette personne au sens de l'article L. 233-3 ;

3º Les actions ou les droits de vote possédés par un tiers avec qui cette personne agit de concert ; — *V. art. L. 233-10.*

4° *(Ord. n° 2009-105 du 30 janv. 2009, art. 3, en vigueur le 1er août 2009)* « Les actions déjà émises que cette personne, ou l'une des personnes mentionnées aux 1° à 3° est en droit d'acquérir à sa seule initiative, immédiatement ou à terme, en vertu d'un accord ou d'un instrument financier mentionné à l'article L. 211-1 du code monétaire et financier *[V. cet art., App., v° Banque et financement de l'entreprise]*. Il en va de même pour les droits de vote que cette personne peut acquérir dans les mêmes conditions. » *(Abrogé par L. n° 2012-387 du 22 mars 2012, art. 25-II, à compter du 1er oct. 2012)* ***« Le règlement général de l'Autorité des marchés financiers précise les conditions d'application du présent alinéa ; »***

(L. n° 2012-387 du 22 mars 2012, art. 25-II, en vigueur le 1er oct. 2012) « 4° *bis* Les actions déjà émises sur lesquelles porte tout accord ou instrument financier mentionné à l'article L. 211-1 du code monétaire et financier réglé en espèces et ayant pour cette personne ou l'une des personnes mentionnées aux 1° et 3° un effet économique similaire à la possession desdites actions. Il en va de même pour les droits de vote sur lesquels porte, dans les mêmes conditions, tout accord ou instrument financier ; »

5° Les actions dont cette personne a l'usufruit ;

6° Les actions ou les droits de vote possédés par un tiers avec lequel cette personne a conclu un accord de cession temporaire portant sur ces actions ou droits de vote ;

7° Les actions déposées auprès de cette personne, à condition que celle-ci puisse exercer les droits de vote qui leur sont attachés comme elle l'entend en l'absence d'instructions spécifiques des actionnaires ;

8° Les droits de vote que cette personne peut exercer librement en vertu d'une procuration en l'absence d'instructions spécifiques des actionnaires concernés.

(L. n° 2012-387 du 22 mars 2012, art. 25-II, en vigueur le 1er oct. 2012) « Le règlement général de l'Autorité des marchés financiers fixe les conditions d'application des 4° et 4° *bis*, en particulier les conditions dans lesquelles un accord ou instrument financier est considéré comme ayant un effet économique similaire à la possession d'actions. »

II. — Ne sont pas assimilées aux actions ou aux droits de vote possédés par la personne tenue à l'information prévue au I de l'article L. 233-7 :

1° Les actions détenues par les organismes de placement collectif en valeurs mobilières *(Ord. n° 2009-107 du 30 janv. 2009, art. 2)* « ou les SICAF » gérés par une société de gestion de portefeuille contrôlée par cette personne au sens de l'article L. 233-3, *(Ord. n° 2009-105 du 30 janv. 2009, art. 3, en vigueur le 1er août 2009)* « dans les conditions fixées par le règlement général de l'Autorité des marchés financiers sauf exceptions prévues par ce même règlement » ;

2° Les actions détenues dans un portefeuille géré par un prestataire de services d'investissement contrôlé par cette personne au sens de l'article L. 233-3, dans le cadre du service de gestion de portefeuille pour compte de tiers dans les conditions fixées par le règlement général de l'Autorité des marchés financiers, sauf exceptions *(Ord. n° 2009-105 du 30 janv. 2009, art. 3, en vigueur le 1er août 2009)* « prévues par ce même règlement ;

« 3° Les instruments financiers mentionnés *(L. n° 2012-387 du 22 mars 2012, art. 25-II, en vigueur le 1er oct. 2012)* « aux 4° et 4° *bis* » du I détenus par un prestataire de services d'investissement dans son portefeuille de négociation au sens de la directive 2006/49/CE du Parlement et du Conseil du 14 juin 2006 sur l'adéquation des fonds propres des entreprises d'investissement et des établissements de crédit à condition que ces instruments ne donnent pas accès à une quotité du capital ou des droits de vote de l'émetteur de ces titres supérieure à un seuil fixé par le règlement général de l'Autorité des marchés financiers. »

Art. L. 233-10 *(L. nº 2010-1249 du 22 oct. 2010, art. 48)* « I. – Sont considérées comme agissant de concert les personnes qui ont conclu un accord en vue d'acquérir, de céder ou d'exercer des droits de vote, pour mettre en œuvre une politique commune vis-à-vis de la société ou pour obtenir le contrôle de cette société. »

II. – Un tel accord est présumé exister :

1º Entre une société, le président de son conseil d'administration et ses directeurs généraux ou les membres de son directoire ou ses gérants ;

2º Entre une société et les sociétés qu'elle contrôle au sens de l'article L. 233-3 ;

3º Entre des sociétés contrôlées par la même ou les mêmes personnes ;

4º Entre les associés d'une société par actions simplifiée à l'égard des sociétés que celle-ci contrôle ;

(L. nº 2007-211 du 19 févr. 2007, art. 18) « 5º Entre le fiduciaire et le bénéficiaire d'un contrat de fiducie, si ce bénéficiaire est le constituant. » – *Sur la fiducie, V. App., vº Fiducie.*

III. – Les personnes agissant de concert sont tenues solidairement aux obligations qui leur sont faites par les lois et règlements. – *[L. nº 66-537 du 24 juill. 1966, art. 356-1-3.]*

V. note ss. art. L. 233-7.

Art. L. 233-10-1 *(L. nº 2006-387 du 31 mars 2006, art. 4)* En cas d'offre publique d'acquisition, sont considérées comme agissant de concert les personnes qui ont conclu un accord avec l'auteur d'une offre publique visant à obtenir le contrôle de la société qui fait l'objet de l'offre. Sont également considérées comme agissant de concert les personnes qui ont conclu un accord avec la société qui fait l'objet de l'offre afin de faire échouer cette offre.

Art. L. 233-11 *(L. nº 2001-420 du 15 mai 2001)* Toute clause d'une convention prévoyant des conditions préférentielles de cession ou d'acquisition d'actions admises aux négociations sur un marché réglementé et portant sur au moins 0,5 % du capital ou des droits de vote de la société qui a émis ces actions doit être transmise *(L. nº 2003-706 du 1er août 2003, art. 46-I)* « dans un délai de cinq jours de bourse à compter de la signature de la convention ou de l'avenant introduisant la clause concernée, à la société et à l'Autorité des marchés financiers ». A défaut de transmission, les effets de cette clause sont suspendus, et les parties déliées de leurs engagements, en période d'offre publique.

(L. nº 2003-706 du 1er août 2003, art. 46-I) « La société et l'Autorité des marchés financiers doivent également être informées de la date à laquelle la clause prend fin. » – *V. art. R. 233-1.*

Les clauses des conventions conclues avant la date de publication *[JO 16 mai]* de la loi nº 2001-420 du 15 mai 2001 relative aux nouvelles régulations économiques qui n'ont pas été transmises *(L. nº 2003-706 du 1er août 2003, art. 46-V)* « *[à]* l'Autorité des marchés financiers » à cette date doivent lui être transmises, dans les mêmes conditions et avec les mêmes effets que ceux mentionnés au premier alinéa, dans un délai de six mois.

(L. nº 2003-706 du 1er août 2003, art. 46-I) « Les informations mentionnées aux alinéas précédents sont portées à la connaissance du public dans les conditions fixées par le règlement général de l'Autorité des marchés financiers. » – *V. Règl. gén. AMF, livre II (Émetteurs et information financière).* – ***C. mon. fin.*** *ou* ***C. sociétés.***

Art. L. 233-12 Lorsqu'une société est contrôlée directement ou indirectement par une société par actions, elle notifie à cette dernière et à chacune des sociétés participant à ce contrôle le montant des participations qu'elle détient directement ou indirectement dans leur capital respectif ainsi que les variations de ce montant.

Les notifications sont faites dans le délai d'un mois à compter soit du jour où la prise de contrôle a été connue de la société pour les titres qu'elle détenait avant cette date, soit du jour de l'opération pour les acquisitions ou aliénations ultérieures. – *[L. n° 66-537 du 24 juill. 1966, art. 356-2.]*

Art. L. 233-13 En fonction des informations reçues en application des articles L. 233-7 et L. 233-12, le rapport présenté aux actionnaires sur les opérations de l'exercice mentionne l'identité des personnes physiques ou morales détenant directement ou indirectement plus du vingtième, du dixième, *(L. n° 2005-842 du 26 juill. 2005, art. 33-VI)* « des trois vingtièmes, du cinquième, du quart, du tiers, de la moitié, des deux tiers *(L. n° 2007-1774 du 17 déc. 2007, art. 10-III)* « , des dix-huit vingtièmes » ou des dix-neuf vingtièmes » du capital social ou des droits de vote aux assemblées générales. Il fait également apparaître les modifications intervenues au cours de l'exercice. Il indique le nom des sociétés contrôlées et la part du capital de la société qu'elles détiennent. Il en est fait mention, le cas échéant, dans le rapport des commissaires aux comptes. – *[L. n° 66-537 du 24 juill. 1966, art. 356-3.]*

Art. L. 233-14 *(L. n° 2012-387 du 22 mars 2012, art. 25-III, en vigueur le 1er oct. 2012)* « L'actionnaire qui n'aurait pas procédé régulièrement aux déclarations prévues aux I, II, VI *bis* et VII de l'article L. 233-7 auxquelles il était tenu est privé » *(Ord. n° 2009-105 du 30 janv. 2009, art. 4, en vigueur le 1er août 2009)* « des droits de vote attachés aux actions excédant la fraction qui n'a pas été régulièrement déclarée pour toute assemblée d'actionnaires qui se tiendrait jusqu'à l'expiration d'un délai de deux ans suivant la date de régularisation de la notification. »

Dans les mêmes conditions, les droits de vote attachés à ces actions et qui n'ont pas été régulièrement déclarés ne peuvent être exercés ou délégués par l'actionnaire défaillant.

(Abrogé par Ord. n° 2009-105 du 30 janv. 2009, art. 4, à compter du 1er août 2009) ***« L'actionnaire qui n'aurait pas procédé à la déclaration prévue au** (L. n° 2005-842 du 26 juill. 2005, art. 33-VII)* ***« VII » de l'article L. 233-7 est privé des droits de vote attachés aux titres excédant la fraction du dixième ou du cinquième mentionnée au même alinéa*** *[VII précité]* ***pour toute assemblée d'actionnaires qui se tiendrait jusqu'à l'expiration d'un délai de deux ans suivant la date de régularisation de la notification. »***

Le tribunal de commerce dans le ressort duquel la société a son siège social peut, le ministère public entendu, sur demande du président de la société, d'un actionnaire ou de *(L. n° 2003-706 du 1er août 2003, art. 46-V)* « l'Autorité des marchés financiers », prononcer la suspension totale ou partielle, pour une durée ne pouvant excéder cinq ans, de ses droits de vote à l'encontre de tout actionnaire qui n'aurait pas procédé aux déclarations prévues à l'article L. 233-7 ou qui n'aurait pas respecté le contenu de la déclaration prévue au *(L. n° 2005-842 du 26 juill. 2005, art. 33-VII)* « VII » de cet article pendant la période de *(Ord. n° 2009-105 du 30 janv. 2009, art. 4, en vigueur le 1er août 2009)* « six » mois suivant sa publication *(L. n° 2003-706 du 1er août 2003, art. 46-I)* « dans les conditions fixées par le règlement général de l'Autorité des marchés financiers ». – *[L. n° 66-537 du 24 juill. 1966, art. 356-4.] – V. Règl. gén. AMF, livre II (Émetteurs et information financière). –* ***C. mon. fin.*** *ou* ***C. sociétés.***

Art. L. 233-15 Le conseil d'administration, le directoire ou le gérant de toute société ayant des filiales ou des participations, annexe au bilan de la société un tableau, en vue de faire apparaître la situation des dites *[desdites]* filiales et participations. – *[L. n° 66-537 du 24 juill. 1966, art. 357.] – V. art. R. 233-3.*

SECTION III DES COMPTES CONSOLIDÉS

Art. L. 233-16 I. – Les sociétés commerciales établissent et publient chaque année à la diligence du conseil d'administration, du directoire, du ou des gérants, selon le cas, des comptes consolidés ainsi qu'un rapport sur la gestion du groupe, dès lors qu'elles contrôlent de manière exclusive ou conjointe une ou plusieurs autres entreprises ou qu'elles exercent une influence notable sur celles-ci, dans les conditions ci-après définies.

II. – Le contrôle exclusif par une société résulte :

1° Soit de la détention directe ou indirecte de la majorité des droits de vote dans une autre entreprise ;

2° Soit de la désignation, pendant deux exercices successifs, de la majorité des membres des organes d'administration, de direction ou de surveillance d'une autre entreprise. La société consolidante est présumée avoir effectué cette désignation lorsqu'elle a disposé au cours de cette période, directement ou indirectement, d'une fraction supérieure à 40 % des droits de vote, et qu'aucun autre associé ou actionnaire ne détenait, directement ou indirectement, une fraction supérieure à la sienne ;

3° Soit du droit d'exercer une influence dominante sur une entreprise en vertu d'un contrat ou de clauses statutaires, lorsque le droit applicable le permet *(Abrogé par L. n° 2003-706 du 1er août 2003)* ***« et que la société dominante est actionnaire ou associée de cette entreprise. »*** *– Les dispositions modifiées par la L. n° 2003-706 du 1er août 2003, s'appliquent à compter du premier exercice ouvert après publication de cette loi au Journal officiel (L. n° 2003-706 du 1er août 2003, art. 133-II, JO 2 août).*

III. – Le contrôle conjoint est le partage du contrôle d'une entreprise exploitée en commun par un nombre limité d'associés ou d'actionnaires, de sorte que les décisions résultent de leur accord.

IV. – L'influence notable sur la gestion et la politique financière d'une entreprise est présumée lorsqu'une société dispose, directement ou indirectement, d'une fraction au moins égale au cinquième des droits de vote de cette entreprise. *– [L. n° 66-537 du 24 juill. 1966, art. 357-1.]*

Art. L. 233-17 Par dérogation aux dispositions de l'article L. 233-16, les sociétés mentionnées audit article, à l'exception de celles qui émettent des valeurs mobilières admises aux négociations sur un marché réglementé ou des titres de créances négociables, sont exemptées, dans des conditions fixées par décret en Conseil d'État, de l'obligation d'établir et de publier des comptes consolidés et un rapport sur la gestion du groupe :

1° Lorsqu'elles sont elles-mêmes sous le contrôle d'une entreprise qui les inclut dans ses comptes consolidés et publiés. En ce cas, toutefois, l'exemption est subordonnée à la condition qu'un ou plusieurs actionnaires ou associés de l'entreprise contrôlée représentant au moins le dixième de son capital social ne s'y opposent pas ; *– V. art. R. 233-15.*

2° Ou lorsque l'ensemble constitué par une société et les entreprises qu'elle contrôle ne dépasse pas pendant deux exercices successifs sur la base des derniers *comptes annuels* arrêtés une taille déterminée par référence à deux des trois critères mentionnés à l'article L. 123-16. *– [L. n° 66-537 du 24 juill. 1966, art. 357-2.] – V. art. R. 233-16.*

Art. L. 233-17-1 *(L. n° 2012-387 du 22 mars 2012, art. 58)* Sous réserve d'en justifier dans l'annexe prévue à l'article L. 123-12, les sociétés mentionnées au I de l'article L. 233-16 sont exemptées de l'obligation d'établir et de publier des comptes consolidés et un rapport sur la gestion du groupe lorsque toutes les entreprises contrôlées de manière exclusive ou conjointe ou dans lesquelles elles exercent une influence notable, au sens du même article L. 233-16, présentent, tant individuellement que collectivement, un intérêt négligeable par rapport à l'objectif défini à l'article L. 233-21.

Art. L. 233-18 Les comptes des entreprises placées sous le contrôle exclusif de la société consolidante sont consolidés par intégration globale.

Les comptes des entreprises contrôlées conjointement avec d'autres actionnaires ou associés par la société consolidante sont consolidés par intégration proportionnelle.

Les comptes des entreprises sur lesquelles la société consolidante exerce une influence notable sont consolidés par mise en équivalence.

Dernier al. abrogé par Ord. n° 2004-1382 du 20 déc. 2004, art. 2. – [L. n° 66-537 du 24 juill. 1966, art. 357-3.]

Art. L. 233-19 I. – Sous réserve d'en justifier dans l'annexe établie par la société consolidante, une filiale ou une participation est laissée en dehors de la consolidation lorsque des restrictions sévères et durables remettent en cause substantiellement le contrôle ou l'influence exercée par la société consolidante sur la filiale ou la participation ou les possibilités de transfert de fonds par la filiale ou la participation.

II. – Sous la même réserve, une filiale ou une participation peut être laissée en dehors de la consolidation lorsque :

1° Les actions ou parts de cette filiale ou participation ne sont détenues qu'en vue de leur cession ultérieure ;

2° La filiale ou la participation ne représente, seule ou avec d'autres, qu'un intérêt négligeable par rapport à l'objectif défini à l'article L. 233-21 ;

3° Les informations nécessaires à l'établissement des comptes consolidés ne peuvent être obtenues sans frais excessifs ou dans des délais compatibles avec ceux qui sont fixés en application des dispositions de l'article L. 233-27. – *[L. n° 66-537 du 24 juill. 1966, art. 357-4.]*

Art. L. 233-20 Les comptes consolidés comprennent le bilan et le compte de résultat consolidés ainsi qu'une annexe : ils forment un tout indissociable.

A cet effet, les entreprises comprises dans la consolidation sont tenues de faire parvenir à la société consolidante les informations nécessaires à l'établissement des comptes consolidés.

(Ord. n° 2009-79 du 22 janv. 2009, art. 5-IV) « Les comptes consolidés sont établis et publiés selon des modalités fixées par un règlement de l'Autorité des normes comptables. Ce règlement détermine notamment le classement des éléments du bilan et du compte de résultat ainsi que les mentions à inclure dans l'annexe. » – *[L. n° 66-537 du 24 juill. 1966, art. 357-5.] – V. art. R. 233-3 s.*

Art. L. 233-21 Les comptes consolidés doivent être réguliers et sincères et donner une image fidèle du patrimoine, de la situation financière ainsi que du résultat de l'ensemble constitué par les entreprises comprises dans la consolidation.

Il est fait application, le cas échéant, des dispositions prévues aux premier et deuxième alinéas de l'article L. 123-14. – *[L. n° 66-537 du 24 juill. 1966, art. 357-6.]*

Art. L. 233-22 Sous réserve des dispositions de l'article L. 233-23, les comptes consolidés sont établis selon les principes comptables et les règles d'évaluation du présent code compte tenu des aménagements indispensables résultant des caractéristiques propres aux comptes consolidés par rapport aux comptes annuels.

Les éléments d'actif et de passif, les éléments de charge et de produit compris dans les *comptes consolidés* sont évalués selon des méthodes homogènes, sauf si les retraitements nécessaires sont de coût disproportionné et d'incidence négligeable sur le patrimoine, la situation financière et le résultat consolidés. – *[L. n° 66-537 du 24 juill. 1966, art. 357-7.]*

Art. L. 233-23 Sous réserve d'en justifier dans l'annexe, la société consolidante peut faire usage, dans les conditions prévues à l'article L. 123-17, de règles d'évaluation fixées par règlement *(Ord. nº 2009-79 du 22 janv. 2009, art. 6)* « de l'Autorité des normes comptables », et destinées :

1° A tenir compte des variations de prix ou des valeurs de remplacement ;

2° A évaluer les biens fongibles en considérant que le premier bien sorti est le dernier bien rentré ;

3° A permettre la prise en compte de règles non conformes à celles fixées par les articles L. 123-18 à L. 123-21. – *[L. nº 66-537 du 24 juill. 1966, art. 357-8.] – V. art. R. 233-10.*

Art. L. 233-24 *(Ord. nº 2004-1382 du 20 déc. 2004, art. 1er)* **Lorsqu'elles utilisent les normes comptables internationales adoptées par règlement de la Commission européenne, les sociétés commerciales qui établissent et publient des comptes consolidés au sens de l'article L. 233-16 sont dispensées de se conformer aux règles comptables prévues par les articles L. 233-18 à L. 233-23 pour l'établissement et la publication de leurs comptes consolidés.**

Les dispositions de l'Ord. nº 2004-1382 du 20 déc. 2004 s'appliquent à partir du premier exercice ouvert à compter du 1er janv. 2005 (art. 12 de l'Ord. précitée). Lorsque seuls leurs titres de créances sont admis aux négociations sur un marché réglementé, les sociétés relevant de l'Ord. précitée peuvent n'établir et ne publier leurs comptes consolidés selon les normes comptables internationales adoptées par règlement de la Commission européenne, qu'à partir du premier exercice ouvert à compter du 1er janv. 2007 (art. 7 de l'Ord. précitée).

Art. L. 233-25 Sous réserve d'en justifier dans l'annexe, les comptes consolidés peuvent être établis à une date différente de celle des comptes annuels de la société consolidante.

Si la date de clôture de l'exercice d'une entreprise comprise dans la consolidation est antérieure de plus de trois mois à la date de clôture de l'exercice de consolidation, ceux-ci sont établis sur la base de comptes intérimaires contrôlés par un commissaire aux comptes ou, s'il n'en est point, par un professionnel chargé du contrôle des comptes. – *[L. nº 66-537 du 24 juill. 1966, art. 357-9.]*

Art. L. 233-26 Le rapport sur la gestion du groupe expose la situation de l'ensemble constitué par les entreprises comprises dans la consolidation, son évolution prévisible, les événements importants survenus entre la date de clôture de l'exercice de consolidation et la date à laquelle les comptes consolidés sont établis ainsi que ses activités en matière de recherche et de développement. Ce rapport peut être inclus dans le rapport de gestion mentionné à l'article L. 232-1. – *[L. nº 66-537 du 24 juill. 1966, art. 357-10.]*

Art. L. 233-27 Un décret en Conseil d'État fixe les conditions dans lesquelles les comptes consolidés et le rapport sur la gestion du groupe sont mis à la disposition des commissaires aux comptes. – *[L. nº 66-537 du 24 juill. 1966, art. 357-11.] – V. art. R. 232-1.*

Art. L. 233-28 Les personnes morales ayant la qualité de commerçant qui, sans y être tenues en raison de leur forme juridique ou de la taille de l'ensemble du groupe, publient des comptes consolidés, se conforment aux dispositions des articles L. 233-16 et L. 233-18 à L. 233-27. En ce cas, lorsque leurs comptes annuels sont certifiés dans les conditions prévues au premier alinéa de l'article *(Ord. nº 2005-1126 du 8 sept. 2005, art. 22)* « L. 823-9 », leurs comptes consolidés le sont dans les conditions du deuxième alinéa de cet article. – *[L. nº 85-11 du 3 janv. 1985, art. 14.]*

SECTION IV DES PARTICIPATIONS RÉCIPROQUES

Art. L. 233-29 Une société par actions ne peut posséder d'actions d'une autre société, si celle-ci détient une fraction de son capital supérieure à 10 %.

A défaut d'accord entre les sociétés intéressées pour régulariser la situation, celle qui détient la fraction la plus faible du capital de l'autre doit aliéner son investissement. Si les investissements réciproques sont de la même importance, chacune des sociétés doit réduire le sien, de telle sorte qu'il n'excède pas 10 % du capital de l'autre.

Lorsqu'une société est tenue d'aliéner les actions d'une autre société, l'aliénation est effectuée dans le délai fixé par décret en Conseil d'État. La société ne peut exercer les droits de vote attachés à ces actions. – *[L. n° 66-537 du 24 juill. 1966, art. 358.] – V. art. R. 233-17 et R. 233-19.*

Art. L. 233-30 Si une société autre qu'une société par actions compte parmi ses associés une société par actions détenant une fraction de son capital supérieure à 10 %, elle ne peut détenir d'actions émises par cette dernière.

Si elle vient à en posséder, elle doit les aliéner dans le délai fixé par décret en Conseil d'État et elle ne peut, de leur chef, exercer le droit de vote.

Si une société autre qu'une société par actions compte parmi ses associés une société par actions détenant une fraction de son capital égale ou inférieure à 10 %, elle ne peut détenir qu'une fraction égale ou inférieure à 10 % des actions émises par cette dernière.

Si elle vient à en posséder une fraction plus importante, elle doit aliéner l'excédent dans le délai fixé par décret en Conseil d'État et elle ne peut, du chef de cet excédent, exercer le droit de vote. – *[L. n° 66-537 du 24 juill. 1966, art. 359.] – V. art. R. 233-18 et R. 233-19.*

Art. L. 233-31 Lorsque des actions ou des droits de vote d'une société sont possédés par une ou plusieurs sociétés dont elle détient directement ou indirectement le contrôle, les droits de vote attachés à ces actions ou ces droits de vote ne peuvent être exercés à l'assemblée générale de la société. Il n'en est pas tenu compte pour le calcul du quorum. – *[L. n° 66-537 du 24 juill. 1966, art. 359-1.]*

Sur les infractions relatives aux filiales, participations et sociétés contrôlées, V. art. L. 247-1 s.

SECTION V DES OFFRES PUBLIQUES D'ACQUISITION

(L. n° 2006-387 du 31 mars 2006, art. 11)

Art. L. 233-32 *(L. n° 2006-387 du 31 mars 2006, art. 12)* I. – Pendant la période d'offre publique visant une société dont des actions sont admises aux négociations sur un marché réglementé, le conseil d'administration, le conseil de surveillance, à l'exception de leur pouvoir de nomination, le directoire, le directeur général ou l'un des directeurs généraux délégués de la société visée doivent obtenir l'approbation préalable de l'assemblée générale pour prendre toute mesure dont la mise en œuvre est susceptible de faire échouer l'offre, hormis la recherche d'autres offres.

II. – Sans préjudice des autres mesures permises par la loi, l'assemblée générale extraordinaire de la société visée, statuant dans les conditions de quorum et de majorité prévues à l'article L. 225-98, peut décider l'émission de bons permettant de souscrire, à des conditions préférentielles, à des actions de ladite société, et leur attribution gratuite à tous les actionnaires de cette société ayant cette qualité avant l'expiration de la période d'offre publique.

L'assemblée générale peut déléguer cette compétence au conseil d'administration ou au directoire. Elle fixe le montant maximum de l'augmentation de capital pouvant résulter de l'exercice de ces bons ainsi que le nombre maximum de bons pouvant être émis.

La délégation peut également prévoir la fixation de conditions relatives à l'obligation ou à l'interdiction, pour le conseil d'administration ou le directoire, de procéder à l'émission et à l'attribution gratuite de ces bons, d'y surseoir ou d'y renoncer. La société visée porte à la connaissance du public, avant la clôture de l'offre, son intention d'émettre ces bons.

Les conditions d'exercice de ces bons, qui doivent être relatives aux termes de l'offre ou de toute offre concurrente éventuelle, ainsi que les autres caractéristiques de ces bons, dont le prix d'exercice ou les modalités de détermination de ce prix, sont fixées par l'assemblée générale ou, sur délégation de celle-ci, par le conseil d'administration ou le directoire. Ces bons deviennent caducs de plein droit dès que l'offre et toute offre concurrente éventuelle échouent, deviennent caduques ou sont retirées.

III. – Toute délégation d'une mesure dont la mise en œuvre est susceptible de faire échouer l'offre, hormis la recherche d'autres offres, accordée par l'assemblée générale avant la période d'offres, est suspendue en période d'offre publique.

Toute décision du conseil d'administration, du conseil de surveillance, du directoire, du directeur général ou de l'un des directeurs généraux délégués, prise avant la période d'offre, qui n'est pas totalement ou partiellement mise en œuvre, qui ne s'inscrit pas dans le cours normal des activités de la société et dont la mise en œuvre est susceptible de faire échouer l'offre doit faire l'objet d'une approbation ou d'une confirmation par l'assemblée générale.

Art. L. 233-33 *(L. nº 2006-387 du 31 mars 2006, art. 13)* Les dispositions de l'article L. 233-32 ne sont pas applicables lorsque la société fait l'objet d'une ou plusieurs offres publiques engagées par des entités, agissant seules ou de concert au sens de l'article L. 233-10, dont l'une au moins n'applique pas ces dispositions ou des mesures équivalentes ou qui sont respectivement contrôlées, au sens du II ou du III de l'article L. 233-16, par des entités dont l'une au moins n'applique pas ces dispositions ou des mesures équivalentes. Toutefois, les dispositions de l'article L. 233-32 s'appliquent si les seules entités qui n'appliquent pas les dispositions de cet article ou des mesures équivalentes ou qui sont contrôlées, au sens du II ou du III de l'article L. 233-16, par des entités qui n'appliquent pas ces dispositions ou des mesures équivalentes, agissent de concert, au sens de l'article L. 233-10, avec la société faisant l'objet de l'offre. Toute contestation portant sur l'équivalence des mesures fait l'objet d'une décision de l'Autorité des marchés financiers.

Dans le cas où le premier alinéa s'applique, toute mesure prise par le conseil d'administration, le conseil de surveillance, le directoire, le directeur général ou l'un des directeurs généraux délégués de la société visée doit avoir été expressément autorisée pour l'hypothèse d'une offre publique par l'assemblée générale dans les dix-huit mois précédant le jour du dépôt de l'offre. L'autorisation peut notamment porter sur l'émission par le conseil d'administration ou le directoire des bons visés au II de l'article L. 233-32 ; dans ce cas, l'assemblée générale extraordinaire des actionnaires statue dans les conditions de quorum et de majorité prévues à l'article L. 225-98.

Art. L. 233-34 *(L. nº 2006-387 du 31 mars 2006, art. 14)* Sauf lorsqu'elles résultent d'une obligation législative, les clauses des statuts d'une société dont des actions sont admises à la négociation sur un marché réglementé prévoyant des restrictions statutaires au transfert d'actions de la société sont inopposables à l'auteur d'une offre publique pour les titres qui lui seraient apportés dans le cadre de son offre.

Art. L. 233-35 *(L. nº 2006-387 du 31 mars 2006, art. 15)* Les statuts d'une société dont des actions sont admises à la négociation sur un marché réglementé peuvent prévoir que les effets de toute clause d'une convention conclue après le 21 avril 2004 prévoyant des restrictions au transfert d'actions de la société sont inopposables à l'auteur de l'offre, en période d'offre publique.

Art. L. 233-36 *(L. nº 2006-387 du 31 mars 2006, art. 16)* Les statuts d'une société dont des actions sont admises à la négociation sur un marché réglementé peuvent prévoir que les effets de toute clause d'une convention conclue après le 21 avril 2004 prévoyant des restrictions à l'exercice des droits de vote attachés à des actions de la société sont suspendus en période d'offre publique visant la société lors des assemblées réunies aux fins d'adopter ou d'autoriser toute mesure susceptible de faire échouer l'offre.

Art. L. 233-37 *(L. nº 2006-387 du 31 mars 2006, art. 17)* Les statuts d'une société dont des actions sont admises à la négociation sur un marché réglementé peuvent prévoir que les effets des restrictions statutaires à l'exercice des droits de vote attachés à des actions de la société sont suspendus en période d'offre publique visant la société lors des assemblées réunies aux fins d'adopter ou d'autoriser toute mesure susceptible de faire échouer l'offre.

Art. L. 233-38 *(L. nº 2006-387 du 31 mars 2006, art. 19)* Les statuts d'une société dont des actions sont admises à la négociation sur un marché réglementé peuvent prévoir que les effets des restrictions statutaires à l'exercice des droits de vote attachés à des actions de la société ainsi que les effets de toute clause d'une convention conclue après le 21 avril 2004 prévoyant des restrictions à l'exercice des droits de vote attachés à des actions de la société sont suspendus lors de la première assemblée générale suivant la clôture de l'offre lorsque l'auteur de l'offre, agissant seul ou de concert, vient à détenir, à l'issue de celle-ci, une fraction du capital ou des droits de vote supérieure à une quotité fixée par le règlement général de l'Autorité des marchés financiers, sans pouvoir atteindre le seuil prévu par le dernier alinéa de l'article L. 225-125. – *V. Règl. gén. AMF au* ***C. mon. fin.*** *ou au* ***C. sociétés.***

Art. L. 233-39 *(L. nº 2006-387 du 31 mars 2006, art. 20)* Les statuts d'une société dont des actions sont admises à la négociation sur un marché réglementé peuvent prévoir que les droits extraordinaires de nomination ou révocation des administrateurs, membres du conseil de surveillance, membres du directoire, directeurs généraux, directeurs généraux délégués, détenus par certains actionnaires sont suspendus lors de la première assemblée générale suivant la clôture de l'offre lorsque l'auteur de l'offre, agissant seul ou de concert, détient à l'issue de celle-ci une fraction du capital ou des droits de vote supérieure à une quotité fixée par le règlement général de l'Autorité des marchés financiers. – *V. Règl. gén. AMF au* ***C. mon. fin.*** *ou au* ***C. sociétés.***

Art. L. 233-40 *(L. nº 2006-387 du 31 mars 2006, art. 21)* Lorsqu'une société décide d'appliquer ou de mettre fin à l'application des dispositions prévues aux articles L. 233-35 à L. 233-39, elle en informe l'Autorité des marchés financiers, qui rend cette décision publique. Les conditions et modalités d'application du présent article sont fixées par le règlement général de l'Autorité des marchés financiers. – *V. Règl. gén. AMF au* ***C. mon. fin.*** *ou au* ***C. sociétés.***

CHAPITRE IV DE LA PROCÉDURE D'ALERTE

Art. L. 234-1 Lorsque le commissaire aux comptes d'une société anonyme relève, à l'occasion de l'exercice de sa mission, des faits de nature à compromettre la continuité de l'exploitation, il en informe le président du conseil d'administration ou du directoire dans des conditions fixées par décret en Conseil d'État. – *V. art. R. 234-1.*

A défaut de réponse sous quinze jours ou si celle-ci ne permet pas d'être assuré de la continuité de l'exploitation, le commissaire aux comptes invite *(L. n° 2005-845 du 26 juill. 2005, art. 162-II)* « , par un écrit dont copie est transmise au président du tribunal de commerce, » le président du conseil d'administration ou le directoire à faire délibérer le conseil d'administration ou le conseil de surveillance sur les faits relevés. Le commissaire aux comptes est convoqué à cette séance. *(L. n° 2005-845 du 26 juill. 2005, art. 162-II)* « La délibération du conseil d'administration ou du conseil de surveillance est communiquée au président du tribunal de commerce et au comité d'entreprise ou, à défaut, aux délégués du personnel. »

(L. n° 2011-525 du 17 mai 2011, art. 62-I) « Lorsque le conseil d'administration ou le conseil de surveillance n'a pas été réuni pour délibérer sur les faits relevés ou lorsque le commissaire aux comptes n'a pas été convoqué à cette séance » *(L. n° 2005-845 du 26 juill. 2005, art. 162-II)* « ou si le commissaire aux comptes constate qu'en dépit des décisions prises la continuité de l'exploitation demeure compromise, une assemblée générale est convoquée dans des conditions et délais fixés par décret en Conseil d'État. Le commissaire aux comptes établit un rapport spécial qui est présenté à cette assemblée. Ce rapport est communiqué au comité d'entreprise ou, à défaut, aux délégués du personnel. »

Si, à l'issue de la réunion de l'assemblée générale, le commissaire aux comptes constate que les décisions prises ne permettent pas d'assurer la continuité de l'exploitation, il informe de ses démarches le président du tribunal de commerce et lui en communique les résultats.

(L. n° 2011-525 du 17 mai 2011, art. 62-I) « Dans un délai de six mois à compter du déclenchement de la procédure d'alerte, le commissaire aux comptes peut en reprendre le cours au point où il avait estimé pouvoir y mettre un terme lorsque, en dépit des éléments ayant motivé son appréciation, la continuité de l'exploitation demeure compromise et que l'urgence commande l'adoption de mesures immédiates. » – *[L. n° 66-537 du 24 juill. 1966, art. 230-1.] – V. art. R. 234-4.*

Les modifications issues de la L. n° 2011-525 du 17 mai 2011 sont applicables aux procédures en cours à sa date de publication (L. préc., art. 62-II ; JO 18 mai).

Art. L. 234-2 Dans les autres sociétés que les sociétés anonymes, le commissaire aux comptes demande au *(L. n° 2005-845 du 26 juill. 2005, art. 162-III)* « dirigeant », dans des conditions fixées par décret en Conseil d'État, des explications sur les faits visés au premier alinéa de l'article L. 234-1. Le *(L. n° 2005-845 du 26 juill. 2005, art. 162-III)* « dirigeant » est tenu de lui répondre sous quinze jours. La réponse est communiquée au comité d'entreprise *(L. n° 2005-845 du 26 juill. 2005, art. 162-III)* « ou, à défaut, aux délégués du personnel » et, s'il en existe un, au conseil de surveillance. *(L. n° 2011-525 du 17 mai 2011, art. 62-I)* « Dès réception de la réponse ou à défaut de réponse sous quinze jours, » le commissaire aux comptes en informe le président du tribunal de commerce. – *V. art. R. 234-5.*

(L. n° 2011-525 du 17 mai 2011, art. 62-I) « A défaut de réponse du dirigeant » *(L. n° 2005-845 du 26 juill. 2005, art. 162-III)* « ou s'il constate qu'en dépit des décisions prises la continuité de l'exploitation demeure compromise, le commissaire aux comptes établit un rapport spécial et invite, par un écrit dont la copie est envoyée au président du tribunal de commerce, le dirigeant à faire délibérer sur les faits relevés une assemblée générale convoquée dans des conditions et délais fixés par décret en Conseil d'État. » – *V. art. R. 234-6.*

Si, à l'issue de la réunion de l'assemblée générale, le commissaire aux comptes constate que les décisions prises ne permettent pas d'assurer la continuité de l'exploitation, il informe de ses démarches le président du tribunal de commerce et lui en communique les résultats.

(L. nº 2011-525 du 17 mai 2011, art. 62-I) « Le dernier alinéa de l'article L. 234-1 est applicable. » – *[L. nº 66-537 du 24 juill. 1966, art. 230-2.] – V. art. R. 234-7.*

V. note ss. art. L. 234-1.

Art. L. 234-3 Le comité d'entreprise ou, à défaut, les délégués du personnel exercent dans les sociétés commerciales les attributions prévues aux articles L. 422-4 et L. 432-5 *[L. 2313-14, L. 2323-78 à L. 2323-82 nouv.]* du code du travail.

Le président du conseil d'administration, le directoire ou les gérants, selon le cas, communiquent aux commissaires aux comptes les demandes d'explication formées par le comité d'entreprise ou les délégués du personnel, les rapports adressés au conseil d'administration ou au conseil de surveillance, selon le cas, ainsi que les réponses faites par ces organes, en application des articles L. 422-4 et L. 432-5 *[L. 2313-14, L. 2323-78 à L. 2323-82 nouv.]* du code du travail. – *[L. nº 66-537 du 24 juill. 1966, art. 230-3.]*

Art. L. 234-4 *(L. nº 2005-845 du 26 juill. 2005, art. 162-IV)* Les dispositions du présent chapitre ne sont pas applicables lorsqu'une procédure de conciliation ou de sauvegarde a été engagée par les dirigeants conformément aux dispositions des titres Ier et II du livre VI.

CHAPITRE V DES NULLITÉS

Art. L. 235-1 La nullité d'une société ou d'un acte modifiant les statuts ne peut résulter que d'une disposition expresse du présent livre ou des lois qui régissent la nullité des contrats. En ce qui concerne les sociétés à responsabilité limitée et les sociétés par actions, la nullité de la société ne peut résulter ni d'un vice de consentement ni de l'incapacité, à moins que celle-ci n'atteigne tous les associés fondateurs. La nullité de la société ne peut non plus résulter des clauses prohibées par l'article 1844-1 du code civil. – *V. cet art., App., vº Sociétés commerciales.*

La nullité d'actes ou délibérations autres que ceux prévus à l'alinéa précédent ne peut résulter que de la violation d'une disposition impérative du présent livre ou des lois qui régissent les contrats. – *[L. nº 66-537 du 24 juill. 1966, art. 360.] – Comp. C. civ., art. 1844-10, App., vº Sociétés commerciales.*

Art. L. 235-2 Dans les sociétés en nom collectif et en commandite simple, l'accomplissement des formalités de publicité est requis à peine de nullité de la société, de l'acte ou de la délibération, selon les cas, sans que les associés et la société puissent se prévaloir, à l'égard des tiers, de cette cause de nullité. Toutefois, le tribunal a la faculté de ne pas prononcer la nullité encourue, si aucune fraude n'est constatée. – *[L. nº 66-537 du 24 juill. 1966, art. 361.]*

Art. L. 235-2-1 *(L. nº 2006-387 du 31 mars 2006, art. 23)* Les délibérations prises en violation des dispositions régissant les droits de vote attachés aux actions peuvent être annulées.

Art. L. 235-3 L'action en nullité est éteinte lorsque la cause de la nullité a cessé d'exister le jour où le tribunal statue sur le fond en première instance, sauf si cette nullité est fondée sur l'illicéité de l'objet social. – *[L. nº 66-537 du 24 juill. 1966, art. 362.] – Comp. C. civ., art. 1844-11, App., vº Sociétés commerciales.*

Art. L. 235-4 Le tribunal de commerce, saisi d'une action en nullité, peut, même d'office, fixer un délai pour permettre de couvrir les nullités. Il ne peut prononcer la nullité moins de deux mois après la date de l'exploit introductif d'instance.

Si, pour couvrir une nullité, une assemblée doit être convoquée ou une consultation des associés effectuée, et s'il est justifié d'une convocation régulière de cette assemblée ou de l'envoi aux associés du texte des projets de décision accompagné des documents qui doivent leur être communiqués, le tribunal accorde par jugement le délai nécessaire pour que les associés puissent prendre une décision. – *[L. n° 66-537 du 24 juill. 1966, art. 363.] – Comp. C. civ., art. 1844-13, App., v° Sociétés commerciales.*

Art. L. 235-5 Si, à l'expiration du délai prévu à l'article L. 235-4, aucune décision n'a été prise, le tribunal statue à la demande de la partie la plus diligente. – *[L. n° 66-537 du 24 juill. 1966, art. 364.]*

Art. L. 235-6 En cas de nullité d'une société ou d'actes et délibérations postérieurs à sa constitution, fondée sur un vice du consentement ou l'incapacité d'un associé, et lorsque la régularisation peut intervenir, toute personne y ayant intérêt peut mettre en demeure celui qui est susceptible de l'opérer, soit de régulariser, soit d'agir en nullité dans un délai de six mois à peine de forclusion. Cette mise en demeure est dénoncée à la société.

La société ou un associé peut soumettre au tribunal saisi dans le délai prévu à l'alinéa précédent, toute mesure susceptible de supprimer l'intérêt du demandeur, notamment par le rachat de ses droits sociaux. En ce cas, le tribunal peut, soit prononcer la nullité, soit rendre obligatoires les mesures proposées, si celles-ci ont été préalablement adoptées par la société aux conditions prévues pour les modifications statutaires. Le vote de l'associé dont le rachat des droits est demandé est sans influence sur la décision de la société.

En cas de contestation, la valeur des droits sociaux à rembourser à l'associé est déterminée conformément aux dispositions de l'article 1843-4 du code civil. Toute clause contraire est réputée non écrite. – *[L. n° 66-537 du 24 juill. 1966, art. 365.] – Comp. C. civ., art. 1844-12, App., v° Sociétés commerciales. – V. art. R. 235-1.*

Art. L. 235-7 Lorsque la nullité d'actes et délibérations postérieurs à la constitution de la société est fondée sur la violation des règles de publicité, toute personne ayant intérêt à la régularisation de l'acte peut mettre la société en demeure d'y procéder, dans le délai fixé par décret en Conseil d'État. A défaut de régularisation dans ce délai, tout intéressé peut demander la désignation, par décision de justice, d'un mandataire chargé d'accomplir la formalité. – *[L. n° 66-537 du 24 juill. 1966, art. 366.] – V. art. R. 235-1 et R. 235-2.*

Art. L. 235-8 La nullité d'une opération de fusion ou de scission ne peut résulter que de la nullité de la délibération de l'une des assemblées qui ont décidé l'opération ou du défaut de dépôt de la déclaration de conformité mentionnée au troisième alinéa de l'article L. 236-6.

Lorsqu'il est possible de porter remède à l'irrégularité susceptible d'entraîner la nullité, le tribunal saisi de l'action en nullité d'une fusion ou d'une scission accorde aux sociétés intéressées un délai pour régulariser la situation. – *[L. n° 66-537 du 24 juill. 1966, art. 366-1.]*

Art. L. 235-9 Les actions en nullité de la société ou d'actes et délibérations postérieurs à sa constitution se prescrivent par trois ans à compter du jour où la nullité est encourue, sous réserve de la forclusion prévue à l'article L. 235-6.

Toutefois, l'action en nullité d'une fusion ou d'une scission de sociétés se prescrit par six mois à compter de la date de la dernière inscription au registre du commerce et des sociétés rendue nécessaire par l'opération. – *[L. nº 66-537 du 24 juill. 1966, art. 367.]– Comp. C. civ., art. 1844-14, App., vº Sociétés commerciales.*

(Ord. nº 2004-604 du 24 juin 2004, art. 51-XVI) « L'action en nullité fondée sur l'article L. 225-149-3 se prescrit par trois mois à compter de la date de l'assemblée générale suivant la décision d'augmentation de capital. »

Art. L. 235-10 Lorsque la nullité de la société est prononcée, il est procédé à sa liquidation conformément aux dispositions des statuts et du chapitre VII du présent titre. – *[L. nº 66-537 du 24 juill. 1966, art. 368.] – V. art. R. 235-3.*

Art. L. 235-11 Lorsqu'une décision judiciaire prononçant la nullité d'une fusion ou d'une scission est devenue définitive, cette décision fait l'objet d'une publicité dont les modalités sont fixées par décret en Conseil d'État.

Elle est sans effet sur les obligations nées à la charge ou au profit des sociétés auxquelles le ou les patrimoines sont transmis entre la date à laquelle prend effet la fusion ou la scission et celle de la publication de la décision prononçant la nullité.

Dans le cas de la fusion, les sociétés ayant participé à l'opération sont solidairement responsables de l'exécution des obligations mentionnées à l'alinéa précédent à la charge de la société absorbante. Il en est de même, dans le cas de scission, de la société scindée pour les obligations des sociétés auxquelles le patrimoine est transmis. Chacune des sociétés auxquelles le patrimoine est transmis répond des obligations à sa charge nées entre la date de prise d'effet de la scission et celle de la publication de la décision prononçant la nullité. – *[L. nº 66-537 du 24 juill. 1966, art. 368-1.]*

Art. L. 235-12 Ni la société ni les associés ne peuvent se prévaloir d'une nullité à l'égard des tiers de bonne foi. Cependant, la nullité résultant de l'incapacité ou d'un vice du consentement est opposable même aux tiers, par l'incapable et ses représentants légaux, ou par l'associé dont le consentement a été surpris par erreur, dol ou violence. – *[L. nº 66-537 du 24 juill. 1966, art. 369.] – Comp. C. civ., art. 1844-16, App., vº Sociétés commerciales.*

Art. L. 235-13 L'action en responsabilité fondée sur l'annulation de la société ou des actes et délibérations postérieurs à sa constitution se prescrit par trois ans à compter du jour où la décision d'annulation est passée en force de chose jugée.

La disparition de la cause de nullité ne met pas obstacle à l'exercice de l'action en dommages intérêts tendant à la réparation du préjudice causé par le vice dont la société, l'acte ou la délibération était entaché. Cette action se prescrit par trois ans à compter du jour où la nullité a été couverte. – *[L. nº 66-537 du 24 juill. 1966, art. 370.] – Comp. C. civ., art. 1844-17, App., vº Sociétés commerciales.*

Art. L. 235-14 *(Ord. nº 2004-274 du 25 mars 2004, art. 20-II)* Le fait pour le président des organes de direction et d'administration ou le président de séance de ces organes de ne pas constater les délibérations de ces organes par des procès-verbaux est sanctionné par la nullité des délibérations desdits organes.

L'action est ouverte à tout administrateur, membre du directoire ou membre du conseil de surveillance.

Cette action en nullité peut être exercée jusqu'à l'approbation du procès-verbal de la deuxième réunion du conseil d'administration, du directoire ou du conseil de surveillance qui suit celle dont les délibérations sont susceptibles d'être annulées.

Elle est soumise aux articles L. 235-4 et L. 235-5.

CHAPITRE VI DE LA FUSION ET DE LA SCISSION

SECTION PREMIÈRE DISPOSITIONS GÉNÉRALES

Art. L. 236-1 Une ou plusieurs sociétés peuvent, par voie de fusion, transmettre leur patrimoine à une société existante ou à une nouvelle société qu'elles constituent.

Une société peut aussi, par voie de scission, transmettre son patrimoine à plusieurs sociétés existantes ou à plusieurs sociétés nouvelles.

Ces possibilités sont ouvertes aux sociétés en liquidation à condition que la répartition de leurs actifs entre les associés n'ait pas fait l'objet d'un début d'exécution.

Les associés des sociétés qui transmettent leur patrimoine dans le cadre des opérations mentionnées aux trois alinéas précédents reçoivent des parts ou des actions de la ou des sociétés bénéficiaires et, éventuellement, une soulte en espèces dont le montant ne peut dépasser 10 % de la valeur nominale des parts ou des actions attribuées. — *[L. n° 66-537 du 24 juill. 1966, art. 371.] — Comp. C. civ., art. 1844-4, al. 1er et 2, App., v° Sociétés commerciales.*

Art. L. 236-2 Les opérations visées à l'article L. 236-1 peuvent être réalisées entre des sociétés de forme différente.

Elles sont décidées, par chacune des sociétés intéressées, dans les conditions requises pour la modification de ses statuts.

Si l'opération comporte la création de sociétés nouvelles, chacune de celles-ci est constituée selon les règles propres à la forme de société adoptée. — *Comp. C. civ., art. 1844-4, al. 3 à 5, App., v° Sociétés commerciales.*

Lorsque les opérations comportent la participation de sociétés anonymes et de sociétés à responsabilité limitée, les dispositions des articles L. 236-10, L. 236-11, *(L. n° 2008-649 du 3 juill. 2008, art. 10)* « L. 236-13, » L. 236-14, *(L. n° 2008-649 du 3 juill. 2008, art. 10)* « L. 236-15, L. 236-18, L. 236-19, » L. 236-20 et L. 236-21 sont applicables. — *[L. n° 66-537 du 24 juill. 1966, art. 372 et 389.]*

Art. L. 236-3 I. — La fusion ou la scission entraîne la dissolution sans liquidation des sociétés qui disparaissent et la transmission universelle de leur patrimoine aux sociétés bénéficiaires, dans l'état où il se trouve à la date de réalisation définitive de l'opération. Elle entraîne simultanément l'acquisition, par les associés des sociétés qui disparaissent, de la qualité d'associés des sociétés bénéficiaires, dans les conditions déterminées par le contrat de fusion ou de scission.

II. — Toutefois, il n'est pas procédé à l'échange de parts ou d'actions de la société bénéficiaire contre des parts ou actions des sociétés qui disparaissent lorsque ces parts ou actions sont détenues :

1° Soit par la société bénéficiaire ou par une personne agissant en son propre nom mais pour le compte de cette société ;

2° Soit par la société qui disparaît ou par une personne agissant en son propre nom mais pour le compte de cette société. — *[L. n° 66-537 du 24 juill. 1966, art. 372-1.]*

Art. L. 236-4 La fusion ou la scission prend effet :

1° En cas de création d'une ou plusieurs sociétés nouvelles, à la date d'immatriculation, au registre du commerce et des sociétés, de la nouvelle société ou de la dernière d'entre elles ;

2° Dans les autres cas, à la date de la dernière assemblée générale ayant approuvé l'opération sauf si le contrat prévoit que l'opération prend effet à une autre date, laquelle ne doit être ni postérieure à la date de clôture de l'exercice en cours de la ou des sociétés bénéficiaires ni antérieure à la date de clôture du dernier exercice clos de la ou des sociétés qui transmettent leur patrimoine. – *[L. n° 66-537 du 24 juill. 1966, art. 372-2.]*

Art. L. 236-5 Par dérogation aux dispositions du deuxième alinéa de l'article, L. 236-2, si l'opération projetée a pour effet d'augmenter les engagements d'associés ou d'actionnaires de l'une ou de plusieurs sociétés en cause, elle ne peut être décidée qu'à l'unanimité desdits associés ou actionnaires. – *[L. n° 66-537 du 24 juill. 1966, art. 373.]*

Art. L. 236-6 Toutes les sociétés qui participent à l'une des opérations mentionnées à l'article L. 236-1 établissent un projet de fusion ou de scission.

Ce projet est déposé au greffe du tribunal de commerce du siège desdites sociétés et fait l'objet d'une publicité dont les modalités sont fixées par décret en Conseil d'État.

A peine de nullité, les sociétés participant à l'une des opérations mentionnées au premier et au deuxième alinéa de l'article L. 236-1 sont tenues de déposer au greffe une déclaration dans laquelle elles relatent tous les actes effectués en vue d'y procéder et par laquelle elles affirment que l'opération a été réalisée en conformité des lois et règlements. Le greffier, sous sa responsabilité, s'assure de la conformité de la déclaration aux dispositions du présent article. – *[L. n° 66-537 du 24 juill. 1966, art. 374.] – V. art. R. 236-1, R. 236-2 et R. 236-4.*

Art. L. 236-6-1 *(L. n° 2012-387 du 22 mars 2012, art. 16-I)* La société qui apporte une partie de son actif à une autre société et la société qui bénéficie de cet apport peuvent décider d'un commun accord de soumettre l'opération aux dispositions des articles L. 236-1 à L. 236-6.

Art. L. 236-7 Les dispositions du présent chapitre relatives aux obligataires sont applicables aux titulaires de titres participatifs. – *[L. n° 66-537 du 24 juill. 1966, art. 389-1.]*

SECTION II DISPOSITIONS PARTICULIÈRES AUX SOCIÉTÉS ANONYMES

Art. L. 236-8 Les opérations visées à l'article L. 236-1 et réalisées uniquement entre sociétés anonymes sont soumises aux dispositions de la présente section. – *[L. n° 66-537 du 24 juill. 1966, art. 375.]*

Art. L. 236-9 La fusion est décidée par l'assemblée générale extraordinaire de chacune des sociétés qui participent à l'opération.

La fusion est soumise, le cas échéant, dans chacune des sociétés qui participent à l'opération, à la ratification des assemblées spéciales d'actionnaires mentionnées aux articles L. 225-99 et L. 228-15.

Le projet de fusion est soumis aux assemblées spéciales des porteurs de certificats d'investissement statuant selon les règles de l'assemblée générale des actionnaires, à moins que la société absorbante n'acquière ces titres sur simple demande de leur part, dans les conditions de publicité dont les modalités sont fixées par décret en Conseil d'État, et que cette acquisition ait été acceptée par leur assemblée spéciale. Tout porteur de certificats d'investissement qui n'a pas cédé ses titres dans le délai fixé par décret en Conseil d'État le demeure dans la société absorbante aux conditions fixées par le contrat de fusion, sous réserve des dispositions du dernier alinéa de l'article L. 228-30.

(L. n° 2011-525 du 17 mai 2011, art. 64-I, en vigueur le 31 août 2011) « Sauf si les actionnaires des sociétés participant à l'opération de fusion en décident autrement dans les conditions prévues au II de l'article L. 236-10, le conseil d'administration ou le directoire de chaque société participant à l'opération établit un rapport écrit qui est mis à la disposition des actionnaires.

« Les conseils d'administration ou les directoires des sociétés participant à l'opération informent leurs actionnaires respectifs, avant la date de l'assemblée générale prévue au premier alinéa, de toute modification importante de leur actif et de leur passif intervenue entre la date de l'établissement du projet de fusion et la date de la réunion des assemblées générales mentionnées au même alinéa.

« Ils en avisent également les conseils d'administration ou les directoires des autres sociétés participant à l'opération afin que ceux-ci informent leurs actionnaires de ces modifications.

« Les modalités de mise en œuvre de ces informations sont déterminées par décret en Conseil d'État. » – *[L. n° 66-537 du 24 juill. 1966, art. 376.] – V. art. R. 236-5.*

Art. L. 236-10 *(L. n° 2008-649 du 3 juill. 2008, art. 8)* I. – Sauf si les actionnaires des sociétés participant à l'opération de fusion en décident autrement dans les conditions prévues au II du présent article, un ou plusieurs commissaires à la fusion, désignés par décision de justice et soumis à l'égard des sociétés participantes aux incompatibilités prévues à l'article L. 822-11, établissent sous leur responsabilité un rapport écrit sur les modalités de la fusion.

Les commissaires à la fusion vérifient que les valeurs relatives attribuées aux actions des sociétés participant à l'opération sont pertinentes et que le rapport d'échange est équitable. Ils peuvent obtenir à cette fin, auprès de chaque société, communication de tous documents utiles et procéder à toutes vérifications nécessaires.

Le ou les rapports des commissaires à la fusion sont mis à la disposition des actionnaires. Ils indiquent :

1° La ou les méthodes suivies pour la détermination du rapport d'échange proposé ;

2° Le caractère adéquat de cette ou ces méthodes en l'espèce ainsi que les valeurs auxquelles chacune de ces méthodes conduit, un avis étant donné sur l'importance relative donnée à ces méthodes dans la détermination de la valeur retenue ;

3° Les difficultés particulières d'évaluation s'il en existe.

II. – La décision de ne pas faire désigner un commissaire à la fusion est prise, à l'unanimité, par les actionnaires de toutes les sociétés participant à l'opération. A cette fin, les actionnaires sont consultés avant que ne commence à courir le délai exigé pour la remise de ce rapport préalablement à l'assemblée générale appelée à se prononcer sur le projet de fusion.

(L. n° 2008-776 du 4 août 2008, art. 57-VIII) « III. – Lorsque l'opération de fusion comporte des apports en nature ou des avantages particuliers, le commissaire à la fusion ou, s'il n'en a pas été désigné en application du II, un commissaire aux apports désigné dans les conditions prévues à l'article L. 225-8 établit le rapport prévu à l'article L. 225-147. »

Sont applicables en Nouvelle-Calédonie et dans les îles Wallis-et-Futuna les adjonctions et modifications apportées à l'art. L. 236-10 par la L. n° 2008-776 du 4 août 2008 (Ord. n° 2009-896 du 24 juill. 2009, art. 2).

Art. L. 236-11 Lorsque, depuis le dépôt au greffe du tribunal de commerce du projet de fusion et jusqu'à la réalisation de l'opération, la société absorbante détient en permanence la totalité des actions représentant la totalité du capital des sociétés absorbées, il n'y a lieu ni à approbation de la fusion par l'assemblée générale extraordinaire des sociétés *(L. n° 2011-525 du 17 mai 2011, art. 64-II, en vigueur le*

31 août 2011) « participant à l'opération » ni à l'établissement des rapports mentionnés au *(L. n° 2011-525 du 17 mai 2011, art. 64-II, en vigueur le 31 août 2011)* « quatrième » alinéa de l'article L. 236-9, et à l'article L. 236-10. *(Abrogé par L. n° 2008-649 du 3 juill. 2008, art. 9)* *« L'assemblée générale extraordinaire de la société absorbante statue au vu du rapport d'un commissaire aux apports, conformément aux dispositions de l'article L. 225-147. »*

(L. n° 2011-525 du 17 mai 2011, art. 64-II, en vigueur le 31 août 2011) « Toutefois, un ou plusieurs actionnaires de la société absorbante réunissant au moins 5 % du capital social peut demander en justice la désignation d'un mandataire aux fins de convoquer l'assemblée générale extraordinaire de la société absorbante pour qu'elle se prononce sur l'approbation de la fusion. » – *[L. n° 66-537 du 24 juill. 1966, art. 378-1.]*

Art. L. 236-11-1 *(L. n° 2011-525 du 17 mai 2011, art. 64-III, en vigueur le 31 août 2011)* Lorsque, depuis le dépôt au greffe du tribunal de commerce du projet de fusion et jusqu'à la réalisation de l'opération, la société absorbante détient en permanence au moins 90 % des droits de vote des sociétés absorbées, sans en détenir la totalité :

1° Il n'y a pas lieu à approbation de la fusion par l'assemblée générale extraordinaire de la société absorbante. Toutefois, un ou plusieurs actionnaires de la société absorbante réunissant au moins 5 % du capital social peut demander en justice la désignation d'un mandataire aux fins de convoquer l'assemblée générale extraordinaire de la société absorbante pour qu'elle se prononce sur l'approbation de la fusion ;

2° Il n'y a pas lieu à l'établissement des rapports mentionnés aux articles L. 236-9 et L. 236-10 lorsque les actionnaires minoritaires de la société absorbée se sont vu proposer, préalablement à la fusion, le rachat de leurs actions par la société absorbante à un prix correspondant à la valeur de celles-ci, déterminé, selon le cas :

a) Dans les conditions prévues à l'article 1843-4 du code civil, si les actions de la société absorbée ne sont pas admises aux négociations sur un marché réglementé ;

b) Dans le cadre d'une offre publique initiée dans les conditions et selon les modalités fixées par le règlement général de l'Autorité des marchés financiers, si les actions de la société absorbée sont admises aux négociations sur un marché réglementé ;

c) Dans le cadre d'une offre répondant aux conditions des *a* ou *b*, si les actions de la société absorbée sont admises aux négociations sur un système multilatéral de négociation qui se soumet aux dispositions législatives ou réglementaires visant à protéger les investisseurs contre les opérations d'initiés, les manipulations de cours et la diffusion de fausses informations.

Art. L. 236-12 Lorsque la fusion est réalisée par voie de création d'une société nouvelle, celle-ci peut être constituée sans autres apports que ceux des sociétés qui fusionnent.

Dans tous les cas, le projet de statuts de la société nouvelle est approuvé par l'assemblée générale extraordinaire de chacune des sociétés qui disparaissent. Il n'y a pas lieu à approbation de l'opération par l'assemblée générale de la société nouvelle. – *[L. n° 66-537 du 24 juill. 1966, art. 379.]*

Art. L. 236-13 Le projet de fusion est soumis aux assemblées d'obligataires des sociétés absorbées, à moins que le remboursement des titres sur simple demande de leur part ne soit offert auxdits obligataires. L'offre de remboursement est soumise à publicité, dont les modalités sont fixées par décret en Conseil d'État.

Lorsqu'il y a lieu à remboursement sur simple demande, la société absorbante devient débitrice des obligataires de la société absorbée.

Tout obligataire qui n'a pas demandé le remboursement dans le délai fixé par décret en Conseil d'État conserve sa qualité dans la société absorbante aux conditions fixées par le contrat de fusion. – *[L. nº 66-537 du 24 juill. 1966, art. 380.] – V. art. R. 236-11 et R. 236-12.*

Art. L. 236-14 La société absorbante est débitrice des créanciers non obligataires de la société absorbée au lieu et place de celle-ci, sans que cette substitution emporte novation à leur égard.

Les créanciers non obligataires des sociétés participant à l'opération de fusion et dont la créance est antérieure à la publicité donnée au projet de fusion peuvent former opposition à celui-ci dans le délai fixé par décret en Conseil d'État. Une décision de justice rejette l'opposition ou ordonne, soit le remboursement des créances, soit la constitution de garanties si la société absorbante en offre et si elles sont jugées suffisantes.

A défaut de remboursement des créances ou de constitution des garanties ordonnées, la fusion est inopposable à ce créancier.

L'opposition formée par un créancier n'a pas pour effet d'interdire la poursuite des opérations de fusion.

Les dispositions du présent article ne mettent pas obstacle à l'application des conventions autorisant le créancier à exiger le remboursement immédiat de sa créance en cas de fusion de la société débitrice avec une autre société. – *[L. nº 66-537 du 24 juill. 1966, art. 381.] – V. art. R. 236-8 à R. 236-10.*

Art. L. 236-15 Le projet de fusion n'est pas soumis aux assemblées d'obligataires de la société absorbante. Toutefois, l'assemblée générale *(Abrogé par Ord. nº 2004-604 du 24 juin 2004, art. 51-XVII) « ordinaire »* des obligataires peut donner mandat aux représentants de la masse de former opposition à la fusion dans les conditions et sous les effets prévus aux alinéas deuxième et suivants de l'article L. 236-14. – *[L. nº 66-537 du 24 juill. 1966, art. 381 bis.] – V. art. R. 236-8.*

Art. L. 236-16 Les articles L. 236-9 *(L. nº 2011-525 du 17 mai 2011, art. 64-IV, en vigueur le 31 août 2011)* « , L. 236-10 et L. 236-11 » sont applicables à la scission. – *[L. nº 66-537 du 24 juill. 1966, art. 382.]*

Art. L. 236-17 Lorsque la scission doit être réalisée par apports à des sociétés anonymes nouvelles, chacune des sociétés nouvelles peut être constituée sans autre apport que celui de la société scindée.

En ce cas, et si les actions de chacune des sociétés nouvelles sont attribuées aux actionnaires de la société scindée proportionnellement à leurs droits dans le capital de cette société, il n'y a pas lieu à l'établissement *(L. nº 2011-525 du 17 mai 2011, art. 64-V, en vigueur le 31 août 2011)* « des rapports mentionnés aux articles L. 236-9 et L. 236-10 ».

Dans tous les cas, les projets de statuts des sociétés nouvelles sont approuvés par l'assemblée générale extraordinaire de la société scindée. Il n'y a pas lieu à approbation de l'opération par l'assemblée générale de chacune des sociétés nouvelles. – *[L. nº 66-537 du 24 juill. 1966, art. 383.]*

Art. L. 236-18 Le projet de scission est soumis aux assemblées d'obligataires de la société scindée, conformément aux dispositions du 3° du I de l'article L. 228-65, à moins que le remboursement des titres sur simple demande de leur part ne soit offert auxdits obligataires. L'offre de remboursement est soumise à publicité, dont les modalités sont fixées par décret en Conseil d'État. – *V. art. R. 236-11.*

Lorsqu'il y a lieu à remboursement sur simple demande, les sociétés bénéficiaires des apports résultant de la scission sont débitrices solidaires des obligataires qui demandent le remboursement. – *[L. nº 66-537 du 24 juill. 1966, art. 384.]*

Art. L. 236-19 Le projet de scission n'est pas soumis aux assemblées d'obligataires des sociétés auxquelles le patrimoine est transmis. Toutefois, l'assemblée ordinaire des obligataires peut donner mandat aux représentants de la masse de former opposition à la scission, dans les conditions et sous les effets prévus aux alinéas deuxième et suivants de l'article L. 236-14. – *[L. nº 66-537 du 24 juill. 1966, art. 384-1.]*

Art. L. 236-20 Les sociétés bénéficiaires des apports résultant de la scission sont débitrices solidaires des obligataires et des créanciers non obligataires de la société scindée, au lieu et place de celle-ci sans que cette substitution emporte novation à leur égard. – *[L. nº 66-537 du 24 juill. 1966, art. 385.]*

Art. L. 236-21 Par dérogation aux dispositions de l'article L. 236-20, il peut être stipulé que les sociétés bénéficiaires de la scission ne seront tenues que de la partie du passif de la société scindée mise à la charge respective et sans solidarité entre elles.

En ce cas, les créanciers non obligataires des sociétés participantes peuvent former opposition à la scission dans les conditions et sous les effets prévus aux alinéas deuxième et suivants de l'article L. 236-14. – *[L. nº 66-537 du 24 juill. 1966, art. 386.]*
– V. art. R. 236-8 et R. 236-9.

Art. L. 236-22 La société qui apporte une partie de son actif à une autre société et la société qui bénéficie de cet apport peuvent décider d'un commun accord de soumettre l'opération aux dispositions des articles L. 236-16 à L. 236-21. – *[L. nº 66-537 du 24 juill. 1966, art. 387.]*

SECTION III DISPOSITIONS PARTICULIÈRES AUX SOCIÉTÉS À RESPONSABILITÉ LIMITÉE

Art. L. 236-23 Les dispositions des articles L. 236-10, L. 236-11, *(L. nº 2008-649 du 3 juill. 2008, art. 10)* « L. 236-13, » L. 236-14, *(L. nº 2008-649 du 3 juill. 2008, art. 10)* « L. 236-15, L. 236-18, L. 236-19, » L. 236-20 et L. 236-21 sont applicables aux fusions ou aux scissions des sociétés à responsabilité limitée au profit de sociétés de même forme.

Lorsque la fusion est réalisée par apports à une société à responsabilité limitée nouvelle, celle-ci peut être constituée sans autres apports que ceux des sociétés qui fusionnent.

Lorsque la scission est réalisée par apports à des sociétés à responsabilité limitée nouvelles, celles-ci peuvent être constituées sans autre apport que celui de la société scindée. En ce cas, et si les parts de chacune des sociétés nouvelles sont attribuées aux associés de la société scindée proportionnellement à leurs droits dans le capital de cette société, il n'y a pas lieu à l'établissement du rapport mentionné à l'article L. 236-10.

Dans les cas prévus aux deux alinéas précédents, les associés des sociétés qui disparaissent peuvent agir de plein droit en qualité de fondateurs des sociétés nouvelles et il est procédé conformément aux dispositions régissant les sociétés à responsabilité limitée. – *[L. nº 66-537 du 24 juill. 1966, art. 388.]*

Art. L. 236-24 La société qui apporte une partie de son actif à une autre société et la société qui bénéficie de cet apport peuvent décider d'un commun accord de soumettre l'opération aux dispositions applicables en cas de scission par apports à des sociétés à responsabilité limitée existantes. – *[L. nº 66-537 du 24 juill. 1966, art. 388-1.]*

SECTION IV DISPOSITIONS PARTICULIÈRES AUX FUSIONS TRANSFRONTALIÈRES

(L. n° 2008-649 du 3 juill. 2008, art. 1er)

La présente section est applicable aux opérations de fusion dont le traité est signé après la publication de la loi n° 2008-649 du 3 juill. 2008 (L. préc., art. 7, JO 4 juill.).

Art. L. 236-25 Les sociétés anonymes, les sociétés en commandite par actions, les sociétés européennes immatriculées en France, les sociétés à responsabilité limitée et les sociétés par actions simplifiées peuvent participer, avec une ou plusieurs sociétés ressortissant du champ d'application du paragraphe 1 de l'article 2 de la directive 2005/56/CE du Parlement européen et du Conseil, du 26 octobre 2005, sur les fusions transfrontalières des sociétés de capitaux et immatriculées dans un ou plusieurs autres États membres de la Communauté européenne, à une opération de fusion dans les conditions prévues par les dispositions de la présente section ainsi que par celles non contraires des sections I à III du présent chapitre.

Art. L. 236-26 Par dérogation à l'article L. 236-1 et lorsque la législation d'au moins un des États membres de la Communauté européenne concernés par la fusion le permet, le traité de fusion peut prévoir, pour les opérations mentionnées à l'article L. 236-25, le versement en espèces d'une soulte supérieure à 10 % de la valeur nominale ou, à défaut, du pair comptable, des titres, parts ou actions attribués.

Le pair comptable est défini comme la quote-part du capital social représentée par une action ou une part sociale.

Art. L. 236-27 L'organe de gestion, d'administration ou de direction de chacune des sociétés participant à l'opération établit un rapport écrit qui est mis à la disposition des associés. — *V. art. R. 236-16.*

En complément du respect des obligations prévues à l'article L. 2323-19 du code du travail, le rapport mentionné au premier alinéa du présent article est mis à la disposition des délégués du personnel ou, à défaut, des salariés eux-mêmes, dans les conditions prévues par décret en Conseil d'État.

Sans préjudice du dernier alinéa de l'article L. 225-105, l'avis du comité d'entreprise consulté en application de l'article L. 2323-19 du code du travail ou, à défaut, l'avis des délégués du personnel est, s'il est transmis dans des délais prévus par décret en Conseil d'État, annexé au rapport mentionné au premier alinéa du présent article.

Art. L. 236-28 Les associés qui décident la fusion peuvent subordonner la réalisation de celle-ci à leur approbation des modalités décidées pour la participation des salariés, au sens de l'article L. 2371-1 du code du travail, dans la société issue de la fusion transfrontalière.

Ils se prononcent, par une résolution spéciale, sur la possibilité de mise en œuvre de procédures d'analyse et de modification du rapport d'échange des titres ou d'indemnisation des associés minoritaires, lorsque cette possibilité est offerte aux associés de l'une des sociétés participant à la fusion par la législation qui lui est applicable. La décision prise en application de ces procédures lie la société issue de la fusion.

Art. L. 236-29 Dans un délai fixé par décret en Conseil d'État, le greffier du tribunal dans le ressort duquel la société participant à l'opération est immatriculée délivre, après avoir procédé à la vérification prévue à l'article L. 236-6, une attestation de conformité des actes et des formalités préalables à la fusion. — *V. art. R. 236-17.*

Ce certificat précise si une procédure d'analyse et de modification du rapport d'échange des titres ou d'indemnisation des associés minoritaires est en cours.

Art. L. 236-30 Un notaire ou le greffier du tribunal dans le ressort duquel la société issue de la fusion sera immatriculée contrôle, dans un délai fixé par décret en Conseil d'État, la légalité de la réalisation de la fusion et de la constitution de la société nouvelle issue de la fusion. — *V. art. R. 236-18 et R. 236-20.*

Il contrôle en particulier que les sociétés qui fusionnent ont approuvé un projet de fusion dans les mêmes termes et que les modalités relatives à la participation des salariés ont été fixées conformément au titre VII du livre III de la deuxième partie du code du travail.

Art. L. 236-31 La fusion transfrontalière prend effet :

1° En cas de création d'une société nouvelle, conformément à l'article L. 236-4 ;

2° En cas de transmission à une société existante, selon les prévisions du contrat, sans toutefois pouvoir être antérieure au contrôle de légalité, ni postérieure à la date de clôture de l'exercice en cours de la société bénéficiaire pendant lequel a été réalisé ce contrôle.

La nullité d'une fusion transfrontalière ne peut pas être prononcée après la prise d'effet de l'opération.

Art. L. 236-32 Lorsque l'une des sociétés participant à l'opération mentionnée à l'article L. 236-25 est soumise à un régime de participation des salariés, et que tel est également le cas de la société issue de la fusion, cette dernière adopte une forme juridique permettant l'exercice de cette participation.

CHAPITRE VII DE LA LIQUIDATION

SECTION PREMIÈRE DISPOSITIONS GÉNÉRALES

Art. L. 237-1 Sous réserve des dispositions du présent chapitre, la liquidation des sociétés est régie par les dispositions contenues dans les statuts. — *[L. n° 66-537 du 24 juill. 1966, art. 390.] — V. aussi C. civ., art. 1844-8, App., v° Sociétés commerciales.*

Art. L. 237-2 La société est en liquidation dès l'instant de sa dissolution pour quelque cause que ce soit sauf dans le cas prévu au troisième alinéa de l'article 1844-5 du code civil. Sa dénomination sociale est suivie de la mention « société en liquidation ».

La personnalité morale de la société subsiste pour les besoins de la liquidation, jusqu'à la clôture de celle-ci.

La dissolution d'une société ne produit ses effets à l'égard des tiers qu'à compter de la date à laquelle elle est publiée au registre du commerce et des sociétés. — *[L. n° 66-537 du 24 juill. 1966, art. 391.] — V. art. R. 237-1.*

Art. L. 237-3 L'acte de nomination du liquidateur est publié par celui-ci, dans les conditions et délais fixés par décret en Conseil d'État, qui détermine également les documents à déposer en annexe au registre du commerce et des sociétés.

(L. n° 2012-387 du 22 mars 2012, art. 18-II) « Le ministère public ou toute personne intéressée peut demander au président du tribunal compétent statuant en référé d'enjoindre au liquidateur, le cas échéant sous astreinte, de procéder à cette publication. » — *[L. n° 66-537 du 24 juill. 1966, art. 392.] — V. art. R. 237-2.*

Art. L. 237-4 Ne peuvent être nommées liquidateurs les personnes auxquelles l'exercice des fonctions de directeur général, d'administrateur, de gérant de société, de membre du directoire ou du conseil de surveillance est interdit ou qui sont déchues du droit d'exercer ces fonctions. – *[L. nº 66-537 du 24 juill. 1966, art. 498, al. 1er.]*

Art. L. 237-5 La dissolution de la société n'entraîne pas de plein droit la résiliation des baux des immeubles utilisés pour son activité sociale, y compris des locaux d'habitation dépendant de ces immeubles.

Si, en cas de cession du bail, l'obligation de garantie ne peut plus être assurée dans les termes de celui-ci, il peut y être substitué, par décision de justice, toute garantie offerte par le cessionnaire ou un tiers, et jugée suffisante. – *[L. nº 66-537 du 24 juill. 1966, art. 393.] – V. art. R. 237-4.*

Art. L. 237-6 Sauf consentement unanime des associés, la cession de tout ou partie de l'actif de la société en liquidation à une personne ayant eu dans cette société la qualité d'associé en nom, de commandité, de gérant, d'administrateur, de directeur général, de membre du conseil de surveillance, de membre du directoire, de commissaire aux comptes ou de contrôleur, ne peut avoir lieu qu'avec l'autorisation du tribunal de commerce, le liquidateur et, s'il en existe, le commissaire aux comptes ou le contrôleur dûment entendus. – *[L. nº 66-537 du 24 juill. 1966, art. 394.]*

Art. L. 237-7 La cession de tout ou partie de l'actif de la société en liquidation au liquidateur ou à ses employés ou à leurs conjoint, ascendants ou descendants est interdite. – *[L. nº 66-537 du 24 juill. 1966, art. 395.]*

Art. L. 237-8 La cession globale de l'actif de la société ou l'apport de l'actif à une autre société, notamment par voie de fusion, est autorisé :

1° Dans les sociétés en nom collectif, à l'unanimité des associés ;

2° Dans les sociétés en commandite simple, à l'unanimité des commandités et à la majorité en nombre et en capital des commanditaires ;

3° Dans les sociétés à responsabilité limitée, à la majorité exigée pour la modification des statuts ;

4° Dans les sociétés par actions, aux conditions de quorum et de majorité prévues pour les assemblées extraordinaires et, en outre, dans les sociétés en commandite par actions, avec l'accord unanime des commandités. – *[L. nº 66-537 du 24 juill. 1966, art. 396.]*

Art. L. 237-9 Les associés, y compris les titulaires d'actions à dividende prioritaire sans droit de vote, sont convoqués en fin de liquidation pour statuer sur le compte définitif, sur le quitus de la gestion du liquidateur et la décharge de son mandat et pour constater la clôture de la liquidation.

A défaut, tout associé peut demander en justice la désignation d'un mandataire chargé de procéder à la convocation. – *[L. nº 66-537 du 24 juill. 1966, art. 397.] – V. art. R. 237-5.*

Art. L. 237-10 Si l'assemblée de clôture prévue à l'article L. 237-9 ne peut délibérer ou si elle refuse d'approuver les comptes du liquidateur, il est statué, par décision de justice, à la demande de celui-ci ou de tout intéressé. – *[L. nº 66-537 du 24 juill. 1966, art. 398.] – V. art. R. 237-6 à R. 237-9.*

Art. L. 237-11 L'avis de clôture de la liquidation est publié selon les modalités fixées par décret en Conseil d'État. – *[L. nº 66-537 du 24 juill. 1966, art. 399.] – V. art. R. 237-8.*

Art. L. 237-12 Le liquidateur est responsable, à l'égard tant de la société que des tiers, des conséquences dommageables des fautes par lui commises dans l'exercice de ses fonctions.

L'action en responsabilité contre les liquidateurs se prescrit dans les conditions prévues à l'article L. 225-254. – *[L. nº 66-537 du 24 juill. 1966, art. 400.] – V. art. R. 237-3.*

Art. L. 237-13 Toutes actions contre les associés non liquidateurs ou leurs conjoint survivant, héritiers ou ayants cause, se prescrivent par cinq ans à compter de la publication de la dissolution de la société au registre du commerce et des sociétés. – *[L. nº 66-537 du 24 juill. 1966, art. 401.]*

SECTION II DISPOSITIONS APPLICABLES SUR DÉCISION JUDICIAIRE

Art. L. 237-14 I. – A défaut de clauses statutaires ou de convention expresse entre les parties, la liquidation de la société dissoute est effectuée conformément aux dispositions de la présente section, sans préjudice de l'application de la première section du présent chapitre.

II. – En outre, il peut être ordonné par décision de justice que cette liquidation sera effectuée dans les mêmes conditions à la demande :

1° De la majorité des associés, dans les sociétés en nom collectif ;

2° D'associés représentant au moins *(L. nº 2001-420 du 15 mai 2001)* « 5 % » du capital, dans les sociétés en commandite simple, les sociétés à responsabilité limitée et les sociétés par actions ;

3° Des créanciers sociaux.

III. – Dans ce cas, les dispositions des statuts contraires à celles du présent chapitre sont réputées non écrites. – *[L. nº 66-537 du 24 juill. 1966, art. 402.] – V. art. R. 237-10.*

Art. L. 237-15 Les pouvoirs du conseil d'administration, du directoire ou des gérants prennent fin à dater de la décision de justice prise en application de l'article L. 237-14 ou de la dissolution de la société si elle est postérieure. – *[L. nº 66-537 du 24 juill. 1966, art. 403.]*

Art. L. 237-16 La dissolution de la société ne met pas fin aux fonctions du conseil de surveillance et des commissaires aux comptes. – *[L. nº 66-537 du 24 juill. 1966, art. 404.]*

Art. L. 237-17 En l'absence de commissaires aux comptes, et même dans les sociétés qui ne sont pas tenues d'en désigner, un ou plusieurs contrôleurs peuvent être nommés par les associés dans les conditions prévues au I de l'article L. 237-27. A défaut, ils peuvent être désignés, par décision de justice, à la demande du liquidateur ou de tout intéressé.

L'acte de nomination des contrôleurs fixe leurs pouvoirs, obligations et rémunérations ainsi que la durée de leurs fonctions. Ils encourent la même responsabilité que les commissaires aux comptes. – *[L. nº 66-537 du 24 juill. 1966, art. 405.] – V. art. R. 237-11.*

Art. L. 237-18 I. – Un ou plusieurs liquidateurs sont désignés par les associés, si la dissolution résulte du terme statutaire ou si elle est décidée par les associés.

II. – Le liquidateur est nommé :

1° Dans les sociétés en nom collectif, à l'unanimité des associés ;

2° Dans les sociétés en commandite simple, à l'unanimité des commandités et à la majorité en capital des commanditaires ;

3° Dans les sociétés à responsabilité limitée, à la majorité en capital des associés ;
4° Dans les sociétés anonymes, aux conditions de quorum et de majorité prévues pour les assemblées générales ordinaires ;
5° Dans les sociétés en commandite par actions, aux conditions de quorum et de majorité prévues pour les assemblées générales ordinaires, cette majorité devant comprendre l'unanimité des commandités ;
6° Dans les sociétés par actions simplifiées, à l'unanimité des associés, sauf clause contraire. — *[L. n° 66-537 du 24 juill. 1966, art. 406.] — V. art. R. 237-14. — V. aussi, art. L. 237-4.*

Art. L. 237-19 Si les associés n'ont pu nommer un liquidateur, celui-ci est désigné par décision de justice à la demande de tout intéressé, dans les conditions déterminées par décret en Conseil d'État. — *[L. n° 66-537 du 24 juill. 1966, art. 407.] — V. art. R. 237-12 et R. 237-14.*

Art. L. 237-20 Si la dissolution de la société est prononcée par décision de justice, cette décision désigne un ou plusieurs liquidateurs. — *[L. n° 66-537 du 24 juill. 1966, art. 408.] — V. art. R. 237-13.*

Art. L. 237-21 La durée du mandat du liquidateur ne peut excéder trois ans. Toutefois, ce mandat peut être renouvelé par les associés ou le président du tribunal de commerce, selon que le liquidateur a été nommé par les associés ou par décision de justice.
Si l'assemblée des associés n'a pu être valablement réunie, le mandat est renouvelé par décision de justice, à la demande du liquidateur.
En demandant le renouvellement de son mandat, le liquidateur indique les raisons pour lesquelles la liquidation n'a pu être clôturée, les mesures qu'il envisage de prendre et les délais que nécessite l'achèvement de la liquidation. — *[L. n° 66-537 du 24 juill. 1966, art. 409.] — V. art. L. 238-2. — V. aussi, art. R. 237-15.*

Art. L. 237-22 Le liquidateur est révoqué et remplacé selon les formes prévues pour sa nomination. — *[L. n° 66-537 du 24 juill. 1966, art. 410.]*

Art. L. 237-23 Dans les six mois de sa nomination, le liquidateur convoque l'assemblée des associés à laquelle il fait rapport sur la situation active et passive de la société, sur la poursuite des opérations de liquidation et le délai nécessaire pour les terminer. Le délai dans lequel le liquidateur fait son rapport peut être porté à douze mois sur sa demande par décision de justice.
A défaut, il est procédé à la convocation de l'assemblée soit par l'organe de contrôle, s'il en existe un, soit par un mandataire désigné, par décision de justice, à la demande de tout intéressé. *(L. n° 2012-387 du 22 mars 2012, art. 18-II)* « Le juge déchoit le liquidateur qui n'a pas accompli ces diligences de tout ou partie de son droit à rémunération pour l'ensemble de sa mission. Il peut en outre le révoquer. »
Si la réunion de l'assemblée est impossible ou si aucune décision n'a pu être prise, le liquidateur demande en justice les autorisations nécessaires pour aboutir à la liquidation. — *[L. n° 66-537 du 24 juill. 1966, art. 411.] — V. art. R 237-15.*

Art. L. 237-24 Le liquidateur représente la société. Il est investi des pouvoirs les plus étendus pour réaliser l'actif, même à l'amiable. Les restrictions à ces pouvoirs, résultant des statuts ou de l'acte de nomination, ne sont pas opposables aux tiers.
Il est habilité à payer les créanciers et répartir le solde disponible.
Il ne peut continuer les affaires en cours ou en engager de nouvelles pour les besoins de la liquidation que s'il y a été autorisé, soit par les associés, soit par décision de justice s'il a été nommé par la même voie. — *[L. n° 66-537 du 24 juill. 1966, art. 412.] — V. art. R. 237-13 et R. 237-15.*

Art. L. 237-25 Le liquidateur, dans les trois mois de la clôture de chaque exercice, établit les comptes annuels au vu de l'inventaire qu'il a dressé des divers éléments de l'actif et du passif existant à cette date et un rapport écrit par lequel il rend compte des opérations de liquidation au cours de l'exercice écoulé.

Sauf dispense accordée par décision de justice, le liquidateur convoque selon les modalités prévues par les statuts, au moins une fois par an et dans les six mois de la clôture de l'exercice l'assemblée des associés qui statue sur les comptes annuels, donne les autorisations nécessaires et éventuellement renouvelle le mandat des contrôleurs, commissaires aux comptes ou membres du conseil de surveillance.

Si l'assemblée n'est pas réunie, le rapport prévu au premier alinéa ci-dessus est déposé au greffe du tribunal de commerce et communiqué à tout intéressé.

(L. n° 2012-387 du 22 mars 2012, art. 18-II) « A défaut d'accomplir ces diligences, le liquidateur peut être déchu de tout ou partie de son droit à rémunération pour l'ensemble de sa mission par le président du tribunal saisi en application de l'article L. 238-2. Il peut en outre être révoqué selon les mêmes formes. » – *[L. n° 66-537 du 24 juill. 1966, art. 413.] – V. art. L. 238-2. – V. aussi, art. R. 237-15.*

Art. L. 237-26 En période de liquidation, les associés peuvent prendre communication des documents sociaux, dans les mêmes conditions qu'antérieurement. – *[L. n° 66-537 du 24 juill. 1966, art. 414.]*

Art. L. 237-27 I. – Les décisions prévues au deuxième alinéa de l'article L. 237-25 sont prises :

1° A la majorité des associés en capital, dans les sociétés en nom collectif, en commandite simple et à responsabilité limitée ;

2° Dans les conditions de quorum et de majorité des assemblées ordinaires, dans les sociétés par actions ;

3° Sauf clause contraire, à l'unanimité des associés, dans les sociétés par actions simplifiées.

II. – Si la majorité requise ne peut être réunie, il est statué, par décision de justice, à la demande du liquidateur ou de tout intéressé.

III. – Lorsque la délibération entraîne modification des statuts, elle est prise dans les conditions prescrites à cet effet, pour chaque forme de société.

IV. – Les associés liquidateurs peuvent prendre part au vote. – *[L. n° 66-537 du 24 juill. 1966, art. 415.] – V. art. R. 237-15.*

Art. L. 237-28 En cas de continuation de l'exploitation sociale, le liquidateur est tenu de convoquer l'assemblée des associés, dans les conditions prévues à l'article L. 237-25. A défaut, tout intéressé peut demander la convocation, soit par les commissaires aux comptes, le conseil de surveillance ou l'organe de contrôle, soit par un mandataire désigné par décision de justice. – *[L. n° 66-537 du 24 juill. 1966, art. 416.]*

Art. L. 237-29 Sauf clause contraire des statuts, le partage des capitaux propres subsistant après remboursement du nominal des actions ou des parts sociales est effectué entre les associés dans les mêmes proportions que leur participation au capital social. – *[L. n° 66-537 du 24 juill. 1966, art. 417.] – V. art. R. 237-16 à R. 237-18.*

Art. L. 237-30 Le remboursement des actions à dividende prioritaire sans droit de vote doit s'effectuer avant celui des actions ordinaires.

Il en est de même pour le dividende prioritaire qui n'a pas été intégralement versé.

(L. n° 2012-387 du 22 mars 2012, art. 18-II) « Peut être annulé le remboursement intégral ou partiel des actions ordinaires avant le remboursement intégral des actions à dividende prioritaire sans droit de vote. »

Les actions à dividende prioritaire sans droit de vote ont, proportionnellement à leur montant nominal, les mêmes droits que les autres actions sur le boni de liquidation.

Toute clause contraire aux dispositions du présent article est réputée non écrite. – *[L. nº 66-537 du 24 juill. 1966, art. 417-1.]*

Art. L. 237-31 Sous réserve des droits des créanciers, le liquidateur décide s'il convient de distribuer les fonds devenus disponibles en cours de liquidation.

Après mise en demeure infructueuse du liquidateur, tout intéressé peut demander en justice qu'il soit statué sur l'opportunité d'une répartition en cours de liquidation.

La décision de répartition des fonds est publiée selon les modalités fixées par décret en Conseil d'État. – *[L. nº 66-537 du 24 juill. 1966, art. 418.] – V. art. R. 237-16.*

Sur les infractions relatives à la liquidation, V. art. L. 247-5 et L. 247-6.

En ce qui concerne la société en participation, V. C. civ., art. 1871 s., App., vº Sociétés commerciales.

CHAPITRE VIII DES INJONCTIONS DE FAIRE

(L. nº 2001-420 du 15 mai 2001)

Art. L. 238-1 Lorsque les personnes intéressées ne peuvent obtenir la production, la communication ou la transmission des documents visés aux articles L. 221-7, L. 223-26, L. 225-115, L. 225-116, L. 225-117, L. 225-118, *(Ord. nº 2004-604 du 24 juin 2004, art. 51-XVIII)* « L. 225-129, L. 225-129-5, L. 225-129-6, L. 225-135, L. 225-136, L. 225-138, L. 225-177, L. 225-184, » L. 228-69, L. 237-3 et L. 237-26, elles peuvent demander au président du tribunal statuant en référé soit d'enjoindre sous astreinte au liquidateur ou aux administrateurs, gérants, et dirigeants de les communiquer, soit de désigner un mandataire chargé de procéder à cette communication.

(Ord. nº 2004-274 du 25 mars 2004, art. 21-II) « La même action est ouverte à toute personne intéressée ne pouvant obtenir du liquidateur, des administrateurs, gérants ou dirigeants communication d'une formule de procuration conforme aux prescriptions fixées par décret en Conseil d'État ou des renseignements exigés par ce décret en vue de la tenue des assemblées. »

Lorsqu'il est fait droit à la demande, l'astreinte et les frais de procédure sont à la charge des administrateurs, des gérants, des dirigeants ou du liquidateur mis en cause.

L'art. L. 238-1 dans sa rédaction issue de la L. nº 2001-420 du 15 mai 2001 et de l'Ord. nº 2004-274 du 25 mars 2004 est applicable à Mayotte, en Nouvelle-Calédonie et dans les îles Wallis-et-Futuna (Ord. préc., art. 47-II, 48-II, 49-II).

Art. L. 238-2 *(L. nº 2003-706 du 1er août 2003)* Tout intéressé peut demander au président du tribunal statuant en référé d'enjoindre sous astreinte au liquidateur de remplir les obligations prévues aux articles L. 237-21 *(L. nº 2012-387 du 22 mars 2012, art. 18-III)* « , L. 237-23 » et L. 237-25.

L'art. L. 238-2 dans sa rédaction issue de la L. nº 2003-706 du 1er août 2003 est applicable en Nouvelle-Calédonie et dans les îles Wallis-et-Futuna (Ord. nº 2004-274 du 25 mars 2004, art. 48-III et 49-III).

Art. L. 238-3 *(L. nº 2012-387 du 22 mars 2012, art. 18-III)* Le ministère public ainsi que toute personne intéressée peuvent demander au président du tribunal compétent statuant en référé d'enjoindre, le cas échéant sous astreinte, au représentant légal d'une société à responsabilité limitée, d'une société anonyme, d'une société anonyme à participation ouvrière, d'une société par actions simplifiée, d'une société européenne ou d'une société en commandite par actions de porter sur tous les actes et documents émanant de la société :

1° La dénomination sociale, précédée ou suivie immédiatement et lisiblement des mentions ou initiales suivantes, selon les cas : "société à responsabilité limitée" ou "SARL", "société anonyme" ou "SA", "société anonyme à participation ouvrière" ou "SAPO", "société par actions simplifiée" ou "SAS", "société européenne" ou "SE" ou "société en commandite par actions" ;

2° L'indication du capital social, sauf s'il s'agit d'une société à capital variable au sens de l'article L. 231-1. Dans ce dernier cas, le ministère public ou toute personne intéressée peut demander au président du tribunal de commerce statuant en référé d'enjoindre, le cas échéant sous astreinte, au représentant légal d'une société à capital variable de porter sur tous les actes et documents émanant de la société la dénomination sociale, précédée ou suivie immédiatement et lisiblement des mots : "à capital variable".

Le ministère public ou toute personne intéressée peut demander au président du tribunal compétent statuant en référé d'enjoindre, le cas échéant sous astreinte, au représentant légal d'un groupement d'intérêt économique de porter sur tous les actes et documents émanant de ce groupement la dénomination de celui-ci, suivie immédiatement et lisiblement de la mention ou des initiales : "groupement d'intérêt économique" ou "GIE".

Art. L. 238-3-1 *(L. n° 2005-842 du 26 juill. 2005, art. 11-II)* Tout intéressé peut demander au président du tribunal statuant en référé d'enjoindre sous astreinte aux sociétés utilisant le sigle « SE » dans leur dénomination sociale en méconnaissance des dispositions de l'article 11 du règlement (CE) n° 2157/2001 du Conseil, du 8 octobre 2001, relatif au statut de la société européenne (SE), de modifier cette dénomination sociale. – *V. ce texte au* ***C. sociétés.***

Art. L. 238-4 *(Ord. n° 2004-274 du 25 mars 2004, art. 20-III)* Tout intéressé peut demander au président du tribunal statuant en référé d'enjoindre sous astreinte au président des organes de direction et d'administration de transcrire les procès-verbaux de ces réunions sur un registre spécial tenu au siège social.

Art. L. 238-5 *(Ord. n° 2004-274 du 25 mars 2004, art. 22-III)* Tout intéressé peut demander au président du tribunal statuant en référé d'enjoindre sous astreinte au président de l'assemblée générale des actionnaires ou des obligataires de transcrire les procès-verbaux de ces assemblées sur un registre spécial tenu au siège social.

Art. L. 238-6 *(Ord. n° 2004-604 du 24 juin 2004, art. 50-I)* Si l'assemblée spéciale des actionnaires à dividende prioritaire n'est pas consultée dans les conditions prévues aux articles L. 228-35-6, L. 228-35-7 et L. 228-35-10, le président du tribunal statuant en référé peut, à la demande de tout actionnaire, enjoindre sous astreinte aux gérants ou au président du conseil d'administration ou du directoire de convoquer cette assemblée ou désigner un mandataire chargé de procéder à cette convocation.

La même action est ouverte à tout actionnaire ou tout titulaire de valeurs mobilières donnant accès au capital lorsque l'assemblée générale ou spéciale à laquelle il appartient n'est pas consultée dans les conditions prévues à l'article L. 225-99, au deuxième alinéa de l'article L. 225-129-6 et aux articles L. 228-16 ou L. 228-103.

CHAPITRE IX DE LA LOCATION D'ACTIONS ET DE PARTS SOCIALES

(*L. n° 2005-882 du 2 août 2005, art. 26-I*)

Art. L. 239-1 (*L. n° 2005-882 du 2 août 2005, art. 26-I*) **Les statuts peuvent prévoir que les actions des sociétés par actions ou les parts sociales des sociétés à responsabilité limitée soumises à l'impôt sur les sociétés de plein droit ou sur option peuvent être données à bail, au sens des dispositions de l'article 1709 du code civil, au profit d'une personne physique.**

La location d'actions ne peut porter que sur des titres nominatifs non négociables sur un marché réglementé, non inscrits aux opérations d'un dépositaire central et non soumis à l'obligation de conservation prévue à l'article L. 225-197-1 du présent code ou aux délais d'indisponibilité prévus aux chapitres II et III du titre IV du livre IV [*chapitre II du titre II et chapitre II du titre III du livre III de la partie III nouv.*] **du code du travail.**

La location d'actions ou de parts sociales ne peut pas porter sur des titres :

1° Détenus par des personnes physiques dans le cadre de la gestion de leur patrimoine privé lorsque les produits et plus-values bénéficient d'un régime d'exonération en matière d'impôt sur le revenu ;

2° Inscrits à l'actif d'une société de capital-risque mentionnée à l'article 1er-1 de la loi n° 85-695 du 11 juillet 1985 portant diverses dispositions d'ordre économique et financier ou d'une société unipersonnelle d'investissement à risque mentionnée à l'article 208 D du code général des impôts ;

3° Détenus par un fonds commun de placement à risques, un fonds commun de placement dans l'innovation ou un fonds d'investissement de proximité respectivement mentionnés aux (*Ord. n° 2011-915 du 1er août 2011, art. 26*) **« articles L. 214-28, L. 214-30 et L. 214-31 » du code monétaire et financier.**

A peine de nullité, les actions ou parts louées ne peuvent faire l'objet d'une sous-location ou d'un prêt de titres au sens des articles (*L. n° 2009-526 du 12 mai 2009, art. 138-XIII*) **« L. 211-22 à L. 211-26 » du même code.**

Les actions des sociétés par actions ou les parts sociales des sociétés à responsabilité limitée, lorsque les unes ou les autres de ces sociétés sont constituées pour l'exercice des professions visées à l'article 1er de la loi n° 90-1258 du 31 décembre 1990 relative à l'exercice sous forme de sociétés des professions libérales soumises à un statut législatif ou réglementaire ou dont le titre est protégé et aux sociétés de participations financières de professions libérales, ne peuvent pas faire l'objet du contrat de bail prévu au présent article, sauf au profit de professionnels salariés ou collaborateurs libéraux exerçant en leur sein.

Lorsque la société fait l'objet d'une procédure de redressement judiciaire en application du titre III du livre VI du présent code, la location de ses actions ou parts sociales ne peut intervenir que dans les conditions fixées par le tribunal ayant ouvert cette procédure.

Art. L. 239-2 (*L. n° 2005-882 du 2 août 2005, art. 26-I*) **Le contrat de bail est constaté par acte authentique ou sous seing privé soumis à la procédure de l'enregistrement. Il comporte, à peine de nullité, des mentions dont la liste est fixée par décret en Conseil d'État.** — *V. art. R. 239-1.*

Il est rendu opposable à la société dans les formes prévues à l'article 1690 du code civil.

La délivrance des actions ou parts est réalisée à la date à laquelle est inscrite, dans le registre des titres nominatifs de la société par actions ou dans les statuts de la société à responsabilité limitée, à côté du nom de l'actionnaire ou de l'associé, la

mention du bail et du nom du locataire. A compter de cette date, la société doit adresser au locataire les informations dues aux actionnaires ou associés et prévoir sa participation et son vote aux assemblées conformément aux dispositions du deuxième alinéa de l'article L. 239-3.

Les actions ou parts louées font l'objet d'une évaluation en début et en fin de contrat, ainsi qu'à la fin de chaque exercice comptable lorsque le bailleur est une personne morale. Cette évaluation est effectuée sur la base de critères tirés des comptes sociaux. Elle est certifiée par un commissaire aux comptes.

Art. L. 239-3 *(L. nº 2005-882 du 2 août 2005, art. 26-I)* Les dispositions légales ou statutaires prévoyant l'agrément du cessionnaire de parts ou d'actions sont applicables dans les mêmes conditions au locataire.

Le droit de vote attaché à l'action ou à la part sociale louée appartient au bailleur dans les assemblées statuant sur les modifications statutaires ou le changement de nationalité de la société et au locataire dans les autres assemblées. Pour l'exercice des autres droits attachés aux actions et parts sociales louées, le bailleur est considéré comme le nu-propriétaire et le locataire comme l'usufruitier.

Pour l'application des dispositions du livre IV du présent code, le bailleur et le locataire sont considérés comme détenteurs d'actions ou de parts sociales.

Art. L. 239-4 *(L. nº 2005-882 du 2 août 2005, art. 26-I)* Le bail est renouvelé dans les mêmes conditions que la conclusion du bail initial.

En cas de non-renouvellement du contrat de bail ou de résiliation, la partie la plus diligente fait procéder à la radiation de la mention portée dans le registre des titres nominatifs de la société par actions ou dans les statuts de la société à responsabilité limitée.

Art. L. 239-5 *(L. nº 2005-882 du 2 août 2005, art. 26-I)* Tout intéressé peut demander au président du tribunal statuant en référé d'enjoindre sous astreinte au représentant légal de la société par actions ou de la société à responsabilité limitée, en cas de signification ou d'arrivée à terme d'un contrat de bail portant sur des actions ou des parts sociales de la société, de modifier le registre des titres nominatifs ou les statuts et de convoquer l'assemblée des associés à cette fin.

Les parts ou actions des sociétés d'exercice libéral ne peuvent faire l'objet du contrat de bail prévu aux art. L. 239-1 à L. 239-5 C. com., sauf au profit de professionnels salariés ou collaborateurs libéraux exerçant au sein de celles-ci (L. nº 90-1258 du 31 déc. 1990, art. 8).

TITRE QUATRIÈME DISPOSITIONS PÉNALES

CHAPITRE PREMIER DES INFRACTIONS CONCERNANT LES SOCIÉTÉS À RESPONSABILITÉ LIMITÉE

Art. L. 241-1 *Abrogé par L. nº 2012-387 du 22 mars 2012, art. 21.*

Art. L. 241-2 Est puni d'un emprisonnement de six mois et d'une amende de 9 000 € le fait, pour des gérants, d'émettre, directement ou par personne interposée, pour le compte de la société des valeurs mobilières quelconques *(Ord. nº 2004-274 du 25 mars 2004, art. 19)* « à l'exception des obligations émises dans les conditions déterminées par l'article L. 223-11 ». — *[L. nº 66-537 du 24 juill. 1966, art. 424.]*

Art. L. 241-3 Est puni d'un emprisonnement de cinq ans et d'une amende de 375 000 € :

1° Le fait, pour toute personne, de faire attribuer frauduleusement à un apport en nature une évaluation supérieure à sa valeur réelle ;

2° Le fait, pour les gérants, d'opérer entre les associés la répartition de dividendes fictifs, en l'absence d'inventaire ou au moyen d'inventaires frauduleux ;

3° Le fait, pour les gérants, même en l'absence de toute distribution de dividendes, de présenter aux associés des comptes annuels ne donnant pas, pour chaque exercice, une image fidèle du résultat des opérations de l'exercice, de la situation financière et du patrimoine à l'expiration de cette période en vue de dissimuler la véritable situation de la société ;

4° Le fait, pour les gérants, de faire, de mauvaise foi, des biens ou du crédit de la société, un usage qu'ils savent contraire à l'intérêt de celle-ci, à des fins personnelles ou pour favoriser une autre société ou entreprise dans laquelle ils sont intéressés directement ou indirectement ;

5° Le fait, pour les gérants, de faire, de mauvaise foi, des pouvoirs qu'ils possèdent ou des voix dont ils disposent, en cette qualité, un usage qu'ils savent contraire aux intérêts de la société, à des fins personnelles ou pour favoriser une autre société ou une autre entreprise dans laquelle ils sont intéressés directement ou indirectement. – *[L. n° 66-537 du 24 juill. 1966, art. 425.]*

Art. L. 241-4 Est puni d'une amende de 9 000 € :

1° Le fait, pour les gérants, de ne pas, pour chaque exercice, dresser l'inventaire, établir les comptes annuels et un rapport de gestion ;

2° et 3° abrogés par L. n° 2001-420 du 15 mai 2001. – [L. n° 66-537 du 24 juill. 1966, art. 426.]

Art. L. 241-5 *(L. n° 2012-387 du 22 mars 2012, art. 19-I)* Est puni de 9 000 € d'amende le fait, pour les gérants, de ne pas soumettre à l'approbation de l'assemblée des associés ou de l'associé unique l'inventaire, les comptes annuels et le rapport de gestion établis pour chaque exercice. – *[L. n° 66-537 du 24 juill. 1966, art. 427.]*

Art. L. 241-6 *Abrogé par L. n° 2012-387 du 22 mars 2012, art. 21.*

Art. L. 241-7 *Abrogé par L. n° 2003-701 du 1er août 2003, art. 9.*

Art. L. 241-8 *Abrogé par L. n° 2001-420 du 15 mai 2001, art. 113-III.*

Art. L. 241-9 Les dispositions des articles L. 241-2 à *(L. n° 2003-721 du 1er août 2003, art. 9)* « L. 241-6 » sont applicables à toute personne qui, directement ou par personne interposée, aura, en fait, exercé la gestion d'une société à responsabilité limitée sous le couvert ou au lieu et place de son gérant légal. – *[L. n° 66-537 du 24 juill. 1966, art. 431.]*

CHAPITRE II DES INFRACTIONS CONCERNANT LES SOCIÉTÉS ANONYMES

SECTION PREMIÈRE DES INFRACTIONS RELATIVES À LA CONSTITUTION

Art. L. 242-1 *(L. n° 2012-387 du 22 mars 2012, art. 19-II)* Est puni de 150 000 € d'amende le fait, pour les fondateurs, le président, les administrateurs ou les directeurs généraux d'une société anonyme, d'émettre ou négocier des actions ou des coupures d'actions sans que les actions de numéraire aient été libérées à la souscription de la moitié au moins ou sans que les actions d'apport aient été intégralement libérées avant l'immatriculation de la société au registre du commerce et des sociétés.

La peine prévue au présent article peut être portée au double lorsque les actions ou coupures d'actions ont fait l'objet d'une offre au public. – *[L. n° 66-537 du 24 juill. 1966, art. 432.]*

Art. L. 242-2 Est puni d'un emprisonnement de cinq ans et d'une amende de 9 000 € le fait, pour toute personne :

1° à 3° abrogés par L. n° 2001-420 du 15 mai 2001.

4° De faire attribuer frauduleusement à un apport en nature une évaluation supérieure à sa valeur réelle. – *[L. n° 66-537 du 24 juill. 1966, art. 433.]*

Art. L. 242-3 *(L. n° 2012-387 du 22 mars 2012, art. 19-II)* Est puni de 150 000 € d'amende le fait, pour les titulaires ou porteurs d'actions, de négocier des actions de numéraire pour lesquelles le versement de la moitié n'a pas été effectué. – *[L. n° 66-537 du 24 juill. 1966, art. 434.]*

Art. L. 242-4 *Abrogé par L. n° 2012-387 du 22 mars 2012, art. 21.*

Art. L. 242-5 Est puni d'un emprisonnement de six mois et d'une amende de 9 000 € le fait d'accepter ou de conserver les fonctions de commissaire aux apports, nonobstant les incompatibilités et interdictions légales. – *[L. n° 66-537 du 24 juill. 1966, art. 436.]*

● SECTION II DES INFRACTIONS RELATIVES À LA DIRECTION ET À L'ADMINISTRATION

Art. L. 242-6 Est puni d'un emprisonnement de cinq ans et d'une amende de 375 000 € le fait pour :

1° Le président, les administrateurs ou les directeurs généraux d'une société anonyme d'opérer entre les actionnaires la répartition de dividendes fictifs, en l'absence d'inventaire, ou au moyen d'inventaires frauduleux ;

2° Le président, les administrateurs ou les directeurs généraux d'une société anonyme de publier ou présenter aux actionnaires, même en l'absence de toute distribution de dividendes, des comptes annuels ne donnant pas, pour chaque exercice, une image fidèle du résultat des opérations de l'exercice, de la situation financière et du patrimoine, à l'expiration de cette période, en vue de dissimuler la véritable situation de la société ;

3° Le président, les administrateurs ou les directeurs généraux d'une société anonyme de faire, de mauvaise foi, des biens ou du crédit de la société, un usage qu'ils savent contraire à l'intérêt de celle-ci, à des fins personnelles ou pour favoriser une autre société ou entreprise dans laquelle ils sont intéressés directement ou indirectement ;

4° Le président, les administrateurs ou les directeurs généraux d'une société anonyme de faire, de mauvaise foi, des pouvoirs qu'ils possèdent ou des voix dont ils disposent, en cette qualité, un usage qu'ils savent contraire aux intérêts de la société, à des fins personnelles ou pour favoriser une autre société ou entreprise dans laquelle ils sont intéressés directement ou indirectement. – *[L. n° 66-537 du 24 juill. 1966, art. 437.]*

Art. L. 242-7 *Abrogé par Ord. nº 2004-274 du 25 mars 2004, art. 20-I. – V. art. L. 235-14 et L. 238-4.*

Art. L. 242-8 **Est puni d'une amende de 9 000 € le fait, pour le président, les administrateurs ou les directeurs généraux d'une société anonyme, de ne pas, pour chaque exercice, dresser l'inventaire et établir des comptes annuels et un rapport de gestion.** – *[L. nº 66-537 du 24 juill. 1966, art. 439.]*

SECTION III DES INFRACTIONS RELATIVES AUX ASSEMBLÉES D'ACTIONNAIRES

Art. L. 242-9 **Est puni d'un emprisonnement de deux ans et d'une amende de 9 000 € :**

1º Le fait d'empêcher un actionnaire de participer à une assemblée d'actionnaires ;

2º abrogé par L. nº 2003-706 du 1er août 2003.

3º Le fait de se faire accorder, garantir ou promettre des avantages pour voter dans un certain sens ou pour ne pas participer au vote, ainsi que le fait d'accorder, garantir ou promettre ces avantages. – *[L. nº 66-537 du 24 juill. 1966, art. 440.]*

Art. L. 242-10 **Est puni d'un emprisonnement de six mois et d'une amende de 9 000 € le fait, pour le président ou les administrateurs d'une société anonyme,** *(Abrogé par L. nº 2012-387 du 22 mars 2012, art. 19-II)* ***« de ne pas réunir l'assemblée générale ordinaire dans les six mois de la clôture de l'exercice ou, en cas de prolongation, dans le délai fixé par décision de justice ou »*** **de ne pas soumettre à l'approbation de** *(L. nº 2012-387 du 22 mars 2012, art. 19-II)* **« l'assemblée générale ordinaire » les comptes annuels et le rapport de gestion prévus à l'article L. 232-1.** – *[L. nº 66-537 du 24 juill. 1966, art. 441.]*

Art. L. 242-11 *Abrogé par L. nº 2003-706 du 1er août 2003.*

Art. L. 242-12 et L. 242-13 *Abrogés par Ord. nº 2004-274 du 25 mars 2004, art. 21-I. – Cette abrogation est également applicable en Nouvelle-Calédonie et dans les îles Wallis-et-Futuna (Ord. nº 2004-274 du 25 mars 2004, art. 48-II et 49-II).*

Art. L. 242-14 *Abrogé par L. nº 2001-420 du 15 mai 2001.*

Art. L. 242-15 *Abrogé par L. nº 2012-387 du 22 mars 2012, art. 21.*

Art. L. 242-16 *Abrogé par L. nº 2003-706 du 1er août 2003. – V. désormais art. L. 235-2-1.*

SECTION IV DES INFRACTIONS RELATIVES AUX MODIFICATIONS DU CAPITAL SOCIAL

SOUS-SECTION 1 DE L'AUGMENTATION DU CAPITAL

Art. L. 242-17 *(L. nº 2012-387 du 22 mars 2012, art. 19-II)* **Est puni de 150 000 € d'amende le fait, pour le président, les administrateurs ou les directeurs généraux d'une société anonyme, d'émettre des actions ou des coupures d'actions sans que le capital antérieurement souscrit de la société ait été intégralement libéré ou sans que**

les nouvelles actions d'apport aient été intégralement libérées avant l'inscription modificative au registre du commerce et des sociétés ou encore sans que les actions de numéraire nouvelles aient été libérées, lors de la souscription, du quart au moins de leur valeur nominale et, le cas échéant, de la totalité de la prime d'émission.

La peine prévue au présent article peut être doublée lorsque les actions ou coupures d'actions émises ont fait l'objet d'une offre au public.

Le présent article n'est applicable ni aux actions qui ont été régulièrement émises par conversion d'obligations convertibles à tout moment ou par utilisation des bons de souscription, ni aux actions émises dans les conditions prévues aux articles L. 232-18 à L. 232-20.

Art. L. 242-18 et L. 242-19 *Abrogés par L. n° 2003-706 du 1er août 2003.*

Art. L. 242-20 **Est puni d'un emprisonnement de deux ans et d'une amende de 18 000 € le fait, pour le président, les administrateurs ou les commissaires aux comptes d'une société anonyme, de donner ou confirmer des indications inexactes dans les rapports présentés à l'assemblée générale appelée à décider de la suppression du droit préférentiel de souscription des actionnaires.** – *[L. n° 66-537 du 24 juill. 1966, art. 452.]*

Art. L. 242-21 **Les dispositions des articles L. 242-2 à L. 242-5 relatives à la constitution des sociétés anonymes sont applicables en cas d'augmentation de capital.** – *[L. n° 66-537 du 24 juill. 1966, art. 452-1.]*

SOUS-SECTION 2 DE L'AMORTISSEMENT DU CAPITAL

Art. L. 242-22 *Abrogé par L. n° 2001-420 du 15 mai 2001.*

SOUS-SECTION 3 DE LA RÉDUCTION DU CAPITAL

Art. L. 242-23 *(L. n° 2012-387 du 22 mars 2012, art. 19-II)* **Est puni de 30 000 € d'amende le fait, pour le président ou les administrateurs d'une société anonyme, de procéder à une réduction du capital social sans respecter l'égalité des actionnaires.** – *[L. n° 66-537 du 24 juill. 1966, art. 454.]*

Art. L. 242-24 *(L. n° 2012-387 du 22 mars 2012, art. 19-II)* **Est puni de 150 000 € d'amende le fait, pour le président, les administrateurs ou les directeurs généraux d'une société anonyme, d'utiliser des actions achetées par la société en application de l'article L. 225-208 afin de faire participer les salariés aux résultats, d'attribuer des actions gratuites ou de consentir des options donnant droit à l'achat d'actions à des fins autres que celles prévues au même article L. 225-208.**

Est passible de la même peine le fait, pour le président, les administrateurs ou les directeurs généraux d'une société anonyme, d'effectuer, au nom de celle-ci, les opérations interdites par le premier alinéa de l'article L. 225-216. – *[L. n° 66-537 du 24 juill. 1966, art. 454-1.]*

SECTION V DES INFRACTIONS RELATIVES AU CONTRÔLE

Art. L. 242-25 à L. 242-28 *Abrogés par L. n° 2001-420 du 15 mai 2001, art. 113-III. – V. art. L. 820-1 s.*

SECTION VI DES INFRACTIONS RELATIVES À LA DISSOLUTION

Art. L. 242-29 *Abrogé par L. n° 2012-387 du 22 mars 2012, art. 21.*

SECTION VII DES INFRACTIONS RELATIVES AUX SOCIÉTÉS ANONYMES COMPORTANT UN DIRECTOIRE ET UN CONSEIL DE SURVEILLANCE

Art. L. 242-30 **Les peines prévues par les articles** *(L. n° 2011-525 du 17 mai 2011, art. 159)* **« L. 242-1 » à** *(L. n° 2012-387 du 22 mars 2012, art. 19-II)* **« L. 242-24 »** *(Abrogé par L. n° 2003-721 du 1er août 2003, art. 9)* ***« et L. 246-1 »*** **pour les présidents, les directeurs généraux et les administrateurs des sociétés anonymes sont applicables, selon leurs attributions respectives, aux membres du directoire et aux membres du conseil de surveillance des sociétés anonymes régies par les dispositions des articles L. 225-57 à L. 225-93.**

Les dispositions de l'article L. 246-2 sont en outre applicables aux sociétés anonymes régies par les articles L. 225-57 à L. 225-93. – *[L. n° 66-537 du 24 juill. 1966, art. 464.]*

SECTION VIII DES INFRACTIONS RELATIVES AUX SOCIÉTÉS ANONYMES À PARTICIPATION OUVRIÈRE

Art. L. 242-31 *Abrogé par L. n° 2012-387 du 22 mars 2012, art. 21.*

CHAPITRE III DES INFRACTIONS CONCERNANT LES SOCIÉTÉS EN COMMANDITE PAR ACTIONS

Art. L. 243-1 **Les articles L. 242-1 à L. 242-29 s'appliquent aux sociétés en commandite par actions.**

Les peines prévues pour les présidents, les administrateurs ou les directeurs généraux des sociétés anonymes sont applicables, en ce qui concerne leurs attributions, aux gérants des sociétés en commandite par actions. – *[L. n° 66-537 du 24 juill. 1966, art. 460.]*

Art. L. 243-2 *Abrogé par L. n° 2001-420 du 15 mai 2001.*

CHAPITRE IV DES INFRACTIONS CONCERNANT LES SOCIÉTÉS PAR ACTIONS SIMPLIFIÉES

Art. L. 244-1 **Les articles L. 242-1 à L. 242-6, L. 242-8, L. 242-17 à** *(L. n° 2012-387 du 22 mars 2012, art. 19-II)* **« L. 242-24 » s'appliquent aux sociétés par actions simplifiées.**

Les peines prévues pour le président, les administrateurs ou les directeurs généraux des sociétés anonymes sont applicables au président et aux dirigeants des sociétés par actions simplifiées.

Les articles L. 242-20 *(L. n° 2011-525 du 17 mai 2011, art. 159)* « , L. 820-6 et L. 820-7 » s'appliquent aux commissaires aux comptes des sociétés par actions simplifiées. – *[L. n° 66-537 du 24 juill. 1966, art. 464-1.]*

Art. L. 244-2 *Al. 1er abrogé par L. n° 2003-721 du 1er août 2003, art. 9. – V. art. L. 238-3.*

(L. n° 2001-420 du 15 mai 2001) « Le fait, pour un président ou un dirigeant de société par actions simplifiée de ne pas consulter les associés dans les conditions prévues par les statuts en cas d'augmentation, d'amortissement ou de réduction du capital, de fusion, de scission, de dissolution ou de transformation en une société d'une autre forme *(Abrogé par L. n° 2003-721 du 1er août 2003, art. 9)* « *, de nomination de commissaires aux comptes, d'approbation des comptes annuels et de répartition des bénéfices* » est puni de six mois d'emprisonnement et de 7 500 € d'amende. »

Art. L. 244-3 Est puni d'une amende de 18 000 € le fait, pour les dirigeants d'une société par actions simplifiée, de *(Ord. n° 2009-80 du 22 janv. 2009, art. 8-III, en vigueur le 1er avr. 2009)* « procéder à une offre au public de titres financiers ou de faire admettre des actions aux négociations sur un marché réglementé ». – *[L. n° 66-537 du 24 juill. 1966, art. 464-3.]*

Art. L. 244-4 Les dispositions des articles L. 244-1, L. 244-2 et L. 244-3 sont applicables à toute personne qui, directement ou par personne interposée, aura en fait exercé la direction d'une société par actions simplifiée sous le couvert ou au lieu et place du président et des dirigeants de cette société. – *[L. n° 66-537 du 24 juill. 1966, art. 464-4.]*

CHAPITRE IV *bis* DES INFRACTIONS CONCERNANT LES SOCIÉTÉS EUROPÉENNES

(L. n° 2005-842 du 26 juill. 2005, art. 11-II)

Art. L. 244-5 *(L. n° 2005-842 du 26 juill. 2005, art. 11-II)* Les articles L. 242-1 à L. 242-30 s'appliquent aux sociétés européennes.

Les peines prévues pour le président, les administrateurs, les directeurs généraux, les membres du directoire ou les membres du conseil de surveillance des sociétés anonymes sont applicables au président, aux administrateurs, aux directeurs généraux, aux membres du directoire ou aux membres du conseil de surveillance des sociétés européennes.

L'article L. 242-20 s'applique aux commissaires aux comptes des sociétés européennes.

CHAPITRE V DES INFRACTIONS RELATIVES AUX VALEURS MOBILIÈRES ÉMISES PAR LES SOCIÉTÉS PAR ACTIONS

SECTION PREMIÈRE DES INFRACTIONS RELATIVES AUX ACTIONS

Art. L. 245-1 et L. 245-2 *Abrogés par L. n° 2001-420 du 15 mai 2001.*

Art. L. 245-3 *Abrogé par L. n° 2012-387 du 22 mars 2012, art. 21.*

Art. L. 245-4 Le fait, pour le président et les administrateurs, les directeurs généraux, les membres du directoire et du conseil de surveillance d'une société anonyme, les gérants des sociétés en commandite par actions, de détenir, directement ou indirectement dans les conditions prévues par l'article *(Ord. n° 2004-604 du 24 juin 2004, art. 38-II)* « L. 228-35-8 », des actions à dividende prioritaire sans droit de vote de la société qu'ils dirigent est puni *(L. n° 2012-387 du 22 mars 2012, art. 19-II)* « d'une amende de 150 000 € ». – *[L. n° 66-537 du 24 juill. 1966, art. 467-2.]*

Art. L. 245-5 *Abrogé par L. n° 2012-387 du 22 mars 2012, art. 21.*

SECTION II DES INFRACTIONS RELATIVES AUX PARTS DE FONDATEUR

Art. L. 245-6 *Abrogé par L. n° 2001-420 du 15 mai 2001.*

SECTION III DES INFRACTIONS RELATIVES AUX OBLIGATIONS

Art. L. 245-7 et L. 245-8 *Abrogés par L. n° 2001-420 du 15 mai 2001.*

Art. L. 245-9 Est puni d'une amende de 9 000 € le fait, pour le président, les administrateurs, les directeurs généraux ou les gérants d'une société par actions *(Ord. n° 2004-274 du 25 mars 2004, art. 23-II)* « d'émettre, pour le compte de cette société, des obligations négociables qui, dans une même émission, ne confèrent pas les mêmes droits de créance pour une même valeur nominale. »

1° et 2° abrogés par Ord. n° 2004-274 du 25 mars 2004, art. 23-I. – [L. n° 66-537 du 24 juill. 1966, art. 471.]

Art. L. 245-10 *Abrogé par L. n° 2003-706 du 1er août 2003, art. 134-I.*

Art. L. 245-11 Est puni d'un emprisonnement de deux ans et d'une amende de 9 000 € le fait :

1° D'empêcher un obligataire de participer à une assemblée générale d'obligataires ;

Ancien 2° abrogé par Ord. n° 2004-604 du 24 juin 2004, art. 50-IV.

(Ord. n° 2004-604 du 24 juin 2004, art. 50-IV) « 2° » De se faire accorder, garantir ou promettre des avantages particuliers pour voter dans un certain sens ou pour ne pas participer au vote, ainsi que le fait d'accorder, garantir ou promettre ces avantages particuliers. – *[L. n° 66-537 du 24 juill. 1966, art. 473.]*

Art. L. 245-12 Est puni d'une amende de 6 000 € le fait :

1° Pour le président, les administrateurs, les directeurs généraux, les gérants, les commissaires aux comptes, les membres du conseil de surveillance ou les employés de la société débitrice ou de la société garante de tout ou partie des engagements de la société débitrice ainsi que pour leurs ascendants, descendants ou conjoints de représenter des obligataires à leur assemblée générale, ou d'accepter d'être les représentants de la masse des obligataires ;

Anciens 2° à 5° abrogés par Ord. n° 2004-604 du 24 juin 2004 art. 50-IV.

(Ord. n° 2004-604 du 24 juin 2004, art. 50-V) « 2° » Pour le président, les administrateurs, les directeurs généraux ou les gérants de sociétés détenant au moins 10 % du capital des sociétés débitrices, de prendre part à l'assemblée générale des

obligataires à raison des obligations détenues par ces sociétés. – *[L. n° 66-537 du 24 juill. 1966, art. 474.]*

Art. L. 245-13 **Est puni d'une amende de 4 500 € le fait, pour le président de l'assemblée générale des obligataires, de ne pas procéder à la constatation des décisions de toute assemblée générale d'obligataires par procès-verbal,** *(Abrogé par Ord. n° 2004-274 du 25 mars 2004, art. 22-II)* ***« transcrit sur un registre spécial tenu au siège social et »*** **mentionnant la date et le lieu de la réunion, le mode de convocation, l'ordre du jour, la composition du bureau, le nombre d'obligataires participant au vote et le quorum atteint, les documents et rapports soumis à l'assemblée, un résumé des débats, le texte des résolutions mises aux voix et le résultat des votes.** – *[L. n° 66-537 du 24 juill. 1966, art. 475.]*

Art. L. 245-14 *Abrogé par L. n° 2003-706 du 1er août 2003. – V. édition 2005* **C. com.**

Art. L. 245-15 **Les infractions prévues** *(Ord. n° 2004-604 du 24 juin 2004, art. 50-VI)* **« aux articles L. 245-9, » L. 245-12,** *(L. n° 2003-706 du 1er août 2003)* **« et L. 245-13 » sont punies de cinq ans d'emprisonnement et de 18 000 € d'amende lorsqu'elles ont été commises frauduleusement en vue de priver les obligataires ou certains d'entre eux d'une part des droits attachés à leur titre de créance.** – *[L. n° 66-537 du 24 juill. 1966, art. 477.]*

SECTION IV **DISPOSITIONS COMMUNES**

Art. L. 245-16 **Les dispositions du présent chapitre visant le président, les administrateurs, les directeurs généraux et les gérants de sociétés par actions sont applicables à toute personne qui, directement ou par personne interposée, aura, en fait, exercé la direction, l'administration ou la gestion desdites sociétés sous le couvert ou au lieu et place de leurs représentants légaux.** – *[L. n° 66-537 du 24 juill. 1966, art. 478.]*

SECTION V **DES INFRACTIONS RELATIVES AUX SOCIÉTÉS ANONYMES COMPORTANT UN DIRECTOIRE ET UN CONSEIL DE SURVEILLANCE**

Art. L. 245-17 **Les peines prévues par les articles L. 245-1 à L. 245-15 pour les présidents, les directeurs généraux et les administrateurs des sociétés anonymes sont applicables, selon leurs attributions respectives, aux membres du directoire et aux membres du conseil de surveillance des sociétés anonymes régies par les dispositions des articles L. 225-57 à L. 225-93.**

Les dispositions de l'article L. 245-16 sont en outre applicables aux sociétés anonymes régies par les articles L. 225-57 à L. 225-93. – *[L. n° 66-537 du 24 juill. 1966, art. 479.]*

CHAPITRE VI **DES INFRACTIONS COMMUNES AUX DIVERSES FORMES DE SOCIÉTÉS PAR ACTIONS**

Art. L. 246-1 *Abrogé par L. n° 2003-721 du 1er août 2003, art. 9.*

Art. L. 246-2 **Les dispositions des articles L. 242-1 à L. 242-29** *(L. n° 2005-842 du 26 juill. 2005, art. 11-II)* **« , L. 243-1 et L. 244-5 » visant le président, les adminis-**

trateurs ou les directeurs généraux de sociétés anonymes *(L. n° 2005-842 du 26 juill. 2005, art. 11-II)* **« ou de sociétés européennes » et les gérants de sociétés en commandite par actions sont applicables à toute personne qui, directement ou par personne interposée, a, en fait, exercé la direction, l'administration ou la gestion desdites sociétés sous le couvert ou au lieu et place de leurs représentants légaux.** – *[L. n° 66-537 du 24 juill. 1966, art. 463.]*

CHAPITRE VII DES INFRACTIONS COMMUNES AUX DIVERSES FORMES DE SOCIÉTÉS COMMERCIALES

SECTION PREMIÈRE DES INFRACTIONS RELATIVES AUX FILIALES, AUX PARTICIPATIONS ET AUX SOCIÉTÉS CONTRÔLÉES

Art. L. 247-1 **I. – Est puni d'un emprisonnement de deux ans et d'une amende de 9 000 € le fait, pour les présidents, les administrateurs, les directeurs généraux ou les gérants de toute société :**

1° De ne pas faire mention dans le rapport annuel présenté aux associés sur les opérations de l'exercice, d'une prise de participation dans une société ayant son siège sur le territoire de la République française représentant plus du vingtième, du dixième, du cinquième, du tiers, de la moitié ou des deux tiers du capital ou des droits de vote aux assemblées générales de cette société ou de la prise de contrôle d'une telle société ;

2° De ne pas, dans le même rapport, rendre compte de l'activité et des résultats de l'ensemble de la société, des filiales de la société et des sociétés qu'elle contrôle par branche d'activité ;

3° De ne pas annexer au bilan de la société le tableau prévu à l'article L. 233-15 et comportant les renseignements en vue de faire apparaître la situation desdites filiales et participations.

II. – Est puni d'une amende de 9 000 € le fait, pour les membres du directoire, du conseil d'administration ou les gérants des sociétés visées à l'article L. 233-16, sous réserve des dérogations prévues à l'article L. 233-17, de ne pas établir et adresser aux actionnaires ou associés, dans les délais prévus par la loi, les comptes consolidés. Le tribunal peut en outre ordonner l'insertion du jugement, aux frais du condamné, dans un ou plusieurs journaux.

III. – Est puni des peines mentionnées au I le fait, pour le commissaire aux comptes, de ne pas faire figurer dans son rapport les mentions visées au 1° du I du présent article. – *[L. n° 66-537 du 24 juill. 1966, art. 481.]*

Art. L. 247-2 **I. – Est puni d'une amende de 18 000 € le fait, pour les présidents, les administrateurs, les membres du directoire, les gérants ou les directeurs généraux des personnes morales, ainsi que pour les personnes physiques de s'abstenir de remplir les obligations d'informations auxquelles cette personne est tenue, en application de l'article L. 233-7, du fait des participations qu'elle détient.**

II. – Est puni de la même peine le fait, pour les présidents, les administrateurs, les membres du directoire, les gérants ou les directeurs généraux d'une société, de s'abstenir de procéder aux notifications auxquelles cette société est tenue, en application de l'article L. 233-12, du fait des participations qu'elle détient dans la société par actions qui la contrôle.

III. – Est puni de la même peine le fait, pour les présidents, les administrateurs, les membres du directoire, les gérants ou les directeurs généraux d'une société,

d'omettre de faire mention dans le rapport présenté aux actionnaires sur les opérations de l'exercice de l'identité des personnes détenant des participations significatives dans cette société, des modifications intervenues au cours de l'exercice, du nom des sociétés contrôlées et de la part du capital de la société que ces sociétés détiennent, dans les conditions prévues par l'article L. 233-13.

IV. – Est puni de la même peine le fait, pour le commissaire aux comptes, d'omettre dans son rapport les mentions visées au III.

V. – *(Ord. n° 2009-80 du 22 janv. 2009, art. 8-IV, en vigueur le 1er avr. 2009)* « Pour les sociétés dont les actions sont admises aux négociations sur un marché d'instruments financiers mentionné au II de l'article L. 233-7, les poursuites sont engagées après que l'avis de l'Autorité des marchés financiers a été demandé. » – *[L. n° 66-537 du 24 juill. 1966, art. 481-1.]*

Art. L. 247-3 Est puni d'une amende de 18 000 € le fait, pour les présidents, les administrateurs, les membres du directoire, les directeurs généraux ou les gérants de sociétés, de contrevenir aux dispositions des articles L. 233-29 à L. 233-31.

Pour les sociétés *(Ord. n° 2009-80 du 22 janv. 2009, art. 8-V, en vigueur le 1er avr. 2009)* « dont les actions sont admises aux négociations sur un marché réglementé », les poursuites pour infraction aux dispositions de l'article L. 233-31 sont engagées après que l'avis de *(L. n° 2003-706 du 1er août 2003, art. 46-V)* « l'Autorité des marchés financiers » a été demandé. – *[L. n° 66-537 du 24 juill. 1966, art. 482.]*

SECTION II DES INFRACTIONS RELATIVES À LA PUBLICITÉ

Art. L. 247-4 *Abrogé par L. n° 2012-387 du 22 mars 2012, art. 21.*

SECTION III DES INFRACTIONS RELATIVES À LA LIQUIDATION

Art. L. 247-5 Est puni d'un emprisonnement de deux ans et d'une amende 9 000 € le fait de contrevenir à l'interdiction d'exercer les fonctions de liquidateur.

Quiconque est condamné par application de l'alinéa précédent ne peut plus être employé, à quelque titre que ce soit, par la société dans laquelle il a exercé les fonctions prohibées. En cas d'infraction à cette interdiction, la personne condamnée et son employeur, si ce dernier en a eu connaissance, sont punis des peines prévues audit alinéa. – *[L. n° 66-537 du 24 juill. 1966, art. 498, al. 2 et 3.]*

Art. L. 247-6 *Abrogé par L. n° 2012-387 du 22 mars 2012, art. 21.*

Art. L. 247-7 *(L. n° 2012-387 du 22 mars 2012, art. 19-II)* Est puni de 150 000 € d'amende le fait, pour un liquidateur en cas de liquidation judiciaire d'une société, de :

1° Ne pas déposer sur un compte ouvert dans un établissement de crédit au nom de la société en liquidation, dans le délai de quinze jours à compter de la décision de répartition, les sommes réparties entre les associés et les créanciers ;

2° Ne pas déposer à la Caisse des dépôts et consignations, dans le délai d'un an à compter de la clôture de la liquidation, les sommes attribuées à des créanciers ou à des associés qui n'ont pas été réclamées. – *[L. n° 66-537 du 24 juill. 1966, art. 487.]*

Art. L. 247-8 Est puni d'un emprisonnement de cinq ans et d'une amende de 9 000 € le fait, pour un liquidateur, de mauvaise foi :

1° De faire des biens ou du crédit de la société en liquidation, un usage qu'il sait contraire à l'intérêt de celle-ci, à des fins personnelles ou pour favoriser une autre société ou entreprise dans laquelle il est intéressé directement ou indirectement ;

2° De céder tout ou partie de l'actif de la société en liquidation contrairement aux dispositions des articles L. 237-6 et L. 237-7. – *[L. n° 66-537 du 24 juill. 1966, art. 488.]*

SECTION IV DES INFRACTIONS RELATIVES AUX SOCIÉTÉS ANONYMES COMPORTANT UN DIRECTOIRE ET UN CONSEIL DE SURVEILLANCE

Art. L. 247-9 Les peines prévues par les articles L. 247-1 à L. 247-4 pour les présidents, les directeurs généraux et les administrateurs de sociétés anonymes, sont applicables, selon leurs attributions respectives, aux membres du directoire et aux membres du conseil de surveillance des sociétés anonymes régies par les dispositions des articles L. 225-57 à L. 225-93. – *[L. n° 66-537 du 24 juill. 1966, art. 489.]*

SECTION V DES INFRACTIONS RELATIVES AUX SOCIÉTÉS À CAPITAL VARIABLE

Art. L. 247-10 *Abrogé par L. n° 2012-387 du 22 mars 2012, art. 21.*

CHAPITRE VIII DISPOSITIONS CONCERNANT LES DIRECTEURS GÉNÉRAUX DÉLÉGUÉS DES SOCIÉTÉS ANONYMES OU DES SOCIÉTÉS EUROPÉENNES

(L. n° 2005-842 du 26 juill. 2005, art. 11-II).

Art. L. 248-1 Les dispositions du présent titre visant les directeurs généraux des sociétés anonymes *(L. n° 2005-842 du 26 juill. 2005, art. 11-II)* « ou des sociétés européennes » sont applicables, selon leurs attributions respectives, aux directeurs généraux délégués.

CHAPITRE IX PEINES COMPLÉMENTAIRES APPLICABLES AUX PERSONNES PHYSIQUES

(L. n° 2008-776 du 4 août 2008,art. 71-I-1°)

Art. L. 249-1 *(L. n° 2008-776 du 4 août 2008, art. 71-I, 1°)* Les personnes physiques coupables des infractions prévues aux chapitres Ier à VIII du présent titre encourent également à titre de peines complémentaires l'interdiction, suivant les modalités prévues par l'article 131-27 du code pénal, soit d'exercer une fonction publique ou d'exercer l'activité professionnelle ou sociale dans l'exercice ou à l'occasion de l'exercice de laquelle l'infraction a été commise, soit d'exercer une profession commerciale ou industrielle, de diriger, d'administrer, de gérer ou de contrôler à un titre quelconque, directement ou indirectement, pour leur propre compte ou pour le compte d'autrui, une entreprise commerciale ou industrielle ou une société commerciale. Ces interdictions d'exercice peuvent être prononcées cumulativement.

Sont applicables en Nouvelle-Calédonie et dans les îles Wallis-et-Futuna la création du chapitre IX ainsi que l'adjonction de l'art. L. 249-1 par le 1° du I de l'art. 71 de la L. n° 2008-776 du 4 août 2008 (Ord. n° 2009-896 du 24 juill. 2009, art. 2).

TITRE CINQUIÈME DES GROUPEMENTS D'INTÉRÊT ÉCONOMIQUE

CHAPITRE PREMIER DU GROUPEMENT D'INTÉRÊT ÉCONOMIQUE DE DROIT FRANÇAIS

RÉP. SOCIÉTÉS v° *Groupement d'intérêt économique,* par Guyon.

BIBL. GÉN. ► Guyénot, *D. 1969. L. 187 ; D. 1972. Chron. 13* (créances des tiers). – Guyon, *Rev. sociétés 1978. 25.* – Lavabre, *D. 1969. Chron. 35 ; D. 1973. Chron. 223* (participation des coopératives agricoles). – Geisenberger, *Rev. sociétés 1971. 339* (GIE et sociétés de fait). – Bonneau, *ibid. 1974. 43* (GIE et sociétés agricoles). – Chartier, *ibid. 1974. 601* (GIE et sociétés coopératives). – Trochon, *D. Affaires 1996. 699* (coopérations industrielles européennes). – Babando, *Mon. TP 29 janv. 1999, p. 44* (modes d'utilisation d'un GIE). – Bahans et Menjucq, *JCP E 1999, n° 39, p. 1521* (formalités constitutives d'un GEIE). – Réforme du 13 juin 1989 : Guyon, *ALD 1989. 169.* – Lepeltier, *Bull. Joly 1989. 939.*

Pour des annotations de jurisprudence relatives aux art. L. 251-1 s., V. ***C. sociétés.***

Art. L. 251-1 Deux ou plusieurs personnes physiques ou morales peuvent constituer entre elles un groupement d'intérêt économique pour une durée déterminée.

Le but du groupement est de faciliter ou de développer l'activité économique de ses membres, d'améliorer ou d'accroître les résultats de cette activité. Il n'est pas de réaliser des bénéfices pour lui-même.

Son activité doit se rattacher à l'activité économique de ses membres et ne peut avoir qu'un caractère auxiliaire par rapport à celle-ci. – *[Ord. n° 67-821 du 23 sept. 1967, art. 1er.]*

Art. L. 251-2 Les personnes exerçant une profession libérale soumise à un statut législatif ou réglementaire ou dont le titre est protégé peuvent constituer un groupement d'intérêt économique ou y participer. – *[Ord. n° 67-821 du 23 sept. 1967, art. 1er-1.]*

Peuvent être membres d'un groupement d'intérêt économique : les avocats (L. n° 70-1130 du 31 déc. 1970, art. 7 et 8). — ... les notaires (Ord. n° 45-2590 du 2 nov. 1945, art. 1er bis). — ... les administrateurs judiciaires et les mandataires judiciaires (C. com., art. L. 811-7 et L. 812-5). — ... les greffiers des tribunaux de commerce (C. com., art. L. 743-12).

Art. L. 251-3 Le groupement d'intérêt économique peut être constitué sans capital.

Les droits de ses membres ne peuvent être représentés par des titres négociables. Toute clause contraire est réputée non écrite. – *[Ord. n° 67-821 du 23 sept. 1967, art. 2.]*

BIBL. ► Richard, *JCP 1990. I. 3435* (sort des résultats depuis la loi du 13 juin 1989).

Art. L. 251-4 Le groupement d'intérêt économique jouit de la personnalité morale et de la pleine capacité à dater de son immatriculation au registre du commerce et des sociétés, sans que cette immatriculation emporte présomption de commercialité du groupement. Le groupement d'intérêt économique dont l'objet est commercial peut faire de manière habituelle et à titre principal tous actes de commerce pour son propre compte. Il peut être titulaire d'un bail commercial.

Les personnes qui ont agi au nom d'un groupement d'intérêt économique en formation avant qu'il ait acquis la jouissance de la personnalité morale sont tenues, solidairement et indéfiniment, des actes ainsi accomplis, à moins que le groupement, après avoir été régulièrement constitué et immatriculé, ne reprenne les engagements souscrits. Ces engagements sont alors réputés avoir été souscrits dès l'origine par le groupement. – *[Ord. nº 67-821 du 23 sept. 1967, art. 3.]*

Art. L. 251-5 La nullité du groupement d'intérêt économique ainsi que des actes ou délibérations de celui-ci ne peut résulter que de la violation des dispositions impératives du présent chapitre, ou de l'une des causes de nullité des contrats en général.

L'action en nullité est éteinte lorsque la cause de la nullité a cessé d'exister le jour où le tribunal statue sur le fond en première instance, sauf si cette nullité est fondée sur l'illicéité de l'objet du groupement.

Les articles 1844-12 *(L. nº 2003-7 du 3 janv. 2003)* « à » 1844-17 du code civil sont applicables aux groupements d'intérêt économique. – *[Ord. nº 67-821 du 23 sept. 1967, art. 3-1.] – V. ces art., App., vº Sociétés commerciales.*

Sur la rédaction de l'art. L. 251-5 antérieure à la L. nº 2003-7 du 3 janv. 2003 qui ne visait que les art. 1844-12 « et » 1844-17 C. civ., V. Versailles, 7 mars 2002 : BRDA 2002, nº 9, p. 4.

Art. L. 251-6 Les membres du groupement sont tenus des dettes de celui-ci sur leur patrimoine propre. Toutefois, un nouveau membre peut, si le contrat le permet, être exonéré des dettes nées antérieurement à son entrée dans le groupement. La décision d'exonération doit être publiée. Ils sont solidaires, sauf convention contraire avec le tiers cocontractant.

Les créanciers du groupement ne peuvent poursuivre le paiement des dettes contre un membre qu'après avoir vainement mis en demeure le groupement par acte extrajudiciaire. – *[Ord. nº 67-821 du 23 sept. 1967, art. 4.]*

V. art. L. 225-127.

Art. L. 251-7 Le groupement d'intérêt économique peut émettre des obligations, aux conditions générales d'émission de ces titres par les sociétés, s'il est lui-même composé exclusivement de sociétés qui satisfont aux conditions prévues par le présent livre pour l'émission d'obligations.

Le groupement d'intérêt économique peut également émettre des obligations aux conditions générales d'émission de ces titres prévues par la loi nº 85-698 du 11 juillet 1985 autorisant l'émission de valeurs mobilières par certaines associations s'il est lui-même composé exclusivement d'associations qui satisfont aux conditions prévues par cette loi pour l'émission d'obligations. – *[Ord. nº 67-821 du 23 sept. 1967, art. 5.]*

Art. L. 251-8 I. – Le contrat de groupement d'intérêt économique détermine l'organisation du groupement, sous réserve des dispositions du présent chapitre. Il est établi par écrit et publié selon les modalités fixées par décret en Conseil d'État.

II. – Le contrat contient notamment les indications suivantes :

1º La dénomination du groupement ;

2º Les nom, raison sociale ou dénomination sociale, la forme juridique, l'adresse du domicile ou du siège social et, s'il y a lieu, le numéro d'identification de chacun des membres du groupement, ainsi que, selon le cas, la ville où se situe le greffe où il est immatriculé ou la ville où se situe la chambre des métiers où il est inscrit ;

3º La durée pour laquelle le groupement est constitué ;

4º L'objet du groupement ;

5º L'adresse du siège du groupement.

III. – Toutes les modifications du contrat sont établies et publiées dans les mêmes conditions que le contrat lui-même. Elles ne sont opposables aux tiers qu'à dater de cette publicité. – *[Ord. nº 67-821 du 23 sept. 1967, art. 6.]*

Art. L. 251-9 Le groupement, au cours de son existence, peut accepter de nouveaux membres dans les conditions fixées par le contrat constitutif.

Tout membre du groupement peut se retirer dans les conditions prévues par le contrat, sous réserve qu'il ait exécuté ses obligations. – *[Ord. n° 67-821 du 23 sept. 1967, art. 7.]*

Art. L. 251-10 L'assemblée des membres du groupement est habilitée à prendre toute décision, y compris de dissolution anticipée ou de prorogation, dans les conditions déterminées par le contrat. Celui-ci peut prévoir que toutes les décisions ou certaines d'entre elles seront prises aux conditions de quorum et de majorité qu'il fixe. Dans le silence du contrat, les décisions sont prises à l'unanimité.

Le contrat peut aussi attribuer à chaque membre un nombre de voix différent de celui attribué aux autres. A défaut, chaque membre dispose d'une voix.

L'assemblée est obligatoirement réunie à la demande d'un quart au moins des membres du groupement. – *[Ord. n° 67-821 du 23 sept. 1967, art. 8.]*

Art. L. 251-11 Le groupement est administré par une ou plusieurs personnes. Une personne morale peut être nommée administrateur du groupement sous réserve qu'elle désigne un représentant permanent, qui encourt les mêmes responsabilités civile et pénale que s'il était administrateur en son nom propre. Le ou les administrateurs du groupement, et le représentant permanent de la personne morale nommée administrateur sont responsables individuellement ou solidairement selon le cas, envers le groupement ou envers les tiers, des infractions aux dispositions législatives et réglementaires applicables aux groupements, de la violation des statuts du groupement, ainsi que de leurs fautes de gestion. Si plusieurs administrateurs ont coopéré aux mêmes faits, le tribunal détermine la part contributive de chacun dans la réparation du dommage. Sous cette réserve, le contrat de groupement ou, à défaut, l'assemblée des membres organise librement l'administration du groupement et nomme les administrateurs dont il détermine les attributions, les pouvoirs et les conditions de révocation.

Dans les rapports avec les tiers, un administrateur engage le groupement par tout acte entrant dans l'objet de celui-ci. Toute limitation de pouvoirs est inopposable aux tiers. – *[Ord. n° 67-821 du 23 sept. 1967, art. 9.]*

Art. L. 251-12 Le contrôle de la gestion, qui doit être confié à des personnes physiques, et le contrôle des comptes sont exercés dans les conditions prévues par le contrat constitutif du groupement.

Toutefois, lorsqu'un groupement émet des obligations dans les conditions prévues à l'article L. 251-7, le contrôle de la gestion doit être exercé par une ou plusieurs personnes physiques nommées par l'assemblée. La durée de leurs fonctions et leurs pouvoirs sont déterminés dans le contrat.

Le contrôle des comptes dans les groupements visés à l'alinéa précédent et dans les groupements qui comptent cent salariés ou plus à la clôture d'un exercice doit être exercé par un ou plusieurs commissaires aux comptes choisis sur la liste visée à l'article *(L. n° 2003-706 du 1er août 2003)* « L. 822-1 » et nommés par l'assemblée pour une durée de six exercices. Les dispositions du présent code concernant les incompatibilités, les pouvoirs, les fonctions, les obligations, la responsabilité, la récusation, la révocation, la rémunération du commissaire aux comptes des sociétés anonymes ainsi que les sanctions prévues par l'article L. 242-27 sont applicables aux commissaires des groupements d'intérêt économique, sous réserve des règles propres à ceux-ci.

Dans les cas prévus aux deux alinéas précédents, les dispositions des articles L. 242-25, L. 242-26 et L. 242-28, L. 245-8 à L. 245-17 sont applicables aux dirigeants du groupement, aux personnes physiques dirigeants des sociétés membres ou représentants permanents des personnes morales dirigeants de ces sociétés. – *[Ord. n° 67-821 du 23 sept. 1967, art. 10.] – V. note ss. art. L. 251-16.*

Art. L. 251-13 Dans les groupements qui répondent à l'un des critères définis à l'article L. 232-2, les administrateurs sont tenus d'établir une situation de l'actif réalisable et disponible, valeurs d'exploitation exclues, et du passif exigible, un compte de résultat prévisionnel, un tableau de financement en même temps que le bilan annuel et un plan de financement prévisionnel.

Un décret en Conseil d'État précise la périodicité, les délais et les modalités d'établissement de ces documents. – *[Ord. n° 67-821 du 23 sept. 1967, art. 10-1.] – V. note ss. art. L. 251-16.*

Art. L. 251-14 Les documents visés à l'article L. 251-13 sont analysés dans des rapports écrits sur l'évolution du groupement établis par les administrateurs. Les documents et rapports sont communiqués au commissaire aux comptes et au comité d'entreprise.

En cas de non-observation des dispositions de l'article L. 251-13 et de l'alinéa précédent, ou si les informations données dans les rapports visés à l'alinéa précédent appellent des observations de sa part, le commissaire aux comptes le signale dans un rapport aux administrateurs ou dans le rapport annuel. Il peut demander que son rapport soit adressé aux membres du groupement ou qu'il en soit donné connaissance à l'assemblée de ceux-ci. Ce rapport est communiqué au comité d'entreprise. – *[Ord. n° 67-821 du 23 sept. 1967, art. 10-2.] – V. note ss. art. L. 251-16.*

Art. L. 251-15 Lorsque le commissaire aux comptes relève, à l'occasion de l'exercice de sa mission, des faits de nature à compromettre la continuité de l'exploitation du groupement, il en informe les administrateurs, dans des conditions qui sont fixées par décret en Conseil d'État. Ceux-ci sont tenus de lui répondre sous quinze jours. La réponse est communiquée au comité d'entreprise. Le commissaire aux comptes en informe le président du tribunal. – *V. art. R. 251-3.*

En cas d'inobservation de ces dispositions, ou s'il constate qu'en dépit des décisions prises la continuité de l'exploitation demeure compromise, le commissaire aux comptes établit un rapport spécial et invite par écrit les administrateurs à faire délibérer la prochaine assemblée générale sur les faits relevés. Ce rapport est communiqué au comité d'entreprise.

Si, à l'issue de la réunion de l'assemblée générale, le commissaire aux comptes constate que les décisions prises ne permettent pas d'assurer la continuité de l'exploitation, il informe de ses démarches le président du tribunal et lui en communique les résultats. – *[Ord. n° 67-821 du 23 sept. 1967, art. 10-3.]*

BIBL. ▶ BARBIÈRI, *LPA 14 sept. 1994.*

Art. L. 251-16 Le comité d'entreprise ou, à défaut, les délégués du personnel exercent dans les groupements d'intérêt économique, les attributions prévues aux articles L. 422-4 et L. 432-5 *[L. 2313-14, L. 2323-78 à L. 2323-82 nouv.]* du code du travail.

Les administrateurs communiquent au commissaire aux comptes les demandes d'explication formées par le comité d'entreprise ou les délégués du personnel, les rapports qui leur sont adressés et les réponses qu'ils ont faites en application des articles L. 422-4 et L. 432-5 *[L. 2313-14, L. 2323-78 à L. 2323-82 nouv.]* du code du travail. – *[Ord. n° 67-821 du 23 sept. 1967, art. 10-4.]*

Pour application des art. L. 251-12 à L. 251-16, V. art. R. 251-1 s.

Art. L. 251-17 Les actes et documents émanant du groupement et destinés aux tiers, notamment les lettres, factures, annonces et publications diverses, doivent indiquer lisiblement la dénomination du groupement suivie des mots : « groupement d'intérêt économique » ou du sigle : « GIE ».

(Abrogé par L. nº 2012-387 du 22 mars 2012, art. 22-I) ***« Toute infraction aux dispositions de l'alinéa ci-dessus est punie d'une amende de 3 750 €. »*** *– [Ord. nº 67-821 du 23 sept. 1967, art. 11.]*

Art. L. 251-18 Toute société ou association dont l'objet correspond à la définition du groupement d'intérêt économique peut être transformée en un tel groupement sans donner lieu à dissolution ni à création d'une personne morale nouvelle.

Un groupement d'intérêt économique peut être transformé en société en nom collectif sans donner lieu à dissolution ni à création d'une personne morale nouvelle. *– [Ord. nº 67-821 du 23 sept. 1967, art. 12.]*

Pour la transformation d'un GIE en GEIE, V. art. L. 252-8. – Pour la transformation en société coopérative artisanale, V. L. nº 83-657 du 20 juill. 1983, art. 30, App., vº Artisans.

Art. L. 251-19 Le groupement d'intérêt économique est dissous :

1º Par l'arrivée du terme ;

2º Par la réalisation ou l'extinction de son objet ;

3º Par la décision de ses membres dans les conditions prévues à l'article L. 251-10 ;

4º Par décision judiciaire, pour de justes motifs ;

5º Par le décès d'une personne physique ou par la dissolution d'une personne morale, membre du groupement, sauf stipulation contraire du contrat. *– [Ord. nº 67-821 du 23 sept. 1967, art. 13.]*

Art. L. 251-20 Si l'un des membres est frappé d'incapacité, de faillite personnelle ou de l'interdiction de diriger, gérer, administrer ou contrôler une entreprise commerciale, quelle qu'en soit la forme, ou une personne morale de droit privé non commerçante, le groupement est dissous, à moins que sa continuation ne soit prévue par le contrat ou que les autres membres ne la décident à l'unanimité. *– [Ord. nº 67-821 du 23 sept. 1967, art. 14.]*

Art. L. 251-21 La dissolution du groupement d'intérêt économique entraîne sa liquidation. La personnalité du groupement subsiste pour les besoins de la liquidation. *– [Ord. nº 67-821 du 23 sept. 1967, art. 15.]*

Art. L. 251-22 La liquidation s'opère conformément aux dispositions du contrat. A défaut, un liquidateur est nommé par l'assemblée des membres du groupement ou, si l'assemblée n'a pu procéder à cette nomination, par décision de justice.

Après paiement des dettes, l'excédent d'actif est réparti entre les membres dans les conditions prévues par le contrat. A défaut, la répartition est faite par parts égales. *– [Ord. nº 67-821 du 23 sept. 1967, art. 16.]*

Art. L. 251-23 *(L. nº 2012-387 du 22 mars 2012, art. 22-I)* L'appellation : "groupement d'intérêt économique" et le sigle : "GIE" ne peuvent être utilisés que par les groupements soumis au présent chapitre. Le ministère public ou toute personne intéressée peut demander au président du tribunal compétent statuant en référé d'interdire, le cas échéant sous astreinte, l'emploi illicite de cette appellation.

Le président du tribunal peut, en outre, ordonner la publication de la décision, son affichage dans les lieux qu'il désigne, son insertion intégrale ou par extraits dans les journaux et sa diffusion par un ou plusieurs services de communication au public en ligne qu'il indique, le tout aux frais des dirigeants du groupement ayant illégalement utilisé cette appellation ou ce sigle. *– [Ord. nº 67-821 du 23 sept. 1967, art. 17.]*

CHAPITRE II DU GROUPEMENT EUROPÉEN D'INTÉRÊT ÉCONOMIQUE

RÉP. SOCIÉTÉS v° *Groupement européen d'intérêt économique,* par WOODLAND

BIBL. GÉN. ▶ PÉTELAUD, *Rev. sociétés 1986. 191.* – WOODLAND, *JCP 1986. I. 3247.* – GAVALDA, *Mélanges Derruppé, p. 37.* – VION, *Defrénois 1989. 945* (avec formules de statuts). – FERRET, *ibid. 407.* – IDOT et SAINT-ALARY HOUIN, *LPA 4 oct. 1989.* – VICHATZKY, *RTD eur. 1990. 275* (le groupement européen d'intérêt économique). – TROCHON, *D. Affaires 1996. 699* (coopérations industrielles européennes). – BAHANS et MENJUCQ, *JCP N 1999, n° 47, Conseils, p. 1707* (formalités constitutives).

V. Règl. CEE n° 2137-85 du 25 juill. 1985 relatif à l'institution d'un groupement européen d'intérêt économique (GEIE). – ***C. sociétés.***

Art. L. 252-1 Les groupements européens d'intérêt économique immatriculés en France au registre du commerce et des sociétés ont la personnalité juridique dès leur immatriculation. – *[L. n° 89-377 du 13 juin 1989, art. 1er.]*

Art. L. 252-2 Les groupements européens d'intérêt économique ont un caractère civil ou commercial selon leur objet. L'immatriculation n'emporte pas présomption de commercialité d'un groupement. – *[L. n° 89-377 du 13 juin 1989, art. 2.]*

Art. L. 252-3 Les droits des membres du groupement ne peuvent être représentés par des titres négociables. – *[L. n° 89-377 du 13 juin 1989, art. 3.]*

Art. L. 252-4 Les décisions collégiales du groupement européen d'intérêt économique sont prises par l'assemblée des membres du groupement. Toutefois, les statuts peuvent stipuler que ces décisions, ou certaines d'entre elles, peuvent être prises sous forme de consultation écrite. – *[L. n° 89-377 du 13 juin 1989, art. 4.]*

Art. L. 252-5 Le ou les gérants d'un groupement européen d'intérêt économique sont responsables, individuellement ou solidairement selon le cas, envers le groupement ou envers les tiers, soit des infractions aux dispositions législatives ou réglementaires applicables au groupement, soit des violations des statuts, soit de leurs fautes de gestion. Si plusieurs gérants ont coopéré aux mêmes faits, le tribunal détermine la part contributive de chacun dans la réparation du dommage. – *[L. n° 89-377 du 13 juin 1989, art. 5.]*

Art. L. 252-6 Une personne morale peut être nommée gérant d'un groupement européen d'intérêt économique. Lors de sa nomination, elle est tenue de désigner un représentant permanent qui encourt les mêmes responsabilités civile et pénale que s'il était gérant en son nom propre, sans préjudice de la responsabilité solidaire de la personne morale qu'il représente. – *[L. n° 89-377 du 13 juin 1989, art. 6.]*

Art. L. 252-7 Les dispositions du chapitre précédent applicables aux groupements d'intérêt économique de droit français relatives aux obligations comptables, au contrôle des comptes et à la liquidation sont applicables aux groupements européens d'intérêt économique. – *[L. n° 89-377 du 13 juin 1989, art. 7.] – V. art. L. 251-12 à L. 251-16, L. 251-21 et L. 251-22. – Pour les groupements de nature civile, V. art. L. 612-1.*

Art. L. 252-8 Toute société ou association, tout groupement d'intérêt économique peut être transformé en un groupement européen d'intérêt économique sans donner lieu à dissolution ni à création d'une personne morale nouvelle.

Un groupement européen d'intérêt économique peut être transformé en un groupement d'intérêt économique de droit français ou une société en nom collectif, sans donner lieu à dissolution ni à création d'une personne morale nouvelle. – *[L. n° 89-377 du 13 juin 1989, art. 8.]*

Art. L. 252-9 La nullité du groupement européen d'intérêt économique ainsi que des actes ou délibérations de celui-ci ne peut résulter que de la violation des dispositions impératives du règlement n° 2137-85 du 25 juillet 1985 du Conseil des Communautés européennes, ou des dispositions du présent chapitre ou de l'une des causes de nullité des contrats en général. – *V. Règl. n° 2137-85 du 25 juill. 1985.* – ***C. sociétés.***

L'action en nullité est éteinte lorsque la cause de la nullité a cessé d'exister le jour où le tribunal statue sur le fond en première instance, sauf si cette nullité est fondée sur l'illicéité de l'objet du groupement.

Il est fait application des articles 1844-12 à 1844-17 du code civil. – *[L. n° 89-377 du 13 juin 1989, art. 9].* – *V. ces art., App., v° Sociétés commerciales.*

Art. L. 252-10 Les groupements européens d'intérêt économique ne peuvent, à peine de nullité des contrats conclus ou des titres émis, *(Ord. n° 2009-80 du 22 janv. 2009, art. 8-VI, en vigueur le 1er avr. 2009)* « procéder à une offre au public de titres financiers ».

Est puni d'un emprisonnement de deux ans et d'une amende de 300 000 € le fait, pour le ou les gérants d'un groupement européen d'intérêt économique ou le représentant permanent d'une personne morale gérant d'un groupement européen d'intérêt économique de *(Ord. n° 2009-80 du 22 janv. 2009, art. 8-VI, en vigueur le 1er avr. 2009)* « procéder à une offre au public de titres financiers ». – *[L. n° 89-377 du 13 juin 1989, art. 10.]* – *V. C. mon. fin., art. L. 642-3.* – ***C. mon. fin.*** *ou* ***C. sociétés.***

Art. L. 252-11 *(L. n° 2012-387 du 22 mars 2012, art. 22-II)* L'utilisation dans les rapports avec les tiers de tous actes, lettres, notes et documents similaires ne comportant pas les mentions relatives au groupement européen d'intérêt économique prescrites à l'article 25 du règlement (CEE) n° 2137/85 du Conseil du 25 juillet 1985 relatif à l'institution d'un groupement européen d'intérêt économique (GEIE) peut faire l'objet d'une injonction, le cas échéant sous astreinte, dans les conditions prévues à l'article L. 238-3. – *[L. n° 89-377 du 13 juin 1989, art. 11.]* – *V. Règl. n° 2137-85 du 25 juill. 1985, art. 25.* – ***C. sociétés.*** – *V. aussi art. L. 251-17.*

Art. L. 252-12 *(L. n° 2012-387 du 22 mars 2012, art. 22-II)* L'appellation : "groupement européen d'intérêt économique" et le sigle : "GEIE" ne peuvent être utilisés que par les groupements soumis au règlement (CEE) n° 2137/85 du Conseil du 25 juillet 1985 précité. Le ministère public ou toute personne intéressée peut demander au président du tribunal compétent statuant en référé d'interdire, le cas échéant sous astreinte, l'emploi illicite de cette appellation. – *V. Règl. n° 2137-85 du 25 juill. 1985.* - ***C. sociétés.***

Le président du tribunal peut, en outre, ordonner la publication de la décision, son affichage dans les lieux qu'il désigne, son insertion intégrale ou par extraits dans les journaux et sa diffusion par un ou plusieurs services de communication au public en ligne qu'il indique, le tout aux frais des dirigeants du groupement ayant illégalement utilisé cette appellation ou ce sigle. – *[L. n° 89-377 du 13 juin 1989, art. 12.]*

Art. L. 252-13 *Abrogé par Ord. n° 2005-1126 du 8 sept. 2005, art. 20-III.*

LIVRE TROISIÈME DE CERTAINES FORMES DE VENTES ET DES CLAUSES D'EXCLUSIVITÉ

TITRE PREMIER DES LIQUIDATIONS, DES VENTES AU DÉBALLAGE, DES SOLDES ET DES VENTES EN MAGASINS D'USINE

DALLOZ RÉFÉRENCE *Droit de la publicité et de la promotion des ventes,* par FABRE, BONNET-DESPLAN, SERMET et GENTY, *2009, 4e édition.*

BIBL. ▶ RAYMOND, *CCC 1996, nos 153 et 154.* – ROUBACH, *Gaz. Pal. 1997. 1. Doctr. 37.* – BRETZNER et PAGES, *D. Affaires 1998. 184* (marchandises susceptibles d'être vendues en soldes). – AUQUE, *JCP E 1998, no 17, p. 648* (ambiguïtés de la réglementation des soldes). – MOULIGNER, *D. 2004. 259* (interprétation jurisprudentielle de la définition légale des soldes). – GIL, *Bull. act. Lamy droit économique juill. 2004, p. 1* (ventes promotionnelles ou soldes). ▶ Loi no 2008-776 du 4 août 2008 : Note de la rédaction, *BRDA 2008, no 17, p. 25* (LME : régimes des soldes et des ventes au déballage). – SAYA-SALVADOR, *Gaz. Pal. 2008. 3765* (le nouveau régime juridique des soldes). – PETIT, *D. 2009. 358* (le nouveau droit des promotions de déstockage). – WILLEMS, *RLC avr.-juin 2009. 107* (de la réforme des soldes à une libéralisation des ventes de déstockage).

V. Arr. 3 déc. 1987, relatif à l'information du consommateur sur les prix — ***C. consom.***

Art. L. 310-1 Sont considérées comme liquidations les ventes accompagnées ou précédées de publicité et annoncées comme tendant, par une réduction de prix, à l'écoulement accéléré de la totalité ou d'une partie des marchandises d'un établissement commercial à la suite d'une décision, quelle qu'en soit la cause, de cessation, de suspension saisonnière ou de changement d'activité, ou de modification substantielle des conditions d'exploitation. — *[L. no 96-603 du 5 juill. 1996, art. 26.]*

(Ord. no 2004-274 du 25 mars 2004, art. 26) **« Les liquidations sont soumises à déclaration préalable auprès de l'autorité administrative dont relève le lieu de la liquidation. Cette déclaration comporte la cause et la durée de la liquidation qui ne peut excéder deux mois. Elle est accompagnée d'un inventaire des marchandises à liquider. Lorsque l'événement motivant la liquidation n'est pas intervenu au plus tard dans les six mois qui suivent la déclaration, le déclarant est tenu d'en informer l'autorité administrative compétente.** — *Sur l'autorité compétente, V. art. R. 310-1. — V. art. R. 310-2 à R. 310-7.*

« Pendant la durée de la liquidation, il est interdit de proposer à la vente d'autres marchandises que celles figurant à l'inventaire sur le fondement duquel la déclaration préalable a été déposée. » — *Pour les sanctions pénales, V. art. L. 310-5 (1o).*

Sur l'interdiction des publicités portant sur des opérations non autorisées, V. C. consom., art. L. 121-15, App., vo Publicité commerciale.

V. aussi Arr. du 31 déc. 2008, relatif aux annonces de réduction de prix à l'égard des consommateurs. — ***C. consom.***

1. Notion de liquidation. Il y a vente en liquidation dès lors que le message publicitaire annonce une réduction de prix liée aux travaux projetés, le magasin souhaitant se libérer du stock avant lesdits travaux. • Paris, 28 oct. 1998 : *CCC 1999, no 83, obs. Malaurie-Vignal.* ♦ Alors même que la publicité n'annonçait pas une réduction du prix, il y a liquidation lorsque la société fait de la publicité pour la cessation définitive d'activité et pratique ces réductions de prix d'au moins 50 %, visibles du client par un double marquage de prix, révélant ainsi l'objectif d'écouler un stock. • Paris, 16 oct. 2002 : *CCC 2003, no 149 (1re esp.), obs. Raymond.*

2. Publicité. Est constitutive d'une publicité l'expédition par voie postale de trois mille exemplaires d'une invitation, l'utilisation de ce procédé n'ayant d'autre but que d'attirer le public et de faire connaître la liquidation à un grand nombre de personnes. • Com. 12 nov. 1991 : *CCC 1992, n° 192, obs. Raymond.* ♦ Sur le caractère mensonger d'une publicité justifiant une liquidation par des travaux à venir, qui ne devaient pas être effectués, V. • TGI Rouen, 23 févr. 1979 : *D. 1979. 409, note Fortin.*

3. Modification des conditions d'exploitation. Constitue une modification des conditions d'exploitation le remplacement, sur l'enseigne du magasin, de la marque du groupement d'achat auquel une bijouterie était adhérente par la marque d'un autre groupement dès lors que l'adhésion au premier groupement revêtait une grande importance pour le fonctionnement du magasin et que ce groupement avait une certaine notoriété auprès des consommateurs. • Rennes, 1er avr. 1993 : *RJDA 1993, n° 611.*

4. Interdiction de réapprovisionnement. L'interdiction faite au distributeur de recevoir pendant la durée de la liquidation, des marchandises de la catégorie figurant à l'inventaire qu'il a produit à l'appui de sa demande d'autorisation [désormais sa déclaration préalable] s'applique même si les marchandises proviennent d'autres établissements relevant de la même société que le bénéficiaire de la demande et ayant eux-mêmes obtenu une autorisation de liquidation. • Montpellier, 22 févr. 1994 : *RJDA 1994, n° 1015 ; BID 1994, n° 10, p. 31.* ♦ La différenciation de l'étiquetage est sans effet sur l'élément matériel du délit. • Paris, 3 avr. 2007 : *CCC 2007, n° 226, obs. Raymond.*

5. Personne morale (jurisprudence antérieure à l'Ord. du 25 mars 2004). Sur la condamnation du gérant de SARL ayant procédé à une vente en liquidation sans autorisation et retenant également la responsabilité pénale de la personne morale, V. • Lyon, 3 juin 1998 : *CCC 1998, n° 170, obs. Raymond ; Bull. Joly 1999. 258, obs. Barbièri ; BID 1999, n° 4, p. 55 ; Dr. pénal 1998, n° 118, obs. J.-H. Robert.* ♦ V. aussi, • Lyon, 5 mai 1999 : *BID 1999, n° 12, p. 54 ; Dr. pénal 1999, n° 119, obs. J.-H. Robert.*

6. Application dans le temps. V. note 1 ss. art. L. 310-5.

7. Pratique commerciale déloyale. Des mesures publicitaires, qui concernent la vente de marchandises aux consommateurs à des conditions ou à des prix avantageux, s'inscrivent dans le cadre de la stratégie commerciale d'un opérateur et visent directement à la promotion et à la vente de ces marchandises ; il s'ensuit qu'elles constituent des pratiques commerciales au sens de l'art. 2, d), de la Dir. 2005/29/CE du 11 mai 2005 et relèvent, en conséquence, du champ d'application matériel de celle-ci. • CJUE 17 janv. 2013 : *D. 2013. Pan. 946, obs. Sauphanor-Brouillaud ; RJDA 2013, n° 308 ; RJ com. 2013. 152, obs. Leloup ; Europe 2013, n° 143, obs. Bouveresse.* ♦ Cette directive doit être interprétée en ce sens qu'elle s'oppose à ce qu'une juridiction nationale ordonne la cessation d'une pratique commerciale ne relevant pas de son annexe I, au seul motif que ladite pratique n'a pas fait l'objet d'une autorisation préalable de l'administration compétente, sans pour autant procéder elle-même à une appréciation du caractère déloyal de la pratique concernée au regard des critères énoncés aux art. 5 à 9 de ladite directive. • Même décision.

8. Préjudice (jurisprudence antérieure à l'Ord. du 25 mars 2004). Sur la recevabilité de l'action d'une association de consommateurs en réparation du préjudice causé par une opération de liquidation effectuée sans autorisation préfectorale, V. • Rennes, 24 nov. 2000 : *BRDA 2001, n° 8, p. 9.* ♦ ... D'une chambre professionnelle, pour atteinte à la concurrence, préjudiciable à l'intérêt collectif de la profession, V. • Crim. 25 janv. 2005 : *D. 2005. Pan. 2461, obs. Valette.*

9. Justification. Lorsque la demande de liquidation [désormais la déclaration préalable] a été motivée par une modification substantielle des conditions d'exploitation résultant de travaux, les factures de ces travaux doivent être produites dans le délai de six mois ; lorsque la demande [désormais la déclaration] a été motivée par une décision de cessation définitive d'activité, le commerçant doit apporter la preuve de sa radiation au RCS ou un extrait de ce registre justifiant que l'établissement n'est plus exploité : Rép. min. n° 10157 : *JOAN Q, 10 mars 2003, p. 1866 ; CCC juill. 2003, p. 4.*

10. Revente à perte. V. note 11 *bis* ss. art. L. 442-4.

Art. L. 310-2 *(L. n° 2008-776 du 4 août 2008, art. 54-I, 1°)* **« I. – Sont considérées comme ventes au déballage les ventes de marchandises effectuées dans des locaux ou sur des emplacements non destinés à la vente au public de ces marchandises, ainsi qu'à partir de véhicules spécialement aménagés à cet effet.**

« Les ventes au déballage ne peuvent excéder deux mois par année civile dans un même local ou sur un même emplacement. *(L. n° 2010-874 du 27 juill. 2010,* *art. 17)* **« Les ventes au déballage de fruits et légumes frais effectuées en période de crise conjoncturelle ne sont pas prises en compte pour le calcul de cette limite. Les ventes au déballage » font l'objet d'une déclaration préalable auprès du maire de la commune dont dépend le lieu de la vente.** – *V. art. R. 310-8. – Pour les sanctions pénales, V. art. L. 310-5 (2°) et R. 310-19 (3°).*

« Les particuliers non inscrits au registre du commerce et des sociétés sont autorisés à participer aux ventes au déballage en vue de vendre exclusivement des objets personnels et usagés deux fois par an au plus. » – *V. art. R. 310-9.*

II. – Les dispositions du I ne sont pas applicables aux professionnels :

1° Effectuant, dans une ou plusieurs communes, des tournées de ventes définies par le 1° de l'article L. 121-22 du code de la consommation ; – *V. ce texte, App., v° Ventes commerciales, VII – Domicile (ventes à).*

2° Réalisant des ventes définies par l'article L. 320-2 ;

3° Qui justifient d'une permission de voirie ou d'un permis de stationnement pour les ventes réalisées sur la voie publique *(Abrogé par L. n° 2008-776 du 4 août 2008, art. 54-I, 2°)* ***« lorsque la surface de vente n'est pas supérieure à 300 mètres carrés ».*** – *[L. n° 96-603 du 5 juill. 1996, art. 27.]*

(Ord. n° 2004-274 du 25 mars 2004, art. 27) **« III. – Les dispositions du I ne sont pas applicables aux organisateurs de :**

« 1° Manifestations commerciales comportant des ventes de marchandises au public dans un parc d'exposition ;

« 2° Manifestations commerciales qualifiées de salon professionnel ne se tenant pas dans un parc d'exposition ;

« 3° Fêtes foraines et de manifestations agricoles lorsque seuls des producteurs ou des éleveurs y sont exposants. »

Sur la réglementation relative aux manifestations commerciales, V. art. L. 762-1 s.

Sur les activités commerciales et artisanales ambulantes, V. art. L. 123-29 s.

Sur l'application des dispositions législatives relatives au démarchage aux ventes au déballage, V. C. consom., art. L. 121-21, al. 2, App., v° Ventes commerciales, VII – Domicile (ventes à).

Ancien art. L. 310-2 ***I. – Sont considérées comme ventes au déballage les ventes de marchandises effectuées dans des locaux ou sur des emplacements non destinés à la vente au public de ces marchandises, ainsi qu'à partir de véhicules spécialement aménagés à cet effet.***

Les ventes au déballage ne peuvent excéder deux mois par année civile dans un même local ou sur un même emplacement et doivent faire l'objet d'une autorisation préalable.

Cette autorisation est délivrée par [l'] (Ord. n° 2004-274 du 25 mars 2004 art. 29) ***« autorité administrative compétente » si l'ensemble des surfaces de vente utilisées par le demandeur en un même lieu, y compris l'extension de surface consacrée à l'opération de vente au déballage, est supérieur à 300 mètres carrés, et par le maire de la commune dont dépend le lieu de la vente dans le cas contraire.*** – Sur l'autorité compétente, V. art. R. 310-8 ancien. – Pour les sanctions pénales, V. art. L. 310-5 (2°).

(L. n° 2005-882 du 2 août 2005, art. 21) ***« Les particuliers non inscrits au registre du commerce et des sociétés sont autorisés à participer aux ventes au déballage en vue de vendre exclusivement des objets personnels et usagés deux fois par an au plus, à condition qu'ils aient leur domicile ou leur résidence secondaire dans la commune, l'intercommunalité ou l'arrondissement départemental ou, pour les villes de Lyon, Marseille et Paris, dans l'arrondissement municipal siège de la manifestation. Les modalités d'application du présent alinéa sont fixées par décret en Conseil d'État. »*** – Sur les difficultés engendrées par la limitation relative au périmètre géographique et son éventuelle modification, V. Circ. 13 avr. 2006, D. 2006. 1164 ; CCC juill. 2006. 1, obs. crit. Raymond ; RLDA juin 2006. 66, obs. Méar. – V. al. 3 de l'art. L. 310-2 tel qu'il résulte de la L. n° 2008-776 du 4 août 2008.

1. Notion de déballage. Il y a vente au déballage dès lors qu'un ou plusieurs spécimens sont présentés à la vente sans qu'il soit nécessaire que la totalité des lots soit déballée. • Crim. 25 janv. 1967 : *D. 1967. 432 ; JCP 1967. II. 15094, note Guérin.* – Comp. : • Paris, 3 févr.

1966 : *D. 1967. Somm. 36 ; JCP 1966. II. 14743, note Guérin.* ♦ Constitue une vente au déballage la présentation à la vente de produits sur des emplacements non destinés à la vente au public de ces marchandises, quel que soit le lieu du paiement, les juges appréciant souverainement que les marchandises sont bien mises en vente dans les lieux litigieux. • Crim. 29 nov. 2000 : *Bull. crim. n° 360 ; D. 2001. IR 410 ; Gaz. Pal. 21-22 nov. 2001, p. 76.* ♦ En revanche, ne constitue pas une vente au déballage mais des soldes, une « grande vente au déballage » annoncée avec des réductions de prix de 30 % à 50 %. • Bourges, 25 juill. 2001 : *BRDA 2001, n° 22, p. 11.* ♦ Jugeant caractérisé le délit de vente au déballage pour un « vendeur à la sauvette » ayant été trouvé porteur de flacons de parfum qu'il reconnaissait proposer à la vente aux passantes : • Paris, 30 nov. 2007 : *CCC 2008, n° 147, obs. crit. Raymond.*

1 bis. Produit vendu. Il ne résulte d'aucune disposition législative ou réglementaire que la vente au déballage doit nécessairement concerner des produits qui ne sont pas habituellement vendus par le demandeur ; en se fondant sur la circonstance que la demande de la société requérante porte sur des produits vendus habituellement dans le magasin, le préfet a commis une erreur de droit en refusant d'autoriser la vente. • TA Amiens, 28 juin 2007 : *AJDA 2007. 2334 ; RLC avr.-juin 2008. 74, obs. Clamour.*

2. Lieu de vente. Le fait de servir des clients, d'accepter des commandes et des règlements dans un camion stationné sur une aire de station-service constitue une vente au déballage. • Crim. 24 nov. 1993 : *BID 1995, n° 10, p. 23.* ♦ Les ventes ambulantes effectuées à partir de véhicules spécialement aménagés à cet effet sont assimilées à des « ventes au déballage » et doivent faire l'objet d'une déclaration préalable auprès du maire de la commune dont dépend le lieu de la vente. Ne sont, toutefois, pas soumis à cette obligation les professionnels (boulangers-épiciers) qui, dans le cadre de leur activité, effectuent des tournées fréquentes ou périodiques, à bord d'un véhicule, dans leur commune d'implantation ou dans les communes limitrophes. * Rép. min. n° 58155 : *JOAN Q, 8 juin 2010, p. 6346 ; JCP E 2010, n° 163.* ♦ Entre dans le champ d'application de la loi, la vente : de tapis dans un bar. • Crim. 9 févr. 1961 : *D. 1961. 213, rapp. Costa.* ♦ ... De machines à laver dans un café. • Crim. 8 avr. 1967 : *D. 1967. 432.* ♦ ... De produits de luxe dans un restaurant. • Paris, 10 sept. 2008 : *RJDA 2009, n° 392.* ♦ ... De vin dans l'enceinte d'une gare. • Crim. 8 oct. 1985 : *Bull. crim. n° 304.* ♦ ... D'articles de literie sous un chapiteau implanté sur l'aire de stationnement du magasin. • Crim. 22 févr. 1993 : *Bull. crim. n° 85 ; CCC 1993, n° 184, obs. Raymond.* ♦ ... L'exposition d'articles, avec affichage de leurs caractéristiques et de leurs prix, sur le parking, dans le sas d'entrée et l'allée marchande d'un magasin, lieux habituellement non affectés à la vente, malgré l'obligation de passer l'art. en caisse. • Crim. 29 nov. 2000 : *préc. note 1.*

Jugeant qu'à défaut de production du règlement de copropriété et du règlement du centre commercial permettant de connaître le statut et la destination de la galerie marchande au sein de laquelle la vente litigieuse a eu lieu, la preuve n'est pas rapportée que les locaux ou l'emplacement litigieux n'étaient pas destinés à la vente au public. • TGI Créteil, 26 sept. 2001 : *BID 2002, n° 12, p. 30* • 20 juin 2001 : *ibid., p. 31.*

2 bis. Locaux ou emplacements loués. Entre dans le champ d'application de la loi la vente dans un local vide et désaffecté, ayant servi de magasin pour des pièces d'automobiles, loué pour les besoins de la cause et pour un temps très court. • Crim. 6 mars 1973 : *D. 1973. 520.* ♦ Manque de base légale au regard de l'art. L. 310-2 le jugement par lequel un tribunal, pour rejeter la demande en réparation du préjudice causé par des ventes au déballage irrégulières, s'est borné à retenir que les statuts de la société bailleresse n'autorisent pas la société à exercer directement une activité commerciale dans les locaux dont elle dispose et qu'en conséquence les ventes litigieuses se sont déroulées conformément à la réglementation, sans rechercher si ces ventes ont été effectuées dans des locaux ou sur des emplacements non destinés à la vente au public et, dans l'affirmative, si ces ventes ont été effectuées sans autorisation administrative préalable. • Com. 24 sept. 2003 : *Bull. civ. IV, n° 149 ; D. 2003. AJ 2636 ; JCP E 2003, n° 44, p. 1744 ; Cah. dr. entr. 2003, n° 5, p. 51, obs. Mainguy ; RTD com. 2004. 148, obs. Bouloc ; RJDA 2004, n° 154 (1re esp.).* ♦ Jugeant que sont impropres à caractériser une vente au déballage les motifs tirés de ce qu'il n'existe aucune fixité relativement à la nature des produits vendus par une société dans son local « l'entrepôt » et que celui-ci n'a fait l'objet d'aucune autorisation de la commission départementale d'urbanisme commercial, V. • Com. 24 sept. 2003 : *Bull. civ. IV, n° 148 ; eod. loc. (2e esp.).* – V. aussi David, *Bull. act. Lamy droit économique nov. 2003, p. 1.*

3. Application dans le temps. V. note 2 ss. art. L. 310-5.

4. Liberté du commerce. La méconnaissance du principe de la liberté du commerce et de l'industrie ne saurait être utilement invoquée à l'encontre d'une décision du maire [jurisprudence rendue ss. l'empire de la loi de 1906, exigeant l'obtention de l'autorisation du maire pour les ventes au déballage, V. désormais art. L. 310-2, codification de l'art. 27 de la loi du 5 juill. 1996, prévoyant une simple déclaration en mairie] refusant d'autoriser une vente au déballage dès lors qu'une telle vente est soumise à autorisation en vertu des dispositions législatives. • CE 10 juill. 1996 : *RJDA 1997, n° 632.*

5. *Droit de la concurrence.* Les limites apportées à la liberté des ventes au déballage instituées par la loi du 30 déc. 1906 [abrogée et remplacée par la L. n° 96-603 du 5 juill. 1996, art. 27, désormais codifiée à l'art. L. 310-2] ne constituent pas des pratiques anticoncurrentielles au sens des art. 7 et 8 de l'Ord. du 1er déc. 1986 [C. com., art. L. 420-1 et L. 420-2] (inapplicabilité de l'art. 26, al. 2 de l'Ord. codifiée ss. C. com., art. L. 462-3). • CE 10 juill. 1996 : *préc. note 4.* ♦ L'autorité administrative tient de l'art. L. 310-2, le pouvoir d'apprécier l'opportunité des ventes projetées et d'accorder ou de refuser les autorisations demandées [jurisprudence rendue sous l'empire du droit antérieur exigeant l'obtention de l'autorisation du maire pour les ventes au déballage, V. désormais l'alinéa 2 de l'art. L. 310-2, prévoyant une simple déclaration en mairie] ; ce pouvoir lui est conféré, en même temps que dans un but de police, en vue de protéger les intérêts du commerce local et des consommateurs, sans pour autant méconnaître les règles de la concurrence. • CAA Douai, 16 nov. 2004 : *AJDA 2005. 77, note J. Michel ; RLC 2005, n° 3, p. 72, obs. Destours et Clamour.*

6. *Décompte du délai de deux mois.* S'agissant des ventes à déballage soumises à autorisation [jurisprudence rendue sous l'empire du droit antérieur exigeant l'obtention de l'autorisation du maire pour les ventes au déballage, V. désormais l'alinéa 2 de l'art. L. 310-2, prévoyant une simple déclaration en mairie], la période de deux mois par année civile visée à l'art. 27 de la loi du 5 déc. 1996 [C. com., art. L. 310-2] peut être fractionnée. Cependant, le vendeur voulant organiser plusieurs journées non consécutives de vente devra, compte tenu des délais imposés pour le dépôt de la demande d'autorisation, solliciter autant d'autorisations qu'il y a de périodes comprises entre cinq et trois mois avant le début des ventes projetées. Pour autoriser ces ventes, l'autorité compétente doit prendre en compte toutes celles réalisées au cours de l'année civile, dans le même local ou sur le même emplacement, quel que soit le vendeur bénéficiaire (Rép. min. : *JOAN Q, 13 avr. 1998, p. 2155*). ♦ Sur les modalités de la demande d'autorisation, V. art. R. 310-8 s.

7. *Compatibilité avec le traité de Rome.* L'ancienne loi de 1906 est compatible avec l'art. 30 du traité de Rome (actuel art. 34 TFUE, depuis l'entrée en vigueur du traité de Lisbonne ; V. Décr. n° 2009-1466 du 1er déc. 2009, *JO 2 déc.*) et il n'y a pas lieu de poser une question préjudicielle à la cour de justice des Communautés, dès lors d'une part, que la réglementation française sur le déballage ne crée aucune restriction quantitative à l'importation dans la Communauté économique européenne et n'engendre aucun effet équivalent, d'autre part, que le régime d'autorisation préalable qu'elle institue n'est pas discriminatoire et qu'il a seulement pour objet d'assurer la protection du consommateur, la sécurité et la loyauté des transactions. • Crim. 25 oct. 1993 : *Bull. crim. n° 309 ; RTD com. 1994. 585, obs. Bouzat* .

Art. L. 310-3 *(L. n° 2008-776 du 4 août 2008, art. 98-I, en vigueur le 1er janv. 2009)* **« I. — Sont considérées comme soldes les ventes qui, d'une part, sont accompagnées ou précédées de publicité et sont annoncées comme tendant, par une réduction de prix, à l'écoulement accéléré de marchandises en stock et qui, d'autre part, ont lieu durant les périodes définies, pour l'année civile, comme suit :**

« 1° Deux périodes d'une durée de cinq semaines chacune, dont les dates et heures de début sont fixées par décret ; ce décret peut prévoir, pour ces deux périodes, *(L. n° 2011-525 du 17 mai 2011, art. 47)* **« et pour les ventes autres que celles mentionnées à l'article L. 121-16 du code de la consommation** *[,]* **» des dates différentes dans les départements qu'il fixe pour tenir compte d'une forte saisonnalité des ventes, ou d'opérations commerciales menées dans des régions frontalières ;** — *V. art. D. 310-15-2 et D. 310-15-3. — V. C. consom., art. L. 121-16, App., v° Ventes commerciales.*

« 2° Une période d'une durée maximale de deux semaines ou deux périodes d'une durée maximale d'une semaine, dont les dates sont librement choisies par le commerçant ; ces périodes complémentaires s'achèvent toutefois au plus tard un mois avant le début des périodes visées au 1° ; elles sont soumises à déclaration préalable auprès de l'autorité administrative compétente du département du lieu des soldes ou

du département du siège de l'entreprise pour les entreprises de vente à distance. – *V. art. R. 310-15 et R. 310-15-1.*

« Les produits annoncés comme soldés doivent avoir été proposés à la vente et payés depuis au moins un mois à la date de début de la période de soldes considérée. »

II. – Dans toute publicité, enseigne, dénomination sociale ou nom commercial, l'emploi du mot : solde(s) ou de ses dérivés est interdit pour désigner toute activité, dénomination sociale ou nom commercial, enseigne ou qualité qui ne se rapporte pas à une opération de soldes telle que définie au I ci-dessus. – *[L. n° 96-603 du 5 juill. 1996, art. 28.] – Pour les sanctions pénales, V. art. L. 310-5 (3° et 4°). – Sur l'opposabilité de l'Arr. préfectoral, V. note ss. art. L. 310-7.*

V. aussi Arr. du 31 déc. 2008 relatif aux annonces de réduction de prix à l'égard des consommateurs. – ***C. consom.***

Ancien art. L. 310-3 ***I. – Sont considérées comme soldes les ventes accompagnées ou précédées de publicité et annoncées comme tendant, par une réduction de prix, à l'écoulement accéléré de marchandises en stock.***

Ces ventes ne peuvent être réalisées qu'au cours de deux périodes par année civile d'une durée maximale de six semaines dont les dates sont fixées dans chaque département par [l'] (Ord. n° 2004-274 du 25 mars 2004, art. 29) ***« autorité administrative compétente » selon des modalités fixées par le décret prévu à l'article L. 310-7 et ne peuvent porter que sur des marchandises proposées à la vente et payées depuis au moins un mois à la date de début de la période de soldes considérée.*** – Sur l'autorité compétente, V. ancien art. R. 310-15.

1. Notion de soldes. **BIBL.** Mouligner, *D. 2004. 259* (interprétation jurisprudentielle de la définition légale). – Gil, *Bull. act. Lamy droit économique juill. 2004, p. 1* (deux lectures de l'art. L. 310-3 C. com.). ♦ Estimant que l'art. 28 [C. com., art. L. 310-3] a pour but d'empêcher la vente en solde de marchandises acquises pour cette occasion pendant la période même des soldes et le mois qui a précédé, mais ne restreint pas la vente en solde de marchandises acquises auparavant et ce, quelles que soient les conditions tarifaires consenties par les fournisseurs aux revendeurs, V. : Rép. min. n° 430 : *JO Sénat Q, 16 oct. 1997, p. 2805 ; D. Affaires 1997. 1324.* ♦ Jugeant qu'il est indifférent que les publicités ne mentionnent pas le terme « soldes », dès lors que la société, informée de la législation en vigueur, s'est abstenue d'employer le mot, tout en suggérant aux consommateurs une opération d'écoulement accéléré du stock par l'effet d'importante réduction de prix : • Crim. 13 janv. 2004 : *Bull. crim. n° 10 ; D. 2004. AJ 634 ; CCC 2004, n° 119, obs. Raymond ; RJDA 2004, n° 545 ; Dr. pénal 2004, n° 52, obs. Robert ; RTD com. 2004. 586, obs. Bouloc ; RLC 2005, n° 1, p. 80, obs. Bouloc.* – V. aussi sur l'indifférence de l'emploi du terme « soldes » : • Crim. 23 sept. 2003 : *CCC 2004, n° 70, obs. Raymond.*

La loi du 5 juill. 1996 [C. com., art. L. 310-3] ne fait aucune distinction entre soldes « privés » et soldes « publics », le critère des soldes étant un déstockage portant sur un lot de marchandises préexistant et non renouvelable, dont l'écoulement rapide est favorisé par une réduction de prix annoncée à l'aide de publicité. • TGI Paris, 12 juin 1997 : *BID 1998, n° 4, p. 37* • 21 janv. 1998 : *ibid. n° 12, p. 31* • Crim. 19 févr. 2003 : *Bull. crim. n° 47 ; JCP E 2003, n° 15, p. 638 ; RTD com. 2003. 582, obs. Bouloc ; RJDA 2003, n° 1053 ; LPA 15 juin 2004, obs. Bacchichetti* (publicité par l'envoi de cartons d'invitation). ♦ L'opération de vente d'articles d'une collection d'été ayant déjà été soldés, accompagnée de publicité mentionnant « dans la limite des stocks disponibles » ou comportant un double affichage de prix, doit être qualifiée de soldes en dehors des périodes autorisées. • Paris, 27 sept. 2002 : *BICC 2003, n° 748.* ♦ Dès lors que les ventes sont accompagnées de publicités sur lesquelles l'objectif d'écoulement accéléré de marchandises en stock n'apparaît nullement mentionné de manière explicite, les divers supports publicitaires se bornant à annoncer une réduction de prix sur une sélection d'articles, la qualification de soldes ne peut être retenue sans qu'il soit nécessaire d'examiner, par ailleurs, les conditions dans lesquelles les marchandises ont été achetées et stockées. • Paris, 1er mars 1999 : *D. Affaires 1999. 753, obs. E. P. ; LPA 26 nov. 1999, obs. Pelletier.* ♦ V. aussi • Paris, 26 mars 2002 : *BRDA 2002, n° 10, p. 13* • 27 févr. 2002 : *CCC 2002, n° 169, obs. Raymond.* ♦ Comp. • Crim. 19 févr. 2003 : *préc.* • 13 janv. 2004 : *préc.*

Ne constitue pas une vente en promotion mais des soldes, la vente des affaires de fin d'année en l'absence de renouvellement des marchandises après cette opération : en effet, la publicité et l'aspect occasionnel de cette vente sont démontrés par la présence d'affiches et les remises importantes manifestent la volonté d'écoulement accéléré des stocks. • Riom, 14 avr. 1993 : *JCP E 1993. Pan. 1415.* ♦ Dans le même sens, s'agissant d'opérations de promotions précédant des périodes de soldes, V. • DGCCRF avis du 11 sept. 1998, n° 99-051 : *BID 1999, n° 3, p. 8.* ♦ V. aussi, pour une opération commerciale annoncée par son auteur comme une « grande vente au déballage » au cours de laquelle des réductions de prix de 30 % à 50 % seraient proposées, • Bourges, 24 juill. 2001 : *RJDA 2002, n° 30.* ♦ Dans le même sens, s'agissant d'une vente suivant la période des soldes d'été présentée dans les publicités comme une opération en vue « d'en finir » : • Paris, 22 mars 2002 : *BRDA 2002, n° 10, p. 13 ; CCC 2002, n° 169, obs. Raymond ; BID 2002, n° 12, p. 29.* ♦ ... Ou présentée comme devant se dérouler « dans la limite des stocks disponibles » : • Paris, 27 sept. 2002 : *CCC 2003, n° 149 (2e esp.), obs. Raymond.* ♦ V. aussi jugeant qu'un panneau figurant sur la vitrine et portant la mention « et pour finir... » atteste tout à la fois d'une publicité et d'une opération de liquidation de stock, • TGI Créteil, 12 oct. 2001 : *BID 2002, n° 12, p. 30.* ♦ Pour l'écoulement de marchandises avant le lancement d'un nouveau catalogue, V. • Crim. 5 déc. 2006 : *Bull. crim. n° 305 ; D. 2007. AJ 79, obs. Chevrier ; RTD com. 2007. 465, obs. Bouloc ; AJ pénal 2007. 87, obs. M.-E. C. ; JCP E 2007, n° 3, p. 38 ; Gaz. Pal. 2007. 631, obs. M. B. ; RJDA 2007, n° 338.* ♦ Sur la distinction entre soldes et opération promotionnelle à propos d'une offre de réductions de prix portant sur des marchandises proposées par une société de vente à distance, V. • Douai, 25 juill. 2000 : *BID 2002, n° 2, p. 29.*

V. aussi • Limoges, 22 févr. 1995 : *CCC 1995, n° 79, note Raymond.* ♦ ... A propos d'une vente à « prix barrés ». • Crim. 20 nov. 2001 : *CCC 2002, n° 70, obs. Raymond ; BID 2002, n° 10, p. 32.* ♦ ... D'une vente à prix réduits de produits d'exposition. • Pau, 26 juin 2001 : *ibid.*

2. Nature des stocks. Sont considérées comme des soldes les ventes accompagnées ou précédées de publicité et annoncées comme tendant, par une réduction de prix, à l'écoulement accéléré d'un stock prédéterminé et non renouvelable de marchandises. • Com. 28 janv. 2004 : *Bull. civ. IV, n° 20 ; D. 2004. 1228, note Mouligner ; ibid. AJ 417, obs. Chevrier ; JCP E 2004, n° 13, p. 493 ; Gaz. Pal. 2004. Somm. 1443, obs. Joseph ; RTD com. 2004. 586, obs. Bouloc ; RJDA 2004, n° 694.* ♦ Même solution sous l'empire de la loi de 1906. • Com. 19 janv. 1993 : *Bull. civ. IV, n° 27 ; D. 1993. IR 48.* ♦ A défaut de prouver que le stock de marchandises mis en vente était prédéterminé et non renouvelable, il n'est pas établi que l'opération litigieuse constitue une vente en solde prohibée. • Com. 13 oct. 1998 : *D. Affaires 1998. 1893, obs. E. P.* ♦ Jugeant que la mention « sur produits signalés » tend à montrer que seuls étaient concernés les articles exposés et que l'opération était limitée au stock disponible dans le magasin : • Crim. 13 janv. 2004 : *préc. note 1.*

2 bis. Soldes de prestations de services. Selon la DGCCRF, le législateur, en n'employant pas le terme de « biens » à l'art. L. 310-3 qui fait référence à des « marchandises » et à des « produits », n'a pas semblé vouloir exclure l'ensemble des prestations de services du bénéfice de la législation sur les soldes. Elle considère donc, sous réserve de l'appréciation souveraine des tribunaux, que l'esprit de la loi n'exclut pas systématiquement les prestations de services du bénéfice du régime juridique des soldes. Toutefois, seules les prestations de services revendues par un commerçant qui en a acquis de manière ferme et définitive une quantité déterminée non renouvelable auprès d'un autre opérateur peuvent être soldées ; tel est le cas notamment des voyages et des séjours à forfait, à l'inverse des prestations immédiates vendues directement par leurs producteurs (coiffure ou restauration par exemple). • DGCCRF 23 nov. 2010 : *D. 2010. Actu. 2768 ; JCP E 2010, n° 642.*

3. Interdiction de réapprovisionnement. Sur la condamnation d'un franchisé s'étant réapprovisionné auprès de son franchiseur pendant la période des soldes, V. • Chambéry, 2 déc. 1999 : *BRDA 2000, n° 23, p. 14.* ♦ Jugeant que la livraison par une société à sa succursale de certains articles stockés dans les entrepôts de la première ne saurait constituer un réapprovisionnement interdit, V. • T. corr. Bobigny, 8 oct. 1998 : *BID 1999, n° 11, p. 53.* ♦ Refusant de considérer comme un réassortiment les commandes passées par la société poursuivie à une autre société à laquelle « elle est étroitement liée », V. • Com. 2 juin 2004 : *Bull. civ. IV, n° 116 ; D. 2004. AJ 1897 ; JCP E 2004, n° 31, p. 1224 ; RJDA 2004, p. 864, rapp. de Monteynard ; RTD com. 2005. 161, obs. Bouloc.*

4. Revente à perte. En ce sens que les produits vendus en période de soldes peuvent valablement être revendus à perte, V. • DGCCRF avis du 18 mars 1998, n° 99-050 : *BID 1999, n° 3, p. 7.* ♦ Sur la dérogation à l'interdiction légale de revente à perte, V. art. L. 442-4, I, 7°.

5. Carte de fidélité. L'art. 28 [C. com., art. L. 310-3] ne précisant pas la forme de la réduction de prix devant être appliquée pour les ventes présentées comme des soldes ou permettant de qualifier de soldes une opération promotionnelle, les tribunaux pourront au cas par cas, requalifier de soldes, des ventes précédées ou accompagnées de publicité et dont les prix peuvent être réduits par l'utilisation d'une carte de fidélité, chaque fois qu'elles tendent à l'écoulement accéléré de marchandises en stock. Toutefois une telle requalification ne semble fondée que si les remises de fidélité sont accessibles sans conditions contraignantes, telles qu'un montant important d'achats préalables, à une partie importante de la clientèle. • DGCCRF avis 27 oct. 1998, n° 99-049 : *BID 1999, n° 3, p. 6.*

6. Bons d'achats. L'opération par laquelle un hypermarché organise une campagne publicitaire annonçant la vente d'articles ouvrant droit à une remise de 50 % sous forme de bons d'achats ne constitue pas le délit de vente en soldes en dehors de périodes autorisées, dès lors que ce procédé de vente ne confère pas une réduction de prix sur le produit vendu, mais est destiné à fidéliser la clientèle en accordant, pour des achats ultérieurs, un avoir dont le montant est fixé en proportion du prix des achats réalisés. • Crim. 23 janv. 2001 : *Bull. crim. n° 22 ; JCP E 2001, n° 19, p. 781 ; RTD com. 2001. 792, obs. Bouloc ; Dr. pénal 2001, n° 64, obs. Robert ; Gaz. Pal. 15-16 mai 2002, p. 45, obs. Jalade* • Caen, 15 mai 2000 : *BRDA 2001, n° 3, p. 11.*

7. Personne morale. Sur la responsabilité pénale d'une SARL dont le gérant avait réalisé une vente en solde portant sur des marchandises acquises moins d'un mois avant la date de début de la période de soldes considérée, V. • TGI Paris, 8 oct. 1997 : *BID 1998, n° 10, p. 25.*

8. Vente par correspondance. La loi du 30 déc. 1906 [abrogée par L. n° 96-603 du 5 juill. 1996] s'appliquant également à la vente par correspondance, les opérations de soldes saisonniers des sociétés de vente par correspondance ne peuvent se dérouler en dehors des périodes déterminées pour le département du siège de ces entreprises : Rép. min. : *JO Sénat Q, 5 oct. 1995, p. 1904.*

9. Emploi du mot « soldes ». Considérant que le mot solde, même amputé de la dernière lettre et intégré dans un nom composé, ne peut être utilisé dans l'enseigne d'un magasin, V. • Grenoble, 12 mai 1999 : *CCC 2000, n° 16, obs. Raymond.* ♦ Doit être condamné pour utilisation illicite du terme « solde(s) » en dehors d'une opération de soldes telle que définie par l'art. L. 310-3, le fait d'utiliser ce terme ou ces dérivés dans une enseigne, en l'espèce, le nom d'un site internet intitulé « www.soldeurs.com ». • TGI Paris, 8 avr. 2005 : *Gaz. Pal. 2006. Somm. 604, obs. Avignon et Colas-Bernié* (l'appellation d'un site correspond, sur le plan électronique, à l'enseigne).

Pour l'annulation de l'art. 4 de l'Arr. du 22 sept. 1989 (codifié aux art. A. 310-7 à A. 310-9 C. com.), dont les dispositions figurent désormais au II de l'art. L. 310-3, V. • CE 22 mars 1991 : *RTD com. 1992. 847, obs. Bouloc.*

10. Concurrence déloyale. En pratiquant des soldes en dehors des périodes autorisées déterminées par un usage local, un grand magasin commet un acte de concurrence déloyale envers les autres commerçants. Cet usage dont la preuve peut être rapportée par tous moyens constitue une source de droit au même titre qu'un texte légal ou qu'un accord contractuel. • Riom, 14 avr. 1993 : *JCP E 1993. Pan. 1415.*

Constitue des actes de concurrence déloyale, le fait de pratiquer des soldes sans autorisation, avec des rabais de 20 à 50 %, dans le 16e arrondissement de Paris, tandis qu'un autre magasin commercialise les vêtements de la même marque à proximité, un tel fait incitant la clientèle à se diriger de préférence vers le soldeur, la distance séparant les deux établissements étant faible. • Com. 18 oct. 1994 : *Bull. civ. IV, n° 299 ; D. 1995. IR 12.* ♦ Ainsi, l'opération de liquidation réalisée par un commerçant sans autorisation constitue un acte de concurrence déloyale portant atteinte à l'intérêt collectif de la profession représentée par un syndicat professionnel de commerçants détaillants. • Com. 8 juill. 1997 : *BRDA 1997, n° 21, p. 15.*

V. aussi L. n° 63-628 du 2 juill. 1963, art. 2, note 47, App., v° *Concurrence.*

11. Publicité trompeuse. En ce sens que, le mot solde étant dans l'esprit du consommateur indissociablement lié à la notion de rabais, est de nature à induire en erreur la publicité annonçant des soldes en l'absence de réduction des prix, V. • Pau, 21 oct. 1992 : *CCC 1993, n° 120, obs. Raymond.* – V. aussi • Pau, 22 juin 1994 : *ibid. 1994, n° 256, note Raymond ; JCP 1994. IV. 2215.* ♦ Sur l'application de l'Arr. n° 77-105/P du 2 sept. 1977, relatif à la publicité des prix [remplacé par Arr. 31 déc. 2008, relatif aux annonces de réduction de prix à l'égard des consommateurs (*JO 13 janv. 2009*), V. **C. consom.**], V. • Limoges, 6 avr. 1994 : *CCC 1994, n° 239, note Raymond* • Angers, 6 avr. 2006 : *BRDA 2006, n° 10, p. 12* (prix de référence) • T. pol. Paris, 11 avr. 2008 : *Lettre distrib. juin 2008, p. 2* (« ventes privées »). ♦ V. aussi Rép. min. n° 26955 : *JOAN Q, 31 juill. 1995, p. 3369.* ♦ V. également • Com. 19 oct. 1999 : *Bull. civ. IV, n° 175.*

La publicité susceptible d'induire en erreur le consommateur sur la réduction de prix annoncée avec la vente est inopérante sur la qualification de soldes. • Crim. 23 janv. 2001 : *Bull. crim. n° 22.*

12. Internet. Même dans le cadre d'une interprétation stricte de la loi pénale, la notion de « soldes » visée par l'art. L. 310-3 ne peut se confondre avec celle de vente effective d'un produit, elle-même réalisée par l'accord sur la chose et sur le prix (ici le « clic » de l'acheteur en ligne à l'issue de la procédure de validation de son achat). • TGI Bordeaux, 9 janv. 2006 : *CCE 2006, n° 80, obs. Chabert ; Lettre distrib. juill.-août 2006, p. 4 ; ibid. janv. 2007, p. 3.* ♦ La présentation d'une offre sur internet ayant une portée nationale et englobant nécessairement l'ensemble des départements, il en résulte que cette présentation dans un ressort départemental où l'ouverture officielle des soldes est décalée caractérise l'élément matériel de l'infraction, indépendamment du lieu du siège de la société. • Même jugement. ♦ Pour la condamnation d'un site internet pour manquement aux règles de publicité des prix à l'égard du consommateur lors d'une opération promotionnelle, V. : • T. pol. Boissy-Saint-Léger, 3 févr. 2004 : *Rev. Conc. consom. juill.-sept. 2004, p. 5 ; Lettre distrib. juill.-août 2004, p. 4.* – V. aussi • TGI Pontoise, 19 mai 2004 : *CCE 2004, n° 162, obs. Grynbaum.*

V. l'ajout apporté par la L. n° 2011-525 du 17 mai 2011 au 1° du I de l'art. L 310-3. Sur l'utilisation du terme « solde » dans une adresse internet, V. note 9.

13. Soldes flottants. Ces soldes peuvent commencer dès le lendemain des soldes fixes. Leur période est calculée de date en date, sans prendre en compte les éventuels jours de fermeture hebdomadaire du commerce durant cette période. Toute semaine commencée est considérée comme utilisée. Les commerçants peuvent valablement s'organiser pour pratiquer des soldes flottants à une date commune (Questions/réponses DGCCRF du 13 janv. 2009 : *BRDA 2009, n° 2, p. 10*). ♦ Les sociétés de vente à distance situées à l'étranger, tout en respectant les règles attachées aux soldes flottants, sont exemptées d'en faire la déclaration préalable faute d'avoir une représentation en France (Lettre DGCCRF du 5 avr. 2012 : *BRDA 2012, n° 8, p. 11*).

14. Opérations de déstockage. De telles opérations au cours du mois précédant la date de début des soldes nationaux sont licites ; toutefois, en application de l'Arr. 31 déc. 2008, le commerçant devra tenir compte des prix pratiqués pendant cette opération de promotion pour établir son prix de référence pendant la période de soldes (Questions/réponses DGCCRF du 13 janv. 2009 : *BRDA 2009, n° 2, p. 10*).

Art. L. 310-4 **La dénomination de magasin ou de dépôt d'usine ne peut être utilisée que par les producteurs vendant directement au public la partie de leur production non écoulée dans le circuit de distribution ou faisant l'objet de retour. Ces ventes directes concernent exclusivement les productions de la saison antérieure de commercialisation, justifiant ainsi une vente à prix minoré.** – *[L. n° 96-603 du 5 juill. 1996, art. 30.]*

BIBL. ▶ POUILLE, *CCC 2006. Chron. 9* (les centres de marques). – WILLEMS, *RLC oct.-déc. 2008. 41* (centres de marques : le juge met fin à une apparente situation de « non-droit »).

Art. L. 310-5 **Est puni d'une amende de 15 000 € :**

1° *(Ord. n° 2004-274 du 25 mars 2004, art. 28-I)* **« Le fait de procéder à une liquidation sans la déclaration préalable mentionnée à l'article L. 310-1 ou en méconnaissance des conditions prévues à cet article ; »**

2° *(L. n° 2008-776 du 4 août 2008, art. 54-II)* **« Le fait de procéder à une vente au déballage sans la déclaration prévue par l'article L. 310-2 ou en méconnaissance de cette déclaration ; »**

3° Le fait de réaliser des soldes *(Abrogé par L. n° 2008-776 du 4 août 2008, art. 98-II, à compter du 1er janv. 2009)* ***« en dehors des périodes prévues au I de l'article L. 310-3 ou »*** **portant sur des marchandises détenues depuis moins d'un mois à la date de début de la période de soldes considérée ;**

4° Le fait d'utiliser le mot : solde(s) ou ses dérivés dans les cas où cette utilisation ne se rapporte pas à une opération de soldes définie au I de l'article L. 310-3 ;

5° Le fait d'utiliser la dénomination magasin d'usine ou dépôt d'usine en méconnaissance des dispositions de l'article L. 310-4 *[;]*

(L. n° 2009-526 du 12 mai 2009, art. 54) « **5°** ***bis*** **Le fait, pour un parc d'exposition, de ne pas se faire enregistrer ou de ne pas déclarer de programme de manifestations commerciales en application du second alinéa de l'article L. 762-1, ou de ne pas déclarer les modifications au programme faisant l'objet de la déclaration annuelle initiale ;** »

(Ord. n° 2004-274 du 25 mars 2004, art. 28-II) « **6° Le fait d'organiser une manifestation commerciale sans la déclaration prévue** *(L. n° 2009-526 du 12 mai 2009, art. 54)* « **au second alinéa de l'article L. 762-2** » **ou de ne pas respecter les conditions de réalisation de la manifestation déclarée.** »

Les personnes physiques encourent également la peine complémentaire d'affichage ou de diffusion de la décision prononcée, dans les conditions prévues par l'article 131-35 du code pénal. – *[L. n° 96-603 du 5 juill. 1996, art. 31 (I).]*

Les modifications apportées par le I de l'art. 28 de l'Ord. n° 2004-274 du 25 mars 2004 (JO 27 mars) au 1° de l'art. L. 310-5 sont applicables dans les îles Wallis-et-Futuna (art. 49-II).

1. Application dans le temps. Une loi nouvelle abrogeant une incrimination pénale s'appliquant aux faits commis avant son entrée en vigueur mais non définitivement jugés, les infractions à l'interdiction des ventes en soldes sans autorisation municipale, commises avant l'entrée en vigueur de la loi du 5 juill. 1996, ne peuvent plus être sanctionnées. • Crim. 18 juin 1997 : *Bull. crim. n° 243 ; D. Affaires 1997. 956* • 17 déc. 1997 : *Bull. crim. n° 435 ; JCP E 1998, n° 10, p. 351 ; CCC 1998, n° 67, obs. Raymond.* ♦ Même si la loi de 1996, immédiatement applicable aux poursuites en cours, ne soumet plus les ventes en soldes à l'autorisation du maire qui était prévue par la loi de 1906, les ventes en liquidation restent punissables, à défaut d'une telle autorisation, en application de l'art. 26 de la loi de 1996 [C. com., art. L. 310-1], et les ventes en soldes pratiquées en dehors des périodes fixées par Arr. préfectoral entrent tout à la fois dans les prévisions de l'art. 28 de la loi [C. com., art. L. 310-3] et dans celles de l'art. 1er, al. 1er à 3 de la loi de 1906 [abrogée]. • Crim. 12 oct. 1999 : *Bull. crim. n° 215* • 26 avr. 2000 : *Dr. pénal 2001, n° 8, obs. Robert.* ♦ Pour l'Ord. n° 2004-274 du 25 mars 2004, V. • Crim., 3 nov. 2004 : *Bull. act. Lamy droit économique janv. 2005, p. 5.*

La L. n° 2008-776 du 4 août 2008, en ce qu'elle a abrogé l'incrimination prévue par l'art. L. 310-5, 3°, qui sanctionnait les ventes en soldes en dehors des périodes autorisées, s'applique aux faits commis antérieurement à son entrée en vigueur et faisant l'objet de poursuites non encore terminées par une décision passée en force de chose jugée. • Crim. 22 mars 2011 : *Bull. crim. n° 58 ; Dalloz actualité, 20 avr. 2011, obs. Bombled ; RTD com. 2011. 808, obs. Bouloc ; AJ pénal 2011. 412, obs. Gallois ; RLDA mai 2011. 49, obs. Mathonnière.* – V. aussi • Crim. 24 janv. 2012 : *Bull. crim. n° 20 ; Dalloz actualité, 27 févr. 2012, obs. Priou-Alibert ; D. 2012. Actu. 492 ; RSC 2013. 93, obs. Ambroise-Castérot ; JCP E 2012, n° 1208 ; RJDA 2012, n° 391 ; RLDA mars 2012. 54, obs. Mathonnière.*

2. Décret d'application. Les dispositions de vente au déballage se suffisent à elles-mêmes et n'ont pas besoin d'être complétées par un décret pour entrer en vigueur ; il y a donc continuité de la loi dans le temps et validité des poursuites, les faits antérieurs de vente au déballage continuant à revêtir un caractère délictueux. • TGI Aurillac, 17 oct. 1996 : *BID 1998, n° 4, p. 24.* – Conf. par • Riom, 26 mars 1997 : *ibid., p. 26.* ♦ V. aussi • Grenoble, 29 oct. 1998 : *BID 1999, n° 7-8, p. 57.* ♦ Pour un arrêt considérant qu'il ne peut être reproché à un prévenu d'avoir réalisé des soldes en dehors des périodes prévues au 1° de l'art. 28 [C. com., art. L. 310-3], dès lors qu'à la date des faits, le décret d'application prévu à l'art. 32 de la loi [C. com., art. L. 310-7] n'avait pas encore été pris, V. • Poitiers, 29 janv. 1998 : *BID 1998, n° 10, p. 24.* ♦ Dans le même sens, s'agissant d'une vente en liquidation non autorisée, dans la mesure où le défaut d'obtention de l'autorisation est un élément constitutif de l'infraction et que les modalités de cette obtention n'étaient pas encore définies par le décret d'application de la loi à la date des faits, V. • TGI Paris, 23 oct. 1997 : *ibid., p. 25.*

3. Élément intentionnel. L'élément intentionnel du délit se déduit du caractère volontaire de l'omission de se munir de l'autorisation nécessaire. • Crim. 24 nov. 1993 : *BID 1995, n° 10, p. 23* • 17 janv. 1994 : *RJDA 1994, n° 395* • 8 avr. 1998 : *BID 1998, n° 11, p. 37.* ♦ En ce sens que, s'agissant de l'interdiction de recevoir d'autres marchandises que celles figurant à l'inventaire, l'intention frauduleuse réside dans la négligence commise par le responsable de la vente qui n'a pas procédé aux vérifications suffisantes et que l'exonération de responsabilité pénale supposerait soit la preuve d'un cas de force majeure, soit de l'action malveillante d'un tiers, V. • Paris, 18 mai 1995 : *CCC 1996, n° 17, obs. Raymond.*

4. Auteur principal. Le délit de vente au déballage sans autorisation [jurisprudence rendue sous l'empire du droit antérieur exigeant l'obtention de l'autorisation du maire pour les ventes au déballage, V. désormais l'alinéa 2 de l'art. L. 310-2, prévoyant une simple déclaration en mairie] n'est imputable, à titre d'auteur principal, qu'à la personne qui procède à la vente. • Crim. 29 avr. 2003 : *Bull. crim. n° 91 ; D. 2004. 167, note Saint-Pau ; ibid. Somm. 318 obs. Roujou de Boubée ; JCP E 2003, n° 27, p. 1121 ; CCC 2003, n° 150, obs. Raymond ; Dr. pénal 2003, n° 86, obs. Robert ; RTD com. 2003. 831, obs. Bouloc ; RJDA 2003, n° 937.* ♦ Pour une condamnation, V. • Paris, 24 févr. 1995 : *CCC 1995, n° 98, obs. Raymond.*

5. Complicité. Pour la condamnation, pour complicité de vente au déballage non autorisée [jurisprudence rendue sous l'empire du droit antérieur exigeant l'obtention de l'autorisation du maire pour les ventes au déballage, V. désormais l'alinéa 2 de l'art. L. 310-2, prévoyant une simple déclaration en mairie] et de publicité en vue d'une telle vente, de la société ayant réalisé une opération de mailing, V. • Paris, 13 avr. 1995 : *CCC 1995, n° 212, obs. Raymond.* ♦ Sur la condamnation, pour complicité de vente en soldes et en liquidation sans autorisation antérieure à l'entrée en vigueur de la loi du 5 juill. 1996, d'une gérante de société ayant organisé en dehors des soldes saisonniers, pour le compte d'un autre commerçant, une vente accompagnée d'une publicité, présentant un caractère occasionnel et tendant à l'écoulement accéléré de tout ou partie d'un stock de marchandises, malgré le refus de l'autorisation administrative demandée, V. : • Crim. 12 oct. 1999 : *Bull. crim. n° 215.*

6. Pouvoir du préfet. A défaut de transmission des pièces justifiant la demande de liquidation dans le délai prévu [C. com., art. L. 310-1, al. 2], il appartient au préfet de saisir la direction départementale de la concurrence afin de faire constater, par procès-verbal, l'infraction : Rép. min. n° 10157 : *JOAN Q, 10 mars 2003, p. 1866 ; CCC juill. 2003, p. 4.*

Art. L. 310-6 *(L. n° 2009-526 du 12 mai 2009, art. 125-IV)* **Les personnes morales déclarées responsables pénalement, dans les conditions prévues par l'article 121-2 du code pénal, des infractions définies à l'article L. 310-5 du présent code encourent, outre l'amende suivant les modalités prévues par l'article 131-38 du code pénal, la peine prévue par le 9° de l'article 131-39 du même code.** — *[L. n° 96-603 du 5 juill. 1996, art. 31 (II).]*

Personne morale. Sur la condamnation d'une personne morale pour une infraction commise par le subdélégataire de pouvoirs, V. • Crim. 26 juin 2001 : *Bull. crim. n° 161 ; Dr. pénal 2002, n° 8, obs. Robert.* ♦ Ne donne pas de base légale à sa décision la cour d'appel qui déclare une association coupable du délit de vente au déballage sans préciser quel organe ou représentant aurait engagé la responsabilité pénale de la personne morale. • Crim. 29 avr. 2003 : *cité note 4 ss. art. L. 310-5.*

Art. L. 310-6-1 *(L. n° 2011-1862 du 13 déc. 2011, art. 30-II)* **Pour les infractions prévues au présent titre ou par les textes pris pour son application, l'autorité administrative chargée de la concurrence et de la consommation a droit, tant que l'action publique n'a pas été mise en mouvement, de transiger, après accord du procureur de la République, dans les conditions prévues à l'article L. 470-4-1.**

L'art. L. 310-6-1 est applicable dans les îles Wallis-et-Futuna, en Polynésie française et en Nouvelle-Calédonie (L. n° 2011-1862 du 13 déc. 2011, art. 72).

Art. L. 310-7 Les modalités d'application des dispositions du présent titre sont fixées par décret en Conseil d'État, et notamment les secteurs dans lesquels les annonces, quel qu'en soit le support, de réduction de prix aux consommateurs ne peuvent s'exprimer en pourcentage ou par la mention du prix antérieurement pratiqué, et la durée ou les conditions de cette interdiction. — *[L. n° 96-603 du 5 juill. 1996, art. 32 et 29.] — V. art. R. 310-1 s.*

Sur les modalités d'application de la réglementation des ventes en liquidation, au déballage ou en solde, V. Circ. 16 janv. 1997 (D. Affaires 1997. 1046).

Sur l'interdiction de toute publicité portant sur une opération n'ayant pas reçu l'autorisation prévue par les art. L. 310-1 s., V. App., v° Publicité commerciale, C. consom., art. L. 121-15.

La publication de l'Arr. préfectoral fixant les dates des soldes au recueil périodique des actes administratifs de la préfecture suffit à le rendre opposable à tous les commerçants, sans qu'une information individuelle soit nécessaire. • Crim. 20 nov. 2001 : *RJDA 2002, n° 241.*

Loi n° 89-1008 du 31 décembre 1989, *relative au développement des entreprises commerciales et artisanales.* **Art. 9, al. 1er** Les infractions aux dispositions des articles L. 310-1, L. 310-2, L. 310-3, L. 310-4 et L. 310-7 du code de commerce, de l'article L. 752-1 et des textes pris pour son application et celles définies à l'article L. 121-15 du code de la consommation peuvent être constatées et poursuivies dans les conditions fixées par les articles L. 450-1, L. 450-2, L. 450-3, L. 450-7 et L. 450-8 du code de commerce et par l'article L. 141-1 du code de la consommation.

Sur l'interdiction de toute publicité portant sur une opération n'ayant pas reçu l'autorisation prévue par les art. L. 310-1 s., V. App., v° Publicité commerciale, C. consom., art. L. 121-15.

Sur les soldes et liquidations de livres, V. L. n° 81-766 du 10 août 1981, art. 5 et 7, App., v° Concurrence.

TITRE DEUXIÈME DES VENTES AUX ENCHÈRES PUBLIQUES

RÉP. COM. v^is *Ventes volontaires de meubles aux enchères publiques ; Ventes aux enchères publiques de marchandises neuves,* par MAUGER-VIELPEAU.

BIBL. GÉN. ▶ Proposition de réforme : ARMAND, *Gaz. Pal. 2008. 1524* (la proposition de loi Marini et Gaillard : une réforme en trompe-l'œil). – FENOLL-TROUSSEAU et MAUGER-VIELPEAU, *D. 2008. 2232* (une nouvelle réforme des ventes volontaires de meubles aux enchères publiques ?). – MAUGER-VIELPEAU, *Dr. et patr. déc. 2008. 81* (la réforme des enchères publiques). – FENOLL-TROUSSEAU et PREST, *JCP E 2009, n° 11, p. 16* (le consommateur protégé par une plus grande liberté, toujours encadrée). ▶ L. n° 2011-850 du 20 juill. 2011 : NOTTÉ, *JCP E 2011, n° 401* (présentation générale). – LAUVERGNAT, *Procédures 2011. Étude 10* (pour certains, plus de peur que de mal). – BROUSSOLLE, *LPA 8 nov. 2011* (principales dispositions de la loi du 20 juill. 2011). – LABARTHE, *D. 2011. 2738* (réflexion sur l'avenir de la profession de commissaire-priseur). – DE BAECQUE et MAUGER-VIELPEAU, *ibid. 2749* (encore une réforme des ventes volontaires de meubles aux enchères publiques). – MAUGER-VIELPEAU, *JCP E 2012, n° 1236* (le déclin des ventes aux enchères publiques). – CHADELAT, *Annonces de la Seine, 28 juin 2012* (loyauté des enchères et protection du consommateur).

Art. L. 320-1 *(L. n° 2011-850 du 20 juill. 2011, art. 1er, en vigueur le 1er sept. 2011)* **Les ventes aux enchères publiques de meubles et d'effets mobiliers corporels sont régies par le présent titre.**

Les ventes de comestibles et d'objets de peu de valeur, à cri public, sont libres.

Art. L. 320-2 *(L. n° 2011-850 du 20 juill. 2011, art. 2, en vigueur le 1er sept. 2011)* **Constituent des ventes aux enchères publiques les ventes faisant intervenir un tiers, agissant comme mandataire du propriétaire ou de son représentant, pour proposer et adjuger un bien au mieux-disant des enchérisseurs à l'issue d'un procédé de mise en concurrence ouvert au public et transparent. Le mieux-disant des enchérisseurs acquiert le bien adjugé à son profit ; il est tenu d'en payer le prix.**

Sauf dispositions particulières et le cas des ventes effectuées dans le cercle purement privé, ces ventes sont ouvertes à toute personne pouvant enchérir et aucune entrave ne peut être portée à la liberté des enchères.

Enchères publiques. Le caractère restreint des vendeurs et des acheteurs en fonction de différents critères reste sans effet sur le caractère public de la vente volontaire aux enchères ; une vente volontaire aux enchères ne devient privée que lorsque l'offre de vente est faite à une ou des personnes déterminées ayant un lien étroit entre elles, pouvant venir de la propriété en commun de l'objet mis en vente. Tel n'est pas le cas lorsque la vente volontaire de meubles aux enchères est faite à un ensemble de personnes, même réduit à une catégorie particulière définie par des critères (professionnel, d'abonnement...) puisqu'il suffit de remplir les conditions d'admission pour entrer dans le champ de participation à ces ventes. • Versailles, 16 juin 2011 : *cité note 4 ss. art. L. 321-3.*

CHAPITRE PREMIER DES VENTES VOLONTAIRES DE MEUBLES AUX ENCHÈRES PUBLIQUES

RÉP. COM. v° *Ventes volontaires de meubles aux enchères publiques,* par MAUGER-VIELPEAU.

BIBL. ▶ MATHIAS, *LPA 18 oct. 2000* (analyse de la réglementation des ventes aux enchères sur internet). – HONLET et DE BAECQUE, *D. 2001. 141* (réforme des ventes volontaires de meubles aux enchères publiques). – BARBRY et OLIVIER, *JCP 2000, n° 46, Actualités* (la prise en compte des enchères électroniques). – LOCHOUARN, *LPA 22 nov. 2002* (le point sur les ventes de meubles aux enchères publiques). – ARMAND, *Gaz. Pal. 2003. 1. Doctr. 20* (ventes judiciaires et ventes volontaires). – SERMIER, *ibid. 17 mars 2003, p. 13* (comment distinguer les ventes aux enchères volontaires des ventes judiciaires ?). – DURET-ROBERT, *CCC 2004. Chron. 4* (problèmes posés par la loi du 10 juill. 2000). – MAUGER-VIELPEAU, *JCP N 2004, n° 18, p. 716* (premier bilan jurisprudentiel) ; *D. 2004. 2482* (courtage en ligne de biens culturels) ; *D. 2005. 1404* (vente volontaire/vente judiciaire). – DE DANNE, *D. 2007. 2016* (les sociétés de ventes volontaires et le droit de suite). – MAUGER-VIELPEAU, *Bull. Joly Bourse 2009. 62* (le droit des marchés financiers à l'épreuve du droit des enchères publiques). – LABARTHE, *D. 2011. 1779* (valeur contractuelle du catalogue dans les ventes volontaires de meubles aux enchères publiques).

SECTION PREMIÈRE DISPOSITIONS GÉNÉRALES

Art. L. 321-1 *(L. n° 2011-850 du 20 juill. 2011, art. 3, en vigueur le 1er sept. 2011)* **« Sous réserve des dispositions de l'article L. 322-8, les ventes volontaires de meubles aux enchères publiques peuvent porter sur des biens neufs ou sur des biens d'occasion. Ces biens sont vendus au détail, par lot ou en gros, c'est-à-dire par lots suffisamment importants pour ne pas être considérés comme tenus à la portée du consommateur. La vente en gros ne peut porter que sur des biens neufs issus du stock d'une entreprise. Lorsque des biens neufs sont mis en vente par le commerçant ou l'artisan qui les a produits, il en est fait mention dans les documents et publicités annonçant la vente. »**

Sont considérés comme meubles par le présent chapitre les meubles par nature.

Sont considérés comme d'occasion les biens qui, à un stade quelconque de la production ou de la distribution, sont entrés en la possession d'une personne pour son usage propre, par l'effet de tout acte à titre onéreux ou à titre gratuit *(L. n° 2011-850 du 20 juill. 2011, art. 3, en vigueur le 1er sept. 2011)* **« , ou ont subi des altérations qui ne permettent pas leur mise en vente comme neufs.**

« Lorsque la vente porte sur un bien neuf, il en est fait mention dans la publicité prévue à l'article L. 321-11. » – *[L. n° 2000-642 du 10 juill. 2000, art. 1er.]*

Art. L. 321-2 **Les ventes volontaires de meubles aux enchères publiques sont, sauf les cas prévus à l'article L. 321-36 organisées et réalisées** *(L. n° 2011-850 du 20 juill. 2011, art. 4-I-1°, en vigueur le 1er sept. 2011)* **« dans les conditions prévues au présent chapitre par des opérateurs exerçant à titre individuel ou sous la forme juridique de leur choix. »**

(L. n° 2011-850 du 20 juill. 2011, art. 4-I-2°, en vigueur le 1er janv. 2013) **« Lorsqu'ils satisfont à des conditions de formation fixées par la voie réglementaire, les notaires et les huissiers de justice peuvent également organiser et réaliser ces ventes, à l'exception des ventes volontaires aux enchères publiques de marchandises en gros, dans les communes où il n'est pas établi d'office de commissaire-priseur judiciaire. Ils exercent cette activité à titre accessoire dans le cadre de leur office et selon les règles qui leur sont applicables. Ce caractère accessoire s'apprécie au regard des résultats de cette activité rapportés à l'ensemble des produits de l'office, de la fréquence de ces ventes, du temps qui y est consacré et, le cas échéant, du volume global des ventes volontaires de meubles aux enchères publiques réalisées dans le ressort du tribunal de grande instance** *[ancienne rédaction : Ces ventes peuvent également être organisées et réalisées à titre accessoire par les notaires et les huissiers de justice dans les communes où il n'est pas établi d'office de commissaire-priseur judiciaire]*. **» Cette activité est exercée dans le cadre de leur office et selon les règles qui leur sont applicables. Ils ne peuvent être mandatés que par le propriétaire des biens.** — *[L. n° 2000-642 du 10 juill. 2000, art. 2.]*

Les notaires et les huissiers de justice qui, avant le 1er janv. 2013, organisent et réalisent des ventes volontaires de meubles aux enchères publiques depuis plus de deux ans sont réputés remplir les conditions de formation prévues au 2e al. de l'art. L. 321-2 (L. n° 2011-850 du 20 juill. 2011, art. 4-II).

BIBL. ► MAUGER-VIELPEAU, *JCP N 2011, n° 653* (aspects notariaux de la « libéralisation » des ventes volontaires de meubles aux enchères publiques).

1. Mandataire. Les ventes volontaires de meubles aux enchères publiques consistent à proposer, en agissant comme mandataires des propriétaires, des biens aux enchères publiques afin de les adjuger au mieux-disant des enchérisseurs. • Crim. 16 janv. 2007 : *D. 2007. 1772, note Mauger-Vielpeau ; Gaz. Pal. 2007. 1378, obs. M. B. ; Dr. pénal 2007, n° 58, obs. J.-H. Robert.*

2. Huissier de justice. Il résulte de la combinaison des dispositions des art. 29 de la L. n° 2000-642 du 10 juill. 2000 et 1er, al. 2, de l'Ord. n° 45-2593 du 2 nov. 1945, que l'interdiction faite aux huissiers de justice de procéder à des ventes dans les lieux où sont établis des commissaires-priseurs ne concerne que les ventes judiciaires qui sont celles prescrites par la loi ou par décision de justice. • Civ. 1re, 29 nov. 2005 : *Bull. civ. I, n° 450 ; D. 2006. 1658, note Mauger-Vielpeau ; Gaz. Pal. 2006. Somm. 1278 ; Dr. et proc. 2006. 210, note Putman* • Nancy, 11 mars 2008 : *Dr. et proc. 2008. 273, obs. Salati.* ♦ V. désormais la rédaction de l'al. 2 de l'art. L. 321-2.

Art. L. 321-3 **Le fait de proposer, en agissant comme mandataire du propriétaire, un bien aux enchères publiques à distance par voie électronique pour l'adjuger au mieux-disant des enchérisseurs constitue une vente aux enchères** *(L. n° 2011-850 du 20 juill. 2011, art. 5, en vigueur le 1er sept. 2011)* **« par voie électronique, soumise aux dispositions du présent chapitre.**

« Les opérations de courtage aux enchères réalisées à distance par voie électronique se caractérisant par l'absence d'adjudication au mieux-disant des enchérisseurs et d'intervention d'un tiers dans la description du bien et la conclusion de la vente ne constituent pas des ventes aux enchères publiques au sens du présent chapitre.

« Le prestataire de services mettant à la disposition du vendeur une infrastructure permettant d'organiser et d'effectuer une opération de courtage aux enchères par voie électronique informe le public de manière claire et non équivoque sur la nature

du service proposé, dans les conditions fixées à l'article L. 111-2 du code de la consommation et au III de l'article L. 441-6 du présent code. Un arrêté conjoint du garde des sceaux, ministre de la justice, et du ministre chargé de la culture précise les conditions dans lesquelles le prestataire de services porte également à la connaissance du vendeur et de l'acquéreur la réglementation relative à la circulation des biens culturels, ainsi qu'à la répression des fraudes en matière de transactions d'œuvres d'art et d'objets de collection, lorsque l'opération de courtage aux enchères par voie électronique porte sur de tels biens.

« Les manquements aux dispositions du troisième alinéa sont punis d'une sanction pécuniaire dont le montant peut atteindre le double du prix des biens mis en vente en méconnaissance de cette obligation, dans la limite de 15 000 € pour une personne physique et de 75 000 € pour une personne morale.

« Les manquements aux dispositions du troisième alinéa sont recherchés et constatés par procès-verbal dans les conditions fixées aux II et III de l'article L. 450-1 et aux articles L. 450-2, L. 450-3, L. 450-7 et L. 450-8 du présent code.

« Le double du procès-verbal, accompagné de toutes les pièces utiles et mentionnant le montant de la sanction encourue, est notifié à la personne physique ou morale concernée. Le procès-verbal indique la possibilité pour la personne visée de présenter, dans un délai d'un mois, ses observations écrites ou orales.

« A l'issue de ce délai d'un mois, le procès-verbal, accompagné, le cas échéant, des observations de la personne visée, est transmis à l'autorité administrative compétente qui peut, par décision motivée et après une procédure contradictoire, ordonner le paiement de la sanction pécuniaire mentionnée au quatrième alinéa. La personne concernée est informée de la possibilité de former un recours gracieux ou contentieux contre cette décision dans un délai de deux mois à compter de la notification de la sanction.

« Les sanctions pécuniaires et les astreintes mentionnées au présent article sont versées au Trésor public et sont recouvrées comme les créances de l'État étrangères à l'impôt et au domaine.

« Les V et VI de l'article L. 141-1 du code de la consommation peuvent être mis en œuvre à partir des constatations effectuées.

« Toute personne intéressée peut demander au président du tribunal statuant en référé d'enjoindre sous astreinte au prestataire de services qui délivre des informations de nature à susciter dans l'esprit du public une confusion entre son activité et la vente aux enchères par voie électronique de modifier ces informations afin de supprimer cette confusion ou de se conformer aux dispositions du présent chapitre. » — *[L. n° 2000-642 du 10 juill. 2000, art. 3.]*

BIBL. ▶ Barbry et Pradère, *Gaz. Pal. 2003. Doctr. 906* (le courtage aux enchères menacé...). – Garnier, *ibid. 2696* (les clauses contestables des conventions d'utilisation des sites de « vente aux enchères »). – Mauger-Vielpeau, *D. 2004. 2482* (courtage en ligne de biens culturels). – V. aussi Bibl. en tête de chapitre.

1. Courtier aux enchères électroniques. Jugeant que l'entreprise exploitant un site de courtage aux enchères n'étant qu'un intermédiaire technique entre acheteurs et vendeur, elle n'engage sa responsabilité que dans cette limite (obligation de prudence à la charge de l'acquéreur) : • TI Saint-Jean-de-Maurienne, 6 août 2003 : *CCE 2004, n° 91, obs. Stoffel-Munck.* ♦ ... Et n'est contractuellement engagée qu'à l'égard des participants au processus d'enchères. • TI Pau, 26 févr. 2004 : *ibid., n° 92, obs. Stoffel-Munck.*

2. Mandataire. Pour une qualification de mandataire au sens de l'al. 1er de l'art. L. 321-3, V. • TGI Paris, 2 juill. 2008 : *CCE 2008, n° 136, obs. Debet ; Dr. pénal 2008. Chron. 10, n° 48, par Lepage* (conf. par • Paris, 8 avr. 2009 : *D. 2009. 2152, note Huet ; CCC 2009, n° 67, obs. Debet*). ♦ S'agissant de la qualification de l'activité d'eBay, le fait de vendre aux enchères publiques suppose de proposer, en agissant comme mandataire du propriétaire, un bien aux enchères publiques à distance par voie électronique, pour l'adjuger au mieux-disant des enchérisseurs ; or, le site eBay.fr, s'il propose de nombreux services aux vendeurs, ne prévoit jamais que la société eBay représente le vendeur, c'est-à-dire reçoive mandat de sa part de vendre l'objet en son nom. • TGI Paris, 25 mai 2010 : *LPA 21 sept. 2010, note Émile-Zola-Place ; CCE 2010, n° 86, obs. Debet.* ♦ V. aussi, distinguant les opérations de courtage de celles de vente aux enchères publiques : • Paris, 25 mai 2012 : *CCE 2012, n° 92, obs. Debet ; Annonces de la Seine, 28 juin 2012.*

3. Courtage de biens culturels. Il ne peut être considéré que la société eBay, qui affiche sur son site une interdiction générale des ventes de biens culturels, dont le prix moyen des objets vendus sur son site est de l'ordre de 40 €, qui n'offre aucune garantie sur l'authenticité des biens mis en vente qu'elle n'expertise pas, se livrerait au courtage de biens culturels. • TGI Paris, 25 mai 2010 : *cité note 2.* ♦ La disposition de la loi du 10 juill. 2000 qui soumettait à l'agrément du Conseil les opérations de courtage portant sur des biens culturels a été supprimée par la loi du 20 juill. 2011 qui se borne à exiger des courtiers qu'ils informent les parties à une vente d'objets de cette nature de la réglementation relative à leur circulation, ainsi qu'à la répression des fraudes en matière de transaction. • Paris, 25 mai 2012 : *cité note 2.*

4. Adjudication. Le fait qu'à l'issue de la période d'enchères l'attribution du bien ne soit pas automatiquement accordée au dernier enchérisseur mieux disant et que l'acheteur doivent par une nouvelle manœuvre de validation manifester et ainsi confirmer son accord pour acheter alors que l'adjudication a pour effet automatique d'attribuer directement au dernier enchérisseur la propriété du bien pour lequel il a été mieux disant, sans possibilité pour celui-ci de renoncer, conduit à dénier la présence d'une adjudication dans l'opération litigieuse. • Versailles, 16 juin 2011 : *RJDA 2011, n° 1013.* ♦ ... Ce dont il résulte que cette activité n'était pas soumise à la réglementation des ventes volontaires de meubles aux enchères publiques. • Civ. 1re, 19 févr. 2013 : *BICC 15 juin 2013, n° 905 ; D. 2013. 1188, note Durez ; JCP 2013, n° 464, note Mauger-Vielpeau ; CCC 2013, n° 108, obs. Leveneur ; RJDA 2013, n° 500 ; CCE 2013, n° 52, obs. Debet.*

SOUS-SECTION 1 LES OPÉRATEURS DE VENTES VOLONTAIRES DE MEUBLES AUX ENCHÈRES PUBLIQUES *(L. n° 2011-850 du 20 juill. 2011, art. 6-I)*

Art. L. 321-4 *(L. n° 2011-850 du 20 juill. 2011, art. 6-II, en vigueur le 1er sept. 2011)* Seuls peuvent organiser et réaliser des ventes volontaires de meubles aux enchères publiques et des ventes aux enchères par voie électronique les opérateurs remplissant les conditions définies au présent article.

I. — S'il s'agit d'une personne physique, l'opérateur de ventes volontaires de meubles aux enchères publiques doit :

1° Être français ou ressortissant d'un État membre de l'Union européenne ou d'un autre État partie à l'accord sur l'Espace économique européen ;

2° N'avoir pas été l'auteur de faits ayant donné lieu à une condamnation pénale définitive pour des agissements contraires à l'honneur, à la probité ou aux bonnes mœurs ou de faits de même nature ayant donné lieu à une sanction disciplinaire ou administrative de destitution, radiation, révocation, de retrait d'agrément ou d'autorisation dans la profession qu'il exerçait antérieurement ;

3° Avoir la qualification requise pour diriger une vente ou être titulaire d'un titre, d'un diplôme ou d'une habilitation reconnus équivalents en la matière ;

4° Avoir préalablement déclaré son activité auprès du Conseil des ventes volontaires de meubles aux enchères publiques institué par l'article L. 321-18.

II. — S'il s'agit d'une personne morale, l'opérateur de ventes volontaires de meubles aux enchères publiques doit :

1° Être constitué en conformité avec la législation d'un État membre de l'Union européenne ou d'un autre État partie à l'accord sur l'Espace économique européen et avoir son siège statutaire, son administration centrale ou son principal établissement sur le territoire de l'un de ces États membres ou parties ;

2° Disposer d'au moins un établissement en France, y compris sous forme d'agence, de succursale ou de filiale ;

3° Comprendre parmi ses dirigeants, associés ou salariés au moins une personne remplissant les conditions mentionnées aux 1° à 3° du I ;

4° Justifier que ses dirigeants n'ont pas fait l'objet d'une condamnation pénale définitive pour des agissements contraires à l'honneur, à la probité ou aux bonnes mœurs ou n'ont pas été les auteurs de faits de même nature ayant donné lieu à une sanction disciplinaire ou administrative de destitution, radiation, révocation, de retrait d'agrément ou d'autorisation dans la profession qu'ils exerçaient antérieurement ;

5° Avoir préalablement déclaré son activité auprès du Conseil des ventes volontaires de meubles aux enchères publiques institué par l'article L. 321-18.

III. – Les personnes physiques remplissant les conditions mentionnées aux 1° à 3° du I prennent le titre de commissaire-priseur de ventes volontaires, à l'exclusion de tout autre, lorsqu'elles procèdent à ces ventes.

IV. – Les opérateurs de ventes volontaires de meubles aux enchères publiques portent à la connaissance du public, sur tous documents ou publicités, la date à laquelle a été faite leur déclaration d'activité auprès du Conseil des ventes volontaires de meubles aux enchères publiques. – *V. art. R. 321-1 s.*

Les courtiers de marchandises assermentés inscrits, à la date d'entrée en vigueur de la L. n° 2011-850 du 20 juill. 2011, sur les listes des cours d'appel dressées en application de la réglementation applicable avant cette date sont réputés remplir la condition de qualification requise par le 3° du I de l'art. L. 321-4 pour diriger les ventes volontaires aux enchères publiques de marchandises en gros (L. préc., art. 42-I).

Les sociétés de ventes volontaires aux enchères publiques qui auront fait l'objet d'un agrément par le Conseil des ventes volontaires de meubles aux enchères publiques antérieurement à l'entrée en vigueur de la L. n° 2011-850 du 20 juill. 2011 sont réputées avoir satisfait à l'obligation de déclaration prévue à l'art. L. 321-4 (Décr. n° 2012-120 du 30 janv. 2012, art. 21).

Agrément (Jurispr. antérieure à la L. n° 2011-850 du 20 juill. 2011). Sur le régime de l'agrément prévu par l'ancien art. L. 321-5, désormais remplacé à l'art. L. 321-4 par une simple déclaration auprès du Conseil des ventes volontaires de meubles aux enchères publiques, V. • Civ. 1re, 3 mars 2011 : *Bull. civ. I, n° 47 ; D. 2011. Actu. 817, obs. Delpech ; JCP 2011, n° 375 ; Gaz. Pal. 2011. 1143 ; Dr. sociétés 2011, n° 86, obs. Hovasse.*

Art. L. 321-5 *(L. n° 2011-850 du 20 juill. 2011, art. 7, en vigueur le 1er sept. 2011)* I. – Lorsqu'ils organisent ou réalisent des ventes volontaires de meubles aux enchères publiques, les opérateurs mentionnés à l'article L. 321-4 agissent comme mandataires du propriétaire du bien ou de son représentant. Le mandat est établi par écrit.

Les opérateurs de ventes volontaires de meubles aux enchères publiques mentionnés au même article L. 321-4 prennent toutes dispositions propres à assurer pour leurs clients la sécurité des ventes volontaires aux enchères publiques qui leur sont confiées, notamment lorsqu'ils recourent à d'autres prestataires de services pour organiser et réaliser ces ventes. Ces prestataires ne peuvent ni acheter pour leur propre compte les biens proposés lors de ces ventes, ni vendre des biens leur appartenant par l'intermédiaire des opérateurs auxquels ils prêtent leurs services.

II. – Les opérateurs de ventes volontaires de meubles aux enchères publiques mentionnés au même article L. 321-4 ne sont pas habilités à acheter ou à vendre directement ou indirectement pour leur propre compte des biens meubles proposés dans le cadre de leur activité, sinon dans le cas prévu à l'article L. 321-12 et dans le cas où ils ont acquis, après la vente aux enchères publiques, un bien qu'ils ont adjugé afin de mettre un terme à un litige survenu entre le vendeur et l'adjudicataire. Dans cette dernière hypothèse, ils sont autorisés à revendre le bien, y compris aux enchères publiques, à condition que la publicité mentionne de façon claire et non équivoque qu'ils en sont les propriétaires.

Cette interdiction s'applique également à leurs salariés ainsi qu'aux dirigeants et associés lorsqu'il s'agit d'une personne morale. A titre exceptionnel, ces salariés, dirigeants et associés ainsi que les opérateurs mentionnés au I de l'article L. 321-4 exerçant à titre individuel peuvent cependant vendre, dans le cadre d'enchères publiques organisées par l'opérateur, des biens leur appartenant, à condition qu'il en soit fait mention dans la publicité de manière claire et non équivoque.

III. – Lorsqu'un opérateur de ventes volontaires de meubles aux enchères publiques mentionné au même article L. 321-4 procède, en dehors du cas prévu à l'article L. 321-9 et après avoir dûment informé par écrit le vendeur au préalable de sa possibilité de recourir à une vente volontaire aux enchères publiques, à la vente de gré à gré d'un bien en tant que mandataire de son propriétaire, le mandat doit être établi par écrit et comporter une estimation du bien. La cession de gré à gré fait l'objet d'un procès-verbal.

Art. L. 321-6 *(L. n° 2011-850 du 20 juill. 2011, art. 8, en vigueur le 1er sept. 2011)* « Les opérateurs mentionnés à l'article L. 321-4 doivent justifier : »

1° De l'existence dans un établissement de crédit d'un compte destiné exclusivement à recevoir les fonds détenus pour le compte d'autrui ;

2° D'une assurance couvrant leur responsabilité professionnelle ; – *V. C. assur., art. L. 124-1 s. et R. 124-2.* – ***C. assur.***

3° D'une assurance ou d'un cautionnement garantissant la représentation des fonds mentionnés au 1°.

(L. n° 2011-850 du 20 juill. 2011, art. 8, en vigueur le 1er sept. 2011) « Tous éléments relatifs à la nature des garanties financières prévues aux 1° à 3° sont portés à la connaissance des destinataires de leurs services sous une forme appropriée. » – *[L. n° 2000-642 du 10 juill. 2000, art. 6.] – V. art. R. 321-10 s.*

Art. L. 321-7 *(L. n° 2011-850 du 20 juill. 2011, art. 9, en vigueur le 1er sept. 2011)* Les opérateurs mentionnés à l'article L. 321-4 donnent au Conseil des ventes volontaires de meubles aux enchères publiques toutes précisions utiles sur les locaux où auront lieu de manière habituelle les expositions de meubles offerts à la vente ainsi que les opérations de ventes aux enchères publiques et sur les infrastructures utilisées en cas de vente aux enchères par voie électronique. Lorsque l'exposition ou la vente a lieu dans un autre local, ou à distance par voie électronique, ils en avisent préalablement le conseil.

Ils communiquent également au Conseil des ventes volontaires de meubles aux enchères publiques, à sa demande, toutes précisions utiles relatives à leur organisation, ainsi qu'à leurs moyens techniques et financiers. – *[L. n° 2000-642 du 10 juill. 2000, art. 7.] – V. art. R. 321-32.*

BIBL. ▶ OTTAWAY, *JCP E 2013, n° 1184* (tour d'horizon sur le registre de police).

Art. L. 321-8 *Abrogé par L. n° 2011-850 du 20 juill. 2011, art. 10-I. – V. désormais le 3° des I et II de l'art. L. 321-4.*

Art. L. 321-9 *(L. n° 2011-850 du 20 juill. 2011, art. 11, en vigueur le 1er sept. 2011)* « Seules les personnes remplissant les conditions mentionnées aux 1° à 3° du I de l'article L. 321-4 sont » habilitées à diriger la vente, à désigner le dernier enchérisseur comme adjudicataire ou à déclarer le bien non adjugé et à dresser le procès-verbal de cette vente.

Le *procès-verbal* est arrêté au plus tard un jour franc après clôture de la vente. Il mentionne les nom et adresse du nouveau propriétaire déclarés par l'adjudicataire, l'identité du vendeur, la désignation de l'objet ainsi que son prix constaté publiquement.

(L. n° 2011-850 du 20 juill. 2011, art. 11, en vigueur le 1er sept. 2011) « Les biens déclarés non adjugés à l'issue des enchères peuvent être vendus de gré à gré, à la

demande du propriétaire des biens ou de son représentant, par l'opérateur de ventes volontaires ayant organisé la vente aux enchères publiques. Sauf stipulation contraire convenue par avenant au mandat postérieurement à cette vente, cette transaction ne peut être faite à un prix inférieur à la dernière enchère portée avant le retrait du bien de la vente ou, en l'absence d'enchères, au montant de la mise à prix. » Le dernier enchérisseur est préalablement informé s'il est connu. Elle fait l'objet d'un acte annexé au procès-verbal de la vente. – *[L. n° 2000-642 du 10 juill. 2000, art. 9.]*

Procès-verbal. Ne constitue pas un acte authentique le procès-verbal dressé par un commissaire-priseur judiciaire qui dirige une vente organisée et réalisée par une société de ventes volontaires de meubles aux enchères publiques. • Com. 19 déc. 2006 : *Bull. civ. IV, n° 270 ; R. 2006, p. 388 ; D. 2007. 626, note Mauger-Vielpeau ; ibid. AJ 152, obs. Delpech ; RTD civ. 2007. 351, obs. Mestre et Fages ; JCP 2007. IV. 1245 ; Gaz. Pal. 2007. 443, rapp. Potocki ; RJDA 2007, n° 248 ; Dr. et proc. mars-avr. 2007. 109.*

Art. L. 321-10 *(L. n° 2011-850 du 20 juill. 2011, art. 12, en vigueur le 1er sept. 2011)* **« Les opérateurs mentionnés à l'article L. 321-4 » tiennent jour par jour un registre en application des articles 321-7 et 321-8 du code pénal ainsi qu'un répertoire sur lequel** *(L. n° 2011-850 du 20 juill. 2011, art. 12, en vigueur le 1er sept. 2011)* **« ils » inscrivent leurs procès-verbaux.** *(L. n° 2011-850 du 20 juill. 2011, art. 12, en vigueur le 1er sept. 2011)* **« Ils doivent tenir ce registre et ce répertoire sous une forme électronique, dans des conditions définies par décret. »** – *[L. n° 2000-642 du 10 juill. 2000, art. 10.]*

Les opérateurs de ventes volontaires de meubles aux enchères publiques mentionnés à l'art. L. 321-4 disposent d'un délai de deux ans à compter de la publication de la L. n° 2011-850 du 20 juill. 2011 (JO 21 juill.) pour se conformer aux dispositions de la dernière phrase de l'art. L. 321-10 (L. préc., art. 50).

Art. L. 321-11 **Chaque vente volontaire de meubles aux enchères publiques donne lieu à une publicité sous toute forme appropriée.** – *V. art. R. 321-33.*

Le prix de réserve est le prix minimal arrêté avec le vendeur au-dessous duquel le bien ne peut être vendu. Si le bien a été estimé, ce prix ne peut être fixé à un montant supérieur à l'estimation la plus basse figurant dans la publicité, ou annoncée publiquement par la personne qui procède à la vente et consignée au procès-verbal. *(L. n° 2011-850 du 20 juill. 2011, art. 13, en vigueur le 1er sept. 2011)* **« Sous réserve des dispositions de l'article L. 442-4, l'article L. 442-2 est applicable à tout vendeur se livrant à titre habituel à la revente de biens neufs en l'état à un prix inférieur à leur prix d'achat effectif, par le procédé des enchères publiques, dans les conditions prévues à cet article. »** – *[L. n° 2000-642 du 10 juill. 2000, art. 11.]*

Art. L. 321-12 *(L. n° 2011-850 du 20 juill. 2011, art. 14, en vigueur le 1er sept. 2011)* **Un opérateur de ventes volontaires de meubles aux enchères publiques mentionné à l'article L. 321-4 peut garantir au vendeur un prix d'adjudication minimal du bien proposé à la vente. Si le bien a été estimé, ce prix ne peut être fixé à un montant supérieur à l'estimation la plus basse mentionnée à l'article L. 321-11.**

Si le prix d'adjudication minimal garanti n'est pas atteint lors de la vente aux enchères, l'opérateur est autorisé à se déclarer adjudicataire du bien à ce prix. A défaut, il verse au vendeur la différence entre le prix d'adjudication minimal garanti et le prix d'adjudication effectif.

Il peut revendre le bien ainsi acquis, y compris aux enchères publiques. La publicité doit alors mentionner de façon claire et non équivoque que l'opérateur est le propriétaire du bien. – *[L. n° 2000-642 du 10 juill. 2000, art. 12.]*

Art. L. 321-13 *(L. n° 2011-850 du 20 juill. 2011, art. 15, en vigueur le 1er sept. 2011)* **« Un opérateur de ventes volontaires de meubles aux enchères publiques**

mentionné à l'article L. 321-4 » peut consentir au vendeur une avance sur le prix d'adjudication du bien proposé à la vente. – *[L. nº 2000-642 du 10 juill. 2000, art. 13.]*

Art. L. 321-14 *(L. nº 2011-850 du 20 juill. 2011, art. 16, en vigueur le 1er sept. 2011)* « Les opérateurs de ventes volontaires de meubles aux enchères publiques mentionnés à l'article L. 321-4 » sont responsables à l'égard du vendeur et de l'acheteur de la représentation du prix et de la délivrance des biens dont *(L. nº 2011-850 du 20 juill. 2011, art. 16, en vigueur le 1er sept. 2011)* « ils » ont effectué la vente. Toute clause qui vise à écarter ou à limiter leur responsabilité est réputée non écrite.

Le bien adjugé ne peut être délivré à l'acheteur que lorsque *(L. nº 2011-850 du 20 juill. 2011, art. 16, en vigueur le 1er sept. 2011)* « l'opérateur ayant organisé la vente » en a perçu le prix ou lorsque toute garantie lui a été donnée sur le paiement du prix par l'acquéreur.

A défaut de paiement par l'adjudicataire, après mise en demeure restée infructueuse, le bien est remis en vente à la demande du vendeur sur folle enchère de l'adjudicataire défaillant ; si le vendeur ne formule pas cette demande dans un délai *(L. nº 2011-850 du 20 juill. 2011, art. 16, en vigueur le 1er sept. 2011)* « de trois mois » à compter de l'adjudication, la vente est résolue de plein droit, sans préjudice de dommages et intérêts dus par l'adjudicataire défaillant.

Les fonds détenus pour le compte du vendeur doivent être versés à celui-ci au plus tard deux mois à compter de la vente. – *[L. nº 2000-642 du 10 juill. 2000, art. 14.]*

Subrogation. L'acquéreur ne saurait se prévaloir des dispositions de l'art. L. 321-14 dès lors que la société de ventes volontaires de meubles aux enchères publiques a procédé au règlement de l'objet au vendeur et est subrogée dans les droits de celui-ci. Est dès lors recevable l'action en paiement de l'objet de la société de vente à l'encontre de l'acquéreur qui ne pouvait sérieusement soutenir qu'il avait été victime d'une erreur. • Dijon, 23 oct. 2007 : *JCP 2008. IV. 2163.*

Art. L. 321-15 I. – Est puni de deux ans d'emprisonnement et de 375 000 € d'amende le fait de procéder ou de faire procéder à une ou plusieurs ventes volontaires de meubles aux enchères publiques :

1° *(L. nº 2011-850 du 20 juill. 2011, art. 17, en vigueur le 1er sept. 2011)* « Si l'opérateur qui organise la vente n'a pas procédé à la déclaration préalable prévue à l'article L. 321-4 ou fait l'objet d'une interdiction temporaire ou définitive d'exercer l'activité de ventes volontaires de meubles aux enchères publiques ; »

2° Ou si le ressortissant d'un État membre de la Communauté européenne ou d'un État partie à l'accord sur l'Espace économique européen qui organise la vente n'a pas procédé à la déclaration prévue à l'article L. 321-24 ;

3° Ou si la personne qui dirige la vente ne remplit pas les conditions prévues à l'article *(L. nº 2011-850 du 20 juill. 2011, art. 17, en vigueur le 1er sept. 2011)* « L. 321-4 » ou est frappée d'une interdiction à titre temporaire ou définitif de diriger de telles ventes.

II. – Les personnes physiques coupables de l'une des infractions aux dispositions prévues au présent article encourent également les peines complémentaires suivantes :

1° L'interdiction, pour une durée de cinq ans au plus, d'exercer une fonction publique ou d'exercer l'activité professionnelle ou sociale dans l'exercice ou à l'occasion de l'exercice de laquelle l'infraction a été commise ;

2° L'affichage ou la diffusion de la condamnation prononcée dans les conditions prévues par l'article 131-35 du code pénal ;

3° La confiscation des sommes ou objets irrégulièrement reçus par l'auteur de l'infraction, à l'exception des objets susceptibles de restitution.

III. – *(Abrogé par L. n° 2011-850 du 20 juill. 2011, art. 17, à compter du 1er sept. 2011) (L. n° 2009-526 du 12 mai 2009, art. 125-IV)* « ***Les personnes morales déclarées responsables pénalement, dans les conditions prévues par l'article 121-2 du code pénal, des infractions définies par le présent article encourent, outre l'amende suivant les modalités prévues par l'article 131-38 du code pénal, pour une durée de cinq ans au plus, les peines mentionnées aux 1° à 4°, 8° et 9° de l'article 131-39 du même code. L'interdiction mentionnée au 2° de l'article 131-39 du même code porte sur l'activité dans l'exercice ou à l'occasion de l'exercice de laquelle l'infraction a été commise.*** »

(L. n° 2011-850 du 20 juill. 2011, art. 17, en vigueur le 1er sept. 2011) « **IV. – Le Conseil des ventes volontaires de meubles aux enchères publiques peut se constituer partie civile dans le cadre des poursuites judiciaires intentées sur le fondement du présent article.** » – *[L. n° 2000-642 du 10 juill. 2000, art. 15.]*

Art. L. 321-16 *(Abrogé par L. n° 2011-850 du 20 juill. 2011, art. 18, à compter du 1er sept. 2011)* ***Les dispositions des articles L. 752-1, L. 752-2 et L. 752-15 ne sont pas applicables aux locaux utilisés par les sociétés mentionnées à l'article L. 321-2.*** – [L. n° 2000-642 du 10 juill. 2000, art. 17.]

Art. L. 321-17 *(L. n° 2011-850 du 20 juill. 2011, art. 19, en vigueur le 1er sept. 2011)* « **Les opérateurs de ventes volontaires de meubles aux enchères publiques mentionnés à l'article L. 321-4** » **et les officiers publics ou ministériels compétents pour procéder aux ventes judiciaires et volontaires** *(L. n° 2004-130 du 11 févr. 2004, art. 57)* « **ainsi que les experts qui** *(L. n° 2011-850 du 20 juill. 2011, art. 19, en vigueur le 1er sept. 2011)* « **les assistent dans la description, la présentation et** » **l'estimation des biens** » **engagent leur responsabilité au cours ou à l'occasion** *(L. n° 2011-850 du 20 juill. 2011, art. 19, en vigueur le 1er sept. 2011)* « **des prisées et** » **des ventes de meubles aux enchères publiques, conformément aux règles applicables à ces ventes.**

Les clauses qui visent à écarter ou à limiter leur responsabilité sont interdites et réputées non écrites.

Les actions en responsabilité civile engagées à l'occasion des prisées et des ventes volontaires et judiciaires de meuble*[s]* **aux enchères publiques se prescrivent par** *(L. n° 2008-561 du 17 juin 2008, art. 9)* « **cinq** » **ans à compter de l'adjudication ou de la prisée.** *(L. n° 2011-850 du 20 juill. 2011, art. 19, en vigueur le 1er sept. 2011)* « **Mention de ce délai de prescription doit être rappelée dans la publicité prévue à l'article L. 321-11.** » – *[L. n° 2000-642 du 10 juill. 2000, art. 30.]*

L'art. 30 de la L. n° 2000-642 du 10 juill. 2000, codifié par l'Ord. n° 2000-912 du 18 sept. 2000 à l'art. L. 321-17, n'a été abrogé par ladite ordonnance qu'en tant qu'il s'applique aux ventes volontaires de meubles aux enchères publiques (Ord. n° 2000-912 du 18 sept. 2000, art. 4, I, 42°).

BIBL. ▶ PORCHER, *D. 2004. 2978* (la nouvelle prescription des actions en responsabilité professionnelle en matière de ventes et de prisées). – BAILLET-BOUIN, *D. 2007. 2288* (le commissaire-priseur, responsable de plein droit envers l'adjudicataire d'une œuvre d'art ?). – DURET-ROBERT, *Dr. et patr. déc. 2008. 51* (ventes publiques : les garanties dont bénéficient les acheteurs).

SOUS-SECTION 2 LE CONSEIL DES VENTES VOLONTAIRES DE MEUBLES AUX ENCHÈRES PUBLIQUES

Art. L. 321-18 *(L. n° 2011-850 du 20 juill. 2011, art. 20, en vigueur le 1er sept. 2011)* « **Il est institué une autorité de régulation dénommée "Conseil des ventes volontaires de meubles aux enchères publiques".** »

Le Conseil des ventes volontaires de meubles aux enchères publiques *(L. n° 2011-850 du 20 juill. 2011, art. 20, en vigueur le 1er sept. 2011)* « , établissement d'utilité publique doté de la personnalité morale, » est chargé :

1° *(L. n° 2011-850 du 20 juill. 2011, art. 20, en vigueur le 1er sept. 2011)* « D'enregistrer les déclarations des opérateurs de ventes volontaires de meubles aux enchères publiques mentionnés à l'article **L. 321-4** ; »

2° D'enregistrer les déclarations des ressortissants des États mentionnés à la section II ;

3° De sanctionner, dans les conditions prévues à l'article **L. 321-22** les manquements aux lois, règlements et obligations professionnelles applicables aux *(L. n° 2011-850 du 20 juill. 2011, art. 20, en vigueur le 1er sept. 2011)* « opérateurs de ventes volontaires de meubles aux enchères publiques mentionnés à l'article **L. 321-4** » et aux ressortissants d'un État membre de *(L. n° 2011-850 du 20 juill. 2011, art. 20, en vigueur le 1er sept. 2011)* « l'Union » européenne ou d'un État partie à l'accord sur l'Espace économique européen exerçant à titre occasionnel l'activité de ventes volontaires de meubles aux enchères publiques en France ;

(Ord. n° 2008-507 du 30 mai 2008, art. 20-I) « 4° De collaborer avec les autorités compétentes des autres États membres de *(L. n° 2011-850 du 20 juill. 2011, art. 20, en vigueur le 1er sept. 2011)* « l'Union » européenne ou parties à l'accord sur l'Espace économique européen afin de faciliter l'application de la directive **2005/36/CE** du Parlement européen et du Conseil du 7 septembre 2005 relative à la reconnaissance des qualifications professionnelles » ;

(Ord. n° 2009-104 du 30 janv. 2009, art. 10) « 5° De vérifier le respect par les *(L. n° 2011-850 du 20 juill. 2011, art. 20, en vigueur le 1er sept. 2011)* « opérateurs » de ventes volontaires de meubles aux enchères publiques de leurs obligations prévues par le chapitre Ier du titre VI du livre V du code monétaire et financier en matière de lutte contre le blanchiment de capitaux et le financement du terrorisme en se faisant communiquer, dans des conditions fixées par décret pris en Conseil d'État, les documents relatifs au respect de ces obligations » ; *— V. C. mon. fin., art. L. 561-1 s.* **— *C. mon. fin.***

(L. n° 2011-850 du 20 juill. 2011, art. 20, en vigueur le 1er sept. 2011) « 6° D'identifier les bonnes pratiques et de promouvoir la qualité des services, en lien avec les organisations professionnelles représentatives des opérateurs de ventes volontaires de meubles aux enchères publiques mentionnés à l'article **L. 321-4** et avec les organisations professionnelles représentatives des experts ;

« 7° D'observer l'économie des enchères ;

« 8° D'élaborer, après avis des organisations professionnelles représentatives des opérateurs de ventes volontaires de meubles aux enchères publiques mentionnés à l'article **L. 321-4**, un recueil des obligations déontologiques de ces opérateurs, soumis à l'approbation du garde des sceaux, ministre de la justice, et rendu public. *— V. Arr. du 21 févr. 2012, ci-dessous.*

« Les manquements aux obligations déontologiques mentionnées au 8°, lorsqu'ils sont commis de manière générale par les opérateurs de ventes volontaires, font l'objet d'un avis du conseil des ventes volontaires rappelant ces obligations.

« Le Conseil des ventes volontaires de meubles aux enchères publiques peut également formuler des propositions de modifications législatives et réglementaires au sujet de l'activité de ventes volontaires aux enchères publiques. » *— [L. n° 2000-642 du 10 juill. 2000, art. 18.] — V. art. R. 321-36 s.*

Sont applicables en Nouvelle-Calédonie et dans les îles Wallis-et-Futuna, dans les conditions prévues aux II et IV de l'art. 9 de l'Ord. n° 2009-865 du 15 juill. 2009 (V. art. L. 931-1-1 s. et L. 951-1-1 s.), les modifications apportées par l'art. 10 de l'Ord. n° 2009-104 du 30 janv. 2009 à l'art. L. 321-18 (Ord. n° 2009-865 du 15 juill. 2009, art. 9-I).

BIBL. ▶ MAUGER-VIELPEAU, *D. 2008. 594* (missions du Conseil des ventes et des sociétés de vente).

Arrêté du 21 février 2012,

Portant approbation du recueil des obligations déontologiques des opérateurs de ventes volontaires de meubles aux enchères publiques ⌂.

BIBL. ▶ BROUSSOLLE, *LPA 5 juin 2012* (principales dispositions de l'Arr. du 21 févr. 2012).

Art. L. 321-19 Le Conseil des ventes volontaires de meubles aux enchères publiques *(L. n° 2011-850 du 20 juill. 2011, art. 21, en vigueur le 1er sept 2011)* « , la Chambre nationale des commissaires-priseurs judiciaires et le Conseil national des courtiers de marchandises assermentés » assurent conjointement l'organisation de la formation professionnelle en vue de l'obtention de la qualification requise pour diriger les ventes. – *[L. n° 2000-642 du 10 juill. 2000, art. 19.]*

Art. L. 321-20 Le Conseil des ventes volontaires de meubles aux enchères publiques informe la chambre nationale et les chambres des commissaires-priseurs judiciaires, ainsi que les chambres départementales des huissiers de justice et des notaires *(L. n° 2011-850 du 20 juill. 2011, art. 22, en vigueur le 1er sept. 2011)* « et le Conseil national des courtiers de marchandises assermentés », des faits commis dans le ressort de celles-ci qui ont été portés à sa connaissance et qui porteraient atteinte à la réglementation des ventes volontaires de meubles aux enchères publiques.

Les chambres départementales des huissiers de justice et des notaires, la chambre nationale et les chambres des commissaires-priseurs judiciaires *(L. n° 2011-850 du 20 juill. 2011, art. 22, en vigueur le 1er sept. 2011)* « ainsi que le Conseil national des courtiers de marchandises assermentés » procèdent à la même information envers le Conseil des ventes volontaires de meubles aux enchères publiques

(L. n° 2011-850 du 20 juill. 2011, art. 22, en vigueur le 1er sept. 2011) « Aux seules fins d'observation du marché des ventes volontaires de meubles aux enchères publiques, le Conseil des ventes volontaires de meubles aux enchères publiques peut demander à la Chambre nationale des huissiers de justice et au Conseil supérieur du notariat la communication du chiffre d'affaires hors taxes annuel réalisé par les notaires et huissiers de justice dans leur activité accessoire de ventes volontaires de meubles aux enchères publiques. Ce chiffre d'affaires est établi à partir des données recueillies par les chambres régionales d'huissiers de justice et les chambres des notaires à l'occasion des inspections annuelles des offices. » – *[L. n° 2000-642 du 10 juill. 2000, art. 20.]*

Art. L. 321-21 *(L. n° 2011-850 du 20 juill. 2011, art. 23, en vigueur le 1er sept. 2011)* Le Conseil des ventes volontaires de meubles aux enchères publiques comprend onze membres nommés pour quatre ans à raison de :

1° Un membre du Conseil d'État, en activité ou honoraire, nommé par le garde des sceaux, ministre de la justice, sur proposition du vice-président du Conseil d'État ;

2° Deux conseillers de la Cour de cassation, en activité ou honoraires, nommés par le garde des sceaux, ministre de la justice, sur proposition du premier président de la Cour de cassation ;

3° Un membre de la Cour des comptes, en activité ou honoraire, nommé par le garde des sceaux, ministre de la justice, sur proposition du premier président de la Cour des comptes ;

4° Trois personnalités exerçant ou ayant cessé d'exercer depuis moins de cinq ans l'activité d'opérateur de ventes volontaires de meubles aux enchères publiques, respectivement nommées par le garde des sceaux, ministre de la justice, par le ministre chargé de la culture et par le ministre chargé du commerce ;

5° Trois personnalités qualifiées en matière de ventes volontaires de meubles aux enchères publiques, respectivement nommées par le garde des sceaux, ministre de la justice, par le ministre chargé de la culture et par le ministre chargé du commerce ;

6° Un expert ayant l'expérience de l'estimation de biens mis en vente aux enchères publiques, nommé par le ministre chargé de la culture.

Des suppléants sont désignés en nombre égal et dans les mêmes formes.

Il ne peut être mis fin aux fonctions des membres et du président avant l'expiration de leur mandat qu'en cas de démission ou d'empêchement, dans des conditions définies par décret en Conseil d'État.

Le mandat des membres du conseil est renouvelable une fois.

Le président est nommé par le garde des sceaux, ministre de la justice, parmi les personnes désignées aux 1°, 2° ou 3°.

Les membres du conseil exerçant au cours de leur mandat l'activité de ventes volontaires aux enchères publiques ne participent pas aux délibérations relatives à la situation individuelle des opérateurs mentionnés aux articles L. 321-4 et L. 321-24.

Un magistrat du parquet est désigné pour exercer les fonctions de commissaire du Gouvernement auprès du Conseil des ventes volontaires de meubles aux enchères publiques.

Il peut proposer une solution amiable aux différends intéressant un opérateur de ventes volontaires de meubles aux enchères publiques qui sont portés à sa connaissance.

Le financement du conseil est assuré par le versement de cotisations professionnelles acquittées par les opérateurs de ventes volontaires de meubles aux enchères publiques mentionnés à l'article L. 321-4 et assises sur le montant des honoraires bruts perçus l'année précédente à l'occasion des ventes organisées sur le territoire national. Le montant de ces cotisations est fixé tous les trois ans par arrêté du garde des sceaux, ministre de la justice, après avis du Conseil des ventes volontaires de meubles aux enchères publiques et des organisations professionnelles représentatives des opérateurs mentionnés au même article L. 321-4. – *V. art. R. 321-41.*

Le conseil désigne un commissaire aux comptes et un commissaire aux comptes suppléant. Il est soumis au contrôle de la Cour des comptes. – *[L. nº 2000-642 du 10 juill. 2000, art. 21.]*

La nomination des membres du Conseil des ventes volontaires de meubles aux enchères publiques intervient au plus tard un mois après l'entrée en vigueur de la L. nº 2011-850 du 20 juill. 2011. Les membres du Conseil des ventes volontaires de meubles aux enchères publiques nommés avant la publication de la loi précitée (JO 21 juill.) exercent leurs fonctions jusqu'à la nomination des membres de ce conseil dans sa nouvelle composition (L. préc., art. 50).

Membres ayant délibéré. Conformément à l'art. L. 321-21, l'indication nominative de ceux des membres qui ont effectivement délibéré est, à peine de nullité, impérative. • Paris, 1er févr. 2005 : *JCP 2006. II. 10091, note Thomasset-Pierre.*

Art. L. 321-22 Tout manquement aux lois, règlements ou obligations professionnelles applicables aux *(L. nº 2011-850 du 20 juill. 2011, art. 24, en vigueur le 1er sept. 2011)* « opérateurs de ventes volontaires de meubles aux enchères publiques mentionnés à l'article L. 321-4 » et aux personnes habilitées à diriger les ventes en *vertu du premier alinéa* de l'article L. 321-9 peut donner lieu à sanction disciplinaire. La prescription est de trois ans à compter du manquement. *(L. nº 2011-850 du 20 juill. 2011, art. 24, en vigueur le 1er sept. 2011)* « Toutefois, si l'opérateur est l'auteur de faits ayant donné lieu à une condamnation pénale, l'action se prescrit par deux ans à compter de la date à laquelle cette condamnation est devenue définitive. »

Le conseil statue par décision motivée. Aucune sanction ne peut être prononcée sans que les griefs aient été communiqués au représentant légal de *(L. n° 2011-850 du 20 juill. 2011, art. 24, en vigueur le 1er sept. 2011)* « l'opérateur » ou à la personne habilitée à diriger les ventes, que celui-ci ait été mis à même de prendre connaissance du dossier et qu'il ait été entendu ou dûment appelé.

(L. n° 2011-850 du 20 juill. 2011, art. 24, en vigueur le 1er sept. 2011) « Aucun membre du Conseil des ventes volontaires de meubles aux enchères publiques ne peut participer à une délibération relative à :

« 1° Une affaire dans laquelle il a un intérêt direct ou indirect, dans laquelle il a déjà pris parti ou s'il représente ou a représenté l'intéressé ;

« 2° Un organisme au sein duquel il a, au cours des trois années précédant la délibération, détenu un intérêt direct ou indirect, exercé des fonctions ou détenu un mandat.

« Tout membre du conseil doit informer le président des intérêts, directs ou indirects, qu'il détient ou vient à détenir, des fonctions qu'il exerce ou vient à exercer et de tout mandat qu'il détient ou vient à détenir au sein d'une personne morale. Ces informations, ainsi que celles concernant le président, sont tenues à la disposition des membres du conseil.

« Les sanctions applicables aux opérateurs de ventes volontaires de meubles aux enchères publiques sont, compte tenu de la gravité des faits reprochés : l'avertissement, le blâme, l'interdiction d'exercer tout ou partie de l'activité de ventes volontaires de meubles aux enchères publiques ou de diriger des ventes à titre temporaire pour une durée qui ne peut excéder trois ans, l'interdiction définitive d'exercer l'activité de ventes volontaires de meubles aux enchères publiques ou l'interdiction définitive de diriger des ventes.

« En cas d'urgence et à titre conservatoire, le président du conseil peut prononcer la suspension provisoire de l'exercice de tout ou partie de l'activité de ventes volontaires de meubles aux enchères publiques d'un opérateur ou d'une personne habilitée à diriger les ventes.

« Cette mesure peut être ordonnée pour une durée qui ne peut excéder un mois, sauf prolongation décidée par le conseil pour une durée qui ne peut excéder trois mois. Le président en informe sans délai le conseil.

« La suspension ne peut être prononcée sans que les griefs aient été communiqués à l'intéressé, qu'il ait été mis à même de prendre connaissance du dossier et qu'il ait été entendu ou dûment appelé par le président du conseil.

« Le conseil peut publier ses décisions dans les journaux ou supports qu'il détermine, sauf si cette publication risque de causer un préjudice disproportionné aux parties en cause. Les frais de publication sont à la charge des personnes sanctionnées. » — *[L. n° 2000-642 du 10 juill. 2000, art. 22.]* — *V. art. R. 321-45 s.*

Sanction disciplinaire. La mission d'instance disciplinaire conférée au Conseil ne saurait ainsi limiter son intervention aux seules sociétés agréées à l'exception de celles qui, opérant dans le domaine de la vente volontaire, n'auraient pas estimé devoir satisfaire aux exigences de l'art. L. 321-5 [ancien]. Il entre ainsi dans son champ de compétence la possibilité d'exiger des sociétés dont il estime que l'objet est la vente volontaire aux enchères publiques qu'elles sollicitent son agrément et de faire trancher un éventuel différend sur la nature de l'activité exercée de sorte que sa qualité à agir est avérée. • Paris, 25 mai 2012 : *cité note 2 ss. art. L. 321-3.*

Art. L. 321-23 Les décisions du Conseil des ventes volontaires de meubles aux enchères publiques et de son président peuvent faire l'objet d'un recours devant la cour d'appel de Paris. Le recours peut être porté devant le premier président de ladite cour statuant en référé. — *[L. n° 2000-642 du 10 juill. 2000, art. 23.]* — *V. art. R. 321-50 s.*

SECTION II LIBRE PRESTATION DE SERVICES DE L'ACTIVITÉ DE VENTES VOLONTAIRES DE MEUBLES AUX ENCHÈRES PUBLIQUES PAR LES RESSORTISSANTS DES ÉTATS MEMBRES DE L'UNION EUROPÉENNE ET DES ÉTATS PARTIES À L'ACCORD SUR L'ESPACE ÉCONOMIQUE EUROPÉEN *(L. nº 2011-850 du 20 juill. 2011, art. 25-I).*

Art. L. 321-24 Les ressortissants d'un État membre de la Communauté *[l'Union]* européenne ou d'un État partie à l'accord sur l'Espace économique européen qui exercent à titre permanent l'activité de ventes volontaires de meubles aux enchères publiques dans l'un de ces États autre que la France peuvent accomplir, en France, cette activité professionnelle à titre occasionnel. Cette activité ne peut être accomplie qu'après déclaration faite au Conseil des ventes volontaires de meubles aux enchères publiques. *(Ord. nº 2008-507 du 30 mai 2008, art. 20-II)* « La déclaration est faite au moins un mois avant la date de la première vente réalisée en France. Cette déclaration est renouvelée une fois par an si le prestataire envisage d'exercer son activité professionnelle de façon occasionnelle au cours de l'année concernée ou en cas de changement matériel relatif à sa situation professionnelle. » — *[L. nº 2000-642 du 10 juill. 2000, art. 24.] — V. art. R. 321-56 et R. 321-63 s.*

Art. L. 321-25 Les personnes exerçant l'activité de ventes volontaires de meubles aux enchères publiques à titre permanent dans leur pays d'origine font usage, en France, de leur qualité exprimée dans la ou l'une des langues de l'État où elles sont établies, accompagnée d'une traduction en français, ainsi que, s'il y a lieu, du nom de l'organisme professionnel dont elles relèvent. — *[L. nº 2000-642 du 10 juill. 2000, art. 25.]*

Art. L. 321-26 *(L. nº 2011-850 du 20 juill. 2011, art. 25-II, en vigueur le 1er sept. 2011)* Pour pouvoir exercer l'activité de ventes volontaires de meubles aux enchères publiques à titre temporaire et occasionnel, le ressortissant d'un État membre de l'Union européenne ou d'un autre État partie à l'accord sur l'Espace économique européen doit justifier dans la déclaration mentionnée à l'article L. 321-24 qu'il est légalement établi dans l'un de ces États, qu'il n'encourt aucune interdiction même temporaire d'exercer et qu'il détient les qualifications professionnelles requises le cas échéant dans l'État membre d'origine.

Toutefois, lorsque cette activité ou la formation y conduisant n'est pas réglementée dans son État d'établissement, le prestataire doit justifier y avoir exercé cette activité pendant au moins deux ans au cours des dix dernières années qui précèdent la prestation. S'il s'agit d'une personne morale, elle doit justifier dans la déclaration qu'elle comprend parmi ses dirigeants, ses associés ou ses salariés une personne remplissant ces conditions. — *[L. nº 2000-642 du 10 juill. 2000, art. 26.]*

Art. L. 321-27 Les ressortissants d'un État membre de la Communauté *[l'Union]* européenne ou d'un État partie à l'accord sur l'Espace économique européen sont tenus de respecter les règles régissant l'activité de ventes volontaires de meubles aux enchères publiques prévues par *(L. nº 2011-850 du 20 juill. 2011, art. 26, en vigueur le 1er sept. 2011)* « les articles L. 321-1 à L. 321-3 et L. 321-5 à L. 321-17 » sans préjudice des obligations non contraires qui leur incombent dans l'État dans lequel ils sont établis. — *[L. nº 2000-642 du 10 juill. 2000, art. 27.]*

Art. L. 321-28 En cas de manquement aux dispositions du présent chapitre, les ressortissants des États membres de *(L. nº 2011-850 du 20 juill. 2011, art. 27, en vigueur le 1er sept. 2011)* « l'Union » européenne et des États parties à l'accord sur l'Espace économique européen sont soumis aux dispositions de l'article L. 321-22.

Toutefois, les sanctions de l'interdiction temporaire *(L. n° 2011-850 du 20 juill. 2011, art. 27, en vigueur le 1er sept. 2011)* **« ou définitive de l'exercice de l'activité » sont remplacées par les sanctions de l'interdiction temporaire ou définitive d'exercer en France l'activité de ventes volontaires de meubles aux enchères publiques.**

En cas de sanction, le Conseil des ventes volontaires de meubles aux enchères publiques en avise l'autorité compétente de l'État *(L. n° 2011-850 du 20 juill. 2011, art. 27, en vigueur le 1er sept. 2011)* **« d'établissement ».** – *[L. n° 2000-642 du 10 juill. 2000, art. 28.]*

SECTION III DES EXPERTS INTERVENANT DANS LES VENTES VOLONTAIRES DE MEUBLES AUX ENCHÈRES PUBLIQUES *(L. n° 2011-850 du 20 juill. 2011, art. 28-I, en vigueur le 1er sept. 2011).*

BIBL. ▶ OLIVIER, *Gaz. Pal. 11-12 oct. 2000, p. 2* (experts agréés).

Art. L. 321-29 *(L. n° 2011-850 du 20 juill. 2011, art. 28-II, en vigueur le 1er sept. 2011)* **Les opérateurs de ventes volontaires de meubles aux enchères publiques mentionnés à l'article L. 321-4, les huissiers de justice et les notaires peuvent, sous leur seule responsabilité, s'assurer du concours d'experts, quelle qu'en soit l'appellation, pour les assister dans la description, la présentation et l'estimation des biens mis en vente.**

Le public est informé de l'intervention d'experts dans l'organisation de la vente. – *[L. n° 2000-642 du 10 juill. 2000, art. 31.]*

Art. L. 321-30 *(L. n° 2011-850 du 20 juill. 2011, art. 29, en vigueur le 1er sept. 2011)* **Tout expert intervenant à titre onéreux à l'occasion d'une vente de meubles aux enchères publiques est tenu de contracter une assurance garantissant sa responsabilité professionnelle.**

Il est solidairement responsable avec l'organisateur de la vente pour ce qui relève de son activité.

Tous éléments relatifs à la nature de la garantie prévue au premier alinéa sont portés à la connaissance du public.

Art. L. 321-31 *(L. n° 2011-850 du 20 juill. 2011, art. 30, en vigueur le 1er sept. 2011)* **L'organisateur de la vente veille au respect par l'expert dont il s'assure le concours des obligations et interdictions respectivement prévues au premier alinéa de l'article L. 321-30 et à l'article L. 321-32. Il en informe le public.**

Art. L. 321-32 *(L. n° 2011-850 du 20 juill. 2011, art. 31, en vigueur le 1er sept. 2011)* **L'expert mentionné à l'article L. 321-29 ne peut décrire, présenter, estimer, ni mettre en vente un bien lui appartenant, ni se porter acquéreur directement ou indirectement pour son propre compte d'un bien dans les ventes aux enchères publiques auxquelles il apporte son concours.**

A titre exceptionnel, l'expert peut cependant vendre, par l'intermédiaire d'un opérateur mentionné à l'article L. 321-4, un bien lui appartenant à condition qu'il en soit fait mention dans la publicité de manière claire et non équivoque.

Art. L. 321-33 **Le fait, pour toute personne ne figurant pas sur la liste prévue à l'article L. 321-29 d'user de la dénomination mentionnée à cet article, ou d'une dénomination présentant une ressemblance de nature à causer une méprise dans l'esprit du public, est puni des peines prévues par l'article 433-17 du code pénal.** – *[L. n° 2000-642 du 10 juill. 2000, art. 35.]*

Art. L. 321-34 *(Abrogé par L. n° 2011-850 du 20 juill. 2011, art. 31, à compter du 1er sept. 2011) **Le Conseil des ventes volontaires de meubles aux enchères publiques peut***

prononcer le retrait de l'agrément d'un expert en cas d'incapacité légale, de faute professionnelle grave, de condamnation pour faits contraires à l'honneur, à la probité ou aux bonnes mœurs. — [L. n° 2000-642 du 10 juill. 2000, art. 36.]

Art. L. 321-35 et L. 321-35-1 *Abrogés par L. n° 2011-850 du 20 juill. 2011, art. 32, à compter du 1er sept. 2011. — V. art. L. 321-31 et L. 321-32.*

SECTION IV DISPOSITIONS DIVERSES

Art. L. 321-36 *(L. n° 2011-850 du 20 juill. 2011, art. 33, en vigueur le 1er sept. 2011)* « Les ventes aux enchères publiques de meubles appartenant à l'État ainsi que toutes les ventes de biens meubles effectuées en la forme domaniale continuent d'être faites selon les modalités prévues à l'article L. 3211-17 du code général de la propriété des personnes publiques. Toutefois, par dérogation aux dispositions du même article L. 3211-17, ces ventes peuvent être faites avec publicité et concurrence, pour le compte de l'État, par les opérateurs de ventes volontaires de meubles aux enchères publiques mentionnés aux articles L. 321-4 et L. 321-24 du présent code, dans les conditions prévues par le présent chapitre. »

Les ventes de meubles aux enchères publiques relevant du code des douanes sont faites selon les modalités prévues par le même code. Toutefois, par dérogation aux dispositions du code des douanes, ces ventes peuvent également être faites avec publicité et concurrence, pour le compte de l'État, par les *(L. n° 2011-850 du 20 juill. 2011, art. 33, en vigueur le 1er sept. 2011)* « opérateurs de ventes volontaires de meubles aux enchères publiques mentionnés aux articles L. 321-4 et L. 321-24 » dans les conditions prévues par le présent chapitre. — *[L. n° 2000-642 du 10 juill. 2000, art. 58, al. 2 et 3.]*

Art. L. 321-37 *(L. n° 2011-850 du 20 juill. 2011, art. 34, en vigueur le 1er sept. 2011)* A l'exception des contestations relatives aux ventes volontaires aux enchères publiques de marchandises en gros, qui sont portées devant les tribunaux de commerce, les tribunaux civils sont seuls compétents pour connaître des actions en justice relatives aux activités de vente dans lesquelles est partie un opérateur de ventes volontaires de meubles aux enchères publiques mentionné à l'article L. 321-4. Toute clause contraire est réputée non écrite. Néanmoins, si l'opérateur est une personne morale, les associés peuvent convenir, dans les statuts, de soumettre à des arbitres les contestations qui surviendraient entre eux ou entre opérateurs de ventes volontaires à raison de leur activité. — *[L. n° 2000-642 du 10 juill. 2000, art. 61.]*

Art. L. 321-38 *(L. n° 2011-850 du 20 juill. 2011, art. 34, en vigueur le 1er sept. 2011)* Un décret en Conseil d'État fixe les conditions d'application du présent chapitre. Il définit :

1° Les qualifications professionnelles requises pour diriger une vente ;

2° Les conditions de reconnaissance des titres, diplômes et habilitations équivalents et les modalités de la déclaration préalable prévue à l'article L. 321-4 ainsi que la liste des pièces à y joindre ;

3° Le régime du cautionnement prévu à l'article L. 321-6 et les modalités selon lesquelles la nature des garanties financières est portée à la connaissance des destinataires des services ;

4° Les conditions d'information du Conseil des ventes volontaires de meubles aux enchères publiques lorsque l'exposition ou la vente n'a pas lieu dans les locaux mentionnés à la première phrase du premier alinéa de l'article L. 321-7 ;

5° Les mentions devant figurer sur la publicité prévue à l'article L. 321-11 ;

6° Les modalités de communication des documents relatifs au respect des obligations mentionnées au 5° de l'article L. 321-18 en matière de lutte contre le blanchiment de capitaux et le financement du terrorisme ;

7° Les modalités d'organisation et de fonctionnement du Conseil des ventes volontaires de meubles aux enchères publiques. — *[L. n° 2000-642 du 10 juill. 2000, art. 66 (partie).]*

L'art. 66 de la L. n° 2000-642 du 10 juill. 2000, codifié par l'Ord. n° 2000-912 du 18 sept. 2000 à l'art. L. 321-38, n'a été abrogé par ladite ordonnance qu'en tant qu'il s'applique aux ventes volontaires de meubles aux enchères publiques (Ord. n° 2000-912 du 18 sept. 2000, art. 4, I, 42°).

Loi n° 2000-642 du 10 juillet 2000, *portant réglementation des ventes volontaires de meubles aux enchères publiques.* **Art. 52** Les actions en responsabilité civile engagées à l'occasion des ventes volontaires et judiciaires de meubles aux enchères publiques, ainsi que des expertises correspondantes et des prisées, en cours à la date de promulgation de la présente loi, se prescrivent par dix ans à compter de cette date, à moins que la prescription ne soit acquise selon les règles applicables antérieurement avant ce délai.

V. art. L. 321-17.

Art. 54 Les personnes ayant subi avec succès l'examen d'aptitude à la profession de commissaire-priseur remplissent la condition de qualification mentionnée à l'article *(L. n° 2011-850 du 20 juill. 2011, art. 34, en vigueur le 1er sept. 2011)* « L. 321-4 » du code de commerce.

CHAPITRE II DES AUTRES VENTES AUX ENCHÈRES

RÉP. COM. v° *Ventes aux enchères publiques de marchandises neuves,* par MAUGER-VIELPEAU.

Art. L. 322-1 **Les ventes publiques et au détail de marchandises qui ont lieu après décès ou par autorité de justice sont faites selon les formes prescrites et par les officiers ministériels préposés pour la vente forcée du mobilier conformément aux articles** *(Ord. n° 2011-1895 du 19 déc. 2011, art. 2, en vigueur le 1er juin 2012)* **« L. 221-4 du code des procédures civiles d'exécution** *[ancienne rédaction : 53 de la loi n° 91-650 du 9 juillet 1991 relative à la réforme des procédures civiles d'exécution]* **» et 945 du code de procédure civile.** — *[L. 25 juin 1841, art. 3.] — V. ces textes au* ***C. pr. exéc.*** *et au* ***C. pr. civ.***

Art. L. 322-2 **Les ventes de marchandises après liquidation judiciaire sont faites conformément aux articles L. 642-19 et suivants.**

(L. n° 2011-850 du 20 juill. 2011, art. 36, en vigueur le 1er sept. 2011) **« Elles peuvent être faites par le ministère des commissaires-priseurs judiciaires, des notaires ou des huissiers de justice lorsqu'elles ont lieu au détail ou par lots, ou par le ministère des courtiers de marchandises assermentés lorsqu'elles ont lieu en gros. Les biens meubles du débiteur autres que les marchandises ne peuvent être vendus aux enchères que par le ministère des commissaires-priseurs judiciaires, des notaires ou des huissiers de justice, en application des lois et règlements régissant les interventions de ces différents officiers. »** — *[L. 25 juin 1841, art. 4.]*

Sur les courtiers de marchandises assermentés, V. art. L. 131-12 s.

Art. L. 322-3 **Les ventes publiques et par enchères après cessation de commerce, ou dans les autres cas de nécessité** *(L. n° 2011-850 du 20 juill. 2011, art. 37-I, en* *vigueur le 1er sept. 2011)* **« dont l'appréciation est soumise au tribunal de commerce », ne peuvent avoir lieu qu'autant qu'elles ont été préalablement autorisées par le tribunal de commerce, sur la requête du commerçant propriétaire, à laquelle est joint un état détaillé des marchandises.**

Le tribunal constate, par son jugement, le fait qui donne lieu à la vente ; il indique le lieu de l'arrondissement où se fait la vente ; il peut même ordonner que les adjudications n'ont lieu que par lots dont il fixe l'importance.

(L. nº 2011-850 du 20 juill. 2011, art. 37-I, en vigueur le 1er sept. 2011) **« Il décide qui, des courtiers de marchandises assermentés, des commissaires-priseurs judiciaires ou des autres officiers publics, est chargé de la réception des enchères. »**

L'autorisation ne peut être accordée pour cause de nécessité qu'au marchand sédentaire, ayant depuis un an au moins son domicile réel dans l'arrondissement où la vente doit être opérée.

Des affiches apposées à la porte du lieu où se fait la vente énoncent le jugement qui l'a autorisée. – *[L. 25 juin 1841, art. 5.]*

1. Cessation de commerce. Selon l'art. L. 322-3, le tribunal de commerce qui autorise la vente publique aux enchères de marchandises après cessation de commerce décide qui, indifféremment des courtiers ou des commissaires-priseurs judiciaires ou autres officiers publics, est chargé de la réception des enchères. La faculté, pour la juridiction, de confier cette vente volontaire à un courtier ou à un officier ministériel autre que commissaire-priseur ne subit aucune dérogation tenant à l'implantation d'un office de commissaire-priseur judiciaire dans la commune où la vente est organisée. • Civ. 1re, 20 mars 2007 : *Bull. civ. I, nº 128 ; D. 2007. AJ 1138, obs. Delpech ; RTD com. 2007. 823, obs. Bouloc ; JCP E 2007, nº 19, p. 24 ; CCC 2007, nº 169, obs. Leveneur ; RJDA 2007, nº 713 ; Gaz. Pal. 2007. 2816.*

2. Prix de réserve. La vente aux enchères publiques d'un stock de matériel après cessation de commerce à laquelle procède un commissaire-priseur, avec autorisation judiciaire délivrée à la requête du commerçant conformément à la loi du 25 juin 1841 [C. com., art. L. 322-3 s.], est une vente volontaire ne privant pas le commissaire-priseur de sa qualité de mandataire du vendeur et celui-ci de la possibilité d'assortir la vente de prix de réserve. • Com. 27 avr. 1993 : *Bull. civ. IV, nº 157 ; CCC 1993, nº 186, note Raymond ; RJDA 1993, nº 889.*

3. Nécessité. Ne constitue pas un cas de nécessité au sens de l'art. L. 320-2 [ancien] la liquidation d'un stock d'arbres et de plants motivée par un surplus de produits consécutif à une gestion et une prévision inadaptées, les contraintes climatiques ou le phénomène de mode dans les choix manifestés par la clientèle étant des facteurs communs à tous les commerçants de ce secteur. • Com. 30 sept. 2008 : *RJDA 2009, nº 23.*

Art. L. 322-4 *(L. nº 2011-850 du 20 juill. 2011, art. 37-II, en vigueur le 1er sept. 2011)* **Les ventes aux enchères publiques de marchandises en gros faites en application de la loi ou ordonnées par décision de justice sont confiées à un courtier de marchandises assermenté.** – *[L. 25 juin 1841, art. 6, (partie).] – Sur ces derniers, V. art. L. 131-12 s.*

Art. L. 322-5 Toute infraction aux dispositions des articles *(Abrogé par L. nº 2011-850 du 20 juill. 2011, art. 37-III, à compter du 1er sept. 2011)* ***« L. 320-1, L. 320-2 et »*** **L. 322-1 à L. 322-7 est punie de la confiscation des marchandises mises en vente et, en outre, d'une amende de 3 750 €, qui est prononcée solidairement tant contre le vendeur que contre** *(L. nº 2011-850 du 20 juill. 2011, art. 37-II, en vigueur le 1er sept. 2011)* **« le courtier de marchandises assermenté ou l'officier » public qui l'a assisté, sans préjudice des dommages** *[-]* **intérêts, s'il y a lieu.**

(Abrogé par L. nº 2011-850 du 20 juill. 2011, art. 37-III, à compter du 1er sept. 2011) ***« Est considérée comme complice et frappée des mêmes peines toute personne dont l'interposition a pour but de tourner les interdictions formulées à l'article L. 320-1. »*** – *[L. 25 juin 1841, art. 7, al. 1er et 2.]*

Art. L. 322-6 Le fait pour les vendeurs *(L. n° 2011-850 du 20 juill. 2011, art. 37-IV, en vigueur le 1er sept. 2011)* « , les courtiers de marchandises assermentés ou les officiers » publics de comprendre dans les ventes faites par autorité de justice, sur saisie, après décès, liquidation judiciaire, cessation de commerce, ou dans les autres cas de nécessité *(L. n° 2011-850 du 20 juill. 2011, art. 37-IV, en vigueur le 1er sept. 2011)* « dont l'appréciation est soumise au tribunal de commerce » des marchandises neuves ne faisant pas partie du fonds ou mobilier mis en vente, est passible des peines prévues à l'article L. 322-5. – *[L. 25 juin 1841, art. 8.]*

Art. L. 322-7 Dans les lieux où il n'y a point de courtiers de *(L. n° 2011-850 du 20 juill. 2011, art. 37-V, en vigueur le 1er sept. 2011)* « marchandises assermentés », les commissaires-priseurs, les notaires et huissiers font les ventes *(L. n° 2011-850 du 20 juill. 2011, art. 37-V, en vigueur le 1er sept. 2011)* « prévues à l'article L. 322-4, conformément aux dispositions légales et réglementaires régissant leurs interventions ».

Ils sont, pour lesdites ventes, soumis aux formes, conditions et tarifs imposés aux courtiers. – *[L. 25 juin 1841, art. 10.]*

Art. L. 322-8 *(L. n° 2011-850 du 20 juill. 2011, art. 37-VI, en vigueur le 1er sept. 2011)* Les ventes volontaires aux enchères publiques en gros d'armes, de munitions et de leurs éléments essentiels ne peuvent avoir lieu que sur autorisation préalable du tribunal de commerce.

Art. L. 322-9 *(L. n° 2011-850 du 20 juill. 2011, art. 37-VI en vigueur le 1er sept. 2011)* Les courtiers de marchandises assermentés sont soumis aux dispositions prescrites par les articles 871 et 873 du code général des impôts. – *[L. 28 mai 1858, art. 2.]*

Art. L. 322-10 Le droit de courtage pour les ventes qui font l'objet des articles L. 322-8 à L. 322-13 est fixé, pour chaque localité, par le ministre chargé *(L. n° 2011-850 du 20 juill. 2011, art. 37-VIII, en vigueur le 1er sept. 2011)* « du commerce », après avis de la chambre de commerce et d'industrie *[territoriale]* et du tribunal de commerce. En aucun cas, il ne peut excéder le droit établi dans les ventes de gré à gré, pour les mêmes sortes de marchandises. – *[L. 28 mai 1858, art. 3.]*

Art. L. 322-11 Les contestations relatives aux ventes réalisées en application de l'article L. 322-8 sont portées devant le tribunal de commerce. – *[L. 28 mai 1858, art. 5.]*

Art. L. 322-12 *(Abrogé par L. n° 2011-850 du 20 juill. 2011, art. 37-IX, à compter du 1er sept. 2011)* ***Il est procédé aux ventes prévues à l'article L. 322-8 dans des locaux spécialement autorisés à cet effet, après avis de la chambre de commerce et d'industrie et du tribunal de commerce.*** – [L. 28 mai 1858, art. 6.] – V. art. R. 322-1 s.

Art. L. 322-13 *(Abrogé par L. n° 2011-850 du 20 juill. 2011, art. 37-IX, à compter du 1er sept. 2011)* ***Un décret en Conseil d'État détermine les mesures nécessaires à l'exécution des articles L. 322-11 et L. 322-12 notamment les formes et les conditions des autorisations prévues par l'article L. 322-12.*** – [L. 28 mai 1858, art. 7.]

Art. L. 322-14 Les tribunaux de commerce peuvent, après décès ou cessation de commerce, et dans tous les autres cas de nécessité dont l'appréciation leur est soumise, autoriser la vente aux enchères en gros des marchandises de toute espèce et de toute provenance.

L'autorisation est donnée sur requête. Un état détaillé des marchandises à vendre est joint à la requête.

Le tribunal constate par son jugement le fait qui donne lieu à la vente. – *[L. 3 juill. 1861, art. 1er.] – V. art. R. 322-13 à R. 322-15.*

Art. L. 322-15 *(L. no 2011-850 du 20 juill. 2011, art. 37-X, en vigueur le 1er sept. 2011)* **Les ventes judiciaires de marchandises en gros autorisées en vertu de l'article L. 322-14 ainsi que toutes celles qui sont autorisées ou ordonnées par la justice consulaire dans les divers cas prévus par le présent code sont faites par des courtiers de marchandises assermentés.**

Néanmoins, il appartient toujours au tribunal ou au juge qui autorise ou ordonne la vente de désigner, pour y procéder, un commissaire-priseur judiciaire, un huissier de justice ou un notaire. Dans ce cas, l'officier public, quel qu'il soit, est soumis aux dispositions qui régissent les courtiers de marchandises assermentés relativement aux formes, aux tarifs et à la responsabilité. – *[L. 3 juill. 1861, art. 2.] – V. art. R. 322-13 à R. 322-15.*

Les courtiers de marchandises assermentés inscrits, à la date d'entrée en vigueur de la L. no 2011-850 du 20 juill. 2011, sur les listes des cours d'appel dressées en application de la réglementation applicable avant cette date, qui poursuivent une activité de ventes volontaires aux enchères publiques de marchandises en gros, disposent d'un délai de six mois à compter de la promulgation de la présente loi pour se mettre en conformité avec l'ensemble des dispositions du chapitre Ier du titre II du livre III (L. préc., art. 42-II).

Art. L. 322-16 Les dispositions des articles L. 322-11 à L. 322-13 sont applicables aux ventes visées aux articles L. 322-14 et L. 322-15. – *[L. 3 juill. 1861, art. 3.]*

Sur la pratique des enchères dans les lieux affectés à l'expédition ou à la vente en gros des denrées et produits provenant de l'agriculture et de la pêche, V. Décr. no 58-560 du 28 juin 1958 (D. 1958. 233 ; BLD 1958. 453), ratifié par Ord. no 59-44 du 6 janv. 1959 (D. 1959. 207 ; BLD 1959. 357), mod. par Décr. no 68-658 du 10 juill. 1968, art. 2 (D. 1968. 240 ; BLD 1968. 424), abrogé par Décr. no 2007-431 du 25 mars 2007 relatif à la partie réglementaire du code de commerce (JO 27 mars) à l'exception des art. 3 à 5. – ***C. rur.***

TITRE TROISIÈME DES CLAUSES D'EXCLUSIVITÉ

V. aussi art. L. 410-1 s. et R. 420-1 s. – Sur les règlements communautaires pris en application du traité de Rome, art. 81 § 3 (actuel art. 101 TFUE, depuis l'entrée en vigueur du traité de Lisbonne ; V. Décr. no 2009-1466 du 1er déc. 2009, JO 2 déc.), V. note ss. cet art.

RÉP. COM. vis *Accords de distribution (Droit de la concurrence) ; Automobile (Droit de la concurrence), par* ARHEL.

Art. L. 330-1 Est limitée à un maximum de dix ans la durée de validité de toute clause d'exclusivité par laquelle l'acheteur, cessionnaire ou locataire de biens meubles s'engage vis-à-vis de son vendeur, cédant ou bailleur, à ne pas faire usage d'objets semblables ou complémentaires en provenance d'un autre fournisseur. – *[L. 14 oct. 1943, art. 1er.]*

Art. L. 330-2 Lorsque le contrat comportant la clause d'exclusivité mentionnée à l'article L. 330-1 est suivi ultérieurement, entre les mêmes parties, d'autres engagements analogues portant sur le même genre de biens, les clauses d'exclusivité contenues dans ces nouvelles conventions prennent fin à la même date que celle figurant au premier contrat. – *[L. 14 oct. 1943, art. 2.]*

I. CLAUSES D'EXCLUSIVITÉ

A. EXCLUSIVITÉ D'APPROVISIONNEMENT

BIBL. Didier, *D. 1966. Chron. 55.* – Mousseron et Seube, *D. 1973. Chron. 197.* – le Tourneau, *RJ com. 1979. 121.* – De Mello, *Gaz. Pal. 1979. 2. Doctr. 667.* – Vogel, *JCP E 1992. I. 184.* – Leloup, *D. Affaires 1999. 1166.* – Lambert, *RJ com. 2000. 289* (contrat de bière face au nouveau droit de la concurrence communautaire). – Lavabre, *RJDA 2002, p. 603* (élément de la problématique du contrat-cadre). – Lambert, *RJ com. 2002. 388* (influence d'internet sur la distribution). – Dumont-Lefrand, *RTD com. 2003. 43* (bail commercial et droit de la distribution). – Castagnon, *CCC 2003. chron. 10* (internet et réseau de distribution). – Lambert, *D. 2005. 1085* (contrôle de l'assistance dans le contrat de bière) ; *JCP E 2007, n° 41, p. 16* (le contrat de bière : l'exclusivité en voie de disparition forcée) ; *RLDA avr. 2008. 86* (la spécificité du contrat de bière). – Richard, *Cah. dr. entr. 2010, n° 4, p. 52* (aperçu du droit positif des organisations d'approvisionnement). – Guillemin, *D. 2013. 657* (défense du distributeur face à son fournisseur dans le contrat de bière).

1. *Ordre public.* Les dispositions légales sont d'ordre public. • Com. 25 mars 1974 : *Bull. civ. IV, n° 106 ; JCP 1976. II. 18378, note Simler.* ♦ L'application de la loi du 14 oct. 1943 pouvant être demandée par toute personne y ayant intérêt, les actes contraires à son art. 1er [C. com., art. L. 330-1], atteints de nullité absolue, ne sont pas susceptibles de confirmation. • Com. 7 avr. 1992 : *préc. note 1* (V. aussi l'arrêt cassé). – V., déjà en ce sens, • Com. 25 mars 1974 : *préc.* ♦ Comp., jugeant que seules les parties au contrat sont fondées à se prévaloir de la violation du dépassement, à l'exclusion des tiers : • Com. 21 déc. 1981 : *Bull. civ. IV, n° 452.*

2. *Droit de la concurrence.* **BIBL.** Chagny, *LPA 29 nov. 2007* (regards sur le droit des pratiques anticoncurrentielles : les développement en matière de distribution). – Dieny, *JCP E 2008, n° 49, p. 24* (consolidation de l'analyse et du traitement des relations entre commettant et agent au regard du droit des ententes). – Grynfogel et Marthan, *RJDA 1/2010, p. 3* (le clair-obscur de l'obligation d'exclusivité : de quelques singularités dans l'appréciation de l'Autorité de la concurrence). – François-Martin, *RDLC 2010, n° 1, p. 63* (le contrôle des distributeurs par la tête de réseau – définition et enjeux). ♦ V. C. com., art. L. 420-1 s. et art. 101 (anc. art. 85, puis 81) du traité de Rome, App., v° *Concurrence.* ♦ Une exclusivité d'achat n'est pas, par sa seule nature, incompatible avec la réglementation des ententes, mais elle peut le devenir lorsqu'elle est susceptible d'exercer un effet restrictif sur le jeu de la concurrence. • CJCE 12 déc. 1967 : *RTD eur. 1968. 15* • 18 mars 1970 : *ibid. 1970. 491, obs. Champaud* • Com. 28 janv. 1975 : *Bull. civ. IV, n° 2* • Paris, 12 juin 1970 : *RTD eur. 1970. 539, obs. Joliet ; JCP 1971. II. 16663, note H. D.* • CJCE 7 déc. 2000 : *Gaz. Pal. 3-5 févr. 2002. Somm. 25, note Vialens.*

Sur la validité de la clause d'approvisionnement exclusif en matière de franchise, V. note 40 ss. art. L. 420-1. ♦ Sur la force obligatoire des règlements d'exemption communautaires, V. note 3 *bis.* ♦ Sur les modalités d'acquisition de foncier commercial dans le secteur de la distribution alimentaire, V. • Aut. conc., avis n° 10-A-26 du 7 déc. 2010 : *cité note 2 ss. art. L. 752-26.* ♦ V. aussi • Aut. conc., avis n° 12-A-01 du 11 janv. 2012 : *cité note 1 ss. art. L. 752-26.*

3. *Monopole bancaire.* Sur la validité de l'assistance financière consentie par le fournisseur sous la forme d'un prêt de somme d'argent ou du cautionnement d'un tel prêt accordé par un tiers, au regard de l'art. L. 511-5 C. mon. fin. qui réserve l'exercice des activités bancaires et financières aux seuls établissements financiers, V. note 3 ss. art. L. 511-7 C. mon. fin. App., v° *Banque et financement de l'entreprise.*

1° DURÉE

4. *Droit communautaire.* S'agissant des règlements communautaires applicables en la matière (qui prévoient une durée limitée à cinq ans), il a été jugé que n'est pas nécessairement nul un accord ne remplissant pas les conditions posées par un règlement d'exemption s'il n'est pas établi qu'il a pour objet ou pour effet d'empêcher, de restreindre ou de fausser le jeu de la concurrence à l'intérieur du marché commun. • Com. 3 déc. 2003 : *CCC 2004, n° 23, obs. Malaurie-Vignal ; LPA 27 juin 2005, obs. Bacchetti et Dom ; RDC 2004. 659, obs. Bergé ; RJDA 2004, n° 372.* ♦ Pour une relation contractuelle de sept ans, V. • Bourges, 14 avr. 2004 : *cité note 4* • Versailles, 18 janv. 2007 : *cité note 10.* ♦ Pour un contrat d'exclusivité de 10 ans, sanctionné sur le fondement de l'art. 81 CE, V. • TGI Strasbourg, 28 févr. 2008 : *Lettre distrib. avr. 2008, p. 3.* ♦ L'art. 5, sous a), du Règl. (CE) n° 2790/1999 du 22 déc. 1999 (V. ce texte, App., v° *Concurrence* ; remplacé par Règl. UE n° 330/2010 du 20 avr. 2010, V. App., v° *Concurrence*), doit être interprété en ce sens que, aux fins de l'application de la dérogation qu'il prévoit, cette disposition exige que le fournisseur soit propriétaire tant de la station-service qu'il donne en location au revendeur que du terrain sur lequel celle-ci est bâtie ou, dans le cas où il n'est pas le propriétaire, qu'il loue ces biens à des tiers non liés au revendeur. • CJCE 2 avr. 2009 : *D. 2009. Pan. 2889, obs. Ferrier* ; *CCC 2009, n° 160, obs. Malaurie-Vignal* ; *RLC juill.-août 2009. 29, obs. Robin* ; *RDC 2009. 1067, note Idot* ; *Europe 2009, n° 245, obs. Idot.*

5. *Domaine.* Selon l'art. 1er de la loi du 14 oct. 1943 [C. com., art. L. 330-1], une exclusivité d'achat doit être limitée à dix ans, même si la vente n'est pas encore parfaite au moment de la souscription de l'exclusivité et se réalisera par des actes d'exécution successive. • Com. 27 avr. 1971 : *D. 1972. 353, note Ghestin* ; *JCP 1972. II. 16975, note Boré* • 12 févr. 1974 : *D. 1974. 415, note Ghestin* ; *JCP 1975. II. 17915, note Boré.* ♦ Sur l'application de la loi de 1943 aux accords de distribution exclusive, V. • Com. 7 avr. 1992 : *préc. note 1* (cassant • Paris, 20 sept. 1990 : *D. 1991. 165, note Malaurie* ; *JCP E 1992. II. 245, note Shodermeier,* qui avait écarté l'application de la loi). ♦ Pour une clause d'approvisionnement exclusif d'une durée supérieure à dix ans, insérée dans un contrat de souslicence de marque, V. • Com. 15 janv. 2013 : *RJDA 2013, n° 399.*

Une clause d'approvisionnement exclusif, portant en partie sur de la bière, qui figure dans un contrat de bail conclu pour une période de neuf ans renouvelable est soumise au respect de la loi de 1943. • Com. 14 déc. 1999 : *Bull. civ. IV, n° 227* ; *D. 2000. AJ 79, obs. Chevrier* ; *CCC 2000, n° 46, obs. Poillot-Peruzetto et n° 55, obs. Leveneur* ; *RTD com. 2000. 709, obs. Bouloc.* ♦ Dans le même sens, considérant que l'annulation de la clause illicite ne doit pas entraîner celle du bail, V. • Civ. 3e, 31 janv. 2001 : *D. 2001. Somm. 3520, obs. Rozès* ; *RJDA 2001, n° 428.* – V. aussi Lutz et Wagner, *D. 2001. 1708* (pourquoi la loi Doubin n'est pas applicable aux contrats de bière ?).

6. *Absence d'exclusivité.* Ne constituent pas une clause d'exclusivité, au sens de la loi du 14 oct. 1943, les dispositions d'un contrat de location et d'entretien d'une installation téléphonique conclu pour une durée de quinze années interdisant au locataire de s'adresser à un autre fournisseur que le bailleur pour toute adjonction ou modification de l'installation fournie, dès lors qu'elles ont leur justification dans le maintien de la propriété du matériel au bailleur et que la possibilité pour le locataire de faire poser et entretenir toute autre installation *téléphonique par* toute entreprise de son choix reste intacte. • Com. 19 janv. 1993 : *RJDA 1993, n° 497.* – V. déjà • Civ. 1re, 10 déc. 1985 : *Bull. civ. I, n° 497.* – *Contra* : • Paris, 14 juin 1994 : *Gaz. Pal. 1995. 1. Somm. 196.*

7. *Calcul du délai.* Sont atteintes d'une cause de nullité les viciant en leur totalité les deux conventions d'approvisionnement exclusif de toutes boissons y compris la bière, d'une durée égale respectivement de 5 et 2 ans, qui, comportant une même cause et un même objet puisqu'elles stipulent des obligations similaires à la charge du fournisseur, doivent être considérées comme un seul et unique contrat d'une durée de sept ans destiné à contourner la réglementation européenne. • Bourges, 14 avr. 2004 : *préc. note 4.* ♦ V. aussi • Bourges, 15 déc. 1986 : *Gaz. Pal. 1988. 1. Somm. 195.*

8. *Renouvellement du contrat.* Le contrat, dès lors qu'il est arrivé à expiration, peut être renouvelé par accord des parties, pour une nouvelle période maximale de dix ans, renouvelable. • Com. 11 mars 1981 : *Bull. civ. IV, n° 135* • 30 mars 1981 : *ibid., n° 166.* ♦ Le contrat conclu après l'arrivée du terme légal de dix ans ne constitue pas juridiquement la prorogation du premier contrat. • Com. 21 févr. 1995 : *Bull. civ. IV, n° 50* ; *D. 1995. IR 92* ; *RJDA 1995, n° 803* ; *CCC 1995, n° 104, note Vogel.*

9. *Sanction du dépassement.* Au cas où le contrat serait conclu pour une durée supérieure, il n'est pas nul de ce fait et doit être réduit à la durée légalement imposée. • Com. 1er déc. 1981 : *Bull. civ. IV, n° 423* • Paris, 3 nov. 1981 : *JCP 1982. IV. 210* • Com. 10 févr. 1998 : *Bull. civ. IV, n° 71* ; *D. Affaires 1998. 373, obs. E. P.* ; *CCC 1998, n° 55, obs. Leveneur* ; *RTD com. 1998. 911, obs. Bouloc.* ♦ Le délai de dix ans étant dépassé, le gérant d'une société de distribution liée par une clause d'enseigne peut mettre un terme aux relations commerciales sans avoir à mettre en œuvre l'art. 16 des statuts qui réservait les cas dans lesquels la loi attribue des pouvoirs aux seuls associés. • T. com. Auxerre, 16 avr. 2007 : *Lettre distrib. oct. 2007, p. 4.*

2° *DÉTERMINATION DU PRIX*

10. *Abus dans la fixation du prix.* BIBL. Laude, *D. Affaires 1996. 3* ; *Cah. dr. entr. 1997, n° 5, p. 29.* – Couret, *Dr. et patr. janv. 1996. 48.* – Frison-Roche, *RJDA 1996, p. 3.* – Leveneur, *CCC 1996. Chron. 1.* – Pollaud-Dullian et Ronzano, *RTD com. 1996. 179* (contrat-cadre). – Jamin, *JCP E 1996. I. 3959* (de l'abus dans la détermination du prix au contrôle des pratiques abusives). – Bergoin, *Gaz. Pal. 1997. 1. Doctr. 600* (détermination du prix par référence au marché). – Colloque du 17 déc. 1996, *RTD com. 1997. 1* (nouveaux enjeux un an après). – Aynès, Kamara et de Fontbressin, *Cah. dr. entr. 1997, n° 3-4, p. 16.* – Brunet et Ghozis, *D. 1998. Chron. 1* (jurisprudence de l'Assemblée plénière sur le prix du point de vue de la théorie du contrat). – Boré, *Mélanges Champaud, Dalloz, 1997, p. 102*. – Mainguy, *Cah. dr. entr. 1998, n° 2, p. 24*. – Fages, *ibid., n° 6, p. 11* (abus dans les contrats de distribution). – Molfessis, *LPA 5 mai 2000* (exigences relatives au prix). – Aubert de Vincelles, *D. 2006. 2629* (pour une généralisation, encadrée, de l'abus dans la fixation du prix). – Ghestin, *Mélanges Goubeau, Dalloz-LGDJ, 2009. 183* (la portée des arrêts du 1er déc. 1995 au regard de leurs justifications). ♦ Lorsqu'une convention prévoit la conclusion de contrats ultérieurs, l'indétermination du prix de ces contrats dans la convention initiale n'affecte pas, sauf dispositions légales particulières, la validité de celle-ci, l'abus dans la fixation du prix ne donnant lieu qu'à résiliation ou indemnisation (cassation pour violation des art. 1709 et 1710, ensemble les art. 1134 et 1135 C. civ., à propos de location-entretien d'installation téléphonique). • Cass., ass. plén., 1er déc. 1995 : *Bull. civ., nos 7 et 9 ; BICC 15 janv. 1996, p. 10, concl. Jéol, note Fossereau ; D. 1996. 13, concl. Jéol, note Aynès ; GAJC II 2008. 74, note Terré et Lequette ; D. Affaires 1996. 14 ; JCP 1996. II. 22565, concl. Jéol, note Ghestin ; Gaz. Pal. 1995. 2. 626, concl. Jéol, note de Fontbressin ; Quot. jur. 12 déc. 1995, p. 3, note P. M. ; JCP E 1996. II. 776, note Leveneur.* ♦ L'art. 1129 C. civ. n'étant pas applicable à la détermination du prix, une cour d'appel, qui n'est pas saisie d'une demande de résiliation ou d'indemnisation pour abus dans la fixation du prix justifie légalement sa décision en écartant l'exception de nullité d'un contrat de location d'une installation téléphonique et des avenants intervenus, tirée de l'indétermination du prix d'une partie des prestations stipulées. • Cass., ass. plén., 1er déc. 1995 : *Bull. civ., n° 9 ; D. 1995. IR 273 ; D. Affaires 1996. 13 ; Gaz. Pal. préc. ; JCP préc. ; JCP E préc.* ♦ V. aussi, pour un contrat de concession, • Com. 11 juin 1996 : *Bull. civ. IV, n° 165 ; D. 1996. Somm. 323, obs. Aynès ; D. 1997. Somm. 59, obs. Ferrier*. ♦ ... Pour un contrat de commission, • Paris, 4 oct. 1996 : *D. Affaires 1996. 1317.* ♦ ... Pour des contrats de location-gérance, V. • Com. 19 nov. 1996 : *RJDA 1997, n° 306* • 3 déc. 1996 : *ibid. ; CCC 1997, n° 59, obs. Leveneur.* ♦ ... Pour un contrat d'approvisionnement exclusif de bière, V. • Com. 18 nov. 1997 : *RJDA 1998, n° 275.* ♦ ... Pour les contrats de franchisage, V. note 27 ss. art. L. 330-3.

11. Critère de l'abus. Sur les critères d'appréciation de l'abus dans la fixation du prix, V. • Com. 28 mars 2000 : *Cah. dr. entr. 2001, n° 2, p. 28, obs. Respaud* • 6 juin 2000 : *ibid.* • 15 janv. 2002 : *D. 2002. 1974, note Stoffel-Munck et Somm. 2841, obs. Mazeaud ; RTD civ. 2002. 294, obs. Mestre et Fages ; JCP 2002. II. 10157, note Jamin ; LPA 3 juill. 2003, obs. Mathey ; Cah. dr. entr. 2002, n° 5, p. 28, n° 2, obs. Mainguy ; RDC 2003. 154, obs. Béhar-Touchais* • 13 nov. 2003 : *Cah. dr. entr. 2004, n° 3, p. 29, obs. Mainguy ; RJDA 2004, n° 415 ; RDC 2004. 1011, obs. Béhar-Touchais.* – V. aussi • T. com. Paris, 13 oct. 2003 : *cité note 39.*

3° PRATIQUES DISCRIMINATOIRES ET ENGAGEMENTS DISPROPORTIONNÉS

12. Proportionnalité des engagements. Sur la nullité pour absence de cause d'un contrat d'approvisionnement exclusif, les engagements souscrits par le fournisseur à l'égard de ceux pris par le distributeur étant disproportionnés au point d'être considérés comme dérisoires, V. • Com. 14 oct. 1997 : *D. 1998. Somm. 333, obs. Ferrier (2e esp.) ; Defrenois 1998. 1040, obs. D. Mazeaud ; RJDA 1998, n° 164* • 8 févr. 2005 : *Bull. civ. IV, n° 21 ; D. 2005. Pan. 2841, obs. Amrani Mekki ; ibid. AJ. 639 ; D. 2006. Pan. 515, obs. Ferrier ; RTD com. 2005. 825, obs. Bouloc ; JCP E 2005, n° 31-34, p. 1326, obs. Mainguy et Respaud ; JCP 2006. II. 10011, note Luciani ; CCC 2005, n° 104, obs. Leveneur ; RJDA 2005, n° 538 ; RDC 2005. 684, obs. D. Mazeaud, et 771, obs. Béhar-Touchais* • Versailles, 16 sept. 2004 : *BICC 2005, n° 448 ; BRDA 2004, n° 22, p. 6 ; Lettre distrib. févr. 2005, p. 3* • Angers, 24 juin 2008 : *CCC 2009, n° 12, obs. M. M.-V.* ♦ Rejetant la nullité pour absence de cause en raison de la disproportion entre les obligations réciproques des parties, la comparaison devant s'effectuer non pas entre la subvention et le volume des achats, mais entre la subvention et la marge bénéficiaire espérée de ce volume par l'exploitant d'un débit de boissons, V. • Versailles, 18 janv. 2007 : *D. 2008. Pan. 2197, obs. Ferrier ; JCP E 2007, n° 16, p. 25.*

Bien que le contrat d'approvisionnement et la reconnaissance de dette stipulent que les avantages financiers octroyés au distributeur constituent la contrepartie de l'obligation d'achat exclusive, ce qui rend ces deux opérations incontestablement liées, aucune indivisibilité de nature à faire obstacle juridiquement ou matériellement à une exécution séparée n'existent entre elles. Le remboursement anticipé des prêts n'a donc pas fait disparaître l'obligation distincte d'approvisionnement exclusif. • Grenoble, 20 juin 2007 : *CCC 2008, n° 7, obs. Malaurie-Vignal.* ♦ L'engagement de caution du brasseur, à hauteur de 50 % du prêt octroyé au détaillant, ne peut être considéré comme dérisoire au point de priver de cause l'engagement exclusif sur cinq ans contracté par le détaillant au seul motif qu'il existait déjà, lors de la signature, un engagement de caution d'une autre société à hauteur de 100 % du prêt. • Toulouse, 18 mars 2008 : *JCP E 2008, n° 42, p. 35.*

13. Pratiques discriminatoires. Sur les notions de contraintes économiques et de pratiques discriminatoires dans un contrat de bières, V. • Com. 29 janv. 2008 : *Bull. civ. IV, n° 20 ; D. 2008. AJ 541, obs. Chevrier ; JCP E 2008, n° 10, p. 26 ; CCC 2008, n° 102, obs. Malaurie-Vignal ; RJDA 2008, n° 718 ; RLDC 2008, n° 2, p. 127, obs. Roberval et Fasquelle ; Procédures 2008, n° 215, obs. H. C.* ♦ Sur l'absence de preuve, incombant au distributeur, d'une différenciation tarifaire injustifiée, V. • Montpellier, 11 déc. 2012 : *RJDA 2013, n° 220.*

B. EXCLUSIVITÉ DE VENTE

BIBL. Plaisant, *RTD com. 1964. 1.* – Champaud, *ibid. 1963. 451.* – Maymon-Goutaly, *ibid. 1982. 518.* – Pigassou, *ibid. 1980. 473.* – Thréard, *JCP E 1977. II. 12536.* – Malaurie-Vignal, *JCP E 1998, n° 7-8, p. 260* (*intuitus personae* et liberté de la concurrence dans les contrats de distribution). – Collard et Roquilly, *LPA 3 avr. 2002* (réseaux de distribution fermés et commerce électronique). – Lambert, *RJ com. 2002. 388* (influence d'internet sur la distribution). – Amiel-Cosme, *Mélanges Guyon, Dalloz, 2003, p. 1* (théorie institutionnelle du réseau). – Dumont-Lefrand, *RTD com. 2003. 43* (bail commercial et droit de la distribution). – Castagnon, *CCC 2003, Chron. n° 10* (internet et réseau de distribution). – Ayma, *LPA 3 juill. 2003* (même thème). – Decocq, *ibid. 13 ; CCE 2003, Chron. 24* (même thème). – Prieto, *RDC 2004. 875* (efficience contractuelle dans le droit de la libre concurrence : illustration par la clause d'exclusivité). – Lebreton-Derrien, *RJ com. 2004. 506* (clause d'objectif). – Tisserand et Van Eeckhout, *RDC 2004. 1110* (distribution de téléphonie mobile). – Raynard, *Cah. dr. entr. 2005, n° 3, p. 30* (technique contractuelle au service de la pérennité du réseau de distribution). – Ferrier, *D. 2006. 2594* (la distribution sur internet dans le cadre d'un réseau). – Inforeg, *Cah. dr. entr. 2006, n° 6, p. 55* (contrats de distribution exclusif – cahier pratique). – Dieny, *JCP E 2009, n° 24, p. 23* (vente par internet, vente hors-réseau : un aperçu des décisions 2008). – Tiquant, *LPA 25 févr. 2010* (pour une assurance obligatoire de la tête de réseau). – Simon, *Cah. dr. entr. 2010, n° 4, p. 20* (du bon usage de la technique contractuelle dans les contrats de distribution). – Cillero Valdelvira, *ibid., p. 37* (la prise de participation par la tête de réseau dans le capital de la société distributrice). – Chaput, *JCP E 2010, n° 1893* (contrôler sa distribution : l'impossible pari). – Duminy et Bretzner, *RDC 2011. 321* (petit manuel de survie à l'usage de ceux qui désirent rompre un contrat de distribution). – Ferrier et Sautonie-Laguionie, *RTD civ. 2011. 225* (la distribution parallèle à l'épreuve de l'opposabilité du réseau). – Blaise, *JCP E 2012, n° 1181* (comment configurer un réseau de distribution aujourd'hui). – Dossier, *Journ. sociétés juin 2012. 11* (le réseau dans tous ses états). ▸ Sur la distribution automobile, V. notes 81 s.

1° DÉFINITION ET LICÉITÉ

14. Définition. Ne constitue pas un mandat, mais une concession de vente, la convention selon laquelle le fabricant vend à un commerçant l'exclusivité de ses produits, lorsque le prix est payé ferme au concédant, indépendamment de celui que payent les clients du concessionnaire auxquels les produits sont revendus, et que le concessionnaire assure l'entière responsabilité de la revente. • Com. 13 mai 1970 : *Bull. civ. IV, n° 161 ; D. 1970. 701, note Guyénot ; JCP 1971. II. 18891, note Sayag.* ♦ Sur la disqualification en contrat de travail, au cas d'existence d'un lien de subordination juridique, V. • Riom, 4 déc. 1968 : *JCP 1969. II. 15825, note Meyzonnade.* ♦ Sur la distinction entre agent commercial et concessionnaire, V. note 1 *bis* ss. art. L. 134-1.

Pour un arrêt estimant que le contrat de concession est une convention d'adhésion, V. • Paris, 10 déc. 1998 : *Cah. dr. entr. 1999, n° 2, p. 30, obs. Mainguy.* ♦ Sur l'inapplication à la concession d'exclusivité de la Conv. du 15 juin 1955 sur les ventes internationales d'objets mobiliers corporels, V. • Civ. 1re, 15 mars 1988 : *Bull. civ. I, n° 83 ; D. 1988. IR 92.*

15. Droit de la concurrence. Des restrictions quantitatives sont justifiables, dès lors qu'elles ont pour objet d'assurer un progrès économique et réservent aux utilisateurs une part équitable du profit qui en résulte. • Paris, 22 oct. 1991 : *D. 1992. Somm. 393, obs. Ferrier .* ♦ Mais il appartient au fournisseur d'établir la réalité de son intérêt économique. • Com. 22 oct. 1991 : *eod. loc .* ♦ Il est justifié sur le plan économique et commercial pour un fournisseur qui recourt à un réseau spécialisé pour distribuer ses produits de veiller à ce que son réseau de distribution soit convenablement dimensionné par rapport aux conditions de confrontation de l'offre et de la demande et il est également justifié, dans le cadre de relations d'affaires, lorsqu'un choix est à faire entre deux candidats remplissant les mêmes critères objectifs, de tenir compte de considérations subjectives. • Cons. conc. n° 07-D-25 du 25 juill. 2007 : *BOCC 25 mars 2008 ; CCC 2007, n° 238, obs. Malaurie-Vignal ; RLC oct.-déc. 2007. 23, obs.*

Sélinsky ; RDLC 2007, n° 4, p. 69, obs. Debroux ; Lettre distrib. oct. 2007, p. 2. ♦ La localisation du lieu physique de vente dans un réseau de distribution exclusive ou sélective répond à un souci légitime du fournisseur de pouvoir contrôler la densité et la répartition géographique de son réseau ; c'est pourquoi les clauses d'interdiction de revente à partir d'un lieu d'établissement non autorisé ne font pas perdre le bénéfice de l'exemption catégorielle. • Même décision.

2° PREUVE

16. *Liberté de la preuve.* L'existence d'un accord de distribution exclusive nécessite que soit établi de manière précise et non équivoque, l'objet de la concession, sa durée, la délimitation exacte du territoire concédé, les droits et obligations réciproques des parties et les modalités de résiliation. En raison du principe de la liberté de la preuve en matière commerciale, cette preuve peut être rapportée par écrit, par témoin, et par présomption, mais non par l'aveu puisque l'existence et la qualification d'un contrat constituent une question de droit et non un élément de fait. • Versailles, 26 oct. 1995 : *BICC 1996, n° 426 ; JCP 1996. IV. 1091.*

17. *Présomption d'exclusivité.* Dans l'hypothèse d'un contrat de concession, lorsqu'il est mis à la charge du concessionnaire une obligation d'achat exclusif, l'exclusivité devient, selon les usages du commerce, réciproque pour le concédant ; en revanche, dans le cadre d'un contrat de distribution, la reconnaissance de l'exclusivité accordée par un fournisseur à un distributeur n'entraîne pas automatiquement une obligation d'approvisionnement exclusif s'imposant au distributeur par voie de simple réciprocité, l'exclusivité ne se présumant pas dans ce domaine. • Basse-Terre, 15 juin 1998 : *BICC 1999, n° 78.* ♦ En l'absence d'écrit non équivoque, en raison de la règle de la liberté de la preuve entre commerçants, il incombe, d'une part, à la partie qui s'en prétend bénéficiaire de rapporter la preuve de la clause d'exclusivité et il appartient, d'autre part, à la juridiction saisie d'apprécier le caractère suffisant des éléments qui lui sont soumis pour établir, à partir de la commune intention des parties, l'existence d'une obligation d'approvisionnement pour le distributeur auprès du fournisseur. • Même arrêt. ♦ V. aussi, • Com. 3 juill. 2001 : *RJDA 2002, n° 35* • Lyon, 20 févr. 2003 : *RJDA 2003, n° 1055 ; Lettre distrib. oct. 2003, p. 2.* – Comp. • Versailles, 11 mai 2006 : *Lettre distrib. nov. 2006, p. 2.*

3° EXÉCUTION DES CONVENTIONS

18. *Détermination des obligations des parties.* Si l'art. 1129 C. civ., en tant qu'il permettait [avant les arrêts de l'Assemblée plénière du 1er déc. 1995 ; V. note 10] d'annuler un contrat pour indétermination du prix, était inapplicable aux obligations de faire, il n'en demeure pas moins qu'il prescrit sur le plan général que l'objet de l'obligation soit suffisamment déterminé ou déterminable (à propos de l'obligation de pénétration d'un marché). • Paris, 2 oct. 1991 : *D. 1991. IR 284.*

19. *Respect de l'exclusivité.* Il appartient au fournisseur de faire respecter l'exclusivité qu'il a concédée. • Com. 20 févr. 2007 : *Bull. civ. IV, n° 52 ; D. 2007. AJ 795, obs. Chevrier ; JCP 2007. IV. 1657 ; CCC 2007, n° 121, obs. Malaurie-Vignal ; Lettre distrib. mars 2007, p. 2.* ♦ Sur la succession à un contrat de concession stipulant l'existence d'un concurrent dans la zone d'activité, d'un contrat de concession exclusive ne faisant plus aucune référence à ce concurrent qui pourtant a vu par la suite son contrat reconduit, V. • Com. 15 mai 2007 : *RJDA 2007, n° 959.*

20. *Violation de l'exclusivité : site internet.* En ouvrant son site internet de réservation directe et en empêchant ainsi les agents de remplir leur fonction en vue du développement de la marque, et en les privant de la rémunération sur le chiffre des ventes réalisées par internet, alors que, de son côté, l'agent, lié par la clause d'exclusivité figurant au contrat, était dans l'impossibilité de compenser ce manque à gagner par la distribution de produits concurrents, la société n'a pas respecté le principe d'exécution de bonne foi du contrat de mandat d'intérêt commun la liant à ses agents. • T. com. Bobigny, 29 janv. 2008 : *D. 2008. AJ 474, obs. Manara ; Gaz. Pal. 2008. 1050, obs. Gouache ; RJDA 2008, n° 872.*

21. *Substitution de concessionnaire.* BIBL. Le Floch et Guégen, *Mélanges Paillusseau, Dalloz, 2003, p. 335* (la transmission d'une entreprise membre d'un réseau de distribution). ♦ V., imposant au concédant, sur le fondement de l'art. 1134 C. civ., une obligation de motivation du refus d'agrément : • Com. 5 oct. 2004 : *Bull. civ. IV, n° 181 ; D. 2005. Pan. 2844, obs. Fauvarque-Cosson ; D. 2006. Pan. 516, obs. Ferrier ; JCP E 2005, n° 15-16, p. 668, note Chagny ; CCC 2005, n° 1, obs. Leveneur ; Cah. dr. entr. 2004, n° 6, p. 11, obs. Fespaud ; RTD com. 2005. 407, obs. Boulcc ; RJDA 2005, n° 120 ; RDLC 2005, n° 1, p. 72, obs. Fasquelle et Roberval ; Dr. et patr. mars 2005. 83, obs. Chauvel ; RTD civ. 2005. 127, obs. Mestre et Fages ; RDC 2005. 288, note Stoffel-Munck ; ibid. 384, obs. Béhar-Touchais.* – V. aussi • Com. 3 nov. 2004 : *JCP E 2005, n° 31-34, p. 1324, obs. Mainguy ; RJDA 2005, n° 539 ; RDC 2005. 1130,* *obs. Béhar-Touchais.* ♦ Dans le cas d'un contrat de concession expressément conclu *intuitu personae*, prévoyant que son transfert au profit d'un tiers est subordonné à l'agrément du concédant et que ce dernier s'engage à « examiner équitablement et avec tout le soin requis le changement proposé et communiquer rapidement sa réponse au concessionnaire », le refus d'agrément par le concédant doit être justifié par des impératifs tenant à la sauvegarde des intérêts commerciaux légitimes et afin d'éviter tout arbitraire, il lui appartient de le motiver, à la seule fin de permettre au concessionnaire de vérifier que sa décision était fondée sur un examen équitable et soigneux conforme à ses engagements contractuels. • Com. 2 juill. 2002 : *Bull. civ. IV, n° 113 ; D. 2003. 93, note Mazeaud ; ibid. Somm. 2426, obs. Ferrier ; JCP 2002. II. 10023, note Mainguy ; JCP E 2003, n° 14, p. 609, obs. Respaud ; CCC 2003, n° 10, obs. Malaurie-Vignal ; LPA 3 juill. 2003, obs. Malaurie-Vignal ; RJDA 2002, n° 1261 ; RDC 2003. 50, obs. Stoffel-Munck ; RTD civ. 2002. 810, obs. Mestre et Fages* (cassation de • Lyon, 17 mai 2001 : *RJDA 2001, n° 1204 ; RTD civ. 2002. 98, obs. Mestre et Fages*, qui avait retenu un refus d'agrément abusif sans vérifier si les motifs avancés par le concédant en cours d'instance étaient de nature à le justifier) • Paris, 21 janv. 2010 : *CCC 2010, n° 154, obs. Mathey ; RDLC 2010, n° 3, p. 103, obs. Ferrier.*

Pour un contrat de concession stipulant qu'il ne pourra être cédé par le distributeur à un tiers sans l'accord formel du fournisseur, V. • Montpellier, 16 sept. 2003 : *JCP E 2004, n° 12, p. 461, obs. P. Mousseron ; Lettre distrib. nov. 2003, p. 2.* ♦ … Ou prévoyant l'accord du concédant pour toute cession de parts sociales affectant plus du quart du capital de la société concessionnaire : • Paris, 28 janv. 2004 : *BRDA 2004, n° 7, p. 8.* ♦ Pour une opération de fusion, V. • Com. 13 déc. 2005 : *Bull. civ. IV, n° 255 ; D. 2006. AJ 149, obs. Lienhard ; RTD com. 2006. 429, obs. Le Cannu ; RTD civ. 2006. 310, obs. Mestre et Fages ; JCP E 2006, n° 17, p. 782, note Hovasse ; CCC 2006, n° 61, obs. Leveneur ; LPA 4 oct. 2006, note Albortchire ; BRDA 2006, n° 3, p. 2 ; Dr. et patr. juin 2006. 116, obs. Poracchia ; Dr. sociétés 2006, n° 23, obs. Monnet ; Bull. Joly 2006. 591, obs. Vamparys.* – V. aussi Dubertret, *Rev. sociétés 2006. 721* (l'*intuitu personae* dans les fusions). ♦ En cas de cession de la totalité des parts sociales ou de changement des dirigeants d'une société, le principe de l'autonomie de la personne morale par rapport à la personne de ses associés ou de ses dirigeants aboutit au maintien de la personne morale et, sauf stipulation particulière du contrat, au maintien de l'accord précédemment passé avec cette société. • Com. 29 janv. 2013 : *Dalloz actualité, 11 févr. 2013, obs. Chevrier ; D. 2013. Actu. 361 ; JCP E 2013, n° 1225, note Buy ; CCC 2013, n° 75, obs. Mathey ; BRDA 2013, n° 5, p. 7 ; RLDA mars 2013. 39, obs. de Romanet ; Bull. Joly 2013. 246, note Mousseron ; Teutates 2013, n° 2/3, note Cadoret.*

22. Clause de changement de contrôle. Sur la validité des clauses prévoyant une faculté de résiliation en cas de changement de contrôle de la société concessionnaire, V. • Paris, 25 janv. 1995 : *Bull. Joly 1995. 413, note Couret,* cassé par • Com. 14 janv. 1997 : *D. Affaires 1997. 273.* ♦ … A condition que ces clauses soient mises en œuvre de bonne foi, ce qui était le cas en l'espèce : • Versailles, 19 févr. 2013 : *BRDA 2013, n° 6, p. 8.* ♦ V. aussi, pour un arrêt jugeant un concédant fondé à soutenir que l'adhésion de l'actionnaire majoritaire de son concessionnaire à un réseau soumis à l'influence de son principal concurrent met un terme à la confiance qu'il avait dans le concessionnaire et compromet la confidentialité de ses secrets de fabrication et son développement économique, • Paris, 7 nov. 1996 : *JCP 1997. II. 22857, note Mousseron.*

23. Clause de non-concurrence. RÉP. COM. V° *Concurrence (Obligation de non-)*, par PICOD, AUGUET et GOMY. ♦ Une société concessionnaire ne viole pas la clause de non-concurrence stipulée au contrat du seul fait qu'une autre société, créée sous une dénomination voisine avec le même capital, le même objet social, les mêmes actionnaires, administrateurs et président-directeur général, avait procédé à la commercialisation de véhicules d'une marque concurrente, alors que les deux sociétés constituaient deux personnes morales distinctes l'une de l'autre, dont chacune était, en outre, distincte des personnes physiques de ses associés et dirigeants, qui n'étaient pas débiteurs, à titre personnel, de l'obligation de non-concurrence, dont seule était débitrice la société concessionnaire et qu'enfin, n'était pas retenue l'existence d'une fraude intervenue entre les deux sociétés. • Com. 15 déc. 1992 : *Bull. civ. IV, n° 409 ; D. 1994. Somm. 75, obs. Picod ; JCP 1993. IV. 522.*

24. Concurrence déloyale. ♦ Sur la responsabilité du concédant autorisant l'installation d'un autre concessionnaire, V. • Com. 19 déc. 1989 : *Bull. civ. IV, n° 327 ; RTD com. 1990. 457, obs. Bouloc.* ♦ Le seul fait pour un tiers de commercialiser des produits couverts par un contrat de distribution exclusive ne constitue pas un acte de concurrence déloyale. • Com. 16 févr. 1983 : *cité note 74* • 6 mai 2003 : *CCC 2003, n° 159, obs. Malaurie-Vignal ; LPA 15 juin 2004, obs. Bacchichetti ; RJDA 2005, n° 211 ; RDC 2004. 297, obs. Bergé.* ♦ V. aussi notes 68 s.

25. Responsabilité pour soutien abusif. Le concédant, en fournissant au concessionnaire une trésorerie totalement fictive et en lui permettant de poursuivre une activité irrémédiablement compromise, commet une faute en relation directe avec la création du passif, qui justifie, en cas de procédure collective ouverte à l'encontre du concessionnaire, sa condamnation à payer l'insuffisance d'actif. • Pau, 28 avr. 1993 : *D. 1995. Somm. 79, obs. Ferrier ; RJ com. 1994. 23, note Grua,* conf. par • Com. 9 mai 1995 : *D. 1997. Somm. 54, obs. Ferrier ; RJDA 1995, n° 1288.* ♦ V. aussi • Montpellier, 12 déc. 1994 : *Dr. sociétés 1996, n° 103, obs. Chaput* • Douai, 22 mai 1997 : *D. 1998. Somm. 330, obs. Ferrier* • Versailles, 21 févr. 2006 : *RJDA 2006, n° 896.* – Comp. : • Toulouse, 30 juin 1997 : *RJDA 1997, n° 1420 ; Bull. Joly 1998. 53,* réformant • T. com. Saint-Gaudens, 25 avr. 1997 : *Dr. sociétés 1997, n° 105, obs. Chaput.* ♦ V., aussi, dans d'autres domaines, • Com. 22 févr. 1994 : *RJDA 1994, n° 859* (location-gérance) • 14 janv. 2004 : *Bull. civ. IV, n° 10 ; D. 2004. AJ 278, obs. Lienhard ; JCP E 2004, n° 11, p. 398 ; BRDA 2004, n° 2, p. 7* (franchise).

4° DURÉE ET FIN DES CONVENTIONS

BIBL. Masquefa, *Cah. dr. entr. 2000, n° 5, p. 11* (fidélité et groupements de la grande distribution). – Dossier, *Dr. et patr. mai 2004. 55* (rupture unilatérale du contrat). – Licari, *RLDA févr. 2007. 93* (application par analogie du droit de l'agence commerciale, fondement possible de la reconnaissance d'une indemnité de fin de contrat au concessionnaire et au franchisé). – Beauchard, *Mélanges le Tourneau, Dalloz, 2008, p. 37* (la nécessaire protection du concessionnaire et du franchisé à la fin du contrat). – Oudin, *RTD com. 2011. 447* (la transmission des contrats de distribution).

Sur la durée minimale des accords de distribution automobile et leur résiliation, V. notes 90 s.

26. Contrats à durée déterminée. Il a été jugé qu'était licite et limitée dans le temps une exclusivité de trente ans renouvelable par tacite reconduction. • Com. 2 déc. 1969 : *D. 1970. 203, note J.L.*

27. Non-renouvellement du contrat. Lorsqu'un contrat de concession à durée déterminée arrive à son terme, le concédant n'est pas tenu de le renouveler. • Com. 9 déc. 1986 : *D. 1988. Somm. 19, obs. Ferrier* • 9 juin 1992 : *CCC 1992, n° 223.* ♦ Le refus de renouveler le contrat est de droit pour le concédant à condition de prévenir le concessionnaire dans le délai contractuel. • Paris, 11 mai 1989 : *D. 1990. Somm. 366, obs. Ferrier* • Com. 9 avr. 2002 : *CCC 2003, n° 9, obs. Malaurie-Vignal ; Cah. dr. entr. 2003, n° 3, p. 21, obs. Respaud.* ♦ Le refus ne saurait constituer en lui-même un refus de vente. • Com. 4 févr. 1986 : *D. 1988. Somm. 19, obs. Ferrier* • 10 juin 1986 : *ibid.* ♦ ... Et le concédant n'est pas tenu de motiver sa décision. • Com. 4 janv. 1994 : *Bull. civ. IV, n° 13 ; D. 1995. 355, note Virassamy ; ibid. Somm. 69, obs. Ferrier* • 3 juill. 2001 : *RJDA 2002, n° 35.* – Comp. : • Com. 5 oct. 2004 : *préc. note 21.* ♦ S'agissant d'un contrat conclu pour une durée déterminée, dénoncé avant son expiration dans le délai contractuellement prévu, le concédant n'a pas à tenir compte des investissements réalisés par le concessionnaire. • Com 4 janv. 1994 : *préc.* ♦ Sur le respect, en l'absence d'un préavis contractuel, d'un délai raisonnable, V. • Com. 30 nov. 1982 : *Bull. civ. IV, n° 392.* ♦ Comp., sur la sanction civile de la rupture brutale d'une relation commerciale établie : art. L. 442-6.

28. Indemnité en cas de non-renouvellement. Sur le principe de l'absence d'indemnité en cas de non-renouvellement, • Com. 6 janv. 1987 : *Bull. civ. IV, n° 7 ; RTD com. 1988. 122, obs. Bouloc* • 5 déc. 1989 : *Bull. civ. IV, n° 304* • 7 juin 1983 : *JCP 1984. II. 20261, note Durand* • 13 mai 1970 : *ibid. 1971. II. 16891, note Sayag.* ♦ V., cependant, sur la réparation due par le concédant : en cas de non-respect d'un accord de renouvellement, • Com. 9 févr. 1981 : *D. 1982. 4, note J. Schmidt ; RTD com. 1982. 295, obs. Hémard et Bouloc* • 3 juill. 2001 : *RJDA 2001, n° 1202.* ♦ ... En cas de rupture après tacite reconduction, • Versailles, 14 mai 1996 : *D. Affaires 1996. 1093.* ♦ ... En cas de résiliation après avoir fait espérer au concessionnaire un renouvellement de contrat, en l'incitant à des investissements et à du recrutement de personnel, • Com. 23 juin 1998 : *RJDA 1998, n° 1213.* ♦ Dans le même sens, V. • Com. 23 mai 2000 : *RTD civ. 2001. 137, n° 6, obs. Mestre et Fages ; RJDA 2000, n° 973* • Versailles, 14 juin 2007 : *CCC 2008, n° 77, obs. N. M. ; RJDA 2008, n° 28.* ♦ Jugeant que la proposition de nouvelles conditions contractuelles, même si elles sont inacceptables pour l'ancien concessionnaire, ne peut à elle seule constituer un abus : • Com. 6 juin 2001 : *RJDA 2001, n° 1201.* ♦ Pour un arrêt retenant l'existence d'un refus abusif de renouvellement, V. • Com. 27 oct. 1998 : *Defrénois 1999. 1318, obs. Mazeaud.*

29. Résiliation anticipée. Sur la résiliation anticipée du contrat par le concédant motivée par faute du concessionnaire, V. • Com. 11 juin 1981 : *Gaz. Pal. 1981. 2. Pan. 385* • 17 mars 1992 : *JCP 1992. IV. 1494* • Paris, 29 mai 1992 : *D. 1992. IR 237.* ♦ V. aussi • Paris, 8 sept. 2000 : *BRDA 2000, n° 21, p. 7.* ♦ Pour une résiliation de plein droit, V. • Com. 8 juin 1999 : *LPA 9 mars 2000, obs. Mathey* • Versailles, 10 déc. 1998 : *Gaz. Pal. 24-26 oct. 1999, p. 22* • Paris, 23 avr. 1990 : *D. 1990. IR 141.* ♦ Pour une rupture abusive du concédant, V. • Com. 1er déc. 1992 : *Bull. civ. IV, n° 392* • Versailles, 17 déc. 1998 : *Gaz. Pal. 24-26 oct. 1999, p. 22.* ♦ Est légalement justifié l'arrêt qui a fait droit à la demande, d'une société bénéficiant d'un contrat de distribution sélective, de condamnation d'une société de parfumerie en exécution de commandes fondées sur ledit contrat et au versement de dommages-intérêts pour rupture abusive de celui-ci, dès lors qu'ayant relevé que la première société, ayant une personnalité juridique distincte d'une autre société dont le gérant est identique, ne pouvait se voir reprocher une faute de celui-ci en qualité de gérant de cette autre société en l'absence de toute infraction prouvée et même alléguée de la part de la première, la cour d'appel n'avait pas à rechercher si les aptitudes de ce gérant lui permettaient d'assumer dans les sociétés qu'il dirigeait le respect des engagements pris envers le distributeur. • Com. 29 juin 1993 : *Bull. civ. IV, n° 271 ; JCP E 1994. II. 562, note Hannoun ; Rev. sociétés 1995. 50, note Delebecque*.

30. Assistance à la reconversion. Le concédant n'est pas tenu d'une obligation d'assistance du concessionnaire en vue de sa reconversion. • Com. 6 mai 2002 : *Bull. civ. IV, n° 81 ; D. 2002. Somm. 2842, obs. Mazeaud ; ibid. 3008, obs. Ferrier ; ibid. AJ 1754, obs. Chevrier ; JCP E 2002, n° 39, p. 1693, note Stoffel-Munck ; ibid. 2003, n° 2, p. 79, note Sonet ; CCC 2002, n° 134, obs. Leveneur ; ibid., n° 158, obs. Malaurie-Vignal ; LPA 3 juill. 2003, obs. Mathey ; RTD com. 2003. 157, obs. Bouloc ; RDC 2003. 34, obs. Chazal.* ♦ Comp., sur l'obligation d'assistance pesant sur le concédant, qui use de sa faculté de ne pas renouveler le contrat à durée déterminée du concessionnaire, pendant la phase de préavis de rupture (refus d'une demande du concessionnaire, de levée de l'exclusivité présentée pendant le délai de préavis et perte d'une chance de reconversion), V. • Paris, 26 mars 1999 : *JCP 2000. II. 10244, note Chazal ; Gaz. Pal. 12-14 déc. 1999, Somm., p. 31, obs. Vray ; LPA 9 mars 2000, obs. Mathey.* – V. aussi • Paris, 11 févr. 1999 : *D. 1999. IR 82 ; RTD civ. 1999. 390, obs. Mestre ; JCP 2000. II. 10244, note Chazal.*

31. Contrats à durée indéterminée. Un concédant a le droit de mettre fin à tout moment à un contrat de distribution exclusive à durée indéterminée à la condition qu'il respecte un préavis conventionnel ou d'usage. • Com. 8 avr. 1986 : *Bull. civ. IV, n° 58* • 3 juin 1986 : *D. 1988. Somm. 19, obs. Ferrier* • 22 juill. 1986 : *ibid.* • 9 déc. 1986 : *ibid.* • 3 juill. 2001 : *RJDA 2002, n° 147* • Versailles, 3 mai 1990 : *D. 1990. Somm. 367, obs. Ferrier* • Paris, 14 nov. 2001 : *RJDA 2002, n° 242.* ♦ Le contrat de concession exclusive ne constitue pas un mandat d'intérêt commun. • Com. 7 oct. 1997 : *Bull. civ. IV, n° 252 ; D. 1998. 413, note Jamin ; D. Affaires 1997. 1284 ; CCC 1998, n° 20, obs. Leveneur ; JCP 1998. II. 10085, note Chazal ; LPA 14-16 sept. 1998, note Constantin* • Paris, 12 mai 1995 : *D. 1997. Somm. 53, obs. Ferrier* • 1er mars 2006 : *RJDA 2006, n° 1014 ; RLDA févr. 2007. 93, note Licari.*

32. Clause de résiliation. Lorsque un contrat de concession exclusive est, à la suite d'un avenant, devenu par novation un mandat d'intérêt commun, la clause de résiliation figurant dans le contrat initial continue de régir les obligations respectives des parties dès lors qu'elle n'a pas été expressément annulée par l'avenant. • Com. 3 juill. 2001 : *Bull. civ. IV, n° 131 ; D. 2001. AJ 2826, obs. Chevrier ; ibid. Somm. 3245, obs. Delebecque ; LPA 25 mars 2002, note Corlay ; RJDA 2002, n° 40* (cassation de • Versailles, 9 avr. 1998 : *LPA 25 sept. 1998, note Mathey*).

33. Respect du délai de préavis. Ont été jugés raisonnables un délai de six à dix mois. • Paris, 17 févr. 1993 : *D. 1995. Somm. 69, obs. Ferrier*. ♦ ... Un délai d'un an (pour une concession ayant duré plus de vingt ans). • Paris, 8 déc. 1994 : *D. 1997. Somm. 52, obs. Ferrier ; RJDA 1995, n° 272* • 1er mars 1996 : *D. Affaires 1996. 612.* ♦ Un délai de préavis n'est, toutefois, pas nécessaire en cas de faute de nature à justifier la rupture immédiate du contrat. • Com. 14 avr. 1992 : *CCC 1992, n° 152, obs. Leveneur.* ♦ Pour la résiliation d'un contrat de concession exclusive sans préavis, sans indemnité ni formalité préalable en application d'une clause de résiliation de plein droit en cas de non-respect d'une obligation de non-concurrence, V. • Com. 21 janv. 2003 : *CCC 2003, n° 68.* ♦ En ce sens que la rupture d'un contrat de distribution exclusive sans respecter le délai de préavis prévu suppose l'impossibilité de le poursuivre, laquelle est souverainement appréciée par les juges du fond, V. • Com. 6 juill. 1999 : *RJDA 1999, n° 1197.* ♦ Pour une hypothèse d'incidents de paiements imputables au concessionnaire ayant entraîné une détérioration de l'équilibre financier, élément essentiel du contrat de concession, et justifiant de ce fait une rupture de ce contrat par le concédant, sans qu'aucun préavis ne soit nécessaire, V. • Com. 14 oct. 1997 : *D. 1998. Somm. 333, obs. Ferrier*. ♦ Sur l'absence de caractère abusif de la résiliation de contrats de concession exclusive, moyennant un préavis d'un an, justifiée par la nécessité pour le concédant de réorganiser l'ensemble de son réseau de distribution, V. • Com. 2 déc. 2008 : *CCC 2009, n° 42, obs. Mathey* • Paris, 18 sept. 2000 : *Cah. dr. entr. 2001, n° 2, p. 29, obs. Mainguy; RJDA 2001, n° 146.* ♦ Le concédant, fournisseur de crédits non occasionnels au concessionnaire, ne peut, au seul motif de l'importance des effets impayés, résilier le contrat de concession sans un préavis dont il ne peut se dispenser que si le concessionnaire a eu un comportement gravement répréhensible ou est dans une situation irrémédiablement compromise. • Com. 5 avr. 1994 : *RJDA 1994, n° 1132.*

34. Indemnité compensatrice de préavis. Le respect du préavis peut être compensé par l'octroi d'une indemnité conventionnelle. • Com. 3 juin 1986 : *préc. note 31.*

35. Assistance pendant le préavis. Le concédant qui rompt un contrat de concession exclusive doit maintenir l'assistance due au concessionnaire jusqu'au terme du préavis. • Paris, 9 mai 1997 : *D. 1998. Somm. 335, obs. Ferrier.* ♦ Il ne peut, notamment, exclure le concessionnaire des publicités groupées dont il bénéficiait auparavant, ni, impunément, fragiliser le crédit bancaire de ce dernier, en tirant des traites sur des factures indues ou en différant l'encaissement des prix dus par les clients. • Même arrêt. ♦ Comp. • Com. 9 avr. 2002 : *préc. note 27.* ♦ Toutefois, il n'est pas tenu d'une obligation d'assistance du concessionnaire en vue de sa reconversion. • Com. 6 mai 2002 : *cité note 30.* ♦ La transmission par le concédant du fichier clientèle du concessionnaire résilié au profit de son successeur, alors que ces derniers ont convenu d'une cession de clientèle, n'est pas faite en fraude des droits du concessionnaire résilié dès lors qu'elle n'est pas intervenue antérieurement à la cession. • Paris, 4 oct. 2002 : *JCP E 2003, n° 19, p. 783; LPA 11 sept. 2003, note Bertin.*

La création par un constructeur automobile d'un réseau de distribution de ses produits et l'adhésion des concessionnaires à ce réseau, à l'essor duquel ils vont contribuer au mieux d'intérêts économiques communs, impliquent de la part du constructeur, propriétaire du réseau, des obligations d'assistance et de conseil qui ne prennent fin qu'après que les concessionnaires, auxquels il n'a pas de reproche à faire, ont quitté le réseau, et lui imposent, par application des art. 1134, al. 3, et 1135 C. civ., de veiller loyalement à ce que ces concessionnaires puissent partir sans perdre le fruit de leur participation à l'effort commun. • Paris, 11 févr. 1999 : *D. 1999. IR 82; Cah. dr. entr. 1999, n° 2, p. 30, obs. Mainguy; LPA 9 mars 2000, obs. Mathey; RJ com. 1999. 395, note Grignon.*

36. Sanction des ruptures brutales. V., sanctionnant des ruptures abusives en raison de leur brutalité. • Com. 28 juin 1994 : *CCC 1994, n° 218, obs. Leveneur* • Versailles, 30 mars 1994 : *Gaz. Pal. 1994. 2. Somm. 577.* – V. aussi • Paris, 17 févr. 1992 : *CCC 1992, n° 52, obs. Vogel; D. 1992. IR 138* • Versailles, 14 déc. 1995 : *D. Affaires 1996. 269* • Paris, 6 févr. 1997 : *D. 1998. Somm. 335, obs. Ferrier.* – Comp. : • Com. 20 janv. 1998 : *Bull. civ. IV, n° 40; D. 1998. 413, note Jamin; D. 1999. Somm. 114, obs. Mazeaud; JCP 1999. II. 10018, note Chazal; Quot. jur. 31 mars 1998, p. 8, note P. M.; CCC 1998, n° 56, obs. Leveneur; LPA 25 sept. 1998, obs. Mathey; RJ com. 1999. 68, note Poracchia* • 29 janv. 2002 : *RTD civ. 2002. 810, obs. Mestre et Fages.* ♦ Comp. aussi sur la sanction civile de la rupture brutale d'une relation commerciale établie : art. L. 442-6.

37. Sanction des ruptures abusives. Pour des ruptures abusives et de mauvaise foi, bien que le délai de préavis ait été respecté, V. • Com. 5 oct. 1993 : *Bull. civ. IV, n° 326; D. 1995. Somm. 69, obs. Ferrier; JCP 1994. II. 22224, note Jamin* • 5 avr. 1994 : *Bull. civ. IV, n° 149; CCC 1994, n° 159, note Leveneur; D. 1995. 355, note Virassamy; ibid. Somm. 90, obs. D. Mazeaud* • 27 oct. 1998 : *RJDA 1998, n° 1352; Cah. dr. entr. 1999, n° 2, p. 30, obs. Mainguy* • Paris, 1er mars 1996 : *préc. note 31.* ♦ V. aussi, pour des manquements à la bonne foi contractuelle durant la période de préavis, • Paris, 12 mai 1995 : *RJDA 1995, n° 1354* • Com. 3 juill. 2001 : *RJDA 2001, n° 1203 (1re esp.).* ♦ Pour un manquement réciproque aux obligations contractuelles pendant le préavis de rupture : • Com. 23 juin 2004 : *RJDA 2005, n° 26.* ♦ Un concessionnaire automobile ne saurait se prévaloir d'un manquement à la loyauté contractuelle par le concédant du fait de la résiliation unilatérale, par ce dernier, du contrat de concession à durée indéterminée, dans le respect du délai de préavis contractuellement prévu, en invoquant le fait qu'il avait, à la connaissance de son cocontractant, réalisé d'importants investissements, dès lors que ceux-ci, qui n'étaient pas liés à l'exploitation de la concession, avaient été faits à l'initiative du concessionnaire, le concédant s'étant borné à consentir une aide exceptionnelle d'un montant limité, sans avoir fait une quelconque promesse sur l'extension de la concession pouvant l'inciter à de tels investissements. • Com. 11 mai 1999 : *RJDA 1999, n° 918; Dr. et patr. déc. 1999. 74, obs. Chauvel; LPA 8 mars 2000, obs. Mathey.*

38. Preuve de la rupture abusive. Jugeant que le concessionnaire, à qui il revient de prouver l'abus dans la rupture, ne peut utiliser à cette fin un entretien téléphonique enregistré à l'insu de son concédant, V. • Com. 25 févr. 2003 : *RTD civ. 2004. 92, obs. Mestre et Fages ; CCC 2003, n° 104, obs. Leveneur ; RJDA 2003, n° 1035 ; CCE 2004, n° 43, obs. Stoffel-Munck.*

39. Indemnisation du concessionnaire. Sur la responsabilité civile d'un concédant dans l'insuffisance d'actif d'un de ses concessionnaires, V. • Paris, 23 sept. 1999 : *Cah. dr. entr. 1999, n° 5, p. 20, obs. Grignon et Mainguy.* – V. aussi • T. com. Paris, 13 oct. 2003 : *RD banc. fin. 2004, n° 241, obs. F.-X. Lucas.* ♦ Pour un arrêt déclarant le concédant responsable de la perte de son fonds de commerce par le concessionnaire à la suite de la résiliation abusive des quatre conventions qui l'unissaient à ce dernier, V. • Com. 17 juill. 2001 : *RJDA 2002, n° 148.* ♦ ... Ou de la diminution de la valeur du fonds de commerce que le concessionnaire était sur le point de vendre : • Paris, 24 janv. 2008 : *RJDA 2008, n° 488* • 2 oct. 2008 : *RJDA 2009, n° 420 ; RDC 2009. 1151, note Béhar-Touchais* (conf. par • Com. 15 sept. 2009 : *RJDA 2010, n° 21*). ♦ Au contraire, retenant l'absence d'abus du concédant qui a invité le concessionnaire à étudier la reprise de son activité par un autre distributeur agréé et qui est resté extérieur aux négociations entre les parties : • Com. 16 déc. 2008 : *RJDA 2009, n° 329.*

40. Indemnisation de la caution. Sur la responsabilité du créancier à l'égard de la caution après la rupture abusive d'un contrat de concession, V. • Paris, 28 oct. 2005 : *JCP 2006. II. 10067, note Houtcieff.*

5° CONTENTIEUX ISSU DE LA CESSATION DES CONVENTIONS

41. Reprise des stocks. BIBL. Lambert, *RJ com. 2002. 4* (la pièce détachée en droit économique). ♦ Sur le principe de non-reprise des stocks, sauf clause expresse, au cas de cessation du contrat, V. • Com. 16 févr. 1970 : *Bull. civ. IV, n° 63* • 26 oct. 1982 : *ibid., n° 328* • 25 févr. 1986 : *JCP 1988. II. 20995, note Virassamy.* ♦ Sur le contrôle judiciaire sur les clauses de détermination du prix de reprise des stocks, V. • Com. 23 juin 1992 : *RJDA 1992, n° 1119.* ♦ Sur la portée d'une clause de reprise des stocks, en présence de marchandises périmées, V., considérant que lorsque la clause ne comporte aucune restriction quant à la durée de validité ou la nature des produits pour leur reprise par le fournisseur, celle-ci est de droit sauf à démontrer que le distributeur a fait preuve de mauvaise foi dans l'exécution du contrat ou encore qu'il a commis une faute grave : • Paris, 15 janv. 1999 : *D. Affaires 1999. 516, obs. E. C. ; LPA 9 mars 2000, obs. Mathey.* ♦ Pour un arrêt sanctionnant un refus abusif de renouvellement d'une concession par une reprise des stocks du concessionnaire, V. • Com. 23 mai 2000 : *préc. note 28.*

42. Restitution du matériel. L'obligation de restitution en nature du matériel impose des travaux coûteux au revendeur de carburant, non justifiés par des nécessités techniques en raison de la durée de vie des cuves, et elle est susceptible de le dissuader de traiter avec un autre fournisseur ; elle est ainsi disproportionnée avec la fonction qui lui a été fixée de faire respecter l'exclusivité d'achat du carburant et constitue un frein à la concurrence d'autres fournisseurs. • Com. 18 févr. 1992 : *Bull. civ. IV, n° 78 ; D. 1993. 57, note Hannoun ; ibid. 1992. Somm. 395, obs. Ferrier ; JCP 1992. II. 21897, note Béhar-Touchais* • 26 mai 1992 : *D. 1993, préc.* • 8 juin 1993 : *RJDA 1993, n° 688.* – Comp. : • Com. 22 juill. 1986 : *D. 1988. Somm. 21, obs. Ferrier* • 18 déc. 1986 : *ibid.* • 6 janv. 1987 : *ibid.* • 10 févr. 1987 : *ibid.* ♦ V. aussi, pour les accessoires de la cuve, • Lyon, 6 déc. 1990 : *JCP E 1991. Pan. 480.* ♦ Une convention de bière prévoyait qu'en cas de résiliation à l'initiative de la brasserie en raison du non-respect par le débitant de ses engagements, « le débitant de boissons s'engage à restituer à la brasserie les avantages dont il a bénéficié » ; en l'absence de toute autre précision, il convient de juger que la convention prévoyait une simple restitution, laquelle doit littéralement s'entendre d'une restitution en nature et non d'une restitution en valeur. • Colmar, 7 juin 2005 : *JCP 2005. IV. 3769.*

43. Reprise des salariés. BIBL. Bertin, *Bull. act. Lamy droit économique, mars 2002, p. 1* (constructeurs automobiles employeurs potentiels des salariés de leurs concessionnaires). ♦ Une cour d'appel qui a constaté que la concession exclusive, dans le secteur géographique défini, qui avait été retirée au concessionnaire, n'avait été reprise par aucun concessionnaire unique nouveau et que la vente des automobiles était assurée désormais par plusieurs entreprises de la région entre lesquelles elle avait été répartie, a pu en déduire que l'entité économique constituée par la concession de vente exclusive de marques n'avait pas conservé son identité et, par voie de conséquence, que la société concessionnaire était restée l'employeur des salariés. • Soc. 28 mai 2003 : *D. 2005. Pan. 152, obs. Ferrier ; JCP E 2003, n° 31, p. 1268.* ♦ En disant que le concédant est devenu l'employeur des salariés du concessionnaire à la suite de la résiliation du contrat de concession exclusive, alors qu'il ne résulte pas de ses constatations que le concédant a effectivement poursuivi ou repris l'activité de vente de véhicules antérieurement concédée au concessionnaire sur le territoire concerné, un cour d'appel a violé l'art. L. 122-12, al. 2, [L. 1224-1 nouv.] C. trav. • Soc. 28 mai 2003 : *eod. loc.* ♦ Comp., jugeant que le transfert de l'entité économique – condition d'application de l'art. L. 122-12 [L. 1224-1 nouv.] C. trav. – peut résulter de la reprise par le propriétaire de la marque ou de l'exploitation par un nouveau concessionnaire d'une activité de concession exclusive de vente de véhicules automobiles dans un secteur déterminé, • Douai, 31 janv. 2002 : *LPA 3 juill. 2003, obs. Ayma ; Lettre distrib. mars 2002, p. 2.* ♦ Le changement de concessionnaire exclusif de la vente de véhicules automobiles d'une marque entraîne le transfert d'une entité économique autonome constituée d'un ensemble organisé de personnes et d'éléments corporels ou incorporels permettant l'exercice d'une activité économique qui poursuit un objectif propre, ayant conservé son identité et dont l'activité est poursuivie. • Soc. 11 juin 2002 : *Bull. civ. V, n° 197 ; D. 2003. 792, note Blary-Clément ; LPA 3 juill. 2003, obs. Ayma.* ♦ Pour d'autres exemples d'application de l'art. L. 122-12 [L. 1224-1 nouv.] C. trav., dans le secteur de la distribution, V. • Soc. 24 sept. 2002 : *Lettre distrib. févr. 2003, p. 4* • 12 juin 2007 : *CCC 2007, n° 235, obs. Malaurie-Vignal.*

44. Statut des baux commerciaux. Un distributeur à qui son concédant avait mis à disposition des locaux aménagés pour l'exercice de son activité, à titre accessoire du contrat d'exclusivité de vente, ne saurait bénéficier du statut des baux commerciaux. • Civ. 3e, 14 nov. 2002 : *AJDI 2003. 506, obs. Dumont.* ♦ Sur la charge de la preuve de l'existence d'une clientèle propre au concessionnaire, V. • Com. 12 juin 2007 : *D. 2007. AJ 1791, obs. Delpech ; Lettre distrib. juill.-août 2007, p. 4.* ♦ V. aussi notes 29 s. ss. art. L. 330-3.

45. Aide à la reconversion. BIBL. Respaud, *Cah. dr. entr. 2002, n° 5, p. 19.* ♦ Le concédant n'est pas tenu d'une obligation d'assistance du concessionnaire en vue de sa reconversion. • Com. 6 mai 2002 : *préc. note 30* • 7 avr. 2004 : *RJDA 2004, n° 969 ; Cah. dr. entr. 2004, n° 3, p. 30, obs. Respaud ; Lettre distrib. mai 2004, p. 2 ; RJ com. 2005. 197, obs. Lebreton-Derrien.* ♦ *Contra :* • Paris, 11 févr. 1999 : *D. 1999. IR 82 ; Cah. dr. entr. 1999, n° 2, p. 30, obs. Mainguy ; RJDA 1999, n° 779* • 26 mars 1999 : *préc. note 30.* ♦ Comp. : • Com. 2 juill. 2002 : *préc. note 21.* ♦ Comp. aussi, imposant de recueillir les explications du concessionnaire avant de rompre le contrat : • Com. 8 oct. 2003 : *RDC 2004. 392, obs. Béhar-Touchais.* ♦ ... Il lui appartient toutefois, sauf à manquer à son devoir de loyauté commerciale, de l'informer de son éviction définitive du réseau dans un délai suffisamment rapide pour lui permettre de préserver au mieux ses actifs et de faciliter sa reconversion ainsi que la reprise éventuelle de la concession. • Paris, 28 avr. 2004 : *Lettre distrib. juin 2004, p. 3.* ♦ V. aussi, précisant les conditions de réparation du préjudice subi par un concessionnaire victime d'une rupture de pourparlers intervenue en cours de période de préavis : • Com. 20 nov. 2007 : *CCC 2008, n° 6, obs. Mathey ; RJ com. 2008. 104, note Lebreton-Derrien ; RDLC 2008, n° 1, p. 132, obs. Mitchell.*

46. Mention « ancien concessionnaire ». Sur la faculté de se présenter comme un ancien concessionnaire, V. • Com. 25 avr. 1983 : *D. 1984. 449, note Daverat ; JCP 1983. II. 20090, note Chavanne* • 17 déc. 1991 : *D. 1992. Somm. 388, obs. Ferrier* • 29 juin 1993 : *D. 1995. Somm. 211, obs. Picod ; CCC 1993, n° 193, obs. Leveneur.*

6° DROIT INTERNATIONAL PRIVÉ

47. BIBL. Nuyts, *Rev. crit. DIP 1999. 31 et 245* (l'application des lois de police dans l'espace). – de Brosses, *Bull. act. Lamy droit économique janv. 2004* (rupture des contrats internationaux de distribution). – M.-E. Ancel, *Rev. crit. DIP 2008. 561* (les contrats de distribution et la nouvelle donne du règlement Rome I). ♦ Sur le règlement des conflits de lois et de juridictions dans un contrat de distribution exclusive, V. • Civ. 1re, 15 mai 2001 : *D. 2002. 198, note Diloy ; Rev. crit. DIP 2002. 86, note Lagarde ; JCP 2001. II. 10634, note Raynard ; LPA 30 mai 2002, note Chanteloup* • 25 nov. 2003 : *Bull. civ. I, n° 237 ; D. 2004. 494, note Kenfack ; JCP 2004. II. 10046, note Raynard ; CCC 2004, n° 17, obs. Leveneur ; Dr. et patr. avr. 2004, p. 126, obs. Mainguy et Mousseron ; RDC 2004. 770, obs. Bureau ; RJDA 2004, n° 669 ; RJ com. 2007. 26, obs. Lebreton-Derrien ; Cah. dr. entr. 2004, n° 3, p. 21, obs. Raynard ; ibid., p. 28, obs. Mainguy ; Rev. crit. DIP 2004. 102, note Lagarde* • 26 sept. 2007 : *Dr. et patr. déc. 2008. 93, obs. M.-E. Ancel ; Lettre distrib. déc. 2007, p. 3.* ♦ Comp. • Civ. 1re, 23 janv. 2007 : *Bull. civ. I, n° 30 ; D. 2007. 1575, note Kenfack ; ibid. Pan. 2571, obs. Bollée ; ibid. AJ 511, obs. Chevrier ; RTD com. 2007. 630, obs. Delebecque ; JCP E 2007, n° 19, p. 20, note Azzi ; CCC 2007, n° 119, obs. Malaurie-Vignal ; RJDA 2007, n° 1084 ; Dr. et patr. déc. 2007. 81, obs. M.-E. Ancel ; RJ com. 2007. 336, obs. Attal ; RLDA sept. 2007. 70, note Cavalier ; RDC 2007. 842, obs. Béhar-Touchais ; ibid. 887, obs. Deumier ; JDI 2008. 521, obs. Jacquet* • 5 mars 2008 : *Bull. civ. I, n° 61 ; D. 2008. 1729, note Kenfack (2e esp.) ; ibid. AJ 858, obs.*

Delpech ; *RTD com. 2008. 455, obs. Delebecque* ; *JCP 2008. IV. 1649* ; *CCC 2008, n° 128, obs. Malaurie-Vignal* ; *RJ com. 2008. 290, obs. Lebreton-Derrien* ; *Lettre distrib. avr. 2008, p. 2* ; *Procédures 2008, n° 143, obs. Nourissat* ; *JDI 2008. 521, obs. Jacquet* ; *RCA 2008, n° 161* • 9 juill. 2008 : *Bull. civ. I, n° 192* ; *D. 2008. AJ 2154* ; *Rev. crit. DIP 2008. 863, note Sindres* ; *CCC 2008, n° 228, obs. Malaurie-Vignal* ; *RJDA 2008, n° 1208* ; *Dr. et patr. déc. 2008. 92, obs. M.-E. Ancel.* ♦ Pour un contrat de distribution sélective, V. • Paris, 30 sept. 2004 : *RTD com. 2005. 188, obs. Delebecque*. ♦ V. aussi, notes 9 s., App., v° *Contrats d'affaires (généralités).*

II. RÉSEAUX DE DISTRIBUTION SÉLECTIVE

BIBL. Calvo, *Gaz. Pal. 1987. 1. Doctr. 32* ; *Cah. dr. entr. 1991, n° 1.* – Schaming, *ibid. 1992, n° 5.* – M. et J.-M. Mousseron, *RJDA 1993, p. 7.* – Bonet et J.-M. Mousseron, *Cah. dr. entr. 1993, n° 1.* – Canivet et Vogel, *D. 1991. Chron. 283*. – *Gaz. Pal. 1992. 1. Doctr. 381.* – Nussenbaum, *RJDA 1995, p. 316* (analyse économique). – Amédée-Manesme, *RJ com. 1995. 173* (distribution distinctive). – Ronzano, *JCP E 1996. I. 535* (clauses de rendement). – Malaurie-Vignal, *ibid. 1998, n° 7-8, p. 260* (*intuitu personae* et liberté de la concurrence dans les contrats de distribution). – Fages, *Cah. dr. entr. 1998, n° 6, p. 11* (abus dans les contrats de distribution). – Schaming, *D. 2000. Chron. 173* (distribution sélective : une voie de plus en plus étroite). – Kovar, *Mélanges Gavalda, Dalloz, 2001, p. 187* (les produits de luxe et la distribution sélective). – Arhel, *LPA 20 nov. 2001* (influence de la réforme communautaire sur les restrictions verticales). – Collard et Roquilly, *LPA 3 avr. 2002* (réseaux de distribution fermés et commerce électronique : implications en droit communautaire). – Lambert, *RJ com. 2002. 388* (influence d'internet sur la distribution). – Castagnon, *CCC 2003. Chron. 10* (internet et réseau de distribution). – Sabirau-Perez, *D. 2004. 1441* (distribution sélective et préjudice concurrentiel). – B. Honorat, *CCC 2007. Étude 7* (comment concilier distribution sélective et internet ?). – Mainguy et Respaud, *Mélanges le Tourneau, Dalloz, 2008, p. 705* (à propos du contrat de « commission-affiliation »). – Dieny, *JCP E 2009, n° 24, p. 23* (vente par internet, vente hors-réseau : un aperçu des décisions 2008). – de Senilhes et Roux, *RJDA 2010. 447* (distribution sélective et commerce électronique : une évolution inachevée). – Cousin, *Cah. dr. entr. 2010, n° 4, p. 44* (épuisement du droit sur la marque).

A. QUALIFICATION

48. *Définition.* Est un contrat de distribution sélective celui par lequel le fournisseur s'engage à approvisionner dans un secteur déterminé un ou plusieurs commerçants qu'il choisit en fonction de critères objectifs de caractère qualitatif, sans discrimination et sans limitation quantitative injustifiées, et par lequel, d'autre part, le distributeur est autorisé à vendre d'autres produits concurrents. • Crim. 3 nov. 1982 : *Bull. crim. n° 238* ; *D. 1983. IR 211, obs. Gavalda et Lucas de Leyssac.* – V. aussi • Com. 27 oct. 1992 : *Bull. civ. IV, n°s 332 et 333* ; *D. 1992. 505, note Bénabent* ; *D. 1995. Somm. 81* et *83, obs. Ferrier* ; *RJDA 1993, p. 17, concl. Raynaud.*

49. *Distinction de la distribution agréée.* Par rapport à la distribution sélective, la distribution agréée se distingue en ce que ce dernier contrat ne prévoit aucune exclusivité au profit de l'une ou l'autre des parties. • Com. 9 févr. 1976 : *JCP 1977. II. 18598, note Hémard* • Paris, 22 nov. 1994 : *D. 1997. Somm. 62, obs. Ferrier*. ♦ Sur les difficultés résultant de la coexistence d'un réseau de distribution agréé et d'un réseau de vente par correspondance, V. • Versailles, 1er oct. 1991 : *Gaz. Pal. 1993. 1. Somm. 14, obs. d'Hœraene.* ♦ V. aussi, jugeant qu'un fournisseur peut valablement faire coexister plusieurs catégories de distributeurs (en l'espèce des distributeurs agréés et non agréés) selon le type de relations commerciales qu'il entretient avec eux, dès lors qu'il n'existe aucune discrimination à l'intérieur de chacune de ces catégories, • Paris, 26 juin 2001 : *BOCC 27 mars 2002* ; *CCC 2002, n° 26, obs. Malaurie-Vignal* ; *RJDA 2002, n° 373.*

50. *Distinction de la concession exclusive.* Sur la distinction entre le contrat de concession exclusive et le contrat de distribution sélective, V. • Paris, 24 sept. 1990 : *D. 1990. IR 224* • T. com. Paris, 21 janv. 1998 : *Gaz. Pal. 15-16 oct. 1998, p. 8.*

B. LICÉITÉ DU RÉSEAU

1° PREUVE

51. *Pouvoir souverain des juges du fond.* L'appréciation du caractère licite d'un réseau de distribution sélective, de même que, dans le cas de licéité du réseau, l'application faite des critères de sélection, relève de la compétence exclusive des juges du fond. • Paris, 25 oct. 1996 : *D. Affaires 1997. 25.*

52. *Charge de la preuve.* La charge de la preuve de la licéité du réseau de distribution pèse sur le fournisseur ou le fabricant. • Com. 31 janv. 1989 : *Bull. civ. IV, n° 45* ; *D. 1989. 335, note Malaurie* • 7 mars 1989 : *Bull. civ. IV,* *n° 82 ; JCP 1990. II. 21391, note Dorsner-Dolivet* • 27 oct. 1992 : *préc. note 48 (2e esp.)* • 23 févr. 1993 : *D. 1993. IR 84* • 26 oct. 1993 : *Bull. civ. IV, n° 368.* ♦ ... Et le promoteur du réseau est tenu de faire connaître les motifs concrets de son refus d'agrément. • Com. 23 févr. 1993 : *Bull. civ. IV, n° 78 ; D. 1993. IR 72.* ♦ Plus spécialement, dans le cadre de la franchise, V. note 25 ss. art. L. 330-3.

53. Contrat type. La preuve de la licéité d'un réseau de distribution sélective mis en œuvre par des fabricants de produits de parfumerie est rapportée dès lors que le contrat liant ceux-ci aux distributeurs agréés est le contrat type approuvé après modification par la Direction générale de la concurrence de la Commission des Communautés européennes et que ce contrat a pour finalité la vente dans un environnement commercial mettant en valeur la qualité des produits commercialisés. • Com. 15 mars 1994 : *Bull. civ. IV, n° 108 ; D. 1995. Somm. 81, obs. Ferrier ; ibid. 208, obs. Serra ; CCC 1994, n° 158, obs. Leveneur.* – V. aussi • Com. 10 janv. 1995 : *RJDA 1995, n° 424.*

54. Doute sur l'étanchéité du réseau. La circonstance qu'un tiers ait pu s'approvisionner en parfums d'une marque déterminée n'est pas de nature à démontrer à elle seule l'illicéité du réseau de distribution sélective du fabricant de ces produits lié à ses revendeurs par des contrats leur faisant interdiction de vendre en dehors des circuits agréés. • Com. 21 juin 1994 : *Bull. civ. IV, n° 235.*

2° CONDITIONS DE VALIDITÉ

55. Absence de restriction discriminatoire et disproportionnée. BIBL. Kovar, *RJDA 1995, p. 311* (sélection quantitative). ♦ Pour justifier un refus de vente, le réseau de distribution ne doit pas être constitutif d'une restriction discriminatoire et non proportionnée aux nécessités de la distribution des produits en cause. • Com. 25 avr. 1989 : *Bull. civ. IV, n° 135 ; D. 1990. 64, note Lavillaine-Juliet* • Paris, 16 janv. 1995 : *D. 1997. Somm. 60, obs. Ferrier.* ♦ Dès lors qu'il est constaté qu'un fournisseur excluait *a priori* les commerçants de la grande distribution, il en résulte que les critères qualitatifs qu'il appliquait n'avaient pas été fixés uniformément pour tous les revendeurs potentiels. • Com. 18 déc. 2012 : *CCC 2013, n° 54, obs. Malaurie-Vignal ; RJDA 2013, n° 219.* ♦ Si la condition quantitative opposée par le fournisseur pour organiser son réseau de distribution n'est pas illicite en soi, il lui appartient de sélectionner les distributeurs sur la base de critères définis, objectivement fixés et appliqués sans discrimination à l'égard de tous les revendeurs potentiels. En ne justifiant d'aucune définition objective des zones de chalandise, ni de la méthode selon laquelle le taux maximum de densité des distributeurs est uniformément appliqué, ni davantage des méthodes adoptées pour respecter l'antériorité des demandes selon la zone concernée, les distributeurs souhaitant intégrer le réseau ne peuvent pas véritablement apprécier la portée du critère imposé. • Paris, 29 nov. 2007 : *D. 2007. Pan. 2197, obs. Ferrier ; CCC 2008, n° 70, obs. Malaurie-Vignal.* ♦ Sur l'absence de traitement discriminatoire à l'égard d'un candidat non agréé, bien qu'un autre commerçant ait été agréé dans le même centre commercial, V. • Versailles, 20 déc. 1995 : *D. Affaires 1996. 233.*

56. Achat minimal et amplitude du référencement. La clause d'un contrat de distribution sélective prévoyant un montant minimal annuel d'achats est illicite lorsque, dans le chiffre d'affaires d'un revendeur offrant une gamme représentative des produits concurrents, ce montant dépasse manifestement le pourcentage que les produits du fabricant occupent sur le marché en cause. • Com. 13 mai 1997 : *Bull. civ. IV, n° 131 ; D. 1997. IR 196 ; D. Affaires 1997. 733 ; CCC 1997, n° 118, obs. Vogel ; RJDA 1997, n° 1185.* ♦ Comp., sur la validité d'une résiliation justifiée par la non-réalisation du chiffre d'achats minimal : • Versailles, 20 déc. 1995 : *JCP 1996. IV. 1092 ; BICC 1996, n° 644.* – V. Ronzano, *JCP E 1996. I. 535.*

N'est pas licite la clause d'un contrat de distribution sélective de produits cosmétiques de luxe imposant la détention, à tout moment, de l'ensemble des exemplaires de chacune des références et coloris, l'exigence normale du fabricant pouvant se limiter aux deux tiers des référencements, quantité propre à répondre à l'attente d'un consommateur dès lors que celui-ci a accès à l'essentiel de ces référencements et qu'il a la certitude d'une mise à disposition rapide du produit désiré. • Paris, 31 mars 1995 : *RJDA 1995, n° 705.*

57. Licéité des critères qualitatifs. Sont légitimes, dans l'intérêt du consommateur, les critères de sélection qualitatifs tenant à la compétence du distributeur et à l'installation de son point de vente. • Paris, 26 juin 1991 : *D. 1992. Somm. 393, obs. Ferrier* • 22 oct. 1991 : *ibid.* ♦ Évite toute discrimination arbitraire la méthode d'évaluation mise au point par un fabricant de parfum qui, par le nombre et la précision des rubriques, permet d'apprécier objectivement la qualité des candidats et, notamment, d'écarter un magasin disgracieux situé dans une zone portuaire. • Paris, 14 févr. 1991 : *D. 1991. IR 122.* ♦ Un fabricant de parfums peut légitimement refuser l'agrément à un commerçant, dès lors que, après avoir fait procéder à une étude déterminant le nombre des points de vente potentiel par agglomération en fonction du nombre d'habitants et donc de la demande des consommateurs dans la zone considérée, il estime que la création de nouveaux points de vente excédentaires peut entraîner des surcoûts tant pour le fournisseur que pour les consommateurs, ce qui justifie la limitation quantitative de ses points de vente. • Paris, 10 févr. 1995 : *D. 1997. Somm. 62, obs. Ferrier* • 29 juin 2004 : *BOCC 30 sept. 2004 ; D. 2005. Pan. 149, obs. Ferrier ; RLC 2005, n° 1, p. 28, obs. Sélinsky.* ♦ Sur la licéité d'un réseau de distribution sélective reposant sur des critères tenant, d'une part, à la technologie du produit vendu qui, ayant bénéficié d'un investissement de recherche important, a entraîné des progrès technologiques indéniables et, d'autre part, à l'originalité de ce produit ainsi qu'à son aspect de création le faisant par conséquent entrer dans la catégorie des produits dits de mode, V. • T. com. Paris, 28 mars 1997 : *Gaz. Pal. 1998. 1. Somm. 178.* ♦ Pour des refus illicites, V. • Paris, 31 oct. 1991 : *D. 1992. IR 40* • 13 mai 1993 : *Gaz. Pal. 1994. 1. Somm. 61* • 24 févr. 1994 : *RJDA 1994, n° 919.* ♦ V. aussi note 4 ss. art. L. 442-6.

58. Absence de relation intuitu personae. Un réseau de distribution sélective n'implique pas l'existence de relations *intuitu personae* entre le fabricant et chacun des revendeurs ; dès lors, ne présente aucun caractère anormal justifiant un refus de vente, l'intervention d'un GIE auprès du fabricant pour centraliser des commandes destinées à certains membres de ce groupement, dont il était précisé que chacun d'eux remplissait les conditions qualitatives lui permettant de distribuer les produits du réseau. • Com. 4 mai 1999 : *RJDA 1999, n° 777 ; LPA 8 mars 2000, obs. Malaurie-Vignal.* ♦ Comp., considérant qu'une demande d'intégration à un réseau de concession ne saurait être rejeté dès lors que les critères quantitatifs et qualitatifs de sélection sont imprécis, discrétionnairement mis en application par le concédant et ne permettent pas de vérifier si les concessionnaires sont choisis selon les mêmes critères objectifs opposables à tous les candidats : • Com. 25 janv. 2000 : *CCC 2000, n° 64, obs. Malaurie-Vignal.* ♦ Est licite la clause qui stipule la résiliation de plein droit du contrat en cas de cession du fonds de commerce. • Paris, 3 juill. 1992 : *JCP E 1992. Pan. 1193.*

59. Image du produit. BIBL. Cuzacq, *RTD com. 2002. 605* (le luxe et le droit). – Hauviller, *RLDA déc. 2011. 84* (le luxe est-il une notion juridique ?). – Ferrier, *ibid. 118* (la distribution des produits de luxe). ♦ Est de nature à justifier le recours à un système de distribution sélective l'image « haut de gamme » d'un produit aux yeux des consommateurs. • Paris, 11 oct. 2000 : *D. 2000. AJ 443* . ♦ Mais le seul fait que des produits dérivés soient vendus sous une marque de luxe n'est pas de nature à leur conférer la qualification de produits de luxe relevant d'un système de distribution sélective. • Com. 8 juill. 2003 : *CCC 2003, n° 155, obs. Leveneur ; LPA 27 juin 2005, obs. Bacchichetti et Dom.* ♦ Sur la licéité, s'agissant de produits de luxe : d'un critère de sélection relatif à la localisation géographique d'un point de vente, V. • Com. 13 nov. 2003 : *CCC 2004, n° 18, obs. Leveneur ; Cah. dr. entr. 2004, n° 3, p. 30, obs. Mainguy.* ♦ ... Des conditions de commercialisation imposées au distributeur, V. • Paris, 30 mars 1992 : *D. 1992. Somm. 395, obs. Ferrier* • 11 mars 1994 : *D. 1994. IR 106* • 15 sept. 1995 : *D. 1995. IR 230 ; D. Affaires 1995. 112* • Versailles, 14 mai 1992 : *D. 1992. préc.* • 8 juin 1995 : *Quot. jur. 14 déc. 1995, p. 2, note Calvo.*

C. EXÉCUTION DU CONTRAT

60. Prix concurrentiels. Manque à son obligation d'exécuter de bonne foi le contrat de distributeur agréé qu'elle a passé avec l'exploitant d'une station-service la société pétrolière qui, en l'absence de tout cas de force majeure, a privé le distributeur des moyens de pratiquer des prix concurrentiels. • Com. 3 nov. 1992 : *Bull. civ. IV, n° 338 ; D. 1995. Somm. 85, obs. Ferrier ; Defrénois 1993. 1377, obs. Aubert ; JCP 1993. II. 22164, note Virassamy ; RTD civ. 1993. 124, obs. Mestre* . ♦ Sur l'obligation pour un mandant de contrôler son réseau, et notamment les centrales d'achat à partir desquelles des importations parallèles se sont produites, afin de permettre à son mandataire de pratiquer des prix concurrentiels, V. • Com. 24 nov. 1998 : *Bull. civ. IV, n° 277 ; D. 1999. IR 9 ; CCC 1999, n° 56, obs. Malaurie-Vignal.*

61. Clause relative au lieu de vente. La clause interdisant à un distributeur agréé de recourir à la vente « par correspondance » ou, en règle générale, à toute vente en dehors du lieu de vente désigné au contrat étant sans ambiguïté, aucune distinction ne peut être opérée entre la vente consentie après réception d'une lettre ou celle consentie après réception d'une communication téléphonique. • Versailles, 23 févr. 1995 : *RJDA 1995, n° 706 ; Gaz. Pal. 1996. 1. Somm. 142.*

62. Commercialisation sur internet. BIBL. Chagny, *RJ com. 2013. 147* (distribution sélective et internet). ♦ Sur la demande d'un fournisseur tendant à la cessation de la commercialisation de ses produits sur un site internet par l'un de ses distributeurs, ladite commercialisation nuisant à l'ensemble du réseau et dépréciant l'image de marque des produits dermo-cosmétiques en général et des produits distribués sous les marques du fournisseur en particulier, lequel, ne saurait accepter, sans commettre un acte discriminatoire, que l'un de ses distributeurs agréés procède sans agrément et même sans l'en avertir à la commercialisation des produits sur un site internet, V. • Versailles, 2 déc. 1999 : *D. 2001. Somm. 299, obs. Ferrier* ; *D. 2000. AJ 92, obs. Manara* ; *JCP 2000. II. 10282, note Vivant ; CCC 2000, n° 43, obs. Malaurie-Vignal ; Dr. et patr. juin 2000. 109, obs. Caprioli.* ♦ ... Infirmant une décision ayant retenu que dans le cadre d'un réseau de distribution sélective, dès lors que les documents contractuels ne font aucune référence aux modalités de commercialisation par un serveur en ligne et qu'il est seulement fait mention que le distributeur agréé s'engage à « tout faire pour développer les ventes », il convient de considérer que le moyen internet immatériel s'ajoute aux modalités traditionnelles mises en place par le distributeur dans son officine et conformes aux exigences relatives à la matérialité du lieu de vente. • T. com. Pontoise, réf., 15 avr. 1999 : *D. 1999. 725, note Manara* ; *D. Affaires 1999. 992, obs. E. C.* ♦ Si aucun texte ne prévoit explicitement la possibilité pour l'organisateur d'un réseau de réserver la vente sur internet aux membres de son réseau, une telle solution apparaît compatible dans un certain nombre de cas avec les règles de concurrence applicables aux restrictions verticales. • Cons. conc. n° 06-D-24 du 24 juill. 2006 : *BOCC 26 janv. 2007 ; D. 2007. Pan. 1691, obs. Claudel* ; *CCC 2006, n° 187, obs. Malaurie-Vignal ; RJDA 2006, n° 1268 ; CCE 2006, n° 145, obs. Chagny ; LPA 9-10 avr. 2007, obs. Bacchichetti ; RLDA oct. 2006. 53, obs. Cheynel ; RLC janv.-févr. 2007. 16, note Brault et Proust ; Lettre distrib. sept. 2006, p. 1, note Vertut* (conf. par • Paris, 16 oct. 2006 : *cité note 2 ss. art. R. 464-2*). ♦ Un fournisseur peut sélectionner ses distributeurs en retenant notamment comme critère qu'ils disposent d'un magasin pour accueillir le public et exposer les produits contractuels, c'est-à-dire en excluant de son réseau le vendeur « exclusivement » internet. • Même décision. – V. aussi : • Cons. conc. n° 06-D-28 du 5 oct. 2006 : *BOCC 26 janv. 2007 ; D. 2007. Pan. 1691, obs. Claudel* ; *RJDA 2007, n° 102 ; RLDA déc. 2006. 55, obs. Cheynel ; RDLC 2006, n° 4, p. 63, obs. Debroux ; RLC janv.-févr. 2007. 14, note Sélinsky.* ♦ Une comparaison avec la vente par correspondance doit être écartée dans la mesure où celle-ci ne peut offrir au consommateur ni la vitrine de présentation, ni l'interaction, au travers notamment de l'existence d'une *hot line* et de l'utilisation de films, qu'est susceptible d'offrir un site de vente en ligne. On ne peut donc assimiler l'interdiction de vente d'un produit sur internet au sein d'un réseau sélectif agréé à une interdiction de vente par correspondance classique. • Cons. conc. n° 07-D-07 du 8 mars 2007 : *BOCC 7 juin 2007 ; D. 2007. 2209, note J.-L. Fourgoux* ; *JCP E 2008, n° 3, p. 18, obs. Alma-Delettre ; CCC 2007, n° 122, obs. Malaurie-Vignal ; CCE 2007, n° 72, obs. Debet ; RDLC 2007, n° 2, p. 102, obs. Claudel ; Europe 2007, n° 118, obs. Idot ; RDC 2007. 773, obs. Prieto.* – V. aussi : B. Honorat, *CCC 2007. Étude 7* (comment concilier distribution sélective et internet ?) ; Bermond, *LPA 27 avr. 2007* (le Conseil de la concurrence affine son approche de la distribution sélective sur internet).

Pour une condamnation d'une vente sur internet en violation du réseau sélectif, V. • T. com. Paris, 15 févr. 2007 : *CCE 2007, n° 71, obs. Debet* (conf. par • Paris, 18 avr. 2008 : *D. 2009. Pan. 2895, obs. Ferrier* ; *CCC 2008, n° 177, obs. Bosco ; Gaz. Pal. 2008. 4044, et les obs. ; CCE 2008, n° 90, obs. Chagny ; RDLC 2008, n° 3, p. 139, obs. Lemaire*). ♦ Pour une décision estimant contraire au droit de la concurrence l'interdiction faite aux distributeurs agréés de vendre certains produits de marques sur internet, V. • Cons. conc. n° 08-D-25 du 29 oct. 2008 : *BOCC 31 déc. 2008 ; D. 2008. AJ 2862, obs. Manara* ; *ibid. 2009. Pan. 2894, obs. Ferrier* ; *JCP E 2008, n° 45-46, p. 6 ; CCC 2008, n° 271, obs. Malaurie-Vignal ; LPA 25 nov. 2008, obs. Boursier-Mauderly ; CCE 2008, n° 137, obs. Chagny ; RJDA 2009, n° 142 ; RLC janv.-mars 2009. 21, note Arhel ; Lettre distrib. nov. 2008, p. 1, obs. Sélinsky ; RJ com. 2009. 131, obs. Lebreton-Derrien ; RDC 2009. 120, obs. Prieto.* – La cour de Paris, saisie d'un recours contre cette décision, a saisi la CJCE d'une demande préjudicielle sur cette question : • Paris, 29 oct. 2009 : *BOCC 13 nov. 2009 ; Dalloz actualité, 6 nov. 2009, obs. Chevrier ; RTD com. 2010. 81, obs. Claudel* ; *JCP E 2009, n° 49, p. 3, note Vilmart ; CCC 2009, n° 287, obs. Malaurie-Vignal ; CCE 2009, n° 113, obs. Chagny ; RJDA 2010, n° 175 ; RDLC 2010, n° 1, p. 91, obs. Debroux ; RLC janv.-mars 2010. 27, obs. Sélinsky ; Lettre distrib. nov. 2009, p. 5.* – V. la réponse : • CJUE 13 oct. 2011 : *D. 2012. Pan. 583, obs. Ferrier* ; *RTD eur. 2012. 442, obs. Blaise* ; *JCP E 2011, n° 1833, note Vilmart ; ibid. n° 554, obs. Lesquins et Ferchiche ; JCP 2011, n° 1430, note Ferrier ; JCP E 2012, n° 1182, note Vogel ; CCC 2011, n° 257, obs. Malaurie-Vignal ; ibid., n° 263, obs. Decocq ; CCE 2012, n° 4, obs. Chagny ; RJDA 2012, n° 208 ; RLDA nov. 2011. 38, note Lesquins et Ferchiche ; RJ com. 2012. 35, note Decocq ; RDLC 2012, n° 1, p. 88, obs. Debroux ; RLC janv.-mars 2012.*

23, obs. Robin ; Europe 2011, n° 471, obs. Idot ; RDC 2012. 111, note Prieto. — ... Et son application par la cour de Paris, qui confirme en définitive la décision du Conseil de la concurrence : • Paris, 31 janv. 2013 : *BOCC 26 mars 2013 ; D. 2013. 887, note Ferrier ; JCP E 2013, n° 1119, note Vilmart ; ibid., n° 1133, note Amédée-Manesme ; CCC 2013, n° 64, obs. Decocq ; RJDA 2013, n° 455 ; RLC avr.-juin 2013. 23, note Sélinsky ; Europe 2013, n° 135, obs. Idot.* ♦ Pour un contentieux similaire : • Com. 20 mars 2012 : *Bull. civ. IV, n° 62 ; Dalloz actualité, 27 avr. 2012, obs. Constantin ; D. 2012. Actu. 941 ; JCP E 2012, n° 1404 ; CCC 2012, n° 151, obs. Malaurie-Vignal ; RJDA 2012, n° 899 ; RJ com. juill.-août 2012. 12, note Chagny ; RDC 2012. 856, obs. Prieto ; RLDA juin 2012. 43, obs. Mathonnière.* – V. aussi • Paris, 27 juin 2012 : *CCE 2012, n° 135, obs. Chagny ; RDLC 2012, n° 4, p. 85, obs. Martin.* ♦ Bien que les effets réels et précis de l'interdiction de vente par internet imposée aux distributeurs agréés ne puissent être déterminés, cette circonstance n'est pas de nature à remettre en cause le constat de l'existence d'une restriction de concurrence. • Aut. conc. n° 12-D-23 du 12 déc. 2012 : *D. 2013. Pan. 733, obs. Ferrier ; JCP E 2013, n° 1200, spéc. n° 5, obs. Destours et Respaud ; ibid. n° 1202, note Mendoza-Caminade ; CCC 2013, n° 30, obs. Malaurie-Vignal ; CCE 2013, n° 15, obs. Chagny ; BRDA 2013, n° 2, p. 17, obs. Pétrignet ; RLDA févr. 2013. 38, obs. de Romanet ; RLC avr.-juin 2013. 94, obs. Barbier de la Serre.* ♦ Sur le fonctionnement concurrentiel du commerce électronique, V. • Aut. conc., avis n° 12-A-20 du 18 sept. 2012 : *D. 2013. Pan. 732, obs. Ferrier ; RTD com. 2012. 739, obs. Claudel ; CCC 2012, n° 279, obs. Malaurie-Vignal ; CCE 2013, n° 43, obs. Chagny ; RLDA déc. 2012. 32, note Kouchnir-Cargill ; RLC janv.-mars 2013. 21, note Christol ; RDC 2013. 139, obs. Béhar-Touchais.*

63. Commercialisation de produits altérés. La résiliation unilatérale d'un contrat de distribution agréée, par le fournisseur, est justifiée dès lors que le distributeur a mis en vente des produits dont la présentation d'origine a été altérée. • Com. 28 nov. 1995 : *Bull. civ. IV, n° 276 ; D. Affaires 1996. 75.*

64. Contrôle de la qualité des acheteurs. Les dispositions contractuelles qui imposent au distributeur agréé de s'assurer, préalablement à toute livraison croisée, que ses acheteurs font également partie du réseau sélectif et qui sont dépourvues de toute ambiguïté lient le distributeur agréé qui ne peut dès lors invoquer le caractère abusif de la rupture prononcée, sur la base de leur violation, par le fabricant. • Paris, 15 févr. 2001 : *D. 2001. AJ 1465, obs. Chevrier.* ♦ Sur la condamnation pour concurrence déloyale d'un distributeur agréé qui ne respecte pas les obligations qu'il a souscrites auprès du promoteur du réseau de distribution sélective, V. • Com. 1er juill. 2003 : *Bull. civ. IV, n° 115 ; D. 2003. Somm. 2427, obs. Ferrier ; JCP E 2003, n° 41, p. 1622, note Vilmart ; CCC 2003, n° 160, note Malaurie-Vignal ; RTD com. 2004. 364, obs. Bouloc ; RJDA 2003, n° 1138 ; RJ com. 2004. 109, note Lebreton-Derrien ; LPA 11 oct. 2004, obs. Chagny ; RDC 2004. 396, obs. Béhar-Touchais.*

65. Clause résolutoire. Un concessionnaire n'agit pas de mauvaise foi en appliquant une clause résolutoire au distributeur agréé, dès lors que le manquement contractuel de celui-ci est avéré. • Com. 18 mars 1997 : *D. Affaires 1997. 628.*

66. Conséquences de la résiliation. Dès lors qu'il respecte les stipulations détaillées du contrat organisant les conditions de reprise de stocks, le fabricant ne peut se voir imposer des obligations supplémentaires par le distributeur dont le contrat est résilié. • Paris, 15 févr. 2001 : *préc. note 64.*

67. Renouvellement. Pour un refus de renouvellement abusif et discriminatoire, V. • Versailles, 5 oct. 1995 : *BICC 1996, n° 277.* ♦ Pour un exemple de refus abusif d'agrément d'un repreneur et de renouvellement, V. • Paris, 23 oct. 1998 : *Cah. dr. entr. 1999, n° 2, p. 31, obs. Mainguy.*

68. Réintégration. En ce sens que le distributeur évincé du réseau pour violation de ses obligations peut être à nouveau sélectionné après l'expiration d'un délai raisonnable (10 ans, en l'espèce), V. • Versailles, 29 févr. 1996 : *D. 1997. Somm. 62, obs. Ferrier.* ♦ Un délai de trois ans n'a pas été jugé suffisant pour permettre à un ancien distributeur fautif de réintégrer le réseau : • Com. 19 sept. 2006 : *D. 2007. Pan. 1916, obs. Ferrier ; RJDA 2007, n° 38 ; RDC 2007. 417, obs. Béhar-Touchais ; Lettre distrib. nov. 2006, p. 3.*

D. DISTRIBUTION PARALLÈLE

69. Responsabilité civile. Sur la responsabilité civile résultant, désormais, de la participation à la violation de l'interdiction de revente hors réseau, V. art. L. 442-6. ♦ Sur la jurisprudence antérieure à la L. n° 96-588 du 1er juill. 1996, V. notes 74 s.

70. Preuve. En ce sens que la preuve de la commercialisation des produits par un vendeur non agréé est libre, et que les juges, faisant usage de leur pouvoir souverain d'appréciation de la force probante des moyens de preuve, peuvent se fonder sur des documents irréguliers, V. • Com. 12 juill. 1993 : *Bull. civ. IV, n° 296.*

71. Commerce électronique. Jugeant que le fait pour un distributeur hors réseau, de proposer sur internet des produits que le fabricant réserve à son réseau de distribution sélective constitue un trouble manifestement illicite indépendamment de la régularité des approvisionnements du distributeur : • Paris, 5 sept. 2003 : *CCE 2004, n° 19, obs. Stoffel-Munck.* ♦ Ordonnant à une entreprise l'interdiction de commercialiser sur son site internet des produits normalement commercialisés par un réseau de distribution sélective auquel elle n'appartient pas, internet étant un simple moyen de communication et ne pouvant constituer en soi un marché pertinent : • T. com. Nanterre, 4 oct. 2000 : *D. 2001. AJ 1317, obs. Manara ; ibid. 2002. Somm. 934, obs. Caron ; Cah. dr. entr. 2001, n° 2, p. 27, obs. Mainguy.* – V. aussi Collard et Roquilly, *LPA 3 avr. 2002* (réseaux de distribution fermés et commerce électronique). ♦ Sur cette question, V. encore • Cons. conc. n° 06-S-01 du 3 févr. 2006 : *D. 2006. AJ 1229, obs. Manara ; RTD com. 2006. 575, obs. Claudel ; CCE 2006, n° 100, obs. Chagny.* ♦ V. aussi note 62.

72. Pouvoirs du juge des référés. Le juge des référés peut prescrire des mesures conservatoires pour prévenir le trouble manifestement illicite résultant des ventes hors réseau, nonobstant l'existence d'une contestation sérieuse, à condition que le promoteur du réseau fasse la preuve de la licéité de celui-ci, V. • Com. 27 oct. 1992 : *préc. note 48 (2e esp.) ; JCP 1994. II. 22214, note Lévy.* ♦ Pour une injonction ordonnant sous astreinte à un site internet de cesser d'héberger des annonces proposant la commercialisation de produits en dehors du réseau de distribution sélective, V. • T. com. Paris, réf., 26 juill. 2007 : *CCE 2008, n° 25, obs. A. D.* • 31 oct. 2007 : *ibid.* ♦ Comp., pour l'impossibilité, au stade des référés, de demander l'interdiction de revente hors réseau en raison d'une contestation sérieuse de l'illicéité de l'approvisionnement et de l'étanchéité du réseau, V. • Colmar, 24 juin 2008 : *CCC 2009, n° 98, obs. Malaurie-Vignal.*

73. Rupture du contrat. Sur le caractère non abusif de la rupture, par l'organisateur du réseau, du contrat de distribution sélective du revendeur agréé fautif, V. • Com. 10 mai 1994 : *CCC 1994, n° 158, note Leveneur* • Paris, 23 oct. 1995 : *D. 1996. IR 20 ; RJDA 1996, n° 213.*

1° ACTION EN CONCURRENCE DÉLOYALE

74. Jurisprudence antérieure à la L. n° 96-588 du 1er juill. 1996. BIBL. Jourdain, *D. 1990. Chron. 43.* – Burst, *Cah. dr. entr. 1991, n° 1.* – Froger, *ibid.* – Grellière, *LPA 17 mai 1989.* – Jéol, *JCP 1992. I. 3588.* – R. Goyer, *Cah. dr. entr. 1997, n° 1, p. 1.* – Montalcino, *D. Affaires 1999. 1479.* ♦ Commettent une faute constitutive de concurrence déloyale les intermédiaires non agréés qui s'approvisionnent auprès de distributeurs agréés en violation du réseau de distribution sélective. • Com. 27 oct. 1992 : *préc. note 48 (1re esp.)* • 15 mars 1994 : *préc. note 53* • 9 avr. 1996 : *D. 1997. Somm. 26, obs. D. Mazeaud ; ibid. 61, obs. Ferrier* • Aix-en-Provence, 5 mai 1994 : *JCP 1994. IV. 1852.* ♦ Comp., désormais : art. L. 442-6. ♦ Mais le fait de satisfaire des commandes avec des produits acquis régulièrement, en dépit des droits d'exclusivité dont bénéficiait, à la connaissance du vendeur, une société, ne constitue pas en soi un acte de concurrence déloyale. • Com. 1er mars 1994 : *Bull. civ. IV, n° 86 ; D. 1995. Somm. 211, obs. Izorche* • Chambéry, 11 oct. 1995 : *D. 1996. IR 17.* ♦ V. aussi, sur la possibilité, pour le fabricant, de demander, sur le fondement de l'art. 145 NCPC [renommé C. pr. civ.], qu'il soit ordonné à un distributeur qui revend ses produits sans son agrément de lui communiquer les factures correspondantes, • Aix-en-Provence, 6 déc. 1991 : *RJDA 1992, n° 698.* ♦ Mais le commerçant ne peut pas être condamné sous astreinte à communiquer la facture d'achat des produits en cause, la condamnation sous astreinte à produire des pièces n'étant possible sans que leur existence soit, sinon établie avec certitude, du moins vraisemblable. • Civ. 2e, 17 nov. 1993 : *Bull. civ. II, n° 330.*

75. Usurpation de la qualité de distributeur agréé. Le fait pour un intermédiaire non agréé de mettre en vente des produits dont le conditionnement portait la mention « vente exclusive par des distributeurs agréés » est constitutif de concurrence déloyale. • Com. 27 oct. 1992 : *préc. note 48 (1re esp.)* • 23 févr. 1993 : *CCC 1993, n° 71, note Vogel* • 21 juin 1994 : *préc. note 54 ; D. Affaires 1995. 112* • Paris, 7 juin 1995 : *Gaz. Pal. 1996. 1. Somm. 145.* ♦ Une telle mention, non démentie par le vendeur non agréé étant de nature à faire croire à la clientèle que celui-ci a la qualité de distributeur agréé, constitue un acte de publicité mensongère, au sens de l'art. 44 de la loi du 27 déc. 1973 [C. consom., art. L. 121-1 s.]. • Com. 27 oct. 1992 *préc. note 48 (2e esp.)* • 24 nov. 1992 : *CCC 1993, n° 36, obs. Raymond* • 21 juin 1994 : *préc. note 54* • 10 janv. 1995 : *RJDA 1995, n° 424* • 9 avr. 1996 : *préc. note 74.* – *Contra* • Paris, 28 mars 1991 : *D. 1992. Somm. 394, obs. Ferrier.* ♦ En revanche, le fait pour un opérateur de ne pas indiquer dans ses documents publicitaires sa qualité de revendeur non agréé n'est pas de nature à créer une confusion à l'égard des concessionnaires, dès lors que n'a été relevée aucune indication ou présentation fausse ou de nature à induire en erreur l'acheteur de véhicules, laissant croire à ce dernier que l'opérateur était agréé. • Com. 26 janv. 1999 : *Bull. civ. IV, n° 29 ; D. 2001. Somm. 298, obs. Ferrier ; ibid. 1999. Somm. 241, obs. Omarjee ; D. Affaires 1999. 556, obs. E. C. ; LPA 23 mars 1999 ; Cah. dr. entr. 1999, n° 2, p. 31, obs. Mainguy ; Gaz. Pal. 20-24 août 1999, p. 14, obs. Guével.* ♦ Un concessionnaire exclusif d'une marque de véhicule peut s'opposer à ce qu'une société concurrente se prévale d'un agrément que le constructeur ne lui a pas donné en se présentant comme concessionnaire ou agent du constructeur, en recourant à des formules ambiguës pour insidieusement suggérer qu'elle a cette qualité et en faisant figurer en regard de l'énoncé de son nom commercial la reproduction d'un véhicule de la marque en cause. • Rouen, 4 sept. 1997 : *BICC 1998, n° 330.* ♦ Caractérisent des agissements constitutifs de concurrence déloyale à l'égard du concessionnaire exclusif d'une marque de moto, les diverses annonces publicitaires effectuées par un ancien concessionnaire qui utilise sans autorisation la marque et le logo du concessionnaire actuel et se présente comme « agent agréé » « ou spécialiste » de ladite marque. • Com. 15 déc. 1998 : *RJDA 1999, n° 357.*

76. *Atteinte à l'image de marque.* Constitue une atteinte à l'image de la marque d'un parfum, le fait pour un vendeur hors réseau de vendre des flacons avec un emballage sur lequel la mention « ne peut être vendu que par des distributeurs agréés » avait été oblitérée, alors qu'il ne rapportait pas la preuve d'une acquisition régulière de ces produits. • Com. 19 mai 1998 : *Bull. civ. IV, n° 157 ; RTD com. 1999. 180, obs. Bouloc .* ♦ Sur la détention de produits aux fins de marques d'appel, • Même arrêt. ♦ Sur l'application des art. L. 217-2 et L. 217-3 C. consom. en matière d'altération ou de suppression de sigles permettant d'identifier la marchandise vendue, V. • Paris, 28 nov. 2001 : *cité note 79,* et les notes ss. ces articles au **C. consom.** ♦ Constituent des actes de concurrence déloyale le fait de vendre à bas prix des produits faisant l'objet d'un réseau de distribution sélective et porteurs de la marque sans l'autorisation du titulaire de celle-ci et le fait de laisser l'indication du prix de vente pratiqué par ce dernier sur les produits en cause. • Com. 21 juin 1994 : *RJDA 1994, n° 1276 (2e esp.).*

Le distributeur exclusif pour la France d'objets de marque étrangère (montres, pendules, pendulettes) qui les commercialise par l'intermédiaire d'un réseau de revendeurs agréés choisis par lui en fonction de critères sélectifs basés sur les conditions d'environnement, d'accueil et de compétence est fondé à se prévaloir de la notoriété des biens en question pour établir le préjudice que lui occasionnent les agissements d'autres revendeurs qui proposent ces produits, acquis sur le marché parallèle, dans des magasins d'articles bas de gamme ou de pacotille sans valeur, avec un personnel dépourvu des connaissances que tout consommateur est en droit d'attendre lorsqu'il s'agit de tels objets, d'une relative complexité. • Com. 18 oct. 1994 : *Bull. civ. IV, n° 310 ; D. 1996. 311, note Krimmer ; D. 1995. Somm. 261, obs. Serra ; JCP 1995. I. 3853, n° 5, obs. Viney.* ♦ Comp., jugeant que, si le fait pour un revendeur de s'approvisionner sur le marché parallèle ne constitue pas, en tant que tel, une pratique de concurrence déloyale, encore faut-il qu'il informe clairement le consommateur des différences caractérisant les produits et services qu'il offre par rapport à ceux du réseau de la marque et respecte les conditions qualitatives du système de distribution agréé par le fabricant ou son représentant : • Paris, 2 oct. 1992 : *D. 1993. IR 28.*

2° USAGE ILLICITE DE MARQUE

77. *Principe.* La commercialisation d'un produit par un distributeur non agréé peut constituer un usage illicite de la marque, V. • Com. 23 févr. 1993 : *D. 1994. 318, note Fort-Cardon ; CCC 1993, n° 71, note Vogel.*

78. *Illustration de l'usage illicite de marque.* Constitue un usage illicite de marque le fait de mettre en vente des produits acquis auprès de revendeurs soldeurs étrangers au réseau de distribution sélective du titulaire de la marque, produits que celui-ci avait refusés auprès du fabricant, alors que, si ces revendeurs avaient été autorisés à vendre ces produits, ils ne démontraient pas qu'ils avaient reçu l'accord du titulaire de la marque pour que les produits soient porteurs de celle-ci. • Com. 21 juin 1994 : *D. 1994. IR 204 ; RJDA 1994, n° 1276 ; Cah. dr. entr. 1995, n° 6, p. 31, note Tardieu-Guigues.* ♦ De même, constitue un usage illicite de la marque la mise dans le commerce de produits faisant l'objet d'un réseau de distribution sélective, même dans le cadre de l'organisation d'une loterie, effectuée par une société qui n'a pas la qualité de revendeur agréé. • Paris, 18 nov. 1993 : *RJDA 1994, n° 1224.* ♦ La Cour de cassation a rejeté le pourvoi contre cet arrêt au motif que le propriétaire de la marque est en droit de s'opposer à ce que les produits la portant puissent être diffusés dans le public, dès lors que cette diffusion n'a pas pour objet la commercialisation. • Com. 2 juill. 1996 : *Bull. civ. IV,* *n° 201 ; D. 1996. IR 200* ; *LPA 17 janv. 1997, note Calvo.* – V. Montégudet, *Bull. act. Lamy droit commercial oct. 1996, p. 1.* ♦ *Contra*, ayant jugé que, s'agissant de produits authentiques revêtus de la marque apposée par le fabricant et régulièrement acquis par le distributeur non agréé, l'usage illicite ne pouvait résulter du seul fait d'une commercialisation au mépris d'un réseau de distribution sélective : • Com. 10 janv. 1989 : *D. 1989. 427, note Bénabent* • Paris, 18 mars 1994 : *JCP E 1994. Pan. 1363.* ♦ V. déjà, refusant d'appliquer l'art. 422 C. pén. [CPI., art. L. 716-9], lorsque la marque utilisée n'est pas contrefaite, • Crim. 18 avr. 1988 : *Bull. crim. n° 163 ; D. 1989. Somm. 198, obs. Burst.* ♦ Dans le même sens, à propos d'un ancien distributeur agréé : • Paris, 30 janv. 1992 : *D. 1992. IR 136.* ♦ Comp. aussi, en cas de modification ou d'altération des produits : • Paris, 22 oct. 1991 : *D. 1992. Somm. 394, obs. Ferrier.*

79. Épuisement du droit de marque. **BIBL.** Lancrenon, *Propr. ind. 2012. Étude 7* (preuve de l'épuisement du droit de marque). ♦ Le titulaire d'une marque ne peut s'opposer, au titre de l'art. 7 de la Dir. 89/104 [transposé à l'art. 713-4 CPI], à ce qu'un revendeur commercialisant habituellement des articles de même nature mais pas nécessairement de même qualité que ceux revêtus de ladite marque emploie cette dernière afin d'annoncer au public la commercialisation ultérieure des produits protégés, à moins qu'il ne soit établi que l'utilisation de cette marque porte une atteinte sérieuse à sa renommée. • CJCE 7 nov. 1997 : *D. Affaires 1997. 1427.* ♦ Le titulaire d'une marque ne peut s'opposer à ce qu'un opérateur indépendant utilise celle-ci dans des documents publicitaires en vue d'annoncer au public qu'il effectue la réparation et l'entretien des produits revêtus de cette marque, mis dans le commerce sous cette marque par le titulaire ou avec son consentement, ou qu'il est spécialisé ou spécialiste de la vente ou la réparation et l'entretien de tels produits, à moins que la marque ne soit utilisée de manière telle qu'elle peut donner l'impression qu'il existe un lien commercial entre l'entreprise tierce et le titulaire de la marque. • CJCE 23 févr. 1999 : *D. Affaires 1999. 901, obs. E. C.* – Sur le risque de confusion, V. notes 26 s. ss. L. 2 juill. 1963, art. 2, App., v° *Concurrence*.

En matière d'épuisement des droits conférés par la marque, le « consentement » du titulaire à la commercialisation de ses produits peut être implicite dès lors qu'il traduit de façon certaine une renonciation à s'opposer à son droit exclusif, V. • CJCE 20 nov. 2001 : *D. 2002. AJ 214, obs. Chevrier ; RTD com. 2002. 405, obs. Luby ; JCP E 2002, n° 22, p. 905, note Vilmart.* – Pour une application en droit interne, V. • Com. 9 avr. 2002 : *D. 2002. AJ 1759, obs. Daleau* . ♦ Mais dans des circonstances telles que celles de l'affaire, où la remise de « testeurs à parfum » aux intermédiaires liés par contrat au titulaire de la marque afin que leurs clients puissent en essayer le contenu a lieu sans transfert de propriété et avec interdiction de vente, où le titulaire de la marque peut à tout moment rappeler cette marchandise et où la présentation de celle-ci se distingue clairement de celle des flacons de parfum habituellement mis à la disposition desdits intermédiaires par le titulaire de la marque, le fait que ces testeurs soient des flacons de parfum qui comportent les mentions « démonstration » et « vente interdite » s'oppose à ce que le consentement du titulaire de la marque à leur mise dans le commerce soit implicitement reconnu, en l'absence de tout élément probant en sens contraire dont l'appréciation incombe à la juridiction de renvoi. • CJUE 3 juin 2010 : *JCP E 2010, n° 1607 ; CCE 2010, n° 85, obs. Caron ; Propr. ind. 2010, n° 63, obs. Folliard-Monguiral.*

Sur la charge de la preuve de l'épuisement des droits sur une marque, V. • CJCE 8 avr. 2003 : *D. 2003. 2358, note Arnaud ; ibid. AJ 1166, obs. Chevrier ; JCP E 2003, n° 42, p. 1667, note Boespflug, Greffe et Barthélemy ; Cah. dr. entr. 2003, n° 5, p. 6, note Raynard ; Dr. et patr. nov. 2003. 100, obs. P. Mousseron ; RJDA 2003, n° 790 ; Europe 2003, n° 222, obs. Idot* • TGI Lille, 2 déc. 2004 : *Lettre distrib. déc. 2004, p. 2* (risque de cloisonnement). – Comp. • TGI Dijon, 18 oct. 2004 : *ibid. janv. 2005, p. 3.* ♦ V. aussi, en matière de transit sur le territoire communautaire de marchandises marquées licitement hors CEE et destinées à des pays tiers, • Paris, 28 nov. 2001 : *D. 2003. Somm. 127, obs. Durrande ; Lettre distrib. mars 2002, p. 1, obs. Tardieu-Guigues.* ♦ Sur l'« épuisement international », V. aussi • Metz, 21 mai 2003 : *JCP 2004. IV. 2650.*

80. Neutralisation de l'épuisement du droit de marque. L'existence d'un réseau de distribution sélective conforme aux critères de licéité imposés par le droit communautaire, constitue un juste motif pour écarter l'effet d'épuisement du droit de marque (CPI, art. L. 713-4) et interdire la distribution des produits et, de ce fait, la diffusion de la marque en cause lorsque celles-ci sont opérées en violation du réseau. • Paris, 1er oct. 1997 : *D. 1998. 445, note Malaurie-Vignal* ; *D. Affaires 1997. 1293.* – Comp. : • Com. 2 juil. 1996 : *préc. note 78.* ♦ V. aussi, concluant à l'existence d'un motif légitime, tiré du prestige et de la renommée d'une marque de luxe, pour neutraliser l'épuisement du droit : • CJCE 23 avr. 2009 : *D. 2009. AJ 1276, obs. Daleau* ; *RTD com. 2009. 706, obs. Azéma* ; *JCP E 2009, n° 27, p. 24, note Caron ; CCE 2009,* *n° 62, obs. Caron ; Dr. et patr. oct. 2009. 111, obs. Velardocchio ; RLDA août-sept. 2009. 23, note Bretonnière ; RDLC 2010, n° 1, p. 115, obs. Éréséo.* – S'appuyant sur cette interprétation : • Com. 2 févr. 2010 : *Bull. civ. IV, n° 25 ; D. 2010. AJ 503, obs. Daleau ; RLDA avr. 2010. 46, obs. Anadon.* – V. aussi • Com. 23 mars 2010 : *RTD com. 2010. 702, obs. Azéma ; JCP E 2010, n° 1714, note Schaffner et Georges ; CCE 2011, n° 3, obs. Caron ; Propr. ind. 2010, n° 40, obs. Tréfigny-Goy.* ♦ Une clause imposant une restriction territoriale ne peut faire échec à l'épuisement du droit. • CJCE 30 nov. 2004 : *RTD com. 2005. 74, obs. Azéma ; Gaz. Pal. 2005. Somm. 1323, obs. Arnaud ; Europe 2005, n° 25, obs. Idot.* ♦ Considérant que l'art. 7 de la directive doit être interprété en ce sens que l'épuisement des droits conférés par la marque n'a lieu que si les produits ont été mis dans le commerce dans la Communauté (dans l'Espace économique européen) et qu'il ne laisse pas aux États membres la possibilité de prévoir dans leur droit national l'épuisement des droits conférés par la marque pour des produits mis dans le commerce dans des pays tiers, V. • CJCE 1er juill. 1999 : *D. 1999. IR 227 ; ibid. AJ 22, obs. B. P.* ♦ Dans le même sens, V. aussi • CJCE 16 juill. 1998 : *D. Affaires 1998. 1592, note Arnaud.*

III. DISTRIBUTION AUTOMOBILE

BIBL. Möschel, *RTD com. 1991. 1*. – Durand, *Cah. dr. entr. 1992, n° 3.* – Gauclère, *ibid. 1999, n° 5, p. 10* (jurisprudence et distribution automobile). – R. et J. Royer, *ibid. n° 2, p. 1* (automobile et secteurs voisins). – Lambert, *RJ com. 2002. 4* (la pièce détachée en droit économique). – Thieffry, *CCC 2003. Chron. 1* (distribution automobile sur internet). – J.-L. Fourgoux, *Dr. et patr. juin 2003. 75* (rapports constructeurs-distributeurs automobiles : du monologue au dialogue ?). – Castagnon, *CCC 2003. Chron. 10* (internet et réseau de distribution). – Decocq, *ibid. 13* (même thème). – Arhel, *LPA 16 juill. 2004* (application du droit de la concurrence à la distribution automobile, juill. 2003-juin 2004). – Lambert, *D. 2006. 582* (le mandataire automobile acheteur-revendeur). – C. Claude, *CCC 2008. Chron. 1* (actualité jurisprudentielle du droit de la distribution automobile : janv.-déc. 2007). – Alcalde, *Teutates 2012, n° 1/1, Étude* (la distribution automobile : étude juridique).♦ RÉP. COM., v° *Automobile (Droit de la concurrence)*, par ARHEL.

A. LICÉITÉ DES ACCORDS DE CONCESSION

81. *Règlement communautaire.* L'art. 3 § 6 du Règl. CE n° 1400/2002 doit être interprété en ce sens que le seul fait qu'un accord prévoie une clause expresse de résiliation, en vertu de laquelle un tel accord peut être résilié de plein droit et sans préavis par le fournisseur en cas de manquement du distributeur à l'une des obligations contractuelles mentionnées dans ladite clause, n'a pas pour effet de rendre l'exemption par catégorie inapplicable à cet accord. • CJCE 18 janv. 2007 : *D. 2007. AJ 440, obs. Chevrier ; JCP 2007. I. 172, n° 11, obs. Lecourt ; CCC 2007, n° 71, obs. Malaurie-Vignal ; CCC 2008. Chron. 1, par C. Claude ; RJDA 2007, n° 407 ; LPA 19 mars 2007, obs. Arhel ; RLDA févr. 2007. 59, obs. Cheynel ; RDLC 2007, n° 2, p. 105, obs. Sarrazin ; Europe 2007, n° 100, obs. Idot ; RDC 2007. 765, obs. Idot.* ♦ Le Règl. n° 123/85 rendant inapplicable l'art. 85 § 1 du traité de Rome (actuel art. 101 TFUE) aux restrictions de concurrence constituées par l'interdiction de livrer les revendeurs non agréés, la licéité d'un accord de concession automobile exempté en application de ce règlement ne peut alors être contestée sur ce fondement, au regard de l'art. 36 (1°) de l'Ord. n° 86-1243 du 1er déc. 1986 [C. com., art. L. 442-6 (1°)]. • Com. 7 avr. 1998 : *Bull. civ. IV, n° 126 ; D. 1998. Somm. 332, obs. Ferrier ; CCC 1998, n° 118, obs. Malaurie-Vignal ; RTD com. 1999. 180, obs. Bouloc ; JCP E 1999, n° 48, obs. Arhel.*

Sur l'exemption par catégorie dans le secteur de l'automobile, V. Règl. CE n° 1400/2002 du 31 juill. 2002 *(JOCE L 203 du 1er août 2002)* et Règl. UE n° 461/2010 du 27 mai 2010, App., v° *Concurrence (II. Droit communautaire).* ♦ Pour une analyse des conditions de sélection de leurs réseaux par les constructeurs automobiles à l'occasion de l'entrée en vigueur du nouveau règlement, V. Bertin, *D. 2003. 1150*. ♦ Pour un avis de l'Autorité de la concurrence sur le fonctionnement concurrentiel des secteurs de la réparation et de l'entretien de véhicules et de la fabrication et de la distribution de pièces de rechange, V. • Aut. conc. n° 12-A-21 du 8 oct. 2012 : *D. 2012. 2815, note Pollaud-Dulian ; JCP E 2012. Actu. n° 645, note Arhel ; ibid., n° 1200, spéc. n° 6, obs. Destours et Respaud ; CCC 2012, n° 277, obs. Malaurie-Vignal ; BRDA 2012, n° 21, p. 15, note Vannni ; RLDA déc. 2012. 39, obs. Mathonnière ; RLC janv.-mars 2013. 25, note Sélinsky.* ♦ Pour une bibliographie consacrée à la réglementation européenne, V. App., v° *Concurrence (II. Droit communautaire),* ss. art. 101 traité de Rome.

82. *Sélection et numerus clausus.* Pour un concédant ayant opté pour la distribution sélective quantitative dans le cadre du Règl. CE n° 1400/2002 et la mise en œuvre du *numerus clausus* pour l'agrément des distributeurs : • Com. 28 juin 2005 : *Bull. civ. IV, n° 139 ;*

D. 2005. 2226, note Bertin ; *ibid. AJ 1938, obs. Chevrier* ; *D. 2006. Pan. 513, obs. Ferrier* ; *JCP E 2005, n° 47, p. 2001, note Chagny* ; *CCC 2005, n° 191, obs. Malaurie-Vignal* ; *LPA 16 mai 2006, obs. Bacchichetti* ; *RDLC 2005, n° 4, p. 72, obs. M.-C. M.* ; *RLC 2005, n° 5, p. 25, obs. Peyre* ; *RJDA 2006, n° 255* ; *RJ com. 2006. 132, obs. Lebreton-Derrien* ; *RDC 2006. 433, obs. Béhar-Touchais* (cassation de • Dijon, 1er avr. 2004 : *Lettre distrib. juill.-août 2004, p. 2*). – V. aussi : • T. com. Lyon, 15 sept. 2006 : *LPA 12 déc. 2006, note Bertin* • Paris, 2 déc. 2009 : *CCC 2010, n° 91, obs. Malaurie-Vignal* ; *RDLC 2010, n° 2, p. 94, obs. Éréséo.* ♦ Par les termes « critères définis », figurant à l'art. 1er, § 1, sous f), du Règl. CE n° 1400/2002, il y a lieu d'entendre, s'agissant d'un système de distribution sélective quantitative au sens de ce règlement, des critères dont le contenu précis peut être vérifié. Pour bénéficier de l'exemption prévue par ledit règlement, il n'est pas nécessaire qu'un tel système repose sur des critères qui sont objectivement justifiés et appliqués de façon uniforme et non différenciée à l'égard de tous candidats à l'agrément. • CJUE 14 juin 2012 : *BICC 15 nov. 2012, n° 1241* ; *D. 2012. 2156, note Ferrier* ; *RTD eur. 2012. 917, obs. Blaise* ; *JCP 2012, n° 771, obs. F. Picod* ; *CCC 2012, n° 206, obs. Malaurie-Vignal* ; *ibid., n° 212, obs. Decocq* ; *LPA 18 déc. 2012, note Junqua-Lamarque* ; *RJDA 2012. 755, note Vogel* ; *RLDA sept. 2012. 53, obs. Mathonnière* ; *RLC oct.-déc. 2012. 21, obs. Sélinsky* ; *RDC 2012. 1225, obs. Idot* ; *Europe 2012, n° 331, obs. Idot* (sur renvoi pour question préjudicielle de : • Com. 29 mars 2011 : *Bull. civ. IV, n° 53* ; *D. 2011. Actu. 1068, obs. Chevrier* ; *JCP E 2011, n° 1482, spéc. n° 1, obs. Grignon* ; *CCC 2011, n° 141, obs. Malaurie-Vignal* ; *RDLC 2011, n° 2, p. 123, obs. Éréséo*). ♦ Aucune disposition législative ou réglementaire, de droit national ou communautaire, n'impose au concédant de justifier des raisons qui l'ont amené à arrêter le *numerus clausus* qui lui sert de critère quantitatif de sélection. • Com. 15 janv. 2013 : *BICC 1er mai 2013, n° 706* ; *D. 2013. Actu. 236, obs. Chevrier* ; *JCP E 2013, n° 1186, note Tercinet* ; *ibid., n° 1200, spéc. n° 4, obs. Mainguy* ; *CCC 2013, n° 77, obs. Malaurie-Vignal* ; *RJDA 2013, n° 364* ; *RLDA mars 2013. 38, obs. de Romanet.*

83. Clause d'objectifs. Pour un arrêt considérant que les Règl. d'exemption nos 123/85 et 1475/95 doivent être interprétés en ce sens que l'exemption accordée s'applique à une clause contractuelle imposant au distributeur un objectif déterminé de vente et prévoyant des sanctions pouvant aller jusqu'à la résiliation du contrat dans l'hypothèse où cet objectif n'est pas atteint, à condition toutefois que la fixation de l'objectif de vente constitue l'expression d'une simple obligation de moyens, V. • CJCE 30 avr. 1998 : *LPA 7 août 1998, note Arhel.* ♦ Sur la validité des clauses d'objectifs, V. aussi • Com. 7 déc. 1993 : *Bull. civ. IV, n° 450* ; *D. 1995. Somm. 70, obs. Ferrier* ; *CCC 1994, n° 29, note Vogel* ; *Gaz. Pal. 1994. 2. 514, note Ristain* • 1er févr. 1994 : *CCC 1994, n° 103, note Vogel* ; *Gaz. Pal. préc.* • 21 mai 1996 : *D. 1997. Somm. 55, obs. Ferrier* • 16 déc. 1997 : *D. 1998. Somm. 330, obs. Ferrier* • 7 avr. 1998 : *Bull. civ. IV, n° 125* ; *D. 1998. Somm. 330, obs. Ferrier* ; *Gaz. Pal. 1998. 1. Somm. 320* ; *LPA 25 sept. 1998, obs. Reboul et Mathey* ; *JCP E 1999, n° 48, p. 1910, obs. Arhel* • 12 déc. 2006 : *RJDA 2007, n° 604* • Paris, 10 févr. 1994 : *Gaz. Pal. 1994. 2. 527, note Fourgoux* • 12 avr. 1996 : *D. 1996. IR 131* ; *D. Affaires 1996. 713.* – V. Ronzano, *JCP E 1996. I. 535.*

84. Clause de non-concurrence. Sur l'application d'une disposition d'un contrat de concession exclusive prévoyant sa résiliation extraordinaire en cas de violation de la clause par laquelle une société concessionnaire automobile, agissant en son nom et se portant fort des personnes morales ou physiques composant ses organes de direction, d'administration ou de surveillance, s'était engagée à ne pas s'intéresser, soit par elle-même, soit par personne interposée, à la distribution de produits concurrents de ceux du concédant, V. • Com. 23 mars 1999 : *RJDA 1999, n° 659* ; *Cah. dr. entr. 1999, n° 5, p. 20, obs. Respaud.* ♦ Les clauses contractuelles de non-concurrence qui visent des personnes physiques ou morales composant les organes de direction, d'administration ou de surveillance du distributeur, loin de constituer des restrictions additionnelles non prévues par le Règl. d'exemption n° 123/85, sont la traduction nécessaire de ses dispositions lorsque l'entreprise concessionnaire est exploitée sous la forme d'une société disposant de la personnalité morale, sauf à priver l'interdiction prévue par ce règlement de toute portée. • Paris, 18 févr. 2000 : *D. 2000. AJ 195, obs. Chevrier.* ♦ Les dispositions du contrat de concession prohibant la prise d'intérêt direct ou indirect, la création d'établissements ou la constitution de sociétés exerçant une activité de distribution automobile, par le concessionnaire ainsi que par ses dirigeants et associés lorsque l'entreprise est exploitée sous forme de société, ne font que reprendre celles du Règl. n° 123/85 relatives aux entreprises liées directement ou indirectement à l'une des parties à l'accord. • Même arrêt.

85. Aides spécifiques. Des aides commerciales spécifiques consenties par un constructeur automobile à des concessionnaires frontaliers selon des critères objectifs n'ont ni pour objet ni pour effet de restreindre la liberté commerciale des concessionnaires mais visent à venir en aide à ceux dont l'activité est localement affectée par le développement d'importations parallèles. • Com. 17 janv. 2006 : *D. 2007. Pan. 1917, obs. Ferrier ; JCP E 2006, n° 39, p. 1613, obs. Decocq ; ibid. 2007, n° 11, p. 25, obs. Mainguy et Respaud ; CCC 2006, n° 107, obs. Malaurie-Vignal.*

86. Pratiques prohibées. Pour la condamnation d'une pratique restrictive de concurrence consistant à exclure une entreprise d'un salon de l'automobile, V. • Cons. conc. n° 94-D-37 du 21 juin 1994 : *BOCC 27 sept. 1994.* ♦ ... Ou à faire pression sur un annonceur pour limiter les annonces faites par des mandataires hors réseaux, V. • Paris, 29 juin 2004 : *BOCC 30 sept. 2004 ; CCC 2004, n° 162, obs. Poillot-Peruzzetto.* ♦ Pour des exemples de clauses jugées abusives dans les contrats de vente de véhicules neufs, V. note 32 ss. C. consom., art. R. 132-2, App., v° *Ventes commerciales.*

B. VENDEURS HORS RÉSEAU

87. Importation parallèle. Le Règl. du 12 déc. 1984 ne fait pas obstacle à ce qu'un opérateur, qui n'est ni revendeur agréé du réseau de distribution du constructeur d'une marque automobile déterminée, ni intermédiaire mandaté au sens de ce texte, se livre à une activité d'importation parallèle et de revente indépendante de véhicules neufs de cette marque. Ce règlement ne s'oppose pas davantage à ce qu'un opérateur indépendant cumule les activités d'intermédiaire mandaté et celles de revendeur non agréé de véhicules provenant d'importations parallèles. • CJCE 15 févr. 1996 : *D. Affaires 1996. 419 ; CCC 1996, n° 43, note Vogel* • 20 févr. 1997 : *D. Affaires 1997. 416.* – V. Ferrier, *Cah. dr. entr. 1996, n° 3, p. 13.* – Dans le même sens : • Com. 9 juill. 1996 : *Bull. civ. IV, n° 204 ; D. 1997. Somm. 56, obs. Ferrier ; JCP E 1998, n° 26, p. 1044, note Fourgoux* • 15 oct. 1996 : *D. Affaires 1997. 24 ; CCC 1996, n° 205, note Vogel* • 7 oct. 1997 : *Bull. civ. IV, n° 245 ; D. 1998. 206, note Malaurie-Vignal ; ibid. Somm. 331, obs. Ferrier ; CCC 1998, n° 10, note Vogel* (V. l'arrêt d'appel : • Chambéry, 11 oct. 1995 : *D. Affaires 1996. 19 ; Gaz. Pal. 1996. 1. Somm. 140, obs. Vray*) • 13 janv. 1998 : *D. 1998. Somm. 331, obs. Ferrier ; D. Affaires 1998. 417, obs. E. C. ; CCC 1998, n° 61, obs. Vogel ; LPA 25 sept. 1998, obs. Malaurie-Vignal et Petitier* • 1er déc. 1998 : *JCP E 1999, n° 5, p. 224, obs. Fourgoux ; ibid. n° 48, p. 1911, obs. Arhel ; CCC 1999, n° 55, obs. Malaurie-Vignal.*

88. Mandataires automobiles. Sur les entreprises agissant en qualité de mandataires pour l'achat de véhicules, Comm. CEE 4 déc. 1991 : *JOCE L 66 du 11 mars 1992* et • Grenoble, 8 juill. 1992 : *CCC 1993, n° 109, obs. Vogel* • TGI Bonneville, 3 févr. 1993 : *ibid.* • TGI Sarreguemines, 15 mars 1993 : *ibid.* – V. Durand, *D. Affaires 1997. 1341.*

89. Approvisionnement irrégulier. Viole l'art. 85 § 1 du traité de Rome (actuel art. 101 TFUE, depuis l'entrée en vigueur du traité de Lisbonne ; V. Décr. n° 2009-1466 du 1er déc. 2009, *JO 2 déc.*) et le Règl. de 1984 l'arrêt qui, pour rejeter la demande de concessionnaires relative aux fautes commises par une société non agréée revendant hors réseau des véhicules neufs, considère qu'il appartient aux concessionnaires de faire la preuve que l'approvisionnement de l'opérateur non agréé s'est fait en connaissance de cause, au mépris des droits qu'ils tiennent de leurs contrats de concession, alors qu'il appartient à l'opérateur qui a acquis des véhicules neufs pour les revendre de prouver qu'il les a régulièrement acquis sur un réseau parallèle ou auprès d'un autre concessionnaire. • Com. 26 janv. 1999 : *préc. note 75* • 4 déc. 2001 : *CCC 2002, n° 60, obs. Malaurie-Vignal.* ♦ Toutefois, aucune présomption d'approvisionnement illicite ne pouvant lui être opposée, l'opérateur ne saurait être tenu de rapporter la preuve de l'acquisition régulière des véhicules litigieux par le vendeur auquel il s'est adressé, cette recherche incombant aux concessionnaires ou aux fabricants. • Com. 19 oct. 1999 : *Bull. civ. IV, n° 168 ; D. 2000. 341, note Mauger-Vielpeau ; D. 2001. Somm. 298, obs. Ferrier ; JCP E 1999, n° 48, p. 1895, obs. Fourgoux ; CCC 2000, n° 6, obs. Malaurie-Vignal* • 25 avr. 2001 : *Bull. civ. IV, n° 77 ; D. 2001. AJ 1947, obs. Chevrier ; RTD com. 2001. 881, obs. Claudel .* ♦ Dans la mesure où le distributeur parallèle n'est pas tenu de s'assurer de l'approvisionnement régulier de son fournisseur, il ne saurait se voir imputer la faute de ne pas l'avoir fait. • Limoges, 11 avr. 2001 : *D. 2001. AJ 1722, obs. Chevrier ; RTD com. 2001. 881, obs Claudel .*

L'acquisition de véhicules par un revendeur non agréé auprès de loueurs professionnels ne peut être considérée comme fautive dans la mesure où elle n'est accompagnée d'aucune tromperie ou manœuvre frauduleuse et qu'aucune interdiction de revente n'est stipulée à la charge des loueurs professionnels. • Com. 10 févr. 1998 : *Bull. civ. IV, n° 65 ; D. 1998. Somm. 331, obs. Ferrier ; D. Affaires 1998. 417, obs. E.C. ; JCP E 1998, n° 26, p. 1044, note Fourgoux ; LPA 25 sept. 1998, obs. Malaurie-Vignal et Petitier.* ♦ Sont réguliers les approvisionnements opérés auprès de loueurs professionnels dès lors que ceux-ci ne sont pas tenus d'une interdiction de revente des véhicules qui leur sont fournis par les constructeurs automobiles et que le distributeur parallèle n'a pas connaissance d'une telle interdiction. • Com. 25 avr. 2001 : *préc.* ♦ De même, le fait de s'approvisionner auprès de revendeurs non agréés s'étant faussement prétendus mandataires d'utilisateurs finaux n'est pas constitutif d'une faute dès lors que n'est pas établie la connaissance qu'avaient les distributeurs indépendants de la fraude commise par leurs vendeurs. • Même arrêt. ♦ Comp., pour une condamnation pour concurrence déloyale d'un vendeur hors réseau : • Orléans, 29 nov. 1994 : *JCP 1995. IV. 1214.* ♦ Un revendeur indépendant justifie de l'origine licite des véhicules commercialisés en reconnaissant s'être approvisionné auprès d'une entreprise du réseau de son choix à l'intérieur du marché commun, V. • Com. 1er déc. 1998 : *préc. note 87.* ♦ Rapp., jugeant que le seul fait pour l'importateur indépendant de satisfaire des commandes avec des produits acquis régulièrement auprès d'un concessionnaire, en dépit des obligations contractuelles auxquelles ce dernier est tenu, ne constitue pas en soi un acte de concurrence déloyale : • Com. 9 oct. 2001 : *CCC 2002, n° 8, obs. Malaurie-Vignal.*

90. Mention « garantie constructeur ». N'est pas mensongère la mention « véhicule vendu avec une garantie de douze mois constructeur » figurant sur des factures établies par un revendeur non agréé, dès lors que l'art. 5-1 du Règl. n° 123/85, repris par le Règl. n° 1475-95, subordonne l'exemption des accords de concession automobile à ce que le distributeur s'engage à assurer sa garantie aux véhicules de sa marque vendus par une entreprise du réseau de distribution dans le marché commun. • Com. 10 févr. 1998 : *préc. note 89.* ♦ Il ne saurait être fait grief à un opérateur non agréé de mentionner dans sa publicité l'existence de la garantie constructeur, dès lors qu'il est tenu d'assurer l'obligation de garantie auprès de l'acheteur final quelles que soient les modalités par lesquelles cette obligation s'exerce. • Com. 19 oct. 1999 : *préc. note 89.*

C. RÉORGANISATION DU RÉSEAU

91. Nécessité de réorganiser le réseau. Sur la nécessité d'une réorganisation juridique ou économique du réseau, V. • Com. 6 mars 2007 : *Bull. civ. IV, n° 76 ; D. 2007. AJ 1011, obs. Chevrier ; RTD com. 2007. 825, obs. Bouloc ; JCP 2007. I. 195, n° 19, obs. Chagny ; CCC 2007, n° 148, obs. Malaurie-Vignal ; RJDA 2007, n° 898.* – V. aussi • Com. 26 juin 2007 : *JCP E 2008, n° 20, p. 26, obs. Respaud ; LPA 30 nov. 2007, note Arcelin-Lécuyer* • Paris, 21 janv. 2009 : *JCP E 2009, n° 38, p. 25, note Mathey.* ♦ Le fournisseur a le choix du moment de la résiliation au cours du processus de réorganisation du réseau de distribution dès lors qu'il s'agit d'un processus qui se poursuit sans solution de continuité et qui n'est pas achevé. • Com. 6 mars 2007 : *Bull civ. IV, n° 75 ; D. 2007. AJ 1010, obs. Chevrier ; RTD com. 2007. 825, obs. Bouloc ; JCP 2007. I. 195, n° 19, obs. Chagny ; CCC 2007, n° 149, obs. Malaurie-Vignal ; RJDA 2007, n° 714 ; RDC 2007. 838, obs. Béhar-Touchais.* ♦ Les juges doivent caractériser la nécessité d'une réorganisation rapide du réseau en cause. • Com. 15 déc. 2009 : *JCP E 2010. n° 1265, note Malaurie-Vignal ; CCC 2010, n° 70, obs. Mathey ; RDC 2010. 925, note Béhar-Touchais.* – Dans la même affaire, V. • Com. 25 sept. 2012 : *CCC 2012, n° 276, obs. Mathey ; RJDA 2013, n° 107.* ♦ La modification du mode de distribution et la suppression de la concession de territoires exclusifs sont, en elles-mêmes, révélatrices du caractère substantiel de la modification intervenue, peu important qu'elle porte directement sur les accords même de distribution qui régissent le réseau. • Com. 29 janv. 2008 : *Bull. civ. IV, n° 19 ; D. 2008. AJ 476, obs. Chevrier ; JCP E 2008, n° 10, p. 28 ; CCC 2008, n° 69, obs. Mathey ; CCC 2009. Chron. 2, par Claude ; RJDA 2008, n° 856 ; Lettre distrib. févr. 2008, p. 3.*

Pour des résiliations concomitantes à l'entrée en vigueur du Règl. CE n° 1400/2002 : • Com. 28 nov. 2006 : *cité note 3 ss. C. pr. civ., art. 873, App., v° Tribunaux de commerce* • Versailles, 25 mai 2004 : *Lettre distrib. juill.-août 2004.* ♦ … Alors même que l'entrée en vigueur de ce règlement ne rendait pas, par elle-même, nécessaire la réorganisation du réseau de distribution d'un fournisseur au sens de l'art. 5 § 3 du Règl. n° 1475/95. • CJCE 7 sept. 2006 : *D. 2006. AJ 2393, obs. Chevrier ; JCP E 2007, n° 6-7, p. 16, note Chagny ; LPA 13 déc. 2006, obs. Arhel ; RLDA janv. 2007. 74, note Bertin ; RDC 2007. 325, obs. Idot ; Europe 2006, n° 321, obs. Idot.*

92. Limites du contrôle judiciaire. La réorganisation d'un réseau peut se justifier par des motifs économiques ou juridiques ; si la réorganisation est justifiée par un motif juridique, dès lors que ce motif existe, le juge n'a pas à s'immiscer dans le choix du moment arrêté par le concédant pour réorganiser le réseau du point de vue juridique. • Versailles, 24 nov. 2005 : *Lettre distrib. déc. 2005, p. 2.* ♦ Si le juge se doit de vérifier la réalité des motifs et d'apprécier si le réseau a été réorganisé globalement ou substantiellement en raison de ces motifs, en revanche, il ne lui appartient pas de porter un jugement de valeur sur la pertinence du choix économique opéré par le concédant. • Même arrêt.

93. Préavis. Une résiliation ordinaire régulière suivie d'une résiliation extraordinaire pendant le préavis n'est pas contraire au règlement d'exemption automobile. • Com. 18 nov. 1997 : *CCC 1998, n° 9, obs. Vogel.* ♦ Les stipulations régissant un contrat de distribution automobile sont celles en vigueur au jour de la résiliation. Par conséquent, l'adoption du Règl. n° 1475/95 ne proroge pas le délai de préavis d'une année supplémentaire par rapport au préavis d'un an prévu dans l'ancien Règl. n° 123/85 (le nouveau règlement porte le délai de un à deux ans). • T. com. Versailles, 8 oct. 1997 : *CCC 1998, n° 8, obs. Vogel.* ♦ Le fournisseur, qui, avec un préavis d'exception d'un an seulement, rompt le contrat de concession exclusive le liant à un garagiste et opte pour une politique de distribution sélective en invoquant la nécessité de réorganiser l'ensemble de son réseau, doit rapporter la preuve qu'il a mis en œuvre cette réorganisation avant le 1er oct. 2003 afin de se conformer au règlement. Dès lors qu'il ne justifie, devant la juridiction nationale, d'aucun élément concret permettant de déterminer objectivement, au vu du nombre de concessions de distribution et de leur implantation géographique ainsi que du nombre restant de contrats à négocier, que le processus de réorganisation n'était pas achevé à la date de résiliation du contrat de concession exclusive du garagiste, il doit indemniser ce dernier à hauteur de la perte d'activité provenant de la réduction du préavis de deux ans à un seul. • Versailles, 25 sept. 2007 : *BICC 1er avr. 2008, n° 585.* ♦ Sur les relations entre le Règl. CE n° 1400-2002 du 31 juill. 2002 et l'art. L. 442-6-I-5° C. com., V. • Versailles, 4 sept. 2012 : *cité note 24 ss. art. L. 442-6.*

Art. L. 330-3 Toute personne qui met à la disposition d'une autre personne un nom commercial, une marque ou une enseigne, en exigeant d'elle un engagement d'exclusivité ou de quasi-exclusivité pour l'exercice de son activité, est tenue, préalablement à la signature de tout contrat conclu dans l'intérêt commun des deux parties, de fournir à l'autre partie un document donnant des informations sincères, qui lui permette de s'engager en connaissance de cause.

Ce document, dont le contenu est fixé par décret, précise notamment, l'ancienneté et l'expérience de l'entreprise, l'état et les perspectives de développement du marché concerné, l'importance du réseau d'exploitants, la durée, les conditions de renouvellement, de résiliation et de cession du contrat ainsi que le champ des exclusivités.

Lorsque le versement d'une somme est exigé préalablement à la signature du contrat mentionné ci-dessus, notamment pour obtenir la réservation d'une zone, les prestations assurées en contrepartie de cette somme sont précisées par écrit, ainsi que les obligations réciproques des parties en cas de dédit.

Le document prévu au premier alinéa ainsi que le projet de contrat sont communiqués vingt jours minimum avant la signature du contrat, ou, le cas échéant, avant le versement de la somme mentionnée à l'alinéa précédent. — *[L. n° 89-1008 du 31 déc. 1989, art. 1er.] — V. art. R. 330-1 et R. 330-2. — V. aussi art. A. 441-1.*

Pour l'application de l'art. L. 330-3 à Mayotte, aux territoires d'outre-mer et à la Nouvelle-Calédonie, V. Ord. n° 98-774 du 2 sept. 1998, art. 14 (JO 4 sept.), mod. par L. n° 99-1121 du 28 déc. 1999, art. 2 (JO 29 déc.).

V. Règl. UE n° 330-2010 du 20 avr. 2010 concernant l'application de l'art. 101 § 3 TFUE à des catégories d'accords verticaux et de pratiques concertées (JOUE L 102 du 23 avr.), applicable à compter du 1er juin 2010, App., v° Concurrence (II — Droit communautaire). — V. aussi le « code » de déontologie européen de la franchise, élaboré par la Fédération européenne de la franchise (JCP E 1990. II. 20656).

RÉP. COM. v^is *Franchise*, par FERRIER ; *Savoir-faire*, par SCHMIDT-SZALEWSKI.

BIBL. ▶ Information précontractuelle : VIRASSAMY, *JCP E 1990. II. 15809*. – PLANTAMP, *ALD 1990. 177*. – *Cah. dr. entr. 1990, n° 4*. – DURAND, *ibid., n° 5, p. 21*. – J.-P. CLÉMENT, *Gaz. Pal. 1991. 1. Doctr. 287*. – THREARD, *ibid., 2. Doctr. 609*. – BLANC, *D. 1993. Chron. 218* (contrats de distribution concernés par la loi Doubin). – GROLLEMUND-LOUSTALOT-FOREST, *RJ com. 1993. 60 et 101*. – CHAMBONNAUD, *in Mélanges Derruppé, p. 121*. – L. VOGEL et J. VOGEL, *D. Affaires 1995. 5* (cinq ans d'application de la loi). – MERESSE, *RJ com. 1997. 260* (étude de marché). – MAINGUY, GRIGNON et RESPAUD, *Cah. dr. entr. 1998, n° 5, p. 21* (synthèse de jurisprudence). – GAST et PEIRANI, *LPA*

31 mai 1999 (comptes d'exploitation prévisionnels et franchise : vers un débat d'experts ?). – MAROT, *LPA 31 août 2000* (collaboration entre franchiseur et franchisé). – LUTZ et WAGNER, *D. 2001. 1708* (pourquoi la loi Doubin n'est pas applicable aux contrats de bière ?). – KENFACK, *D. 2002. 627* (la lettre et l'esprit, à propos du délai d'information précontractuelle). – MAINGUY et RESPAUD, *CCC 2003, Chron. n° 4* (comment renforcer l'efficacité de la « loi Doubin » ?). – REGNAULT, *LPA 10 janv. 2003* (la tentation d'autoritarisme de la loi Doubin). – MAROT, *JCP E 2005, n° 49, p. 2087* (contenu et finalité de l'obligation d'information précontractuelle en franchise). – DISSAUX, *JCP 2010, n° 5, p. 236* (l'information précontractuelle du franchisé : un joyeux anniversaire ?). – LOIR, *D. 2012. 1425* (l'information du franchisé sur le futur). – DISSAUX, MÉRESSE et TOULOUSE, *RJDA juill.-août 2012, suppl., p. 19, 23 et 29* (le document d'information précontractuel). – DISSAUX, *RDC 2012. 1072* (obligation d'information à la charge du franchiseur).

► Franchise : BOUTARD-LABARDE, *Cah. dr. entr. 1987, n° 2*. – LEGEAIS, *JCP N 1992. I. 217*. – LELOUP, *JCP E 1989. II. 15455*. – LE TOURNEAU, *ibid. 1980. II. 13362*. – AMÉDÉE-MANESME, *RJ com. 1981. 165 ; ibid. 1993. 89 et 141* (distribution sélective et franchise). – CASTAN, *RJDA 1993, p. 514* (distinction entre franchise et affiliation). – BASCHET, *Gaz. Pal. 1996. 2. Doctr. 1478* (pratique de la franchise). – GASTINEL, *ibid. 1994. 1. Doctr. 696* (franchise internationale). – ATIAS, *Ann. loyers 1996. 1102* (contentieux de la franchise). – Colloque des 11-12 déc. 1996, *Cah. dr. entr. 1997, n° 3-4, p. 44*. – MALAURIE-VIGNAL, *JCP E 1998, n° 7-8, p. 260* (*intuitu personae* et liberté de la concurrence dans les contrats de distribution). – FAGES, *Cah. dr. entr. 1998, n° 6, p. 11* (abus dans les contrats de distribution). – ZIMMER, *D. Affaires 1999. 1152* (réseau commercial, mode de distribution à protéger). – FABRE, *Cah. dr. entr. 1999, n° 5, p. 26* (franchise, un ménage à trois). – ALBARIC, *ibid., p. 30* (adaptation de la franchise par le franchisé principal). – LELOUP, *D. 2000, n° 40, p. III* (circonstances et constance du droit de la franchise). – CHEVRIER, *D. 2001. Forum, p. 842* (synthèse de la 5e conférence juridique du collège des experts de la FFF). – AMIEL-COSME, *Mélanges Guyon, Dalloz, 2003, p. 1* (théorie institutionnelle du réseau). – FABRE et DANY, *D. 2003. 195* (application de la nouvelle définition des opérations de concentration à la franchise). – MELLERIO et SAVOVA, *JCP E 2005, n° 30, p. 1285* (franchise internationale). – Numéro spécial, *LPA 15 nov. 2007* (droit de la franchise). – MAINGUY et RESPAUD, *Mélanges le Tourneau, Dalloz, 2008, p. 705* (à propos du contrat de « commission-affiliation »). – SIMON, *LPA 22 juill. 2009* (les manquements du franchisé à son obligation de bonne foi). – SERSIRON et CHARLES, *RLDA juin 2010. 85* (franchiseurs multi-enseignes et stratégies de convergence). – SIMON, *Cah. dr. entr. 2010, n° 4, p. 20* (du bon usage de la technique contractuelle dans les contrats de distribution). – Dossier, *LPA 15 mars 2011* (développement international des réseaux de franchise). – LOYER-LEMERCIER, *JCP E 2011, n° 1218* (quel avenir pour le contrat de commission affiliation ?). – DISSAUX, *RTD com. 2011. 33* (la commission-affiliation : un monstre juridique ?). – MAINGUY, *Teutates 2012, n° 1/2, p. 1* (big bang dans la franchise ?). – AUBRY, *RLDA juill.-août 2012, suppl., p. 9* (la franchise et les modèles concurrents).

► Internet : FERRIER, *Cah. dr. entr. 2000, n° 2, p. 12* (distribution sur l'internet). – CONTIS et CORDIER, *JCP 2001. I. 313* (accords de distributions à l'épreuve de l'internet). – FOURNIER, *D. 2002. 793* (équilibre des réseaux de franchise de parfumerie de luxe). – COLLARD et ROQUILLY, *LPA 3 avr. 2002* (réseaux de distribution fermés et commerce électronique). – CASTAGNON, *CCC 2003, Chron. n° 10* (internet et réseau de distribution). – LECOURT, *D. 2004. 623* (franchise et internet). – FERRIER, *D. 2006. 2594* (la distribution sur internet dans le cadre d'un réseau). – DIENY, *JCP E 2009, n° 24, p. 23* (vente par internet, vente hors-réseau : un aperçu des décisions 2008). – CHAPUT, *JCP E 2010, n° 1893* (contrôler sa distribution : l'impossible pari).

I. INFORMATION PRÉCONTRACTUELLE

1. Ordre public. En ce sens que l'art. L. 330-3, loi protectrice d'ordre public interne, n'est pas une loi de police applicable dans l'ordre international, V. • Paris, 30 nov. 2001 : *Cah. dr. entrep. 2002, n° 3, p. 29, obs. Raynard ; Lettre distrib. févr. 2002, p. 2.* ♦ Comp., jugeant qu'il résulte des objectifs de la loi et du droit comparé (belge) que les dispositions de l'art. L. 330-3 ne caractérisent pas seulement une loi de protection, mais que, procédant de l'ordre public économique de direction, elles constituent une loi de police applicable au contrat conclu avec une société française en vue de la création et du développement en France d'un réseau de franchise, sous licence étrangère, nonobstant la désignation par les parties de la loi québécoise comme loi du contrat : • Paris, 25 oct. 2011 : *RDC 2012. 563, obs. Racine ; Lettre distrib. déc. 2011, p. 3.*

2. Entrée en vigueur. BIBL. J.-P. Clément, *Gaz. Pal. 1992. 1. Doctr. 126.* ♦ Si la loi du 31 déc. 1989 [C. com., art. L. 330-3] prévoit un décret d'application pour fixer le contenu du document d'information qui doit être communiqué vingt jours au moins avant la signature du contrat, elle est d'application immédiate en ce qui concerne la communication préalable du projet de contrat dans ce délai. • Paris, 7 avr. 1993 : *D. 1995. Somm. 75, obs. Ferrier ; LPA 3 déc. 1993, obs. Marot* • 7 juill. 1995 : *préc. note 1.* ♦ V. note ss. art. R. 330-1.

A. CHAMP D'APPLICATION

3. Forme. Le respect de la loi Doubin suppose la signature d'une convention écrite. • Com. 7 janv. 2004 : *Lettre distrib. févr. 2004, p. 2.* ♦ L'ensemble contractuel comportant le contrat de vente, le contrat d'installation de celui-ci et le contrat d'approvisionnement entre bien, malgré les efforts entrepris pour éviter la qualification de contrat de franchise et ses conséquences, dans les prévisions de l'art. L. 330-3, il suffit à cet effet que soit établie la mise à disposition, en contrepartie d'un engagement d'exclusivité, d'une marque ou d'une enseigne. • Toulouse, 3 déc. 2002 : *D. 2003. Somm. 2432, obs. Ferrier ; JCP E 2004, n° 5, p. 153.* ♦ L'artifice consistant à renvoyer à une annexe au contrat ces deux obligations réciproques ne saurait permettre d'écarter l'application d'une loi d'ordre public, s'agissant d'ailleurs d'un contrat consensuel, conclu entre commerçants. • Même arrêt.

4. Exclusivité. La notion d'exclusivité au sens de l'art. L. 330-3 s'apprécie au regard des relations privilégiées qui peuvent unir un franchiseur à un candidat à la franchise et non au regard de l'activité globale de ce dernier. • Agen, 12 mars 2008 : *CCC 2008, n° 199, obs. Malaurie-Vignal.* ♦ Ainsi, l'art. L. 330-3 est applicable dès lors que les adhérents à une coopérative de commerçants détaillants sont, pour les produits couverts par la convention, tenus à une quasi-exclusivité, et alors même qu'il existe une possibilité d'exploiter des activités non concurrentes. • Com. 19 janv. 2010 : *Bull. civ. IV, n° 15 ; D. 2010. AJ 320, obs. Chevrier ; D. 2011. Pan. 549, obs. Ferrier ; JCP E 2010, n° 1348, note Friedel et Toulouse ; JCP 2010, n° 1015, spéc. n° 4, obs. Stoffel-Munck ; LPA 22 juin 2010, note Tiquant ; CCC 2010, n° 92, obs. Malaurie-Vignal ; RJDA 2010, n° 495 ; RDLC 2010, n° 2, p. 89, obs. Eréséo ; RD banc. fin. 2010, n° 60, obs. Legeais.* ♦ L'art. 1er de la L. du 31 déc. 1989 [C. com., art. L. 330-3] s'applique au contrat d'affiliation par lequel une radio locale diffuse le programme d'un autre opérateur. • T. com. Paris, 22 mars 1993 : *D. 1994. Somm. 281, obs. Hassler ; RJ com. 1994. 30, note Hassler.*

En revanche, le contrat d'assistance commerciale par lequel un fournisseur met à la disposition d'un distributeur des produits de sa marque moyennant l'obligation pour ce dernier de faire figurer la marque sur la porte de sa boutique de façon visible mais sans aucune obligation d'exclusivité n'est pas soumis à l'art. 1er de la L. du 31 déc. 1989 [C. com., art. L. 330-3]. • T. com. Paris, 3 nov. 1992 : *JCP 1993. IV. 493.* ♦ V. aussi relevant qu'aussi bien dans le contrat que dans les statuts ou le règlement intérieur d'une société coopérative aucun engagement d'exclusivité ou de quasi-exclusivité n'était stipulé : • Com. 17 mars 2004 : *Lettre distrib. juin 2004, p. 2.*

5. Location-gérance. L'obligation d'information prévue à l'art. 1er de la loi du 31 déc. 1989 [C. com., art. L. 330-3] est applicable à un contrat de location-gérance dès lors que, pour l'application de ce texte, il suffit que les parties soient liées par des stipulations contractuelles prévoyant d'un côté la mise à disposition de l'enseigne, du nom commercial ou de la marque et d'un autre côté, un engagement d'exclusivité pour l'exercice de l'activité concernée. • Com. 10 févr. 1998 : *Bull. civ. IV, n° 71 ; D. 1998. Somm. 334, obs. Ferrier ; D. Affaires 1998. 375, obs. E. P. ; JCP E 1998, n° 23, p. 894, note Leveneur ; Defrénois 1998. 733, obs. Delebecque ; CCC 1998, n° 55, obs. Leveneur* (V. l'arrêt d'appel : • Paris, 7 juill. 1995 : *préc. note 2*).

6. Autres illustrations. Précisant que la forme sociale que les parties ont adoptée pour exercer leur activité n'a pas à être prise en considération (application à des coopératives de commerçants détaillants) • Douai, 4 juill. 2002 : *D. 2002. AJ 2868, obs. Chevrier* • Nîmes, 29 juin 2009 : *JCP E 2011, n° 1150, spéc. n° 4, obs. Karlshausen.* – Comp. • Paris, 9 avr. 2002 : *LPA 3 juill. 2003, obs. Etner.* – V. aussi, Kandem, *D. Affaires 1998. 989 ;* Neau-Leduc, *Cah. dr. entr. 1998, n° 2, p. 27 ;* Marot, *D. 1999. Chron. 431* . ♦ Sur l'application de la loi à la relation unissant un pétrolier et un gérant mandataire, V. • Montpellier, 2 avr. 1998 : *Cah. dr. entr. 1998, n° 5, p. 21, obs. Mainguy, Grignon et Respaud.* ♦ ... A un contrat d'affiliation à une centrale d'achats, V. • Bordeaux, 30 avr. 2002 : *LPA 3 juill. 2003, obs. Petitier.* ♦ ... Et à un contrat de sous-licence de marque et de savoir-faire, V. • T. com. Marseille, 22 janv. 2001 : *RJDA 2002, n° 446.* ♦ V. aussi • Com. 24 sept. 2003 : *RJDA 2004, n° 299.*

7. Reconduction, cession du contrat. La modification du contrat initial résultant de l'agrément d'un nouveau concessionnaire impose que le concédant fournisse à son nouveau contractant les informations lui permettant de s'engager en connaissance de cause. • Com. 21 févr. 2012 : *Bull. civ. IV, n° 39 ; D. 2013. Pan. 738, obs. Ferrier ; D. 2012. Actu 677, obs. Chevrier ; RTD com. 2012. 723, obs. Saintourens ; JCP E 2012, n° 1481, note Randoux ; CCC 2012, n° 123, obs. Malaurie-Vignal ; RJDA 2012, n° 762 ; RLDA avr. 2012. 44, obs. Mathonnière ; RDLC 2012, n° 4, p. 89, obs. Ferrier ; RDC 2012. 1260, obs. Grimaldi.* ♦ L'obligation précontractuelle d'information, prévue par la loi du 31 déc. 1989 [C. com., art. L. 330-3], doit s'appliquer lorsqu'un franchisé est amené à changer d'enseigne au sein d'un même groupe, avec lequel il est déjà contractuellement lié. • T. com. Toulouse, 8 févr. 1995 : *Gaz. Pal. 1996. 1. 84.* – V. Grosz, *ibid. Doctr. 118.* ♦ Pour une application de l'obligation précontractuelle d'information lors de la reconduction tacite d'un contrat, V. • Com. 14 janv. 2003 : *D. 2003. 2304, note Kenfack ; ibid. Somm. 2429, obs. Ferrier ; JCP E 2004, n° 11, p. 420, obs. Neau-Leduc ; CCC 2003, n° 69 ; RDC 2003. 158, obs. Béhar-Touchais ; Cah. dr. entr. 2003, n° 3, p. 20, obs. Mainguy ; RJ com. 2004. 104, note Lebreton-Derrien ; Lettre distrib. mars 2003, p. 1, obs. Mainguy.* ♦ ... V. en matière de cession du contrat de franchise : • Com. 7 janv. 2004 : *préc. note 3.* ♦ Le grief tiré de l'insuffisance des informations précontractuelles suppose la signature d'un contrat et cette insuffisance d'informations préalables à la signature d'un éventuel nouveau contrat est en toute hypothèse impropre à caractériser un abus dans la résiliation d'un contrat préexistant, V. • Paris, 13 sept. 2002 : *Lettre distrib. nov. 2002, p. 2.*

Aucune disposition légale ne régissant le cas où le contrat de franchise n'est que la reprise de contrats antérieurs, dès lors que les signataires sont les mêmes, que les caractéristiques fondamentales du nouveau contrat sont identiques à celles de l'ancien contrat et qu'il n'y a pas eu de modification dans le marché et dans le réseau, le défaut d'information lors du renouvellement du contrat de franchise n'est susceptible d'en entraîner la nullité que dans la mesure où la preuve est rapportée que l'omission de cette formalité a vicié le consentement du franchisé qui sollicite le renouvellement du contrat. • Paris, 6 nov. 1998 : *RJDA 1999, n° 400 ; Cah. dr. entr. 1999, n° 2, p. 31, obs. Mainguy, Grignon et Respaud.* ♦ Le contrat de franchise souscrit par le cédant d'un fonds de commerce doit être considéré comme continué par le cessionnaire dès lors qu'il a été en fait exécuté aux conditions initiales en dépit d'une novation par changement de franchisé et de l'existence d'une clause de tacite reconduction ; l'inobservation de l'obligation d'information prévue par la loi n'a pas vicié le consentement du nouveau franchisé dès lors que celui-ci a été averti, à l'occasion des négociations ayant précédé l'acquisition du fonds, de l'existence de la franchise, de ses modalités d'exécution et de ses résultats. • Paris, 11 déc. 1998 : *eod. loc.* ♦ Sur l'obligation d'information pré-contractuelle pesant sur le franchisé lors de la cession de son contrat de franchise, V. • Metz, 23 sept. 2008 : *CCC 2009, n° 46, obs. M. M.-V.*

En raison des difficultés liées à la mise en place simultanée de deux cents magasins résultant d'un plan de redressement judiciaire par voie de cession, un avenant aux contrats de franchise peut dispenser le franchiseur de procéder à l'étude préalable pour les magasins déjà ouverts ; cela n'entache pas les contrats de nullité et n'autorise pas les franchisés à ne pas payer les redevances prévues. • Com 1er juin 1993 : *Bull. act. Lamy droit économique août-sept. 1993, p. 9.* – V. aussi Vilmart, *JCP E 2004, n° 32-35, p. 1282* (conséquences de la cession d'un franchiseur). – Sur cette question, V. aussi note 45.

B. DÉLAI LÉGAL

8. *Date d'appréciation.* Seule la signature du contrat ayant marqué l'accord effectif de la volonté des parties sur les stipulations qu'il devait contenir, le délai légal d'information précontractuelle doit s'apprécier au moment de la signature même lorsqu'il a été prevu que le contrat prendrait effet à une date antérieure. • Com. 17 juill. 2001 : *Bull. civ. IV, n° 153 ; D. 2001. AJ 2674, obs. Chevrier ; RTD civ. 2002. 289, obs. Mestre et Fages ; CCC 2002, n° 2, obs. Leveneur ; JCP E 2002, n° 13, p. 569, note Kamdem.* ♦ V. aussi Kenfack, *D. 2002. 627* ; Choisy, *LPA 11 avr. 2002.* ♦ En l'absence des informations visées à l'art. L 330-3, seules susceptibles de permettre au futur franchisé de se déterminer en connaissance de cause, le franchiseur ne pouvait pas exiger la signature du contrat. • Com. 17 mars 2009 : *RJDA 2009, n° 594 ; Lettre distrib. juin 2009, p. 4.*

C. OBJET DE L'INFORMATION

9. *Obligation de moyens.* Satisfait à l'obligation de moyens qui lui incombe le franchiseur qui, après avoir accompli sans manquement particulier ni erreur flagrante des diligences complètes de nature à permettre au franchisé de se déterminer en connaissance de cause, s'implique à titre personnel pour cautionner les engagements de ce dernier auprès des organismes de crédit ; sa responsabilité ne saurait être engagée vis-à-vis du franchisé, dès lors que ce dernier, déjà rompu aux pratiques du franchisage, a contracté avant de connaître les résultats de l'étude de faisabilité. • Limoges, 28 oct. 1997 : *BICC 1998, n° 404.* ♦ Sur la prise en compte de l'expérience du distributeur et ses éventuelles obligations, V. • Com. 7 juill. 2004 : *Bull. civ. IV, n° 150 ; D. 2004. AJ 2229 ; JCP E 2004, n° 39, p. 1468 ; CCC 2004, n° 170, obs. Leveneur ; Gaz. Pal. 2005. Somm. 584, obs. Guével ; RTD com. 2005. 406, obs. Bouloc ; RJDA 2005, n° 25 ; Cah. dr. entr. 2004, n° 6, p. 10, obs. Mainguy et Respaud.* ♦ Sur l'obligation de s'informer pesant sur le franchisé, V. • Rennes, 3 juill. 2012 : *RJDA 2013, n° 218.* ♦ Sur la charge de la preuve du vice du consentement, V. • Com. 4 févr. 2004 : *D. 2005. Pan. 151, obs. Ferrier ; RDC 2004. 729, obs. Béhar-Touchais ; Cah. dr. entr. 2004, n° 3, p. 28, obs. Respaud.*

10. Étude du marché local. Il ne peut être reproché au franchiseur de s'être abstenu de fournir au candidat franchisé une étude du marché local dès lors que l'art. L. 330-3 ne met pas une telle obligation à la charge du franchiseur. • Versailles, 7 juin 2007 : *RJDA 2007, n° 1085 ; Lettre distrib. oct. 2007, p. 3.* ♦ Mais s'il est exact que le texte légal n'exige pas que le document précontractuel réalise une véritable étude de marché local ou fournisse un prévisionnel d'activité du magasin en projet, le franchiseur est néanmoins tenu d'informer son partenaire avec loyauté et sincérité, tant en ce qui concerne le montant de l'investissement qu'il devra consentir, que pour ce qui est de l'état général et local du marché des produits faisant l'objet du contrat, et notamment de la situation concurrentielle existante et prévisible lorsqu'elle est de nature à avoir un impact significatif sur le chiffre d'affaires à réaliser. • Nîmes, 6 oct. 2005 : *Lettre distrib. janv. 2006, p. 5.* ♦ V. aussi, jugeant que le franchiseur doit fournir au candidat franchisé des informations suffisantes sur le marché local : • Paris, 23 juin 2006 : *JCP E 2007, n° 3, p. 32, note Deberdt.* ♦ Le document intitulé « Étude de marché » remis au candidat ne pouvait pas tenir lieu d'étude locale de marché que le franchiseur devait fournir car il ne contenait que des données très générales. • Paris, 22 mai 2008 : *CCC 2008, n° 230, obs. M. M.-V. ; RJDA 2008, n° 1112 ; Lettre distrib. oct. 2008, p. 5.* ♦ Sur l'absence de sérieux d'une étude du marché local, les éléments chiffrés relatifs à la clientèle remontant à cinq ans, aucune information sur la répartition socio-professionnelle et le nombre de centres concurrents n'ayant été fournie, V. • Paris, 30 juin 2011 : *CCC 2012, n° 14, obs. M. M.-V.*

11. Compte prévisionnel. Si les comptes prévisionnels ne figurent pas dans les éléments devant se trouver dans le document d'information précontractuelle, ils doivent, lorsqu'ils sont communiqués, présenter un caractère sérieux. • Com. 31 janv. 2012 : *D. 2013. Pan. 738, obs. Ferrier ; RJDA 2012, n° 763.* ♦ Sur l'absence d'obligation de résultat dans l'établissement, par le franchiseur des prévisions d'activité du franchisé, V. • Com. 19 mai 1992 : *JCP E 1993. II. 387, note Leveneur* • Civ. 1re, 11 janv. 2000 : *RJDA 2000, n° 259* • 5 déc. 2000 : *RJDA 2001, n° 440* • Paris, 29 mai 1992 : *D. 1992. Somm. 391, obs. Ferrier* • Paris, 4 oct. 1991 : *D. 1991. IR 293.* ♦ Comp., sur la responsabilité du franchiseur en raison de la mauvaise qualité de son étude préalable, qui avait été déterminante de l'adhésion du franchisé : • Com. 4 déc. 1990 : *JCP 1991. II. 21725, note Virassamy* • 24 févr. 1998 : *RJDA 1998, n° 854* • Versailles, 29 juin 1995 : *D. 1997. Somm. 55, obs. Ferrier* • Lyon, 3 mars 2000 : *JCP 2002. IV. 1399.* ♦ ... Ou d'une erreur grossière : • T. com. Paris, 30 sept. 1993 : *Gaz. Pal. 1994. 2. Somm. 756 ; JCP E 1993. Pan. 1289 ; RJDA 1993, n° 1014,* conf. par • Paris, 3 févr. 1994 : *D. 1995. Somm. 75, obs. Ferrier ; CCC 1994, n° 113, obs. Leveneur ; RJ com. 1994. 163, notes Lévy et Maniez,* puis par • Com. 30 janv. 1996 : *JCP 1996. I. 3929, n° 6, obs. Jamin ; RJDA 1996, n° 776.* – Sur cette affaire, V. Clément, *RJ com. 1996. 282.* – V. aussi • Douai, 6 oct. 1992 : *D. 1995. Somm. 76, obs. Ferrier* • Toulouse, 6 déc. 1995 : *D. Affaires 1996. 392.* ♦ Sur l'annulation d'un contrat de franchise pour erreur sur la rentabilité de l'activité entreprise, V. • Com. 4 oct. 2011 : *D. 2011. 3052, note Dissaux ; D. 2012. Pan. 462, obs. Mekki ; JCP 2012, n° 135, note Ghestin ; Gaz. Pal. 2012. 284, obs. Houtcieff ; RLDA janv. 2012. 36, note Riéra ; RDC 2012. 64, note Genicon ; Journ. sociétés janv. 2012. 54, obs. Hontebeyrie.* — V. aussi • Com. 12 juin 2012 : *D. 2012. 2079, note Dissaux ; D. 2013. Pan. 395, obs. Mekki ; RTD civ. 2012. 724, obs. Fages ; JCP E 2013, n° 1200, spéc. n° 1, obs. Mainguy ; RDLC 2012, n° 4, p. 89, obs. Ferrier.* ♦ Compte tenu des éléments d'appréciation à la disposition du franchisé, c'est souverainement que les juges ont retenu que la faute du franchiseur – ayant consisté à garder le silence sur les difficultés conjoncturelles subies par le précédent franchisé et à présenter des prévisions de résultats exagérément optimistes – était insuffisante pour entraîner la nullité du contrat dès lors qu'il n'est pas démontré que les prévisions de chiffre d'affaires aient été mensongères. • Com. 8 juill. 2003 : *CCC 2003, n° 153, obs. Leveneur ; RJDA 2004, n° 34* (dol incident par opposition au dol déterminant). ♦ Pour une caution recherchant la responsabilité d'une centrale de référencement qui a fourni une étude prévisionnelle erronée, V. • Amiens, 26 mars 2007 : *RD banc. fin. 2007, n° 218, obs. Legeais.*

Sur une étude prévisionnelle faisant partie du savoir-faire du franchiseur et entrée dans le cadre contractuel, ce qui justifie la résiliation du contrat en cas de manquement, sans avoir à prouver un vice du consentement : • Com. 7 juill. 2004 : *D. 2005. Pan. 152, obs. Ferrier ; Cah. dr. entr. 2004, n° 6, p. 10, obs. Mainguy et Respaud ; Lettre distrib. sept. 2004, p. 2.* ♦ V. aussi, jugeant que le savoir-faire mis en avant par le franchiseur autorisait le franchisé à se fier au choix de l'emplacement du magasin, comme aux prévisions de chiffre d'affaires et de résultat élaborées par le franchiseur ; ces divers services fournis à titre onéreux entrant dans le champ contractuel défini dans le contrat de franchise : • Paris, 1er févr. 2006 : *RJ com. 2006. 314, note Leloup ; Lettre distrib. sept. 2006, p. 3.*

D. SANCTIONS

12. Nullité du contrat. Pour prononcer la nullité du contrat conclu en violation de l'art. 1er de la L. du 31 déc. 1989 [C. com., art. L. 330-3], il appartient au juge de rechercher que le défaut d'information a eu pour effet de vicier le consentement du cocontractant. • Com. 10 févr. 1998 : *préc. note 5* • 21 nov. 2000 : *JCP E 2001, n° 17, p. 712, note Leveneur ; Cah. dr. entr. 2001, n° 2, p. 28, obs. Respaud* • 15 mars 2011 : *RDLC 2011, n° 3, p. 125, obs. Éréséo.* – V. déjà • T. com. Paris, 22 mars 1993 : *préc. note 4.* ♦ Dans le même sens, V. • Com. 13 avr. 1999 : *RJDA 1999, n° 660 ; Cah. dr. entr. 1999, n° 5, p. 18, obs. Grignon* • 19 oct. 1999 : *D. 2001. Somm. 296, obs. Ferrier.* ♦ De même, le non-respect par le franchiseur de son obligation d'information ne peut entraîner l'annulation du contrat pour dol, sur le fondement de l'art. 1116 C. civ., que si le comportement du franchiseur a conduit le franchisé à être abusé sur les conditions réelles dans lesquelles il était amené à contracter. • Com. 2 déc. 1997 : *D. 1998. Somm. 334, obs. Ferrier ; RJDA 1998, n° 417.* ♦ En déduisant un vice du consentement du franchisé du seul manquement du franchiseur à son obligation d'information précontractuelle, la cour d'appel n'a pas donné de base légale à sa décision. • Com. 20 mars 2007 : *JCP 2007. II. 10133, note Attuel-Mendes.* ♦ L'absence d'indication de la domiciliation bancaire du franchiseur ne peut être sérieusement considérée comme de nature à vicier le consentement du franchisé. • Toulouse, 26 janv. 2006 : *Lettre distrib. mai 2006, p. 4.* ♦ Sur l'annulation d'un contrat de franchise, bien que le franchiseur ait transmis au futur franchisé les documents prévus par la loi, dans la mesure où les informations communiquées sur la composition de la clientèle potentielle étant incomplètes, elles l'avaient privé de la possibilité d'apprécier la rentabilité de l'entreprise : • Com. 16 mai 2000 : *JCP E 2001, n° 6, p. 269, obs. Neau-Leduc.* ♦ Sur la condamnation du franchiseur sur le fondement des art. 1109, 1116, 1134 et 1147 C. civ. et dans le cadre de l'art. L. 330-3 C. com., V. • TGI Nîmes, 19 janv. 2005 : *JCP E 2005, n° 49, p. 2087, note Marot.*

Comp., jugeant suffisante la simple violation de l'art. 1er de la L. du 31 déc. 1989 [C. com., art. L. 330-3], • Paris, 24 mars 1995 : *D. 1995. IR 138 ; JCP 1995. I. 3867, n° 6, obs. Jamin* • 17 mai 1995 : *D. 1997. Somm. 55, obs. Ferrier ; RJDA 1996, n° 331* • 7 juill. 1995 : *préc. note 2* • 18 juin 1997 : *D. Affaires 1997. 1040.* ♦ Comp. aussi, jugeant que l'obligation précontractuelle de renseignements étant d'ordre public, son inexécution dans le délai légal entraîne la nullité du contrat, les choses devant être remises en état comme si le contrat n'avait jamais existé, • Montpellier, 4 déc. 1997 : *BICC 1998, n° 784* • 21 mars 2000 : *D. 2001. Somm. 296, obs. Ferrier.*

Pour une annulation pour cause illicite (exercice illégal de la médecine et de la pharmacie), V. • Civ. 1re, 11 juin 1996 : *D. 1997. Somm. 57, obs. Ferrier ; CCC 1996, n° 166, obs. Leveneur.*

13. Dol. Sur la nécessité d'un élément intentionnel en cas de dol, et sur la prise en compte du caractère inexcusable de l'erreur, V. • Paris, 14 nov. 1997 : *JCP E 1998, n° 15-16, p. 604, obs. Ph. N.-L. ; RJDA 1998, n° 278.* ♦ Sur l'annulation pour dol en raison du silence gardé par le franchiseur sur la liquidation judiciaire d'un ancien franchisé prononcée plus d'un an auparavant, alors même que le 5°, *c)* de l'art. 1er du Décr. du 4 avr. 1991 [C. com., art. R. 330-1], n'oblige qu'à communiquer au candidat le nombre d'entreprises qui, étant liees au réseau, ont cessé d'en faire partie au cours de l'année précédent celle de la délivrance du document d'information précontractuelle, V. • TGI Avignon, 9 déc. 2003 : *Lettre distrib. févr. 2004, p. 4* (réformé par • Nîmes, 13 juin 2006 : *Lettre distrib. juill.-août 2006, p. 3*). ♦ Ayant relevé que le franchisé s'était engagé sur la foi des informations fausses et trompeuses communiquées par le franchiseur et retenu que ce dernier avait volontairement déformé la réalité du réseau en occultant sciemment les difficultés de son développement en province, procédant à une rétention d'informations essentielles mettant en cause la viabilité de l'exploitation, une cour d'appel a fait ressortir le caractère déterminant des manœuvres déployées. • Com. 3 avr. 2012 : *D. 2013. Pan. 738, obs. Ferrier* ; *RJDA 2012, n° 845.* ♦ Pour des décisions refusant l'annulation pour dol, • Paris, 26 mars 1992 : *RJDA 1992, n° 576* • T. com. Paris, 28 oct. 1992 : *JCP 1993. IV. 358* • Toulouse, 13 janv. 2000 : *D. 2000. AJ 261* • Com. 10 janv. 1995 : *RJDA 1995, n° 561* • 11 févr. 2003 : *D. 2003. 2304, note Kenfack ; LPA 17 sept. 2003, note Perruchot-Triboulet ; Cah. dr. entr. 2003, n° 5, p. 41, obs. Mainguy.*

14. Effet de la nullité. Sur les conséquences de l'effet rétroactif de la nullité du contrat, au regard des restitutions auxquelles peuvent prétendre les parties, et sur la possibilité d'ordonner une expertise à cet égard, V. • Paris, 24 mars 1995 : *Gaz. Pal. 1996. 1. 69* • 5 déc. 1996 : *D. Affaires 1997. 380* – Sur ces arrêts, V. Grosz, *Gaz. Pal. 1996. 1. Doctr. 118.* ♦ V. aussi, pour la réparation du préjudice d'associés ayant créé une société pour la seule exploitation d'un magasin franchisé, en cas d'annulation, pour dol du franchiseur, du contrat de franchise, • Versailles, 12 oct. 1995 : *JCP E 1996. Pan. 171.* ♦ Pour un autre exemple d'évaluation du préjudice du franchisé résultant de la résiliation du contrat aux torts du franchiseur, V. • Paris, 28 mars 1997 : *D. Affaires 1997. 667.* ♦ Sur la distinction entre l'action en nullité et l'action en réparation du préjudice, V. • Com. 27 janv. 2009 : *CCC 2009, n° 103, obs. M. M.-V. ; RJDA 2009, n° 419 ; RDC 2009. 1150, obs. Béhar-Touchais.* ♦ Le contrat de franchise annulé étant censé ne jamais avoir existé, le franchisé ne peut utilement, sauf à méconnaître les conséquences mêmes de la nullité prononcée, réclamer l'allocation d'un préjudice financier correspondant à la non-obtention des résultats commerciaux qu'il eût été en droit d'attendre de l'exploitation de la franchise. • Com. 18 oct. 2011 : *RJDA 2012, n° 151 ; RDLC 2012, n° 1, p. 125, obs. Martin.*

15. Résiliation du contrat. La violation de l'obligation précontractuelle d'information et de renseignements, prévue à l'art. L. 330-3, si elle peut fonder la nullité du contrat de franchise en cas de vice du consentement, ne saurait entraîner à elle seule sa résiliation. • Com. 12 févr. 2008 : *RJDA 2008, n° 634 ; RCA 2008, n° 143.* ♦ L'art. 1er [C. com., art. L. 330-3] n'a en aucune façon pour objet de restreindre la faculté de résiliation des contrats qu'il vise. • Paris, 12 mai 1995 : *cité par L. et J. Vogel, D. Affaires 1995. 6, n° 10.* ♦ Pour des résiliations aux torts du franchiseur, pour manquement de ce dernier à son devoir d'information, • Com. 6 mai 2003 : *RJDA 2003, n° 1169* (présentation imprécise du projet de franchise, absence d'information sur le marché local, compte prévisionnel irréaliste) • Paris, 17 janv. 1992 : *D. 1992. IR 101* • T. com. Paris, 22 déc. 1992 : *Gaz. Pal. 1994. 2. Somm. 757* • Com. 11 févr. 2003 : *BRDA 2003, n° 5, p. 5* • Versailles, 7 févr. 2002 : *JCP 2003. II. 10127, note Viennois* • Paris, 4 déc. 2003 : *CCC 2004, n° 75, obs. Leveneur ; LPA 1er oct. 2004, note Tiquant.*

II. FRANCHISE

16. Offre d'adhésion à un réseau. La publicité afin d'adhérer à un réseau de franchise, diffusée sur une radio, ne constitue pas un appel public à l'épargne, au sens du Règl. COB n° 88-04, dès lors qu'elle n'est porteuse que d'une offre d'adhésion audit réseau et non d'une proposition en vue de l'acquisition ou de la souscription de valeurs mobilières. • Paris, 15 févr. 1995 : *JCP 1995. II. 22470, note Granier ; Bull. Joly 1995. 186, note Le Cannu.*

17. Compétence juridictionnelle. Le contrat de franchise n'étant pas nécessairement commercial, s'agissant d'un litige opposant le franchiseur à un franchisé artisan indépendant non inscrit au registre du commerce, le tribunal de commerce n'est pas compétent. • Com. 25 oct. 1994 : *CCC 1995, n° 27, note Leveneur.*

A. DÉFINITION

18. Éléments essentiels. Un contrat de franchise doit comporter la mise à disposition du franchisé par le franchiseur d'un nom commercial, de sigles et symboles, d'une marque ainsi que d'un savoir-faire et d'une collection de produits et services offerts d'une manière originale et spécifique et exploités suivant des techniques commerciales uniformes préalablement expérimentées et constamment mises au point et contrôlées. • Colmar, 9 juin 1982 : *D. 1982. 553, note Burst.* – Comp. : • Paris, 15 déc. 1992 : *RJ com. 1993. 151, note Martin-Serf.* ♦ Sur les éléments essentiels et spécifiques du contrat de franchisage, V. aussi • Com. 8 juill. 1997 : *D. Affaires 1997. 960 ; RJDA 1997, n° 1481.* ♦ Sur la qualification de franchise et non de contrat de location de matériel pour un professionnel se présentant comme un partenaire privilégié dans le domaine de la laverie automatique qui guide et conseille à tous les stades de l'investissement en établissant un dossier de financement et en réalisant une étude de faisabilité, et comme prestataire d'un savoir-faire, V. • Lyon, 3 mars 2000 : *JCP 2002. IV. 1399.*

Sur la distinction entre franchise et licence de marque, V. • Versailles, 7 mars 2002 : *RJDA 2002, n° 829 ; LPA 3 juill. 2003, obs. Etner.* ♦ Sur la distinction entre franchise et contrat de partenariat commercial avec transmission de savoir-faire, V. • Paris, 19 juill. 2006 : *CCC 2007, n° 9, obs. Malaurie-Vignal.* ♦ Sur la requalification en contrat de travail d'un postulant à la franchise, V. • Paris, 20 sept. 2010 : *LPA 25 févr. 2011, note Tiquant.*

19. Savoir-faire. **BIBL.** Baschet, *Gaz. Pal. 1994. 1. Doctr. 690* (savoir-faire). – Gast, *LPA 3 nov. 1995* (du savoir-faire au savoir-réussir). ♦ Il ne peut y avoir contrat de franchise que si le franchiseur possède et met à la disposition du franchisé un savoir-faire propre, original ou substantiel. • Paris, 7 juin 1990 : *D. 1990. IR 176* • 31 mars 1993 : *RJDA 1993, n° 613* • Com. 19 févr. 1991 : *D. 1992. Somm. 391, obs. Ferrier*. ♦ Comp., lorsque la franchise porte sur un nouveau concept : • Rouen, 14 mars 1992 : *RJDA 1992, n° 816.* ♦ Le contenu du savoir-faire est fonction de la branche d'activité ou du produit, objet de la franchise. • Paris, 18 juin 1992 : *D. 1995. Somm. 76, obs. Ferrier* ; *RJDA 1993, n° 106.* ♦ A titre d'exemple, il a été jugé que constitue un savoir-faire suffisamment substantiel et original pour faire l'objet d'un contrat de franchise portant sur la location de voitures d'occasion, l'expérience accumulée par le franchiseur – tant dans la fourniture des véhicules indispensables à l'exercice de l'activité que dans la prospection de la clientèle potentielle et la gestion des agences – et rassemblée sous forme de recueils fournis aux franchisés et mis à jour périodiquement pour tenir compte de l'évolution de ces connaissances spécifiques et de celle du marché. • Paris, 12 janv. 1994 : *RJDA 1994, n° 795.* ♦ Un manuel opérationnel qualifié de « bible », ensemble volumineux, peu maniable, mêlant synthèses et emprunts, n'en constitue pas moins un outil de travail qui opère par son contenu et son agencement, une transmission d'informations et de savoir-faire. • Paris, 20 déc. 1995 : *D. Affaires 1996. 268.* – V. aussi • Aix-en-Provence, 30 nov. 1995 : *Bull. Aix-en-Provence 1995, n° 2, p. 266, obs. Laurent.*

L'originalité du savoir-faire du franchiseur peut consister en la combinaison d'une formule club, à laquelle les franchisés sont tenus de souscrire, et d'une assurance groupe destinée à attirer et fidéliser une clientèle spécifique recherchant à la fois l'optimisation de l'offre immobilière par l'accès à un service télématique et une actualisation des offres nées de l'envoi de publications régulières, le tout, avec une sécurité juridique résultant d'un service d'assistance ou du bénéfice d'une assurance. • Paris, 8 mars 1996 : *D. 1996. IR 108.*

20. Sanction de l'absence de savoir-faire. **BIBL.** Bensoussan, *RLDA juill.-août 2012, suppl., p. 50* (indemnisation du franchisé et savoir-faire). ♦ La résolution judiciaire du contrat de franchise, aux torts exclusifs du franchiseur, peut être prononcée en cas de non-transmission du savoir-faire promis. • Com. 24 mai 1994 : *CCC 1994, n° 191, obs. Leveneur.* ♦ Faute pour le franchiseur de rapporter la preuve qu'il a exécuté ses obligations essentielles en fournissant au franchisé le savoir-faire et l'assistance technique, le contrat de franchise doit être résolu. • Com. 27 janv. 1998 : *Bull. act. Lamy droit économique mars 1998, p. 7.* ♦ V. aussi, à défaut de transmission d'un savoir-faire original et substantiel, • Com. 10 mai 1994 : *RJDA 1994, n° 1016* • 30 janv. 1996 : *RJDA 1996, n° 775* • Paris, 9 févr. 2011 : *CCC 2011, n° 192, obs. M. M.-V.* ♦ Le savoir-faire ne correspondant à aucune réalité, aucune contrepartie réelle ne justifiait la conservation par le franchiseur du droit d'entrée. • Com. 26 juin 2007 : *JCP E 2008, n° 20, p. 25, obs. Mainguy et Respaud* ; *CCC 2007, n° 299, obs. Malaurie-Vignal.* ♦ En revanche, dès lors que le franchisé a bénéficié de l'usage de l'enseigne et des méthodes de commercialisation mises au point par le franchiseur, le contrat ne peut être annulé pour défaut de cause. • Com. 26 mars 1996 : *CCC 1996, n° 98, obs. Leveneur.* ♦ Ainsi, un contrat nul en tant que franchise peut être requalifié en un autre contrat valide, tel qu'un accord de distribution ou un mandat ; en l'espèce, la cour estime qu'il y a eu un contrat d'entreprise valide, assez analogue au contrat d'un consultant. • Colmar, 19 juill. 2011 *CCC 2012, n° 19, obs. M. M.-V.*

21. Notoriété de la marque. Faute de notoriété, la marque offerte par le franchiseur n'est pas une contrepartie aux obligations souscrites par le franchisé, le contrat de franchise se trouve privé de cause et doit être annulé. • Com. 9 oct. 1990 : *JCP E 1991. I. 39, n° 5, obs. Azéma.* ♦ Le franchiseur qui ne démontre pas avoir procédé aux formalités nécessaires pour rendre opposable aux tiers le transfert de la marque, acquise par apport partiel d'actif, ni au renouvellement de son dépôt à l'échéance décennale, ne peut se prévaloir de la propriété de ce signe distinctif dont il concède l'utilisation ; il s'ensuit qu'à défaut de cause le contrat de franchise doit être annulé. • Versailles, 7 févr. 2002 : *JCP 2003. II. 10127, note Viennois* • 9 déc. 1987 : *Cah. dr. entr. 1988, n° 2, p. 42, note Burst* • Com. 6 mai 2003 : *RJDA 2003, n° 1169* (résolution pour dol). ♦ Satisfait à ses obligations de transmission de savoir-faire le franchiseur qui, d'une part, offre à la vente des produits sélectionnés de sa marque, conditionnés spécialement et bénéficiant d'une notoriété incontestable et qui, d'autre part, met ses produits à la disposition du franchisé en lui délivrant des conseils adaptés pour leur vente, même si ces conseils ne présentent aucun caractère original. • Versailles,

4 juill. 1996 : *LPA 7 janv. 1998, note Marot.*

22. *Originalité des produits.* Il n'est pas nécessaire que les produits soient originaux. • Paris, 18 juin 1992 : *préc. note 19.* ♦ Sur un ensemble de faits attestant de la réalité indéniable de la franchise, aucune stipulation contractuelle ne la soumettant à un quelconque caractère innovant ou original des produits distribués dans le réseau. • Versailles, 11 mai 2006 : *JCP E 2006, n° 43-44, p. 1836.*

23. *Indépendance du franchisé.* Sur la nécessaire indépendance du franchisé, V. note 2 ss. art. A. 441-1.

24. *Exclusivité territoriale.* Le contrat de franchise n'est pas nul par le seul fait de l'absence d'une clause d'exclusivité territoriale. • Com. 9 nov. 1993 : *Bull. civ. IV, n° 403 ; D. 1995. Somm. 78, obs. Ferrier ; CCC 1994, n° 23, obs. Leveneur* • Paris, 12 janv. 1994 : *préc. note 14.* ♦ L'exclusivité territoriale n'est pas de l'essence du franchisage. • Paris, 2 mars 1999 : *JCP E 1999, n° 18-19, p. 792 ; LPA 10 janv. 2000, note Petitier.* ♦ ... Même en présence d'une exclusivité d'approvisionnement. • Com. 19 nov. 2002 : *D. 2003. Somm. 2427, obs. Ferrier ; Cah. dr. entr. 2003, n° 3, p. 23, obs. Mainguy ; RJDA 2003, n° 482* (cassation de • Lyon, 10 mai 2001 : *LPA 23 juill. 2003, note Marot*). – V. aussi note 38.

B. CONDITIONS DE VALIDITÉ DU CONTRAT

25. *Droit de la concurrence.* BIBL. Granier, *RTD com. 1991. 358* (prix imposés et conseillés). – Sorour, *RJ com. 2001. 292* (droit de la concurrence et franchise). – Chagny, *LPA 29 nov. 2007* (regards sur le droit des pratiques anticoncurrentielles : les développements en matière de distribution). – Fabre et Charles, *RLC janv.-mars 2010. 21* (les contrats de distribution Mango échappent à l'applicabilité du droit des ententes). – Albert, *JCP E 2010, n° 1941* (les mécanismes conventionnels de protection des réseaux de distribution alimentaires sont-ils anticoncurrentiels ?). – Raud et Notté, *JCP E 2010, n° 678* (les pratiques de la grande distribution alimentaire stigmatisées). ♦ Le franchiseur est en droit de se prévaloir à l'égard des tiers des obligations qu'il contracte dans le cadre des conventions conclues avec les franchisés dès lors qu'il justifie du progrès économique apporté par le réseau mis en place et du profit en résultant pour les utilisateurs. • Paris, 13 juill. 1993 : *D. 1993. IR 239.* ♦ Dès lors, est licite son refus de vente à un commerçant étranger au réseau ; ce refus de vente n'est pas non plus contraire aux dispositions de l'art. 85-1 du traité de Rome (actuel art. 101 TFUE, depuis l'entrée en vigueur du traité de Lisbonne ; V. Décr. n° 2009-1466 du 1er déc. 2009, *JO 2 déc.*), d'une part, pour les mêmes motifs que dans le cadre de la législation interne et, d'autre part, parce qu'il bénéficie de l'exemption édictée par le Règl. CEE n° 4087-88 du 30 nov. 1988 relatif aux accords de franchise, selon lequel l'interdiction des accords entre entreprises, susceptibles de restreindre le jeu de la concurrence est inapplicable aux accords de franchise auxquels ne participent que deux entreprises et qui comportent notamment l'obligation pour le franchiseur de ne pas fournir lui-même des produits à des tiers. • Même arrêt. – Dans le même sens : • Paris, 20 mars 1995 : *Gaz. Pal. 1995. 2. Somm. 490.* ♦ V. aussi notes 55 s. ss. art. L. 330-2.

26. *Prix imposés ou conseillés.* Pour la nullité d'un contrat de franchise fondée sur l'illicéité d'une clause prévoyant des marges conseillées, V. • Com. 1er juin 1993 : *Bull. civ. IV, n° 222 ; D. 1993. IR 162 ; CCC 1993, n° 175, note Vogel* • 2 juill. 2002 : *D. 2003. Somm. 2430, obs. Ferrier ; RJDA 2002, n° 1206.* ♦ ... D'un contrat de franchise prévoyant que le franchiseur fixe unilatéralement le prix des marchandises achetées par le franchisé et que ce dernier est tenu d'appliquer le prix de revente transmis par le franchiseur. • Com. 7 oct. 1997 : *CCC 1998, n° 2, obs. Leveneur.* ♦ V. aussi sanctionnant la pratique consistant en la diffusion, par le franchiseur, de documents, destinés à la clientèle du franchisé, comportant les taux de commission et les frais forfaitaires fixes préimprimés, • Paris, 8 juill. 1994 : *D. 1994. IR 224* • Cons. conc. n° 96-D-36 du 28 mai 1996 : *D. 1997. Somm. 63, obs. Ferrier.* ♦ ... Ou celle consistant à indiquer le prix « conseillé » sur une étiquette devant être obligatoirement agrafée sur le vêtement à vendre, • Pau, 22 juin 1995 : *Gaz. Pal. 1996. 1. 75.* ♦ En revanche, l'obligation souscrite par le franchisé d'utiliser les tarifs de base du franchiseur n'est pas illicite dès lors qu'il s'agit de tarifs maxima que le franchiseur peut définir afin d'assurer l'homogénéité du réseau de franchise. • Paris, 16 juin 1993 : *D. 1993. IR 214* • 2 mars 1999 : *préc. note 24.* ♦ Considérant que la pratique des prix imposés directement ou indirectement par le franchiseur, outre la violation de la réglementation de la concurrence qu'elle peut générer, méconnaît le statut d'indépendance du franchisé et peut entraîner l'annulation de la convention, V. • Paris, 2 mars 1999 : *préc. note 24.*

V. aussi notes 6, 30 et 40 *bis* ss. art. L. 420-1.

27. *Détermination du prix.* BIBL. *Jurisprudence postérieure à l'intervention de l'assemblée plénière :* V. note 10 ss. art. L. 330-2. – *Jurisprudence antérieure :* Legeais, *JCP E 1992. I. 135.* ♦ La clause d'un contrat de franchisage faisant référence au tarif en vigueur au jour des commandes d'approvisionnement à intervenir n'affecte pas la validité du contrat, l'abus dans la fixation du prix ne donnant lieu qu'à résiliation ou indemnisation. • Cass., ass. plén., 1er déc. 1995 : *Bull. civ. n° 8 ; BICC 5 janv. 1996, concl. Jéol, note Fossereau ; D. 1996. 13, concl. Jéol, note Aynès ; D. Affaires 1996. 20 ; JCP 1996. II. 22565, concl. Jéol, note Ghestin ; JCP E 1996. II. 776, note Leveneur ; Gaz. Pal. 1995. 2. 626, concl. Jéol, note de Fontbressin.* ♦ V. les autres arrêts du même jour, note 10 ss. art. L. 330-2. ♦ Dans le même sens, V. • Com. 26 mars 1996 : *RJDA 1996, n° 912 ; CCC 1996, n° 136, obs. Leveneur* • 4 févr. 1997 : *D. 1998. Somm. 335, obs. Ferrier* • 23 févr. 1999 : *CCC 1999, n° 68, obs. Leveneur ; Cah. dr. entr. 1999, n° 5, p. 21, obs. Mainguy.* ♦ Un franchiseur ne commet pas d'abus dans l'application d'une clause d'approvisionnement exclusif dès lors que celle-ci concernait une liste élargie de fournisseurs, un guide étendu des achats, ainsi qu'un catalogue des produits et un tarif de vente indicatif, et que ledit franchiseur a laissé au franchisé la liberté de négocier les prix selon la loi du marché sans souffrir d'une position dominante et arbitraire. • Com. 21 janv. 1997 : *D. 1997. 414, note Jamin ; D. Affaires 1997. 311.*

28. *Approvisionnement exclusif.* Sur la validité de la clause d'approvisionnement exclusif, V. note 40 ss. art. L. 420-1.

C. FONDS DE COMMERCE DU FRANCHISÉ

29. *Propriété de la clientèle du franchisé.* **BIBL.** de Belot, *Gaz. Pal. 1996. 1. Doctr. 538.* – Boccara, *ibid. 1994. 2. Doctr. 1256.* – Baschet, *ibid. 1996. 1. Doctr. 557 ; ibid. 1994. 2. Doctr. 1256.* – Guillemain, *Loyers et copr. 1996, Chron. 9.* – R. Fabre, *Cah. dr. entr. 1996, n° 3, p. 17.* – Derruppé, *AJPI 1997. 1002.* – Le Floch, *in Mélanges Champaud, Dalloz, p. 405.* – Bensoussan, *D. 2001. 2498* (la clientèle « au » franchisé, facteur d'illégitimité de la clause de non-rétablissement). – Proost et Brisard, *LPA 11 avr. 2002 (clientèle et franchise :* le divorce du droit et de l'économie). – Binder, *AJDI 2001. 1054* (mythe de la propriété de la clientèle : la franchise). – De Panafieu, *ibid. 1062* (le mythe de la propriété de la clientèle dans les centres commerciaux). – Boccara, *AJDI 2002. 502* (régime locatif des franchisés et renouvellement des concepts sur le fonds de commerce). – Fabre, *Cah. dr. entr. 2002, n° 5, p. 24* (autonomie du fonds de commerce du franchisé). – Dumont-Lefrand, *RTD com. 2003. 43* (bail commercial et droit de la distribution). – de Belot, *Administrer juill. 2007. 12* (bail commercial : retour sur la franchise). – Beauchard, *Mélanges le Tourneau, Dalloz, 2008, p. 37* (la nécessaire protection du concessionnaire et du franchisé à la fin du contrat). – Mendoza-Caminade, *ibid., p. 763* (la notion de fonds de commerce à l'épreuve de l'Internet : faut-il admettre le fonds de commerce électronique ?). – Dissaux, *Administrer déc. 2008. 35* (franchise et bail commercial : les liaisons dangereuses). ♦ Si une clientèle est au plan national attachée à la notoriété de la marque du franchiseur, la clientèle locale n'existe que par le fait des moyens mis en œuvre par le franchisé, parmi lesquels les éléments corporels de son fonds de commerce, matériel et stock, et l'élément incorporel que constitue le bail. Cette clientèle fait elle-même partie du fonds de commerce du franchisé puisque, même si celui-ci n'est pas le propriétaire de la marque et de l'enseigne mises à sa disposition pendant l'exécution du contrat de franchise, elle est créée par son activité, avec des moyens que, contractant à titre personnel avec ses fournisseurs ou prêteurs de deniers, il met en œuvre à ses risques et périls. • Civ. 3e, 27 mars 2002 : *Bull. civ. III, n° 77 ; D. 2002. 2400, note Kenfack et AJ 1487, obs. Chevrier ; JCP 2002. II. 10112, note Auque ; LPA 4 févr. 2003, note Marot ; AJDI 2002. 376, obs. Blatter ; CCC 2002, n° 111, obs. Malaurie-Vignal ; ibid. n° 155, obs. Leveneur* • Paris, 1er mars 2006 : *RJDA 2006, n° 1014 ; RLDA févr. 2007. 93, note Licari* (contrat de concession).

30. *Preuve d'une clientèle autonome.* La sanction d'une éventuelle perte de clientèle, voire d'un insuccès total, frappant directement le franchisé au point, le cas échéant, de mettre en péril l'existence de son fonds alors que le franchiseur n'est atteint que de manière différée, il en résulte que la clientèle attachée au fonds est celle du franchisé, laquelle est donc autonome par rapport à celle du franchiseur, cette constatation n'étant pas en contradiction avec le fait qu'il y a interdépendance entre franchiseur et franchisé laquelle se traduit aussi schématiquement : sans fonds du franchisé, pas de création de clientèle pour le franchiseur, et, sans franchiseur, pas de clientèle pour le franchisé. • Paris, 4 oct. 2000 (2 arrêts) : *D. 2001. Somm. 301, obs. Ferrier ; ibid. 1718, note Kenfack ; JCP 2001. II. 10467, note Boccara ; Rev. loyers 2000. 517, obs. Azéma ; AJDI 2001. 244, obs. Derruppé* ; et *582, note Raynaud,* infirmant • TGI Paris, 30 oct. 1998 : *Gaz. Pal. 28-30 mars 1999, p. 32, obs. Barbier.* – Sur ce jugement, V. Boccara, *D. 2000. Chron. 15*. ♦ Pour un arrêt caractérisant, à l'occasion d'une cession de fonds de commerce dans le domaine de la haute couture, l'existence d'une clientèle propre au franchisé, V. • Civ. 3e, 20 déc. 2000 :

BRDA 2001, n° 3, p. 9. ♦ Jugeant, en réponse au bailleur qui prétendait qu'en raison des stipulations contractuelles le franchisé ne maîtrisait pas les risques de l'exploitation de sorte que le titulaire de la clientèle était en réalité le franchiseur, que si le franchiseur exige de recevoir périodiquement les pièces comptables du franchisé c'est non parce qu'il assume les risques pris par le franchisé mais au contraire pour en prévenir les effets à son égard en résiliant si nécessaire le contrat, V. • Paris, 3 juill. 2002 : *D. 2003. Somm. 2429, obs. Ferrier.* ♦ Comp., considérant que pour qu'un locataire franchisé ou concessionnaire d'une marque soit considéré comme ayant un fonds de commerce en propre, il faut qu'il apporte la preuve de ce qu'il a une clientèle liée à son activité personnelle, indépendamment de son attrait en raison de la marque du franchiseur ou du concédant, ou bien qu'il démontre que l'élément du fonds qu'il apporte, le droit au bail, attire la clientèle de manière telle qu'il prévaut sur la marque. • Paris, 6 févr. 1996 : *D. 1997. Somm. 57, obs. Ferrier ; D. Affaires 1996. 446 ; JCP 1997. II. 22818, note Boccara ; Defrénois 1996. 926, obs. Le Cannu* (confirmant • TGI Évry, 9 déc. 1993 : *D. 1995. Somm. 154, obs. Rozès ; Gaz. Pal. 1994. 1. 203, note de Belot ; LPA 24 août 1994, note Gast et Lanciaux*). ♦ *Contra*, au motif que « le contrat de franchise instaure une collaboration entre le franchisé et le franchiseur pour le développement d'une clientèle, qui pour n'être la propriété ni de l'un, ni de l'autre, n'en est pas moins indiscutablement le fruit des efforts des deux partenaires, mais sans que l'on puisse dénier au franchisé la qualité de propriétaire du fonds de commerce dès lors qu'il est bien titulaire d'un ensemble de droits l'autorisant à exploiter une clientèle ». • TGI Paris, 26 sept. 1995 : *Gaz. Pal. 1996. 1. Somm. 129, obs. Barbier ; Administrer janv. 1996. 57.*

31. Statut des baux commerciaux. Le franchiseur reconnaissant au franchisé le droit de disposer des éléments constitutifs de son fonds, une cour d'appel en a déduit exactement que le preneur était en droit de réclamer le paiement d'une indemnité d'éviction. • Civ. 3e, 27 mars 2002 : *préc. note 29.* ♦ V. déjà, faisant bénéficier la franchise du statut des baux commerciaux, • TGI Paris, 24 nov. 1992 : *D. 1995. Somm. 154, obs. Rozès ; Gaz. Pal. 1994. 1. 203, note de Belot ; LPA 24 août 1994, note Gast et Lanciaux.* – V. aussi • Versailles, 24 mars 1988 : *D. 1988. IR 24.* ♦ V. dans le domaine de la distribution des produits pétroliers, • Com. 27 févr. 1973 : *D. 1974. 283, note Derruppé.* ♦ Sur l'abandon de l'exigence d'une clientèle propre prépondérante comme condition au bénéfice du statut des baux commerciaux, V. • Civ. 3e, 19 mars 2003 : *cité note 6 ss. art. L. 141-5.*

32. Indemnité pour perte de clientèle. A violé l'art. 1371 C. civ. la cour d'appel qui a rejetté la demande du franchisé en indemnité pour perte de clientèle, alors qu'elle constatait, tout à la fois, que le franchisé pouvait se prévaloir d'une clientèle propre, et que la rupture du contrat stipulant une clause de non-concurrence était le fait du franchiseur, ce dont il se déduisait que l'ancien franchisé se voyait dépossédé de cette clientèle, et qu'il subissait en conséquence un préjudice. • Com. 9 oct. 2007 : *D. 2008. 388, note Ferrier ; RTD civ. 2008. 119, obs. Gautier ; ibid. 300, obs. Fages ; JCP E 2008, n° 1, p. 31, note Dissaux ; ibid. n° 15, p. 25, obs. Mouly ; CCC 2007, n° 298, obs. Malaurie-Vignal ; CCE 2008, n° 42, obs. Stoffel-Munck ; RJDA 4/2008, p. 355, note Kenfack ; RLDA déc. 2007. 40, note Ferré et Deberdt ; Lettre distrib. nov. 2007, p. 1, obs. Bonnet-Desplan.*

33. Location-gérance. Sur la prise en location-gérance du fonds de commerce par le franchisé, V. • Versailles, 18 janv. 1988 : *D. 1988. IR 77* • Paris, 1er déc. 1994 : *RJDA 1995, n° 279 ; LPA 25 août 1995, note Marot.*

34. Cession du fonds de commerce du franchisé. BIBL. Le Floch et Guégen, *Mélanges Paillusseau, Dalloz, 2003, p. 335* (la transmission d'une entreprise membre d'un réseau de distribution). – van de Wynckele-Bazela, *D. 2004. 2487* (pacte de préférence et contrat de franchise). – Amédée-Manesme, *JCP E 2010, n° 5, p. 28* (la vraie nature juridique du fonds de commerce du franchisé et l'impact de l'appartenance à un réseau en cas de cession de ce fonds de commerce). – Cillero Valdelvira, *Cah. dr. entr. 2010, n° 4, p. 37* (la prise de participation par la tête de réseau dans le capital de la société distributrice). – Ben Soussen, *RLDA juill.-août 2012, suppl., p. 14* (incidence du contrat de franchise sur la valeur du fonds de commerce). – Dondero, *JCP E 2012, n° 1671* (franchise participative). ♦ Même si la résiliation du contrat de franchise n'est pas intervenue sur l'initiative du franchisé mais comme une conséquence nécessaire de la vente, avant le terme du contrat de franchise, du fonds de commerce à laquelle avait procédé le franchisé, celui-ci doit être déclaré seul responsable de la rupture. • Paris, 30 juin 2000 : *D. 2000. AJ 379, obs. Chevrier.* – Comp. • Nîmes, 8 sept. 2005 : *Lettre distrib. déc. 2005, p. 3.* ♦ V. pour la mise en location-gérance du fonds du franchisé : • Paris, 19 nov. 2009 : *RTD com. 2010. 274, obs. Saintourens.* ♦ La dépose brutale de l'enseigne, accessoire du contrat de franchise, par le cessionnaire du fonds sans l'accord du franchiseur, constitue un trouble manifestement illicite au regard des obligations du contrat de franchise. • Com. 14 mars 2006 : *CCC 2006, n° 81,* *obs. Malaurie-Vignal.* ♦ Le refus d'agrément du cessionnaire des parts sociales du franchisé par le franchiseur, qui possède une minorité de blocage dans la société du franchisé, n'est pas constitutif d'un abus de droit. • Paris, 29 juin 1995 : *Rev. dr. bancaire 1995. 189, obs. Germain et Frison-Roche.*

Sur le non-respect du droit de préférence au profit du franchiseur lors de la vente du fonds de commerce du franchisé, V. • Rennes, 18 mars 2008 : *JCP 2009. IV. 1715.*

D. OBLIGATIONS DES PARTIES

35. Promotion de sa marque par le franchiseur. En matière de commercialisation de produits de luxe, la renommée d'une marque doit compenser l'importance des investissements mis à la charge du franchisé et cette compensation nécessaire à l'équilibre du contrat le liant à son unique franchisé en France nécessite, de la part du franchiseur, un effort particulièrement important de publicité et de promotion pour faire connaître sa marque et pallier ainsi l'absence de notoriété. • Com. 12 juill. 1993 : *CCC 1993, n° 207, obs. Leveneur.* – V. aussi • Com. 1er févr. 1994 : *CCC 1994, n° 93.*

36. Obligations d'assistance et de conseil. **BIBL.** Sergent, *LPA 2 nov. 2009* (l'obligation d'assistance du franchiseur). ♦ Sur l'obligation d'assistance au franchisé, V. • Paris, 4 mars 1991 : *D. 1991. IR 103* • 23 janv. 1992 : *D. 1992. Somm. 392, obs. Ferrier* • Com. 7 mars 1995 : *RJDA 1995, n° 836* (obligation de conseil à l'occasion du transfert du fonds de commerce dans un centre commercial) • Aix-en-Provence, 9 févr. 1996 : *Bull. Aix-en-Provence 1996, n° 2, p. 265, obs. Laurent.* ♦ V. aussi • Com. 17 nov. 1998 : *Bull. civ. IV, n° 271 ; RJDA 1999, n° 30* • 7 mars 2000 : *RJDA 2000, n° 756 ; RTD civ. 2000. 829, obs. Mestre et Fages* (obligation de renseignement sur la procédure collective du franchiseur) • 8 janv. 2002 : *RJDA 2002, n° 494 ; LPA 3 juill. 2003, obs. Malaurie-Vignal* (obligation de conseil en matière d'implantation et d'architecture du point de vente – station de lavage – malgré l'expérience du franchisé dans l'exploitation de ce type de centre). ♦ Pour une illustration de l'obligation pour le franchiseur de respecter tout engagement pris dans le cadre d'un avant-contrat et par lequel il s'oblige notamment à apporter son assistance au candidat en vue de son installation, V. • Versailles, 27 févr. 2003 : *RJDA 2003, n° 584.* ♦ Comp., cassant l'arrêt d'appel sanctionnant un franchiseur pour ne pas avoir redéfini un nouveau plan financier ni conseillé à son franchisé d'arrêter la poursuite de l'activité déficitaire, sans préciser quelles dispositions du contrat de franchise stipulant l'obligation de conseil auraient été méconnues : • Civ. 3e, 17 mai 2005 : *CCC 2005, n° 169, obs. Malaurie-Vignal.*

Sur l'obligation faite au franchiseur, qui modifie son mode de distribution en adoptant des contrats de dépôts, de respecter ses engagements antérieurs à l'égard du franchisé, qui n'avait pas été intégré au nouveau système, V. • Paris, 15 sept. 2000 *D. 2000. AJ 389, obs. Chevrier.* ♦ Sur la cessation, par le franchiseur, de sa fonction de centrale d'achat, V. • Com. 20 mai 2003 : *Cah. dr. entr. 2003, n° 5, p. 43, obs. Respaud ; Lettre distrib. sept. 2003, p. 2.*

37. Adaptation du savoir-faire. Pèse sur le franchiseur une exigence de réussite commerciale pendant toute la durée du contrat, dont il doit s'acquitter par l'actualisation de son savoir, de ses capacités et de sa technique, en vérifiant que son assimilation se trouve convenablement réalisée par le franchisé. • Douai, 6 sept. 2007 : *D. 2007. AJ 2303, obs. Chevrier ; D. 2008. Pan. 2198, obs. Ferrier.* ♦ Sur l'obligation du franchiseur d'adapter son savoir-faire aux spécificités locales, V. • T. com. Chambéry, 14 déc. 2007 : *Lettre distrib. juill.-août 2008, p. 4.*

38. Respect d'une zone d'exclusivité. V. • Com. 27 mars 1990 : *Bull. civ. IV, n° 96* • 16 juin 1992 : *CCC 1992, n° 199* • Versailles, 12 juin 1997 : *D. Affaires 1997. 931.* ♦ Sur le respect de la clause d'exclusivité territoriale, V. • Com. 9 mars 1993 : *CCC 1993, n° 107, obs. Leveneur* • Paris, 23 janv. 1992 : *D. 1992. IR 126* • 9 juin 1995 : *D. Affaires 1995. 20* • T. com. Paris, 7 mars 1995 : *Gaz. Pal. 1996. 1. Somm. 41* • Aix-en-Provence, 15 sept. 1995 : *Bull. Aix-en-Provence 1995, n° 2, p. 270, obs. Laurent.* ♦ En ce sens que la clause d'un contrat de franchise par laquelle le franchiseur s'engage « à ne pas accorder de franchise et à ne pas installer par lui-même un magasin » dans la zone de chalandise du magasin du franchisé interdit seulement au franchiseur de créer dans cette zone de nouveaux magasins en franchise ou en gestion directe, mais non d'y modifier le mode d'exploitation de magasins existants du réseau, V. • Com. 11 janv. 2000 : *BRDA 2000, n° 4, p. 8.* – Dans le même sens, V. • Toulouse, 16 oct. 2002 : *Lettre distrib. janv. 2003, p. 3.* ♦ Sur l'absence de responsabilité du franchiseur dès lors que les produits vendus dans la zone d'exclusivité concédée au franchisé étaient dégriffés, V. • Com. 14 janv. 2003 : *CCC 2003, n° 70 ; LPA 15 juin 2004, obs. Bacchichetti.* ♦ ... Ou que la boutique concurrente commercialisait la collection homme alors que le franchisé s'était toujours limité à la collection femme, même si l'exclusivité consentie portait sur l'intégralité de la collection. • Paris, 16 oct. 2002 : *Lettre distrib. janv. 2003, p. 2.* ♦ Reconnaissant la possibilité pour un franchiseur d'ouvrir, après rupture du contrat de franchise, un point de vente à proximité du fonds d'un ancien franchisé, • Paris, 21 avr. 2000 : *D. 2000. AJ 313* ; *D. 2002. Somm. 1264, obs. Auguet.*

39. Exclusivité et site internet. En l'état d'une clause qui se borne à garantir au franchisé l'exclusivité territoriale dans un secteur déterminé, rien ne s'oppose à l'ouverture d'un site internet par le franchiseur, la création d'un site internet n'étant pas assimilable à l'implantation d'un point de vente dans le secteur protégé. • Com. 14 mars 2006 : *Bull. civ. IV, n° 65 ; D. 2006. 1901, note Kenfack* ; *ibid. AJ 1901, obs. Ferrier* ; *RTD civ. 2006. 553, obs. Mestre et Fages* ; *JCP E 2006, n° 23, p. 1012, note Reverdy ; CCC 2006, n° 82, obs. Malaurie-Vignal ; LPA 13 nov. 2006, obs. Baccichetti ; Gaz. Pal. 2006. 2513, note L'Hénoret-Marcellesi ; CCE 2006, n° 98, obs. Chabert ; ibid., n° 99, obs. Lécuyer ; RJDA 2006, n° 640 ; RDC 2006. 786, obs. Béhar-Touchais ; RJ com. 2006. 322, note Lebreton-Derrien* (cassation de • Bordeaux, 26 févr. 2003 : *JCP E 2004, n° 14, p. 540 ; CCE 2004, n° 160, obs. Stoffel-Munck ; RJDA 2004, n° 805,* qui avait jugé que le fait pour un franchiseur de développer un site marchand sur internet troublait l'usage paisible de l'exclusivité concédée au franchisé). – V. aussi • Paris, 4 déc. 2008 : *CCC 2009, n° 99, obs. Malaurie-Vignal* • Com. 14 févr. 2012 : *D. 2012. Pan. 2351, obs. Larrieu* ; *CCE 2012, n° 65, obs. Chagny ; RJDA 2012, n° 664.* ♦ Comp., jugeant une violation du principe d'exécution de bonne foi du contrat : • T. com. Bobigny, 29 janv. 2008 : *cité note 20 ss. art. L. 330-2.*

40. Concurrence déloyale. Un gérant associé ne peut se voir reprocher des actes de concurrence déloyale par non-respect des obligations découlant d'un contrat de franchise et notamment la garantie de jouissance paisible et l'exclusivité géographique prévue alors que le contrat de franchise a été conclu entre la société demanderesse et une société dont le gérant est associé et que la faute personnelle du gérant poursuivi n'est pas caractérisée. • Com. 17 déc. 2002 : *Bull. Joly 2003. 423, note Godon.* ♦ Sur la responsabilité contractuelle pour acte de concurrence déloyale d'un franchiseur ayant tenté de détourner la clientèle du franchisé en utilisant le fichier de clientèle de ce dernier, V. • Paris, 24 janv. 2002 : *D. 2003. Somm. 2428, obs. Ferrier* ; *RJDA 2002, n° 626.* ♦ Pour une concurrence déloyale d'un ancien franchisé ayant détourné à son profit le savoir-faire et les investissements du franchiseur, V. • Com. 14 févr. 2012 : *BRDA 2012, n° 9, p. 9.*

41. Troubles du voisinage. Sur la responsabilité quasi délictuelle du franchiseur dans l'exploitation d'une station-service ayant causé des troubles anormaux du voisinage, V. • Civ. 2e, 21 mai 1997 : *Bull. civ. II, n° 157 ; D. 1998. 150, note Fages ; CCC 1997, n° 128, obs. Leveneur ; JCP 1998. II. 10057, note Mauger-Vielpeau.*

42. Publicité fausse. Est caractérisée l'infraction de publicité fausse à la charge du franchisé qui a utilisé des affiches mensongères fournies par le franchiseur. • Crim. 27 nov. 1990 : *D. 1991. IR 35.*

E. FIN DU CONTRAT DE FRANCHISE

BIBL. Bensoussan, *D. 2001. 2498* (la « clientèle au franchisé », facteur d'illégitimité de la clause de non-rétablissement). – Licari, *RLDA févr. 2007. 93* (application par analogie du droit de l'agence commerciale, fondement possible de la reconnaissance d'une indemnité de fin de contrat au concessionnaire et au franchisé). – Beauchard, *Mélanges le Tourneau, Dalloz, 2008, p. 37* (la nécessaire protection du concessionnaire et du franchisé à la fin du contrat). – Amédée-Manesme, *RJ com. 2011. 400* (le contrat de franchise et les clauses post-contractuelles). – Oudin, *RTD com. 2011. 447* (la transmission des contrats de distribution). – Béhar-Touchais, *RLDA juill.-août 2012, suppl., p. 32* (les obstacles à la sortie du franchisé). – Bénabent, *ibid., p. 47* (l'indemnisation du franchisé).

43. Refus de renouvellement du contrat. Le non-renouvellement d'un contrat à durée déterminée ne constitue pas une rupture des conventions commerciales lorsque celles-ci ont pris fin en application du contrat, sous réserve de la preuve, par le franchisé, que le refus de renouvellement présente le caractère d'un abus de droit ou d'une malveillance. • Com. 5 juill. 1994 : *CCC 1994, n° 219, obs. Leveneur.* ♦ Le non-renouvellement d'un contrat de franchise venu à expiration est un droit pour le franchiseur qui n'engage sa responsabilité qu'en cas d'abus dans l'exercice de celui-ci, abus dont la preuve incombe à celui qui s'en prétend victime. • Paris, 12 janv. 2005 : *LPA 8 déc. 2005, note Marot ; Lettre distrib. mai 2005, p. 3.* ♦ Par ailleurs, les règles gouvernant l'enrichissement sans cause ne peuvent être invoquées dès lors que l'appauvrissement et l'enrichissement allégués trouvent leur cause dans la cessation de la convention conclue entre les parties. • Com. 23 oct. 2012 : *Bull. civ. IV, n° 193 ; D. 2012. 2862, note Dissaux* ; *ibid. Actu. 2598, obs. Delpech* ; *D. 2013. Pan. 739, obs. Ferrier* ; *RTD civ. 2013. 114, obs. Fages* ; *JCP E 2013, n° 1068, note Sassolas ; CCC 2013, n° 6, obs.*

Mathey ; RJDA 2013, n° 502 ; RLDA févr. 2013. 32, note Mainguy. ♦ L'envoi des documents précontractuels d'information ainsi que d'un exemplaire du nouveau contrat type en vigueur ne saurait s'analyser en une proposition formelle de reconduction. • Paris, 12 janv. 2005 : *préc.* ♦ Le franchiseur n'est pas tenu d'une obligation d'assistance de son franchisé en vue de sa reconversion. • Même arrêt. – V., en matière de concession exclusive, note 45 ss. art. L. 330-2.

Ayant relevé que le franchiseur avait expressément informé le franchisé de sa volonté de non-renouvellement des contrats par tacite reconduction en envoyant à l'adresse de chacun de ses deux magasins une lettre recommandée avec demande d'avis de réception qui lui avait été retournée avec la mention « non réclamé, retour à l'envoyeur », une cour d'appel, appréciant souverainement les éléments de preuve qui lui étaient soumis, retient que le franchisé ne peut invoquer la non-réception des deux courriers de notification, retournés au franchiseur, dès lors que n'est pas rapportée, ni même alléguée, la preuve d'une erreur d'adresse des destinataires. • Com. 29 janv. 2008 : *Bull. civ. IV, n° 23 ; D. 2008. Pan. 2830, obs. Delebecque ; ibid. AJ 541, obs. Chevrier ; RTD civ. 2008. 299, obs. Fages ; JCP E 2008, n° 10, p. 28 ; CCC 2008, n° 76, obs. N. M. ; BRDA 2008, n° 4, p. 7 ; Lettre distrib. févr. 2008, p. 3.* – V. aussi • Com. 29 janv. 2008 : *RJDA 2008, n° 635.* ♦ Sur le non-renouvellement du contrat d'approvisionnement et ses effets sur le contrat de franchise, V. • Com. 12 juill. 2011 : *D. 2012. Pan. 582, obs. Ferrier ; RJDA 2011, n° 876 ; RDLC 2011, n° 4, p. 110, obs. Ferré ; RDC 2012. 531, obs. Grimaldi.* ♦ Sur la condamnation d'un franchisé à réparer le préjudice par ricochet causé à un fournisseur du fait de la rupture du contrat de franchise, V. • Com. 10 juill. 2012 : *RDLC 2012, n° 4, p. 90, obs. Martin.*

44. Résiliation du contrat. **BIBL.** Simon, *LPA 16 avr. 2009* (contrat de franchise et variété de clauses de résiliation). ♦ Dans le cas où le contrat de franchise est à durée indéterminée chacun dispose, sous réserve de ne pas commettre d'abus, du droit de le résilier à tout moment. • Com. 3 avr. 2007 : *CCC 2007, n° 201.* ♦ En application de l'art. 1184 C. civ., il ne peut être valablement mis fin de manière anticipée au contrat de franchise liant les parties qu'à la condition que la preuve soit rapportée de manquements suffisamment graves de l'une d'entre elles à ses obligations contractuelles. • Versailles, 13 mai 2004 : *Gaz. Pal. 2005. Somm. 1367, obs. Forgeron et Grasset.* ♦ La résiliation du contrat de franchise étant exclusivement imputable au franchiseur, celui-ci ne saurait prétendre à des dommages et intérêts pour non-paiement de factures, cette résiliation emportant celle des commandes non encore livrées. • Rouen, 22 sept. 1994 : *JCP 1995. IV. 303.* ♦ V. aussi cet arrêt pour l'indemnité allouée au franchisé du fait des investissements effectués. ♦ Sur cette question du préjudice, V. également • Paris, 28 mars 1997 : *D. Affaires 1997. 667* • 19 févr. 1998 : *Gaz. Pal. 1999. 1. Somm. 304.*

La diffusion par le franchiseur, deux mois avant l'expiration du contrat, d'une circulaire annonçant dans le territoire protégé par l'exclusivité conférée au franchisé les nom et adresse d'un nouveau franchisé et invitant les clients à prendre contact « dès à présent » pour plus d'information avec ce revendeur, constitue une atteinte fautive à l'exclusivité toujours en vigueur consentie au franchisé. • Com. 12 nov. 1996 : *D. 1996. IR 263 ; D. Affaires 1997. 248.*

L'inexécution d'une convention peut être justifiée, si le cocontractant n'a lui-même pas satisfait à une obligation contractuelle, même découlant d'une convention distincte, dès lors que l'exécution de cette dernière est liée à celle de la première. Un tel lien n'existe pas entre les obligations résultant du contrat de franchise, d'une part, et celles découlant des ventes conclues entre les parties à ce contrat, d'autre part, dans la mesure où l'obligation de payer le prix d'une marchandise n'est pas la contrepartie de la bonne exécution du contrat de franchise, mais seulement celle de la délivrance d'une chose conforme à la commande en exécution du contrat de vente. • Com. 12 juill. 2005 : *RTD civ. 2006. 307, obs. Mestre et Fages ; JCP 2005. I. 194, n° 19, obs. Constantin ; Defrénois 2006. 610, obs. Libchaber ; RJDA 2005, n° 1316.* ♦ Pour une rupture unilatérale et anticipée par le franchisé de son contrat de franchise, la suppression brutale de l'enseigne du franchiseur et la commercialisation de marques concurrentes, constituant un trouble manifestement illicite, V. • Com. 23 oct. 2007 : *CCC 2008, n° 8, obs. Malaurie-Vignal.*

45. Modification de la personne du franchiseur. **BIBL.** Vilmart, *JCP E 2004, n° 32-35, p. 1282* (conséquences de la cession d'un franchiseur sur les contrats des franchisés). – Augagneur, *JCP 2005. I. 158* (consentement du franchisé dans la succession de contrats de franchise). – Amédée-Manesme et Helwaser, *JCP E 2012, n° 1364* (le rachat ou la fusion de réseaux). ♦ En cas de reprise d'un franchiseur par un autre, l'économie du contrat de franchise ne peut être modifiée sans que le franchisé ait donné son accord. • Com. 3 janv. 1996 : *RJDA 1996, n° 490* • 31 janv. 2012 : *RJDA 2012, n° 492.* ♦ Le contrat de franchise, conclu en considération de la personne du franchiseur, ne peut, sauf accord du franchisé, être transmis par fusion-absorption à une société tierce. • Com. 3 juin 2008 : *Bull. civ. IV, n° 111 ; D. 2008. AJ 1623, obs. Lienhard ; D. 2009. Pan. 2896, obs. Ferrier ; RTD com. 2009. 385, obs. Le Cannu et Dondero ; RTD civ. 2008. 478, obs. Fages ; Rev. sociétés 2009. 339, note Amiel-Cosme ; JCP E 2008, n° 40, p. 44, note Hovasse ; JCP 2008. II. 10154, note Maréchal ; CCC 2008, n° 200, obs. Malaurie-Vignal ; RJDA 2008, n° 1262 ; Lettre distrib. juin 2008, p. 1, obs. P. Mousseron ; Dr. sociétés 2008, n° 184, obs. Hovasse ; RJ com. 2008. 457, note Lebreton-Derrien ; Bull. Joly 2008. 904, note Saintourens ; RDC 2008. 1278, obs. Béhar-Touchais.* ♦ ... Ou par l'effet d'un apport partiel d'actif placé sous le régime des scissions. • Com. 3 juin 2008 : *Bull. civ. IV, n° 110 ; eod. loc.* • 24 nov. 2009 : *D. 2009. AJ 2932 ; Rev. sociétés 2010. 562, note Amiel-Cosme ; CCC 2010, n° 42, obs. Malaurie-Vignal ; Bull. Joly 2010. 243, obs. Vamparys* • 12 oct. 2010 : *Rev. sociétés 2010. 508, obs. Lienhard*. – Comp., jugeant que le franchisé ne peut obtenir la résolution du contrat du fait que le franchiseur a procédé à un apport partiel d'actif soumis au régime des scissions. • Pau, 24 janv. 1996 : *Cah. jurispr. Aquitaine 1996, n° 2, p. 89.* ♦ Sur la résiliation aux torts exclusifs du franchiseur d'un contrat de franchise qui, en raison du rachat de la franchise par un distributeur concurrent, n'a pas été exécuté jusqu'à son terme conformément aux stipulations contractuelles, V. • Rouen, 9 nov. 2000 : *RJDA 2001, n° 290* (infirmée par • Com. 20 mai 2003 : *JCP E 2004, n° 12, p. 461, obs. André,* faute pour la cour d'appel d'avoir suffisamment démontré le caractère déterminant de l'obligation litigieuse). ♦ Pour un contrat stipulant une clause excluant le caractère intuitu personae du contrat à l'égard du franchiseur, V. • Lyon, 23 oct. 2003 : *Lettre distrib. nov. 2003, p. 2.* ♦ Si l'*intuitu personae* n'est stipulé qu'en considération du seul franchisé, et si, en conséquence, l'autorisation de ce dernier au transfert du contrat par le biais d'un apport partiel d'actif n'est pas nécessaire, le franchiseur n'en est pas moins tenu de respecter ses engagements et de mettre en œuvre de bonne foi la clause dont précisément il entend tirer parti. • Dijon, 8 avr. 2010 : *JCP E 2010, n° 1412, note Dissaux ; RDLC 2010, n° 3, p. 105, obs. Eréséo.* ♦ Sur l'imputabilité et l'indemnisation de la rupture d'un contrat de franchise en cas de cession à un tiers du franchiseur lui-même et de l'enseigne commune au réseau sans l'accord des franchisés, V. • Rennes, 20 janv. 2004 : *JCP E 2004, n° 32-35, p. 1282, note Vilmart.* ♦ Sur les conséquences du refus d'un franchisé d'accepter le successeur du franchiseur, V. • Com. 28 juin 2005 : *RJDA 2005, n° 1207 ; Lettre distrib. nov. 2005, p. 2.* ♦ Un changement de dénomination sociale n'entraîne pas de changement de personnalité morale de sorte que le franchiseur reste formellement le même. • Paris, 25 mars 2009 : *RJDA 2009, n° 726.*

46. Obligation de non-concurrence. BIBL. Bensoussan, *D. 2001. 2498* (la « clientèle au franchisé », facteur d'illégitimité de la clause de non-rétablissement). – Jamin, *D. 2003. 2878* (clause de non-concurrence et contrat de franchise). – Depincé, *Dr. et patr. janv. 2007. 26* (la clause de non-réaffiliation). – Augagneur, *JCP E 2008, n° 39, p. 15* (changer d'enseigne). – Guenzoui, *LPA 24 nov. 2011* (moralisation des clauses de non-concurrence ?). – Celaya, *RLDA juill.-août 2012, suppl., p. 40* (validité des clauses de non-concurrence : le fourvoiement).♦ RÉP. COM. v° *Concurrence (Obligation de non-)*, par PICOD, AUGUET et GOMY. ♦ La clause insérée dans un contrat de franchise, aux termes de laquelle, à l'expiration de celui-ci, le franchisé s'interdit de concurrencer le franchiseur n'est valable que si, limitée dans le temps ou dans l'espace, elle n'empêche pas l'ancien franchisé d'exercer sa profession. • Com. 29 mai 1980 : *Bull. civ. IV, n° 220* • 12 janv. 1988 : *ibid. n° 31 ; D. 1989. Somm. 269, obs. Serra.* ♦ V. aussi : • Douai, 15 oct. 2001 : *RJDA 2002, n° 757* • Paris, 23 oct. 1986 : *D. 1988. Somm. 173, obs. Serra.* ♦ De plus, l'engagement de non-concurrence doit être nécessaire pour protéger les intérêts légitimes du franchiseur en rapport avec l'objet du contrat. • Com. 14 nov. 1995 : *D. 1997. Somm. 59, obs. Ferrier* • 18 déc. 2007 : *RJDA 2008, n° 368.* ♦ Retenant la validité d'une clause de non-concurrence stipulée dans une franchise dès lors qu'il est établi, d'une part, qu'elle était nécessaire pour maintenir l'identité commune ou la réputation du réseau et que, d'autre part, elle n'interdisait pas la poursuite d'une activité identique sous une autre enseigne et procurait seulement au franchiseur un délai d'un an pendant lequel l'implantation par l'ancien franchisé d'une enseigne renommée concurrente ne serait pas possible de sorte qu'il pourra reconstituer son réseau localement, V. • Com. 22 févr. 2000 : *JCP E 2000, n° 37, p. 1429, note Leveneur ; CCC 2000, n° 92, obs. Leveneur et n° 99, obs. Poillot-Peruzzetto.* ♦ Il appartient ainsi aux juges du fond de rechercher si l'engagement n'était pas proportionné aux intérêts légitimes du franchiseur au regard de l'objet du contrat. • Com. 1er juill. 2003 : *JCP E 2004, n° 22, p. 869, note Moracchini-Zeidenberg ; CCC 2003, n° 152, obs. Leveneur* • 1er juill. 2003 : *D. 2004. Somm. 1153, obs. Picod ; RJDA 2004, n° 8.* ♦ La clause de non-concurrence est d'autant plus proportionnée aux intérêts du franchiseur que le supermarché jusque-là exploité par le franchisé est situé dans un village de 1844 habitants, où l'implantation de plusieurs supérettes apparaît difficile. • Lyon, 31 janv. 2008 : *BICC 15 oct. 2008, n° 1500.* ♦ Pour une clause considérée comme une pratique restrictive de concurrence, au sens de l'art. 7 de l'Ord. du 1er déc. 1986 [C. com., art. L. 420-1], V. • Cons. conc. n° 97-D-48 du 18 juin 1997 : *BOCC 17 sept. 1997 ; D. 1998. Somm. 223, obs. Serra*. – V. aussi Marot, *LPA 27 nov. 1998.* ♦ La clause interdisant au franchisé d'exercer, même de manière indépendante, une activité commerciale concurrente dans le local concerné est proportionnée à la protection des intérêts visés par cette stipulation. • Com. 24 nov. 2009 : *JCP E 2010. 1220, note Dissaux ; CCC 2010, n° 43, obs. Malaurie-Vignal ; RJDA 2010, n° 208 ; RLC avr.-juin 2010. 39, note Riera ; RDLC 2010, n° 1, p. 119, obs. Ferrier ; RDC 2010. 921, note Béhar-Touchais.*

47. Spécificité de la clause de non-réaffiliation. BIBL. Depincé, *Dr. et patr. janv. 2007. 26* (la clause de non-réaffiliation). ♦ La clause de non-concurrence a pour objet de limiter l'exercice par le franchisé d'une activité similaire ou analogue à celle du réseau qu'il quitte, tandis que la clause de non-réaffiliation se borne à restreindre sa liberté d'affiliation à un autre réseau. • Com. 28 sept. 2010 : *Bull. civ. IV, n° 145 ; D. 2010. Actu. 2357, obs. Chevrier ; JCP E 2010, n° 1943, note Dissaux ; ibid., n° 2134, spéc. n° 12, obs. Raynard ; CCC 2010, n° 271, obs. Malaurie-Vignal ; RJDA 2011, n° 135 ; RDLC 2011, n° 1, p. 121, note Éréséo ; RDC 2011. 187, obs. Béhar-Touchais.* ♦ V. aussi distinguant l'exercice de l'activité au sein d'une organisation avec autrui et l'exercice de cette même activité à titre individuel et en toute indépendance : • Com. 8 juill. 2003 : *RJDA 2004, n° 36.* ♦ Mais dès lors que l'interdiction de réaffiliation rend, non pas impossible, mais très difficile la poursuite de l'exploitation du fonds de commerce en compromettant sa rentabilité, la clause de non-réaffiliation peut valablement être assimilée à une clause de non-concurrence. • Aut. conc. n° 11-D-03 du 15 févr. 2011 : *Dalloz actualité, 1er mars 2011, obs. Chevrier ; JCP E 2011, n° 1482, spéc. n° 15, obs. Grignon ; CCC 2011, n° 92, obs. Malaurie-Vignal ; Gaz. Pal. 2011. 2925, et les obs. ; RLC avr.-juin 2011. 39, obs. Sélinsky.* ♦ Pour des arrêts assimilant la clause de non-réaffiliation à la clause de non-concurrence, V. • Com. 10 janv. 2008 : *CCC 2008, n° 71, obs. Malaurie-Vignal ; Lettre distrib. févr. 2008, p. 2* • Caen, 29 sept. 2005 : *JCP E 2006, n° 27-28, p. 1216, obs. Raynard ; CCC 2006, n° 132, obs. Malaurie-Vignal.*

48. Validité de la clause de non-réaffiliation. Dès lors qu'elle est limitée dans le temps et l'espace, et qu'elle est en outre justifiée et proportionnée aux intérêts du créancier de l'obligation, une clause de non-réaffiliation, qui n'a pas à être rémunérée, est licite. • Com. 31 janv. 2012 : *Bull. civ. IV, n° 17 ; D. 2012. Pan. 2762, obs. Gomy ; ibid. Actu. 501, obs. Chevrier ; JCP E 2012. n° 1143, obs. Dissaux ; ibid., n° 1205, note Malaurie-Vignal ; CCC 2012, n° 83, obs. Leveneur ; LPA 21 juin 2012, note Broche ; Gaz. Pal. 2012. 1005, obs. Houtcieff ; ibid. 2736, note Dondero ; RJDA 2012, n° 469 ; RLDA mars 2012. 52, obs. Mathonnière ; RLDC avr. 2012. 14, obs. Pouliquen ; RDC 2012. 878, obs. Grimaldi.* ♦ Le Règl. CEE n° 4087/88, qui limite à une année l'application d'une clause contractuelle de non-concurrence, ne concerne que les clauses de non-rétablissement de l'ancien franchisé et non la clause lui interdisant d'adhérer, directement ou indirectement, à un réseau de franchise ou à un réseau de distribution analogue pendant une durée de deux ans sur le territoire qui lui a été concédé. • Paris, 18 déc. 1998 : *D. Affaires 1999. 420, obs. E. P.* ♦ Dès lors que la clause de non-reaffiliation imposée au franchisé n'interdit pas la poursuite d'une activité commerciale identique et se trouve limitée dans le temps et dans l'espace, une cour d'appel peut retenir qu'elle ne viole aucune règle d'ordre public. • Com. 17 janv. 2006 : *Bull. civ. IV, n° 9 ; D. 2006. AJ 498, obs. Chevrier ; JCP E 2006. n° 27-28, p. 1216, obs. Raynard ; CCC 2006. n° 67, obs. Malaurie-Vignal ; LPA 13 nov. 2006, obs. Bacchichetti ; Lettre distrib. févr. 2006, p. 1, obs Raynard ; RLDA mai 2006, p. 39, note Kenfack.* ♦ La clause qui interdit uniquement, pendant une durée limitée à un an à compter de la date de résiliation du contrat d'affiliation, l'usage, dans un rayon de cinq kilomètres du magasin, d'une enseigne de renommée nationale ou régionale et la vente de produits liés ne s'oppose pas à la poursuite d'une activité commerciale identique dans ce magasin, sous une autre enseigne, pendant cette durée, et, par la suite, sous une enseigne renommée concurrente. • Com. 2 déc. 2008 : *pourvoi n° 07-17.539.* ♦ Écartant l'application de la clause de non-réaffiliation mise à la charge du franchisé, dès lors que la preuve de la renommée nationale ou régionale de l'enseigne rejointe par l'ancien franchisé au moment de la réaffiliation n'était pas rapportée et qu'il était inutile de rechercher si le franchiseur disposait d'un savoir-faire spécifique : • Com. 20 mai 2008 : *D. 2009. Pan. 1442, obs. Picod ; Lettre distrib. juin 2008, p. 3.* ♦ Pour une clause de non-réaffiliation jugée disproportionnée, V. • Paris, 25 févr. 2010 : *D. 2011. Pan. 551, obs. Ferrier ; CCC 2010, n° 209, obs. M. M.-V. ; RDLC*

2010, n° 3, p. 104, obs. Éréséo. ♦ La clause emportant interdiction de s'affilier à un réseau concurrent sur l'ensemble du territoire métropolitain est insuffisamment limitée dans l'espace du fait que l'activité du franchisé était locale puisqu'elle ne s'exerçait que dans une seule agence. • Com. 3 avr. 2012 : *Bull. civ. IV, n° 72 ; D. 2012. Pan. 2761, obs. Gomy ; ibid. Actu. 1119, obs. Chevrier ; JCP E 2012, n° 1264, obs. Dissaux ; ibid., n° 1402, note Malaurie-Vignal ; CCC 2012, n° 169, obs. Leveneur ; LPA 28-29 août 2012, note Le Gac-Pech ; Gaz. Pal. 2012. 2163, obs. Houtcieff ; RJDA 2012, n° 560 ; RLDA mai 2012. 55, obs. Mathonnière* (conf. de • Paris, 9 févr. 2011 : *RDLC 2011, n° 2, p. 125, obs. Éréséo*). ♦ Condamnant une clause de non-réaffiliation auprès d'une enseigne existante pendant une durée d'un an dans la mesure où elle ne tend pas à la protection d'un savoir-faire substantiel et identifié mais vise exclusivement à protéger un territoire et à assurer la reconstitution locale du réseau : • Rennes, 23 mars 2004 : *JCP E 2005, n° 11, p. 474, obs. Raynard ; Lettre distrib. nov. 2004, p. 3* • T. com. Évry, 24 mai 2007 : *Lettre distrib. juin 2007, p. 2.* ♦ Cassant un arrêt ayant jugé la clause de non-réaffiliation disproportionnée parce que privant un ancien franchisé du support d'un réseau bénéficiant d'une renommée significative, V. • Com. 30 mai 2012 : *D. 2012. Pan. 2762, obs. Gomy ; CCC 2012, n° 230, obs. Malaurie-Vignal ; RJDA 2012, n° 949 ; RDC 2013. 188, obs. Grimaldi.* ♦ Jugeant, au contraire, disproportionnée une clause de non-réaffiliation mettant l'ex-franchisé dans l'impossibilité de poursuivre, dans des conditions économiquement rentables, l'exploitation de son fonds de commerce : • Com. 18 déc. 2012 : *D. 2013. Pan. 738, obs. Ferrier ; JCP E 2013, n° 1037, obs. Dissaux ; CCC 2013, n° 53, obs. Malaurie-Vignal ; RJDA 2013, n° 384.* ♦ Eu égard à la généralité du commerce alimentaire de proximité concerné, et à la nature du savoir-faire transféré, nécessairement lié à celle du commerce exploité, et donc en l'espèce de faible technicité, spécificité et originalité, il n'est pas établi que l'obligation de non-réaffiliation soit indispensable à la protection du franchiseur. • Paris, 6 mars 2013 : *CCC 2013, n° 113, obs. Malaurie-Vignal.*

49. Portée de la clause de non-réaffiliation. Sur l'inopposabilité de la clause de non-réaffiliation à la société exploitant le fonds de commerce concurrent qui est simplement associée au débiteur de non-réaffiliation, V. • Com. 8 juill. 2008 : *CCC 2008, n° 227, obs. Malaurie-Vignal.* ♦ Sur l'inapplicabilité d'une clause de non-affiliation lors de la résiliation d'un contrat tacitement reconduit, V. • Versailles, 17 mars 2011 : *RJDA 2011, n° 900.*

LIVRE QUATRIÈME DE LA LIBERTÉ DES PRIX ET DE LA CONCURRENCE

BIBL. GÉN. ▸ Biolay, *D. 1987. Chron. 183*. – Gavalda et Lucas de Leyssac, *ALD 1988. 47*. – Jeantet, *JCP 1987. I. 3277*. – Malaurie-Vignal, *Cah. dr. entr. 1998, n° 5, p. 10 ; ibid. 1999, n° 2, p. 16* (lexique de droit de la distribution et de la concurrence). – D. Brault, *RJDA 1995, p. 90* (dualité des régimes de contrôle). – Houin-Saint-Alary, *Rev. inter. dr. éco. 1995. 169*. – Nlend, *LPA 31 juill. 1996* (rôle de la DGCCRF). – Danet, *D. Affaires 1996. 1370* (le droit anti-trust doit-il être « économiquement correct » ?). – Vogel, *JCP E 1997. I. 713* (droit de la concurrence et puissance d'achat : plaidoyer pour un changement) ; *D. Affaires 1999. 1464* (abus de puissance d'achat : du contrôle direct au contrôle indirect). – Blaise, *Mélanges Champaud, Dalloz, 1997, p. 86* (utilisation de la règle de raison en droit interne de la concurrence). – Idot, *LPA 23 mars 2000* (liberté de concurrence en France). – Dix ans d'application de l'Ord. du 1er déc. 1986, *Gaz. Pal. 1997. 1. Doctr. 232*. – Fourgoux, *Gaz. Pal. 2-4 janv. 2000, p. 65* (un droit de la concurrence ou une éthique de la concurrence pour le 3e millénaire). – Colloque du 7 juin 2000, *LPA 28 déc. 2000* (efficacité des décisions en droit de la concurrence). – Vogel, *JCP 1992. I. 3550* (influence du droit communautaire). – J.-C. et J.-L. Fourgoux, *JCP E 1994. I. 325* (concurrence des compétences). – Babusiaux, *D. 1998. Chron. 249* (pour un espace européen de la concurrence). – Chérot, *LPA 8 nov. 2000* (nouveaux enjeux de la politique de la concurrence). – Alfredo, *D. 2000. Chron. 645* (droit de la concurrence : approche franco-espagnole). – Colloque du 6 déc. 2000, *Gaz. Pal. 9-10 nov. 2001* (conquête de la clientèle et droit de la concurrence). – Decocq, *RJ com. nov. 2001, n° spéc., p. 89* (dépénalisation du droit de la concurrence). – Moeschel, *RTD com. 2006. 37* (harmonisation ou concurrence entre les différents droits de la concurrence ?). – Frison-Roche, *D. 2006. 1895* (proposition pour une notion : l'opérateur crucial). – Fréget et Herrenschmidt, *RDLC 2006, n° 3, p. 40* (réflexions sur les pratiques d'influence et le droit de la concurrence). – Conférence 3 juill. 2006, *RLC oct.-déc. 2006. 134* (droit de la concurrence et droit de la consommation : complémentarité ou divergences ?). – Lemaire et Blanc, *JCP E 2006, n° 45, p. 1879* (un nouvel essor des relations entre le Conseil de la concurrence et les juridictions en droit de la concurrence). – Donnedieu de Vabres-Tranié et Montet, *CCC 2006. Dossier 22* (un droit de la concurrence : pour quoi faire ?). – Mourre et Vilmart, *ibid. 23* (plaidoyer pour une meilleure efficacité du droit français de la concurrence dans l'économie mondiale). – Malaurie-Vignal, *ibid. 24* (que reste-t-il de la dépénalisation voulue par les rédacteurs de l'Ord. du 1er déc. 1986 ?). – Montet et Venayre, *RLC janv.-mars 2007. 141* (politiques de concurrence : comment améliorer les performances de l'économie de marché ?). – Auguet, *Mélanges Serra*, *Dalloz, 2006, p. 29* (l'équilibre, finalité du droit de la concurrence). – Gaudemet, Le code de commerce 1807-2007. Livre du bicentenaire, *Dalloz 2007, p. 397* (droit de la concurrence : une autre introduction). – L. Vogel, *ibid., p. 413* (concurrence : de l'évolution à la révolution). – Cousin, *RDLC 2007, n° 1, p. 38* (la concurrence potentielle). – Legal, *AJDA 2007. 949* (impact du droit de la concurrence sur la gestion du patrimoine des personnes publiques). – Bénichou, *Gaz. Pal. 2007. 671* (l'Europe, les avocats et la concurrence). – Destours et Vertut, *Cah. dr. entr. 2007, n° 3, p. 39* (la puissance de négociation sous surveillance). – Nasse, Bornkamm et Reh, *RDLC 2007, n° 2, p. 68* (protection de la concurrence ou protection des PME). – Jenny, *RDLC 2007, n° 4, p. 27* (rôle de l'analyse économique dans le contrôle exercé par la Cour de cassation en matière de droit de la concurrence). – Prieto, *D. 2008. 232* (actions de groupe et pratiques anticoncurrentielles : perspectives d'évolution... au Royaume-Uni). – Bouloc, *RLC janv.-mars 2008. 76* (remarques en vue d'un aménagement du droit pénal de la concurrence). – Béhar-Touchais, *Mélanges le Tourneau, Dalloz, 2008, p. 53* (« le choc des Titans » : existe-t-il des fournisseurs assez puissants pour contrebalancer la puissance d'achat de la grande distribution ?). – Mounier et Diemy, *JCP E 2008, n° 7-8, p. 20* (responsabilité des dirigeants et collaborateurs de l'entreprise dans le cadre des pratiques anticoncurrentielles). – Riffault-Silk, *RDLC 2008, n° 1, p. 28* (la Cour de cassation et le droit de la concurrence). – Debroux, *RLDA avr. 2008. 33* (le rapport *Attali* et la réforme du droit de la concurrence). – Marson, *RFDA 2008. 785* (la neutralisation des distorsions de concurrence devant le juge fiscal). – Glaudet, *Defrénois 2009. 1229* (État, monopole et concurrence : quelles leçons à tirer des économistes du droit ?). – Parléani, *Mélanges Tricot, Dalloz/Litec, 2011, p. 265* (une variante de « *pricing out* » : l'éviction du marché par la perversion du droit social). – Bouloc et Colin, *RLC avr.-juin 2011. 54* (de quelques concepts pénaux maltraités en droit de la concurrence). – Hoffmann, *RFDA 2011. 531* (probabilité et droit de la concurrence). – Colloque CREDA, *RLC oct.-déc. 2011. 146* (les PME face au droit de la concurrence). – Dossier, *JCP E 2013, n°s 1168 à 1172* (les sanctions du droit de la concurrence).

► Droit des contrats : Malaurie-vignal, *D. 1995. Chron. 51* (droit de la concurrence et droit des contrats). – Fages et Mestre, *RTD com. 1998. 71* (emprise du droit de la concurrence sur le contrat). – Claudel, *RTD com. 1999. 291* (le consentement en droit de la concurrence, consécration ou sacrifice). – Colloque du 15 oct. 1999, *Cah. dr. entr. 2000, n° 3* (droit de la concurrence et droit privé). – Débats, *RDC 2004. 861* (droit de la concurrence et droit des contrats). – Frison-Roche, *RTD civ. 2004. 451* (contrat, concurrence, régulation). – Riffault-Silk, *RLC 2005, n° 3, p. 132* (droit des contrats et régulation économique). – Picod, *LPA 1er juill. 2005* (droit de la distribution et droit des contrats). – Débats, *RDC 2006. 1317* (droit du contrat et droit du marché). – Béhar-Touchais, *RDC 2008. 61* (y a-t-il de la rétroactivité en droit de la concurrence ?). – Bucher, *CCC 2011. Étude 12* (l'obligation de non-concurrence née de la garantie d'éviction : entre droit de la concurrence et droits fondamentaux).

► Propriété intellectuelle : Mallet-Poujol, *LPA 29 août 2003* (accès aux œuvres d'art et droit de la concurrence). – Ateliers de la concurrence, *Rev. conc. consom. juill.-sept. 2004, n° 139* (droit de la concurrence et propriété intellectuelle). – Respaud, *Cah. dr. entr. 2004, n° 4, p. 39* (même thème). – Azéma, *RLC 2005, n° 1, p. 147* (droit de la concurrence et accord de transfert de technologie). – Mauléon-Wells, *RDLC 2005, n° 4, p. 53* (propriété intellectuelle et concurrence : de l'approche forcée à la négociation). – Teresi, *ibid., p. 143* (données publiques et concurrence). – De Carlan, Paoli, Pecoraro, Desurmont, Calvet et Pouyat, *RDLC 2006, n° 2, p. 10* (concurrence et gestion collective des droits de propriété intellectuelle). – Sirinelli, *RLC avr.-juin 2007. 183* (logiques de concurrence et droit d'auteur). – Arhel, *LPA 16 juill. 2007* (application du droit de la concurrence dans le domaine des droits de propriété intellectuelle). – Treppoz, *RLC oct.-déc. 2008. 163* (aux confins du droit de la concurrence et du droit de la propriété intellectuelle : *l'affaire Microsoft*). – Boivin, *Propr. ind. 2009. Étude 19* (atteintes au droit des marques et contraintes économiques). – Baccichetti et Bonnet, *JCP E 2009, n° 46, p. 18* (droit des pratiques anticoncurrentielles et droits de propriété intellectuelle). – Arhel, *LPA 17 nov. 2010* (l'ADPIC : un équilibre entre propriété intellectuelle et concurrence). – Malaurie-Vignal, *D. 2012. 2325* (rencontre entre le droit de la propriété intellectuelle et le droit de la concurrence à propos des brevets).

► Société, entreprise en difficulté, marché financier : Colloque du 7 avr. 1999, *LPA 21 juill. 1999* (droit boursier et droit de la concurrence). – Larue, *Cah. dr. entr. 2000, n° 5, p. 5* (confrontation entre règles du droit des sociétés et du droit de la concurrence). – Arcelin, *RLC 2005, n° 1, p. 159* (l'entreprise en difficulté face au droit de la concurrence). – Fasquelle, *RDLC 2005, n° 1, p. 41* (incidence des difficultés des entreprises sur l'application des règles de concurrence). – Brun, *Dr. sociétés 2006. Chron. 12* (la prise en compte toujours accrue des groupes de sociétés en droit de la concurrence). – Pietrancosta, *RTDF déc. 2006. 71 ; RDLC 2007, n° 1, p. 69* (concurrence et marchés financiers). – Fasquelle, *Mélanges Serra, Dalloz 2006, p. 159* (incidence des difficultés des entreprises sur l'application des règles de concurrence). – Vallens, *LPA 11 juin 2008* (le droit de l'insolvabilité, une atteinte contrôlée à la concurrence). – Jaquillat et Fravre, *RLC juill.-août 2008. 124* (bourse et concurrence : opportunités et risques de la restructuration des marchés boursiers). – Perrot, *RLC juill.-sept. 2009. 99* (politique de la concurrence et faillites bancaires). – Chaput, *CCC 2010. Étude 1* (l'autonomie de la filiale en droit des pratiques anticoncurrentielles). – Kovar, *RLDA janv. 2010. 62* (droit de la concurrence et droit de l'insolvabilité). – Teboul, *LPA 20 sept. 2010* (procédure de sauvegarde et poursuite des relations commerciales). – Arcelin Lécuyer, *D. 2011. 1441* (procédure de sauvegarde et concurrence : le divorce consommé). – Pironon, *LPA 6 oct. 2011* (les groupes de sociétés en droit des pratiques anticoncurrentielles). – Prunet, *Gaz. Pal. 2011. 3762* (les conflits d'intérêts en droit de la concurrence). – Lucas, *Rev. proc. coll. 2012. Étude 11* (de la prise en compte par l'Autorité de la concurrence des difficultés de l'entreprise). – Galokho, *RD banc. fin. 2012. Étude 22* (existe-t-il des ententes entre les agences de notation ?). – Constantin, *D. 2012. 2717* (emprise du droit de la concurrence sur le contrat de société). – Kecsmar, *RLC oct.-déc. 2012. 95* (le droit de la concurrence à l'épreuve des structures sociétales obscures).

► Internet, informatique, communication : Pichaud, *CCC 1999. Chron. 1* (informatique et droit de la concurrence). – Fichet, *LPA 17 oct. 2003* (secteur des télécommunications). – Decocq, *CCC 2003 Chron. 13 ; CCE 2003. Chron. 24* (commerce électronique et droit de la concurrence). – COUSI et ENTRAYGUES, Travaux de l'Association Henri Capitant, La concurrence, *SLC, 2006, p. 837* (la régulation de la concurrence dans les télécommunications). – COLOMO, *RDLC 2007, nº 1, p. 48* (télévision et concurrence). – BÉHAR-TOUCHAIS, *CCE 2007. Étude 19* (internet, entente et abus de position dominante). – CASTETS-RENARD, *CCC 2007. Étude 12* (jeux et paris en ligne). – GRYNFOGEL, *JCP E 2008, nº 47, p. 42* (le CSA, le règlement des différends et la libre concurrence). – LESCOP, *RDLC 2010, nº 2, p. 44* (les moteurs de recherche et la concurrence). – AMIEL, *RLC oct.-déc. 2011. 94* (télévision payante et droit de la concurrence). – PUEL, FRANÇOIS-MARTIN et COULON, *RLC avr.-juin 2012. 120* (protection du e-commerce par le droit de la concurrence). – FOURGOUX, *ibid. 150* (publicité associative et concurrence).

▸ Autres secteurs particuliers : ARHEL, *JCP E 1997. I. 626* (coopérative agricole). – LUC, *LPA 14 juin 2001* (assurance et concurrence). – CHARBIT, *D. 2002. Jur. 631* (même thème). – GRUWEZ, *Gaz. Pal. 2003. Doctr. 3394* (renouveau du droit de la concurrence sur les marchés du droit et du conseil). – BRUNET, *LPA 6 févr. 2004* (même thème). – PRIETO, *D. 2004. 2134* (restriction de concurrence des compagnies aériennes). – BÉHAR-TOUCHAIS, *LPA 1er juill. 2005* (grande distribution et concurrence). – DIENY, *CCC 2006. Étude 17* (industrie pharmaceutique et droit de la concurrence). – I. LUC, *Dr. et patr. nov. 2006. 64* (les professions libérales et le droit de la concurrence). – BÉNICHOU, *Gaz. Pal. 2007. 671* (l'Europe, les avocats et la concurrence). – E. HONORAT, *AJDA 2007. 1631* (droit du sport et concurrence). – LESQUINS, *RLC oct.-déc. 2007. 112* (marché de l'électricité : la triangulation impossible). – DEREPAS, *RDSS 2007. 1060* (le médicament générique, entre maîtrise des dépenses de santé et droit de la concurrence). – ISRAËL, *AJDA 2008. 911* (l'activité juridique est-elle une activité économique ?). – LÉVÊQUE, *RLC avr.-juin 2008. 105* (le Conseil de la concurrence au secours des opérateurs alternatifs de l'électricité). – LEFEBVRE-DUTILLEUL et MOTTIER, *RLDA déc. 2008. 39* (LME et relations fournisseur-distributeurs dans le secteur pharmaceutique). – PERRON, *RD rur. 2009. Étude 2* (la production laitière et les ententes : confirmation législative de l'exception agricole aux règles de la concurrence). – COURNIL et RENEAUD, *JCP E 2009, nº 11, p. 37* (salles de cinéma et concurrence). – DEZOBRY, *CCC 2009. Étude 4* (analyse concurrentielle de la rente du nucléaire). – ARHEL, *LPA 12 juin 2009* (application du droit de la concurrence dans le secteur de la santé publique). – EDELMAN, *D. 2009. 1547* (droit du travail, droit de la concurrence – un nouveau contrat social). – SALQUE, *Dr. adm. 2009. Étude 19* (la libéralisation du transport ferroviaire de passagers). – CHAGNY, *RDC 2009. 1642* (le contrôle des clauses abusives par le droit de la concurrence). – MASSART, *LPA 15 déc. 2009* (le périmètre du droit, l'activité juridique accessoire et le droit de la concurrence). – VITOUX, *RD rur. 2010. Dossier 8* (entreprise viticole : le recours aux pratiques du droit commercial et du droit économique). – THÉVAND, *AJDA 2010. 1124* (taxis et concurrence). – FRÉGET et POTEL-SAVILLE, *RDLC 2010, nº 3, p. 47* (libéralisation des jeux à la française, une vraie-fausse ouverture à la concurrence ?). – DRIGUEZ, *RDSS 2010. 1048* (les institutions de protection sociale face au droit de la concurrence). – SIMONNET, *RLDA mai 2011. 67* (la loi NOME : l'interventionnisme au secours de la concurrence). – IDOT, *RDLC, nº 2, p. 66* (contribution des autorités de la concurrence à la politique de l'énergie de l'Union européenne). – PERROT, *RDSS 2011. 430* (fonctionnement concurrentiel du secteur pharmaceutique français). – DEBROUX, *RDLC 2011, nº 3, p. 89* (agriculture et concurrence : vers une nouvelle articulation ?). – MACZKOVICS, *RD transp. 2011. Étude 10* (financement du secteur ferroviaire par des subventions croisées en environnement concurrentiel). – ROSKIS et MARTOR, *JCP E 2011, nº 1897* (l'entrée en gare de la concurrence). – CLAUDEL, *RLDA déc. 2011. 122* (le luxe et le droit de la concurrence : entre bienveillance et rigueur). – HARDY, *AJDA 2012. 532* *(coopération sanitaire et préoccupations de concurrence)*. – ALVAREZ, *Teutates 2012, nº 1/3, p. 25* (le contingentement pharmaceutique : une pratique anticoncurrentielle encadrée). – GRALL et DUCROS, *RLC janv.-mars 2013. 94* (agriculture et concurrence : alignement, adaptation, confrontation ou consensus ?).

▸ Environnement, arbitrage, droit de l'homme : HELALI, *RTD eur. 1991. 335* et *609* (la Conv. EDH et les droits français et communautaire de la concurrence). – DE MELLO, *ibid. 1993. 601* (droit de la concurrence et droits de l'homme). – LESGUILLONS, *Gaz. Pal. 2003. Doctr. 1495* (la solitude pondérée de l'arbitre face au droit de la concurrence). – LONDON, *RTD eur. 2003. 267* (concurrence et environnement : une entente écologiquement rationnelle ?). – BARBIER DE LA SERRE et NOURISSAT, *RLC 2005, nº 2, p. 68* (contrôle des sentences arbitrales à l'aune du droit de la concurrence). – Ateliers de la concurrence, *LPA 15 juin 2006* (droit de l'environnement et droit de la concurrence). – IDOT, *RDLC 2006, nº 3, p. 12* (ordre public, concurrence et arbitrage). – KNOEPFLER, *ibid., p. 16* (droit de la concurrence et réserve de l'ordre public en arbitrage). – THIEFFRY, *Cah. dr. entr. 2006, n° 5, p. 42* (les comportements visant à la protection de l'environnement en droit de la concurrence). – L. VOGEL, *Mélanges Serra, Dalloz 2006, p. 443* (droits de l'homme et droit de la concurrence). – ARCELIN, *RLC avr.-juin 2007. 100* (alliance raisonnable entre droit de la concurrence et CEDH). – IDOT, *D. 2007. 2681* (la place de l'arbitrage dans la résolution des litiges en droit de la concurrence). – NOURISSAT, *RLC juill.-sept. 2008. 62* (arbitrage et concurrence : sur la violation flagrante, effective et concrète de l'ordre public international...). – RIEM, *Dr. et patr. juill.-août 2010. 85* (Conv. EDH et contentieux de la concurrence). – NOURISSAT, *RLDA janv. 2011. 71* (les quotas [d'émission de gaz à effet de serre] et le droit de la concurrence). – VERDURE, *RLC juill.-sept. 2011. 113* (application du droit de la concurrence dans le secteur des déchets). – KAMAL et PEREZ, *RLC avr.-juin 2012. 49* (la liberté d'entreprendre à la lumière de la QPC).

▸ Régulation, conformité, normalisation : POULET et ROBERT, *RJ com. 2001. 254* (de Balladur à la NRE, 15 ans de régulation du droit de la concurrence en France, une approche comparée du droit et de l'économie). – BOY, *JCP 2004. I. 166 ; CCC 2004. Chron. 16* (droit de la concurrence : régulation et/ou contrôle des restrictions de la concurrence). – NAUGÈS, *AJDA 2007. 672* (articulation entre droit commun de la concurrence et droit de la régulation sectorielle). – LEDOUX et RODA, *CCC 2007. Étude 14* (les « compliance programs » en droit de la concurrence). – LEMAIRE, *RDLC 2008, n° 1, p. 64* (à propos des programmes de conformité). – Actes de colloque, *RLC avr.-juin 2009. 141* (la culture de la conformité, nouvel horizon du droit français de la concurrence). – DEBROUX et SAINTE FARE GARNOT, *RDLC 2009, n° 2, p. 230* (programmes de conformité et risque de concurrence). – BERNARD, *D. 2009. 2289* (le marché autorégulé, « une idée folle » ?). – IDOUX, *RLC janv.-mars 2010. 47* (offices respectifs du juge, du droit commun de la concurrence et du régulateur sectoriel). – BEN HADJ YAHIA, *JCP E 2010, n° 1437* (controverses autour des autorités de régulation). – BOULOC, *RLC avr.-juin 2010. 65* (pour une prise en considération de la mise en conformité spontanée en droit de la concurrence). – ARHEL, *LPA 26 juill. 2010* (comportements anticoncurrentiels dans le cadre de la normalisation). – GESLIN, *RFDA 2010. 731* (le champ de la régulation). – NICINSKI, *ibid. 735* (le mode de régulation). – IDOT, *Mélanges Tricot, Dalloz/Litec, 2011, p. 183* (l'Autorité de la concurrence, régulateur des industries de réseau ?). – ÉPRON, *RFDA 2011. 1007* (le statut des autorités de régulation et la séparation des pouvoirs). – FRISON-ROCHE, *Mélanges Payet, Dalloz, 2011, p. 171* (régulation *versus* concurrence). – ARCELIN-LÉCUYER, *RLC avr.-juin 2012. 155* (aspects anticoncurrentiels de la régulation professionnelle de la publicité). – BOULOC, *RLC juill.-sept. 2012. 52* (remarques sur l'incitation à la mise en place d'un programme de conformité). – Colloque, *RLC oct.-déc. 2012. 100* (programmes de conformité).

▸ Sur la L. n° 96-588 du 1er juill. 1996 : J.-C. et J.-L. FOURGOUX, *JCP E 1996. I. 601*. – ACQUAVIVA, *Cah. dr. entr. 1996, n° 5, p. 20* (application de la réforme). – ABBOU, *LPA 21 juill. 1997* (même thème). – VOGEL, *JCP E 1996. I. 613*. – SIMON, *D. Affaires 1997. 652*. – G. PARLÉANI, *Cah. dr. entr. 1997, n° 5, p. 34* (prix d'achat et de revente).

▸ Sur la loi relative aux nouvelles régulations économiques : ARHEL, *JCP E 2000, n° 15-16, p. 644* (projet de loi). – CLAUDEL, *RTD com. 2000. 606 et 877* (même thème) ; *ibid. 2001. 663* (même thème). – PANSIER et CHARBONNEAU, *LPA 23 et 24 mai 2001*. – PANCRAZI, *Dr. et patr. déc. 2001. 65* (moralisation des pratiques commerciales). – PRIETO, *ibid. 74* (l'élan donné par la loi NRE sur la lutte contre les pratiques anticoncurrentielles). – ARHEL, *CCC 2001. Chron. 17* (nouvelles règles aux comportements restrictifs de concurrence). – ARCELIN, *ibid. Chron. 18* (pratiques commerciales : apports de la loi NRE). – PIROVANO, *D. 2002. 62* (droit de la concurrence et progrès social). – Conférence-débats du 15 nov. 2001, *Dict. perm. dr. aff. 13 janv. 2002, bull. 564* (les relations commerciales sous le contrôle de l'administration et du juge). – GUÉVEL, *Gaz. Pal. 29-30 mai 2002, p. 36* (quelques aspects de la loi NRE en matière de concurrence). – BABUSIAUX, *LPA 3 juin 2002* (conception de la régulation dans la réforme du droit de la concurrence par la loi NRE). – FRISON-ROCHE, *D. 2004. 126* (définition du droit de la régulation économique). – AUGUET, *LPA 2 sept. 2004* (nouvelles régulations économiques et nouveaux contentieux du droit de la concurrence devant les tribunaux de commerce).

▸ Sur la L. n° 2005-882 du 2 août 2005 en faveur des PME : GRALL, MEFFRE et GUET, *D. 2005. 2149* (analyse critique). – Rédaction DO, *JCP E 2005, n° 38, p. 1535* (présentation des dispositions en droit de la concurrence). – GUNTHER et VIALA, *LPA 4 oct. 2005* (impact et conséquences). – FERRIER et FERRÉ, *JCP E 2005, n° 43, p. 1812 ; CCC 2005. Chron. 18* (réforme des pratiques commerciales). – FASQUELLE et ROBERVAL, *LPA 6 déc. 2005* – LEBRETON-DERRIEN, *RJ com. 2005. 528*. – VILMART, *RLC 2006, n° 6, p. 33* (le volet concurrence de la loi en faveur des PME à la lumière du droit communautaire). – DECOCQ, *Cah. dr. entr. 2006, n° 1, p. 61* (le droit pénal de la concurrence en pleine mutation). – ARONICA et CHEVALLIER, *LPA 9 mars 2006* (relations commerciales dans l'industrie automobile). – CLAUDEL, *RTD com. 2006. 51*. – BOULOC, *RLC 2006, n° 7, p. 42* (modernisation du droit pénal de la concurrence).

▶ Sur les vingt ans de l'ordonnance de 1986 : Dossier spécial, *RLC janv.-mars 2007. 73.*

▶ Sur la loi n° 2008-776 du 4 août 2008 : CHAGNY, *JCP 2008. I. 196* (une (r)évolution du droit français de la concurrence ?). – J.-L. FOURGOUX, *Gaz. Pal. 2008. 2886* (concurrence : la LME, une révolution prometteuse mais ténébreuse). – FLAICHER-MANEVAL, B. PHILIPPE et REDON, *BRDA 2008, n° 24, p. 11* (pratiques anticoncurrentielles et contrôle des concentrations : aperçu de la réforme). – CLAUDEL, *RTD com. 2008. 698* (réformes du droit français de la concurrence : le grand jeu ? *[1re partie]*). ▶ Ord. n° 2008-1161 du 13 nov. 2008 : VILMART, *JCP E 2009, n° 4, p. 20* (naissance de l'Autorité de la concurrence : une réforme fondamentale mais inachevée). – DECOQ, *RJ com. 2008. 446* (la réforme du droit de la concurrence). – ARHEL, *LPA 27 janv. 2009* (le droit de la concurrence se dote d'une nouvelle ordonnance). – COUSIN, *RDLC 2009, n° 1, p. 63* (la régulation modernisée et (presque) unifiée de la concurrence). – CLAUDEL, *RTD com. 2009. 91* (réformes du droit français de la concurrence : le grand jeu ? *[2e partie]*). – VILMART, *JCP E 2009, n° 25, p. 3* (LME : la réforme enfin achevée par une seconde ratification de l'Ord. du 13 nov. 2008). – LASSERRE, *RJ com. 2009. 96* (la transformation du Conseil de la concurrence en Autorité de la concurrence, clé de voûte d'une régulation de la concurrence moderne, juste et efficace). – BOSCO, *CCC 2009, n° 198* (quelques clarifications apportées par la ratification de l'Ord. du 13 nov. 2008). – CLAUDEL, *RTD com. 2009. 555* (la réforme de la régulation de la concurrence est achevée). ▶ Décrets d'application : VILMART, *JCP E 2009, n° 8-9, p. 3* (LME : la réforme en voie d'achèvement). – Note de la rédaction, *BRDA 2009, n° 4, p. 26.* – BOSCO, *CCC 2009, n° 104* (les décrets « LME » sont publiés). – MOMEGE, *RDLC 2009, n° 2, p. 175* (publication de l'ensemble des textes réglementaires nécessaires à l'achèvement de la réforme du droit de la concurrence). – LASSERRE, *RDLC 2010, n° 3, p. 35 ; ibid. n° 4, p. 56* (la régulation concurrentielle un an après sa réforme).

TITRE PREMIER DISPOSITIONS GÉNÉRALES

BIBL. ▶ HÉMARD et BOULOC, *RTD com. 1987. 96.*

Art. L. 410-1 Les règles définies au présent livre s'appliquent à toutes les activités de production, de distribution et de services, y compris celles qui sont le fait de personnes publiques, notamment dans le cadre de conventions de délégation de service public. — *[Ord. n° 86-1243 du 1er déc. 1986, art. 53.]*

Sur l'application des dispositions du livre IV aux établissements de crédit, V. C. mon. fin., art. L. 511-4, L. 511-12-1, L. 612-22, App., v° Banque et financement de l'entreprise.

RÉP. CONTENTIEUX ADMINISTRATIF v° *Concurrence*, par PICARD.

RÉP. RESP. PUISS. PUBL. v° *Interventions économiques*, par TERNEYRE.

BIBL. ▶ BOUTARD-LABARDE et VOGEL, *Gaz. Pal. 1988. 2. Doctr. 733 ; ibid. 1989. 2. Doctr. 747.* – LLORENS et SOLER-COUTEAUX, *D. 1989. Chron. 67.* – J.-Y. CHÉROT, *D. 1991. Chron. 163*. – MOUSSERON, SÉLINSKY et FERRIER, *JCP E 1987. II. 14840.* – LIGNIÈRES, *ibid. 1993. I. 285* (limitation, par le droit de la concurrence, de l'octroi de garanties d'emprunt par les collectivités locales). – LHUILLIER, *RTD com. 1994. 645* (critère jurisprudentiel d'application du droit de la concurrence). – BAZEX, *Gaz. Pal. 1994. 2. Doctr. 1197 ; RFDA 1998. 781* (le droit public de la concurrence). – GAUDEMET, *Mélanges Perrot, p. 121, Dalloz.* – VAISSETTE, *RJDA 1994, p. 967* (accès des tiers au réseau public concédé). – MATHIEU, *D. 1995. Chron. 27*. – FRISON-ROCHE, *RJDA 1995. 847* (libres propos sur le « service public marchand »). – ANNEAU et JACQ, *RJ com. 1995. 371* (application aux pratiques sportives). – TRUCHET, *D. Affaires 1996. 731* (liberté d'entreprendre des personnes publiques). – LÉONNET, *Gaz. Pal. 1997. 1. Doctr 262.* – NOUEL, *ibid. 1997. 1. Doctr. 321* (données publiques). – Atelier du 29 janv. 1997, *Rev Conc. Consom. juill.-août 1997, p. 6* (même thème). – THOUVENIN, *D. Affaires 1997. 331.* – BAZEX, MESCHRIAKOFF, LESQUINS, BERLIN et BIANCARELLI, *Rev. Conc. Consom. mars-avr. 1997. 37.* – GENESTE, *D. Affaires 1996. 1446* (service public et concurrence : « publicisation » du droit français et communautaire). – Colloque du 25 mars 1998 (équilibres dans le secteur des services publics concurrentiels), *LPA 10 juill. 1998*. – Stirn, *Mélanges Champaud, Dalloz, p. 555*. – Courivaud, *CCC 1998. Chron. 8* (adaptation des entreprises publiques françaises au droit de la concurrence). – D. Brault, *Gaz. Pal. 9-10 avr. 1999, p. 4* (de nouveaux moyens pour lever les barrières réglementaires au jeu de la concurrence : progrès ou recul ?). – Gonzales, *AJDA 1999. 387* (domaine public et droit de la concurrence). – Pugeault, *D. 1999. Chron. 347* (services publics locaux et droit de la concurrence). – Laidie, *Gazette des communes 20 sept. 1999, p. 50* (contrats de droit public et droit de la concurrence). – Hubert, *Cah. fonct. publ., nov. 1999, p. 3* (administration et droit de la concurrence). – Caillosse, *AJDA 2000. 99* (droit administratif saisi par la concurrence). – Dreyfus, *ibid. 575* (actualité des contrats entre personnes publiques). – Peyrical, *ibid. 581* (contrats de prestation entre collectivités publiques). – Faure, *AJDA 2001. 136* (droit administratif des collectivités locales et de la concurrence). – Colloque du 6 déc. 2000, *Gaz. Pal. 9-10 nov. 2001* (libéralisation des services publics). – Mainguy et Berthault, *Cah. dr. entr. 2001, n° 5, p. 1* (concurrence et télécommunication). – Eckert, *Mélanges Waline, Dalloz, 2002, p. 207* (égalité de concurrence entre opérateurs publics et privés sur le marché). – Pignon, *LPA 21, 24 et 25 juin 2002* (le Conseil d'État au service du droit de la concurrence : les enseignements du rapport annuel). – Chérot, *Mélanges Moderne, Dalloz, 2004, p. 87* (nouvelles observations sur la régulation par le Conseil d'État de la concurrence entre personnes publiques et personnes privées). – Charbit, *RTD com. 2004. 47* (application du droit de la concurrence au domaine public). – Nincinski, *AJDA 2004. 751* (évolutions du droit administratif de la concurrence). – Thouvenin, Mouly, Tran Thiet et Barthelemy, *RDLC 2005, n° 2, p. 10* (coûts incrémentaux : retour sur les avantages concurrentiels du secteur public). – Clamour, *RLC 2005, n° 3, p. 57* (domaine public et droit de la concurrence). – Linotte, *AJDA 2005. 1549* (existe-t-il un principe général du droit de la libre concurrence ?). – Clamour, *RLC 2005, n° 4, p. 40* (libre et égale concurrence entre opérateurs public et privé). – Thouvenin, *CCC 2005. Chron. 19* (actes faisant grief et droit de la concurrence). – Bettinger, *LPA 21 nov. 2005* (concurrence loyale entre personnes publiques et entreprises privées dans les procédures d'appel à la concurrence). – Fuchs, *AJDA 2006. 746* (conciliation des intérêts dans le contentieux administratif de la concurrence). – Alfandari, *RDSS 2006. 779* (la concurrence dans les services sociaux). – Hennoin-Moreau, *ibid. 801* (même thème). – Muller, *ibid. 828* (les mutuelles dans la tourmente de la concurrence). – Berkani, *RDLC 2007, n° 1, p. 58* (droit de la concurrence et commande publique). – Terneyre, *AJDA 2007. 1906* (secteur public et concurrence : à propos de la liberté contractuelle). – Destours, *RLC oct.-déc. 2007. 47* (des opérateurs historiques sous surveillances). – Kalflèche, *AJDA 2007. 2420* (secteur public et concurrence : la convergence des droits). – Amiel, *AJDA 2008. 23* (conflit autour de la notion de service public culturel d'exploitation cinématographique). – Monpion, *ibid. 232* (le contrôle de l'interventionnisme économique public : l'affaiblissement du principe de liberté du commerce et de l'industrie ?). – Idot, *RDLC 2008, n° 1, p. 52* (commande publique et droit de la concurrence). – A. Antoine, *RLC juill.-sept. 2008. 43* (protection des personnes publiques face aux pratiques anticoncurrentielles des cocontractants). – Auvray, *RLC oct.-déc. 2008. 69* (la notion d'opérateur économique en droit des contrats publics). – Vautrot-Schwarz, *AJDA 2009. 568* (la publicité et la mise en concurrence dans la délivrance des titres d'occupation domaniale). – Bourdu et Varlamoff, *CCC 2009. Alerte 30* (diversification des entreprises publiques et jeu de la concurrence par les mérites). – Dossier, *AJDA 2009. 1020* (le droit des transports face à la concurrence et à la décentralisation). – Fossier et Saltiel, *JCP 2010, n° 515* (service public et concurrence : contributions récentes de la cour d'appel de Paris). – Nicinsky, *RFDA 2012. 1135* (sociétés publiques locales et droit de la concurrence). – Eckert, *AJDA 2013. 849* (contrats entre personnes publiques et droit de la concurrence).

▸ Compétence : Grall, *LPA 30 juin 1995* (recevabilité de la saisine du Conseil). – Nicolas-Vullierme, *CCC 1998. Chron. 6* (débats autour des règles de compétence en droit de la concurrence). – Broussole, *JCP E 1998, n° 38, p. 1438* (aides d'État et concurrence déloyale d'organismes publics : combien de juges ?). – Stahl, *Cah. fonct. publ., nov. 1999, p. 10* (concurrence, administration et juge administratif). – Brechon-Moulenes, *AJDA 2000. 679* (place du juge administratif dans le contentieux économique public). – Cherot, *ibid. 687* (méthode du juge administratif dans le contentieux de la concurrence. – Terneyre, *ibid. 697* (compétence du juge administratif). – Richer, *ibid. 703* (juge économiste ?). – Landry, *Gaz. Pal. 2004. Doctr. 3455* (petits retours sur le concours de compétences pour l'application des règles de concurrence sur le domaine public). – Arhel, *RLC 2005, n° 3, p. 63* (le juge administratif, juge de l'application du droit de la concurrence). – Frison-Roche, *RLC 2005, n° 5, p. 90* (la dualité de juridictions appliquée à la régulation). – Clamour, *RLC 2006, n° 6, p. 43* (une application directe du droit de la concurrence par le juge administratif) – A. Antoine, *RLC avr.-juin 2008. 54* (le dol concurrentiel devant le Conseil d'État). – Idoux, *RLC oct.-déc. 2009. 50* (la spécificité du contentieux de la régulation économique en question).

1. Date d'entrée en vigueur des prescriptions nouvelles. Sur l'application des sanctions pénales de l'art. L. 420-6 aux seuls faits postérieurs à la création du Conseil de la concurrence V. note 1 ss. art. L. 420-6 et note 3 ss. art. 61 de l'Ord. n° 86-1243 du 1er déc. 1986, reproduit ss. art. L. 470-8.

I. CHAMP D'APPLICATION DU DROIT FRANÇAIS DE LA CONCURRENCE

A. DANS L'ESPACE

2. Exportations et importations. L'Ord. du 1er déc. 1986 [C. com., art. L. 410-1 s.] s'applique aux produits achetés en France même si ces produits doivent être distribués ou revendus à l'étranger. • Com. 16 juin 1998 : *Bull. civ. IV, n° 192 ; D. 1998. IR 179 ; JCP E 1998, n° 37, p. 1379 ; RJDA 1998, n° 1300 ; CCC 1998, n° 146, obs. Malaurie-Vignal ; LPA 23 juin 1999, obs. Reboul.* ♦ Les dispositions de l'art. 31 de l'Ord. du 1er déc. 1986 [C. com., art. L. 441-3] s'appliquent de la même manière aux produits nationaux et à ceux en provenance des autres États membres (condamnation d'un acheteur français en raison de l'irrégularité des factures émises par un fournisseur étranger, dès lors que les biens achetés ont été distribués en France). • Crim. 18 juin 1998 : *CCC 1998, n° 148, obs. Malaurie-Vignal.*

3. Opérations effectuées à l'étranger. Le Conseil de la concurrence est compétent pour connaître d'opérations effectuées à l'étranger dès lors qu'elles ont des effets sur le territoire français : V. • Cons. conc. n° 89-D-22 du 13 juin 1989 : *D. 1991. Somm. 247, obs. Gavalda et Lucas de Leyssac ; Gaz. Pal. 1990. 1. 235, note Marchi.* ♦ V. aussi, dans le même sens, pour les pratiques concernant les exportations, • Cons. conc. n° 97-D-01 du 15 janv. 1997 : *BOCC 25 mars 1997 ; CCC 1997, n° 81, obs. Vogel ; Dr. sociétés 1998. 17, note Vidal.* ♦ Ni la Convention de Bruxelles du 27 sept. 1968 concernant la compétence judiciaire et l'exécution des décisions en matière civile et commerciale, ni les protocoles annexes à cette Convention ne font obstacle à l'application des dispositions des art. 7 et 8 [C. com., art. L. 420-1 et L. 420-2] à une société ayant son siège social en Allemagne dès lors qu'elle s'est livrée en France à des pratiques entrant dans le champ d'application de ces textes. • Paris, 15 sept. 1993 : *D. 1993. IR 225 ; CCC 1993, n° 211, obs. Vogel.*

B. ACTIVITÉS ET PERSONNES CONCERNÉES

1° ACTIVITÉS DE PRODUCTION DE DISTRIBUTION ET DE SERVICES DES PERSONNES PHYSIQUES OU MORALES

4. Portée générale. Les dispositions de l'art. 30 de l'Ord. du 1er déc. 1986 [C. consom., art. L. 122-1], qui interdisent de subordonner la prestation d'un service à celle d'un autre service ou à l'achat d'un produit et qui, selon l'art. 53 [C. com., art. L. 410-1], s'appliquent à toutes les activités de production, de distribution et de services, y compris celles qui sont le fait de personnes publiques, ont une portée générale. • Crim. 12 févr. 1990 : *Bull. crim. n° 71 ; D. 1991. Somm. 247, obs. Lucas de Leyssac ; JCP 1990. II. 21582, note Conte ; Gaz. Pal. 1990. 2. 400, rapp. Bayet.* ♦ Mais les dispositions du livre IV du code de commerce ne sauraient s'appliquer de manière séparée aux mandataires sociaux d'entreprises visées dans la saisine, sans que celle-ci dénonce un comportement découlant d'une activité économique autonome ; à défaut, ces personnes forment une unité économique avec les sociétés visées et leur activité n'est pas soumise en tant que telle aux règles de concurrence. • Cons. conc. n° 08-D-19 du 31 juill. 2008 : *BOCC 14 nov. 2008 ; RLC janv.-mars 2009. 27, obs. Sélinsky et Cholet ; ibid. 72, obs. Grynfogel.* ♦ Les règles de concurrence s'appliquent dès lors qu'il existe une demande de soins à laquelle répond une offre ; cette rencontre entre une offre et une demande caractérise l'existence d'un marché qui doit respecter les règles de la concurrence. Selon la jurisprudence nationale et communautaire, les particularités du secteur de la santé et son caractère réglementé ne sont pas de nature à exclure l'activité de soins du champ d'application du droit de la concurrence, dès lors qu'elle s'analyse en une activité de services, permettant la rencontre, moyennant paiement, d'une demande de la part des malades, et d'une offre de la part des médecins. • Aut. conc. n° 09-D-39 du 18 déc. 2009 : *CCC 2010, n° 51, obs. Decocq ; RLC avr.-juin 2010. 57, obs. Destours.*

La forme juridique des personnes qui exercent une activité visée par l'art. L. 410-1, leur éventuel agrément par l'État, ou leur participation à une mission de service public, ne saurait empêcher l'Autorité de la concurrence d'agir. • Paris, 11 sept. 2009 : *BOCC 9 oct. 2009.* ♦ En effet, l'appartenance d'une entreprise au secteur public ne la met pas en dehors du champ d'application du droit commun de la concurrence. • Aut. conc. n° 12-D-04 du 23 janv. 2012 : *RLC avr.-juin 2012. 58, obs. Ziani.* ♦ L'art. L. 410-1 énonce que la prohibition des pratiques visées par les art. L. 420-1, L. 420-2 et L. 420-5 s'applique à toutes les activités de production, de distribution et de services, lesquelles comprennent, en l'absence de toute réglementation contraire, les activités agricoles. • Aut. conc. n° 12-D-08 du 6 mars 2012 : *RLC juill.-sept. 2012. 20, note Sélinsky ; RLDA mai 2012. 80, note Givry et Guibert* (le secteur agricole à l'épreuve du droit de la concurrence).

4 bis. But lucratif. L'absence de but lucratif ne détermine pas le caractère économique ou non de l'activité. • Cons. conc. n° 05-D-14 du 6 avr. 2005 : *BOCC 28 oct. 2005 ; RDLC 2005, n° 3, p. 74, obs. Debroux ; RLC 2005, n° 4, p. 29, obs. Sélinsky.*

5. Prestations des mutuelles d'assurances. **BIBL.** Destours, *RLC 2005, n° 1, p. 63* (affaire de la Mutualité de la fonction publique). ♦ Les dispositions du droit de la concurrence s'appliquent notamment, en l'absence de dérogation expresse, aux prestations offertes par les mutuelles d'assurances, nonobstant l'art. L. 111-1 C. mutualité, dès lors que ces prestations ne sont pas spécifiques au domaine de la mutualité et relèvent du secteur concurrentiel (à propos de la subordination d'une assurance « maladie-chirurgie » à la garantie d'autres risques « accidents et incendies »). • Crim. 12 févr. 1990 : *préc. note 4.* – V. aussi, sur renvoi, • Paris, 27 nov. 1990 : *Gaz. Pal. 1991. 1. 159, note Marchi.* ♦ Le régime juridique des mutuelles, comme le caractère non lucratif de leur activité, n'est pas de nature à les exclure du champ d'application de l'Ord. du 1er déc. 1986 [C. com., art. L. 410-1 s.], dès lors qu'elles procèdent à une activité de production de distribution et de services (commercialisation de médicaments). • Com. 21 oct. 1997 : *Bull. civ. IV, n° 270 ; D. 1997. IR 246 ; D. Affaires 1997. 1386.* – V. aussi • Paris, 5 déc. 1991 : *BOCC 3 janv. 1992.* ♦ En revanche, un organisme gérant un régime légal d'assurance vieillesse – ce régime fût-il complémentaire et facultatif – selon les principes de répartition et de solidarité nationale énoncés aux art. L. 111-1 à L. 111-4 CSS, n'exerçant aucune activité commerciale, économique ou spéculative, *échappe aux règles de concurrence* formulées par les art. 7 et 8 [C. com., art. L. 420-1 et L. 420-2] et 85 et 86 du traité de Rome (actuels art. 101 et 102 TFUE, depuis l'entrée en vigueur du traité de Lisbonne ; V. Décr. n° 2009-1466 du 1er déc. 2009, *JO 2 déc.*). • Crim. 25 nov. 1992 : *JCP 1993. IV. 595.* ♦ La notion d'entreprise, au sens des art. 85 et 86 [désormais 81 et 82] et des art. 7 et 8 [C. com., art. L. 420-1 et L. 420-2] ne vise pas les organismes chargés de la gestion de régimes de sécurité sociale. • Com. 12 juill. 1993 : *CCC 1993, n° 151, note Vogel.* – Dans le même sens : • Com. 6 avr. 1993 : *Bull. civ. IV, n° 137* • Soc. 10 mars 1994 : *Bull. civ. V, n° 87 ; D. 1994. Somm. 302, obs. Langlois.* – V. aussi • Cons. conc. n° 94-D-04 du 8 mars 1994 : *BOCC 4 mai 1994* • CJCE 22 janv. 2002 : *Lettre distrib. févr. 2002, p. 3 ; Europe 2002, n° 109 ; LPA 9 avr. 2002, note Arhel.*

6. Production d'électricité. La production d'électricité destinée à EDF intervenant, non en tant qu'utilisateur final afin d'incorporer cette énergie à sa propre activité, mais en sa qualité de détenteur du monopole du transport et de la distribution en vue de la commercialisation de cette énergie auprès des utilisateurs des secteurs industriel, tertiaire et domestique, constitue une activité économique de production entrant dans le champ d'application de l'Ord. du 1er déc. 1986 [C. com., art. L. 410-1 s.]. • Paris, 27 janv. 1998 : *BOCC 17 févr. 1998 ; D. Affaires 1998. 326, obs. A. M. ; Gaz. Pal. 1998. 1. Somm. 41 ; Rev. Conc. Consom. juill.-août 1998. 59, obs. Maigre.* ♦ Sur la nullité d'une clause contractuelle contraire au monopole de distribution d'EDF par laquelle un locataire rétrocédait tout ou partie de l'électricité distribuée par EDF, V. • Versailles, 19 juin 2012 : *LPA 12 juill. 2012, note Lèguevaques.*

7. Certificats d'immatriculation. Si la fourniture de services en vue de l'obtention de certificats d'immatriculation ou de la gestion des demandes de cartes grises constitue une prestation économique au sens de l'art. 53 [C. com., art. L. 410-1], le choix opéré par le ministère de l'Intérieur d'une entreprise chargée d'une telle mission n'a pas pour objet ou pour effet de fausser le jeu de la concurrence sur le marché de la télétransmission des demandes d'immatriculation. • Paris, 20 oct. 1998 : *BOCC 31 oct. 1998 ; CCC 1999, n° 7, obs. Malaurie-Vignal ; LPA 21 juin 1999, obs. Reboul ; Gaz. Pal. 17-19 oct. 1999, p. 40, obs. Godet.* ♦ V. aussi • Paris, 11 mai 1999 : *Gaz. Pal. 12-14 déc. 1999, p. 12, obs. Petit.*

8. Organisation syndicale et ordre professionnel. **BIBL.** Del Prete, *LPA 20 mai 2004* (ordres professionnels et droit communautaire de la concurrence). – Prieto, JCP 2004. I. 126 (même thème). – Luc, *LPA 24 sept. 2004* (ordres professionnels et concurrence). ♦ Est soumise à l'art. 53 [C. com., art. L. 410-1] l'organisation syndicale qui se livre à une activité économique, distincte de sa mission première de défense des intérêts de ses adhérents. • Paris, 29 févr. 2000 :

D. 2000. AJ 182, obs. Daleau. ♦ V. aussi l'arrêt de confirmation, qui précise que la cour d'appel ne s'est pas fondée sur le caractère isolé des agissements en cause, mais bien sur l'absence d'activité économique des syndicats poursuivis pour exclure, en l'espèce, l'application de l'art. L. 420-1 C. com. • Com. 15 janv. 2002 : *Bull. civ. IV, n° 15 ; D. 2002. AJ 720, obs. Chevrier ; JCP E 2002, n° 8-9, p. 338.* ♦ Dès lors qu'un ordre professionnel ne se borne pas à un simple rappel de dispositions légales adressé aux instances régionales et départementales de la profession, mais constitue en réalité un argumentaire qu'il invite à utiliser auprès des élus et des services responsables en vue de se réserver certaines activités, il exerce une activité qui entre dans le champ d'application de l'art. L. 410-1. • Paris, 13 nov. 2002 : *BOCC 31 déc. 2002 ; CCC 2003, n° 41, obs. Malaurie-Vignal.*

9. Activités commerciales des fédérations sportives. Les juridictions de l'ordre judiciaire sont compétentes pour connaître de la validité d'un art. du règlement de la Ligue nationale de football qui prévoyait l'obligation, pour les clubs participant aux championnats de France, de faire porter des équipements fournis par la Ligue, et permettait à cette dernière d'imposer l'exclusivité des signes faisant apparaître le parrainage d'une marque d'équipements sportifs, cette disposition concernant seulement des activités commerciales de distribution et ne se rattachant pas à la mission de service public de la Ligue. • Com. 2 déc. 1997 : *Bull. civ. IV, n° 316 ; D. 1998. IR 19 ; CCC 1998, n° 24, obs. Vogel.* – (V. l'arrêt d'appel : • Paris, 23 août 1995 : *CCC 1995, n° 185, obs. Vogel).* ♦ Cette disposition a d'ailleurs été annulée pour excès de pouvoir : V. • CE 19 nov. 1997 : *BRDA 1997, n° 23, p. 12.* – V. aussi, Simon, *D. 1999. Chron. 174*. ♦ Dans la même affaire, V., confirmant, d'une part, le caractère commercial des activités de la Ligue précédemment décrites et, d'autre part, la compétence du Conseil de la concurrence et de la cour d'appel pour apprécier la conformité des pratiques qui leur sont déférées tant au regard des règles communautaires de la concurrence qu'au regard des dispositions de l'Ord. du 1er déc. 1986 [C. com., art. L. 410-1 s.] : • Paris, 16 févr. 1999 : *BOCC 26 févr. 1999 ; D. 1999. IR 82 ; RG. proc. 1999. 269, obs. Idot ; LPA 11 nov. 1999, obs. Mathieu.* ♦ V. aussi, pour les pratiques mises en œuvre par la FIFA et le CFO à l'occasion de la revente des billets dans le cadre de la confection de forfaits touristiques lors de la coupe du monde de football 1998. • Paris, 30 oct. 2001 : *BOCC 31 déc. 2001 ; Lettre distrib. févr. 2002, p. 2.*

10. Activités de service des fédérations sportives. BIBL. Brault, *RLC 2005, n° 5, p. 46* (à quelles conditions des droits sportifs exclusifs peuvent-ils être concédés ?). ♦ La cession de droits de retransmission télévisée de matchs de football par la Fédération française de football est une activité de service entrant dans le champ d'application de l'Ord. de 1986 [C. com., art. L. 410-1 s.]. • Paris, 23 déc. 1991 : *BOCC 24 janv. 1992 ; Gaz. Pal. 1991. 1 9, obs. Jobard* • Com. 1er mars 1994 : *Bull. civ. IV, n° 91 ; D. 1995. Somm. 61, obs. Lacabarats*. ♦ V. note 9 ss. art. L. 420-2. ♦ De même, la diffusion par la Fédération française de ski de produits d'assurance constitue une activité de service au sens de l'art. 53 [C. com., art. L. 410-1], détachable de ses prérogatives de puissance publique. • Paris, 14 juin 1995 : *BOCC 20 juill. 1995.* ♦ La Fédération française d'escrime exerce une activité de service au sens de l'art. 53 [C. com., art. L. 410-1], en mettant à la disposition d'un fournisseur de matériel et d'équipement, en contrepartie de la fourniture de l'assistance technique de la compétition, un emplacement dans l'enceinte de ladite compétition, pour qu'il y expose et vende ses produits. • Cons. conc. n° 98-D-31 du 13 mai 1998 : *BOCC 15 sept. 1998.* ♦ Lorsque la FFPJP conclut des contrats de partenariat avec des annonceurs comme les fabricants de boules de pétanque, à qui elle vend, à l'occasion des championnats de France, une prestation de services ayant pour objet la mise à disposition d'un espace de vente et de publicité en contrepartie d'une rémunération, elle accomplit des actes détachables de sa mission de service public, et relève en conséquence de la compétence de l'Autorité de la concurrence. • Aut. conc. n° 10-D-17 du 25 mai 2010 : *RDLC 2010, n° 3, p. 86, obs. Debroux ; RLC juill.-sept. 2010. 35, obs. Destours.* ♦ En revanche, les dispositions de l'Ord. de 1986 [C. com., art. L. 410-1 s.] sont inapplicables au système mis en place par la Fédération française de tennis pour la vente des billets d'accès au tournoi qui portent en caractères très lisibles la mention « ce billet ne peut être revendu », offerts en priorite à titre individuel aux licenciés de la Fédération puis au public à l'exclusion de toute société autre que celle à qui incombent les opérations de relations publiques à l'intérieur du stade. • Paris, 20 nov. 1995 : *D. 1996. IR 6.*

11. Communication audiovisuelle. Aucune des dispositions du titre III n'exclut de la compétence du Conseil de la concurrence les pratiques anti-concurrentielles commises dans le secteur de la communication audiovisuelle, mais, au contraire, l'art. 41-4 de la L. n° 86-1067 du 30 sept. 1986 relative à la liberté de la communication lui donne mission de veiller à la liberté de la concurrence dans ce secteur *[désormais secteurs de la radio et de la télévision : mod. appor-*

tée par L. n° 2004-669 du 9 juill. 2004, art. 77] selon les règles et conditions prévues par l'Ord. du 1er déc. 1986 [C. com., art. L. 410-1 s.]. • Paris, 3 juin 1993 : *D. 1993. IR 182.* – V. cet art. au **C. communic.**

12. Sociétés d'auteurs. **BIBL.** Pollaud-Dulian, *CCC 1995. Chron. 11.* ♦ En faveur de l'applicabilité de l'Ord. de 1986 [C. com., art. L. 410-1 s.] à ces sociétés, V. • Paris, 17 janv. 1990 : *Gaz. Pal. 1990. 1. 205, note Marchi ; RTD com. 1990. 664, obs. Bouzat* • Com. 5 nov. 1991 : *D. 1993. 63, note Daverat*. – *Contra :* • Angers, 11 janv. 1989 : *LPA 6 déc. 1989.*

13. Coopératives. V. • Cons. conc. n° 92-D-38 du 9 juin 1992 : *BOCC 31 juill. 1992.*

14. Sous-traitance. **BIBL.** Courivaud, *D. Affaires 1996. 1210.* ♦ Sur la soumission des activités de sous-traitance aux dispositions de l'Ord. de 1986 [C. com., art. L. 410-1 s.], V. • Paris, 9 févr. 1994 : *CCC 1994, n° 51, obs. Vogel.* ♦ S'il est loisible pour plusieurs entreprises, ayant étudié la possibilité d'établir entre elles des liens de sous-traitance à l'occasion d'un marché, de présenter des offres distinctes, elles ne sauraient établir des propositions apparemment concurrentes qu'à la condition, lors du dépôt de leurs offres, de faire connaître aux maîtres d'œuvre ou d'ouvrage, même s'ils ne le réclament pas expressément, la nature des liens de sous-traitance qui les unissent ou le fait qu'elles ont échangé des informations entre elles. • Cons. conc. n° 93-D-47 du 3 nov. 1993 : *RJDA 1994, n° 424.* ♦ V. aussi notes 23 et 23 *bis* ss. art. L. 420-1.

15. Prestation de services de manutention. V. note 20 ss. art. L. 420-1.

2° APPLICATION DU DROIT DE LA CONCURRENCE AUX PERSONNES DE DROIT PUBLIC

a. Appréciation de la légalité des actes des personnes publiques au regard du droit de la concurrence

16. Actes réglementaires. Les dispositions de l'art. 101 TFUE visent uniquement le comportement des entreprises et non les mesures législatives ou réglementaires émanant d'un État membre ; il n'en va autrement que lorsqu'un État, notamment, retire à sa propre réglementation son caractère étatique en déléguant à des *opérateurs privés la responsabilité* de prendre des décisions d'intervention économique. Il n'en va pas ainsi par le simple fait qu'il consulte les professionnels intéressés avant d'arrêter une réglementation économique ou qu'il charge un organisme professionnel ou interprofessionnel de déterminer en fonction de critères d'intérêt général ou de critères déterminés par lui-même une telle réglementation en conservant un pouvoir de contrôle et de réformation des décisions prises à cet effet. • CE 23 déc. 2011 : *RJDA 2012, n° 1002.*

Sur la question de la soumission des actes réglementaires au droit de la concurrence défini par l'Ord. de 1986 [C. com., art. L. 410-1 s.], V. • CE 26 oct. 1990 : *JCP 1992. II. 21876, note Bazex.* – V. aussi • CE 1er avr. 1998 : *cité note 19* • 5 oct. 1998 : *RJDA 1999, n° 479* • 30 avr. 2003 : *D. 2004. Somm. 1702, obs. Chelle et Prétot ; AJDA 2003. 1150, obs. Donnat et Casas ; ibid. 1849, note Subra de Bieusses ; RTD com. 2003. 490, obs. Orsoni ; LPA 19 déc. 2003, note Gate ; RJDA 2003, n° 782* (conciliation du droit de la concurrence et du droit des conventions collectives). ♦ Sur ce dernier thème, V. Combrexelle, *Mélanges Labetoulle, Dalloz, 2007, p. 185* (droit du travail et droit de la concurrence : le conflit des droits).

17. Octroi d'une subvention par un ministère. Ne relève pas de l'art. 53 [C. com., art. L. 410-1] mais du seul exercice des prérogatives de puissance publique le fait pour le ministre de l'économie d'octroyer des subventions à une mutuelle de fonctionnaires, comme l'art. R. 523-2 C. mutualité lui en réserve la faculté, ou bien encore de refuser d'étendre l'octroi des moyens internes à l'administration. • Paris, 11 janv. 1994 : *BOCC 28 janv. 1994 ; D. 1994. IR 72.* ♦ Il en va de même des facilités accordées par le ministre chargé de l'éducation nationale aux mutuelles d'étudiants habilitées. • Cons. conc. n° 94-D-46 du 12 juill. 1994 : *BOCC 27 sept. 1994.*

18. Organisation d'un service public. L'organisation du service public de la distribution de l'eau à laquelle procède un conseil municipal n'est pas constitutive d'une activité de production, de distribution ou de services à laquelle une personne publique doit se livrer pour tomber sous le coup de l'art. 53 [C. com., art. L. 410-1]. • T. confl. 6 juin 1989 : *D. 1990. 418, note Israël ; ibid. Somm. 101, obs. Gavalda et Lucas de Leyssac ; JCP 1990. II. 21395, note Terneyre ; Gaz. Pal. 1989. 2. 582, concl. Stirn.* ♦ L'acte juridique de dévolution de l'exécution de ce service n'est pas, par lui-même, susceptible d'empêcher, de restreindre ou de fausser le jeu de la concurrence sur le marché, et il n'appartient en conséquence qu'aux juridictions de l'ordre intéressé de vérifier la validité de cet acte au regard des dispositions de l'art. 9 [C. com., art. L. 420-3]. • Même décision. ♦ V. déjà, dans la même affaire, • Paris, 19 janv. 1989 : *Gaz. Pal. 1989. 1. 242, concl. Jobard.* ♦ Dans le même sens : • CE 23 juill. 1993 : *D. 1993. IR 222* • 22 janv. 1997 : *RJDA 1997, n° 662.* – Comp. : • Paris,

30 juin 1988 : *Gaz. Pal. 1988. 2. 656, notes Richer et Marchi* • Cons. conc. n° 98-D-52 du 7 juill. 1998 : *D. Affaires 1999. 23, obs. Emery.* ♦ De même, le Conseil d'État avait jugé que n'était pas une activité soumise à l'Ord. de 1986 l'organisation, par le pouvoir réglementaire (Décr. 30 juill. 1985 relatif à l'union des groupements d'achats publics), du service des achats publics. • CE 29 juill. 1994 : *CCC 1994, n° 221, obs. Vogel ; RJDA 1994, n° 1314.* ♦ Toutefois, l'UGAP est soumise, dans l'exercice de son activité de distribution et de services, aux règles définies par l'ordonnance. • Paris, 31 oct. 1994 : *Gaz. Pal. 1995. 1. 93, concl. Benas ; CCC 1995, n° 29, note Vogel.* ♦ Sur les abus de position dominante commis par l'UGAP, V. • Paris, 13 janv. 1998 : *JCP E 1999, n° 8, p. 375, note Grandvuillemin.* ♦ Sur l'aide à l'accès au droit (mission de service public), qui inclut l'aide à la consultation en matière juridique par le biais, notamment, de la création de maisons de la justice et du droit, V. • Cons. conc. n° 03-D-27 du 4 juin 2003 : *BOCC 8 oct. 2003* (conf. par • Paris, 24 févr. 2004 : *BOCC 4 mai 2004,* puis par • Com. 19 avr. 2005 : *BOCC 24 juill. 2008 ; JCP E 2005, n° 21, p. 859*).

Ne constitue pas un service, au sens de l'art. 53 [C. com., art. L. 410-1], la commercialisation, en contrepartie du versement d'un prix, d'informations météorologiques par la Direction de la Météorologie nationale, dès lors que celle-ci gère, en application des dispositions de droit international et de réglementation interne, le service public de la météorologie aérienne et réserve aux seuls usagers de l'aviation civile des messages propres à assurer leur sécurité et celle des passagers, sans qu'il ait été constaté une commercialisation auprès du grand public des informations recueillies dans le cadre de sa mission. • Com. 12 déc. 1995 : *Bull. civ. IV, n° 301 ; D. 1996. IR 4 ; D. Affaires 1996. 70 ; CCC 1996, n° 23, note Vogel ; JCP E 1996. II. 810, note Berlin et Calvet ; RJ com. 1996. 175, note R. Drago et Boutard-Labarde* (cassation de • Paris, 18 mars 1993 : *BOCC 26 mars 1993 ; RJ com. 1993. 334, note Drago,* qui avait confirmé • Cons. conc. n° *92-D-35 du 13 mai 1992 : BOCC 4 juill. 1992).*

19. Contrats de concession. Le Conseil d'État accepte désormais de contrôler la légalité de contrats de concession, au regard de l'ordonnance, dès lors qu'ils sont postérieurs à son entrée en vigueur. Il a décidé à ce titre que, si le contrat par lequel une commune concède le service extérieur des pompes funèbres à une entreprise crée, au profit de cette dernière, une position dominante, la durée de six ans, renouvelable une fois par décision expresse de cette convention, ne met cependant pas la société en situation d'abuser de cette position. • CE 3 nov. 1997 : *D. 1997. IR 259 ; RFDA 1997. 1228, concl. Stahl ; GAJA 2009. 726 ; RJDA 1998, p. 87 et 162, concl. Stahl.* – V. aussi, Destours, *Cah. dr. entr 1998, n° 2, p. 1 ;* Nicolas-Vullierme, *CCC 1998. Chron. 6 ;* Basex, *RFDA 1998. 781 ;* Israël, *Gaz. Pal. 25-29 déc. 1999, p. 2.* – V. aussi • CE 30 nov. 1998 : *RJDA 1999, n° 480.* ♦ Dans le même sens, le Conseil d'État considère qu'il est loisible à l'État d'organiser le service public des bases de données en recourant, en ce qui concerne la diffusion, au procédé de la concession, ce mode d'organisation, bien que conférant au concessionnaire une position dominante, n'ayant pas pour effet de le placer dans une situation d'abus de cette position au regard de l'ordonnance (légalité du Décr. n° 96-481 du 31 mai 1996). • CE 17 déc. 1997 : *D. 1998. 591, note Jorion ; D. Affaires 1998. 236, obs. J. F. ; JCP E 1998, n° 1-2, p. 4.* ♦ V. aussi, admettant la légalité du Décr. du 18 avr. 1997 relatif aux structures d'hospitalisation prévues à l'art. L. 714-36 CSS [devenu l'art. L. 6146-10], dans la mesure où il ne peut être soutenu que cet acte réglementaire contreviendrait au principe de liberté de la concurrence résultant de l'ordonnance, • CE 1er avr. 1998 : *RJDA 1998, n° 1301 ; BID 1999, n° 1, p. 13.*

V. également, en ce sens que le fait, pour un établissement public exploitant le domaine public, de se réserver une activité économique est un acte du service public, • Com. 29 mars 1994 : *CCC 1994, n° 177, note Vogel.* ♦ Comp., sur des activités de distribution (distribution de carburéacteur sur un aéroport) indépendantes des modalités d'organisation de la concession de service public : • Com 5 mars 1996 : *Bull. civ. IV, n° 76 ; D. 1996. IR 87 ; D. Affaires 1996. 410.* ♦ La fourniture de données publiques à un tiers diffuseur peut être légitimement refusée si elle menace l'existence du service, par exemple en mettant en cause l'equilibre économique du délégataire de ce service (Circ. 14 févr. 1994, *JO 19 févr.*). – V. désormais la précision apportée par la L. n° 95-127 du 8 févr. 1995 à l'art. 53.

20. Délégation de service public. Le principe de la liberté du commerce et de l'industrie ne fait pas obstacle, par lui-même, à ce qu'un établissement public administratif se porte candidat à l'obtention d'une délégation de service public proposée par une collectivité territoriale. • CE 16 oct. 2000 : *RFDA 2001. 106, concl. Bergeal ; Dr. adm. 2001, n° 6.* ♦ Rappr., retenant que si aucun texte ou principe n'interdit, en raison de sa nature, à une personne publique, de se porter candidate à l'attribution d'un marché public ou d'un contrat de délégation de service public, pour que soient respectés tant les exigences de l'égal accès aux marchés publics que le principe de la liberté de la concurrence, cette attribution suppose toutefois que le prix proposé par l'établissement soit déterminé en prenant en compte l'ensemble des coûts directs et indirects concourant à la formation du prix de la prestation objet du contrat. • CE 8 nov. 2000 : *RFDA 2001. 112, concl. Bergeal* ; *Dr. adm. 2000, n° 249.* ♦ Sur l'obligation pour les agents du Trésor de se conformer au droit de la concurrence lorsqu'ils distribuent des produits d'assurance, notamment en ce qui concerne la rémunération des prestations assurées et l'absence d'utilisation des avantages liés aux missions de service public par ailleurs assurées par ces services, V. • CE 28 mars 2001 : *Lebon p. 160* ; *D. 2002. 630, note Charbit*. ♦ Quelles que soient les prérogatives de puissance publique mises en œuvre à l'occasion de la conclusion d'un contrat de délégation de service public, les dispositions des art. L. 420-1 s. C. com. sont applicables aux actes qui en sont détachables et notamment les échanges d'informations antérieurs au choix du délégataire. • Paris, 18 déc. 2001 : *CCC 2002, n° 77, obs. Malaurie-Vignal.* ♦ Il appartient au ministre de l'intérieur de veiller à ce que les modalités d'instruction des demandes d'autorisation d'exploitation d'un casino n'aient pas pour effet de conduire à empêcher, restreindre ou fausser le jeu de la concurrence sur un marché, notamment en limitant de façon excessive l'accès à ce marché en opérant une conciliation entre les nécessités de la protection de l'ordre public et les impératifs tenant à la préservation de l'égalité d'accès dans le secteur en cause. • CE 10 mars 2006 : *AJDA 2006. 751, note Dreyfus* ; *RFDA 2006. 633* ; *CCC 2006, n° 136, obs. Brunet*; *RLC juill.-sept. 2006. 55, note Clamour*; *RDC 2006. 1245, obs. Brunet.*

21. Dévolution d'une autorisation d'occupation du domaine public. L'exercice de l'activité consistant, pour la SNCF, à offrir dans l'enceinte des gares des prestations annexes, comprenant notamment des services de restauration, entre dans le champ d'application de l'Ord. de 1986. • Paris, 31 oct. 1991 : *D. 1992. 312, note Sélinsky* ; *Gaz. Pal. 1992. 1. 357, concl. Thin, note Marchi.* ♦ Toutefois, les conventions par lesquelles elle choisit les entreprises chargées de fournir les services s'incorporant à sa propre activité n'ont pas en elles-mêmes pour objet de fausser le jeu de la concurrence sur les marchés spécifiques concernés. • *Même arrêt.* ♦ *L'attribution* à une société de la jouissance d'une portion du domaine public, pour y exercer une activité commerciale ne constituant nullement une activité de production, de distribution ou de service mais un acte de gestion du domaine public, l'examen des conditions dans lesquelles ladite société a été choisie échappe à la compétence du Conseil de la concurrence, lequel ne peut connaître que des seules pratiques commerciales détachables de la légalité d'un acte administratif. • Paris, 6 juin 2000 : *Gaz. Pal. 21-22 juill. 2000, p. 14.*

Mais ne constitue pas une activité de production, de distribution ou de service, mais un acte de gestion du domaine public, le fait pour un concessionnaire de service public d'exiger la signature d'une convention d'installation et d'exploitation pour des distributeurs automatiques de boissons ainsi que le paiement d'une redevance, en raison de l'occupation d'une portion du domaine public qu'implique l'installation de ces appareils, arrêtée en conseil d'administration et fixée par arrêté préfectoral. • Paris, 20 janv. 1998 : *Gaz. Pal. 1998. 1. Somm. 39.* ♦ Comp., jugeant que l'activité du groupe Decaux, qui porte à la fois sur la fourniture de mobilier urbain à des collectivités locales et sur la commercialisation des espaces publicitaires aménagés sur ce mobilier urbain, est une activité de prestation de service visée à l'art. 53 [C. com., art. L. 410-1], et que la circonstance qu'elle soit exercée sur le domaine public et qu'elle implique la conclusion de contrats de droit public avec les collectivités locales est sans incidence sur sa nature commerciale : • Cons. conc. n° 98-D-52 du 7 juill. 1998 : *D. Affaires 1999. 23, obs. Emery.* ♦ Les pratiques mises en œuvre par ce groupe en position dominante afin d'éviter une confrontation avec la concurrence et en vue de conserver l'exclusivité de l'installation des principaux types de mobiliers urbains publicitaires, notamment par le biais de clauses d'exclusivité assorties d'un droit de préférence, dans les villes où il est implanté, pour des durées excédant largement celles fixées dans les contrats initiaux, constituent une exploitation abusive de cette position prohibée par les dispositions de l'art. 8 [C. com., art. L. 420-2]. • Même décision. ♦ L'examen de pratiques mises en œuvre par des entreprises bénéficiaires d'une autorisation d'occupation du domaine public relève des pouvoirs accordés au Conseil de la concurrence par l'Ord. du 1er déc. 1986 [C. com., art. L. 410-1 s.], ces pratiques étant indépendantes des modalités d'organisation de la concession de service public. • Paris, 6 juill. 1994 : *CCC 1994, n° 195, obs. Vogel*; *RJDA 1994, n° 1324.* – V. aussi Vaissette, *ibid. 1994, p. 967.*

22. Actes de gestion du domaine public. S'il appartient à l'autorité administrative affectataire de dépendances du domaine public de gérer celles-ci tant dans l'intérêt du domaine et de son affectation que dans l'intérêt général, il lui incombe en outre lorsque, conformément à l'affectation de ces dépendances, celles-ci sont le siège d'activités de production, de distribution ou de services, de prendre en considération les diverses règles, telles que le principe de la liberté du commerce et de l'industrie ou l'Ord. du 1er déc. 1986 [C. com., art. L. 410-1 s.], dans le cadre desquelles s'exercent ces activités. • CE 26 mars 1999 : *D. 2000. 204, note Markus ; JCP E 1999, n° 27-28, p. 1170, obs. Rouault ; AJDA 1999. 427, concl. Stahl et obs. Bazex ; RD publ. 1999. 1545, note Manson.* – V. aussi • CAA Paris, 4 déc. 2003 : *AJDA 2005. 200, note Nicinski*. ♦ Il appartient alors au juge de l'excès de pouvoir, à qui il revient d'apprécier la légalité des actes juridiques de gestion du domaine public, de s'assurer que ces actes ont été pris compte tenu de l'ensemble de ces principes et de ces règles et qu'ils en font, en les combinant, une exacte application. • CE 26 mars 1999 : *préc.* ♦ Dans la même affaire, V. déjà considérant que l'activité d'ADP, qui consiste à mettre à la disposition d'opérateurs économiques, directement ou indirectement et en contrepartie de redevances, des installations permettant à ces opérateurs d'exercer leur activité de location de véhicules sans chauffeur, est une activité de service au sens de l'art. 53 [C. com., art. L. 410-1] : • Cons. conc. n° 98-MC-13 du 2 déc. 1998 : *BOCC 12 mai 1999 ; AJDA 1999. 532, obs. Richer*. ♦ La personne publique ne peut délivrer une autorisation d'occuper une dépendance du domaine public lorsque sa décision a pour effet de méconnaître le droit de la concurrence, notamment en plaçant automatiquement l'occupant en situation d'abuser d'une position dominante, contrairement aux dispositions de l'art. L. 420-2 C. com. • CE 23 mai 2012 : *AJDA 2012. 1151, note Glaser ; RDI 2012. 566, obs. Foulquier ; AJCT 2012. 445, note Juilles ; RFDA 2012. 1181, note Nicinsky ; JCP 2012, n° 684, obs. Touzeil-Divina ; RJDA 2012, n° 803 ; RLC juill.-sept. 2012. 34, note Clamour ; Dr. adm. 2012, n° 89, obs. Brenet.* ♦ V. note ss. art. L. 462-3.

23. Fixation des redevances afférentes à l'occupation du domaine public. La fixation du niveau de redevances afférentes à l'occupation du domaine public fait partie des actes de gestion du domaine public mettant en cause des prérogatives de puissance publique dont l'appréciation ne relève que de la juridiction administrative. • Cons. conc. n° 2000-D-41du 20 sept. 2000 : *BOCC 5 déc. 2000 ; CCC 2001, n° 24, obs. Malaurie-Vignal,* conf. par • Com. 19 nov. 2002 : *Bull. civ. IV, n° 170 ; D. 2003. AJ 272, obs. Chevrier ; JCP E 2003, n° 3, p. 107 ; JCP 2003. I. 119, obs. Levoyer ; CCC 2003, n° 24, obs. Malaurie-Vignal ; RJDA 2003, n° 196 ; Lettre distrib. déc. 2002, p. 1, obs. Destours.* ♦ Il en est de même des décisions refusant d'accorder un droit d'occupation sur le domaine public. • Mêmes décisions. ♦ Mais si les droits de place et de stationnement dans les marchés communaux présentent le caractère de contributions indirectes et échappent à ce titre aux dispositions de l'Ord. du 1er déc. 1986 [C. com., art. L. 410-1 s.], les recettes perçues par les concessionnaires en contrepartie de prestations complémentaires sont de nature contractuelle et doivent faire l'objet d'une facturation, conformément à l'art. 31 [C. com., art. L. 441-3] • Crim. 10 oct. 1994 : *RJDA 1994, n° 1337.* ♦ La redevance d'utilisation du domaine public aux fins de stationnement ne saurait s'analyser en la contrepartie d'un service offert par la puissance publique dans le carde d'une activité commerciale au sens de l'art. L. 410-1. • Crim. 13 juin 2007 : *cité note 5 ss. C. mon. fin., art. L. 133-15, App., v° Banque et financement de l'entreprise.*

24. Pouvoir de police administrative. Dès lors que l'exercice du pouvoir de police administrative est susceptible d'affecter des activités de production, de distribution ou de services, la circonstance que les mesures de police ont pour objectif la protection de l'ordre public ou, dans certains cas, la sauvegarde des intérêts que l'administration a pour mission de protéger ou de garantir, n'exonère pas l'autorité investie de ces pouvoirs de l'obligation de prendre en compte la liberté du commerce et de l'industrie et les règles de concurrence. • CE, avis, 22 nov. 2000 : *D. 2001. 2110, note Albert et Somm. 1235, obs. Gonzalez ; RFDA 2001. 872, concl. Austry ; JCP E 2001, n° 28, p. 1164, obs. Rouault ; LPA 21 févr. 2001, obs. Charbit ; RTD com. 2001. 658, obs. Orsoni* • CE, ord., 13 nov. 2009 : *CCC 2010, n° 19, obs. Marson.* ♦ Il appartient au juge de l'excès de pouvoir d'apprécier la légalité de ces mesures de police administrative (réglementation de l'affichage publicitaire) compte tenu de l'ensemble de ces objectifs et de ces règles. • Même avis • CE 15 mai 2009 : *AJDA 2009. 1015 ; RJDA 2010, n° 559.* – V. aussi Marceau, *AJDA 2002. 190*.

25. Établissement public industriel et commercial. BIBL. Lombard, *AJDA 2006. 79* (l'EPIC est-il condamné ?). ♦ Il appartient à la juridiction judiciaire de connaître d'une demande tendant à obtenir réparation du préjudice causé par certaines pratiques commerciales imputées à un groupement d'achat public, établissement public à caractère industriel et commercial, et de nature à fausser prétendument le jeu de la concurrence au regard tant du droit interne que du droit communautaire. • T. confl. 4 nov. 1991 : *D. 1992. IR 43.* ♦ Dans le même sens, s'agissant d'un litige opposant des sociétés commerciales à la Poste et à ses filiales de droit privé, en vue d'obtenir la cessation ainsi que la réparation des dommages occasionnés par des pratiques commerciales imputées à la Poste et susceptibles de fausser le jeu de la concurrence, V. • T. confl. 19 janv. 1998 : *D. 1998. IR 98 ; JCP E 1998, n° 12, p. 439.* – V. aussi Bréchon-Moulènes et Delvolvé, *RFDA 1999. 189* .

Le Conseil de la concurrence est incompétent pour dire si un EPIC est en droit d'exercer ou non une activité commerciale. • Cons conc. n° 04-D-02 du 10 févr. 2004 : *BOCC 4 mai 2004 ; CCC 2004, n° 78, obs. Malaurie-Vignal.*

b. Répartition des compétences entre l'Autorité de la concurrence et les juridictions administratives

26. Distinction entre la mise en œuvre de prérogatives de puissance publique et les actes détachables d'une mission de service public. Les décisions par lesquelles les personnes publiques ou les personnes privées chargées d'une mission de service public mettent en œuvre des prérogatives de puissance publique et qui peuvent constituer des actes de production, distribution ou de service au sens de l'art. 53 [C. com., art. L. 410-1], entrant dans son champ d'application, ne relèvent pas de la compétence du Conseil de la concurrence. Toutefois, il en est autrement lorsque ces organismes interviennent hors de cette mission ou ne mettent en œuvre aucune prérogative de puissance publique. • Com. 16 mai 2000 : *Bull. civ. IV, n° 99 ; D. 2000. 315, obs. Marmontel ; CCC 2000, n° 112, obs. Malaurie-Vignal ; RTD com. 2000. 619, obs. Claudel* . ♦ V. aussi, retenant que si, dans la mesure où elles effectuent des activités de production, de distribution ou de services, les personnes publiques peuvent être sanctionnées par le Conseil de la concurrence agissant sous le contrôle de l'autorité judiciaire, les décisions par lesquelles ces personnes assurent la mission de service public qui leur incombe au moyen de prérogatives de puissance publique, relèvent de la compétence de la juridiction administrative pour en apprécier la légalité, et le cas échéant, pour statuer sur la mise en jeu de la responsabilité encourue par ces personnes : • T. confl. 18 oct. 1999 : *Bull. civ., n° 29 ; D. 2000. 607, note Louvaris ; JCP 2000. II. 10413, concl. Schwartz ; RFDA 2000. 567, note Laidié ; RTD com. 2000. 619, obs. Claudel* . ♦ Sur les critères de répartition de compétence, V. aussi • Cons. conc. n° 99-D-72 du 1er déc. 1999 : *BOCC 31 janv. 2000.* ♦ En matière de marchés publics, lesquels ne traduisent pas la mise en œuvre de prérogatives de puissance publique, la compétence du juge administratif en qualité de juge du contrat, résultant de l'art. 2 de la L. n° 2001-1168 du 11 déc. 2001, ne fait pas obstacle à la compétence du Conseil de la concurrence pour statuer sur les litiges fondés sur l'invocation des pratiques anticoncurrentielles. • T. confl. 4 mai 2009 : *Bull. civ. n° 12 ; AJDA 2009. 1490, note Eckert ; ibid. 2440, obs. Glaser ; LPA 17 juin 2009, concl. Guyomar ; Gaz. Pal. 2010. 487, et les obs. ; RJDA 2009, n° 1011 ; RLC oct.-déc. 2009. 48, note Clamour ; Dr. adm. 2009, n° 145, obs. Bazex.*

27. Actes indissociables de l'usage de prérogatives de puissance publique. Sur l'incompétence du Conseil de la concurrence pour apprécier les pratiques anti-concurrentielles, mises en œuvre par Aéroport de Paris, et qui sont en réalité indissociables de la réorganisation des aérogares décidée par l'établissement public, puis approuvée par le ministre de l'équipement, du transport et du logement, V. • T. confl. 18 oct. 1999 : *préc. note 26.* – V. Guedj, *LPA 27 avr. 2000.* ♦ De même, ressortit à la compétence de la juridiction administrative, le contrat de cession, par la Ligue, des droits liés à l'utilisation et à la reproduction d'un logiciel de gestion de billetterie. • T. confl. 4 nov. 1996 : *Bull. civ., n° 18 ; D. Affaires 1997. 371 ; AJDA 1997. 142 et 203, note Chauvaux et Girardot ; CCC 1997, n° 63, obs. Vogel* (V. l'arrêt d'appel, en sens contraire : • Paris, 16 avr. 1996 : *BOCC 15 mai 1996 ; D. 1996. IR 145 ; D. Affaires 1996. 706 ; CCC 1996, n° 100, obs. Vogel).* ♦ Sur l'incompétence du Conseil de la concurrence pour examiner les conditions dans lesquelles l'INSEE, qui est une direction générale du ministère de l'économie, vend aux sociétés de marketing direct les informations sur les entreprises issues du répertoire Sirène, cette diffusion s'inscrivant dans le prolongement de sa mission de service public et le prix de cette prestation étant fixé par arrêté et donc exclu de toute négociation, V. • CE 29 juill. 2002 : *D. 2003. Somm. 901, obs. Gonzalez ; RJDA 2002, n° 1327* (V. dans la même affaire • Cons. conc. n° 01-D-78 du 6 déc. 2001 : *BOCC 28 févr. 2002 ; BRDA 2002, n° 7, p. 12*).

La décision par laquelle une collectivité publique décide de recourir à une concession pour la réalisation d'un équipement collectif et choisit les entreprises auxquelles elle confie cette concession n'est pas un acte de production, de distribution ou de services relevant de la compétence du Conseil de la concurrence. • Paris, 29 janv. 2002 : *CCC 2002, n° 110, obs. Malaurie-Vignal.* ♦ Si la fourniture d'un navire par un service public constitue un acte de production économique qui relève de l'art. 53 [C. com., art. L. 410-1], la décision administrative par laquelle le ministre, à l'issue d'une procédure d'ouverture des plis faite en application des dispositions du code des marchés publics, attribue le marché à un des soumissionnaires, relève de la compétence de la juridiction administrative. • Com. 14 déc. 1993 : *Bull. civ. IV, n° 482 ;*

D. 1994. Somm. 175, obs. Gavalda et Lucas de Leyssac ; CCC 1994, n° 25, note Vogel (V. l'arrêt confirmé : • Paris, 6 nov. 1991 : *Gaz. Pal. 1992. 1. 359, concl. Jobard, note Marchi ; JCP E 1992. Pan. 5*). – V. aussi • Paris, 29 mars 1994 : *D. 1994. IR 121* • Cons. conc. n° 02-D-73 du 10 déc. 2002 : *BOCC 28 févr. 2003 ; CCC 2003, n° 90, obs. Malaurie-Vignal.*

28. Actes détachables d'une mission de service public. En mettant à la disposition de compagnies aériennes des installations aéroportuaires et en offrant diverses prestations regroupées sous l'appellation générale de « services d'assistance en escale » moyennant une redevance payée par lesdites compagnies qui, pour poursuivre leurs activités, utilisent ou occupent ces installations, locaux et espaces aménagés, l'établissement public ADP exerce alors une activité de services, de nature économique, telle que celle visée à l'art. 53 [C. com., art. L. 410-1], peu important au regard de ce texte, qui fait entrer dans son champ d'application les activités de production, de distribution et de services émanant de personnes publiques, que le gestionnaire soit investi de prérogatives de puissance publique ou gère une partie du domaine public. • Paris, 23 févr. 1999 : *D. 1999. IR 108.* ♦ L'activité de mise à disposition de moyens de signalisation à des opérateurs privés contre redevance ne s'analyse pas comme une autorisation d'occupation du domaine public mais comme l'offre d'un service à des opérateurs en vue d'exercer leur activité économique ; elle ne relève ainsi pas de prérogative de puissance publique exercée par ADP excluant la compétence du Conseil de la concurrence. • Com. 7 janv. 2004 : *Bull. civ. IV, n° 5 ; JCP E 2004, n° 10, p. 351 ; RJ com. 2004. 96, note Decocq ; RJDA 2004, n° 633.* – *Contra* : • TA Paris, 7 janv. 2004 : *JCP E 2004, n° 47, p. 1810.* ♦ Dès lors, le Conseil de la concurrence en prononçant des sanctions, après avoir qualifié, d'une part, au regard de l'art. 7 [C. com., art. L. 420-1], les pratiques concertées mises en œuvre par ADP et par Air France sur le marché des locaux et espaces nécessaires aux activités des compagnies aériennes mis à leur disposition sur l'aéroport d'Orly, et d'autre part, au regard de l'art. 8 [C. com., art. L. 420-2], les pratiques discriminatoires émanant d'ADP, sans jamais se prononcer sur la validité ou la licéité de décisions administratives, a statué dans les limites de sa compétence sans jamais excéder ses pouvoirs. • Paris, 23 févr. 1999 : *préc.* ♦ Relève de la compétence de la juridiction de l'ordre judiciaire l'action en responsabilité engagée par l'usager d'un service public industriel et commercial pour obtenir réparation d'un préjudice trouvant son origine dans la fixation discriminatoire des redevances commerciales stipulées en rémunération de l'autorisation, donnée par un établissement public, d'exploiter, dans un aéroport, une activité de services d'assistance en escale, de telles redevances n'impliquant pas l'usage de prérogatives de puissance publique • T. confl. 15 janv. 2007 : *Bull. civ. n° 3 ; RLC avr.-juin 2008. 58, note Camour.*

Des concertations entre entreprises en vue de répondre à une demande d'un maître d'ouvrage relative à la réalisation des travaux peuvent constituer des pratiques détachables de la décision administrative d'attribution et sont susceptibles de tomber sous le coup des dispositions du Livre IV du code de commerce. En se refusant à apprécier la procédure de concession tout en acceptant d'examiner les concertations antérieures et postérieures à celle-ci, le Conseil de la concurrence a exactement fait la part entre ce qui relevait du contrôle de la légalité et ce qui ressortissait de sa compétence. • Paris, 29 janv. 2002 : *préc. note 27.* ♦ V. aussi, estimant que cette solution ne viole pas le principe *non bis in idem* : • Cons. conc. n° 03-D-46 du 30 sept. 2003 : *BOCC 17 déc. 2003 ; CCC 2004, n° 9, obs. Malaurie-Vignal.* ♦ En octroyant des moyens de signalisations contre redevances à des opérateurs privés, afin d'informer les usagers potentiels de leur existence et de leur localisation à proximité de l'aéroport, ADP n'exerce pas une mission de service public relevant de prérogatives de puissance publique, mais une activité économique de prestations de services soumise à l'Ord. de 1986 [C. com., art. L. 410-1 s.]. • Paris, 8 févr. 2000 : *D. 2000. AJ 156 ; JCP E 2000, n° 10, p. 393.* – V. aussi • Paris, 14 mars 2000 : *CCC 2000, n° 82, obs. Malaurie-Vignal* • CJCE 24 oct. 2002 : *CCC 2003, n° 11, obs. Poillot-Peruzzetto ; Europe 2002, n° 419, obs. Idot ; AJDA 2003. 436, note Chérot .* ♦ La publication, dans une lettre mensuelle du Conseil de l'ordre des chirurgiens-dentistes, d'une mise en garde qui commente les conditions d'application d'une réglementation, ne relève pas de l'exercice d'une prérogative de puissance publique et peut par conséquent être contestée devant le Conseil de la concurrence. • Cons. conc. n° 98-D-73 du 25 nov. 1998 : *BOCC 16 févr. 1999 ; CCC 1999, n° 92, obs. Malaurie-Vignal.*

Art. L. 410-2 **Sauf dans les cas où la loi en dispose autrement, les prix des biens, produits et services relevant antérieurement au 1er janvier 1987 de l'ordonnance n° 45-1483 du 30 juin 1945 sont librement déterminés par le jeu de la concurrence.**

Toutefois, dans les secteurs ou les zones où la concurrence par les prix est limitée en raison soit de situations de monopole ou de difficultés durables d'approvisionnement, soit de dispositions législatives ou réglementaires, un décret en Conseil d'État peut réglementer les prix après consultation *(Ord. nº 2008-1161 du 13 nov. 2008, art. 4)* **« de l'Autorité de la concurrence ».**

Les dispositions des deux premiers alinéas ne font pas obstacle à ce que le Gouvernement arrête, par décret en Conseil d'État, contre des hausses ou des baisses excessives de prix, des mesures temporaires motivées par une situation de crise, des circonstances exceptionnelles, une calamité publique ou une situation manifestement anormale du marché dans un secteur déterminé. Le décret est pris après consultation du Conseil national de la consommation. Il précise sa durée de validité qui ne peut excéder six mois. — *[Ord. nº 86-1243 du 1er déc. 1986, art. 1er.] — V. aussi art. L. 410-3. — Sont punies de la peine d'amende prévue pour les contraventions de la 5e classe, la vente de biens ou produits, ou la prestation de services à des prix fixés en violation de l'art. 1er de l'Ord. du 1er déc. 1986 [C. com., art. L. 410-2] ; en cas de récidive, les peines d'amende prévues pour la récidive des contraventions de la 5e classe sont applicables (C. consom., art. R. 113-1).*

Sur l'application de l'art. L. 410-2, al. 2, aux tarifs de vente de l'électricité et du gaz, V. C. énergie, art. L. 143-1, L. 337-1 s., L. 445-1 s. et Décr. nº 2001-365 du 26 avr. 2001 (JO 28 avr.). — Sur la réglementation du prix du gaz de pétrole liquéfié dans le Département de Mayotte, V. Décr. nº 2012-968 du 20 août 2012 (JO 22 août). — Sur la tarification spéciale de l'électricité comme produit de première nécessité, V. Décr. nº 2004-325 du 8 avr. 2004. — Sur la fourniture de gaz naturel au tarif spécial de solidarité, V. C. énergie, art. L. 445-5 et Décr. nº 2008-778 du 13 août 2008. — ***C. consom.*** *— ... Aux tarifs des redevances des services publics aéroportuaires, V. C. transp., art. L. 6325-1 et L. 6325-2 (Ord. nº 2010-1307 du 28 oct. 2010, JO 3 nov.) —* ***C. transp.***

1. Champ d'application. L'Ord. du 1er déc. 1986 [C. com., art. L. 410-1 s.] s'applique aux produits achetés en France même si ces produits doivent être distribués ou revendus à l'étranger. • Com. 16 juin 1998 : *Bull. civ. IV, nº 192 ; D. 1998. IR 179 ; JCP E 1998, nº 37, p. 1379 ; RJDA 1998, nº 1300 ; CCC 1998, nº 146, obs. Malaurie-Vignal ; LPA 23 juin 1999, obs. Reboul.*

2. Droit transitoire. V. note 1 ss. art. L. 420-6.

3. Prohibition des atteintes à la liberté des prix. L'ingérence du fournisseur dans la politique de prix du distributeur contrevient à l'art. L. 410-2. • Cons. conc. nº 07-D-50 du 20 déc. 2007 : *cité note 18 ss. art. L. 420-1.* ♦ V. notes ss. art. L. 420-1 (ententes) et notes ss. L. 442-5 (prix imposés).

4. Secteurs de concurrence limitée. La situation de concurrence limitée par les prix qui résulte nécessairement d'une position dominante occupée sur un marché de taille réduite sur lequel l'importation de marchandises est soumise à l'octroi de la mer, est de celles dans lesquelles, en application de l'art. L. 410-2, les prix peuvent être réglementés. • CE 18 janv. 2006 : *AJDA 2006. 1169, note Laget-Annamayer ; RFDA 2006. 413 ; RLDA mars 2006. 42, obs. Méar.* – V. aussi art. L. 410-3. ♦ Sur les péages autoroutiers, V., concluant à la légalité du Décr. nº 88-1202 du 30 déc. 1988 [remplacé par Décr. nº 95-81 du 24 janv. 1995], • CE 3 mars 1993 : *RJDA 1993, nº 722.* ♦ Sur la possibilité pour les aéro-clubs de faire payer les baptêmes de l'air, V., concluant à la légalité du Décr. nº 98-884 du 28 sept. 1998, • CE 19 mars 2001 : *Lebon p. 138 ; RTD com. 2001. 870, obs. Orsoni.*

Les services des huissiers de justice correspondant à leur activité hors monopole entrant dans le champ d'application de l'Ord. du 1er déc. 1986 [C. com., art. L. 410-1 s.], doit être annulé, en ce qu'il fixe les tarifs applicables à cette activité, le Décr. nº 88-914 du 7 sept. 1988 modifiant le Décr. nº 67-18 du 5 janv. 1967 fixant le tarif général des huissiers de justice en matière civile et commerciale, qui a été pris sans que le Conseil de la concurrence ait été consulté. • CE 21 oct. 1994 : *D. 1994. IR 261.* ♦ V., toutefois, la loi de validation nº 94-1133 du 27 déc. 1994 *(JO 28 déc.).*

Les actes réservés, en application de la L. nº 71-1130 du 31 déc. 1971, au monopole des avocats, sont exclus du champ d'application du principe, posé au 1er al. de l'art. L. 410-2, de libre détermination des prix par le libre jeu de la concurrence. • CE 23 nov. 2005 : *JCP 2006. II. 10038, note Aguila ; RLC 2006, nº 7, p. 38, obs. Clamour.* ♦ Ainsi, ce principe n'est pas applicable à la postulation devant les TGI en matière civile, réservée par l'art. 4 de la loi au monopole des avocats ; dès lors rien ne faisait obstacle à ce que le Gouvernement en réglemente la tarification, le moyen tiré de ce que le Gouvernement ne pouvait prendre cette réglementation sans procéder à la consultation préalable du Conseil de la concurrence, ultérieurement prévue par l'Ord. du 1er déc. 1986, ne pouvant être utilement invoqué. • Même décision.

L'application de l'art. L. 162-38 CSS se substitue à celle de l'art. L. 410-2 C. com. et le régime des prix n'est pas libre. Toutefois, les prix des prestations de services qu'un médecin libéral apporte à un hôpital ne sont pas prédéfinis par les nomenclatures et tarifs relatifs au remboursement des assurés sociaux et relèvent du régime de droit commun de la liberté des prix prévu aujourd'hui à l'art. L. 410-2, al. 1er. • Cons. conc. n° 07-D-41 du 28 nov. 2007 : *BOCC 25 mars 2008 ; RLC janv.-mars 2008. 98, obs. Nourissat ; RDLC 2008, n° 1, p. 114, obs. Claudel ; RLC avr.-juin 2008. 24, obs. Sélinsky.* ♦ Le code de déontologie médicale ne saurait conduire à méconnaître des règles de niveau législatif, comme celles édictées à l'art. L. 410-2, al. 1er. • Même décision.

5. Consultation de l'Autorité de la concurrence. V. notes ss. art. L. 462-2.

6. Exceptions conjoncturelles. BIBL. Blary-Clément, *ALD 1991. 17* (produits pétroliers). ♦ Pour des applications de l'al. 3 de l'art. 1er [C. com., art. L. 410-2, al. 3], V. Décr. n° 89-680 du 20 sept. 1989 *(JO 21 sept.)*, réglementant jusqu'au 15 déc. 1989 le prix de certains produits en Guadeloupe à la suite des dommages causés par un cyclone. ♦ ... Décr. n° 90-700 du 8 août 1990 *(D. et ALD 1990. 364)*, réglementant jusqu'au 15 sept. 1990 le prix de vente des produits pétroliers à la suite de l'occupation du Koweït par l'Irak. ♦ Dans les limites fixées par l'art. 7 de la L. n° 2003-8 du 3 janv. 2003 (V. désormais C. énergie, art. L. 445-1 s. au **C. consom.**), les ministres de l'économie et de l'énergie peuvent légalement tenir compte de la situation économique générale, et plus particulièrement de celle des ménages, pour moduler l'évolution du prix de vente du gaz en distribution publique, sans être tenus de répercuter intégralement, dans les tarifs qu'ils fixent, les variations, à la hausse ou à la baisse, des coûts complets moyens de fournitures de gaz ainsi distribué. • CE 10 déc. 2007 : *RJDA 2008, n° 955.*

7. Prohibition des prix abusivement bas. Pour une consultation du Conseil de la concurrence demandée par le Conseil d'État sur le point de savoir si les prix de vente du gaz par GDF résultant de l'Arr. du 12 nov. 2004 sont au moins égaux, compte tenu du montant de l'abonnement payé par le consommateur, aux coûts complets moyens de fourniture du gaz ainsi distribué : • CE 7 juill. 2006 : *RTD com. 2007. 36, obs. Orsoni ; RFDA 2006. 1088 ; JCP E 2006, n° 36, p. 1486 ; Gaz. Pal. 2007. 1135, note du Marais ; CCC 2006, n° 189, obs. Bazex ; RJDA 2007, n° 786 ; RLC oct.-déc. 2006. 56, obs. Clamour (1re esp.) ; RDLC 2006, n° 4, p. 134, obs. Tran Thiet et Jaunet.* ♦ Sur les tarifs régulés du gaz, V. également : • CE 10 févr. 2006 : *AJDA 2006. 1146, obs. Richer.* ♦ Sur les prix abusivement bas, V. aussi notes ss. art. L. 420-5.

8. Organisation professionnelle. Dans un régime de droit commun de liberté des prix, il n'appartient pas à une organisation professionnelle de fixer des prix sur un marché, cette possibilité n'étant prévue que dans le cadre d'une autorisation législative expresse. Un prix est soit déterminé par le libre jeu du marché, soit fixé par les pouvoirs publics dans des conditions prévues par la loi, mais ne peut en aucun cas prendre la forme d'un « tarif syndical » arrêté au sein d'une organisation professionnelle pour le seul bénéfice de ses membres. • Cons. conc. n° 06-D-30 du 18 oct. 2006 : *BOCC 22 mars 2007 ; D. 2006. AJ 2731, obs. Chevrier ; LPA 9-10 avr. 2007, obs. Baccichetti ; Gaz. Pal. 2007. 525 ; RJDA 2007, n° 101 ; RLC janv.-mars 2007. 19, obs. Sélinsky.* ♦ V. aussi notes 7, 35 et 36 ss. art. L. 420-1.

9. Relevés de prix. Validant la pratique des relevés de prix chez un concurrent au nom du principe de fixation des prix par le libre jeu de la concurrence, V. • Com. 4 oct. 2011 : *cité note 3 ss. C. consom., art. L. 121-14, App., v° Publicité commerciale.* ♦ L'art. L. 410-2, tel qu'il a été interprété par la Cour de cassation au regard du principe de police économique visant à permettre la détermination des prix par le libre jeu de la concurrence, ne porte pas une atteinte disproportionnée aux dispositions, règles et principes de valeur constitutionnelle invoqués. • Com., QPC, 13 mars 2012 : *RJDA 2012, n° 621.*

Art. L. 410-3 *(L. n° 2012-1270 du 20 nov. 2012, art. 1er)* **Dans les collectivités relevant de l'article 73 de la Constitution et dans les collectivités d'outre-mer de Saint-Barthélemy, de Saint-Martin, de Saint-Pierre-et-Miquelon et de Wallis-et-Futuna, et dans les secteurs pour lesquels les conditions d'approvisionnement ou les structures de marché limitent le libre jeu de la concurrence, le Gouvernement peut arrêter, après avis public de l'Autorité de la concurrence et par décret en Conseil d'État, les mesures nécessaires pour remédier aux dysfonctionnements des marchés de gros de biens et de services concernés, notamment les marchés de vente à**

l'exportation vers ces collectivités, d'acheminement, de stockage et de distribution. Les mesures prises portent sur l'accès à ces marchés, l'absence de discrimination tarifaire, la loyauté des transactions, la marge des opérateurs et la gestion des facilités essentielles, en tenant compte de la protection des intérêts des consommateurs.

BIBL. ▶ Arhel, *JCP E 2012. Actu. 733* (volet « prix et concurrence » de la L. n° 2012-1270 du 20 nov. 2012). - Manna, *RLC avr.-juin 2013. 125* (les bases d'un droit de la concurrence ultramarin). - Montet et Venayre, *ibid. 131* (contre la vie chère en outre-mer : une construction difficile entre concurrence et administration des prix).

Régulation outre-mer. Si le gouvernement l'estime nécessaire, des solutions visant à favoriser une concurrence entre le fret maritime et le fret aérien, faciliter une réelle concurrence entre importateurs français et importateurs d'autres pays européens ou faire limiter la marge des affréteurs pourraient être analysées dans le cadre de mesures gouvernementales relatives à la régulation économique outre-mer, en application de l'art. L. 410-3. • Aut. conc. n° 13-D-15 du 25 juin 2013.

Loi n° 2012-1270 du 20 novembre 2012, *relative à la régulation économique outre-mer et portant diverses dispositions relatives aux outre-mer.* **Art. 22** Dans les collectivités relevant de l'article 73 de la Constitution et dans les collectivités d'outre-mer de Saint-Barthélemy, de Saint-Martin, de Saint-Pierre-et-Miquelon et de Wallis-et-Futuna, les entreprises soumises à une mesure de régulation économique en application des articles L. 410-2 et L. 410-3 du code de commerce ou qui bénéficient d'une aide publique en faveur de leur activité économique sont tenues de répondre, dans un délai de deux mois, à toute demande du représentant de l'État dans le territoire de lui transmettre leurs comptes sociaux et la comptabilité analytique de l'activité régulée ou subventionnée.

En cas de refus, le représentant de l'État peut demander au juge des référés d'enjoindre à l'entreprise en cause de produire les documents demandés sous astreinte.

Art. L. 410-4 *(L. n° 2012-1270 du 20 nov. 2012, art. 15-I)* **Dans les collectivités relevant de l'article 73 de la Constitution et dans les collectivités d'outre-mer de Saint-Barthélemy, de Saint-Martin, de Saint-Pierre-et-Miquelon et de Wallis-et-Futuna, et en conformité avec l'article 349 du traité sur le fonctionnement de l'Union européenne, le Gouvernement peut réglementer, après avis public de l'Autorité de la concurrence et par décret en Conseil d'État, le prix de vente de produits ou de familles de produits de première nécessité.** — *Comp. L. n° 2009-594 du 27 mai 2009, art. 1er, abrogé par L. n° 2012-1270 du 20 nov. 2012, art. 15-II. — V.* ***C. com.****, éd. 2013 et antérieures.*

BIBL. ▶ Calmette, *Dr. adm. 2009. Étude 14* (les dispositions de la loi du 27 mai 2009 en matière de contrôle des prix et de relance économique).

Art. L. 410-5 *(L. n° 2012-1270 du 20 nov. 2012, art. 15-I)* **I. — En Guadeloupe, en Guyane, en Martinique, à La Réunion, à Mayotte, à Saint-Pierre-et-Miquelon et à Wallis-et-Futuna, après avis public de l'observatoire des prix, des marges et des revenus territorialement compétent, le représentant de l'État négocie chaque année avec les organisations professionnelles du secteur du commerce de détail et leurs fournisseurs, qu'ils soient producteurs, grossistes ou importateurs, un accord de modération du prix global d'une liste limitative de produits de consommation courante.**

En cas de réussite des négociations, l'accord est rendu public par arrêté préfectoral.

II. — En l'absence d'accord un mois après l'ouverture des négociations, le représentant de l'État arrête, sur la base des négociations mentionnées au I et des prix les plus bas pratiqués dans le secteur économique concerné, le prix global de la liste mentionnée au premier alinéa du même I, ainsi que ses modalités d'encadrement. — *Sur l'observatoire des prix, des marges et des revenus dans les outre-mer, V. art. L. 910-1 A s.*

III. — Le prix global de la liste mentionnée au I, tel qu'il est pratiqué, est affiché en application de l'article L. 113-3 du code de la consommation. — *V. cet art., App., v° Ventes commerciales.*

IV. – Les manquements au III du présent article sont recherchés et constatés par les agents mentionnés au II de l'article L. 450-1 du présent code, dans les conditions fixées aux articles L. 450-2, L. 450-3, L. 450-7, L. 450-8 et L. 470-5.

V. – Les modalités d'application des I à IV du présent article sont précisées par décret. – *V. Décr. n° 2012-1459 du 26 déc. 2012 ci-dessous.*

Décret n° 2012-1459 du 26 décembre 2012,

Relatif aux accords annuels de modération de prix de produits de grande consommation de l'article L. 410-5 du code de commerce.

Art. 1er En application du I de l'article L. 410-5 du code de commerce, le représentant de l'État saisit pour avis l'observatoire des prix, des marges et des revenus territorialement compétent entre le 15 et le 30 novembre de l'année civile précédant l'année de la négociation de l'accord.

L'avis de l'observatoire porte notamment sur l'évolution du coût de la vie et les prix effectivement pratiqués pour les produits de consommation courante. Il peut aussi faire des propositions pour la constitution ou la modification de la liste prévue au I de l'article L. 410-5 du même code et mentionner les observations faites à titre individuel par ses membres sur l'ensemble des sujets évoqués dans l'avis.

L'avis de l'observatoire est réputé acquis en l'absence de transmission au représentant de l'État d'un avis écrit dans un délai d'un mois à compter de la réception de la saisine.

Le représentant de l'État transmet l'avis de l'observatoire aux parties intéressées avant l'ouverture de la négociation. Ces dernières peuvent transmettre au représentant de l'État des propositions ou des observations préalablement à l'ouverture des discussions.

La première réunion de négociation est convoquée par le représentant de l'État au plus tôt une semaine après la transmission aux parties à la négociation de l'avis écrit de l'observatoire ou du constat de l'absence d'avis.

L'arrêté pris en application du I ou du II de l'article L. 410-5 du code de commerce est publié au recueil des actes administratifs et par voie électronique avant le 1er mars de son année d'application.

Art. 2 La négociation relative à l'accord annuel de modération mentionné au I de l'article L. 410-5 du code de commerce porte sur la composition et le prix de la liste de produits prévue au même article, sur les catégories de commerce participant au dispositif et sur les efforts de modération de prix de chacun des opérateurs de la chaîne d'approvisionnement et de distribution parties à la négociation.

Les réunions de négociation font l'objet de procès-verbaux signés par le représentant de l'État et les organisations professionnelles représentées. Les documents examinés lors de ces réunions sont annexés aux procès-verbaux.

En l'absence d'accord dans le délai prévu au II de l'article L. 410-5 du même code, le procès-verbal de la dernière réunion de négociation prend acte de l'échec des discussions et en précise les motifs, en indiquant, le cas échéant, les propositions de prix et de composition de la liste faites par les parties à la négociation.

Art. 3 Le prix global de la liste de produits mentionnée au I de l'article L. 410-5 du code de commerce résultant de l'accord intervenu au terme de la négociation ou, à défaut, fixé par arrêté est un prix maximum entendu toutes taxes comprises.

Toutefois, afin d'augmenter le nombre de points de vente participant au dispositif, l'accord peut autoriser une marge de dépassement pour des catégories de magasins de surface commerciale inférieure à un seuil déterminé par la négociation. Dans ce dernier cas, la marge maximale de dépassement est fixée en euros, sans pouvoir dépasser 5 % du prix maximum autorisé. La liste des établissements bénéficiaires de l'autorisation de dépassement est annexée à l'accord.

Art. 4 La liste de produits mentionnée au I de l'article L. 410-5 du code de commerce comprend des articles génériques décrits par leur composition, leur nature, leur poids, leur volume ou leur conditionnement, à l'exclusion de toute marque commerciale.

Elle précise, le cas échéant, les articles qui doivent être issus de la production locale ou qui sont soumis à des critères de qualité particuliers.

Art. 5 L'accord de modération ou l'arrêté du représentant de l'État prévu au II de l'article L. 410-5 du code de commerce précise les établissements commerciaux participant à l'accord en les désignant par leur enseigne et leur surface commerciale. Le représentant de l'État publie par voie électronique la liste nominative des établissements où s'appliquent ces dispositions pour chaque commune concernée.

Art. 6 Chaque commerçant partie à l'accord ou soumis aux dispositions de l'arrêté pris en application du II de l'article L. 410-5 du code de commerce est libre de choisir la marque commerciale de chaque article de la liste de produits soumis à accord de modération proposée dans son magasin. Il désigne les articles retenus par un étiquetage visible par les consommateurs.

Chaque établissement transmet, tous les mois, par voie électronique, au représentant de l'État la liste des articles auxquels s'applique l'accord de modération avec leurs prix.

Ces informations sont transmises par le représentant de l'État à l'observatoire des prix, des marges et des revenus et aux associations de consommateurs agréées.

Dans les conditions fixées au III de l'article L. 410-5 du code de commerce, chaque établissement partie à l'accord de modération ou soumis aux dispositions de l'arrêté pris en application du II du même article affiche conjointement le prix global qu'il pratique pour la liste de produits visée par l'accord ou l'arrêté susvisé et le prix global maximal autorisé, ainsi que, le cas échéant, la marge de dépassement dont il bénéficie aux termes de l'accord, en application de l'article 3.

Art. 7 En cas de variations importantes de certains coûts susceptibles de modifier significativement le coût de revient d'articles inclus dans la liste mentionnée au I de l'article L. 410-5 du code de commerce, le représentant de l'État, sur demande des organisations professionnelles concernées et après avis de l'observatoire des prix, des marges et des revenus, peut, en cours d'année, ajuster le prix global de la liste, pour une durée qu'il fixe et qui ne peut aller au-delà du terme de l'accord en vigueur, afin de tenir compte des effets de ces variations. Un arrêté conjoint du ministre chargé de la consommation et du ministre chargé des outre-mer détermine le périmètre de la clause de sauvegarde, les références à prendre en compte et son seuil de déclenchement.

Art. 8 A titre transitoire, pour les négociations relatives à l'accord annuel de modération applicable à l'année 2013 et par dérogation à l'article 1er, le représentant de l'État saisit pour avis l'observatoire des prix et des revenus territorialement compétent dans un délai d'une semaine à compter de l'entrée en vigueur du présent décret.

TITRE DEUXIÈME DES PRATIQUES ANTICONCURRENTIELLES

BIBL. GÉN. ► Fasquelle, *RTD com. 1998. 763* (réparation des dommages causés par les pratiques anticoncurrentielles). – Fourgoux, *JCP E 1999, nº 50, p. 2005* (même thème). – Cartier-Bresson, *LPA 1er juill. 1999* (corruption et pratiques anticoncurrentielles). – Benoît, *Dr. et patr. juin 2000. 62* (le droit de la concurrence est un droit de l'abus). – Arhel, *JCP E 2000, nº 46, p. 1799* (lutte contre les pratiques de prix imposées en Europe) ; *LPA 5 févr. 2001* (lutte contre les discriminations abusives en Europe) ; *ibid. 16 nov. 2001,* (lutte contre les pratiques de prix minimum imposées en Europe [2000 et 2001]). – Decocq, *RJ com., nov. 2001, nº spéc., p. 89* (dépénalisation du droit de la concurrence). – Poésy, *RJDA 2002. 391* (Cour de cassation et pratiques anticoncurrentielles). – Brun et Toulemont-Dakoure, *CCC 2003. Chron. 11* (barrières à l'entrée en droit de la concurrence). – Colloque, *LPA 20 janv. 2005* (sanctions judiciaires des pratiques anticoncurrentielles). – Lesquins, *ibid.* (établissement des pratiques anticoncurrentielles lors du procès civil). – Mazières, *LPA 27 sept. 2006* (droit de la concurrence et droit du travail dans les marchés publics). – N. Petit, *CCC 2011. Dossier 3* (actualité du droit matériel des pratiques anticoncurrentielles). – Bloud-Rey, *LPA 24 nov. 2011* (loyauté et pratiques anticoncurrentielles, antinomie ?). – Homobono et Marie, *RDLC 2012, n° 1, p. 33* (rôle de la DGCCRF dans l'application du droit des pratiques anticoncurrentielles depuis la réforme de 2008). – de Muizon, *RDLC 2012, n° 4, p. 25* (tests de preuve économiques permettant de caractériser une pratique anticoncurrentielle).

Art. L. 420-1 **Sont prohibées,** *(L. n° 2001-420 du 15 mai 2001, art. 52)* **« même par l'intermédiaire direct ou indirect d'une société du groupe implantée hors de France, » lorsqu'elles ont pour objet ou peuvent avoir pour effet d'empêcher, de restreindre ou de fausser le jeu de la concurrence sur un marché, les actions concertées, conventions, ententes expresses ou tacites ou coalitions, notamment lorsqu'elles tendent à :**

1° Limiter l'accès au marché ou le libre exercice de la concurrence par d'autres entreprises ;

2° Faire obstacle à la fixation des prix par le libre jeu du marché en favorisant artificiellement leur hausse ou leur baisse ;

3° Limiter ou contrôler la production, les débouchés, les investissements ou le progrès technique ;

4° Répartir les marchés ou les sources d'approvisionnement. – *[Ord. n° 86-1243 du 1er déc. 1986, art. 7.]*

Sur la saisine de l'Autorité de la concurrence par le CSA pour des litiges dont il est saisi et étant susceptibles de constituer une pratique anticoncurrentielle, V. L. n° 86-1067 du 30 sept. 1986, art. 17-1 et 41-4 (L. n° 2004-669 du 9 juill. 2004, art. 35 et 77), mod. par L. n° 2009-258 du 5 mars 2009, art. 56 (JO 7 mars), au **C. communic.** *— ... Par l'Autorité de régulation des jeux en ligne des situations susceptibles d'être constitutives de pratiques entravant le libre exercice de la concurrence dans le secteur des jeux en ligne, V. L. n° 2010-476 du 12 mai 2010, art. 39, au* **C. sport**. *— ... Par la Commission de régulation de l'énergie pour les pratiques entravant le libre exercice de la concurrence dans les secteurs de l'électricité ou du gaz naturel, V. C. énergie, art. L. 134-16.*

RÉP. COM. v° *Entente*, par Arhel.

BIBL. ► Vogel, *1991. I. 96* (définition et preuve de l'entente). – Perrot et Vogel, *ibid. 1993. I. 299* (entente tacite, oligopole et parallélisme de comportement). – Arhel, *D. Affaires 1998. 97* (auto-défense et droit de la concurrence) ; *ibid. 1348* (synthèse de jurisprudence) ; *ibid. 1722* (même thème). – Courivaud, *ibid. 1998. 1202* (organisations professionnelles confrontées au droit de la concurrence). – Putman, *RID éco. 1998. 107* (rapports entre droit social et droit de la concurrence). – Claudel, *RTD com. 1999. 291* (le consentement en droit de la concurrence, consécration ou sacrifice ?). – Vertut, *CCC 2000. Chron. 15* (communications en matière de prix de revente et droit de la concurrence). – Cot, *RJDA 2004, p. 603* (notion d'entente dans la jurisprudence communautaire récente). – Grynfogel, *RJDA 2005. 551* (le concours de volontés entre entreprise, une notion protéiforme en droit communautaire des ententes). – Robin, *RLC 2005, n° 5, p. 20* (de l'intérêt du réseau d'agents en droit des ententes et du danger des participations aux réunions). – Guenzoui, *RTD com. 2006. 273* (entente et contrat : le trouble notionnel). – Charbit, *RDLC 2006, n° 2, p. 44* (l'entente « automatique »). – Oster, *RLC juill.-sept. 2008. 110* (entente complexe et continue : notion récemment accueillie par le droit français). – Grynfogel et Marthan, *RJDA 1/2010, p. 3* (le clair-obscur de l'obligation d'exclusivité : de quelques singularités dans l'appréciation de l'Autorité de la concurrence). – Pfister, *RDC 2012. 349* (contrat, libre concurrence et ordre public : sanction des ententes dans la jurisprudence française du XIXe siècle).

► Sur la loi relative aux nouvelles régulations économiques : Prieto, *Dr. et patr. déc. 2001. 74* (l'élan donné par la loi NRE sur la lutte contre les pratiques anticoncurrentielles). – Arhel, *CCC 2001. Chron. 17* (nouvelles règles relatives aux comportements restrictifs de concurrence). – Arcelin, *ibid. 18* (pratiques commerciales : apports de la loi NRE). – Pirovano, *D. 2002. Chron. 62* (droit de la concurrence et progrès social). – Conférence-débats du 15 nov. 2001, *Dict.*

perm. dr. aff. 13 janv. 2002, bull. 564 (les relations commerciales sous le contrôle de l'Administration et du juge).

I. GÉNÉRALITÉS

1. Application territoriale. Le Conseil de la concurrence est compétent pour connaître d'opérations effectuées à l'étranger dès lors qu'elles ont des effets sur le territoire français : V. • Cons. conc. n° 89-D-22 du 13 juin 1989 : *D. 1991. Somm. 247, obs. Gavalda et Lucas de Leyssac* ; *Gaz. Pal. 1990. 1. 235, note Marchi.* ♦ V., dans le même sens, dès lors que les pratiques affectent le commerce entre États membres et ce, même si elles n'ont pas d'effet sur le territoire français, ne sont pas commises sur le territoire national et sont le fait d'entreprises non installées sur le territoire • Cons. conc. n° 00-MC-14 du 23 oct. 2000 : *BOCC 30 déc. 2000 ; BRDA 2002, n° 15-16, p. 16* • n° 02-MC-07 du 15 mai 2002 : *BOCC 28 juin 2002 ; CCC 2002, n° 175, obs. Malaurie-Vignal* (conf. par • Paris, 26 juin 2002 : *BOCC 11 juill. 2003 ; Europe 2003, n° 283, obs. Idot*). ♦ V. aussi pour les pratiques concernant les exportations, • Cons. conc. n° 01-MC-04 du 24 sept. 2001 : *BOCC 30 oct. 2001* • n° 97-D-01 du 15 janv. 1997 : *BOCC 25 mars 1997 ; CCC 1997, n° 81, obs. Vogel ; Dr. sociétés 1998. 17, note Vidal.* ♦ V. sur la question, Claudel, *RTD com. 2003. 491* (le Conseil de la concurrence à l'heure de la décentralisation).

Ni la Convention de Bruxelles du 27 sept. 1968 concernant la compétence judiciaire et l'exécution des décisions en matière civile et commerciale, ni les protocoles annexes à cette Convention ne font obstacle à l'application des dispositions des art. 7 et 8 [C. com., art. L. 420-1 et L. 420-2] à une société ayant son siège social en Allemagne dès lors qu'elle s'est livrée en France à des pratiques entrant dans le champ d'application de ces textes. • Paris, 15 sept. 1993 : *D. 1993. IR 225 ; CCC 1993, n° 211, obs. Vogel.*

S'agissant de la compétence des autorités des États membres, V. Règl. CE n° 1/2003 du 16 déc. 2003, App., v° *Concurrence (II–Droit communautaire).*

2. Ententes et position dominante. **BIBL.** Garcia-Rosado, *RLC 2005, n° 3, p. 139* (lien entre les ententes et les abus de position dominante collective). ♦ Les notions d'entente et d'abus de *position dominante, au sens des art.* 7 et 8 [C. com., art. L. 420-1 et L. 420-2], ne sont pas exclusives l'une de l'autre. • Com. 21 juin 1994 : *Bull. civ. IV, n° 233 ; D. 1994. IR 213* • 5 mars 1996 : *D. Affaires 1996. 410.* ♦ En vertu de la jurisprudence nationale et communautaire, les griefs d'entente et d'abus de position dominante à propos d'une même pratique peuvent être retenus cumulativement. • Aut. conc. n° 09-D-36 du 9 déc. 2009 : *RLC avr.-juin 2010. 31, note Arhel ; RDLC 2010, n° 1, p. 95, obs. Nicolas-Vullierme.* ♦ L'analyse des effets sur la concurrence des accords d'exclusivité conclus entre une entreprise en position dominante sur le marché et ses acheteurs est *a fortiori* pertinente pour l'analyse des mêmes accords au regard des législations nationale et communautaire relatives aux ententes. • Aut. conc. n° 10-D-07 du 2 mars 2010. ♦ Sur le cumul des sanctions, V. note 7 ss. art. L. 464-2.

3. Ententes et concentrations. Les procédures prévues par le titre III relatif au contrôle des ententes et par le titre V relatif au contrôle des concentrations sont différentes et inconciliables entre elles. • Paris, 28 juin 1994 : *D. 1994. IR 195 ; Gaz. Pal. 1994. 2. 654, concl. Jobard ; CCC 1994, n° 169, obs. Vogel,* conf. par • Com. 26 nov. 1996 : *Bull. civ. IV, n° 291 ; D. 1997. IR 16 ; D. Affaires 1997. 145.* ♦ Sont donc irrecevables les saisines visant des opérations de concentration économique ayant fait l'objet d'un arrêté ministériel, en application des art. 38 s. [C. com., art. L. 430-1 s.], dès lors que les parties en litige n'ont pas fait état de pratiques illicites issues de ces accords pouvant faire l'objet, le cas échéant, d'une saisine distincte du Conseil de la concurrence sur le fondement des art. 7 et 8 [C. com., art. L. 420-1 et L. 420-2]. • Mêmes arrêts. ♦ V. aussi • Cons. conc. n° 02-D-44 du 11 juill. 2002 : *CCC 2002, n° 157, obs. Malaurie-Vignal ; JCP E 2003, n° 5, p. 224, note Arhel ; LPA 2 sept. 2002, note Arhel* (conf. par • Paris, 18 févr. 2003 : *BOCC 21 nov. 2003 ; JCP E 2003, n° 14, p. 612, note Arhel*).

En ce sens que dans le cadre de l'appréciation d'une concentration notifiée, la Commission ne saurait être obligé, en vertu de l'art. 81 CE, d'examiner le risque hypothétique que les parties à la concentration puissent être amenées à conclure des accords restrictifs à la suite de cette concentration. En effet, selon les termes de cet art., l'interdiction y édictée ne s'applique que lorsque des accords anti-concurrentiels ont effectivement été conclus. • TPICE 8 juill. 2003 : *CCC 2003, n° 164, note Poillot-Peruzzetto.*

La circonstance que l'Autorité de la concurrence identifie dans le cadre de l'examen d'une demande d'autorisation d'une opération de concentration d'éventuels comportements anticoncurrentiels que la nouvelle entité serait susceptible de mettre en œuvre à l'issue de l'opération, et qu'elle cherche à prévenir ce risque au moyen de l'acceptation d'engagements comportementaux, ne lui interdit pas d'examiner les comportements réellement mis en œuvre par la nouvelle entité sur le fondement des dispositions des art. L. 420-1 et L. 420-2 et de se prononcer sur des éléments nouveaux portés à sa connaissance par des tiers, ou découverts dans le cadre d'une instruction de ses services. L'analyse des risques concurrentiels effectués par l'Autorité *a priori* ne saurait avoir d'incidence sur la possibilité pour celle-ci d'examiner et de qualifier les comportements anticoncurrentiels reprochés à une entreprise dans le cadre de son contrôle *a posteriori*. • Aut. conc. n° 10-D-32 du 16 nov. 2010 : *CCC 2011, n° 15, obs. Decocq ; ibid. Chron. 2, spéc. n° 1, par Bosco ; Gaz. Pal. 2011. 1594, et les obs. ; RDLC 2011, n° 1, p. 110, note Marty.*

4. Articulation avec le droit communautaire. Les art. L. 420-1 et L. 420-2 sont, en l'absence d'affectation du commerce intracommunautaire, applicables aux pratiques d'entente et d'abus de position dominante anticoncurrentielles mises en œuvre sur le territoire national ; dès lors, quand bien même un arrêt serait fondé en ce qu'il a annulé la décision pour avoir appliqué le droit communautaire de la concurrence, celle-ci demeure valide en ce qu'elle a appliqué les dispositions du droit national. • Com. 31 janv. 2012 : *cité note 1 ss. art. 3 du Règl. CE n° 1/2003 du 16 déc. 2002, App,. v° Concurrence.* ♦ V. aussi, *eod. loc*, note 1 ss. art. 9 du Règl. CEE n° 17-62 du 6 févr. 1962.

II. PRINCIPE DE PROHIBITION DES ENTENTES RESTRICTIVES DE CONCURRENCE

A. EXIGENCE D'UNE PRATIQUE COLLUSIVE

1° NEUTRALITÉ DE LA FORME JURIDIQUE DE L'ENTENTE : ACCORDS ET PRATIQUES CONCERTÉES

5. Concours de volontés. Prouver l'entente implique de rapporter la preuve du concours des volontés. • Cons. conc. n° 07-D-47 du 18 déc. 2007 : *BOCC 23 avr. 2008 ; RD transp. 2008, n° 41, obs. Grard.* ♦ La preuve d'un tel accord doit reposer sur la constatation directe ou indirecte de l'élément subjectif qui caractérise la notion même d'accord, c'est-à-dire la concordance de volonté sur la mise en pratique d'une politique, abstraction faite de la manière dont est exprimée cette volonté. • Paris, 16 mai 2013 : *BOCC 28 mai 2013.* ♦ Un accord est établi dès lors que les parties en cause adhérent à un plan commun, qui limite ou est susceptible de limiter leur comportement commercial respectif sur le marché. Il n'est pas nécessaire qu'un tel accord soit établi par écrit ou respecte un formalisme particulier. Il n'est pas obligatoire non plus que des sanctions contractuelles ou des mesures de contrainte soient prévues. • Aut. conc. n° 11-D-17 du 8 déc. 2011 : *RLC avr.-juin 2012. 23, note Respaud.* ♦ La démonstration d'une entente verticale anticoncurrentielle reprochée à un fournisseur n'exige pas l'identification de tous les distributeurs ayant participé à l'entente. • Com. 11 juin 2013 : *pourvoi n° 12-13.961.* ♦ Une entente peut être à la fois un accord et une pratique concertée sans que l'autorité de concurrence ait à qualifier l'infraction exclusivement au regard de l'une ou de l'autre de ces formes de comportement illicite. • Aut. conc. n° 11-D-17 du 8 déc. 2011 : *préc.* ♦ La qualification de pratique concertée n'est pas limitée aux seuls comportements sur le marché mais peut aussi s'appliquer à une forme de coordination et à des prises de contacts entre les entreprises, supposant en cela un accord de volonté pour mener ensemble une telle concertation. • Cons. conc. n° 06-D-03 du 9 mars 2006 : *cité note 3 ss. art. L. 123-22.* ♦ Pour un arrêt considérant que l'art. 7 [C. com., art. L. 420-1] n'est applicable que s'il est démontré que les parties à l'entente ont eu l'intention de participer à une action concertée en vue de limiter l'accès au marché pertinent ou à la libre concurrence, V. • Com. 12 janv. 1999 : ♔ *CCC 1999, n° 57, obs. Malaurie-Vignal ; LPA 25 nov. 1999, obs. Reboul ; JCP E 1999, n° 48, p. 1909, obs. Arhel.* ♦ Pour un arrêt retenant que la sanction d'une pratique sur le fondement des art. L. 420-1, L. 462-6 et L. 464-2 suppose que les entreprises aient librement et volontairement participé à une action concertée, en sachant qu'elle avait pour objet ou pouvait avoir pour effet d'empêcher, de restreindre ou de fausser le jeu de la concurrence sur le marché, V. • Paris, 9 janv. 2001 : *RTD com. 2001. 421, obs. Claudel* ✎ • 17 juin 2003 : *BOCC 29 sept. 2003 ; CCC 2003, n° 180, obs. Malaurie-Vignal* (dépendance des distributeurs excluant qu'ils aient pu librement consentir à l'entente). ♦ Comp., estimant qu'il résulte d'une pratique décisionnelle constante du Conseil de la concurrence qu'il n'est pas nécessaire de prouver que la restriction de concurrence ait été consciemment envisagée et voulue par les parties en connaissance de cause : • Aut. conc. n° 10-D-22 du 22 juill. 2010. ♦ Même si tout contrat peut-être le support d'une entente, il est difficile de qualifier ainsi une relation qui lie un employeur à son salarié, plaçant ce dernier dans une position de subordination qui rend incertaine l'application de la notion d'accord de volonté au sens du droit des ententes. • Cons. conc. n° 06-MC-02 du 27 juin 2006 : *BOCC 22 mars 2007 ; RTD com. 2007. 48, obs. Claudel* ✎ *; AJDA 2006. 1698 obs. Richer ; CCC 2006, n° 236, obs. Malaurie-Vignal ; RJDA 2006, n° 1075 ; RDLC 2006, n° 3, p. 89, obs. Claudel ;*

RLC oct.-déc. 2006. 23, note Neau-Leduc ; ibid. 54, obs. Destours ; RDC 2006. 1099, obs. Idot. ♦ Les relations organisées entre un agent ou un intermédiaire et son commettant peuvent échapper au droit des ententes lorsque ces personnes juridiques ne constituent pas des entreprises indépendantes, mais forment en réalité une seule entité économique ; il s'agit alors d'un contrat d'agence et l'art. L. 420-1 n'est donc pas applicable aux obligations imposées à l'agent lorsque celui-ci n'est pas propriétaire des biens contractuels achetés ou vendus ou lorsqu'il ne fournit pas lui-même des services contractuels. • Aut. conc. n° 09-D-31 du 30 sept. 2009 : *cité note 25.*

En cas d'entente complexe, l'accord résulte de la preuve de réunions ayant un objet anticoncurrentiel, la responsabilité d'une entreprise pouvant être retenue si elle a participé à ces réunions, quelle que soit l'intensité de sa participation, en ayant connaissance de cet objet même si ensuite elle n'a pas mis en œuvre les mesures convenues. • CJCE 15 oct. 2002 : *CCC 2003, n° 60, obs. Poillot-Peruzzetto.* ♦ ... Ou qu'elle n'a pas signé le procès-verbal de réunion. • Cons. conc. n° 03-D-54 du 28 nov. 2003 : *BOCC 13 févr. 2004 ; CCC 2004, n° 61, obs. Malaurie-Vignal ; RTD com. 2004. 455, obs. Claudel* ✎. ♦ Au moment où les décisions communes ont été prises, si les participants ne pouvaient préjuger du degré d'application de ces décisions, néanmoins, leur volonté, à ce moment là, était bien de définir des prix minima communs. En conséquence, le fait de participer à des réunions où ont été décidé des prix minima communs, ne laisse aucun doute sur leur volonté de participer à une concertation sur les prix, car la nature même de ces décisions établit leur caractère anticoncurrentiel. • Cons. conc. n° 05-D-27 du 15 juin 2005 : *BOCC 14 mars 2006.* ♦ Le Conseil retient que l'accord de volonté est démontré dans deux hypothèses : si l'entreprise n'a participé qu'à une seule réunion ayant un objet anticoncurrentiel dès lors qu'il est également établi qu'elle a adhéré à cet objet, notamment par la diffusion des consignes adoptées ou encore par l'application des mesures décidées au cours de cette réunion ; ou si l'entreprise a participé à plusieurs réunions ayant le même objet anticoncurrentiel. • Cons. conc. n° 06-D-03 du 9 mars 2006 : *préc.* ♦ La participation d'une entreprise à une entente globale, impliquant *d'autres entreprises que celles avec laquelle* elle s'est directement concertée, n'est établie que s'il est démontré que l'entreprise en cause a entendu contribuer par son propre comportement aux objectifs communs poursuivis par l'ensemble des participants et qu'elle avait connaissance des comportements matériels envisagés ou mis en œuvre par ces autres participants dans la poursuite des mêmes objectifs ou qu'elle pouvait raisonnablement les prévoir et qu'elle était prête à en accepter le risque. • Com. 9 oct. 2007 : ⚖ *BOCC 4 mars 2008 ; D. 2007. AJ 2729, obs. Chevrier* ✎ *; CCC 2007, n° 304, obs. Decocq ; RJDA 2008, n° 194 ; RD transp. 2007, n° 233, obs. Grard.* – Sur renvoi après cassation, jugeant que ces éléments n'étant pas établis il en résulte que la participation de cette entreprise à une entente à trois n'est pas démontrée : • Paris, 15 juin 2010 : ⚖ *BOCC 25 juin 2010 ; CCC 2010, n° 214, obs. Decocq.*

Pour un arrêt relevant que le boycott constitue une action délibérée en vue d'évincer un opérateur du marché et que faute d'établir la volonté d'éviction, les pratiques litigieuses ne peuvent être qualifiées d'entente illicite : • Com. 22 oct. 2002 : ⚖ *cité note 34.* ♦ Jugeant que l'adhésion à une entente peut se déduire de la mise en œuvre par une entreprise du comportement anticoncurrentiel collectivement décidée par plusieurs de ses concurrents, V. • Paris, 18 mars 2003 : *cité note 21.* ♦ Le traitement discriminatoire entre distributeurs intégrés ne suffit pas à caractériser une entente entre distributeurs et fournisseurs, dans la mesure où l'opacité des conditions générales ne permet pas d'établir que les distributeurs avaient connaissance des différences de traitement, les pratiques litigieuses ne relevant pas, par conséquent, d'une concertation entre les intéressés, mais traduisant au contraire un comportement unilatéral du fournisseur. • Cons. conc. n° 99-D-31 du 18 mai 1999 : *BOCC 31 août 1999 ; CCC 1999, n° 143, obs. Malaurie-Vignal.*

6. Contrat type. Entrent dans le champ des pratiques concurrentielles définies par l'art. 7 [C. com., art. L. 420-1] les accords liant un ensemble de distributeurs à un fournisseur au moyen d'un contrat type, prévoyant notamment que l'agrément des distributeurs est subordonné à l'acceptation par eux d'une politique de prix de revente conseillés. • Com. 18 mai 1993 : ⚖ *Bull. civ. IV, n° 201.* – V. aussi • Com. 1er juin 1993 : ⚖ *Bull. civ. IV, n° 222 ; D. 1995. Somm. 79, obs. Ferrier* ✎ *; CCC 1993, n° 175, note Vogel* (contrat de franchise) • 2 juill. 2002 : ⚖ *BRDA 2002, n° 17, p. 10 ; LPA 3 juill. 2003, obs. Malaurie-Vignal ; Lettre distrib. nov. 2002, p. 2.*

S'il est envisageable qu'une évolution contractuelle puisse être considérée comme ayant été acceptée d'avance, lors de et par la signature d'un contrat de concession légal, lorsqu'il s'agit d'une évolution contractuelle légale qui, soit est envisagée par le contrat, soit est une évolution que le concessionnaire ne saurait, eu égard aux usages commerciaux ou à la réglementation, refuser, en revanche, il ne saurait être admis qu'une évolution contractuelle illégale puisse être considérée comme ayant été acceptée d'avance, lors de et par la signature d'un contrat de distribution légal. • TPICE 3 déc. 2003 : *D. 2004. AJ 135 ; RJDA 2004, n° 233 ; CCC 2004, n° 27, obs. Poillot-Peruzzetto ; LPA 15 mars 2004, obs. Arhel ; Lettre distrib. janv. 2004, p. 1, obs. Mainguy ; Europe 2004, n° 84, obs. Idot* (conf. par • CJCE 13 juill. 2006 : *LPA 20 nov. 2006, obs. Arhel ; RJDA 2006, n° 1172 ; RLC oct.-déc. 2006. 31, obs. Sélinsky ; RDLC 2006, n° 4, p. 67, obs. van der Woude*). ♦ V. aussi, s'interrogeant sur le point de savoir si la mesure prise par le fabricant est entrée dans le champ des relations contractuelles : • TPICE 21 oct. 2003 : *CCC 2004, n° 27, obs. Poillot-Peruzzetto ; Europe 2003, n° 404, obs. Idot ; RJDA 2004, n° 759* • CJCE 6 janv. 2004 : *D. 2004. Somm. 1970, obs. Claudel ; JCP E 2004, n° 18, p. 752, note Vilmart ; LPA 12-13 avr. 2004, obs. Arhel ; RJDA 2004, n° 759 ; Lettre distrib. janv. 2004, p. 1, obs. Mainguy ; Europe 2004, n° 84, obs. Idot ; Cah. dr. entr. 2004, n° 1, p. 33, obs. Respaud et Siau.* – Sur cet arrêt, V. aussi Grall et Grass, *Bull. act. Lamy droit économique févr. 2004* ; Cot, *RJDA 2004, p. 603* ; Idot, *RDC 2004. 289.* ♦ Pour une application en droit interne, V. • Cons. conc. n° 05-D-06 du 23 févr. 2005 : *BOCC 28 oct. 2005 ; RDLC 2005, n° 2, p. 50, obs. Debroux ; RLC 2005, n° 3, p. 28, obs. C. R.*

Comp., jugeant qu'en présence d'une invitation d'un fabricant à respecter des prix « conseillés », l'accord de volonté des distributeurs peut être démontré par une concentration anormale des prix pratiqués par les revendeurs mais aussi par la signature d'un contrat de coopération commerciale impliquant le respect de la politique commerciale ou de la politique de communication du fabricant par les revendeurs. • Cons. conc. n° 05-D-66 du 5 déc. 2005 : *cité note 7 ss. art. L. 463-1* (conf. par • Paris, 19 juin 2007 : *cité note 3 ss. art. R. 464-17*). ♦ Dans les deux cas, l'entente est démontrée sans qu'il soit nécessaire d'avoir mis en cause chacun des distributeurs au stade de la notification des griefs, les fournisseurs prenant une part prépondérante dans la constitution de l'entente en diffusant des prix minimaux conseillés et veillant à ce qu'ils soient respectés par ces distributeurs. • Même décision • Cons. conc. n° 06-D-04 du 13 mars 2006 : *BOCC 26 janv. 2007 ; CCC 2006, n° 83, obs. Malaurie-Vignal ; LPA 13 nov. 2006, obs. Baccichetti ; RJDA 2006, n° 705 ; RLC juill.-sept. 2006. 30, obs. Dumarcay ; RLDC 2006, n° 2, p. 82, obs. Claudel ; RDC 2006. 726, obs. Prieto ; Europe 2006, n° 164, obs. Idot* • n° 07-D-03 du 24 janv. 2007 : *cité ss. art. R. 463-7.* ♦ V. sur la question de savoir si les contrats d'achat exclusif de carburants conclus entre une compagnie pétrolière et un pompiste relèvent du droit des ententes : • CJCE 14 déc. 2006 : *D. 2007. Pan. 1911, obs. Ferrier ; JCP E 2007, n° 25, p. 28, note Dieny ; CCC 2007, n° 45, obs. Malaurie-Vignal ; RLC avr.-juin 2007. 17, obs. Robin ; RDC 2007. 763, obs. Prieto.*

7. *Organisations professionnelles.* BIBL. Deschamps et Reis, *RLDA mai 2012. 85* (utilisation stratégique des organisations professionnelles dans le cadre des infractions anticoncurrentielles). ♦ Bien qu'émanant d'une seule personne morale et revêtant un caractère d'unilatéralité, les pratiques mises en œuvre par des syndicats ou des associations professionnels sont présumées constituer des concours de volontés entre leurs membres. • Aut. conc. n° 12-D-26 du 20 déc. 2012. ♦ L'élaboration et la diffusion, à l'initiative d'un syndicat professionnel d'un document destiné à l'ensemble de ses adhérents peuvent constituer une entente si ceux-ci ont pour objet ou pour effet d'empêcher, de restreindre ou de fausser le jeu de la concurrence. • Paris, 6 juin 2013 : *RG n° 2012/02945.* ♦ Les consignes syndicales constituent des actions concertées au sens de l'art. L. 420-1. L'infraction aux règles de concurrence n'est pas constituée par les discussions internes mais résulte de la diffusion de consignes anticoncurrentielles par le syndicat à destination de ses membres ou d'actions vis-à-vis de tiers. • Aut. conc. n° 10-D-11 du 24 mars 2010 : *RDLC 2010, n° 2, p. 75, obs. Debroux ; RLC juill.-sept. 2010. 34, obs. Destours.* ♦ Toute pratique susceptible d'avoir un objet ou un effet anticoncurrentiel mise en ordre par un ordre professionnel, autorité qui représente la collectivité de ses membres, révèle nécessairement une entente entre ses membres. • Com. 16 mai 2000 : *Bull. civ. IV, n° 102 ; D. 2000. AJ 298, obs. Marmontel .* ♦ Les actions des organisations professionnelles ont en elles-mêmes un caractère collectif et sont donc susceptibles d'entrer dans le champ de l'art. 7 [C. com., art. L. 420-1] sans qu'il soit nécessaire de démontrer l'existence d'une concertation entre ces organisations et d'autres parties. • Cons. conc. n° 94-D-05 du 18 janv. 1994 : *BOCC 8 mars 1994* • n° 99-D-68 du 9 nov. 1999 : *BOCC 31 janv. 2000.* ♦ Si le caractère collectif des actions des organisations professionnelles suffit à établir une entente entre leurs membres, sans qu'il soit nécessaire de rechercher la preuve d'une concertation avec d'autres parties, il ne fonde toutefois aucune présomption en matière d'entente ou de concertations entre plusieurs organisations professionnelles, *a fortiori* lorsque leurs membres sont distincts. • Aut. conc. n° 12-D-19 du 26 sept. 2012 : *RLC janv.-mars 2013. 31, obs. Sélinsky.* ♦ V. aussi notes 35 et 36 et note 8 ss. art. L. 410-2.

8. Pratiques concertées et comportements parallèles. Justifie légalement sa décision de condamnation de sociétés pétrolières pour entente économique la cour d'appel qui établit le parallélisme de comportement de ces sociétés avec celui des autres distributeurs, constate que ce parallélisme, qui les a amenées, pour des stations qu'elles exploitaient par mandataires, à pratiquer systématiquement des prix de détail identiques à ceux des autres distributeurs, ne se justifiait ni par les caractéristiques du marché conduisant au contraire à une dispersion des prix de revient, ni par les coûts d'exploitation nécessairement spécifiques à la gestion par mandataires et énonce que ce comportement traduisait leur renoncement à suivre une politique commerciale autonome et s'expliquait par leur choix délibéré de coopérer en fait aux ententes formées par les autres distributeurs auxquels elles ont tacitement mais volontairement adhéré. • Com. 8 oct. 1991 : *Bull. civ. IV, n° 282 ; CCC 1991, n° 237, note Vogel ; JCP 1993. II. 22095, note Synvet.* ♦ V. également, concernant une action concertée, entre deux sociétés, relative au « coût du port avancé » de la levure fraîche de panification, • Com. 14 janv. 1992 : *Bull. civ. IV, n° 16.* ♦ Sur les conditions d'un équilibre non collusif entre entreprises concurrentes, V. • Cons. conc. n° 04-D-43 du 8 sept. 2004 : *BOCC 9 déc. 2004 ; D. 2004. AJ 2570 ; RLC 2005, n° 1, p. 33, obs. Sélinsky ; Lettre distrib. oct. 2004, p. 3.* ♦ Sur la preuve de la cartellisation d'un oligopole, V. • Cons. conc. n° 05-D-38 du 5 juill. 2005 : *BOCC 14 mars 2006 ; D. 2005. AJ 2444, obs. Chevrier ; RDLC 2005, n° 4, p. 67, obs. Debroux* (partiellement censuré par • Com. 9 oct. 2007 : *préc. note 5*).

2° PARTIES À L'ENTENTE

9. Acteur économique. Bien que l'art. 7 [C. com., art. L. 420-1] ne pose pas comme condition de son application la qualité d'entreprise des parties à l'entente, une au moins des parties doit être considérée comme un acteur économique exerçant une activité sur le marché ; tel n'est pas le cas de syndicats professionnels organisant des actions concertées destinées à dissuader un éditeur de faire assurer l'impression de ses journaux dans une entreprise de labeur. • Paris, 29 févr. 2000 : *D. 2000. AJ 182, obs. Daleau ; CCC 2000, n° 95, obs. Malaurie-Vignal ; LPA 6 févr. 2001, obs. Bergé* (V. décision annulée • Cons. conc. n° 99-D-41 du 22 juin 1999 : *D. 1999. IR 208 ; CCC 1999, n° 178, obs. Malaurie-Vignal.* – Sur cette décision, V. Edelman, *D. 2000. Chron. 261*). ♦ V. aussi l'arrêt de confirmation, qui précise que la cour d'appel ne s'est pas fondée sur le caractère isolé des agissements en cause, mais bien sur l'absence d'activité économique des syndicats poursuivis pour exclure, en l'espèce, l'application de l'art. L. 420-1. • Com. 15 janv. 2002 : *Bull. civ. IV, n° 15 ; D. 2002. AJ 720, obs. Chevrier ; RTD com. 2002. 287, obs. Claudel ; CCC 2002, n° 61, obs. Malaurie-Vignal.*

Considérant qu'il importe peu, pour l'application des règles de concurrence, que la personne poursuivie pour entente n'ait pas la qualité d'opérateur économique sur le marché affecté dès lors que ses comportements sont susceptibles d'affecter le jeu de la concurrence dans un secteur économique, V. • Paris, 8 févr. 2000 : *BOCC 7 mars 2000 ; CCC 2000, n° 128, obs. Malaurie-Vignal.*

V. aussi note 10.

9 bis. Convention collective. Les accords conclus dans le cadre d'une convention collective destinés à améliorer les conditions d'emploi et de travail, doivent être considérés, en raison de leur nature et de leur objet, comme ne relevant pas du droit des ententes, sauf s'ils portent sur des matières qui ne relèvent pas de l'essence des négociations collectives ou visent à affecter directement les rapports entre les employeurs et les tiers, tels que les clients, les fournisseurs, les employeurs concurrents ou les consommateurs, en portant atteinte à la concurrence. • Cons. conc. n° 03-D-30 du 2 juill. 2003 : *BOCC 8 oct. 2003 ; CCC 2003, n° 141, obs. Malaurie-Vignal.*

10. Associations professionnelles. BIBL. Condomines, *JCP E 2005, n° 4, p. 120.* ♦ Constitue une interdiction générale et prohibée par l'art. 7 [C. com., art. L. 420-1] la disposition du règlement intérieur stipulant qu'aucun membre de l'association ne doit soumissionner à titre individuel à un quelconque appel d'offre de tel ou tel centre hospitalier. • Paris, 1er oct. 1996 : *D. Affaires 1996. 1316.* ♦ De même, les clauses statutaires organisant la procédure d'agrément des professionnels candidats à l'adhésion à une association professionnelle peuvent avoir un objet ou un effet anticoncurrentiel dès lors que la sélection n'est pas fondée sur des critères objectifs de nature qualitative et appliqués de manière non discriminatoire, et qu'elles sont utilisées pour empêcher l'accès au marché à certaines entreprises. • Cons. conc. n° 96-D-04 du 23 janv. 1996 : *BOCC 24 mai 1996.* ♦ Tel est le cas d'une clause figurant dans les statuts d'une association de taxis dans laquelle sont déterminées les conditions d'adhésion à l'association et notamment l'existence d'un droit d'entrée, sans que le montant de ce droit soit fixé dans des conditions objectives dans la mesure où il est laissé à l'appréciation des membres du bureau.

• Cons. conc. n° 2000-D-78 du 21 mars 2001 : *BOCC 24 avr. 2001.* ♦ Sur l'illicéité de la décision d'éviction, prise par une association d'exploitants de taxi d'une commune, à l'égard d'un membre ayant décidé de recourir aux services d'un salarié pour exploiter son taxi, V. • Cons. conc. n° 97-D-40 du 4 juin 1997 : *BOCC 30 août 1997 ; D. Affaires 1997. 1139.* – V. aussi note 15.

Si l'admission de nouveaux membres au sein d'une organisation professionnelle par cooptation ne constitue pas en elle-même une pratique contraire au droit de la concurrence, une telle modalité peut, notamment lorsqu'elle est associée à d'autres dispositions telles que le parrainage et la dispense de motivation des refus, avoir pour effet de limiter le jeu de la concurrence. • Cons. conc. n° 98-D-81du 21 déc. 1998 : *BOCC 31 mars 1999 ; CCC 1999, n° 94, obs. Malaurie-Vignal ; LPA 25 nov. 1999, obs. Reboul* • n° 02-D-60 du 27 sept. 2002 : *BOCC 28 nov. 2002 ; CCC 2003, n° 26, obs. Malaurie-Vignal* (mais réformé par • Paris, 27 mai 2003 : *BOCC 11 juill. 2003*). ♦ Contrevient aux dispositions de l'art. 7 [C. com., art. L. 420-1] la clause des statuts d'une association qui subordonne l'adhésion d'un nouvel adhérent au parrainage d'un concurrent géographiquement proche. • Cons. conc. n° 96-D-22 du 22 avr. 1996 : *BOCC 18 janv. 1997 ; CCC 1997, n° 29, obs. Vogel.* ♦ Constitue une pratique anticoncurrentielle le fait pour une association de taxis d'imposer comme condition d'adhésion l'interdiction de pratiquer le doublage, soit la renonciation par le futur adhérent à employer des salariés, dans la mesure où cette condition a pour conséquence inévitable de limiter la capacité des exploitants membres de l'association à développer leur activité en leur interdisant tout particulièrement d'améliorer l'offre des taxis dans l'intérêt des consommateurs. • Cons. conc. n° 2000-D-79 du 21 mars 2001 : *BOCC 24 avr. 2001.* ♦ En revanche, la concertation entre entreprises de transports sanitaires ayant créé une association professionnelle pour assurer le respect de la déontologie de leur profession et celui de la concurrence entre entreprises du secteur n'est pas en soi anticoncurrentielle. • Paris, 1er oct. 1996 : *préc.*

11. Groupements d'intérêt économique. Un accord de volontés peut prendre la forme de la constitution d'un GIE entre entreprises indépendantes, par lequel ces dernières mettent en commun certains éléments de leur politique commerciale. A l'instar d'autres décisions d'organismes collectifs qui se présentent comme des décisions unilatérales, cette organisation est en réalité le fruit d'une décision fondée sur le concours de volontés de membres du GIE. • Aut. conc. n° 12-D-06 du 26 janv. 2012 : *Dalloz actualité, 8 févr. 2012, obs. Delpech.* ♦ Pour un GIE constitutif d'une entente, V. • Cons. conc. n° 88-D-37 du 11 oct. 1988 : *BOCC 15 oct. 1988 ; RTD com. 1989. 102, obs. Cabrillac et Teyssié* (groupement des cartes bancaires) • Paris, 26 avr. 1990 : *D. 1990. IR 133 ; JCP 1991. II. 21597, note Bouteiller.* ♦ Pour un systeme satisfaisant, V., dans la même affaire • Cons. conc. n° 89-D-15 du 3 mai 1989 : *BOCC 10 mai 1989 ; RTD com. 1989. 580, obs. Bouzat.* – V. aussi • Cons. conc. n° 90-D-41 du 30 oct. 1990 : *BOCC 9 nov. 1990 ; RTD com. 1991. 80, obs Cabrillac et Teyssié* . ♦ Plus généralement, sur l'application des règles de concurrence à la création d'un GIE, V. • Paris, 6 déc. 1990 : *BOCC 29 déc. 1990* • 17 sept. 1992 : *ibid. 3 oct. 1992.*

Les pratiques d'entente et d'abus de position dominante peuvent être le fait d'un groupement d'intérêt économique, fût-il bénéficiaire d'une convention d'occupation temporaire du domaine public. Ainsi, dès lors que les statuts de deux GIE constitués par deux sociétés subordonnent l'admission de nouveaux membres à « l'accord unanime du conseil d'administration », que les décisions de tarification sont concertées et que les approvisionnements sont assurés par des moyens logistiques communs, il apparaît que ces deux sociétés ont mis en place une stratégie commerciale commune et sont en mesure de s'opposer à l'accès d'un nouvel opérateur sur le marché du carburéacteur. • Com. 5 mars 1996 : *préc. note 2.* ♦ V. aussi note 15.

11 bis. Groupements d'investissement. Une analyse au fond apparaît nécessaire afin de rechercher si le droit de la concurrence impose ou non, en l'absence de pratique décisionnelle ou de jurisprudence portant précisément sur ce point, l'application de conditions d'adhésion objectives, transparentes et non discriminatoires à des groupements d'investissement, dans la mesure où cette adhésion constitue une condition d'accès au marché ou un avantage concurrentiel. • Aut. conc. n° 11-D-05 du 23 févr. 2011 : *CCE 2011, n° 54, obs. Chagny.*

12. Centrales d'achat. BIBL Delbarre et Lavabre, *RJDA 1996, p. 135.* – Pédamon, *RID comp. 1987. 579 et 1988. 470.* – G. Parléani, *LPA 6 mars 1996.* – Reyé, *ibid. 5 janv. 1998* (coopération commerciale : référencement et services spécifiques). – Bonnet-Desplan, *Cah. dr. entr. 1998, n° 2, p. 12* (du déréférencement). – Retterer, *ibid. 1999, n° 2, p. 1* (contrat de référencement : du droit des obligations au droit de la concurrence). – Colloque du 6 déc. 2000, *Gaz. Pal. 9-10 nov. 2001* (abus de puissance d'achat et accès aux linéaires de la grande distribution). ♦ V. : Rép. min : *JOAN Q, 21 nov. 1988 ; JCP E 1989. II. 15370.* ♦ Sur les centrales de référencement, V. Leloup, *RJ com. n° spéc.*

nov. 1997. 161 (ventes à la grande distribution) et V. Estoup, note ss. • Versailles, 29 sept. 1988 : *JCP 1989. II. 21190.* ♦ V. aussi notes 7 et 8 ss. art. L. 132-1.

13. Sociétés. Pour un exemple, V. • Cons. conc. n° 88-D-43 du 8 nov. 1988 : *BOCC 24 nov. 1988.* ♦ La constitution d'une société ou participation entre deux entreprises en vue d'exécuter en commun des travaux prévus par un marché auquel elles vont soumissionner n'est pas en soi constitutive d'une entente illicite. • Com. 10 janv. 1995 : *RJDA 1995, n° 596* • Paris, 6 juin 2000 : *Rev. sociétés 2000. 590, obs. Guyon.* ♦ Sur la constitution de filiales communes entre plusieurs banques pour la mise en place du porte-monnaie électronique Moneo, V. • Cons. conc. n° 03-A-17 du 18 sept. 2003 : *BOCC 26 avr. 2005 ; D. 2003. AJ 2635*.

14. Groupes de sociétés. BIBL. Paillusseau, *D. 2003. 2346* et *2418* (notion de groupe de sociétés en droit des activités économiques). – Chaput, *CCC 2009. Étude 9* (répondre à un appel d'offres en groupement : efficace, mais risqué...). – Tolot, *RLC juill.-sept. 2011. 133* (participation d'une filiale commune à une entente). ♦ Lorsqu'une société mère contrôle étroitement la stratégie commerciale de ses filiales, il n'existe pas d'ententes entre elles, en l'absence d'autonomie des participants. • Cons. conc. n° 87-D-25 du 7 juill. 1987 : *BOCC 27 févr. 1988* • n° 02-D-67 du 7 nov. 2002 : *BOCC 28 févr. 2003 ; CCC 2003, n° 73, obs. Malaurie-Vignal ; RJDA 2003, n° 648* • Paris, 19 mai 1999 : *D. 1999. IR 162 ; CCC 1999, n° 160, obs. Malaurie-Vignal.* ♦ Aux fins de l'application des règles de concurrence sur les ententes, l'absence d'autonomie de comportement sur le marché de filiales vis-à-vis de leur société mère prime ainsi normalement sur la séparation formelle entre ces sociétés qui résulte de leurs personnalités juridiques distinctes. • Cons. conc. n° 06-D-26 du 15 sept. 2006 : *BOCC 26 janv. 2007 ; D. 2006. AJ 2599, obs. Chevrier ; Gaz. Pal. 2007. 524 ; RLDA nov. 2006. 52, obs. Cheynel ; RDLC 2006, n° 4, p. 130, obs. Michel-Amsellem ; RLC janv.-mars 2007. 19, obs. Sélinsky.*

Si, la création, par des entreprises ayant un objet social identique, de filiales communes peut avoir des effets restrictifs sur le marché, l'existence de ces filiales ne saurait, à elle seule, et à défaut d'autres éléments de preuve, établir que cette entente ait un caractère illicite. • Com. 29 nov. 1994 : *CCC 1995, n° 33, note Vogel.* ♦ Ainsi, s'il est loisible à des entreprises ayant entre elles des liens juridiques ou financiers, mais disposant d'une autonomie commerciale, soit de renoncer à cette autonomie en se concertant pour décider quelle sera l'entreprise qui déposera une offre, à la condition de ne déposer qu'une seule offre, soit de présenter des offres distinctes concurrentes, à la condition de ne pas se concerter avant le dépôt de ces offres, il est en revanche interdit à ces entreprises de présenter des soumissions apparemment distinctes, mais en réalité concertées, dans la mesure où cette pratique a pour conséquence de tromper l'acheteur sur la réalité et l'étendue de la concurrence. • Cons. conc. n° 98-D-42 du 23 juin 1998 : *BOCC 15 sept. 1998* • n° 03-D-07 du 4 févr. 2003 : *BOCC 16 juin 2003 ; CCC 2003, n° 92, obs. Malaurie-Vignal* (conf. par • Paris, 18 nov. 2003 : *BOCC 12 mars 2004*). ♦ ... Alors même que le responsable du marché avait connaissance des liens juridiques unissant les entreprises concernées, dès lors qu'il ignorait leur connivence. • Cons. conc. n° 92-D-22 du 17 mars 1992 : *CCC 1992, n° 99, obs. Vogel* • n° 03-D-01 du 14 janv. 2003 : *BOCC 8 oct. 2003.* ♦ L'obligation qui pèse sur des entreprises d'élaborer de manière indépendante des offres distinctes dans le cas d'un appel d'offres public, sauf à annoncer la constitution d'un groupement ou d'une sous-traitance pour l'occasion, ne s'impose pas sur un marché classique de biens de consommation. • Cons. conc. n° 06-D-26 du 15 sept. 2006 : *préc.*

Le défaut à ce jour de consécration formelle de cette exception par la jurisprudence communautaire ne doit pas conduire pour autant à interpréter la jurisprudence existante comme emportant une interdiction dès lors que les juridictions communautaires n'ont jusqu'alors jamais eu à connaître de pratiques mises en œuvre par des entreprises liées entre elles ayant pour objet ou pour effet de fausser la procédure d'appel d'offres en présentant des offres séparées dont l'indépendance n'était qu'apparente, et non d'une opposition à la pratique décisionnelle du Conseil de la concurrence et à la jurisprudence des juridictions françaises. • Paris, 28 oct. 2010 : *cité note 2 ss. art. L. 464-2.*

15. Coopératives. Pour un exemple, V. • Cons. conc. n° 95-D-38 du 9 juin 1992 : *BOCC 31 juill. 1992.* ♦ Comp., jugeant que l'Ord. de 1986 n'est pas applicable aux clauses d'un groupement de coopératives (prévoyant, entre autres, une pénalité en cas de retrait anticipé), au motif, notamment, que l'art. 8 (2) [C. com., art. L. 420-2 (I), 2°] vise le rapport client-fournisseur, et que le coopérateur n'est pas seulement un client de la coopérative, mais aussi son associé qui, dans le cadre de l'*affectio societatis*, profite de la coopérative et tire des bénéfices des activités de celle-ci en bénéficiant des avantages tarifaires obtenus des fournisseurs, en participant à la répartition des excédents et en tirant profit encore de l'accès aux filiales et aux services de la coopérative. • Versailles, 27 mars

1997 : *D. Affaires 1997. 824 ; Rev. sociétés 1997. 796, note Saintourens* . – Dans le même sens, V. • T. com. Paris, 19 juill. 1995 : *Dr. sociétés 1996, n° 68, obs. crit. Vidal.* ♦ Rappr., sanctionnant sur le fondement du droit commun mais n'excluant pas l'application de l'ordonnance [C. com., art. L. 420-1 s.], la clause statutaire réglant le sort des ristournes en cas d'exclusion d'un adhérent de groupement coopératif d'achat : • Com. 22 févr. 2000 : *D. 2000. AJ 153, obs. Chevrier* . ♦ N'est pas caractérisée une entente entre sociétés coopératives qui aurait eu un effet restrictif sur la concurrence dès lors que les liens qui existent entre les deux coopératives participent à l'organisation et au fonctionnement normal du mouvement auquel elles appartiennent et que ces deux coopératives ne peuvent être considérées comme économiquement indépendantes l'une par rapport à l'autre. • Reims, 5 mai 2003 : *Rev. sociétés 2003. 865, note Saintourens* .

Sur l'illicéité d'une clause du règlement intérieur d'une coopérative de taxis, qui interdit aux membres de posséder et d'utiliser d'autres moyens de communication que le radiotéléphone agréé par la coopérative, V. • Paris, 13 juin 1997 : *BOCC 30 juill. 1997 ; D. Affaires 1997. 952 ; JCP E 1997. Pan. 752.* ♦ V. aussi, pour un règlement intérieur d'un GIE de taxis subordonnant l'adhésion à ce groupement à la participation à un syndicat professionnel • Cons. conc. n° 97-D-54 du 9 juill. 1997 : *BOCC 7 oct. 1997,* conf. par • Paris, 5 mai 1998 : *BOCC 15 mai 1998 ; D. Affaires 1998. 1526 ; CCC 1998, n° 130, obs. Malaurie-Vignal.* ♦ Dans le même sens, V. • Cons. conc. n° 2000-D-77 du 21 mars 2001 : *BOCC 24 avr. 2001* • n° 2000-D-78 du 21 mars 2001 : *ibid.* ♦ V. également note 10.

16. Établissements de crédit. L'accord passé par plusieurs établissements bancaires français, visant à refuser, par principe, toute demande de renégociation ou de rachat de prêts ayant ainsi pour objet de figer des parts de marchés détenues par chaque réseau pour les crédits antérieurement accordés et, pour effet de dissuader ou de priver une partie de la clientèle de la possibilité de renégocier ses emprunts soit avec l'établissement prêteur d'origine soit avec un établissement concurrent, constitue une pratique anticoncurrentielle des plus graves dans la mesure où cette entente horizontale affecte les taux d'intérêts et en définitive les prix payés par les consommateurs finaux. • Cons. conc. n° 2000-D-28 du 19 sept. 2000 : *CCC 2001, n° 27, obs. Malaurie-Vignal ; RTD com. 2001. 422, obs. Claudel* , conf. par • Paris, 27 nov. 2001 : *BOCC 31 janv. 2002 ; RTD com. 2002. 141, obs. Cabrillac et 293, obs. Claudel* . ♦ Sur la sanction de cette pratique, V. note 9 ss. art. L. 464-2.

3° *PREUVE DE L'ENTENTE*

BIBL. Vogel, *JCP E 1991. I. 96.* – Léonnet, *JCP 1993. I. 3722.* – Note de la Rédaction, *BRDA 2007, n° 17, p. 13* (preuve des accords de volontés constitutifs d'entente). – Buhart et Maulin, *RDLC 2011, n° 4, p. 51* (preuve en matière de cartels : état des lieux et perspectives). – Guillotin, *JCP E 2012, n° 1107* (preuve et forme des ententes).

17. Charge de la preuve. Eu égard à la nature des infractions en cause ainsi qu'à la nature et au degré de sévérité des sanctions qui s'y attachent, la présomption d'innocence s'applique en matière de violation des règles de concurrence susceptibles d'entraîner le prononcé d'amendes. • Paris, 26 janv. 2012 : *cité note 4 ss. art. L. 463-1.* ♦ La preuve de pratiques anticoncurrentielles incombe à celui qui s'en prétend victime, ou aux autorités administratives dans le cadre des enquêtes qui sont diligentées en application de l'art. 47 [C. com., art. L. 450-3]. • Com. 12 oct. 1993 : *JCP 1993. IV. 2611.* ♦ C'est de la qualification de la restriction de concurrence que dépend la charge de la preuve, la restriction par objet imposant aux entreprises de justifier des critères d'une exemption individuelle pour infirmer la présomption d'infraction qui résulte d'une restriction par objet, présumée porter préjudice au fonctionnement des marchés, l'effet potentiel des autres restrictions devant être prouvé. • Paris, 23 févr. 2012 : *BOCC 27 mars 2012 ; Dalloz actualité, 14 mars 2012, obs. Chevrier ; RTD com. 2012. 379, obs. Legeais* ; *JCP E 2012. Actu. 132 ; CCC 2012, n° 104, obs. Bosco ; RD banc. fin. 2012. Étude 18, par Lucas et Schrepel ; RDC 2012. 858, obs. Prieto* (réforme de • Aut. conc. n° 10-D-28 du 20 sept. 2010).

Dans le cadre de l'examen du lien de causalité entre la concertation et le comportement sur le marché des entreprises participant à celle-ci, lien qui est exigé pour établir l'existence d'une pratique concertée au sens de l'art. 81, § 1, CE, le juge national est tenu, sous réserve de la preuve contraire qu'il incombe à ces dernières de rapporter, d'appliquer la présomption de causalité énoncée par la jurisprudence de la Cour et selon laquelle lesdites entreprises, lorsqu'elles demeurent actives sur ce marché, tiennent compte des informations échangées avec leurs concurrents. Pour autant que l'entreprise participant à la concertation demeure active sur le marché considéré, la présomption du lien de causalité entre la concertation et le comportement de cette entreprise sur ce marché est applicable même si la concertation n'est fondée que sur une seule réunion des entreprises concernées.

• CJCE 4 juin 2009 : *D. 2009. AJ 1689* ; *AJDA 2009. 1539, et les obs.* ; *CCC 2009, n° 197, obs. Decocq ; Gaz. Pal. 2009. 3179, obs. Vialens ; RJDA 2010, n° 79 ; CCE 2009, n° 101, obs. Chagny ; RLDA août-sept. 2009. 45, note Wilhelm et Provost ; RLC juill.-août 2009. 27, obs. Robin ; RDLC 2009, n° 3, p. 79, obs. Debroux ; RDC 2009. 1401, note Idot ; Lettre distrib. juill.-août 2009, p. 4 ; Europe 2009, n° 322, obs. Idot ; JDI 2010. 600, obs. Prieto.*

18. Faisceau d'indices. En raison de l'emploi de cette méthode du faisceau d'indices il n'y a pas lieu d'examiner si, pris séparément, chacun de ces éléments a un caractère probant. • Paris, 16 sept. 2010 : *BOCC 27 sept. 2010 ; CCC 2010, n° 255, obs. Decocq.* ♦ Pour des exemples d'ensemble d'indices graves, précis et concordants d'entente, tirés, notamment, du parallélisme de comportement, V. • Com. 8 déc. 1992 : *BOCC 18 déc. 1992* • Cons. conc. n° 95-D-51 du 11 juill. 1995 : *BOCC 29 sept. 1995 ; CCC 1995, n° 187, obs. Vogel.* ♦ Sur la méthode du faisceau d'indices, V. aussi • Cons. conc. n° 95-D-76 du 29 nov. 1995 : *BOCC 15 mai 1996* • n° 97-D-39 du 17 juin 1997 : *cité note 27* • n° 99-D-10 du 2 févr. 1999 : *cité note 19* • n° 04-D-43 du 8 sept. 2004 : *préc. note 8* • Paris, 4 févr. 2003 : *BOCC 31 mars 2003.* ♦ Prix évoqués, mesures mises en œuvre par le fournisseur visant à les faire appliquer et application significative de ces prix suffisent à la démonstration de la commission de la pratique d'entente par le fournisseur, sans qu'il soit besoin de rechercher quels distributeurs particuliers ont participé à l'entente ; c'est la conjonction de l'existence de prix évoqués, de leur application significative et la participation aux mesures de police par un distributeur particulier qui établit l'accord de volonté de ce distributeur particulier d'adhérer à l'entente. • Cons. conc. n° 07-D-50 du 20 déc. 2007 : *BOCC 23 avr. 2008 ; CCC 2008, n° 39, obs. Malaurie-Vignal ; Gaz. Pal. 2008. 2707, et les obs. ; RJDA 2008, n° 328 ; RDLC 2008, n° 1, p. 108, obs. Claudel ; ibid., p. 175, obs. Momège ; RLC avr.-juin 2008. 20, obs. Cholet, et 87, obs. Cheynel* (conf. par • Paris, 28 janv. 2009 : *BOCC 8 avr. 2009 ; CCC 2009, n° 83, obs. Decocq ; Gaz. Pal. 2010. 477, et les obs. ; Lettre distrib. févr. 2009, p. 1, obs. Sélinsky et Vertut ; RDLC 2009, n° 2, p. 107, obs. Nicolas-Vullierme*, puis par • Com. 7 avr. 2010 : *BOCC 19 avr. 2010 ; Dalloz actualité, 19 avr. 2010, obs. Chevrier ; CCC 2010, n° 163, obs. Decocq ; RDLC 2010, n° 2, p. 68, obs. Nicolas-Vullierme ; RDC 2010. 861, note Prieto ; Gaz. Pal. 2010. 3053, et les obs.*). ♦ Dès lors qu'a été démontré l'accord de volonté entre un fournisseur et l'ensemble des distributeurs, la participation du fournisseur à une entente est établie, sans qu'il soit nécessaire, comme le fait le Conseil lorsqu'il recourt, faute d'avoir au dossier la preuve matérielle de l'accord de prix imposés, à la méthode du faisceau d'indices, de démontrer que le fournisseur avait les moyens de surveiller les prix communiqués, a réellement exercé une telle surveillance ou a mis en place des mesures de rétorsion à l'encontre de détaillants n'ayant pas respecté leur engagement. • Cons. conc. n° 07-D-06 du 28 févr. 2007 : *BOCC 7 juin 2007 ; RJDA 2007, n° 555 ; RDLC 2007, n° 2, p. 101, obs. Claudel ; Europe 2007, n° 118, obs. Idot.*

Le recours à des éléments de preuve généraux, qui concernent indistinctement de nombreuses sociétés, peut à bon droit être utilisé par le Conseil pour décrire le contexte et les conditions générales existant sur le marché pertinent ; cependant, ces documents ne sauraient constituer des preuves à l'encontre des requérantes que dans la mesure où ils citent précisément et sans ambiguïté les entreprises ou les marques auteurs des pratiques dénoncées. • Paris, 26 juin 2006 : *cité note 9 ss. art. L. 463-1.* ♦ Un document régulièrement saisi, quel que soit le lieu où il l'a été, est opposable à l'entreprise qui l'a rédigé, à celle qui l'a reçu et à celles qui y sont mentionnées et peut être utilisé comme preuve d'une concertation ou d'un échange d'informations entre entreprises, le cas échéant par le rapprochement avec d'autres indices concordants. • Cons. conc. n° 08-D-15 du 2 juill. 2008 : *BOCC 10 oct. 2008 ; RLC. oct.-déc. 2008. 27, obs. Sélinsky et Cholet.* ♦ La jurisprudence n'a jamais exigé que la preuve d'une concertation au moyen d'un échange d'informations nécessite la preuve d'un acte positif d'information tel qu'un échange de mails ou la découverte de comptes rendus de réunions ou encore d'une offre communiquée à une entreprise concurrente. • Aut. conc. n° 09-D-25 du 29 juill. 2009. ♦ La jurisprudence ne pose pas une exigence du renforcement du standard de preuves lorsque des informations sont susceptibles d'être fournies par une source autre que les entreprises elles-mêmes. • Même décision. ♦ Si la déclaration du représentant d'une entreprise reconnaissant sa participation à une entente constitue une preuve se suffisant à elle-même de l'existence et de la participation de l'entreprise à l'infraction en cause, une déclaration mettant en cause une entreprise et émanant du représentant d'une entreprise concurrente constitue un simple indice de la participation de l'entreprise concernée à l'entente en cause. Il doit donc être recherché si un tel indice est corroboré par d'autres éléments de preuve, tels que des déclarations concordantes d'autres entreprises inculpées ou d'autres indices matériels. • Aut. conc. n° 11-D-17 du 8 déc. 2011 : *préc. note 5.* ♦ Les déclarations d'un demandeur de clémence sont des moyens de preuve pertinents pouvant être pris en compte au titre du faisceau d'indices. • Aut. conc. n° 12-D-09 du 13 mars 2012 : *RLC juill.-sept. 2012. 16, note Sélinsky.*

19. Autres moyens de preuve. En présence de preuves documentaires ou contractuelles, il n'est pas besoin de recourir, au surplus, à l'étude de preuves de nature comportementale. • Paris, 16 mai 2013 : *préc. note 5.* ♦ La preuve d'une concertation entre des entreprises, n'ayant soumissionné que pour des lots situés dans leur zone d'intervention, n'est pas établie dès lors que le cahier des charges d'appel d'offres imposait que les soumissionnaires soient situés dans la zone d'intervention définie par les pouvoirs publics et non par un accord de volontés. • Paris, 16 sept. 1997 : *BOCC 29 janv. 1998 ; CCC 1998, n° 73, obs. Vogel.* ♦ La constatation d'un parallélisme de comportements ne suffit pas à elle seule à démontrer l'existence d'une entente anticoncurrentielle dans la mesure où ce parallélisme peut résulter de décisions prises par des entreprises qui s'adaptent de façon autonome au contexte du marché ; il est nécessaire, pour établir l'existence d'une telle entente, d'apporter des éléments autres que la constatation du seul parallélisme de comportements, de telle sorte que soit constitué un faisceau d'indices graves, précis et concordants. • Cons. conc. n° 95-D-63 du 14 nov. 1995 : *BOCC 12 févr. 1996 ; CCC 1996, n° 60, obs. Vogel.* – V. aussi • Cons. conc. n° 99-D-77 du 7 déc. 1999 : *CCE 2001, n° 2, obs. Caron.* – Dans le même sens, V. • Cons. conc. n° 02-D-29 du 7 mai 2002 : *BOCC 28 juin 2002.* ♦ Ainsi, l'évolution parallèle des tarifs des distributeurs peut résulter d'une anticipation permise par la transparence du marché et d'un comportement d'alignement, conduisant de manière systématique à la hausse des tarifs concurrents. • Cons. conc. n° 99-D-10 du 2 févr. 1999 : *BOCC 3 juin 1999 ; CCC 1999, n° 128, obs. Malaurie-Vignal.* ♦ Jugeant que le degré de transparence d'un marché se définit en référence aux coûts en temps et en argent qu'il faut supporter pour recueillir l'information sur les prix souhaitée, coûts nécessairement réduits en cas d'échanges téléphoniques entre concurrents, V. • Cons. conc. n° 03-D-17 du 31 mars 2003 : *BOCC 8 oct. 2003 ; CCC 2003, n° 109, obs. Malaurie-Vignal ; RJDA 2003, n° 649* (décision toutefois infirmée, l'alignement sur les prix étant ni systématique ni parfait : • Paris, 9 déc. 2003 : *BOCC 12 mars 2004 ; D. 2005. Pan. 148, obs. Ferrier* ✎ *; CCC 2004, n° 44, obs. Malaurie-Vignal ; RJDA 2004, n° 758*). ♦ Pour une action concertée de sociétés pétrolières visant à l'alignement de leurs prix, V. • Com. 8 oct. 1991 : *Bull. civ. IV, n° 282 ; D. 1991. IR 241 ; JCP 1993. II. 22095, note Synvet.* ♦ Pour un parallélisme des prix justifié par la structure du marché, en raison notamment des conditions d'approvisionnement et d'exploitation identiques ou très proches, V. • Paris, 19 oct. 1999 : *BOCC 30 nov. 1999 ; CCC 2000, n° 9, obs. Malaurie-Vignal* • Cons. conc. n° 99-D-17 du 24 févr. 1999 : *BOCC 3 juin 1999 ; CCC 1999, n° 129, obs. Malaurie-Vignal.* ♦ V. également • Paris, 15 févr. 2000 : *CCC 2000, n° 65, obs. Malaurie-Vignal.* – V. aussi Condomines et Le Morhedec, *LPA 2 mai 2002.* ♦ Pour un parallélisme dans un mode d'expression des prix lié à la nature des produits ou des services sans induire une quelconque concordance des volontés, V. • TPICE, 14 oct. 2004 : *CCC 2004, n° 183, obs. Poillot-Peruzzetto.*

19 bis. Sur l'utilisation des informations recueillies par les autorités communautaires, V. App., v° *Concurrence (II – Droit communautaire)*, note 5 ss. art 9 du Règl. CEE n° 17-62 du 6 févr. 1962

B. EXIGENCE D'UNE RESTRICTION DE CONCURRENCE SUR LE MARCHÉ

20. Notion de marché. BIBL Vogel, *CCC juin 1992. 1* (distinction des sous-marchés). – Colloque du 6 déc. 2000, *Gaz. Pal. 9-10 nov. 2001* (délimitation du marché pertinent et entente). – Durand, *RDLC 2010, n° 4, p. 33* (définition des marchés pertinents : ne pas oublier le test du monopole hypothétique). ♦ Les analyses de marché en matière de contrôle des concentrations revêtent nécessairement un caractère prospectif, alors qu'en matière de pratiques anticoncurrentielles, elles s'attachent à décrire un marché existant. • Cons. conc. n° 05-D-32 du 22 juin 2005 : *BOCC 14 mars 2006 ; RDLC 2005, n° 3, p. 75, obs. Wachsmann ; RJDA 2005, n° 1287 ; RDC 2005. 1038, obs. Prieto ; LPA 16 mai 2006, obs. Bacchetti.* – V. aussi : • Paris, 29 janv. 2008 : ☞ *cité note 7 ss. art. L. 464-8.* ♦ Les pratiques dénoncées étant recherchées au titre de la prohibition des ententes, il n'est alors pas nécessaire de définir le marché avec précision, comme en matière d'abus de position dominante, dès lors que le secteur et les marchés ont été suffisamment identifiés pour permettre de qualifier les pratiques qui y ont été constatées et de les imputer aux opérateurs qui les ont mises en œuvre. • Cons. conc. n° 05-D-27 du 15 juin 2005 : *préc. note 5.* – V. aussi • Cons. conc. n° 05-D-55 du 12 oct. 2005 : *cité note 35.*

La circonstance que les prestations tarifaires en cause seraient réalisées à perte est sans incidence sur l'existence d'un marché au sens du droit de la concurrence dès lors que les soins vétérinaires prestés résultent de la rencontre entre une demande, d'une part, et une offre, d'autre part. • Aut. conc. n° 13-D-14 du 11 juin 2013 : *citée note 5 ss. art. L. 420-4.* ♦ Si une entente suppose l'existence d'actions concertées ou de conventions expresses ou tacites émanant d'opérateurs économiques en vue d'empêcher, de restreindre ou de fausser le jeu de la concurrence sur un marché déterminé, elle n'implique pas pour autant que les auteurs de ces actions prohibées exercent une activité économique sur le marché en cause. • Com. 13 févr. 1996 : *Bull. civ. IV, n° 48 ; D. 1996. IR 70 ; D. Affaires 1996. 317.* ♦ Dès lors qu'une convention d'exclusivité conclue par une société ayant pour objet social d'organiser des salons professionnels, avec six entreprises de manutention, a eu pour effet de créer « artificiellement » une barrière à l'entrée du marché pertinent, délimité comme étant celui de la manutention des salons, l'existence de l'entente est caractérisée. • Même arrêt. ♦ En ce sens que des prestations de services distinctes appartiennent au même marché dès lors que le comportement réel des utilisateurs et des offreurs les rendent indivisibles (à propos des pompes funèbres), V. • Cons. conc. n° 97-D-26 du 21 oct. 1997 : *BOCC 29 janv. 1998 ; CCC 1998, n° 74, obs. Vogel.* ♦ Sur l'existence d'un marché local conjoncturel des prestations de travail temporaire résultant de l'aménagement des sites olympiques, V. • Paris, 8 sept. 1998 : *cité note 21.* ♦ Un salon ou une foire à caractère commercial constitue un marché en soi puisqu'il s'agit d'un lieu spécifique et géographiquement limité où se rencontrent l'offre et la demande. • Cons. conc. n° 05-D-14 du 6 avr. 2005 : *cité note 4 bis ss. art. L. 410-1.* ♦ Si chaque marché passé sur appel d'offres constitue un marché pertinent, l'entente organisée à un échelon plus vaste que chacun des marchés considérés et produisant des effets sur ces marchés, en ce qu'elle conduit les entreprises qui y sont présentes à s'en répartir illicitement les parts, peut être sanctionnée. • Paris, 11 oct. 2012 : *cité note 5 ss. art. L. 463-5.* ♦ Le fait que diverses entreprises aient joué des rôles différents dans la poursuite d'un objectif commun n'élimine pas l'identité d'objet anticoncurrentiel et, partant, d'infraction, à condition que chaque entreprise ait contribué, à son propre niveau, à la poursuite de l'objectif commun. • Même arrêt.

La fixation de prix concertés par le distributeur d'une œuvre cinématographique, détenteur *d'un droit de propriété intellectuelle*, et le concessionnaire chargé de la fabrication et/ou de la distribution de produits publicitaires n'est pas contraire à l'art. 7 [C. com., art. L. 420-1], dans la mesure où les produits mis sur le marché ne peuvent être offerts que par un seul opérateur. • Cons. conc. n° 99-D-34 du 8 juin 1999 : *CCC 2000, n° 8, obs. Malaurie-Vignal.* ♦ Sur le marché de l'hôtellerie de luxe, V. • Paris, 26 sept. 2006 : *BOCC 24 juill. 2008 ; D. 2007. 198, note Sabathié ; D. 2006. AJ 2459, obs. Chevrier ; RTD com. 2007. 43, obs. Claudel ; JCP E 2007, n° 9, p. 24, note Afchain ; JCP 2006. II. 10204, note Sibony ; Gaz. Pal. 2007. 513 ; CCC 2006, n° 226, obs. Malaurie-Vignal ; LPA 9-10 avr. 2007, obs. Bacchichetti ; RJDA 2006, n° 1267 ; RLDA nov. 2006. 54, obs. Cheynel ; RDLC 2006, n° 4, p. 68, obs. van der Woude.*

V. aussi notes 5 et 6 ss. art. L. 420-2.

21. Seuil de sensibilité. **BIBL.** De La Laurencie et Cot, *Gaz. Pal. 1993. 2. Doctr. 1099* (seuil de sensibilité). – Retterer, *LPA 2 août 1996* (même thème). – Targa, *Rev. Conc. Consom. 1993, n° 76, p. 18.* – Bretzner, *D. Affaires 1999. 850.* ♦ Ne sont pas prohibés les accords n'ayant qu'une portée limitée dans le marché pertinent considéré et ne pouvant porter atteinte de façon sensible au jeu de la concurrence. • Com. 4 mai 1993 : *Bull. civ. IV, n° 172 ; D. 1994. Somm. 220, obs. Serra ; JCP 1993. II. 22111, note Boutard-Labarde ; CCC 1993, n° 110, obs. Vogel.* ♦ En l'absence de toute définition légale ou réglementaire d'un seuil de sensibilité, il appartient aux juridictions saisies de vérifier dans chaque cas d'espèce si l'effet potentiel ou avéré des pratiques incriminées est de nature à restreindre de manière sensible le jeu de la concurrence sur le marché concerné. • Com. 12 janv. 1999 : *Bull. civ. IV, n° 9 ; D. 1999. IR 37 ; D. Affaires 1999. 412, obs. A. M. ; CCC 1999, n° 42, obs. Malaurie-Vignal ; LPA 23 mars 1999, obs. J. L. ; ibid. 25 nov. 1999, obs. Reboul ; Cah. dr. entr. 1999, n° 2, p. 32, obs. Mainguy, Grignon et Respaud ; JCP E 1999, n° 48, p. 1909, obs. Arhel.*

La Cour de Paris considérait, quant à elle, que seule une atteinte sensible, avérée ou potentielle, pouvait justifier la sanction d'une pratique prohibée par l'art. 7 [C. com., art. L. 420-1]. • Paris, 7 juill. 1995 : *BOCC 8 sept. 1995 ; D. 1996. Somm. 176, obs. Gavalda et Lucas de Leyssac ; JCP E 1996. I. 613, n° 10, obs. Vogel* • 28 janv. 1997 : *BOCC 31 déc. 1997* • 4 avr. 1997 : *LPA 3 oct. 1997, note Arhel,* conf. par • Com. 18 mai 1999 : *BOCC 22 juin ; CCC 2000, n° 25, obs. Malaurie-Vignal ; Gaz. Pal. 28-29 juin 2000, p. 18, note J. Bonneau.* ♦ Elle a cependant précisé que la nécessité d'établir la sensibilité de l'effet d'une entente, si elle doit conduire à exonérer de sanction les parties à un accord dont l'effet potentiel ou avéré serait trop faible pour affecter véritablement le fonctionnement d'un marché, ne saurait conduire à vider de son sens une disposition légale visant expressément l'effet potentiel. • Paris, 5 nov. 1996 : *BOCC 5 déc. 1996.* ♦ Dans un arrêt ultérieur, elle a considéré qu'en l'absence de toute définition légale ou réglementaire d'un seuil de sensibilité, il appartient aux juridictions saisies de vérifier dans chaque cas d'espèce si l'effet potentiel ou avéré des pratiques incriminées est de nature à restreindre de manière sensible le jeu de la concurrence sur le marché concerné. • Paris, 18 mars 1997 : *BOCC 22 avr. 1997 ; D. 1999. Somm. 24, obs. Claudel* ; *D. Affaires 1997. 625 ; CCC 1997, n°s 82 et 83, obs. Vogel*, conf. par • Com. 12 janv. 1999 : *préc.* – V. aussi • Paris, 25 mars 1997 : *D. Affaires 1997. 725 ; CCC 1997, n° 99, obs. Vogel* • 8 sept. 1998 : *D. 1998. IR 237 ; D. Affaires 1998. 1847, obs. A. M. ; CCC 1999, n° 8, obs. Malaurie-Vignal ; LPA 23 juin 1999, obs. Reboul.* ♦ Comp., décidant que sont prohibées les pratiques restrictives visées par l'art. 7 [C. com., art. L. 420-1], quels qu'en aient été les effets, dès lors qu'il est établi qu'elles avaient pour objet ou pouvaient avoir pour effet d'entraver la concurrence : • Cons. conc. n° 92-D-31 du 28 avr. 1992 : *BOCC 31 juill. 1992* • n° 93-D-50 du 23 nov. 1993 : *CCC 1994, n° 50, obs. Vogel* • n° 94-D-05 du 18 janv. 1994 : *BOCC 8 mars 1994,* conf. par • Paris, 3 févr. 1995 : *ibid. 18 févr. 1995* • Cons. conc. n° 94-D-55 du 18 oct. 1994 : *ibid. 9 déc. 1994,* conf. par • Paris, 23 mai 1995 : *ibid. 16 juin 1995* • Cons. conc. n° 96-D-02 du 12 avr. 1996 : *CCC 1996, n° 103, obs. Vogel.* ♦ Dans le même sens, affirmant l'indifférence du caractère sensible de l'effet anticoncurrentiel, V. • Paris, 7 juill. 1994 : *CCC 1994, n° 196, obs. Vogel* • 14 juin 1995 : *D. Affaires 1995. 40.* ♦ V. aussi, jugeant que l'objet anticoncurrentiel de pratiques accomplies dans le cadre d'une entente tendant à l'élimination d'une entreprise du marché est caractérisé indépendamment des conséquences immédiates de ces pratiques : • Paris, 18 mars 2003 : *BOCC 20 mai 2003.* ♦ En matière de boycott, V. note 34.

Sur la position du Conseil de la concurrence en matière d'abus de position dominante, V. note 7 ss. art. L. 420-2.

1° RESTRICTION DE CONCURRENCE

22. Objet ou effet anticoncurrentiel. Ainsi qu'il résulte des termes mêmes de l'art. L. 420-1, l'objet et l'effet anticoncurrentiel de telles pratiques sont des conditions alternatives pour apprécier si celles-ci peuvent être sanctionnées en application de cette disposition. • Aut. conc. n° 10-D-39 du 22 déc. 2010. ♦ L'objet anticoncurrentiel ne doit pas être confondu avec l'élément intentionnel, par exemple au sens où l'utilise le droit pénal, mais, conformément à la nature objective des infractions de concurrence, il vise les conséquences potentielles ou prévisibles d'une pratique dans une situation de marché donnée. En somme, pour constituer une infraction par objet, la pratique incriminée doit permettre, sur la base d'un ensemble d'éléments objectifs de droit ou de fait, d'envisager avec un degré de probabilité suffisant qu'elle puisse exercer une influence directe ou indirecte, actuelle ou potentielle, sur la concurrence. • Cons. conc. n° 09-D-10, du 27 févr. 2009 : *RLC avr.-juin 2009. 57, obs. Destours ; RDLC 2009, n° 2, p. 125, obs. Wachsmann.* ♦ L'examen des effets n'est nécessaire qu'en l'absence d'objet anticoncurrentiel. • Même décision. ♦ En effet, ayant démontré l'existence de pratiques ayant un objet anticoncurrentiel, le Conseil n'est pas tenu de caractériser par surcroît les effets des pratiques anticoncurrentielles en cause. • Paris, 26 janv 2010 : *BOCC 23 févr. 2010 ; RDLC 2010, n° 2, p. 72, obs. Nicolas-Vullierme.* ♦ La qualification de « restriction par objet » suppose que l'accord puisse être considéré comme suffisamment dangereux en lui-même pour que l'on puisse présumer ses effets restrictifs ; aux fins d'apprécier l'existence d'une telle restriction, il convient de s'attacher à la teneur de la clause, aux objectifs qu'elle vise à atteindre ainsi qu'au contexte économique et juridique dans lequel elle s'insère. • Aut. conc. n° 13-D-05 du 26 févr. 2013. ♦ La constatation de l'existence de l'objet anticoncurrentiel d'un accord ne saurait être subordonnée à celle que les consommateurs finals soient privés des avantages d'une concurrence efficace en termes d'approvisionnement ou de prix dans la mesure où l'art. 81 CE (actuel art. 101 TFUE, depuis l'entrée en vigueur du traité de Lisbonne ; V. Décr. n° 2009-1466 du 1er déc. 2009, *JO 2 déc.*) vise, à l'instar des autres règles de concurrence énoncées dans le traité, à protéger non pas uniquement les intérêts des concurrents ou des consommateurs, mais la structure du marché et, ce faisant, la concurrence en tant que telle. • CJCE 6 oct. 2009 : *D. 2011. Pan. 540, obs. Ferrier* ; *RTD eur. 2010. 655, obs. Idot* ; *CCC 2009, n° 291, obs. Decocq ; RJDA 2010, n° 78 ; Gaz. Pal. 2010. 1861, note de Pingon ; RDLC 2010, n° 1, p. 89, obs. Sarrazin ; RDC 2010. 106, obs. Prieto.* ♦ Le fait qu'une entreprise, affectée par une entente ayant pour objet de restreindre la concurrence, opérait sur le marché en cause de façon prétendument illégale lors de la conclusion de cette entente est sans incidence sur la question de savoir si ladite entente constitue une infraction à cette disposition. • CJUE 7 févr. 2013 : *D. 2013. Actu. 431* ; *JCP E 2013, n° 1123 ; RLDA mai 2013. 58, note Robert ; RLC avr.-juin 2013. 29, obs. Robin ; Europe 2013, n° 176, obs. Idot.* ♦ Le caractère prétendument « secondaire » de discussions anticoncurrentielles dans le cadre de réunions dont l'objet principal serait légitime n'a pas de conséquence sur leur qualification juridique. • Aut. conc. n° 10-D-13 du 15 avr. 2010 : *cité note 24.* ♦ La notion d'objet, telle qu'appliquée par la jurisprudence tant communautaire que nationale, revient à sanctionner la tentative d'atteinte à la concurrence, c'est-à-dire la pratique accomplie volontairement dans le but d'attenter à la concurrence mais restée sans effets pour des raisons indépendantes de la volonté de l'auteur. Mais il convient de ne pas confondre la tentative d'atteinte à la concurrence, qui échoue dans son objectif, avec la tentative visant à conclure un accord anticoncurrentiel, qui n'est pas punissable, faute d'avoir abouti. • Même décision.

L'insertion, dans tous les contrats liant l'Office universitaire de presse aux éditeurs, d'une clause d'exclusivité lui réservant la prospection de la clientèle scolaire et universitaire de l'enseignement public et privé tend à lui assurer le monopole de la distribution des produits de presse dans cette partie substantielle du marché de la presse écrite et donc à éliminer à son seul profit toute concurrence. Cette clause, constitutive d'une entente entre les éditeurs et le prospecteur unique, est une pratique anticoncurrentielle discriminatoire, abusive et prohibée par les art. 7 et 8 [C. com., art. L. 420-1 et L. 420-2], est nulle par application de l'art. 9 [C. com., art. L. 420-3], dès lors qu'aucune justification économique n'est proposée. • Paris, 12 déc. 1996 : *D. 1997. IR 34 ; D. Affaires 1997. 240 ; JCP E 1997. II. 953, note Béhar-Touchais.* – V. aussi C. Doucet, *Gaz. Pal. 1997. 2. Doctr. 1613.*

Le fait que les concurrents connaissent une croissance soutenue ne permet pas de conclure à l'absence d'effet anticoncurrentiel de la pratique. • Com. 16 avr. 2013 : *cité note 3 ss. art. L. 464-6-1.* ♦ Le fait, pour un groupement de commerçants, de recommander à ses adhérents certains fournisseurs ou certains produits ne peut avoir à lui seul pour effet d'empêcher, de restreindre ou de fausser le jeu de la concurrence. • Com. 16 janv. 1990 : *Bull. civ. IV, n° 16 ; D. 1990. IR 42.* ♦ Le référencement ou le déréférencement d'un fournisseur par un distributeur résultant du jeu normal de la négociation contractuelle et commerciale, le déréférencement ne revêt pas dès lors par nature le caractère d'une pratique anticoncurrentielle. • Paris, 13 déc. 1995 : *BOCC 28 févr. 1996 ; D. 1997. Somm. 108, obs. Paulin ; D. Affaires 1996. 114,* conf. par • Com. 27 janv. 1998 : *D. 1998. IR 85 ; D. Affaires 1998. 836, obs. A. M. ; LPA 24 août 1998, obs. Malaurie-Vignal.* ♦ Toutefois, met en œuvre une pratique dont l'objet et l'effet sont anticoncurrentiels la centrale d'achat, qui, en suspendant tous les achats de produits d'un fournisseur, agit de manière concertée avec ses adhérents pour conforter la position de la centrale dans ses négociations sur les prix avec ce fournisseur. • Même arrêt (V. la décision confirmée : • Cons. conc. n° 94-D-60 du 13 déc. 1994 : *BOCC 18 févr. 1995 ; CCC 1995, nos 31, 32 et 35, note Vogel).* ♦ V. désormais, sanctionnant civilement les pratiques de rupture brutale de relations commerciales, art. L. 442-6 (I), 4° et 5°. ♦ La pratique ayant consisté à échanger des informations sur les prix et à coordonner les offres après une concertation préalable a, en elle-même, un objet anticoncurrentiel dès lors qu'elle conduisait nécessairement à une restriction de concurrence, peu important à cet égard que l'intention des requérantes fût de protester contre la présence de l'Imprimerie nationale dont elles contestaient les prix proposés au regard notamment de ses coûts réels de fonctionnement. • Paris, 24 mai 2005 : *BOCC 20 sept. 2005.*

23. Sous-traitance. BIBL. Courivaud, *D. Affaires 1996. 1210.* ♦ Lorsque l'objet d'un contrat synallagmatique est la sous-traitance, en exécution d'un marché moyennant rémunération suivant un tarif fixé par les parties, l'interdépendance entre le marché principal et le marché de sous-traitance trouve sa limite dans la liberté d'approvisionnement de l'entrepreneur principal, cette limite excluant la notion d'approvisionnement exclusif. • Paris, 15 déc. 1995 : *D. Affaires 1996. 168.* ♦ L'inobservation des art. 2 C. marchés et 3 de la L. n° 75-1334 du 31 déc. 1975, faisant obligation à l'entrepreneur donneur d'ordre de faire accepter chaque sous-traitant par le maître de l'ouvrage, ne saurait, en soi, constituer une pratique prohibée par l'art. 7 de l'Ord. du 1er déc. 1986 [C. com., art. L. 420-1], mais seulement dans la mesure où elle fausserait le jeu de la concurrence en induisant en erreur le maître de l'ouvrage sur la réalité et l'étendue du champ de ses choix. • Paris, 5 juill. 1994 : *D. 1994. IR 220 ; LPA 19 août 1994, note Sélinsky.* ♦ Spécialement, la preuve n'est pas rapportée qu'ait pu avoir un objet ou un effet anticoncurrentiel le fait par des entreprises de n'avoir pas indiqué au maître de l'ouvrage, lors de la communication de leurs offres, leur intention de sous-traiter l'exécution de certaines parties du marché à des entreprises ayant des compétences bien spécifiques. • Même arrêt. ♦ Comp., jugeant que le fait de soumissionner à un appel d'offres sans mentionner le recours à un sous-traitant, qui implique que l'entreprise réalise elle-même les travaux et que, dans le cas contraire, elle trompe le maître de l'ouvrage sur la réalité et l'étendue de la concurrence, est susceptible d'avoir eu pour effet de fausser le jeu de la concurrence sur le marché, et constitue en conséquence une pratique prohibée par l'art. 7 [C. com., art. L. 420-1] : • Paris, 2 avr. 1996 :

BOCC 15 mai 1996 ; D. Affaires 1996. 643, conf. par • Com. 24 mars 1998 : *BOCC 2 mai 1998*. – V. aussi • Paris, 22 sept. 1998 : *JCP E 1998, n° 43, p. 1667 ; Dr. administratif 1999, n° 5, obs. Braconnier.* ♦ Un projet de sous-traitance non abouti, qui a donné lieu à des échanges d'informations entre des entreprises, fausse irrémédiablement la concurrence, ce qui interdit aux entreprises en cause de soumissionner séparément par la suite. • Cons. conc. n° 07-D-47 du 18 déc. 2007 : *préc. note 5.* ♦ Si des entreprises échangent des informations dans la perspective d'une sous-traitance, elles ne sont pas autorisées à présenter des offres séparées pour ce marché. • Aut. conc. n° 09-D-34 du 18 nov. 2009. ♦ Le fait pour une entreprise candidate dans un procédure d'appel d'offres pour la passation d'un marcé public d'être en outre sous-traitante multiple n'est pas en soi anticoncurrentiel et de nature à vicier cette procédure devant le juge administratif. • TA Paris, 16 mars 2004 : *LPA 26 nov. 2004, concl. Guedj.*

23 bis. La L. n° 92-1445 du 31 déc. 1992 relative à la sous-traitance en matière de transports routiers, qui prévoit la fixation d'un prix minimal dans la conclusion des contrats individuels entre le donneur d'ordre et le sous-traitant (V. désormais C. transp., art. L. 3221-4, ss. art. L. 133-5), ne justifie pas la diffusion générale d'un même barème à un ensemble d'entreprises. • Paris, 25 janv. 1994 : *BOCC 9 févr. 1994.* – V. Magnan de Bornier, *CCC 1994. Chron. 10.* ♦ Le guide établi par le ministre de l'Équipement, des Transports et du Tourisme sur la base des art. 9 et 10 de la L. n° 85-704 du 12 juill. 1985 relative à la maîtrise d'ouvrages publics et à ses rapports avec la maîtrise d'œuvre privée, ainsi que de l'art. 29 du Décr. n° 93-1268 du 29 nov. 1993 relatif aux missions de maîtrise d'œuvre confiées par des maîtres d'ouvrages publics à des prestataires de droit privé, se borne à énoncer certaines indications, dépourvues de toute valeur normative ou réglementaire, à l'effet d'inviter les maîtres d'ouvrages publics à procéder à la négociation des marchés de maîtrise d'œuvre, laquelle doit, en tout état de cause, être conduite dans le respect des dispositions de l'art. 7 [C. com., art. L. 420-1], c'est-à-dire par voie de négociation au cas par cas. • CE 27 mai 1998 : *RJDA 1998, n° 1421.* ♦ La compromission des maîtres de l'ouvrage (des personnes de droit public), à la supposer établie, ne fait pas échec à l'application de l'art. 7 [C. com., art. L. 420-1]. • Com. 6 oct. 1992 : *Bull. civ. IV, n° 294.*

24. Clauses de non-concurrence. **BIBL.** Serna, *D. 1983. Chron. 51.* ♦ Si, dans leur principe, les clauses de non-concurrence ne sont pas en elles-mêmes illicites, elles peuvent être contraires à l'art. L. 420-1 si elles s'avèrent disproportionnées dans leur champ ou leur durée à l'objectif qu'elles poursuivent ou encore si leur application concrète conduit à porter une atteinte excessive à la concurrence ; elles ne sauraient ainsi être légalement détournées de leur objet pour couvrir des agissements anticoncurrentiels. • Aut. conc. n° 10-D-13 du 15 avr. 2010 : *RDLC 2010, n° 3, p. 82, obs. Nicolas-Vullierme ; RLC juill.-sept. 2010. 24, obs. Cholet ; Dr. adm. 2010, n° 114, obs. Bazex ; RD transp. 2010, n° 132, obs. Grard ; ibid. Étude 10, par Gueguen-Hallouet.* ♦ Se rendent coupables d'entente illicite des entreprises qui, par le biais de tels engagements, aboutissent à un partage de clientèle sur une part importante du marché national. • Cons. conc. n° 92-D-20 du 10 mars 1992 : *BOCC 31 mars 1992*, conf. par • Paris, 10 déc. 1992 : *ibid. 15 janv. 1993.* – V. aussi • Cons. conc. n° 95-D-84 du 19 déc. 1995 : *BOCC 23 avr. 1996* • Versailles, 15 sept. 2005 : *JCP E 2005, n° 47, p. 2003* (partiellement cassé par • Com. 26 juin 2007 : *cité note 2 ss. art. L. 420-3*). ♦ Sur l'illicéité de clauses limitant le droit d'adhérents de coopératives de détaillants d'ouvrir de nouveaux points de vente, V. • Com. 16 mai 1995 : *Bull. civ. IV, n° 147 ; D. 1995. IR 146.* ♦ L'interdiction apportée par une clause de non-concurrence doit s'apprécier concrètement et son ajustement doit être contrôlé dans le temps et dans l'espace par rapport à la fonction qu'elle remplit. • Com. 4 mai 1993 : *préc. note 21.* ♦ Pour des exemples de clauses posant une interdiction excessive, V. • Paris, 5 janv. 2000 : *D. 2000. AJ 94* (clause insérée dans un bail commercial) • Cons. conc. n° 96-D-53 du 17 sept. 1996 : *BOCC 14 nov. 1996* • n° 97-D-01 du 15 janv. 1997 : *BOCC 25 mars 1997 ; Rev. sociétés 1997. 391, obs. Guyor* (à propos d'une clause des statuts d'un GIE). – V. de Vendeuil, *JCP E 1997, n° 41, p. 364.* ♦ Sur les clauses imposées dans le cadre des réseaux de franchise, V. note 13.

Le retrait ou l'éviction d'une organisation syndicale ne peut être assorti de restrictions au libre exercice d'une activité professionnelle, cette restriction étant en outre, en l'espèce, sans proportion avec la protection des intérêts commerciaux des moniteurs de ski regroupés en une école de ski français. • Com. 9 nov. 1993 : *Bull. civ. IV, n° 399 ; D. 1994. 399, note Lombard ; D. 1994. Somm. 220, obs. Serra.* ♦ Mais la concurrence entre commerçants opérant sur un même marché ne se trouve pas affectée par une exclusion d'adhérent en vertu d'une décision statutaire qui, à l'instar d'une décision de conseil d'administration ou d'assemblée générale d'associés, est nécessairement collective, mais ne peut être qualifiée d'entente au sens de l'art. 7 de l'Ord. du 1er déc. 1986 [C. com.

art. L. 420-1], dans la mesure où elle n'a pas pour objet ou pour effet de restreindre ou de fausser le jeu de la concurrence. • Com. 22 févr. 2000 : *Bull. civ. IV, n° 35 ; RJDA 2000, n° 719.*

25. Clauses d'exclusivité. **BIBL.** Bacchichetti et Bonnet, *JCP E 2009, n° 46, p. 18* (droit des pratiques anticoncurrentielles et droits de propriété intellectuelle). – Duflos et Pfister, *RDLC 2010, n° 3, p. 23* (accords de fourniture exclusive et concurrence : principes d'analyse et application au cas iPhone). – Bougette, Marty, Pillot et Reis, *ibid., p. 65* (appréciation des clauses d'exclusivité par les autorités de la concurrence : le cas des marchés de haute technologie). – Binctin, *Mélanges Payet, Dalloz, 2011, p. 33* (droit de la concurrence et consommation : le sort de l'exclusivité). ♦ Dès lors qu'une clause d'exclusivité de licence de marque n'interdit pas dans les secteurs géographiques où elle s'applique la commercialisation de produits de même nature, elle n'empêche pas la concurrence. • Com. 10 janv. 1995 : *Bull. civ. IV, n° 12 ; D. 1995. IR 43.* ♦ Jugeant que l'exercice d'un droit exclusif par son titulaire peut donner lieu à un comportement abusif : • Com. 26 nov. 2003 : *Bull. civ. IV, n° 178 ; LPA 2 juill. 2004, concl. Lafortune ; JCP E 2004, n° 52-53, p. 2068, obs. Chérigny ; RJDA 2004, n° 907 ; CCE 2004, n° 20, obs. Decocq.* ♦ Jugeant que le maintien d'une exclusivité de commercialisation pendant une durée de 20 ans, sans qu'aucune cause justificative ne soit invoquée, a manifestement pour effet d'interdire l'accès au marché, contrevenant dès lors aux dispositions de l'art. L. 420-1, V. • TGI Paris, 18 mai 2004 : *Lettre distrib. sept. 2004, p. 3.*

Le cumul de l'ensemble des exclusivités stipulées dans les contrats, de très longue durée, tous signés avec le même partenaire et tous renouvelés dans des conditions qui ont ôté aux parties en présence toute indépendance dans la gestion de leur stratégie commerciale et rendu impossible la rupture de leurs liens contractuels, ne peut avoir d'autre objet et d'autre effet au moins potentiel que de préserver leurs relations économiques de toute concurrence extérieure en verrouillant efficacement le marché. • Aut. conc. n° 09-D-31 du 30 sept. 2009 : *RLDA nov. 2009. 40, obs. Anadon ; RLC janv.-mars 2010. 28, obs. Bouniol ; Gaz. Pal. 2010. 1694, et les obs. ; Lettre distrib. oct. 2009, p. 2 ; RDC 2010. 103, obs. Prieto.*

26. Monopole de prospection. V. note 22.

27. Autres exemples. Pour des *conditions générales de vente* dans un réseau de distribution, susceptibles d'affecter la concurrence sur le marché du son et de l'image, V. • Cons. conc. n° 90-D-23 du 3 juill. 1990 : *BOCC 31 juill. 1990.* ♦ Pour une *entente prohibée* : entre une *société d'auteurs* et un syndicat de producteurs de disques, V. • Paris, 17 janv. 1990 : *D. 1990. IR 50 ; Gaz. Pal. 1990. 1. 205, note Marchi* • Com. 5 nov. 1991 : *D. 1991. IR 271.* ♦ ... Entre des *sociétés de télévision* et des syndicats d'artistes-interprètes, ayant pour but de contraindre à une négociation collective, V. • Paris, 6 mars 1991 : *D. 1992. 10.* – V. Edelman, *D. 1992. Chron. 1* (pour un autre arrêt jugeant contraire à l'art. L. 420-1 une clause contenue dans une convention collective, V. • Paris, 26 sept. 1991 : *BOCC 17 oct. 1991*). ♦ Pour une entente dans le domaine de la distribution cinématographique, V. note 1 *bis* ss. art. L. 420-4.

Pour des *soumissions concertées* à des offres de marché public, V. • Com. 12 janv. 1993 : *D. 1993. IR 36* • Crim. 9 nov. 1995 : *JCP E 1996. Pan. 303* • Paris, 20 nov. 1992 : *BOCC 15 janv. 1993* • Cons. conc. n° 95-D-76 du 29 nov. 1995 : *BOCC 15 mai 1996,* annulée partiellement par • Paris, 14 janv. 2003 : *BOCC 27 févr. 2003* • Cons. conc. n° 97-D-11 du 25 févr. 1997 : *BOCC 17 mai 1997* • n° 97-D-39 du 17 juin 1997 : *BOCC 30 août 1997 ; D. Affaires 1997. 1178* • n° 98-D-41 du 16 juin 1998 : *BOCC 15 sept. 1998,* conf. sur ce point par • Paris, 26 janv. 1999 : *D. 1999. IR 52.* – Rappr. : dans un cas d'échange d'informations tarifaires avant l'adjudication d'un marché public. • Paris, 18 déc. 2001 : *CCC 2002, n° 77, obs. Malaurie-Vignal.* ♦ ... S'agissant d'accords de répartition en vue de soumissionner à un appel d'offres, des sociétés concurrentes s'étant regroupées en une entreprise commune. • Paris, 29 janv. 2002 : *CCC 2002, n° 110, obs. Malaurie-Vignal.* ♦ Pour un groupement momentané d'entreprises en vue de répondre à un appel d'offre, V. • Aut. conc. n° 09-D-18 du 2 juin 2009 : *RDLC 2009, n° 3, p. 95, obs. Sibony ; RLC oct.-déc. 2009. 61, obs. Destours ; Dr. adm. 2009, n° 97, obs. Bazex.* ♦ V. aussi notes 23 et 33.

27 bis. Échange d'informations. **BIBL.** Venayre, *RLC 2005, n° 2, p. 122 ; ibid. 2006, n° 6, p. 20* (accords d'échanges d'informations). – Wilhelm et Vever, *CCC 2006. Chron. 6* (échanges d'informations sur un marché oligopolistique). – Lévêque, *RDLC 2006, n° 3, p. 33* (échanges d'information : faut-il bâillonner tous les oligopoleurs ?). – Afchain, *JCP E 2007, n° 9, p. 24* (le fondement de l'illicéité des échanges d'informations entre concurrents). – Choné, *RLC janv.-mars 2008. 197* (communication et échanges d'informations sur les marchés oligopolistiques). – Grynfogel, *RJDA mars 2008. 221* (de quelques variations sur le même thème : l'échange d'informations et le droit de la concurrence). – Lescop, *D. 2009. 187* (les échanges d'informations entre non-concurrents). – Puel, *RDLC 2010, n° 4, p. 69* (échanges d'informations, droit de la concurrence et préparation d'une opération de concentration). – Vilmart, *JCP E 2011, n° 1052* (les échanges d'informations selon les lignes directrices sur les restrictions horizontales). – Séminaire Nasse, *RLC oct.-déc. 2011. 138* (les échanges d'information) ♦ La seule constatation de l'échange d'informations sans rechercher de façon concrète, comme elle y était invitée, si cet échange avait eu pour objet ou pour effet réel ou potentiel, compte tenu des caractéristiques du marché, de son fonctionnement, de la nature et du niveau d'agrégation des données échangées et de la périodicité des échanges, de permettre à chacun des opérateurs de s'adapter au comportement prévisible de ses concurrents et ainsi de fausser ou de restreindre de façon sensible la concurrence sur le marché concerné, la cour d'appel n'a pas légalement justifié sa décision au regard des art. L. 420-1 C. com. et 81 du traité CE (actuel art. 101 TFUE, depuis l'entrée en vigueur du traité de Lisbonne ; V. Décr. n° 2009-1466 du 1er déc. 2009, *JO 2 déc.*). • Com. 29 juin 2007 : *Bull. civ. IV, n° 181 ; D. 2007. AJ 1953, obs. Chevrier* ; *RTD com. 2007. 707, obs. Claudel* ; *JCP 2007. II. 10153, note Prieto ; CCC 2007, n° 209, obs. Bazex et Blazy ; RJDA 2007, n° 1153 ; CCE 2007, n° 108, obs. Chagny ; Lettre distrib. juill.-août 2007, p. 1, obs. Sélinsky ; RLDA oct. 2007. 41, note Boy ; RLC oct.-déc. 2007. 22, obs. Sélinsky ; RDLC 2007, n° 3, p. 87, obs. Debroux et Orengo.* ♦ Dans la même affaire, jugeant que la cour d'appel (saisie sur renvoi après cassation) n'a pas présumé, à partir du seul caractère oligopolistique du marché et de données abstraites, qu'un échange régulier d'informations était de nature à altérer sensiblement la concurrence ; qu'elle ne s'est pas bornée à déduire le caractère stratégique des données échangées du seul fait qu'elles étaient analysées au plus haut niveau par les opérateurs ; et qu'elle a vérifié que les informations échangées, en dépit de leurs imperfections, avaient été effectivement utilisées par les opérateurs pour ajuster leur stratégie et n'avaient pas seulement un caractère rétrospectif. • Com. 7 avr. 2010 : *Bull. civ. IV, n° 70 ; D. 2010. Actu. 1014, obs. Chevrier* ; *D. 2011. Pan. 541, obs. Ferrier* ; *RTD com. 2010. 282, obs. Claudel* ; *JCP E 2011, n° 1301, spéc. n° 47, obs. Decocq ; CCC 2010, n° 164, obs. Decocq ; RJDA 2010, n° 879 ; CCE 2010, n° 111, obs. Chagny ; RDLC 2010, n° 2, p. 67, obs. Nicolas-Vullierme ; RLC juill.-sept. 2010. 28, obs. Sélinsky ; RLC oct.-déc. 2010. 77, note Dorandeu.* ♦ En fonction de leurs caractéristiques intrinsèques et du contexte juridique et économique dans lequel ils s'insèrent, de tels échanges d'informations, soit seront à qualifier de restrictions de la concurrence par leur objet même, soit devront être appréciés au regard de leurs effets actuels ou potentiels. • Aut. conc. n° 13-D-03 du 13 févr. 2013 : *RLC avr.-juin 2013. 27, obs. Sélinsky.*

2° OBJET DE L'ENTENTE

28. Limitation de l'accès à un marché. Le soutien financier accordé par une entreprise à une autre aux fins de pénétrer sur un marché n'a ni un objet ni un effet restrictifs de concurrence, alors au surplus qu'une telle pratique est examinée dans un secteur d'activité régi par la protection du pluralisme de l'information et la liberté de sa diffusion. • Paris, 11 mars 1992 : *JCP E 1992. Pan. 528.* ♦ Sur l'exclusion de foires et salons : de distributeurs de véhicules de marques japonaises ou coréennes, V. • Cons. conc. n° 94-D-05 du 18 janv. 1994 : *préc. note 7.* ♦ ... D'un mandataire pour l'achat de véhicules, V. • Cons. conc. n° 96-D-42 du 25 juin 1996 : *BOCC 20 août 1996*, conf. par • Paris, 25 mars 1997 : *préc. note 21.* ♦ Sur la limitation d'accès au marché de la vente de véhicules d'un mandataire automobile s'étant vu refuser l'insertion de publicité dans un journal d'annonces gratuit, suite à une pression exercée sur la société éditrice par un groupement de concessionnaires automobiles, V. • Cons. conc. n° 97-D-62 du 16 sept. 1997 : *BOCC 29 nov. 1997.* ♦ Sur les clauses de préférence prévues dans les contrats types de louage d'emplacement publicitaire (licites en cours de bail ; prohibées en fin de bail), V. • Cons. conc. n° 95-D-39 du 30 mai 1995 : *BOCC 25 août 1995 ; D. 1996. Somm. 179, obs. Gavalda et Lucas de Leyssac* ; *CCC 1995, n° 165, obs. Vogel* • Aix-en-Provence, 29 janv. 1998 : *JCP 1998. IV. 2759.* ♦ Sur la pratique des offres de couverture sur le marché des titres restaurant, V. • Cons. conc. n° 2001-D-41 du 11 juill. 2001 : *BOCC 14 sept. 2001.* ♦ Jugeant que le cumul d'obligations similaires par les principaux fournisseurs sur un même marché ne suffit pas à justifier l'application de la théorie de l'effet cumulatif des contrats de distribution ayant pour effet de restreindre l'accès au marché, en l'absence d'une atteinte effective de la concurrence. • Cons. conc. n° 03-D-42 du 18 août 2003 : *BOCC 17 déc. 2003 ; CCC 2003, n° 182, obs. Malaurie-Vignal.*

28 bis. Si le fait pour la fédération sportive de conclure un accord exclusif avec des fournisseurs de produits pour l'organisation de l'assistance technique de ses compétitions en permettant à deux d'entre eux de bénéficier, dans le cadre d'un tel accord, de l'image de la fédération en contrepartie de la fourniture de leurs prestations techniques et de remises sur le matériel individuel n'est pas en soi contraire à l'art. 7

[C. com., art. L. 420-1] un tel accord peut toutefois être visé par ces dispositions si les conditions dans lesquelles il a été négocié ou les clauses qu'il contient ont pour objet ou peuvent avoir pour effet de limiter directement ou indirectement l'accès à un marché. • Cons. conc. n° 98-D-31 du 13 mai 1998 : *BOCC 15 sept. 1998 ; CCC 1998, n° 147, obs. Malaurie-Vignal.* ♦ Dès lors que l'accord d'exclusivité a été précédé d'appels à la concurrence dont les consultations ont échoué en raison de l'incapacité des entreprises concurrentes à fournir les prestations techniques requises, les conditions dans lesquelles cette convention a été conclue ne peuvent être considérées comme contraires aux dispositions du titre III de l'ordonnance [C. com., art. L. 430-1 s.]. • Même décision. ♦ Sur l'obligation d'une mise en concurrence effective par appel d'offres, V. • Cons. conc. n° 03-MC-01 du 23 janv. 2003 : *CCC 2003, n° 89, obs. Malaurie-Vignal ; CCE 2003, n° 31, obs. Decocq ; Lettre distrib. févr. 2003, p. 1, obs. Sélinsky.* ♦ Sur la nécessité de préserver la possibilité pour de nouveaux opérateurs d'entrer sur le marché de l'assistance technique des compétitions organisées par une fédération sportive, V. jugeant contraires à l'art. 7 [C. com., art. L. 420-1] les clauses d'un contrat de partenariat prévoyant une durée d'exclusivité de quatre ans, et une tacite reconduction de la convention sans appel à la concurrence : • Même décision. ♦ S'agissant des compétitions les plus importantes et de celles qui drainent le plus grand nombre de clients potentiels, pour un arrêt considérant que l'exclusivité d'accès à ces compétitions produit, à elle seule, un effet anticoncurrentiel significatif, V. • Paris, 20 oct. 1998 : *BOCC 12 déc. 1998 ; CCC 1999, n° 24, obs. Malaurie-Vignal.* – V. aussi sur cette question : Grandvuillemin, *CCE 2003. Chron. 11* (image et droit de la concurrence). ♦ Sur le partenariat exclusif et anticoncurrentiel conclu entre les réseaux « Gîtes de France » et « Bienvenue à la ferme », empêchant un réseau concurrent de créer un partenariat avec l'un ou l'autre de ces organismes, V. • Cons. conc. n° 08-D-03 du 21 févr. 2008 : *BOCC 26 juin 2008 ; CCC 2008, n° 108, obs. Bosco ; RLC avr.-juin 2008. 20, obs. Sélinsky ; RDLC 2008, n° 2, p. 111, obs. Debroux.* ♦ Sur la saturation volontaire de l'accès à un marché (utilisation détournée de la réglementation sur les taxis), V. • Cons. conc. n° 08-D-23 du 15 oct. 2008 : *BOCC 31 déc. 2008 ; JCP E 2009, n° 4, p. 30 ; RDLC 2009, n° 1, p. 115, obs. Nicolas-Vullierme.*

29. Limitation de l'accès à une profession. Le respect du principe général de délicatesse inclus dans le préambule du règlement intérieur de la CNAB, qui implique, de la part des professionnels, droiture et probité, n'est pas une notion anticoncurrentielle. • Com. 9 mars 1993 : *Bull. civ. IV, n° 100 ; D. 1994. Somm. 172, obs. Gavalda et Lucas de Leyssac ; RDI 1993. 394, obs. Tomasin.* ♦ Pour une clause d'exclusivité liant une clinique avec deux pédiatres, interdisant à celle-ci de faire appel à d'autres praticiens de cette spécialité pour réaliser l'examen médical du nouveau-né et établir le certificat de santé obligatoire, V. Raja, Godard et Vialla, *Cah. dr. entr. 2004, n° 1, p. 46.*

30. Fixation des prix. BIBL. Delbarre, J.-M. et M. Mousseron, *Cah. dr. entr. 1995, n° 6, p. 9* (police des prix de revente). – Arhel, *JCP E 2000, n° 46, p. 1799* (lutte contre les pratiques de prix imposés en Europe) ; *LPA 16 nov. 2001* (idem 2000 et 2001). – Sélinsky et Montet, *RLC oct.-déc. 2007. 14* (États-Unis : revirement de jurisprudence sur les prix minima de revente imposés). ♦ Sur l'illicéité d'une clause qui subordonne certaines ristournes calculées en fin d'année au respect par le vendeur de la réglementation relative à la vente à perte et au prix d'appel, V. • Com. 5 févr. 1991 : *Bull. civ. IV, n° 56 ; D. 1991. IR 65.* – V. aussi • Crim. 5 nov. 1990 : *D. 1991. IR 10* • Cons. conc. n° 91-D-50 du 13 nov. 1991 : *BOCC 11 déc. 1991 ; RJDA 1992, n° 169, et Chron. Delbarre, p. 91,* conf. par • Paris, 27 mai 1992 : *BOCC 16 juin 1992.* ♦ Comp., en ce sens que la clause subordonnant l'application des conditions de vente au respect des dispositions légales relatives à la revente à perte ne constitue pas un obstacle contractuel à la répercussion dans les prix à la consommation des remises qualitatives et quantitatives obtenues, dans la mesure où celles-ci sont toutes déduites directement sur facture : • Cons. conc. n° 94-D-33 du 31 mai 1994 : *BOCC 23 août 1994.* ♦ Sur une entente verticale et horizontale présentant faussement des ristournes sous la forme conditionnelle afin d'empêcher les distributeurs de les répercuter sur leurs prix de revente aux consommateurs, V. • Cons. conc. n° 03-D-45 du 25 sept. 2003 : *BOCC 17 déc. 2003 ; JCP E 2004, n° 3, p. 83, note Arhel ; CCC 2004, n° 7, obs. Malaurie-Vignal.*

Constituent des pratiques anticoncurrentielles les stipulations qui fixent un taux de marge minimum à la revente, qui interdisent l'intégration de ristournes différées inconditionnelles dans les prix, ou encore des clauses dites « pénales » qui donnent au fabricant la possibilité de supprimer les remises de coopération commerciale s'il estime qu'il y a eu revente à perte. • Cons. conc. n° 94-D-55 du 18 oct. 1994 : *préc. note 21.* ♦ En revanche, l'octroi de ristournes ou de remises différées n'est pas restrictif de concurrence lorsque le principe et le montant de ces avantages sont acquis de manière certaine dès le franchissement des seuils quantitatifs qui en déterminent l'attribution et lorsque tous les distributeurs peuvent, sans aléas, ni restrictions, en répercuter le montant sur leurs prix de vente. • Com. 12 oct. 1993 : *Bull. civ. IV, n° 337 ; D. 1994. Somm. 169, obs. Gavalda et Lucas de Leyssac* (cassant • Paris, 13 juin 1991 : *Gaz. Pal. 1992. 1. 226, concl. Thin*). – Comp., sur renvoi : • Paris, 19 janv. 1996 : *BOCC 28 févr. 1996 ; RJDA 1996, n° 935.* – Comp. aussi : • Cons. conc. n° 93-D-41 du 12 oct. 1993 : *BOCC 4 déc. 1993.*

Le fait, pour un fournisseur, d'accorder des ristournes qualitatives ajoutées aux remises quantitatives aux seuls distributeurs offrant des services tels que la démonstration des produits à la demande des clients ou l'assistance technique au consommateur, n'est pas en soi une pratique restrictive de concurrence dès lors qu'elles sont définies de façon objective et qu'elles ne limitent pas la liberté des commerçants de fixer leur politique de prix de façon autonome. • Paris, 22 oct. 1997 : *D. 1997. IR 255.* – V. aussi, sur la possibilité, pour un fournisseur, d'accorder des ristournes qualitatives : • Cons. conc. n° 90-D-42 du 6 nov. 1990 : *BOCC 30 nov. 1990,* conf. par • Paris, 5 juill. 1991 : *D. 1991. IR 246* • Com. 12 oct. 1993 : *RJDA 1993, n° 921 (2e esp.)* • Cons. conc. n° 93-D-19 du 7 juill. 1993 : *BOCC 10 sept. 1993* (même affaire), conf. par • Paris, 8 juill. 1994 : *ibid. 5 août 1994.* ♦ La Cour de cassation a cassé cet arrêt au motif que la cour d'appel avait énoncé que des conditions générales de vente ou les avantages tarifaires proposés par un fournisseur et acceptés explicitement ou tacitement par les distributeurs constituent des conventions au sens de l'art. 7 [C. com., art. L. 420-1], sans vérifier s'il existait des présomptions établissant que ce fournisseur avait consenti à certains distributeurs bénéficiant d'une ristourne de 5 % des dérogations aux stipulations contractuelles leur imposant, en contrepartie de l'octroi de cette ristourne, l'exécution de prestations de service au profit de la clientèle. • Com. 29 oct. 1996 : *Bull. civ. IV, n° 262 ; D. 1996. IR 257 ; D. Affaires 1996. 1348.* – V. concl. Raynaud, *RJDA 1997, p. 6.* – V. aussi Saint-Esteben, *Gaz. Pal. 3-4 juill. 1998, p. 19.* – Comp., sur renvoi : • Paris, 8 nov. 1997 : *BOCC 29 nov. 1997.* – V. aussi, Debruyne, *Cah. dr. entr. 1998, n° 2, p. 14.* ♦ Jugeant qu'un distributeur ne saurait invoquer, pour obtenir la condamnation d'un fournisseur pour entente illicite, le seul fait que ce dernier aurait accordé une ristourne discriminatoire à un autre revendeur, V. • Cons. conc. n° 02-D-08 du 12 févr. 2002 : *cité note 39.*

L'adoption d'une enseigne commune à un ensemble de distributeurs est une condition objective et vérifiable de l'octroi de remises par lesquelles un producteur peut choisir de rémunérer les prestations et avantages commerciaux qui lui sont fournis. Ce mode de rétribution n'est pas restrictif de concurrence, dès lors qu'il est la contrepartie de réelles prestations que tout distributeur, le souhaitant, peut fournir en groupant sa commande avec d'autres, sous la même enseigne. • Paris, 29 oct. 1997 : *D. 1997. IR 255 ; D. Affaires 1998. 16, obs. J. F.* ♦ La fixation concertée de prix de revente par des commerçants indépendants regroupés sous une même enseigne ne constitue pas une pratique prohibée par les dispositions de l'art. L. 420-1 lorsque ces commerçants ne se situent pas sur les mêmes zones de chalandise • Cons. conc. n° 03-D-39 du 4 sept. 2003 : *BOCC 17 déc. 2003 ; CCC 2003, n° 181, obs. Malaurie-Vignal ; LPA 15 juin 2004, obs. Bacchichetti.*

30 bis. L'acte par lequel un distributeur, à l'occasion d'une opération de concentration réalisée par lui, fait savoir à l'ensemble de ses fournisseurs d'une catégorie de produits ou d'une partie substantielle d'entre eux, qu'il entend subordonner la poursuite des relations commerciales qu'il a nouées avec eux à des conditions supplémentaires par rapport à celles qu'il avait acceptées ne peut être qualifié d'action concertée ou d'entente que s'il est établi que les parties y ont librement consenti en vue de limiter l'accès au marché ou à la libre concurrence. Tel n'est pas le cas lorsque cette pratique prise à l'initiative du fournisseur avait été de nature à entraîner l'adhésion des distributeurs ou de certains d'entre eux et avait eu pour effet d'affecter leur autonomie de décision. • Com. 7 avr. 1998 : *Bull. civ. IV, n° 127 ; BRDA 1998, n° 9, p. 16 ; CCC 1998, n° 89, note Vogel ; LPA 21 août 1998, obs. Malaurie-Vignal* (cassant • Paris, 5 mars 1996 : *BOCC 12 avr. 1996 ; D. Affaires 1996. 412 ; CCC 1996, n° 59, note Vogel,* qui réformait • Cons. conc. n° 95-D-34 du 9 mai 1995 : *CCC 1995, n° 146, obs. Vogel*) • Cons. conc. n° 02-D-67 du 7 nov. 2002 : *préc. note 14.* – V. aussi Ferrier, *Cah. dr. entr. 1996, n° 3, p. 10.* ♦ V. désormais art. L. 442-6 (I) 4° et 5°, reprenant l'art. 36 (4 et 5) dans sa rédaction issue de la L. n° 96-588 du 1er juill. 1996. – V. également, P. Arhel, *LPA 19 avr. 2002.*

La diffusion d'un journal d'information gratuit, financée par des recettes publicitaires, ne constitue pas par elle-même une pratique de prix artificielle restrictive de concurrence. • Paris, 11 mars 1992 : *préc. note 28.* ♦ Pour la sanction de pratiques d'opacité tarifaire dans le secteur de la publicité, V. • Cons. conc. n° 93-D-59 du 15 déc. 1993 : *BOCC 29 mars 1994* • n° 96-D-44 du 18 juin 1996 : *ibid. 14 nov. 1996.* ♦ V. aussi pour des rémunérations confidentielles, versées par des producteurs de lessive aux distributeurs,

• Cons. conc. n° 94-D-60 du 13 déc. 1994, conf. par • Paris, 13 déc. 1995 : *préc. note 22.* ♦ De même, pour une entente visant à favoriser artificiellement une hausse des prix sur le marché des laits infantiles caractérisé par le fait que le consommateur ne prête pas une attention particulière au prix du lait, dès lors qu'une marque lui est recommandée par une maternité. • Paris, 11 sept. 2001 : *BOCC 23 oct. 2001 ; Gaz. Pal. 3-5 mars 2002, p. 40.* ♦ La diffusion par le franchiseur, auprès des entreprises franchisées du réseau, de documents destinés à la clientèle comportant les taux de commission et les frais forfaitaires fixes préimprimés ne constitue pas seulement un confort de gestion pour les franchisés mais une forte incitation à appliquer les taux de commission et les frais forfaitaires indiqués, lesquels, communiqués aux déposants et très généralement appliqués, ont entraîné une restriction effective du libre jeu de la concurrence sur le marché concerné, ayant ainsi un effet équivalent à une pratique de prix imposés. • Paris, 8 juill. 1994 : *D. 1994. IR 224.* ♦ Si l'indication de prix conseillés peut être admise dès lors qu'il n'est exercé aucune pression sur les revendeurs pour en assurer le respect, le fait de préciser que les prix indiqués en annexe « font partie intégrante » du contrat est de nature à leur conférer un caractère obligatoire et à limiter la liberté commerciale des revendeurs. • Paris, 3 nov. 1995 : *BOCC 15 déc. 1995.* ♦ Un code de bonne conduite « comité et collectivité », joint au contrat de franchise, a la même valeur contractuelle et la même force obligatoire que le contrat lui-même. Dès lors, l'obligation qu'il impose aux franchisés de vendre au prix CE conduit ces derniers à appliquer un prix consigné dans un contrat qui s'avère être un prix imposé par le franchiseur ; l'interdiction de « surenchère-remise » participe de la même volonté de limiter la liberté commerciale des franchisés. • Cons. conc. n° 07-D-04 du 24 janv. 2007 : *cité note 11 ss. art. L. 442-5.* ♦ De même, lorsque les revendeurs disposent en réalité d'une marge de manœuvre réduite à l'extrême par le caractère très bas des prix maximaux figurant dans le catalogue d'un franchiseur, dans un contexte de grande tension des prix sur le marché et par les principes mêmes qui, par la charte du franchiseur, gouvernent ses relations avec les franchisés, leur faisant obligation de ne pas s'éloigner dans des proportions trop importantes des prix établis dans cette chaîne de distribution développant une image de prix bas, il en résulte une incitation vigoureuse du distributeur à se conformer à ces prix. • Paris, 13 déc. 1995 : *préc. note 22.* ♦ V. aussi note 40, et note 26 ss. art. L. 330-3.

La politique tarifaire d'un distributeur est définie par les prix affichés en magasins, nets des remises annoncées dans le point de vente, et ne saurait recouvrir les remises effectuées en caisse, qui relèvent certes de la politique commerciale générale de l'enseigne mais qui sont, à côté de la politique de prix du point de vente, une manière différente d'attirer et de fidéliser les clients ; ces systèmes de remises, quand bien même ils seraient fondés sur des critères objectifs et non-discriminatoires, n'en constituent pas moins des gestes commerciaux accordés individuellement en fonction des caractéristiques du client et non du produit vendu et ne sauraient dès lors être pris en considération dans l'appréciation de la politique tarifaire du distributeur vis-à-vis des marques. • Paris, 26 juin 2007 : *cité note 9 ss. art. L. 463-1.*

Sur l'argument selon lequel l'alignement des prix qu'aurait produit une entente résulte en réalité de la seule application du seuil légal de revente à perte, V. • Cons. conc. n° 07-D-50 du 20 déc. 2007 : *préc. note 18.*

31. Coopération commerciale. Le versement par un fournisseur d'une rémunération de coopération commerciale à ceux de ses distributeurs qui s'étaient engagés, en contrepartie, à offrir sur les lieux de vente des prestations de services spécifiques, n'est pas en soi une pratique de nature à empêcher, restreindre ou fausser le jeu de la concurrence, lorsque les conditions d'obtention de ces ristournes n'excluent pas les distributeurs prêts à fournir les mêmes services, qu'elles sont définies de façon objective, ne sont pas appliquées de façon discriminatoire, et n'ont ni pour objet ni pour effet de limiter la liberté des commerçants de déterminer de façon autonome leur politique de prix de revente. • Cons. conc. n° 97-D-15 du 4 mars 1997 : *BOCC 29 avr. 1997 ; LPA 2 janv. 1998, note Arhel,* conf. par • Paris, 10 mars 1998 : *BOCC 2 mai 1998 ; CCC 1998, n° 90, obs. Vogel ; ibid., n° 114, obs. Malaurie-Vignal,* puis par • Com. 24 oct. 2000 : ⚖ *CCC 2001, n° 9, obs. Malaurie-Vignal ; LPA 5 févr. 2001, obs. Arhel.* – V. aussi, Malaurie-Vignal, *LPA 4 sept. 1998.* ♦ En ce sens que si la clause subordonnant l'octroi et le maintien d'avantages figurant dans un accord de coopération commerciale à l'obligation pour le distributeur de respecter la propriété intellectuelle d'une maison d'édition ne présente pas en soi un caractère anticoncurrentiel, elle peut, lorsqu'elle est combinée avec une clause de résiliation en cas de non-respect de l'exclusivité, aboutir à des pratiques anticoncurrentielles, V. • Cons. conc. n° 98-D-76 du 9 déc. 1998 : *BOCC 27 avr. 1999 ; CCC 1999, n° 114, obs. Malaurie-Vignal.*

32. Prix prédateur. Des comportements de

prix prédateurs peuvent être imputés soit à une entreprise en position dominante qui consentirait des pertes en vue d'évincer des concurrents susceptibles de menacer sa domination du marché, soit à plusieurs entreprises qui uniraient leur volonté pour mener la même stratégie en commun, et cela quelle que soit leur position sur le marché. • Aut. conc. n° 09-D-20 du 11 juin 2009. ♦ Le prix prédateur est défini comme étant le prix de vente unitaire d'un produit inférieur au coût variable unitaire de celui-ci. • Paris, 3 nov. 1994 : *BOCC 9 déc. 1994 ; D. 1996. Somm. 181, obs. Gavalda et Lucas de Leyssac ; CCC 1994, n° 7, note Vogel ; Gaz. Pal. 1995. 2. Doctr. 792, obs. Ricatte*, conf. par • Com. 4 févr. 1997 : *Bull. civ. IV, n° 41 ; D. 1997. IR 56 ; D. Affaires 1997. 338.* – V. aussi, Ricatte, *Gaz. Pal. 1998. 2. Doctr. 845.* ♦ Ainsi, par exemple, dans l'affaire ayant donné lieu, sur appel, à l'arrêt précité, le Conseil de la concurrence a jugé qu'une entreprise de production qui choisit de vendre un produit industriel banalisé à un prix inférieur à son coût variable de production augmente délibérément ses pertes par rapport à celles qu'elle enregistrait si elle s'abstenait de vendre ce produit puisque, à la perte sur coûts fixes qu'elle encourait en tout état de cause, elle ajoute une perte supplémentaire sur les coûts variables auxquels elle doit faire face pour produire et livrer le produit considéré ; que la mise en œuvre d'une telle pratique par plusieurs entreprises, qui détiennent collectivement une part très importante du marché, à la suite de l'implantation d'un nouveau concurrent sur ce même marché, ne peut s'expliquer par l'intérêt individuel de chacune d'entre elles mais constitue, au contraire, l'indice d'une concertation entre les entreprises concernées pour éliminer le nouvel entrant et restaurer une entente de prix entre elles. • Cons. conc. n° 94-MC-10 du 14 sept. 1994 : *BOCC 27 oct. 1994 ; CCC 1994, n° 250, note Vogel*, conf. par • Paris, 3 nov. 1994 : *préc.* ♦ Dans le cadre de la procédure d'urgence, le Conseil peut se prononcer en se référant aux coûts variables moyens des produits. • Com. 4 févr. 1997 : *préc.* ♦ Sur les coûts incrémentaux, V. • Cons. conc. n° 04-D-79 du 23 déc. 2004 : *BOCC 31 mars 2005 ; AJDA 2005. 470, obs. Richer ; ibid. 1334, note Mazières ; RDCL 2005, n° 1, p. 66, obs. Spector ; RLC 2005, n° 2, p. 51, note Destours.* – ... Censuré sur ce point par • Com. 17 juin 2008 : *Bull. civ. IV, n° 122 ; D. 2008. AJ 1821, obs. Chevrier ; JCP E 2008, n° 30, p. 23 ; CCC 2008, n° 211, obs. Decocq ; RJDA 2008, n° 1187 ; RDLC 2008, n° 3, p. 97, obs. Prieto, et p. 155, obs. Lescop ; RLC oct.-déc. 2008. 80, obs. Destours ; RD transp. 2008, n° 206, obs. Grard.* – ... Et sur renvoi, statuant dans le sens d'une absence de position dominante : • Paris, 9 juin 2009 : *BOCC 3 août 2009 ; Dalloz actualité, 12 juin 2009, obs. Chevrier ; RDLC 2009, n° 3, p. 88, note Sibony ; RLC oct.-déc. 2009. 55, note Destours.* – Mais en prenant en compte, au stade de la délimitation du marché pertinent, des éléments relevant de l'appréciation de l'abus consistant à pratiquer des prix prédateurs dans le cadre d'activités concurrentielles, au lieu de se déterminer au regard de critères de substituabilité admis par la doctrine économique et adoptés par la jurisprudence, la cour d'appel a violé les dispositions de l'art. L. 420-2. • Com. 13 juill. 2010 : *Bull. civ. IV, n° 126 ; D. 2010. Actu. 1933, obs. Chevrier ; AJDA 2010. 1921, obs. Nicinski ; JCP 2010, n° 1041, obs. Nussenbaum ; JCP E 2011, n° 1301, spéc. n° 25, obs. Decocq ; CCC 2010, n° 227, obs. Decocq ; Gaz. Pal. 2011. 431, et les obs. ; RLC oct.-déc. 2010. 27, note Destours ; RDLC 2010, n° 4, p. 126, obs. Sibony* (sur renvoi, annulant la décision du Conseil de la concurrence : • Paris, 20 déc. 2012 : *BOCC 28 janv. 2013 ; CCC 2013, n° 60, obs. Decocq ; RLC avr.-juin 2013. 67, note Destours*). ♦ Sur la notion de prix prédateur, V., à propos de la jurisprudence communautaire, note Vogel ss. • CJCE 3 juill. 1991 : *JCP E 1992. II. 273.* ♦ Les pratiques de prix de vente abusivement bas sont désormais sanctionnées par l'art. L. 420-5.

V. aussi note 19 ss. art. L. 420-2 et note 5 ss. art. L. 464-1 (mesures conservatoires).

33. Offre de couverture. **BIBL.** Chaput, *CCC 2009. Étude 9* (répondre à un appel d'offres en groupement : efficace, mais risqué...). ♦ Les pratiques dites de l'offre « carte de visite », permettant à une entreprise de se faire connaître du maître de l'ouvrage, sans chercher à obtenir le marché, aussi fréquentes soient-elles et provoquées par le comportement de donneurs d'ordres publics quant à l'exigence d'une participation habituelle des entreprises intéressées à leurs appels d'offres, ne peuvent être tenues pour licites, dès lors que, par les échanges d'information sur les prix, elles trompent les maîtres de l'ouvrage sur la réalité et l'étendue de la concurrence sur le marché concerné. • Paris, 2 avr. 1996 : *préc. note 23.* – V. aussi • Paris, 15 sept. 1995 : *BOCC 15 déc. 1995 ; D. 1996. Somm. 177, obs. Gavalda et Lucas de Leyssac.* ♦ L'entreprise désirant réellement soumissionner dans l'espoir d'obtenir le marché, qui communique ses prix à son concurrent afin de permettre à celui-ci de faire une offre « carte de visite », contribue dans la même mesure à cette tromperie. • Paris, 2 avr. 1996 : *préc.* ♦ Le fait pour une société de ne pas elle-même faire un usage direct du chiffrage qu'elle a reçu d'un concurrent, ne saurait les exonérer de leur participation à une entente dès lors, d'une part, que la communication d'un chiffrage de couverture a, en elle-même, un objet anticoncurrentiel et, d'autre part, que l'effet anticoncurrentiel est établi par l'utilisation de ce document au profit d'un tiers. • Cons. conc. n° 04-D-55 du 4 déc. 2003 : *BOCC 13 févr. 2004 ; Lettre distrib. janv. 2004, p. 2.*

L'échange d'informations, à l'occasion d'un marché public, entre entreprises soumissionnaires concurrentes sur leurs offres respectives, dans le but de permettre à l'une d'elles d'apparaître la moins-disante, caractérise une action concertée pouvant avoir pour effet de fausser le libre jeu de la concurrence. • Paris, 25 sept. 1998 : *BICC 1999, n° 354.* ♦ Est à juste titre condamné sur le fondement des art. 7 et 17 [C. com., art. L. 420-1 et L. 420-6] le dirigeant qui, pour tenter d'emporter un marché (déménagement d'un militaire) aux meilleures conditions, a pris l'initiative d'adresser sous le même pli, non pas le seul devis qu'on lui avait demandé, mais les deux devis exigés par la réglementation (statut des militaires), dès lors que ces documents ont été établis à l'en-tête de deux sociétés distinctes, que le prévenu dirigeait, pour simuler une concurrence qui n'existait pas, et que l'envoi d'un devis de « couverture », en rendant inutile tout autre appel d'offres à un concurrent, est non seulement de nature à entraver le libre jeu de la concurrence, mais encore susceptible de provoquer une hausse artificielle des prix. • Crim. 14 déc. 1995 : *Bull. crim. n° 384 ; D. 1996. IR 79* • Cons. conc. n° 02-D-62 du 27 sept. 2002 : *BOCC 28 nov. 2002.* ♦ En revanche, pour une décision admettant que le montant du marché et la technicité des travaux aient pu justifier que des entreprises de moyenne importance ne disposant pas chacune de tout le savoir-faire requis pour ce type de chantier aient pu se réunir pour soumissionner ce marché public. • Cons. conc. n° 2000-D-53 du 18 janv. 2001 : *BOCC 23 févr. 2001 ; CCC 2001, n° 72, obs. Malaurie-Vignal.* ♦ S'agissant plus particulièrement des marché publics, il faut considérer que tout échange d'informations entre soumissionnaires potentiels sur la conduite à tenir lors d'un appel d'offres a pour objet et pour effet d'atténuer ou supprimer l'incertitude sur ce marché ; une telle pratique concertée peut être qualifiée d'entente sans qu'il soit besoin de démontrer que l'accord de volonté des soumissionnaires à l'appel d'offres portait sur l'exécution d'un plan particulier. • Cons. conc. n° 07-D-49 du 19 déc. 2007 : *BOCC 23 avr. 2008 ; RLDA févr. 2008. 55, obs. Anadon ; RDLC 2008, n° 1, p. 112, obs. Claudel ; ibid., p. 176, obs. Momège ; RLC avr.-juin 2008. 19, obs. Sélinsky, et 88, obs. Cheynel.*

Sur la licéité des échanges d'informations sur les prix, V. • Cons. conc. n° 88-D-13 du 15 mars 1988 : *BOCC 16 avr. 1988 ; D. 1990. Somm. 102, obs. Gavalda et Lucas de Leyssac* • n° 92-D-29 du 5 mai 1992 : *BOCC 30 mai 1992 ; CCC 1992, n° 116, obs. Vogel.* – V. Sélinsky, *Cah. dr. entr. 1995, n° 1, p. 24.* ♦ Pour une répartition de marchés dans le cadre d'enchères électroniques, les intervenants ayant procédé à une simulation complète de leur comportement au cours des tours d'enchères électroniques afin de fixer les niveaux de prix et la séquence suivant laquelle ils devaient enchérir sur chacun des lots, V. • Cons. conc. n° 07-D-26 du 26 juill. 2007 : *BOCC 25 mars 2008 ; RTD com. 2008. 54, obs. Claudel ; CCC 2007, n° 258, obs. G. D. ; Gaz. Pal. 2008. 434, et les obs. ; RLC oct.-déc. 2007. 22, obs. Sélinsky, et 51, obs. Destours ; RDLC 2007, n° 4, p. 70, obs. Claudel.*

L'art. L. 420-1 ne peut être interprété comme contraignant une entreprise à mettre en concurrence ses fournisseurs. Il n'interdit pas non plus à un acheteur non soumis au code des marchés publics de demander à ses fournisseurs de lui présenter une offre conjointe. • Cons. conc. n° 08-D-28 du 3 déc. 2008 : *BOCC 5 févr. 2009 ; RDLC 2009, n° 1, p. 114, obs. Debroux.* ♦ Le comportement, ou l'inexpérience, du maître de l'ouvrage à l'occasion d'un appel d'offres, même s'il est susceptible de faciliter les pratiques irrégulières des entreprises, ce qui semble être le cas en l'espèce, ne peut faire échec à l'application des règles de concurrence. • Cons. conc. n° 09-D-03 du 21 janv. 2009 : *BOCC 18 févr. 2009 ; RDLC 2009, n° 2, p. 109, obs. Nicolas-Vullierme.*

34. Boycottage. **BIBL.** Bretzner, *D. 2000. Chron. 441* . ♦ Toute pratique de boycott est en soi anticoncurrentielle. • Paris, 10 mars 1998 : *D. 1998. IR 106.* – V. aussi • Cons. conc. n° 04-D-56 du 15 nov. 2004 : *RLC 2005, n° 2, p. 26, note Brault.* ♦ Comp. jugeant que le boycott constitue une action délibérée en vue d'évincer un opérateur du marché et que, faute d'établir la volonté d'éviction, les pratiques litigieuses ne peuvent être qualifiées de boycott : • Com. 22 oct. 2002 : *Bull. civ. IV, n° 148 ; D. 2003. AJ 63, obs. Chevrier ; RTD com. 2003. 72, obs. Claudel ; JCP E 2002, n° 49, p. 1940 ; CCC 2003, n° 25, obs. Malaurie-Vignal ; RJDA 2003, n° 195* • Cons. conc. n° 03-D-06 du 29 janv. 2003 : *BOCC 16 juin 2003 ; CCE 2003, n° 63, obs. Lepage et Decocq.* ♦ Constituent des pratiques concertées prohibées par l'art. 7 [C. com., art. L. 420-1] les consignes données par un syndicat professionnel de boycotter les produits d'un fabricant de boissons rafraîchissantes sans alcool ayant installé des distributeurs automatiques de boissons devant divers commerces, alors que cette mesure de rétorsion n'est justifiée ni par la position dominante de la société fabriquant les boissons, aucun abus n'étant démontré, ni par l'illicéité des pratiques mises en œuvre par cette société, la résistance légitime à une concurrence jugée agressive et déloyale ne pouvant prendre la forme d'une pratique prohibée. • Paris, 10 juill. 1992 : *BOCC 15 août 1992 ; D. 1992. IR 224.* – V. aussi • Paris, 4 juill. 1996 : *BOCC 27 juill. 1996 ; D. Affaires 1996. 1054.* ♦ Ayant constaté que sur le marché de l'assurance en général, le salon « assure-expo » était principalement fréquenté par des professionnels du monde de l'assurance pour lesquels le salon ne représentait pas un réel débouché commercial, une cour d'appel a pu en déduire que la disparition de ce lieu de rencontre n'avait pas atteint de manière sensible le fonctionnement de la concurrence sur le marché considéré. • Com. 22 oct. 2002 : *préc.* ♦ Le fait pour une centrale de référencement d'organiser entre les distributeurs indépendants qu'elle regroupe le boycott des produits d'un fournisseur qu'elle avait référencés pour la période en cours et l'élimination de ces produits de leurs linéaires est de nature à limiter artificiellement l'accès du fournisseur au marché et constitue une action concertée prohibée. • Cons. conc. n° 94-D-60 du 13 déc. 1994, conf. par • Paris, 13 déc. 1995 : *préc. note 22.* ♦ V. aussi, pour la condamnation d'une politique de boycott menée par des pharmaciens à l'encontre des laboratoires continuant d'approvisionner un pharmacien concurrent pratiquant des prix inférieurs aux leurs, • Cons. conc. n° 95-D-35 du 10 mai 1995 : *BOCC 25 juill. 1995.* ♦ Dans le même sens, V. • Paris, 29 janv. 2008 : *cité note 7 ss. art. L. 464-8.*

34 bis. Sur des actions concertées de boycottage organisées par un conseil régional de l'ordre des architectes, de nature à entraver l'accès des architectes à un marché, V. • Cons. conc. n° 96-D-15 du 12 mars 1996 : *BOCC 27 juill. 1996* • n° 96-D-18 du 26 mars 1996 : *ibid.* ♦ Sur la condamnation d'un groupement d'agriculteurs ayant imposé des prix de revente à la distribution de fruits, tout en menant des opérations de boycott des importations sur ces produits, V. • Cons. conc. n° 2000-D-01 du 22 févr. 2000 : *BOCC 5 déc. 2000 ; CCC 2001, n° 25, obs. Malaurie-Vignal.* ♦ Sur l'illicéité d'un communiqué de l'ordre des pharmaciens invitant les pharmaciens à ne pas délivrer de médicaments aux entreprises de portage de médicaments à domicile, V. • Cons. conc. n° 97-D-18 du 18 mars 1997 : *BOCC 29 avr. 1997,* conf. par • Paris, 10 févr. 1998 : *BOCC 28 févr. 1998 ; LPA 1er juill. 1999, note Huichard et Tabutiaux,* puis par • Com. 16 mai 2000 : *préc. note 7.* ♦ Sur la distinction entre la mise en garde adressée par un organisme professionnel à ses adhérents et une opération de boycott, V. • Paris, 27 juin 2000 : *CCC 2000, n° 178, obs. Malaurie-Vignal,* conf. par • Com. 22 oct. 2002 : *préc. note 34.* ♦ Sur le boycott d'un appel d'offres, V. • Cons. conc. n° 07-D-49 du 19 déc. 2007 : *préc. note 33.*

35. Intervention des organisations professionnelles. BIBL. Del Prete, *LPA 20 mai 2004* (ordres professionnels et droit communautaire de la concurrence). – Prieto, *JCP 2004. I. 126* (même thème). – Luc, *LPA 24 sept. 2004* (ordres professionnels et concurrence). ♦ Sur le rôle des organisations professionnelles, V., sanctionnant : les incitations à la hausse des tarifs ou des prix, • Paris, 10 mars 1988 : *D. 1988. IR 105* • 19 mai 1988 : *Gaz. Pal. 1988. 2. 633* • 4 juin 1992 : *D. 1992. IR 243.* ♦ ... La diffusion : de barèmes professionnels, • Cons. conc. n° 92-D-39 du 16 juin 1992 : *BOCC 15 août 1992* • Paris, 21 janv. 1993 : *JCP E 1993. Pan. 556* • 9 déc. 1997 : *BOCC 31 déc. 1997 ; D. 1998. IR 26 ; Gaz. Pal. 1998. 1. 150, note Damien ; JCP 1998. II. 10078, note Martin ; Bull. Joly 1998. 378, obs. Saintourens.* – Conf. • Cons. conc. n° 96-D-78 du 3 déc. 1996 : *BOCC 11 févr. 1997 ; Gaz. Pal. 1997. 1. 310, note Damien* (honoraires d'avocats). – V. aussi Yedou, *Rev. Conc. Consom. nov.-déc. 1998, p. 34* • Paris, 11 sept. 2001 : *BOCC 23 oct. 2001, p. 901.* ♦ Pour des solutions en droit communautaire, V. • CJCE 29 nov. 2001 : *CCC 2002, n° 33, note Poillot-Peruzzetto* • 19 févr. 2002 : *D. 2002. IR 1114 ; RTD com. 2002. 389 et 392, obs. Poillot-Peruzzetto ; JCP 2002. I. 153, obs. Kostopoulos ; LPA 9 avr. 2002, note Arhel.* ♦ V. • Cons. conc. n° 97-D-41 du 4 mars 1997 : *BOCC 30 juill. 1997 ; LPA 17 oct. 1997, note Arhel* • n° 97-D-45 du 10 juin 1997 : *BOCC 30 août 1997.* – V. également • Cons. conc. n° 98-D-07 du 14 janv. 1998 : *BOCC 13 mars 1998,* conf. par • Paris, 10 nov. 1998 : *JCP E 1998, n° 50, p. 1951.* ♦ ... D'une étude de coûts de revient, • Cons. conc. n° 96-D-24 du 9 avr. 1996 : *BOCC 3 sept. 1996.* ♦ Dans le même sens, pour la fixation et la diffusion de prix de revente de lessives, dans une publication, par un groupement de producteurs (licéité de mise en œuvre d'un prix unique lorsque les commerçants ne sont pas situés dans la même zone de chalandise ; licéité, à l'intérieur d'une même zone, d'un prix conseillé ou maximum, dès lors qu'il ne s'agit pas de prix imposés) : • Cons. conc. n° 94-D-60 du 13 déc. 1994, conf. par • Paris, 13 déc. 1995 : *préc. note 22,* puis par • Com. 27 janv. 1998 : *ibid.* ♦ V. aussi, sanctionnant la diffusion d'une circulaire par un syndicat professionnel recommandant à ses adhérents la répercussion d'une taxe sur leurs factures : • Paris, 13 avr. 1999 : *JCP E 1999, n° 21, p. 887.* ♦ Apporte une limite à la liberté commerciale et se livre à une pratique anticoncurrentielle le barreau qui prévoit dans son règlement intérieur une clause précisant que les honoraires demandés par les avocats pour chaque type de prestation ne peuvent être inférieurs au coût économique de cette dernière, alors que, sauf cas particuliers où le législateur l'a interdit, il est toujours loisible à un opérateur économique et souvent nécessaire à un nouvel entrant sur un marché de pratiquer, pour un bien ou un service donné, un prix inférieur à son coût de revient. • Cons. conc. n° 00-D-23 du 31 mai 2000 : *BOCC 25 juill. 2000 ; CCC 2000, n° 143, obs. Malaurie-Vignal.* ♦ Sur la fixation de prix minimum de revente de fruits par un groupement d'agriculteurs, V. note 34 *bis*. ♦ Comp., retenant la licéité de barèmes permettant de fixer le montant des honoraires dus aux experts en matière civile dès lors que ces barèmes élaborés à l'initiative des premiers présidents de cours d'appel conformément aux instructions du ministère n'ont pas été utilisés en dehors du cadre de l'expertise judiciaire et n'ont pas servi aux activités privées des experts. • Cons. conc. n° 99-D-15 du 24 févr. 1999 : *BOCC 22 juin 1999 ; CCC 1999, n° 130, obs. Malaurie-Vignal.*

L'accord conclu entre une fédération du bâtiment et des entreprises de travail temporaire tendant à fixer un plafond maximal de rémunération, aligné sur les salaires versés aux salariés de qualification équivalente liés par un contrat de travail à durée indéterminée, vise à limiter la concurrence entre les entreprises de travail temporaire qui, par l'encadrement ainsi imposé du salaire de base, voient leur liberté de négociation réduite au minimum, ce qui a pour conséquence d'uniformiser leur offre et d'exclure du marché les entreprises de travail temporaire qui n'y sont pas adhérentes. • Paris, 8 sept. 1998 : *préc. note 21.* ♦ La circonstance que l'organisation interprofessionnelle n'ait pas eu à effectuer la police des prix auprès des producteurs, ceux-ci s'alignant spontanément sur les prix dits « conseillés », ne prive pas la pratique de sa qualification d'entente anticoncurrentielle, celle-ci ayant été réalisée sous l'égide d'une organisation qui possède, de par son statut administratif, les qualités de ses représentants et sa notoriété, une autorité naturelle à même d'assurer le respect de ses décisions. • Cons. conc. n° 05-D-55 du 12 oct. 2005 : *BOCC 14 mars 2006 ; Lettre distrib. nov. 2005, p. 2.* ♦ V. aussi note 8 ss. art. L. 410-2.

36. Syndicats professionnels. Le refus d'un syndicat de pharmaciens d'agréer la demande d'un organisme d'assurance complémentaire à l'assurance maladie visant à mettre en place une convention de dispense d'avance de frais par les assurés sociaux constitue une action concertée en tant qu'il engage une profession et résulte d'une décision collective pouvant avoir pour effet de fausser le libre exercice de la concurrence sur le marché des prestations d'assurance complémentaire à l'assurance maladie. • Paris, 17 mars 1998 : *BICC 1998, n° 939.* ♦ V. aussi note 9.

37. Téléphonie mobile. BIBL. Duflos et Pfister, *RDLC 2010, n° 3, p. 23* (accords de fourniture exclusive et concurrence : principes d'analyse et application au cas iPhone). ♦ Constitue une pratique anticoncurrentielle la commercialisation de téléphones mobiles préprogrammés sur un fournisseur d'accès internet, sans aucune indication sur les modalités permettant au consommateur de déverrouiller le poste ou d'en modifier la programmation en vue de l'utilisation d'une autre voie d'accès. • Paris, 13 juill. 2000 : *D. 2000. AJ 382* ⌀. ♦ V. dans la même affaire, • Cons. conc. n° 00-MC-17 du 7 nov. 2000 : *CCE 2001, n° 30.* ♦ Pour des échanges d'information et une entente sur les parts de marché, V. • Cons. conc. n° 05-D-65 du 30 nov. 2005 : *BOCC 29 avr. 2006 ; CCC 2006, n° 9, obs. Malaurie-Vignal ; RDLC 2006, n° 1, p. 129 et 131, obs. Claudel ; CCE 2006, n° 83, obs. Chagny* (conf. par • Paris, 12 déc. 2006 : *BOCC 24 juill. 2008 ; RTD com. 2007. 43, obs. Claudel* ⌀ *; JCP E 2007, n° 6-7, p. 18, note Grandvuillemin ; JCP 2007. II. 10012, note Chagny ; CCC 2007. Étude 3, note Vilmart, et n° 16, obs. Malaurie-Vignal ; LPA 9-10 avr. 2007, obs. Bacchichetti ; Gaz. Pal. 2007. 1222 ; CCE 2007, n° 26, obs. Chagny ; RJDA 2007, n° 404 ; RLDA janv. 2007. 57, obs. Cheynel ; RDLC 2007, n° 1, p. 82, obs. Claudel*). – Sur cette décision, V. aussi Wilhelm et Vever, *CCC 2006. Chron. 6.*

Sur les mesures conservatoires prononcées lors de la remise en cause de l'accord d'exclusivité conclu entre Orange et Apple pour la distribution de l'iPhone, V. • Cons. conc. n° 08-MC-01 du 17 déc. 2008 : *BOCC 5 févr. 2009 ; AJDA 2009. 525, obs. Nicinski* ⌀ *; CCC 2009, n° 52, obs. Bosco ; CCE 2009, n° 16, obs. Chagny ; RDLC 2009, n° 1, p. 112, obs. Nicolas-Vullierme, et p. 200, obs. Tran-Thiet et Berg ; RDC 2009. 551, obs. Prieto* (conf. par • Paris, 4 févr. 2009 : ♰ *BOCC 8 avr. 2009 ; JCP 2009. I. 144, n° 9, obs. Grynfogel ; Gaz. Pal. 2010. 479, et les obs. ; CCC 2009, n° 110, obs. Decocq ; Lettre distrib. févr. 2009, p. 1, obs. Sélinsky et Vertut ; RLC avr.-juin 2009. 32, obs. Sélinsky, et 72, note Muguet-Poullennec ; RJ com. 2009. 138, obs. Lebreton-Derrien*, mais cassée par • Com. 16 févr. 2010 : *BOCC 30 mars 2010 ; Dalloz actualité, 18 févr. 2010, obs. Chevrier ; RTD com. 2010. 284, obs. Claudel* ⌀ *; JCP 2010, n° 675, spéc. n° 8, obs. Grynfogel ; JCP E 2011, n° 1301, spéc. n° 1, obs. Decocq ; CCC 2010, n° 102, obs. Decocq ; Gaz. Pal. 2010. 2370, note Forster ; RJ com. 2010. 148, note Decocq ; RLC avr.-juin 2010. 35, obs. Sélinsky et Dumarçay ; RDLC 2010, n° 2, p. 65, obs. Nicolas-Vullierme ; ibid., p. 149, obs. Berg et Tran Thiet ; RDC 2010. 864, note Prieto*).

38. Nom de domaine. Pour une décision analysant l'attribution d'un nom de domaine sur internet au regard du droit des ententes, V. • Cons. conc. n° 00-D-32 du 9 juin 2000 : *D. 2000. AJ 391, obs. Manara* .

III. TEMPÉRAMENT : MISE EN ŒUVRE DE LA RÈGLE DE RAISON

39. Distribution sélective et distribution exclusive. BIBL. Vogel, *JCP E 1992. I. 184* (distribution exclusive). – Sélinsky, *D. 1992. Chron. 41* (accords verticaux). ♦ Dès lors qu'ils préservent l'existence d'une concurrence sur le marché, les réseaux de distribution sélective ne sont pas contraires aux dispositions de l'art. 7 [C. com., art. L. 420-1] si les critères de choix ont un caractère objectif, n'ont pas pour objet ou pour effet d'exclure certaines formes déterminées de distribution et ne sont pas appliqués de manière discriminatoire. • Com. 21 oct. 1997 : *Bull. civ. IV, n° 271 ; D. 1997. IR 244 ; D. Affaires 1998. 74, obs. E. P. ; RJDA 1997, n° 1480, et p. 995, note Leclerq* • Paris, 25 sept. 1991 : *D. 1991. IR 240.* ♦ Pour des cas de discrimination, V. • Paris, 8 juill. 1991 : *D. 1991. IR 226* • 31 oct. 1991 : *CCC 1992, n° 50, note Leveneur.* ♦ ... Des critères d'agrément imprécis, V. • Paris, 16 janv. 1995 : *RJDA 1995, n° 266.* ♦ ... Un système de prix imposés faussant le jeu de la concurrence, V. • Com. 18 mai 1993 : *D. 1993. IR 162* • Cons. conc. n° 01-D-45 du 19 juill. 2001 : *BOCC 24 sept. 2001 ; RJDA 2002, n° 103.* ♦ ... Une clause interdisant la revente de certains produits par le distributeur, même à des points de vente agréés, V. • Cons. conc. n° 95-D-14 du 7 févr. 1995 : *BOCC 6 avr. 1995.* ♦ ... Une application de l'art. 420-1 au fournisseur refusant de fournir un distributeur satisfaisant pourtant les critères de sélection requis, V. • Com. 14 janv. 2003 : *D. 2003. Somm. 2430, obs. Ferrier ; RJ com. 2004. 114, note Lebreton-Derrien ; LPA 15 juin 2004, obs. Baccichetti ; Cah. dr. entr. 2003, n° 3, p. 23, obs. Respaud.* ♦ Jugeant que les conditions de vente pratiquées à l'égard d'un distributeur, dès lors qu'elles ne sont pas connues des autres membres du réseau, ne permettent de caractériser aucune entente entre ceux-ci et le fournisseur mais seulement un comportement unilatéral de ce dernier, V. • Cons. conc. n° 02-D-08 du 12 févr. 2002 : *RJDA 2002, n° 816 ; LPA 3 juill. 2003, obs. Malaurie-Vignal.* ♦ Sur le contrôle de la mise en œuvre des critères de sélection exercé par la Cour de cassation, V. • Com. 21 oct. 1997 : *préc.* ♦ Sur la référence faite par le Conseil de la concurrence au Règl. n° 2790/99 pour l'examen d'un contrat dont l'application est limitée au territoire national, V. • Cons conc. n° 01-D-45 du 19 juill. 2001 : *préc.*

Sur la licéité, dans les contrats de distribution sélective de produits cosmétiques, des clauses relatives à la qualification professionnelle du distributeur, à l'exigence d'un espace clos et isolé pour la vente desdits produits, et d'une caisse particulière ; et, sur l'illicéité, des clauses exigeant une vitrine, des clauses de compatibilité de l'enseigne du magasin avec l'image de marque des produits et des clauses dites « de marques concurrentes », V. • Cons. conc. n° 96-D-57 du 1er oct. 1996 : *BOCC 11 févr. 1997 ; CCC 1997, n° 50, obs. Vogel,* conf. par • Paris, 1er juill. 1997 : *BOCC 30 juill. 1997 ; D. Affaires 1997. 1033 ; LPA 6 févr. 1998, note Arhel.* – V. Arhel, *LPA 18 juin 1997.* ♦ Le critère de service de conseil et de démonstration établi en tenant compte du nombre de personnes affectées à la vente au regard du chiffre d'affaires du magasin n'encourt pas le grief d'illicéité. • Versailles, 16 mai 2002 : *D. 2003. Somm. 2433, obs. Ferrier ; JCP E 2002, n° 31-35, p. 1314.* ♦ De même aucune disposition ne s'oppose à ce qu'un réseau de distribution sélective établisse sa propre grille d'évaluation et procède à la notation des points de vente candidats à l'agrément, faute de démontrer que le distributeur aurait agréé des établissements présentant des caractéristiques identiques à celles des points de ventes litigieux. • Même arrêt. ♦ Il est loisible à un fournisseur de déterminer librement les conditions de distribution de ses produits et de faire coexister plusieurs catégories de distributeurs dans son réseau (agréés et non agréés), dès lors qu'il n'existe de sa part aucune discrimination de nature anticoncurrentielle à l'intérieur de chaque catégorie et que les consommateurs peuvent bénéficier d'offres diversifiées. Ne constitue donc pas une entente ni un abus de position dominante le fait pour un fournisseur de faire bénéficier ces distributeurs agréés de bons de garantie internationaux en contrepartie de leur astreinte à des sujétions auxquelles les distributeurs non agréés n'ont pas à répondre. • Paris, 26 juin 2001 : *JCP E 2001, n° 42, p. 1648.* ♦ La distribution d'un produit par le biais d'un système de distribution à la fois exclusive et non exclusive est licite, sous réserve que le recours à ces systèmes ne soit pas discriminatoire et ne couvre pas les mêmes zones. • Cons. conc. n° 97-D-31 du 20 mai 1997 : *BOCC 30 août 1997 ; CCC 1997, n° 151, obs. Vogel ; LPA 2 mars 1998, note Arhel.* ♦ V. aussi art. L. 420-4 et notes 15 et 47 s. ss. art. L. 330-2. ♦ Sont licites les réseaux de distribution exclusive, lorsqu'ils répondent à ces conditions. • Cons. conc. n° 91-D-22 du 14 mai 1991 : *BOCC 20 juill. 1991* • Paris, 22 oct. 1991 : *D. 1992. Somm. 393, obs. Ferrier* .

39 bis. Sur l'illicéité, s'agissant de la distribution exclusive de montres de luxe, de l'obligation d'installer un atelier de réparation et d'employer un personnel spécialement formé à l'horlogerie, V. • Cons. conc. n° 96-D-72 du 19 nov. 1996 : *BOCC 6 mars 1997 ; CCC 1997, n° 66, obs Vogel,* conf. par • Paris, 9 déc. 1997 : *BOCC 19 déc. 1997 ; D. 1998. IR 32 ; D. Affaires 1998. 465, obs. E. P. ; CCC 1998, n° 26, obs. Vogel.* ♦ Sont illicites les systèmes de distribution visant à exclure du marché les entreprises de vente par correspondance sans justification autre que celle tenant à la politique de prix de ces entreprises. • Cons. conc. n° 93-D-49 du 16 nov. 1993 : *BOCC 28 janv. 1994.* ♦ Un fournisseur, recourant à un réseau de distributeurs exclusifs auxquels il concède des territoires d'exclusivité, ne saurait licitement interdire à ces distributeurs de répondre à des sollicitations de clients situés dans des zones géographiques autres que celles faisant l'objet de l'exclusivité, dès lors qu'ils ne procèdent pas à une politique de vente active en dehors du territoire qui leur a été concédé. • Cons. conc. n° 98-D-62 du 13 oct. 1998 : *BOCC 12 déc. 1998 ; CCC 1999, n° 23.* ♦ La clause par laquelle il est fait interdiction à un concessionnaire, membre d'un réseau de distribution exclusive, de commercialiser directement ou indirectement une marchandise en dehors du territoire national est anticoncurrentielle. • Cons. conc. n° 2000-D-35 du 26 sept. 2000 : *CCC 2001, n° 26, obs. Malaurie-Vignal.*

Justifie sa décision la cour d'appel qui, pour décider qu'une clause d'approvisionnement minimum contenue dans un contrat de distribution sélective ne présentait pas le « caractère raisonnable » devant s'attacher à un contrat d'approvisionnement et était par conséquence illicite au regard des dispositions des art. 7 et 9 de l'Ord. du 1er déc. 1986 [C. com., art. L. 420-1 et L. 420-3], retient que l'obligation d'approvisionnement ainsi imposée était disproportionnée par rapport au pourcentage des ventes du fournisseur sur l'ensemble du marché et qu'elle avait pour effet, d'un côté, de réserver l'accès aux seuls revendeurs qui étaient en mesure de souscrire à un tel engagement et, de l'autre, de contraindre les distributeurs agréés à consacrer une part significative de leurs efforts à la vente des produits contractuels. • Com. 13 mai 1997 : *Bull. civ. IV, n° 131 ; CCC, 1997, n° 118, obs. Vogel.* ♦ Sur l'illicéité de la subordination, par une société pétrolière, de la fourniture de supercarburant sans plomb à un engagement d'exclusivité de la part des distributeurs n'appartenant pas au réseau de la marque, V. • Cons. conc. n° 92-D-56 du 13 oct. 1992 : *BOCC 5 nov. 1992,* conf. par • Paris, 20 oct. 1993 : *ibid. 6 nov. 1993 ; CCC 1993, n° 167, obs. Vogel ; LPA 25 févr. 1994, note Sélinsky.* ♦ Sur l'illicéité, dans un contrat de distribution sélective de logiciels, des clauses interdisant la vente par correspondance et comme produits d'appel, en tant qu'elles sont restrictives de concurrence entre revendeurs et permettent au distributeur de se prémunir contre la concurrence intra-marque au niveau de la distribution, V. • Paris, 28 oct. 1997 : *BOCC 18 nov. 1997.* ♦ Sur le caractère illicite d'une clause d'agrément de distributeurs sélectifs dans le secteur de la porcelaine de Limoges, se référant à la notion de « commerce traditionnel de produits de luxe », cette notion pouvant aboutir à exclure certaines formes modernes de distribution, V. • Cons. conc. n° 99-D-78 du 15 déc. 1999 : *BOCC 7 mars 2000.*

40. Franchise. **BIBL.** Gastinel, *Gaz. Pal. 1994. 2. Doctr. 1016.* – Marot, *ibid. 1995. 2. Doctr. 1088.* – H. Bensoussan, *D. Affaires 1998. 454* (de l'obligation d'approvisionnement exclusif à l'achat privilégié d'intérêt commun). – Dossier spécial, *D. Affaires 1999. 1151* (protection du réseau de franchise). ♦ Les clauses de non-affiliation ou de non-concurrence peuvent être considérées comme inhérentes à la franchise dans la mesure où elles permettent d'assurer la protection du savoir-faire transmis qui ne doit profiter qu'aux membres du réseau et de laisser au franchiseur le temps de réinstaller un franchisé dans la zone d'exclusivité ; ces clauses doivent cependant rester proportionnées à l'objectif qu'elles poursuivent. • Cons. conc. n° 96-D-36 du 28 mai 1996 : *BOCC 20 août 1996 ; CCC 1996, n° 167, obs. Vogel,* conf. par • Paris, 18 mars 1997 : *préc. note 21,* puis par • Com. 12 janv. 1999 : *ibid.* ♦ Pour une clause disproportionnée, V. aussi • Cons. conc. n° 97-D-51 du 24 juin 1997 : *BOCC 7 oct. 1997 ; D. 1998. Somm. 223, obs. Serra.* ♦ Sur la non-application du Règl. n° 4087/88 concernant les accords de franchise aux clauses de non-affiliation, V. note 48 ss. art. L. 330-3.

La clause qui impose aux franchisés de s'approvisionner auprès du franchiseur exclusivement en produits portant sa marque ou en produits agréés par lui peut, à certaines conditions, être considérée comme ne constituant pas une restriction de concurrence. • Cons. conc. n° 94-D-31 du 24 mai 1994 : *BOCC 14 juill. 1994 ; CCC 1994, n° 164.* ♦ Est, notamment, valable la clause d'approvisionnement exclusif qui a pour objet de préserver l'image de marque d'un réseau de franchise. • Cons. conc. n° 94-D-32 du 24 mai 1994 : *BOCC 14 juill. 1994.* ♦ Pour porter cette appréciation, il y a lieu de s'inspirer des principes dégagés tant par la réglementation que par la jurisprudence communautaires. • Cons. conc. nos 94-D-31 et 94-D-32 du 24 mai 1994 : *préc.* ♦ En vertu du droit interne et des règles dégagées au plan communautaire, un franchiseur n'est en droit d'imposer aux franchisés de s'approvisionner exclusivement auprès de sa société ou auprès des fournisseurs qu'il aura référencés qu'autant qu'il est prouvé qu'il n'est pas possible, en pratique, en raison de la nature des produits qui font l'objet de la franchise, d'appliquer des spécifications de qualité objectives. • Paris, 18 mars 1997 : *préc.* • Cons. conc. n° 96-D-36 du 28 mai 1996 : *préc.* • n° 96-D-16 du 19 mars 1996 : *BOCC 24 mai 1996.* ♦ Sur l'illicéité d'une clause imposant aux franchisés des références de matériel informatique et de fournitures délivrées par le franchiseur, V. • Cons. conc. n° 97-D-48 du 18 juin 1997 : *BOCC 17 sept. 1997 ; D. 1998. Somm. 223, obs. Serra ; CCC 1997, n° 152, obs. Vogel ; LPA 8 avr. 1998, obs. Arhel.* – Sur cette affaire, V. Marot, *LPA 27 nov. 1997.* – V. aussi • Cons. conc. n° 97-D-51 du 24 juin 1997 : *préc.* ♦ V. Règl. CEE n° 4087/88 du 30 nov. 1988 *(JOCE L 359 du 28 déc.).* ♦ Sur la nécessité de démontrer concrètement en quoi la clause d'approvisionnement exclusif est indispensable pour préserver l'identité et la réputation du réseau de franchise, V. • Com. 10 janv. 1995 : *D. 1997. Somm. 58, obs. Ferrier ; Gaz. Pal. 1995. 2. 502 ; LPA 5 mai 1995, note Gast ; RJDA 1995, n° 561.* ♦ V. l'arrêt de renvoi, concluant, en l'espèce, à la validité de la clause, • Amiens, 17 juin 1996 : *D. Affaires 1997. 179.* – Et, sur cet arrêt, Gast, *D. Affaires 1997. 172.* ♦ V. aussi art. L. 420-4 et notes 12 s. ss. art. L. 330-3.

40 bis. La clause interdisant les rétrocessions entre franchisés est contraire aux dispositions de l'art. 7 [C. com., art. L. 420-1] en ce qu'elle empêche les franchisés de s'approvisionner auprès d'autres franchisés et de profiter, le cas échéant, de meilleures conditions d'achat, sans qu'une telle clause apparaisse justifiée par la nécessité de maintenir l'image du réseau de franchise. • Paris, 18 mars 1997 : *préc. note 21* • Cons. conc. n° 96-D-36 du 28 mai 1996 : *préc. note 40.* ♦ La fixation concertée de prix par des commerçants indépendants regroupés sous une même enseigne ne constitue pas une pratique prohibée par les dispositions de l'art. 7 [C. com., art. L. 420-1] lorsque ces commerçants ne sont pas situés dans la même zone de chalandise ; il est, en outre, possible à un franchiseur de communiquer à des franchisés, situés dans la même zone de chalandise, des barèmes de prix maximaux de revente ou de prix conseillés, à condition que ces indications soient sans ambiguïté et que ces prix ne revêtent pas en réalité le caractère de prix imposés ou de prix minimaux ; à l'inverse, lorsque les franchisés sont regroupés sous la même enseigne et situés, pour certains d'entre eux, sur les mêmes zones de chalandise la fixation de prix de revente identiques ou minimaux que tous les membres du réseau se trouvent, en fait, dans l'obligation d'appliquer, constitue une pratique prohibée par l'art. 7 [C. com., art. L. 420-1]. • Paris, 18 mars 1997 : *préc.* • Cons. conc. n° 96-D-36 du 28 mai 1996 : *prec.* • n° 96-D-16 du 19 mars 1996 : *préc. note 40.* – V. aussi • Cons. conc. n° 97-D-48 du 18 juin 1997 : *ibid.* ♦ Sur l'illicéité de la clause d'aménagement exclusif des magasins, obligeant les franchisés à recourir à un décorateur choisi par le franchiseur ou à une filiale de celui-ci, V. • Paris, 18 mars 1997 : *préc. note 21* • Cons. conc. n° 96-D-36 du 28 mai 1996 : *préc.* • n° 96-D-16 du 19 mars 1996 : *préc.* ♦ Le fait de n'autoriser des franchisés à vendre les produits défraîchis ou périmés avec un rabais que pendant la période de solde limite leur liberté commerciale au-delà de ce qui est nécessaire pour la protection de la marque et, par conséquent, est contraire à l'art. 7 [C. com., art. L. 420-1]. • Cons. conc. n° 98-D-67 du 27 oct. 1998 : *BOCC 31 mars 1999 ; CCC 1999, n° 93, obs. Malaurie-Vignal ; Cah. dr. entr. 1999, n° 5, p. 21, obs. Mainguy.*

41. Label. Une démarche collective de certification conduisant à sélectionner des entreprises en fonction de leur aptitude à réaliser certains travaux ou en fonction de certains critères de qualité constitue une entente entre les entreprises qui adhèrent à cette démarche ; une telle entente est anticoncurrentielle si les critères d'octroi d'un label ou d'une qualification ne sont pas suffisamment objectifs et clairs et se prêtent à une application discriminatoire permettant ainsi d'évincer des concurrents du marché concerné par des moyens autres que ceux fondés sur les mérites des entreprises. • Aut. conc. n° 12-D-26 du 20 déc. 2012 • Cons. conc. n° 94-D-41 du 5 juill. 1994 : *CCC 1994, n° 225, obs. Vogel.*

Art. L. 420-2 *(L. n° 2001-420 du 15 mai 2001)* **Est prohibée, dans les conditions prévues à l'article L. 420-1, l'exploitation abusive par une entreprise ou un groupe d'entreprises d'une position dominante sur le marché intérieur ou une partie substantielle de celui-ci. Ces abus peuvent notamment consister en refus de vente, en ventes liées ou en conditions de vente discriminatoires ainsi que dans la rupture de relations commerciales établies, au seul motif que le partenaire refuse de se soumettre à des conditions commerciales injustifiées.**

Est en outre prohibée, dès lors qu'elle est susceptible d'affecter le fonctionnement ou la structure de la concurrence, l'exploitation abusive par une entreprise ou un groupe d'entreprises de l'état de dépendance économique dans lequel se trouve à son égard une entreprise cliente ou fournisseur. *(L. n° 2005-882 du 2 août 2005, art. 40)* **« Ces abus peuvent notamment consister en refus de vente, en ventes liées, en pratiques discriminatoires visées au I de l'article L. 442-6 ou en accords de gamme. »**

Pour des dispositions relatives aux opérateurs exerçant une influence significative sur un marché du secteur des communications électroniques, V. CPCE, art. L. 37-1 s. (L. n° 2004-669 du 9 juill. 2004, art. 18, JO 10 juill.) et Décr. n° 2004-1301 du 26 nov. 2004 (JO 30 nov.). — ***C. communic.***

Le président de l'Autorité de régulation des activités ferroviaires saisit l'Autorité de la concurrence des abus de position dominante et des pratiques entravant le libre exercice de la concurrence dont il a connaissance dans le secteur du transport ferroviaire, notamment lorsqu'il estime que ces pratiques sont prohibées par les art. L. 420-1 et L. 420-2 C. com. Cette saisine peut être introduite dans le cadre d'une procédure d'urgence, conformément à l'art. L. 464-1 du même code (L. n° 2009-1503 du 8 déc. 2009, art. 27). — V., pour les secteurs de l'électricité ou du gaz naturel, les mêmes attributions données au président de la Commission de régulation de l'énergie (C. énergie, art. L. 134-16).

Sur la définition du produit vendu sous marque de distributeur, V. note ss. art. L. 442-6.

RÉP. COM. v° *Abus de position dominante,* par Blaise.

BIBL. ▶ JEANTET, *LPA 28 mars 1987.* – PÉDAMON, *Cah. dr. entr. 1987, n° 1.* – THRÉARD et BOURGEON, *ibid. 1987, n° 2.* – PIGASSOU, *Gaz. Pal. 1987. 2. Doctr. 544.* – GLAIS, *ibid. 1989. 1. Doctr. 290.* – RICATTE, *ibid. 1991. 2. Doctr. 600* (clause dite « du client le plus favorisé »). – MAINGUY, *Cah. dr. entr. 1998, n° 6, p. 23* (abus de droit dans les contrats soumis au droit de la concurrence). – RETTERER, *ibid. 1999, n° 2, p. 1* (contrat de référencement : du droit des obligations au droit de la concurrence). – VOGEL, *D. Affaires 1999. 1464* (abus de puissance d'achat : du contrôle direct au contrôle indirect). – NOURISSAT, *D. 2000. Chron. 369* (violence économique, vice du consentement : beaucoup de bruit pour rien ?). – Colloque du 6 déc. 2000, *Gaz. Pal. 9-10 nov. 2001* (abus de puissance d'achat et accès aux linéaires de la grande distribution). – GRALL, *Bull. act. Lamy droit économique, janv. 2002* (distinction entre « relation de dépendance » et « état de dépendance économique »). – DUMONCEAU-BEAUNE et BELMONT, *CCC 2002. Chron. 12* (fournisseurs de produits sous marques de distributeurs : comment prévenir et gérer une situation de dépendance économique). – MONTELS, *RTD com. 2002. 417* (violence économique, illustration du conflit entre droit commun des contrats et droit de la concurrence). – G. PARLÉANI, *Mélanges Guyon, Dalloz, 2003, p. 882* (violence économique, vertus contractuelles, vices concurrentiels). – CONDOMINES, *LPA 29 oct. 2003* (pratique des enchères inversées). – BRUN et TOULEMONT-DAKOURE, *CCC 2003, Chron. 11* (barrières à l'entrée en droit de la concurrence). – POUILLE, *ibid. 2004. Chron. 11* (plaidoyer pour un changement dans les rapports entre fournisseurs et distributeurs). – BOIZARD, *LPA 16 juin 2004* (réception de la notion de violence économique en droit). – D. BRAULT, *LPA 30 nov. 2004 ; RLC 2005, n° 1, p. 182* (service public et position dominante : peut-il y avoir abus ?). – IDOT, *RDLC 2005, n° 2, p. 31* (ventes liées). – GARCIA-ROSADO, *RLC 2005, n° 3, p. 139* (pratiques anticoncurrentielles au sein des oligopoles : le lien entre les ententes et les abus de position dominante collective). – PERROT, *ibid., n° 4, p. 195* (prédation, ventes liées, remises...). – ARSAC-RIBEYROLLES, *LPA 27 janv. 2006* (abus à la baisse dans la fixation du prix). – RIVOAL, *D. 2006. 891* (dépendance économique en droit du travail). – BOSCO, *RDLC 2006, n° 3, p. 176* (obligations d'exclusivité et abus de position dominante). – GLAIS, *CCC 2006. Dossier 25* (sanction des abus de dépendance économique : entre désillusion et espoir). – BOSCO, *LPA 3 juill. 2008* (regards sur la modernisation de l'abus de position dominante). – ARCELIN-LECUYER, *LPA 12 juill. 2010* (dépôt d'une offre : acte, activité ou/et abus ?). – MARTY, *RLC avr.-juin 2011. 107* (stratégies de ciseau tarifaire). – PICOT, *LPA 16 nov. 2012* (injonctions structurelles et abus de position dominante).

I. EXPLOITATION ABUSIVE D'UNE POSITION DOMINANTE

A. NOTION DE POSITION DOMINANTE

1° POSITION DOMINANTE INDIVIDUELLE OU COLLECTIVE

1. *Part de marché.* La notion de position dominante, qui s'entend comme le pouvoir de faire obstacle à une concurrence effective, suppose que l'entreprise considérée occupe sur le marché une place prépondérante que lui assurent notamment l'importance des parts qu'elle détient dans celui-ci, la disproportion entre celles-ci et celles de l'entreprise concurrente, comme éventuellement son statut, et ses modes d'action commerciale. • Paris, 17 oct. 1990 : *D. 1990. IR 273* • 7 juill. 1995 : *Gaz. Pal. 1995. 2. Somm. 489.* ♦ Si la réduction de parts de marché encore très importantes ne peut constituer, en elle-même, la preuve de l'absence de position dominante, il n'en demeure pas moins que la capacité de l'entreprise en cause à s'abstraire de la pression de ses clients et concurrents est sensiblement contrainte par une évolution du marché qui lui est défavorable. • Aut. conc. n° 09-D-33 du 10 nov. 2009 : *cité note 19.* ♦ L'argument selon lequel, malgré sa forte part de marché, une société ne serait pas en position dominante car elle consent des pertes pour affronter la pression concurrentielle ne permet pas à lui seul de remettre en cause le fait qu'elle dispose encore, à ce jour, d'une position dominante sur le marché en cause. • Aut. conc. n° 12-D-25 du 18 déc. 2012 : *cité note 13.* ♦ L'appartenance à un groupe économique puissant, occupant une position de *leadership* sur le plan national dans un secteur d'activité, est un indice qui peut, parmi d'autres, être retenu pour caractériser une position dominante. • Com. 9 avr. 1996 : ♔ *D. Affaires 1996. 737.* ♦ La position de quasi-monopole caractérise nécessairement et de ce seul fait une position dominante puisque l'entreprise concernée détient la totalité ou la quasi-totalité des parts du marché où elle n'est, de ce fait, soumise à aucune concurrence. • Aut. conc. n° 11-D-15 du 16 nov. 2011 : *cité note 12.* ♦ Mais l'importance de l'écart entre les parts de marché détenues par plusieurs sociétés ne permet pas de présumer de l'existence d'une position dominante de l'une d'entre elles. • Paris, 19 oct. 1999 : *Gaz. Pal. 2000. Somm. 220.* ♦ Si les ventes constituent généralement le critère de référence permettant de caractériser la position d'une entreprise sur un marché déterminé, il n'en demeure pas moins que ce critère peut être relayé par d'autres critères s'avérant plus pertinents au regard des produits ou de l'industrie concernés. • Paris, 5 nov. 2008 : ♔ *BOCC 15 mai 2009 ; RLC janv.-mars 2009. 52, obs. Destours.* ♦ L'appréciation de la position dominante d'une entreprise s'effectue à partir d'un faisceau de critères qui prend en compte des données d'ordre structurel comme les parts de marché de l'entreprise et celles de ses principaux concurrents, mais aussi des éléments qui sont de nature à donner un avantage concurrentiel à l'entreprise concernée comme l'appartenance à un groupe puissant, la détention d'une avance technologique, la puissance financière ou l'image de marque. • Aut. conc. n° 13-D-11 du 14 mai 2013 : *cité note 12 bis.*

2. *Valeur économique.* La position dominante d'un producteur sur un marché géographiquement délimité se définit par la valeur économique qu'il développe par rapport à l'activité considérée (marché des pompes funèbres). • Com. 9 avr. 1996 : ♔ *préc. note 1.* ♦ L'appréciation de la position dominante repose sur l'appréciation d'un ensemble de critères, dont notamment la position de l'entreprise en cause et celle de ses concurrents sur le marché pertinent, la notoriété dont jouit cette entreprise, l'existence de barrières à l'entrée sur le marché pertinent, l'absence d'une menace crédible d'expansion des concurrents sur ce marché et l'absence de puissance d'achat compensatrice des clients. • Aut. conc. n° 12-D-01 du 10 janv. 2012 : *Dalloz actualité, 24 janv. 2012, obs. Constantin.* ♦ Le fait pour une société de définir, dans le cadre du réseau de franchisage qu'elle a mis en place pour les ventes au détail des produits portant sa marque, la politique commerciale du groupe et de décider des conditions dans lesquelles ces produits peuvent ou non être vendus par des tiers qui ne sont pas des distributeurs exclusifs ou des points de vente à son enseigne permet de caractériser la position dominante de cette entreprise sur le marché concerné. • Com. 4 mai 1999 : ♔ *RJDA 1999, n° 1014.* ♦ Jugeant que le refus opposé par un fournisseur de baisser ses prix, comme le lui demande un distributeur, illustre la position dominante détenue par ce fournisseur sur le marché. • Cons. conc. n° 04-D-12 du 7 avr. 2004 : *JCP E 2004, n° 40, p. 1546, note Arhel.* ♦ Mais le seul critère de la notoriété reproché à la Fédération des Gîtes ne suffit pas à établir que les Gîtes de France peuvent exercer un rôle déterminant pour orienter le choix du consommateur vers leurs seules chambres d'hôtes, alors qu'il est par ailleurs constaté que 55 % des propriétaires de chambres d'hôtes ont des comportements indépendants vis-à-vis de leurs clients. • TGI Paris, 3 déc. 2002 : *JCP E 2003, n° 10, p. 392.*

3. *Moyens financiers.* Le juge ne doit pas limiter son contrôle concernant l'existence d'une position dominante à une comparaison du chiffre d'affaires de l'entreprise par rapport à celui de ses concurrents dans le domaine spécifique des productions audiovisuelles destinées à des usages non télévisuels sans prendre en considération les avantages financiers et matériels dont la société nationale de télévision en cause dispose pour promouvoir l'ensemble de ses activités reconnues par la loi. • Com. 28 janv. 1992 : *Bull. civ. IV, n° 50 ; D. 1995. 538*. – V., sur renvoi, • Versailles, 17 mai 1994 : *D. 1995. 539 ; Gaz. Pal. 1995. 1. 49, note Junqua-Lamarque*. – Sur ces arrêts, V. Lucas de Leyssac, *D. 1995. Chron. 288* ; Junqua-Lamarque, *Gaz. Pal. 1995. 2. Doctr. 981*. ♦ V. aussi, prenant en compte la disproportion des moyens financiers entre l'entreprise dominante et ses concurrents, • Cons. conc. n° 96-D-10 du 20 févr. 1996 : *BOCC 23 avr. 1996*.

4. Position dominante collective. **BIBL.** Givry et de La Laurencie, *Bull. act. Lamy droit économique, févr. 2003, p. 1*. – Rincazaux et Dieny, *RLC 2005, n° 3, p. 125 ; ibid. n° 4, p. 117*. – Fontaine, *JCP E 2006, n° 30, p. 1316* (la dominance collective). – Aventel, Daley et de Muizon, *RDLC 2011, n° 4, p. 41* (position dominante collective : dépasser les critères *Airtours*). ♦ Le concept de dominance collective renvoie à un groupe d'entreprises qui disposent, en commun, d'un pouvoir de marché assimilable à celui d'une entreprise en position dominante simple, c'est-à-dire lui permettant de s'abstraire de la concurrence d'autres entreprises actives sur le même marché ; ce concept réunit ainsi deux notions : en premier lieu celle de l'interdépendance, et en second lieu celle, plus classique, de la dominance. • Aut. conc. n° 10-D-36 du 17 déc. 2010 : *JCP E 2011, n° 1302, note Malaurie-Vignal ; RDLC 2011, n° 1, p. 200, obs. Lemaire*. ♦ De jurisprudence constante, la dominance collective se différencie de l'entente. Sont en dominance collective des entreprises qui, du fait de leurs caractéristiques propres et des circonstances spécifiques au marché concerné, adoptent des comportements parallèles qui les conduisent à se comporter comme si elles ne formaient qu'une seule entreprise, sans que cette identité de comportement nécessite le concours de leurs volontés ; à l'inverse, l'entente résulte précisément de ce concours des volontés. • Cons. conc. n° 07-D-08 du 12 mars 2007 : *cité note 4 bis ss. art. L. 462-7*. ♦ Il convient de rechercher si, en l'absence d'ententes conclues avec leurs clients, les sociétés en cause auraient disposé en commun de la possibilité de se comporter sur le marché en cause, dans une mesure appréciable, de façon indépendante vis-à-vis de leurs concurrents, de leurs clients et des consommateurs. • Com. 7 juill. 2009 : *Bull. civ. IV, n° 97 ; D. 2009. AJ 1889 ; JCP E 2009, n° 38, p. 27 ; CCC 2009, n° 227, obs. Decocq ; RJDA 2010, n° 297*. ♦ Jugeant, dans la même affaire, qu'aucun élément du dossier ne permet de considérer qu'une ligne d'action commune aurait pu être mise en œuvre en l'absence des ententes et constituer soit l'objet soit l'effet d'une indépendance vis-à-vis des concurrents, clients ou consommateurs. • Paris, 15 avr. 2010 : *BOCC 25 mai 2010 ; CCC 2010, n° 159, obs. Decocq ; RDLC 2010, n° 3, p. 91, note Marty ; RLC juill.-sept. 2010. 17, note Mexis ; Gaz. Pal. 2010. 3050, et les obs.*

Occupent une position dominante collective deux sociétés financièrement liées ayant mis en place une stratégie commerciale révélatrice d'une volonté commune de pratiquer une politique de vente coordonnée et étant en mesure de s'opposer à l'arrivée d'un nouvel opérateur sur un marché où elles sont les seules intervenantes. • Paris, 6 juill. 1994 : *CCC 1994, n° 197, obs. Vogel ; RJDA 1994, n° 1324*. ♦ Dans le même sens, décidant que plusieurs entreprises simultanément présentes sur un même marché peuvent être considérées comme détenant conjointement une position dominante dès lors qu'il existe entre elles une interdépendance les conduisant à adopter une stratégie explicitement ou implicitement coordonnée, V. • Cons. conc. n° 98-D-76 du 9 déc. 1998 : *BOCC 27 avr. 1999 ; CCC 1999, n° 111, obs. Malaurie-Vignal*. ♦ V. aussi, décidant que la position dominante collective peut être retenue à l'encontre de deux entités, économiquement interdépendantes, qui ont agi ensemble sur un même marché et ont adopté une ligne de conduite commune sur un même marché, • Paris, 30 oct. 2001 : *CCC 2001, n° 173, obs. Malaurie-Vignal*. ♦ En l'absence de tels liens, la seule structure du marché peut permettre de mettre en évidence une position dominante collective, si les critères cumulatifs suivants sont réunis, à savoir la structure oligopolistique et la transparence du marché concerné, la possibilité d'exercer des représailles sur les entreprises déviant de la ligne d'action commune et enfin la non contestabilité du marché ou l'absence de compétition potentielle. • Cons. conc. n° 06-D-02 du 20 févr. 2006 : *BOCC 26 janv. 2007 ; RDLC 2006, n° 2, p. 90, obs. Prieto ; RLC juill.-sept. 2006. 32, obs. Sélinsky*. ♦ Sur un abus de position dominante collective, caractérisé par l'abstention de plusieurs sociétés à répondre aux appels d'offres en concurrence avec les entreprises communes qu'elles ont créées, V. • Cons. conc. n° 02-D-44 du 11 juill. 2002 : *BOCC 30 sept. 2002 ; JCP E 2003, n° 5, p. 224, note Arhel ; LPA 2 sept. 2002, note Arhel ; CCC 2002, n° 157, obs. Malaurie-Vignal ; Gaz. Pal. 2003. Doctr. 2177, note Thouvenin* (conf. par • Paris, 18 févr. 2003 : *BOCC 21 nov. 2003 ; JCP E 2003, n° 14, p. 612, note Arhel*). ♦ Pour une position dominante collective de la FIFA et du CFO sur le marché des billets destinés à être vendus à l'occasion de la coupe du monde de football 1998, V. • Paris, 30 oct. 2001 : *BOCC 31 déc. 2001 ; Lettre distrib. févr. 2002, p. 2.* ♦ Pour une position dominante collective sur les marchés de la distribution d'eau et de l'assainissement, résultant notamment des liens structurels liant les entreprises en cause, lesquels résultaient de la création d'une entreprise commune, V. • Cons. conc. n° 02-D-44 : du 11 juill. 2002 : *préc.* ♦ Comp. jugeant que des liens structurels de faible importance et un engagement d'exclusivité de commercialisation ou d'approvisionnement sont insuffisants pour caractériser une position dominante collective : • Cons. conc. n° 02-D-68 du 14 nov. 2002 : *BOCC 28 févr. 2003 ; CCC 2003, n° 72, obs. Malaurie-Vignal ; RJDA 2003, n° 650.* ♦ Pour des solutions en droit communautaire, V. • CJCE 10 juill. 2001 : *CCC 2001, n° 175, note Poillot-Peruzzetto.* – V. aussi Belmont, *ibid. 2002, Chron. 3* ; Jalabert-Doury, *Cah. dr. entr. 2002, n° 5, p. 1.* ♦ V. également • TPICE 6 juin 2002 : *JCP E 2002, n° 29, p. 1209, note Vilmart ; LPA 25 juill. 2002, obs. Arhel.* ♦ Jugeant que la démonstration d'une position dominante collective suppose que soit mise en évidence l'adoption effective d'une ligne d'action commune sur le marché, V. • Aut. conc. n° 12-D-13 du 15 mai 2012. ♦ Mais l'existence d'une position dominante collective ne requiert pas l'adoption par les entreprises d'un même comportement pour tous les aspects de la concurrence sur le marché concerné. • TPICE 30 sept. 2003 : *CCC 2004, n° 62, obs. Poillot-Peruzzetto.*

2° MARCHÉ DE RÉFÉRENCE

BIBL. Vogel, *CCC juin 1992. 1 ; JCP 1994. I. 3737.* – Boutard-Labarde et Bureau, *RJDA 1993, p. 743.* – Campana et Barratin, *Gaz. Pal. 1997. 1. Doctr. 243.* – Canivet et Champalaune, *Liber amicorum Calais-Auloy, Dalloz, 2004, p. 227* (comportement du consommateur).

5. Substituabilité du produit. Le marché se définit comme le lieu théorique où se rencontrent l'offre et la demande de produits ou de services qui sont considérés par les acheteurs ou les utilisateurs comme substituables entre eux mais non substituables aux autres biens ou services offerts. • Paris, 17 juin 1992 : *RJDA 1992, n° 843* • 18 janv. 1995 : *D. 1995. IR 81.* ♦ Les critères de substituabilité d'un produit permettant de délimiter le marché économique de référence au sens des art. 7 et 8 [C. com., art. L. 420-1 et L. 420-2] s'apprécient différemment selon la nature ou les modalités de commercialisation du produit en cause. • Com. 29 nov. 1994 : *Bull. civ. IV, n° 358 ; D. 1995. IR 4 ; CCC 1995, n° 34, obs. Vogel.* ♦ Une Cour d'appel, qui a constaté qu'il existait pour un jeu de société, des jeux aux mécanismes intellectuels similaires rendant ce produit aisément substituable, a énoncé à bon droit que la notoriété d'un jeu ne saurait lui permettre de constituer à lui seul un marché particulier, et a pu décider que le marché de référence était celui des jeux de société, et en déduire qu'une société ne se trouvait pas en état de dépendance économique à l'égard du distributeur concessionnaire exclusif de ce jeu. • Com. 2 juin 1992 : *Bull. civ. IV, n° 224 ; CCC 1992, n° 229, obs. Vogel.* ♦ Le seul critère de notoriété d'un produit ne suffit pas à établir son insubstituabilité par rapport à d'autres créations et donc à délimiter un marché pertinent. • Com. 29 janv. 2002 : *CCC 2002, n° 93, obs. Malaurie-Vignal.* ♦ Outre les éléments déjà examinés, l'Autorité peut apprécier la délimitation du marché au regard du test dit du « monopole hypothétique », qui consiste à évaluer si une augmentation faible, mais significative et non transitoire, du prix d'un bien ou d'un service au-delà du niveau concurrentiel serait profitable pour un offreur supposé en monopole sur ce service, compte tenu de la baisse de demande résultant de l'augmentation du prix. • Aut. conc. n° 12-D-25 du 18 déc. 2012 : *cité note 13.*

Sur l'appréciation de l'interchangeabilité d'une spécialité pharmaceutique et la détermination du marché de référence de ce produit, V. • Com. 15 juin 1999 : *Bull. civ. IV, n° 128 ; D. 1999. IR 190 ; CCC 1999, n° 180, obs. Poillot-Peruzzetto.* ♦ ... Sur le marché de référence des jeux de société et de connaissances, V. • Com. 8 juin 1992 : *Bull. civ. IV, n° 224 ; D. 1992. IR 208.* ♦ ... Sur le marché des boissons au goût de cola, • Cons. conc. n° 96-D-57 du 29 oct. 1996 : *BOCC 6 mars 1997 ; CCC 1997, n° 67, obs. Vogel,* annulée pour vice de procédure par • Paris, 8 sept. 1998 : *D. Affaires 1998. 1633, obs. J. F. ; CCC 1998, n° 164, obs. Malaurie-Vignal.* ♦ ... Sur le marché de la réparation de carrosserie et la position dominante des compagnies d'assurance, • Paris, 29 sept. 1998 : *D. 1998. IR 243 ; CCC 1999, n° 6, obs. Malaurie-Vignal ; LPA 18 juin 1999, obs. Reboul.* ♦ ... Sur le marché du mobilier urbain, • Cons. conc. n° 98-D-52 du 7 juill. 1998 : *D. Affaires 1999. 23, obs. Emery.* – Dans cette même affaire, V. note 18 ss. art. L. 410-1. ♦ ... Sur le marché des locaux et espaces nécessaires aux activités de compagnies aériennes, V. • Paris, 23 févr. 1999 : *D. 1999. IR 108.* ♦ ... Sur le marché de la télévision à péage, V. • Com. 30 mai 2000 : *Bull. civ. IV, n° 112 ; D. 2000. AJ 366* (rejet du pourvoi contre • Paris, 15 juin 1999 : *cité note 2 ss. art. L. 462-7*). ♦ Sur la question de la spécificité du marché de la vente de livres par clubs, V., cassant un arrêt ayant conclu à un abus de position dominante, • Com. 10 mars 1992 : *Bull. civ. IV, n° 111 ; D. 1992. 355, note Gavalda* (cassation de • Paris, 21 mai 1990 : *D. 1990. 523, note Gavalda ; Gaz. Pal. 1990. 2. 426, obs. Jobard*). – Comp., sur renvoi : • Paris, 11 mars 1993 : *BOCC 26 mars 1993.*

6. Facteurs spécifiques de délimitation d'un marché. Sur l'incidence des particularismes géographiques et du coût de transport, pour la détermination du marché pertinent, • Com. 29 juin 1993 : *Bull. civ. IV, n° 276 ; RJDA 1993, n° 1056.* ♦ Considérant qu'il convient, pour apprécier l'existence d'un marché pertinent du traitement des déchets en décharge et la substituabilité des procédés existants, de tenir compte du comportement des utilisateurs, V. • Com. 22 mai 2001 : *Bull. civ. IV, n° 97 ; D. 2001. AJ 2973 ; CCC 2001, n° 135, obs. Malaurie-Vignal* (V. l'arrêt d'appel • Paris, 13 avr. 1999 : *D. 1999. IR 140*). ♦ Selon une pratique décisionnelle et une jurisprudence établies, chaque marché public passé selon une procédure d'appel d'offres constitue en soi un marché pertinent ; ce marché résulte de la confrontation de la demande du donneur d'ordres et des offres faites par les candidats qui répondent à l'appel d'offres. • Aut. conc. n° 10-D-10 du 10 mars 2010. ♦ Pour déterminer le marché pertinent à l'occasion d'un appel d'offres, il ne faut pas se limiter au marché particulier résultant du croisement de l'appel d'offres et des soumissions déposées mais y inclure aussi le marché où sont actifs l'ensemble des opérateurs susceptibles de répondre à l'appel d'offres, V. • Cons. conc. n° 01-D-67 du 10 oct. 2001 : *BOCC 21 janv. 2002 ; CCC 2002, n° 47, obs. Malaurie-Vignal* • Aut. conc. n° 12-D-06 du 26 janv. 2012. ♦ La relative porosité des bassins de chalandise n'empêche pas le droit de la concurrence de délimiter des marchés locaux ; s'il en était autrement, il faudrait admettre que la plupart des marchés locaux devraient, de proche en proche, être étendus aux marchés géographiques voisins pour constituer au final un marché global. • Cons. conc. n° 04-D-70 du 16 déc. 2004 : *BOCC 31 mars 2005.* ♦ La dimension géographique du marché des prestations de commerce électronique est au moins nationale ; il n'existe pas d'obstacle matériel à ce que la prestation soit réalisée à partir de n'importe quel point du territoire national. • Aut. conc. n° 09-D-30 du 21 sept. 2009.

V. note 20 ss. art. L. 420-1.

6 bis. Marché connexe. Des pratiques mises en œuvre sur un marché non dominé ne peuvent être considérées comme constitutives d'une exploitation abusive d'un marché dominé connexe que si, du fait de cette connexité, et de la prééminence détenue sur le marché non dominé par l'entreprise, elle peut y manifester, par rapport aux autres opérateurs qui y sont présents, une indépendance de comportement lui conférant une responsabilité particulière dans le maintien d'une concurrence effective. • Cons. conc. n° 05-D-28 du 15 juin 2005 : *BOCC 14 mars 2006.*

B. ABUS DE POSITION DOMINANTE

7. Objet ou effet anticoncurrentiel. Est prohibée l'exploitation abusive d'une position dominante « dans les mêmes conditions » que sont prohibées les ententes et actions concertées « lorsqu'elles ont pour objet ou peuvent avoir pour effet » d'empêcher, de restreindre, de fausser le jeu de la concurrence sur un marché. Il suffit donc qu'une clause ait eu pour objet de restreindre et de fausser le jeu de la concurrence. • Cons. conc. n° 97-D-72 du 7 oct. 1997 : *BOCC 23 janv. 1998* • Paris, 9 mars 2010 : *cité ss. art. R. 464-1.* ♦ La recherche de l'effet anticoncurrentiel de la pratique poursuivie est présentée tantôt comme le but poursuivi concrètement par l'opérateur, auquel cas l'analyse se confond avec celle de l'abus, tantôt comme le ressort essentiel du comportement, auquel cas la conjonction « ou » qu'énonce la loi indique que l'effet anticoncurrentiel suffit à consacrer le grief poursuivi. • Paris, 23 mars 2010 : *cité note 12 bis.* ♦ Afin d'établir le caractère abusif d'une pratique d'éviction, l'effet anticoncurrentiel de celle-ci sur le marché doit exister, mais il ne doit pas être nécessairement concret, étant suffisante la démonstration d'un effet anticoncurrentiel potentiel de nature à évincer les concurrents au moins aussi efficaces que l'entreprise en position dominante. • Aut. conc. n° 13-D-06 du 28 févr. 2013 : *RLC avr.-juin 2013. 32, obs. Sélinsky.* ♦ L'Autorité n'est nullement tenue d'apporter la preuve d'une détérioration effective quantifiable de la position concurrentielle des opérateurs concurrents, qui peut avoir été plus ou moins efficacement contrée ou circonscrite sans que cela n'ôte en rien leur caractère abusif aux pratiques en cause. • Aut. conc. n° 12-D-24 du 13 déc. 2012 : *cité note 8 ss. art. L. 464-2.* ♦ Il appartient à la cour d'appel de Paris de rechercher, non si le Conseil avait établi que les nouveaux opérateurs de téléphonie fixe ne disposaient plus d'aucun moyen permettant d'éviter l'effet de ciseau subi en cas d'interconnexion directe, mais si les pratiques de « ciseau tarifaire » avaient pour objet ou pouvaient avoir pour effet de restreindre ou de fausser le jeu de la concurrence sur le marché de la téléphonie fixe vers mobile des entreprises. • Com. 10 mai 2006 : *Bull. civ. IV, n° 115 ; D. 2006. AJ 1527, obs. Chevrier ; JCP E 2006, n° 26, p. 1167 ; CCC 2006, n° 140, obs. Decocq ; RJDA 2006, n° 958 ; RLDA juin 2006. 64, obs. Méar ; RLC juill.-sept. 2006. 29, obs. Dumarcay ; ibid. 98, obs. Nourissat ; RDLC 2006, n° 3, p. 98, obs. Wachsmann ; CCE 2006, n° 129, obs. Chagny ; Europe 2006, n° 221, obs. Idot.* ♦ Il en découle que la pertinence, en soi, d'un test de ciseau tarifaire ne peut être exclue lorsque les sources alternatives d'approvisionnement existantes ne sont pas effectives, au sens où le caractère insuffisamment significatif de ces sources ne permet pas aux opérateurs d'éviter de recourir à la prestation ou au bien en cause. • Cons. conc. n° 07-MC-04 du 28 juin 2007 : *CCC 2007, n° 242, obs. Bazex ; RDLC 2007, n° 3, p. 101, obs. Flochel, et p. 144, obs. Lemaire ; RDC 2007. 1171, obs. Idot.* ♦ Une pratique de « ciseau tarifaire » a un effet anticoncurrentiel si un concurrent potentiel aussi efficace que l'entreprise dominante verticalement intégrée auteur de la pratique ne peut entrer sur le marché aval qu'en subissant des pertes ; un tel effet peut être présumé seulement lorsque les prestations fournies à ses concurrents par l'entreprise auteur du « ciseau tarifaire » leur sont indispensables pour la concurrencer sur le marché aval. • Com. 3 mars 2009 : *Bull. civ. IV, n° 30 ; D. 2009. Pan. 2890, obs. Ferrier ; RTD com. 2010. 89, obs. Claudel ; JCP E 2009, n° 16-17, p. 38 ; CCC 2009, n° 142, obs. G. D. ; CCE 2009, n° 55, obs. Chagny ; RJDA 2009, n° 893 ; RDLC 2009, n° 2, p. 118, obs. Sibony.* – Appliquant ce critère de fond et cette démonstration probatoire : • Paris, 27 janv. 2011 : *BOCC 23 févr. 2011 ; Dalloz actualité, 7 févr. 2011, obs. Chevrier ; CCC 2011, n° 70, obs. Decocq ; Gaz. Pal. 2011. 2325, obs. Forster et Santonja ; RDLC 2011, n° 2, p. 114, obs. Sibony ; RLC avr.-juin 2011. 36, obs. Cholet* (conf. par • Com. 17 janv. 2012 : *cité note 10 ss. art. L. 464-8*). ♦ La différenciation tarifaire abusive constitue une pratique distincte du ciseau tarifaire, dès lors qu'elle peut fausser le jeu de la concurrence sans pour autant empêcher les concurrents du marché aval aussi efficaces de proposer leurs services de manière rentable. • Aut. conc. n° 09-D-36 du 9 déc. 2009. ♦ Sur la pratique de compression des marges constitutive, en tant que telle, d'un abus de position dominante, V. • CJUE 14 oct. 2010 : *RTD eur. 2011. 409, obs. Idot ; JCP E 2010, n° 568 ; CCC 2010, n° 274, obs. Bosco ; Gaz. Pal. 2011. 1587, et les obs. ; RJDA 2011, n° 85 ; RDLC 2011, n° 1, p. 91, note Sibony ; RLDA nov. 2010. 44, obs. Anadon ; Europe 2010, n° 424, obs. Idot.* ♦ V. aussi note 22 ss. art. L. 420-1. ♦ V. également, Arhel, *LPA 19 avr. 2002.*

1° ABUS DE COMPORTEMENT

8. Cessation d'approvisionnement. Le fait qu'EDF soit en position dominante sur le marché de gros de l'électricité lui donne certes davantage de responsabilités que d'autes acteurs sur ce marché, mais ses responsabilités ne vont pas jusqu'à l'obliger à acheter les produits de ses concurrents. • Aut. conc. n° 11-D-09 du 8 juin 2011 : *CCC 2011, n° 193, obs. Bosco ; RDLC 2011, n° 3, p. 110, obs. Marty ; ibid., p. 199, obs. Guillaume ; RLC oct.-déc. 2011. 25, obs. Arhel.* ♦ Une personne qui décide de cesser de s'approvisionner chez un commerçant, cette abstention fût-elle avec l'intention de nuire, ne fait qu'exercer la liberté fondamentale de s'approvisionner chez un commerçant et ne commet pas un abus de droit. • Com. 5 juill. 1994 *Bull. civ. IV, n° 258 ; JCP 1994. II. 22323, note Léonnet ; Gaz. Pal. 1995. 1. 90, note Dureuil.* ♦ Comp., pour une cessation d'approvisionnement constitutive d'un abus de droit : • Com. 28 févr. 1995 : *Bull. civ. IV, n° 63 ; D. 1997. Somm. 64, obs. Ferrier ; Rev. huiss. 1995. 1221, note Grignon.* – V. Mainguy, *Cah. dr. entr. 1995, n° 6, p. 28.* ♦ La rupture avant le terme contractuellement défini d'une relation commerciale exclusive relève du contentieux commercial et peut éventuellement donner lieu à réparation sur ce terrain ; mais, en ce qui concerne le droit de la concurrence, celui-ci ne trouve à s'appliquer que si la rupture brutale de la relation commerciale a un objet ou des effets anticoncurrentiels, qu'ils soient avérés ou potentiels, sur la structure ou le fonctionnement du secteur ou du marché en cause au détriment du bien-être des clients, des utilisateurs des produits ou services en cause ou encore des consommateurs. • Aut. conc. n° 13-D-07 du 28 févr. 2013 : *cité note 11.* ♦ Sur la sanction civile de la rupture brutale d'une relation commerciale établie, V. art. L. 442-6 (I), 5°.

En mettant en œuvre une pratique visant à inciter une autre entreprise à rompre un accord exclusif avec une autre entreprise, telle que cette pratique serait de nature à influencer la structure du marché et aurait pour effet de faire obstacle au maintien ou au développement d'une concurrence effective sur ce marché, une entreprise en position dominante commettrait un abus. La qualification d'une telle pratique d'anticoncurrentielle impliquerait que l'entreprise en position dominante ait utilisé son pouvoir de marché pour inciter à la rupture de l'accord exclusif, en ayant recours pour ce faire à des moyens différents de ceux qui gouvernent une compétition normale entre concurrents. • Aut. conc. n° 11-MC-01 du 12 mai 2011 : *AJDA 2011. 1881, obs. Lombard ; RDLC 2011, n° 3, p. 117, obs. Sibony.*

9. Refus de vente. V. art. L. 122-1 C. consom.,

App., v° *Ventes commerciales (Dispositions générales).* ♦ Trois conditions liminaires doivent être remplies afin d'examiner si un refus d'accès ou de fourniture est constitutif d'un abus de position dominante, à savoir le caractère indispensable (ou objectivement nécessaire) du produit ou service auquel l'accès est refusé, l'affectation de la concurrence résultant du refus d'accès ou de fourniture et le caractère novateur du produit offert par le demandeur d'accès. • Aut. conc. n° 12-D-01 du 10 janv. 2012 : *préc. note 2.* ♦ Sur un usage abusif et discriminatoire du droit de la Fédération française de football de refuser la retransmission télévisée de rencontres de football, V., • Paris, 10 févr. 1992 : *BOCC 21 févr. 1992 ; D. 1992. IR 146 ; Gaz. Pal. 1993. 1. 12, note Marchi,* conf. par • Com. 1er mars 1994 : *Bull. civ. IV, n° 91 ; D. 1995. Somm. 61, obs. Lacabarats*. ♦ La concession à un diffuseur du droit de retransmettre en direct et intégralement une compétition sportive ne peut, en vertu du droit du public à l'information, faire obstacle à la communication de l'événement au public, sous la forme de brefs extraits ne portant pas atteinte au droit d'exclusivité du diffuseur. • Civ. 1re, 6 févr. 1996 : *Bull. civ. I, n° 70 ; D. 1996. IR 82 ; D. Affaires 1996. 425.* – V. Galloux, *JCP 1997. I. 4046.* ♦ V. aussi et comp., désormais : C. sport, art. L. 333-1 s. et Décr. n° 2004-699 du 15 juill. 2004 *(JO 16 juill.)* au **C. sport**. – V. Théophile et Philipp, *Cah. dr. entr. 1992, n° 5* ; Mallet-Poujol, *D. 1996. Chron. 103*. ♦ Sur le refus par la Direction de la Météorologie nationale de communiquer ses informations, V. note 18 ss. art. L. 410-1. ♦ Sur le refus par une maison de disques d'autoriser la diffusion de son catalogue musical sur un site de téléchargement gratuit, V. • TGI Paris, réf., 5 sept. 2011 : *CCE 2011, n° 101, obs. Caron.*

Sur la légitimité, pour une société vendant des appareils photographiques, de se réserver le service après-vente de ses produits, V. • Com. 14 nov. 1995 : *CCC 1996, n° 6, note Vogel ; RJDA 1996, n° 242* (cassant • Paris, 30 juin 1994 : *CCC 1994, n° 167*). ♦ V. la même solution à propos d'une société qui refuse de répondre à une nouvelle demande qui excède ses capacités de production restant disponibles et qui réserve à l'une de ses filiales la partie de sa production en bien intermédiaire qui lui est nécessaire pour produire un produit fini, • Cons. conc. n° 01-D-70 du 24 oct. 2001 : *BOCC 21 janv. 2002 ; CCC 2002, n° 48, obs. Malaurie-Vignal.*

9 bis. Refus d'accorder un droit exclusif. BIBL. Lévêque, *RDLC déc. 2004. 16* (quel est le prix raisonnable d'une licence obligatoire ?). – Idot, *LPA 25 nov. 2005* (droits exclusifs et abus de position dominante). – Gstalter, *RDLC 2007, n° 3, p. 46* (*open source*, interopérabilité et concurrence). – Bacciche tti et Bonnet, *JCP E 2009, n° 46, p. 18* (droit des pratiques anticoncurrentielles et droits de propriété intellectuelle). – Binctin, *Mélanges Payet, Dalloz, 2011, p. 33* (droit de la concurrence et consommation : le sort de l'exclusivité). ♦ La détention d'un droit de propriété intellectuelle n'exempte nullement du respect des règles de la concurrence. • Aut. conc. n° 10-D-16 du 17 mai 2010 : *CCC 2010, n° 183, obs. Bosco ; Gaz. Pal. 2011. 589, note Rousset ; RDLC 2010, n° 3, p. 94, note Marty ; RLC juill.-sept. 2010. 20, note Arhel.* ♦ L'exploitation d'un droit de propriété intellectuelle par une entreprise en position dominante peut être considérée, eu égard aux circonstances particulières de l'espèce, comme restreignant le droit des concurrents d'exploiter leur propre capacité d'innovation et peut, partant, constituer un abus. • Aut. conc. n° 12-D-01 du 10 janv. 2012 : *préc. note 2.* ♦ Le refus, opposé par une entreprise en position dominante et qui est titulaire d'un droit exclusif, d'octroyer une licence pour l'utilisation de ce droit à une autre entreprise, constitue un abus de position dominante dès lors que les conditions suivantes sont réunies : l'entreprise qui a demandé la licence a l'intention d'offrir, sur le marché en cause, des produits ou des services nouveaux que le titulaire du droit de propriété intellectuelle n'offre pas et pour lesquels il existe une demande potentielle de la part des consommateurs ; le refus n'est pas justifié par des considérations objectives ; le refus est de nature à réserver à l'entreprise titulaire du droit exclusif le marché en cause, en excluant toute concurrence sur celui-ci. • CJCE 29 avr. 2004 : *D. 2004. 2366, note Sardain ; JCP E 2004, n° 49, p. 1927, obs. Sardain ; Gaz. Pal. 2005. Somm. 2069, obs. L.C.F. ; RJDA 2004, n° 1053 ; CCE 2004, n° 69, obs. Caron ; Europe 2004, n° 214, obs. Idot ; Lettre distrib. mai 2004, p. 1, obs. Mainguy ; RTD com. 2004. 491, obs. Pollaud-Dulian ; RDC 2005. 315, obs. Prieto.* – Sur cet arrêt, V. aussi Gendreau et Redon, *RJDA 2004, p. 1151* (droit de la concurrence et droit d'auteur) ; Peyre, *RLC 2005, n° 1, p. 26* (droit de propriété intellectuelle et droit de la concurrence) ; Gyselen, *RDLC 2005, n° 2, p. 24* (fourniture d'une licence à un concurrent). ♦ Un refus de licence n'est pas anticoncurrentiel en soi puisqu'il relève de la liberté commerciale du propriétaire du bien intellectuel, sauf si ce bien est essentiel à l'activité de l'entreprise demanderesse. • Cons. conc. n° 04-D-76 du 22 déc. 2004 : *BOCC 31 mars 2005* (annulée par • Paris, 24 mai 2005 : *BOCC 20 sept. 2005 ; RLC oct.-déc. 2008. 185, note Riffault-Silk,* qui estime qu'en l'espèce le bien était essentiel à l'activité de la requérante). ♦ Sur l'affaire *Microsoft*, V.

• TPICE 17 sept. 2007 : *D. 2007. Point de vue. 3082, obs. Laine* ; *ibid. AJ 2303, obs. Chevrier* ; *D. 2008. Pan. 2195, obs. Ferrier* ; *RTD com. 2007. 715, obs. Pollaud-Dulian* ; *RTD eur. 2007. 720, note Gstalter* ; *JCP E 2007, n° 43-44, p. 21, note Debroux* ; *JCP E 2008, n° 10, p. 18, obs. Decocq* ; *CCC 2007. Alerte 47, par Debroux* ; *CCC 2007, n° 279, obs. Bosco* ; *LPA 21 nov. 2007, note Arhel* ; *Gaz. Pal. 2008. 298, note Marcellesi* ; *RJDA 2007, n° 1154* ; *RLDA oct. 2007. 54, obs. Anadon* ; *RDLC 2007, n° 4, p. 78, obs. Prieto* ; *RLC janv.-mars 2008. 22, note Lévêque, et 99, obs. Cheynel* ; *Europe 2007. Étude 22, par Idot*. – Sur cet arrêt, V. aussi Prieto, *D. 2007. 2884* (la condamnation de *Microsoft* ou l'alternative européenne à l'antitrust américain) ; Gunther et Tayar, *RLC janv.-mars 2008. 169* (l'arrêt *Microsoft* marque-t-il la fin de l'externalisation du contrôle des engagements en matière de concentration ?). – Béhar-Touchais, *CCE 2008. Étude 6* (être interopérable ou ne pas être : telle est la question). – Sur les affaires *Microsoft* et leurs apports au droit de la concurrence, V. Dossier, *RLC oct.-déc. 2008. 127*.

10. Prix imposés et augmentations de tarifs. Constitue un abus de position dominante le fait, pour un laboratoire pharmaceutique qui détient le monopole de la production et de la distribution d'un médicament, d'avoir fortement majoré le prix de celui-ci, et d'avoir mis en place un mécanisme de remise liée à l'achat concomitant d'un autre médicament dont le brevet était tombé dans le domaine public. • Com. 15 juin 1999 : *préc. note 5*, conf. • Paris, 6 mai 1997 : *BICC 1997, n° 1187* ; *JCP E 1997. Pan. 1175*. ♦ Sur l'abus de position dominante d'un fabricant de jouets ayant institué un système de prix imposés en prévoyant dans ses conditions de vente et contrats de coopération commerciale, sous peine de suppression de remise, l'obligation pour les grossistes de respecter ses tarifs et de ne pas imputer les remises dont ils bénéficiaient sur les prix de revente, l'interdiction aux distributeurs de rétrocéder les marchandises aux autres distributeurs appartenant au réseau, V. • Cons. conc. n° 99-D-45 du 30 juin 1999 : *BOCC 11 déc. 1999*. ♦ Mais le seul fait pour un opérateur occupant une position dominante sur un marché de relever ses tarifs étant insuffisant pour caractériser un abus de cette position, V. considérant que l'augmentation du tarif d'abonnement des fournisseurs de services exploitant des codes minitel ne suffit pas à établir l'abus de position dominante de France Télécom. • Paris, 3 oct. 2000 : *CCE 2001, n° 9, obs. Decocq*, conf. par • Com. 24 sept. 2002 : *ibid. 2003, n° 9, obs. Decocq* ; *Gaz. Pal. 2004. 446, note L'Hénoret-Marcellesi*. ♦ V. aussi jugeant que le seul fait pour France Télécom d'utiliser les ressources de son activité monopolistique pour subventionner une nouvelle activité est insuffisant pour entraîner l'application des dispositions de l'art. L. 420-2. • Cons. conc. n° 02-D-63 du 8 oct. 2002 : *CCC 2003, n° 40, obs. Malaurie-Vignal*. ♦ Une pratique de prix abusivement élevés peut être établie s'il existe une disproportion manifeste entre ce prix et la valeur du service correspondant, et que cette disproportion ne s'appuie sur aucune justification économique. Ainsi, en principe, l'appréciation d'un prix abusivement élevé doit au premier abord s'apprécier au regard des coûts de la prestation ; s'il n'est pas possible d'établir cette disproportion par examen des coûts, il est permis de recourir à une évaluation par comparaison avec les prix pratiqués par des entreprises placées dans des situations équivalentes. • Aut. conc. n° 09-D-38 du 17 déc. 2009.

11. Conditions de vente discriminatoires. Les pratiques de discrimination et de favoritisme, lorsqu'elles sont le fait d'une entreprise en position dominante, sont susceptibles d'être contraires à l'art. L. 420-2. • Aut. conc. n° 13-D-04 du 14 févr. 2013. ♦ La discrimination peut d'abord consister à renforcer de manière artificielle l'entreprise qui la met en œuvre dans la compétition qu'elle livre sur le marché dominé ou sur un autre marché (abus dit d'éviction) ; la discrimination peut aussi porter atteinte au jeu concurrentiel sans que l'entreprise la mettant en œuvre soit directement partie prenante sur le marché affecté (abus dit d'exploitation). • Aut. conc. n° 13-D-07 du 28 févr. 2013. ♦ Sur la condamnation d'une société pour avoir traité de façon discriminatoire des annonceurs selon qu'ils appartenaient ou non au groupe auquel elle appartenait, V. • Cons. conc. n° 99-D-85 du 22 déc. 1999 : *BOCC 31 mars 2000* (conf. par • Com. 26 nov. 2003 : *BOCC 12 mars 2004* ; *LPA 2 juill. 2004, concl. Lafortune* ; *JCP E 2004, n° 4, p. 105* ; *RTD com. 2004. 458, obs. Claudel*).

11 bis. Refus de résiliation. Jugeant qu'en tardant à tirer les conséquences de la résiliation du contrat et en ne coopérant pas avec le nouveau attributaire du marché, une société a abusé de sa position dominante, V. • Cons. conc. n° 04-D-32 du 8 juill. 2004 : *CCC 2004, n° 156, obs. Malaurie-Vignal* (conf. par • Paris, 22 févr. 2005 : *BOCC 23 juin 2005* ; *RDLC 2005, n° 2, p. 54, obs. Prieto*).

12. Action en justice. BIBL. Deharo, *RJ com. 2011. 183* (utilisation frauduleuse de la procédure : état de la jurisprudence). ♦ Une entreprise, même lorsqu'elle occupe une position dominante, doit être en mesure d'ester en justice afin de défendre ses intérêts lorsqu'elle estime ceux-ci menacés par le comportement jugé déloyal d'un concurrent. • Aut. conc. n° 11-

D-15 du 16 nov. 2011 : *Dalloz actualité, 29 nov. 2011, obs. Chevrier ; CCC 2012, n° 48, obs. Bazex ; RLC janv.-mars 2012. 24, obs. Cholet.* ♦ Le fait pour plusieurs personnes d'agir en justice de concert ne pourrait être qualifié de pratique anticoncurrentielle que dans des circonstances tout à fait exceptionnelles. • Cons. conc. n° 99-D-77 du 7 déc. 1999 : *BOCC 18 févr. 2000 ; CCE 2001, n° 2, obs. Caron.* ♦ Il en va ainsi lorsque l'action en justice est, dans une perspective objective, manifestement dépourvue de fondement et qu'elle a été conçue dans le cadre d'un plan ayant pour but d'éliminer la concurrence. • TPICE 17 juill. 1998 : *JCP 1998. I. 189, n° 2, obs. Boutard-Labarde.* ♦ Ainsi, pour que l'exercice d'une action en justice d'une entreprise occupant une position dominante reçoive la qualification d'abus il faut, d'une part, que l'action, manifestement dépourvue de tout fondement, ne puisse être raisonnablement considérée comme visant à faire valoir des droits de l'entreprise concernée et, d'autre part, qu'elle s'inscrive dans un plan visant à empêcher, restreindre ou fausser le jeu de la concurrence sur le marché considéré. • Paris, 4 févr. 2003 : *BOCC 31 mars 2003* • Cons. conc. n° 02-D-76 du 19 déc. 2002 : *BOCC 28 févr. 2003.* ♦ Tel n'est en revanche pas le cas si l'action est seulement mal fondée. • Cons. conc. n° 02-D-35 du 13 juin 2002 : *BOCC 30 sept. 2002 ; CCC 2002, n° 174, obs. Malaurie-Vignal.* – Sur cet arrêt, V. note 65 ss. art. 2, L. 2 juill. 1963, App., v° *Concurrence.* ♦ Le fait d'avoir été condamné en première instance pour concurrence déloyale suffit à démontrer que la procédure déclenchée n'était pas manifestement dépourvue de tout fondement au point de ne pouvoir être raisonnablement considérée comme visant à faire valoir les droits de l'entreprise concernée. • Aut. conc. n° 11-D-15 du 16 nov. 2011 : *préc.*

Sur un parallèle fait entre la jurisprudence développée en matière d'abus d'action en justice d'une entreprise dominante et l'« abus de dépôts de dossier en Commission départementale d'équipement commercial » d'un distributeur consistant pour celui-ci à implanter des magasins dans des zones où il est déjà omniprésent et à surdimensionner ses surfaces de vente, nonobstant tout objectif de rentabilité, V. • Cons. conc. n° 04-D-12 du 7 avr. 2004 : *BOCC 6 sept. 2004 ; D. 2004. AJ 1309* ⊘.

12 bis. Pratique de dénigrement. Parmi les *actes qui peuvent être regardés* comme abusifs figure le dénigrement, qui consiste à jeter publiquement le discrédit sur une personne, un produit ou un service identifiés. Tout dénigrement mis en œuvre par une entreprise en position dominante, s'il peut relever de la concurrence déloyale et engager la responsabilité de l'entreprise vis-à-vis de ses concurrents, n'est pas nécessairement constitutif d'un abus sanctionné au titre de l'art. L. 420-2. Pour qu'un dénigrement puisse être qualifié d'abus de position dominante, il convient que soit établi un lien entre la domination de l'entreprise et la pratique de dénigrement. • Aut. conc. n° 09-D-14 du 25 mars 2009 : *RDLC 2009, n° 2, p. 126, obs. Sibony ; RLC juill.-août 2009. 31, obs. Sélinsky et Cholet.* ♦ Pour apprécier l'existence d'une pratique de dénigrement, l'Autorité s'attache tout d'abord à vérifier si le discours commercial tenu par l'entreprise en position dominante relève de constatations objectives ou s'il procède d'assertions non vérifiées ; puis, afin de déterminer si le discours commercial de l'entreprise dominante est de nature à influencer la structure du marché, l'Autorité examine les effets attendus ou réels de ce discours auprès des partenaires commerciaux ou de la clientèle potentielle de ses concurrents ; enfin, au nombre des éléments que l'Autorité retient pour établir l'existence d'un lien entre la domination de l'entreprise en cause et la pratique de dénigrement, figurent la notoriété de cette entreprise et la confiance que lui accordent les acteurs du marché qui sont de nature à renforcer significativement l'impact du discours développé par celle-ci. • Aut. conc. n° 13-D-11 du 14 mai 2013 : *Dalloz actualité, 27 mai 2013, obs. Constantin ; JCP E 2013, n° 1333.* ♦ La preuve peut résulter de l'existence formelle de pièces se suffisant à elles-mêmes, mais peut aussi résulter d'un faisceau d'indices graves, précis et concordants, apprécié globalement et constitué par diverses pièces, ainsi le cas échéant que par le rapprochement de ces pièces avec d'autres éléments de preuve tels que les témoignages de personnes auxquelles est destiné le discours en cause. • Même décision.

L'Autorité de la concurrence a veillé à souligner que l'abus de position dominante ne se confond pas avec une pratique de concurrence déloyale. • Paris, 23 mars 2010 : ⚖ *BOCC 19 avr. 2010 ; D. 2010. Pan. 2546, obs. Picod* ⊘ *; JCP E 2010, n° 1411, obs. Malaurie-Vignal ; CCC 2010, n° 130, obs. Decocq ; RDLC 2010, n° 2, p. 82, obs. Wachsmann ; Gaz. Pal. 2010. 3049, et les obs.* ♦ En matière d'abus de position dominante, les comportements fautifs de l'entreprise au regard des dispositions générales de l'art. 1382 C. civ. constituent des abus de position dominante. • Même arrêt. ♦ Sur le dénigrement sanctionné au titre de la concurrence déloyale, V. notes 15 s. ss. art. 2 de la L. n° 63-628 du 2 juill. 1963, App., v° *Concurrence.*

2° ABUS DE STRUCTURE

13. Rétention et utilisation d'informations. Caractérise l'exploitation abusive d'une position dominante le fait de se réserver, en partie, pour France Télécom, pour l'édition des annuaires professionnels, l'information concernant les abonnés et obtenue dans l'exercice de ses missions relatives au service public de télécommunications ; une telle prérogative confère à l'exploitant public le monopole de l'édition des annuaires professionnels comprenant la liste exhaustive des abonnés au service du téléphone, en privant tout éditeur concurrent des informations relatives à ceux inscrits sur la liste orange. • Paris, 7 févr. 1994 : *Gaz. Pal. 1994. 2. 492, note Mole et Pottier,* conf. par • Com. 6 mai 1996 : *RJDA 1996, n° 938.* – V. aussi • Paris, 20 févr. 1995 : *Gaz. Pal. 1995. 2. 547, note Cousin.* ♦ V. note 26. ♦ L'utilisation, par une entreprise en position dominante, d'informations confidentielles des entreprises concurrentes à des fins stratégiques et commerciales, obtenues dans l'exercice d'une mission particulière qu'elle détient en plus de ses acticités concurrentielles peut constituer un abus de cette position dominante. • Aut. conc. n° 12-D-25 du 18 déc. 2012 : *CCC 2013, n° 59, obs. Bosco ; RLC avr.-juin 2013. 19, note Sélinsky.* ♦ Inversement, en s'abstenant de communiquer à ses concurrents des informations dont elle disposait et qu'elle aurait dû porter à leur connaissance dans des conditions objectives et transparentes, une société s'est réservée un avantage injustifié, ce qui a, corrélativement, entravé la capacité des autres entreprises à lui livrer concurrence. • Même décision. ♦ Le verrouillage, par une entreprise en position dominante, de l'accès à des fonctions essentielles des appareils qu'elle fabrique, sans nécessité objective, au risque d'éliminer toute concurrence dans la maintenance ou la réparation de ces appareils, peut constituer un abus prohibé par l'art. L. 420-2. • Cons. conc. n° 06-D-35 du 21 nov. 2006 : *BOCC 22 mars 2007 ; CCC 2007, n° 25, obs. Decocq ; RDLC 2007, n° 1, p. 95, obs. Prieto.*

14. Exclusivité de diffusion télévisuelle. **BIBL.** Destours, *RLDA janv. 2008. 38* (nouvelle feuille de match pour la durée des droits sportifs). ♦ Abuse de la position dominante qu'elle détient sur le marché de la télévision à péage et sur le marché des droits de diffusion des films français récents la société qui impose aux producteurs la conclusion de contrats de préachat de droits de diffusion lui accordant une priorité et une exclusivité de diffusion payante, leur interdit de vendre les droits de leurs films pour une diffusion en paiement à la séance, empêchant ainsi l'émergence du marché né des progrès technologiques de la diffusion des films récents à la télévision par paiement à la séance. • Paris, 15 juin 1999 : *préc. note 5.* ♦ Sur l'effet anticoncurrentiel de publicités illicites réalisées par l'INC dans les émissions prévues pour l'information des consommateurs par le cahier des charges des chaînes de télévision publiques, V. • Com. 23 avr. 2003 : *BOCC 11 août 2003 ; CCC 2003, n° 156, note Malaurie-Vignal ; CCE 2003, n° 98, obs. Decocq ; Gaz. Pal. 2004. Somm. 1265, obs. Biolay.* ♦ ... D'une clause d'exclusivité d'une durée anormale, V. • Paris, 8 janv. 2004 : *BOCC 4 mai 2004 ; CCC 2004, n° 40, obs. Malaurie-Vignal.* ♦ V. aussi en la matière, • Paris, 22 avr. 2005 : *RTD com. 2005. 509, obs. Pollaud-Dulian.*

15. Clause d'exclusivité. **BIBL.** Grynfogel et Marthan, *RJDA 1/2010, p. 3* (le clair-obscur de l'obligation d'exclusivité : de quelques singularités dans l'appréciation de l'Autorité de la concurrence). ♦ Afin d'apprécier l'effet de verrouillage du marché que des clauses d'exclusivité peuvent tendre à produire, il convient de prendre en compte notamment leur durée effective, qui peut être plus longue que la durée inscrite au contrat du fait de l'existence de clause de tacite reconduction, de clause de promotion et de non-concurrence ou d'une intégration technique rendant plus difficile la rupture de la relation. • Aut. conc. n° 13-D-06 du 28 févr. 2013 : *préc. note 7.* ♦ L'engagement d'exclusivité bien que limité à un an assorti d'une clause de reconduction tacite mais avec faculté de résiliation est abusif, lorsque son débiteur est dissuadé de rompre la convention faute d'une offre concurrente suffisamment développée, l'entrée de nouveaux entrants sur le marché étant alors rendue impossible. • Com. 12 févr. 2002 : *CCC 2002, n° 109, obs. Malaurie-Vignal ; LPA 3 juill. 2003, obs. ibid. ; Cah. dr. entr. 2002, n° 5, p. 36, obs. Mainguy.* ♦ L'imposition systématique d'une clause d'exclusivité sans justification réelle ou objective, conjuguée d'une part avec la rétention des codes-barres comme moyen de pression sur les clients et l'interdiction d'un double codage, et d'autre part avec des propositions tarifaires destinées à maintenir des relations d'exclusivité afin d'empêcher l'accès au marché à un concurrent, constitue un abus de position dominante. • Cons. conc. n° 02-D-33 du 10 juin 2002 : *BRDA 2002, n° 13, p. 13.*

Constitue un abus de position dominante le fait pour une société en position dominante sur le marché de la chaussure de football de marque d'imposer une clause contractuelle de priorité dans les contrats conclus avec les clubs de football professionnels faisant obligation de lui adresser copie des propositions concurrentes afin que, dans un certain délai, elle fasse valoir son droit d'option prioritaire à ses conditions. • Paris, 4 juill. 2000 : *RTD civ. 2001. 140, n° 7, obs. Mestre et Fages ; JCP E 2000, n° 46, p. 1786.*

16. Refus de publication. Pour un refus, par une entreprise occupant une position dominante sur le marché de la presse spécialisée portant sur les détecteurs de métaux, de publier l'annonce publicitaire d'une entreprise concurrente, V. • Paris, 23 janv. 1998 : *BOCC 17 févr. 1998 ; Gaz. Pal. 1998. 1. Somm. 39.* ♦ La liberté dont dispose Google pour définir sa politique de contenus AdWords n'exonère pas cette entreprise de l'obligation de mettre en œuvre cette politique dans des conditions objectives, transparentes et non discriminatoires. Elle doit notamment définir des règles générales et dénuées d'ambiguïté, informer clairement les annonceurs de leur existence et, le cas échéant, faire évoluer ces règles en informant de façon également claire les annonceurs, en leur laissant un préavis suffisant avant leur entrée en vigueur, définir une procédure de contrôle et de suspension des comptes également objective et transparente et garantir une application non discriminatoire des règles et procédures ainsi définies. • Aut. conc. n° 10-MC-01 du 30 juin 2010 : *cité note 34.*

17. Délais de livraison. L'installateur d'une presse à fromage, à qui le brevet confère l'exclusivité sur la fourniture de ce type de dispositif, fait une exploitation abusive de sa position dominante sur le marché de l'installation des fromageries fabriquant du reblochon en se livrant à diverses manœuvres dilatoires pour différer la livraison de la presse à un concurrent en vue de l'empêcher d'accéder à ce marché. • Cons. conc. n° 97-D-16 du 11 mars 1997 : *BOCC 8 juill. 1997 ; D. 1997. Somm. 334, obs. Mousseron* ; *LPA 12 janv. 1998, note Arhel.*

18. Refus d'achat. V. note 8.

19. Prix prédateurs. BIBL. Sibony, *LPA 21 oct. 2009* (l'année de la prédation). ♦ La prédation est une pratique tarifaire consistant, pour un opérateur dominant, à vendre en dessous de ses coûts de production dans le but d'éliminer, d'affaiblir ou de discipliner ses concurrents sous réserve de la possibilité de récupérer à terme et sous quelque forme que ce soit, les pertes accumulées délibérément. • Cons. conc. n° 04-D-17 du 11 mai 2004 : *BOCC 6 sept. 2004 ; RDLC déc. 2004. 60, obs. Spector ; CCC 2004, n° 160, obs. Poillot-Peruzzetto.* ♦ Comp., refusant d'ériger la possibilité de récupération des pertes en condition nécessaire à la qualification de prix de prédation : • CJCE 2 avr. 2009 : *Dalloz actualité, 14 avr. 2009, obs. Chevrier ; AJDA 2009. 986, obs. Broussy, Donnat et Lambert* ; *CCC 2009, n° 167, obs. Decocq ; CCE 2009, n° 65, obs. Chagny ; RJDA 2009, n° 896 ; RDLC 2009, n° 2, p. 112, obs. Sibony ; Europe 2009, n° 242, obs. Idot ; JDI 2010. 607, obs. Prieto.* ♦ Si les analyses économiques récentes ont souligné qu'un aspect déterminant dans la qualification de prédation était moins la détention d'une position dominante, appréciée par référence à une part de marché, que la crédibilité du scénario de prédation, c'est-à-dire la stratégie de l'entreprise expliquant que celle-ci consente rationnellement des pertes afin d'éliminer un concurrent, cette crédibilité dépend toutefois fortement du pouvoir de marché initial de l'entreprise. • Cons. conc. n° 07-D-39 du 23 nov. 2007 : *BOCC 25 mars 2008 ; JCP 2007. Act. 597 ; CCC 2008, n° 21, obs. Bosco ; Gaz. Pal. 2008. 2709, et les obs. ; RLC janv.-mars 2008. 30, obs. Sélinsky ; RDLC 2008, n° 1, p. 119, obs. Wachsmann ; RD transp. 2008, n° 1, obs. Grard.* ♦ En effet, la stratégie mise en œuvre suppose que l'entreprise ait la capacité financière de supporter les pertes initiales, ce qui ne peut être le cas que d'entreprises financièrement puissantes et disposant d'un pouvoir de marché tel qu'elles peuvent, en réalité, dominer ce dernier. • Même décision.

Le fait, pour un producteur qui dispose d'une position dominante et est confronté à la concurrence d'un nouvel entrant pratiquant sur le marché des prix compétitifs, de chercher à éliminer un nouvel entrant en vendant son produit à un prix inférieur à son coût moyen variable, constitue un abus anticoncurrentiel de sa position dominante ; en effet, une telle stratégie le conduit délibérément à accumuler des pertes qu'il pourrait éviter, et ne peut être compatible avec son propre intérêt que s'il espère compenser ces pertes par les profits qu'il pourra réaliser une fois le concurrent disparu et sa position dominante restaurée. • Cons. conc. n° 94-D-30 du 24 mai 1994 : *BOCC 14 juill. 1994 ; CCC 1994, n° 166, note Vogel* • n° 96-D-67 du 29 oct. 1996 : *préc. note 5.* ♦ Par ailleurs, le fait, pour un producteur dominant confronté à l'apparition d'un nouvel entrant, de réagir en pratiquant des prix inférieurs à ses coûts moyens totaux mais supérieurs à ses coûts moyens variables, peut être regardé comme un abus anticoncurrentiel de position dominante, s'il est établi que cette stratégie avait pour objet ou pouvait avoir pour effet d'interdire au nouveau concurrent de se maintenir sur le marché. • Même décision. ♦ Le simple fait d'affecter les bénéfices d'une partie de son activité à une autre activité déficitaire ne saurait constituer en soi une pratique anticoncurrentielle imputable à une société, une telle pratique n'étant répréhensible que si elle est constitutive d'une prédation ou de prix abusivement bas. • Cons. conc. n° 07-D-44 du 11 déc. 2007 : *BOCC 23 avr. 2008 ; CCC 2008, n° 50, obs. Bosco ; Gaz. Pal. 2008. 1929, obs. Renault et Guinot-Delery ; RDLC 2008, n° 1, p. 124, obs. Prieto ; RLC avr.-juin 2008. 22, obs. Sélinsky.* ♦ Les pratiques de prix de vente abusivement bas sont désormais sanctionnées par l'art. L. 420-5. ♦ L'existence de prix prédateurs ne peut être déduite de la seule comparaison des prix pratiqués entre les appels d'offre, ni de la seule comparaison des prix pratiqués entre ces appels d'offres et les appels d'offres concernant les marchés antérieurs. • Cons. conc. n° 2001-D-10 du 30 mars 2001 : *BOCC 24 avr. 2001.* ♦ V. aussi note 32 ss. art. L. 420-1 et note 5 ss. art. L. 464-1 (mesures conservatoires).

Jugeant que, sans constituer une pratique de prix prédateurs, une pratique de prix mise en œuvre, indirectement, par un opérateur en position dominante faussant le fonctionnement de la concurrence peut constituer un abus au sens de l'art. L. 420-2. • Com. 10 déc. 2003 : *Bull. civ. IV, n° 202 ; JCP E 2004, n° 19, p. 766, note Grandvuillemin ; CCC 2004, n° 58, obs. Malaurie-Vignal ; LPA 5 mars 2004, note Reifegerste ; BRDA 2004, n° 1, p. 11.* ♦ Le fait de pratiquer des prix prédateurs ne saurait cependant pas être considéré comme l'unique comportement d'une entreprise en position dominante fondé sur une pratique de prix bas ; cela peut aussi être le cas, notamment, de pratiques fondées sur des prix qui, à la différence de prix prédateurs, ne s'inscrivent pas dans une logique de sacrifice à court terme, mais tendent néanmoins à restreindre la concurrence par un effet d'éviction. • Aut. conc. n° 12-D-25 du 18 déc. 2012 : *préc. note 13.*

Sur la prédation par acquisition d'une réputation agressive, V. • Cons. conc. n° 07-D-09 du 14 mars 2007 : *cité note 7 ss. art. L. 463-2* (réformé par • Paris, 8 avr. 2008 : *cité note 3 ss. art. R. 463-11*). ♦ ... Arrêt de la cour de Paris confirmé par la cour régulatrice selon laquelle les art. L. 420-2 C. com. et 82 du traité CE (actuel art. 102 TFUE) présupposent l'existence d'un lien entre la position dominante et le comportement prétendument abusif qui n'est normalement pas présent lorsqu'une pratique abusive est mise en œuvre sur un marché distinct du marché dominé. • Com. 17 mars 2009 : *Bull. civ. IV, n° 39 ; D. 2009. Pan. 2888, obs. Ferrier ; ibid. AJ 867, obs. Chevrier ; RTD com. 2010. 86, obs. Claudel ; JCP E 2009, n° 31-34, p. 27, note Duloum ; Gaz. Pal. 2010. 487, et les obs. ; CCC 2009, n° 144, obs. D. B. ; Lettre distrib. avr. 2009, p. 1, obs. Sélinsky ; RJDA 2009, n° 895 ; RLDA mai 2009. 41, note Lefebvre Dutilleul, Mottier et Ramos Garcia ; RDLC 2009, n° 2, p. 117, obs. Wachsmann ; RLC juill.-août 2009. 31, obs. Sélinsky.* ♦ Une stratégie de prédation n'est profitable que si les concurrents évincés n'ont pas la possibilité de rentrer de nouveau sur le marché à l'issue de la période de prédation ; dans cette logique, une telle stratégie limitée à un segment de marché apparaît économiquement peu plausible puisqu'elle ne permettrait pas d'évincer un concurrent de manière durable, ce dernier pouvant aisément proposer à nouveau son offre à l'instant même où l'opérateur dominant décide de relever ses prix pour compenser ses pertes. • Aut. conc. n° 09-D-33 du 10 nov. 2009 : *Dalloz actualité, 13 nov. 2009, obs. Chevrier ; RDLC 2010, n° 1, p. 102, obs. Marty.* ♦ L'art. 82 du traité CE [actuel art. 102 TFUE] doit être interprété en ce sens qu'une politique de prix bas appliqués à l'égard de certains anciens clients importants d'un concurrent par une entreprise occupant une position dominante ne peut être considérée comme constitutive d'une pratique d'éviction abusive au seul motif que le prix appliqué par cette entreprise à l'un de ces clients se situe à un niveau inférieur aux coûts totaux moyens imputés à l'activité concernée, mais supérieur aux coûts incrémentaux moyens afférents à celle-ci ; encore faut-il qu'une telle politique ait pour résultat l'éviction effective ou probable de ce concurrent. • CJUE 27 mars 2012 : *D. 2013. Pan. 734, obs. Ferrier ; RTD eur. 2012. 450, obs. Blaise ; CCC 2012, n° 154, obs. Decocq ; Europe 2012, n° 196, obs. Idot ; RDC 2012. 849, obs. Idot.*

20. Primes de fidélité et remises. Le fait, pour une entreprise détenant une position dominante sur un marché, d'offrir une prime de fidélité à ceux de ses clients qui pourraient être tentés de devenir également clients d'une entreprise concurrente, plutôt que de jouer le jeu d'une concurrence par les mérites en abaissant sans discrimination son tarif unitaire de vente ou en améliorant la qualité de ses produits pour les rendre plus compétitifs, constitue une pratique prohibée par l'art. 8 [C. com., art. L. 420-2]. • Cons. conc. n° 96-D-10 du 20 févr. 1996 : *BOCC 23 avr. 1996,* conf. partiellement par • Paris, 18 févr. 1997 : *D. Affaires 1997. 434,* puis sur ce point par • Com. 6 avr. 1999 : *JCP E 1999, n° 23, p. 986 ; CCC 1999, n° 113, obs. Malaurie-Vignal ; RJDA 1999, n° 731 ; LPA 25 nov. 1999, obs. Marsac.* ♦ Sur l'illicéité de remises liées à la prépondérance des ventes de coca-cola, pratiquées par le fabricant à l'égard des entrepositaires-grossistes, V. • Cons. conc. n° 96-D-67 du 29 oct. 1996 : *préc. note 5.* ♦ V. aussi pour des remises facturées en contrepartie du référencement d'une gamme de produits d'une étendue telle qu'elle conduisait à saturer le plan d'assortiment (linéaires) des distributeurs : • Cons. conc. n° 04-D-13 du 8 avr. 2004 : *BOCC 15 sept. 2008 ; RDLC déc. 2004. 62, obs. Wachsmann ; CCC 2004, n° 95, obs. Malaurie-Vignal ; JCP E 2004, n° 32-35, p. 1299, note Arhel ; LPA 27 juin 2005, obs. Bacchichetti et Dom ; RJDA 2004, n° 1052 ; RLC 2005, n° 1, p. 38,* *obs. Sélinsky* (conf. par • Com. 6 déc. 2005 : *cité note 29*) • n° 07-MC-06 du 11 déc. 2007 (délais de paiement supplémentaires accordés à des pharmaciens pour compenser un surstockage en médicaments princeps pour lutter contre l'arrivée d'un générique par la saturation des linéaires). – V. désormais la dernière phrase du 2e al. de l'art. L. 420-2. ♦ Sur une présomption de discrimination résultant de seuils élevés de déclenchement des différentes tranches de rabais mis en place par une entreprise en position dominante, V. • Cons. conc. n° 03-D-09 du 14 févr. 2003 : *RJDA 2003, n° 546 ; CCE 2003, n° 53, obs. Decocq* • CJCE 29 mars 2001 : *Rec. CJCE, p. I-2613.*

Constitue un abus de position dominante le fait pour une société, appartenant à un groupe industriel puissant traitant 54 % des déchets ménagers mis en décharge contrôlée en Île-de-France, tandis que son concurrent n'en avait traité pour la même période que 19 %, d'offrir aux sociétés s'engageant à enfouir un tonnage minimum annuel, une remise par tonne sur l'ensemble du tonnage apporté, dans la mesure où il excédera de plus de 10 % le seuil fixé, dès lors que le tonnage minimum prévu est sans portée réelle puisque les apports des sociétés du groupe sont déjà supérieurs au seuil et que celui-ci est très largement supérieur aux tonnages livrés par des entreprises indépendantes, les tarifs préférentiels accordés aux sociétés filialisées par rapport au prix consenti à d'autres clients ne s'expliquant donc par aucune contrepartie réelle de la part des clients du groupe. • Paris, 13 avr. 1999 : *D. 1999. IR 140 ; CCC 1999, n° 159, obs. Malaurie-Vignal.* ♦ Sur les remises de couplage, V. • Com. 6 avr. 1999 : *préc.* • Cons. conc. n° 04-D-65 du 30 nov. 2004 : *Europe 2005, n° 22, obs. Idot* • n° 05-D-13 du 18 mars 2005 : *BOCC 28 oct. 2005 ; RTD com. 2006. 580, obs. Claudel ; CCC 2005, n° 84, obs. Malaurie-Vignal ; LPA 15 mai 2006, obs. Bacchichetti ; RLC 2005, n° 3, p. 30, obs. C. R. et V. S. ; RDC 2005. 705, obs. Prieto.* ♦ Mais le seul fait qu'elle soit en position dominante n'interdit pas à une entreprise, par principe, le recours à des remises purement quantitatives dès lors que l'effet de forclusion de ces remises ne résulte d'aucun élément du dossier et ne saurait se déduire du seul fait qu'elles ont accompagné d'autres pratiques restrictives de concurrence. • Paris, 4 avr. 2006 : *BOCC 26 sept. 2006 ; LPA 13 nov. 2006, obs. Baccichetti ; RDLC 2006, n° 3, p. 95, obs. Spector et Wachsmann ; RLC juill.-sept. 2006. 21, obs. Winckler et Genevaz ; Lettre distrib. juin 2006, p. 1, obs. Éreséo.*

21. Mise à disposition gratuite de distributeur de boissons. V. • Cons. conc. n° 96-D-67 du 29 oct. 1996 : *préc. note 5.* – Comp. • Cons. conc. n° 04-D-28 du 2 juill. 2004 : *BOCC 8 nov. 2004 ; CCC 2005, n° 6, obs. Malaurie-Vignal.*

22. Refus de communication des prix de vente en gros et délégation de service public. Lors d'une procédure de mise en concurrence pour le renouvellement de contrats de délégation du service public de distribution d'eau potable, il incombe à la société contrôlant les installations de production, de distribution et de stockage d'eau pour plusieurs communes, de permettre à la concurrence de s'exercer de manière effective par une réelle information des entreprises en compétition ; dès lors constitue un abus de position dominante le fait pour cette société assurant de manière exclusive la distribution d'eau potable de refuser de communiquer son prix de vente en gros de sorte que ses concurrents n'ont pu ni déterminer l'offre globale d'un prix de distribution de l'eau, dans les conditions prévues au cahier des charges, ni formuler des propositions complètes en l'absence de données nécessaires relatives au prix d'acquisition de l'eau. • Paris, 29 juin 1998 : *BICC 1999, n° 271 ; LPA 28 juin 1999, obs. Reboul.* ♦ Ce refus illicite constitue une atteinte grave et immédiate à l'économie générale et à celle du secteur intéressé puisque, émanant d'une entreprise détenant les ressources essentielles, il affecte directement les conditions financières de la délégation du service public de la distribution d'eau. • Même arrêt. ♦ Dans la même affaire, retenant qu'il peut être enjoint à une société de communiquer son prix de vente en gros de l'eau potable à tout tiers qui en ferait la demande dans le but de se porter candidat à un appel d'offre lancé par plusieurs communes dans la mesure où la communication du prix de vente en gros de l'eau aux seules communes ne permet pas aux entreprises soumissionnaires, à défaut d'informations directes, d'élaborer utilement leurs offres, V. • Com. 3 mai 2000 : *Bull. civ. IV, n° 92.* ♦ ... L'objet de l'injonction étant de vérifier que le prix de gros de l'eau fournie par la société en position dominante n'introduisait pas de distorsion de concurrence dans la distribution de l'eau. • Cons. conc. n° 05-D-58 du 3 nov. 2005 : *BOCC 14 mars 2006 ; RDLC 2006, n° 1, p. 143, obs. Spector* (conf. par • Paris, 26 sept. 2006 : *BOCC 24 juill. 2008 ; D. 2006. AJ 2460, obs. Chevrier ; CCC 2006, n° 231, obs. Decocq ; Gaz. Pal. 2007. 514,* puis par • Com. 20 nov. 2007 : *BOCC 4 mars 2008 ; AJDA 2008. 677, note Nicinski ; CCC 2008, n° 43, obs. Bazex ; RDLC 2008, n° 1, p. 123, obs. Prieto*).

La circonstance que le règlement d'un appel d'offres ait autorisé les soumissionnaires à présenter une offre globale, n'interdit pas de qualifier, au regard du droit de la concurrence, le dépôt d'une telle offre par une entreprise en position dominante. • Cons. conc. n° 06-MC-03 du 11 déc. 2006 : *CCC 2007, n° 47, obs. Bazex (1re esp.) ; RLC avr.-juin 2007. 45, note Clamour et Destours ; RDLC 2007, n° 1, p. 86, obs. Debroux ; ibid., p. 97, obs. Flochel.* ♦ Inversement, le dépôt d'une offre globale, qu'il soit autorisé, voire encouragé, ou non, par l'entreprise ou la collectivité organisant la compétition, ne peut être considéré comme étant, par nature, abusif dès lors qu'il émane d'une entreprise en position dominante. • Même décision. ♦ Mais lorsqu'une entreprise incontournable répond à un appel d'offres en déposant uniquement une offre indivisible, l'offre en cause constitue un levier lui permettant de remporter avec certitude le marché dans la mesure où la collectivité ne peut l'écarter au profit des offres concurrentes. • Cons. conc. n° 09-D-10 du 27 févr. 2009. ♦ En pratique, une telle offre a le même effet anticoncurrentiel qu'une offre couplée assortie d'un avantage économique substantiel ayant pour objet et pour effet d'exclure automatiquement les offres des entreprises concurrentes. • Même décision.

23. Monopole d'exploitation du réseau ferroviaire. La SNCF, qui dispose exclusivement en France du monopole d'exploitation du réseau ferroviaire et se trouve également investie d'un droit absolu sur la marque Orient-Express, n'a pas abusé de sa position dominante en subordonnant la traction de trains de luxe, par un particulier qui souhaitait aussi utiliser le signe protégé pour l'exploitation de ces trains, à la conclusion de contrats de licence de la marque Orient-Express, emportant paiement de redevances jugées excessives, dès lors que l'établissement public n'a pas refusé de tracter les trains en cas de non-acceptation des contrats de licence et n'a fait qu'user des droits légitimes attachés au signe distinctif, sans apporter de restriction à la libre circulation des marchandises. • Com. 4 juill. 1995 : *Bull. civ. IV, n° 205.*

24. Utilisation d'un code d'accès télématique. Sur l'adoption, non abusive, par l'Établissement public Météo France, du terme « Météo » comme code d'accès, V. • Paris, 31 janv. 1996 : *Gaz. Pal. 1996. 2. Somm. 495.*

25. Abus de la position dominante d'EDF. V. • Cons. conc. n° 96-D-80 du 10 déc. 1996 : *BOCC 6 mars 1997* • n° 99-D-51 du 20 juill. 1999 : *BOCC 11 déc. 1999 ; CCC 2000, n° 24, obs. Malaurie-Vignal,* conf. par • Paris, 23 mai 2000 : *CCC 2000, n° 110* • 27 janv. 1998 : *cité note 29* ♦ Le seul fait, pour une filiale appartenant au groupe constitué par l'opérateur historique d'un marché libéralisé, de mentionner son appartenance à ce groupe ne saurait en lui-même caractériser un abus de position dominante que détiendrait l'une des entités de ce groupe. Le bénéfice des avantages d'image liés à l'appartenance à un tel groupe est inhérent à la possibilité laissée à ces groupes de poursuivre ou de développer leurs activités dans des domaines ouverts à la concurrence. C'est seulement dans des circonstances particulières, comme celles conduisant à entretenir la confusion entre une activité de service public et l'activité concurrentielle ou à tirer parti d'autres avantages spécifiques liés à l'activité de service public, qu'un abus du type de celui dénoncé peut le cas échéant être caractérisé. • Aut. conc. n° 10-D-14 du 16 avr. 2010 : *RDLC 2010, n° 3, p. 97, note Marty ; RLC juill.-sept. 2010. 33, obs. Destours.*

26. Abus de la position dominante de France Télécom. BIBL. Maigre, *Rev. Conc. consom. nov.-déc. 1998, p. 43.* – Mainguy et Berthault, *Cah. dr. entr. 2001, n° 5, p. 1.* ♦ V., à propos du marché de l'édition des annuaires, • Com. 6 avr. 1999 : *préc. note 20* • Paris, 18 févr. 1997 : *ibid.* ♦ V. aussi • T. com. Nanterre, 22 sept. 2000 : *JCP E 2001, n° 9, p. 376, note Clamens.* ♦ Dans cette même affaire, V. sur renvoi • Paris, 4 janv. 2000 : *D. 2000. AJ 115.* ♦ V. aussi, s'agissant de l'accès par Transpac au réseau public Numéris, • Paris, 19 mai 1998 : *BOCC 18 juin 1998 ; CCC 1998, n° 119, obs. Malaurie-Vignal ; LPA 23 juin 1999, obs. Petitier* • Cons. conc. n° 97-D-53 du 1er juill. 1997 : *LPA 22 et 24 juill. 1998, obs. Quenier.* ♦ ... S'agissant de l'accès à internet, • Cons. conc. n° 98-MC-03 du 19 mai 1998 : *D. 1998. IR 166 ; LPA 23 juin 1999, obs. Petitier* • n° 2000-MC-01 du 18 févr. 2000 : *BOCC 21 avr. 2000 ; CCC 2000, n° 80, obs. Malaurie-Vignal* • n° 05-D-59 du 7 nov. 2005 : *cité note 29* • n° 07-D-33 du 15 oct. 2007 : *cité note 9 bis ss. art. L. 464-2* (ADSL) ♦ ... S'agissant de l'accès aux réseaux câblés de diffusion d'images, • Cons. conc. n° 99-MC-01 du 12 janv. 1999 : *BOCC 27 avr. 1999 ; CCC 1999, n° 112 ; LPA 22 nov. 1999, obs. Marsac,* conf. par • Paris, 15 mars 1999 : *BOCC 3 juin 1999.* ♦ ... S'agissant de l'accès au marché des « grands comptes », • Cons. conc. n° 01-D-46 du 23 juill. 2001 : *BOCC 24 sept. 2001* • n° 01-D-66 du 10 oct. 2001 : *BOCC 21 janv. 2002.* ♦ ... S'agissant de ses offres tarifaires, • Cons. conc. n° 01-MC-06 du 19 déc. 2001 : *BOCC 28 févr. 2002.*

Pour un arrêt considérant qu'en exploitant le fichier complet de ses abonnés, y compris de ceux figurant sur les listes « rouge » et « orange » qu'elle s'est engagée à ne pas commercialiser, pour la diffusion d'une brochure contenant un message publicitaire relatif au secteur de la téléphonie mobile sur lequel elle est en concurrence avec des opérateurs privés, France Télécom utilise une facilité essentielle et crée ainsi un grave désavantage dans la concurrence, V. • Paris, 1er sept. 1998 : *D. 1998. IR 227 ; D. Affaires 1998. 1559, obs. A. M. ; CCC 1998, n° 163, obs. Malaurie-Vignal ; LPA 23 juin 1999, obs. Arsac.* ♦ Considérant que France Télécom, en position dominante sur le marché de la liste des abonnés au téléphone, a abusé de sa domination sur le marché aval des fichiers de prospection en obligeant les opérateurs, qui veulent accéder à la liste expurgée des abonnés en liste orange, à faire l'acquisition de listes d'adresses préalablement expurgées par l'opérateur et, avant chaque utilisation, pour expurger à nouveau des données de la liste orange, à réactualiser l'ensemble de leur fichier par le rachat de toutes les adresses qu'il contient, V. • Com. 4 déc. 2001 : *CCC 2002, n° 31, obs. Poillot-Peruzzetto ; ibid., n° 46, obs. Malaurie-Vignal ; RTD com. 2002. 296, obs. Claudel et 394, obs. Poillot-Peruzzetto ; LPA 14 janv. 2003, obs. Daverat*, conf. • Paris, 29 juin 1999 : *BOCC 23 août 1999*, annulant mais reprenant la même solution que • Cons. conc. n° 98-D-60 du 29 sept. 1998 : *D. Affaires 1999. 623, obs. A. M.* – Comp. dans cette même affaire, jugeant que les tarifs de France Télécom n'étaient pas anticoncurrentiels : • T. com. Paris, 18 juin 1999 : *RJDA 1999, n° 1403.* ♦ La position dominante occupée par France Télécom sur le marché de la téléphonie fixe ne saurait justifier que le lancement d'offres couplant des services de téléphonie fixe et mobile lui soit *a priori* et par principe interdit. • Cons. conc. n° 04-D-22 du 21 juin 2004 : *BOCC 8 nov. 2004 ; CCC 2004, n° 139, obs. Malaurie-Vignal ; RLC 2005, n° 1, p. 39, obs. Sélinsky.*

27. Abus de la position dominante d'ADP. V. • Paris, 23 févr. 1999 : *préc. note 5* • 8 févr. 2000 : *D. 2000. AJ 156 ; JCP E 2000, n° 10, p. 393.* ♦ V. note 28 ss. art. L. 410-1.

28. Abus de la position dominante de la Française des jeux. Pour une condamnation en raison de pratiques mises en œuvre dans les secteurs de la maintenance informatique et du mobilier de comptoir, V. • Cons. conc. n° 2000-D-50 du 5 mars 2001 : *BOCC 24 avr. 2001*, conf. par • Paris, 20 nov. 2001 : *BOCC 31 janv. 2002 ; CCC 2002, n° 76, obs. Malaurie-Vignal*, puis par • Com. 10 déc. 2003 : *préc. note 19.*

29. Théorie des « infrastructures essentielles ». BIBL. Thill-Tayara et Couadou, *CCC 1999. Chron. 6.* – L'Hénoret-Marcellesi, *Gaz. Pal. 2005. Doctr. 2456* (infrastructures essentielles dans le secteur des nouvelles technologies). – Canivet, *RLDA déc. 2006. 79* (le droit de propriété confronté à la théorie des infrastructures essentielles). ♦ Lorsque l'exploitant monopolistique d'une « infrastructure essentielle » (en l'espèce, une hélistation) est en même temps le concurrent potentiel d'une entreprise offrant un service exigeant le recours à cette facilité, cet exploitant peut restreindre ou fausser le jeu de la concurrence sur le marché aval du service en abusant de sa position dominante ou de la situation de dépendance dans laquelle se trouvent ses concurrents à son égard en établissant un prix d'accès injustifié à cette facilité. • Cons. conc. n° 96-D-51 du 3 sept. 1996 : *BOCC 8 janv. 1997 ; CCC 1997, n° 31, obs. Vogel*, conf. par • Paris, 9 sept. 1997 : *BOCC 7 oct. 1997 ; D. Affaires 1997. 1416.* ♦ L'abus résulte de ce qu'une entreprise en position dominante sur un marché ne peut protéger cette position en refusant l'accès à une infrastructure à laquelle les entreprises opérant sur un marché connexe (aval ou amont) doivent nécessairement avoir accès pour concurrencer l'entreprise détentrice de l'infrastructure. • Cons. conc. n° 05-D-59 du 7 nov. 2005 : *BOCC 14 mars 2006 ; CCC 2005, n° 207, obs. Malaurie-Vignal ; CCE 2005, n° 190, obs. Decocq ; RDLC 2006, n° 1, p. 141, obs. Prieto ; RLC 2006, n° 6, p. 27 et 30, obs. Sélinsky, p. 81, obs. Cheynel ; RDC 2006. 357, obs. Frison-Roche (2e esp.).* ♦ En présence d'une infrastructure essentielle, le refus même de contracter peut, sous certaines conditions, tenant notamment à l'absence de justifications objectives au refus opposé, être constitutif d'un abus de dépendance économique ou de position dominante. • Cons. conc. n° 08-D-08 du 29 avr. 2008 : *BOCC 26 juin 2008 ; CCC 2008, n° 168, obs. Decocq ; Gaz. Pal. 2008. 4051, et les obs. ; RDLC 2008, n° 3, p. 100, obs. Wachsman ; RDC 2008. 1210, obs. Prieto.* ♦ Dans certaines situations très spécifiques, une entreprise en position dominante doit non seulement s'abstenir de certaines pratiques mais également promouvoir activement la concurrence en accordant à des concurrents potentiels l'accès à des installations qu'elle a développées. • Paris, 23 févr. 2010 : *BOCC 30 mars 2010 ; CCC 2010, n° 99, obs. Decocq ; RLC avr.-juin 2010. 55, note Destours ; RDLC 2010, n° 2, p. 81, obs. Wachsmann ; RDC 2010. 869, note Prieto ; Gaz. Pal. 2010. 3047, et les obs.* ♦ La société qui ne peut disposer d'installations essentielles dans la mesure où une autre société détient sur elles un monopole d'exploitation se trouve nécessairement en position de dépendance économique. • Com. 25 janv. 2000 : *CCC 2000, n° 62, obs. Malaurie-Vignal.* ♦ V. aussi • Paris, 30 juin 1998 : *BOCC 16 juill. 1998 ; CCC 1998, n° 162, obs. Malaurie-Vignal ; LPA 23 juin 1999, obs. Arsac.* ♦ Dans le même sens, s'agissant du titulaire d'un monopole légal de fourniture de prestation de service (insémination artificielle) ayant abusé de sa position dominante sur le marché aval de la fourniture de produit (semence), V. • Cons. conc. n° 98-D-65 du 20 oct. 1998 : *BOCC 16 févr. 1999 ; CCC 1999, n° 72.* ♦ V. également pour l'exploitation par EDF d'une infrastructure essentielle, • Paris, 27 janv. 1998 : *BOCC 17 févr. 1998 ; D. Affaires 1998. 326, obs. A. M. ; Gaz. Pal. 1998. 1. Somm. 41 ; Rev. Conc. Consom. juill.-août 1998, 59, obs. Maigre ; LPA 24 août 1998, obs. Reboul.* ♦ ... Et pour la qualification d'installation essentielle d'un logiciel informatique, • Paris, 12 févr. 2004 : *BOCC 4 mai 2004 ; CCC 2004, n° 111, obs. Malaurie-Vignal ; JCP E 2004, n° 48, p. 1880, obs. Caron ; LPA 27 juin 2005, obs. Baccichetti et Dom.* – Comp. : • Cons. conc. n° 04-D-54 du 9 nov. 2004 : *CCC 2005, n° 7, obs. Malaurie-Vignal.*

Les réseaux câblés dont France Télécom est propriétaire et seul exploitant technique constituent une infrastructure essentielle pour l'exploitant commercial de ces réseaux, dès lors qu'il n'existe pas, en l'état actuel de l'équipement des sites, d'autres réseaux et que la construction d'un deuxième réseau câblé ne pourrait être rentabilisée en l'état actuel du marché, la circonstance que France Télécom ne serait pas concurrente dudit exploitant sur le marché de l'exploitation commerciale n'ayant pas à être prise en considération, V. • Cons. conc. n° 99-MC-01 du 12 janv. 1999 : *BOCC 27 avr. 1999 ; CCC 1999, n° 112 ; LPA 22 nov. 1999, obs. Marsac,* conf. par • Paris, 15 mars 1999 : *BOCC 3 juin 1999,* puis par • Com. 18 avr. 2000 : *JCP E 2000, n° 24, p. 921.* ♦ Jugeant qu'il ne suffit pas que les solutions alternatives soient moins avantageuses pour qualifier la ressource d'essentielle, V. • Com. 12 juill. 2005 : *Bull. civ. IV, n° 163 ; D. 2005. AJ 2144, obs. Chevrier ; RTD civ. 2005. 773, obs. Mestre et Fages ; JCP E 2005, n° 47, p. 1994, note François ; JCP 2005. II. 10121, note Poumarède ; CCC 2005, n° 190, obs. Malaurie-Vignal ; CCE 2005, n° 149, obs. Caron ; ibid., n° 160, obs. Decocq ; RDLC 2005, n° 4, p. 77, obs. Wachsmann et Bouin ; RJDA 2006, n° 202 ; RDC 2006. 357, obs. Frison-Roche (1re esp.).* ♦ Si l'État peut percevoir des droits à l'occasion de la communication de données publiques en vue de leur commercialisation (répertoire SIRENE), ces sommes ne doivent pas faire obstacle, par leur caractère excessif, à l'activité concurrentielle d'autres opérateurs économiques lorsque ces données constituent pour eux une « ressource essentielle » pour élaborer un produit ou assurer une prestation qui diffèrent de ceux fournis par l'État, la perception de droits excessifs constituant un abus de position dominante. • CE 29 juill. 2002 : *D. 2003. Somm. 901, obs. Gonzalez ; JCP E 2003, n° 4, p. 179, note Bruguière ; CCC 2003, n° 39, obs. Malaurie-Vignal ; RJDA 2002, n° 1327.* – Sur cette question, V. aussi • CE 2 avr. 2003 : *RJDA 2003, n° 1022.* ♦ Il est peu probable, sauf circonstances vraiment exceptionnelles, que de simples terrains puissent être considérés comme une infrastructure essentielle • Cons. conc. n° 05-D-30 du 21 juin 2005 : *BOCC 14 mars 2006 ; D. 2005. AJ 2379, obs. Chevrier ; RLC 2005, n° 5, p. 51, obs. Destours.* ♦ La faible élasticité de l'offre de linéaires fait de ceux-ci une ressource rare, et la croissance des ventes sous marques de distributeurs, particulièrement dans le domaine des produits alimentaires, est une ressource de raréfaction des linéaires pour les producteurs offrant de façon privilégiée des produits sous leur propre marque. • Com. 6 déc. 2005 : *Bull. civ. IV, n° 240 ; D. 2006. Pan. 514, obs. Ferrier ; ibid. AJ 64, obs. Chevrier ; RTD com. 2006. 577, obs. Claudel ; JCP E 2006, n° 16, p. 723, note Reifegerste ; CCC 2006, n° 47, obs. Malaurie-Vignal ; RJDA 2006, n° 591 ; RLDA janv. 2006. 47, obs. Marchand.*

30. « Facilités essentielles ». **BIBL.** Richer, *D. 1999. Chron. 523.* – Mainguy et Berthault, *Cah. dr. entr. 2001, n° 5, p. 1.* – Martin et Levilain, *Gaz. Pal. 23-24 oct. 2002, p. 4.* – Terrier et Donnedieu de Vabres, *RLDA déc. 2006. 76.* ♦ Sur cette notion, V. • Paris, 1er sept. 1998 : *préc. note 26* • Cons. conc. n° 98-D-60 du 29 sept. 1998 : *ibid.* ♦ Mais est considéré comme un abus de position dominante le fait, pour les propriétaires ou gestionnaires d'un équipement qui leur donne une position particulière en tant qu'offreur sur le marché, de refuser l'accès ou de donner un accès discriminatoire à l'équipement en cause, sans pour autant invoquer la théorie des facilités essentielles. • Cons. conc. n° 06-D-36 du 6 déc. 2006 : *BOCC 22 mars 2007 ; CCC 2007, n° 53, obs. Decocq ; RDLC 2007, n° 1, p. 94, obs. Prieto.* ♦ Sur l'abus de position dominante de la SNCF résultant de l'obligation faite aux agences de voyages en ligne d'utiliser la licence Ravel pour accéder à la facilité essentielle Résarail et ce, à un coût particulièrement élevé, érigeant ainsi des barrières à l'entrée sur le marché français de la distribution de billets de train : • Cons. conc. n° 09-D-06 du 5 févr. 2009 : *BOCC 18 févr. 2009 ; JCP E 2009, n° 41, p. 30, obs. Reinhard ; Gaz. Pal. 2010. 472, et les obs. ; CCC 2009, n° 77, obs. Bazex ; ibid., n° 109, obs. Bosco ; CCE 2009, n° 35, obs. Chagny ; RLC avr.-juin 2009. 20, note Marty et Pillot ; RDLC 2009, n° 2, p. 106, obs. Nicolas-Vullierme.* ♦ Sur la pratique consistant pour la SNCF à surréserver des sillons ferroviaires et à rendre indisponible certains types de wagons pour le transport de marchandises, retardant ainsi de façon artificielle la pénétration du marché par les concurrents, V. • Aut. conc. n° 12-D-25 du 18 déc. 2012 : *préc. note 13.*

II. EXPLOITATION ABUSIVE D'UN ÉTAT DE DÉPENDANCE ÉCONOMIQUE

30 bis. Conformité au droit communautaire. L'infraction d'abus de dépendance économique de l'art. L. 420-2, al. 2, constitue une catégorie d'infractions distincte de celles des ententes anticoncurrentielles et n'a pas d'équivalent en droit communautaire de la concurrence. • Aut. conc. nº 10-D-08 du 3 mars 2010 : *cité note 2 ss. art. 3 du Règl. nº 1/2003 du 16 déc. 2002, App., vº Concurrence.*

31. Notion d'état de dépendance économique. L'état de dépendance économique se définit comme l'impossibilité, pour une entreprise, de disposer d'une solution techniquement et économiquement équivalente aux relations contractuelles qu'elle a nouées avec une autre entreprise. • Com. 12 févr. 2013 : *BICC 1er juin 2013, nº 782 ; Dalloz actualité, 25 févr. 2013, obs. Chevrier ; D. 2013. Actu. 494 ; JCP E 2013, nº 1155 ; CCC 2013, nº 114, obs. Malaurie-Vignal ; RJDA 2013, nº 365 ; RLDA avr. 2013. 45, obs. de Romanet.* ♦ En l'état des constatations et appréciations faisant ressortir l'absence d'obstacle juridique ou factuel à la faculté de diversification de la société, il y a lieu de retenir que celle-ci n'était pas en situation de dépendance économique. • Même décision. ♦ L'état de dépendance économique caractérise une situation dans laquelle une entreprise est obligée de poursuivre des relations commerciales avec une autre lorsqu'il lui est impossible de s'approvisionner en produits substituables dans des conditions équivalentes. V. • Paris, 5 juill. 1991 : *D. 1991. IR 247* • 22 janv. 1992 : *D. 1992. IR 123* • Versailles, 27 janv. 2000 : *D. 2000. AJ 157 ; JCP E 2000, nº 23, p. 872,* conf. par • Com. 9 avr. 2002 : *RTD com. 2003. 75, obs. Claudel ; LPA 3 juill. 2003, obs. Malaurie-Vignal.* ♦ Sur l'absence d'incidence de la disparition de la condition relative à « l'absence de solution équivalente » dans la nouvelle rédaction de l'art. L. 420-2, al. 2, issue de la loi NRE du 15 mai 2001, V. • Cons. conc. nº 01-D-49 du 31 août 2001 : *BOCC 30 oct. 2001 ; RTD com. 2003. 75, obs. Claudel ; RJ com. 2003. 30, note Courivaud ; RJDA 2002, nº 563.* ♦ ... Et dans la même affaire • Paris, 9 avr. 2002 : *BOCC 24 juin 2002 ; LPA 3 juill. 2003, obs. Malaurie-Vignal,* conf. sur ce point par • Com. 3 mars 2004 : *Bull. civ. IV, nº 44 ; D. 2004. 1661, note Picod ; ibid. AJ 874, obs. Chevrier ; JCP E 2004, nº 36, p. 1345, note Chagny ; CCC 2004, nº 108, obs. Malaurie-Vignal ; LPA 27 juin 2005, obs. Baccichetti et Dom ; RTD com. 2004. 463, obs. Claudel ; RJDA 2004, nº 908 ; Bull. act. Lamy droit économique avr. 2004, p. 1, note David.* ♦ Rappr. de la définition donnée en matière d'abus de dépendance économique : V. note 1 *ter* ss. art. L. 442-6.

31 bis. Dépendance économique collective. Il n'existe aucun élément au dossier permettant de soutenir de manière probante l'idée d'une coordination entre les comportements de Sony, Philips et Samsung à l'égard de la société Concurrence, qui pourrait fonder un hypothétique « abus de dépendance collective » invoqué par la saisissante. • Cons. conc. nº 08-D-31 du 10 déc. 2008 : *BOCC 5 févr. 2009 ; Dalloz actualité, 16 déc. 2008, obs. Chevrier ; JCP E 2009, nº 1, p. 16 ; CCC 2009, nº 49, obs. Malaurie-Vignal ; RDLC 2009, nº 1, p. 194, obs. Lemaire ; RLC avr.-juin 2009. 92, obs. Cheynel ; Lettre distrib. janv. 2009, p. 3.* ♦ Estimant qu'il ne peut être exclu, au stade de l'examen des mesures conservatoires, que les dépositaires de presse soient en situation de dépendance économique à l'égards de deux structures : • Cons. conc. nº 09-D-02 du 20 janv. 2009 : *BOCC 18 févr. 2009.* ♦ Sur cette notion de « dépendance collective », V. aussi : • Douai, 20 nov. 2007 : *cité note 1 ter ss. art. L. 442-6* • Com. 2 déc. 2008 : *eod. loc.*

32. Dépendance économique du distributeur à l'égard du fournisseur. Si l'existence d'un état de dépendance économique s'apprécie en tenant compte de la notoriété de la marque du fournisseur, il convient également de tenir compte de l'importance de sa part dans le marché considéré et dans le chiffre d'affaires du revendeur ainsi que de l'impossibilité pour ce dernier d'obtenir d'autres fournisseurs des produits équivalents. • Com. 12 oct. 1993 : *Bull. civ. IV, nº 337* • Paris, 30 mars 1992 : *D. 1992. IR 176.* – V. aussi • Paris, 16 oct. 1992 : *D. 1993. IR 28* • Com. 3 oct. 1995 : *CCC 1995, nº 203.* ♦ Est sous l'entière dépendance économique et ne dispose pas de solutions équivalentes la société qui, en sa qualité de mandataire, ne fait qu'exploiter le fonds aux clauses et conditions définies par une société pétrolière, en distribuant des carburants aux prix et conditions qui lui auront été définis, tout en n'étant pas libre de ses conditions d'achat, ni de vente, ce qui l'empêche de pouvoir préserver ses marges. • T. com. Paris, 3 févr. 1997 : *Gaz. Pal. 1998. 1. Somm. 176.* ♦ La mise en évidence d'une situation de dépendance économique des franchisés à l'égard d'un franchiseur peut résulter du jeu cumulé d'un ensemble de clauses contractuelles imposées par ce dernier, dont la finalité serait de limiter la possibilité des franchisés de quitter le réseau et de restreindre leur liberté contractuelle dans des proportions dépassant les objectifs inhérents à la franchise, sans que la circonstance que ces clauses aient été volontairement souscrites puisse leur être opposée. • Aut. conc. nº 10-D-08 du

3 mars 2010 : *préc. note 30 bis.*

Sur le rejet de la demande en paiement pour abus de dépendance économique formée par un distributeur contre deux de ses fournisseurs au motif que l'importance des parts de ces derniers dans le marché considéré ne peut se déduire, en l'absence d'autres justifications, de la seule notoriété de ces marques ou de l'exploitation de procédés de fabrication spécifiques, V. • Com. 12 janv. 1999 : *Bull. civ. IV, n° 10 ; RJDA 1999, n° 482 ; LPA 25 nov. 1999, obs. Arsac.* ♦ Est constitutif d'un abus de dépendance économique vis-à-vis d'un distributeur le fait, pour un fournisseur, de rompre des relations commerciales établies avec ce distributeur en situation de dépendance économique, pour des raisons non objectives et discriminatoires. • Cons. conc. n° 04-D-26 du 30 juin 2004 : *BOCC 8 nov. 2004 ; RLC 2005, n° 1, p. 38, obs. Sélinsky.* ♦ Sur la sanction civile de la rupture brutale d'une relation commerciale établie, V. art. L. 442-6 (I), 5°.

33. Dépendance économique du fournisseur à l'égard du distributeur. Une forte dépendance d'un fournisseur à l'égard des commandes d'un acheteur donné peut donc caractériser l'existence d'un état de dépendance économique. • Aut. conc. n° 12-D-11 du 6 avr. 2011. ♦ L'état de dépendance économique d'un fournisseur vis-à-vis d'un distributeur doit s'apprécier au regard de plusieurs critères et, notamment, de l'importance de la part du chiffre d'affaires réalisé par ce fournisseur avec le distributeur, de l'importance du distributeur dans la commercialisation des produits concernés, des facteurs ayant conduit à la concentration des ventes du fournisseur auprès du distributeur (choix stratégique ou nécessité technique), de l'existence et de la diversité éventuelle de solutions alternatives pour le fournisseur. • Cons. conc. n° 93-D-21 du 8 juin 1993 : *D. 1993. IR 192* ; *RJDA 1993, n° 1055,* conf. par • Paris, 25 mai 1994 : *BOCC 24 juin 1994 ; CCC 1994, n° 119, note Vogel* • Cons. conc. n° 94-D-60 du 13 déc. 1994 : *CCC 1995, n° 35, note Vogel,* conf. par • Paris, 13 déc. 1995 : *BOCC 28 févr. 1996 ; D. 1997. Somm. 108, obs. Paulin ; D. Affaires 1996. 114,* et par • Com. 27 janv. 1998 : *D. 1998. IR 85.* – V. de Mello, *Gaz. Pal. 1994. 2. Doctr. 1224.* ♦ L'importance anormale des participations au financement du catalogue d'un distributeur ne saurait constituer l'abus de dépendance économique. • Paris, 13 déc. 1995 : *préc.*

En ce sens que, dès lors que les parties n'étaient liées par aucun engagement formel d'exclusivité, il appartient au juge de vérifier, de façon concrète, si la société prétendument en état de dépendance était dans l'impossibilité de trouver d'autres débouchés sur le marché local concurrentiel, V. • Com. 10 déc. 1996 : *Bull. civ. IV, n° 309 ; D. 1997. IR 16.* ♦ L'absence de solution alternative peut être établie en prenant en compte, notamment, la faiblesse des ressources financières de l'entreprise, la faiblesse de ses marges et la durée et l'importance de la pratique de partenariat. • Cons. conc. n° 96-D-44 du 18 juin 1996 : *BOCC 14 nov. 1996 ; CCC 1997, n° 8, obs. Vogel.*

S'agissant des prestations de services, la dépendance économique peut être celle des fournisseurs de services à l'égard de leurs clients ; la situation est alors examinée au regard des mêmes critères que ceux utilisés pour l'existence d'une relation de dépendance d'un fournisseur industriel à l'égard de son distributeur. • Aut. conc. n° 09-D-21 du 23 juin 2009.

34. Recevabilité. Le texte de l'art. L. 420-2 ne fait référence qu'à la dépendance économique d'une entreprise cliente ou fournisseur sans poser comme condition l'existence d'une relation distributeur/fournisseur. • Aut. conc. n° 10-MC-01 du 30 juin 2010 : *RDC 2010. 1279, note Prieto.* ♦ Une entreprise ne peut valablement invoquer le bénéfice de l'art. L. 420-2 qu'à la condition de démontrer s'être trouvée dans un rapport de client à fournisseur, ce qui n'est pas le cas d'un actionnaire majoritaire ou minoritaire d'une société dans les rapports qu'entretient celle-ci avec son fournisseur. • Versailles, 22 nov. 2001 : *D. 2002. 1824, note Zeidenberg*, conf. par • Com. 7 janv. 2004 : *Bull. civ. IV, n° 4 ; D. 2004. AJ 346 ; JCP E 2004, n° 10, p. 351 ; CCC 2004, n° 39, obs. Malaurie-Vignal ; LPA 27 juin 2005, obs. Baccichetti et Dom ; RJ com. 2004. 101, obs. Decocq ; RTD com. 2004. 466, obs. Claudel ; RJDA 2004, n° 632.* ♦ Les sociétés actionnaires qui invoquent un préjudice par ricochet ne seraient recevables à en demander réparation qu'à la condition que la société, dont elles détiennent une partie du capital, ait été jugée elle-même victime d'un abus de dépendance économique. • Mêmes arrêts. ♦ Sur le point de savoir si la dépendance économique peut être invoquée par un locataire à l'encontre d'un bailleur commercial, V. • Cons. conc. n° 05-D-05 du 18 févr. 2005 : *BOCC 28 oct. 2005 ; JCP E 2005, n° 22, p. 911, obs. Monéger ; RLC 2005, n° 3, p. 32, obs. V. S.*

La rupture avant le terme contractuellement défini d'une relation commerciale exclusive relève du contentieux commercial et peut éventuellement donner lieu à réparation sur ce terrain. Mais, en ce qui concerne le droit de la concurrence, celui-ci ne trouve à s'appliquer que si la rupture brutale de la relation commerciale a un objet ou des effets anticoncurrentiels. • Aut. conc. n° 12-D-11 du 6 avr. 2011.

35. Centrales d'achat. V. notes 12, 15 et 22 ss. art. L. 420-1.

35 bis. Société coopérative de commerçants. La prohibition de l'exploitation de l'état de dépendance économique ne peut être étendue de manière générale à tout partenariat économique et n'est pas applicable à un coopérateur, celui-ci n'étant pas seulement un client de la coopérative mais aussi et avant tout son associé. • Reims, 5 mai 2003 : *Rev. sociétés 2003. 865, note Saintourens*.

36. Déréférencement abusif. BIBL. Gournay, *Dr. et patr. juin 2003. 65* (rupture fautive d'un contrat de distribution et pratiques anticoncurrentielles). ♦ V. • Cons. conc. n° 93-D-21 du 8 juin 1993 : *préc. note 33* • n° 97-D-20 du 28 mars 1997 : *BOCC 11 juin 1997 ; LPA 22 oct. 1997, note Arhel* • Paris, 15 mai 1998 : *CCC 1998, n° 115, obs. Malaurie-Vignal.* ♦ V. aussi note 22 ss. art. L. 420-1.

III. PREUVE DES ABUS DE DOMINATION

V. notes 17 s. ss. art. L. 420-1.

37. Moyen de preuve. La preuve de l'exploitation abusive d'un état de dépendance économique ou d'une position dominante ne saurait, en l'absence de toutes autres justifications, résulter des seuls quotas d'achat contenus dans un contrat de concession exclusive. • Com. 4 juill. 1995 : *RJDA 1995, n° 1388.* ♦ Le seul critère pertinent pour apprécier la valeur probante d'une preuve réside dans sa crédibilité et le régime en matière de preuve devant l'Autorité de la concurrence n'implique aucun formalisme particulier. • Aut. conc. n° 13-D-11 du 14 mai 2013 : *préc. note 12 bis.*

38. Charge de la preuve. Pour un arrêt considérant qu'il appartient au distributeur qui se prétend victime d'un abus de dépendance économique d'en rapporter la preuve, V. • Com. 12 janv. 1999 : *préc. note 32.*

Art. L. 420-2-1 *(L. n° 2012-1270 du 20 nov. 2012, art. 5-I)* **Sont prohibés, dans les collectivités relevant de l'article 73 de la Constitution et dans les collectivités d'outre-mer de Saint-Barthélemy, de Saint-Martin, de Saint-Pierre-et-Miquelon et de Wallis-et-Futuna, les accords ou pratiques concertées ayant pour objet ou pour effet d'accorder des droits exclusifs d'importation à une entreprise ou à un groupe d'entreprises.** — *V. le III de l'art. L. 420-4.*

L'art. L. 420-2-1 s'applique aux accords ou pratiques concertées en cours. Les parties à ces accords ou pratiques disposent d'un délai de quatre mois à compter de la promulgation de la L. n° 2012-1270 du 20 nov. 2012 pour se mettre en conformité avec les dispositions de ce même article (L. préc., art. 5-II).

BIBL. ▶ Arhel, *JCP E 2012. Actu. 733* (volet « prix et concurrence » de la L. n° 2012-1270 du 20 nov. 2012). – Comert, *BRDA 2012, n° 23, p. 12* (même thème). – Manna, *RLC avr.-juin 2013. 125* (les bases d'un droit de la concurrence ultramarin). – Montet et Venayre, *ibid. 131* (contre la vie chère en outre-mer : une construction difficile entre concurrence et administration des prix).

Art. L. 420-3 **Est nul tout engagement, convention ou clause contractuelle se rapportant à une pratique prohibée par les articles L. 420-1** *(L. n° 2012-1270 du 20 nov. 2012, art. 5-I)* **« , L. 420-2 et L. 420-2-1 ».** — *[Ord. n° 86-1243 du 1er déc. 1986, art. 9.]*

RÉP. COM. v° *Pratiques anticoncurrentielles (Injonctions et sanctions)*, par Arhel.

BIBL. ▶ Brill, *Gaz. Pal. 1987. 2. Doctr. 775* (sanctions civiles). – Charbit et de Hauteclocque, *D. Affaires 1999. 1064* (action en indemnité des victimes de pratiques anticoncurrentielles). – Bénabent, *LPA 20 nov. 2004* (mise en jeu de la responsabilité civile). – Saint-Esteben, *ibid.* (dommages-intérêts punitifs). – Chagny, *RLC 2005, n° 4, p. 186* (place des dommages-intérêts dans le contentieux des pratiques anticoncurrentielles). – Hoepfner-Léger, *JCP E 2006, n° 48, p. 2050* (poursuites privées en matière de pratiques anticoncurrentielles). – Chagny, *RLDA janv. 2007. 96* (faut-il prendre en compte les objectifs du droit de la concurrence dans les actions en dommages-intérêts ?). – Bélot, *D. 2007. 1681* (évaluation du préjudice économique). – Idot, *RDLC 2007, n° 2, p. 91* (sanctions civiles des pratiques anticoncurrentielles). – Lasserre-Kiesow, *D. 2007. 2116* (promotion des sanctions civiles en droit des pratiques anticoncurrentielles). – Béhar-Touchais, *RDC 2008. 61* (y a-t-il de la rétroactivité en droit de la concurrence ?). – Chagny et Riffault-Silk, *RLC avr.-juin 2008. 145* (actualité du contentieux des dommages concurrentiels). – Amrani-Mekki, *Gaz. Pal. 2009. 992 et 1000* (inciter les actions en dommages et intérêts en droit de la concurrence). – Braconnier, *JCP 2009, n° 52, p. 37* (évaluation du préjudice indemnisable en cas d'infraction aux règles de la concurrence dans la passation des marchés publics). – Chagny, *RLDA févr. 2010. 80 ; RLC janv.-mars 2010. 38* (quelles mutations dans la réparation des dommages concurrentiels ?). – Jenny, *RLC juill.-sept. 2011. 157* (sanctions civiles et sanctions administratives en droit de la concurrence : approche économique). – Lasserre, *Mélanges Payet, Dalloz, 2011, p. 343* (sanctions civiles en droit de la concurrence). – Decocq, *CCC 2012. Repère 1* (réveil du *private enforcement* ?). – J. Vogel, *JCP E 2013, n° 1172* (stratégies et moyens de défense face à une action en dommages-intérêts pour atteinte au droit de la concurrence).

1. Titulaire de l'action en nullité. Sur le droit d'agir en nullité des concurrents, V. • Com. 24 oct. 2000 : *Bull. civ. IV, n° 163 ; D. 2000. AJ 429, obs. Marmontel ; CCC 2001, n° 7, obs. Malaurie-Vignal ; RTD civ. 2001. 140, n° 7, obs. Mestre et Fages ; RTD com. 2001. 427, obs. Claudel*. ♦ En ce sens que le ministre de l'Économie ne saurait tirer de l'art. 9 le pouvoir de se substituer aux parties pour solliciter l'application de ces dispositions, celles-ci ne comportant, par ailleurs, aucune dispense au respect dû au principe de la contradiction qui implique qu'aient été appelées dans la cause toutes les parties signataires de la convention comportant la clause dont l'annulation est poursuivie, V. • Paris, 22 mars 2000 : *Gaz. Pal. 2000, 2, Somm. 1606.*

2. Stipulations nulles. Sur l'obligation de restitution du matériel (cuves) imposée aux pompistes par les compagnies pétrolières, V. note 42 ss. art. L. 330-2. ♦ Pour la nullité d'une clause d'exclusivité, V. note 22 ss. art. L. 420-1. ♦ Pour application de l'art. 9 [C. com., art. L. 420-3], l'annulation d'une convention se rapportant à une pratique anticoncurrentielle prohibée peut être prononcée même si tous les cocontractants n'y ont pas participé ou n'en ont pas eu connaissance. • Com. 24 oct. 2000 : *préc. note 1.* ♦ Mais encore faut-il apporter la preuve que les conventions avaient pour objet ou pouvaient avoir pour effet de restreindre la concurrence sur un marché pertinent. • Com. 26 juin 2007 : *Bull. civ. IV, n° 175 ; JCP E 2007, n° 38, p. 19 ; CCC 2007, n°s 214 et 245, obs. Malaurie-Vignal ; RJDA 2007, n° 1152.*

3. Absence d'autre sanction civile. L'illicéité d'une clause anticoncurrentielle ne peut être sanctionnée que par sa nullité. • Com. 29 janv. 2002 : *D. 2002. AJ 1550 ; LPA 3 juill. 2003, obs. Malaurie-Vignal ; Lettre distrib. mars 2002, p. 3.* ♦ L'art. 9 [C. com., art. L. 420-3] ne prévoit pas la possibilité pour le juge d'ordonner la conclusion d'un contrat ou son renouvellement. • Com. 24 oct. 2000 : *préc. note 1.*

4. Dommages-intérêts. Une partie à un contrat, support d'une entente anticoncurentielle, ne peut se prévaloir de l'illicéité d'une clause de ce contrat pour réclamer des dommages et intérêts pour non-exécution de cette clause. • Com. 29 janv. 2002 : *préc. note 3.* ♦ Comp., pour une solution en droit communautaire : une partie à un contrat constituant une entente anticoncurrentielle peut se prévaloir de l'illicéité de ce contrat pour en refuser l'exécution et demander l'allocation de dommages-intérêts lorsque le juge national n'a pas établi que le demandeur a une responsabilité significative dans la réalisation du contrat illicite. • CJCE 20 sept. 2001 : *RTD com. 2002. 398, obs. Poillot-Peruzzetto ; RDC 2003. 71, obs. Bergé ; BEEI 2001, n° 6, p. 8.* ♦ Une décision définitive du Conseil de la concurrence désignant nommément la société appelante comme l'une des victimes d'actions dilatoires concertées ayant eu pour objet d'entraver le libre exercice de la concurrence établit suffisamment que les comportements qu'elle a sanctionnés à ce titre constituent bien des fautes à l'égard de l'appelante, laquelle est bien fondée à poursuivre l'indemnisation du préjudice qui en a résulté pour elle. • Versailles, 24 juin 2004 : *JCP E 2004, n° 42, p. 1614.* ♦ V. aussi, jugeant que pour être constitutive d'un dol, et ouvrir droit à dommages-intérêts au profit de la victime, l'entente doit avoir constitué une manœuvre ayant surpris le consentement de la victime en l'amenant à conclure des marchés dans des conditions qu'elle n'aurait pas acceptées si elle n'avait pas été victime de la fraude : • CAA Paris, 22 avr. 2004 : *D. 2004. 3020, note Dreyfus ; AJDA 2004. 1417, concl. Haïm ; JCP 2005. II. 10013, note J. Martin (2 arrêts).* – Sur le dol incident, V. • CAA Paris, 27 févr. 2007 : *AJDA 2007. 1978, note Richer*. ♦ S'il existe un lien entre la faute des auteurs des ententes et la majoration des prix des matières premières, le lien de causalité entre ces prix majorés et le préjudice allégué n'est quant à lui pas établi du fait de la possibilité qu'avait le vendeur de répercuter cette majoration dans ses prix de vente ; ne l'ayant pas fait alors qu'il le pouvait, il a librement arrêté sa politique tarifaire sans que la responsabilité des défenderesses puisse être engagée. • T. com. Nanterre, 11 mai 2006 : *RLC janv.-mars 2007. 62, obs. Chagny.* ♦ Les juridictions de droit commun doivent rechercher si une faute génératrice d'un préjudice résulte de pratiques d'abus de position dominante sanctionnées dans le cadre d'une procédure de concurrence. • Com. 23 mars 2010 : *CCE 2010, n° 122, obs. Chagny* (sur renvoi : • Paris, 27 juin 2012 : *CCE 2013, n° 6, obs. Chagny*). ♦ Sur la réparation du préjudice lié à une infraction au droit de la concurrence et la consécration de la théorie du *passing on defense*, V. • Com. 15 juin 2010 : *D. 2010. 2781, note Utzschneider et Parmentier* ; *CCC 2010, n° 232, obs. Malaurie-Vignal ; Gaz. Pal. 2011. 430, et les obs. ; RJDA 2011, n° 349 ; RDLC 2010, n° 4, p. 205, obs. Lemaire et Cousin.* ♦ Sur la compétence des juridictions judiciaires, V. notes ss. art. L. 462-6.

5. Effets de la nullité. La nullité d'un contrat se rapportant à une pratique prohibée par l'art. 7 [C. com., art. L. 420-1] a pour conséquence de le priver rétroactivement de tout effet. • Com. 3 janv. 1996 : *RJDA 1996, n° 806.* ♦ Prononçant la restitution des sommes d'argent payées sur le fondement d'une clause résultant d'une entente illicite et l'allocation de dommages-intérêts, V. • Paris, 14 déc. 2011 : *CCC 2012, n° 69, obs. Decocq ; RLC avr.-juin 2012. 35, obs. Robin.*

Si un contrat est nul en vertu de l'art. 9 [C. com., art. L. 420-3], cette nullité est sans effet sur la garantie à première demande qui l'accompagne, s'agissant d'un engagement autonome qui ne se rapporte pas directement à la pratique prohibée. • Versailles, 28 févr. 1992 : *D. 1993. Somm. 109, obs. Vasseur* ; *RJDA 1992, n° 715.*

Art. L. 420-4 **I. — Ne sont pas soumises aux dispositions des articles L. 420-1 et L. 420-2 les pratiques :**

1° Qui résultent de l'application d'un texte législatif ou d'un texte réglementaire pris pour son application ;

2° Dont les auteurs peuvent justifier qu'elles ont pour effet d'assurer un progrès économique *(L. n° 2001-420 du 15 mai 2001)* **« , y compris par la création ou le maintien d'emplois, » et qu'elles réservent aux utilisateurs une partie équitable du profit qui en résulte, sans donner aux entreprises intéressées la possibilité d'éliminer la concurrence pour une partie substantielle des produits en cause. Ces pratiques qui peuvent consister à organiser, pour les produits agricoles ou d'origine agricole, sous une même marque ou enseigne, les volumes et la qualité de production ainsi que la politique commerciale, y compris en convenant d'un prix de cession commun ne doivent imposer des restrictions à la concurrence, que dans la mesure où elles sont indispensables pour atteindre cet objectif de progrès.**

II. — Certaines catégories d'accords ou certains accords, notamment lorsqu'ils ont pour objet d'améliorer la gestion des entreprises moyennes ou petites, peuvent être reconnus comme satisfaisant à ces conditions par décret pris après avis conforme *(Ord. n° 2008-1161 du 13 nov. 2008, art. 4)* **« de l'Autorité de la concurrence ».** — *V. art. R. 420-1 et R. 420-2. — V. deuxième note ci-dessous.*

(L. n° 2012-1270 du 20 nov. 2012, art. 5-I) **« III. — Ne sont pas soumis aux dispositions de l'article L. 420-2-1 les accords ou pratiques concertées dont les auteurs peuvent justifier qu'ils sont fondés sur des motifs objectifs tirés de l'efficacité économique et qui réservent aux consommateurs une partie équitable du profit qui en résulte. »** — *[Ord. n° 86-1243 du 1er déc. 1986, art. 10.]*

Les dispositions du 1° du I de l'art. L. 420-4 sont applicables aux accords étendus conclus dans le cadre des organisations interprofessionnelles agricoles ou sylvicoles reconnues. — Les organisations interprofessionnelles reconnues peuvent demander à l'autorité administrative compétente de prendre les décrets mentionnés au dernier al. du même art. (C. rur., art. L. 632-5).

Sur la possibilité d'adoption, par des organisations interprofessionnelles, d'accords restrictifs de concurrence mettant en œuvre des pratiques mentionnées au 1° du I de l'art. L. 420-4, V. C. rur., art. L. 632-2. — V. aussi, pour des contrats conclus entre organisations professionnelles ou des groupements de producteurs, dans le cadre de crises conjoncturelles affectant les productions de produits agricoles périssables ou de produits issus de cycles courts de production, ou les productions de la pêche maritime ou des cultures marines, C. rur., art. L. 611-4. — Sur l'élaboration et la diffusion d'indices de tendance des marchés laitiers et de valeurs entrant dans la composition du prix de cession du lait aux collecteurs ou transformateurs, V. C. rur., art. L. 632-14. — **C. rur.**

V., en application du II de l'art. L. 420-4 : Décr. n° 96-499 du 7 juin 1996 relatif aux accords entre producteurs bénéficiant de signes de qualité dans le domaine agricole (JO 11 juin) ; Décr.

n° 96-500 du 7 juin 1996 relatif aux accords entre producteurs agricoles ou entre producteurs agricoles et entreprises concernant des mesures d'adaptation à des situations de crise (JO 11 juin) ; Décr. n° 2007-1884 du 26 déc. 2007 concernant un accord relatif aux délais de paiement dans la filière automobile (JO 30 déc.), et les avis n° 07-03 rendu à cet égard par la CEPC (BOCC 31 juill. 2007 ; CCC 2007, n° 241, obs. M. M.-V.) et n° 07-A-14 du 9 nov. 2007 du Conseil de la concurrence (BOCC 4 mars 2008 ; CCC 2008, n° 136, obs. Decocq ; RLC avr.-juin 2008. 23, obs. Arhel).

RÉP. COM. v° *Entente*, par ARHEL.

BIBL. ► TRAN THIET, RAKOTOVAO, FRÉGET et VITAL-DURAND, *CCC 1997. Chron. 1* (ententes dans le secteur agricole). – J.-L. FOURGOUX et DJAVADI, *Cah. dr. entr. 2009, n° 3, p. 20* (l'exemption en période de crise économique). – DE JUVIGNY et FAIVRE, *ibid., p. 24* (quelle politique de sanction en période de crise ?). – GUGLER et SCHALLER, *RDLC 2009, n° 3, p. 26* (le pouvoir compensateur : un nouveau motif d'efficacité économique en droit de la concurrence ?).

I. APPLICATION D'UN TEXTE

1. Dispositions légales. L'art. L. 420-4, 1° ne peut exonérer que les pratiques constituant une conséquence nécessaire de l'application de textes législatifs ou réglementaires. • Aut. conc. n° 10-D-04 du 26 janv. 2010 : *RLC avr.-juin 2010. 35, obs. Sélinsky ; Gaz. Pal. 2010. 3042, et les obs.* ♦ Cette exception ne peut être retenue que si la législation ne laisse subsister aucune possibilité à l'entreprise d'adopter un comportement autonome conforme aux règles de concurrence. • Cons. conc. n° 07-D-50 du 20 déc. 2007 : *cité note 18 ss. art. L. 420-1.* ♦ L'absence de liberté des entreprises ne constituant une cause d'exonération de leur responsabilité que s'il apparaît sur la base d'indices objectifs, pertinents et concordants que ce comportement leur a été unilatéralement imposé par les autorités nationales par l'exercice de pressions irrésistibles, telles que la menace d'adoption de mesures étatiques susceptibles de leur faire subir des pertes importantes. • Aut. conc. n° 10-D-13 du 15 avr. 2010. ♦ La compromission ou la tolérance des pouvoirs publics dans la mise en œuvre de pratiques anticoncurrentielles ne fait pas obstacle à l'application des dispositions de l'art. L. 420-1. • Même décision.

La position dominante de la société en charge du fonctionnement du MATIF est légale puisqu'elle s'inscrit dans les dispositions de la L. n° 87-1158 du 31 déc. 1987. • Paris, 27 juin 1990 : *D. 1991. Somm. 251, obs. Gavalda et Lucas de Leyssac* ✎. ♦ De la même façon, l'application d'un régime forfaitaire à des discothèques réalisant un chiffre d'affaires inférieur à un certain seuil ne constitue que l'application de l'art. L. 131-4 du CPI et ne peut donc pas être sanctionnée sur le fondement des art. L. 420-1 et L. 420-2 C. com. • Paris, 22 mai 2001 : *Gaz. Pal. 2001. 2. Somm. 1952* (conf. par • Com. 7 janv. 2004 : ♙ *Bull. civ. IV, n° 3 ; D. 2004. AJ 211* ✎ *; JCP E 2004, n° 10, p. 350 ; RTD com. 2004. 278, obs. Pollaud-Dulian* ✎ *; LPA 27 juin 2005, obs. Bacchichetti et Dom : RJDA 2004, n° 631 ; CCE 2004, n° 45, obs. Decocq*). ♦ Sur le Décr. n° 2003-727 du 1er août 2003 relatif à l'élimination des véhicules hors d'usage (codifié aux art. R. 543-154 s. C. envir.), V. • CE 20 avr. 2005 : ♙ *AJDA 2005. 2064, note Nicinski* ✎. ♦ Le marché de l'équarrissage qui résulte de l'application de textes législatifs et réglementaires spécifiques échappe aux dispositions qui prohibent les pratiques anticoncurrentielles et l'exploitation abusive d'une position dominante. • Agen, 20 mars 2006 : *BICC 2006, n° 1898.* ♦ Sur la légalité des arrêtés pris en application du CSP pour lutter contre le saturnisme, V. • CE 6 juill. 2007 : ♙ *RLC oct.-déc. 2007. 55, obs. Clamour.* ♦ Le Règl. CE n° 1475/95 du 28 juin 1995 n'établit pas de prescriptions contraignantes affectant directement la validité ou le contenu des clauses contractuelles d'un contrat de concession automobile. • Com. 23 sept. 2008 : ♙ *JCP E 2009, n° 16-17, p. 34, note Bertin.* ♦ Le fait qu'un tarif soit soumis à homologation ne dispense pas, en l'espèce, l'entreprise de respecter les règles du droit de la concurrence dans la mesure où l'entreprise fixait librement son tarif, l'homologation ministérielle ne pouvant, en aucune manière, être considérée ni comme une obligation s'imposant à l'entreprise, ni comme un blanc-seing l'exonérant de toute responsabilité. • Aut. conc. n° 09-D-24 du 28 juill. 2009 : *Gaz. Pal. 2010. 1691, et les obs.* ♦ Le simple visa donné par l'administration chargée de la tutelle des ports ne saurait justifier la pratique de fixation en commun des prix par les entreprises de manutention, à leur initiative, dans la mesure où il est établi que ce visa n'a nullement été imposé par les représentants de l'État dans le département concerné, le syndicat professionnel ayant d'ailleurs admis que le tarif est d'abord discuté entre les entreprises puis simplement validé par la DDE. • Aut. conc. n° 11-D-01 du 18 janv. 2011 : *cité note 13.*

1 bis. La L. n° 82-652 du 29 juill. 1982 sur la communication audiovisuelle [CCIA, art. L. 212-

19 et L. 212-21], qui autorise la constitution de groupements ou d'ententes entre entreprises de spectacles cinématographiques, ne s'oppose pas aux poursuites pour pratiques anticoncurrentielles contre ces entreprises. • Com. 21 juin 1994 : *Bull. civ. IV, n° 233 ; D. 1994. IR 213.* – V. l'art. 90 de cette loi au **C. pén.** ♦ De même, les dispositions de l'art. 10 (1°) [C. com., art. L. 420-4 (I), 1°] doivent être écartées dans la mesure où l'art. R. 5015-26 CSS, bien que restreignant les conditions dans lesquelles les pharmaciens peuvent se concurrencer, n'implique nullement l'absence de toute concurrence entre ceux-ci, et à cet égard, si l'art. 5015-40 CSP invite les pharmaciens à tenter de résoudre leurs éventuels différends par voie de conciliation et préconise d'en aviser, le cas échéant, leurs autorités ordinales, le Conseil régional de l'ordre des pharmaciens ne peut cependant organiser une réunion tendant à conclure une entente sur les prix. • Com. 10 mars 1998 : *D. 1998. IR 111 ; D. Affaires 1998. 754, obs. J. F. ; LPA 21 août 1998, obs. Reboul.* ♦ Les articles du code de la santé publique visant à assurer un « maillage territorial » adéquat pour répondre aux besoins de la population en cas de création, de transfert ou de regroupement d'officines de pharmacie (art. L. 5125-1 s.) n'instaurent aucun monopole territorial ni ne limitent en général une situation de concurrence entre officines. • Aut. conc. n° 09-D-17 du 22 avr. 2009 : *D. 2009. 1741, note Alleaume ; RLC juill.-août 2009. 30, obs. Sélinsky et Chollet ; RDLC 2009, n° 3, p. 84, obs. Nicolas-Vullierme.* ♦ L'obligation légale de faire agréer une activité économique ne fait pas échapper, pour cette seule raison, l'exercice de cette activité et les pratiques auxquelles elle donne lieu éventuellement, au respect des règles de la concurrence et à la compétence du Conseil de la concurrence, dès lors que l'exercice de l'activité est détachable de la délivrance de l'agrément lui-même. • Cons. conc. n° 08-D-18 du 30 juill. 2008 : *BOCC 14 nov. 2008 ; RLC janv.-mars 2009. 51, obs. Destours.*

1 ter. La pratique incriminée, qui résulte directement et nécessairement de l'application de l'art. 27 de la L. n° 71-1130 du 31 déc. 1971 qui exclut la faculté pour les avocats, lorsqu'une assurance collective de responsabilité civile professionnelle a été contractée par le barreau, de ne pas y adhérer et de s'assurer individuellement, bénéficie de l'exemption prévue au § 1 de l'art. L. 420-4. • Cons. conc. n° 03-D-03 du 16 janv. 2003 : *BOCC 16 juin 2003 ; D. 2003. IR 600 ; JCP E 2003, n° 16, p. 714, note Martin ; Lettre distrib. févr. 2003, p. 3.* ♦ En revanche, et contrairement à la garantie des archives et supports d'information appartenant à l'assuré et à la garantie de toutes valeurs remises à un avocat, ni l'assurance responsabilité civile exploitation, ni l'assurance des objets et vêtements déposés dans les vestiaires de l'Ordre, ni les dommages par catastrophes naturelles, ne résulte de l'application directe et nécessaire d'un texte et constitue ainsi une pratique prohibée par les dispositions de l'art. 420-1 C. com. • Même arrêt. ♦ Les marchés des consultations, actes techniques et chirurgicaux des médecins spécialistes libéraux du secteur I sont soumis à une réglementation des prix excluant toute possibilité d'une concurrence susceptible d'être empêchée, restreinte ou faussée par les pratiques incriminées, de telle sorte que les dispositions de l'art. L. 420-1 sont inapplicables. • Com. 7 avr. 2010 : *Bull. civ. IV, n° 71 ; Dalloz actualité, 15 avr. 2010, obs. Chevrier ; JCP E 2010, n° 1506 ; CCC 2010, n° 162, obs. Bazex ; RJDA 2010, n° 878 ; RLDA juin 2010. 40, obs. Anadon ; RDLC 2010, n° 2, p. 67, obs. Debroux et Bourgery* (conf. de • Paris, 18 mars 2009 : *Dalloz actualité, 30 mars 2009, obs. Chevrier ; CCC 2009, n° 135, obs. approb. Decocq ;* qui avait réformé • Cons. conc. n° 08-D-06 du 2 avr. 2008 : *cité note 8 ss. art. L. 464-2*).

Une lettre du ministre de l'économie (dans le cadre d'un contrôle des concentrations) ne constitue pas « un texte législatif ou un texte réglementaire » au sens de l'art. L. 420-4, I, 1° ; les parties ne sont donc pas fondées à se prévaloir de ce document pour invoquer l'exception tirée de l'action étatique. • Aut. conc. n° 10-D-04 du 26 janv. 2010 : *préc. note 1.*

2. Règlement général et convention. Le règlement général des manifestations commerciales, bien qu'approuvé par le ministre du commerce, ne constitue pas un texte législatif ou réglementaire au sens de l'art. 10 (1) [C. com., art. L. 420-4 (I), 1°]. • Cons. conc. n° 92-D-44 du 7 juill. 1992 : *BOCC 15 août 1992.* ♦ De même, une convention conclue entre la Fédération française de ski et le Syndicat national des téléphériques et téléskis de France ne peut être assimilée à un texte législatif ou réglementaire au sens de ce texte. • Paris, 14 juin 1995 : *BOCC 20 juill. 1995.* ♦ V. aussi • CE 29 juill. 2002 : *BRDA 2002, n° 19, p. 11.* ♦ L'art. L. 420-4 ne trouve pas à s'appliquer en l'espèce compte tenu du fait que la convention de subdélégation susceptible d'être qualifiée d'entente ne résulte pas de la mise en œuvre d'un texte législatif ou réglementaire qui en légitimerait ou en renforcerait les effets, mais de la mise en œuvre de contrats administratifs auxquels les entreprises mises en cause sont elles-mêmes parties. • Cons. conc. n° 07-D-08 du 12 mars 2007 : *cité note 4 bis ss. art. L. 462-7.*

3. Code ou usage professionnel. Un usage professionnel n'empêche pas l'application des dispositions du titre III de l'Ord. du 1er déc. 1986. • Cons. conc. n° 95-D-39 du 30 mai 1995 : *BOCC 25 avr. 1995 ; CCC 1995, n° 166.* ♦ Le code de déontologie médicale ne saurait être considéré comme un texte réglementaire pris pour l'application d'un texte législatif, au sens de l'art. L. 420-4. • Cons. conc. n° 07-D-41 du 28 nov. 2007 : *cité note 4 ss. art. L. 410-2.* ♦ L'argument de l'approbation de l'administration des « mercuriales » n'est pas pertinent puisqu'elle date d'un régime économique de réglementation des prix abandonné depuis 1986 ; et le fait que de telles grilles soient utilisées dans d'autres pays ne valide pas pour autant, au regard des règles de concurrence, l'usage qui en a été fait. • Paris, 29 sept. 2009 : *BOCC 9 oct. 2009.*

A supposer même établie l'existence d'usages encourageant les entreprises à procéder à des échanges d'informations dans le cadre des appels d'offres lancés par les maîtres d'ouvrage, une société ne peut utilement se prévaloir du 1° de l'art. L. 420-1 dès lors que l'exonération qu'il prévoit ne s'applique qu'aux pratiques constituant une conséquence nécessaire de l'application d'un texte législatif ou réglementaire. Par ailleurs, la compromission ou la tolérance des pouvoirs publics dans la mise en œuvre de pratiques anticoncurrentielles ne fait pas obstacle à l'application des dispositions de l'art. L. 420-1. • Aut. conc. n° 11-D-02 du 26 janv. 2011.

4. Concession de service public. Ayant relevé que la validité des contrats de concession sur lesquels le concessionnaire exclusif du service extérieur des pompes funèbres fonde son action n'est pas contestée, l'arrêt énonce à bon droit que les pratiques anticoncurrentielles du concessionnaire, qui trouvent leurs sanctions dans les poursuites administratives et dans les actions en responsabilité civile qui peuvent être engagées ne dispensent pas les tiers de respecter les contrats de concessions exclusives dont il se prévaut. • Com. 23 oct. 2001 : *JCP E 2001, n° 48, p. 1890 ; CCC 2002, n° 9, obs. Malaurie-Vignal ; RJDA 2002, n° 243.*

4 bis. Déréglementation. L'existence d'un cadre réglementaire spécifique assurant la régulation de l'ouverture à la concurrence d'un secteur ne place pas celui-ci en dehors du champ d'application des dispositions du livre IV du code de commerce. • Com. 23 oct. 2007 : *cité note 8 ss. art. L. 464-3.* ♦ Si le législateur a prévu un certain nombre d'incitations à la production d'électricité par les énergies renouvelables, cette circonstance ne peut avoir pour effet de contraindre juridiquement, ou de créer une quelconque obligation pour l'opérateur historique, de promouvoir directement les offres commerciales de ses filiales opérant dans la filière des énergies renouvelables. • Aut. conc. n° 09-MC-01 du 8 avr. 2009 : *RLC juill.-sept. 2009. 59, obs. Destours ; RDLC 2009, n° 3, p. 92, note Wachsmann ; Dr. adm. 2009, n° 66, obs. Bazex.*

II. PROGRÈS ÉCONOMIQUE

BIBL. Bienaymé et Lazarus, *Rev. Conc. Consom. nov.-déc. 1996.* – Blaise, *Gaz. Pal. 1997. 1. Doctr. 239.*

5. Critères. Quatre critères doivent être satisfaits pour octroyer une exemption à une pratique jugée anticoncurrentielle dans le cadre du 2° du I de l'art. L. 420-4 : la réalité du progrès économique, le caractère indispensable et adapté des pratiques en cause pour l'obtenir, l'existence d'un bénéfice pour les consommateurs et l'absence d'élimination de toute concurrence. Chacune de ces quatre conditions doit être remplie pour que le bénéfice d'une exemption individuelle soit admissible. • Aut. conc. n° 13-D-14 du 11 juin 2013.

5 bis. Charge de la preuve. Il appartient aux auteurs des pratiques anticoncurrentielles d'apporter la preuve des faits qui, en vertu de l'art. 10 [C. com., art. L. 420-4], seraient propres à justifier ces pratiques. • Com. 6 nov. 1990 : *Bull. civ. IV, n° 266 ; D. 1990. IR 300 ; RTD com. 1991. 431, obs. Bouloc.* ♦ Il leur appartient ainsi de démontrer, non seulement que ces actions comportent des avantages économiques, mais encore que ceux-ci sont suffisants pour compenser les incidences des pratiques sur la concurrence. • Cons. conc. n° 07-D-08 du 12 mars 2007 : *préc. note 2.* ♦ L'Autorité de la concurrence est uniquement tenue, aux fins de déterminer si un accord contribue à améliorer la production ou la distribution des produits ou à promouvoir le progrès technique ou économique, d'examiner les arguments de fait et les éléments de preuve fournis par l'entreprise dans le cadre de sa demande d'exemption. • Aut. conc. n° 12-D-09 du 13 mars 2012.

Il ne résulte nullement de la jurisprudence que la démonstration d'une pratique abusive de différenciation tarifaire imposerait, du fait de possibles effets pro-concurrentiels, l'application d'un standard de preuve plus élevé que celui utilisé pour d'autres pratiques susceptibles d'être qualifiées d'abus de position dominante. C'est à l'entreprise dominante qu'il appartient de démontrer que ses pratiques sont économiquement justifiées, par exemple par des gains d'efficacité substantiels. Dans ce cadre, la jurisprudence impose également de déterminer si l'effet anticoncurrentiel qui résulte de la pratique peut être contrebalancé, voire surpassé, par des avantages en termes d'efficacité qui profitent également au consommateur. • Aut. conc. n° 12-D-24 du 13 déc. 2012 : *cité note 8 ss. art. L. 464-2.*

6. Réseau de distribution. Jugeant qu'il n'est pas démontré en quoi les investissements réalisés par un opérateur téléphonique chez ses distributeurs indépendants étaient spécifiques et pouvaient créer un risque de parasitisme préjudiciable à ce dernier en l'absence de mise en place de clauses d'exclusivité. • Aut. conc. n° 09-D-36 du 9 déc. 2009. ♦ Une limitation absolue de la concurrence et du libre jeu du marché en faveur des franchisés porte atteinte au libre exercice par ceux-ci de la concurrence, alors qu'elle a pour seul effet de procurer une clientèle à chacun de ceux-ci sans apporter un complément au progrès économique déjà garanti par l'interdiction de revente directe : V. • Paris, 7 juin 1990 : *D. 1990. IR 174.* ♦ Comp., pour un réseau de franchise constituant un développement économique avantageux pour les clients : • Paris, 13 juill. 1993 : *RJDA 1994, n° 303.*

Dans le cadre d'un réseau de franchise mis en place par une société de prêt-à-porter de luxe, pour un arrêt considérant que le mode de distribution de ces articles de luxe par des magasins spécialisés dans la présentation et la mise en valeur des articles proposés ainsi que dans l'argumentation de vente constitue un développement économique avantageux pour les clients, qui outre une sélection d'articles de qualité, trouvent dans ces boutiques un environnement soigné de nature à préserver et accroître le prestige de la marque et un personnel attentionné, bénéficiant d'un certain savoir-faire apte à les conseiller utilement, V. • Com. 4 mai 1999 : *RJDA 1999, n° 1014.*

Sur la justification des réseaux de distribution sélective ou exclusive, V. notes 39 et 39 *bis* ss. art. L. 420-1, et notes 15 et 47 s. ss. art. L. 330-2.

7. Sous-traitance. Pour un arrêt faisant bénéficier de l'art. 10 (2) [C. com., art. L. 420-4 (I), 2°] un contrat de sous-traitance, V. • Paris, 15 déc. 1995 : *D. Affaires 1996. 168.*

8. Événements conjoncturels. En ce sens qu'une situation de crise de secteur peut justifier l'application de l'art. 10 (2) [C. com., art. L. 420-4 (I), 2°] à condition que les atteintes à la concurrence soient accompagnées de dispositions d'ordre structurel touchant à la production et à la commercialisation des produits concernés, V. • Cons. conc. n° 95-D-77 du 5 déc. 1995 : *BOCC 12 févr. 1996 ; CCC 1996, n° 61, obs. Vogel.*

9. Travail temporaire. Sur le progrès économique pouvant être apporté par les entreprises de travail temporaire, V. • Cons. conc. n° 97-D-52 du 25 juin 1997 : *BOCC 7 oct. 1997.*

10. Exemple. Eu égard au fait que la pratique permet à des patients de bénéficier d'appareillages rares dans de meilleures conditions, qu'elle porte sur une demande marginale, qu'elle n'est pas obligatoire et qu'elle intervient dans un contexte où la concurrence peut difficilement jouer, il y a lieu de considérer qu'elle contribue au progrès en bénéficiant aux utilisateurs sans avoir elle-même un impact significatif sur la concurrence. • Cons. conc. n° 07-D-05 du 21 févr. 2007 : *BOCC 7 juin 2007 ; RDLC 2007, n° 2, p. 100, obs. Claudel.*

11. Appel d'offres illégal. Si le progrès économique allégué est d'avoir fait échec à une procédure prétendument illégale, le même objectif aurait pu être atteint par des moyens légaux en formant un recours devant le juge administratif pour qu'il se prononce sur cette illégalité, sans qu'il soit nécessaire de mettre en œuvre une entente constitutive d'un boycott. • Cons. conc. n° 07-D-49 du 19 déc. 2007 : *cité note 33 ss. art. L. 420-1.* ♦ L'annulation éventuelle de l'appel d'offres en cause par le juge compétent ne serait pas de nature à retirer son caractère anticoncurrentiel à l'entente ; il n'y a donc pas lieu, ni de saisir la juridiction administrative d'une question préjudicielle, ni de surseoir à statuer. • Paris, 8 avr. 2009 : *BOCC 17 juill. 2009 ; Dalloz actualité, 21 avr. 2009, obs. Chevrier ; CCC 2009, n° 173, obs. Bosco.*

12. Compensation. Les entreprises ne peuvent compenser les désavantages concurrentiels qu'elles estiment supporter en mettant en œuvre des pratiques anticoncurrentielles prohibées par le livre IV du code de commerce, que ce soit en se concertant avec leurs concurrents ou en abusant de la position dominante qu'elles détiennent sur un marché. • Cons. conc. n° 09-D-04 du 27 janv. 2009 : *BOCC 18 févr. 2009 ; JCP E 2009, n° 11, p. 27, obs. Derieux ; CCE 2009, n° 45, obs. Chagny ; RLC avr.-juin 2009. 29, obs. Arhel ; RDLC 2009, n° 2, p. 120, obs. Wachsmann.* ♦ L'attitude des différents acteurs d'un marché, à la supposer répréhensible, n'excuse pas et n'atténue même pas la portée des perturbations occasionnées par les autres entreprises ou organismes du même marché, sauf à modérer les sanctions prononcées. • Paris, 19 janv. 2010 : *cité note 12 ss. art. L. 464-2.* ♦ Le fait d'être ou de se sentir agressé par un concurrent par des moyens déloyaux ne saurait justifier une quelconque mesure de rétorsion, sous forme d'une pratique anticoncurrentielle, de la part de l'entreprise en position dominante. • Aut. conc. n° 11-D-15 du 16 nov. 2011 : *cité note 12 ss. art. L. 420-2.* ♦ Sur l'indifférence du fait que l'entente ait eu pour objet ou effet l'éviction d'un concurrent opérant illégalement sur le marché en cause, V. • CJUE 7 févr. 2013 : *cité note 22 ss. art. L. 420-1.*

13. Maintien de l'emploi. **BIBL.** Pirovano, *D. 2002. 62* (droit de la concurrence et progrès social). ♦ L'Autorité de la concurrence, pleinement consciente de l'impact que des conflits sociaux font courir sur l'économie insulaire, ne peut cependant prendre à son compte la thèse avancée par les parties selon laquelle le maintien d'un « niveau de salaires (...) particulièrement élevé » d'une catégorie de personnels, afin de « pérenniser la paix sociale », est compatible avec l'objectif de maintien de l'emploi tel qu'introduit par le législateur dans l'art. L. 420-4, I, 2°, au nombre des exemples des manifestations du progrès économique. • Aut. conc. n° 11-D-01 du 18 janv. 2011 : *Dalloz actualité, 21 janv. 2011, obs. Chevrier ; RLDA mars 2011. 36, obs. Lecourt.*

14. Articulation avec le droit de l'Union. Lorsque sont en cause des pratiques susceptibles d'affecter le commerce entre États membres, le bénéfice de l'exemption prévue par l'art. L. 420-4 ne peut être accordé que pour autant que les conditions prévues par l'art. 101, § 3, TFUE soient cumulativement réunies, lorsqu'elles en diffèrent ; tel n'est pas le cas des conditions de l'exemption prévue au titre du 2° du I de l'art. L. 420-4, qui sont en substance identiques à celles prévues au titre de l'art. 101 précité, si bien que l'Autorité conduit, en principe, une analyse concomitante de l'exemption éventuelle d'une pratique restrictive au titre de ces deux dispositions. • Aut. conc. n° 12-D-08 du 6 mars 2012.

Art. L. 420-5 **Sont prohibées les offres de prix ou pratiques de prix de vente aux consommateurs abusivement bas par rapport aux coûts de production, de transformation et de commercialisation, dès lors que ces offres ou pratiques ont pour objet ou peuvent avoir pour effet d'éliminer d'un marché ou d'empêcher d'accéder à un marché une entreprise ou l'un de ses produits.**

Les coûts de commercialisation comportent également et impérativement tous les frais résultant des obligations légales et réglementaires liées à la sécurité des produits.

Ces dispositions ne sont pas applicables en cas de revente en l'état, à l'exception des enregistrements sonores reproduits sur supports matériels *(L. n° 2005-882 du 2 août 2005, art. 45)* **« et des vidéogrammes destinés à l'usage privé du public ».** — *[Ord. n° 86-1243 du 1er déc. 1986, art. 10-1.] — V. art. R. 462-3 et R. 464-8. — En matière de transport public routier de marchandises, V. C. transp., art. L. 3221-1, et L. 3242-2, ss. art. L. 133-5. — Sur la responsabilité de l'auteur d'une pratique, en situation de crise conjoncturelle, de prix de première cession abusivement bas pour les produits agricoles périssables, les produits agricoles issus de cycles courts de production, les animaux vifs, les produits de la pêche et de l'aquaculture, V. art. L. 442-9.*

V. Cons. conc., avis, n° 97-A-18 du 8 juill. 1997 relatif à l'application de l'art. 10-1 [C. com., art. L. 420-5] au secteur du disque (BOCC 17 sept. 1997 ; D. Affaires 1997. 1160).

BIBL. ► VOGEL, *CCC 1996, n° 144.* – SEMADENI, *Cah. dr. entr. 1996, n° 5, p. 8.* – MALAURIE-VIGNAL, *D. 1996. Chron. 361* ✎. – TRAN THIET, RAKOTOVAO, FRÉGET et VITAL-DURAND, *CCC 1997. Chron. 1.* – FOURNIER, *Cah. dr. entr. 1997, n° 1, p. 5.* – DUCHENET, *BID 1998, n° 7-8, p. 77* (pratique des prix bas et abusivement bas). – MAINGUY, *Cah. dr. entr. 1998, n° 6, p. 23* (abus de droit dans les contrats soumis au droit de la concurrence). – KOVAR, *ibid. 1999, n° 5, p. 1* (pratique de prix abusivement bas et commercialisation des supports de sons). – BENOÎT, *Dr. et patr. juin 2000. 62* (le droit de la concurrence est un droit de l'abus). – MALAURIE-VIGNAL, *CCC 2003, n° 142* (prix abusivement bas des produits agricoles et crise conjoncturelle). – DECOCQ, *CCE 2005, n° 175* (prohibition des prix abusivement bas des vidéogrammes). – PERROT, *RLC juill.-sept. 2006. 153* (les pratiques de prix bas sont-elles anticoncurrentielles ?). – WINCKLER, *ibid. 158* (prix bas : objectif ou abus ?).

1. Notion de prix abusivement bas. L'application des dispositions sur les prix abusivement bas de l'art. L. 420-5 n'est pas limitée aux pratiques des entreprises en position dominante à la différence des dispositions de l'art. L. 420-2 dont relèvent les pratiques de prix prédateurs mises en œuvre par une entreprise en position dominante. • Cons. conc. n° 04-D-10 du 1er avr. 2004 : *BOCC 6 sept. 2004 ; D. 2004. AJ 1235* ✎ *; Gaz. Pal. 2004. Somm. 2007, et les obs. ; Lettre distrib. mai 2004, p. 3.* ♦ Admettant que le texte concerne les produits comme les prestations de services, V. • Cons. conc. n° 96-PB-01 du 27 nov. 1996 : *BOCC 8 janv. 1997.* ♦ Sur la détermination des coûts de référence pris en compte pour déterminer le caractère abusivement bas des prix pratiqués dans le secteur du disque, V. • Cons. conc. n° 98-PB-03 du 8 juill. 1998 : *BOCC 30 sept. 1998 ; Cah. dr. entr. 1999, n° 2, p. 33, obs. Mainguy, Grignon et Respaud* • n° 98-PB-04 du 8 juill. 1998 : *BOCC 30 sept. 1998* • n° 98-PB-05 du 8 juill. 1998 : *ibid.* ♦ V. aussi • Cons. conc. n° 98-PB-06 du 15 sept. 1998 : *BOCC 31 oct. 1998 ; D. Affaires 1999. 249, obs. A. M. ; Cah. dr. entr. 1999, n° 2, p. 33, obs. Mainguy, Grignon et Respaud.* ♦ Sur la définition du prix prédateur retenue, avant la loi du 1er juill. 1996, par le Conseil de la concurrence et la Cour de Paris, V. note 32 ss. art. L. 420-1 et note 19 ss. art. L. 420-2.

2. Notion de consommateur. Le consommateur visé à l'art. 10-1 [C. com., art. L. 420-5] est la personne physique ou morale qui, sans expérience particulière dans le domaine où elle contracte, agit pour la satisfaction de ses besoins personnels et utilise, dans ce seul but, le produit ou le service acquis. • Paris, 3 juill. 1998 : *D. 1999. 249, note Chazal ; D. Affaires 1998. 1525, obs. A. M. ; Gaz. Pal. 1998. 2. Somm. 425 ; CCC 1998, n° 131, obs. Malaurie-Vignal ; LPA 28 juin 1999, obs. Mathey.* ♦ V. aussi, précisant qu'il doit s'agir du consommateur final : • Cons. conc. n° 01-D-81 du 19 déc. 2001 : *BOCC 28 févr. 2002.* ♦ V., excluant l'application de ce texte aux personnes responsables de la passation de marchés publics (à propos d'une offre faite à un syndicat intercommunal), • Paris, 3 juill. 1998 : *préc.*, confirmant • Cons. conc. n° 97-PB-02 du 27 mai 1997 : *BOCC 30 août 1997 ; D. Affaires 1997. 1108.* ♦ V. aussi • Paris, 14 nov. 2000 : *JCP E 2000, n° 50, p. 1980 ; C. marchés 2001, n° 51, obs. Eckert* • Cons. conc. n° 01-D-10 du 30 mars 2001 : *BOCC 24 avr. 2001* • n° 04-D-52 du 9 nov. 2004 : *BOCC 31 mars 2005 ; RLC 2005, n° 2, p. 57, obs. Bazex, Blazy et Berkani.* ♦ En effet, la notion de prix abusivement bas concerne les pratiques de prix sur les marchés de détail, elle ne peut donc s'appliquer aux soumissions d'une entreprise à un appel d'offres d'une collectivité publique. • Cons. conc. n° 07-D-38 du 15 nov. 2007 : *cité note 3 ss. art. L. 462-6.* ♦ Une collectivité locale ne peut être assimilée à un consommateur final. • Aut. conc. n° 09-D-20 du 11 juin 2009 : *RDLC 2009, n° 3, p. 152, obs. Kovar.* ♦ Si un groupement, en tant que centrale de référencement agissant pour le compte de ses adhérents, peut être assimilé à l'utilisateur final du produit, son rôle fait de lui un professionnel averti sur le marché de la fourniture des produits pharmaceutiques, en sorte qu'il ne saurait être qualifié de consommateur, au sens de l'art. L. 420-5. • T. com. Paris, 15 févr. 2007 : *cité note 2 bis ss. art. L. 442-6.* ♦ Un centre hospitalier dispose d'une compétence technique dans le domaine où il intervient, ce qui est incompatible avec la notion de consommateur au sens de l'art. L. 420-5 et exclut l'application de ce texte. • Cons. conc. n° 08-D-01 du 18 janv. 2008 : *BOCC 26 juin 2008 ; JCP 2008. Act. 137 ; CCC 2008, n° 85, obs. Bosco ; RJDA 2008, n° 459 ; RLC avr.-juin 2008. 22, obs. Sélinsky, et 64, obs. Destours ; RDLC 2008, n° 2, p. 183, obs. Kovar.*

3. Exclusion des distributeurs. Jugeant que les prix pratiqués par des personnes exerçant une activité de distribution, c'est-à-dire de revente en l'état, ne tombent pas sous le coup de la prohibition édictée par l'art. L. 420-5, V. • Cons. conc. n° 04-D-33 du 19 juill. 2004 : *BOCC 9 déc. 2004 ; Lettre distrib. oct. 2004, p. 2.* ♦ V. aussi • Cons. conc. n° 01-D-81 du 19 déc. 2001 : *préc. note 2.*

4. Éviction du marché. Dès lors qu'un distributeur est confronté à plusieurs reprises, et, à intervalles suffisamment rapprochés, à des ventes à prix bas de la part d'un ou plusieurs concurrents, alors que lui-même ne serait pas en mesure de pratiquer de tels prix aussi régulièrement sans remettre en cause l'équilibre de son entreprise, et s'il est établi que les prix en question constituent des prix abusivement bas, une telle situation peut aboutir à l'éviction du marché de ce distributeur. • Cons. conc. n° 98-PB-06 du 15 sept. 1998 : *préc. note 1.*

Dans l'hypothèse où une entreprise aurait pratiqué un prix de vente qui serait inférieur aux coûts variables, la preuve de la volonté d'éviction résulte de plein droit de la mise en œuvre de cette pratique si l'entreprise est en position dominante ; si l'entreprise n'est pas en position dominante, cette pratique constitue une présomption simple, ou indice de sa volonté d'éviction, qui doit être complétée par d'autres indices pour établir l'existence de cette volonté. • Cons. conc. n° 02-D-66 du 6 nov. 2002 : *BOCC 28 févr. 2003 ; CCC 2003, n° 74, obs. Malaurie-Vignal.*

Dès lors que la volonté d'éviction n'est pas établie par un faisceau d'indices suffisamment probants, la pratique de prix prédateurs ne peut être démontrée que si les prix pratiqués par l'opérateur dominant sont inférieurs à la moyenne des coûts variables. • Cons. conc. n° 04-D-10 du 1er avr. 2004 : *préc. note 1.*

Art. L. 420-6 **Est puni d'un emprisonnement de quatre ans et d'une amende de 75 000 € le fait, pour toute personne physique, de prendre frauduleusement une part personnelle et déterminante dans la conception, l'organisation ou la mise en œuvre de pratiques visées aux articles L. 420-1 et L. 420-2.**

Le tribunal peut ordonner que sa décision soit publiée intégralement ou par extraits dans les journaux qu'il désigne, aux frais du condamné. – *[Ord. nº 86-1243 du 1er déc. 1986, art. 17.]*

(L. nº 2001-420 du 15 mai 2001) **« Les actes interruptifs de la prescription devant** *(Ord. nº 2008-1161 du 13 nov. 2008, art. 4)* **« l'Autorité de la concurrence » en application de l'article L. 462-7 sont également interruptifs de la prescription de l'action publique. »**

BIBL. ▶ DE GILES, *JCP E 2003, nº 1, p. 20, et nº 2, p. 68* (droit pénal de la concurrence en Europe). – FOURGOUX, *RSC 2004. 651* (survivance du droit pénal dans l'antitrust). – BOULOC, *LPA 20 janv. 2005* (sanction judiciaire des pratiques anticoncurrentielles par la voie pénale). – PRUNET, *Gaz. Pal. 2005. Doctr. 3786* (concurrence et responsabilité pénale des personnes morales : un effet inattendu de la loi Perben II). – M.-P. et C. LUCAS DE LEYSSAC, *Mélanges Bouloc, Dalloz, 2006, p. 651* (l'inquiétant art. L. 420-6 et comment se rassurer). – DAVID, *RDLC 2006, nº 2, p. 175* (concurrence et droit pénal : tableau de jurisprudence). – MATSOPOULOU, *RLC janv.-mars 2008. 187* (l'exercice de l'action civile devant le juge répressif en matière d'ententes). – MOUNIER et DIENY, *JCP E 2008, nº 7-8, p. 20* (responsabilité des dirigeants et collaborateurs de l'entreprise dans le cadre des pratiques anticoncurrentielles). – D. BLANC, *AJ pénal 2008. 69* (droit de la concurrence : la dépénalisation n'est pas la solution). – BLAISE, *JCP E 2013, nº 1170* (la sanction pénale).

1. Droit transitoire. **BIBL.** Azéma, *RSC 1989. 651* (dépénalisation). ♦ Les sanctions pénales que fait encourir la méconnaissance des prescriptions nouvelles de l'art. 17 [C. com., art. L. 420-6] ne peuvent concerner que des faits postérieurs à la création du Conseil de la concurrence. • Crim. 7 déc. 1987 : *D. 1988. 477, note Roujou de Boubée.* ♦ L'al. 3 de l'art. L. 420-6 est applicable aux faits postérieurs à son entrée en vigueur. • Crim. 17 juin 2009 : *Bull. crim. nº 125 ; D. 2009. AJ 2034, obs. Chevrier ; AJ pénal 2009. 411, obs. M.-E. C. ; CCC 2009, nº 228, obs. Decocq ; RJDA 2010, nº 77 ; Gaz. Pal. 2010. 1699, et les obs. ; RLC janv.-févr. 2011. 55, obs. Bouloc ; Lettre distrib. sept. 2009, p. 2.*

2. Domaine d'application. Le délit de revente à perte n'entre pas dans les prévisions de l'art. 17 [C. com., art. L. 420-6]. • Crim. 4 févr. 1991 : *D. 1991. IR 120 ; Gaz. Pal. 1991. 2. 401, note Doucet.*

3. Part personnelle et déterminante. V., appliquant l'art. 17 [C. com., art. L. 420-6] à un dirigeant, à propos d'une entente tendant à une soumission concertée à une offre de marché public, • Crim. 20 févr. 2008 : *Bull. crim. nº 44 ; D. 2008. AJ 779, obs. Chevrier ; RTD com. 2008. 880, obs. Bouloc ; JCP 2008. IV. 1579 ; CCC 2008, nº 110, obs. Decocq ; RJDA 2008, nº 578 ; RLC avr.-juin 2008. 28, obs. Cholet et Sélinsky ; ibid. oct.-déc. 2008. 91, note Bouloc ; RDLC 2008, nº 3, p. 136, obs. Lemaire* (affaire des marchés publics d'Île-de-France) • 9 nov. 1995 : *BRDA 1995, nº 24, p. 10.* ♦ ... A un dirigeant d'une société d'HLM ayant pour objet la construction de logements sociaux et qui n'a pas respecté l'obligation de mise en concurrence imposée par l'art. L. 433-1 CCH, V. • Douai, 27 oct. 2005 : *CCC 2006, nº 91, obs. Malaurie-Vignal.* ♦ Pour une application à un simple salarié dès lors qu'il a fait montre d'un comportement actif, V. • TGI Albertville, 23 oct. 2000 : *RTD com. 2003. 80, cité par Claudel .*

Pour d'autres exemples, V. • Crim., 16 mai 2001 : *Bull. crim. nº 124 ; RTD com. 2003. 80, obs. Claudel* • Rouen, 25 févr. 2002 : *LPA 13 déc. 2002, note Arhel ; RTD com. 2003. 80, obs. Claudel* • T. corr. Saint-Étienne, 26 juill. 2004 : *RLC 2005, nº 4, p. 55, obs. Bouloc.* ♦ Pour la prise en compte d'une violation délibérée et intentionnelle des règles de concurrence, V. • Cons. conc. nº 04-D-07 du 11 mars 2004 : *BOCC 4 mai 2004 ; D. 2004. AJ 1082 ; CCC 2004, nº 81, obs. Malaurie-Vignal.* – V. aussi note 33 ss. art. L. 420-1. ♦ Sur les pouvoirs du Conseil de la concurrence sur la qualification des faits, V. • Paris, 22 févr. 2005 : *cité note 6 ss. art. L. 462-6.*

4. Charge de la preuve. Il appartient aux parties civiles de rapporter la preuve que par leurs agissements personnels les prévenus se sont rendus coupables de pratiques anticoncurrentielles (à propos de l'exploitation abusive d'une position dominante non prouvée). • Crim. 21 nov. 1991 : *Gaz. Pal. 1992. 1. 256, note Fourgoux.*

5. Publication. La publication des paragraphes de la décision du Conseil de la concurrence qui énoncent, en termes détaillés, les charges retenues contre des personnes physiques ayant pris une part personnelle et déterminante dans la conception, l'organisation ou la mise en œuvre de pratiques anticoncurrentielles pour justifier la transmission du dossier au procureur de la République, en application de l'art. L. 462-6, al. 2, C. com., est de nature à porter atteinte, de façon irréparable, à la présomption d'innocence qui bénéficie aux intéressés. • Paris, 22 sept. 2004 : *D. 2004. AJ 2788* ; *RTD com. 2005. 279* et *280, obs. Claudel* .

6. Prescription. Compte tenu des liens étroits entre les faits à la source du délit pénal de l'art. L. 420-6 et les infractions au droit de la concurrence des art. L. 420-1 et L. 420-2 C. com., les actes afférents à l'instruction pénale, en ce qu'ils portent sur des faits dont la matérialité a une incidence directe sur la constitution de l'infraction de concurrence des art. L. 420-1 et L. 420-2, tendent à la recherche, à la constatation ou à la sanction des pratiques anticoncurrentielles. • Cons. conc. n° 05-D-69 du 15 déc. 2005 : *cité note 1 ss. art. L. 463-5.* ♦ Il en résulte que les actes d'instruction tendant à établir la matérialité du délit de l'art. L. 420-6 sont interruptifs de la prescription suivie devant le Conseil de la concurrence au sens de l'art. L. 462-7 C. com. • Même décision. ♦ Jurisprudence confirmée par le 2e al. de l'art. L. 462-7, introduit par l'Ord. n° 2008-1161 du 13 nov. 2008. ♦ La règle en vertu de laquelle les actes interruptifs de la prescription était également applicable aux actes interruptifs antérieurs à l'entrée en vigueur de l'Ord. du 13 nov. 2008, nonobstant l'absence de disposition expresse alors en vigueur. • Paris, 11 oct. 2012 : *cité note 5 ss. art. L. 463-5.* ♦ Il ne s'agit pas d'appliquer un principe selon lequel le criminel tiendrait l'administratif en l'état, qui signifierait que le Conseil ne pourrait pas statuer sur les pratiques anticoncurrentielles avant que les faits objet de la procédure pénale n'aient été jugés par le juge pénal, ce que le Conseil a toujours écarté, les deux procédures étant distinctes, mais de faire application d'un texte spécial, l'art. L. 462-7 C. com., qui définit les actes interruptifs de prescription en fonction de leur objet ou de leur finalité sans préciser quels en sont les auteurs. • Cons. conc. n° 06-D-07 du 21 mars 2006 : *BOCC 26 janv. 2007 ; D. 2006. AJ 1165, obs. Chevrier* ; *RJDA 2006, n° 838 ; RLC juill.-sept. 2006. 86, note Cheynel.* ♦ Sur l'imbrication entre prescriptions concurrentielle et de l'action publique, V. • Paris, 24 juin 2008 : *cité note 4 ss. art. L. 463-5.*

Sur la prescription de l'action publique, V. aussi : • Crim. 20 févr. 2008 : *préc. note 3* • 19 mars 2008 : *cité notes 3 et 4 quater ss. art. L. 462-7* • 17 juin 2009 : *préc. note 1.*

7. Autorité de la chose jugée. En principe, l'autorité de la chose jugée au pénal ne s'impose aux autorités administratives qu'en ce qui concerne les constatations de fait que les juges répressifs ont retenues et qui sont le support nécessaire de leurs décisions. Il convient de constater que l'Autorité de la concurrence n'est liée dans la présente affaire par aucune constatation de fait retenue par le juge pénal à l'appui d'une décision revêtue de l'autorité de la chose jugée. En tout état de cause, si les constatations de fait qui sont le support nécessaire d'une décision pénale s'imposent à elle, il appartient à l'Autorité de la concurrence de donner aux faits qui lui sont soumis leur qualification juridique au regard des dispositions des art. L. 420-1 et L. 420-2, sous le contrôle de la cour d'appel de Paris. • Aut. conc. n° 11-D-02 du 26 janv. 2011 : *RLC avr.-juin 2011. 67, obs. Mexis.*

Art. L. 420-7 *(Ord. n° 2004-1173 du 4 nov. 2004, art. 1er)* **Sans préjudice des articles L. 420-6, L. 462-8, L. 463-1 à L. 463-4, L. 463-6, L. 463-7 et L. 464-1 à L. 464-8, les litiges relatifs à l'application des règles contenues dans les articles L. 420-1 à L. 420-5 ainsi que dans les articles 81 et 82 du traité instituant la Communauté européenne** *[art. 101 et 102 TFUE, depuis l'entrée en vigueur du traité de Lisbonne ; V. Décr. n° 2009-1466 du 1er déc. 2009, JO 2 déc.]* **et ceux dans lesquels ces dispositions sont invoquées sont attribués, selon le cas et sous réserve des règles de partage de compétences entre les ordres de juridiction,** *(Ord. n° 2011-337 du 29 mars 2011, art. 7, en vigueur le 1er avr. 2011)* **« aux juridictions civiles ou commerciales** *[ancienne rédaction : aux tribunaux de grande instance ou aux tribunaux de commerce]* **» dont le siège et le ressort sont fixés par décret en Conseil d'État. Ce décret détermine également le siège et le ressort de la ou des cours d'appel appelées à connaître des décisions rendues par ces juridictions.** — *V. art. R. 420-3 à R. 420-5.*

BIBL. ▶ Arhel, *JCP E 2004, n° 51, p. 2010* (adaptation du droit national au droit communautaire de la concurrence). – Meffre et Guet, *D. 2005. 361* (contrôle *a posteriori* de la licéité des accords par le juge national : questions de procédure). – Sélinsky, *RLC 2005, n° 3, p. 17* (quand les juges du commerce appliquent le droit de la concurrence). ▶ Décr. n° 2005-1756 du 30 déc. 2005 : Cheynel, *RLC 2006, n° 6, p. 71* (spécialisation des juridictions judiciaires). – Claudel, *RTD com. 2006. 322* . – Idot, *RDC 2006. 719.* – Marchand, Nourissat, Riffault-Silk et Marcilhacy, *RLC janv.-mars 2007. 132* (spécialisation des juridictions : regards croisés). – Lefèvre, *Gaz. Pal. 2007. 1542* (les juridictions spécialisées : une nouvelle mode ?). – Nourissat, *RLC oct.-*

déc. 2008. 93 (à propos des procédures judiciaires de concurrence : proposition raisonnable au service d'une justice apaisée). – PIETRINI, *LPA 27 mars 2009* (indépendance et interdépendance des juridictions et autorités de concurrence : éléments de droit compare). – BOSCO, *RDLC 2011, n° 1, p. 236* (la spécialisation judiciaire française en matière de concurrence dans l'impasse). – CHAGNY, *Procédures 2011. Dossier 10* (restriction de compétence matérielle et droit de la concurrence).

Pour des applications du droit de la concurrence par des juridictions judiciaires de droit commun, V. les jugements cités in RLC 2005, n° 3, p. 17, note Sélinsky et Europe 2005, n° 216, obs. Idot.

1. *Compétence territoriale.* Sur l'application des règles de compétence territoriale de la Convention de Lugano pour connaître d'une action en dommages-intérêts concurrentiels, V. • T. com. Charleroi, 15 mai 2006 : *RLC juill.-sept. 2006. 100, obs. Nourissat.*

2. *Spécialisation des juridictions.* V. notes ss. art. R. 420-3 et R. 420-5.

3. *Compétence exclusive.* S'agissant d'un moyen de défense, l'art. 49 C. pr. civ. n'attribue compétence à la juridiction visée à l'art. L. 420-7 C. com. que si cette compétence est exclusive. Concernant l'art. 82 de la L. n° 2001-420 du 15 mai 2001 (qui a inséré l'art. L. 420-7 dans sa rédaction antérieure à l'Ord. n° 2004-1173 du 4 nov. 2004), le législateur a entendu conférer une compétence exclusive aux tribunaux spécialisés dans le contentieux des pratiques anticoncurrentielles. • Poitiers, 27 oct. 2009 : *JCP E 2009, n° 48, p. 29 ; CCC 2010, n° 5, obs. Malaurie-Vignal* (conf. par • Com. 9 nov. 2010 : *Bull. civ. IV, n° 169 ; D. 2010. Actu. 2764, obs. Chevrier ; JCP E 2010, n° 2110 ; CCC 2011, n° 5, obs. Malaurie-Vignal ; RJDA 2011, n° 267 ; RLC avr.-juin 2011. 75, obs. Barbier de la Serre ; Procédures 2011, n° 61, obs. Ruy*). ♦ Dès lors que l'examen de la demande initiale et celui du moyen en défense relèvent concurremment de la compétence exclusive de la juridiction spécialisée, l'intégralité du litige doit être renvoyée à sa connaissance. • Même arrêt.

4. *Référés.* En référence aux dispositions de l'art. 872 C. pr. civ., le juge des référés ne peut prescrire les mesures conservatoires ou de remise en état qui s'imposent que dans la limite de la compétence du tribunal. Or, il s'infère des art. L. 420-7 et R. 430-3 C. com. et plus précisément de l'annexe 4-2 du même code que le tribunal de commerce d'Albi n'est pas compétent pour statuer en la matière (y compris, donc, s'agissant du contentieux des référés). • T. com. Albi, réf., 28 oct. 2009 : *CCC 2010, n° 11, obs. Bosco ; RJDA 2010, n° 561.*

5. *Fin de non-recevoir.* L'inobservation des art. L. 420-7 et R. 420-5 est sanctionnée par une fin de non-recevoir. • Com. 21 févr. 2012 : *Bull. civ. IV, n° 38 ; D. 2012 Actu. 677, obs. Chevrier ; RTD civ. 2012. 566, obs. Théry ; JCP E 2012, n° 1237 ; RJDA 2012, n° 620 ; RLDA avr. 2012. 42, obs. Mathonnière.*

TITRE TROISIÈME DE LA CONCENTRATION ÉCONOMIQUE

RÉP. COM. v° *Concentration*, par ARHEL.

BIBL. GÉN. ▶ SOUAM, *LPA 28 déc. 2000* (efficacité préventive des décisions en matière de concentrations). – LIEBSCHER, *Gaz. Pal. 2003. Doctr. 1501* (l'arbitrage dans les procédures de contrôle des concentrations). – BUCHER, *Bull. Joly Bourse 2003. 1* (droit des concentrations et offres publiques). – BRUN et TOULEMONT-DAKOURE, *CCC 2003. Chron. 11* (barrières à l'entrée en droit de la concurrence). – LAURENT-BELLUE et BOURGEOIS, *Bull. Joly Bourse 2003. 741* (cession de bloc de contrôle au regard du droit boursier et de la concurrence). – DE MONTALEMBERT et ANCELIN, *JCP E 2004, n° 42, p. 1626* (contrôle des concentrations appliqué aux opérations de capital-investissement). – MONTÉRAN, PONSARD et MARCINKOWSKI, *Rev. proc. coll. 2004, p. 193* (contrôle des concentrations et entreprises en redressement et liquidation judiciaires). – FOUGETTE et MONTET, *RLC 2005, n° 2, p. 9* (remèdes non structurels dans le contrôle des concentrations). – HUBERT, *ibid., n° 4, p. 14* (contrôle des concentrations et juge administratif). – SEVY, *ibid., n° 5, p. 9* (contrôle des concentrations dans les industries de réseau). – THÉOPHILE et PARMENTIER, *RDLC 2006, n° 1, p. 39* (étendue du contrôle juridictionnel dans le contentieux du contrôle des concentrations en droits interne et communautaire). – FEDERICO, *RLC 2006, n° 7, p. 9* (concentrations dans le secteur du gaz et de l'électricité). – CERUTTI, *RDLC 2006, n° 3, p. 50* (bilan et perspectives du contrôle français des concentrations). – Théophile et Simic, *CCC 2006. Dossier 27* (analyse des effets unilatéraux des concentrations horizontales par les autorités françaises de concurrence). – Decocq, *RJ com. 2006. 474* (concentration entre entreprises de télévision payante). – Testu et Thiré, *JCP E 2007, n° 16, p. 19* (concentration et entreprises d'assurance : exemple des fusions et partenariats impliquant des mutuelles santé). – Guibert, *RDLC 2007, n° 2, p. 46* (le secteur immobilier à l'épreuve du contrôle des concentrations). – Wilhelm et Vever, *CCC 2007. Étude 13* (notion de concentration en droit interne et communautaire). – Cousin, *LPA 29 nov. 2007* (regards sur le contrôle des concentrations dans les secteurs régulés). – Kdyem, *Gaz. Pal. 2008. 2297* (retour sur la complémentarité entre droit des concentrations et droit de la presse). – Théophile et Mèle, *Gaz. Pal. 2009. 294* (quelques observations sur le contrôle des concentrations par le Conseil d'État à l'aune du droit communautaire). – Ernstsone et Niels, *RLC avr.-juin 2009. 9* (les ratios de diversion : de l'intérêt de comprendre où vont les consommateurs lorsqu'ils trouvent un magasin fermé). – Oster, *Cah. dr. entr. 2009, n° 3, p. 31* (contrôle des concentrations en temps de crise). – Tayar, *RDLC 2009, n° 3, p. 62* (entreprises communes et risques de coordination des sociétés mères en contrôle des concentrations). – Baccichetti et Bonnet, *JCP E 2009, n° 47, p. 30* (contrôle des concentrations et droits de propriété intellectuelle). – Friedel, *Journ. sociétés 2009. 67* (quel régime pour les extensions d'entreprises communes coopératives ?). – Brunet et Duprey, *RLC janv.-mars 2010. 9* (secteur bancaire et contrôle des concentrations). – Chomé et Pfister, *ibid. 103* (contrôle des concentrations et concurrence spatiale). – Boy, *Mélanges Guichard, Dalloz, 2010, p. 505* (entre contrôle juridictionnel et gouvernement des juges en droit de la concentration). – Vergé, *RLC juill.-sept. 2010. 8* (contrôle des concentrations dans les industries innovantes). – Puel, *RDLC 2010, n° 4, p. 69* (échanges d'informations, droit de la concurrence et préparation d'une opération de concentration). – Lafaro et Van der Veer, *RLC Janv.-mars 2011. 8* (concentrations et effets de réseau dans le secteur de l'internet). – Flochel, *RDLC 2011, n° 1, p. 30* (contrôle des concentrations horizontales : les tests UPP, GUPPI et IPR). – Cot et Blanchet, *ibid., p 58* (panorama de la pratique décisionnelle de l'Autorité de la concurrence en 2010). – Bosco, *CCC 2011. Dossier 4* (l'année 2010 en droit des concentrations). – Bertin et Genevaz, *RDLC 2011, n° 3, p. 70* (contrôle des concentrations sur les marchés d'appels d'offres). – de Muizon, *RLC oct.-déc. 2011. 117* (quels engagements pour remédier aux effets anticoncurrentiels d'une fusion sur un marché d'appels d'offres ?). – François-Martin, *Journ. sociétés juin 2012. 26* (contrôle des concentrations et réseaux).

▶ Loi n° 2001-420 du 15 mai 2001 : Idot, *JCP 2001. I. 343*. – Lévy et Martucci, *JCP E 2001, n° 41, p. 1593*. – Prieto, *Dr. et patr. déc. 2001. 84*. – Arcelin, *CCC 2001. Chron. 18*. – Pirovano, *D. 2002. 62* (droit de la concurrence et progrès social). – Vilmart et Fourgoux, *Gaz. Pal. 3-5 févr. 2002. Doctr. 3*. – L. et J. Vogel, *JCP E 2002, n° 30, p. 1274* (incidences du nouveau droit français des concentrations pour les entreprises). – Collin et Ponsard, *Dr. sociétés 2002. Chron. 13* (même thème). – Fabre et Dany, *D. 2003. 195* (application de la nouvelle définition des opérations de concentration à la franchise).

▶ Lignes directrices de la DGCCRF du 15 juill. 2005 : V. **C. com.**, éd. 2012 et antérieures.

▶ Loi n° 2008-776 du 4 août 2008 : Vilmart et Leguin, *JCP E 2008, n° 31-34, p. 17, spéc. p. 22* (tentative encore inachevée de modernisation du droit français de la concurrence). – Cheynel, *RLC juill.-sept. 2008. 64* (avant-projet d'ordonnance portant création de l'Autorité de la concurrence). – Arhel, *LPA 7 août 2008* (nouvelle réforme du droit de la concurrence). – Bazex et Blazy, *CCC 2008. Dossier 7* (quelle régulation pour le contrôle des opérations de concentration ?). – Flaicher-Maneval et B. Philippe, *BRDA 2008, n° 23, p. 21* (date d'entrée en vigueur du nouveau régime du contrôle des concentrations). – Flaicher-Maneval, B. Philippe et Redon, *BRDA 2008, n° 24, p. 11* (pratiques anticoncurrentielles et contrôle des concentrations : aperçu de la réforme). – Vilmart, *JCP E 2009, n° 4, p. 20* (naissance de l'Autorité de la concurrence : une réforme fondamentale mais inachevée). – S. Martin, *ibid., n° 5, p. 36* (contrôle des concentrations : la fin d'une exception française). – Vilmart, *CCC 2009. Alerte 10* (transfert du contrôle des concentrations à l'Autorité de la concurrence). – Claudel, *RTD com. 2009. 104* *(réforme du droit des concentrations)*. – Decocq, *RJ com. 2009. 361* (exercice par l'Autorité de la concurrence des pouvoirs qu'elle tient de la LME). – Bosco, *CCC 2010. Chron. 1* (chronique de droit des concentrations).

▶ Lignes directrices de l'Autorité de la concurrence du 16 déc. 2009 : Jaunet, *CCC 2010. Alerte 15*. – Decocq, *ibid., n° 50*. – Jaunet, Sarrazin et Kerbrat, *ibid. Étude 8* (panorama des principales dispositions). – Redon et Philippe, *BRDA 2010, n° 7, p. 11* (principaux apports). – Mouy, *RDLC*

2010, n° 1, p. 7 (nouvelles lignes directrices concentrations). – Anadon, *RLDA févr. 2010. 33* (apports et modifications des règles procédurales). – Palomino, *RLC avr.-juin 2010. 9* (aspects économiques : comparaison avec l'approche communautaire). – Sevy et Palomino, *RLC janv.-mars 2012. 8* (réflexions sur le traitement des gains d'efficacité en contrôle des concentrations).

Art. L. 430-1 *(L. n° 2001-420 du 15 mai 2001)* **I. — Une opération de concentration est réalisée :**

1° Lorsque deux ou plusieurs entreprises antérieurement indépendantes fusionnent ;

2° Lorsqu'une ou plusieurs personnes, détenant déjà le contrôle d'une entreprise au moins ou lorsqu'une ou plusieurs entreprises acquièrent, directement ou indirectement, que ce soit par prise de participation au capital ou achat d'éléments d'actifs, contrat ou tout autre moyen, le contrôle de l'ensemble ou de parties d'une ou plusieurs autres entreprises.

II. — La création d'une entreprise commune accomplissant de manière durable toutes les fonctions d'une entité économique autonome constitue une concentration au sens du présent article.

III. — Aux fins de l'application du présent titre, le contrôle découle des droits, contrats ou autres moyens qui confèrent, seuls ou conjointement et compte tenu des circonstances de fait ou de droit, la possibilité d'exercer une influence déterminante sur l'activité d'une entreprise, et notamment :

— des droits de propriété ou de jouissance sur tout ou partie des biens d'une entreprise ;

— des droits ou des contrats qui confèrent une influence déterminante sur la composition, les délibérations ou les décisions des organes d'une entreprise.

Sur la saisine de l'Autorité de la concurrence dans les secteurs de la radio, de la télévision et des services de médias audiovisuels à la demande, V. L. n° 86-1067 du 30 sept. 1986 art. 41-4. — ***C. communic.***

1. Entreprise commune. Pour un exemple d'entreprise commune, dont la création relève du droit des concentrations, mais relève également du droit des pratiques anticoncurrentielles, V. • Cons. conc. n° 02-D-44 du 11 juill. 2002 : *JCP E 2003, n° 5, p. 224, note Arhel ; LPA 2 sept. 2002, note Arhel ; CCC 2002, n° 157, obs. Malaurie-Vignal* (conf. par • Paris, 18 févr. 2003 : *BOCC 21 nov. 2003 ; JCP E 2003, n° 14, p. 612, note Arhel*). ♦ Avant la loi NRE, le conseil considérait que, pour que la création d'une entreprise commune constitue une concentration, il était nécessaire qu'elle assure toutes les fonctions d'une entreprise autonome d'une manière durable et que sa création n'ait pas pour objet et ne puisse avoir pour effet une coordination sur les marchés pertinents du comportement des sociétés-mères entre elles ou de l'une d'entre elles avec la filiale commune. • Cons. conc., avis, n° 97-A-23 du 17 oct. 1997 : *BOCC 29 janv. 1998 ; CCC 1998, n° 72, obs. Vogel.* ♦ Une filiale commune à plusieurs entreprises ne peut être regardée comme une concentration que si elle assure de manière durable toutes les fonctions d'une entité économique autonome. • CE 31 mai 2000 : *D. 2000. AJ 336, obs. Marmontel ; Lamy Dr. affaires 2000, n° 30, p. 8, note Zavoli ; RTD com. 2000. 875, obs. Orsoni ; CJEG 2000. 492, concl. Lamy.* ♦ V. aussi, Lettre min. de l'Économie du 12 déc. 2000 *(BOCC 23 févr. 2001)*, se prononçant sur la création de filiales communes dans le cadre d'une opération de concentration. ♦ Pour une opération notifiée au titre d'une opération de concentration mais s'analysant davantage en un changement d'enseigne d'une centaine de magasins, V. • Aut. conc. n° 09-DCC-023 du 23 juill. 2009 : *D. 2011. Pan. 545, obs. Ferrier ; Lettre distrib. sept. 2009, p. 4.*

2. Fusion d'entreprises. Une concentration peut avoir lieu lorsqu'une entreprise est absorbée par une autre et, dans ce cas, elle entraîne la disparition de la personnalité morale de l'entreprise absorbée. • Aut. conc. n° 13-D-01 du 31 janv. 2013 : *cité note 9 ss. art. L. 430-8.* ♦ L'absorption par une société, sous contrôle exclusif d'une holding, d'une filiale à 100 %, n'est pas soumise à la réglementation des concentrations car, bien qu'il se soit agi de la fusion de deux sociétés distinctes, elle consistait en la réorganisation interne du groupe et n'impliquait aucun changement de contrôle : Lettre min. de l'Économie du 9 août 2002 : *BOCC 21 oct. 2002 ; RJDA 2003, p. 5, obs. Berlin.* ♦ La constitution d'une entité commune chargée de la direction économique des sociétés fondatrices, en vertu d'une convention d'affiliation, peut être analysée en une opération de concentration en l'absence même de liens financiers entre les sociétés participantes et la nouvelle entité : Lettre min. de l'Économie du 21 nov. 2003 : *BOCC 30 sept. 2004 ; CCC 2004, n° 174, obs. Malaurie-Vignal.*

3. Exception d'entreprise défaillante. BIBL. de Montalembert et Niedolistek, *JCP E 2005, n° 8, p. 314* (approche comparée). – Winckler, *RLC juill.-sept. 2009. 9* (la théorie de l'entreprise défaillante : une renaissance dans la crise ?). ♦ S'agissant de la reprise, par un concurrent, d'une société en difficulté, le ministre de l'Économie doit autoriser l'opération sans l'assortir de prescriptions lorsqu'il apparaît que les effets de cette opération sur la concurrence ne seraient pas plus défavorables que ceux qui résulteraient de la disparition de l'entreprise en difficulté, c'est-à-dire s'il est établi, en premier lieu, que ces difficultés entraîneraient la disparition rapide de la société en l'absence de reprise, en deuxième lieu, qu'il n'existe pas d'autre offre de reprise moins dommageable pour la concurrence, portant sur la totalité ou une partie substantielle de l'entreprise et, en troisième lieu, que la disparition de la société en difficulté ne serait pas moins dommageable pour les consommateurs que la reprise projetée. • CE 6 févr. 2004 : *D. 2004. AJ 695 ; JCP E 2004, n° 10, p. 349 ; CCC 2004, n° 59, obs. Malaurie-Vignal ; AJDA 2004. 647, obs. Donnat et Casas ; RJDA 2004, p. 607, concl. Glaser ; RFDA 2004. 286, ibid. ; RTD com. 2004. 260, obs. Orsoni ; RDLC déc. 2004. 76, obs. Cot ; Lettre distrib. févr. 2004, p. 1, obs. Sélinsky.* – Sur cet arrêt, V. aussi Masson, *CCC 2004. Chron. 14 ; Rev. proc. coll. 2004, p. 128.* – Sur les suites de l'affaire : • Cons. conc. n° 04-A-16 du 28 juill. 2004 et Lettre min. de l'Économie du 16 août 2004 : *RDLC 2005, n° 1, p. 81, obs. Cot ; RLC 2005, n° 2, p. 18, obs. Girgenson ; Europe 2005, n° 99, obs. Idot* • CE 13 févr. 2006 : *cité note 3 ss. art. L. 430-5.* ♦ Sur le point de savoir si le rachat d'une entreprise en redressement judiciaire est susceptible d'affecter le jeu de la concurrence, V. • Cons. conc., avis, n° 02-A-15 du 23 déc. 2002 : *BOCC 11 août 2003,* Lettre min. de l'Économie du 20 janv. 2003 : *ibid. ; CCC 2003, n° 157, note Malaurie-Vignal ; JCP E 2003, n° 47, p. 1869, obs. Decocq.* ♦ Sur le contrôle des opérations de concentration et les entreprises en redressement et liquidation judiciaires, V. aussi Montéran, Ponsard et Marcinkowski, *Rev. proc. coll. 2004, p. 193.* ♦ Sur les interférences entre le droit de la concurrence et les procédures collectives, V. Rép. min. n° 48702 : *JOAN Q, 15 févr. 2005, p. 1734 ; D. 2005. 636 ; Bull. Joly 2005. 436.*

4. Champ d'application. BIBL. – Kdyem, *Gaz. Pal. 2008. 2297* (retour sur la complémentarité entre droit des concentrations et droit de la presse). ♦ En l'absence de dispositions écartant expressément les marchés du lectorat de la presse écrite du champ d'application des dispositions des art. L. 430-1 s., celles-ci s'appliquent, conformément à l'art. L. 410-1 C. com., à toutes les activités de production, de distribution et de services, dont relèvent l'édition et la publication de publication de presse. • Cons. conc. n° 05-A-18 du 11 oct. 2005. ♦ Les dispositions de la L. n° 86-897 du 1er août 1986, notamment son art. 11, s'appliquent dès lors concomitamment à celles prévues par le code de commerce. • Même avis. ♦ Position confirmée par : • CE 31 janv. 2007 : *cité note 5.* ♦ Sur la compétence du Conseil de la concurrence en matière de radio et télévision, V. note rédactionnelle ss. art. L. 430-1.

5. Influence déterminante. Dans le contrôle des concentrations, il y a lieu de tenir compte pour l'appréciation du caractère déterminant de l'influence d'une entreprise sur une autre, des rapports entre les actionnaires de la société acheteuse. • CE 31 janv. 2007 : *D. 2007. AJ 500, obs. Chevrier ; AJDA 2007. 789, obs. Lenica et Boucher ; RFDA 2007. 328, concl. Glaser ; JCP E 2007, n° 18, p. 30, note Marson ; CCC 2007, n° 95, obs. Bazex et Blazy ; Gaz. Pal. 2007. 1231 ; RJDA 2007, n° 408 et p. 307, concl. Glaser ; RLDA avr. 2007. 45, note Théophile et Renaudeau ; RJ com. 2007. 144, note Decocq ; RLC avr.-juin 2007. 17, obs. Manna ; RDLC 2007, n° 2, p. 134, obs. Cot.* – V. aussi Decocq, *RJ com. 2007. 410* (concentration entre groupes de presse régionaux). ♦ Il y a lieu de tenir compte, pour l'appréciation du caractère déterminant de l'influence d'une entreprise sur une autre, non seulement des effets virtuels des accords au moment de leur examen, comme par exemple une simple participation minoritaire dans le capital, mais également des « effets potentiels » de ces accords, comme par exemple les incidences d'une importante créance ou encore des droits de conversion d'obligations, de préemption ou d'options sur l'émission possible d'actions nouvelles. • Cons. conc., avis, n° 95-A-13 du 11 juill. 1995 : *BOCC 8 sept. 1995 ; CCC 1995, n° 167, obs. Vogel.*

Sur l'analyse de l'acquisition d'une minorité de blocage constituée par plus de 42 % du capital à une société exerçant son activité sur les mêmes marchés que l'acquéreur, V. Lettre min. de l'Économie du 29 juill. 1997 : *BOCC 7 oct. 1997 ; CCC 1997, n° 165, obs. Vogel* • Cons. conc., avis, n° 97-A-14 du 1er juill. 1997 : *ibid.* ♦ Constitue une concentration soumise au contrôle l'opération par laquelle une société prend une participation dans le capital d'une autre société et se met en mesure d'exercer une influence déterminante sur celle-ci en lui accordant un prêt important et en lui achetant une centaine de brevets. V. • Cons. conc., avis, n° 91-A-09 du 15 oct. 1991 : *BOCC 14 mars 1992 ; CCC 1992, n° 80, obs. Vogel ; RJDA 1992, n° 479.*

Art. L. 430-2 *(L. n° 2008-776 du 4 août 2008, art. 96-I, A)* **I. — Est soumise aux dispositions des articles L. 430-3 et suivants du présent titre toute opération de concentration, au sens de l'article L. 430-1, lorsque sont réunies les trois conditions suivantes :**

— le chiffre d'affaires total mondial hors taxes de l'ensemble des entreprises ou groupes de personnes physiques ou morales parties à la concentration est supérieur à 150 millions d'euros ;

— le chiffre d'affaires total hors taxes réalisé en France par deux au moins des entreprises ou groupes de personnes physiques ou morales concernés est supérieur à 50 millions d'euros ;

— l'opération n'entre pas dans le champ d'application du règlement (CE) n° 139/2004 du Conseil du 20 janvier 2004 relatif au contrôle des concentrations entre entreprises. *— V. le Règl. préc., App., v° Concurrence (II — Droit communautaire).*

II. — Lorsque deux au moins des parties à la concentration exploitent un ou plusieurs magasins de commerce de détail, est soumise aux dispositions des articles L. 430-3 et suivants du présent titre toute opération de concentration, au sens de l'article L. 430-1, lorsque sont réunies les trois conditions suivantes :

— le chiffre d'affaires total mondial hors taxes de l'ensemble des entreprises ou groupes de personnes physiques ou morales parties à la concentration est supérieur à 75 millions d'euros ;

— le chiffre d'affaires total hors taxes réalisé en France dans le secteur du commerce de détail par deux au moins des entreprises ou groupes de personnes physiques ou morales concernés est supérieur à 15 millions d'euros ;

— l'opération n'entre pas dans le champ d'application du règlement (CE) n° 139/2004 du Conseil du 20 janvier 2004 précité. *— V. le Règl. préc., App., v° Concurrence (II — Droit communautaire).*

III. — Lorsqu'au moins une des parties à la concentration exerce tout ou partie de son activité dans un ou plusieurs départements d'outre-mer *(Ord. n° 2011-337 du 29 mars 2011, art. 7, en vigueur le 1er avr. 2011)* **« , dans le Département de Mayotte ou dans les collectivités d'outre-mer de Saint-Pierre-et-Miquelon, » Saint-Martin et Saint-Barthélemy, est soumise aux dispositions des articles L. 430-3 et suivants du présent titre toute opération de concentration, au sens de l'article L. 430-1, lorsque sont réunies les trois conditions suivantes :**

— le chiffre d'affaires total mondial hors taxes de l'ensemble des entreprises ou groupes de personnes physiques ou morales parties à la concentration est supérieur à 75 millions d'euros ;

— le chiffre d'affaires total hors taxes réalisé individuellement dans au moins un des départements ou collectivités territoriales concernés par deux au moins des entreprises ou groupes de personnes physiques ou morales concernés est supérieur à 15 millions d'euros *(L. n° 2010-853 du 23 juill. 2010, art. 41)* **« , ou à** *(L. n° 2012-1270 du 20 nov. 2012, art. 9)* **« 5 » millions d'euros** *[précédemment 7,5 millions d'euros]* **dans le secteur du commerce de détail » ;**

— l'opération n'entre pas dans le champ d'application du règlement (CE) n° 139/2004 du Conseil du 20 janvier 2004 précité. *— V. le Règl. préc., App., v° Concurrence (II — Droit communautaire).*

IV. — Une opération de concentration visée au I, II ou III entrant dans le champ du règlement (CE) du Conseil n° 139/2004 du 20 janvier 2004 précité qui a fait l'objet d'un renvoi total ou partiel à l'Autorité de la concurrence est soumise, dans la limite de ce renvoi, aux dispositions du présent titre. *— V. le Règl. préc., App., v° Concurrence (II — Droit communautaire).*

V. — Les chiffres d'affaires visés aux I, II et III sont calculés selon les modalités définies par l'article 5 du règlement (CE) du Conseil n° 139/2004 du 20 janvier 2004 précité. — *V. le Règl. préc., App., v° Concurrence (II — Droit communautaire).*

L'art. L. 430-2, tel qu'il résulte de la L. n° 2008-776 du 4 août 2008, est entré en vigueur le 13 nov. 2008, date de la promulgation de l'Ord. n° 2008-1161 portant modernisation de la régulation de la concurrence (JO 14 nov.).

L'examen des affaires de concentration notifiées avant la date de la première réunion de l'Autorité de la concurrence se poursuit selon les règles de procédure en vigueur antérieurement à cette date. Le collège de l'Autorité de la concurrence est substitué au collège du Conseil de la concurrence pour l'examen de ces affaires, y compris pour les affaires en délibéré (Ord. n° 2008-1161 du 13 nov. 2008, art. 5-III). — Sur la date d'entrée en vigueur du nouveau régime du contrôle des concentrations, V. toutefois BRDA 2008, n° 23, p. 21. — Pour la rédaction antérieure des art. L. 430-1 s., V. **C. com.**, *éd. 2013 ou antérieures.*

BIBL. ► DAMY, *CCC 2003. Chron. 12* (projet d'augmentation des seuils en matière de concentration). – DU PAYRAT, *LPA 28 mars 2006* (pourquoi faut-il introduire un filet de sécurité dans le cadre du contrôle des concentrations ?). ► Loi n° 2008-776 du 4 août 2008 : VILMART et LEGUIN, *JCP E 2008, n° 31-34, p. 17, spéc. p. 22* (tentative encore inachevée de modernisation du droit français de la concurrence). – CHEYNEL, *RLC juill.-sept. 2008. 64* (avant-projet d'ordonnance portant création de l'Autorité de la concurrence). – ARHEL, *LPA 7 août 2008* (nouvelle réforme du droit de la concurrence).

1. Chiffre d'affaires. Les chiffres d'affaires générés par ailleurs par les investisseurs du fonds d'investissement ne sont pas pris en compte dans le calcul du seuil de chiffres d'affaires : Lettre min. de l'Économie du 8 juill. 2002 : *BOCC 21 oct. 2002 ; RJDA 2003, p. 6, n° 7, obs. Berlin* • Cons. conc. 18 juill. 2002 : *BOCC 28 oct. 2002* • 9 août 2002 : *BOCC 25 nov. 2002.* ♦ En application des art. L. 432-1 *bis* [L. 2323-20 nouv.] C. trav. et L. 430-1 C. com., le seuil du chiffre d'affaires à prendre en considération en cas d'opérations de concentration doit être apprécié à partir du chiffre d'affaires total réalisé par les entreprises jointes à l'opération, c'est-à-dire, en cas de cession, le cédant et le cessionnaire. • Soc. 13 nov. 2007 : *Gaz. Pal. 2008. 2694, et les obs. ; RJDA 2008, n° 329 ; RDLC 2008, n° 1, p. 135, obs. Cot ; LPA 3 juill. 2008, p. 56, obs. Goyer.* – V. désormais le V de l'art. L. 430-2, tel qu'il résulte de la L. n° 2008-776 du 4 août 2008.

2. Commerce de détail. Pour la première décision d'autorisation rendue par l'Autorité de la concurrence pour une concentration réalisée dans le secteur du commerce de détail, V. • Aut. conc. n° 09-DCC-001 du 8 avr. 2009 : *Gaz. Pal. 2010. 474, et les obs. ; CCC 2009, n° 176, obs. D. B.*

Art. L. 430-3 *(L. n° 2001-420 du 15 mai 2001 ; L. n° 2004-1343 du 9 déc. 2004, art. 83-II)* **« L'opération de concentration doit être notifiée** *(L. n° 2008-776 du 4 août 2008, art. 96-I, B, 1°)* **« à l'Autorité de la concurrence » avant sa réalisation. La notification peut intervenir dès lors que la ou les parties concernées sont en mesure de présenter un projet suffisamment abouti pour permettre l'instruction du dossier et notamment lorsqu'elles ont conclu un accord de principe, signé une lettre d'intention ou dès l'annonce d'une offre publique. Le renvoi** *(L. n° 2008-776 du 4 août 2008, art. 96-I, B, 1°)* **« à l'Autorité de la concurrence » de tout ou partie d'un cas de concentration notifié à la Commission européenne vaut notification au sens du présent article. »**

L'obligation de notification incombe aux personnes physiques ou morales qui acquièrent le contrôle de tout ou partie d'une entreprise ou, dans le cas d'une fusion ou de la création d'une entreprise commune, à toutes les parties concernées qui doivent alors notifier conjointement. Le contenu du dossier de notification est fixé par décret. — *V. art. R. 430-2.*

La réception de la notification d'une opération, ou le renvoi total ou partiel d'une opération de dimension communautaire, fait l'objet d'un communiqué publié par *(L. n° 2008-776 du 4 août 2008) art. 96-I, B, 2°)* **« l'Autorité de la concurrence » selon des modalités fixées par décret.** — *V. art. R. 430-4.*

(L. n° 2008-776 du 4 août 2008, art. 96-I, B, 3°) **« Dès réception du dossier, l'Autorité de la concurrence en adresse un exemplaire au ministre chargé de l'économie. »**

V. notes ss. art. L. 430-2.

Sur la consultation du comité d'entreprise en cas d'opération de concentration, V. C. trav., art. L. 2323-20. — ***C. trav.***

BIBL. ▶ Cot, *RDLC 2005, n° 1, p. 79* (projet de concentration). - Mouy, Tayar et Jalabert-Doury, *RDLC 2012, n° 4, p. 12 s.* (procédure de prénotification).

1. Application dans le temps. Si la loi du 15 mai 2001 a rendu obligatoire la notification au ministre chargé de l'économie [ancienne rédaction] des projets de concentration entrant dans le champ d'application des art. L. 430-1 et L. 430-2, et si celui-ci a, de ce fait, perdu, dans le nouveau régime, le pouvoir de contrôler *a posteriori*, sauf dans les cas prévus à l'art. L. 430-8, les opérations de concentration définitivement réalisées, il résulte des dispositions du deuxième alinéa de l'art. 94 de ladite loi que le ministre a conservé ce pouvoir s'agissant des opérations de concentration engagées de façon irrévocable avant la date d'entrée en vigueur du nouveau régime de contrôle des concentrations, laquelle résulte des dispositions combinées de l'art. 94 de la loi du 15 mai 2001 et de l'art. 51 du Décr. du 30 avr. 2002, pris pour son application ; il résulte des mêmes dispositions que l'examen de ces dernières opérations reste régi, dans le cas où le ministre décide de les soumettre au Conseil de la concurrence, aux règles de fond et de procédure fixées par les art. L. 430-1 à L. 430-7 dans leur rédaction issue de l'Ord. du 1er déc. 1986 ainsi que par les règlements pris pour leur application. • CE 9 juill. 2003 : *cité note 1 ss. art. L. 430-5.*

2. Droit communautaire. De même que la Commission européenne n'est pas compétente pour adopter une décision au titre du règlement relatif au contrôle des opérations de concentration entre entreprises avant la conclusion d'un tel accord, elle cesse d'être compétente aussitôt que cet accord vient à être résilié, quand bien même les entreprises concernées poursuivraient leurs négociations en vue de la conclusion d'un accord sous une autre forme. • TPICE 28 sept. 2004 : *D. 2004. AJ 2650 ; CCC 2005, n° 12, obs. Poillot-Peruzzetto ; RDLC déc. 2004. 78, obs. F. B. et I. G. ; Europe 2004, n° 368, obs. Idot ; RLC 2005, n° 1, p. 103, obs. Barbier de la Serre ; ibid., n° 2, p. 17, obs. Hyrkas et de Bure ; RJDA 2005, n° 333 ; LPA 18 avr. 2005, obs. Arhel.*

3. Projet de concentration. Sur la notion de projet suffisamment abouti, V. Lettre min. de l'Économie du 15 avr. 2005 : *RDLC 2005, n° 4, p. 94, obs. Cor.*

Art. L. 430-4 *(L. n° 2008-776 du 4 août 2008, art. 96-I, C, 1°)* **« La réalisation effective d'une opération de concentration ne peut intervenir qu'après l'accord de l'Autorité de la concurrence ou, lorsqu'il a évoqué l'affaire dans les conditions prévues à l'article L. 430-7-1, celui du ministre chargé de l'économie. »**

(L. n° 2001-420 du 15 mai 2001) **« En cas de nécessité particulière dûment motivée, les parties qui ont procédé à la notification peuvent demander** *(L. n° 2008-776 du 4 août 2008, art. 96-I, C, 2°)* **« à l'Autorité de la concurrence » une dérogation leur permettant de procéder à la réalisation effective de tout ou partie de la concentration sans attendre la décision mentionnée au premier alinéa et sans préjudice de celle-ci.** — *V. art. R. 430-5.*

V. notes ss. art. L. 430-2.

BIBL. ▶ Pellet, *RDLC 2007, n° 2, p. 39* (suspension des opérations de concentration).

1. Suspension. Les dispositions du premier alinéa de l'art. L. 430-4 n'ont ni pour objet ni pour effet de faire obstacle à la mise en œuvre des dispositions de l'art. L. 521-1 CJA qui permettent au juge des référés, lorsque certaines conditions sont réunies, de suspendre l'exécution d'une décision administrative. • CE 19 mai 2005 : *D. 2005. AJ 1552, obs Chevrier ; RTD com. 2006. 49, obs. Orsoni ; AJDA 2005. 2167, note Landais et Lenica ; JCP E 2006, n° 1, p. 31, obs. Decocq ; CCC 2005, n° 131, obs. Malaurie-Vignal ; Lettre distrib. juin 2005, p. 1, obs. Destours ; RDLC 2005, n° 3, p. 93, obs. Philippe ; RLC 2005, n° 4, p. 17, obs. Geffriaud.*

2. Dérogation. Pour une application des dispositions du second alinéa de l'art. 430-4, V. jugeant que l'opération notifiée n'entraîne aucun chevauchement d'activité et permet d'attiser la concurrence de telle sorte qu'elle n'est pas de nature à porter atteinte à celle-ci sur les marchés concernés : Lettre min. de l'Économie du 15 nov. 2002 : *BOCC 31 janv. 2003.*

Art. L. 430-5 *(L. nº 2008-776 du 4 août 2008, art. 96-I, D, 1º)* **« I. — L'Autorité de la concurrence se prononce sur l'opération de concentration dans un délai de vingt-cinq jours ouvrés à compter de la date de réception de la notification complète. »**

(L. nº 2001-420 du 15 mai 2001) **« II. — Les parties à l'opération peuvent s'engager à prendre des mesures visant notamment à remédier, le cas échéant, aux effets anticoncurrentiels de l'opération soit à l'occasion de la notification de cette opération, soit à tout moment avant l'expiration du délai de** *(L. nº 2008-776 du 4 août 2008, art. 96-I, D, 1º)* **« vingt-cinq jours ouvrés » à compter de la date de réception de la notification complète, tant que la décision prévue au I n'est pas intervenue. »**

(L. nº 2008-776 du 4 août 2008) art. 96-I, D, 2º, b et c) **« Si des engagements sont reçus par l'Autorité de la concurrence, le délai mentionné au I est prolongé de quinze jours ouvrés.**

« En cas de nécessité particulière, telle que la finalisation des engagements mentionnés à l'alinéa précédent, les parties peuvent demander à l'Autorité de la concurrence de suspendre les délais d'examen de l'opération dans la limite de quinze jours ouvrés. »

III. — *(L. nº 2008-776 du 4 août 2008, art. 96-I, D, 3º, a)* **« L'Autorité de la concurrence peut : »**

(L. nº 2001-420 du 15 mai 2001) **— soit constater, par décision motivée, que l'opération qui lui a été notifiée n'entre pas dans le champ défini par les articles L. 430-1 et L. 430-2 ;**

— soit autoriser l'opération, en subordonnant éventuellement, par décision motivée, cette autorisation à la réalisation effective des engagements pris par les parties.

(L. nº 2008-776 du 4 août 2008, art. 96-I, D, 3º, b) **« — soit, si elle estime qu'il subsiste un doute sérieux d'atteinte à la concurrence, engager un examen approfondi dans les conditions prévues à l'article L. 430-6 ».**

(L. nº 2008-776 du 4 août 2008, art. 96-I, D, 4º) **« IV. — Si l'Autorité de la concurrence ne prend aucune des trois décisions prévues au III dans le délai mentionné au I, éventuellement prolongé en application du II, elle en informe le ministre chargé de l'économie. L'opération est réputée avoir fait l'objet d'une décision d'autorisation au terme du délai ouvert au ministre chargé de l'économie par le I de l'article L. 430-7-1. »** — *V. art. R. 430-6 s.*

V. notes ss. art. L. 430-2.

Sur l'articulation des règles relatives aux offres publiques d'acquisition avec la procédure d'autorisation des concentrations, V. Règl. gén. livre II, AMF (Émetteurs et information financière), art. 231-12 et 232-2. — ***C. mon. fin.*** *ou* ***C. sociétés.***

Sur les opérations de concentration dans le secteur bancaire, V. C. mon. fin., art. L. 612-22 et notes 2 et 3 ss. C. mon. fin., art. L. 511-4, App., vº Banque et financement de l'entreprise.

BIBL. ► Atelier de la concurrence, *Rev. Conc. Consom. nov.-déc. 1998, p. 5* (rôle des engagements dans les décisions des autorités de la concurrence). – DE VAUPLANE et DAIGRE, *Banque et Droit nov.-déc. 2002. 35* (offre publique, rapport avec le droit de la concurrence). – BRUNET, *RLC 2005, nº 3, p. 9* (la consultation du Conseil de la concurrence a-t-elle encore une utilité ?). – COUARD, *RTD com. 2011. 201* (technique des « joyaux de la couronne » en droit des concentrations).

1. Saisine du Conseil de la concurrence (jurispr. antérieure à la L. nº 2008-776 du 4 août 2008). Tant sous le régime de contrôle des concentrations issu de l'Ord. du 1er déc. 1986 que sous celui issu de la loi du 15 mai 2001, la saisine du conseil par le ministre chargé de l'économie n'est qu'un élément de la procédure qui permet aux autorités compétentes soit d'interdire l'opération de concentration, soit de l'autoriser ; elle a, dès lors, le caractère d'un acte préparatoire et ne constitue pas par elle-même une décision susceptible de faire l'objet d'un recours pour excès de pouvoir ; il en est de même de la décision par laquelle le ministre refuse de retirer cette saisine. • CE 9 juill. 2003 : *AJDA 2003. 2380, note Nicinski ; RFDA 2004. 121, concl. Séniers et 573, note J. Petit ; JCP E 2003, n° 36, p. 1360 ; RTD com. 2004. 78, obs. Orsoni ; RJDA 2004, n° 634*. ♦ Pour une solution semble-t-il contraire dans le cas, inverse, où le ministre s'est abstenu de saisir le Conseil de la concurrence (solution rendue sous l'empire du régime issu de l'Ord. du 1er déc. 1986), V. • CE 5 nov. 2003 : *RFDA 2004. 126, concl. Séniers ; CCC 2004, n° 41, obs. Malaurie-Vignal ; Dr. adm. 2004, n° 4, note Basex et Blazy ; RJDA 2004, n° 635 ; Lettre distrib. nov. 2003, p. 4.* ♦ Sur le point de savoir si le ministre est *tenu* de saisir le Conseil de la concurrence, V. • CE 27 juin 2007 : *AJDA 2007. 1737, obs. Nicinski ; CCC 2007. Chron. 4, p. 11, obs. Zevounou ; RJDA 2007, n° 1285 ; RLDA sept. 2007. 53, obs. Legros ; RFDA 2007. 892*.

Sur la saisine pour avis du Conseil de la concurrence par le Conseil d'État aux fins d'examiner, dans les mêmes conditions que celles prévues à l'art. L. 430-6 C. com., l'opération de concentration telle qu'elle a été notifiée au ministre de l'Économie, V. • CE 20 juill. 2005 : *RTD com. 2006. 49, obs. Orsoni ; AJDA 2005. 2167, note Landais et Lenica ; RFDA 2006. 692, concl. Glaser ; JCP E 2006, n° 1, p. 31, obs. Decocq ; Gaz. Pal. 2006. 1087, note du Marais ; RJDA 2006, n° 68 (1re esp.) ; RJ com. 2006. 122, obs. Decocq.*

2. Motivation. Si les dispositions du IV de l'art. L. 430-5 prévoient qu'une opération de concentration peut faire l'objet d'une autorisation tacite, cette circonstance ne saurait faire obstacle à ce que le juge exerce un contrôle sur les motifs de la décision prise dans le délai prévu par la loi lorsque celle-ci, comme en l'espèce, a été expressément motivée. • CE 19 mai 2005 : *cité note 1 ss. art. L. 430-4.*

3. Autorité de la chose jugée. L'autorité de la chose jugée qui s'attache à l'annulation pour excès de pouvoir de la décision du 5 juill. 2002 prononcée par la décision du Conseil d'État du 6 févr. 2004 [V. note 3 ss. L. 430-1] s'étend aux motifs qui en sont le nécessaire soutien. • CE 13 févr. 2006 : *RFDA 2006. 715, concl. Glaser ; JCP E 2006, n° 11, p. 522 ; RJDA 2006, n° 1270 ; RLC 2006, n° 7, p. 13, obs. Girgenson ; RJ com. 2006. 119, obs. Decocq.* ♦ L'autorité de la chose ainsi jugée ne sauraient être opposée aux appréciations dépendant de la situation de fait à la date de la nouvelle décision du ministre ; ainsi ce dernier n'a pas méconnu l'autorité de la chose jugée en tirant le 16 août 2004 des conclusions différentes de celles qu'il avait retenues deux ans auparavant s'agissant des effets de l'opération sur la concurrence, de la détention des marques notoires et des barrières à l'entrée. • Même décision.

4. Restriction accessoire. En l'absence de notification expresse dans le cadre de la procédure prévue par les art. L. 430-3 s., les entreprises peuvent soutenir devant l'Autorité de la concurrence, saisie *a posteriori* au titre du droit des pratiques anticoncurrentielles, qu'une clause contractuelle constitue une restriction accessoire à une opération de concentration précédemment autorisée par l'Autorité ; il reviendra alors à l'Autorité d'apprécier le bien-fondé d'une telle qualification, au regard des critères dégagés par la jurisprudence communautaire. • Aut. conc. n° 10-D-32 du 16 nov. 2010. ♦ V. aussi note 3 ss. art. L. 420-1.

Art. L. 430-6 *(L. n° 2008-776 du 4 août 2008, art. 96-I, E)* **Lorsqu'une opération de concentration fait l'objet, en application du dernier alinéa du III de l'article L. 430-5, d'un examen approfondi, l'Autorité de la concurrence examine si elle est de nature à porter atteinte à la concurrence, notamment par création ou renforcement d'une position dominante ou par création ou renforcement d'une puissance d'achat qui place les fournisseurs en situation de dépendance économique. Elle apprécie si l'opération apporte au progrès économique une contribution suffisante pour compenser les atteintes à la concurrence.**

La procédure applicable à cet examen approfondi de l'opération par l'Autorité de la concurrence est celle prévue au deuxième alinéa de l'article L. 463-2 et aux articles L. 463-4, L. 463-6 et L. 463-7. Toutefois, les parties qui ont procédé à la notification et le commissaire du Gouvernement doivent produire leurs observations en réponse à la communication du rapport dans un délai de quinze jours ouvrés.

Avant de statuer, l'autorité peut entendre des tiers en l'absence des parties qui ont procédé à la notification. Les comités d'entreprise des entreprises parties à l'opération de concentration sont entendus à leur demande par l'autorité dans les mêmes conditions.

V. notes ss. art. L. 430-2.

1. *Progrès économique.* Le développement du progrès économique peut s'entendre également d'une contribution à la lutte contre la pollution de l'environnement. • Cons. conc., avis, n° 94-A-18 du 17 mai 1994 : *CCC 1994, n° 173.* ♦ Pour une opération de concentration considérée comme n'ayant que des effets très limités, tant du point de vue de la concurrence que de celui du progrès économique, V. • Cons. conc., avis, n° 93-A-17 du 16 nov. 1993 : *BOCC 31 déc. 1993.* ♦ Pour une divergence d'appréciation entre le Conseil de la concurrence et le ministre de l'économie sur la question de savoir si, dans le secteur des batteries automobiles, la puissance d'achat des distributeurs est susceptible de compenser un renforcement du pouvoir de marché des producteurs, V. : • Cons. conc., avis, n° 95-A-08 du 9 mai 1995 et Lettre min. de l'Économie du 9 juin 1995 : *BOCC 25 juill. 1995 ; CCC 1995, n° 147.*

2. *Principe de la contradiction.* La procédure prévue à l'art. L. 430-6 n'est pleinement contradictoire qu'à l'égard des parties à l'opération de concentration ; il en résulte que les concurrents qui contestent cette opération et qui, n'étant pas partie à cette opération, doivent être regardés comme des tiers, n'ont pas à recevoir communication du rapport établi par les rapporteurs. • CE 19 oct. 2005 : *RJDA 2006, n° 68 (2e esp.).* ♦ Les investigations auxquelles se livre le Conseil de la concurrence [ancienne rédaction] pour apprécier la portée économique d'une concentration impliquent qu'il prenne connaissance d'informations couvertes par le secret des affaires, ce qui exclut que les concurrents hostiles à cette concentration y soient contradictoirement associés. • CE 13 févr. 2006 : *RFDA 2006. 702, concl. Glaser ; JCP E 2006, n° 39, p. 1615, obs. Decocq ; CCC 2007 Chron. 2, n° 4, obs. Marson ; RJDA 2006, n° 711 ; RDLC 2006, n° 2, p. 111, obs. J. Philippe ; ibid., p. 154, obs. Tuot ; RLC 2006, n° 7, p. 12, obs. Girgenson.* ♦ Eu égard à l'indépendance et aux méthodes de travail de cette autorité collégiale, le fait que les sociétés requérantes n'ont pas été contradictoirement associées auxdites investigations ne saurait suffire à faire regarder l'examen de cet avis comme viciant l'équité du procès. • Même décision.

3. *Position dominante.* Sur la notion de position dominante collective en matière de contrôle des concentrations, V. • CE 31 juill. 2009 : *RTD com. 2010. 69, obs. Orsoni ; RFDA 2009. 1094 ; CCC 2009, n° 249, obs. Bosco ; RJDA 2010, n° 785 ; Gaz. Pal. 2010. 1703, et les obs. ; RLDA nov. 2009. 35, note Hubert et de Douchet ; RLC oct.-déc. 2009. 9, note Spector ; Dr. adm. 2010, n° 1, obs. Bazex.* ♦ En matière de pratiques anticoncurrentielles, V. note 4 ss. art. L. 420-2.

4. *Pouvoir de marché.* L'appréciation du pouvoir de marché d'un groupe de distribution aux fins de procéder à l'analyse des effets concurrentiels d'une opération de concentration réalisée entre deux réseaux de distribution, qui est distincte de l'appréciation de l'existence d'une influence déterminante aux fins d'identifier une opération de concentration, exige la prise en compte de tous les magasins adhérents des réseaux, dès lors que leur politique commerciale n'est pas suffisamment autonome. • CE 23 déc. 2010 : *RTD com. 2011. 323, obs. Orsoni ; AJDA 2011. 654, obs. Glaser ; RFDA 2011. 199 ; JCP E 2011, n° 1079 ; CCC 2011. Chron. 2, spéc. n° 7, par Bosco ; Gaz. Pal. 2011. 1604, et les obs. ; RJDA 2011, n° 350 ; RLDA mars 2011. 31, note Oster ; RDLC 2011, n° 2, p. 157, obs. Billard et Fabre ; RLC avr.-juin 2011. 18, obs. de Bure ; Dr. adm. 2011, n° 65, obs. Bazex.* ♦ Pour apprécier l'autonomie commerciale des différentes catégories d'adhérents, l'Autorité de la concurrence peut prendre en considération des éléments tels que le respect de la politique du franchiseur en matière de communication publicitaire, la participation à des campagnes promotionnelles, l'exclusivité d'approvisionnement auprès de fournisseurs référencés par le franchiseur pour une partie des achats, l'interdiction de modifier un point de vente sans l'autorisation du franchiseur, la possibilité, pour le franchiseur, de fixer un prix maximum, l'obligation de référencement d'une partie des lignes de produits du franchiseur ou encore l'existence de clauses de préemption, de substitution et de préférence au profit du franchiseur en cas de cession d'un magasin franchisé. • Même décision.

Art. L. 430-7 *(L. n° 2008-776 du 4 août 2008, art. 96-I, F)* **I. — Lorsqu'une opération de concentration fait l'objet d'un examen approfondi, l'Autorité de la concurrence prend une décision dans un délai de soixante-cinq jours ouvrés à compter de l'ouverture de celui-ci.**

II. — Après avoir pris connaissance de l'ouverture d'un examen approfondi en application du dernier alinéa du III de l'article L. 430-5, les parties peuvent proposer des engagements de nature à remédier aux effets anticoncurrentiels de l'opération. S'ils sont transmis à l'Autorité de la concurrence moins de vingt jours ouvrés avant la fin du délai mentionné au I, celui-ci expire vingt jours ouvrés après la date de réception des engagements.

En cas de nécessité particulière, telle que la finalisation des engagements mentionnés à l'alinéa précédent, les parties peuvent demander à l'Autorité de la concurrence de suspendre les délais d'examen de l'opération dans la limite de vingt jours ouvrés. Ces délais peuvent également être suspendus à l'initiative de l'Autorité de la concurrence lorsque les parties ayant procédé à la notification ont manqué de l'informer d'un fait nouveau dès sa survenance ou de lui communiquer, en tout ou partie, les informations demandées dans le délai imparti, ou que des tiers ont manqué de lui communiquer, pour des raisons imputables aux parties ayant procédé à la notification, les informations demandées. En ce cas, le délai reprend son cours dès la disparition de la cause ayant justifié sa suspension.

III. — L'Autorité de la concurrence peut, par décision motivée :

— soit interdire l'opération de concentration et enjoindre, le cas échéant, aux parties de prendre toute mesure propre à rétablir une concurrence suffisante ;

— soit autoriser l'opération en enjoignant aux parties de prendre toute mesure propre à assurer une concurrence suffisante ou en les obligeant à observer des prescriptions de nature à apporter au progrès économique une contribution suffisante pour compenser les atteintes à la concurrence.

Les injonctions et prescriptions mentionnées aux deux alinéas précédents s'imposent quelles que soient les clauses contractuelles éventuellement conclues par les parties.

Le projet de décision est transmis aux parties intéressées auxquelles un délai raisonnable est imparti pour présenter leurs observations.

IV. — Si l'Autorité de la concurrence n'entend prendre aucune des décisions prévues au III, elle autorise l'opération par une décision motivée. L'autorisation peut être subordonnée à la réalisation effective des engagements pris par les parties qui ont procédé à la notification.

V. — Si aucune des décisions prévues aux III et IV n'a été prise dans le délai mentionné au I, éventuellement prolongé en application du II, l'Autorité de la concurrence en informe le ministre chargé de l'économie. L'opération est réputée avoir fait l'objet d'une décision d'autorisation au terme du délai ouvert au ministre chargé de l'économie par le II de l'article L. 430-7-1. — *V. art. R. 430-6 s.*

V. notes ss. art. L. 430-2.

BIBL. ▶ FASQUELLE, *LPA 1er mars 2000* (unité ou dualité de contrôle des entreprises communes ?).

1. Injonctions. En ce sens qu'une condition purement comportementale, qui nécessiterait en outre un contrôle permanent du comportement des entreprises, ne répond pas aux objectifs du contrôle des concentrations, qui concerne les structures, V. Lettre min. de l'Économie du 19 déc. 1994 : *CCC 1995, n° 11, note Vogel.* ♦ Pour un exemple de concentration autorisée sous condition de procéder à des aménagements structurels de l'opération, V. Arr. 5 févr. 1997 : *préc. ss. art. L. 430-5.* ♦ Pour un exemple de concentration autorisée sous condition de procéder à la cession de certains actifs au bénéfice de sociétés autres que celles mentionnées dans la décision d'autorisation, V. Arr. 20 août 1996 : *préc. ss. art. L. 430-5.* ♦ Cet arrêté a été annulé au motif que, en imposant à des sociétés tierces à l'opération de concentration une sujétion et restreignant la liberté du commerce et de l'industrie non seulement à l'égard des entreprises concernées par ladite opération mais aussi à l'égard des sociétés mentionnées, ces dernières auraient dû être mises en mesure de faire valoir leurs droits conformément au principe des droits de la défense. • CE 9 avr. 1999 : *D. 2000. 157, obs. Troianiello ; JCP E 1999, n° 18-19, p. 786 ; RTD com. 1999. 855, obs. Orsoni.* – V. concl. Stahl, *RFDA 1999. 769.* – Dans cette même affaire, V. • CE 6 oct. 2000 : *AJDA 2000. 847, concl. Touvet.* – V. aussi Laidié, *Dr. adm. 2001. Chron. 8.*

2. Recours. Saisi d'un recours en annulation pour excès de pouvoir de l'Arrêté du 17 sept. 1998 refusant une opération de concentration, le Conseil d'État considère qu'eu égard à la nature et à l'importance des effets anticoncurrentiels du projet de concentration et à la difficulté de déterminer des mesures adéquates pour les compenser, la décision prise par les ministres [ancienne rédaction] de s'opposer purement et simplement à l'opération projetée ne peut être regardée comme ayant porté une atteinte excessive à la liberté du commerce et de l'industrie. • CE 9 avr.

1999 : *D. 2000. 157, obs. Troianiello ; D. Affaires 1999. 856, obs. A. M. ; AJDA 1999. 611, note Bazex et Thiry ; RTD com. 1999. 855, obs. Orsoni*. – V. concl. Stahl, *RFDA 1999. 777*. ♦ V. aussi, sur l'appréciation d'une opération de concentration dans le secteur des boissons gazeuses : • CE 6 oct. 2000 : *CJEG 2001. 33, concl. Touvet ; BRDA 2000, n° 20, p. 12.*

3. Compétence. Sur la compétence du Conseil d'État en premier et dernier ressort pour connaître des conclusions dirigées contre un arrêté enjoignant à une société de renoncer à une opération de concentration, dès lors que celui-ci doit être regardé, pour l'application des dispositions de l'art. 2-3° du Décr. n° 53-934 du 30 sept. 1953, relatif à la réforme du contentieux administratif [codifié à l'art. R. 311-1 C. just. adm.], comme ayant un champ d'application s'étendant au-delà du ressort d'un seul tribunal administratif, V. • CE 9 avr. 1999 : *D. 2000. 157, obs. Troianiello ; D. Affaires 1999. 856, obs. A. M.*

Art. L. 430-7-1 *(L. n° 2008-776 du 4 août 2008, art. 96-I, G)* **I. — Dans un délai de cinq jours ouvrés à compter de la date à laquelle il a reçu la décision de l'Autorité de la concurrence ou en a été informé en vertu de l'article L. 430-5, le ministre chargé de l'économie peut demander à l'Autorité de la concurrence un examen approfondi de l'opération dans les conditions prévues aux articles L. 430-6 et L. 430-7.**

II. — Dans un délai de vingt-cinq jours ouvrés à compter de la date à laquelle il a reçu la décision de l'Autorité de la concurrence ou en a été informé en vertu de l'article L. 430-7, le ministre chargé de l'économie peut évoquer l'affaire et statuer sur l'opération en cause pour des motifs d'intérêt général autres que le maintien de la concurrence et, le cas échéant, compensant l'atteinte portée à cette dernière par l'opération.

Les motifs d'intérêt général autres que le maintien de la concurrence pouvant conduire le ministre chargé de l'économie à évoquer l'affaire sont, notamment, le développement industriel, la compétitivité des entreprises en cause au regard de la concurrence internationale ou la création ou le maintien de l'emploi.

Lorsqu'en vertu du présent II le ministre chargé de l'économie évoque une décision de l'Autorité de la concurrence, il prend une décision motivée statuant sur l'opération en cause après avoir entendu les observations des parties à l'opération de concentration. Cette décision peut éventuellement être conditionnée à la mise en œuvre effective d'engagements.

Cette décision est transmise sans délai à l'Autorité de la concurrence. — *V. art. R. 430-6 s.*

L'art. L. 430-7-1 est entré en vigueur le 13 nov. 2008, date de promulgation de l'Ord. n° 2008-1161 portant modernisation de la régulation de la concurrence (JO 14 nov.).

BIBL. ▶ Vilmart et Leguin, *JCP E 2008, n° 31-34, p. 17, spéc. p. 25* (la LME : une tentative encore inachevée de modernisation du droit français de la concurrence). – Cheynel, *RLC juill.-sept. 2008. 64* (avant-projet d'ordonnance portant création de l'Autorité de la concurrence). – de Bure et Girgenson, *RLC janv.-mars 2009. 9* (le pouvoir d'intervention du ministre de l'économie en matière de contrôle des concentrations).

Intervention du ministre. En application du 7° de l'art. R. 311-1 CJA, le Conseil d'État est compétent pour connaître en premier et dernier ressort des recours dirigés contre les décisions prises par le ministre chargé de l'économie sur le fondement de l'art. L. 430-7-1 C. com. dans le cadre du contrôle des concentrations économiques organisé par ce code, mais aussi des recours dirigés contre une décision ministérielle, prise dans le cadre de pouvoirs de contrôle autres que ceux qui sont prévus à l'art. L. 430-7-1, accordant ou refusant d'autoriser une prise de participation qui relève d'une opération de concentration notifiée à une autorité de concurrence au titre du contrôle des concentrations économiques. • CE 23 déc. 2011 : *RLC avr.-juin 2012. 63, obs. Clamour.*

Art. L. 430-8 *(L. n° 2001-420 du 15 mai 2001)* **I. —** *(L. n° 2008-776 du 4 août 2008, art. 96-I, H, 1°)* **« Si une opération de concentration a été réalisée sans être notifiée,**

l'Autorité de la concurrence enjoint sous astreinte, dans la limite prévue au II de l'article L. 464-2, aux parties de notifier l'opération, à moins de revenir à l'état antérieur à la concentration. La procédure prévue aux articles L. 430-5 à L. 430-7 est alors applicable.

« En outre, l'autorité peut infliger aux personnes auxquelles incombait la charge de la notification une sanction pécuniaire dont le montant maximum s'élève, pour les personnes morales, à 5 % de leur chiffre d'affaires hors taxes réalisé en France lors du dernier exercice clos, augmenté, le cas échéant, de celui qu'a réalisé en France durant la même période la partie acquise et, pour les personnes physiques, à 1,5 million d'euros. »

II. — Si une opération de concentration notifiée et ne bénéficiant pas de la dérogation prévue au deuxième alinéa de l'article L. 430-4 a été réalisée avant l'intervention de la décision prévue au premier alinéa du même article, *(L. n° 2008-776 du 4 août 2008, art. 96-I, H, 2°)* « l'Autorité de la concurrence » peut infliger aux personnes ayant procédé à la notification une sanction pécuniaire qui ne peut dépasser le montant défini au I.

III. — En cas d'omission ou de déclaration inexacte dans une notification, *(L. n° 2008-776 du 4 août 2008, art. 96-I, H, 2°)* « l'Autorité de la concurrence » peut infliger aux personnes ayant procédé à la notification une sanction pécuniaire qui ne peut dépasser le montant défini au I. »

Cette sanction peut s'accompagner du retrait de la décision ayant autorisé la réalisation de l'opération. A moins de revenir à l'état antérieur à la concentration, les parties sont alors tenues de notifier de nouveau l'opération dans un délai d'un mois à compter du retrait de la décision, sauf à encourir les sanctions prévues au I. — *V. art. R. 430-10.*

(L. n° 2008-776 du 4 août 2008, art. 96-I, H, 3°, a) « IV. — Si elle estime que les parties n'ont pas exécuté dans les délais fixés une injonction, une prescription ou un engagement figurant dans sa décision ou dans la décision du ministre ayant statué sur l'opération en application de l'article L. 430-7-1, l'Autorité de la concurrence constate l'inexécution. Elle peut : »

1° Retirer la décision ayant autorisé la réalisation de l'opération. A moins de revenir à l'état antérieur à la concentration, les parties sont tenues de notifier de nouveau l'opération dans un délai d'un mois à compter du retrait de la décision, sauf à encourir les sanctions prévues au I ;

2° Enjoindre sous astreinte *(L. n° 2008-776 du 4 août 2008, art. 96-I, H, 3°, b)* « , dans la limite prévue au II de l'article L. 464-2, » aux parties auxquelles incombait l'obligation non exécutée d'exécuter dans un délai qu'ils fixent les injonctions, prescriptions ou engagements.

(L. n° 2008-776 du 4 août 2008, art. 96-I, H, 3°, c) « En outre, l'Autorité de la concurrence peut infliger aux personnes auxquelles incombait l'obligation non exécutée une sanction pécuniaire qui ne peut dépasser le montant défini au I.

« La procédure applicable est celle prévue au deuxième alinéa de l'article L. 463-2 et aux articles L. 463-4, L. 463-6 et L. 463-7. Toutefois, les parties qui ont procédé à la notification et le commissaire du Gouvernement doivent produire leurs observations en réponse à la communication du rapport dans un délai de quinze jours ouvrés.

« L'Autorité de la concurrence se prononce dans un délai de soixante-quinze jours ouvrés.

« V. — Si une opération de concentration a été réalisée en contravention des décisions prises en application des articles L. 430-7 et L. 430-7-1, l'Autorité de la concurrence enjoint sous astreinte, dans la limite prévue au II de l'article L. 464-2, aux parties de revenir à l'état antérieur à la concentration.

« En outre, l'Autorité de la concurrence peut infliger aux personnes auxquelles les décisions précitées s'imposaient la sanction pécuniaire prévue au I. »

V. notes ss. art. L. 430-2.

BIBL. ▶ JALABERT-DOURY et NOUVEL, *RDLC 2007, n° 2, p. 29* (suivi de l'exécution des engagements). – MOUY, *ibid., p. 35* (rôle du Conseil de la concurrence dans le suivi des engagements). – AMAND et PIQUEREAU, *ibid., n° 4, p. 36* (suivi des engagements souscrits dans le cadre du contrôle des concentrations). – BACCICHETTI et BONNET, *LPA 28 juill. 2009* (contrôle des concentrations : des sanctions souvent très lourdes). – GALMICHE et LUCAS, *CCC 2012. Étude 6* (suivi des engagements en matière de contrôle des concentrations) ; *JCP E 2012, n° 1295* (comment assurer le suivi des engagements ?).

1. Défaut d'exécution. La décision par laquelle le ministre [ancienne rédaction], constatant que les parties à l'opération de concentration n'ont pas exécuté dans les délais fixés une injonction, une prescription ou un engagement, retirerait, après avis du Conseil de la concurrence, l'autorisation accordée ou enjoindrait aux parties de s'y conformer sur le fondement du IV de l'art. L. 430-8, constitue un acte administratif dont la légalité ne peut être appréciée que par le Conseil d'État. • Cons. conc. n° 06-D-31 du 20 oct. 2006 : *BOCC 22 mars 2007 ; D. 2006. AJ 2909, obs. Chevrier ; Gaz. Pal. 2007. 523 ; RJDA 2007, n° 198 ; RLC janv.-mars 2007. 12, obs. Girgenson ; ibid. 18, obs. Sélinsky ; RDLC 2007, n° 1, p. 143, obs. Lemaire.*

Le moyen invoquant l'application du 1° du IV de l'art. L. 430-8 n'est pas recevable dans le cadre d'une procédure ouverte au titre du droit des pratiques anticoncurrentielles, dès lors qu'une décision de retrait d'une autorisation de concentration ne peut intervenir que dans le cadre procédural spécifique fixé par les dispositions du IV de l'art. L. 430-8. • Aut. conc. n° 10-D-32 du 16 nov. 2010.

2. Suivi des engagements. A la différence des injonctions imposées par l'Autorité de la concurrence, les engagements sont proposés par les parties à l'opération de concentration ; celles-ci sont alors tenues de s'assurer dès ce stade que les engagements retenus peuvent effectivement être exécutés, dès lors que ces derniers conditionnent la délivrance de l'autorisation de l'opération. Dans ces conditions, les parties ne sauraient invoquer, au stade du contrôle de leur exécution, l'impossibilité ou la difficulté de se conformer aux engagements souscrits, dont elles ont elles-mêmes approuvé le contenu et le délai de mise en œuvre. • Aut. conc. n° 11-D-12 du 20 sept. 2011 : *D. 2011. Actu. 2270, obs. Chevrier ; CCC 2012. Chron. 1, spéc. n° 4, par Bosco ; CCE 2011, n° 113, obs. Chagny ; RLDA nov. 2011. 35, note Adam ; RDLC 2011, n° 4, p. 136, obs. Cot et Blanchet ; RLC oct.-déc. 2011. 8, note Nouët ; RLC janv.-mars 2012. 111, note Bougette, Deschamps et Montet ; RDC 2012. 120, note Prieto.* – Sur cette décision, V. aussi : Mouzon, *RDLC 2012, n° 1, p. 24* (respect des engagements : point de vue de l'Autorité de la concurrence).

Le contrôle effectué ne relève pas d'une appréciation globale mais porte sur le respect des engagements pris un par un, dont chacun a valeur obligatoire. En effet, la décision d'autorisation de l'opération de concentration est délivrée sous la condition de la bonne exécution de l'ensemble des engagements retenus, qui sont tous nécessaires à la résolution des atteintes à la concurrence identifiées. Ainsi, la circonstance qu'une partie des engagements ait été respectée ne saurait faire échec à un constat d'inexécution. • Même décision. ♦ A l'inverse, le respect formel de la lettre d'un engagement peut être insatisfaisant s'il s'avère que l'entreprise qui était tenue de le mettre en œuvre a, par ailleurs, pris des mesures aboutissant à le vider en tout ou en partie de sa portée. • Aut. conc. n° 12-D-15 du 9 juill. 2012 : *Dalloz actualité, 6 sept. 2012, obs. Constantin ; CCC 2013. Chron. 1, n° 4, par Bosco ; RDLC 2012, n° 4, p. 125, obs. Cot et Blanchet ; RLC oct.-déc. 2012. 16, obs. de Bure.*

3. Sanction du non-respect des engagements. Jugeant conforme à la Constitution le IV de l'art. L. 430-8, V. • Cons. const., QPC, 12 oct. 2012 : *Dalloz actualité, 30 oct. 2012, obs. Constantin ; D. 2012. Actu. 2382 ; AJDA 2012. 1928, obs. Poupeau ; Constitutions 2013. 95, note Le Bot ; JCP 2012, n° 1135 ; CCC 2013. Chron. 1, n° 3, obs. Bosco ; CCE 2012, n° 134, obs. Pironon ; RJDA 2012, n° 1107 ; Dr. adm. 2012, n° 94, obs. Bazex ; RLDA déc. 2012. 38, obs. Mathonnière ; RLC janv.-mars 2013. 78, obs. Chassaing ; Banque et Droit nov.-déc. 2012. 32, et les obs.* ♦ Par sa nature même, le non-respect des engagements ou injonctions pris en application du titre relatif à la concentration économique par la partie à laquelle ils incombaient revêt un caractère particulièrement grave (Arr. Min. de l'Économie du 21 août 2007 : *BOCC 14 sept. 2007 ; RDLC 2007, n° 4, p. 99, obs. Philippe ; RLC janv.-mars 2008. 16, obs. Girgenson*). ♦ La gravité d'un tel manquement doit cependant être appréciée en fonction des circonstances concrètes propres à chaque cas d'espèce, et notamment de son ampleur, de sa durée ou encore du comportement de l'entreprise en cause. • Aut. conc. n° 12-D-15 du 9 juill. 2012 : *préc. note 2.* ♦ Il n'est pas nécessaire de démontrer qu'un manquement ait eu des effets réels sur la concurrence, même si la preuve de tels effets peut naturellement être prise en compte. C'est en effet, en premier lieu, par rapport à l'objectif ayant conduit à la prise de l'engagement qu'il convient de raisonner : plus le risque que l'engagement était destiné à prévenir est important, plus le manquement est de nature, toutes choses égales par ailleurs, lui-même à avoir, actuellement ou potentiellement, des conséquences importantes. • Même décision.

Il résulte de l'économie de l'art. L. 430-8 que le prononcé d'une décision de retrait et celui d'une injonction constituent des options alternatives ouvertes à l'Autorité de la concurrence. En effet, l'injonction d'exécuter l'obligation non respectée peut difficilement se concevoir si la décision de rendre celle-ci obligatoire est retirée dans le même temps. • Aut. conc. n° 11-D-12 du 20 sept. 2011 : *préc. note 2.* ♦ Le recours à telle ou telle des options ouvertes par l'art. L. 430-8 est effectué par l'Autorité en tenant compte, notamment, de la nature des manquements constatés, en appréciant leur gravité et l'atteinte à la concurrence que la décision d'autorisation avait pour objet de prévenir. Elle peut également prendre en compte la nature des engagements souscrits, leur importance dans l'économie générale de la décision d'autorisation de l'opération de concentration, ou encore le temps écoulé depuis l'opération de concentration et la durée des engagements restant à courir à la date à laquelle elle statue. • Aut. conc. n° 12-D-15 du 9 juill. 2012 : *préc.* ♦ Eu égard à leur objet qui, outre sa portée punitive, est la préservation de l'ordre public économique, les sanctions prévues par le 1° et le 2° du IV de l'art. L. 430-8, qui sont distinctes de la sanction pécuniaire prévue au 4ᵉ al. de ce IV, doivent être proportionnées à la gravité des manquements constatés et aux exigences de maintien ou de rétablissement d'un niveau de concurrence suffisant sur les marchés concernés. • CE 21 déc. 2012 : *cité note 10.*

La sanction pécuniaire doit être déterminée de telle sorte que l'entreprise ayant pris les engagements ne soit pas incitée à se livrer à un calcul économique consistant à les proposer à l'Autorité en vue d'obtenir l'autorisation de la concentration, mais sans vouloir les exécuter effectivement ou sans prendre les mesures nécessaires à cet effet. Il importe donc que la sanction pécuniaire soit fixée à un niveau suffisant pour dissuader les intéressés de ne pas exécuter leurs engagements. • Aut. conc. n° 11-D-12 du 20 sept. 2011 : *préc.*

4. Notification. L'infraction de défaut de notification d'une opération de concentration est à imputer aux personnes physiques ou morales qui acquièrent de façon ultime le contrôle de tout ou partie de l'entreprise cible et non à la seule personne juridiquement signataire de l'accord d'acquisition. • Aut. conc. n° 12-D-12 du 11 mai 2012 : *cité note 8.* ♦ La liberté laissée à un groupe de choisir la société qui notifiera en pratique l'opération ne modifie nullement la situation juridique de la ou des personnes tenues à l'obligation de notification au sens de l'al. 2 de l'art. L. 430-3. • Même décision.

La compétence des autorités nationales pour statuer sur une opération de concentration fait l'objet d'une contestation sérieuse, eu égard au montant des chiffres d'affaires des groupes concernés et à la répartition du chiffre d'affaires au sein de la Communauté européenne ; d'ailleurs, les groupes parties à l'opération de concentration ont informé la Commission européenne de pourparlers pouvant déboucher sur un pacte d'actionnaires et sur une notification au titre du Règl. n° 139/2004 du 20 janv. 2004. Ainsi, l'injonction sollicitée au titre des pouvoirs conférés au ministre [ancienne rédaction], par l'art. L. 430-8 ne peut être prononcée. • CE, ord., 18 févr. 2008 : *AJDA 2008. 1130, obs. Nicinski ; JCP E 2008, n° 12-13, p. 8 ; RJDA 2008, n° 952.*

5. Commissaire du Gouvernement. L'art. L. 463-7 C. com. prévoit, de façon générale, la présence du commissaire du Gouvernement aux séances du Conseil, sans qu'aucune dérogation ne soit prévue pour la procédure du IV de l'art. L. 430-8 [ancienne rédaction]. Cette procédure ne débouche sur aucune sanction ni injonction prononcée par le Conseil, mais habilite le ministre, si le Conseil constate l'inexécution des engagements, à prendre une des décisions énoncées au IV, toutes ces décisions étant susceptibles de faire grief aux entreprises concernées. Le commissaire du Gouvernement n'a, comme dans le cadre de la procédure contentieuse, pouvoir d'intervention ni sur le déroulement de la procédure ni sur le prononcé de l'avis du Conseil, qui n'est pas lié par les observations présentées devant lui. Il n'est donc pas conduit à prendre de décision qui préjugerait des suites du dossier. Par ailleurs, les observations écrites qu'il dépose et ses conclusions orales en séance sont soumises au contradictoire : les parties peuvent les contester après les avoir reçues ou entendues. Il s'ensuit que la présence en séance du commissaire du Gouvernement n'est pas contraire au principe d'impartialité, ni au principe de l'égalité des armes. • Cons. conc., avis, n° 08-A-01 du 28 janv. 2008.

6. Droits acquis. Le principe selon lequel les droits acquis par une entreprise en vertu d'une décision administrative individuelle ne sauraient être retirés, si elle est illégale, au-delà d'un délai de quatre mois à compter de la notification de cette décision s'impose à l'Autorité de la concurrence, quand bien même la mise en œuvre des droits acquis constituerait un comportement entrant dans le champ de sa compétence matérielle, et qu'elle est normalement susceptible d'apprécier au regard des dispositions des art. L. 420-1 et L. 420-2. • Aut. conc. n° 10-D-32 du 16 nov. 2010 : *préc. note 1.* ♦ V. aussi note 3 ss. art. L. 420-1.

7. Mandataire. BIBL. de Bonnières, *RDLC 2012, n° 1, p. 29* (mandataire dans le respect des engagements). ♦ Si les rapports établis par le mandataire chargé de surveiller la réalisation des engagements sont de nature à éclairer utilement l'analyse effectuée par l'Autorité de la concurrence dans le cadre de son contrôle de l'exécution des engagements, cette dernière n'est pas liée par les appréciations portées par le mandataire dans le cadre de l'exercice de sa mission de suivi des engagements. • Aut. conc. n° 11-D-12 du 20 sept. 2011 : *préc. note 2.*

8. Prescription. La prescription quinquennale prévue par le 1er al. de l'art. L. 462-7 C. com. est applicable aux faits relevant du I de l'art. L. 430-8 de ce code. • Aut. conc. n° 12-D-12 du 11 mai 2012 : *cité note 1 ss. art. L. 462-7.* ♦ Dans la mesure où les faits visés à cette disposition concernent l'omission d'une notification devant intervenir à un moment précis et où la réalisation d'une opération de concentration intervient en un trait de temps, il y a lieu de considérer que la réalisation d'une opération de concentration sans qu'elle ait été notifiée préalablement constitue une infraction permanente soumise au régime des infractions instantanées, de telle sorte que la prescription commence à courir au jour où se matérialise le changement de contrôle. • Même décision. ♦ V. aussi s'agissant du IV de l'art. L. 430-8 : • Cons. const., QPC, 12 oct. 2012 : *préc. note 3.*

9. Sanction du défaut de notification. La caractérisation du manquement sanctionné par le I de l'art. L. 430-8 ne nécessite pas la démonstration d'une atteinte à la concurrence qui pourrait être provoquée par la concentration non notifiée. • Aut. conc. n° 12-D-12 du 11 mai 2012 : *préc. note 8.* ♦ Pour la détermination de la sanction il doit être tenu compte, notamment, du caractère plus ou moins évident de la contrôlabilité de l'opération, de la taille de l'entreprise et des moyens, notamment juridiques, dont celle-ci pouvait disposer, ou de l'éventuelle volonté délibérée de ses responsables de contourner l'obligation légale de notification, en particulier lorsque l'opération était susceptible de porter une atteinte substantielle à la concurrence. • Même décision.

Il convient de préserver l'effet utile de l'obligation de notification et de la sanction du manquement à cette obligation prévues aux art. L. 430-3 et L. 430-8 dans le cas où une personne morale assure la gouvernance d'un groupe tout en ne disposant pas elle-même d'un chiffre d'affaires, mais où le chiffre d'affaires issu des activités du groupe est bien réalisé par les différentes entités composant le groupe et membres, comme en l'espèce, par l'association chargée de la gouvernance de l'ensemble. Dans ce cas, et en cohérence avec la rédaction du I de l'art. L. 430-8 qui prévoit d'augmenter, le cas échéant, le chiffre d'affaires de la personne morale à laquelle incombait la charge de la notification de celui de « la partie acquise », il convient de prendre en compte la réalité économique des parties concernées par l'obligation de notification. • Aut. conc. n° 13-D-01 du 31 janv. 2013 : *JCP E 2013. Actu. 158, obs. Lucas ; CCC 2013. Étude 5, par Lucas ; RLC avr.-juin 2013. 17, obs. Pinçon.*

10. Continuité du contrôle des concentrations. Le législateur a entendu assurer la continuité de l'exercice des pouvoirs de police en matière de concentrations antérieurement détenus par le ministre chargé de l'économie et transférés à l'Autorité de la concurrence. Il en résulte que, quelle que soit la date à laquelle les mesures correctives assortissant une autorisation de concentration ont été adoptées, l'Autorité est compétente pour se saisir d'office en vue de vérifier l'exécution des injonctions, prescriptions ou engagements figurant dans des décisions autorisant des opérations de concentration. • CE 21 déc. 2012 : *AJDA 2013. 215, note Domino et Bretonneau ; RFDA 2013. 55, concl. Daumas ; JCP E 2013, n° 1094 ; BRDA 2013, n° 2, p. 9 ; CCE 2013, n° 27, obs. Pironon ; RLDA mars 2013. 33, note Gunther et Tayar ; Dr. adm. 2013, nos 18 et 27, obs. Bazex.*

Art. L. 430-9 *(L. n° 2008-776 du 4 août 2008, art. 96-I, I)* **« L'Autorité de la concurrence peut, en cas d'exploitation abusive d'une position dominante ou d'un état de dépendance économique, enjoindre, par décision motivée, à l'entreprise ou » au groupe d'entreprises en cause de modifier, de compléter ou de résilier, dans un délai déterminé, tous accords et tous actes par lesquels s'est réalisée la concentration de la puissance économique qui a permis les abus même si ces actes ont fait l'objet de la procédure prévue au présent titre.** – *Anc. art. L. 430-6 (L. n° 2001-420 du 15 mai 2001).*

V. notes ss. art. L. 430-2.

BIBL. ▶ THOUVENIN, *CCC 2005. Chron. 19, spéc. nos 34 s.* (l'art. L. 430-9 et l'acte faisant grief).

1. Conditions. Les procédures prévues par le titre III de l'Ord. du 1er déc. 1986 [C. com., art. L. 420-1 s.], relatif au contrôle des ententes, et par le titre V [C. com., art. L. 430-1 s.], relatif au contrôle des concentrations, sont différentes et inconciliables entre elles. • Paris, 28 juin 1994 : *BOCC 14 juill. 1994 ; CCC 1994, n° 169, note Vogel ; Gaz. Pal. 1994. 2. 654, concl. Jobard ; D. 1994. IR 195.* ♦ L'art. 43 [C. com., art. L. 430-6], s'il permet le cumul des contrôles des concentrations et des pratiques anticoncurrentielles lorsqu'il s'agit d'un cas d'exploitation abusive d'une position dominante ou d'un état de dépendance économique, ne prévoit aucune possibilité d'examen conjoint des concentrations et des ententes. • Même arrêt. – Conf. par • Com. 26 nov. 1996 : *Bull. civ. IV, n° 291 ; D. 1997. IR 16 ; D. Affaires 1997. 145.* ♦ V. note 3 ss. art. L. 420-1.

2. Conseil de la concurrence. (jurispr. antérieure à la L. n° 2008-776 du 4 août 2008) Sur l'incompétence du Conseil pour examiner le bien-fondé d'accords restrictifs de concurrence intervenus dans le cadre d'une opération de concentration, sauf si ces accords sont détachables de l'opération de concentration considérée, V. • Cons. conc. n° 2000-D-16 du 12 avr. 2000 : *BOCC 23 mai 2000.* ♦ Ce n'est donc que dans la mesure où les comportements dénoncés sont détachables de l'exécution de la décision prise au titre du contrôle des concentrations que le Conseil est compétent pour les qualifier au titre des art. L. 420-1 et L. 420-2 C. com. • Cons. conc. n° 06-D-31 du 20 oct. 2006 : *cité note 1 ss. art. L. 430-8.* ♦ V. également • Cons. conc. n° 02-D-44 du 11 juill. 2002 : *cité note 3.*

3. Application : remise en cause de la concentration. Il résulte de l'art. L. 430-9 que lorsqu'une opération concentrative qui, en elle-même, ne constitue pas une pratique répréhensible, a permis la réalisation d'un abus de position dominante, le Conseil de la concurrence [ancienne rédaction] peut, une fois qu'il a constaté qu'un tel abus avait été commis, demander au ministre de mettre en œuvre les dispositions précitées, afin que soit remise en cause pour l'avenir, par le biais d'une mesure de police non constitutive d'une sanction, l'opération de concentration. • Cons. conc. n° 02-D-44 du 11 juill. 2002 : *D. 2002. AJ 2804 ; JCP E 2003, n° 5, p. 224, note Arhel ; LPA 2 sept. 2002, note Arhel ; CCC 2002, n° 157, obs. Malaurie-Vignal.* ♦ Afin d'éviter que ne se reproduisent les abus de positions dominantes constatés, V., demandant au ministre d'enjoindre à plusieurs entreprises de modifier, compléter ou résilier, dans un délai déterminé, tous accords et tous actes ayant conduit ces entreprises à associer leurs moyens dans le cadre de filiales communes qu'elles ont créées conjointement dans différents secteurs. • Même décision.

4. Recours. Les décisions prises sur le fondement de l'art. L. 430-9 ne sont susceptibles que d'un recours devant le juge administratif. • Com. 12 juill. 2004 : *Bull. civ. IV, n° 152 ; D. 2004. AJ 2374, obs. Chevrier ; JCP E 2004, n° 48, p. 1883, obs. Decocq ; CCC 2004, n° 173, obs. Malaurie-Vignal ; Lettre distrib. sept. 2004, p. 1, obs. Destours ; RDLC déc. 2004. 92, obs. Momège ; RJDA 2004, n° 1270 ; RLC 2005, n° 1, p. 15, obs. Sélinsky.* – V. sur cet arrêt, Destours, *RJDA 2004, p. 1059.* ♦ En l'absence de disposition législative expresse dérogeant au principe selon lequel relève en dernier ressort de la compétence de la juridiction administrative l'annulation ou la réformation des décisions prises par les autorités exerçant le pouvoir exécutif dans l'exercice des prérogatives de puissance publique, il appartient à cette juridiction de connaître de la légalité des actes pris pour l'application de l'art. L. 430-9 • CE 7 nov. 2005 : *D. 2005. AJ 3084, obs. Chevrier ; RTD com. 2006. 312, obs. Orsoni ; AJDA 2005. 2377, obs. Richer ; RFDA 2006. 726, concl. Glaser ; JCP 2006. I. 120, n° 25, obs. Boiteau ; RJDA 2006, n° 67 ; RLC 2006, n° 7, p. 15, obs. de Bure et Kanellopoulos ; ibid., p. 54, obs. Cheynel ; RJ com. 2006. 124, obs. Decocq.*

La demande adressée par le Conseil de la concurrence au ministre de l'Économie [ancienne rédaction] sur le fondement de l'art. L. 430-9 ne fait pas grief, de sorte que le recours en annulation formé contre une telle demande est irrecevable. • Paris, 18 févr. 2003 : *BOCC 21 nov. 2003 ; JCP E 2003, n° 14, p. 612, note Arhel ; CCC 2004, n° 8, obs. Malaurie-Vignal ; JCP E 2004, n° 48, p. 1883, obs. Decocq.* – Arrêt cassé, au motif que la Cour d'appel de Paris aurait dû se déclarer incompétente : • Com 12 juill. 2004 : *préc.* ♦ La décision par laquelle le Conseil de la concurrence saisit le ministre de l'Économie [ancienne rédaction] d'une demande tendant à ce qu'il prenne les mesures entrant dans les prévisions de l'art. L. 430-9 n'est qu'un élément de la procédure qui permet à celui-ci de prononcer des injonctions à l'encontre des entreprises en cause ; elle est, par elle-même, dépourvue de tout effet juridique à leur égard ; elle présente, dès lors, le caractère d'un acte préparatoire et n'est pas susceptible de faire l'objet d'un recours pour excès de pouvoir. • CE 7 nov. 2005 : *préc.*

5. Application dans le temps. Pour l'application des dispositions de l'art. L. 430-9, il importe peu que les opérations en cause soient intervenues plusieurs décennies avant l'entrée en vigueur de cette disposition. • Paris, 18 févr. 2003 : *préc. note 4.*

Art. L. 430-10 *(L. n° 2008-776 du 4 août 2008, art. 96-I, J)* **Lorsqu'ils interrogent des tiers au sujet de l'opération, de ses effets et des engagements proposés par les parties, et rendent publique leur décision dans des conditions fixées par décret, l'Autorité de la concurrence et le ministre chargé de l'économie tiennent compte de l'intérêt légitime des parties qui procèdent à la notification ou des personnes citées à ce que leurs secrets d'affaires ne soient pas divulgués.** – *V. art. R. 463-15-1.*

V. notes ss. art. L. 430-2.

TITRE QUATRIÈME DE LA TRANSPARENCE, DES PRATIQUES RESTRICTIVES DE CONCURRENCE ET D'AUTRES PRATIQUES PROHIBÉES

RÉP. COM. v[is] *Transparence tarifaire et pratiques restrictives ; Accords de distribution (Droit de la concurrence)*, par ARHEL.

GUIDES DALLOZ *Le guide des négociations commerciales*, par FABRE, DANY et SERSIRON, *2009, 2e édition.*

BIBL. GÉN. ▶ FERRÉ, *Cah. dr. entr. 2007, n° 3, p. 26* (regard sur l'efficacité du titre IV, livre IV du code de commerce à l'occasion d'un bilan). – DECOCQ, *RJ com. 2008. 96* (de l'avenir des pratiques dites « restrictives de concurrence »). ▶ Loi n° 2008-776 du 4 août 2008 : CHAGNY, *CCC 2008. Dossier 10* (application dans le temps du nouveau droit des pratiques restrictives de concurrence). – Note de la rédaction, *BRDA 2009, n° 1, p. 21* (avis de la CEPC sur le volet concurrence de la LME). – LE GAC-PECH, *CCC 2009. Étude 12* (l'établissement des relations de distribution : entre classicisme et modernité). – GRALL, *RLC juill.-sept. 2011. 28* (la LME résistera-t-elle jusqu'aux prochaines élections présidentielles ?). BERG-MOUSSA et MINET, *CCC 2012. Étude 2* (la médiation des relations inter-entreprises : premier bilan d'activité).

La procédure simplifiée de l'ordonnance pénale est applicable aux délits prévus au titre IV du livre IV du code de commerce pour lesquels une peine d'emprisonnement n'est pas encourue (C. pr. pén., art. 495-II-9°).

CHAPITRE PRÉLIMINAIRE DISPOSITIONS GÉNÉRALES

(L. n° 2001-420 du 15 mai 2001, art. 51)

Art. L. 440-1 **Une Commission d'examen des pratiques commerciales est créée. Elle est composée d'un député et d'un sénateur désignés par les commissions permanentes de leur assemblée compétentes en matière de relations commerciales entre fournisseurs et revendeurs, de membres, éventuellement honoraires, des juridictions administratives et judiciaires, de représentants des secteurs de la production et de la transformation agricole et halieutique, ainsi qu'industrielle et artisanale, des transformateurs, des grossistes, des distributeurs et de l'administration, ainsi que de personnalités qualifiées.** *(L. n° 2008-776 du 4 août 2008, art. 94)* **« Le président de la commission est désigné parmi ses membres par décret. Lorsque celui-ci n'est pas** ***membre d'une juridiction*****, un vice-président appartenant à une juridiction administrative ou judiciaire est également désigné dans les mêmes conditions. » Elle comprend un nombre égal de représentants des producteurs et des revendeurs.**

Les membres de la commission sont tenus au secret professionnel pour les faits, actes et renseignements dont ils ont pu avoir connaissance en raison de leurs fonctions.

La commission a pour mission de donner des avis ou formuler des recommandations sur les questions, les documents commerciaux ou publicitaires, y compris les factures et contrats couverts par un secret industriel et commercial, et les pratiques concernant les relations commerciales entre producteurs, fournisseurs, revendeurs qui lui sont soumis. Elle assure, sous la responsabilité de son président, l'anonymat des saisines et des documents qui lui sont soumis, y compris vis-à-vis de ses membres.

La commission est saisie par le ministre chargé de l'économie, le ministre chargé du secteur économique concerné, le président *(Ord. n° 2008-1161 du 13 nov. 2008, art. 4)* « de l'Autorité de la concurrence », toute personne morale, notamment les organisations professionnelles ou syndicales, les associations de consommateurs agréées, les chambres consulaires ou d'agriculture, ainsi que par tout producteur, fournisseur, revendeur s'estimant lésé par une pratique commerciale. Elle peut également se saisir d'office. Le président de la commission peut décider de mettre en place plusieurs chambres d'examen au sein de la commission.

L'avis rendu par la commission porte notamment sur la conformité au droit de la pratique ou du document dont elle est saisie. — *V. ces avis publiés sur le site internet de la CEPC.*

La commission entend, à sa demande, les personnes et fonctionnaires qu'elle juge utiles à l'accomplissement de sa mission. Son président peut demander qu'une enquête soit effectuée par les agents habilités à cet effet par l'article L. 450-1 du présent code ou l'article L. 215-1 du code de la consommation, selon les procédures prévues. Le compte rendu de l'enquête est remis au président de la commission qui s'assure qu'il préserve l'anonymat des personnes concernées.

La commission peut également décider d'adopter une recommandation sur les questions dont elle est saisie et toutes celles entrant dans ses compétences, notamment celles portant sur le développement des bonnes pratiques. Lorsqu'elle fait suite à une saisine en application du troisième alinéa, cette recommandation ne contient aucune indication de nature à permettre l'identification des personnes concernées. La recommandation est communiquée au ministre chargé de l'économie et est publiée sur décision de la commission.

La commission exerce, en outre, un rôle d'observatoire régulier des pratiques commerciales, des facturations et des contrats conclus entre producteurs, fournisseurs, revendeurs qui lui sont soumis. Elle établit chaque année un rapport d'activité, qu'elle transmet au Gouvernement et aux assemblées parlementaires. Ce rapport est rendu public. *(L. n° 2005-882 du 2 août 2005, art. 56)* « Il comprend une analyse détaillée du nombre et de la nature des infractions aux dispositions du présent titre ayant fait l'objet de sanctions administratives ou pénales. Il comprend également les décisions rendues en matière civile sur les opérations engageant la responsabilité de leurs auteurs. »

Un décret détermine l'organisation, les moyens et les modalités de fonctionnement de la commission ainsi que les conditions nécessaires pour assurer l'anonymat des acteurs économiques visés dans les avis et recommandations de la commission. — *V. art. D. 440-1 s.*

Sur les avis que la CEPC a émis au 22 déc. 2008 en réponse à des questions suscitées par le volet « concurrence » de la L. n° 2008-776 du 4 août 2008, V. JCP E 2009, n° 10, p. 9 ; BRDA 2009, n° 1, p. 21 ; CCC 2009, n°s 43 et 44, obs. Malaurie-Vignal ; RDLC 2009, n° 1, p. 126, obs. Roberval. — V. aussi Avis n° 09-05 du 5 mars 2009, JCP E 2009, n° 19, p. 4 ; CCC 2009, n° 128, obs. Malaurie-Vignal.

BIBL. ▶ VILMART, *JCP E 2001, n° 50, p. 1994* (effectivité de la lutte contre les pratiques commerciales abusives dans la loi NRE). – DESTOURS, *Lettre distrib. janv. 2002, p. 1* (obscure clarté du premier décret d'application de la loi NRE). – GRIZAUT, *Dict. perm dr. aff. 13 janv. 2002* (nouvelle Commission d'examen des pratiques commerciales). – DUMAS, *D. 2003. Interview. 1146* ✎ (même thème). – GUÉVEL, *Gaz. Pal. 29-30 mai 2002, p. 36* (quelques aspects de la loi

NRE en matière de concurrence). – FERRÉ, *CCC 2007. Étude 6* (quels enseignements tirer des rapports présentés par la CEPC ?). – LECLERCQ, *Cah. dr. entr. 2007, n° 3, p. 23* (fonctionnement de la CEPC). – GRALL, *RLC juill.-sept. 2009. 35* (la Commission d'examen des pratiques commerciales). – VAUTRIN, *RDLC 2011, n° 4, p. 28* (la CEPC : organe de création de *soft law*). – FERRÉ et PIHÉRY, *CCC 2011. Étude 1* (pratiques restrictives de concurrence : étude du bilan de la CEPC) ; *CCC 2012. Étude 1* (même thème pour 2012). – BÉHAR-TOUCHAIS, *RLC oct.-déc. 2011. 33* (CEPC : analyse des derniers avis). – FERRÉ et PIHERY, *RDLC 2012, n° 4, p. 56* (étude du bilan de la CEPC 2012).

● CHAPITRE PREMIER DE LA TRANSPARENCE

BIBL. ▸ LUCAS DE LEYSSAC, *Mélanges Guyon, Dalloz, 2003, p. 751* (opacification du droit de la transparence, conséquence de sa codification). – BÉHAR-TOUCHAIS, *RLC oct.-déc. 2007. 164* (vice et vertu de la transparence). – J. PHILIPPE, *ibid. 169* (la transparence, source d'accroissement et facteur de réduction de la concurrence). – AUGAGNEUR, *RTD com. 2008. 221* (transparence tarifaire, opacité législative).

Art. L. 441-1 **Les règles relatives aux conditions de vente au consommateur sont fixées par l'article L. 113-3 du code de la consommation** *(Abrogé par L. n° 2012-1270 du 20 nov. 2012, art. 11-II)* ***« reproduit ci-après : »*** *[.] V. cet art. reproduit, App., v° Ventes commerciales (Dispositions générales).*

Art. L. 441-2 *(L. n° 2010-874 du 27 juill. 2010, art. 13)* **I. — Toute publicité à destination du consommateur, diffusée sur tout support ou visible de l'extérieur du lieu de vente, mentionnant une réduction de prix ou un prix promotionnel sur les produits alimentaires périssables doit préciser la nature et l'origine des produits offerts et la période pendant laquelle est maintenue l'offre proposée par l'annonceur. La mention relative à l'origine est inscrite en caractères d'une taille égale à celle de la mention du prix.**

Lorsque de telles opérations promotionnelles sont susceptibles, par leur ampleur ou leur fréquence, de désorganiser les marchés, un arrêté interministériel ou, à défaut, préfectoral fixe, pour les produits concernés, la périodicité et la durée de telles opérations. — *V. art. R. 441-1.*

Toute infraction aux dispositions des premier ou deuxième alinéas est punie d'une amende de 15 000 €.

La cessation de la publicité réalisée en violation du présent I peut être ordonnée dans les conditions prévues à l'article L. 121-3 du code de la consommation. — *V. cet art., App., v° Publicité commerciale.*

II. — Pour un fruit ou légume frais ayant fait l'objet, entre le fournisseur et son acheteur, d'un accord sur le prix de cession, l'annonce du prix, hors lieu de vente, est autorisée dans un délai maximal de trois jours précédant le premier jour de l'application du prix annoncé, pour une durée qui ne peut excéder cinq jours à compter de cette date.

L'accord sur le prix de cession est formalisé dans un contrat écrit signé par les parties, dont un exemplaire est détenu par chacune d'entre elles avant la diffusion de l'annonce du prix hors lieu de vente. Le présent alinéa ne s'applique pas aux annonces de prix réalisées sur le lieu des ventes au déballage mentionnées à l'article L. 310-2 du présent code.

III. — Dans les cas où les conditions mentionnées au premier alinéa du II ne sont **pas réunies, toute annonce de prix, hors lieu de vente, portant sur un fruit ou légume frais, quelle que soit l'origine de celui-ci, doit faire l'objet d'un accord interprofessionnel d'une durée d'un an renouvelable, conclu conformément à l'article L. 632-1 du code rural et de la pêche maritime. Cet accord précise les périodes durant lesquelles une telle annonce est possible et ses modalités.**

Cet accord peut être étendu conformément aux articles L. 632-3 et L. 632-4 du même code.

IV. – Les II et III ne sont pas applicables aux fruits et légumes frais appartenant à des variétés non produites en France métropolitaine.

Ancien art. L. 441-2 ***Toute publicité à l'égard du consommateur, diffusée sur tout support ou visible de l'extérieur du lieu de vente, mentionnant une réduction de prix ou un prix promotionnel sur les produits alimentaires périssables doit préciser la nature et l'origine du ou des produits offerts et la période pendant laquelle est maintenue l'offre proposée par l'annonceur.*** (L. n° 2001-420 du 15 mai 2001) ***« La mention relative à l'origine est inscrite en caractères d'une taille égale à celle de l'indication du prix. »***

Al. 2 abrogé par L. n° 2001-420 du 15 mai 2001, art. 49-III.

Lorsque de telles opérations promotionnelles sont susceptibles, par leur ampleur ou leur fréquence, de désorganiser les marchés, un arrêté interministériel ou, à défaut, préfectoral fixe, pour les produits concernés, la périodicité et la durée de telles opérations. – V art. R. 441-1.

(L. n° 2005-157 du 23 févr. 2005, art. 32) ***« Pour un fruit ou légume frais ayant fait l'objet, entre le fournisseur et son client, d'un accord sur le prix de cession, l'annonce de prix, hors lieu de vente, est autorisée dans un délai maximum de soixante-douze heures précédant le premier jour de l'application du prix annoncé, pour une durée qui ne peut excéder cinq jours à compter de cette date.***

« Dans tous les autres cas, toute annonce de prix, hors lieu de vente, portant sur un fruit ou légume frais quelle que soit son origine, doit faire l'objet d'un accord interprofessionnel d'une durée d'un an renouvelable, conclu conformément aux dispositions de l'article L. 632-1 du code rural et de la pêche maritime. Cet accord précise les périodes durant lesquelles une telle annonce est possible et ses modalités.

« Cet accord peut être étendu conformément aux dispositions des articles L. 632-3 et L. 632-4 du même code.

« Les dispositions des trois alinéas précédents ne sont pas applicables aux fruits et légumes frais appartenant à des espèces non produites en France métropolitaine.

« Toute infraction aux dispositions des alinéas ci-dessus est punie d'une amende de 15 000 €. »

La cessation de la publicité réalisée dans des conditions non conformes aux dispositions du présent article peut être ordonnée dans les conditions prévues à l'article L. 121-3 du code de la consommation. – [Ord. n° 86-1243 du 1er déc. 1986, art. 28.] – V. cet art., App., v° Publicité commerciale.

Tous les produits susceptibles de faire l'objet d'un accord interprofessionnel relèvent du mécanisme décrit par l'art. L. 441-2, al. 3 ; seules les variétés de fruits et légumes frais non produites en France, et seulement celles-ci, sont exclues du champ d'application de cet art. dès lors que l'interdiction ne peut être levée par conclusion d'un accord interprofessionnel. Les promotions sur ces produits ne doivent toutefois pas être réalisées dans des conditions qui troubleraient le marché des fruits et légumes frais (Rép. min. n° 38467 : *JO Sénat Q, 18 avr. 2002, p. 1114*). ♦ V. désormais le IV de l'art. L. 441-2.

En édictant les deux notes d'information des 2 mars 2004 et 18 févr 2005, le ministre ne s'est pas borné à interpréter les dispositions de l'art. L. 441-2 relatives aux publicités mentionnant une réduction de prix ou un prix promotionnel sur les produits alimentaires périssables, mais, alors qu'aucun texte ne lui donnait compétence pour les prendre, a fixé des règles nouvelles qui imposent, pour tous produits alimentaires périssables fabriqués ou transformés à partir de matières premières, la double mention de l'État de fabrication ou de transformation et l'État d'origine de la matière première. • CE 21 mai 2007 : *RJDA 2007, n° 1020 ; Gaz. Pal. 2007. 4125.*

Art. L. 441-2-1 *(L. n° 2005-157 du 23 févr. 2005, art. 33)* **Pour les produits agricoles périssables ou issus de cycles courts de production, d'animaux vifs, de carcasses ou pour les produits de la pêche et de l'aquaculture, figurant sur une liste établie par décret, un distributeur ou prestataire de services ne peut bénéficier de remises, rabais et ristournes ou prévoir la rémunération** *(L. n° 2008-3 du 3 janv. 2008, art. 4-I)* **« de services rendus à l'occasion de leur revente, propres à favoriser leur commercialisation et ne relevant pas des obligations d'achat et de vente, ou de**

services ayant un objet distinct, » que si ceux-ci sont prévus dans un contrat écrit portant sur la vente de ces produits par le fournisseur. – *V. art. D. 441-2.*

Ce contrat comprend notamment des clauses relatives aux engagements sur les volumes, aux modalités de détermination du prix en fonction des volumes et des qualités des produits et des services concernés et à la fixation d'un prix. *(L. nº 2008-776 du 4 août 2008, art. 92-III)* **« Il indique les avantages tarifaires consentis par le fournisseur au distributeur au regard des engagements de ce dernier. »**

Lorsqu'un contrat type relatif aux activités mentionnées au premier alinéa est inclus dans un accord interprofessionnel adopté par l'organisation interprofessionnelle reconnue pour le produit concerné et étendu en application des dispositions des articles L. 632-3 et L. 632-4 du code rural et de la pêche maritime, le contrat mentionné au premier alinéa doit être conforme à ce contrat type. *(Abrogé par L. nº 2008-3 du 3 janv. 2008, art. 4-I)* ***« Ce contrat type peut notamment comprendre des clauses types relatives aux engagements, aux modalités de détermination des prix mentionnés au deuxième alinéa*** *(L. nº 2006-11 du 5 janv. 2006, art. 53-III)* ***« , aux calendriers de livraison, aux durées du contrat » et au principe de prix plancher, clauses types dont le contenu est élaboré dans le cadre de la négociation commerciale par les cocontractants. »***

Toute infraction aux dispositions du présent article est punie d'une amende de 15 000 €.

(L. nº 2010-874 du 27 juill. 2010, art. 13) **« Les deuxième et troisième alinéas ne sont pas applicables aux produits pour lesquels la conclusion de contrats écrits a été rendue obligatoire en application de l'article L. 631-24 du code rural et de la pêche maritime. »** – *V. cet art ci-dessous.*

Sur la responsabilité de l'auteur d'une pratique de prix abusivement bas en cas de crise conjoncturelle, V. art. L. 442-9.

Sur la prohibition des enchères à distance inversées pour les produits agricoles visés au 1er al. de l'art. L. 441-2-1, V. art. L. 442-10.

BIBL. ▶ Loi nº 2008-3 du 3 janv. 2008 : Vilmart, *JCP E 2008, nº 2, p. 24* (analyse des conséquences de la loi pour le développement de la concurrence au service des consommateurs dans les relations producteurs distributeurs). – Barbièri, *RD rur. 2009. Dossier 22* (contrats du négoce agricole et contrats d'affaires). ▶ Loi nº 2010-874 du 27 juill. 2010 : Note de la rédaction, *BRDA 2010, nº 15-16, p. 15* (instauration de contrats de vente écrits entre opérateurs de la filière agricole). – Grimonprez, *JCP E 2010, nº 1771 ; CCC 2010. Étude 12* (relations commerciales agricoles : l'aube de la contractualisation). – Barbiéri, *RD rur. 2010. Étude 17* (négoce agricole et filières). – Roberval, *RDLC 2010, nº 4, p. 142* (renforcement des exigences en matière agricole). – Grall et Darmon, *RLC janv.-févr. 2011. 36* (contractualisation obligatoire : présentation et incertitudes !). – Barbiéri, *RD rur. 2011, nº 51* (premières illustrations du contrat de vente durable). – Charles, *RLC janv.-mars 2012. 126* (formalisme des négociations commerciales : le labyrinthe législatif). – Grimonprez, *RD rur. 2012. Alerte 140* (contractualisation : deux ans plus tard). – Mezen, *RTD com. 2012. 693* (contrat nommé de distribution en matière agricole).

Code rural et de la pêche maritime

Art. L. 631-24 *(L. nº 2010-874 du 27 juill. 2010, art. 12-I)* I. — La conclusion de contrats de vente écrits entre producteurs et acheteurs, ou entre opérateurs économiques mentionnés au premier alinéa de l'article L. 551-1, propriétaires de la marchandise, et acheteurs, peut être rendue obligatoire pour les produits agricoles destinés à la revente ou à la transformation.

Ces contrats écrits comportent des clauses relatives à la durée du contrat, aux volumes et aux caractéristiques des produits à livrer, aux modalités de collecte ou de livraison des produits, aux critères et modalités de détermination du prix, aux modalités de paiement et aux modalités de révision et de résiliation du contrat ou au préavis de rupture. Ces clauses prévoient l'interdiction, pour les acheteurs, de retourner aux producteurs ou aux opérateurs économiques mentionnés au premier alinéa les produits qu'ils ont acceptés lors de la livraison ; cette interdiction ne s'applique pas en cas de non-conformité des produits à des normes légales ou réglementaires. Sauf stipulations contraires, ces contrats sont renouvelables par tacite reconduction pour une période équivalente à celle pour laquelle ils ont été conclus.

Ils peuvent être rendus obligatoires :

a) Par extension ou homologation d'un accord interprofessionnel, dans es conditions définies aux articles L. 631-10, L. 632-3, L. 632-4 et L. 632-12 ;

b) Ou, si aucun accord interprofessionnel ayant le même objet n'a été étendu ou homologué, par un décret en Conseil d'État. L'application de ce décret est suspendue en cas d'extension ou d'homologation d'un accord interprofessionnel mentionné au *a*.

L'accord interprofessionnel mentionné au *a* ou le décret en Conseil d'État mentionné au *b* fixe, par produit ou catégorie de produits et par catégorie d'acheteurs, a durée minimale du contrat qui est de un à cinq ans, ainsi que les modes de commercialisation pour lesquels une durée inférieure est admise.

(L. n° 2012-387 du 22 mars 2012, art. 84) « Les dispositions relatives à la durée minimale du contrat prévues à l'avant-dernier alinéa ne sont applicables ni aux produits soumis à accises, ni aux raisins, moûts et vins dont ils résultent. Pour l'ensemble de ces produits, tant des contrats pluriannuels que des contrats ponctuels peuvent être conclus. »

II. — La conclusion de contrats soumis aux dispositions du I doit être précédée d'une proposition écrite de l'acheteur conforme aux stipulations de l'accord interprofessionnel mentionné au *a* du I ou aux dispositions du décret en Conseil d'État mentionné au *b* du I. — *La liste des produits pour lesquels la proposition écrite de contrat est obligatoire est arrêtée avant le 1er janv. 2013 (L. n° 2010-874 du 27 juill. 2010, art. 12-II).*

Si le contrat prévoit la fourniture à l'acheteur des avantages mentionnés au premier alinéa de l'article L. 441-2-1 du code de commerce, il comporte pour les produits mentionnés au même article des clauses relatives aux modalités de détermination du prix en fonction des volumes et des qualités des produits et des services concernés et à la fixation d'un prix. Il indique les avantages tarifaires consentis par le fournisseur au distributeur ou au prestataire de services au regard des engagements de ce dernier.

Les sociétés mentionnées à l'article L. 521-1 sont réputées avoir satisfait à l'obligation mentionnée au premier alinéa du présent II dès lors qu'elles ont remis à leurs associés coopérateurs un exemplaire des statuts ou du règlement intérieur intégrant les clauses contractuelles mentionnées au deuxième alinéa du I.

En cas de litige relatif à la conclusion ou à l'exécution d'un contrat de vente soumis aux dispositions du même I, le producteur, l'opérateur économique ou l'acheteur mentionnés au premier alinéa du même I peut saisir un médiateur dont les compétences sont fixées par décret. — *V. C. rur., art. D. 631-1 à D. 631-4.* — ***C. rur.***

III. — Le présent article est applicable aux ventes de produits agricoles livrés sur le territoire français, quelle que soit la loi applicable au contrat.

Il n'est pas applicable aux ventes directes au consommateur ni aux cessions réalisées au bénéfice des organisations caritatives pour la préparation de repas destinés aux personnes défavorisées.

Le présent article est d'ordre public.

Art. L. 631-25 *(L. n° 2010-874 du 27 juill. 2010, art. 12-I)* Lorsque la conclusion de contrats de vente écrits a été rendue obligatoire dans les conditions prévues au I de l'article L. 631-24, est sanctionné par une amende administrative, dont le montant ne peut être supérieur à 75 000 € par producteur ou par opérateur économique mentionné au premier alinéa de l'article L. 551-1 et par an, le fait pour un acheteur :

— de ne pas remettre au vendeur une proposition de contrat écrit ;

— ou de ne pas inclure dans la proposition de contrat écrit une ou plusieurs clauses obligatoires ;

— ou de rédiger ces clauses en méconnaissance du I de l'article L. 631-24 ;

(L. n° 2011-525 du 17 mai 2011, art. 32) « — ou, pour les produits soumis à accises, de ne pas exécuter le contrat conformément à ces clauses obligatoires, incluant celles relatives aux délais de paiement tels que définis au *(L. n° 2012-387 du 22 mars 2012, art. 85)* « 4° » de l'article L. 443-1 du code de commerce. »

Est sanctionné de la même manière le fait pour une société mentionnée à l'article L. 521-1 de ne pas remettre à un associé coopérateur un exemplaire des statuts ou du règlement intérieur dans les conditions prévues au II de l'article L. 631-24.

Le montant de l'amende peut être porté au double en cas de réitération du manquement dans un délai de deux ans à compter de la première commission des faits. Il est proportionné à la gravité des faits constatés, notamment au nombre et au volume des ventes réalisées en infraction. L'autorité administrative compétente peut, en outre, ordonner la publication de la décision ou d'un extrait de celle-ci.

L'amende mentionnée au premier alinéa du présent article est versée au Trésor public et est recouvrée comme les créances de l'État étrangères à l'impôt et au domaine.

Art. L. 631-26 *(L. n° 2010-874 du 27 juill. 2010, art. 12-I)* Les manquements mentionnés à l'article L. 631-25 sont constatés par les agents de la concurrence, de la consommation et de la répression des fraudes et par les agents des services de l'État chargés de l'agriculture *(L. n° 2011-525 du 17 mai 2011, art. 30)* « et de la pêche et par les agents visés aux *(L. n° 2013-431 du 28 mai 2013, art. 31-VI)* « 1°, 3° et 5° » du I de l'article L. 942-1 ». Ces manquements sont constatés par procès-verbal dans les conditions fixées par les articles L. 450-2 et L. 450-3 du code de commerce et les dispositions prises pour leur application. Le double du procès-verbal, accompagné de toutes les pièces utiles et mentionnant le montant de l'amende administrative encourue, est notifié à la personne physique ou morale concernée.

Le procès-verbal indique la possibilité pour l'intéressé de présenter, dans un délai d'un mois, ses observations écrites ou orales. A l'issue de ce délai, le procès-verbal, accompagné le cas échéant des observations de l'intéressé, est transmis à l'autorité administrative compétente qui peut, par décision motivée et après une procédure contradictoire, prononcer la sanction prévue à l'article L. 631-25 du présent code.

L'intéressé est informé de la possibilité de former un recours gracieux, hiérarchique ou contentieux contre cette décision, dans un délai de deux mois à compter de la notification de la sanction.

Contrats de vente de lait de vache

Art. R. 631-7 *(Décr. n° 2010-1753 du 30 déc. 2010, art. 1er)* Au sens de la présente sous-section, on entend par :

a) Lait de vache : le produit provenant d'une ou plusieurs traites d'une ou plusieurs vaches, refroidi, auquel rien n'a été ajouté ni soustrait et qui n'a subi aucun traitement ;

b) Producteur : l'agriculteur qui produit et vend du lait de vache ;

c) Acheteur : l'acheteur de lait de vache au sens du *e* de l'article 65 du règlement (CE) n° 1234/2007 du Conseil du 22 octobre 2007 portant organisation commune des marchés dans le secteur agricole et dispositions spécifiques en ce qui concerne certains produits de ce secteur (règlement "OCM unique") ;

d) Prix de base : prix pour un lait de qualité et de composition standards avant les réfactions et les majorations calculées, en application des articles L. 654-30 et L. 654-31, en fonction de la qualité et de la composition réelle du lait acheté.

Art. R. 631-8 *(Décr. n° 2010-1753 du 30 déc. 2010, art. 1er)* En application de l'article L. 631-24, l'achat de lait de vache livré sur le territoire français, quelle que soit son origine, fait l'objet de contrats écrits entre producteurs et acheteurs. Ces contrats sont soumis aux dispositions de la présente sous-section.

Les dispositions du Décr. n° 2010-1753 du 30 déc. 2010 entrent en vigueur le 1er avr. 2011. Pour les contrats conclus antérieurement à cette date et se poursuivant au-delà du 1er juill. 2011, les acheteurs doivent proposer aux vendeurs un avenant permettant leur mise en conformité aux dispositions des art. L. 631-24 et R. 631-10 C. rur. au plus tard à compter du 1er juill. 2011. Toutefois, l'acheteur peut ne pas proposer de modification de la durée de l'engagement en cours jusqu'au renouvellement du contrat (Décr. préc., art. 3).

Art. R. 631-9 *(Décr. nº 2010-1753 du 30 déc. 2010, art. 1er)* La conclusion des contrats mentionnés à l'article R. 631-8 doit être précédée d'une proposition écrite de l'acheteur conforme aux dispositions de l'article R. 631-10.

Art. R. 631-10 *(Décr. nº 2010-1753 du 30 déc. 2010, art. 1er)* Les contrats mentionnés à l'article R. 631-8 comportent au minimum :

1° La mention de la durée du contrat, qui ne peut être inférieure à cinq ans, et, le cas échéant, les conditions de son renouvellement ;

2° Les volumes et les caractéristiques du lait à livrer.

Le contrat précise à cette fin :

a) — le volume de lait à livrer par le producteur pour chacune des périodes de douze mois du contrat ainsi que, le cas échéant, les volumes par sous-périodes d'une durée minimale d'un mois, et les marges à l'intérieur desquelles le volume livré peut varier ;

— les conditions dans lesquelles le volume prévu par période de douze mois peut être ajusté à la hausse ou à la baisse et, le cas échéant, les conditions dans lesquelles le volume prévu par sous-périodes est, en conséquence, ajusté.

Jusqu'à la fin du régime de quotas laitiers prévu par le règlement (CE) nº 1234/2007 du Conseil mentionné à l'article R. 631-7, le volume prévu par période de douze mois est établi par référence au quota individuel du producteur ;

b) Les caractéristiques du lait à livrer ;

c) Les règles applicables lorsque le producteur dépasse ou n'atteint pas, en tenant compte des marges prévues au *a*, le volume défini ou lorsque le lait livré ne répond pas aux caractéristiques définies en application du *b* ;

d) Les règles applicables lorsque l'acheteur ne respecte pas, en tenant compte des marges prévues au *a*, ses engagements d'achat ;

3° Les modalités de collecte.

Le lait, objet du contrat, est mis à disposition de l'acheteur selon des conditions fixées par ce contrat. Le contrat précise, à cette fin, les obligations qui incombent, sauf circonstances exceptionnelles prévues dans le contrat, au vendeur et à l'acheteur, notamment les conditions d'accès à la marchandise, la fréquence et les plages horaires de collecte, les conditions d'enlèvement de la marchandise et la procédure mise en place pour l'échantillonnage et la mesure de la qualité et de la composition du lait.

A chaque enlèvement de marchandise, la quantité collectée est notifiée par l'acheteur au producteur sous la forme d'un bon de livraison ;

4° Les modalités de détermination du prix du lait, conformes aux dispositions des articles L. 654-30 et D. 654-29 à D. 654-31 ainsi que, le cas échéant, aux dispositions de l'article L. 441-6 du code de commerce.

Le contrat fixe les critères et les références pris en compte pour la détermination du prix de base du lait. Il peut faire référence aux dispositions de l'article L. 632-14 du présent code, ou à tout autre indicateur ou référence pertinent, sous réserve que les modalités de détermination du prix fassent l'objet d'une description détaillée.

Le contrat précise également les modalités selon lesquelles ce prix prend en compte les caractéristiques particulières du lait ou de l'exploitation.

Il prévoit les modalités selon lesquelles le producteur est informé, avant le début de chaque mois, du prix de base qui sera appliqué pour les livraisons du mois considéré ;

5° Les modalités de facturation et de paiement du lait.

Le contrat prévoit à cette fin :

— les modalités de facturation par le producteur et de paiement par l'acheteur du lait collecté, conformes aux dispositions législatives et réglementaires, le cas échéant, l'existence d'un mandat de facturation et les délais de paiement ;

— les informations figurant sur la facture que les parties ne peuvent transmettre à des tiers ;

— si des acomptes sont prévus, les conditions dans lesquelles ceux-ci sont déterminés et les conditions dans lesquelles le solde est versé ;

6° Les modalités de révision du contrat.

Toute modification du contrat est faite par avenant écrit et signé des deux parties en respectant les préavis définis dans le contrat ;

7° Les modalités de résiliation du contrat par l'une ou l'autre des parties, et notamment la durée du préavis de rupture qui ne peut être inférieure à douze mois, sans préjudice, le cas échéant, des dispositions de l'article R. 522-8.

Contrats de vente de fruits et légumes frais

Art. R. 631-11 *(Décr. n° 2010-1754 du 30 déc. 2010, art. 1er)* On entend par fruits et légumes, au sens de la présente sous-section, les produits mentionnés à la partie IX de l'annexe I au règlement (CE) n° 1234/2007 du Conseil du 22 octobre 2007 portant organisation commune des marchés dans le secteur agricole et dispositions spécifiques en ce qui concerne certains produits de ce secteur (règlement "OCM unique").

(Décr. n° 2011-1108 du 15 sept. 2011, art. 1er) « On entend par producteur toute personne qui exerce une activité agricole au sens de l'article L. 311-1 *[V. ce texte ss. art. L. 110-1]* et qui vend les fruits ou les légumes qu'elle a produits dans le cadre de cette activité. »

Art. R. 631-12 *(Décr. n° 2010-1754 du 30 déc. 2010, art. 1er)* En application de l'article L. 631-24, l'achat de fruits et légumes destinés à la revente à l'état frais, lorsque ces fruits et légumes, quelle que soit leur origine, sont livrés sur le territoire français, fait l'objet de contrats écrits entre producteurs et acheteurs. Ces contrats sont soumis aux dispositions de la présente sous-section.

Les dispositions du Décr. n° 2010-1754 du 30 déc. 2010 entrent en vigueur le 1er mars 2011. Pour les contrats conclus antérieurement à cette date et se poursuivant au-delà du 1er juin 2011, les acheteurs doivent proposer aux vendeurs un avenant permettant leur mise en conformité aux dispositions des art. L. 631-24 et R. 631-14 C. rur. à compter du 1er juin 2011. Toutefois, l'acheteur peut ne pas proposer de modification de la durée de l'engagement en cours jusqu'au renouvellement du contrat (Décr. préc., art. 2).

Art. R. 631-13 *(Décr. n° 2010-1754 du 30 déc. 2010, art. 1er)* La conclusion des contrats mentionnés à l'article R. 631-12 doit être précédée d'une proposition écrite de l'acheteur conforme aux dispositions de l'article R. 631-14.

Art. R. 631-14 *(Décr. n° 2010-1754 du 30 déc. 2010, art. 1er)* Les contrats mentionnés à l'article *(Décr. n° 2011-1108 du 15 sept. 2011, art. 1er)* « R. 631-12 » doivent comporter :

1° La mention de la durée du contrat, qui ne peut être inférieure à trois ans, et, le cas échéant, les conditions de son renouvellement ;

2° Les volumes et caractéristiques des produits à livrer.

Le contrat précise à cette fin :

a) Le volume de fruits et légumes qui engage les parties, le cas échéant décliné par sous-périodes ;

b) Les conditions dans lesquelles ce volume peut être ajusté, le cas échéant par sous-périodes, à la hausse ou à la baisse en précisant les marges d'évolution tolérées ou prévues ;

c) Les caractéristiques des produits faisant l'objet du contrat de vente ;

d) Le cas échéant, les modes de valorisation mentionnés aux articles L. 640-1 et suivants applicables aux produits fournis ;

e) Les règles applicables lorsque le producteur dépasse ou n'atteint pas le volume défini ou lorsque les produits livrés ne répondent pas aux caractéristiques définies et lorsque l'acheteur ne respecte pas ses engagements. Ces règles peuvent prévoir les cas de force majeure, notamment les situations d'aléa climatique ;

3° Les modalités de collecte ou de livraison des produits.

Le contrat précise à cette fin les obligations du vendeur et de l'acheteur, notamment les conditions d'accès à la marchandise, les conditions d'expédition et d'enlèvement ou de livraison de la marchandise ;

4° Les modalités et critères de détermination du prix par produit, compte tenu, le cas échéant, des dispositions de l'article L. 441-6 du code de commerce ;

5° Les modalités de facturation par le producteur et de paiement par l'acheteur des produits vendus, conformes aux dispositions législatives et réglementaires en vigueur, ainsi que les informations figurant sur la facture que les parties ne peuvent transmettre à des tiers et, le cas échéant, les conditions dans lesquelles le versement d'acomptes est prévu, leur montant déterminé et les conditions dans lesquelles le solde est versé ;

6° Les modalités de leur révision, y compris la fixation d'un délai de préavis ; cette révision fait l'objet d'un avenant écrit signé des deux parties ;

7° Les modalités de résiliation du contrat et le préavis de rupture, dont la durée ne peut être inférieure à quatre mois.

(Décr. n° 2011-1108 du 15 sept. 2011, art. 1er) « Par dérogation au 1° du présent article, les contrats fermes d'achat de produits sur un marché d'intérêt national défini à l'article L. 761-1 du code de commerce ou sur un autre marché physique de gros de produits agricoles peuvent comporter une durée inférieure à un an. Dans ce cas, les modalités de révision et de résiliation mentionnées aux 6° et 7°, notamment la durée du préavis de rupture, sont adaptées à la durée du contrat. »

Art. L. 441-2-2 *(L. n° 2010-874 du 27 juill. 2010, art. 14-I, en vigueur le 28 janv. 2011)* **Par dérogation aux dispositions de l'article L. 441-2-1, un acheteur, un distributeur ou un prestataire de services ne peut bénéficier de remises, rabais et ristournes pour l'achat de fruits et légumes frais.**

Art. L. 441-3 Tout achat de produits ou toute prestation de service pour une activité professionnelle doivent faire l'objet d'une facturation.

Le vendeur est tenu de délivrer la facture dès la réalisation de la vente ou la prestation du service. L'acheteur doit la réclamer. La facture doit être rédigée en double exemplaire. Le vendeur et l'acheteur doivent en conserver chacun un exemplaire. – *V. art. R. 441-3.*

La facture doit mentionner le nom des parties ainsi que leur adresse, la date de la vente ou de la prestation de service, la quantité, la dénomination précise, et le prix unitaire hors TVA des produits vendus et des services rendus ainsi que toute réduction de prix acquise à la date de la vente ou de la prestation de services et directement liée à cette opération de vente ou de prestation de services, à l'exclusion des escomptes non prévus sur la facture. – *Sur les autres mentions, et notamment le numéro d'identification de l'entreprise, V. art. R. 123-237.*

(L. n° 2001-420 du 15 mai 2001) **« La facture mentionne également la date à laquelle le règlement doit intervenir. Elle précise les conditions d'escompte applicables en cas de paiement à une date antérieure à celle résultant de l'application des conditions générales de vente** *(L. n° 2012-387 du 22 mars 2012, art. 121-II, en vigueur le 1er janv. 2013)* **« , le taux des pénalités exigibles le jour suivant la date de règlement inscrite sur la facture ainsi que le montant de l'indemnité forfaitaire pour frais de recouvrement due au créancier en cas de retard de paiement** *[ancienne rédaction : ainsi que le taux des pénalités exigibles le jour suivant la date de règlement inscrite sur la facture]*. **» Le règlement est réputé réalisé à la date à laquelle les fonds sont mis, par le client, à la disposition du bénéficiaire ou de son subrogé. »** – *[Ord. n° 86-1243 du 1er déc. 1986, art. 31, al. 1er à 4.] – V. CGI, art. 237 sexies, App., v° Factures.*

Les dispositions issues de la L. n° 2012-387 du 22 mars 2012 entrent en vigueur le 1er janv. 2013. Elles s'appliquent aux contrats en cours pour les créances dont le délai de paiement commence à courir après cette date (L. préc., art. 121-V).

V. aussi Dir. n° 2000/35/CE du 29 juin 2000 concernant la lutte contre les retards de paiement dans les transactions commerciales (JOCE L. 200 du 8 août 2000), abrogée et remplacée à compter du 16 mars 2013 par Dir. n° 2011/7/UE du 16 févr. 2011 (JOUE L 48 du 23 févr. 2011). – V. ce texte ss. art. L. 441-6.

Les factures et autres documents échangés entre professionnels, personnes de droit privé françaises et étrangères, qui ne sont pas consommateurs ou utilisateurs finals des biens, produits ou services, ne sont pas visés par les dispositions de la L. n° 94-665 du 4 août 1994 relative à l'emploi de la langue française (Circ. 19 mars 1996, JO 20 mars ; D. Affaires 1996. 467).

Pour une remise en cause du mode de calcul du seuil de revente à perte), V. Avis n° 04-A-18 du Conseil de la concurrence et le Rapport Canivet, 18 oct. 2004 (D. 2004. 2772 ; RLC 2005, n° 1, p. 23, obs. Sélinsky, p. 45, obs. Béhar-Touchais, et p. 174, obs. Montet et Venayre).

Circulaire du 8 décembre 2005,

Relative aux relations commerciales (JO 30 déc.)

BIBL. ▶ Circulaire du 8 déc. 2005 : Fabre, *Lettre distrib. déc. 2005, p. 1.* – Note de la rédaction, *BRDA 2005, n° 23, p. 17.* – Arhel, *JCP E 2005, n° 50, p. 2135.* – Grall, *RLDA janv. 2006. 37* (conséquences et implications pratiques). – Béhar-Touchais, *RLC 2006, n° 6, p. 37.* – Mainguy, *JCP E 2006, n° 8, p. 349.* – Ferrier et Ferré, *CCC 2006. Chron. 2.* – Malaurie-Vignal, *ibid., n° 29.* – Gérard, Ferré, Jamnet et Delannoy, *RDLC 2006, n° 1, p. 11* (des nouvelles relations producteurs-distributeurs ?). – Aronica et Chevallier, *LPA 9 mars 2006* (relations commerciales dans l'industrie automobile). – Lebreton-Derrien, *RJ com. 2006. 127.* ▶ Fabre, Dany et Sersiron, *Guides Dalloz 2009* (guide des négociations commerciales).

▶ Circulaire du 16 mai 2003 : Grall, *Dr. et patr. juin 2003. 81* (même thème) ; *ibid. juill.-août 2003. 28.* – Mainguy, *Lettre distrib. juin 2003, p. 1.* – Arhel, *JCP E 2003, n° 24, p. 969.* – Ferrier et Ferré, *D. 2003. 1751.* – Sélinsky, *Bull. act. Lamy droit économique juill. 2003, p. 1.* – Zoughi, *LPA 2 juill. 2003.* – Pecnard et Voisset, *ibid. 24 sept. 2003.* – Malaurie-Vignal, *CCC 2003, n° 113.* – Mainguy et Vertut, *JCP E 2003, n° 40, p. 1562.* – Delbarre et Glais, *BRDA 2003, n° 22, p. 14 ; ibid. n° 23, p. 12* (coopération commerciale). – Dany et Fabre, *Cah. dr. entr. 2003, n° 5, p. 26* (avertissement sans frais ?). – Table ronde, *ibid., p. 33* (relations industrie-commerce). – L. et V. Vogel, *JCP E 2003, n° 50, p. 1996.* – Claudel, *RTD com. 2003. 707.* – Pouille, *CCC 2004. Chron. 11* (plaidoyer pour un changement dans les rapports entre fournisseurs et distributeurs).

RÉP. COM. v° *Transparence tarifaire et pratiques restrictives*, par Arhel.

GUIDES DALLOZ *Le guide des négociations commerciales*, par Fabre, Dany et Sersiron, *2009, 2e édition.*

BIBL. ▶ André et J.-M. Mousseron, *Cah. dr. entr. 1993, n° 1.* – Malaurie-Vignal, *LPA 3 oct. 1994* (transparence tarifaire). – L. et J. Vogel, *JCP E 1995. I. 436* (même thème). – Gaffuri, *Cah. dr. entr. 1996, n° 5, p. 24* (contexte international). – Lebouché, *JCP E 1999, n° 12, p. 513* (euro, politique tarifaire et concurrence). – Piette-Coudol, *CCE 2003. Chron. 12* (facture électronique). – Narayan-Fourment, *D. 2004. 2023* (maîtrise des prix : hors du droit de la concurrence, point de salut). – L. et J. Vogel, *JCP E 2004, n° 28-29, p. 1136* (marges arrière et remises de gamme). – Ferrier, *D. 2004. 3054 ; JCP E 2005, n° 3, p. 72* (rapport Canivet). – Colloque, *LPA 1er juill. 2005, n° spécial* (pratiques dans la distribution : la réforme impossible ?).

▶ Loi n° 96-588 du 1er juill. 1996 (mentions des réductions de prix acquises et directement liées à l'opération – réalisation du règlement) : Vogel, *CCC 1996, n° 143.* – Delbarre, Cah. dr. *entr. 1996, n° 5, p. 2.* – Malaurie-Vignal, *D. 1996. Chron. 361.* – Tran Thiet, Rakotovao, Fréget et Vital-Durand, *CCC 1996. Chron. 11.* – Pigassou, *D. 1997. Chron. 157.* – Donsimoni, *LPA 9 févr. 1998* (contradiction entre l'art. 31 et l'art. 289 CGI). – Retterer, *D. 2003. 1210* (restauration de l'équilibre des relations commerciales dans la grande distribution). ▶ Loi n° 2001-420 du 15 mai 2001 : Giulj, *LPA 1er nov. 2002* (rédaction des conditions de vente et des factures depuis la loi NRE : mentions obligatoires relatives aux conditions de règlement).

I. DOMAINE D'APPLICATION

BIBL. Arhel, *D. Affaires 1998. 1348.*

A. PERSONNES VISÉES

1. Particuliers. Jugeant que l'obligation de réclamer une facture s'impose quand bien même les achats sont effectués auprès de particuliers, en l'occurrence des ramasseurs de champignons qui ne souhaitaient pas apparaître dans les transactions, V. • TGI Bergerac, 9 mai 2000 : *BID 2002, n° 12, p. 24.*

2. Application aux importateurs. Les obligations de l'art. 31 [C. com., art. L. 441-3] qui s'imposent tant au vendeur qu'à l'acheteur ne constituent pas une entrave à la libre circulation des marchandises, au sens de l'art. 30 du traité de Rome (actuel art. 34 TFUE, depuis l'entrée en vigueur du traité de Lisbonne ; V. Décr. n° 2009-1466 du 1er déc. 2009, *JO 2 déc.*), dès lors qu'elles portent sur les modalités de la vente et s'appliquent de la même manière aux produits nationaux et à ceux en provenance des autres États membres. • Crim. 18 juin 1998 : *Bull. crim. n° 199 ; D. 1998. IR 218 ; D. Affaires 1998. 1434, obs. E. P. ; CCC 1998, n° 148, obs. Malaurie-Vignal ; LPA 28 juin 1999, obs. Reboul.* ♦ Se rend coupable du délit prévu à l'art. 31 [C. com., art. L. 441-3] le dirigeant d'une société importatrice qui, pour des transactions réalisées sur le territoire national, produit des factures dont l'irrégularité a été établie, faute d'indication de la quantité des produits vendus, de leur dénomination précise et de leur prix unitaire. • Même arrêt.

3. Application aux exportateurs. Les règles de facturation de l'Ord. du 1er déc. 1986 [C. com., art. L. 410-1 s.] s'appliquent aux produits achetés en France même si ces produits doivent être distribués ou revendus à l'étranger. • Com. 16 juin 1998 : *Bull. civ. IV, n° 192 ; D.1998. IR 179 ; JCP E 1998, n° 37, p. 1379 ; RJDA 1998, n° 1300 ; CCC 1998, n° 146, obs. Malaurie-Vignal ; LPA 23 juin 1999, obs. Reboul.*

B. TRANSACTIONS VISÉES

4. Prestations de services. Si les droits de place et de stationnement dans les marchés communaux présentent le caractère de contribution indirecte et échappent à ce titre aux dispositions de l'Ord. du 1er déc. 1986 [C. com., art. L. 410-1 s.], les recettes perçues par les concessionnaires en contrepartie de prestations complémentaires sont en revanche de nature contractuelle et entrent dans les prévisions de ce texte. • Crim. 10 oct. 1994 : *RJDA 1994, n° 1337.* ♦ Les dispositions de l'art. L. 441-3 s'appliquent à toute vente ou prestation de services à caractère professionnel, quelle que soit la nature contractuelle spécifique de la prestation (pour des prestations de transport et de commissionnaire en transport). • Crim. 19 févr. 2003 : *Bull. crim. n° 46 ; JCP 2004. II. 10019, note Delebecque ; JCP E 2004, n° 38, p. 1445, obs. Letacq ; CCC 2003, n° 128, obs. Malaurie-Vignal ; RTD com. 2003. 582, obs. Bouloc ; RJDA 2003, n° 1006.*

5. Factures de complaisance ou inexactes. Même en cas de factures de complaisance ou inexactes, les dispositions de l'art. 31 [C. com., art. L. 441-3] permettent à l'administration des impôts de bénéficier du mode d'investigation prévu par l'art. 48 de l Ord. du 1er déc. 1986 [C. com., art. L. 450-4]. • Com. 24 mai 1994 : *RJDA 1994, n° 1162.*

6. Prestation et vente fictives. Des factures constatant des prestations fictives et appuyant des paiements indus de rémunérations occultes obéissent aux conditions et qualification du délit de faux en écriture privés dès lors d'une part, qu'une facture, qui doit être conforme aux prescriptions de l'art. 31 [C. com., art. L. 441-3], ne doit être délivrée qu'à la réalisation effective d'une vente ou prestation de service et d'autre part, qu'elle sert de pièce comptable justifiant des passations d'écritures dans les livres et comptes dont la tenue est obligatoire et qui, selon l'art. 17 [C. com., art. L. 123-23] sont admis pour servir de preuve entre commerçants, V. • Paris, 21 sept. 1998 : *BICC 1999, n° 700.*

7. Coopération commerciale. Les mentions exigées par l'art. L. 441-3 doivent figurer sur les factures sans qu'il soit nécessaire de se référer aux documents qui les fondent. • Crim. 6 déc. 2006 : *cité note 3 ss. art. L. 441-7* • Paris, 30 nov. 2009 : *RLC avr.-juin 2010. 48, obs. Grall.* ♦ Les factures établies par un distributeur pour les prestations réalisées en exécution de contrats de coopération commerciale doivent permettre d'identifier avec précision la nature exacte des services rendus, les produits et quantités de produits concernés ainsi que la date de réalisation de ces services, et ce, même si ces services font par ailleurs l'objet d'un contrat écrit en double exemplaire détenu par chacune des parties. • Paris, 29 juin 1998 : *RJDA 1998, n° 1407* • 12 mars 2004 : *JCP E 2004, n° 48, p. 1878, obs. Decocq.*

Le fait que les mentions apposées sur une facture de coopération ou de participation publicitaire soient insuffisantes au regard de l'obligation de facturation détaillée édictée par l'art. L. 441-3 n'est pas à lui seul de nature à établir ou à faire présumer l'existence d'une pratique discriminatoire. • Com. 8 févr. 2005 : *RDLC 2005, n° 2, p. 65, obs. de La Laurencie ; Lettre distrib. mars 2005, p. 3.* ♦ Le juge doit rechercher si la mention dans les factures de postes tels que « dynamique commerciale-présence de produits du fournisseur sur des opérations magasin au cours de l'année, en animation rayon au sein du magasin » ou « promotion publicitaire-présence de produits du fournisseur sur des opérations publicitaires au cours de l'année, soit sur prospectus, soit en animation rayon au sein du magasin », sans autres précisions sur la date et la nature des services rendus permettait de vérifier la réalité et la valeur de ces services. • Crim. 23 sept. 2008 : *JCP E 2008, n° 45-46, p. 19 ; RJDA 2009, n° 134 ; RDLC 2009, n° 2, p. 130, obs. Dany ; Lettre distrib. déc. 2008, p. 4.* ♦ Pour des factures tardives et imprécises s'agissant de la date de réalisation des services rendus, de l'absence de quantité et de prix unitaire de ces services et de la désignation de ces services, V. • T. corr. Nantes, 29 sept. 2005 : *Lettre distrib. déc. 2005, p. 5.* ♦ Pour une approche moins contraignante, V. • Limoges, 21 févr. 2007 : *CCC 2008, n° 10, obs. M. M.-V. ; RJDA 2007, n° 653.*

Sur la coopération commerciale, V. art. L. 441-7.

II. REMISE DE LA FACTURE

8. *Obligations réciproques.* BIBL. Charbit, *Gaz. Pal. 1997. 1. Doctr. 201.* ♦ Les dispositions de l'art. 31 [C. com., art. L. 441-3], selon lesquelles tout achat de produits ou toute prestation de service pour une activité professionnelle doit faire l'objet d'une facture mentionnant, notamment, les rabais, remises ou ristournes dont le principe est acquis et le montant chiffrable au moment de la vente, s'imposent indistinctement au vendeur et à l'acheteur, tenus à des obligations complémentaires et réciproques. • Crim. 20 juin 1994 : *Bull. crim. n° 245 ; D. 1994. IR 201 ; CCC 1994, n° 161, note Vogel* • 15 mai 2008 : *Dr. pénal 2008, n° 130, obs. J.-H. Robert* • TGI Paris, 12 oct. 2000 : *BID 2002, n° 2, p. 6.* ♦ Sur la compatibilité de l'obligation faite à l'acquéreur de réclamer la facture avec l'art. 121-1 C. pén., V. • TGI Saint-Nazaire, 7 mai 1999 : *BID 2002, n° 2, p. 25.* ♦ L'acheteur qui n'exige pas du vendeur une facturation répondant aux exigences légales se rend coupable du délit même si le vendeur n'est pas poursuivi. • Dijon, 26 mai 1994 : *BID 1994, n° 10, p. 25.* ♦ Comp., lorsque l'acheteur ayant acquis la marchandise auprès, non du fournisseur, mais d'une centrale d'achat, n'avait pas la maîtrise de la facturation : • Crim. 3 avr. 1995 : *Bull. act. Lamy droit économique juin 1995, p. 4.*

9. *Moment de remise.* S'agissant des relations commerciales entre une centrale de référencement et ses adhérents fournisseurs, c'est à la fin de chaque année, au moment où l'ensemble de la prestation est réalisé et connu, que celle-ci est chiffrable et doit donner lieu à une facturation répondant aux exigences fixées par l'Ord. de 1986 [C. com., art. L. 441-3 s.]. En revanche, le versement d'« acomptes » à valoir sur la facture n'est soumis à aucun formalisme particulier. • T. corr. Nanterre, 14 mars 1995 : *RJDA 1995, n° 1016.* – V. aussi : Rép. min. n° 46291 : *JOAN Q, 21 oct. 1991, p. 4322.* ♦ Comp., jugeant que chaque facture – fût-elle d'acomptes – doit être analysée isolément et décrire avec une précision suffisante la nature de la prestation pour laquelle elle est émise et la date à laquelle cette prestation a été effectuée : • T. corr. Créteil, 16 déc. 2005 : *RDLC 2006, n° 3, p. 106, obs. Fasquelle et Roberval ; Lettre distrib. mai 2006, p. 4.*

9 bis. *Résolution du contrat.* La résolution ultérieure du contrat est sans incidence sur l'obligation de délivrance d'une facture, étant observé que la restitution du prix fera également l'objet d'une inscription dans la comptabilité du cocontractant. • Colmar, 21 janv. 2004 : *JCP E 2004, n° 48, p. 1878, obs. Decocq ; CCC 2004, n° 113, obs. Malaurie-Vignal.*

III. MENTIONS OBLIGATOIRES

BIBL. Bouloc, *D. 2003. 448* (la facture mensongère et le faux).

10. *Adresse des parties.* La notoriété des clients ne dispense pas le fournisseur d'indiquer son adresse. • Reims, 17 juin 1994 : *Cah. dr. entr. 1996, n° 5, p. 32, obs. Arhel.* ♦ Si l'adresse d'une entreprise doit s'entendre de son siège social, il paraît toutefois possible d'admettre, sous réserve de l'appréciation souveraine des tribunaux, que soit mentionnée sur la facture l'adresse de l'établissement qui en assure le règlement et avec lequel l'émetteur de la facture est en relation, sous réserve que le nom ou la raison sociale mentionnés sur la facture, également obligatoires, correspondent à ceux de l'entreprise cliente : Lettre DGCCRF du 1er mars 2005 : *BRDA 2005, n° 7, p. 12.* – V. aussi : Lettre DLF du 15 févr. 2005 : *BF 2005, n° 4, inf. 361 ; Lettre distrib. mai 2005, p. 4.*

11. *Dénomination précise des produits.* La dénomination précise, au sens de l'art. 31 [C. com., art. L. 441-3], s'entend non seulement de l'indication de la nature du produit, mais aussi de ses caractéristiques permettant d'assurer la transparence des prix pratiqués. • Crim. 10 mars 1999 : *Bull. crim. n° 36 ; D. Affaires 1999. 704,* *obs. E. P. ; CCC 1999, n° 95, obs. Malaurie-Vignal ; LPA 26 nov. 1999, obs. Pelletier.* ♦ V. aussi, considérant que la mention de la seule dénomination générique de fruits et légumes ne satisfait pas à l'obligation de mentionner la dénomination précise du produit et qu'une interprétation différente serait contraire à la lettre et à l'esprit de l'ordonnance [C. com., art. L. 441-3 s.] qui a pour objectif d'assurer le rôle d'instrument de preuve et de contrôle des factures : • Paris, 23 mars 1999 : *D. 1999. IR 140 ; D. Affaires 1999. 984 ; LPA 26 nov. 1999, obs. Reboul.* ♦ La dénomination précise suppose l'indication de la marque du produit, la simple mention de la nature de la marchandise n'étant pas suffisamment explicite car elle ne permet pas de savoir avec certitude quel est le produit facturé. • Crim. 12 févr. 1998 : *LPA 21 août 1998, obs. Reboul.* ♦ De même, les mentions « congelé » ou « surgelé » doivent être précisées puisqu'elles permettent l'application des délais de paiement réglementés résultant des dispositions de l'art. 35 [C. com., art. L. 443-1]. • TGI Lyon, 8 sept. 2000 : *BID 2001, n° 11, p. 7.* ♦ Jugeant qu'un code TIPS (tarif interministériel des prestations sanitaires), bien qu'imprécis et inexact, n'étant pas un élément de dénomination du produit vendu, n'a jamais induit les utilisateurs en erreur sur sa nature et sa qualité, de telle sorte que l'infraction de facturation non conforme n'est pas caractérisée : • Rennes, 22 janv. 2004 : *JCP E 2004, n° 48, p. 1878, obs. Decocq.* ♦ Pour une facture sur des prestations de services, V. • TGI Lille, 24 oct. 2003 : *cité note 13.*

12. Quantité. En matière de prestations de services, la « quantité » au sens de l'art. L. 441-3, al. 3 est pour l'essentiel le temps passé par les techniciens qui fournissent ces prestations, et le cas échéant, les produits fournis pour la réalisation de ces prestations, de telle sorte que la facture doit procéder à la ventilation de ces différents éléments et non se contenter du montant total des prestations sans aucune précision quant au temps passé, au taux horaire pratiqué, ni au prix unitaire des fournitures. • TGI Nanterre, 23 janv. 2001 : *BID 2002, n° 2, p. 6.*

13. Prix unitaire. La loi n'exige que la mention, sur les factures, du prix unitaire des produits vendus avant toute imputation de réductions de prix et non l'indication du prix effectivement payé. • Crim. 12 juin 1997 : *Bull. crim. n° 234 ; D. 1997. IR 187 ; D. Affaires 1997. 998.* – V. aussi rapp. Brieuc de Massiac, *RJDA 1997, p. 791.* ♦ Jugé qu'est irrégulière la facture établie par un commissionnaire de transport ne mentionnant qu'un prix forfaitaire sans distinguer entre la prestation de recherche et d'organisation des moyens de transport et le transport lui-même. • Crim. 19 févr. 2003 : *préc. note 4.* ♦ Pour une facture ne comportant qu'un montant global ne permettant pas de connaître le prix unitaire hors TVA de chacun des services rendus : • TGI Lille, 24 oct. 2003 : *Rev. Conc. consom. 2004, n° 138, p. 3.* ♦ La contribution Éco-Emballages, qui n'est pas une taxe, constitue un des éléments du prix de revient de celui qui en est redevable et doit être incorporée dans le prix unitaire hors TVA qui apparaît sur la facture (Avis CEPC n° 09-13 du 9 déc. 2009 : *BRDA 2010, n° 1, p. 10*). ♦ Sur la notion de prix unitaire s'agissant de solutions informatiques comprenant des logiciels, V. • Montpellier, 7 mai 2009 : *RLC avr.-juin 2010. 48 obs. Grall.*

14. Remises et ristournes (jurispr. antérieure à la loi du 1er juill. 1996). BIBL. Meffre, *Cah. dr. entr. 1993. n° 6.* – Frison-Roche et Meffre, *D. 1994. Chron. 311* . – Arhel, *LPA 3 oct. 1994.* ♦ La disposition de l'art. 31 [C. com., art. L. 441-3] selon laquelle les factures doivent comporter toutes les mentions, quelle que soit leur date de règlement, étant d'ordre public, enfreint ledit art. la clause des conditions générales de vente prévoyant que le droit aux remises quantitatives et ristournes de fin d'année est subordonné au règlement complet à leur échéance des factures sur la base desquelles la remise ou la ristourne a été calculée. • Paris, 15 nov. 1994 : *BID 1995, n° 12, p. 33.*

Une remise dont le taux est fonction du montant de la commande et effectivement maintenu, même en cas de non-réalisation du chiffre d'affaires initialement prévu, ne peut être conditionnelle. Certaine en son principe et chiffrable, puisque exprimée en valeur relative en fonction d'une base de calcul déterminée, une telle remise devait figurer sur la facture. • Paris, 19 déc. 1994 : *BID 1995, n° 6, p. 14.* – V. aussi • Paris, 13 déc. 1994 : *Gaz. Pal. 1996. 2. Doctr. 1196.*

En ce sens qu'une ristourne dépendant de la réalisation d'un chiffre d'affaires, n'étant pas acquise en son principe et chiffrable en son montant lors de la vente n'avait pas à être mentionnée, V. • Colmar, 2 mars 1995 : *Lettre distrib. 1995, n° 3, p. 3. – Contra* : • Douai, 12 sept. 1995 : *RJDA 1996, n° 246.*

En ce sens qu'un budget publicitaire spécialement affecté à un art. doit être assimilé à une remise spécialement accordée à cet art., V. • Toulouse, 24 oct. 1996 : *BID 1997, n° 9, p. 15.*

V. aussi note 10 ss. art. L 442-4.

15. Réduction de prix acquise au moment de la vente. L'art L. 441-3 dispose que la facture doit mentionner toute réduction de prix acquise à la date de la vente mais n'interdit pas d'y faire également figurer une remise conditionnelle. • Com. 6 sept. 2011 : *Bull. civ. IV, n° 125 ; D. 2011. Actu. 2197, obs. Chevrier* ;

JCP E 2011, n° 1672 ; RJDA 2012, n° 85 ; RLDA oct. 2011. 53, obs. Mathonnière ; RDLC 2011, n° 4, p. 124, obs. Dany. ♦ Comp., jugeant que seules les réductions de prix acquises à la date de la vente doivent être mentionnées sur la facture de vente. • Crim. 12 juin 1997 : *Bull. crim. n° 235 ; D. 1997. IR 187 ; D. Affaires 1997. 998 ; RTD com. 1998. 223, obs. Bouloc ; CCC 1997, n° 154, obs. Vogel.* – V. aussi rapp. Brieuc de Massiac, *RJDA 1997, p. 791.* ♦ Des ristournes de fin d'année, dont le bénéfice n'est acquis au distributeur des produits d'une marque qu'après réalisation de certains seuils de chiffre d'affaires ou d'opérations de promotion, ne sauraient être regardées, faute d'accomplissement des conditions auxquelles elles sont subordonnées, comme acquises au moment de la vente. • Même arrêt.

16. Réduction directement liée à l'opération de vente ou de prestations de services. Cette nouvelle condition, issue de la loi du 1er juill. 1996, vise les remises liées à la nature ou à la quantité des produits, ou bien encore à la périodicité ou au conditionnement des achats qui, si elles sont acquises et donc mentionnées sur facture, sont déductibles du prix d'achat. Il n'en est évidemment pas de même pour les prestations détachables du contrat de vente proprement dit, lesquelles font généralement l'objet d'accords de coopération commerciale. Les remises correspondantes devraient faire l'objet d'une facturation séparée, établie par le distributeur, grevée du taux de TVA frappant les services : Rép. min. n° 47190 : *JOAN Q, 17 mars 1997, p. 1409.* ♦ Pour des exemples de remise n'entrant pas dans le cadre d'une coopération commerciale, V. • Rennes, 9 oct. 1997 : *BID 1998, n° 6, p. 58* • Com. 3 mars 2004 : *Bull. civ. IV, n° 44 ; CCC 2004, n° 114, obs. Malaurie-Vignal ; RJDA 2004, n° 908* (et sur renvoi : • Paris, 5 oct. 2004 : *JCP E 2005, n° 31-34, p. 1332, obs. Mainguy ; CCC 2005, n° 30, obs. Malaurie-Vignal ; RJDA 2005, n° 198* : jugeant qu'un service ne cesse pas d'être spécifique au seul motif qu'il peut être rendu par différentes catégories de distributeurs ; conf. par • Com. 6 déc. 2005 : *Bull. civ. IV, n° 241 ; D. 2006. Pan. 512, obs. Ferrier ; ibid. AJ 140, obs. Chevrier ; JCP E 2006, n° 4, p. 202 ; CCC 2006, n° 32, obs. Malaurie-Vignal ; LPA 13 nov. 2006, obs. Bacchichetti ; RJDA 2006, n° 706 ; RDLC 2006, n° 1, p. 149, obs. Fasquelle et Robervall ; RLDA févr. 2006. 51, obs. Méar*).

17. Technique de la cagnotte. Les réductions de prix consenties, pendant la période de promotion, dans le cadre de pratiques relevant de la technique de la « cagnotte » doivent être mentionnées sur les factures, V. • Amiens, 25 mai 1999 : *LPA 9 févr. 2000, note Arhel.*

18. Conditions d'escompte. Un acheteur qui appliquerait l'escompte sans respecter le délai de paiement correspondant ne remplirait pas ses obligations et mettrait en jeu sa responsabilité contractuelle devant les tribunaux compétents : Rép. min. n° 3786 : *JOAN Q, 1er nov. 1993, p. 3822.*

Sont acquis à la date de la vente et constituent par conséquent des réductions de prix devant figurer sur les factures, les escomptes prévus préalablement par les parties en contrepartie du règlement anticipé de factures par rapport aux conditions générales de vente. • Crim. 21 juin 2000 : *BRDA 2000, n° 17 p. 10.*

19. Mode de règlement. L'entreprise qui vend ses produits au comptant doit indiquer ce mode de règlement sur ses factures, mention qui peut alors se substituer à l'indication de la date du règlement et des conditions d'escompte, ainsi que la dénomination précise des produits, l'indication de leur seul nom générique étant insuffisante. • Paris, 25 févr. 1998 : *D. Affaires 1998. 707, obs. E. P. ; LPA 21 août 1998, obs. Reboul.*

20. Pénalités pour paiement tardif. **BIBL.** M.-P. Wagner, *D. 2004. 2634* (pénalités de retard : encore des interrogations). ♦ En ce sens que la mention des pénalités pour paiement tardif n'est pas obligatoire sur les factures, V. : Rép. min. n° 5044 : *JO Sénat Q, 5 mai 1994, p. 1092 ; CCC 1994, n° 163.* ♦ L'art. 3, § 1er, sous c), ii), de la Dir. 2000/35/CE du Parlement européen et du Conseil, du 29 juin 2000, concernant la lutte contre le retard de paiement dans les transactions commerciales, doit être interprété en ce sens qu'il exige, afin qu'un paiement par virement bancaire écarte ou mette un terme à l'application d'intérêts de retard, que la somme due soit inscrite sur le compte du créancier à l'échéance. • CJCE 3 avr. 2008 : *RJDA 2008, n° 857.*

IV. OBLIGATION DE CONSERVATION

21. Délai de conservation. Sur l'articulation entre les art. L. 123-22, L. 441-3, al. 2, et R. 441-3 V. • Cons. conc. n° 05-D-32 du 22 juin 2005 : *cité note 3 ss. art. L. 123-22.*

Art. L. 441-3-1 *(L. n° 2010-874 du 27 juill. 2010, art. 13)* A l'exception des produits destinés à être vendus en ferme sur un marché physique de gros par le producteur ou l'organisation de producteurs, les fruits et légumes frais destinés à la vente ou à la revente à un professionnel établi en France doivent, lors de leur

transport sur le territoire national, y compris dans l'enceinte des marchés d'intérêt national, être accompagnés d'un bon de commande établi par l'acheteur ou d'un contrat passé avec le commissionnaire ou le mandataire. Le bon de commande doit mentionner le nom des parties, leur adresse, la date de la commande, la quantité, les modalités de détermination du prix et la dénomination précise des produits. Le contrat doit mentionner le nom des parties, leur adresse, sa date, son objet ainsi que les conditions de fixation du prix payé au fournisseur et de rémunération du commissionnaire ou du mandataire.

Art. L. 441-4 Toute infraction aux dispositions de l'article L. 441-3 est punie d'une amende de 75 000 €.

L'amende peut être portée à 50 % de la somme facturée ou de celle qui aurait dû être facturée. — *[Ord. n° 86-1243 du 1er déc. 1986, art. 31, al. 5 et 6.] — V. CGI, art. 1751, App., v° Factures.*

1. Rétroactivité in mitius de la loi du 1er juill. 1996. Depuis l'entrée en vigueur, le 1er janv. 1997, de la nouvelle rédaction de l'art. 31, issue de la loi du 1er juill. 1996 [C. com., art. L. 441-3 s.], qui a restreint le champ d'application des mentions obligatoires à porter dans les factures, la sanction prononcée à l'encontre des demandeurs pour infraction à l'art. 31 [C. com., art. L. 441-3 s.], dans sa rédaction antérieure, ne peut être maintenue à raison de l'existence de leur pourvoi en cassation (application de l'art. 112-1, al. 3, C. pén. : rétroactivité des lois pénales plus douces). • Crim. 23 janv. 1997 : *Bull. crim. n° 36 ; D. 1997. IR 92 ; D. Affaires 1997. 502* • 5 mai 1997 : *Bull. crim. n° 166 ; D. Affaires 1997. 1244* (V. l'arrêt de renvoi • Angers, 26 févr. 1998 : *BID 1999, n° 2, p. 20*).

2. Intention coupable. La seule constatation de la violation en connaissance de cause d'une prescription légale ou réglementaire implique, de la part de son auteur, l'intention coupable exigée par l'art. 121-3, al. 1er, C. pén. (à propos d'une vente sans facture). • Crim. 25 mai 1994 : *Bull. crim. n° 203 ; CCC 1994, n° 248, obs. Vogel.*

3. Délégation de pouvoirs. BIBL. Dreyer, *D. 2004. 937* (les pouvoirs délégués afin d'exonérer pénalement le chef d'entreprise). ♦ Aucune disposition légale n'interdisant au chef d'entreprise de déléguer ses pouvoirs en matière de fixation des prix, encourt la censure la cour d'appel qui, pour écarter la délégation invoquée par le directeur d'un supermarché poursuivi pour revente à perte, se borne à énoncer que ce dirigeant avait seul le pouvoir, en raison de sa qualité, de s'opposer à l'application d'une opération illégale dans l'établissement dont il était le premier responsable. • Crim. 6 mai 1996 : *RJDA 1996, n° 1335 (1re esp.).* ♦ En revanche, un chef d'entreprise ne saurait s'exonérer de sa responsabilité pénale en invoquant une délégation de pouvoirs, dès lors que, selon les constatations des juges, la comptabilisation de factures fictives incriminée relevait des fonctions de direction qu'il assumait personnellement. • Crim. 13 mars 1995 : *Bull. crim. n° 100.* ♦ Justifie souverainement sa décision la cour d'appel qui, pour condamner le directeur d'un supermarché pour infractions aux règles de la facturation, refuse de prendre en compte la délégation de pouvoirs que celui-ci avait donnée, en cette matière, au chef du secteur des produits frais, au motif que l'établissement des factures relevait, en l'espèce, du service comptable de l'entreprise et que le chef du secteur des produits frais ne pouvait donner des instructions à un service sur lequel il n'avait pas autorité. • Crim. 6 mai 1996 : *RJDA 1996, n° 1335 (2e esp.).* ♦ En revanche, les chefs de rayon ayant établi de leur propre main les factures insuffisamment renseignées, ils sont les auteurs des infractions. Elles ne doivent pas être mises à la charge du directeur du magasin, dès lors que ces contrats-factures prévoyaient une place pour toutes ces mentions et quand bien même il accepte d'endosser la responsabilité d'infractions dont il n'est pas l'auteur. • Chambéry, 22 janv. 1997 : *BID 1997, n° 10, p. 24.* ♦ Jugeant que le chef d'entreprise a la possibilité de se décharger de sa responsabilité pénale sauf dans les domaines relevant de sa responsabilité ultime, au rang de laquelle ne figure pas la coopération commerciale qui peut faire l'objet d'une délégation à un chef de rayon : • Rennes, 18 mars 2004 : *CCC 2006, n° 31, obs. Malaurie-Vignal ; Rev. Conc. consom. juill.-sept. 2004, p. 2.*

Il n'appartient pas aux enquêteurs d'apprécier la validité et l'étendue d'une délégation de pouvoirs dont l'existence est incertaine. • Crim. 7 mars 1996 : *Bull. crim. n° 109.*

L'étendue de la délégation de pouvoirs invoquée relève du pouvoir souverain d'appréciation des juges du fond. • Crim. 27 févr. 1995 : *RJDA 1995, n° 737.*

Sur les conditions d'efficacité de la délégation de pouvoirs, V. notes 22 s. ss. art. L. 442-4.

4. Preuve des infractions. Les dispositions de l'art. 31 [C. com., art. L. 441-3] permettent à l'administration des impôts de bénéficier du mode d'investigation prévu à l'art. 48 [C. com., art. L. 450-4] pouvant être autorisé au cours de l'enquête prévue à l'art. 47 [C. com., art. L. 450-3]. La possibilité de mise en œuvre du droit de communication par l'Administration fiscale n'interdit pas de recourir aux visites et saisies domiciliaires prévues à l'art. 31 [C. com., art. L. 441-3]. • Com. 12 déc. 1995 : *RJDA 1996, n° 365.* – V. art. L. 450-3 et L. 450-4.

5. Délit de faux. Pour une condamnation sur le fondement de l'art. 441-1 C. pén. en cas de factures majorées et de coopération commerciale fictive, V. • Crim. 20 juin 2007 : *D. 2008. Pan. 1576, obs. Mascala ; RSC 2008. 591, obs. Mascala ; Dr. pén. 2007, n° 142, obs. Véron* • 25 juin 2008 : *Bull. crim. n° 167 ; D. 2009. Pan. 1445, obs. Valette-Ercole ; RTD com. 2009. 218, obs. Bouloc ; Rev. sociétés 2008. 873, note Matsopoulou ; JCP E 2008, n° 45-46, p. 17, note Ducouloux-Favard ; JCP E 2009, n° 13, p. 14, note Sordino ; RJDA 2009, n° 135 ; Dr. pénal 2008, n° 140, obs. Véron (2e esp.) ; RLC janv.-mars 2009. 62, note Bouloc ; RDLC 2009, n° 1, p. 132, obs. Dany.*

Art. L. 441-5 *(L. n° 2008-3 du 3 janv. 2008, art. 9-I)* **Les personnes morales déclarées pénalement responsables de l'infraction prévue à l'article L. 441-4 encourent une peine d'exclusion des marchés publics pour une durée de cinq ans au plus, en application du 5° de l'article 131-39 du code pénal.**

Art. L. 441-6 *[I. –] (L. n° 2005-882 du 2 août 2005, art. 41-I)* **« Tout producteur, prestataire de services, grossiste ou importateur est tenu de communiquer** *(L. n° 2008-3 du 3 janv. 2008, art. 7)* **« ses conditions générales de vente à tout acheteur de produits ou tout demandeur de prestations de services qui en fait la demande pour une activité professionnelle. » Celles-ci constituent le socle de la négociation commerciale. Elles comprennent :**

« – les conditions de vente ;

« – le barème des prix unitaires ;

« – les réductions de prix ;

« – les conditions de règlement. »

(L. n° 2008-776 du 4 août 2008, art. 92-I) **« Les conditions générales de vente peuvent être différenciées selon les catégories d'acheteurs de produits ou de demandeurs de prestation de services. Dans ce cas, l'obligation de communication prescrite au premier alinéa porte sur les conditions générales de vente applicables aux acheteurs de produits ou aux demandeurs de prestation de services d'une même catégorie.**

« Tout producteur, prestataire de services, grossiste ou importateur peut convenir avec un acheteur de produits ou demandeur de prestation de services de conditions particulières de vente qui ne sont pas soumises à l'obligation de communication prescrite au premier alinéa. »

(L. n° 2001-420 du 15 mai 2001) **« Sauf dispositions contraires figurant aux conditions de vente ou convenues entre les parties, le délai de règlement des sommes dues est fixé au trentième jour suivant la date de réception des marchandises ou d'exécution de la prestation demandée. »**

(L. n° 2008-776 du 4 août 2008, art. 21-I) **« Le délai convenu entre les parties pour régler les sommes dues ne peut dépasser quarante-cinq jours fin de mois ou soixante jours à compter de la date d'émission de la facture.**

« Les professionnels d'un secteur, clients et fournisseurs, peuvent décider conjointement de réduire le délai maximum de paiement fixé à l'alinéa précédent. Ils peuvent également proposer de retenir la date de réception des marchandises ou d'exécution de la prestation de services demandée comme point de départ de ce délai. Des accords sont conclus à cet effet par leurs organisations professionnelles. Un décret peut étendre le nouveau délai maximum de paiement à tous les opérateurs du secteur ou, le cas échéant, valider le nouveau mode de computation et l'étendre à ces mêmes opérateurs. »

(L. n° 2008-776 du 4 août 2008, art. 21-I) « Nonobstant les dispositions précédentes » *(L. n° 2006-10 du 5 janv. 2006, art. 26)* « , pour le transport routier de marchandises, pour la location de véhicules avec ou sans conducteur, pour la commission de transport ainsi que pour les activités de transitaire, d'agent maritime et de fret aérien, de courtier de fret et de commissionnaire en douane, les délais de paiement convenus ne peuvent en aucun cas dépasser trente jours à compter de la date d'émission de la facture. »

(L. n° 2001-420 du 15 mai 2001) « Les conditions de règlement doivent obligatoirement préciser les conditions d'application et le taux d'intérêt des pénalités de retard exigibles le jour suivant la date de règlement figurant sur la facture *(L. n° 2012-387 du 22 mars 2012, art. 121-I, en vigueur le 1er janv. 2013)* « ainsi que le montant de l'indemnité forfaitaire pour frais de recouvrement due au créancier » dans le cas où les sommes dues sont réglées après cette date. Sauf disposition contraire qui ne peut toutefois fixer un taux inférieur à *(L. n° 2008-776 du 4 août 2008, art. 21-I)* « trois fois » le taux d'intérêt légal, ce taux est égal au taux d'intérêt appliqué par la Banque centrale européenne à son opération de refinancement la plus récente majoré de *(L. n° 2008-776 du 4 août 2008, art. 21-I, 3°)* « 10 » points de pourcentage. *(L. n° 2012-387 du 22 mars 2012, art. 121-I, en vigueur le 1er janv. 2013)* « Dans ce cas, le taux applicable pendant le premier semestre de l'année concernée est le taux en vigueur au 1er janvier de l'année en question. Pour le second semestre de l'année concernée, il est le taux en vigueur au 1er juillet de l'année en question. » Les pénalités de retard sont exigibles sans qu'un rappel soit nécessaire. » *(L. n° 2012-387 du 22 mars 2012, art. 121-I, en vigueur le 1er janv. 2013)* « Tout professionnel en situation de retard de paiement est de plein droit débiteur, à l'égard du créancier, d'une indemnité forfaitaire pour frais de recouvrement, dont le montant est fixé par décret. Lorsque les frais de recouvrement exposés sont supérieurs au montant de cette indemnité forfaitaire, le créancier peut demander une indemnisation complémentaire, sur justification. Toutefois, le créancier ne peut invoquer le bénéfice de ces indemnités lorsque l'ouverture d'une procédure de sauvegarde, de redressement ou de liquidation judiciaire interdit le paiement à son échéance de la créance qui lui est due. » — *V. art. D. 441-5.— V. aussi CGI, art. 237 sexies, App., v° Factures.*

La communication prévue au premier alinéa s'effectue par tout moyen conforme aux usages de la profession. — *Sur la responsabilité en cas de défaut de communication, V. 9° du I de l'art. L. 442-6.*

(Abrogé par L. n° 2005-882 du 2 août 2005, art. 41-II) ***« Les conditions dans lesquelles un distributeur ou un prestataire de services se fait rémunérer par ses fournisseurs, en contrepartie de services spécifiques, doivent faire l'objet d'un contrat écrit en double exemplaire détenu par chacune des deux parties. »*** — *V. désormais art. L. 441-7.*

(L. n° 2008-3 du 3 janv. 2008, art. 7) « Est puni d'une amende de 15 000 € le fait de ne pas respecter les délais de paiement mentionnés aux huitième et *(L. n° 2008-776 du 4 août 2008, art. 21-I)* « onzième » alinéas, le fait de ne pas indiquer dans les conditions de règlement les mentions figurant à la première phrase du *(L. n° 2008-776 du 4 août 2008, art. 21-I)* « douzième » alinéa ainsi que le fait de fixer un taux ou des conditions d'exigibilité *(L. n° 2012-387 du 22 mars 2012, art. 121-I, en vigueur le 1er janv. 2013)* « des pénalités de retard » selon des modalités non conformes aux dispositions du même alinéa. »

(Abrogé par L. n° 2008-3 du 3 janv. 2008, art. 7) ***« Les personnes morales peuvent être déclarées responsables pénalement, dans les conditions prévues par l'article 121-2 du code pénal.***

« La peine encourue par les personnes morales est l'amende, suivant les modalités prévues par l'article 131-38 dudit code. » — *[Ord. n° 86-1243 du 1er déc. 1986, art. 33.]*

(L. n° 2010-853 du 23 juill. 2010, art. 35-I) « II. — Lorsque le prix d'un service ou d'un type de service ne peut être déterminé *a priori* ou indiqué avec exactitude, le

prestataire de services est tenu de communiquer au destinataire qui en fait la demande la méthode de calcul du prix permettant de vérifier ce dernier, ou un devis suffisamment détaillé.

« III. – Tout prestataire de services est également tenu à l'égard de tout destinataire de prestations de services des obligations d'information définies à l'article L. 111-2 du code de la consommation. – *V. cet art., App., v° Ventes commerciales.*

« Cette obligation ne s'applique pas aux services mentionnés aux livres Ier à III et au titre V du livre V du code monétaire et financier ainsi qu'aux opérations pratiquées par les entreprises régies par le code des assurances, par les mutuelles et unions régies par le livre II du code de la mutualité et par les institutions de prévoyance et unions régies par le titre III du livre IX du code de la sécurité sociale. »

(L. n° 2012-387 du 22 mars 2012, art. 121-I, en vigueur le 1er janv. 2013) **« IV. – Sous réserve de dispositions spécifiques plus favorables au créancier, lorsqu'une procédure d'acceptation ou de vérification permettant de certifier la conformité des marchandises ou des services au contrat est prévue, la durée de cette procédure est fixée conformément aux bonnes pratiques et usages commerciaux et, en tout état de cause, n'excède pas trente jours à compter de la date de réception des marchandises ou de réalisation de la prestation des** *[de]* **services, à moins qu'il n'en soit expressément stipulé autrement par contrat et pourvu que cela ne constitue pas une clause ou pratique abusive au sens de l'article L. 442-6. »**

(L. n° 2012-1270 du 20 nov. 2012, art. 20-I) **« V. – Pour les livraisons de marchandises qui font l'objet d'une importation dans le territoire fiscal des départements de la Guadeloupe, de la Martinique, de la Guyane, de La Réunion et de Mayotte ainsi que des collectivités d'outre-mer de Saint-Barthélemy, de Saint-Martin et de Saint-Pierre-et-Miquelon, les délais de paiement prévus aux huitième et neuvième alinéas du I du présent article sont décomptés à partir de la date de dédouanement de la marchandise au port de destination finale. Lorsque la marchandise est mise à la disposition de l'acheteur, ou de son représentant, en métropole, le délai est décompté à partir du vingt et unième jour suivant la date de cette mise à disposition ou à partir de la date du dédouanement si celle-ci est antérieure. »**

Les dispositions issues de l'art. 22 de la L. n° 2008-776 du 4 août 2008 s'appliquent aux contrats conclus à compter du 1er janv. 2009 (L. n° 2008-776 du 4 août 2008). Toutefois, dans un secteur d'activité dans lequel un accord interprofessionnel n'a pu être signé, un décret peut, après avis de l'Autorité de la concurrence fondé sur une analyse des conditions spécifiques du secteur, prolonger cette échéance à une date ultérieure (L. n° 2009-879 du 21 juill. 2009, art. 30). Dans le cas des commandes dites « ouvertes » où le donneur d'ordre ne prend aucun engagement ferme sur la quantité des produits ou sur l'échéancier des prestations ou des livraisons, ces dispositions s'appliquent aux appels de commande postérieurs au 1er janv. 2009 (L. n° 2008-776 du 4 août 2008).

Les 9e et 10e alinéas, issus de la L. n° 2008-776 du 4 août 2008 ne font pas obstacle à ce que des accords interprofessionnels dans un secteur déterminé définissent un délai de paiement maximum supérieur à celui prévu au 9e alinéa, sous réserve que le dépassement du délai légal soit motivé par des raisons économiques objectives et spécifiques à ce secteur, notamment au regard des délais de paiement constatés dans le secteur en 2007 ou de la situation particulière de rotation des stocks, que l'accord prévoie la réduction progressive du délai dérogatoire vers le délai légal et l'application d'intérêts de retard en cas de non-respect du délai dérogatoire fixé dans l'accord, que l'accord soit limité dans sa durée et que celle-ci ne dépasse pas le 1er janv. 2012. Ces accords conclus avant le 1er mars 2009 sont reconnus comme satisfaisant à ces conditions par décret pris après avis de l'Autorité de la concurrence. Ce décret peut étendre le délai dérogatoire à tous les opérateurs dont l'activité relève des organisations professionnelles signataires de l'accord (L. n° 2008-776 du 4 août 2008, art. 21). – *V. ci-dessous. – Une entreprise ne peut se voir opposer un tel accord interprofessionnel si elle ne le souhaite pas : en effet, l'objet d'un accord dérogatoire est d'autoriser le créancier à accorder à ses débiteurs des délais plus longs que le plafond fixé par la LME ; en revanche, le débiteur ne peut pas se prévaloir de cet accord pour opposer le délai maximum à son créancier (Note d'information DGCCRF n° 2009-28 du 2 mars 2009 : BRDA 2009, n° 10, p. 9 ; Lettre distrib. juin 2009, p. 5).*

Les dispositions issues de la L. n° 2012-387 du 22 mars 2012 entrent en vigueur le 1er janv. 2013. Elles s'appliquent aux contrats en cours pour les créances dont le délai de paiement commence à courir après cette date (L. préc., art. 121-V).

Par dérogation au 9e al. du I de l'art. L. 441-6, des accords interprofessionnels peuvent définir des délais de paiement supérieurs à celui prévu au même 9e al., sous réserve 1° Qu'ils portent sur des ventes de produits ou des prestations de services relevant de secteurs ayant été couverts par un accord conclu conformément à l'art. 21 de la L. n° 2008-776 du 4 août 2008 et qui présentent un caractère saisonnier particulièrement marqué rendant difficile le respect du délai prévu au 9e al. du I de l'art. L. 441-6 ; 2° Qu'ils fixent des délais inférieurs aux délais de paiement applicables au 31 déc. 2011 en application de l'accord conclu conformément à l'art. 21 de la L. n° 2008-776 du 4 août 2008 précitée. Ces accords sont conclus avant le premier jour du septième mois suivant la publication de la L. n° 2012-387 du 22 mars 2012 (JO 23 mars). Ils fixent leur durée de validité, qui ne peut être supérieure à trois ans. Ils sont reconnus comme satisfaisant à ces conditions par décret pris après avis de l'Autorité de la concurrence. Ce décret peut étendre le bénéfice des délais de paiement dérogatoires à tous les opérateurs dont l'activité est couverte par l'accord (L. n° 2012-387 du 22 mars 2012, art. 121-III).

RÉP. COM. v° *Transparence tarifaire et pratiques restrictives*, par ARHEL.

GUIDES DALLOZ *Le guide des négociations commerciales*, par FABRE, DANY et SERSIRON, *2009, 2e éd.*

BIBL. ▶ ANDRÉ et J.-M. MOUSSERON, *Cah. dr. entr. 1993, n° 1.* – PIGASSOU, *JCP E 1990. II. 15720 ; RTD com. 1995. 693* (pénalisation de la transparence tarifaire et libre circulation des marchandises). – DELBARRE et LAVABRE, *RJDA 1994, p. 380* (confrontation des conditions générales de vente et conditions générales d'achat). – ACQUAVIVA et DE MONTBLANC, *Cah. dr. entr. 1993, n° 3* (nouveaux documents commerciaux). – ANSTETT-GARDEA, *ibid. 1995, n° 1.* – MALAURIE-VIGNAL, *LPA 3 oct. 1994 ; JCP E 1996. I. 537.* – M. MOUSSERON, *LPA 3 oct. 1994* (prestations de services). – CAPRIOLI et ROQUILLY, *Cah. dr. entr. 1994, n° 4* (dématérialisation des documents commerciaux). – L. et J. VOGEL, *JCP E 1995. I. 436.* – LUCAS DE LEYSSAC, *LPA 6 mars 1996.* – J.-M. MOUSSERON, *Cah. dr. entr. 1998, n° 2, p. 15* (des paiements entre fournisseurs et distributeurs). – LEBOUCHÉ, *JCP E 1999, n° 12, p. 513* (euro, politique tarifaire et concurrence). – LARDEUX, *JCP E 2000, n° 35, p. 1318* (lutte contre le retard de paiement dans les transactions commerciales). – FERRIER, *D. 2004. 3054* (rapport Canivet). – BOULOC, *RLC juill.-sept. 2006. 75* (communication à un tiers d'accords conclus par un groupement d'achats et abus de confiance). – BÉHAR-TOUCHAIS, *Mélanges le Tourneau, Dalloz, 2008, p. 53* (« le choc des Titans » : existe-t-il des fournisseurs assez puissants pour contrebalancer la puissance d'achat de la grande distribution ?). – Inforeg, *Cah. dr. entr. 2008, n° 5, p. 67* (conditions générales d'achat). – CHARLES, *RLDA mars 2013. 57* (délais de paiement : l'histoire sans fin !).

▶ Loi n° 2001-420 du 15 mai 2001 : GUÉVEL, *Gaz. Pal. 29-30 mai 2002, p. 36* (quelques aspects en matière de concurrence). – GOUYET, *CCC 2002. Chron. 11* (répression des retards de paiements dans les transactions commerciales à travers le prisme de la loi NRE). – RETTERER, *D. 2003. 1210* (restauration de l'équilibre des relations commerciales dans la grande distribution). – GIULJ, *LPA 1er nov. 2002* (rédaction des conditions de vente et des factures depuis la loi NRE : mentions obligatoires relatives aux conditions de règlement).

▶ Loi n° 2005-882 du 2 août 2005 : GRALL, MEFFRE et GUET, *D. 2005. 2149* (analyse critique). – GUNTHER et VIALA, *LPA 4 oct. 2005* (impact et conséquences). – CHAGNY, *JCP 2005. I. 173* (modernisation des relations commerciales). – FERRIER et FERRÉ, *JCP E 2005, n° 43, p. 1812 ; CCC 2005. Chron. 18* (réforme des pratiques commerciales). – Inforeg, *Cah. dr. entr. 2005, n° 5, p. 75* (cahier pratique). – FASQUELLE et ROBERVAL, *LPA 6 déc. 2005* (réforme du droit des pratiques commerciales). – BÉHAR-TOUCHAIS, *RLC 2005, n° 5, p. 39.* – FABRE, *Cah. dr. entr. 2005, n° 6, p. 40* (les nouvelles conditions générales de vente et d'achat). – VILMART, *Gaz. Pal. 2006. Doctr. 3813* (de la « facturologie » au « bidouillage »). – ARONICA et CHEVALLIER, *LPA 9 mars 2006* (relations commerciales dans l'industrie automobile). – NOURISSAT, *RLC oct.-déc. 2006. 36* (retour sur les CGV catégorielles et les CPV). – GRALL, *RLC janv.-mars 2007. 29* (un bilan jugé positif). – LESQUINS, *RLC avr.-juin 2007. 122* (délais de paiement : sortir de l'impasse).

▶ Loi n° 2008-3 du 3 janv. 2008 : VILMART, *JCP E 2008, n° 2, p. 24* (analyse des conséquences de la loi pour le développement de la concurrence au service des consommateurs dans les relations producteurs distributeurs). – TESTU et HERZELE, *ibid., n° 4, p. 27* (formalisation contractuelle du résultat des négociations commerciales entre fournisseurs et distributeurs). – VERTUT, *Lettre distrib. janv. 2008, p. 1* (convention écrite). – Ferrier, *D. 2008. 429* (la réforme des pratiques commerciales). – Ferré, Genty et Deberdt, *RLDA févr. 2008. 41* (loi du 3 janv. 2008 : quelles incidences dans les relations fournisseur-distributeur ?). – Amenc, *RSC 2008. 388* (dépénalisation du refus de communication des CGV).

► Rapport Hagelsteen du 12 févr. 2008 : Chevrier, *D. 2008. 464*. – Notté, *JCP E 2008, n° 12-13, p. 4*. – Malaurie-Vignal, *CCC 2008, n° 73*. – Béhar-Touchais, *RLC avr.-juin 2008. 30*.

► Loi n° 2008-776 du 4 août 2008 : Vilmart et Leguin, *JCP E 2008, n° 31-34, p. 17* (la LME : une tentative encore inachevée de modernisation du droit français de la concurrence). – Arhel, *LPA 7 août 2008* (LME : une nouvelle réforme du droit de la concurrence). – Ferrier et Ferré, *D. 2008. 2234* (la réforme des pratiques commerciales). – Note de la rédaction, *BRDA 2008, n° 17, p. 10* (LME : mesure en droit de la concurrence). – Cousin, *JCP E 2008, n° 43, p. 9* (négociabilité des tarifs et des CGV après la LME : quels garde-fous ?). – Genty, Delesalle et Deberdt, *RLDA oct. 2008. 56* (LME : l'ultime réforme des relations commerciales ?). – Augagneur, *JCP E 2008, n° 45-46* (application dans le temps et dans l'espace de la LME sur la réduction des délais de paiement impératifs). – Mathey, *CCC 2008. Dossier 3* (seconde étape de la réforme de la négociation commerciale) ; *ibid. 4* (nouvelle tentative de lutte contre les délais de paiement excessifs). – Grall, *RLC oct.-déc. 2008. 34* (dispositions relatives aux relations industrie/commerce). – DGCCRF, *JCP E 2008, n° 51-52, p. 28* (questions-réponses relatives à la relation entre fournisseur et distributeur et aux délais de paiement). – Grall, Kouchnir-Cargill et Camilleri, *RLDA janv. 2009. 37* (application aux contrats internationaux des dispositions relatives aux délais de paiement issues de la LME). – Inforeg, *Cah. dr. entr. 2009, n° 1, p. 59* (cahier pratique : délais de paiement entre entreprises). – Aronica, *LPA 17 févr. 2009* (délais et retards de paiement dans les relations commerciales après l'adoption de la LME). – Vilmart, *RLC avr.-juin 2009. 35* (la réduction des délais de paiement par la LME : mythe ou réalité ?). – Garnier et Baudoin, *JCP E 2009, n° 18, p. 29* (réforme des délais de paiement : mode d'emploi à l'usage des praticiens). – Grall, Lamy, Kouchnir-Cargill et Camilleri, *RLC juill.-sept. 2009. 117* (LME an I – dispositions relatives aux relations industrie/commerce). – Arroyo, *D. 2009. 2499* (dépassement des délais de paiement « plafonds » de la LME : une sanction automatique ?). – Ferré et Hotte, *RLC oct.-déc. 2009. 133* (délais de paiement : une délicate mise en œuvre). – Malan, *CCC 2010. Étude 4* (le champ d'application dans l'espace des dispositions de la LME en matière de pratiques restrictives de concurrence). – Augagneur, *JCP E 2010, n° 1654* (interdiction, droit et devoir de négocier : retour sur la confrontation entre CGV et CGA). – Béhar-Touchais, *RLC oct.-déc. 2011. 37* (délais de paiement : rapport Vautrin et Gaubert).

► L. n° 2010-853 du 23 juill. 2010 : Roberval, *RDLC 2010, n° 4, p. 144* (la transparence tarifaire s'adapte aux prestations de services). ► L. n° 2012-387 du 22 mars 2012 : Note de la rédaction, *BRDA 2012, n° 6, p. 23* (modification de la réglementation des délais de paiement). – Dantzikian Frachon, *LPA 25 avr. 2012* (délais de paiement : l'adoption laborieuse d'une nouvelle exception au délai légal). – Berg-Moussa, *CCC 2012. Alerte 29* (nouveautés en matière de délai de paiement) – Augagneur, *JCP E 2012, n° 1363* ; *CCC 2012. Chron. 12* (délai de paiement : simplifier en dérogeant). – Mathonnière, *RLDA mai 2012. 48* (aspects relatifs au droit économique).

► Circulaire relative aux relations commerciales : V. ss. art. L. 441-3.

I. DOMAINE D'APPLICATION

1. Application aux seuls producteurs, prestataires de services, grossistes ou importateurs. La société régisseur de la publicité dans les annuaires officiels de France Télécom n'étant à l'évidence ni producteur, ni grossiste, ni importateur au sens de l'art. 33 [C. com., art. L. 441-6], et, par ailleurs, la société partie civile, qui commercialise des appareils de balnéothérapie, n'ayant pas la qualité de revendeur vis-à-vis de celle-ci, puisque leurs domaines d'activité sont totalement différents, ledit art. 33 [C. com., art. L. 441-6] est inapplicable et il y a lieu de relaxer les prévenus du chef de refus de communication de tarifs. • Paris, 3 juin 1993 : *JCP E 1993. Pan. 1076.*

1 bis. Champ d'application territorial. La DGCCRF veillera à ce que des créanciers français ne se voient pas imposer des délais de paiement anormalement longs par leurs débiteurs, en particulier ceux qui utiliseraient des centrales de paiement à l'étranger. Elle veillera par ailleurs à ce que les débiteurs établis en France règlent leurs créanciers résidant à l'étranger sans entraîner de distorsion de concurrence vis-à-vis d'opérateurs résidant en France. • CEPC, avis, n° 09/06 du 20 mai 2009 : *CCC 2009, n° 192, obs.*

Malaurie-Vignal. – V. aussi * Rép. min. n° 46541 : *JOAN Q, 30 juin 2009, p. 6619 ; JCP E 2009, n° 31-34, p. 31*.

2. Exclusion de l'obligation de communication à un concurrent non acheteur. L'art. 33 [C. com., art. L. 441-6] ne peut bénéficier au concurrent qui n'a jamais prétendu qu'il pourrait acheter au fournisseur ses produits et, n'étant pas un revendeur habituel desdits produits, n'a jamais demandé au fournisseur de lui rétrocéder une quelconque marchandise mais indique naïvement vouloir connaître les prix des produits vendus par lui. • Versailles, 3 avr. 1997 : *D. Affaires 1997. 694*, conf. sur ce point par • Com. 1er juin 1999 : *Bull. civ. IV, n° 114 ; D. Affaires 1999. 1320 ; CCC 2000, n° 10, obs. Malaurie-Vignal*.

2 bis. Groupe de sociétés. V., s'agissant de la réglementation des délais de paiement des produits alimentaires périssables (C. com., art. L. 443-1) dont la jurisprudence est transposable à l'art. L. 441-6 : • Crim. 24 mars 1999 : *cité note 4 ss. art. L. 443-1*. ♦ Le nouveau plafond légal des délais de paiement conventionnels est applicable entre sociétés d'un même groupe (Note d'information DGCCRF n° 2009-28 du 2 mars 2009 : *BRDA 2009, n° 10, p. 9*).

II. PORTÉE DE L'OBLIGATION

3. Absence d'obligation d'établir des conditions générales de vente. L'obligation pour toute entreprise de communiquer son barème et ses conditions de vente prévue à l'art. 33 [C. com., art. L. 441-6] ne signifie pas que l'établissement de ces barèmes en conditions générales de vente soit obligatoire, en particulier dans les professions où la nature des prestations offertes ne s'y prête pas. Cela ne dispense cependant les entreprises, ni de mentionner dans leurs factures, la date limite de paiement qui doit, à peine de discrimination, être la même pour tous les acheteurs ni de rappeler dans ces documents les conditions d'escompte applicables en cas de paiement anticipé – y compris s'il n'y a pas d'escompte – ainsi que les pénalités, conformes à *l'art. 33 [C. com., art. L. 441-6]*, auxquelles s'expose le débiteur en cas de paiement tardif (Rép. min. n° 3027 : *JO Sénat Q, 3 févr. 1994*). ♦ V. aussi • Nancy, 23 juin 1998 : *JCP 1999. IV. 1540*.

L'absence de barèmes préétablis ne permet pas de se soustraire à l'obligation de communiquer les taux de ristournes accordés aux clients habituels ou occasionnels ainsi que les montants de commandes auxquels correspondent ces remises. • Com. 18 janv. 1994 : *CCC 1994, n° 162, note Vogel*. – Dans le même sens, V. Rép. min. n° 5044 : *JO Sénat Q, 5 mai 1994, p. 1092 ; CCC 1994, n° 163*.

4. Conditions générales de vente différenciées. Sur la faculté reconnue à un fournisseur d'établir des conditions générales de vente distinctes pour les différentes catégories d'acheteur, V. • Com. 12 mars 1996 : *D. Affaires 1996. 608* (commercialisation par un éditeur d'ouvrages à compte d'auteur). • T. com. Paris, 11 mai 2005 : *Lettre distrib. mai 2006, p. 1, obs. André* (distinction entre les négociants et les industriels). ♦ En vertu de l'art. L. 441-6 et de la circulaire Dutreil, un négociant ne peut bénéficier de la communication de barèmes et CGV que pour les produits relevant de la catégorie de clientèle dont il relève • T. com. Paris, 11 mai 2006 : *JCP E 2007, n° 12, p. 25, obs. Mainguy ; RDLC 2006, n° 3, p. 112, obs. de La Laurencie ; RLC juill.-sept. 2006. 48, obs. Béhar-Touchais*. ♦ Si la loi du 2 août 2005 légitime les conditions particulières de vente et la différenciation tarifaire, les conditions générales de vente constituent le socle de la négociation commerciale (Lettre du min. de l'Économie du 29 août 2005 : *Lettre distrib. nov. 2005, p. 4*).

4 bis. CGV et CGA. En droit commercial, rien n'impose de préférer les conditions générales de vente d'un fournisseur aux conditions générales d'achat d'un distributeur client, qui sont soumises à la négociation commerciale des parties dans le cadre de la réglementation économique applicable. • Nîmes, 25 févr. 2010 : *cité note 43 ss. art. L. 442-6*.

III. CONTENU ET MOYEN DE LA COMMUNICATION

5. Rabais, remises et ristournes. Ayant constaté que les rabais et ristournes accordés à titre occasionnel faisaient partie, selon un usage professionnel courant, des informations communiquées aux distributeurs dans un souci de transparence et que les accords versés aux débats n'imposaient aux revendeurs de la société fournisseur aucun service spécifique allant au-delà des obligations contractées ordinairement entre fournisseurs et distributeurs, le juge des référés a pu retenir que le refus opposé par le fournisseur de communiquer à l'un de ses distributeurs le détail des ristournes et escomptes qu'il accordait à certains de ses distributeurs, les conditions spéciales qu'il consentait à l'occasion de campagnes de promotion de certains produits ainsi que les modalités de ses accords de distribution, constituait un trouble manifestement illicite. • Com. 27 févr. 1990 : *Bull. civ. IV, n° 59 ; D. 1990. 521, note Malaurie*.

6. Avoirs sur transactions. En refusant d'ordonner la communication des conditions et de rémunération des avoirs sur transaction consentis à certains revendeurs au motif que ces avoirs ne concerneraient que la grande distribution à laquelle la société demanderesse n'appartient pas, une cour d'appel viole l'art. 33 [C. com., art. L. 441-6] en ajoutant à cette disposition une condition d'appartenance à un circuit de distribution qu'elle ne prévoit pas. • Com. 24 oct. 2000 : *CCC 2001, n° 8, obs. Malaurie-Vignal.*

7. Conditions de règlement et pénalités. BIBL. Labarthe, *D. 1995. Chron. 61* (nature juridique des pénalités). – M.-P. Wagner, *D. 2004. 2634* (pénalités de retard : encore des interrogations). ♦ Est incomplète la communication ne comprenant pour l'ensemble des produits ni catalogues ni documentation technique ni informations précises sur les conditions de règlement. • Com. 13 févr. 1990 : *Bull. civ. IV, n° 43.* ♦ Les dispositions de la L. n° 2001-420 du 15 mai 2001 modifiant l'art. L. 441-6, qui répondent à des considérations d'ordre public particulièrement impérieuses, sont applicables, dès la date d'entrée en vigueur de ce texte, aux contrats en cours. Les pénalités de retard pour non-paiement des factures sont dues de plein droit, sans rappel et sans avoir à être indiquées dans les conditions générales des contrats. • Com. 3 mars 2009 : *Bull. civ. IV, n° 31 ; D. 2009. Pan. 2891, obs. Ferrier ; ibid. AJ 725, obs. Chevrier ; JCP E 2009, n° 22, p. 24, note Mainguy ; ibid., n° 30, p. 26, obs. Decocq ; Gaz. Pal. 2009. 2561, note Mordefroy ; CCC 2009, n° 129, obs. Malaurie-Vignal, et n° 156, obs. Leveneur ; RJDA 2009, n° 578 ; Lettre distrib. mars 2009, p. 1, note Vertut ; RLDA avr. 2009. 43, obs. Anadon ; RDLC 2009, n° 2, p. 131, obs. Dany ; RLC janv.-mars 2010. 42, obs. Béhar-Touchais.* ♦ L'art. L. 441-6, quelle que soit sa rédaction applicable aux contrats en cours, ne subordonne pas le droit aux pénalités de retard à la communication des CGV ou à une contractualisation de ses dispositions, la liberté des parties n'étant maintenue sur ce point que pour un éventuel dépassement du taux d'intérêt qui est impératif et calculé sur la base du taux d'intérêt appliqué par la Banque centrale européenne à son opération de refinancement la plus récente majoré de sept points de pourcentage dans sa rédaction issue de la L. n° 2006-10 du 5 janv. 2006, et majoré de dix points de pourcentage dans sa rédaction issue de la L. n° 2008-776 du 4 août 2008 en vigueur depuis le 6 août 2008. • Versailles, 19 mai 2010 : *RG n° 09/3526.* ♦ Les dispositions de l'art. L. 441-6 relatives aux pénalités de retard sont des dispositions légales supplétives, ce dont il résulte que les pénalités dues par application de ce texte ne constituent pas une clause pénale et ne peuvent donc être réduites en raison de leur caractère abusif. • Com. 2 nov. 2011 : *Bull. civ. IV, n° 178 ; D. 2011. Actu. 2788, obs. Chevrier ; RTD com. 2012. 182, obs. Bouloc ; Gaz. Pal. 2012. 400, obs. Mekki ; RJDA 2012, n° 209 ; RLDA déc. 2011. 44 ; RDLC 2012, n° 1, p. 134, obs. Dany.*

Les pénalités de retard sont exigibles de plein droit, sans qu'un rappel soit nécessaire ; il n'est donc pas nécessaire d'adresser une mise en demeure à son débiteur, la créance naît automatiquement à l'échéance légale, soit le lendemain de la date à laquelle le paiement était prévu. Mais le terme « exigible » ne signifie pas que le créancier a l'obligation de les réclamer, il a simplement la possibilité de les réclamer ; le fait de ne pas exiger le paiement de ces pénalités n'est pas en soi répréhensible. Toutefois, une pratique consistant à exiger les pénalités de retard de paiement auprès de certains débiteurs et pas à d'autres peut constituer une pratique abusive au sens de l'art. L. 442-6, I, 7° (Avis CEPC n° 10-08 du 12 mai 2010). ♦ Le vendeur qui renoncerait à réclamer le paiement de ces pénalités pourrait engager sa responsabilité civile pour pratique discriminatoire, sur le fondement de l'art. 36 [C. com., art. L. 442-6], s'il peut être démontré que cette renonciation, effectuée sans contrepartie, a entraîné, par exemple, pour un concurrent de l'acheteur, un préjudice indemnisable (Rép. min. n° 18436 : *JOAN Q, 4 déc. 1995, p. 515*).

Les pénalités prévues à l'art. 33, al. 2 [C. com., art. L. 441-6, al. 3], ne constituant pas un intérêt, n'entrent donc pas dans le champ d'application de la L. n° 66-1010 du 28 déc. 1966 prohibant l'usure [C. consom., art. L. 313-1 s.] et peuvent, en cas de mise en demeure adressée à l'acheteur, se cumuler avec des intérêts moratoires (Rép. min. n° 18436 : *JOAN Q, 4 déc. 1995, p. 515*). ♦ Sur le régime fiscal des pénalités, V. Instr. min. 7 mai 1997 : *CCC 1997, n° 121, obs. Vogel.* – V. aussi d'Harcourt, *JCP E 1997, n° 30, p. 282.*

7 bis. Délais de paiement dérogatoires. BIBL. Raud et Notté, *JCP E 2011, n° 1055* (tableau des accords dérogatoires, des accords spécifiques et permanents des délais de paiement). A partir du moment où un créancier entend faire profiter son débiteur d'un accord dérogatoire et que ce client en a accepté expressément le bénéfice dans tous ses effets et notamment en réglant ses factures en 2009 et 2010 sur la base du mode de calcul précédemment défini, il doit être considéré que les deux parties ont reconnu contractuellement la primauté de ce dispositif sur les autres délais de paiement. En conséquence, le client est tenu d'honorer ses factures 2011 selon la même règle en respectant le délai conventionnel qui doit figurer dans les CGV du vendeur et/ou dans la convention unique conclue à l'issue des négociations. Ce n'est qu'à l'issue de l'application de l'accord dérogatoire que les parties pourront choisir entre les deux modalités offertes par le droit commun. • CEPC, avis, n° 11-05 du 1er juin 2011 : *BRDA 2011, n° 12, p. 21.*

8. Négociation verbale. La communication au demandeur des renseignements ne peut être subordonnée à une « négociation verbale » avec des représentants de la société. • Paris, 24 mars 1992 : *Gaz. Pal. 1992. 2. 590, note Marchi.* ♦ V. aussi, jugeant que la « négociation verbale », en raison de son caractère restrictif et le manque de transparence en résultant, contrevient aux dispositions de l'art. 33 [C. com., art. L. 441-6], et que la communication doit se faire par document écrit, • T. com. Grenoble, réf., 9 mars 1998 : *Gaz. Pal. 9-10 avr. 1999, p. 11.*

IV. SANCTIONS

9. Référé. Le juge des référés peut ordonner à un fournisseur de communiquer à un distributeur ses conditions générales de vente et ses tarifs ainsi que le détail des rabais et ristournes consentis aux revendeurs à titre occasionnel ou habituel si, la condition d'urgence étant remplie, l'existence d'un différend entre les parties justifie cette mesure. • Com. 8 oct. 1991 : *RJDA 1991, n° 1049.* ♦ En revanche, en prononçant une astreinte en vue d'assurer l'exécution de cette mesure au cas où le fournisseur s'abstiendrait ultérieurement de communiquer au distributeur les documents de cette nature, le juge statue pour l'avenir et par disposition générale en ajoutant à l'art. 33 [C. com., art. L. 441-6] une sanction que ce texte ne comporte pas. • Même arrêt. ♦ Sur la compétence du juge des référés, V. aussi • Com. 13 févr. 1990 : *préc. note 7.*

10. Responsabilité civile. Une cour d'appel a légalement justifié sa décision déclarant un fabricant de produits responsable du préjudice subi par un grossiste en raison de l'absence de communication en temps utile des conditions de vente. • Com. 26 nov. 1996 : *RJDA 1997, n° 377.* ♦ Pour la condamnation d'un fournisseur sur le fondement du refus de communiquer les conditions générales de contrat et les contrats de concession déjà conclus avec des concessionnaires. • Paris, 23 avr. 2003 : *Cah. dr. entr. 2003, n° 5, p. 41, obs. Mainguy.*

11. Sanction pénale. Sur l'ambiguïté de la rédaction du nouvel alinéa 12 issu de la L. n° 2008-3 du 3 janv. 2008, et la réponse apportée par la DGCCRF, V. les obs. au *BRDA 2008, n° 8, p. 11.*

Loi n° 2010-97 du 27 janvier 2010,

Relative aux délais de paiement des fournisseurs dans le secteur du livre.

Art. unique Nonobstant les dispositions prévues aux huitième alinéa et suivants de l'article L. 441-6 du code de commerce, pour les opérations d'achat, de vente, de livraison, de commission ou de façon concourant à la fabrication de livres, ainsi que pour la fourniture de papier et autres consommables dédiés à une activité d'impression, de brochage, de reliure ou d'édition de livres, le délai est défini conventionnellement entre les parties.

BIBL. ▸ DECOCQ, *JCP E 2011, n° 1135, spéc. n° 23.*

Code des transports

(Ord. n° 2010-1307 du 28 oct. 2010)

Art. L. 1432-14 Les délais de paiement particuliers applicables au transporteur routier de marchandises, au loueur de véhicules avec ou sans conducteur, au commissionnaire de transport, au transitaire, à l'agent de fret maritime et aérien, au courtier de fret et au commissionnaire en douane sont énoncés à l'article L. 441-6 du code de commerce.

BIBL. ▸ CHABERT, *CCE 2006, n° 65* (délai de paiement du transport). – PAULIN, *RD transp. 2008, n° 23* (le non-respect des délais de paiement dans le transport routier de marchandises serait-il sanctionné pénalement ?).

BIBL. ▶ Raud et Notté, *JCP E 2011, n° 1055* (tableau des accords dérogatoires, des accords spécifiques et permanents des délais de paiement).

Accords dérogatoires aux délais de paiement

– Décr. n° 2009-488 du 29 avr. 2009, JO 2 mai (secteur du bâtiment et des travaux publics) ;

– Décr. n° 2009-489 du 29 avr. 2009, JO 2 mai (secteur du sanitaire, chauffage et matériel électrique) ;

– Décr. n° 2009-490 du 29 avr. 2009, JO 2 mai (secteur du bricolage) ;

– Décr. n° 2009-492 du 29 avr. 2009, JO 2 mai (secteur de l'horlogerie, bijouterie, joaillerie et orfèvrerie) ;

– Décr. n° 2009-595 du 26 mai 2009, JO 28 mai (secteur de l'édition de livres) ;

– Décr. n° 2009-858 du 8 juill. 2009, JO 12 juill. (secteur des emballages et bouchages métalliques des conserves alimentaires) ;

– Décr. n° 2009-859 du 8 juill. 2009, JO 12 juill. (secteur des pneumatiques) ;

– Décr. n° 2009-860 du 8 juill. 2009, JO 12 juill. (secteur des animaux de compagnie) ;

– Décr. n° 2009-912 du 27 juill. 2009, JO 29 juill. (secteur des deux/trois roues motorisés et quads) ;

– Décr. n° 2009-992 du 20 août 2009, JO 23 août (secteur du commerce de gros de l'outillage automobile) ;

– Décr. n° 2009-1014 du 25 août 2009, JO 27 août (secteur de la papeterie, de la fourniture et de la bureautique) ;

– Décr. n° 2009-1015 du 25 août 2009, JO 27 août (secteur des agroéquipements) ;

– Décr. n° 2009-1016 du 25 août 2009, JO 27 août (secteur des armes et des munitions pour la chasse) ;

– Décr. n° 2009-1017 du 25 août 2009, JO 27 août (secteur des professionnels du jardin amateur) ;

– Décr. n° 2009-1100 du 7 sept. 2009, JO 9 sept. (secteur du textile d'habillement) ;

– Décr. n° 2009-1144 du 22 sept. 2009, JO 24 sept. (secteur des médicaments de prescription médicale facultative non remboursables) ;

– Décr. n° 2009-1169 du 1er oct. 2009, JO 3 oct. (secteur des compléments alimentaires) ;

– Décr. n° 2009-1170 du 1er oct. 2009, JO 3 oct. (secteur de l'agrofourniture) ;

– Décr. n° 2009-1171 du 1er oct. 2009, JO 3 oct. (secteur de la tonnellerie) ;

– Décr. n° 2009-1172 du 1er oct. 2009, JO 3 oct. (secteur de la fabrication des peintures, encres, couleurs et produits assimilés) ;

– Décr. n° 2009-1174 du 2 oct. 2009, JO 4 oct. (secteur des produits acier pour la construction) ;

– Décr. n° 2009-1240 du 15 oct. 2009, JO 17 oct. (secteur de la pêche de loisir) ;

– Décr. n° 2009-1241 du 15 oct. 2009, JO 17 oct. (secteur de l'outillage industriel) ;

– Décr. n° 2009-1242 du 15 oct. 2009, JO 17 oct. (secteur de la quicaillerie industrielle) ;

– Décr. n° 2009-1278 du 22 oct. 2009, JO 24 oct. (secteur de l'optique-lunetterie) ;

– Décr. n° 2009-1299 du 26 oct. 2009, JO 28 oct. (secteur de la pisciculture continentale et marine) ;

– Décr. n° 2009-1331 du 28 oct. 2009, JO 30 oct. (secteur des activités manuelles artistiques) ;

– Décr. n° 2009-1332 du 28 oct. 2009, JO 30 oct. (secteur des véhicules de loisirs – fournisseurs et clients industriels) ;

– *Décr. n° 2009-1333 du 28 oct. 2009, JO 30 oct. (secteur des véhicules de loisirs - constructeurs et distributeurs) ;*

– *Décr. n° 2009-1335 du 28 oct. 2009, JO 30 oct. (secteur du nautisme) ;*

– *Décr. n° 2009-1424 du 19 nov. 2009, JO 21 nov. (secteur des bois ronds pour l'approvisionnement des entreprises d'exploitations forestières et de première transformation du bois) ;*

– *Décr. n° 2010-96 du 25 janv. 2010, JO 27 janv. (secteur du disque) ;*

– *Décr. n° 2013-256 du 26 mars 2013, JO 28 mars (secteur des articles de sport) ;*

– *Décr. n° 2013-257 du 26 mars 2013, JO 28 mars (secteur du jouet) ;*

– *Décr. n° 2013-275 du 2 avr. 2013, JO 4 avr. (professionnels de la filière cuir).*

Sur l'application d'un accord dérogatoire aux délais de paiement, V. note 7 bis ss. art. L. 441-6.

Directive n° 2011/7/UE du Parlement européen et du Conseil du 16 février 2011,

Concernant la lutte contre le retard de paiement dans les transactions commerciales (JOUE L 48 du 23 févr. 2011).

La Dir. n° 2011/7/UE abroge et remplace, à compter du 16 mars 2013, la Dir. n° 2000/35/CE du 29 juin 2000 concernant la lutte contre les retards de paiement dans les transactions commerciales (JOCE L 200 du 8 août 2000).

BIBL ▶ PÉTRIGNET, *BRDA 2011, n° 7, p. 18.* – AUGAGNEUR, *JCP E 2011, n° 1912 ; CCC 2011. Étude 16* (la Dir. n° 2011/7 à la recherche d'une « culture du paiement rapide »).

V. Note d'information DGCCRF n° 2009-28 du 2 mars 2009 sur l'application des dispositions du titre IV du livre IV relatives aux délais de paiement après la loi de modernisation de l'économie du 4 août 2008 (www.circulaires.gouv.fr).

V. Avis CERP n°s 04-04 et 04-05 du 7 juill. 2004 (conditions d'achat et conditions générales de vente). – V. sur ces avis, Narayan-Fourment, D. 2004. 3207.

Sur les délais de paiement en matière de marchés publics, V. L. n° 2001-420 du 15 mai 2001, art. 54 et 55 (JO 16 mai). – Sur des projets de recommandations des organisations professionnelles en matière de délais de paiement, V. Avis CEPC n° 2004-03 du 25 févr. 2004 (BOCC 31 mars 2005). – V. aussi Recomm. CEPC n° 05-01 du 21 mars 2005 (BOCC 23 juin 2005 ; D. 2005. 1018 ; CCC 2005, n° 113, obs. Malaurie-Vignal ; BRDA 2005, n° 7, p. 11 ; Lettre distrib. mai 2005, p. 4 ; RDLC 2005, n° 3, p. 85, obs. Fasquelle et Roberval).

Art. L. 441-6-1 *(L. n° 2008-776 du 4 août 2008, art. 24)* **Les sociétés dont les comptes annuels sont certifiés par un commissaire aux comptes publient des informations sur les délais de paiement de leurs fournisseurs ou de leurs clients suivant des modalités définies par décret.** *– V. art. D. 441-4.*

Ces informations font l'objet d'un rapport du commissaire aux comptes dans des conditions fixées par ce même décret. *(L. n° 2012-387 du 22 mars 2012, art. 120)* **« A l'exclusion des informations concernant les microentreprises ainsi que les petites et moyennes entreprises mentionnées à l'article 51 de la loi n° 2008-776 du 4 août 2008 de modernisation de l'économie** *[V. ce texte, App., v° Commerce (organisation)]*, **» le commissaire aux comptes adresse ledit rapport au ministre chargé de l'économie s'il démontre, de façon répétée, des manquements significatifs aux prescriptions des neuvième et dixième alinéas de l'article L. 441-6.** *– V. art. D. 823-7-1.*

L'art. L. 441-6-1 entre en vigueur pour les exercices comptables ouverts à compter du 1er janv. 2009 (L. n° 2008-776 du 4 août 2008).

Art. L. 441-7 *(L. n° 2008-776 du 4 août 2008, art. 92-II)* **« I. – Une convention écrite conclue entre le fournisseur et le distributeur ou le prestataire de services indique les obligations auxquelles se sont engagées les parties en vue de fixer le prix à l'issue de la négociation commerciale. Établie soit dans un document unique, soit dans un ensemble formé par un contrat-cadre annuel et des contrats d'application, elle fixe :**

« 1° Les conditions de l'opération de vente des produits ou des prestations de services telles qu'elles résultent de la négociation commerciale dans le respect de l'article L. 441-6 ;

« 2° Les conditions dans lesquelles le distributeur ou le prestataire de services s'oblige à rendre au fournisseur, à l'occasion de la revente de ses produits ou services aux consommateurs ou en vue de leur revente aux professionnels, tout service propre à favoriser leur commercialisation ne relevant pas des obligations d'achat et de vente, en précisant l'objet, la date prévue, les modalités d'exécution, la rémunération des obligations ainsi que les produits ou services auxquels elles se rapportent ;

« 3° Les autres obligations destinées à favoriser la relation commerciale entre le fournisseur et le distributeur ou le prestataire de services, en précisant pour chacune l'objet, la date prévue et les modalités d'exécution.

« Les obligations relevant des 1° et 3° concourent à la détermination du prix convenu.

« La convention unique ou le contrat-cadre annuel est conclu avant le 1er mars ou dans les deux mois suivant le point de départ de la période de commercialisation des produits ou des services soumis à un cycle de commercialisation particulier.

« Le présent I n'est pas applicable aux produits mentionnés au premier alinéa de l'article L. 441-2-1. »

(L. n° 2008-3 du 3 janv. 2008, art. 2) **« II. – Est puni d'une amende de 75 000 € le fait de ne pas pouvoir justifier avoir conclu dans les délais prévus une convention satisfaisant aux exigences du I. »**

V. la rédaction du I résultant de l'art. 2 de la L. n° 2008-3 du 3 janv. 2008. – ***C. com.****, éd. 2013 et antérieures, et sur les versions numériques du code.*

BIBL. ▶ Loi n° 2008-3 du 3 janv. 2008 : Béhar-Touchais, *RLC janv.-mars 2008. 36* (projet de loi pour le développement de la concurrence au service des consommateurs dans les relations producteurs distributeurs). – Vilmart, *JCP E 2008, n° 2, p. 24* (analyse des conséquences de la loi n° 2008-3 du 3 janv. 2008 dans les relations producteurs distributeurs). – Testu et Herzele, *ibid., n° 4, p. 27* (formalisation contractuelle du résultat des négociations commerciales entre fournisseurs et distributeurs). – Vertut, *Lettre distrib. janv. 2008, p. 1* (convention écrite). – Arhel, *LPA 24 janv. 2008* (une nouvelle loi sur les relations commerciales). – Note de la rédaction, *BRDA 2008, n° 2, p. 15* (convention formalisant le résultat de la négociation commerciale). – Ferrier, *D. 2008. 429* (la réforme des pratiques commerciales). – Ferrier et Ferré, *CCC 2008. Étude 2* (la réforme des pratiques commerciales). – Ferré, Genty et Deberdt, *RLDA févr. 2008. 41* (loi du 3 janv. 2008 : quelles incidences dans les relations fournisseur-distributeur ?).

▶ Loi n° 2008-776 du 4 août 2008 : Vilmart et Leguin, *JCP E 2008, n° 31-34, p. 17, spéc. p. 19* (la LME : une tentative encore inachevée de modernisation du droit français de la concurrence). – Ferrier et Ferré, *D. 2008. 2234* (la réforme des pratiques commerciales). – Note de la rédaction, *BRDA 2008, n° 17, p. 10* (LME : mesure en droit de la concurrence). – DGCCRF, *JCP E 2008, n° 51-52, p. 28* (questions-réponses relatives à la relation entre fournisseur et distributeur et aux délais de paiement). – Grimonprez, *CCC 2009. Étude 1* (la mort subite du contrat de coopération commerciale). – Valluis, Delannoy et Manin, *JCP E 2009, n° 12, p. 46* (la réforme des relations commerciales par la LME est-elle compatible avec la directive TVA ?). – Grall, Lamy et Kouchnir-Cargill, *RLC avr.-juin 2009. 129* (LME – an I – dispositions relatives aux relations industrie/commerce). – Petrignet, *RDLC 2009, n° 3, p. 163* (les règles de facturation et la loi LME). – Sélinsky, *RLC oct.-déc. 2009. 140* (la négociation commerciale un an après la LME). – Malan, *CCC 2010. Étude 4* (le champ d'application dans l'espace des dispositions de la LME en matière de pratiques restrictives de concurrence). – Vertut, *RLDA juin 2011. 35* (souplesse ou rigueur en matière de prestations de services de l'art. L. 441-7 ?). –

Béhar-Touchais, *RLC oct.-déc. 2011. 40* (renégociation de la convention unique : rapport Vautrin et Gaubert). – Vogel, *JCP E 2012, n° 1183* (négociations tarifaires fournisseurs/grande distribution). – Charles, *RLC janv.-mars 2012. 126* (formalisme des négociations commerciales : le labyrinthe législatif).

1. Loi applicable. Sur les rédactions successives de l'art. L. 441-7, V. • Paris, 28 janv. 2009 : *RLC oct.-déc. 2009. 39, obs. Grall* • Crim. 9 févr. 2010 : *JCP E 2011, n° 1135, spéc. n° 33, obs. Decocq ; CCC 2010, n° 181, obs. Malaurie-Vignal ; RDLC 2010, n° 4, p. 145, obs. Mesa.*

2. Facturation des « autres obligations ». Il résulte de l'art. L. 441-7 modifié par la L. n° 2008-776 du 4 août 2008, que les obligations destinées à favoriser la relation commerciale entre le fournisseur et le distributeur ou le prestataire de services concourent à la détermination du prix de l'opération de fourniture. Il est admis que lorsqu'en application de ces dispositions, les obligations auxquelles s'engage le distributeur ou le prestataire de services constituent des éléments de formation du prix de l'opération de vente, ces obligations ne sont pas constitutives de services distincts de l'opération de vente. Dans cette situation, les obligations relatives à la facturation portent sur la seule facture qui est adressée par le fournisseur à l'acheteur et sur laquelle figure le prix ainsi déterminé. Les services dits de coopération commerciale visés au 2° du I de l'art. L. 441-7 ne sont pas concernés par cette évolution (Instr. fiscale 18 nov. 2008 : *BOI 3 E-2-08 ; JCP E 2008, n° 49, p. 3, obs. Vilmart ; CCC 2009, n° 9, obs. Malaurie-Vignal ; BRDA 2008, n° 23, p. 18 ; RLDA janv. 2009. 43, obs. Anadon ; Lettre distrib. nov. 2008, p. 4 ; ibid. déc. 2008, p. 1, obs. Vertut*).

2 bis. Ex-services distincts. La L. n° 2008-776 du 4 août 2008 a supprimé la catégorie des « services distincts », celle-ci n'ayant plus lieu d'être dès lors que la catégorie de services du 2° de l'art. L. 441-7-I a été étendue aux services inter-professionnels. • CEPC, avis n° 10-18 du 15 déc. 2010. ♦ Le service consistant, pour un grossiste répartiteur, à reprendre certains produits aux officines et à les détruire entre dans les prévisions du 2° de l'art. L. 441-7 et doit donner lieu à l'établissement d'une facture du grossiste au laboratoire pharmaceutique. • CEPC, avis n° 11-03 du 9 févr. 2011 : *RLDA juin 2011. 35, note Vertut ; RDLC 2011, n° 3, p. 142, obs. Dany et Le Moullec.*

3. Contrat instantané. **BIBL.** Leclerc, *CCC 2010. Alerte 61* (convention prévue à l'art. L. 441-7 : objet et champ d'application). ♦ Lorsque la relation commerciale se borne à la conclusion de contrats instantanés sur le fondement des conditions générales ou catégorielles du vendeur, il n'est point requis d'établir une convention unique conforme à l'art. L 441-7. La convention conclue entre les parties est alors constituée par les CGV ou les conditions catégorielles écrites du fournisseur incluant, le cas échéant, un barème de réductions de prix. • CEPC, avis n° 10-07 du 1er avr. 2010 : *D. 2010. Actu. 1142 ; JCP E 2010. Actu. 240 ; CCC 2010, n° 178, obs. Malaurie-Vignal.*

4. NIP. **BIBL.** Béhar-Touchais, *RLC oct.-déc. 2011. 41* (NIP : rapport Vautrin et Gaubert). ♦ Les nouveaux instruments promotionnels sont parfois traités comme des opérations classiques de coopération commerciale (art. L. 441-7, I, 2°) ; ils doivent alors être intégrés dans la convention écrite définie par ce même article. Le plus souvent, ils procèdent de contrats de mandats ; dans ce cas, ils sont transparents pour le mandataire, l'avantage financier allant directement du fournisseur au consommateur final. Ils donnent lieu à une reddition de compte effectuée par le mandataire auprès du mandant ; ils n'ont dès lors pas lieu d'être intégrés dans la convention écrite de l'art. L. 441-7. • CEPC, avis n° 10-10 du 3 juin 2010 : *Dalloz actualité, 22 juill. 2010, obs. Chevrier ; RLDA oct. 2010. 38, obs. Anadon ; RDLC 2010, n° 4, p. 151, obs. Chagny.*

5. Management catégoriel. Sur les contrats de « management catégoriel » entre les opérateurs de la grande distribution à dominante alimentaire et certains de leurs fournisseurs, V. • Aut. conc., avis n° 10-A-25 du 7 déc. 2010 : *RTD com. 2011. 527, obs. Claudel ; CCC 2011, n° 30, obs. Malaurie-Vignal ; RLDA avr. 2011. 34, note Grando ; RDLC 2011, n° 1, p. 136, obs. Dany.* – V. aussi Table ronde, *Cah. dr. entr. 2011, n° 2, p. 9* (pratiques de la grande distribution alimentaire) ; Claudel, *RTD com. 2011. 515* (rapport annuel de l'Autorité : l'occasion d'un retour exhaustif sur les contrats de distribution). ♦ Sur l'élaboration d'un code de bonne conduite en matière de management par catégorie, V. • CEPC recomm. n° 11-01 du 28 sept. 2011 : *JCP E 2011, n° 606 ; CCC 2012, n° 8, obs. Malaurie-Vignal ; BRDA 2011, n° 22, p. 8.*

6. Commissionnaire à l'achat. La convention écrite prévue par l'art. L. 441-7 doit être établie entre le commissionnaire à l'achat et le fournisseur. Cette obligation ne s'impose en revanche pas aux relations entre le commissionnaire et son commettant qui sont régies par le contrat de commission, pas plus qu'elle ne s'impose aux relations entre le cocontractant et le commettant. • CEPC, avis, n° 12-05 du 10 avr. 2012 : *RLC juill.-sept. 2012. 33, obs. Grall.*

7. Produits ou services transformés. L'art.

L. 441-7 vise à contractualiser les conditions de la vente d'un produit ou d'un service entre un fournisseur et un distributeur ou un prestataire de service, en vue de sa revente en l'état, ce qui exclut les produits ou services destinés à être transformés par ces derniers. Dans ces conditions, cet article ne trouve pas à s'appliquer dans la relation unissant les entrepositaires grossistes aux CHR et *a fortiori* pour la fourniture de « produits boissons ». • CEPC, avis n° 13-01 du 25 févr. 2013 : *BRDA 2013, n° 8, p. 10.*

Loi n° 2012-1270 du 20 novembre 2012, *relative à la régulation économique outre-mer et portant diverses dispositions relatives aux outre-mer.* **Art. 24** Dans les collectivités relevant de l'article 73 de la Constitution et dans les collectivités d'outre-mer de Saint-Barthélemy, de Saint-Martin, de Saint-Pierre-et-Miquelon et de Wallis-et-Futuna, est prohibé pour un distributeur le fait de facturer ses services mentionnés au 2° de l'article L. 441-7 du code de commerce par l'intermédiaire d'une filiale domiciliée dans un État ou un territoire dans lequel elle bénéficie d'un régime fiscal privilégié au sens de l'article 238 A du code général des impôts.

Le non-respect de cette obligation engage la responsabilité des auteurs de la pratique, qui peuvent être condamnés à la répétition de l'indu et à une amende civile dans les conditions prévues au III de l'article L. 442-6 du code de commerce.

Ancien art. L. 441-7 (L. n° 2005-882 du 2 août 2005, art. 42) *I. — Le contrat de coopération commerciale est une convention par laquelle un distributeur ou un prestataire de services s'oblige envers un fournisseur à lui rendre, à l'occasion de la revente de ses produits ou services aux consommateurs, des services propres à favoriser leur commercialisation qui ne relèvent pas des obligations d'achat et de vente.*

Le contrat de coopération commerciale indiquant le contenu des services et les modalités de leur rémunération est établi, avant leur fourniture, soit dans un document unique, soit dans un ensemble formé par un contrat cadre annuel et des contrats d'application.

Chacune des parties détient un exemplaire du contrat de coopération commerciale.

Le contrat unique ou le contrat cadre annuel est établi avant le 15 février. Si la relation commerciale est établie en cours d'année, ces contrats sont établis dans les deux mois qui suivent la passation de la première commande.

Le contrat unique ou les contrats d'application précisent la date à laquelle les services sont rendus, leur durée, leur rémunération et les produits auxquels ils se rapportent.

Dans tous les cas, la rémunération du service rendu est exprimée en pourcentage du prix unitaire net du produit auquel il se rapporte.

Les conditions dans lesquelles un distributeur ou un prestataire de services se fait rémunérer par ses fournisseurs en contrepartie de services distincts de ceux figurant dans le contrat de coopération commerciale, notamment dans le cadre d'accords internationaux, font l'objet d'un contrat écrit en double exemplaire détenu par chacune des parties qui précise la nature de ces services.

II. — Est puni d'une amende de 75 000 € :

1° Le fait de ne pas pouvoir justifier avoir conclu, dans les délais prévus au I, un contrat de coopération commerciale précisant le contenu des services rendus et leur rémunération ;

2° Le fait de ne pas pouvoir justifier avoir conclu avant la fourniture des services les contrats d'application précisant la date des prestations correspondantes, leur durée, leur rémunération et les produits auxquels elles se rapportent ;

3° Le fait de ne pas pouvoir justifier avoir conclu le contrat prévu à la fin du dernier alinéa du I ;

4° Le fait, pour un distributeur ou un prestataire de services, de ne pas faire connaître à ses fournisseurs, avant le 31 janvier, le montant total des rémunérations se rapportant à l'ensemble des services rendus l'année précédente, exprimé en pourcentage du chiffre d'affaires pour chacun des produits auxquels ils se rapportent.

III. — Les personnes morales peuvent être déclarées responsables pénalement des infractions prévues au II dans les conditions prévues par l'article 121-2 du code pénal. La peine encourue est celle prévue par l'article 131-38 du même code.

BIBL. ▶ RENAUDIN, *Cah. dr. entr. 1995, n° 1.* – TARGA, *ibid.* – SEMADENI, *ibid.* (rédaction des accords de coopération commerciale). – GAFFURI, *ibid. 1996, n° 5, p. 24* (coopération commerciale dans un contexte international). – LEFEBVRE, LEVY et MOTTIER, *Dr. et patr. janv. 2003. 60* (coopération commerciale dans le secteur pharmaceutique). – FERRÉ, *LPA 1er juill. 2005.* – VERTUT, *Lettre distrib. janv. 2006, p. 1* (frein à la coopération commerciale). ▶ Sur la loi du 2 août 2005 : GRALL, MEFFRE et GUET, *D. 2005. 2149* (analyse critique). – GUNTHER et VIALA, *LPA 4 oct. 2005* (impact et conséquences). – FERRIER et FERRÉ, *JCP E 2005, n° 43, p. 1812 ; CCC 2005. Chron. 18* (réforme des pratiques commerciales). – FASQUELLE et ROBERVAL, *LPA 6 déc. 2005* (même thème). – J.-L. FOURGOUX, *RLC 2005, n° 5, p. 34* (coopération commerciale en pharmacie). – BÉHAR-TOUCHAIS, *ibid., p. 41* (le contrat de coopération commerciale). – RENAUDIER, *Cah. dr. entr. 2005, n° 6, p. 43* (coopération commerciale et services distincts rendus par les distributeurs). – VILMART, *Gaz. Pal. 2006. Doctr. 3813* (de la « facturologie » au « bidouillage »). – VERTUT, *Lettre distrib. nov. 2006, p. 1* (la cause s'invite dans le débat sur les marges arrières) ; *RLDA janv. 2007. 47* (les négociations d'avantages financiers arrière dans la tourmente). – GRALL, *RLC janv.-mars 2007. 29* (un bilan jugé positif). – PIEDD, *Mélanges le Tourneau, Dalloz, 2008, p. 805* (un nouveau contrat nommé : le contrat de coopération commerciale).

▶ Sur la circulaire relative aux relations commerciales, V. ss. art. L. 441-3.

Jurisprudence antérieure à la L. n° 2005-882 du 2 août 2005.

1. Coopération commerciale. Sur l'obligation, faite à un fournisseur versant à certains de ses distributeurs une rémunération de coopération commerciale, de communiquer à un revendeur, sur le fondement de l'art. 33 [C. com., art. L. 441-6], l'ensemble des conditions, barèmes, taux de rémunération habituellement pratiqués, la nature et le nombre de services correspondants, les produits concernés et les facteurs généraux, objectivement définis, pris en compte pour la détermination des pourcentages de rémunération, afférents aux accords de coopération commerciale, à l'exclusion toutefois des contrats eux-mêmes, V. • Versailles, 8 janv. 1998 : *LPA 4 sept. 1998, note Malaurie-Vignal ; Gaz. Pal. 9-10 avr. 1999, p. 10, obs. F. M.-L.* – Sur cette pratique et dans la même affaire, V. aussi note 31 ss. art. L. 420-1. ♦ Sur le contenu des factures établies pour l'exécution des prestations spécifiques en cas de coopération commerciale, V. note 6 ss. art. L. 441-3.

Sur la condamnation d'un distributeur sur le fondement de l'art. L. 441-6, al. 5, qui a, à l'occasion d'un déménagement et de l'agrandissement de son magasin, souscrit avec plusieurs fournisseurs des contrats de coopération commerciale précisant le montant de la participation des fournisseurs mais ne comportant aucune indication explicite et précise des obligations du distributeur permettant d'évaluer l'équilibre du contrat, V. • T. corr. Colmar, 14 févr. 2002 : *RJDA 2002, n° 564.*

2. Coopération rétroactive. Pour la condamnation d'une centrale d'achat pour avoir conclu avec ses fournisseurs des protocoles d'accords transactionnels – qualifiés de contrats de coopération commerciale retroactifs ne correspondant à aucun service rendu – censés réparer la discrimination qu'elle aurait subi dans ses conditions d'achat par rapport à d'autres distributeurs, V. • T. com. Nanterre, 15 nov. 2005 : *JCP E 2006, n° 39, p. 1612, obs. Decocq ; CCC 2006, n° 27, obs. Malaurie-Vignal ; RJDA 2006, n° 69 ; Lettre distrib. nov. 2005, p. 1, note André ; RLC 2006, n° 6, p. 39, obs. Béhar-Touchais ; RDLC 2006, n° 1, p. 148, obs. Mitchell ; RDC 2006. 441, obs. Béhar-Touchais ; ibid. 573, obs. Tort.* – V. aussi art. L. 442-6, II, a). ♦ Décision infirmée par : • Versailles, 3 mai 2007 : *cité note 37 ss. art. L. 442-6.* ♦ Puis confirmée sur renvoi après cassation par : • Versailles, 29 oct. 2009 : *cité note 37 ss. art. L. 442-6.*

3. Formalisme. Un contrat écrit de coopération commerciale doit constater la fourniture par le distributeur à son fournisseur de services spécifiques détachables des simples obligations résultant des achats et des ventes ; l'irrégularité de la convention équivalant à son absence. • Crim. 6 déc. 2006 : *Bull. crim. n° 306 ; D. 2007. Pan. 1913, obs. Ferrier ; ibid. AJ 302, obs. Chevrier ; RTD com. 2007. 465, obs. Bouloc ; JCP E 2007, n° 43-44, p. 18, obs. Decocq ; JCP 2007. I. 187, n° 11, obs. J.-H. Robert ; RJDA 2007, n° 561 ; RLC avr.-juin 2007. 60, obs. Bouloc ; RDLC 2007, n° 1, p. 106, obs. Fasquelle et Roberval , Dr. pénal 2007, n° 23, obs.*

J.-H. Robert. ♦ Sur la preuve des accords de coopération commerciale en l'absence d'écrit, V. • Metz, 30 janv. 2007 : *CCC 2007, n° 237, obs. Malaurie-Vignal.*

4. Droit international privé. Sur la détermination du tribunal compétent s'agissant de relations entre des sociétés suisses et françaises, V. • Civ. 1re, 26 sept. 2007 : *Bull. civ. I, n° 304.*

CHAPITRE II DES PRATIQUES RESTRICTIVES DE CONCURRENCE

BIBL. GÉN. ▶ Decocq, *RJ com. 2008. 96* (de l'avenir des pratiques dites « restrictives de concurrence »). – Béhar-Touchais, *RLC avr.-juin 2008. 141* (actualité des pratiques restrictives) ; *RLDA févr. 2010. 66* (mutations du droit des pratiques restrictives de concurrence). – Riem, *RLC oct.-déc. 2009. 31* (le nouveau droit des pratiques restrictives : rupture ou continuité ?). – Éréséo, *LPA 21 oct. 2010* (actualité du droit des pratiques restrictives de concurrence). – Malaurie-Vignal, *LPA 24 nov. 2011* (éthique des pratiques restrictives).

Art. L. 442-1 Les règles relatives aux ventes ou prestations avec primes, aux refus de vente ou de prestation, prestations par lots ou par quantités imposées sont fixées par les articles L. 121-35 et L. 122-1 du code de la consommation reproduits ci-après :

V. ces art. respectivement reproduits, App., v° Ventes commerciales (IX — Primes ou cadeaux (ventes avec) et Dispositions générales).

Art. L. 442-2 Le fait, pour tout commerçant, de revendre ou d'annoncer la revente d'un produit en l'état à un prix inférieur à son prix d'achat effectif est puni de 75 000 € d'amende. Cette amende peut être portée à la moitié des dépenses de publicité dans le cas où une annonce publicitaire, quel qu'en soit le support, fait état d'un prix inférieur au prix d'achat effectif. *(L. n° 2008-3 du 3 janv. 2008, art. 1er-I)* **« La cessation de l'annonce publicitaire peut être ordonnée dans les conditions prévues à l'article L. 121-3 du code de la consommation.** — *V. cet art., App., v° Publicité commerciale.*

« Le prix d'achat effectif est le prix unitaire net figurant sur la facture d'achat, minoré du montant de l'ensemble des autres avantages financiers consentis par le vendeur exprimé en pourcentage du prix unitaire net du produit et majoré des taxes sur le chiffre d'affaires, des taxes spécifiques afférentes à cette revente et du prix du transport. — *V. note ss. art. L. 442-4.*

« Le prix d'achat effectif tel que défini au deuxième alinéa est affecté d'un coefficient de 0,9 pour le grossiste qui distribue des produits ou services exclusivement à des professionnels qui lui sont indépendants et qui exercent une activité de revendeur au détail, de transformateur ou de prestataire de services final. Est indépendante au sens de la phrase précédente toute entreprise libre de déterminer sa politique commerciale et dépourvue de lien capitalistique ou d'affiliation avec le grossiste. » — *Cet al. reprend le II de l'art. 47 de la L. n° 2005-882 du 2 août 2005, désormais abrogé (L. n° 2008-3 du 3 janv. 2008, art. 1er-II).*

BIBL. ▶ Loi n° 2008-3 du 3 janv. 2008 : Béhar-Touchais, *RLC janv.-mars 2008. 36* (projet de loi pour le développement de la concurrence au service des consommateurs dans les relations producteurs distributeurs). – Vilmart, *JCP E 2008, n° 2, p. 24* (analyse des conséquences de la loi dans les relations producteurs distributeurs). – Arhel, *LPA 24 janv. 2008* (une nouvelle loi sur les relations commerciales). – Note de la rédaction, *BRDA 2008, n° 2, p. 14* (nouveau calcul du seuil de revente à perte). – Ferrier, *D. 2008. 429* (la réforme des pratiques commerciales). – Ferrier et Ferré, *CCC 2008. Étude 2* (la réforme des pratiques commerciales). – Ferré, Genty et Deberdt, *RLDA févr. 2008. 41* (loi du 3 janv. 2008 : quelles incidences dans les relations fournisseur-distributeur ?). – Amenc, *RSC 2008. 388* (adoption d'une définition plus stricte de la revente à perte).

Ancien art. L. 442-2 *Le fait, pour tout commerçant, de revendre ou d'annoncer la revente d'un produit en l'état à un prix inférieur à son prix d'achat effectif est puni de 75 000 € d'amende. Cette amende peut être portée à la moitié des dépenses de publicité dans le cas où une annonce publicitaire, quel qu'en soit le support, fait état d'un prix inférieur au prix d'achat effectif.*

(L. n° 2005-882 du 2 août 2005, art. 47-I) *« Le prix d'achat effectif est le prix unitaire net figurant sur la facture d'achat majoré des taxes sur le chiffre d'affaires, des taxes spécifiques afférentes à cette revente et du prix du transport et minoré du montant de l'ensemble des autres avantages financiers consentis par le vendeur exprimé en pourcentage du prix unitaire net du produit, et excédant un seuil de 20 % à compter du 1er janvier 2006.*

« Ce seuil est de 15 % à compter du 1er janvier 2007. » — V. note ss. art. L. 442-4.

Jusqu'au 31 déc. 2005, le prix d'achat effectif est le prix unitaire net figurant sur la facture d'achat majoré des taxes sur le chiffre d'affaires, des taxes spécifiques afférentes à cette revente et du prix du transport (L. n° 2005-882 du 2 août 2005, art. 47-III, reprenant l'ancienne rédaction du 2e al. de l'art. L. 442-2).

Du 1er janv. 2006 au 31 déc. 2006, pour l'application de l'art. L. 442-2, le montant minorant le prix unitaire net figurant sur la facture d'achat n'excède pas 40 % du montant total de l'ensemble des autres avantages financiers consentis par le vendeur, exprimé en pourcentage du prix unitaire net du produit (L. n° 2005-882 du 2 août 2005, art. 47-III).

*Par dérogation aux art. 112-1 et 112-4 C. pén., l'infraction à l'art. L. 442-2 C. com. commise avant le 31 déc. 2006 est jugée, et l'exécution des sanctions prononcées se poursuit, selon la disposition en vigueur lors de sa commission (L. n° 2005-882 du 2 août 2005, art. 47-IV). — V. les art. du code pénal précités au **C. pén.** — V. cependant T. corr. Évry, cité ci-dessous.*

BIBL. ► Loi n° 2005-882 du 2 août 2005 : GRALL, MEFFRE et GUET, *D 2005. 2149* (analyse critique). – PECNARD et COUSIN, *LPA 26 sept. 2005* (quelles marges arrières intégrer dans le seuil de revente à perte ?). – GUNTHER et VIALA, *ibid. 4 oct. 2005, p. 9* (impact et conséquences). – FERRIER et FERRÉ, *JCP E 2005, n° 43, p. 1812 ; CCC 2005. Chron. 13* (réforme des pratiques commerciales). – VILMART, *Gaz. Pal. 2006. Doctr. 3813* (de la « facturologie » au « bidouillage »). – FASQUELLE et ROBERVAL, *RDLC 2005, n° 4, p. 85* (nouveau calcul du seuil de revente à perte) ; *LPA 6 déc. 2005* (réforme du droit des pratiques commerciales). – BÉHAR-TOUCHAIS, *RLC 2005, n° 5, p. 41* (nouveau seuil de revente à perte). – GRALL, *Cah. dr. entr. 2005, n° 6, p. 36* (nouveau seuil de revente à perte ; *RLC janv.-mars 2007. 29* (un bilan jugé positif). – AMAND, RUPPELT et VOGEL, *RDLC 2007, n° 2, p. 77* (revente à perte et autres pratiques prohibées en-deçà du seuil de dominance).

1. Loi plus douce. L'art. 15, § 1, du Pacte international sur les droits civils et politiques doit s'entendre non seulement de l'application de la rétroactivité de la loi pénale plus douce dans l'hypothèse d'une peine plus légère, mais également lorsque la loi supprime une incrimination ou certains éléments d'une incrimination. Compte tenu de la ratification par la France de ce Pacte, les dispositions de l'art. 112-1, al. 3, C. pén. relatives au principe de rétroactivité de la loi pénale plus douce doivent s'appliquer sans que la réserve de dérogations expresses (V. 3e note rédactionnelle ci-dessus) ne puisse être admise. • T. corr. Évry, 26 juin 2007 : *RJDA 2007, n° 1157 ; Lettre distrib. oct. 2007, p. 1, obs. Vertut ; RDLC 2007, n° 4, p. 88, obs. de la Laurencie et Lemonnier.*

L'art. 47-IV de la L. n° 2005-882 du 2 août 2005 qui prévoit que, par dérogation aux art. 112-1 et 112-4 C. pén., l'infraction à l'art. L. 442-2 C. com. commise avant le 31 déc. 2006 est jugée, et l'exécution des peines prononcées se poursuit, selon la disposition en vigueur lors de sa commission, est-il conforme à la Constitution ? • Cass., QPC, 22 sept. 2010 : *Dalloz actualité, 8 oct. 2010, obs. Chevrier.* ♦ Le législateur pouvait, pour assurer l'effectivité de la législation économique antérieure et éviter que ceux qui ont obtenu, contre la loi, un avantage concurrentiel par la revente à perte soient exonérés de poursuites, prendre les mesures prévues dans le paragraphe IV de l'art. 47 de la loi du 2 août 2005. • Cons. const. 3 déc. 2010 : *D. 2011. Pan. 1861, obs. Mascala ; AJ pénal 2011. 30, obs. Perrier ; RTD com. 2011. 429, obs. Bouloc ; RSC 2011. 180, obs. de Lamy ; JCP 2011, n° 82, note Dreyer ; Gaz. Pal. 2011. 254, note Detraz ; Dr. pénal 2011, n° 38, obs. J.-H. Robert ; RDLC 2011, n° 1, p. 129, obs. Fourgoux.*

2. Pratique commerciale déloyale. La Dir. 2005/29/CE du 11 mai 2005 sur les pratiques commerciales déloyales des entreprises vis-à-vis des consommateurs doit être interprétée en ce sens qu'elle s'oppose à une disposition nationale qui prévoit une interdiction générale d'offrir à la vente ou de vendre des biens à perte, pour autant que cette disposition poursuit des finalités tenant à la protection des consommateurs (législation belge). • CJUE 7 mars 2013 : *D. 2013. Actu. 913, obs. Petit* ; *JCP 2013, n° 396, obs. Berlin ; CCC 2013. Alerte 34, par Arcelin ; BRDA 2013, n° 7, p. 10 ; RLDA mai 2013. 42, obs. Lalot ; Europe 2013. Alerte 23, par Idot.*

Art. L. 442-3 *(L. n° 2008-3 du 3 janv. 2008, art. 9-II)* **« Les personnes morales déclarées pénalement responsables de l'infraction prévue à l'article L. 442-2 encourent la peine mentionnée au 9° de l'article 131-39 du code pénal. »**

La cessation de l'annonce publicitaire peut être ordonnée dans les conditions prévues à l'article L. 121-3 du code de la consommation. – *[Ord. n° 86-1243 du 1er déc. 1986, art. 32 (I), al. 3 et 4.] – V. note ss. art. L. 442-4.*

Art. L. 442-4 I. – Les dispositions de l'article L. 442-2 ne sont pas applicables :

1° Aux ventes volontaires ou forcées motivées par la cessation ou le changement d'une activité commerciale ;

(L. n° 2008-776 du 4 août 2008, art. 98-III, 2°) **« 2° » Aux produits dont la vente présente un caractère saisonnier marqué, pendant la période terminale de la saison des ventes et dans l'intervalle compris entre deux saisons de vente ;**

(L. n° 2008-776 du 4 août 2008, art. 98-III, 2°) **« 3° » Aux produits qui ne répondent plus à la demande générale en raison de l'évolution de la mode ou de l'apparition de perfectionnements techniques ;**

(L. n° 2008-776 du 4 août 2008, art. 98-III, 2°) **« 4° » Aux produits, aux caractéristiques identiques, dont le réapprovisionnement s'est effectué en baisse, le prix effectif d'achat étant alors remplacé par le prix résultant de la nouvelle facture d'achat ;**

(L. n° 2008-776 du 4 août 2008, art. 98-III, 2°) **« 5° » Aux produits alimentaires commercialisés dans un magasin d'une surface de vente de moins de 300 mètres carrés et aux produits non alimentaires commercialisés dans un magasin d'une surface de vente de moins de 1000 mètres carrés, dont le prix de revente est aligné sur le prix légalement pratiqué pour les mêmes produits par un autre commerçant dans la même zone d'activité ;**

(L. n° 2008-776 du 4 août 2008, art. 98-III, 1°) **« 6° » A condition que l'offre de prix réduit ne fasse l'objet d'une quelconque publicité ou annonce à l'extérieur du point de vente, aux produits périssables à partir du moment où ils sont menacés d'altération rapide ;**

(L. n° 2008-776 du 4 août 2008, art. 98-III, 3°) **« 7° Aux produits soldés mentionnés à l'article L. 310-3. »**

II. – Les exceptions prévues au I ne font pas obstacle à l'application du *(L. n° 2005-845 du 26 juill. 2005, art. 164-I)* **« 2° de l'article L. 653-5 » et du 1 de l'article L. 654-2.** – *[Ord. n° 86-1243 du 1er déc. 1986, art. 32 (II et III).]*

Les dispositions de l'art. 32 de l'Ord. n° 86-1243 du 1er déc. 1986, issues de la L. n° 96-588 du 1er juill. 1996, abrogées et codifiées par l'Ord. n° 2000-912 du 18 sept. 2000 aux art. L. 442-2 à L. 442-4, sont entrées en vigueur le 1er janv. 1997. Jusqu'à cette date, le régime de la revente à perte était défini par l'art. 1er de la L. n° 63-628 du 2 juill. 1963. – V. ce texte au **C. com.**, *éd. 2011 et antérieures.*

Les modifications apportées par la L. n° 2008-776 du 4 août 2008 sont applicables à compter du 1er janv. 2009 (L. n° 2008-776 du 4 août 2008, art. 98-IV).

BIBL. ▶ J.-M. et M. Mousseron, *Cah. dr. entr. 1995, n° 1* (coopération commerciale et revente à perte). – Mainguy, *ibid.* (clause de prix à marge garantie). – Retterer, *D. 2003. 1210* (restauration de l'équilibre des relations commerciales dans la grande distribution). – Voisset, *LPA 9 mai 2005* (réforme des relations commerciales). – Vilmart, *RLC 2005, n° 3, p. 35* (transparence tarifaire et interdiction de la revente à perte). – Pecnard, *LPA 1er juill. 2005* (la vente à perte). ▶ Loi du 2 août 2005 : Grall, Meffre et Guet, *D. 2005. 2149* (analyse critique).

I. PRINCIPE D'INTERDICTION DE LA REVENTE À PERTE

A. GÉNÉRALITÉS

1. Compatibilité avec le droit communautaire. BIBL. Théophile et Giolito, *Cah. dr. entr. 1994, n° 4, p. 8. – BEEI 2002, n° 6, p. 11* (proposition de règlement sur les promotions des ventes). ♦ Les art. 3, 5, 85 et 86 du traité de Rome (actuels art. 8, 101 et 102 TFUE et art. 4 du traité UE, depuis l'entrée en vigueur du traité de Lisbonne ; V. Décr. n° 2009-1466 du 1er déc. 2009, *JO 2 déc.*) ne s'opposent pas à l'application d'une réglementation nationale interdisant aux commerçants de revendre un produit en l'état à un prix inférieur à son prix d'achat. • Crim. 28 sept. 1992 : *RJDA 1992, n° 1037.* – V. de Massiac, *ibid., p. 806.* ♦ L'art. 30 de ce traité [désormais art. 157] doit être interprété en ce sens qu'il ne s'applique pas à une législation d'un État membre interdisant de façon générale la vente à perte. • CJCE 24 nov. 1993 : *D. 1994. 185, note Voinot ; Gaz. Pal. 1994. 2. 414, note d'Ormesson et Wachsmann ; CCC 1993, n° 210, obs. Vogel.* – V. de Massiac, *RJDA 1994, p. 123.*

2. Domaine d'application. L'art. 1er-I ne faisant aucune distinction entre les opérateurs et incriminant tout commerçant qui revendait un produit en l'état à un prix inférieur à son prix d'achat, était punissable la revente à perte de produits par une centrale d'achat à ses filiales. • Crim. 21 juin 1993 : *RJDA 1993, n° 720*, conf. • Paris, 12 nov. 1991 : *BICC 1992, n° 646 ; Gaz. Pal. 1992. 1. 302, note Marchi.* ♦ L'art. L. 442-2 s'applique même dans les rapports entre une société mère et sa filiale détenue à 100 %. • Douai, 20 déc. 2005 : *CCC 2006, n° 159, obs. Malaurie-Vignal* (conf. par • Crim. 22 nov. 2006 : *Bull. crim. n° 293 ; D. 2007. AJ 150, obs. Chevrier ; RTD com. 2007. 464, obs. Bouloc ; AJ pénal 2007. 87, obs. M.-E. C. ; Gaz. Pal. 2007. 1223 ; RJDA 2007, n° 563 ; RLDA févr. 2007. 57, obs. Cheynel ; Dr. pénal 2007, n° 25, obs. J.-H. Robert ; RLC avr.-juin 2007. 59, obs. Bouloc*). ♦ Appliquant les dispositions sur la revente à perte même si, au moment de l'achat, le distributeur n'était pas encore propriétaire de la marchandise : • Douai, 12 janv. 2006 : *CCC 2006, n° 158, obs. Malaurie-Vignal* (conf. par • Crim. 6 déc. 2006 : *Bull. crim. n° 307 ; D. 2007. AJ 301, obs. Chevrier ; RTD com. 2007. 464, obs. Bouloc ; AJ pénal 2007. 85, obs. Royer ; JCP 2007. I. 187, n° 12, obs. J.-H. Robert ; RJDA 2007, n° 564 ; Dr. pénal 2007, n° 41, obs. Robert ; RLDA févr. 2007. 56, obs. Cheynel ; RLC avr.-juin 2007. 59, obs. Bouloc*).

3. Application dans le temps. V. • Crim. 1er juin 1987 : *Bull. crim. n° 226.*

B. NOTION DE REVENTE À PERTE

4. Économie globale de l'opération. Pour apprécier l'existence du délit de revente à perte, il y a lieu de prendre en considération l'économie globale de l'opération de revente (opération combinant un abonnement au réseau internet et la fourniture de modem). • Crim. 7 mai 2002 : *Bull. crim. n° 109 ; D. 2002. AJ 2050 ; ibid. 2003. Somm. 1033, obs. Chopin ; CCC 2002, n° 159, obs. Malaurie-Vignal ; ibid., n° 166, obs. Raymond ; JCP 2003. I. 103, n° 15, obs. Robert ; JCP 2003. II. 10047, note Courtois-Champenois ; RTD com. 2002. 738, obs. Bouloc ; Gaz. Pal. 2003. Somm. 2508, obs. Misse et Dupuy ; RJDA 2003, n° 197.* – V aussi Serinet, *D. 2002. 3252*. – Comp. jugeant que l'incrimination doit s'analyser produit par produit et non de façon globale (à propos d'un rabais global accordé sur le contenu total d'un « caddie »). • TGI Toulouse, 4 juill. 1994 : *Cah. dr. entr. 1996, n° 5, p. 33, obs. Arhel.*

5. Prix d'achat presumé (jurisprudence antérieure à la loi du 1er juill. 1996). La présomption selon laquelle le prix d'achat effectif est celui porté sur la facture d'achat est une présomption simple. • T. com. Paris, réf., 6 sept. 1988 : *Gaz. Pal. 1988. 2. 839, note Marchi.* ♦ La preuve contraire peut résulter de ristournes différées et de conditions de coopération commerciale dont peut, par ailleurs, bénéficier le revendeur. • Même ordonnance. – V. aussi • Crim. 4 févr. 1991 : *Gaz. Pal. 1991. 1. 299, note Bayet.* ♦ Lorsque la facture n'est pas fiable, comme comportant une anomalie manifeste, le revendeur est libre d'apporter la preuve, dont la charge lui incombe, du caractère licite de la revente. • Douai, 7 oct. 1994 : *EICC 1995, n° 68 ; RJDA 1995, n° 302.*

6. Remises pour paiement comptant. Pour le calcul du seuil de revente à perte, aucune distinction ne saurait être opérée entre les différentes remises venant en diminution du prix d'achat. • Crim. 10 avr. 1995 : *Bull. crim. n° 153 ; D. 1995. IR 156.* – V. désormais art. L. 441-3, al. 3, codifiant l'art. 31, al. 3 de l'Ord. de 1986, dans sa rédaction issue de la L. n° 96-588 du 1er juill. 1996.

7. Réduction acquise à la date de la vente et directement liée à la vente. En ce sens qu'une ristourne de fin de campagne consentie par un fournisseur à tous les adhérents d'une centrale d'achat, sans autre condition que l'achat, doit être prise en compte dans le calcul du seuil de revente à perte, V. • Orléans, 26 nov. 1998 : *D. Affaires 1999. 1205.*

8. Prix du transport. Une société de vente par correspondance peut valablement tenir compte pour le calcul du seuil de revente à perte des frais de port afférents à la livraison de la marchandise. • Douai, 28 sept. 1993 : *RJDA 1994, n° 1043.*

9. Déduction pour coopération commerciale. Sur la subordination de la déduction pour services dits « de coopération commerciale » à l'affectation de ces services au produit au prix litigieux : V. • Crim. 1er juin 1987 : *préc. note 3* • 4 févr. 1991 : *cité note 20* • Montpellier, 17 janv. 1995 : *BID 1995, n° 12, p. 34.* – V. aussi • T. com. Paris, 6 sept. 1988 : *préc. note 5* • Chambéry, 27 juin 1996 : *cité note 20.* ♦ V. désormais art. L. 441-3, al. 3, codifiant l'art. 31, al. 3, de l'Ord. de 1986, dans sa rédaction issue de la L. n° 96-588 du 1er juill. 1996.

10. Remises futures et conditionnelles (jurisprudence antérieure à la loi du 1er juill. 1996). Méconnaît le sens et la portée de l'art. 1er et de l'art. 31 de l'Ord. n° 86-1243 du 1er déc. 1986 [dans sa rédaction antérieure à la loi du 1er juill. 1996], relatif aux factures, l'arrêt qui autorise le revendeur à faire prendre en compte, pour la détermination du prix d'achat effectif, toutes les remises mêmes futures et conditionnelles, dans la mesure où, leur principe étant acquis, elles devront être, sans fraude, régulièrement et effectivement octroyées, alors que les remises alléguées n'étaient pas chiffrables au jour de la vente. • Crim. 18 févr. 1991 : *JCP E 1991. Pan. 591 ; RTD com. 1991. 685, obs. Bouzat* (V. l'arrêt cassé : • Colmar, 26 févr. 1990 : *JCP 1990. II. 21522, note Burst)* • Crim. 18 mai 1992 : *RJDA 1992, n° 1152.* – V. aussi, • Metz, 26 sept. 1991 : *Cah. dr. entr. 1992, n° 3, note Burst et Mousseron* • Versailles, 14 mai 1992 : *RJDA 1992, n° 847* • TGI Reims, 25 oct. 1993 : *CCC 1995, n° 71, obs. Vogel.* ♦ Les ristournes complémentaires qui peuvent être prises en compte pour la détermination du seuil de revente à perte ne doivent pas revêtir un caractère aléatoire ou être la contrepartie d'un service. • Versailles, 10 oct. 1991 : *RJDA 1992, n° 482.* – Comp. : • Versailles, 16 mars 1989 : *préc. note 2.* ♦ La rémunération de l'exposition des produits de la marque d'un fournisseur par certains détaillants étant accordée par ce premier au vu d'une facture établie par le revendeur, la prestation de ce dernier se trouve ainsi rémunérée dans le cadre de conventions non incluses dans les conditions générales de vente, et fait l'objet d'une facturation autonome, de telle sorte que sa valeur n'a pas à être déduite du prix du produit (pour établir le seuil de revente à perte). • Paris, 5 nov. 1996 : *D. Affaires 1997. 111.* ♦ Sur les remises non intégrées dans le prix facturé à l'origine, dites « remises arrières », V. la position défavorable de l'Administration : Rép. min. n° 19179 : *JO Sénat Q, 16 avr. 1992, p. 941.* ♦ Sur les remises devant figurer sur les factures avant l'intervention de la loi du 1er juill. 1996 et sur la rétroactivité de cette nouvelle loi, moins sévère, V. aussi notes 14 ss. art. L. 441-3 et 1 ss. L. 441-4. ♦ V. aussi notes 30 et 30 *bis* ss. art. L. 420-1. ♦ Comp., désormais : art. 31, al. 3, dans sa rédaction issue de la L. n° 96-588 du 1er juill. 1996 [C. com., art. L. 441-3, al. 3] ; et sur l'application de cet art., notes 15 et 16 ss. art. L. 441-3 et note 1 ss. art. L. 441-4.

II. EXCEPTIONS LÉGALES À L'INTERDICTION

11. Exclusion des exceptions non prévues par un texte. Jugeant qu'un commerçant ne peut valablement revendre à perte ses stocks en prétextant sauver son entreprise de la liquidation judiciaire, V. • T. corr. Paris, 23 janv. 2002 : *BRDA 2002, n° 14, p. 12.*

11 bis. Liquidation. L'interdiction de la revente à perte ne s'applique pas aux ventes volontaires motivées par la cessation ou le changement d'une activité commerciale ; tel est le cas des ventes de liquidation [C. com., art. L. 310-1] autorisées par le préfet en raison d'une prochaine fermeture pour travaux. • Orléans, 27 mars 2003 : *CCC 2004, n° 52, obs. Raymond.* – V. l'art. cité.

A. PRODUITS SAISONNIERS

12. Produits potentiellement dépréciés. L'exception prévue pour certains produits dépréciables par l'art. 1er-II n'est admissible que lorsque leur revente a lieu à un moment où ils sont potentiellement dépréciés (condamnation, à propos d'une vente de jouets trois jours avant Noël). • Crim. 13 mars 1995 : *RJDA 1995, n° 599.* ♦ S'agissant d'une vente de jouets, le 15 décembre ne constitue pas la période terminale de la saison des ventes, celle-ci commençant en octobre pour s'achever le 24 décembre : • Orléans, 15 sept. 1997 : *BID 1998, n° 5, p. 26.* – V. aussi, pour une mise en vente dès le 19 décembre, • Caen, 7 avr. 1995 : *BID 1997, n° 10, p. 26.* ♦ Dans le même sens, V. • Besançon, 25 nov. 1999 : *BICC 2000, n° 440.* ♦ V., au contraire, jugeant que la mise en vente de jouets le 23 décembre se situe dans la phase terminale de la saison, laquelle ne peut pas se situer après le 24 décembre, • Crim. 3 mai 2001 : *RJDA 2002, n° 441 ; Dr. pénal 2001, n° 131, obs. Robert ; BID 2002, n° 10-11, p. 26.* ♦ Sur la contestation du caractère saisonnier des jouets, V. • TGI Quimper, 23 janv. 1997 : *BID 1998, n° 1,* *p. 18.* ♦ Sur la revente à perte de produits vendus en période de soldes, V. note 4 ss. art. L. 310-3.

B. PRODUITS NE RÉPONDANT PLUS À LA DEMANDE GÉNÉRALE

13. Quantité vendue. Le faible nombre de ventes ne suffit pas à établir que le produit litigieux ne répond plus à la demande générale en raison de l'évolution de la mode ou des progrès techniques. • Chambéry, 27 juin 1996 : *cité note 20.*

C. ALIGNEMENT DU PRIX

14. Nature de l'exception. L'alignement sur la concurrence est un moyen de défense au fond qui peut être soulevé à tout moment de la procédure. • Crim. 10 avr. 1995 : *préc. note 6.*

14 bis. Nature des produits. Pour la limitation de l'exception au cas prévu par le *d)* du 1° du I de l'art. L. 442-4, V. • Poitiers, 25 juin 2004 : *JCP E 2005, n° 17, p. 703 ; CCC 2005, n° 112, obs. Malaurie-Vignal.*

15. Proximité temporelle. L'exception d'alignement prévue à l'art. 1er-II, dernier al., n'est pas subordonnée à la simultanéité des pratiques visées par ce texte. • Crim. 28 juin 1993 : *Bull. crim. n° 225* (délai de onze jours) • 17 janv. 1994 : *ibid. n° 22 ; D. 1995. 577, note Casson* (délai de trois semaines) • 3 mai 1995 : *Bull. crim. n° 162 ; D. 1995. IR 164* (délai d'une semaine). ♦ Mais le prix servant de base à l'alignement ne peut valablement consister en un prix ayant été pratiqué un mois après la date du contrôle. • Montpellier, 17 janv. 1995 : *préc. note 9.* ♦ Sur le rejet d'un alignement sur un prix non encore pratiqué, V. • Rouen, 24 févr. 1994 : *Cah. dr. entr. 1996, n° 5, p. 34, obs. Arhel.*

16. Proximité géographique. La notion de « zone d'activité » doit s'apprécier au regard de l'entreprise et du marché. • Crim. 10 avr. 1995 : *préc. note 6.* ♦ Le directeur d'un magasin à grande surface ne peut invoquer utilement un alignement sur un commerçant situé à 25 km dans une autre zone d'activité. • Crim. 10 oct. 1996 : *cité note 20.*

17. Proximité des prix. Il n'est pas exigé que le prix aligné soit identique au prix servant de référence (à propos d'un alignement partiel, tantôt sur un concurrent, tantôt sur un autre). • Crim. 3 mai 1995 : *préc. note 15.* ♦ ... Ni que le prix aligné soit égal au prix de référence (à propos d'un prix supérieur) : • Crim. 23 janv. 1995 : *Bull. crim. n° 29 ; RJDA 1995, n° 456.*

18. Alignement sur un prix lui-même illicite. Un prévenu ne peut valablement arguer d'un alignement sur le prix d'un concurrent, lui-même inférieur au seuil de revente à perte, ce qu'il ne pouvait ignorer dès lors qu'il s'agissait de deux enseignes en situation dominante. • TGI Lille, 26 avr. 1996 : *BID 1997, n° 5, p. 27.*

19. Preuve. Du moment où il n'est point contesté que le prévenu, auquel est reproché une revente à perte, a aligné ses prix sur ceux des commerçants concurrents, il ne saurait être exigé de lui la preuve de la légalité des prix pratiqués par ceux-ci, ce qui reviendrait à rapporter une preuve impossible. • Dijon, 1er mars 1990 : *Gaz. Pal. 1990. 2. 687, note Doucet.* ♦ Il suffit au revendeur d'apporter la preuve du prix sur lequel il prétend s'aligner, sauf à la partie poursuivante à établir le caractère illégal de ce prix. • Crim. 11 mars 1991 : *D. 1991. IR 144 ; Gaz. Pal. 1991. 2. 399, note Bayet* • 3 mai 1995 : *préc. note 15* • Paris, 25 sept. 1995 : *D. 1995. IR 270.* ♦ La preuve du prix du concurrent peut résulter de la production d'un ticket de caisse. • Crim. 11 mars 1991 : *JCP 1991. IV. 237.* – V. aussi • Crim. 3 juin 1991 : *ibid. 357.*

La preuve peut être rapportée postérieurement au contrôle effectué par les agents de la Direction de la concurrence et de la consommation. • Crim. 3 avr. 1997 : *D. Affaires 1997. 1212 ; RJDA 1997. 1506.* ♦ Mais il convient que la preuve soit rapportée autrement qu'en invoquant un procès-verbal d'infraction pour revente à perte dressé contre la société concurrente. • Crim. 6 déc. 2006 : *préc. note 2.*

D. EXCEPTION DE RÉAPPROVISIONNEMENT

19 bis. Autonomie de l'exception (jurispr. antérieure à la L. du 4 août 2008). Il ressort à l'évidence, comme cela n'est pas discuté par l'administration, de la lecture de l'art. L. 442-4 que la notion de réapprovisionnement envisagée par son paragraphe « c) » [désormais 4°] est exclusive de la condition préalable exposée au 1° de « ventes volontaires ou forcées motivées par la cessation ou le changement d'une activité commerciale » qui ne constitue en réalité avec le cas visé en « c) » qu'une des exceptions à l'art. L. 442-2 prévues par la loi. • Saint-Denis de La Réunion, 16 oct. 2008 : *JCP E 2009, n° 30, p. 27, obs. Decocq.* ♦ L'autonomie de l'exception de réapprovisionnement est désormais légalement acquise par la renumérotation de l'art. L. 442-4 opérée par la L. n° 2008-776 du 4 août 2008.

19 ter. Conditions de l'exception. Dès lors que les produits sont identiques, l'exception s'applique alors même que le réapprovisionnement a lieu le même jour dès lors que les deux commandes ne sont pas concomitantes mais successives, la loi n'exigeant pas pour qu'il y ait réapprovisionnement que le stock de la première commande ait été vendu. • Saint-Denis de La Réunion, 16 oct. 2008 : *préc. note 19 bis.*

III. SANCTIONS

A. SANCTIONS PÉNALES

20. Élément intentionnel de l'infraction. La seule constatation de la violation en connaissance de cause d'une prescription légale implique de la part de son auteur l'intention coupable exigée par l'art. 121-3 C. pén. • Crim. 4 avr. 2001 : *RJDA 2001, n° 1269.* ♦ Est ainsi caractérisé en tous ses éléments constitutifs le délit de revente à perte dès lors que les prix de revente du prévenu, compte tenu des seules remises dont il justifie, sont inférieurs à ses coûts d'achat effectifs. • Crim. 10 oct. 1996 : *Bull. crim. n° 358 ; D. Affaires 1997. 216.* ♦ Il importe peu pour la qualification que l'infraction ait porté sur une quantité restreinte de produits. • Pau, 21 avr. 2005 : *RDLC 2005, n° 4, p. 89, obs. Fasquelle et Roberval.* ♦ Comp., pour un arrêt ayant jugé que l'art. 121-3 C. pén. étant applicable, le délit de revente à perte n'est constitué que si le prévenu a eu l'intention de le commettre ou a été imprudent ou négligent dans le mode de calcul de son prix de revente : • Nancy, 8 févr. 1996 : *Gaz. Pal. 1996. 2. Doctr. 1197, obs. O.F.* ♦ Avant l'entrée en vigueur de l'art. 121-3 C. pén., le 1er mars 1994, la chambre criminelle considérait que le texte n'exige point que l'intention frauduleuse soit établie. • Crim. 4 févr. 1991 : *D. 1991. IR 120 ; Gaz. Pal. 1991. 2. 401, note Doucet.* – Comp., précisant que le prévenu doit avoir agi « en connaissance de cause » : • Chambéry, 27 juin 1996 : *JCP E 1996. Pan. 991.* ♦ ... Jugeant que l'élément intentionnel est démontré par l'attitude du prévenu tendant à faire croire aux enquêteurs qu'il n'y avait pas eu de réapprovisionnement après la hausse de taxes sur le carburant. • Montpellier, 27 févr. 1995 : *BID 1996, n° 3, p. 41.* – Comp., aussi, pour une relaxe motivée, notamment, par l'imprécision de la position de l'Administration sur la prise en considération des ristournes : • TGI Strasbourg, 23 juin 1994 : *ibid.*

21. Preuve. La seule production de factures suffit à établir l'illicéité de la revente pratiquée en deçà du prix d'achat effectif qui y figure. • Crim. 4 avr. 2001 : *RJDA 2001, n° 1269.*

22. Admission de la délégation de pouvoirs. BIBL. Bayet, *Gaz. Pal. 1993. 2. Doctr. 923.* – de Massiac, *RJDA 1995, p. 927.* – Dreyer, *D. 2004. 937* (les pouvoirs délégués afin d'exonérer pénalement le chef d'entreprise). ♦ Sauf si la loi en dispose autrement, le chef d'entreprise qui n'a pas personnellement pris part à la réalisation de l'infraction peut s'exonérer de sa responsabilité pénale s'il rapporte la preuve qu'il a délégué ses pouvoirs à une personne pourvue de la compétence de l'autorité et des moyens nécessaires. • Crim. 11 mars 1993 : *Bull. crim. n° 112 ; D. 1994. Somm. 135, obs. Roujou de Boubée ; JCP E 1994. II. 571, note Robert ; Bull. Joly 1993. 666, note Cartier* • 17 janv. 1994 : *ibid.* • 3 mai 1995 : *ibid.* • 6 mai 1996 : *RJDA 1996, n° 1335. – Contra :* • Besançon, 8 mars 1994 : *Bull. act. Lamy droit économique oct. 1994, p. 7.* ♦ Pour un arrêt ayant admis que les contrats de travail des responsables des secteurs alimentaire et non alimentaire d'une grande surface opéraient, pour les infractions d'achat sans facture de produits frais et de revente à perte de conserves et de lessives, délégation de pouvoirs, les préposés en question bénéficiant d'une connaissance technique suffisante à la compréhension des textes à faire respecter, V. • Angers, 22 nov. 1994 : *BID 1995, n° 12, p. 34.* ♦ Comp. aussi, auparavant, jugeant que le dirigeant de l'entreprise où les pratiques illicites sont constatées ne saurait s'exonérer en invoquant une délégation de pouvoirs, dès lors que les faits incriminés relèvent des fonctions de direction qu'il assume personnellement : • Crim. 11 mars 1991 : *D. 1991. IR 160 ; Rev. sociétés 1991. 565, note Bouloc* • 18 mai 1992 : *RJDA 1992, n° 1153.* ♦ Comp. : note 7 ss. art. L. 443-1.

23. Preuve de la délégation de pouvoirs. La délégation de pouvoirs n'a pas besoin d'avoir date certaine, la preuve de la valeur et de l'étendue d'une délégation de pouvoirs, et des subdélégations éventuelles, n'étant soumise à aucune forme particulière. • Crim. 15 nov. 1994 : *Bull. act. Lamy droit économique janv. 1995, p. 3.* ♦ Sur la validité d'une subdélégation, sous réserve de la preuve, d'une part, de la formation et de la compétence du subdélégataire, d'autre part, de la faculté, par le subdélégant lui-même, de déléguer à un subordonné, V. • Crim. 25 janv. 1996 : *BID 1996, n° 6, p. 32.* – V. aussi • Crim. 3 avr. 1997 : *préc. note 19* • Rouen, 29 avr. 1996 : *BID 1997, n° 5, p. 20.*

B. ACTION EN JUSTICE

24. Action en référé d'un fournisseur. Peut être admise l'action en référé introduite par un fournisseur en cessation de la revente à perte pratiquée par un distributeur, cette pratique exposant le fournisseur, d'une part, à une dépréciation de son image de marque, le produit pouvant apparaître comme bradé et, d'autre part, aux soupçons des autres distributeurs sur l'existence de conditions préférentielles consenties à des concurrents, mettant ainsi en péril sa politique commerciale. • Com. 20 juin 1995 : *RJDA 1995, n° 1004.*

25. Action civile des associations. Une association de défense de commerçants et d'artisans ne peut valablement se constituer partie civile à l'occasion des poursuites exercées contre le dirigeant d'un hypermarché pour revente à perte, dès lors qu'elle n'est pas une victime directe de l'infraction et qu'elle ne figure pas au nombre des personnes auxquelles le législateur a reconnu le droit d'agir en justice. • Crim. 7 déc. 1992 : *RJDA 1993, n° 49.* ♦ En revanche, est recevable la constitution de partie civile d'une association de consommateurs agréée dès lors que la revente à perte, incompatible avec une concurrence saine et loyale, est contraire à l'intérêt général des consommateurs, et qu'est donc caractérisé le préjudice direct ou indirect causé à l'intérêt collectif des consommateurs. • Crim. 10 oct. 1996 : *préc. note 20.* ♦ Jugeant que l'intérêt protégé par la répression de la revente à perte est la loyauté de la concurrence entre commerçants et ne concerne pas directement les consommateurs bénéficiaires de cette concurrence sauvage, V. • TGI Amiens, 16 sept. 1997 : *BID 1998, n° 12, p. 26.*

Art. L. 442-5 **Est puni d'une amende de 15 000 € le fait par toute personne d'imposer, directement ou indirectement, un caractère minimal au prix de revente d'un produit ou d'un bien, au prix d'une prestation de service ou à une marge commerciale.** — *[Ord. n° 86-1243 du 1er déc. 1986, art. 34.]*

V. dérogeant à cette prohibition en matière de livre, L. n° 81-766 du 10 août 1981, art. 1er, App., v° Concurrence (I — Droit interne).

BIBL. ▶ DELBARRE, *RJDA 1993. 167.* – GRANIER, *RTD com. 1991. 358* (contrat de franchise). – J.-M. et M. MOUSSERON, *Cah. dr. entr. 1995, n° 1* (coopération commerciale et prix imposés). – DELBARRE, J.-M. et M. MOUSSERON, *ibid., n° 6, p. 9* (police des prix de revente par les fournisseurs). – VERTUT, *CCC 2000. Chron. 15* (communications en matière de prix de revente et droit de la concurrence). – ARHEL, *JCP E 2000, n° 46, p. 1799* (lutte contre les pratiques de prix imposés en Europe). – ARHEL, *LPA 16 nov. 2001* (*idem* 2000 et 2001).

I. PRINCIPE DE PROHIBITION DES PRIX MINIMUM IMPOSÉS

1. Champ d'application. Jugeant que les dispositions de l'art. L. 442-5 ne sont pas applicables au propriétaire de marchandises que les fait vendre au détail en son nom et pour son compte par un prétendu franchisé, ce dernier ne pouvant se prévaloir de la qualité de commerçant indépendant, cet élément essentiel au contrat de franchise faisant défaut : • Paris, 18 juin 2003 : *CCC 2004, n° 19, obs. Leveneur.*

1 bis. Imposition d'un coefficient minimal. L'envoi par un fournisseur de lettres de rappel à l'ordre à des distributeurs, qui ne respectent pas le coefficient minimal qu'il préconise, est constitutif du délit de prix imposés sans qu'il soit nécessaire d'apporter la preuve que ces injonctions aient été suivies d'un effet direct et matériellement constaté. • Versailles, 28 nov. 1990 : *Gaz. Pal. 1991. 2. 410, note Marchi.*

2. Exigence d'une autorisation du fournisseur. Le fait de subordonner à l'autorisation du fournisseur la fixation de prix inférieurs de 10 % à un prix moyen de référence contrevient à l'art. 34 [C. com., art. L. 442-5]. • T. com. Paris, 16 mai 1995 : *LPA 22 mars 1996, note Dreyer.*

3. Pratique des prix « conseillés ». Un prix présenté comme « conseillé » par le concédant, peut constituer, en réalité, un prix imposé, tant en ce qui concerne les produits vendus que les services rendus à la clientèle, dès lors que, par son statut, le concessionnaire se trouve dans un état de dépendance économique tel qu'il est tenu de le respecter. • Paris, 17 janv. 1995 : *D. 1997. Somm. 63, obs. Ferrier.* ♦ Est illicite la clause d'un contrat de franchise par laquelle le franchisé l'oblige à l'égard du franchiseur « à respecter autant que faire ce peu » des marges bénéficiaires décidées par le franchiseur, celles-ci ne pouvant dès lors être considérées comme des « marges conseillées à titre indicatif », qui a pour effet de dissuader les entreprises appartenant au réseau mis en place par le franchiseur de procéder à la fixation autonome de leurs prix. • Com. 1er juin 1993 : *Bull. civ. IV, n° 222 ; D. 1995, somm., 79, obs. Ferrier.* ♦ Pour un autre exemple de prix, présentés par le fabricant comme « conseillés » aux détaillants du réseau de distribution sélective mais constituant, en réalité, des prix imposés, en raison de menaces de rétorsions commerciales, V. • Crim. 25 nov. 1991 : *Gaz. Pal. 1992. 1. Somm. 166, obs. Doucet.* ♦ Pour des prix « indicatifs » de revente qui revêtent un caractère obligatoire, compte tenu d'une clause interdisant aux revendeurs toute remise promotionnelle sur les produits de la marque sans le consentement du concédant et d'une politique de refus systématique de telles remises, V. • Crim. 22 août 1995 : *D. 1997. Somm. 63, obs. Ferrier ; RJDA 1996, n° 77.*

4. Clause d'approvisionnement exclusif. Ayant retenu que le prix d'achat des marchandises achetées par le franchisé était déterminé par le franchiseur, que le franchisé se trouvait dans l'obligation d'appliquer à la clientèle le tarif déterminé et transmis par le franchiseur, une cour d'appel a pu en déduire, en justifiant légalement sa décision d'annulation, que par l'effet de la clause d'approvisionnement exclusif les prix étaient déterminés dans des conditions contraires à l'art. 34 [C. com., art. L. 442-5]. • Com. 7 oct. 1997 : *CCC 1998, n° 2, note Leveneur ; JCP 1998. II. 10110, note Mainguy.* – V. aussi note 30 ss. art. L. 420-1, et note 9 ss. art. A. 441-1.

5. Refus de livraison. Constitue un moyen indirect d'imposer un prix minimal au prix de revente d'un produit le refus de livrer celui-ci au motif que le prix de revente est insuffisant. • Crim. 31 oct. 2000 : *Bull. crim. n° 326 ; RTD com. 2001. 265, obs. Bouloc ; CCC 2001, n° 73, obs. Malaurie-Vignal.*

5 bis. Prix accepté. Relevant qu'il résulte du contrat que le prix a été fixé à la suite d'un accord entre les parties, puisque signé, sans contrainte ni violence, et n'a donc pas été imposé, au sens des dispositions légales : • Nîmes, 22 mai 2003 : *Cah. dr. entr. 2003, n° 5, p. 51, obs. crit. Respaud.*

II. TEMPÉRAMENTS

6. Ristournes conditionnelles. Le fait d'offrir, à l'occasion de la cession d'un produit, des rabais, remises ou ristournes dans des conditions d'attribution définies de manière objective et ne prêtant pas à discrimination, n'est pas de nature à restreindre la liberté de leur bénéficiaire éventuel de fixer le prix de revente de ces produits et ne saurait constituer une pratique tendant à conférer un caractère minimal aux prix de revente. • Crim. 30 nov. 1992 : *Bull. crim. n° 396 ; D. 1993. IR 37* • 29 nov. 1993 : *Bull. crim. n° 362 ; D. 1994. IR 15.* ♦ La pratique de rabais, remises ou ristournes hors facture ne constitue pas une façon d'imposer indirectement un caractère minimal au prix de revente du distributeur, puisqu'il n'existe pas de délit de refus d'acheter et que le distributeur est libre d'adhérer ou non aux conditions de vente proposées par le fournisseur : • Versailles, 14 mai 1992 : *RJDA 1992, n° 849.* ♦ Mais l'infraction de prix imposés est commise par un fabricant qui, par un mécanisme conditionnel de ristournes, se donne les moyens de prévenir toute revente au-dessous du prix facturé, V. • Crim. 5 nov. 1990 : *D. 1991. IR 10.* ♦ Pour un autre exemple de ristourne conditionnelle contraire à l'art. 34 [C. com., art. L. 442-5], V. • Paris, 29 mars 1994 : *CCC 1994, n° 236, note Vogel.*

7. Plancher de rémunération variable. Un fournisseur a toujours le droit de fixer contractuellement un plancher à une rémunération variable. Ce faisant, il ne peut être accusé d'imposer un prix de revente minimal, le revendeur conservant le droit de fixer son prix en tenant compte des éléments de son prix de revient. • T. com. Paris, 16 mai 1995 : *préc. note 2.*

8. Tarifs maxima. L'obligation souscrite par le franchisé d'utiliser les tarifs de base du franchiseur n'est pas illicite, dès lors qu'il s'agit de tarifs maxima que le franchiseur peut définir afin d'assurer l'homogénéité du réseau de franchise. • Paris, 16 juin 1993 : *D. 1995. Somm. 79, obs. Ferrier.* ♦ Mais la pratique de prix minimum imposé est établie lorsque les revendeurs d'un groupement de commerçants indépendants disposent d'une marge de manœuvre réduite à l'extrême par le caractère très bas des prix maximaux figurant au recueil de prix promotionnels, dans un contexte de grande tension des prix des lessives sur le marché et par les principes mêmes qui, en vertu de la charte du groupement, gouvernent les relations de celui-ci avec les franchisés, leur faisant obligation de ne pas s'éloigner dans des proportions trop importantes des prix établis dans cette chaîne de distribution développant une image de pratique de prix bas et que le contrat de franchise souscrit par tous les revendeurs leur interdit de pratiquer des prix supérieurs au prix maximal ou encore de le baisser de manière anormale. • Com. 27 janv. 1998 : *RJDA 1998, n° 798.*

III. SANCTIONS

9. Imputabilité de l'infraction. Il entre dans les attributions du président du conseil d'administration de veiller à la bonne conduite de la politique commerciale pratiquée, notamment, vis-à-vis des grands distributeurs des produits de la société. • Paris, 29 mars 1994 : *préc. note 6.* ♦ Pour la condamnation du président d'une société à indemniser de leur préjudice moral les franchisés, personnes physiques et sociétés, constitués parties civiles : • Crim. 19 févr. 2003 : *Dr. pénal 2003, n° 87, obs. Robert.* ♦ En cet état, et dès lors que le prévenu, devant répondre des conséquences dommageables de l'infraction dont il s'est personnellement rendu coupable, ce délit eût-il été commis dans le cadre de ses fonctions de dirigeant social, engage sa responsabilité civile à l'égard des tiers auxquels cette infraction a porté préjudice. • Même arrêt.

10. Sanction civile : nullité du contrat. Justifie légalement sa décision d'annuler un contrat de franchise la cour d'appel qui a constaté que par l'effet de la clause d'approvisionnement exclusif liant les parties, les prix étaient déterminés dans des conditions contraires aux dispositions de l'art. 34 de l'Ord. du 1er déc. 1986. • Com. 7 oct. 1997 : *préc. note 4.* ♦ Doit être annulé en raison de son caractère anticoncurrentiel le contrat de concession exclusive qui prévoit que le concessionnaire a l'obligation d'appliquer le tarif conseillé par le concédant et ne lui laisse aucune autonomie dans la fixation de ses prix, ce qui est contraire à l'art. 34 de l'Ord. du 1er déc. 1986 (C. com., art. L. 441-5). • Paris, 17 janv. 1995 : *préc. note 3.* ♦ Pour d'autres décisions annulant des contrats stipulant des clauses contrevenant à l'art. 34 [C. com., art. L. 442-5], V. note 9 ss. art. A. 441-1.

11. Sanction pénale. L'art. L. 442-5 fait de la pratique de prix imposés une infraction pénale, définie indépendamment du pouvoir de marché détenu par le producteur. • Cons. conc. n° 07-D-04 du 24 janv. 2007 : *BOCC 18 avr. 2007 ; D. 2008. Pan. 2193, obs. Ferrier ; CCC 2007, n° 70, obs. Malaurie-Vignal ; RDLC 2007, n° 2, p. 99, obs. Claudel.*

Art. L. 442-6 I. — Engage la responsabilité de son auteur et l'oblige à réparer le préjudice causé le fait, par tout producteur, commerçant, industriel ou *(L. n° 2003-7 du 3 janv. 2003)* « personne immatriculée au répertoire des métiers » :

(Abrogé par L. n° 2008-776 du 4 août 2008, art. 93-I, 1°, a) « 1° De pratiquer, à l'égard d'un partenaire économique, ou d'obtenir de lui des prix, des délais de paiement, des conditions de vente ou des modalités de vente ou d'achat discriminatoires et non justifiés par des contreparties réelles en créant, de ce fait, pour ce partenaire, un désavantage ou un avantage dans la concurrence ; »

(L. n° 2008-776 du 4 août 2008, art. 93-I, 1°, a) « 1° » *(L. n° 2001-420 du 15 mai 2001)* « D'obtenir ou de tenter d'obtenir d'un partenaire commercial un avantage quelconque ne correspondant à aucun service commercial effectivement rendu ou manifestement disproportionné au regard de la valeur du service rendu. Un tel avantage peut notamment consister en la participation, non justifiée par un intérêt commun et sans contrepartie proportionnée, au financement d'une opération d'animation commerciale, d'une acquisition ou d'un investissement, en particulier dans le cadre de la rénovation de magasins ou encore du rapprochement d'enseignes ou de centrales de référencement ou d'achat ; » *[.] (L. n° 2005-882 du 2 août 2005, art. 49-I)* « Un tel avantage peut également consister en une globalisation artificielle des chiffres d'affaires ou en une demande d'alignement sur les conditions commerciales obtenues par d'autres clients ; »

(L. n° 2008-776 du 4 août 2008, art. 93-I, 1°, b et c) « 2° De soumettre ou de tenter de soumettre un partenaire commercial à des obligations créant un déséquilibre significatif dans les droits et obligations des parties ; »

(L. n° 2001-420 du 15 mai 2001) « 3° » D'obtenir ou de tenter d'obtenir un avantage, condition préalable à la passation de commandes, sans l'assortir d'un engagement écrit sur un volume d'achat proportionné et, le cas échéant, d'un service demandé par le fournisseur et ayant fait l'objet d'un accord écrit ;

4° *(L. n° 2008-776 du 4 août 2008, art. 93-I, 1°, d)* « D'obtenir ou de tenter d'obtenir, sous la menace d'une rupture brutale totale ou partielle des relations commerciales, des conditions manifestement abusives concernant les prix, les délais de paiement, les modalités de vente ou les services ne relevant pas des obligations d'achat et de vente ; »

5° *(L. n° 2001-420 du 15 mai 2001)* « De rompre brutalement, même partiellement, une relation commerciale établie, sans préavis écrit tenant compte de la durée de la relation commerciale et respectant la durée minimale de préavis déterminée, en référence aux usages du commerce, par des accords interprofessionnels. Lorsque la relation commerciale porte sur la fourniture de produits sous marque de distributeur, la durée minimale de préavis est double de celle qui serait applicable si le produit n'était pas fourni sous marque de distributeur. A défaut de tels accords, des arrêtés du ministre chargé de l'économie peuvent, pour chaque catégorie de produits, fixer, en tenant compte des usages du commerce, un délai minimum de préavis et encadrer les conditions de rupture des relations commerciales, notamment en fonction de leur durée. Les dispositions qui précèdent ne font pas obstacle à la faculté de résiliation sans préavis, en cas d'inexécution par l'autre partie de ses obligations ou en cas de force majeure ; *[.]* » *(L. n° 2005-882 du 2 août 2005, art. 49-III)* « Lorsque la rupture de la relation commerciale résulte d'une mise en concurrence par enchères à distance, la durée minimale de préavis est double de celle résultant de l'application des dispositions du présent alinéa dans les cas où la durée du préavis initial est de moins de six mois, et d'au moins un an dans les autres cas ; »

6° De participer directement ou indirectement à la violation de l'interdiction de revente hors réseau faite au distributeur lié par un accord de distribution sélective ou exclusive exempté au titre des règles applicables du droit de la concurrence ;

(L. n° 2008-776 du 4 août 2008, art. 21-II) « 7° De soumettre un partenaire à des conditions de règlement qui ne respectent pas le plafond fixé au neuvième alinéa de l'article L. 441-6 ou qui sont manifestement abusives, compte tenu des bonnes pratiques et usages commerciaux, et s'écartent au détriment du créancier, sans raison objective, du délai indiqué au huitième alinéa de l'article L. 441-6. Est notamment abusif le fait, pour le débiteur, de demander au créancier, sans raison objective, de différer la date d'émission de la facture ; »

(L. n° 2005-882 du 2 août 2005, art. 48-II) « 8° De procéder au refus ou retour de marchandises ou de déduire d'office du montant de la facture établie par le fournisseur les pénalités ou rabais correspondant au non-respect d'une date de livraison ou à la non-conformité des marchandises, lorsque la dette n'est pas certaine, liquide et exigible, sans même que le fournisseur n'ait été en mesure de contrôler la réalité du grief correspondant ; »

(L. n° 2008-3 du 3 janv. 2008, art. 8) « 9° De ne pas communiquer ses conditions générales de vente, dans les conditions prévues à l'article L. 441-6, à tout acheteur de produits ou tout demandeur de prestations de services qui en fait la demande pour l'exercice d'une activité professionnelle » ;

(L. n° 2008-776 du 4 août 2008, art. 93-I, 1°, e) « 10° De refuser de mentionner sur l'étiquetage d'un produit vendu sous marque de distributeur le nom et l'adresse du fabricant si celui-ci en a fait la demande conformément à l'article L. 112-6 du code de la consommation » ; *– V. cet art. au **C. consom.***

(L. n° 2010-874 du 27 juill. 2010, art. 14-II) « 11° D'annoncer des prix hors des lieux de vente, pour un fruit ou légume frais, sans respecter les règles définies aux II et III de l'article L. 441-2 du présent code ;

« 12° De ne pas joindre aux fruits et légumes frais destinés à la vente ou à la revente à un professionnel établi en France, lors de leur transport sur le territoire national, le document prévu à l'article L. 441-3-1 ;

« 13° De bénéficier de remises, rabais et ristournes à l'occasion de l'achat de fruits et légumes frais en méconnaissance de l'article L. 441-2-2. »

(L. n° 2001-420 du 15 mai 2001) « II. – Sont nuls les clauses ou contrats prévoyant pour un producteur, un commerçant, un industriel ou *(L. n° 2003-7 du 3 janv. 2003)* « une personne immatriculée au répertoire des métiers », la possibilité :

« *a)* De bénéficier rétroactivement de remises, de ristournes ou d'accords de coopération commerciale ;

« *b)* D'obtenir le paiement d'un droit d'accès au référencement préalablement à la passation de toute commande ;

« *c)* D'interdire au cocontractant la cession à des tiers des créances qu'il détient sur lui ;

(L. n° 2008-776 du 4 août 2008, art. 93-I, 2°) « *d)* De bénéficier automatiquement des conditions plus favorables consenties aux entreprises concurrentes par le cocontractant ;

« *e)* D'obtenir d'un revendeur exploitant une surface de vente au détail inférieure à 300 mètres carrés qu'il approvisionne mais qui n'est pas lié à lui, directement ou indirectement, par un contrat de licence de marque ou de savoir-faire, un droit de préférence sur la cession ou le transfert de son activité ou une obligation de non-concurrence post-contractuelle, ou de subordonner l'approvisionnement de ce revendeur à une clause d'exclusivité ou de quasi-exclusivité d'achat de ses produits ou services d'une durée supérieure à deux ans *[.]* »

(L. n° 2001-420 du 15 mai 2001) « L'annulation des clauses relatives au règlement entraîne l'application du délai indiqué au deuxième alinéa de l'article L. 441-6, sauf si la juridiction saisie peut constater un accord sur des conditions différentes qui soient équitables.

« III. — L'action est introduite devant la juridiction civile ou commerciale compétente par toute personne justifiant d'un intérêt, par le ministère public, par le ministre chargé de l'économie ou par le président *(Ord. n° 2008-1161 du 13 nov. 2008, art. 4)* « de l'Autorité de la concurrence » lorsque ce dernier constate, à l'occasion des affaires qui relèvent de sa compétence, une pratique mentionnée au présent article. — *Les actions en justice engagées par le président du Conseil de la concurrence sur le fondement du III de l'art. L. 442-6 sont poursuivies par le président de l'Autorité de la concurrence (Décr. n° 2009-141 du 10 févr. 2009, art. 4). — Pour un litige sur la question, V. T. com. Créteil, 13 oct. 2009, cité ss. art. R. 461-1. — V. art. R. 442-1.*

« Lors de cette action, le ministre chargé de l'économie et le ministère public peuvent demander à la juridiction saisie d'ordonner la cessation des pratiques mentionnées au présent article. Ils peuvent aussi, pour toutes ces pratiques, faire constater la nullité des clauses ou contrats illicites *(L. n° 2008-776 du 4 août 2008, art. 93-I, 3°, a)* « et » demander la répétition de l'indu. *(L. n° 2008-776 du 4 août 2008, art. 93-I, 3°, b)* « Ils peuvent également demander le prononcé d'une amende civile dont le montant ne peut être supérieur à 2 millions d'euros. Toutefois, cette amende peut être portée au triple du montant des sommes indûment versées. » La réparation des préjudices subis peut également être demandée. » *(L. n° 2005-882 du 2 août 2005, art. 49-IV)* « Dans tous les cas, il appartient au prestataire de services, au producteur, au commerçant, à l'industriel ou à la personne immatriculée au répertoire des métiers qui se prétend libéré de justifier du fait qui a produit l'extinction de son obligation. »

(L. n° 2008-776 du 4 août 2008, art. 93-I, 3°, c) « La juridiction peut ordonner la publication, la diffusion ou l'affichage de sa décision ou d'un extrait de celle-ci selon les modalités qu'elle précise. Elle peut également ordonner l'insertion de la décision ou de l'extrait de celle-ci dans le rapport établi sur les opérations de l'exercice par les gérants, le conseil d'administration ou le directoire de l'entreprise. Les frais sont supportés par la personne condamnée.

« La juridiction peut ordonner l'exécution de sa décision sous astreinte.

« Les litiges relatifs à l'application du présent article sont attribués aux juridictions dont le siège et le ressort sont fixés par décret. — *V. art. D. 442-3 et D. 442-4. — Les juridictions qui, à la date d'entrée en vigueur du décret précité, sont saisies d'un litige relatif à l'art. L. 442-6 restent compétentes pour en connaître (L. n° 2008-776 du 4 août 2008).*

« Ces juridictions peuvent consulter la Commission d'examen des pratiques commerciales prévue à l'article L. 440-1 sur les pratiques définies au présent article et relevées dans les affaires dont celles-ci sont saisies. La décision de saisir la commission n'est pas susceptible de recours. La commission fait connaître son avis dans un délai maximum de quatre mois à compter de sa saisine. Il est sursis à toute décision sur le fond de l'affaire jusqu'à réception de l'avis ou, à défaut, jusqu'à l'expiration

du délai de quatre mois susmentionné. Toutefois, des mesures urgentes ou conservatoires nécessaires peuvent être prises. L'avis rendu ne lie pas la juridiction. »

(L. n° 2001-420 du 15 mai 2001) **« IV. – Le juge des référés peut ordonner** *(L. n° 2008-776 du 4 août 2008, art. 93-I, 4°)* **« , au besoin sous astreinte, la cessation des pratiques » abusives ou toute autre mesure provisoire. »** – *[Ord. n° 86-1243 du 1er déc. 1986, art. 36.]*

Les 2°, 3°, 4° et 5° du I de l'art. L. 442-6 sont devenus respectivement les 3°, 4°, 5° et 6° du I (L. n° 2001-420 du 15 mai 2001, art. 56 (1°)).

Les dispositions du 7° du I, issues de la L. n° 2008-776 du 4 août 2008, s'appliquent aux contrats conclus à compter du 1er janv. 2009. Dans le cas des commandes dites « ouvertes » où le donneur d'ordre ne prend aucun engagement ferme sur la quantité des produits ou sur l'échéancier des prestations ou des livraisons, ces dispositions s'appliquent aux appels de commande postérieurs au 1er janv. 2009 (L. n° 2008-776 du 4 août 2008, art. 21-VI).

Est considéré comme produit vendu sous marque de distributeur le produit dont les caractéristiques ont été définies par l'entreprise ou le groupe d'entreprises qui en assure la vente au détail et qui est le propriétaire de la marque sous laquelle il est vendu (art. L. 112-6, al. 2, C. consom.).

V. Avis CEPC n° 04-02 du 25 févr. 2004 (conformité de certaines pratiques à l'art. L. 442-6). – ... nos 04-04 et 04-05 du 7 juill. 2004 (conditions d'achat et conditions générales de vente), cités ss. art. L. 440-1. – ... n° 08-06 du 19 déc. 2008 (légalité de pratiques mises en œuvre par certains distributeurs à l'égard de leurs fournisseurs), BRDA 2009, n° 1, p. 21 ; CCC 2009, n° 43, obs. Malaurie-Vignal.

RÉP. COM. v° *Transparence tarifaire et pratiques restrictives*, par ARHEL.

BIBL. ▶ VIRASSAMY, *D. 1988. Chron. 113*. – BRILL, *Gaz. Pal. 1987. 2. Doctr. 775* (sanctions civiles). – PIGASSOU, *D. 1980. Chron. 103* (remises de fidélité). – J.-M. et M. MOUSSERON, *Cah. dr. entr. 1995, n° 1* (coopération commerciale et discrimination et refus de vente). – J.-M. MOUSSERON, *ibid. 1998, n° 2, p. 15* (des paiements entre fournisseurs et distributeurs). – LEBOUCHÉ, *JCP E 1999, n° 12, p. 513* (euro, politique tarifaire et concurrence). – RETTERER, *Cah. dr. entr. 1999, n° 2, p. 1* (contrat de référencement : du droit des obligations au droit de la concurrence). – DE GRAMONT, *D. Affaires 1999. 1473* (le titre IV de l'Ord. du 1er déc. 1986 et l'Eurolande du prix unique). – LAUTSCH, *ibid. 1476* (évolution des pratiques tarifaires et liberté contractuelle). – POÉSY, *LPA 20 oct. 2000* (conseil de la concurrence, juge du contrat). – AMADIO, *Mélanges Gavalda, Dalloz, 2001, p. 5* (le ministre plaideur au titre de l'art. 36 (1) de l'Ord. du 1er déc. 1986). – ARHEL, *LPA 5 févr. 2001* (lutte contre les discriminations abusives en Europe) ; *ibid. 23 nov. 2001, p. 3* (même thème pour 2001). – LEFEBVRE, LEVY et MOTTIER, *Dr. et patr. janv. 2003. 60* (coopération commerciale dans le secteur pharmaceutique). – POUILLE, *CCC 2004. Chron. 11* (plaidoyer pour un changement dans les rapports entre fournisseurs et distributeurs). – BOIZARD, *LPA 16 juin 2004* (réception de la notion de violence économique en droit). – FERRIER, *D. 2004. 3054* (rapport Canivet). – BÉHAR-TOUCHAIS, *RLC 2005, n° 2, p. 39* (à la recherche d'une plus grande effectivité dans la lutte contre les pratiques restrictives). – TORT, *RDC 2005. 497* (proposition d'inversion de la charge de la preuve sur la réalité des services rendus). – CHAGNY, *JCP 2006. I. 149* (la notion de dommages et intérêts punitifs et ses répercussions sur le droit de la concurrence). – BÉHAR-TOUCHAIS, *RLC juill.-sept. 2006. 41* (influence éventuelle de l'avant-projet de réforme de la responsabilité civile sur le droit des pratiques restrictives). – TORT, *RDC 2006. 933* (feu à volonté sur le déréférencement abusif : inventaire des munitions). – J.-L. FOURGOUX, *CCC 2006. Dossier 26* (le droit de la distribution doit-il encore comporter des dispositions relatives aux pratiques restrictives de concurrence ?). – FERRIER, *Mélanges Serra, Dalloz 2006, p. 189* (les pratiques restrictives de concurrence. Pour quelle finalité ?). – MORINET, *RD transp. 2007, Prat. 2* (rupture abusive d'une relation commerciale établie en transports routiers de marchandises). – BÉLOT, *D. 2007. 1681* (l'évaluation du préjudice économique). – MALAURIE-VIGNAL, *CCC 2007. Étude 10* (une discrimination tarifaire est-elle constitutive d'une pratique abusive ?). – PFISTER, *RDLC 2009, n° 1, p. 35* (puissance d'achat et politique de concurrence). – RICHARD, *Cah. dr. entr. 2010, n° 4, p. 52* (aperçu du droit positif des organisations d'approvisionnement). – TEBOUL, *LPA 20 sept. 2010* (procédure de sauvegarde et poursuite des relations commerciales). – AUGAGNEUR, *JCP E 2011, n° 1555* (de la jurisprudence constitutionnelle en matière de pratiques restrictives à la directive sur les délais de paiement : deux conceptions de l'abus).

► L. n° 2001-420 du 15 mai 2001 : RAPP, *AJDA 2001. 560*. – VILMART, *JCP E 2001, n° 50, p. 1994* (efficacité de la lutte contre les pratiques commerciales abusives dans la loi NRE). – PECNARD et VOISSET, *LPA 5 déc. 2001* (la coopération commerciale est-elle licite ?). – GRALL, *Bul act. Lamy droit économique, janv. 2002* (distinction entre « relation de dépendance » et « état de dépendance économique »). – VAGUE, *Dict. perm. dr. aff. 13 janv. 2002* (référencement et rupture des relations commerciales). – LICARI, *RJ com. 2002. 66, spéc. 80 s* (incessibilité conventionnelle de la créance – art. L. 442-6 II *c*). – ARHEL, *LPA 19 avr. 2002* (pratique de la corbeille de la mariée rattrapée par ... le juge pénal). – GUÉVEL, *Gaz. Pal. 29-30 mai 2002, p. 36* (quelques aspects en matière de concurrence). – DUMONCEAU-BEAUNE et BELMONT, *CCC 2002. Chron. 12* (fournisseurs de produits sous marques de distributeurs et la loi NRE ou comment prévenir et gérer une situation de dépendance économique). – MAINGUY, *JCP E 2002, n° 48, p. 1914* (l'esprit et la lettre du nouvel art. L. 442-6 C. com.). – RETTERER, *D. 2003. 1210* (restauration de l'équilibre des relations commerciales dans la grande distribution). – PENNEAU, *ibid. 1278* (sanction civile de contrats commerciaux déloyaux par l'effet de l'action de substitution d'une autorité publique). – Dossier spécial, *Dr. et patr. juin 2003. 49* (contrats de distribution : l'équilibre enfin trouvé ?). – CONDOMINES, *LPA 29 oct. 2003* (pratique des enchères inversées). – AUGUET, *LPA 2 sept. 2004* (nouvelles régulations économiques et nouveaux contentieux du droit de la concurrence devant les tribunaux de commerce). – SÉLINSKY et PEYRE, *RLC 2005, n° 2, p. 114* (la nullité des engagements relatifs à des pratiques restrictives visées par l'art. L. 442-6). – DELORT, *JCP E 2005, n° 12, p. 512* (qualification aléatoire de l'abus de puissance d'achat, de vente ou de relations de dépendance). – RAYNARD, *Cah. dr. entr. 2007, n° 3, p. 35* (pratiques restrictives de concurrence : action du ministre à l'épreuve de la Conv. EDH).

► L. n° 2005-822 du 2 août 2005 : GRALL, MEFFRE et GUET, *D. 2005. 2149* (analyse critique). – CHAGNY, *JCP 2005. I. 173* (modernisation des relations commerciales). – FASQUELLE et ROBERVAL, *LPA 6 déc. 2005* (réforme du droit des pratiques commerciales). – VILMART, *Gaz. Pal. 2006. Doctr. 3813* (de la « facturologie » au « bidouillage »). – MALAURIE-VIGNAL, *CCC 2006. Chron. 10* (l'art. L. 442-6 : une disposition restée lettre morte ?). – GRALL, *RLC janv.-mars 2007. 29* (un bilan jugé positif).

► L. n° 2008-776 du 4 août 2008 : GRALL, *RLC juill.-sept. 2008. 24* (affirmation du principe de libre négociabilité des tarifs). – VILMART et LEGUIN, *JCP E 2008, n° 31-34, p. 17, spéc. p. 20* (la LME : une tentative encore inachevée de modernisation du droit français de la concurrence). – ARHEL, *LPA 7 août 2008* (LME : une nouvelle réforme du droit de la concurrence). – FERRIER et FERRÉ, *D. 2008. 2234* (la réforme des pratiques commerciales). – AUGAGNEUR, *JCP E 2008, n° 39, p. 15* (changer d'enseigne [art. L. 442-6, II, *e*]). – Note de la rédaction, *BRDA 2008, n° 17, p. 10* (LME : mesure en droit de la concurrence). – MALAURIE-VIGNAL, *CCC 2008, n° 238* (la LME affirme la liberté de négociation et sanctionne le déséquilibre significatif). – COUSIN, *JCP E 2008, n° 43, p. 9* (négociabilité des tarifs et des CGV après la LME : quels garde-fous ?). – GENTY, DELESALLE et DEBERDT, *RLDA oct. 2008. 56* (LME : l'ultime réforme des relations commerciales ?). – MALAURIE-VIGNAL, *CCC 2008. Dossier 5* (le nouvel art. L. 442-6 apporte-t-il de nouvelles limites à la négociation contractuelle ?). – GRALL, *RLC oct.-déc. 2008. 34* (dispositions relatives aux relations industrie/commerce). – BÉHAR-TOUCHAIS, *ibid. 45* (déséquilibre significatif : art. L. 442-6, I, 2°). – BUY, *LPA 17 déc. 2008* (entre droit spécial et droit commun : l'art. L. 442-6, I, 2°). – PICHON DE BURY et MINET, *CCC 2008. Étude 13* (incidences de la suppression de l'art. L. 442-6, I, 1° et de l'introduction de la notion de « déséquilibre significatif » par la LME). – GRALL, KOUCHNIR-CARGILL et CAMILLERI, *RLDA janv. 2009. 37* (application aux contrats internationaux des dispositions relatives aux délais de paiement [art. L. 442-6-I, 7°] issues de la LME). – BÉHAR-TOUCHAIS, *RDC 2009. 202* (sanction du déséquilibre significatif dans les contrats entre professionnels). – GRALL, LAMY et KOUCHNIR-CARGILL, *RLC avr.-juin 2009. 129* (LME – an I – dispositions relatives aux relations industrie/commerce). – DIENY, *RDLC 2009, n° 2, p. 89* (la prohibition des discriminations après l'abrogation de l'art. L. 442-6, I, 1°). – PICHON DE BURY et MINET, *CCC 2009. Alerte 58* (vers une liberté totale de discriminer ?). – LE GAC-PECH, *CCC 2009. Étude 12* (l'établissement des relations de distribution : entre classicisme et modernité). – BÉHAR-TOUCHAIS, *RDC 2009. 1258* (que penser de l'introduction d'une protection contre les clauses abusives dans le code de commerce ?). – UTZSCHNEIDER et LAMOTHE, *ibid. 1261* (même thème). – SAINT-ESTEBEN, *ibid. 1275* (même thème). – LUCAS DE LEYSSAC et CHAGNY, *ibid. 1268* (le droit des contrats, instrument d'une forme nouvelle de régulation économique ?). – RIEM, *RLC oct.-déc. 2009. 31* (le nouveau droit des pratiques restrictives : rupture ou continuité ?). – CHAGNY, *RDC 2009. 1642* (le contrôle des clauses abusives par le droit de la concurrence). – MALAN, CCC

2010. Étude 4 (le champ d'application dans l'espace des dispositions de la LME en matière de pratiques restrictives de concurrence). – S. Petit, *D. 2010. 1813* (réflexions sur l'incrimination de la menace d'une brusque rupture des relations commerciales). – Le Goff, *LPA 6 oct. 2011* (le contentieux de l'art. L. 442-6). – Berg-Moussa, *JCP E 2012, n° 1139* (notion de déséquilibre significatif et action du ministre : point d'étape et nouveaux questionnements). – Lajnef, *CCC 2012. Dossier 5, spéc. n*os *25 s.* (consolidation du régime juridique des pratiques restrictives de concurrence).

► Circulaire relative aux relations commerciales : V. ss. art. L. 441-3.

1. Contrat de référencement. Le défaut d'écrit invoqué au regard de l'art. L. 442-6-I (3°) n'affecte pas la validité du contrat dont une cour d'appel a estimé l'existence prouvée. • Com. 17 mars 2004 : *Bull. civ. IV, n° 53 ; D. 2004. AJ 1233, obs. Chevrier ; JCP E 2004, n° 22, p. 838 ; CCC 2004, n° 91, obs. Leveneur ; Cah. dr. entr. 2004, n° 3, p. 38, obs. Mainguy ; RJDA 2004, n° 1054 ; RLC 2005, n° 2, p. 43, obs. Béhar-Touchais.* ♦ Engage sa responsabilité un commerçant qui obtient d'un fabricant une remise de 5 % et un allongement des délais de paiement de 30 à 60 jours préalablement à la passation des commandes pour la saison suivante, tout en refusant de l'assortir d'un quelconque engagement en volume. • Versailles, 18 mai 2006 : *RJDA 2006, n° 1174 ; RDLC 2006, n° 4, p. 81, obs. Fasquelle et Roberval ; Lettre distrib. oct. 2006, p. 2.*

1 bis. Cession de créance. **BIBL.** Renfert et Brun, *RTDF 2009, n° 3, p. 37* (les clauses prohibant la cession de créances en droit français et en droit comparé). ♦ Si l'art. L. 442-6, II, a) tel que modifié par la loi du 15 mai 2001, prohibe désormais de telles clauses (en l'espèce, clause d'agrément préalable à toute cession de créance), la validité de la clause objet du présent litige ne saurait être remise en cause, dès lors qu'elle résulte d'une situation antérieure à cette loi. • Metz, 23 mars 2005 : *cité note 8 ss. art. L. 313-29 C. mon. fin., App., v° Banque et financement de l'entreprise.*

1 ter. Abus d'une relation de dépendance (Jurispr. antérieure à la L. n° 2008-776 du 4 août 2008). L'état de dépendance économique au sens de l'art. L. 442-6, I, 2° *(b)* [rédaction antérieure à la L. n° 2008-776 du 4 août 2008] ne saurait se déduire de la seule exclusivité à laquelle une société est engagée ou de la notoriété de la marque ; il caractérise une situation dans laquelle une entreprise est obligée de poursuivre des relations commerciales avec une autre, compte tenu de l'impossibilité de s'approvisionner en produits substituables dans des conditions équivalentes. • Paris, 8 mars 2006 : *CCC 2006, n° 133, obs. Malaurie-Vignal ; RDLC 2006, n° 4, p. 79, obs. Fasquelle et Roberval* • Com. 23 oct. 2007 : *JCP 2008. I. 136, obs. 14, obs. Chagny ; RJDA 2008, n° 330 ; RDLC 2008, n° 1, p. 133, obs. Roberval et Fasquelle ; Lettre distrib. janv. 2008, p. 5.* – Rappr. de la définition donnée en matière d'abus de dépendance économique : V. note 31 ss. art. L. 420-2. ♦ Une augmentation brutale du prix des services administratifs et comptables par la société qui assure ces prestations est constitutive d'un abus de dépendance économique. • Angers, 7 févr. 2006 : *CCC 2006, n° 165, obs. Malaurie-Vignal ; RDLC 2006, n° 4, p. 80, obs. Fasquelle et Roberval.* ♦ En revanche, ne peuvent soutenir avoir été tenues dans une situation de dépendance par le franchiseur deux sociétés franchisées ayant librement accepté, lors de la signature de leurs contrats, les clauses d'interdiction de concurrence directe et indirecte après résiliation, alors que ces clauses apparaissaient proportionnées aux contrats et qu'elles en ont elles-mêmes bénéficiées dans leurs propres secteurs pendant des années. • Versailles, 11 mai 2006 : *JCP E 2006, n° 43-44, p. 1836.* ♦ Sur la dépendance économique à l'égard de plusieurs personnes juridiques distinctes (gémellité des deux entités Brico-Dépôt/Castorama) : • Douai, 20 nov. 2007 : *RLC avr.-juin 2008. 34, obs. Béhar-Touchais* (décision cassée sur ce point par • Com. 2 déc. 2008 : *cité note 24*, et sur renvoi après cassation : • Douai, 6 juill. 2009 : *RDC 2010. 156, obs. Béhar-Touchais*). – V. aussi note 31 *bis* ss. art. L. 420-2. ♦ Sur l'absence de substituabilité démontrée par la grande difficulté à trouver un nouveau partenaire, V. • Caen, 13 déc. 2007 : *CCC 2008, n° 156, obs. M. M.-V.* ♦ Sur l'absence de cumul de l'action en responsabilité pour abus de dépendance économique et l'action en comblement de passif, V. • Versailles, 25 sept. 2008 : *RJDA 2009, n° 664.*

1 quater. Avantage injustifié. Les termes de l'art. L. 442-6, I, 2° [désormais art. L. 442-6, I, 1°], définissant de manière claire, précise et sans ambiguïté le comportement qu'ils visent et ne contredisant aucune des autres stipulations de l'art. 7 Conv. EDH, la cour d'appel a exactement décidé que le premier de ces textes n'était pas contraire au second. • Com. 12 juill. 2011 : *CCC 2011, n° 237, obs. Mathey.* ♦ Est un service spécifique le service de « singularisation » consistant en la mise en œuvre de nouveaux critères d'implantation des rayons par une réallocation de l'implantation, une modulation des flux de circulation de la clientèle, une réorganisation des zones dites « chaudes » et « froides », une mise en valeur des produits frais, une restructuration des autres rayonnages et de la signalisation du point de vente de sorte que les produits frais encerclent les autres rayons. • Paris, 20 déc. 2006 : *RLC avr.-juin 2007. 38, obs. Béhar-Touchais ; Lettre distrib. févr. 2007, p. 5.* ♦ Ce service, qui va au-delà des obligations contractuelles résultant habituellement des achats et des ventes en ce qu'il constituait une prestation personnalisée de collaboration au développement des ventes, et qui est distinct d'une opération de rénovation de magasin, n'apparaît pas, en soi, contraire aux dispositions de l'art. L. 442-6-I-2° *(a)*. • Même arrêt (clause toutefois annulée pour violation du principe de proportionnalité). ♦ Estimant que la « gestion d'un rayon » peut, à la différence d'une simple prestation de « mise en rayon », constituer un service spécifique susceptible d'une rémunération au titre de la coopération commerciale : • Com. 20 févr. 2007 : *D. 2008. Pan. 252, obs. Valette-Ercole ; JCP E 2007, n° 43-44, p. 19, obs. Decocq ; CCC 2007, n° 125, obs. Malaurie-Vignal ; RJDA 2007, n° 899 ; RLC avr.-juin 2007. 39, obs. Béhar-Touchais ; RDLC 2007, n° 3, p. 109, obs. Roberval et Fasquelle.* ♦ Le contrat de coopération commerciale par lequel un distributeur fait financer par son fournisseur la construction d'un nouvel entrepôt est nul au regard de l'art. L. 442-6, dans la mesure où cet avantage ne correspond à aucun service commercial spécifique pour le fournisseur. En effet, le stockage et son organisation, qui incombent au distributeur en sa qualité d'acheteur, ne contribuent pas à stimuler, au bénéfice du fournisseur, la revente de ses produits. • Colmar, 12 juin 2008 : *BICC 1er mars 2009, n° 296.* ♦ Jugeant également disproportionné et sans contrepartie réelle des « plan d'action par famille de produit », « plan de développement des performances du fournisseur » et « plan d'implantation des produits par type de magasin » : • Paris, 2 févr. 2012 : *RJDA 2012, n° 533 ; RLC juill.-sept. 2012. 28, note Grall et Tourret.* ♦ Jugeant disproportionnées et insuffisament définies des prestations de « clarification et positionnement spécifique de l'assortiment des produits » ou de « mise en avant en magasins » : • Com. 11 sept. 2012 : *D. 2012. Pan. 2766, obs. Dorandeu ; RJDA 2012, n° 1003 ; RDLC 2012, n° 4, p. 98, obs. Fourgoux.*

La disproportion manifeste entre le service et sa rémunération doit être appréciée dans le cadre des contrats de coopération litigieux des parties et non dans un contexte plus général des relations d'affaire entre le fournisseur et le groupe dont dépend le distributeur. • Rennes, 20 janv. 2009 : *CCC 2009, n° 244, obs. M. M.-V.* ♦ Si la faiblesse du chiffre d'affaires réalisé par le distributeur sur le ou les produits concernés par une action de coopération commerciale pendant la période de référence au regard de l'avantage qui lui a été consenti ou l'absence de progression significative des ventes pendant cette période de référence peuvent constituer des éléments d'appréciation de l'éventuelle disproportion manifeste entre ces deux éléments, elles ne peuvent à elles seules constituer la preuve de cette disproportion manifeste, les distributeurs qui concluent des accords de coopération commerciale n'étant pas tenus à une obligation de résultat. • Com. 27 avr. 2011 : *Bull. civ. IV, n° 61 ; D. 2011. Pan. 2966, obs. Dorandeu ; ibid. Actu. 1276, obs. Chevrier ; CCC 2011, n° 160, obs. Malaurie-Vignal ; RJDA 2011, n° 737 ; RDLC 2011, n° 3, p. 139, obs. Dany et Le Moullec ; RLDA juin 2011. 44, obs. Mathonnière.* ♦ Il appartient à une centrale de référencement de chiffrer objectivement la valeur du service rendu et d'opposer ce chiffre aux services de l'administration lors de leur enquête. • T. com. Nanterre, 23 mars 2007 : *JCP E 2007, n° 43-44, p. 20, obs. Decocq ; RJDA 2007, n° 1018 et p. 885, note Redon ; RDLC 2007, n° 2, p. 126, obs. Fasquelle et Roberval.* – Pour une analyse complète de cet arrêt, V. : Vertut, *Lettre distrib. avr. 2007, p. 1.* – Décision infirmée par • Versailles, 24 sept. 2009 : *RJDA 2010, n° 178.* ♦ V. aussi : • Rennes, 21 déc. 2006 : *CCC 2008, n° 9, obs. M. M.-V. ; RLC avr.-juin 2007. 36, obs. Béhar-Touchais* (de la fausse coopération commerciale à la fausse facture pénalement sanctionnée). ♦ Le fait de lier le coût des prestations de services au pourcentage du chiffre d'affaires réalisé ne suffit pas à démontrer que les services en cause n'ont pas été rendus. • T. com. Meaux, 21 nov. 2006 : *Gaz. Pal. 2007. 1232.*

1 quinquies. Déséquilibre significatif. **BIBL.** Chagny, *D. 2011. 392* (l'art. L. 442-6, I, 2°, entre droit du marché et droit commun des obligations). – Kirilov, *LPA 23 sept. 2011* (les clauses de *hardship* en droit prospectif à l'épreuve de l'art. L. 442-6-I-2°). – Jeannin, *LPA 6 oct. 2011* (le déséquilibre significatif ou une atteinte à la liberté contractuelle ?). – Mainguy, *Teutates 2012, n° 1, p. 1* (le déséquilibre significatif devant le juge). – Titone et Coulon, *RLDA avr. 2012. 36* (première définition jurisprudentielle de la notion de déséquilibre significatif). – Rocher, *JCP E 2012, n° 1741* (déséquilibre significatif et commande ouverte dans l'industrie). – Riera-Thiebault et Covillard, *Gaz. Pal. 2013. 205* (nouveau droit des clauses abusives entre professionnels ?). – Mathey, *CCC 2013. Dossier 3* (approches civiliste et consumériste). – Ponsard, *ibid. 4* (bilan et perspectives). – Inforeg, *Cah. dr.*

entr. 2013, n° 3, Prat. 13 (notion de déséquilibre significatif dans les relations contractuelles entre professionnels). ♦ Pour déterminer l'objet de l'interdiction des pratiques commerciales abusives dans les contrats conclus entre un fournisseur et un distributeur, le législateur s'est référé à la notion juridique de « déséquilibre significatif » entre les droits et obligations des parties qui figure à l'art. L. 132-1 C. consom. ; qu'en référence à cette notion, dont le contenu est déjà précisé par la jurisprudence, l'infraction est définie dans des conditions qui permettent au juge de se prononcer sans que son interprétation puisse encourir la critique d'arbitraire, de telle sorte qu'eu égard à la complexité des pratiques que le législateur a souhaité prévenir et réprimer, l'incrimination est définie en des termes suffisamment clairs et précis pour ne pas méconnaître le principe de légalité des délits. • Cons. const. 13 janv. 2011 : *Dalloz actualité, 19 janv. 2011, obs. Chevrier ; D. 2011. 415, note Picod ; RTD com. 2011. 655, obs. Bouloc ; RTD civ. 2011. 121, obs. Fages ; AJ pénal 2011. 191, obs. Perrier ; Constitutions 2011. 85, note Daoud et Cheval ; JCP E 2011, n° 1136, note crit. Mainguy ; CCC 2011. Étude 5, par Fourgoux ; ibid., n° 62, obs. Mathey ; ibid., n° 63, obs. Malaurie-Vignal ; LPA 13 avr. 2011, note Dadoun ; RJDA 2011, n° 656 ; RDLC 2011, n° 1, p. 131, obs. Fourgoux ; RLC avr.-juin 2011. 41, note Béhar-Touchais* (sur une QPC transmise par • Cass, QPC, 15 oct. 2010 : *D. 2010. Actu. 2508, obs. Chevrier ; CCC 2010, n° 280, obs. Malaurie-Vignal, et Repère 11, par Leveneur ; BRDA 2010, n° 21, p. 10 ; Dr. et proc. févr. 2011, suppl. Droit de la consommation, p. 3, obs. Picod* • T. com. Bobigny, 13 juill. 2010 : *D. 2010. Actu. 1881 ; BRDA 2010, n° 21, p. 10).*

Il résulte tant de l'esprit de la loi que de la lettre de l'art. L. 442-6-I-2° que le déséquilibre significatif doit s'apprécier dans la formation et l'exécution des relations contractuelles entre les parties, peu important qu'il n'y ait pas de contrat écrit, et non dans la comparaison des conditions commerciales et tarifaires consenties aux différents partenaires ; l'argumentation développée par un opérateur pour démontrer que les tarifs consentis à un autre étaient plus avantageux que ceux à lui consentis est inopérante à elle seule à caractériser ce déséquilibre. • Versailles, 27 oct. 2011 : *CCC 2012, n° 42, obs. Mathey.* ♦ La pratique d'acomptes mensuels mise en place par le distributeur en 2009 est abusive et crée un déséquilibre significatif dans les droits et obligations des parties en faveur de celui-ci. • T. com. Lille, 6 janv. 2010 : *D. 2010. 1000, note Sénéchal ; D. 2011. Pan. 546, obs. Ferrier ; RTD civ. 2010. 324, obs. Fages ; JCP E 2010, n° 5, p. 5, note Grall ; JCP 2010, n° 516, obs. Chagny ; CCC 2010, n° 71, obs. Mathey ; RJDA 2010, n° 298 ; BRDA 2010, n° 2, p. 13, et les obs. ; RLC avr.-juin 2010. 43, note Béhar-Touchais ; RDLC 2010, n° 2, p. 99, obs. Chagny ; RDC 2010. 928, note Béhar-Touchais.* ♦ Le fait d'imposer des paiements par virement est abusif et renforce le déséquilibre décrit précédemment dans les droits et obligations des parties en défaveur du fournisseur. • Même jugement. ♦ Par ailleurs, l'absence de clause de modification des acomptes de ristournes constitue un risque sérieux pour le fournisseur et contribue, de ce fait, au déséquilibre significatif déjà constaté entre les droits et obligations des parties. • Même jugement. ♦ Ces pratiques ne respectent pas l'esprit de la LME, elles ne sont pas réciproques, elles sont sans contreparties et nettement défavorables aux fournisseurs, elles s'appuient sur un rapport de dépendance lié à la puissance d'achat du distributeur ; elles sont dès lors abusives et, leur ampleur étant caractérisée, le déséquilibre ainsi provoqué en défaveur des fournisseurs est significatif au sens de l'art. L. 442-6, I, 2° ; étant entendu qu'il n'est pas nécessaire que les fournisseurs lésés par les pratiques manifestent des griefs ou qu'ils aient la volonté d'obtenir en justice réparation de leur préjudice. • Même jugement. ♦ La clause en vertu de laquelle le prix d'achat du distributeur est fixé en fonction du prix de revente le plus bas pratiqué par d'autres distributeurs constitue, au sens de l'art. L. 442-6-I, 2°, une pratique susceptible de créer un déséquilibre significatif dans les droits et obligations des parties. • CEPC, avis, n° 10-09 du 3 juin 2010. ♦ Sur le risque de déséquilibre significatif en matière d'organisation logistique d'un distributeur, V. • CEPC, avis n° 10-13 du 29 sept. 2010 : *BRDA 2010, n° 19, p. 10.* ♦ Entrent dans les prévisions de l'art. L. 442-6 les pratiques consistant pour un fournisseur, d'un côté, à se prévaloir, sans en justifier, des dispositions de la force majeure pour s'exonérer de toute responsabilité en cas d'inexécution partielle ou de retard dans l'exécution de ses obligations contractuelles, de l'autre, à exclure dans ses CGA l'insertion de clauses d'adaptation, d'indexation ou de *hardship* permettant la renégociation du contrat aux fins, notamment, d'un partage des surcoûts imputables à son inexécution totale ou partielle par ce fournisseur. • CEPC, avis n° 11-06 du 1er juin 2011. ♦ Sur la licéité de pénalités contractuelles au regard du déséquilibre significatif, V. • Paris, 19 janv. 2011 : *RDLC 2011, n° 2, p. 129, obs. Chagny.* ♦ Sur le déséquilibre significatif créé par les modalités de mise en œuvre d'une faculté de renégociation tarifaire en cours de contrat et le paiement de pénalités commerciales disproportionnées, V. • T. com. Lille, 7 sept. 2011 : *D. 2012. Pan. 579, obs.*

Ferrier ✎ *; JCP E 2011, n° 1701, note Chantepie ; CCC 2011. Repère 10 et n° 234, obs. Mathey ; RJDA 2012. 103, note Comert ; RDLC 2011, n° 4, p. 124, obs. Dany ; RDC 2012. 143, obs. Béhar-Touchais.* ♦ ... Ou résultant d'une clause de résiliation pour sous-performance d'un produit par rapport aux objectifs de vente, V. • T. com. Meaux, 6 déc. 2011 : *CCC 2012, n° 62, obs. Mathey ; RJDA 2012. 103, note Comert ; RLDA avr. 2012. 36, note Titone et Coulon ; RDLC 2012, n° 1, p. 130, obs. Chagny ; RLC avr.-juin 2012. 42 et 43, obs. Béhar-Touchais.*

Peut constituer un déséquilibre significatif l'absence de clause de révision d'un contrat successif de fournitures de matériels conclu entre un grossiste et un partenaire commercial, alors que par suite de l'évolution des circonstances économiques (augmentation du prix des matières premières entrant dans la fabrication de ces matériels et hausse corrélative des prix payés par le grossiste) est constatée une aggravation significative, sans contrepartie, de l'obligation du grossiste envers le partenaire commercial (Avis CCPC n° 12-07 du 16 mai 2012).

I. PRATIQUES DISCRIMINATOIRES

Jurisprudence antérieure à la loi n° 2008-776 du 4 août 2008 qui a abrogé le délit de discrimination entre professionnels en tant que faute civile tel qu'il était défini par l'ancien art. L. 442-6, I, 1°.

BIBL. Arhel, *JCP E 1996. I. 607* (synthèse de jurisprudence) ; *D. Affaires 1998. 1348 ; ibid. 1722 ; LPA 29 oct. 1999 ; ibid. 5 févr. 2001* (lutte contre les discriminations abusives en Europe) ; *LPA 23 nov. 2001* (même thème pour 2001). – Mainguy, *RLC 2005, n° 5, p. 126* (discrimination par les prix). – Rey, *ibid., p. 134* (même thème). – Pichon de Bury et Minet, *CCC 2008. Étude 13* (incidences de la suppression de l'art. L. 442-6, I, 1° et de l'introduction de la notion de « déséquilibre significatif » par la LME). – Béhar-Touchais, *RDC 2009. 202* (sanction du déséquilibre significatif dans les contrats entre professionnels). – Dieny, *RDLC 2009, n° 2, p. 89* (la prohibition des discriminations après l'abrogation de l'art. L. 442-6, I, 1°). – L. Vogel, *CCC 2013. Dossier 5* (discrimination tarifaire : quelle marge de manœuvre pour les entreprises ?).

2. Abrogation. L'intimée ne saurait invoquer utilement l'art. L. 442-6-I-1° qui sanctionnait la faute civile de discrimination, dès lors que cette disposition a été abrogée et ne peut désormais recevoir application et ce, que les faits en cause soient antérieurs ou postérieurs à son abrogation. • Paris, 14 déc. 2011 : ⚖ *RJ com. mars-avr. 2012. 16, obs. crit. Chagny.* ♦ Il en résulte désormais que les discriminations ne sont répréhensibles que si elles constituent un abus de droit imputable au commerçant ; il appartient donc à celui qui s'en prévaut d'établir la réalité de l'éventuel abus de droit que celles-ci peuvent néanmoins constituer. • Même arrêt.

A. GÉNÉRALITÉS

2 bis. Exclusion des relations entre professionnels et consommateurs. L'art. 36 (1) [C. com., art. L. 442-6 (I), 1°] ne s'applique pas dans les relations entre professionnels et consommateurs. • Paris, 4 mai 2001 : *Gaz. Pal. 15-16 mai 2002, p. 31, obs. Biolay* • Versailles, 3 avr. 1997 : *D. Affaires 1997. 794.* ♦ Les avantages tarifaires accordés à une centrale d'achat par un fournisseur au détriment de son concessionnaire ne relèvent par de l'art. L. 442-6-I-1° ; la pratique tarifaire n'ayant donné aucun avantage concurrentiel, la centrale d'achat, utilisateur final des produits en cause n'étant pas en situation de concurrence avec le concessionnaire. • T. com. Paris, 15 févr. 2007 : *CCC 2007, n° 236, obs. Malaurie-Vignal.*

2 ter. Activités de production, de distribution et de services. L'art. 36 (1) [C. com., art. L. 442-6 (I), 1°] est applicable aux prestations de service. • Com. 12 mars 1996 : ⚖ *D. Affaires 1996. 608* (sol. implicite : refus d'insertion d'une annonce). ♦ Le régime juridique des mutuelles, comme le caractère non lucratif de leur activité, n'est pas de nature à les exclure du champ d'application de l'Ord. du 1er déc. 1986 [C. com., art. L. 410-1 s.], dès lors que, par la commercialisation de médicaments, elles procèdent à une activité de production, de distribution et de services. • Com. 21 oct. 1997 : ⚖ *Bull. civ. IV, n° 270 ; D. 1997. IR 246* ✎ *; D. Affaires 1997. 1386.* ♦ Le régime juridique des sociétés d'assurances mutuelles, comme le caractère non lucratif de leur activité, ne sont pas de nature à les exclure du champ d'application des dispositions relatives aux pratiques restrictives de concurrence dès lors qu'elles procèdent à une activité de service. • Com. 14 sept. 2010 : ⚖ *Bull. civ. IV, n° 135 ; D. 2010. Pan. 2544, obs. Dorandeu* ✎ *; ibid. Actu. 2150, obs. Chevrier* ✎ *; JCP E 2010, n° 2013, note Barbièri ; JCP E 2011, n° 1712, spéc. n° 8, obs. Tadjudje ; CCC 2010, n° 249, obs. Mathey ; RJDA 2011, n° 87 ; RDLC 2010, n° 4, p. 149, obs. Roberval ; RLC avr.-juin 2011. 45, obs. Béhar-Touchais.*

3. Exigence d'un partenariat économique. Un « partenaire économique » se définit comme le professionnel avec lequel une entreprise commerciale entretient des relations commerciales pour conduire une action quelconque, ce qui suppose une volonté commune et réciproque d'effectuer de concert des actes ensemble dans des activités de production, de distribution ou de service, par opposition à la notion plus large d'agent économique ou plus étroite de cocontractant. • Versailles, 7 oct. 2004 : *JCP E 2005, n° 26, p. 1115, obs. Decocq.* ♦ L'art. L. 442-6 ne saurait être utilement invoqué par les actionnaires d'une société, lesquels, étant demeurés étrangers à la relation commerciale entre la société et son fournisseur, n'ont donc pas été les victimes directes d'une entrave à la concurrence, dont seule la société, non attraite dans la procédure, aurait pu se prévaloir. • Versailles, 22 nov. 2001 : *D. 2002. 1824, note Zeidenberg* . ♦ Appliquant l'art. L. 442-6, I, 1°, à des acteurs économiques en concurrence directe (fournisseur qui vend directement auprès de clients de l'un de ses distributeurs à des prix inférieurs), V. • Com. 25 avr. 2006 : *RJDA 2006, n° 962 ; RLC oct.-déc. 2006. 39, obs. Béhar-Touchais ; RDLC 2006, n° 4, p. 78, obs. Fasquelle et Roberval ; Lettre distrib. juill.-août 2006, p. 2.*

4. *Notion de pratique discriminatoire.* Le fait, pour une « grande surface », d'obtenir, pour une opération promotionnelle, qu'un grossiste lui cède des produits à très bas prix constitue une pratique discriminatoire compte tenu du fait : que ces prix sont très inférieurs aux prix normaux ; que les remises consenties par le grossiste n'ont pas de contreparties réelles ; que le fournisseur reconnaît que, connaissant des difficultés financières, il n'a pas pu résister à la demande de son client ; que les autres détaillants ont été désavantagés car ils n'ont pu obtenir des prix aussi faibles et qu'ils ont été nombreux à porter plainte. • TGI Chalon-sur-Saône, 21 juin 1994 : *RJDA 1994, n° 1160 ; CCC 1994, n° 194, note Vogel,* conf. par • Dijon, 4 janv. 1996 : *RJDA 1996, n° 520 ; JCP 1996. IV. 1521,* puis par • Com. 27 janv. 1998 : *D. Affaires 1998. 617, obs. E. P. ; LPA 1er juill. 1998, note Arhel ; ibid. 21 août 1998, obs. Malaurie-Vignal.* ♦ Comp., en ce sens que l'avantage doit être « obtenu » pour que l'art. 36 [C. com., art. L. 442-6] soit applicable : • TGI Paris, réf., 24 mars 1992 : *JCP E 1996. I. 607, n° 5, obs. Arhel.* ♦ Sur la technique de la « cagnotte », V. • T. com. Versailles, 7 mars 1997 : *RJDA 1997, n° 1053 ; LPA 5 nov. 1997, note Arhel* • Amiens, 25 mai 1999 : *LPA 9 févr. 2000, obs. Arhel.* – V. aussi Arhel, *D. Affaires 1997. 300.*

5. *Sanction.* La marchandise ne pouvant être restituée en nature, la restitution doit intervenir pour le montant de sa valeur au jour de la vente, c'est-à-dire le prix payé auquel doit s'ajouter le montant des avoirs. La nécessité de faire respecter l'ordre public économique ne permet pas de faire obstacle à cette restitution en invoquant la règle *« nemo auditur... »*. • Dijon, 4 janv. 1996 : *préc. note 4.* ♦ V. aussi, prononçant la nullité d'un accord contrevenant à l'art. L. 442-6 (I), 1°, • T. com. Versailles, 7 mars 1997 : *préc. note 4.* ♦ *Contra*, refusant de prononcer la nullité du contrat, V. • Versailles, 30 sept. 2004 : *RLC 2005, n° 1, p. 112, obs. Chagny.*

B. CONDITIONS COMMERCIALES ET DISCRIMINATOIRES

1° FORMES DE DISCRIMINATION

6. *Discriminations tarifaires.* S'il est de principe qu'en matière commerciale les conditions de vente et de prix doivent être égales pour tous les distributeurs et qu'une discrimination n'est admise, à titre exceptionnel, que si elle est fondée sur des critères objectifs, effectifs et contrôlables, lorsqu'un fournisseur consent aux adhérents de son réseau des tarifs préférentiels au motif des services spécifiques rendus par ceux-ci, notamment en matière de savoir-faire, de fidélité et d'image donnée de ses produits, mais qu'il n'établit pas de manière objective et contrôlable les conditions de fonctionnement dudit réseau, qu'il ne rapporte pas les raisons précises de nature à justifier l'exclusion d'un distributeur, pas plus qu'il ne justifie de la réalité d'une contrepartie apportée par les autres distributeurs en termes de services rendus, de quantités vendues ou de coopération commerciale, la discrimination tarifaire appliquée au distributeur évincé est contraire à l'art. 36 [C. com., art. L. 442-6]. • Versailles, 22 janv. 1998 : *Gaz. Pal. 2-4 mai 1999, Somm. 16.* ♦ Une société se rend coupable de pratiques discriminatoires prohibées par l'art. 36 [C. com., art. L. 442-6] en refusant, sans motif valable, d'agréer un ancien revendeur dans son réseau en qualité de groupement et en lui proposant des remises bien inférieures à celles consenties à deux de ses groupements. • Paris, 26 juin 1996 : *D. Affaires 1996. 1155.* ♦ Le maintien de la rémunération initialement versée à un groupement de distributeurs par les fournisseurs au titre de la publication d'un catalogue de présentation des produits de ceux-ci, en dépit de la réduction ultérieure de la diffusion du catalogue, caractérise une pratique discriminatoire. • T. com. Paris, 25 nov. 1996 : *CCC 1997, n° 51, obs. Vogel,* conf. par • Paris, 9 juin 1998 : *D. 1998. IR 177 ; CCC 1998, n° 116, obs. Malaurie-Vignal ; JCP 1998. I. 185, obs. Viney ; Gaz. Pal. 1998. 1. Somm. 299 ; BRDA 1998, n° 12, p. 13,* puis par • Com. 5 déc. 2000 : *BRDA 2000, n° 24, p. 13.*

7. *Violation de la réglementation sur les délais de paiement.* V. note 8 ss. art. L. 443-1.

8. *Refus de vente discriminatoire.* En ce sens qu'un refus de vente ou de prestation de services peut engager la responsabilité civile de son auteur s'il a un caractère discriminatoire, V.

• Dijon, 25 juin 1998 : *BRDA n° 21, p. 15.* ♦ Ainsi, le refus d'agréer un distributeur dans un réseau de distribution sélective sans motif légitime est, malgré l'abrogation du refus de vente, constitutif d'une pratique discriminatoire. • Paris, 22 sept. 1999 : *D. 2001. Somm. 301, obs. Ferrier ; CCC 1999, n° 179, obs. Malaurie-Vignal ; LPA 13 oct. 2000, obs. Arhel.* ♦ Sur la possibilité de mettre un terme à cette pratique en enjoignant au fournisseur de procéder à l'agrément sous astreinte, V. • Même arrêt. ♦ En acceptant comme seuls revendeurs des « horlogers-bijoutiers-joailliers » disposant d'une surface de vente située dans une artère commerçante ou un centre commercial, une société institue l'exclusion de la grande distribution sans établir que cette exclusion soit objectivement justifiée, ce qui révèle l'existence d'une pratique discriminatoire. • Paris, 11 sept. 2000 : *LPA 5 févr. 2001, obs. Arhel.* ♦ Sur la jurisprudence antérieure à la loi du 1er juill. 1996 ayant abrogé le refus de vente, V. II, A.

9. Pratiques jugées non discriminatoires. Un traitement différencié ne constitue pas une pratique discriminatoire lorsque les entreprises en cause opèrent sur des marchés distincts (à propos d'une entreprise de presse qui, offrant à ses lecteurs une rubrique exhaustive des nouveautés parues, dans laquelle elle ne recense que les ouvrages publiés par les entreprises d'édition et commercialisés par le circuit traditionnel des librairies et non ceux produits par les sociétés publiant des ouvrages à compte d'auteur, avait proposé à un éditeur à compte d'auteur des insertions payantes), V. • Com. 12 mars 1996 : *D. Affaires 1996. 608* • 5 mai 2009 : *Bull. civ. IV, n° 59 ; D. 2009. AJ 1414 ; JCP E 2009, n° 25, p. 26* (les sociétés de routage ne sont pas des clients de La Poste et ne sont pas dans une situation équivalente à celle des émetteurs pour la détermination d'une remise commerciale). ♦ V. aussi, pour une distinction entre un bar musical et une discothèque, dont les activités ne sont pas de même nature et qui n'agissent pas sur un même marché, justifiant ainsi les différences de traitement constatées, • Paris, 22 mai 2001 : *Gaz. Pal. 2001. 2. Somm. 1952* (conf. par • Com. 7 janv. 2004 : *cité note 1 ss. art. L. 420-4*). ♦ Dès lors qu'un concessionnaire automobile, qui s'estime créancier de primes auprès du concédant, ne démontre pas que les entreprises ayant perçu des sommes de ce concédant aient été ses concurrents, il ne peut invoquer les dispositions de l'art. L. 442-6-I, 1°. • Com. 3 déc. 2002 : *Bull. civ. IV, n° 184 ; CCC 2003, n° 59, obs. Malaurie-Vignal ; JCP E 2003, n° 5, p. 201 ; RJDA 2003, n° 547.* ♦ Aucune règle n'imposant au distributeur de maintenir ses prix pour une durée déterminée, le détaillant, qui a bénéficié des tarifs en vigueur au moment où la commande a été passée, alors que ceux-ci ont été révisés par la suite dans le cadre d'une campagne promotionnelle qui a bénéficié à tous les revendeurs, ne peut se prévaloir d'une pratique discriminatoire au sens de l'art. 36 [C. com., art. L. 442-6]. • Toulouse, 15 mai 1995 : *BICC 1995, n° 1064 ; JCP E 1995. Pan. 1215.* ♦ De même que l'établissement des prix de vente en fonction des prix d'achat est une pratique commerciale courante n'ayant aucun caractère discriminatoire, V. • Nancy, 23 juin 1998 : *JCP 1999. IV. 1540.*

Pour d'autres refus d'application de l'art. 36 (1) [C. com., art. L. 442-6 (I), 1°], V. • Besançon, 12 sept. 1995 : *JCP 1996. IV. 630* • Nîmes, 25 janv. 1996 : *D. 1997. Somm. 53, obs. Ferrier ; D. Affaires 1996. 553* (refus de candidature à une concession automobile) • Paris, 15 déc. 1995 : *BRDA 1996, n° 9, p. 10* (système de paiement).

2° PREUVE DE LA DISCRIMINATION

10. Charge de la preuve. Si la preuve de l'existence de pratiques discriminatoires incombe à celui qui s'en prétend victime, il appartient au vendeur de justifier de la licéité des remises de prix qu'il accorde à certains clients, lorsque celles-ci ne sont pas contestées. • Com. 13 janv. 1998 : *Bull. civ. IV, n° 14 ; D. 1998. IR 57 ; D. Affaires 1998. 283, obs. E. P.* ♦ Dans le même sens • Com. 24 oct. 2000 : *BOCC 5 déc. 2000.*

11. Objet de la preuve. Le fait pour un producteur de consentir à un partenaire économique des prix, des délais de paiement, des conditions de vente ou des modalités de vente ou d'achat discriminatoires et non justifiés par des contreparties réelles crée pour ce partenaire un avantage dans la concurrence, sans qu'il y ait lieu pour l'Administration, ou pour l'opérateur qui n'a pas bénéficié des mêmes avantages, de démontrer l'existence du préjudice que ces pratiques illicites ont causé. • Com. 6 avr. 1999 : *D. Affaires 1999. 1204, obs. E. P. ; CCC 1999, n° 115, obs. Malaurie-Vignal ; LPA 20 nov. 1999, obs. Reboul ; JCP E 1999, n° 48, p. 1912, obs. Arhel ; Cah. dr. entr. 1999, n° 5, p. 23, obs. Mainguy* (V. l'arrêt cassé • Versailles, 24 oct. 1996 : *CCC 1997, n° 9, note Vogel ; RJDA 1997, n° 667 ; LPA juin 1997, note Sélinsky et Peyre).* ♦ Mais la pratique discriminatoire n'est pas caractérisée si le demandeur à l'action ne prouve pas que les bénéficiaires d'avantages ont été ses concurrents. • Com. 3 déc. 2002 : *préc. note 9.*

12. Vérification concrète de la discrimination. Sur l'interdiction, pour les juges du fond, de se déterminer par des considérations d'ordre général et l'obligation de vérifier concrètement les conditions de la discrimination ou de l'absence de discrimination (à propos de sociétés de vente par correspondance), V. • Com. 13 janv. 1998 : *préc. note 10.* ♦ V. aussi • Com. 12 mars 2002 : *Bull. civ. IV, n° 53 ; D. 2002. AJ 1902 ; CCC 2002, n° 96, obs. Malaurie-Vignal ; JCP 2002. IV. 1729 ; Cah. dr. entr. 2002, n° 5, p. 37, obs. Mainguy ; LPA 3 juill. 2003, obs. Etner ; Gaz. Pal. 2003. 1. Somm. 1142, obs. Guével* (à propos de pharmacies mutualistes).

3° FAIT JUSTIFICATIF DE LA DISCRIMINATION : CONTREPARTIE RÉELLE

13. Existence d'une contrepartie réelle. Constitue une contrepartie réelle aux avantages tarifaires consentie par un fournisseur l'importance du marché couvert par des distributeurs regroupés au sein d'un même réseau et bénéficiant des services de leurs puissantes centrales d'achat, • Nîmes, 13 juill. 2000 : *CCC 2000, n° 162, obs. Malaurie-Vignal.*

14. Défaut de contrepartie réelle. Ne peuvent constituer une contrepartie réelle, au sens de l'art. 36 (1) [C. com., art. L. 442-6 (I), 1°] : ni la quantité de marchandise achetée en vue d'une opération promotionnelle, dès lors que le fournisseur avait revendu cette marchandise à perte au distributeur. • TGI Rouen, 7 mars 1995 : *RJDA 1995, n° 1390.* ♦ ... Ni une « compensation tarifaire » (en l'occurrence, l'engagement du distributeur d'acheter les mêmes produits à un prix supérieur au prix moyen accordé à ses concurrents en dehors de la période promotionnelle litigieuse), dès lors que cette contrepartie n'est pas relative à la même opération d'achat. • Même jugement. ♦ V. aussi considérant que pour éviter les sanctions au titre des pratiques discriminatoires, il est nécessaire que les contreparties réelles invoquées au soutien de la différenciation soient directement liées aux avantages consentis. • Com. 12 mars 2002 : *préc. note 12.*

II. REFUS DE VENTE

[La loi du 1er juill. 1996 a abrogé le refus de vente entre professionnels en tant que faute civile tel qu'il était défini par l'ancien art. 36 (2) de l'Ord. de 1986. – Pour des annotations de jurisprudence se reporter au ***C. com.****, éditions 2010 ou antérieures.]*

BIBL. Serna, *Mélanges Breton et Derrida, Dalloz, 1991, p. 359* (le refus de vente dans l'Ord. du 1er déc. 1986). – Cot, *Cah. dr. entr. 1996, n° 5, p. 14* (suppression du refus de vente).

15. Pouvoir d'injonction. En raison de l'abrogation par l'art. 14 de la loi de 1996 des dispositions de l'art. 36 (2°) de l'ordonnance, le refus de vente entre professionnels ne constituant plus en soi, à la date où l'arrêt d'appel est intervenu, une faute civile, viole cet art. la cour d'appel qui enjoint à un fabricant, ayant refusé d'approvisionner un distributeur, de fournir à celui-ci tous les documents nécessaires pour passer commande et de satisfaire à cette commande. • Com. 26 janv. 1999 : *Bull. civ. IV, n° 23 ; D. 2001. Somm. 300, obs. Ferrier ; D. Affaires 1999. 586, obs. E. P. ; LPA 22 nov. 1999, obs. Reboul.*

En ce sens que depuis l'entrée en vigueur de la loi du 1er juill. 1996, le refus de vente ne constitue plus par lui-même une faute civile et qu'il appartient donc à celui qui se prétend victime d'un tel refus d'établir que celui-ci est fautif, V. • Com. 18 déc. 2001 : *Bull. civ. IV, n° 201 ; JCP E 2002, n° 6, 246* • Paris, 12 oct. 2011 : *RDLC 2012, n° 1, p. 129, obs. Chagny.*

16. Responsabilité civile. En ce sens que la suspension d'approvisionnement d'une société de la part d'un grossiste avec lequel elle entretenait des relations anciennes entraîne un trouble commercial devant être sanctionné sur le fondement de la responsabilité civile, V. • Com. 5 déc. 2000 : *RJDA 2001, n° 512.* ♦ Pour un arrêt sanctionnant des refus de livraisons abusifs sur le fondement du « délit civil de droit commun », V. • Douai, 10 sept. 1998 : *JCP E 1999, n° 20, p. 864, note Voinot ; Cah. dr. entr. 1999, n° 5, p. 18, obs. Mainguy.* ♦ L'art. L. 442-6 sanctionne le refus de vente selon le droit commun de la responsabilité ; il appartient en conséquence à celui qui l'invoque d'établir une faute du fournisseur. • Versailles, 15 sept. 2005 : *BICC 2006, n° 122 ; JCP E 2005, n° 47, p. 2004.* ♦ V. aussi note 8.

III. RUPTURE BRUTALE DES RELATIONS COMMERCIALES

BIBL. Vergucht, *RJ com. 1997. 129* (rupture d'une relation commerciale établie). – Meffre, *D. Affaires 1999. 1143* (bilan de trois ans d'application de l'art. 36 (5°) de l'Ord. de 1986). – Petitier, *LPA 8 mars 2000* (même thème). – Bouretz, *JCP E 2001, n° 15-16, p. 649* (même thème). – Grizaut, *Dr. et patr. juin 2003. 71* (même thème). – de Brosses, *ibid. 50.* – Meffre et Kouchnir-Cargill, *Dr. et patr. déc. 2003. 40* (conseils à l'auteur de la rupture) ; *ibid. janv. 2004. 34* (conseils à la victime de la rupture). – Lachièze, *JCP E 2004, n° 50, p. 1966* (à la croisée du droit commun et du droit de la concurrence). – P. Mousseron, *JCP E 2006, n° 16, p. 720* (altération des liens d'alliance d'un groupement d'affaires). – Inforeg, *Cah. dr. entr. 2007, n° 3, p. 73* (cahier pratique). – Fourment, *RLC oct.-déc. 2007. 27* (les clairs-obscurs de la rupture des relations commerciales établies). – Regnault, *Dr. et patr. oct. 2007. 48* (guide de la rupture des relations commerciales établies). – Martinet et Cartier-Marraud, *Gaz. Pal. 2007. 3671* (les beaux jours de l'art. L. 442-6-I, 5°). – Le Couviour, *RTD com. 2008. 1* (regards critiques sur la rupture brutale des relations commerciales établies). – S. Petit, *LPA 18 sept. 2008* (la rupture abusive des relations commerciales). – Mathey, *CCC 2010. Étude 3* (la rupture de relations commerciales établies en période de crise). – Rochfeld, *RDC 2010. 499* (même thème). – Haeri et Pichon de Bury, *CCC 2010. Étude 6* (extension de l'application de la notion de rupture brutale des relations commerciales établies). – Éréséo, *RDLC 2010, n° 2, p. 57* (le détournement du droit des pratiques restrictives à travers l'exemple de l'art. L. 442-6-I, 5°). – Chagny, *RLDA juill.-août 2010. 94* (gestion contractuelle de la rupture au regard des exigences concurrentielles de l'art. L. 442-6-I-5°). – Oudin, *RJDA 2011, p. 3* (le juge et les attentes légitimes des parties).

17. Relations internationales. BIBL. Ancel, *RJ com. 2009. 200* (l'art. L. 442-6-I-5°, C. com. en droit international privé). – Malan, *CCC 2010. Étude 4* (le champ d'application dans l'espace des dispositions de la LME en matière de pratiques restrictives de concurrence). – Béhar-Touchais, *RLC janv.-mars 2010. 31* (l'art. 6 du Règl. Rome II et les pratiques restrictives de concurrence internationales). ♦ L'art. L. 442-6-I-5°, s'impose à une société française que son partenaire soit lui-même français ou étranger lorsque son application est recherchée devant une juridiction française à propos d'un litige ayant pour objet la rupture de relations commerciales établies résultant pour l'essentiel de l'exécution d'un contrat de distribution que les parties ont entendu soumettre au droit français et se trouvant par là aussi rattaché à l'ordre juridique français. • Versailles, 14 oct. 2004 : *Dr. et patr. juin 2005. 116, obs. P. Mousseron ; Lettre distrib. janv. 2005, p. 2.* ♦ Le contrat de collaboration commerciale, qui avait le territoire français pour lieu d'exécution, est suffisamment rattaché à la France pour que l'art. L. 442-6-I-5°, qui constitue une *loi de police*, s'impose aux relations entre les parties alors même qu'elles avaient choisi de soumettre leur contrat à la loi italienne. • Lyon, 30 avr. 2008 : ⚖ *Dalloz jurisprudence* • 25 sept. 2008 : *CCC 2009, n° 8, obs. Mathey.* ♦ Comp., jugeant que l'art. L. 442-6 ne peut pas s'appliquer aux relations commerciales internationales composées d'une série de ventes particulières, entre une société française et une société de droit allemand, soumise à la Convention de Vienne de 1980 sur les ventes internationales : • Colmar, 6 déc. 2006 : *Bull. civ. I, n° 233* (décision cassée par • Com. 21 oct. 2008 : ⚖ *JCP E 2009, n° 19, p. 26, obs. Mainguy ; CCC 2009, n° 8, obs. Mathey ; RDC 2009. 197, obs. Béhar-Touchais ; Lettre distrib. déc. 2008, p. 4*).

Pour écarter la clause attributive de juridiction et reconnaître la compétence des juridictions françaises, la cour d'appel avait retenu qu'il s'agissait d'appliquer des dispositions impératives relevant de l'ordre public économique constitutives de lois de police et de sanctionner des pratiques discriminatoires assimilées à des délits civils qui avaient été commises sur le territoire national. En statuant ainsi, alors que la clause attributive de juridiction contenue dans ce contrat visait tout litige né du contrat, et devait en conséquence, être mise en œuvre, des dispositions impératives constitutives de lois de police fussent-elles applicables au fond du litige, la cour d'appel a violé l'art. 3 C. civ. et les principes généraux du droit international privé. • Civ. 1re, 22 oct. 2008 : ⚖ *Bull. civ. I, n° 233 ; D. 2009. 200, note Jault-Seseke* ✎ *; ibid. Pan. 2384, obs. Bollée* ✎ *; D. 2008. AJ 2790, obs. Gallmeister* ✎ *; RTD com. 2009. 646, obs. Delebecque* ✎ *; Rev. crit. DIP 2009. 1, note Bureau et Muir Watt* ✎ *; JCP 2008. II. 10187, note d'Avout ; JCP E 2008, n° 51-52, p. 25, note Mathey ; ibid., n° 48, p. 26, obs. Cornut ; JCP E 2009, n° 16-17, p. 31, note Ollivry ; Gaz. Pal. 2009. 535, note Guez ; CCC 2008, n° 270, obs. Malaurie-Vignal ; RDC 2009. 197, obs. Béhar-Touchais ; Procédures 2008, n° 331, obs. Nourissat ; RLDA mars 2009. 63, note Chabot ; RDLC 2009, n° 1, p. 129, obs Dany ; RDC 2009. 691, obs. Treppoz ; JDI 2009. 599, note Jobard-Bachelliet et Train.* – V. aussi Huet, *D. 2009. 684* ✎ (clause attributive de juridiction à un tribunal étranger et loi française de police et de sûreté).

17 bis. Clause compromissoire. La clause compromissoire visant tout litige ou différend né du contrat ou en relation avec celui-ci n'est pas manifestement inapplicable dès lors que la demande de la société fondée sur l'art. L. 442-6-I-5° présentait un lien avec le contrat puisqu'elle se rapportait notamment aux conditions dans lesquelles il y avait été mis fin et aux conséquences en ayant résulté pour la société, peu important que des dispositions d'ordre public régissent le fond du litige dès lors que le recours à l'arbitrage n'est pas exclu du seul fait que des dispositions impératives, fussent-elles constitutives d'une loi de police, sont applicables. • Civ. 1re, 8 juill. 2010 : ⚖ *Bull. civ. I, n° 156 ; D. 2010. Pan. 2544, obs. Dorandeu* ✎ *; ibid. Actu. 1797, obs. Delpech* ✎ *; RTD com. 2011. 667, obs. Delebecque* ✎ *; ibid. 2012. 525, obs. Loquin* ✎ *; Rev. crit. DIP 2010. 743, note Bureau et Muir Watt* ✎ *; JCP E 2010, n° 2134, spéc. n° 13, obs.*

Raynard ; Gaz. Pal. 2010. 2214, note Bertrou et Attias ; RJ com. 2010. 543, obs. Berlioz ; Dr. et patr. déc. 2010. 116, obs. Ancel ; RDLC 2010, n° 4, p. 149, obs. Dany ; Rev. arb. 2010. 513, note Dupeyré.

17 ter. Droit communautaire. L'art. L. 442-6-I-5° doit être interprété et appliqué en considération du droit communautaire dont les impératifs priment les règles générales et spéciales du droit français. • Paris, 11 mai 2011 : *cité note 2 ss. Règl. n° 1/2003 du 16 déc. 2002, art. 3, App. v° Concurrence.*

18. Notion de relations établies. BIBL. Kouchnir-Cargill, *RLDA juill.-août 2012. 40* (la notion de relation établie sujette à interprétation). – Chantepie, *JCP E 2012, n° 1605* (la précarité des relations commerciales). ♦ En ce sens que le législateur ayant voulu condamner toutes ruptures préjudiciables de relations commerciales lorsque l'une des parties agit de mauvaise foi, c'est-à-dire sans raison légitime, unilatéralement et brusquement alors qu'elle a laissé se créer chez son partenaire une confiance dans la conclusion ou le renouvellement d'un contrat, les dispositions de l'art. 36 (5°), modifié par la loi de 1996 [C. com., art. L. 442-6, I, 4°], permettent par conséquent d'apprécier les conditions de la rupture de « toute relation commerciale établie » qu'elle soit précontractuelle, contractuelle et même postcontractuelle, V. • Montpellier, 11 août 1999 : *D. 2001. Somm. 298, obs. Ferrier ; ibid. 1999. AJ 28, obs. E. P. ; Cah. dr. entr. 1999, n° 5, p. 19, obs. Mainguy.* – V. aussi pour une relation précontractuelle stable : • Com. 5 mai 2009 : *CCC 2009, n° 191, obs. Mathey ; RLC juill.-sept. 2009. 40, obs. Béhar-Touchais ; RDLC 2009, n° 3, p. 100, obs. Mitchell.* ♦ Jugeant que l'art. 36 (5°) [C. com., art. L. 442-6, I, 4°] ne fait aucune distinction entre les relations commerciales contractuellement établies et les autres, V. • T. com. Avignon, 25 juin 1999 : *D. 1999. AJ 19, obs. E. P.* ♦ V. aussi • T. com. Roubaix-Tourcoing, 26 nov. 1998 : *Cah. dr. entr. 1999, n° 2, p. 32, obs. Mainguy, Grignon et Respaud* • Lyon, 15 mars 2002 : *Cah. dr. entr. 2002, n° 5, p. 29, obs. Mainguy* • Chambéry, 11 juin 2002 : *Lettre distrib. déc. 2002, p. 4* • Paris, 1er déc. 2004 : *RDLC 2005, n° 3, p. 84, obs. de La Laurencie ; RJDA 2005, n° 762 ; Lettre distrib. juin 2005, p. 4* • Lyon, 30 oct. 2008 : *BICC 1er avr. 2009, n° 508.* ♦ Peu importe pour l'application de l'art. L. 442-6-I-5°, que le contrat de distribution ait été conclu pour une durée déterminée et qu'il soit renouvelable ; la notion de relation commerciale établie dépasse celle de contrat commercial à durée déterminée. • Lyon, 10 avr. 2003 : *BICC 2004, n° 626 ; JCP E 2004, n° 7, p. 254.* – V. aussi • Versailles, 14 oct. 2004 : *JCP E 2004, n° 51, p. 2002 ; Lettre distrib. janv. 2005, p. 2* • Paris, 14 déc. 2005 : *RDLC 2006, n° 2, p. 101, obs. Mitchell ; Lettre distrib. mars 2006, p. 3.* ♦ Comp., s'attachant à l'absence de tout renouvellement antérieur du contrat pour estimer qu'une telle relation ne saurait être considérée comme établie du fait de la conclusion d'un seul contrat à durée déterminée, fût-il prévu pour une longue durée (7 ans) : • Paris, 12 janv. 2005 : *RDLC 2005, n° 3, p. 84, obs. de La Laurencie ; Lettre distrib. mai 2005, p. 3.* ♦ Il résulte de la succession de contrats prorogés et/ou renouvelés qu'une relation commerciale durable était établie et que dès lors le distributeur était recevable à agir non au titre du renouvellement du dernier contrat mais au titre de la rupture de la relation commerciale établie. • Paris, 29 nov. 2007 : *D. 2008. Pan. 2196, obs. Ferrier.* ♦ Pour la prise en compte d'une lettre d'intention d'une durée de dix mois, renouvelable annuellement, V. • Besançon, 28 oct. 2003 : *JCP E 2004, n° 18, p. 693.* ♦ Comp., excluant l'application de l'art. L. 442-6-I-5° dès lors que les démarches accomplies ne caractérisaient pas des relations commerciales établies mais simplement de longs pourparlers en vue d'un accord commercial, qui n'a en fait jamais été concrétisé : • Com. 25 avr. 2006 : *JCP E 2007, n° 11, p. 24, obs. Mainguy et Respaud ; RDC 2006. 1033, obs. Rochfeld ; RDLC 2006, n° 4, p. 77, obs. Mitchell (2e esp.).* ♦ Ayant relevé que les relations commerciales entre les parties n'avaient duré que quelques mois, la cour d'appel a caractérisé ainsi l'absence de relations commerciales établies, susceptibles d'entrer dans les prévisions de l'art. L. 442-6-I-5°. • Com. 18 déc. 2007 : *RJDA 2008, n° 1055.* ♦ Sont exclues du domaine d'application de l'art. L. 442-6-I-5° les missions semestrielles confiées à un annonceur à une agence de publicité dont la commande était systématiquement précédée d'une mise en concurrence, dès lors que le recours à un tel procédé a pour effet de priver les relations commerciales de toute permanence garantie en les plaçant dans une perspective de précarité. • Versailles, 24 mars 2005 : *BICC 2005, n° 1506 ; CCC 2005, n° 133, obs. Malaurie-Vignal.* – Rappr. : • Paris, 13 févr. 2003 : *Gaz. Pal. 2003. Somm. 3988.* ♦ Le recours à une mise en compétition avec des concurrents avant toute commande prive les relations commerciales de toute permanence garantie et les places dans une situation de précarité ne permettant pas à l'entreprise qui a été plusieurs fois attributaire du marché de considérer que ces relations ont un avenir certain. • Versailles, 18 sept. 2008 : *RJDA 2008, n° 1313 ; Lettre distrib. nov. 2008, p. 3.* – V. aussi • Com. 20 sept. 2011 : *CCC 2012, n° 12, obs. Mathey.* ♦ Du fait d'une mise en compétition systématique des concurrents avant toute commande à laquelle elle était régulièrement invitée à participer, une société ne peut considérer que sa relation commerciale avait un avenir certain ou raisonnablement prévisible, de telle sorte que cette relation était dépourvue de tout caractère établi. • T. com. Paris, 15 juin 2000 : *Gaz. Pal. 2012. 2308.* ♦ Comp., identifiant l'existence de relations établies nonobstant l'existence d'une procédure d'appel à compétences, que le tribunal distingue d'une procédure formelle d'appel d'offres : • T. com. Paris, 2 avr. 2009 : *Lettre distrib. juin 2009, p. 3.* ♦ Comp. aussi, jugeant que le recours à un appel d'offres ne suffit pas à exclure l'existence d'une relation commerciale établie : • Versailles, 27 oct. 2011 : *RJDA 2012, n° 720.* ♦ Dès lors que les relations contractuelles résultaient de contrats indépendants, que les parties n'avaient pas passé d'accord-cadre et qu'aucun chiffre d'affaires ou exclusivité n'avait été garanti, il s'en déduit l'absence d'une relation commerciale établie. • Com. 16 déc. 2008 : *Bull. civ. IV, n° 207 ; D. 2009. Pan. 2892, obs. Ferrier ; ibid. AJ 225, obs. Chevrier ; JCP E 2009, n° 19, p. 25, obs. Mainguy ; CCC 2009, n° 73, obs. Mathey ; RJDA 2009, n° 274 ; Lettre distrib. janv. 2009, p. 1, obs. Mouly ; RDLC 2009, n° 1, p. 128, obs. Mitchell.* – *Contra* • Com. 6 sept. 2011 : *JCP E 2011, n° 1835, obs. Mathey ; CCC 2011, n° 238, obs. Mathey ; RDLC 2011, n° 4, p. 122, obs. Fourgoux ; Journ. sociétés nov. 2011. 56, obs. Hontebeyrie.* ♦ Par ailleurs, dans un contrat à durée déterminée sans tacite reconduction, les parties sont avisées dès l'origine de la date à laquelle prendront fin les relations commerciales, dès lors, les dispositions de l'art. L. 442-6-I-5° n'ont pas vocation à recevoir application dans un tel cas. • Paris, 10 mai 2007 : *RJ com. 2007. 424, note Lebreton-Derrien.* – V. aussi • T. com. Alençon, 8 oct. 2007 : *Lettre distrib. déc. 2007, p. 3* (tacite reconduction expressément limitée à deux fois) ; conf. par • Caen, 23 avr. 2009 : *Lettre distrib. juin 2009, p. 3.* ♦ La qualification du contrat, dit de sous-occupation précaire, et la limitation de sa durée à trois années attirent clairement l'attention sur le caractère temporaire, voire fragile, des relations nouées. • Lyon, 15 mars 2007 : *CCC 2008, n° 11, obs. N. M.* ♦ Pour le cas particulier des ventes de primeurs de vins de Bordeaux, V. • Paris, 19 févr. 2003 : *D. 2003. 1789, obs. Agostini.* ♦ La qualification de relations commerciales « établies » n'est pas conditionnée par l'existence d'un échange permanent et continu entre les parties (pour la location répétée sur plusieurs années d'un stand sur un salon ouvert dix jours par an). • Versailles, 12 juin 2008 : *RJDA 2008, n° 1313.* ♦ ... Une succession de contrats ponctuels peut être suffisante pour la caractériser dès lors qu'il est démontré la régularité, le caractère significatif et la stabilité de la relation. • Com. 15 sept. 2009 : *Bull. civ. IV, n° 110 ; D. 2009. AJ 2277, obs. Chevrier ; D. 2011. Pan. 547, obs. Ferrier ; RTD com. 2009. 799, obs. Bouloc ; JCP E 2009, n° 41, p. 32 ; CCC 2009, n° 264, obs. Mathey ; LPA 9 nov. 2009, note Grimonprez ; Defrénois 2010. 114, note Libchaber ; RJDA 2010, n° 81 ; RLDA déc. 2009. 40, note Courdier-Cuisinier ; Lettre distrib. oct. 2009, p. 4.* – Sur cet arrêt, V. aussi Augagneur, *JCP E 2009, n° 42, p. 22.* ♦ Pour une distinction opérée entre l'activité promotionnelle et l'activité permanente, qui seule pourrait donner lieu à l'application de l'art. L. 442-6-I-5°, V. • T. com. Tourcoing, 10 sept. 2008 : *Lettre distrib. oct. 2008, p. 1, obs. Vertut et Mouly.* ♦ Pour l'application de l'art. L. 442-6-I-5°, les juges doivent rechercher si, eu égard à la nature de leur prestation de conception et réalisation de programmes télévisuels, les plaignants pouvaient légitimement s'attendre à la stabilité de leur relation. • Com. 18 mai 2010 : *Bull. civ. IV, n° 89 ; D. 2010. Actu. 1341, obs. Chevrier ; D. 2011. Pan. 547, obs. Ferrier ; JCP E 2010, n° 1581 ; LPA 12-13 août 2010, note Roumélian ; RJDA 2010, n° 1006 ; RDLC 2010, n° 3, p. 110, obs. Mitchell. ; RDC 2011. 190, obs. Béhar-Touchais* (et sur renvoi : • Paris, 1er juill. 2011 : *CCC 2011, n° 214, obs. N. M. ; RJDA 2012, n° 338 ; RDLC 2011, n° 4, p. 121, obs. Dary* ; confirmé par • Com. 25 sept. 2012 : *RLC janv.-mars 2013. 44, obs. Béhar-Touchais*). — V. aussi : • Com. 12 févr. 2013 : *JCP E 2013, n° 1278, note Mathey ; CCC 2013, n° 115, obs. Mathey.*

Un tiers peut invoquer, sur le fondement de la responsabilité délictuelle, la rupture brutale d'une relation commerciale dès lors que ce manquement lui a causé un préjudice. • Com. 6 sept. 2011 : *Bull. civ. IV, n° 126 ; D. 2011. Actu. 2196, obs. Chevrier ; RTD civ. 2011. 763, obs. Fages ; JCP E 2011, n° 1788, note de Lammerville ; JCP 2012, n° 530, spéc n° 4, obs. Stoffel-Munck ; CCC 2011, n° 258, obs. Mathey ; Gaz. Pal. 2012. 403, obs. Mekki ; RJDA 2012, n° 94 ; RLDC janv. 2012. 7, note Pignarre ; RDLC 2011, n° 4, p. 122, obs. Fourgoux ; RDC 2012. 81, note Borghetti.* ♦ Comp. jugeant que si l'art. L. 442-6-I-5° a vocation à régir toutes les relations d'affaires, qu'elles relèvent d'une convention ou se soient nouées de manière informelle, c'est à la condition qu'elles s'inscrivent entre personnes physiques ou morales qui les ont réellement et effectivement entretenues. • Versailles, 20 févr. 2003 : *RJDA 2003, n° 685* (hypothèse de l'absorption de la société contractante) • Com. 3 nov. 2004 : *JCP E 2005, n° 31-34, p. 1325, obs. Mainguy ; RDLC 2005, n° 1, p. 71, obs. Mitchell ; Lettre distrib. déc. 2004, p. 2* (hypothèse d'une relation commerciale indirecte, l'auteur de la rupture n'étant lié qu'à l'importateur et non au distributeur qui se plaignait de la rupture). ♦ Une cour d'appel doit rechercher si le fournisseur qui avait repris, par avenant au contrat conclu entre le distributeur et un premier fournisseur, certains engagements de ce dernier, n'avait pas continué la relation commerciale initialement nouée. • Com. 29 janv. 2008 : *Bull. civ. IV, n° 21 ; D. 2008. AJ 475, obs. Chevrier ; JCP E 2008, n° 10, p. 27 ; CCC 2008, n° 76, obs. N. M. ; RJDA 2008, n° 953.* – Rappr. • Com. 24 nov. 2009 : *Dalloz actualité, 7 déc. 2009, obs. Chevrier ; D. 2011. Pan. 547, obs. Ferrier ; CCC 2010, n° 94, obs. Mathey ; RJDA 2010, n° 432 ; RDLC 2010, n° 1, p. 124, obs. Dany* • 2 nov. 2011 : *D. 2012. 795, note Mouly-Guillemaud ; JCP E 2011, n° 1903 ; CCC 2012, n° 11, obs. Mathey ; RJDA 2012, n° 721* • 25 sept. 2012 : *Bull. civ. IV, n° 166 ; D. 2012. Actu. 2382, obs. Chevrier ; RTD civ. 2012. 721, obs. Fages ; JCP E 2012, n° 1785, note Mathey ; RJDA 2012, n° 1108 ; RLDA janv. 2013. 35, note Mouly-Guillemaud* • Montpellier, 6 oct. 2009 : *RDLC 2010, n° 2, p. 96, obs. Mitchell* • Paris, 4 mars 2011 : *RDLC 2011, n° 3, p. 137, obs. Mitchell* • Versailles, 19 févr. 2013 : *RJDA 2013, n° 457.*

Pour une application à un contrat de franchise devenu à durée indéterminée, V. • Paris, 5 mars 2003 : *CCC 2003, n° 136 ; Lettre distrib. janv. 2004, p. 3.* ♦ Pour l'application à une relation commerciale reposant sur un contrat pourtant annulé, V. • Lyon, 30 sept. 2011 : *CCC 2012, n° 65, obs. crit. N. M.*

19. Notion de relation commerciale. Entre dans le champ d'application de l'art. L. 442-6-I-5°, toute « relation commerciale établie », que celle-ci porte sur la fourniture d'un produit ou d'une prestation de service. • Com. 23 avr. 2003 : *Bull. civ. IV, n° 57 ; D. 2003. Somm. 2433, obs. Ferrier ; ibid. AJ 1434, obs. Chevrier ; JCP E 2003, n° 47, p. 1866, obs. Decocq ; ibid. n° 51-52, p. 2065, note Mainguy ; CCC 2003, n° 107, obs. Malaurie-Vignal ; ibid., n° 137, obs. Leveneur ; RJDA 2003, n° 917 ; RJ com. 2004. 107, obs. Lebreton-Derrien* (qui conf. • Douai, 15 mars 2001 : *cité note 26*) • 16 déc. 2008 : *Bull. civ. IV, n° 208 ; D. 2009. Pan. 2892, obs. Ferrier ; ibid. AJ 164, obs. Chevrier ; JCP 2009. II. 10034, note Archambault ; JCP E 2009, n° 19, p. 25, obs. Mainguy ; CCC 2009, n° 100, obs. Mathey ; RJDA 2009, n° 477 ; Lettre distrib. janv. 2009, p. 1, obs. Mouly ; RLC avr.-juin 2009. 40, obs Béhar-Touchais.* ♦ L'art. L. 442-6-I-5° s'applique aussi bien aux relations industrielles qu'aux activités commerciales. • Lyon, 15 mars 2002 : *préc. note 18.* ♦ Sur l'application de l'art. 36 (5°) [C. com., art. L. 442-6, I, 4°] à des sociétés émettrices de chèques cadeaux ayant cessé brutalement leurs relations commerciales avec la société commercialisant lesdits chèques, V. • Versailles, 10 juin 1999 : *D. Affaires 1999. 1248, obs. E.P. ; JCP E 1999, n° 29, p. 1221* • 27 avr. 2000 : *BRDA 2000, n° 14, p. 9* • T. com. Nanterre, 20 nov. 1998 : *D. 1999. IR 57 ; D. Affaires 1999. 212, obs. X. D. et A. M.* ♦ V. aussi Vergucht, *RJ com. 1997. 129.* ♦ Pour un contrat de transport, V. • Besançon, 20 nov. 2005 : *JCP E 2006, n° 11, p. 523* • Aix-en-Provence, 4 janv. 2007 : *RD transp. 2007, n° 99, obs. Paulin* • Paris, 18 janv. 2007 : *ibid., n° 100, obs. Paulin* • Orléans, 22 févr. 2007 : *cité note 4 ss. art. L. 133-7* • Com. 6 mars 2007 : *RDLC 2007, n° 2, p. 123, obs. Mitchell ; RD transp. 2007, n° 98, obs. Paulin.* ♦ Pour les rapports entre un annonceur et une agence de publicité, V. • Paris, 11 janv. 2008 : *Gaz. Pal. 2008. 2001, obs. Roiland.* ♦ Pour des relations entre un courtier d'assurances et un assureur, V. • Paris, 10 janv. 2012 : *Gaz. Pal. 2012. 3470, obs. Moore.* ♦ Sur des relations commerciales successives en matière de distribution de vins en primeur, V. • Com. 7 juin 2006 : *RDLC 2006, n° 4, p. 77, obs. Mitchell (1re esp.) ; RD rur. 2006, n° 225, note Barbièri et Formage.* ♦ L'art. L. 442-6-I-5° s'applique aux relations entretenues avec les sociétés de presse pour des demandes d'insertion d'annonces publicitaires ; en effet, la loi du 29 juill. 1881, qui pose le principe de la liberté de la presse et celui de la responsabilité pénale du directeur de la publication, ne fait pas obstacle à l'application de l'article précité. • Paris, 29 févr. 2008 : *RJDA 2008, n° 858 ; Lettre distrib. juin 2008, p. 2.*

L'art. L. 442-6-I (5°) peut être mis en œuvre quel que soit le statut juridique de la victime du comportement incriminé. • Com. 6 févr. 2007 : *Bull. civ. IV, n° 20 ; D. 2007. 1317, note Cathiard ; ibid. AJ 653, obs. Chevrier ; RTD com. 2007. 558, obs. Grosclaude ; RTD civ. 2007. 343, obs. Mestre et Fages ; JCP 2007. II. 10109, note Archambault ; CCC 2007, n° 92, obs. Malaurie-Vignal ; RJDA 2007, n° 784 ; Lettre distrib. mars 2007, p. 1, obs. P. Mousseron* (cassation de • Paris, 17 sept. 2003 : *RTD civ. 2004. 90, obs. crit. Mestre et Fages*, qui avait jugé qu'une association ne pouvait se prévaloir des dispositions sanctionnant la rupture d'une relation commerciale établie). – Sur la paracommercialité des associations, V. art. L. 442-7. ♦ En revanche, jugeant que le retrait d'un membre d'un groupement d'intérêt économique ne relève pas de l'art. L. 442-6 I 5°, sauf disposition statutaire ou prévue dans le règlement intérieur : • Com. 3 avr. 2007 : *JCP E 2008, n° 20, p. 22, obs. Mainguy ; CCC 2007, n° 171, obs. Malaurie-Vignal ; Dr. sociétés 2007, n° 191, obs. Mortier ; Bull. Joly 2007. 1280, note Porac-*

chia. ♦ De même, en application du code de déontologie médicale qui prohibe expressément la pratique de la médecine comme un commerce, deux médecins ne peuvent être regardés comme entretenant avec leur clinique une relation commerciale, de telle sorte que les conditions d'application de l'art. L. 442-6-I-5° ne sont pas réunies. • Com. 23 oct. 2007 : *Bull. civ. IV, n° 220 ; D. 2007. AJ 2805, obs. Chevrier ; RTD civ. 2008. 105, obs. Fages ; JCP E 2008, n° 20, p. 22, obs. Mainguy ; RJDA 2008, n° 458 ; RLC janv.-mars 2008. 39, obs. Béhar-Touchais ; Procédures 2007, n° 287, obs. Croze ; Lettre distrib. nov. 2007, p. 2.* ♦ Et encore, jugeant qu'après avoir énoncé qu'en vertu de l'art. 13, 1° du décret du 19 déc. 1945 relatif au statut du notariat, il est interdit aux notaires de se livrer à des opérations de commerce, l'arrêt retient qu'un notaire ne peut invoquer une quelconque disposition sanctionnant la rupture d'une relation établie, de telle sorte que les conditions d'application de l'art. L. 442-6-I ne sont pas réunies : • Com. 20 janv. 2009 : *Bull. civ. IV, n° 7 ; D. 2009. AJ 369, obs. Chevrier ; JCP 2009. IV. 1301 ; CCC 2009, n° 100, obs. Mathey ; RJDA 2009, n° 477 ; Defrénois 2009. 1140, note Grimonprez ; RDC 2009. 1048, note Viney ; RLC avr.-juin 2009. 40, obs Béhar-Touchais ; RDLC 2009, n° 2, p. 128, obs. Mitchell ; Lettre distrib. févr. 2009, p. 2.* ♦ Aux termes de l'art. L. 422-12 CPI, l'activité de conseil en propriété industrielle, quand bien même elle serait exercée sous forme de société commerciale, est incompatible avec toute activité de caractère commercial, de telle sorte que ne peut être invoquée une quelconque rupture d'une relation commerciale établie. • Com. 3 avr. 2013 : *D. 2013. Actu. 992, obs. Chevrier ; JCP E 2013, n° 1265 ; CCC 2013, n° 131, obs. Mathey ; BRDA 2013, n° 8, p. 11 ; Bull. Joly 2013. 383, note Barbier.* ♦ Pour une prestation intellectuelle rompue au stade où l'accord ne porte que sur l'élaboration d'un prototype avant même le début de la relation commerciale envisagée : • T. com. Toulouse, 25 sept. 2008 : *Lettre distrib. oct. 2008, p. 1, obs. Vertut et Mouly* (conf. par • Toulouse, 16 sept. 2009 : *JCP E 2010, n° 1582 ; Lettre distrib. oct. 2009, p. 4,* qui estime que la relation s'inscrivait dans un véritable partenariat global devant aboutir à la conclusion de contrat d'industrialisation). ♦ Pour les prestations intellectuelles d'un architecte, V. • Com. 16 déc. 2008 : *préc.* ♦ Pour une activité de service des sociétés d'assurances mutuelles, V. • Com. 14 sept. 2010 : *préc. note 2 ter.*

20. Notion de rupture. **BIBL.** Augagneur, *JCP E 2009, n° 18, p. 32* (la répercussion d'une baisse d'activité sur les fournisseurs et sous-traitants constitue-t-elle une rupture partielle des relations commerciales établies ?). – Bourdu, *CCC 2013. Alerte 28* (la rupture brutale ne peut résulter que d'une décision délibérée). ♦ Pour une rupture des relations commerciales résultant d'un changement d'organisation dans le mode de distribution entre un fournisseur et l'un de ses distributeurs, V. • T. com. Avignon, 25 juin 1999 : *préc. note 18* • Com. 12 mars 2002 : *LPA 3 juill. 2003, obs. Petitier* • 17 mars 2004 : *Lettre distrib. juin 2004, p. 2* • 23 oct. 2012 : *BRDA 2012, n° 11, p. 11.* ♦ ... Du maintien des seuls contrats d'entretien liant une centrale de référencement à un prestataire de services, V. • T. com. Roubaix-Tourcoing, 26 nov. 1998 : *préc. note 18.* ♦ ... Du défaut total ou quasi total de commandes traduisant un déréférencement, V. • Versailles, 22 mars 2002 : *Cah. dr. entr. 2002, n° 5, p. 29, obs. Mainguy* (conf. par • Com. 7 juill. 2004 : *D. 2005. Pan. 150, obs. Ferrier ; Cah. dr. entr. 2004, n° 6, p. 11, obs. Mainguy ; RLC 2005, n° 1, p. 51, obs. Béhar-Touchais ; RDLC 2005, n° 1, p. 71, obs. Mitchell ; RDC 2005. 392, note Béhar-Touchais*). ♦ ... De la chute subite du chiffre d'affaires (- 75 %), V. • Paris, 28 oct. 2005 : *RJDA 2006, n° 377 ; RDLC 2006, n° 1, p. 147, obs. de La Laurencie ; Lettre distrib. mars 2006, p. 3* • 24 juin 2009 : *RJDA 2010, n° 82 ; Lettre distrib. déc. 2009, p. 3.* ♦ ... A moins qu'il ne résulte de la diminution des propres commandes du fournisseur : • Com. 12 févr. 2013 : *CCC 2013, n° 78, obs. Mathey ; RJDA 2013, n° 456 ; Teutates 2013, n° 2/2, note Cadoret.* ♦ Sur la licéité de pénalités contractuelles au regard du déséquilibre significatif, V. • Paris, 19 janv. 2011 : *RDLC 2011, n° 2, p. 129, obs. Chagny.* • 19 janv. 2011 : *RDLC 2011, n° 2, p. 132, obs. Fourgoux ; Dr. et patr. févr. 2012. 67, obs. Stoffel-Munck.* ♦ ... De la modification substantielle par le fournisseur de ses conditions générales de vente, V. • Versailles, 6 mars 2003 : *RJDA 2003, n° 685* • Paris, 5 mars 2003 : *préc. note 18* • Com. 12 mars 2002 : *LPA 3 juill. 2003, obs. Petitier* • 17 mars 2004 : *Lettre distrib. juin 2004, p. 2.* ♦ ... De la réduction du montant de l'encours du compte courant commercial, de sorte que l'acheteur se trouve dans l'impossibilité soudaine de s'approvisionner chez le vendeur notamment la veille d'une importante période de commercialisation, V. • Nîmes, 15 sept. 2005 : *RDLC 2006, n° 2, p. 101, obs. Mitchell ; RJDA 2006, n° 592 ; Lettre distrib. janv. 2006, p. 6.* ♦ Pour des applications à une rupture seulement partielle de la relation commerciale établie, V. • Lyon, 19 sept. 2002 : *BICC 2003, n° 179* • Com. 11 sept. 2012 : *CCC 2012, n° 255, obs. Mathey* • 11 sept. 2012 : *RDLC 2012, n° 4, p. 99, obs. Fourgoux* • 9 oct. 2012 : *JCP E 2013, n° 1004, note Mathey ; CCC 2013, n° 7, obs. Mathey.* ♦ En revanche, les modifications des habitudes de démarchage du distributeur par le fournisseur ne constituent pas une rupture brutale telle qu'énoncée à l'art. L. 442-6. • T. com. Le Creusot, 25 janv. 2005 : *Lettre distrib. févr. 2005, p. 2.* ♦ De la même façon, une hausse de tarif de 24 % ne constitue pas, à elle seule, une rupture unilatérale de la relation commerciale : • Versailles, 5 avr. 2007 : *Lettre distrib. juill.-août 2007, p. 4.* ♦ Ainsi, l'art. L. 442-6-I-5° n'empêche pas que les parties, dans le cadre d'une exécution loyale et de bonne foi, réaménagent leurs relations commerciales, dès lors qu'il n'en résulte pas des conséquences excessives pour l'une ou l'autre. • Paris, 4 avr. 2013 : *RJDA 2013, n° 549.*

Sur la condamnation d'un fournisseur n'ayant pas informé un de ses distributeurs, qui, du fait de ventes successives ayant eu lieu entre les parties pendant sept ans, pouvait être considéré comme agréé par le fournisseur, de la convention d'exclusivité passée avec un autre cocontractant et ayant attendu que ce distributeur manifeste sa volonté de passer une nouvelle commande pour s'y opposer en invoquant la nouvelle convention, la tardiveté de cette notification ignorant délibérément les contraintes de la profession relatives aux conditions de présentation des collections, V. • Com. 15 févr. 2000 : *D. 2001. Somm. 297, obs. Ferrier*. – V. désormais sur cette notion art. L. 442-6, I, 5°.

21. *Brutalité de la rupture.* BIBL. Augagneur, *JCP E 2009, n° 42, p. 22* (l'anticipation raisonnable de la rupture des relations commerciales). – Bernheim-Desvaux, *CCC 2012. Formule 11* (clause organisant la rupture d'une relation commerciale établie). ♦ La rupture, pour être préjudiciable et ouvrir droit à des dommages et intérêts, doit être brutale, c'est-à-dire selon le droit commun, « imprévisible, soudaine et violente » et selon l'art. 36 (5°) [C. com., art. L. 442-6 (I), 4°], effectuée sans préavis écrit tenant compte des relations commerciales antérieures ou des usages reconnus par des accords professionnels. • Montpellier, 11 août 1999 : *préc. note 18.* ♦ V. sanctionnant un abus de puissance d'achat sur le fondement implicite de l'art. 36 (5°) [C. com., art. L. 442-6, I, 4°] : • Versailles, 8 oct. 1999 : *LPA 26 janv. 2000, note Vrion.* ♦ V. aussi • Douai, 5 sept. 2000 : *RJ com. 2002. 33, note Salvat* • Lyon, 15 mars 2002 : *BRDA 2002, n° 11, p. 11.* ♦ A défaut d'information du cocontractant, l'interruption brusque des *relations commerciales* par le distributeur, sans s'enquérir de l'importance du stock résiduel du fournisseur, et la dissimulation de l'intention de changer de source d'approvisionnement sont constitutifs d'un comportement fautif de nature à engager la responsabilité du distributeur. • Versailles, 19 sept. 2002 : *BICC 2003, n° 674.* ♦ Si la notification d'un appel d'offres peut constituer la manifestation de ne pas poursuivre les relations contractuelles selon les conditions antérieures et peut faire ainsi courir le délai de préavis, encore faut-il que l'annonce soit écrite et suffisamment explicite pour traduire l'intention de ne pas poursuivre les relations en cas de refus des nouvelles conditions. • Lyon, 3 juill. 2008 : *JCP E 2008, n° 51-52, p. 27.*

Jugeant que celui qui se plaint d'une rupture abusive n'a pas à établir qu'il se trouve dans un état de dépendance économique, V. • T. com. Amiens, 22 oct. 1999 : *RJDA 2000, n° 217* (conf. par • Com. 17 mars 2004 : *préc. note 20.* ♦ ... Ni qu'il bénéficie d'une exclusivité. • Paris, 20 oct. 2004 : *D. 2004. AJ 2996*. – Comp. • Com. 12 mai 2004 : *cité note 22.* ♦ Sur le préavis *écrit*, V. • Com.17 mars 2004 : *D. 2005. Pan. 150, obs. Ferrier ; Cah. dr. entr. 2004, n° 3, p. 29, obs. Mainguy ; RJDA 2005, n° 628 ; Lettre distrib. juin 2004, p. 2.* ♦ La rupture sans préavis des relations commerciales établies depuis neuf ans entre une société exploitant des bateaux de croisière sur la Seine et son traiteur est brusque, lorsque la première donne en location-gérance son fonds de commerce, sans se soucier de son fournisseur. • Paris, 20 oct. 2005 : *RDC 2006. 431, obs. Béhar-Touchais.* ♦ N'est pas fondé à imputer à son client la rupture brutale de leur relation commerciale le grossiste en fruits et légumes qui, tout en étant resté référencé chez le client, n'a plus été à même de formuler ses offres au client au jour le jour, comme convenu entre eux et comme l'exige la nature spécifique de ce commerce saisonnier de produits frais, cette absence d'offres ayant naturellement entraîné le tarissement de la relation. • Versailles, 12 oct. 2006 : *BICC 1er avr. 2007, n° 747.* ♦ N'est pas brutale la rupture alors qu'un donneur d'ordre a averti son cocontractant d'une cessation de la relation dix mois à l'avance. • Douai, 10 mai 2007 : *BICC 1er nov. 2007, n° 2221.* ♦ Le dernier contrat conclu entre les parties étant non renouvelable par tacite reconduction, une société ne pouvait ignorer que ce contrat, à l'échéance, était susceptible soit de faire l'objet d'une nouvelle négociation, soit de ne pas être renouvelé, ce dont il résulte qu'elle ne pouvait raisonnablement anticiper une continuité de la relation commerciale pour l'avenir. • Com. 20 nov. 2012 : *JCP E 2013, n° 1092, note Mathey ; CCC 2013,* n° 32, obs. *Mathey ; RLC avr.-juin 2013. 39, note Grall et Bellone.* ♦ Il n'y a pas eu rupture brutale de relations commerciales établies, mais diminution progressive, étalée sur plusieurs années, la perspective de désengagement complet sur trois exercices étant connue des parties, alors même que la diminution progressive a été plus rapide que souhaitée, en raison des circonstances économiques, cette possibilité était parfaitement prévisible et même prévue lors de la signature du protocole. • Paris, 9 sept. 2009 : *RJDA 2010, n° 155.*

Il ne peut pas être fait obstacle aux dispositions d'ordre public de l'art. L. 442-6, I, 5°, par des clauses permettant une rupture sans préavis dès lors que l'inexécution du contrat n'a pas un degré de gravité suffisant. • Com. 25 sept. 2007 : *D. 2008. 1115, note Mouly-Guillemaud ; JCP E 2008, n° 20, p. 23, obs. Mainguy ; RJDA 2007, n° 1286 ; RDLC 2008, n° 1, p. 132, obs. Mitchell ; Lettre distrib. nov. 2007, p. 2.* ♦ L'inexécution par un distributeur agréé des engagements contractuels souscrits par lui, lesquels prévoyaient expressément la possibilité d'une résiliation immédiate en cas de violation des dispositions relatives aux droits de propriété industrielle, ne peut être qualifiée d'abusive au sens de l'art. L. 442-6, I, 5°, et ouvrir droit au respect d'un préavis à l'égard du distributeur qui, au mépris d'un premier avertissement, s'est livré à des opérations publicitaires utilisant la marque de son fournisseur sans son agrément. • Versailles, 15 sept. 2005 : *préc. note 16.* ♦ Jugeant que l'existence de relations conflictuelles n'est pas incompatible avec une brusque rupture : • Com. 15 mai 2007 : *JCP E 2008, n° 20, p. 23, obs. Mainguy ; CCC 2007, n° 203, obs. Malaurie-Vignal.* ♦ Le fait que la victime de la rupture ne justifie pas avoir formuler la moindre protestation sur la brutalité de cette rupture et la brièveté de la durée du préavis avant de l'invoquer pour la première fois dans le cadre de sa réponse à une réclamation adverse, est impropre à écarter le caractère brutal de la rupture. • Com. 27 oct. 2009 : *JCP E 2009, n° 46, p. 27 ; CCC 2010, n° 7, obs. Mathey ; RJDA 2010, n° 299 ; RDLC 2010, n° 1, p. 123, obs. Mitchell ; Lettre distrib. nov. 2009, p. 4.* ♦ Les juges doivent rechercher, ainsi qu'ils y sont invités, s'il n'y avait pas de manquement grave de la société à ses obligations contractuelles justifiant la rupture des relations commerciales sans préavis. • Com. 18 janv. 2011 : *JCP E 2011, n° 1138 ; RDLC 2011, n° 2, p. 130, obs. Mitchell.* – Pour un comportement jugé suffisamment grave pour justifier la rupture, V. • Com. 24 mai 2011 : *CCC 2011, n° 161, obs. Mathey.* ♦ Pour la prise en compte d'une clause stipulant expressément qu'en cas de manquement grave, dont il précisait la nature, le contrat pourrait être résilié avec effet immédiat, V. • Com. 11 sept. 2012 : *CCC 2012, n° 256, obs. Mathey.* ♦ ... A moins que les manquements reprochés aient fait l'objet de réparations de nature à leur retirer toute gravité : • Com. 27 nov. 2012 : *JCP E 2013, n° 1134, obs. Nourissat ; CCC 2013, n° 57, obs. N. M.*

22. Durée du préavis. BIBL. Van Eeckhout, *RDC 2005. 491.* – Mouly-Guillemaud, *RLDA avr. 2013. 85 ; RLC avr.-juin 2013. 183* (quel est l'objet du préavis entre professionnels ?). ♦ L'adéquation du préavis écrit qui est consenti, tenant compte de la durée de la relation commerciale, s'apprécie à la date à laquelle l'auteur de la rupture notifie son intention d'y mettre fin. • Com. 29 janv. 2013 : *cité note 21 ss. art. L. 330-2.* ♦ Jugeant qu'à défaut d'usages reconnus ou d'accords professionnels, la durée du préavis s'apprécie au regard de critères généralement utilisés par la jurisprudence, critères qui dépendent de la nature de la relation commerciale qui va être rompue et qu'il convient notamment que l'ancienneté de la relation et la notoriété des produits soient prises en considération, afin que le délai et les modalités de la fin des relations commerciales soient fixés en plein accord avec l'autre partie, V. • T. com. Paris, 2 avr. 1999 : *D. Affaires 1999. 980, obs. E. P.* ♦ Pour la prise en compte de l'état de dépendance économique de la victime, caractérisé par un engagement d'exclusivité, ainsi que de l'existence d'une clause de non-concurrence pour le calcul de la durée du préavis, V. • Paris, 23 févr. 2007 : *RJDA 2007, n° 833.* ♦ Pour une décision refusant de prendre en considération le cycle de production d'une collection (chaussures) pour apprécier la durée du préavis : • Com. 8 janv. 2002 : *Bull. civ. IV, n° 1 ; D. 2002. AJ 567, obs. Chevrier ; CCC 2002, n° 78, obs. Malaurie-Vignal.* ♦ *Contra,* fixant la durée du préavis en fonction du domaine professionnel, la mode, dont l'activité s'organise autour de collections saisonnières : • Paris, 25 juin 2003 : *D. 2004. Somm. 1159, obs. Dorandeu* (préavis devant être notifié à la fin de la précédente collection) • 28 juin 2004 : *Lettre distrib. oct. 2004, p. 3.* ♦ Comp., jugeant qu'en matière de produits alimentaires ayant le plus souvent un cycle de production annuel, il n'est pas inéquitable de fixer à 12 mois le préavis qui aurait dû être respecté. • TGI Nanterre, 5 nov. 2004 : *Lettre distrib. avr 2005, p. 2.* ♦ En donnant au mois de janvier un préavis pour la fin de la période saisonnière annuelle (vin rosé), un distributeur a respecté un préavis suffisant au regard des usages et de la durée de la relation commerciale (5 ans), permettant à l'exploitant de trouver une solution alternative pour le prochain cycle de production. • Versailles, 3 juill. 2012 : *CCC 2012, n° 232, obs. N. M.* ♦ Le respect du préavis contractuel n'est pas suffisant pour exonérer le concédant du manquement de brusque rupture ; même si le contrat prévoit un délai de préavis d'un an, les juges sont libres de rechercher si celui-ci est suffisant et raisonnable.

• Lyon, 10 avr. 2003 : *préc. note 18.* ♦ V. aussi, considérant que la durée du préavis aurait dû être fixée à un an, et non trois mois, comme le contrat l'envisageait, eu égard, d'une part, à l'ancienneté des relations et, d'autre part, à la perte de chance de gains du partenaire évincé : • Rouen, 3 nov. 1998 : *Cah. dr. entr. 1999, n° 2, p. 32, obs. Mainguy, Grignon et Respaud.* ♦ Pour d'autres exemples jugeant que le préavis contractuellement prévu est insuffisant, V. • Douai, 5 déc. 2002 : *Lettre distrib. mars 2003, p. 3* • Versailles, 14 oct. 2004 : *ibid. janv. 2005, p. 2 ; JCP E 2005, n° 8, p. 305 ; CCC 2005, n° 28, obs. Malaurie-Vignal* • 2 déc. 2004 : *ibid.* ♦ Sur cette question, V. aussi • Com. 12 mai 2004 : *Bull. civ. IV, n° 86 ; D. 2005. Pan. 150, obs. Ferrier ; JCP E 2004, n° 41, p. 1592, note Lachièze ; JCP 2004. II. 10184, note Sonet ; CCC 2004, n° 104, obs. Leveneur ; RDLC déc. 2004. 67, obs. Fasquelle ; RJDA 2004, n° 1191 ; RDC 2004. 943, obs. Stoffel-Munck.* ♦ Comp., jugeant que le délai ne peut être déterminé d'une façon générale pour l'ensemble d'une profession sauf à le fixer au préalable par le contrat : V. • Douai, 29 sept. 2005 : *BICC 2005, n° 2332 ; BRDA 2006, n° 4, p. 11.* ♦ Considérant qu'un délai de préavis de trente mois ne peut être admis que dans des circonstances exceptionnelles et qu'il appartient, à la partie qui estime qu'une telle durée lui est nécessaire, d'organiser en conséquence ses relations avec ses partenaires ou tout le moins de les en avertir, V. • Versailles, 27 avr. 2000 : *préc. note 19.* ♦ Pour un préavis de quatre mois jugé suffisant alors que les relations d'affaires ont duré plus de treize ans : • Chambéry, 18 mai 2004 : *Lettre distrib. juin 2004, p. 3* • Com. 31 janv. 2006 : *JCP E 2007, n° 11, p. 23, obs. Mainguy et Respaud ; RDLC 2006, n° 3, p. 105, obs. Mitchell ; RLC juill.-sept. 2006. 47, obs. Béhar-Touchais ; RJ com. 2006. 125, obs. Decocq ; Lettre distrib. avr. 2006, p. 4* (préavis de six mois pour dix ans de relations d'affaires).

Jugeant que le caractère trop bref du préavis engage la responsabilité de l'auteur de la rupture, sans que l'acceptation du report de la rupture de la relation commerciale puisse l'en exonérer, V. • Com. 3 déc. 2002 : *D. 2003. Somm. 2432, obs. Ferrier ; JCP E 2003, n° 51-52, p. 2065, note Mainguy ; RJDA 2003, n° 548.* ♦ Pour dire qu'un fournisseur n'a pas respecté un préavis suffisant et effectif en raison de la cessation des livraisons pendant le préavis, il convient de rechercher si le distributeur n'avait pas pu, compte tenu des stocks dont il disposait, continuer à assurer la distribution exclusive des produits du concédant. • Com. 9 nov. 2010 : *CCC 2011, n° 7, obs. Mathey ; RDLC 2011, n° 1, p. 119, obs. Ferrier ; ibid., p. 132, obs. Mitchell ; RLC avr.-juin 2011. 45, obs. Béhar-Touchais.*

La poursuite des relations contractuelles ayant été rendue impossible par la faute d'un contractant, celui-ci n'est pas fondé à reprocher à son cocontractant de ne lui avoir laissé qu'un délai de préavis de trois mois, alors que les dispositions de l'art. L. 442-6-5°, invoquées par l'intimé, autorisaient en pareil cas une résiliation sans préavis. • Paris, 13 mai 2004 : *Gaz. Pal. 2005. Somm. 2207, obs. Reichenbach.* ♦ Dès lors qu'une société a été « préavisée » d'une rupture des relations contractuelles fondée sur l'inexécution de ses obligations en cas de non-paiement de ses dettes dans les six mois, le juge n'a pas à rechercher si elle était en mesure de régler cette dette dans le délai imparti. • Com. 28 mars 2006 : *RJDA 2006, n° 865.*

23. Produit sous marque distributeur. Pour une définition, V. C. consom., art. L. 112-6. – **C. consom.** ♦ En application de l'art. L. 442-6, I (5°), lorsqu'une relation commerciale porte sur la fourniture de produits sous marque de distributeur, la durée minimale de préavis est double de celle qui serait applicable si le produit n'était pas fourni sous marque de distributeur. Un produit doit être considéré comme vendu sous marque de distributeur lorsque ses caractéristiques ont été définies par l'entreprise ou le groupe d'entreprise, qui en assure la vente au détail et est propriétaire de la marque sous laquelle il est vendu. • Versailles, 18 mai 2006 : *JCP E 2006, n° 50, p. 2154.* ♦ En cas de rupture d'une relation commerciale établie, la durée minimale de préavis n'est doublée que lorsque la relation commerciale porte sur la fourniture de produits sous marque de distributeur, il ne suffit pas que les prestations délivrées s'incorporent dans le cycle de production des produits sous marque de distributeur. • Com. 7 juin 2011 : *CCC 2011, n° 213, obs. Mathey ; RJDA 2011, n° 738 ; RLDA sept. 2011. 43, obs. Mathonnière ; RDLC 2011, n° 4, p. 119, obs. Mitchell.* ♦ Le fait qu'un producteur élabore un habillage spécifique ne suffit pas à caractériser un produit sous marque de distributeur dès lors qu'il ne mentionne pas la marque de la société et n'évoque pas le logo figuratif du distributeur. • Versailles, 3 juill. 2012 : *préc. note 22.*

Il est recommandé que le contrat définisse cette durée minimale. Eu égard à la spécificité de chaque relation contractuelle, il n'est pas possible d'établir une recommandation générale quant à la durée minimale du préavis à respecter. Par contre, pour déterminer cette durée contractuelle, doivent être notamment prises en compte les variables suivantes : la durée de la relation entre les parties, l'importance des actifs spécifiques engagés par la partie victime de la rupture, la durée raisonnable pour cette dernière de retrouver sur le marché une solution équivalente, la part du chiffre d'affaires réalisé sur le(s) produit(s) en cause dans le total du chiffre d'affaires de la partie victime de la rupture. • CEPC, recomm. n° 10-10 du 3 juin 2010 : *cité note 4 ss. art. L. 441-7.*

24. Accords interprofessionnels. A ce jour, seuls quatre accords pris en application de l'art. L. 442-6-I-5° ont été recensés : l'accord des usages professionnels de la Fédération de l'imprimerie et de la communication graphique (janv. 1998), l'accord relatif à l'exploitation en location-gérance des fonds de commerce de station-service des sociétés pétrolières (14 juin 1994) et l'accord conclu dans le secteur du bricolage entre l'Union des industries du bricolage et la Fédération française des magasins de bricolage (15 janv. 2002), l'accord conclu entre la Fédération des entreprises et entrepreneurs de France et la Fédération des entreprises du commerce et de la distribution (6 mars 2013). Cette liste n'est pas exhaustive. Il existe également des délais de préavis fixés dans les contrats-types de transport, et notamment : le contrat-type de transport en matière de sous-traitance et le contrat-type de commission de transport. Ils ne sont cependant pas pris en application de ce texte. • CEPC, avis n° 13-04 du 27 mai 2013. ♦ L'existence d'un accord interprofessionnel ne dispense pas la juridiction d'examiner si le préavis, qui respecte le délai minimal fixé par cet accord, tient compte de la durée de la relation commerciale et des autres circonstances de l'espèce. • Com. 2 déc. 2008 : *Bull. civ. IV, n° 201 ; D. 2009. Pan. 2892, obs. Ferrier ; ibid. AJ 92, obs. Chevrier ; JCP E 2008, n° 50, p. 6 ; RJDA 2009, n° 273 ; Lettre distrib. janv. 2009, p. 1, obs. Mouly ; RDLC 2009, n° 1, p. 128, obs. Mitchell ; RDC 2009. 647 et 649, obs. Béhar-Touchais* • Metz, 30 juin 2011 : *CCC 2011, n° 212, obs. Mathey* • Douai, 20 nov. 2007 : *RLC avr.-juin 2008. 33, obs. Béhar-Touchais.* ♦ ... Notamment de l'état de dépendance économique de l'entreprise évincée. • Com. 2 nov. 2011 : *préc. note 18.* ♦ Même solution en présence d'usages professionnels : • Com. 3 mai 2012 : *Bull. civ. IV, n° 85 ; D. 2012. Actu. 1324, obs. Chevrier ; JCP E 2012, n° 1642, note Mathey ; JCP 2012, n° 867, note Le Gac-Pech ; CCC 2012, n° 174, obs. Mathey ; RJDA 2013, n° 166 ; RLDA juill.-août 2012. 49, obs. Mathonnière ; RDC 2013. 185, obs. Grimaldi.* ♦ Comp., jugeant que l'art. L. 442-6-I-5°, qui instaure une responsabilité de nature délictuelle, ne s'applique pas dans le cadre des relations commerciales de transports publics routiers de marchandises exécutés par des sous-traitants, lorsque le contrat type qui prévoit la durée des préavis de rupture, institué par la LOTI [V. C. transp., art. L. 1432-4], régit, faute de dispositions contractuelles, les rapports du sous-traitant et de l'opérateur de transport • Com. 4 oct. 2011 : *Bull. civ. IV, n° 15ˆ ; D. 2011. Actu. 2465, obs. Delpech ; RTD com 2011. 790, obs. Bouloc ; JCP E 2011, n° 1769 ; CCC 2011, n° 259, obs. Mathey ; RJDA 2012, n° 93 ; RDLC 2011, n° 4, p. 124, obs. Fourgoux.* ♦ V. déjà estimant qu'une cour d'appel n'a pas à faire application de l'art. L. 442-6-I-5° dès lors qu'elle a constaté le respect d'un préavis de trois mois conformément au contrat-type de transport public de marchandises applicable à la cause (sur ces contrats types, V. C. transp., art. L. 1432-4, L. 1432-5, et L. 1432-12, ss. art. L. 133-5). • Com. 22 janv. 2008 : *Bull. civ. IV, n° 12 ; D. 2008. AJ 412, obs. Delpech ; JCP E 2008, n° 10, p. 29 ; RJDA 2008, n° 649 ; RLC avr.-juin 2008. 33, obs. Béhar-Touchais ; RD transp. 2008, n° 21, obs. Paulin. – Contra :* • Versailles, 9 mars 2010 : *JCP E 2010, n° 1772, spéc. n° 8, obs. Bon-Garcin ; RD transp. 2010, n° 147, obs. Paulin.*

Le Règl. CE n° 1400-2002 du 31 juill. 2002 [V. ce texte App., v° *Concurrence*], par son objet de protection de la libre concurrence, n'a pas pour vocation de suppléer, écarter ou compléter les dispositions d'ordre public interne de l'art. L. 442-6-I-5°. Les durées minimales de préavis que ce règlement prévoit comme l'une des conditions d'exemption ne résultent ni des usages du commerce ni d'accords professionnels et ne peuvent y être assimilées pour servir de référence afin d'apprécier la durée du préavis minimale. • Versailles, 4 sept. 2012 : *D. 2012. Actu. 2445, obs. Chevrier ; CCC 2012, n° 278, obs. Mathey ; RJDA 2012, n° 1109 ; RDC 2013. 179, obs. Béhar-Touchais* • Limoges, 9 févr. 2012 : *RDLC 2012, n° 4, p. 86, obs. Éréséo* ♦ Jugeant en revanche l'art. L. 442-6-1-5° inapplicable à la rupture des concours bancaires, uniquement régis par l'art. L. 313-12 C. mon. fin., V. • T. com. Paris, 24 janv. 2013 : *RD banc. fin. 2013 n° 78, obs. Crédit et Samin.*

Le contrat type du 19 sept. 1961 ne constitue qu'une déclinaison, dans le domaine des agences de publicité – pour lesquelles les relations commerciales ne peuvent, sans brusquerie, être rompues sans préavis de six mois –, du principe édicté aujourd'hui par l'art. L. 442-6 ; l'indemnité prévue par ce dernier texte ne saurait, dès lors, être cumulativement allouée avec celle prévue par les usages des agences de publicité. • Versailles, 5 févr. 2009 : *RJDA 2009, n° 897.*

25. Point de départ du préavis. Considérant que le préavis court à compter du jour où le contractant informe son partenaire de sa volonté de ne pas poursuivre les relations contractuelles par la notification de son intention de recourir à un appel d'offres et non à compter de la date de notification de l'échec à cet appel d'offres, V. • Com. 6 juin 2001 : *CCC 2001,* *n° 160, note Malaurie-Vignal* • 18 déc. 2007 : *RJDA 2008, n° 719* • Versailles, 15 mars 2007 : *RDLC 2007, n° 3, p. 107, obs. Mitchell.* – V. aussi • Com. 7 avr. 2009 : *JCP E 2009, n° 41, p. 28, obs. Bon-Garcin ; RLC juill.-sept. 2009. 41, obs. Béhar-Touchais ; RDLC 2009, n° 3, p. 100, obs. Mitchell.* ♦ Sur la question de savoir si le point de départ du préavis doit être fixé à la date d'envoi ou à la date de réception de la lettre recommandée de rupture, V. • Com. 9 juill. 2002 : *JCP E 2003, n° 15, p. 660, obs. André.* ♦ Une télécopie précédant la lettre de rupture ne peut valablement constituer le préavis de la rupture des relations commerciales dès lors que les sociétés ont poursuivi leurs relations contractuelles. • Pau, 21 févr. 2006 : *BICC 2006, n° 1899 ; RJDA 2007, n° 12 ; Lettre distrib. janv. 2007, p. 2.* ♦ Aucun préavis écrit n'ayant été notifié, le fait que les relations commerciales aient été maintenues pendant un certain temps après que le distributeur eut informé son partenaire de la rupture de la relation est sans effet sur le caractère brutal de la rupture (absence de préavis de fait). • Paris, 3 févr. 2010 : *CCC 2010, n° 226, obs. N. M.* ♦ Engage sa responsabilité la société qui s'abstient de notifier la durée du préavis qu'elle entend octroyer et qui, postérieurement à la notification de la rupture, entretient l'incertitude sur son intention de rompre, mettant son partenaire dans l'impossibilité de mettre à profit le préavis finalement exécuté. • Com. 15 janv. 2013 : *RJDA 2013, n° 366.*

26. Réparation du préjudice. **BIBL.** Juaristi et de Brosses, *Dr. et patr. juin 2003. 60.* – Ruiz, *CCC 2009. Fiche pratique 1* (indemnisation de la rupture brutale des relations commerciales). – Deshayes, *RLDA juill.-août 2010. 98* (le dommage réparable en cas de rupture brutale d'une relation commerciale établie). – Mathey, *JCP E 2011, n° 1345 ; CCC 2011, n° 116* (évaluation du préjudice en cas de rupture brutale d'une relation commerciale établie). ♦ En cas de rupture des relations commerciales sans préavis, hormis les cas de force majeure ou d'inexécution de ses obligations par l'autre partie, la responsabilité des distributeurs ayant pris l'initiative de la rupture doit être retenue et les dommages et intérêts à fixer doivent tenir compte de la durée du préavis qui aurait dû être accordé et des conséquences dommageables résultant de l'absence de préavis, en gain manqué et perte prouvée. • Versailles, 10 juin 1999 : *préc. note 19.* ♦ Ainsi, le préjudice peut être évalué en considération de la marge brute escomptée durant la période d'insuffisance de préavis. • Com. 28 avr. 2008 : *CCC 2009, n° 190, obs. Mathey.* – V. aussi • Aix-en-Provence, 17 avr. 2009 : *CCC 2010, n° 4, obs. Mathey.* ♦ Le fournisseur ne peut obtenir réparation que du préjudice entraîné par le caractère brutal de la rupture et non du préjudice découlant de la rupture elle-même ; dès lors, en acceptant une situation de dépendance et en ne développant pas d'activités nouvelles, le fournisseur a accepté un risque qu'il y a lieu de prendre en compte dans l'évaluation du préjudice. • Douai, 15 mars 2001 : *D. 2002. 307, note André ; RTD civ. 2002. 296, obs. Mestre et Fages ; JCP E 2001, n° 47, p. 1861, obs. Pédamon ; Gaz. Pal. 12-13 juill. 2002, p. 45, obs. Forgeron.* ♦ V. aussi : • Lyon, 15 mars 2002 : *préc. note 18* • Versailles, 22 mars 2002 : *préc. note 20* • T. com. Lille, 24 oct. 2002 : *Lettre distrib. févr. 2003, p. 4.* ♦ L'art. L. 442-6-I (5°) n'est pas uniquement applicable aux relations dont le chiffre d'affaires laisse envisager une progression. • Paris, 1er déc. 2004 : *préc. note 18.* ♦ Pour un exemple d'évaluation du préjudice prenant pour base le chiffre d'affaires réalisé par le fournisseur pendant les quelques mois précédant la rupture et tenant compte de la diminution progressive de la part de marché représentée par le fournisseur dans les achats du distributeur, V. • Douai, 5 sept. 2000 : *préc. note 21.* ♦ L'indemnisation due au titre du préavis est constituée par une estimation de la marge attendue des marchés, sachant que la marge réalisée ne saurait être maintenue sur une longue durée dans cette activité (produits agroalimentaires). • TGI Nanterre, 5 nov. 2004 : *préc. note 22.* ♦ Prenant en considération le chiffre d'affaires susceptible d'être réalisé avec l'ensemble des magasins européens du groupe de distribution, la marge annuelle sur un tel chiffre d'affaires multipliée par six ans, ce en raison de la durée des relations antérieures (20 ans), auquel est appliquée un coefficient de 50 % s'agissant d'une perte de chance et non d'un préjudice établi, V. • T. com. Évry, 5 oct. 2005 : *RDLC 2006, n° 2, p. 101, obs. Mitchell ; Lettre distrib. févr. 2006, p. 2.* ♦ Jugeant que la réparation ne se limite pas à l'indemnisation du délai de préavis mais peut inclure l'existence d'amortissements non encore amortis spécifiquement engagés pour satisfaire un besoin explicite du distributeur, le coût éventuel de restructuration ou de désinvestissement consécutif à la rupture, la désorganisation de l'appareil productif du fournisseur et, en cas de dépendance totale, le préjudice par ricochet subi par les créanciers confrontés à la cessation des paiements du fournisseur, V. • Douai, 5 déc. 2002 : *Cah. dr. entr. 2003, n° 3, p. 21, obs. Mainguy ; Lettre distrib. mars 2003, p. 3.* ♦ Jugeant que le préjudice subi par les associés de la société victime de la rupture est constitué par la réduction du prix de cession des actions résultant de la perte brutale de ce marché important : • Toulouse, 15 sept. 2010 : *JCP E 2011, n° 1112.*

27. Force majeure. Ne constitue pas une des causes prévues par la loi et justifiant la rupture d'une relation commerciale établie sans préavis suffisant la prise de contrôle d'une société par un actionnaire exerçant, sur un autre territoire, une activité de distribution d'une marque concurrente, dès lors qu'aucun élément de la procédure ne permet d'affirmer que le changement intervenu comportait les germes d'une inexécution future du contrat. • Douai, 29 sept. 2005 : *BICC 2006, n° 325.* ♦ La faute reprochée – attitude offensante et raciste envers un des employés de l'auteur de la rupture – n'emprunte pas les caractéristiques de la force majeure et notamment l'irrésistibilité au sens des dispositions de l'art. 1148 C. civ., et les propos reprochés n'entrent bien évidemment pas dans le champ contractuel de telle sorte que ne peut être reprochée une inexécution contractuelle. • Bordeaux, 5 févr. 2008 : *JCP E 2008, n° 36, p. 31 ; RDLC 2008, n° 4, p. 96, obs. Mitchell* (cassé par • Com. 31 mars 2009 : *BRDA 2009, n° 9, p. 7 ; RLC juill.-sept. 2009. 41, obs. Béhar-Touchais ; Lettre distrib. juill.-août 2009, p. 2*). ♦ Le caractère imprévisible et irrésistible de la chute de son carnet de commande ne constitue pas un cas de force majeure exonérant l'auteur de la rupture de toute responsabilité au regard de l'art. L. 442-6. • Chambéry, 8 juill. 2010 : *JCP E 2010, n° 2014, note Mathey.*

IV. VENTES OU PRESTATIONS SUBORDONNÉES

BIBL. Idot, *RDLC 2005, n° 2, p. 31* (ventes liées).

28. Prestation subordonnée à l'acceptation d'une autre prestation. Est illicite le contrat par lequel une société, en même temps qu'elle confie à un cabinet d'expertise une mission d'estimation de ses biens, s'engage à faire appel à lui comme expert pendant dix ans en cas de sinistre pour le règlement des dommages qui lui seraient occasionnés, sous peine de versement d'une indemnité convenue à l'avance. • Com. 1er mars 1994 : *Bull. civ. IV, n° 92 ; Gaz. Pal. 1994. 2. 796, note H.V. ; Defrénois 1994. 1457, obs. Delebecque* (art. 37-1°-c de l'Ord. n° 45-1483 du 30 juin 1945).

29. Recommandation d'une société de maintenance. En ce sens que ne constitue pas un « contrat forcé » le fait pour un vendeur fabricant d'une machine hautement spécialisée de recommander une société de maintenance, même si celle-ci est sa filiale, ni que cette dernière oblige l'utilisateur de la machine à acquérir des produits de consommation auprès d'un fournisseur agréé par le fabricant dès lors que la technicité de la machine impose dans l'intérêt même de l'acquéreur qu il y ait des liens professionnels entre les fabricants et le personnel chargé de la maintenance, V. • Grenoble, 28 oct. 1998 : *CCC 1999, n° 84, obs. Malaurie-Vignal.*

V. VIOLATION DE L'INTERDICTION DE REVENTE HORS RÉSEAU

30. Étanchéité du réseau. Sur l'application de l'art. L. 442-6 I, 6°, malgré l'absence d'étanchéité juridique d'un réseau de distribution sélective, V. • Paris, 8 juin 2005 : *RDLC 2005, n° 3, p. 86, obs. Mitchell ; RLC 2005, n° 5, p. 24, obs. Viennois.*

30 bis. Vente en ligne. Les ventes accomplies par de simples particuliers ne sont pas susceptibles de constituer une violation d'une interdiction de revente hors réseau de distribution sélective. • Com. 3 mai 2012 : *Bull. civ. IV, n° 89 ; D. 2012. 1684, note Mauger-Vielpeau ; ibid. Pan. 2352, obs. Larrieu ; ibid. Actu. 1261, obs. Manara ; Rev. crit. DIP 2013. 192, note Knetsch ; JCP E 2012, n° 1458, note Debet ; CCC 2012, n° 207, obs. Malaurie-Vignal ; Gaz. Pal. 2012. 2246, obs. Marino ; RJDA 2012, n° 809 ; RLDA juill.-août 2012. 50, obs. Mathonnière ; RJ com. nov.-déc. 2012. 26, obs. Berlioz.* ♦ Cassation de l'arrêt ayant retenu la responsabilité d'une plate-forme de commerce électronique pour l'utilisation de son site par des vendeurs violant un réseau de distribution sélective, V. • Paris, 3 sept. 2010 : *JCP 2010, n° 1111, note Huet ; CCC 2010, n° 247, obs. Malaurie-Vignal ; CCE 2010, n° 110, obs. Debet ; RDLC 2010, n° 4, p. 138, obs. Eréséo.*

30 ter. Exercice de l'action. En prononçant une condamnation tant pour usage illicite de marque que pour concurrence déloyale et pour violation de l'interdiction de vente hors réseau alors que les faits retenus, de ces deux derniers chefs, ne constituaient pas des faits distincts de ceux retenus pour dire que le fournisseur justifiait de motifs légitimes pour s'opposer à une nouvelle commercialisation de ses produits, la cour d'appel a violé les art. 1382 C. civ., L. 442-6-1-I, 6° C. com., ensemble les art. L. 713-2 et L. 713-4 CPI. • Com. 23 mars 2010 : *JCP E 2011, n° 1135, spéc. n° 40, obs. Decocq ; CCC 2010, n° 236, obs. Malaurie-Vignal ; Prop. ind. 2010, n° 53, obs. Larrieu.* ♦ Si la revente par un distributeur non agréé de produits destinés à être diffusés à travers un réseau de distribution sélective juridiquement étanche et licite au regard des règles de la concurrence constitue un acte de concurrence déloyale et de parasitisme engageant la responsabilité de son auteur sur le fondement de l'art. L. 442-6-I, 6°, le préjudice allégué de ce chef ne se distingue pas de celui que lui a causé l'usage illicite de la marque, dans la mesure où il trouve sa cause dans les mêmes faits de revente hors réseau par un distributeur non agréé qui caractérisent cet usage illicite. • Com. 23 mars 2010 : *eod. loc.*

VI. ACTION EN JUSTICE

A. ACTION DE LA VICTIME

31. Refus de l'action en nullité. **BIBL.** Sélinsky et Peyre, *RLC 2005, n° 2, p. 114* (la nullité des engagements relatifs à des pratiques restrictives visées par l'art. L. 442-6). ♦ Contrairement au ministère public ou au ministre de l'Économie, celui qui est partie au contrat ne peut en faire constater la nullité ou celle de la clause à l'origine d'une pratique abusive prévue par l'art. L. 442-6, III, al. 1er. • T. com. Nanterre, 20 sept. 2001 : *RJDA 2002, n° 822.* ♦ L'art. L. 442-6, dans sa rédaction antérieure à la L. n° 2001-420 du 15 mai 2001, institue pour seule sanction des pratiques affectant l'équilibre des relations commerciales, la responsabilité civile de leur auteur. La finalité de ce texte intéressant l'ordre public économique lui confère un caractère spécial primant le droit commun. Il est donc impossible de le rapprocher de l'art. L. 420-3 C. com. pour obtenir l'annulation des conventions contrevenantes. • Versailles, 30 sept. 2004 : *BICC 2005, n° 185.*

31 bis. Cumul d'actions. Le principe de non-cumul des actions en responsabilité pour insuffisance d'actif et de droit commun n'interdit pas de présenter à titre subsidiaire une action fondée sur l'art. L. 442-6-I-5°. • Grenoble, 28 mars 2013 : *CCC 2013, n° 133, obs. Mathey.*

32. Incompétence de l'Autorité de la concurrence. Une action en responsabilité pour pratiques discriminatoires, fondée sur l'art. 36 [C. com., art. L. 442-6], relève de la juridiction civile ou commerciale territorialement compétente et non du Conseil de la concurrence. • Paris, 3 mai 1990 : *D. 1990. IR 142.* ♦ Le refus de vente ne relevait de la compétence du Conseil de la concurrence que dans la mesure où il se rattachait à l'exploitation abusive d'une position dominante ou à celle d'un état de dépendance économique. • Paris, 22 janv. 1992 : *D. 1992. IR 123.* ♦ V. aussi note 9 ss. art. L. 420-2. ♦ Pour la mise en œuvre du III de l'art. L. 442-6, permettant au président du Conseil de transmettre le dossier aux tribunaux de commerce compétents, V. • Cons. conc. n° 07-D-50 du 20 déc. 2007 : *cité note 18 ss. art. L. 420-1 ; RDLC 2008, n° 1, p. 172, obs. Lemaire.*

33. Compétence territoriale. **BIBL.** Nourissat, *RLDA sept. 2007. 67* (du curieux effet du franchissement d'une frontière sur la nature de l'action). – Ruy, *JCP E 2009, n° 50, p. 3* (regroupement du contentieux de l'art. L. 442-6 C. com.). – Bretzner, *RLDA juill.-août 2010. 91* (nature juridique de la responsabilité résultant de la violation de l'art. L. 442-6, I-5°). – Mainguy, *D. 2011. 1495* (nature de la responsabilité du fait de la rupture brutale des relations commerciales établies : une controverse jurisprudentielle à résoudre). ♦ Le fait de rompre brutalement une relation commerciale établie engage la responsabilité délictuelle de son auteur. • Com. 6 févr. 2007 : *Bull. civ. IV, n° 21 ; D. 2007. Pan. 1694, obs. Ballot-Léna ; ibid. AJ 653, obs. Chevrier ; RTD com. 2008. 210, obs. Delebecque ; RTD civ. 2007. 343, obs. Mestre et Fages ; JCP 2007. II. 10108, note Marmoz ; CCC 2007, n° 91, obs. Malaurie-Vignal ; RJDA 2007, n° 785 ; Lettre distrib. mars 2007, p. 1, obs. P. Mousseron ; RLC oct.-déc. 2007. 85, obs. Chagny ; RDC 2007. 731, note Borghetti* • 13 janv. 2009 : *Bull. civ. IV, n° 3 ; D. 2009. Pan. 2892, obs. Ferrier ; ibid. AJ 295, obs. Chevrier ; JCP E 2009, n° 7, p. 41 ; CCC 2009, n° 72, obs. Mathey ; Gaz. Pal. 2010. 485, et les obs. ; RJDA 2009, n° 478 ; RLC oct.-déc. 2009. 41, obs. Béhar-Touchais ; RDC 2009. 1016, obs. D. Mazeaud, et 1147, note Béhar-Touchais ; RDLC 2009, n° 2, p. 129, obs. Mitchell* (soulignant que la victime de la rupture avait assigné l'auteur exclusivement sur le fondement de l'art. L. 442-6-I, 5°) • 15 sept. 2009 : *CCC 2010, n° 179, obs. Mathey ; RJDA 2010, n° 84* • 13 oct. 2009 : *CCC 2010, n° 180, obs. Mathey* • Com. 18 janv. 2011 : *Bull. civ. IV, n° 9 ; D. 2011. Actu. 366, obs. Delpech ; RTD com. 2011. 406, obs. Bouloc ; JCP E 2011, n° 1179, note de Lammerville et Aynès ; CCC 2011, n° 64, obs. Mathey ; RJDA 2011, n° 489 ; RJ com. 2011. 277, obs. Ancel ; RDC 2011. 941, obs. Treppoz.* – Comp. • Civ. 1re, 6 mars 2007 : *Bull. civ. I, n° 93 ; D. 2007. AJ 951, obs. Chevrier ; JCP 2008. I. 112, n° 3, obs. Lecourt* • 22 oct. 2008 : *préc. note 17.* ♦ La rupture brutale de relations commerciales entre deux sociétés ne peut engager la responsabilité contractuelle de la société qui en est à l'origine, au sens de l'art. 5 § 1 du Règl. n° 44/2001 du 22 déc. 2000, cette responsabilité relevant de la matière délictuelle ou quasi délictuelle au sens de l'art. 5 § 3 du règlement. • Rennes, 27 juin 2006 : *BICC 1er mars 2007, n° 485.* ♦ En vertu de l'art. 46, al. 3, NCPC [renommé C. pr. civ.] (selon lequel, en matière délictuelle, le demandeur peut saisir, outre la juridiction du lieu où demeure le défendeur, celle du lieu du fait dommageable ou celle dans le ressort de laquelle le dommage a été subi), une centrale d'achats peut saisir le juge des référés du tribunal de commerce du lieu de son siège social, lieu où le dommage a été subi, sans que le fournisseur puisse valablement lui opposer la clause attributive de compétence figurant dans ses conditions générales de vente. • Versailles, 26 oct. 1995 :

BRDA 1996, n° 15, p. 15. – V. déjà • Douai, 23 sept. 1993 : *D. 1994. Somm. 171, obs. Gavalda et Lucas de Leyssac* ; *Gaz. Pal. 1994. 1. 47, note Marchi* • Com. 21 avr. 1992 : *RJDA 1992, n° 933.* – V. aussi • Com. 9 avr. 1996 : *D. 1997. 77, note Tichadou* ; *D. Affaires 1996. 717.* ♦ Sur le tribunal compétent en cas de pluralité de défendeurs, V. • Com. 7 juill. 2009 : *Bull. civ. IV, n° 96 ; D. 2009. AJ 1961, obs. Chevrier* ; *JCP 2009, n° 37, p. 35 ; CCC 2009, n° 220, obs. Mathey ; RJDA 2010, n° 105 ; Procédures 2009, n° 349, obs. Perrot ; Lettre distrib. sept. 2009, p. 2.* ♦ La clause, qui attribue compétence aux juridictions allemandes pour tous les litiges découlant des relations contractuelles, est suffisament large pour s'appliquer à ceux découlant de faits de rupture brutale des relations commerciales établies, peu important à cet égard la nature délictuelle ou contractuelle de la responsabilité encourue. • Com. 20 mars 2012 : *JCP E 2012, n° 1500 ; CCC 2012, n° 208, obs. Mathey.*

Ayant relevé que le dommage invoqué était constitué par la cessation d'activité de l'entreprise à la suite des difficultés financières résultant de la rupture brutale des relations commerciales établies, une cour d'appel a pu déduire de ces constatations que le dommage avait été subi au lieu où s'exerçait l'activité de l'entreprise, et décider que le tribunal de commerce dans le ressort duquel elle était située, était territorialement compétent. • Civ. 2e, 6 oct. 2005 : *Bull. civ. II, n° 236 ; D. 2005. AJ 2677, obs. Chevrier* ; *JCP 2005. IV. 3349 ; CCC 2006, n° 34, obs. Malaurie-Vignal ; RJDA 2005, n° 1390.* – Comp. • Com. 8 févr. 2000 : *Procédures 2000, n° 88, obs. Perrot.*

Sur les juridictions compétentes, V. le 5e alinéa du III de l'art. L. 442-6 et les art. D. 442-3 et D. 442-4.

33 bis. Prescription. Se prononçant pour l'application de l'art. 110-1 C. com. et non de l'art. L. 133-6 du même code pour une action relative à la rupture brutale des relations commerciales avec un prestataire de transport, V. • Com. 11 mai 2010 : *JCP E 2010, n° 1772, obs. Bon-Garcin ; CCC 2010, n° 205, obs. Mathey ; RDLC 2010, n° 3, p. 109, obs. Mitchell et Le Moullec ; RD transp. 2010, n° 170, obs. Staes* • 21 sept. 2010 : *RJDA 2011, n° 86 ; RDLC 2010, n° 4, p. 150, obs. Mitchell ; RD transp. 2010, n° 218, obs. Paulin.*

34. Conflit de lois. Jugeant, en application de l'art. 4 de la Convention de Rome du 19 juin 1980, que c'est l'art. L. 442-6-I-5° qui est applicable à la rupture d'un contrat international de distribution, V. • Besançon, 14 juin 2006 : *JCP 2007. IV. 1346.* ♦ Retenant, au contraire, l'exception d'incompétence soulevée par des sociétés suisses : • Crim. 26 sept. 2007 : *JCP E 2008, n° 20, p. 23, obs. Mainguy.*

35. Clause compromissoire. Sur la compétence de l'arbitre pour apprécier la brutalité de la rupture d'une relation commerciale établie, V. • Aix-en-Provence, 29 mai 2008 : *JCP E 2009, n° 30, p. 27, obs. Decocq.*

35 bis. Clause de médiation. L'action engagée, fondée sur les dispositions de l'art. L. 442-6, 1, 5° C. com., visant la rupture d'une relation commerciale établie, la cour d'appel n'a pas méconnu la loi des parties en écartant la clause de médiation préalable figurant au contrat, dont l'application était limitée aux différends portant sur la fin de ce contrat précis. • Com. 12 juin 2012 : *JCP E 2012, n° 1586, note de Lammerville et Wynaendts ; ibid. 2013, n° 1200, spéc. n° 2, obs. Mainguy ; CCC 2012, n° 231, obs. Mathey ; RJDA 2012, n° 805 ; RDLC 2012, n° 4, p. 98, obs. Chagny ; RDC 2013. 192, obs. Pelletier.*

B. ACTION DU MINISTRE DE L'ÉCONOMIE

36. Compétence d'attribution. L'action du ministre de l'économie sur le fondement de l'art. 36 [C. com., art. L. 442-6] est de la compétence du tribunal de commerce. • Paris, 30 mars 1994 : *CCC 1994, n° 98 ; RJDA 1994, n° 1044.* – Arrêt confirmé par • Com. 27 juin 1995 : *Bull. civ. IV, n° 198 ; D. 1995. IR 202* ; *Quot. jur. 27 juill. 1995, p. 3.* – Comp. : • TGI Paris, 19 mai 1993 : *BICC 1993, n° 1125.*

36 bis. Compétence territoriale. Si les pratiques restrictives de concurrence sont généralement constatées à l'occasion de relations commerciales fondées sur un contrat, c'est, au travers de l'exécution du contrat, le comportement d'un opérateur économique ayant une pratique injustifiée au regard du jeu normal de la concurrence qui est sanctionné par l'action ouverte par l'art. L. 442-6. • Com. 18 oct. 2011 : *Bull. civ. IV, n° 160 ; D. 2011. Pan. 2966, obs. Dorandeu* ; *ibid. Actu. 2652, obs. Chevrier* ; *JCP E 2011, n° 1813 ; CCC 2012, n° 9, obs. Mathey ; RJDA 2012, n° 211 ; RDLC 2012, n° 1, p. 133, obs. Fourgoux.* ♦ Dès lors, l'action autonome du ministre aux fins de cessation de ces pratiques et aux fins d'annulation des contrats qui en sont le support revêt la nature d'une action en responsabilité quasi délictuelle, le ministre pouvant former sa demande, à son choix, devant la juridiction du domicile du défendeur, celle du lieu du fait dommageable ou celle du lieu dans le ressort de laquelle le dommage a été subi. • Même décision.

37. Nature de l'action du ministre. BIBL. Penneau, *D. 2003. 1278* (sanction civile de contrats commerciaux déloyaux par l'effet de l'action de substitution d'une autorité publique). – Raynard, *Cah. dr. entr. 2007, n° 3, p. 35* (action du ministre à l'épreuve de la Conv. EDH) ; *JCP E 2007, n° 27-28, p. 13* (le ministre, le juge et le contrat). – Béhar-Touchais, *RLC juill.-sept. 2007. 33* (chronique d'une mort annoncée : à propos de l'action en nullité et en restitution de l'indu exercée par le ministre de l'Économie). – de Béchillon et Jamin, *D. 2007. 2313* (la Conv. EDH au supermarché). – Penneau, *ibid. 2630* (l'art. L. 442-6-III en question). – Jacquier, *CJFI sept.-oct. 2008, p. 310* (l'ordre public économique). – Rougeau-Mauger, *RTD com. 2010. 653* (réflexion sur la nature juridique de l'action en justice du ministre de l'Économie en matière de pratiques restrictives de concurrence). – Béhar-Touchais, *RLC oct.-déc. 2011. 30* (action du ministre, acte 3 : conséquence de l'arrêt d'assemblée plénière du 22 avr. 2011). ♦ Sous réserve que les parties en aient été informées, l'action du ministre de l'Économie déclenchée en application du III de l'art. L. 442-6, est conforme à la Constitution. • Cons. const. 13 mai 2011 : *D. 2011. 1833, note Rougeau-Mauger ; ibid. Actu. 1340, obs. Chevrier ; JCP 2011, n° 717, note Luciani ; CCC 2011. Alerte 52, par Fourgoux ; ibid., n° 159, obs. Malaurie-Vignal ; RJDA 2011, n° 844 ; RDLC 2011, n° 3, p. 129, obs. Chagny ; RLC juill.-sept. 2011. 32, note Grall ; RLDA juin 2011. 45, obs. Mathonnière* (statuant après saisine par • Cass., QPC, 8 mars 2011 : *Bull. civ. IV, n° 37 ; Dalloz actualité, 18 mars 2011, obs. Chevrier ; D. 2011. Actu. 869 ; JCP E 2011, n° 1224 ; CCC 2011, n° 115, obs. Malaurie-Vignal ; Gaz. Pal. 2011. 1609, obs. Borzeix*). – V., déclarant irrecevable l'action du ministre faute pour ce dernier d'apporter la preuve que les fournisseurs ont été informés de la procédure engagée : • T. com. Créteil, 13 déc. 2011 : *CCC 2012, n° 62, obs. Mathey ; RDLC 2012, n° 1, p. 131, obs. Fourgoux ; RLC avr.-juin 2012. 42 et 43, obs. Béhar-Touchais* • Com. 9 oct. 2012 : *D. 2012. Pan. 2765, obs. Dorandeu ; RLDA déc. 2012. 39, obs. Mathonnière* (les juges devant constater la délivrance de cette information). ♦ ... Et elle n'est pas contraire à la Conv. EDH. • CEDH 17 janv. 2012 : *Dalloz actualité, 17 févr. 2012, obs. Chevrier ; JCP 2012, n° 462, note Luciani ; CCC 2012, n° 94, obs. Malaurie-Vignal ; RJDA 2012, n° 534 ; RLC avr.-juin 2012. 39, note Béhar-Touchais ; RLDA avr. 2012. 43, obs. Mathonnière ; RDC 2012. 963, obs. Marguénaud.* ♦ L'action du ministre chargé de l'économie, exercée en application des dispositions de l'art. L. 442-6-III, qui tend à la cessation des pratiques qui y sont mentionnées, à la constatation de la nullité des clauses ou contrats illicites, à la répétition de l'indu et au prononcé d'une amende civile, est une action autonome de protection du fonctionnement du marché et de la concurrence qui n'est pas soumise au consentement ou à la présence des fournisseurs. • Com. 8 juill. 2008 : *Bull. civ. IV, n° 143 ; D. 2008. Chron. C. cass. 2752, obs. Salomon ; ibid. 3046, note Bandrac ; ibid. AJ 2067, obs. Chevrier ; JCP E 2008, n° 38, p. 33, note Ballot-Léna ; ibid., n° 30, p. 8, obs. Luciani ; JCP 2008. I. 218, n° 18, obs. Chagny ; CCC 2008, n° 237, obs. Malaurie-Vignal ; RJDA 2008, n° 1314 ; RLC oct.-déc. 2008. 43, obs. Béhar-Touchais ; RDLC 2008, n° 4, p. 95, obs. Fasquelle et Roberval ; Lettre distrib. juill.-août 2008, p. 1, obs. Raynard* (cassation de • Versailles, 3 mai 2007 : *cité infra*) • 5 mai 2009 : *RLC juill.-sept. 2009. 39, obs. Béhar-Touchais.* ♦ ... C'est donc à bon droit que la cour d'appel a retenu que l'intervention du ministre concernait un domaine d'activité où la liberté contractuelle des fournisseurs peut parfois être rendue virtuelle par des pratiques commerciales que le législateur a voulu interdire pour garantir les droits fondamentaux des opérateurs économiques. • Com. 16 déc. 2008 : *D. 2009. Pan. 1445, obs. Dorendeu ; Dalloz actualité, 12 janv. 2009, obs. Chevrier ; JCP 2009. I. 138, n° 13, obs. Chagny ; JCP E 2009, n° 30, p. 23, obs. Decocq.*

Dans le même sens : il n'est pas contraire aux termes de la loi, et il est conforme au but recherché par la loi, d'ordonner à Galec de procéder au remboursement des sommes dues aux fournisseurs et ce par le canal du ministre de l'Économie en raison de sa mission de protection de l'ordre public économique et de son engagement de restitution des sommes qui ne pourraient être remises aux fournisseurs. • T. com. Nanterre, 15 nov. 2005 : *cité note 2 ss. art. L. 441-7.* ♦ Jugeant aussi qu'il n'y a pas lieu, pour demander la répétition de l'indu, que le ministre détienne un pouvoir de représentation des fournisseurs et qu'il dispose d'un pouvoir propre lui permettant de faire constater la nullité des clauses et contrats illicites et demander la répétition de l'indu en l'absence des fournisseurs à la procédure. • T. com. Angers, 15 févr. 2006 : *RDLC 2006, n° 3, p. 106, obs. Fasquelle et Roberval ; Lettre distrib. mai 2006, p. 3.* – V. aussi : • T. com. Créteil, 24 oct. 2006 : *Gaz. Pal. 2007. 516 ; RLC avr.-juin 2007. 87, obs. Chagny.* ♦ L'action exercée par le ministre de l'économie n'est pas une action en substitution, mais une action autonome visant à la défense de l'ordre public économique ; il n'a donc pas à s'assurer que les fournisseurs ont donné leur consentement à l'action qu'il conduit. • Reims, 5 nov. 2007 : *D. 2008. Pan. 2195, obs. Ferrier ; RJDA 2008, n° 195 ; Lettre distrib. déc. 2007, p. 2.* ♦ L'action exercée par le ministre est une action principale autonome visant à la défense de l'ordre public économique qui laisse aux fournisseurs la possibilité de défendre leurs droits et d'obtenir la réparation de leur préjudice propre. • Colmar, 12 juin 2008 : *BICC 1er avr. 2009, n° 509.* ♦ Le droit à un procès équitable n'est pas dénié par l'absence à la cause du cocontractant substitué par le ministère de l'économie, absence qui aurait privé l'appelant de son droit d'interroger les témoins à charge, au sens de l'art. 6, § 3, *d*, de la Conv. EDH, dès lors que les dispositions du code de procédure civile offraient la possibilité de prendre l'initiative de faire intervenir la partie substituée à l'instance s'il était estimé que la société appelante y avait intérêt, afin de lui rendre le jugement commun, ou encore de provoquer son témoignage contradictoire en sollicitant une enquête civile. • Rennes, 20 janv. 2009 : *BICC 15 juill. 2009, n° 1104.* ♦ L'allongement dictatorial par Match de ses délais de paiement, lequel lui procure un avantage financier calculable au détriment et contre le gré de ses fournisseurs, autorise le ministre de l'économie à lui imposer la restitution de cet avantage indu aux fournisseurs lésés. • T. com. Lille, 18 nov. 2004 : *Lettre distrib. sept. 2006, p. 4* (qui écarte toutefois cette restitution au motif que ce calcul ne représenterait pas le préjudice exact mais une réparation forfaitaire peu conforme aux textes). ♦ Les difficultés posées par la mise en œuvre de la répétition de l'indu ne sauraient réduire à néant la protection de l'ordre public économique ; dans ces circonstances, en l'absence de précisions apportées par l'art. L. 442-6, force est de constater que la restitution des sommes indues aux fournisseurs par l'intermédiaire du Trésor public est seule à même de garantir l'exécution de la décision judiciaire. • Versailles, 29 oct. 2009 : *BICC 15 avr. 2010, n° 574 ; Dalloz actualité, 9 déc. 2009, obs. Chevrier ; JCP E 2009, n° 51-52, p. 28 ; CCC 2010, n° 44, obs. Malaurie-Vignal ; RJDA 2010, n° 179 ; RLC janv.-mars 2010. 40, obs. Béhar-Touchais ; Lettre distrib. nov. 2009, p. 1, note Vertut.* ♦ Refusant d'ordonner la répétition de l'indu au titre de l'accord de partenariat en raison de son indivisibilité avec l'accord commercial, la résiliation de l'un entraînant automatiquement et simultanément la résiliation de l'autre ce qui aurait en tout état de cause des conséquences indésirables, V. • T. com. Évry, 14 oct. 2009 : *Lettre distrib. nov. 2009, p. 1, note crit. Vertut ; RJDA 2010, n° 178 ; RDLC 2010, n° 1, p. 121, note Chagny ; RLC janv.-mars 2010. 36, obs. Grall et Kouchnir-Cargill.*

Contra : l'art. L. 442-6-III, en ce qu'il permet au ministre de l'Économie d'agir en nullité et en répétition de l'indu hors la présence des fournisseurs, est contraire à l'art. 6 § 1 Conv. EDH. • Angers, 29 mai 2007 : *D. 2007. 2433, note Bandrac ; ibid. AJ 1953, obs. Chevrier ; JCP E 2007, n° 47, p. 28, note Koering ; ibid., n° 43-44, p. 16, obs. Decocq ; JCP 2007. II. 10191, note Luciani ; Lettre distrib. juin 2007, p. 1, obs. Vertut* (décision cassée, mais sur un autre moyen, par • Com. 16 déc. 2008 : *Dalloz actualité, 12 janv. 2009, obs. Chevrier ; RLDA févr. 2009. 50, obs. Anadon ; RLC avr.-juin 2009. 39, obs Béhar-Touchais*). ♦ Le texte de l'art. L. 442-6-III ne comporte aucune disposition concernant les relations entre l'opérateur économique réputé faible ou hésitant à agir pour le respect de ses droits et l'autorité publique agissant, avant, pendant et après l'engagement de l'action. Nonobstant le silence de la loi à cet égard, l'exercice de cette action de substitution par le ministre doit naturellement et nécessairement se conformer aux principes fondamentaux protecteurs de la liberté des personnes au nombre desquels figurent ceux énoncés par la Conv. EDH. Dès lors qu'il est constaté que le ministre a introduit l'action de substitution sans en informer les fournisseurs titulaires des droits et qu'il a poursuivi la procédure sans les y associer alors que, de surcroît, dix-sept d'entre eux avaient expressément exprimé leur volonté contraire, il faut considérer que l'action ainsi exercée l'est en violation de l'art. 6 § 1 de la Convention. • Versailles, 3 mai 2007 : *BICC 1er avr. 2008, n° 580 ; D. 2007. 2433, note Bandrac ; ibid. AJ 1656, obs. Chevrier ; JCP E 2007, n° 47, p. 28, note Koering ; ibid. n° 43-44, p. 16, obs. Decocq ; JCP 2007. II. 10191, note Luciani ; CCC 2007, n° 206, obs. Malaurie-Vignal ; RJDA 2007, n° 901 ; RDLC 2007, n° 3, p. 106, obs. Mitchell ; PDC 2007. 1353, obs. Tort* (cassé par • Com. 8 juill. 2008 : *préc.*). ♦ Dans le cas où le ministre demande la cessation de pratiques illicites et le prononcé d'une amende civile, qui n'en est que l'accessoire, sa demande est recevable sans qu'il soit nécessaire d'en informer les victimes, la validité de la convention n'étant pas en cause et la condamnation de l'auteur à mettre fin à ses pratiques réparant l'atteinte à l'ordre public. • Versailles, 21 févr. 2008 : *BICC 15 oct. 2008, n° 1499.*

38. Intervention. V. note 3 ss. art. L. 470-5.

39. Preuve. Le ministre de l'Économie n'a pas à rapporter, dans le cadre de l'application de l'art. 36 [C. com., art. L. 442-6], la preuve de moyens de pression anormaux ou de procédés discriminatoires qui auraient mis le fournisseur dans la dépendance du distributeur puissant. Ce dernier, en revanche, est tenu de prouver le caractère réel des contreparties qui pourraient justifier l'octroi de conditions de vente discriminatoires à son avantage par le fournisseur. • TGI Chalon-sur-Saône, 21 juin 1994 : *préc. note 4.* ♦ Sur la charge de la preuve consécutivement aux modifications apportées par la L.

n° 2005-882 du 2 août 2005, V. • T. com. Angers, 15 févr. 2006 : *préc. note 37.*

40. Représentation du ministre par un avocat. V. note 1 ss. art. L. 470-5.

40 bis. Délégation de signature. Si les modifications successives des dispositions de l'art. 36 de l'Ord. du 1er déc. 1986, codifié à l'art. L. 442-6 C. com., ont élargi et précisé le champ des pratiques restrictives de concurrence susceptibles de faire l'objet d'une action contentieuse devant les juridictions civiles ou commerciales compétentes et ont prévu la possibilité pour le ministre chargé de l'économie de présenter au juge, dans le cadre de cette action, des demandes tendant à ce que soit ordonnée la cessation de ces pratiques, à ce que soit constatée la nullité des clauses et contrats illicites, à ce que l'indu soit remboursé, à ce qu'une amende civile soit prononcée et à ce que les préjudices subis soient réparés, elles n'ont toutefois pas eu pour effet de changer la nature et l'objet de l'action prévue à cet article. Le renvoi opéré par l'art. 1er du Décr. du 12 mars 1987 à l'action prévue à l'art. 36 de l'ordonnance susvisée doit ainsi s'entendre comme un renvoi à ces dispositions dans leur rédaction résultant de leur codification à l'art. L. 442-6 et des modifications qui y ont été apportées ; ce décret autorise donc le ministre chargé de l'économie à déléguer sa signature aux fonctionnaires qu'il mentionne pour l'ensemble des actes relatifs à l'action prévue à l'art. L. 442-6 modifié. • CE 26 mai 2010 : *AJDA 2010. 1725.*

C. SAISINE DU JUGE DES RÉFÉRÉS

41. Conditions. BIBL. M. Malaurie, *JCP 1993. I. 3637.* – Lacabarats, *Dict. perm. dr. aff., bull. 13 janv. 2002* (intervention du juge des référés après la loi NRE). ♦ Le juge, statuant en référé, en vertu de l'art. 36 [C. com., art. L. 442-6], ne peut ordonner les mesures prévues par ce texte que si les conditions fixées soit aux art. 808 ou 809, soit aux art. 872 ou 873 NCPC [renommé C. pr. civ.], sont remplies. • Com. 27 juin 1989 : *Bull. civ. IV, n° 208 ; D. 1990. Somm. 107, obs. Gavalda et Lucas de Leyssac ; JCP 1990. II. 21530, note Virassamy.* ♦ L'art. 36, dernier al. [C. com., art. L. 442-6, dernier al.], n'interdit pas de saisir le juge des référés avant que l'action au fond soit introduite, si les conditions fixées tant par les autres alinéas de ce texte que par les art. 808, 809, 872 ou 873 NCPC [renommé C. pr. civ.] sont remplies. • Com. 17 juill. 1990 : *Bull. civ. IV, n° 220 ; D. 1991. 471, note Reynès.* ♦ Comp., jugeant que les dispositions de l'art. 36 [C. com., art. L. 442-6] ne sont pas un simple rappel des pouvoirs que le droit commun confère au juge des référés mais instituent une procédure de « référé-concurrence » spécifique : • Paris, 17 janv. 1989 : *D. 1989. IR 52 ; Gaz. Pal. 1989. 1. 201.*

42. Contestation sérieuse. Il résulte de l'art. 873 NCPC [renommé C. pr. civ.] que l'existence d'une contestation sérieuse ne fait pas obstacle à ce que le juge des référés prescrive les mesures conservatoires qui s'imposent. • Com. 30 janv. 1996 : *BRDA 1996, n° 6, p. 12.* ♦ V., considérant qu'il lui appartient alors de vérifier le caractère *a priori* discriminatoire de la pratique dénoncée et de rechercher si elle s'analyse en un trouble manifestement illicite qu'il convient de faire cesser, • Versailles, 5 mars 1998 : *D. Affaires 1998. 878, obs. E. P. ; Gaz. Pal. 9-10 avr. 1999, obs. F. M.-L. ; LPA 24 août 1998, obs. Mathey.*

Sur les pouvoirs du juge statuant en référé, V. aussi • Com. 10 juill. 1989 : *Bull. civ. IV, n° 216 ; D. 1990. Somm. 107, obs. Gavalda et Lucas de Leyssac.* ♦ La cour d'appel, qui ne s'est pas prononcée sur la responsabilité contractuelle mais sur le caractère brutal de la rupture des relations commerciales établies, n'a fait qu'user des pouvoirs que lui confèrent les art. L. 442-6-IV C. com. et 873 C. pr. civ. en ordonnant la poursuite des relations commerciales pendant dix mois selon des modalités équivalentes à celles ayant été suvies l'année écoulée, après avoir retenu que la rupture litigieuse constituait un trouble manifestement illicite et était de nature à causer au fournisseur un dommage imminent. • Com. 10 nov. 2009 : *D. 2011. Pan. 547, obs. Ferrier ; CCC 2010, n° 93, obs. Mathey ; LPA 16 mars 2010, note Lefrand-Dumont ; RJDA 2010, n° 433* • 3 mai 2012 : *JCP E 2012, n° 1443, note Buy ; CCC 2012, n° 173, obs. Mathey ; RJDA 2013, n° 167 ; Gaz. Pal. 2013. 426, obs. Dondero ; Bull. Joly 2012. 704, note Barbier* (en présence d'une liquidation précipitée de la société afin de se soustraire à ses obligations résultant de l'art. L. 442-6).

V. aussi note 15 (pouvoir d'injonction).

VII. SANCTIONS

43. Amende civile. L'action particulière du ministre, dont les conditions d'exercice ont été définies par le législateur et figurent dans le code de commerce, hors de toute référence au code pénal, au code de procédure pénale ou à toute autre disposition légale ou réglementaire de nature pénale, n'est pas en elle-même soumise aux dispositions de la loi pénale française, ni par sa nature, ni par son objet, en ce qu'elle tend à restaurer l'équilibre économique dans les relations commerciales entre professionnels du commerce lorsque cet équilibre a été rompu et à maintenir la libre concurrence lorsque celle-ci ne s'exerce plus dans un domaine particulier, ni par la volonté exprimée par le législateur. • Nîmes, 25 févr. 2010 : *BOCC 30 mars 2010 ; Dalloz actualité, 6 avr. 2010, obs. Chevrier ; JCP E 2010, n° 1388 ; CCC 2010, n° 153, obs. Malaurie-Vignal ; RJDA 2010, n° 682 ; RLC oct.-déc. 2010. 22, obs. Béhar-Touchais ; RDLC 2010, n° 4, p. 146, obs. Chagny ; Gaz. Pal. 2010. 3048, et les obs. ; RDC 2010. 1331, note Béhar-Touchais.* ♦ Il convient de constater que, parmi les mesures prévues par la loi, seule l'amende civile est susceptible d'être considérée comme une sanction punitive, toutes les autres mesures étant uniquement destinées à mettre fin à une situation illicite ou à réparer les préjudices directs causés par celle-ci, ce qui est exclusif de la nature pénale de sanction répressive invoquée par le requérant, et relève d'une action civile, même si elle est menée de façon particulière par le ministre. • Même décision. ♦ L'amende civile que peuvent prononcer les juridictions civiles ou commerciales, par sa double nature répressive et indemnitaire, et par son objet, n'est pas une sanction pénale soumise comme telle aux dispositions des art. 111-3 et 111-4 C. pén. Ainsi, les dispositions des art. 111-3, 111-4, 121-1 et 121-2 C. pén. ne s'appliquent pas à l'amende civile prévue à l'art. L. 442-6 C. com. • Même décision. ♦ Dès lors, si une peine ne peut être infligée qu'à la condition que soit respectés le principe de légalité des délits et des peines, le principe de nécessité des peines, le principe de non-rétroactivité de la loi pénale d'incrimination plus sévère ainsi que le principe du respect des droits de la défense, force est de constater qu'il n'est nullement considéré qu'il est aussi requis, pour une sanction prévue par une loi particulière applicable en matière civile et commerciale, en dehors du droit pénal lui-même, que soit respecté strictement le principe de la personnalité des délits et des peines, notamment dans son interprétation particulière proposée par le prévenu, concernant les personnes morales ayant absorbé une société par transmission universelle de patrimoine, qui seraient dès lors exemptées de toute responsabilité personnelle et sanction d'amende civile encourue pour des faits répréhensibles commis en matière de pratiques commerciales antérieurement à la fusion-absorption par la société absorbée, tout en recevant par ailleurs l'intégralité de ses droits et actions de nature civile ou commerciale. • Même décision.

Comp., jugeant qu'eu égard à la nature pécuniaire de la sanction prononcée en application de l'art. L. 442-6, I, 2°, le principe de la légalité des délits et des peines, qui lui impose d'énoncer en des termes suffisamment clairs et précis la prescription dont il sanctionne le manquement, doit s'appliquer : • Cons. const. 13 janv. 2011 : *préc. note 1 quinquies.* – V. aussi • Nîmes, 10 mars 2011 : *RDLC 2011, n° 3, p. 140, obs. Chagny.*

44. *Nullité.* Dès lors qu'une clause d'une convention ou un contrat prévoit l'obligation pour une partie d'exécuter une obligation prohibée par des dispositions légales d'ordre public, telles les dispositions de l'art. L. 442-6-I C. com., cette obligation repose necessairement sur une cause illicite, atteinte donc de nullité relative au sens de l'art. 1131 C. civ. Elle peut ainsi être annulée par la juridiction désignée compétente par le législateur pour prononcer cette nullité, lorsque celle-ci est requise par la partie protégée ou tout intéressé. • Nîmes, 25 févr. 2010 : *préc. note 43.* ♦ Les prétendus accords de coopération commerciale, établis en violation des art. L. 441-3, L. 441-6 et L. 442-6, sont nuls sur le fondement de l'art. 1131 C. civ. En effet, d'une part, en l'absence de contrepartie réelle ils sont dépourvus de cause, d'autre part, leur cause est illicite puisqu'ils violent les dispositions impératives d'ordre public économique tel qu'il résulte des articles susvisés du code de commerce. • Paris, 24 mars 2011 : *JCP E 2011, n° 1876, note Stoffel-Munck ; Dr. et patr. févr. 2012. 66, obs. Stoffel-Munck.*

45. *Répétition de l'indu.* L'action en répétition exercée sur le fondement de l'art. L. 442-6, I, 1°, et III par le ministre chargé de l'économie suppose seulement la constatation d'un avantage indu reçu par le distributeur du fournisseur ne correspondant à aucun service commercial effectivement rendu par le distributeur au fournisseur ou manifestement disproportionné au regard du service rendu. • Com. 18 oct. 2011 : *Bull. civ. IV, n° 161 ; Dalloz actualité, 27 oct. 2011, obs. Chevrier ; D. 2011. Pan. 2966, obs. Dorandeu ; JCP E 2011, n° 1814 ; CCC 2012, n° 10, obs. Malaurie-Vignal ; RJDA 2012, n° 212 ; RDLC 2012, n° 1, p. 133, obs. Fourgoux.* ♦ Peu importe ainsi que cet avantage se concrétise ou non par un mouvement de fonds. • Même arrêt.

46. *Restitution des sommes par le Trésor public.* Jugeant qu'une démarche qui revient à enjoindre aux fournisseurs de renoncer à leurs créances résultant des sommes qui devaient leur être restituées au titre d'une décision de justice, constitue une tentative de la centrale d'achats de soumettre les fournisseurs à un déséquilibre significatif. • T. com. Paris, 22 nov. 2011 : *CCC 2012, n° 93, obs. Mathey ; RJDA 2012, n° 337 ; RDLC 2012, n° 1, p. 132, obs. Fourgoux ; RLC avr.-juin 2012. 44, obs. Béhar-Touchais.*

Art. L. 442-7 **Aucune association ou coopérative d'entreprise ou d'administration ne peut, de façon habituelle, offrir des produits à la vente, les vendre ou fournir des services si ces activités ne sont pas prévues par ses statuts.** – *[Ord. n° 86-1243 du 1er déc. 1986, art. 37.]* – *V. art. R. 442-2.*

BIBL. ▸ BA BADJANG, *LPA 14 juin 2001* (de la paracommercialité).

1. *Associations.* L'interdiction faite au dirigeant d'une association par l'art. 37, al. 2 [C. com., art. L. 442-7, al. 2], notamment d'offrir à la vente ou de vendre de façon habituelle des produits alors que cette activité ne rentre pas dans les prévisions des statuts, ne tend nullement à assurer le respect du pacte social, mais à protéger la liberté de la concurrence contre une pratique de nature à en compromettre le jeu normal. • Crim. 10 juin 1991 : *D. 1991. IR 228 ; Bull. Joly 1991. 914, note Jeantin.*

2. Constitue une pratique paracommerciale illicite le fait pour une association de proposer des activités sportives à des personnes extérieures à l'association contre le paiement d'un prix et d'un droit d'entrée, alors que cela n'est pas prévu par ses statuts. En effet, l'association, non assujettie aux charges fiscales et sociales, se livre ainsi de manière habituelle à des opérations commerciales lucratives de nature à porter préjudice aux commerçants offrant les mêmes prestations. • Crim. 19 oct. 1992 : *D. 1993. IR 21 ; Rev. sociétés 1993. 625, note Castro ; Bull. Joly 1993. 221, note Mayaud et Sousi ; RJDA 1992, n° 1146.*

3. S'agissant de savoir si les dispositions sanctionnant la rupture d'une relation commerciale établie bénéficient aux associations, V. • Com. 6 févr. 2007 : *cité note 19 ss. art. L. 442-6.*

Art. L. 442-8 **Il est interdit à toute personne d'offrir à la vente des produits ou de proposer des services en utilisant, dans des conditions irrégulières, le domaine public de l'État, des collectivités locales et de leurs établissements publics.**

Les infractions à l'interdiction mentionnée à l'alinéa précédent sont recherchées et constatées dans les conditions définies par les articles L. 450-1 à L. 450-3 et L. 450-8.

Les agents peuvent consigner, dans des locaux qu'ils déterminent et pendant une durée qui ne peut être supérieure à un mois, les produits offerts à la vente et les biens ayant permis la vente des produits ou l'offre de services.

La consignation donne lieu à l'établissement immédiat d'un procès-verbal. Celui-ci comporte un inventaire des biens et des marchandises consignés ainsi que la mention de leur valeur. Il est communiqué dans les cinq jours de sa clôture au procureur de la République et à l'intéressé.

La juridiction peut ordonner la confiscation des produits offerts à la vente et des biens ayant permis la vente des produits ou l'offre de services. La juridiction peut condamner l'auteur de l'infraction à verser au Trésor public une somme correspondant à la valeur des produits consignés, dans le cas où il n'a pas été procédé à une saisie. – *[Ord. n° 86-1243 du 1er déc. 1986, art. 37-1.]* – *V. art. R. 442-2.*

Sur le régime juridique de la consignation des emballages de liquides alimentaires, V. L. n° 89-421 du 23 juin 1989, art. 7. – ***C. consom.***

V. Circ. du 12 août 1987 (JO 23 août) relative à la lutte contre les pratiques paracommerciales.

BIBL. ▸ SOLEILHAC, *AJDA 2007. 2178* (vers une commercialité des autorisations administratives).

1. *Vente sauvage.* Le fait d'offrir à la vente des produits ou de proposer des services en utilisant, dans des conditions irrégulières, le domaine public de l'État, des collectivités locales et de leurs établissements publics, n'est réprimé, par l'art. 14 du Décr. n° 2002-689 du 30 avr. 2002 [C. com., art. R. 442-2], que s'il est commis en violation des dispositions réglementaires sur la police des lieux. • Crim. 4 avr. 2006 : *Bull. crim. n° 104 ; D. 2006. AJ 1285, obs. Chevrier ; RTD com. 2006. 926, obs. Bouloc ; JCP E 2006, n° 39, p. 1613, obs. Decocq ; RJDA 2006, n° 891 ; RLDA juin 2006. 67, obs. Méar ; RDLC 2006, n° 3, p. 108, obs. Fasquelle et Roberval.* ♦ Pour une « vente à la sauvette » qualifiée de vente au déballage, V. • Paris, 30 nov. 2007 : *cité note 1 ss. art. L. 310-2.*

2. *Vente ambulante.* V. note 1 ss. art. L. 123-29.

3. *Vente à l'étalage.* Si la vente à l'étalage

sur la voie publique de végétaux et de denrées périssables, pour la plupart d'entre elles de première nécessité, résulte d'usages constants, il n'en va pas de même du commerce des articles d'équipement de la maison et de la personne qui sont proposés à la vente dans des locaux commerciaux prévus à cet effet. Dans ces conditions, le maire d'une commune peut, sans porter une atteinte excessive à la liberté du commerce et de l'industrie dont bénéficient, notamment, les commerces d'équipement de la personne et de la maison, imposer à ces derniers des mesures d'installation de leurs étalages sur la voie publique plus restrictives que celles imposées aux autres commerces sédentaires. • CAA Versailles, 15 oct. 2009 : *AJDA 2010. 909, note Verpeaux*.

4. Taxe trottoir. L'utilisation, le temps d'une transaction, de la dépendance du domaine public constituée par les trottoirs bordant les voies publiques d'une commune et normalement affectée à la circulation générale des piétons, par les clients des établissements bancaires disposant de distributeurs automatiques bancaires installés en façade de bâtiment et accessibles directement depuis ledit domaine public, ainsi que de tous les commerces pratiquant des ventes ou activités diverses au travers de vitrines ou de comptoirs ouvrant sur le même domaine, présente un caractère momentané ne dépassant pas le droit d'usage qui appartient à tous, de telle sorte qu'elle ne peut donner lieu à l'assujettissement desdits établissements au paiement d'une redevance d'utilisation du domaine public. • CAA Marseille, 26 juin 2012 : *AJDA 2012. 2109, note Deliancourt ; AJCT 2012. 603, note Tambou ; RFDA 2012. 902, concl. Deliancourt ; Dr. adm. 2012, n° 82, obs. Melleray ; RD banc. fin. 2013, n° 3, obs. Crédot et Samin* (infirmation de • TA Nîmes, 3 mars 2011 : *AJDA 2011. 1022, concl. Héry*).

Code pénal

Art. 225-12-8 *(L. n° 2011-267 du 14 mars 2011, art. 52)* L'exploitation de la vente à la sauvette est le fait par quiconque d'embaucher, d'entraîner ou de détourner une personne en vue de l'inciter à commettre l'une des infractions mentionnées à l'article 446-1, ou d'exercer sur elle une pression pour qu'elle commette l'une de ces infractions ou continue de le faire, afin d'en tirer profit de quelque manière que ce soit.

Est assimilé à l'exploitation de la vente à la sauvette le fait de recevoir des subsides d'une personne commettant habituellement l'une des infractions mentionnées au même article 446-1.

Est également assimilé à l'exploitation de la vente à la sauvette le fait de ne pouvoir justifier de ressources correspondant à son train de vie tout en exerçant une influence de fait, permanente ou non, sur une ou plusieurs personnes commettant habituellement l'une des infractions mentionnées audit article 446-1 ou en étant en relation habituelle avec cette ou ces dernières.

L'exploitation de la vente à la sauvette est punie de trois ans d'emprisonnement et d'une amende de 45 000 €.

La procédure simplifiée de l'ordonnance pénale est applicable au délit de vente à la sauvette prévu aux art. 446-1 et 446-2 C. pén. (C. pr. pén., art. 495, II, 6°).

Art. 225-12-9 *(L. n° 2011-267 du 14 mars 2011, art. 52)* L'exploitation de la vente à la sauvette est punie de cinq ans d'emprisonnement et d'une amende de 75 000 € lorsqu'elle est commise :

1° A l'égard d'un mineur ;

2° A l'égard d'une personne dont la particulière vulnérabilité, due à son âge, à une maladie, à une infirmité, à une déficience physique ou psychique ou à un état de grossesse est apparente ou connue de son auteur ;

3° A l'égard de plusieurs personnes ;

4° A l'égard d'une personne qui a été incitée à commettre l'une des infractions mentionnées à l'article 446-1 soit hors du territoire de la République, soit à son arrivée sur le territoire de la République ;

5° Par un ascendant légitime, naturel ou adoptif de la personne qui commet l'une des infractions mentionnées à l'article 446-1 ou par une personne qui a autorité sur elle ou abuse de l'autorité que lui confèrent ses fonctions ;

6° Avec l'emploi de la contrainte, de violences ou de manœuvres dolosives sur la personne commettant l'une des infractions mentionnées à l'article 446-1, sur sa famille ou sur une personne étant en relation habituelle avec elle ;

7° Par plusieurs personnes agissant en qualité d'auteurs ou de complices, sans qu'elles constituent une bande organisée.

Art. 225-12-10 *(L. nº 2011-267 du 14 mars 2011, art. 52)* L'exploitation de la vente à la sauvette est punie de dix ans d'emprisonnement et de 1 500 000 € d'amende lorsqu'elle est commise en bande organisée.

…………………………………………………………………………………

Art. 446-1 *(L. nº 2011-267 du 14 mars 2011, art. 51-I)* La vente à la sauvette est le fait, sans autorisation ou déclaration régulière, d'offrir, de mettre en vente ou d'exposer en vue de la vente des biens ou d'exercer toute autre profession dans les lieux publics en violation des dispositions réglementaires sur la police de ces lieux.

La vente à la sauvette est punie de six mois d'emprisonnement et de 3 750 € d'amende.

Art. 446-2 *(L. nº 2011-267 du 14 mars 2011, art. 51-I)* Lorsque la vente à la sauvette est accompagnée de voies de fait ou de menaces ou lorsqu'elle est commise en réunion, la peine est portée à un an d'emprisonnement et à 15 000 € d'amende.

Art. 446-3 *(L. nº 2011-267 du 14 mars 2011, art. 51-I)* Les personnes physiques coupables des délits prévus au présent chapitre encourent également les peines complémentaires suivantes :

1° La confiscation de la chose qui a servi ou était destinée à commettre l'infraction ou de la chose qui en est le produit ;

2° La destruction de la chose qui a servi ou était destinée à commettre l'infraction ou de la chose qui en est le produit.

Art. 446-4 *(L. nº 2011-267 du 14 mars 2011, art. 51-I)* Les personnes morales déclarées responsables pénalement, dans les conditions prévues par l'article 121-2, des infractions définies au présent chapitre encourent, outre l'amende suivant les modalités prévues par l'article 131-38, les peines prévues par l'article 131-39.

L'interdiction mentionnée au 2° de l'article 131-39 porte sur l'activité dans l'exercice ou à l'occasion de l'exercice de laquelle l'infraction a été commise.

Art. L. 442-9 *(L. nº 2005-157 du 23 févr. 2005, art. 34-I)* **Engage la responsabilité de son auteur et l'oblige à réparer le préjudice causé le fait, pour tout producteur, commerçant, industriel ou personne immatriculée au répertoire des métiers, de pratiquer ou de faire pratiquer, en situation de crise conjoncturelle telle que définie par l'article L. 611-4 du code rural et de la pêche maritime, des prix de première cession abusivement bas pour des produits figurant sur la liste prévue à l'article L. 441-2-1 du présent code.**

(L. nº 2008-3 du 3 janv. 2008, art. 5) **« Engage également la responsabilité de son auteur et l'oblige à réparer le préjudice causé le fait pour tout revendeur d'exiger de son fournisseur, en situation de forte hausse des cours de certaines matières premières agricoles, des prix de cession abusivement bas pour les produits agricoles périssables ou issus de cycles courts de production, d'animaux vifs, de carcasses, pour les produits de l'aquaculture, ainsi que pour les produits alimentaires de consommation courante issus de la première transformation de ces produits. Les conditions définissant la situation de forte hausse des cours de certaines matières premières agricoles ainsi que la liste des produits concernés sont fixées par décret. »** *— V. Décr. nº 2008-534 du 5 juin 2008, ci-dessous.*

Le III et le IV de l'article L. 442-6 sont applicables à l'action prévue par le présent article.

Code rural et de la pêche maritime

Art. L. 611-4 *(L. nº 2005-157 du 23 févr. 2005, art. 35)* La situation de crise conjoncturelle affectant ceux des produits figurant sur la liste prévue à l'article L. 441-2-1 du code de commerce est constituée lorsque le prix de cession de ces produits par les producteurs ou leurs groupements reconnus est anormalement bas par rapport à la moyenne des prix observés lors des périodes correspondantes des cinq dernières campagnes, à l'exclusion des deux périodes au cours desquelles les prix ont été respectivement le plus bas et le plus élevé.

(Abrogé par L. nº 2010-874 du 27 juill. 2010, art. 15-II) « Les entreprises de commercialisation ou de distribution peuvent conclure avec l'État, pour un ou plusieurs des produits mentionnés au premier alinéa, des accords comprenant un dispositif de répercussion de la baisse des prix de cession des produits par les producteurs sur les prix de vente à la consommation.

« Afin qu'un bilan des engagements des acheteurs puisse être établi par les ministres chargés de l'agriculture, de la pêche et de l'économie, les acheteurs communiquent pendant la crise conjoncturelle aux services compétents les éléments leur démontrant leur engagement dans les démarches contractuelles mentionnées au précédent alinéa et l'effet de ces démarches, selon une procédure définie par arrêté conjoint de ces ministres. »

Un arrêté conjoint du ministre chargé de l'économie et du ministre chargé de l'agriculture précise, en fonction des différents produits concernés, les modalités d'application du présent article, notamment les modalités de détermination des prix anormalement bas et la durée pendant laquelle ces prix doivent être constatés pour que la crise soit constituée. — *V. Arr. du 24 mai 2005 (JO 25 mai), mod. par Arr. du 2 mai 2006 (JO 10 mai), et Arr. du 26 avr. 2013 (JO 15 mai).*

Art. L. 611-4-1 *(L. nº 2010-874 du 27 juill. 2010, art. 15-II)* Les personnes mentionnées au I de l'article 302 *bis* ZA du code général des impôts peuvent conclure chaque année avec l'État des accords de modération des marges de distribution des fruits et légumes frais.

Ces personnes doivent, lorsqu'elles sont liées contractuellement à une centrale d'achat ou à une centrale de référencement ou associées à un groupement d'achat, mandater le responsable de cette centrale ou de ce groupement pour signer en leur nom les accords prévus au premier alinéa du présent article.

La marge de distribution visée au premier alinéa s'entend de la différence entre le prix de revente hors taxe au consommateur du produit et son prix d'achat hors taxe.

Ces accords, dont le contenu est précisé par décret en Conseil d'État, sont signés avant le 1er mars de chaque année. Pour l'année 2010, ils sont signés au plus tard un mois après la publication de ce décret. Ils entrent en application dès que la situation de crise conjoncturelle définie à l'article L. 611-4 est constituée.

Les personnes mentionnées au I de l'article 302 *bis* ZA du code général des impôts, ou le groupement de distributeurs dont elles dépendent, rendent compte, à la demande des ministres chargés de l'agriculture et de l'économie, de l'application des accords. — *V. Arr. du 23 févr. 2012 (JO 28 févr.).*

Le non-respect des accords ou le retard dans leur mise en œuvre est sanctionné d'une amende civile dont le montant ne peut être supérieur à deux millions d'euros. Le montant de l'amende est proportionné à la gravité des faits constatés, au vu notamment du volume de produits en cause et de la durée des périodes de crise. L'action est introduite devant la juridiction civile compétente par le ministère public, par le représentant de l'État dans le département, par le ministre chargé de l'agriculture ou le ministre chargé du commerce.

Avant le 1er mars de chaque année, le Gouvernement remet au Parlement un rapport sur la mise en œuvre des accords de modération des marges de distribution des fruits et légumes frais prévus à l'art. L. 611-4-1 C. rur. (L. nº 2010-874 du 27 juill. 2010, art. 16).

BIBL. ▶ Note de la rédaction, *BRDA 2010, n° 15-16, p. 15* (accords de modération des marges de distribution). – GRIMONPREZ, *JCP E 2010, n° 1771 ; CCC 2010. Étude 12* (relations commerciales agricoles : l'aube de la contractualisation). – BARBIÈRI, *RD rur. 2010. Étude 17* (négoce agricole et filières).

.....

Art. L. 692-1 *(L. n° 2010-874 du 27 juill. 2010, art. 19)* L'Observatoire de la formation des prix et des marges des produits alimentaires, placé auprès du ministre chargé de l'alimentation et du ministre chargé de la consommation, a pour mission d'éclairer les acteurs économiques et les pouvoirs publics sur la formation des prix et des marges au cours des transactions au sein de la chaîne de commercialisation des produits alimentaires, qu'il s'agisse de produits de l'agriculture, de la pêche ou de l'aquaculture.

Les modalités de désignation du président de l'observatoire, le fonctionnement de l'observatoire ainsi que sa composition sont définis par décret.

L'observatoire analyse les données nécessaires à l'exercice de ses missions, recueillies auprès de l'établissement mentionné à l'article L. 621-1 et du service statistique public.

Il étudie les coûts de production au stade de la production agricole, les coûts de transformation et les coûts de distribution dans l'ensemble de la chaîne de commercialisation des produits agricoles.

Il remet chaque année un rapport au Parlement.

.....

Art. R. 616-4 *(Décr. n° 2011-553 du 20 mai 2011)* Les accords de modération des marges de distribution des fruits et légumes frais prévus à l'article L. 611-4-1 sont conclus pour une durée d'un an et signés au nom de l'État par les ministres chargés de l'agriculture, de l'économie et du commerce.

Les produits concernés sont les fruits et légumes destinés à être vendus à l'état frais au consommateur qui sont mentionnés dans la partie IX de l'annexe I du règlement (CE) n° 1234/2007 du Conseil du 22 octobre 2007 portant organisation commune des marchés dans le secteur agricole et dispositions spécifiques en ce qui concerne certains produits de ce secteur (règlement "OCM unique").

Art. R. 616-5 *(Décr. n° 2011-553 du 20 mai 2011)* Pour l'application des articles R. 616-4 à D. 616-7, sont retenues les définitions suivantes :

1° Le taux de marge brute du rayon fruits et légumes est égal au rapport entre la marge brute, telle que définie au troisième alinéa de l'article L. 611-4-1, et le chiffre d'affaires de ce rayon ;

2° Le taux de marge brute moyen du rayon fruits et légumes est égal à la moyenne des taux de marge brute de ce rayon constatés au cours des trois derniers exercices comptables. Ce taux est calculé en excluant les périodes d'application de la modération des marges.

Par dérogation au 2° de l'art. R. 616-5, le taux de marge brute moyen du rayon fruits et légumes pour l'année 2011 est celui de l'exercice comptable 2010. Pour l'année 2012, il est égal à la moyenne des taux de marge brute des exercices comptables 2010 et 2011 (Décr. n° 2011-553 du 20 mai 2011, art. 2).

Art. R. 616-6 *(Décr. n° 2011-553 du 20 mai 2011)* Les accords de modération des marges de distribution des fruits et légumes frais prévoient qu'en période de crise conjoncturelle sur un produit constatée selon les modalités prévues à l'article L. 611-4 les personnes parties aux accords s'engagent à réduire, le cas échéant, la marge brute pratiquée sur ce produit, afin que leur taux de marge brute sur ce produit soit inférieur ou égal au taux de marge brute moyen du rayon fruits et légumes.

L'accord indique que ce dispositif de modération des marges est mis en place pour un produit donné, lorsque la crise conjoncturelle est constatée pour ce produit et au plus tard dans les trois jours ouvrés qui suivent le début de la période de crise, jusqu'à la fin de cette crise. Le ministre chargé de l'agriculture informe les signataires de l'accord de la mise en place de ce dispositif.

Art. D. 616-7 *(Décr. n° 2011-553 du 20 mai 2011)* Un arrêté conjoint des ministres chargés de l'agriculture, de l'économie et du commerce fixe les modalités selon lesquelles les personnes parties à ces accords rendent compte de leur application aux ministres chargés de l'agriculture et de l'économie.

……………………………………………………………………………………………………

Art. D. 692-1 *(Décr. n° 2010-1301 du 28 oct. 2010)* Afin de remplir les missions qui lui sont dévolues en vertu de l'article L. 692-1, l'Observatoire de la formation des prix et des marges des produits alimentaires :

— recueille auprès des services et établissements publics compétents les données statistiques disponibles nécessaires à l'analyse des mécanismes de formation des prix dans la chaîne alimentaire ;

— demande à ces services et établissements de collecter, en tant que de besoin, des données supplémentaires ;

— réalise ou fait réaliser les travaux d'études nécessaires à son activité ;

— analyse les informations recueillies ;

— produit des rapports de synthèse sur les filières étudiées ;

— assure la diffusion régulière de ses travaux.

A ces fins, l'Observatoire de la formation des prix et des marges des produits alimentaires s'appuie sur l'établissement public mentionné à l'article L. 621-1 du code rural et de la pêche maritime.

Décret n° 2008-534 du 5 juin 2008,

Visé à l'article L. 442-9 du code de commerce et fixant les conditions définissant la situation de forte hausse des cours de certaines matières premières agricoles ainsi que la liste des produits concernés.

Art. 1er Les matières premières agricoles mentionnées au deuxième alinéa de l'article L. 442-9 du code de commerce s'entendent du lait, des céréales (orge, blé tendre, blé dur, maïs) et des oléagineux (colza, tournesol, soja, pois protéagineux).

Art. 2 On entend par situation de forte hausse des cours des matières premières au sens de l'article L. 442-9 du code de commerce les majorations suivantes, en rythme annuel et constatées pendant trois mois consécutifs, par rapport à la moyenne des cours observés lors des périodes correspondantes des cinq dernières campagnes, à l'exclusion des deux périodes au cours desquelles les cours ont été respectivement le plus bas et le plus élevé :

— lait : 30 %.

— orge, blé tendre, blé dur, maïs : 40 %.

— colza, tournesol, soja, pois protéagineux : 30 %.

Un arrêté des ministres chargés de l'économie et de l'agriculture détermine les indicateurs retenus pour l'application du premier alinéa du présent article. — *Ces indicateurs sont constitués par la série des indices mensuels des prix à la production des produits agricoles élaborés par l'INSEE, pour la constitution de l'indice des prix des produits agricoles à la production (IPPAP). L'évolution des indices mensuels des prix des matières premières agricoles est consultable auprès de l'INSEE (Arr. 2 mars 2011).*

Art. 3 La liste des produits visée au deuxième alinéa de l'article L. 442-9 du code de commerce est ainsi constituée :

— bovin, veau, porc, ovin-caprin, cheval, volaille et lapin : carcasses et leurs morceaux, viandes et abats, viandes hachées, saucisses fraîches et préparations de viandes ;

— produits de la pisciculture ou issus de la première transformation de ces produits ;

— lait et produits de la laiterie issus de la première transformation du lait ;

— œufs et ovo-produits alimentaires issus de leur première transformation.

Art. L. 442-10 *(L. nº 2005-882 du 2 août 2005, art. 51)* **I. – Est nul le contrat par lequel un fournisseur s'engage envers tout producteur, commerçant, industriel ou personne immatriculée au répertoire des métiers sur une offre de prix à l'issue d'enchères inversées à distance, organisées notamment par voie électronique, lorsque l'une au moins des règles suivantes n'a pas été respectée :**

1º Préalablement aux enchères, l'acheteur ou la personne qui les organise pour son compte communique de façon transparente et non discriminatoire à l'ensemble des candidats admis à présenter une offre les éléments déterminants des produits ou des prestations de services qu'il entend acquérir, ses conditions et modalités d'achat, ses critères de sélection détaillés ainsi que les règles selon lesquelles les enchères vont se dérouler ;

2º A l'issue de la période d'enchères, l'identité du candidat retenu est révélée au candidat qui, ayant participé à l'enchère, en fait la demande. Si l'auteur de l'offre sélectionnée est défaillant, nul n'est tenu de reprendre le marché au dernier prix ni à la dernière enchère.

II. – L'acheteur ou la personne qui organise les enchères pour son compte effectue un enregistrement du déroulement des enchères qu'il conserve pendant un an. Il est présenté s'il est procédé à une enquête dans les conditions prévues au titre V du présent livre.

III. – Les enchères à distance inversées organisées par l'acheteur ou par son représentant sont interdites pour les produits agricoles *(L. nº 2008-3 du 3 janv. 2008, art. 6)* **« figurant sur une liste établie par décret », ainsi que pour les produits alimentaires de consommation courante issus de la première transformation de ces produits.** – *V. Décr. nº 2008-535 du 5 juin 2008, ci-dessous.*

IV. – Le fait de ne pas respecter les dispositions des I à III engage la responsabilité de son auteur et l'oblige à réparer le préjudice causé. Les dispositions des III et IV de l'article L. 442-6 sont applicables aux opérations visées aux I à III du présent article.

BIBL. ▶ CHAGNY, *JCP 2005. I. 173, spéc. nº 4 s.* (enchères inversées à distance). – GENTY et HUET, *CCC 2005. Chron. 22* (les enchères électroniques « inversées »). – DECOCQ, *CCE 2005, nº 175* (réglementation des enchères à distance). – MAUGER-VIELPEAU, *D. 2006. 642* (les enchères inversées). – GENTY, HUET et DUMONT-TRICOT, *CCE 2006. Chron. 13* (enchères électroniques inversées). – LUCIANI, *RDLC 2006, nº 2, p. 61* (application dans l'espace). – ANADON, *RLDA sept. 2007. 49* (enchères électroniques inversées artificielles).

Décret nº 2008-535 du 5 juin 2008, *fixant la liste des produits agricoles visée au III de l'article L. 442-10 du code de commerce.* **Art. 1er** Les produits agricoles auxquels s'appliquent les dispositions du III de l'article L. 442-10 du code de commerce sont les suivants :

— fruits et légumes destinés à être vendus à l'état frais au consommateur, y compris les pommes de terre de conservation ;

— viandes et abats de bovin, veau, porc, ovin, caprin, cheval, volaille et lapin ;

— produits de la pisciculture ;

— lait ;

— œufs ;

— miels.

CHAPITRE III AUTRES PRATIQUES PROHIBÉES

Art. L. 443-1 A peine d'une amende de 75 000 €, le délai de paiement, par tout producteur, revendeur ou prestataire de services, ne peut être supérieur :

1° A trente jours après la fin de la décade de livraison pour les achats de produits alimentaires périssables et de viandes congelées ou surgelées, de poissons surgelés, de plats cuisinés et de conserves fabriqués à partir de produits alimentaires périssables, à l'exception des achats de produits saisonniers effectués dans le cadre de contrats dits de culture visés aux articles L. 326-1 à L. 326-3 du code rural et de la pêche maritime ;

2° A vingt jours après le jour de livraison pour les achats de bétail sur pied destiné à la consommation et de viandes fraîches dérivées ;

3° A trente jours après la fin du mois de livraison pour les achats de boissons alcooliques passibles des droits de consommation prévus à l'article 403 du code général des impôts ;

4° A défaut d'accords interprofessionnels conclus en application du livre VI du code rural et de la pêche maritime et rendus obligatoires par voie réglementaire à tous les opérateurs sur l'ensemble du territoire métropolitain *(L. n° 2008-3 du 3 janv. 2008, art. 10)* **« ou de décisions interprofessionnelles prises en application de la loi du 12 avril 1941 portant création d'un comité interprofessionnel du vin de Champagne pour ce qui concerne les délais de paiement, à** *(L. n° 2008-776 du 4 août 2008, art. 22)* **« quarante-cinq jours fin de mois ou soixante jours à compter de la date d'émission de la facture » pour les achats de raisins et de moûts destinés à l'élaboration de vins ainsi que de boissons alcooliques passibles des droits de circulation prévus à l'article 438 du même code. »** *— V. C. rur., art. L. 665-3, ci-dessous.*

(L. n° 2012-1270 du 20 nov. 2012, art. 20-II) **« Pour les livraisons de marchandises qui font l'objet d'une importation dans le territoire fiscal des départements de la Guadeloupe, de la Martinique, de la Guyane, de La Réunion et de Mayotte ainsi que des collectivités d'outre-mer de Saint-Barthélemy, de Saint-Martin et de Saint-Pierre-et-Miquelon, les délais de paiement prévus aux 1° à 4° sont décomptés à partir de la date de dédouanement de la marchandise au port de destination finale. Lorsque la marchandise est mise à la disposition de l'acheteur, ou de son représentant, en métropole, le délai est décompté à partir du vingt et unième jour suivant la date de cette mise à disposition ou à partir de la date du dédouanement si celle-ci est antérieure. »** *— [Ord. n° 86-1243 du 1er déc. 1986, art. 35.]*

V. aussi Dir. n° 2000/35/CE du 29 juin 2000 concernant la lutte contre les retards de paiement dans les transactions commerciales (JOCE L 200 du 8 août 2000), abrogée et remplacée à compter du 16 mars 2013 par Dir. n° 2011/7/UE du 16 févr. 2011 (JOUE L 48 du 23 févr. 2011). — V. ce texte ss. art. L. 441-6.

BIBL. ▶ *Cah. dr. entr. 1993, n° 3.* - ULLMO, *ibid. 1995, n° 5.* - LARDEUX, *JCP E 2000, n° 35, p. 1318* (lutte contre le retard de paiement dans les transactions commerciales).

I. DOMAINE D'APPLICATION

1. *Produits alimentaires périssables (jurisprudence antérieure à la loi du 1er juill. 1996).* La catégorie des produits alimentaires périssables englobait nécessairement, et selon l'acceptation commune du terme « périssable », toutes les denrées alimentaires qui, en raison de leur teneur et composition, présentent la caractéristique d'être soumises, sauf en ce qui concerne celles faisant l'objet d'un mode de conservation particulier (produits lyophilisés, congelés ou surgelés ou encore les conserves et semi-conserves), à une dégradation rapide. • Paris, 4 févr. 1992 : *Gaz. Pal. 1992. 1. 300, note Marchi.* ♦ Dès lors, la notion de produits alimentaires périssables est en soi suffisamment précise pour permettre de distinguer, tant au niveau de la fabrication que de la distribution, les produits alimentaires qui appartiennent à cette catégorie et relèvent, en conséquence, pour ce qui est du règlement de leur prix d'achat, des dispositions prévues par l'art. 35 [C. com., art. L. 443-1]. • Même arrêt. ♦ Comp., désormais, visant expressément les viandes congelées ou surgelées et les poissons surgelés : art. 35, tel que modifié par la L. n° 96-588 du 1er juill. 1996 et par la L. n° 99-574 du 9 juill. 1999 [C. com., art. L. 443-1].

2. Conserves. Sur l'application du délai de paiement fixé à 30 jours fin de décade de livraison, aux conserves fabriquées à partir de denrées alimentaires périssables ayant été soumises à des procédés de conservation, V. : Rép. min. n° 34-205 : *JOAN Q, 17 janv. 2000, p. 364.*

3. Entreprises de restauration et traiteurs. Le délai de 30 jours après la fin de la décade de livraison est applicable aux entreprises de restauration (Rép. min. n° 399 : *JO Sénat Q, 8 juill. 1993, p. 1097).*

L'activité des traiteurs de réception est soumise à l'art. 35 [C. com., art. L. 443-1], s'agissant de la confection de plats préparés et de la vente de produits à emporter, mais ne l'est pas, s'agissant du service de repas avec fourniture de personnel (Rép. min. n° 5772 : *JOAN Q, 10 janv. 1994, p. 137).*

4. Groupe de sociétés. Le non-respect de la réglementation des délais de paiement des produits alimentaires périssables prévue par l'art. 35 [C. com., art. L. 443-1] est punissable même si l'infraction a été commise au sein d'un groupe de sociétés. • Crim. 24 mars 1999 : *RJDA 1999, n° 732 ; JCP E 1999, n° 48, p. 1912, obs. Arhel.* ♦ Pour la condamnation d'un gérant d'un hôtel alors que c'était la holding qui définissait les modalités de règlement, dès lors qu'il traitait directement avec les fournisseurs par un système de traites acceptées, V. • Rennes, 9 oct. 2003 : *Rev. Conc. consom. 2004, n° 138, p. 7.*

II. SANCTIONS

5. Élément intentionnel. L'intention délictueuse peut être constituée par une simple négligence, sans exiger la preuve d'une volonté délibérée de violer les dispositions légales. • TGI Coutances, 20 déc. 1994 : *BID 1996, n° 2, p. 33.*

Jugeant que le prévenu est tenu, en cas de retard dans l'établissement des factures par ses fournisseurs, de les réclamer suffisamment à l'avance pour en assurer le paiement dans le délai légal, et de s'assurer que la date d'émission du chèque était telle qu'il puisse être honoré avant la date limite de paiement, ce qu'il s'est abstenu de faire, bénéficiant ainsi de délais supplémentaires pour payer, V. • Montpellier, 14 juin 2001 : *BID 2002, n° 2, p. 6.*

6. Complicité. Pour la condamnation d'un vendeur (dirigeant d'une centrale d'achats), poursuivi comme complice de l'infraction, en application de l'art. 121-7 C. pén., dès lors qu'il est établi qu'il a, de manière intentionnelle et active, permis le dépassement du délai par les acheteurs (adhérents de la centrale), V. • Poitiers, 31 mai 2001 : *RJDA 2002, n° 440.*

7. Délégation de pouvoir. Jugé qu'il appartient à la juridiction correctionnelle, dès lors qu'est caractérisé l'élément matériel de l'infraction poursuivie, de rechercher, dans chaque cas et à la lumière des faits et circonstances soumis à son appréciation, si la responsabilité de cette infraction est imputable au prévenu. • Paris, 4 févr. 1992 : *Gaz. Pal. 1992. 1. 304, note Marchi.* – V. aussi et Comp. : note 3 ss. art. L. 441-4 et notes 17 s. ss. art. 1er de la loi du 2 juill. 1963, reproduit ss. art. L. 442-4.

8. Pratique discriminatoire. Pour un arrêt considérant que le non-respect des dispositions de l'art. 35 [C. com., art. L. 443-1], relatives aux délais de paiement, constitue une pratique discriminatoire pouvant être appréhendée au regard de l'art. 36 (1) [C. com., art. L. 442-6 (I) 1°], V. • Lyon, 17 sept. 1997 : *BID 1998, n° 11, p. 16,* conf. par • Crim. 30 avr. 1998 : *ibid. n° 12, p. 39.*

Code rural et de la pêche maritime Art. L. 665-3 *(L. n° 2008-776 du 4 août 2008, art. 23)* Le premier acheteur de boissons alcooliques passibles des droits de circulation prévus à l'article 438 du code général des impôts doit verser au vendeur ou à son subrogé, dans un délai de dix jours francs suivant la conclusion du contrat de vente, un acompte représentant au moins 15 % du montant de la commande. Le solde est réglé dans les conditions prévues au 4° de l'article L. 443-1 du code de commerce.

Les dispositions du premier alinéa s'appliquent à défaut d'accords interprofessionnels rendus obligatoires dans les conditions prévues par le chapitre II du titre III ou de décisions prises dans ce domaine par les interprofessions mentionnées à l'article L. 632-9 ou par celles instituées par la loi du 12 avril 1941 portant création d'un comité interprofessionnel du vin de Champagne.

Lorsque l'acheteur ne verse pas l'acompte auquel il est tenu, le vendeur peut demander au président du tribunal compétent statuant en la forme des référés de lui adresser une injonction de payer, le cas échéant sous astreinte. – *Anc. art. L. 664-8 (Ord. n° 2010-459 du 6 mai 2010, art. 5).*

Art. L. 443-2 *(L. n° 2005-882 du 2 août 2005, art. 52)* **« I. – Est puni de deux ans d'emprisonnement et de 30 000 € d'amende le fait d'opérer la hausse ou la baisse artificielle soit du prix de biens ou de services, soit d'effets publics ou privés, notamment à l'occasion d'enchères à distance :**

« 1° En diffusant, par quelque moyen que ce soit, des informations mensongères ou calomnieuses ;

« 2° En introduisant sur le marché ou en sollicitant soit des offres destinées à troubler les cours, soit des sur-offres ou sous-offres faites aux prix demandés par les vendeurs ou prestataires de services ;

« 3° Ou en utilisant tout autre moyen frauduleux.

« La tentative est punie des mêmes peines. »

II. – Lorsque la hausse ou la baisse artificielle des prix concerne des produits alimentaires, la peine est portée à trois ans d'emprisonnement et 45 000 € d'amende.

III. – Les personnes physiques coupables des infractions prévues au présent article encourent également les peines complémentaires suivantes :

1° L'interdiction des droits civiques, civils et de famille, suivant les modalités de l'article 131-26 du code pénal ;

2° L'affichage ou la diffusion de la décision prononcée dans les conditions prévues par l'article 131-35 du code pénal. – *[Ord. n° 86-1243 du 1er déc. 1986, art. 52-1.]*

BIBL. ▶ Massé, *RSC 1986. 625.* – Mainguy, *Cah. dr. entr. 1995, n° 1* (clauses de prix à marge garantie). – Debet, *CCE 2011, n° 66* (le Conseil constitutionnel et la revente de billets sur internet).

Pour des exemples de poursuite sur le fondement de l'art. 52-1 [C. com., art. L. 443-2], V. • TGI Draguignan, 10 oct. 1996 : *BID 1997, n° 10, p. 24* • TGI Limoges, 17 déc. 1997 : *BID 1998, n° 10, p. 19.*

Art. L. 443-3 *(L. n° 2008-3 du 3 janv. 2008, art. 9-III)* **Les personnes morales déclarées pénalement responsables des infractions prévues aux I et II de l'article L. 443-2 encourent les peines mentionnées aux 2° à 6° et 9° de l'article 131-39 du code pénal.**

L'interdiction mentionnée au 2° de l'article 131-39 du même code porte sur l'activité dans l'exercice ou à l'occasion de l'exercice de laquelle l'infraction a été commise.

BIBL. ▶ Boutard-Labarde, *LPA 6 oct. 1993.*

TITRE CINQUIÈME DES POUVOIRS D'ENQUÊTE

RÉP. COM. v° *Concurrence (règles de procédure)*, par Arhel

BIBL. ▶ Fourgoux, *Gaz. Pal. 1989. 1. 127.* – de La Laurencie, *LPA 30 mars 1988.* – Boutard-Labarde, *JCP 1988. I. 3360.* – Daudret, *Gaz. Pal. 1992. 1. Doctr. 305* (droits de la défense). – Pepy, *ibid. 1994. 2. Doctr. 1086* (procédure devant le conseil). ▶ Ord. n° 2004-1173 du 4 nov. 2004 : Lasserre, *RDLC déc. 2004. 29* (modernisation : les adaptations nécessaires du Conseil de la concurrence). – Decocq, *RJ com. 2004. 499* – Cheynel et Nourissat, *RLC 2005, n° 2, p. 63.* – Claudel, *RTD com. 2005. 60* . – Jalabert-Doury, Les inspections de concurrence, *Bruylant, 2005.* – Poulet, Contrôles et perquisitions dans l'entreprise, *Delmas, 2005.* – Dompé et Théophile, *RTDF*

2007, n° 1, p. 56 (enquêtes sous contrôle judiciaire, concurrence et bourse : analyse comparée). – A. Marie, *RLC janv.-mars 2008. 112* (les enquêtes de la DGCCRF en matière de pratiques anticoncurrentielles). – Dufour, *LPA 4 juill. 2012* (perquisition : un nouveau risque pour les entreprises ?). ▶ Ord. n° 2008-1162 du 13 nov. 2008 : Bosco, *CCC 2008, n° 273* (premières vues sur l'ordonnance de modernisation de la régulation de la concurrence). – Hatoux, *RJDA n° 2/2009, p. 63* (la réforme des visites domiciliaires en matière de concurrence). – Puel, *RLC oct.-déc. 2009. 164* (protection de la confidentialité des correspondances avocats/clients : le *« legal privilege »* comme garantie). – Sélinsky, *ibid. 167* (le déroulement des enquêtes de concurrence après la réforme LME).

Art. L. 450-1 *(Ord. n° 2008-1161 du 13 nov. 2008, art. 1er)* **I. — Les agents des services d'instruction de l'Autorité de la concurrence habilités à cet effet par le rapporteur général peuvent procéder à toute enquête nécessaire à l'application des dispositions des titres II et III du présent livre.** — *V. art. A. 450-1*

Dans le cas où des investigations sont menées au nom ou pour le compte d'une autorité de concurrence d'un autre État membre, en application du 1 de l'article 22 du règlement n° 1/2003 du Conseil relatif à la mise en œuvre des règles de concurrence prévues aux articles 81 et 82 du traité instituant la Communauté européenne *[art. 101 et 102 TFUE]*, **le rapporteur général de l'Autorité de la concurrence peut autoriser des agents de l'autorité de concurrence de l'autre État membre à assister les agents mentionnés à l'alinéa précédent dans leurs investigations.**

Les modalités de cette assistance sont fixées par décret en Conseil d'État. — *V. art. R. 450-1.*

II. — Des fonctionnaires habilités à cet effet par le ministre chargé de l'économie peuvent procéder aux enquêtes nécessaires à l'application des dispositions du présent livre.

Des fonctionnaires de catégorie A relevant du ministre chargé de l'économie, spécialement habilités à cet effet par le garde des sceaux, ministre de la justice, sur la proposition du ministre chargé de l'économie, peuvent recevoir des juges d'instruction des commissions rogatoires.

III. — Les agents mentionnés aux I et II peuvent exercer les pouvoirs qu'ils tiennent du présent article et des articles suivants sur l'ensemble du territoire national.

La validité des actes de poursuite, d'instruction et de sanction accomplis antérieurement à la première réunion de l'Autorité de la concurrence est appréciée au regard des textes en vigueur à la date à laquelle ils ont été pris ou accomplis (Ord. n° 2008-1161 du 13 nov. 2008, art. 5-II).

1. Domaine d'application des art. L. 450-1 s. V. note 4 ss. art. L. 441-4.

Sur la distinction des pouvoirs des agents de la Direction départementale de la concurrence, de la consommation et de la répression des fraudes selon qu'ils agissent dans le cadre des infractions au code de la consommation (pouvoirs d'enquête, en application des art. 45 s. [C. com., art. L. 450-1 s.]), ou dans celui des infractions au code de la propriété intellectuelle (constatation des infractions), V. • TGI Mulhouse, 20 sept. 1996 : *BICC 1996, n° 1264.* ♦ La compétence des agents de la DGCCRF pour procéder à des investigations en matière de recherche des pratiques anticoncurrentielles n'est pas soumise à une autorisation spéciale de l'administration centrale. • Cons. conc. n° 07-D-29 du 26 sept. 2007 : *BOCC 24 déc. 2007 ; RDLC 2007, n° 4, p. 70, obs. Claudel.*

Sur l'inapplicabilité des art. 45 s. [C. com., art. L. 450-1 s.] lorsque le Conseil de la concurrence est saisi de pratiques illicites, V. note 1 ss. art. L. 450-6.

1 bis. Agents habilités (jurispr. antérieure à l'Ord. n° 2008-1161 du 13 nov. 2008). Une ordonnance autorisant des agents de la direction générale des impôts, en vertu de l'art. 48 [C. com., art. L. 450-4], à effectuer une visite et une saisie de documents dans les locaux d'une société en vue de rechercher la preuve de la fraude mentionnée par l'art. 31 [C. com., art. L. 441-4], qui ne précise pas que ces agents sont habilités à procéder à des visites et des saisies domiciliaires pour la recherche d'infractions audit art. 31 [C. com., art. L. 441-4] et qui n'indique pas si l'un d'entre eux, fonctionnaire à la direction générale des impôts, appartient à la catégorie A (comme le prévoit l'arrêté du 12 mars 1993), ne fait pas preuve par elle-même de sa régularité. • Com. 16 janv. 1996 : ☎ *Bull. civ. IV, n° 20 ; D. 1996. IR 47 ; D. Affaires 1996. 288.* ♦ Constitue une cause d'annulation des opérations de visite et de saisies la désignation d'un enquêteur non placé sous l'autorité du chef de service en charge de sa désignation. • TGI Rodez, ord., 25 avr. 2006 : *RLC juill.-sept. 2006. 97, obs. Cheynel.*

Si, afin de satisfaire aux prescriptions de l'art. 45 [C. com., art. L. 450-1], les fonctionnaires désignés pour procéder aux visites domiciliaires doivent être choisis parmi les enquêteurs habilités, une telle exigence ne concerne pas le chef de service sous l'autorité administrative duquel ils sont placés et dont le rôle n'est pas de procéder lui-même aux opérations de visite. • Com. 10 déc. 1996 : *Bull. civ. IV, n° 311 ; D. Affaires 1997. 208* • 13 mai 1997 : *JCP 1997. IV. 1392.*

2. Droits de la défense. Le seul fait que l'enquête ne soit pas soumise au principe du contradictoire, qui n'est applicable à la procédure qu'à compter de la notification des griefs, ne peut conduire à compromettre irrémédiablement les droits de la défense en amenant les personnes entendues à faire des déclarations sur la portée desquelles elles pourraient se méprendre dès lors que l'objet de l'enquête a été porté à la connaissance des personnes entendues. • Paris, 26 oct. 2004 : *D. 2004. AJ 3138* ; *RLC 2005, n° 2, p. 75, obs. Cheynel.* ♦ Aucune disposition législative ou réglementaire n'impose à l'Administration de justifier des motifs pour lesquels elle procède à une enquête administrative sur le fondement de l'art. 47 [C. com., art. L. 450-3]. • Com. 4 févr. 1997 : *Bull. civ. IV, n° 40 ; D. Affaires 1997. 304* (V. l'arrêt d'appel : • Paris, 16 déc. 1994 : *BOCC 28 déc. 1994 ; D. 1995. IR 22 ; CCC 1995, n° 8*).

3. Les auditions auxquelles procède le rapporteur du Conseil de la concurrence, en vertu de l'art. 45, al. 2 [C. com., art. L. 450-1, al. 2], et qui n'imposent pas que l'intéressé soit à cette occasion assisté d'un conseil, ne doivent pas être assimilées à celles donnant lieu à rédaction d'un procès-verbal lors du déroulement de la procédure d'instruction devant le Conseil de la concurrence, qui suppose, aux termes des art. 18 et 21 [C. com., art. L. 463-1 et L. 463-2], la communication préalable des griefs et la mise à la disposition des intéressés de l'ensemble du dossier. • Com. 14 janv. 1992 : *Bull. civ. IV, n° 15 ; D. 1994. Somm. 173, obs. Gavalda et Lucas de Leyssac* • Paris, 16 déc. 1994 : *préc. note 2.*

4. L'enquête préalable que les rapporteurs sont habilités à diligenter par application de l'art. 45, al. 2 [C. com., art. L. 450-1, al. 2], permet, sans communication de la procédure aux personnes entendues, de procéder à toutes recherches et vérifications sur les pratiques incriminées, à la condition que cela n'aboutisse pas à compromettre irrémédiablement les garanties de la défense. • Paris, 17 mai 1994 : *CCC 1994, n° 138, obs. Vogel.* ♦ Comp., en ce sens qu'il résulte de l'art. 14 du Pacte international relatif aux droits civils et politiques (qui garantit le droit de toute personne à ne pas être forcée de témoigner contre elle-même ou de s'avouer coupable) que les enquêteurs sont tenus de faire connaître clairement aux personnes interrogées l'objet de leur enquête, sans qu'il y ait à distinguer selon qu'ils agissent en application des art. 47 ou 48 [C. com., art. L. 450-3 ou L. 450-4], et indépendamment du pouvoir du Conseil de la concurrence de donner aux faits constatés la qualification qu'ils comportent : • Paris, 8 avr. 1994 : *BOCC 18 mai 1994 ; D. 1995. 607, note Lucas de Leyssac* ; *CCC 1994, n° 101, obs. Vogel ; Gaz. Pal. 1994. 2. Doctr. 1212, obs. Decocq ; LPA 19 août 1994, obs. Selinsky.* – V. aussi • Paris, 16 déc. 1994 : *préc. note 2* • 27 sept. 1996 : *D. Affaires 1997. 17* • 26 janv. 1999 : *BOCC 16 févr. 1999 ; LPA 16 nov. 1999, obs. Petitier.* ♦ V. toutefois, jugeant que la mention préimprimée sur le procès-verbal selon laquelle l'objet de l'enquête a été porté à la connaissance de la personne entendue suffit à justifier, jusqu'à preuve du contraire, de l'indication de cet objet : • Com. 20 nov. 2001 : *Bull. civ. IV, n° 182.* ♦ Le principe de non-auto-incrimination, édicté par ledit art. 14, ne fait pas obstacle à ce que les enquêteurs obtiennent des renseignements précis ainsi que les documents s'y rapportant. • Paris, 9 sept. 1997 : *BOCC 7 oct. 1997.* ♦ Les règles de l'enquête définies par l'ordonnance ne font pas obligation aux enquêteurs qui réalisent les investigations d'interroger plusieurs fois les personnes qu'ils ont entendues. • Paris, 26 janv. 1999 : *préc.* ♦ V. aussi • Paris, 21 janv. 2000 : *D. 2000. AJ 150, obs. Marmontel* .

5. Les règles de l'enquête définies par l'Ord. du 1er déc. 1986 [C. com., art. L. 450-1 s.] ne font pas obligation aux agents qui réalisent les investigations de confronter les responsables des entreprises avec les auteurs de déclarations qui les mettent en cause ou de les interroger sur les pièces saisies chez des tiers dont le contenu peut être contradictoirement discuté. • Paris, 16 déc. 1994 : *préc. note 2* • 26 janv. 1999 : *préc. note 4.* ♦ Si les enquêteurs tirent de l'art. 47 de l'ordonnance [C. com., art. L. 450-3], la possibilité de demander des explications aux prévenus, les demandes d'explications ne peuvent être assimilées à un interrogatoire, celles-ci ne tendant pas directement à l'établissement de l'éventuelle infraction. • Paris, 21 janv. 2000 : *ibid.*

6. En procédant à des enquêtes, portant sur le fond même du débat, posterieurement au prononcé de la décision du Conseil de la concurrence, le ministre de l'Économie ne peut faire usage de ses prérogatives de puissance publique sans méconnaître le principe du procès équitable posé par l'art. 6 de la Conv. EDH et celui du respect des droits de la défense ; en conséquence, les rapports d'enquête et pièces annexes établis postérieurement à la saisine du Conseil de la concurrence doivent être écartés du débat. • Paris, 25 mai 1994 : *D. 1996. Somm. 182, obs. Gavalda et Lucas de Leyssac*, conf. par • Com. 10 déc. 1996 : *D. Affaires 1997. 109.* ♦ Sur cet arrêt, V. aussi note 1 ss. art. L. 450-6.

7. Commission rogatoire. Il résulte de l'art. 45, al. 3 [C. com., art. L. 450-1, al. 4], que les fonctionnaires de catégorie A du ministre chargé de l'Économie, spécialement habilités à cet effet, peuvent recevoir des juges d'instruction des commissions rogatoires, mais seulement pour enquêter sur les infractions visées par l'ordonnance (exclusion du délit de favoritisme prévu et réprimé par l'art. 432-14 C. pén.). • Crim. 5 mai 1999 : *Bull. crim. n° 88 ; D. 1999. IR 217 ; Dr. pénal 1999, n° 142, obs. J.-H. Robert.* ♦ Dès lors, les enquêteurs qui procèdent à la recherche d'un éventuel délit de favoritisme ne peuvent effectuer aucun acte d'enquête au sens des art. 45 s. [C. com. art. L. 450-1 s.]. • Crim. 20 sept. 2000 : *D. 2000. AJ 424 ; RSC 2001. 171, obs. Rebut*.

8. Compétence territoriale. Dans le cadre de l'organisation des services de la DGCCRF, déconcentrée jusqu'au niveau départemental, les limitations de compétence territoriale des agents procédant aux enquêtes visées à l'art. 45 de l'Ord. n° 86-1243 du 1er déc. 1986 [C. com., art. L. 450-1], qui existaient à l'époque, ne sauraient être interprétées comme s'appliquant au simple recueil d'une plainte, mais doivent être interprétées comme ne concernant que les actes d'enquête. • Cons. conc. n° 07-D-16 du 9 mai 2007 : *BOCC 31 juill. 2007 ; CCC 2007, n° 182, obs. Decocq ; RLDA juin 2007. 50, obs. Anadon ; RDLC 2007, n° 3, p. 87, obs. Debroux.* ♦ V. désormais le dernier al. de l'art. L. 450-1 introduit par la L. n° 2001-420 du 15 mai 2001 qui s'applique immédiatement lors de son entrée en vigueur s'agissant d'une loi de procédure. • Même décision. ♦ Sur la compétence territoriale des agents habilités en matière d'enquête, V. aussi note 1 *bis* ss. art. L. 450-3.

9. Procès-verbal. Il est de jurisprudence constante que le caractère irrégulier des procès-verbaux ne peut être soulevé que par la personne interrogée par l'enquêteur, ou à qui ce dernier a demandé la communication de documents, à l'exclusion de tiers. Le rapporteur étant, en vertu de l'art. L. 450-1, investi des mêmes pouvoirs que l'enquêteur, cette jurisprudence est directement transposable au moyen tiré de l'irrégularité d'un procès-verbal d'audition au motif que les personnes entendues ne justifieraient pas d'une habilitation de la région pour parler en son nom. • Cons. conc. n° 07-D-27 du 31 juill. 2007 : *BOCC 24 déc. 2007.*

Décret n° 2012-610 du 30 avril 2012, *relatif à une mesure d'organisation des enquêtes réalisées par les agents de la concurrence, de la consommation et de la répression des fraudes.* **Art. 1er** Dans la conduite de leurs enquêtes, les enquêteurs de la concurrence, de la consommation et de la répression des fraudes peuvent être assistés par tout fonctionnaire de la direction générale de la concurrence, de la consommation et de la répression des fraudes, d'une direction régionale des entreprises, de la concurrence, de la consommation, du travail et de l'emploi, d'une direction départementale interministérielle chargée de la protection des populations, d'une direction des entreprises, de la concurrence, de la consommation, du travail et de l'emploi, de la direction de la cohésion sociale, du travail, de l'emploi et de la population, par tout agent public non titulaire régi par le décret n° 86-83 du 17 janvier 1986 et affecté dans l'une de ces directions, ainsi que par tout fonctionnaire stagiaire accueilli dans l'une de ces directions.

Les personnes assistant ainsi aux enquêtes ne peuvent réaliser aucun acte de procédure pénale ou de police administrative et sont tenues de ne pas divulguer les informations dont elles ont eu connaissance.

Art. L. 450-2 **Les enquêtes donnent lieu à l'établissement de procès-verbaux et, le cas échéant, de rapports.** — *V. art. R. 450-1.*

Les procès-verbaux sont transmis à l'autorité compétente. Un double en est laissé aux parties intéressées. Ils font foi jusqu'à preuve contraire. — *[Ord. n° 86-1243 du 1er déc. 1986, art. 46.]*

1. Procès-verbal. En l'absence d'établissement par un agent habilité par le ministère chargé de l'économie, d'un procès-verbal constatant une infraction dans les conditions prévues par l'art. 46 [C. com., art. L. 450-2], les juges peuvent fonder leurs décisions sur les éléments du dossier soumis au débat contradictoire, tels que les courriers échangés entre l'administration et le prévenu et l'enquête diligentée par les officiers de police judiciaire sur instruction du procureur. • Crim. 19 janv. 2000 : *Bull. crim. n° 37 ; RJ com. 2000. 332, obs. Cerf.* ♦ Le fait qu'un même procès-verbal ait été utilisé dans deux procédures ouvertes devant le Conseil postérieurement à la réalisation de l'enquête à la suite de deux saisines distinctes du ministre de l'Économie n'a aucune incidence quant à la loyauté de l'enquête. le fait que le ministre décide ou non d'utiliser le résultat de ces enquêtes pour former une ou plusieurs saisines devant le Conseil ne saurait rendre irréguliers ou déloyaux les actes d'enquête antérieurs. • Cons. conc. n° 06-D-03 du 9 mars 2006 : *cité note 3 ss. art. L. 123-22.*

Si les art. L. 450-2 et R. 463-6 prévoient que les informations recueillies dans le cadre d'une enquête donnent lieu à l'établissement de procès-verbaux, ils n'imposent pas de formalisme particulier pour leur présentation, dès lors que la régularité de la communication aux services d'instruction des informations en cause peut être établie et que celles-ci sont soumises au débat contradictoire. • Aut. conc. n° 10-D-28 du 20 sept. 2010. ♦ Le procès-verbal, rédigé conformément aux dispositions de l'art. L. 450-2, qui liste les documents remis et qui est signé par le rapporteur, atteste seulement du fait que l'entreprise détentrice des documents les a remis au rapporteur ; ce dernier ne dispose d'aucune compétence pour écarter telle ou telle pièce transmise par l'entreprise ou décider de leur nullité. • Aut. conc. n° 13-D-12 du 28 mai 2013.

2. Questions. L'entrée en vigueur de la loi du 15 juin 2000 n'a pas eu pour effet de modifier les règles spécifiques applicables à l'élaboration des procès-verbaux dressés en application des art. L. 450-2 et L. 450-3 C. com., qui n'ont pas à être établis conformément aux règles de l'art. 429 C. pr. pén. Mais selon les dispositions spécifiques applicables à la procédure devant le Conseil. • Cons. conc. n° 05-D-66 du 5 déc. 2005 : *cité note 7 ss. art. L. 463-1.* ♦ Les procès-verbaux d'enquête, lorsqu'ils recueillent des déclarations, n'ont pas à être rédigés sous forme de questions et de réponses pour être valables. • Même décision. ♦ Sur la mention des questions posées aux personnes interrogées dans les procès-verbaux d'enquête de concurrence, V. aussi et comp. • Cons. conc. n° 02-D-57 du 19 sept. 2002 : *BOCC 28 nov. 2002* • n° 03-D-07 du 4 févr. 2003 : *D. 2003. AJ 1293* • Paris, 25 nov. 2003 : *BOCC 12 mars 2004.* – V. aussi Roussel, *AJ Pénal 2005. 19* et art. 429 **C. pr. pén.**

3. Deuxième exemplaire. L'art. 31 du Décr. du 29 déc. 1986 imposant la rédaction « dans le plus court délai » des procès-verbaux prévus par l'art. 46 [C. com., art. L. 450-2], la remise des doubles doit également intervenir dans un délai bref. • Paris, 8 avr. 1994 : *BOCC 18 mai 1994 ; D. 1995. 607, note Lucas de Leyssac ; CCC 1994, n° 101, obs. Vogel.* ♦ Sur la sanction, V. note 4.

4. Sanction. La signature du procès-verbal par la personne concernée par les investigations et la remise du double sont des formalités substantielles mais dont l'absence ne saurait affecter la validité de la procédure subséquente, dès lors que le procès-verbal n'est pas la base nécessaire des poursuites et qu'il existe d'autres moyens de preuve de l'infraction. • Limoges, 22 févr. 1995 : *CCC 1995, n° 79, note Raymond.* – V. aussi • Rennes, 25 mai 2007 : *JCP E 2007, n° 49, p. 30.* ♦ Il résulte de l'art. 46 [C. com, art. L. 450-2] que les procès-verbaux d'enquête établis sans qu'un double exemplaire ait été laissé aux parties intéressées sont irréguliers et doivent être de ce fait écartés des débats. • Com. 10 oct. 2000 : *Bull. civ. IV, n° 149 ; D. 2000. AJ 420 ; LPA 20 déc. 2000, note Vrion.*

5. Préjudice. Les dispositions du nouveau code de procédure civile [art. 112 et 114 C. pr. civ.] ne s'appliquant pas à la procédure suivie devant le Conseil de la concurrence, il en résulte que les déclarations recueillies dans des conditions déloyales doivent être écartées sans que la partie intéressée ait à démontrer l'existence d'un préjudice particulier. • Com. 14 janv. 2003 : *Bull. civ. IV, n° 7 ; D. 2003. AJ 493 ; JCP E 2003, n° 10, p. 393 ; CCC 2003, n° 56, obs. Malaurie-Vignal ; CCE 2003, n° 122, obs. Stoffel-Munck ; RJDA 2003, n° 651.* – V. aussi • Paris, 29 mars 2005 : *BOCC 23 juin 2005 ; D. 2005. AJ 1223, obs. Chevrier.*

6. Preuve contraire. Le procès-verbal ne faisant foi que jusqu'à preuve contraire, dans le cadre de leur pouvoir souverain d'appréciation des preuves, les juges du fond ont pu estimer qu'un devis figurait dans les pièces communiquées aux enquêteurs, même si cette pièce ne figure pas dans le procès-verbal d'inventaire. • Com. 20 nov. 2001 : *Bull. civ. IV, n° 182.*

7. Rapport d'enquête. Le rapport facultatif d'enquête est dépourvu de force probante. • Com. 10 oct. 2000 : *préc. note 4.* ♦ Le fait que le rapport n'ait pas été précédé, accompagné ou suivi de procès-verbaux constatant les faits y rapportés n'entraîne pas la nullité de ce rapport en l'absence de texte la prévoyant en ce cas ou de violation d'un principe général du droit imputable à la seule rédaction de ce rapport dans ces conditions. • Nîmes, 10 mars 2011 : *BOCC 25 mars 2011.*

8. Nature des procès-verbaux et rapports. Les procès-verbaux et les rapports qui sont établis dans le cadre d'enquêtes administratives, en application de l'art. L. 450-2, sont des documents administratifs dont la communication est régie par les dispositions de la loi du 17 juill. 1978 ; la circonstance que ces documents peuvent, le cas échéant, servir de fondement à des procédures engagées devant les juridictions pénales, en application des dispositions de l'art. L. 420-6 C. com., n'est pas de nature à leur faire perdre ce caractère de documents administratifs. • CE 1er mars 2004 : *AJDA 2004. 1494 ; JCP E 2004, n° 13, p. 492 ; RJDA 2005, n° 334.*

9. Communication des procès-verbaux et rapports. Il appartient à l'administration saisie d'une demande de communication de tels documents, de rechercher si celle-ci peut être refusée en application des dispositions de l'art. 6 de la loi du 17 juill. 1978, notamment dans le cas où elle serait de nature à porter atteinte au déroulement de procédures engagées devant une juridiction ou à l'un des secrets protégés par la loi, au nombre desquels figure le secret de l'instruction prévu par l'art. 11 C. pr. pén. • CE 1er mars 2004 : *préc. note 8.* ♦ La circonstance que les procès-verbaux, rapports et pièces annexées dont le requérant avait demandé la communication pourraient être transmis au parquet et donner lieu à des poursuites pénales ne permet pas de s'opposer à leur communication sur le fondement de la loi du 17 juill. 1978. • Même arrêt. ♦ ... Et dès lors qu'aucune instance pénale n'a été engagée, la communication des documents sollicités ne peut porter atteinte au secret de l'instruction protégé par l'art. 11 C. pr. pén. • Même arrêt.

10. Commission rogatoire. Le procès-verbal d'audition, dressé en vertu des art. L. 450-2 et L. 450-3, étant étranger à la procédure soumise au contrôle du juge par commission rogatoire, en application de l'art. L. 450-4, la contestation sur sa régularité ne relève pas de sa compétence. • Crim. 20 oct. 2004 : *Bull. crim. n° 251 ; D. 2004. AJ 3136, obs. Chevrier ; AJ Pénal 2005. 29, obs. Rondey ; Gaz. Pal. 2005. Somm. 2199, obs. A.C. ; RLC 2005, n° 2, p. 61, obs. Bouloc.*

Art. L. 450-3 Les *(Ord. n° 2008-1161 du 13 nov. 2008, art. 1er)* **« agents mentionnés à l'article L. 450-1 » peuvent accéder à tous locaux, terrains ou moyens de transport à usage professionnel, demander la communication des livres, factures et tous autres documents professionnels** *(L. n° 2001-420 du 15 mai 2001)* **« et en obtenir ou prendre copie par tous moyens et sur tous supports », recueillir sur convocation ou sur place les renseignements et justifications.**

Ils peuvent demander à l'autorité dont ils dépendent de désigner un expert pour procéder à toute expertise contradictoire nécessaire. – *[Ord. n° 86-1243 du 1er déc. 1986, art. 47.]*

V. note ss. art. L. 450-1.

BIBL. ▶ BIGUENET, *Procédures 2003. Chron. 2* (les procédures administratives de contrôle et la Convention européenne des droits de l'homme). – SÉLINSKY, *RLC janv.-mars 2008. 132* (auditions : le point de vue de l'avocat).

1. Distinction entre les procédures d'enquête des art. L. 450-3 et L. 450-4. La demande d'enquête du ministre de l'Économie répond aux prescriptions de l'art. 47 [C. com., art. L. 450-3] lorsqu'elle n'est pas limitée à la mise en œuvre de l'art. 48 [C. com., art. L. 450-4] mais prescrit la recherche de la preuve de pratiques anticoncurrentielles prohibées aux art. 7 et 8 [C. com., art. L. 420-1 et L. 420-2] sur un marché déterminé. • Com. 4 avr. 1995 : *RJDA 1995, n° 865* • 3 oct. 1995 : *D. Affaires 1995. 149* • 12 nov. 1996 : *Bull. civ. IV, n° 272.* – V. aussi • Paris, 7 févr. 1989 : *D. 1990. Somm. 112, obs. Gavalda et Lucas de Leyssac.* ♦ En effectuant le contrôle des contrats et des factures relatifs aux opérations de coopération commerciale et en se faisant communiquer par le directeur de la société les seuls documents utiles à la manifestation de la vérité, l'agent n'a pas procédé à une visite domiciliaire requérant une autorisation judiciaire préalable. • Crim. 6 déc. 2006 : *cité note 3 ss. art. L. 441-7.* ♦ V. note 2 ss. art. L. 450-1.

1 bis. Compétence territoriale. Les fonctionnaires habilités par le ministre chargé de l'Économie ne peuvent exercer leurs pouvoirs que dans les limites territoriales du service auquel ils sont affectés. • Crim. 10 déc. 1998 : *Bull. crim. n° 339 ; D. 1999. IR 67 ; D. Affaires 1999. 370, obs. E. P. ; CCC 1999, n° 75, obs.*

Malaurie-Vignal ; Procédures 1999, n° 135, obs. Buisson ; LPA 16 nov. 1999, obs. Petitier. ♦ L'exercice du droit de communication qui n'est qu'une des modalités du droit d'enquête prévu par l'art. 47 [C. com., art. L. 450-3], n'autorisant pas les agents de l'Administration à déroger aux règles de compétence fixées par l'art. 45 [C. com., art. L. 450-1], encourt la cassation la décision de la chambre d'accusation [désormais, la chambre d'instruction] qui, pour exclure de l'annulation prononcée les demandes de pièces formulées par les enquêteurs [désormais les agents] et les documents adressés en réponse, énonce que les fonctionnaires ont pu à bon droit, sur le fondement de l'art. 47 [C. com., art. L. 450-3], se faire communiquer par des sociétés les pièces et documents intéressant leur enquête, même si ces sociétés avaient leur siège dans d'autres départements que ceux où ces agents étaient en poste. • Même arrêt. ♦ V. désormais le dernier al. de l'art. L. 450-1.

2. Limites de l'enquête. Lorsque l'enquête porte sur une entente illicite, l'art. 47 [C. com., art. L. 450-3] ne fait pas obligation aux enquêteurs [désormais les agents] de délimiter au préalable le ou les marchés, au sens de l'art. 7 [C. com., art. L. 420-1], sur lesquels ils font porter leurs investigations. • Com. 21 mars 2000 : *Bull. civ. IV, n° 63 ; D. 2000. AJ 246, obs. Marmontel ; CCC 2000, n° 98, obs. crit. Malaurie-Vignal ; RTD com. 2000. 628, obs. Claudel*. – Comp. sur renvoi • Paris, 12 déc. 2000 : *RTD com. 2001. 419, obs. Claudel*. ♦ V. aussi, considérant que ni l'art. 7 [C. com., art. L. 420-1], ni l'art. 47 [C. com., art. L. 450-3] n'imposent à l'autorité prescrivant une enquête de délimiter préalablement le marché sur lequel des investigations pourront porter, la qualification du marché relevant des pouvoirs du conseil et, en cas de recours, de la cour. • Paris, 16 déc. 1994 : *BOCC 28 déc. 1994 ; D. 1995. IR 22* • Com. 20 nov. 2001 : *BOCC 31 déc. 2001, p. 1041 ; JCP E 2002, n° 1, 7 ; CCC 2002, n° 29, note Malaurie-Vignal ; RJDA 2002, n° 316.*

Lorsque l'indication expresse de ce que l'objet de l'enquête a été porté à la connaissance des personnes entendues ne figure pas au procès-verbal, il appartient à l'administration de démontrer qu'elle a néanmoins rempli cette obligation. • Com. 14 janv. 2003 : *JCP E 2003, n° 10, p. 393 ; CCC 2003, n° 56, obs. Malaurie-Vignal ; CCE 2003, n° 122, obs. Stoffel-Munck ; Lettre distrib. janv. 2003, p. 2 ; RJDA 2003, n° 651.* ♦ A défaut d'indication expresse de l'objet de l'enquête ou de la mention selon laquelle il a été porté à la connaissance de la personne entendue, et même si l'indication de cet objet doit être préalable aux déclarations, elle peut seulement se déduire du contenu de l'acte ou d'un acte qui serait antérieur à l'audition. • Même arrêt.

2 bis. Communication de pièces. La possibilité qu'ont les enquêteurs [désormais les agents] de demander la communication des livres, factures et tous autres documents professionnels n'exclut pas que, hors toute contrainte, des documents qu'ils n'auraient pas demandés puissent leur être remis. • Com. 9 mai 2001 : *Bull. civ. IV, n° 85 ; JCP E 2001, n° 27, p. 1115 ; RJDA 2001, n° 1264.* ♦ Les enquêteurs [désormais les agents] ne peuvent procéder à une demande générale et imprécise des documents présents dans l'entreprise, sans connaître préalablement l'existence des documents demandés. • Cons. conc. n° 97-D-39 du 17 juin 1997 : *BOCC 30 août 1997 ; D. Affaires 1997. 1177.* ♦ La remise de documents ou la prise de copies au domicile du professionnel ne peut être assimilée à une perquisition dès lors que les enquêteurs [désormais les agents] se sont présentés au magasin du prévenu, que celui-ci les a conduits à son domicile, qu'il n'a pas fait mention de pression de la part des enquêteurs [désormais les agents] et que les règles du code de procédure pénale ne peuvent s'appliquer en l'espèce compte tenu de l'existence d'un texte dérogatoire [C. com., art. L. 450-3] qui attribue des compétences spécifiques aux enquêteurs. • TGI Bergerac, 9 mai 2000 : *BID 2002, n° 12, p. 24.*

3. Droits de la défense. Sur la portée de la nullité sanctionnant la violation du secret de la correspondance entre un avocat et son client, V. • Com. 9 nov. 1993 : *Bull. civ. IV, n° 399 ; D. 1994. 399, note M. Lombard ; CCC 1994, n° 10, note Vogel.*

4. Expertise. Pour une étude générale sur l'expertise commerciale, V. Leuland, *D. 2000. Chron. 209*.

5. Détournement de procédure. Sur l'utilisation des pouvoirs d'investigation spécifiques que les agents habilités tiennent, dans le cadre d'une enquête économique, de l'art. L. 450-3 aux seules fins de découvrir des infractions de droit commun sans avoir à respecter les exigences du code de procédure pénale en matière d'enquête préliminaire • Crim. 31 janv. 2006 : *Bull. crim. n° 30 ; AJ pénal 2006. 177, obs. Girault ; RSC 2006. 243, obs. Commaret ; ibid. 876, obs. Renucci*.

Art. L. 450-4 *(Ord. n° 2008-1161 du 13 nov. 2008, art. 1er)* **« Les agents mentionnés à l'article L. 450-1 »** *(Ord. n° 2004-1173 du 4 nov. 2004, art. 3)* **« ne peuvent**

procéder aux visites en tous lieux ainsi qu'à la saisie de documents et de tout support d'information que dans le cadre d'enquêtes demandées par la Commission européenne, le ministre chargé de l'économie ou le rapporteur général *(Ord. n° 2008-1161 du 13 nov. 2008, art. 4)* « de l'Autorité de la concurrence » sur proposition du rapporteur, sur autorisation judiciaire donnée par ordonnance du juge des libertés et de la détention du tribunal de grande instance dans le ressort duquel sont situés les lieux à visiter. Ils peuvent également, dans les mêmes conditions, procéder à la pose de scellés sur tous locaux commerciaux, documents et supports d'information dans la limite de la durée de la visite de ces locaux. » Lorsque ces lieux sont situés dans le ressort de plusieurs juridictions et qu'une action simultanée doit être menée dans chacun d'eux, une ordonnance unique peut être délivrée par l'un des *(Ord. n° 2008-1161 du 13 nov. 2008, art. 1er)* « juges des libertés et de la détention » compétents. — *V. art. A. 450-2.*

(L. n° 2001-420 du 15 mai 2001) « Le juge doit vérifier que la demande d'autorisation qui lui est soumise est fondée ; cette demande doit comporter tous les éléments d'information en possession du demandeur de nature à justifier la visite. Lorsque la visite vise à permettre la constatation d'infractions aux dispositions du livre IV du présent code en train de se commettre, la demande d'autorisation peut ne comporter que les indices permettant de présumer, en l'espèce, l'existence des pratiques dont la preuve est recherchée. »

La visite et la saisie s'effectuent sous l'autorité et le contrôle du juge qui les a autorisées. *(Ord. n° 2004-1173 du 4 nov. 2004, art. 3)* « Il désigne *(Ord. n° 2008-1161 du 13 nov. 2008, art. 1er)* « le chef du service qui devra nommer les officiers de police judiciaire *[ancienne rédaction : un ou plusieurs officiers de police judiciaire]* » chargés d'assister à ces opérations et d'apporter leur concours en procédant le cas échéant aux réquisitions nécessaires, ainsi que de le tenir informé de leur déroulement. » Lorsqu'elles ont lieu en dehors du ressort de son tribunal de grande instance, il délivre une commission rogatoire pour exercer ce contrôle au *(Ord. n° 2008-1161 du 13 nov. 2008, art. 1er)* « juge des libertés et de la détention *[ancienne rédaction : président du tribunal de grande instance]* » dans le ressort duquel s'effectue la visite.

Le juge peut se rendre dans les locaux pendant l'intervention. A tout moment, il peut décider la suspension ou l'arrêt de la visite.

(L. n° 2001-420 du 15 mai 2001) « L'ordonnance est notifiée verbalement et sur place au moment de la visite à l'occupant des lieux ou à son représentant qui en reçoit copie intégrale contre récépissé ou émargement au procès-verbal. » *(Ord. n° 2008-1161 du 13 nov. 2008, art. 1er)* « L'ordonnance comporte la mention de la faculté pour l'occupant des lieux ou son représentant de faire appel à un conseil de son choix. L'exercice de cette faculté n'entraîne pas la suspension des opérations de visite et saisie. En l'absence de l'occupant des lieux, l'ordonnance est notifiée après les opérations par lettre recommandée avec avis de réception. Il en va de même lorsqu'il n'est pas procédé à la visite dans un des lieux visés par l'ordonnance. » *(L. n° 2001-420 du 15 mai 2001)* « La notification est réputée faite à la date de réception figurant sur l'avis. »

(L. n° 2009-526 du 12 mai 2009, art. 139-VII) « L'ordonnance mentionnée au premier alinéa peut faire l'objet d'un appel devant le premier président de la cour d'appel dans le ressort de laquelle le juge a autorisé la mesure, suivant les règles prévues par le code de procédure pénale. Le ministère public et la personne à l'encontre de laquelle a été ordonnée cette mesure peuvent interjeter appel. Cet appel est formé par déclaration au greffe du tribunal de grande instance dans un délai de dix jours à compter de la notification de l'ordonnance. L'appel n'est pas suspensif. L'ordonnance du premier président de la cour d'appel est susceptible d'un pourvoi en cassation selon les règles prévues par le code de procédure pénale. Les pièces saisies sont conservées jusqu'à ce qu'une décision soit devenue définitive. »

La visite, qui ne peut commencer avant six heures ou après vingt et une heures, est effectuée en présence de l'occupant des lieux ou de son représentant. *(Ord. nº 2008-1161 du 13 nov. 2008, art. 1er)* **« L'occupant des lieux peut désigner un ou plusieurs représentants pour assister à la visite et signer le procès-verbal. »** *(L. nº 2001-420 du 15 mai 2001)* **« En cas d'impossibilité, l'officier de police judiciaire requiert deux témoins choisis en dehors des personnes relevant de son autorité, de celle de l'administration de la direction générale de la concurrence de la consommation et de la répression des fraudes ou de celle** *(Ord. nº 2008-1161 du 13 nov. 2008, art. 4)* **« de l'Autorité de la concurrence ».**

(Ord. nº 2008-1161 du 13 nov. 2008, art. 1er) **« Les agents mentionnés à l'article L. 450-1 »** *(Ord. nº 2004-1173 du 4 nov. 2004, art. 3)* **« , l'occupant des lieux ou son représentant ainsi que l'officier de police judiciaire et, le cas échéant, les agents et autres personnes mandatés par la Commission européenne peuvent seuls prendre connaissance des pièces et documents avant leur saisie. »** *(Ord. nº 2008-1161 du 13 nov. 2008, art. 1er)* **« Les agents mentionnés à l'article L. 450-1 peuvent procéder au cours de la visite à des auditions de l'occupant des lieux ou de son représentant en vue de recueillir les informations ou explications utiles aux besoins de l'enquête. »**

Les inventaires et mises sous scellés sont réalisés conformément à l'article 56 du code de procédure pénale.

Les originaux du procès-verbal et de l'inventaire sont transmis au juge qui a ordonné la visite. *(L. nº 2009-526 du 12 mai 2009, art. 139-VII)* **« Une copie du procès-verbal et de l'inventaire est remise à l'occupant des lieux ou à son représentant. Une copie est également adressée par lettre recommandée avec demande d'avis de réception aux personnes mises en cause ultérieurement par les pièces saisies au cours de l'opération. »** – *V. art. R. 450-2.*

(L. nº 2001-420 du 15 mai 2001) **« Les pièces et documents saisis sont restitués à l'occupant des lieux, dans un délai de six mois à compter de la date à laquelle la décision** *(Ord. nº 2008-1161 du 13 nov. 2008, art. 4)* **« de l'Autorité de la concurrence » est devenue définitive. L'occupant des lieux est mis en demeure, par lettre recommandée avec avis de réception, de venir les rechercher, dans un délai de deux mois. A l'expiration de ce délai et à défaut de diligences de sa part, les pièces et documents lui sont restitués, à ses frais. »**

(L. nº 2009-526 du 12 mai 2009, art. 139-VII) **« Le déroulement des opérations de visite et saisie peut faire l'objet d'un recours devant le premier président de la cour d'appel dans le ressort de laquelle le juge a autorisé ces dernières, suivant les règles prévues par le code de procédure pénale. Le ministère public, la personne à l'encontre de laquelle a été prise l'ordonnance mentionnée au premier alinéa et les personnes mises en cause au moyen de pièces saisies au cours de ces opérations peuvent former ce recours. Ce dernier est formalisé par déclaration au greffe du tribunal de grande instance dans un délai de dix jours à compter de la remise ou de la réception du procès-verbal et de l'inventaire, ou, pour les personnes n'ayant pas fait l'objet de visite et de saisie et qui sont mises en cause, à compter de la date à laquelle elles ont reçu notification du procès-verbal et de l'inventaire et, au plus tard à compter de la notification de griefs prévue à l'article L. 463-2. Le recours n'est pas suspensif. L'ordonnance du premier président de la cour d'appel est susceptible d'un pourvoi en cassation selon les règles prévues par le code de procédure pénale. Les pièces saisies sont conservées jusqu'à ce qu'une décision soit devenue définitive. »** – *[Ord. nº 86-1243 du 1er déc. 1986, art. 48.]*

V. note ss. art. L. 450-1.

Les parties ayant formé, à l'encontre de l'ordonnance ayant autorisé la visite prévue à l'art. L. 450-4, un pourvoi pendant devant la Cour de cassation au jour de la publication de l'Ord. nº 2008-1161 du 13 nov. 2008 (JO 14 nov.) disposent d'un délai d'un mois pour interjeter appel de l'ordonnance objet dudit pourvoi à compter de la date de publication de l'Ord. du 13 nov. 2008, dans les conditions prévues au 6e alinéa de l'art. L. 450-4 dans sa rédaction issue de l'ordonnance précitée. Cet appel vaut désistement du pourvoi en cassation. — Pour un relevé d'office, V. Crim. 20 mai 2009 : cité note 14 ci-dessous.

Si l'autorisation de visite et saisie n'a pas fait l'objet d'un pourvoi en cassation ou si cette autorisation a fait l'objet d'un pourvoi en cassation ayant donné lieu à un arrêt de rejet de la Cour de cassation, un recours en contestation de l'autorisation est ouvert devant la cour d'appel de Paris saisie dans le cadre de l'art. L. 464-8, hormis le cas des affaires ayant fait l'objet d'une décision irrévocable à la date de publication de l'Ord. no 2008-1161 du 13 nov. 2008 (JO 14 nov.). — Pour une application, V. Paris, 16 juin 2009 : cité note 14 ci-dessous.

Lorsque est pendant devant la Cour de cassation un pourvoi formé contre un arrêt de la cour d'appel de Paris statuant dans le cadre de l'art. L. 464-8, les parties ont la faculté de demander le renvoi à la cour d'appel de Paris pour l'examen d'un recours en contestation de l'autorisation de visite et saisie délivrée par le juge des libertés et de la détention (Ord. no 2008-1161 du 13 nov. 2008, art. 5-IV). — Pour une application, V. Com. 3 mars 2009 : cité note 5 ss. art. R. 464-12.

BIBL. ▶ RAPP, *AJDA 2001. 560* (NRE). – ARHEL, *JCP E 2004, no 51, p. 2010* (adaptation du droit national au droit communautaire de la concurrence). – MARIE, *RLC 2005, no 4, p. 65* (question de la compétence du JLD). – PÉROUSE, *RLC 2006, no 7, p. 80* (perquisitions informatiques). ▶ Ord. n° 2008-1161 du 13 nov. 2008 : Note de la rédaction, *BRDA 2008, no 22, p. 11* (répression des infractions économiques : perquisitions et saisies). – BOSCO, *CCC 2008, no 273* (premières vues sur l'ordonnance de modernisation de la régulation de la concurrence). – BOULOC, *Gaz. Pal. 2009. 404* (visites et saisies en droit de la concurrence après l'arrêt *Ravon* et l'Ord. du 13 nov. 2008). – HATOUX, *RJDA no 2/2009, p. 63* (réforme des visites domiciliaires en matière de concurrence). – JALABERT-DOURY, *RLDC 2009, no 2, p. 69* (saisies informatiques : le régime français à l'épreuve des impératifs de conformité et de cohérence). – FOSSIER, *RDLC 2010, no 2, p. 188* (visites domiciliaires et investigations informatiques). ▶ L. n° 2009-526 du 12 mai 2009 : CHEYNEL, *RLC juill.-sept. 2009. 79* (nouveaux délais, nouvelles procédures). – OPPELT-REVENEAU, *RLC oct.-déc. 2009. 169* (appel des ordonnances du JLD : une réforme procédurale décisive). – FOURGOUX, *RLDA suppl. sept. 2011. 49* (incidence des évolutions européennes sur les enquêtes de concurrence). – SÉLINSKY, *RLC janv.-mars 2012. 18* (dépistage des pratiques anticoncurrentielles par les opérations de visite et saisies). – BOMBARDIER et BOULOC, *ibid. 45* (visites domiciliaires : 2011, une année rock'n'roll !). – CATALA MARTY et NOUVEL, *JCP E 2012, no 1442* (conciliation des droits de la défense et des intérêts de l'enquête dans les perquisitions en concurrence). – LASSERRE CAPDEVILLE, *RDLC 2012, no 4, p. 208* (contentieux des OVS devant la chambre criminelle : développements récents).

1. Déclenchement de la procédure. Sur l'obligation, pour le président du tribunal [désormais le juge des libertés et de la détention], de vérifier que la demande d'autorisation lui a été présentée dans le cadre d'une enquête demandée soit par le ministre chargé de l'économie, soit par le Conseil de la concurrence, V. • Com. 21 mars 1989 : *Bull. civ. IV, no 96 ; D. 1990. Somm. 109, obs. Gavalda et Lucas de Leyssac* • 12 déc. 1989 : *Bull. civ. IV, no 317* • 19 déc. 1989 : *ibid., no 326.* ♦ Dès lors que la Cour de cassation est en mesure de s'assurer que l'enquête portant sur le marché litigieux a été demandée par le rapporteur général du Conseil de la concurrence sur proposition du rapporteur, l'ordonnance du juge des libertés et de la détention autorisant les visites et saisies domiciliaires satisfait aux prescriptions de l'art. L. 450-4. • Crim. 9 févr. 2005 : *Bull. crim. no 51 ; D. 2005. AJ 951, obs. Chevrier ; JCP E 2005, no 15-16, p. 644 ; CCC 2005, no 87, obs. Malaurie-Vignal ; RDLC 2005, no 2, p. 92, obs. Michel-Amsellem ; RLC 2005, no 3, p. 81, obs. B. C.* ♦ Sur la nécessité, pour le directeur général de la concurrence, de la consommation et de la répression des fraudes, d'agir sur délégation du ministre, V. • Com. 6 mars 1990 : *Bull. civ. IV, no 61.* ♦ Mais le président du tribunal [désormais le juge des libertés et de la détention] n'a pas à constater que ledit directeur, délégataire du ministre, agit sur instructions expresses de ce dernier. • Com. 15 mars 1994 : *Bull. civ. IV, no 116.* ♦ Sur les conditions de cette délégation, V. • Com. 10 mars 1992 : *Bull. civ. IV, no 108* • 2 juin 1992 : *ibid., no 225* • 23 févr. 1993 : *ibid., no 77* • Paris, 16 déc. 1994 : *BOCC 28 déc. 1994.*

Le ministre délégué aux finances et au commerce extérieur, dès lors qu'il exerce les attributions qui lui sont confiées par le ministre de l'économie et des finances, peut demander une enquête dans le cadre de l'art. 48 [C. com., art. L. 450-4] et déléguer sa signature au profit du directeur général de la concurrence, de la consommation et de la répression des fraudes. • Com. 17 nov. 1998 : *Bull. civ. IV, n° 270 ; JCP E 1999, n° 1, p. 8.* ♦ V. aussi • Com. 12 janv. 1999 : *LPA 16 nov. 1999, obs. Petitier* • 6 avr. 1999 : *ibid. 18 nov. 1999, obs. Petitier.*

La circonstance que l'ordonnance d'autorisation vise une délégation permanente de signature caduque, et non la délégation régulièrement donnée pour signer les demandes d'enquête au nom du ministre en exercice, n'est pas de nature à entacher d'irrégularité la demande d'enquête retenue par l'ordonnance. • Com. 12 déc. 1995 : *RJDA 1996, n° 365.*

Sur une demande d'enquête par le Conseil de la concurrence, V. • Com. 24 juin 1997 : *RJDA 1997. 1507.* ♦ V. aussi note 6 ss. art. L. 450-6.

1 bis. Autorisation judiciaire. Aucune disposition légale n'impose au juge des libertés et de la détention, qui tient de l'art. L. 450-4 sa compétence pour autoriser les visites et saisies de documents, de mentionner dans l'ordonnance l'origine de sa désignation. • Crim. 14 nov. 2007 : *D. 2008. AJ 81, obs. Chevrier.* ♦ L'ordonnance prévue par l'art. 48 [C. com., art. L. 450-4] peut être rendue par un juge délégué par le président du TGI. • Com. 4 avr. 1995 : *Bull. civ. IV, n° 118.* ♦ V. désormais la rédaction de la première phrase du 1er al. de l'art. L. 450-4.

2. Bien-fondé de la demande. L'art. L. 450-4 ne prévoit aucun délai entre la présentation de la requête et le prononcé de la décision ; la circonstance que l'ordonnance a été rendue le lendemain du jour de la présentation de la requête est sans incidence sur sa régularité. • Crim. 9 févr. 2005 : *préc. note 1.* ♦ Sur l'obligation, pour le juge, de vérifier le bien-fondé de la demande, V. • Cass., ch. mixte, 15 déc. 1988 : *Bull. civ., n° 4 ; D. 1989. 189, concl. Jéol ; JCP 1989. II. 21263, note Dugrip ; Gaz. Pal. 1989. 1. 227, note Doucet* • Com. 19 déc. 1989 : *préc. note 1* • 20 nov. 1990 : *Bull. civ. IV, n° 294.* ♦ Le juge doit vérifier de manière concrète par l'appréciation des éléments d'information que l'administration est tenue de lui fournir que la demande d'autorisation qui lui est soumise est bien fondée et à cette fin doit se référer en les analysant, fût-ce succinctement, à ces éléments d'information desquels il tire les faits fondant son appréciation. • Com. 5 févr. 1991 : *Bull. civ. IV, n° 50 ; D. 1991. IR 65* • 26 janv. 1993 : *Bull. civ. IV, n° 31 ; D. 1993. IR 60.* – V. aussi • Com. 6 avr. 1993 : *Bull. civ. IV, n° 146.* ♦ Ainsi, la pratique des ordonnances pré-rédigées par l'administration, qui tend à orienter la décision du JLD, est à proscrire en ce qu'elle constitue une ingérence de l'administration dans les pouvoirs dévolus à l'autorité judiciaire. • Orléans, 8 nov. 2011 : *CCC 2012, n° 72, obs. Bosco ; RLC avr.-juin 2012. 79, obs. Winckler* (cassé par • Crim. 27 févr. 2013 : *cité note 12 bis).* ♦ Le contrôle du JLD s'entend en effet comme un contrôle effectif réalisé *in concreto* à partir des données fournies par l'administration, mais de façon autonome par rapport à celle-ci. • Metz, 25 nov. 2011 : *eod. loc.* ♦ Mais si la demande doit comporter tous les éléments d'appréciation permettant au juge de se prononcer sur ladite demande, cette exigence n'implique nullement que ce magistrat constate, d'une façon expresse, dans son ordonnance, à peine d'irrégularité, que cette prescription légale a été observée. • Com. 14 janv. 1992 : *Bull. civ. IV, n° 17 ; JCP 1992. IV. 777.*

2 bis. Le juge doit caractériser les pratiques anticoncurrentielles présumées. • Com. 15 mars 1994 : *préc. note 1.* ♦ Justifie sa décision le JLD qui autorise des opérations de visite et de saisie dans les locaux de plusieurs entreprises après avoir analysé l'ensemble des éléments d'information lui étant soumis et souverainement apprécié l'existence de pratiques anticoncurrentielles. • Crim. 19 déc. 2012 : *Bull. crim. n° 286 ; Dalloz actualité, 18 janv. 2013, obs. Bombled.* ♦ Sur la prise en compte d'une demande de clémence, V. • Crim. 4 mai 2011 : *RLC oct.-déc. 2011. 72, obs. Barbier de la Serre.* ♦ Il n'est pas interdit au juge, pour caractériser les présomptions de pratiques anticoncurrentielles, prohibées par l'art. 7 [C. com., art. L. 420-1], de comparer des pratiques de l'espèce à des pratiques similaires qualifiées d'infractions par le Conseil de la concurrence et la cour d'appel de Paris. • Com. 7 oct. 1997 : *Bull. civ. IV, n° 247 ; D. 1997. IR 222 ; D. Affaires 1998. 18, obs. J. F. ; JCP 1997. IV. 2260.* ♦ Sur le pouvoir souverain du juge de considérer qu'il existe des présomptions de pratiques anticoncurrentielles justifiant des visites domiciliaires, V. aussi • Com. 14 janv. 1992 : *Bull. civ. IV, n° 18.*

3. Le juge ne peut se référer qu'aux documents produits par l'Administration demanderesse détenus par celle-ci de manière apparemment licite. • Com. 27 nov. 1991 : *Bull. civ. IV, n° 366 ; D. 1992. 122, concl. Jéol, note Texidor ; JCP E 1992. II. 248, concl. Jéol.* ♦ Aussi, manque de base légale la décision qui, pour autoriser des visites et saisies de documents dans des locaux appartenant à diverses entreprises, après avoir retenu que les documents obtenus au cours de l'enquête corroborent les éléments résultant de documents émanant des entreprises recherchées reçus par le service au moyen d'un envoi anonyme, se fonde sur ces derniers documents dont l'origine licite ne résulte pas des mentions de l'ordonnance. • Même arrêt. – V. aussi • Com. 15 déc. 1998 :

LPA 26 mai 1999, note Brandeau. ♦ Il résulte de l'art. L. 450-4 qu'après avoir vérifié que la demande qui lui est soumise est fondée, le JLD peut autoriser des opérations de visite et saisie dans toute entreprise, quelle que soit son activité ; nul besoin alors que les présomptions soient d'autant plus précises, graves et concordantes, qu'il s'agit d'autoriser des opérations de visite et saisie dans les locaux d'entreprises de presse. • Crim. 11 janv. 2012 : *Bull. crim. n° 8 ; D. 2012. Actu. 213, obs. Lavric ; AJ pénal 2012. 350, note Lasserre Capdeville ; JCP E 2012, n° 1168 ; CCC 2012, n° 74, obs. Decocq ; Gaz. Pal. 2012. 1630, obs. Fourment ; CCE 2012, n° 40, obs. Chagny ; RLC avr.-juin 2012. 78, obs. Winckler ; Dr. pénal 2012, n° 37, obs. J.-H. Robert ; RLDA févr. 2012. 44, obs. Mathonnière.*

Les dispositions contestées de l'art. L. 450-4 assurent un contrôle effectif par le juge de la nécessité de chaque visite et lui donne les pouvoirs d'en suivre effectivement le cours, de régler les éventuels incidents et, le cas échéant, de mettre fin à la visite à tout moment. • Cass., QPC, 1er déc. 2010 : *Bull. crim. n° 192 ; Dalloz actualité, 5 janv. 2011, obs. Chevrier ; JCP 2011, n° 81.*

3 bis. Confidentialité des documents justifiant une visite domiciliaire. Le caractère manifestement confidentiel des documents recherchés et les pressions auxquelles peuvent être soumis certains tiers sont de nature à justifier l'utilisation des pouvoirs définis à l'art. 48 [C. com., art. 450-4]. • Crim. 22 oct. 2003 : *Bull. crim. n° 199 ; D. 2004. AJ 134 (1re esp.) ; JCP E 2004, n° 1-2, p. 7 ; CCC 2004, n° 24, obs. Malaurie-Vignal.* ♦ En raison de la nature des agissements dont la preuve est recherchée et qui laisse supposer que la requérante est impliquée dans des pratiques prohibées, et du caractère confidentiel des documents s'y rapportant, nécessairement ignorés des enquêteurs, seuls les pouvoirs conférés par l'art. 48 [C. com., art. L. 450-4], non disproportionnés par rapport aux mesures envisagées, sont de nature à garantir l'accomplissement de la mission des agents mandatés par la Commission. • Crim. 22 oct. 2003 : *ibid. (2e esp.)* . ♦ En l'état de ces constatations, le président du tribunal [désormais le juge des libertés et de la détention] a procédé au contrôle qui lui incombait en vertu des art. 14, § 6, du Règl. 17/62/CEE et 48 de l'Ord. de 1986 [C. com., art. L. 450-4] et n'avait pas à mieux s'expliquer sur le caractère confidentiel des documents figurant au dossier de la Commission. • Même arrêt.

3 ter. Demandes faites par la Commission. Sur la question de savoir si le juge national est compétent pour refuser d'accorder les visites et saisies sollicitées s'il estime que la décision de la Commission n'est pas suffisamment motivée et ne lui permet de vérifier de façon concrète le bien fondé de la demande qui lui est soumise, le mettant ainsi dans l'impossibilité d'exercer le contrôle exigé par son droit national, V. • Com. 7 mars 2000 : *Bull. civ. IV, n° 47 ; D. 2000. 491, note Boré ; et AJ 180, obs. Marmontel ; CCC 2000, n° 100, obs. Poillot-Peruzzetto ; RTD com. 2000. 629, obs. Claudel* . ♦ Et sur les réponses apportées par le juge communautaire aux questions préjudicielles posées par la Cour de cassation dans l'arrêt précité, V. • CJCE 22 oct. 2002 : *D. 2002. AJ 3205, obs. Chevrier ; JCP E 2003, n° 31, p. 1282, obs. Parléani ; CCC 2003, n° 30, obs. Poillot-Peruzzetto ; Gaz. Pal. 2003. 3064, note Vialens ; Europe 2002, n° 422, obs. Idot ; RJDA 2003, n° 324 ; Procédures 2003, n° 12, obs. Nourissat ; AJDA 2003. 378, obs. Belorgey, Gervasoni et Lambert ; LPA 23 déc. 2002, obs. Arhel.* ♦ V. aussi note 3 *bis*. ♦ V. désormais les modifications apportées par l'Ord. n° 2004-1173 du 4 nov. 2004.

Le juge des libertés et de la détention qui a rendu une ordonnance autorisant, à titre préventif, les agents de la Direction nationale des enquêtes de concurrence, de consommation et de répression des fraudes (DNECCRF) à effectuer des opérations de visite et de saisie dans les locaux d'une société pour assister les agents de la Commission européenne est incompétent pour statuer sur la régularité de ces opérations dès lors qu'il constate que son ordonnance n'a pas été mise en œuvre par les enquêteurs de la DNECCRF, en l'absence d'opposition de la société aux opérations de visite et de saisie effectuées par les agents de la Commission européenne. • Crim. 2 juin 2010 : *Bull. crim. n° 100 ; RSC 2010. 940, obs. Renucci ; Gaz. Pal. 2011. 429, et les obs. ; RJDA 2011, n° 185.*

Sur les demandes d'assistance et d'entraide faites dans le cadre du réseau européen de la concurrence, V. Règl. n° 1/2003 du 16 déc. 2002, art. 22, App., v° *Concurrence*.

4. En se fondant sur des documents provenant de saisies autorisées par une décision antérieure obtenus au moyen de visites et saisies ayant pour objet la recherche de la preuve d'agissements distincts de ceux visés dans la demande sur laquelle il statuait, sans préciser qu'ils avaient été régulièrement saisis comme se rapportant aux agissements retenus dans l'ordonnance antérieure et, dans l'affirmative, sans indiquer au moyen de quelle procédure l'Administration avait distrait lesdits documents des précédentes saisies pour les présenter à l'appui de sa nouvelle requête, le président du tribunal [désormais le juge des libertés et de la détention] a violé l'art. 48 [C. com., art. L. 450-4]. • Com. 12 juill. 1993 : *Bull. civ. IV, n° 307 ; D. 1993. IR 218.*

4 bis. S'agissant de la recherche de pratiques anticoncurrentielles lors de marchés publics, on ne saurait faire grief à l'Administration d'avoir détenu illicitement des pièces, dès lors qu'un fonctionnaire de la DGCCRF est membre en cette qualité de la commission d'ouverture des plis d'appels d'offres et qu'aucun devoir de confidentialité ne s'impose à lui. • Com. 12 nov. 1996 : *Bull. civ. IV, n° 272 ; JCP 1997. IV. 23.* – V. aussi • Com. 10 déc. 1996 : *Bull. civ. IV, n° 311 ; D. Affaires 1997. 208.*

5. Il n'est pas interdit au juge de faire état d'une déclaration anonyme, non accompagnée de la remise de documents, dès lors que cette déclaration est soumise au juge au moyen d'un document établi par les enquêteurs et signé par eux, permettant ainsi d'en apprécier la teneur et corroborée par d'autres éléments d'information décrits et analysés par lui. • Com. 26 oct. 1993 : *Bull. civ. IV, n° 367 ; D. 1993. IR 258.* ♦ V. aussi, sur le fondement de l'art. L. 16 B LPF, • Com. 16 juin 1998 : *Bull. civ. IV, n° 202 ; D. 1998. IR 190 ; D. Affaires 1998. 1167, obs. A. L.*

5 bis. Date de la visite. L'art. 48 [C. com., art. L. 450-4] n'exige pas que le président, qui désigne un ou plusieurs officiers de police judiciaire pour assister aux opérations de visites et de saisie qui auront lieu dans son ressort, fixe la date de ces opérations. • Com. 30 mai 2000 : *CCC 2000, n° 145, obs. Malaurie-Vignal ; LPA 27 mars 2001.*

6. Objet de la visite. Ne satisfait pas aux exigences de l'art. 48 [C. com., art. L. 450-4] le président du tribunal [désormais le juge des libertés et de la détention] qui autorise des visites et saisies domiciliaires ayant un objet général, en ce qui concerne les appels d'offres sur lesquels pouvaient porter les recherches, et indéterminé au regard des divers agissements visés à l'art. 7 [C. com., art. L. 420-1], alors qu'il retient des présomptions circonscrites à certains appels d'offres et à certains agissements déterminés. • Com. 6 avr. 1993 : *Bull. civ. IV, n° 145* • 26 oct. 1993 : *D. 1994. IR 3* • 15 mars 1994 : *préc. note 1.* ♦ Sur le caractère déterminé de l'ordonnance judiciaire autorisant une visite domiciliaire, V. • Com. 11 janv. 2000 : *Bull. civ. IV, n° 9 ; D. 2000. AJ 124, obs. Marmontel ; LPA 20 juill. 2000, obs. Petitier.*

7. Lieux de la visite. Le juge peut autoriser une visite en tous lieux, même privés, où sont susceptibles d'être détenus les documents se rapportant aux agissements frauduleux dont la preuve est recherchée. • Com. 29 oct. 1991 : *Bull. civ. IV, n° 314* • 15 juill. 1992 : *ibid., n° 277.* ♦ L'ordonnance ne revêt pas un caractère général et indéterminé, dès lors que le président [désormais le juge des libertés et de la détention] a autorisé les visites de sept lieux distincts relevant de cinq compagnies pétrolières, suspectées d'entente prohibée lors de la passation de deux marchés, à seule fin de rechercher la preuve de leur concertation faisant obstacle à la fixation des prix par le libre jeu de la concurrence. • Com. 12 nov. 1996 : *préc. note 4 bis.* ♦ Sur l'identification nécessaire des lieux où les visites sont autorisées, V aussi • Com. 21 mars 1989 : *Bull. civ. IV, n° 93 ; D. 1990. Somm. 109, obs. Gavalda et Lucas de Leyssac ; RTD com. 1990. 85, obs. Bouloc* • 4 juin 1991 : *Bull. civ. IV, n° 200* • 6 avr. 1999 : *LPA 18 nov. 1999, obs. Petitier.* ♦ Sur la nécessité, pour le président du tribunal [désormais le juge des libertés et de la détention] ordonnant une visite et une saisie au domicile d'un salarié, d'indiquer en quoi le lieu de ladite visite est susceptible de contenir les documents se rapportant à la fraude recherchée, V. rendu sur le fondement de l'art. L. 16 B LPF : • Com. 7 mars 2000 : *Bull. civ. IV, n° 53.* ♦ Si on ne peut reconnaître d'une façon générale à la Commission un droit d'accès, sur la base d'une décision de vérification adressée à une entité juridique déterminée, aux locaux d'une entité juridique tierce sous le simple prétexte qu'elle est étroitement liée au destinataire de la décision de vérification, les circonstances de la cause peuvent rendre de telles visites licites. • TPICE 11 déc. 2003 : *LPA 15 mars 2004, obs. Arhel ; Europe 2004, n° 52, obs. Idot* (5 arrêts).

7 bis. Il se déduit de l'art. L. 450-4 que le juge qui autorise des opérations de visite et saisie dans les locaux d'une société n'est pas tenu d'identifier toutes les sociétés du même groupe, domiciliées à la même adresse. • Crim. 4 avr. 2012 : *Dr. pénal 2012, n° 92, obs. J.-H. Robert.* ♦ Le président d'un tribunal [désormais le juge des libertés et de la détention] qui autorise une visite et saisie de documents dans un lieu n'est pas tenu de prendre une ordonnance spécifique autorisant la visite d'un véhicule appartenant à l'occupant de ces lieux et s'y trouvant. • Com. 21 janv. 1997 *Bull. civ. IV, n° 19 ; D. Affaires 1997. 271.* ♦ Sur une demande de modification des lieux de la visite en cas de commission rogatoire, V. note 10 *bis.*

7 ter. Désignation des enquêteurs. Si le président du tribunal peut laisser au chef de service, qui a sollicité et obtenu l'autorisation exigée par la loi, le soin de désigner les agents chargés d'effectuer les visites et saisies autorisées, dès lors que ces agents sont dûment habilités en qualité d'enquêteurs, c'est à la condition que les agents ainsi désignés soient placés sous l'autorité de ce chef de service. • Com. 4 avr. 1995 : *préc. note 1 bis* • 16 mai 1995 : *Bull. civ. IV, n° 148.* – V. déjà, en ce sens, • Com. 6 mars 1990 : *préc. note 1* • 21 mars 1989 : *ibid.* • 5 févr. 1991 : *Bull. civ. IV, n° 57.* ♦ Sur la possibilité, pour le président du tribunal, de laisser au chef national des enquêtes de la concurrence, qui a compétence sur l'ensemble du territoire national, le soin de désigner les agents habilités pour effectuer les visites et saisies autorisées, V. • Com. 17 nov. 1998 : *préc. note 1.* ♦ V. désormais la rédaction du 3e al. de l'art. L. 450-4 issue de l'Ord. n° 2008-1161 du 13 nov. 2008.

L'ordonnance, qui se borne à désigner les enquêteurs compétents pour procéder aux opérations de visites et saisies, n'est pas susceptible, en cas de recours, de donner lieu à un contrôle du bien-fondé de la demande initiale d'autorisation de visite et de saisie. • Com. 15 janv. 2008 : *cité note 1 ss. art. L. 463-5.*

7 quater. Compétence territoriale des enquêteurs. En ce sens que, le président du tribunal [désormais le juge des libertés et de la détention], statuant en application de l'art. 48 [C. com., art. L. 450-4], peut autoriser d'autres agents DGCCRF à effectuer des enquêtes dans des locaux situés hors du ressort territorial des agents ayant présenté la demande d'autorisation d'enquête, dès lors qu'il a constaté la nécessité d'une action simultanée dans les différents locaux des entreprises suspectées de pratiques anticoncurrentielles, V. • Com. 12 janv. 1999 : *CCC 1999, n° 75, obs. Malaurie-Vignal ; LPA 16 nov. 1999, obs. Petitier.*

8. Désignation des OPJ. Jugeant qu'en autorisant le commissaire central à désigner pour les sociétés situées dans le ressort de sa juridiction les officiers de police judiciaire (OPJ) placés sous son autorité et territorialement compétents, le président du tribunal a méconnu les exigences de l'art. 48 [C. com., art. L. 450-4]. • Com. 23 mars 1993 : *Bull. civ. IV, n° 120.* ♦ Jugeant que la présence conjointe d'un véritable OPJ suffit à rendre régulière la partie des opérations de visite et de saisie effectuée sous le contrôle d'un fonctionnaire n'ayant pas cette qualité : • Com. 23 juin 2004 : *Bull. civ. IV, n° 132 ; D. 2004. AJ 2439.*

9. Rôle des OPJ. Viole l'art. 48 [C. com., art. L. 450-4], le président du TGI qui charge, en outre, l'officier de police judiciaire (OPJ) de recourir aux réquisitions nécessaires, tels les services éventuels d'un serrurier. • Com. 10 mars 1992 : *Bull. civ. IV, n° 112.* ♦ En autorisant le chef d'une brigade de gendarmerie et/ou tout officier de police judiciaire territorialement compétent placé sous son autorité pour recourir aux réquisitions, le président du tribunal méconnaît l'étendue des pouvoirs de l'OPJ • Com. 24 mai 1994 : *RJDA 1994, n° 1161.* ♦ V. désormais la deuxième phrase du 3e al. de l'art. L. 450-4.

10. Portée de l'ordonnance. L'ordonnance par laquelle le juge autorise une visite domiciliaire n'emporte pas déclaration de culpabilité et ne préjuge pas de l'appréciation, par la juridiction du fond, des éléments de preuve trouvés. • Com. 20 nov. 1990 : *Bull. civ. IV, n° 293 ; D. 1990. IR 289* • 5 févr. 1991 : *préc. note 2* • 4 avr. 1995 : *Bull. civ. IV, n° 117.* ♦ Ainsi, l'ordonnance ne méconnaît ni les droits de la défense ni les dispositions de l'art. 6 Conv. EDH. • Mêmes arrêts.

En autorisant la saisie de « tous documents utiles », le juge n'autorise pas pour autant les agents de l'Administration à saisir des documents ne se rapportant pas aux agissements retenus pour accueillir la demande de visite. • Com. 14 janv. 1992 : *préc. note 2.*

En se référant pour la compléter à sa précédente ordonnance, le président du tribunal qui a autorisé une visite et saisie domiciliaire n'a pas à reproduire le contenu de son ordonnance principale ; cette référence ne rend pas incompétents les agents désignés par la première ordonnance. • Com. 4 avr. 1995 : *préc.* – V. déjà • Com. 15 juill. 1992 : *Bull. civ. IV, n° 276.* ♦ Lorsque l'ordonnance limite les pouvoirs des enquêteurs à la seule saisie de documents, l'autorisation judiciaire en cause vise aussi bien des documents sur support papier que sur support informatique (DVD contenant la copie de messages électroniques), dans la mesure où le texte permet la saisie de tous documents ou supports d'information. • Crim. 14 nov. 2007 : *D. 2008. AJ 81, obs. Chevrier ; RDLC 2008, n° 1, p. 168, obs. Lemaire.*

L'ordonnance prévue à l'art. 48 [C. com., art. L. 450-4] n'a pas à être rendue en audience publique et, ni le défaut d'assistance du juge par un secrétaire, ni l'absence de signature d'un greffier n'entachent la décision d'irrégularité. • Com. 12 janv. 1999 : *préc. note 1.* ♦ L'apposition de la formule exécutoire sur les ordonnances n'est pas exigée par l'art. 48 [C. com., art. L. 450-4]. • Com. 16 mai 1995 : *préc. note 7 ter* • 3 oct. 1995 : *Bull. civ. IV, n° 221 ; D. 1995. IR 233* • 12 mars 1996 : *Bull. civ. IV, n° 85 ; D. Affaires 1996. 641.* ♦ Aucune disposition du code de commerce ne commande au Conseil de mettre les ordonnances du juge autorisant les visites et saisies à la disposition des parties dans le dossier d'instruction. • Cons. conc. n° 06-D-33 du 8 nov. 2006 : *cité note 4 bis ss. art. L. 462-7.*

Sur les délais pour contester la régularité des opérations de visite et de saisie, V. considérant que l'art. 21 [C. com., art. L. 463-2], relatif à la communication des griefs, est inapplicable aux recours en annulation desdites opérations : • Com. 25 juin 1999 : *CCC 1999, n° 144, obs. Malaurie-Vignal.*

10 bis. Commission rogatoire. Le président du tribunal, à qui l'ordonnance d'autorisation de visite domiciliaire donne commission rogatoire pour contrôler les opérations se déroulant dans son ressort, n'a pas à procéder à un nouveau contrôle de légitimité. • Com. 30 mai 2000 : *CCC 2000, n° 145, obs. Malaurie-Vignal.* ♦ L'art. 48 [C. com., art. L. 450-4] n'impose pas que dans la commission rogatoire commettant le président du tribunal territorialement compétent, il soit nécessaire de préciser toutes les diligences que devra accomplir ce magistrat, de tracer les limites de son intervention et de définir quelle juridiction sera compétente pour statuer sur les incidents soulevés au cours des opérations de visite domiciliaire et saisie. • Com. 21 mars 2000 : *Bull. civ. IV, n° 64 ; D. 2000. AJ 224, obs. Marmontel ; CCC 2000, n° 97, obs. Malaurie-Vignal.* ♦ Seul le juge ayant reçu commission rogatoire pour désigner un ou plusieurs OPJ chargés d'assister aux opérations de visite et de saisie et de le tenir informé de leur déroulement est compétent pour statuer sur la modification de la situation des locaux à visiter, dès lors qu'ils se trouvent dans son ressort. • Crim. 9 févr. 2005 : *Bull. crim. n° 52 ; JCP E 2005, n° 15-16, p. 644 ; CCC 2005, n° 87, obs. Malaurie-Vignal ; RDLC 2005, n° 2, p. 92, obs. Michel-Amsellem ; RLC 2005, n° 3, p. 81, obs. B. C.*

Seule l'ordonnance du juge des libertés et de la détention autorisant les visites et saisies est susceptible d'appel ; en l'état de ces énonciations, et dès lors que l'ordonnance rendue sur commission rogatoire n'est qu'un acte d'exécution de l'ordonnance principale autorisant les visites, le premier président a justifié sa décision déclarant irrecevable le recours formé contre l'ordonnance désignant les OPJ pour la visite des locaux. • Crim. 23 févr. 2011 : *Bull. crim. n° 40 ; AJ pénal 2011. 253, obs. Lasserre Capdeville ; JCP 2011, n° 1176, spéc. n° 8, obs. J.-H. Robert ; Dr. pénal 2011, n° 68, obs. J.-H. Robert ; RDLC 2011, n° 2, p. 190, obs. Lemaire et Naudin.* – V. aussi • Crim. 16 juin 2011 : *JCP E 2011, n° 1900, obs. J.-H. Robert ; Dr. pénal 2011, n° 125, obs. J.-H. Robert.*

10 ter. Contrôle de la régularité (jurispr. antérieure à l'Ord. n° 2008-1161 du 13 nov. 2008). Les deux derniers alinéas de l'art. L. 450-4, dans leur rédaction issue de la loi du 15 mai 2001, sont immédiatement applicables, y compris pour la répression des infractions commises avant son entrée en vigueur, dès lors qu'elle porte sur des dispositions de procédure. • Cons. conc. n° 06-D-03 du 9 mars 2006 : *cité note 3 ss. art. L. 123-22.* ♦ Un tiers ne saurait se prévaloir devant le Conseil de l'irrégularité d'un procès-verbal établi dans le cadre de visites et saisies dès lors que l'entreprise ayant fait l'objet de ces visites et saisies ou dont le représentant a été interrogé n'en a pas contesté la régularité. • Même décision. ♦ L'art. L. 450-4, dans sa rédaction postérieure à la L. n° 2001-420 du 15 mai 2001, ne donne pas compétence au Conseil et désormais à l'Autorité pour apprécier la régularité des opérations effectuées en exécution des ordonnances du juge des libertés et de la détention autorisant les visites et saisies. • Aut. conc. n° 10-D-26 du 28 juill. 2010. ♦ ... Seul le juge judiciaire, régulièrement saisi, est compétent pour effectuer un tel contrôle. • Aut. conc. n° 11-D-13 du 5 oct. 2011. ♦ Après la clôture des opérations de visite et de saisie de documents en vue de rechercher la preuve de pratiques anticoncurrentielles, seul est compétent, pour statuer sur a régularité du déroulement de ces opérations, le juge les ayant autorisées. • Crim. 9 févr. 2005 : *Bull. crim. n° 53 ; D. 2005. AJ 951, obs. Chevrier ; JCP E 2005, n° 15-16, p. 645 ; CCC 2005, n° 87, obs. Malaurie-Vignal ; RDLC 2005, n° 2, p. 92, obs. Michel-Amsellem ; RLC 2005, n° 3, p. 81, obs. B. C.* ♦ Sur la compétence du juge saisi sur commission rogatoire pour connaître de la contestation sur la régularité des procès-verbaux d'audition, V. • Crim. 20 oct. 2004 : *préc. note 10 ss. art. L. 450-2.*

10 quater. Contrôle de la régularité (jurispr. postérieure à l'Ord. n° 2008-1161 du 13 nov. 2008). L'Ord. du 13 nov. 2008 donnant compétence au premier président de la cour d'appel du ressort du juge les ayant autorisées pour connaître d'un recours sur le déroulement des opérations de visite ou de saisie, le JLD ne pouvait constater la régularité des opérations. • Crim. 8 févr. 2012 : *Dr. pénal 2012, n° 72, obs. J.-H. Robert.*

11. Contrôle de la régularité (jurispr. antérieure à la L. n° 2001-420 du 15 mai 2001). La mission du président du tribunal chargé de contrôler le déroulement d'une visite domiciliaire prenant fin avec les opérations, lors de la remise du procès-verbal et de l'inventaire à l'occupant des lieux ou à son représentant, il ne peut être saisi *a posteriori* d'une éventuelle irrégularité entachant ces opérations, une telle contestation relevant du contentieux dont peuvent être saisies les autorités de décision, Conseil de la concurrence et sur appel, cour d'appel de Paris, appelés à statuer sur les poursuites éventuellement engagées sur le fondement des documents ainsi appréhendés. • Com. 30 nov. 1999 : *Bull. civ. IV, n° 214 ; D. 2000. 261, note*

Matsopoulou et *AJ 27, obs. A. M.* ; *JCP 2000. II. 10298, note Bouloc ; LPA 20 juill. 2000, obs. Petitier ; RTD com. 2000. 625, obs. Claudel* ; *RJ com. 2000. 334, obs. Cerf.* – V. aussi Sélinsky, *RLDA févr. 2000, p. 3.* ♦ V. également • Com. 7 mars 2000 : *Bull. civ. I, n° 49 ; D. 2000. AJ 194, obs. Marmontel* ; *RTD com. 2000. 625, obs. Claudel* ; *RJ com. 2000. 334, obs. Cerf.* ♦ Auparavant, toute personne intéressée était recevable à contester la régularité des opérations de visite et de saisie autorisées par le président du tribunal en vertu de l'art. 48 [C. com., art. L. 450-4] au moyen d'une requête présentée à cette fin à ce magistrat dont les pouvoirs de contrôle s'étendaient à la constatation de l'irrégularité des opérations lorsqu'elles étaient achevées et, en ce cas, à leur annulation. • Com. 4 juin 1991 : *Bull. civ. IV, n° 212 ; D. 1991. IR 186.* ♦ Ainsi, le président du tribunal ne pouvait-il se déclarer incompétent pour connaître de la demande d'une entreprise en restitution de documents saisis dans ses locaux, celle-ci alléguant l'irrégularité de la saisie. • Même arrêt • TGI Digne-les-Bains, ord., 21 mars 1990 : *D. 1991. Somm. 250, obs. Gavalda et Lucas de Leyssac* ; *JCP E 1990. II. 15834, note Bouloc.* ♦ Considérant que le juge saisi sur commission rogatoire est compétent pour contrôler le déroulement des opérations qui ont lieu dans le ressort de son tribunal et donc connaître des éventuelles contestations pouvant être exercées à leur encontre, V. • Com. 23 févr. 1999 : *LPA 18 nov. 1999, obs. Petitier.* – V. aussi : • Com. 21 mars 2000 : *préc. note 10 bis.* ♦ ... Y compris pour apprécier l'adéquation des documents saisis au champ de l'ordonnance d'autorisation qu'il n'a pas rendue lui-même. • Com. 23 mars 1999 : *Bull. civ. IV, n° 70 ; D. 1999. IR 108* ; *D. Affaires 1999. 859 ; LPA 18 nov. 1999, obs. Petitier ; JCP E 1999, n° 48, p. 1913, obs. Arhel.* ♦ V. désormais art. L. 450-4, dern. al., résultant de la L. n° 2001-420 du 15 mai 2001.

Les dispositions de l'art. 813 NCPC [renommé C. pr. civ.], relatives à la présentation des requêtes par ministère d'avocat ou d'un officier public ou ministériel, ne sont pas applicables aux ordonnances de l'art. 48 [C. com., art. L. 450-4]. • Com. 4 avr. 1995 : *RJDA 1995, n° 865* • 16 mai 1995 : *préc. note 7 ter* • 3 oct. 1995 : *préc. note 10* • 10 déc. 1996 : *préc. note 4 bis.* ♦ Le recours sur requête n'est pas enfermé dans un délai légal ou dans un *délai à la discrétion du juge. • Com. 4 avr. 1995 : préc.* • 3 oct. 1995 : *préc. note 10* • 12 mars 1996 : *ibid.* • 7 oct. 1997 : *préc. note 2 bis.*

Il appartient à la partie qui conteste la régularité des opérations de visite et saisie domiciliaires, autorisées par le président du TGI à la demande de l'administration, de mettre en cause cette dernière. • Com. 6 mai 1996 : *Bull. civ. IV, n° 126 ; D. Affaires 1996. 704.*

En ce sens que le pouvoir du président du tribunal de vérifier la conformité des saisies opérées au but des recherches autorisées, qui s'exerce jusqu'à l'achèvement des opérations de saisie, ne peut pas s'étendre au contrôle de la conformité de la qualification des faits résultant de l'ordonnance d'autorisation à celle retenue dans les diverses phases de la procédure ultérieure qui échappe à sa compétence, V. • TGI Pontoise, ord., 20 janv. 1994 : *JCP 1994. II. 22282, note D. Cohen et Frison-Roche.*

Sur l'irrecevabilité d'une demande en rétractation ou en annulation de l'ordonnance, V. • TGI Digne-les-Bains, 21 mars 1990 : *préc.*

11 bis. Accès aux pièces du dossier. Le droit légalement reconnu des parties à avoir accès *a posteriori* aux pièces du dossier présenté par l'Administration, demanderesse à une autorisation de visite et saisie domiciliaires qui leur fait grief, ne peut être soumis à contestation, l'organisation matérielle de la communication de ces pièces relevant non de la procédure organisée par l'art. 48 [C. com., art. L. 450-4] mais d'une mesure d'administration judiciaire. • Com. 3 oct. 1995 : *Bull. civ. IV, n° 216 ; D. 1995. IR 233 ; RJDA 1996, n° 78.* ♦ Il appartient aux demandeurs au pourvoi, si les pièces litigieuses ne se trouvent pas au greffe de la juridiction, de mettre en demeure l'Administration, qui avait obtenu l'autorisation de visite en cause, de leur communiquer lesdites pièces de manière à permettre l'exercice de leurs droits et en particulier d'élaborer les moyens à l'appui de leur pourvoi. • Com. 10 déc. 1996 : *préc. note 4 bis.* ♦ Le dernier al. de l'art. L. 450-4, dans sa rédaction postérieure à la loi du 15 mai 2001, ne donne pas compétence au Conseil pour apprécier la régularité des opérations effectuées en exécution des ordonnances du président du TGI autorisant les visites et saisies, ni ne commande au Conseil de mettre ces ordonnances à la disposition des parties dans le dossier d'instruction. • Cons. conc. n° 05-D-69 du 15 déc. 2005 : *cité note 1 ss. art. L. 463-5.* – Sur cette affaire, V. aussi • Com. 15 janv. 2008 : *préc. note 7 ter.*

La production des pièces répond à sa finalité quand elle est faite en photocopie. • Com. 13 mai 1997 : *JCP 1997. IV. 1392.*

Si l'Administration peut être fondée à garantir l'anonymat de certaines personnes entendues au cours de l'enquête relative à la recherche de preuve de pratiques anticoncurrentielles et doit respecter le secret des affaires, dès lors qu'elle produit des pièces pour justifier de présomptions de pratiques anticoncurrentielles au soutien d'une demande d'autorisation de visite et saisie, l'ordonnance qui l'accorde en visant et analysant lesdites pièces ne peut les soustraire à l'examen contradictoire des parties nécessaire à l'exercice du recours qu'elles sont en droit d'introduire contre ladite ordonnance. • Com. 9 juill. 1996 : *Bull. civ. IV, n° 214 ; D. 1996. IR 191 ; D. Affaires 1996. 1023.* ♦ Le juge viole la loi lorsqu'il refuse l'accès au dossier produit par l'Administration à l'appui d'une demande d'autorisation de visite domiciliaire, ce dont il résulte que les pièces annexées à la demande ne peuvent pas être consultées par les personnes auxquelles le recours en cassation est ouvert, alors que celles-ci, pour exercer cette voie de recours seule offerte par la loi, doivent être en mesure d'apprécier les griefs dont l'ordonnance est susceptible et, à cette fin, avoir connaissance des pièces sur lesquelles le juge s'est fondé. • Com. 1er avr. 1997 : *RJDA 1997, n° 792.* – Dans le même sens, V. • Com. 7 oct. 1997 : *Bull. civ. IV, n° 246 ; D. 1997. IR 222 ; D. Affaires 1997. 1280.*

12. Assistance de l'occupant des lieux (jurispr. antérieure à l'Ord. n° 2008-1161 du 13 nov. 2008). La possibilité de faire appel à un conseil ou d'avoir des contacts avec l'extérieur durant les opérations de visite et saisie domiciliaire n'est pas prévue par la loi, s'agissant d'une mesure d'instruction devant se dérouler, en présence de l'occupant des lieux ou de son représentant, le plus rapidement possible, en présence d'un ou de plusieurs officiers de police judiciaire chargés de veiller au respect des droits de la défense et du secret professionnel, de prendre connaissance des documents avant leur saisie et d'informer le juge du déroulement des opérations. • Com. 21 janv. 1997 : *préc. note 7 bis.* ♦ Pour des non-lieux à renvoi pour QPC pour le défaut d'assistance lors de visites domiciliaires, V. • Cass., QPC, 15 juin 2010 : *Dalloz actualité, 10 sept. 2010, obs. Chevrier ; RDLC 2010, n° 4, p. 204, obs. Lemaire* • 15 juin 2010 : *eod. loc.*

12 bis. Portée de l'annulation. L'annulation d'une ordonnance autorisant une visite domiciliaire entraîne l'annulation de toutes les poursuites subséquentes procédant de l'exploitation des documents saisis à cette occasion. • Crim. 30 sept. 1991 : *RJDA 1991, n° 1050.* ♦ Selon l'art. L. 450-4, les pièces saisies par l'administration de la concurrence sont conservées jusqu'à ce que la décision soit devenue définitive. Dès lors, en ordonnant la restitution immédiate des documents saisis après avoir annulé la décision du JLD, le premier président a méconnu le sens et la portée de ce texte. • Crim. 27 févr. 2013 : *Dalloz actualité, 25 mars 2013, obs. Bombled ; D. 2013. Actu. 637 ; JCP E 2013, n° 1230 ; RJDA 2013, n° 551 ; Dr. pénal 2013, n° 78, obs. J.-H. Robert.*

13. Pourvoi en cassation (jurispr. antérieure à l'Ord. n° 2008-1161 du 13 nov. 2008). Toutes les ordonnances que le président du TGI est amené à prendre dans le cadre des pouvoirs qu'il tient de l'art. 48 [C. com., art. L. 450-4] ne sont susceptibles que d'un pourvoi en cassation. • Versailles, 31 janv. 1991 : *D. 1992. Somm. 122, obs. Julien .*

Il n'est pas nécessaire qu'une visite du domicile et des locaux d'un commerçant ait été ordonnée pour que ce commerçant ait intérêt à se pourvoir en cassation contre l'ordonnance. • Com. 29 oct. 1991 : *préc. note 7.* ♦ Comp., exigeant que la société soit au moins visée par l'ordonnance : • Com. 28 janv. 1992 : *Bull. civ. IV, nos 38 et 39* • 10 mars 1992 : *préc. note 1.*

Le seul envoi d'une lettre missive, même si une copie de la décision autorisant les agents de la DGCCRF, en vertu de l'art. 48 [C. com., art. L. 450-4], à effectuer des visites et des saisies dans les locaux d'une entreprise y était jointe, ne constitue pas une notification de la décision attaquée répondant aux exigences de l'art. 568, al. 2, C. pr. pén. et ne fait pas courir le délai du pourvoi en cassation. • Com. 6 mars 1990 : *préc. note 1.*

La déclaration de pourvoi en cassation faite par un inspecteur de la concurrence, de la consommation et de la répression des fraudes au nom du ministre chargé de l'Économie à l'encontre d'une ordonnance d'un juge du TGI faisant droit à la requête d'une société tendant à la communication du dossier présenté par l'Administration à l'appui d'une demande d'autorisation de visite domiciliaire est régulière comme émanant du représentant de l'Administration qui a obtenu l'autorisation de visite et saisie domiciliaires. • Com. 3 oct. 1995 : *RJDA 1996, n° 78.* ♦ Il résulte des dispositions des art. 567 et 568 C. pr. pén. qu'est recevable à se pourvoir en cassation toute partie à l'instance qui a donné lieu à la décision attaquée, lorsque cette dernière contient à son égard des dispositions qui lui font grief ; il en est ainsi du rapporteur général de l'Autorité de la concurrence qui a sollicité et obtenu du JLD l'autorisation de procéder à des opérations de visite et saisie, en vue de rechercher la preuve de pratiques anticoncurrentielles, conformément à l'art. L. 450-4 C. com., et dont le déroulement a fait l'objet d'un recours devant le premier président de la cour d'appel. • Crim. 16 juin 2011 : *Bull. crim. n° 135, Dalloz actualité, 1er juill. 2011, obs. Bombled ; D. 2011. Actu. 1749 ; JCP 2011, n° 1176, spéc. n° 8, obs. J.-H. Robert ; BRDA 2011, n° 13, p. 11 ; RLDA sept. 2011. 39, obs. Mathonnière ; RDLC 2011, n° 3, p. 187, obs. Lemaire et Naudin ; RLC juill.-sept. 2011. 65, obs. Lavedan ; Dr. pénal 2011, n° 109, obs. J.-H. Robert.* ♦ Pour un pourvoi tardif, V. • Crim. 11 janv. 2012 : *Bull. crim. n° 9 ; D. 2012. Actu. 212 ; JCP E 2012, n° 1167 ; RLDA févr. 2012. 45, obs. Mathonnière.*

Sur l'impossibilité d'invoquer la nullité de l'ordonnance par voie d'exception devant le juge saisi des poursuites, V. à propos de l'art. L. 38 LPF, • Crim. 31 janv. 1994 : *RJDA 1994, n° 306.*

13 bis. Il ne peut être soutenu que l'art. 48, al. 5 [C. com., art. L. 450-4, al. 5], qui concerne le caractère non suspensif du pourvoi en cassation, ne s'applique pas au pourvoi visant l'ordonnance du président du TGI statuant sur la régularité des opérations de visite et de saisie. • Paris, 21 nov. 1997 : *D. 1998. IR 37.* ♦ Par l'effet des cassations des ordonnances de visite et de saisie domiciliaires, les instances ne pouvaient reprendre leur cours qu'en l'état où elles se trouvaient avant les décisions cassées, devant le président du tribunal de grande instance désigné, seul investi, par délégation spéciale de la Cour de cassation, du pouvoir de statuer sur les contestations en cause. • Paris, 16 nov. 2004 : *BOCC 21 janv. 2005 ; D. 2005. AJ 73, obs. Chevrier.* ♦ Dans la même affaire : ayant sursis à statuer dans l'attente d'une décision définitive sur la validité contestée des opérations de visites et de saisies effectuées en vertu d'une autorisation du président du TGI de Draguignan et constatant que la juridiction de renvoi désignée par arrêt de la chambre commerciale de la Cour de cassation pour connaître des demandes tendant à l'annulation de ces opérations n'avait pas été saisie, c'est dans l'exercice de son pouvoir discrétionnaire en vue d'une bonne administration de la justice, et non pas en application d'une règle de droit, que la cour d'appel a révoqué le sursis précédemment ordonné. • Com. 31 janv. 2006 : *RDLC 2006, n° 2, p. 140, obs. Michel-Amsellem.*

14. Admission de l'appel. BIBL. Fossier et Tordjman, *RDLC 2010, n° 3, p. 197* (nouveau régime des visites domiciliaires : jurisprudence de la cour d'appel de Paris et de son premier président). ♦ Sur le moyen relevé d'office après avis donné aux parties et pris de l'entrée en vigueur de l'Ord. du 13 nov. 2008, jugeant qu'il résulte de l'art. 5-IV de ladite ordonnance, ensemble l'art. L. 450 4 C. com., que la voie de l'appel a été ouverte à l'encontre de la décision frappée de pourvoi et que, dès lors, le pourvoi est devenu irrecevable. • Crim. 20 mai 2009 : *Bull. crim. n° 101 ; D. 2009. AJ 1601, obs. Chevrier ; RLC oct.-déc. 2009. 82, obs. Cheynel.* ♦ En dépit de la formulation du texte instituant ce recours spécial, sans précision quant aux personnes auxquelles il est ouvert, celles-ci ne peuvent être que les personnes visées par l'ordonnance ayant autorisé la saisie, puisqu'il ne s'agit que d'une modalité particulière de l'appel institué par l'art. L. 450-4 dans sa rédaction résultant de l'Ord. n° 2008-1161 du 13 nov. 2008, destinée à réexaminer des autorisations intervenues dans des affaires n'ayant pas encore abouti à une décision définitive sur le fond. • Paris, 29 juin 2010 : *BOCC 5 août 2010* (conf. sur ce point par • Com. 2 nov. 2011 : *Bull. civ. IV, n° 177 ; D. 2011. Actu. 2789, obs. Chevrier ; JCP E 2011, n° 1812 ; CCC 2012, n° 22, obs. Decocq ; Dr. pénal 2012, n° 11, obs. J.-H. Robert ; RLDA déc. 2011. 43, obs. Mathonnière ; RLC oct.-déc. 2011. 75, obs. Barbier de la Serre*). ♦ Seules les personnes ayant subi une atteinte au caractère privé de leur domicile ou une mesure coercitive de saisie de documents personnels sont en droit de critiquer les conditions dans lesquelles l'ordonnance d'autorisation a été rendue ; la personne mise en cause au moyen de pièces saisies au cours des opérations n'est pas quant à elle privée d'un accès équitable au juge, ayant le droit de discuter devant l'Autorité de la concurrence, puis éventuellement devant la cour d'appel de Paris, le contenu et la portée des documents qui lui sont opposés. • Même arrêt.

L'examen de l'existence de présomptions de pratiques anticoncurrentielles autorisant les visite et saisie par la même formation de jugement que celle appelée à statuer sur le bien fondé des griefs retenus et de la sanction prononcée au titre de ces pratiques est de nature à faire naître un doute raisonnable sur l'impartialité de la juridiction. • Com. 2 nov. 2011 : *préc.* • Com. 21 juin 2011 : *Bull. civ. IV, n° 101 ; D. 2011. Actu. 1749, obs. Chevrier ; JCP 2011, n° 784, obs. Ruy ; CCC 2011, n° 199, obs. Bosco ; RJDA 2011, n° 961 ; RLDA sept. 2011. 40, obs. Mathonnière ; RDLC 2011, n° 3, p. 188, obs. Lemaire et Naudin ; RLC oct.-déc. 2011. 75, obs. Barbier de la Serre.* ♦ Cassation de l'arrêt ayant jugé que le contrôle en fait et en droit de la régularité de l'ordonnance d'autorisation des visite et saisie n'implique de la part de la cour d'appel aucune appréciation sur le bien-fondé des griefs et que dès lors la cour peut à la fois statuer sur les deux plans du recours sans que cela constitue une atteinte à l'exigence d'impartialité. • Paris, 16 juin 2009 : *BOCC 3 août 2009 ; Dalloz actualité, 22 juin 2009, obs. Chevrier ; CCC 2009, n° 230, obs. Decocq ; RDLC 2009, n° 3, p. 128, obs. Momège ; RLC oct.-déc. 2009. 82, obs. Cheynel ; Lettre distrib. juill.-août 2009, p. 2* • Aut. conc. n° 09-D-25 du 29 juill. 2009 : *Lettre distrib. oct. 2009, p. 5.* ♦ ... Aucun principe ne faisant obstacle à ce que le même juge examine successivement la régularité d'une étape de la procédure, puis l'affaire au fond. • Paris, 5 janv. 2010 : *BOCC 23 févr. 2010 ; CCC 2010, n° 77, obs. Decocq ; RDLC 2010, n° 2, p. 137, obs. Lemaire et Naudin.* ♦ De son côté la cour ne peut pas se dérober, au motif qu'il manquerait des pièces, à sa mission de juger le nouveau recours ouvert par le législateur ; il lui incombe d'apprécier en fait et en droit la régularité de l'ordonnance au vu des éléments du dossier, ce qui constitue un contrôle juridictionnel effectif. • Paris, 16 juin 2009 : *préc.* ♦ Il revient alors seulement à la cour de vérifier si le juge qui a autorisé les opérations de visites et saisies l'a fait au vu de présomptions suffisantes d'une pratique anticoncurrentielle. • Paris, 15 juin 2010 : *BOCC 25 juin 2010 ; CCC 2010, n° 214, obs. Decocq ; RLC oct.-déc. 2010. 61, obs. Christol* (censurée sur ce point par • Com. 15 nov. 2011 : *BOCC 21 févr. 2012 ; CCC 2012, n° 22, obs. Decocq ; RDLC 2012, n° 1, p. 192, obs. Lemaire et Naudin*).

Le recours devant le premier président de la cour d'appel ou, à l'occasion d'un recours contre une décision de l'Autorité de la concurrence, l'examen des conditions de la perquisition par la cour d'appel de Paris ont pour effet concret d'ouvrir un recours en appel, qui n'existait pas antérieurement, à l'encontre de l'ordonnance rendue par le JLD en matière de visite et de saisie ; ce recours consiste à examiner, *in concreto*, au regard de l'art. L. 450-4, le bien-fondé de l'ordonnance d'autorisation attaquée et il a pour suite, s'il aboutit à l'infirmation de cette décision, de conduire à l'anéantissement des actes d'enquête réalisés en application de celle-ci, avec toutes les conséquences que cela pourra, en outre, comporter sur les poursuites elles-mêmes ; il s'agit donc d'un recours, certes différé, mais effectif et efficace, en ce qu'il permet à l'appelant de faire valoir ses droits. • Paris, 19 janv. 2010 : *cité note 8 ss. L. 464-2.* ♦ Mais jugeant que l'action résultant de la mise en œuvre des mesures transitoires de l'art. 5-IV de l'Ord. du 13 nov. 2008 ne peut être exercée que si un recours au fond est formé contre la décision de l'Autorité de la concurrence, ce qui rend nécessairement l'accessibilité de cette voie de recours incertaine, compte tenu de l'exigence préalable à la fois d'une décision au fond et d'un recours contre celle-ci : • CEDH 21 déc. 2010 : *D. 2011. 1332, note Matsopoulou ; CCC 2011, n° 40, obs. Decocq ; BRDA 2011, n° 3, p. 10, note Marie ; RLDA mars 2011. 36, obs. Lecourt ; RDLC 2011, n° 1, p. 178, obs. Lemaire et Cousin.* – V. aussi • CEDH 5 mai 2011 : *BICC 15 sept. 2011, p. 9 ; Dalloz actualité, 20 juin 2011, obs. Demunck ; JCP 2011, n° 595, obs. Pastre-Belda ; RLC juill.-août 2011. 121, note Leroy et Ruy ; Procédures 2011, n° 244, obs. Buisson.* ♦ ... Et prenant acte de cette décision en ordonnant la réouverture des débats afin de permettre aux parties, à l'Autorité de la concurrence, au ministère public et au ministre de l'économie de pouvoirs conclure sur la portée de cet arrêt dans l'espèce qui lui est soumise : • Paris, 13 janv. 2011 : *BOCC 23 févr. 2011 ; Dalloz actualité, 24 janv. 2011, obs. Chevrier ; RDLC 2011, n° 1, p. 198, obs. Lemaire et Cousin.* ♦ ... Puis estimant que l'incertitude du recours, au sens de l'arrêt de la CEDH du 21 déc. 2010, s'entend de la situation dans laquelle seraient mises les entreprises requérantes du fait du régime transitoire résultant de l'Ord. du 13 nov. 2008, si elles n'avaient pas exercé de recours au fond, ce qui ne correspond pas aux circonstances de la présente affaire : • Paris, 27 janv. 2011 : *BOCC 23 févr. 2011 ; Dalloz actualité, 2 févr. 2011, obs. Chevrier ; CCC 2011, n° 72, obs. Decocq ; RLDA mars 2011. 36, obs. Lecourt ; RDLC 2011, n° 2, p. 191, obs. Lemaire et Naudin* – Sur ces arrêts, V. Cheynel, Mexis et Winckler, *RLC juill.-sept. 2011. 48* (le législateur et les vis tes domiciliaires : bien, mais peut mieux faire). ♦ Le recours en contestation prévu par l'Ord. n° 2008-1161 du 13 nov. 2008 ne répond pas, en l'espèce, aux exigences de l'art. 6, § 1, Conv. EDH, dès lors que les sociétés en cause n'ont pu contester en fait et en droit l'ordonnance autorisant les visite et saisie de documents que quinze ans après l'exécution de celles-ci. • Com. 14 févr. 2012 : *Bull. civ. IV, n° 32 ; D. 2012. Actu. 604, obs. Chevrier ; JCP E 2012, n° 1206 , CCC 2012, n° 102, obs. Bosco ; RJDA 2012, n° 622, Dr. pénal 2012, n° 56, obs. J.-H. Robert ; RLDA avr. 2012. 42, obs. Mathonnière* (cassation de • Paris, 27 janv. 2011 : *préc.*).

L'art. L. 450-4 ne prévoit la présence du ministère public à l'audience que si celui-ci a relevé appel de l'ordonnance du juge des libertés et de la détention ayant autorisé ces visites et saisies. • Crim. 8 sept. 2010 : *Bull crim. n° 132 ; Dalloz actualité, 19 oct. 2010, obs. Chevrier ; AJ pénal 2010. 557, note Lasserre Capdeville ; JCP E 2010, n° 1944 ; CCC 2010, n° 282, obs. D. B. ; RJDA 2011, n° 187.*

14 bis. Pièces irrégulièrement saisies. Les pièces irrégulièrement saisies ne sauraient être retenues comme moyens de preuve des concertations relevées. • Cons. conc. 8 janv. 1991 : *Gaz. Pal. 1991. 1. 324, note Marchi.* ♦ Le droit, pour les agents de la Commission, de prendre copie des livres ou documents professionnels suppose, en cas de refus des dirigeants de l'entreprise, que ces livres et documents soient préalablement saisis par les fonctionnaires nationaux présents pour assister les agents de la Commission. • Crim. 22 oct. 2003 : *préc. note 3 bis (1re esp.)*. ♦ Les pouvoirs d'investigation conférés par la loi aux agents de la DGCCRF leur permettent d'effectuer les visites valablement, sans que l'usage ultérieur des documents saisis soit déterminant de la validité des opérations de perquisition. • Paris, 19 janv. 2010 : *préc. note 14.* ♦ En saisissant des documents à l'évidence protégés par leur nature personnelle, confidentielle ou couverts par le secret des affaires ou le secret professionnel en usant de procédés de ciblage vraisemblablement inadéquats ne permettant pas d'écarter des documents n'entrant pas dans le champ de l'autorisation et en refusant la possibilité à l'occupant des lieux ou à son représentant, contrairement aux dispositions de l'art. 56 C. pr. pén., de prendre connaissance des critères de choix des documents saisis, les enquêteurs n'ont pas respecté les droits de la défense. • TGI Nanterre, 9 avr. 2008 : *cité ss. art. R. 450-2.* ♦ Les saisies de documents informatiques, autorisées judiciairement sur le fondement de l'art. L. 450-4, ne constituent pas un traitement de données à caractère personnel au sens de la loi du 6 janv. 1978. La saisie de certains documents personnels à des salariés n'invalide pas la saisie mais doit conduire l'Administration à restituer les documents concernés dès lors qu'ils auront été identifiés par les intéressés. • Versailles, 19 févr. 2010 : *RDT 2010. 445, note Neiss ; Gaz. Pal. 2010. 3045, et les obs.* ♦ Sont régulières les saisies de supports et données informatiques et télématiques, dès lors que les fichiers informatiques saisis sont identifiés et inventoriés. • Crim. 30 nov. 2011 : *Bull. crim. n° 242 ; Dalloz actualité, 2 janv. 2012, obs. Bombled ; D. 2011. Actu. 2988 ; JCP E 2012, n° 1091 ; Dr. pénal 2012, n° 10, obs. J.-H. Robert ; RLDA janv. 2012. 42, obs. Mathonnière.* ♦ Si l'administration ne peut appréhender que des documents se rapportant aux agissements retenus par l'ordonnance autorisant les opérations de visite et de saisie, il ne lui est pas interdit de saisir des pièces pour partie utiles à la preuve de ces agissements ; le juge, au vu des éléments de preuve qui lui sont soumis, appréciant souverainement que les écrits, supports et données saisis n'étaient ni divisibles ni étrangers au but de l'autorisation accordée. • Crim. 14 déc. 2011 : *Bull. crim. n° 259 ; Dalloz actualité, 9 janv. 2012, obs. Bombled ; D. 2012. Actu. 86 ; JCP E 2012, n° 1169 ; RLDA janv. 2012. 42, obs. Mathonnière.* ♦ Le juge saisi d'un recours concernant le déroulement des opérations de visite et de saisie qu'il a autorisées doit en vérifier la régularité et ordonner la restitution des seuls documents dont il est établi qu'ils ont été appréhendés irrégulièrement ou en violation des droits de la défense. • Crim. 20 mai 2009 : *Bull. crim. n° 103 ; Dalloz actualité, 19 juin 2009, obs. Chevrier ; RDLC 2009, n° 3, p. 126, obs. Momège ; Procédures 2010. Chron. 1, spéc. n° 6, par Leroy et Ruy ; Lettre distrib. juill.-août 2009, p. 2* • 11 janv. 2012 : *Bull. crim. n° 10 ; Dalloz actualité, 3 févr. 2012, obs. Bombled ; D. 2012. Actu. 214 ; JCP E 2012, n° 1170 ; CCC 2012, n° 71, obs. Bosco ; CCE 2012, n° 31, obs. Chagny ; RLDA févr. 2012. 39, note Roskis et Dorémus.* ♦ Il appartient au juge de vérifier concrètement, en se référant au procès-verbal et à l'inventaire des opérations, la régularité de ces dernières et d'ordonner, le cas échéant, la restitution des documents qu'il estimait appréhendés irrégulièrement ou en violation des droits de la défense ; le juge ne pouvant ordonner une mesure d'instruction sans rapport concret avec le litige comme tendant à apprécier la possibilité pour les enquêteurs de procéder autrement qu'ils ne l'avaient fait (utilisation d'un logiciel permettant aux services d'instruction de l'Autorité de la concurrence d'identifier à partir de mots clés les éléments contenus dans un ordinateur susceptibles de se rattacher aux pratiques suspectées). • Crim. 16 juin 2011 : *préc. note 13.* ♦ Jugeant que ne peut être saisie que la globalité de la messagerie informatique dès lors qu'elle contient des éléments pour partie utiles à la preuve des agissements présumés, V. • Paris, 31 août 2012 : *D. 2012. Actu. 2653, obs. Bouloc et Bombardier .* ♦ Il résulte de l'al. 6 de l'art. L. 450-4 que, l'ordonnance du premier président statuant sur l'appel de l'ordonnance du JLD ayant autorisé des opérations de visite et saisie étant susceptible de pourvoi en cassation, les pièces saisies sont conservées jusqu'à ce que la décision soit devenue définitive. • Crim. 19 déc. 2012 : *Dr. pénal 2013, n° 77, obs. J.-H. Robert.* ♦ V. aussi notes 3 à 5, 11 et 12 *bis*.

15. Originaux du procès-verbal et de l'inventaire. L'art. 48 [C. com., art. L. 450-4] dispose seulement que les originaux du procès-verbal de saisie et de l'inventaire sont transmis au juge qui a ordonné la visite et ne fait pas obligation au juge de rappeler ces dispositions légales ou de fixer un délai. • Com. 23 mars 1993 : *Bull. civ. IV, n° 111.*

16. Convention EDH. BIBL. Mathey, *RTD civ. 2008. 205* (les droits et libertés fondamentaux des personnes morales de droit privé). – G. Royer, *JCP 2008. I. 185* (la Conv. EDH et le droit des sociétés). – Matsopoulou, *D. 2008. 2814* (le nouveau dispositif, issu de la LME, applicable aux visites et saisies effectuées par les agents de certaines administrations). – Dany et Goossens, *LPA 16 janv. 2009* (une ordonnance pour soigner les droits de la défense en matière de droit de la concurrence). – Vilmart, *JCP E 2010, n° 1653* (le nouveau contrôle judiciaire des enquêtes de concurrence). ♦ Jugeant qu'il est temps de reconnaître dans certaines circonstances que les droits garantis par l'art. 8 Conv. EDH peuvent être interprétés comme incluant pour une société le droit au respect de son siège social, son agence ou ses locaux professionnels, V. • CEDH

16 avr. 2002 : *D. 2003. Somm. 527, obs. Birsan* ; *ibid. 1541, obs. A. Lepage* ; *JCP E 2003, n° 2, p. 77, obs. Espesson-Vergeat* ; *ibid. n° 13, p. 560, obs. Raynaud.* ♦ Estimant transposable au régime contentieux de l'art. L. 450-4 C. com., la décision de la CEDH jugeant que les voies de recours ouvertes au contribuable en matière de contrôle fiscal (LPF, art. L. 16 B) pour contester la régularité des visites et saisies domiciliaires ne sont pas conformes à l'art. 6, § 1 de la Convention relatif au droit à un procès équitable, V. les obs. ss. • CEDH 21 févr. 2008 : *BICC 15 juin 2008, n° 976* ; *Rev. sociétés 2008. 658, obs. Bouloc* ; *RSC 2008. 598, note Matsopoulou* ; *JCP 2008. I. 167, n° 10, obs. Sudre* ; *CCC 2008. Alerte. 27, par Wilhelm et Vever* ; *BRDA 2008, n° 7, p. 14* ; *LPA 15 avr. 2008, note Perrotin* ; *Procédures 2008, n° 108, obs. Fricero* ; *RDLC 2008, n° 2, p. 151, obs. Maitrepierre* ; *RLC juill.-août 2008. 114, note Roda* ; *Lettre distrib. mai 2008, p. 1, obs. Bories* ; *JDI 2009. 1007, note O. B.*

Dans les conditions prévues par l'art. 38 de la Constitution, le Gouvernement est autorisé à prendre, par voie d'ordonnance, les mesures relevant du domaine de la loi nécessaires pour adapter, dans le sens d'un renforcement des droits de la défense, les législations conférant à l'autorité administrative un pouvoir de visite et de saisie et rendre applicables les dispositions nouvelles aux procédures engagées antérieurement à la publication de l'ordonnance. L'ordonnance est prise dans un délai de huit mois après la publication de la L. n° 2008-776 du 4 août 2008 (JO 5 août). – V. sur la question, Cheynel, *RLC juill.-août 2008. 73.* ♦ V. les dispositions introduites par l'Ord. n° 2008-1161 du 13 nov. 2008. ♦ A supposer que le régime des visites et saisies autorisées sur le fondement de l'art. L. 450-4, dans sa rédaction antérieure à celle issue de l'Ord. du 13 nov. 2008, se heurte à la même incompatibilité que celle relevée par la CEDH à propos de celles opérées en matière fiscale et douanière – alors qu'à la différence de ces dernières, les règles applicables en matière de concurrence permettent aux entreprises de contester devant le juge des libertés et de la *détention le déroulement* des opérations, en portant devant lui les contestations qui peuvent naître au cours des visites et saisies –, il convient, pour répondre à l'objection soulevée par l'entreprise mise en cause, de renvoyer aux dispositions du 2e al. du IV de l'art. 5 de l'Ord. précitée. Ces dispositions transitoires offrent aux entreprises, notamment dans les cas où – comme en l'espèce – elles n'ont pas formé un pourvoi en cassation contre une autorisation de visite et saisie délivrée antérieurement à la modification de l'art. L. 450-4 issue de l'art. 1er de l'ordonnance, la possibilité de contester cette autorisation devant la cour d'appel de Paris saisie d'un recours au fond contre la décision du Conseil statuant sur les pratiques reprochées. Compte tenu de cette possibilité, elles ne peuvent se plaindre de ce que le droit positif ne leur permettrait pas d'avoir accès à un « juge effectif » au sens de l'arrêt Ravon. • Cons. conc. n° 08-D-30 du 4 déc. 2008 : *BOCC 5 févr. 2009* ; *CCC 2009, n° 56, obs. Decocq.* ♦ Pour un renvoi au Conseil constitutionnel d'une question prioritaire de constitutionnalité relative à l'art. L. 16 B du livre des procédures fiscales, tel que modifié par la L. n° 2008-776 du 4 août 2008, qui a instauré un appel de l'autorisation de visite ainsi qu'un recours contre le déroulement des opérations, devant le premier président de la cour d'appel, à l'instar de ce qui a été fait par l'Ord. n° 2008-1161 du 13 nov. 2008 en matière de droit processuel de la concurrence : • Cass., QPC, 15 juin 2010 : *D. 2010. Actu. 1564.* – Jugeant ces dispositions conformes à la Constitution, V. • Cons. const., 30 juill. 2010 : *D. 2010. Actu. 1865.* – Pour les conséquences, s'agissant de l'art. L. 450-4 C. com. : • Crim. 22 sept. 2010 : *JCP E 2010, n° 1991* ; *Dr. pénal 2010, n° 126, obs. J.-H. Robert.*

17. Constitutionnalité. Les dispositions de l'art. L. 450-4 assurent un contrôle effectif, par le juge, de la nécessité de chaque visite et lui donnent les pouvoirs d'en suivre effectivement le cours, de régler les éventuels incidents portant notamment sur la saisie, par l'administration, de documents de nature personnelle, confidentielle ou couverts par le secret professionnel et, le cas échéant, de mettre fin à la visite à tout moment. Il en résulte qu'il n'y as pas lieu à QPC. • Crim. 27 juin 2012 : *Bull. crim. n° 163* ; *D. 2012. Actu. 1881* ; *AJ pénal 2012. 605, obs. Lasserre Capdeville* ; *JCP 2012, n° 1092, spéc. n° 12, obs. J.-H. Robert* ; *Dr. pénal 2012, n° 133, obs. J.-H. Robert* ; *RLDA sept. 2012. 52, obs. Mathonnière.* ♦ Le pouvoir reconnu aux agents de l'Autorité de la concurrence par l'art. L. 450-4 de saisir des documents et supports informatiques trouve sa limite dans le principe de la libre défense, qui commande de respecter la confidentialité des correspondances échangées entre un avocat et son client et liées à l'exercice des droits de la défense. • Crim. 24 avr. 2013 : *Dalloz actualité, 17 mai 2013, obs. Winckelmuller* ; *D. 2013. Actu. 1124* ; *JCP E 2013, n° 1311* ; *BRDA 2013, n° 10, p. 11.*

Art. L. 450-5 *(Ord. n° 2008-1161 du 13 nov. 2008, art. 1er)* **Le rapporteur général de l'Autorité de la concurrence est informé avant leur déclenchement des investiga-**

tions que le ministre chargé de l'économie souhaite voir diligenter sur des faits susceptibles de relever des articles L. 420-1, L. 420-2 *(L. n° 2012-1270 du 20 nov. 2012, art. 6)* **« , L. 420-2-1 et L. 420-5 ou d'être contraires aux mesures prises en application de l'article L. 410-3 » et peut, dans un délai fixé par décret, en prendre la direction.**

Le rapporteur général est informé sans délai du résultat des investigations menées par les services du ministre. Il peut, dans un délai fixé par décret, proposer à l'Autorité de se saisir d'office. – *[Ord. n° 86-1243 du 1er déc. 1986, art. 49.] – V. art. D. 450-3.*

V. note ss. art. L. 450-1.

Art. L. 450-6 *(Ord. n° 2008-1161 du 13 nov. 2008, art. 1er)* **Le rapporteur général désigne, pour l'examen de chaque affaire, un ou plusieurs agents des services d'instruction aux fonctions de rapporteur. A sa demande écrite, l'autorité dont dépendent les agents mentionnés au II de l'article L. 450-1 met sans délai à sa disposition, en nombre et pour la durée qu'il a indiqués, les agents nécessaires à la réalisation des opérations mentionnées à l'article L. 450-4.** – *V. art. R. 463-4 et R. 463-5.*

V. note ss. art. L. 450-1.

1. Ministre de l'Économie. Il résulte des dispositions des art. 11, 15 et 50 [C. com., art. L. 462-5, L. 464-8 et L. 450-6] que, dès lors que le Conseil de la concurrence est saisi pour sanctionner des parties auxquelles il est reproché des pratiques illicites faisant obstacle au jeu de la libre concurrence, le ministre de l'Économie ne peut utiliser dans la même procédure, à l'encontre de ces parties, les pouvoirs qu'il tient des art. 45 s. [C. com., art. L. 450-1 s.]. • Com. 10 déc. 1996 : *Bull. civ. IV, n° 310 ; D. Affaires 1997. 109.*

2. V. note 2 ss. art. L. 463-7 et note 4 *bis* ss. art. L. 462-7.

3. Nom du rapporteur. La demande du président du Conseil qui se borne à inviter l'Administration à communiquer au rapporteur des informations qu'elle détient mais ne comporte aucune demande d'enquête n'a pas à faire mention du nom du rapporteur. • Com. 16 mai 2000 : *BOCC 25 juill. 2000 ; CCC 2000, n° 144, obs. Malaurie-Vignal.*

4. Désignation du rapporteur. L'art. L. 450-6 n'impose aucun délai pour la désignation du rapporteur et aucune disposition n'impose que la nomination du rapporteur ait été effectuée préalablement à la demande d'avis des autorités administratives compétentes. • Cons. conc. n° 05-D-13 du 18 mars 2005 : *BOCC 28 oct. 2005 ; D. 2005. AJ 1023, obs. Chevrier.* – Sur la demande d'avis, V. art. R. 463-9.

5. Autosaisine. La désignation formelle d'un rapporteur pour instruire une affaire, conformément à l'art. 50 de l'Ord. du 1er déc. 1986 [C. com., art. L. 450-6] n'est prévue que pour l'instruction des affaires au fond postérieure à la saisine du Conseil et non pour les procédures au cours desquelles le Conseil décide de se saisir d'office. Il est dès lors loisible au Conseil de désigner oralement et sans formalités des rapporteurs chargés spécialement de faire un rapport oral sur la saisine d'office devant la formation chargée de se prononcer sur cette saisine. • Cons. conc. n° 06-D-07 du 21 mars 2006 : *cité note 6 ss. art. L. 420-6.*

6. Rôle du rapporteur. Il résulte des art. L. 450-1 et L. 450-6 que le rapporteur est maître de la conduite des investigations et qu'il apprécie librement l'opportunité des mesures à mettre en œuvre ; il ne peut donc être reproché au Conseil de ne pas avoir fait effectuer des visites domiciliaires. • Paris, 23 janv. 2007 : *BOCC 15 sept. 2008 ; D. 2007. AJ 576, obs. Chevrier ; CCC 2007, n° 73, obs. Malaurie-Vignal ; RJDA 2007, n° 557 ; RLC avr.-juin 2007. 79, obs. Cheynel ; RDLC 2007, n° 2, p. 103, obs. Debroux.*

Art. L. 450-7 **Les** *(Ord. n° 2008-1161 du 13 nov. 2008, art. 1er)* **« agents mentionnés à l'article L. 450-1 » peuvent, sans se voir opposer le secret professionnel, accéder à tout document ou élément d'information détenu par les services et établissements de l'État et des autres collectivités publiques.** – *[Ord. n° 86-1243 du 1er déc. 1986, art. 51.]*

1. Formalité. L'art. 51 [C. com., art. L. 450-7] qui autorise les enquêteurs [désormais les agents] à accéder à tout document détenu par les services de l'État ou les collectivités publiques, sans se voir opposer le secret professionnel, ne subordonne pas l'exercice de ce droit à une forme particulière, pas plus qu'il n'interdit aux services de communiquer spontanément ces documents. • Com. 26 janv. 1999 : *CCC 1999, n° 58, obs. Malaurie-Vignal ; LPA 18 nov. 1999, obs. Petitier ; JCP E 1999, n° 48, p. 1913, obs. Arhel.*

2. Secret médical. Opèrent dans les limites des pouvoirs qui leur sont attribués par les art. L. C. consom. et L. 450-3 C. com., les enquêteurs [désormais les agents] qui se sont bornés à demander communication de plusieurs dossiers d'une clinique au prévenu, lequel leur a transmis neuf devis où les mentions relatives à l'identité des patients étaient cancellées, de telle sorte qu'ils n'ont pas porter atteinte au secret médical. • Crim. 15 oct. 2002 : *CCC 2003, n° 99, obs. Raymond ; Dr. pénal 2003, n° 22, obs. J.-H. Robert ; ibid., Chron. 13, obs. Marsat et Maron.*

3. Procès-verbal. Des documents administratifs peuvent être considérés comme figurant de façon licite dans un dossier d'enquête sans que leur réception fasse l'objet d'un procès-verbal, lorsqu'il sont fournis par les services et établissements de l'État et des autres collectivités publiques. • Cons. conc. n° 07-D-29 du 26 sept. 2007 : *cité note 1 ss. art. L. 450-1.*

Art. L. 450-8 **Est puni d'un emprisonnement de six mois et d'une amende de 7 500 € le fait pour quiconque de s'opposer, de quelque façon que ce soit, à l'exercice des fonctions** *(Ord. n° 2008-1161 du 13 nov. 2008, art. 1er)* **« dont les agents mentionnés à l'article L. 450-1 sont chargés » en application du présent livre.** – *[Ord. n° 86-1243 du 1er déc. 1986, art. 52.]*

BIBL. ► Bouloc, *RLC avr.-juin 2013. 77* (les infractions d'opposition aux fonctions au regard des droits fondamentaux).

1. Entrave. Dès lors que les enquêteurs [désormais les agents] habilités par le ministre chargé de l'économie exercent leurs fonctions en exécution d'une ordonnance du président du TGI, ils sont réputés agir dans les conditions prévues par la loi et les obstacles mis à leurs fonctions constituent le délit prévu par l'art. 52 [C. com., art. L. 450-8]. • Crim. 25 févr. 1992 : *Bull. crim. n° 86.* ♦ Pour une illustration de l'opposition à fonction, V. • TGI Toulouse, 9 mars 1998 : *BID 1998, n° 12, p. 32.*

2. Auto-incrimination. **BIBL.** Roets, *AJ pénal 2008. 119* (le droit de ne pas contribuer à sa propre incrimination dans la jurisprudence de la CEDH). ♦ Le secret professionnel comme la protection des libertés individuelles des clients ne peuvent être opposés aux enquêteurs, qui sont soumis à un devoir de discrétion et qui tiennent de la loi le pouvoir d'exiger la communication de documents de toute nature propres à l'accomplissement de leur mission. • Crim. 24 févr. 2009 : *Bull. crim. n° 46 ; D. 2009. AJ 1017, obs. Léna ; RTD com. 2009. 636, obs. Bouloc ; AJ pénal 2009. 226, obs. Lasserre Capdeville ; RSC 2009. 923, obs. Renucci ; JCP E 2009, n° 16-17, p. 38 ; CCC 2009, n° 151, obs. Raymond ; RJDA 2009, n° 785 ; RLDA avr. 2009. 42, obs. Anadon ; Dr. pénal 2009, n° 83, obs. J.-H. Robert ; RLC janv.-févr. 2011. 54, obs. Bouloc ; Lettre distrib. oct. 2009, p. 5.* ♦ Les juges relèvent que le refus de communiquer les documents contractuels dans leur intégralité, qui a empêché les enquêteurs de vérifier l'application de la réglementation en matière de démarchage à domicile, caractérise le délit prévu et réprimé par l'art. L. 450-8 C. com., lequel consiste en une obstruction, de quelque nature que ce soit, apportée aux demandes d'un fonctionnaire de contrôle tendant à l'empêcher de procéder aux enquêtes dont il est chargé. • Même arrêt. ♦ La cour d'appel a justifié sa décision, sans porter atteinte au droit au silence garanti par les dispositions de la Conv. EDH. • Même arrêt.

3. Droit transitoire. V. note 1 ss. art. 61, reproduit ss. art. L. 470-8.

Les infractions aux dispositions des art. L. 310-1 à L. 310-4, L. 310-7 C. com. de l'art. L. 752-1 C. com. et des textes pris pour son application, et de l'art. L. 121-15 C. consom. peuvent être constatées et poursuivies dans les conditions fixées par les art. L. 450-1, L. 450-2, L. 450-3, L. 450-7 et L. 450-8 C. com. (L. n° 89-1008 du 31 déc. 1989, art. 9, al. 1er). — Il en va de même des infractions prévues aux art. L. 322-1 et L. 322-2 CSI prohibant les loteries (CSI, art. L. 324-10). — V. ce texte au ***C. consom.***

V. aussi, notamment, sur l'application des dispositions du livre IV, art. L. 443-2 et L. 443-3, titres V et VII aux infractions en matière : de protection des consommateurs (ventes à la boule de neige ; clauses abusives ; présentation des contrats ; remise des contrats ; publicité des prix ; ventes avec primes ; refus et subordination de vente ; ventes à distance ; ventes à domicile ; vente par envoi forcé ; abus de faiblesse et ventes à crédit) ; ... de publicité (loteries publicitaires), C. consom., art. L. 141-1 [App., v° Ventes commerciales], L. n° 93-122 du 29 janv. 1993, art. 25, dernier al. (prestations de publicité) [App., v° Publicité commerciale] ; ... de transport routier de marchandises, C. transp., art. L. 3241-1, ss. art. L. 133-5.

TITRE SIXIÈME DE L'AUTORITÉ DE LA CONCURRENCE *(L. n° 2008-776 du 4 août 2008, art. 95-I, 1°, en vigueur le 13 nov. 2008).*

BIBL. GÉN. ▸ Loi n° 2008-776 du 4 août 2008 : IDOT et LEMAIRE, *JCP 2008. Actualités. 441* (avant-projet d'ordonnance portant création de l'Autorité de la concurrence). – VILMART, *JCP E 2008, n° 26, p. 3* (réflexions sur le projet d'ordonnance portant création de l'Autorité de concurrence). – CHEVRIER, *D. 2008. 1884* (réintroduction par le Sénat dans le projet LME). – VILMART et LEGUIN, *JCP E 2008, n° 31-34, p. 17, spéc. p. 25* (la LME : une tentative encore inachevée de modernisation du droit français de la concurrence). – DEBROUX, *CCC 2008. Alerte 45* (la création d'une Autorité de la concurrence aux compétences élargies : une réforme majeure et quelques scories). – CHEYNEL, *RLC juill.-sept. 2008. 64* (avant-projet d'ordonnance portant création de l'Autorité de la concurrence). – ARHEL, *LPA 7 août 2008* (LME : une nouvelle réforme du droit de la concurrence). – FOURGOUX, *RJ com. 2008. 251* (sur une autorité de la concurrence moderne ?). – BOSCO, *CCC 2008. Dossier 8* (la nouvelle Autorité de la concurrence). – SÉLINSKY, *RLC oct.-déc. 2008. 202* (Autorité de la concurrence unique : une réforme à parfaire). – DESCHAMPS, *ibid. 204* (réflexions autour de la nécessité d'un débat technique et démocratique). ▸ Ord. n° 2008-1162 du 13 nov. 2008 : BOSCO, *CCC 2008, n° 273* (premières vues sur l'ordonnance de modernisation de la régulation de la concurrence). – FLAICHER-MANEVAL, B. PHILIPPE et REDON, *BRDA 2008, n° 24, p. 11* (pratiques anticoncurrentielles et contrôle des concentrations : aperçu de la réforme). – VILMART, *JCP E 2009, n° 4, p. 20* (naissance de l'Autorité de la concurrence : une réforme fondamentale mais inachevée). – POÉSY, *AJDA 2009. 347* (nature juridique de l'Autorité de la concurrence). – IDOT et LEMAIRE, *JCP 2009. I. 125* (le nouveau visage de la régulation de la concurrence en France). – ANADON et MARCHAND, *RLC janv.-févr. 2009. 100* (l'Autorité de la concurrence de A à Z). – CLAUDEL, *RTD com. 2009. 92* (la réforme institutionnelle : la création d'une Autorité de la concurrence aux compétences élargies). – FERRIER et BIANCONE, *D. 2009. 1031* (l'Autorité de la concurrence). – LASSERRE, *RJ com. 2009. 96* (la transformation du Conseil de la concurrence en Autorité de la concurrence, clé de voûte d'une régulation de la concurrence moderne, juste et efficace). – NICINSKI, *RFDA 2009. 1237* (l'Autorité de la concurrence). – DE DROUAS, DURAND et HUBERT, *RDLC 2010, n° 2, p. 34* (l'Autorité de la concurrence, un an après : points de vue d'usagers). – LASSERRE, *Just. et cass. 2010. 100* (l'office de l'Autorité de la concurrence). – FRISON-ROCHE, *LPA 29 sept. 2011* (QPC, autorités de concurrence, autorités de régulation économique et financière : perspectives institutionnelles).

▸ Conseil de la concurrence : V. BIBL. dans les éditions 2012 et antérieures et au **C. com.**.

V. le règlement intérieur de l'Autorité de la concurrence adopté par une décision du 30 mars 2009 (JO 4 avr.).

CHAPITRE PREMIER DE L'ORGANISATION

(L. n° 2008-776 du 4 août 2008, art. 95-I, 2°, en vigueur le 13 nov. 2008)

Art. L. 461-1 I. – **L'Autorité de la concurrence est une autorité administrative indépendante. Elle veille au libre jeu de la concurrence. Elle apporte son concours au fonctionnement concurrentiel des marchés aux échelons européen et international.**

II. – Les attributions confiées à l'Autorité de la concurrence sont exercées par un collège composé de dix-sept membres, dont un président, nommés pour une durée de cinq ans par décret pris sur le rapport du ministre chargé de l'économie.

Le président est nommé en raison de ses compétences dans les domaines juridique et économique *(Abrogé par L. n° 2010-838 du 23 juill. 2010, art. 2-I)* *« , après avis des commissions du Parlement compétentes en matière de concurrence »*.

Le collège comprend également :

1° Six membres ou anciens membres du Conseil d'État, de la Cour de cassation, de la Cour des comptes ou des autres juridictions administratives ou judiciaires ;

2° Cinq personnalités choisies en raison de leur compétence en matière économique ou en matière de concurrence et de consommation ;

3° Cinq personnalités exerçant ou ayant exercé leurs activités dans les secteurs de la production, de la distribution, de l'artisanat, des services ou des professions libérales.

Quatre vice-présidents sont désignés parmi les membres du collège, dont au moins deux parmi les personnalités mentionnées aux 2° et 3°.

III. – Le mandat des membres du collège est renouvelable, à l'exception de celui du président qui n'est renouvelable qu'une seule fois.

La validité des actes de poursuite, d'instruction et de sanction accomplis antérieurement à la première réunion de l'Autorité de la concurrence est appréciée au regard des textes en vigueur à la date à laquelle ils ont été pris ou accomplis (Ord. n° 2008-1161 du 13 nov. 2008, art. 5-II).

L'examen des affaires de concentration notifiées avant la date de la première réunion de l'Autorité de la concurrence et l'examen des affaires de pratiques anticoncurrentielles ayant donné lieu à une notification de griefs ou à une proposition de non-lieu avant cette même date se poursuivent selon les règles de procédure en vigueur antérieurement à cette date. Le collège de l'Autorité de la concurrence est substitué au collège du Conseil de la concurrence pour l'examen de ces affaires, y compris pour les affaires en délibéré (Ord. n° 2008-1161 du 13 nov. 2008, art. 5-III).

1. Nature juridique du Conseil de la concurrence. **BIBL.** R. Martin, *JCP 1990. I. 3469.* – Lucas de Leyssac, *RJ com. 1992. 273.* ♦ Le Conseil de la concurrence ne présente pas le caractère d'une institution juridictionnelle. • Cons. const. 23 janv. 1987 : *D. 1988. 117, note Luchaire ; JCP 1987. II. 20854, note Sestier.* ♦ Dans le même sens, considérant que, si les décisions du Conseil ont un caractère de punition, elles sont néanmoins des décisions administratives non juridictionnelles, rendues par un organisme qui remplit une mission ayant pour finalité la défense d'un ordre public économique, V. • Paris, 8 sept. 1998 : *D. Affaires 1998. 1633, obs. J. F. ; CCC 1998, n° 164, obs. Malaurie-Vignal.* ♦ V. aussi, refusant la possibilité de solliciter la saisine pour avis de la Cour de cassation, en application de l'art. L. 151-1 COJ : • Cons. conc. n° 94-D-60 du 13 déc. 1994 : *BOCC 18 févr. 1995.* ♦ Sur les juridictions compétentes pour connaître des recours élevés contre les décisions de l'Autorité de la concurrence, V. art. L. 464-8.

2. Nature juridique de l'Autorité de la concurrence. **BIBL.** Pcésy, *AJDA 2009. 347* . ♦ L'Autorité de la concurrence est une autorité administrative indépendante ; elle veille au libre jeu de la concurrence et apporte son concours au fonctionnement concurrentiel des marchés aux échelons européen et international ; elle n'est pas une juridiction ou « quasi-juridiction » de première instance, puisqu'elle participe d'une politique publique, que le statut de ses membres ou son organisation ne prétendent pas garantir l'impartialité au sens de la Convention EDH, que, par application de l'art. L. 461-1-I, l'Autorité n'est pas dotée d'une commission des sanctions et œuvre à travers un collège unique. • Paris, 23 sept. 2010 : *BOCC 22 oct. 2010 ; Dalloz actualité, 5 oct. 2010, obs. Chevrier ; JCP E 2010, n° 1895.*

Art. L. 461-2 Le président et les vice-présidents exercent leurs fonctions à plein temps. Ils sont soumis aux règles d'incompatibilité prévues pour les emplois publics.

Est déclaré démissionnaire d'office par le ministre chargé de l'économie tout membre de l'autorité qui n'a pas participé, sans motif valable, à trois séances consécutives ou qui ne remplit pas les obligations prévues aux troisième et quatrième alinéas. Il peut également être mis fin aux fonctions d'un membre de l'autorité en cas

d'empêchement constaté par le collège dans des conditions prévues par son règlement intérieur.

Tout membre de l'autorité doit informer le président des intérêts qu'il détient ou vient à acquérir et des fonctions qu'il exerce dans une activité économique.

Aucun membre de l'autorité ne peut délibérer dans une affaire où il a un intérêt ou s'il représente ou a représenté une des parties intéressées.

Le commissaire du Gouvernement auprès de l'autorité est désigné par le ministre chargé de l'économie.

BIBL. ▶ DESCHAMPS, *RLC juill.-sept. 2011. 104* (prévention des conflits d'intérêts au sein de l'Autorité de la concurrence).

1. Commissaire du Gouvernement. Le ministre chargé de l'économie a la faculté de saisir le Conseil de la concurrence [désormais l'Autorité de la concurrence] en vue de la sanction de pratiques anticoncurrentielles en application de l'art. L. 462-5, et est par ailleurs, lui-même ou les représentants qu'il a désignés, commissaire du Gouvernement auprès du Conseil [désormais l'Autorité] en application de l'art. L. 461-2. • Cons. conc. n° 07-D-49 du 19 déc. 2007 : *cité note 33 ss. art. L. 420-1.* ♦ Ce dispositif prévu par la loi ne confère ni au ministre partie saisissante, ni au commissaire du Gouvernement qu'il désigne, aucun pouvoir sur le déroulement de la procédure autre que celui de déposer des observations, qui constituent un simple avis consultatif, fût-il obligatoire, communiquées aux entreprises en cause qui ont la possibilité de faire valoir leurs propres observations en réponse ; il n'en résulte aucune atteinte au principe d'égalité des armes ni aucune violation du droit à un procès équitable. • Paris, 8 avr. 2009 : *BOCC 17 juill. 2009 ; Dalloz actualité, 21 avr. 2009, obs. Chevrier ; RLC juill.-sept. 2009. 74, obs. Barbier de la Serre ; RDLC 2009, n° 3, p. 127, obs. Momège.*

2. Conflit d'intérêts. Le code de commerce ainsi que le règlement intérieur et la charte de déontologie de l'Autorité de la concurrence prévoient un ensemble de mécanismes destinés à prévenir tout risque de conflit d'intérêts. • Aut. conc. n° 11-MC-01 du 12 mai 2011 : *RDLC 2011, n° 3, p. 191, obs. Lemaire et Naudin.*

Art. L. 461-3 **L'Autorité de la concurrence peut siéger soit en formation plénière, soit en sections, soit en commission permanente. La commission permanente est composée du président et des quatre vice-présidents.**

Les formations de l'autorité délibèrent à la majorité des membres présents. Le règlement intérieur de l'autorité détermine les critères de quorum applicables à chacune de ces formations.

En cas de partage égal des voix, la voix du président de la formation est prépondérante.

(Ord. n° 2008-1161 du 13 nov. 2008, art. 2-I) **« Le président, ou un vice-président désigné par lui, peut adopter seul les décisions prévues** *(L. n° 2009-526 du 12 mai 2009, art. 139-VII)* **« à l'article L. 462-8, ainsi que celles prévues aux articles » L. 464-2 à L. 464-6 quand elles visent des faits dont l'Autorité de la concurrence a été saisie par le ministre en application du quatrième alinéa de l'article L. 464-9. Il peut faire de même s'agissant des décisions prévues à l'article L. 430-5. »** – *V. art. R. 464-8, 5°.*

1. Commission permanente (jurispr. relative au Conseil de la concurrence). Si les dispositions des art. 6, 13 et 15 [dans sa rédaction antérieure au Décr. du 2 mai 1988] du Décr. n° 86-1309 du 29 déc. 1986 [abrogé], qui fixait les conditions d'application de l'ordonnance et n'énumérait pas les compétences reconnues à la commission permanente, confèrent à cette dernière certaines attributions, elles n'avaient ni pour objet, ni pour effet de restreindre à ces attributions la compétence de la commission. • CE 30 oct. 1987 : ⚖ *D. 1987. IR 229* • Paris, 27 nov. 2001 : *Gaz. Pal. 3-5 mars 2002, p. 35.* ♦ V. désormais art. R. 461-7. ♦ Les dispositions qui confèrent à la commission permanente certaines attributions n'ont ni pour objet, ni pour effet de restreindre à ces attributions la compétence de cette dernière formation. • Paris, 24 juin 2008 : ⚖ *cité note 4 ss. art. L. 463-5.* ♦ V. aussi, reconnaissant la compétence de la commission permanente pour ordonner des mesures conservatoires en vertu de l'art. 12 [C. com., art. L. 464-1], • Paris, 19 oct. 1987 : *Gaz. Pal. 1987. 2. 733, note Fourgoux.*

L'art. L. 461-3 qui fixe la composition de la commission permanente n'impose pas que tous les membres soient présents pour lui permettre de délibérer valablement ; la règle de quorum, prévue par l'art. 24 du décret de 2002 exige seulement la présence de trois membres de la commission. • Cons. conc. n° 06-D-07 du 21 mars 2006 : *cité note 6 ss. art. L. 420-6.*

2. Principe d'impartialité (jurispr. relative au Conseil de la concurrence). Le Conseil de la concurrence, statuant en commission permanente, s'étant prononcé sur le caractère prohibé d'une partie des faits qui lui étaient dénoncés dans la procédure de mesures conservatoires, ne peut, dans une formation comportant des membres ayant statué dans cette procédure, statuer à nouveau au fond, sans manquer objectivement au principe d'impartialité. • Com. 9 oct. 2001 : *Bull. civ. IV, n° 160 ; D. 2001. AJ 3530, obs. Chevrier* ; *RTD com. 2002. 292, obs. Claudel* ; *CCC 2001, n° 174, note Malaurie-Vignal ; JCP E 2001, n° 47, p. 1840.* ♦ En revanche, la sanction du non-respect d'une injonction ne préjugeant pas au fond, c'est à juste titre que l'arrêt retient qu'en se prononçant au fond dans une composition comprenant certains membres ayant déjà statué dans une décision se bornant à sanctionner l'inexécution d'une injonction prononcée à titre conservatoire dans une décision précédente relative à la même saisine, le Conseil n'a pas manqué au principe d'impartialité. • Com. 23 oct. 2007 : *cité note 8 ss. art. L. 464-3.* ♦ De même, la seule présence, dans une formation contentieuse du Conseil de la concurrence, de membres qui se sont exprimés antérieurement dans le cadre d'une procédure consultative ne constitue pas une violation du principe d'impartialité dès lors que les termes de l'avis rendu à l'issue de cette procédure ne s'apparente pas à un préjugement. • Paris, 18 févr. 2003 : *BOCC 21 nov. 2003 ; JCP E 2003, n° 14, p. 612, note Arhel ; CCC 2004, n° 8, obs. Malaurie-Vignal* • Paris, 4 févr. 2003 : *BOCC 31 mars 2003 ; RTD com. 2004. 81, obs. Claudel* . ♦ Le fait que le rapporteur ait assisté au délibéré de la commission permanente n'affecte pas la validité de la décision dès lors que celle-ci s'est bornée à ouvrir la procédure. • Paris, 27 nov. 2001 : *D. 2002. Somm. 2043, obs. Reygrobellet* . ♦ La circonstance que des membres du Conseil aient siégé en commission permanente lors de la saisine d'office, puis lors de la séance décidant sur le fond de l'affaire, n'est pas contraire au principe d'impartialité, la décision de se saisir d'office ne les ayant pas conduits à préjuger de l'affaire. • Cons. conc. n° 07-D-15 du 9 mai 2007 : *cité note 6 ss. art. L. 463-5.*

3. Constitutionnalité. Jugeant conforme à la Constitution l'art. L. 461-3, V • Cons. const., QPC, 12 oct. 2012 : *cité note 3 ss. art. L. 430-8.*

4. Décision du président. La loi prévoit deux hypothèses : la prise de décision en formation, d'une part, et la prise de décision par le président ou un vice-président désigné par lui, d'autre part ; c'est également ce qui ressort de l'art. 37 du règlement intérieur de l'Autorité. La loi ne renvoie au règlement intérieur pour fixer le quorum minimum que dans la première hypothèse, la question d'un quorum étant sans objet lorsque la décision est prise par le président ou un vice-président seul. • Aut. conc. n° 13-D-08 du 15 avr. 2013. ♦ L'application du 4ᵉ al. de l'art. L. 461-3 aux décisions prévues à l'art. L. 462-8 n'est pas limitée aux « faits dont l'Autorité de la concurrence a été saisie par le ministre en application du 4ᵉ al. de l'art. L. 464-9 » ; cette exigence s'applique uniquement pour la prise des décisions prévues aux art. L. 464-2 à L. 464-6. • Même décision.

Art. L. 461-4 **L'Autorité de la concurrence dispose de services d'instruction dirigés par un rapporteur général nommé par arrêté du ministre chargé de l'économie après avis du collège.**

Ces services procèdent aux investigations nécessaires à l'application des titres II et ***III du présent livre.***

Les rapporteurs généraux adjoints, les rapporteurs permanents ou non permanents et les enquêteurs des services d'instruction sont nommés par le rapporteur général, par décision publiée au *Journal officiel*.

Un conseiller auditeur possédant la qualité de magistrat *(L. n° 2009-526 du 12 mai 2009, art. 139-VII)* **« ou offrant des garanties d'indépendance et d'expertise équivalentes » est nommé par arrêté du ministre chargé de l'économie après avis du collège. Il recueille, le cas échéant, les observations des parties mises en cause et saisissantes sur le déroulement des procédures les concernant dès l'envoi de la notification des griefs. Il transmet au président de l'autorité un rapport évaluant ces observations et proposant, si nécessaire, tout acte permettant d'améliorer l'exercice de leurs droits par les parties.**

Les modalités d'intervention du conseiller auditeur sont précisées par décret en Conseil d'État. – *V. art. R. 461-9.*

Les crédits attribués à l'Autorité de la concurrence pour son fonctionnement sont inscrits dans un programme relevant du ministère chargé de l'économie. La loi du 10 août 1922 relative à l'organisation du contrôle des dépenses engagées n'est pas applicable à leur gestion.

Le président est ordonnateur des recettes et des dépenses de l'autorité. Il délègue l'ordonnancement des dépenses des services d'instruction au rapporteur général.

Un décret en Conseil d'État détermine les conditions dans lesquelles le président de l'autorité la représente dans tous les actes de la vie civile et a qualité pour agir en justice en son nom. – *V. art. R. 461-1 et R. 461-2.*

Conseiller auditeur. La faculté pour les parties de présenter des observations auprès du conseiller auditeur a été instituée par l'art. 95 de la L. n° 2008-776 du 4 août 2008, lequel article, qui a pour objet l'instauration d'une Autorité de la concurrence, prévoyait une entrée en vigueur des dispositions nouvelles à compter de la publication de l'ordonnance prévue pour leur application. Cette ordonnance, publiée le 13 nov. 2008, ayant maintenu les compétences du Conseil de la concurrence jusqu'à la première réunion de l'Autorité de la concurrence, l'entrée en vigueur des dispositions nouvelles issues de l'art. 95 a ainsi été repoussée à cette date. Dès lors les règles de procédure en vigueur antérieurement à la date de la première réunion de l'Autorité de la concurrence le 2 mars 2009, applicables à l'examen de la présente affaire, ne prévoyant pas la possibilité pour les parties de saisir le conseiller auditeur, les entreprises mises en cause ne sont pas fondées à se plaindre de l'absence d'intervention du conseiller auditeur dans la présente procédure. • Aut. conc. n° 11-D-02 du 26 janv. 2011.

Art. L. 461-5 **Les commissions du Parlement compétentes en matière de concurrence peuvent entendre le président de l'Autorité de la concurrence et consulter celle-ci sur toute question entrant dans le champ de ses compétences.**

Le président de l'Autorité de la concurrence rend compte des activités de celle-ci devant les commissions du Parlement compétentes en matière de concurrence, à leur demande.

L'Autorité de la concurrence établit chaque année, avant le 30 juin, un rapport public rendant compte de son activité qu'elle adresse au Gouvernement et au Parlement.

BIBL. ▶ Arhel, *LPA 12-13 août 2010* (premier rapport d'activité) ; *ibid. 31 oct. 2011* (deuxième rapport d'activité). – Claudel, *RTD com. 2011. 515* (rapport annuel). – Arhel, *LPA 6-7 sept. 2012* (troisième rapport d'activité).

Portée du rapport annuel. Le principe de prévisibilité juridique, consacré par le droit européen des droits de l'homme et par le droit communautaire, de même que le principe général de cohérence, qui interdit de se contredire devant un juge au détriment d'autrui, ne donnent pas aux entreprises poursuivies le droit d'attendre le bénéfice d'une analyse juridique d'un document (un rapport annuel) qui n'a valeur ni légale ni réglementaire et s'assimile tout au plus à des indications jurisprudentielles, évolutives par nature. • Paris, 19 janv. 2010 : *cité note 8 ss. art. L. 464-2.*

CHAPITRE II DES ATTRIBUTIONS

Art. L. 462-1 *(Ord. n° 2008-1161 du 13 nov. 2008, art. 4)* **« L'Autorité de la concurrence » peut être consultée par les commissions parlementaires sur les propositions de loi ainsi que sur toute question concernant la concurrence.**

Elle donne son avis sur toute question de concurrence à la demande du Gouvernement. Elle peut également donner son avis sur les mêmes questions à la demande des collectivités territoriales, des organisations professionnelles et syndicales, des

organisations de consommateurs agréées, des chambres d'agriculture, des chambres de métiers ou des *(L. n° 2010-853 du 23 juill. 2010, art. 8)* **« chambres de commerce et d'industrie territoriales »,** *(L. n° 2009-669 du 12 juin 2009, art. 18)* **« de la Haute Autorité pour la diffusion des œuvres et la protection des droits sur internet, »** *(L. n° 2010-853 du 23 juill. 2010, art. 42)* **« et des présidents des observatoires des prix** *(L. n° 2012-1270 du 20 nov. 2012, art. 23-III)* **« , des marges » et des revenus de Guadeloupe, de Guyane, de Martinique, de la Réunion,** *(Ord. n° 2011-337 du 29 mars 2011, art. 7, en vigueur le 1er avr. 2011)* **« du Département de Mayotte » et de Saint-Pierre-et-Miquelon, en ce qui concerne les intérêts dont ils ont la charge ».** — *[Ord. n° 86-1243 du 1er déc. 1986, art. 5.] — V. art. R. 462-1 s.*

Sur les observatoires des prix, des marges et des revenus dans les outre-mer, V. art. L. 910-1 A s.

Sur la saisine de l'Autorité de la concurrence par la Commission de régulation de l'électricité, V. C. énergie, art. L. 134-16, et pour application Décr. n° 2000-894 du 11 sept. 2000, art. 23 (JO 16 sept.). — ... Par l'Autorité de régularisation des télécommunications, V. CPCE, art. L. 37-1 ; V. aussi 1re note ss. art. L. 420-2. — ... Par l'Autorité de régulation des activités ferroviaires, V. C. transp., art. L. 2135-13.

BIBL. ▶ CHÉROT, *D. 1995. Chron. 233* ⌀. – CHEYNEL, *RLC oct.-déc. 2009. 80* (cumul des fonctions : la nouvelle Autorité de la concurrence à l'abri des foudres de la Cour EDH ?). – LASSERRE, *Just. et cass. 2010. 100* (l'office de l'Autorité de la concurrence). – SPILLIAERT, *RDLC 2010, n° 3, p. 58* (les avis de l'Autorité de la concurrence) ; *CCC 2011. Dossier 6* (quelques considérations sur l'activité consultative de l'Autorité de la concurrence). – DESCHAMPS, *RLC oct.-déc. 2012. 85* (l'Autorité de la concurrence doit-elle, dans le cadre de sa fonction consultative, disposer de toutes les libertés ?).

1. Collectivité locale. Jugeant qu'en tant qu'il exerce les activités qui lui sont déléguées par les communes qui y sont associées, un syndicat intercommunal doit être considéré comme une collectivité locale au sens de l'art. L. 462-1 : • Cons. conc. n° 04-A-23 du 20 déc. 2004. ♦ La situation locale de la communication audiovisuelle entrant dans les intérêts dont les communes ont la charge, en conséquence la saisine et le recours de collectivités publiques sont recevables. • Paris, 3 juin 1993 : *D. 1993. IR 182.*

2. Préjugement. Jugeant qu'aucun des termes d'un avis rendu par le Conseil de la concurrence dans l'exercice de ses attributions consultatives, en l'espèce à la demande de la commission des finances de l'Assemblée nationale, sur le prix de l'eau en France et plus généralement sur la structure du marché, ne s'apparente à un préjugement, V. • Paris, 18 févr. 2003 : *BOCC 21 nov. 2003 ; JCP E 2003, n° 14, p. 612, note Arhel ; CCC 2004, n° 8, obs. Malaurie-Vignal ; RTD com. 2004. 81, obs. Claudel* ⌀. ♦ Les avis qu'il rend sur l'application éventuelle des dispositions de l'art. L. 420-4 C. com., lorsqu'il est saisi sur le fondement de l'art. L. 462-1, ne constituent pas des exemptions, ni des refus d'exemption, de pratiques interdites par le droit de la concurrence, au sens de l'art. 81, § 3 CE, dès lors qu'il n'existe pas, dans le droit national, de procédure équivalente à l'exemption communautaire. • Cons. conc. n° 04-A-06 du 16 avr. 2004 : *BOCC 6 sept. 2004 ; RLC 2005, n° 1, p. 72, obs. Bazex et Blazy ; Lettre distrib. juin 2004, p. 2.* ♦ Seuls une procédure contentieuse ou un avis contradictoire rendu à la demande d'une juridiction en application de l'art. L. 462-3 C. com , seraient susceptibles de déterminer la position du Conseil sur la possibilité d'accorder aux pratiques en cause le bénéfice des dispositions de l'art. L. 420-4 du même code. • Même avis. ♦ V. aussi, jugeant que les missions du Conseil diffèrent suivant qu'il se trouve saisi dans le cadre d'une procédure consultative ou contentieuse : • Cons. conc. n° 04-D-49 du 28 oct. 2004 : *BOCC 21 janv. 2005 ; D. 2004. AJ 3066* ⌀.

2 bis. Portée des avis. Lorsqu'elle est consultée en application de l'art. L. 462-1, l'Autorité de la concurrence ne peut se prononcer que sur des questions générales de concurrence. Il ne lui appartient pas dans ce cadre de se prononcer sur la question de savoir si telle ou telle pratique d'une entreprise est contraire aux dispositions du code de commerce réprimant les ententes, les abus de position dominante ou de dépendance économique ou les prix abusivement bas ; seules une saisine contentieuse et la mise en œuvre d'une procédure contradictoire prévue au livre IV dudit code sont de nature à permettre une appréciation de la licéité de la pratique considérée au regard desdites dispositions. • Aut. conc., avis, n° 10-A-02 du 1er févr. 2010 : *Dr. adm. 2010, n° 49, obs. Bazex.* ♦ A la différence de sa fonction décisionnelle, qui amène l'Autorité de la concurrence à intervenir sur des affaires individuelles de concentration ou de pratiques anticoncurrentielles, sa mission consultative lui permet de s'exprimer sur toute question de concurrence et d'émettre, le cas échéant, des propositions aux fins d'améliorer le fonctionnement concurrentiel des marchés. • Aut. conc., avis, n° 12-A-14 du 19 juin 2012. ♦ L'Autorité ne peut pas, dans le cadre d'une demande d'avis, procéder en réalité à la qualification de pratiques anticoncurrentielles ; un tel examen ne peut être mené que dans l'exercice de sa compétence contentieuse, de façon contradictoire, en présence de faits avérés et non hypothétiques. • Même avis.

3. Impartialité. Si l'exigence d'impartialité, qui doit s'apprécier objectivement, fait obstacle à ce que certaines personnes exercent successivement à propos des mêmes décisions des fonctions consultatives et juridictionnelles, elle n'interdit pas, en revanche, qu'un même organisme soit doté de telles prérogatives, dès lors qu'elles sont dévolues à des personnes différentes. • Paris, 24 juin 2003 : *BOCC 29 sept. 2003 ; CCC 2003, n° 185, obs. Malaurie-Vignal ; RTD com. 2004. 81, obs. Claudel*.

Art. L. 462-2 *(Ord. n° 2008-1161 du 13 nov. 2008, art. 4)* **« L'Autorité de la concurrence » est obligatoirement consultée par le Gouvernement sur tout projet de texte réglementaire instituant un régime nouveau ayant directement pour effet :**

1° De soumettre l'exercice d'une profession ou l'accès à un marché à des restrictions quantitatives ;

2° D'établir des droits exclusifs dans certaines zones ;

3° D'imposer des pratiques uniformes en matière de prix ou de conditions de vente. — *[Ord. n° 86-1243 du 1er déc. 1986, art. 6.]*

BIBL. ▶ V. bibl. ss. art. L. 462-1.

1. Consultation obligatoire. L'adoption de l'arrêté interministériel fixant les taux de marge des pharmaciens d'officine n'a pas à être précédée de la consultation du Conseil de la concurrence, malgré les dispositions de l'art. 6 [C. com., art. L. 462-2]. • CE 12 juin 1992 : *RJDA 1992, n° 850*. ♦ Il en va de même de l'arrêté du 11 juill. 1992 par lequel ont été fixés les prix et tarifs d'honoraires des médecins. • CE 3 oct. 1994 : *D. 1994. IR 247*. ♦ ... De l'arrêté portant approbation de la convention nationale des masseurs-kinésithérapeutes. • CE 30 avr. 1997 : *D. 1997. IR 155*.

2. Régime nouveau. Le Conseil n'a pas à être consulté sur le fondement de l'art. L. 462-2 lorsque la réglementation d'un régime déjà en place se trouve modifiée sans que son économie soit substantiellement changée. • Cons. conc. n° 08-D-06 du 2 avr. 2008 : *cité note 8 ss. art. L. 464-2*. ♦ Parce qu'il ne s'est pas borné à préciser les modalités d'application des règles communautaires et nationales en vigueur mais qu'il a modifié la réglementation antérieure de manière substantielle, un décret doit être regardé comme ayant institué un régime nouveau au sens de l'art. L. 462-2, imposant une consultation du Conseil. • CE 28 mars 2007 : *RLC oct.-déc. 2007. 57, obs. Clamour*. ♦ En revanche, le Décr. n° 96-756 du 28 août 1996 relatif à l'évolution de certains loyers dans l'agglomération de Paris qui se borne à faire application des dispositions de l'art. 18 de la L. n° 89-462 du 6 juill. 1989 n'institue pas un régime nouveau au sens de l'art. 6 [C. com., art. L. 462-2]. • CE 6 juin 1997 : *D. 1997. IR 155*. ♦ Il en est de même du Décr. n° 95-284 du 14 mars 1995, instituant le nouveau code de déontologie des pharmaciens, • CE 30 avr. 1997 : *LPA 10 nov. 1997, note Roquelle et Vialla*. ♦ Un arrêté qui se borne à modifier de façon ponctuelle la réglementation applicable ne peut être regardé comme instituant un régime nouveau. • CE 29 avr. 2011 : *RJDA 2012, n° 435 ; RLC oct.-déc. 2011. 57, obs. Clamour.*

Art. L. 462-3 *(Ord. n° 2008-1161 du 13 nov. 2008, art. 4)* **« L'Autorité de la concurrence » peut être consultée par les juridictions sur les pratiques anticoncurrentielles définies aux articles L. 420-1, L. 420-2** *(L. n° 2012-1270 du 20 nov. 2012, art. 6)* **« , L. 420-2-1 et L. 420-5 » ainsi qu'aux articles** *(L. n° 2012-1270 du 20 nov. 2012, art. 6)* **« 101 et 102 du Traité sur le fonctionnement de l'Union Européenne » et relevées dans les affaires dont elles sont saisies. Elle ne peut donner un avis qu'après une procédure contradictoire. Toutefois, si elle dispose d'informations déjà recueillies au cours d'une procédure antérieure, elle peut émettre son avis sans avoir à mettre en œuvre la procédure prévue au présent texte.**

(L. n° 2012-1270 du 20 nov. 2012, art. 5-III) **« L'Autorité de la concurrence peut transmettre tout élément qu'elle détient concernant les pratiques anticoncurrentielles concernées, à l'exclusion des pièces élaborées ou recueillies au titre du IV de l'article L. 464-2, à toute juridiction qui la consulte ou lui demande de produire des pièces qui ne sont pas déjà à la disposition d'une partie à l'instance. Elle peut le faire dans les mêmes limites lorsqu'elle produit des observations de sa propre initiative devant une juridiction. »**

Le cours de la prescription est suspendu, le cas échéant, par la consultation de l'Autorité.

L'avis de l'Autorité peut être publié après le non-lieu ou le jugement. – *[Ord. n° 86-1243 du 1er déc. 1986, art. 26, al. 2 à 4.] – V. art. R. 462-3.*

BIBL. ▶ Claudel, *RDLC 2012, n° 4, p. 38* (procédure d'*amicus curiae* : bilan en demi-teinte de la pratique européenne et française). – Arhel, *JCP E 2012. Actu. 733* (volet « prix et concurrence » de la L. n° 2012-1270 du 20 nov. 2012). – Clarenc et Christol, *JCP E 2013. Act. 18* (transmission des dossiers de l'Autorité de la concurrence dans les procédures indemnitaires). – Comert et Nasser el Dine-Pomar, *CCC 2013. Étude 4* (nouvelles dispositions procédurales en matière de concurrence). – Chagny, *D. 2013. 851* (accès judiciaire des victimes de pratiques anticoncurrentielles au dossier de l'Autorité de la concurrence). – Jaunet, *CCC 2013. Dossier 9* (relation entre juge de droit commun et autorités de concurrence).

1. Consultation de l'Autorité. En vertu de l'art. 26 [C. com., art. L. 462-3], le juge administratif peut, lorsqu'il doit apprécier la légalité d'un acte administratif en prenant en compte le droit de la concurrence, consulter le Conseil de la concurrence et lui demander des éléments d'appréciation. • CE 26 mars 1999 : *D. 2000. 204, note Markus ; JCP E 1999, n° 27-28, p. 1170, obs. Rouault ; AJDA 1999. 427, concl. Stahl et obs. Bazex ; RD publ. 1999. 1545, note Manson* • 15 mars 2000 : *Dr. adm. 2000, n° 79.* ♦ Pour un autre exemple, V. • CE 13 janv. 2003 : *LPA 27 oct. 2003, note Saillard.*

Sur la valeur d'un avis rendu en application de l'art. L. 462-3 sur le bénéfice des dispositions de l'art. L. 420-4 C. com., V. • Cons. conc. n° 04-A-06 du 16 avr. 2004 : *cité ss. art. L. 462-1.*

2. Transmission par l'Autorité. Prenant appui sur une décision de la Cour de cassation du 19 janv. 2010 (V. note 2 ss. art. L. 463-6), et estimant « nécessaire » que l'Autorité de la concurrence transmette au tribunal certaines pièces recueillies à l'occasion d'une procédure d'engagements, V. : • T. com. Paris, 24 août 2011 : *CCC 2011, n° 221, obs. crit. Bosco ; RDLC 2011, n° 4, p. 178, obs. Lemaire et Naudin ; RLC oct.-déc. 2011. 29, obs. Sélinsky ; RLC janv.-mars 2012. 98, obs. Fabre ; RJ com. mai-juin 2012. 19, obs. Decocq.* — V. aussi • T. com. Paris, 8 nov. 2011 : *CCC 2012, n° 24, obs. Bosco ; RDLC 2012, n° 1, p. 199, obs. Lemaire et Naudin ; RLC janv.-mars 2012. 27, obs. Chelet ; Europe 2012, n° 86, obs. Idot* • 16 mars 2012 : *D. 2012. Actu. 1181, obs. Prunet et Bombardier ; RTD eur. 2012. 460, obs. Idot ; CCC 2012, n° 135, obs. Bosco ; RLC juill.-sept. 2012. 32, obs. Lavedan.*

Art. L. 462-4 *(Ord. n° 2008-1161 du 13 nov. 2008, art. 2-II)* **L'Autorité de la concurrence peut prendre l'initiative de donner un avis sur toute question concernant la concurrence. Cet avis est rendu public. Elle peut également recommander au ministre chargé de l'économie ou au ministre chargé du secteur concerné de mettre en œuvre les mesures nécessaires à l'amélioration du fonctionnement concurrentiel des marchés.**

BIBL. ▶ de Drouâs, Hubert et Faurant, *RDLC 2011, n° 3, p. 230* (les entreprises face au pouvoir consultatif renforcé de l'Autorité de la concurrence). – Wilhelm et Frioux, *CCC 2013. Étude 1* (nouveau regard sur le régime contentieux des avis de l'Autorité de la concurrence). – Chamfalaune, *CCC 2013. Dossier 7* (procédure des avis de l'Autorité de la concurrence). – Jalabert-Doury, *ibid. 8* (le point de vue des entreprises).

Recours. Les prises de position et recommandations que l'Autorité de la concurrence formule à l'occasion des avis rendus sur le fondement de l'art. L. 462-4 ne constituent pas des décisions faisant grief ; il en va toutefois différemment si elles revêtent le caractère de dispositions générales et impératives ou de prescriptions individuelles dont l'Autorité peut ultérieurement censurer la méconnaissance. • CE 11 oct. 2012 : *D. 2013. Pan. 732, obs. Ferrier ; RTD com. 2012. 747, obs. Claudel ; AJDA 2012. 1925, obs de Montecler ; JCP E*

2012. Actu. n° 654 ; CCC 2012, n° 282, obs. Bosco ; RJDA 2012, n° 1106 ; RLDA nov. 2012. 40, obs. Mathonnière ; RLC janv.-mars 2013. 55, note Clamour ; RJ com. nov.-déc. 2012. 10, note Chagny ; Procédures 2012, n° 374, obs. Deygas ; Dr. adm. 2013, n° 2, obs. Bazex.

Art. L. 462-5 *(Ord. n° 2008-1161 du 13 nov. 2008, art. 2-III)* **I. — L'Autorité de la concurrence peut être saisie par le ministre chargé de l'économie de toute pratique mentionnée aux articles L. 420-1, L. 420-2** *(L. n° 2012-1270 du 20 nov. 2012, art. 8)* **« , L. 420-2-1 et L. 420-5 ou contraire aux mesures prises en application de l'article L. 410-3 », ou de faits susceptibles de constituer une telle pratique, ainsi que des manquements aux engagements pris en application de l'article L. 430-7-1 ou pris en application des décisions de concentration intervenues avant l'entrée en vigueur de l'ordonnance n° 2008-1161 du 13 novembre 2008 portant modernisation de la régulation de la concurrence.**

II. — Pour toutes les pratiques mentionnées aux articles L. 420-1, L. 420-2 *(L. n° 2012-1270 du 20 nov. 2012, art. 8)* **« , L. 420-2-1 et L. 420-5 ou contraires aux mesures prises en application de l'article L. 410-3 », l'Autorité de la concurrence peut être saisie par les entreprises ou, pour toute affaire qui concerne les intérêts dont ils ont la charge, par les organismes mentionnés au deuxième alinéa de l'article L. 462-1.**

III. — Le rapporteur général peut proposer à l'Autorité de la concurrence de se saisir d'office des pratiques mentionnées aux I et II et à l'article L. 430-8 ainsi que des manquements aux engagements pris en application des décisions autorisant des opérations de concentration intervenues avant l'entrée en vigueur de l'ordonnance n° 2008-1161 du 13 novembre 2008 portant modernisation de la régulation de la concurrence.

(L. n° 2012-1270 du 20 nov. 2012, art. 8) **« IV. — L'Autorité de la concurrence peut être saisie par les régions d'outre-mer, le Département de Mayotte, la collectivité de Saint-Barthélemy, la collectivité de Saint-Martin et la collectivité territoriale de Saint-Pierre-et-Miquelon de toute pratique mentionnée aux articles L. 420-1, L. 420-2, L. 420-2-1 et L. 420-5 ou contraire aux mesures prises en application de l'article L. 410-3, ou de faits susceptibles de constituer une telle pratique, concernant leur territoire respectif. »**

Sur la saisine de l'Autorité de la concurrence par le CSA, V. note ss. art. L. 420-1.

Sur la saisine de l'Autorité de la concurrence par la Haute Autorité pour la diffusion des œuvres et la protection des droits sur internet (HADOPI), V. CPI, art. L. 331-32. — ***CPI.***

BIBL. ► GRALL, *LPA 30 juin 1995.* - SALOMON, *Dr. sociétés 2000. Chron. 17* (pouvoir de sanction des AAI en matière économique et financière et garanties fondamentales).

1. Saisine par le ministre de l'économie. Le ministre chargé de l'économie et son délégataire ont pu réunir dans un même dossier, pour en saisir le conseil, des pratiques constatées sur différents marchés de travaux publics, bien que tous ne se rapportent pas spécifiquement à l'aménagement des routes, dès lors que chacun d'eux suppose la mise en œuvre, pour partie au moins, de techniques, de matériels et de qualification de même nature et qu'ils ont été exécutés *par les mêmes entreprises.* • Paris, 4 juill. 1994 : *CCC 1994, n° 199, obs. Vogel.* ♦ La saisine de « faits susceptibles de constituer une telle pratique » vise des situations dans lesquelles le ministre n'accompagne pas sa saisine d'un rapport d'enquête effectué par ses services, mais saisit directement l'Autorité de la concurrence de pratiques susceptibles de porter atteinte à l'ordre public économique qu'il estime devoir faire l'objet d'une instruction par les rapporteurs de l'Autorité munis de pouvoirs d'investigation. • Aut. conc. n° 11-MC-01 du 12 mai 2011.

Sur la délégation de pouvoirs accordée par le ministre chargé de l'économie, V. • Paris, 13 nov. 2001 : *BOCC 31 déc. 2001 ; Gaz. Pal. 3-5 mars 2002, p. 43* • 13 déc. 2001 : *BOCC 31 janv. 2002 ; Gaz. Pal. 3-5 mars 2002, p. 43* • 29 janv. 2002 : *BOCC 26 févr. 2002.*

2. Saisine d'office. **BIBL.** Menuret, *CCC 2002, Chron. 1* (saisine d'office au regard de l'art. 6, § 1 CEDH). ♦ Si, lorsqu'il a des raisons de craindre que des atteintes à la concurrence se soient perpétuées sur un marché, le Conseil de la concurrence peut s'en saisir d'office et faire procéder aux investigations nécessaires, il ne peut pour autant ordonner dans une décision par laquelle il se prononce sur des pratiques passées que, pour l'avenir, la Direction de la concurrence lui fasse un rapport sur le fonctionnement du secteur concerné. • Paris, 17 juin 1992 : *RJDA 1992, n° 844.*

Pour une application du droit du Conseil de se saisir d'office, à une entente dans le domaine des marchés de la publicité, V. Bouzat, *RTD com. 1990. 519* .

3. Saisine par les entreprises. Une personne physique qui n'exerce pas en nom propre une activité commerciale ne peut être regardée comme une entreprise au sens de l'art. 11 [C. com., art. L. 462-5]. • Paris, 1er déc. 1995 : *BOCC 28 févr. 1996 ; CCC 1996, n° 62, obs. Vogel.* ♦ V. aussi note 2 ss. art. L. 464-2.

Le juriste salarié d'une société civile professionnelle dont l'inscription au barreau a été refusée par le conseil de l'ordre, n'est pas recevable à saisir le Conseil de la concurrence de pratiques constitutives d'entente prohibée et d'abus de position dominante car, n'étant que préposé de ladite société, il ne peut justifier d'une activité d'offreur de service sur le marché des prestations juridiques, et par ailleurs, n'ayant pas la qualité d'avocat, il n'est pas susceptible d'intervenir sur le marché des actes relevant du monopole de cette profession réglementée. • Paris, 18 juin 1996 : *BICC 1996, n° 1193,* conf. par • Com. 16 juin 1998 : *JCP E 1999, n° 48, p. 1914, obs. Arhel.*

3 bis. Droit patrimonial du saisissant. La poursuite d'une action devant l'Autorité de la concurrence ou devant la cour d'appel de Paris sur recours, n'est pas exclusivement attachée à la personne, notamment en ce qu'elle ne relève pas des art. 1 à 515 C. civ., ni explicitement ni implicitement, non plus que du code de procédure pénale. • Paris, 9 juin 2009 : *BOCC 3 août 2009 ; Dalloz actualité, 12 juin 2009, obs. Chevrier.*

4. Portée de la saisine. L'action devant le Conseil n'est pas une action patrimoniale de sorte qu'un administrateur ou un liquidateur, mandaté dans une procédure collective, n'a pas la qualité pour retirer une plainte devant le Conseil. • Cons. conc. n° 07-D-09 du 14 mars 2007 : *cité note 7 ss. art. L. 463-2.* ♦ Le conseil de la concurrence est saisi *in rem* et n'est pas lié par les demandes de la partie saisissante, ni par les faits énoncés dans la saisine, ni par les qualifications proposées. • Cons. conc. n° 95-D-76 du 29 nov. 1995 : *BOCC 15 mai 1996.* ♦ En revanche, le Conseil n'est pas compétent pour examiner des faits postérieurs à la saisine et qui ne constituent pas la continuité de faits antérieurs à celle-ci. • Cons. conc. n° 04-D-73 du 21 déc. 2004 : *BOCC 31 mars 2005 ; CCC 2005, n° 45, obs. Malaurie-Vignal ; RDLC 2005, n° 1, p. 67, obs. Spector.* ♦ L'Autorité de la concurrence, qui bénéficie d'une autonomie procédurale tant à l'égard du droit judiciaire privé qu'à l'égard du droit communautaire, qui est chargée par la loi d'une mission de protection de l'ordre public économique, n'a pas à justifier des circonstances de sa saisine, pas plus qu'elle n'aurait d'ailleurs de comptes à rendre à l'auteur de cette saisine. • Paris, 19 janv. 2010 : *cité note 12 ss. art. L. 464-2.*

V. aussi note 1 ss. art. L. 450-6.

5. Auto-saisine. Dès lors que la saisine du Conseil par une personne habilitée a pour effet de porter à sa connaissance des pratiques susceptibles d'être contraires aux règles de la concurrence, une fois cette saisine déposée, son auteur n'a pas la maîtrise de la procédure ainsi engagée devant le Conseil, lequel a la faculté de s'auto-saisir notamment lorsqu'une saisine irrecevable ou rétractée révèle des faits dont l'examen s'avère nécessaire du point de vue de l'ordre public économique. • Paris, 8 sept. 1998 : *D. Affaires 1998. 1633, obs. J. F. ; CCC 1998, n° 164, obs. Malaurie-Vignal ; LPA 21 juin 1999, obs. Reboul.* ♦ La disparition de la société qui a régulièrement saisi le Conseil au regard des conditions de recevabilité posées par l'art. L. 462-8 C. com. n'a pas pour effet de dessaisir le Conseil de l'affaire qui avait été portée à sa connaissance. • Cons. conc. n° 06-D-18 du 28 juin 2006 : *cité note 1 ss. art. R. 464-2.* ♦ La décision d'auto-saisine du conseil qui a pour seul objet d'ouvrir la procédure n'est pas soumise à l'obligation de motivation et de notification. L'absence de motivation ne caractérise aucune atteinte à la règle d'impartialité inhérente au droit à un procès équitable. • Paris, 27 nov. 2001 : *D. 2002. Somm. 2043, obs. Reygrobellet* • Cons. conc. n° 07-D-15 du 9 mai 2007 : *cité note 6 ss. art. L. 463-5.* ♦ En effet, l'art. L. 462-5 permet à l'Autorité de se saisir d'office sans motiver spécialement sa décision à ce sujet. • Paris 27 janv. 2011 : *BOCC 23 févr. 2011.* ♦ Le Conseil n'est tenu de rendre compte, ni des informations qui ont emporté sa décision de se saisir, ni des conditions dans lesquelles ces informations sont parvenues à sa connaissance. • Paris, 24 juin 2008 : *cité note 1 ss. art. R. 464-18.* ♦ Sur l'auto-saisine et le respect du principe d'impartialite, V. Claudel, *RTD com. 2004. 83* .

La présentation d'un rapport sur l'opportunité de la saisine d'office ne constitue pas un acte d'accusation ni une décision au fond, pas plus que la décision de saisine d'office elle-même. • Paris, 26 juin 2007 : *cité note 9 ss. art. L. 463-1.* ♦ En effet, la décision de saisine d'office, antérieure à toutes poursuites puisque celles-ci ne prennent naissance que par la notification des griefs, ne peut être regardée comme un acte de poursuite, encore moins comme un pré-jugement, et ne comporte dès lors, en elle-même, aucun risque d'atteinte au principe d'impartialité. • Paris, 24 juin 2008 : *préc.*

En se déterminant par des motifs impropres à démontrer en quoi le Conseil, qui avait relevé que les pratiques d'ententes verticales sur les prix, mises en évidence par l'enquête qu'il avait ordonnée après s'être saisi d'office de la situation de la concurrence dans le secteur de la parfumerie de luxe, portaient sur une gamme de produits de luxe faisant l'objet de contrats de distribution sélective, et constaté que lesdits contrats visaient indistinctement les parfums de luxe et les cosmétiques de luxe et définissaient de manière globale les montants d'achats annuels devant être réalisés par chaque distributeur, avait méconnu l'étendue de sa saisine, la cour d'appel n'a pas légalement justifié sa décision. • Com. 10 juill. 2008 : *Bull. civ. IV, n° 152 ; D. 2008. AJ 2225, obs. Chevrier ; JCP E 2008, n° 38, p. 38 ; CCC 2008, n° 236, obs. Decocq ; RJDA 2008, n° 1312 ; RLC oct.-déc. 2008. 29, obs. Sélinsky et Cholet ; ibid. 113, obs. Nourissat ; RDLC 2008, n° 4, p. 136 et 137, obs. Momège ; RDC 208. 1201, obs. Prieto.*

6. Constitutionnalité. Jugeant conforme à la Constitution le III de l'art. L. 462-5, V. • Cons. const., QPC, 12 oct. 2012 : *cité note 3 ss. art. L. 430-8.* ♦ La faculté d'auto-saisine dont dispose l'Autorité de la concurrence, en vertu du III de l'art. L. 462-5, fait l'objet d'un encadrement suffisant au regard des exigences d'équité et d'impartialité. • CE 21 déc. 2012 : *cité note 10 ss. art. L. 430-8.*

Art. L. 462-6 *(Ord. n° 2008-1161 du 13 nov. 2008, art. 4)* **« L'Autorité de la concurrence » examine si les pratiques dont elle est saisie entrent dans le champ des articles L. 420-1, L. 420-2** *(L. n° 2012-1270 du 20 nov. 2012, art. 6)* **« , L. 420-2-1 ou L. 420-5, sont contraires aux mesures prises en application de l'article L. 410-3 » ou peuvent se trouver justifiées par application de l'article L. 420-4. Elle prononce, le cas échéant, des sanctions et des injonctions.**

Lorsque les faits lui paraissent de nature à justifier l'application de l'article L. 420-6, elle adresse le dossier au procureur de la République. Cette transmission interrompt la prescription de l'action publique.

(Ord. n° 2004-1173 du 4 nov. 2004, art. 5) **« La prescription est interrompue également lorsque les faits visés dans la saisine font l'objet d'un acte tendant à leur recherche, leur constatation ou leur sanction par la Commission européenne ou par une autorité de concurrence d'un autre État membre de la Communauté européenne. »** – *[Ord. n° 86-1243 du 1er déc. 1986, art. 11, al. 2 et 3.]*

BIBL. ▶ BRACONNIER, *JCP 2012, n° 842* (infractions au droit de la concurrence et marchés publics : vers une concentration du contentieux indemnitaire entre les mains du juge judiciaire ?).

I. COMPÉTENCE DE L'AUTORITÉ DE LA CONCURRENCE

A. NATURE DES PRATIQUES

1. Sanction des engagements anticoncurrentiels. Il n'appartient pas au Conseil de la concurrence d'apprécier la régularité d'un comportement au regard d'autres textes que le livre IV du code de commerce et des art. 81 et 82 CE. • Cons. conc. n° 04-D-46 du 30 sept. 2004 : *BOCC 9 déc. 2004 ; RLC 2005, n° 1, p. 91, obs. Sélinsky.* ♦ Il relève de la compétence du Conseil *de sanctionner les* engagements anticoncurrentiels quelle que soit la nature de la convention dans laquelle ils se trouvent insérés (à propos d'une convention collective). • Paris, 6 mars 1991 : *D. 1991. IR 100 ; Gaz. Pal. 1991. 2. 403, concl. Jobard.* ♦ L'Autorité n'est pas compétente pour poursuivre et, le cas échéant, sanctionner en tant que telles des infractions à des dispositions prévues par une réglementation sectorielle : cependant, l'incompatibilité d'un comportement d'entreprise avec l'art. L. 420-2 est indépendante de sa conformité ou non à d'autres règles juridiques, ce qui explique qu'un comportement légal au regard d'autres branches du droit que le droit de la concurrence puisse être prohibé par ce dernier. • Aut. conc. n° 12-D-25 du 18 déc. 2012 : *cité note 13 ss. art. L. 420-2.*

1 bis. Responsabilité civile. Sur l'incompétence du Conseil de la concurrence, chargé de la protection de l'ordre public économique, en ce qui concerne la réparation du préjudice éventuellement subi par les parties qui le saisissent et allèguent être victimes de pratiques anticoncurrentielles, celles-ci pouvant saisir les juridictions civiles et répressives d'une action en indemnisation, annulation ou cessation des pratiques contestées dans les délais de prescription afférents à ces actions, le Conseil pouvant le cas échéant être consulté par ces juridictions, le cours de la prescription étant alors suspendu, V. • Com. 17 juill. 2001 : *JCP E 2001, n° 43-45, p. 1697.* ♦ Dans le même sens, V. • Paris, 28 juin 2002 : *JCP 2003. II. 10183, note Vetu ; RTD com. 2003. 78, obs. Claudel ; BRDA 2002, n° 18, p. 11* (application de la responsabilité civile pour violation du droit des pratiques anticoncurrentrielles). ♦ V. aussi les notes ss. art. L. 420-3.

2. Compétence des tribunaux judiciaires. Le Conseil n'est compétent ni pour appliquer l'art. 44 de la loi du 27 déc. 1973 [C. consom., art. L. 121-1 s.] (publicité fausse), ni pour prononcer la nullité de stipulations contractuelles prévues à l'art. 9 de l'ordonnance [C. com., art. L. 420-3], ni de prendre des mesures en application des art. 36 et 17 de ce texte [C. com., art. L. 442-6 et L. 420-6], ni d'en appliquer l'art. 31 [C. com., art. L. 441-3 s.], ni pour prendre des mesures en application de l'art. 1382 C. civ. • Cons. conc. n° 91-MC-01 du 5 mars 1991 : *BOCC 11 mai 1991.* ♦ L'appréciation du caractère proportionné ou non du montant des cotisations versées par les saisissantes en contrepartie des prestations fournies par une enseigne de la grande distribution (C. com., art. L. 442-6, I, 1°) relève du juge commercial et non de l'Autorité de la concurrence, dès lors que ces pratiques n'affectent pas le jeu de la concurrence sur le marché concerné. • Aut. conc. n° 11-D-20 du 16 déc. 2011 : *cité note 2 ss. art. L. 330-2.* ♦ Jugeant que si des revendeurs estiment avoir été trompés sur leurs conditions d'entrée dans le réseau ainsi que sur la nature de leurs relations avec leur fournisseur, les litiges qui peuvent en découler sont de l'ordre commercial et relèvent en conséquence des juridictions de l'ordre judiciaire, V. • Cons. conc. n° 01-D-58 du 24 sept. 2001 : *BOCC 30 oct. 2001 ; CCC 2002, n° 27, note Malaurie-Vignal.* ♦ Il ne relève pas de la compétence du Conseil d'apprécier la licéité de la vente par pack au regard de l'art. L. 442-2 C. com. • Cons. conc. n° 04-D-67 du 1er déc. 2004 : *BOCC 31 mars 2005 ; CCC 2005, n° 67, obs. Malaurie-Vignal.* ♦ Il ne relève pas de la compétence de l'Autorité de la concurrence d'apprécier la licéité de faits au regard de l'art. L. 442-2, réprimés par des sanctions pénales qui ne peuvent être infligées que par un tribunal correctionnel. • Aut. conc. n° 12-D-20 du 12 oct. 2012. ♦ L'éventuel refus de communication des conditions générales de vente, en violation de l'art. L. 441-6 C. com., ne relève de la compétence du Conseil que s'il est susceptible de se rattacher à des comportements visés par les art. L. 420-1 et L. 420-2 du même code. • Cons. conc. n° 06-D-39 du 15 déc. 2006 : *BOCC 22 mars 2007.* ♦ Par ailleurs, il revient au Conseil de veiller à ce que les dispositions légales sur le seuil de revente à perte ne soient pas indûment invoquées pour contester au Conseil le droit de qualifier une entente verticale de prix. • Cons. conc. n° 07-D-50 du 20 déc. 2007 : *cité note 18 ss. art. L. 420-1.* ♦ Le caractère commercial d'un litige entre un bailleur et un preneur ne saurait faire obstacle à la compétence du Conseil dans la mesure où les faits litigieux sont susceptibles d'affecter le fonctionnement de certains marchés et d'être qualifiés au regard du droit de la concurrence. • Cons. conc. n° 08-D-05 du 27 mars 2008 : *BOCC 26 juin 2008 ; AJDA 2008. 1131, obs. Richer ; CCC 2008, n° 131, obs. Decocq ; RDLC 2008, n° 2, p. 117, obs. Prieto.*

Il ne résulte pas des art. 11 s. [C. com., art. L. 462-5 s.] que les litiges entre les parties fondés sur les art. 7 et 8 [C. com., art. L. 420-1 et L. 420-2] échappent aux juridictions de droit commun, seules compétentes pour statuer sur toutes autres demandes. • Paris, 27 juin 1990 : *D. 1991. Somm. 251, obs. Gavalda et Lucas de Leyssac.* ♦ Les tribunaux de l'ordre judiciaire sont compétents pour vérifier directement la légalité de pratiques relevant des art. 7 et 8 [C. com., art. L. 420-1 et L. 420-2], sans qu'il soit besoin de saisir au préalable le Conseil de la concurrence… • Versailles, 17 mai 1994 : *Gaz. Pal. 1995. 1. 49, note Junqua-Lamarque.*

La saisine du Conseil de la concurrence est facultative et la décision qu'il est appelé à rendre ne lie pas le juge judiciaire saisi d'une demande tendant à faire constater l'existence de pratiques constitutives de concurrence déloyale. • Com. 15 oct. 1996 : *RJDA 1997, n° 72.*

La seule existence de procédures judiciaires introduites parallèlement à une saisine du Conseil ne saurait empêcher celui-ci d'examiner, conformément à l'art. 11 [C. com., art. L. 462-5], les pratiques dont il est saisi, dès lors que celles-ci, ayant pour objet ou pour effet de restreindre ou fausser le jeu de la concurrence sur un marché, sont susceptibles d'être qualifiées sur le fondement des art. 7 et 8 [C. com., art. L. 420-1 et L. 420-2]. • Cons. conc. n° 97-D-01 du 15 janv. 1997 : *BOCC 25 mars 1997.* ♦ … Et le Conseil de la concurrence n'est pas lié par les qualifications proposées par l'auteur d'une saisine. • Com. 22 oct. 2002 : *Bull. civ. IV, n° 148 ; RJDA 2003, n° 195.*

V. aussi note 25 ss. art. L. 410-1 ; et note 65 ss. l'art. 2 de la L. n° 63-628 du 2 juill. 1963, App., v° *Concurrence.*

3. Compétence des tribunaux administratifs. Pour un cas de compétence exclusive, V. • Paris, 10 févr. 1994 : *D. 1994. Somm. 174, obs.*

Gavalda et Lucas de Leyssac. ♦ Jugeant que le Conseil de la concurrence n'est pas chargé de l'application des art. L. 720-1 et L. 720-3 C. com. [anciens] (équipement commercial), V. • Cons. conc. n° 04-D-12 du 7 avr. 2004 : *BOCC 6 sept. 2004 ; D. 2004. AJ 1309 ; Lettre distrib. mai 2004, p. 2.* ♦ Sur l'incompétence du Conseil pour dire si une personne publique peut ou non exercer une activité commerciale ou pour rechercher si elle perçoit des aides d'État, V. • Cons. conc. n° 04-D-02 du 10 févr. 2004 : *BOCC 4 mai 2004 ; CCC 2004, n° 78, obs. Malaurie-Vignal.* ♦ Sur la compétence administrative pour juger si dans le cadre de marchés publics le consentement de la SNCF a été vicié suite à une entente et si celle-ci peut obtenir des dommages-intérêts, V. • CAA Paris, 22 avr. 2004 : *cité note 4 ss. art. L. 420-3* • 17 avr. 2007 : *AJDA 2007. 2200, note Braconnier ; RLC juill.-sept. 2007. 73, obs. Clamour* • CE 19 déc. 2007 : *RFDA 2008. 109, note Moderne ; JCP E 2008, n° 2, p. 13, obs. Rouault ; CCC 2008. Chron. 3, n° 7, obs. Camus et Glatt ; RJDA 2008, n° 1257 (1re esp.) ; RLC avr.-juin 2008. 54, note A. Antoine ; RDLC 2008, n° 2, p 181, obs. du Marais et Houedanou.* – V. aussi • CE 19 déc. 2007 : *JCP 2008. II. 10113, note J. Martin.* ♦ Sur le développement du contentieux public de la concurrence (concernant une procédure en référé), V. • CE 19 janv. 2004 : *AJDA 2004. 1476, note Nicinski*. ♦ Les moyens relatifs à la qualification de pratiques au regard des dispositions du code général des collectivités territoriales ne relèvent pas de la compétence du conseil de la concurrence. • Cons. conc. n° 04-D-46 du 30 sept. 2004 : *préc. note 1.* ♦ Il n'appartient pas au Conseil d'apprécier la conformité des pratiques dénoncées à d'autres règles que celles posées par le titre II du livre IV du code de commerce, comme par exemple l'art. 55 du code des marchés publics relatif aux offres anormalement basses. • Cons. conc. n° 07-D-38 du 15 nov. 2007 : *BOCC 25 mars 2008 ; RLC janv.-mars 2008. 30, obs. Sélinsky et Cholet, et 59, note Destours.* ♦ Les juridictions de l'ordre judiciaire ne sont pas compétentes pour octroyer des dommages-intérêts en réparation d'un dommage concurrentiel, quand bien même la violation des dispositions du droit de la concurrence aurait été constatée et sanctionnée par le Conseil de la concurrence, dès lors que le dommage est lié à un contrat administratif. • Civ. 1re, 29 sept. 2004 : *AJDA 2004. 2309, obs. Charbit ; AJDA 2005. 1348, note Jeanneney et Ayache*.

Le Conseil n'est pas compétent pour apprécier la légalité d'une décision administrative (décret portant AOC) traduisant l'exercice de prérogatives de puissance publique, et notamment pour vérifier la régularité des actes ou procédures préparatoires à l'adoption de cette décision. • Cons. conc. n° 07-D-10 du 28 mars 2007 : *BOCC 31 juill. 2007 ; RLC juill.-sept. 2007. 61, obs. Destours ; RDLC 2007, n° 3, p. 173, obs. Kovar.* ♦ Toutefois, le Conseil peut examiner si, à l'abri ou à l'occasion des discussions qui ont eu lieu entre professionnels, les entreprises membres du comité interprofessionnel ont, par le moyen d'une entente, poursuivi un plan anticoncurrentiel destiné, par exemple, à évincer du marché tel ou tel type de producteur concurrent. • Même décision.

4. Autorité de la chose jugée. Le rejet par le tribunal de commerce de la plupart des griefs invoqués ne saurait s'imposer au Conseil de la concurrence dans l'exercice de la compétence qu'il tient des dispositions du livre IV du code de commerce pour sanctionner les pratiques anticoncurrentielles visées à ces dispositions, aux fins de sauvegarde de l'ordre public économique. • Cons. conc. n° 04-D-21 du 17 juin 2004 : *BOCC 8 nov. 2004 ; CCC 2004, n° 158, obs. Malaurie-Vignal* • Paris, 17 mars 1998 : *BOCC 27 mars 1998.*

B. LOCALISATION DES PRATIQUES

5. Est irrecevable la demande d'une entreprise dénonçant des pratiques d'ententes qui seraient intervenues sur un territoire d'outre-mer en l'absence de dispositions expresses prévoyant que l'ordonnance est applicable sur ce territoire. • Cons. conc. n° 93-D-16 du 25 mai 1993 : *RJDA 1993, n° 630.* ♦ Sur l'incompétence de principe du Conseil de la concurrence à l'égard de pratiques anticoncurrentielles visant les exportations, sauf si ces pratiques sont susceptibles d'affecter la rentabilité et la pérennité de l'activité des entreprises intervenant sur le marché français, V. • Cons. conc. n° 97-D-01 du 15 janv. 1997 : *BOCC 25 mars 1997 ; CCC 1997, n° 81, obs. Vogel ; Dr. sociétés 1998. 17, obs. Vidal.*

Sur la compétence territoriale internationale, V. note 1 ss. art. L. 420-1.

II. TRANSMISSION AU PARQUET

6. V. bibl. et notes ss. art. L. 420-6. ♦ Sur le recours contre la décision du Conseil de la concurrence de transmettre le dossier au procureur de la République, V. note 4 ss. art. L. 464-8. ♦ Il n'appartient pas au Conseil de la concurrence de qualifier les faits sans réserve au regard des art. L. 420-6 et L. 462-6 et d'en imputer publiquement la responsabilité pénale à des personnes. • Paris, 22 févr. 2005 : *D. 2005. AJ 886, obs. Chevrier ; CCC 2005, n° 85, obs. Malaurie-Vignal ; RTD com. 2005. 280, obs.*

Claudel. ♦ Dès lors, en se prononçant par des motifs qui portent atteinte à la présomption d'innocence et aux droits de la défense des personnes visées, le Conseil a excédé ses pouvoirs. • Même arrêt. ♦ Validant toutefois la procédure en substituant un fondement pénal au fondement commercial initialement retenu, dès lors qu'une telle transmission est possible en application de l'art. 40, al. 2, C. pr. pén. • Crim. 17 juin 2009 : *cité note 1 ss. art. L. 420-6.*

Art. L. 462-7 *(Ord. n° 2008-1161 du 13 nov. 2008, art. 4)* **« L'Autorité de la concurrence » ne peut être saisie de faits remontant à plus de** *(Ord. n° 2004-1173 du 4 nov. 2004, art. 6)* **« cinq ans » s'il n'a été fait aucun acte tendant à leur recherche, leur constatation ou leur sanction.**

(Ord. n° 2008-1161 du 13 nov. 2008, art. 2-IV) **« Les actes interruptifs de la prescription de l'action publique en application de l'article L. 420-6 sont également interruptifs de la prescription devant l'Autorité de la concurrence.**

« Toutefois, la prescription est acquise en toute hypothèse lorsqu'un délai de dix ans à compter de la cessation de la pratique anticoncurrentielle s'est écoulé sans que l'Autorité de la concurrence ait statué sur celle-ci. »

(L. n° 2012-1270 du 20 nov. 2012, art. 13) **« Le délai mentionné au troisième alinéa est suspendu jusqu'à la notification à l'Autorité de la concurrence d'une décision juridictionnelle irrévocable lorsque :**

« 1° L'ordonnance délivrée en application de l'article L. 450-4 fait l'objet d'un appel ou lorsque le déroulement des opérations mentionnées au même article fait l'objet d'un recours, à compter du dépôt de cet appel ou de ce recours ;

« 2° La décision de l'Autorité de la concurrence fait l'objet d'un recours en application de l'article L. 464-8, à compter du dépôt de ce recours. » – *[Ord. n° 86-1243 du 1er déc. 1986, art. 27.]*

BIBL. ► Arhel, *JCP E 2012. Actu. 733* (volet « prix et concurrence » de la L. n° 2012-1270 du 20 nov. 2012). – Comert et Nasser el Dine-Pomar, *CCC 2013. Étude 4* (nouvelles dispositions procédurales en matière de concurrence).

1. Champ d'application. L'art. L. 462-7 ne s'applique qu'à la procédure suivie devant le Conseil de la concurrence (peu important que sa décision soit ultérieurement annulée). • Com. 13 juill. 2004 : *Bull. civ. IV, n° 163 ; D. 2004. AJ 2375 ; JCP E 2004, n° 41, p. 1564 ; CCC 2004, n° 157, obs. Malaurie-Vignal ; RLC 2005, n° 1, p. 92, obs. Cheynel.* ♦ L'art. L. 462-7 a été codifié dans le titre relatif à l'Autorité de la concurrence, et non dans celui propre au seul contrôle des pratiques anticoncurrentielles. En outre, le libellé de son premier alinéa ne contient aucun élément dont il devrait être déduit qu'il se limite aux seuls faits appréhendés au regard des règles relatives aux pratiques anticoncurrentielles ; il vise, sans distinction, l'ensemble des « faits » que l'Autorité peut être conduite à sanctionner, contrairement aux deux alinéas suivants qui ne visent que les pratiques anticoncurrentielles. Dès lors, la prescription quinquennale prévue au 1er al. de l'art. L. 462-7 est applicable aux faits relevant du I de l'art. L. 430-8. • Aut. conc. n° 12-D-12 du 11 mai 2012 : *Dalloz actualité, 1er juin 2012, obs. Chevrier ; CCC 2013. Chron. 1, n° 2, par Bosco ; RLDA juill.-août 2012. 49, obs. Mathonnière ; RLC oct.-déc. 2012. 65, obs. Barbier de la Serre.* – V. note 8 ss. art. L. 430-8.

1 bis. Prescription quinquennale. Lorsque la prescription n'est pas acquise, les lois relatives à la prescription sont applicables immédiatement aux pratiques commises avant leur entrée en vigueur. • Paris, 12 déc. 2006 : *BOCC 24 juill. 2008 ; D. 2007. AJ 79, obs. Chevrier ; CCC 2007, n° 56, obs. Decocq ; RLC avr.-juin 2007. 71, obs. Nourissat ; RDLC 2007. n° 1, p. 150, obs. Michel-Amsellem.* ♦ S'agissant d'un texte de procédure, l'art. 6 de l'Ord. du 4 nov. 2004 allongeant le délai de prescription est applicable immédiatement, y compris à la poursuite des faits antérieurs à son entrée en vigueur, sous la seule réserve qu'il ne puisse permettre de poursuivre ou de sanctionner des faits pour lesquels la prescription a été définitivement acquise en vertu du texte applicable précédemment. • Cons. conc. n° 06-D-08 du 24 mars 2006 : *BOCC 26 janv. 2007 ; D. 2006. AJ 1105, obs. Chevrier ; RLC juill.-sept. 2006. 86, note Cheynel ; RDLC 2006, n° 2, p. 143, obs. Michel-Amsellem* • n° 08-D-09 du 6 mai 2008 : *BOCC 26 juin 2008.*

1 ter. Prescription décennale. Les nouvelles lois de procédure ne peuvent priver d'effet les actes accomplis régulièrement avant leur entrée en vigueur. La décision du Conseil de la concurrence rendue en 2006 ne peut être annulée sur ce point dès lors qu'à cette date l'Ord. du 13 nov.

2008 instaurant le délai de dix ans prévu par l'al. 3 de l'art. L. 462-7 n'était pas entrée en vigueur. • Com. 15 mai 2012 : *Bull. civ. IV, n° 99 ; D. 2012. Actu. 1396, obs. Chevrier ; CCC 2012, n° 184, obs. Decocq ; RJDA 2012, n° 898 ; RLDA juin 2012. 43, obs. Mathonnière ; RLC juill.-sept. 2012. 26, obs. Sélinsky ; ibid. oct.-déc. 2012. 66, obs. Barbier de la Serre.* ♦ Cassation de l'arrêt jugeant que la prescription décennale a vocation à s'appliquer aux pratiques anticoncurrentielles survenus antérieurement à l'adoption des dispositions nouvelles ; elle s'attache au délai dans lequel est intervenue (ou n'est pas intervenue) la sanction, indépendamment de l'autorité qui a pu la prononcer et il est dès lors indifférent que les sanctions litigieuses aient été prononcées par le Conseil de la concurrence et non pas par l'Autorité de la concurrence. • Paris, 5 mai 2011 : *BOCC 22 juill. 2011 ; Dalloz actualité, 23 mai 2011, obs. Chevrier ; D. 2011. Actu. 1477 ; CCC 2011, n° 174, obs. Decocq ; RDLC 2011, n° 3, p. 189, obs. Lemaire et Naudin ; RLC juill.-sept. 2011. 68, obs. Barbier de la Serre.* ♦ Comp., jugeant qu'en admettant même, malgré les dispositions transitoires instituées par l'Ord. n° 2008-1161 du 13 nov. 2008 (V. notes rédactionnelles ss. art. L. 461-1), que les dispositions nouvelles de l'al. 3 de l'art. L. 462-7 soient applicables à la présente affaire, les pratiques ne sont en tout état de cause pas prescrites à la date à laquelle l'Autorité statue, dès lors que dans le cas d'une infraction continue le délai de prescription ne commence à courir qu'à compter du jour où l'infraction a pris fin. • Aut. conc. n° 11-D-02 du 26 janv. 2011. ♦ Sur la durée de la procédure, V. note 4 ss. art. L. 463-1.

2. *Portée de la prescription.* L'interruption de la prescription pour des faits dont le Conseil est saisi vaut à l'égard de toutes les entreprises en cause. • Com. 6 mars 2007 : *Bull. civ. IV, n° 77 ; D. 2007. AJ 937, obs. Chevrier ; JCP E 2007, n° 16, p. 25 ; CCC 2007, n° 130, obs. Decocq ; RJDA 2007, n° 897 ; RDLC 2007, n° 2, p. 151, obs. Michel-Amsellem.* ♦ Bien que prescrits, des faits peuvent être relatés à seule fin de permettre la compréhension des griefs retenus et relatifs à des faits susceptibles d'être sanctionnés. • Cons. conc. n° 92-D-37 du 2 juin 1992 : *BOCC 4 juill. 1992 ; CCC 1992, n° 161, obs. Vogel* • Paris, 8 juill. 1992 : *BOCC 15 août 1992.* ♦ Les faits remontant à plus de trois ans [désormais cinq ans] sont prescrits mais peuvent néanmoins être évoqués pour la compréhension des pratiques postérieures à cette date à condition toutefois qu'ils ne soient ni qualifiés ni poursuivis et qu'il n'en soit pas tiré de conséquences quant à la gravité des faits. • Paris, 29 janv. 2002 : *BOCC 27 mars 2002 ; RJDA 2002, n° 818.* ♦ La durée de trois ans [désormais cinq ans] à laquelle, en l'espèce, le Conseil est soumis en matière de prescription, n'est en rien assimilable à un délai préfixé à la procédure, auquel il serait astreint. • Cons. conc n° 07-D-08 du 12 mars 2007 : *cité note 4 bis.*

2 bis. *Prescription antérieure à une saisine d'office.* Quand il s'agit de vérifier si le Conseil s'est saisi de faits atteints ou non par la prescription, il est en tout cas exclu que l'art. L. 462-7 renvoie à des actes émanant du Conseil lui-même, puisque, par hypothèse, celui-ci ne pouvait rechercher, constater ou sanctionner des faits dont il n'était pas encore saisi. • Paris, 24 juin 2008 : *cité note 4 ss. art. L. 463-5.*

3. *Point de départ de la prescription.* La date à retenir comme constituant le point de départ de la prescription triennale [désormais quinquennale] est celle à laquelle la lettre de saisine arrive au Conseil de la concurrence dès lors que c'est à cette date que les faits dénoncés sont portés à sa connaissance. • Paris, 13 déc. 2001 : *RTD com. 2002. 289, obs. Claudel.* ♦ Comp., jugeant que c'est la date de l'enregistrement de la saisine au Conseil qui constitue en l'espèce le point de départ de la prescription. • Cons. conc. n° 05-D-04 du 17 févr. 2005 : *BOCC 28 oct. 2005 ; D. 2005. AJ 886, obs. Chevrier ; Lettre distrib. mars 2005, p. 4.* ♦ Retenant comme point de départ de la prescription la date de réception par les personnes concernées de la convocation adressée par le rapporteur, V. • Cons. conc. n° 01-D-77 du 27 nov. 2001 : *BOCC 28 févr. 2002 ; BRDA 2002, n° 15-16, p. 16.*

En ce sens que dans le cas d'une infraction continue ou continuée, la prescription court à compter du jour où l'infraction a pris fin. • Paris, 11 sept. 2001 : *RTD com. 2002. 289, obs. Claudel.* ♦ Sur la preuve de la continuité de l'infraction, V. • Cons. conc. n° 05-D-57 du 21 oct. 2005 : *BOCC 14 mars 2006.* ♦ Le délit d'abus de position dominante, résultant de la conclusion d'un contrat d'approvisionnement exclusif, se prescrit à compter du dernier acte d'exécution dudit contrat. • Crim. 19 mars 2008 : *Bull. crim. n° 73 ; D. 2008. AJ 1138, obs. Chevrier ; AJ pénal 2008. 277, obs. Royer ; RTD com. 2008. 881, obs. Bouloc ; JCP 2008. I. 181, n° 10, obs. J.-H. Robert ; LPA 28 oct. 2008, obs. AG ; Dr. pénal 2008, n° 88, obs. J.-H. Robert ; RDLC 2008, n° 3, p. 136, obs. Lemaire.* ♦ La participation frauduleuse à une action concertée tendant à refuser l'accès à un marché est un délit qui ne commence à se prescrire qu'à partir de l'instant où le prévenu cesse d'y prendre part. • Crim. 17 juin 2009 : *cité note 1 ss. art. L. 420-6.* ♦ Sur les règles de détermination du point de départ de la prescription, V. aussi : • Cons. conc. n° 07-D-15 du 9 mai 2007 : *cité note 6 ss. art. L. 463-5.* ♦ Une pratique anticoncurrentielle revêt un caractère instantané lorsqu'elle est réalisée en un trait de temps, dès la commission des faits qui la constituent et elle revêt au contraire un caractère continu lorsque l'état délictuel se prolonge dans le temps par la réitération constante ou par la persistance de la volonté anticoncurrentielle après l'acte initial sans qu'un acte matériel ait nécessairement à la renouveler dans le temps. • Com. 15 mars 2011 : *Bull. civ. IV, n° 38 ; BOCC 21 avr. 2011 ; D. 2011. Actu. 941, obs. Chevrier ; JCP E 2011, n° 1305 ; Gaz. Pal. 2011. 2932, et les obs. ; RJDA 2011, n° 654 ; RLC juill.-sept. 2011. 46, note crit. Bouloc.*

4. Interruption de la prescription. L'art. L. 462-7 définit les actes interruptifs de prescription en fonction de leur objet ou de leur finalité, sans préciser quels en sont les auteurs. • Cons. conc. n° 05-D-69 du 15 déc. 2005 : *cité note 1 ss. art. L. 463-5.* ♦ En vertu du principe de l'autonomie procédurale des autorités nationales de concurrence, la règle énoncée dans un arrêt du TPICE selon laquelle « la prescription est interrompue par tout acte, porté à la connaissance de la personne en cause, émanant de l'autorité compétente et visant à l'instruction ou à la poursuite de l'irrégularité », ne peut donc être utilisée pour interpréter l'art. L. 462-7. • Cons. conc. n° 05-D-67 du 6 déc. 2005 : *BOCC 29 avr. 2006.* ♦ La saisine, par le ministre, du président du conseil constitue un acte interruptif de prescription. • Paris, 9 sept. 1997 : *BOCC 7 oct. 1997* • 11 sept. 2001 : *BOCC 23 oct. 2001.* ♦ L'audition effectuée par un rapporteur du conseil donnant lieu à l'établissement d'un procès-verbal tend nécessairement à la recherche, à la constatation ou à la sanction de faits dénoncés dans la saisine du conseil que le rapporteur est chargé d'instruire et a dès lors un effet interruptif de la prescription visée à l'art. 27 de l'Ord. de 1986, [C. com., art. L. 462-7], • Com. 19 juin 2001 : *Bull. civ. IV, n° 120.* ♦ Un procès-verbal de saisie établi dans une entreprise interrompt la prescription à l'égard de l'ensemble des entreprises en cause. • Cons. conc. n° 88-D-25 du 14 juin 1988 : *BOCC 14 juill. 1988* • n° 88-D-43 du 8 nov. 1988 : *ibid. 24 nov. 1988.*

Dès lors qu'un procès-verbal d'audition de l'une des parties mises en cause a été dressé postérieurement à la saisine du conseil, la prescription à l'égard des autres parties mises en cause est interrompue. • Cons. conc. n° 98-D-25 du 17 mars 1998 : *BOCC 16 juill. 1998 ; CCC 1998, n° 132, obs. Malaurie-Vignal ; LPA 21 juin 1999, obs. Reboul.* ♦ Le conseil étant saisi des pratiques d'entente dans leur ensemble et non marché par marché, l'interruption de la prescription produit effet à l'égard de toutes les parties qui y sont impliquées, y compris à l'égard de celles qui n'ont pas été entendues dans le délai de trois ans [désormais cinq ans]. • Cons. conc. n° 03-D-06 du 29 janv. 2003 : *CCC 2003, n° 91, obs. Malaurie-Vignal.* ♦ Une audition peut interrompre la prescription à l'égard de l'ensemble des pratiques dont le Conseil est saisi par trois plaintes, sans qu'il y ait lieu de prendre en considération le fait, d'une part, que l'une des saisines ne soit pas visée par le procès-verbal d'audition et, d'autre part, que la jonction des saisines soit intervenue postérieurement. • Cons. conc. n° 03-D-37 du 29 juill. 2003 : *BOCC 8 oct. 2003 ; D. 2003. AJ 2436 ; CCC 2003, n° 186, obs. Malaurie-Vignal.*

Une seconde saisine portant sur les mêmes pratiques que la première, tout en présentant des éléments de preuve complémentaires, constitue un acte tendant à la recherche la constatation ou la sanction des pratiques. • Cons. conc. n° 05-D-69 du 15 déc. 2005 : *préc.* ♦ Il est, à cet égard, sans incidence, s'agissant de la portée interruptive de prescription de la seconde saisine que la jonction des procédures ait eu lieu postérieurement ; le caractère interruptif d'un acte ne saurait en effet dépendre des mesures d'administration de la procédure. • Même décision. ♦ La décision du rapporteur général de disjoindre la saisine initiale en trois dossiers distincts à compter de l'étape procédurale du rapport, dès lors qu'elle ne consacre pas l'autonomie des faits relevant de chacun des dossiers ainsi disjoints, n'a aucun effet sur la prescription. • Cons. conc. n° 03-D-68 du 23 déc. 2003 : *BOCC 13 févr. 2004 ; D. 2004. AJ 418.* ♦ Un acte tendant à la recherche, la constatation ou la sanction de pratiques anticoncurrentielles interrompt la prescription pour l'ensemble des faits dénoncés dès lors que ceux-ci présentent entre eux un lien de connexité ; bien que de nature différente, des faits sont susceptibles de présenter entre eux des rapports étroits caractérisant leur connexité. • Com. 12 juill. 2005 : *Bull. civ. IV, n° 162 ; D. 2005. AJ 2145, obs. Chevrier ; JCP E 2005, n° 40, p. 1637 ; RDLC 2005, n° 4, p. 118, obs. Momège ; RJDA 2005, n° 1288.* ♦ V. note 4 ss. art. L. 462-5.

4 bis. Autres exemples. Sont interruptifs de prescription, les convocations adressées par le rapporteur aux fins d'auditionner l'entreprise poursuivie. • Paris, 13 déc. 2001 : *RTD com. 2002. 289, obs. Claudel.* ♦ ... Les auditions auxquelles l'auditeur procède dans ses pouvoirs d'enquête. • Paris, 29 févr. 2000 : *JCP E 2000 p. 631.* ♦ ... L'enquête de la DGCCRF. • Paris, 8 sept. 1998 : *D. 1998. IR 237.* ♦ ... Ainsi que la transmission et le dépôt du rapport d'enquête. • Com.10 juill. 2008 : *cité note 5 ss. art. L. 462-5.* ♦ ... Les procès-verbaux dressés par les enquêteurs. • Cons. conc. n° 99-D-14 du 23 févr. 1999 : *BOCC 27 juill. 1999.* ♦ ... Les décisions rendues sur les contestations élevées à l'encontre de la validité des actes tendant à la recherche, constatation ou sanction des faits dont le Conseil est saisi. • Cons. conc. n° 02-D-02 du 29 juin 2001 : *BOCC 29 mars 2002.* ♦ ... L'acte par lequel le président du conseil décide de retirer certaines pièces du dossier afin de préserver le secret des affaires. • Paris, 13 déc. 2001 : *RTD com. 2002. 289, obs. Claudel*. ♦ Sur les effets de la transmission de pièces en application de l'art. L. 463-5 C. com. sur la prescription, V. note 4 ss. cet art. ♦ Sur les actes d'instruction tendant à établir la matérialité du délit de l'art. L. 420-6 C. com. sur la prescription, V. note 6 ss. cet art. et le 2e al. de l'art. L. 462-7 introduit par l'Ord. n° 2008-1161 du 13 nov. 2008. ♦ La démarche volontaire d'une entreprise sur le fondement du IV de l'art. L. 464-2 C. com. (procédure de clémence) est un acte tendant à la recherche, la constatation et la sanction de pratiques anticoncurrentielles au sens de l'art. L. 462-7 du même code. • Cons. conc. n° 06-D-09 du 11 avr. 2006 : *cité note 14 ss. art. L. 464-2.* ♦ En revanche, la désignation d'un ou plusieurs rapporteurs, prévue par l'art. 50 [C. com., art. L. 450-6], n'a pas pour effet d'interrompre la prescription. • Paris, 1er déc. 1995 : *BOCC 28 févr. 1996 ; CCC 1996, n° 26, obs. Vogel,* conf. par • Com. 8 juill. 1997 : *Bull. civ. IV, n° 220 ; D. 1997. IR 179 ; D. Affaires 1997. 1070.* – Dans le même sens : • Cons. conc. n° 02-D-78 du 27 déc. 2002 : *BOCC 28 févr. 2003.* ♦ De la même façon, des courriers d'entreprises répondant aux questions du rapporteur ne constituent pas des actes tendant à la recherche, la constatation ou la sanction des pratiques visées par l'instruction, peu important que les demandes du rapporteur revêtent elles-mêmes un tel caractère. • Com. 6 nov. 2007 : *Bull. civ. IV, n° 233 ; D. 2008. Chron. C. cass. 1236, obs. Salomon ; D. 2007. AJ 2942, obs. Chevrier ; JCP E 2007, n° 50, p. 25 ; CCC 2008, n° 15, obs. Decocq ; LPA 28 oct. 2008, obs. AG ; RJDA 2008, n° 456 ; RDLC 2008, n° 1, p. 167, obs. Lemaire* (conf. de • Paris, 4 juill. 2006 : *BOCC 8 déc. 2006 ; CCC 2006, n° 199, obs. Decocq ; RJDA 2006, n° 1076 ; RDLC 2006, n° 3, p. 140, obs. Michel-Amsellem ; RLC oct.-déc. 2006. 79, obs. Nourissat ; RLDA oct. 2006. 53, obs. Cheynel*). – *Contra* : • Paris, 15 juin 1999 : *Gaz. Pal. 11-12 août 1999, p. 15* • Com. 20 nov. 2001 : *Bull. civ. IV, n° 182* • Cons. conc. n° 05-D-67 du 6 déc. 2005 : *préc. note 4* • n° 06-D-33 du 8 nov. 2006 : *BOCC 22 mars 2007 ; RDLC 2007, n° 1, p. 147, obs. Lemaire.* ♦ Et une convocation aux fins d'audition ne saurait valablement interrompre la prescription dès lors que l'audition ne présentait aucune utilité à la date où elle a été demandée, le rapporteur général disposant déjà de tous éléments nécessaires pour notifier les griefs et le Conseil pour statuer. • Paris, 23 mai 2006 : *BOCC 8 déc. 2006 ; JCP E 2006, n° 36, p. 1472, note Driguez ; CCC 2006, n° 138, obs. Decocq ; RJDA 2006, n° 959 ; RLC juill.-sept. 2006. 86, note Cheynel ; RDLC 2006, n° 3, p. 139, obs. Michel-Amsellem ; RLDA oct. 2006. 53, obs. Cheynel* (cassé par • Com. 6 nov. 2007 : *Bull. civ. IV, n° 232 ; D. 2008. Chron. C. cass. 1236, obs. Salomon ; D. 2007. AJ 2942, obs. Chevrier ; JCP E 2007, n° 50, p. 25 ; CCC 2008, n° 16, obs. Decocq ; LPA 28 oct. 2008, obs. AG ; RJDA 2008, n° 456 ; RLC janv.-mars 2008. 99, obs. Cheynel ; RDLC 2008, n° 1, p. 167, obs. Lemaire*). ♦ L'arrêt du 23 mai 2006 (préc.) n'impose nullement aux rapporteurs de prévoir à l'avance, car c'est à l'évidence impossible, si les réponses qui seront apportées aux questionnaires qu'ils adressent aux entreprises seront effectivement utilisables, à charge ou à décharge, de façon à exclure de ces questionnaires toute question dont la réponse s'avérerait, après coup, sans intérêt. • Cons. conc. n° 07-D-08 du 12 mars 2007 : *BOCC 7 juin 2007 ; RTD com. 2008. 68, obs. Claudel ; RJDA 2007, n° 558 ; RDLC 2007, n° 2, p. 116, obs. Prieto ; RLC juill.-sept. 2007. 27, obs. Sélinsky et Cholet ; Europe 2007, n° 118, obs. Idot* (conf. pour l'essentiel par • Paris, 6 mai 2008 : *BOCC 15 sept. 2008 ; CCC 2008, n° 184, obs. Decocq ; RDLC 2008, n° 3, p. 88, obs. Debroux, et p. 95, obs. Prieto*).

4 ter. *Saisine des juridictions judiciaires.* Les constats d'huissiers, parce qu'ils visaient à constater une faute civile, de même que la saisine du tribunal de commerce puis de la cour d'appel, qui sont intervenus dans le cadre d'une action en dommages et intérêts, pour la défense d'un intérêt particulier, ne sauraient être considérés comme des actes tendant à la recherche, la constatation et la sanction de pratiques anticoncurrentielles, effectués pour la défense d'un ordre public économique et la régulation du marché. • Cons. conc. n° 04-D-46 du 30 sept. 2004 : *BOCC 9 déc. 2004 ; D. 2004. AJ 2787 ; CCC 2005, n° 8, obs. Malaurie-Vignal ; RLC 2005, n° 1, p. 91, obs. Sélinsky* • n° 05-D-42 du 19 juill. 2005 : *BOCC 14 mars 2006 ; D. 2005. AJ 2444, obs. Chevrier ; RDLC 2005, n° 4, p. 118, obs. Momège* • Paris, 21 mars 2006 : *BOCC 26 sept. 2006 ; CCC 2006, n° 86, obs. Malaurie-Vignal ; RDLC 2006, n° 2, p. 143, obs. Michel-Amsellem.* ♦ Comp., s'agissant du droit transitoire, jugeant que doit être assimilée aux actes visés à l'art. 27 [C. com., art. L. 462-7] une plainte dénonçant aux juridictions répressives des pratiques de nature à constituer des infractions pénales avant la mise en application des dispositions de l'Ord. du 1er déc. 1986 [C. com., art.

L. 462-1 s.] et dont a ensuite été saisi le conseil. • Paris, 14 janv. 1993 : *BOCC 13 févr. 1993.* ♦ Comp. aussi, s'agissant de la saisine du procureur de la République en application de l'art. L. 462-6 C. com., V. note 6 ss. art. L. 420-6. ♦ Dès lors que les opérations de visite et de saisie constituent des actes de recherche et de constatation des faits susceptibles de constituer des pratiques anticoncurrentielles, les décisions rendues sur les contestations élevées à l'encontre des décisions qui autorisent ces actes constituent des actes interruptifs de prescription car elles peuvent conduire à l'annulation des actes et retirer ainsi à la poursuite les éléments de preuve sur lesquels elle s'appuie. • Cons. conc. n° 05-D-19 du 12 mai 2005 : *BOCC 28 oct. 2005 ; D. 2005. AJ 1411, obs. Chevrier ; CCC 2005, n° 173, obs. Malaurie-Vignal ; RDLC 2005, n° 3, p. 127, obs. Momège* • Paris, 7 mars 2006 : *BOCC 26 sept. 2006 ; RDLC 2006, n° 2, p. 143, obs. Michel-Amsellem ; Lettre distrib. mars 2006, p. 2* (conf. par : • Com. 6 mars 2007 : *préc. note 2*). ♦ *Contra* • Paris, 4 juill. 2003 : *cité note 7.*

4 quater. Saisine d'une juridiction arbitrale. L'élément matériel du délit d'abus de position dominante ayant nécessairement disparu à compter de la date à laquelle ont cessé toutes relations contractuelles, la société plaignante reprenant sa liberté économique qui n'a pu être entravée par l'action devant la juridiction arbitrale aux fins d'indemnisation pour rupture de contrat diligentée par la société présumée auteur de l'abus, aucune cause légale d'interruption ou de suspension de la prescription de l'action publique ne peut être relevée. • Crim. 19 mars 2008 : *préc. note 3.*

5. Impossibilité d'agir. En ce sens que l'impossibilité d'agir de la requérante dans une procédure en cours ne fait pas partie des cas de suspension de la prescription triennale [désormais quinquennale] prévue à l'art. L. 462-7, V. • Com. 17 juill. 2001 : *Bull. civ. IV, n° 144 ; D. 2001. AJ 2827, obs. Chevrier ; RTD com. 2002. 290, obs. Claudel ; CCC 2001, n° 159, note Malaurie-Vignal.* ♦ V. l'arrêt cassé considérant qu'il ne saurait être imposé à la partie saisissante, en l'absence de toute nécessité et dans le seul but d'interrompre la prescription, ni de saisir à nouveau le conseil ou de présenter devant lui des demandes à caractère conservatoire alors que de telles saisines ou demandes n'ont pas été instituées en vue d'interrompre la prescription d'une procédure au fond, ni davantage d'engager une action devant les juridictions civiles ou répressives sur un fondement distinct et sans rapport avec celui autorisant les entreprises à saisir le conseil. • Paris, 9 mars 1999 : *BOCC 20 mars 1999 ; CCC 1999, n° 74, obs. Malaurie-Vignal ; LPA 11 nov. 1999, obs. Mathieu.* ♦ V. la même solution appliquée au détriment du ministre de l'économie : le fait que le directeur général de la concurrence, de la consommation et de la répression des fraudes a été mis dans l'impossibilité d'agir pour faire exécuter un acte interruptif dans la procédure en cours devant le Conseil de la concurrence, dans la mesure où il n'a pas été chargé d'une enquête par le conseil dans les conditions prévues par l'art. L. 450-6 C. com , ne suspend pas la prescription, • Com. 26 févr. 2002 : *Bull. civ. IV, n° 42 ; RTD com. 2002. 290, obs. Claudel ; JCP E 2003, n° 17-18, p. 760, note Pajot.*

6. Computation du délai. Sur la computation du délai de prescription, V. • Cons. conc. n° 2000-D-52 du 15 janv. 2001 : *BOCC 23 févr. 2001 ; CCC 2001, n° 74, obs. Malaurie-Vignal*, conf. par • Paris, 11 sept. 2001 : *préc. note 2.*

7. Convention EDH. A des sociétés qui considéraient que la prescription était contraire à la Conv. EDH, V. jugeant que celles-ci pouvaient utilement saisir les juridictions de droit commun aux fins d'être indemnisées des conséquences dommageables des pratiques anticoncurrentielles alléguées et voir enjoindre qu'il soit mis fin à ces pratiques notamment à titre conservatoire, le fait que la preuve de telles pratiques soit facilitée par les investigations auxquelles sont susceptibles de procéder les autorités de concurrence ne pouvant suffire à justifier que soit écartés le droit à l'oubli, la protection contre le dépérissement des preuves comme au surplus la nécessité de recouvrer la paix sociale lorsqu'un laps de temps important s'est écoulé sans qu'aucune procédure n'ait été exercée : • Paris, 4 juill. 2003 : *BOCC 29 sept. 2003 ; CCC 2003, n° 184, obs. Malaurie-Vignal ; Lettre distrib. juill.-août 2003, p. 2.*

Art. L. 462-8 *(L. n° 2001-420 du 15 mai 2001 ; Ord. n° 2008-1161 du 13 nov. 2008, art. 4)* **« L'Autorité de la concurrence » peut déclarer, par décision motivée, la saisine irrecevable pour défaut d'intérêt ou de qualité à agir de l'auteur de celle-ci, ou si les faits sont prescrits au sens de l'article L. 462-7, ou si elle estime que les faits invoqués n'entrent pas dans le champ de sa compétence.**

Elle peut aussi rejeter la saisine par décision motivée lorsqu'elle estime que les faits invoqués ne sont pas appuyés d'éléments suffisamment probants.

(Ord. n° 2004-1173 du 4 nov. 2004, art. 7) **« Elle peut aussi rejeter la saisine dans les mêmes conditions, lorsqu'elle est informée qu'une autre autorité nationale de concurrence d'un État membre de la Communauté européenne ou la Commission européenne a traité des mêmes faits relevant des dispositions prévues aux articles 81 et 82 du traité instituant la Communauté européenne** *[art. 101 et 102 TFUE]*.

« Elle peut aussi rejeter la saisine dans les mêmes conditions ou suspendre la procédure, lorsqu'elle est informée qu'une autre autorité nationale de concurrence d'un État membre de la Communauté européenne traite des mêmes faits relevant des dispositions prévues aux articles 81 et 82 du traité instituant la Communauté européenne *[art. 101 et 102 TFUE]*. **Lorsque cette information est reçue par le rapporteur au stade de l'instruction, le rapporteur général peut suspendre son déroulement.**

« L'Autorité de la concurrence peut aussi décider de clore dans les mêmes conditions une affaire pour laquelle elle s'était saisie d'office. »

Il est donné acte, par décision du président *(Ord. n° 2008-1161 du 13 nov. 2008, art. 4)* **« de l'Autorité de la concurrence » ou d'un vice-président délégué par lui, des désistements** *(Ord. n° 2004-1173 du 4 nov. 2004, art. 7)* **« des parties ou des dessaisissements effectués par la Commission européenne ».** *(Ord. n° 2008-1161 du 13 nov. 2008, art. 2-IV)* **« En cas de désistement, l'Autorité peut poursuivre l'affaire, qui est alors traitée comme une saisine d'office. »** — *V. art. R. 463-8.*

BIBL. ▸ ARHEL, *JCP E 2004, n° 51, p. 2010* (adaptation du droit national au droit communautaire de la concurrence).

1. Compétence. V. notes ss. art. L. 462-6 et notes ss. art. L. 410-1.

2. Irrecevabilité. Est inopérante, l'allégation selon laquelle la violation du principe de spécialité constitue, en soi, un abus de position dominante ; en effet, fût-elle contraire audit principe, ne suffit pas à caractériser un tel abus, la seule intervention d'EDF, par le biais d'une société dotée de sa propre personnalité morale, sur le marché de la télésurveillance, marché distinct de celui de la production et de la distribution d'électricité sur lequel il bénéficie d'une position dominante. • Paris, 10 févr. 1994 : *Gaz. Pal. 1994. 2. Somm. 740, obs. Blazy.* ♦ Pour un autre exemple, V. • Paris, 3 juin 1993 : *D. 1993. IR 182.*

3. Éléments probants. Alors que le rejet *de plano* de la saisine, prévu au deuxième alinéa de l'art. L. 462-8, suppose une appréciation des éléments de preuve produits à l'appui de celle-ci, l'existence d'une cause d'irrecevabilité de la saisine exclut tout examen tant des preuves produites que du fond. • Cons. conc. n° 02-D-75 du 17 déc. 2002 : *BOCC 28 févr. 2003 ; CCC 2003, n° 111, obs. Malaurie-Vignal.* ♦ Aucun texte ni principe ne font obligation à la partie saisissante d'apporter au Conseil de la concurrence la preuve des agissements qu'elle dénonce ; il lui appartient seulement d'assortir ses déclarations d'indices crédibles permettant de présumer l'existence de pratiques illicites. • Cons. conc. n° 04-D-48 du 14 oct. 2004 : *BOCC 21 janv. 2005 ; D. 2004. AJ 2995* ✎. ♦ Sauf à retirer toute portée au texte, qui a pour finalité de conduire les parties saisissantes à produire dès l'origine un ensemble suffisant d'éléments de preuve des pratiques qu'elles dénoncent, les éléments non produits devant le Conseil ne peuvent l'être pour la première fois devant la cour d'appel. • Paris, 17 sept. 2008 : *CCC 2008, n° 276, obs. Decocq ; RDLC 2008, n° 4, p. 79, obs. Claudel ; RLC janv.-mars 2009. 74, obs. Cheyne.* ♦ L'art. L. 462-8 laisse la possibilité à l'Autorité de la concurrence de réserver une suite favorable à une saisine si elle n'est pas appuyée d'éléments suffisamment probants. Le législateur n'a pas entendu imposer de quelconques exigences probatoires à l'auteur de la saisine, ni à l'appui de celle-ci ni ultérieurement, et a confié au service d'instruction de l'Autorité le soin de réunir les éléments dont l'organe décisionnel et au besoin la cour d'appel apprécieront la pertinence. • Paris, 27 janv. 2011 : *BOCC 23 févr. 2011 ; RLC avr.-juin 2011. 71, obs. Barbier de la Serre et Quiles.*

4. Droits de la défense. V. note ss. art. R. 464-17.

5. Nouvelle saisine. Le rejet, sur le fondement de l'art. L. 462-8, al. 2, n'est pas revêtu de l'autorité de la chose décidée et n'exclut pas une nouvelle saisine autrement étayée. • Paris, 17 sept. 2008 : *préc. note 3.* ♦ Une instruction au fond, qui devrait nécessairement s'appuyer sur des éléments factuels concernant l'attractivité des services de télévision de rattrapage (« catch up TV »), et ses effets éventuels de migration des consommateurs vers l'offre de France Télécom, n'est pas justifiée alors même que l'accord signé avec France Télévisions n'est pas entré en vigueur. Un tel rejet ne fait cependant pas obstacle à ce que les entreprises du secteur, dans le cas où elles feraient état d'éléments nouveaux provenant de l'observation ultérieure du marché, puissent saisir ultérieurement le Conseil. • Cons. conc. n° 08-D-10 du 7 mai 2008 : *BOCC 26 juin 2008 ; CCC 2008, n° 185, obs. Decocq ; RDLC 2008, n° 3, p. 96, obs. Prieto ; CCE 2008, n° 127, obs. Chagny ; Lettre distrib. mai 2008, p. 3.*

Art. L. 462-9 *(L. n° 2001-420 du 15 mai 2001 ; Ord. n° 2004-1173 du 4 nov. 2004, art. 8)* **I. – *(Ord. n° 2008-1161 du 13 nov. 2008, art. 4)* « L'Autorité de la concurrence » peut, pour ce qui relève de ses compétences et après information préalable du ministre chargé de l'économie, communiquer les informations ou les documents qu'elle détient ou qu'elle recueille, à leur demande, à la Commission des Communautés européennes ou aux autorités des autres États exerçant des compétences analogues, à leur demande, sous réserve de réciprocité, et à condition que l'autorité étrangère compétente soit soumise au secret professionnel avec les mêmes garanties qu'en France.**

***(Ord. n° 2008-1161 du 13 nov. 2008, art. 4)* « L'Autorité de la concurrence » peut, dans les mêmes conditions, selon les mêmes procédures et sous les mêmes sanctions que celles prévues pour l'exécution de sa mission, conduire ou demander au ministre chargé de l'économie de conduire des enquêtes, à la demande d'autorités étrangères exerçant des compétences analogues, sous réserve de réciprocité.**

L'obligation de secret professionnel ne fait pas obstacle à la communication par les autorités de concurrence des informations ou documents qu'elles détiennent ou qu'elles recueillent, à leur demande, à la Commission des Communautés européennes et aux autorités des autres États exerçant des compétences analogues et astreintes aux mêmes obligations de secret professionnel.

L'assistance demandée par une autorité étrangère exerçant des compétences analogues pour la conduite d'enquêtes ou la transmission d'informations détenues ou recueillies par *(Ord. n° 2008-1161 du 13 nov. 2008, art. 4)* « l'Autorité de la concurrence » est refusée par celle-ci lorsque l'exécution de la demande est de nature à porter atteinte à la souveraineté, à la sécurité, aux intérêts économiques essentiels ou à l'ordre public français ou lorsqu'une procédure pénale a déjà été engagée en France sur la base des mêmes faits et contre les mêmes personnes, ou bien lorsque celles-ci ont déjà été sanctionnées par une décision définitive pour les mêmes faits.

Les autorités de concurrence, pour ce qui relève de leurs compétences respectives, peuvent utiliser des informations ou des documents qui leur auront été transmis dans les mêmes conditions par la Commission des Communautés européennes ou les autorités des autres États membres exerçant des compétences analogues.

***(Ord. n° 2008-1161 du 13 nov. 2008, art. 4)* « L'Autorité de la concurrence » peut, pour la mise en œuvre du présent article, conclure des conventions organisant ses relations avec les autorités des autres États exerçant des compétences analogues. Ces conventions sont approuvées par l'Autorité dans les conditions prévues à l'article L. 463-7. Elles sont publiées au *Journal officiel*.**

***(Ord. n° 2004-1173 du 4 nov. 2004, art. 8)* « II. – Dans la mise en œuvre des règles de concurrence prévues aux articles 81 et 82 du traité instituant la Communauté européenne *[art. 101 et 102 TFUE]*, les autorités de concurrence appliquent les dispositions du règlement n° 1/2003 du Conseil relatif à la mise en œuvre des règles de concurrence prévues aux articles 81 et 82 du traité instituant la Communauté européenne *[art. 101 et 102 TFUE]*, à l'exclusion des dispositions des cinq premiers alinéas du I du présent article.**

« Pour l'application des dispositions du 4 de l'article 11 de ce reglement, *(Ord. n° 2008-1161 du 13 nov. 2008, art. 4)* « l'Autorité de la concurrence » transmet à la Commission européenne un résumé de l'affaire ainsi qu'un document exposant l'orientation envisagée, qui peut être la notification de griefs ou le rapport mentionnés à l'article L. 463-2. Elle peut mettre ces mêmes documents à la disposition des autres autorités de concurrence des États membres de la Communauté européenne. »

CHAPITRE III DE LA PROCÉDURE

Art. L. 463-1 **L'instruction et la procédure devant** *(Ord. n° 2008-1161 du 13 nov. 2008, art. 4)* **« l'Autorité de la concurrence » sont** *(Abrogé par L. n° 2011-525 du 17 mai 2011, art. 178-I) « **pleinement** »* **contradictoires** *(Ord. n° 2004-1173 du 4 nov. 2004, art. 9-I)* **« sous réserve des dispositions prévues à l'article L. 463-4 ».** — *[Ord. n° 86-1243 du 1er déc. 1986, art. 18.] — V. art. R. 463-1 s.*

La validité des actes de poursuite, d'instruction et de sanction accomplis antérieurement à la première réunion de l'Autorité de la concurrence est appréciée au regard des textes en vigueur à la date à laquelle ils ont été pris ou accomplis (Ord. n° 2008-1161 du 13 nov. 2008, art. 5-II).

RÉP. COM. v° *Concurrence (règles de procédure)*, par ARHEL.

BIBL. ▶ LUC, *LPA 15 et 18 févr. 2002* (application du principe d'impartialité aux autorités de concurrence françaises). – LEMAIRE, *LPA 3 juill. 2008* (un an d'actualité en droit processuel de la concurrence). – SÉLINSKY, *RLDA févr. 2010. 75* (les mutations du droit procédural de la concurrence). – ZIVY et LUC, *RDLC 2010, n° 4, p. 85* (l'équité procédurale devant l'Autorité de la concurrence). – TERCINET, *RLC avr.-juin 2012. 182* (le laboratoire du droit processuel de la concurrence).

1. Instruction des mesures conservatoires. Il appartient au Conseil de la concurrence, qui ne saurait être tenu d'appliquer des dispositions de procédure incompatibles avec l'urgence qui s'attache au prononcé de ces mesures, de prescrire, dans chaque cas, les mesures appropriées pour concilier avec l'urgence le respect du caractère contradictoire prévu à l'art. 18 [C. com., art. L. 463-1], lors de l'instruction des mesures conservatoires prévues à l'art. 12 [C. com., art. L. 464-1]. • CE 30 oct. 1987 : *D. 1987. IR 229.*

Le principe de la contradiction devant s'apprécier au regard de la procédure d'urgence prévue par l'art. 12 [C. com., art. L. 464-1] de l'ordonnance et l'art. 15 du Décr. du 29 déc. 1986 et le rapporteur ayant, tant en ce qui concerne les intérêts en cause qu'en ce qui concerne la formulation de l'injonction proposée au Conseil, exposé oralement l'affaire en présence des parties, un arrêt peut décider que celles-ci avaient pu « sans que cela soit contesté » s'exprimer les dernières et débattre contradictoirement des mesures proposées. • Com. 4 févr. 1997 : *D. 1997. IR 56 ; D. Affaires 1997. 338.* – V. aussi Ricatte, *Gaz. Pal. 1998. 2. Doctr. 845.*

2. Portée de l'obligation de respecter la contradiction. Les seules mentions selon lesquelles le rapport écrit a été signé puis notifié aux parties en vue de provoquer les observations de celles-ci ne mettent pas la cour en mesure d'exercer son contrôle de la régularité de la procédure suivie, eu égard aux exigences impératives de la totale contradiction des débats. • Paris, 25 févr. 1988 : *D. 1988. Somm. 301, obs. Gavalda et Lucas de Leyssac.* ♦ La procédure commençant avec le dépôt de la requête saisissant le Conseil de la concurrence, elle doit dès ce moment prendre un caractère contradictoire ; par conséquent, la lettre du directeur général de la concurrence, exprimant l'avis que la requête pouvait être déclarée irrecevable, aurait dû être communiquée au requérant pour lui permettre de répondre aux arguments développés. • Paris, 10 mars 1988 : *D. 1988. Somm. 301, obs. Gavalda et Lucas de Leyssac ; Gaz. Pal. 1988. 1. 356, note Marchi.* ♦ Aux termes des dispositions combinées des art. L. 463-1 et L. 463-2, c'est la notification des griefs qui marque l'ouverture de la procédure contradictoire. • Paris, 2 oct. 2007 : *BOCC 15 sept. 2008 ; CCC 2007, n° 305, obs. Decocq ; RDLC 2007, n° 4, p. 71, obs. Debroux.* ♦ ... Avant cette notification, les règles qui prévalent sont celles de la loyauté dans la conduite de l'instruction. • Cons. conc. n° 07-D-50 du 20 déc. 2007 : *cité note 18 ss. art. L. 420-1.* ♦ Le droit d'accès au dossier n'est pas ouvert avant la notification de griefs qui constitue l'acte d'accusation ; la possibilité, pour toute personne entendue par un rapporteur du Conseil de la concurrence, d'être assistée de son conseil n'ouvre pas, pour autant, le droit d'accès au dossier avant la notification des griefs. • Cons. conc. n° 09-D-07 du 12 févr. 2009 : *BOCC 18 févr. 2009.*

3. La notification des griefs n'a pas pour objet d'anticiper ou d'épuiser dès l'origine le débat contradictoire ultérieur, ni de retirer à la formation du Conseil appelée à prendre la décision son pouvoir de motiver librement celle-ci, dès lors qu'elle s'en tient au grief notifié et fonde sa décision sur des éléments soumis au contradictoire. • Cons. conc. n° 05-D-64 du 25 nov. 2005 : *BOCC 29 avr. 2006.* ♦ L'absence de communication préalable du dossier ne peut préjudicier aux droits des requérants, dès lors que le dossier soumis au Conseil de la concurrence ne comporte pas d'autres pièces que celles communiquées par les requérants eux-mêmes. • Paris, 28 juin 1994 : *D. 1994. IR 195.*

4. Phase d'enquête. Les règles de l'enquête définies par l'Ord. du 1er déc. 1986 [C. com., art. L. 450-1 s.] ne font pas obligation aux agents qui y procèdent ou au rapporteur du Conseil de la concurrence de confronter les responsables des entreprises avec les auteurs des déclarations qui les mettaient en cause ou de les interroger sur les pièces saisies chez des tiers. • Com. 6 oct. 1992 : *Bull. civ. IV, n° 294* • Paris, 4 juill. 1994 : *D. 1994. IR 224.* ♦ Et, elles ne font pas obligation aux enquêteurs qui réalisent les investigations d'interroger plusieurs fois les personnes qu'ils ont entendues. • Paris, 26 janv. 1999 : *BOCC 16 févr. 1999 ; LPA 16 nov. 1999, obs. Petitier.*

Si l'obligation de loyauté doit présider à la recherche des preuves, l'enquête n'est pas soumise au principe contradictoire, qui n'est applicable à la procédure qu'à compter de la notification des griefs. Néanmoins, la durée excessive de cette première phase de la procédure administrative peut avoir une incidence sur les possibilités futures de défense des entreprises concernées, notamment en diminuant l'efficacité des droits de la défense dans la phase ultérieure d'instruction et dans la phase finale de décision de l'Autorité. • Paris, 10 nov. 2009 : *BOCC 30 déc. 2009 ; Dalloz actualité, 19 nov. 2009, obs. Chevrier ; CCC 2010, n° 17, obs. Decocq ; RJDA 2010, n° 176 ; Gaz. Pal. 2010. 1698, et les obs. ; Lettre distrib. déc. 2009, p. 1, obs. Sélinsky ; RDLC 2010, n° 1, p. 162, obs. Momège ; RLC janv.-mars 2010. 25, obs. Sélinsky ; ibid. 85, obs. Lavedan ; RDC 2010. 634, obs. Prieto ; Procédures 2010. Chron. 1, spéc. n° 12, par Leroy et Ruy* (cassé par • Com. 23 nov. 2010 : *D. 2010. Actu. 2901, obs. Chevrier ; D. 2011. Pan. 541, obs. Ferrier ; CCC 2011, n° 17, obs. Decocq ; Gaz. Pal. 2011. 1602, et les obs. ; RJDA 2011, n° 266 ; RDLC 2011, n° 1, p. 193, obs. Lemaire et Naudin ; RLC avr.-juin 2011. 74, obs. Barbier de la Serre*). ♦ Le respect des droits de la défense revêtant une importance capitale, il importe d'éviter que ces droits puissent être irrémédiablement compromis, notamment en raison d'une durée excessive de la phase d'enquête, et que cette durée soit susceptible de faire obstacle à l'établissement de preuves. Pour cette raison, l'examen de l'éventuelle entrave à l'exercice des droits de la défense ne doit pas être limité à la phase même dans laquelle ces droits produisent leur plein effet, à savoir la seconde phase de la procédure administrative, mais l'appréciation de la source de l'éventuel affaiblissement de l'efficacité des droits de la défense doit s'étendre à l'ensemble de cette procédure en se référant à la durée totale de celle-ci, enquête comprise. • Paris, 10 nov. 2009 : *préc.* ♦ Mais la simple connaissance de ce qu'une enquête administrative avait été conduite, nonobstant le fait que ces actes ne mentionnaient pas spécifiquement que cette enquête était menée sous l'égide de l'Autorité de la concurrence, devait conduire les entreprises concernées, qui se savaient nécessairement soumises à un risque de poursuites, à conserver, non seulement les documents et pièces prévus par l'art. L. 123-22 C. com., mais également tous éléments de preuve de la légalité de leurs pratiques commerciales jusqu'à l'expiration du délai de prescription ou le prononcé d'une éventuelle décision de non-lieu publiée au *BOCC* ; il leur appartenait à tout le moins de se renseigner sur l'issue de ces investigations afin de satisfaire pleinement au devoir de prudence pesant sur elles. • Paris, 26 janv. 2012 : *BOCC 21 févr. 2001 ; Dalloz actualite, 2 mars 2012, obs. Chevrier ; CCC 2012, n° 100, obs. Decocq ; RLC avr.-juin 2012. 26, note Dumarçay ; RDC 2012. 863, obs. Prieto* (rendu sur renvoi par • Com. 23 nov. 2010 : *préc.*). ♦ Dans tous les cas, la durée excessive de la procédure ne peut être déterminée en soi de manière abstraite. • Paris, 23 mars 2010 : *BOCC 19 avr. 2010.*

La sanction qui s'attache à la violation par les autorités de concurrence de leur obligation de se prononcer dans un délai raisonnable n'est pas l'annulation de la procédure ou sa réformation mais la réparation du préjudice résultant éventuellement du délai subi sous réserve, toutefois, que la conduite de la procédure n'ait pas irrémédiablement privé les entreprises mises en cause des moyens de se défendre, de telles circonstances devant être appréciées concrètement de telle sorte qu'il soit démontré par les parties une « atteinte personnelle, effective et irrémédiable » à leur droit de se défendre. • Aut. conc. n° 11-D-02 du 26 janv. 2011 : *RLC avr.-juin 2011. 74, obs. Barbier de la Serre.*

Les engagements réciproques qui avaient été pris par les signataires de la Charte de coopération et d'objectifs signée le 28 janv. 2005 par le Conseil de la concurrence et la DGCCRF afin de formaliser les principes de leur coopération en vue d'atteindre une plus grande efficacité dans la lutte contre les pratiques anticoncurrentielles, notamment à réduire les délais moyens de traitement des affaires au stade de l'enquête administrative et de l'instruction en définissant des délais optimum de traitement des affaires, ne peuvent être constitutifs de droits que les entreprises poursuivies peuvent opposer à l'Autorité à l'issue des procédures dont elles font l'objet. • Paris, 23 févr. 2012 : *cité note 17 ss. art. L. 420-1.*

5. Sur le principe du contradictoire et la présence au délibéré du rapporteur, V. note 2 ss. art. L. 463-7.

6. Procédure. Aucune disposition du code de commerce et du Décr. n° 2002-689 du 30 avr. 2002 [abrogé et codifié] n'impose de délais pour la mise en état de procédures de mesures conservatoires qui se caractérisent par l'urgence, mais dont l'instruction doit permettre dans un temps nécessairement restreint de réunir le plus d'éléments possibles. • Cons. conc. n° 02-D-46 du 19 juill. 2002 : *D. 2002. AJ 2941* . ♦ La procédure d'exécution d'une injonction donnée en mesure conservatoire se rattache à cette procédure d'urgence et répond aux même principes. • Même décision. ♦ Sur le plan formel et procédural, la procédure administrative qui se déroule devant l'Autorité de la concurrence n'est pas une instance au sens des codes de procédure civile, pénale ou administrative ; l'issue d'une telle instance, qu'il s'agisse d'une condamnation, d'une transaction ou d'une décision d'incompétence, est donc indifférente à l'Autorité. • Paris, 19 janv. 2010 : *cité note 12 ss. art. L. 464-2.*

7. Loyauté de la preuve. BIBL. Raynaud, *JCP E 2010, n° 1347* (admissibilité des preuves déloyales devant l'Autorité de la concurrence : raisonnable et non pas illicite). ♦ Il n'existe aucun texte traitant de la preuve devant le Conseil. • Cons. conc. n° 07-D-50 du 20 déc. 2007 : *préc. note 2.* ♦ Toutefois, l'enregistrement d'une communication téléphonique réalisé par une partie à l'insu de l'auteur des propos tenus constitue un procédé déloyal rendant irrecevable sa production à titre de preuve, conformément à l'art. 6 § 1 Conv. EDH. • Com. 3 juin 2008 : *Bull. civ. IV, n° 112 ; D. 2008. Chron. C. cass. 2753, obs. Salomon ; ibid. Pan. 2822, obs. Delebecque ; ibid. 2476, note Boursier-Mauderly ; ibid. AJ 1687, obs. Chevrier ; RTD com. 2009. 431, obs. Bouloc ; JCP E 2008, n° 36, p. 27, note Royer ; CCC 2008, n° 204, obs. Bosco ; LPA 28 oct. 2008, obs. M.-E. B.-M. ; Gaz. Pal. 2008. 3318, note Roda ; CCE 2008, n° 114, obs. Chagny ; RJDA 8-9/2008. 855, rapp. Michel-Amsellem, et n° 951 ; RLC juill.-sept. 2008. 76, obs. Cheynel ; ibid. oct.-déc. 2008. 26, obs. Sélinsky et Cholet ; RDLC 2008, n° 3, p. 135, obs. Lemaire.* ♦ *Contra*, dans la même affaire, au stade des mesures conservatoires : le Conseil de la concurrence étant chargé de la défense de l'ordre public économique, il n'y a pas lieu, lors de l'examen d'une demande de mesure conservatoire, par application des principes dégagés par le juge pénal, de retirer du dossier les enregistrements des conversations téléphoniques obtenus à l'insu de l'intéressé et leur transcription et versés au débat par l'une des parties. • Cons. conc. n° 98-MC-08 du 8 sept. 1998 : *BOCC 31 déc. 1998 ; CCC 1999, n° 25, obs. Malaurie-Vignal.* ♦ ... Puis quant au fond de l'affaire, avec une décision très argumentée concluant à la liberté de la preuve devant le Conseil de la concurrence, V. • Cons. conc. n° 05-D-66 du 5 déc. 2005 : *BOCC 29 avr. 2006 ; D. 2006. Pan. 1385, obs. Claudel ; ibid. AJ 225, obs. Chevrier ; RTD com. 2006. 325, obs. Claudel ; AJ pénal 2006. 125, obs. Roussel ; RDLC 2006, n° 1, p. 133, obs. Claudel, et p. 187, obs. Momège ; RLC 2006, n° 6, p. 70, obs. Nourissat* (conf. par • Paris, 19 juin 2007 : *cité note 3 ss. art. R. 464-17*, mais cassé par • Com. 3 juin 2008 : *préc.*). ♦ ... Et sur renvoi après cassation : si les enregistrements téléphoniques ont constitué un procédé déloyal à l'égard de ceux dont les propos ont été insidieusement captés, ils ne doivent pas pour autant être exclus du débat et ainsi privés de toute vertu probante par la seule application d'un principe énoncé abstraitement, mais seulement s'il est avéré que la production de ces éléments a concrètement porté atteinte au droit à un procès équitable, au principe du contradictoire et aux droits de la défense de ceux auxquels ils sont opposés. • Paris, 29 avr. 2009 : *BOCC 17 juill. 2009 ; D. 2009. Pan. 2716, obs. Delebecque ; ibid. AJ 1352, obs. Chevrier ; RTD com. 2010. 73, obs. Claudel ; JCP E 2009, n° 20-21, p. 8 ; CCC 2009, n° 174, obs. Decocq ; Gaz. Pal. 2010. 482, et les obs. ; CCE 2009, n° 88, obs. Chagny ; RLC juill.-août 2009. 27, obs. Sélinsky ; RDLC 2009, n° 3, p. 82, obs. Nicolas-Vullierme, et p. 127, obs. Momège ; Procédures 2010. Chron. 1, spéc. n° 7, par Leroy et Ruy ; Lettre distrib. mai 2009, p. 2.* ♦ Décision à nouveau censurée : sauf disposition expresse contraire du code de commerce, les règles du code de procédure civile s'appliquent au contentieux des pratiques anticoncurrentielles ; dès lors, l'enregistrement d'une communication téléphonique réalisé à l'insu de l'auteur des propos tenus constitue un procédé déloyal rendant irrecevable sa production à titre de preuve. • Cass., ass. plén., 7 janv. 2011 : *Bull. civ. n° 1 ; BICC 1er févr. 2011, p. 21, rapport Bargue, avis Petit ; D. 2011. Chron. C. cass. 618, obs. Vigneau ; ibid. 562, note Fourment ; ibid. Actu. 157, obs. Chevrier ; RTD civ. 2011. 127, obs. Fages ; ibid. 383, obs. Théry ; JCP E 2011, n° 1053, note Malaurie-Vignal ; JCP 2011, n° 208, note Ruy ; CCC 2011, n° 71, obs. Bosco ; LPA 12 mai 2011, note Eeckhoudt ; Gaz. Pal. 2011. 243,* note *Régnault ; RJDA 2011, n° 563 ; CCE 2011, n° 24, obs. Chagny ; Dr. et proc. 2011. 97, note Fricero ; RLC avr.-juin 2011. 59, note Cheynel.*

8. Secret des affaires. V. art. L. 463-4.

9. Rectification. La procédure suivie devant le Conseil est une procédure particulière à laquelle ne s'applique pas l'art. 462 NCPC [renommé C. pr. civ.] sur la rectification des erreurs et omissions matérielles. • Paris, 26 juin 2007 : *BOCC 16 nov. 2007 ; CCC 2007, n° 211, obs. Decocq ; RJDA 2007, n° 1015 ; RLC oct.-déc. 2007. 21, obs. Cholet et Sélinsky ; RDLC 2007, n° 3, p. 81, obs. Debroux.*

10. Procédure collective. A défaut de mise en cause des organes de la procédure collective devant le Conseil de la concurrence, alors que les poursuites en cours étaient susceptibles de conduire à l'adoption d'une décision affectant la situation juridique de l'entreprise, la procédure menée à son encontre, représentée par son seul dirigeant, n'est pas régulière. • Paris, 15 janv. 2008 : *BOCC 26 juin 2008 ; D. 2008. AJ 347, obs. Chevrier ; CCC 2008, n° 84, obs. Decocq ; Gaz. Pal. 2008. 2690, et les obs. ; RJDA 2008, n° 437 ; RLC avr.-juin 2008. 19, obs. Sélinsky, et 89, obs. Cheynel.* ♦ Mais la cour d'appel peut statuer sur le fond en vertu de l'effet dévolutif de l'appel, en présence de l'administrateur judiciaire et conformément aux conclusions des parties. • Com. 16 déc. 2008 : *Dalloz actualité, 7 janv. 2009, obs. Chevrier ; CCC 2009, n° 55, obs. Decocq ; RDLC 2009, n° 1, p. 113, obs. Nicolas-Vullierme.* ♦ V. aussi note 2 ss. art. R. 464-17.

Art. L. 463-2 *(Ord. n° 2008-1161 du 13 nov. 2008, art. 2-V)* **« Sans préjudice des mesures prévues à l'article L. 464-1, le rapporteur général ou un rapporteur général adjoint désigné par lui notifie les griefs aux intéressés ainsi qu'au commissaire du Gouvernement, qui peuvent consulter le dossier sous réserve des dispositions de l'article L. 463-4 et présenter leurs observations dans un délai de deux mois. Les entreprises destinataires des griefs signalent sans délai au rapporteur chargé du dossier, à tout moment de la procédure d'investigation, toute modification de leur situation juridique susceptible de modifier les conditions dans lesquelles elles sont représentées ou dans lesquelles les griefs peuvent leur être imputés. Elles sont irrecevables à s'en prévaloir si elles n'ont pas procédé à cette information. »**

Le rapport est ensuite notifié aux parties, au commissaire du Gouvernement et aux ministres intéressés. Il est accompagné des documents sur lesquels se fonde le rapporteur et des observations faites, le cas échéant, par les intéressés. — *V. art. R. 463-10, R. 463-11 et R. 464-8.*

Les parties ont un délai de deux mois pour présenter un mémoire en réponse qui peut être consulté dans les quinze jours qui précèdent la séance par les personnes visées à l'alinéa précédent.

(L. n° 2001-420 du 15 mai 2001) **« Lorsque des circonstances exceptionnelles le justifient,** *(Ord. n° 2008-1161 du 13 nov. 2008, art. 2-V)* **« le rapporteur général de l'Autorité » peut, par une décision non susceptible de recours, accorder un délai supplémentaire d'un mois pour la consultation du dossier et la production des observations des parties. »** — *[Ord. n° 86-1243 du 1er déc. 1986, art. 21.]*

V. note ss. art. L. 463-1.

L'examen des affaires de pratiques anticoncurrentielles ayant donné lieu à une notification de griefs ou à une proposition de non-lieu avant la date de la première réunion de l'Autorité de la concurrence se poursuit selon les règles de procédure en vigueur antérieurement à cette date. Le collège de l'Autorité de la concurrence est substitué au collège du Conseil de la concurrence pour l'examen de ces affaires, y compris pour les affaires en délibéré (Ord. n° 2008-1161 du 13 nov. 2008, art. 5-III).

1. Mesures conservatoires. BIBL. Voillemont, *Gaz. Pal. 1988. 1. Doctr. 199.* ♦ V. note 1 ss. art. L. 463-3.

2. Notification des griefs. Si l'art. 21 [C. com., art. L. 463-2] fait obligation au conseil [désormais au rapporteur général] de notifier les griefs aux personnes à l'encontre desquelles il envisage de décider des sanctions prévues par l'art. 13 [C. com., art. L. 464-2], il n'est pas tenu d'engager une telle procédure à l'égard de toutes les parties à une entente, dès lors qu'il apprécie que le comportement de certaines d'entre elles ne justifie ni injonction, ni sanctions pécuniaires. • Paris, 25 sept. 1991 : *BOCC 17 oct. 1991.* ♦ Les griefs n'ont pas à être notifiés aux agences locales des sociétés en cause, dès lors que ces agences, dont les dirigeants ne sont pas à même de déterminer librement une stratégie industrielle, financière et commerciale pleinement autonome, ne constituent pas des entreprises au sens de l'Ord. de 1986. • Cons. conc. n° 95-D-66 du 17 oct. 1995 : *BOCC 24 janv. 1996 ; CCC 1996, n° 25, obs. Vogel.* – V. aussi note 2 ss.

art. L. 464-2. ♦ Sur la violation des droits de la défense résultant d'une notification de griefs adressée à une filiale alors que la sanction a été prise à l'encontre de la société mère, V. • CJCE 2 oct. 2003 : *JCP E 2004, nº 44, p. 1729, obs. Parléani.* ♦ Sur la notification de griefs, V. aussi note ss. art. R. 463-11.

Même si les observations du commissaire du gouvernement donnent aux faits et documents soumis au conseil une interprétation différente de celle proposée par le rapport, il ne peut s'agir de griefs nouveaux au sens de l'art. 21 [C. com., art. L. 463-2]. • Com. 10 mars 1992 : *BOCC 21 mars 1992.* ♦ Dans le même sens, V. • Com. 6 oct. 1992 : *Bull. civ. IV, nº 294.* – V. également • Com. 8 déc. 1992 : *Bull. civ. IV, nº 404 ; D. 1993. IR 21.* ♦ Mais le Conseil ne saurait, sauf notification de griefs complémentaires à laquelle il lui est loisible de procéder, sanctionner une pratique qui n'a pas été visée dans la notification des griefs, peu important à cet égard qu'elle ait été dénoncée dans le rapport et que les parties s'en soient expliquées devant lui. • Paris, 29 mars 2005 : *BOCC 23 juin 2005 ; D. 2005. AJ 1223, obs. Chevrier ; RDLC 2005, nº 2, p. 93, obs. Michel-Amsellem.*

Aucune disposition légale n'impose que l'autorité administrative à laquelle la saisine a été communiquée doive à nouveau donner son avis lors de l'examen au fond de l'affaire. • Cons. conc. nº 04-D-44 du 15 sept. 2004 : *BOCC 9 déc. 2004 ; D. 2004. AJ 2571 ; Lettre distrib. oct. 2004, p. 4.* ♦ Sur la communication de la saisine, V. art. R. 463-9. ♦ L'art. 35 précité [C. com., art. R. 463-9] n'a pas pour effet de conférer à l'autorité administrative la qualité de partie à la procédure. • Paris, 29 mars 2005 : *préc.*

3. Notification complémentaire. Il n'y a lieu d'adresser une notification de griefs complémentaire que lorsque les services d'instruction de l'Autorité envisagent de dénoncer une pratique qui n'avait pas été visée dans la notification de griefs initiale. • Aut. conc. nº 12-D-24 du 13 déc. 2012 : *cité note 8 ss. art. L. 464-2.* ♦ Aucune disposition n'interdit au président d'adresser une notification de griefs complémentaires, même après envoi du rapport, dès lors que les parties ont, conformément à l'art. 21 [C. com., art. L. 463-2], bénéficié d'un délai de deux mois pour consulter le dossier et développer leurs observations, puis d'un délai identique pour présenter un mémoire en réponse au rapport complémentaire. • Paris, 23 mai 1995 : *BOCC 16 juin 1995* • 17 juin 2003 : *BOCC 29 sept. 2003.* ♦ S'agissant d'une notification complémentaire, elle n'a pas vocation à annuler et remplacer la notification initiale, mais seulement à s'y ajouter. • Paris, 24 juin 2008 : *cité note 4 ss. art. L. 463-5.* ♦ Le Conseil ne saurait, en l'absence d'une notification de griefs complémentaire, sanctionner une pratique qui n'a pas été visée dans la notification des griefs, même si elle a été dénoncée ensuite dans le rapport et que les parties s'en sont expliquées devant lui. • Paris, 23 févr. 2010 : *cité note 3 ss. art. L. 464-6-1.*

Dès lors que les éléments de preuve rassemblés ont été ouverts à la consultation des entreprises en cause qui ont pu librement en discuter la force probante et opposer leurs propres moyens de preuve et arguments et présenter leurs observations, ni l'origine ou la nature des pièces fondant les notifications de griefs, ni la pluralité de ces notifications de griefs ne sont en elles-mêmes constitutives d'aucune atteinte au principe du contradictoire, ni aux droits de la défense, ni au droit des parties à un procès équitable. • Paris, 24 juin 2008 : *préc.* ♦ Il se déduit de la validité de la notification de griefs initiale, laquelle n'a été ni annulée ni remplacée par les notifications complémentaires ultérieures, que, quand même celles-ci n'auraient pas repris la totalité des griefs figurant dans la notification initiale, le rapport, en ce qu'il a repris l'ensemble des griefs notifiés par les trois notifications initiale et complémentaires, n'a évoqué aucun grief nouveau. • Même arrêt.

4. Principe d'impartialité. Sur les conséquences de la communication d'un projet de notification des griefs par le rapporteur à un membre du Conseil de la concurrence, V. • Cons. conc. nº 2001-D-22 du 24 mai 2001 : *RTD com. 2002. 291, obs. Claudel.* ♦ La participation à un colloque, serait-elle accompagnée d'un rappel des problématiques d'actualité et d'une introduction flatteuse pour les différents intervenants, n'est pas une prise de position qui engage l'Autorité de la concurrence, surtout si elle n'émane pas de ses organes légalement représentatifs, et n'est donc pas incompatible avec l'exercice ultérieur des fonctions de rapporteur. • Paris, 19 janv. 2010 : *cité note 12 ss. art. L. 464-2.*

5. Date et signature de la notification. Dans la mesure où ni la notification de griefs ni le rapport ne constituent des décisions administratives, et dès lors que le Conseil de la concurrence constitue une autorité administrative indépendante, il faut considérer que la loi du 12 avr. 2000 relative aux droits des citoyens dans leur relation avec l'administration est inapplicable. • Cons. conc. nº 03-D-35 du 24 juill. 2003 : *BOCC 8 oct. 2003* (conf. par • Paris, 30 mars 2004 : *BOCC 15 juin 2004 ; LPA 28 févr. 2005, obs. Arhel*). – V. aussi • Paris, 17 juin 2003 : *BOCC 29 sept. 2003.* ♦ Comp., reconnaissant implicitement l'application de la loi du 12 avr. 2000, mais jugeant que l'omission de la signature n'est pas de nature à justifier l'annulation de la notification des griefs sur le fondement de l'art. 4 de cette loi dès lors qu'aucune ambiguïté n'existe sur l'auteur de cette notification dont le nom est expressément indiqué en page de couverture : • Com. 6 mars 2007 : *cité note 2 ss. art. L. 462-7.*

6. Observations. La fixation du point de départ du délai de deux mois, donné aux parties par l'art. 21 [C. com., art. L. 463-2] pour produire leurs observations, n'est pas prévue à peine de nullité et, le président du conseil étant saisi de demandes de sociétés tendant au retrait de certaines pièces touchant au secret des affaires, le rapporteur peut différer, pour l'ensemble des parties et dans leur intérêt, le point de départ dudit délai aux fins de préserver leurs droits et le principe de la contradiction. • Paris, 20 déc. 1994 : *BOCC 28 déc. 1994.* ♦ Il appartient à la partie en cause de démontrer en quoi le délai de deux mois pour répondre à la notification des griefs et à la notification du rapport aurait été insuffisant pour lui permettre de réunir les éléments au soutien de sa défense. • Com. 28 janv. 2003 : *Bull. civ. IV, n° 12 ; D. 2003. AJ 553 ; JCP E 2003, n° 12, p. 492 ; RTD com. 2004. 80, obs. Claudel ; RJDA 2003, n° 652.* ♦ Sur l'inapplicabilité de l'art. 21 [C. com., art. L. 463-2] aux recours en annulation des opérations de visite et de saisies effectuées sur le fondement de l'art. 48 [C. com., art. L. 450-4], V. • Com. 25 juin 1999 : *CCC 1999, n° 144, obs. Malaurie-Vignal.* – V. désormais art. L. 463-2, dern. al.

Le fait, pour une partie, de ne répondre à la notification de griefs, sur un certain point, que dans le cadre de son mémoire en réponse au rapport et non de ses observations à la notification de griefs ne saurait, en tant que tel, violer le principe du contradictoire dès lors que les moyens invoqués dans ce cadre peuvent être discutés lors de la séance, sauf à prouver que ces moyens requièrent une réponse écrite. • Cons. conc. n° 04-D-48 du 14 oct. 2004 : *BOCC 21 janv. 2005 ; D. 2004. AJ 2995 .*

7. Rapport d'enquête. L'art. L. 463-2 ne détermine pas quel doit être le contenu du rapport rédigé après la notification de griefs. • Cons. conc. n° 05-D-19 du 12 mai 2005 : *cité note 4 ter ss. art. L. 462-7.* ♦ Si les allégations touchant à la fiabilité de certaines des affirmations du rapport d'enquête peuvent être opérantes pour contester le bien-fondé des griefs notifiés, elles n'ont, en revanche, pas d'incidence sur la procédure. • Cons. conc. n° 04-D-49 du 28 oct. 2004 : *BOCC 21 janv. 2005.* ♦ La position prise par l'enquêteur ne peut en elle-même constituer un vice de procédure, la réalisation du rapport d'enquête conduisant nécessairement l'enquêteur à exposer ses propres convictions au terme des investigations auxquelles il a procédé. • Même décision. ♦ Le rapport d'enquête constitue un document de synthèse auquel aucune disposition législative ou réglementaire n'attache de force probante particulière ou d'effet juridique qui lui soit attaché. • Cons. conc. n° 07-D-48 du 18 déc. 2007 : *BOCC 23 avr. 2008 ; JCP E 2008, n° 9, p. 3, obs. Grandvuillemin ; CCC 2008, n° 49, obs. Bosco ; RDLC 2008, n° 1, p. 113, obs. Claudel ; ibid., p. 174, obs. Lemaire ; RLC avr.-juin 2008. 27, obs. Sélinsky.* ♦ La circonstance que le rapporteur se soit appuyé, au stade du rapport, sur des pièces figurant au dossier qui, bien que venant conforter les griefs notifiés, n'avaient pas été expressément citées au stade de l'envoi de ces derniers, est sans incidence sur la régularité de la procédure, dès lors que les parties ont disposé du délai légal, à la suite de la notification du rapport, pour y répondre. • Cons. conc. n° 06-D-04 du 13 mars 2006 : *cité note 6 ss. art. L. 420-1.* ♦ Aucun texte ni aucun principe n'interdit au Conseil de verser au dossier d'une saisine d'office des pièces obtenues dans le cadre d'une autre saisine. • Cons. conc. n° 07-D-09 du 14 mars 2007 : *BOCC 24 déc. 2007 ; CCC 2007, n° 133, obs. Decocq ; RJDA 2007, n° 662, et p. 663, note Condomines et Madec ; RLDA avr. 2007. 51, obs. Anadon ; RLC juill.-sept. 2007. 17, note Sibony ; RDLC 2007, n° 2, p. 110, obs. Wachsmann et Flocne' ; Europe 2007, n° 118, obs. Idot ; RDC 2007. 776, obs. Prieto.*

Aucune disposition ne prévoyant que la notification du rapport doit être faite au siège social de l'entreprise, dès lors que celle-ci a pu avoir connaissance de ce rapport et a disposé du délai de deux mois prévu par l'art. 21 [C. com., art. L. 463-2], la notification faite à l'adresse des locaux commerciaux de la société est valable. • Com. 27 janv. 1998 : *Bull. civ. IV, n° 42 ; D. Affaires 1998. 836, obs A. M. ; LPA 24 août 1998, obs. Malaurie-Vignal.* ♦ La transmission du rapport d'enquête de la DGCCRF aux parties par le chef du bureau de la procédure n'équivaut pas à la transmission d'une notification de griefs qui devrait être faite par le rapporteur général. • Cons. conc. n° 05-D-37 du 5 juill. 2005 : *cité note 9.* ♦ Par ailleurs, il ne résulte pas des art. L. 463-2 et R. 463-11, pas plus que d'aucune autre règle ou principe jurisprudentiel, que l'envoi du rapport aurait pour effet de dessaisir le rapporteur de l'instruction du dossier. • Aut. conc. n° 12-D-24 du 13 déc. 2012 : *cité note 8 ss. art. L. 464-2.*

8. Ministres intéressés. Sur cette notion, V. • Paris, 17 janv. 1990 : *Gaz. Pal. 1990. 1. 205, note Marchi,* conf. par • Com. 5 nov. 1991 : *Bull. civ. IV, n° 333 ; D. 1991. IR 271* • 6 déc. 1990 : *Gaz. Pal. 1991. 1. 325, concl. Jobard*

• 30 mai 1995 : *Bull. civ. IV, n° 160* • 23 juin 2004 : *Bull. civ. IV, n° 132 ; D. 2004. AJ 2439* ; *RLC févr.-avr. 2005. 28, obs. Peyre* • Paris, 22 janv. 2002 : *BOCC 27 mars 2002.*

9. Consultation du dossier. Aucune disposition du code de commerce ou du Décr. n° 2002-689 du 30 avr. 2002 [abrogé et codifié] n'impose l'obligation de préciser aux parties qu'elles disposent de la possibilité de consulter le dossier. • Cons. conc. n° 05-D-37 du 5 juill. 2005 : *BOCC 14 mars 2006 ; D. 2005. AJ 2379, obs. Chevrier*. ♦ Ce n'est qu'à partir de la notification des griefs que l'entreprise dispose d'un droit d'accès au dossier. • Paris, 26 janv. 2012 : *cité note 4 ss. art. L. 463-1.* ♦ La remise éventuelle par le Conseil de la concurrence d'un CD-Rom n'a pas pour objet de remplacer la consultation du dossier et ne constitue qu'une facilité supplémentaire qu'offre le Conseil aux parties. Par suite, la circonstance que certains documents seraient difficilement lisibles sur ce CD-Rom est sans incidence sur leur validité. • Cons. conc. n° 05-D-32 du 22 juin 2005 : *BOCC 14 mars 2006 ; RLC 2005, n° 4, p. 27, note Arhel.* ♦ Le CD-Rom ne constituant qu'une facilité offerte aux parties pour la consultation du dossier, toute difficulté rencontrée par l'une d'elles pour accéder à partir du CD-Rom à certaines pièces du dossier ne caractérise pas en elle-même une atteinte au droit d'accès au dossier. • Aut. conc. n° 10-D-13 du 15 avr. 2010. ♦ Si l'examen des pièces du rapport devait montrer que certaines d'entre elles seraient ou incomplètes, ou difficilement lisibles, de telles insuffisances seraient de nature à réduire ou anéantir leur force probante, ce que le débat contradictoire a précisément pour objet de permettre aux parties de discuter, et non à porter atteinte au principe même de la contradiction. • Paris, 24 juin 2008 : *préc. note 3.*

10. Délai supplémentaire. L'octroi d'un délai supplémentaire accordé, postérieurement à la notification de griefs, par le président du Conseil [désormais le rapporteur général de l'Autorité], s'il ressort d'une de ses « compétences administratives », ne peut avoir pour objet ni pour effet « d'orienter les poursuites selon les objectifs qui lui paraissent les plus appropriés » dès lors qu'il est sans influence sur la nature ou le contenu des griefs notifiés par les services d'instruction. Il en résulte que l'octroi d'un délai supplémentaire accordé aux parties pour présenter leurs observations en réponse à la notification des griefs ne saurait caractériser une immixtion du président du Conseil [désormais le rapporteur général de l'Autorité] dans les fonctions de poursuite et d'instruction. • Cons. conc. n° 06-D-03 du 9 mars 2006 : *cité note 3 ss. art. L. 123-22.* ♦ Le président du Conseil [désormais le rapporteur général de l'Autorité] doit adapter ce délai à la nature des circonstances exceptionnelles propres à chaque entreprise, sous réserve de ne pas excéder un mois. • Même décision. ♦ Les dispositions de l'art. L. 463-2, al. 4, qui prévoient que l'octroi d'un délai supplémentaire par le président [désormais le rapporteur général de l'Autorité] dépend de la démonstration par chaque partie de l'existence de circonstances exceptionnelles le justifiant, impliquent nécessairement de traiter les parties de manière individuelle et donc, le cas échéant, de manière différente selon leur situation. • Même décision. ♦ La seule coïncidence du délai de réponse à la notification des griefs avec la période estivale ne saurait constituer, en soi, une circonstance exceptionnelle justifiant, au sens de l'art. L. 463-2, un délai supplémentaire. • Paris, 20 janv. 2011 : *BOCC 23 févr. 2011 ; CCC 2011, n° 74, obs. Decocq.*

La mise en œuvre de la procédure prévue par le III de l'art. L. 464-2 C. com. (transaction) ne saurait remettre en cause la possibilité pour une entreprise de bénéficier de l'octroi d'un délai supplémentaire pour présenter ses observations en réponse à la notification de griefs, avant qu'elle se soit manifestée pour demander le bénéfice de cette procédure. • Cons. conc. n° 06-D-03 du 9 mars 2006 : *préc.* ♦ Mais aucune disposition ne prévoit, au bénéfice des entreprises qui souhaitent recourir à la procédure prévue au III de l'art. L. 464-2, le droit à une prolongation supplémentaire. • Cons. conc. n° 09-D-05 du 2 févr. 2009 : *BOCC 18 févr. 2009.* – V. aussi note 10 ss. art. L. 464-2.

11. Transaction. La non-contestation des griefs est une voie procédurale dont la mise en œuvre est subordonnée à la signature d'un procès-verbal entre la société l'ayant choisie et le rapporteur général. • Cons. conc. n° 08-D-32 du 16 déc. 2008 : *BOCC 5 févr. 2009.* ♦ Aucune disposition n'impose d'adresser aux autres parties, avant le rapport, un procès-verbal de non-contestation de grief, au sens du III de l'art. L. 464-2 C. com., qui n'engage que l'entreprise qui le signe. • Même décision.

12. Langue de la procédure. La langue de procédure devant l'Autorité est le français, comme le rappelle l'art. 26 de son règlement intérieur. • Aut. conc. n° 13-D-12 du 28 mai 2013. ♦ L'Autorité, dont la décision n'intervient pas au terme d'une procédure pénale proprement dite, et ne vise pas des personnes physiques, mais des personnes morales disposant en règle générale de ressources plus importantes pour assurer leur défense, ne méconnaît pas les exigences de l'art. 6, § 3, al. a), Conv. EDH si elle établit, à la suite d'une demande faite par les parties, que celles-ci possèdent suffisamment le français pour saisir la portée des accusations formulées contre elles. • Aut. conc. nº 12-D-09 du 13 mars 2012. ♦ Il n'est pas exigé que l'ensemble des pièces versées au dossier de l'Autorité soit accompagné d'une traduction ; ainsi, certains éléments factuels et d'appréciation versés au débat peuvent l'être dans une langue autre que le français, dans la mesure où les parties y ont accès dans les conditions prévues par la loi. • Même décision.

Art. L. 463-3 *(L. nº 2001-420 du 15 mai 2001)* **Le** *(Ord. nº 2008-1161 du 13 nov. 2008, art. 2-VI)* **« rapporteur général de l'Autorité de la concurrence » peut,** *(Ord. nº 2008-1161 du 13 nov. 2008, art. 2-VI)* **« lors de » la notification des griefs aux parties intéressées, décider que l'affaire sera** *(Ord. nº 2008-1161 du 13 nov. 2008, art. 2-VI)* **« examinée par l'Autorité » sans établissement préalable d'un rapport. Cette décision est notifiée aux parties.** — *V. art. R. 463-12 s.*

V. note ss. art. L. 463-1.

1. Mesures conservatoires. Si les art. 21 et 22 [C. com., art. L. 463-2 et L. 463-3] prévoient que le président du Conseil de la concurrence [désormais le rapporteur général de l'Autorité de la concurrence] peut décider de porter une affaire devant la commission permanente, sauf pour les parties à demander le renvoi devant une autre formation du Conseil, ces dispositions ne sont pas applicables aux demandes de mesures conservatoires. • CE 30 oct. 1987 : *D. 1987. IR 229.*

2. Transaction. Ni les dispositions des art. L. 463-3 et L. 464-2, III C. com., ni aucune disposition du titre VI du livre IV du code, n'interdisent au Conseil de la concurrence de mettre en œuvre cumulativement, dans une même affaire, la procédure simplifiee régie par le premier de ces textes et la procédure dite de transaction prévue par le second. • Cass., avis, 11 juill. 2005 : *cité note 2 ss. art. L. 464-5.*

3. Saisine d'office. Il ne résulte d'aucune disposition que la procédure simplifiée serait obligatoire dans toute procédure engagée sur saisine d'office. • Paris, 24 juin 2008 : *cité note 4 ss. art. L. 463-5.*

Art. L. 463-4 *(Ord. nº 2008-1161 du 13 nov. 2008, art. 2-VII)* **Sauf dans les cas où la communication ou la consultation de ces documents est nécessaire à l'exercice des droits de la défense d'une partie mise en cause, le rapporteur général de l'Autorité de la concurrence peut refuser à une partie la communication ou la consultation de pièces ou de certains éléments contenus dans ces pièces mettant en jeu le secret des affaires d'autres personnes. Dans ce cas, une version non confidentielle et un résumé des pièces ou éléments en cause lui sont accessibles.**

Un décret en Conseil d'État précise les modalités d'application du présent article. — *V. art. R. 463-13 s.*

V. note ss. art. L. 463-1.

V. les questions-réponses relatives à la protection du secret des affaires (www.autoritedelaconcurrence.fr), D. 2010. 493, obs. Chevrier ; JCP 2010. Actu. 144 ; CCC 2010. Fiche pratique 1.

Ancien art. L. 463-4 (Ord. nº 2004-1173 du 4 nov. 2004, art. 9-III) *Sauf dans les cas où la communication ou la consultation de ces documents est nécessaire à la procédure ou à l'exercice de leurs droits par la ou les parties mises en cause, le président du Conseil de la concurrence, ou un vice-président délégué par lui, peut refuser la communication ou la consultation de pièces ou de certains éléments contenus dans ces pièces mettant en jeu le secret des affaires. Les pièces considérées sont retirées du dossier ou certaines de leurs mentions sont occultées.*

Dans les cas où la communication ou la consultation de ces documents, bien que mettant en jeu le secret des affaires, est nécessaire à la procédure ou à l'exercice des droits d'une ou plusieurs des parties, ils sont versés en annexe confidentielle au dossier et ne sont communiqués qu'au commissaire du Gouvernement et à la ou aux parties mises en cause pour lesquelles ces pièces ou éléments sont nécessaires à l'exercice de leurs droits.

Un décret en Conseil d'État précise en tant que de besoin les conditions d'application du présent article. — V. art. R. 463-13 s.

BIBL. ► Procédures de concurrence : BOUTARD-LABARDE, *Gaz. Pal. 1992. 1. Doctr. 1.* – GENESTE, *D. Affaires 1997. 1271 et 1309.* – DECOCQ, *RJ com. 2004. 499* (Ord. nº 2004-1173 du 4 nov.

2004). – Nourissat et Cheynel, *RLC 2005, n° 1, p. 84* (repenser la protection du secret professionnel dans le cadre des procédures de concurrence). – Lemaire, *JCP E 2006, n° 4, p. 191* (protection du secret des affaires devant le Conseil de la concurrence : une évolution bienvenue). – Cheynel, *RLC 2006, n° 6, p. 73* (refonte du mécanisme de protection des secrets d'affaires). – Momège, *RDLC 2006, n° 1, p. 184* (modification de la protection du secret des affaires). – Garcia-Rosado et Lesur, *RLC juill.-sept. 2006. 142* (protection du secret des affaires en matière de concentrations). – Cheynel, *ibid. 150* (présentation synoptique des procédures française et communautaire). – Tran Thiet, *RDLC 2007, n° 3, p. 21 et 190* (pour une harmonisation des règles applicables à la protection des secrets des affaires devant les autorités de concurrence et de régulation). – Tasso-De Panafieu, *RLDA sept. 2012. 45* (protection de la divulgation des documents relatifs aux procédures de clémence).

▶ Secret des affaires : Garinot, *Dr. et patr. févr. 2012. 24* (secret des affaires : une avancée en perspective ?). – Moulière, *D. 2012. 571* (secret des affaires et vie privée). – Dumas, *RLDA févr. 2012. 84* (transparence du patrimoine et protection du secret des affaires). – Malaurie-Vignal, *D. 2012. 1415* (réflexions sur la protection du patrimoine informationnel de l'entreprise contre le piratage économique). – Berlioz, *RTD com. 2012. 263* (quelle protection pour les informations économiques secrètes de l'entreprise ?).

1. Absence de débat contradictoire. La finalité des dispositions de l'art. 23 [C. com., art. L. 463-4] exclut tout débat contradictoire devant le président du Conseil de la concurrence [désormais le rapporteur général de l'Autorité de la concurrence], qui doit statuer en fonction des seules observations de la partie qui l'a saisi. • Com. 14 janv. 1992 : *Bull. civ. IV, n° 16 ; D. 1992. IR 50.*

2. Sanction. Sur le rejet du moyen de nullité tiré de la violation du secret des affaires, à défaut de preuve que la communication des pièces a affecté la décision prise par le Conseil de la concurrence sur le fond de la saisine, V. • Paris, 27 mai 1992 : *BOCC 16 juin 1992 ; CCC 1992, n° 137, obs. Vogel.* ♦ La sanction qui s'attache à la divulgation d'informations couvertes par le secret des affaires n'est pas la nullité de la procédure, mais le versement éventuel d'une indemnité en réparation, dans le cas où la communication de tels documents serait de nature à créer un préjudice direct et certain à ces entreprises. • Cons. conc. n° 07-D-50 du 20 déc. 2007 : *cité note 18 ss. art. L. 420-1.*

3. Indépendance de la procédure. Les procédures de jonction, prévue à l'art. 31 du Décr. n° 2002-689 du 30 avr. 2002 [C. com., art. R. 463-3], et de secret des affaires, organisée par l'art. L. 463-4, mises en œuvre par deux autorités distinctes (le rapporteur générale et le président du Conseil : jurispr. antérieure à l'Ord. n° 2008-1161 du 13 nov. 2008), sont indépendantes l'une de l'autre : la première organise l'instruction, la seconde statue sur le droit de protection de la *confidentialité*, mis en balance avec les nécessités de la procédure. • Cons. conc. n° 05-D-65 du 30 nov. 2005 : *BOCC 29 avr. 2006.*

4. Initiative de la procédure. Aucune disposition du code de commerce n'autorise un enquêteur à décider, lui-même, de ne pas transmettre des pièces au Conseil au motif qu'elles seraient couvertes par le secret des affaires. • Cons. conc. n° 05-D-66 du 5 déc. 2005 : *cité note 7 ss. art. L. 463-1.* ♦ Jugeant que la demande de secret des affaires doit contenir la référence à l'art. L. 463-4 et préciser les pièces concernées. • Même décision.

5. Étendue du secret. La publication de fourchettes encadrant les données chiffrées dont les entreprises ont fait valoir qu'elles constituaient des secrets d'affaires est un procédé largement employé par les autorités de concurrence pour permettre une compréhension du dossier tout en respectant la confidentialité demandée. • Cons. conc. n° 07-D-50 du 20 déc. 2007 : *préc. note 2.* ♦ Autant un document « à charge » doit pouvoir être accessible à la partie à laquelle il est opposé car, dans ce cas, le droit pour la partie mise en cause de se défendre prime sur la protection des secrets d'affaires revendiquée par les autres parties, autant les droits de la défense, en ce qui concerne la recherche d'éléments à décharge, sont raisonnablement assurés par la possibilité qu'a toujours la partie qui souhaite mettre en avant de tels éléments, de les puiser dans sa propre documentation ou dans les informations non couvertes par la protection du secret des affaires. • Cons. conc. n° 09-D-05 du 2 févr. 2009 : *BOCC 18 févr. 2009 ; RDLC 2009, n° 2, p. 104, obs. Nicolas-Vullierme, et p. 185, obs. Momège.*

6. Champ d'application. La protection du secret des affaires n'est applicable qu'en cas de procédure menée devant l'Autorité de la concurrence. Aucune protection du secret des affaires contenues dans les pièces demandées en communication par le Président de l'Autorité de la concurrence, dans une procédure engagée devant le tribunal de commerce, ne peut être organisée car elle n'est prévue ni dans le code de commerce ni dans le code de procédure civile.

• T. com. Créteil, 13 oct. 2009 : *Dalloz actualité, 2 déc. 2009, obs. Chevrier ; CCC 2010, n° 6, obs. Malaurie-Vignal ; Lettre distrib. déc. 2009, p. 4.*

7. Accès au dossier. Il résulte des art. L. 463-4 et L. 463-2 que le droit des entreprises à l'accès au dossier doit être mis en balance avec la protection de leurs secrets d'affaires, et que cette mise en balance nécessite une appréciation au cas par cas, compte tenu de la situation concrète des parties, de la nature des informations concernées et de la nécessité pour la partie requérante d'y avoir accès pour se défendre elle-même liée à la nature du grief notifié et au contexte du marché examiné. • Aut. conc. n° 10-D-32 du 16 nov. 2010.

Art. L. 463-5 **Les juridictions d'instruction et de jugement peuvent communiquer** *(Ord. n° 2008-1161 du 13 nov. 2008, art. 4)* **« à l'Autorité de la concurrence », sur sa demande, les procès-verbaux** *(Ord. n° 2008-1161 du 13 nov. 2008, art. 2-VIII)* **« *[,]* rapports d'enquête ou autres pièces de l'instruction pénale » ayant un lien direct avec des faits dont l'Autorité est saisie.** — *[Ord. n° 86-1243 du 1er déc. 1986, art. 26, al. 1er.]*

V. note ss. art. L. 463-1.

1. Auteur de la demande. Le pouvoir de demander à un juge d'instruction la communication de pièces appartient, selon les dispositions de l'art. L. 463-5, au conseil ; il ne résulte dès lors pas qu'en prenant une délibération sur le fondement de l'art. L. 463-5, la commission permanente ait excédé ses pouvoirs en empêchant le rapporteur d'exercer en pleine indépendance et sous sa seule responsabilité les pouvoirs propres qu'il tient par ailleurs des art. L. 450-1 et L. 450-6 C. com. • Cons. conc. n° 05-D-69 du 15 déc. 2005 : *D. 2006. AJ 223, obs. Chevrier ; CCC 2006, n° 50, obs. Malaurie-Vignal ; RLC 2006, n° 6, p. 82, obs. Cheynel* (conf. par • Paris, 30 janv. 2007 : *BOCC 3 août 2009 ; CCC 2007, n° 75, obs. Decocq ; RJDA 2007, n° 556 ; Gaz. Pal. 2007. 1994, et les obs. ; RLC avr.-juin 2007. 76, obs. Cheynel ; RDLC 2007, n° 2, p. 153, obs. Michel-Amsellem*, puis par • Com. 15 janv. 2008 : *Bull. civ. IV, n° 5 ; D. 2008. AJ 411, obs. Chevrier ; JCP E 2008, n° 7-8, p. 28 ; CCC 2008, n° 80, obs. Decocq ; Gaz. Pal. 2008. 2696, et les obs. ; RJDA 2008, n° 579 ; RDLC 2008, n° 2, p. 156, obs. Momège*). ♦ La mise en œuvre de la L. n° 2001-420 du 15 mai 2001 et de l'Ord. n° 2004-1173 du 4 nov. 2004, qui ont transféré au rapporteur général plusieurs des attributions précédemment dévolues au Conseil, a créé un contexte juridique nouveau qui justifie, à la lumière de ces évolutions, que le rapporteur général puisse valablement exercer, au nom du Conseil, le pouvoir de mettre en œuvre l'art. L. 463-5. • Même décision. ♦ La demande de pièces adressée par le rapporteur général au juge d'instruction faisant suite à la transmission de pièces du dossier d'instruction demandée à ce juge par le Conseil dans une précédente délibération, il en résulte, en l'état de ces seules énonciations, qu'une nouvelle délibération du Conseil était sans objet. • Com. 15 janv. 2008 : *préc.*

2. Nature de la demande. La demande de communication de pièces ne constitue pas une décision par laquelle les membres du Conseil, siégeant en commission permanente, auraient été conduits à formuler une accusation ou, encore, à préjuger de l'affaire au fond. Par une telle décision, le Conseil se borne à transmettre une demande émanant du rapporteur qui sollicitait, au regard du déroulement de son instruction, des pièces du dossier d'instruction. • Cons. conc. n° 05-D-69 du 15 déc. 2005 : *préc. note 1.* ♦ Il est loisible au Conseil d'entendre le rapporteur avant de décider la mise en œuvre de l'art. L. 463-5. • Même décision.

3. Pièces communiquées. La lettre et la finalité de l'art. L. 463-5 sont de permettre aux juridictions de décider souverainement, notamment, de l'opportunité, de la forme et de la périodicité de la communication des pièces sollicitées. • Cons. conc. n° 05-D-69 du 15 déc. 2005 : *préc. note 1.* ♦ Il n'est pas concevable que des procès-verbaux et rapports d'enquête soient communiqués au Conseil sans les pièces qui les accompagnent et qui sont nécessaires à l'exploitation des documents entrant dans ces deux premières catégories. • Même décision. ♦ V. les modifications introduites par l'Ord. n° 2008-1161 du 13 nov. 2008. ♦ En l'espèce, le rapporteur du Conseil n'a consulté, sur l'invitation du juge d'instruction, que les pièces du dossier d'instruction ayant, selon l'appréciation de ce magistrat, un lien direct avec les faits dont était saisi le Conseil et qu'aucun élément ne corrobore l'allégation des parties selon laquelle le juge d'instruction n'aurait pas sélectionné lui-même les pièces remises en copie. • Com. 15 janv. 2008 : *préc. note 1.* ♦ Rien n'empêche le rapporteur de prendre connaissance du dossier dans le cabinet du juge d'instruction et de demander la communication des pièces qu'il estime en relation directe avec les faits dont l'Autorité est saisie ; il appartient alors au juge d'instruction de vérifier que cette relation directe existe bien et, le cas échéant, de communiquer d'autres pièces ayant la même relation, que le rapporteur n'aurait pas identifiées. • Aut. conc. n° 10-D-39 du 22 déc. 2010 : *RDLC 2011, n° 1, p. 201, obs. Lemaire et Cousin.*

3 bis. Forme de la communication. L'art. L. 463-5 n'impose aucune forme particulière à la communication et autorise donc tant leur consultation sur place que la transmission de copie. • Cons. conc. n° 05-D-69 du 15 déc. 2005 : *préc. note 1.* ♦ Les dispositions de l'art. L. 463-5 ne prévoyant pas les modalités de la communication, aucune irrégularité ne saurait résulter de ce que, à la suite de cette demande, le juge d'instruction ait informé le rapporteur qu'il pouvait prendre connaissance du dossier et en prendre copie. • Paris, 3 juill. 2008 : *BOCC 10 oct. 2008 ; CCC 2008, n° 244, obs. G. D. ; RDLC 2008, n° 3, p. 136, obs. Lemaire.* ♦ Ni le code de commerce, ni le code de procédure pénale ne prévoient un quelconque formalisme pour la communication des pièces du dossier de l'instruction pénale au Conseil, qui ne constitue pas un acte d'instruction au sens du code de procédure pénale ; une ordonnance de transmission de pièces n'est pas nécessaire pour autoriser cette communication, l'art. 182 C. pr. pén. visant une toute autre hypothèse. • Cons. conc. n° 06-D-07 du 21 mars 2006 : *cité note 6 ss. art. L. 420-6.* ♦ Ni l'art. L. 463-5 C. com., ni le code de procédure pénale n'imposant de forme particulière à la communication des pièces, l'autorisation de communication donnée par le juge d'instruction résulte du fait même de la mise à disposition du rapporteur par le juge, par l'intermédiaire de son greffier, d'une partie des pièces de l'information pénale dont il avait la charge. • Com. 13 oct. 2009 : *Bull. civ. IV, n° 125 ; CCC 2009, n° 294, obs. Decocq ; Gaz. Pal. 2010. 1701, et les obs. ; RDLC 2010, n° 1, p. 161, obs. Momège ; Lettre distrib. nov. 2009, p. 4.* ♦ La demande de communication de pièces par application de l'art. L. 463-5, et pas davantage la communication qui en est la suite, ne constituent la formulation d'une accusation, ni ne préjugent de l'affaire au fond ; ces diligences ne sont en elles-mêmes nullement incompatibles avec les art. 6-1 et 6-3 de la Conv. EDH. • Paris, 24 juin 2008 : *cité note 4.*

4. Prescription. La délibération ainsi que la *lettre de transmission prisent sur* le fondement de l'art. L. 463-5 sont des actes tendant à la recherche, la constatation ou la sanction des faits dont est saisi le Conseil. • Cons. conc. n° 05-D-69 du 15 déc. 2005 : *préc. note 1.* ♦ La transmission des pièces est un acte pris par un juge d'instruction en application de l'art. L. 463-5 et à la demande du Conseil ; inutile à la procédure pénale, cet acte ne peut être rattaché qu'à la procédure de concurrence. Impliquant l'exercice, par le juge, d'un choix quant aux pièces transmises au Conseil, cet acte tend à la recherche, à la constatation et à la sanction des faits dont est saisi le Conseil. • Même décision (infirmée sur ce point par • Com. 15 janv. 2008 : *préc. note 1*, qui estime que c'est à tort qu'il a été retenu que la transmission par le juge d'instruction des pièces demandées par le Conseil interrompt la prescription). ♦ Par le procès-verbal de réception des pièces, le rapporteur s'approprie les pièces transmises par le juge d'instruction ainsi que leur contenu, dont il a pu faire état dans la procédure qu'il instruisait et retenir à l'appui des griefs. Il s'agit donc d'un acte interruptif de la prescription au sens de l'art. L. 462-7 C. com. • Même décision. ♦ La prescription est interrompue par le procès-verbal établi par le rapporteur, officialisant l'intégration des pièces du dossier pénal à la procédure suivie devant le Conseil. • Com. 13 oct. 2009 : *préc. note 3 bis.*

Si l'art. L. 420-6 C. com. prévoit expressément que les actes interruptifs de la prescription devant le Conseil sont également interruptifs de l'action publique, il ne résulte pas de l'absence de disposition légale de sens inverse que les actes de recherche, de constatation ou de sanction d'infractions pénales, particulièrement celles dont les éléments constitutifs comportent un élément matériel défini par renvoi à la définition des pratiques anticoncurrentielles, seraient dépourvus eux-mêmes d'effet interruptif de la prescription de l'action à fins de sanctions devant le Conseil de la concurrence. Dès lors, de tels actes, lorsqu'ils tendent à la recherche, la constatation ou la sanction de faits dont la matérialité a une incidence directe sur la constitution des infractions de concurrence – ce qui est précisément le cas puisque l'art. L. 420-6 définit les infractions qu'il réprime par renvoi aux dispositions des articles L. 420-1 et L. 420-2, les actes interruptifs de la prescription de l'action publique interrompent en même temps la prescription de l'action administrative à fins de sanctions de pratiques anticoncurrentielles. • Paris, 24 juin 2008 : *D. 2008. AJ 1895, obs. Chevrier ; CCC 2008, n° 208, obs. Decocq ; RJDA 2008, n° 1052 ; RDLC 2008, n° 3, p. 137 et 138, obs. Lemaire* (conf. par • Com. 13 oct. 2009 : *préc.*). – Jurisprudence confirmée par le 2e al. de l'art. L. 462-7, introduit par l'Ord. n° 2008-1161 du 13 nov. 2008. ♦ L'effet interruptif de la prescription de l'action à fins de sanctions des pratiques anticoncurrentielles attaché aux diligences accomplies dans le cadre de l'action publique ne met pas la survie de la première dans la dépendance de celle de la seconde, les deux actions, visant des personnes distinctes et des fins différentes, suivant leur propre évolution en fonction des actes accomplis par chacune des autorités compétentes. • Même arrêt.

5. Utilisation des pièces communiquées. L'art. L. 463-5 ne prévoit aucune restriction dans l'utilisation des pièces pénales communiquées au Conseil. Ces pièces peuvent donc fonder les griefs de la même façon que les pièces issues d'une enquête administrative, sans que le rapporteur ait à procéder à des actes d'investigation complémentaires s'il estime les poursuites suffisamment fondées par ces documents et pièces. • Cons. conc. n° 06-D-07 du 21 mars 2006 : *préc. note 3.* ♦ Une fois versées au dossier du Conseil, les pièces d'origine pénale sont opposables aux parties dans les mêmes conditions que les autres pièces rassemblées lors de l'instruction de l'affaire par le rapporteur. • Même décision. ♦ Mais ce sont les pièces et les analyses présentées par le rapporteur dans la notification des griefs qui délimitent le champ de la discussion contradictoire, celui-ci ne s'étendant pas, lorsqu'il a été fait application de l'art. L. 463-5, à l'entier dossier d'instruction. • Paris, 24 juin 2008 : *préc. note 4.* ♦ L'Autorité de la concurrence est en droit d'utiliser les procès-verbaux relatifs et consécutifs à la garde à vue des responsables des entreprises concernées dans le cadre de la procédure pénale pour prouver l'existence d'une infraction aux dispositions de l'art. L. 420-1. • Paris, 11 oct. 2012 : *BOCC 23 oct. 2012 ; CCC 2012, n° 285, obs. Decocq.*

6. Entretiens avec le juge d'instruction. Aucun texte légal, et notamment les art. L. 462-3, L. 462-6 et L. 463-5, n'interdit au rapporteur de s'entretenir avec le juge d'instruction, que cet entretien ait lieu à la demande du juge ou du rapporteur. • Cons. conc. n° 07-D-15 du 9 mai 2007 : *BOCC 31 juill. 2007 ; CCC 2007, n° 180, obs. Decocq ; RLC juill.-sept. 2007. 26, obs. Cholet ; ibid. 87, obs. Barbier de la Serre ; RDLC 2007, n° 3, p. 140 et 141, obs. Lemaire.*

7. Égalité des armes. Le fait que la faculté de demander à la juridiction d'instruction communication des procès-verbaux ou rapports d'enquête n'appartient qu'au Conseil n'est pas en lui-même contraire au principe d'égalité des armes et d'impartialité. • Com. 13 oct. 2009 : *préc. note 3 bis.* ♦ La prérogative permettant au Conseil de demander aux juridictions d'instruction et de jugement la communication des procès-verbaux ou rapports d'enquête ayant un lien direct avec des faits dont il est saisi, lesquels sont à la suite de la notification des griefs communiqués aux parties et soumis au débat contradictoire, ne constitue pas par elle-même une atteinte au principe de l'égalité des armes. • Com. 13 oct. 2009 : *Bull. civ. IV, n° 124 ; D. 2009. AJ 3547, obs. Chevrier ; JCP E 2009, n° 46, p. 27 ; CCC 2009, n° 295, obs. Decocq ; RJDA 2010, n° 177 ; Gaz. Pal. 2010. 1702, et les obs. ; RDLC 2010, n° 1, p. 161, obs. Momège ; Procédures 2010. Chron. 1, spéc. n° 8, par Leroy et Ruy ; Lettre distrib. nov. 2009, p. 3.* ♦ Le principe d'égalité des armes n'implique pas que les entreprises auxquelles seront, le cas échéant, par la suite notifiés des griefs disposent au stade de l'enquête, alors même qu'elles ne sont pas mises en cause, de la prérogative organisée par l'art. L. 463-5. • Paris, 29 mars 2012 : *BOCC 23 oct. 2012.*

8. Constitutionnalité. La prérogative accordée à l'Autorité de la concurrence par l'art. L. 463-5 ne constitue pas par elle-même une atteinte aux droits de la défense, en particulier au principe de l'égalité des armes, ni au droit à un recours juridictionnel effectif, dès lors que le principe de l'égalité des armes ne s'applique pas à ce stade, non contradictoire, de la procédure d'enquête, que la disposition critiquée n'autorise pas l'Autorité à avoir accès au dossier pénal, le juge lui communiquant les documents de l'instruction dont il estime qu'ils ont un lien direct avec les faits dont l'Autorité est saisie, et que, enfin, les pièces ainsi obtenues sont communiquées aux parties et soumises au débat contradictoire, les parties ayant alors la possibilité de soulever toute contestation qu'elles jugeraient utile. • Com., QPC, 28 nov. 2012 : *RJDA 2013, n° 260.*

Art. L. 463-6 **Est punie des peines prévues à l'article 226-13 du code pénal, la divulgation par l'une des parties des informations concernant une autre partie ou un tiers et dont elle n'a pu avoir connaissance qu'à la suite des communications ou consultations auxquelles il a été procédé.** — *[Ord. n° 86-1243 du 1er déc. 1986, art. 24.]*

1. Secret de l'instruction. La violation du secret de l'instruction, qui est assimilée à une violation du secret professionnel, est sanctionnée par les art. 226-13 et 226-14 C. pén., qui ne prévoient pas la nullité de la procédure. Ce n'est que dans l'hypothèse où les droits de la défense seraient irrémédiablement atteints par une telle violation que la procédure en serait affectée. • Paris, 12 déc. 2006 : *cité note 37 ss. art. L. 420-1.* ♦ La sanction de la violation du secret de l'instruction ne saurait être la nullité de la notification des griefs et encore moins de l'ensemble de la procédure. • Cons. conc. n° 09-D-06 du 5 févr. 2009 : *BOCC 18 févr. 2009 ; RLC avr.-juin 2009. 92, obs. Cheynel.*

Aucune nullité de la procédure ou de la décision ne saurait résulter des conditions dans lesquelles les parties, à l'issue des débats, ou le Conseil, après que la décision eut été rendue, ont communiqué avec la presse à propos de ce procès, dès lors que ces communications, seraient-elles avérées, n'ont pu avoir d'influence sur la décision rendue par le collège et ainsi porter atteinte à l'impartialité de ce dernier. • Paris, 4 févr. 2009 : *cité note 37 ss. art. L. 420-1.*

2. Droit de la défense. Le principe du respect des droits de la défense ne justifie la divulgation, dans un procès civil, d'informations couvertes par le secret de l'instruction devant le Conseil de la concurrence, devenu l'Autorité de la concurrence, que si cette divulgation, incriminée par l'art. L. 463-6, est nécessaire à l'exercice de ces droits. • Com. 19 janv. 2010 : *Bull. civ. IV, n° 8 ; D. 2010. AJ 320, obs. Chevrier ; JCP E 2011, n° 1301, spéc. n° 53, obs. Decocq ; CCC 2010, n° 105, obs. Decocq ; RJDA 2010, n° 681 ; RLDA mars 2010. 42, obs. Anadon ; RDLC 2010, n° 2, p. 136, obs. Lemaire et Naudin ; RLC avr.-juin 2010. 86, obs. Barbier de la Serre ; Gaz. Pal. 2010. 3051, et les obs.* ♦ V. aussi note 2 ss. art. L. 462-3.

Art. L. 463-7 **Les séances de** *(Ord. n° 2008-1161 du 13 nov. 2008, art. 4)* **« l'Autorité de la concurrence » ne sont pas publiques. Seules les parties et le commissaire du Gouvernement peuvent y assister. Les parties peuvent demander à être entendues par l'Autorité et se faire représenter ou assister.**

(Ord. n° 2008-1161 du 13 nov. 2008, art. 4) **« L'Autorité de la concurrence » peut entendre toute personne dont l'audition lui paraît susceptible de contribuer à son information.**

Le rapporteur général, *(Ord. n° 2008-1161 du 13 nov. 2008, art. 2-IX)* **« ou le rapporteur général adjoint désigné par lui » et le commissaire du Gouvernement peuvent présenter des observations.**

Le rapporteur général, *(Ord. n° 2008-1161 du 13 nov. 2008, art. 2-IX)* **« ou le rapporteur général adjoint désigné par lui » et le rapporteur assistent au délibéré, sans voix délibérative, sauf lorsque l'Autorité statue sur des pratiques dont elle a été saisie en application de l'article L. 462-5.** – *[Ord. n° 86-1243 du 1er déc. 1986, art. 25.]*

V. note ss. art. L. 463-1.

La restriction, prévue au dernier alinéa, relative à la possibilité, pour les rapporteurs, d'assister au délibéré sans voix délibérative « lorsque le Conseil [désormais l'Autorité] statue sur des pratiques dont il a été saisi en application de l'art. L. 462-5 » n'existait pas avant la codification. Il s'agit, en réalité, de la conséquence de la position adoptée par la Cour de cassation (Com. 5 oct. 1999 : cité note 2).

V. le règlement intérieur de l'Autorité de la concurrence adopté par une décision du 30 mars 2009 (JO 4 avr.).

BIBL. ► Potocky, *Gaz. Pal. 1997. 1. Doctr. 268* (secrets d'affaires). – Barthe, *CCC 2001. Chron. 2* (propos critiques sur la disparition des rapporteurs au délibéré du Conseil de la concurrence au regard des exigences de l'art. 6 § 1 Conv. EDH). – Luc, *LPA 15 févr. et 18 févr. 2002* (application du principe d'impartialité aux autorités de concurrence françaises). – Zivy, *JCP E 2012, n° 1142* (la séparation des fonctions d'instruction et de décision au sein de l'Autorité de la concurrence).

1. Auditions de témoins. **BIBL.** D. de Giles, *JCP E 2002, n° 13, p. 557.* ♦ L'audition de témoins est une faculté laissée à l'appréciation du *Conseil eu égard au contenu du dossier.* • Paris, 25 nov. 2003 : *BOCC 12 mars 2004.* ♦ Le principe du contradictoire et du respect des droits de la défense implique que les parties ou leurs représentants puissent préalablement aux débats avoir connaissance du nom et de la qualité des témoins que le Conseil de la concurrence prévoit de faire entrendre, de même que la faculté pour les parties de demander au Conseil, qui en apprécie l'utilité, l'audition d'autres témoins. • Com. 5 mars 1996 : *Bull. civ. IV, n° 76.* ♦ L'audition de personnes intéressées constitue une faculté laissée à l'appréciation du rapporteur ou de l'Autorité, eu égard au contenu du dossier, et le fait que les dirigeants d'une entreprise n'aient pas été entendus au cours de l'enquête et de l'instruction est, en l'absence de disposition légale en la matière, sans incidence sur la régularité de la procédure, dès lors qu'à compter de la notification de griefs et lors des différentes phases de la procédure, l'entreprise a été en mesure de faire valoir ses observations en temps utile. • Paris, 11 oct. 2012 : *cité note 5 ss. art. L. 463-5.*

1 bis. Observations du rapporteur. Aucune disposition de l'Ord. du 1er déc. 1986 ni du Décr. du 29 déc. 1986 n'impose que le rapport oral du rapporteur et celui du rapporteur général aient préalablement revêtu une forme écrite et aient été communiqués aux parties. • Com. 26 nov. 2003 : *BOCC 12 mars 2004 ; JCP E 2004, n° 4, p. 105.* ♦ Le fait que le rapporteur n'ait pas repris, dans son intervention orale devant le Conseil, l'opinion exprimée dans son rapport, ne saurait constituer une atteinte aux droits de la défense, dès lors que les parties ont été en mesure de lui répondre. • Paris, 29 juin 2004 : *BOCC 30 sept. 2004* • 21 sept. 2004 : *D. 2004. AJ 2789.*

2. Présence au délibéré du rapporteur. **BIBL.** D. Brault, *Dr. et patr. sept. 1999. 79.* ♦ La participation du rapporteur au délibéré du Conseil de la concurrence, serait-ce sans voix délibérative, comme le prévoit l'art. 25, al. 4 [C. com., art. L. 463-7, al. 4], dès lors que celui-ci a procédé aux investigations utiles pour l'instruction des faits dont le Conseil est saisi, est contraire au principe de l'égalité des armes prévu par l'art. 6 § 1 Conv. EDH ; il en est de même pour la présence à ce délibéré du rapporteur général, l'instruction du rapporteur étant accomplie sous son contrôle. • Com. 5 oct. 1999 : *Bull. civ. IV, n° 158 ; D. 2000. Somm. 9, obs. Niboyet ; D. 1999. AJ 44, obs. A. M. ; JCP 2000. II. 10255, note Cadou ; LPA 15 oct. 1999, obs. Ducouloux-Favard ; ibid. 23 nov. 1999, obs. J. L. ; CCC 1999, n° 177, obs. Malaurie-Vignal ; Gaz. Pal. 1er-2 déc. 1999, p. 9, concl. Lafortune ; RTD com. 2000. 632, obs. Claudel.* – V. aussi Flécheux, *Gaz. Pal. 1er-2 déc. 1999, p. 2.* ♦ Considérant que la présence du rapporteur et du rapporteur général au délibéré du Conseil, leur permettant d'exprimer sur l'affaire, en l'absence des parties, des positions sur lesquelles celles-ci n'ont pas été en mesure de répondre, est une situation tout à la fois contraire à l'art. 6 § 1 Conv. EDH, aux garanties de la défense et à l'art. 18 de l'ordonnance [C. com., art. L. 463-1] et qu'en conséquence la décision du Conseil, prise dans ces conditions irrégulières, doit être annulée, V. • Paris, 15 juin 1999 : *D. 2000. Somm. 202, obs. Hassler et Lapp ; D. Affaires 1999. 1319, obs. A. M. ; Gaz. Pal. 31 déc. 1999-1er janv. 2000, p. 5 concl. Woirhaye ; JCP E 1999, n° 49, p. 1966, note Fourgoux ; CCC 1999, n° 145, obs. Malaurie-Vignal,* conf. par • Com. 30 mai 2000 : *Bull. civ. IV, n° 112 ; D. 2000. AJ 366* (V. décision annulée : • Cons. conc. n° 98-D-70 du 24 nov. 1998 : *BOCC 21 janv. 1999).* ♦ V. aussi, • Paris, 29 juin 1999 : *BOCC 25 août 1999.* ♦ L'art. L. 463-7, al. 4, a pour effet d'exclure l'assistance au délibéré du rapporteur général, de ses adjoints et des rapporteurs, lorsque le Conseil statue sur des pratiques dont il a été saisi en application de l'art. L. 462-5, lequel vise les saisines concernant les infractions aux art. L. 420-1, L. 420-2 et L. 420-5, qui peuvent en particulier déboucher sur des décisions comportant des injonctions et infligeant des sanctions pécuniaires. C'est dans le souci d'assurer le caractère impartial de ces procédures, notamment requis par l'art. 6 Conv. EDH, que le législateur a écarté dans ces procédures la présence au délibéré des rapporteurs et rapporteurs généraux. • Cons. conc. n° 08-D-12 du 21 mai 2008 : *BOCC 14 nov. 2008 ; CCC 2008, n° 181, obs. Bosco ; RLC juill.-sept. 2008. 16, note Arhel ; RDLC 2008, n° 3, p. 89, obs. Claudel.*

Le principe d'impartialité ne fait pas obstacle à ce qu'un même agent procède à l'instruction des faits dont le Conseil est saisi et présente un rapport oral devant la formation du Conseil amenée à statuer sur les griefs éventuellement notifiés à la suite de cette instruction, dès lors qu'il n'assiste ni ne participe au délibéré du Conseil. • Com. 9 juin 2004 : *Bull. civ. IV, n° 117 ; JCP E 2004, n° 32-35, p. 1273 ; Gaz. Pal. 2004. 2546, avis Lafortune ; RJDA 2004, n° 1393.* ♦ L'atteinte au principe d'impartialité du juge entachant le délibéré du Conseil de la concurrence et entraînant l'annulation de sa décision n'a pas nécessairement pour conséquence l'irrégularité de la procédure d'instruction qui l'a précédée ; le requérant doit expliquer concrètement en quoi aurait consisté la méconnaissance de ses droits au stade de l'enquête, de la notification de griefs ou de l'établissement du rapport. • Paris, 16 juin 2009 : *BOCC 3 août 2009* (conf. par • Com. 21 juin 2011 : *cité note 14 ss. art. L. 450-4).*

Rappr., énonçant qu'un membre de la Commission des opérations de bourse, nommé rapporteur, qui a été chargé de procéder à une instruction sur les faits avec le concours des services administratifs et à toutes investigations utiles, ne peut participer au délibéré (nullité de la décision pour méconnaissance de l'art. 6 Conv. EDH). • Cass., ass. plén., 5 févr. 1999 : *Bull. civ. n° 1 ; BICC 15 avr. 1999, p. 3, concl. Lafortune et rapp. Métivet ; D. 1999. Somm. 249, obs. Bon Garcin ; D. Affaires 1999. 410, obs. M. B. ; LPA 10 févr. 1999, note P. M., et note Ducouloux-Favard ; Gaz. Pal. 1999. 1. 50, concl. Lafortune, note Degueldre, Gramblat et Herbière ; JCP 1999. II. 10060, note Matsopoulou ; Banque et*

Droit mars-avr. 1999. 3, obs. de Vauplane ; JCP E 1999, n° 22, p. 957, note Garaud ; RTD com. 1999. 467, obs. Rontchevsky ; *RD bancaire et bourse 1999. 33, obs. Germain et Frison-Roche.* – V. aussi, Frison-Roche, *LPA préc.* ; Couret, *RJDA 1999, p. 203* ; Rontchevsky, *Bull. Joly Bourse 1999. 129* ; Fricero, *Dr. et patr. sept. 1999. 73* ; Salomon, *RD banc. fin. janv.-févr. 2001, p. 40.* ♦ V. aussi, jugeant que le Conseil de la concurrence s'étant prononcé sur le caractère prohibé d'une partie des faits qui lui étaient dénoncés dans la procédure de mesures conservatoires, il ne peut, dans une formation comportant des membres ayant statué dans cette procédure, statuer à nouveau au fond, sans manquer objectivement au principe d'impartialité. • Com. 9 oct. 2001 : *Bull. civ. IV, n° 160 ; D. 2001. AJ 3530, obs. Chevrier* ; *CCC 2001, n° 174, note Malaurie-Vignal ; JCP E 2001, n° 47, p. 1840 ; RJDA 2002, n° 206.* ♦ V. toutefois note 2 ss. art. L. 461-3. ♦ Dès lors que le Conseil n'a fondé sa décision que sur les éléments du rapport discutés contradictoirement, il n'est pas justifié que les principes du contradictoire et de l'égalité des armes ont été méconnus au regard dudit art. 6. • Com. 27 janv. 1998 : *Bull. civ. IV, n° 42 ; D. Affaires 1998. 836, obs. A. M. ; LPA 24 août 1998, obs. Malaurie-Vignal.* ♦ V. aussi, refusant que puisse être sollicité l'avis de la Cour de cassation, en application de l'art. L. 151-1 COJ, sur cette question, • Cons. conc. n° 94-D-60 du 13 déc. 1994 : *BOCC 18 févr. 1995.*

Sur le refus de faire de la présence du rapporteur au délibéré du conseil un moyen devant être soulevé d'office, V. note 3 ss. art. R. 464-12.

3. Publicité des débats. Si l'art. 25, al. 1er [C. com., art. L. 463-7, al. 1er], dispose que les séances du Conseil ne sont pas publiques, il précise toutefois, pour sauvegarder les droits de la défense, que les parties peuvent y assister, demander à y être entendues et se faire représenter, le Conseil ayant en outre la possibilité d'entendre toute personne susceptible de contribuer à son information. Le fait que le prononcé de la décision ne soit pas public ne saurait faire grief aux parties intéressées, dès lors qu'elles peuvent se pourvoir contre la décision devant une juridiction, ce qui rend inopérant le grief de l'absence de publicité des débats ou de double degré de juridiction. • Com. 5 oct. 1999 : *préc. note 2* • Paris, 12 déc. 2000 : *RTD com. 2001. 420, obs. Claudel* . ♦ Le fait que les débats devant le Conseil de la concurrence ainsi que le prononcé de la décision de celui-ci, ne soient pas public ne saurait faire grief aux parties intéressées dès lors que les décisions prises par le Conseil subissent *a posteriori* le contrôle effectif d'un organe judiciaire offrant toutes les garanties d'un tribunal au sens de la Conv. EDH. • Com. 28 janv. 2003 : *BOCC 31 mars 2003 ; D. 2003. AJ 553, obs. Chevrier* ; *LPA 14 févr. 2003, concl. Lafortune ; RTD com. 2003. 493, obs. Claudel* ; *JCP E 2003, n° 12, p. 492 ; CCC 2003, n° 57, obs. Malaurie-Vignal ; RJDA 2003, n° 652* • 28 juin 2005 : *Bull. civ. IV, n° 137 ; RJDA 2006, n° 201.*

Art. L. 463-8 *(L. n° 2001-420 du 15 mai 2001)* **Le rapporteur général peut décider de faire appel à des experts en cas de demande formulée à tout moment de l'instruction par le rapporteur ou une partie. Cette décision n'est susceptible d'aucun recours.**

La mission et le délai imparti à l'expert sont précisés dans la décision qui le désigne. Le déroulement des opérations d'expertise se fait de façon contradictoire.

Le financement de l'expertise est à la charge de la partie qui la demande ou à celle *(Ord. n° 2008-1161 du 13 nov. 2008, art. 4)* **« de l'Autorité de la concurrence » dans le cas où elle est ordonnée à la demande du rapporteur. Toutefois, l'Autorité peut, dans sa décision sur le fond, faire peser la charge définitive sur la ou les parties sanctionnées dans des proportions qu'elle détermine.** — *V. art. R. 463-16.*

BIBL. ▸ Nussenbaum, *LPA 20 janv. 2005* (difficultés de l'expertise en matière de pratiques anticoncurrentielles).

1. Mission de l'expert. La décision prise par le rapporteur général de faire appel à un expert n'a pas pour effet de priver le rapporteur, désigné pour l'examen de l'affaire, sur la base des dispositions de l'art. L. 450-6 C. com., des pouvoirs d'instruction et d'enquête qui lui sont conférés par l'art. L. 450-1 du même code ; la possibilité de se faire décrire par l'expert l'état d'avancement de sa mission et les difficultés rencontrées entre certainement dans ces pouvoirs. • Cons. conc. n° 04-D-79 du 23 déc. 2004 : *BOCC 31 mars 2005 ; Lettre distrib. janv. 2005, p. 4* (conf. par • Paris, 28 juin 2005 : *BOCC 28 oct. 2005 ; RLC 2005, n° 5, p. 73, obs. Cheynel*).

2. Contradiction. Le caractère contradictoire du déroulement des opérations d'expertise prévu à l'art. L. 463-8 n'impose pas que les parties soient présentes lors de toutes les réunions tenues par l'expert avec l'une ou l'autre des parties, ou avec le rapporteur, mais qu'elles en soient informées et aient été mises en mesure de donner leur position. • Cons. conc. n° 04-D-79 du 23 déc. 2004 : *préc. note 1.* ♦ Les art. L. 463-8 et R. 463-16 ne prévoient pas la consultation des parties quant à la définition de la mission de l'expert ; en effet, aux termes du premier de ces textes, seul le déroulement des opérations d'expertise se fait de façon contradictoire. Dès lors, la modification de la définition de l'objet de l'expertise sans consultation préalable des parties est sans incidence sur sa régularité. • Aut. conc. n° 10-D-28 du 20 sept. 2010 : *RDLC 2010, n° 4, p. 208, obs. Lemaire* ♦ Les dispositions spéciales des art. L. 463-8 et R. 463-16 C. com. n'imposent pas une convocation des parties dans les conditions prévues par les dispositions de l'art. 160 C. pr. civ. • Paris, 23 févr. 2012 : *cité note 17 ss. art. L. 420-1.*

CHAPITRE IV DES DÉCISIONS ET DES VOIES DE RECOURS

Art. L. 464-1 *(L. n° 2001-420 du 15 mai 2001 ; Ord. n° 2008-1161 du 13 nov. 2008, art. 4)* **« L'Autorité de la concurrence » peut, à la demande du ministre chargé de l'économie, des personnes mentionnées au dernier alinéa de l'article L. 462-1 ou des entreprises et après avoir entendu les parties en cause et le commissaire du Gouvernement, prendre les mesures conservatoires qui lui sont demandées ou celles qui lui apparaissent nécessaires. »** — *V. art. R. 463-8, R. 464-1, R. 464-6 et R. 464-8.*

Ces mesures ne peuvent intervenir que si la pratique dénoncée porte une atteinte grave et immédiate à l'économie générale, à celle du secteur intéressé, à l'intérêt des consommateurs ou à l'entreprise plaignante.

Elles peuvent comporter la suspension de la pratique concernée ainsi qu'une injonction aux parties de revenir à l'état antérieur. Elles doivent rester strictement limitées à ce qui est nécessaire pour faire face à l'urgence.

(Abrogé par Ord. n° 2008-1161 du 13 nov. 2008, art. 2-X) ***« Les mesures conservatoires sont publiées au Bulletin officiel de la concurrence, de la consommation et de la répression des fraudes. »*** — *[Ord. n° 86-1243 du 1er déc. 1986, art. 12, al. 1er à 3 et 6.]* — *Sur les modalités de publicité des décisions, V. art. L. 470-7-1.*

BIBL. ▸ KRIMMER, *JCP E 1991. I. 82.* – GUILLOTIN, *RJ com. 1993. 272.* – IDOT, *RTD eur. 1993. 581* ✎. – ARHEL, *D. Affaires 1998. 1722* (synthèse de jurisprudence). – LUCAS DE LEYSSAC, *Mélanges Gavalda, Dalloz, 2001, p. 215* ✎ (le juge, l'urgence et la concurrence). – RAPP, *AJDA 2001. 560* ✎ (NRE). – ARHEL, *LPA 22 janv. 2002* (activité de la Cour d'appel de Paris dans le domaine des pratiques anticoncurrentielles). – FRÉGET et HERRENSCHMIDT, *Bull act. Lamy droit économique juill. 2005, p. 1, et sept. 2005, p. 1* (la procédure conservatoire en question ?). – SÉLINSKY, *RLC 2006, n° 7, p. 16* (prévention des atteintes à la concurrence pouvant prendre appui sur des droits de propriété intellectuelle). – DEPREZ et BONNET, *JCP E 2013, n° 1299* (exigences probatoires inhérentes à la procédure de mesures conservatoires).

1. Champ d'application. L'art. 12 [C. com., art. L. 464-1] concerne toutes les pratiques anticoncurrentielles susceptibles d'être visées par les art. 7 et 8 [C. com., art. L. 420-1 et L. 420-2], que celles-ci résultent ou non de conventions antérieurement conclues, dès lors que les autres conditions posées par ledit art. 12 [C. com., art. L. 464-1] sont réunies. • Cons. conc. n° 95-D-82 du 12 déc. 1995 : *BOCC 16 mars 1996.*

2. Justification des mesures conservatoires. Lorsque l'Autorité est saisie d'une demande de mesures conservatoires, il lui appartient de vérifier préalablement si les faits invoqués sont appuyés d'éléments suffisamment probants (art. L. 462-8) et, dans la négative, de rejeter la saisine, ce rejet entraînant, par voie de conséquence, celui de la demande de mesures conservatoires, sans examen de celle-ci. • Com. 9 oct. 2012 : *CCC 2012, n° 286, obs. Decocq.* ♦ L'Autorité doit apprécier si trois critères cumulatifs sont remplis : la gravité de l'atteinte, l'immédiateté de l'atteinte, le lien de causalité entre les faits dénoncés et l'atteinte. Si l'un des critères n'est pas rempli, les conditions d'octroi des mesures conservatoires ne sont pas réunies et la demande de mesures conservatoires n'a pas à être examinée. • Aut. conc. n° 13-D-04 du

14 févr. 2013. ♦ Des mesures conservatoires peuvent être décidées dès lors que les faits dénoncés, et visés par l'instruction dans la procédure au fond, apparaissent susceptibles, en l'état des éléments produits aux débats, de constituer une pratique anticoncurrentielle, pratique à l'origine directe et certaine de l'atteinte relevée. • Com. 8 nov. 2005 : *cité note 1 ss. art. L. 464-7.* – Sur cet arrêt, V. aussi Herrenschmidt, *Bull. act. Lamy droit économique déc. 2005, p. 1.* – Comp. : • Paris, 31 janv. 2006 : *BOCC 24 juill. 2008 ; RLC 2006, n° 7, p. 16, obs. Sélinsky ; ibid., p. 49, obs. Barbier de la Serre ; RDLC 2006, n° 2, p. 96* (conf. par • Com. 20 févr. 2007 : *Bull. civ. IV, n° 51 ; D. 2007. AJ 724, obs. Chevrier ; JCP E 2007, n° 14-15, p. 17 ; RJDA 2007, n° 895 ; RLDA avr. 2007. 51, obs. Anadon*). ♦ Les mesures conservatoires ne visent pas à prévenir un risque de perturbation potentielle du jeu concurrentiel mais ont vocation à répondre à une atteinte existante, grave et immédiate par des mesures d'urgence nécessaires pour éviter des conséquences difficilement réversibles et préserver ainsi la pleine effectivité de l'application du droit de la concurrence dans l'attente de la décision au fond. • Aut. conc. n° 09-D-15 du 2 avr. 2009. ♦ Elles ne visent pas à encadrer de manière générale le comportement des opérateurs mais à faire face à une atteinte grave et immédiate résultant de la mise en œuvre d'une pratique spécifique à un moment et sur un marché précis, dans des circonstances particulières. Dès lors, la seule circonstance que, si une offre similaire à celle litigieuse venait à être de nouveau proposée, elle risquerait de porter une atteinte grave et immédiate au secteur considéré n'est pas suffisante pour envisager le prononcé de mesures conservatoires à ce stade. • Même décision. • Aut. conc. n° 11-D-05 du 23 févr. 2011.

Pour décider de mesures conservatoires dans les limites de ce qui est justifié par l'urgence, il n'est pas nécessaire de constater au préalable l'existence de pratiques manifestement illicites dès lors que les faits dénoncés et visés par l'instruction dans la procédure au fond, sont suffisamment caractérisés pour être tenus comme la cause directe et certaine de l'atteinte relevée. • Com. 18 avr. 2000 : *Bull. civ. IV, n° 75 ; D. 2000. AJ 289, obs. Marmontel ; RTD com. 2000. 636, obs. Claudel.* – Comp. • Cons. conc. n° 04-MC-02 du 9 déc. 2004 : *RDLC 2005, n° 1, p. 106, obs. Amsellem.* ♦ En sens contraire, V. • *Com. 7 avr. 1992 : Bull. civ. IV, n° 153* • Paris, 29 juin 2004 : *BOCC 8 nov. 2004* (cassé par • Com. 8 nov. 2005 : *préc.*). ♦ De la même façon, mais *a contrario*, une pratique anticoncurrentielle particulièrement grave n'engendre pas, comme telle, une atteinte aussi grave aux intérêts de la victime, justifiant en elle-même l'octroi de mesures conservatoires. • Paris, 21 sept. 2004 : *BOCC 31 mars 2005 ; D. 2004. AJ 2712.* ♦ Pour que l'atteinte puisse être qualifiée de grave et immédiate, elle doit porter un préjudice à un intérêt collectif dont la persistance est particulièrement dommageable ou met en péril l'existence même de l'opérateur, constituant ainsi une perturbation pour le marché. • Aut. conc. n° 10-D-25 du 28 juill. 2010 : *Dr. adm. 2010, n° 154, obs. Bazex ; RLC janv.-févr. 2011. 17, note Marty et Pillot.* ♦ Considérant qu'un manque à gagner, à le supposer démontré, est insuffisant à lui seul pour caractériser l'atteinte grave et immédiate justifiant le prononcé de mesure d'urgence, V. • Cons. conc. n° 01-MC-04 du 24 sept. 2001 : *BOCC 30 oct. 2001.* ♦ L'insertion dans les contrats passés par une entreprise en position dominante d'une clause d'exclusivité d'une durée d'un an, assortie d'une clause de tacite reconduction peut justifier l'octroi de mesures conservatoires dès lors que cette pratique risque de faire obstacle à l'ouverture du marché à de nouveaux entrants. • Com. 12 févr. 2002 : *CCC 2002, n° 109, obs. Malaurie-Vignal ; Cah. dr. entr. 2002, n° 5, p. 36, obs. Mainguy.* ♦ Comp. : • Paris, 1er sept. 2000 : *CCC 2000, n° 177, obs. Malaurie-Vignal.* ♦ La mise en œuvre, possible et imminente, d'un partenariat peut caractériser une atteinte grave et immédiate au maintien d'une concurrence suffisante dans le secteur intéressé, au détriment de l'économie générale et de l'intérêt des clients, qui justifie le prononcé d'une mesure conservatoire consistant à geler une situation afin d'éviter qu'une pratique très vraisemblablement anticoncurrentielle porte une atteinte grave, immédiate et difficilement réversible au mécanisme concurrentiel. • Aut. conc. n° 11-MC-01 du 12 mai 2011.

Sur le refus par le Conseil d'ordonner une mesure d'instruction découlant d'une décision d'irrecevabilité, V. considérant qu'un tel refus n'est pas contraire à l'art. 6 Conv. EDH : • Paris, 2 juill. 1999 : *CCC 2000, n° 27, obs. Malaurie-Vignal.*

2 bis. Proportionnalité. C'est dans l'exercice de son pouvoir souverain que la cour d'appel a pu estimer que la mesure conservatoire sollicitée n'était pas proportionnée à la nature des atteintes dénoncées. • Com. 8 nov. 2005 : *préc. note 2.* ♦ Il se déduit du principe de proportionnalité que des mesures conservatoires qui interviendraient trop tard pour redresser une situation ne sont plus nécessaires et ne peuvent, par conséquent, pas être accordées ; tel est le cas pour une entreprise mise en liquidation judiciaire, toute mesure ne pouvant être qu'inefficace ou disproportionnée. • Cons. conc. n° 08-D-16 du 3 juill. 2008 : *BOCC 10 oct. 2008 ; CCC 2008, n° 209, obs. Bosco ; RDLC 2008, n° 4, p. 90, obs. Wachsmann.* ♦ Les mesures conservatoires qui interviendraient trop tard pour redresser une situation ne sont plus nécessaires et ne peuvent pas être accordées ; même le risque de disparition de l'entreprise qui demande ces mesures n'est pris en considération par le législateur que dans le cas d'atteinte immédiate aux intérêts de cette requérante, ce qui ne recouvre donc pas les situations anticoncurrentielles anciennes. Réciproquement, la condition d'urgence exclut les mesures conservatoires si l'atteinte aux intérêts protégés ne se produit pas dans un avenir proche, parce qu'alors lesdites mesures pourraient affecter prématurément le fonctionnement des entreprises concernées. • Paris, 11 sept. 2009 : *BOCC 9 oct. 2009.*

3. Autonomie procédurale. Jugeant que la pertinence des mesures conservatoires doit être appréciée, par l'autorité nationale de concurrence qui applique les art. 81 ou 82 CE, par rapport au droit interne, V. • Com. 14 déc. 2004 : *cité note 3 ss. art. L. 470-6* (qui casse : • Paris, 26 juin 2002 : *BOCC 11 juill. 2003 ; Europe 2003, n° 283, obs. Idot*).

4. Liste non exhaustive. L'énumération des mesures conservatoires figurant à l'art. L. 464-1 n'est pas limitative et n'interdit en rien au Conseil de la concurrence de prendre des décisions de nature à prévenir ou redresser les situations économiques dites « déviantes », V. • Paris, 21 mai 2002 : *BOCC 22 août 2002 ; D. 2002. AJ 2803, obs. Chevrier ; RJDA 2002, n° 1326.* ♦ Les mesures conservatoires, qui ne constituent pas des sanctions et qui ne sont pas énumérées de façon limitative, peuvent revêtir des formes diverses, dont la publication d'un communiqué, sous réserve qu'elles restent strictement limitées à ce qui est nécessaire pour faire face à l'urgence. • Com. 13 janv. 2009 : *Bull. civ. IV, n° 2 ; D. 2009. AJ 295, obs. Chevrier ; JCP E 2009, n° 7, p. 41 ; RJDA 2009, n° 476 ; RLDA mars 2009. 53, obs. Anadon.* ♦ Le Conseil de la concurrence n'est pas lié par la demande de mesures conservatoires telle que formulée par les parties. • Même arrêt. ♦ ... Et il ne peut être fait grief aux parties saisissantes de n'en avoir défini ni la nature ni l'objet. • Cons. conc. n° 03-MC-03 du 1er déc. 2003 : *BOCC 13 févr. 2004.* ♦ Le moyen mis en œuvre selon lequel le Conseil de la concurrence ne peut prononcer de mesures conservatoires différentes de celles demandées par le saisissant, par le commissaire du Gouvernement et, le cas échéant, par une ou plusieurs autorités saisies par lui pour avis ou par son rapporteur en séance, doit être écarté. • Cons. conc. n° 04-MC-01 du 15 avr. 2004 : *BOCC 6 sept. 2004 ; D. 2004. AJ 1310.* ♦ L'art. L. 464-1 permet au Conseil de prendre, dans les mêmes conditions que celles applicables aux demandes formées devant lui, « les mesures conservatoires qui lui apparaissent nécessaires », indépendamment de celles demandées par les parties. • Cons. conc. n° 07-MC-01 du 25 avr. 2007 : *BOCC 16 nov. 2007 ; CCC 2007, n° 176, obs. Bazex ; RLC juill.-sept. 2007. 31, obs. Sélinsky ; RDLC 2007, n° 3, p. 99, obs. Wachsmann ; Lettre distrib. juin 2007, p. 2* (conf. par • Paris, 26 juin 2007 : *BOCC 4 mars 2008 ; CCC 2007, n° 218, obs. G. D. ; RDC 2007. 1171, obs. Idot*).

5. Exemples de mesures conservatoires. Considérant que ces mesures doivent être strictement limitées, tant dans leur objet que dans leur durée, à ce qui est nécessaire pour corriger une atteinte manifeste et intolérable à l'exercice de la libre concurrence. • Com. 7 avr. 1992 : *préc. note 2.* – V. aussi : • Paris, 15 nov. 1989 : *D. 1991. 70, note Lucas de Leyssac* • 6 août 1990 : *ibid. Somm. 248, obs. Gavalda et Lucas de Leyssac ; Gaz. Pal. 1991. 1. 92, note Fourgoux* • 16 janv. 1991 : *D. 1991. IR 80* • 23 oct. 1991 : *Gaz. Pal. 1992. 1. 62, concl. Jobard et note Marchi* (entreprises de presse) • 19 mai 1998 : *BICC 1998, n° 1331.* ♦ Sur l'effet utile des mesures conservatoires sollicitées, V. • Paris, 9 févr. 1999 : *BOCC 26 févr. 1999,* confirmant • Cons. conc. n° 98-MC-12 du 17 nov. 1998 : *BOCC 16 févr. 1999.* ♦ En enjoignant à une société d'en revenir, pour l'exécution de commandes en cours, à l'état antérieur au refus de vente, sans préjuger de la décision qu'il sera amené à prononcer au fond après instruction, le Conseil de la concurrence ordonne une mesure limitée à ce qui est nécessaire pour faire face à l'urgence, et la société requérante n'est pas fondée à demander l'annulation des mesures conservatoires prononcées à son encontre par la Commission permanente. • CE 30 oct. 1987 : *D. 1987. IR 229.*

Sur l'injonction adressée à la Ligue nationale de football de suspendre l'application d'un art. du règlement des championnats de France de football professionnel (fourniture exclusive par une société des équipements des joueurs), V. • Com. 2 déc. 1997 : *Bull. civ. IV, n° 316 ; D. 1998. IR 19 ; CCC 1998, n° 24, obs. Vogel.* (V. l'arrêt d'appel • Paris, 23 août 1995 : *JCP E 1995. Pan. 969,* confirmant • Cons. conc. n° 95-MC-10 du 12 juill. 1995 : BOCC 8 sept. 1995). – Rappr. : • Paris, 4 sept. 1995 : *BICC 1996, n° 1342.* ♦ Cette disposition a été annulée par • CE 19 nov. 1997 : *BRDA 1997, n° 23, p. 12.* ♦ V. aussi note 9 ss. art. L. 410-1.

Le Conseil de la concurrence n'excède pas ses pouvoirs en enjoignant à une entreprise de cesser de vendre à un prix unitaire inférieur à son coût moyen variable de production (prix prédateur) tel qu'il résulte de la comptabilité analytique établie mensuellement. • Paris, 3 nov. 1994 : *cité note 32 ss. art. L. 420-1,* conf. par • Com. 4 févr. 1997 : *ibid.* ♦ Enjoignant à France Télécom de faire une offre technique et commerciale permettant à ses concurrents d'accéder à de nouveaux réseaux locaux de télécommunications « virtuels » qui permettent de fournir à leurs abonnés leurs propres services d'accès à internet, V. • Cons. conc. n° 2000-MC-01 du 18 févr. 2000 : *BOCC 21 avr. 2000 ; CCC 2000, n° 80, obs. Malaurie-Vignal.* ♦ Obligeant le titulaire d'une marque à maintenir, contre son gré, son contrat de licence de marque, V. • Cons. conc. n° 03-MC-02 du 5 mars 2003 : *BOCC 16 juin ; CCE 2003, n° 94, obs. Caron ; RTD com. 2004. 458, obs. Claudel*. ♦ La résolution par le Conseil, à titre conservatoire, des effets de pratiques de ciseau tarifaire consiste à enjoindre à l'opérateur dominant de prendre les mesures qui s'imposent pour permettre aux opérateurs alternatifs de le concurrencer sur un pied d'égalité et sur la base de leurs seuls métiers. • Cons. conc. n° 07-MC-04 du 28 juin 2007 : *cité note 7 ss. art. L. 420-2.* ♦ Pour une mesure de publication dans deux journaux professionnels, V. • Com. 13 janv. 2009 : *préc. note 4.*

6. Procédure. Une société n'est pas fondée à invoquer la méconnaissance des dispositions de l'art. 22 du Décr. du 29 déc. 1986, qui prévoient un délai de convocation aux séances du conseil de trois semaines, ce délai étant incompatible avec l'urgence qui s'attache aux mesures prises dans le cadre de l'art. 12 de l'ordonnance [C. com., art. L. 464-1]. • CE 30 oct. 1987 : *préc. note 5.* ♦ Aucune disposition du code de commerce et du Décr. n° 2002-689 du 30 avr. 2002 [abrogé et codifié] n'impose de délais pour la mise en état de procédures de mesures conservatoires qui se caractérisent par l'urgence, mais dont l'instruction doit permettre, dans un temps nécessairement restreint, de réunir le plus d'éléments possibles. • Cons. conc. n° 02-D-46 du 19 juill. 2002 : *D. 2002. AJ 2941* • Paris, 5 févr. 2008 : *BOCC 3 août 2009 ; CCC 2008, n° 104, obs. Decocq ; RDLC 2008, n° 2, p. 158, obs. Momège.* ♦ La procédure d'exécution d'une injonction donnée en mesure conservatoire se rattache à cette procédure d'urgence et répond aux mêmes principes. • Cons. conc. n° 02-D-46 du 19 juill. 2002 : *préc.*

Sur la recevabilité d'une demande de mesures conservatoires émanant du ministre de l'économie, V. • Paris, 3 nov. 1994 : *cité note 32 ss. art. L. 420-1.* ♦ Sur la compétence de la Commission permanente, V. notes ss. art. L. 461-3 et note 1 ss. art. L. 463-3. ♦ Sur le caractère contradictoire, V. note 1 ss. art. L. 463-1.

7. Référé. La procédure particulière prévue par l'art. 12 [C. com., art. L. 464-1] ci-dessus ne fait pas obstacle aux pouvoirs généraux que le juge des référés tient des art. 808 et 809, 872 et 873 NCPC [renommé C. pr. civ.]. • Paris, 27 juin 1990 : *D. 1991. Somm. 251, obs. Gavalda et Lucas de Leyssac*. ♦ Le juge des référés est compétent, conformément aux dispositions de l'art. 12 [C. com., art. L. 464-1], pour statuer sur une demande tendant à ce que soient prises des mesures conservatoires afin de faire cesser des agissements restrictifs de concurrence. • Com. 1er mars 1994 : *JCP 1994, n° 12, Actualités.*

8. Publication (jurispr. antérieure à l'Ord. n° 2008-1161 du 13 nov. 2008). L'art. 12, dernier al. [C. com., art. L. 464-1, dernier al.], prévoyant que les mesures conservatoires sont publiées au *BOCC*, il ne saurait être fait droit à une demande tendant à ce qu'une telle décision fasse l'objet d'une insertion dans une publication professionnelle. • Cons. conc. n° 92-MC-08 du 14 avr. 1992 : *RJDA 1992, n° 602.* ♦ Comp. : note 12 ss. art. L. 464-2. ♦ Sur la distinction entre publication des mesures conservatoires et mesure conservatoire de publication, V. • Com. 13 janv. 2009 : *préc. note 4.* ♦ Sur les modalités de publicité des décisions, V. art. L. 470-7-1.

9. Nature et portée de la décision. Une décision de mesures conservatoires, rendue en l'état de l'instruction, constitue une décision provisoire qui ne constate pas d'infraction. • Aut. conc. n° 09-D-36 du 9 déc. 2009. ♦ Dès lors, au terme de l'instruction au fond, l'Autorité de la concurrence peut retenir une analyse différente des pratiques, de telle sorte qu'il n'existe pas d'obstacle à ce que la pratique reprochée puisse être appréciée au regard de l'art. L. 420-1 C. com., relatif aux ententes et non des dispositions prohibant les abus de positions dominante sur le fondement desquelles a été ordonnée la mesure conservatoire. • Même décision.

Art. L. 464-2 *(L. n° 2001-420 du 15 mai 2001)* **I. —** *(Ord. n° 2008-1161 du 13 nov. 2008, art. 4)* **« L'Autorité de la concurrence » peut ordonner aux intéressés de mettre fin aux pratiques anticoncurrentielles dans un délai déterminé ou imposer des conditions particulières.** *(Ord. n° 2004-1173 du 4 nov. 2004, art. 10)* **« Elle peut aussi accepter des engagements proposés par les entreprises ou organismes et de nature à mettre un terme »** *(Ord. n° 2008-1161 du 13 nov. 2008, art. 2-XI)* **« à ses préoccupations de concurrence susceptibles de constituer des pratiques prohibées visées aux articles L. 420-1, L. 420-2 »** *(L. n° 2012-1270 du 20 nov. 2012, art. 6)* **« , L. 420-2-1 et L. 420-5 ou contraires aux mesures prises en application de l'article L. 410-3 ».** *— V. art. R. 464-2.*

Elle peut infliger une sanction pécuniaire applicable soit immédiatement, soit en cas d'inexécution des injonctions *(Ord. n° 2004-1173 du 4 nov. 2004, art. 10)* « soit en cas de non-respect des engagements qu'elle a acceptés ». – *V. en matière d'aménagement commercial, l'art. L. 752-5 issu de la L. n° 2008-776 du 4 août 2008.*

Les sanctions pécuniaires sont proportionnées à la gravité des faits reprochés, à l'importance du dommage causé à l'économie, à la situation de l'organisme ou de l'entreprise sanctionné ou du groupe auquel l'entreprise appartient et à l'éventuelle réitération de pratiques prohibées par le présent titre. Elles sont déterminées individuellement pour chaque entreprise ou organisme sanctionné et de façon motivée pour chaque sanction.

Si le contrevenant n'est pas une entreprise, le montant maximum de la sanction est de 3 millions d'euros. Le montant maximum de la sanction est, pour une entreprise, de 10 % du montant du chiffre d'affaires mondial hors taxes le plus élevé réalisé au cours d'un des exercices clos depuis l'exercice précédant celui au cours duquel les pratiques ont été mises en œuvre. Si les comptes de l'entreprise concernée ont été consolidés ou combinés en vertu des textes applicables à sa forme sociale, le chiffre d'affaires pris en compte est celui figurant dans les comptes consolidés ou combinés de l'entreprise consolidante ou combinante. – *Sur la communication du chiffre d'affaires aux fins de sanction, V. art. R. 463-10.*

(Ord. n° 2008-1161 du 13 nov. 2008, art. 4) « L'Autorité de la concurrence » peut ordonner la publication, la diffusion ou l'affichage de sa décision ou d'un extrait de celle-ci selon les modalités qu'elle précise. Elle peut également ordonner l'insertion de la décision ou de l'extrait de celle-ci dans le rapport établi sur les opérations de l'exercice par les gérants, le conseil d'administration ou le directoire de l'entreprise. Les frais sont supportés par la personne intéressée. – *Sur les modalités de publicité des décisions, V. aussi art. L. 470-7-1.*

(L. n° 2012-1270 du 20 nov. 2012, art. 7) « Les entreprises ou groupements d'entreprises ayant fait l'objet d'une injonction de l'Autorité de la concurrence en raison de pratiques contraires aux mesures prises en application de l'article L. 410-3 doivent rendre publique cette injonction en la publiant, à leurs frais, dans la presse quotidienne locale, selon des modalités précisées par l'Autorité de la concurrence. Cette publication mentionne, le cas échéant, l'existence d'un recours formé à l'encontre de l'injonction. »

(Ord. n° 2004-1173 du 4 nov. 2004, art. 10) « II. – *(Ord. n° 2008-1161 du 13 nov. 2008, art. 4)* « L'Autorité de la concurrence » peut infliger aux intéressés des astreintes dans la limite de 5 % du chiffre d'affaires journalier moyen, par jour de retard à compter de la date qu'elle fixe, pour les contraindre :

« *a)* A exécuter une décision les ayant obligés à mettre fin aux pratiques anticoncurrentielles, à exécuter une décision ayant imposé des conditions particulières ou à respecter une décision ayant rendu un engagement obligatoire en vertu du I ;

« *b)* A respecter les mesures prononcées en application de l'article L. 464-1.

« Le chiffre d'affaires pris en compte est calculé sur la base des comptes de l'entreprise relatifs au dernier exercice clos à la date de la décision. L'astreinte est liquidée par *(Ord. n° 2008-1161 du 13 nov. 2008, art. 4)* « l'Autorité de la concurrence » qui en fixe le montant définitif. » – *V. art. R. 464-3.*

(Ord. n° 2004-1173 du 4 nov. 2004, art. 10) « III. – » Lorsqu'un organisme ou une entreprise ne conteste pas la réalité des griefs qui lui sont notifiés *(Abrogé par Ord. n° 2008-1161 du 13 nov. 2008, art. 2-XI) « et s'engage à modifier ses comportements pour l'avenir »*, le rapporteur général peut proposer *(Ord. n° 2008-1161 du 13 nov. 2008, art. 4)* « à l'Autorité de la concurrence », qui entend les parties et le commissaire du Gouvernement sans établissement préalable d'un rapport, de prononcer la sanction pécuniaire prévue au I en tenant compte de l'absence de contestation. Dans ce cas, le montant maximum de la sanction encourue est réduit de moitié.

(Ord. nº 2008-1161 du 13 nov. 2008, art. 2-XI) **« Lorsque l'entreprise ou l'organisme s'engage en outre à modifier son comportement pour l'avenir, le rapporteur général peut proposer à l'Autorité de la concurrence d'en tenir compte également dans la fixation du montant de la sanction. »** – *V. art. R. 464-4.*

(Ord. nº 2004-1173 du 4 nov. 2004, art. 10) **« IV. – » Une exonération totale ou partielle des sanctions pécuniaires peut être accordée à une entreprise ou à un organisme qui a, avec d'autres, mis en œuvre une pratique prohibée par les dispositions de l'article L. 420-1 s'il a contribué à établir la réalité de la pratique prohibée et à identifier ses auteurs, en apportant des éléments d'information dont l'Autorité ou l'administration ne disposaient pas antérieurement. A la suite de la démarche de l'entreprise ou de l'organisme,** *(Ord. nº 2008-1161 du 13 nov. 2008, art. 4)* **« l'Autorité de la concurrence », à la demande du rapporteur général ou du ministre chargé de l'économie, adopte à cette fin un avis de clémence, qui précise les conditions auxquelles est subordonnée l'exonération envisagée, après que le commissaire du Gouvernement et l'entreprise ou l'organisme concerné ont présenté leurs observations ; cet avis est transmis à l'entreprise ou à l'organisme et au ministre, et n'est pas publié. Lors de la décision prise en application du I du présent article, l'Autorité peut, si les conditions précisées dans l'avis de clémence ont été respectées, accorder une exonération de sanctions pécuniaires proportionnée à la contribution apportée à l'établissement de l'infraction.** – *V. art. R. 464-5.*

(Ord. nº 2008-1161 du 13 nov. 2008, art. 2-XI) **« V. – Lorsqu'une entreprise ou un organisme ne défère pas à une convocation ou ne répond pas dans le délai prescrit à une demande de renseignements ou de communication de pièces formulée par un des agents visés au I de l'article L. 450-1 dans l'exercice des pouvoirs qui lui sont conférés par les titres V et VI du livre IV, l'Autorité peut, à la demande du rapporteur général, prononcer à son encontre une injonction assortie d'une astreinte, dans la limite prévue au II.**

« Lorsqu'une entreprise a fait obstruction à l'investigation ou à l'instruction, notamment en fournissant des renseignements incomplets ou inexacts, ou en communiquant des pièces incomplètes ou dénaturées, l'Autorité peut, à la demande du rapporteur général, et après avoir entendu l'entreprise en cause et le commissaire du Gouvernement, décider de lui infliger une sanction pécuniaire. Le montant maximum de cette dernière ne peut excéder 1 % du montant du chiffre d'affaires mondial hors taxes le plus élevé réalisé au cours d'un des exercices clos depuis l'exercice précédant celui au cours duquel les pratiques ont été mises en œuvre. »

V. note ss. art. L. 463-1.

Les dispositions de l'art. L. 464-2 (I) ne s'appliquent pas aux affaires pour lesquelles une saisine du Conseil de la concurrence a été effectuée avant la date d'entrée en vigueur de la L. nº 2001-420 du 15 mai 2001 (L. préc., art. 94, JO 16 mai).

RÉP. COM. vº *Pratiques anticoncurrentielles (Injonctions et sanctions)*, par ARHEL.

BIBL. ► POÉSY, *LPA 23 févr. 2001* (réforme du calcul de l'assiette des sanctions pécuniaires). – AMAR, *LPA 2 nov. 2001* (de la non-déductibilité des amendes prononcées par le Conseil de la concurrence). – GOUYET, *CCC 2002. Chron. 4* (même thème). – FOURGOUX, *Dict. perm. dr. aff. 13 janv. 2002* (poursuites et sanctions : nouveaux acteurs). – CLAUDEL, *LPA 20 janv. 2005* (les injonctions). – JALABERT-DOURY, *RDLC 2005, nº 2, p. 41* (les déclarations en droit de la concurrence : la preuve d'infractions peut-elle se satisfaire de « certitudes probables » ?). – CHATAIN-AUTAJON, *RLC oct.-déc. 2006. 95* (pratiques anticoncurrentielles et restructurations : qui supporte la sanction ?). – *BÉHAR-TOUCHAIS*, Travaux de l'Association Henri Capitant, La concurrence, *SLC, 2006, p. 355* (les sanctions en cas d'atteinte à la concurrence). – DEBOISSY, *Mélanges Serra, Dalloz 2006, p. 103* ✐ (déductibilité des sanctions prononcées par le Conseil). – LEDOUX et RODA, *CCC 2007. Étude 14* (les « compliance programs » en droit de la concurrence). – ANCELIN-MENAIS, *JCP E 2008, nº 14, p. 15* (l'imputabilité des pratiques anticoncurrentielles). – THÉRY-SCHULTZ, CCC *2009. Étude 3* (pratiques continues et infractions complexes). – Note de la rédaction, *BRDA 2010, nº 5, p. 12* (vers une méthode de calcul des sanctions en droit français de la concurrence). – Tercinet, *RLC janv.-mars 2010. 110* (évolution du risque concurrentiel dans une économie globalisée). – Cheynel, *ibid. 134* (*public enforcement* du droit de la concurrence : un risque concurrentiel grandissant) ; *ibid. 146* (*criminal enforcement* du droit de la concurrence : un risque concurrentiel émergent). – Fossier, *RLDA juin 2010. 71* (le *sentencing* en droit de la concurrence). – Bouloc, *RLC avr.-juin 2010. 65* (pour une prise en considération de la mise en conformité spontanée en droit de la concurrence). – Lasserre, *RLC juill.-sept. 2010. 74* (rôle de la sanction pécuniaire en droit de la concurrence). – Cousin, *CCC 2011. Dossier 5* (l'année 2010 en matière de procédures et de sanctions). – Fossier et Onillon, *RLC juill.-sept. 2012. 107* (PAC : sanctionner plus ? sanctionner mieux !). – Dossier, *JCP E 2013, n°s 1168 à 1172* (les sanctions du droit de la concurrence). – Bouloc, *RLDA avr. 2013. 74* (sur la méconnaissance par l'art. L. 464-2, I, al. 4, des normes conventionnelles et constitutionnelles). – Grall et Crouy-Fournier, *RLC avr.-juin 2013. 176* (l'intention du cartelliste : un facteur de diversification des sanctions ?).

▸ Clémence, engagements et transaction : Arhel, *LPA 1er juin 2001* (instauration d'une procédure de clémence) ; *ibid. 22 févr. 2002* (procédures de clémence dans les droits européens de la concurrence). – Idot, *Europe 2002, n° 146* (nouveau programme de clémence communautaire). – Luc, Cerutti, Davies et de Brousse, *RDLC 2005, n° 1, p. 9* (à propos de la pratique des engagements). – L. et J. Vogel, *JCP E 2005, n° 23, p. 971* (du droit à la régulation de la concurrence : les programmes de clémence). – Koehler de Montblanc et Biancone, *ibid., n° 35, p. 1374* (procédure de transaction devant le Conseil de la concurrence). – Colloque, *Gaz. Pal. 2005. Doctr. 3195* (clémence et transaction en matière de concurrence). Lemaire, *RDLC 2005, n° 3, p. 19* (de la loi NRE au programme de clémence). – Sélinsky, *Mélanges Bouloc, Dalloz, 2006, p. 1043* ✎ (nouveaux instruments relatifs à la sanction des pratiques portant atteinte au jeu de la concurrence en droit français). – Claudel, *RTD com. 2006. 568* ✎ (le programme de clémence français). – Philippe, Mason, Dominguez et Boret, *CCC 2006. Dossier 28* (avènement des procédures de coopération devant le Conseil de la concurrence). – Fabre et Dowding, *Cah. dr. entr. 2007, n° 1, p. 22* (la clémence : le cœur et la raison). – Lebeau-Marianna et Vasset, *ibid., p. 27* (clémence et droit de contrôle de l'employeur). – Oster, *ibid., p. 33* (la gestion des demandes de clémence dans un contexte international). – Redon, *Gaz. Pal. 2007. 740* (libres propos sur la procédure de clémence : loyauté, dénonciation et droit de la concurrence). – Arbault et Luc, *RLC avr.-juin 2008. 152* (procédures alternatives : les apports des nouveaux textes). – Baccichetti, *ibid. 159* (comment choisir entre clémence et transaction ?). – Barbier de la Serre et Saint-Esteben, *ibid. 162* (pour ou contre la procédure d'engagement ?). – Lemaire, *ibid. 180* (la transaction : analyse juridique). – Flochel *ibid. 187* (... analyse économique). – Lasserre, *RDLC 2008, n° 2, p. 93* (non-contestation des griefs : bilan et perspectives d'un outil pionnier). – Drummen, *JCP E 2010, n° 1443* (modes alternatifs de règlement des conflits en droit de la concurrence). – Sélinsky, *RLC juill.-sept. 2010. 88* (procédures négociées et/ou alternatives à la sanction : quel choix pour les entreprises ?). – Kipiani *CCC 2010. Étude 13* (engagements : vers un droit « négocié » en matière de pratiques anticoncurrentielles). – David, *RDLC 2011, n° 1, p. 67* (incidence des procédures alternatives sur l'établissement des pratiques anticoncurrentielles). – Grandvuillemin, *JCP E 2011, n° 1344* (les procédures négociées en droit français des pratiques anticoncurrentielles). – Brault et Maulin, *RDLC 2011, n° 2, p. 80* (la procédure de non-contestation des griefs : un succès non contestable). – Dahan et Lemaire, *RDLC 2012, n° 1, p. 15* (le respect des engagements en droit antitrust doit-il être soumis à une règle de raison ?). – Roda, *CCC 2012. Dossier 4* (actualité des procédures négociées). – Tercinet, *RLC avr.-juin 2012. 182* (le laboratoire du droit processuel de la concurrence).

▸ Communiqué de procédure du 2 mars 2009 relatif au programme de clémence français : www.autoritedelaconcurrence.fr.

▸ Communiqué de procédure du 2 mars 2009 relatif aux engagements en matière de concurrence : www.autoritedelaconcurrence.fr. – Grandvuillemin, *JCP E 2009, n° 22, p. 16* (procédure d'engagements : état des lieux après le communiqué de procédure du 2 mars 2009).

▸ Communiqué du 16 mai 2011 relatif à la méthode de détermination des sanctions pécuniaires : www.autoritedelaconcurrence.fr. – Arhel, *LPA 27 oct. 2010* (le rapport sur l'appréciation de la sanction en matière de pratiques anticoncurrentielles). – Dufour, *LPA 2 déc. 2010* (le calcul des sanctions en matière de pratiques anticoncurrentielles suscite le débat). – Saint-Esteben, *RLDA déc. 2010. 39* (réflexions sur le rapport sur la sanction des pratiques anticoncurrentielles). – Claudel, *RTD com. 2011. 70* ✎ (rapport sur la détermination des sanctions : la réflexion est lancée). – Constantin, *D. 2011. Actu. 1478* ✎ (sanction des pratiques anticoncurrentielles :

méthode de calcul). – Arhel, *JCP E 2011, n° 279*. – Claudel, *RTD com. 2011. 74* (un texte utile, mais perfectible). – Dufour, *LPA 31 mai 2011* (des sanctions déterminées dans la transparence). – Redon et d'Huart, *BRDA 2011, n° 12, p. 14* (détermination des sanctions pécuniaires : mode d'emploi). – Decocq, *CCC 2011, n° 171* (présentation générale). – Roskis et Dorémus, *JCP E 2011, n° 1538 ; CCC 2011. Étude 11* (vers plus de prévisibilité et de transparence ?). – Cousin, *RLDA juill.-août 2011. 41* (réflexions sur le communiqué du 16 mai 2011). – de Muizon, *ibid. 47* (pourquoi refuser de mobiliser les outils de la théorie économique ?). – Prieto, *RDLC 2011, n° 3, p. 54* (tenants et aboutissants de la méthode retenue par l'Autorité de la concurrence). – Lemétayer, *RLC juill.-sept. 2011. 102* (incidence sur la réflexion menée par la Commission européenne concernant l'articulation des actions publique et civile).

► Communiqué de procédure du 10 févr. 2012 relatif à la non-contestation des griefs et document-cadre du 10 févr. 2012 sur les programmes de conformité aux règles de concurrence : www.autoritedelaconcurrence.fr. – Arhel, *JCP E 2012. Actu. 131*. – Constantin, *Dalloz actualité, 14 mars 2012*. – Petrignet et d'Huart, *BRDA 2012, n° 5, p. 11*. – Cousin et Lemaire, *RLDA mars 2012. 45* (outils de gestion du risque concurrentiel par les entreprises). – Roda, *CCC 2012. Étude 7* (non-contestation des griefs dans les procédures *antitrust*). – Roskis et Jaffar, *JCP E 2012, n° 1326* (réflexions sur la portée du document-cadre de l'Autorité de la concurrence). – Claudel, *RTD com. 2012. 304* et *312*.

1. Loi applicable. En présence de saisines multiples portant sur les mêmes pratiques et qui ont été jointes, le fait que l'une d'elles soit postérieure à la date d'entrée en vigueur de la loi plus sévère est sans incidence sur l'antériorité, par rapport à cette même date, des autres saisines qui demeurent soumises à l'examen du Conseil dans le cadre du même contentieux. • Cons. conc. n° 05-D-49 du 28 juill. 2005 : *BOCC 14 mars 2006 ; D. 2005. AJ 2379, obs. Chevrier ; Lettre distrib. sept. 2005, p. 3 ; RDLC 2005, n° 4, p. 68, obs. Claudel ; RLC 2005, n° 5, p. 31, obs. Arhel ; RDC 2006. 339, obs. Idot.* ♦ Afin d'assurer l'application d'un régime unique aux pratiques visées dans des saisines jointes et le respect du principe de non-rétroactivité des lois à caractère punitif plus sévère, il convient de retenir la date de saisine la plus ancienne pour déterminer la loi applicable. • Même décision. ♦ Les pratiques relevées étant constitutives d'une pratique continue, commencée antérieurement et terminée postérieurement à l'entrée en vigueur de la L. n° 2001-420 du 15 mai 2001, et le Conseil ayant été saisi postérieurement à cette entrée en vigueur, les dispositions applicables sont celles de la loi précitée. • Cons. conc. n° 05-D-55 du 12 oct. 2005 : *cité note 35 ss. art. L. 420-1.*

La loi du 15 mai 2001 ne dispose pas sur le sort des saisines postérieures à son entrée en vigueur ; mais il n'est pas permis d'en déduire, par un a contrario, que toutes les saisines postérieures peuvent donner lieu à l'application des nouvelles sanctions en contradiction avec le principe dégagé par l'art. 8 Conv. EDH. Il faut alors, pour les hypothèses que ne règle pas l'art. 94 de la loi NRE, revenir aux principes directeurs du droit répressif et s'attacher, pour déterminer la date des faits répréhensibles, au point de savoir si l'on est en présence d'un comportement complexe et continu, le dernier fait répréhensible déterminant la loi applicable à l'ensemble du comportement anticoncurrentiel. • Paris, 19 janv. 2010 : *cité note 8.*

Le communiqué de l'Autorité de la concurrence du 16 mai 2011 relatif à la méthode de détermination des sanctions pécuniaires ne peut être mis en œuvre dans la présente décision, la séance s'étant tenue à une date trop rapprochée de sa publication pour avoir permis au contradictoire de s'être déroulé. • Aut. conc. n° 11-D-13 du 5 oct. 2011 : *cité note 2.*

2. Notion d'entreprise. **BIBL.** Ancelin-Menais, *JCP E 2008, n° 14, p. 15* (l'imputabilité des pratiques anticoncurrentielles). – Patat et Guibert, *RLC juill.-sept. 2011. 126* (imputabilité du comportement anticoncurrentiel d'une filiale dont la totalité du capital est détenue par sa société mère). – Le Corre et Daoud, *RLDA nov. 2012. 83* (présomption d'influence déterminante). ♦ V. la dernière phrase du 1er al. de l'art. L. 463-2. ♦ La notion d'entreprise et les règles d'imputabilité relèvent des règles matérielles du droit de la concurrence de l'Union ; l'interprétation qu'en donnent les juridictions de l'Union s'impose donc à l'autorité nationale de concurrence lorsqu'elle applique ce droit. • Aut. conc. n° 12-D-09 du 13 mars 2012. ♦ La notion d'entreprise au sens du droit communautaire de la concurrence doit être comprise comme désignant une unité économique même si, du point de vue juridique, cette unité économique est constituée de plusieurs personnes physiques ou morales. Dans le cas particulier où une société mère détient 100 % du capital de sa filiale ayant commis une infraction aux règles communautaires de la concurrence, il existe une présomption réfragable selon laquelle ladite société mère exerce effectivement une influence déterminante sur le comportement de sa filiale. Dans ces conditions, il suffit que la Commission européenne prouve que la totalité du capital d'une filiale est détenue par sa société mère pour présumer que cette dernière exerce une influence déterminante sur la politique commerciale de cette filiale. • CJCE 10 sept. 2009 : *RTD com. 2010. 144, obs. Champaud et Danet ; RTD eur. 2010. 667, obs. Idot ; Gaz. Pal. 2010. 1681, et les obs. ; RLC janv.-mars 2010. 75, obs. Barbier de la Serre ; Bull. Joly 2010. 69, note Prieto.* ♦ Mais sous peine de rendre cette présomption irréfragable, le juge est tenu d'exposer de manière adéquate les raisons pour lesquelles les éléments de fait et de droit invoqués n'ont pas suffi à renverser ladite présomption. • CJUE 29 sept. 2011 : *JCP E 2011, n° 515 ; RDLC 2011, n° 4, p. 87, obs. Jalabert-Doury ; RLC janv.-mars 2012. 26, obs. Robin ; Europe 2011, n° 417, obs. Idot.* ♦ Sans l'exclure, les juridictions nationales n'ont pas encore eu l'occasion de faire application à ce jour, lorsqu'elles appliquent le seul droit interne de la concurrence, d'un régime de la preuve reposant sur l'existence d'une présomption simple d'exercice par une société mère d'une influence déterminante sur le comportement de sa filiale dans le cas où elle détient la totalité ou la quasi-totalité du capital de celle-ci. Cependant, s'agissant d'une règle de fond, il convient d'assurer la mise en œuvre de règles d'imputabilité homogènes, et notamment, d'un standard de preuve unique, lorsque l'Autorité applique le seul droit interne de la concurrence ou lorsqu'elle applique simultanément le droit interne et le droit communautaire. Ainsi, même lorsqu'elle fait application des seules dispositions de droit interne, l'Autorité est fondée, dans un cas où une société mère détient la totalité ou la quasi-totalité du capital de sa filiale auteur d'un comportement infractionnel, à présumer l'exercice par la société mère d'une influence déterminante sur la politique commerciale de sa filiale, et à la tenir solidairement responsable pour le paiement de l'amende infligée à sa filiale. • Aut. conc. n° 11-D-02 du 26 janv. 2011 : *D. 2011. Actu. 437, obs. Chevrier ; CCC 2011, n° 75, obs. Prebissy-Schnall ; RDLC 2011, n° 2, p. 106, obs. Jalabert-Doury ; RLC avr.-juin 2011. 26, note Arcelin-Lécuyer.* ♦ Toutefois, le débat contradictoire ouvert devant les services d'instruction n'ayant pas pleinement porté sur la question de l'application de cette présomption, et compte tenu des circonstances particulières de l'espèce, il ne sera pas fait application de cette présomption. • Aut. conc. n° 11-D-13 du 5 oct. 2011 : *Dalloz actualité, 13 oct. 2011, obs. Chevrier ; RLC janv.-mars 2012. 26, obs. Cholet.* ♦ Jugeant que la notion d'entreprise et les règles d'imputabilité relèvent des règles matérielles du droit de la concurrence de l'Union ; l'interprétation qu'en donnent les juridictions de l'Union s'imposant donc à l'autorité nationale de concurrence lorsqu'elle applique ce droit. • Aut. conc. n° 11-D-17 du 8 déc. 2011 : *cité note 15.*

L'acquéreur d'un fonds de commerce ne peut soutenir que les sanctions de pratiques anticoncurrentielles prononcées contre son vendeur, étant antérieures à son acquisition, ne lui sont pas opposables, alors que cette cession n'a pas interrompu la continuité de l'entreprise. • Paris, 14 mars 1991 : *Gaz. Pal. 1991. 2. 635, note Marchi.* – Dans le même sens : • Cons. conc. n° 92-D-66 du 8 déc. 1992 : *BOCC 13 févr. 1993,* conf. par • Paris, 22 sept. 1993 : *ibid. 4 déc. 1993.* ♦ Comp., refusant de prononcer des sanctions, s'agissant de pratiques commises par des entreprises artisanales exploitées en nom personnel par des personnes physiques, ces dernières ayant, postérieurement aux ententes réalisées, cédé leurs fonds de commerce à des sociétés auxquelles lesdites pratiques ne sont pas imputables : • Paris, 19 nov. 1992 : *BOCC 4 déc. 1992.*

Si une entreprise cède tout ou partie de son activité mais subsiste en tant qu'entreprise, elle doit répondre des pratiques anticoncurrentielles auxquelles elle a participé antérieurement à la cession ; c'est seulement si elle disparaît en tant qu'entreprise que l'entreprise qui a acquis les moyens matériels et humains ayant servi à la commission des faits sera considérée comme responsable de la pratique incriminée. • Cons. conc. n° 96-D-64 du 20 nov. 1996 : *BOCC 25 mars 1997 ; CCC 1997, n°s 100 et 103, obs. Vogel.* ♦ ... Alors même que cette transmission a été opérée en application d'une loi. • Com. 23 juin 2004 : *Bull. civ. IV, n° 132 ; D. 2004. AJ 2439 ; JCP E 2004, n° 37, p. 1371 ; CCC 2004, n° 159, obs. Malaurie-Vignal ; RJDA 2005, n° 80.* ♦ V., par exemple, en cas de dissolution suite à une absorption, • Cons. conc. n° 97-D-27 du 29 août 1997 : *BOCC 30 juill. 1997.* ♦ V. aussi • Cons. conc. n° 97-D-52 du 25 juin 1997 : *BOCC 7 oct. 1997* • n° 98-D-33 du 3 juin 1998 : BOCC 15 sept. *1998 ; CCC 1998, n° 145, obs. Malaurie-Vignal* (fusion-absorption) • Com. 28 janv. 2003 : *BRDA 2003, n° 4, p. 9* ♦ Comp., jugeant qu'une entreprise dont les moyens humains et matériels ont concouru à la mise en œuvre d'une entente peut se voir infliger des sanctions pécuniaires (en l'espèce la société absorbante) tant qu'elle conserve une personnalité juridique, indépendamment de la cession desdits actifs : • Com. 20 nov. 2001 : *Bull. civ. IV, n° 182 ; JCP E 2002, n° 27, p. 1146, note Arcelin ; CCC 2002, n° 28, note Malaurie-Vignal.* ♦ Sur les effets d'une clause excluant du transfert d'entreprise « les engagements résultant d'une fraude ou d'une faute intentionnelle », V. • Paris, 25 janv. 2005 : *BOCC 23 juin 2005 ; D. 2005. AJ 711, obs. Chevrier*. ♦ Les pratiques anticoncurrentielles sont imputées à une entreprise, indépendamment du statut juridique de celle-ci et sans considération de la personne. Le principe de la continuité économique et fonctionnelle de l'entreprise s'applique quel que soit le mode juridique de transfert des activités dans le cadre desquelles ont été commises les pratiques sanctionnées. • Com. 28 févr. 2006 : *Bull. civ. IV, n° 49 ; D. 2006. AJ 781, obs. Chevrier ; JCP E 2006, n° 12, p. 573 ; CCC 2006, n° 88, obs. Decocq ; RJDA 2006, n° 707 ; RLDA avr. 2006. 41, obs. Méar ; RLC juill.-sept. 2006. 28, obs. Sélinsky ; RDLC 2006, n° 2, p. 141, obs. Michel-Amsellem* (conf. de • Paris, 25 janv. 2005 : *préc.*). ♦ En cas de fusion-absorption, les pratiques doivent être imputées à la société qui succède, sur le plan juridique, à la société auteur des pratiques, c'est-à-dire la société absorbante, ce principe s'appliquant même si la société absorbante a cédé à une troisième société la branche d'activité concernée par les pratiques. • Cons. conc. n° 07-D-11 du 28 mars 2007 : *BOCC 31 juill. 2007 ; RLDA mai 2007. 49, obs. Anadon.*

Les sanctions administratives prononcées par le Conseil de la concurrence ne revêtent pas de caractère pénal, de sorte que la référence au principe de personnalité des peines est inappropriée. • Paris, 19 janv. 1999 : *CCC 1999, n° 41, obs. Malaurie-Vignal.* ♦ En ce sens que si le Conseil est tenu de prendre en compte la situation de l'entreprise pour apprécier, d'une manière individuelle, la sanction à lui infliger, il ne peut lui être reproché d'avoir retenu, pour certaines, leur qualité de filiales ainsi que la connaissance qu'elles devaient avoir des sanctions encourues en raison de leur lien de dépendance avec des sociétés déjà condamnées, dès lors qu'il n'a pas tiré de cette appartenance à un groupe comprenant des entreprises sanctionnées l'existence d'une réitération de la pratique incriminée, V. • Même arrêt.

Sur la possibilité d'imputer le comportement à la société mère, lorsque la filiale ne détermine pas de façon autonome son comportement sur le marché, mais applique pour l'essentiel les instructions qui lui sont imparties par la société mère, V., • Cons. conc. n° 97-D-39 du 17 juin 1997 : *BOCC 30 août 1997.* ♦ Mais il résulte de la jurisprudence communautaire – qui s'impose à l'autorité nationale lorsqu'elle applique le droit communautaire – que lorsqu'une société mère détient 100 % des parts de sa filiale, il existe une présomption selon laquelle cette filiale ne détermine pas de façon autonome son comportement sur le marché et forme avec sa société mère une entreprise au sens du droit communautaire de la concurrence. C'est pourquoi la société mère peut être tenue responsable du comportement de sa filiale, sans qu'il soit nécessaire de démontrer qu'elle a effectivement exercé un pouvoir de direction sur celle-ci dans le cadre de la mise en œuvre des pratiques reprochées. • Aut. conc. n° 09-D-36 du 9 déc. 2009 : *Dalloz actualité, 14 déc. 2009, obs. Chevrier ; RLC avr.-juin 2010. 31, note Arhel ; RDLC 2010, n° 1, p. 107, obs. Sibony ; RDC 2010. 637, obs. Prieto.* ♦ L'imputation des pratiques d'une filiale à sa société mère, qui ne constitue qu'une faculté, peut intervenir lorsque la filiale ne détermine pas de façon autonome sa ligne d'action sur le marché, mais applique les instructions qui lui sont imparties par la société mère. • Paris, 28 oct. 2010 : *BOCC 22 déc. 2010 ; CCC 2011, n° 14, obs. Decocq ; Gaz. Pal. 2011. 1596, et les obs. ; RDLC 2011, n° 1, p. 85, obs. Jalabert-Doury.*

Sur l'impossibilité, en cas de cession d'une entreprise en redressement judiciaire, d'infliger au cessionnaire une sanction pécuniaire pour des faits antérieurs à la cession, en raison de l'art. 62, al. 3, de la loi du 25 janv. 1985 [C. com., art. L. 621-63, al. 3], V. • Cons. conc. n° 95-D-14 du 7 févr. 1995 : *BOCC 6 avr. 1995 ; CCC 1995, n° 107, obs. Vogel* • n° 96-D-16 du 19 mars 1996 : *BOCC 24 mai 1996.*

La direction régionale d'une société de dimension nationale ne peut être considérée comme une entreprise au regard des règles de concurrence que si elle dispose d'une réelle autonomie économique. Tel n'est pas le cas de la liberté d'action accordée par délégation à des directeurs régionaux soit dans les seuls domaines technique et juridique, soit pour la passation de marchés mais sous le contrôle étroit de la direction générale de la société. • Paris, 24 juin 1993 : *RJDA 1993, n° 715,* conf. par • Com. 3 mai 1995 : *Bull. civ. IV, n° 129 ; D. 1995. IR 136.* – V. aussi • Com. 4 juin 1996 : *Bull. civ. IV, n° 160 ; D. Affaires 1996. 869* • Paris, 26 avr. 1994 : *CCC 1994, n° 120, obs. Vogel* • 27 sept. 1996 : *ibid. 1997, n° 10, obs. Vogel* (délégation limitée dans son montant).

Dès lors qu'une délégation donnée au directeur d'une agence n'était accordée que sous la réserve « expresse » que le mandataire exercerait ses pouvoirs suivant les directives des personnes dont il relevait « hiérarchiquement » et auxquelles il devrait rendre compte, une cour d'appel peut décider que cette agence ne disposait d'aucune indépendance économique. • Cass., ass. plén., 14 mars 1997 : *Bull. civ., n° 3 ; D. 1997. IR 89 ; D. Affaires 1997. 470 ; JCP 1997. II. 22915, note Idot* (à propos de l'Ord. du 30 juin 1945).

Il incombe à l'entreprise qui prétend que les pratiques illicites mises en œuvre par plusieurs entreprises à l'occasion de deux phases d'un marché public ne lui sont pas imputables mais le sont à son agence locale, de fournir au Conseil de la concurrence et à la cour d'appel tous éléments de preuve établissant que son agence locale bénéficie, à la date des faits et pour le marché considéré, de l'autonomie commerciale, financière et technique dans la zone économique concernée. • Com. 12 mars 1996 : *Bull. civ. IV, n° 84 ; D. 1996. IR 137 ; D. Affaires 1996. 480* • 13 nov. 2003 : *BOCC 12 mars 2004.* ♦ ... A cet égard, un jugement statuant sur la question de savoir si au regard de l'élection des délégués du personnel, les établissements d'une société sont distincts, est dénué de toute portée sur la question de savoir si lesdits établissements doivent être considérés, au regard du droit de la concurrence, comme des entreprises. • Cons. conc. n° 04-D-42 du 4 août 2004 : *BOCC 9 déc. 2004 ; D. 2004. AJ 2570 ; RLC 2005, n° 1, p. 30, obs. Sélinsky.*

Sur la prise en compte de l'absence de personnalité juridique des établissements secondaires, V. • Cons. conc. n° 97-D-52 du 25 juin 1997 : *préc.* ♦ Aucune disposition du code de commerce ne fait obstacle à ce qu'une administration de l'État soit sanctionnée, au titre de l'art. L. 464-2, pour des pratiques anticoncurrentielles relevant d'une activité économique (condamnation de la direction des monnaies et médailles [établissement public La Monnaie de Paris] alors même qu'elle ne disposait pas d'une personnalité juridique distincte de celle de l'État). • Cons. conc. n° 05-D-75 du 22 déc. 2005 : *BOCC 21 juin 2006 ; AJDA 2006. 476, obs. Richer ; RLC 2006, n° 7, p. 36, obs. Destours ; CCC mai 2006. 16, n° 4, obs. Glatt.* ♦ Si un ou plusieurs organismes ou autres entités juridiques ne revêtant pas la forme d'une société peuvent être considérés comme exerçant une activité économique et se trouver, pour cette raison, soumis au respect des règles de concurrence, ils n'en constituent pas pour autant des entreprises aux fins de la détermination des sanctions selon les règles prévues par le code de commerce qui prévoit justement que de tels organismes sont assujettis à un maximum légal distinct de celui applicable aux entreprises. • Aut. conc. n° 13-D-06 du 28 févr. 2013 : *cité note 7 ss. art. L. 420-2.*

3. Limites du pouvoir d'injonction. Le prononcé d'injonctions au fond est soumis au principe de proportionnalité, ce qui signifie que les mesures ordonnées ne doivent pas excéder ce qui est strictement nécessaire pour faire cesser l'atteinte à la concurrence. • Aut. conc. n° 10-D-13 du 15 avr. 2010. ♦ Le prononcé d'injonctions apparaît néanmoins particulièrement nécessaire lorsque l'atteinte à la concurrence résulte des stipulations d'un contrat toujours en vigueur à la date de la décision de l'Autorité. • Même décision. ♦ Il n'entre dans la compétence ni du Conseil de la concurrence, ni de la cour, de prononcer la dissolution d'un GIE. • Paris, 17 sept. 1992 : *CCC 1992, n° 207, obs. Vogel.*

Une injonction, constituant par nature une mesure contraignante pour celui qui la subit, est d'interprétation stricte et doit être formulée en des termes clairs, précis et exempts d'incertitude quant à son exécution. • Paris, 10 sept. 1996 : *BOCC 3 oct. 1996 ; RJDA 1997, n° 73.* ♦ S'agissant des modalités d'exécution des injonctions, seule la décision du Conseil est applicable, le communiqué mis en ligne étant sans incidence sur ce point. • Paris, 24 août 2007 : *BOCC 3 août 2009.* ♦ Dans le cadre précis du III de l'art. L. 464-2, l'Autorité de la concurrence n'a pas le pouvoir de donner des injonctions. • Paris, 23 févr. 2010 : *cité note 3 ss. art. L. 464-6-1.*

4. Exécution des injonctions. En ce sens que les injonctions du Conseil de la concurrence doivent être exécutées dans un délai raisonnable à compter de leur notification (sanctionnant la non-exécution après quatorze mois), V. • Paris, 29 mars 1996 : *BOCC 24 mai 1996.* ♦ Le non-respect d'une injonction prononcée par le Conseil constitue déjà en soi une pratique qui présente un caractère de gravité exceptionnelle. • Cons. conc. n° 04-D-18 du 13 mai 2004 : *BOCC 6 sept. 2004* (conf. par • Paris, 11 janv. 2005 : *RLC 2005, n° 3, p. 83, obs. B. C. ; Gaz. Pal. 2005. 2683, note Misse et Colas-Bernié*). ♦ La cour d'appel, qui s'est prononcée sur la gravité des faits découlant du non-respect de l'injonction, a pu estimer, dans son pouvoir souverain d'appréciation de la proportionnalité de la sanction, qu'eu égard au caractère délibéré du non-respect de l'injonction claire et précise adressée par le Conseil, la sanction prononcée par celui-ci devait être aggravée. • Com. 14 mars 2006 : *RLC juill.-sept. 2006. 40, obs. Sélinsky ; RDLC 2006, n° 2, p. 146, obs Momège.* ♦ Un retard de respectivement quatre et dix mois apporté à la réalisation d'une publication n'a pas créé d'autre dommage qu'un retard dans l'information du public et de la profession ; au cas d'espèce, s'agissant d'une publication qui n'avait pas un caractère d'urgence particulier au regard de ses effets attendus sur le marché, le dommage à l'économie peut être considéré comme faible. • Cons. conc. n° 08-D-07 du 9 avr. 2008 : *BOCC 26 juin 2008 ; CCC 2008, n° 162, obs. Decocq ; LPA 28 oct. 2008, obs. A. G.*

5. Astreinte. Le Conseil de la concurrence ne tient d'aucun texte le pouvoir de prononcer des injonctions sous astreinte. • Cons. conc. n° 92-MC-08 du 14 avr. 1992 : *BOCC 30 avr. 1992.* – V. désormais les II et V de l'art. L. 464-2. ♦ Le Conseil, auquel est reconnu le pouvoir d'infliger une sanction pécuniaire en cas d'inexécution d'une injonction, est le « juge » de l'exécution des injonctions qu'il prononce. • Paris, 30 mars 2000 : *BOCC 18 oct. 2000.* ♦ Le juge de l'exécution n'est pas compétent pour assortir d'une astreinte une décision d'injonction prononcée par le Conseil de la concurrence ou par la cour d'appel de Paris, statuant dans le cadre de la procédure de recours formé contre cette décision, pour laquelle il existe un régime juridique de sanction spécifique et exclusif mis en œuvre par cette autorité administrative indépendante. • Com. 3 nov. 2004 : *Bull. civ. IV, n° 189 ; D. 2004. AJ 3064, obs. Chevrier ; JCP E 2004, n° 50, p. 1955 ; CCC 2005, n° 9, obs. Malaurie-Vignal ; RDLC 2005, n° 1, p. 108, obs. Amsellem ; RJDA 2005, n° 332 ; RD banc. fin. 2005, n° 20, obs. S. Piedelièvre ; RTD civ. 2005. 175, obs. Théry*. ♦ Pour un exemple d'injonctions sous astreinte, V. • Cons. conc. n° 06-D-06 du 17 mars 2006 : *BOCC 26 janv. 2007 ; CCC 2006, n° 92, obs. Decocq ; RDLC 2006, n° 2, p. 93, obs. Prieto.*

6. Engagement. BIBL. *BEEI 2005, n° 2, p. 6.* – Luc, Cerutti, Davies et de Brousse, *RDLC 2005, n° 1, p. 9.* – Picot, *RLC 2005, n° 2, p. 142.* – Claudel, *RTD com. 2005. 272*. – Momège, *RDLC 2006, n° 1, p. 213* (premier bilan de la pratique décisionnelle). ♦ Pour des exemples, V. • Cons. conc. n° 05-D-12 du 17 mars 2005 : *BOCC 28 oct. 2005 ; CCC 2005, n° 172, obs. Malaurie-Vignal ; RDLC 2005, n° 2, p. 52, obs. Debroux ; RJDA 2005, n° 1050 ; RLC 2005, n° 3, p. 29, obs. C. R. et V. S.* • n° 05-D-25 du 31 mai 2005 : *BOCC 14 mars 2006 ; RDLC 2005, n° 3, p. 81, obs. Spector ; RLC 2005, n° 4, p. 33, obs. Sélinsky ; Europe 2005, n° 255, obs. Idot ; RDC 2005. 1036, obs. Idot* • n° 05-D-29 du 16 juin 2005 : *BOCC 14 mars 2006 ; RDLC 2005, n° 3, p. 78, obs. Wachsmann ; AJDA 2005. 1657, obs. Charbit ; RLC 2005, n° 5, p. 49, obs. Clamour.* ♦ Le code de commerce et le Règl. n° 1/2003 n'interdisent pas le recours à la procédure d'engagements pour certaines catégories particulières de comportements susceptibles de porter atteinte à la concurrence. • Aut. conc. n° 11-D-11 du 7 juill. 2011. ♦ Mais si le code de commerce ne précise pas la typologie des comportements susceptibles de faire l'objet d'engagements, l'Autorité de la concurrence n'applique pas la procédure d'engagements dans les cas où, en tout état de cause, l'atteinte à l'ordre public économique impose le prononcé de sanctions pécuniaires, notamment lorsque le dommage à l'économie généré est important. • Aut. conc. n° 10-D-06 du 26 févr. 2010. ♦ ... Et/ou la taille du marché est importante. • Aut. conc. n° 12-D-04 du 23 janv. 2012. ♦ Si le recours aux engagements n'est pas envisageable en présence de cartels et n'est en principe pas opportun dans les cas d'accords horizontaux, d'accords verticaux ou de pratiques unilatérales susceptibles de revêtir une particulière gravité ou d'avoir d'ores et déjà porté une atteinte caractérisée à la concurrence et à l'économie, il peut en revanche s'avérer pertinent lorsque, eu égard à la nature des faits, à leurs caractéristiques et à leurs conséquences actuelles ou potentielles sur la concurrence, le cas se prête à ce que l'Autorité privilégie un objectif de maintien ou de rétablissement volontaire de la concurrence. • Aut. conc. n° 12-D-17 du 5 juill. 2012 : *RDLC 2012, n° 4, p. 69, obs. Jalabert-Doury ; RLC oct.-déc. 2012. 26, obs. Cholet.*

Le recours à la procédure d'engagements offre l'intérêt de privilégier un rétablissement volontaire rapide de la concurrence sur le marché. • Aut. conc. n° 11-D-14 du 20 oct. 2011 : *RDLC 2012, n° 1, p. 108, obs. Marty ; RLC janv.-mars 2012. 27, obs. Cholet.* ♦ Dans le cadre d'une procédure d'engagements destinée à répondre à des problèmes de concurrence préalablement portés à la connaissance de la partie mise en cause, il ne revient pas au Conseil de la concurrence de se prononcer sur une réforme statutaire allant au-delà des remèdes nécessaires pour mettre fin aux problèmes de concurrence préalablement identifiés. • Cons. conc. n° 05-D-16 du 26 avr. 2005 : *BOCC 28 oct. 2005 ; D. 2005. AJ 1354, obs. Daleau ; RTD com. 2005. 731, obs. Pollaud-Dulian ; RDLC 2005, n° 3, p. 79, obs. Spector ; Europe 2005, n° 215, obs. Idot ; CCE 2005, n° 107, obs. Decocq ; RDC 2005. 1036, obs. Idot.* ♦ ... Ni de se prononcer, lors de l'examen d'une proposition d'engagements touchant à la fixation de prix, sur le caractère anticoncurrentiel du niveau absolu des tarifs proposés ; en revanche, et dans la limite de la procédure d'engagements, le Conseil peut se prononcer sur la structure des barèmes proposés. • Cons. conc. n° 06-D-01 du 7 févr. 2006 : *BOCC 26 janv. 2007 ; RLC 2006, n° 7, p. 21, obs. Sélinsky ; CCE 2006, n° 49, obs. Decocq.* ♦ Les textes applicables, qui supposent seulement la constatation d'une atteinte actuelle à la concurrence, n'exigent nullement que celle-ci soit récente. • Paris, 6 nov. 2007 : *cité ss. art. R. 464-8.* ♦ Il n'est pas nécessaire que l'appréciation du Conseil s'étende aux stipulations précises du contrat qui sera conclu entre les deux parties. • Cons. conc. n° 08-D-04 du 25 févr. 2008 : *BOCC 26 juin 2008 ; JCP E 2008, n° 38, p. 23, obs. Chérigny ; Gaz. Pal. 2008. 2711, et les obs. ; Gaz. Pal. 2008. 2711, et les obs. ; RLC avr.-juin 2008. 27, obs. Sélinsky ; RDLC 2008, n° 2, p. 120, obs.*

Sibony. ♦ Faisant application du pouvoir d'appréciation que lui confère l'art. L. 464-2, le conseil n'est jamais tenu de décider de rendre obligatoires les engagements proposés par les parties. • Aut. conc. n° 09-MC-01 du 8 avr. 2009 : *RDLC 2009, n° 2, p. 190, obs. Lescop ; RLC juill.-août 2009. 32, obs. Sélinsky.* ♦ La procédure d'engagement ne procède pas d'un accord auquel sont parvenues les parties à la procédure, mais d'engagements pris par les entreprises ou organismes en cause vis-à-vis de l'Autorité qui a en charge de faire respecter l'ordre public économique. • Aut. conc. n° 10-D-20 du 25 juin 2010 : *cité note 8 ss. art. R. 464-2.* ♦ De même, la simple promesse de respecter la loi pour l'avenir n'a pas de valeur d'engagement au sens de la procédure prévue par le I de l'art. L. 464-2. • Aut. conc. n° 11-D-01 du 18 janv. 2011 : *cité note 13 ss. art. L. 420-4.*

Sur les modalités d'application de la procédure d'engagement, V. art. R. 464-2.

7. Cumul des sanctions. Lorsque des faits reprochés sur le fondement de l'art. 8 ont déjà été sanctionnés en tant qu'ils ont donné lieu à des pratiques prohibées par l'art. 7 [C. com., art. L. 420-1], il convient de tenir compte de cette précédente décision pour déterminer le montant de la sanction applicable. • Cons. conc. n° 96-D-40 du 14 mai 1996 : *BOCC 3 sept. 1996.*

Sur le cumul des sanctions pécuniaires prononcées par le Conseil de la concurrence et des réparations civiles prononcées par une juridiction de droit commun, V. • Cons. conc. 27 mars 1990 : *Gaz. Pal. 1990. 1. 345, note Marchi ; RTD com. 1990. 663, obs. Bouzat* ✐.

La compétence du conseil de la concurrence, limitée à la connaissance des atteintes portées à la concurrence et lui permettant de prononcer des sanctions administratives à l'encontre de leurs auteurs, sans pour autant pouvoir allouer des dommages et intérêts à leurs éventuelles victimes, est distincte de la compétence reconnue aux juridictions répressives (non-application de la règle *non bis in idem*). • Paris, 28 janv. 1997 : *BOCC 31 déc. 1997.*

Le principe *non bis in idem* interdit de punir deux fois les mêmes faits. Sont différentes les pratiques anticoncurrentielles, dont la sanction est régie par les dispositions de l'art. L. 464-2, de celles qui consistent dans l'inexécution d'injonction, comportement réprimé par les dispositions de l'art. L. 464-3 qui renvoient à celles de l'art. L. 464-2 pour fixer les limites de la sanction applicable. • Cons. conc. n° 05-D-59 du 7 nov. 2005 : *BOCC 14 mars 2006 ; D. 2005. AJ 3012, obs. Chevrier* ✐ *; CCC 2005, n° 207, obs. Malaurie-Vignal* (conf. par • Com. 23 oct. 2007 : ⚖ *cité note 8 ss. art. L. 464-3*). ♦ La circonstance que, pour respecter les critères fixés par l'art. L. 464-2 auxquels renvoi implicitement l'art. L. 464-3, la cour d'appel ait tenu compte de « l'importance du dommage causé à l'économie » par le refus de respecter les injonctions du Conseil, dommage qui se confond en partie avec celui né des pratiques en cause, n'interdit pas au Conseil de prononcer une sanction pour réprimer ces dernières ; en effet, aucun obstacle juridique ne s'oppose à ce que deux sanctions successives, infligées à raison de pratiques différentes, prennent en compte, pour calculer leur montant, un critère partiellement commun. • Même décision. ♦ La règle *non bis in idem* ne peut valablement être invoquée pour échapper à des situations dans lesquelles deux personnes morales distinctes sont poursuivies pour les mêmes faits, tels les entreprises adhérentes d'un groupement et le groupement lui-même. • Cons. conc. n° 06-D-03 du 9 mars 2006 : *cité note 3 ss. art. L. 123-22.* ♦ Il est possible de retenir la responsabilité personnelle d'un organisme collectif, parallèlement à celle de ses membres, dès lors que cet organisme collectif adopte un comportement anticoncurrentiel distinct et autonome de celui de ces membres. • Aut. conc. n° 12-D-06 du 26 janv. 2012.

8. Motivation de la sanction. BIBL. Canivet et Vogel, *RJDA 1993, p. 599.* ♦ En application du I de l'art. L. 464-2, le montant de base de la sanction de chaque entreprise en cause est déterminé en fonction de la gravité des faits et de l'importance du dommage causé à l'économie, critères qui se rapportent tous deux à l'infraction en cause. La durée des pratiques constituant un facteur pertinent pour apprécier tant la gravité des faits que l'importance du dommage causé à l'économie, elle doit faire l'objet d'une prise en compte sous ce double angle. Les autres éléments d'individualisation pertinents relatifs à la situation et au comportement de chacune des entreprises en cause doivent être pris en considération dans un second temps. • Aut. conc. n° 11-D-17 du 8 déc. 2011 : *cité note 15.* ♦ La sanction doit être proportionnée, notamment, à la gravité des faits reprochés et à l'importance du dommage causé à l'économie ; le deuxième critère ne se confondant pas avec le premier de sorte que si, comme en l'espèce, le dommage causé à l'économie peut être qualifié de limité, les faits peuvent en eux-mêmes revêtir un caractère certain de gravité. • Paris, 4 mars 2008 : ⚖ *BOCC 15 sept. 2008 ; D. 2008. AJ 913, obs. Chevrier* ✐ *; CCC 2008, n° 135, obs. Decocq ; RDLC 2008, n° 2, p. 108, obs. Claudel.* ♦ La circonstance que le Conseil n'a pas prononcé les mesures conservatoires demandées, faute d'une atteinte grave et immédiate à l'économie générale, à celle du secteur intéressé, à l'intérêt des consommateurs ou à l'entreprise plaignante, n'est pas de nature à atténuer la gravité des comportements constatés. • Cons. conc. n° 09-D-07 du 12 févr. 2009 : *BOCC 18 févr. 2009.*

En se déterminant, sans préciser les éléments propres à déterminer le montant maximum de la sanction prévue par l'art. 13, al. 3 [4] [C. com., art. L. 464-2, al. 4], et, sans apprécier s'il existait une proportionnalité entre la peine prononcée et la gravité des faits relevés et le dommage porté à l'économie du marché de référence, une cour d'appel ne donne pas de base légale à sa décision. • Com. 10 mars 1992 : *Bull. civ. IV, n° 111 ; D. 1992. 355, note Gavalda* • 23 avr. 2003 : *BOCC 11 août 2003 ; Lettre distrib. juin 2003, p. 3.* – Comp. : • Com. 21 juin 1994 : *Bull. civ. IV, n° 234.* – V. aussi • Com. 6 oct. 1992 : *Bull. civ. IV, n° 294 ; CCC 1992, n° 205, obs. Vogel* • 8 déc. 1992 : *Bull. civ. IV, n° 404.* ♦ Sur l'appréciation concrète des juges du fond sur la proportionnalité de la sanction prononcée à la gravité des faits reprochés, au dommage à l'économie et à la situation de chacune des entreprises concernées, V. • Com. 14 déc. 1999 : *CCC 2000, n° 44, obs. Malaurie-Vignal* • Paris, 20 nov. 2001 : *Gaz. Pal. 3-5 mars 2002, p. 34.* ♦ Une partie sanctionnée, qui ne peut revendiquer que la prise en compte des principes et critères mentionnés par l'art. L. 464-2, al. 2, n'est pas recevable à contester sa condamnation au prétexte d'une appréciation, selon elle discriminatoire de la part du Conseil, de la sanction infligée à une autre entreprise également poursuivie. • Paris, 24 avr. 2007 : *BOCC 16 nov. 2007 ; CCC 2007, n° 155, obs. Decocq ; RLDA juill. 2007. 47, obs. Anadon ; RLC juill.-août 2007. 32, obs. Sélinsky et Cholet ; RDLC 2007, n° 3, p. 92, obs. Claudel ; Lettre distrib. juin 2007, p. 4.* – V. aussi • Paris, 28 janv. 2009 : *cité note 4 ss. art. L. 464-8.* ♦ Les dispositions de l'art. L. 464-2 commandent seulement de vérifier que la sanction prononcée répond au principe de proportionnalité selon les critères qu'il énumère, sans qu'il y ait lieu de comparer l'application qui en a été faite à d'autres entreprises également sanctionnées ou de se référer aux lignes directrices pour le calcul des amendes que la Commission européenne a publiées pour son seul usage. • Paris, 20 nov. 2007 : *cité note 2 ss. art. R. 464-14.* ♦ Les dispositions de l'art. L. 464-2 ne commandent pas, au titre de la détermination individuelle de la sanction, de justifier celle-ci au regard de celles prononcées envers d'autres entreprises également sanctionnées dans la même affaire. • Paris, 11 mai 2010 : *BOCC 30 nov. 2011 ; CCC 2010, n° 184, obs. Decocq.* ♦ Il incombe au Conseil de la concurrence de faire connaître aux sociétés poursuivies le montant qu'il entend prendre en compte à titre de référence, pour l'application de l'art. 13, al. 3 [4] [C. com., art. L. 464-2, al. 4], pour leur permettre de présenter, le cas échéant, toutes observations et, faute par lui de l'avoir fait, les sanctions prononcées doivent être annulées. • Paris, 22 avr. 1992 : *BOCC 30 avr. 1992.* ♦ En revanche, pour tenir compte du dommage causé à l'économie, le Conseil de la concurrence n'est tenu ni d'en chiffrer le montant, ni de quantifier l'incidence des pratiques constatées sur les prix, mais seulement de fournir les éléments permettant d'en apprécier l'incidence économique. • Paris, 25 janv. 1994 : *D. 1994. IR 46.* ♦ Ainsi, l'art. L. 464-2 n'exige pas une évaluation précise du dommage causé à l'économie. • Cons. conc. n° 08-D-29 du 3 déc. 2008 : *BOCC 5 févr. 2009.* ♦ ... Celui-ci ne devant pas être précisément chiffré, et ne pouvant se réduire aux seules conséquences directes et monétaires. • Aut. conc. n° 09-D-19 du 10 juin 2009.

Pour un arrêt retenant que le dommage porté à l'économie peut résulter de la mise en œuvre d'agissements anticoncurrentiels commis pour renforcer les barrières à l'entrée des marchés concernés alors que le législateur avait décidé de l'ouverture de ces marchés à la concurrence d'entreprises privées, V. • Com. 6 avr. 1999 : *Bull. civ. IV, n° 79.*

Sur l'application de la L. n° 79-587 du 11 juill. 1979, relative à la motivation des actes administratifs, V. • Paris, 6 déc. 1990 : *Gaz. Pal. 1991. 1. 325, concl. Jobard* • 27 mai 1992 : *BOCC 16 juin 1992.*

Lorsque le comportement d'une personne publique a eu pour effet d'inciter à une entente dans un marché public, il y a lieu d'en tenir compte pour la détermination des sanctions. • Paris, 27 sept. 1996 : *BOCC 6 nov. 1996 ; D. Affaires 1997. 17.*

Le fait d'avoir prononcé la sanction proposée sur la base de quatre griefs notifiés alors que deux griefs avaient été abandonnés ne peut constituer une atteinte au principe de proportionnalité dès lors qu'il n'est pas établi que les pratiques abandonnées auraient eu des effets anticoncurrentiels autonomes par rapport à ceux engendrés par celles sanctionnées. • Paris, 19 mai 1998 : *BOCC 18 juin 1998.*

En ce sens que l'appréciation du dommage à l'économie tient compte de la notoriété des entreprises concernées, qui peut entraîner des entreprises de plus petite taille à adopter les mêmes comportements anticoncurrentiels, V. • Cons. conc. n° 96-D-64 du 20 nov. 1996 : *préc. note 2.* ♦ S'il y a lieu pour mesurer l'importance du dommage à l'économie de tenir compte de la sensibilité de la demande du prix, les motifs retenus par le Conseil et tirés de l'importance de la taille du marché ainsi que de l'implication de la totalité des opérateurs intervenant sur ce marché oligopolistique sont également pertinents. • Paris, 30 juin 2011 : *BOCC 21 févr. 2012 ; CCC 2011, n° 218, obs. Decocq ; Gaz. Pal. 2011. 2930, et les obs. ; RDLC 2011, n° 4, p. 99, obs. Jalabert-Doury* (conf. par • Com. 30 mai 2012 : *BOCC 28 juin 2012 ; CCC 2012, n° 181, obs. Decocq ; RLC juill.-sept. 2012. 26, obs. Sélinsky ; ibid. oct.-déc. 2012. 20, obs. Venayre*). ♦ La gravité de la pratique doit aussi s'apprécier en tenant compte des possibilités ouvertes à ses victimes de s'y soustraire. • Cons. conc. n° 08-D-06 du 2 avr. 2008 : *CCC 2008, n° 164, obs. Decocq ; RDLC 2008, n° 2, p. 105, obs. Debroux ; RLC oct.-déc. 2008. 208, note Deschamps et Marty.* ♦ Lorsque plusieurs entreprises sont en cause, il suffit au Conseil de caractériser l'importance du dommage global causé à l'économie, sans rechercher la part de ce dommage imputable à chaque entreprise. • Même décision. ♦ La gravité des pratiques en cause s'apprécie globalement, non pas du point de vue de chacun des acteurs de l'entente, mais au regard de la volonté infractionnelle d'ensemble que présente l'entente et du point de vue de la légalité et des catégories économiques que la loi protège. • Paris, 19 janv. 2010 : *BOCC 23 févr. 2010 ; D. 2010. AJ 261, obs. Chevrier ; RTD com. 2010. 289, obs. Claudel ; JCP E 2010. Actu. 130, obs. Vilmart ; CCC 2010, n° 79, obs. Decocq ; RJDA 2010, n° 680 ; RLDA mars 2010. 37, note Ferré et Biancone ; RLC avr.-juin 2010. 21, note Boy ; ibid. 77, obs. Winckler, et 82, obs. Barbier de la Serre ; RDLC 2010, n° 2, p. 68, obs. Debroux ; ibid., p. 131, obs. Lemaire.* ♦ Lorsque l'Autorité examine dans une seule et même décision deux abus de position dominante de même nature mais mis en œuvre par des opérateurs différents, elle apprécie, en principe, de manière séparée l'importance du dommage causé par chacune de ces infractions. • Aut. conc. n° 12-D-24 du 13 déc. 2012 : *Dalloz actualité, 15 janv. 2013, obs. Chevrier ; CCE 2013, n° 55, obs. Chagny ; RLC avr.-juin 2013. 31, obs. Sélinsky.* ♦ La pratique décisionnelle de l'Autorité de la concurrence et des juridictions de contrôle établit une gradation des comportements anticoncurrentiels *par ordre* de gravité – même si la loi ne fait pas de même – entre abus de position dominante, entente verticale et entente horizontale, ce dernier comportement étant considéré comme le plus préoccupant. • Paris, 19 janv. 2010 : *préc.* ♦ Le nombre, le cumul et l'interaction des comportements anticoncurrentiels mis en œuvre en même temps constituent un facteur qui doit être pris en compte au titre de la gravité des faits. • Aut. conc. n° 09-D-36 du 9 déc. 2009 : *préc. note 2.* ♦ La gravité du comportement ne se confond pas avec la réalité de l'abus de position dominante mais doit procéder d'une analyse des méthodes utilisées par l'opérateur pour parvenir à ses fins, d'une mesure des parts de marché que détient l'entreprise poursuivie, d'un examen de la durée du comportement anticoncurrentiel, de l'étendue ou la complexité des processus anticoncurrentiels, de l'affectation directe des prix, jusques et y compris les prix de détail, d'une analyse des marchés concernés, selon qu'il s'agit de marchés sensibles ou qui le sont moins, de marchés touchant directement le consommateur final ou pas, de l'identification de clients personnes physiques ou petites entreprises, ou de clients vulnérables (enfants, personnes âgées, malades...) ou d'une clientèle captive au sens économique, de la continuation du comportement anticoncurrentiel après la saisine de l'Autorité, ou encore du fait qu'il s'agisse d'un marché public. • Paris, 23 mars 2010 : *BOCC 19 avr. 2010.*

9. Calcul de la sanction. La pratique répressive de la Commission européenne n'est pas un des critères énoncés par l'art. L. 464-2, I (facteur multiplicateur). • Paris, 24 nov. 2009 : *BOCC 30 déc. 2009 ; RLC avr.-juin 2010. 74, obs. Barbier de la Serre.* ♦ L'art. L. 464-2 ne prévoit pas que le chiffre d'affaires des entreprises constitue l'assiette exclusive des sanctions que le Conseil de la concurrence peut infliger : il ne fait référence au chiffre d'affaires que pour déterminer le montant maximum de la sanction qui peut être prononcée. • Cons. conc. n° 09-D-05 du 2 févr. 2009 : *BOCC 18 févr. 2009 ; Gaz. Pal. 2010. 470, et les obs.* ♦ L'art. L. 464-2 évoque le chiffre d'affaires du groupe pour hausser le maximum légal de la sanction, mais aussi pour tenir compte de la taille de l'opérateur, de la possibilité qu'a l'entreprise fautive de s'adosser juridiquement et économiquement à un ensemble plus puissant. Cependant, la loi n'indique pas qu'il faille s'abstraire du chiffre d'affaires de la société personnellement poursuivie ; cette référence devra même être préférée lorsque l'appartenance au groupe n'a joué aucun rôle significatif dans la pratique anticoncurrentielle et lorsque la capacité contributive de l'entreprise poursuivie n'est pas susceptible d'être dépassée par la sanction. • Paris, 19 janv. 2010 : *préc. note 8.* ♦ Si le code de commerce, en ne se référant pas au chiffre d'affaires lié au marché en cause, mais uniquement au chiffre d'affaires mondial consolidé ou combiné, n'impose pas à l'Autorité de procéder de la sorte, il n'en résulte pas moins que la valeur des ventes de l'ensemble des catégories de produits en relation avec l'infraction effectuées en France par chacune des entreprises en cause, durant son dernier exercice comptable complet de participation à l'infraction, peut être utilement retenue comme assiette de leurs sanctions respectives.

• Aut. conc. n° 11-D-17 du 8 déc. 2011 : *cité note 15.* ♦ En référence à son montant maximum, la sanction pécuniaire doit être fixée en fonction du nombre, de la durée, de la gravité des pratiques en cause, de la part prise par l'entreprise dans leur conception et leur mise en œuvre et de l'atteinte qu'elles ont portée à l'économie. • Paris, 1er juill. 1992 : *BOCC 31 juill. 1992.* ♦ Même si la gravité des faits au sens de l'art. 13 [C. com., art. L. 464-2] s'entend habituellement de leur répétition, de leur durée, de leur ancienneté et de leur ampleur, leur caractère ponctuel peut, par son immédiateté et sa brutalité, avoir un effet anticoncurrentiel, entraînant ainsi l'éviction d'un concurrent qui tente de pénétrer sur le marché par l'utilisation d'un produit voisin. • Paris, 21 oct. 1997 : *D. Affaires 1997. 1350.* ♦ Si la durée de la pratique est un critère à prendre en compte pour apprécier la gravité de l'infraction, la durée pertinente n'est toutefois pas la durée du déroulement de l'appel d'offres lui-même mais la durée de son exécution pendant laquelle sont ressentis les effets sur le marché. • Paris, 24 nov. 2009 : *préc.* ♦ La seule circonstance que le Conseil ait retenu, pour calculer le montant de la sanction prononcée, un pourcentage du chiffre d'affaires égal à celui pris comme référence dans l'appréciation des sanctions prononcées contre d'autres parties dans la même cause ne suffit pas à caractériser le reproche de manquement à l'obligation d'individualiser la sanction prescrite par l'art. L. 464-2, la commune unité de mesure ne faisant pas l'unité de l'objet mesuré. • Paris, 4 mars 2008 : *préc. note 8.* ♦ L'Autorité doit apporter un soin tout particulier à la motivation s'agissant de l'individualisation et tempérer le propos de sorte que les bases d'évaluation des sanctions n'apparaissent ni stéréotypées ni exclusivement défavorables. • Paris, 19 janv. 2010 : *préc. note 8.* ♦ Si les sanctions doivent tenir compte des rôles respectifs joués par chaque entreprise, elles doivent néanmoins être fixées de manière individuelle et non relativement à celles prononcées à l'encontre d'autres entreprises. • Paris, 24 juin 2008 : *cité note 4 ss. art. L. 463-5.* ♦ Pour un arrêt approuvant dans le cadre d'une entente anticoncurrentielle, une « sanction pécuniaire globale », prenant en considération le chiffre d'affaires réalisé à l'échelle d'un ensemble de sociétés ayant souscrit un contrat de franchisage. • Com. 27 janv. 1998 : *JCP E 1998, n° 7, p. 263.* ♦ ... Ou en raison des ententes horizontale et verticale auxquelles l'entreprise sanctionnée avait participé. • Com. 22 nov. 2005 : *cité note 10.* ♦ Dès lors qu'il est établi que deux sociétés qui se sont livrées à une entente illicite ont dirigé chacune la stratégie commerciale de leur groupe, le chiffre d'affaires à retenir pour calculer le plafond de la sanction pécuniaire applicable à ces deux sociétés doit être déterminé sur la base du chiffre d'affaires consolidé de chacun de ces groupes. • Cons. conc. n° 92-D-20 du 10 mars 1992 : *BOCC 31 mars 1992.* ♦ Le fait que la société consolidante soit britannique ne fait pas obstacle à ce que soient retenus ses comptes consolidés pour le calcul du plafond de la sanction (les comptes consolidés publiés par une société dans un État membre sont reconnus dans un autre État membre à condition que celle-ci applique les normes comptables internationales, ce qui est le cas pour toute société cotée en bourse). • Cons. conc. n° 07-D-21 du 26 juin 2007 : *cité note 10.* ♦ Sur la détermination du plafond légal en présence de plusieurs entreprises d'un même groupe ayant participé à la même entente (absence de plafond unique de sanction). • Cons. conc. n° 08-D-32 du 16 déc. 2008 : *cité note 14.* ♦ Il n'y a pas lieu de se limiter au chiffre d'affaires concernant les produits constituant le marché de référence sur lequel ont été constatées les pratiques prohibées. • Com. 21 juin 1994 : *préc. note 8* • 3 mai 1995 : *préc. note 2* • 13 mai 1997 : *BOCC 30 juill. 1997* • Paris, 15 sept. 1995 : *D. 1996. Somm. 177, obs. Gavalda et Lucas de Leyssac ; CCC 1996, n° 26.* – V. aussi • Paris, 24 mai 1996 : *D. 1996. IR 158 ; D. Affaires 1996. 832.* ♦ L'exercice de référence est le dernier exercice clos au moment où le Conseil de la concurrence sanctionne les agissements de l'entreprise poursuivie. • Com. 30 mai 1995 : *Bull. civ. IV, n° 164 ; D. 1995. IR 186.* ♦ ... Peu important que la décision de celui-ci ait été ultérieurement annulée. • Com. 13 juill. 2004 : *Bull. civ. IV, n° 163 ; D. 2004. AJ 2375 ; JCP E 2004, n° 41, p. 1564 ; RLC 2005, n° 1, p. 92, obs. Cheynel.* ♦ Jugeant qu'en l'absence de chiffre d'affaires déterminé, la sanction peut être assise sur des éléments représentant l'activité économique (en l'espèce, pour des établissements de crédit, le produit brut bancaire) dans la limite du plafond légal. • Com. 23 juin 2004 : *RLC 2005, n° 2, p. 38, obs. Peyre et Sélinsky.* – V. aussi • Aut. conc. n° 10-D-28 du 20 sept. 2010 : *cité note 9 bis.* ♦ Pour la difficile détermination de l'assiette de la sanction en présence d'une opération de fusion proche de la décision du Conseil de la concurrence, V. • Paris, 14 janv. 2009 : *BOCC 8 avr. 2009 ; CCC 2009, n° 80, obs. Decocq.* ♦ Il convient de tenir compte, pour chacune des entreprises, de ses capacités contributives, de la part prise dans les comportements sanctionnés ainsi que de l'atteinte portée aux règles de la concurrence dans le cas du marché concerné. • Cons. conc. n° 92-D-22 du 17 mars 1992 : *BOCC 24 avr. 1992 ; CCC 1992, n° 101, obs. Vogel.* ♦ Mais les difficultés économiques susceptibles d'être prises en compte pour l'appréciation de la sanction sont seulement les difficultés individuelles dans la mesure où elles affecteraient la capacité contributive d'une entreprise et non la situation de crise économique du secteur. • Paris, 29 sept. 2009 : *BOCC 9 oct. 2009 ; Dalloz actualité, 5 oct. 2009, obs. Chevrier ; Gaz. Pal. 2010. 1696, et les obs.* ♦ La diminution des résultats nets ne constitue pas nécessairement l'indice de difficultés économiques mais, tout au plus, d'une diminution de rentabilité, qui ne constitue pas un critère de détermination de la sanction fixé par l'art. L. 464-2. • Aut. conc. n° 13-D-12 du 28 mai 2013. ♦ Jugeant que l'ancienneté des faits et la durée de la procédure ne constituent pas un moyen de réduction de la sanction ; qu'aucune distinction ne doit être opérée quant aux branches d'activité de l'entreprise, et que l'on ne saurait dès lors restreindre le chiffre d'affaires de référence aux prestations dédiées à une catégorie de clientèle déterminée ; que le chiffre d'affaires à prendre en considération est celui du dernier exercice clos, peu important que l'augmentation sensible de ce chiffre d'affaires soit la conséquence du rachat de plusieurs sociétés : • Paris, 29 janv. 2008 : *cité note 7 ss. art. L. 464-8.* ♦ Jugeant que le Conseil peut réduire le montant de la sanction pour tenir compte des résultats déficitaires de l'entreprise, V. • Cons. conc. n° 07-D-48 du 18 déc. 2007 : *cité note 7 ss. art. L. 463-2.*

Pour une importante sanction (plus d'un milliard de francs) prononcée à l'encontre d'établissements de crédit parties à une entente par le Conseil de la concurrence ayant retenu comme critères le chiffre d'affaires, le produit brut bancaire, ainsi que la gravité des faits, V. • Cons. conc. n° 2000-D-28 du 19 sept. 2000 : *CCC 2001, n° 27, obs. Malaurie-Vignal ; RTD com. 2001. 422, obs. Claudel*, conf. par • Paris, 27 nov. 2001 : *BOCC 31 janv. 2002, p. 101 ; RTD com. 2002. 293, obs. Claudel*. ♦ Sur les critères de fixation de la sanction, V. aussi • Paris, 22 sept. 1993 : *CCC 1994, n° 11, obs. Vogel* • Cons. conc. n° 93-D-39 du 5 oct. 1993 : *ibid.* • n°s 93-D-40 et 93-D-41 du 12 oct. 1993 : *ibid.* • n°s 93-D-42 et 93-D-43 du 19 oct. 1993 : *ibid.* • n° 93-D-44 du 26 oct. 1993 : *ibid.* ♦ Un chiffrage précis de la valeur du dommage causé à l'économie n'est pas exigé par l'art. L. 464-2, qui prévoit que les sanctions soit « proportionnées à l'importance du dommage » • Cons. conc. n° 05-D-59 du 7 nov. 2005 : *préc. note 29 ss. art. L. 420-2.* ♦ L'art. L. 464-2 n'impose pas de rechercher la part de marché affecté par la pratique en cause, ni de préciser la part spécifique et personnelle des entreprises sanctionnées sur ce marché, il exige seulement de déterminer l'ordre de grandeur du dommage à l'économie afin d'en tenir compte dans la fixation proportionnelle de la sanction. • Paris, 29 avr. 2009 : *cité note 7 ss. art. L. 463-1.* ♦ L'Autorité de la concurrence n'est pas tenue de chiffrer précisément le dommage à l'économie, qui en tout état de cause ne saurait se limiter au surprofit, comme le ferait le juge de la réparation ; il ne s'agit donc que de donner un ordre de grandeur d'un surprix ou d'une sur marge, et non pas de les mesurer de manière incontestable. • Aut. conc. n° 10-D-39 du 22 déc. 2010 : *RLC avr.-juin 2011. 39, obs. Sélinsky.* ♦ Le dommage causé à l'économie qu'il n'est pas nécessaire d'évaluer précisément, est distinct du préjudice financier éventuellement subi par la victime directe de l'entente et s'apprécie en fonction de la perturbation générale apportée au fonctionnement normal des marchés ; il n'y a donc pas lieu de circonscrire au seul marché pertinent l'appréciation de ce dommage. • Cons. conc. n° 08-D-13 du 11 juin 2008 : *BOCC 10 oct. 2008 ; CCC 2008, n° 181, obs. Bosco ; RDLC 2008, n° 3, p. 91, obs. Claudel et p. 140, obs. Lemaire ; RLC oct.-déc. 2008. 31, obs. Sélinsky et Cholet.*

9 bis. Réitération des pratiques. **BIBL.** Idot, *Mélanges Bouloc, Dalloz, 2006, p. 457* (réflexions sur l'application de certains principes et notions du droit pénal en droit des pratiques anticoncurrentielles). – Dossier, *RDLC 2010, n° 4, p. 13* (ombres et lumières du traitement de la récidive par le droit des pratiques anticoncurrentielles). ♦ La question posée ne présente pas de caractère sérieux en ce que les termes « réitération de pratiques prohibées » contenus à l'art. L. 464-2 sont suffisamment précis au regard de l'exigence constitutionnelle de clarté de la loi qui s'applique à toute sanction ayant le caractère d'une punition. • Cass., QPC, 17 sept. 2010 : *Dalloz actualité, 7 oct. 2010, obs. Chevrier.* ♦ Si la lettre de l'art. L. 464-2 (sixième titre du livre IV) envisage la prise en compte de « l'éventuelle réitération de pratiques prohibées par le présent titre », il vise en réalité les pratiques prohibées par le deuxième titre du livre IV intitulé « Des pratiques anticoncurrentielles » et non le sixième titre du livre IV intitulé « Du conseil de la concurrence ». • Cons. conc. n° 07-D-33 du 15 oct. 2007 : *BOCC 25 mars 2008 ; D. 2007. AJ 2668, obs. Chevrier ; RTD com. 2008. 63, obs. Claudel ; CCC 2007, n° 307, obs. Bosco ; Gaz. Pal. 2008. 2708, et les obs. ; CCE 2007, n° 134, obs. Chagny ; RDLC 2007, n° 4, p. 131, obs. Momège ; RLC janv.-mars 2008. 18, note Arhel ; RDLC 2008 n° 1, p. 122, obs. Prieto.* ♦ La notion de réitération en droit de la concurrence connaît un régime juridique *sui generis* qui doit être distingué des notions de récidive et de réitération en droit pénal. • Même décision. ♦ Si le droit pénal exige, pour que la récidive puisse être retenue, que la première condamnation soit devenue définitive avant la commission de faits nouveaux, une telle exigence ne saurait être posée pour la qualification d'une réitération en droit de la concurrence en raison de l'absence d'effet suspensif des recours devant la cour d'appel de Paris. • Même décision. ♦ La circonstance que les pratiques aient débuté avant qu'une précédente infraction ne fasse l'objet d'un constat ne suffit pas à priver l'Autorité de la concurrence de la possibilité de retenir la réitération au titre des circonstances aggravantes, lorsque les pratiques, de nature continue, se sont poursuivies après ce premier constat d'infraction. • Aut. conc. n° 10-D-28 du 20 sept. 2010 : *Dalloz actualité, 6 oct. 2010, obs. Constantin ; CCC 2010, n° 278, obs. Decocq ; RLDA déc. 2010. 49, note Jalabert-Doury ; RDLC 2010, n° 4, p. 108, note Nicolas-Vullierme ; RLC janv.-févr. 2011. 26, obs. Sélinsky ; ibid. 78, obs. Lavedan* • n° 10-D-39 du 22 déc. 2010 : *préc. note 9.*

Avant l'entrée en vigueur de la loi du 15 mai 2001, qui prend en compte expressément la réitération des pratiques, la cour d'appel de Paris a admis la possibilité, pour le Conseil, de prendre en considération, dans la fixation de la sanction pécuniaire infligée à une entreprise, la réitération des pratiques. • Cons. conc. n° 07-D-08 du 12 mars 2007 : *cité note 4 bis ss. art. L. 462-7.* ♦ Il résulte de la pratique décisionnelle du Conseil, confirmée par la jurisprudence de la cour d'appel de Paris, que toute entreprise condamnée à des sanctions pécuniaires ou déclarée coupable d'une infraction par une décision du Conseil de la concurrence, d'une autorité nationale de concurrence européenne ou de la Commission européenne, peut se voir opposer la réitération des pratiques, concernant des pratiques similaires ou commises sur des marchés identiques ou connexes. • Même décision. ♦ Toutefois, pour respecter pleinement les droits de défense des entreprises mises en cause, ces condamnations doivent être mentionnées lors de la notification des griefs ou dans le rapport. • Même décision.

L'exigence d'une décision précédente qualifiant le comportement de l'entreprise mise en cause de pratiques anticoncurrentielles conduit à écarter toutes les affaires ayant mis hors de cause l'entreprise ou ses filiales ainsi que celles ayant prononcé des mesures conservatoires au terme d'une analyse *prima facie* de l'espèce. • Aut. conc. n° 09-D-24 du 28 juill. 2009. ♦ Il n'est possible de retenir la réitération d'éventuelles pratiques prohibées par le titre II du livre IV que si ces pratiques ont déjà fait l'objet d'un constat d'infraction ; n'entrent pas dans cette catégorie les pratiques qui ont justifié le prononcé de mesure conservatoire, ni celles qui ont donné lieu à des décisions acceptant et rendant obligatoires, sur le fondement du I de l'art. L. 464-2, des engagements proposés par les entreprises. • Cons. conc. n° 07-D-33 du 15 oct. 2007 : *préc.* ♦ En revanche, toute décision constatant une infraction doit être prise en compte au titre de la réitération, quelle que soit la suite à laquelle elle a donné lieu (injonction, amende, publication, ...). • Même décision. ♦ Les pratiques peuvent être identiques ou similaires par leur même objet anticoncurrentiel, critère qui renvoie pour l'essentiel à la base légale utilisée pour les qualifier ; mais elles peuvent aussi être identiques ou similaires par leur même effet anticoncurrentiel, critère qui transcende au contraire les qualifications légales. • Même décision. ♦ Dès lors, des pratiques d'entente et des comportements unilatéraux peuvent rechercher le même effet d'éviction à l'égard de concurrents sur un marché, sans pour autant relever du même régime de prohibition. • Aut. conc. n° 12-D-24 du 13 déc. 2012 : *préc. note 8.*

Le législateur n'a pas fixé de limite à la prise en compte de décisions antérieures pour établir la réitération. En conséquence, le Conseil dispose d'une marge d'appréciation pour déterminer les périodes au cours desquelles il tiendra compte des infractions précédemment constatées. • Cons. conc. n° 07-D-33 du 15 oct. 2007 : *préc.* ♦ Cette décision appelle à une modulation de la sanction en fonction du délai séparant la pratique litigieuse originelle de la pratique réitérée, sans inférer qu'une réitération de pratiques constatées depuis plus de vingt ans n'ait aucune incidence en terme d'amende. • Cons. conc. n° 08-D-13 du 11 juin 2008 : *préc. note 9.* ♦ Si un délai de vingt et un ans ne fait pas juridiquement obstacle à ce que soit prise en compte la réitération, le Conseil n'entend pas opposer cette dernière aux entreprises au-delà de vingt ans. • Cons. conc. n° 08-D-32 du 16 déc. 2008 : *cité note 14.* ♦ La détermination du taux de majoration de la sanction n'est pas le reflet arithmétique du nombre de constats d'infraction antérieurs, mais résulte d'une appréciation globale par l'Autorité, qui témoignent, au vu de l'ensemble des éléments de réitération, de la forte propension de l'entreprise à s'affranchir des règles de la concurrence. • Aut. conc. n° 12-D-24 du 13 déc. 2012 : *préc. note 8.*

La réitération vise le renouvellement des pratiques, indépendamment de toute référence au contexte interne, nécessairement évolutif, de l'entreprise ; c'est la personne morale qui assume la continuité juridique ou économique de l'entreprise auteur de la première infraction qui, en renouvelant les pratiques, commet une réitération. • Cons. conc. n° 08-D-32 du 16 déc. 2008 :

préc. ♦ En effet, les règles en matière de réitération doivent suivre celles appliquées en matière d'imputabilité. • Aut. conc. n° 09-D-36 du 9 déc. 2009 : *préc. note 2.* ♦ Mais l'imputabilité d'un comportement anticoncurrentiel répréhensible ne se confond avec – ni ne se résume à – l'imputabilité de la sanction. • Paris, 23 sept. 2010 : *BOCC 22 oct. 2010 ; Dalloz actualité, 5 oct. 2010, obs. Chevrier ; JCP E 2010, n° 1895 ; CCC 2010, n° 277, obs. Decocq ; Gaz. Pal. 2011. 428, et les obs. ; RLC janv.-févr. 2011. 29, obs. Robin ; RDC 2011. 122, obs. Prieto.* ♦ Si le Conseil doit prendre en compte la réitération de pratiques anticoncurrentielles au titre des critères aggravants de la sanction, l'absence d'infraction antérieure constitue une circonstance normale dont l'autorité de concurrence n'a pas à tenir compte comme circonstance atténuante. • Cons. conc. n° 07-D-48 du 18 déc. 2007 : *préc. note 9.* ♦ Si la réitération des pratiques et leur poursuite malgré l'enquête sont un facteur d'aggravation de la sanction, l'absence de réitération comme l'arrêt des pratiques à la suite de l'enquête ne sauraient constituer en elles-mêmes des circonstances atténuantes. • Cons. conc. n° 08-D-12 du 21 mai 2008 : *cité note 2 ss. art. L. 463-7.*

10. Transaction (jurispr. antérieure à l'Ord. n° 2008-1161 du 13 nov. 2008). La procédure de transaction ne saurait s'appliquer lorsqu'aucun grief n'a été notifié. • Cons. conc. n° 04-D-76 du 22 déc. 2004 : *BOCC 31 mars 2005 ; RTD com. 2005. 67, obs. Claudel* . ♦ La procédure de non-contestation des griefs prévue au III de l'art. L. 464-2 peut, en principe, intervenir à tout moment, entre la réception de la notification de griefs et la notification du rapport aux parties, y compris une fois le délai de remise des observations expiré, dès lors que le rapport du rapporteur n'est pas encore notifié. • Cons. conc. n° 06-D-03 du 9 mars 2006 : *cité note 10 ss. art. L. 463-2.* ♦ Mais l'un des effets de la non-contestation des griefs étant la dispense d'établissement du rapport, la procédure de transaction n'a plus d'intérêt une fois franchie cette étape de l'instruction. • Cons. conc. n° 07-D-50 du 20 déc. 2007 : *cité note 18 ss. art. L. 420-1.* ♦ Les services d'instruction ne sont pas tenus d'effectuer au stade de la notification de griefs une évaluation quantifiée du dommage à l'économie à seule fin de permettre aux parties d'apprécier le montant de la sanction encourue, et, partant, l'opportunité de demander le bénéfice de la procédure de non-contestation des griefs. • Aut. conc. n° 10-D-28 du 20 sept. 2010 : *préc. note 9 bis.* ♦ Même si le III de l'art. L. 464-2 laisse un large pouvoir d'appréciation au rapporteur général, cette situation ne fait pas obstacle à ce que le Conseil exerce un contrôle, même restreint, sur l'usage qu'il fait de cette faculté, dans la mesure où cette appréciation rejaillit sur le montant de la sanction finalement décidée. • Cons. conc. n° 06-D-09 du 11 avr. 2006 : *cité note 14.* ♦ Il résulte des dispositions du III de l'art. L. 464-2 que l'engagement de la procédure de non-contestation des griefs relève du pouvoir d'appréciation du rapporteur général, sous réserve du contrôle de l'erreur manifeste par l'Autorité, de sorte que les parties ne disposent d'aucun droit à la mise en œuvre de cette procédure. • Paris, 23 févr. 2012 : *cité note 17 ss. art. L. 420-1.*

La réfaction prévue par l'art. L. 464-2, II [désormais L. 464-2-III] est applicable au plafond légal puisqu'il renvoie au montant maximal de la sanction encourue et non pas à la sanction que le conseil aurait, conformément aux critères posés au I du même art., déterminée. • Paris, 21 sept. 2004 : *BOCC 8 nov. 2004 ; D. 2004. AJ 2712 ; JCP E 2004, n° 48, p. 1881, obs. Decocq ; RTD com. 2005. 68, obs. Claudel ; RDLC déc. 2004. 89, obs. Michel-Amsellem ; RLC 2005, n° 1, p. 94, obs. Cheynel.* ♦ L'art. L. 464-2-II, [désormais L. 464-2-III] a pour objet de garantir aux entreprises que, si le Conseil accepte les engagements qu'elles ont pris, le plafond légal applicable aux sanctions qu'il édicte est divisé par deux par rapport au régime de droit commun ; toutefois, ces dispositions ne font pas obstacle à ce que, dans la limite de ce nouveau plafond, le Conseil apprécie le montant de la sanction qui aurait été encourue par chaque entreprise et y applique le taux de réfaction qu'il retient compte tenu des propositions faites par le rapporteur général. • Cons. conc. n° 03-D-10 du 20 févr. 2003 : *LPA 2 mai 2003, note Arhel ; CCC 2003, n° 127, obs. Malaurie-Vignal ; JCP E 2004, n° 48, p. 1881, obs. Decocq* • n° 03-D-45 du 25 sept. 2003 : *BOCC 17 déc. 2003 ; D. 2003. AJ 2831 ; JCP E 2004, n° 3, p. 83, note Arhel ; CCC 2004, n° 7, obs. Malaurie-Vignal ; RDLC déc. 2004. 89, obs. Michel-Amsellem ; RJDA 2004, n° 103.* ♦ Lorsque est mise en œuvre la procédure prévue au III de l'art. L. 464-2, la décision du Conseil, qui examine la proposition du rapporteur général relative à l'aménagement de la sanction pécuniaire éventuellement encourue, tient compte à la fois de la non-contestation des griefs et des engagements pris pour l'avenir. Toutefois, la simple renonciation à contester les griefs, qui a principalement pour effet d'alléger et d'accélérer le travail de l'instruction en dispensant de la rédaction du rapport, ne peut conduire à accorder aux entreprises en cause qu'une réduction forfaitaire et relativement limitée de la sanction encourue ; c'est la qualité des engagements qui peut permettre d'accorder des contreparties plus substantielles dans le cadre de cette procédure. • Cons. conc. n° 07-D-

21 du 26 juin 2007 : *BOCC 25 mars 2008 ; RTD com. 2008. 57, obs. Claudel ; CCC 2007, n° 220, obs. G. D. ; RJDA 2007, n° 1016 ; RLDA juill. 2007. 46, obs. Anadon ; RLC oct.-déc. 2007. 24, obs. Sélinsky ; RDLC 2007, n° 3, p. 144, obs. Lemaire.* ♦ Comme pour toute négociation, les positions sont libres tant qu'un accord n'est pas signé, sous la forme d'un procès-verbal de non contestation de griefs signé conjointement par l'entreprise concernée et par le rapporteur général, et la prudence impose d'envisager dès le départ la possibilité d'un non-aboutissement. • Cons. conc. n° 09-D-05 du 2 févr. 2009 : *préc. note 9.* ♦ Le bénéfice tiré de la non-contestation ne doit pas être forfaitaire pour toutes les entreprises qui ne contestent pas, dans la mesure où l'abattement dépend expressément dans la loi de la réalité des engagements pris personnellement par chacune des entreprises qui ont opté pour ce processus. Par ailleurs, l'abattement offert aux entreprises qui ne contestent pas ne peut dépendre de la fourchette négociée au titre de la clémence avec telle ou telle autre entreprise puisque, et même si à engagements comparables, la clémence rend plus de services à la protection de la concurrence que la non-contestation de griefs, l'accord de clémence est inopposable, en droit et en fait, aux entreprises qui n'y sont pas parties. Enfin, pour les entreprises qui ne contestent pas les griefs, la loi préconise un écrêtement, non pas de la sanction prononcée comme dans le cas de la clémence, mais du plafond de la sanction encourue. • Paris, 19 janv. 2010 : *préc. note 8.* ♦ Pour une comparaison avec les sanctions prononcées dans le cadre de la procédure de clémence, V. note 14.

La non-contestation des griefs, qui fait partie intégrante de la procédure suivie devant le Conseil, ne constitue, en soi, ni un aveu ni une reconnaissance de responsabilité. • Paris, 29 janv. 2008 : *préc. note 9.* ♦ La mise en œuvre de la procédure de transaction n'empêche pas les entreprises en cause de présenter au Conseil des éléments tendant à démontrer que les griefs retenus n'ont pas de caractère de gravité et n'ont pas causé de dommage à l'économie. • Cons. conc. n° 03-D-45 du 25 sept. 2003 : *préc.* ♦ ... En revanche elle est incompatible avec le fait d'invoquer la « nullité » de la notification de griefs au motif qu'elle n'aurait pas été adressée à la bonne société. • Cons. conc. n° 08-D-32 du 16 déc. 2008 : *cité note 14.* ♦ Sur l'application du principe de la contradiction à la procédure de transaction, V. • Paris, 21 sept. 2004 : *préc.* (conf. par • Com. 22 nov. 2005 : *Bull. civ. IV, n° 231 ; D. 2006. AJ 139, obs. Chevrier ; JCP E 2006, n° 1, p. 34 ; CCC 2006, n° 49, obs. Malaurie-Vignal ; RJDA 2006, n° 462 ; RLC 2006, n° 6, p. 70, obs. Nourissat ; RLDA janv. 2006. 48, obs. Marchand*, jugeant que si l'entreprise ne peut subordonner son absence de contestation des griefs et ses engagements à condition, elle dispose devant le Conseil de la faculté de présenter toutes observations et de produire toutes pièces utiles à l'appréciation par cette autorité de la sanction pécuniaire qu'elle prononcera). ♦ Il n'y a pas lieu de prendre en considération le comportement d'une entreprise dans une procédure distincte concernant une autre pratique anticoncurrentielle qui lui était imputée, dans laquelle elle a trouvé à propos, contre une minoration de la sanction encourue, de ne pas contester les griefs qui lui étaient imputés et de prendre des engagements, cette procédure étant dépourvue de tout rapport avec la présente affaire. • Paris, 8 oct. 2008 : *BOCC 31 déc. 2008 ; RDLC 2008, n° 4, p. 80, obs. Claudel.* ♦ L'intéressé doit renoncer à contester non seulement la réalité des pratiques visées par la notification des griefs, mais également la qualification qui en a été donnée par les services d'instruction de l'Autorité au regard des dispositions du code de commerce, et leur responsabilité dans la mise en œuvre de ces pratiques ; cette renonciation devant, sur l'ensemble de ces points, être claire, complète et dépourvue d'ambiguïté. • Aut. conc. n° 12-D-06 du 26 janv. 2012 : *RLC avr.-juin 2012. 16, note Venayre.*

Sur le bénéfice de la procédure de non-contestation des griefs prévue au III de l'art. L. 464-2 au profit d'entreprises ayant pris l'initiative de collaborer avec les autorités de concurrence alors que le dispositif de « clémence », qui est désormais prévu au IV du même texte, ne figurait pas encore dans le corpus législatif des règles de concurrence nationales, V. • Cons. conc. n° 07-D-02 du 23 janv. 2007 : *BOCC 18 avr. 2007 ; D. 2007. AJ 441, obs. Chevrier ; RTD com. 2008. 60, obs. Claudel ; Gaz. Pal. 2007. 1230 ; RLC avr.-juin 2007. 30, obs. Cholet ; RDLC 2007, n° 2, p. 104, obs. Claudel ; ibid., p. 155, obs. Momège et Carpentier.* – V. aussi • Cons. conc. n° 07-D-40 du 23 nov. 2007 : *BOCC 25 mars 2008 ; RTD com. 2008. 60, obs. Claudel ; RDLC 2008, n° 1, p. 115, obs. Claudel.* ♦ Sur le cumul de la procédure de transaction avec la procédure simplifiée, V. note 2 ss. art. L. 463-3.

11. Droits de la défense. Les prescriptions de l'art. 6 Conv. EDH (délai raisonnable, présomption d'innocence, etc.) s'appliquent aux sanctions pécuniaires prévues par l'art. 13 [C. com., art. L. 464-2], qui, bien que de nature administrative, visent comme en matière pénale, par leur montant élevé et la publicité qui leur est donnée, à punir les auteurs des faits contraires aux dispositions des art. 7 et 8 [C. com., art.

L. 420-1 et L. 420-2], et à dissuader les agents économiques de se livrer à de telles pratiques. • Paris, 6 mai 1997 : *BOCC 8 juill. 1997 ; D. Affaires 1997. 1036 ; LPA 11 mars 1998, obs. Arhel.* ♦ Toutefois, ainsi que l'a jugé la CEDH, des impératifs de souplesse et d'efficacité peuvent justifier l'intervention préalable, dans la procédure suivie, d'une autorité administrative qui, comme le Conseil de la concurrence, ne satisfait pas, sur tous leurs aspects, aux prescriptions de forme de l'art. 6, § 1er, de la Convention, dès lors que les décisions prises par celle-ci subissent *a posteriori*, sur les points de fait, les questions de droit ainsi que sur la proportionnalité de la sanction prononcée avec la gravité de la faute commise, le contrôle effectif d'un organe judiciaire offrant toutes les garanties d'un tribunal au sens dudit art. 6. • Même arrêt. ♦ Comp. considérant que dans l'exercice de son pouvoir de sanction, le conseil de la concurrence est tenu au respect des garanties énoncées par l'art. 6 Conv. EDH : • Paris, 15 juin 1999 : *D. 1999. IR 184 ; D. Affaires 1999. 1319, obs. A.M. ; JCP E 1999, n° 49, p. 1966, note Fourgoux* • 29 juin 1999 : *BOCC 25 août 1999.* ♦ V. note 2 ss. art. L. 463-7. ♦ Jugeant que la sanction qui s'attache à la violation de l'obligation pour le Conseil de la concurrence de se prononcer dans un délai raisonnable résultant de la Convention précitée n'est pas l'annulation ou la réformation de la décision mais la réparation du préjudice résultant de la durée excessive de la procédure, V. • Paris, 20 nov. 2001 : *préc. note 8.*

En matière d'infractions au droit de la concurrence, la cour d'appel pouvant être saisie d'un recours contre les décisions du Conseil de la concurrence, il est satisfait à l'impératif lié à l'existence d'un double degré de juridiction, les décisions motivées émanant du Conseil subissant un contrôle effectif, tant en ce qui concerne la motivation que le respect du principe de la contradiction et des droits de la défense, d'une juridiction de recours répondant à toutes les exigences posées par le Pacte international et la Convention européenne. • Paris, 28 janv. 1997 : *préc. note 7.*

12. Publication. BIBL. Faure-Mossmann, *LPA 23 avr. 2012* (les peines complémentaires de publicité, publication-sanction, en droit boursier et en droit de la concurrence). ♦ Bien que l'art. 13, al. 4 [C. com., art. L. 464-2, al. 4], ne prévoie la publication dans les journaux que pour les décisions du Conseil de la concurrence et que l'art. 15 [C. com., art. L. 464-8] ne prescrive la publication des décisions de la cour d'appel que dans le *BOCC*, la cour d'appel, qui a retenu qu'il était légitime que les professionnels avisés du recours formé contre la décision du Conseil de la concurrence aient également connaissance de la décision de la cour d'appel, n'a pas excédé son pouvoir en ordonnant la publication d'un communiqué dans des journaux. • Com. 14 janv. 1992 : *Bull. civ. IV, n° 16 ; RJDA 1992, n° 365.* ♦ Comp., jugeant que la publication est une sanction complémentaire et que, dès lors que la décision déférée n'y recourt pas, il n'est pas permis à la cour de Paris d'y procéder en aggravant ainsi le sort des entreprises concernées : • Paris 19 janv. 2010 : *BOCC 23 févr. 2010 ; Dalloz actualité, 28 janv. 2010, obs. Chevrier ; CCC 2010, n° 78, obs. Decocq ; RLC avr.-juin 2010. 60, obs. Destours.* ♦ La cour d'appel qui retient qu'il y a lieu de faire connaître son arrêt réformant une décision qui a elle-même été portée à la connaissance du public par son auteur n'excède pas son pouvoir en ordonnant la publication d'un communiqué dans des conditions identiques à celles de la décision réformée, peu important que l'arrêt confirme ou infirme la sanction imposée par la décision. • Com. 17 janv. 2012 : *cité note 10 ss. art. L. 464-8.* ♦ La faculté d'imposer une publication de la décision procède du principe fondamental de la publicité des décisions à forme et à contenu juridictionnel ; elle ajoute à l'exemplarité de la sanction et participe à l'effectivité du respect des règles de la concurrence ; en soi elle n'est pas de nature à porter atteinte au crédit ou à la considération des personnes visées, sauf caractère excessif • Paris, 29 sept. 2009 : *préc. note 9.* ♦ La mesure de publication forcée de la décision est de nature à entraîner un préjudice irréparable à l'entreprise en cause et à donner aux professionnels concernés, comme au public, destinataires de cette publicité, une information incomplète, si elle n'est accompagnée de l'indication du recours dont ladite décision fait l'objet. • Paris, ord., 11 juin 1992 : *Gaz. Pal. 1992. 2. Somm. 330* • 10 juill. 1996 : *BOCC 27 juill. 1996.*

Le Conseil de la concurrence qui ordonne la publication de sa décision sous un titre qui précise l'objet et l'identité de la personne sanctionnée et correspond à la teneur de la décision qu'il prononce ne fait qu'user du pouvoir d'ordonner la publication de ses décisions prévu à l'art. L. 464-2. • Com. 9 mai 2001 : *Bull. civ. IV, n° 85 ; JCP E 2001, n° 27, p. 1115 ; RJDA 2001, n° 1264.* ♦ Sur la possibilité de prévoir une publication accompagnée d'une mention différente de l'intitulé de la décision, V. • Paris, 26 févr. 1998 : *D. Affaires 1998. 511, obs. Sélinsky.* ♦ Pour une publication sur la page d'accueil du site internet de l'organisme condamné, V. • Cons. conc. n° 05-D-75 du 22 déc. 2005 : *préc. note 2* (conf. par • Paris, 21 mars 2006 : *BOCC 18 avr. 2007 ; CCC 2006, n° 112, obs. Malaurie-Vignal*). ♦ L'injonction d'adresser un résumé de la décision du Conseil de la concurrence, en ce qu'elle est destinée à des personnes qui ne sont pas concernées directement par les pratiques dont il s'agit, est injustifiée. • Paris, 12 déc. 2006 : *BOCC 24 juill. 2008 ; D. 2007. AJ 221, obs. Chevrier* ; *RTD com. 2007. 50, obs. Claudel* ; *CCC 2007, n° 49, obs. Malaurie-Vignal ; RLDA févr. 2007. 55, obs. Cheynel.* ♦ Sur une publication susceptible de porter atteinte, de façon irréparable, à la présomption d'innocence qui bénéficie aux intéressés, V. • Paris, 22 sept. 2004 : *cité note 5 ss. art. L. 420-6.* ♦ Sur le secret des affaires, V. art. L. 464-8, al. 2.

La diffusion par le Conseil de la concurrence d'un communiqué de presse annonçant le prononcé de sa décision ne constitue pas une mesure de publication au sens de l'art. 13 [C. com., art. L. 464-2] et ne peut par conséquent faire l'objet d'un recours devant la cour d'appel de Paris. • Paris, 15 juin 1999 : *CCC 1999, n° 142, obs. Malaurie-Vignal.* ♦ La couverture médiatique à laquelle une décision du Conseil de la concurrence a donné lieu quand elle a été rendue ne peut juridiquement se substituer à la publication qui a été ordonnée par le Conseil ni dispenser les entreprises concernées de leur obligation de respecter l'injonction. • Cons. conc. n° 05-D-08 du 9 mars 2005 : *BOCC 28 oct. 2005 ; D. 2005. AJ 1349, obs. Chevrier* ; *RTD com. 2005. 278, obs. Claudel* ; *RDLC 2005, n° 2, p. 93, obs. Michel-Amsellem ; RLC 2005, n° 3, p. 83, obs. B. C.* ♦ Sur les modalités de publicité des décisions, V. aussi art. L. 470-7-1.

13. Dommages et intérêts. **BIBL.** Saint-Esteben, *LPA 20 janv. 2005* (dommages et intérêts punitifs). ♦ Il appartient à la juridiction nationale saisie en application de l'art. 81 du traité CE (actuel art. 101 TFUE, depuis l'entrée en vigueur du traité de Lisbonne ; V. Décr. n° 2009-1466 du 1er déc. 2009, *JO 2 déc.*) d'examiner, au cas par cas, si une partie à une entente, qui prétend avoir subi un dommage en raison de sa participation à cette entente, peut demander des dommages et intérêts, notamment lorsqu'elle se trouve dans une position d'infériorité caractérisée par rapport à l'autre partie qui aurait sérieusement compromis sa liberté de négocier. • CJCE 20 sept. 2001 : *préc. note 4 ss. art. L. 420-3.*

14. Procédure de clémence. L'entreprise demandant le bénéfice de la clémence doit apporter au Conseil tous éléments d'information, sans qu'il en soit précisé la forme et la nature, lui permettant d'établir la pratique dénoncée et d'identifier ses auteurs ; ces éléments d'information peuvent être constitués de preuves documentaires (documents internes à l'entreprise, comptes rendus de réunions,...) que l'entreprise peut compléter par des explications synthétisées dans un ou plusieurs mémoires versés à l'appui de sa demande, ou de déclarations orales. • Cons. conc. n° 06-D-09 du 11 avr. 2006 : *BOCC 26 janv. 2007 ; D. 2006. AJ 1231, obs. Chevrier* ; *RTD com. 2006. 328, obs. Claudel* ; *JCP E 2006, n° 19, p. 847, obs. Taillandier ; CCC 2006, n° 110, obs. Decocq ; LPA 13 nov. 2006, p. 14, obs. Baccichetti ; Lettre distrib. avr. 2006, p. 1, obs. Sélinsky ; RJDA 2006, n° 708 ; RLDA mai 2006, p. 45, obs. Méar ; RLC juill.-sept. 2006. 97, obs. Barbier de la Serre ; RDLC 2006, n° 2, p. 144, obs. Momège ; Europe 2006, n° 164, obs. Idot.* – Sur cette décision, V. aussi Sélinsky et Cholet, *RLDA juin 2006. 55* ; Barbier de la Serre, *RLC juill.-sept. 2006. 77.* ♦ La présentation d'une demande de clémence suppose nécessairement que l'entreprise informe l'Autorité, premièrement, de la nature et du champ matériel, géographique et temporel de l'entente visée par cette demande, deuxièmement, de sa propre responsabilité dans cette entente et, troisièmement, de l'identité des autres entreprises ou organismes auteurs des pratiques en cause. • Aut. conc. n° 13-D-12 du 28 mai 2013. ♦ Imposant, pour bénéficier de la clémence, à la société dénonciatrice : d'apporter des éléments concernant la période non prescrite permettant de contribuer à établir la réalité des pratiques dénoncées et à en identifier les auteurs ; de coopérer de manière totale, permanente et rapide tout au long de la procédure d'enquête et d'instruction ; de mettre fin à sa participation aux activités illégales dénoncées et de ne pas avoir pris de mesures pour contraindre d'autres entreprises à participer aux infractions ; de ne pas informer de sa démarche les entreprises susceptibles d'être mises en cause dans le cadre des pratiques dénoncées. • Cons. conc. n° 06-D-09 du 11 avr. 2006 : *préc.* ♦ L'exercice concret des droits de la défense doit être appréhendé en tenant compte de l'obligation incombant à l'entreprise qui a bénéficié d'un avis conditionnel de clémence de coopérer de manière rapide totale permanente et véritable au traitement de l'affaire, et ce tout au long de la phase préliminaire d'enquête et de la procédure d'instruction. Cette coopération vise à faciliter la démonstration de l'entente telle que visée par l'avis de clémence et s'oppose à ce que l'intéressé réoriente l'instruction vers une autre pratique qui chapeauterait ou compléterait celle visée par la procédure. Dès lors est-il important d'examiner, d'une part, la nature des liens existant entre les pièces dont le transfert est demandé à la Commission européenne et l'objet de l'affaire pour laquelle leur transfert a été sollicité et de rechercher, d'autre part, en quoi ces pièces pourraient influencer concrètement l'exercice des droits de la défense par l'entreprise en cause. • Aut. conc. n° 11-D-17 du 8 déc. 2011 : *cité note 15.* ♦ Les pièces et déclarations communiquées dans les conditions fixées par le IV de l'art. L. 464-2, sont recevables sans qu'il soit besoin de rechercher la motivation de l'entreprise qui les apporte : il appartient seulement d'apprécier leur vraisemblance, en les confrontant aux autres pièces du dossier ; l'examen de la valeur probante des déclarations, distinct de celui de leur recevabilité, est fait lors de l'analyse du bien-fondé des griefs notifiés. • Cons. conc. n° 08-D-32 du 16 déc. 2008 : *BOCC 5 févr. 2009 ; Dalloz actualité, 19 déc. 2008, obs. Chevrier ; RDLC 2009, n° 1, p. 110, obs. Debroux et Rieu ; ibid., p. 196 et 197, obs. Lemaire ; RLC avr.-juin 2009. 26, obs. Cholet.*

Le niveau des réductions de sanctions pécuniaires accordées dans le cadre du programme de clémence pour les demandeurs qui ne peuvent bénéficier de l'exonération totale doit rester plus incitatif que celui pratiqué dans le cadre de la non-contestation des griefs. L'espérance de gain doit nécessairement rester inférieure dans ce deuxième cas pour que les deux dispositifs soient cohérents et que l'incitation à opter pour la clémence soit préservée. • Cons. conc. n° 07-D-21 du 26 juin 2007 : *préc. note 10.* ♦ L'art. L. 464-2, IV, n'autorise pas les parties à l'accord à prévoir un simple écrêtement de la sanction encourue, la loi prescrivant exclusivement, dans un souci évident de transparence et de sécurité juridique, une exonération totale ou partielle de la sanction prononcée. Dès lors, la pratique doit s'établir d'une évaluation de la sanction en fonction de critères dégagés pour toutes les entreprises poursuivies, et ensuite d'un abattement qui apparaisse clairement, du moins si l'Autorité entend y faire droit dans la fourchette convenue entre elle et l'entreprise. • Paris, 19 janv. 2010 : *préc. note 8.* ♦ Sur la prescription, V. note 4 *bis* ss. art. L. 462-7. ♦ Sur l'examen de l'avis de clémence, V. note ss. R. 464-5.

15. Cumul des procédures de clémence et de transaction. La coexistence du III et du IV de l'art. L. 464-2 n'exclut pas la possibilité, pour le rapporteur général, de proposer à l'Autorité de tenir compte du fait qu'une entreprise ayant présenté une demande de clémence renonce ultérieurement à contester les griefs qui lui auraient été notifiés dans l'intervalle. • Aut. conc. n° 11-D-17 du 8 déc. 2011 : *Dalloz actualité, 19 déc. 2011, obs. Constantin ; JCP 2011, n° 1411 ; RLDA janv. 2012. 43, obs. Mathonnière ; RDLC 2012, n° 1, p. 98, obs. Jalabert-Doury ; RLC avr.-juin 2012. 69, note Patat et Guibert.* ♦ Lorsqu'une entreprise ayant obtenu le bénéfice conditionnel d'une exonération totale ou partielle de sanction en application de la procédure de clémence sollicite ensuite la mise en œuvre de la procédure de non-contestation des griefs, il faut admettre que le rapporteur général puisse tenir compte de cette séquence procédurale. Il lui est en particulier loisible d'apprécier les suites qu'il entend réserver à la demande de mise en œuvre du III à la lumière du contenu respectif de la demande de clémence, d'une part, et des griefs notifiés, d'autre part. • Même décision. ♦ Ainsi, lorsque le champ des griefs notifiés diffère sur un ou plusieurs points importants de l'entente telle que décrite par le demandeur de clémence au vu de l'ensemble des informations et des éléments de preuve dont il pouvait disposer, la mise en œuvre de la procédure de non-contestation des griefs à son égard peut revêtir un intérêt certain ; en revanche lorsque le périmètre des griefs notifiés correspond au contenu de l'entente tel qu'il a été décrit par le demandeur de clémence, le rapporteur général peut, sans commettre d'erreur manifeste d'appréciation et à condition de respecter par ailleurs le principe d'égalité de traitement, estimer que la mise en œuvre de cette procédure n'apporte pas de valeur ajoutée suffisante au traitement de l'affaire. • Même décision.

Art. L. 464-3 *(Ord. n° 2004-1173 du 4 nov. 2004, art. 11)* **Si les mesures, injonctions ou engagements prévus aux articles L. 464-1 et L. 464-2 ne sont pas respectés,** *(Ord. n° 2008-1161 du 13 nov. 2008, art. 4)* **« l'Autorité de la concurrence » peut prononcer une sanction pécuniaire dans les limites fixées à l'article L. 464-2.** – *[Ord. n° 86-1243 du 1er déc. 1986, art. 14.] – V. art. R. 464-9.*

1. Procédure. L'Ord. du 1er déc. 1986 [C. com., art. L. 410-1 s.] n'impose pas que, dans le cadre de la procédure de vérification du respect d'injonction, soit mise en œuvre, antérieurement à la rédaction du rapport, la procédure de notification de griefs prévue par l'art. 21 [C. com., art. L. 463-2]. • Cons. conc. n° 95-D-82 du 12 déc. 1995 : *BOCC 16 mars 1996.* ♦ Ni les dispositions de l'art. L. 464-3, ni celles du Décr. du 29 déc. 1986 ne prévoient de règle de procédure relative au respect des injonctions prononcées par le Conseil. • Cons. conc. n° 04-D-18 du 13 mai 2004 : *BOCC 6 sept. 2004 ; D. 2004. AJ 1524.* – V. désormais art. R. 464-9. – Comp. : • Cons. conc. n° 02-D-46 du 19 juil. 2002 : *préc. note 6 ss. art. L. 464-1.*

2. Recours. Jugeant que le Conseil peut infliger une sanction pour non-respect des injonctions qu'il a prononcées alors même que toutes les voies de recours n'ont pas été épuisées et que sa décision ordonnant ces injonctions n'est pas devenue définitive, V. • Cons. conc. nº 04-D-47 du 12 oct. 2004 : *BOCC 21 janv. 2005 ; D. 2004. AJ 2996 ; Lettre distrib. nov. 2004, p. 3.* ♦ Comp., jugeant que dans le cadre de l'art. L. 464-3, il appartient au Conseil d'apprécier si l'injonction, telle qu'elle a été prononcée, a été respectée, sans qu'il y ait lieu de contester le libellé de cette injonction, confirmée en appel et devenue définitive. • Cons. conc. nº 04-D-18 du 13 mai 2004 : *préc. note 1.* ♦ Comp. aussi, estimant qu'ayant constaté que l'entreprise en cause n'avait pas déféré aux injonctions d'une décision du conseil de la concurrence, qui n'avait jamais fait l'objet d'un recours et qui s'imposait donc à elle, la cour d'appel de Paris a pu décider qu'elle avait commis une faute en ne déférant pas à ces injonctions. • Com. 8 nov. 1994 : *Bull. civ. IV, nº 329 ; RJDA 1995, nº 301.*

3. Sursis à exécution. Seul le sursis ordonné par le premier président de la cour d'appel de Paris peut suspendre le caractère exécutoire de la décision du Conseil de la concurrence ; et à défaut de demander ce sursis ou de l'obtenir, il n'appartient pas aux parties de décider du moment où elles procéderont à l'exécution d'une injonction à laquelle elles ont été condamnées avec un délai d'exécution à respecter. • Cons. conc. nº 05-D-09 du 14 mars 2005 : *BOCC 28 oct. 2005 ; D. 2005. AJ 1080, obs. Chevrier ; RDLC 2005, nº 2, p. 93, obs. Michel-Amsellem ; RTD com. 2005. 278, obs. Claudel.* ♦ V. aussi note 2 ss. art. L. 464-8.

4. Domaine. L'injonction de publier aux frais de l'entreprise la décision est au nombre des injonctions dont le non-respect peut être sanctionné sur le fondement de l'art. L. 464-3. • Cons. conc. nº 04-D-47 du 12 oct. 2004 : *préc. note 2.* ♦ Les modalités de l'exécution de l'injonction fixées dans la décision du Conseil font partie intégrante de l'injonction, notamment son délai d'exécution ; l'exécution tardive d'une injonction peut donc être sanctionnée au titre de l'art. L. 464-3. • Même décision. ♦ Si les entreprises contreviennent à leurs engagements, l'Autorité peut être saisie sur demande du saisissant, du ministre de l'Économie, ou de toute autre entreprise ayant un intérêt à agir, ou se saisir de sa propre initiative. • *Aut. conc. nº 12-D-22 du 22 nov. 2012 : Dalloz actualité, 17 déc. 2012, obs. Constantin ; CCE 2013, nº 5, obs. Pironon ; RLC janv.-mars 2013. 35, obs. Sélinsky.*

5. Nouveau délai. Pour l'octroi d'un délai supplémentaire pour l'exécution d'une injonction afin de tenir compte d'obligations supplémentaires pesant sur le débiteur, issues d'une loi nouvelle, V. • Paris, 28 janv. 2005 : *BOCC 23 juin 2005 ; LPA 22 juill. 2005, obs. Arhel ; RLC 2005, nº 3, p. 31, obs. J. P.*

6. Interprétation stricte. Les injonctions formulées en application de l'art. L. 464-1 C. com. doivent être formulées en termes clairs, précis et exempts d'incertitude quant à leur exécution ; il en résulte qu'elles sont d'interprétation stricte lorsqu'il s'agit de vérifier leur respect. • Cons. conc. nº 05-D-36 du 30 juin 2005 : *BOCC 14 mars 2006 ; RDLC 2005, nº 3, p. 126, obs. Momège ; RLC 2005, nº 4, p. 36, obs. C. R. ; AJDA 2005. 1658, obs. Richer* (partiellement annulée par • Paris, 21 févr. 2006 : *BOCC 24 juill. 2008 ; RLC 2006, nº 7, p. 23, obs. Robin*). ♦ La procédure de vérification du respect d'injonction doit nécessairement être conduite par référence à la décision ayant imposé cette injonction ; il s'ensuit qu'il n'appartient pas à l'Autorité de la concurrence de se prononcer, dans le cadre de cette procédure, sur des éléments qui pourraient être retenus à l'issue de la procédure au fond en cours d'instruction, mais seulement de vérifier le respect par le prévenu de l'injonction qui lui a été faite, telle qu'éclairée par les motifs qui ont justifié son prononcé. • Aut. conc. nº 12-D-05 du 24 janv. 2012 : *Dalloz actualité, 31 janv. 2012, obs. Chevrier ; CCC 2012, nº 52, obs. Chagny ; RLC avr.-juin 2012. 37, obs. Sélinsky et Venayre ; ibid. 84, obs. Lavedan.*

7. Cumul des sanctions. Sur le cumul des sanctions prises sur le fondement de l'art. L. 464-3 avec celles réprimant les pratiques anticoncurrentielles, V. • Cons. conc. nº 05-D-59 du 7 nov. 2005 : *cité note 7 ss. art. L. 464-2.*

8. Impunité. Dès lors que le délai de deux mois accordé à l'entreprise pour se conformer aux mesures conservatoires était un délai de nature purement technique ne lui conférant pas d'impunité, l'infraction pouvait être retenue pendant cette période sans porter atteinte au principe de l'autorité de la chose établie. • Paris, 4 juill. 2006 : *BOCC 8 déc. 2006 ; CCC 2006, nº 204, obs. Decocq ; RDLC 2006, nº 3, p. 140, obs. Michel-Amsellem ; RLC oct.-déc. 2006. 80, obs. Nourissat.* ♦ Le délai que le Conseil accorde à une entreprise pour satisfaire à l'injonction de faire délivrée à son encontre à titre conservatoire n'emporte pas autorisation pour cette entreprise de ne pas satisfaire aux règles de concurrence, mais fixe la durée pendant laquelle le non-respect éventuel de l'injonction prononcée ne sera pas sanctionné. • Com. 23 oct. 2007 : *BOCC 15 sept. 2008 ; D. 2007. AJ 3002, obs. Chevrier ; CCC 2007, nº 308, obs. Decocq ; RDLC 2008, nº 1, p. 121, obs. Prieto ; Europe 2007, nº 355, obs. Idot.*

9. Sanctions. Si l'art. L. 464-3 fait seulement référence aux limites, c'est-à-dire au maximum légal prévu par l'art. L. 464-2 en matière de sanctions pécuniaires, sans imposer le recours aux critères de détermination des sanctions prévus par le même article en cas de pratique anticoncurrentielle, l'exigence d'individualisation et le principe de proportionnalité doivent conduire à déterminer la sanction en fonction de la gravité du comportement reproché, d'une part, et de l'incidence que ce comportement a pu avoir sur la concurrence que l'injonction visait à préserver, d'autre part. • Aut. conc. n° 12-D-05 du 24 janv. 2012 : *préc. note 6.* ♦ Le non-respect d'une injonction constitue, en soi, une pratique d'une gravité exceptionnelle. • Paris, 21 févr. 2006 : *préc. note 6.*

Art. L. 464-4 **Les sanctions pécuniaires** *(Ord. n° 2004-1173 du 4 nov. 2004, art. 12)* **« et les astreintes » sont recouvrées comme les créances de l'État étrangères à l'impôt et au domaine.** – *[Ord. n° 86-1243 du 1er déc. 1986, art. 16.]*

1. Nature des sanctions. En vertu des règles de la comptabilité publique les sommes recouvrées ne peuvent faire l'objet d'aucune affectation. Ces sanctions ont un caractère répressif et n'ont pas pour vocation de réparer les dommages causés aux victimes de pratiques anticoncurrentielles. Par contre, les collectivités locales victimes peuvent obtenir réparation des dommages devant le juge civil en produisant la décision du conseil, dès lors qu'elles sont en mesure d'évaluer le dommage (Rép. min. n° 35780 : *JOAN Q, 3 juin 1996, p. 2983*).

2. Portée de la décision de sanction. Une décision de sanction ou d'injonction relative à des pratiques anticoncurrentielles ne saurait être qualifiée d'acte administratif à caractère individuel créateur de droit au profit des entreprises concernées. • Aut. conc. n° 11-D-11 du 7 juill. 2011.

Art. L. 464-5 *(L. n° 2001-420 du 15 mai 2001 ; Ord. n° 2008-1161 du 13 nov. 2008, art. 4)* **« L'Autorité de la concurrence », lorsqu'elle statue selon la procédure simplifiée prévue à l'article L. 463-3, peut prononcer les mesures prévues au I de l'article L. 464-2. Toutefois, la sanction pécuniaire ne peut excéder 750 000 euros pour chacun des auteurs de pratiques prohibées.** – *Les dispositions de cet art. ne s'appliquent pas aux affaires pour lesquelles une saisine de l'ancien Conseil de la concurrence avait été effectuée avant la date d'entrée en vigueur de la L. n° 2001-420 du 15 mai 2001 (L. préc., art. 94, al. 1er, publiée au JO du 16 mai).*

1. Application dans le temps. Bien qu'il s'agisse, en l'espèce, d'une pratique continue qui s'est poursuivie après l'entrée en vigueur de la loi du 15 mai 2001, le Conseil ayant été saisi le 2 sept. 1998, la sanction pécuniaire qui peut être prononcée ne doit pas excéder 500 000 francs (76 244,51 €) conformément à l'art. 22, al. 2, de l'Ord. du 1er déc. 1986, applicable à la date de la saisine du Conseil. • Cons. conc. n° 05-D-07 du 24 févr. 2005 : *BOCC 28 oct. 2005 ; RLC 2005, n° 3, p. 85, obs. B. C.*

2. Transaction. Dans le cas de mise en œuvre cumulative des procédures simplifiées et de transaction, et quel que soit l'ordre chronologique de cette mise en œuvre, le montant de la sanction qui sera infligée à l'entreprise doit être calculé conformément aux dispositions de l'art. L. 464-2-III, sans pouvoir dépasser le seuil fixé par l'art. L. 464-5. • Cass., avis, 11 juill. 2005 : *Bull. civ. n° 5 ; BICC 1er oct. 2005, p. 4, rapp. Favre, obs. Main ; D. 2005. AJ 2216, obs. Chevrier* ; *JCP E 2006, n° 1, p. 30, obs. Decocq ; CCC 2005, n° 192, obs. Malaurie-Vignal ; RDLC 2005, n° 4, p. 116, obs. Michel-Amsellem ; RLC 2005, n° 5, p. 67, obs. Nourissat* (répondant à • Paris, 22 févr. 2005 : *BOCC 23 juin 2005 ; D. 2005. 948, obs. Chevrier ; RLC 2005, n° 3, p. 85, obs. B. C.*). ♦ Au regard de l'ensemble des dispositions de l'art. L. 464-2, I et II [désormais I et III], les sanctions pécuniaires ne peuvent dépasser 5 % du chiffre d'affaires mondial hors taxe le plus élevé réalisé au cours d'un des exercices clos depuis l'exercice précédant celui au cours duquel les pratiques ont été mises en œuvre, sans préjudice du plafond spécifique qui s'impose lorsque est applicable la procédure simplifiée prévue à l'art. L. 463-3 C. com. • Cons. conc. n° 04-D-65 du 30 nov. 2004 : *BOCC 31 mars 2005 ; CCC 2005, n° 29, obs. Malaurie-Vignal ; RLC 2005, n° 2, p. 76, obs. Cheynel* • n° 04-D-37 du 27 juill. 2004 : *RTD com. 2005. 67, obs. Claudel* ; *RDLC déc. 2004. 89, obs. Michel-Amsellem.*

Art. L. 464-6 *(L. n° 2001-420 du 15 mai 2001)* **Lorsque aucune pratique de nature à porter atteinte à la concurrence sur le marché n'est établie,** *(Ord. n° 2008-1161* *du 13 nov. 2008, art. 4)* « l'Autorité de la concurrence » **peut décider, après que l'auteur de la saisine et le commissaire du Gouvernement ont été mis à même de consulter le dossier et de faire valoir leurs observations, qu'il n'y a pas lieu de poursuivre la procédure.** *(Ord. nº 2004-274 du 25 mars 2004, art. 24-I)* « **Cette décision est motivée.** » — *V. art. R. 464-7 et R. 464-8.*

BIBL. ► BOUTARD-LABARDE, *JCP 1988. I. 3360.*

Irrecevabilité de la saisine. Alors qu'aux termes de l'art. L. 464-6, le prononcé d'un non-lieu intervient après une analyse des faits objet de la saisine afin d'en vérifier la matérialité et de dire s'ils constituent ou non des pratiques anticoncurrentielles prohibées, l'existence d'une cause d'irrecevabilité de la saisine exclut tout examen tant des preuves produites que du fond. • Cons. conc. nº 02-D-75 du 17 déc. 2002 : *préc. note 3 ss. art. L. 462-8.*

Art. L. 464-6-1 *(Ord. nº 2004-274 du 25 mars 2004, art. 24-II ; Ord. nº 2008-1161 du 13 nov. 2008, art. 4)* « **L'Autorité de la concurrence** » **peut également décider, dans les conditions prévues à l'article L. 464-6, qu'il n'y a pas lieu de poursuivre la procédure lorsque les pratiques mentionnées à l'article L. 420-1 ne visent pas des contrats passés en application du code des marchés publics et que la part de marché cumulée détenue par les entreprises ou organismes parties à l'accord ou à la pratique en cause ne dépasse pas soit :**

a) **10 % sur l'un des marchés affectés par l'accord ou la pratique lorsqu'il s'agit d'un accord ou d'une pratique entre des entreprises ou organismes qui sont des concurrents, existants ou potentiels, sur l'un des marchés en cause ;**

b) **15 % sur l'un des marchés affectés par l'accord ou la pratique lorsqu'il s'agit d'un accord ou d'une pratique entre des entreprises ou organismes qui ne sont pas concurrents existants ou potentiels sur l'un des marchés en cause.**

Pour une comparaison avec les dispositions communautaires sur les accords d'importance mineure, V. BRDA 2004, nº 7, p. 10.

Sur la poursuite des micro-pratiques anticoncurrentielles par le ministre chargé de l'économie, V. art. L. 464-9.

BIBL. ► DAMY, *CCC 2003. Chron. 12* (projet de création d'une procédure accélérée devant le Conseil de la concurrence). – CLAUDEL, *RTD com. 2003. 716* (même thème). – DESTOURS et RESPAUD, *Lettre distrib. avr. 2004, p. 1* (règle *de minimis*). – CLAUDEL, *RDLC déc. 2004. 56* (seuil de sensibilité en droit français).

1. Entrée en vigueur. Jugeant que les dispositions de l'art. 24 de l'Ord. nº 2004-274 du 25 mars 2004 sont immédiatement applicables comme étant plus favorables aux entreprises en ce qu'elles instituent un seuil de sensibilité : • Paris, 26 oct. 2004 : *D. 2004. AJ 3138 ; RLC 2005, nº 2, p. 75, obs. Cheynel ; Lettre distrib. déc. 2004, p. 4* • Cons. conc. nº 04-D-63 du 30 nov. 2004 : *CCC 2005, nº 47, obs. Malaurie-Vignal ; RDLC 2005, nº 1, p. 57, obs. Claudel ; Lettre distrib. janv. 2005, p. 2.*

2. Marché pertinent. L'application de l'art. L. 464-6-1 peut nécessiter une définition précise des marchés. • Cons. conc. nº 07-D-41 du 28 nov. 2007 : *cité note 4 ss. art. L. 410-2.*

3. Simple faculté. L'emploi du verbe « peut » montre que la décision de ne pas poursuivre prise en application de l'art. L. 464-6-1 n'est qu'une faculté pour l'Autorité de la concurrence, qui peut décider de poursuivre même si les critères permettant une exemption sont réunis. • Paris, 23 févr. 2010 : *BOCC 22 juill. 2011 ; CCC 2010, nº 103, obs. Decocq ; CCE 2010, nº 73, obs. Chagny ; RLC avr.-juin 2010. 37, obs. Sélinsky et Dumarçay ; RDLC 2010, nº 2, p. 73, obs. Nicolas-Vullierme ; RLC juill.-sept. 2010. 54, obs. Christol ; Gaz. Pal. 2010. 3047, et les obs.* ♦ L'art. L. 464-6-1 a introduit dans le code de commerce les mêmes seuils et critères que ceux figurant à l'art. 7 de la communication de la Commission européenne du 22 déc. 2001, laquelle précise qu'elle est dépourvue de force contraignante à l'égard des juridictions et autorités des États membres, lesquels demeurent donc libres de poursuivre même des pratiques se situant en deçà des seuils figurant dans la communication. • Même arrêt. ♦ Par ailleurs, l'art. 3.1 du Règl. nº 1/2003 du 16 déc. 2002 (V. ce texte, App., vº *Concurrence*) n'interdit pas aux autorités nationales de poursuivre des pratiques quand bien même les entreprises auteurs de ces pratiques rempliraient les critères susceptibles d'autoriser une exemption de poursuite en application de l'art. L. 464-6-1. • Même arrêt. ♦ Pour le rejet d'une question prioritaire de constitutionnalité sur la règle *de minimis*, V. • Cass., QPC, 15 oct. 2010 : *Dalloz actualité, 9 nov. 2010, obs. Chevrier.* ♦ ... Pour une question préjudicielle sur le sujet, V. • CJUE 13 déc. 2012 : *cité note 2 ss. Règl. n° 1/2003 du 16 déc. 2002, art. 3, App., v° Concurrence.* ♦ Et, prenant acte de cette décision, jugeant que l'art. L. 464-6-1 confère à l'Autorité de la concurrence une simple faculté dont elle est libre de ne pas user : • Com. 16 avr. 2013 : *BOCC 29 avr. 2013 ; Dalloz actualité, 13 mai 2013, obs. Chevrier ; D. 2013. Actu. 1061 ; JCP E 2013, n° 1279 ; CCC 2013, n° 140, obs. Decocq ; RJDA 2013, n° 548.*

Art. L. 464-6-2 *(Ord. n° 2004-274 du 25 mars 2004, art. 24-II)* **Toutefois, les dispositions de l'article L. 464-6-1 ne s'appliquent pas aux accords et pratiques qui contiennent l'une quelconque des restrictions caractérisées de concurrence suivantes :**

a) **Les restrictions qui, directement ou indirectement, isolément ou cumulées avec d'autres facteurs sur lesquels les parties peuvent influer ont pour objet la fixation de prix de vente, la limitation de la production ou des ventes, la répartition de marchés ou des clients ;**

b) **Les restrictions aux ventes non sollicitées et réalisées par un distributeur en dehors de son territoire contractuel au profit d'utilisateurs finaux ;**

c) **Les restrictions aux ventes par les membres d'un réseau de distribution sélective qui opèrent en tant que détaillants sur le marché, indépendamment de la possibilité d'interdire à un membre du système de distribution d'opérer à partir d'un lieu d'établissement non autorisé ;**

d) **Les restrictions apportées aux livraisons croisées entre distributeurs à l'intérieur d'un système de distribution sélective, y compris entre les distributeurs opérant à des stades différents du commerce.**

Exception à la règle de minimis. L'art. L. 464-6-2 prévoit que les dispositions de l'art. L. 464-6-1 ne s'appliquent pas aux accords et pratiques, tels que visés par la notification de griefs, qui, directement ou indirectement, ont pour objet la répartition de marchés ou des clients. • Paris, 20 janv. 2011 : *BOCC 23 févr. 2011 ; CCC 2011, n° 74, obs. Decocq.*

Art. L. 464-7 **La décision** *(Ord. n° 2008-1161 du 13 nov. 2008, art. 4)* **« de l'Autorité de la concurrence » prise au titre de l'article L. 464-1 peut faire l'objet d'un recours en annulation ou en réformation par les parties en cause et le commissaire du Gouvernement devant la cour d'appel de Paris au maximum dix jours après sa notification. La cour statue dans le mois du recours.** — *V. art. R. 464-8.*

Le recours n'est pas suspensif. Toutefois, le premier président de la cour d'appel de Paris peut ordonner qu'il soit sursis à l'exécution des mesures conservatoires, si celles-ci sont susceptibles d'entraîner des conséquences manifestement excessives ou s'il est intervenu, postérieurement à leur notification, des faits nouveaux d'une exceptionnelle gravité. — *[Ord. n° 86-1243 du 1er déc. 1986, art. 12, al. 4 et 5.]* — *V. art. R. 464-20 s.*

FORM. PR. COM. v^is *Assignation devant le premier président de la cour d'appel de Paris à fin de sursis à exécution d'une décision de mesures conservatoires ; Requête afin d'assigner à jour fixe dans une procédure de sursis à exécution d'une décision de mesures conservatoires,* par CASANOVA.

BIBL. ▸ ROSEAU, *RDLC 2007, n° 3, p. 72* (la cour d'appel de Paris et le contentieux objectif du droit de la concurrence).

1. Délai. Si le juge doit relever d'office la fin de non-recevoir résultant de l'inobservation du délai dans lequel doit être exercée une voie de recours, il ne résulte ni de l'arrêt, ni des écritures des parties que la cour d'appel ait été mise en mesure de constater l'irrecevabilité du recours par la production de pièces établissant le point de départ du délai. • Com. 8 nov. 2005 : *Bull. civ. IV, n° 220 ; D. 2005. AJ 2870, obs. Chevrier ; RTD com. 2006. 324, obs. Claudel ; JCP E 2006, n° 1, p. 30, obs. Decocq ; CCC 2005, n° 206, obs. Malaurie-Vignal ; RJDA 2006,* *nº 461 ; RLC 2006, nº 6, p. 71, obs. Nourissat ; RDLC 2006, nº 1, p. 186, obs. Michel-Amsellem.*

Eu égard au caractère accessoire de la demande de mesures conservatoires, le rejet de la saisine par application de l'art. L. 462-8 C. com. emporte rejet, par voie de conséquence, de la demande de mesures conservatoires, sans examen de celle-ci ; il suit de là que la décision rendue sur ce fondement entre dans les prévisions de l'art. L. 464-8 C. com. et que sont donc inapplicables les dispositions de l'art. L. 464-7, propres aux recours contre les décisions se prononçant sur les mesures conservatoires. • Paris, 2 juill. 2008 : *BICC 15 mai 2009, nº 723 ; BOCC 10 oct. 2008 ; CCC 2008, nº 242, obs. G. D.* • 15 oct. 2008 : *RDLC 2009, nº 1, p. 191, obs. Lemaire.* ♦ Ainsi, l'unicité de la décision de l'Autorité de la concurrence conduit également à l'unicité du régime procédural du recours. • Paris, 1er juin 2010 : *BOCC 25 juin 2010 ; Dalloz actualité, 9 juin 2010, obs. Chevrier ; CCC 2010, nº 216, obs. Decocq ; RLC oct.-déc. 2010. 70, obs. Christol.*

2. Recevabilité. L'examen de la caractérisation par le Conseil de la pratique dénoncée ressortit à l'examen au fond par la cour d'appel du recours en annulation ou en réformation de la décision du Conseil ordonnant des mesures conservatoires et non à la recevabilité de ce recours. • Com. 8 nov. 2005 : *préc. note 1.*

3. Tierce opposition. Les arrêts rendus par la Cour de Paris, en application des art. 12 et 15 [C. com., art. L. 464-7 et L. 464-8] sont passibles de tierce opposition. • Paris, 29 mars 1990 : *Gaz. Pal. 1990. 1. 332, concl. Jobard et note Marchi.*

4. Pouvoir. Saisie d'un recours contre une décision du conseil en application des art. 12, al. 5, ou 15, al. 3 [C. com., art. L. 464-7, al. 5, et L. 464-8, al. 3], la cour d'appel de Paris n'a ni le pouvoir d'annuler des conventions ou clauses contractuelles ni celui de prononcer des condamnations à des dommages et intérêts. • Paris, 6 nov. 1991 : *Gaz. Pal. 1992. 1. 359, concl. Jobard, note Marchi ; JCP 1992. II. 21886, note Suzanne.*

5. Engagements. S'il n'a pas prononcé de décision spécifique rejetant la demande de mesures conservatoires, le Conseil, acceptant les engagements proposés et en mettant ainsi fin à la procédure, a implicitement rejeté la demande de mesures conservatoires dont il était saisi ; dès lors, cette même demande, présentée par la saisissante comme étant la conséquence de sa demande d'annulation de la décision, est recevable. • Paris, 16 oct. 2007 : *cité note 2 ss. art. R. 464-2.*

6. Pourvoi en cassation. Les arrêts de la cour d'appel de Paris statuant sur recours formés contre des décisions du Conseil (désormais l'Autorité de la concurrence) prises au titre de l'art. L. 464-1 C. com. peuvent, par application des dispositions des art. L. 464-7 et L. 464-8 du même code, être frappés d'un pourvoi en cassation dans le délai d'un mois à compter de leur notification (inapplicabilité des art. 606 et 608 C. pr. civ.). • Com. 16 févr. 2010 : *Dalloz actualité, 18 févr. 2010, obs. Chevrier ; Procédures 2010, nº 275, obs. Ruy.* ♦ Sur l'art. 609 C. pr. civ., V. note 4 *bis* ss. art. L. 464-8.

Art. L. 464-8 **Les décisions** *(Ord. nº 2008-1161 du 13 nov. 2008, art. 4)* **« de l'Autorité de la concurrence » mentionnées aux articles L. 462-8,** *(Abrogé par L. nº 2001-1168 du 11 déc. 2001)* **« L. 464-1, » L. 464-2, L. 464-3, L. 464-5** *(Ord. nº 2004-274 du 25 mars 2004, art. 24-III)* **« , L. 464-6 »** *(L. nº 2012-1270 du 20 nov. 2012, art. 10-II)* **« , L. 464-6-1 et L. 752-27 » sont notifiées aux parties en cause et au ministre chargé de l'économie, qui peuvent, dans le délai d'un mois, introduire un recours en annulation ou en réformation devant la cour d'appel de Paris.**

(Abrogé par Ord. nº 2008-1161 du 13 nov. 2008, art. 2-XII) ***« Les décisions sont publiées au Bulletin officiel de la concurrence, de la consommation et de la répression des fraudes.*** *(Ord. nº 2004-1173 du 4 nov. 2004, art. 13)* ***« Les décisions peuvent prévoir une publication limitée pour tenir compte de l'intérêt légitime des parties à ce que leurs secrets d'affaires ne soient pas divulgués. » Le ministre chargé de l'économie veille à leur exécution. »*** — *Sur les modalités de publicité des décisions, V. art. L. 470-7-1. — V. aussi art. R. 462-4.*

Le recours n'est pas suspensif. Toutefois, le premier président de la cour d'appel de Paris peut ordonner qu'il soit sursis à l'exécution de la décision si celle-ci est susceptible d'entraîner des conséquences manifestement excessives ou s'il est intervenu, postérieurement à sa notification, des faits nouveaux d'une exceptionnelle gravité. — *V. art. R. 464-22 s.*

Le pourvoi en cassation, formé le cas échéant, contre l'arrêt de la cour, est exercé dans un délai d'un mois suivant sa notification.

(Ord. nº 2008-1161 du 13 nov. 2008, art. 2-XII) **« Le président de l'Autorité de la concurrence peut former un pourvoi en cassation contre l'arrêt de la cour d'appel de Paris ayant annulé ou réformé une décision de l'Autorité. »**

(L. nº 2004-1343 du 9 déc. 2004, art. 83-II) **« Le ministre chargé de l'économie peut, dans tous les cas, former un pourvoi en cassation contre l'arrêt de la cour d'appel de Paris. »**

(Ord. nº 2008-1161 du 13 nov. 2008, art. 2-XII) **« L'Autorité de la concurrence veille à l'exécution de ses décisions. »** – *[Ord. nº 86-1243 du 1er déc. 1986, art. 15.]*

V. 2e note rédactionnelle ss. art. L. 450-4.

FORM. PR. COM. vis *Assignation devant le premier président de la cour d'appel de Paris à fin de sursis à exécution d'une décision au fond ; Requête afin d'assigner à jour fixe dans une procédure de sursis à exécution d'une décision au fond,* par CASANOVA.

BIBL. ▸ BOLZE, *D. 1988. Chron. 169.* – DOUVRELEUR, *Gaz. Pal. 1988. 1. Doctr. 179.* – GAUDEMET, *JCP 1999. I. 188* (pouvoir de réformation de la cour d'appel de Paris). – TRUCHET, *Mélanges Jeanneau, Dalloz, 2002, p. 539* (le mythe de l'unification du contentieux de la concurrence). – D. BRAULT, *Gaz. Pal. 2003. Doctr. 2166* (de la présomption d'innocence en matière de pratiques anticoncurrentielles). – ROSEAU, *RDLC 2007, nº 3, p. 72* (la cour d'appel de Paris et le contentieux objectif du droit de la concurrence). – ANCELIN et FOSSATI-KOTZ, *JCP E 2011, nº 1458* (l'appel des décisions de l'Autorité de la concurrence).

1. Qualité de partie. Sur le défaut de qualité de partie d'une société n'ayant pas saisi directement le Conseil de la concurrence, V. • Com. 17 déc. 1991 : *Bull. civ. IV, nº 397.* ♦ Le recours ne peut être formé que par l'une des parties en cause, soit celle dont la réclamation a été déclarée irrecevable ou rejetée, soit celle qui, à la suite d'une notification de griefs, a fait l'objet d'une injonction ou d'une sanction pécuniaire. • Paris, 11 mars 2003 : *BOCC 11 juill. 2003.* ♦ N'ont pas cette qualité les entreprises qui n'ont fait que répondre à des demandes d'informations des rapporteurs en charge de l'enquête. • Même arrêt.

2. Sursis à exécution. L'art. 15, al. 3 [C. com., art. L. 464-8, al. 3], ne s'applique pas lorsque la décision soumise à recours a sanctionné, par application de l'art. 14 [C. com., art. L. 464-3], l'inexécution partielle d'injonctions prononcées précédemment sans en édicter de nouvelles. • Paris, ord., 6 mars 1991 : *Gaz. Pal. 1991. 2. 520.* ♦ Le fait qu'une société ne s'étende pas sur ses difficultés contributives devant l'Autorité de la concurrence ne peut valoir renonciation à un droit qu'elle n'a pas encore acquis puisque le droit pour l'entreprise de solliciter une suspension de l'exécution provisoire attachée à la décision prononcée à son encontre ne peut naître qu'à compter de la date à laquelle cette décision lui est notifiée. • Paris, 3 juill. 2012 : *RDLC 2012, nº 4, p. 150, obs. Lemaire et Naudin.*

3. Un sursis à exécution, limité dans le temps, de la décision du Conseil de la concurrence ordonnant à des sociétés de cesser de subordonner l'agrément de leurs distributeurs à la détention de la qualité de pharmacien d'officine, est justifié pour permettre à ces sociétés la possibilité d'organiser et d'aménager une politique commerciale nouvelle de leurs produits sans risques majeurs définitifs et irréversibles de désordre. • Paris, ord., 11 août 1987 : *D. 1987. IR 196 ; RJ com. 1988. 58, note Gallet* • 11 sept. 1987 : *ibid.* ♦ V. aussi • Paris, ord., 3 mars 1990 : *Gaz. Pal. 1991. 1. Somm. 36, obs. Marchi.*

Pour une décision de sursis motivée par la restructuration de la société et le fait que le recouvrement immédiat de l'intégralité du montant de la sanction serait de nature à altérer de façon grave et durable le fonctionnement de l'entreprise, V. • Paris, ord., 26 juin 1996 : *BOCC 20 août 1996* • 20 mai 2003 : *BOCC 11 août 2003 ; CCC 2003, nº 162, note Malaurie-Vignal* (mise en péril de l'exploitation). ♦ Le fait que la sanction prononcée excède notablement le montant des capitaux propres justifie, dans le contexte économique actuel particulièrement tendu, qu'il soit sursis à l'exécution des trois quarts de la sanction et qu'il soit également sursis à l'exécution de la mesure de publication ordonnée, qui précise le montant total de la sanction prononcée et qui, dans cette mesure, est susceptible de compliquer les relations de la société avec ses fournisseurs de crédit, banques et factors. • Paris, ord., 11 mars 2009 : *BOCC 19 avr. 2010.* ♦ Dès lors qu'il est constaté que le chiffre d'affaires du groupe n'a été évoqué aux termes de l'art. L. 464-2 que pour déterminer le maximum légal de la sanction, il en résulte qu'à ce stade de la procédure, les conséquences manifestement excessives de l'exécution de la décision doivent être appréciées au vu de la seule situation financière de la société frappée de l'amende. • Paris, 3 juill. 2012 : *RDLC 2012, n° 4, p. 150, obs. Lemaire et Naudin.*

Le sursis à exécution d'une décision ne peut être ordonné, faute que cette exécution soit susceptible d'entraîner des conséquences manifestement excessives, alors qu'elle impose une publication forcée dans trois organes de presse, puisque la décision a déjà reçu une complète publicité par son insertion d'office au *BOCC* et par son insertion dans d'autres journaux. • Paris, ord., 11 août 1987 : *préc.* ♦ Sur le sursis à exécution d'une mesure de diffusion personnalisée d'extraits de la décision du Conseil de la concurrence à des contractants de l'entreprise condamnée, V. • Paris, ord., 6 sept. 2005 : *CCC 2005, n° 193, obs. Malaurie-Vignal.* ♦ Dès lors qu'il accorde le sursis à exécution de la sanction pécuniaire, il ne peut qu'être fait droit à la demande de sursis à l'exécution de la mesure de publication ordonnée qui précise le montant total de la sanction prononcée et qui, dans cette mesure, est susceptible de compliquer les relations des sociétés avec leurs fournisseurs et organismes de crédit. • Paris, 26 juin 2012 : *CCC 2012, n° 214, obs. Decocq ; RDLC 2012, n° 4, p. 73, obs. Jalabart-Doury.*

Sur la nécessité, pour obtenir un sursis à exécution d'une décision du conseil, de caractériser les conséquences manifestement excessives, par une démonstration concrète et chiffrée des excès évidents qu'entraînerait de manière effective l'exécution des injonctions, V. • Paris, 18 févr. 1999 : *D. 1999. IR 114.* ♦ Il revient au premier président de la cour d'appel de Paris de relever et rechercher en quoi le rappel du droit des victimes d'agir en réparation du préjudice que leur causent les pratiques anticoncurrentielles était susceptible d'entraîner des conséquences manifestement excessives. • Com. 20 mars 2012 : *cité note 10.* ♦ Il n'appartient pas au magistrat délégué par le premier président de contrôler la légalité de la décision, objet du recours dont la cour aura à connaître, à moins qu'en raison d'une violation flagrante des règles de droit applicables, la décision ne soit sérieusement menacée d'annulation de sorte que son exécution dans ces conditions serait de nature à engendrer les conséquences manifestement excessives prévues par l'art. L. 464-8. • Paris, ord., 4 mars 2009 : *BOCC 19 avr. 2010.* ♦ Mais, s'il ne revient pas au magistrat saisi en référé de contrôler la légalité de la décision, objet du recours, il lui revient en revanche de s'assurer, lorsqu'une irrégularité grave de procédure est invoquée, que la décision n'est pas sérieusement menacée d'annulation de ce chef de sorte que son exécution dans ces conditions serait de nature à engendrer les conséquences manifestement excessives visées à l'art. L. 464-8. • Paris, ord., 23 janv. 2007 : *D. 2007. AJ 576, obs. Chevrier ; CCC 2007, n° 97, obs. Decocq ; RLC avr.-juin 2007. 72, obs. Nourissat.* ♦ Ainsi, la seule constatation d'une atteinte manifeste portée aux droits de la défense justifie que l'exécution de la sanction soit suspendue jusqu'à ce que la cour, statuant sur le bien-fondé du recours, se prononce sur la légitimité de cette atteinte et, partant, sur la régularité de la procédure. • Même décision.

4. Recours. Le recours n'est ouvert qu'à l'encontre des décisions énumérées à l'art. L. 464-8, au nombre desquelles ne figure pas le renvoi d'une affaire à l'instruction, simple mesure interne prise par le conseil de la concurrence pour poursuivre l'examen d'une affaire dont il entend rester saisi. • Paris, 11 mars 2003 : *préc. note 1.* ♦ Il résulte des dispositions de l'art. L. 464-8 que le recours en annulation ou en réformation devant la cour d'appel de Paris prévu par ce texte n'est pas ouvert contre les décisions par lesquelles le Conseil de la concurrence déclare une saisine au fond recevable. • Paris, 26 juin 2002 : *BOCC 11 juill. 2003.* ♦ ... Estime que les faits invoqués à l'appui de la saisine sont suffisamment probants. • Paris, 28 janv. 2005 : *D. 2005. AJ 710, obs. Chevrier .* ♦ ... Ou prononce la disjonction de la saisine initiale. • Paris, 21 sept. 2004 : *cité note 2 ss. art. R. 463-3.* ♦ ... Ni contre celles prises en application de l'art. L. 430-9 C. com. • Com. 12 juill. 2004 : *cité note 4 ss. art. L. 430-9.* ♦ Il n'appartient pas à la cour d'appel de Paris de se prononcer sur la décision du Conseil de transmettre le dossier au parquet ainsi que le prévoit l'art. L. 462-6 C. com. • Paris, 26 oct. 2004 : *BOCC 21 janv. 2005 ; D. 2004. AJ 3138 ; RLC 2005, n° 2, p. 75, obs. Cheynel* • 12 déc. 2006 : *cité note 37 ss. art. L. 420-1.* ♦ L'utilisation de la procédure de clémence, qui relève par sa nature et par son mécanisme de la politique de concurrence que le législateur a confiée au Conseil puis à l'Autorité de la concurrence, repose pour l'essentiel sur une négociation et ne relève pas du contrôle de plein contentieux de la cour d'appel de Paris, qui reste malgré tout compétente pour vérifier la licéité de l'accord de clémence au regard de l'art. L. 464-2, IV. • Paris, 19 janv. 2010 : *cité note 8 ss. art. L. 464-2.* ♦ Sur le recours contre les décisions acceptant des engagements, V. • Paris, 16 oct. 2007 : cité note 2 ss. *art. R. 464-2* • 6 nov. 2007 : *cité ss. art. R. 464-8.* ♦ Sur le recours contre les décisions rejetant à la fois la saisine au fond et la demande de mesures conservatoires, V. • Paris, 2 juill. 2008 : *cité note 1 ss. art. L. 464-7.* ♦ La décision du Conseil d'instruire au fond sur les faits invoqués dans la saisine n'est pas une décision susceptible de recours aux termes de l'art. L. 464-8 puisqu'elle ne statue pas sur la recevabilité qui sera discutée dans la décision au fond. • Paris, 8 août 2008 : *RG n° 2008/14232.* ♦ Une société sanctionnée n'est pas recevable à critiquer la décision en ce qu'elle ne sanctionne pas d'autres entreprises, cette circonstance ne lui faisant pas grief. • Paris, 28 janv. 2009 : *cité note 18 ss. art. L. 420-1.* – V. aussi : • Paris, 24 avr. 2007 : *cité note 8 ss. art. L. 464-2.* ♦ Les communiqués de presse diffusés par le Conseil de la concurrence n'entrent pas dans le champ de compétence de la cour, ne sont en aucun cas des causes possibles d'annulation ou de réformation des décisions, et leurs conséquences ne peuvent relever que d'une réparation de droit commun sur la preuve d'un dommage. • Paris, 24 nov. 2009 : *BOCC 30 déc. 2009 ; Dalloz actualité, 30 nov. 2009, obs. Chevrier ; CCC 2010, n° 16, obs. Decocq.* ♦ Le champ de la saisine de la cour de Paris étant délimité par le cadre de la décision frappée de recours, la cour n'a pas le pouvoir d'imposer des engagements supplémentaires, de telle sorte que la demande tendant au prononcé d'injonctions est irrecevable. • Paris, 23 févr. 2010 : *cité note 3 ss. art. L. 464-6-1.*

V. aussi notes 7 ss. art. L. 464-1, 3 ss. art. L. 464-7 et 6 ss. art. L. 450-1.

4 bis. Ministre de l'économie. Si le ministre chargé de l'économie a le droit d'exercer un recours devant la cour d'appel contre une décision du Conseil de la concurrence, même s'il n'a pas été partie à la décision, il n'en résulte pas une dérogation à la règle selon laquelle le pourvoi en cassation n'est ouvert qu'aux parties à l'instance devant le juge du second degré (art. 609 C. pr. civ.) ; par conséquent le pourvoi formé par ledit ministre, qui n'a pas exercé un recours contre la décision et n'était donc pas partie à l'instance devant la cour d'appel, est irrecevable. • Com. 15 juill. 1992 : *Bull. civ. IV, n° 274 ; JCP 1992. IV. 2687* • 19 juin 2001 : *Bull. civ. IV, n° 120 ; Gaz. Pal. 2002. 2. Somm. 1548* • 25 mars 2003 : *Bull. civ. IV, n° 51 ; D. 2003. AJ 1163 ; JCP E 2003, n° 23, p. 930 ; CCC 2003, n° 112, obs. Malaurie-Vignal ; Gaz. Pal. 2004. Somm. 598, obs. du Rusquec ; RJDA 2003, n° 653* • 26 nov. 2003 : *Gaz. Pal. 2004. 471, avis. Lafortune.* – V. aussi note 3 ss. art. L. 470-5. ♦ V. désormais l'avant-dernier al. de l'art. L. 464-8. ♦ Sur les art. 606 et 608 C. pr. civ., V. note 6 ss. art. L. 464-7.

5. Juridiction compétente. Il résulte des dispositions de l'art. 15 [C. com., art. L. 464-8] que, le législateur ayant entendu organiser un recours juridictionnel spécial contre certaines décisions du Conseil de la concurrence, seule la cour d'appel de Paris est compétente pour statuer sur les sanctions pécuniaires prononcées par le Conseil. • CE 21 oct. 1998 : *D. 1998. IR 253 ; RJDA 1999, n° 98.*

5 bis. Publication. V. note 12 ss. art. L. 464-2.

6. Portée de la réformation. La réformation d'une décision du Conseil de la concurrence ne produit d'effet qu'à compter de la notification de l'arrêt de la cour d'appel de Paris et ne modifie pas rétroactivement l'état de droit concernant la société condamnée à publier une décision, ni ne retire son caractère exécutoire à la mesure de publication ordonnée. • Cons. conc. n° 95-D-29 du 2 mai 1995 : *BOCC 25 juill. 1995.* ♦ L'arrêt réformant les sanctions prononcées par le Conseil constitue le titre ouvrant droit à restitution des sommes versées au titre de l'exécution de la décision, lesdites sommes assorties des intérêts au taux légal à compter de la notification de l'arrêt valant mise en demeure. • Paris, 6 mai 2008 : *cité note 4 bis ss. art. L. 462-7.*

7. Portée de l'annulation. En conséquence d'une annulation d'une décision pour procédure irrégulière, la cour est tenue de statuer, en fait et en droit, sur le grief notifié, sous réserve toutefois du respect du principe général de non-aggravation du sort du requérant en l'absence de recours du ministre chargé de l'économie, qui s'oppose à ce que la sanction soit aggravée. • Paris, 15 janv. 2008 : *cité note 10 ss. art. L. 463-1.* ♦ En l'état des textes applicables aux recours contre les décisions du Conseil, la cour d'appel, à défaut de recours du ministre chargé de l'économie, n'a pas le pouvoir d'aggraver la situation des demandeurs au recours ; elle ne saurait donc porter une appréciation sur le bien-fondé des abandons de griefs, qui sont définitifs. • Paris, 29 janv. 2008 : *BOCC 15 sept. 2008 ; JCP E 2008, n° 11, p. 28 ; CCC 2008, n° 83, obs. Decocq ; RLC avr.-juin 2008. 18 et 27, obs. Sélinsky ; RDLC 2008, n° 2, p. 107, obs. Claudel.*

7 bis. Effet dévolutif de l'appel. La cour d'appel de Paris, qui a annulé une décision du Conseil de la concurrence en raison de la présence du rapporteur et du rapporteur général au délibéré de cette autorité, a le pouvoir de statuer sur les griefs notifiés sans avoir à examiner d'autres moyens de nullité de la décision critiquée. • Com. 30 mai 2000 : *Bull. civ. IV, n° 112* (rejet du pourvoi contre • Paris, 15 juin 1999 : *cité note 2 ss. art. L. 463-7* • 29 juin 1999 : *ibid.*). ♦ V. aussi • Com. 4 déc. 2001 : *Bull. civ IV, n° 193 ; JCP E 2002, n° 3, p. 93* • 26 févr. 2002 : *JCP E 2003, n° 17-18, p. 760, note Rajot ; RJDA 2002, n° 819.* ♦ Ayant annulé la seule décision du Conseil en laissant subsister l'intégralité de la procédure suivie devant lui, la cour d'appel tient de la combinaison des art. L. 464-8 C. com. et 561 NCPC [renommé C. pr. civ.] le pouvoir de statuer en fait et en droit sur les griefs notifiés. • Com. 7 janv. 2004 : *préc. note 28 ss. art. L. 410-1.*

Saisie par les parties en cause d'un recours en annulation ou en réformation de la décision du Conseil, la cour d'appel, après avoir annulé cette décision, est tenue de statuer en fait et en droit sur les demandes des parties tendant à l'annulation de l'enquête et de l'instruction ayant conduit à la décision qu'elle annule et, le cas échéant, sur les griefs notifiés et maintenus par le rapport. • Com. 27 sept. 2005 : *Bull. civ. IV, n° 181 ; D. 2005. AJ 2590, obs. Chevrier ; JCP E 2005, n° 44-45, p. 1872 ; CCC 2005, n° 208, obs. Malaurie-Vignal ; RDLC 2005, n° 4, p. 115, obs. Michel-Amsellem ; RLC 2005, n° 5, p. 67, obs. Nourissat ; RJDA 2006, n° 335* • 31 janv. 2006 : *R. 2006, p. 389 ; JCP E 2006, n° 39, p. 1614, obs. Decocq ; CCC 2006, n° 71, obs. Malaurie-Vignal ; RDLC 2006, n° 2, p. 140, obs. Michel-Amsellem.* ♦ *Contra*, jugeant que si la cour d'appel de Paris, lorsqu'elle annule une décision du Conseil de la concurrence sans que soit remise en cause la procédure antérieure à cette décision, tient, de la combinaison des art. L. 464-8 C. com. et 561 NCPC [renommé C. pr. civ.], le pouvoir de statuer en fait et en droit sur la question soumise au conseil, la juridiction de recours n'est pas tenue d'user de ce pouvoir. • Paris, 14 janv. 2003 : *BOCC 27 févr. 2003* • 22 juin 2004 : *BOCC 8 nov. 2004.*

Si la cour d'appel, saisie d'un recours en annulation d'une décision du Conseil de la concurrence, est en principe tenue, après avoir annulé cette décision, de statuer en fait et en droit sur les griefs notifiés et maintenus par le rapport, il n'en est pas ainsi lorsque la cour d'appel annule, en raison de l'insuffisance de l'instruction du Conseil, une décision ayant dit non établies les pratiques reprochées. • Com. 26 févr. 2008 : *Bull. civ. IV, n° 44 ; D. 2008. AJ 844, obs. Chevrier ; JCP E 2008, n° 15, p. 27 ; CCC 2008, n° 105, obs. Decocq ; RJDA 2008, n° 715 ; RLDA avr. 2008. 43, obs. Anadon ; RLC avr.-juin 2008. 90, obs. Cheynel.*

8. Recevabilité. Faute d'avoir exposé le moyen d'annulation tiré de la présence du rapporteur au délibéré du Conseil de la concurrence lors de la déclaration de recours, ou dans les deux mois suivant la notification de la décision frappée de recours, les requérants ne sont pas recevables à le faire pour la première fois devant la Cour de cassation, et la cour d'appel n'est pas tenue de le relever d'office. • Com. 27 mars 2001 : *Bull. civ. IV, n° 67 ; D. 2001. AJ 1537, obs. Chevrier.* ♦ Dans le même sens, V. • Com. 9 oct. 2001 : *JCP 2001. IV. 2870.*

La cour, saisie d'un recours formé contre une décision de rejet de saisine fondée sur l'art. L. 462-8, al. 2, C. com., doit vérifier si les faits invoqués, tels qu'ils ont été soumis au Conseil, étaient appuyés d'éléments suffisamment probants, étant observé que le rejet sur ce fondement n'est pas revêtu de l'autorité de la chose décidée et n'exclut pas une nouvelle saisine autrement étayée ; il en résulte que les éléments qui n'ont pas été produits devant le Conseil ne peuvent l'être pour la première fois devant la cour. • Paris, 2 juill. 2008 : *préc. note 4.*

9. Notification. En l'état d'une notification comportant un délai inexact (dix jours en application de l'art. L. 464-7 alors qu'il était d'un mois en application de l'art. L. 464-8), il doit être considéré que le délai de recours n'a pas couru. • Paris, 2 juill. 2008 : *préc. note 4.* ♦ Si le Conseil de la concurrence a notifié aux parties la rectification opérée en leur adressant une ampliation de la décision rectifiée dans les mêmes formes que la décision elle-même, cette seconde notification a seulement pour objet de leur permettre, le cas échéant, de contester la rectification. Dès lors, cette notification n'a pu avoir pour effet de proroger le délai de recours ouvert par la première notification, régulière, de la décision, étant observé que les erreurs corrigées, simples erreurs de plume, n'affectaient ni le sens de la décision, ni sa motivation de sorte que cette première notification avait mis les parties en mesure d'en apprécier la teneur et d'exercer, si bon leur semblait, leur droit de recours dans le délai légal. • Paris, 5 nov. 2008 : *BOCC 18 févr. 2009 ; RLC janv.-mars 2009. 74, obs. Cheynel ; RDLC 2009, n° 1, p. 191, obs. Lemaire.*

10. Pourvoi en cassation. L'art. L. 464-8, en ce qu'il permet à l'Autorité de la concurrence de se pourvoir en cassation contre l'arrêt de la cour d'appel ayant annulé ou réformé une décision de cette dernière, n'est pas applicable au litige, dès lors que la cour d'appel a rejeté le recours formé contre la décision rendue par le Conseil de la concurrence et non par l'Autorité de la concurrence. • Cass., QPC, 18 juin 2010 : *Dalloz actualité, 6 juill. 2010, obs. Chevrier ; D. 2010. Actu. 1700 ; JCP 2010, n° 786.* ♦ *Contra*, jugeant que l'obligation d'effectivité dans l'application des art. 101 et 102 TFUE commande que l'Autorité de la concurrence, qui a succédé au Conseil de la concurrence comme autorité administrative indépendante chargée de mettre en œuvre sur le territoire national notamment les art. 101 et 102 TFUE et qui avait la qualité de partie devant la cour d'appel, puisse disposer de la faculté de former un pourvoi contre un arrêt de cour d'appel réformant ou annulant une décision prise par le Conseil de la concurrence.

• Com. 17 janv. 2012 : *Bull. civ. IV, n° 7 ; D. 2012. Actu. 277, obs. Chevrier ; JCP E 2012, n° 1166 ; CCC 2012, n° 75, obs. Decocq ; RJDA 2012, n° 532 ; CCE 2012, n° 29, obs. Chagny ; RLC avr.-juin 2012. 33, obs. Cholet ; ibid. 83, obs. Fabre ; RLDA févr. 2012. 45, obs. Mathonnière.* ♦ L'art. L. 464-8, en ce qu'il permet à l'Autorité de la concurrence de se pourvoir en cassation contre l'arrêt de la cour d'appel ayant annulé ou réformé une décision de cette dernière, n'est pas applicable à la procédure dès lors que la cour d'appel a déclaré irrecevable le recours formé contre la décision de l'Autorité ayant renvoyé le dossier à l'instruction. • Cass., QPC, 30 nov. 2010 : *Dalloz jurisprudence.*

Les dispositions de l'art. L. 464-8 doivent s'interpréter comme permettant au président de l'Autorité de la concurrence de former un pourvoi contre une décision statuant sur une demande de sursis à exécution formée contre une décision de l'Autorité rendue sur le fondement des dispositions des art. 101 et 102 TFUE. • Com. 20 mars 2012 : *Bull. civ. IV, n° 58 ; D. 2012. Actu. 868, obs. Chevrier ; JCP E 2012, n° 1266 ; CCC 2012, n° 133, obs. Decocq ; RJDA 2012, n° 619 ; RLDA mai 2012. 53, obs. Mathonnière ; RLC juill.-sept. 2012. 90, obs. Barbier de la Serre.* ♦ V. aussi note ss. Règl. n° 1/2003 du 16 déc. 2002, art. 35.

11. Indivisibilité. Le seul fait qu'un grief identique d'entente ait été reproché à la société X et à la société Y ne suffit pas à forger un lien d'indivisibilité, au sens de l'art. 615 C. pr. civ., susceptible de conduire la société X et la société Z à se prévaloir de la cassation qui est intervenue, dès lors qu'au regard de ce grief notifié séparément à chacune de ces entreprises le Conseil leur a infligé, après l'avoir déterminée de manière individuelle, une sanction qui peut être appréciée, puis, le cas échéant, exécutée séparément. • Com. 15 nov. 2011 : *BOCC 21 févr. 2012 ; RDLC 2012, n° 1, p. 192, obs. Lemaire et Naudin.*

Art. L. 464-9 *(Ord. n° 2008-1161 du 13 nov. 2008, art. 2-XIII)* **Le ministre chargé de l'économie peut enjoindre aux entreprises de mettre un terme aux pratiques visées aux articles L. 420-1, L. 420-2** *(L. n° 2012-1270 du 20 nov. 2012, art. 6)* **« , L. 420-2-1 et L. 420-5 ou contraires aux mesures prises en application de l'article L. 410-3 » dont elles sont les auteurs lorsque ces pratiques affectent un marché de dimension locale, ne concernent pas des faits relevant des articles 81 et 82 du traité instituant la Communauté européenne** *[art. 101 et 102 TFUE]* **et sous réserve que le chiffre d'affaires que chacune d'entre elles a réalisé en France lors du dernier exercice clos ne dépasse pas 50 millions d'euros et que leurs chiffres d'affaires cumulés ne dépassent pas 100 millions d'euros.**

Le ministre chargé de l'économie peut également, dans les mêmes conditions, leur proposer de transiger. Le montant de la transaction ne peut excéder 75 000 € ou 5 % du dernier chiffre d'affaires connu en France si cette valeur est plus faible. Les modalités de la transaction sont fixées par décret en Conseil d'État. L'exécution dans les délais impartis des obligations résultant de l'injonction et de l'acceptation de la transaction éteint toute action devant l'Autorité de la concurrence pour les mêmes faits. Le ministre chargé de l'économie informe l'Autorité de la concurrence des transactions conclues. — *V. art. R. 464-9-1 s.*

Il ne peut proposer de transaction ni imposer d'injonction lorsque les mêmes faits ont, au préalable, fait l'objet d'une saisine de l'Autorité de la concurrence par une entreprise ou un organisme visé au deuxième alinéa de l'article L. 462-1.

En cas de refus de transiger, le ministre chargé de l'économie saisit l'Autorité de la concurrence. Il saisit également l'Autorité de la concurrence en cas d'inexécution des injonctions prévues au premier alinéa ou des obligations résultant de l'acceptation de la transaction. — *V. art. L. 461-3, al. 4.*

Les sommes issues de la transaction sont versées au Trésor public et recouvrées comme les créances étrangères à l'impôt et au domaine.

BIBL. ▸ Bosco, *CCC 2008, n° 273* (premières vues sur l'ordonnance de modernisation de la régulation de la concurrence). – Flaicher-Maneval, B. Philippe et Redon, *BRDA 2008, n° 24, p. 11* (pratiques anticoncurrentielles et contrôle des concentrations : aperçu de la réforme). – Ferré, Biancone et François-Martin, *RLDA févr. 2009. 45* (le nouveau traitement des micro-pratiques anticoncurrentielles en droit français). – Picot et Bombardier, *RLDA avr. 2013. 36* (mode d'emploi du dispositif d'injonction et de transaction en matière de pratiques anticoncurrentielles locales).

TITRE SEPTIÈME DISPOSITIONS DIVERSES

Art. L. 470-1 **La juridiction peut condamner solidairement les personnes morales au paiement des amendes prononcées contre leurs dirigeants en vertu des dispositions du présent livre et des textes pris pour son application.** – *[Ord. n° 86-1243 du 1er déc. 1986, art. 54.]*

Art. L. 470-2 *(L. n° 2005-882 du 2 août 2005, art. 53)* **En cas de condamnation au titre d'un délit prévu au titre IV du présent livre, la juridiction peut ordonner que sa décision soit affichée ou diffusée dans les conditions prévues par l'article 131-10 du code pénal.**

1. Publication des décisions. Sur la possibilité de faire précéder la reproduction de la décision du Conseil de la concurrence d'un texte avertissant de l'existence d'un recours pendant devant la cour de Paris, V. • Paris, 12 oct. 1989 : *D. 1990. Somm. 109, obs. Gavalda et Lucas de Leyssac*. ♦ ... Ou de mentions précisées au dispositif de l'ordonnance rendue sur appel des personnes condamnées par le premier président de la cour de Paris, V. • Paris, 10 avr. 1991 : *D. 1991. IR 138.*

2. Hôtellerie et restauration. La faculté que le juge répressif tient de l'art. 55 [C. com., art. L. 470-2] de prononcer une mesure de publication en cas de condamnation pour une des infractions prévue aux art. 31, 32, 34 et 35 [C. com., art. L. 441-4, L. 442-3, L. 442-5 et L. 443-1] a été expressément étendue, par l'art. 60 (V) de l'ordonnance [abrogé] et l'art. 2 de la L. n° 66-965 du 26 déc. 1966, aux infractions à la réglementation sur la publicité des prix des hôtels et restaurants [abrogée et insérée au code du tourisme]. • Crim. 3 avr. 1997 : *D. 1997. IR 156*. – V. désormais la nouvelle rédaction de l'art. L. 470-2.

Art. L. 470-3 **Lorsqu'une personne ayant fait l'objet, depuis moins de deux ans, d'une condamnation pour l'une des infractions définies par les articles L. 441-2, L. 441-3, L. 441-4, L. 441-5, L. 441-6, L. 442-2, L. 442-3, L. 442-4, L. 442-5 et L. 443-1, commet la même infraction, le maximum de la peine d'amende encourue est porté au double.** – *[Ord. n° 86-1243 du 1er déc. 1986, art. 55, al. 2.]*

Art. L. 470-4 **Lorsqu'une personne morale ayant fait l'objet, depuis moins de deux ans, d'une condamnation pour l'une des infractions définies par les articles L. 441-3, L. 441-4, L. 441-5, L. 441-6***[,]* **L. 442-2, L. 442-3 et L. 442-4 commet la même infraction, le taux maximum de la peine d'amende encourue est égal à dix fois celui applicable aux personnes physiques pour cette infraction.** – *[Ord. n° 86-1243 du 1er déc. 1986, art. 55, al. 3.]*

Art. L. 470-4-1 *(L. n° 2005-882 du 2 août 2005, art. 44)* **Pour les délits prévus au titre IV du présent livre pour lesquels une peine d'emprisonnement n'est pas encourue** *(Ord. n° 2005-1086 du 1er sept. 2005, art. 1er-I)* **« et pour les contraventions prévues au présent livre », l'autorité administrative chargée de la concurrence et de la consommation a droit, tant que l'action publique n'a pas été mise en mouvement, de transiger, après accord du procureur de la République, selon les modalités fixées par décret en Conseil d'État.** – *V. art. R. 470-5 s.*

L'acte par lequel le procureur de la République donne son accord à la proposition de transaction est interruptif de la prescription de l'action publique.

L'action publique est éteinte lorsque l'auteur de l'infraction a exécuté dans le délai imparti les obligations résultant pour lui de l'acceptation de la transaction.

BIBL. ▶ Loi n° 2005-882 du 2 août 2005 : GRALL, MEFFRE et GUET, *D. 2005. 2149* (analyse critique). – FERRIER et FERRÉ, *JCP E 2005, n° 43, p. 1812 ; CCC 2005. Chron. 18* (réforme des pratiques commerciales). ▶ Ord. n° 2005-1086 du 1er sept. 2005 : CHEYNEL, *RLC 2005, n° 5, p. 63* (procédure de transaction).

Art. L. 470-4-2 *(L. n° 2005-882 du 2 août 2005, art. 46)* **I. — La composition pénale prévue à l'article 41-2 du code de procédure pénale est applicable aux personnes morales qui reconnaissent avoir commis un ou plusieurs délits prévus au titre IV du présent livre pour lesquels une peine d'emprisonnement n'est pas encourue ainsi que, le cas échéant, une ou plusieurs contraventions connexes. Seule la mesure prévue par le 1° de l'article 41-2 du même code est applicable à ces personnes.**

II. — Pour les délits mentionnés au I, le procureur de la République peut proposer la composition pénale à l'auteur des faits par l'intermédiaire d'un fonctionnaire mentionné au quatrième alinéa de l'article L. 450-1 du présent code.

Art. L. 470-4-3 *(L. n° 2005-882 du 2 août 2005, art. 55)* **Pour les délits prévus au titre IV du présent livre pour lesquels une peine d'emprisonnement n'est pas encourue, vaut citation à personne la convocation en justice notifiée au prévenu, sur instruction du procureur de la République, par un fonctionnaire mentionné au quatrième alinéa de l'article L. 450-1.**

Les dispositions de l'article 390-1 du code de procédure pénale sont applicables à la convocation ainsi notifiée. — *V. cet art. au* ***C. pr. pén.***

Art. L. 470-5 **Pour l'application des dispositions du présent livre, le ministre chargé de l'économie ou son représentant peut, devant les juridictions civiles ou pénales, déposer des conclusions et les développer oralement à l'audience. Il peut également produire les procès-verbaux et les rapports d'enquête.** — *[Ord. n° 86-1243 du 1er déc. 1986, art. 56.] — V. art. R. 470-1 s. et R. 470-6.*

1. Représentation du ministre. L'art. 36 de l'Ord. de 1986 [C. com., art. L. 442-6] donne au ministre chargé de l'économie le droit d'agir en cas de pratique restrictive de concurrence, mais ne le dispense pas du ministère d'avocat, et l'art. 56 du même texte [C. com., art. L. 470-5] ne concerne que l'intervention de l'administration lors d'une instance pendante et non une action principale de celle-ci, laquelle en l'absence de dispositions contraires, reste soumise au principe formel de l'art. 899 NCPC [renommé C. pr. civ.] selon lequel les parties sont tenues de prendre un avocat. • Com. 17 juill. 2001 : *Bull. civ. IV, n° 145 ; D. 2001. AJ 2673, obs. Chevrier ; RTD com. 2001. 877, obs. Claudel ; Procédures 2001, n° 213, note Croze ; CCC 2001, n° 161, note Malaurie-Vignal ; Gaz. Pal. 2003. 1. Somm. 1143, obs. Guével ; RJDA 2002, n° 105.* ♦ *Contra*, sur la dispense pour le ministre chargé de l'économie, du ministère d'avocat, V. • Paris, 16 janv. 1989 : *D. 1990. Somm. 106, obs. Gavalda et Lucas de Leyssac* • TGI Paris, 6 juin 1989 : *D. 1990. Somm. 107, obs. Gavalda et Lucas de Leyssac*.

2. Compétence d'attribution. V. note 36 ss. art. L. 442-6.

3. Intervention. Le ministre de l'Économie n'ayant pas exercé l'action prévue à l'art. 36, al. 2, de l'Ord. du 1er déc. 1986 [C. com., art. L. 442-6-III], mais s'étant borné à déposer des conclusions sur le fondement des dispositions de l'art. 56 de l'ordonnance précitée [C. com., art. L. 470-5], au soutien des prétentions du demandeur principal, sans formuler aucune demande distincte, il s'en déduit que sa présence dans le débat ne revêtait pas le caractère d'une intervention. • Com. 7 juill. 2004 : *Bull. civ. IV, n° 148 ; D. 2004. AJ 2299, obs. Chevrier ; JCP E 2004, n° 48, p. 1879, obs. Decocq ; RDLC déc. 2004. 68, obs. Fasquelle ; CCC 2004, n° 179, obs. Malaurie-Vignal ; RLC 2005, n° 2, p. 44, obs. Béhar-Touchais.* ♦ Le ministre de l'Économie n'a pas qualité, en application de l'art. L. 470-5, pour solliciter des mesures d'injonction ou la nullité des dispositions contractuelles prétendument discriminatoires alors qu'il n'a pas lui-même engagé une telle action conformément et selon les modalités de l'art. L 442-6, C. com. • Versailles, 27 janv. 2005 : *RDLC 2005, n° 2, p. 64, obs. de La Laurencie ; RJDA 2005, n° 1051 ; Lettre distrib. mars 2005, p. 2.* ♦ Le ministre chargé de l'économie, auquel l'art. L. 442-6, III C. com. permet d'introduire une action tendant notamment au prononcé d'une amende civile à l'encontre de l'auteur de pratiques mentionnées par les premiers paragraphes de ce texte, ne peut, sans méconnaître les dispositions des art. 554 et 564 NCPC [renommé C. pr. civ.], solliciter la condamnation de l'auteur de telles pratiques au paiement d'une amende civile lorsqu'il intervient pour la première fois en cause d'appel sur le fondement de l'art. L. 470-5. • Com. 23 janv. 2007 : *Bull. civ. IV, n° 8 ; D. 2007. AJ 501, obs.*

Chevrier ; JCP E 2007, n° 43-44, p. 16, obs. Decocq ; RJDA 2007, n° 562 ; RDLC 2007, n° 2, p. 124, obs. Fasquelle et Roberval ; Lettre distrib. mars 2007, p. 2. ♦ Comp., jugeant que l'intervention principale en cause d'appel du ministre de l'Économie sur le fondement de l'art. L. 442-6, I, 2° est recevable, dès lors qu'il invoque les mêmes faits que ceux opposés par le défendeur en première instance, sa demande procède, en effet, directement de la demande originaire et tend aux mêmes fins de sanction d'un comportement relevant de pratiques restrictives de concurrence : • Douai, 13 oct. 2005 : *BICC 2006, n° 219 ; RJDA 2006, n° 593 ; RDLC 2006, n° 2, p. 103, obs. Fasquelle et Roberval ; Lettre distrib. nov. 2006, p. 4.* ♦ Le ministre de l'Économie, exerçant le droit propre que lui confère l'art. L. 442-6-III, ayant demandé en première instance, par voie de conclusions déposées au visa de l'art. L. 470-5, la condamnation au paiement d'une amende civile pour ne pas avoir respecté les dispositions de l'art. L. 442-6-I-5°, il en résulte qu'il avait la qualité de partie à l'instance et qu'il pouvait donc, par la voie de l'appel incident, demander la réformation du jugement en ce qu'il avait rejeté sa demande. • Com. 4 déc. 2012 : *BICC 1er avr. 2013, n° 511 ; D. 2012. Actu. 2958, obs. Chevrier ; JCP E 2013, n° 1038 ; CCC 2013, n° 31, obs. Mathey ; RLDA janv. 2013. 43, obs. Mathonnière.*

Si l'art. 56 [C. com., art. L. 470-5] permet au ministre de l'Économie de déposer devant les juridictions civiles des conclusions et de les développer oralement à l'audience, ce texte ne lui confère pas pour autant la qualité de partie à l'action. • Com. 26 nov. 1996 : *Bull. civ. IV, n° 290 ; D. 1997. IR 4 ; D. Affaires 1997. 243 ; Gaz. Pal. 1998. 2. 677.* ♦ Dès lors que les conclusions en intervention déposées par le ministre en application de l'art. 7 [C. com., art. L. 420-1], tendant à faire déclarer illicite un art. du règlement intérieur d'un GIE, n'ont pas de lien suffisant avec le litige en refus de vente opposant une société à ce GIE, le ministre n'est pas recevable à agir en application de l'art. 325 NCPC [renommé C. pr. civ.] • Même arrêt. – V. aussi • Com. 6 nov. 1990 : *Bull. civ. IV, n° 266.*

4. En prévoyant que le ministre de l'Économie ou son représentant peut, devant les juridictions civiles, déposer des conclusions et les développer oralement, produire les procès-verbaux et les rapports d'enquête, l'art. 56 [C. com., art. L. 470-5] lui permet également de faire délivrer assignation et constitue l'une des dispositions contraires réservées par l'art. 751 NCPC [renommé C. pr. civ.]. • TGI Paris, 19 mai 1993 : *BICC 1993, n° 1125.* ♦ Jugeant qu'aucun texte du code de procédure pénale n'interdit au ministre de l'Économie de déposer des conclusions pour la première fois en cause d'appel, V. • Rouen, 25 févr. 2002 : *LPA 13 déc. 2002, note Arhel.*

5. Rapports d'enquête. La cour d'appel de Paris tient de l'art. 56 [C. com., art. L. 470-5] et de l'art. 11 NCPC [renommé C. pr. civ.] les pouvoirs de demander au Conseil de la concurrence le rapport intégral d'enquête de la direction nationale des enquêtes accompagné de ses annexes, qui ne lui a été communiqué que partiellement par le ministre de l'Économie. • Com. 15 oct. 1996 : *Bull. civ. IV, n° 242 ; D. 1996. IR 257 ; D. Affaires 1996. 1382.*

6. Champ d'application. Jugeant l'intervention du ministre recevable au regard de l'art. L. 470-5 alors que l'action était intentée sur le terrain de la concurrence déloyale et des pratiques commerciales trompeuses, donc des art. 1382 et 1383 C. civ. et L. 121-1 s. C. consom., qui ne figurent pas et auxquels il n'est pas fait de renvoi dans le livre quatrième du code de commerce. • T. com. Paris, 4 oct. 2011 : *cité ss. art. L. 470-7.*

Art. L. 470-6 **Pour l'application des** *(L. n° 2001-420 du 15 mai 2001)* **« articles 81 à 83 du traité instituant la Communauté européenne »** *[art. 101 à 103 TFUE]*, **le ministre chargé de l'économie et les fonctionnaires qu'il a désignés ou habilités conformément aux dispositions du présent livre, d'une part,** *(Ord. n° 2008-1161 du 13 nov. 2008, art. 4)* **« l'Autorité de la concurrence », d'autre part, disposent des pouvoirs respectifs qui leur sont reconnus par les articles du présent livre** *(L. n° 2004-1343 du 9 déc. 2004, art. 83-II)* **« et du règlement (CE) n° 139/2004 du Conseil, du 20 janvier 2004, relatif au contrôle des concentrations entre entreprises »** *(Ord. n° 2004-1173 du 4 nov. 2004, art. 14)* **« et par le règlement du Conseil n° 1/2003 (CE) du 16 décembre 2002 relatif à la mise en œuvre des règles de concurrence prévues aux articles 81 et 82 du traité instituant la Communauté européenne »** *[art. 101 et 102 TFUE]*. **Les règles de procédure prévues par ces textes leur sont applicables.**

(L. n° 2001-420 du 15 mai 2001) **« Pour l'application des articles 87 et 88 du traité instituant la Communauté européenne** *[art. 107 et 108 TFUE]*, **le ministre chargé de l'économie et les fonctionnaires qu'il a désignés ou habilités conformément aux dispositions de l'article L. 450-1 disposent des pouvoirs qui leur sont reconnus par le titre V du livre IV. »** — *[Ord. n° 86-1243 du 1er déc. 1986, art. 56 bis.] — V. art. R. 470-2 s. — V. aussi art. A. 450-3.*

BIBL. ▸ COURIVAUD, *CCC 1999. Chron. 8* (est-il toujours opportun d'engager une procédure devant les autorités communautaires ?). – MEFFRE et GUET, *D. 2005. 361* (contrôle *a posteriori* de la licéité des accords par le juge national : questions de procédure). – BARREAU, *CCC 2011. Étude 13* (participation française au réseau européen de concurrence après la LME : une inopportune divergence ?).

1. Assistance des autorités nationales aux agents de la Commission. Si l'assistance des autorités nationales lors des investigations menées par les agents mandatés par la Commission n'est exigée que lorsque l'entreprise concernée manifeste son opposition, elle peut également être demandée, à titre préventif, en vue de surmonter l'opposition éventuelle de l'entreprise. Dès lors, le président du tribunal [dans le ressort duquel la visite est ordonnée] peut, par application des art. 14 du Règl. CE n° 17-62 du 6 févr. 1962, portant sur ces investigations et 56 *bis* [C. com., art. L. 470-6] de l'ordonnance, seul applicable désormais, autoriser les agents de l'administration de la concurrence à recourir aux pouvoirs coercitifs de l'art. 48 [C. com., art. L. 450-4], en vue d'apporter leur concours aux agents de la Commission, sans être tenu, pour ce faire, ni de constater que l'entreprise « enquêtée » s'était déjà opposée à la vérification, ni de caractériser un risque particulier d'opposition de la part de cette dernière. • Com. 11 janv. 2000 : *Bull. civ. IV, n° 8 ; D. 2000. AJ 132, obs. Marmontel ; LPA 20 juill. 2000, p. 28, obs. Petitier ; RTD com. 2000. 629, obs. Claudel*. ♦ V. note 3 *ter* ss. art. L. 450-4.

2. Application du droit communautaire. V. note 6 ss. art. L. 420-1. ♦ V. aussi Règl. CE n° 1/2003 du 16 déc. 2002, App. v° *Concurrence*.

3. Autonomie procédurale. Le principe de l'autonomie procédurale commande à l'autorité nationale de concurrence, qui applique les art. 81 ou 82 CE (actuels art. 101 ou 102 TFUE, depuis l'entrée en vigueur du traité de Lisbonne ; V. Décr. n° 2009-1466 du 1er déc. 2009, *JO 2 déc.*) de mettre en œuvre les règles de procédure interne, sauf si ce principe conduit à rendre impossible ou excessivement difficile l'application du droit communautaire de la concurrence. • Com. 14 déc. 2004 : *Bull. civ. IV, n° 225 ; D. 2005. AJ 72, obs. Chevrier ; JCP E 2005, n° 12, p. 527, note Vilmart ; CCC 2005, n° 46, obs. Malaurie-Vignal ; ibid., n° 51, obs. Poillot-Peruzzetto ; Europe 2005, n° 21, obs. Idot ; RDLC 2005, n° 1, p. 105, obs. Amsellem ; RLC 2005, n° 2, p. 78, obs. Barbier de La Serre ; Procédures 2005, n° 208, obs. Nourissat* (arrêt rendu au visa de la rédaction de l'art. L. 470-6 à l'époque des faits). – Cassation de : • Paris, 26 juin 2002 : *BOCC 11 juill. 2003 ; Europe 2003, n° 283, obs. Idot.*

Art. L. 470-7 **Les organisations professionnelles peuvent introduire l'action devant la juridiction civile ou commerciale pour les faits portant un préjudice direct ou indirect à l'intérêt collectif de la profession ou du secteur qu'elles représentent, ou à la loyauté de concurrence.** — *[Ord. n° 86-1243 du 1er déc. 1986, art. 56 ter.]*

Action des organisations professionnelles. Estimant que l'action en concurrence déloyale engagée par un syndicat hôtelier entre dans les prévisions de l'art. L 470-7, V. • T. com. Paris, 4 oct. 2011 : *CCE 2011, n° 114, obs. Debet.*

Art. L. 470-7-1 *(Ord. n° 2008-1161 du 13 nov. 2008, art. 3)* **Un décret fixe les modalités de publicité des décisions prises en application des articles L. 462-8, L. 464-1, L. 464-2, L. 464-3, L. 464-5, L. 464-6 et L. 464-6-1.** — *V. art. D. 464-8-1.*

Art. L. 470-8 **Un décret en Conseil d'État détermine les modalités d'application du présent livre.** — *[Ord. n° 86-1243 du 1er déc. 1986, art. 62.] — V. art. R. 420-1 s.*

L'abrogation, à compter du 1er janv. 1987, de l'Ord. n° 45-1483 du 30 juin 1945 n'a eu aucun effet rétroactif, en l'absence de toutes dispositions expresses, en ce qui concerne les prix fixés antérieurement au 1er janv. 1987 et déterminés, pour les conventions prévoyant des clauses de révision, par des accords professionnels limitant les hausses produites par ces clauses et homologués par des arrêtés ministériels alors applicables. • Com. 1er févr. 1994 : *Bull. civ. IV, n° 52.*

Ordonnance n° 86-1243 du 1er décembre 1986,

Relative à la liberté des prix et de la concurrence.

Les dispositions de l'Ord. ont été, sauf, les exceptions ci-après, abrogées et pour la plupart codifiées, par Ord. n° 2000-912 du 18 sept. 2000, au C. com., livre IV.

Art. 58 *Al. 1er et 2 abrogés par Ord. n° 2000-912 du 18 sept. 2000.*

Dès lors qu'elle constitue un élément d'évolution vers la libre concurrence, peut être établie par décret une procédure contribuant à l'information sur les coûts des transports routiers de marchandises et facilitant la gestion des entreprises.

Art. 59 *et* 60 *Dispositions abrogées par Ord. n° 2000-912 du 18 sept. 2000.*

Art. 61 A titre transitoire, demeurent en vigueur les arrêtés réglementant, en application de l'ordonnance n° 45-1483 du 30 juin 1945, les prix des secteurs et des zones visés au deuxième alinéa de l'article 1er de la présente ordonnance et énumérés au décret prévu à l'article suivant. — *V. annexe au Décr. n° 2002-689 du 30 avr. 2002. —* ***C. pén.*** *— Sont punies de la peine d'amende prévue pour les contraventions de la 5e classe, la vente de biens ou produits, ou la prestation de services à des prix fixés en violation des arrêtés pris en application de l'Ord. n° 45-1483 du 30 juin 1945 et maintenus en vigueur par l'art. 61 de l'Ord. du 1er déc. 1986 ; en cas de récidive, les peines d'amende prévues pour la récidive des contraventions de la 5e classe sont applicables (C. consom., art. R. 113-1).*

Les dispositions de l'ordonnance n° 45-1483 du 30 juin 1945 demeurent en vigueur pour la réglementation du papier de presse.

1. Délit d'opposition à fonction. Si l'art. 52 [C. com., art. L. 450-8] incrimine le fait pour quiconque de s'opposer aux fonctions des agents habilités ou des rapporteurs du Conseil de la concurrence, les faits poursuivis sous la qualification de refus de communication de documents ne sauraient, sans excéder les limites de la prévention, être retenus sous la qualification visée au nouveau texte. • Crim. 2 mars 1987 : *D. 1988. Somm. 301, obs. Gavalda et Lucas de Leyssac.*

2. Pratiques illicites. Sur la rétroactivité *in mitius* en matière de prix illicites et la survie des seules actions civiles, V. • Crim. 16 févr. 1987 : *D. 1988. 39, note Dekeuwer* • 16 mars 1987 : *ibid.* • 12 nov. 1986 : *ibid.* ♦ ... Et en matière de refus de vente, V. • Crim. 12 oct. 1987 : *D. 1988. Somm. 302, obs. Gavalda et Lucas de Leyssac.*

3. Arrêtés antérieurs maintenus en vigueur. L'Arrêté du 2 sept. 1977 relatif à la publicité des prix à l'égard des consommateurs [remplacé par Arr. 31 déc. 2008, relatif aux annonces de réduction de prix à l'égard des consommateurs (*JO 13 janv. 2009*), V. **C. consom.**], pris pour l'application de l'art. 33 de l'Ord. du 30 juin 1945, a été comme tel maintenu en vigueur conformément à l'Ord. du 1er déc. 1986 [C. com., art. L. 410-1 s.], • Crim. 12 janv. 1994 : *RJDA 1994, n° 601* • 2 mars 1994 : *ibid.* ♦ Les arrêtés ou règlements légalement pris par l'autorité compétente revêtant un caractère de permanence qui les fait survivre aux lois dont ils procèdent, tant qu'ils n'ont pas été rapportés ou qu'ils ne sont pas devenus inconciliables avec les règles fixées par une législation nouvelle, en matière de publicité des prix, les arrêtés ministériels fixant les modalités d'application de l'Ord. du 30 juin 1945 abrogée par l'Ord. du 1er déc. 1986 demeurent applicables et leur méconnaissance est pénalement sanctionnée par l'art. 33 du Décr. du 29 déc. 1986 [C. consom., art. R. 113-1], pris en application de cette dernière ordonnance. • Crim. 20 déc. 1995 : *D. Affaires 1996. 548.* ♦ V. aussi, affirmant la légalité du maintien en vigueur de l'Arr. du 2 sept. 1977, • Paris, 21 mars 1995 : *BID 1996, n° 1, p. 41.*

Contra, pour un arrêt qui déclarait l'art. 33, al. 2 [C. consom., art. R. 113-1], illégal en ce qu'il visait la répression des infractions aux arrêtés ayant le même objet que ceux prévus à l'art. 28 [originel] de l'Ord. du 1er déc. 1986 [C. consom., art. L. 113-3] mais pris en application de l'Ord. du 30 juin 1945 (à propos de l'Arr. n° 85/24A du 18 mars 1985, relatif aux pompes funèbres), • Lyon, 18 janv. 1995 : *D. 1995. IR 42 ; Gaz. Pal. 1996. 1. 74.*

De même, il avait été jugé que l'art. R. 113-1,

al. 2, version codifiée de l'art. 33 du Décr. du 29 déc. 1986, ne faisant plus référence aux arrêtés pris en application de l'Ord. du 30 juin 1945, la violation de l'Arr. du 2 sept. 1977 relatif aux annonces de réduction de prix n'était plus réprimée : • Dijon, 23 sept. 1998 : *D. 2000. Somm. 42, obs. Pizzio* ; *D. Affaires 1998. 1807, obs. E. P.* ♦ V. désormais art. R. 113-1, al. 2, tel qu'il résulte du Décr. nº 99-513 du 16 juin 1999, V. note ss. art. L. 113-3 C. consom., App. vº *Ventes commerciales (Dispositions générales)*.

Décret nº 2002-689 du 30 avril 2002,

Fixant les conditions d'application du livre IV du code de commerce relatif à la liberté des prix et de la concurrence.

Art. 49 Les arrêtés mentionnés à l'article 61 de l'ordonnance nº 86-1243 du 1er décembre 1986 relative à la liberté des prix et de la concurrence sont énumérés à l'annexe V au présent décret. — *V. Ord. nº 86-1243 du 1er déc. 1986, art. 61, et annexe V*

ANNEXE V

LISTE DES ARRÊTÉS MENTIONNÉS À L'ARTICLE 61 DE L'ORDONNANCE Nº 86-1243 DU 1ER DÉCEMBRE 1986

Arrêté nº 25-553 du 6 décembre 1968 relatif au tarif pharmaceutique national.

Arrêté nº 25-789 du 10 juillet 1970 relatif au tarif des outillages dans les ports maritimes et fluviaux.

Arrêtés nºs 83-15-A du 22 février 1983 et 86-5-A du 7 février 1986 relatifs au prix des soins et de l'hospitalisation afférents à l'interruption volontaire de grossesse.

Arrêté nº 86-65-A du 18 décembre 1986 concernant les entreprises de manutention portuaire et les consignataires de navires.

Arrêté ministériel nº 76-64/P du 23 juin 1976 relatif au prix de vente au détail de certains produits pharmaceutiques.

Arrêté ministériel nº 77-63/P du 28 avril 1977 relatif aux engrais et aux produits phytosanitaires.

Arrêté ministériel nº 77-64/P du 28 avril 1977 et les arrêtés préfectoraux relatifs aux aliments du bétail.

Arrêtés préfectoraux relatifs aux biens et services de santé, aux livres, aux articles scolaires, aux produits énergétiques, aux transports.

Arrêtés préfectoraux relatifs aux prix et aux marges des secteurs faisant l'objet d'arrêtés maintenus en vigueur au plan national.

Arrêté ministériel nº 76-48/P du 12 mai 1976 relatif à la détermination du prix de revient des produits importés de l'étranger ou en provenance de la métropole dans les départements d'outre-mer, en tant qu'il concerne les secteurs dont les prix demeurent réglementés.

Arrêtés préfectoraux relatifs aux prix des produits et services de la collectivité territoriale de Saint-Pierre-et-Miquelon.

LIVRE CINQUIÈME DES EFFETS DE COMMERCE ET DES GARANTIES

TITRE PREMIER DES EFFETS DE COMMERCE

CHAPITRE PREMIER DE LA LETTRE DE CHANGE

RÉP. COM. v^is *Lettre de change ; Effets de commerce,* par GIBIRILA.

BIBL. GÉN. ▸ M. CABRILLAC, La lettre de change dans la jurisprudence, 1978. – D. MARTIN, *Rev. dr. bancaire 1987, n° 2, p. 38.* – SUANT, PERDRIX et BARTHARES, *Banque 1983. 989.* – CHVIKA, *D. 2000. Chron. 615* (déclin de la négociabilité des instruments de paiement et de crédit). – MALECKI, *JCP E 2000, n° 51-52, p. 2036* (regard sur le formalisme cambiaire à l'heure de la signature électronique). – TRÉBULLE, *RD banc. fin. 2000. 114* (incidence de la réforme de la preuve sur le droit bancaire). – SZULMAN, *Banque et Droit nov.-déc. 2000. 10* (la LCR magnétique : enfin une véritable lettre de change ?). – DJOUDI, *D. 2001. 1858* (garanties cambiaires à l'épreuve de la lettre de change magnétique). – GUÉVEL, *Mélanges Simler, Dalloz-Litec, 2006, p. 457* (l'atomisation du droit cambiaire).

SECTION PREMIÈRE DE LA CRÉATION ET DE LA FORME DE LA LETTRE DE CHANGE

Art. L. 511-1 I. — **La lettre de change contient :**

1° La dénomination de lettre de change insérée dans le texte même du titre et exprimée dans la langue employée pour la rédaction de ce titre ;

2° Le mandat pur et simple de payer une somme déterminée ;

3° Le nom de celui qui doit payer, dénommé tiré ;

4° L'indication de l'échéance ;

5° Celle du lieu où le paiement doit s'effectuer ;

6° Le nom de celui auquel ou à l'ordre duquel le paiement doit être fait ;

7° L'indication de la date et du lieu où la lettre est créée ;

8° La signature de celui qui émet la lettre dénommé tireur. Cette signature est apposée, soit à la main, soit par tout procédé non manuscrit.

II. — Le titre dans lequel une des énonciations indiquées au I fait défaut ne vaut pas comme lettre de change, sauf dans les cas déterminés aux III à V du présent article.

III. — La lettre de change dont l'échéance n'est pas indiquée est considérée comme payable à vue.

IV. — A défaut d'indication spéciale, le lieu désigné à côté du nom du tiré est *réputé* être le lieu du paiement et, en même temps, le lieu du domicile du tiré.

V. — La lettre de change n'indiquant pas le lieu de sa création est considérée comme souscrite dans le lieu désigné à côté du nom du tireur. — *[C. com., art. 110.]*

BIBL. ▸ Omissions : LESCOT, *Ann. dr. com. 1928. 275.* – CRIONNET, *D. 1989. Chron. 129.* ▸ Régularisation : BAZIN, *Rev. huiss. 1995. 1042.* – BOY, *LPA 18 mai 1990.*

I. FORMES

1. Langue. Une traite n'est pas nulle alors que, rédigée en langue italienne, l'avaliste a utilisé la langue française pour porter la mention « bon pour aval à titre personnel ». • T. com. Lyon, 9 févr. 1970 : *Banque 1970. 816, obs. Marin ; RTD com. 1970. 750, obs. M. Cabrillac et Rives-Lange.*

A. MENTIONS OBLIGATOIRES

2. Dénomination. Un titre ne saurait valoir comme lettre de change s'il ne contient pas expressément la dénomination « lettre de change », impérativement exigée par l'art. 110 [C. com., art. L. 511-1]. • Lyon, 11 juin 1956 : *D. 1957. Somm. 36.* ♦ V. cep., pour le terme « traite », • Montpellier, 24 nov. 1953 : *Banque 1956. 520, obs. Marin.*

3. Signature du tireur. BIBL. Massin, *Rép. Commaille 1967. 113.* ♦ Sur l'exigence de la signature du tireur, V. • Com. 11 juill. 1988 : *Bull. civ. IV, n° 239 ; D. 1989. Somm. 90, obs. Cabrillac ; JCP 1989. II. 21345, note Putman* • 17 oct. 1995 : *RJDA 1996, n° 95 ; LPA 7 juin 1996, p. 24, note Gibirila.* ♦ La signature du tireur sur une lettre de change en est une composante obligatoire et son apposition sur le timbre fiscal, élément ajouté à l'effet et amovible, ne permet pas d'y suppléer. • Com. 29 nov. 1994 : *Bull. civ. IV, n° 354 ; Rev. huiss. 1995. 724, note Hesbert.* – V. aussi • Paris, 4 févr. 1998 : *D. Affaires 1998. 623.* ♦ La signature du tireur devant être portée sur le titre lui-même, n'est pas valablement signée la lettre de change sur laquelle la signature se trouve à cheval sur l'effet et sur le timbre. • Com. 1er déc. 1998 : *Bull. civ. IV, n° 285 ; D. 1999. IR 33 ; D. Affaires 1999. 173, obs. X. D. ; RJ com. 1999. 227, obs. Gibirila.* ♦ Il importe peu, pour la vérification de la régularité de la lettre de change, que le timbre fiscal revêtu de la signature y soit apposé ou remplacé postérieurement ou non, à la mention de l'acceptation. • Com. 29 nov. 1994 : *préc.* – V. aussi • Bordeaux, 10 mai 1950 : *RTD com. 1950. 616, obs. Houin ; Banque 1951. 364, obs. Marin.* ♦ Comp., jugeant que, dès lors que la correspondance des traits sur la lettre et sur le timbre démontre que ce timbre n'a pas été bougé ni recouvert et a toujours fait corps avec l'effet dès avant la signature par le tireur, il est établi que chaque lettre de change a été signée par le tireur, même si la signature de celui-ci déborde sur le timbre fiscal (à propos de trois lettres) : • Versailles, 23 nov. 1995 : *JCP E 1996. Pan. 240.* ♦ Pour un autre exemple de lettre de change valable dès lors qu'il résulte que la signature du tireur a été apposée sur un timbre préalablement collé : • Versailles, 30 oct. 1997 : *D. Affaires 1998. 111, obs. X.D.* – Dans le même sens, V. déjà • Paris, 2 juill. 1966 *D. 1966. 589 ; RTD com. 1966. 970, obs. Becqué et Cabrillac.* – V. aussi • Paris, 17 mai 1967 : *Banque 1969. 722, obs. Marin.* ♦ Le droit de timbre sur les effets de commerce a été supprimé par l'art. 38 de la loi de finances pour 1997 n° 96-1181 du 30 déc. 1996 *(D. 1997. 70).*

4. Code-chiffres. En ce sens qu'un code-chiffres peut valoir signature du tireur, V. • Paris, 11 janv. 1995 : *D. 1996. Somm. 36, obs. crit. Cabrillac .* ♦ Sur la signature non manuscrite, admise depuis la loi du 16 juin 1966, V. Hamel, *Banque 1962. 47* ; Gavalda, *JCP 1966. I. 2034 ;* Marin, *Banque 1966. 472* ; Massin, *préc. note 3.*

5. Vérification de la signature. Il n'incombe pas à la Cour de cassation de vérifier l'exactitude d'une signature portée sur un effet. • Com. 23 oct. 2001 : *RJDA 2002, n° 306.*

6. Nom du tiré. L'art. 110 (3°) [C. com., art. L. 511-1 (I), 3°] n'impose nullement l'utilisation du seul nom patronymique à l'exclusion du nom commercial, et, s'agissant d'une entreprise individuelle désignée sous sa propre enseigne, le tiré est parfaitement désigné par ce nom commercial sans qu'il y ait une quelconque possibilité de confusion ou d'erreur. • Amiens, 15 oct. 1993 : *JCP 1994. II. 22258, note Massot-Durin.*

7. Adresse du tiré. En indiquant sur une lettre de change une adresse, le tiré accepteur accepte nécessairement qu'y soient notifiés les exploits fondés sur cette lettre de change. • Paris, 17 déc. 1993 : *D. 1994. Somm. 183, obs. Cabrillac .*

8. Nom du bénéficiaire. Est nul le titre qui ne contient pas le nom de celui auquel, ou à l'ordre duquel, le paiement doit être fait. • Com. 6 juill. 1965 : *D. 1966. 24* • 29 mars 1994 : *cité note 10* • Lyon, 28 janv. 1957 : *D. 1957. Somm. 118* • Paris, 21 mai 1957 : *D. 1957. Somm. 147.* ♦ L'emploi d'initiales est insuffisant à désigner le bénéficiaire. • Com. 20 janv. 1981 : *D. 1981. IR 304, obs. Vasseur.* ♦ Toutefois, l'indication du bénéficiaire par de simples initiales est suffisante dès lors qu'elle n'entraîne dans l'esprit du tiré aucune incertitude ni ambiguïté. • Com. 12 nov. 1992 : *Bull civ. IV, n° 349 ; D. 1993. Somm. 317, obs. Cabrillac .* – V. aussi • T. com. Chaumont, 21 avr. 1967 : *Banque 1968. 141, obs. Marin.*

La seule circonstance que le nom du bénéficiaire a été laissé en blanc ne peut suffire à révéler qu'en apposant sa signature, le tiré accepteur n'a pas voulu s'engager selon la loi du change. • Com. 4 oct. 1971 : *D. 1972. Somm.*

74. ♦ Dans le même sens, dès lors que le tiré accepteur n'avait pas inscrit sur le titre une mention de nature à faire apparaître qu'il n'était pas destiné à être complété *ou* mis en circulation, et que n'était pas établie la connaissance, par le bénéficiaire, lors de la réception de l'effet, que ce dernier aurait été complété contrairement à la volonté du tiré accepteur, V. • Com. 12 oct. 1993 : *JCP 1995. II. 22378, note Bazin.* ♦ Comp., auparavant, exigeant, pour la première condition, l'absence d'une mention indiquant que le titre n'était pas destiné à être complété *et* mis en circulation, • Com. 25 mai 1988 : *Bull. civ. IV, n° 169.* – V. aussi • Com. 21 juin 1988 : *ibid., n° 209 ; D. 1988. IR 198.* ♦ V. aussi note 18.

9. Cachet du tireur. La nullité des effets de commerce en raison du défaut de mention du nom du bénéficiaire doit être écartée lorsqu'ils portent le cachet de la société tireur tant au recto qu'au verso accompagné de la signature de son gérant. • Com. 3 avr. 2002 : *Bull. civ. IV, n° 65 ; Banque et Droit juill.-août 2002. 44, obs. Bonneau ; LPA 11 sept. 2002, obs. E.C.*

10. Date de création. En l'absence de date de création, la lettre de change est nulle. • Com. 7 nov. 1979 : *Gaz. Pal. 1980. 1. 44, note J.D. ; RTD com. 1980. 115, obs. Cabrillac et Rives-Lange* • 13 mars 1985 : *D. 1985. IR 418, obs. Cabrillac.* ♦ Pour la nullité d'un effet en raison de l'illisibilité de la date, V. • Com. 29 mars 1994 : *Bull. civ. IV, n° 127 ; D. 1994. Somm. 183, obs. Cabrillac* . ♦ Mais l'inexactitude de la date n'emporte pas nullité du titre. • Reims, 26 févr. 1980 : *JCP 1980. IV. 398.* ♦ V. aussi note 18.

11. Lieu de paiement. Sur la clause de domiciliation, V. notes 7 s. ss. art. L. 511-2.

12. Lettre de change-relevé. Il appartient à la banque du créancier (le tireur) de procéder, lorsque son client lui remet la LCR, à la saisie informatique des données inscrites sur le titre papier, qui comporte les mentions obligatoires du titre cambiaire définies à l'art. L. 511-1, après avoir vérifié les références du tireur ainsi que celles du tiré (le débiteur). • Lyon, 7 déc. 2001 : *RJDA 2002, n° 1311.* ♦ Il lui est en effet indispensable d'obtenir du tiré, par le RIB remis à cette occasion, toutes les informations utiles à l'identification du tiré, notamment sa domiciliation bancaire. • Même arrêt. ♦ Le contrôle de la banque domiciliaire se limite à vérifier la concordance entre les mentions portées sur la LCR et le destinataire de l'effet qui ne peut être identifié que par le code figurant sur le RIB après que la banque du tireur a procédé à la dématérialisation de l'effet. • Même arrêt. ♦ V. aussi note 10 ss. art. L. 511-2.

B. SUPPLÉANCES

13. Tiré. Si la signature apposée au recto n'est pas celle de celui que la lettre désigne comme le tiré, elle ne peut exprimer qu'un engagement d'aval. • Com. 24 févr. 1965 : *Gaz. Pal. 1965. 1. 336 ; RTD com. 1965. 437, obs. Becqué et H. Cabrillac ; Banque 1965. 557, obs. Marin* (cassant • Paris, 7 févr. 1962 : *JCP 1962. II. 12956, note Lescot*).

14. Bénéficiaire. La nullité résultant du défaut d'indication du preneur n'est pas d'ordre public et les juges ne sauraient la prononcer d'office sans rechercher si le nom du bénéficiaire, dont l'absence n'avait pas été invoquée par le tiré, n'était pas suppléé par le nom du tireur endosseur. • Com. 9 nov. 1970 : *Bull. civ. IV, n° 297 ; RTD com. 1971. 746, obs. Cabrillac et Rives-Lange.* ♦ L'indication du preneur peut résulter de l'apposition de la griffe d'escompte d'une banque à l'endroit de la clause à ordre. • Paris, 26 oct. 1971 : *RTD com. 1972. 428, obs. Cabrillac et Rives-Lange ; Banque 1972. 194, obs. Martin* • Amiens, 15 oct. 1993 : *préc. note 6.*

15. Date de création. L'indication de la date de création est une mention obligatoire, à défaut de laquelle le titre ne vaut pas comme lettre de change, et l'apposition d'un cachet à date sur le timbre fiscal ne permet pas d'y suppléer. • Com. 7 oct. 1987 : *Bull. civ. IV, n° 216 ; D. 1988. Somm. 51, obs. Cabrillac* • Paris, 20 nov. 1990 : *D. 1991. IR 26.* – Comp. : • Colmar, 7 juill. 1952 : *RTD com. 1953. 936, obs. Becqué et H. Cabrillac.* ♦ Sur la suppression du timbre fiscal, V. note 3.

15 bis. Lieu de création. Il résulte des dispositions de l'art. L. 511-1, V, que lorsque le lieu de création n'est pas indiqué sur la lettre de change, celle-ci doit être considérée comme souscrite dans le lieu désigné à côté du nom du tireur ; et c'est exactement que la cour d'appel a retenu que ce texte n'exige pas que l'indication de ce lieu figure au recto de la lettre de change. • Com. 26 mai 2010 : *Bull. civ. IV, n° 96 ; D. 2010. Actu. 1476, obs. Delpech ; RTD com. 2010. 759, obs. Legeais ; JCP E 2010, n° 1631 ; Gaz. Pal. 2010. 3494, obs. Houin-Bressand ; RJDA 2010, n° 998 ; Banque et Droit sept.-oct. 2010. 35, obs. Bonneau ; RD banc. fin. 2010, n° 168, obs. Crédot et Samin ; RLDA juill.-août 2010. 30, obs. Brassac ; Dr. et proc. nov. 2010, suppl. Droit du recouvrement, p. 27, obs. Piedelièvre.*

II. OMISSIONS

16. Inexactitude ou altération d'une mention. Sur l'inexactitude, V. note 10. ♦ Sur l'altération, V. notes ss. art. L. 511-77.

A. NULLITÉ

17. Ordre public. Si les effets dont le paiement est demandé ne comportent pas toutes les mentions exigées par la loi et s'ils n'ont pas été régularisés, ils ne valent pas comme lettre de change. • Com. 13 mai 1986 : *Bull. civ. IV, n° 89.* ♦ La nullité résultant de l'omission d'une mention obligatoire étant d'ordre public, tout intéressé peut l'invoquer et elle peut être soulevée d'office. • Com. 16 juill. 1973 : *Bull. civ. IV, n° 243.* ♦ Le moyen tiré de la nullité pour vice de forme ne peut être invoqué pour la première fois devant la Cour de cassation. • Com. 25 oct. 1972 : *Bull. civ. IV, n° 264.* ♦ La banque ne s'étant pas prévalue devant la cour d'appel de ce que l'acceptation de la lettre de change interdirait au tiré d'invoquer sa nullité par suite de l'omission du nom du bénéficiaire, le moyen nouveau, et mélangé de fait et de droit, est irrecevable. • Com. 16 juin 2009 : *RJDA 2009, n° 1001.*

18. Disqualification. Le titre nul comme lettre de change peut néanmoins faire preuve des engagements contractés suivant les règles du droit commun. • Civ. 7 févr. 1934 : *Gaz. Pal. 1934. 1. 721* • Com. 10 févr. 1971 : *Bull. civ. IV, n° 42* • 2 nov. 1994 : *RJDA 1994, n° 1339* • Paris, 19 déc. 1958 : *D. 1959. 24* • Pau, 5 févr. 1987 : *Banque 1987. 521, obs. Rives-Lange.* ♦ Le titre au porteur, ne comportant pas mention du bénéficiaire, et produit par une partie, établit la créance de celle-ci, dans les termes du droit commun, sur le souscripteur de la mention d'acceptation. • Com. 1er mars 1994 : *Bull. civ. IV, n° 95.* ♦ Si l'apposition de la signature du tireur au verso d'une lettre de change pour l'endosser ne supplée pas à l'absence de sa signature en qualité de tireur, le titre peut valoir comme billet à ordre lorsqu'il est revêtu de toutes les mentions exigées par l'art. L. 512-1 C. com. • Com. 23 janv. 2007 : *Bull. civ. IV, n° 9 ; D. 2007. 2509, note Boujeka ; ibid. AJ 437, obs. Delpech ; D. 2008. Pan. 882, obs. D. R. Martin ; RTD com. 2007. 421, obs. Legeais ; JCP E 2007, n° 10, p. 13 ; LPA 29 févr. 2008, note Despaquis ; Gaz. Pal. 2007. 2069, obs. Guével ; Banque et Droit mars-avr. 2007. 28, obs. Bonneau ; RJDA 2007, n° 547 ; RLDA mars 2007. 35, obs. Nahon.*

L'acceptation par le débiteur désigné, d'une lettre de change n'en ayant pas la valeur en l'absence de certaines mentions obligatoires énoncées par l'art. 110 [C. com., art. L. 510-1], peut être retenue comme preuve écrite de sa promesse de payer le tireur, voire tout tiers ultérieurement indiqué par lui si le titre est établi à son ordre. • Com. 24 mars 1998 : *Bull. civ. IV, n° 114 ; D. 1999. 174, note Ross ; D. Affaires 1998. 910, obs. X. D. ; RTD com. 1998. 647, obs. Cabrillac ; RJ com. 1999. 225, obs. Gibirila ; Defrénois 2000. 1047, obs. Delebecque.* ♦ Un tel titre, faute de désignation du tiers porteur lors de l'engagement du débiteur, n'emporte pas néanmoins délégation de créance à son profit, et le débiteur pourra encore lui opposer les exceptions résultant de ses rapports avec le tireur. • Même arrêt.

Le titre qui ne comporte pas les mentions obligatoires de la lettre de change dégénère, pour autant qu'il en comporte aussi les mentions nécessaires, en un commencement de preuve par écrit d'un acte sous seing privé de reconnaissance de dette, voire de cautionnement lorsqu'un aval est apposé. • Paris, 5 juill. 2001 : *D. 2001. AJ 2672*. ♦ A défaut de l'une des mentions obligatoires prescrites par l'art. 110 [C. com., art. L. 510-1], les titres ne peuvent valoir comme lettres de change mais s'analysent en des billets à ordre de nature civile, en l'absence de caractère de commercialité régissant les rapports entre les parties, soumis au régime de la prescription de droit commun. • Dijon, 4 févr. 1994 : *Rev. huiss. 1994. 1289.* ♦ Comp., jugeant qu'une lettre de change nulle comme telle, mais contenant la clause à ordre et les mentions prescrites pour la validité du billet à ordre, peut valoir comme tel : • Orléans, 6 mars 1963 : *JCP 1964. II. 13618, note Gavalda.*

B. RÉGULARISATION

19. Date d'appréciation de la régularité de la lettre. La régularité d'une lettre de change ne s'apprécie pas au jour de l'émission, mais au jour de la présentation au paiement. • Com. 19 oct. 1965 : *D. 1966. 25 ; Banque 1966. 51, obs. Marin ; RTD com. 1966. 88, obs. Becqué et Cabrillac* • 9 mars 1976 : *Bull. civ. IV, n° 85* • Versailles, 15 juin 2000 : *D. 2000. AJ 388*.

20. Exigence de l'accord du tiré. Sur la nullité d'une régularisation entreprise, sans l'accord du tiré, par une banque ayant reçu à l'escompte une traite ne comportant pas l'indication d'un lieu et d'une date de création, V. • Com. 25 mai 1988 : *Bull. civ. IV, n° 170 ; JCP 1989. II. 21345, note Putman.*

21. Signature du tireur. L'apposition de la signature du tireur au verso du titre est sans effet dès lors qu'il n'est pas soutenu qu'elle soit antérieure à l'acceptation par le tiré. • Com. 29 nov. 1994 : *Bull. civ. IV, n° 354.* ♦ Sur l'exigence de la signature du tireur, V. note 3.

22. Nom du bénéficiaire. Si l'indication du bénéficiaire est, en principe, une condition de validité de la lettre de change, l'omission de cette formalité peut être réparée, avant présentation de l'effet. Tel est le cas, en l'absence du nom du bénéficiaire, d'une lettre de change qui a été régulièrement endossée deux jours après sa création au profit d'une banque après avoir été entre-temps revêtue de l'acceptation du tiré. • Com. 9 avr. 1996 : *RJDA 1996, n° 1371 ; LPA 14 mai 1997, p. 21, note Gibirila.* – V. aussi • Com. 23 oct. 2001 : *préc. note 5.* ♦ Sur l'exigence du nom du bénéficiaire, V. note 8.

23. Date et lieu de création. V. note 20.

24. Tirage pour compte. V. note 2 ss. art. L. 511-2.

25. Portée de la régularisation. Dans les rapports entre un débiteur de la lettre de change et un porteur qui a reçu l'effet postérieurement à la régularisation, l'engagement cambiaire résulte des termes de l'effet régularisé même s'ils ne sont pas conformes aux accords de régularisation, si le porteur était de bonne foi lorsqu'il a reçu le titre. • Com. 28 mai 1968 : *D. 1968. 753* • Grenoble, 28 mai 1963 : *JCP 1964. II. 13503, note P.L.* ♦ Celui qui reçoit un effet de commerce pourvu, lors de l'endossement fait à son profit, de toutes les mentions exigées, est censé ne pas connaître les lacunes que ce titre pouvait présenter lors de sa création par le tireur ou de son acceptation par le tiré. • Com. 10 oct. 1989 : *Bull. civ. IV, n° 248 ; D. 1990. Somm. 122, obs. Cabrillac.* ♦ Toutefois, le souscripteur ne saurait être engagé que s'il a entendu s'obliger cambiairement. • Com. 28 févr. 1983 : *Bull. civ. IV, n° 87 ; RTD com. 1983. 580, obs. Cabrillac et Teyssié* • 13 mars 1985 : *Bull. civ. IV, n° 97 ; D. 1985. IR 418, obs. Cabrillac.* – V. aussi • Com. 3 oct. 1995 : *Rev. huiss. 1996. 338.* ♦ Comp., sur l'altération, notes ss. art. L. 511-77.

Art. L. 511-2 **La lettre de change peut être à l'ordre du tireur lui-même.**

Elle peut être tirée sur le tireur lui-même.

Elle peut être tirée pour le compte d'un tiers.

Elle peut être payable au domicile d'un tiers, soit dans la localité où le tiré a son domicile, soit dans une autre localité. – *[C. com., art. 111.]*

I. TIRAGE DE LA LETTRE DE CHANGE

A. TIRAGE À L'ORDRE DU TIREUR

1. Validité. L'art. 111, al. 1er [C. com., art. L. 511-2, al. 1er], admettant que le tireur d'une lettre de change puisse se désigner lui-même comme bénéficiaire, les titres émis par le tireur à l'ordre de « nous-mêmes » répondent parfaitement aux exigences de désignation du bénéficiaire et permettent son identification de façon non équivoque. • Amiens, 15 oct. 1993 : *JCP 1994. II. 22258, note Massot-Durin.*

B. TIRAGE PAR MANDATAIRE

2. Preuve du tirage pour compte. Le tirage pour compte n'a pas besoin d'être établi par le texte de la lettre de change ; il peut résulter d'une convention de tirage pour compte liant les parties. • Com. 19 févr. 1968 : *Bull. civ. IV, n° 75 ; JCP 1969. II. 15730, note Lescot.* ♦ La preuve de la qualité de mandataire n'est pas soumise au formalisme cambiaire et peut résulter de la connaissance qu'en avaient les tiers. • Com. 24 juin 1980 : *Bull. civ. IV, n° 269.* ♦ Comp., au cas de mandat apparent, • Com. 11 oct. 1971 : *Bull. civ. IV, n° 232* • 13 juin 1973 : *ibid., n° 215.* – *Contra* : • Com. 12 déc. 1973 : *Bull. civ. IV, n° 361* • 11 févr. 1974 : *ibid., n° 53.*

3. Régularisation. Lorsqu'en prenant la qualité de tireur pour régulariser une lettre de change non signée à l'origine, le porteur a agi pour le compte du tireur véritable, il y a non pas cession d'un titre mais tirage pour le compte prévu à l'art. 111 [C. com., art. L. 511-2]. • Com. 28 mai 1968 : *D. 1968. 753.*

4. Pouvoirs. V. notes 8 s. ss. art. L. 511-5.

5. Date de l'appréciation des pouvoirs. Les pouvoirs du signataire s'apprécient à la date de l'émission de la lettre de change. • Civ. 1re, 15 déc. 1976 : *D. 1977. IR 160.*

6. Tirage pour le compte d'un cessionnaire de créance. V. notes 17 s. ss. art. L. 511-7.

II. DOMICILIATION

BIBL. Revel, *JCP E 1976. II. 12282.*

7. Forme. La domiciliation peut résulter d'un compte de chèques postaux apposé sur des traites. • Com. 29 juin 1965 : *D. 1965. 823 ; Banque 1964. 131, obs. Marin.*

8. Domiciliataire. La lettre de change peut être domiciliée chez celui qui en est porteur à l'échéance. • Civ. 21 oct. 1942 : *Gaz. Pal. 1943. 1. 15.* ♦ Le domiciliataire doit être un tiers vis-à-vis du tiré. • Aix-en-Provence, 23 avr. 1980 : *RTD com. 1981. 799, obs. Cabrillac et Teyssié.*

9. Responsabilité du domiciliataire à l'égard du tiré. BIBL. Revel, *JCP E 1976. II. 12282.* ♦ Une banque à qui sont présentées, en vue de leur paiement des lettres de change tirées sur l'un de ses clients, ne peut, même s'il les a acceptées, se dessaisir des fonds dont elle est dépositaire pour le compte de ce client, que sur instruction reçue de lui indépendamment de la mention de domiciliation et, à défaut, lui en doit restitution. • Com. 30 nov. 1999 : *Bull. civ. IV, n° 213 ; D. 2000. AJ 24, obs. A. L. ; RTD com. 2000. 149, obs. Cabrillac ; RCA 2000, n° 53 ; JCP E 2000, n° 27, p. 1089, obs. Gavalda et Stoufflet ; ibid. n° 49, p. 1956, note Djoudi ; RD banc. fin. 2000, n° 5, obs. Crédot et Gérard.* ♦ En cas de paiement par la banque domiciliataire, sans instruction, la restitution du montant de ce paiement peut être ordonné, sans qu'il soit nécessaire de rechercher si le préjudice de la société tirée est inférieur à ce montant, et indépendamment de toute référence à l'absence de provision du compte. • Même arrêt. ♦ Le domiciliataire engage sa responsabilité s'il paie un effet sans avoir reçu un avis de domiciliation l'invitant à le faire. • Com. 23 avr. 1976 : *D. 1977. 563, note Vermelle ; Banque 1976. 1276 ; RTD com. 1976. 755, obs. Cabrillac et Rives-Lange* • 22 nov. 1977 : *D. 1978. IR 342, obs. Cabrillac ; JCP 1978. II. 18997, note Gégoud* • 8 juin 1982 : *Bull. civ. IV, n° 221 ; Banque 1983. 99, obs. Martin ; RTD com. 1983. 93, obs. Cabrillac et Teyssié ; Gaz. Pal. 1982. 2. Pan. 339, obs. A. P.* • Paris, 7 avr. 1973 : *JCP 1973. II. 17555, note Gavalda.* ♦ Un tel paiement par le banquier domiciliataire est inopposable au tiré qui ne lui a pas adressé un ordre exprès par un avis de domiciliation. • Mêmes arrêts. – *Contra,* • Versailles, 22 févr. 1996 : *BICC 1996, n° 675 ; Gaz. Pal. 1996. 2. Somm. 348* • Paris, 28 oct. 1967 : *Banque 1968. 60 ; RTD com. 1968. 101, obs. Cabrillac et Rives-Lange.*

Sur la validité du paiement de lettres de change revêtues de fausses signatures d'acceptation, effectué par un banquier domiciliataire, lequel est tenu de payer ces effets en vertu d'une convention de « paiement sauf désaccord », V. • Com. 9 févr. 1999 : *Bull. civ. IV, n° 41 ; D. 2000. Somm. 458, obs. Martin ; D. Affaires 1999. 761, obs. X. D. ; RTD com. 1999. 472, obs. Cabrillac ; RD bancaire et bourse 1999. 94, obs. Crédot et Gérard ; Banque et Droit sept.-oct. 1999. 58, obs. Guillot.* ♦ Sur l'absence de recours en répétition de l'indu contre le porteur, V. • Com. 23 avr. 1976 : *préc.* ♦ Sur la validité d'un mandat exprès rendant inutile un mandat de domiciliation, V. • Lyon, 19 févr. 1974 : *RTD com. 1974. 130, obs. Cabrillac et Rives-Lange.*

10. Responsabilité du domiciliataire à l'égard du porteur. Dès lors que la banque domiciliataire a reçu du tiré mandat de payer et que la situation du compte permet le paiement, eu égard au montant du découvert usuellement autorisé, elle est tenue de l'exécuter sauf à engager sa responsabilité envers le porteur. • Com. 23 nov. 1999 : *Bull. civ. IV, n° 206 ; D. 2000. AJ 3, obs. A. L. ; RTD com. 2000. 150, obs. Cabrillac.* ♦ La banque domiciliataire qui n'est pas engagée par une obligation cambiaire au paiement d'une lettre de change, mais seulement par l'ordre de payer reçu du tiré, ne peut invoquer la nullité de l'effet pour omission d'une de ses mentions qu'autant que le tiré aurait pu lui-même soutenir n'être pas engagé par un titre incomplet et lui aurait, par son mandat, confié le soin de soulever pour son compte une telle exception. • Même arrêt. ♦ V., en cas de refus de paiement de lettres de change avec la mention « demande prorogation », • Com. 8 déc. 1992 : *Rev. huiss. 1993. 335, note Vidal.* ♦ En cas de rejet d'une lettre de change-relevé par la banque domiciliaire, il appartient au tireur de rechercher auprès de sa banque si les énonciations du RIB transmis par le tiré ont été correctement reproduites sur le support informatique et, pour le cas où elles l'auraient été, de rapporter la preuve que la banque domiciliaire a commis elle-même une faute en rejetant l'effet sans motif légitime. • Lyon, 7 déc. 2001 : *RJDA 2002, n° 1311.* – V. aussi note 12 ss. art. L. 511-1.

Art. L. 511-3 **Dans une lettre de change payable à vue ou à un certain délai de vue, il peut être stipulé par le tireur que la somme sera productive d'intérêts. Dans toute autre lettre de change, cette stipulation est réputée non écrite.**

Le taux des intérêts doit être indiqué dans la lettre ; à défaut de cette indication, la clause est réputée non écrite.

Les intérêts courent à partir de la date de la lettre de change si une autre date n'est pas indiquée. – *[C. com., art. 112.]*

1. Montant des intérêts. Il résulte de l'art. 112 [C. com., art. L. 511-3] que le tireur doit incorporer dès l'émission de la lettre, le montant des intérêts dans le montant de la lettre de change. • Com. 12 juill. 1971 : *Bull. civ. IV, n° 204 ; RTD com. 1972. 128, obs. Cabrillac et Rives-Lange.*

2. Intérêts usuraires. V., sur l'obligation de la juridiction civile, saisie par le tireur d'une demande en paiement, de surseoir à statuer en raison d'une information pénale ouverte contre ce dernier sur le fondement de la loi du 28 déc. 1966 [C. consom., art. L. 313-1 s.], au cas où le montant d'intérêts usuraires a été inclus dans la somme à payer, • Com. 12 juill. 1971 : *Bull. civ. IV, nº 204 ; RTD com. 1972. 128, obs. Cabrillac et Rives-Lange.*

V. C. consom., art. L. 313-1 s., App., vº *Prêts d'argent – Intérêts des capitaux.*

Art. L. 511-4 **La lettre de change dont le montant est écrit à la fois en toutes lettres et en chiffres vaut, en cas de différence, pour la somme écrite en toutes lettres.**

La lettre de change dont le montant est écrit plusieurs fois, soit en toutes lettres, soit en chiffres, ne vaut, en cas de différence, que pour la moindre somme. – *[C. com., art. 113.]*

Discordance. Au cas de discordance entre la somme portée en chiffres et la somme portée en lettres, la lettre de change vaut pour la somme écrite en toutes lettres. • Com. 13 janv. 1982 : *JCP 1982. IV. 114.*

Art. L. 511-5 **Les lettres de change souscrites par des mineurs sont nulles à leur égard, sauf les droits respectifs des parties, conformément à l'article 1312 du code civil.**

Si la lettre de change porte des signatures de personnes incapables de s'obliger par lettre de change, des signatures fausses ou des signatures de personnes imaginaires ou des signatures qui, pour toute autre raison, ne sauraient obliger les personnes qui ont signé la lettre de change, ou du nom desquelles elle a été signée, les obligations des autres signataires n'en sont pas moins valables.

Quiconque appose sa signature sur une lettre de change comme représentant d'une personne pour laquelle il n'avait pas le pouvoir d'agir, est obligé lui-même en vertu de la lettre et, s'il a payé, a les mêmes droits qu'aurait eus le prétendu représenté. Il en est de même du représentant qui a dépassé ses pouvoirs. – *[C. com., art. 114.]*

Sur l'application des dispositions de l'art. L. 511-5 aux lettres de change et billets à ordre souscrits ou avalisés par les emprunteurs même majeurs à l'occasion d'opérations de crédit à la consommation, V. C. consom., art. L. 313-13, App., vº Ventes commerciales, V. – Crédit (ventes à).

A. CAPACITÉ

BIBL. Menjucq, *JCP N 1999, nº 20, p. 836* (l'incapable majeur en droit des affaires).

1. Mineur. Le mineur non commerçant, même autorisé par son père, ne peut valablement tirer une lettre de change, la nullité étant indépendante du préjudice subi par le mineur. • Civ. 19 févr. 1856 : *DP 1856. 1. 86* • Paris, 17 juill. 1894 : *DP 1895. 2. 25, note Thaller* • 27 avr. 1896 : *DP 1898. 2. 257, note Boistel* • Civ. 7 mars 1922 : *DP 1922. 1. 169* • Com. 28 oct. 1969 : *Bull. civ. IV, nº 318 ; Banque 1970. 706, obs. Marin* • Paris, 5 juin 1968 : *ibid. 1970. 926, obs. Marin ; JCP 1930. II. 16322, note Durry.*

2. Délit ou quasi-délit du mineur. Le mineur n'est pas restituable contre les obligations résultant de son délit ou quasi-délit. • Req. 15 nov. 1898 : *DP 1899. 1. 439 ; S. 1899. 1. 225, note Wahl ; Grands arrêts jurispr. com., nº 81, note Pédamon.* ♦ Le seul fait pour un mineur d'avoir donné son aval ne suffit pas à établir sa participation à un quasi-délit en l'absence de manœuvres. • Com. 28 oct. 1969 : *RTD com. 1970. 454, obs. Cabrillac et Rives-Lange ; Banque 1970. 706, obs. Marin.* ♦ Le mineur peut invoquer la nullité de son engagement lorsqu'il a agi avec légèreté ou imprudence. • Paris, 16 juill. 1894 : *DP 1895. 2. 25, note Thaller.*

3. Prodigue. Le prodigue ne peut tirer de lettres de change sans l'assistance de son curateur. • Civ. 1er août 1860 : *DP 1860. 1. 316* • Req. 3 avr. 1855 : *DP 1855. 1. 129* • Civ. 24 juin 1913 : *DP 1917. 139.*

4. Consommateur. V. ci-dessus la note ss. l'art. L. 511-5.

5. Nullité. L'incapable peut opposer son incapacité à tous, même au tiers porteur de bonne foi. • Civ. 19 févr. 1856 : *DP 1856. 1. 86* • Paris, 17 juill. 1894 : *DP 1895. 2. 25, note Thaller* • Paris, 10 nov. 1925 : *DP 1926. 2. 139, note H.L.* ♦ Le tribunal compétent pour prononcer la nullité d'une lettre de change tirée par un incapable est le tribunal civil si la nullité est soulevée par voie d'action et le tribunal de commerce si elle l'est par voie d'exception. • Civ. 23 mars 1857 : *DP 1857. 1. 126* • 9 août 1860 : *DP 1861. 5. 96.*

B. INDÉPENDANCE DES SIGNATURES

6. Inopposabilité au porteur de l'incapacité du tireur. Les personnes qui apposent leur signature sur la lettre de change après sa création ne peuvent, à l'égard du porteur, se prévaloir de l'incapacité du tireur, pour refuser le paiement. • Com. 21 déc. 1959 : *D. 1960. 262.*

7. Validité des obligations des autres signataires. Si la lettre de change ne porte pas la signature de la personne ayant la qualité indiquée sur le titre, les obligations des autres signataires n'en sont pas moins valables. • Com. 15 juin 1993 : *Bull. civ. IV, n° 247 ; D. 1993. IR 171.*

C. REPRÉSENTATION

8. Preuve du mandat. Il incombe à celui qui a apposé sa signature sur une lettre de change au nom d'une autre personne d'établir l'existence du mandat dont il se prévaut s'il entend échapper aux poursuites engagées contre lui en application de l'art. 114, al. 3 [C. com., art. L. 511-5, al. 3]. • Com. 30 juin 1992 : *Bull. civ. IV, n° 255.*

9. Mandat apparent. Le porteur de bonne foi d'un billet à ordre signé au nom d'une société n'est tenu de vérifier ni la signature apposée sur l'effet ni l'étendue des pouvoirs du signataire, la société étant engagée par la signature de son mandataire apparent, sauf à elle, d'établir être étrangère dans la formation de cette apparence de mandat. • Com. 9 mars 1999 *Bull. civ. IV, n° 57 ; D. Affaires 1999. 631, obs X.D. ; RD bancaire et bourse 1999. 94, obs. Crédot et Gérard.* – V. aussi Bonneau, *Dr. sociétés 1999. Chron. 10.* – Youego, *RD banc. fin 2000. 254.*

10. Administrateur judiciaire. Comp., pour l'inapplicabilité de l'art. 114, al. 3 [C. com., art. L. 511-5, al. 3], à un curateur à la suspension provisoire des poursuites investi d'une simple mission de surveillance : • Com. 24 juin 1980 : *Bull. civ. IV, n° 269 ; RTD com. 1981. 105, obs. Cabrillac et Rives-Lange.*

11. Absence de pouvoir. Quiconque appose sa signature sur une lettre de change comme représentant d'une personne pour laquelle il n'avait pas pouvoir d'agir est obligé cambiairement. • Com. 19 mars 1958 : *D. 1958. 354 ; RTD com. 1958. 580, obs. Becqué et Cabrillac ; Banque 1959. 509, obs. Marin* • 29 mars 1977 : *Bull. civ. IV, n° 98.* – V. aussi • Com. 15 juin 1993 : *préc. note 7.*

Art. L. 511-6 **Le tireur est garant de l'acceptation et du paiement.**

Il peut s'exonérer de la garantie de l'acceptation ; toute clause par laquelle il s'exonère de la garantie du paiement est réputée non écrite. – *[C. com., art. 115.]*

SECTION II **DE LA PROVISION**

Art. L. 511-7 **La provision doit être faite par le tireur ou par celui pour le compte de qui la lettre de change sera tirée, sans que le tireur pour compte d'autrui cesse d'être personnellement obligé envers les endosseurs et le porteur seulement.**

Il y a provision si, à l'échéance de la lettre de change, celui sur qui elle est fournie est redevable au tireur, ou à celui pour compte de qui elle est tirée, d'une somme au moins égale au montant de la lettre de change.

La propriété de la provision est transmise de droit aux porteurs successifs de la lettre de change.

L'acceptation suppose la provision.

Elle en établit la preuve à l'égard des endosseurs.

Qu'il y ait ou non acceptation, le tireur seul est tenu de prouver, en cas de dénégation, que ceux sur qui la lettre était tirée avaient provision à l'échéance ; sinon, il est tenu de la garantir, quoique le protêt ait été fait après les délais fixés. – *[C. com., art. 116.]*

BIBL. ▶ Grua, *D. 1986. Chron. 261.* – Jestaz, *RTD com. 1966. 886.* – Lacour, *Ann. dr. com. 1931. 5.* – Marty, *RTD com. 1978. 307.* – Vasseur, *D. 1985. Chron. 199.* – Parrot, *JCP E 1991. I. 58* (droits du porteur sur la provision d'une lettre de change non acceptée en cas de redressement judiciaire du tireur).

I. EXISTENCE DE LA PROVISION

1. Montant. La provision doit être au moins égale au montant de la traite et il n'y a pas provision si la dette du tiré est inférieure à la somme indiquée. • Com. 23 févr. 1983 : *Bull. civ. IV, n° 79. – Contra :* • Aix-en-Provence, 24 avr. 1981 : *D. 1982. 425, note J. Stoufflet.* ♦ Toutefois, le porteur de la lettre a un droit exclusif sur la provision, serait-elle inférieure au montant indiqué. • Civ. 19 janv. 1937 : *DH 1937. 145* • 23 sept. 1940 : *DH 1940. 157.* ♦ La créance du tireur sur un tiers autre que le tiré ne peut être assimilée à la provision. • Com. 23 févr. 1983 : *préc.*

2. Caractéristiques. Si la créance qui forme la provision n'est pas certaine, liquide et exigible, le tiré ne peut être contraint ni d'accepter, ni de payer. • Civ. 11 mai 1853 : *DP 1853. 1. 142.* ♦ Mais le porteur devient propriétaire de la provision à l'échéance, même si celle-ci n'est pas liquide et exigible, dès lors que la créance existe en son principe. • Com. 4 juin 1991 : *Bull. civ. IV, n° 208 ; D. 1991. IR 179.* ♦ C'est à la date de l'échéance que la provision doit exister. • Com. 24 mars 1969 : *Bull. civ. IV, n° 110 ; RTD com. 1969. 775, obs. Cabrillac et Rives-Lange* • 28 juin 1983 : *D. 1984. 444, note Endréo* • 27 oct. 1992 : *Bull. civ. IV, n° 324 ; D. 1993. Somm. 317, obs. Cabrillac.* ♦ Si la créance, exigible lors de l'émission, s'est éteinte avant l'échéance, la traite est sans provision. • Req. 24 janv. 1912 : *DP 1912. 1. 520* • Com. 24 mars 1969 : *préc.* ♦ Toutefois une créance dont le terme est postérieur à l'échéance du titre ou conditionnelle ou non liquidée se transmet au porteur. • Com. 3 mai 1976 : *Bull. civ. IV, n° 143* • 20 mars 1984 : *ibid., n° 108 ; RTD com. 1984. 697, obs. Cabrillac et Teyssié ; Banque 1984. 858, obs. Martin.*

3. Renonciation à la garantie du tireur. La renonciation d'une banque à la garantie du tireur quant à l'existence de la provision d'une lettre de change qu'elle a prise à l'escompte doit être expresse. • Com. 8 juill. 1997 : *Bull. civ. IV, n° 222 ; D. 1998. 427, note Goyet ; ibid. 1999. Somm. 150, obs. Cabrillac ; D. Affaires 1997. 1007.* ♦ L'engagement pris par une banque (selon lequel « si les effets reviennent impayés, elle ferait le nécessaire... ne débiterait pas le compte du tiré mais un compte interne à l'établissement ») emporte seulement renonciation de sa part à réclamer le montant des effets en cas de défaillance de la société tirée dans le paiement de sa dette, excluant ainsi son application en cas de défaut de fourniture de la provision par le tireur. • Même arrêt.

II. PREUVE DE LA PROVISION

4. Charge de la preuve. Conformément au droit commun de l'art. 1315 C. civ., c'est à celui qui invoque le bénéfice de la provision d'en rapporter la preuve. • Com. 22 nov. 1950 : *RTD com. 1951. 321, obs. Becqué et Cabrillac ; Banque 1950. 770, obs. Marin* • 4 janv. 1980 : *Bull. civ. IV, n° 4.* – V. aussi • Com. 8 juill. 1997 : *préc. note 3.* ♦ Un relevé d'identité bancaire ne saurait contenir aucune garantie concernant l'existence ou non d'une provision sur le compte. • Paris, 12 janv. 1990 : *RTD com. 1990. 618, obs. Cabrillac et Teyssié.*

5. Acceptation : relation tireur-tiré. L'acceptation établit une présomption simple d'existence de la provision dans les relations du tireur et du tiré. • Com. 16 juill. 1951 : *JCP 1951. II. 6513, note Lescot ; RTD com. 1952. 124, obs. Becqué et Cabrillac* • 14 mai 1958 : *D. 1958. 671* • 4 juill. 1966 : *D. 1967. 144 ; JCP 1967. II. 15037, note Lescot* • Paris, 29 nov. 1978 : *D. 1979. IR 277, obs. Cabrillac.* ♦ La charge de la preuve du défaut de provision incombe au tiré accepteur qui l'invoque. • Com. 4 janv. 1980 : *préc. note 4* • 4 juin 1991 : *Bull. civ. IV, n° 116* • 4 mai 1999 : *RJDA 1999, n° 834.* ♦ C'est au tiré, qui a accepté une lettre de change, assigné en référé en paiement d'une provision sur le montant de cet effet, qu'il incombe d'établir que l'obligation invoquée par le tireur est sérieusement contestable. • Com. 22 nov. 1994 : *Bull. civ. IV, n° 348.* ♦ V. aussi, sur le droit du tiré accepteur d'établir le défaut de provision pour écarter l'action du tireur, • Com. 22 mai 1991 : *Bull. civ. IV, n° 170 ; D. 1992. Somm. 339, obs. Cabrillac.*

6. Acceptation : relation tiers porteur-tiré. L'acceptation établit de même une présomption simple d'existence de la provision au profit d'un tiers porteur à l'égard du tiré accepteur. • Com. 12 juill. 1971 : *Gaz. Pal. 1971. 2. 759* • 4 janv. 1980 : *préc. note 4.* – Comp. : • Civ. 21 mars 1939 : *DC 1941. 68, note E. de Lagrange. – Contra :* • Req. 13 févr. 1928 : *DP 1928. 1. 13, note Chéron* • Paris, 26 mars 1960 : *D. 1960. Somm. 74.* ♦ Au cas d'acceptation partielle, la présomption ne joue qu'à concurrence du montant de l'acceptation. • Chambéry, 13 mai 1977 : *D. 1978. IR 84, obs. Cabrillac ; RTD com. 1977. 743.*

7. Rapport fondamental. Dès lors que le porteur de lettres de change rapporte la preuve de l'existence de la provision à l'échéance, le tiré invoquant une falsification de la signature portée sur les effets en vue de leur acceptation peut être condamné à payer le montant de celles-ci sans qu'il soit nécessaire de vérifier l'authenticité de ladite signature dans la mesure où la condamnation serait fondée non sur l'engagement cambiaire mais sur le rapport d'obligation fondamental ayant préexisté à la création des effets. • Com. 16 janv. 2001 : *Bull. civ. IV, nº 14 ; D. 2002. Somm. 2113, obs. Boujeka*.

III. TRANSFERT DE LA PROVISION

A. PORTÉE DU TRANSFERT DE LA PROVISION

8. *Application aux traites non acceptées.* La transmission de la provision au porteur s'opère pour les traites non acceptées comme pour celles qui ont été acceptées. • Civ. 18 janv. 1937 : *DH 1937. 145 ; S. 1937. 1. 89, note Rousseau*. – V. aussi Hécart, *D. 2003. 539* (réflexions à propos de la traite non acceptée). ♦ Pour des applications aux traites dites *pro forma*, V. • Com. 14 déc. 1970 : *D. 1972. 1, note Bouloc ; Banque 1971. 411, obs. Marin ; RTD com. 1971. 409, obs. Cabrillac et Rives-Lange* • 28 juin 1983 : *D. 1984. 444, note Endréo, et IR 264, obs. Vasseur* • 20 mars 1984 : *Banque 1984. 859, obs. Martin ; RTD com. 1984. 697, obs. Cabrillac et Teyssié* • Aix-en-Provence, 16 avr. 1969 : *JCP 1970. II. 16228, note Gavalda*. ♦ V. aussi note 14.

9. *Clause non acceptable.* La clause non acceptable n'exclut pas le transfert de la provision. • Com. 14 déc. 1970 : *préc. note 8*. – *Contra* : • Civ. 2 mars 1857 : *DP 1857. 1. 119*.

10. *Date.* La date du transfert de propriété est celle de la remise du titre au preneur. • Com. 20 mars 1962 : *JCP 1962. II. 12747, note Rives-Lange ; Banque 1962. 421, obs. Marin* • 5 juin 1965 : *ibid. 1965. 820* • 20 mars 1984 : *ibid. 1984. 859, obs. L. Martin ; RTD com. 1984. 697, obs. Cabrillac et Teyssié*. ♦ V. *contra*, pour un transfert à l'échéance de lettres non acceptées, • Com. 4 déc. 1984 : *D. 1985. 181, note Bénabent ; Banque 1985. 642, obs. Rives-Lange ; RTD com. 1985. 536, obs. Cabrillac et Teyssié ; JCP 1985. II. 20445, note Synvet*. – Et, sur renvoi, • Limoges, 11 janv. 1989 : *D. 1990. 79, note Dubois*. – V. aussi • Com. 4 juill. 1989 : *Bull. civ. IV, nº 211 ; D. 1991. 369, note Bloch ; RTD com. 1989. 693, obs. Cabrillac et Teyssié ; ibid. 1989. 741, obs. Martin-Serf ; JCP 1990. II. 21396 ; JCP E 1990. II. 15661, note Dubois*. – V. également Synvet, *JCP 1990. I. 3425*. – V. aussi • Com. 4 juin 1991 : *préc. note 2*.

Sur cette question, V. encore notes 15 et 16.

11. *Droits du tireur.* A défaut d'acceptation, le tireur a la faculté de réclamer au tiré le paiement de la créance de provision. • Com. 24 avr. 1972 : *D. 1972. 686, note Roblot* • 10 juill. 1973 : *Bull. civ. IV, nº 241 ; Banque 1973. 157* • 19 nov. 1973 : *Bull. civ. IV, nº 332 ; RTD com. 1975. 307, obs. Cabrillac et Rives-Lange* • 29 janv. 1974 : *Bull. civ. IV, nº 37 ; RTD com. 1975. 559, obs. Cabrillac et Rives-Lange*. ♦ La dette peut s'éteindre par compensation. • Com. 18 mars 1986 : *Bull. civ. IV, nº 50 ; D. 1987. Somm. 291, obs. Vasseur* • 7 oct. 1987 : *D. 1988. Somm. 51, obs. Cabrillac*. ♦ A l'échéance de la lettre de change, le tiré qui a connaissance de l'émission du titre ne peut plus s'acquitter valablement entre les mains du tireur. • Com. 4 oct. 1982 : *Bull. civ. IV, nº 290 ; D. 1983. IR 409, obs. Vasseur* • Aix-en-Provence, 25 mars 1977 : *D. 1978. IR 340, obs. Cabrillac*. – Comp. : • Com. 3 mai 1976 : *Bull. civ. IV, nº 143 ; JCP 1977. II. 18767, note Pierre-François*. ♦ En revanche, avant l'échéance, la seule connaissance par le tiré de l'émission, au cas de refus d'acceptation, n'a pas pour effet d'immobiliser la provision. • Com. 1er févr. 1977 : *Bull. civ. IV, nº 35* • 24 avr. 1972 : *D. 1973. 686, note Roblot*. ♦ Sur l'obligation du tiré non-accepteur de faire retour au porteur de l'effet que celui-ci lui avait envoyé pour acceptation, V. note 1 ss. art. L. 511-16. ♦ Sur l'affectation d'une provision à un effet, V. • Com. 28 févr. 1962 : *Bull. civ. III, nº 134*. ♦ Et sur les conflits entre porteurs de traites distinctes, V. • Rouen, 24 avr. 1845 : *S. 1847. 2. 65* • Civ. 2 mars 1857 : *S. 1857. 1. 510*.

12. *Saisie des créanciers du tireur.* Les créanciers du tireur ne peuvent saisir la créance de provision dès lors que la lettre de change a été émise. • Civ. 19 nov. 1850 : *DP 1854. 2. 286* • Com. 29 nov. 1982 : *Bull. civ. IV, nº 374 ; D. 1983. IR 246, obs. Cabrillac* • Montpellier, 21 mars 1951 : *RTD com. 1951. 549, obs. Becqué et Cabrillac* • Dijon, 23 mai 1973 : *ibid. 1973. 833, obs. Cabrillac et Rives-Lange*. ♦ V. aussi, au cas de saisie par les créanciers d'un endosseur, • Com. 3 nov. 1988 : *Bull. civ. IV, nº 286*.

13. *Procédure collective à l'encontre du tireur.* Si le jugement d'ouverture de la procédure de redressement judiciaire du tireur d'une lettre de change non acceptée n'a pas pour effet de consolider les droits du tiers porteur de celle-ci sur la provision, et n'empêche pas le tiré, pour la partie non acceptée de la créance, d'opposer la compensation jusqu'à l'échéance, il ne le peut que si les conditions de la compensation légale ont été réunies avant l'ouverture de la procédure collective ou, à défaut, s'il existe entre les dettes respectives du tireur et du tiré un lien de connexité et si le tiré a déclaré au passif du redressement judiciaire du tireur sa créance d'origine antérieure. • Com. 22 févr. 1994 : *Bull. civ. IV, nº 70 ; D. 1995. 27, note Honorat ; JCP 1994. II. 22267, rapp. Rémery*. – V. aussi • Nîmes, 22 sept. 1998 : *Banque et Droit janv.-févr. 1999. 59, obs. Guillot*. ♦ Sur l'influence de la déchéance du terme provoquée par l'ouverture d'une procédure de *faillite*, consolidant définitivement les droits du porteur, V. • Civ. 18 janv.

1937 : *DH 1937. 145 ; S. 1937. 1. 89, note Rousseau*. – Comp. : • Civ. 20 avr. 1873 : *DP 1873. 1. 459*. ♦ V. aussi, art. L. 643-1. ♦ Sur l'inopposabilité à la *masse* du tireur de la constitution d'une provision après l'émission de l'effet et en période suspecte, V. • Bordeaux, 28 juin 1960 : *D. 1961. 182, note A.C.* • Aix-en-Provence, 19 déc. 1974 : *D. 1975. 352, note Derrida ; RTD com. 1975. 329*. – V. art. L. 632-2.

14. Immobilisation de la provision. L'acceptation immobilise la provision au profit du porteur du titre. • Paris, 18 juin 1968 : *RTD com. 1969. 137*. – V. aussi note 1. ♦ La défense de s'acquitter de la provision faite par le porteur au tiré ou une saisie-arrêt entre les mains du tiré a les mêmes effets sur l'immobilisation de la provision que l'acceptation. • Com. 24 avr. 1972 : *D. 1972. 964, note Roblot ; RTD com. 1972. 964, obs. Cabrillac et Rives-Lange* • Paris, 14 avr. 1964 : *D. 1964. 725, note Goré*. ♦ Mais l'interdiction faite au tiré non accepteur, par le porteur d'une lettre de change, de payer toute autre personne que lui-même n'a plus de portée juridique lorsque le porteur ne rapporte pas la preuve de l'existence de la provision à la date d'échéance de l'effet. • Com. 3 mai 1995 : *D. 1996. 292, note Gibirila ; RJDA 1995, n° 1132 ; Rev. huiss. 1996. 323, note Bazin*.

B. CONFLITS

15. Conflit entre sous-traitant et porteur. **BIBL.** Talau, *JCP E 1999, n° 23, p. 996*. ♦ L'inopposabilité de la transmission de créance énoncée par l'art. 13-1 de la loi du 31 déc. 1975, ne s'applique pas aux endossements d'effets de commerce acceptés ou payés par le tiré. • Com. 18 nov. 1997 : *Bull. civ. IV, n° 295 ; RD bancaire et bourse 1998. 8, obs. Crédot et Gérard ; RTD com. 1998. 180, obs. Cabrillac ; Gaz. Pal. 18-19 août 1999, Somm. p. 20, obs. Peisse*. ♦ V., donnant la préférence au banquier escompteur, • Com. 18 févr. 1986 : *Bull. civ. IV, n° 20 ; D. 1986. IR 324, obs. Vasseur ; JCP 1987. II. 20730, note Synvet ; RTD com. 1987. 82, obs. Cabrillac et Teyssié* • 4 juill. 1989 : *préc. note 10* • Com. 29 mars 1994 : *RJDA 1994, n° 1020*. ♦ Comp., en cas de traite non acceptée, • Com. 4 déc. 1984 : *préc. note 10*. ♦ V. aussi, App., v° *Sous-traitance*, note 23 ss. l'art. 12 et l'art. 13-1 préc. de la L. n° 75-1334 du 31 déc. 1975.

Sur le conflit entre le sous-traitant et le cessionnaire d'un bordereau Dailly, V. App., v° *Banque et financement de l'entreprise*, notes 24 s. ss. art. L. 313-27 C. mon. fin.

16. Conflit entre cessionnaire d'un bordereau Dailly et porteur. V. note 20 ss. l'art. L. 313-27 C. mon. fin., App., v° *Banque et financement de l'entreprise*.

C. CESSION DE CRÉANCE DOUBLÉE DE L'ÉMISSION D'UNE TRAITE SUR LE DÉBITEUR CÉDÉ

BIBL. Cabrillac, *Rev. dr. bancaire 1987. 75*. – Guillot et Vangasse, *Banque 1991. 267*.

17. Émission de la lettre de change antérieure à la cession de la créance sur le tiré. Dès lors qu'au jour de la création des lettres de change, la société émettrice est encore titulaire de sa créance sur le tiré, qu'elle n'avait pas encore cédée selon les modalités de la loi « Dailly », et que les lettres de change ont été acceptées par le tiré, l'endossement de ces effets à l'ordre de la banque permet à celle-ci de bénéficier de l'inopposabilité cambiaire des exceptions, bien que ce transfert ait été postérieur à une cession de la même créance au profit de la même banque. • Com. 6 avr. 1999 : *Bull. civ. IV, n° 80 ; D. 2000. Somm. 461, obs. Martin ; D. Affaires 1999. 1215, obs. X. D. ; LPA 15 juin 1999, p. 10, obs. L. C. ; RJDA 1999, n° 717 ; RD bancaire et bourse 1999. 95, obs. Crédot et Gérard ; RTD com. 1999. 725, obs. Cabrillac*.

18. Émission de la lettre de change postérieure à la cession de la créance. Lorsqu'une cession de créance, qui opère transfert du patrimoine du cédant à celui du cessionnaire, précède l'émission d'une traite, le tireur cédant ne peut avoir tiré l'effet puis constitué la provision que pour le compte du cessionnaire. • Aix-en-Provence, 29 janv. 1992 : *Banque 1992. 425, obs. Rives-Lange*. ♦ Dès lors, quand le cessionnaire est également bénéficiaire de la lettre, il a en réalité la qualité de tireur bénéficiaire, si bien que, même s'il est de bonne foi, les exceptions tirées du rapport fondamental lui sont opposables par le tiré accepteur. • Même arrêt.

Dès lors que le tireur n'a émis l'effet que pour le compte du banquier cessionnaire, ce dernier n'a pas, dans ses rapports avec le tiré, la qualité de tiers porteur, mais celle de donneur d'ordre. Le client peut donc opposer à son banquier les exceptions fondées sur ses rapports personnels avec son cocontractant, peu important que le tiré ait accepté la lettre de change et que la cession de créance n'ait été effectuée qu'à titre de garantie. • Com. 29 nov. 1994 : *Bull. civ. IV, n° 353 ; JCP 1995. IV. 256 ; RTD com. 1995. 173, obs. Cabrillac*.

19. Incidence d'une acceptation antérieure à la notification de la cession. Un arrêt ne peut, pour rejeter la demande d'une banque en paiement d'une créance dont elle a notifié la cession à son profit au débiteur, retenir que ce dernier peut opposer au cessionnaire de la créance toutes les exceptions tirées de ses rapports avec le cédant, et en particulier le fait qu'il a déjà payé la facture par un règlement en valeur en acceptant des lettres de change, sans rechercher si les lettres de change ont été présentées au paiement par le tireur lui-même, resté porteur, auquel cas le tiré devait lui opposer la cession de créance dont il a antérieurement reçu notification, une telle exception étant inopposable à un tiers bénéficiaire d'endossements, • Com. 21 mars 1995 : *Bull. civ. IV, n° 96 ; D. 1996. Somm. 34, obs. Cabrillac ; RTD com. 1995. 626, obs. Cabrillac ; Rev. dr. bancaire 1995. 102, obs. Crédot et Gérard.* ♦ Sur l'opposabilité au cessionnaire Dailly de l'acceptation d'une traite, acceptation antérieure à la notification de la cession, présentée au paiement par un tiers porteur, V. aussi • Com. 3 mai 2000 : *D. 2000. AJ 324, obs. Faddoul ; RTD com. 2000. 985, obs. Cabrillac.* ♦ Peu importe tant son acceptation de la lettre de change émise en paiement de sa dette, le débiteur doit, à l'échéance, opposer à son créancier, porteur de l'effet, la notification qui lui a été faite de la cession de sa créance et, en ne le faisant pas, il s'expose à payer deux fois cette créance, V. • Com. 5 nov. 2002 : *RJDA 2003, n° 308.*

Il incombe au débiteur cédé d'apporter la preuve de l'antériorité de son acceptation de la lettre de change par rapport à la notification de la cession de créance pour pouvoir opposer à la banque cessionnaire l'exception de son engagement cambiaire. • Com. 7 mars 1995 : *Bull. civ. IV, n° 67 ; D. 1995. IR 126 ; RTD com. 1995. 626, obs. Cabrillac ; Banque juill.-août 1995, p. 94, obs. Guillot.* ♦ Le paiement effectué entre les mains du créancier initial par celui qui s'est engagé cambiairement, est opposable à l'affactureur, subrogé dans les droits du créancier initial, pourvu que l'engagement cambiaire ou le paiement soit intervenu avant la connaissance par le débiteur de cette subrogation. • Com. 26 mars 2000 : *Bull. civ. IV, n° 88.*

Comp., en ce sens que lorsque le débiteur accepte une lettre de change avant la notification de la cession, que cette cession intervienne dans le cadre d'un contrat d'affacturage ou dans celui de la loi Dailly du 2 janv. 1981, il appartient au cédant ou au cessionnaire d'assurer la restitution de la traite pour pouvoir imposer au débiteur, qui ne s'est pas engagé à le faire, de payer entre les mains du cessionnaire : • Aix-en-Provence, 13 sept. 1994 : *RJDA 1994, n° 1342.*

SECTION III **DE L'ENDOSSEMENT**

Art. L. 511-8 Toute lettre de change, même non expressément tirée à ordre, est transmissible par la voie de l'endossement.

Lorsque le tireur a inséré dans la lettre de change les mots « non à ordre » ou une expression équivalente, le titre n'est transmissible que dans la forme et avec les effets d'une cession ordinaire.

L'endossement peut être fait même au profit du tiré, accepteur ou non, du tireur ou de tout autre obligé. Ces personnes peuvent endosser la lettre à nouveau.

L'endossement doit être pur et simple. Toute condition à laquelle il est subordonné est réputée non écrite.

L'endossement partiel est nul.

L'endossement "au porteur" vaut comme endossement en blanc.

L'endossement doit être inscrit sur la lettre de change ou sur une feuille qui y est attachée et dénommée allonge. Il doit être signé par l'endosseur. La signature de celui-ci est apposée, soit à la main, soit par tout procédé non manuscrit.

L'endossement peut ne pas désigner le bénéficiaire ou consister en un endossement en blanc constitué par la simple signature de l'endosseur. Dans ce dernier cas, l'endossement, pour être valable, doit être inscrit au dos de la lettre de change ou sur l'allonge. — *[C. com., art. 117.]*

RÉP. COM. v^is *Endossement ; Escompte*, par GIBIRILA.

A. ENDOSSEMENT

1. Formes. La seule remise de la lettre de change en l'absence d'un endossement régulier ne saurait la transférer à celui qui la reçoit. • Com. 13 oct. 1970 : *Bull. civ. IV, n° 256* • 29 mai 1979 : *ibid., n° 179* • Paris, 19 déc. 1984 : *D. 1985. IR 419, obs. Cabrillac.* ♦ Le cachet commercial apposé sur la lettre de change pour endossement et comportant le nom de la société, son adresse et ses coordonnées téléphoniques ne peut tenir lieu de signature non manuscrite apposée par le procédé de la griffe. • Com. 25 avr. 2006 : *Bull. civ. IV, n° 98 ; D. 2006. AJ 1443, obs. Avena-Robardet ; JCP E 2006, n° 22, p. 970 ; RD banc. fin. 2006, n° 154, obs. Crédot et Samin ; Banque et Droit juill.-août 2006. 59, obs. Bonneau ; RJDA 2006, n° 945 ; Procédures 2006, n° 184, obs. Croze ; RLDA juill. 2006. 53, obs. Chemin-Bomben.* ♦ V. art. L. 511-9.

2. Endossement en blanc. Lorsque la lettre a été endossée en blanc, l'endossataire peut la remettre à un tiers, de la main à la main, sans remplir le blanc et sans l'endosser. • T. com. Seine, 4 juin 1935 : *Gaz. Pal. 1935. 2. 346.* – Comp. : • T. com. Angers, 12 avr. 1961 : *Banque 1962. 46, obs. Marin.*

3. Endossement partiel. Sur la nullité, V. • Crim. 5 mars 1956 : *JCP 1956. II. 9369, note Roblot.*

3 bis. Exclusion de l'endossement. Si la lettre de change est transmissible par endossement, il est, toutefois, possible d'exclure celui-ci par une clause expresse. • Com. 9 avr. 2013 : *D. 2013. Actu. 988, obs. Delpech ; JCP E 2013, n° 1254 ; BRDA 2013, n° 9, p. 7 ; RLDA mai 2013. 35, obs. Mauriès.*

4. Pouvoirs. Le fait qu'une lettre de change ait été endossée par le débiteur en état de cessation des paiements ne porte pas atteinte à la validité de l'endossement si, au moment de celui-ci, le signataire n'était pas encore soumis au dessaisissement. • Com. 18 juin 1979 : *Bull. civ. IV, n° 202 ; Banque 1979. 1504, obs. Marin.* – Comp. : • Req. 24 févr. 1936 : *S. 1936. 1. 223* • Douai, 17 févr. 1938 : *S. 1938. 2. 196.* ♦ V. aussi, art. L. 641-9.

5. Porteur légitime. V. note 1 ss. art. L. 511-11.

6. Lettre de change-relevé. Les dispositions de la loi du 13 mars 2000, qui ont consacré la valeur probante de l'écrit dématérialisé et validé la signature électronique, ne sauraient avoir pour effet de conférer à la lettre de change-relevé les effets juridiques de la lettre de change, notamment en ce qui concerne les recours cambiaires (Rép. min. n° 25110 : *JO Sénat Q 30 nov. 2000, p. 4087*).

B. ESCOMPTE

BIBL. Vasseur, *Banque 1982. 1458.* – Szulman, *Banque et Droit mai-juin 2000. 26* (bordereau de remise d'effet à l'escompte : nouvelle modalité d'endossement ?).

7. Portée de l'escompte. Le seul fait qu'un créancier ait tenté de se faire payer, en tirant des effets sur son débiteur et en les remettant à l'escompte, n'implique pas qu'il ait voulu renoncer au bénéfice de la compensation légale. • Com. 21 mars 1995 : *Bull. civ. IV, n° 95.*

8. Rémunération. Le mode inhabituel de la fixation de la rémunération prélevée par un endossataire régulier (somme forfaitaire inférieure à la valeur nominale des effets) ne le prive pas de ses droits cambiaires. • Com. 1er oct. 1996 : *Bull. civ. IV, n° 218 ; D. 1997. 225, note D. Martin ; D. Affaires 1996. 1325 ; JCP E 1996. II. 892, note Bonneau ; ibid. 1998, n° 9, p. 319, obs. Gavalda et Stoufflet ; RTD com. 1997. 124, obs. Cabrillac.*

9. Refus du banquier. Une banque peut refuser de prendre à l'escompte des lettres de change dès lors qu'elle n'a pu obtenir du remettant des renseignements utiles sur le tiré, cette demande ne revêtant pas un caractère abusif, V. • Com. 30 nov. 1999 : *Bull. civ. IV, n° 212 ; D. 2000. AJ 42, obs. V. A.-R. ; JCP E 2000, n° 27, p. 1087, obs. Gavalda et Stoufflet ; RD banc. fin. 2000, n° 7, obs. Crédot et Gérard.*

V. aussi notes ss. art. L. 511-9 et, sur la contrepassation par le banquier escompteur, notes 9 s. ss. art. L. 511-45.

Art. L. 511-9 I. — L'endossement transmet tous les droits résultant de la lettre de change.

II. — Si l'endossement est en blanc, le porteur peut :

1° Remplir le blanc, soit de son nom, soit du nom d'une autre personne ;

2° Endosser la lettre de nouveau en blanc ou à une autre personne ;

3° Remettre la lettre à un tiers, sans remplir le blanc et sans l'endosser. — *[C. com., art. 118.]*

1. Présomption d'endossement translatif. En l'absence de toute indication sur la nature de l'endossement, celui-ci est présumé translatif de propriété et un signataire antérieur peut se prévaloir de la situation apparente. • Com. 24 sept. 2002 : *Bull. civ. IV, n° 129 ; Banque et Droit janv.-févr. 2003. 59, obs. Bonneau ; JCP 2002. IV. 2743 ; LPA 9 janv. 2003, p. 4, obs. E.C. ; RJDA 2003, n° 63.* ♦ La mention d'endossement portée sans autre précision sur une lettre de change a un effet translatif au profit de l'endossataire dès lors que la preuve n'est pas rapportée d'une intention différente des parties. • Com. 3 mai 2000 : *Bull. civ. IV, n° 94 ; D. 2000. AJ 324, obs. Faddoul ; RD banc. fin. 2000, n° 182, obs. Crédot et Gérard.* ♦ V. aussi, • Paris, 27 mai 1983 : *D. 1984. IR 72, obs. Cabrillac* • Reims, 5 mai 1980 : *Banque 1981. 1047.*

2. Preuve contraire. Dans le cas de l'endossement translatif d'un effet de commerce, si le remettant et l'endossataire sont convenus que cet effet garantit l'exécution d'une obligation, et quoique les tiers soient fondés à se prévaloir du caractère translatif de l'endossement, l'endossataire est tenu envers le remettant selon ce qui a été convenu entre eux (à propos de billets à ordre). • Com. 14 mars 1989 : *D. 1989. IR 104.* ♦ La preuve contraire peut en être rapportée, mais ne saurait résulter de la pratique qualifiée d'escompte en banque. • Aix-en-Provence, 8 juill. 1977 : *JCP 1979. II. 19111, note Stoufflet.* ♦ V. art. L. 511-13.

3. Droits transmis. BIBL. Cabrillac, *Études Weill, Dalloz, Litec, 1983, p. 107.* ♦ L'endossement effectué par une personne n'ayant pas la qualité de porteur légitime est privé d'effet translatif. • Com. 14 oct. 1980 : *Bull. civ. IV, n° 333.* ♦ L'endossataire bénéficie, en principe, des sûretés qui garantissaient la provision, alors même qu'aucune mention n'en figurait sur le titre (billet à ordre). • Civ. 20 juin 1854 : *DP 1854. 1. 305* • Douai, 14 nov. 1901 : *DP 1903. 2. 158* • Colmar, 30 déc. 1850 : *DP 1854. 2. 145.*

V., pour la réserve de propriété, • Com. 11 juill. 1988 : *Bull. civ. IV, n° 241 ; D. 1988. IR 240 ; Gaz. Pal. 1988. 2. 672 ; RTD com. 1988. 656, obs. Cabrillac et Teyssié.* ♦ V. aussi, note 27 ss. art. L. 624-16.

L'opération d'escompte d'une lettre de change ne confère pas de plein droit à une banque le bénéfice d'un contrat d'assurance-crédit, destiné à garantir l'éventuelle insolvabilité du tiré, qui n'est pas l'accessoire de la lettre de change. • Com. 25 févr. 1992 : *Bull. civ. IV, n° 86 ; D. 1992. 349, note Gavalda ; Banque 1992. 530, obs. Rives-Lange.*

4. Date de l'endossement. V. note 2 ss. art. L. 511-14.

Art. L. 511-10 **L'endosseur est, sauf clause contraire, garant de l'acceptation et du paiement.**

Il peut interdire un nouvel endossement. Dans ce cas, il n'est pas tenu à la garantie envers les personnes auxquelles la lettre est ultérieurement endossée. – *[C. com., art. 119.]*

1. Clause interdisant un nouvel endossement. La clause par laquelle un endosseur interdit un nouvel endossement a pour effet de supprimer sa garantie envers les seules personnes auxquelles la lettre serait ultérieurement endossée. • Paris, 11 déc. 1984 : *RTD com. 1985. 330, obs. Cabrillac et Teyssié.*

2. Clause de non-garantie. La clause de non-garantie, si elle exonère le signataire de la responsabilité qui lui incombe au cas de défaillance du tiré, laisse subsister sa responsabilité au cas de nullité du titre et pour son fait personnel. • Civ. 31 juill. 1817 : *S. 1819. 1. 68* • 31 mai 1864 : *DP 1864. 1. 285* • Req. 3 févr. 1885 : *DP 1885. 1. 364.* – Comp. : art. 1693 **C. civ.**

3. Entrée en compte. Le recours en garantie ouvert à l'endossataire contre l'endosseur existe même si le montant de l'effet a été porté au compte courant existant entre eux, nonobstant le principe de novation dominant le fonctionnement de ce compte. • Civ. 24 janv. 1906 : *DP 1906. 1. 353, note Lacour.* – Comp. : • Com. 7 oct. 1963 : *Bull. civ. III, n° 391* • 23 févr. 1976 : *ibid. IV, n° 63 ; RTD com. 1976. 768, obs. Cabrillac et Rives-Lange.*

Art. L. 511-11 **Le détenteur d'une lettre de change est considéré comme porteur légitime s'il justifie de son droit par une suite ininterrompue d'endossements, même si le dernier endossement est en blanc. Les endossements biffés sont à cet égard réputés non écrits. Quand un endossement en blanc est suivi d'un autre endossement, le signataire de celui-ci est réputé avoir acquis la lettre par l'endossement en blanc.**

Si une personne a été dépossédée d'une lettre de change par quelque événement que ce soit, le porteur justifiant de son droit de la manière indiquée à l'alinéa précédent n'est tenu de se dessaisir de la lettre que s'il l'a acquise de mauvaise foi ou si, en l'acquérant, il a commis une faute lourde. – *[C. com. art. 120.]*

1. Porteur légitime. Le détenteur n'est pas porteur légitime s'il ne justifie pas de son droit par une suite ininterrompue d'endossements. • Com. 9 déc. 1968 : *D. 1968. Somm. 55* • 9 juin 1970 : *Bull. civ. IV, n° 192 ; RTD com. 1971. 402, obs. Cabrillac et Rives-Lange* • 24 nov. 1992 : *Bull. civ. IV, n° 370 ; D. 1993. Somm. 317, obs. Cabrillac* • 4 janv. 1994 : *RJDA 1994, n° 691.* ♦ Comp., pour un endossement de procuration : note 6. ♦ Pour attribuer la qualité de porteur légitime, l'endossement doit être signé avant la rédaction de l'acte de protêt. • Com. 10 janv. 1984 : *Bull. civ. IV, n° 10.* ♦ Comp. : notes ss. art. L. 511-9.

2. Erreur manifeste. Lorsqu'une erreur manifeste s'est produite dans la rédaction des endossements, la chaîne n'en est pas interrompue. • Com. 9 mars 1976 : *Bull. civ. IV, n° 85 ; RTD com. 1976. 754, obs. Cabrillac et Rives-Lange.* ♦ V. aussi, pour une différence minime (une lettre) entre la désignation du bénéficiaire et celle du premier endosseur, • Com. 30 mai 1995 : *RTD com. 1995. 815, obs. Cabrillac.*

3. Restitution de la lettre. La restitution de la lettre qui n'était pas accompagnée d'un biffage de l'endos, n'enlève pas à son auteur la qualité de porteur légitime. • Com. 5 mars 1956 : *JCP 1956. II. 9369 ; RTD com. 1956. 477, obs. Becqué et H. Cabrillac.*

4. Endossement biffé. S'agissant d'endossements biffés, les annulations portées sur les originaux des lettres de change ne concernant pas les endos originels, le banquier escompteur doit être considéré comme porteur légitime de ces effets. • Com. 1er oct. 1996 : *RJDA 1997, n° 87.*

5. Remise postérieure. La personne qui n'est pas en possession de la lettre endossée au porteur ou en blanc au moment du protêt ne peut acquérir la qualité de porteur légitime par une remise postérieure. • Req. 28 mars 1944 : *D. 1945. 1, note Percerou ; JCP 1945. II. 2790, note Lescot.*

6. Dépossession. Au cas où une lettre de change tirée sur une personne et acceptée par cette dernière a été dérobée au tireur par un individu qui l'a endossée à l'ordre d'un tiers en contrefaisant la signature du tireur, il convient, pour accueillir ou rejeter l'action en paiement du porteur contre le tiré accepteur, de rechercher si le porteur était ou non de bonne foi. • Com. 21 déc. 1959 : *D. 1960. 262.* – V. Roblot, note ss. • T. com. Seine, 26 janv. 1956 : *JCP 1956. II. 9502* • Com. 13 mars 1957 : *Gaz. Pal. 1957. 2. 93 ; RTD com. 1957. 980, obs. Becqué et Cabrillac* (à propos d'un porteur qui ne peut être de bonne foi si dans la chaîne des endossements s'insère un endossement de procuration). ♦ V. art. L. 511-31 et L. 511-34.

Art. L. 511-12 **Les personnes actionnées en vertu de la lettre de change ne peuvent pas opposer au porteur les exceptions fondées sur leurs rapports personnels avec le tireur ou avec les porteurs antérieurs, à moins que le porteur, en acquérant la lettre, n'ait agi sciemment au détriment du débiteur.** – *[C. com., art. 121.]*

BIBL. ► BOUTERON, *Gaz. Pal. 1955. 1. Doctr. 1.* – DAIGRE, *RTD com. 1977. 651.* – DIENER, *D. 1977. Chron. 17.* – DUGUET et LAMARCHE, *LPA 1979, nos 123 et 283.* – FANGAIN, *Gaz. Pal. 1974. 2. Doctr. 601.* – MARIN, *Banque 1963. 542.* – REUTER, *RTD com. 1974. 439.*

I. INOPPOSABILITÉ DES EXCEPTIONS

1. Domaine : exclusion des recours non cambiaires. La règle prévue par l'art. 121 [C. com., art. L. 511-42] n'est pas applicable dans le cas où le tireur est actionné par le tiré ou par le bénéficiaire originaire de la lettre de change qu'il a reçue du tireur en échange d'une contrepartie fournie en espèces ou autrement ; dans ces deux cas la dette cambiaire reste conditionnée par le rapport préexistant qui lui sert de cause et si ce rapport se trouve éteint par paiement ou compensation, le rapport cambiaire fondé sur lui disparaît également. • Paris, 16 déc. 1986 : *D. 1987. IR 12.*

A. PERSONNES PROTÉGÉES

2. Bénéficiaire de la traite. La qualité de tiers porteur a été reconnue au bénéficiaire de la traite, qui est le plus souvent le banquier escompteur. • Com. 21 avr. 1970 : *D. 1970. 612.* ♦ Sur la contre-passation d'un effet par le banquier escompteur, V. • Com. 24 janv. 1967 : *Bull. civ. IV, n° 43* • 21 avr. 1970 : *D. 1970. 612.* ♦ Sur la contre-passation, V. aussi notes 9 s. ss. art. L. 511-45.

3. Transmission successorale. Au cas de transmission successorale d'une lettre de change, l'héritier n'a que les mêmes droits que le *de cujus* à l'égard du débiteur cambiaire. • Com. 5 févr. 1958 : *Bull. civ. III, n° 60 ; RTD com. 1958. 792, obs. Becqué et Cabrillac.*

4. Garant. Le garant qui a payé la lettre de change peut invoquer le bénéfice de l'art. 121 [C. com., art. L. 511-12]. • Req. 8 févr. 1932 : *S. 1932. 1. 27* • Com. 11 avr. 1962 : *D. 1962. 366.*

5. Affacturage. La qualité de mandataire du vendeur pour l'émission de la lettre de change, ensuite acceptée, fait, sauf mauvaise foi de sa part, bénéficier une société d'affacturage, en sa qualité de porteur de l'effet, de l'inopposabilité des exceptions ; en revanche, si ladite société était déjà, lors de l'émission, subrogée dans les droits du vendeur, cette qualité serait incompatible avec celle de mandataire de ce dernier pour la mobilisation d'une créance déjà transmise. • Com. 6 avr. 1993 : *Bull. civ. IV, n° 139 ; D. 1993. IR 129.*

Sur l'opposabilité des exceptions à un cessionnaire d'une créance professionnelle bénéficiaire d'une lettre de change émise, ultérieurement à la cession, par le cédant sur le débiteur cédé, V. notes 17 s. ss. art. L. 511-7.

6. Injonction de payer exécutoire. Lorsqu'une injonction de payer devenue exécutoire a été prononcée en vertu de lettres de change acceptées, l'autorité de la chose jugée s'oppose à ce que le tiers porteur soit, dans une instance ultérieure, privé du bénéfice de l'inopposabilité des exceptions attaché à l'action cambiaire. • Com. 19 mai 1992 : *Bull. civ. IV, n° 192 ; RTD com. 1992. 644, obs. Cabrillac et Teyssié.*

B. EXCEPTIONS INOPPOSABLES

7. Vice touchant l'ordre public. L'inopposabilité des exceptions s'applique même au cas où le vice invoqué touche l'ordre public, telle une clause de garantie de change illicite. • Civ. 1er juill. 1931 : *DP 1932. 1. 12, note Laurent.* ♦ Dans le même sens, pour la nullité d'une convention contraire à l'art. 1840 CGI (dissimulation d'une partie du prix de vente d'un immeuble) : • Com. 31 janv. 1978 : *D. 1978. IR 337, obs. Cabrillac* • 18 mai 1978 : *Bull. civ. IV, n° 137.*

8. Modification de l'échéance. Jugé que, lorsque la mauvaise foi, au sens de l'art. 121 [C. com., art. L. 511-12], de la banque endossataire n'est pas établie, il ne saurait lui être fait utilement grief d'avoir modifié unilatéralement la mention de l'échéance par la mention « à vue » ou encore celle du montant par la simple addition de celui des frais de retour, dès lors que ces modifications ont été effectuées après présentation à l'échéance originaire et retour des effets impayés et qu'elles ne modifient pas les rapports juridiques entre les parties, la banque étant libre de présenter à nouveau au paiement les effets en cause, et en droit de réclamer les frais de retour, par application de l'art. 152 [C. com., art. L. 511-45]. • Nancy, 30 oct. 1991 : *JCP 1992. IV. 2480.*

9. Exemples d'exceptions inopposables. Ont été déclarées inopposables au porteur : l'absence de provision. • Com. 12 déc. 1966 : *Bull. civ. III, n° 489* • 4 nov. 1975 : *ibid. IV, n° 258.* ♦ ... L'extinction de la dette. • Aix-en-Provence, 19 janv. 1976 : *D. 1977. IR 191.* – V aussi, pour des traites dont le montant a été, suite à une erreur informatique, réglé directement par le tireur au bénéficiaire, • Rouen, 18 sept. 1997 : *JCP E 1998, n° 41, p. 1570.* ♦ De même, est inopposable au banquier qui a acquis l'effet, l'exception tirée d'une erreur sur la cause de son acceptation par le tiré. • Com. 2 juill. 1969 : *Banque 1969. 926, obs. Marin ; JCP 1970. II. 16427, note Langlois.* – Comp. : • Civ. 25 mai 1894 : *DP 1894. 1. 447* • Amiens, 7 févr. 1894 : *DP 1895 2. 437.* ♦ N'est pas recevable la demande du tiré qu'il soit sursis au paiement de la lettre de change jusqu'au résultat d'une plainte par lui déposée contre le tireur pour escroquerie et abus de confiance. • Com. 2 juill. 1991 : *Bull. civ. IV, n° 249.* ♦ En revanche, l'incapacité d'un souscripteur peut être invoquée par l'incapable contre tout porteur. • Paris, 17 juill. 1894 : *DP 1895. 2. 25, note Thaller* • 27 avr. 1896 : *DP 1898. 2. 257, note Boistel* • 10 nov. 1925 : *DP 1925 2. 139, note N.L.* ♦ Sauf convention contraire, le tireur d'une lettre de change acceptée, tenu par sa signature cambiaire d'une obligation indépendante, ne peut opposer au porteur la non exécution du titre obtenu par ce dernier contre le tiré. • Com. 20 févr. 2007 : *Bull. civ. IV, n° 54 ; D. 2007. 2646, note Matsopoulou ; ibid. AJ 865, obs. Delpech ; D. 2008. Pan. 883, obs. D. R. Martin ; RTD com. 2007. 422, obs. Legeais ; JCP E 2007, n° 15, p. 17 ; LPA 25 avr. 2008, note Despaquis ; RD banc. fin. 2007, n° 92, obs. Crédot et Samin ; Banque et Droit juill.-août 2007. 16, obs. Bonneau ; RJDA 2007, n° 887 ; RLDA mai 2007. 38, obs. Chemin-Bomben.*

10. Absence d'avis du défaut de paiement. Sur l'inefficacité d'une exception tirée de l'absence d'avis du défaut de paiement de l'effet, prévu à l'art. L. 511-42, V. note 1 ss. cet art.

II. EXCEPTIONS OPPOSABLES

A. MAUVAISE FOI DU PORTEUR

11. Définition. Par l'expression finale de l'art. 121 [C. com., art. L. 511-12], le législateur a réservé le cas où le porteur a eu conscience, en consentant à l'endossement du titre à son profit, de causer un dommage au débiteur cambiaire par l'impossibilité où il le met de se prévaloir, vis-à-vis du tireur et d'un précédent endosseur, d'un moyen de défense issu de ses relations avec ces derniers. • Com. 26 juin 1956 : *JCP 1956. II. 9600, note Roblot ; RTD com. 1957. 146, obs. Becqué et H. Cabrillac ; Gaz. Pal. 1956. 2. 331 ; Grands arrêts jurispr. com., n° 85, note P. Lagarde* • 2 févr. 1976 : *JCP 1977. II. 18714, note Gavalda* • 9 juill. 1979 : *D. 1980. 265, note Vasseur.*

12. Personne morale. S'agissant d'une personne morale, la mauvaise foi est appréciée en la personne de ses représentants légaux et non d'un simple préposé. • Com. 15 juill. 1975 : *Bull. civ. IV, n° 206.*

13. Date d'appréciation. C'est au moment de l'acquisition du titre par le porteur que la mauvaise foi doit être appréciée. • Req. 11 mars 1935 : *DH 1935. 210* • Com. 22 janv. 1974 : *D. 1974. 408* • 30 janv. 1979 : *Bull. civ. IV, n° 38 ; Banque 1979. 1502, obs. Martin* • 30 mai 1983 : *D. 1984. IR 72, obs. Cabrillac* • 31 janv. 1984 : *Bull. civ. IV, n° 46* • 13 janv. 1987 : *D. 1987. Somm. 291, obs. Vasseur* • 8 juill. 1997 : *D. Affaires 1997. 1120* • Rennes, 8 juill. 1998 : *JCP E 2000, n° 27, p. 1079, obs. Belleil.* ♦ V. aussi • Com. 18 avr. 2000 : *RJDA 2000, n° 796.*

Sur l'obligation, en cas d'escomptes successifs du même titre, de se placer à la date du dernier escompte et non à la date d'acquisition initiale du titre, V. • Paris, 15 févr. 1989 : *cité note 16.*

14. Preuve. La preuve de la mauvaise foi peut être rapportée par tout moyen. • Req. 19 oct. 1938 : *Gaz. Pal. 1938. 2. 897* • Com. 12 juill. 1971 : *ibid. 1971. 2. 759 ; RTD com. 1972. 127, obs. Cabrillac et Rives-Lange* • 13 janv. 1982 : *Bull. civ. IV, n° 15* • T. com. Paris, 16 déc. 1981 : *D. 1982. IR 410, obs. Vasseur.* ♦ Sur l'obtention d'une expertise, malgré les termes de l'art. 182 [C. com., art. L. 511-81], V. • Com. 2 déc. 1974 : *Bull. civ. IV, n° 309. – Contra* : • Com. 14 juin 1971 : *JCP 1973. II. 17310, note Groslière.*

15. Appréciation souveraine des juges du fond. L'appréciation de la mauvaise foi relève du pouvoir souverain des juges du fond. • Req. 29 avr. 1947 : *JCP 1947. II. 3602, note Lescot* • Com. 2 févr. 1976 : *ibid. 1977. II. 18714, note Gavalda* • 9 juill. 1979 : *D. 1980. 265, note Vasseur* • 18 janv. 1982 : *Bull. civ. IV, n° 22 ; D. 1982. IR 409, obs. Vasseur.* ♦ ... Qui n'ont d'autre obligation que celle d'étayer leur position (rapport d'expertise). • Com. 17 mars 2004 : *RJDA 2004, n° 1035.* ♦ Jugeant que la cour d'appel aurait dû rechercher, ainsi qu'elle y était invitée, si la banque avait rejeté les « paiements fournisseurs » dès le lendemain de la date à laquelle elle a escompté les lettres de change, et si ce fait ne démontrait pas qu'elle savait ou devait savoir, lors de l'escompte, que la société se trouvait dans une situation irrémédiablement compromise, V. • Com. 18 janv. 2011 : *Gaz. Pal. 2011. 469, obs. Houin-Bressand ; ibid. 1048, obs. Bonhomme.*

16. Mauvaise foi caractérisée : exemples. La mauvaise foi est caractérisée dès lors que le créancier sait que la provision ne pourra être fournie au tiré. • Com. 9 juill. 1979 : *préc. note 11* • 4 nov. 1982 : *Bull. civ. IV, n° 330* • Paris, 28 janv. 1992 : *D. 1992. IR 130.* – V. aussi • Versailles, 1er mars 1990 : *D. 1991. Somm. 219, obs. Cabrillac.* ♦ Le banquier est de mauvaise foi dès lors que, au moment où il escompte la lettre de change acceptée, il sait qu'existe un litige sérieux et persistant sur la validité de la vente. • Paris, 15 févr. 1989 : *D. 1989. IR 89.* ♦ Lorsque le banquier escompteur avait connaissance d'un dépassement d'objet social réalisé sur la base du rapport fondamental, il doit être considéré comme ayant agi sciemment au détriment du tiré. • Com. 25 juin 1985 : *Rev. sociétés 1985. 829, note Daigre ; D. 1985. IR 419, obs. Cabrillac.* ♦ Dès lors que l'examen des mouvements sur le compte bancaire d'une société en liquidation confirme que l'établissement bancaire ne pouvait ignorer ni l'importance du solde débiteur du compte ni le caractère irrémédiable des difficultés financières de sa cliente, l'établissement bancaire ne peut être considéré comme porteur de bonne foi au sens de l'art. L. 511-12 et ne peut obtenir règlement de la lettre de change qu'il avait escomptée. • Lyon, 19 avr. 2007 : *BICC 15 juill. 2007, n° 1582.*

V. aussi, sur la mauvaise foi résultant de la connaissance : du recours par le tireur à des effets de cavalerie et de la fréquente circulation d'effets sans provision dans le but de masquer des déficits croissants, • Com. 9 avr. 1996 : *D. Affaires 1996. 685.* ♦ ... De la situation désespérée du tireur : • Com. 10 juin 1997 : *ibid. 1997. 900 ; RTD com. 1997. 485, obs. Cabrillac* • Rennes, 8 juill. 1998 : *JCP E 2000, n° 27, p. 1079, obs. Belleil* • Douai, 6 oct. 2005 : *BICC 2006, n° 124.* ♦ Pour un arrêt se référant au fait que le banquier a déclaré sa créance au redressement judiciaire du remettant, V. • Com. 21 mai 1996 : *RTD com. 1996. 500, obs. Cabrillac.*

17. Mauvaise foi non établie : exemples. La seule négligence ou même l'imprudence d'un créancier cambiaire n'est pas assimilable à la mauvaise foi. • Com. 27 avr. 1985 : *Bull. civ. IV, n° 139* • Caen, 11 juin 1971 : *Banque 1971. 1037* • Orléans, 28 févr. 1979 : *D. 1980. 265, note Vasseur.* – V. aussi • Com. 20 févr. 1990 : *Bull. civ. IV, n° 46* • 8 janv. 1991 : *ibid., n° 11 ; D. 1991. Somm. 218, obs. Cabrillac* • 20 mai 2003 : *RJDA 2003, n° 1237.* ♦ La simple connaissance par le créancier de la situation financière obérée du débiteur cambiaire ne suffit pas à caractériser la mauvaise foi. • Com. 18 juin 1979 : *Banque 1979. 1504, obs. Marin* • 1er juill. 1980 : *Bull. civ. IV, n° 283* • 24 mars 1992 : *ibid., n° 130 ; D. 1992. Somm. 340, obs. Cabrillac* (connaissance de l'utilisation par le remettant de traites en blanc préacceptées et des difficultés de celui-ci) • 18 mai 1993 : *Bull. civ. IV, n° 191* • 28 nov. 1995 : *Rev. huiss. 1996. 706, note Courtier ; LPA 24 juill. 1996, note Gibirila* • 16 janv. 1996 : *Rev. huiss. 1996. 710, note*

Courtier • T. com. Nantes, 29 sept. 1997 : *JCP E 1999, n° 4, p. 168, obs. Belleil.* ♦ La connaissance de la cessation des paiements du tireur n'implique pas nécessairement que le banquier escompteur était informé au jour de l'escompte que la provision n'était pas et ne serait pas constituée au jour de l'échéance. • Paris, 17 nov. 1992 : *JCP E 1993. Pan. 47.* ♦ L'obligation prévue à l'art. 11-6 du règlement intérieur national des barreaux, selon laquelle l'avocat ne peut recevoir un paiement par lettre de change que si celle-ci est acceptée par le tiré, client de l'avocat, est une règle de nature déontologique éventuellement passible de sanctions disciplinaires qui ne peut priver le porteur de ses recours cambiaires, dès lors qu'il n'est pas allégué qu'en l'acquérant dans de telles conditions il aurait agi de mauvaise foi. • Com. 6 déc. 2011 : *Bull. civ. IV, n° 198 ; D. 2012. 536, note Lasserre Capdeville ; ibid. Actu. 27, obs. Delpech ; JCP E 2011, n° 1924 ; Gaz. Pal. 2012. 386, obs. Houin-Bressand ; Dr. et proc. avr. 2012, suppl. 14, obs. Piedelièvre ; RJ com. mars-avr. 2012. 36, note Deharo ; Banque et Droit mars-avr. 2012. 18, obs. Bonneau ; RDC 2012. 441, obs. Libchaber.* – Sur cet arrêt, V. aussi Boujeka, *D. 2012. 2103* (droit cambiaire et déontologie des avocats).

La mauvaise foi de la banque n'est pas établie par les remplacements successifs de lettres de change résultant d'une libre négociation entre les parties, ni par la date de l'escompte, opéré quelques jours avant le jugement déclaratif de redressement judiciaire. • Versailles, 16 mars 1994 : *D. 1994. IR 115.* ♦ ... Ni par le seul fait que l'escompte porte sur des effets de commerce à plus de 90 jours. • Paris, 15 févr. 1989 : *préc. note 13.*

18. *Conséquences de la mauvaise foi.* L'exception de défaut de provision d'une lettre de change peut être invoquée contre un porteur de mauvaise foi, non seulement pour s'opposer à une action en paiement, mais aussi afin de restitution du montant d'un paiement antérieur. • Com. 18 oct. 1994 : *Bull. civ. IV, n° 294 ; D. 1994. IR 252 ; RTD com. 1995. 163, obs. Cabrillac .* ♦ La perte des recours cambiaires, en conséquence de la mauvaise foi de la banque, n'est pas exclusive de l'octroi de dommages-intérêts pour réparer le préjudice en découlant dont pourrait justifier le débiteur tiré. • Même arrêt.

B. EXCEPTIONS PERSONNELLES

19. *Défaut de provision.* Le tiré peut opposer au tireur resté porteur de la lettre de change le défaut de provision. • Req. 13 mai 1942 : *JCP 1942. II. 1935* • 26 mai 1942 : *ibid.* • Com. 3 juin 1966 : *RTD com. 1967. 205, obs. Cabrillac et Rives-Lange* • 4 juill. 1966 : *ibid.*

20. *Signature contrefaite.* S'il est établi par l'instruction pénale que la signature du tiré, portée sous les mentions d'acceptation de plusieurs lettres de change, a été imitée et contrefaite, ce dernier n'ayant par conséquent souscrit aucune obligation cambiaire et pouvant à ce titre opposer les exceptions résultant de ses rapports personnels avec le tireur au banquier escompteur, la juridiction civile doit surseoir à statuer sur l'action en recouvrement de la traite. • Com. 2 déc. 1997 : *Bull. civ. IV, n° 321 ; D. 1998. IR 13 .*

21. *Opposabilité d'une clause attributive de compétence résultant du rapport fondamental.* Dès lors qu'au tireur resté porteur d'une lettre de change le tiré accepteur peut opposer les exceptions nées du rapport fondamental, le tireur, qui exerce à l'encontre du débiteur l'action cambiaire, est lui-même fondé à se prévaloir d'une clause d'attribution de compétence résultant de ce même rapport. • Com. 5 mars 1991 : *Bull. civ. IV, n° 96 ; D. 1991. IR 88 ; RTD com. 1991. 263, obs. Cabrillac et Teyssié .*

Art. L. 511-13 Lorsque l'endossement contient la mention "valeur en recouvrement", "pour encaissement", "par procuration", ou toute autre mention impliquant un simple mandat, le porteur peut exercer tous les droits dérivant de la lettre de change, mais il ne peut endosser celle-ci qu'à titre de procuration.

Les obligés ne peuvent, dans ce cas, invoquer contre le porteur que les exceptions qui seraient opposables à l'endosseur.

Le mandat renfermé dans un endossement de procuration ne prend pas fin par le décès du mandant ou la survenance de son incapacité.

Lorsqu'un endossement contient la mention "valeur en garantie", "valeur en gage" ou toute autre mention impliquant un nantissement, le porteur peut exercer tous les droits dérivant de la lettre de change, mais un endossement fait par lui ne vaut que comme un endossement à titre de procuration.

Les obligés ne peuvent invoquer contre le porteur les exceptions fondées sur leurs rapports personnels avec l'endosseur, à moins que le porteur, en recevant la lettre, n'ait agi sciemment au détriment du débiteur. – *[C. com., art. 122.]*

A. ENDOSSEMENT DE PROCURATION

1. *Preuve.* Malgré l'absence sur le titre d'une clause contraire, l'endosseur d'une traite a la faculté de prouver qu'il n'avait donné qu'un endossement de procuration, une telle preuve pouvant être rapportée, s'agissant des rapports entre l'endosseur et l'endossataire, par tous moyens. • Com. 3 mai 1971 : *Bull. civ. IV, n° 119 ; RTD com. 1972. 127, obs. Cabrillac et Rives-Lange* • Aix-en-Provence, 8 juill. 1977 : *JCP 1979. II. 19111, note Stoufflet.* ♦ Mais, une lettre de change ayant été endossée à l'ordre d'une banque sans aucune mention la désignant comme simple mandataire à des fins d'encaissement et son montant ayant été porté au crédit du compte du tireur, d'où il n'avait pas été contrepassé, un arrêt retient justement que la banque est propriétaire de l'effet et accueille sa demande en paiement contre le tiré accepteur. • Com. 25 févr. 1992 : *Bull. civ. IV, n° 90 ; RJDA 1992, n° 621.* ♦ Comp., cassant, pour violation des art. 117 et 122 [C. com., art. L. 511-8 et L. 511-13], l'arrêt qui, pour condamner le client d'une banque à payer à celle-ci le montant d'une lettre de change qu'il lui avait remise et qui était restée impayée à son échéance, retient que l'effet litigieux a fait l'objet, le jour de sa remise, d'un bordereau d'escompte, que son montant a été porté au crédit du compte du client, que cette opération figurait sur le relevé de ce compte avec le libellé « escompté », qu'il apparaissait donc que la lettre de change avait été remise pour escompte et non pour encaissement et qu'à tout le moins, le client avait ratifié l'opération d'escompte réalisé, sans rechercher si les mentions portées sur la lettre de change révélaient l'existence d'un endossement ayant transmis à la banque la propriété de l'effet : • Com. 27 févr. 1990 : *Bull. civ. IV, n° 56 ; RTD com. 1991. 73, obs. Cabrillac et Teyssié.* ♦ Sur une inscription en compte courant, V. note 3 ss. art. L. 511-10.

2. *Portée de la mention « valeur en recouvrement ».* Une cour d'appel ne peut condamner le tiré d'une lettre de change acceptée à payer le montant de cet effet sans répondre à ses conclusions soutenant que celui-ci n'avait pu être endossé que par procuration compte tenu de la mention « valeur en recouvrement » qu'il comportait conformément aux règles du droit cambiaire. • Com. 30 janv. 1996 : *Bull. civ. IV, n° 29 ; RTD com. 1996. 300, obs. Cabrillac* (tireur ayant endossé l'effet après avoir caché la mention à l'escompte). ♦ Il revient à la cour d'appel de rechercher, comme il lui était demandé, si la mention « valeur en recouvrement » n'était pas l'un des éléments de la formule apposée par la banque, endossataire, pour assurer en cas de circulation du titre, le recouvrement à son profit. • Com. 30 oct. 2007 : *RJDA 2008, n° 323.*

3. *Durée.* Le mandat ne prend pas fin au cas de *liquidation des biens* de l'endosseur. • Civ. 20 avr. 1948 : *D. 1948. 375 ; RTD com. 1948. 698, obs. Houin.*

4. *Exceptions opposables.* L'endossataire d'une lettre de change à titre de procuration n'acquiert pas la propriété du titre et peut donc se voir opposer par le débiteur cambiaire toutes les exceptions que ce débiteur pourrait faire valoir contre l'endosseur. • Com. 24 sept. 2002 : *RJDA 2003, n° 62.* ♦ Comp., jugeant que le débiteur cambiaire ne peut opposer à l'endossataire les exceptions nées de ses rapports personnels avec ce dernier. • Civ. 8 avr. 1856 : *DP 1856. 1. 201* • Req. 12 janv. 1869 : *DP 1872. 1. 125.*

5. *Obligations de l'endossataire.* L'endossataire est responsable à l'égard de l'endosseur du préjudice à lui causé par une mauvaise exécution de son mandat. • Com. 21 nov. 1966 : *Banque 1967. 270* • Paris, 19 févr. 1987 : *D. 1987. IR 57.* ♦ Sur l'exonération par la force majeure, V. • Com. 12 juin 1979 : *Bull. civ. IV, n° 195* (grève du personnel). ♦ En l'absence de faute lourde de sa part, l'endossataire peut écarter sa responsabilité par l'effet de clauses exclusives ou limitatives. • Civ. 7 juill. 1864 : *S. 1865. 1. 23* • 4 janv. 1910 : *S. 1911. 1. 521, note Bourcart* • Paris, 9 juill. 1980 : *RJ com. 1981. 301, note Delebecque ; Banque 1981. 1452, obs. Martin* • T. com. Compiègne, 2 juill. 1982 : *ibid. 1982. 1468, obs. Martin.* ♦ Lorsque l'endossataire n'a encaissé qu'une partie des titres remis, il doit restituer les titres impayés, sous peine de dommages-intérêts et il n'a droit qu'aux frais et honoraires concernant les titres encaissés. • Req. 6 déc. 1921 : *DP 1922. 1. 56.* ♦ Sur la limitation des pouvoirs de l'endossataire au cas de perte de l'effet, V. • Com. 13 mars 1957 : *Gaz. Pal. 1957. 2. 93 ; RTD com. 1957. 980, obs. Becqué et H. Cabrillac.* ♦ Sur la responsabilité du banquier endossataire, V. aussi note 4 ss. art. L. 511-49.

6. *Perte ou vol de l'effet.* V. note 2 ss. art. L. 511-34.

B. ENDOSSEMENT PIGNORATIF

7. *Preuve.* V. notes 1 et 2 ss. art. L. 511-9. ♦ Comp., jugeant que la mise en gage d'un effet de commerce peut être établie, conformément à l'art. 91, al. 1er, C. com. [C. com., art. L. 521-1, al. 1er], par tous moyens, • Com. 20 juin 1972 : *Bull. civ. IV, n° 200 ; RTD com. 1972. 966, obs. Cabrillac et Rives-Lange.* – V. aussi art. L. 521-1, al. 2. ♦ La banque qui a reçu des lettres de change du tireur sans qu'elles soient endossées à son profit, mais qui lui en a versé la contrepartie, comme s'il y avait eu escompte, n'est pas en droit d'exercer l'action cambiaire contre le tiré-accepteur et ne saurait non plus exercer une action en enrichissement sans cause contre ce dernier. • Paris, 19 déc. 1984 : *D. 1985. IR 419, obs. Cabrillac.*

8. Validité des endossements pignoratifs successifs. Le tireur qui, ayant été porteur de la lettre de change, l'avait endossée à titre pignoratif et qui en redevient ultérieurement porteur, puisqu'il est demeuré propriétaire de l'effet qui revient entre ses mains et que le précédent endossement en garantie a cessé de produire effet, peut ainsi procéder valablement à un nouvel endossement pignoratif. • Com. 21 avr. 1975 : *D. 1975. Somm. 86 ; Bull. civ. IV, n° 109 ; RTD com. 1975. 870, obs. Cabrillac et Rives-Lange.*

9. Transmission des droits incorporés dans le titre. La transmission d'une lettre de change s'effectue pour les effets acceptés comme pour ceux non acceptés, à la date de la remise du titre au preneur ou de son endossement. • Com. 29 nov. 1982 : *D. 1983. IR 246, obs. Cabrillac.*

10. Droits de l'endossataire. L'endossataire peut, quelle que soit la nature du prêt (dette civile) constituant la cause de l'endossement, exercer tous les droits dérivant de la lettre de change et en poursuivre le recouvrement. • Com. 26 janv. 1971 : *Bull. civ. IV, n° 24 ; RTD com. 1971. 1051, obs. Cabrillac et Rives-Lange.* ♦ L'endossataire n'est pas astreint à recourir à la procédure de droit commun de réalisation du gage. • Paris, 4 janv. 1965 : *Banque 1965. 193, obs. Marin* • Chambéry, 6 juin 1966 : *JCP 1967. II. 15174, obs. Lescot.* ♦ Comp., au cas de règlement judiciaire de l'endosseur, • T. com. Nice, 23 nov. 1976 : *D. 1977. 219, note F.D.*

11. Absence de présentation à l'encaissement. La banque n'est pas tenue de présenter à l'encaissement des lettres de change qui lui ont été remises par un client comme garantie supplémentaire du remboursement de l'avance qu'elle lui a consentie en mobilisant ses créances sur un acheteur étranger par l'escompte de billets à ordre, alors qu'il est également constaté que le client devait assurer lui-même le recouvrement de ses factures. • Com. 15 févr 1994 : *RJDA 1994, n° 827.*

12. Exceptions inopposables. Au cas d'endossement pignoratif, les obligés de la lettre de change ne peuvent invoquer contre le porteur de bonne foi les exceptions fondées sur leurs rapports personnels avec le tireur. • Civ. 13 mars 1933 : *DH 1933. 252* • Com. 20 juin 1972 : *Banque 1972. 1155* • 31 mai 1976 : *D. 1976. IR 260* • 29 nov. 1982 : *préc. note 9* • Chambéry, 6 juin 1966 : *JCP 1967. II. 15174, note Lescot* • T. com. Seine, réf., 14 juin 1966 : *RJ com. 1966. 341.* ♦ Il suffit pour qu'il soit de mauvaise foi, au sens de l'art. 122, al. 5 [C. com., art. L. 511-13, al. 5], que le porteur, en acquérant les effets, ait eu conscience de causer un dommage au débiteur. • Com. 13 mai 1981 : *Bull. civ. IV, n° 227.*

Art. L. 511-14 **L'endossement postérieur à l'échéance produit les mêmes effets qu'un endossement antérieur. Toutefois, l'endossement postérieur au protêt faute de paiement, ou fait après l'expiration du délai fixé pour dresser le protêt, ne produit que les effets d'une cession ordinaire.**

Sauf preuve contraire, l'endossement sans date est censé avoir été fait avant l'expiration du délai fixé pour dresser le protêt.

Il est défendu d'antidater les ordres à peine de faux. – *[C. com., art. 123.]*

1. Opposabilité des exceptions. En cas d'endossement consenti après protêt faute de paiement ou après l'expiration du délai pour dresser protêt, la créance est valablement transmise au cessionnaire, mais sans que joue l'inopposabilité des exceptions à l'égard de l'endosseur. • Com. 13 oct. 1970 : *Bull. civ. IV, n° 265* • 27 juin 1977 : *ibid. IV, n° 184* • Poitiers, 11 déc. 1963 : *Banque 1965. 121, obs. Marin ; JCP 1964. II. 1310, note Lescot* • Paris, 23 avr. 1964 : *Banque 1965. 122, obs. Marin* • 22 juin 1966 : *D. 1967. 95* • Riom, 5 mai 1980 : *Banque 1981. 1047.* ♦ L'endossement transmet cependant à l'endossataire les droits de l'endosseur sans qu'il soit besoin de procéder à la formalité de l'art. 1690 C. civ. • Paris, 22 juin 1966 : *D. 1967. 95.* – Comp. : • Com. 25 juin 1974 : *Bull. civ. IV, n° 204.* ♦ L'art. 123 [C. com., art. L. 511-14] n'est pas applicable à un endossement postérieur au protêt pour lequel la remise de l'effet n'est que la conséquence d'un paiement imposé à un garant. • Montpellier, 4 févr. 1982 : *D. 1983. IR 44, obs. Cabrillac.*

2. Preuve de la date. Le débiteur cambiaire peut rapporter la preuve par tout moyen que l'endossement est postérieur à l'expiration du délai de protêt. • T. com. Seine, 19 mars 1959 : *Gaz. Pal. 1959. 2. 36 ; RTD com. 1959. 908, obs. Becqué et Cabrillac ; Banque 1960. 48.* ♦ Au cas où il ne serait pas fait mention dans le protêt de la signature de l'endosseur, celui qui en conteste le contenu ne peut que le faire selon la procédure d'inscription de faux. • Com. 10 janv. 1984 :

Bull. civ. IV, nº 10 ; D. 1985. IR 32, obs. Cabrillac ; RTD com. 1984. 491, obs. Cabrillac et Teyssié. ♦ Comp., pour l'endossement en blanc ou au porteur : note 5 ss. art. L. 511-11.

SECTION IV DE L'ACCEPTATION

Art. L. 511-15 La lettre de change peut être, jusqu'à l'échéance, présentée à l'acceptation du tiré, au lieu de son domicile, par le porteur ou même par un simple détenteur.

Dans toute lettre de change, le tireur peut stipuler qu'elle devra être présentée à l'acceptation, avec ou sans fixation de délai.

Il peut interdire dans la lettre la présentation à l'acceptation, à moins qu'il ne s'agisse d'une lettre de change payable chez un tiers ou d'une lettre payable dans une localité autre que celle du domicile du tiré ou d'une lettre tirée à un certain délai de vue.

Il peut aussi stipuler que la présentation à l'acceptation ne pourra avoir lieu avant un terme indiqué.

Tout endosseur peut stipuler que la lettre devra être présentée à l'acceptation, avec ou sans fixation de délai, à moins qu'elle n'ait été déclarée non acceptable par le tireur.

Les lettres de change à un certain délai de vue doivent être présentées à l'acceptation dans le délai d'un an à partir de leur date.

Le tireur peut abréger ce dernier délai ou en stipuler un plus long.

Ces délais peuvent être abrégés par les endosseurs.

Lorsque la lettre de change est créée en exécution d'une convention relative à des fournitures de marchandises et passée entre commerçants, et que le tireur a satisfait aux obligations résultant pour lui du contrat, le tiré ne peut se refuser à donner son acceptation dès l'expiration d'un délai conforme aux usages normaux du commerce en matière de reconnaissance de marchandises.

Le refus d'acceptation entraîne de plein droit la déchéance du terme aux frais et dépens du tiré. – *[C. com., art. 124.]*

BIBL. ▶ CHANTEUX-BUI, *RTD com. 1978. 707* (refus d'acceptation). – NGUYEN XUAN CHANH, *D. 1979. Chron. 77* (déchéance des droits du porteur).

1. Traite non acceptée. Sur la nature de lettre de change d'une traite dite « *pro forma* », stipulée non acceptable, V. • Com. 15 déc. 1986 : *JCP E 1987. I. 16123 ; RTD com. 1987. 223, obs. Cabrillac et Teyssié.* – Comp. : • Com. 28 juin 1983 : *D. 1984. 444, note Endréo ; RTD com. 1984. 115, obs. Cabrillac et Teyssié* (jugeant qu'une traite « *pro forma* » non acceptable ne peut garantir à une société son droit sur la provision représenté par un billet à ordre).

2. Refus d'acceptation. Si le refus par le tiré d'accepter une lettre de change rend immédiatement exigible, en vertu de l'art. 124, dernier *al. [C. com., art. L. 511-15], la créance que le tireur* a contre le tiré, ce refus n'a pas pour effet de modifier l'échéance de la lettre de change. • Com. 1er févr. 1977 : *Bull. civ. IV, nº 35 ; D. 1977. IR 398, obs. Vasseur.* – Comp. : • Aix-en-Provence, 7 janv. 1982 : *Banque 1982. 528 ; RTD com. 1982. 268, obs. Cabrillac et Teyssié.*

3. Lettre de change-relevé-papier. Pour un arrêt considérant que la lettre de change-relevé-papier est susceptible d'être acceptée, V. • Com. 30 juin 1998 : *Bull. civ. IV, nº 212 ; D. 1999. Somm. 150, obs. Cabrillac ; D. Affaires 1998. 1448, obs. X. D. ; Gaz. Pal. 20-24 août 1999, p. 14, obs. Guével.*

4. Fourniture de marchandises. Pour un exemple de lettre de change créée en exécution d'une convention portant sur la fourniture de marchandises dans le cadre de relations entre une centrale d'achat et ses fournisseurs, V. • T. com. Lille, 18 nov. 2004 : *Lettre distrib. juin 2006, p. 4.*

5. Négligence du tiré. Il y a lieu de faire droit à la demande de dommages et intérêts formée par une banque contre le tiré non accepteur, tant sur le fondement de l'art. 124, al. 8 [C. com., art. L. 511-15, al. 8], que sur celui de l'art. 1382 C. civ. lorsque les juges constatent souverainement que si le tiré avait renvoyé les effets aussitôt après leur réception, la banque aurait eu la possibilité d'en contrepasser le montant en temps utile. • Com. 8 janv. 1979 : *D. 1980. IR 135, obs. Cabrillac.* ♦ La passivité ou le retard du tiré dans l'acceptation peut fonder une condamnation à dommages et intérêts, si du moins la causalité est suffisante entre le retard et le préjudice subi par le banquier. • Com. 12 févr. 1974 : *JCP 1975. II. 17961, note Cabrillac* • 26 mars 1974 : *D. 1974. Somm. 99* • 12 mai 1976 : *D. 1976. IR 229* • 8 janv. 1979 : *préc.* • Amiens, 5 janv. 1976 : *D. 1976. Somm. 56 ; RTD com. 1976. 157* • Aix-en-Provence, 7 janv. 1982 : *Banque 1982. 528, obs. Martin ; RTD com. 1982. 268.*

Art. L. 511-16 **Le tiré peut demander qu'une seconde présentation lui soit faite le lendemain de la première. Les intéressés ne sont admis à prétendre qu'il n'a pas été fait droit à cette demande que si celle-ci est mentionnée dans le protêt.**

Le porteur n'est pas obligé de se dessaisir, entre les mains du tiré, de la lettre présentée à l'acceptation. – *[C. com., art. 125.]*

1. Restitution de l'effet. Le tiré, non accepteur d'une lettre de change, a l'obligation de restituer au banquier escompteur le titre que celui-ci lui a envoyé pour acceptation. En retournant l'effet au tireur et en payant le montant à celui-ci avant l'échéance prévue, sans en informer la banque, le tiré commet à l'égard de cette dernière, privée ainsi de la possibilité de se faire payer par le tireur, mis entre-temps en redressement judiciaire, une faute de nature à engager sa responsabilité. V. • Com. 13 oct. 1992 : *Bull. civ. IV, n° 302 ; RJDA 1992, n° 1162.*

2. Réexpédition postale. Le tiré qui réexpédie la lettre au porteur par pli non recommandé n'est pas responsable du dommage résultant de la perte de ce pli. • Com. 20 déc. 1954 : *JCP 1955. II. 8551* • 4 mars 1968 : *JCP 1969. II. 15777, note Gavalda.*

Art. L. 511-17 **L'acceptation est écrite sur la lettre de change. Elle est exprimée par le mot « accepté » ou tout autre mot équivalent et est signée du tiré. La simple signature du tiré apposée au recto de la lettre vaut acceptation.**

Quand la lettre est payable à un certain délai de vue ou lorsqu'elle doit être présentée à l'acceptation dans un délai déterminé en vertu d'une stipulation spéciale, l'acceptation doit être datée du jour où elle a été donnée, à moins que le porteur n'exige qu'elle soit datée du jour de la présentation. A défaut de date, le porteur, pour conserver ses droits de recours contre les endosseurs et contre le tireur, fait constater cette omission par un protêt dressé en temps utile.

L'acceptation est pure et simple, mais le tiré peut la restreindre à une partie de la somme.

Toute autre modification apportée par l'acceptation aux énonciations de la lettre de change équivaut à un refus d'acceptation. Toutefois, l'accepteur est tenu dans les termes de son acceptation. – *[C. com., art. 126.]*

I. CONDITIONS DE L'ACCEPTATION

A. CONDITIONS DE FOND

1. Qualité pour accepter. Ont qualité pour accepter des traites : le dirigeant d'une société commerciale personnalisée et l'employé qui dispose d'un mandat apparent et alors surtout qu'il fait précéder sa signature du cachet de la société. • Paris, 19 janv. 1937 : *Gaz. Pal. 1937. 1. 638* • T. com. Marseille, 29 avr. 1969 : *Banque 1969. 616, obs. Marin ; RTD com. 1969. 772, obs. Cabrillac et Rives-Lange.* ♦ ... Le liquidateur représentant une société dissoute. • Paris, 17 janv. 1931 : *JCP 1931. 834.* ♦ ... Le *syndic de faillite* qui continue l'exploitation. • Lyon, 21 oct. 1932 : *Journ. faillites 1933. 232* • 12 avr. 1933 : *ibid.* ♦ En revanche, la société demeure étrangère à l'acceptation donnée par le frère du gérant qui n'avait pas ce pouvoir de représentation, cette société étrangère à l'apparence alléguée ne pouvant être recherchée sur le fondement d'un mandat apparent • Com. 27 mai 1974 : *D. 1977. 421, note Arrighi.* ♦ Comp., pour l'acceptation donnée par un associé sans pouvoir, • Com. 29 mars 1977 : *RTD com. 1977. 555, obs. Cabrillac et Rives-Lange.* ♦ Aucune indication de la lettre de change ne permettant au tireur de considérer que l'acceptation avait été souscrite en représentation d'une personne morale, il ne peut être fait grief à une cour d'appel d'avoir condamné l'accepteur au paiement des effets. • Com. 18 janv. 1994 : *RJDA 1994, n° 689.*

Sur l'acceptation par intervention, V. art. L. 511-66.

Sur le paiement par le domiciliataire, V. notes 9 et 10 ss. art. L. 511-2.

2. Société en formation. Après avoir constaté que le signataire de l'acceptation d'une lettre de change n'était pas désigné en qualité de tiré et que la banque ne pouvait pas ignorer qu'il avait souscrit la mention d'acceptation en qualité de mandataire, puis considéré que la société tirée avait repris les engagements contractés par celui-ci avant qu'elle n'acquière la personnalité morale, une cour a retenu à bon droit que ledit signataire n'était pas tenu personnellement au paiement de l'effet. • Com. 15 juin 1993 : *Bull. civ. IV, n° 246 ; Dr. sociétés 1993, n° 198, note Bonneau ; Gaz. Pal. 1993. 2. Pan. 267.*

3. Vérifications. Le banquier escompteur qui recueille l'acceptation d'un effet tiré sur une personne morale n'a pas à vérifier les pouvoirs du signataire. • Com. 5 févr. 1985 : *Banque 1985. 522, obs. Rives-Lange* • 23 mai 1989 : *D. 1989. IR 183 ; Banque 1989. 1086, obs. Rives-Lange* • 13 déc. 1994 : *Bull. civ. IV, n° 378 ; Rev. dr. bancaire 1995. 101, obs. Crédot et Gérard.* ♦ Comp., sur la mauvaise foi du banquier qui avait connaissance d'un dépassement d'objet social réalisé sur la base du rapport fondamental, • Com. 25 juin 1985 : *Rev. sociétés 1985. 829, note Daigre ; D. 1985. IR 419, obs. Cabrillac.*

Dans le cas où une société dénie l'authenticité d'une signature portée sur une lettre de change, aux fins d'acceptation, et entend ainsi exclure qu'elle émane d'un mandataire, même apparent, ce titre doit être soumis à vérification, ce dont résulte une contestation sérieuse, excluant la compétence du juge des référés. • Com. 17 oct. 1995 : *Rev. huiss. 1996. 465, note Hesbert.*

4. Date. Sauf en ce qui concerne les traites visées à l'al. 2 de l'art. 126 [C. com., art. L. 511-17, al. 2], l'indication de la date n'est pas obligatoire. • Civ. 13 nov. 1895 : *DP 1896. 1. 267* • Req. 2 juin 1930 : *S. 1931. 1. 373.* ♦ Sur l'absence de date de l'acceptation, au cas de conflit avec un cessionnaire de créance professionnelle, V. • T. com. Paris, 13 déc. 1988 : *RTD com. 1990. 230, obs. Cabrillac et Teyssié ; RJ com. 1990. 33, note Gallet.* ♦ V. aussi notes 17 s. ss. art. L. 511-7.

5. Portée. L'acceptation doit être pure et simple, aussi constitue une réserve prohibée, l'acceptation donnée « sans préjudice de la procédure en cours ». • Com. 2 juin 1950 : *D. 1951. 293 ; RTD com. 1951. 550 ; Banque 1951. 703, obs. Marin* • 18 janv. 1955 : *D. 1955. 188, note Goré ; JCP 1955. II. 8602, note Lescot* • 14 oct. 1959 : *Banque 1960. 48, obs. Marin.* ♦ L'accepteur qui modifie les énonciations de la lettre de change lors de son acceptation est tenu dans les termes de son acceptation. V. • Com. 2 juin 1950 : *préc.* ♦ Au cas d'acceptation moyennant report d'échéance, le recours contre le tireur après le non-paiement à l'échéance reportée, reste possible malgré l'absence d'information du tireur de cette acceptation conditionnelle dans les formes et délais de l'art. 149 [C. com., art. L. 511-42]. • Com. 18 janv. 1955 : *D. 1955. 188, note Goré.* ♦ En associant son acceptation à une livraison impérative à une certaine date expressément portée sur l'effet, la société tirée n'a pas accepté cet effet, dans la mesure où une acceptation conditionnelle n'existe pas. • Paris, 28 oct. 1999 : *D. 2000. AJ 54.*

B. CONDITIONS DE FORME

6. Recto. La simple signature du tiré apposée au recto de la lettre vaut acceptation, peu important qu'elle ait été apposée en dehors du cadre pré-imprimé destiné à la recevoir. • Com. 3 mai 2006 : *Bull. civ. IV, n° 107 ; D. 2007. Pan. 764, obs. D.-R. Martin ; D. 2006. AJ 1526, obs. Avena-Robardet ; JCP E 2006, n° 51-52, p. 2197, note Zollinger ; Banque et Droit sept.-oct. 2006. 46, obs. Bonneau ; RJDA 2006, n° 1166 ; RLDA juill. 2006. 52, obs. Chemin-Bomben.* ♦ Si la signature apposée au recto n'est pas celle de celui que la lettre désigne comme tiré, elle ne peut exprimer qu'un engagement d'aval. • Com. 24 févr. 1965 : *Gaz. Pal. 1965. 1. 336 ; RTD com. 1965. 437, obs. Becqué et H. Cabrillac.*

7. Acte séparé. Donnée par acte séparé, l'acceptation est dépourvue de tout effet cambiaire et ne saurait constituer qu'une promesse de paiement obligeant l'accepteur selon le droit commun. • Com. 22 févr. 1954 : *D. 1954. 311 ; Banque 1954. 244, obs. Marin ; RTD com. 1954. 367, obs. Becqué et H. Cabrillac* • Montpellier, 13 janv. 1950 : *JCP 1950. II. 5624 ; Banque 1950. 301, obs. Marin ; RTD com. 1950. 247, obs. Houin.* ♦ V. art. L. 511-20, al. 2.

II. EFFETS DE COMPLAISANCE

8. Cause licite. Des effets ont une cause licite et valable dès lors que des lettres missives démontrent le caractère réel du crédit qu'une société entendait donner à une autre et qu'elle se préoccupait, avant l'échéance, du règlement des traites à défaut du tiré et prenait des engagements fermes et précis auprès du banquier escompteur. • Com. 27 oct. 1954 : *Gaz. Pal. 1954. 2. 418 ; RTD com. 1955. 105, obs. Becqué et H. Cabrillac* • 23 juin 1971 : *D. 1972. 175 ; JCP*

1972. II. 17040, note Gavalda • 25 oct. 1976 : *D. 1977. IR 23* • Aix-en-Provence, 18 févr. 1976 : *D. 1977. IR 192.*

9. Lettre non causée. Le bénéficiaire d'une traite est débouté à bon droit de sa demande en paiement formée contre le tireur lorsque la traite n'a été souscrite par celui-ci que pour faciliter le règlement d'un découvert du tiré vis-à-vis du bénéficiaire et lorsqu'en souscrivant la traite, il n'a nullement entendu garantir la dette d'autrui. • Civ. 16 juill. 1928 : *S. 1929. 1. 57, note Lescot ; Grands arrêts jurispr. com., n° 84, obs. Rolland* • 17 mars 1942 : *JCP 1942. II. 1905, note Lescot.* ♦ Dans le même sens, s'agissant de l'émission d'un billet à ordre, V. • Orléans, 7 oct. 1999 : *JCP E 2000, n° 29, p. 1161.* ♦ Dès lors que les sommes demandées par la banque le sont au titre de fausses traites et de lettres de change de complaisance et non causées, faits pour lesquels le dirigeant de la société débitrice a été condamné pénalement, et que le cautionnement n'a pas été consenti en garantie de dettes de nature délictuelle, la demande en paiement dirigée contre la caution doit être rejetée. • Com. 26 juin 2001 : *D. 2001. AJ 2512 ; RD banc. fin. 2001, n° 183, obs. Legeais.*

10. Portée de la nullité de l'effet de complaisance. La nullité de l'effet de complaisance n'est pas opposable au tiers porteur de bonne foi. • Civ. 28 juin 1929 : *S. 1929. 1. 350* • Req. 11 mars 1935 : *DH 1935. 210.* ♦ Mais la simple connaissance par le tiers de la finalité de l'effet suffit à caractériser la mauvaise foi. • Civ. 3 nov. 1932 : *Gaz. Pal. 1932. 1. 40* • Com. 11 mars 1959 : *Bull. civ. III, n° 132* • 21 juin 1977 : *ibid. IV, n° 177.* ♦ V., sur les droits de la *masse des créanciers*, qui n'a pas la qualité de tiers, au cas de *règlement judiciaire* du tireur, • Com. 8 janv. 1979 : *Bull. civ. IV, n° 7 ; D. 1979. IR 276, obs. Cabrillac ; ibid. 307, obs. Derrida.* – Comp. : art. L. 511-12. ♦ La nullité est une nullité d'ordre public. • Riom, 3 mars 1932 : *DP 1934. 2. 84, note Pic.*

11. Action en répétition. Le tiré accepteur qui a payé le porteur est en droit d'exercer une action *de in rem verso* contre le tireur *in bonis.* • Req. 21 mars 1910 : *DP 1912. 1. 281, note Lacour* • Nancy, 14 mars 1952 : *JCP 1952. II. 7233, note Toujas.* – V. *contra,* • Req. 28 juin 1891 : *DP 1892. 1. 336.* ♦ La nullité d'une convention d'escompte d'effets de complaisance ouvre au profit du banquier escompteur qui n'a pu agir contre le tiré une action en répétition à l'encontre du remetteur. • Com. 21 juin 1977 : *D. 1978. 113, note Lucas de Leyssac.*

12. Infractions pénales. Sur la qualification d'escroquerie, V. • Crim. 19 juill. 1934 : *Gaz. Pal. 1934. 2. 723* • 3 nov. 1983 : *Bull. crim. n° 277* • 20 juin 1983 : *ibid. n° 189 ; RTD com. 1984. 492, obs. Cabrillac et Teyssié.* ♦ Sur la qualification de banqueroute, V. art. L. 654-2. ♦ Pour un arrêt considérant qu'en l'absence de toute autre circonstance la remise à l'escompte de lettres de change dépourvues de cause et qui n'ont pas été acceptées par les tirés ne constitue pas le délit de faux ces effets ne revêtant pas la qualité de documents faisant titre, V. • Crim. 5 nov. 1998 : *Bull. crim., n° 288 ; D. 1999. Somm. 150, obs. Cabrillac ; ibid. 2000. 431, note Djoudi ; D. Affaires 1999. 476, obs. X. D.*

Art. L. 511-18 **Quand le tireur a indiqué dans la lettre de change un lieu de paiement autre que celui du domicile du tiré, sans désigner un tiers chez qui le paiement doit être effectué, le tiré peut l'indiquer lors de l'acceptation. A défaut de cette indication, l'accepteur est réputé s'être obligé à payer lui-même au lieu du paiement.**

Si la lettre est payable au domicile du tiré, celui-ci peut, dans l'acceptation, indiquer une adresse du même lieu où le paiement doit être effectué. – *[C. com., art. 127.]*

1. Domiciliation. V. art. L. 511-1.

2. Paiement par le domiciliataire. V. notes 9 et 10 ss. art. L. 511-2. ♦ V. aussi note 3 ss. art. L. 511-27.

Art. L. 511-19 **Par l'acceptation, le tiré s'oblige à payer la lettre de change à l'échéance.**

A défaut de paiement, le porteur, même s'il est le tireur, a contre l'accepteur une action directe résultant de la lettre de change pour tout ce qui peut être exigé en vertu des articles L. 511-45 et L. 511-46. – *[C. com., art. 128.]*

1. Inopposabilité des exceptions. L'accepteur étant tenu d'un engagement direct, ne peut opposer au porteur les exceptions qu'il pouvait opposer au tireur ou à l'endosseur et la règle de l'inopposabilité peut être invoquée par le premier porteur avant tout endossement du titre. • Com. 7 oct. 1963 : *RTD com. 1964. 366, obs. Becqué et H. Cabrillac* • 24 janv. 1967 : *Bull. civ. IV, n° 43* • 21 avr. 1970 : *Banque 1971. 94, obs. Marin.* ♦ Par l'acceptation de lettres de change émises sur lui, le tiré s'oblige directement et personnellement à payer les effets à leur échéance à tout porteur légitime, même si la propriété de la provision n'a pas été transmise au porteur. • Com. 13 mai 1986 : *Bull. civ. IV, n° 88 ; JCP 1986. IV. 206* • 24 mai 1994 : *RJDA 1994, n° 1175.* – V. aussi • Com. 19 mai 1992 : *Bull. civ. IV, n° 192.* ♦ Sur la mauvaise foi, V. art. L. 511-12.

2. Tireur-porteur. L'action cambiaire dirigée par le tireur resté porteur d'une lettre de change contre le tiré accepteur s'efface devant le rapport fondamental extérieur au titre né d'une convention préalable entre les parties, les moyens de défense personnels pouvant alors être opposés par le débiteur cambiaire. • Req. 13 mai 1942 : *JCP 1942. II. 1935, note Lescot* • 26 mai 1942 : *DC 1943. J. 86, note Chéron* • Com. 26 juill. 1948 : *JCP 1948. II. 4536, note Toujas ; Banque 1949. 134, obs. Marin* • 15 juill. 1975 : *Bull. civ. IV, n° 201 ; RTD com. 1976. 161.* ♦ Il y a lieu d'accorder au tireur-porteur le paiement de la lettre de change sans surseoir à statuer en raison d'une demande reconventionnelle. • Com. 14 juin 1971 : *JCP 1973. II. 17310, note Groslière ; RTD com. 1972. 128, obs. Cabrillac et Rives-Lange.*

3. Droits du porteur. Sur la créance de provision, V. art. L. 511-7. ♦ Dans l'hypothèse où la propriété de la provision ne serait pas passée au porteur (constitution par le tireur en *faillite* pendant la période suspecte), le porteur n'en a pas moins le droit de réclamer au tiré accepteur l'exécution de son engagement cambiaire envers lui. • Civ. 21 mars 1939 : *DH 1941. 68, note de Lagrange.* – Comp. : • Com. 13 mai 1986 : *préc. note 1.*

4. Affacturage. Considérant que le paiement effectué entre les mains du créancier initial par celui qui s'est engagé cambiairement, est opposable à l'affactureur, subrogé dans les droits du créancier initial dès lors que l'engagement cambiaire ou le paiement est intervenu avant la connaissance par le solvens de la subrogation, V. • Com. 26 avr. 2000 : *Bull. civ. IV, n° 88 ; D. 2000. 290, obs. Faddoul ; Defrénois 2001. 47, obs. Dagorne-Labbe.*

Art. L. 511-20 **Si le tiré, qui a revêtu la lettre de change de son acceptation, a biffé celle-ci avant la restitution de la lettre, l'acceptation est censée refusée. Sauf preuve contraire, la radiation est réputée avoir été faite avant la restitution du titre.**

Toutefois, si le tiré a fait connaître son acceptation par écrit au porteur ou à un signataire quelconque, il est tenu envers ceux-ci dans les termes de son acceptation. – *[C. com., art. 129.]*

Irrévocabilité. L'acceptation est considérée comme irrévocable dès lors que le tiré s'est dessaisi du titre régulièrement accepté. • Com. 2 juill. 1969 : *JCP 1970. II. 16427, note Langlois ; RTD com. 1969. 1051, obs. Cabrillac et Rives-Lange,* rejetant le pourvoi contre • Dijon, 16 mars 1967 : *JCP 1968. II. 15426, note Gavalda ; Banque 1967. 412, obs. Marin.*

SECTION V DE L'AVAL

Art. L. 511-21 **Le paiement d'une lettre de change peut être garanti pour tout ou partie de son montant par un aval.**

Cette garantie est fournie par un tiers ou même par un signataire de la lettre.

L'aval est donné soit sur la lettre de change ou sur une allonge, soit par un acte séparé indiquant le lieu où il est intervenu.

Il est exprimé par les mots "bon pour aval" ou par toute autre formule équivalente ; *il est signé* par le donneur d'aval.

Il est considéré comme résultant de la seule signature du donneur d'aval apposée au recto de la lettre de change, sauf quand il s'agit de la signature du tiré ou de celle du tireur.

L'aval doit indiquer pour le compte de qui il est donné. A défaut de cette indication, il est réputé donné pour le tireur.

Le donneur d'aval est tenu de la même manière que celui dont il s'est porté garant.

Son engagement est valable, alors même que l'obligation qu'il a garantie serait nulle pour toute cause autre qu'un vice de forme.

Quand il paie la lettre de change, le donneur d'aval acquiert les droits résultant de la lettre de change contre le garanti et contre ceux qui sont tenus envers ce dernier en vertu de la lettre de change. – *[C. com., art. 130.]*

RÉP. COM. v° *Aval*, par GIBIRILA.

BIBL. ▸ ABRAHAMS, *RTD com. 1960. 493.* – ISSA-SAYEGH, *JCP 1975. I. 2726.* – MONTOUT-MOUSSY, *D. 1974. Chron. 197.* – SIGALAS, *RTD com. 1964. 489.* – SINAY, *ibid. 1953. 17.* – FILIOS, *LPA 10 mai 1995* (nature juridique de l'aval). – COURTIER, *Rev. huissiers 1998. 132* (même thème).

I. CONDITIONS DE L'AVAL

A. CONDITIONS DE FOND

1. *Donneur d'aval.* L'aval peut être donné par l'un quelconque des débiteurs cambiaires, par exemple par un autre avaliseur. • Paris, 11 oct. 1967 : *D. 1968. Somm. 65 ; Banque 1968. 297, obs. Marin.* ♦ Le tiers donneur d'aval doit avoir la capacité commerciale, l'obligation cambiaire étant de cette nature. • Civ. 21 avr. 1869 : *DP 1869. 1. 407* • Douai, 31 juill. 1913 : *DP 1914. 2. 1, note Percerou* • Poitiers, 10 oct. 1967 : *Banque 1969. 61, obs. Marin.* – Et, sur pourvoi, • Com. 28 oct. 1969 : *ibid. 1970. 706.* ♦ Il en résulte que le donneur d'aval, même non commerçant, s'oblige commercialement. • Civ. 21 avr. 1869 et • Douai, 31 juill. 1913 : *préc.* • Versailles, 19 nov. 1992 : *D. 1993. IR 24.* ♦ Si l'engagement d'aval sur une lettre de change est de nature commerciale, il est valable même si son souscripteur n'est pas commerçant, dès lors qu'il a la capacité pour l'être, et cet avaliste peut être poursuivi cambiairement sans qu'il y ait à rechercher s'il avait un intérêt patrimonial à l'opération commerciale à l'occasion de laquelle l'effet a été émis. • Com. 1er oct. 1996 : *Bull. civ. IV, n° 219 ; D. 1996. IR 241 ; D. Affaires 1996. 1291 ; LPA 6 janv. 1997, p. 9, note Gibirila.* ♦ L'aval donné par un mineur est nul. • Poitiers, 10 oct. 1967 : *JCP 1968. IV. 105* • TGI Saintes, 1er févr. 1966 : *JCP 1967. II. 14984 ; D. 1966. Somm. 73.* ♦ Sur la protection des consommateurs dans les opérations de crédit à la consommation, V. C. consom., art. L. 313-13, App., v° *Ventes commerciales*, V. – *Crédit (ventes à).*

2. *Trésor public.* Le Trésor public ne peut pratiquer l'aval de lettres de change, ni en tant qu'opération de banque, ni à titre occasionnel, ce dont il résulte que nul ne peut être son mandataire pour un tel engagement. • Com. 24 févr. 1998 : *Bull. civ. IV, n° 89 ; D. 1999. 39, note Matsopoulou ; D. Affaires 1998. 622, obs. X. D. ; JCP E 1999, n° 17, p. 758, obs. Gavalda et Stoufflet.* (V. l'arrêt confirmé : • Paris, 10 févr. 1995 : *JCP E 1995. Pan. 386 ; Gaz. Pal. 1995. 2. Somm. 597*). – V. aussi : • Civ. Ire, 2 avr. 1996 : *Bull. civ. I, n° 171.*

3. *Personnes garanties.* Ni l'art. 130 [C. com., art. L. 511-21], ni aucun autre texte, n'interdit qu'un aval soit donné pour le compte d'un donneur d'aval antérieur. • Paris, 11 oct. 1967 : *préc. note 1.* ♦ V. aussi note 12. ♦ Sur la limitation de la garantie à un seu bénéficiaire, V. note 4 ss. art. L. 512-4.

4. *Époque.* L'aval peut être donné après l'échéance et avant le protêt. • Poitiers, 16 déc. 1847 : *DP 1848. 2. 108* • Paris, 3 nov. 1960 : *Gaz. Pal. 1961. 1. 16.*

5. *Objet de l'aval.* Le donneur d'aval peut restreindre son engagement à une partie de la dette principale (art. L. 511-21, al. 1er). ♦ ... Ou stipuler qu'il s'oblige seulement envers le porteur actuel et non envers les subséquents. • Req. 6 févr. 1905 : *DP 1909. 1. 383.* ♦ ... Ou encore peut affecter son engagement d'une condition. – Comp. : • Req. 26 févr. 1918 : *S. 1918. 1. 156.* ♦ L'aval d'effets à créer est admis dès lors que sont clairement établis la nature de ces effets, les sommes garanties et le temps assigné aux négociations. • Civ. 25 janv. 1847 : *DP 1847. 1. 103* • 7 mars 1944 : *D. 1945. 73, note Hamel* • Com. 16 mars 1970 : *Bull. civ. IV, n° 99* • 12 juill. 1971 : *ibid., n° 202.*

6. *Titre nul : conversion en cautionnement.* Ayant relevé la nullité d'une lettre de change au regard du droit cambiaire, une cour d'appel peut décider sans faire application du droit cambiaire, et après avoir souverainement apprécié la portée des éléments de preuve qui lui étaient soumis, que la signature portée par l'avaliste sur le titre litigieux, vaut engagement de caution en faveur du tiré. • Com. 24 avr. 1990 : *Bull. civ. IV, n° 119 ; Gaz. Pal. 1990. 2. Somm. 488, obs. Piedelièvre.* – V. aussi • Com. 17 oct. 1995 : *RJDA 1996, n° 95 ; LPA 7 juin 1996, p. 24, note Gibirila* • Paris, 5 juill. 2001 : *D. 2001. AJ 2672.* – Comp. : • Com. 7 janv. 1970 : *Bull. civ. IV, n° 8 ; RTD com. 1971. 147, obs. Cabrillac et Rives-Lange* (rejetant le pourvoi contre • Paris, 10 janv. 1967 : *D. 1967. 272).*

Si une mention d'aval portée sur une lettre de change annulée ne constitue pas, à elle seule, la preuve d'un cautionnement, elle peut être retenue comme commencement de preuve d'une telle garantie, sauf à ce qu'il soit corroboré par des éléments extrinsèques établissant la volonté du souscripteur de la mention de s'engager pour le compte du débiteur principal. • Com. 24 juin 1997 : *Bull. civ. IV, n° 198 ; JCP 1998. I. 103, n° 7, obs. Simler ; RJDA 1997, n° 1518 ; Dr. sociétés 1997, n° 176, note Bonneau* • Paris, 5 juill. 2001 : *préc.*

Mais jugé que la mention d'aval ne saurait, par application de l'art. 2015 [2292] C. civ., valoir comme simple cautionnement de l'obligation d'origine. • Lyon, 22 mars 1954 : *D. 1954. Somm. 58.* – V. Roblot, *JCP 1955. II. 8469.*

B. CONDITIONS DE FORME

7. Langue. Sur la langue employée, V. • T. com. Lyon, 9 févr. 1970 : *Banque 1970. 816, obs. Marin.*

8. Caractères lisibles. Il n'y a lieu d'opérer entre les mentions d'une lettre de change aucune distinction tenant à la dimension des caractères employés pourvu qu'ils soient lisibles. • Com. 5 mai 1987 : *D. 1987. IR 125.*

9. Formules. En l'absence d'expressions obligatoires, ont été considérées comme formules valables les expressions : « Bon pour garantie » ou « Garantie solidaire ». • Req. 3 mars 1845 : *DP 1845. 1. 192* • Paris, 13 déc. 1813 : *S. 1816. 2. 98.* ♦ ... « Bon pour caution » ou « Pour cautionnement ». • Poitiers, 16 déc. 1847 : *DP 1848. 2. 108* • T. com. Seine, 14 août 1894 : *Gaz. Pal. 1894. 2. 417.* ♦ Il n'est pas exigé que la formule soit écrite par le donneur d'aval lui-même. • T. com. Alger, 5 mai 1958 : *RTD com. 1958. 581, obs. Becqué et H. Cabrillac.* ♦ La place des mots « Bon pour aval » par rapport à la signature du donneur d'aval importe peu. • Versailles, 19 nov. 1992 : *préc. note 1.* ♦ La mention du « bon pour » n'est pas exigée. • T. com. Paris, 3 mai 1995 : *Gaz. Pal. 1996. 2. Somm. 515.*

10. Date de l'aval. La date n'est pas une mention nécessaire. • Orléans, 7 avr. 1954 : *Gaz. Pal. 1954. 2. 102 ; RTD com. 1954. 843, obs. Becqué et H. Cabrillac* • Paris, 26 mai 1954 : *Gaz. Pal. 1954. 2. 165.* ♦ L'aval non daté est présumé avoir été donné à la date de souscription de l'effet. • Douai, 31 juill. 1913 : *DP 1914. 2. 1, note Percerou.*

11. Signature de l'aval. L'aval résulte de la seule signature du donneur d'aval apposée au recto de la lettre de change, sauf lorsqu'il s'agit de la signature du tiré ou de celle du tireur. • Com. 24 févr. 1965 : *Gaz. Pal. 1965. 1. 336 ; Banque 1965. 577.* ♦ Au regard de l'art. 130 [C. com., art. L. 511-21], la signature de l'avaliste ne peut résulter de la mention d'un numéro dans le texte d'un télex, s'agirait-il d'une « clé informatique ». • Com. 26 nov. 1996 : *Bull. civ. IV, n° 285 ; D. 1997. Somm. 262, obs. Cabrillac ; D. Affaires 1997. 157 ; RTD com. 1997. 119, obs. Cabrillac ; Banque janv. 1997. 90, obs. Guillot ; JCP E 1997. II. 906, note Bonneau.* – V. concl. Piniot, *RJDA 1997, p. 3.* ♦ L'art. 130 [C. com., art. L. 511-21] n'impose pas que l'indication de la personne pour le compte de laquelle l'aval est donné soit suivie d'une seconde signature de l'avaliste. • Com. 5 mai 1987 : *préc. note 8.* ♦ Sur les effets de la signature donnée par le dirigeant social sous le timbre de la société souscriptrice, V. • Com. 15 mai 1984 : *Bull. civ. IV, n° 156 ; RTD com. 1985. 125, obs. Cabrillac et Teyssié.* ♦ Comp., considérant qu'en l'absence de tout élément accompagnant la signature du dirigeant social, celui-ci est engagé comme seul avaliste sans qu'il y ait lieu de rechercher s'il avait agi en qualité de mandataire, • Com. 6 oct. 1998 : *Bull. civ. IV, n° 226 ; D. Affaires 1998. 1779, obs. X. D. ; RTD com. 1999. 164, obs. Cabrillac ; Defrénois 1999. 615, obs. Honorat ; RJ com. 1999. 231, obs. Gibirila.* – V. aussi • Com. 13 sept. 2011 : *RD banc. fin. 2012. Étude 7, par Quiquerez ; Banque et Droit nov.-déc. 2011. 15, obs. Bonneau.* ♦ La signature d'acceptation du représentant d'une société vaut comme aval personnel si elle est précédée d'une mention indiquant que le signataire agissait à la fois comme représentant de la société accepteur et par lui-même comme avaliseur. • Com. 2 févr. 1981 : *Gaz. Pal. 1981. 2. 423, note Dupichot ; RTD com. 1981. 566, obs. Cabrillac et Teyssié.*

12. Omission du bénéficiaire. L'art. 130, al. 6 [C. com., art. L. 511-21, al. 6], ne formule pas une règle de preuve, mais oblige à préciser, dans la mention d'aval, le nom du garanti, et supplée à l'absence de cette précision, pour écarter toute incertitude sur la portée des engagements cambiaires ; sa disposition finale limite en conséquence, à l'égard de tous, celui du donneur d'aval à la garantie du tireur. • Cass., ch. réun., 8 mars 1960 : *D. 1961. 209, note Hamel ; JCP 1960. II. 11616, note Roblot ; RTD com. 1960. 366, obs. Becqué et H. Cabrillac.* ♦ Il suit de là que le tireur avec lequel le donneur d'aval est convenu de garantir le tiré, sans que l'aval ait précisé le nom du garanti, ne peut exercer l'action cambiaire contre le donneur d'aval en invoquant cette convention ; celle-ci peut seulement lui conférer, le cas échéant, l'action prévue par les art. 2011 s. [2288 s.] C. civ. • Même arrêt. – Comp. : • Civ. 23 janv. 1956 : *D. 1956. 304 ; JCP 1956. II. 9166 ; RTD com. 1956. 289, obs. Becqué* *et H. Cabrillac* • Com. 25 janv. 1984 : *Bull. civ. IV, n° 39.* – V. • Com. 2 mars 1961 : *D. 1965. Somm. 55* • 12 oct. 1966 : *D. 1967. 231* • 6 mai 1968 : *D. 1968. 674* • 13 nov. 1979 : *Bull. civ. IV, n° 289* • 11 févr. 1986 : *ibid., n° 8.* ♦ La seule mention d'aval portée sur les traites sans indication du débiteur garanti ne peut constituer un commencement de preuve par écrit de l'existence d'un cautionnement contracté en faveur du tireur porteur. • Com. 26 mai 2010 : *RD banc. fin. 2011, n° 3, obs. Crédot et Samin.* ♦ Comp., en ce sens que l'aval irréfragablement réputé donné par le tireur, mais nul, peut constituer un commencement de preuve par écrit d'un cautionnement du tiré : • Com. 24 juin 1997 : *préc. note 6.*

L'art. 130, al. 6 [C. com., art. L. 511-21, al. 6], ne formulant pas une règle de preuve, la présomption qu'il instaure ne peut être contredite par une prestation de serment. • Com. 30 juin 1998 : *Bull. civ. IV, n° 211 ; D. 1998. IR 219 ; D. Affaires 1998. 1641, obs. J. F. ; JCP E 1998, n° 38, p. 1452, obs. Bonneau ; RJDA 1998, n° 1286 ; RTD com. 1998. 896, obs. Cabrillac ; RJ com. 1999. 228, obs. Gibirila.*

V. Goré, *D. 1957. Chron. 105* ; Abrahams, *RTD com. 1958. 493* ; Besson, *ibid. 1960. 493* ; Sigalas, *ibid. 1964. 489.*

13. Promesse d'aval. Une promesse d'aval n'étant pas un titre cambiaire, la présomption irréfragable de l'art. 130, al. 6 [C. com., art. L. 511-21, al. 6], ne lui est pas applicable. • Com. 9 avr. 1996 : *RJDA 1996, n° 1081.* ♦ Sur une promesse d'aval, V. • Com. 8 juill. 2003 : *RJDA 2004, n° 94* • Grenoble, 1er avr. 1968 : *JCP 1969. IV. 16.*

14. Aval en faveur du tiré. Un aval par acte séparé suffit à lui seul à retenir l'engagement du donneur d'aval en faveur du tiré s'il y est exprimé, malgré l'absence d'indication sur la traite du bénéficiaire de l'aval. • Versailles, 9 nov. 1989 : *D. 1990. 437, note D. Martin.* ♦ Si la présomption édictée par l'art. 130, al. 6 [C. com., art. L. 511-21, al. 6], ne peut être combattue par la preuve contraire, la circonstance que l'aval est réputé avoir été donné pour le tireur laisse subsister les rapports juridiques préexistants. Et la preuve de l'intention du donneur d'aval de cautionner l'exécution de l'obligation contractée par le tiré en faveur du tireur peut être rapportée par tous moyens, conformément à l'art. 109 [C. com., art. L. 110-3], lorsque les parties sont commerçantes, et que l'émission, l'acceptation et l'aval de la lettre de change ont eu lieu dans le cadre de leurs relations commerciales. • Paris, 11 juin 1993 : *BICC 1993, n° 1118.* ♦ Cette preuve ne saurait résulter du seul fait que l'avaliste a versé un acompte de 4 000 F à l'huissier qui avait fait une saisie-exécution à la demande du tireur, ce règlement ayant été opéré sous la menace de la vente de ses meubles. • Versailles, 16 févr. 1995 : *Gaz. Pal. 1996. 1. Somm. 152.*

15. Aval par acte séparé : conditions. L'aval donné par acte séparé ne vaut comme aval que si cet acte indique le lieu où il est intervenu. • Com. 11 janv. 1972 : *RTD com. 1972. 662, obs. Cabrillac et Rives-Lange.* ♦ Une lettre de change tirée par le prêteur en représentation de la somme due laisse subsister le prêt et un engagement de caution garantissant son remboursement, et ne constitue pas un aval par acte séparé réputé donné par le tireur à défaut d'indication contraire. • Com. 3 nov. 1975 : *D. 1976. Somm. 25.* ♦ La garantie souscrite par acte séparé, concernant des effets à créer, ne peut être considérée comme un aval qu'à condition que soient clairement précisés la nature des effets, les sommes garanties et le temps assigné aux négociations. • Civ. 27 janv. 1847 : *DP 1847. 1. 103* • 7 mars 1944 : *D. 1945. 73, note Hamel.* – V. Roblot, note au *D. 1974. 246.* – Comp. : • Com. 16 mars 1970 : *Bull. civ. IV, n° 99 ; RTD com. 1971. 148, obs. Cabrillac et Rives-Lange.* ♦ Sur l'exclusion des modes de preuve de droit civil, V. • Colmar, 7 juill. 1967 : *JCP 1968. II. 15444, note Lescot.* – *Contra* : • T. com. Lyon, 15 déc. 1967 : *RTD com. 1968. 382.*

16. Personne garantie. Lorsque l'aval est donné par acte séparé, la personne garantie peut être déterminée par toutes les circonstances de la cause. • Com. 14 févr. 1961 : *RTD com. 1961. 891, obs. Becqué et H. Cabrillac ; Banque 1961. 677, obs. Marin* • Versailles, 9 nov. 1989 : *préc. note 14.*

17. Report d'échéance. Le donneur d'aval par acte séparé reste tenu lorsque la lettre de change qu'il s'est engagé à payer n'a été remplacée par une autre que pour opérer un report d'échéance. • Com. 12 juin 1973 : *D. 1978. IR 340, obs. Cabrillac ; RTD com. 1979. 275, obs. Cabrillac et Rives-Lange.*

18. Nature commerciale. Le donneur d'aval par acte séparé contractant une obligation de nature commerciale est soumis à la procédure d'injonction de payer. • Com. 8 mai 1967 : *Banque 1968. 383, obs. Marin.* – Comp. : • Com. 25 nov. 1974 : *Bull. civ. IV, n° 299 ; RTD com. 1975. 564, obs. Cabrillac et Rives-Lange.*

19. Cautionnement. L'existence d'un cautionnement peut être établie par un moyen de preuve extérieur à la lettre de change, notamment grâce à la correspondance échangée par les parties, l'engagement résultant de l'apposition d'une signature sur une lettre de change n'emportant pas novation des rapports juridiques préexistants ; dès lors, malgré l'absence d'indication du bénéficiaire de l'aval, il convient de rechercher si le donneur de l'aval n'a pas entendu cautionner l'obligation contractée par le tiré en faveur du tireur. • Com. 14 mars 1961 : *Bull. civ. III, n° 135* • 1er déc. 1970 : *ibid. IV, n° 326 ; D. 1971. Somm. 119 ; RTD com. 1971. 746, obs. Cabrillac et Rives-Lange* • 11 déc. 1984 : *Bull. civ. IV, n° 338.* ♦ Toutefois, la seule mention d'aval ou de caution portée sur la traite sans indication du débiteur garanti ne constitue pas un commencement de preuve permettant d'établir l'existence d'un cautionnement donné pour une personne autre que le tireur. • Com. 2 mars 1964 : *JCP 1964. II. 13686, note Lescot* • 12 oct. 1966 : *D. 1967. 231* • 6 mai 1968 : *D. 1968. 674.* – V. aussi • Com. 8 déc. 1992 : *Bull. civ. IV, n° 394 ; D. 1993. IR 2.*

II. EFFETS DE L'AVAL

A. ENGAGEMENT DU DONNEUR D'AVAL

20. *Biens communs.* Il résulte de l'art. 1415 C. civ., qu'en l'absence de consentement exprès de son conjoint à l'aval qu'il a donné, l'avaliste ne peut engager les biens communs par une telle garantie. • Com. 4 févr. 1997 : *D. 1997. 478, note S. Piedelièvre ; ibid. Somm. 261, obs. Cabrillac ; D. Affaires 1997. 314.* ♦ V. sur renvoi • Paris, 29 oct. 1998 : *Dr. fam. 2000, n° 25.*

21. *Débiteur accessoire.* Du principe posé par l'art. 130, al. 7 [C. com., art. L. 511-21, al. 7], suivant lequel le donneur d'aval est un débiteur accessoire « tenu de la même manière que celui dont il s'est porté garant », il résulte que l'obligation imposée au porteur de notifier le défaut de paiement à son endosseur et, le cas échéant, à l'avaliseur de celui-ci, sous peine de dommages et intérêts, ne s'applique ni au tiré, ni à l'avaliseur du tiré. • Com. 4 nov. 1970 : *D. 1971. 189 ; Banque 1970. 410, obs. Marin ; RTD com. 1971. 402, obs. Cabrillac et Rives-Lange.*

22. *Caution solidaire.* Le donneur d'aval est tenu comme caution solidaire (art. L. 511-44, al. 1er, C. com.). • Req. 19 déc. 1927 : *DH 1928. 86* • Paris, 4 avr. 1927 : *DP 1929. 2. 89, note Chéron.* ♦ Il ne peut, s'il a cautionné l'accepteur, se prétendre libéré par le défaut de protêt. • Civ. 7 févr. 1934 : *DP 1936. 1.65, note Chéron* • Com. 2 févr. 1965 : *D. 1965. 391 ; JCP 1965. II. 14207, note Lescot.* – Comp. : • Com. 29 mai 1980 : *Bull. civ. IV, n° 217* • Paris, 3 nov. 1952 : *D. 1953. Somm. 22.* ♦ Il doit supporter la pénalité prévue par une clause pénale dès lors que son montant, joint au principal, n'excède pas la somme pour laquelle il a donné son aval. • Toulouse, 28 janv. 1975 : *JCP 1975. II. 18160, note Guyon.*

23. *Bénéfice de discussion.* Jugé (à propos d'un billet) que si le bénéfice de discussion ne peut être invoqué par le débiteur solidaire, rien ne s'oppose à ce que le donneur d'aval puisse s'en prévaloir. • Req. 19 déc. 1927 : *préc. note 22.* – *Contra* : • Paris, 9 mars 1926 : *DP 1927. 2. 80.*

24. *Inopposabilité des exceptions.* Lorsque le donneur d'aval ne peut, par l'effet d'une disposition spéciale au droit cambiaire, opposer au porteur les causes de nullité affectant l'obligation garantie, il peut invoquer tous les autres moyens de défense que pourrait invoquer le débiteur garanti. • Req. 20 mars 1882 : *DP 1882. 1. 244* • 10 janv. 1944 : *JCP 1944. II. 2586, note Lescot* • Com. 9 nov. 1970 : *D. 1971. Somm. 46.* – *Contra* : • T. com. Seine, 17 juin 1949 : *JCP 1950. II. 5174, note Roblot ; RTD com. 1949. 501, obs. Houin.*

25. *Prescription.* Le donneur d'aval a le droit d'invoquer à l'encontre du porteur la prescription dont peut profiter le débiteur garanti. • Req. 5 févr. 1892 : *S. 1892. 1. 365* • 2 août 1904 : *S. 1905. 1. 185, note Bernard.* ♦ L'acte interrompant la prescription à l'égard du débiteur garanti a effet à l'égard de l'avaliseur. • Com. 10 janv. 1951 : *D. 1951. 310.*

26. *Extinction de la créance non déclarée.* Tenu comme caution solidaire, le donneur d'aval peut opposer au créancier l'extinction de la créance en application de l'art. 53, al. 4, de la L. n° 85-98 du 25 janv. 1985 [C. com., art. L. 621-46, al. 4, ancien] (défaut de déclaration au passif), qui est une exception inhérente à la dette. • Com. 25 oct. 1994 : *Bull. civ. IV, n° 312 ; D. 1995. 590, note Crionnet ; ibid. Somm. 306, obs. Honorat* • 3 déc. 1996 : *D. 1997. IR 19.*

27. *Bénéfice de subrogation.* L'art. 2037 [2314] C. civ., suivant lequel la caution est libérée si le créancier a rendu impossible sa subrogation dans les droits de sûreté qui garantissaient le paiement de la dette, est applicable au donneur d'aval, caution solidaire du tiré. • Com. 5 janv. 1957 : *D. 1957. Somm. 69 ; RTD com. 1958. 125, obs. Becqué et H. Cabrillac.* – V. aussi • Com. 3 nov. 2009 : *RJDA 2010, n° 71.*

28. *Décharge de l'avaliseur.* Comme la caution, le donneur d'aval, pour être déchargé de toute garantie, doit établir que sa subrogation aux droits du créancier a été rendue impossible par un fait positif ou tout au moins par une négligence imputable à ce dernier. • Req. 19 déc. 1927 : *DH 1928. 86* • 30 juin 1942 : *DA 1943. 21.* ♦ V. *Contra*, lorsque le porteur n'a pas commis de faute, • Com. 28 oct. 1952 : *JCP 1953. II. 7588, note Lescot* • 8 mai 1967 : *Bull. civ. III, n° 185.* ♦ Il résulte des art. 130, al. 1er, 7 et 9, et 151, al. 1er [C. com., art. L. 511-21, al. 1er, 7 et

9 et L. 511-44, al. 1er], et de l'art. 2037 [2314] C. civ., que si le porteur n'est pas en mesure de subroger le donneur d'aval non seulement dans ses droits tirés du change, mais aussi dans les sûretés figurant sur la lettre de change ou sur l'acte d'aval, sauf à prouver l'absence de préjudice, il perd son recours contre le donneur d'aval, ce dernier ayant précisément donné son aval à une lettre de change pourvue de sûretés spéciales dont l'existence réduisait la portée de son engagement et les risques consentis. • Paris, 5 oct. 1966 : *D. 1967. 115.*

29. Report d'échéance. Le donneur d'aval n'est pas déchargé de son obligation envers le porteur par le fait seul que celui-ci aurait accordé une prorogation de délai au débiteur. • Civ. 25 mai 1938 : *DH 1938. 385.* – Comp. : • Paris, 20 nov. 1930 : *Gaz. Pal. 1930. 2. 1042* • 6 oct. 1941 : *ibid. 1941. 2. 453* • 21 oct. 1967 : *Banque 1968. 473, obs. Marin ; RTD com. 1968. 735* • T. com. Marseille, 19 déc. 1955 : *Banque 1956. 712, obs. Marin.* ♦ ... Ni envers le tireur qui a produit à la *faillite* du tiré et voté le *concordat*. • Paris, 3 nov. 1952 : *D. 1953. Somm. 22.* ♦ Sur l'incidence du report d'échéance sur la situation du donneur d'aval, V. • Com. 12 juin 1978 : *D. 1978. IR 340, obs. Cabrillac.*

B. RECOURS DU DONNEUR D'AVAL

30. Action en responsabilité contre le bénéficiaire. Si le donneur d'aval ne peut invoquer une faute du bénéficiaire de l'effet dans ses rapports avec le souscripteur à titre d'exception pour se soustraire à l'exécution de la garantie qu'il a accordée, il est recevable à rechercher, par voie reconventionnelle, la responsabilité de la banque bénéficiaire par une action en réparation du préjudice personnel dont il se prévaut en raison des conditions dans lesquelles elle a retiré des moyens de financement au souscripteur, débiteur principal de l'effet, provoquant ainsi l'ouverture de la procédure collective de celui-ci et le recours du bénéficiaire contre l'avaliste. • Com. 25 juin 1996 : *cité note 55 ss. art. L. 313-12 C. mon. fin., App., vo Banque et financement de l'entreprise.*

31. Recours direct. Si le donneur d'aval est tenu de la même manière que celui dont il s'est porté garant, il acquiert, lorsqu'il a régulièrement payé contre remise de l'effet, un droit propre et personnel que l'art. 130, al. 9 [C. com., art. L. 511-21, al. 9], définit dans les mêmes termes que celui du tiers porteur de bonne foi. • Com. 23 nov. 1959 : *Bull. civ. III, no 393.* ♦ Dès lors, le donneur d'aval pour le compte du tireur qui exerce contre le tiré accepteur l'action directe que lui confère cet art., bénéficie, dans l'exercice de cette action, des dispositions de l'art. 121 [C. com., art. L. 511-12], et ne peut, en conséquence, se voir opposer l'exception de défaut de provision, dont le débiteur tiré aurait pu se prévaloir à l'encontre du tireur. • Même arrêt.

32. Recours subrogatoire. En ce qui concerne l'action subrogatoire, lorsqu'elle a cautionné l'un des débiteurs d'une dette solidaire, la caution qui paie le créancier est subrogée à tous les droits qu'avait ce dernier, non seulement contre le débiteur cautionné, mais encore contre les autres débiteurs solidaires. • Com. 26 mai 1961 : *Bull. civ. III, no 235.* ♦ Par suite, doit être cassé l'arrêt qui, pour rejeter l'action introduite contre le tiré par la caution du tireur qui en a payé le montant au banquier escompteur, énonce que la caution est subrogée seulement dans les droits de la banque contre le tireur, mais non dans ses droits contre le tiré. • Même arrêt.

33. Coavaliseur. Sur le recours de l'avaliste *solvens* contre les coavalistes du même débiteur garanti, dont l'un est insolvable, V. • Besançon, 13 févr. 1974 : *D. 1975. 230, note Crionnet ; RTD com. 1975. 331.* ♦ Dès lors que le coavaliseur d'un billet à ordre n'a pas prétendu que l'instance engagée contre l'autre avaliste ait été menée en fraude de ses intérêts, l'autorité de chose jugée résultant de la condamnation à paiement prononcée contre ce codébiteur solidaire doit être retenue contre lui et rendent ainsi inopérantes les conclusions relatives à une prétendue omission de déclaration de créances de la banque bénéficiaire de l'effet dans la procédure collective du souscripteur de l'effet. • Com. 1er juin 1999 : *Bull. civ. IV, no 115 ; D. 1999 IR 182 ; D. Affaires 1999. 1114, obs. X. D. ; LPA 17 juin 1999, p. 11, obs. L. C. ; ibid. 17 mars 2000, p. 13, note Salati ; Banque et Droit sept.-oct. 1999. 47, obs. Jacob.*

SECTION VI DE L'ÉCHÉANCE

RÉP. COM. vo *Lettre de change*, par GIBIRILA.

Art. L. 511-22 **I. – Une lettre de change peut être tirée :**

1o A vue ;

2o A un certain délai de vue ;

3° A un certain délai de date ;
4° A jour fixe.
II. – Les lettres de change, soit à d'autres échéances, soit à échéances successives, sont nulles. – *[C. com., art. 131.]*

Art. L. 511-23 La lettre de change à vue est payable à sa présentation. Elle doit être présentée au paiement dans le délai d'un an à partir de sa date. Le tireur peut abréger ce délai ou en stipuler un plus long. Ces délais peuvent être abrégés par les endosseurs.

Le tireur peut prescrire qu'une lettre de change payable à vue ne doit pas être présentée au paiement avant un terme indiqué. Dans ce cas, le délai de présentation part de ce terme. – *[C. com., art. 132.]*

1. Délai de présentation. Le tireur qui n'a pas stipulé sur la lettre de change un délai plus bref comme il en avait la faculté ne saurait reprocher au porteur de ne pas avoir présenté avant l'expiration du délai d'un an la lettre au paiement du tiré devenu insolvable. • Montpellier, 17 févr. 1949 : *JCP 1949. II. 4805, note H. Cabrillac ; RTD com. 1949. 345, obs. Houin.* ♦ Comp. : notes ss. art. L. 511-26.

2. Lettre de change de garantie. Le bénéficiaire de lettres de change remises à titre de garantie ne commet pas de faute en ne les présentant pas à l'encaissement à leur échéance. • Com. 15 févr. 1994 : *D. 1994. Somm. 183, obs. Cabrillac ; ibid. 333, obs. Vasseur.*

Art. L. 511-24 L'échéance d'une lettre de change à un certain délai de vue est déterminée, soit par la date de l'acceptation, soit par celle du protêt.

En l'absence du protêt, l'acceptation non datée est réputée, à l'égard de l'accepteur, avoir été donnée le dernier jour du délai prévu pour la présentation à l'acceptation.

L'échéance d'une lettre de change tirée à un ou plusieurs mois de date ou de vue a lieu à la date correspondante du mois où le paiement doit être effectué. A défaut de date correspondante, l'échéance a lieu le dernier jour de ce mois.

Quand une lettre de change est tirée à un ou plusieurs mois et demi de date ou de vue, on compte d'abord les mois entiers.

Si l'échéance est fixée au commencement, au milieu ou à la fin du mois, on entend par ces termes le 1er, le 15 ou le dernier jour du mois.

Les expressions "huit jours" ou "quinze jours" s'entendent, non d'une ou deux semaines, mais d'un délai de huit ou quinze jours effectifs.

L'expression "demi-mois" indique un délai de quinze jours. – *[C. com., art. 133.]*

Art. L. 511-25 Quand une lettre de change est payable à jour fixe dans un lieu où le calendrier est différent de celui du lieu de l'émission, la date de l'échéance est considérée comme fixée d'après le calendrier du lieu de paiement.

Quand une lettre de change tirée entre deux places ayant des calendriers différents est payable à un certain délai de date, le jour de l'émission est ramené au jour correspondant du calendrier du lieu de paiement et l'échéance est fixée en conséquence.

Les délais de présentation des lettres de change sont calculés conformément aux règles de l'alinéa précédent.

Ces règles ne sont pas applicables si une clause de la lettre de change, ou même les simples énonciations du titre, indiquent que l'intention a été d'adopter des règles différentes. – *[C. com., art. 134.]*

Prorogations conventionnelles d'échéance. V. note 3 ss. art. L. 511-38.

SECTION VII DU PAIEMENT

RÉP. COM. v° *Lettre de change*, par GIBIRILA.

Art. L. 511-26 Le porteur d'une lettre de change payable à jour fixe ou à un certain délai de date ou de vue doit présenter la lettre de change au paiement soit le jour où elle est payable, soit l'un des deux jours ouvrables qui suivent.

La présentation d'une lettre de change à une chambre de compensation équivaut à une présentation au paiement. – *[C. com., art. 135.]*

BIBL. ► VASSEUR, *RTD com. 1975. 203* (lettres de change – relevé). – NGUYEN XUAN CHANH, *RJ com. 1980. 253.* – HESBERT, *Rev. huiss. 1994. 505* (fin de la coexistence de la lettre de change et de la lettre de change-relevé).

1. Porteur. Sur la notion de porteur légitime, V. notes 1 s. ss. art. L. 511-11.

2. Domiciliation. Le porteur d'une lettre de change doit, à peine d'encourir les déchéances du porteur négligent, la présenter au lieu indiqué sous la clause de domiciliation qu'il ne peut modifier. • Com. 29 juin 1965 : *D. 1965. 823.* ♦ Sur un avis de paiement obligatoire, V. notes 9 et 10 ss. art. L. 511-2.

3. Photocopie. La lettre de change doit être présentée matériellement au paiement, la seule production d'une photocopie est insuffisante. • Com. 20 nov. 1974 : *Bull. civ. IV, n° 295* • Paris, 31 mai 1983 : *D. 1984. IR 72, obs. Cabrillac.*

4. Accord de compensation. En l'absence d'intervention du porteur dans l'accord de compensation passé entre le tireur et le tiré, et de consentement exprès de sa part quant à la renonciation à son recours cambiaire contre le tiré accepteur, l'accord de compensation n'a pas de caractère novatoire à son égard. • Reims, 24 juin 2002 : *Banque et Droit janv.-févr. 2004. 62, obs. Guillot.*

5. Chambre de compensation. **BIBL.** Romani, *D. 1993. Chron. 223* (recours du banquier tiré ou domiciliataire en cas de non-respect du règlement des chambres de compensation). – Santacru, *Banque et Droit mars-avr. 1997. 8* (règles interbancaires de traitement des LCR). ♦ Le client, qui n'est pas partie à la réglementation interbancaire de nature contractuelle, est en droit de se prévaloir de son existence (à propos d'une lettre de change-relevé). • Com. 28 nov. 1995 : *Bull. civ. IV, n° 271 ; D. 1996. IR 2 ; D. Affaires 1996. 210 ; JCP E 1996. II. 814, note Gavalda ; LPA 25 sept. 1996, p. 17, note Courtier* (V. l'arrêt d'appel : • Paris, 15 janv. 1993 : *D. 1994. Somm. 326, obs. Vasseur ; JCP E 1993. Pan. 423 ; Gaz. Pal. 1994. 2. Somm. 729)* • Com. 17 juill. 2001 : *Banque et Droit sept.-oct. 2002, p. 53, obs. Guillot.* ♦ De même, en acceptant de recevoir un billet à ordre-relevé, une société est, en l'absence de convention contraire, censée avoir adhéré au règlement de la chambre de compensation et s'être soumise pour le paiement, à la procédure résultant des accords interprofessionnels, dont il n'est pas contesté qu'ils imposent la présentation du titre au paiement six jours au moins avant la date de son échéance. • Com. 17 juill. 2001 : *Bull. civ. IV, n° 147 ; D. 2001. AJ 2738, obs. Delpech ; RD banc. fin. 2001, n° 178, obs. Crédot et Gérard ; JCP 2003. II. 10004, note Pradel ; RJDA 2002, n° 86 ; RTD com. 2001. 957, obs. Cabrillac ; Banque et Droit janv.-févr. 2002. 45, obs. Bonneau.* ♦ V. aussi, appliquant à propos d'une lettre de change-relevé, le délai de restitution au présentateur (6 jours) fixé par la Convention interbancaire et après avoir constaté que ce délai y est énoncé sans limitation dans son application à une partie seulement de l'opération, en déduisant qu'il doit être respecté avant l'achèvement de celle-ci, • Com. 12 mars 1996 : *Bull. civ. IV, n° 79 ; D. 1997. Somm. 261, obs. Cabrillac ; D. Affaires 1996. 584* • 12 mars 2002 : *Bull. civ. IV, n° 55 ; D. 2002. AJ 1343 ; RTD com. 2002. 520, obs. Cabrillac ; LPA 23 avr. 2002, p. 10, obs. E. C.* • Rennes, 25 janv. 2002 : *JCP 2002. IV. 2785.* ♦ Pour un arrêt considérant que la présentation d'une lettre de change-relevé à l'ordinateur de compensation équivaut à une présentation au paiement, les diligences de la banque du tireur et celles du tiré devant alors être appréciées en référence aux délais prévus par la Convention interbancaire, V. • Rouen, 12 févr. 1998 : *BRDA 1998, n° 14, p. 9.*

Auparavant, la Cour de cassation avait jugé que le règlement de la chambre de compensation de Paris n'a valeur contractuelle qu'entre les banquiers qui y adhèrent et ne saurait s'imposer à leurs clients, ni être invoqué par eux à leur profit (à propos de chèques). • Com. 16 mai 1984 : *Bull. civ. IV, n° 165 ; D. 1985. IR 329, obs. Vasseur.* ♦ Sur la présentation à une chambre de compensation, V. aussi • Com. 2 oct. 1978 : *D. 1979. 349, note Vasseur* (à propos de chèques)

• Limoges, 11 mars 1980 : *D. 1981. IR 13, obs. Vasseur* • T. com. Paris, 21 janv. 1981 : *D. 1981. IR 492, obs. Vasseur* • 5 févr. 1981 : *ibid.* • Montpellier, 11 févr. 1998 : *JCP E 1999, n° 7, p. 297.* – V. aussi • Paris, 15e ch. A, 25 sept. 1991 : *D. 1993. Somm. 53, obs. Vasseur* • 3 nov. 1993 : *Rev. dr. bancaire 1994. 33, obs. Crédot et Gérard* (à propos de chèques) • Limoges, 11 mars 1980 : *D. 1981. IR 13, obs. Vasseur* • T. com. Paris, 21 janv. 1981 : *D. 1981. IR 492, obs. Vasseur* • 5 févr. 1981 : *ibid.* • Montpellier, 11 févr. 1998 : *JCP E 1999, n° 7, p. 297.*

6. Système interbancaire de télécommunication informatique. S'agissant de lettres de change n'ayant pas été émises sous forme de lettres de change-relevé, il apparaît que la banque propriétaire de ces titres devant les présenter au paiement à la date d'échéance, par l'intermédiaire du système interbancaire de télécommunication informatique, comme elle l'a fait, sans être obligée de les présenter en chambre de compensation, utilise un procédé informatique constituant une modalité valable. • Versailles, 19 févr. 1998 : *JCP E 1998, n° 26, p. 1014.* ♦ Il en résulte que le recours à ce type de procédure informatique ne peut entraîner déchéance du recours cambiaire du tireur, dès lors que la présentation au paiement à été faite à la date d'échéance des traites. • Même arrêt.

7. Contre-passation. V. notes 9 s. ss. art. L. 511-45.

8. Responsabilité du banquier domiciliataire. Commet une faute engageant sa responsabilité civile le banquier domiciliataire qui, ayant déclaré un défaut de règlement des lettres de change-relevé à la Banque de France, n'a pas, par la suite, demandé l'annulation de l'incident du Fichier, alors qu'il avait été informé par le tiré que le refus de paiement était justifié par une erreur dans la date d'échéance commise lors de la transposition des données sur la bande magnétique, et que les lettres de change litigieuses avaient été remplacées par d'autres effets portant la date initialement prévue et payées à cette échéance. • Com. 17 oct. 1995 : *RJDA 1996, n° 97 ; RTD com. 1996. 91, obs. Cabrillac.*

9. Responsabilité du banquier présentateur. Sur le partage de responsabilité le banquier présentateur d'une lettre de change grossièrement falsifiée et la société tirée qui n'ayant formé pendant plusieurs mois aucune opposition malgré la différence entre la somme qu'elle devait réellement et le montant falsifié, V. • Paris, 17 sept. 1999 : *JCP E 1999, n° 43, p. 1702.* ♦ Jugé que la présentation de la traite à la compensation plusieurs jours (14) avant la date de l'échéance ne constitue pas une faute de la part de l'organisme bancaire, cette possibilité n'étant exclue par aucun texte et ne modifiant pas la date d'exigibilité qui reste celle de l'échéance. • Paris, 17 mai 1988 : *RTD com. 1989. 272, obs. Cabrillac et Teyssié.* ♦ Sur l'obligation de célérité à laquelle est tenue une banque envers le client qui lui confie pour recouvrement, une lettre de change à vue, V., considérant que cette obligation ne l'autorise pas à différer la présentation au paiement au-delà d'une durée raisonnable. • Paris, 5 févr. 1999 : *BICC 1999, n° 780.*

Loi du 29 octobre 1940, *relative à la forclusion en matière civile, commerciale et administrative et au délai de présentation et de protêt des effets de commerce.* **Art. 3** Jusqu'à la date qui sera fixée ultérieurement par décret, la présentation et le protêt des effets de commerce seront valablement faits pendant les dix jours ouvrables qui suivent l'échéance.

Prorogation d'échéance. V. art. L. 511-79 s.

Art. L. 511-27 Le tiré peut exiger, en payant la lettre de change, qu'elle lui soit remise acquittée par le porteur.

Le porteur ne peut refuser un paiement partiel.

En cas de paiement partiel, le tiré peut exiger que mention de ce paiement soit faite sur la lettre et que quittance lui en soit donnée.

Les paiements faits à compte sur le montant d'une lettre de change sont à la décharge des tireur et endosseur.

Le porteur est tenu de faire protester la lettre de change pour le surplus. – *[C. com., art. 136.]*

1. Portée de la présomption de paiement. La remise volontaire au débiteur de la lettre de change fait preuve irréfragablement de sa libération. • Com. 30 juin 1980 : *D. 1982. 53, note Parléani* • 6 mai 1991 : *Bull. civ. IV, n° 158 ; D. 1992. Somm. 339, obs. Cabrillac*. – *Contra* : • Com. 22 juin 1983 : *Gaz. Pal. 1983. 1. Pan. 27, obs. Dupichot ; RTD com. 1984. 305, obs. Cabrillac et Teyssié* • Req. 18 août 1852 : *DP 1853. 1. 111.* ♦ Toutefois, le porteur est admis à prouver que la remise de l'effet n'a pas été volontaire. • Com. 3 déc. 1985 : *Bull. civ. IV, n° 285 ; RTD civ. 1986. 603, obs. Mestre.* – Comp. : art. 1282 **C. civ.**

2. Paiement par le domiciliataire. V. notes 9 et 10 ss. art. L. 511-2.

3. Pluralité de traites. Lorsque les fonds sont insuffisants pour payer plusieurs traites présentées simultanément, la banque domiciliataire, en l'absence d'instructions précises de son client, ne peut désintéresser l'un des tireurs des effets au détriment d'un autre. • Paris, 7 juin 1990 : *RTD com. 1990. 612, obs. Cabrillac et Teyssié*.

Art. L. 511-28 Le porteur d'une lettre de change ne peut être contraint d'en recevoir le paiement avant l'échéance.

Le tiré qui paie avant l'échéance le fait à ses risques et périls.

Celui qui paie à l'échéance est valablement libéré, à moins qu'il n'y ait de sa part une fraude ou une faute lourde. Il est obligé de vérifier la régularité de la suite des endossements, mais non la signature des endosseurs. – *[C. com., art. 137.]*

1. Droit de rétention. Le titulaire d'une créance, ayant acquiescé sans réserve à ce que des lettres de change lui soient remises en vue de son paiement, ne peut prétendre exercer un droit de rétention jusqu'au règlement de ces effets. • Com. 8 juill. 1997 : *Bull. civ. IV, n° 221 ; D. 1998. Somm. 103, obs. S. Piedelièvre ; D. Affaires 1997. 1041 ; RTD com. 1997. 654, obs. Cabrillac ; RD bancaire et bourse 1998. 24, obs. Campana et Calendini.*

2. Endossement. Sur la notion de porteur légitime, V. art. L. 511-11 et les notes 1 s.

Art. L. 511-29 Lorsqu'une lettre de change est stipulée payable en une monnaie n'ayant pas cours au lieu du paiement, le montant peut en être payé dans la monnaie du pays, d'après sa valeur au jour de l'échéance. Si le débiteur est en retard, le porteur peut, à son choix, demander que le montant de la lettre de change soit payé dans la monnaie du pays d'après le cours, soit du jour de l'échéance, soit du jour du paiement.

Les usages du lieu de paiement servent à déterminer la valeur de la monnaie étrangère. Toutefois, le tireur peut stipuler que la somme à payer sera calculée d'après un cours déterminé dans la lettre.

Les règles ci-énoncées ne s'appliquent pas au cas où le tireur a stipulé que le paiement devra être fait dans une certaine monnaie indiquée par une clause de paiement effectif en une monnaie étrangère.

Si le montant de la lettre de change est indiqué dans une monnaie ayant la même dénomination, mais une valeur différente, dans le pays d'émission et dans celui du paiement, on est présumé s'être référé à la monnaie du lieu du paiement. – *[C. com., art. 138.]*

1. Monnaie du pays. A défaut de stipulation de paiement effectif en monnaie étrangère, le tiré a la faculté de payer en monnaie locale selon le cours au jour de l'échéance. • Paris, 27 mai 1983 : *D. 1984. IR 72, obs. Cabrillac.*

2. Clause de paiement effectif en une monnaie étrangère. Encourt la cassation, l'arrêt qui, hors de toute référence à l'art. 138 [C. com., art. L. 511-29], condamne la banque débitrice d'une lettre de change, émise dans le cadre d'un crédit documentaire par négociation, à en payer la contre-valeur en francs français sans rechercher si l'indication du montant de l'effet en monnaie étrangère valait ou non stipulation de paiement dans cette monnaie. • Com. 21 avr. 1992 : *RJDA 1992, n° 939.*

3. Transfert d'effets de commerce à l'étranger. Aucune disposition légale n'ayant prévu la déchéance des lettres de change transférées à l'étranger en violation de la réglementation des changes [à propos du régime antérieur aux textes de 1989 rétablissant la liberté des relations financières], sauf intention de fraude, le non-respect des formalités administratives à l'époque nécessaires avant le transfert des effets de commerce à l'étranger n'est pas de nature à affecter la validité et l'exigibilité des engagements y souscrits, ni la régularité des transferts de fonds suivant leur exécution. • Com. 17 oct. 1995 : *Bull. civ. IV, nº 237 ; D. 1995. IR 232.*

Art. L. 511-30 **A défaut de présentation de la lettre de change au paiement le jour de son échéance, ou l'un des deux jours ouvrables qui suivent, tout débiteur a la faculté d'en remettre le montant en dépôt à la Caisse des dépôts et consignations, aux frais, risques et périls du porteur.** – *[C. com., art. 139.] – V. art. R. 511-1.*

Art. L. 511-31 **Il n'est admis d'opposition au paiement qu'en cas de perte de la lettre de change ou** *(L. nº 2005-845 du 26 juill. 2005, art. 165-II)* **« de sauvegarde, » de redressement ou liquidation judiciaire du porteur.** – *[C. com., art. 140.]*

BIBL. ► Théry, Le code de commerce 1807-2007, Livre du bicentenaire, *Dalloz, 2007, p. 329* (un texte pour l'éternité ? à propos de l'art. 149 du code de 1807).

1. Avaliseur. Les dispositions de l'art. 140 [C. com., art. L. 511-31] s'appliquent à l'avaliseur. • Com. 19 avr. 1985 : *Bull. civ. IV, nº 119 ; RTD com. 1986. 122, obs. Cabrillac et Teyssié.*

2. Saisie. Les créanciers du tireur ou d'un endosseur sont irrecevables à pratiquer une saisie de la créance cambiaire entre les mains du tiré. • Com. 29 oct. 1982 : *Bull. civ. IV, nº 374 ; D. 1983. IR 246, obs. Cabrillac* • Dijon, 23 mai 1973 : *RTD com. 1973. 833, obs. Cabrillac et Rives-Lange.* ♦ Le tiers saisi, souscripteur d'un billet à ordre, dispose d'un intérêt à agir pour s'opposer au paiement d'une créance cambiaire par nature insaisissable et dont il pourrait avoir à répondre. • Com. 27 sept. 2005 : *Bull. civ. IV, nº 182 ; D. 2006. 1614, note Boujeka ; D. 2007. Pan. 756, obs. D.-R. Martin ; D. 2005. AJ 2672, obs. Delpech ; RTD com. 2006. 166, obs. Legeais ; RTD civ. 2006. 382, obs. Perrot ; JCP 2005. IV. 3309 ; RD banc. fin. 2005, nº 215, obs. S. Piedelièvre ; Banque et Droit janv.-févr. 2006. 57, obs. Bonneau ; RJDA 2005, nº 1386 ; Dr. et patr. sept. 2006. 77, obs. Mattout et Prüm.* ♦ De même, le souscripteur d'un billet à ordre ne peut être condamné à en payer le montant au créancier du bénéficiaire, qui avait fait pratiquer une saisie-arrêt entre les mains dudit souscripteur pour toutes les sommes dues ou à devoir au bénéficiaire. • Com. 15 juin 1993 : *Bull. civ. IV, nº 245 ; D. 1994. Somm. 181, obs. Cabrillac.* – Comp. : • Req. 20 mai 1885 : *DP 1886. 1. 82* • T. com. Seine, 12 déc. 1952 : *Gaz. Pal. 1953. 1. 97.* ♦ V. cep., en matière d'avis à tiers détenteur, • Com. 6 juin 1984 : *D. 1985. IR 35, obs. Cabrillac ; RTD com. 1985. 124, obs. Cabrillac et Teyssié.*

3. Séquestre. La séquestration de traites peut être ordonnée au cas où la régularité même de leur détention est contestée. • Com. 9 déc. 1974 : *Bull. civ. IV, nº 321.* ♦ La séquestration n'est pas admise lorsque la contestation ne porte que sur l'existence de la provision puisqu'elle ne saurait être prétexte à éluder l'art. 140 [C. com., art. L. 511-31]. • Com. 23 janv. 1963 : *Bull. civ. III, nº 59* • 22 janv. 1969 : *Banque 1971. 305 ; RTD com. 1969. 776* • Paris, 2 févr. 1960 : *Banque 1961. 536, obs. Marin* • 18 mai 1989 : *D. 1990. Somm. 122, obs. Cabrillac.*

Art. L. 511-32 **En cas de perte d'une lettre de change non acceptée, celui à qui elle appartient peut en poursuivre le paiement sur toute suivante.** – *[C. com., art. 141.]*

Duplicata. Sur le paiement d'un duplicata par le tireur, V. • Com. 11 juill. 1984 : *D. 1985. IR 32.*

Art. L. 511-33 **Si la lettre de change perdue est revêtue de l'acceptation, le paiement ne peut en être exigé sur toute suivante que par ordonnance du juge et en donnant caution.** – *[C. com., art. 142.]*

Art. L. 511-34 **Si celui qui a perdu la lettre de change, qu'elle soit acceptée ou non, ne peut représenter toute suivante, il peut demander le paiement de la lettre de change perdue et l'obtenir par l'ordonnance du juge en justifiant de sa propriété par ses livres et en donnant caution.** – *[C. com., art. 143.]*

1. Rapport fondamental. Les dispositions de l'art. 143 [C. com., art. L. 511-34] sont inapplicables lorsque le porteur dépossédé agit sur la base de la créance née du rapport fondamental.

• Com. 13 mars 1957 : *Bull. civ. III, n° 100 ; RTD com. 1957. 980, obs. Becqué et Cabrillac.*

2. Banquier mandataire. La banque, porteur d'une lettre de change à la suite d'un endossement contenant la mention « pour encaissement », peut, sur le fondement de l'art. 122 [C. com., art. L. 511-13], exercer les droits dérivant de la lettre de change et prévus par l'art. 143 [C. com., art. L. 511-34] pour le cas de perte ou de vol de l'effet. • Com. 8 juin 1993 : *Bull. civ. IV, n° 229 ; D. 1993. Somm. 318, obs. Cabrillac*. ♦ V. aussi cet arrêt pour l'appréciation de la responsabilité du banquier.

3. Preuve. La preuve de la créance cambiaire et de la perte de la lettre peut résulter de l'aveu. • Com. 17 avr. 1969 : *RTD civ. 1970. 212, obs. Hébraud ; RTD com. 1969. 776, obs. Cabrillac et Rives-Lange.* ♦ ... Ou encore d'un écrit émanant du débiteur cambiaire. • Civ. 24 juin 1863 : *DP 1863. 1. 404.*

4. Compétence. Sur la compétence du tribunal de commerce et non pas seulement de son président, V. • Com. 17 avr. 1969 : *préc. note 2.* – Comp. : • Paris, 13 juil . 1990 : *D. 1991. Somm. 219, obs. Cabrillac*.

Art. L. 511-35 En cas de refus de paiement, sur la demande formée en vertu des deux articles précédents, le propriétaire de la lettre de change perdue conserve tous ses droits par un acte de protestation. Cet acte doit être fait le lendemain de l'échéance de la lettre de change perdue. Les avis prescrits par l'article L. 511-42 doivent être donnés au tireur et aux endosseurs dans les délais fixés par cet article. – *[C. com., art. 144.]*

Art. L. 511-36 Le propriétaire de la lettre de change égarée doit, pour se procurer la suivante, s'adresser à son endosseur immédiat qui est tenu de lui prêter son nom et ses soins pour agir envers son propre endosseur, et ainsi en remontant d'endosseur à endosseur jusqu'au tireur de la lettre. Le propriétaire de la lettre de change égarée supporte les frais. – *[C. com., art. 145.]*

Copie de la lettre de change originale. Si le propriétaire d'une lettre de change peut, en cas de perte, s'en procurer une seconde conformément aux dispositions de l'art. 145 [C. com., art. L. 511-36], ce deuxième exemplaire ne saurait toutefois en aucun cas constituer une nouvelle lettre de change, mais seulement une copie de la lettre de change originale. • Paris, 13 juill. 1990 : *D. 1991. Somm. 219, obs. Cabrillac*. ♦ Ainsi, une lettre de change reconstituée à la demande du propriétaire portant la date du 26 juillet et payable à vue ne peut constituer un duplicata conforme aux exigences de l'art. 145 [C. com., art. L. 511-36] et se trouve dès lors dépourvue de toute valeur, alors que la lettre de change originale portait une date de création bien antérieure et était à échéance au 30 juin. • Même arrêt.

Art. L. 511-37 L'engagement de la caution mentionné dans les articles L. 511-33 et L. 511-34 est éteint après trois ans, si, pendant ce temps, il n'y a eu ni demandes ni poursuites en justice. – *[C. com., art. 146.]*

SECTION VIII DU RECOURS FAUTE D'ACCEPTATION ET FAUTE DE PAIEMENT

RÉP. COM. v° *Lettre de change*, par GIBIRILA.

Art. L. 511-38 I. – Le porteur peut exercer ses recours contre les endosseurs, le tireur et les autres obligés :

1° A l'échéance, si le paiement n'a pas eu lieu ;

2° Même avant l'échéance :

a) S'il y a eu refus total ou partiel d'acceptation ;

b) Dans les cas de redressement ou de liquidation judiciaires du tiré, accepteur ou non, de cessation de ses paiements même non constatée par un jugement, ou de saisie de ses biens demeurée infructueuse ;

c) Dans les cas *(L. n° 2005-845 du 26 juill. 2005, art. 165-II)* « de sauvegarde, » de redressement ou de liquidation judiciaire*[s]* du tireur d'une lettre non acceptable.

II. – Toutefois, les garants contre lesquels un recours est exercé dans les cas prévus par le *b* et le *c* du I peuvent, dans les trois jours de l'exercice de ce recours*[,]* adresser au président du tribunal de commerce de leur domicile une requête pour solliciter des délais. Si la demande est reconnue fondée, l'ordonnance fixe l'époque à laquelle les garants sont tenus de payer les effets de commerce dont il s'agit, sans que les délais ainsi octroyés puissent dépasser la date fixée pour l'échéance. L'ordonnance n'est susceptible ni d'opposition ni d'appel. – *[C. com., art. 147.]*

1. Recours anticipé. Le porteur de la lettre de change peut intenter un recours sans attendre l'échéance au cas de *règlement judiciaire* du tiré. • Com. 16 mai 1984 : *D. 1985. IR 29, obs. Cabrillac.*

2. Prorogation légale d'échéance. V. art. L. 511-79 s.

3. Prorogation conventionnelle. La prorogation d'échéance ne peut être opposée au tiré accepteur que si elle a été acceptée par lui. • Com. 29 mai 1978 : *Bull. civ. IV, n° 153* • 11 janv. 1972 : *D. 1972. Somm. 207 ; RTD com. 1972. 662, obs. Cabrillac et Rives-Lange* • 17 juill. 1972 : *Bull. civ. IV, n° 225* • 23 mars 1993 : *ibid., n° 115 ; D. 1993. Somm. 318, obs. Cabrillac.*

La prorogation d'échéance même acceptée par le tiré est inopposable aux signataires intermédiaires qui y sont étrangers. V. • Com. 18 janv. 1955 : *D. 1955. 188, note Goré ; JCP 1955. II. 8602, note Lescot ; RTD com. 1955. 353, obs. Becqué et H. Cabrillac* • Paris, 16 avr. 1969 : *ibid. 1970. 169, obs. Cabrillac et Rives-Lange.* ♦ Sur la privation de recours cambiaire contre le tireur résultant du report d'échéance accordé par le porteur au tiré sans en référer au tireur, V. • Com. 20 nov. 1990 : *Bull. civ. IV, n° 285 ; Rev. dr. bancaire 1991. 63, obs. Crédot et Gérard ; RTD com. 1991. 72, obs. Cabrillac et Teyssié.* ♦ Sur l'opposabilité d'une prorogation au donneur d'aval, V. note 29 ss. art. L. 511-21.

Art. L. 511-39 Le refus d'acceptation ou de paiement doit être constaté par un acte authentique dénommé protêt faute d'acceptation ou faute de paiement.

Le protêt faute d'acceptation doit être fait dans les délais fixés pour la présentation à l'acceptation. Si, dans le cas prévu au premier alinéa de l'article L. 511-16, la première présentation a eu lieu le dernier jour du délai, le protêt peut encore être dressé le lendemain.

Le protêt faute de paiement d'une lettre de change payable à jour fixe ou à un certain délai de date ou de vue doit être fait l'un des deux jours ouvrables qui suivent le jour où la lettre de change est payable. S'il s'agit d'une lettre payable à vue, le protêt doit être dressé dans les conditions indiquées à l'alinéa précédent pour dresser le protêt faute d'acceptation.

Le protêt faute d'acceptation dispense de la présentation au paiement et du protêt faute de paiement.

En cas de cessation de paiement du tiré, accepteur ou non, ou en cas de saisie de ses biens demeurée infructueuse, le porteur ne peut exercer ses recours qu'après présentation de la lettre au tiré pour le paiement et après confection d'un protêt.

En cas de redressement ou de liquidation judiciaire du tiré accepteur ou non ainsi qu'en cas de redressement ou de liquidation judiciaire du tireur d'une lettre non acceptable, la production du jugement déclaratif suffit pour permettre au porteur d'exercer ses recours. – *[C. com., art. 148 A.]*

1. Protêt tardif. Le défaut de protêt dans le délai légal ne prive ni le tireur d'une lettre de change ni le bénéficiaire d'un chèque des recours cambiaires dont ils disposent respectivement contre le tiré accepteur ou le tireur qui n'a *pas fait provision.* • Com. 11 mars 2003 : *RJDA 2003, n° 874.*

2. Clauses exclusives du protêt. La clause « sans frais » emporte interdiction pour le porteur de faire établir un protêt dont la violation est susceptible d'engager sa responsabilité à l'égard du tiré. • Poitiers, 6 févr. 1951 : *Banque 1952. 101, obs. Marin ; RTD com. 1952. 374, obs. Becqué et Cabrillac* • Lyon, 18 nov. 1959 : *Banque 1962. 270 ; RTD com. 1962. 449, obs. Cabrillac et Rives-Lange.* ♦ *Contra* : • Paris, 8 juin 1961 : *JCP 1962. II. 12657, note Lescot ; D. 1962. Somm. 46* (qui réserve cependant l'intention de nuire) • T. com. Seine, 10 mai 1962 : *Banque 1963. 45, obs. Marin.* ♦ V. notes ss. art. L. 511-43.

3. Domiciliation. V. notes ss. art. L. 511-52.

Art. L. 511-40 Lorsque le porteur consent à recevoir en paiement, soit un chèque ordinaire, soit un mandat de virement sur la Banque de France, soit un chèque postal, le chèque ou le mandat doit indiquer le nombre et l'échéance des effets ainsi payés. Cette indication n'est toutefois pas imposée pour les chèques ou mandats de virement créés pour le règlement entre banquiers du solde des opérations effectuées entre eux par l'intermédiaire d'une chambre de compensation.

Si le règlement est effectué au moyen d'un chèque ordinaire et si celui-ci n'est pas payé, notification du protêt faute de paiement dudit chèque est faite au domicile de paiement de la lettre de change dans le délai prévu à l'article 41 du décret-loi du 30 octobre 1935 unifiant le droit en matière de chèques et relatif aux cartes de paiement *[C. mon. fin., art. L. 131-48, App., v° Banque et financement de l'entreprise]*. Le protêt faute de paiement du chèque et la notification sont faits par un seul et même exploit, sauf dans le cas où, pour des raisons de compétence territoriale, l'intervention de deux officiers ministériels est nécessaire.

Si le règlement est effectué au moyen d'un mandat de virement et si celui-ci est rejeté par la Banque de France, ou au moyen d'un chèque postal et si celui-ci est rejeté par le centre de chèques postaux détenteur du compte à débiter, la non-exécution fait l'objet d'un acte de notification au domicile de l'émetteur dudit mandat ou dudit chèque postal dans les huit jours à compter de la date de l'émission. Cet acte est dressé par un huissier ou par un notaire. – *[C. com., art. 148 B, al. 1er à 3.]*

Art. L. 511-41 Lorsque le dernier jour du délai accordé pour l'accomplissement de l'acte de notification de la non-exécution du mandat de virement ou du chèque postal est un jour férié légal, ce délai est prorogé jusqu'au premier jour ouvrable qui en suit l'expiration. Les jours fériés intermédiaires sont compris dans la computation du délai. Aux jours fériés légaux sont assimilés les jours où, aux termes des lois en vigueur, aucun paiement ne peut être exigé ni aucun protêt dressé.

Le tiré de la lettre de change qui reçoit la notification doit, s'il ne paie pas la lettre de change ainsi que les frais de notification et, s'il y a lieu, du protêt du chèque, restituer la lettre de change à l'officier ministériel instrumentaire. Celui-ci dresse immédiatement le protêt faute de paiement de la lettre de change.

Si le tiré ne restitue pas la lettre de change, un acte de protestation est aussitôt dressé. Le défaut de restitution y est constaté. Le tiers porteur est, en ce cas, dispensé de se conformer aux dispositions des articles L. 511-33 et L. 511-34.

Le défaut de restitution de la lettre de change constitue un délit passible des peines prévues par les articles 314-1 et 314-10 du code pénal. – *[C. com., art. 148 B, al. 4 à 7.]*

Art. L. 511-42 Le porteur doit donner avis du défaut d'acceptation ou de paiement à son endosseur dans les quatre jours ouvrables qui suivent le jour du protêt *ou celui de la présentation* en cas de clause de retour sans frais.

Les notaires et les huissiers sont tenus, à peine de dommages-intérêts, lorsque l'effet indique les nom et domicile du tireur de la lettre de change, de prévenir celui-ci dans les quarante-huit heures qui suivent l'enregistrement, par la poste et par lettre recommandée, des motifs du refus de payer. Cette lettre donne lieu, au profit du notaire ou de l'huissier, à un honoraire dont le montant est fixé par voie réglementaire en sus des frais d'affranchissement et de recommandation.

Chaque endosseur doit, dans les deux jours ouvrables qui suivent le jour où il a reçu l'avis, faire connaître à son endosseur l'avis qu'il a reçu, en indiquant les noms et les adresses de ceux qui ont donné les avis précédents, et ainsi de suite, en remontant jusqu'au tireur.

Les délais ci-dessus indiqués courent de la réception de l'avis précédent.

Lorsque, en conformité de l'alinéa précédent, un avis est donné à un signataire de la lettre de change, le même avis doit être donné dans le même délai à son avaliseur.

Dans le cas où un endosseur n'a pas indiqué son adresse ou l'a indiquée d'une façon illisible, il suffit que l'avis soit donné à l'endosseur qui le précède.

Celui qui a un avis à donner peut le faire sous une forme quelconque, même par un simple renvoi de la lettre de change.

Il doit prouver qu'il a donné l'avis dans le délai imparti.

Ce délai est considéré comme observé si une lettre missive donnant l'avis a été mise à la poste dans ledit délai.

Celui qui ne donne pas l'avis dans le délai ci-dessus indiqué n'encourt pas de déchéance ; il est responsable, s'il y a lieu, du préjudice causé par sa négligence, sans que les dommages-intérêts puissent dépasser le montant de la lettre de change. — *[C. com., art. 149.]*

1. Domaine. Le tiré d'une lettre de change acceptée ne peut opposer à la banque porteuse de l'effet régulièrement escompté, revenu impayé lors de sa présentation au paiement, une exception en vertu des dispositions de l'art. 121 [C. com., art. L. 511-12], au motif que la banque aurait méconnu son obligation d'avoir à donner avis du défaut de paiement dans les quatre jours de la présentation au paiement en cas de clause de retour sans frais, conformément à l'art. 149 [C. com., art. L. 511-42], le tiré accepteur n'apparaissant pas visé par ce texte au nombre des personnes devant être avisées, puisqu'il doit payer en sa qualité de débiteur cambiaire tous les autres signataires. • TGI Carpentras, réf., 10 déc. 1997 : *Annonces de la Seine, 9 févr. 1998, p. 15.*

2. Lettres de change-relevé. Pour une application de l'art. 149 [C. com., art. L. 511-42] à une lettre de change-relevé, V. • Com. 24 janv. 1995 : *RJDA 1995, n° 613.*

3. Renonciation à l'avis. L'art. 149 [C. com., art. L. 511-42] est inapplicable lorsque les parties sont liées par la seule convention de compte courant, convention comportant expressément renonciation par le client à tout avis de non-paiement de la part du porteur des effets de commerce. • Com. 22 déc. 1981 : ☏ *Bull. civ. IV, n° 455 ; D. 1982. IR 133.*

4. Responsabilité du porteur. Commet une grave négligence le tiers porteur d'une lettre de change qui omet de donner à son endosseur, dans les quatre jours de la présentation des effets stipulés sans frais, l'avis prévu par l'art. 149 [C. com., art. L. 511-42]. L'endosseur est en droit, en réparation du préjudice qu'il a subi, de demander l'octroi de dommages-intérêts du montant des lettres restant dû. • Paris, 21 janv. 1964 : *D. 1964. Somm. 42.* – V. conf. • Douai, 7 oct. 1967 : *RTD com. 1968. 102* • T. com. Marseille, 21 juin 1957 : *Banque 1959. 321* • T. com. Grenoble, 26 janv. 1968 : *Gaz. Pal. 1968. 1. 116.* – V. aussi • Paris, 19 mai 1995 : *Rev. dr. bancaire 1996. 12, obs. Crédot et Gérard.* ♦ Une convention limitative de responsabilité est inopérante au cas de faute lourde. • Paris, 19 juin 1964 : *Banque 1967. 270.*

4. Force majeure. Le défaut d'avis dans le délai, lorsqu'il est sans influence sur l'impossibilité où s'est trouvé le bénéficiaire de récupérer sa créance, ne permet pas de condamner le porteur à lui payer des dommages-intérêts, alors surtout que le retard de l'avis a été provoqué par une grève des banques présentant pour le banquier le caractère de la force majeure. • Com. 21 nov. 1966 : *RTD com. 1967. 538, obs. Becqué et Cabrillac ; Banque 1967. 270, obs. Marin* • Paris, 21 janv. 1964 : *D. 1964. Somm. 42* • Douai, 7 oct. 1967 : *Banque 1968. 139, obs. Marin.*

Art. L. 511-43 **Le tireur, un endosseur ou un avaliseur peut, par la clause « retour sans frais », « sans protêt » ou toute autre clause équivalente inscrite sur le titre et signée, dispenser le porteur de faire dresser, pour exercer ses recours, un protêt faute d'acceptation ou faute de paiement.**

Cette clause ne dispense pas le porteur de la présentation de la lettre de change dans les délais prescrits ni des avis à donner.

La preuve de l'inobservation des délais incombe à celui qui s'en prévaut contre le porteur.

Si la clause est inscrite par le tireur, elle produit ses effets à l'égard de tous les signataires ; si elle est inscrite par un endosseur ou un avaliseur, elle produit ses

effets seulement à l'égard de celui-ci. Si, malgré la clause inscrite par le tireur, le porteur fait dresser le protêt, les frais en restent à sa charge. Quand la clause émane d'un endosseur, ou d'un avaliseur, les frais du protêt, s'il en est dressé un, peuvent être recouvrés contre tous les signataires. – *[C. com., art. 150.]*

1. Portée des clauses restrictives. La clause sans frais ou sans protêt emporte interdiction pour le porteur de faire dresser un protêt. – V. note 2 ss. art. L. 511-39. – Comp. : • Poitiers, 6 févr. 1951 : *préc. note 2 ss. art. L. 511-39* • Lyon, 18 nov. 1959 : *ibid.* ♦ Il a toutefois été jugé que de telles clauses ne feraient que dispenser le porteur de son obligation. – V. décisions citées ss. art. 148 A [C. com., art. L. 511-39], notamment • Paris, 8 juin 1961. ♦ Sur la clause de dispense de protêt par acte séparé, V. • Agen, 15 févr. 1967 : *Banque 1967. 800, obs. Marin.* V. note 3 ss. art. L. 511-45.

2. Preuve de la présentation. Suivant l'art. 150, al. 3 [C. com., art. L. 511-43, al. 3], en cas d'insertion dans la lettre de change d'une clause « sans frais », la preuve de l'inobservation des délais de présentation incombe à celui qui s'en prévaut contre le porteur. Les juges ne sont pas tenus de faire droit à la demande d'expertise du garant qui refuse le paiement. • Com. 4 juin 1955 : *RTD com. 1955. 854, obs. Becqué et H. Cabrillac.*

Art. L. 511-44 **Tous ceux qui ont tiré, accepté, endossé ou avalisé une lettre de change sont tenus solidairement envers le porteur.**

Le porteur a le droit d'agir contre toutes ces personnes, individuellement ou collectivement, sans être astreint à observer l'ordre dans lequel elles se sont obligées.

Le même droit appartient à tout signataire d'une lettre de change qui a remboursé celle-ci.

L'action intentée contre un des obligés n'empêche pas d'agir contre les autres, même postérieurs à celui qui a été d'abord poursuivi. – *[C. com., art. 151.]*

1. Codébiteurs. Le tireur, le tiré accepteur et les endosseurs sont tenus solidairement à titre de débiteurs principaux ; en conséquence, celui d'entre eux qui est poursuivi ne peut opposer le bénéfice de cession d'actions de l'art. 2037 [2314] C. civ. • Civ. 5 août 1889 : *DP 1890. 1. 228* • 28 déc. 1927 : *DP 1929. 1. 13, note Chéron.*

2. Avaliseur. Le donneur d'aval n'est que caution solidaire ; il peut donc invoquer le bénéfice de cession d'actions. • Req. 3 janv. 1888 : *DP 1888. 1. 36* • 19 déc. 1927 : *DH 1928. 86.* ♦ V. notes 28 s. ss. art. L. 511-21.

3. Endosseur. Il résulte de la combinaison des dispositions des art. L. 511-10 et L. 511-44 que le porteur d'une lettre de change bénéficie de la garantie solidaire, notamment du tireur et de l'endosseur, lequel est de surcroît, sauf clause contraire, personnellement garant du paiement du titre. • Versailles, 29 sept. 2005 : *JCP E 2005, n° 48, p. 2031.* ♦ Il suit de là que le tireur et endosseur d'une lettre de change régulièrement acceptée par le tiré et par lui-même en ces deux qualités de tireur et d'endosseur est mal fondé à prétendre que le porteur (sa banque) aurait perdu les droits que la loi attache à cette qualité de porteur, motif pris qu'elle lui aurait notifié l'impossibilité, faute de provision suffisante, de contrepasser l'écriture sur son compte afin de récupérer les sommes avancées dans le cadre de l'opération d'escompte, alors qu'au contraire l'exercice du recours cambiaire a sa cause dans l'échec de la contre-passation d'écriture dont il ne démontre pas qu'elle aurait eu lieu, ni davantage que la banque aurait renoncé à l'exercer. • Même arrêt.

4. Compétence. Le tiré non accepteur peut être assigné, concurremment avec le tireur, devant la même juridiction. • Civ. 3 févr. 1914 : *DP 1914. 1. 312.* – *Contra* : Req. 18 mai 1909 : *DP 1912. 1. 15.* ♦ Sur les clauses attributives de compétence insérées dans l'engagement fondamental, V. • Colmar, 24 févr. 1966 : *D. 1966. 543, note P.B. ; JCP 1967. II. 14965, note Lescot ; RTD com. 1966. 971* • Paris, 9 nov. 1965 : *Banque 1966. 357, obs. Marin ; JCP 1966. II. 14819, note Lescot.*

Art. L. 511-45 **I. – Le porteur peut réclamer à celui contre lequel il exerce son recours :**

1° Le montant de la lettre de change non acceptée ou non payée avec les intérêts, s'il en a été stipulé ;

2° Les intérêts au taux légal à partir de l'échéance ;

3° Les frais du protêt, ceux des avis donnés ainsi que les autres frais.

II. – Si le recours est exercé avant l'échéance, déduction est faite d'un escompte sur le montant de la lettre. Cet escompte est calculé d'après le taux de l'escompte officiel fixé par la Banque de France tel qu'il existe à la date du recours au lieu du domicile du porteur. – *[C. com., art. 152.]*

A. RECOURS DU PORTEUR CONTRE LES GARANTS

1. Ordre public. Les dispositions de l'art. 152 [C. com., art. L. 511-45] ont, par leur origine et par leur finalité, un caractère d'ordre public. • Paris, 28 juin 1985 : *D. 1985. IR 419, obs. Cabrillac.*

2. Tiré accepteur. Le porteur d'une lettre de change peut réclamer au tiré accepteur les intérêts au taux légal, lesquels courent à compter de l'échéance de celle-ci. • Com. 30 juin 2009 : *Bull. civ. IV, n° 89 ; D. 2009. AJ 1888, obs. Delpech ; JCP E 2009, n° 35, p. 16 ; RD banc. fin. 2009, n° 147, obs. Crédot et Samin ; Banque et Droit sept.-oct. 2009. 22, obs. Bonneau ; RJDA 2009, n° 1002 ; Dr. et proc. 2010, suppl. n° 4, p. 15, obs. S. Piedelièvre ; RLDA oct. 2009. 45, obs. Chemin-Bomben.* ♦ L'art. 152 [C. com., art. L. 511-45] concerne l'étendue, quant aux intérêts, du recours cambiaire dont dispose le porteur contre les signataires de l'effet et ce recours, dérogatoire au droit commun, notamment en matière de paiement des intérêts, ne peut donc être dirigé que contre le tiré qui a accepté l'effet. • Paris, 28 juin 1985 : *préc. note 1.*

3. Donneur d'aval. En vertu des dispositions de l'art. 152 (2°) [C. com., art. L. 511-45, I, 2°], auxquelles renvoie l'art. 187 [C. com., art. L. 512-4], le donneur d'aval est personnellement débiteur, de plein droit à partir de l'échéance du billet à ordre, des intérêts moratoires au taux légal de la somme garantie. • Com. 25 juin 1996 : *Bull. civ. IV, n° 193 ; D. 1996. IR 184 ; D. Affaires 1996. 1101 ; JCP 1996. II. 22687, rapp. Rémery.* ♦ Nonobstant la clause « sans frais », qui se borne à dispenser le porteur du billet à ordre de faire dresser protêt, et la limitation de l'aval à un montant déterminé, l'avaliste reste tenu des intérêts qu'il doit personnellement en vertu de l'art. 152 (2°) [C. com., art. L. 511-45, I, 2°] (à propos de l'art. 55 de la L. n° 85-98 du 25 janv. 1985, dans sa rédaction antérieure à la réforme du 10 juin 1994). • Même arrêt. ♦ V. note 3 ss. art. L. 622-28.

4. Recours de droit commun. Le contrat d'escompte d'effets de commerce implique la possibilité pour l'établissement escompteur de demander au crédité, sur la base du recours de droit commun, le remboursement des fonds avancés au cas où le tiré ne paierait pas l'effet à son échéance ou même plus tard. • Fort-de-France, 2 juin 1995 : *Rev. huiss. 1996. 65, note Hesbert.* ♦ Le banquier serait privé de sa demande de remboursement des sommes avancées, s'il était établi que par suite d'un défaut d'avis ou même d'une information tardive au remettant il avait causé un préjudice à ce dernier. Un tel préjudice n'est cependant pas établi, pour que le remettant résiste au recours de la banque en remboursement sur la base du contrat d'escompte ou bien sollicite des dommages et intérêts reconventionnels envers celle-ci, s'il est prouvé que malgré toute la diligence voulue de la part de l'établissement de crédit, l'effet litigieux n'aurait pas été en tout état de cause payé. • Même arrêt.

5. Convention de compte courant. Si, indépendamment de tout recours fondé sur le droit cambiaire et formé dans le délai de prescription prévu par l'art. 179 C. com. [C. com., art. L. 511-78], une banque peut prétendre au remboursement de ses avances sur escompte par le bénéficiaire de celles-ci, elle ne peut fonder son action sur une convention de compte courant qu'à la condition d'avoir réinscrit le montant des effets impayés au débit de ce compte par une contre-passation. • Com. 5 mai 1998 : *RJDA 1998, n° 1151 ; RD bancaire et bourse 1998. 172, obs. Crédot et Gérard.*

6. Présentation tardive. Lorsque l'effet est présenté tardivement, les intérêts moratoires ne sont dus qu'à compter du jour de la présentation. • Com. 4 mars 1980 : *Bull. civ. IV, n° 112 ; D. 1980. IR 436, obs. Cabrillac ; RTD com. 1980. 576.* – Rappr. : • Com. 19 janv. 1982 : *Gaz. Pal. 1982. 2. Pan. 212, obs. Dupichot.*

7. Mise en demeure d'une SNC. En ce sens que l'art. 152 [C. com., art. L. 511-45] dispenserait le créancier de la lettre de change impayée de la mise en demeure de la société en nom collectif par acte extrajudiciaire, prévue par l'art. 10, al. 2, de la loi du 24 juill. 1966 [C. com., art. L. 221-1, al. 2], V. • Paris, 2 juill. 1993 : *Dr. sociétés 1994, n° 11, note crit. Le Nabasque.*

8. Frais de retour. V. note 8 ss. art. L. 511-12.

B. CONTRE-PASSATION DE L'EFFET

9. Définition. La contre-passation est l'écriture par laquelle le banquier escompteur débite le compte courant de son client remettant de l'effet de commerce escompté dont le montant avait été inscrit au crédit de ce compte, à la suite du non-paiement de cet effet. • Versailles, 1er juill. 1994 : *D. 1994. IR 211.* ♦ La contre-passation ne peut résulter que d'une écriture de la banque portant le montant de l'effet au débit du compte du client ayant remis cet effet à l'escompte. • Com. 3 nov. 1988 : *Bull. civ. IV, n° 285 ; D. 1989. Somm. 90, obs. Cabrillac ; RTD com. 1989. 95, obs. Cabrillac et Teyssié.* ♦ Si l'escompte de lettres de change tirées par une société et remises par elle à une banque s'est réalisé par l'inscription de leur montant au crédit du compte courant de la société, la banque est restée propriétaire des effets impayés qu'elle n'avait pas contrepassés. • Com. 9 juill. 1985 : *Bull. civ. IV, n° 207.* ♦ Le transfert des effets impayés à un compte spécial affecté aux créances douteuses ou à recouvrer, conformément à une technique bancaire habituelle, n'équivaut pas, par lui-même, à une contre-passation. • Versailles, 1er juill. 1987 : *D. 1988. 238, note Estoup* • Com. 11 juin 1996 : *Bull. civ. IV, n° 166 ; RJDA 1996, n° 1507.*

10. Volonté de contrepasser. La banque est présumée avoir procédé volontairement à la contre-passation de l'effet. Pour prouver que cette écriture est le résultat d'une erreur, la banque ne peut se contenter d'invoquer la gestion informatique des comptes pour soutenir qu'elle n'avait pas perdu la propriété de l'effet. • Paris, 27 mars 1992 : *Banque 1992. 841, obs. Rives-Lange* • Versailles, 1er juill. 1994 : *préc. note 9.* ♦ Il ne peut être retenu qu'une banque a eu la volonté de contrepasser une lettre de change impayée, qu'elle avait préalablement escomptée en inscrivant son montant au crédit du compte ordinaire de son client, dès lors que le montant de cet effet, n'a pas été débité de ce compte mais d'un compte spécial ouvert à cet effet, peu important que la banque ait ensuite débité le compte ordinaire du montant des intérêts. • Com. 12 janv. 1999 : *Bull. civ. IV, n° 11 ; D. 2000. Somm. 12, obs. Lemée ; D. Affaires 1999. 338, obs. X. D.* ♦ Il n'y a pas contre-passation quand l'écriture automatiquement passée au compte du bénéficiaire de l'escompte pour y inscrire le montant au débit après refus de paiement par le tiré est annulée par l'agent de banque gestionnaire du compte dès qu'il en a pris connaissance et manifeste ainsi que cette écriture ne correspond pas à la volonté de l'établissement. • Com. 23 oct. 2001 : *RJDA 2002, n° 306.* ♦ Lorsque les effets escomptés par une banque font automatiquement, par ordinateur, l'objet d'une écriture en débit au compte du client lorsqu'ils sont impayés, cet automatisme n'implique pas à lui seul la volonté de la banque de contre-passer l'effet ou de le conserver, et qu'il convient d'avoir recours à divers indices, tels que l'inscription de l'effet impayé dans un compte d'attente ou la conservation de l'effet impayé après non-paiement, au-delà d'un délai raisonnable. • Versailles, 10 juin 1994 : *D. 1994. IR 209.* ♦ L'inscription automatique par ordinateur d'une écriture de débit au compte du client en cas de rejet d'un effet escompté n'implique pas que la banque, qui a ensuite recrédité ce compte du montant de l'effet et conservé matériellement celui-ci, ait eu la volonté de contre-passer ledit effet. • Paris, 10 nov. 1995 : *D. Affaires 1996. 44.* ♦ V. encore, pour une rectification d'écriture, par informatique, • Com. 10 janv. 1983 : *Bull. civ. IV, n° 5 ; RTD com. 1983. 439, obs. Cabrillac et Teyssié.*

11. Effets d'un paiement. La contre-passation d'un effet escompté en compte courant produit les effets d'un paiement dès lors que le compte fonctionne. • Com. 4 juin 1985 : *Bull. civ. IV, n° 177 ; D. 1985. IR 420, obs. Cabrillac* • 1er oct. 1996 : *RJDA 1997, n° 87.* ♦ V. *contra*, en l'absence de compte courant, • Com. 10 janv. 1984 : *Bull. civ. IV, n° 11.* ♦ Il appartient à la banque, qui sollicite paiement de la part de l'avaliste de billets à ordre qu'elle a contre-passés au compte courant du débiteur principal, d'établir que cette contre-passation a eu lieu après la clôture du compte et, dès lors, ne vaut pas paiement. • Com. 15 févr. 2011 : *RJDA 2011, n° 448.*

12. Prise d'effet. Serait-elle définitivement décidée, la contre-passation du montant d'une lettre de change prise à l'escompte ne prend effet qu'à compter de son inscription en compte. • Com. 21 juin 1994 : *Bull. civ. IV, n° 226 ; RTD com. 1995. 168, obs. Cabrillac* • 4 mai 1999 : *RJDA 1999, n° 716.*

13. Contre-passation d'une écriture en débit du compte du tiré. La seule inscription au débit du compte du tiré, par la banque domiciliataire, ne constitue pas un paiement au profit du tireur et, en conséquence, la contre-passation de cette écriture ne peut constituer une faute au préjudice de celui-ci. • Com. 21 mai 1996 : *D. 1997. 105, note D. Martin ; D. Affaires 1996. 841 ; Rev. dr. bancaire 1996. 191, obs. Crédot et Gérard ; Rev. huiss. 1997. 776, note Courtier* • 12 mars 2002 : *Bull. civ. IV, n° 55 ; D. 2002. AJ 1343 ; Banque et Droit juill.-août 2002. 44, obs. Bonneau.*

14. Escompte. Dans le cas de deux endossements successifs d'une lettre de change, le premier à titre d'encaissement et le second à titre d'escompte, l'endossement doit être considéré comme ayant été effectué à titre d'escompte, dès lors que, si le simple paiement de la traite par la banque à son client avant la date de l'échéance peut s'analyser en une avance consentie dans le cadre d'un endossement par procuration, il en va autrement lorsque la banque, qui s'est abstenue de contrepasser l'effet au débit du compte courant de son client, a décompté des agios entre la date de la remise de l'effet et celle de son échéance. • Colmar, 20 oct. 1998 : *Gaz. Pal. 12-14 déc. 1999, Somm., p. 36, obs. Vray.*

15. Saisie-attribution. Sur la contre-passation dans le cadre de la procédure de saisie-attribution, V. C. pr. exéc., art. L. 162-1. – **C. pr. civ.**

16. Procédure collective du remettant. BIBL. Nguyen Xuan Chanh, *D. 1971. Chron. 243* ; Gavalda, *JCP 1963. I. 1763.* ♦ Une banque ne peut refuser, à l'administrateur d'une société en redressement judiciaire, la restitution du solde créditeur du compte ouvert au nom de ladite société, en prétendant que ce solde est « *indisponible* », comme étant « *affecté au remboursement de créances* » qu'elle pourrait « *détenir en raison de la réalisation des risques résultant de l'encours d'escompte* », dès lors que les contre-passations des effets escomptés par la banque n'étaient qu'éventuelles et que la banque ne pouvait, pour garantir le paiement des créances incertaines pouvant en résulter ultérieurement, retenir le solde créditeur du compte courant. • Com. 7 avr. 1998 : *Bull. civ. IV, n° 123 ; D. 1998. Somm. 376, obs. Piedelièvre ; D. Affaires 1998. 959, obs. X. D. ; JCP E 1998, n° 28-29, p. 1143, note Auque ; RTD com. 1998. 653, obs. Cabrillac ; JCP E 1998, p. 1143, obs. Stoufflet ; ibid. 1999, n° 17, p. 761, obs. Gavalda et Stoufflet ; JCP 1999. I. 116, obs. Delebecque.* – Sur cette affaire, V. aussi Stoufflet, *RD bancaire et bourse 1998. 190.*

La contre-passation du montant d'une lettre de change au compte courant du tireur qui l'a remise à l'escompte ne peut valoir paiement dès lors qu'elle est postérieure à l'ouverture du redressement judiciaire de celui-ci. • Com. 5 mai 1998 : *RJDA 1998, n° 1150.*

S'agissant d'une contre-passation portée en compte après le jugement d'ouverture d'une procédure collective à l'encontre du remettant, dès lors que le banquier avait fait savoir à celui-ci avant cette date qu'il lui adresserait une traite revenue impayée, jugé que la contre-passation était intervenue avant ledit jugement et que, par conséquent, le banquier n'avait pu conserver la propriété de l'effet. • Toulouse, 30 janv. 1992 : *RTD com. 1992. 836, obs. Cabrillac et Teyssié.* ♦ V. aussi, pour la contre-passation de chèques impayés, • Paris, 24 mars 1989 : *D. 1989. IR 118.*

Art. L. 511-46 **Celui qui a remboursé la lettre de change peut réclamer à ses garants :**

1° La somme intégrale qu'il a payée ;

2° Les intérêts de ladite somme, calculés au taux légal, à partir du jour où il l'a déboursée ;

3° Les frais qu'il a faits. – [*C. com., art. 153.*]

Art. L. 511-47 **Tout obligé contre lequel un recours est exercé ou qui est exposé à un recours peut exiger, contre remboursement, la remise de la lettre de change avec le protêt et un compte acquitté.**

Tout endosseur qui a remboursé la lettre de change peut biffer son endossement et ceux des endosseurs subséquents. – [*C. com., art. 154.*]

1. Droits du garant. Le signataire intermédiaire qui a dû payer sur recours cambiaire redevient automatiquement porteur légitime de la traite et n'agit pas sur la base d'une subrogation dans les droits du créancier désintéressé. • Com. 11 avr. 1962 : *D. 1962. 366 ; Bull. civ. III, n° 229* • Montpellier, 4 févr. 1982 : *D. 1983. IR 44, obs. Cabrillac.*

2. Restitution de l'effet impayé. Par application de l'art. 154 [C. com., art. L. 511-47], l'avaliseur d'une lettre de change, poursuivi en paiement, n'est tenu de payer que contre la remise de la lettre de change avec le protêt et d'un compte acquitté. • Com. 10 juin 1959 : *Bull. civ. III, n° 258 ; D. 1959. 490.* ♦ Sur la nature de l'obligation de restitution de l'effet impayé et les formes requises pour cette restitution, V. • Com. 7 mars 2000 : *Bull. civ. IV, n° 50 ; D. 2000. AJ 208, obs. Daleau ; RTD com. 2000. 416, obs. Cabrillac ; JCP E 2000, n° 27, p. 1088, obs. Gavalda et Stoufflet.*

Art. L. 511-48 **En cas d'exercice d'un recours après une acceptation partielle, celui qui rembourse la somme pour laquelle la lettre n'a pas été acceptée, peut exiger que ce remboursement soit mentionné sur la lettre et qu'il lui en soit donné quittance.**

Le porteur doit en outre lui remettre une copie certifiée conforme de la lettre et le protêt pour permettre l'exercice des recours ultérieurs. – *[C. com., art. 155.]*

Art. L. 511-49 **I. – Après l'expiration des délais fixés :**

1° Pour la présentation d'une lettre de change à vue ou à un certain délai de vue ;

2° Pour la confection du protêt faute d'acceptation ou faute de paiement ;

3° Pour la présentation au paiement en cas de clause de retour sans frais,

le porteur est déchu de ses droits contre les endosseurs, contre le tireur et contre les autres obligés, à l'exception de l'accepteur.

II. – Toutefois, la déchéance n'a lieu à l'égard du tireur que s'il justifie qu'il a fait provision à l'échéance. Le porteur, en ce cas, ne conserve d'action que contre celui sur qui la lettre de change était tirée.

III. – A défaut de présentation à l'acceptation dans le délai stipulé par le tireur, le porteur est déchu de ses droits de recours, tant pour défaut de paiement que pour défaut d'acceptation, à moins qu'il ne résulte des termes de la stipulation que le tireur n'a entendu s'exonérer que de la garantie de l'acceptation.

IV. – Si la stipulation d'un délai pour la présentation est contenue dans un endossement, l'endosseur seul peut s'en prévaloir. – *[C. com., art. 156.]*

BIBL. ▶ NGUYEN XUAN CHANH, *D. 1979. Chron. 77* (déchéance des droits du porteur).

1. Tiré-accepteur. La déchéance du porteur, en cas de présentation tardive d'une lettre de change à vue, ne peut être invoquée par l'accepteur. • Com. 30 nov. 1981 : *Bull. civ. IV, n° 417 ; D. 1982. IR 211.* ♦ Le banquier escompteur ayant perdu, à la suite du retour pour présentation tardive de la première traite, son recours contre les éventuels endosseurs, tireurs ou avalistes, conserve néanmoins son recours contre le tiré-accepteur. • Versailles, 13 nov. 1997 : *D. Affaires 1998. 378, obs. X. D.* ♦ V. aussi note ss. art. L. 511-62.

2. Avaliseur. Il y a lieu de condamner solidairement le tiré-accepteur et celui qui l'a avalisé, à payer une lettre de change tirée à vue et non présentée dans le délai d'un an. • Com. 30 nov. 1981 : *préc. note 1.* ♦ Dès lors qu'une personne était avaliste pour le tireur, la déchéance n'a lieu à son égard, conformément à l'art. 156 [C. com., art. L. 511-49], que s'il est justifié que le tireur avait fait provision à l'échéance, et il appartient en conséquence à l'avaliste de prouver que le tireur était créancier du tiré. • Com. 20 oct. 1998 : *D. Affaires 1998. 1906, obs. X. D. ; RJDA 1998, n° 1410.* ♦ Il en résulte que le porteur n'est pas déchu de ses droits contre l'avaliste, tenu dans les mêmes conditions que le tireur qu'il garantissait, et que cet avaliste ne peut dès lors lui opposer la déchéance résultant de l'absence de protêt. • Même arrêt.

3. Tireur. La déchéance du porteur au cas de présentation tardive ne peut être invoquée par le tireur qui n'a pas fait provision, l'existence de la provision s'appréciant à l'échéance. • Com. 4 mars 1957 : *Bull. civ. III, n° 81.*

4. Responsabilité du banquier. Le banquier endossataire pour encaissement de trois lettres de change revenues impayées et qui manque à son obligation de faire dresser protêt n'est pas civilement responsable envers le porteur sans que soit expliqué en quoi la perte de chance du porteur d'être payé a pour cause l'absence de protêt. • Com. 17 oct. 1995 : *Rev. huiss. 1996. 218, note Vidal.* – V. aussi : • Paris, 19 févr. 1987 : *D. 1987. IR 57.* ♦ En dehors des trois cas limitativement énumérés par l'art. L. 511-49 où il peut être déchu de ses recours, le tiers porteur n'est tenu de réparer, par des dommages-intérêts, ses négligences éventuelles que s'il est démontré qu'elles ont fait perdre au demandeur une chance sérieuse et réelle de recouvrer sa créance auprès du tiré ou d'un autre garant. • Com. 5 oct. 2004 : *BRDA 2004, n° 21, p. 10.*

Art. L. 511-50 **Quand la présentation de la lettre de change ou la confection du protêt dans les délais prescrits est empêchée par un obstacle insurmontable tel que la prescription légale d'un État quelconque ou tout autre cas de force majeure, ces délais sont prolongés.**

Le porteur est tenu de donner, sans retard, avis du cas de force majeure à son endosseur et de mentionner cet avis, daté et signé de lui, sur la lettre de change ou sur une allonge. Pour le surplus, les dispositions de l'article L. 511-42 sont applicables.

Après la cessation de la force majeure, le porteur doit, sans retard, présenter la lettre à l'acceptation ou au paiement et, s'il y a lieu, faire dresser le protêt.

Si la force majeure persiste au-delà de trente jours à partir de l'échéance, les recours peuvent être exercés, sans que ni la présentation ni la confection d'un protêt soit nécessaire, à moins que ces recours ne se trouvent suspendus pour une période plus longue, par application de l'article L. 511-61.

Pour les lettres de change à vue ou à un certain délai de vue, le délai de trente jours court de la date à laquelle le porteur a, même avant l'expiration des délais de présentation, donné avis de la force majeure à son endosseur. Pour les lettres de change à un certain délai de vue, le délai de trente jours s'augmente du délai de vue indiqué dans la lettre de change.

Ne sont point considérés comme constituant des cas de force majeure les faits purement personnels au porteur ou à celui qu'il a chargé de la présentation de la lettre ou de la confection du protêt. – *[C. com., art. 157.]*

Art. L. 511-51 Indépendamment des formalités prescrites pour l'exercice de l'action en garantie, le porteur d'une lettre de change protestée faute de paiement peut, en obtenant la permission du juge, saisir conservatoirement les effets mobiliers des tireurs, accepteurs et endosseurs. – *[C. com., art. 158.]*

L'autorisation judiciaire préalable à la pratique d'une mesure conservatoire (saisie-conservatoire ou sûreté judiciaire) sur les biens du débiteur, exigée par le code des procédures civiles d'exécution, n'est pas nécessaire en cas de défaut de paiement d'une lettre de change acceptée ou d'un billet à ordre (V. C. pr. exéc., art. L. 511-1 s.). – ***C. pr. exéc.***

Sur l'utilisation de la procédure d'injonction de payer pour obtenir le paiement d'une lettre de change ou d'un billet à ordre, V. C. pr. civ., art. 1405 s. – ***C. pr. civ.***

Nécessité d'un protêt. La saisie conservatoire prévue par l'art. 158 [C. com., art. L. 511-51] ne peut être exercée que si un protêt a été dressé au cas de non-paiement, sans que soient exigés ni l'urgence, ni le péril dans le recouvrement de la créance. • TI Metz, 29 oct. 1975 : *RJ com. 1978. 402, note Créhange ; RTD com. 1979. 276, obs. Cabrillac et Rives-Lange* • 2 nov. 1976 : *ibid.*

SECTION IX DES PROTÊTS

RÉP. COM. v° *Protêt*, par MASSOT-DURIN.

SOUS-SECTION 1 DES FORMES

Art. L. 511-52 Les protêts faute d'acceptation ou de paiement sont faits par un notaire ou par un huissier.

Le protêt doit être fait par un seul et même acte :

1° Au domicile de celui sur qui la lettre de change était payable, ou à son dernier domicile connu ;

2° Au domicile des personnes indiquées par la lettre de change pour la payer au besoin ;

3° Au domicile du tiers qui a accepté par intervention.

En cas de fausse indication de domicile, le protêt est précédé d'un acte de perquisition. – *[C. com., art. 159.]*

1. Domiciliation. Lorsque la lettre de change est domiciliée, le protêt doit être dressé chez le domiciliataire. • Com. 16 déc. 1975 : *Bull. civ. IV, n° 305 ; RTD com. 1976. 379.*

2. *Nullité.* L'irrégularité du protêt qui n'a pas été dressé au domicile indiqué ne peut conférer à la déchéance encourue par le porteur des effets plus étendus que ceux résultant de l'absence de protêt. • Com. 16 déc. 1975 : *préc. note 1.* – Rappr. : • Com. 29 juin 1965 : *D. 1965. 823.*

Sur l'absence de responsabilité de l'huissier instrumentaire envers un garant, V. • Civ. 17 juill. 1837 : *S. 1837. 1. 563.*

Art. L. 511-53 L'acte de protêt contient la transcription littérale de la lettre de change, de l'acceptation, des endossements et des recommandations qui y sont indiquées, la sommation de payer le montant de la lettre de change. Il énonce la présence ou l'absence de celui qui doit payer, les motifs du refus de payer et l'impuissance ou le refus de signer. – *[C. com., art. 160.]*

Art. L. 511-54 Nul acte de la part du porteur de la lettre de change ne peut suppléer l'acte de protêt, hors les cas prévus par les articles L. 511-32 à L. 511-37 et par les articles L. 511-40 et L. 511-41. – *[C. com., art. 161.]*

Élément extrinsèque. Il résulte des art. L. 511-53 et L. 511-54 que le protêt doit se suffire à lui-même et ne peut être complété ou régularisé par des éléments extrinsèques. • Com. 2 mars 2010 : *Bull. civ. IV, n° 43 ; D. 2010. AJ 705, obs. Delpech ; JCP E 2010, n° 1315 ; Gaz. Pal. 2010. 860, note Lasserre Capdeville ; ibid. 2306, obs. Houin-Bressand ; RD banc. fin. 2010, n° 81, obs. Crédot et Samin ; Banque et Droit mai-juin 2010. 16, obs. Bonneau ; RJDA 2010, n° 555 ; RLDA avr. 2010. 35, obs. Chemin-Bomber ; Dr. et proc. nov. 2010, suppl. Droit du recouvrement, p. 27, obs. Piedelièvre.*

Art. L. 511-55 Les notaires et les huissiers sont tenus, à peine de destitution, dépens, dommages-intérêts envers les parties, de laisser copie exacte des protêts. Sous les mêmes sanctions, ils sont également tenus de remettre contre récépissé au greffier du tribunal de commerce ou du tribunal de grande instance statuant commercialement du domicile du débiteur, ou de lui adresser par lettre recommandée avec accusé de réception, une copie exacte des protêts faute de paiement des traites acceptées et des billets à ordre. Cette formalité doit être accomplie dans la quinzaine de l'acte. – *[C. com., art. 162.]*

SOUS-SECTION 2 DE LA PUBLICITÉ

Art. L. 511-56 Le greffier du tribunal de commerce tient régulièrement à jour d'après les dénonciations qui lui sont faites par les notaires et huissiers, un état nominatif et par débiteur des protêts faute de paiement des lettres de change acceptées, des billets à ordre et des chèques ainsi que des certificats de non-paiement des chèques postaux qui lui sont dénoncés par les centres de chèques postaux. Cet état comporte des énonciations dont la liste est fixée par décret. – *[L. n° 49-1093 du 2 août 1949, art. 3, al. 1er.] – V. art. R. 511-7.*

Art. L. 511-57 Après l'expiration d'un délai d'un mois à compter du jour du protêt ou de l'établissement du certificat de non-paiement du chèque postal et pendant un an à compter de la même date, tout requérant peut se faire délivrer, à ses frais, par les greffiers des tribunaux susvisés, un extrait de l'état nominatif prévu à l'article L. 511-56. – *[L. n° 49-1093 du 2 août 1949, art. 4.]*

Art. L. 511-58 Sur dépôt contre récépissé par le débiteur de l'effet et du protêt du chèque postal et du certificat de non-paiement ou d'une quittance constatant le paiement du chèque, le greffier du tribunal de commerce effectue, aux frais du débiteur, sur l'état dressé en application de l'article L. 511-56, la radiation de l'avis de protêt ou du certificat de non-paiement.

Les pièces déposées peuvent être retirées pendant l'année qui suit l'expiration du délai d'un an visé à l'article L. 511-57, après quoi le greffier en est déchargé. – *[L. nº 49-1093 du 2 août 1949, art. 5.]*

Art. L. 511-59 Toute publication, sous quelque forme que ce soit, des états établis en vertu des dispositions de la présente sous-section est interdite sous peine de dommages-intérêts. – *[L. nº 49-1093 du 2 août 1949, art. 6.]*

Art. L. 511-60 Un décret en Conseil d'État détermine les modalités d'application des dispositions de la présente sous-section. Il fixe notamment le montant des rémunérations dues aux notaires ou huissiers ayant dressé les protêts et aux greffiers des tribunaux de commerce pour les différentes formalités dont ils sont chargés. – *[L. nº 49-1093 du 2 août 1949, art. 7.] – V. art. R. 511-2 s.*

SOUS-SECTION 3 DE LA PROROGATION DES DÉLAIS

Art. L. 511-61 Dans le cas de mobilisation de l'armée, de fléau ou de calamité publique, d'interruption des services publics gérés ou soumis au contrôle de l'État ou des collectivités territoriales, des décrets en conseil des ministres peuvent, pour tout ou partie du territoire, proroger les délais dans lesquels doivent être faits les protêts et les autres actes destinés à conserver les recours pour toutes les valeurs négociables.

Dans les mêmes circonstances et sous les mêmes conditions les échéances des valeurs négociables peuvent être prorogées. – *[L. 27 janv. 1910, art. 1er.]*

SECTION X DU RECHANGE

Art. L. 511-62 Toute personne ayant le droit d'exercer un recours peut, sauf stipulation contraire, se rembourser au moyen d'une nouvelle lettre dénommée retraite tirée à vue sur l'un de ses garants et payable au domicile de celui-ci.

La retraite comprend, outre les sommes indiquées dans les articles L. 511-45 et L. 511-46, un droit de courtage et le droit de timbre de la retraite.

Si la retraite est tirée par le porteur, le montant en est fixé d'après le cours d'une lettre de change à vue, tirée du lieu où la lettre primitive était payable sur le lieu du domicile du garant. Si la retraite est tirée par un endosseur, le montant en est fixé d'après le cours d'une lettre à vue tirée du lieu où le tireur de la retraite a son domicile sur le lieu du domicile du garant. – *[C. com., art. 163.]*

Effet de substitution. Le banquier escompteur dont la première traite est revenue impayée pour présentation tardive est en droit de créer un second effet de substitution, sur le tiré-accepteur. • Versailles, 13 nov. 1997 : *D. Affaires 1998. 378, obs. X. D.*

Art. L. 511-63 Le rechange se règle, pour la France continentale, uniformément comme suit : 0,25 % sur les chefs-lieux de départements, 0,50 % sur les chefs-lieux *d'arrondissements, 0,75 %* sur toute autre place.

En aucun cas, il n'y a lieu à rechange dans le même département. – *[C. com., art. 164.]*

Art. L. 511-64 Les rechanges ne peuvent être cumulés.

Chaque endosseur n'en supporte qu'un seul ainsi que le tireur. – *[C. com., art. 165.]*

SECTION XI DE L'INTERVENTION

RÉP. COM. v° *Lettre de change,* par GIBIRILA.

Art. L. 511-65 Le tireur, un endosseur ou un avaliseur peut indiquer une personne pour accepter ou payer au besoin.

La lettre de change peut être, sous les conditions déterminées ci-après, acceptée ou payée par une personne intervenant pour un débiteur quelconque exposé au recours.

L'intervenant peut être un tiers, même le tiré, ou une personne déjà obligée en vertu de la lettre de change, sauf l'accepteur.

L'intervenant est tenu de donner, dans un délai de deux jours ouvrables, avis de son intervention à celui pour qui il est intervenu. En cas d'inobservation de ce délai, il est responsable, s'il y a lieu, du préjudice causé par sa négligence sans que les dommages-intérêts puissent dépasser le montant de la lettre de change. – *[C. com., art. 166.]*

SOUS-SECTION 1 DE L'ACCEPTATION PAR INTERVENTION

Art. L. 511-66 L'acceptation par intervention peut avoir lieu dans tous les cas où des recours sont ouverts avant l'échéance au porteur d'une lettre de change acceptable.

Lorsqu'il a été indiqué sur la lettre de change une personne pour l'accepter ou la payer au besoin au lieu du paiement, le porteur ne peut exercer avant l'échéance ses droits de recours contre celui qui a apposé l'indication et contre les signataires subséquents à moins qu'il n'ait présenté la lettre de change à la personne désignée et que, celle-ci ayant refusé l'acceptation, ce refus n'ait été constaté par un protêt.

Dans les autres cas d'intervention, le porteur peut refuser l'acceptation par intervention.

Toutefois, s'il l'admet, il perd les recours qui lui appartiennent avant l'échéance contre celui pour qui l'acceptation a été donnée et contre les signataires subséquents.

L'acceptation par intervention est mentionnée sur la lettre de change ; elle est signée par l'intervenant. Elle indique pour le compte de qui elle a lieu ; à défaut de cette indication, l'acceptation est réputée donnée pour le tireur

L'accepteur par intervention est obligé envers le porteur et envers les endosseurs postérieurs à celui pour le compte duquel il est intervenu, de la même manière que celui-ci.

Malgré l'acceptation par intervention, celui pour lequel elle a été faite et ses garants peuvent exiger du porteur, contre remboursement de la somme indiquée à l'article L. 511-45, la remise de la lettre de change, du protêt et d'un compte acquitté, s'il y a lieu. – *[C. com., art. 167.]*

SOUS-SECTION 2 DU PAIEMENT PAR INTERVENTION

Art. L. 511-67 Le paiement par intervention peut avoir lieu dans tous les cas où, soit à l'échéance, soit avant l'échéance, des recours sont ouverts au porteur.

Le paiement doit comprendre toute la somme qu'aurait à acquitter celui pour lequel il a lieu.

Il doit être fait au plus tard le lendemain du dernier jour admis pour la confection du protêt faute de paiement. – *[C. com., art. 168.]*

Art. L. 511-68 Si la lettre de change a été acceptée par des intervenants ayant leur domicile au lieu du paiement ou si des personnes ayant leur domicile dans ce même lieu ont été indiquées pour payer au besoin, le porteur doit présenter la lettre à toutes ces personnes et faire dresser, s'il y a lieu, un protêt faute de paiement au plus tard le lendemain du dernier jour admis pour la confection du protêt.

A défaut de protêt dressé dans ce délai, celui qui a indiqué le besoin ou pour le compte de qui la lettre a été acceptée et les endosseurs postérieurs cessent d'être obligés. – *[C. com., art. 169.]*

Art. L. 511-69 Le porteur qui refuse le paiement par intervention perd ses recours contre ceux qui auraient été libérés. – *[C. com., art. 170.]*

Art. L. 511-70 Le paiement par intervention doit être constaté par un acquit donné sur la lettre de change, avec indication de celui pour qui il est fait. A défaut de cette indication, le paiement est considéré comme fait pour le tireur.

La lettre de change et le protêt, s'il en a été dressé un, doivent être remis au payeur par intervention. – *[C. com., art. 171.]*

Art. L. 511-71 Le payeur par intervention acquiert les droits résultant de la lettre de change contre celui pour lequel il a payé et contre ceux qui sont tenus vis-à-vis de ce dernier en vertu de la lettre de change. Toutefois, il ne peut endosser la lettre de change à nouveau.

Les endosseurs postérieurs au signataire pour qui le paiement a eu lieu sont libérés.

En cas de concurrence pour le paiement par intervention, celui qui opère le plus de libération est préféré. Celui qui intervient, en connaissance de cause, contrairement à cette règle, perd ses recours contre ceux qui auraient été libérés. – *[C. com., art. 172.]*

SECTION XII DE LA PLURALITÉ D'EXEMPLAIRES ET DE COPIES

RÉP. COM. v° *Lettre de change,* par GIBIRILA.

SOUS-SECTION 1 DE LA PLURALITÉ D'EXEMPLAIRES

Art. L. 511-72 La lettre de change peut être tirée en plusieurs exemplaires identiques.

Ces exemplaires doivent être numérotés dans le texte même du titre ; faute de quoi, chacun d'eux est considéré comme une lettre de change distincte.

Tout porteur d'une lettre n'indiquant pas qu'elle a été tirée en un exemplaire unique peut exiger à ses frais la délivrance de plusieurs exemplaires. A cet effet, il doit s'adresser à son endosseur immédiat qui est tenu de lui prêter ses soins pour agir contre son propre endosseur et ainsi de suite en remontant jusqu'au tireur. Les endosseurs sont tenus de reproduire les endossements sur les nouveaux exemplaires. – *[C. com., art. 173.]*

Art. L. 511-73 Le paiement fait sur un des exemplaires est libératoire, alors même qu'il n'est pas stipulé que ce paiement annule l'effet des autres exemplaires. Toutefois, le tiré reste tenu à raison de chaque exemplaire accepté dont il n'a pas obtenu la restitution.

L'endosseur qui a transféré les exemplaires à différentes personnes, ainsi que les endosseurs subséquents, sont tenus à raison de tous les exemplaires portant leur signature et qui n'ont pas été restitués. – *[C. com., art. 174.]*

Art. L. 511-74 Celui qui a envoyé un des exemplaires à l'acceptation doit indiquer sur les autres exemplaires le nom de la personne entre les mains de laquelle cet exemplaire se trouve. Celle-ci est tenue de le remettre au porteur légitime d'un autre exemplaire. Si elle s'y refuse, le porteur ne peut exercer ce recours qu'après avoir fait constater par un protêt :

1° Que l'exemplaire envoyé à l'acceptation ne lui a pas été remis sur sa demande ;

2° Que l'acceptation ou le paiement n'a pu être obtenu sur un autre exemplaire. – *[C. com., art. 175.]*

SOUS-SECTION 2 DES COPIES

Art. L. 511-75 Tout porteur d'une lettre de change a le droit d'en faire des copies.

La copie doit reproduire exactement l'original avec les endossements et toutes les autres mentions qui y figurent. Elle doit indiquer où elle s'arrête.

Elle peut être endossée et avalisée de la même manière et avec les mêmes effets que l'original. – *[C. com., art. 176.]*

Art. L. 511-76 La copie doit désigner le détenteur du titre original. Celui-ci est tenu de remettre ledit titre au porteur légitime de la copie.

S'il s'y refuse, le porteur ne peut exercer le recours contre les personnes qui ont endossé ou avalisé la copie qu'après avoir fait constater par un protêt que l'original ne lui a pas été remis sur sa demande.

Si le titre original, après le dernier endossement survenu avant que la copie ne soit pas faite, porte la clause : « à partir d'ici, l'endossement ne vaut que sur la copie » ou toute autre formule équivalente, un endossement signé ultérieurement sur l'original est nul. – *[C. com., art. 177.]*

SECTION XIII DES ALTÉRATIONS

RÉP. COM. v° *Lettre de change,* par GIBIRILA.

Art. L. 511-77 En cas d'altération du texte d'une lettre de change, les signataires postérieurs à cette altération sont tenus dans les termes du texte altéré ; les signataires antérieurs le sont dans les termes du texte originaire. – *[C. com., art. 178.]*

1. Altération. La modification unilatérale de la clause sans frais constitue une altération au sens de l'art. 178 [C. com., art. L. 511-77]. • Nancy, 30 oct. 1991 : *JCP 1992. IV. 2480.*

2. Signataire antérieur. Le tiré accepteur qui a payé une lettre de change laquelle a été remise en circulation, après que la date d'échéance initiale ait été modifiée par un endosseur n'est tenu que dans la mesure du texte initial, le porteur serait-il de bonne foi. • Com. 11 janv. 1972 : *Bull. civ. IV, n° 17 ; D. 1972. Somm. 207* • 12 nov. 1973 : *Bull. civ. IV, n° 320 ; D. 1974. Somm. 6.* – V. aussi • Com. 12 oct. 1993 : *JCP 1995. II. 22378, note Bazin ; RJDA 1994, n° 191.*

3. Prorogation conventionnelle. V. note 3 ss. art. L. 511-38.

SECTION XIV DE LA PRESCRIPTION

RÉP. COM. v° *Lettre de change,* par GIBIRILA.

Art. L. 511-78 Toutes actions résultant de la lettre de change contre l'accepteur se prescrivent par trois ans à compter de la date de l'échéance.

Les actions du porteur contre les endosseurs et contre le tireur se prescrivent par un an à partir de la date du protêt dressé en temps utile ou de celle de l'échéance, en cas de clause de retour sans frais.

Les actions des endosseurs les uns contre les autres et contre le tireur se prescrivent par six mois à partir du jour où l'endosseur a remboursé la lettre ou du jour où il a été lui-même actionné.

Les prescriptions, en cas d'action exercée en justice, ne courent que du jour de la dernière poursuite juridique. Elles ne s'appliquent pas s'il y a eu condamnation, ou si la dette a été reconnue par acte séparé.

L'interruption de la prescription n'a d'effet que contre celui à l'égard duquel l'acte interruptif a été fait.

Néanmoins, les prétendus débiteurs sont tenus, s'ils en sont requis, d'affirmer, sous serment, qu'ils ne sont plus redevables, et leur conjoint survivant, leurs héritiers ou ayants cause, qu'ils estiment de bonne foi qu'il n'est plus rien dû. – *[C. com., art. 179.]*

1. Fondement de la prescription. La prescription de l'art. 179 [C. com., art. L. 511-78] repose sur une présomption de paiement qui peut être combattue par l'aveu comme par le serment. • Com. 14 nov. 1961 : *Bull. civ. III, n° 411 ; RTD com. 1962. 717, obs. Becqué et Cabrillac* • 3 avr. 1978 : *Banque 1979. 271, obs. Martin* • 5 nov. 1980 : *Bull. civ. IV, n° 367 ; RTD com. 1981. 325, obs. Cabrillac et Teyssié* • 13 janv. 1987 : *Bull. civ. IV, n° 12* • Civ. 10 mars 1937 : *DH 1937. 217.* ♦ Ainsi, ne peut invoquer la prescription le tireur qui reconnaît n'avoir pas acquitté la dette faisant l'objet de l'action cambiaire. • Com. 27 juin 1995 : *Bull. civ. IV, n° 194 ; D. 1995. IR 180 ; Rev. huiss. 1996. 1128, note Despaquis.* ♦ L'aveu peut s'induire de la motivation de sa défense par le débiteur. • Com. 9 mai 1977 : *Bull. civ. IV, n° 126 ; Banque 1978. 254, obs. Martin* • Paris, 26 oct. 1967 : *Banque 1968. 718 ; D. 1968. Somm. 55* • Com. 23 juin 1970 : *RTD com. 1971. 747, obs. Cabrillac et Rives-Lange* • 24 nov. 1970 : *ibid.*

2. Domaine de la prescription. La prescription abrégée suppose que l'action oppose deux personnes dont l'une tire directement son droit de créance et l'autre sa dette de l'émission, de la circulation ou du paiement de la lettre de change ; tel n'est pas le cas lorsque les facturations contestées par le demandeur résultent, non des effets litigieux, mais du contrat d'escompte dont la réalité est discutée. • Com. 26 nov. 2003 : *RJDA 2004, n° 505.*

3. Action contre l'avaliseur. L'action du porteur contre l'avaliseur est soumise à la même prescription que l'action exercée contre le débiteur garanti. • T. com. Seine, 6 janv. 1949 : *JCP 1949. II. 4946, note Roblot.* ♦ Les événements interrompant la prescription qui court contre le souscripteur d'un billet à ordre interrompent également celle qui court à l'égard du donneur d'aval cautionnant l'engagement. • Paris, 26 juin 1998 : *D. Affaires 1998. 1486, obs. X. D.*

4. Point de départ de la prescription. Le point de départ de la prescription est fixé à l'expiration du délai de présentation. • Civ. 1er juill. 1845 : *DP 1845. 1. 286* • Colmar, 18 mars 1937 : *Gaz. Pal. 1937. 2. 81.* – V. aussi • T. com. Paris, 18 sept. 2003 : *Banque et Droit mars-avr. 2005. 56, obs. Guillot.*

5. Suspension de la prescription. La prescription est suspendue au profit du créancier qu'un obstacle insurmontable a empêché d'agir contre le débiteur. • Civ. 10 févr. 1966 : *D. 1967. 315, note Prévault.* ♦ Comp., sur l'influence d'une procédure collective, • Com. 31 mai 1976 : *D. 1976. IR 229.* ♦ Une simple difficulté d'exécution ne saurait être assimilée à la force majeure. • Com. 21 juin 1976 : *D. 1976. IR 260.*

6. Interruption de la prescription. La prescription est interrompue par : le paiement d'un acompte. • Civ. 18 févr. 1851 : *DP 1851. 1. 17.* ♦ ... Le paiement d'intérêts échus. • Req. 19 mai 1884 : *DP 1884. 1. 286.* ♦ ... La reconnaissance de dettes d'intérêts. • Req. 12 mars 1883 : *DP 1884. 1. 111.* ♦ ... La production à une *faillite.* • Com. 10 janv. 1951 : *D. 1951. 310 ; RTD com. 1951. 594, obs. Houin, et 552, obs. Becqué et H. Cabrillac.* ♦ ... L'admission au passif de la *faillite.* • Civ. 5 janv. 1864 : *DP 1864. 1. 41* • 18 juin 1965 : *Bull. civ. II, n° 544.* ♦ ... Et même une simple demande d'admission. • Com. 10 janv. 1951 : *préc.* ♦ Sur l'aveu ou le serment, V. note 1. ♦ En revanche, le protêt, qui n'est qu'une sommation et non un commandement n'interrompt pas la prescription. • Civ. 16 nov. 1853 : *DP 1854. 1. 326* • Rouen, 3 janv. 1900 : *DP 1900. 2. 502.* ♦ ... Ni l'exception de péremption d'instance sans mention du paiement de la dette. • Com. 5 janv. 1960 : *D. 1960. Somm. 54.* ♦ L'art. 179, al. 4 [C. com., art. L. 511-78, al. 4], n'exclut pas l'application des causes d'interruption du droit commun. • Dijon, 4 févr. 1994 : *RTD com. 1994. 754, obs. Cabrillac.*

7. Portée de l'interruption. L'effet interruptif de la prescription résultant d'une action en justice se prolonge jusqu'à ce que le litige trouve sa solution, dès lors qu'il n'existe aucune circonstance permettant de regarder l'interruption comme non avenue. • Com. 20 oct. 1998 : *Bull. civ. IV, n° 247 ; D. 1998. IR 250 ; D. Affaires 1998. 1857, obs. X. D. ; RJDA 1999, n° 122.* ♦ Doit être cassé l'arrêt qui, pour retenir que la prescription de trois ans prévue par l'art. 179 [C. com., art. L. 511-78] était intervenue, relève que plus de trois ans s'étaient écoulés depuis le dernier acte de poursuite juridique, sans relever que l'instance engagée avait pris fin. • Même arrêt (V. l'arrêt cassé : • Chambéry, 6 sept. 1995 : *BICC 1996, n° 123 ; Rev. huiss. 1996. 372*).

Il résulte de l'art. 2247 [2243 nouv.] C. civ. que l'assignation en référé ne peut avoir d'effet interruptif dès lors que la demande est rejetée en raison de l'existence d'une contestation sérieuse. • Pau, 15 févr. 1995 : *Cah. jurispr. Aquitaine 1995, n° 2, p. 109.*

8. Interversion de la prescription. Seules la condamnation du débiteur cambiaire ou la reconnaissance de sa dette par acte séparé ont pour effet à la fois d'interrompre la prescription cambiaire et de lui substituer la prescription de droit commun. • Com. 21 juin 1976 : *D. 1976. IR 260.* ♦ V., pour un acte séparé, • Civ. 1re, 18 déc. 1978 : *D. 1979. IR 199.* ♦ ... Et pour l'interversion produite par l'effet novatoire de l'inscription en compte courant, • Civ. 10 janv. 1872 : *DP 1872. 1. 102.*

En revanche la qualification de reconnaissance par acte séparé entraînant interversion a été écartée pour : une demande de délai ou le versement d'un acompte. • Civ. 5 avr. 1892 : *DP 1892. 1. 246* • Reims, 28 févr. 1977 : *D. 1978. IR 342.* ♦ ... Le paiement d intérêts. • Req. 15 juill. 1875 : *DP 1877. 1. 323.* ♦ ... Un acte confirmatif de la créance cambiaire. • Com. 21 juin 1976 : *Bull. civ. IV, n° 211* • 10 juin 1986 : *ibid., n° 120 ; Banque 1986. 1134, obs. Rives-Lange ; Gaz. Pal. 1987. 1. Somm. 19, obs. Piedelièvre.* ♦ Comp. : notes 6 et 7.

9. Rapport fondamental. La prescription de l'art. 179 [C. com., art. L 511-78] laisse au créancier le droit d'exercer l'action née des rapports préexistants avec le débiteur, lesquels sont soumis à leur propre régime juridique. • Com. 10 janv. 1972 : *D. 1972. Somm. 85.* ♦ V., pour l'escompteur, sur la base du crédit consenti et d'un cautionnement, • Paris, 24 févr. 1982 : *D. 1982. 467, note Stoufflet.* ♦ V., au cas de transmission de la provision, • Nîmes, 27 févr. 1979 : *D. 1979. IR 279, obs. Cabrillac.*

SECTION XV DISPOSITIONS GÉNÉRALES

RÉP. COM. v° *Lettre de change,* par GIBIRILA.

Art. L. 511-79 **Le paiement d'une lettre de change dont l'échéance est à un jour férié légal ne peut être exigé que le premier jour ouvrable qui suit. De même, tous autres actes relatifs à la lettre de change, notamment la présentation à l'acceptation et le protêt, ne peuvent être faits qu'un jour ouvrable.**

Lorsqu'un de ces actes doit être accompli dans un certain délai dont le dernier jour est un jour férié légal, ce délai est prorogé jusqu'au premier jour ouvrable qui en suit l'expiration. Les jours fériés intermédiaires sont compris dans la computation du délai. – *[C. com., art. 180.]*

Art. L. 511-80 **Aux jours fériés légaux sont assimilés les jours où, aux termes des lois en vigueur, aucun paiement ne peut être exigé, ni aucun protêt dressé.** – *[C. com., art. 181.]*

Art. L. 511-81 **Les délais légaux ou conventionnels ne comprennent pas le jour à compter duquel ils commencent à courir.**

Aucun jour de grâce ni légal ni judiciaire n'est admis sauf dans les cas prévus par les articles L. 511-38 et L. 511-50. – *[C. com., art. 182.]*

1. Expertise. Doit être cassé l'arrêt qui ordonne une expertise pour évaluer le préjudice invoqué par le tiré dans une demande reconventionnelle alors qu'il ne prononce pas immédiatement la condamnation au paiement de la lettre de change, accordant par là même un délai de grâce. • Com. 14 juin 1971 : *D. 1971. Somm. 198 ; JCP 1973. II. 17310, note Groslière ; RTD com. 1972. 129, obs. Cabrillac et Rives-Lange.*

2. Sursis à statuer. Le sursis à statuer sur l'action en paiement ne serait fondé qu'au cas où les poursuites pénales et la plainte du débiteur sont dirigées contre le tiers porteur. • Com. 24 juin 1969 : *RTD com. 1969. 1053, obs. Cabrillac et Rives-Lange* • 13 mars 1972 : *ibid. 1972. 968, obs. Cabrillac et Rives-Lange.*

3. Exécution provisoire. Accorder la suspension de l'exécution provisoire d'un jugement condamnant le débiteur cambiaire au paiement reviendrait à lui octroyer un délai de grâce en contradiction avec les dispositions de l'art. 182 [C. com., art. L. 511-81]. • Paris, 30 juill. 1986 : *RTD com. 1987. 544, obs. Cabrillac et Teyssié.*

4. Redressement et liquidation judiciaires. Sur la suspension des actions en paiement contre le donneur d'aval en cas d'ouverture d'une procédure collective, V. note 4 *bis* ss. art. L. 622-28.

Décret-loi du 31 août 1937, *relatif aux échéances des effets de commerce.* **Art. 1er** Aucun payement d'aucune sorte sur effet, mandat, chèque, compte courant, dépôt de fonds ou de titres ou autrement ne peut être exigé ni aucun protêt dressé le samedi et le lundi de chaque semaine, qui, pour ces opérations seulement, sont assimilés aux jours fériés légaux, conformément à l'article 181 du code de commerce *[C. com., art. L. 511-80]* et à l'article 59, paragraphe 3, du décret du 30 octobre 1935 unifiant le droit en matière de chèques *[C. mon. fin., art. R. 131-4]. — V. art. préc., App., v° Banque et financement de l'entreprise.*

Toutefois, les banquiers et autres personnes habilitées à payer des chèques ne pourront se prévaloir de ces dispositions pour refuser le payement des lettres de change, billets à ordre, chèques ou autres dispositions généralement quelconques sur compte courant, dépôt de fonds ou de titres qui leur seront présentés aux jour et heure d'ouverture de leurs établissements, au cas où ceux-ci seraient ouverts les jours visés au premier alinéa.

Art. 2 Les frais résultant de la présentation à l'acceptation d'une lettre de change le jour où l'établissement payeur est fermé du fait de l'application des dispositions de la loi du 21 juin 1936, quand ce jour est ouvrable, ou de la présentation au payement d'un effet de commerce quelconque dont l'échéance a lieu ce même jour, sont à la charge du tiré qui n'a pas indiqué en temps utile au tireur ce jour de fermeture, ou du tireur ou du porteur qui n'a pas tenu compte de cette indication.

Est réputé fourni en temps utile l'avis du jour de fermeture donné au tireur par le tiré, au plus tard à l'époque où a été conclue l'opération qui a rendu celui-ci débiteur.

Ordonnance n° 58-896 du 23 septembre 1958, *relative à des dispositions générales d'ordre financier.* **Art. 28** L'interruption des services bancaires est assimilée aux cas où, en vertu de l'article 1er de la loi modifiée du 27 janvier 1910 *[C. com., art. L. 511-61]*, des décrets rendus en conseil des ministres peuvent, pour tout ou partie du territoire, proroger les délais dans lesquels doivent être faits les protêts et les autres actes destinés à conserver les recours pour toutes les valeurs négociables.

CHAPITRE II DU BILLET À ORDRE

RÉP. COM. v° *Billet à ordre*, par GIBIRILA.

Art. L. 512-1 **I. — Le billet à ordre contient :**

1° La clause à ordre ou la dénomination du titre insérée dans le texte même et exprimée dans la langue employée pour la rédaction de ce titre ;

2° La promesse pure et simple de payer une somme déterminée ;

3° L'indication de l'échéance ;

4° Celle du lieu où le paiement doit s'effectuer ;

5° Le nom de celui auquel ou à l'ordre duquel le paiement doit être fait ;

6° L'indication de la date et du lieu où le billet est souscrit ;

7° La signature de celui qui émet le titre dénommé souscripteur.

II. — Le billet à ordre dont l'échéance n'est pas indiquée est considéré comme payable à vue.

III. — A défaut d'indication spéciale le lieu de création du titre est réputé être le lieu de paiement et, en même temps, le lieu du domicile du souscripteur.

IV. — Le billet à ordre n'indiquant pas le lieu de sa création est considéré comme souscrit dans le lieu désigné à côté du nom du souscripteur. — *[C. com., art. 183 et 184, al. 2 à 4.]*

BIBL. ▸ CHVIKA, *D. 2000. Chron. 615* (déclin de la négociabilité des instruments de paiement et de crédit).

1. Nature. Le billet à ordre n'est pas, par sa nature, un acte de commerce. • Paris, 22 déc. 1958 : *D. 1959. Somm. 54.*

2. Signature. L'art. 183 [C. com., art. L. 512-1 (I)] dérogeant à la formalité de l'art. 1326 C. civ., il en résulte que la mention écrite de la main du souscripteur de la somme ou de la quantité en toutes lettres et en chiffres n'est pas imposée. • Paris, 1er mars 1977 : *D. 1978. IR 337 ; RTD com. 1978. 136.* ♦ V. notes 8, 9 et 11 ss. art. L. 511-5.

3. Billet de fonds. Le privilège du vendeur est reconnu au porteur, dès lors que la création du billet en a été prévue dans l'acte de vente du fonds. • Civ. 19 févr. 1946 : *D. 1946. 184 ; S. 1946. 1. 81 ; JCP 1946. II. 3113, note Toujas* • Com. 10 déc. 1968 : *Bull. civ. IV, n° 351 ; RTD com. 1964. 549.*

4. Billet à ordre relevé. Sur les délais de traitement et la responsabilité des banquiers présentateurs, V. • Douai, 11 déc. 1981 : *D. 1982. IR 501.*

Art. L. 512-2 **Le titre dans lequel une des énonciations indiquées au I de l'article L. 512-1 fait défaut ne vaut pas comme billet à ordre, sauf dans les cas déterminés aux II à IV de l'article L. 512-1.** — *[C. com., art. 184, al. 1er.]*

1. Signature du souscripteur. A fait une exacte application des art. 183 et 184 [C. com., art. L. 512-1 et L. 512-2] la cour d'appel qui, ayant constaté qu'un effet comportait toutes les mentions d'un billet à ordre et portait la signature de la personne désignée comme souscripteur, retient que c'est à tort que cette signature a été portée dans la case « aval » et décide que le billet à ordre est valable en la forme. • Com. 18 oct. 1994 : *RJDA 1994, n° 1341.*

2. Régularisation. Celui qui reçoit un billet à ordre pourvu, lors de l'endossement fait à son profit, de toutes les mentions exigées par la loi, est censé ne pas connaître les lacunes que ce titre pouvait présenter lors de sa création par le souscripteur et il appartient à celui-ci, si le billet litigieux comporte, lors de sa présentation au paiement, toutes les mentions obligatoires, d'établir que le tiers porteur, qui prétend avoir reçu un billet régulier, avait participé à sa régularisation. • Com. 5 oct. 2004 : *RJDA 2005, n° 321.* – V. en matière de lettre de change, note 25 ss. art. L. 511-1.

3. Disqualification. L'aval porté sur un billet à ordre irrégulier au sens des art. L. 512-1 et L. 512-2 C. com. peut constituer un cautionnement ; à défaut de répondre aux prescriptions des art. L. 341-2 et L. 341-3 C. consom. [V. ss. C. mon. fin., art. L. 313-22, App., v° *Banque et financement de l'entreprise*], un tel cautionnement est nul. • Com. 5 juin 2012 : *Bull. civ. IV, n° 113 ; D. 2012. Actu. 1604, obs.*

Delpech ; *ibid. Chron. C. cass. 2551, obs. Guillou ; RTD com. 2012. 603, obs. Legeais* ; *JCP E 2012, n° 1501, note Piedelièvre ; Gaz. Pal. 2012. 1461, avis Le Mesle ; ibid. 2858, obs. Dumont-Lefrand ; RJDA 2012, n° 893 ; RD banc. fin. 2012, n° 117, obs. Legeais ; Banque et Droit juill.-août 2012. 43, obs. Netter.* ♦ Le billet à ordre qui ne contient pas le nom de celui à l'ordre duquel le paiement doit être fait ne vaut pas comme billet à ordre, mais comme promesse ne relevant pas du droit cambiaire. • Com. 17 juill. 1984 : *D. 1985. IR 29, obs. Cabrillac.* – V. aussi • Com. 3 avr. 1984 : *D. 1984. IR 402.* ♦ Le signataire est néanmoins sans intérêt à se prévaloir de la nullité de ce billet au regard du droit cambiaire, puisqu'il vaut comme titre au porteur et que son paiement peut être exigé par la personne qui le détient. • Com. 24 nov. 1992 : *RJDA 1993, n° 150 ; RTD com. 1993. 137, obs. Cabrillac et Teyssié* . ♦ Dans le même sens, V. • Com. 15 janv. 2002 : *Bull. civ. IV, n° 10 ; D. 2003. Somm. 341, obs. Martin* ; *Banque et Droit mai-juin 2002. 49, obs. Bonneau ; RTD com. 2002. 521, obs. Cabrillac* . ♦ Il convient de rechercher si la banque, en sa qualité de porteur d'un billet à ordre sans indication du nom du bénéficiaire, ne justifiait pas d'un droit propre indépendamment de sa qualité de cessionnaire de créances, V. • Com. 26 nov. 2003 : *Banque et Droit juill.-août 2005. 77, obs. Guillot.*

4. Transmission par endossement. Le titre qui comporte la dénomination de billet à ordre dans lequel l'indication de la date et du lieu de souscription fait défaut ne vaut pas comme billet à ordre mais comme promesse ordinaire de paiement transmissible par endossement. • Paris, 30 sept. 1986 : *D. 1987. Somm. 70, obs. Cabrillac.*

5. Inopposabilité des exceptions. Le billet sans indication de bénéficiaire revêtant la forme au porteur, ce porteur, investi d'un droit propre, ne peut se voir opposer, s'il est de bonne foi, que les exceptions qui lui sont personnelles ou qui résultent de la teneur de l'acte. • Com. 17 juill. 1984 : *préc. note 3* • Civ. 31 oct. 1906 : *DP 1908. 1. 497 ; S. 1908. 1. 305, note Lyon-Caen.* – Rappr. • Com. 15 janv. 2002 : *préc. note 3.*

6. Interversion des noms du bénéficiaire et du souscripteur. S'agissant d'un billet à ordre sur lequel le nom du bénéficiaire et celui du souscripteur ont été intervertis, de telle sorte que la signature manuscrite du souscripteur mentionné ne figure pas sur le titre, V., considérant que l'omission de cette formalité obligatoire est sanctionnée par l'art. 184 [C. com., art. L. 512-2] qui énonce que le titre ne vaut pas comme billet à ordre mais comme promesse ne relevant pas du droit cambiaire mais que cette disqualification ne permet cependant pas de le requalifier en titre au porteur puisque le titre comporte la désignation du bénéficiaire même si elle est erronée : • Versailles, 1er avr. 1999 : *D. Affaires 1999. 941, obs. X. D.* ♦ Le donneur d'aval d'un tel titre ne déniant pas sa signature, celle-ci vaut commencement de preuve d'un engagement de caution qu'il est possible de compléter par des mentions extrinsèques. • Même arrêt.

7. Identité de nom du bénéficiaire et du souscripteur. Loin de s'être borné à affirmer que l'identité de nom entre le souscripteur et le bénéficiaire n'entraîne pas la nullité du billet à ordre, l'arrêt retient que l'endossement au profit de la banque lui confère la qualité de bénéficiaire du titre, ce dont il résulte que le billet à ordre respectait par suite de l'endossement du titre à un tiers les exigences légales, la cour d'appel a exactement décidé que le billet à ordre n'était pas nul. • Com. 13 sept. 2011 : *Bull. civ. IV, n° 129 ; D. 2011. Actu. 2269, obs. Delpech* ; *RTD com. 2011. 781, obs. Legeais* ; *JCP 2011, n° 1046, obs. Lasserre Capdeville ; Gaz. Pal. 2011. 3089, obs. Houin-Bressand ; RD banc. fin. 2011, n° 187, obs. Crédot et Samin ; Banque et Droit nov.-déc. 2011. 15, obs. Bonneau ; BRDA 2011, n° 19, p. 8.*

Art. L. 512-3 **Sont applicables au billet à ordre, en tant qu'elles ne sont pas incompatibles avec la nature de ce titre, les dispositions des articles L. 511-2 à L. 511-5, L. 511-8 à L. 511-14, L. 511-18, L. 511-22 à L. 511-47, L. 511-49 à L. 511-55, L. 511-62 à L. 511-65, L. 511-67 à L. 511-71, L. 511-75 à L. 511-81, relatives à la lettre de change.** – *[C. com., art. 185 et 186.]*

1. Provision. Les textes relatifs à la provision n'étant pas compris dans l'énumération de l'art. 187 ancien (devenu 185 puis L. 512-3 C. com.), sont inapplicables au billet à ordre. • Civ. 15 déc. 1947 : *D. 1948. 127 ; S. 1948. 1. 41, note Lescot ; JCP 1948. II. 4130, note Roblot ; Banque 1948. 314, obs. Marin* • Com. 29 juin 1948 : *Bull. civ. III, n° 170.* ♦ V., cependant, à propos de l'affectation d'une créance, • Com. 3 mars 1987 : *D. 1988. Somm. 6, obs. Derrida.* ♦ V. aussi, énonçant que l'endossement lui ayant transmis tous les droits résultant du billet à ordre, une banque était devenue propriétaire de la créance de l'entrepreneur principal sur le maître de l'ouvrage qui, dès lors, ne devait plus rien à celui-ci, • Com. 5 mars 1991 : *Bull. civ. IV, n° 95 ;*

D. 1992. Somm. 28, obs. Vasseur ; JCP 1992. II. 21888, note Crionnet.

2. Endossement pignoratif. Le billet à ordre peut être endossé à titre pignoratif. • Com. 13 mai 1981 : *Bull. civ. IV, n° 227.*

3. Transmission des sûretés. Au cas où le billet est assorti d'une sûreté, elle est transmise aux porteurs successifs par l'effet de l'endossement. • Req. 15 mars 1825 : *S. 1825. 1. 76* • Civ. 18 juin 1853 : *DP 1853. 1. 183.*

4. Exceptions opposables au porteur. Le souscripteur, lorsque l'exception est personnelle au porteur peut opposer la non-exécution de l'obligation née du rapport fondamental ou le paiement accompli. • Com. 12 oct. 1966 : *Bull. civ. III, n° 392 ; RTD com. 1967. 539.* ♦ En effet, s'agissant du paiement de billets à ordre au bénéficiaire initial par le souscripteur, celui-ci peut faire valoir toutes les exceptions tirées du rapport fondamental liant les parties, en particulier l'absence de cause. • Paris, 20 janv. 1995 : *D. 1996. Somm. 34, obs. Cabrillac .* ♦ Spécialement, un souscripteur ne saurait soutenir que le billet qu'il a accepté est dépourvu de cause, dès lors qu'il a accepté le billet à titre d'acompte sur une commande annulée postérieurement au motif d'un prétendu non-respect des tarifs, alors qu'il a accepté le montant des prestations conformément à un devis et qu'il lui appartenait donc, ayant eu le temps de la réflexion, de se renseigner avant de contracter, à supposer qu'il n'ait pas été averti techniquement et financièrement des conditions du marché. • Paris, 26 sept. 1997 : *D. 1997. IR 221 ; D. Affaires 1997. 1326.* – V. aussi • Versailles, 16 nov. 1995 : *Rev. huiss. 1996. 626.*

5. Mauvaise foi du porteur. Sur le rejet de la demande de paiement d'un porteur de mauvaise foi de billets à ordre avalisés, V. • Civ. 1re, 24 mars 1998 : *D. Affaires 1998. 802, obs. X. D. ; JCP 1998. II. 10144, note Jacob ; ibid. 1999. I. 116, obs. Simler.*

6. Paiement. Les délais de grâce sont exclus en matière de billets à ordre. • Com. 27 janv. 1959 : *Bull. civ. III, n° 47.* – Comp. : • Com. 24 juin 1969 : *D. 1970. 124, note Cabrillac.*

7. Avis de non-paiement. L'avis de non-paiement prévu à l'art. 149 [C. com., art. L. 511-42] n'a pas à être donné au souscripteur du billet ou à son avaliseur. • Com. 28 oct. 1952 : *JCP 1953. II. 7588, note Lescot ; Banque 1955. 591* • Paris, 21 janv. 1966 : *ibid. 1966. 502.*

V. aussi note ss. art. L. 512-6.

8. Absence d'obligation d'information envers l'avaliste. Aucune obligation d'information n'incombe à la banque, porteur d'un billet à ordre envers l'avaliste du souscripteur, en conséquence du non-paiement de l'effet. • Com. 1er juin 1999 : *Bull. civ. IV, n° 115 ; D. 1999. IR 182 ; D. Affaires 1999. 1114, obs. X. D. ; LPA 17 juin 1999, p. 10, obs. L. C. ; ibid. 17 mars 2000, p. 13, note Salati ; RD bancaire et bourse sept.-oct. 1999. 47, obs. Jacob ; RTD civ. 1999. 884, obs. Bandrac et Crocq .*

9. Déchéance des droits du porteur. Il résulte de la combinaison des art. L. 511-21, L. 511-49, L. 512-3 et L. 512-4 C. com. que le porteur d'un billet à ordre payable à vue et présenté après l'expiration des délais fixés par la loi n'est pas déchu de ses droits contre le souscripteur du billet ou contre le donneur d'aval pour le compte du souscripteur, qui est tenu de la même manière que celui dont il s'est porté garant. • Com. 26 janv. 2010 : *Gaz. Pal. 2010. 2305, obs. Houin-Bressand.*

Art. L. 512-4 **Sont également applicables au billet à ordre les dispositions de l'article L. 511-21 relatives à l'aval. Dans le cas prévu au sixième alinéa de cet article, si l'aval n'indique pas pour le compte de qui il a été donné, il est réputé l'avoir été pour le compte du souscripteur du billet à ordre.** – *[C. com., art. 187.]*

1. Donneur d'aval. Lorsqu'il a souscrit un billet au nom d'une société, le représentant légal qui appose une seconde signature d'aval est personnellement engagé. V. • Com. 24 juin 1986 : *D. 1987. Somm. 69, obs. Cabrillac.* – Comp. : • Com. 15 mars 1984 : *Bull. civ. IV, n° 156.* ♦ La même personne, en la même qualité, ne pouvant être à la fois souscripteur d'un billet à ordre et donneur d'aval, il en résulte que le mandataire du représentant légal d'une société qui a souscrit un billet à ordre et également signé sur cet effet une mention d'aval doit être condamné, à la suite de la mise en redressement judiciaire de la personne morale, au paiement du montant du billet dès lors qu'il n'a pas établi avoir souscrit l'aval en tant que mandataire de la société. • Com. 23 mars 1999 : *RJDA 1999, n° 718.* ♦ Le gérant d'une société est seul engagé comme avaliste et ne saurait prétendre être engagé ès qualité de gérant dès lors qu'il apparaît que le billet à ordre souscrit par ladite société porte la mention « bon pour aval » suivie de la signature du dirigeant social, ceci en l'absence de tout élément accompagnant cette signature. • Rennes, 22 juin 2006 : *JCP E 2006, n° 51-52, p. 2200.* ♦ Sur la valeur juridique de l'aval d'un billet à ordre irrégulier, V. note 6 ss. art. L. 512-2.

2. Société de caution mutuelle. En ce sens que, s'agissant d'une société de caution mutuelle de négociants en grains chargée d'avaliser les billets à ordre souscrits par ses sociétaires pour leur permettre d'obtenir le financement de stocks de céréales, la date de souscription de ces effets est celle de la décision d'octroi de l'aval signifiée par le conseil d'administration aux sociétaires en début de campagne céréalière et non l'apposition effective de l'aval sur les effets de commerce au fur et à mesure de leur émission, V. • Dijon, 15 mai 1997 : *BICC 1998, n° 74.*

3. Personne garantie. L'aval sans indication de la personne pour laquelle il est donné est irréfragablement réputé avoir été donné pour le souscripteur. • Com. 10 oct. 1962 : *Banque 1963. 117, obs. Marin ; Gaz. Pal. 1963. 1. 29.*

4. Bénéficiaire. Sauf indication contraire, l'aval porté sur un billet à ordre profite à tous les porteurs successifs de l'effet. En l'absence d'indication supplémentaire, la seule mention du bénéficiaire de l'aval ne saurait avoir pour effet de limiter la garantie au profit exclusif de celui-ci. Aucun usage n'oblige les banques à s'informer mutuellement de l'existence ou de la circulation d'un effet revêtu d'un aval bancaire. • T. com. Paris, 14 juin 1995 : *RJ com. 1995. 355, note Putman.*

5. Somme garantie. Pour une limitation conventionnelle, V. • Com. 30 nov. 1981 : ☎ *Bull. civ. IV, n° 416.*

6. Intérêts moratoires. V. note 3 ss. art. L. 511-45.

Art. L. 512-5 **Les dispositions des articles L. 511-56 à L. 511-61 relatives à la publicité et à la prorogation des délais de protêts sont applicables au protêt dressé faute de paiement d'un billet à ordre.**

Art. L. 512-6 **Le souscripteur d'un billet à ordre est obligé de la même manière que l'accepteur d'une lettre de change.** – *[C. com., art. 188.]*

Porteur négligent. Les dispositions combinées des art. 130, 156 et 188 [C. com., art. L. 511-21, L. 511-49 et L. 512-6] n'autorisent pas le donneur d'aval d'un billet à ordre à invoquer la déchéance du droit du porteur négligent de lui demander paiement. • Paris, 25 oct. 1996 : *D. Affaires 1997. 52.*

Art. L. 512-7 **Les billets à ordre payables à un certain délai de vue doivent être présentés au visa du souscripteur dans les délais fixés à l'article L. 511-15. Le délai de vue court de la date du visa signé du souscripteur sur le billet. Le refus du souscripteur de donner son visa daté est constaté par un protêt, dont la date sert de point de départ au délai de vue.** – *[C. com., art. 189.]*

1. Déchéance. A défaut de protêt faute de paiement dressé dans les délais, le porteur négligent est déchu de ses recours contre les endosseurs. • Com. 14 oct. 1980 : ☎ *Bull. civ. IV, n° 333 ; D. 1981. IR 301, obs. Cabrillac.* ♦ Mais le souscripteur comme son avaliseur restent engagés à l'égard du porteur. • Com. 29 mai 1980 : ☎ *Bull. civ. IV, n° 217 ; RTD com. 1981. 109, obs. Cabrillac et Rives-Lange.*

2. Redressement judiciaire. Le *règlement judiciaire* du souscripteur ouvre un recours immédiat au porteur contre les garants, sur la seule production de la décision. • Com. 16 mai 1984 : ☎ *Bull. civ. IV, n° 168 ; D. 1985. IR 21, obs. Cabrillac ; Banque 1985. 199.*

Art. L. 512-8 **Le règlement par billet à ordre n'est permis au débiteur que s'il a été expressément prévu par les parties et mentionné sur la facture. Même en ce cas, si le billet à ordre n'est pas parvenu au créancier dans les trente jours qui suivent l'envoi de la facture, le créancier peut émettre une lettre de change que le débiteur est tenu d'accepter selon les conditions prévues aux avant-dernier et dernier alinéas de l'article L. 511-15. Toute stipulation contraire est réputée non écrite.** – *[C. com., art. 189 bis A.]*

BIBL. ▶ CABRILLAC et TEYSSIÉ, *RTD com. 1985. 788.*

1. Inopposabilité au porteur de bonne foi. L'art. 189 *bis* A [C. com., art. L. 512-8], qui concerne les rapports entre le créancier et le débiteur, ne constitue pas une condition de validité du titre et le souscripteur du billet ne peut l'opposer au tiers-porteur de bonne foi. • Com.

12 févr. 1991 : D. *1991. Somm. 216, obs. Cabrillac* ; *Bull. civ. IV, n° 64.*

2. *Billet à ordre-relevé.* Sur l'opposabilité à un bénéficiaire de billet à ordre-relevé, de la réglementation interbancaire bien qu'il n'ait pas été informé de l'application desdites règles et notamment des délais de paiement inhérents au système de télécompensation par ordinateur, V. • Com. 17 juill. 2001 : *D. 2001. AJ 2738, obs. Delpech* ; *JCP 2003. II. 10004, note Pradel.* ♦ V. aussi note 5 ss. art. L. 511-26.

Pour les dispositions relatives aux chèques, V. C. mon. fin., art. L. 112-6 et L. 131-2 s., App., v° Banque et financement de l'entreprise.

TITRE DEUXIÈME DES GARANTIES

Dans toutes les dispositions législatives et réglementaires en vigueur, la référence au gage et au créancier gagiste s'entend de la référence au nantissement et au créancier nanti lorsque la sûreté a pour objet un bien meuble incorporel. Réciproquement, la référence au nantissement et au créancier nanti s'entend de la référence au gage et au créancier gagiste lorsque la sûreté a pour objet un bien meuble corporel (Ord. n° 2006-346 du 23 mars 2006, art. 55).

CHAPITRE PREMIER DISPOSITIONS GÉNÉRALES SUR LE GAGE COMMERCIAL

RÉP. COM. v^is *Gage commercial*, par HOUTCIEFF ; *Nantissement*, par ALBIGES et PICOD.

BIBL. ▸ DAMMANN, *D. 2005. 2447* (réflexions sur la réforme du droit des sûretés au regard du droit des procédures collectives : pour une attractivité retrouvée du gage).

Art. L. 521-1 **Le gage constitué soit par un commerçant, soit par un individu non commerçant, pour un acte de commerce, se constate à l'égard des tiers, comme à l'égard des parties contractantes, conformément aux dispositions de l'article L. 110-3.**

Le gage, à l'égard des valeurs négociables, peut aussi être établi par un endossement régulier, indiquant que les valeurs ont été remises en garantie.

A l'égard des actions, des parts d'intérêts et des obligations nominatives des sociétés financières, industrielles, commerciales ou civiles, dont la transmission s'opère par un transfert sur les registres de la société, ainsi qu'à l'égard des inscriptions nominatives sur le grand-livre de la dette publique, le gage peut également être établi par un transfert, à titre de garantie, inscrit sur lesdits registres.

(Ord. n° 2006-346 du 23 mars 2006, art. 45) **« Il n'est pas dérogé aux dispositions des articles 2355 à 2366 du code civil en ce qui concerne les créances mobilières. »**

Les effets de commerce donnés en gage sont recouvrables par le créancier gagiste. – *[C. com., art. 91.]*

V., sur le nantissement du fonds de commerce, art. L. 142-1 s. ; ... sur le nantissement de l'outillage et du matériel d'équipement, art. L. 525-2. – V. aussi C. mon. fin., art. L. 313-23 s., App., v° Banque et financement de l'entreprise.

Sur le nantissement du droit d'exploitation des logiciels, V. CPI., art. L. 132-34 et R. 132-8 s. – Sur le gage de marques, V. CPI, art. L. 714-1. – ***CPI.***

En ce qui concerne le nantissement des marchés de l'État, des collectivités locales et de leurs établissements publics, V. C. marchés, art. 106 s. (Décr. n° 2006-975 du 1er août 2006). – ***C. marchés.***

Sur le nantissement des lettres de garantie de prix accordées aux exportateurs, V. Décr. n° 55-619 du 20 mai 1955 (D. 1955. 266 ; BLD 1955. 591).

BIBL. ▶ *RJ com., nº spéc., nov. 1994.* – Mestre, *D. 1982. Chron. 141* (gage de choses futures). – Bailey et Raynouard, *Bull. act. Lamy droit économique juin 2003, p. 1* (gage de marques : conseils pratiques). – Pham et Davy, *Gaz. Pal. 2005. Doctr. 1535* (les sûretés cinématographiques). – Monnerie, *CCE 2006. Chron. 12* (nantissement cinématographique).

I. NATURE ET CONSTATATION DU GAGE

1. Critère du gage commercial. La nature civile ou commerciale de la constitution du gage s'apprécie selon la nature civile ou commerciale de la dette garantie, quelle que soit la qualité du constituant. • Com. 11 juin 1974 : *Bull. civ. IV, nº 190 ; Banque 1975. 92* • 8 févr. 1962 : *Bull. civ. III, nº 72* • Civ. 9 janv. 1905 : *S. 1907. 1. 115* • Req. 10 mars 1915 : *S. 1916. 1. 5.* ♦ Sur l'opposabilité d'un gage de nature civile, V. • Com. 23 avr. 2003 : *JCP E 2003, nº 30, p. 1245, note Schmidt et Delespaul ; ibid. 2004, nº 3, p. 81, obs. Delebecque ; RD banc. fin. 2003, nº 190, obs. Cerles et nº 198, obs. Delleci.*

2. Spécificité du gage commercial. L'art. 2074 C. civ. n'est pas applicable au gage commercial. • Rouen, 20 déc. 1905 : *DP 1908. 2. 177, note Thaller* • Paris, 29 sept. 1994 : *RJ com. 1996. 100, note Rontchevsky.*

3. Constatation du gage commercial. La constatation du gage commercial se fait conformément aux dispositions de l'art. 109 [C. com., art. L. 110-3], même à l'égard des tiers. • Civ. 9 janv. 1905 : *préc. note 1* • Com. 10 févr. 1964 : *Bull. civ. III, nº 62.* ♦ Au cas d'établissement d'un écrit, il n'est pas soumis aux exigences civiles des actes sous seing privé. • Paris, 4 avr. 1935 : *S. 1935. 2. 124.*

4. Liberté de la preuve. Il résulte des art. 91 et 109 [C. com., art. L. 521-1 et L. 110-3] que le nantissement constitué en garantie des engagements d'un commerçant envers un autre commerçant peut être prouvé librement, même si les constituants ne sont pas eux-mêmes commerçants. • Com. 2 oct. 2001 : *RTD com. 2002. 33, obs. Saintourens ; RJDA 2002, nº 204 ; JCP 2002. I. 120, nº 8, obs. Delebecque.*

II. OBJET DU GAGE

BIBL. Doise, *RJ com., nº spéc., nov. 1994. 30* (nantissement de monnaie, de comptes et de valeurs mobilières). – Gavanon, *JCP E 1995. I. 472* (nantissement de logiciel).

A. DROITS SOCIAUX

1º VALEURS MOBILIÈRES

BIBL. Le Cannu, *Bull. Joly 1993. 1091* (nantissement conventionnel des actions). – Magnier, *RTD com. 2002. 433* (nantissement d'actions indisponibles). V. art. L. 228-44.

5. Titres au porteur. Pour les *titres au porteur*, la mise en gage se réalise par la transmission de la possession, dont la preuve peut être faite par tout moyen. V. • Com. 25 févr. 1975 : *JCP 1975. II. 18133 bis, note Bost et Stemmer ; RTD com. 1975. 237, obs. Cabrillac et Rives-Lange ; ibid. 1976. 128, obs. Houin.*

6. Titres nominatifs. Pour les *titres nominatifs*, la mise en gage se réalise par un transfert mentionné sur le registre social et, s'agissant d'un gage civil, par le respect des formalités de l'art. 2074 C. civ. • Com. 8 déc. 1987 : *Defrénois 1988. 480, note Aynès.* – V. aussi • Com. 14 janv. 1975 : *Bull. civ. IV, nº 12* • Paris, 21 déc. 1989 : *D. 1990. IR 25.* ♦ Comp., admettant la preuve par tous moyens, en application de l'art. 91, al. 1er [C. com., art. L. 521-1, al. 1er] : • Civ. 14 mars 1910 : *DP 1911. 1. 94.* – V. aussi • Com. 5 nov. 1977 : *RJ com. 1978. 384, note Le Guidec ; RTD com. 1979. 259, obs. Houin.*

7. Instruments financiers. Sur la constitution en gage d'instruments financiers, V. C. mon. fin., art. L. 211-20.

8. Durée du nantissement. Sur la durée d'un nantissement de valeurs mobilières garantissant un découvert en compte courant, V. • Com. 26 nov. 2003 : *BRDA 2003, nº 24, p. 9.*

9. Droits du créancier. Sur la possibilité pour le créancier gagiste de demander la nomination d'un mandataire de justice chargé de surveiller la gestion de la société, V. • Lyon, 30 mars 1978 : *D. 1978. IR 417, obs. Vasseur ; Rev. sociétés 1979. 320, note Merle.*

9 bis. Valeurs mobilières indisponibles. **BIBL.** Riassetto, *RLDC juin 2009. 25* (constitution d'une sûreté portant sur un bien indisponible). ♦ L'indisponibilité d'une valeur mobilière, quand elle est simplement temporaire, ne fait pas obstacle à son affectation en nantissement. • Com. 30 sept. 2008 : *Bull. civ. IV, nº 165 ; D. 2008. AJ 2596, obs. Delpech ; RTD com. 2009. 202, obs. Bouloc ; RTD civ. 2008. 706, obs. Crocq ; Rev. sociétés 2009. 131, note Reygrobellet ; JCP E 2008, nº 45-46, p. 10, note S. Piedelièvre ; ibid. nº 50, p. 19, obs. Delebecque ; RD banc. fin. 2008, nº 171, obs. Cerles ; ibid. nº 33, obs. Bonneau ; Banque et Droit nov.-déc. 2008. 48, obs. Rontchevsky ; RJDA 2008, nº 1311 ; RLDA nov. 2008. 34, obs. Chemin-Bomben ; RLDC nov. 2008. 33, obs. Marraud des Grottes.*

2° PARTS SOCIALES

BIBL. Carbonnier, *Rev. sociétés 1937. 187*. – Chassery, *RTD com. 1977. 435.*

10. Opposabilité. Le nantissement de parts sociales d'une société civile, créée avant l'entrée en vigueur de la loi du 4 janv. 1978, consenti par un commerçant, a été jugé opposable à la masse des créanciers de la société en liquidation des biens, par inscription sur le registre social. • Com. 20 juin 1984 : *Bull. civ. IV, n° 204 ; RTD com. 1985. 311, obs. Alfandari et Jeantin.* ♦ V., depuis ladite loi de 1978, art. 1866 s. C. civ. et art. 49 s. du Décr. n° 78-704 du 3 juill. 1978. – **C. sociétés.**

11. Distinction entre nantissement et saisie. L'interdiction de donner en nantissement les parts d'une société civile professionnelle de notaire ou de les vendre aux enchères publiques n'emporte pas, par principe, leur insaisissabilité qui ne pourrait résulter que d'une disposition législative. • Civ. 1re, 4 nov. 2003 : *D. 2004. 521, note Taormina ; JCP E 2004, n° 32-35, p. 1294, obs. Pasqualini et Pasqualini-Salerno ; RD banc. fin. 2004, n° 40, obs. Delleci ; Bull. Joly 2004. 282, note Daigre ; Defrénois 2004. 727, obs. Théry.*

B. CRÉANCES

12. Formalités. L'art. 91, al. 4 [C. com., art. L. 521-1, al. 4], précisant qu'il n'est pas dérogé à l'art. 2075 C. civ., la constitution du gage sur créances à personne dénommée doit être constatée par un acte enregistré. • Civ. 27 nov. 1865 : *DP 1866. 1. 56 ; S. 1866. 1. 60* • Paris, 3 mars 1910 : *DP 1910. 2. 153.* ♦ Il résulte des dispositions combinées des art. 91 [C. com., art. L. 521-1] et 2075 C. civ. que l'acte qui constate le gage doit être enregistré et signifié au débiteur de la créance donnée en gage, ou accepté par lui dans un acte authentique. • Paris, 29 juin 1993 : *D. 1993. IR 219.* ♦ Lorsque ces formalités, qui sont une condition substantielle de la naissance du droit du créancier gagiste, n'ont pas été accomplies, ce dernier ne peut se prévaloir d'un acte de nantissement valable. • Même arrêt. – *Contra* : • Riom, 20 nov. 1913 : *S. 1915. 2. 33, note Wahl.*

13. Créances professionnelles. Sur le nantissement de créances professionnelles, V. C. mon. fin., art. L. 313-23 s., App., v° *Banque et financement de l'entreprise.*

14. Titres de créances négociables. Sur la constitution en gage de titres de créances négociables inscrits en compte, V. C. mon. fin., art. L. 213-2, App., v° *Banque et financement de l'entreprise.*

C. ESPÈCES

BIBL. Cuniberti, *LPA 5 nov. 1999.* – Bureau, *Dr. et patr. déc. 1999. 22.* – Stoufflet, *RD banc. fin. mars-avr. 2006. 42* (sûretés sur sommes d'argent ?). – Bros, *RLDA mars 2007. 86 ; Dr. et patr. juill.-août 2007. 76* (le gage-espèces après l'Ord. du 23 mars 2006). – Legeais, *Dr. et patr. sept. 2007. 70* (même thème). – D. R. Martin, *D. 2007. 2556* (du gage-espèces). – Torck, *RD banc. fin. 2008. Étude 2* (les sûretés sur sommes d'argent après l'ordonnance sur les sûretés et la loi sur la fiducie). – Legeais, *Dr et patr. juill.-août 2008. 53* (le gage-espèces après la réforme des sûretés).

15. Nature du gage-espèces. Sur la distinction entre gage-espèces et cautionnement, V. • Orléans, 4 oct. 2001 : *JCP 2002. I. 162, n° 17, obs. Delebecque.* ♦ ... Entre gage-espèces et crédit documentaire, V. • Com. 14 déc. 2004 : *Banque et Droit mai-juin 2005. 91, obs. Affaki et Stoufflet.*

16. Modes de réalisation du gage-espèces. Sur la compensation, V • Com. 17 mai 1994 : *D. 1995. 124, note Larroumet* • 3 juin 1997 : *D. 1998. 61, note François ; JCP 1997. II. 22891, rapp. Rémery* • 4 févr. 2003 : *D. 2003. AJ 1361 ; Banque et Droit mai-juin 2003. 52, obs. Rontchevsky ; RD banc. fin. 2003, n° 142, obs. Legeais ; ibid., n° 176, obs. Crédot et Gérard.* ♦ Sur le régime de la dépossession réalisée par l'inscription d'un gage-espèces sur un compte spécial, V. • Com. 23 avr. 2003 : *préc. note 1.* – V. aussi • Reims, 5 avr. 2006 : *JCP E 2006, n° 41, p. 1721 ; RD banc. fin. 2006, n° 203, obs. Legeais.* ♦ Sur le nantissement d'un plan d'épargne populaire, V. • Civ. 1re, 15 nov. 2005 : *Bull. civ. I, n° 415 ; RTD com. 2006. 654, obs. Bouloc ; JCP E 2006, n° 19, p. 859, obs. Delebecque ; RD banc. fin. 2006, n° 20, obs. Legeais ; ibid., n° 92 obs. Crédot et Samin ; Banque et Droit mars-avr. 2006. 70, obs. Bonneau ; RJDA 2006, n° 333 ; RLDA janv. 2006. 35, obs. Chemin-Bomben.* ♦ Sur un nantissement portant sur un gage d'espèce et non sur une créance de restitution, V. • Com. 6 févr. 2007 : *D. 2008. Pan. 882, obs. D. R. Martin , RTD civ. 2007. 373, obs. Crocq ; JCP E 2008, n° 2, p. 19, obs. Delebecque ; RD banc. fin. 2007, n° 111, obs. Legeais ; RJDA 2007, n° 780 ; Dr. et patr. janv. 2008. 94, obs Aynès et Dupichot.* ♦ V. note 11 ss. art. L. 521-3.

D. TITRES À ORDRE

17. Constatation. Le gage commercial ayant pour objet un titre à ordre peut être constaté par tout moyen tant à l'égard des parties que des tiers. • Com. 20 juin 1972 : *Bull. civ. IV, n° 200 ; RTD com. 1972. 966, obs. Cabrillac et Rives-Lange* • Chambéry, 6 juin 1966 : *JCP 1967. II. 15174, note Lescot ; Banque 1967. 503, obs.*

Marin • Civ. 9 janv. 1905 : *DP 1905. 1. 76.* ♦ Les procédés de l'endossement et du transfert, prévus aux al. 2 et 3, ne sont pas obligatoires. • Req. 13 déc. 1899 : *DP 1900. 1. 163* • Civ. 14 mars 1910 : *préc. note 6.*

18. Lettre de change. Sur l'endossement pignoratif des lettres de change, V. art. L. 511-13.

19. Chèque. Sur la remise de chèques en gage, V. • Com. 10 juill. 1989 : *Bull. civ. IV, n° 217 ; D. 1990. Somm. 120, obs. Cabrillac* (jugeant que la banque s'était payée non pas à la date de la remise du chèque mais à celle où elle avait réalisé le gage en créditant le compte de sa cliente).

E. ASSURANCE-VIE

BIBL. Bouteiller, *JCP E 2001, n° 15-16, p. 646* (utilisation du contrat d'assurance-vie comme instrument de crédit).

V. art. L. 132-10, **C. assur.**

20. Nantissement d'assurance-vie. V. note 7 ss. art. L. 521-2.

21. Distinction entre nantissement d'assurance-vie et cautionnement. Le nantissement d'assurance vie n'étant pas un cautionnement, il en résulte que l'art. 1415 C. civ. ne lui est pas applicable. • Civ. 1re, 28 févr. 2006 : *Bull. civ. I, n° 102 ; JCP E 2006, n° 48, p. 2041, note S. Hovasse ; RD banc. fin. 2006, n° 103, obs. Cerles ; RJDA 2006, n° 954* • 20 févr. 2007 : *Bull. civ. I, n° 65 ; D. 2007. Pan. 2128, obs. Revel ; ibid. AJ 937, ovs. Avena-Robardet ; AJ fam. 2007. 229, obs. Hilt ; JCP E 2008, n° 3, p. 9, note S. Hovasse ; JCP 2007. I. 142, n° 20, obs. Simler ; LPA 31 mai 2007, note Berlioz ; LPA 6 août 2007, note Houtcieff.*

22. Prérogatives du créancier nanti. V. note 8 ss. art. L. 521-2 et note 12 ss. art. L. 521-3.

F. VÉHICULES

BIBL. Hémard, *D. 1963. Chron. 49.*

V. C. civ., art. 2351 à 2353 et Décr. n° 53-968 du 30 sept. 1953. – **C. civ.** ♦ V. note ss. art. L. 525-18.

23. Opposabilité. Dans le cadre du régime applicable avant l'entrée en vigueur du nouveau régime des procédures civiles d'exécution (1er janv. 1993), V., sur l'opposabilité aux tiers d'un gage sur véhicule automobile, • Civ. 1re, 20 mars 1990 : *Bull. civ. I, n° 70 ; RTD com. 1990. 634, obs. Bouloc*. ♦ Comp., après l'entrée en vigueur du Décr. du 31 juill. 1992, en ce sens que, bien que non inscrit, le gage produit effet entre les parties, et permet donc au créancier d'exercer une mesure de saisie-appréhension : • Versailles, 20 sept. 1995 : *D. 1997. 16*. – V. Gaubil et Wicker, *D. 1997. Chron. 1*. ♦ ... Sur une vente fictive d'un véhicule automobile acheté à crédit et l'annulation du gage, • Civ. 1re, 31 janv. 1989 : *Bull. civ. I, n° 49 ; RTD com. 1989. 529, obs. Bouloc.*

24. Réalisation. Par suite des dispositions du Décr. n° 92-755 du 31 juill. 1992, notamment des art. 107, 108 et 177 [désormais C. pr. exéc., art. R. 221-30, R. 221-31 et R. 223-13] instaurant avant toute vente forcée une faculté de vente amiable pour le débiteur, l'art. 3 du Décr. n° 53-968 du 30 sept. 1953 relatif à la vente à crédit des véhicules automobiles, qui renvoie, pour la réalisation du gage, à l'art. 93 [C. com., art. L. 521-3], a été tacitement abrogé. • Cass., avis, 5 mai 1995 : *Bull. civ. n° 4 ; D. 1995. 618, note Morgan de Rivery-Guillaud ; RTD civ. 1996. 203, obs. Crocq*. ♦ L'art. 93 [C. com., art. L. 521-3] ne peut plus trouver application à la suite de la L. n° 91-650 du 9 juill. 1991 [codifiée au C. pr. exéc.] qui prévoit une procédure particulière pour l'appréhension d'un véhicule gagé et sa vente pour réaliser le gage. • Paris, 2 avr. 1998 : *D. 1999. Somm. 215, obs. Julien*. – Comp. : • TGI Châteauroux, 9 nov. 1993 : *Rev. huiss. 1994. 1389, note Dahan.* ♦ Si l'art. 93 [C. com., art. L. 521-3], applicable en vertu de l'art. 3 du Décr. n° 53-968 du 30 sept. 1953 [avant l'intervention du Décr. du 31 juill. 1992 préc.], habilitait le créancier-gagiste d'un véhicule automobile à faire vendre son gage sans autorisation de justice, une telle autorisation demeurait nécessaire pour lui permettre d'appréhender matériellement ce véhicule. • Civ. 1re, 24 nov. 1993 : *Bull. civ. I, n° 348 ; D. 1994. IR 5 ; RTD civ. 1994. 174, obs. Perrot*. ♦ Sur l'incompétence du président du tribunal de commerce pour autoriser la vente d'un véhicule à usage privé acquis par un non-commerçant, V. • Civ. 1re, 24 nov. 1993 : *préc.* • Poitiers, 21 mars 1995 : *JCP 1995. IV. 1643.*

Décret n° 59-296 du 13 février 1959, *concernant diverses dispositions relatives aux transferts à titre de garantie intéressant les rentes sur l'État et modifiant certains articles du décret n° 55-1595 du 7 décembre 1955 concernant le régime des titres nominatifs.* **Art. 5** Lorsque les rentes nominatives sur l'État affectées en gage conformément à l'alinéa 3 de l'article 91 du code de commerce [*C. com., art. L. 521-1, al. 3*] font l'objet d'une négociation en bourse, le Trésor n'a à se faire justifier ni de l'accomplissement des formalités prescrites par l'article 93 de ce même code [*C. com., art. L. 521-3*], ni des pouvoirs du créancier nanti de disposer des titres en cause sans le concours de leur propriétaire et sans autorisation judiciaire.

Art. L. 521-2 (*Abrogé par Ord. n° 2006-346 du 23 mars 2006, art. 56-II*) ***Dans tous les cas, le privilège ne subsiste sur le gage qu'autant que ce gage a été mis et est resté en la possession du créancier ou d'un tiers convenu entre les parties.***

Le créancier est réputé avoir les marchandises en sa possession, lorsqu'elles sont à sa disposition dans ses magasins ou navires, à la douane ou dans un dépôt public, ou si, avant qu'elles soient arrivées, il en est saisi par un connaissement ou par une lettre de voiture. — [C. com., art. 92.]

Le fait, par un débiteur, un emprunteur ou un tiers donneur de gage, de détruire ou de détourner l'objet constitué en gage est puni de trois ans d'emprisonnement et de 375 000 € d'amende. — La tentative est punie des mêmes peines (C. pén., art. 314-5). — **C. pén.**

BIBL. ▸ POURQUIER, *RTD com. 2000. 569* (la rétention du gagiste ou la supériorité du fait sur le droit). – FERREIRA, *Defrénois 2004. 205* (situation du tiers convenu dans le gage).

1. *Dépossession apparente.* La mise en possession du créancier ou d'un tiers convenu entre les parties n'est efficace qu'autant qu'elle se réalise de manière apparente. • Civ. 3 août 1896 : *DP 1897. 1. 209* • 24 janv. 1905 : *DP 1905. 1. 493* • Com. 5 févr. 1979 : *D. 1980. IR 55, obs. Vasseur ; RTD com. 1980. 815, obs. Hémard* • 3 nov. 1980 : *Bull. civ. IV, n° 359.*

2. *Entiercement.* Sur la nécessité d'une acceptation du tiers, V. • Civ. 1re, 24 nov. 1976 : *Bull. civ. I, n° 368.* ♦ Sur la nécessité de la perte de la maîtrise de la chose par le débiteur, V. • Com. 13 févr. 1990 : *D. 1990. IR 60 ; Defrénois 1990. 814, obs. Aynès.* ♦ V. aussi • Com. 7 juill. 1998 : *Bull. civ. IV, n° 220 ; D. 1999. Somm. 299, obs. Piedelièvre ; D. Affaires 1998. 1444, obs. V. A.-R. ; JCP 1998. II. 10206, note Salvat ; JCP 1999. I. 116, obs. Delebecque.*

3. *Connaissement.* Le porteur d'un connaissement qui entend, en l'endossant, ne pas transférer la marchandise à l'endossataire, doit expressément le stipuler. • Rouen, 26 mars 1992 : *RJDA 1992, n° 1059.*

4. *Biens fongibles.* Lorsque le gage porte non sur des corps certains mais sur des marchandises fongibles et périssables, celles-ci peuvent être aliénées par le créancier et, en vertu de la subrogation réelle, remplacées par d'autres de même nature et quantité, qui restent en la possession du créancier. • Req. 10 mars 1915 : *DP 1916. 1. 242, note L.S. ; S. 1916. 1. 5, note Lyon-Caen* • Angers, 26 mars 1985 : *D. 1986. 537, note Contamine-Raynaud ; RJ com. 1985. 232, note Crafmeyer.* ♦ Sur la qualification d'abus de confiance, V. • Crim. 9 juill. 1953 : *D. 1953. 556.*

Sur l'application de l'art. 92, al. 1er [C. com., art. L. 521-2, al. 1er], au gage portant sur des cassettes vidéos, V. • Douai, 17 juin 1999 : *JCP 2000. IV. 1613.*

Pour les instruments financiers, V. C. mon. fin., art. L. 211-20.

5. *Réserve de propriété.* Sur le conflit opposant le créancier-gagiste au vendeur sous réserve de propriété, V. note 26 ss. art. L. 624-16. ♦ Sur le conflit entre une clause de réserve de propriété et un gage portant sur les stocks, V. Rép. min. n° 16491 : *JOAN Q, 29 avr. 2008, p. 3667 ; D. 2008. 1335 ; RTD civ. 2008. 519, obs. Crocq ; Dr. sociétés 2008. Alerte 32 ; RLDA juin 2008. 32, obs. Chemin-Bomben.* – V. aussi note ss. art. L. 527-1.

6. *Nantissement de créances.* V. notes 12 s. ss. art. L. 521-1. ♦ Si le privilège ne subsiste sur la chose qu'autant que celle-ci a été mise et est restée en possession du créancier, cette mise en possession est suffisamment réalisée, au cas où le gage porte sur une créance et où la tradition est matériellement impossible, par la signification au débiteur de la créance donnée en gage. • Civ. 1re, 10 mai 1983 : *D. 1984. 433, note Légier ; ibid. IR 82, obs. Vasseur ; Defrénois 1983. 1393, note Piedelièvre.* ♦ Sur la validité de la clause permettant au créancier gagiste de recevoir le paiement de la créance nantie, V. • Civ. 30 mai 1947 : *S. 1947. 1. 140.*

7. *Nantissement d'assurance-vie.* BIBL. Leblond, *RCA 2008. Étude 3* (le nantissement d'assurance-vie réformé en catimini). ♦ La dépossession, qui fait perdre au constituant une partie de ses prérogatives sur la chose donnée en gage, ne les confère pas pour autant au créancier nanti, qui dispose en sa qualité de dépositaire de cette chose jusqu'à sa restitution, du seul pouvoir de la garder et conserver sans acquérir celui d'en user ni de l'administrer. • Com. 12 juill. 2005 : *Bull. civ. IV, n° 175 ; D. 2006. Pan. 2861, obs. Crocq ; D. 2005. AJ 2142, obs. Delpech ; RTD com. 2006. 473, obs. Bouloc ; JCP E 2005, n° 51-52, p. 2208, obs. Delebecque ; LPA 24 janv. 2006, obs. Houtcieff ; ibid. 12 févr. 2007, obs. E. C. ; RJDA 2006, n° 589 ; RD banc. fin. 2005, n° 174, obs. Legeais ; Banque et Droit sept.-oct. 2005. 64, obs. Rontchevsky ; Dr. et patr. déc. 2005. 105, obs. Mattout et Prüm ; ibid. févr. 2006. 126, obs. Dupichot ; RDC 2006. 464, obs. Grimaldi.* ♦ Ayant relevé que les polices souscrites réservaient au seul souscripteur le choix de la répartition de ses versements entre les différents supports financiers qui lui étaient proposés et que les actes de nantissement ne comportaient à cet égard aucune clause restrictive en faveur du créancier nanti, une cour d'appel a exactement décidé qu'en l'absence de stipulation expresse l'y autorisant, la banque prêteuse s'était fautivement opposée à l'exécution de l'ordre litigieux. • Même arrêt.

8. Antichrèse-bail. BIBL. Dupichot, *JCP E 2006, suppl. au n° 20, p. 26 ; RD banc. fin. mai-juin 2006. 70* (l'antichrèse). – Piette, *D. 2006. 1688* (nature de l'antichrèse après l'Ord. n° 2006-346 du 23 mars 2006). – Borga, *D. 2006. 2090* (autonomie conceptuelle de l'antichrèse). – Andreu, *LPA 4 mars 2009* (faut-il renommer l'antichrèse ?). ♦ RÉP. CIV. v° *Antichrèse*, par PIEDELIÈVRE. ♦ Le terme d'antichrèse a été remplacé par les mots « gage immobilier » par la L. n° 2009-526 du 12 mai 2009, art. 10-I (*JO 13 mai*). ♦ La possession est la détention ou la jouissance d'une chose ou d'un droit tenu ou exercé par son titulaire ou par un autre qui la tient ou qui l'exerce en son nom. Dès lors une cour d'appel ne peut déclarer les antichrèses éteintes, alors que le constituant, qui avait cessé de régler les indemnités d'occupation, continuait cependant à posséder pour le compte de l'antichrésiste et que l'absence d'action de ce dernier contre lui n'avait pas mis fin à cette possession. • Civ. 3e, 18 déc. 2002 : *Bull. civ. III, n° 261 ; D. 2003. 963, note Delebecque ; ibid. AJ 491, obs. Avena-Robardet ; JCP 2003. II. 10024, avis Guérin ; JCP E 2003, n° 19, p. 809, note Picod ; Banque et Droit mars-avr. 2003. 54, obs. Rontchevsky ; RD banc. fin. 2003, n° 104, obs. Legeais ; RTD civ. 2003. 319, obs. Revet et 327, obs. Crocq ; RJDA 2003, n° 323 ; Rev. loyers 2003. 137, obs. Quement.* ♦ Les droits du créancier antichrésiste s'éteignent par l'extinction de l'obligation principale. Le contrat d'antichrèse s'est donc éteint dès lors que le créancier, par la perception des loyers produits par le bien donné en gage, a obtenu le remboursement de l'intégralité de sa créance. • Paris, 24 janv. 2008 : *JCP 2008. IV. 1395.*

Art. L. 521-3 *(Ord. n° 2006-346 du 23 mars 2006, art. 46-I)* **« A défaut de paiement à l'échéance, le créancier peut faire procéder à la vente publique des objets donnés en gage huit jours après une simple signification faite au débiteur et au tiers bailleur de gage, s'il y en a un, et selon les modalités prévues par le présent article, sans que la convention puisse y déroger. »**

(L. n° 2011-850 du 20 juill. 2011, art. 37-XI, en vigueur le 1er sept. 2011) **« Les ventes autres que celles dont les prestataires de services d'investissement sont chargés sont faites par les courtiers de marchandises assermentés. Toutefois, sur la requête des parties, le président du tribunal de commerce peut désigner pour y procéder un commissaire-priseur judiciaire, un huissier de justice ou un notaire. »**

Les dispositions des articles L. 322-9 à L. 322-13 sur les ventes publiques sont applicables aux ventes prévues par l'alinéa précédent.

(Ord. n° 2006-346 du 23 mars 2006, art. 46-II) **« Le créancier peut également demander l'attribution judiciaire du gage ou convenir de son appropriation conformément aux articles 2347 et 2348 du code civil. »** – *[C. com., art. 93.] – Pour l'application de l'art. L. 521-3 aux instruments financiers, V. C. mon. fin., art. L. 211-20, App., v° Banque et financement de l'entreprise.*

I. VENTE PUBLIQUE

1. Absence d'obligation de réalisation. Le créancier-gagiste n'est pas tenu de demander la réalisation de son gage à échéance. • Com. 10 oct. 2000 : *Bull. civ. IV, n° 151 ; JCP 2000. II. 10575, note S. Piedelièvre.* ♦ En application de l'art. 2073 C. civ., un créancier-gagiste peut refuser de se dessaisir de son gage s'il n'obtient pas préalablement paiement de sa créance à concurrence de la valeur de celui-ci. • Com. 19 nov. 2002 : *Bull. civ. IV, n° 172 ; JCP E 2003, n° 12, p. 526, note Bouteiller ; JCP 2003. I. 124, n° 17, obs. Delebecque ; RTD com. 2003. 360,* *obs. Bouloc ; RD banc. fin. 2003, n° 21, obs. Legeais ; Defrénois 2003. 1616, obs. Théry ; RJDA 2003, n° 447.* ♦ Dès lors, une banque gagiste peut refuser au débiteur de procéder au destockage de produits pharmaceutiques périssables. • Même arrêt.

2. Absence de délai de grâce. Les prescriptions de l'art. 93, al. 1er [C. com., art. L. 521-3, al. 1er], excluent que le débiteur puisse se prévaloir de l'art. 1244 [1244-1] C. civ. pour contrarier la facilité offerte à son créancier. • Com. 10 déc. 1979 : *Bull. civ. IV, n° 328 ; D. 1980. IR 386, obs. Vasseur* • Paris, 10 juin 1971 : *RTD com. 1972. 448, obs. Hémard* • Versailles, 17 nov. 1986 : *D. 1988. 95, note Prévault.*

3. Signification. La notification ne peut être valablement faite par lettre recommandée et doit être signifiée par huissier. • Civ. 3 févr. 1937 : *DH 1937. 165.* ♦ Sur l'application de l'art. 2037 [2314] C. civ. lorsque la signification n'a pas été adressée à la caution du débiteur, V. • Com. 1er mars 1971 : *JCP 1971. IV. 98.* ♦ Sur la signification au tiré accepteur et aux donneurs d'aval d'une lettre de change, V. • Paris, 31 oct. 1950 : *D. 1951. Somm. 10.*

4. Renonciation (jurisprudence antérieure). Jugeant, sur le fondement de l'art. 2078 C. civ., que postérieurement à la constitution du gage, le débiteur renonce au bénéfice des formalités prescrites et donne mandat au créancier-gagiste de procéder pour son compte à la vente de la chose donnée en gage : • Com. 5 oct. 2004 : *Bull. civ. IV, n° 176 ; JCP E 2005, n° 5, p. 181, obs. Delebecque ; RTD com. 2005. 408, obs. Bouloc ; RJDA 2005, n° 568 ; Bull. Joly 2005. 63, note Constantin ; RD banc. fin. 2005, n° 15, obs. Legeais ; Banque et Droit janv.-févr. 2005. 61, obs. Jacob.*

5. Charge des frais de réalisation. Les frais faits pour parvenir à la vente d'un gage sont en principe à la charge du débiteur qui les a rendus nécessaires en n'exécutant pas son obligation de payer. • Civ. 31 juill. 1913 : *DP 1915. 1. 65, note de Loynes.*

6. Gage sur véhicules. V. notes 23 et 24 ss. art. L. 521-1.

II. PACTE COMMISSOIRE

Jurisprudence antérieure à l'Ord. n° 2006-346 du 23 mars 2006 ayant autorisé le pacte commissoire en ce qui concerne les gages constitués après son entrée en vigueur. *– V. art. 2347 et 2348 C. civ.).*

A. DOMAINE DE LA PROHIBITION

7. Dation. La prohibition du pacte commissoire s'applique à la dation en gage de reconnaissances d'une caisse de crédit municipal. • Paris, 18 avr. 1889 : *DP 1890. 2. 342.*

8. Autorisation anticipée de vente. L'autorisation anticipée de vente de gage donnée par la caution, s'analysant en un pacte commissoire prévoyant une dation en paiement, doit être déclarée nulle. • Versailles, 28 oct. 1993 : *BICC 1994, n° 227.*

9. Cession de parts sociales. Les juges du fond, procédant à l'interprétation de deux actes que leur rapprochement rend nécessaire, peuvent déclarer qu'une cession de parts sociales et une reconnaissance de dette décidées le même jour forment un tout indivisible et que c'est pour disposer à son gré du gage reçu en garantie du remboursement du prêt que le créancier s'est fait remettre l'acte de cession de parts. • Com. 3 avr. 1978 : *Bull. civ. IV, n° 112.* – V. aussi • Civ. 1re, 31 janv. 1989 : *Bull. civ. I, n° 49 ; RTD com. 1989. 529, obs. Bouloc.*

10. Convention postérieure à la constitution du gage. La prohibition ne s'étend pas à une convention conclue postérieurement à la constitution du gage. • Com. 12 janv. 1965 : *Gaz. Pal. 1965. 1. 372.*

11. Gages-espèces. N'est pas prohibée par l'art. 2078 C. civ. la stipulation d'attribution d'un gage constitué en espèces par le créancier, à due concurrence du défaut de paiement à échéance : • Com. 9 avr. 1996 : *Bull. civ. IV, n° 116 ; D. 1996. 399, note Larroumet ; ibid. Somm. 385, obs. S. Piedelièvre ; D. Affaires 1996. 712 ; JCP E 1996. Pan. 583, obs. Bouteiller ; Rev. dr. bancaire 1996. 117, obs. Crédot et Gérard* (rejetant le pourvoi contre • Paris, 4 mai 1993 : *RTD com. 1993. 554, obs. Cabrillac et Teyssié ; Bull. Joly 1993. 861, note Delebecque).* – V. Poullain, *Dr. et patr. mai 1996. 47.* – V. déjà • T. com. Paris, 8 oct. 1990 : *Rev. dr. bancaire 1991. 97, obs. Crédot et Gérard.*

12. Rachat d'un contrat d'assurance-vie. Le rachat d'un contrat d'assurance-vie ainsi que sa réalisation par le créancier gagiste ne peut tomber sous le coup de la prohibition du pacte commissoire. • Paris, 20 mars 2000 : *RJ com. 2001. 180, note Likillimba.*

B. NULLITÉ

13. Nullité du pacte et maintien du gage. L'annulation du pacte commissoire n'entraîne pas celle du gage, dès lors que celui-ci a été souscrit pour une cause réelle et licite. • Versailles, 28 oct. 1993 : *préc. note 8.*

14. Nullité du gage. Si la nullité du pacte commissoire n'atteint que le pacte lui-même, il en va différemment quand celui-ci constitue la cause déterminante du contrat, sa nullité s'étendant alors au contrat tout entier. • Civ. 1re, 16 mars 1983 : *Bull. civ. I, n° 100 ; Gaz. Pal. 1983. 2. Pan. 88, obs. Piedelièvre ; Defrénois 1984. 373, obs. Aubert.*

III. ATTRIBUTION JUDICIAIRE

BIBL. Neveu, *Banque 1985. 1030.*

15. Bénéfice de l'attribution judiciaire. L'art. 93, al. 1er [C. com., art. L. 521-3, al. 1er], ne vise que l'hypothèse où le créancier procède à la vente du gage et laisse à ce dernier la faculté de faire ordonner en justice que le gage lui demeurera acquis en payement jusqu'à due concurrence, en application de l'art. 2078 C. civ. • Com. 31 mai 1960 : *D. 1960. 601, note Guyon ; JCP 1960. II. 11676, note Nectoux ; RTD com. 1960. 623, obs. Hémard, et 649, obs. Houin* • 21 oct. 1980 : *D. 1981. IR 191, obs. Vasseur* • Aix-en-Provence, 2 avr. 1992 : *Dr. sociétés 1992, n° 262.*

16. Caractère facultatif de l'attribution judiciaire et décharge de la caution. En retenant qu'une banque avait renoncé au bénéfice du gage, en ne sollicitant pas son attribution judiciaire, une cour d'appel en a exactement déduit que la caution était déchargée de son obligation. • Cass., ch. mixte, 10 juin 2005 : *Bull. civ. n° 5 ; BICC 15 juill. 2005, p. 44, rapp. Cachelot, avis de Gouttes ; D. 2005. 2020, note S. Piedelièvre ; ibid. Pan. 2086, obs. Crocq ; ibid. AJ 1773, obs. Delpech ; RTD com. 2005. 582, obs. Legeais ; ibid. 844, obs. Martin-Serf ; JCP E 2005, n° 29, p. 1218, note Legeais ; JCP 2005. II. 10130, note Simler ; RD banc. fin. 2005, n° 123, obs. Legeais ; Banque et Droit juill.-août 2005. 63, obs. Jacob ; Dr. et patr. févr. 2006. 124, obs. Dupichot ; RJDA 2005, n° 1388 ; RDC 2005. 1136, obs. Houtcieff ; Dr. et proc. 2005. 365, obs. Picod.* ♦ Rappr., jugeant que le créancier qui, dans le même temps, se garantit par un cautionnement et constitue une sûreté provisoire s'oblige envers la caution à rendre cette sûreté définitive : • Cass., ch. mixte, 17 nov. 2006 : *Bull. civ. n° 10 ; BICC 1er févr. 2007, p. 56, rapp. Cachelot, avis Petit ; D. 2006. AJ 2907, obs. Avena-Robardet ; RTD com. 2007. 215, obs. Legeais ; RTD civ. 2007. 157, obs. Crocq ; JCP E 2006, n° 50, p. 2132, note Houtcieff ; JCP N 2007, n° 4, p. 36, note Le Magueresse ; LPA 18 juin 2007, note Prigent ; RD banc. fin. 2007, n° 5, obs. Cerles ; Banque et Droit janv.-févr. 2007. 47, obs. Jacob ; Dr. et proc. mars-avr. 2007. 113 ; RJDA 2007, n° 401 ; Defrénois 2007. 440, obs. Savaux ; ibid. 688, note S. Piedelièvre ; RLDA déc. 2006. 40, obs. Chemin-Bomben ; RDC 2007. 431, obs. Houtcieff* • Com. 30 juin 2009 : *D. 2009. 2325, note Y. Picod.* ♦ ... Mais tel n'est pas le cas du créancier bénéficiaire d'une promesse d'hypothèque ou de nantissement, dès lors que la constitution de la sûreté est au seul pouvoir du promettant. • Civ. 1re, 19 nov. 2009 : *Bull. civ. I, n° 228 ; D. 2010. Chron. C. cass. 529, obs. Creton ; D. 2009. AJ 2860, obs. Avena-Robardet ; JCP E 2010, n° 1251, note Marty ; JCP 2010 n° 14, note Simler ; Dr. et patr. sept. 2010. 85, obs. Dupichot ; RD banc. fin. 2010, n° 4, obs. Cerles ; BRDA 2009, n° 24, p. 8 ; RLDA janv. 2010. 37, obs. Chemin-Bomben.* ♦ ... Jugeant que la caution n'a pas l'obligation d'informer la banque sur les risques par elle encourus en cas d'inscription tardive de son nantissement. • Com. 23 nov. 2004 : *cité note 2 ss. art. L. 142-4.* – V. aussi note 6 ss. art. L. 642-25. ♦ V. aussi, pour l'ommission de l'inscription du privilège de prêteur de deniers : • Civ. 1re, 3 avr. 2007 : *Bull. civ. I, n° 138 ; R. 2007, p. 421 ; D. 2007. Chron. C. cass. 2334, obs. Creton ; ibid. 1572, note Houtcieff ; ibid. AJ 1136, obs. Avena-Robardet ; RTD com. 2007. 584, obs. Legeais ; RTD civ. 2007. 595, obs. Crocq ; JCP E 2007, n° 23, p. 13, note Legeais ; LPA 6 août 2007, obs. Houtcieff ; RD banc. fin. 2007, n° 140, obs. Crédot et Samin ; Banque et Droit mai-juin 2007. 60, obs. Rontchevsky ; RJDA 2007, n° 1011 ; Dr. et patr. nov. 2007. 76, obs. Mattout et Prüm ; ibid. 2008. 85, obs. Aynès et Dupichot ; RLDA juin 2007. 45, obs. Chemin-Bomben ; RDC 2007. 431, obs. Houtcieff.* ♦ *Contra*, jugeant que le créancier-gagiste n'est pas tenu de demander l'attribution judiciaire du gage. Une caution ne saurait donc reprocher au créancier de n'avoir pas usé de cette faculté afin d'éviter la prééminence d'autres privilèges. • Com. 3 nov. 1983 : *JCP 1984. II. 20234, note Mestre.* ♦ Rappr., estimant que le défaut de mise en œuvre d'une sûreté réelle n'est pas nécessairement fautif, V. • Civ. 1re, 21 nov. 2006 : *D. 2007. AJ 152, obs. Delpech ; AJDI 2007. 46 ; JCP 2006. IV. 3485 ; RD banc. fin. 2007, n° 13, obs. Legeais ; RLDA janv. 2007. 36, obs. Nahon.* ♦ V. aussi note 6 ss. art. L. 642-25.

17. Compétence. Sur la compétence du juge des référés, V. • Com. 19 janv. 1988 : *Bull. civ. IV, n° 43 ; Rev. dr. bancaire 1988. 139, obs. Dekeuwer-Défossez* • Paris, 12 mars 1993 : *Dr. sociétés 1994, n° 48, note Bonneau.*

18. Redressement et liquidation judiciaires. V. notes 1 ter s. ss. art. L. 622-21 ancien. ♦ V. déjà, avant la loi de 1985, • Cass., ass. plén., 26 oct. 1984 : *D. 1985. 33, concl. Cabannes, note Derrida ; JCP 1985. II. 20342, rapp. Viennois, note Corlay ; Gaz. Pal. 1985. 1. 236, note Chartier.*

CHAPITRE II DES DÉPÔTS EN MAGASINS GÉNÉRAUX

RÉP. COM. v° *Magasins généraux*, par CABRILLAC.

SECTION PREMIÈRE DE L'AGRÉMENT, DE LA CESSION ET DE LA CESSATION D'EXPLOITATION

Art. L. 522-1 L'exploitant d'un établissement à usage d'entrepôt où des industriels, commerçants, agriculteurs ou artisans déposent des matières premières, des marchandises, des denrées ou des produits fabriqués, ne peut émettre des bulletins de gage négociables et qualifier son établissement de magasin général que s'il a obtenu un agrément du préfet. – *[Ord. n° 45-1744 du 6 août 1945, art. 1er.] – V. art. R. 522-1 s.*

Art. L. 522-2 *(L. n° 2011-525 du 17 mai 2011, art. 48)* L'arrêté préfectoral statuant sur la demande d'agrément est motivé. – *[Ord. n° 45-1744 du 6 août 1945, art. 2.]*

Art. L. 522-3 La cession d'un magasin général est subordonnée à l'agrément du préfet, donné dans les mêmes formes. – *[Ord. n° 45-1744 du 6 août 1945, art. 3.]*

Art. L. 522-4 Toute cessation d'exploitation non suivie de cession est subordonnée à un préavis de six mois, adressé par l'exploitant au préfet. A l'expiration de ce délai, et si les intérêts généraux du commerce l'exigent, un administrateur provisoire peut être désigné par le président du tribunal de grande instance statuant comme en matière de référé à la demande du ministère public. – *[Ord. n° 45-1744 du 6 août 1945, art. 4.]*

Art. L. 522-5 Il est interdit aux exploitants des magasins généraux de se livrer, soit directement, soit indirectement, que ce soit pour leur propre compte ou pour le compte d'autrui, à titre de commissionnaire ou à tout autre titre, à aucun commerce ou spéculation ayant pour objet les marchandises pour lesquelles ils sont habilités à délivrer des récépissés-warrants. – *[Ord. n° 45-1744 du 6 août 1945, art. 7.]*

Art. L. 522-6 Sont réputées tomber sous le coup de l'article L. 522-5, les sociétés exploitantes de magasins généraux dont l'un des associés, possédant plus de 10 % du capital social, exerce une activité incompatible avec les dispositions dudit article. – *[Ord. n° 45-1744 du 6 août 1945, art. 8.]*

Art. L. 522-7 Toute société exploitante qui, par suite d'une modification intervenue dans la répartition du capital entre les associés, ne se trouve plus dans les conditions exigées par l'article L. 522-6 doit, dans le mois qui suit cette modification, solliciter le maintien de l'agrément dont elle est bénéficiaire.

L'agrément reste valable jusqu'à ce que le préfet ait statué par arrêté.

Le préfet peut, soit prononcer le maintien de l'agrément dans les conditions prévues à l'article L. 522-11, soit en prononcer le retrait conformément aux dispositions de l'article L. 522-39. – *[Ord. n° 45-1744 du 6 août 1945, art. 37.]*

Art. L. 522-8 Lorsque l'ouverture d'un établissement est subordonnée à l'intervention d'un décret ou d'un arrêté ministériel, l'agrément de cet établissement comme magasin général est accordé par ce décret ou cet arrêté *(Abrogé par L. n° 2011-525 du 17 mai 2011, art. 48)* **« , *après consultation des organismes visés à l'article L. 522-2* »**. – *[Ord. n° 45-1744 du 6 août 1945, art. 38.]*

Art. L. 522-9 Les exploitants d'établissements agréés n'ont pas à solliciter l'autorisation prévue par les textes réglementant les créations, extensions ou transferts d'établissements. – *[Ord. n° 45-1744 du 6 août 1945, art. 40.]*

Art. L. 522-10 Les décrets ou arrêtés agréant les établissements comme magasins généraux peuvent comporter, pour l'exploitant, l'autorisation d'ouvrir une salle de ventes publiques de marchandises en gros. – *[Ord. n° 45-1744 du 6 août 1945, art. 41.]*

Art. L. 522-11 I. – Les entreprises ne répondant pas aux conditions fixées aux articles L. 522-5 et L. 522-6 peuvent cependant solliciter l'agrément comme magasins généraux des entrepôts qu'elles exploitent ou projettent d'exploiter et obtenir *(Abrogé par L. n° 2011-525 du 17 mai 2011, art. 48)* ***« , à titre exceptionnel, »*** cet agrément s'il est reconnu que les intérêts du commerce l'exigent.

II. – Dans ce cas :

1° La demande d'agrément fait l'objet à la préfecture et dans la commune du lieu de l'établissement des mesures de publicité qui sont prévues par voie réglementaire ;

2° L'arrêté d'agrément fixe, en sus du cautionnement prévu à l'article L. 522-12, un cautionnement spécial au moins égal à celui-ci. Le cautionnement spécial est fourni soit en numéraire, soit par une caution bancaire *(Abrogé par L. n° 2011-525 du 17 mai 2011, art. 48)* ***« agréée par le tribunal de commerce dans le ressort duquel est situé l'établissement »***. – *[Ord. n° 45-1744 du 6 août 1945, art. 9.] – V. art. R. 522-6.*

Art. L. 522-12 L'arrêté préfectoral autorisant l'ouverture du magasin général soumet son exploitant à l'obligation d'un cautionnement.

Sont soumis à la même obligation les établissements visés à l'article L. 522-8.

Le montant de ce cautionnement, proportionnel à la surface affectée au magasinage, est compris entre deux limites fixées par décret en Conseil d'État. – *[Ord. n° 45-1744 du 6 août 1945, art. 10 et 39.]*

Art. L. 522-13 Un ou plusieurs règlements types fixent, dans le cadre des dispositions du présent chapitre et du décret en Conseil d'État pris pour son application, les conditions de fonctionnement des établissements. – *[Ord. n° 45-1744 du 6 août 1945, art. 11.] – V. art. R. 522-13. – V. le règlement type général homologué par Arr. 20 mars 1947 (JO 28 mars ; Rect., JO 13 avr.), mod. par Arr. 15 juill. 1947 (JO 22 juill.), Arr. 30 mai 1951 (JO 7 juin), Arr. 30 janv. 1953 (JO 24 févr. ; Rect., JO 21 mars).*

● SECTION II DES OBLIGATIONS, DES RESPONSABILITÉS ET DES GARANTIES

Art. L. 522-14 Toute personne qui remet une marchandise en dépôt à un magasin général est tenue d'en déclarer la nature et la valeur à l'exploitant. – *[Ord. n° 45-1744 du 6 août 1945, art. 5.]*

Art. L. 522-15 Les exploitants de magasins généraux sont responsables, dans les limites de la valeur déclarée, de la garde et la conservation des dépôts qui leur sont confiés.

Ils ne sont pas responsables des avaries et déchets naturels provenant de la nature et du conditionnement des marchandises ou des cas de force majeure.

Les règlements types et les règlements particuliers prévus aux articles L. 522-13 et L. 522-17 précisent les obligations des exploitants en ce qui concerne la conservation des dépôts. – *[Ord. n° 45-1744 du 6 août 1945, art. 6.]*

Art. L. 522-16 Les marchandises susceptibles d'être warrantées sont obligatoirement assurées contre l'incendie par les polices générales du magasin.

Toutefois, pour les exploitants de magasins généraux établis dans les ports maritimes, cette obligation est suspendue à l'égard des marchandises entreposées couvertes par une assurance maritime tant que cette assurance garantit ces risques.

Si, pendant cette période, un sinistre survient, la responsabilité de l'exploitant du magasin général n'est pas engagée vis-à-vis des déposants, des compagnies d'assurances et des porteurs de warrants.

A l'expiration de ladite période, les marchandises susmentionnées doivent être assurées par les polices générales du magasin. – *[Ord. n° 45-1744 du 6 août 1945, art. 12.]*

Art. L. 522-17 **Chaque établissement est doté d'un règlement particulier qui complète les dispositions générales des règlements types en fixant les conditions d'exploitation prenant en compte la nature et la situation du magasin.** – *[Ord. n° 45-1744 du 6 août 1945, art. 13.]*

Art. L. 522-18 **Au règlement prévu à l'article L. 522-17 sont annexés un tarif général et, éventuellement, des tarifs spéciaux pour la rétribution du magasinage, dans les termes du présent chapitre, et des services rendus à cette occasion aux déposants. La perception des taxes correspondantes a lieu indistinctement et sans aucune faveur.** – *[Ord. n° 45-1744 du 6 août 1945, art. 14.]*

Art. L. 522-19 **Les tarifs sont communiqués au préfet un mois au moins avant l'ouverture du magasin général.**

Toute modification des tarifs existants doit lui être notifiée *(Abrogé par L. n° 2011-525 du 17 mai 2011, art. 48)* ***« , ainsi qu'aux organismes visés à l'article L. 522-2, »*** **et ne devient exécutoire qu'un mois après cette notification. Toutefois, ce délai n'est pas applicable aux exploitants dont les tarifs sont soumis à une autorisation administrative.** – *[Ord. n° 45-1744 du 6 août 1945, art. 15.]*

SECTION III DU FONCTIONNEMENT ET DU CONTRÔLE

Art. L. 522-20 **Les exploitants de magasins généraux peuvent prêter sur nantissement des marchandises qu'ils reçoivent en dépôt ou négocier les warrants qui les représentent.** – *[Ord. n° 45-1744 du 6 août 1945, art. 16.]*

Art. L. 522-21 **Les présidents, gérants, directeurs et le personnel des exploitations de magasins généraux sont, sous les peines prévues à l'article 226-13 du code pénal, tenus au secret professionnel pour tout ce qui regarde les marchandises entreposées.** – *[Ord. n° 45-1744 du 6 août 1945, art. 17.]*

Art. L. 522-22 **Les magasins généraux sont placés sous le contrôle de l'administration, dans les conditions fixées par décret en Conseil d'État.** – *[Ord n° 45-1744 du 6 août 1945, art. 18.]*

Art. L. 522-23 **Les dispositions du présent chapitre, le décret pris pour l'application desdites dispositions, le tarif et les règlements, sont affichés dans la partie des bureaux du magasin où le public a accès.** – *[Ord. n° 45-1744 du 6 août 1945, art. 19.]*

SECTION IV DES RÉCÉPISSÉS ET DES WARRANTS

RÉP. PÉN. v° *Warrant*, par REDON.

Art. L. 522-24 **Il est délivré à chaque déposant un ou plusieurs récépissés. Ces récépissés énoncent les nom, profession et domicile du déposant ainsi que la nature**

de la marchandise déposée et les indications propres à en établir l'identité et à en déterminer la valeur.

Les marchandises fongibles déposées en magasin général et sur lesquelles il a été délivré un récépissé et un warrant peuvent être remplacées par des marchandises de même nature, de même espèce et de même qualité. La possibilité de cette substitution doit être mentionnée à la fois sur le récépissé et sur le warrant.

Les droits et privilèges du porteur du récépissé et du porteur du warrant sont reportés sur les marchandises substituées.

Il peut être délivré un récépissé et un warrant sur un lot de marchandises fongibles à prendre dans un lot plus important. – *[Ord. nº 45-1744 du 6 août 1945, art. 20.]*

Art. L. 522-25 A chaque récépissé de marchandise est annexé, sous la dénomination de warrant, un bulletin de gage contenant les mêmes mentions que le récépissé.

Les récépissés de marchandises et les warrants y annexés sont extraits d'un registre à souches. – *[Ord. nº 45-1744 du 6 août 1945, art. 21.]*

Art. L. 522-26 Les récépissés et les warrants peuvent être transférés par voie d'endossement, ensemble ou séparément. – *[Ord. nº 45-1744 du 6 août 1945, art. 22.]*

Art. L. 522-27 Tout cessionnaire du récépissé ou du warrant peut exiger la transcription sur les registres à souches dont ils sont extraits de l'endossement fait à son profit, avec indication de son domicile. – *[Ord. nº 45-1744 du 6 août 1945, art. 23.]*

Art. L. 522-28 L'endossement du warrant séparé du récépissé vaut nantissement de la marchandise au profit du cessionnaire du warrant.

L'endossement du récépissé transmet au cessionnaire le droit de disposer de la marchandise, à charge pour lui, lorsque le warrant n'est pas transféré avec le récépissé, de payer la créance garantie par le warrant ou d'en laisser payer le montant sur le prix de la vente de la marchandise. – *[Ord. nº 45-1744 du 6 août 1945, art. 24.]*

Marchandises warrantées. Viole l'art. 24 de l'Ord. du 6 août 1945 [C. com., art. L. 522-28] l'arrêt qui déboute une banque de sa demande tendant à voir juger que les marchandises de son client, objets de warrants, lui seraient attribuées à concurrence du montant de sa créance au motif que la sûreté constituée par les warrants avait disparu par suite de la transformation de la créance garantie en articles de crédit du compte courant, et prononce la mainlevée du gage sur les marchandises warrantées alors que l'écriture passée au crédit du compte courant n'avait pas constaté la créance de la banque et que celle-ci avait conservé contre son client le droit de gage sur les marchandises déposées qui lui avait été conféré par les warrants dont elle était porteur. • Com. 12 janv. 1988 : *Bull. civ. IV, nº 32.*

Art. L. 522-29 L'endossement du récépissé et du warrant, transférés ensemble ou séparément, doit être daté.

L'endossement du warrant séparé du récépissé doit, en outre, énoncer le montant intégral, en capital et intérêts, de la créance garantie, la date de son échéance et les nom, profession et domicile du créancier.

Le premier cessionnaire du warrant doit immédiatement faire transcrire l'endossement sur les registres du magasin, avec les énonciations dont il est accompagné. Il est fait mention de cette transcription sur le warrant. – *[Ord. nº 45-1744 du 6 août 1945, art. 25.]*

Art. L. 522-30 Le porteur du récépissé séparé du warrant peut, même avant l'échéance, payer la créance garantie par le warrant.

Si le porteur du warrant n'est pas connu ou si, étant connu, il n'est pas d'accord avec le débiteur sur les conditions auxquelles aurait lieu l'anticipation de paiement, la somme due, y compris les intérêts jusqu'à l'échéance, est consignée à l'administration du magasin général qui en demeure responsable. Cette consignation libère la marchandise. – *[Ord. n° 45-1744 du 6 août 1945, art. 26.] – V. art. R. 522-24.*

Art. L. 522-31 A défaut de paiement à l'échéance, le porteur du warrant séparé du récépissé, peut, huit jours après le protêt, et sans aucune formalité de justice, faire procéder par officiers publics à la vente publique aux enchères et en gros de la marchandise engagée, conformément aux dispositions du livre III relatives aux ventes publiques de marchandises en gros.

Dans le cas où le souscripteur primitif du warrant l'a remboursé, il peut faire procéder à la vente de la marchandise, comme il est dit à l'alinéa précédent, contre le porteur du récépissé, huit jours après l'échéance et sans qu'il soit besoin d'aucune mise en demeure. – *[Ord. n° 45-1744 du 6 août 1945, art. 27.]*

Art. L. 522-32 I. – Le créancier est payé de sa créance sur le prix, directement et sans formalité de justice, par privilège et préférence à tous créanciers, sans autre déduction que celles :

1° Des contributions indirectes, et droits de douane dus par la marchandise ;

2° Des frais de vente, de magasinage et autres frais pour la conservation de la chose.

II. – Si le porteur du récépissé ne se présente pas lors de la vente de la marchandise, la somme excédant celle qui est due au porteur du warrant est consignée à l'administration du magasin général, comme il est dit à l'article L. 522-30. – *[Ord. n° 45-1744 du 6 août 1945, art. 28.] – V. art. R. 522-22 s.*

Art. L. 522-33 Le porteur du warrant n'a de recours contre l'emprunteur et les endosseurs qu'après avoir exercé ses droits sur la marchandise et en cas d'insuffisance.

Le délai fixé par l'article L. 511-42 pour l'exercice du recours contre les endosseurs, ne court que du jour où la vente de la marchandise est réalisée.

Le porteur du warrant perd, en tout cas, son recours contre les endosseurs s'il n'a pas fait procéder à la vente dans le mois qui suit la date du protêt. – *[Ord. n° 45-1744 du 6 août 1945, art. 29.]*

Art. L. 522-34 Le porteur du récépissé et du warrant a, sur les indemnités d'assurance dues en cas de sinistre, les mêmes droits et privilèges que sur la marchandise assurée. – *[Ord. n° 45-1744 du 6 août 1945, art. 30.]*

Art. L. 522-35 Les établissements publics de crédit peuvent recevoir les warrants comme effets de commerce, avec dispense d'une des signatures exigées par leurs statuts. – *[Ord. n° 45-1744 du 6 août 1945, art. 31.]*

Art. L. 522-36 Celui qui a perdu un récépissé ou un warrant peut demander et obtenir par ordonnance du juge, en justifiant de sa propriété et en donnant caution, un duplicata s'il s'agit du récépissé, le paiement de la créance garantie s'il s'agit du warrant.

Si dans ce cas le souscripteur du warrant ne s'est pas libéré à l'échéance, le tiers porteur dont l'endos aura été transcrit sur les registres du magasin général pourra être autorisé par ordonnance du juge, à charge de fournir caution, à faire procéder à la vente de la marchandise engagée dans les conditions déterminées à l'article L. 522-31.

Le protêt prévu audit article donne copie des mentions telles qu'elles figurent sur le registre du magasin général. – *[Ord. n° 45-1744 du 6 août 1945, art. 32.]*

Art. L. 522-37 En cas de perte du récépissé, la caution prévue à l'article précédent est libérée à l'expiration d'un délai de cinq ans, lorsque les marchandises en faisant l'objet n'ont pas été revendiquées par un tiers au magasin général.

En cas de perte du warrant, la caution est libérée à l'expiration d'un délai de trois ans, à compter de la transcription de l'endos. – *[Ord. n° 45-1744 du 6 août 1945, art. 33.]*

SECTION V DES SANCTIONS

Art. L. 522-38 Il est interdit d'ouvrir et d'exploiter sans l'autorisation prescrite à l'article L. 522-1 un établissement recevant en dépôt des marchandises pour lesquelles sont délivrés aux déposants, sous le nom de warrants, ou tout autre nom, des bulletins de gages négociables.

Toute infraction à cette prohibition est punie d'une amende de 6 000 € et d'un emprisonnement d'un an.

Le tribunal peut ordonner que le jugement de condamnation sera publié intégralement ou par extraits dans les journaux qu'il désigne et affiché dans les lieux qu'il indique, notamment aux portes du domicile et des magasins du condamné, le tout aux frais du condamné, sans toutefois que les frais de cette publication puissent dépasser le maximum de l'amende encourue. – *[Ord. n° 45-1744 du 6 août 1945, art. 34.]*

Art. L. 522-39 En cas d'infraction commise par l'exploitant d'un magasin général aux dispositions du présent chapitre ou des décrets en Conseil d'État pris pour l'application desdites dispositions, le préfet peut, l'exploitant entendu *(Abrogé par L. n° 2011-525 du 17 mai 2011, art. 48)* ***« et après consultation des organismes professionnels et interprofessionnels visés à l'article L. 522-2 »***, prononcer par arrêté, à titre temporaire ou définitif, le retrait de l'agrément.

Dans ce cas, le président du tribunal statuant comme en matière de référé, désigne, à la demande du ministère public, un administrateur provisoire et détermine les pouvoirs dont il dispose pour l'exploitation de l'établissement.

En cas de retrait d'agrément à titre définitif et lorsque l'intérêt du commerce local exige le maintien du magasin général, les pouvoirs de l'administrateur provisoire peuvent comporter la mise aux enchères publiques du fonds de commerce et du matériel nécessaire à son exploitation. – *V. art. R. 522-25.*

Le retrait d'agrément à titre définitif peut également être prononcé *(Abrogé par L. n° 2011-525 du 17 mai 2011, art. 48)* ***« , après consultation des organismes professionnels et interprofessionnels, »*** à l'encontre des établissements qui auraient cessé de fonctionner comme magasins généraux ou comme entrepôts pendant au moins deux ans. – *[Ord. n° 45-1744 du 6 août 1945, art. 35.]*

Art. L. 522-40 Un décret en Conseil d'État fixe les conditions d'application du présent chapitre. – *[Ord. n° 45-1744 du 6 août 1945, art. 44.] – V. art. R. 522-1 s.*

CHAPITRE III DU WARRANT HÔTELIER

RÉP. COM. v° *Warrant hôtelier*, par M. CABRILLAC.

Art. L. 523-1 Tout exploitant d'hôtel peut emprunter sur le mobilier commercial, le matériel et l'outillage servant à son exploitation, même devenus immeubles par destination, tout en conservant la garde dans les locaux de l'hôtel.

Les objets servant de garantie à la créance restent, jusqu'au remboursement des sommes empruntées, le gage du prêteur et de ses ayants droit.

L'emprunteur est responsable desdits objets qui demeurent confiés à ses soins, sans aucune indemnité opposable au prêteur et à ses ayants droit. – *[L. 8 août 1913, art. 1er.]*

Art. L. 523-2 L'exploitant d'hôtel, lorsqu'il n'est pas propriétaire ou usufruitier de l'immeuble dans lequel il exerce son industrie, doit, avant tout emprunt, aviser par acte extrajudiciaire le propriétaire ou l'usufruitier du fonds loué ou leur mandataire légal, de la nature, de la quantité et de la valeur des objets constitués en gage, ainsi que du montant des sommes à emprunter. Ce même avis doit être réitéré par lettre, par l'intermédiaire du greffier du tribunal d'instance compétent au lieu d'exploitation de l'hôtel meublé. La lettre d'avis est remise au greffier qui doit la viser, l'enregistrer et l'envoyer sous forme de pli d'affaire recommandé avec accusé de réception.

Le propriétaire, l'usufruitier ou leur mandataire légal, dans un délai de quinze jours francs à partir de la notification de l'acte précité, peuvent s'opposer à l'emprunt par acte extrajudiciaire adressé au greffier, lorsque l'emprunteur n'a pas payé les loyers échus, six mois de loyers en cours et six mois à échoir.

L'emprunteur peut obtenir mainlevée de l'opposition moyennant l'acquittement des loyers précités.

Le défaut de réponse de la part du propriétaire, de l'usufruitier, ou de leur mandataire légal, dans le délai ci-dessus fixé, est considéré comme une non-opposition à l'emprunt.

Le privilège du bailleur est réduit, jusqu'à concurrence de la somme prêtée, sur les objets servant de gage à l'emprunt. Il subsiste dans les termes de droit si l'emprunt est réalisé malgré l'opposition du bailleur.

Le bailleur peut toujours renoncer, soit à son opposition, soit au paiement des loyers ci-dessus indiqués, en apposant sa signature sur le registre prévu à l'article L. 523-3.

En cas de conflit entre le privilège du porteur du warrant hôtelier et des créanciers hypothécaires, leur rang est déterminé par les dates respectives de la transcription du premier endossement du warrant et des inscriptions d'hypothèques. – *[L. 8 août 1913, art. 2.]*

Art. L. 523-3 Il est tenu, dans chaque greffe de tribunal de commerce, un registre à souche, coté et paraphé, dont le volant et la souche portent chacun, d'après les déclarations de l'emprunteur, des mentions dont la liste est fixée par décret. – *V. art. R. 523-1.*

Le volant contenant ces mentions constitue le warrant hôtelier. – *[L. 8 août 1913, art. 3, al. 1er, 2 (partie) et al. 3.]*

Art. L. 523-4 Le warrant hôtelier est délivré par le greffier du tribunal de commerce dans le ressort duquel est exploité l'hôtel. L'emprunteur qui le reçoit donne décharge de la remise du titre, en apposant sa signature avec la date sur le registre. Il ne peut être délivré qu'un seul warrant pour les mêmes objets. Le warrant est transféré par l'emprunteur au prêteur par voie d'endossement daté et signé.

Le prêteur doit, dans un délai de cinq jours, faire transcrire sur le registre le premier endossement. Mention de cette transcription est également énoncée sur le warrant. – *[L. 8 août 1913, art. 4.]*

Art. L. 523-5 Le warrant est transmissible par voie d'endossement établi suivant les prescriptions de l'article L. 523-4, mais non soumis à la formalité de la transcription comme le premier endossement.

Tous ceux qui ont signé ou endossé un warrant sont tenus à la garantie solidaire envers le porteur.

L'escompteur et les réescompteurs d'un warrant sont tenus d'aviser, dans les huit jours, le greffier du tribunal de commerce, par pli recommandé, avec accusé de réception, ou verbalement contre récépissé de l'avis.

L'emprunteur peut, par une mention spéciale inscrite sur le warrant, dispenser l'escompteur et les réescompteurs de donner cet avis. En ce cas, il n'y a pas lieu à application des dispositions des deux derniers alinéas de l'article L. 523-8. – *[L. 8 août 1913, art. 5.]*

Art. L. 523-6 Le greffier est tenu de délivrer à tout prêteur qui le requiert, soit un état des warrants, soit un certificat établissant qu'il n'existe pas d'inscription. Il est tenu de faire la même délivrance à tout hôtelier ressortissant de son greffe qui le requiert, mais seulement en ce qui concerne le fonds exploité par lui.

Cet état ne remonte pas à une période antérieure de cinq années. – *[L. 8 août 1913, art. 6.]*

Art. L. 523-7 La radiation de l'inscription est opérée sur la justification, soit du remboursement de la créance garantie par le warrant, soit d'une mainlevée régulière.

L'emprunteur qui a remboursé son warrant fait constater le remboursement au greffe du tribunal de commerce et mention du remboursement ou de la mainlevée est faite sur le registre tenu par le greffier qui lui délivre un certificat de radiation de l'inscription.

L'inscription est radiée d'office après cinq ans, si elle n'a pas été renouvelée avant l'expiration de ce délai. Si elle est inscrite à nouveau après la radiation d'office, elle ne vaut, à l'égard des tiers, que du jour de la date. – *[L. 8 août 1913, art. 7.]*

Art. L. 523-8 L'emprunteur conserve le droit de vendre les objets warrantés à l'amiable et avant le paiement de la créance, même sans le concours du prêteur, mais leur tradition à l'acquéreur ne peut être opérée qu'après désintéressement du créancier.

L'emprunteur, même avant l'échéance, peut rembourser la créance garantie par le warrant ; si le porteur du warrant refuse les offres du débiteur, celui-ci peut, pour se libérer, consigner la somme offerte, en observant les formalités prescrites par les articles 1426 à 1429 du *(L. n° 2007-1787 du 20 déc. 2007, art. 26-IV)* « code de procédure civile ». Les offres sont faites au dernier ayant droit connu par les avis donnés au greffier, en conformité de l'article L. 523-5. Sur le vu d'une quittance de consignation régulière et suffisante, le président du tribunal de commerce dans le ressort duquel le warrant est inscrit rend une ordonnance aux termes de laquelle le gage est transporté sur la somme consignée.

En cas de remboursement anticipé d'un warrant, l'emprunteur bénéficie des intérêts qui restaient à courir jusqu'à l'échéance du warrant, déduction faite d'un délai de dix jours. – *[L. 8 août 1913, art. 8.]*

Art. L. 523-9 Les établissements publics de crédit peuvent recevoir les warrants hôteliers comme effets de commerce, avec dispense d'une des signatures exigées par leurs statuts. – *[L. 8 août 1913, art. 9.]*

Art. L. 523-10 Les porteurs de warrants ont, sur les indemnités d'assurances, en cas de sinistre, les mêmes droits et privilèges que sur les objets assurés. – *[L. 8 août 1913, art. 10.]*

Art. L. 523-11 Le porteur de warrant doit réclamer à l'emprunteur paiement de sa créance échue, et, à défaut de ce paiement, réitérer sa réclamation au débiteur par lettre recommandée avec demande d'avis de réception.

Faute du paiement du warrant à l'échéance le porteur a pour la réalisation du gage, les droits que confèrent aux créanciers privilégiés ou garantis par un nantissement les dispositions des articles L. 143-5 à L. 143-15.

Toutefois, le bailleur peut toujours exercer son privilège jusqu'à concurrence de six mois de loyers échus, six mois de loyers en cours et six mois de loyers à échoir.

Si le porteur fait procéder à la vente, il ne peut plus exercer son recours contre les endosseurs et même contre l'emprunteur qu'après avoir fait valoir ses droits sur le prix des objets warrantés. En cas d'insuffisance du prix pour le désintéresser, un délai de trois mois lui est imparti, à dater du jour où la vente est réalisée, pour exercer son recours contre les endosseurs. – *[L. 8 août 1913, art. 11.]*

Art. L. 523-12 Le porteur du warrant est payé directement de sa créance sur le prix de vente, par privilège et de préférence à tous créanciers, et sans autre déduction que celle des contributions directes et des frais de vente et sans autre formalité qu'une ordonnance du président du tribunal de commerce. – *[L. 8 août 1913, art. 12.]*

Art. L. 523-13 La fausse déclaration ou le fait pour tout emprunteur de constituer un warrant sur des objets dont il n'est pas propriétaire ou déjà donnés en gage ou en nantissement ainsi que le fait pour tout emprunteur de détourner, dissiper ou volontairement détériorer, au préjudice de son créancier le gage de celui-ci, sont punis, selon les cas, des peines prévues pour l'escroquerie ou l'abus de confiance, aux articles 313-1, 313-7, 313-8 ou 314-1 et 314-10 du code pénal. – *[L. 8 août 1913, art. 13.]*

Art. L. 523-14 Le montant des droits à percevoir par le greffier est fixé par décret en Conseil d'État. – *V. Décr. nº 80-307 du 29 avr. 1980, ss. art. R. 743-140.*

Les avis prescrits par les dispositions du présent chapitre sont envoyés en la forme et avec la taxe des papiers d'affaires recommandés. – *[L. 8 août 1913, art. 14.]*

Art. L. 523-15 Sont considérées comme nulles et non avenues toutes conventions contraires aux dispositions du présent chapitre, et notamment toutes stipulations qui ont pour effet de porter atteinte au droit des locataires d'instituer le warrant hôtelier. – *[L. 8 août 1913, art. 16, al. 2.]*

● CHAPITRE IV **DU WARRANT PÉTROLIER**

RÉP. COM. vº *Warrant pétrolier*, par CABRILLAC.

Art. L. 524-1 Les opérateurs, détenteurs de stocks de pétrole brut ou de produits pétroliers peuvent warranter des stocks en garantie de leurs emprunts, tout en en conservant la garde dans leurs usines ou dépôts.

Les produits warrantés restent, jusqu'au remboursement des sommes avancées, le gage du porteur du warrant.

Le warrant est établi sur une certaine quantité de marchandises d'une qualité spécifiée, sans qu'il soit nécessaire de séparer matériellement les produits warrantés des autres produits similaires détenus par l'emprunteur.

L'emprunteur est responsable de la marchandise qui reste confiée à ses soins et à sa garde, et cela sans aucune indemnité opposable au bénéfice du warrant. – *[L. 21 avr. 1932, art. 1er.]*

Étendue des droits du créancier. La banque ne peut prétendre qu'au prix de vente des produits stockés désignés en quantité dans les warrants et non à une somme égale à celle de l'évaluation figurant dans les warrants en application de l'art. L. 524-2. • Com. 11 janv. 2005 : *Banque et Droit mai-juin 2005. 91, obs. Affaki et Stoufflet.*

Art. L. 524-2 Pour établir la pièce qui est dénommée « warrant pétrolier », le greffier du tribunal de commerce de la situation des produits à warranter inscrit, d'après les déclarations de l'emprunteur, la nature, la qualité, la quantité, la valeur, le lieu de situation des produits qui doivent servir de gage pour l'emprunt, le montant des sommes empruntées, ainsi que les clauses et conditions particulières relatives au warrant pétrolier, arrêtées entre les parties. – *V. art. R. 524-1.*

Le warrant est signé par l'emprunteur.

Il n'est valable que pour trois ans au plus, mais peut être renouvelé. – *[L. 21 avr. 1932, art. 2, al. 1er, 3 et 4.]*

Art. L. 524-3 Le warrant indique si le produit warranté est assuré ou non et, en cas d'assurance, le nom et l'adresse de l'assureur.

Faculté est donnée aux prêteurs de continuer ladite assurance jusqu'à la réalisation du warrant.

Les porteurs de warrants ont, sur les indemnités d'assurances dues en cas de sinistre, les mêmes droits et privilèges que sur les produits assurés. – *[L. 21 avr. 1932, art. 3.]*

Art. L. 524-4 Le greffier du tribunal de commerce délivre, à tout requérant, un état des warrants inscrits depuis moins de cinq ans au nom de l'emprunteur ou un certificat établissant qu'il n'existe pas d'inscription. – *[L. 21 avr. 1932, art. 4.]*

Art. L. 524-5 La radiation de l'inscription est opérée sur la justification, soit du remboursement de la créance garantie par le warrant, soit d'une mainlevée régulière.

L'emprunteur qui a remboursé son warrant fait constater le remboursement par le greffe du tribunal de commerce. Mention du remboursement ou de la mainlevée est faite sur le registre prévu à l'article L. 524-2. Un certificat de radiation de l'inscription lui est délivré.

L'inscription est radiée d'office après cinq ans, si elle n'a pas été renouvelée avant l'expiration du délai. Si elle est inscrite à nouveau après la radiation d'office, elle ne vaut, à l'égard des tiers, que du jour de la nouvelle date. – *[L. 21 avr. 1932, art. 5.]*

Art. L. 524-6 L'emprunteur conserve le droit de vendre les produits warrantés à l'amiable et avant le paiement de la créance, même sans le concours du prêteur. Toutefois, la tradition, à l'acquéreur, ne peut être opérée que lorsque le créancier a été désintéressé.

L'emprunteur peut, même avant l'échéance, rembourser la créance garantie par le warrant pétrolier. Si le porteur du warrant refuse les offres du débiteur, celui-ci peut, pour se libérer, consigner la somme offerte dans les conditions prévues aux articles 1426 à 1429 du *(L. nº 2007-1787 du 20 déc. 2007, art. 26-IV)* « code de procédure civile ». Les offres sont faites au dernier ayant droit connu par les avis donnés au greffe du tribunal de commerce, en conformité de l'article L. 524-8. Au vu d'une quittance de consignation régulière et suffisante, le président du tribunal de commerce compétent à raison du lieu d'inscription du warrant rend une ordonnance aux termes de laquelle le gage est transporté sur la somme consignée.

En cas de remboursement anticipé d'un warrant pétrolier, l'emprunteur bénéficie des intérêts qui restaient à courir jusqu'à l'échéance du warrant, déduction faite d'un délai de dix jours. – *[L. 21 avr. 1932, art. 6.]*

Art. L. 524-7 Les établissements publics de crédit peuvent recevoir les warrants comme effets de commerce, avec dispense d'une des signatures exigées par leurs statuts. – *[L. 21 avr. 1932, art. 7.]*

Art. L. 524-8 Le warrant pétrolier est transmissible par voie d'endossement. L'endossement est daté et signé, il énonce les noms, professions, domiciles des parties.

Tous ceux qui ont signé ou endossé un warrant sont tenus à la garantie solidaire envers le porteur.

L'escompteur ou le réescompteur d'un warrant sont tenus d'aviser, dans les huit jours, le greffe du tribunal de commerce, par pli recommandé, avec accusé de réception, ou verbalement contre récépissé de l'avis.

L'emprunteur peut, par une mention spéciale inscrite au warrant, dispenser l'escompteur ou les réescompteurs de donner cet avis, mais, dans ce cas, il n'y a pas lieu à application des dispositions du dernier alinéa de l'article L. 524-6. – *[L. 21 avr. 1932, art. 8.]*

Art. L. 524-9 Le porteur du warrant pétrolier doit réclamer à l'emprunteur paiement de sa créance échue, et, à défaut de ce paiement, constater et réitérer sa réclamation au débiteur par lettre recommandée avec demande d'avis de réception.

S'il n'est pas payé dans les cinq jours de l'envoi de cette lettre, le porteur du warrant pétrolier est tenu, à peine de perdre ses droits contre les endosseurs, de dénoncer le défaut de paiement, quinze jours francs au plus tard après l'échéance, par avertissement, pour chacun des endosseurs, remis au greffe du tribunal de commerce, qui lui en donne récépissé. Le greffe du tribunal de commerce fait connaître cet avertissement, dans la huitaine qui suit, aux endosseurs, par lettre recommandée avec demande d'avis de réception. – *[L. 21 avr. 1932, art. 9, al. 1er et 2.]*

Art. L. 524-10 En cas de refus de paiement, le porteur du warrant pétrolier peut, quinze jours après la lettre recommandée adressée à l'emprunteur, comme il est dit ci-dessus, faire procéder par un officier public ou ministériel *(L. n° 2011-850 du 20 juill. 2011, art. 37-XII, en vigueur le 1er sept. 2011)* « ou un courtier de marchandises assermenté » à la vente publique de la marchandise engagée. Il y est procédé en vertu d'une ordonnance rendue sur requête par le président du tribunal de commerce de la situation des marchandises warrantées, fixant les jour, lieu et heure de la vente. Elle est annoncée huit jours au moins à l'avance par affiches apposées dans les lieux indiqués par le président du tribunal de commerce. Le président du tribunal de commerce peut, dans tous les cas, en autoriser l'annonce par la voie des journaux. La publicité donnée est constatée par une mention insérée au procès-verbal de vente. – *[L. 21 avr. 1932, art. 9, al. 3.]*

Art. L. 524-11 L'officier public *(L. n° 2011-850 du 20 juill. 2011, art. 37-XII, en vigueur le 1er sept. 2011)* « ou le courtier de marchandises assermenté » chargé de procéder prévient, par lettre recommandée, le débiteur et les endosseurs, huit jours à l'avance, des lieu, jour et heure de la vente.

L'emprunteur peut toutefois, par une mention spéciale inscrite au warrant pétrolier, accepter qu'il n'y ait pas obligatoirement vente publique, et que la vente puisse être faite à l'amiable. En pareil cas, la vente est toujours faite en vertu d'une ordonnance du président du tribunal de commerce de la situation des marchandises warrantées rendue sur requête. – *[L. 21 avr. 1932, art. 9, al. 4 et 6.]*

Art. L. 524-12 Les dispositions de l'article *(Ord. n° 2011-1895 du 19 déc. 2011, art. 2, en vigueur le 1er juin 2012)* « L. 221-4 du code des procédures civiles d'exécution *[ancienne rédaction : 53 de la loi n° 91-650 du 9 juillet 1991 portant réforme des procédures civiles d'exécution]* » sont applicables aux ventes prévues par les dispositions du présent chapitre. – *[L. 21 avr. 1932, art. 9, al. 5.]* – V. **C. pr. exéc.**

Art. L. 524-13 Le porteur du warrant est payé directement de ses créances sur le prix de vente, par privilège et de préférence à tous créanciers, sous déduction des frais de vente, et sans autres formalités qu'une ordonnance du président du tribunal de commerce. – *[L. 21 avr. 1932, art. 10.]*

Art. L. 524-14 Si le porteur du warrant pétrolier fait procéder à la vente, conformément aux articles L. 524-9 à L. 524-11, il ne peut plus exercer son recours contre les endosseurs et même contre l'emprunteur, qu'après avoir fait valoir ses droits sur le prix des produits warrantés. En cas d'insuffisance du prix pour le désintéresser, un délai d'un mois lui est imparti, à dater du jour où la vente de la marchandise est réalisée, pour exercer son recours contre les endosseurs. – *[L. 21 avr. 1932, art. 11.]*

Art. L. 524-15 En cas de non-conformité, constatée entre les existants et les quantités ou qualités warrantés, les prêteurs peuvent mettre immédiatement, par lettre recommandée avec accusé de réception, le titulaire du warrant pétrolier en demeure soit de rétablir la garantie dans les quarante-huit heures suivant la réception de la lettre recommandée, soit de leur rembourser, dans le même délai, tout ou partie des sommes portées sur le warrant pétrolier. S'il ne leur est pas donné satisfaction, les prêteurs ont le droit d'exiger le remboursement total de la créance en la considérant comme échue.

En pareil cas, l'emprunteur perd le bénéfice des dispositions du dernier alinéa de l'article L. 524-6, concernant le remboursement des intérêts. – *[L. 21 avr. 1932, art. 12.]*

Art. L. 524-16 En cas de baisse de la valeur des stocks warrantés, dépassant ou égalant 10 %, les prêteurs peuvent mettre, par lettre recommandée avec accusé de réception, les emprunteurs en demeure d'avoir, soit à augmenter le gage, soit à rembourser une partie proportionnelle des sommes prêtées. Dans ce dernier cas, les dispositions du dernier alinéa de l'article L. 524-6 sont applicables.

S'il n'est pas satisfait à cette demande dans un délai de huit jours francs, les prêteurs ont la faculté d'exiger le remboursement total de leur créance en la considérant comme échue. – *[L. 21 avr. 1932, art. 13.]*

Art. L. 524-17 Le fait pour tout emprunteur d'avoir fait une fausse déclaration, ou d'avoir constitué un warrant pétrolier sur produits déjà warrantés, sans avis préalable donné au nouveau prêteur ou le fait pour tout emprunteur ou dépositaire d'avoir détourné, dissipé ou volontairement détérioré au préjudice de son créancier le gage de celui-ci, est puni selon les cas des peines prévues aux articles 313-1, 313-7 et 313-8 ou 314-1 et 314-10 du code pénal. – *[L. 21 avr. 1932, art. 14.]*

Art. L. 524-18 Lorsque, pour l'exécution des dispositions du présent chapitre, il y a lieu à référé, ce référé est porté devant le président du tribunal de commerce de la situation des marchandises warrantées. – *[L. 21 avr. 1932, art. 15.]*

Art. L. 524-19 Le montant des droits à percevoir par le greffier du tribunal de commerce à l'occasion des warrants pétroliers est celui fixé par le décret qui régit les warrants agricoles. Ce montant peut toutefois être révisé par un décret spécial aux warrants pétroliers.

Les avis prescrits par les dipositions du présent chapitre sont envoyés en la forme et avec la taxe des papiers d'affaires recommandés. – *[L. 21 avr. 1932, art. 16.]*

Art. L. 524-20 Les dispositions du présent chapitre sont applicables sous réserve du respect des obligations imposées par la loi n° 92-1443 du 31 décembre 1992 portant réforme du régime pétrolier, en particulier en ce qui concerne la constitution et la répartition des stocks et sans préjudice de la mise en jeu éventuelle de la responsabilité des opérateurs en cas d'infraction à ces obligations. – *[L. 21 avr. 1932, art. 19.]*

Art. L. 524-21 Le présent chapitre est applicable dans les départements du Haut-Rhin, du Bas-Rhin et de la Moselle, sous réserve des dispositions spéciales de la loi

du 1er juin 1924 portant introduction des lois commerciales françaises dans ces trois départements.

Les greffes compétents pour l'établissement des warrants pétroliers seront ceux prévus à l'article 35 de ladite loi pour l'établissement des warrants hôteliers. – *[L. 21 avr. 1932, art. 20.]*

Sur les warrants agricoles, V. C. rur., art. L. 342-1 à L. 342-17. – **C. rur.**

CHAPITRE V DU NANTISSEMENT DE L'OUTILLAGE ET DU MATÉRIEL D'ÉQUIPEMENT

RÉP. COM. v° *Nantissement de l'outillage et du matériel,* par PICOD.

BIBL. GÉN. ► RIPERT, *D. 1951. Chron. 41 ; Banque 1951. 397.* – JAUFFRET, *RTD com. 1951. 201.* – ROBLOT, *Dr. soc. 1951. 289.* – CORNU, *Journ. sociétés 1962. 65.* – COHEN, *JCP 1951. I. 912.* – DAMMANN et PODEUR, *D. 2008. 2300* (le nouveau paysage du droit des sûretés : première étape de la réforme de la fiducie et du gage sans dépossession).

Art. L. 525-1 **Le paiement du prix d'acquisition de l'outillage et du matériel d'équipement professionnel peut être garanti, soit vis-à-vis du vendeur, soit vis-à-vis du prêteur qui avance les fonds nécessaires au paiement du vendeur, par un nantissement restreint à l'outillage ou au matériel ainsi acquis.**

Si l'acquéreur a la qualité de commerçant, ce nantissement est soumis, sous réserve des dispositions ci-après, aux règles édictées par les chapitres II et III du titre IV du livre Ier, sans qu'il soit nécessaire d'y comprendre les éléments essentiels du fonds.

Si l'acquéreur n'a pas la qualité de commerçant, le nantissement est soumis aux dispositions de l'article L. 525-16. – *[L. n° 51-59 du 18 janv. 1951, art. 1er.]*

1. Créance garantie. La constitution du nantissement est possible lorsque l'acquéreur fait achat de l'outillage ou du matériel d'équipement professionnel en vue de la revente. • Com. 15 mars 1971 : *D. 1971. Somm. 207* • 4 nov. 1970 : *ibid. 44.* ♦ Sur la résolution de la vente, V. • Montpellier, 22 mars 1984 : *JCP 1984. II. 20320, note M. Cabrillac ; RTD com. 1985. 815, obs. Hémard et Bouloc.* ♦ Il peut être consenti à celui qui a prêté les fonds nécessaires au paiement du vendeur même s'il remet directement les fonds à l'acheteur. • Paris, 29 avr. 1977 : *RJ com. 1978. 206, note Chartier* • Caen, 9 avr. 1987 : *Gaz. Pal. 1987. 2. Somm. 385.* ♦ Sur l'exclusion du vendeur du fonds de commerce, V. : Rép. min. : *JOAN Q, 4 févr. 1980, p. 428 ; RTD com. 1980. 76, obs. Derruppé.* ♦ Pour la reprise d'un nantissement de matériel consenti au nom d'une société en formation par un fondateur agissant pour son compte, V. • Com. 29 mai 1980 : *Bull. civ. IV, n° 221.* – Comp. : Derruppé, *RTD com. 1990. 26.*

2. Outillage et matériel. Dans l'outillage et le matériel sont compris les tracteurs achetés par l'entrepreneur de travaux publics, lesquels ne peuvent être qualifiés de matériel agricole et constituent des matériels de chantier susceptibles de nantissement. Un simple gage sur ces engins doit être déclaré nul. • T. com. Montpellier, 8 déc. 1960 : *D. 1961. 52.* ♦ Comp. note 1 ss. art. L. 525-18.

3. Fonds de commerce. Les dispositions de la loi de 1951 [C. com., art. L. 525-1 s.] ne sont pas applicables au nantissement sur le fonds de commerce. • Com. 23 nov. 1999 : *Bull. civ. IV, n° 208 ; D. 2000. AJ 23, obs. A. L.-M. D. ; JCP 2000. II. 10293, note Kéita ; ibid. I. 259, n° 20, obs. Simler et Delebecque ; Banque et Droit mars-avr. 2000. 45, obs. Jacob.*

Art. L. 525-2 **Le nantissement est consenti par un acte authentique ou sous seing privé enregistré au droit fixe.**

Lorsqu'il est consenti au vendeur, il est donné dans l'acte de vente.

Lorsqu'il est consenti au prêteur qui avance les fonds nécessaires au paiement du vendeur, le nantissement est donné dans l'acte de prêt.

Cet acte doit mentionner, à peine de nullité, que les fonds versés par le prêteur ont pour objet d'assurer le paiement du prix des biens acquis.

Les biens acquis doivent être énumérés dans le corps de l'acte et chacun d'eux doit être décrit d'une façon précise, afin de l'individualiser par rapport aux autres biens de même nature appartenant à l'entreprise. L'acte indique également le lieu où les biens ont leur attache fixe ou mentionne, au cas contraire, qu'ils sont susceptibles d'être déplacés.

Sont assimilés aux prêteurs de fonds les garants qui interviennent en qualité de caution, de donneur d'aval ou d'endosseur dans l'octroi des crédits d'équipements. Ces personnes sont subrogées de plein droit aux créanciers. Il en est de même des personnes qui endossent, escomptent, avalisent ou acceptent les effets créés en représentation desdits crédits. – *[L. n° 51-59 du 18 janv. 1951, art. 2.]*

1. Énumération des biens. Les biens acquis doivent être énumérés dans le corps de l'acte et chacun d'eux doit être décrit de façon précise, afin de l'individualiser par rapport aux autres biens de même nature appartenant à l'entreprise. Le juge du fond estime souverainement si la description tendant à l'individualisation du matériel énuméré est suffisante. • Com. 12 nov. 1969 : *D. 1970. 254 ; JCP 1970. II. 16230.* ♦ Bien qu'il n'ait pas été possible d'identifier le matériel nanti, l'avaliste des traites destinées à en régler le prix ne saurait s'exonérer de son obligation au prétexte qu'il ne pourra être subrogé dans les droits du créancier, dès lors que les juges du fond ont souverainement apprécié que la description tendant à individualiser le matériel dans l'acte constitutif de nantissement était suffisante et que l'inefficacité de celui-ci n'était pas due à la négligence du créancier. • Même arrêt. – Comp. : • Riom, 28 avr. 1988 : *BICC 1988, n° 846.* ♦ Sur le pouvoir souverain d'appréciation des juges du fond, V. • Com. 12 nov. 1969 : *JCP 1970. II. 16230, note J.A.*

2. Transfert de la charge du nantissement. Le transfert de la charge d'un nantissement sur un matériel inclus dans un plan de cession se transmet de plein droit au cessionnaire uniquement s'il a été régulièrement inscrit, ce qui n'est pas le cas d'un nantissement de matériel d'équipement lorsque les biens engagés ne sont pas individualisés (description ne mentionnant pas le nombre d'appareils, ni les éléments distincts et individualisables composant l'installation, ni la marque des matériels, ni leurs numéros de série). • Lyon, 16 janv. 2003 : *RD banc. fin. 2004, n° 31, obs. Lucas.*

Art. L. 525-3 A peine de nullité, le nantissement doit être conclu au plus tard dans le délai de deux mois à compter du jour de la livraison du matériel d'équipement sur les lieux où il doit être installé.

A peine de nullité également, le nantissement doit être inscrit dans les conditions requises par les articles L. 142-3 et L. 142-4, et dans un délai de quinze jours à compter de la date de l'acte constitutif du nantissement.

Lorsque la livraison du matériel intervient après la date prévue dans le contrat ou si elle n'est pas faite au lieu primitivement fixé, les créances inscrites deviennent de plein droit exigibles si le débiteur n'a pas fait connaître, dans les quinze jours de cette livraison, au créancier nanti, la date ou le lieu auquel elle est intervenue.

Le nantissement ne peut être opposé aux tiers si, dans la quinzaine de l'avis à lui notifié ou dans la quinzaine du jour où il aura eu connaissance de la date ou du lieu de la livraison, le créancier nanti n'a pas requis du greffier du tribunal où a été prise l'inscription du nantissement, que mention soit faite de cette date ou de ce lieu en marge de ladite inscription. – *[L. n° 51-59 du 18 janv. 1951, art. 3.]*

BIBL. ▶ DELATTRE, *JCP E 2005, n° 50, p. 2152* (opposabilité du nantissement sur outillage et matériel dans le cadre des opérations de vérification du passif).

1. Délais. A peine de nullité, le nantissement doit être constitué par acte authentique ou par acte sous seing privé enregistré au plus tard dans le délai de deux mois à compter de la livraison. • Com. 10 janv. 1983 : *Gaz. Pal. 1983. 1. Pan. 128, obs. Piedelièvre ; JCP 1984. II. 20231, note Hémard.* ♦ Pour un nantissement consenti dans l'acte de prêt conclus entre la banque et l'emprunteur, acheteur initial du matériel, V. • Dijon, 26 avr. 2005 : *JCP E 2005, n° 30, p. 1279.*

Chaque matériel pris individuellement doit suivre les règles spécifiques au nantissement sur matériel et outillage, notamment le respect du délai de deux mois, et il importe peu à cet égard que les divers matériels aient ensuite été installé en un ensemble industriel homogène, chaque sous-ensemble pouvant être distingué puisque livré séparément par des fournisseurs distincts. • Douai, 30 janv. 2003 : *JCP E 2003, n° 13, p. 569, note Delattre.* ♦ Le délai d'inscription de quinze jours ne se cumule pas avec le délai de deux mois à compter de la livraison imparti pour établir l'acte constitutif. • Montpellier, 2 nov. 1960 : *D. 1964. 256, note M. Cabrillac.*

Jugeant que la nullité du nantissement pour non-respect des délais ne constitue pas une exception inhérente aux dettes cautionnées, de telle sorte qu'une cour d'appel peut en déduire que les cautions ne pouvaient opposer celle-ci au créancier : • Com. 17 déc. 2003 : *RJDA 2004, n° 621.*

2. Compétence territoriale. Le nantissement est nul s'il est inscrit auprès d'un greffe territorialement incompétent. • Montpellier, 2 nov. 1960 : *préc. note 1.* ♦ Comp. : note ss. art. L. 525-10.

Sur les conséquences du déplacement du fonds de commerce, V. • Com. 29 janv. 2002 : *cité note 3 ss. art. L. 143-1.*

3. Date de livraison. Pour le caractère facultatif de la mention de la date de livraison pour une vente au départ de l'usine, V. • Com. 10 janv. 1983 : *préc. note 1.* ♦ Jugeant qu'il faut entendre par livraison la remise effective du matériel vendu, ce qu'il ne faut pas confondre avec l'installation, peu important que les divers matériels aient ensuite été installés en un ensemble industriel homogène, chaque sous-ensemble pouvant être distingué puisque livré séparément par des fournisseurs distincts. • Douai, 30 janv. 2003 : *préc. note 1.* ♦ Jugeant également que l'installation et la mise au point du matériel n'ont pas à être prises en considération, V. • Com. 7 avr. 2004 : *RJDA 2004, n° 1049.*

Art. L. 525-4 Les biens donnés en nantissement par application du présent chapitre peuvent, en outre, à la requête du bénéficiaire du nantissement, être revêtus sur une pièce essentielle et d'une manière apparente d'une plaque fixée à demeure indiquant le lieu, la date et le numéro d'inscription du privilège dont ils sont grevés.

Sous peine des sanctions prévues à l'article L. 525-19, le débiteur ne peut faire obstacle à cette apposition, et les marques ainsi apposées ne peuvent être détruites, retirées ou recouvertes avant l'extinction ou la radiation du privilège du créancier nanti. — *[L. n° 51-59 du 18 janv. 1951, art. 4.]*

1. Apposition facultative. Sur le caractère facultatif de l'apposition d'une plaque, V. • TGI Seine, 17 juin 1965 : *Gaz. Pal. 1965. 2. 410.* ♦ V. notes ss. art. L. 525-7.

2. Fixation à demeure. Une plaque autoadhésive n'est pas conforme aux prescriptions de l'art. 4 [C. com., art. L. 525-4]. • Aix-en-Provence, 22 juin 1993 : *JCP 1992. I. 3765, n° 22, obs. Simler et Delebecque.*

3. Bénéfice de subrogation. Sur les conséquences de la non-apposition de la plaque permettant de signaler l'existence de la sûreté sur le bénéfice de subrogation, V • Civ. 1re, 7 déc. 2004 : *Bull. civ. I, n° 300 ; D. 2005. AJ 705, obs. Avena-Robardet ; JCP E 2005, n° 4, p. 108 ; LPA 28-29 mars 2005, p. 9, obs. D.H. ; Gaz. Pal. 2005. Somm. 2056, obs. S. Fiedelièvre ; RD banc. fin. 2005, n° 42, obs. Legeais ; BRDA 2005, n° 2, p. 10 (1re esp.).* – V. aussi art. 2314 **C. civ.**

Art. L. 525-5 Toute subrogation conventionnelle dans le bénéfice du nantissement doit être mentionnée en marge de l'inscription dans la quinzaine de l'acte authentique ou sous seing privé qui la constate, sur remise au greffier d'une expédition ou d'un original dudit acte.

Les conflits qui peuvent se produire entre les titulaires d'inscriptions successives sont réglés conformément à l'article 1252 du code civil. — *[L. n° 51-59 du 18 janv. 1951, art. 5.]*

Art. L. 525-6 Le bénéfice du nantissement est transmis de plein droit conformément à l'article 1692 du code civil aux porteurs successifs des effets qu'il garantit, soit que ces effets aient été souscrits ou acceptés à l'ordre du vendeur ou du prêteur ayant fourni tout ou partie du prix, soit plus généralement qu'ils représentent la mobilisation d'une créance valablement gagée suivant les dispositions du présent chapitre.

Si plusieurs effets sont créés pour représenter la créance, le privilège attaché à celle-ci est exercé par le premier poursuivant pour le compte commun et pour le tout. – *[L. nº 51-59 du 18 janv. 1951, art. 6.]*

Art. L. 525-7 Sous peine des sanctions prévues à l'article L. 525-19, le débiteur qui, avant paiement ou remboursement des sommes garanties conformément au présent chapitre, veut vendre à l'amiable tout ou partie des biens grevés, doit solliciter le consentement préalable du créancier nanti, et à défaut, l'autorisation du juge des référés du tribunal de commerce statuant en dernier ressort.

Lorsqu'il a été satisfait aux exigences de publicité requises par le présent chapitre et que les biens grevés ont été revêtus d'une plaque conformément à l'article L. 525-4, le créancier nanti ou ses subrogés disposent pour l'exercice du privilège résultant du nantissement, du droit de suite prévu à l'article L. 143-12. – *[L. nº 51-59 du 18 janv. 1951, art. 7.]*

1. Publicité : conditions cumulatives. Les deux conditions posées à l'art. 7, al. 2 [C. com., art. L. 525-7, al. 2], publicité et apposition d'une plaque fixée à demeure sur une pièce essentielle d'une manière apparente indiquant le lieu, la date et le numéro d'inscription du privilège, sont requises simultanément pour que puisse s'exercer le droit de suite, qui n'est pas laissé à l'appréciation des tribunaux. • T. com. Nancy, 13 mars 1962 : *Gaz. Pal. 1962. 2. 20.*

2. Preuve. Une banque n'est pas fondée à invoquer l'inopposabilité de la cession du matériel objet du prêt dès lors qu'elle ne dispose pas du droit de suite pour l'exercice de son privilège résultant du nantissement puisqu'elle ne rapporte pas la preuve de la présence d'une plaque sur le matériel. • Dijon, 26 avr. 2005 : *cité note 1 ss. art. L. 525-3.*

3. Possession. Si à défaut d'apposition de la plaque, prévue à l'art. 4 [C. com., art. L. 525-4], le créancier nanti ne dispose pas, en vertu de l'art. 7 [C. com., art. L. 525-7], pour l'exercice du privilège résultant du nantissement, du droit de suite prévu à l'art. 22 de la loi du 17 mars 1909 [C. com., art. L. 143-12], le créancier et le possesseur du bien peuvent invoquer les droits qu'ils tiennent des dispositions de l'art. 2279 [2276 nouv.] C. civ. • Com. 9 mai 1990 : *Bull. civ. IV, nº 141 ; D. 1990. IR 143.*

Art. L. 525-8 Le privilège du créancier nanti en application des dispositions du présent chapitre subsiste si le bien qui est grevé devient immeuble par destination.

L'article 2133 du code civil n'est pas applicable aux biens nantis. – *[L. nº 51-59 du 18 janv. 1951, art. 8.]*

Art. L. 525-9 I. – Le privilège du créancier nanti en application des dispositions du présent chapitre s'exerce sur les biens grevés par préférence à tous autres privilèges, à l'exception :

1° Du privilège des frais de justice ;

2° Du privilège des frais faits pour la conservation de la chose ;

3° Du privilège accordé aux salariés par l'article L. 143-10 *[L. 3253-2 et L. 3253-3 nouv.]* du code du travail.

II. – Il s'exerce, notamment, à l'encontre de tout créancier hypothécaire et par préférence au privilège du Trésor, au privilège visé à l'article L. 243-4 du code de la sécurité sociale, au privilège du vendeur du fonds de commerce à l'exploitation duquel est affecté le bien grevé, ainsi qu'au privilège du créancier nanti sur l'ensemble dudit fonds.

III. – Toutefois, pour que son privilège soit opposable au créancier hypothécaire, au vendeur du fonds de commerce et au créancier nanti sur l'ensemble dudit fonds, préalablement inscrits, le bénéficiaire du nantissement conclu en application du présent chapitre doit signifier auxdits créanciers, par acte extrajudiciaire, une copie de l'acte constatant le nantissement. Cette signification doit, à peine de nullité, être faite dans les deux mois de la conclusion du nantissement. – *[L. nº 51-59 du 18 janv. 1951, art. 9.]*

1. Absence de signification. Les juges du fond peuvent décider que la responsabilité d'un notaire n'est pas engagée en raison du défaut de signification aux créanciers hypothécaires de l'acte constatant le nantissement, dès lors qu'ils relèvent que ce notaire n'est pas intervenu en qualité d'officier public, que sa mission était limitée à l'enregistrement de l'acte et à l'inscription du nantissement, sans qu'aucune instruction ne lui ait été donnée pour effectuer la procédure spéciale de l'art. 9 [C. com., art. L. 525-9]. • Civ. 1re, 13 juin 1972 : *D. 1973. Somm. 15.*

2. Droit de préférence. Le nantissement confère au créancier un privilège spécial, primant tout privilège général qui s'exerce sur les biens grevés de préférence à tous autres privilèges, à l'exception du privilège des frais de justice, du privilège des frais exposés pour la conservation de la chose et du privilège accordé aux salariés. • Nancy, 4 mai 1962 : *Gaz. Pal. Tables 1960-1965, v° Nantissement,* nos 94 et 95. – Comp. : • Com. 18 juill. 1977 : *D. 1978. 404, note Mouly ; RTD com. 1978. 598, obs. Hémard ; JCP 1980. II. 19316, note Chartier* • Montpellier, 21 mai 1975 : *Banque 1975. 869 ; JCP 1976. II. 18356, note Revel* • Com. 8 juin 1982 : *Bull. civ. IV, n° 225.* ♦ Sur la préférence donnée au nantissement sur le privilège de l'administration fiscale, V. • Com. 15 janv. 1957 : *D. 1957. 267, note Hémard.* ♦ Sur la préférence donnée au réparateur d'un véhicule dont il a conservé la possession, • Com. 11 juin 1969 : *D. 1970. 244, note Bihr.*

Sur l'influence d'une clause de réserve de propriété, V. • T. com. Roanne, 16 mai 1984 : *Banque 1984. 1091.*

3. Droit de rétention. Jugeant que le nantissement sur l'outillage et le matériel ne confère pas de droit de rétention, V. • Com. 4 janv. 2005 : *Bull. civ. IV, n° 1 ; D. 2005. 970, note A. Aynès ; ibid. Pan. 2018, obs. Lucas ; JCP E 2005, n° 17, p. 709, obs. Cabrillac ; ibid. n° 24, p. 1008, obs. Delebecque ; RD banc. fin. 2005, n° 91, obs. Legeais ; RTD com. 2005. 408, obs. Bouloc ; RJDA 2005, n° 603.*

4. Redressement judiciaire. BIBL. Soinne, *Rev. proc. coll. 1986. 35.* – V. ss. art. L. 621-96 ancien, L. n° 85-98 du 25 janv. 1985, art. 93, ancien al. 2. – V. aussi • Riom, 28 avr. 1988 : *Quot. jur. 6 avr. 1989, p. 4.* ♦ Sur l'indemnité d'assurance acquise au créancier nanti et opposable au redressement judiciaire, V. • Com. 4 févr. 1986 : *D. 1988. Somm. 6, obs. Derrida.* ♦ V. aussi note 21 *bis* ss. art. L. 621-43 ancien, cité ss. art. L. 622-24.

Art. L. 525-10 **Sous réserve des dérogations prévues par le présent chapitre, le privilège du créancier nanti est régi par les dispositions du livre I, titre IV, chapitre III en ce qui concerne les formalités d'inscription, les droits des créanciers en cas de déplacement du fonds, les droits du bailleur de l'immeuble, la purge desdits privilèges et les formalités de mainlevée.** – *[L. n° 51-59 du 18 janv. 1951, art. 10.]*

Inscriptions multiples. L'inscription prise au greffe du tribunal de commerce du lieu où la marchandise est livrée et installée dans les locaux d'un tiers, ne dispense pas le vendeur d'inscrire son gage au greffe du tribunal dans le ressort duquel se trouve le siège de l'exploitation de la société débitrice. • Montpellier, 2 nov. 1960 : *préc. note 1 ss. art. L. 525-3.* ♦ Comp. : note 2 ss. art. L. 525-3.

Art. L. 525-11 **L'inscription conserve le privilège pendant cinq années à compter de sa régularisation définitive.**

Elle garantit, en même temps que le principal, deux années d'intérêts. Elle cesse d'avoir effet si elle n'a pas été renouvelée avant l'expiration du délai ci-dessus ; elle peut être renouvelée deux fois. – *[L. n° 51-59 du 18 janv. 1951, art. 11.]*

Art. L. 525-12 **L'état des inscriptions existantes, délivré en application de l'article 32 de la loi du 17 mars 1909 relative à la vente et au nantissement des fonds de commerce** *[C. com., art. R. 143-16]*, **doit comprendre les inscriptions prises en vertu des dispositions du présent chapitre. Il peut être également délivré au requérant, sur sa demande, un état attestant l'existence ou l'absence, sur les biens désignés, d'inscriptions prises soit en vertu des dispositions des chapitres Ier et II du titre IV du livre Ier, soit en vertu des dispositions du présent chapitre.** – *[L. n° 51-59 du 18 janv. 1951, art. 12.]*

Art. L. 525-13 **La notification, conformément à l'article L. 143-10, de poursuites engagées en vue de parvenir à la réalisation forcée de certains éléments du fonds**

auquel appartiennent les biens grevés du privilège du vendeur ou du privilège de nantissement en vertu des dispositions du présent chapitre, rend exigibles les créances garanties par ces privilèges. – *[L. n° 51-59 du 18 janv. 1951, art. 13.]*

Art. L. 525-14 **En cas de non-paiement à l'échéance, le créancier bénéficiaire du privilège établi par le présent chapitre peut poursuivre la réalisation du bien qui en est grevé dans les conditions prévues à l'article L. 521-3. L'officier public** *(L. n° 2011-850 du 20 juill. 2011, art. 37-XIV, en vigueur le 1er sept. 2011)* **« ou le courtier de marchandises assermenté » chargé de la vente est désigné, à sa requête, par le président du tribunal de commerce. Le créancier doit, préalablement à la vente, se conformer aux dispositions de l'article L. 143-10.**

Le créancier nanti a la faculté d'exercer la surenchère du dixième, prévue à l'article L. 143-13. – *[L. n° 51-59 du 18 janv. 1951, art. 14.]*

1. Abrogation tacite. En ce sens que l'art. 14 de la loi du 18 janv. 1951 [C. com., art. L. 525-14] serait, à l'instar de ce qu'a estimé la Cour de cassation, à propos du gage sur véhicule automobile, par un avis du 5 mai 1995, tacitement abrogé par la réforme des procédures civiles d'exécution, V. note Morgan de Rivery-Guillaud ss. • Cass., avis, 5 mai 1995 : *D. 1995. 618*.

2. Vente du fonds. Le créancier doit, préalablement à la vente, se conformer à l'art. 20 de la loi du 17 mars 1909 [C. com., art. L. 143-10] permettant aux créanciers inscrits sur le fonds de commerce d'en demander la réalisation globale, lorsqu'ils estiment qu'un prix supérieur à la somme peut provenir de la réalisation séparée des divers éléments du fonds et sera ainsi obtenu. • Com. 3 nov. 1970 : *D. 1971. Somm. 105 ; RTD com. 1972. 159, obs. Hémard.*

Sur la vente publique du bien nanti, V. • Com. 20 nov. 1968 : *Banque 1969. 615* • Paris, 10 juin 1971 : *RJ com. 1972. 17.*

Sur la responsabilité du créancier en cas de vente malgré l'opposition des fournisseurs, qui n'avaient pas été payés, V. • Com. 13 déc. 1994 : *RJDA 1995, n° 339.*

3. Attribution judiciaire. Le créancier gagiste peut, à défaut de paiement, faire ordonner en justice que le bien grevé lui soit attribué jusqu'à due concurrence et à défaut de disposition contraire cette attribution judiciaire du gage est offerte au créancier titulaire d'un nantissement sur outillage et matériel d'équipement qui ne poursuit pas la réalisation du bien grevé. • Cass., ass. plén., 26 oct. 1984 : *D. 1985. 33, concl. Cabannes, note Derrida ; JCP 1985. II. 20342, rapp. Viennois, note Corlay ; Gaz. Pal. 1985. 1. 236, note Chartier ; ibid. 131, note Piedelièvre ; RJ com. 1985. 213, note Gallet ; JCP N 1986. II. 121, note Synvet* • Com. 12 févr. 1979 : *D. 1979. 354, note Derrida ; RJ com. 1979. 298, note Mestre ; JCP 1980. II. 19316, note Chartier* • 4 mai 1981 : *D. 1981. 489, note Derrida ; RTD com. 1982. 114, obs. Hémard.* – Comp., s'agissant d'un nantissement sur le fonds de commerce comprenant en annexe un état détaillé et chiffré du matériel : • Paris, 23 avr. 1992 : *D. 1992. IR 195 ; RTD com. 1992. 786, obs. Derruppé*. ♦ Sur l'exclusion des dispositions contraires de la loi du 17 mars 1909 [C. com., art. L. 141-5 s.], V. • Com. 12 nov. 1985 : *Bull. civ. IV, n° 270.*

L'attribution judiciaire est, cependant, impossible lorsque le matériel grevé a été échangé contre du matériel identique, sans que n'ait été sollicitée une inscription modificative, alors pourtant que cet état de fait n'est pas imputable au créancier gagiste. • Aix-en-Provence, 2 juill. 1992 : *JCP 1993. I. 3680, n° 25, obs. Simler et Delebecque.*

Sur l'influence des art. L. 620-1 s. anciens, en cas de redressement judiciaire, V. note 1 *ter* ss. art. L. 642-25.

Art. L. 525-15 **Les biens grevés en vertu du présent chapitre, dont la vente est poursuivie avec d'autres éléments du fonds, sont l'objet d'une mise à prix distincte ou d'un prix distinct si le cahier des charges oblige l'adjudicataire à les prendre à dire d'expert.**

Dans tous les cas, les sommes provenant de la vente de ces biens sont, avant toute distribution, attribuées aux bénéficiaires des inscriptions, à concurrence du montant de leur créance en principal, frais et intérêts conservés par lesdites inscriptions.

La quittance délivrée par le créancier bénéficiaire du privilège n'est soumise qu'au droit fixe. – *[L. n° 51-59 du 18 janv. 1951, art. 15.]*

Exclusion de la ventilation du prix. Si la prescription impérative de l'art. 15, al. 1er [C. com., art. L. 525-15, al. 1er], n'était pas respectée, le créancier nanti averti de l'adjudication se mettrait par son propre fait dans l'impossibilité d'exercer le privilège dont il bénéficie sur le prix du matériel. Une ventilation *a posteriori* de ce prix, qui aurait pour effet de modifier le cahier des charges devenu définitif, ne saurait être ordonnée. • Toulouse, 3 févr. 1971 : *RTD com. 1972. 447, obs. Hémard.*

Art. L. 525-16 **Si l'acquéreur n'a pas la qualité de commerçant, le nantissement est soumis aux dispositions des articles L. 525-1 à L. 525-9, L. 525-11 et L. 525-12 et du présent article. L'inscription prévue à l'article L. 525-3 est alors prise au greffe du tribunal de commerce dans le ressort duquel est domicilié l'acquéreur du bien grevé, ou, s'il s'agit** *(L. nº 2003-7 du 3 janv. 2003)* **« d'une personne immatriculée au répertoire des métiers », dans le ressort duquel est situé son fonds artisanal.**

A défaut de paiement à l'échéance, le créancier bénéficiaire du privilège établi par le présent chapitre peut faire procéder à la vente publique du bien grevé conformément aux dispositions de l'article L. 521-3.

Les inscriptions sont rayées soit du consentement des parties intéressées, soit en vertu d'un jugement passé en force de chose jugée.

A défaut de jugement, la radiation totale ou partielle ne peut être opérée par le greffier que sur le dépôt d'un acte authentique de consentement donné par le créancier.

Lorsque la radiation non consentie par le créancier est demandée par voie d'action principale, cette action est portée devant le tribunal de commerce du lieu où l'inscription a été prise.

La radiation est opérée au moyen d'une mention faite par le greffier en marge de l'inscription.

Il en est délivré certificat aux parties qui le demandent. – *[L. nº 51-59 du 18 janv. 1951, art. 16.]*

Art. L. 525-17 **Pour l'application des dispositions du présent chapitre, les greffiers sont assujettis aux diligences et responsabilités fixées par voie réglementaire pour la tenue du registre des inscriptions et la délivrance des états ou certificats requis.** – *V. art. R. 143-17.*

Leurs émoluments sont établis comme il est prévu par les textes réglementaires en vigueur. – *[L. nº 51-59 du 18 janv. 1951, art. 18.]*

Art. L. 525-18 **Ne sont pas soumis à l'application des dispositions du présent chapitre :**

1º Les véhicules automobiles visés par le décret nº 53-968 du 30 septembre 1953 ;

2º Les navires de mer, ainsi que les bateaux de navigation fluviale visés par les articles *(Ord. nº 2010-1307 du 28 oct. 2010, art. 3)* **« L. 4111-1 et suivants du code des transports » ;**

3º Les aéronefs visés par les articles *(Ord. nº 2010-1307 du 28 oct. 2010, art. 3)* **« L. 6100-1 et suivants du code des transports ».** – *[L. nº 51-59 du 18 janv. 1951, art. 19.]*

A la date qui sera fixée par décret, et qui ne pourra être postérieure au 1er juill. 2008, sera abrogé le Décr. nº 53-968 du 30 sept. 1953. A cette même date, entreront en vigueur les art. 2351 à 2353 C. civ. dans leur rédaction issue de l'art. 11 de l'Ord. nº 2006-346 du 23 mars 2006 (Ord. préc., art. 58).

1. Véhicules automobiles. Sur les véhicules automobiles non soumis à l'application de la loi, V. • T. com. Montpellier, 8 déc. 1960 : *D. 1961. 52 ; Gaz. Pal. 1961. 1. 228.*

2. Navires. Il n'y a pas concours entre l'hypothèque maritime prise par le créancier du propriétaire d'un navire et le privilège d'un nantissement inscrit sur le moteur neuf acquis par le locataire du bateau ; dès lors le créancier de ce dernier est bien fondé dans sa demande de distraction du moteur en cas de saisie-exécution pratiquée sur le navire par le créancier du propriétaire de celui-ci. • Montpellier, 10 févr. 1961 : *D. 1962. 647, note Calais-Auloy.* ♦ Sur l'exclusion du nantissement de l'outillage ou du matériel d'équipement acquis à crédit incorporé à un bâtiment de mer, V. • Com. 1er juin 1970 : *D. 1970. 681, note Rodière ; DMF 1971. 131, note Calais-Auloy* ; et sur renvoi, • Rouen, 9 mai 1972 : *D. 1972. 469, note Chauveau.*

Art. L. 525-19 **Est puni des peines prévues pour l'abus de confiance par les articles 314-1 et 314-10 du code pénal, le fait, pour tout acquéreur ou détenteur de biens nantis en application du présent chapitre, de les détruire ou tenter de les détruire, les détourner ou tenter de les détourner, ou enfin les altérer ou tenter de les altérer d'une manière quelconque en vue de faire échec aux droits du créancier.**

Sont punies des mêmes peines toutes manœuvres frauduleuses destinées à priver le créancier de son privilège sur les biens nantis ou à le diminuer. – *[L. n° 51-59 du 18 janv. 1951, art. 21.]*

BIBL. ► Béquignon, *Rev. crit. 1927. 325.*

1. Notion de détournement. Le gérant de société resté débiteur réel et responsable du matériel acquis qui a fait l'objet d'un nantissement, commet le délit de l'art. 21 [C. com., art. L. 525-19] en portant, malgré l'ordre contraire du créancier nanti, ce matériel en un lieu d'où il n'a pu être ramené à son point de départ que plus tard. • Crim. 26 mars 1963 : *Bull. crim. n° 130.* ♦ De même commet le délit de l'art. 21 [C. com., art. L. 525-19] l'acquéreur d'un instrument qui, ayant consenti sur cet objet un nantissement dans les conditions légales, remet définitivement à un tiers l'outillage nanti à l'insu du créancier et malgré son opposition. • Crim. 14 déc. 1967 : *Bull. crim. n° 327.*

2. Preuve du détournement. La preuve de l'identité de l'objet donné en nantissement avec celui qui a été détourné peut résulter, devant la juridiction répressive, de tous les moyens de preuve propres à établir le détournement frauduleux et est indépendante des dispositions prescrites pour la validité du contrat de nantissement par l'art. 2 de la loi du 18 janv. 1951 [C. com., art. L. 525-2]. • Crim. 29 mars 1973 : *Bull. crim. n° 160.*

Art. L. 525-20 **Des décrets en Conseil d'État déterminent les conditions d'application des dispositions du présent chapitre.** – *[L. n° 51-59 du 18 janv. 1951, art. 20.] – V. art. R. 525-1 s.*

CHAPITRE VI DE LA PROTECTION DE L'ENTREPRENEUR INDIVIDUEL ET DU CONJOINT

(L. n° 2003-721 du 1er août 2003, art. 8)

Le chapitre VI est applicable en Nouvelle-Calédonie et dans les îles Wallis-et-Futuna (Ord. n° 2011-322 du 24 mars 2011, art. 1er et 2).

BIBL. GÉN. ► D'Hoir-Lauprêtre, *Dr. et patr. avr. 2006. 30* (patrimoine de l'entrepreneur individuel : outil de crédit... ou de discrédit ?). – Savary et Dubuisson, *Dr. et patr. juill.-août 2009. 38* (petit panorama des protections de l'entrepreneur individuel). – Viguier, *D. 2009. 175* (la protection du patrimoine personnel du chef d'entreprise). – Savary et Dubuisson, *Dr. et patr. avr. 2009. 38* (proposition pour un statut de l'entrepreneur individuel : le concept de « pro-personnalité ») ; *ibid. mai 2009. 30* (... limites et attributs de la « pro-personnalité ») ; *ibid. 34* (... la « pro-personnalité » à l'épreuve de la pratique) ; *ibid. 38* (... le concept de « pro-personnalité » face aux conceptions voisines). – Terré, *JCP 2010, n° 1328* (la personne et ses patrimoines). – Roussel et Van Steenlandt, *JCP N 2011, n° 1093* (le chef d'entreprise face au dilemme de la protection de son patrimoine). – Barreau, *Defrénois 2011. 529* (dispositifs tendant à limiter le risque entrepreneurial). – Colloque, *Gaz. Pal. 2011. 1910* (entreprise et patrimoine, destins croisés). – Legrand, *D. 2011. 2485* (déclaration d'insaisissabilité et EIRL : le couple parfait ?). – Mekki, *JCP 2011, n° 1258* (le patrimoine aujourd'hui). – Legrand et Vallan-

SAN, *JCP N 2012, n° 1015 ; Rev. proc. coll. 2011. Étude 30* (déclaration notariée d'insaisissabilité ou/et statut d'EIRL : quelle technique choisir après l'arrêt du 28 juin 2011 ?). – KUHN, *Dr. et patr. févr. 2012. 30* (des patrimoines et des hommes). – CROCQ, *Dr. et patr. mars 2012. 26 ; RLDA févr. 2012. 111* (transparence et patrimoines d'affectation). – BENEIX, *LPA 3 avr. 2012* (apport et utilité de la notion d'indisponibilité en droit patrimonial français à l'aune du trust anglo-saxon, de la fiducie et de l'EIRL). – DUBUISSON, *D. 2013. 792* (patrimoines affectés, avez-vous donc une âme ? la propersonnalité au secours de l'entrepreneur individuel).

SECTION PREMIÈRE **DE LA DÉCLARATION D'INSAISISSABILITÉ** *(L. n° 2010-658 du 15 juin 2010, art. 1er).*

BIBL. GÉN. ▸ LIENHARD, *D. 2003. 1898* (insaisissabilité de la résidence principale). – MALECKI, *ibid. 2220* – BOUTEILLER, *JCP E 2003, n° 39, p. 1517.* – LAUGIER, *ibid., n° 43, p. 1706.* – PIEDELIÈVRE, *JCP 2003. I. 165.* – VAUVILLÉ, *Act. proc. coll. 31 oct. 2003* (déclaration d'insaisissabilité et procédure collective du déclarant) ; *Bull. Joly 2003. 1117* (déclaration notariée d'insaisissabilité). – PECQUEUR, *Dr. et patr. déc. 2003. 34.* – Œuvre collective, *RJ com. 2003. 339, spéc. 346.* – SAINTOURENS, *RTD com. 2003. 690*. – DAGOT, *JCP E 2004, n° 4, p. 113* (formules) ; *JCP N 2004, n° 4, p. 98* (conditions de forme). – AUTEM, *Defrénois 2004. 327.* – LE CORRE, *AJDI 2004. 179*. – MONSÈRIÉ-BON, *Dr. et patr. juill.-août 2004. 75* (comparaison avec la SCI). – GUILHAUDIS et RAFFRAY, *JCP E 2005, n° 27-28, p. 1182* (pratique de la déclaration notariée d'insaisissabilité). – PRIGENT, *Defrénois 2009. 1809* (protection du patrimoine du commerçant individuel et déclaration d'insaisissabilité).

▸ Loi n° 2008-776 du 4 août 2008 : LEBEL, *JCP E 2008, n° 20, p. 5* (projet de loi : à propos de l'entrepreneur individuel). – Rédaction D.O, *JCP E 2008, n° 38, p. 17* (renforcement de la protection du patrimoine de l'entrepreneur individuel). – DELPECH, *Rép. com. Dalloz. Cah. de l'actualité n° 2008-5, p. 15* (extension du domaine de l'insaisissabilité du domicile de l'entrepreneur individuel). – Rédaction D.O. *JCP N 2008, n° 42, p. 45* (renforcement de la protection du patrimoine de l'entrepreneur individuel). – S. PIEDELIÈVRE, *RD banc. fin. 2008, n° 145* (déclaration d'insaisissabilité et immeuble). – SALATI, *Procédures 2008. Alertes 39* (modifications apportées au dispositif d'insaisissabilité de la résidence principale). – TORCK et HOVASSE, *Dr. sociétés 2008. Étude 10* (analyse des mesures en faveur des PME). – S. PIEDELIÈVRE, *Defrénois 2008. 2245* (le nouveau droit de l'insaisissabilité). – SUQUET-COZIC, *BRDA 2008, n° 21, p. 13* (l'insaisissable réforme de la déclaration d'insaisissabilité). – DUPUIS, *Cah. dr. entr. 2008, n° 6, p. 35* (l'insaisissabilité des biens que l'entrepreneur individuel n'a pas affectés à son usage professionnel : un miroir aux alouettes ?). – LAUVERGNAT, *Dr. et proc. 2009. 68* (réflexions sur l'extension du domaine de la déclaration d'insaisissabilité par la LME). – DELMOTTE, *JCP E 2009, n° 20-21, p. 14 ; Rev. proc. coll. 2009. Étude 6* (quelques problématiques nées des effets de la déclaration d'insaisissabilité en matière de procédures collectives). – BERT, *Dr. et patr. mai 2009. 44* (la nouvelle physionomie de la déclaration d'insaisissabilité après la LME). – LEBOVICI, *Dr. et patr. mars 2010. 49* (la déclaration d'insaisissabilité par l'entrepreneur individuel). – REVERDY, *JCP E 2011, n° 1208* (bilan et perspectives de la déclaration d'insaisissabilité). – LEPROVAUX et VALLANSAN, *Rev. proc. coll. 2013. Dossier 6* (sort de la résidence de la famille, protégée par la déclaration notariée d'insaisissabilité).

Art. L. 526-1 **Par dérogation aux articles** *(Ord. n° 2006-346 du 23 mars 2006, art. 54)* **« 2284 et 2285 » du code civil, une personne physique immatriculée à un registre de publicité légale à caractère professionnel ou exerçant une activité professionnelle agricole ou indépendante peut déclarer insaisissables ses droits sur l'immeuble où est fixée sa résidence principale** *(L. n° 2008-776 du 4 août 2008, art. 14-I)* **« ainsi que sur tout bien foncier bâti ou non bâti qu'elle n'a pas affecté à son usage professionnel ». Cette déclaration, publiée** *(Ord. n° 2010-638 du 10 juin 2010, art. 13-III, en vigueur le 1er janv. 2013)* **« au fichier immobilier** *[ancienne rédaction : au bureau des hypothèques]* **» ou, dans les départements du Bas-Rhin, du Haut-Rhin et de la Moselle, au livre foncier, n'a d'effet qu'à l'égard des créanciers dont les droits naissent, postérieurement à la publication, à l'occasion de l'activité professionnelle du déclarant.**

(L. n° 2008-776 du 4 août 2008, art. 14-I) **« Lorsque le bien foncier n'est pas utilisé en totalité pour un usage professionnel, la partie non affectée à un usage professionnel ne peut faire l'objet de la déclaration que si elle est désignée dans un état descriptif de division. La domiciliation du déclarant dans son local d'habitation en application de l'article L. 123-10 ne fait pas obstacle à ce que ce local fasse l'objet de la déclaration, sans qu'un état descriptif de division soit nécessaire. »**

Sont applicables en Nouvelle-Calédonie et dans les îles Wallis-et-Futuna les modifications apportées aux art. L. 526-1, L. 526-2 et L. 526-3 par le I de l'art. 14 de la L. n° 2008-776 du 4 août 2008 (Ord. n° 2009-896 du 24 juill. 2009, art. 3).

La déclaration d'insaisissabilité des immeubles non professionnels de l'entrepreneur individuel doit être regardée comme un acte d'administration du patrimoine des personnes placées en curatelle ou en tutelle (Décr. n° 2008-1484 du 22 déc. 2008, annexe I, JO 31 déc.). — ***C. civ.***

1. Résidence appartenant à une société. Lorsqu'une personne physique a établi sa résidence principale dans un immeuble appartenant à une société civile et qu'elle n'est titulaire que de parts sociales de cette société, elle ne peut pas bénéficier des dispositions des art. L. 526-1 et L. 526-2 : Rép. min. n° 52819 : *JOAN Q, 5 avr. 2005, p. 3540 ; D. 2005. 1018 ; Rev. sociétés 2005. 724 ; AJDI 2006. 315, obs. Maublanc ; JCP E 2005, n° 20, p. 813 ; Banque et Droit mai-juin 2005. 55, obs. Storck ; BRDA 2005, n° 8, p. 14 ; Bull. Joly 2005. 541 ; Dr. et proc. 2005. 253 ; Defrénois 2005. 1275.* ♦ L'insaisissabilité de la résidence principale de l'entrepreneur ne bénéficie pas à l'associé d'un GAEC : Rép. min. n° 66042 : *JOAN Q, 2 août 2005, p. 7580 ; JCP N 2005, n° 35, p. 1385.*

2. Local mixte. A partir du moment où l'implantation d'une activité professionnelle dans le local d'habitation du chef d'entreprise (V. art. L. 123-10) n'implique aucun aménagement particulier, et n'a donc pas pour effet de modifier la destination du local, ce dernier peut conserver pour sa totalité la nature d'un immeuble à usage de résidence principale. Il ne s'agit donc pas, à proprement parler, d'un local mixte et, donc, l'art. L. 526-1, al. 2, est implicitement hors de cause dans cette hypothèse. Ce local est donc susceptible d'être déclaré insaisissable dans toutes ses parties sans qu'il y ait lieu de distinguer pour chacune des pièces selon l'usage professionnel ou privé qui en est fait : Rép. min. n° 85332 : *JOAN Q, 20 juin 2006, p. 6639 ; D. 2006. 1885 ; JCP E 2006, n° 29, p. 1271 ; Bull. Joly 2006. 1091 ; Dr. et proc. 2006. 304 ; RLDA sept. 2006. 32 ; Procédures 2006, n° 244, obs. Croze ; Defrénois 2006. 1798.* ♦ V. désormais la rédaction du 2e alinéa de l'art. L. 526-1, issue de la L. n° 2008-776 du 4 août 2008.

3. Fraude. La seule volonté de rendre insaisissable son habitation principale n'est pas en soi constitutive d'une fraude. • T. com. Pontoise, 12 juill. 2007 : *BRDA 2007, n° 18, p. 10.* ♦ La preuve de la fraude paulienne ne peut résulter du seul fait que le débiteur était en état de cessation des paiements au moment de l'acte, sans établir que celui-ci ne pouvait pas l'ignorer lui-même. • Même jugement.

4. Procédure collective. BIBL. Delmotte, *JCP E 2009, n° 20-21, p. 14.* – P. Martin, *Procédures 2010. Étude 1* (déclaration d'insaisissabilité et liquidation judiciaire). – Le Corre, *Gaz. Pal. 2012. 761* (questions soulevées par la déclaration notariée d'insaisissabilité en cas de liquidation judiciaire). – Legrand, *LPA 3 mai 2012* (focus sur la déclaration d'insaisissabilité après les deux arrêts du 13 mars 2012). – Le Normand, *JCP E 2012, n° 1337* (le dessaisissement du débiteur en liquidation judiciaire à l'épreuve des évolutions récentes). ♦ Le débiteur peut opposer la déclaration d'insaisissabilité qu'il a effectuée en application de l'art. L. 526-1, avant qu'il ne soit mis en liquidation judiciaire, en dépit de la règle du dessaisissement prévue par l'art. L. 641-9. • Com. 28 juin 2011 : *cité note 3 ss. art. L. 641-9* (cassation de • Aix-en-Provence, 3 déc. 2009 : *JCP N 2010, n° 1315, obs. Garçon ; Rev. proc. coll. 2010, n° 140, obs. Lisanti*). ♦ Comp., jugeant qu'en présence de créanciers à qui est inopposable la déclaration notariée d'insaisissabilité de la résidence principale du débiteur en raison de dettes antérieures, le liquidateur peut poursuivre la réalisation de cette dernière, V. • Orléans, 15 mai 2008 : *JCP E 2009, n° 1, p. 28, obs. Cabrillac et Pétel ; Rev. proc. coll. 2009, n° 62, obs. Lisanti ; Act. proc. coll. 2008, n° 239, obs. Cagnoli.* ♦ Sauf à priver l'art. L. 526-1 de toute portée, une déclaration d'insaisissabilité régulièrement publiée ne permet pas aux organes de la procédure collective d'incorporer l'immeuble concerné dans le périmètre de la saisie des biens appartenant au débiteur ; les créanciers antérieurs ou extraprofessionnels ont seuls qualité pour appréhender et réaliser ce bien. • Douai, 23 sept. 2010 : *JCP E 2010, n° 2076, note Lebel.* ♦ La règle de la suspension des poursuites individuelles, visant à interdire aux créanciers les plus diligents, ou les mieux informés, de réaliser certains actifs du débiteur et de s'approprier le produit de leur vente, ne peut leur être opposée dès lors que le bien déclaré insaisissable n'entre pas dans le gage commun de l'ensemble des créanciers de la procédure collective. • Même arrêt.

Statuant exclusivement sur la recevabilité de la demande d'un liquidateur, tendant à voir déclarer inopposable à la procédure collective la déclaration d'insaisissabilité du débiteur, sans apprécier l'effet de celle-ci, une cour d'appel qui a constaté l'absence de litige entre les créanciers de la liquidation judiciaire et le débiteur en a souverainement déduit l'absence d'intérêt à agir du liquidateur au sens de l'art. 31 C. pr. civ. • Com. 3 févr. 2009 : *cité note 3 bis, ss. art. L. 641-4.* ♦ Le liquidateur n'a pas qualité pour agir en inopposabilité de la déclaration d'insaisissabilité dans l'intérêt des seuls créanciers dont les droits naissent, postérieurement à la publication de cette déclaration, à l'occasion de l'activité professionnelle du déclarant. • Com. 13 mars 2012 : *eod. loc.* ♦ Ont seuls intérêt à voir juger que la déclaration d'insaisissabilité leur est inopposable pour cause de fraude paulienne les créanciers auxquels elle serait opposable par application des dispositions de l'art. L. 526-1, al. 1er, c'est-à-dire les créanciers titulaires de créances nées à l'occasion de l'activité professionnelle de la débitrice. • Com. 23 avr. 2013 : *eod. loc.*

Art. L. 526-2 **La déclaration, reçue par notaire sous peine de nullité, contient la description détaillée** *(L. nº 2008-776 du 4 août 2008, art. 14-I, 3º)* **« des biens et l'indication de leur caractère propre », commun ou indivis. L'acte est publié** *(Ord. nº 2010-638 du 10 juin 2010, art. 13-III, en vigueur le 1er janv. 2013)* **« au fichier immobilier** *[ancienne rédaction : au bureau des hypothèques]* **» ou, dans les départements du Bas-Rhin, du Haut-Rhin et de la Moselle, au livre foncier, de sa situation.**

Lorsque la personne est immatriculée dans un registre de publicité légale à caractère professionnel, la déclaration doit y être mentionnée.

Lorsque la personne n'est pas tenue de s'immatriculer dans un registre de publicité légale, un extrait de la déclaration doit être publié dans un journal d'annonces légales du département dans lequel est exercée l'activité professionnelle pour que cette personne puisse se prévaloir du bénéfice du premier alinéa de l'article L. 526-1.

L'établissement de l'acte prévu au premier alinéa et l'accomplissement des formalités donnent lieu au versement aux notaires d'émoluments fixes dans le cadre d'un plafond déterminé par décret. — *V. Décr. nº 2004-303 du 26 mars 2004 (JO 30 mars).*

V. 1re note rédactionnelle ss. art. L. 526-1.

BIBL. ▶ Vauvillé, *Bull. Joly 2003. 1117 ; Defrénois 2003. 1197* (déclaration notariée). – Laugier, *JCP N 2003, nº 45, p. 1594* (déclaration notariée d'insaisissabilité). – Sander, *ibid. 2004, nº 1-2, p. 9* (publicité au livre foncier). – Dagot, *JCP E 2004, nº 4, p. 113* (formules). – Doublon et Gelot, *Defrénois 2004. 865* (commentaires et formules). – Guilhaudis et Raffray, *JCP N 2005, nº 11, p. 605* (pratique de la déclaration notariée d'insaisissabilité). – Monsérié-Bon, *Mélanges Saint-Alary, Éd. Législatives, Presses Univ. Sc. soc. Toulouse, 2006, p. 387* (l'insaisissabilité de la résidence principale : ordre et désordre dans le rôle de la publicité). – Hoonakker, *D. 2013. 318* (double publication de la déclaration d'insaisissabilité).

1. Registres spéciaux. La mention d'insaisissabilité ainsi que celle, le cas échéant, de remploi des fonds ou de renonciation à la déclaration d'insaisissabilité doit figurer tant au RCS qu'au registre spécial des agents commerciaux ainsi qu'au répertoire des métiers (Avis CCRCS nº^os^ 03-63 et 04-49 du 15 déc. 2005 : *Bull. RCS 2005, nº 30-32, p. 13*).

2. Tableau des avocats. Le tableau des avocats inscrits auprès d'un barreau ne constituant pas un registre de publicité légale à caractère professionnel au sens de l'art. L. 526-2, al. 2, la déclaration d'insaisissabilité de la résidence principale d'un avocat, outre les formalités de publicité au bureau des hypothèques, est, en conséquence, subordonnée à une publication dans un journal d'annonces légales. • Civ. 1re, 15 mai 2007 : *Bull. civ. I, nº 183 ; D. 2007. AJ 1511 ; AJDI 2007. 768 ; JCP 2007. I. 206, nº 12, obs. Bortoluzzi ; RJDA 2007, nº 1009 ; RD banc. fin. 2007, nº 189, obs. Piedelièvre.*

Art. L. 526-3 **En cas de cession des droits immobiliers désignés dans la déclaration initiale, le prix obtenu demeure insaisissable à l'égard des créanciers dont les droits**

sont nés postérieurement à la publication de cette déclaration à l'occasion de l'activité professionnelle du déclarant, sous la condition du remploi dans le délai d'un an des sommes à l'acquisition par le déclarant d'un immeuble où est fixée sa résidence principale.

Les droits sur la résidence principale nouvellement acquise restent insaisissables à la hauteur des sommes réemployées à l'égard des créanciers visés au premier alinéa lorsque l'acte d'acquisition contient une déclaration de remploi des fonds.

La déclaration de remploi des fonds est soumise aux conditions de validité et d'opposabilité prévues aux articles L. 526-1 et L. 526-2.

La déclaration peut, à tout moment, faire l'objet d'une renonciation soumise aux mêmes conditions de validité et d'opposabilité. *(L. n° 2008-776 du 4 août 2008, art. 14-I, 4°)* **« La renonciation peut porter sur tout ou partie des biens ; elle peut être faite au bénéfice d'un ou plusieurs créanciers mentionnés à l'article L. 526-1 désignés par l'acte authentique de renonciation. Lorsque le bénéficiaire de cette renonciation cède sa créance, le cessionnaire peut se prévaloir de celle-ci. »**

Les effets de la déclaration subsistent après la dissolution du régime matrimonial lorsque le déclarant est attributaire du bien. Le décès du déclarant emporte révocation de la déclaration.

V. 1re note rédactionnelle ss. art. L. 526-1.

BIBL. ▶ DAGOT, *JCP N 2004, n° 7, p. 323* (report de l'insaisissabilité initiale). – PÉROCHON, *Mélanges Saint-Alary, Éd. Législatives, Presses Univ. Sc. soc. Toulouse, 2006, p. 409* (le créancier et la renonciation à l'insaisissabilité de la résidence). – LEDAN-CABARROQUE et SAINTOURENS, *JCP N 2012, n° 1016* (déclaration notariée d'insaisissabilité : le décès du déclarant au cours de la liquidation judiciaire).

Art. L. 526-4 *(L. n° 2003-721 du 1er août 2003, art. 8)* **Lors de sa demande d'immatriculation à un registre de publicité légale à caractère professionnel, la personne physique mariée sous un régime de communauté légale ou conventionnelle doit justifier que son conjoint a été informé des conséquences sur les biens communs des dettes contractées dans l'exercice de sa profession.**

Un décret en Conseil d'État précise en tant que de besoin les modalités d'application du présent article. — *V. art. R. 526-1 et R. 526-2.*

BIBL. ▶ SAUVAGE, *JCP N 2004, n° 10, p. 434* (insaisissabilité et régime matrimonial). – DAGOT, *ibid., n° 13, p. 561* (information du conjoint du commerçant).

V. relatif au RCS, art. R. 123-37 s. et R. 123-46. — V. relatif au répertoire des métiers, Décr. n° 98-247 du 2 avr. 1998, art. 10 bis, App., v° Artisans.

Information du conjoint. Les dispositions de l'art. L. 526-4 relatives à l'information du conjoint commun en biens ne s'appliquent pas aux associés d'une société civile (Avis CCRCS n° 05-20 du 6 avr. 2005 : *Bull. RCS 2005, n° 30-32, p. 53*). ♦ Le justificatif doit être fourni même si les conjoints vivent séparément, sauf en cas de séparation de biens ou de corps ; il doit également être fourni, à titre déclaratif, lorsque le conjoint vit à l'étranger (Avis CCRCS n° 04-55 : *Bull. RCS 2005, n° 28 ; BRDA 2005, n° 2, p. 15*). ♦ Lorsqu'un commerçant déjà immatriculé au RCS se marie sous le régime de la communauté des biens, il n'est pas tenu de fournir, à l'appui de sa demande d'inscription modificative, une déclaration de son conjoint attestant qu'il a été informé des conséquences sur les biens communs des dettes contractées dans l'exercice de l'activité commerciale (Avis CCRCS n° 05-88 *bis* du 15 déc. 2005 : *Bull. RCS 2005, n° 30-32, p. 57 ; BRDA 2006, n° 6, p. 14*).

Code civil

Art. 1387-1 *(L. n° 2005-882 du 2 août 2005, art. 13)* Lorsque le divorce est prononcé, si des dettes ou sûretés ont été consenties par les époux, solidairement ou séparément, dans le cadre de la gestion d'une entreprise, le tribunal de grande instance peut décider d'en faire supporter la charge exclusive au conjoint qui conserve le patrimoine professionnel ou, à défaut, la qualification professionnelle ayant servi de fondement à l'entreprise.

BIBL. ► BRÉMOND, *JCP N 2005. 1497.* – CHAZAL et FERRÉ-ANDRÉ, *D. 2006. 316.* – CROCQ, *D. 2005. 2025.* – JACOB, *Banque et Droit sept.-oct. 2005. 62.* – LARRIBAU-TERNEYRE, *Dr. fam. 2005. Étude 21.* – S. PIEDELIÈVRE, *D. 2005. 2138.* – REVET, *Dr. et patr. nov. 2005. 91.* – CASTAGNÉ, *JCP N 2006, nos 45 et 46, p. 1951 et 1985* (un mariage à trois : le commerçant, son conjoint et le fonds de commerce). – CASEY, *Gaz. Pal. 2012. 29* (analyse de la jurisprudence des cours d'appel et bilan quinquennal).

Contribution à la dette. Pour une décision interprétant l'art. 1387-1 comme permettant seulement au TGI de décider, dans le cadre de la liquidation de la communauté ayant existé entre les époux et uniquement dans leurs rapports entre eux, que la contribution finale à la dette sera supportée exclusivement par le conjoint qui conserve le patrimoine professionnel, l'obligation à la dette n'étant nullement affectée par le nouvel article et le créancier gardant donc le droit de poursuivre les deux époux : • TGI Évreux, 17 nov. 2006 : *LPA 15-16 août 2007, note Edel.* ♦ L'art. 1387-1 n'est pas applicable aux dettes contractées avant son entrée en vigueur. • Douai, 20 oct. 2008 : *Dr. fam. 2009, no 52, obs. Larribau-Terneyre.*

Art. L. 526-5 *(Ord. no 2006-346 du 23 mars 2006, art. 43)* **Les dispositions des articles L. 313-14 à L. 313-14-2 du code de la consommation sont applicables aux opérations de prêt consenties à toute personne physique immatriculée à un registre de publicité légale à caractère professionnel, à toute personne physique exerçant une activité professionnelle agricole ou indépendante ainsi qu'au gérant associé unique d'une société à responsabilité limitée, et garanties par une hypothèque rechargeable inscrite sur l'immeuble où l'intéressé a fixé sa résidence principale.** — *V. les art. préc. au* ***C. civ.*** *ou au* ***C. consom.***

SECTION II DE L'ENTREPRENEUR INDIVIDUEL À RESPONSABILITÉ LIMITÉE

(L. no 2010-658 du 15 juin 2010, art. 1er)

Les art. L. 526-6 à L. 526-21 entrent en vigueur à compter de la publication de l'ordonnance adaptant au patrimoine affecté de l'EIRL les dispositions du livre VI du code de commerce et procédant aux harmonisations nécessaires en matière de droit des sûretés, de droit des procédures civiles d'exécution et de règles applicables au surendettement des particuliers (L. no 2010-658 du 15 juin 2010, art. 8-I et 14-I). — V. Ord. no 2010-1512 du 9 déc. 2010 (JO 10 déc.) et, notamment, art. L. 680-1 s.

RÉP. COM. vo *Entreprise individuelle à responsabilité limitée (EIRL)*, par HOUTCIEFF.

RÉP. SOCIÉTÉS vo *Entrepreneur individuel à responsabilité limitée (EIRL)*, par QUIEVY.

DELMAS EXPRESS *Entreprise individuelle à responsabilité limitée, 2011/2012*, par LEGRAND.

BIBL. GÉN. ► MARTIN-SERF, *RJ com. 2004. 75, spéc. 80* (l'entreprise individuelle à risques limités – « EIRL »). – WILLIATTE-PELLITTERI, *LPA 9 août 2004* (boîte de Pandore du monde des affaires ?). – FAGES, *Dr. et patr. janv. 2005. 73* (théorie du patrimoine et droit des affaires). – F.-X. LUCAS, *Bull. Joly 2008. 839* (l'entrepreneur à patrimoine affecté, est-ce une si bonne idée ?). – DE ROUX, *Dr. et patr. déc. 2008. 20* (l'entrepreneur à patrimoine affecté). – ROUSSEL, *JCP N 2009, no 52, p. 40* (combinaison fiducie et entreprise à patrimoine affecté). – MARIANI-RIELA, *RLDA juin 2010. 57* (le devenir des mesures de protection du patrimoine individuel en cas de procédures collectives). – THOMAT-RAYNAUD, *RLDC juin 2010. 65* (patrimoine d'affectation : réflexions sur une notion incertaine). ► Projet de loi : J.-L. PIERRE, *JCP E 2009, no 51-52, p. 10* (l'entreprise à patrimoine affecté : la résurgence d'un serpent de mer). – PANDO, *LPA 28 janv. 2010* (l'entrepreneur individuel à responsabilité limitée : les contours du projet de loi). – VALLANSAN, *JCP E 2010, no 4, p. 36* (le sort de l'éventuelle entreprise à patrimoine affecté soumise à une procédure collective). – NOTTÉ, *JCP E 2010, n° 5, p. 3* (projet de loi relatif à l'EIRL). – LIENHARD, *D. 2010. 252* (naissance du patrimoine d'affectation). – ROUSSEL, *Dr. et patr. févr. 2010. 17* (un statut juridique et fiscal pour l'entrepreneur individuel : enfin !). – Note de la rédaction, *BRDA 2010, n° 4, p. 11* (projet de loi adopté par l'Assemblée nationale). – PERRUCHOT-TRIBOULET, *RLDC mars 2010. 61* (projet de loi relatif à l'EIRL). – DUBUISSON, *JCP N 2010, n° 1115* (projet de loi EIRL : comprendre la technique et les enjeux). – DAURIAC et GRARE-DIDIER, *Defrénois 2010. 819* (projet d'EIRL : l'enjeu pour la famille). – Table ronde, *RLDC juin 2010. 71* (le patrimoine d'affectation du professionnel indépendant). ▸ Loi n° 2010-658 du 15 juin 2010 : Dossier, *Dr. et patr. avr. 2010. 54* (le patrimoine professionnel d'affectation : premières analyses de l'EIRL). – CHAMPAUD et DANET, *RTD com. 2010. 349* (patrimoine affecté à une entreprise individuelle) ; *ibid. 353* (apports en société et affectations patrimoniales entrepreneuriales). – DUBUISSON, *JCP E 2010, Actu. 303* (l'EIRL est adoptée !) ; *RLDA juin 2010. 15* (EIRL : un tournant du droit en procédure accélérée...). – Note de la rédaction, *BRDA 2010, n° 11, p. 13* (entreprise individuelle à responsabilité limitée). – DONDERO, *JCP 2010, n° 679* (l'EIRL, ou l'entrepreneur fractionné). – MARMOZ, *D. 2010. 1570* (EIRL : nouvelle technique d'organisation de l'entreprise). – LEBEL, *JCP E 2010. Actu. 362* (adoption de l'EIRL et autres mesures relatives à l'entreprise individuelle). – S. PIEDELIÈVRE, *Defrénois 2010. 1417* (l'entreprise individuelle à responsabilité limitée). – SAINTOURENS, *Rev. sociétés 2010. 351* (l'entrepreneur individuel à responsabilité limitée). – Note de la rédaction, *JCP N 2010, n° 1261* (constitution et fonctionnement de l'EIRL). – DUBUISSON, *ibid., n° 1263* (angoisse du praticien face à un entrepreneur individuel qui veut s'engager comme EIRL). – LEGRAND, *D. 2010. 1898* (l'auto-entrepreneur à l'ère EIRL). – VIGUIER, *Dr. et patr. sept. 2010. 24* (du patrimoine d'affectation et de la loi relative à l'EIRL). – MONSÈRIÉ-BON, *RJ com. 2010. 460* (EIRL, EURL, quelques éléments de réflexion). – VAUVILLÉ, *Defrénois 2010. 1649* (commentaire de la loi du 15 juin 2010 relative à l'EIRL). – LEROYER, *RTD civ. 2010. 632* (EIRL, à la logique économique : technique dérogatoire). – ROUSSEL et VAN STEENLANDT, *JCP N 2010, n° 1327* (le droit français de l'entreprise à l'heure du XXIe siècle). – DINH, *JCP E 2010, n° 1979* (l'EIRL, un hybride en droit français). – DOUAOUI-CHAMSEDDINE, *RD banc. fin. 2010. Étude 23* (adaptation et articulation délicates des procédures d'exécution à l'EIRL) ; *RLDA nov. 2010. 53* (les actions en responsabilité pour insuffisance d'actif et en extension s'appliqueront-elles à l'EIRL ?). – Inforeg, *Cah. dr. entr. nov.-déc. 2010* (l'EIRL : un statut hybride entre EI et EURL). – PÉROCHON, *Rev. proc. coll. 2010. Dossier 5* (l'efficacité des mécanismes de prévention des risques : l'EIRL). – PRIEUR et COIFFARD, *JCP N 2010, n° 1390* (le patrimoine professionnel affecté : l'EIRL). – SAINTOURENS, *RTD com. 2010. 681* (instauration du statut de l'EIRL). – LEGRAND, *LPA 3 janv. 2011* (composition du patrimoine affecté). – TERRÉ, *JCP E 2011, n° 1011* (la personne et ses patrimoines ou l'EIRL). – D'HOIR-LAUPRÊTRE, *LPA 14 janv. 2011* (l'EIRL, un patrimoine affecté voué à... une désaffection certaine !). – Dossier, *Bull. Joly 2011. 227* (EIRL, nouveaux regards). – Dossier, *Bull. Joly Entrep. diff. 2011. 52* (approches critiques de l'EIRL). – Numéro spécial, *Dict. perm. diff. entrep. 2011, Bull. n° 324-1* (nouveau statut de l'EIRL). – LEGRAND, *D. 2011. 966* (l'après EIRL : la mise en société...) ; *LPA 25-26 avr. 2011* (l'auto-entrepreneur EIRL). – Numéro spécial, *Defrénois 2011. 554*. – Dossier, *Dr. et patr. avr. 2011. 42* (EIRL : nouvelle donne pour l'entrepreneur). – Actes de colloque, *LPA 28 avr. 2011* (l'EIRL : quel avenir ?). – THOMAT-RAYNAUD, *Dr. fam. 2011. Étude 15* (EIRL : naissance d'une nouvelle catégorie de personne physique ?). – BARRIÈRE et ELINEAU, *Dr. sociétés 2011. Étude 8* (l'EIRL ou l'échec du droit des sociétés ?). – CEVAËR et PERROT, *JCP E 2011, n° 1443* (l'EIRL et les sûretés négatives). – Note de la rédaction, *BRDA 2011, n° 10, p. 14* (EIRL ou EURL, que choisir ?). – DUBUISSON, *JCP N 2011, n° 1204* (de l'EURL à l'EIRL). – BEYNEIX, *LPA 19 sept. 2011* (le double échec de l'EIRL à l'aune du droit commun et du droit de la défaillance économique). – LEGRAND, *LPA 7 oct. 2011* (l'accès au crédit de l'EIRL ou comment concilier l'inconciliable ?). – A. AYNÈS, *RLDC oct. 2011. 28* (EIRL : la séparation des patrimoines à l'épreuve du droit des sûretés). – LEGRAND, *LPA 2 janv. 2012* (EIRL : saison II) ; *ibid. 20 avr. 2012* (accès au crédit de l'EIRL : retour sur la constitution de sûretés par l'entrepreneur). – MORELL, *Dr. et patr. juin 2012. 30* (sort des contrats entre les différents patrimoines de l'EIRL). – THOMAT-RAUNAUD, *Dr. fam. 2012. Dossier 8* (l'EIRL : une nouvelle personne physique ?). – LEGRAND, *LPA 13 mai 2013* (EIRL : vers une simplification ?).

▸ Pour une bibl. relative à l'EIRL en difficulté, V. la BIBL. GÉN. ss. le livre VI.

V. la Charte pour améliorer l'accès au crédit des EIRL du 31 mai 2011.

Art. L. 526-6 Tout entrepreneur individuel peut affecter à son activité professionnelle un patrimoine séparé de son patrimoine personnel, sans création d'une personne morale.

Ce patrimoine est composé de l'ensemble des biens, droits, obligations ou sûretés dont l'entrepreneur individuel est titulaire, nécessaires à l'exercice de son activité professionnelle. Il peut comprendre également les biens, droits, obligations ou sûretés dont l'entrepreneur individuel est titulaire, utilisés pour l'exercice de son activité professionnelle et qu'il décide d'y affecter. Un même bien, droit, obligation ou sûreté ne peut entrer dans la composition que d'un seul patrimoine affecté. – *V. art. R. 526-3-1.*

(L. n° 2010-874 du 27 juill. 2010, art. 40-I) **« Par dérogation à l'alinéa précédent, l'entrepreneur individuel exerçant une activité agricole au sens de l'article L. 311-1 du code rural et de la pêche maritime peut ne pas affecter les terres utilisées pour l'exercice de son exploitation** *(L. n° 2011-525 du 17 mai 2011, art. 178-II)* **« à son activité professionnelle ». Cette faculté s'applique à la totalité des terres dont l'exploitant est propriétaire. »** – *V. art. préc., ss. art. L. 110-1.*

Pour l'exercice de l'activité professionnelle à laquelle le patrimoine est affecté, l'entrepreneur individuel utilise une dénomination incorporant son nom, précédé ou suivi immédiatement des mots : "Entrepreneur individuel à responsabilité limitée" ou des initiales : "EIRL".

Un même entrepreneur individuel peut constituer plusieurs patrimoines affectés à compter du 1er janv. 2013 (L. n° 2010-658 du 15 juin 2010, art. 14-II).

BIBL. ▶ Vallansans, *Cah. dr. entr. 2011, n° 3, p. 23* (la volonté d'affectation des droits et des biens par l'EIRL). – Legrand, *D. 2012. 2402* (l'EIRL à patrimoines multiples). – Laurent, *Dr. et patr. nov. 2012. 40 ; ibid. déc. 2012. 48* (mutations non translatives – à propos de l'EIRL). – Legrand, *LPA 1er-2 janv. 2013* (l'avènement des multiples patrimoines de l'EIRL). – Pellier, *RTD com. 2013. 45* (nature juridique du patrimoine affecté de l'EIRL).

1. Associé d'une SNC. La personne qui a choisi d'agir dans le cadre d'une société, notamment l'associé d'une société en nom collectif, n'est plus un entrepreneur individuel. Elle ne peut donc pas recourir au statut de l'EIRL ni cumuler les avantages conférés par la société et ceux offerts à l'entrepreneur individuel par le chapitre VI du livre cinquième du code de commerce comprenant la déclaration d'insaisissabilité d'une part, et le statut de l'EIRL d'autre part. * Rép. min. n° 81046 : *JOAN Q, 4 sept. 2010, p. 9981 ; Dalloz actualité, 1er oct. 2010, obs. Delpech ; Rev. sociétés 2010. 479, obs. B. François ; BRDA 2010, n° 19, p. 3.*

2. Garantie du patrimoine affecté. La banque d'un entrepreneur individuel à responsabilité limitée peut bénéficier d'une garantie Oseo pouvant atteindre 70 % des concours consentis lorsqu'elle s'engage à ne prendre de sûretés que sur les actifs spécialement affectés par cet entrepreneur à son activité professionnelle. * Rép. min. n° 80164 : *JOAN Q, 9 oct. 2010, P. 11390 ; Dalloz actualité, 26 oct. 2010, obs. Lienhard ; Banque et Droit nov.-déc. 2010. 48, obs. Jacob ; Defrénois 2011. 15.*

Art. L. 526-7 La constitution du patrimoine affecté résulte du dépôt d'une déclaration effectué :

1° Soit au registre de publicité légale auquel l'entrepreneur individuel est tenu de s'immatriculer ;

2° Soit au registre de publicité légale choisi par l'entrepreneur individuel en cas de double immatriculation ; dans ce cas, mention en est portée à l'autre registre ;

3° Soit, pour les personnes physiques qui ne sont pas tenues de s'immatriculer à un registre de publicité légale *(Abrogé par L. n° 2010-874 du 27 juill. 2010, art. 40-II)* ***« ou pour les exploitants agricoles »*****, à un registre tenu au greffe du tribunal statuant en matière commerciale du lieu de leur établissement principal ;** – *V. art. R. 526-15 s.*

(L. n° 2010-874 du 27 juill. 2010, art. 40-II) **« 4° Soit, pour les exploitants agricoles, auprès de la chambre d'agriculture compétente. »**

BIBL. ▶ Dubuisson, *JCP N 2011, n° 1218* (formule : déclaration de patrimoine affecté). – Dubarry et Flume, *RLDC sept. 2011. 59* (patrimoine + publicité = responsabilité limitée : une démystification de l'EIRL).

Cumul d'activité. Un EIRL exerçant à titre principal une activité libérale (agent d'assurance) et à titre secondaire une activité commerciale (courtier d'assurance) peut constituer un patrimoine d'affectation unique pour ces deux activités en visant dans sa déclaration l'objet suivant : « agent et courtier d'assurance ». Il doit déposer sa déclaration d'affectation au RCS auquel il est tenu de s'immatriculer du fait de l'exercice d'une activité commerciale de courtier d'assurance (Avis CCRCS n° 2013-006 du 14 févr. 2013 : *JCP E 2013. Actu. 293*).

Art. L. 526-8 **Les organismes chargés de la tenue des registres mentionnés à l'article L. 526-7 n'acceptent le dépôt de la déclaration visée au même article qu'après avoir vérifié qu'elle comporte :**

1° Un état descriptif des biens, droits, obligations ou sûretés affectés à l'activité professionnelle, en nature, qualité, quantité et valeur ;

2° La mention de l'objet de l'activité professionnelle à laquelle le patrimoine est affecté. La modification de l'objet donne lieu à mention au registre auquel a été effectué le dépôt de la déclaration prévue à l'article L. 527-7 *[L. 526-7]* **;**

3° Le cas échéant, les documents attestant de l'accomplissement des formalités visées aux articles L. 526-9 à L. 526-11. — *Sur les informations contenues dans la déclaration d'affectation, V. art. R. 526-3.*

Art. L. 526-9 **L'affectation d'un bien immobilier ou d'une partie d'un tel bien est reçue par acte notarié et publiée au bureau des hypothèques** *[fichier immobilier]* **ou, dans les départements du Bas-Rhin, du Haut-Rhin et de la Moselle, au livre foncier de la situation du bien. L'entrepreneur individuel qui n'affecte qu'une partie d'un ou de plusieurs biens immobiliers désigne celle-ci dans un état descriptif de division.**

L'établissement de l'acte notarié et l'accomplissement des formalités de publicité donnent lieu au versement d'émoluments fixes dans le cadre d'un plafond déterminé par décret.

Lorsque l'affectation d'un bien immobilier ou d'une partie d'un tel bien est postérieure à la constitution du patrimoine affecté, elle donne lieu au dépôt d'une déclaration complémentaire au registre auquel a été effectué le dépôt de la déclaration prévue à l'article L. 526-7. L'article L. 526-8 est applicable, à l'exception des 1° et 2°.

Le non-respect des règles prévues au présent article entraîne l'inopposabilité de l'affectation.

Indépendamment des dispositions du code de commerce applicables de plein droit, est applicable à Mayotte, dans sa rédaction issue de la L. n° 2010-658 du 15 juin 2010 et de l'Ord. n° 2010-1512 du 9 déc. 2010, l'art. L. 526-9 (Ord. n° 2011-322 du 24 mars 2011, art. 3).

Il résulterait de l'Ord. n° 2010-638 du 10 juin 2010, notamment de son article 13-III, qu'à compter du 1er janv. 2013 la publication au « bureau des hypothèques » doive s'entendre d'une publication au « fichier immobilier ».

BIBL. ▸ CLERMONT et SOUDÉ, *JCP N 2010, n° 1264* (formules de déclarations du patrimoine affecté).

Art. L. 526-10 **Tout élément d'actif du patrimoine affecté, autre que des liquidités, d'une valeur déclarée supérieure à un montant fixé par décret fait l'objet d'une évaluation au vu d'un rapport annexé à la déclaration et établi sous sa responsabilité par un commissaire aux comptes, un expert-comptable, une association de gestion et de comptabilité ou un notaire désigné par l'entrepreneur individuel. L'évaluation par un notaire ne peut concerner qu'un bien immobilier.** — *V. art. D. 526-5 et R. 526-6.*

Lorsque l'affectation d'un bien visé au premier alinéa est postérieure à la constitution du patrimoine affecté, elle fait l'objet d'une évaluation dans les mêmes formes et donne lieu au dépôt d'une déclaration complémentaire au registre auquel a été effectué le dépôt de la déclaration prévue à l'article L. 526-7. L'article L. 526-8 est applicable, à l'exception des 1° et 2°.

Lorsque la valeur déclarée est supérieure à celle proposée par le commissaire aux comptes, l'expert-comptable, l'association de gestion et de comptabilité ou le notaire, l'entrepreneur individuel est responsable, pendant une durée de cinq ans, à l'égard des tiers sur la totalité de son patrimoine, affecté et non affecté, à hauteur de la différence entre la valeur proposée par le commissaire aux comptes, l'expert-comptable, l'association de gestion et de comptabilité ou le notaire et la valeur déclarée.

En l'absence de recours à un commissaire aux comptes, à un expert-comptable, à une association de gestion et de comptabilité ou à un notaire, l'entrepreneur individuel est responsable, pendant une durée de cinq ans, à l'égard des tiers sur la totalité de son patrimoine, affecté et non affecté, à hauteur de la différence entre la valeur réelle du bien au moment de l'affectation et la valeur déclarée.

Art. L. 526-11 Lorsque tout ou partie des biens affectés sont des biens communs ou indivis, l'entrepreneur individuel justifie de l'accord exprès de son conjoint ou de ses coïndivisaires et de leur information préalable sur les droits des créanciers mentionnés au 1° de l'article L. 526-12 sur le patrimoine affecté. Un même bien commun ou indivis ou une même partie d'un bien immobilier commun ou indivis ne peut entrer dans la composition que d'un seul patrimoine affecté. – *V. art. R. 526-7.*

Lorsque l'affectation d'un bien commun ou indivis est postérieure à la constitution du patrimoine affecté, elle donne lieu au dépôt d'une déclaration complémentaire au registre auquel a été effectué le dépôt de la déclaration prévue à l'article L. 526-7. L'article L. 526-8 est applicable, à l'exception des 1° et 2°.

Le non-respect des règles prévues au présent article entraîne l'inopposabilité de l'affectation.

Indépendamment des dispositions du code de commerce applicables de plein droit est applicable à Mayotte, dans sa rédaction issue de la L. n° 2010-658 du 15 juin 2010 et de l'Ord. n° 2010-1512 du 9 déc. 2010, l'art. L. 526-11 (Ord. n° 2011-322 du 24 mars 2011, art. 3).

BIBL. ▸ SIMLER, *JCP 2011, n° 4* (EIRL et communauté de biens entre époux). – SÉNÉCHAL, *Bull. Joly Entrep. diff. 2011. 62* (EIRL : affectation de biens communs ou indivis).

Art. L. 526-12 La déclaration d'affectation mentionnée à l'article L. 526-7 est opposable de plein droit aux créanciers dont les droits sont nés postérieurement à son dépôt.

Elle est opposable aux créanciers dont les droits sont nés antérieurement à son dépôt à la condition que l'entrepreneur individuel à responsabilité limitée le mentionne dans la déclaration d'affectation et en informe les créanciers dans des conditions fixées par voie réglementaire. – *V. art. R. 526-8 et D. 526-9.*

Dans ce cas, les créanciers concernés peuvent former opposition à ce que la déclaration leur soit opposable dans un délai fixé par voie réglementaire. Une décision de justice rejette l'opposition ou ordonne soit le remboursement des créances, soit la *constitution de garanties*, si l'entrepreneur individuel en offre et si elles sont jugées suffisantes. – *V. art. R. 526-10.*

A défaut de remboursement des créances ou de constitution des garanties ordonnées, la déclaration est inopposable aux créanciers dont l'opposition a été admise.

L'opposition formée par un créancier n'a pas pour effet d'interdire la constitution du patrimoine affecté.

Par dérogation aux articles 2284 et 2285 du code civil :

1° Les créanciers auxquels la déclaration d'affectation est opposable et dont les droits sont nés à l'occasion de l'exercice de l'activité professionnelle à laquelle le patrimoine est affecté ont pour seul gage général le patrimoine affecté ;

2° Les autres créanciers auxquels la déclaration est opposable ont pour seul gage général le patrimoine non affecté.

Toutefois, l'entrepreneur individuel à responsabilité limitée est responsable sur la totalité de ses biens et droits en cas de fraude ou en cas de manquement grave aux règles prévues au deuxième alinéa de l'article L. 526-6 ou aux obligations prévues à l'article L. 526-13.

En cas d'insuffisance du patrimoine non affecté, le droit de gage général des créanciers mentionnés au 2° du présent article peut s'exercer sur le bénéfice réalisé par l'entrepreneur individuel à responsabilité limitée lors du dernier exercice clos.

BIBL. ▸ Champaud et Danet, *RTD com. 2010. 365* (petites et moyennes sociétés et entrepreneurs à responsabilité limitée au regard des besoins de financements et des pratiques bancaires). – Thomat-Raynaud, *RLDA juin 2010. 51* (redéfinition du droit des créanciers de l'entrepreneur individuel). – Pellizza, *ibid. 54* (redéfinition pratique du droit des créanciers de l'entrepreneur individuel). – Burgard, *LPA 16 juill. 2010* (EIRL : une validation par le Conseil constitutionnel en attente d'une clarification par le gouvernement). – Dubuisson, *RLDA oct. 2010. 47* (l'EIRL et son crédit). – Legrand, *D. 2010. 2385* (l'EIRL pourra-t-il prétendre à une procédure de surendettement ?). – Salati, *Procédures 2010. Étude 8* (l'EIRL et le principe de saisissabilité : une menace de plus sur le droit au recouvrement ?). – S. Piedelièvre, *RD banc. fin. 2010, n° 185* (recouvrement des créances et patrimoine d'affectation). – Le Corre, *Bull. Joly Entrep. diff. 2011. 70* (le passif de l'EIRL). – Wicker et Sautonie-Laguionie, *ibid. 224* (la fraude de l'EIRL). – Douaoui-Chamseddine, *RLDA juill.-août 2011. 69* (EIRL : mise en concurrence conflictuelle des procédures civiles et commerciales d'exécution). – Bonnet, *JCP N 2012, n° 1338* (sûretés et EIRL).

Opposabilité aux créanciers. En vertu des al. 6 à 8 de l'art. L. 526-12, la déclaration d'affectation du patrimoine soustrait le patrimoine affecté du gage des créanciers personnels de l'entrepreneur et le patrimoine personnel du gage de ses créanciers professionnels ; s'il est loisible au législateur de rendre la déclaration d'affectation opposable aux créanciers dont les droits sont nés antérieurement à son dépôt, c'est à la condition que ces derniers soient personnellement informés de la déclaration d'affectation et de leur droit de former opposition. Sous cette réserve, le 2e al. de l'art. L. 526-12 ne porte pas atteinte aux conditions d'exercice du droit de propriété des créanciers garanti par les art. 2 et 4 de la Déclaration des droits de l'homme et du citoyen de 1789. • Cons. const. 10 juin 2010 : *JO 16 juin 2010, p. 10988 ; Dalloz actualité, 17 juin 2010, obs. Astaix ; JCP E 2010. Actu 333.* – Sur cette décision, V. aussi Mouton, *D. 2010. 2553* (constitutionnalisation du droit de propriété des créanciers). ♦ La déclaration d'affectation de patrimoine ne peut pas être modifiée pour prévoir son opposabilité aux créanciers antérieurs, lorsque l'EIRL n'a pas initialement fait usage de cette option conformément aux art. R. 526-8 et D. 526-9 (Avis CCRCS n° 2013-004 du 30 janv. 2013 : *JCP E 2013. Act. 293 ; BRDA 2013, n° 8, p. 13*).

Art. L. 526-13 **L'activité professionnelle à laquelle le patrimoine est affecté fait l'objet d'une comptabilité autonome, établie dans les conditions définies aux articles L. 123-12 à L. 123-23 et L. 123-25 à L. 123-27.**

Par dérogation à l'article L. 123-28 et au premier alinéa du présent article, l'activité professionnelle des personnes bénéficiant des régimes définis aux articles 50-0, 64 et 102 *ter* du code général des impôts fait l'objet d'obligations comptables simplifiées.

L'entrepreneur individuel à responsabilité limitée est tenu de faire ouvrir dans un établissement de crédit un ou plusieurs comptes bancaires exclusivement dédiés à l'activité à laquelle le patrimoine a été affecté.

BIBL. ▸ Rochedy, *RLDA juin 2010. 62* (l'EIRL, aspects fiscaux et comptables). – Bonhomme, *Bull. Joly Entrep. diff. 2012. 125* (patrimoine affecté et convention d'unité de compte, quelle compatibilité ?).

Art. L. 526-14 **Les comptes annuels de l'entrepreneur individuel à responsabilité limitée ou, le cas échéant, le ou les documents résultant des obligations comptables simplifiées prévues au deuxième alinéa de l'article L. 526-13 sont déposés chaque année au registre auquel a été effectué le dépôt de la déclaration prévue à l'article L. 526-7 pour y être annexés. Ils sont transmis, pour y être annexés, au registre prévu au 3° de l'article L. 526-7 lorsque le dépôt de la déclaration est effectué au**

répertoire des métiers dans le cas prévu au 1° du même article, et, s'il y a lieu, au registre du commerce et des sociétés dans le cas prévu au 2° du même article. A compter de leur dépôt, ils valent actualisation de la composition et de la valeur du patrimoine affecté.

En cas de non-respect de l'obligation mentionnée au premier alinéa, le président du tribunal, statuant en référé, peut, à la demande de tout intéressé ou du ministère public, enjoindre sous astreinte à l'entrepreneur individuel à responsabilité limitée de procéder au dépôt de ses comptes annuels ou, le cas échéant, du ou des documents résultant des obligations comptables simplifiées prévues au deuxième alinéa de l'article L. 526-13.

Art. L. 526-15 En cas de renonciation de l'entrepreneur individuel à responsabilité limitée à l'affectation ou en cas de décès de celui-ci, la déclaration d'affectation cesse de produire ses effets. Toutefois, en cas de cessation, concomitante à la renonciation, de l'activité professionnelle à laquelle le patrimoine est affecté ou en cas de décès, les créanciers mentionnés aux 1° et 2° de l'article L. 526-12 conservent pour seul gage général celui qui était le leur au moment de la renonciation ou du décès.

En cas de renonciation, l'entrepreneur individuel en fait porter la mention au registre auquel a été effectué le dépôt de la déclaration prévue à l'article L. 526-7. En cas de décès, un héritier, un ayant droit ou toute personne mandatée à cet effet en fait porter la mention au même registre. — *V. art. R. 526-12.*

BIBL. ▶ SÉNÉCHAL, *Bull. Joly Entrep. diff. 2011. 218* (le décès de l'EIRL et l'obligation de l'héritier aux dettes de la succession).

Art. L. 526-16 Par dérogation à l'article L. 526-15, l'affectation ne cesse pas dès lors que l'un des héritiers ou ayants droit de l'entrepreneur individuel décédé, sous réserve du respect des dispositions successorales, manifeste son intention de poursuivre l'activité professionnelle à laquelle le patrimoine était affecté. La personne ayant manifesté son intention de poursuivre l'activité professionnelle en fait porter la mention au registre auquel a été effectué le dépôt de la déclaration visée à l'article L. 526-7 dans un délai de trois mois à compter de la date du décès.

La reprise du patrimoine affecté, le cas échéant après partage et vente de certains des biens affectés pour les besoins de la succession, est subordonnée au dépôt d'une déclaration de reprise au registre auquel a été effectué le dépôt de la déclaration visée à l'article L. 526-7. — *V. art. R. 123-45.*

Art. L. 526-17 I. — L'entrepreneur individuel à responsabilité limitée peut céder à titre onéreux, transmettre à titre gratuit entre vifs ou apporter en société l'intégralité de son patrimoine affecté et en transférer la propriété dans les conditions prévues aux II et III du présent article sans procéder à sa liquidation.

II. — La cession à titre onéreux ou la transmission à titre gratuit entre vifs du patrimoine affecté à une personne physique entraîne sa reprise avec maintien de l'affectation dans le patrimoine du cessionnaire ou du donataire. Elle donne lieu au dépôt par le cédant ou le donateur d'une déclaration de transfert au registre auquel a été effectué le dépôt de la déclaration visée à l'article L. 526-7 et fait l'objet d'une publicité. La reprise n'est opposable aux tiers qu'après l'accomplissement de ces formalités.

La cession du patrimoine affecté à une personne morale ou son apport en société entraîne transfert de propriété dans le patrimoine du cessionnaire ou de la société, sans maintien de l'affectation. Elle donne lieu à publication d'un avis. Le transfert de propriété n'est opposable aux tiers qu'après l'accomplissement de cette formalité.

III. — La déclaration ou l'avis mentionnés au II sont accompagnés d'un état descriptif des biens, droits, obligations ou sûretés composant le patrimoine affecté.

Les articles L. 141-1 à L. 141-22 ne sont pas applicables à la cession ou à l'apport en société d'un fonds de commerce intervenant par suite de la cession ou de l'apport en société d'un patrimoine affecté.

Le cessionnaire, le donataire ou le bénéficiaire de l'apport est débiteur des créanciers de l'entrepreneur individuel à responsabilité limitée mentionnés au 1° de l'article L. 526-12 en lieu et place de celui-ci, sans que cette substitution emporte novation à leur égard.

Les créanciers de l'entrepreneur individuel à responsabilité limitée mentionnés au 1° de l'article L. 526-12 dont la créance est antérieure à la date de la publicité mentionnée au II du présent article, ainsi que les créanciers auxquels la déclaration n'est pas opposable et dont les droits sont nés antérieurement au dépôt de la déclaration visée à l'article L. 526-7 lorsque le patrimoine affecté fait l'objet d'une donation entre vifs, peuvent former opposition à la transmission du patrimoine affecté dans un délai fixé par voie réglementaire. Une décision de justice rejette l'opposition ou ordonne soit le remboursement des créances, soit la constitution de garanties, si le cessionnaire ou le donataire en offre et si elles sont jugées suffisantes. – *V. art. R. 526-14.*

A défaut de remboursement des créances ou de constitution des garanties ordonnées, la transmission du patrimoine affecté est inopposable aux créanciers dont l'opposition a été admise.

L'opposition formée par un créancier n'a pas pour effet d'interdire la transmission du patrimoine affecté.

BIBL. ▸ DUBUISSON, *RLDA juin 2010. 64* (EIRL et particularités de transmission). – DAVY, *Defrénois 2010. 2289* (cession isolée d'un bien immobilier d'une EIRL). – SAINTOURENS, *RTD com. 2010. 691* (régime juridique de la cession du fonds de commerce intégré dans le patrimoine affecté d'un EIRL). – DUMOND-LEFRAND, *Bull. Joly Entrep. diff. 2011. 85* (cession à titre onéreux du patrimoine affecté). – MORTIER, *Dr. et patr. avr. 2011. 72* (mutations de l'EIRL). – DUBUISSON, *JCP N 2012, n° 1017* (clauses communes des actes de mutation entre vifs ayant pour objet un patrimoine affecté). – LEGRAND, *D. 2012. 375* (EIRL : regain d'intérêt après l'abrogation de l'action en réunion à l'actif ?). – LACROIX-DE SOUSA, *D. 2012. 620* (cession du patrimoine affecté de l'EIRL).

Art. L. 526-18 L'entrepreneur individuel à responsabilité limitée détermine les revenus qu'il verse dans son patrimoine non affecté.

Art. L. 526-19 Le tarif des formalités de dépôt des déclarations et d'inscription des mentions visées à la présente section ainsi que de dépôt des comptes annuels ou du ou des documents résultant des obligations comptables simplifiées prévues au deuxième alinéa de l'article L. 526-13 est fixé par décret.

La formalité de dépôt de la déclaration visée à l'article L. 526-7 est gratuite lorsque la déclaration est déposée simultanément à la demande d'immatriculation au registre de publicité légale.

Décret n° 2010-1648 du 28 décembre 2010,

Relatif au tarif des actes déposés par l'entrepreneur individuel à responsabilité limitée au répertoire des métiers.

Art. 1er Les redevances dues aux établissements du réseau des chambres de métiers et de l'artisanat pour l'établissement et le contrôle de conformité des actes déposés au répertoire des métiers mentionné à l'article 19 de la loi du 5 juillet 1996 susvisée par l'entrepreneur individuel à responsabilité limitée en application des articles L. 526-6 à L. 526-21 du code de commerce sont déterminées et fixées conformément aux dispositions qui suivent.

Elles comprennent la rémunération de tous travaux, soins, diligences et formalités afférents à l'acte ou à la procédure considérée.

NUMÉROS	NATURE DES ACTES	REDEVANCES
	Registre des entrepreneurs individuels à responsabilité limitée	
1	Dépôt de la déclaration d'affectation du patrimoine comprenant le coût de la radiation (1)	42 €
2	Inscriptions modificatives de la déclaration d'affectation du patrimoine et mentions	21 €
3	Dépôt des comptes annuels ou du document comptable simplifié (2)	6,50 €
4	Notification à un autre registre en cas de double immatriculation	3 €
5	Copie des comptes annuels ou du document comptable simplifié	5 €
6	Extrait d'inscription de la déclaration	2,60 €

(1) Il n'est perçu aucune redevance pour le dépôt de la déclaration d'affectation du patrimoine lorsqu'elle intervient simultanément à la demande d'immatriculation au répertoire.
(2) Il s'agit du document comptable simplifié prévu par l'article R. 123-208 bis du code de commerce.

Art. L. 526-20 **Le ministère public ainsi que tout intéressé peuvent demander au président du tribunal statuant en référé d'enjoindre sous astreinte à un entrepreneur individuel à responsabilité limitée de porter sur tous ses actes et documents sa dénomination, précédée ou suivie immédiatement et lisiblement des mots : "Entrepreneur individuel à responsabilité limitée" ou des initiales : "EIRL".**

Art. L. 526-21 **Les conditions d'application de la présente section sont fixées par décret en Conseil d'État.** – *V. art. R. 526-3 s.*

CHAPITRE VII **DU GAGE DES STOCKS**

(Ord. n° 2006-346 du 23 mars 2006, art. 44)

BIBL. GÉN. ► Bouteiller, *JCP E 2006, n° 18, p. 808* (gage de stock de biens ou de marchandises). – Legeais, *ibid., suppl. au n° 20, p. 12, spéc. p. 17* (gage de meubles corporels). – Durteste, Biau, Gaftoniuc et Glon, *ibid., n° 22, p. 967* (formule). – Torck, *RD banc. fin. juil.-août 2006. 39, spéc. 42* (garanties réelles mobilières sur biens fongibles). – Legeais, *RTD com. 2006. 639* (gage sur stocks). – Inforeg, *Cah. dr. entr. 2007, n° 2, p. 68* (gage sans dépossession et gage des stocks). – Clavel-Thoraval, *RLDA mars 2013. 61* (gage des stocks et gage de droit commun : concurrence ou exclusivité ?). – Bourassin, *D. 2013. 1363* (la force d'attraction du gage des stocks).

Art. L. 527-1 **Tout crédit consenti par un établissement de crédit à une personne morale de droit privé ou à une personne physique dans l'exercice de son activité professionnelle peut être garanti par un gage sans dépossession des stocks détenus par cette personne.**

Le gage des stocks est constitué par acte sous seing privé.

A peine de nullité, l'acte constitutif du gage doit comporter les mentions suivantes :

1° La dénomination : "acte de gage des stocks" ;

2° La désignation des parties ;

3° La mention que l'acte est soumis aux dispositions des articles L. 527-1 à L. 527-11 ;

4° Le nom de l'assureur qui garantit contre l'incendie et la destruction ;

5° La désignation de la créance garantie ;

6° Une description permettant d'identifier les biens présents ou futurs engagés, en nature, qualité, quantité et valeur ainsi que l'indication du lieu de leur conservation ;

7° La durée de l'engagement.

Les dispositions de l'article 2335 du code civil sont applicables.

Un gardien peut être désigné dans l'acte de gage.

1. Absence d'option. S'agissant d'un gage portant sur des éléments visés à l'art. L. 527-3 C. com., les parties, dont l'une est un établissement de crédit, ne peuvent soumettre leur contrat au droit commun du gage de meubles sans dépossession de l'art. 2333 C. civ. mais doivent appliquer l'art. L. 527-1 C. com. • Com. 19 févr. 2013 : *BICC 15 juin 2013, n° 889 ; D. 2013. Actu. 493, obs. Dammann et Podeur* ; *ibid. Chron. C. cass. 1176, obs. Guillou ; JCP E 2013, n° 1173, note Legeais ; JCP 2013, n° 539, note Martial-Braz ; RJDA 2013, n° 454 ; LPA 26 avr. 2013, note Calme ; LPA 29 mai 2013, note Andreu et Quievy ; RD banc. fin. 2013, n° 59, obs. Legeais ; Banque et Droit mars-avr. 2013. 52, obs. Rontchevsky ; Bull. Joly Entrep. diff. 2013. 149, note Borga ; RLDA mai 2013. 30, note Clavel-Thoraval ; LEDEN mars 2013, p. 1, obs. Lucas* (cassation de • Paris, 3 mai 2011 : *RTD civ. 2011. 785, obs. Crocq* ; *JCP 2012, n° 626, spéc. n° 23, obs. Delebecque ; Gaz. Pal. 2011. 3621, obs. Dumont-Lefrand ; RD banc. fin. 2011, n° 166, obs. Cerles*).

2. Réserve de propriété. L'Ord. du 23 mars 2006 relative aux sûretés ayant institué un gage des stocks qui, en application de l'art. L. 527-1, est sans dépossession, il en résulte que la constitution d'un tel gage ne devrait plus faire obstacle à l'action en revendication du bénéficiaire d'une clause de réserve de propriété (Rép. min. n° 16491 : *cité note 5 ss. art. L. 521-2*).

Art. L. 527-2 Est réputée non écrite toute clause prévoyant que le créancier deviendra propriétaire des stocks en cas de non-paiement de la dette exigible par le débiteur.

Art. L. 527-3 Peuvent être donnés en gage, à l'exclusion des biens soumis à une clause de réserve de propriété, les stocks de matières premières et approvisionnements, les produits intermédiaires, résiduels et finis ainsi que les marchandises appartenant au débiteur et estimés en nature et en valeur à la date du dernier inventaire.

Art. L. 527-4 Le gage des stocks ne produit effet que s'il est inscrit sur un registre public tenu au greffe du tribunal dans le ressort duquel le débiteur a son siège ou son domicile. L'inscription doit être prise, à peine de nullité du gage, dans le délai de quinze jours à compter de la formation de l'acte constitutif. — *V. art. R. 527-1 à R. 527-16.*

Le rang des créanciers gagistes entre eux est déterminé par la date de leur inscription. Les créanciers inscrits le même jour viennent en concurrence.

Art. L. 527-5 Les stocks constituent, jusqu'au remboursement total des sommes avancées, la garantie de l'établissement de crédit.

Le privilège du créancier passe de plein droit des stocks aliénés à ceux qui leur sont substitués.

Le créancier peut, à tout moment et à ses frais, faire constater l'état des stocks engagés.

Art. L. 527-6 Le débiteur est responsable de la conservation des stocks en quantité et en qualité dans les conditions prévues à l'article 1137 du code civil.

Il justifie que les stocks sont assurés contre les risques d'incendie et de destruction.

Art. L. 527-7 Le débiteur tient à la disposition du créancier un état des stocks engagés ainsi que la comptabilité de toutes les opérations les concernant.

Il s'engage à ne pas diminuer de son fait la valeur des stocks.

Lorsque l'état des stocks fait apparaître une diminution de 20 % de leur valeur telle que mentionnée dans l'acte constitutif, le créancier peut mettre en demeure le débiteur, soit de rétablir la garantie, soit de rembourser une partie des sommes prêtées en proportion de la diminution constatée. S'il ne lui est pas donné satisfaction, le créancier peut exiger le remboursement total de la créance, considérée comme échue. – *V. art. R. 527-17.*

Art. L. 527-8 Les parties peuvent convenir que la part des stocks engagés diminue à proportion du désintéressement du créancier.

Art. L. 527-9 En cas de remboursement anticipé de la créance, le débiteur n'est pas tenu des intérêts restant à courir jusqu'à son échéance.

Si le créancier refuse les offres du débiteur, celui-ci peut, pour se libérer, consigner la somme offerte.

Art. L. 527-10 En cas de non-paiement de la créance exigible, le créancier peut poursuivre la réalisation de son gage dans les conditions prévues aux articles 2346 et 2347 du code civil.

Art. L. 527-11 Les conditions d'application des dispositions du présent chapitre sont fixées par décret en Conseil d'État. – *V. art. R. 527-1 s.*

LIVRE SIXIÈME DES DIFFICULTÉS DES ENTREPRISES

(L. n° 2005-845 du 26 juill. 2005)

RÉP. COM. v° *Entreprises en difficulté (Avant-propos)*, par LE CANNU.

DALLOZ ACTION *Droit et pratique des procédures collectives 2012/2013*, par LE CORRE.

BIBL. GÉN. ► Sur la loi du 26 juill. 2005 en général : LE CORRE, *D. 2005, Cah. dr. aff., suppl. au n° 33 ; Rev. proc. coll. 2006. 336* (créanciers) ; *ibid. 2008. Dossier 14* (clôtures de la procédure). – VALLENS, *Bull. d'actualité Lamy droit commercial sept. 2005* (présentation générale) ; *ibid. oct. 2005* (dispositions d'application immédiate) ; *RTD com. 2005. 849* (procédure) ; *ibid. 2007. 604* (« effets pervers » de la loi). – LAGARDE, *Gaz. Pal. 2005. Doctr. 3007* (situation du Trésor public). – SOINNE, *Rev. proc. coll. 2005. 175.* – M.-F. BONNEAU, *ibid. 181* (tableaux comparatifs des différentes procédures). – GORRIAS, *ibid. 194* (aspects procéduraux). – DUMONT, *ibid. 226* (droit des sociétés). – *Bull. d'actualité Dict. perm. diff. entrep. sept. 2005.* – *BRDA 2005, n° 18, p. 10.* – S. PIEDELIÈVRE, *JCP N 2005, n° 39, p. 1586.* – CROZE, *Procédures 2005. Étude 11* (panorama général et procédural). – PÉTEL, *JCP E 2005, n° 42, p. 1730.* – MORVAN, *ibid., p. 1751* (droit social). – HOULETTE, *ibid., p. 1772* (rôle du ministère public). – OUTIN-ADAM et BIENVENU, *ibid., p. 1781* (point de vue de la CCIP). – DAMMANN, *Banque et Droit sept.-oct. 2005. 16* (situation des banques titulaires de sûretés). – F.-X. LUCAS, *Bull. Joly 2005. 1181.* – LEGEAIS, *RD banc. fin. 2005, n° 162* (incidences en matière de garanties). – CHAPUT, *JCP 2005. I. 184.* – DEHARVENG, *Bull. d'actualité Lamy droit commercial nov. 2005 ; RLDA déc. 2005, p. 4* (philosophie de la réforme et présentation du nouveau cadre juridique). – BOUTEILLER, *Bull. d'actualité Lamy droit du financement nov. 2005.* – DELFOSSE et PÉNIGUEL, *JCP N 2005, n° 42, p. 1757* (administration de l'entreprise : cession de l'entreprise et des actifs du débiteur). – LÉGUEVAQUES, *Rev. proc. coll. 2005. 296* (situation des cautions) ; *RD banc. fin. janv.-févr. 2006. 72* (même thème) ; *LPA, n° spéc., 17 févr. 2006, p. 63* (sort des créanciers). – SAINT-ALARY-HOUIN, *Rev. proc. coll. 2005. 342* (généralités) ; *ibid. 2007. 13* (de nouvelles procédures pour de nouvelles stratégies). – J.-F. BARBIÈRI, *Rev. proc. coll. 2005. 346* (choix des techniques de traitement) ; *LPA 30 sept. 2008* (dirigeants et associés d'une entreprise en difficulté : entre partenaires et débiteurs). – DUVAL, *RLDA, suppl. au n° 88, déc. 2005, p. 18* (extension des procédures collectives aux professions libérales). – PRIGENT, *LPA 9 janv. 2006* (cautions, coobligés, garants autonomes et constituants d'une sûreté). – RONTCHEVSKY, *Banque et Droit janv.-févr. 2006. 17* (les sûretés personnelles à l'épreuve de la loi de sauvegarde). – SOUWEINE, *D. 2006. Chron. 501* (exercice de l'action civile). – Dossier « La loi de sauvegarde article par article », sous la direction de F.-X. LUCAS et LÉCUYER, *LPA, n° spéc., 8 et 9 févr. 2006.* – Dossier « Regards croisés de praticiens sur la loi de sauvegarde », *LPA, n° spéc., 17 févr. 2006.* – REYGROBELLET, *ibid., p. 58* (décision du Conseil constitutionnel rejetant les recours contre la loi de sauvegarde). – STOUFFLET et MATHEY, *RD banc. fin. janv.-févr. 2006. 54* (dispositions applicables aux concours financiers). – MACORIG-VENIER et SAINT-ALARY-HOUIN, *ibid. 60* (situation des créanciers). – SAINTOURENS, *Rev. proc. coll. 2006. 40* (ouverture des procédures : conditions de fond). – STAES, *Dr. et patr. mars 2006. 60* (aspects procéduraux de la réforme). – CROCQ, *ibid. 90* (sort des créanciers munis de sûretés) ; *D. 2006. 1306* (réforme des procédures collectives et droit des sûretés). – RÉTIF, *Dr. et patr. mars 2006. 95 ; Rev. proc. coll. 2006. 152* (extension des procédures collectives aux professions libérales). – MARTIN et NEVEU, *JCP E 2006, n° 19, p. 867* (application de la loi de sauvegarde à la profession d'avocat). – RÉMERY, *JCP 2006. I. 132* (les seuils dans la réforme du droit des entreprises en difficulté). – FAVARIO, *Bull. Joly 2006. 691* (application à l'avocat exerçant en nom). – VINCKEL, *LPA 12 juin 2006* (option entre les procédures préventives : analyse des risques) ; *Rev. proc. coll. 2007. 6* (droit d'action des créanciers chirographaires). – Colloque *organisé par le Centre* de recherche en droit privé de l'Université de Caen les 26 et 27 janv. 2006, *Rev. proc. coll. 2006. 117.* – TEBOUL, *LPA 23 juin 2006* (préservation des créances et sort des contrats) ; *Gaz. Pal. 2007. Doctr. 36* (rapport de Roux sur la mise en application de la loi du 26 juill. 2005). – CERATI-GAUTHIER, *Rev. sociétés 2006. 305* (l'associé dans la loi de sauvegarde des entreprises). – CASTAGNÉ, *JCP N 2006, n° 25, p. 1208* (conjoint du débiteur). – VERGER et MIGNONE, *D. 2006. 2234* (aspects pratiques de l'application de la loi aux professionnels libéraux). – DORLÉAC, *LPA 22 sept. 2006* (le banquier et la loi du 26 juill. 2005). – BOULAY, *JCP E*

2006, n° 39, p. 1621 (créanciers antérieurs). – Colloque du 7 mars 2006, *LPA 21 sept. 2006* (la loi de sauvegarde en pratique). – COCHETEUX, *Banque et Droit sept.-oct. 2006. 9* (commission des chefs des services financiers et loi de sauvegarde des entreprises). – BROCARD, *LPA 24 nov. 2006* (sûretés personnelles). – LÉCUYER, *Rev. proc. coll. 2006. 332* (les nouveaux débiteurs). – DOUAOUI, *LPA 8 janv. 2007* (difficultés d'application). – Colloque organisé par l'IFPPC le 29 janv. 2007, *Dict. perm. diff. entrep., Bull. 2007, n° 279, p. 4664* (premier bilan). – Colloque des 27 et 28 févr. 2006, *LPA 20 mars 2007*. – Colloque du LDPA de Dijon du 10 mars 2006, *LPA 14 juin 2007* (attraits des nouveaux modes de traitement des entreprises en difficulté). – Colloque du CRAJEFE du 1er avr. 2006, *ibid.* (premières applications). – VALDMAN, *Gaz. Pal. 2008. Doctr. 73* (loi de sauvegarde : quelle procédure pour quelles difficultés ?). – URBAN, *Rev. proc. coll. 2008. 35* (implication des institutions représentatives du personnel). – ROSSIGNOL *LPA 1er-2 mai 2008* (règlement des crédits-bailleurs). – PÉROCHON, *Dr. et patr. juill.-août 2008. 77* (procédures collectives et cautionnement). – VALLANSAN, *Rev. proc. coll. 2008. Étude 14* (créanciers antérieurs). – LEGRAND et STAES, *ibid. Dossier 8* (détermination du patrimoine du débiteur). – HOUIN-BRESSAND, *ibid. Dossier 9* (cautions, garants et coobligés). – BAYLE, *LPA 23 oct. 2008* (enchaînement des procédures de préventionetde traitement des difficultés). – BEAUBRUN, *Mélanges Tricot, Dalloz-Litec, 2011, p. 395* (interprétation par la Cour de cassation des dispositions transitoires). – Dossier « La loi de sauvegarde a l'âge de raison », *Dr. et patr. mars 2013. 41*.

► Sur la réforme résultant de l'Ord. du 18 déc. 2008 : LIENHARD, *D. 2009. Chron. 110*. – Dossier spécial, *D. 2009. 639*. – ROUSSEL GALLE, *LPA 24 déc. 2008 ; Rev. sociétés 2009. 249* (dispositions concernant les dirigeants sociaux). – TEBOUL, *Gaz. Pal. 2009. Doctr. 20* (prévention et sauvegarde) ; *ibid. 215* (redressement judiciaire, liquidation judiciaire et sanctions). – PÉTEL, *JCP E 2009. 1049*. – SAINTOURENS, DOM et VALLANSAN, *Act. proc. coll. 2009, nos 1 à 28*. – FROEHLICH, *Bull. Joly 2009. 198*. – TEXIER et RUSSO, *LPA 2 mars 2009*. – SAINT-ALARY-HOUIN, *Dr. et patr. mars 2009. 32*. – Dossier spécial, *Rev. proc. coll. 2009. Dossiers 1 à 15*. – LEGROS, *Dr. sociétés 2009. Études 5 et 8*. – Dossier spécial, *Gaz. Pal. 2009. Doctr. 739*. – CROCQ, *JCP E 2009. 1313* (droit des sûretés). – H. CROZE et C. CROZE, *Procédures 2009. Étude 3* (dispositions procédurales). – S. PIEDELIÈVRE, *JCP N 2009. 1119*. – GIBIRILA, *Banque et Droit mai-juin 2009. 3*. – BORGA, *RD banc. fin. 2009. Étude 20* (droit des sûretés). – Colloque du 13 mars 2009, *RLDA 2009, n° 39, p. 70*. – Dossier « Sûretés et procédures collectives », *Cah. dr. entr. juill.-août 2009*. – VALLENS, *RTD com. 2009. 458* (règles de procédure). – BERTHELOT, *Dr. et patr. oct. 2009. 89* (traitement de la fiducie-sûreté). – MACORIG-VENIER, *ibid. janv. 2010. 26* (apports en matière de sûretés). – MASTRULLO, *Rev. proc. coll. 2010. Étude 7* (rapports de la saisie immobilière et du droit des procédures collectives depuis la réforme).

► Sur les modifications issues de la loi de régulation bancaire et financière du 22 oct. 2010 : GRELON, *Rev. sociétés 2011. 7*. – *BRDA 2010, n° 21, p. 22*. – BESSE et MORELLI, *RLDA déc. 2010. 23*. – LEBEL, *Gaz. Pal. 7-8 janv. 2011, p. 9* (innovations apportées aux plans de sauvegarde et de redressement).

► Sur les modifications issues de l'Ord. d'adaptation du droit des entreprises en difficulté à l'EIRL du 9 déc. 2010 : LE CORRE, LEGRAND et GUESMI, *D. 2011. Dossier. 90*. – ROUSSEL GALLE, *Dict. perm. diff. entrep., Bull. n° 321*. – DAMMANN et PODEUR, *Gaz. Pal. 22-23 déc. 2010, p. 8*. – PÉTEL, *JCP E 2011. 1071*. – LEBEL, *RLDA févr. 2011. 21*. – S. PIEDELIÈVRE, *LPA 4 févr. 2011*. – *BRDA 2011, n° 2, p. 17*. – DUBUISSON, *JCP N 2011. 1002*. – VALLANSAN, *Rev. proc. coll. 2011. Étude 2*. – MONSÈRIÉ-BON, *Bull. Joly 2011. 270*. – VAUVILLÉ, *Defrénois 2011. 137*. – Dossier spécial, *Rev. proc. coll. 2011. Dossiers 15 à 33*. – SAINT-ALARY-HOUIN, *Dr. et patr. avr. 2011. 63*. – SAINT-ALARY-HOUIN et MERCIER, *Gaz. Pal. 18-19 mai 2011, p. 33*. – Dossier « EIRL et procédures collectives », *Cah. dr. entr. mai-juin 2011*.

► Sur la loi du 12 mars 2012 relative aux mesures conservatoires : LE CORRE, *Rev. sociétés 2012. 412*. – ROUSSEL GALLE, *JCP E 2012. Actu. 192 ; Rev. proc. coll. 2012. Étude 16*. – LEGROS, *Dr. sociétés 2012, nos 85 à 88*. – S. PIEDELIÈVRE, *RD banc. fin. 2012, n° 93*. – DEMEYERE, *RLDA juill.-août 2012. 26*. – MORVAN, *JCP E 2013. 1047* (la loi *Petroplus* et les salariés). ► Sur le décret d'application : CAGNOLI, *Act. proc. coll. 2012, nos 272 et 273*. – DEMEYERE, *RLDA déc. 2012. 17*. – ROUSSEL GALLE, *Rev. proc. coll. 2012. Étude 40*. – ROSSI, *Bull. Joly Entrep. diff. 2013. 104*.

► Réforme des sûretés et procédures collectives : VALLENS, *RLDA 2006, n° 7, p. 75* (modifications issues de l'ord. du 23 mars 2006). – ROUSSEL GALLE, *Rev. proc. coll. 2006. 260* (même thème). – LE CORRE, *JCP E 2007. 1185* (incidence de la réforme des sûretés sur les créanciers confrontés aux procédures collectives). – LEGEAIS, *Rev. sociétés 2007. 687* (réforme des sûretés, fiducie et procédures collectives). – LEFÈVRE, *LPA 27 mars 2008* (conséquences de la réforme des sûretés sur les procédures collectives). – CROCQ, *RLDA 2008, n° 27, p. 53* (saisie immobilière et procédures collectives). – GARAUD, *LPA 17 juin 2009* (sûretés et procédures collectives : articulation des réformes). – Dossier « Les réformes des sûretés et l'entreprise : développement du crédit et anticipation des difficultés », *Rev. proc. coll. 2009. Dossiers 16 à 20.* – Colloque du CRAJEFE-CERDP du 20 mars 2010, *LPA 11 févr. 2011* (sûretés réelles et droit des entreprises en difficulté).

► Autres thèmes : PROVANSAL, *Gaz. Pal. 2007. Doctr. 2251* (exécution contre les cautions, les coobligés et garants autonomes des débiteurs en procédure collective). – TEBOUL, *LPA 1er-2 janv. 2008* (le code du travail : un divorce avec le droit des entreprises en difficulté ?). – TEXIER, *RTD com. 2008. 25* (effets sur le cautionnement de la remise de dette consentie au débiteur dans le cadre de procédures organisées). – ZABALA, *JCP E 2008. 1598* (prévention des difficultés des entreprises et obligation d'information du public). – Colloque du 26 oct. 2007, *LPA 11 juin 2008* (procédures d'insolvabilité, aides publiques et droit de la concurrence). – NEMEDEU, *RTD com. 2008. 241* (principe d'égalité des créanciers). – Colloque du CRAJEFE des 16 et 17 mai 2008, *LPA 28 nov. 2008* (procédure civile et procédures collectives). – HARAVON, *D. 2009. Chron. 244* (*Doing Business 2009* : mesurer l'efficacité des faillites ?). – GRIMALDI et DAMMANN, *D. 2009. 670* (fiducie). – DE FRÉMONT, *Gaz. Pal. 2009. Doctr. 104* (licenciements et procédures collectives : un compromis acceptable ?). – FAVARIO, *Rev. proc. coll. 2009. Étude 18* (attractivité du droit des entreprises en difficulté). – MONSÈRIÉ-BON, *Dr. et patr. sept. 2009. 64* (l'effacement des dettes dans le droit des entreprises en difficulté). – BOMPOINT et KOPF, *Journ. sociétés sept. 2009. 36* (sociétés cotées en bourse et procédures de sauvegarde et de redressement judiciaire). – VIDAL, *Gaz. Pal. 2009. Doctr. 2996* (procédure collective et procédure d'arbitrage). – GOVERNATORI, *ibid. 3001* (le droit administratif à l'épreuve du droit des procédures collectives). – Colloque du 19 mars 2009, *LPA 27 nov. 2009* (quelles convergences pour améliorer le traitement des difficultés des entreprises dans l'Union européenne ?). – Dossier « La loi de sauvegarde à l'épreuve du droit des sociétés », *Bull. Joly 2009. 1108.* – Dossier « Les garanties du banquier face aux entreprises en difficulté », *RD banc. fin. 2010. Dossiers 11 à 16.* – ROUSSEL GALLE, BOURBOULOUX et COUTURIER, *LPA 22 avr. 2010* (le groupe de sociétés en procédure collective). – M. SÉNÉCHAL, *Dr. et patr. avr. 2010. 89* (le patrimoine affecté à l'épreuve du droit des procédures collectives). – ANTONINI-COCHIN, *JCP 2010. 584* (droits du conjoint du débiteur soumis à une procédure collective). – SAINTOURENS, *Dr. et patr. juill.-août 2010. 80* (Conv. EDH et droit des procédures collectives). – Colloque de Caen du 15 oct. 2010, *Rev. proc. coll. 2010. Dossiers 1 à 13* (risques et responsabilités en droit des procédures collectives). – HOUIN-BRESSAND, *Mélanges Tricot, Dalloz-Litec, 2011, p. 453* (la caution en difficulté). – RAKOTOVAHINY, *Dr. et patr. mars 2011. 26* (la fraude paulienne à l'épreuve des procédures collectives) ; *LPA 5 juill. 2011* (l'inopposabilité dans les procédures collectives). – CAGNOLI, *Rev. proc. coll. 2011. Étude 12* (prescription et procédures collectives). – SOINNE, *ibid. Étude 18* (application du droit des procédures collectives aux titulaires d'offices publics et ministériels – situation des huissiers de justice). – Dossier « Droit social et procédures collectives », *Rev. proc. coll. 2012. Dossiers 1 à 11.* – ANSAULT, *Journ. sociétés mars 2012. 12* (cession Dailly et procédures collectives). – Dossier « Le droit des entreprises en difficulté à l'épreuve de la crise économique », *Bull. Joly Entrep. diff. 2012. 306.* – Colloque de Strasbourg du 1er juin 2012, *RLDA oct. 2012. 55* (droits des salariés dans les procédures collectives : des finalités communes et des modalités différentes). – Dossier « Personne physique et procédures collectives », *Rev. proc. coll. 2013. Dossiers 1 à 11.*

ENTRÉE EN VIGUEUR DE LA LOI DU 26 JUILL. 2005 :

La L. n° 2005-845 du 26 juill. 2005 entre en vigueur le 1er janv. 2006, à l'exception des dispositions suivantes qui sont applicables aux procédures et situations en cours dès sa publication :

— Dans toutes les dispositions prévoyant une incapacité, une interdiction ou une déchéance résultant d'une faillite personnelle ou d'une interdiction de gérer, ces mesures doivent être comprises comme ayant une durée maximale de quinze ans à compter du jour où la décision les ayant prononcées est devenue définitive (Pour des applications, V. notes de jurisprudence ss. art. L. 653-11).

— Les mesures de faillite personnelle et d'interdiction de gérer ainsi que les déchéances et interdictions qui en ont résulté prennent fin à la date de publication de la présente loi lorsque, à cette date, elles ont été prononcées plus de quinze années auparavant par une décision devenue définitive.

Toutefois, les poursuites déjà engagées au jour de la publication de la L. n° 2005-845 du 26 juill. 2005, sur le fondement de l'art. L. 622-32 C. com., ne sont pas, même si le délai de quinze années est expiré, affectées par les dispositions qui précèdent et les sommes perçues par les créanciers leur restent acquises (L. n° 2005-845 du 26 juill. 2005, art. 190, JO 27 juill.).

Les procédures ouvertes en vertu des art. L. 621-98, L. 624-1, L. 624-4 et L. 624-5 C. com., dans leur rédaction antérieure à la L. n° 2005-845 du 26 juill. 2005, ne sont pas affectées par son entrée en vigueur (L. n° 2005-845 du 26 juill. 2005, art. 192).

Pour des applications, V. note 1 ss. art. L. 643-11, note 42 ss. art. L. 651-2, note ss. art. L. 651-3, notes 1 à 3 ss. art. L. 652-1, note 9 ss. art. L. 653-1, note 9 ss. art. L. 653-8, note 1 ss. art. L. 654-15, note 6 ss. ancien art. L. 624-1 (ss. art. L. 651-1), note 5 ss. ancien art. L. 624-4 (ss. art. L. 651-2), notes 15 s. ss. ancien art. L. 624-5 (ss. art. L. 652-1) et note 5 ss. ancien art. L. 625-4 (ss. art. L. 653-4).

Pour l'application d'office des dispositions issues de la loi du 26 juill. 2005 en cas d'erreur de visa, V. Paris, 13 oct. 2006 : D. 2006. AJ 2669, obs. Lienhard.

NDLR : *L'art. 191 donne une liste de dispositions qui, lors de l'entrée en vigueur différée de la loi soit le 1er janv. 2006, s'appliqueront aux procédures en cours, c'est-à-dire aux procédures ouvertes par un jugement antérieur à cette date. Ces exceptions et dérogations sont mentionnées sous chacun des articles du code qu'elles concernent. — Sur l'entrée en vigueur de la loi du 26 juill. 2005, V. aussi Circ. 22 juill. 2005 (BOMJ 2005, n° 99). — V. encore Circ. 9 janv. 2006 relative aux mesures législatives et réglementaires applicables à la loi de sauvegarde des entreprises applicables aux procédures en cours (BOMJ 2006, n° 101).*

DISPOSITIONS DIVERSES DE LA LOI DU 26 JUILL. 2005 :

Dans tous les textes législatifs et réglementaires, les références faites au : « règlement amiable » au sens du titre Ier du livre VI du code de commerce, dans sa rédaction antérieure à l'entrée en vigueur de la L. n° 2005-845 du 26 juill. 2005, sont remplacées par les références à la : « procédure de conciliation ».

Dans tous les textes législatifs et réglementaires, à l'exception du livre VI du code de commerce, du troisième al. de l'art. L. 143-11-1 et du chapitre Ier du titre II du livre III du code du travail, les références faites au redressement judiciaire et au plan de redressement sont remplacées, respectivement, par des références aux procédures de sauvegarde ou de redressement judiciaire, et aux plans de sauvegarde ou de redressement. Les références au plan de continuation sont remplacées par des références aux plans de sauvegarde ou de redressement judiciaire.

Dans tous les textes législatifs et réglementaires, les références faites au : « représentant des créanciers » sont remplacées par des références au : « mandataire judiciaire ».

Dans tous les textes législatifs et réglementaires, la référence à la cession de l'entreprise ordonnée en application de l'art. L. 621-83 ou à la cession d'unités de production ordonnée en application de l'art. L. 622-17 C. com., dans sa rédaction antérieure à l'entrée en vigueur de la L. n° 2005-845 du 26 juill. 2005, est remplacée par une référence à la cession de l'entreprise ordonnée en application de l'art. L. 642-5 du même code.

Dans tous les textes législatifs ou réglementaires, les références faites au : « mandataire judiciaire au redressement et à la liquidation des entreprises » sont remplacées par des références au : « mandataire judiciaire » (L. n° 2005-845 du 26 juill. 2005, art. 165, JO 27 juill.).

ENTRÉE EN VIGUEUR DE L'ORDONNANCE DU 18 DÉC. 2008 :

L'Ord. n° 2008-1345 du 18 déc. 2008 entre en vigueur le 15 févr. 2009, à l'exception de l'art. 16 [V. C. com., art. L. 621-9], qui entre en vigueur le 1er janv. 2009.

Elle n'est pas applicable aux procédures en cours au jour de son entrée en vigueur, sauf en ce qui concerne :

— les dispositions de l'art. 16 ;

— les dispositions des art. 133 [abrogeant les art. L. 652-1 à L. 652-5 C. com.] et 135 [V. C. com., art. L. 653-4.] Les actions fondées sur l'obligation aux dettes sociales ne peuvent plus être engagées à compter de l'entrée en vigueur de la présente ordonnance. En revanche, les actions déjà engagées au jour de cette entrée en vigueur se poursuivent.

Les dispositions du 5e al. de l'art. 63 [V. C. com., art. L. 626-27] sont applicables aux plans de sauvegarde en cours d'exécution au jour de son entrée en vigueur (art. 173).

Sur les dispositions de l'Ord. n° 2008-1345 du 18 déc. 2008 relatives à l'outre-mer, V. ce texte, art. 169 à 172 (JO 19 déc.).

Pour la ratification de l'Ord. n° 2008-1345 du 18 déc. 2008, V. L. n° 2009-526 du 12 mai 2009, art. 138-I (JO 13 mai).

APPLICATION DE L'ORDONNANCE DU 9 DÉC. 2010 À L'OUTRE-MER :

Pour l'application en Nouvelle-Calédonie et à Wallis-et-Futuna des dispositions issues de l'Ord. n° 2010-1512 du 9 déc. 2010, V. Ord. n° 2011-322 du 24 mars 2011, art. 1er-1° et 2-1° (JO 25 mars).

Art. L. 610-1 *(L. n° 2005-845 du 26 juill. 2005, art. 2)* **Un décret en Conseil d'État détermine, dans chaque département, le tribunal ou les tribunaux appelés à connaître des procédures prévues par le présent livre, ainsi que le ressort dans lequel ces tribunaux exercent les attributions qui leur sont dévolues.**

V. art. R. 600-1 s.

TITRE PREMIER DE LA PRÉVENTION DES DIFFICULTÉS DES ENTREPRISES

RÉP. COM. v^is *Entreprises en difficulté (Détection des difficultés)*, par MONSÈRIÉ-BON ; *Entreprises en difficulté (Mandat ad hoc - Conciliation)*, par MONSÈRIÉ-BON.

BIBL. GÉN. ▶ ROUSSEL GALLE, *Dr. et proc. 2005. 260* (conciliation) ; *LPA 12 juill. 2006* (mandat *ad hoc* et conciliation après le décret du 28 déc. 2005). – MONTÉRAN, *Gaz. Pal. 2005. Doctr. 2928* (prévention et conciliation). – VALLIOT, *JCP E 2005, n° 42, p. 1775* (mandat *ad hoc* et conciliation). – CROZE, *Procédures 2005. Étude 12* (même thème). – TEBOUL, *LPA 19 oct. 2005* (prévention). – LEGROS, *Dr. sociétés 2005. Étude 9.* – MACORIG-VENIER, *RTD com. 2005. 829* ; *Rev. proc. coll. 2005. 352* (conciliation). – REINS, *RLDA, suppl. au n° 88, déc. 2005, p. 9* (même thème). – HABAUZIT-DETILLEUX et MICHAUD, *Gaz. Pal. 2006. Doctr. 138* (procédure de conciliation applicable à l'avocat en difficulté). – KUNTZ, *LPA, n° spéc., 8 févr. 2006, p. 5* (commentaire article par article). – THÉVENOT, *ibid., 17 févr. 2006, p. 14* (mandat *ad hoc* et conciliation). – SAINT-ALARY-HOUIN, *Rev. proc. coll. 2006. 169* (conciliation). – SCHMITT, *ibid. 178* (conciliation : aspects pratiques). – LAFONT DE SENTENAC, *Bull. Joly 2006. 1083* (rôle du commissaire aux comptes et de l'expert-comptable dans la détermination du passif du débiteur en conciliation). – GANDIN, *JCP E 2006, n° 43-44, p. 1838* (information et consultation des représentants des salariés). – LAVIGNE, *LPA 20 mars 2007* (conciliation). – VALLANSAN, *LPA 14 juin 2007* (même thème). – DOUHAIRE, *RJ com. 2008. 21* (aspects pratiques de la conciliation). – MACORIG-VENIER et CAVIGLIOLI, *Rev. proc. coll. 2008. Dossier 2* (pratique et réforme de la conciliation). DELATTRE, *Rev. proc. coll. 2010. Étude 21* (cadre légal). – MODAT, *Rev. proc. coll. 2011. Étude 10* (cellules de prévention). ▶ Sur l'ordonnance du 18 déc. 2008 : MONTÉRAN, *D. 2009. 639* . – DELATTRE, *Rev. proc. coll. 2009. Dossier 3.* – ROHART-MESSAGER, *Gaz. Pal. 2009. Doctr. 741.* – MACORIG-VENIER, *RTD com. 2009. 436* .

CHAPITRE PREMIER DE LA PRÉVENTION DES DIFFICULTÉS DES ENTREPRISES, DU MANDAT *AD HOC* ET DE LA PROCÉDURE DE CONCILIATION

Art. L. 611-1 *(L. n° 2003-721 du 1er août 2003, art. 10)* « **Toute personne immatriculée au registre du commerce et des sociétés ou au répertoire des métiers** » **ainsi que** *(Ord. n° 2010-1512 du 9 déc. 2010, art. 2-1°)* « **tout entrepreneur individuel à responsabilité limitée et** » **toute personne morale de droit privé peut adhérer à un groupement de prévention agréé par arrêté du représentant de l'État dans la région.**

Ce groupement a pour mission de fournir à ses adhérents, de façon confidentielle, une analyse des informations *(L. n° 2003-721 du 1er août 2003, art. 10)* « **écono-**

miques, comptables et financières » que ceux-ci s'engagent à lui transmettre régulièrement.

Lorsque le groupement relève des indices de difficultés, il en informe le chef d'entreprise et peut lui proposer l'intervention d'un expert.

A la diligence du représentant de l'État, les administrations compétentes prêtent leur concours aux groupements de prévention agréés. Les services de la Banque de France peuvent également, suivant des modalités prévues par convention, être appelés à formuler des avis sur la situation financière des entreprises adhérentes. *(L. nº 2005-845 du 26 juill. 2005, art. 3)* **« Les groupements de prévention agréés peuvent aussi bénéficier d'aides des collectivités territoriales. »**

Les groupements de prévention agréés sont habilités à conclure, notamment avec les établissements de crédit et les entreprises d'assurance, des conventions au profit de leurs adhérents. – *[L. nº 84-148 du 1er mars 1984, art. 33.]*

V. art. D. 611-1 s. – V. aussi Circ. 26 nov. 2004 (JO 1er déc.).

Sur les avantages fiscaux liés à l'adhésion à un groupement de prévention agréé, V. L. nº 89-549 du 2 août 1989, art. 9 (D. et ALD 1989. 275).

BIBL. ► BOUKRIS, *Gaz. Pal. 1984. 2. Doctr. 138.* – CHAPUT, *LPA 1985, nº 143.*

Art. L. 611-2 *(L. nº 2005-845 du 26 juill. 2005, art. 4)* **« I. » – Lorsqu'il résulte de tout acte, document ou procédure qu'une société commerciale, un groupement d'intérêt économique, ou une entreprise individuelle, commerciale ou artisanale connaît des difficultés de nature à compromettre la continuité de l'exploitation, ses dirigeants peuvent être convoqués par le président du tribunal de commerce pour que soient envisagées les mesures propres à redresser la situation.**

A l'issue de cet entretien *(L. nº 2005-845 du 26 juill. 2005, art. 4)* **« ou si les dirigeants ne se sont pas rendus à sa convocation », le président du tribunal peut, nonobstant toute disposition législative ou réglementaire contraire, obtenir communication, par les commissaires aux comptes, les membres et représentants du personnel, les administrations publiques, les organismes de sécurité et de prévoyance sociales ainsi que les services chargés de la centralisation des risques bancaires et des incidents de paiement, des renseignements de nature à lui donner une exacte information sur la situation économique et financière du débiteur.** – *[L. nº 84-148 du 1er mars 1984, art. 34.]*

(L. nº 2005-845 du 26 juill. 2005, art. 4) **« II. – Lorsque les dirigeants d'une société commerciale ne procèdent pas au dépôt des comptes annuels dans les délais prévus par les textes applicables, le président du tribunal peut leur adresser une injonction de le faire à bref délai sous astreinte.**

« Si cette injonction n'est pas suivie d'effet dans un délai fixé par décret en Conseil d'État, le président du tribunal peut également faire application à leur égard des dispositions du deuxième alinéa du I. »

(Ord. nº 2010-1512 du 9 déc. 2010, art. 2-2º) **« Le II est applicable, dans les mêmes conditions, à tout entrepreneur individuel à responsabilité limitée qui ne procède pas au dépôt des comptes annuels ou documents mentionnés au premier alinéa de l'article L. 526-14, lorsque l'activité professionnelle à laquelle le patrimoine est affecté est commerciale ou artisanale. »**

V. art. R. 600-2 et R. 611-10 s.

BIBL. ► ROHART-MESSAGER, *Gaz. Pal. 2010. Doctr. 54* (prévention-détection par les présidents des tribunaux de commerce).

1. Art. L. 611-2 (I). Il n'appartient pas au juge saisi en matière de référé de s'attribuer les pouvoirs propres du président de la juridiction et de procéder, quelle qu'en soit l'éventuelle opportunité, à l'entretien prévu par l'art. 34 [C. com., art. L. 611-2]. Il ne peut pas faire convoquer – dans ce but – le représentant légal de la personne morale à une audience publique, l'entretien devant conserver une certaine confidentialité. • Versailles, 26 janv. 1995 : *Gaz. Pal. 1995. 1.*

Somm. 71 ; JCP E 1995. Pan. 328 ; RJDA 1995, n° 884.

2. Art. L. 611-2 (II). Pour la conformité à la Constitution des dispositions de l'art. L. 611-2, II, V. • Com., QPC, 15 janv. 2013 : *Rev. sociétés 2013. 180, obs. Roussel Galle ; LEDEN févr. 2013, p. 2, obs. Rubellin ; Dr. sociétés 2013, n° 69, note Legros ; Bull. Joly 2013. 270, note Parachkévova ; Bull. Joly Entrep. diff. 2013. 72, note Borga ; RJDA 2013, n° 333 ; Rev. proc. coll. 2013, n° 26, obs. Delattre.*

3. L'ordonnance liquidant l'astreinte et condamnant le représentant légal à payer au Trésor public une certaine somme, rendue par le président du tribunal de commerce sur le fondement de l'art. L. 611-2, II, qui ne comporte ni l'indication du nom ni la signature d'un greffier, est nulle. • Com. 29 sept. 2009 : *Bull. civ. IV, n° 116 ; D. 2009. AJ 2422, obs. Lienhard ; Rev. sociétés 2010. 90, note Poracchia ; JCP E 2009. 2067, note Roussel Galle ; Dict. perm. diff. entrep. 2009, Bull. n° 308, obs. Rémery ; Bull. Joly 2010. 130, note Lecourt ; RJ com. 2010. 175, note Messaï-Bahri.*

Art. L. 611-3 *(Ord. n° 2008-1345 du 18 déc. 2008, art. 2)* **Le président du tribunal peut, à la demande d'un débiteur, désigner un mandataire *ad hoc* dont il détermine la mission. Le débiteur peut proposer le nom d'un mandataire *ad hoc*.**

Le tribunal compétent est le tribunal de commerce si le débiteur exerce une activité commerciale ou artisanale et le tribunal de grande instance dans les autres cas. — *V. art. R. 611-18 s.*

Sur la faculté de renvoi de l'affaire devant une autre juridiction, V. art. R. 662-8.

La nomination d'un mandataire *ad hoc* ne dispense pas le dirigeant de procéder à la déclaration de la cessation des paiements lorsque ses conditions sont réunies, ni d'être sanctionné pour ne pas y avoir procédé. • Com. 10 mai 2005 : *RJDA 2005, n° 1025 ; Dr. sociétés 2005, n° 174, note Legros.*

Art. L. 611-4 *(L. n° 2005-845 du 26 juill. 2005, art. 5)* **Il est institué, devant le tribunal de commerce, une procédure de conciliation dont peuvent bénéficier** *(Ord. n° 2010-1512 du 9 déc. 2010, art. 2-3°)* **« les débiteurs » exerçant une activité commerciale ou artisanale qui éprouvent une difficulté juridique, économique ou financière, avérée ou prévisible, et ne se trouvent pas en cessation des paiements depuis plus de quarante-cinq jours.**

La L. n° 88-1202 du 30 déc. 1988, codifiée partiellement au livre III du code rural et de la pêche maritime, a institué une procédure de règlement amiable destinée aux exploitations agricoles. — Toutefois, les sociétés commerciales exerçant une activité agricole demeurent soumises aux art. L. 611-4 s. — Sur cette procédure, V. C. rur., art. L. 351-1 s. et R. 351-1 s. — ***C. rur.*** *ou* ***C. pr. coll.***

Les dispositions, relatives au règlement des situations de surendettement des particuliers, du code de la consomation, art. L. 331-1 s., ne s'appliquent pas lorsque le débiteur relève des procédures instituées par le livre VI C. com. (C. consom., art. L. 333-3, al. 1er). — V. ces dispositions au ***C. consom.***

Pour l'ouverture d'une procédure de conciliation à l'égard d'un établissement de crédit, d'un établissement de paiement ou d'une entreprise d'investissement, subordonnée à un avis de l'Autorité de contrôle prudentiel, V. C. mon. fin., art. L. 613-27. — ***C. mon. fin.***

BIBL. ▶ Régime issu de la loi du 26 juill. 2005 : V. bibl. gén. précédant l'art. L. 611-1. ▶ Régime antérieur à la loi du 26 juill. 2005 (règlement amiable) : Bayle, *RTD com. 1988. 1.* – Chaput, *RJ com., n° spéc., févr. 1986, p. 106 ; JCP E 1988, supplément au n° 18, p. 3.* – Martin, *Gaz. Pal. 1984. 2. Doctr. 328.* – Mathieu, *JCP E 1986. II. 14805.* – Ferrand, *LPA 8 janv. 1996.*

Art. L. 611-5 *(L. n° 2005-845 du 26 juill. 2005, art. 5)* **La procédure de conciliation est applicable, dans les mêmes conditions, aux personnes morales de droit privé et aux personnes physiques exerçant une activité professionnelle indépendante, y compris une profession libérale soumise à un statut législatif ou réglementaire ou dont le titre est protégé. Pour l'application du présent article, le tribunal de grande instance est compétent et son président exerce les mêmes pouvoirs que ceux attribués au président du tribunal de commerce.**

La procédure de conciliation n'est pas applicable aux agriculteurs qui bénéficient de la procédure prévue aux articles L. 351-1 à L. 351-7 du code rural et de la pêche maritime.

Art. L. 611-6 *(Ord. n° 2008-1345 du 18 déc. 2008, art. 3)* **Le président du tribunal est saisi par une requête du débiteur exposant sa situation économique, sociale et financière, ses besoins de financement ainsi que, le cas échéant, les moyens d'y faire face. Le débiteur peut proposer le nom d'un conciliateur.**

La procédure de conciliation est ouverte par le président du tribunal, qui désigne un conciliateur pour une période n'excédant pas quatre mois mais qu'il peut, par une décision motivée, proroger d'un mois au plus *(Abrogé, à compter du 15 févr. 2009, par Ord. n° 2009-112 du 30 janv. 2009, art. 11-I)* **« *tard* » à la demande de ce dernier. Si une demande d'homologation a été formée en application du II de l'article L. 611-8 avant l'expiration de cette période, la mission du conciliateur et la procédure sont prolongées jusqu'à la décision du tribunal. A défaut, elles prennent fin de plein droit et une nouvelle conciliation ne peut être ouverte dans les trois mois qui suivent.**

La décision ouvrant la procédure de conciliation est communiquée au ministère public et, si le débiteur est soumis au contrôle légal de ses comptes, aux commissaires aux comptes. Lorsque le débiteur exerce une profession libérale soumise à un statut législatif ou réglementaire ou dont le titre est protégé, la décision est également communiquée à l'ordre professionnel ou à l'autorité compétente dont, le cas échéant, il relève. Elle est susceptible d'appel de la part du ministère public.

Le débiteur peut récuser le conciliateur dans des conditions et délais fixés par décret en Conseil d'État.

Après ouverture de la procédure de conciliation, le président du tribunal dispose des pouvoirs qui lui sont attribués par le second alinéa du I de l'article L. 611-2. En outre, il peut charger un expert de son choix d'établir un rapport sur la situation économique, sociale et financière du débiteur et, nonobstant toute disposition législative et réglementaire contraire, obtenir des établissements bancaires ou financiers tout renseignement de nature à donner une exacte information sur la situation économique et financière de celui-ci.

V. art. R. 611-22 s.

Recours des créanciers. Jugé que le droit d'appel du créancier en procédure de conciliation n'est pas reconnu par la loi du 26 juill. 2005, qui a soumis cette procédure au régime du droit commun du titre IV du livre VI C. com., notamment à l'art. L. 661-1 (irrecevabilité de l'appel du créancier contre une ordonnance octroyant des délais de paiement au débiteur sur le fondement des *art. L. 611-7, al. 5, C. com.* et 1244-1 C. civ.). • Douai, 27 mars 2007 : *BICC 2007, n° 1889 ; JCP E 2008. 1433, note Lebel ; RTD com. 2008. 413, obs. Macorig-Venier ; Rev. proc. coll. 2008, n° 104, obs. Delattre.* ♦ En revanche, la tierce opposition contre la décision de recourir à la conciliation est ouverte aux créanciers qui n'ont pas participé à cette décision d'ouverture. • Même arrêt.

Art. L. 611-7 *(L. n° 2005-845 du 26 juill. 2005, art. 6)* **Le conciliateur a pour mission de favoriser la conclusion entre le débiteur et ses principaux créanciers ainsi que, le cas échéant, ses cocontractants habituels, d'un accord amiable destiné à mettre fin aux difficultés de l'entreprise. Il peut également présenter toute proposition se rapportant à la sauvegarde de l'entreprise, à la poursuite de l'activité économique et au maintien de l'emploi.**

Le conciliateur peut, dans ce but, obtenir du débiteur tout renseignement utile. Le président du tribunal communique au conciliateur les renseignements dont il dispose et, le cas échéant, les résultats de l'expertise mentionnée au *(Ord. n° 2008-1345 du 18 déc. 2008, art. 4)* **« cinquième » alinéa de l'article L. 611-6.**

Les administrations financières, les organismes de sécurité sociale, les institutions gérant le régime d'assurance chômage prévu par les articles L. 351-3 *[L. 5422-1]* **et suivants du code du travail et les institutions régies par le livre IX du code de la sécurité sociale peuvent consentir des remises de dettes dans les conditions fixées à l'article L. 626-6 du présent code.** *(L. n° 2008-776 du 4 août 2008, art. 76-I)* **« Des cessions de rang de privilège ou d'hypothèque ou l'abandon de ces sûretés peuvent être consenties dans les mêmes conditions. »**

Le conciliateur rend compte au président du tribunal de l'état d'avancement de sa mission et formule toutes observations utiles sur les diligences du débiteur.

Si, au cours de la procédure, le débiteur est *(Ord. n° 2008-1345 du 18 déc. 2008, art. 4)* **« mis en demeure ou » poursuivi par un créancier, le juge qui a ouvert cette procédure peut, à la demande du débiteur et après avoir été éclairé par le conciliateur, faire application des articles 1244-1 à 1244-3 du code civil.**

En cas d'impossibilité de parvenir à un accord, le conciliateur présente sans délai un rapport au président du tribunal. Celui-ci met fin à sa mission et à la procédure de conciliation. Sa décision est notifiée au débiteur.

V. art. R. 611-35 s.

BIBL. ▶ Sur les clauses de retour à meilleure fortune : PLAYOUST, *Rev. proc. coll. 1994. 354.* – JACOMET et BÉJINARIU, *Bull. Joly 1996. 365.*

1. Étendue de l'accord. La loi du 1er mars 1984 [C. com., art. L. 611-1 s.] n'impose pas que l'ensemble des dettes du débiteur fasse l'objet d'un tel règlement, le créancier restant libre de s'engager dans les liens d'un règlement amiable pour partie seulement de ses créances. • Com. 13 oct. 1998 : *Bull. civ. IV, n° 235 ; D. Affaires 1998. 1817, obs. A. L. ; RTD com. 1999. 185, obs. Macorig-Venier ; Dr. sociétés 1999, n° 10, obs. Chaput.*

2. Délais de paiement. **BIBL.** Golshani, Bordes et Cichostepski, *Journ. sociétés sept. 2009. 11.* ♦ L'art. L. 611-7, al. 5, n'autorise, au cours de la procédure de conciliation, le juge qui a ouvert celle-ci, à prendre, en faveur du débiteur, les mesures prévues aux art. 1244-1 à 1244-3 C. civ. que dans le seul cas de poursuite du débiteur par un créancier. • Orléans 22 févr. 2007 : *BICC 2007, n° 1107 ; RJDA 2007, n° 636* • 20 déc. 2007 : *RJDA 2008, n° 434.* ♦ Le débiteur ne peut pas demander au président du tribunal l'octroi de délais de grâce sur le fondement de l'art. L. 611-7, al. 5, dès lors que, muni d'un titre exécutoire, le créancier a diligenté ses poursuites la veille de l'ouverture d'une procédure de conciliation, alors que le texte impose que cette demande intervienne en cours de conciliation et que le président du tribunal ait été éclairé par le conciliateur. • Pau, 17 janv. 2008 : *JCP E 2008. 2024 ; Rev. proc. coll. 2008, n° 103, obs. Delattre ; RTD com. 2008. 848, obs. Macorig-Venier.* ♦ La procédure de conciliation instituée par les art. L. 611-4 s. C. com. n'entraîne pas la suspension des poursuites individuelles. • Civ. 3e, 10 déc. 2008 : *Bull. civ. III, n° 199 ; D. 2009. AJ 16, obs. Lienhard ; JCP E 2009. 1229, note P.-H. Brault ; Gaz. Pal. 26-28 avr. 2009, p. 8, note Le Corre ; Defrénois 2009. 1403, obs. Gibirila ; RTD com. 2009. 448, obs. Macorig-Venier ; Act. proc. coll. 2009, n° 30, obs. Regnaut-Moutier* (cassation de l'arrêt qui avait accordé de nouveaux délais de paiement au débiteur, sur le fondement de l'art. L. 611-7, al. 5, alors que l'ordonnance ayant déjà accordé des délais et suspendu les effets de la clause résolutoire du bail était passée en force de chose jugée, et donc que cette clause était acquise à la date de la première échéance non respectée ; V. l'arrêt cassé, • Paris, 6 juill. 2007 : *Act. proc. coll. 2007, n° 195, obs. Béhar-Touchais ; RTD com. 2008. 412, obs. Macorig-Venier ; Rev. proc. coll. 2008, n° 101, obs. Delattre*). ♦ Pour l'absence de recours du créancier contre la décision octroyant des délais, V. note ss. art. L. 611-6.

3. Condamnation au paiement. La cour d'appel, comme le président du tribunal qui a ouvert la procédure de conciliation, ne peut être saisie, en la forme des référés, que d'une demande de délais à l'occasion de poursuites en paiement exercées par un créancier devant un autre juge et n'a pas le pouvoir de condamner le débiteur en conciliation à payer ses créanciers. • Orléans, 20 déc. 2007 : *préc. note 2.*

4. Action paulienne (jurisprudence antérieure à la L. du 26 juill. 2005). Les paiements effectués à l'occasion de la procédure de conciliation, qui ne sont pas intervenus par un moyen inhabituel, ne sont pas attaquables par la voie de l'action paulienne (art. 1167 C. civ.). • Com. 1er avr. 2008 : *Bull. civ. IV, n° 72 ; D. 2008. AJ 1142, obs. Lienhard ; Gaz. Pal. 27-29 juill. 2008, p. 41, obs. Rohart-Messager ; JCP E 2008. 2062, n° 16, obs. Pétel ; Rev. proc. coll. 2008, n° 63, obs. Gorrias ; RTD com. 2008. 849, obs. Macorig-Venier.*

Art. L. 611-8 *(L. nº 2005-845 du 26 juill. 2005, art. 7)* **I. — Le président du tribunal, sur la requête conjointe des parties, constate leur accord et donne à celui-ci force exécutoire. Il statue au vu d'une déclaration certifiée du débiteur attestant qu'il ne se trouvait pas en cessation des paiements lors de la conclusion de l'accord, ou que ce dernier y met fin. La décision constatant l'accord n'est pas soumise à publication et n'est pas susceptible de recours. Elle met fin à la procédure de conciliation.**

II. — Toutefois, à la demande du débiteur, le tribunal homologue l'accord obtenu si les conditions suivantes sont réunies :

1° Le débiteur n'est pas en cessation des paiements ou l'accord conclu y met fin ;

2° Les termes de l'accord sont de nature à assurer la pérennité de l'activité de l'entreprise ;

3° L'accord ne porte pas atteinte aux intérêts des créanciers non signataires *(Abrogé par Ord. nº 2008-1345 du 18 déc. 2008, art. 5)* ***« , sans préjudice de l'application qui peut être faite des articles 1244-1 à 1244-3 du code civil. »***

V. art. R. 611-39.

Délais de paiement (régime de la L. du 25 janv. 1985). Selon l'art. 36 [C. com., ancien art. L. 611-4], quand un débiteur fait l'objet d'une procédure de règlement amiable et qu'un accord est conclu avec les principaux créanciers, le président du tribunal peut accorder au débiteur les délais de paiement prévus à l'art. 1244-1 C. civ. pour les créances non incluses dans l'accord. Ce texte spécial, dont le domaine couvre sans distinction toutes les créances non incluses dans l'accord, déroge à la loi générale qui exclut l'octroi de délai de grâce pour certaines créances, notamment fiscales. • Com. 16 juin 1998 : *Bull. civ. IV, nº 193 ; D. 1998. 429, note F. D.* ; *D. Affaires 1998. 1175, obs. A. L. ; JCP 1998. II. 10218, note Meledo-Briand ; JCP E 1998, nº 45-46, p. 1795, note Serlooten ; RTD com. 1998. 918, obs. Macorig-Venier* ; *RJDA 1998. 682, concl. Piniot* (V. l'arrêt confirmé : • Rennes, 27 mars 1996 : *D. 1997. 28, note F. D.* ; *Rev. proc. coll. 1996. 313, obs. crit. Soinne ; JCP 1996. II. 22731, note Meledo-Briand ; Dr. sociétés 1996, nº 209, obs. Chaput*). ♦ Comp., désormais : art. L. 611-8, dernier al., dans sa réd. issue de l'Ord. nº 2008-1345 du 18 déc. 2008.

Art. L. 611-9 *(L. nº 2005-845 du 26 juill. 2005, art. 7)* **Le tribunal statue sur l'homologation après avoir entendu ou dûment appelé en chambre du conseil le débiteur, les créanciers parties à l'accord, les représentants du comité d'entreprise ou, à défaut, des délégués du personnel, le conciliateur et le ministère public. L'ordre professionnel ou l'autorité compétente dont relève, le cas échéant, le débiteur qui exerce une profession libérale soumise à un statut législatif ou réglementaire ou dont le titre est protégé, est entendu ou appelé dans les mêmes conditions.**

Le tribunal peut entendre toute autre personne dont l'audition lui paraît utile.

V. art. R. 611-40.

Art. L. 611-10 *(L. nº 2005-845 du 26 juill. 2005, art. 7)* **L'homologation de l'accord met fin à la procédure de conciliation.**

Lorsque le débiteur est soumis au contrôle légal de ses comptes, l'accord homologué est transmis à son commissaire aux comptes. Le jugement d'homologation est déposé au greffe où tout intéressé peut en prendre connaissance et fait l'objet d'une mesure de publicité. *(Ord. nº 2008-1345 du 18 déc. 2008, art. 6)* **« Il est susceptible d'appel de la part du ministère public et, en cas de contestation relative au privilège mentionné à l'article L. 611-11, de la part des parties à l'accord. Il peut également être frappé de tierce opposition. Le jugement rejetant l'homologation ne fait pas l'objet d'une publication. Il est susceptible d'appel. »**

(Abrogé par Ord. nº 2008-1345 du 18 déc. 2008, art. 6) ***« L'accord homologué suspend, pendant la durée de son exécution, toute action en justice et toute poursuite individuelle tant sur les meubles que les immeubles du débiteur dans le but d'obtenir le paiement des créances qui en font l'objet. Il suspend, pour la même durée, les délais***

impartis aux créanciers parties à l'accord à peine de déchéance ou de résolution des droits afférents aux créances mentionnées par l'accord. Les coobligés et les personnes ayant consenti un cautionnement ou une garantie autonome peuvent se prévaloir des dispositions de l'accord homologué.

« L'accord homologué entraîne la levée de plein droit de toute interdiction d'émettre des chèques conformément à l'article L. 131-73 du code monétaire et financier, mise en œuvre à l'occasion du rejet d'un chèque émis avant l'ouverture de la procédure de conciliation.

« Saisi par l'une des parties à l'accord homologué, le tribunal, s'il constate l'inexécution des engagements résultant de cet accord, prononce la résolution de celui-ci ainsi que la déchéance de tout délai de paiement accordé. »

V. art. R. 611-41 s.

Situation des cautions. Ayant relevé que le créancier était parfaitement libre, dans le cadre du règlement amiable, de souscrire ou non à l'accord emportant restructuration de la dette, en accordant des remises ou des délais au débiteur et qu'il ne pouvait, sans déséquilibrer gravement l'économie des relations contractuelles et sans s'affranchir de son obligation de se comporter en partenaire loyal, exiger de sa cocontractante, garante, qu'il a exclu de l'élaboration du plan, l'exécution de sa propre obligation, une cour d'appel a fait ressortir à bon droit que les remises ou délais accordés par un créancier dans le cadre d'un règlement amiable bénéficiaient à la caution. • Com. 5 mai 2004 : *Bull. civ. IV, n° 84 ; D. 2004. AJ 1594, obs. Lienhard ; Act. proc. coll. 2004, n° 132, obs. Vallansan ; Banque et Droit juill.-août 2004. 51, obs. Rontchevsky ; RD banc. fin. 2004, n° 161, obs. Legeais ; RTD com. 2004. 590, obs. Macorig-Venier ; Defrénois 2004. 1663, obs. Gibirila.* ♦ Solution confirmée, concernant l'accord homologué, par l'art. L. 611-10, al. 3, dans sa réd. issue de la L. n° 2005-845 du 26 juill. 2005, puis reprise et étendue à l'accord constaté par l'art. L. 611-10-2, issu de l'Ord. n° 2008-1345 du 18 déc. 2005.

Art. L. 611-10-1 *(Ord. n° 2008-1345 du 18 déc. 2008, art. 7)* **Pendant la durée de son exécution, l'accord constaté ou homologué interrompt ou interdit toute action en justice et arrête ou interdit toute poursuite individuelle tant sur les meubles que les immeubles du débiteur dans le but d'obtenir le paiement des créances qui en font l'objet. Il interrompt, pour la même durée, les délais impartis aux créanciers parties à l'accord à peine de déchéance ou de résolution des droits afférents aux créances mentionnées par l'accord.**

Art. L. 611-10-2 *(Ord. n° 2008-1345 du 18 déc. 2008, art. 7)* **Les personnes coobligées ou ayant consenti une sûreté personnelle ou ayant affecté ou cédé un bien en garantie peuvent se prévaloir des dispositions de l'accord constaté ou homologué.**

L'accord homologué entraîne la levée de plein droit de toute interdiction d'émettre des chèques conformément à l'article L. 131-73 du code monétaire et financier, mise en œuvre à l'occasion du rejet d'un chèque émis avant l'ouverture de la procédure de conciliation. *(Ord. n° 2010-1512 du 9 déc. 2010, art. 2-4°)* **« Lorsque le débiteur est un entrepreneur individuel à responsabilité limitée, cette interdiction est levée sur les comptes afférents au patrimoine visé par la procédure. ».** – *V. art. R. 611-45.*

Art. L. 611-10-3 *(Ord. n° 2008-1345 du 18 déc. 2008, art. 7)* **Saisi par l'une des parties à l'accord constaté, le président du tribunal, s'il constate l'inexécution des engagements résultant de cet accord, prononce la résolution de celui-ci.**

***Dans les mêmes conditions*, le tribunal prononce la résolution de l'accord homologué.**

Le président du tribunal ou le tribunal qui décide la résolution de l'accord peut aussi prononcer la déchéance de tout délai de paiement accordé en application du cinquième alinéa de l'article L. 611-7. – *V. art. R. 611-46.*

BIBL. ▸ RAVENNE, *Rev. proc. coll. 2009. Étude 30* (résolution de l'accord).

Art. L. 611-11 *(Ord. n° 2008-1345 du 18 déc. 2008, art. 8)* **« En cas d'ouverture d'une procédure de sauvegarde, de redressement judiciaire ou de liquidation judiciaire, les personnes qui avaient consenti, dans l'accord homologué mentionné au II de l'article L. 611-8, un nouvel apport en trésorerie au débiteur en vue d'assurer la poursuite d'activité de l'entreprise et sa pérennité, sont payées, pour le montant de cet apport, par privilège avant toutes les autres créances, selon le rang prévu au II de l'article L. 622-17 et au II de l'article L. 641-13. Les personnes qui fournissent, dans l'accord homologué, un nouveau bien ou service en vue d'assurer la poursuite d'activité de l'entreprise et sa pérennité bénéficient du même privilège pour le prix de ce bien ou de ce service. »**

(L. n° 2005-845 du 26 juill. 2005, art. 8) **« Cette disposition ne s'applique pas aux apports consentis par les actionnaires et associés du débiteur dans le cadre d'une augmentation de capital.**

« Les créanciers signataires de l'accord ne peuvent bénéficier directement ou indirectement de cette disposition au titre de leurs concours antérieurs à l'ouverture de la conciliation. »

BIBL. ▸ LE CORRE, *Gaz. Pal. 2005. Doctr. 2966.* – LAURENT et ASSANT, *JCP 2008. I. 157.* – HENRY, *Rev. proc. coll. 2008. Étude 15.* – HAMEAU, *Journ. sociétés mars 2012. 40.*

Le privilège institué par l'art. L. 611-11 ne bénéficie pas aux créanciers qui ont accordé des concours antérieurement à la procédure de conciliation, quand bien même, alors que le débiteur étant constitué d'un groupe de sociétés, ces concours auraient été, dans le cadre de l'accord de conciliation, transférés à d'autres sociétés du groupe que celles à qui ils avaient été initialement octroyés. • Montpellier, 2 févr. 2010 : *BICC 2010, n° 1380 ; JCP E 2010. 1875, note Lebel.*

Art. L. 611-12 *(L. n° 2005-845 du 26 juill. 2005, art. 9)* **L'ouverture d'une procédure de sauvegarde, de redressement judiciaire ou de liquidation judiciaire met fin de plein droit à l'accord constaté ou homologué en application de l'article L. 611-8. En ce cas, les créanciers recouvrent l'intégralité de leurs créances et sûretés, déduction faite des sommes perçues, sans préjudice des dispositions prévues à l'article L. 611-11.**

BIBL. ▸ V. ss. art. L. 611-10-3.

Art. L. 611-13 *(L. n° 2005-845 du 26 juill. 2005, art. 10)* **Les missions de mandataire *ad hoc* ou de conciliateur ne peuvent être exercées par une personne ayant, au cours des vingt-quatre mois précédents, perçu, à quelque titre que ce soit, directement ou indirectement, une rémunération ou un paiement de la part du débiteur intéressé, de tout créancier du débiteur ou d'une personne qui en détient le contrôle ou est contrôlée par lui au sens de l'article L. 233-16, sauf s'il s'agit d'une rémunération perçue au titre d'un mandat *ad hoc* ou d'une mission de règlement amiable ou de conciliation réalisée pour le même débiteur ou le même créancier.** *(Ord. n° 2010-1512 du 9 déc. 2010, art. 2-5°)* **« L'existence d'une rémunération ou d'un paiement perçus de la part d'un débiteur entrepreneur individuel à responsabilité limitée est appréciée en considération de tous les patrimoines dont ce dernier est titulaire. » La personne ainsi désignée doit attester sur l'honneur, lors de l'acceptation de son mandat, qu'elle se conforme à ces interdictions.**

Les missions de mandataire *ad hoc* ou de conciliateur ne peuvent être confiées à un juge consulaire en fonction ou ayant quitté ses fonctions depuis moins de cinq ans.

Art. L. 611-14 *(L. n° 2005-845 du 26 juill. 2005, art. 10)* **Après avoir recueilli l'accord du débiteur, le président du tribunal fixe les conditions de rémunération du mandataire *ad hoc*, du conciliateur et, le cas échéant, de l'expert, lors de la désignation de l'intéressé, en fonction des diligences nécessaires à l'accomplissement de sa**

mission. Sa rémunération est arrêtée par ordonnance du président du tribunal à l'issue de la mission.

Les recours contre *(Ord. nº 2008-1345 du 18 déc. 2008, art. 9)* **« la décision arrêtant la rémunération » sont portés devant le premier président de la cour d'appel dans un délai fixé par décret en Conseil d'État.**

V. art. R. 611-47 s.

1. Rémunération du conciliateur. Le calcul de la rémunération du conciliateur doit être effectué, d'une part sur la base d'un taux de vacation horaire et, d'autre part, sur la base d'un pourcentage du montant total des remises obtenues et calculé en fonction des diligences accomplies par analogie à la rémunération proportionnelle de l'administrateur judiciaire en application de l'art. 6 [ancien] du Décr. nº 85-1390 du 27 déc. 1985. • TGI Laon, 18 mai 1987 : *Gaz. Pal. 1987. 2. Somm. 381.*

2. Le conciliateur, investi de sa mission par décision judiciaire, est, à titre occasionnel, un auxiliaire de justice au sens de l'art. 719 NCPC [C. pr. civ.] ; dès lors, l'art. 714 NCPC [C. pr. civ.] s'appliquant, l'ordonnance par laquelle le président du tribunal fixe la rémunération peut être frappée d'un recours (par le demandeur) devant le premier président de la cour d'appel. • Com. 17 févr. 1998 : *Bull. civ. IV, nº 73 ; D. 1998. IR 82 ; D. Affaires 1998. 478 ; Procédures 1998, nº 86, obs. Croze ; RTD com. 1998. 921, obs. Macorig-Venier.* – V. aussi Soinne, *JCP E 1998, nº 31, p. 1247.* ♦ Solution confirmée par l'art. L. 611-14, al. 2, dans sa réd. issue de L. nº 2005-845 du 26 juill. 2005.

3. Rémunération de l'expert. Le président du tribunal ne peut arrêter que la rémunération de l'expert qu'il commet (et non celle d'une société d'audit que s'est adjoint l'expert). • Civ. 2e, 12 mars 1997 : *Dr. sociétés 1997, nº 108, obs. Chaput.*

Art. L. 611-15 *(L. nº 2005-845 du 26 juill. 2005, art. 10)* **Toute personne qui est appelée à la procédure de conciliation ou à un mandat *ad hoc* ou qui, par ses fonctions, en a connaissance est tenue à la confidentialité.**

La confidentialité, n'étant pas absolue, peut être levée à la demande de l'entreprise bénéficiaire lorsqu'il s'agit d'obtenir la communication d'un document adressé par un garant de la société au président du tribunal de commerce. • Paris, 2 avr. 1999 : *BICC 2000, nº 121 ; Bull. Joly 1999. 1084, note Couret ; RTD com. 2000. 714, obs. Macorig-Venier.*

CHAPITRE II DES DISPOSITIONS APPLICABLES AUX PERSONNES MORALES DE DROIT PRIVÉ NON COMMERÇANTES AYANT UNE ACTIVITÉ ÉCONOMIQUE

BIBL. GÉN. ▸ F.-X. Lucas, *LPA, nº spéc., 8 févr. 2006, p. 20* (commentaire article par article).

Art. L. 612-1 Les personnes morales de droit privé non commerçantes ayant une activité économique dont le nombre de salariés, le montant hors taxes du chiffre d'affaires ou les ressources et le total du bilan dépassent, pour deux de ces critères, des seuils fixés par décret en Conseil d'État, doivent établir chaque année un bilan, un compte de résultat et une annexe. Les modalités d'établissement de ces documents sont précisées par décret. – *V. art. R. 612-1 et R. 612-2.*

Ces personnes morales sont tenues de nommer au moins un commissaire aux comptes et un suppléant *(Abrogé par L. nº 2005-845 du 26 juill. 2005, art. 11-I)* ***« choisis sur la liste mentionnée à l'article*** *(L. nº 2003-706 du 1er août 2003)* ***« L. 822-1 » qui exercent leurs fonctions dans les conditions prévues par le livre II, titres Ier et II, sous réserve des règles qui leur sont propres. Les dispositions de l'article L. 242-27 sont applicables ».***

(Ord. nº 2006-1225 du 5 oct. 2006, art. 6-III) **« Pour les coopératives agricoles et sociétés d'intérêt collectif agricole qui n'ont pas la forme commerciale et** *(Ord.*

n° 2009-80 du 22 janv. 2009, art. 9) **« dont les titres financiers ne sont pas admis aux négociations sur un marché réglementé », cette obligation peut être satisfaite, dans les conditions définies à l'article L. 527-1-1 du code rural et de la pêche maritime, par le recours au service d'une fédération agréée pour la révision mentionnée à l'article L. 527-1 du même code. »** – *Les dispositions de l'Ord. n° 2009-30 du 22 janv. 2009 entrent en vigueur le 1er avr. 2009 (art. 31).*

Les peines prévues par l'article L. 242-8 sont applicables aux dirigeants des personnes morales mentionnées au premier alinéa du présent article qui n'auront pas, chaque année, établi un bilan, un compte de résultat et une annexe.

(Abrogé par L. n° 2005-845 du 26 juill. 2005, art. 11-I) ***« Les dispositions des articles L. 242-25 et L. 242-28 sont également applicables à ces dirigeants. »***

Même si les seuils visés au premier alinéa ne sont pas atteints, les personnes morales de droit privé non commerçantes ayant une activité économique peuvent nommer un commissaire aux comptes et un suppléant dans les mêmes conditions que celles prévues au deuxième alinéa. Dans ce cas, le commissaire aux comptes et son suppléant sont soumis aux mêmes obligations, encourent les mêmes responsabilités civile et pénale et exercent les mêmes pouvoirs que s'ils avaient été désignés en application du premier alinéa. – *[L. n° 84-148 du 1er mars 1984, art. 27.]*

BIBL. ▶ Blanc, *JCP E 1984. II. 14304.* – Vidal, *RF compt. 1984. 474.*

L'incompatibilité entre les fonctions de réviseur et celles de contrôleur s'applique dans les associations et le commissaire qui la méconnaît doit être relevé de ses fonctions par décision de justice. • TGI Paris, réf., 16 févr. 1993 : *Rev. sociétés 1993. 881, obs. Guyon ; Bull. Joly 1993. 1003, note J.-F. Barbièri,* conf. par • Paris, 22 nov. 1994 : *ibid. 1994. 111, obs. Guyon.*

Art. L. 612-2 **Les personnes morales de droit privé non commerçantes ayant une activité économique dont, soit le nombre de salariés, soit le montant hors taxes du chiffre d'affaires ou les ressources dépassent un seuil défini par décret en Conseil d'État, sont tenues d'établir une situation de l'actif réalisable et disponible, valeurs d'exploitation exclues, et du passif exigible, un compte de résultat prévisionnel, un tableau de financement et un plan de financement.** – *V. art. R. 612-3.*

La périodicité, les délais et les modalités d'établissement de ces documents sont précisés par décret.

Ces documents sont analysés dans des rapports écrits sur l'évolution de la personne morale, établis par l'organe chargé de l'administration. Ces documents et rapports sont communiqués simultanément au commissaire aux comptes, au comité d'entreprise *(L. n° 2005-845 du 26 juill. 2005, art. 11-II)* **« ou, à défaut, aux délégués du personnel » et à l'organe chargé de la surveillance, lorsqu'il en existe.**

En cas de non-observation des dispositions prévues aux alinéas précédents ou si les informations données dans les rapports visés à l'alinéa précédent appellent des observations de sa part, le commissaire aux comptes le signale dans un rapport écrit qu'il communique à l'organe chargé de l'administration ou de la direction. Ce rapport est communiqué au comité d'entreprise *(L. n° 2005-845 du 26 juill. 2005, art. 11-II)* **« ou, à défaut, aux délégués du personnel ». Il est donné connaissance de ce rapport à la prochaine réunion de l'organe délibérant.** – *[L. n° 84-148 du 1er mars 1984, art. 28.]*

BIBL. ▶ Guyon, *JCP E 1985. II. 14608.*

Art. L. 612-3 **Lorsque le commissaire aux comptes d'une personne morale visée** *(L. n° 2005-845 du 26 juill. 2005, art. 11-III)* **« aux articles L. 612-1 et L. 612-4 » relève, à l'occasion de l'exercice de sa mission, des faits de nature à compromettre la continuité de l'exploitation de cette personne morale, il en informe les dirigeants de la personne morale dans des conditions fixées par décret en Conseil d'État.**

(L. n° 2005-845 du 26 juill. 2005, art. 11-III) **« A défaut de réponse dans un délai fixé par décret en Conseil d'État, ou si celle-ci ne permet pas d'être assuré de la continuité de l'exploitation, le commissaire aux comptes invite, par un écrit dont la copie est transmise au président du tribunal de grande instance, les dirigeants à faire délibérer l'organe collégial de la personne morale sur les faits relevés. Le commissaire aux comptes est convoqué à cette séance. La délibération de l'organe collégial est communiquée au comité d'entreprise ou, à défaut, aux délégués du personnel et au président du tribunal de grande instance. »**

(L. n° 2011-525 du 17 mai 2011, art. 62-I-3°) **« Lorsque l'organe collégial de la personne morale n'a pas été réuni pour délibérer sur les faits relevés ou lorsque le commissaire aux comptes n'a pas été convoqué à cette séance »** *(L. n° 2005-845 du 26 juill. 2005, art. 11-III)* **« ou si le commissaire aux comptes constate qu'en dépit des décisions prises la continuité de l'exploitation demeure compromise, une assemblée générale est convoquée dans des conditions et délais fixés par décret en Conseil d'État. Le commissaire aux comptes établit un rapport spécial qui est présenté à cette assemblée. Ce rapport est communiqué au comité d'entreprise ou, à défaut, aux délégués du personnel. »**

Si, à l'issue de la réunion de l'assemblée générale, le commissaire aux comptes constate que les décisions prises ne permettent pas d'assurer la continuité de l'exploitation, il informe de ses démarches le président du tribunal et lui en communique les résultats. – *[L. n° 84-148 du 1er mars 1984, art. 29.]*

(L. n° 2011-525 du 17 mai 2011, art. 62-I-3°) **« Dans un délai de six mois à compter du déclenchement de la procédure, le commissaire aux comptes peut en reprendre le cours au point où il avait estimé pouvoir y mettre un terme lorsque, en dépit des éléments ayant motivé son appréciation, la continuité de l'exploitation demeure compromise et que l'urgence commande l'adoption de mesures immédiates. »**

(L. n° 2005-845 du 26 juill. 2005, art. 11-III) **« Les dispositions du présent article ne sont pas applicables lorsqu'une procédure de conciliation ou de sauvegarde a été engagée** *(Ord. n° 2008-1345 du 18 déc. 2008, art. 10)* **« par le débiteur » en application des articles L. 611-6 et L. 620-1. »**

L'art. 62-I de la L. n° 2011-525 du 17 mai 2011 est applicable aux procédures en cours à la date de la publication de cette loi [JO 18 mai.] Il est applicable en Polynésie française, en Nouvelle-Calédonie et dans les îles Wallis-et-Futuna (L. préc., art. 62-II et 200).

V. art. R. 612-4.

BIBL. ▶ Régime antérieur à la loi du 26 juill. 2005 : Blanc, *préc. ss. art. L. 612-1*. – Barbièri, *LPA 14 sept. 1994* (régime issu de la loi du 10 juin 1994).

Art. L. 612-4 *(Ord. n° 2005-856 du 28 juill. 2005, art. 5)* **« Toute association ayant reçu annuellement des autorités administratives, au sens de l'article 1er de la loi du 12 avril 2000, ou des établissements publics à caractère industriel et commercial une ou plusieurs subventions dont le montant global dépasse un seuil fixé par décret, doit établir des comptes annuels comprenant un bilan, un compte de résultat et une annexe dont les modalités d'établissement sont fixées par décret. Ces associations doivent assurer, dans des conditions déterminées par décret en Conseil d'État, la publicité de leurs comptes annuels et du rapport du commissaire aux comptes. »** – *V. art. D. 612-5. – Les dispositions de l'Ord. n° 2005-856 du 28 juill. 2005 sont applicables aux exercices comptables des associations ouverts à compter du 1er janv. 2006 (Ord. n° 2005-856 du 28 juill. 2005, art. 9). – Sur les obligations des associations et fondations relatives à la publicité de leurs comptes annuels, V. Décr. n° 2009-540 du 14 mai 2009 au* **C. assoc.**

Ces mêmes associations sont tenues de nommer au moins un commissaire aux comptes et un suppléant *(Abrogé par L. n° 2005-845 du 26 juill. 2005, art. 11-IV) **« choisis sur la liste mentionnée à l'article** (L. n° 2003-706 du 1er août 2003) **« L. 822-1 » qui exercent leurs fonctions dans les conditions prévues par le livre II sous***

réserve des règles qui leur sont propres. Les dispositions de l'article L. 242-27 sont applicables. » *– [L. n° 84-148 du 1er mars 1984, art. 29 bis.]*

Al. 3 à 5 abrogés par L. n° 2005-845 du 26 juill. 2005, art. 11-IV.

La loi ne prend en compte ni l'importance du budget de l'association ou de ses membres, ni le mode de gestion des subventions reçues (Rép. min. n° 26160 : *JOAN Q, 8 avr. 1996, p. 1896*). ♦ Sur l'absence de prise en compte, pour l'appréciation du seuil d'un million de francs [153 000 euros] de subventions, de sommes versées à une association, à titre de rémunération pour prestations rendues, par une société anonyme, filiale d'un établissement public local, V. *Bull. CNCC, n° 109, mars 1998, p 72.*

Art. L. 612-5 *(L. n° 2001-420 du 15 mai 2001)* **Le représentant légal ou, s'il en existe un, le commissaire aux comptes d'une personne morale de droit privé non commerçante ayant une activité économique ou d'une association visée à l'article L. 612-4 présente à l'organe délibérant ou, en l'absence d'organe délibérant, joint aux documents communiqués aux adhérents un rapport sur les conventions passées directement ou par personne interposée entre la personne morale et l'un de ses administrateurs ou l'une des personnes assurant un rôle de mandataire social.**

Il est de même des conventions passées entre cette personne morale et une *(Ord. n° 2008-1345 du 18 déc. 2008, art. 11)* **« autre personne morale » dont un associé indéfiniment responsable, un gérant, un administrateur, le directeur général, un directeur général délégué, un membre du directoire ou du conseil de surveillance, un actionnaire disposant d'une fraction des droits de vote supérieure à 10 % est simultanément administrateur ou assure un rôle de mandataire social de ladite personne morale.**

L'organe délibérant statue sur ce rapport.

Un décret en Conseil d'État précise les conditions dans lesquelles le rapport est établi. *– V. art. R. 612-6 et R. 612-7.*

Une convention non approuvée produit néanmoins ses effets. Les conséquences préjudiciables à la personne morale résultant d'une telle convention peuvent être mises à la charge, individuellement ou solidairement selon le cas, de l'administrateur ou de la personne assurant le rôle de mandataire social.

(L. n° 2003-706 du 1er août 2003) **« Les dispositions du présent article ne sont pas applicables aux conventions courantes conclues à des conditions normales qui, en raison de leur objet ou de leurs implications financières, ne sont significatives pour aucune des parties. »**

BIBL. ▸ CHAMPAUD et DANET, *RTD com. 2002. 100*.

Loi n° 84-148 du 1er mars 1984,

Relative à la prévention et au règlement amiable des difficultés des entreprises.

CHAPITRE VI. *INFORMATION FINANCIÈRE ET CONTRÔLE DES COMPTES DANS CERTAINES ENTREPRISES PUBLIQUES*

Art. 30 *(L. n° 2003-706 du 1er août 2003)* 1. Les établissements publics de l'État non soumis aux règles de la comptabilité publique sont tenus de désigner au moins un commissaire aux comptes et un suppléant. Toutefois, cette obligation ne s'impose pas lorsque le nombre de salariés, le montant hors taxes du chiffre d'affaires ou des ressources ainsi que le total du bilan ne dépassent pas, pour deux de ces critères, des seuils fixés par décret en Conseil d'État.

Les établissements publics de l'État, qu'ils soient ou non soumis aux règles de la comptabilité publique, sont tenus de nommer au moins deux commissaires aux comptes et deux suppléants lorsqu'ils établissent des comptes consolidés en application de l'article 13 de la loi n° 85-11 du 3 janvier 1985 relative aux comptes consolidés de certaines sociétés commerciales et entreprises publiques.

Néanmoins, quand les conditions posées aux premier et deuxième alinéas ne sont pas remplies, les établissements publics de l'État peuvent nommer au moins un commissaire aux comptes et un suppléant. Il en va de même dans les groupements d'intérêt public dont l'État ou un établissement public de l'État est membre.

2. Les commissaires aux comptes des établissements publics de l'État sont nommés, sur proposition des organes dirigeants, par le ministre chargé de l'économie. *(Ord. n° 2009-80 du 22 janv. 2009, art. 24)* « Lorsque des titres financiers de l'établissement sont admis aux négociations sur un marché réglementé », cette nomination est effectuée après avis de l'Autorité des marchés financiers dans des conditions fixées par décret. — *Les dispositions de l'Ord. n° 2009-80 du 22 janv. 2009 entrent en vigueur le 1er avr. 2009 (art. 31).*

3. *Abrogé par L. n° 2006-387 du 31 mars 2006, art. 26-XIII.*

Les établissements publics de l'État, dès lors qu'ils contrôlent une ou plusieurs personnes morales ou qu'ils exercent une influence notable dans les conditions prévues aux art. L. 233-16 s. C. com., sont tenus d'établir, conformément à ces art., et de publier des comptes consolidés ainsi qu'un rapport sur la gestion du groupe. Toutefois, cette obligation ne s'impose pas lorsque l'ensemble constitué par l'établissement public et les personnes morales qu'il contrôle ne dépasse pas pendant deux exercices successifs sur la base des derniers comptes annuels arrêtés une taille déterminée par référence à deux des trois critères mentionnés à l'art. L. 123-16 dudit code, selon des modalités fixées par décret en Conseil d'État. [L. n° 85-11 du 3 janv. 1985, art. 13, dans sa réd. issue de la L. n° 2003-706 du 1er août 2003.] Le premier exercice d'application de ces dispositions aux établissements publics de l'État soumis aux règles de la comptabilité publique commence au plus tard le 1er janv. 2006 (L. n° 2003-706 du 1er août 2003, art. 136-II). — L'établissement et la publication de comptes consolidés en application de l'art. 13 précité sont obligatoires dès lors que les seuils de deux des trois critères mentionnés à l'art. L. 123-16 C. com. dépassent les chiffres suivants : a) Nombre moyen de salariés permanents : 250 ; b) Montant hors taxes du chiffre d'affaires : 30 000 000 euros ; c) total du bilan : 15 000 000 euros. Ces chiffres sont calculés globalement pour l'ensemble des entités concernées selon la méthode définie aux alinéas 2, 3 et 4 de l'art. R. 123-200 C. com. (Décr. n° 86-221 du 17 févr. 1986, art. 13). — V. l'art. R. 123-200 C. com.

Art. 31 Le commissaire aux comptes exerce ses fonctions dans les conditions prévues par la loi du 24 juillet 1966 précitée *[C. com., art. L. 822-1 s.]*. *(L. n° 85-98 du 25 janv. 1985)* « Les dispositions de l'article L. 242-27 du code de commerce *[abrogé par L. n° 2001-420 du 15 mai 2001 ; V., désormais, C. com., art. L. 820-7]* sont applicables ».

Les missions temporaires définies à l'article L. 225-224, 4°, du code de commerce *[abrogé par L. n° 2001-420 du 15 mai 2001 ; V., désormais, C. com., art. L. 822-11]* ne peuvent être confiées au commissaire aux comptes par l'établissement ou l'entreprise mentionné à l'article précédent qu'à la demande soit de la Cour des comptes, soit de l'autorité qui a désigné le commissaire aux comptes, soit de la commission des opérations de bourse pour ceux qui font publiquement appel à l'épargne.

Art. 32 Dans les établissements et entreprises mentionnés à l'article 30 qui répondent à l'un des critères définis à l'article L. 232-2 du code de commerce, le conseil d'administration ou le directoire est tenu d'établir les documents mentionnés à cet article. Les dispositions de l'article L. 232-3 du code de commerce sont applicables.

BIBL. ▸ V. ss. art. L. 612-2 C. com.

Pour l'application des art. 30 à 32, V. Décr. n° 85-295 du 1er mars 1985, art. 33 et 34.

Décret n° 85-295 du 1er mars 1985,

Pris pour l'application de la loi n° 84-148 du 1er mars 1984 relative à la prévention et au règlement amiable des difficultés des entreprises.

Art. 33 *(Décr. n° 2005-747 du 1er juill. 2005)* 1. La désignation d'au moins un commissaire aux comptes et d'un suppléant prévue à l'article 30 de la loi n° 84-148 du 1er mars 1984 relative à la prévention et au règlement amiable des difficultés des entreprises est obligatoire dès lors que deux des trois seuils sont franchis :

a) Nombre moyen de salariés permanents : 50 ;

b) Montant hors taxes du chiffre d'affaires et des ressources liées à l'activité courante : 3 100 000 euros ;

c) Total du bilan : 1 550 000 euros.

Le nombre de salariés, le chiffre d'affaires et le total du bilan sont calculés selon la méthode définie aux alinéas 4, 5 et 6 de l'article R. 123-200 du code de commerce. – *V. cet art.*

Le montant des ressources comprend les subventions et produits de toute nature liés à l'activité courante.

Les établissements publics de l'État mentionnés au premier alinéa de l'article 30 de la loi du 1er mars 1984 précitée ne sont plus tenus de recourir à un commissaire aux comptes dès lors qu'ils n'ont pas dépassé les seuils de deux des trois critères fixés aux deuxième, troisième et quatrième alinéas du présent article pendant les deux exercices précédant l'expiration du mandat du commissaire aux comptes.

2. Lorsque *(Décr. n° 2009-557 du 19 mai 2009, art. 11)* « les titres financiers de l'établissement sont admis aux négociations sur un marché réglementé », le ministre chargé de l'économie saisit pour avis l'Autorité des marchés financiers avant de procéder à la nomination des commissaires aux comptes. A défaut de réponse de l'autorité dans un délai d'un mois, l'accord de cette dernière est réputé acquis.

Art. 34 Les établissements publics de l'État et les entreprises nationales mentionnés à l'article 30 de la loi du 1er mars 1984 précitée qui, à la clôture de l'exercice social, comptent *(Décr. n° 87-169 du 13 mars 1987)* « trois cents salariés » ou plus ou dont le montant hors taxes du chiffre d'affaires est supérieur ou égal à *(Décr. n° 2001-373 du 27 avr. 2001)* « dix-huit millions d'euros », sont tenus d'établir les documents mentionnés à l'article 340-1 de la loi sur les sociétés commerciales *[C. com., art. L. 232-2]* et les rapports correspondants. Ces critères sont définis selon les dispositions prévues aux alinéas 3 et 4 de l'article R. 232-2 du code de commerce. – *V. cet art.*

Ils cessent d'être assujettis à cette obligation lorsqu'ils ne dépassent aucun des chiffres fixés pour ces critères pendant deux exercices successifs.

Le conseil d'administration ou l'organe qui en tient lieu établit et analyse ces documents dans les conditions prévues aux articles R. 232-3 à R. 232-6 du code de commerce. Il communique ces documents et les rapports correspondants, dans les délais prévus à ces articles, au commissaire aux comptes ainsi qu'au comité d'entreprise et à l'organe chargé de la surveillance, lorsqu'il en existe.

Le commissaire aux comptes formule, le cas échéant, dans les conditions prévues à l'article R. 232-7 du code de commerce, ses observations dans un rapport écrit qu'il communique au conseil d'administration ou à l'organe qui en tient lieu et au comité d'entreprise.

……………………………………………………………………………………

Art. 57 Le présent décret est applicable dans la collectivité territoriale de Mayotte.

TITRE DEUXIÈME DE LA SAUVEGARDE

BIBL. GÉN. ▶ Voinot, *Gaz. Pal. 2005. Doctr. 2943.* – Roussel Galle, *Dr. et proc. 2005. 260 ; JCP E 2006, nº 40, p. 1679* (quand et pourquoi se mettre sous la protection de la justice ?). – Lebel, *Rev. proc. coll. 2005. 197* (période d'observation). – Rey, *JCP E 2005, nº 42, p. 1770.* – Teboul, *LPA 24 oct. 2005.* – Legros, *Dr. sociétés 2005. Étude 11.* – Croze, *Procédures 2005. Étude 13.* – Delfosse et Péniguel, *JCP N 2005, nº 40, p. 1626.* – Jazottes, *Rev. proc. coll. 2005. 358* (innovations de la procédure de sauvegarde). – Chaput, *RLDA, suppl. au nº 88, déc. 2005, p. 13.* – Lécuyer, F.-X. Lucas, Roussel Galle, Becqué-Ickowicz et Blanc-Jouvan, *LPA, nº spéc., 8 févr. 2006, p. 23* (commentaire article par article). – Caviglioli et Léguevacques, *ibid., 17 févr. 2006, p. 22* (aperçu de la procédure de sauvegarde à l'usage du chef d'entreprise). – Cayrol, *LPA 19 sept. 2006* (nature de la procédure de sauvegarde). – Deharveng, *LPA 16 févr. 2007* (théorie et pratique au terme d'une année d'application). – F. Dumont, *Rev. proc. coll. 2007. 65* (cause économique du licenciement en procédure de sauvegarde). – Monsèrié-Bon, *LPA 14 juin 2007.* – Martin-Serf, *ibid., p. 21.* – Saint-Alary-Houin, *Rev. proc. coll. 2008. Dossier 3* (ouverture de la procédure : pratique et projet de réforme). – Monsèrié-Bon et Thévenot, *ibid. Dossier 6* (comment améliorer la procédure de sauvegarde ?). – Arseguel et Méteyé, *ibid. Dossier 10* (aspects sociaux). – Besse et Morelli, *JCP E 2009. 1628* (Le *prepackaged plan* à la française : pour une saine utilisation de la procédure de sauvegarde). – Arcelin Lécuyer, *D. 2011. Chron. 1441* (procédure de sauvegarde et concurrence : le divorce consommé – à propos de l'affaire « Cœur Défense »).

▶ Sur l'ordonnance du 18 déc. 2008 : Roussel Galle, *D. 2009. 644* (ouverture des procédures). – Saintourens, *Rev. proc. coll. 2009. Dossier 4* (même thème). – Voinot, *Gaz. Pal. 2009. Doctr. 746* (même thème). – Lebel, *Rev. proc. coll. 2009. Dossier 6* (mesures conservatoires). – Laugier-Taillard, *LPA 15 sept. 2009.*

Art. L. 620-1 *(Ord. nº 2008-1345 du 18 déc. 2008, art. 12)* **« Il est institué une procédure de sauvegarde ouverte sur demande d'un débiteur mentionné à l'article L. 620-2 qui, sans être en cessation des paiements, justifie de difficultés qu'il n'est pas en mesure de surmonter. »** *(L. nº 2005-845 du 26 juill. 2005, art. 12)* **Cette procédure est destinée à faciliter la réorganisation de l'entreprise afin de permettre la poursuite de l'activité économique, le maintien de l'emploi et l'apurement du passif.**

La procédure de sauvegarde donne lieu à un plan arrêté par jugement à l'issue d'une période d'observation et, le cas échéant, à la constitution de deux comités de créanciers, conformément aux dispositions des articles L. 626-29 et L. 626-30.

V., écartant l'application des dispositions relatives aux procédures de sauvegarde, de redressement et de liquidation judiciaires aux syndicats de copropriétaires, L. nº 65-557 du 10 juill. 1965, art. 29-6.

V. aussi, écartant l'application des dispositions du code de la consommation relatives au règlement des situations de surendettement des particuliers lorsque le débiteur relève des procédures instituées par le livre VI C. com., C. consom., art. L. 333-3. — V. notes 10 s. ss. art. L. 620-2.

*Pour l'ouverture d'une procédure collective à l'égard d'un établissement de crédit, d'un établissement de paiement ou d'une entreprise d'investissement, subordonnée à un avis de l'Autorité de contrôle prudentiel, V. C. mon. fin., art. L. 613-27. — **C. mon. fin.***

BIBL. ▶ Grimonprez, *RLDA 2007, nº 21, p. 18* (l'entreprise en difficultés insurmontables).

Ancien art. L. 620-1 *Al. 1er, 1re phrase* [réd. issue de L. nº 2005-845 du 26 juill. 2005] ***Il est institué une procédure de sauvegarde ouverte sur demande d'un débiteur mentionné à l'article L. 620-2 qui justifie de difficultés, qu'il n'est pas en mesure de surmonter, de nature à le conduire à la cessation des paiements.***

1. Conditions d'ouverture. Les conditions d'ouverture de la procédure de sauvegarde doivent être appréciées au jour où il est procédé à cette ouverture. • Com. 26 juin 2007 (2 arrêts) : *Bull. civ. IV, nos 176 et 177 ; D. 2007. AJ 1864, obs. Lienhard ; ibid. Chron. C. cass. 2764, obs. Bélaval ; D. 2008. Pan. 570, obs. F.-X. Lucas ; JCP E 2007. 2120, note Vallansan ; ibid. 2008. 1207, nº 1, obs. Pétel ; RD banc. fin. 2007, nº 158, obs. F.-X. Lucas ; Dr. sociétés 2007, nº 177, note Legros ; Gaz. Pal. 26-27 oct. 2007, p. 20, note Lebel ; Bull. Joly 2007. 1167, note*

Regnaut-Moutier ; RJ com. 2007. 359, note Roussel Galle ; Rev. proc. coll. 2007. 222, obs. Saintourens ; Defrénois 2007. 1578, obs. Gibirila ; Dr. et patr. juill.-août 2008. 103, obs. Saint-Alary-Houin. – V. aussi Guyader, *RJDA févr. 2008, p. 103* ; Sonier et Ghalimi, *Rev. proc. coll. 2008. 50.*

1 bis. Si la procédure de sauvegarde est destinée à faciliter la réorganisation de l'entreprise afin, notamment, de permettre la poursuite de l'activité économique, il ne résulte pas de l'art. L. 620-1, al. 1er, C. com., dans sa rédaction antérieure à l'Ord. du 18 déc. 2008, que l'ouverture de la procédure soit elle-même subordonnée à l'existence d'une difficulté affectant cette activité. • Com. 8 mars 2011 : *Bull. civ. IV, n° 33 ; D. 2011. 919, note Le Corre ; ibid. Pan. 2069, obs. F.-X. Lucas ; ibid. Actu. 743, obs. Lienhard ; RTD com. 2011. 420, obs. Vallens ; JCP E 2011. 1215, note Couret et Dondero ; ibid. 1263, n° 1, obs. Pétel ; Gaz. Pal. 1er-2 avr. 2011, p. 7, note Reille ; LPA 14 mars 2011, note Teboul ; 19 juill. 2011, note Thomassin ; Dict. perm. diff. entrep., Bull. n° 324, obs. Roussel Galle ; LEDEN avr. 2011, p. 1, obs. Gorrias et Thévenot ; Act. proc. coll. 2011, n° 106, obs. Saintourens ; RJDA 2011, n° 437 ; RLDA mai 2011. 20, obs. Cavet ; Dr. sociétés 2011, n° 160, note Legros ; Dr. et patr. sept. 2011. 73, obs. Saint-Alary-Houin* (aff. « Cœur Défense »). – V. Rapp. Rémery, *RJDA mai 2011, p. 359.* – V. aussi Grelon, *Rev. sociétés 2011. 404* ; Menjucq, *Rev. proc. coll. mars-avr. 2011* ; Gibirila, *Journ. sociétés juin 2011. 73.* ♦ Hors le cas de fraude, l'ouverture de la procédure de sauvegarde ne peut être refusée au débiteur, au motif qu'il chercherait ainsi à échapper à ses obligations contractuelles, dès lors qu'il justifie, par ailleurs, de difficultés qu'il n'est pas en mesure de surmonter et qui sont de nature à le conduire à la cessation des paiements. • Même arrêt. ♦ Si la société débitrice justifie de difficultés qu'elle n'est pas en mesure de surmonter et qui sont de nature à la conduire à la cessation des paiements, l'ouverture d'une procédure de sauvegarde ne peut lui être refusée au motif que ses associés ne seraient pas fondés à éviter, par ce moyen, d'en perdre le contrôle. • Même arrêt. ♦ V. l'arrêt cassé : • Paris, 25 févr. 2010 : *D. 2010. AJ 579, obs. Dammann et Podeur ; JCP E 2010. 1475, note Saintourens ; ibid. 1742, n° 1, obs. Pétel ; LPA 9 mars 2010, obs. Teboul ; Dict. perm. diff. entrep., Bull. n° 313, p. 3957, obs. Roussel Galle ; LEDEN avr. 2010, p. 1, obs. F.-X. Lucas ; Gaz. Pal. 16-17 avr. 2010, obs. Le Corre ; Act. proc. coll. 2010, n° 112, obs. Saintourens ; RTDF 2010 n° 1, p. 118, obs. Saint-Marc ; RLDA mai 2010. 17, obs. Cavet ; RJDA 2010, n° 645 ; Dr. et patr. oct. 2010. 85, obs. Saint-Alary-Houin et Monsèrié-Bon.* ♦ Sur cet arrêt, V. aussi Menjucq, *Rev. proc. coll. 2010. Étude 11.* ♦ Sur renvoi, après cassation, V. • Versailles, 19 janv. 2012 : *D. 2012. Actu. 433, obs. Lienhard ; Rev. sociétés 2012. 523, note Morelli ; JCP E 2012. Actu. 91, obs. Danis et du Bois de Gaudusson ; LEDEN févr. 2012, p. 1, obs. F.-X. Lucas ; Rev. proc. coll. 2012, n° 19, obs. Saintourens ; Bull. Joly 2012. 329, note Dammann et de Germay ; BRDA 2012, n° 5, p. 15 ; Act. proc. coll. 2012, n° 50, obs. Henry ; RJDA 2012, n° 522 ; Dr. et patr. sept. 2012. 97, obs. Saint-Alary-Houin.* – V. Menjucq, *Rev. proc. coll. 2012. Étude 7.*

2. Justifie de difficultés qu'il n'est pas en mesure de surmonter, de nature à le conduire à la cessation des paiements, le débiteur exerçant une activité de développement de photographies argentiques exploitant 280 magasins et employant 2 000 personnes qui, du fait de l'expansion de la photographie numérique et de la diminution corrélative de son chiffre d'affaires, a vu son exploitation devenir largement déficitaire et qui se trouve dans l'obligation de modifier son activité et pour cela de procéder à des investissements importants qu'il n'est pas en mesure d'assumer. • Versailles, 15 juin 2006 : *BICC 2006, n° 2175 ; Gaz. Pal. 9-11 juill. 2006, p. 17 ; RJDA 2006, n° 1152*, conf. par • Com. 26 juin 2007 : *préc. note 1.* – V. aussi Fraimout, *Rev. proc. coll. 2006. 225.* ♦ Pour un autre exemple, V. • Colmar, 26 sept. 2006 : *Gaz. Pal. 20-21 juill. 2007, p. 24, obs. Lebel*, conf. par • Com. 26 juin 2007 : *cité note 3.*

3. La situation de la société débitrice doit être appréciée en elle-même, sans que soient prises en compte les capacités financières du groupe auquel elle appartient : • Com. 26 juin 2007 : *Bull. civ. IV, n° 177 ; D. 2007. AJ 1864, obs. Lienhard (2e esp.) ; ibid. Chron. C. cass. 2764, obs. Bélaval ; D. 2008. Pan. 570, obs. F.-X. Lucas ; JCP E 2007. 2120, note Vallansan (1re esp.) ; ibid. 2008. 1207, n° 2, obs. Pétel ; RD banc. fin. 2007, n° 158, obs. F.-X. Lucas ; Dr. sociétés 2007, n° 177, note Legros (1re esp.) ; Gaz. Pal. 26-27 oct. 2007, p. 21, note Lebel ; Bull. Joly 2007. 1165, note Regnaut-Moutier ; RJ com. 2007. 361, note Roussel Galle ; Rev. proc. coll. 2007. 223, obs. Saintourens ; Defrénois 2007. 1578, obs. Gibirila ; Dr. et patr. juill.-août 2008. 103, obs. Saint-Alary-Houin.* – V. aussi Guyader, *RJDA févr. 2008, p. 103* ; Sonier et Ghalimi, *Rev. proc. coll. 2008. 50.*

4. Le législateur n'a pas entendu imposer au débiteur de justifier de la réception de mises en demeure, de demandes de moratoires non satisfaites, ni de la mise en œuvre préalable d'une procédure de conciliation. • Lyon, 31 mai 2006 : *Rev. proc. coll. 2006. 253, obs. Roussel Galle ;*

Gaz. Pal. 6-7 oct. 2006, p. 5, note Lebel ; RTD com. 2006. 675, obs. Vallens ; RJ com. 2007. 71, obs. Sortais. ♦ Il convient à la juridiction saisie de la demande d'un débiteur d'apprécier *in concreto* le caractère insurmontable des difficultés exposées. • Même arrêt.

5. Demandeur. Pour l'irrecevabilité de la demande émanant d'un créancier, V. • Metz, 17 avr. 2007 : *Gaz. Pal. 20-21 juill. 2007, p. 24, obs. Lebel.*

Art. L. 620-2 *(L. n° 2005-845 du 26 juill. 2005, art. 13)* **La procédure de sauvegarde est applicable à** *(Ord. n° 2008-1345 du 18 déc. 2008, art. 164-I)* **« toute personne exerçant une activité commerciale ou artisanale », à tout agriculteur, à toute autre personne physique exerçant une activité professionnelle indépendante, y compris une profession libérale soumise à un statut législatif ou réglementaire ou dont le titre est protégé, ainsi qu'à toute personne morale de droit privé.** — *Est considérée comme agriculteur toute personne physique exerçant des activités agricoles au sens de l'art. L. 311-1 du code rural et de la pêche maritime (C. rur., art. L. 351-8). — V. ledit art. L. 311-1, ss. art. L. 110-1.*

(Ord. n° 2010-1512 du 9 déc. 2010, art. 3-1°) **« A moins qu'il ne s'agisse de patrimoines distincts de l'entrepreneur individuel à responsabilité limitée, » il ne peut être ouvert de nouvelle procédure de sauvegarde à l'égard** *(Ord. n° 2010-1512 du 9 déc. 2010, art. 3-1°)* **« d'un débiteur déjà soumis » à une telle procédure, ou à une procédure de redressement judiciaire ou de liquidation judiciaire, tant qu'il n'a pas été mis fin aux opérations du plan qui en résulte ou que la procédure de liquidation n'a pas été clôturée.**

BIBL. ► VALLANSAN, *RLDA, suppl. au n° 80, mars 2005, p. 12* (évolution des personnes assujetties à la procédure collective : 1985-2005). – THOMAS, *D. 2008. 1632* (notaire associé et procédures collectives). – CERATI-GAUTHIER, *JCP E 2008. 2436* (application aux professions libérales). – SDECC, *BICC 1er févr. 2010* (même thème).

I. DOMAINE D'APPLICATION

A. PERSONNES PHYSIQUES

BIBL. Dekeuwer-Defossez, *LPA 16 mai 1986* (concubins coexploitants). – Cabrillac, *Mélanges Honorat, Frison-Roche, 2000, p. 81* (extension de la procédure collective du commerçant à son conjoint collaborateur).

1° COMMERÇANTS

1. *Qualité de commerçant.* Sur la notion de commerçant, V. art. L. 121-1 et L. 121-2.

2. Sur la qualité du conjoint du commerçant, V. art. L. 121-3.

2 bis. Sur l'obligation faite au juge de constater que le débiteur avait la qualité de commerçant à la date d'ouverture de la procédure collective, V. • Com. 10 juill. 2001 : *RJDA 2001, n° 988.*

3. La procédure peut être ouverte en raison d'une dette civile contractée par le débiteur avant qu'il ne devienne commerçant, dès lors qu'à la date de l'ouverture de la procédure collective le débiteur avait effectivement cette dernière qualité. • Com. 22 juin 1993 : *Bull. civ. IV, n° 264 ; D. 1993. Somm. 366, obs. Honorat* • Paris, 4 févr. 2000 : *Rev. proc. coll. 2002. 51, obs. Deleneuville.* ♦ De même, en application du principe de l'unité du patrimoine, une dette, de nature civile, contractée par un ancien commerçant, antérieurement à l'exercice de son activité commerciale continue à grever son patrimoine lorsqu'il devient commerçant, et la nature de cette dette importe peu dès lors qu'à la date de l'ouverture de la procédure collective le débiteur est encore susceptible d'être poursuivi en sa qualité de commerçant. • Com. 3 févr. 1998 : *Bull. civ. IV, n° 58 ; D. Affaires 1998. 383, obs. V. A.-R. ; LPA 28 juill. 1999, note Teilliais.*

3 bis. Associé en nom. L'associé d'une société en nom collectif a la qualité de commerçant mais, comme il n'exerce ni une activité commerciale ou artisanale, ni une activité professionnelle indépendante puisqu'il est salarié intérimaire, il n'est pas éligible à une procédure de redressement judiciaire. • Paris, 6 juill. 2010 : *D. 2010. Actu. 2222, obs. Lienhard ; Rev. sociétés 2010. 534, obs. Roussel Galle ; Bull. Joly 2010. 905, note F.-X. Lucas ; Rev. proc. coll. 2010, n° 210, obs. Saintourens ; Dr. sociétés 2011, n° 14, note Legros.*

4. Majeur sous tutelle. V. • Versailles, 19 mai 1988 : *RD bancaire et bourse 1988. 35, obs. Dekeuwer-Defossez.* ♦ V. aussi : • Com. 8 déc. 1998 : *cité note 2 ss. ancien art. L. 624-1.*

4 bis. Opposabilité de la qualité de com-

merçant. Une personne physique (ayant géré, en société créée de fait, un fonds de commerce) qui n'a jamais été inscrite au registre du commerce ne peut, sur sa demande, être admise au bénéfice du redressement judiciaire. • Com. 25 mars 1997 : *Bull. civ. IV, n° 83 ; D. 1997. Somm. 311, obs. Honorat ; D. Affaires 1997. 541 ; Dr. sociétés 1997, n° 81, obs. Chaput ; Bull. Joly 1997. 589, note Vallansan ; Defrénois 1998. 248, obs. Le Cannu ; LPA 14 déc. 1998, note Gioanni.* ♦ Il en va de même du conjoint du commerçant objet de la procédure qui n'est pas immatriculé en qualité de commerçant. • Com. 11 févr. 2004 : *Bull. civ. IV, n° 28 ; D. 2004. AJ 565, obs. Lienhard ; JCP E 2004, n° 22, p. 856, obs. Cabrillac ; ibid. n° 48, p. 1886, note Parachkevova ; Act. proc. coll. 2004, n° 92, obs. F.-X. Lucas ; RTD com. 2004. 243, obs. Saintourens ; Dr. et patr. juin 2004. 101, obs. Monsèrié-Bon ; RJPF 2004, n° 6, p. 14, obs. Vauvillé ; Bull. Joly 2004. 784, note Léobon ; Rev. proc. coll. 2004. 210, obs. Lebel ; ibid. 2005. 55, obs. Dumont ; Defrénois 2004. 1654, obs. Gibirila* • Rouen, 3 avr. 1997 : *Rev. proc. coll. 2000. 123, obs. Deleneuville.* ♦ La mention de l'épouse du commerçant mis en liquidation judiciaire au RCS en qualité de coexploitante du fonds de commerce ne constitue qu'une présomption simple de commercialité qui peut être combattue par la preuve contraire. • Com. 15 mars 2005 : *cité note 3 bis ss. art. L. 621-2.*

2° ARTISANS

5. Peut être mise en liquidation judiciaire la débitrice qui poursuit une activité artisanale sous son nom. • Nancy, 13 mai 1987 : *Rev. proc. coll. 1988. 35, obs. Didier.* ♦ Pour la détermination du domaine d'application de la loi du 25 janv. 1985 [C. com., art. L. 620-1 s.], il convient de se référer à la notion d'artisan conformément aux critères traditionnels, sans tenir compte de la définition administrative de cette activité, liée à l'immatriculation au répertoire des métiers. • Rouen, 10 oct. 1991 : *RJDA 1991, n° 960.* ♦ V. notes 27 s. ss. art. L. 110-1.

5 bis. L'emploi d'un salarié, par un contrat de travail à durée indéterminée, pour effectuer la rénovation de locaux sur divers chantiers, constitue l'exercice d'une activité rendant l'employeur justiciable de la loi du 25 janv. 1985 [C. com., art. L. 620-1 s.], nonobstant son absence d'inscription au registre des métiers. • Com. 25 nov. 1997 : *RJDA 1998, n° 448.*

3° AGRICULTEURS

BIBL. Merle, *RTD com. 1989. 122 et 535.* – Haehl, *ibid. 1989. 128.* – Kerckhove, *Rev. proc. coll. 1989. 113.* – Le Cannu, *Bull. Joly 1989. 113.* – Mathieu, *JCP E 1989. II 15649.* – Ourliac et de Juglart, *JCP 1989. I. 3394.* – Hudault, *Rev. proc. coll. 1989. 269.*

6. Sur la notion d'agriculteur, V. art. L. 311-1 C. rur., ss. art. L. 110-1 C. com.

7. Le fait pour l'épouse d'un agriculteur d'aider son mari dans ses tâches agricoles, ne lui confère pas la qualité d'agriculteur, d'autant qu'elle ne cotise pas à la Caisse de la mutualité agricole et qu'elle relève de la fonction publique. • Caen, 16 mai 1991 : *JCP 1992. IV. 1303*, conf. par • Com. 5 avr. 1994 : *Bull. civ. IV, n° 145 ; D. 1994. IR 109.*

8. Le mari d'une exploitante en difficulté qui, bien qu'officiellement retraité, continuait d'accomplir en permanence des actes de gestion, est fondé à demander l'ouverture à son profit d'une procédure de redressement judiciaire. • Poitiers, 6 juill. 1995 : *Rev. dr. rur. oct. 1995, p. 100.*

9. En ce sens qu'une procédure collective ne peut être ouverte à l'encontre de l'associé d'une société civile d'exploitation agricole sans qu'il soit établi que celui-ci exerçait personnellement et à titre de profession habituelle des activités agricoles au sens de l'art. L. 311-1 C. rur., V. • Com. 3 oct. 2000 : *Act. proc. coll. 2000, n° 226, obs. Regnaut-Moutier.*

4° PROFESSIONNELS INDÉPENDANTS (L. 26 JUILL. 2005)

9 bis. Le gérant d'une SARL, qui agit au nom de la société qu'il représente et non en son nom personnel, n'exerce pas une activité professionnelle indépendante au sens de l'art. L. 631-2 C. com. ; il s'ensuit que ce gérant ne peut être mis en redressement judiciaire. • Com. 12 nov. 2008 *Bull. civ. IV, n° 191 ; D. 2008. AJ 2929, obs. Lienhard ; Act. proc. coll. 2008, n° 310, obs. Regnaut-Moutier ; JCP E 2009. 1023, note Lebel ; Dr. sociétés 2009, n° 15, note Legros ; Bull. Joly 2009. 278, note Le Corre ; Defrénois 2009. 1397, obs. Gibirila ; Dr. et patr. sept 2009. 106, obs. Monsèrié-Bon ; Rev. sociétés 2009. 607, note Roussel Galle.* – V. aussi Vallens, *RLDA 2009, n° 34, p. 19.* ♦ De même, la deuxième chambre civile considère-t-elle que la seule qualité de gérante d'une société ne suffit pas à faire relever la personne concernée du régime des procédures collectives et à l'exclure du champ d'application des dispositions du code de la consommation relatives au surendettement des particuliers. • Civ. 2e, 21 janv. 2010 : *Bull. civ. II, n° 20 ; D. 2010. AJ 321, obs. Lienhard ; RTD com. 2010. 437, obs. Paisant ; JCP E 2010. 1296, n° 2, obs. Pétel ; ibid. 1357, note Lebel ; Rev.*

proc. coll. 2010, n° 38, obs. Gjidara-Decaix ; ibid., n° 149, obs. Saintourens ; LEDEN avr. 2010, p. 3, obs. Rubellin ; RJDA 2010, n° 404 ; Dr. et proc. 2010. 156, obs. Bazin ; RD banc. fin. 2010, n° 147, obs. S. Piedelièvre ; Dr. et patr. oct. 2010. 93, obs. Macorig-Venier ; Defrénois 2010. 1472, obs. Gibirila ; RJ com. 2010. 305, note Sortais. ♦ L'avocat qui a cessé d'exercer son activité à titre individuel pour devenir associé d'une société civile professionnelle (ou d'une société d'exercice libéral) n'agit plus en son nom propre mais exerce ses fonctions au nom de la société ; il cesse dès lors d'exercer une activité professionnelle indépendante au sens de l'art. L. 631-2. • Com. 9 févr. 2010 : *Bull. civ. IV, n°s 35, 36 et 38 ; D. 2010. Chron. C. cass. 1113, obs. Orsini ; ibid. AJ 434, obs. Lienhard ; RTD com. 2010. 391, obs. Monsèrié-Bon ; JCP E 2010. 1267, note Cerati-Gauthier ; ibid. 1296, n° 1, obs. Pétel ; JCP 2010. 602, note J.-J. Barbièri ; LEDEN mars 2010, p. 1, obs. F.-X. Lucas ; Act. proc. coll. 2010, n° 70, obs. Vallansan ; Dr. sociétés 2010, n° 76, note Legros ; Gaz. Pal. 14-16 mars 2010, p. 8, note Dumont-Lefrand ; ibid. 2-3 juill. 2010, p. 19, obs. Reille ; RJDA 2010, n° 538 ; Bull. Joly 2010. 489, note Daigre ; Rev. proc. coll. 2010, n° 131, obs. Lebel ; ibid., n° 148, obs. Saintourens ; Dr. et patr. oct. 2010. 83, obs. Saint-Alary-Houin et Monsèrié-Bon ; Defrénois 2010. 1474, obs. Gibirila ; Bull. Joly Entrep. diff. 2011. 12, note Martineau-Bourgninaud.* – V. concl. Bonhomme, *Rev. proc. coll. 2010. Étude 6.* – V. aussi Gibirila, *RJDA juin 2010. 564.* – V. déjà, en ce sens, • Paris, 3e ch. A, 20 nov. 2007 : *D. 2007. AJ 3074, obs. Lienhard ; JCP E 2008. 1045, note Lebel ; RJDA 2008, n° 170 ; LPA 28 mars 2008, note Chabot ; Bull. Joly 2008. 210, note Tagliarino-Vignal ; Dr. sociétés 2008, n° 76, note Legros (1re esp.) ; Dr. et patr. juill.-août 2008. 110, obs. Monsèrié-Bon ; Defrénois 2008. 1229, obs. Gibirila ; Rev. proc. coll. 2008, n° 110, obs. Saintourens.* – *Contra* : • Paris, 3e ch. B, 18 sept. 2008 : *D. 2008. AJ 2666 ; Rev. sociétés 2008. 911, obs. Urbain-Parléani* – Rappr. : • Paris, pôle 5, ch. 8, 29 sept. 2009 : *D. 2009. AJ 2485, obs. Lienhard ; Bull. Joly 2010. 59, note Rétif.* ♦ Pour l'ouverture d'une procédure collective à l'encontre d'un officier public ou ministériel auquel un suppléant a été désigné, V. note 1 ss. art. L. 631-1.

V. aussi note 10.

5° AUTO-ENTREPRENEURS

9 ter. Pour l'ouverture d'une procédure collective à l'encontre d'un auto-entrepreneur dont le passif provenait, de façon résiduelle, de son activité professionnelle, V. • T. com. Caen, 12 janv. 2011 : *D. 2011. Actu. 512, obs. Delpech ; Rev. sociétés 2011. 189, obs. Roussel Galle ; LEDEN avr. 2011, p. 2, obs. Rubellin ; Bull. Joly Entrep. diff. 2011. 106, note V. Legrand.*

6° REDRESSEMENT JUDICIAIRE CIVIL

BIBL. Sortais, *Mélanges Honorat, Frison-Roche, 2000, p. 227* (« Faillite » et surendettement : quelques éléments pour une comparaison). – Pétel, *Liber amicorum J. Calais-Auloy, Dalloz, 2004, p. 835* (même thème). – Cagnoli et Salhi, *Rev. proc. coll. 2009. Étude 17* (répartition des procédures de surendettement et des procédures collectives d'entreprises).

10. Une personne physique exerçant une activité professionnelle indépendante, y compris une profession libérale soumise à un statut législatif ou réglementaire ou dont le titre est protégé, relève, à compter du 1er janv. 2006, des procédures collectives de la loi du 26 juill. 2005 aux conditions prévues par cette loi ; il en résulte que cette personne se trouve dès lors exclue des dispositions relatives au traitement des situations de surendettement prévues aux art. L. 330-1 s. C. consom. • Com. 30 sept. 2008 : *Bull. civ. IV, n° 163 ; D. 2008. Chron. C. cass. 2749, obs. Bélaval ; ibid. AJ 2501, obs. Lienhard ; Act. proc. coll. 2008, n° 277, obs. Salhi ; JCP E 2009. 1008, n° 1, obs. Pétel ; RD banc. fin. 2008, n° 180, obs. S. Piedelièvre ; Gaz. Pal. 21-22 janv. 2009, p. 25, obs. Lebel ; Defrénois 2009. 1394, obs. Gibirila ; LPA 13-14 août 2009, note Sortais* • 17 mai 2011 : *Bull. civ. IV, n° 74 ; D. 2011. Actu. 1407, obs. Lienhard ; Rev. sociétés 2011. 519, obs. Roussel Galle ; LEDEN juin 2011, p. 4, obs. Rubellin ; Act. proc. coll. 2011, n° 162, obs. Cagnoli ; RD banc. fin. 2011, n° 147, obs. S. Piedelièvre ; LPA 22 août 2011, note Diaka ; Bull. Joly Entrep. diff. 2011. 240, note Tagliarino-Vignal ; Rev. proc. coll. 2011, n° 124, obs. Gjidara-Decaix ; ibid., n° 212, obs. Lebel ; RJDA 2012, n° 512.*

10 bis. Ne peut prétendre au bénéfice de la procédure de surendettement des particuliers le débiteur dont le passif est inclus dans la procédure collective de son conjoint, sans qu'il y ait lieu de rechercher si ses dettes présentent un caractère professionnel. • Civ. 2e, 6 janv. 2011 : *Bull. civ. II, n° 6 ; D. 2011. Actu. 158, obs. Lienhard ; LEDEN févr. 2011, p. 2, obs. Mouial-Bassilana ; Act. proc. coll. 2011, n° 65, obs. V. Legrand ; Rev. proc. coll. 2011, n° 77, obs. Dumont-Lefrand ; RD banc. fin. 2011, n° 64, obs. S. Piedelièvre ; Bull. Joly Entrep. diff. 2011. 215, note Becqué-Ickowicz.* ♦ L'époux codébiteur solidaire de dettes incorporées dans le plan de continuation de l'autre époux ne peut bénéficier de la procédure de surendettement des particuliers. • Civ. 1re, 11 oct. 2000 : *Bull. civ. I, n° 242 ; Act. proc. coll. 2000, n° 258, obs. crit. Regnaut-Moutier ; RTD com. 2001. 251, obs. Paisant*. ♦ Mais l'épouse d'un commerçant en liquidation judiciaire ne saurait être exclue du bénéfice de la procédure de surendettement des particuliers sans qu'il soit constaté qu'elle était elle-même commerçante ou que l'ensemble de ses dettes avaient été incorporées dans la procédure collective du mari. • Civ. 1re, 22 janv. 2002 : *Bull. civ. I, n° 25 ; RTD com. 2002. 552, obs. Paisant*.

11. Le gérant d'une société à responsabilité limitée ne relève des dispositions de la loi du 25 janv. 1985 que dans les cas prévus par les art. 181 s. [C. com., anciens art. L. 624-4 s.] ; doit donc être déclarée recevable la demande d'ouverture d'une procédure de règlement amiable formée par ce gérant, même si la société est en cours de liquidation judiciaire, dès lors qu'il n'est pas constaté que le tribunal de commerce a ouvert une procédure de redressement judiciaire à l'égard du gérant ou prononcé sa faillite personnelle. • Civ. 1re, 23 mars 1994 : *Bull. civ. I, n° 112 ; D. 1994. IR 105 ; JCP E 1994. II. 634, note Lecène-Marénaud* • 7 nov. 2000 : *Bull. civ. I, n° 285 ; Dr. sociétés 2001, n° 12, obs. Chaput ; Dr. et patr. juin 2001. 113, obs. Monsèrié-Bon* (pour un dirigeant de société anonyme) • Civ. 2e, 8 juill. 2004 : *Bull. civ. II, n° 386 ; D. 2004. 2991, note Hénaff ; Bull. Joly 2005. 237, note Saintourens ; Rev. proc. coll. 2005. 237, obs. Dumont ; RJ com. 2005. 448, obs. Sortais*. ♦ L'action en comblement de passif n'exclut pas, en soi, le bénéfice des mesures de traitement du surendettement. • Civ. 2e, 12 avr. 2012 : *Bull. civ. II, n° 77 ; D. 2012. Actu. 1120, obs. Avena-Robardet ; Rev. sociétés 2012. 395, obs. Roussel Galle ; JCP E 2012. 1338, note Cerati-Gauthier ; LEDEN mai 2012, p. 2, obs. Rubellin ; Bull. Joly Entrep. diff. 2012. 208, note Favario ; Dr. sociétés 2012, n° 148, note Legros ; Rev. proc. coll. 2012, n° 119, obs. Gjidara-Decaix ; RD banc. fin. 2012, n° 129, obs. S. Piedelièvre ; Gaz. Pal. 3-4 août 2012, p. 22, obs. Reille ; Dr. et patr. sept. 2012. 105, obs. Macorig-Venier.*

12. C'est au jour où il statue que le tribunal doit se placer pour apprécier si le débiteur relève des procédures collectives (à propos d'un commerçant radié du registre du commerce depuis moins d'un an lors de la saisine de la commission de surendettement). • Civ. 1re, 30 mai 1995 : *Bull. civ. I, n° 230*. – V. aussi • Civ. 1re, 7 mars 1995 : *Bull. civ. I, n° 119* • Com. 30 sept. 2008 : *préc. note 10.*

7° UNICITÉ DE PROCÉDURE

12 bis. Le principe de l'unite du patrimoine des personnes juridiques interdit l'ouverture de deux procédures collectives contre un seul débiteur, même si celui-ci exerce des activités distinctes ou exploite plusieurs fonds. • Com. 19 févr. 2002 : *Bull. civ. IV, n° 39 ; D. 2002. 2523, note Perdriau et Derrida ; Dr. et patr. mai 2002. 85, obs. Houtcieff ; Procédures 2002, n° 96, obs. Croze ; RTD com. 2002. 376, obs. Vallens* • 4 févr. 2003 : *Act proc. coll. 2003, n° 79, obs. F.-X. Lucas ; Dr. sociétés 2003, n° 168, note Legros ; LPA 16 févr. 2004, obs. Lécuyer*. – V. aussi • Com. 11 déc. 2001 : *D. 2002. 2523, note Perdriau et Derrida ; Rev. proc. coll. 2003. 106, obs. Gorrias*. ♦ ... Peu important que la première de ces procédures ait été suspendue. • Com. 7 avr. 2004 : *D. 2004. AJ 1384 ; Dr. et proc. 2004. 264, obs. Crocq ; Dr. sociétés 2004, n° 189, note Legros*. ♦ Lorsqu'un débiteur déjà mis en redressement judiciaire par jugement d'un tribunal de commerce est mis ultérieurement en redressement judiciaire par jugement d'un tribunal de grande instance, ces deux décisions, dont aucune n'est susceptible d'un recours ordinaire, sont inconciliables au regard du principe de l'unicité des procédures collectives et il y a donc lieu d'annuler la seconde. • Com. 3 nov. 2010 : *D. 2010. Actu. 2768, obs. Lienhard*. ♦ Toutefois, l'existence d'une procédure collective à l'égard d'une personne ne fait pas obstacle au prononcé, à titre de sanction, d'une nouvelle procédure collective à l'égard de la même personne prise en sa qualité de dirigeant d'une personne morale elle-même soumise à une procédure collective. • Com. 4 janv. 2005 : *Bull. civ. IV, n° 4 ; D. 2005. AJ 215, obs. Lienhard ; ibid. Pan. 2011, obs. F.-X. Lucas ; Act. proc. coll. 2005, n° 25, obs. Regnaut-Moutier ; JCP E 2005, n° 17, p. 712, obs. Pétel ; Dr. sociétés 2005, n° 69, note Legros ; Dr. et patr. avr. 2005. 115, obs. Monsèrié-Bon ; Dr. et proc. 2005. 158, note Le Corre ; Gaz. Pal. 29-30 avr. 2005, p. 26, obs. F.-X. Lucas ; ibid., p. 52, obs. Montéran ; Defrénois 2005. 1000, obs. Gibirila ; Bull. Joly 2005. 571, note M. Sénéchal ; Rev. sociétés 2005. 451, note Bonneau ; Rev. proc. coll. 2005. 232, obs. Dumont ; ibid. 385, obs. Martin-Serf.*

12 ter. Le principe de l'unité du patrimoine des personnes juridiques interdit l'ouverture de deux procédures collectives contre un seul débiteur, de sorte que les droits des créanciers de la liquidation des biens ouverte à l'égard du débiteur ne peuvent être affectés par la liquidation judiciaire dont il a fait ultérieurement l'objet, peu important que cette seconde procédure ait été clôturée par un jugement irrévocable.

• Com. 1er mars 2005 : *JCP E 2005, n° 41, p. 1697, note Baldino.*

B. PERSONNES MORALES

1° GROUPEMENTS SOUMIS À LA LOI

a. Sociétés

13. Sociétés en formation. Une société en formation ne pouvait être assignée en règlement judiciaire ou en liquidation des biens, et l'acquisition ultérieure de la personnalité morale ne pouvait justifier le prononcé de l'une de ces mesures (loi de 1967). • Com. 10 mars 1987 : *D. 1987. Somm. 355, obs. Honorat ; JCP 1987. II. 20830, note Guyon ; Rev. sociétés 1987. 587, note Sortais.*

14. La demande d'ouverture d'une procédure collective doit être rejetée faute de preuve de la qualité de commerçant ou d'artisan exigée par l'art. 2 [C. com., art. L. 620-2], à l'égard de personnes ayant agi au nom d'une société commerciale en formation. • Paris, 14 janv. 1987 : *D. 1987. IR 38* • Douai, 14 janv. 1993 : *Dr. sociétés 1994, n° 9, obs. Chaput.* ♦ Mais la personne qui a effectué des actes de commerce à titre habituel au nom d'une société en formation qui n'a pas acquis la personnalité morale peut être mise en règlement judiciaire ou en liquidation des biens (loi de 1967). • Com. 15 janv. 1991 : *Bull. Joly 1991. 395, note Calendini.* – V. aussi • Com. 14 déc. 1993 : *Dr. sociétés 1994, n° 49, obs. Chaput.* ♦ V. note 15.

15. Sociétés non immatriculées. BIBL. Hallouin, *JCP 1989. I. 3414.* ♦ Une société qui n'a jamais été inscrite au registre du commerce et n'a de ce fait jamais acquis la personnalité morale, ne peut être mise en redressement judiciaire. • Paris, 22 sept. 1987 : *D. 1987. IR 212 ; Gaz. Pal. 1988. 1. 86 ; RTD com. 1988. 687, obs. Merle* • 3 déc. 1991 : *Dr. sociétés 1992, n° 49, obs. Chaput.* ♦ Une société créée de fait n'ayant pas la personnalité juridique ne peut être mise en procédure collective. • Com. 23 nov. 2004 : *Dr. sociétés 2005, n° 29, note Legros ; Rev. proc. coll. 2005. 203, obs. Lebel.* – Dans le même sens, sur renvoi, V. • Paris, 7 févr. 2008 : *Rev. proc. coll. 2008, n° 116, obs. Lebel.*

L'associé d'une société créée de fait ne peut faire l'objet d'une procédure collective que s'il est démontré qu'il a exercé des actes de commerce et en a fait sa profession habituelle ou qu'il a exploité lui-même l'entreprise commerciale, objet de la société. • Com. 27 avr. 1993 : *Bull. civ. IV, n° 158 ; Bull. Joly 1993. 776, note Le Nabasque ; Dr. sociétés 1993, n° 135, note Bonneau* • Aix-en-Provence, 22 mai 2001 : *Dr. sociétés 2002, n° 26, obs. Legros ; RD banc. fin. 2002, n° 16, obs. F.-X. Lucas ; RJDA 2002, n° 762* • Poitiers, 14 mai 2002 : *Dr. sociétés 2003, n° 45, note F.-X. Lucas.* ♦ La seule signature des statuts portant nomination du gérant ne peut conférer la qualité de commerçant à l'associé d'une SARL même non immatriculée au RCS, en l'absence d'une participation personnelle à l'activité commerciale objet de la société (loi de 1967). • Com. 2 mai 1989 : *D. 1989. Somm. 283, obs. Honorat.*

15 bis. Sociétés de fait. L'associé d'une société de fait ne peut faire l'objet d'une procédure collective que s'il est démontré qu'il a fait des actes de commerce dans le cadre de l'exploitation commune. • Metz, 8 avr. 1997 : *Rev. proc. coll. 2000. 123, obs. Deleneuville.*

16. Sociétés absorbées. Une procédure collective ne peut être ouverte à l'encontre d'une société dont la personnalité morale a disparu à la suite de son absorption par une autre société, qui seule a la personnalité morale. • Com. 28 sept. 2004 : *Act. proc. coll. 2004, n° 227, obs. Rétif.* – V. déjà, en ce sens, • Chambéry, 22 janv. 1990 : *Dr. sociétés 1992, n° 160, obs. Chaput* • Paris, 17 déc. 1993 : *Rev. sociétés 1994. 106, note Chaput.*

b. Autres groupements

17. Mutuelles. Le redressement judiciaire est applicable à une mutuelle comme à toute personne morale de droit privé. • Paris, 13 janv. 1988 : *Gaz. Pal. 1988. 1. Somm. 92 ; Rev. proc. coll. 1988. 345, obs. Didier.*

18. Associations. Les associations sont soumises à la loi du 25 janv. 1985 en tant que personnes morales de droit privé et, spécialement, un tribunal de commerce est compétent pour ouvrir une procédure collective dès lors qu'une association a fait des actes de commerce. • Paris, 13 juin 1990 : *D. 1990. IR 192.* – Dans le même sens : • Paris, 3 févr. 1995 : *Dr. sociétés 1995, n° 74, obs. Chaput ; Rev. sociétés 1995. 367, obs. Guyon.* ♦ V. aussi note 1 ss. art. L. 621-2.

18 bis. Syndicats professionnels. Les syndicats professionnels étant des personnes morales de droit privé, une procédure de liquidation judiciaire peut être ouverte à leur égard. • Com. 16 mars 2010 : *Bull. civ. IV, n° 56 ; D. 2010. Actu. 887, obs. Lienhard ; Rev. sociétés 2010. 191, obs. Roussel Galle ; Act. proc. coll. 2010, n° 97, obs. Cagnoli ; LEDEN mai 2010, p. 3, obs. Mouial-Bassilana ; Dr. sociétés 2010, n° 149, note Legros ; RJDA 2010, n° 771.*

19. Personnes de droit public. Les personnes morales de droit public sont exclues du champ d'application de l'art. 2 [C. com., art. L. 620-2], quelle que soit la forme que peut revêtir leur activité. • Paris, 15 févr. 1991 : *D. 1991.*

IR 104 ; Gaz. Pal. 1991. 1. 365, note Marchi ; Bull. Joly 1991. 427, note Auby.

2° ÉVÉNEMENTS AFFECTANT LA PERSONNALITÉ MORALE

20. Nullité de la personne morale. Le prononcé de la nullité d'un groupement d'intérêt économique ne fait pas obstacle à l'ouverture à son égard d'une procédure de redressement judiciaire. • Com. 5 avr. 1994 : *Bull. Joly 1994. 662, note Le Cannu.*

21. Radiation d'office. BIBL. Bonneau, *Dr. sociétés déc. 1994, p. 1.* ♦ La radiation d'office d'une société du RCS étant sans effet sur sa personnalité morale, une procédure de redressement ou de liquidation judiciaire peut être prononcée à son encontre. • Paris, 13 sept. 1994 : *Dr. sociétés déc. 1994, p. 1 ; JCP E 1995. II. 655, note Bonneau* • Besançon, 26 juin 2001 : *Act. proc. coll. 2001, n° 215.*

II. FAILLITE INTERNATIONALE

RÉP. COM. v° *Entreprises en difficulté (Droit international et européen),* par MASTRULLO.

RÉP. COMMUNAUTAIRE v° *Faillite,* par VALLENS.

BIBL. Dammann et Ollivry, *JCP E 2006, n° 46, p. 1938* (réflexions sur l'aménagement du principe d'universalité de la faillite).

22. Sous réserve des traités internationaux ou d'actes communautaires, et dans la mesure de l'acceptation par les ordres juridiques étrangers, le redressement judiciaire prononcé en France produit ses effets partout où le débiteur a des biens. • Civ. 1re, 19 nov. 2002 : *Bull. civ. I, n° 275 ; D. 2002. AJ 3341, obs. Lienhard ; D. 2003. 797, note Khairallah ; ibid. Somm. 1625, obs. Henry ; JCP 2002. II. 10201, concl. Sainte-Rose et note Chaillé de Néré ; JCP E 2003, n° 20, p. 848, obs. Pétel ; ibid., n° 42, p. 1675, note Menjucq ; RTD com. 2003. 169, obs. Vallens ; Bull. Joly 2003. 276, note Garaud ; Gaz. Pal. 2003. Somm. 1977, obs. Niboyet ; LPA 20 oct. 2003, note C. Legros.* ♦ Réaffirmant ce principe à propos d'une procédure de liquidation judiciaire, la Chambre commerciale a précisé que l' acceptation par l'ordre juridique étranger des effets de la liquidation judiciaire prononcée par les juridictions françaises ne constitue pas une condition de l'ouverture de la procédure en France. • Com. 21 mars 2006 : *Bull. civ. IV, n° 74 ; D. 2006. 1466, note Henry ; ibid. 914, obs. Lienhard ; ibid. Pan. 2251, obs. F.-X. Lucas ; Rev. crit. DIP 2007. 105, note Khairallah ; JCP E 2006, n° 27-28, p. 1227, note Legros ; Act. proc. coll. 2006, n° 124, obs. Callé ; Bull. Joly 2006. 930, note Bureau ; Gaz. Pal. 14-18 juill. 2006, p. 12, obs. Mélin ; Banque et Droit sept.-oct. 2006. 81, obs. Urban ; Rev. sociétés 2006. 653, note Bollée.* ♦ L'art. 6, § 1, Conv. EDH ne saurait faire obstacle au principe d'universalité de la faillite ainsi qu'à celui d'égalité des créanciers chirographaires qui caractérise toute procédure collective et qui postule l'interdiction des poursuites individuelles et la soumission des créanciers aux obligations du plan de redressement. • Civ. 1re, 19 nov. 2002 : *préc.* ♦ La liquidation judiciaire d'une société française ne peut produire ses effets sur le compte de cette société ouvert en Suisse que dans la mesure de l'acceptation de l'ordre juridique suisse. • Versailles, 20 mars 2008 : *BICC 2009, n° 582 ; D. 2008. 1660, note Vallens ; Gaz. Pal. 27-29 avr. 2008, p. 8, obs. Mélin.*

23. L'ouverture à l'étranger d'une procédure collective à l'égard d'un débiteur ne met obstacle au prononcé en France du redressement judiciaire de ce même débiteur que si la décision étrangère doit y être reconnue de plein droit en vertu d'un traité ou a déjà reçu l'exequatur. • Com. 11 avr. 1995 : *Bull. civ. IV, n° 126 ; D. 1995. 640, note Vasseur ; Bull. Joly 1995. 696, note Martin-Serf.* – V. déjà • Com. 19 janv. 1988 : *D. 1988. 565, note Rémery ; Rev. proc. coll. 1988. 176, obs. Didier.* ♦ De même, en l'absence d'exequatur d'une décision de faillite prononcée en Angleterre, cette décision ne peut produire en France aucun effet de dessaisissement du débiteur, ni de suspension des poursuites individuelles. • Civ. 1re, 24 mars 1998 : *Bull. civ. I, n° 122 ; D. 1998. IR 108 ; JCP 1998. II. 10155, note Kerckhove.*

L'exequatur d'une décision étrangère ouvrant une procédure collective à l'égard d'un non-commerçant n'est pas contraire à la conception française de l'ordre public international. • Com. 18 janv. 2000 : *Bull. civ. IV, n° 17 ; D. 2000. AJ 105, obs. Faddoul ; JCP E 2000, n° 14, p. 611, note Chaput ; ibid., n° 17, p. 699, obs. Pétel ; LPA 12 avr. 2000, note Vallens ; Dr. sociétés 2000, n° 73, obs. Chaput.*

Constitue une décision pouvant recevoir exequatur toute intervention du juge qui produit des effets à l'égard des personnes ou sur les biens, droits ou obligations. • Civ. 1re, 17 oct. 2000 : *D. 2001. 688, note Vallens ; Act. proc. coll. 2001, n° 96, obs. Dom.* ♦ Tel est le cas de l'ordonnance rendue par un tribunal américain, dès lors que l'intervention du juge sur la déclaration de cessation des paiements de la société débitrice a eu pour effet de suspendre toute poursuite des créanciers. • Même arrêt.

L'application concrète d'un jugement espagnol en ce qui concerne la fixation de la période suspecte à une durée de vingt-trois mois avant le jugement d'ouverture entraîne un résultat admissible au regard de la sécurité du commerce et du crédit du débiteur, telle qu'elle est conçue dans l'ordre public international français. • Com. 5 févr. 2002 : *Bull. civ. IV, n° 24 ; D. 2002. AJ 957, obs. Lienhard ; Procédures 2002, n° 75, obs. Croze ; RJ com. 2002. 162, note Menjucq ; JCP E 2003, n° 23, p. 955, note Raimon.*

L'art. 878 du code de commerce espagnol, selon lequel tous les actes de disposition et d'administration postérieurs à la date à laquelle rétroagissent les effets de la faillite sont atteints de nullité, à l'égard de toute personne même de bonne foi, n'est pas contraire à la conception française de l'ordre public international. • Com. 5 févr. 2002 : *Bull. civ. IV, n° 25 ; RJ com. 2002. 162, note Menjucq ; Procédures 2002, n° 75, obs. Croze ; Act. proc. coll. 2002, n° 92, obs. Dom ; JCP E 2003, n° 23, p. 955, note Raimon.*

Les liquidateurs d'une banque étrangère ayant des succursales en France ne peuvent être dispensés par une décision étrangère les habilitant à faire une déclaration collective, de respecter les exigences de formes et délais imposées par la loi française. • Com. 14 mai 1996 : *Bull. civ. IV, n° 131 ; D. 1996. 586, note Vasseur ; D. Affaires 1996. 810 ; Bull. Joly 1996. 838, note Martin-Serf.*

24. Si l'art. 1er, al. 2, 2°, de la Convention de Bruxelles du 27 sept. 1968 exclut du champ d'application de celle-ci les faillites, concordats et autres procédures analogues, cette exclusion ne concerne que les actions qui dérivent directement de la faillite et s'insèrent étroitement dans le cadre de la procédure collective ; tel n'est pas le cas de l'action en recouvrement d'une créance de la société en liquidation judiciaire. • Com. 24 mai 2005 : *Bull. civ. IV, n° 108 ; D. 2005. 2394, note Kessler ; ibid. AJ 1553, obs. Lienhard ; JCP E 2005, n° 29, p. 1225, note Mélin ; ibid., n° 36, p. 1422, obs. Pétel ; Act. proc. coll. 2005, n° 147, obs. Coquelet ; Rev. proc. coll. 2005. 243, obs. Menjucq ; Dr. et proc. 2005. 341, obs. Cuniberti.* ♦ Même solution pour l'application de la convention de Lugano du 16 sept. 1988 : • Com. 18 déc. 2007 : *Bull. civ. IV, n° 266 ; D. 2008. AJ 158 ; JCP E 2008. 1397, note Mairot ; ibid. 1432, n° 3, obs. Pétel ; Act. proc. coll. 2008, n° 34, obs. Dom ; Gaz. Pal. 27-29 avr. 2008, p. 8, obs. Mélin ; RJ com. 2008. 215, note Sortais ; Rev. crit. DIP 2008. 338, note Bureau .*

25. Sur l'application de la convention franco-belge du 8 juill. 1899, V. • Civ. 1re, 27 janv. 1998 : *Bull. civ. I, n° 30 ; D. Affaires 1998. 379, obs. V. A.-R.* – V. Cass., rép., *BICC 1er mai 1996, p. 38.* ♦ V. aussi note 5 *ter* ss. art. R. 600-1. ♦ Sur l'application de la convention franco-italienne du 3 juin 1930, V. • Civ. 1re, 25 févr. 1997 : *Bull. civ. I, n° 69 ; D. 1997. IR 90 ; Rev. sociétés 1997. 602, note Beaubrun* • Paris, 13 févr. 1996 : *JCP E 1996. Pan. 720* • 28 janv. 1998 : *D. Affaires 1998. 379, obs. V. A.-R.* ♦ Sur l'application de la convention franco-monégasque du 13 nov. 1950, V. • Civ. 1re, 24 nov. 1998 : *D. 1999. IR 10* • Soc. 2 oct. 2001 : *Bull. civ. V, n° 294 ; D. 2001. IR 3171 ; Act. proc. coll. 2001, n° 242, obs. Regnaut-Moutier.*

26. V. Règl. CE n° 1346/2000 du 29 mai 2000 relatif aux procédures d'insolvabilité et Circ. du 15 déc. 2006 relative à ce règlement.

V. aussi notes 1 *ter*, 27 *ter* ss. ancien art. L. 621-43 (ss. art. L. 622-24), 33 ss. art. L. 624-16 C. com. et notes 5 et 6 ss. art. L. 3253-6 C. trav. (ss. art. L. 625-9 C. com.).

CHAPITRE PREMIER DE L'OUVERTURE DE LA PROCÉDURE

Art. L. 621-1 *(L. n° 2005-845 du 26 juill. 2005, art. 14)* **Le tribunal statue sur l'ouverture de la procédure, après avoir entendu ou dûment appelé en chambre du conseil le débiteur et les représentants du comité d'entreprise ou, à défaut, des délégués du personnel. Il peut également entendre toute personne dont l'audition lui paraît utile.**

En outre, lorsque le débiteur exerce une profession libérale soumise à un statut législatif ou réglementaire ou dont le titre est protégé, le tribunal statue après avoir *entendu ou dûment* appelé, dans les mêmes conditions, l'ordre professionnel ou l'autorité compétente dont, le cas échéant, il relève.

Le tribunal peut, avant de statuer, commettre un juge pour recueillir tous renseignements sur la situation financière, économique et sociale de l'entreprise. Ce juge peut faire application des dispositions prévues à l'article L. 623-2. Il peut se faire assister de tout expert de son choix.

L'ouverture d'une procédure de sauvegarde à l'égard d'un débiteur qui bénéficie ou a bénéficié d'un mandat *ad hoc* ou d'une procédure de conciliation dans les dix-huit mois qui précèdent doit être examinée en présence du ministère public *(Ord. n° 2010-1512 du 9 déc. 2010, art. 3-2°)* **« , à moins qu'il ne s'agisse de patrimoines distincts d'un entrepreneur individuel à responsabilité limitée ».**

Dans ce cas, le tribunal peut, d'office ou à la demande du ministère public, obtenir communication des pièces et actes relatifs au mandat *ad hoc* ou à la conciliation, nonobstant les dispositions de l'article L. 611-15.

V. art. R. 621-1 à R. 621-5.

1. Audition du débiteur. Le défaut de convocation du débiteur à l'audience à l'issue de laquelle la liquidation judiciaire est prononcée ne peut constituer une faute professionnelle lourde, au sens de l'art. 505 C. pr. civ. [ancien], relatif à la prise à partie, et ne peut donner lieu qu'à l'exercice d'une voie de recours. • Civ. 1re, 17 juill. 1996 : *JCP E 1996. Pan. 1145.*

Le directeur général d'une société anonyme a qualité pour représenter la société devant le tribunal lors de son audition préalable au prononcé de la liquidation judiciaire. • Com. 12 juill. 1993 : *Bull. civ. IV, n° 308 ; D. 1993. 549, note Merle ; Rev. sociétés 1993. 803, note Guyon ; LPA 28 juill. 1993, note P.M. ; Bull. Joly 1993. 1135, note Le Cannu ; JCP E Pan. 416, obs. de Vendeuil ; Dr. sociétés 1993, n° 227, note Le Nabasque.*

1 bis. Les dispositions de l'art. 6 de la loi du 25 janv. 1985 [C. com., art. L. 621-1], prévoyant l'audition préalable en chambre du conseil de la personne à l'égard de laquelle une procédure collective est susceptible d'être ouverte, fût-ce sur le fondement d'une confusion des patrimoines ou en raison de la fictivité d'une personne morale, ne sont pas incompatibles avec l'art. 10 de la Déclaration universelle des droits de l'homme et l'art. 6-1 de la Conv. EDH (principe de publicité des débats). • Com. 26 mai 1998 : *Bull. civ. IV, n° 168 ; D. 1998. IR 162 ; D. Affaires 1998, p. 1093, obs. A. L.*

1 ter. Audition des représentants des salariés. Il résulte de l'esprit et de la lettre des dispositions de la loi du 25 janv. 1985 [C. com., art. L. 620-1 s.] et du décret subséquent qu'il n'est pas possible de procéder au redressement ou à la liquidation judiciaire d'une entreprise sans avoir invité les salariés, quel qu'en soit le nombre, à exprimer leur avis. • Versailles, 26 nov. 1986 : *Gaz. Pal. 1987. 1. 332, note de Guillenchmidt.* ♦ Cette disposition s'impose même s'il n'existe, en raison de la faible taille de l'entreprise, ni comité d'entreprise, ni délégués du personnel. • Même arrêt • Versailles, 14 janv. 1987 : *D. 1987. 249, note Derrida.*

2. Il suffit que les représentants des délégués du personnel aient été dûment appelés. • Paris, 20 mai 1986 : *RJ com. 1986. 3.*

2 bis. Le représentant des salariés n'est désigné, dans le régime général ou la procédure simplifiée, qu'après l'ouverture du redressement judiciaire ; il n'a donc pas à être entendu sur ce point. • Com. 23 mai 1995 : *Bull. civ. IV, n° 154.*

2 ter. Audition de l'ordre professionnel (L. 26 juill. 2005). Dès lors que l'Observatoire des détectives de France et la Confédération nationale des enquêteurs et détectives professionnels s'apparentent à des syndicats professionnels, ceux-ci ne peuvent recevoir la qualification d'ordre professionnel et n'ont donc pas à être appelés. • Com. 27 mai 2008 : *Bull. civ. IV, n° 107 ; D. 2008. AJ 1616, obs. Lienhard ; JCP E 2008. 1870, note Bonhomme ; Act. proc. coll. 2008, n° 206, obs. Rétif ; LPA 24 oct. 2008, note Legros.* – V. Lebel, *Gaz. Pal 27-29 juill. 2008, p. 21* ; Tagliarino-Vignal, *RLDA 2008, n° 30, p. 25.*

2 quater. Les dispositions des art. L. 621-1 et L. 641-1 C. com. relatives à la convocation et à l'audition de l'ordre professionnel dont relève le débiteur qui exerce une profession libérale ne s'appliquent qu'à l'ouverture de la liquidation judiciaire et non à son prononcé au cours de la période d'observation. • Com. 6 juill. 2010 : *Bull. civ. IV, n° 121 ; D. 2010. Actu. 1781, obs. Lienhard ; JCP E 2011. 1030, n° 2, obs. Pétel ; LEDEN sept. 2010, p. 2, obs. Couard ; Dict. perm. diff. entrep., bull. n° 318, obs. Rémery ; Rev. proc. coll. 2010, n° 198, obs. Lebel ; Gaz. Pal. 15-16 oct. 2010, p. 24, obs. Reille ; RJDA 2010, n° 1178 ; LPA 20 déc. 2010, obs. Roussel Galle ; Bull. Joly Entrep. diff. 2011. 39, note De Lajarte.*

3. Sanction. La disposition d'ordre public de l'art. 6, al. 1er [C. com., art. L. 621-1, al. 1er], n'ayant pas été respectée, la procédure est viciée et le jugement doit être annulé. • Paris, 13 juin 1989 : *D. 1989. IR 219.* ♦ Doit être annulé le jugement prononçant la liquidation judiciaire d'une société dès lors que la convocation à l'audience a été adressée à l'ancien siège social de cette société, alors que le nouveau était publié au RCS. • Paris, 9 févr. 1996 : *D. 1996. IR 83.*

3 bis. Le débiteur n'a pas qualité pour invoquer le défaut de convocation des représentants du comité d'entreprise ou des délégués du personnel préalablement à la décision du tribunal sur l'ouverture de la procédure de redressement judiciaire. • Com. 24 oct. 1995 : *D. 1995. IR 245 ; D. Affaires 1995. 202.* – V. aussi • Com. 23 mai 1995 : *préc. note 2 bis.*

4. Présence du juge-commissaire. V. note 3 ss. art. R. 651-5.

Art. L. 621-2 **Le tribunal compétent est le tribunal de commerce si le débiteur** *(Ord. nº 2008-1345 du 18 déc. 2008, art. 13)* **« exerce une activité commerciale ou artisanale ». Le tribunal de grande instance est compétent dans les autres cas.** *(Abrogé par L. nº 2005-845 du 26 juill. 2005, art. 15)* ***« S'il se révèle que la procédure ouverte doit être étendue à une ou plusieurs autres personnes, le tribunal initialement saisi reste compétent. »***

(Ord. nº 2008-1345 du 18 déc. 2008, art. 13) **« A la demande de l'administrateur, du mandataire judiciaire, du ministère public ou d'office, la procédure ouverte »** *(L. nº 2005-845 du 26 juill. 2005, art. 13)* **« peut être étendue à une ou plusieurs autres personnes en cas de confusion de leur patrimoine avec celui du débiteur ou de fictivité de la personne morale. A cette fin, le tribunal ayant ouvert la procédure initiale reste compétent. »** – *V. art. R. 621-8-1.*

Al. abrogé par L. nº 2005-845 du 26 juill. 2005, art. 15.

(Ord. nº 2010-1512 du 9 déc. 2010, art. 3-3º) **« Dans les mêmes conditions, un ou plusieurs autres patrimoines du débiteur entrepreneur individuel à responsabilité limitée peuvent être réunis au patrimoine visé par la procédure, en cas de confusion avec celui-ci. Il en va de même lorsque le débiteur a commis un manquement grave aux règles prévues au deuxième alinéa de l'article L. 526-6 ou aux obligations prévues à l'article L. 526-13 ou encore une fraude à l'égard d'un créancier titulaire d'un droit de gage général sur le patrimoine visé par la procédure. »**

(L. nº 2012-346 du 12 mars 2012, art. 1er) **« Pour l'application des deuxième et troisième alinéas du présent article, le président du tribunal peut ordonner toute mesure conservatoire utile à l'égard des biens du défendeur à l'action mentionnée à ces mêmes alinéas, à la demande de l'administrateur, du mandataire judiciaire, du ministère public ou d'office. »** – *La L. nº 2012-346 du 12 mars 2012 est applicable aux procédures de sauvegarde, de redressement judiciaire ou de liquidation judiciaire en cours à la date de sa publication [JO 13 mars.] Elle est applicable en Nouvelle-Calédonie et dans les îles Wallis-et-Futuna (L. préc., art. 5 et 6). – V. art. L. 663-1-1, R. 621-8-1, R. 662-1-1 et R. 662-1-2.*

Sur les tribunaux compétents, V. art. L. 610-1 et R. 600-1 s.

Sur la faculté de renvoi de l'affaire, V. art. L. 662-2.

Sur la composition du tribunal, V. art. L. 722-2.

BIBL. ▸ Compétence : VOINOT, *Procédures 2011. Dossier 12* (quelles compétences pour les tribunaux de commerce en matière de procédures collectives ?). ▸ Extension de procédure : DAIGRE, *LPA 19 févr. 1989.* – DERRIDA, *Mélanges Derruppé, p. 29 ; Mélanges Cabrillac, Dalloz-Litec, 1999, p. 687.* – SOINNE, *LPA 6 déc. 1995* (identité ou diversité des notions de fictivité et de confusion des patrimoines) ; *Rev. proc. coll. 2000. 177* (même thème) ; *LPA 2-3 juill. 1997* (« faillite » de la Banque Pallas-Stern) ; *Rev. proc. coll. 2004. 27* (affaires Air Lib et Cocoon). – J.-F. BARBIÈRI, *LPA 25 oct. 1996.* – DELEBECQUE, *Rev. proc. coll. 1998. 129* (confusion de patrimoines et responsabilité des membres du groupe). – GISSEROT, *RTD com. 1979. 49.* – DELENEUVILLE, *Rev. proc. coll. 1999. 63 ; ibid. 2001. 61* (extension de procédure au sein des groupes de sociétés) ; *ibid. 2002. 157* (critères de la confusion des patrimoines entre sociétés commerciales et personnes physiques). – ROBINE, *Mélanges AEDBF-France IV, Revue Banque Édition, 2004, p. 325.* – LE CORRE, *LPA 4 févr. 2005* (voies de recours ouvertes aux tiers à l'encontre du jugement d'extension). – DELMOTTE, *RJDA juin 2006, p. 539* (critères de la confusion des patrimoines dans la jurisprudence de la chambre commerciale de la Cour de cassation). – GRELON et DESSUS-LARRIVÉ, *Rev. sociétés 2006. 281* (confusion des patrimoines au sein d'un groupe). – DEMEYERE, *D. 2009. Chron. 2297* (maintien par l'Ord. du 18 déc. 2008 du dispositif de l'extension de procédure dans la sauvegarde : pour quoi faire ?). – PÉTEL, *Mélanges Merle, Dalloz, 2012, p. 577* (la vie après la confusion des patrimoines). – SAINT-ALARY-HOUIN, *ibid., p. 637* (action en extension dans les groupes de sociétés).

I. TRIBUNAL COMPÉTENT

1. Associations. Le tribunal de commerce est compétent pour ouvrir un redressement judiciaire à l'égard d'une association exploitant à titre spéculatif une radio locale. • Dijon, 4 nov. 1987 : *D. 1988. Somm. 223, obs. Hassler.* ♦ ... Ou exerçant une activité dominante d'agence de voyages. • Toulouse, 19 déc. 1995 : *Rev. proc. coll. 1999. 22, obs. Cadiou.* ♦ V. aussi • Paris, 13 juin 1990 : *D. 1990. IR 192.*

1 bis. Société civile ayant une activité commerciale. Nonobstant sa nature civile et son objet social, une société civile immobilière immatriculée au RCS en précisant une activité de marchand de biens et ayant une activité portant sur l'acquisition de biens immobiliers destinés à la revente est justiciable du tribunal de commerce pour l'ouverture d'une procédure collective. • Paris, 5 sept. 2000 : *Dr. sociétés 2000, n° 177, obs. Chaput ; Banque et Droit janv.-févr. 2001. 37, obs. Storck.*

1 ter. Sociétés d'exercice libéral. V. note 1 ss. art. L. 721-5 C. com.

1 quater. Compétence administrative. Sur l'articulation des compétences judiciaire et administrative pour le règlement des créances détenues par une personne morale de droit public contre une entreprise en redressement judiciaire, V. • CE 14 juin 2000 : *JCP E 2000, n° 27, p. 1066 ; RTD com. 2000. 1018, obs. Vallens ; ibid. 2001. 761, obs. Martin-Serf ; RJDA 2001, n° 475* • CE, avis, 20 janv. 1992 : *JO 23 févr. ; D. 1992. Somm. 251, obs. Derrida ; RTD com. 1992. 687, obs. Martin-Serf* • T. confl., 23 mai 2005 : *D. 2005. AJ 1696 ; Gaz. Pal. 4-5 nov. 2005, p. 42, obs. Le Corre.*

V. aussi note 4 ss. art. L. 622-23.

1 quinquies. Saisine d'une juridiction incompétente : sanction. Constitue une fin de non-recevoir la saisine d'un tribunal incompétent pour connaître de la demande d'ouverture de la procédure collective formée par un débiteur ; le jugement rendu en méconnaissance de cette règle doit être réputé inexistant. • Douai, 28 mai 2009 : *D. 2009. AJ 1535.*

II. EXTENSION DE LA PROCÉDURE

2. Le tribunal initialement saisi reste compétent non seulement dans le cas où la procédure est étendue à des dirigeants sociaux d'une personne morale en redressement judiciaire, en application de l'art. 182 [C. com., ancien art. L. 624-5], mais aussi lorsque l'extension est fondée sur la fictivité des personnes morales ou sur une confusion de patrimoines provenant de l'existence d'une société de façade. • Paris, 17 déc. 1986 : *D. 1987 IR 16 ; Gaz. Pal. 1987. 1. 256.* – V. conf. • Com. 8 nov. 1988 : *D. 1989. Somm. 372, obs. Honorat* (extension à une SCI) • 1er déc. 1992 : *Bull. civ. IV, n° 377 ; D. 1993. Somm. 192, obs. Honorat ; Bull. Joly 1993. 261, note Daigre* • Aix-en-Provence, 27 mars 2002 : *Dr. sociétés 2002, n° 136, note Legros.*

2 bis. Un groupe de sociétés n'ayant ni personnalité morale, ni siège propre, le tribunal de commerce du siège social d'une société en redressement judiciaire est compétent pour étendre par un seul et même jugement cette procédure à d'autres sociétés appartenant au même groupe mais ayant leur siège ailleurs. • Com. 19 oct. 1993 : *Bull. civ. IV, n° 346 ; JCP 1993. IV. 2661.*

3. La liquidation judiciaire d'une personne morale ne peut être étendue à une autre qu'en cas de confusion de leurs patrimoines ou de fictivité de l'une d'entre elles. • Com. 20 oct. 1992 : *Bull. civ. IV, n° 314 ; D. 1992. IR 265 ; Rev. sociétés 1993. 449.*

3 bis. En l'absence de confusion des patrimoines, le tribunal doit, après avoir constaté l'état de cessation des paiements de chacune des personnes exploitant en commun un fonds de commerce, ouvrir autant de procédures distinctes que de personnes. • Com. 15 mars 2005 : *Bull. civ. IV, n° 55 ; D. 2005. AJ 952, obs. Lienhard ; ibid. Pan. 2013, obs. F.-X. Lucas ; JCP E 2005, n° 49, p. 2098, note Léobon ; Act. proc. coll. 2005, n° 81, obs. Vallansan ; Rev. sociétés 2005. 684, note Le Corre ; Bull. Joly 2005. 949, note Lécuyer ; Defrénois 2005. 1924, obs. Gibirila.* ♦ Viole les art. L. 620-2 et L. 621-5 [L. 621-2] C. com. la cour d'appel qui, après avoir reconnu la qualité de commerçante de l'épouse du commerçant exploitant le fonds de commerce objet de la liquidation judiciaire et avoir écarté l'existence d'une confusion des patrimoines entre les époux, étend à celle-ci la procédure de liquidation judiciaire ouverte à l'encontre de ce dernier. • Même arrêt.

A. CONFUSION DES PATRIMOINES

1° CONDITIONS

BIBL. Vaillant, *D. Affaires 1999. 154.*

4. Imbrication des patrimoines ou flux financiers anormaux. Ne caractérise pas une situation de confusion des patrimoines la cour d'appel qui relève l'existence entre deux sociétés d'une unicité et d'une imbrication d'intérêts résultant de l'interdépendance de leurs engagements financiers. • Com. 20 oct. 1992 : *Bull. civ. IV, n° 314 ; D. 1992. IR 265 ; Rev. sociétés 1993. 449.* ♦ De même, ne suffisent pas à démontrer la confusion des patrimoines de deux sociétés, la présence de dirigeants ou d'associés communs, l'identité d'objets sociaux, la centralisation de la gestion en un même lieu, l'existence de relations commerciales constantes et la communauté de clientèle, dès lors que les sociétés conservaient une activité indépendante, un actif et un passif propres et qu'aucun flux financier anormal n'existait entre elles. • Com. 11 mai 1993 : *Bull. civ. IV, n° 187 ; D. 1993. IR 195.* – V. aussi • Com. 16 nov. 1993 : *Rev. huiss. 1994. 226* • 5 avr. 1994 : *Rev. sociétés 1994. 318, note Guyon* • 9 mai 1995 : *Dr. sociétés 1995, n° 137, obs. Chaput* • 16 janv. 2001 : *Dr. et patr. juin 2001. 107, obs. Poracchia* • 16 oct. 2001 : *Act. proc. coll. 2001, n° 256* • 8 janv. 2002 : *Dr. sociétés 2002, n° 110, note Legros* • Paris, 20 oct. 2000 : *Dr. sociétés 2001, n° 46, note F.-X. Lucas* (groupe de sociétés) • Versailles, 6 févr. 2003 : *RJDA 2004, n° 335* (même cas de figure). ♦ Comp., à propos de sociétés membres d'un GIE : • Versailles, 16 déc. 1987 : *D. 1988. Somm. 383, obs. Honorat.*

Pour des exemples de désordre généralisé des comptes et d'état d'imbrication inextricable entre deux sociétés caractérisant la confusion des patrimoines, V. • Com. 24 oct. 1995 : *D. 1995. IR 245 ; D. Affaires 1995. 202 ; Dr. sociétés 1995, n° 238, obs. Chaput ; Bull. Joly 1996. 158, note Scholer* • 3 avr. 2001 : *RJDA 2001, n° 874.*

Pour une confusion des patrimoines résultant de la mise à disposition de locaux sans contrepartie, V. • Com. 15 févr. 2005 : *RJDA 2005, n° 726.*

Pour une confusion de patrimoines entre deux banques, V. • T. com. Paris, 9 sept. 1997 : *Gaz. Pal. 1998. 2. Somm. 455.*

5. Pour l'extension de la procédure de liquidation judiciaire d'une société à d'autres sociétés appartenant au même groupe, la confusion de patrimoines étant caractérisée par l'existence de flux financiers anormaux, V. • Com. 15 févr. 2000 : *RJDA 2000, n° 1003.* – V. aussi • Com. 19 nov. 2003 : *RJDA 2004, n° 184.* ♦ Comp., écartant la confusion des patrimoines d'une société-mère et de sa filiale, en présence de conventions de gestion de trésorerie et de change, d'échanges de personnel et d'avances de fonds par la société-mère : • Com. 19 avr. 2005 : *Bull. civ. IV, n° 92 ; D. 2005. AJ 1225, obs. Lienhard ; ibid. Pan. 2013, obs. F.-X. Lucas ; Act. proc. coll. 2005, n° 106, obs. Vallansan et Thiberge ; JCP 2005. II. 10088, note Bouru et Menjucq ; Banque et Droit mai-juin 2005. 56, obs. Urban ; Bull. Joly 2005. 690, note Saint-Alary-Houin ; Dr. sociétés 2005, n° 133, note Legros ; Rev. proc. coll. 2005. 239, obs. Dumont ; RTD com. 2005. 541, obs. Champaud et Danet ; Gaz. Pal. 4-5 nov. 2005, p. 3, note Lebel ; ibid. 21-22 juin 2006, p. 39, obs. Robine ; Defrénois 2005. 1932, obs. Gibirila ; Rev. sociétés 2005. 897, note Marotte et Robine* (affaire *Metaleurop* ; V. l'arrêt cassé : • Douai : 16 déc. 2004 : *D. 2005. AJ 216 ; Bull. Joly 2005. 681, note Saint-Alary-Houin ;* dans cette même affaire, V. • Douai, 2 oct. 2003 : *D. 2003. AJ 2571, obs. Lienhard ; LPA 28 janv. 2005, note Rolland ;* sur ce dernier arrêt, V. Allain, *Rev. proc. coll. 2004. 123*). – Sur l'arrêt du 19 avr. 2005 préc., V. Scholastique, Mélanges Jestaz, *Dalloz, 2006, p. 503*. – Sur les arrêts du 19 avr. 2005 et du 16 déc. 2004 préc., V. Rolland, *JCP E 2005, n° 20, p. 796 ; Rev. proc. coll. 2005. 117.* ♦ V., sur renvoi, confirmant cette solution, • Paris, 11 oct. 2005 : *D. 2005. AJ 2943, obs. Lienhard ; Bull. Joly 2006. 478, note Scholer.*

Pour l'absence de confusion des patrimoines de deux sociétés appartenant à un groupe, la première ayant fait profiter la seconde d'avances en compte courant par l'intermédiaire de la holding, dans le cadre d'une convention de trésorerie, ces avances n'ayant pas rompu l'équilibre entre les sociétés en cause, ni excédé leurs possibilités financières, V. • Versailles, 2 avr. 2002 : *D. 2002. Somm. 3266, obs. Hallouin ; JCP E 2002, n° 41, p. 1627, note Couret ; Bull. Joly 2002. 923, note Le Nabasque ; Dr. sociétés 2002, n° 221, note F.-X. Lucas ; Banque et Droit nov.-déc. 2002. 53, obs. Urban.* ♦ V. aussi, écartant la confusion des patrimoines d'une filiale et de la société holding qui lui avait consenti un abandon de créance correspondant au solde de son compte, • Paris, 7 sept. 2004 : *D. 2004. AJ 2500, obs. Lienhard ; Bull. Joly 2004. 1358, note Souleau-Travers et De Sentenac ; Banque et Droit nov.-déc. 2004. 44, obs. Urban* (affaire AOM-Air Liberté ; pourvoi rejeté par : • Com. 10 janv. 2006 : *RJDA 2006, n° 427 ; Gaz. Pal. 30 avr.-4 mai 2006, p. 21, obs. Lebel ; cité par Teboul, LPA 24 févr. 2006 ; Rev. sociétés 2006. 629, note Roussel Galle*). – V. Soinne, *Rev. proc. coll. 2004. 287.*

6. Société commerciale et SCI. Pour l'extension, pour cause de confusion des patrimoines, d'une procédure ouverte à l'égard d'une société commerciale, à l'encontre d'une société civile immobilière, V. • Com. 17 déc. 1991 : *JCP E 1992. I. 166, n° 1, obs. Pétel* • 12 oct. 1993 : *Bull. civ. IV, n° 334 ; Rev. sociétés 1994. 326, note Saintourens* • 28 mars 1995 : *Bull. civ. IV, n° 102 ; D. 1995. IR 140* • 23 janv. 1996 : *D. 1996. IR 134* • 1er oct. 1997 : *Bull. Joly 1997. 1089, note Daigre* • 17 mars 1998 : *D. Affaires 1998. 677* • 26 mai 1998 : *Bull. civ. IV, n° 168 ; D. Affaires 1998. 1093, obs. A. L. ; Defrénois 1998. 1292, obs. Hovasse* • 24 nov. 1998 : *RJDA 1999, n° 62 ; RTD com. 1999. 189, obs.*

Laude • 16 févr. 1999 : *Bull. Joly 1999. 535* • 7 janv. 2003 : *Bull. civ. IV, n° 3 ; D. 2003. AJ 347 (3e esp.) ; Bull. Joly 2003. 405, note F.-X. Lucas ; Dr. et proc. 2003. 235, note Le Corre ; Rev. proc. coll. 2004. 273, obs. Dumont ; Dr. sociétés 2005, n° 7, note Legros (1re esp.)* • Paris, 11 janv. 1994 : *Bull. Joly 1994. 317, note Pariente* • Versailles, 12 oct. 1995 : *RJDA 1995, n° 1372* • Reims, 27 janv. 1999 : *Dr. sociétés 2000, n° 37, obs. Chaput.* – Comp., en l'absence d'imbrication des éléments d'actif et de passif : • Com. 31 janv. 1995 : *Rev. sociétés 1995. 757, note Randoux* • 14 mars 1995 : *Bull. civ. IV, n° 82 ; D. 1995. IR 115* • 25 juin 1996 : *Bull. civ. IV, n° 190 ; D. 1996. IR 234 ; D. Affaires 1996. 1134 ; JCP E 1997. I. 623, n° 1, obs. Pétel* • 11 juin 1996 : *Bull. Joly 1996. 954* • 6 juill. 1999 : *RJDA 1999, n° 1097 ; JCP E 2000, n° 12, p. 515, note Dias-Bidault* • 10 déc. 2002 : *Bull. Joly 2003. 273, note Couret ; Rev. sociétés 2003. 151, note Guyon*. – Sur cette question, V. Hovasse, *Defrénois 1996. 961* ; J.-P. Garçon, *Bull. Joly 1996. 901* ; Cutajar, *Bull. Joly 1999. 1057* ; Teboul, *Gaz. Pal. 2000. Doctr. 712.*

Pour l'hypothèse inverse (extension à une SARL de la procédure ouverte à l'encontre d'une SCI), V. • Com. 14 janv. 2004 : *Rev. sociétés 2004. 948, note Saintourens ; RJDA 2004, n° 587 ; AJDI 2004. 581, note Le Corre*.

V. aussi note 28.

7. Location-gérance. Pour une confusion des patrimoines : entre une société locataire-gérant d'un fonds artisanal et son fondateur, ancien exploitant de ce fonds, la société ayant réglé les dettes de son fondateur et ne lui ayant versé ni les redevances de location-gérance ni le prix des stocks cédés, V. • Com. 14 mars 2000 : *RJDA 2000, n° 1132.* – V. aussi • Com. 5 févr. 2002 : *Dr. sociétés 2002, n° 132, note Legros.* ♦ ... À l'occasion de l'achat des titres d'une société par une autre suivie de la prise en location-gérance des fonds de la première par la seconde, V. • Com. 2 févr. 1999 : *Act. proc. coll. 1999, n° 75.* ♦ Le fait qu'une société prenne en location-gérance un fonds de commerce appartenant à l'un de ses associés et assume la charge des travaux en vue de son développement ne constitue pas, en soi, la source de flux financiers anormaux qui sont de l'essence de la confusion des patrimoines. • Paris, 18 mai 2001 : *Bull. Joly 2001. 980, note Saintourens ; RJDA 2002, n° 44.*

8. Personnes physiques. Pour une confusion des patrimoines par l'existence, entre deux personnes physiques, d'une société créée de fait, V. • Paris, 22 janv. 1993 : *D. 1993. IR 117* • Aix-en-Provence, 27 mars 2002 : *Dr. sociétés 2002, n° 150, note crit. F.-X. Lucas.* – Comp. : • Toulouse, 16 nov. 1994 : *Dr. sociétés 1995, n° 117, obs. Chaput* • Paris, 6 avr. 1999 : *Dr. sociétés 2000, n° 107.* ♦ Pour d'autres exemples de confusion des patrimoines de deux personnes physiques (propriétaire et acquéreur d'un fonds de commerce), V. • Com. 28 mai 1996 : *Bull. civ. IV, n° 147* • Dijon, 2 juill. 1996 : *JCP 1997. IV. 290* • Douai, 13 mars 1997 : *D. 1997. 433, note Voinot*. – V. aussi • Poitiers, 10 oct. 2000 : *JCP E 2002, n° 7, p. 303* • Angers, 11 mars 2003 : *Act. proc. coll. 2003, n° 240, obs. Vallansan ; RD banc. fin. 2004, n° 21, obs. F.-X. Lucas* (entre des époux exploitant un fonds de commerce). – Comp. : • Douai, 29 juin 2000 : *Act. proc. coll. 2000, n° 255, obs. Regnaut-Moutier.* ♦ Pour un arrêt ayant écarté la possibilité d'une confusion des patrimoines entre deux personnes physiques, V. • Douai, 14 oct. 1999 : *D. 2000. AJ 115 ; Act. proc. coll. 2000, n° 59, obs. Regnaut-Moutier.* ♦ Pour une confusion des patrimoines entre des époux, V. • Com. 15 févr. 2000 : *Bull. Joly 2000. 611, note Dom ; RJDA 2000, n° 682* (époux mariés sous le régime de la séparation de biens) • 10 juill. 2001 : *RJDA 2001, n° 989 ; RD banc. fin. 2001, n° 228, obs. F.-X. Lucas.* – Comp. : • Bourges, 13 déc. 2004 : *JCP E 2005, n° 14, p. 603* (époux mariés sous le régime de la communauté légale). ♦ Pour l'extension de procédure d'une société à un artisan, V. • Paris, 30 mai 1997 : *Dr. sociétés 1998, n° 42, obs. Chaput.* ♦ ... D'une société à son consultant, V. • Com. 7 déc. 2004 : *Bull. Joly 2005. 579, note Pétel.*

9. Associés. Le fait que les associés ont participé au financement de l'activité de la société en se portant caution de ses engagements et en effectuant un apport personnel important pour l'acquisition du stock et du petit outillage, le fait que l'un d'eux a personnellement apuré une partie du passif de la société, le fait, enfin, que la société a édifié des constructions sur un terrain, objet d'un bail à construction, appartenant à ces associés sont impropres à établir la confusion des patrimoines de la société et des associés. • Com. 1er oct. 1997 : *RJDA 1998, n° 449 ; Bull. Joly 1998. 550, note Daigre.* ♦ La circonstance que l'un des associés fondateurs se soit porté caution de la société envers une banque ne caractérise pas la confusion des patrimoines, quand bien même la portée de son engagement aurait été réduite par l'effet d'un remboursement partiel anticipé. • Paris, 18 mai 2001 : *préc. note 7.*

10. Associations. Pour la confusion des patrimoines de deux associations, l'une ayant apporté, sans aucune contrepartie financière, une importante créance en compte courant à l'autre, pour lui permettre de réaliser son objet, V. • Com. 5 juill. 2005 : *D. 2005. AJ 2219, obs. Lienhard ; Gaz. Pal. 4-5 nov. 2005, p. 60, obs.*

Montéran ; Rev. sociétés 2006. 182, note Sortais ; *Rev. proc. coll. 2006. 298, obs. Lebel.* ♦ V. aussi cet arrêt en ce qu'il juge que la perception de manière illicite des fonds constituant les actifs de l'association par deux de ses membres ne suffit pas à caractériser la confusion de leurs patrimoines.

11. Cessation des paiements. L'extension de la liquidation judiciaire à une société sur le fondement de la confusion des patrimoines n'exige pas que soit démontrée la cessation des paiements de la société à qui cette procédure est étendue. • Paris, 12 févr. 1991 : *D. 1991. IR 84* • Com. 24 oct. 1995 : *Rev. proc. coll. 1996. 206, obs. Calendini* • 3 avr. 2001 : *préc. note 4.*

12. Date de la confusion des patrimoines. Seuls des faits antérieurs au jugement d'ouverture de la procédure collective d'une personne morale ou physique peuvent justifier l'extension de cette procédure à l'encontre d'une autre personne morale ou physique. • Com. 28 nov. 2000 : *Bull. civ. IV, n° 187 ; D. 2001. AJ 309, obs. Lienhard* ; *Act. proc. coll. 2001, n° 2, obs. Hannoun ; Bull. Joly 2001. 249, note Saintourens ; JCP E 2001, n° 18, p. 750, obs. Pétel* (V. l'arrêt confirmé : • Orléans, 15 janv. 1998 : *Dr. sociétés 1998, n° 89, obs. Chaput*).

2° EFFETS

BIBL. Saint-Alary-Houin, *Mélanges Jeantin, Dalloz, 1999, p. 453.* – Le Corre, *D. 2002. Chron. 1122* (sort des créances).

13. Option entre redressement et liquidation judiciaires. En cas de confusion des patrimoines, l'extension de la procédure de liquidation judiciaire à une autre société pouvait, déjà avant l'intervention de la loi du 10 juin 1994, être décidée, sans recourir préalablement à la procédure de redressement judiciaire. • Com. 15 janv. 1991 : *D. 1991. Somm. 240, obs. Honorat* ; *Rev. sociétés 1991. 386, note Honorat* ; *Bull. civ. IV, n° 25.* ♦ De même, en cas de confusion de patrimoine entre une société commerciale et un de ses dirigeants, la liquidation judiciaire de la société pouvait être étendue à celui-ci sans recourir préalablement à la procédure de redressement judiciaire. • Com. 15 oct. 1991 : *Bull. civ. IV, n° 289* • 16 mars 1993 : *ibid. IV, n° 105 ; D. 1993. IR 101.* ♦ Pour l'extension de la liquidation judiciaire d'une EURL au maître de l'affaire, V. • Paris, 13 juill. 1993 : *D. 1993. Somm. 368, obs. Honorat* ; *Rev. sociétés 1993. 874, note Honorat* ; *Bull. Joly 1993. 1250, note Le Nabasque.*

14. Unicité de procédure. Un tribunal de commerce ayant décidé que la procédure de redressement judiciaire ouverte à l'encontre d'une entreprise était étendue à une autre entreprise et que ces deux entreprises formaient une entreprise unique avec un seul patrimoine, une cour d'appel a, à bon droit, prononcé la liquidation judiciaire commune des deux entreprises en retenant que l'unicité de la procédure collective imposait qu'elles fussent mises dans une situation juridique identique. • Com. 17 nov. 1992 : *Bull. civ. IV, n° 357* • 22 oct. 1996 : *Bull. Joly 1997. 164, note Pétel.*

Après la constatation de la confusion des patrimoines des sociétés d'un groupe et le prononcé de leur redressement judiciaire commun, une procédure unique doit être suivie, interdisant la liquidation judiciaire partielle de l'entreprise. Doit donc être cassé l'arrêt ayant jugé que l'unicité de la procédure collective se justifie essentiellement par l'intérêt commun des créanciers ; qu'elle n'a pas pour effet de faire disparaître la personnalité morale des sociétés concernées ; qu'outre une liquidation judiciaire qui n'est évidemment pas exclue, elle ne fait pas obstacle à des solutions ultérieures différenciées, par cession ou continuation de sociétés ou groupes de sociétés constituant une ou plusieurs entreprises, dès lors que chaque solution respecte la lettre et est conforme à l'esprit de la loi du 25 janv. 1985 [C. com., art. L. 620-1 s.] et que, en cas de redressement par continuation, l'entreprise continuée prend en charge l'apurement de tout le passif commun : • Com. 17 févr. 1998 : *Bull. civ. IV, n° 75 ; D. Affaires 1998. 426, obs. A. L. ; LPA 12 juin 1998, note Soinne ; Bull. Joly 1998. 658, note Pétel* (V. l'arrêt cassé : • Paris, 21 mars 1997 : *Gaz. Pal. 1997. 1. Somm. 155*). – Dans le même sens, V. • Com. 7 janv. 2003 : *Bull. civ. IV, n° 4 ; D. 2003. AJ 347 (2e esp.)* ; *Act. proc. coll. 2003, n° 31, obs. Vallansan ; JCP E 2003, n° 20, p. 849, obs. Pétel ; Bull. Joly 2003. 407, note F.-X. Lucas ; Dr. et proc. 2003. 235, note Le Corre ; RTD com. 2003. 813, obs. Saint-Alary-Houin* ; *Rev. proc. coll. 2004. 273, obs. Dumont ; Dr. sociétés 2005, n° 7, note Legros (2e esp.).*

La constatation de la confusion des patrimoines emportant unicité de la procédure, le plan de redressement commun (aux trois sociétés, en l'espèce) ne peut être divisément résolu. • Com. 23 juin 1998 : *D. Affaires 1998. 1364, obs. A. L. ; RTD com. 1998. 924, obs. Saint-Alary-Houin* . – Dans le même sens, V. • Montpellier, 5 oct. 2004 : *Act. proc. coll. 2005, n° 124, obs. Regnaut-Moutier.*

15. La déclaration de créances faite par un créancier entre les mains du représentant des créanciers d'une société en redressement judiciaire vaut pour n'importe laquelle des sociétés du groupe dont les passifs ont été confondus. • Com. 1er oct. 1997 : *D. Affaires 1997. 1222 ; Bull. Joly 1997. 1087, note Daigre.* – Comp. : • Com. 19 févr. 2002 : *Bull. civ. IV, n° 34 ; D. 2002. AJ 956, obs. Lienhard ; Act. proc. coll. 2002, n° 71, obs. Regnaut-Moutier ; Procédures 2002, n° 99, obs. Laporte ; Dr. et proc. 2002. 227, obs. Crocq ; Dr. sociétés 2002, n° 133, note Legros ; Bull. Joly 2002. 782, note Pétel. – Contra,* • Paris, 28 mai 1999 : *RJDA 1999, n° 1226.* ♦ De même, dès lors que le redressement judiciaire d'une société a été étendu à deux autres sociétés, avec unité d'actif et de passif, le caractère privilégié d'une créance doit être retenu à l'égard des trois sociétés. • Com. 5 déc. 1995 : *Bull. civ. IV, n° 281 ; D. 1996. IR 55.* ♦ V. aussi, en ce sens que le créancier forclos dans la procédure initiale qui, après extension de cette procédure à un codébiteur, a déclaré sa créance au passif de celui-ci, conserve ses droits dans cette procédure, • Com. 11 déc. 2001 : *cité note 20 ss. ancien art. L. 621-46.* ♦ Comp., • Lyon, 21 mai 1999 : *BICC 1999, n° 1442.*

En revanche, lorsque le créancier a, antérieurement au jugement ayant constaté la confusion des patrimoines des sociétés d'un groupe auquel appartenait une SCI, déclaré sa créance au passif de cette dernière, dont il n'était pas créancier, sans indiquer quel était son véritable débiteur, cette déclaration ne peut conserver la créance sur l'une quelconque des sociétés du groupe. • Com. 19 févr. 2002 : *RJDA 2002, n° 786 (2e esp.).*

Le jugement d'ouverture d'une procédure collective à l'encontre de plusieurs sociétés d'un groupe mentionnant que la procédure sera unique n'ayant pas pour effet d'entraîner la confusion des patrimoines, laquelle ne se présume pas, le juge-commissaire ne peut valablement admettre au passif de l'une des sociétés débitrices une déclaration de créance unique recouvrant l'ensemble des dettes des sociétés concernées : • Amiens, 25 mars 2004 : *BICC 2005, n° 439 ; JCP E 2005, n° 13, p. 553 ; Rev. proc. coll. 2006. 49, obs. Lebel.*

Sur l'application de l'art. L. 621-32 [ancien] aux créances détenues contre la personne à laquelle la procédure est étendue, V. note 41 *ter*, ss. cet art. ss. art. L. 622-17.

16. L'unicité de la procédure collective des sociétés dont la confusion est constatée implique que le juge, qui statue sur une demande de report de la date de cessation des paiements des sociétés concernées, détermine cette date à partir de la comparaison entre le passif exigible et l'actif disponible de ces sociétés, lesquelles constituent une même entreprise. • Com. 7 janv. 2003 : *Bull. civ. IV, n° 2 ; D. 2003. AJ 347 (1re esp.) ; Bull. Joly 2003. 402, note F.-X. Lucas ; Dr. et proc. 2003. 235, note Le Corre ; RTD com. 2003. 813, obs. Saint-Alary-Houin ; Rev. proc. coll. 2004. 273, obs. Dumont.* – V. aussi • Bourges, 31 août 2004 : *JCP E 2005, n° 14, p. 604 ; RJDA 2005, n° 1005.* – Comp. : • Com. 8 juin 1999 : *Act. proc. coll. 1999, n° 172, obs. Regnaut-Moutier.* ♦ Sur la prise en compte d'une date de cessation des paiements unique pour l'application des nullités de la période suspecte, V. • Com. 16 juin 2004 : *Bull. civ. IV, n° 128 ; D. 2004. AJ 1973 ; Act. proc. coll. 2004, n° 193, obs. Regnaut-Moutier ; Dr. et patr. nov. 2004. 95, obs. Monsèrié-Bon.*

17. L'extension d'une procédure collective d'une société à une autre pour confusion de leurs patrimoines n'emporte pas création d'une indivision. • Civ. 1re, 20 mars 2001 : *Dr. sociétés 2001, n° 112, obs. Legros ; RTD com. 2001. 919, obs. Champaud et Danet .*

18. La garantie accordée par une caution, qui ne portait que sur les dettes propres d'une société mise en redressement judiciaire, ne saurait être étendue à ses filiales, peu important que celles-ci aient ensuite fait l'objet d'une procédure collective commune. • Com. 25 nov. 1997 : *Bull. civ. IV, n° 300 ; D. Affaires 1998. 73, obs. J. F. ; Bull. Joly 1998. 109, note J.-F. Barbièri ; JCP E 1998, n° 17, p. 652, obs. Pétel.*

18 bis. En cas d'ouverture d'une procédure collective à l'égard de la caution, par extension de la procédure ouverte contre le débiteur principal, l'obligation issue du cautionnement s'éteint par voie de confusion. • Com. 17 févr. 2009 : *Bull. civ. IV, n° 23 ; D. 2009. 2207, note Dagorne-Labbe ; ibid. AJ 628 ; Act. proc. coll. 2009, n° 96, obs. Cagnoli ; Banque et Droit mars-avr. 2009. 51, obs. Rontchevsky ; Gaz. Pal. 26-28 avr. 2009, p. 17, obs. Reille ; LEDEN, avr. 2009, p. 4, obs. Mouial-Bassilana ; JCP E 2009. 1814, n° 15, obs. Cabrillac ; Dr. et patr. sept. 2009. 110, obs. Saint-Alary-Houin ; RTD com. 2009. 615, obs. Martin-Serf ; Rev. proc. coll. 2009, n° 103, obs. Saintourens.*

18 ter. La confusion des patrimoines de plusieurs sociétés et le prononcé de leur redressement puis liquidation judiciaire commun est sans incidence sur l'action en paiement de la fraction non libérée du capital social dirigée par le liquidateur contre les anciens actionnaires d'une des sociétés tenus solidairement au paiement de la fraction non libérée du capital social. • Com. 26 mai 1999 : *Bull. civ. IV, n° 109 ; D. 2000. Somm. 97, obs. Honorat ; D. Affaires 1999. 994, obs. A. L. ; Act. proc. coll. 1999, n° 148, obs. Regnaut-Moutier ; Dr. sociétés 1999, n° 112, obs. Chaput ; Bull. Joly 1999. 971, note Saintourens ; Rev. sociétés 1999. 865, note Honorat .* – V. l'arrêt confirmé : • Paris, 18 mars 1997 : *Dr. sociétés 1997, n° 179, obs. Chaput.*

19. La confusion des patrimoines ayant été constatée, il convient de tenir compte de la « masse active et passive » totale, et dès lors qu'il n'existe pas de plan d'apurement concernant la globalité des personnes physiques et morales mises en cause, une cour d'appel confirme à bon droit le jugement prononçant la liquidation judiciaire des demandeurs. • Com. 11 févr. 1997 : *D. 1997. IR 87*.

20. Sur la condamnation au comblement de passif du dirigeant de la personne morale dont la procédure collective a été étendue à d'autres personnes morales sur le fondement d'une confusion des patrimoines, V. note 33 *bis* ss. art. L. 651-2. ♦ Sur le pouvoir d'agir en comblement du passif du liquidateur du groupe de sociétés dont le patrimoine est confondu, V. note 4 ss. ancien art. L. 624-6, ss. art. L. 651-2.

21. Pour l'efficacité d'un avis à tiers détenteur portant sur une créance née entre le jugement d'ouverture de la procédure initiale et le jugement prononçant l'extension de la procédure à l'égard de la société débitrice, V. • Com. 16 juin 2004 : *préc. note 16 ; Dr. sociétés 2005, n° 28, note Legros (1re esp.).*

22. Absence d'effet rétroactif du jugement d'extension. Si, lorsque la procédure collective d'une personne physique ou morale a été prononcée par extension de la procédure collective d'une autre en raison de la confusion des patrimoines, il en résulte une procédure unique, le jugement la prononçant ne rétroagit pas au jour du jugement initial d'ouverture. • Com. 28 sept. 2004 : *Bull. civ. IV, n° 170 ; D. 2004. AJ 2651, obs. Lienhard ; D. 2005. Pan. 292, obs. Le Corre ; JCP E 2005, n° 1-2, p. 25, obs. Pétel ; Bull. Joly 2005. 34, note F.-X. Lucas ; Dr. sociétés 2005, n° 28, note Legros (2e esp.) ; RJ com. 2005. 70, note Sortais ; Defrénois 2005. 983, obs. Gibirila ; Rev. sociétés 2005. 459, note Robine ; Rev. proc. coll. 2005. 238, obs. Dumont.*

23. Loi applicable. La procédure collective ouverte par extension est soumise à la loi en vigueur à la date d'ouverture de la procédure collective initiale : • Com. 4 janv. 2005 : *Gaz. Pal. 29-30 avr. 2005, p. 24, obs. F.-X. Lucas.*

23 bis. Incidence sur l'action en responsabilité pour soutien abusif. En ce sens que la responsabilité de la banque ayant octroyé un crédit à plusieurs sociétés d'un groupe dont la confusion des patrimoines a été prononcée doit être appréciée au regard de la situation de chacune des sociétés, à la date des décisions d'octroi des crédits, et non en fonction de la situation de l'ensemble du groupe, V. • Com. 30 sept. 2008 : *D. 2008. AJ 2596, obs. Lienhard ; Act. proc. coll. 2008, n° 263, obs. Regnaut-Moutier ; JCP E 2009. 1008, n° 17, obs. Pétel ; Gaz. Pal. 21-22 janv. 2009, p. 26, obs. Reille ; Defrénois 2009. 1391, obs. Gibirila.*

B. FICTIVITÉ

1° SPÉCIFICITÉ DE LA NOTION

BIBL. Soinne, *LPA 6 déc. 1995.* – Le Corre, *D. 2002. Chron. 1122* (sort des créances).

24. Pour des arrêts distinguant clairement les notions de fictivité et de confusion des patrimoines, V. • Com. 8 nov. 1988 : *Rev. sociétés 1990. 71, note Honorat* • 8 févr. 1994 : *ibid. 1995. 100, note Honorat et Romain* • 9 avr. 1991 : *Bull. civ. IV, n° 128 ; D. 1992. Somm. 3, obs. Derrida* • 21 nov. 1995 : *JCP E 1996. II. 852, note Daigre ; RJDA 1996, n° 118* • Aix-en-Provence, 17 oct. 2001 : *Dr. sociétés 2002, n° 114, note Legros.*

25. En ce sens que l'action en extension de la procédure collective fondée sur la fictivité d'une société n'est pas assimilable à une action en nullité de la société, V. • Com. 19 févr. 2002 : *Bull. civ. IV, n° 33 ; D. 2002. AJ 1071 ; JCP E 2002, n° 39, p. 1520, obs. Pétel ; ibid., n° 42, p. 1677, note Legros ; Dr. et patr. juill.-août 2002. 104, obs. Poracchia.*

2° EXEMPLES

26. Dès lors qu'une société en sommeil, qui n'a aucun actif, dont l'associé majoritaire est en même temps le président-directeur général d'une société mise en liquidation judiciaire, a été réactivée uniquement pour poursuivre l'activité de la société liquidée en détournant les règles de la procédure collective, cette société est en réalité une société fictive, à laquelle doit être étendue la procédure de liquidation. • Paris, 29 sept. 1995 : *Bull. Joly 1995. 1080, note Prieto.*

Dès lors qu'il est établi qu'une société a été créée dans le but d'assurer dans un délai très court le règlement du passif d'une autre société, dont elle a continué l'activité dans les mêmes locaux, avec le même dirigeant, la même clientèle, les mêmes contrats de franchise et de partenariat, permettant ainsi à l'autre société de présenter un aspect de prospérité, de bénéficier de redevances sans assumer les dettes, de conserver son patrimoine immobilier à l'abri d'une éventuelle déconfiture, il y a lieu de prononcer l'extension de la procédure de redressement judiciaire pour fictivité et confusion des patrimoines. • Versailles, 6 mars 1997 : *Bull. Joly 1997. 683.* ♦ En revanche, sont impropres à caractériser la fictivité d'une société A, la similitude des sigles et l'identité des dirigeants et de siège avec une autre société (société B), le fait que la société A a pour activité le holding d'entreprises, notamment de la société B, jouant un rôle exclusivement financier et qu'elle a été incapable d'assumer ce rôle, ne présentant aucune utilité pour celle-ci dont elle dépendait totalement. • Com. 27 oct. 1998 : *D. 1998. IR 260* ; *D. Affaires 1998. 1910* (V. l'arrêt d'appel • Paris, 16 janv. 1996 : *D. 1996. IR 76* ; *D. Affaires 1996. 330*). – V. aussi • Poitiers, 9 sept. 1997 : *Dr. sociétés 1999, n° 7* • Paris, 31 mars 1998 : *ibid.*

27. Pour l'extension de la procédure de liquidation judiciaire d'une EURL à son unique associé, les apports fictifs ou négatifs effectués par celui-ci démontrant le caractère fictif de la société, V. • Rouen, 16 déc. 1999 : *RJDA 2000, n° 552.*

28. Pour un exemple de fictivité entraînant extension de la procédure, s'agissant d'un montage juridique associant une société commerciale et une société civile immobilière, V. • Versailles, 30 oct. 1990 : *Dr. sociétés 1992, n° 108, obs. Chaput* ; *Bull. Joly 1991. 95, note Pétel.* ♦ Comp., cassant un arrêt ayant déduit la fictivité d'une SCI du seul fait que son actif ne comportait qu'un immeuble qu'elle louait à une SARL : • Com. 25 nov. 1997 : *D. Affaires 1998. 76, obs. Boizard* ; *Rev. sociétés 1998. 586, note Porteron*. – Rappr. : • Com. 8 juill. 2003 : *RJDA 2003, n° 1089* ; *Dr. sociétés 2004, n° 79, note Legros* • Paris, 6 oct. 2000 : *Bull. Joly 2001. 33.* ♦ Comp. également, jugeant qu'est impropre à caractériser la fictivité d'une SCI le fait que le plan de redressement de la SARL contenait une condition suspensive portant sur la cession de la totalité des parts sociales de la SCI : • Com. 6 juill. 1999 : *RJDA 1999, n° 1097.* ♦ V. aussi note 6.

29. La communauté de gérant et d'associés et la similitude des activités existant entre deux sociétés liées par un contrat de location-gérance ne suffisent pas à démontrer la fictivité de l'une par rapport à l'autre. • Com. 14 oct. 1997 : *Bull. Joly 1998. 56, note Daigre.* ♦ Par ailleurs, le transfert des salariés du fait de la location-gérance ne démontre pas la confusion de patrimoine ni la fictivité de la société, mais constitue un simple effet du contrat de location-gérance. • Même arrêt. ♦ V. aussi, refusant de considérer comme fictive la société constituée par un commerçant pour recevoir le fonds en location-gérance, au motif que le commerçant est resté propriétaire du fonds loué, excluant ainsi l'anormalité des flux financiers, et que les associés ont effectué les apports prévus dans les statuts, ont partagé les bénéfices et les pertes et n'étaient pas dépourvus d'*affectio societatis*, • Com. 3 févr. 1998 : *Bull. civ. IV, n° 54* ; *D. 1998. IR 61* ; *D. Affaires 1998. 476, obs. J.F.* ; *Bull. Joly 1998. 654, note Daigre.* ♦ Comp., lorsque le principal associé continue à encaisser directement le produit de l'activité : • Com. 13 oct. 1998 : *RJDA 1998, n° 1360* ; *Bull. Joly 1999. 58, note Serlooten* ; *Banque et Droit janv.-févr. 1999. 44, obs. Cutajar.*

30. Pour l'impossibilité d'étendre la procédure de liquidation judiciaire d'une société à l'un de ses associés dont il n'est pas établi qu'il a été le maître de l'affaire sous couvert de la personne morale, V. • Com. 19 févr. 2002 : *Bull. civ. IV, n° 33* ; *D. 2002. AJ 1071* ; *Act. proc. coll. 2002, n° 82, obs. Gibirila* ; *JCP 2003. II. 10148, note Ayissi Manga* ; *Rev. proc. coll. 2004. 274, obs. Dumont* • Aix-en-Provence, 6 mars 2002 : *Dr. sociétés 2002, n° 216, note Legros* ; *RTD com. 2003. 109, obs. Champaud et Danet*.

C. DEMANDE D'EXTENSION

1° MOMENT DE LA DEMANDE

31. Prescription. La prescription de trois ans prévue par les art. 180 et 182 [C. com., art. L. 651-2 et L. 624-5 ancien] concerne les sanctions édictées par ces textes et non l'extension d'une procédure collective à une autre personne en application de l'art. 7 [C. com., art. L. 621-2] qui n'est pas soumise à une prescription spéciale. • Paris, 6 avr. 1999 : *D. Affaires 1999. 907.*

32. Société déjà en redressement. Une procédure de redressement judiciaire peut être étendue, sur le fondement de la confusion des patrimoines ou de la fictivité de la personne morale, à une autre personne morale en redressement judiciaire sauf si un plan de redressement a été arrêté. Une procédure de liquidation judiciaire peut être étendue, sur le même fondement, à une autre personne morale en liquidation judiciaire ou en redressement judiciaire, sauf si un plan de redressement a été arrêté. • Com. 4 janv. 2000 : *Bull. civ. IV, n° 3* ; *D. 2000. AJ 72, obs. Lienhard* ; *JCP E 2000, n° 17, p. 698, obs. Pétel* ; *Act proc. coll. 2000, n° 24, obs. Regnaut-Moutier* ; *RTD com. 2000. 464, obs. Vallens*. – V. aussi • Com. 28 nov. 2000 : *RJDA 2001, n° 339* • 5 févr. 2002 : *Bull. civ. IV, n° 29* ; *JCP E 2002, n° 12, p. 501* ; *Act. proc. coll. 2002, n° 91, obs. Vallansan* ; *Dr. et patr. juill.-août 2002. 107, obs. Monsèrié-Bon.* – V. Delattre, *Act. proc. coll. juin 2002* ♦ Le tribunal initialement saisi reste alors compétent. • Même arrêt. ♦ Rien ne s'oppose à une demande d'extension de procédure collective à l'égard d'une société qui se trouve déjà dans les liens d'une telle procédure. Si le principe de l'unicité de la procédure interdit l'ouverture d'une liquidation judiciaire distincte à l'égard d'une société déjà en liquidation judiciaire, en revanche, lorsque la juridiction saisie de la demande d'extension de liquidation y fait droit, celle-ci demeure compétente à l'égard de la société de laquelle l'extension est ordonnée, peu important que cette société ait précédemment fait l'objet d'un redressement judiciaire dès lors que cette décision n'est pas antérieure au jugement d'ouverture à l'égard de la société dont la liquidation judiciaire est étendue. Le tribunal qui a ouvert la procédure de redressement judiciaire doit alors s'abstenir de statuer sur les suites de sa décision. • Paris, 20 oct. 1995 : *D. 1995. IR 261 ; Dr. sociétés 1996, n° 30, obs. Chaput ; RJDA 1996, n° 274.* ♦ V. aussi note 2.

33. Plan de cession déjà arrêté. Lorsqu'un tribunal de grande instance arrête un plan de cession à un tiers des actifs d'une entreprise mise en redressement judiciaire par un jugement exécutoire de plein droit à titre provisoire, la procédure de liquidation judiciaire ouverte à l'encontre d'une autre société ne peut plus être étendue à la première société. • Com. 12 nov. 1991 : *Bull. civ. IV, n° 343 ; D. 1992. IR 39 ; JCP E 1992. I. 136, n° 2, obs. Pétel.*

Une procédure de redressement judiciaire ne peut être étendue à une autre personne, sur le fondement de la confusion des patrimoines, après que le tribunal a arrêté, dans cette procédure, un plan de redressement, soit par voie de cession, soit par voie de continuation. • Com. 22 oct. 1996 : *Bull. civ. IV, n° 256 ; D. 1997. IR 8 ; Dr. sociétés 1997, n° 6, obs. Chaput ; Bull. Joly 1997. 166, note Le Cannu ; JCP E 1997. I. 681, n° 2, obs. Pétel* • 27 nov. 2001 : *Dr. sociétés 2002, n° 38, note Legros* • 19 nov. 2003 : *RD banc. fin. 2004, n° 72, obs. F.-X. Lucas ; Dr. sociétés 2004, n° 78, note Legros.* – Dans le même sens : • Nîmes, 13 janv. 2000 : *Dr. sociétés 2000, n° 103, obs. Chaput* • Montpellier, 7 mars 2000 : *Act. proc. coll. 2000, n° 215, obs. Regnaut-Moutier ; Dr. sociétés 2000, n° 156, obs. Chaput.*

34. Procédure déjà clôturée. Une procédure de liquidation judiciaire clôturée pour insuffisance d'actif ne peut, sauf si elle est reprise dans les conditions prévues par l'art. 170 [C. com., art. L. 643-13], être étendue à une autre personne sur le fondement d'une confusion des patrimoines. • Com. 11 juill. 1995 : *Bull. civ. IV, n° 208 ; D. 1996. Somm. 84, obs. Honorat ; Dr. sociétés 1995, n° 188, obs. Chaput ; JCP E 1995. I. 513, n° 1, obs. Pétel ; Rev. proc. coll. 1996. 48, obs. Calendini.* ♦ En revanche, tant qu'elle n'est pas clôturée, la procédure de liquidation judiciaire d'une société peut être étendue à une autre société, peu important à cet égard que tout ou partie des actifs de la première aient été réalisés. • Com. 13 nov. 2002 : *Dr. sociétés 2003, n° 142, note Legros.*

2° MODE DE SAISINE DU TRIBUNAL

35. En ce sens que l'administrateur devrait agir par voie d'assignation, V. • Com. 30 mars 1999 : *Bull. civ. IV, n° 76 ; D. Affaires 1999. 1044 ; RJDA 1999, n° 570.*

3° DEMANDEUR

Jurisprudence antérieure à l'Ord. du 18 déc. 2008.

36. L'administrateur judiciaire a qualité pour exercer l'action, prévue à l'art. L. 621-2, al. 2, issu de la loi du 26 juill. 2005, aux fins d'extension de la procédure collective d'une personne à une autre sur le fondement de la confusion des patrimoines ou de la fictivité. • Com. 15 déc. 2009 : *Bull. civ. IV, n° 170 ; D. 2010. AJ 86, obs. Lienhard ; Dr. sociétés 2010, n° 56, note Legros ; Procédures 2010, n° 41, obs. Rolland ; Gaz. Pal. 16-17 avr. 2010, p. 20, obs. Reille ; Dr. et patr. oct. 2010. 88, obs. Saint-Alary-Houin et Monsèrié-Bon.* ♦ Solution confirmée par l'art. L. 621-2, al. 2, dans sa réd. issue de l'Ord. n° 2008-1345 du 18 déc. 2008. ♦ Il en va de même du représentant des créanciers, mais non du commissaire à l'exécution du plan. • Paris, 5 nov. 1993 : *RJ com. 1995. 69, note X. Vincent ; D. 1994. Somm. 41, obs. Derrida .* ♦ *Contra,* admettant l'action du commissaire à l'exécution du plan : • Rouen, 25 janv. 1996 : *RJDA 1996, n° 699.* ♦ V. aussi note 8 ss. art. L. 626-25. ♦ Sur la qualité à agir du liquidateur en cas de liquidation judiciaire ouverte après résolution du plan de redressement, V. • Com. 16 oct. 2012 : *Bull. civ. IV, n° 185 ; D. 2012. Actu. 2514, obs. Lienhard ; JCP E 2012. 1757, n° 2, obs. Pétel ; Bull. Joly Entrep. diff. 2012. 356, note Le Mesle ; LEDEN déc. 2012, p. 3, obs. Parachkévova ; Act. proc. coll. 2012, n° 279, obs. Blanc ; Gaz. Pal. 18-19 janv. 2013, p. 17, obs. Reille ; RJDA 2013, n° 141 ; Rev. proc. coll. 2013, n° 5, obs. Saintourens.* ♦ Sur la portée, à l'égard de la société à laquelle la procédure a été étendue, de l'action en nullité de la période suspecte exercée par le liquidateur désigné dans la société initialement mise en liquidation, V. note 1 *quinquies* ss. art. L. 632-4.

36 bis. Une société est irrecevable à solliciter elle-même l'extension à son encontre d'une procédure de redressement judiciaire concernant une autre personne morale. • Nîmes, 13 janv. 2000 : *préc. note 33.*

36 ter. Le dirigeant d'une société, mise en redressement ou liquidation judiciaire, auquel la procédure collective a été étendue, n'a pas qualité, même à titre de garantie, pour demander l'extension de cette procédure à un tiers. • Com. 28 mai 2002 : *RJDA 2003, n° 42.* ♦ V. aussi, pour l'irrecevabilité de la demande de dirigeants tendant à se voir étendre la procédure collective ouverte à l'encontre de la société, • Orléans, 22 janv. 2004 : *RJDA 2004, n° 588 ; Dr. sociétés 2004, n° 77, note Legros.*

37. L'action tendant à l'extension de la procédure collective d'une personne à une autre sur le fondement de la confusion des patrimoines ou de la fictivité d'une personne morale n'est pas ouverte aux créanciers. • Com. 15 mai 2001 : *Bull. civ. IV, n° 91 ; D. 2001. Somm. 3425, obs. Honorat ; ibid. AJ 1949, obs. Lienhard ; Dr. sociétés 2001, n° 129, note Legros ; Bull. Joly 2001. 979, note Pétel* • 19 févr. 2002 : *Dr. sociétés 2002, n° 134, note Legros.* – V. déjà • Com. 16 mars 1999 : *Bull. civ. IV, n° 67 ; D. 1999. Somm. 349, obs. Honorat ; D. Affaires 1999. 635, obs. A. L. ; JCP E 1999, n° 39, p. 1529, obs. Cabrillac et Pételt.*

37 bis. L'art. 1167 C. civ., relatif à l'action paulienne, ne peut servir de fondement à une action en extension. • Paris, 4 févr. 1994 : *D. 1994. IR 80.*

37 ter. Sur l'irrecevabilité des demandes subsidiaires, tendant au paiement de sommes d'argent, V. note 5 ss. ancien art. 7 du Décr. n° 85-1388 du 27 déc. 1985 ss. art. R. 631-2.

37 quater. Sur les personnes ayant qualité pour agir, V. désormais art. L. 621-2, al. 2, dans sa réd. issue de l'Ord. n° 2008-1345 du 18 déc. 2008.

4° DÉFENDEUR

38. Une demande en justice tendant à la constatation de la confusion des patrimoines doit être dirigée contre les sociétés dont il est prétendu que le patrimoine ne fait qu'un avec la société en redressement judiciaire. La demande est nulle et ne saisit pas le juge lorsqu'elle est dirigée contre le dirigeant des sociétés attraites dans la cause afin de voir prononcer à leur encontre des sanctions patrimoniales et personnelles. • Paris, 8 mars 1994 : *Bull. Joly 1994. 681, note Saintourens.* ♦ La réunion de deux procédures collectives exige l'introduction d'une instance dirigée contre les sociétés concernées ; elle ne saurait résulter d'une simple procédure sur requête en jonction de procédures prise à l'initiative du mandataire-liquidateur desdites sociétés. • Paris, 13 sept. 1994 : *D. 1994. IR 238.* – V. aussi • Toulouse, 5 juill. 1995 : *BICC 1996, n° 265 ; Dr. sociétés 1996, n° 165, obs. Chaput.*

Sur le droit d'appel du débiteur, V. note 6 *ter* ss. ancien art. L. 661-1.

5° DEMANDE FAUTIVE

39. Pour un exemple de responsabilité civile du mandataire judiciaire en raison d'une demande abusive de la liquidation judiciaire d'un commerçant à son ex-conjoint, lui-même exploitant d'un fonds de commerce, V. • Com. 27 oct. 1998 : *RJDA 1999, n° 64.*

D. SOCIÉTÉS D'ASSURANCE

40. Sur le régime de l'action en extension de la procédure collective ouverte à l'encontre d'une société d'assurance après clôture de la liquidation spéciale prévue par le code des assurances, V. • Com. 26 janv. 2010 : *Bull. civ. IV, n° 16 ; D. 2010. AJ 438 ; JCP E 2010. 1325, note Royer ; LEDEN mars 2010, p. 3, obs. Parachkévova ; Gaz. Pal. 16-17 avr. 2010, p. 18, obs. Reille ; Rev. proc. coll. 2010, n° 138, obs. Bonneau ; Dr. sociétés 2010, n° 148, note Legros ; RJDA 2010, n° 768.*

E. RECOURS

41. Sur l'appel et le pourvoi en cassation, V. art. L. 661-1, I, 3°. ♦ Sur le droit des créanciers de former tierce opposition contre le jugement d'extension, V. • Com. 4 juill. 2000 : *cité note 1 quinquies ss. art. L. 661-1.* ♦ Sur le point de départ du délai de la tierce opposition, V. note 3 ss. art. R. 661-2.

F. DROIT TRANSITOIRE

42. En ce sens qu'est soumise au régime antérieur à la loi du 26 juil l. 2005 la procédure collective ouverte par extension, sur le fondement de la confusion des patrimoines, de deux procédures collectives, l'une prononcée avant le 1er janv. 2006, date d'entrée en vigueur de la loi du 26 juill. 2005, l'autre prononcée après cette date, la procédure étant désormais commune aux trois débiteurs et soumise aux mêmes dispositions antérieures à la loi du 26 juill. 2005, V. • Com. 21 sept. 2010 : *Bull. civ. IV, n° 141 ; D. 2010. Actu. 2288, obs. Lienhard ; Rev. sociétés 2010. 537, obs. Roussel Galle ; JCP E 2011. 1030, n° 1, obs. Pétel ; Act. proc. coll. 2010, n° 242, obs. Vallansar ; LEDEN nov. 2010, p. 4, obs. Parachkévova ; Gaz. Pal. 7-8 janv. 2011, p. 23, obs. Reille ; Dr. sociétés 2011, n° 57, note Legros ; Bull. Joly Entrep. diff. 2011. 43, note De Lajarte ; RJDA 2011, n° 256.* – V. Monsèrié-Bon, *Rev. proc. coll. 2011. Étude 3.*

G. PROCÉDURES D'INSOLVABILITÉ

43. Sur les conditions de compétence du tribunal de la procédure d'insolvabilité ouverte en application du Règl. n° 1346-2000 du 29 mai 2000 pour étendre celle-ci, sur le fondement de la confusion des patrimoines, à une société dont le siège statutaire se trouve dans un autre État membre, V. • CJUE 15 déc. 2011 : *D. 2012. 403, note Vallens ; ibid. 406, note Dammann et Müller ; ibid. Pan. 2197, obs. F.-X. Lucas ; Rev. sociétés 2012. 189, obs. Roussel Galle ; ibid. 313, note Morelli ; JCP E 2012. 1088, note Paclot et Poracchia ; ibid. 1227, n° 1, obs. Petel ; LEDEN févr. 2012, p. 6, obs. Mélin ; Bull. Joly 2012. 240, obs. Kuntz et Nurit ; Bull. Joly Entrep. diff. 2012. 117, note Henry ; RLDA mars 2012. 21, obs. Amri et Jebbour ; Dr. sociétés 2012, n° 127, note Legros ; Bull. Joly 2012. 576, note Borga ; Rev. proc. coll. 2012, n° 185, obs. Mastrullo* • Com. 10 mai 2012 : *Bull. civ. IV, n° 97 ; D. 2012. 1803, note Jault-Seseke ; Rev. sociétés 2012. 529, obs. Roussel Galle ; LEDEN juin 2012, p. 7, obs. Mélin ; RJDA 2012, n° 705 ; Bull. Joly Entrep. diff. 2012. 243, note Henry.*

Art. L. 621-3 *Al. 1er abrogé par L. n° 2005-845 du 26 juill. 2005, art. 16.*

(L. n° 2005-845 du 26 juill. 2005, art. 16) **« Le jugement ouvre une période d'observation d'une durée maximale de six mois qui peut être renouvelée une fois par décision motivée à la demande de l'administrateur, du débiteur ou du ministère public. » Elle peut en outre être exceptionnellement prolongée à la demande du procureur de la République par décision motivée du tribunal pour une durée fixée par décret en Conseil d'État.** — *[C. com., ancien art. L. 621-6.] — V. art. R. 621-9.*

(L. n° 2005-845 du 26 juill. 2005, art. 16) **« Lorsqu'il s'agit d'une exploitation agricole, le tribunal peut proroger la durée de la période d'observation en fonction de l'année culturale en cours et des usages spécifiques aux productions de l'exploitation. »**

Dernier al. abrogé par L. n° 2005-845 du 26 juill. 2005, art. 16.

1. Dépassement de la période d'observation. La loi du 26 juill. 2005 et son décret d'application ne sanctionnent ni le dépassement des délais de la période d'observation ni sa prolongation exceptionnelle en l'absence de demande du procureur de la République. • Com. 10 juin 2008 : *Bull. civ. IV, n° 115 ; D. 2008. AJ 1764, obs. Lienhard ; Act. proc. coll. 2008, n° 202, obs. Delattre ; JCP E 2008. 2062, n° 3, obs. Cabrillac et Pétel ; Rev. proc. coll. 2008, n° 119, obs. Lebel ; RTD com. 2008. 871, obs. Vallens.* – V. Le Corre, *Gaz. Pal. 27-29 juill. 2008, p. 20.* ♦ V. déjà, sous le régime antérieur, • Com. 26 oct. 1999 : *Act. proc. coll. 1999, n° 265.* ♦ V. aussi note 8 ss. ancien art. 155 du Décr. du 27 déc. 1985, ss. art. R. 661-1.

2. Présentation du plan. Il résulte de l'art. 8 et de l'art. 24 [C. com., art. L. 621-3 et L. 626-5] que le projet de plan de continuation [sauvegarde ou redressement] doit impérativement être présenté avant l'expiration de la période d'observation « de droit commun » (avant prolongation éventuelle, à la requête du procureur) et dans un délai suffisant par rapport à l'expiration de cette période, de façon à permettre la consultation des créanciers sur le règlement des dettes. • Rouen, 19 déc. 1996 : *RJDA 1997, n° 572.* ♦ V. aussi note 1 ss. art. L. 626-5.

3. Prononcé de la liquidation judiciaire. Ne viole pas l'art. 8 [C. com., art. L. 621-3], la cour d'appel qui, n'étant pas tenue de prononcer la liquidation judiciaire pour le seul motif de l'expiration de la période d'observation, a justement décidé cette mesure après avoir relevé que, pendant la période d'activité de l'entreprise, le passif s'était aggravé, que la trésorerie n'avait pas permis de régler les charges sociales, et qu'aucun plan de cession, fondé sur des éléments sérieux, n'avait été présenté. • Com. 6 oct. 1992 : *Bull. civ. IV, n° 285 ; JCP 1992. IV. 2982.*

4. Prolongation de la période d'observation. La période d'observation qui a été renouvelée une fois ne peut l'être de nouveau qu'à la demande du procureur de la République. • Paris, 5 févr. 2002 : *BICC 2002, n° 910.* ♦ Pour une prolongation en vue de permettre l'élaboration d'un plan par le débiteur, V. les décisions citées par M.-H. Monsèrié-Bon, *Rev. proc. coll. 2000. 8.*

Art. L. 621-4 *(L. n° 2005-845 du 26 juill. 2005, art. 17)* **Dans le jugement d'ouverture, le tribunal désigne le juge-commissaire, dont les fonctions sont définies à l'article L. 621-9. Il peut, en cas de nécessité, en désigner plusieurs.**

Il invite le comité d'entreprise ou, à défaut, les délégués du personnel à désigner un représentant parmi les salariés de l'entreprise. En l'absence de comité d'entreprise et

de délégués du personnel, les salariés élisent leur représentant, qui exerce les fonctions dévolues à ces institutions par les dispositions du présent titre. Les modalités de désignation ou d'élection du représentant des salariés sont précisées par décret en Conseil d'État. Lorsque aucun représentant des salariés ne peut être désigné ou élu, un procès-verbal de carence est établi par le *(Ord. n° 2008-1345 du 18 déc. 2008, art. 163-I)* « débiteur ». – *V. art. R. 621-14 s.*

Dans le même jugement, sans préjudice de la possibilité de nommer un ou plusieurs experts en vue d'une mission qu'il détermine, le tribunal désigne deux mandataires de justice qui sont le mandataire judiciaire et l'administrateur judiciaire, dont les fonctions sont respectivement définies à l'article L. 622-20 et à l'article L. 622-1. Il peut, à la demande du ministère public, désigner plusieurs mandataires judiciaires ou plusieurs administrateurs judiciaires. *(Abrogé par Ord. n° 2008-1345 du 18 déc. 2008, art. 14)* ***« Dans le cas prévu au quatrième alinéa de l'article L. 621-1, le ministère public peut s'opposer à la désignation de la personne antérieurement désignée en tant que mandataire ad hoc ou conciliateur dans le cadre d'un mandat ou d'une procédure concernant le même débiteur. »***

Toutefois, le tribunal n'est pas tenu de désigner un administrateur judiciaire lorsque la procédure est ouverte au bénéfice *(Ord. n° 2010-1512 du 9 déc. 2010, art. 3-4°)* « d'un débiteur » dont le nombre de salariés et le chiffre d'affaires hors taxes sont inférieurs à des seuils fixés par décret en Conseil d'État. Dans ce cas, les dispositions du chapitre VII du présent titre sont applicables. Jusqu'au jugement arrêtant le plan, le tribunal peut, à la demande du débiteur, du mandataire judiciaire ou du ministère public, décider de nommer un administrateur judiciaire. – *V. art. R. 621-11.*

(Ord. n° 2008-1345 du 18 déc. 2008, art. 14) « Le débiteur peut proposer un administrateur à la désignation du tribunal. Il en est de même pour le ministère public, qui peut également soumettre le nom d'un mandataire judiciaire. Le rejet de la proposition du ministère public doit être spécialement motivé. Lorsque la procédure est ouverte à l'égard d'un débiteur qui bénéficie ou a bénéficié d'un mandat *ad hoc* ou d'une procédure de conciliation dans les dix-huit mois qui précèdent, le ministère public peut en outre s'opposer à ce que le mandataire *ad hoc* ou le conciliateur soit désigné en qualité d'administrateur ou de mandataire judiciaire.

« Si le débiteur en fait la demande, le tribunal désigne, en considération de leurs attributions respectives telles qu'elles résultent des dispositions qui leur sont applicables, un commissaire-priseur judiciaire, un huissier de justice, un notaire ou un courtier en marchandises assermenté aux fins de réaliser l'inventaire prévu à l'article L. 622-6. Dans le cas contraire, l'article L. 622-6-1 est applicable. »

(Abrogé, à compter du 15 févr. 2009, par Ord. n° 2009-112 du 30 janv. 2009, art. 11-I) ***« Lorsque l'administrateur judiciaire ou le mandataire judiciaire confient à des tiers des tâches qui relèvent de la mission confiée par le tribunal, ils les rétribuent sur la rémunération perçue en application du décret prévu à l'article L. 663-2. »***

V. art. R. 621-10.

Sur les mandataires de justice, V. C. com., art. L. 811-1 s.

BIBL. ▶ Delattre, *Rev. proc. coll. 2009. Étude 11* (intervention du ministère public dans la désignation des administrateurs et mandataires judiciaires). – Ghalimi, *ibid. 2011. Étude 13* (désignation des organes de la procédure : portée de la faculté d'opposition du ministère public). ▶ Sur la responsabilité civile des mandataires de justice : Perdriau, *JCP E 1989. II. 15547.* – Saint-Alary-Houin, *Mélanges Honorat, Frison-Roche, 2000, p. 193.* – F. Aubert, *Rapport de la Cour de Cassation pour 2002, p. 145.* ▶ Sur les représentants des salariés : Jeantin, *Dr. soc. 1986. 664.* – Lafarge, *RJ com., n° spéc., févr. 1987. 178.* – Serfati-Apter et Lafarge, *Gaz. Pal. 1986. 2. Doctr. 657.*

I. DÉSIGNATION DES ORGANES DE LA PROCÉDURE

1. Liberté de choix des mandataires de justice. V. note 1 ss. l'art. L. 812-1. ♦ L'art. L. 621-4, al. 5, C. com., dans sa rédaction issue de l'Ord. du 18 déc. 2008, n'interdit pas au tribunal de désigner un conciliateur ou un mandataire *ad hoc* en qualité d'administrateur judiciaire au seul motif de l'opposition du ministère public à cette désignation. • Com. 31 janv. 2012 : *Bull. civ. IV, n° 19 ; D. 2012. Chron. C. cass. 1224, obs. Arbellot ; ibid. Actu. 431, obs. Lienhard ; JCP E 2012. 1227, n° 2, obs. Pétel ; LEDEN mars 2012, p. 1, obs. F.-X. Lucas ; Rev. proc. coll. 2012, n° 24, obs. Lebel ; Act. proc. coll. 2012, n° 83, obs. Delattre ; Gaz. Pal. 27-28 avr. 2012, p. 17, obs. Bidan ; Bull. Joly Entrep. diff. 2012. 166, note Sortais ; LPA 15 juin 2012, p. 5, obs. Henry.* – V. Ghalimi, *Rev. proc. coll. 2012. Étude 26.*

1 bis. Récusation du juge-commissaire. Lorsque la loi confère à une même juridiction plusieurs phases d'une même procédure, les magistrats de cette juridiction ont compétence pour statuer sur ces différentes phases sans qu'on puisse leur demander leur récusation ou leur opposer la suspicion légitime. La présence du juge-commissaire tout au long de la procédure est normale. • Pau, 17 déc. 1997 : *JCP 1998. IV. 3231 ; Rev. proc. coll. 2000. 188, obs. Soinne.* ♦ Une demande de récusation ne pouvant être formulée que par une partie au procès, est irrecevable la requête aux fins de récusation du juge-commissaire présentée par un contrôleur. • Versailles, 21 avr. 1997 : *JCP E 1997, n° 18-19, Bloc-notes.* ♦ V. art. 341 s. C. pr. civ. – **C. pr. civ.**

1 ter. Remplacement du juge-commissaire. En cas de remplacement du juge-commissaire avant que la décision soit rendue, il convient de reprendre les débats devant le nouveau juge-commissaire (art. 444 et 447 C. pr. civ. combinés). • Civ. 2e, 24 sept. 1997 : *Bull. civ. II, n° 234 ; D. Affaires 1997. 1221 ; Rev. proc. coll. 2000. 199, obs. Soinne.*

1 quater. Convocation des salariés. Sont nulles et de nul effet les élections du représentant du personnel désigné en vertu de l'art. 10 [C. com., art. L. 621-4], les électeurs n'ayant pas été convoqués à cet effet, seuls ceux qui étaient présents le jour où il a été décidé de les organiser ayant voté, alors qu'il y a été procédé dans le but de faire élire un candidat en particulier. • TI Paris, 28 mars 1986 : *Gaz. Pal. 1986. 1. 329.*

2. Représentant des salariés. V. note 2 *bis* ss. art. L. 621-1. ♦ Lorsqu'au sein de la société soumise à une procédure de redressement judiciaire sont présents un délégué titulaire et un délégué suppléant du personnel, seuls ceux-ci ont qualité pour procéder à la désignation du représentant des salariés, à l'exclusion de toute élection par l'ensemble du personnel. • TI Mantes-La-Jolie, 13 sept. 1991 : *D. 1992. Somm. 86, obs. Derrida.* ♦ A défaut de possibilité de désignation par les délégués du personnel d'un seul représentant des salariés, cette désignation devra être effectuée par l'ensemble du personnel au sein duquel sera organisée dans les meilleurs délais une élection par vote secret au scrutin uninominal à un tour. • TI Chambéry, 14 mars 1986 : *Gaz. Pal. 1986. 1. Somm. 142.*

3. Un salarié licencié effectuant son préavis dans l'entreprise au jour du redressement judiciaire peut être élu en qualité de représentant des salariés. • Soc. 16 janv. 1991 : *D. 1991. IR 37 ; JCP E 1991. II. 208, note Serret ; Bull. civ. V, n° 22.*

4. Pour l'impossibilité de désigner comme représentant des salariés le dirigeant de l'entreprise ou le directeur salarié qui joue à l'égard du personnel le rôle de l'employeur. • TI Mantes-La-Jolie, 13 sept. 1991 : *préc. note 2.*

4 bis. Le représentant des salariés dispose d'attributions limitées aux seuls actes relatifs à la procédure collective ouverte à l'égard de l'entreprise qui l'emploie et ne peut dès lors être considéré comme une institution représentative du personnel au sens du code du travail. • Soc. 4 févr. 2003 : *Bull. civ. V, n° 39 ; Act. proc. coll. 2003, n° 109, obs. Lebel.* ♦ Sur la question de la validité d'une transaction conclue par le représentant des salariés et homologuée par le tribunal, V. • Soc. 31 mars 2009 : *Bull. civ. V, n° 98 ; D. 2009. AJ 1146 ; Act. proc. coll. 2009, n° 145, obs. Fin-Langer ; JCP E 2009. 1814, n° 12, obs. Pétel ; RJ com. 2010. 163, note Boillot.*

4 ter. Le représentant des salariés licencié avec l'autorisation de l'inspecteur du travail n'a plus le pouvoir d'agir en cette qualité après l'expiration du préavis qui met fin au mandat. • Soc. 4 juill. 2007 : *Bull. civ. V, n° 115 ; D. 2007. AJ 2109.* – V. Cerati-Gauthier, *RLDA 2007, n° 20, p. 23.*

II. EXPERTISE

4 quater. L'expertise diligentée en application de l'art. 10 [C. com., art. L. 621-4] n'est pas une mesure d'instruction au sens des art. 232 s. NCPC [C. pr. civ.]. Par suite, les règles de l'expertise judiciaire (et notamment le principe du contradictoire) ne sont pas applicables. • Com. 16 févr. 1999 : *Act. proc. coll. 1999, n° 109, obs. Regnaut-Moutier ; RTD com. 1999. 512, obs. Vallens.* ♦ Le cabinet d'expertise comptable chargé par le tribunal d'analyser les causes des difficultés des entreprises mises en redressement judiciaire du point de vue économique, financier et industriel ne réalise pas une mesure d'expertise au sens de l'art. 265 NCPC [C. pr. civ.]. • Com. 8 juin 1999 : *Act. proc. coll. 1999, n° 157.* ♦ V. note 6 ss. art. L. 621-9, notes 5 s. ss. art. R. 651-5.

4 quinquies. L'art. L. 621-4, al. 3, C. com. n'a pas pour objet de compléter la liste des personnes habilitées à procéder à l'inventaire et, le cas échéant, à la prisée des actifs du débiteur ; un expert en estimation immobilière ne saurait donc être désigné au lieu et place de celles-ci pour procéder à l'évaluation d'un actif (Rép. min. n° 90-963 : *JOAN Q, 8 mars 2011, p. 2312 ; D. 2011. Actu. 745*).

III. RESPONSABILITÉ DES MANDATAIRES JUDICIAIRES

5. Responsabilité civile de l'administrateur. Avant la modification de l'art. 37 [devenu C. com., art. L. 622-13] par la loi du 10 juin 1994, l'administrateur d'une société en redressement judiciaire ne pouvait être déclaré responsable du non-paiement d'une commande faite postérieurement à l'ouverture de la procédure collective en vue de permettre la poursuite des activités de l'entreprise, dès lors que, d'une part, lors de la conclusion du contrat, il avait conscience que la situation financière de la société n'était pas irrémédiablement compromise, et d'autre part, qu'il n'avait pas cherché à induire en erreur le fournisseur par des assurances imprudemment données. • Com. 20 oct. 1992 : *Bull. civ. IV, n° 317 ; D. 1993. Somm. 73, obs. Honorat ; JCP E 1993. II. 472, note Rossi.* – Dans le même sens : • Com. 8 déc. 1998 : *Bull. civ. IV, n° 293 ; D. 1999. Somm. 188, obs. Honorat ; D. Affaires 1999. 133 ; Quot. jur. 31 déc. 1998, p. 5, note P. M. ; Rev. proc. coll. 2000. 78* • 26 mai 1999 : *Rev. proc. coll. 2000. 79, obs. Soinne.* ♦ Sa responsabilité ne pouvait être engagée, sur le fondement de l'art. 1382 C. civ., qu'à charge pour le créancier d'établir une faute à l'origine du préjudice. • Douai, 11 juill. 1991 : *BICC 1991, n° 1880.* ♦ ... Par exemple, le fait qu'en apposant son visa sur les bons de commande, l'administrateur ne s'était pas assuré que les marchandises pourraient être payées. • Com. 2 févr. 1993 : *Bull. civ. IV, n° 39 ; D. 1993. Somm. 193, obs. Honorat* • 5 oct. 1993 : *Bull. civ. IV, n° 318 ; D. 1994. Somm. 81, obs. Honorat* • 30 nov. 1993 : *Bull. civ. IV, n° 441 ; D. 1994. Somm. 179, obs. Honorat* • 11 juin 1996 : *Rev. proc. coll. 1998. 190, obs. Soinne* • Nancy, 30 nov. 1993 : *Dr. sociétés 1994, n° 172, obs. Chaput* • Caen, 3 sept. 1996 : *JCP 1996. IV. 2528.* ♦ Comp., s'agissant de commandes de fournitures et de marchandises constituant des actes de gestion courante échappant normalement au visa du mandataire (loi de 1967) : • Com. 14 mars 1995 : *Bull. civ. IV, n° 85 ; D. 1995. Somm. 305, obs. Honorat.* ♦ V. aussi, lorsque le fournisseur n'avait jamais requis le visa, • Paris, 10 mai 1996 : *JCP E 1996. Pan. 691.* ♦ ... Ou lorsque la situation financière et comptable de la société ne permettait pas de supposer que les commandes contresignées ne pourraient pas être payées, • Com. 19 mars 1996 : *Rev. proc. coll. 1996. 247, obs. Soinne.* – V. aussi • Com. 22 oct. 1996 : *LPA 18 avr. 1997, note F. D.* • Versailles, 12 juin 1997 : *D. Affaires 1997. 966.* ♦ ... Ou que les livraisons non réglées ont été faites postérieurement à la période pour laquelle l'administrateur s'est engagé : • Com. 28 janv. 1997 : *Rev. proc. coll. 1998. 190, obs. Soinne.*

L'apposition de la mention « Vu pour assistance » sur des bons de commande adressés à une entreprise en redressement judiciaire ne saurait avoir pour effet de constituer l'administrateur judiciaire caution personnelle de la société qu'il assiste. • Paris, 14 sept. 1995 : *D. 1995. 627, note Jeantin.* ♦ Dans le cadre de sa mission, l'administrateur doit simplement vérifier que les commandes entrent dans les prévisions de la poursuite de l'activité et sont compatibles avec la situation financière de l'entreprise. • Angers, 2 avr. 1997 : *Dr. sociétés 1998, n° 23, obs. Chaput.* ♦ Seule une obligation de moyen pèse sur lui et il ne peut lui être imposé de s'assurer de la disponibilité immédiate des fonds, puis de bloquer ceux-ci jusqu'à la date du paiement. Mais il doit veiller à ce que la situation de la trésorerie permette raisonnablement de considérer que le règlement pourra intervenir normalement et vérifier que les éléments comptables qui lui sont fournis correspondent à la réalité de la situation de l'entreprise. • Dijon, 14 mai 1996 : *Gaz. Pal. 1998. Somm. 277.*

Les créanciers de l'art. 40 [C. com., art. L. 622-17] ne peuvent engager la responsabilité de l'administrateur pour faute, en raison d'une commande impayée, dès lors qu'ils n'ont notamment pas sollicité son visa lors de la conclusion du contrat ou le paiement immédiat de la commande, d'autant que l'administrateur n'a pas été avisé par le débiteur de la conclusion du contrat et n'a donc pu vérifier si la situation de trésorerie permettait le paiement. • Grenoble, 10 oct. 2000 : *JCP E 2001, n° 17, p. 686.* – V. aussi • Paris, 9 oct. 2001 : *JCP E 2002, n° 24, p. 995, obs. Pasqualini et Pasqualini-Salerno.*

L'administrateur qui s'est borné à contresigner un chèque d'acompte (lequel a été honoré), sans être intervenu lors de la passation de la commande, n'engage pas sa responsabilité du fait du défaut de paiement du reliquat du prix. • Com. 6 févr. 2001 : *Act. proc. coll. 2001, n° 93.*

La faute de l'administrateur en raison du défaut de paiement de commandes passées par la société en redressement judiciaire doit être appréciée à la date à laquelle a pris naissance la créance du fournisseur, c'est-à-dire à la date de la commande. • Com. 6 févr. 2001 : *Bull. civ. IV, n° 34 ; D. 2001. AJ 860 ; RJDA 2001, n° 708* • 15 oct. 2002 : *JCP E 2003, n° 27, p. 1142, obs. Pasqualini et Pasqualini-Salerno.* ♦ L'administrateur, chargé d'une mission d'assistance du débiteur, n'a commis aucune faute en apposant sa signature sur un chèque, qui n'a pas été payé faute de provision, dès lors qu'au jour de l'émission et dans les huit semaines qui ont suivi, le compte bancaire du débiteur offrait une provision suffisante et que la situation du débiteur n'était pas irrémédiablement compromise. • Com. 9 janv. 2001 : *RJDA 2001, n° 604.*

Le comportement de l'administrateur judiciaire s'apprécie au regard de l'ensemble des impératifs de la procédure collective qui associe sauvegarde de l'entreprise, maintien de l'activité et de l'emploi et apurement du passif et non seulement au vu de la considération de l'intérêt des créanciers. Ainsi, la faute du mandataire susceptible d'engager sa responsabilité personnelle ne résulte pas de la seule poursuite d'une exploitation déficitaire, autorisée par le tribunal, et du défaut de paiement des créances après l'ouverture de la procédure collective. • TGI Paris, 3 févr. 1999 : *Dr. sociétés 2000, n° 55, obs. Chaput.* ♦ Le fait que l'administrateur ait demandé par deux fois la prolongation de la période d'observation et ait conclu, à cette occasion, de nouveaux contrats de location, avant de solliciter la conversion du redressement en liquidation judiciaire, ne suffit pas à caractériser sa faute : • Com. 15 oct. 2002 : *JCP E 2003, n° 27, p. 1142, obs. Pasqualini et Pasqualini-Salerno.* ♦ V. aussi, écartant la responsabilité de l'administrateur, dans l'hypothèse où le créancier avait accordé un moratoire au débiteur, alors même qu'il n'avait reçu aucune assurance de paiement, • Com. 13 mai 2003 : *Bull. civ. IV, n° 77 ; D. 2003. AJ 2011* .

Pour la responsabilité d'un administrateur judiciaire qui, sachant qu'à la date de passation des commandes par le débiteur, la situation de la société était irrémédiablement compromise, n'avait pas alerté le fournisseur du risque de ne plus être honoré, V. • Com. 10 mai 2005 : *D. 2005. AJ 1475, obs. Lienhard ; Gaz. Pal. 4-5 nov. 2005, p. 18, obs. Bidan.*

L'administrateur judiciaire ne peut soutenir qu'il a demandé à une banque de maintenir une ligne de crédit à la suite d'un examen approfondi de la situation, dès lors qu'il a fait cette demande à la banque quelques jours après sa désignation, sans avoir disposé d'autres éléments que ceux fournis par le chef d'entreprise ou par la décision qui le désignait. • Versailles, 28 mai 1998 : *D. 1998. IR 997 ; D. Affaires 1998. 1589, obs. A. L.*

En ce sens qu'il incombe à l'administrateur qui demande un concours bancaire par mobilisation de créances (bordereaux Dailly) de vérifier que les factures correspondent à des créances certaines, V. • Versailles, 28 mai 1998 : *préc.* • Paris, 29 sept. 2000 : *D. 2000. AJ 405* .

La volonté du juge-commissaire et du tribunal de ne pas tenir compte des difficultés de l'entreprise signalées par l'administrateur n'exonère pas celui-ci de la responsabilité qu'il a engagée en ne payant pas un nombre croissant de créances nées de la poursuite d'activité qu'il assumait seul. • Com. 18 janv. 2000 : *Dr. sociétés 2000, n° 55, obs. Chaput ; Rev. proc. coll. 2000. 75, obs. Soinne.*

6. Sur la responsabilité civile d'un administrateur judiciaire en raison : de l'acquisition d'un fonds de commerce dépendant de l'actif d'un groupe d'entreprises en liquidation judiciaire et de la poursuite d'une exploitation déficitaire ayant gravement compromis les chances de remboursement des créanciers de l'art. 40 [C. com., art. L. 621-32], V. • Versailles, 6 juin 1991 : *D. 1991. Somm. 332, obs. Honorat ; Gaz. Pal. 1991. 2. 510, concl. Challe.* ♦ ... De la demande de poursuite de la période d'observation, et donc du maintien de l'exploitation de la société, sans s'être personnellement assuré de ce que les redevances dues à un franchiseur sur le fondement de l'art. 40 [C. com., art. L. 622-17] pourront être payées (perte d'une chance), V. • Paris, 12 oct. 1995 : *D. 1995. IR 245.* ♦ ... De l'option pour la poursuite d'un contrat de bail, alors qu'il ne dispose pas des fonds nécessaires pour payer les loyers, V. • Com. 26 mai 1998 : *Act. proc. coll. 1998, n° 102 ; Rev. proc. coll. 2000. 79, obs. Soinne.* ♦ ... De la poursuite de contrats de mise à disposition de camions avec chauffeur stipulant un paiement hebdomadaire, sans s'être assuré que la société en redressement judiciaire disposait des fonds nécessaires pour respecter les obligations du terme suivant, V. • Com. 6 juill. 1999 : *Act. proc. coll. 1999, n° 182 ; Dr. sociétés 2000, n° 11, obs. Chaput ; Rev. proc. coll. 2000. 78, obs. Soinne.* ♦ ... De l'engagement imprudent envers le cocontractant du débiteur à signer les chèques de règlement de marchandises demeurées en définitive impayées, V. • Limoges, 10 mars 1999 : BICC 1999, n° 1222. ♦ ... Du non-respect des conditions d'un contrat pour la continuation duquel il a opté, V. • Douai, 23 sept. 1991 : *BICC 1992, n° 430.* ♦ V. aussi notes 23 *quater* et 25 *quater* ss. art. L. 622-13. ♦ ... Du non-paiement de factures relatives à des commandes passées, pendant la période d'observation, par le gérant de la société administrée avec son autorisation, V. • Com. 11 déc. 2001 : *RJDA 2002, nº 406.* ♦ ... De la résistance aux tentatives d'expulsion et de recouvrement, après résiliation du contrat de crédit-bail immobilier, V. • Aix-en-Provence, 3 oct. 1996 : *BICC 1997, nº 230.* ♦ ... D'une déclaration inexacte faite au tribunal ayant arrêté le plan de redressement quant au montant du passif relevant de l'art. 40 [C. com., art. L. 622-17], V. • Paris, 11 sept. 2001 : *JCP E 2001, nº 40, p. 1554.* ♦ ... De la substitution de cessionnaire de l'entreprise, sans autorisation judiciaire, V. • Paris, 20 juin 1995 : *Rev. proc. coll. 1996. 406, obs. Soinne.* ♦ ... De la continuation imprudente d'un bail au profit d'une société cessionnaire en formation, V. • Paris, 26 sept. 1996 : *Dr. sociétés 1997, nº 127.* ♦ ... De l'omission de répondre à la mise en demeure relative à la poursuite du bail, ayant entraîné sa résiliation de plein droit, préjudiciable au créancier nanti, V. • Nîmes, 2 avr. 1997 : *BICC 1997, nº 1117.* ♦ ... De l'absence de diligence pour restituer les locaux, le contrat de bail étant exclu du plan de cession, V. • Paris, 27 mars 1998 : *Loyers et copr. 1998, nº 218, obs. Brault et Mutelet.* ♦ ... D'un manquement à son obligation de surveillance des actes de gestion courante d'une entreprise de négoce de véhicules, dont certains ont été vendus grâce à des duplicata de cartes grises obtenues frauduleusement alors qu'il était en fonction, V. • Toulouse, 6 mai 1999 : *JCP E 2000, nº 4, p. 108.* ♦ ... Du défaut de paiement des primes dues en vertu d'un contrat d'assurance de groupe imposé par la convention collective, V. • Com. 11 déc. 2001 : *RJDA 2002, nº 408 ; Rev. proc. coll. 2003. 134, obs. Soinne.* ♦ ... De la revente d'une marchandise grevée d'une clause de réserve de propriété, V. note 22 *bis* ss. art. L. 624-16. ♦ ... De la réformation d'une décision exécutoire de plein droit à titre provisoire, déjà exécutée, V. note 12 ss. ancien art. 155 du Décr. nº 85-1388 du 27 déc. 1985, ss. art. R. 661-1. ♦ ... De la cessation des versements après autorisation de régler la créance d'un vendeur sous réserve de propriété, V. note 30 ss. art. L. 624-16. ♦ ... D'un paiement préférentiel prohibé, V. note 10 *ter* ss. art. L. 622-7.

L'administrateur qui, ayant d'abord opté pour la poursuite d'un bail commercial, a pris quatre mois plus tard la décision de mettre un terme à celui-ci n'engage pas sa responsabilité dès lors que, totalement informé de la situation de son administré, il a pris conscience que la poursuite de l'activité, notamment par cession, s'avérait impossible, et que le délai de quatre mois était tout à fait raisonnable puisque le bailleur bénéficiait d'un dépôt de garantie égal à trois mois de loyers et qu'il avait bénéficié sans contrepartie d'investissements faits par le locataire. • Versailles, 18 mars 1999 : *RJDA 1999, nº 802.*

Comp., désormais : art. 37 [C. com., art. L. 622-13], tel que modifié par la L. nº 94-475 du 10 juin 1994.

Sur la responsabilité résultant du défaut de licenciement des salariés non repris dans le cadre du plan de cession, V. • Soc. 14 mars 2000 : *Bull. civ. V, nº 105 ; Rev. proc. coll. 2000. 113, obs. Taquet.*

7. Préjudice. Le préjudice du créancier est constitué du seul fait de l'absence de règlement des créances, relevant de l'art. 40 [C. com., art. L. 622-17], aux échéances indiquées par l'administrateur judiciaire. • Com. 25 nov. 1997 : *Dr. sociétés 1998, nº 23, obs. Chaput ; Rev. proc. coll. 2000. 76, obs. Soinne.* ♦ L'administrateur judiciaire qui opte pour la continuation du bail alors qu'il ne dispose pas des fonds nécessaires au respect des obligations du preneur envers le propriétaire doit réparer le préjudice subi, qui correspond à la perte d'une chance de relouer les locaux. • Paris, 26 sept. 2001 : *JCP E 2002, nº 24, p. 996, obs. Pasqualini et Pasqualini-Salerno.*

7 bis. Absence de caractère subsidiaire. En ce sens que la responsabilité personnelle du mandataire ne présente pas de caractère subsidiaire par rapport à l'action en paiement formée contre le débiteur et que sa recevabilité n'est pas subordonnée à l'obtention d'un titre exécutoire à son encontre, ni à sa défaillance dans l'exécution de cette condamnation, V. • Com. 6 juin 1995 : *Bull. civ. IV, nº 171 ; D. 1996. Somm. 82, obs. Honorat ; Rev. proc. coll. 1996. 245, obs. Soinne* (loi de 1967) • Paris, 26 mai 1998 : *Gaz. Pal. 1998. 2. Somm. 705.*

8. Responsabilité civile du représentant des créanciers. V. notes 13 et 14 ss. art. L. 622-20, note 3 *bis* ss. art. L. 626-9, note 4 ss. art. L. 624-1 et note 2 *bis* ss. ancien art. 66 du Décr. nº 85-1388 du 27 déc. 1985, ss art. R. 622-21.

8 bis. Exercice de l'action. V. notes 13 et 14 ss. art. L. 622-20.

9. Prescription de l'action. L'action en responsabilité extra-contractuelle engagée par un tiers à l'encontre d'un administrateur judiciaire est soumise à la prescription édictée par l'art. 2270-1 ancien C. civ. [devenu l'art. 2224]. • Com. 15 févr. 2011 : *Gaz. Pal. 1er-2 avr. 2011, p. 18, obs. Bidan.*

10. Responsabilité pénale de l'administrateur judiciaire. BIBL. Ruellan, *Dr. pénal 2000. Chron. 25 et 28.* – Bouloc, *Mélanges Sortais, Bruylant, 2002, p. 21.* – V. aussi note 2 ss. art. L. 631-12.

11. Délit de malversation. V. art. L. 654-12.

12. Prise illégale d'intérêts. Les mandataires judiciaires sont des personnes chargées d'une mission de service public entrant dans les prévisions de l'art. 432-12 C. pén., qui n'exige pas que les personnes chargées d'une mission de service public qu'il vise disposent d'un pouvoir de décision au nom de la puissance publique. • Crim. 26 sept. 2001 : *Bull. crim. n° 193 ; D. 2002. Somm. 1800, obs. Segonds ; Rev. sociétés 2002. 342, note Bouloc ; Act. proc. coll. 2001, n° 267, obs. Regnaut-Moutier ; Dr. pénal 2002, n° 34, note J.-H. Robert.*

Art. L. 621-5 *(L. n° 2005-845 du 26 juill. 2005, art. 17)* **Aucun parent ou allié, jusqu'au quatrième degré inclusivement, du** *(Ord. n° 2008-1345 du 18 déc. 2008, art. 163-II)* **« débiteur personne physique » ou des dirigeants, s'il s'agit d'une personne morale, ne peut être désigné à l'une des fonctions prévues à l'article L. 621-4 sauf dans les cas où cette disposition empêche la désignation d'un représentant des salariés.**

Art. L. 621-6 **Le représentant des salariés ainsi que les salariés participant à sa désignation ne doivent avoir encouru aucune des condamnations prévues par** *(L. n° 2005-845 du 26 juill. 2005, art. 18)* **« l'article L. 6 » du code électoral. Le représentant des salariés doit être âgé de dix-huit ans accomplis.**

Les contestations relatives à la désignation du représentant des salariés sont de la compétence du tribunal d'instance qui statue en dernier ressort. – *[C. com., ancien art. L. 621-9.] – V. art. R. 621-15.*

Art. L. 621-7 *(Ord. n° 2008-1345 du 18 déc. 2008, art. 15)* **Le tribunal peut, soit d'office, soit sur proposition du juge-commissaire ou à la demande du ministère public, procéder au remplacement de l'administrateur, de l'expert ou du mandataire judiciaire ou encore adjoindre un ou plusieurs administrateurs ou mandataires judiciaires à ceux déjà nommés.**

L'administrateur, le mandataire judiciaire ou un créancier nommé contrôleur peut demander au juge-commissaire de saisir à cette fin le tribunal.

Lorsque le débiteur exerce une profession libérale soumise à un statut législatif ou réglementaire ou dont le titre est protégé, l'ordre professionnel ou l'autorité compétente dont, le cas échéant, il relève peut saisir le ministère public à cette même fin.

Le débiteur peut demander au juge-commissaire de saisir le tribunal aux fins de remplacer l'administrateur ou l'expert. Dans les mêmes conditions, tout créancier peut demander le remplacement du mandataire judiciaire.

Par dérogation aux alinéas qui précèdent, lorsque l'administrateur ou le mandataire judiciaire demande son remplacement, le président du tribunal, saisi à cette fin par le juge-commissaire, est compétent pour y procéder. Il statue par ordonnance sur requête.

Le comité d'entreprise ou, à défaut, les délégués du personnel ou, à défaut, les salariés de l'entreprise peuvent seuls procéder au remplacement du représentant des salariés.

V. art. R. 621-17 et R. 621-18.

BIBL. ▶ BOLARD, *D. 1988. Chron. 261* (déontologie des mandataires).

Respect des droits de la défense. V. notes ss. art. R. 621-17.

Art. L. 621-8 **L'administrateur et le mandataire judiciaire tiennent informés le juge-commissaire et le** *(L. n° 2005-845 du 26 juill. 2005, art. 20)* **« ministère public » du déroulement de la procédure. Ceux-ci peuvent à toute époque requérir communication de tous actes ou documents relatifs à la procédure.**

Le *(L. n° 2005-845 du 26 juill. 2005, art. 20)* **« ministère public » communique au juge-commissaire sur la demande de celui-ci ou d'office, nonobstant toute disposi-**

tion législative contraire, tous les renseignements qu'il détient et qui peuvent être utiles à la procédure. – *[C. com., ancien art. L. 621-11.]*

V. art. R. 621-19 et R. 621-20.

Les experts commis par le tribunal pour rechercher des faits pouvant entraîner la mise en cause des dirigeants de la société débitrice dans le cadre des sanctions de la procédure collective peuvent, sans violer le secret de l'instruction, avoir accès à des renseignements tirés de la procédure pénale en cours contre deux dirigeants de cette société, puisqu'il s'agit de renseignements utiles à la procédure collective au sens de l'art. 13 [C. com., art. L 621-8]. • Paris, 30 juin 2000 : *JCP E 2000, n° 45, p. 1738.*

Art. L. 621-9 Le juge-commissaire est chargé de veiller au déroulement rapide de la procédure et à la protection des intérêts en présence. – *[C. com., ancien art. L. 621-12.]*

(L. n° 2005-845 du 26 juill. 2005, art. 21) **« Lorsque la désignation d'un technicien est nécessaire, seul le juge-commissaire peut y procéder en vue d'une mission qu'il détermine, sans préjudice de la faculté pour le tribunal prévue à l'article L. 621-4 de désigner un ou plusieurs experts. Les conditions de la rémunération de ce technicien sont fixées par un décret en Conseil d'État. »** – *V. art. R. 621-23.*

(Ord. n° 2008-1345 du 18 déc. 2008, art. 16) **« Le président du tribunal est compétent pour remplacer le juge-commissaire empêché ou ayant cessé ses fonctions. L'ordonnance par laquelle il est pourvu au remplacement est une mesure d'administration judiciaire. »** – *Cette disposition entre en vigueur le 1er janv. 2009. Elle est applicable aux procédures en cours au jour de l'entrée en vigueur de l'Ord. n° 2008-1345 du 18 déc. 2008 [15 févr. 2009] (texte préc., art. 173).*

BIBL. ▶ Vallens, *JCP E 1985. II.14550.*

1. Continuation des contrats. Sur la compétence du juge-commissaire, V. notes 33 s. ss. art. L. 622-13.

2. Action en revendication. Sur la compétence du juge-commissaire, V. art. L. 624-17 et note 22 ss. art. L. 624-9.

3. Compétence concurrente du juge de l'exécution. **BIBL.** Liénard, *Rev. proc. coll. 1995. 15.* ♦ Est de la compétence du juge de l'exécution, en application de l'art. L. 311-12-1 [L. 213-6] COJ, la demande qui ne porte pas sur le rang des créanciers entre eux, selon la valeur de leur opposition ou de leur privilège, mais sur la validité des mesures conservatoires ou des mesures d'exécution faites sur le prix de vente, d'un fonds de commerce. • TGI Paris, JEX, 12 janv. 1995 : *Rev. proc. coll. 1996. 217, obs. Canet.* ♦ En revanche, le juge-commissaire est compétent pour la vente aux enchères publiques de meubles du locataire mis en liquidation judiciaire après son expulsion. • Bordeaux, 14 sept. 1995 : *Rev. proc. coll. 1997. 34, obs. Canet.* ♦ ... De même, la collocation des créanciers et la répartition entre eux du prix provenant de la vente des biens exclus du plan de cession relève de la seule compétence du juge-commissaire. • Douai, 28 mars 1996 : *Rev. proc. coll. 2000. 208, obs. Soinne.* ♦ Ne ressortit pas à la compétence du jex, mais à celle du tribunal de commerce, l'action en nullité, sur le fondement de l'art. 108 [C. com., art. L. 632-2], à l'égard du débiteur ayant fait l'objet d'une saisie-attribution avant le jugement d'ouverture. • Limoges, 20 févr. 1996 : *Rev. proc. coll. 1997. 35 obs. Canet.*

Seul le juge de l'exécution est compétent pour assortir d'une astreinte une décision rendue par le juge-commissaire. • Com. 28 avr. 1998 : *Bull. civ. IV, n° 134 ; D. 1998. IR 158 ; D. Affaires 1998. 956, obs. S. P. ; Defrénois 1998. 953, obs. Sénéchal ; JCP E 1998, n° 36, p. 1356, obs. Pétel ; RTD com. 1998. 690, obs. Vallens.*

En ce sens que le juge de l'exécution n'est pas compétent pour fixer le montant de la valeur représentative des marchandises dont la reprise a été autorisée par une ordonnance du juge-commissaire, V. • Civ. 2e, 11 juin 1997 : *Bull. civ. II, n° 183 ; D. Affaires 1997. 1122 ; Rev. proc. coll. 2000. 208, obs. Soinne.*

4. Règlement des salaires. Sur la compétence du juge-commissaire, V. note 5 ss. art. L. 3253-21 C. trav., ss. art. L. 625-9.

4 bis. Rémunération des mandataires judiciaires. Sur l'absence de compétence du juge-commissaire pour fixer la rémunération des mandataires judiciaires, V. • TGI Montbéliard, 26 juill. 2005 : *BICC 2005, n° 2072.*

5. Dépassement d'attributions. V. note 3 ss. art. L. 621-7, note 27 ss. art. L. 622-7 et note 5 ss. l'ancien art. L. 623-4, reproduit ss. art. L. 661-4.

6. Expertises. Les dispositions de l'art. L. 621-9, al. 2, qui se bornent à conférer compétence au juge-commissaire pour désigner un technicien en vue d'une mission ne méconnaissent pas, par elles-mêmes, les droits de la défense, le principe de la contradiction ou celui de l'égalité des armes (refus de renvoyer la QPC au Conseil constitutionnel). • Com., QPC, 1er févr. 2011 : *D. 2011. Actu. 513, obs. Lienhard ; Rev. sociétés 2011. 193, obs. Roussel Galle ; Dict. perm. diff. entrep., Bull. n° 323, obs. Henry ; Act. proc. coll. 2011, n° 95, obs. Delattre ; Dr. et proc. mai 2011. Chron. 6, obs. Reille ; Bull. Joly Entrep. diff. 2011. 204, note Rohart-Messager.*

Le juge-commissaire trouve dans l'art. 14 [C. com., art. L. 621-9] tous pouvoirs pour désigner une personne qualifiée afin de mener des investigations en vue de rechercher des faits susceptibles d'établir la qualité de dirigeant et de révéler des fautes de gestion. • Com. 15 mai 2001 : *Bull. civ. IV, n° 90 ; D. 2002. Somm. 83, obs. Derrida ; D. 2001. AJ 2031, obs. Lienhard ; Dr. sociétés 2001, n° 127, note Legros ; Rev. proc. coll. 2001. 262, obs. Martin-Serf* (V. l'arrêt cassé : • Paris, 6 mars 1998 : *D. Affaires 1998. 913, obs. A. L.).* ♦ Sur le pouvoir de désigner un « expert » pour l'application des dispositions realtives aux sanctions, V. aussi notes 5 à 7 ss. art. R. 651-5.

En revanche, une mesure d'instruction, et plus particulièrement une mesure d'expertise judiciaire avant tout procès, devant être ordonnée en suivant une procédure contradictoire, sauf circonstance exigeant de saisir la juridiction de manière non contradictoire, le juge-commissaire ne peut désigner un expert judiciaire par ordonnance sur requête. • Versailles, 6 mars 1997 : *D. Affaires 1997. 640.*

7. La mission du technicien désigné par le juge-commissaire de la procédure collective, dans l'exercice des pouvoirs qui lui sont attribués par application de l'art. 14 [C. com., art. L. 621-9], qui a pour objet l'évaluation de la valeur d'une marque cédée par l'entreprise débitrice pendant la période suspecte, n'est pas une mesure d'instruction au sens des art. 155 s. NCPC [C. pr. civ.]. • Com. 24 nov. 1998 : *RJDA 1999, n° 78.* ♦ Le technicien n'est donc pas tenu d'appliquer les règles de forme prévues par ces textes, et, dans la procédure en annulation de la cession intentée par le liquidateur judiciaire, il n'y a pas lieu d'écarter son rapport, établi à titre de simple renseignement, dès lors qu'il a été régulièrement communiqué et discuté par les parties. • Même arrêt. ♦ V. aussi • Douai, 3 mai 2005 : *D. 2005. AJ 1350, obs. Lienhard* • TGI Montbéliard, 26 juill. 2005 : *BICC 2005, n° 2073.*

Art. L. 621-10 *(L. n° 2005-845 du 26 juill. 2005, art. 22)* **Le juge-commissaire désigne un à cinq contrôleurs parmi les créanciers qui lui en font la demande. Lorsqu'il désigne plusieurs contrôleurs, il veille à ce qu'au moins l'un d'entre eux soit choisi parmi les créanciers titulaires de sûretés et qu'un autre soit choisi parmi les créanciers chirographaires.**

Aucun parent ou allié jusqu'au quatrième degré inclusivement du *(Ord. n° 2008-1345 du 18 déc. 2008, art. 163-II)* **« débiteur personne physique » ou des dirigeants de la personne morale, ni aucune personne détenant directement ou indirectement tout ou partie du capital de la personne morale débitrice ou dont le capital est détenu en tout ou partie par cette même personne, ne peut être nommé contrôleur ou représentant d'une personne morale désignée comme contrôleur.**

Lorsque le débiteur exerce une profession libérale soumise à un statut législatif ou réglementaire ou dont le titre est protégé, l'ordre professionnel ou l'autorité compétente dont, le cas échéant, il relève est d'office contrôleur. Dans ce cas, le juge-commissaire ne peut désigner plus de quatre contrôleurs.

La responsabilité du contrôleur n'est engagée qu'en cas de faute lourde. Il peut se faire représenter par l'un de ses préposés ou par ministère d'avocat. Tout créancier nommé contrôleur peut être révoqué par le tribunal à la demande du ministère public.

V. art. R. 621-17, R. 621-24 et R. 621-25.

BIBL. ▶ Roussel Galle, *Gaz. Pal. 9-10 sept. 2005, p. 3.* – Ganaye, *Bull. d'actualité Lamy droit commercial déc. 2005.* ▶ Régime antérieur à la loi du 26 juill. 2005 : Calendini, *LPA 14 sept. 1994.* – Carpentier et Charveriat, *Gaz. Pal. 1995. 1. Doctr. 255.* – Frison-Roche, *LPA 14 juin 1995.* – Sorensen, *ibid. 25 août 1995, p. 5.* – Teboul, *Gaz. Pal. 1999. 1. Doctr. 695.* – Derrida, *Mélanges Honorat, Frison-Roche, 2000, p. 89.*

1. Ordre professionnel. Les dispositions relatives à la désignation de l'ordre professionnel en qualité de contrôleur sont d'ordre public et cette désignation s'impose lors de la conversion du redressement en liquidation judiciaire. • Bordeaux, 27 juin 2007 : *Act. proc. coll. 2007, n° 203, obs. Rétif.*

1 bis. Créanciers pouvant être désignés. Le juge-commissaire dispose d'un pouvoir d'appréciation discrétionnaire sur le choix à exercer. • T. com. Nanterre, 11 mai 1999 : *Gaz. Pal. 1999. 2. Somm. 776.* ♦ Les fonctions de contrôleur sont compatibles avec celle de créancier principal et privilégié et de banquier actuel du débiteur ainsi que celle de partie aux instances introduites devant diverses juridictions et tendant à appréhender les fonds provenant de la vente du fonds de commerce. • Reims, 12 févr. 1997 : *JCP E 1998, n° 17, p. 636.* ♦ V. aussi pour la nomination d'un créancier en procès contre le débiteur, • T. com. Paris, 7 nov. 1995 : *Banque et Droit mai-juin 1996. 37 ; RJ com. 1996. 291, obs. Gallet* • 26 mars 1996 : *Rev. proc. coll. 1996. 330, obs. Soinne.* ♦ Pour un jugement ayant, au contraire, écarté la nomination d'un créancier en raison d'un contentieux important entre celui-ci et la société en redressement judiciaire, V. • T. com. Nanterre, 11 mai 1999 : *préc.*

Un salarié, titulaire d'une créance salariale, peut être nommé comme contrôleur, mais sa mission de contrôleur prend fin avec la perte de la qualité de créancier, c'est-à-dire à la date du paiement des salaires ou à celle du transfert de leur charge à l'AGS. • T. com. Paris, 7 juin 1996 : *JCP E 1996. Pan. 1081.* ♦ La désignation comme contrôleur d'un salarié à titre individuel, en raison de sa qualité de créancier ne peut donc être conçue comme un substitut à la représentation du personnel ou un palliatif de l'absence de tout représentant des salariés en tant que tel. • TGI Metz, 26 mars 1997 : *Gaz. Pal. 1998. 2. Somm. 571.*

La loi n'interdit pas aux agents des impôts d'être contrôleurs lorsque le Trésor est créancier. • Douai, 23 janv. 1997 : *Gaz. Pal. 1997. 2. 579, concl. Foncart.*

Sur l'obligation de choisir au moins un contrôleur parmi les créanciers chirographaires, V. • T. com. Paris, 26 mars 1996 : *préc.*

Le juge-commissaire peut rejeter la candidature d'un concurrent direct du débiteur ou d'un repreneur. • T. com. Paris, 27 mars 1997 : *LPA 4 juill. 1997, note Gaudin.*

Celui qui sollicite sa désignation en tant que contrôleur doit faire valoir une créance paraissant fondée en son principe telle celle qui lui permettrait de recourir à des mesures conservatoires. • TGI Metz, 26 mars 1997 : *préc.*

2. Révocation. Pour un exemple de révocation motivée par la mauvaise foi du contrôleur qui avait caché, lors de sa requête de candidature, qu'il avait intenté avant l'ouverture de la liquidation une action en résolution d'un fonds de commerce qu'il avait acquis du débiteur et que cette affaire faisait l'objet d'un appel, V. • T. com. Paris, 7 oct. 1994 : *Rev. proc. coll. 1995. 292, obs. Dureuil.*

Art. L. 621-11 *(L. n° 2005-845 du 26 juill. 2005, art. 22)* **Les contrôleurs assistent le mandataire judiciaire dans ses fonctions et le juge-commissaire dans sa mission de surveillance de l'administration de l'entreprise. Ils peuvent prendre connaissance de tous les documents transmis à l'administrateur et au mandataire judiciaire. Ils sont tenus à la confidentialité. Les fonctions de contrôleur sont gratuites.**

Sur la suppléance du mandataire judiciaire, en cas de carence, V. art. L. 622-20.

1. Mission. En ce sens que l'intervention volontaire d'un contrôleur dans l'instance, au soutien des prétentions de créanciers, n'entre pas dans la mission définie par l'art. 15 [C. com., art. L. 621-11], V. • Com. 16 janv. 1996 : *Bull. civ. IV, n° 15 ; D. 1996. IR 162* ✎. – V. aussi • Toulouse, 29 mars 1999 (2e esp.) : *RJ com. 2000. 179, note Monsèrié-Bon* • Paris, 10 mai 2005 : *RTD com. 2005. 609, obs. Vallens* ✎.

2. Accès à l'information. L'art. 15, al. 3 [C. com., art. L. 621-11], qui permet aux contrôleurs de « prendre connaissance de tous les documents transmis à l'administrateur et au représentant des créanciers », ne signifie pas que tous ces documents leur sont soumis. • T. com. Paris, 20 sept. 1996 : *LPA 6 juin 1997, note Leguevaques.*

3. Qualité et exercice des recours. V. note 1 *bis* ss. art. L. 621-4, notes 8, 15, 23 et 23 *ter* ss. art. L. 661-6.

Art. L. 621-12 *(L. n° 2005-845 du 26 juill. 2005, art. 22)* **S'il apparaît, après l'ouverture de la procédure, que le débiteur était déjà en cessation des paiements au moment du prononcé du jugement,** *(Ord. n° 2008-1345 du 18 déc. 2008, art. 17)* **« le tribunal le constate et fixe la date de la cessation des paiements dans les conditions prévues à l'article L. 631-8 ». Il convertit la procédure de sauvegarde en une procédure de redressement judiciaire. Si nécessaire, il peut modifier la durée de la**

période d'observation restant à courir. *(Ord. n° 2008-1345 du 18 déc. 2008, art. 17)* « Aux fins de réaliser la prisée des actifs du débiteur au vu de l'inventaire établi pendant la procédure de sauvegarde, il désigne, en considération de leurs attributions respectives telles qu'elles résultent des dispositions qui leur sont applicables, un commissaire-priseur judiciaire, un huissier de justice, un notaire ou un courtier en marchandises assermenté. »

Le tribunal est saisi par l'administrateur, le mandataire judiciaire ou le ministère public. Il peut également se saisir d'office. Il se prononce après avoir entendu ou dûment appelé le débiteur.

V. art. R. 621-26.

BIBL. ▸ Mastrullo, *Rev. proc. coll. 2008. Étude 19.*

CHAPITRE II DE L'ENTREPRISE AU COURS DE LA PÉRIODE D'OBSERVATION

RÉP. COM. v° *Entreprises en difficulté (Période d'observation),* par Monsèrié-Bon.

Art. L. 622-1 *(L. n° 2005-845 du 26 juill. 2005, art. 23)* « I. – **L'administration de l'entreprise est assurée par son dirigeant.**

« II. – **Lorsque le tribunal, en application des dispositions de l'article L. 621-4, désigne un ou plusieurs administrateurs, il les charge ensemble ou séparément de surveiller le débiteur dans sa gestion ou de l'assister pour tous les actes de gestion ou pour certains d'entre eux.** »

III. – Dans sa mission *(Ord. n° 2008-1345 du 18 déc. 2008, art. 18)* « **d'assistance** », **l'administrateur est tenu au respect des obligations légales et conventionnelles incombant au chef d'entreprise.**

IV. – *(L. n° 2005-845 du 26 juill. 2005, art. 23)* « **A tout moment, le tribunal peut modifier la mission de l'administrateur sur la demande de celui-ci, du mandataire judiciaire ou du ministère public.** » – *V. art. R. 622-1.*

V. – L'administrateur peut faire fonctionner sous sa signature les comptes bancaires ou postaux dont le débiteur est titulaire si ce dernier a fait l'objet des interdictions prévues aux articles 65-2 et 68, troisième alinéa, du décret *[décret-loi]* **du 30 octobre 1935 unifiant le droit en matière de chèques** *[V. C. mon. fin., art. L. 131-72 et L. 163-6, al. 3, App., v° Banque et financement de l'entreprise.]. – [C. com., ancien art. L. 621-22.]*

Pour une dérogation à l'art. L. 622-1 (II) ci-dessus lorsqu'un administrateur provisoire a été désigné par l'Autorité de contrôle prudentiel en application de l'art. L. 613-18 C. mon. fin., V. C. mon. fin., art. L. 613-28. – ***C. mon. fin.***

1. Mission d'assistance. En application des art. L. 622-1 C. com. et 974, 975 et 976 C. pr. civ., le pourvoi formé contre une société mise en procédure de sauvegarde est irrecevable dès lors que la déclaration de pourvoi déposée au greffe de la Cour de cassation n'est pas aussi dirigée contre l'administrateur désigné par le jugement d'ouverture avec la mission d'assister le débiteur pour tous les actes de gestion. • Civ. 1re, 5 juin 2008 : *Dr. sociétés 2008, n° 181, note Legros.* ♦ V. aussi notes 1 et 1 *bis* ss. art. L. 631-12.

2. Respect des obligations légales. V. note 2 ss. art. L. 631-12.

3. Exercice des voies de recours. V. note 3 ss. art. L. 631-12.

4. Interdiction d'émettre des chèques. V. art. L. 626-13.

Art. L. 622-2 *(Abrogé par Ord. n° 2008-1345 du 18 déc. 2008, art. 19)* (L. n° 2003-7 du 3 janv. 2005, art. 42) ***Le commissaire aux comptes du débiteur ne peut***

opposer le secret professionnel aux demandes du commissaire aux comptes de l'administrateur judiciaire tendant à la communication de tous renseignements ou documents relatifs au fonctionnement, à compter de la désignation de cet administrateur, des comptes bancaires ou postaux ouverts au nom du débiteur. – [C. com., ancien art. L. 621-22-1.]

Art. L. 622-3 **Le débiteur continue à exercer sur son patrimoine les actes de disposition et d'administration, ainsi que les droits et actions qui ne sont pas compris dans la mission de l'administrateur.**

En outre, sous réserve des dispositions des articles L. 622-7 et L. 622-13, les actes de gestion courante qu'accomplit seul le débiteur sont réputés valables à l'égard des tiers de bonne foi. – *[C. com., ancien art. L. 621-23.]*

BIBL. ▶ MATSOPOULOU, *JCP 1998. I. 164* (incidence d'une procédure collective sur l'exercice de l'action civile). – MONSÈRIÉ-BON, *Rev. proc. coll. 2003. 168* (pouvoirs de gestion dans le redressement judiciaire).

1. Droits et actions non compris dans la mission de l'administrateur. V. note 3 ss. art. L. 631-12.

1 bis. Activité professionnelle. En vertu du principe de l'unicité du patrimoine, les effets du jugement d'ouverture de la procédure collective s'étendent à l'intégralité du patrimoine du débiteur, patrimoine professionnel et patrimoine personnel • Versailles, 15 janv. 1998 : *D. Affaires 1998. 915.* ♦ Comp. : • T. com. Antibes, 19 déc. 1986 : *D. 1987. 372, note Derrida.*

1 ter. Acte de gestion courante. Constitue un acte de gestion courante, au sens de l'art. 32, al. 2 [C. com., art. L. 622-3], la commande de marchandises destinées à être vendues dans une boutique, cette commande ayant été effectuée par le commerçant pour les besoins de son activité commerciale. • Com. 11 juin 1996 : *BRDA 1996, n° 15/16, p. 7.* ♦ ... Les contrats de vente passés à des acheteurs par l'intermédiaire d'un agent commercial. • Versailles, 28 nov. 1996 : *D. Affaires 1997. 222 ; RJDA 1997, n° 555.* ♦ ... La conclusion d'un contrat de transport, dès lors que l'acheminement de marchandises fabriquées auprès de sa clientèle constitue une activité quotidienne de la société débitrice. • Com. 9 janv. 2001 : *Rev. proc. coll. 2002. 90, obs. Lebel.* ♦ ... La vente d'appartements, compte tenu de l'activité de construction-vente de la société débitrice. • Com. 27 nov. 2001 : *Bull. civ. IV, n° 190 ; D. 2002. AJ 401, obs. Lienhard ; Act. proc. coll. 2002, n° 2, obs. Vallansan ; Dr sociétés 2002, n° 40, note Legros ; Dr. et patr. avr. 2002. 99, obs. Monsèrié-Bon ; JCP E 2002, n° 20, p. 805, obs. Cabrillac ; Rev. proc. coll. 2003. 11, obs. Lebel.* ♦ ... La vente d'un véhicule utilitaire par une société exploitant un garage et un atelier de réparation automobile. • Com. 28 mai 2002 : *Dr. sociétés 2002, n° 218, note Legros ; Rev. proc. coll. 2003. 15, obs. Lebel.* ♦ ... La souscription d'un contrat d'assurance. • Civ. 1re, 23 sept. 2003 : *Act. proc. coll. 2003, n° 241.* ♦ ... La cession de créances professionnelles dans les formes prévues par la L. n° 81-1 du 2 janv. 1981 [désormais codifiée au C. mon. fin.]. • Versailles, 13 juin 1996 : *D. Affaires 1996. 1103.* ♦ ... La réception de la mise en demeure préalable notifiée par un organisme social qui, à la différence de la contrainte qui lui fait éventuellement suite, n'est pas de nature contentieuse. • Com. 12 janv. 2010 : *Bull. civ. IV, n° 3 ; D. 2010. Chron. C. cass. 1110, obs. Bélaval ; ibid. AJ 264 ; JCP E 2010. 1296, n° 4, obs. Cabrillac ; Rev. proc. coll. 2010, n° 54, obs. Lebel ; Gaz. Pal. 16-17 avr. 2010, p. 23, obs. Bidan ; RJDA 2010, n° 866 ; Dr. et patr. oct. 2010. 90, obs. Saint-Alary-Houin et Monsèrié-Bon ; RJ com. 2010. 298, note Sortais.*

1 quater. Il ne peut être sérieusement soutenu que l'action en justice, fût-ce pour recouvrer une créance, constitue un acte de gestion courante, c'est-à-dire une opération de type courant, habituellement pratiquée et d'un montant peu élevé, tel que visé à l'art. 32 [C. com., art. L. 622-3]. • Paris, 4 oct. 1996 : *D. Affaires 1996. 1395.* ♦ L'irrégularité de fond résultant de la délivrance d'une assignation par le président-directeur général d'une société en redressement judiciaire sans être assisté des administrateurs judiciaires auxquels le jugement d'ouverture avait confié une mission d'assistance, dans la mesure où la régularisation n'est pas intervenue avant que le juge des référés ait statué, ne peut être couverte par la reprise d'instance, en cause d'appel, des commissaires à l'exécution du plan dont le pouvoir est limité, par application des dispositions impératives de l'al. 2 de l'art. 67 [C. com., art. L. 626-25], à la poursuite, avant le jugement qui arrête le plan, de l'action introduite par l'administrateur ou le représentant des créanciers. • Même arrêt.

La réception de la notification d'un acte de procédure (en l'espèce, de la dénonciation d'une saisie-attribution) ne peut être considérée comme un acte de gestion courante au sens de l'art. 32 [C. com., art. L. 622-3]. • Grenoble, 13 nov. 2001 : *Rev. huiss. 2002. 121, obs. Putman.* ♦ V. aussi note 1 ss. art. L. 631-12.

1 quinquies. Ne constitue pas un acte de gestion courante le mandat donné par le dirigeant d'une société en redressement judiciaire à un avocat de représenter la société dans des procédures opposant celle-ci à des créanciers, et la convention d'honoraires subséquentes, dès lors que les frais et honoraires dont le paiement est réclamé par l'avocat sont d'une « particulière importance » et sont de nature à grever d'autant la situation de la société au détriment des autres parties prenantes au nombre desquelles se trouvent les créanciers de celle-ci. • Civ. 1re, 13 nov. 1997 : *RJDA 1998, n° 456.*

1 sexies. La conclusion d'un contrat de travail n'est pas un acte de gestion courante. • Soc. 30 mai 2001 : *Act. proc. coll. 2001, n° 203, obs. Regnaut-Moutier.* ♦ Un contrat de travail à durée déterminée, quoique conclu sans l'assistance de l'administrateur judiciaire, est opposable à la procédure collective dès lors qu'il a été ratifié par celui-ci. • Soc. 17 oct. 2006 : *RJDA 2006, n° 176 ; Act. proc. coll. 2007, n° 9, obs. Fin-Langer.* ♦ Mais le règlement d'un salaire ne constitue pas de la part de l'administrateur judiciaire une approbation non équivoque de l'acte établi sans son assistance. • Soc. 7 nov. 2007 : *RJDA 2008, n° 436.*

1 septies. Action en responsabilité contractuelle. Le débiteur en redressement judiciaire a qualité pour exercer seul ou, lorsqu'il en a été désigné un, représenté ou assisté de son administrateur, une action en responsabilité civile contractuelle. • Com. 4 mars 2003 : *Rev. proc. coll. 2004. 46, obs. Lebel.*

2. Patrimoine personnel. Il avait été jugé qu'en application des art. 31 et 32 [C. com., art. L. 622-2 et L. 622-3], il doit être considéré que le débiteur a le pouvoir d'exercer les actions en justice relatives à son patrimoine personnel, distingué de son patrimoine professionnel. • Poitiers, 10 nov. 1987 : *Rev. proc. coll. 1988. 367, obs. Mestre et Delebecque.* ♦ Pour interjeter appel d'une décision autorisant la saisie immobilière d'un de ses immeubles personnels le débiteur n'a pas à requérir l'assistance de l'administrateur judiciaire. • Paris, 12 nov. 1987 : *Dict. perm. diff. entr., Bull. 1988, n° 47, p. 8877.* ♦ De même, la demande du débiteur qui tend à ce qu'il soit sursis durant un an à son expulsion d'un immeuble dont il avait été propriétaire et qui avait été adjugé ne concerne pas l'administration et la disposition de ses biens. • Com. 22 févr. 1994 : *Bull. civ. IV, n° 76 ; D. 1994. IR 79.*

3. Sanction. Le licenciement pour faute lourde décidé par le débiteur seul, sans le concours de l'administrateur chargé de l'assister, n'est pas nul mais simplement inopposable à la procédure et conserve tous ses effets entre les parties. • Soc. 28 juin 2001 : *Rev. proc. coll. 2002. 59, obs. Tacquet.* ♦ V. aussi, pour l'inopposabilité d'un bail conclu par le débiteur seul, • Versailles, 9 avr. 1998 : *D. Affaires 1998. 1051, obs. A. L.*

3 bis. Information du cocontractant. Aucun texte n'oblige une entreprise à informer son cocontractant du fait qu'elle fait l'objet d'un redressement judiciaire. • Com. 24 sept. 2003 : *RJDA 2004, n° 189 ; Rev. proc. coll. 2004. 220, obs. Lebel.*

4. Responsabilité civile de l'administrateur. V. note 5 ss. art. L. 621-4.

Art. L. 622-4 **Dès son entrée en fonction, l'administrateur est tenu de requérir du** *(Ord. n° 2008-1345 du 18 déc. 2008, art. 163-I)* **« débiteur » ou, selon le cas, de faire lui-même tous actes nécessaires à la conservation des droits de l'entreprise contre les débiteurs de celle-ci et à la préservation des capacités de production.**

L'administrateur a qualité pour inscrire au nom de l'entreprise tous hypothèques, nantissements, gages ou privilèges que le *(Ord. n° 2008-1345 du 18 déc. 2008, art. 163-I)* **« débiteur » aurait négligé de prendre ou de renouveler.** – *[C. com., ancien art. L. 621-16.]*

1. L'appel interjeté par l'administrateur du jugement qui l'a déclaré irrecevable en sa constitution de partie civile du chef d'abus de biens sociaux au nom de la société en redressement judiciaire, faute d'avoir été investi du pouvoir de représenter cette société, l'est valablement, celui-ci tenant de l'art. L. 621-16 [L. 622-4] la possibilité de faire tous actes nécessaires à la conservation des droits de l'entreprise contre les débiteurs de celle-ci. • Crim. 27 févr. 2002 : *Bull. crim. n° 52 ; D. 2002. AJ 2258 ; RJDA 2002, n° 776 ; Bull. Joly 2002. 777, note F.-X. Lucas.*

2. Sur la validité d'une procédure de licenciement achevée par le chef d'entreprise après le jugement d'ouverture, V. • Reims, 23 nov. 1988 : *RJ com. 1991. 222, note Lévy.*

Art. L. 622-5 **Dès le jugement d'ouverture, tout tiers détenteur est tenu de remettre à l'administrateur ou, à défaut, au mandataire judiciaire, à la demande de celui-ci, les documents et livres comptables en vue de leur examen.** – *[C. com., ancien art. L. 621-17.]*

V. art. R. 622-3.

[Jurisprudence relative à l'art. 46, al. 2, du Décr. n° 85-1388 du 27 déc. 1985].

Droit de rétention du dépositaire. L'art. 46, al. 2, imposant la remise de la comptabilité à l'administrateur par le tiers détenteur, qui n'a qu'une valeur réglementaire et n'est assorti d'aucune sanction, ne saurait faire échec au droit réel opposable à tous conféré à une société d'expertise comptable par l'art. 1948 C. civ. et son application jurisprudentielle constante laquelle a consacré le droit à rétention de l'expert-comptable des documents qui lui ont été volontairement remis pour l'accomplissement de sa mission tant qu'il n'a pas été payé. • Versailles, 27 févr. 1997 : *D. 1998. Somm. 101, obs. S. Piedelièvre* ; *Rev. proc. coll. 1998. 165, obs. Soinne ; JCP 1998. II. 10134, note Gorchs.* ♦ Par ailleurs l'art. 46, al. 2 [C. com., art. L. 622-5] ne déroge pas aux dispositions de l'art. 33, al. 2, de la loi du 25 janv. 1985 [C. com., art. L. 622-7, al. 3] qui, dans l'hypothèse où le créancier exerce son droit de rétention, ce qui pourrait gêner la poursuite de l'activité, permet à l'administrateur de dégager la chose légitimement retenue en sollicitant du juge-commissaire l'autorisation de payer ce créancier, la loi n'ayant pas distingué entre les différents créanciers, la seule condition étant celle d'une rétention légitime pour une créance non contestée. • Même arrêt. – V. aussi • Com. 22 janv. 2002 : *JCP E 2004, n° 8-9, p. 317, obs. Navarro* • Amiens, 20 oct. 2003 : *JCP E 2004, n° 23, p. 889.* ♦ Comp., en ce sens que l'expert-comptable doit remettre les documents comptables au mandataire, même s'il n'a pas été payé : • T. com. Lille, 23 oct. 1995 : *Rev. proc. coll. 1998. 165, obs. Soinne.*

Art. L. 622-6 *(L. n° 2005-845 du 26 juill. 2005, art. 24)* **Dès l'ouverture de la procédure, il est dressé un inventaire** *(Abrogé par Ord. n° 2008-1345 du 18 déc. 2008, art. 20)* ***« et réalisé une prisée »*** **du patrimoine du débiteur ainsi que des garanties qui le grèvent. Cet inventaire, remis à l'administrateur et au mandataire judiciaire, est complété par le débiteur par la mention des biens qu'il détient susceptibles d'être revendiqués par un tiers.** *(Ord. n° 2010-1512 du 9 déc. 2010, art. 3-5°)* **« Le débiteur entrepreneur individuel à responsabilité limitée y fait en outre figurer les biens détenus dans le cadre de l'activité à raison de laquelle la procédure a été ouverte qui sont compris dans un autre de ses patrimoines et dont il est susceptible de demander la reprise dans les conditions prévues par l'article L. 624-19. »**

Le débiteur remet à l'administrateur et au mandataire judiciaire la liste de ses créanciers, du montant de ses dettes et des principaux contrats en cours. Il les informe des instances en cours auxquelles il est partie.

L'administrateur ou, s'il n'en a pas été nommé, le mandataire judiciaire peut, nonobstant toute disposition législative ou réglementaire contraire, obtenir communication par les administrations et organismes publics, les organismes de prévoyance et de sécurité sociale, les établissements de crédit *(L. n° 2013-100 du 28 janv. 2013, art. 22)* **« , les établissements de monnaie électronique, les établissements de paiement » ainsi que les services chargés de centraliser les risques bancaires et les incidents de paiement, des renseignements de nature à lui donner une exacte information sur la situation patrimoniale du débiteur.**

Lorsque le débiteur exerce une profession libérale soumise à un statut législatif ou réglementaire ou dont le titre est protégé, l'inventaire est dressé en présence d'un représentant de l'ordre professionnel ou de l'autorité compétente dont, le cas échéant, il relève. En aucun cas l'inventaire ne peut porter atteinte au secret professionnel si le débiteur y est soumis.

L'absence d'inventaire ne fait pas obstacle à l'exercice des actions en revendication ou en restitution.

Un décret en Conseil d'État fixe les conditions d'application du présent article. – *V. art. R. 622-4 et R. 622-5.*

Sur la sanction, V. art. L. 653-8, al. 2.

Sur le relevé de forclusion des créanciers, en cas d'omission volontaire du débiteur lors de l'établissement de la liste prévue à l'art. L. 622-6, al. 2, V. art. L. 622-26.

I. INVENTAIRE

1. *Défaut d'inventaire.* La charge de prouver que les biens revendiqués, restés en la possession du débiteur lors du redressement judiciaire et de l'exécution du plan de continuation, n'existaient plus en nature au jour du prononcé de la liquidation judiciaire, incombe au liquidateur, représentant la société débitrice, en l'absence de réalisation de la formalité obligatoire de l'inventaire. • Com. 1er déc. 2009 : *Bull. civ. IV, n° 156 ; D. 2010. AJ 12, obs. Lienhard ; RTD com. 2010. 424, obs. Martin-Serf ; JCP E 2010. 1296, n° 12, obs. Cabrillac ; LEDEN, janv. 2010, p. 2, obs. Rubellin ; Gaz. Pal. 16-17 avr. 2010, p. 42, obs. Pérochon ; RJDA 2010, n° 541 ; RTD civ. 2010. 361, obs. Crocq*. – Dans le même sens, sur renvoi, V. • Toulouse, 8 nov. 2011 : *RJDA 2012, n° 317 ; Bull. Joly Entrep. diff. 2012. 93, note Laroche.*

1 bis. *Régime antérieur à 1994.* Sur le caractère facultatif de l'inventaire dans le régime antérieur à la loi du 10 juin 1994, V. • Com. 9 avr. 1991 : *Bull. civ. IV, n° 130 ; D. 1992. Somm. 94, obs. Derrida* • 1er oct. 1991 : *Bull. civ. IV, n° 272 ; D. 1991. IR 257 ; RTD com. 1992. 248, obs. Martin-Serf* • 15 déc. 1992 : *Bull. civ. IV, n° 412 ; D. 1993. Somm. 289, obs. Pérochon* • 8 juin 1993 : *Bull. civ. IV, n° 234 ; D. 1993, préc.* ♦ Pour l'application des dispositions issues de la loi du 10 juin 1994 aux procédures ouvertes à compter du 1er oct. 1994, V. • Com. 15 févr. 2000 : *Bull. civ. IV, n° 30 ; D. 2000. AJ 127, obs. Lienhard*.

II. LISTE DES CRÉANCIERS

Jurisprudence antérieure à la loi du 26 juill. 2005.

2. *Effets de l'omission sur la forclusion.* L'omission de la créance sur la liste dressée par le débiteur en vertu de l'art. 52 [C. com., ancien art. L. 621-45] n'a pas pour effet, en l'absence de disposition particulière, de déroger à l'application de la règle d'ordre public de l'art. 53, al. 1er [C. com., ancien art. L. 621-46, al. 1er]. • Com. 19 janv. 1993 : *Bull. civ. IV, n° 16 ; D. 1993. IR 55* • 2 mars 1999 : *Dr. sociétés 1999, n° 130, obs. Chaput ; Rev. proc. coll. 1999. 213, obs. Larrieu* • 30 juin 2004 : *Bull. civ. IV, n° 139 ; D. 2004. AJ 2044 ; RD banc. fin. 2004, n° 208, obs. F.-X. Lucas* • 19 déc. 2006 : *Bull. civ. IV, n° 257 ; D. 2007. AJ 228, obs. Lienhard ; Gaz. Pal. 13-14 avr. 2007, p. 47, obs. Le Corre-Broly.* ♦ Cette solution s'applique nonobstant les dispositions de l'art. 192 [C. com., ancien art. L. 625-8, devenu L. 653-8], al. 2, qui prévoient, dans ce cas de figure, la faculté de prononcer une interdiction de gérer à l'encontre du débiteur de mauvaise foi. • Com. 7 déc. 1999 : *Bull. civ. IV, n° 222 ; D. 2000. AJ 33 ; Act. proc. coll. 2000, n° 4, obs. Vallansan ; JCP E 2000, nos 18-19, p. 753, obs. Cabrillac et Pétel ; RD banc. fin. 2000, n° 23, obs. F.-X. Lucas.*

3. Pour des décisions accordant le relevé de forclusion en raison du caractère intentionnel de l'omission, V. • Douai, 30 janv. 1997 : *Rev. proc. coll. 1999. 213, obs. Larrieu* • Pau, 22 mars 1999 : *Act. proc. coll. 1999, n° 202, obs. Vallansan.*

4. Pour une décision relevant de forclusion un créancier ayant déclaré sa créance hors délai, au motif, notamment, que le débiteur n'avait pas remis la liste de ses créances, V. • T. com. Nantes, ord., 16 févr. 1994 : *RJ com. 1995. 79, obs. Gallet.*

Comp., désormais : art. L. 622-26, al. 1er, dans sa réd. issue de L. n° 2005-845 du 26 juill. 2005, qui permet au créancier omis de la liste des créanciers mentionnée à l'art. L. 622-6 d'être relevé de sa forclusion.

5. *Effets de l'omission sur la responsabilité du représentant des créanciers.* BIBL. Le Corre, *Banque et Droit mars-avr. 1998. 20.* ♦ Le représentant des créanciers n'ayant pas l'obligation de pallier la carence du débiteur dans l'établissement et le dépôt de la liste des créanciers, en recherchant lui-même ceux d'entre eux bénéficiant d'une sûreté ayant fait l'objet d'une publication, sa responsabilité ne peut être retenue dans l'extinction de la créance d'un créancier ayant privilège et hypothèque inscrits sur les immeubles du débiteur pour ne pas l'avoir averti d'avoir à la déclarer, sans que soient relevées de circonstances propres à établir que le représentant des créanciers avait failli à son obligation d'avertir un créancier connu. • Com. 9 mai 1995 : *RJDA 1995, n° 1274.* ♦ Comp., dans la même affaire, sur deuxième pourvoi, admettant un partage de responsabilité entre le créancier qui a omis de prendre connaissance de la publication du jugement d'ouverture au BODACC et le représentant des créanciers qui s'est abstenu de rechercher auprès de l'administrateur des informations tirées des charges de remboursement des crédits, d'utiliser les déclarations de créances hypothécaires pour connaître les éléments du patrimoine immobilier et d'interroger la conservation des hypothèques sur d'éventuelles sûretés grevant l'immeuble d'habitation du débiteur : • Com. 23 mai 2000 : *Bull. civ. IV, n° 109 ; D. 2000. AJ 309, obs. Lienhard ; JCP E 2000, n° 28, p. 1140, note Le Corre ; Act. proc.*

coll. 2000, n° 131, obs. Vallansan ; ibid., n° 171, obs. Regnaut-Moutier ; RD banc. fin. 2000, n° 157, obs. F.-X. Lucas. ♦ Comp. également : • Com. 18 janv. 2000 : *Rev. proc. coll. 2000. 85, obs. Soinne ; RD banc. fin. 2000, n° 120, obs. F.-X. Lucas ; Act. proc. coll. 2000, n° 171, obs. Regnaut-Moutier* • 29 oct. 2002 : *RJDA 2003, n° 276 (2 arrêts)* • Toulouse, 21 févr. 2001 : *Gaz. Pal. 2001. Somm. 1728.* ♦ Sur l'obligation faite aux juges du fond de retenir des faits circonstanciés, V. • Com. 20 juin 2000 : *Bull. civ. IV, n° 128 ; D. 2000. AJ 337, obs. Lienhard ; Act. proc. coll. 2000, n° 171, obs. Regnaut-Moutier ; RD banc. fin. 2000, n° 157, obs. F.-X. Lucas.* ♦ V. désormais, sur l'avertissement des créanciers titulaires d'une sûreté publiée, art. L. 622-24, al. 1er.

6. *Effets de l'omission sur la responsabilité du débiteur.* Dès lors que n'est pas constatée une fraude commise par le débiteur, le créancier qui n'a pas été mentionné sur la liste des créanciers et qui n'a pas déclaré sa créance n'est pas recevable à agir en réparation, sur le fondement de l'art. 1382 C. civ., du préjudice lié à l'extinction de sa créance. • Com. 2 mai 2001 : *Bull. civ. IV, n° 81 ; D. 2001. AJ 1725, obs. Lienhard ; Act. proc. coll. 2001, n° 119, obs. Regnaut-Moutier ; JCP E 2001, n° 38, p. 1470, obs. Pételt.* ♦ Pour un arrêt optant en faveur d'un partage de responsabilité entre le débiteur et le créancier défaillant, V. • Angers, 10 mai 2005 : *RD banc. fin. 2006. n° 23, obs. F.-X. Lucas.* ♦ Pour un cas de fraude, V. • TGI Auxerre, 14 oct. 2002 : *Banque et Droit mai-juin 2004. 53, obs. Guillot.* ♦ V. aussi note 3 ss. ancien art. L. 622-32, ss. art. L. 643-11.

7. *Effets de l'omission sur la reprise des poursuites individuelles après clôture de la liquidation.* V. note 3 ss. ancien art. L. 622-32 ss. art. L. 643-11.

Art. L. 622-6-1 *(Ord. n° 2008-1345 du 18 déc. 2008, art. 21)* **Sauf s'il a été procédé, dans le jugement d'ouverture de la procédure, à la désignation d'un officier public** *(L. n° 2011-850 du 20 juill. 2011, art. 37-XV, en vigueur le 1er sept. 2011)* **« ou d'un courtier de marchandises assermenté » chargé de dresser l'inventaire, celui-ci est établi par le débiteur et certifié par un commissaire aux comptes ou attesté par un expert-comptable. Les dispositions du quatrième alinéa de l'article L. 622-6 ne sont, en ce cas, pas applicables.**

Si le débiteur n'engage pas les opérations d'inventaire dans un délai de huit jours à compter du jugement d'ouverture ou ne les achève pas dans un délai fixé par ce jugement, le juge-commissaire désigne pour y procéder ou les achever un commissaire-priseur judiciaire, un huissier de justice, un notaire ou un courtier en marchandises assermenté en considération de leurs attributions respectives telles qu'elles résultent des dispositions qui leur sont applicables. *(Ord. n° 2009-112 du 30 janv. 2009, art. 11-1)* **« Il est saisi par l'administrateur, le mandataire judiciaire ou le ministère public. Il peut également se saisir d'office. Le délai fixé pour achever les opérations d'inventaire peut être prorogé par le juge-commissaire. »** — *Les dispositions de l'Ord. n° 2009-112 du 30 janv. 2009 entrent en vigueur le 15 févr. 2009 (art. 12).*

V. art. R. 622-4-1.

Art. L. 622-7 *(Ord. n° 2008-1345 du 18 déc. 2008, art. 22)* **I. — Le jugement ouvrant la procédure emporte, de plein droit, interdiction de payer toute créance née antérieurement au jugement d'ouverture, à l'exception du paiement par compensation de créances connexes. Il emporte également, de plein droit, interdiction de payer toute créance née après le jugement d'ouverture, non mentionnée au I de l'article L. 622-17. Ces interdictions ne sont pas applicables au paiement des créances alimentaires.**

De même, il emporte, de plein droit, inopposabilité du droit de rétention conféré par le 4° de l'article 2286 du code civil pendant la période d'observation et l'exécution du plan, sauf si le bien objet du gage est compris dans une cession d'activité décidée en application de l'article L. 626-1.

Il fait enfin obstacle à la conclusion et à la réalisation d'un pacte commissoire.

II. — Le juge-commissaire peut autoriser le débiteur à faire un acte de disposition étranger à la gestion courante de l'entreprise, à consentir une hypothèque, un gage ou un nantissement ou à compromettre ou transiger.

Le juge-commissaire peut aussi l'autoriser à payer des créances antérieures au jugement, pour retirer le gage ou une chose légitimement retenue ou encore pour obtenir le retour de biens et droits transférés à titre de garantie dans un patrimoine fiduciaire, lorsque ce retrait ou ce retour est justifié par la poursuite de l'activité. Ce paiement peut en outre être autorisé pour lever l'option d'achat d'un contrat de crédit-bail, lorsque cette levée d'option est justifiée par la poursuite de l'activité et que le paiement à intervenir est d'un montant inférieur à la valeur vénale du bien objet du contrat. – *V. art. R. 622-6.*

III. – Tout acte ou tout paiement passé en violation des dispositions du présent article est annulé à la demande de tout intéressé ou du ministère public, présentée dans un délai de trois ans à compter de la conclusion de l'acte ou du paiement de la créance. Lorsque l'acte est soumis à publicité, le délai court à compter de celle-ci.

Pour l'application de l'art. L. 622-7 au redressement judiciaire, V. art. L. 631-14 ; ... de l'art. L. 622-7, I, al. 3, et III, à la liquidation judiciaire, V. art. L. 641-3.

Pour une dérogation à l'art. L. 622-7, s'agissant des paiements effectués dans le cadre de systèmes de règlements interbancaires, V. C. mon. fin., art. L. 330-1. – ***C. mon. fin.***

BIBL. ▸ Régime issu de l'ordonnance du 18 déc. 2008 : Pérochon, *D. 2009. 651* (interdictions de paiement et traitement des sûretés réelles). – Le Corre, *Gaz. Pal. 2009. Doctr. 810* (l'interdiction des paiements après l'ord. du 18 déc. 2008) ; *JCP E 2009. 1204* (efficacité des gages sans dépossession dans les procédures collectives). – A. Aynès, *JCP 2009. I. 119* (même thème). – Barat, *RD banc. fin. 2010. Dossier 13* (levée d'option d'achat du crédit-bail). ▸ Régime antérieur : Devèze, *Rev. proc. coll. 1992. 119* (créanciers titulaires d'un gage, d'un nantissement ou d'un droit de rétention). – Derrida, *Defrénois 1995. 1073* (réalisation des immeubles). – Pourquier, *D. Affaires 1998. 936 ; RTD com. 2000. 569* (droit de rétention). – Campana et Calendini, *JCP E 1998, n° 27, p. 1082* (droit de rétention). – Pollaud-Dulian, *JCP 1998. I. 138* (principe d'égalité). – Le Corre-Broly, *D. Affaires 1998. 1802 et 1838* (droit de rétention sur documents d'immatriculation). – Courtier, *Rev. proc. coll. 1999. 210* (pouvoirs donnés au juge-commissaire par l'art. 33, al. 3). – Pérochon, *Mélanges Cabrillac, Dalloz-Litec, 1999, p. 379* (droit de rétention). – Le Corre, *D. 2001. Chron. 2815* (invincibilité du droit de rétention).

I. INTERDICTION DE PAYER LES CRÉANCES ANTÉRIEURES

A. DOMAINE D'APPLICATION DE L'INTERDICTION

1° PAIEMENTS INTERDITS

1. Créances visées (L. 26 juill. 2005). Un virement porté au débit du compte du débiteur après le jugement d'ouverture de la procédure collective ne saurait être annulé sur le fondement de l'art. L. 622-7 sans qu'il soit constaté qu'il a permis le paiement, soit d'une créance née antérieurement au jugement d'ouverture, soit d'une créance née après le jugement d'ouverture, non mentionnée au I de l'art. L. 622-17, à l'exception de celles liées aux besoins de la vie courante du débiteur, et des créances alimentaires. • Com. 3 nov. 2010 : *Bull. civ. IV, n° 167 ; D. 2010. Actu. 2644, obs. Lienhard ; RTD com. 2011. 638, obs. Martin-Serf ; JCP E 2011. 1002, note Lebel ; LEDEN janv. 2011, p. 2, obs. Parachkévova ; Gaz. Pal. 7-8 janv. 2011, p. 35, obs. Roussel Galle ; Rev. proc. coll. 2011, n° 76, obs. Dumont-Lefrand ; LPA 29 avr. 2011, obs. Zattara-Gros ; RJDA 2011, n° 438 ; LPA 26 juill. 2011, note Bénilsi.*

1 bis. Cotisations sociales. Le jugement ouvrant la procédure collective emporte de plein droit interdiction de payer toute créance née antérieurement et l'absence de règlement intégral des cotisations antérieures ne prive pas l'assuré ou ses ayants droit de tout droit aux prestations, mais a seulement pour effet d'exclure la période pendant laquelle les cotisations n'ont pas été payées du calcul du montant des prestations. • Com. 13 mars 2007 : *Bull. civ. IV, n° 85 ; D. 2007. AJ 1083, obs. Lienhard ; Act. proc. coll. 2007, n° 84, obs. Regnaut-Moutier, JCP E 2007. 2119, n° 6, obs. Pételׄ.* ♦ V. aussi note 9 ss. ancien art. L. 621-32 ss. art. L. 622-17, et note 1 *nonies* ss. ancien art. L. 622-32, ss. art. L. 643-11.

En ce sens que l'interdiction des paiements justifie la rétention par le débiteur des cotisations ouvrières précomptées, V. • Crim. 24 janv. 2006 : *D. 2006. AJ 861, obs. Lienhard ; Act. proc. coll. 2006, n° 77, obs. Fraimout ; Gaz. Pal. 30 avr.-4 mai 2006, p. 54, obs. Robaczewski ; RJ com. 2006. 235, note Sortais.*

2. Primes d'assurance. Le liquidateur ayant réglé la fraction de primes relative à la période postérieure au jugement d'ouverture, la mise en demeure adressée par la société d'assurance postérieurement au jugement ayant prononcé la liquidation judiciaire pour le paiement de primes échues pour partie antérieurement à ce jugement est sans effet sur la résiliation du contrat. • Com. 17 nov. 2009 : *Bull. civ. IV, n° 148 ; D. 2009. AJ 2862 ; Gaz. Pal. 8-9 janv. 2010, p. 20, obs. Kendérian ; Rev. proc. coll. 2010, n° 59, obs. Roussel Galle ; RJDA 2010, n° 540.* ♦ V. déjà, pour l'absence d'effet d'une mise en demeure de payer les primes échues avant le jugement d'ouverture sous peine de déchéance de la garantie, • Com. 8 juin 1993 : *Bull. civ. IV, n° 233 ; Rev. huiss. 1993. 1431, note Vidal.*

2 bis. Paiement par chèque postdaté. Il résulte de la combinaison des art. L. 131-31 C. mon. fin. et L. 622-7 C. com. que la provision d'un chèque émis par un tireur avant d'être mis en redressement judiciaire n'est transférée au profit du bénéficiaire qu'autant qu'elle ait existé au jour du jugement d'ouverture. • Com. 12 janv. 2010 : *Bull. civ. IV, n° 1 ; D. 2010. AJ 264 ; JCP E 2010. 1296, n° 3, obs. Cabrillac ; LEDEN mars 2010, p. 2, obs. Parachkévova ; Act. proc. coll. 2010, n° 73, obs. Regnaut-Moutier ; RD banc. fin. 2010, n° 36, obs. Crédot et Samin ; Gaz. Pal. 16-17 avr. 2010, p. 36, obs. Bonhomme ; RLDA juin 2010. 27, obs. Gibirila ; Banque et Droit mai-juin 2010. 17, obs. Bonneau.*

3. Fourniture de la provision de la lettre de change. L'exécution par le tireur de lettres de change, de l'obligation de fournir la provision en délivrant au tiré les choses vendues, n'est pas soumise aux dispositions de l'art. 33 [C. com., art. L. 622-7]. • Com. 5 oct. 1993 : *RJDA 1994, n° 206.*

4. Mandat de payer irrévocable antérieur à l'ouverture de la procédure. Est nul le paiement, après le jugement d'ouverture, d'une créance antérieure, fût-elle garantie par un nantissement, effectué en exécution d'un mandat irrévocable donné par le débiteur. • Com. 11 avr. 1995 : *Bull. civ. IV, n° 124 ; JCP E 1995. I. 513, n° 4, obs. Pétel.* – Rappr. : • Com. 26 juin 2001 : *Act. proc. coll. 2001, n° 205, obs. Regnaut-Moutier. – Contra :* • Com. 7 janv. 2003 : *JCP N 2003, n° 47, p. 1696, obs. Vauvillé ; JCP 2004. II. 10079, note Kéita ; Rev. proc. coll. 2004. 214, obs. Lebel ; LPA 12 avr. 2005, note M. Sénéchal.*

4 bis. Paiement par un tiers en vertu d'une délégation. Pour l'inapplicabilité des dispositions de l'art. L. 622-7 C. com. aux paiements faits par le délégué au délégataire, en cas de redressement judiciaire du délégant, V. • Com. 30 mars 2005 : *D. 2005. Pan. 2015, obs. F.-X. Lucas ; Act. proc. coll. 2005, n° 98, obs. Regnaut-Moutier ; Banque et Droit juill.-août 2005. 64, obs. Rontchevsky.* ♦ V. aussi • Com. 4 juill. 2000 : *Rev. proc. coll. 2002. 91, obs. Lebel* • 26 nov. 2002 : *RD banc. fin. 2003, n° 77, obs. F.-X. Lucas.*

5. Paiement par le débiteur en qualité de mandataire. S'agissant d'un débiteur disposant d'une procuration sur le compte bancaire d'un tiers qui avait, après ouverture de son redressement judiciaire, émis, en paiement de fournitures, un chèque s'étant révélé sans provision, le tiers titulaire du compte, personnellement engagé par l'émission du chèque en application des règles du mandat, aucun dépassement de ses pouvoirs par le mandataire n'étant allégué et un concert frauduleux entre celui-ci et son bénéficiaire n'étant pas démontré, ne peut, bien que la cause du chèque réside dans l'activité commerciale du mandataire, invoquer à son profit les dispositions de l'art. 33 [C. com., art. L. 622-7] applicables à ce dernier qui faisait seul l'objet de la procédure collective. • Com 5 oct. 1993 : *RJDA 1994, n° 331.*

6. Avis à tiers détenteur. Il résulte de l'art. L. 263 LPF que l'avis à tiers détenteur, portant sur une créance à exécution successive, pratiqué à l'encontre de son titulaire avant la survenance d'un jugement portant ouverture d'un redressement judiciaire ou d'une liquidation judiciaire de celui-ci, poursuit ses effets sur les sommes échues en vertu de cette créance, après ledit jugement. • Com. 8 juill. 2003 : *Bull civ. IV, n° 132 ; D. 2003. AJ 2094, obs. Lienhard ; Act. proc. coll. 2003, n° 185, obs. Regnaut-Moutier ; RD banc. fin. 2003, n° 234, obs. F.-X. Lucas ; JCP E 2004, n° 6, p. 229, obs. Cabrillac ; Dr. et proc. 2004. 31, obs. Putman ; RTD com. 2004. 371, obs. Martin-Serf ; AJDI 2004. 401, obs. Le Corre .* – V. déjà • Paris, 24 mai 1996 : *JCP E 1996. Pan. 723.* ♦ *Contra*, auparavant, pour un avis à tiers détenteur notifié avant le 1er janv. 1993, date d'entrée en vigueur de la L. n° 91-650 du 9 juill. 1991 : • Com. 24 oct. 1995 : *Bull. civ. IV, n° 255 ; D. 1996. 155, note Derrida ; JCP 1996. II. 22578, note Putman ; Defrénois 1996. 256, obs. Sénéchal ; RTD com. 1996. 526, obs. Martin-Serf .* ♦ V. aussi et Comp. : notes 34 et 35 ss. art. L. 622-21.

7. Action directe du sous-traitant. Le paiement direct du maître de l'ouvrage au sous-traitant, en vertu de l'art. 12 de la loi du 31 déc. 1975, ne saurait constituer un paiement préférentiel prohibé. • Paris, 29 sept. 1992 : *D. 1993. IR 39.*

7 bis. Restitution d'un paiement indu. Le droit à restitution d'une somme versée par un créancier, au titre de la liquidation d'une astreinte, naît avec l'arrêt infirmant l'ordonnance de référé qui avait condamné le créancier à payer. • Com. 8 déc. 1998 : *Bull. civ. IV, n° 295 ; D. Affaires 1999. 133 ; JCP E 1999, n° 18-19, p. 814, obs. Cabrillac et Pétel ; Act. proc. coll. 1999, n° 4, obs. Regnaut-Moutier ; RTD com. 1999. 975, obs. Martin-Serf*. ♦ Comp., considérant que l'origine de la créance d'indu étant le fait juridique du paiement, dès lors qu'une somme a été versée en exécution d'une ordonnance antérieure au jugement d'ouverture, mais postérieurement, le débiteur et le représentant des créanciers doivent restituer cette somme à l'assureur de la société à l'origine du sinistre : • Com. 24 nov. 1998 : *Bull. civ. IV, n° 281 ; D. 1999. IR 15 ; D. Affaires 1999. 82, obs. P. P. ; JCP E 1999, n° 18-19, p. 814, obs. Cabrillac et Pétel ; RTD com. 1999. 975, obs. Martin-Serf*. ♦ Comp. aussi : note 23 ss. ancien art. L. 621-32, ss. art. L. 622-17.

7 ter. Droit de rétention. V. note 26.

7 quater. Redevances de crédit-bail. V. note 30 *quinquies* ss. art. L. 622-13.

8. Attribution judiciaire du gage. Sur l'exclusion de l'attribution judiciaire du gage avant tout jugement de liquidation judiciaire, V. • Com. 6 mars 1990 : *D. 1990. 311, note Derrida*. ♦ V. note 1 *ter* ss. art. L. 642-25.

9. Arrêté de compte. BIBL. Gavalda, *JCP E 1988, n° spéc., 5 mai*. – Soinne, *LPA 10 janv. 1997*. ♦ Il n'y a pas infraction à l'art. 33 [C. com., art. L. 622-7] dès lors que la banque procède à un arrêté de compte dès le prononcé du redressement judiciaire permettant l'expression de la physionomie du compte à une date donnée et la séparation à cette date entre les opérations antérieures et postérieures, puis fait une déclaration de créance au représentant des créanciers, en maintenant en activité ce compte courant postérieurement. • T. com. Soissons, 7 sept. 1986 : *D. 1987. Somm. 95, obs. Derrida* • Limoges, 17 avr. 1986 : *Banque 1986. 713, obs. Rives-Lange* • 8 oct. 1986 : *ibid. 1986. 1134, obs. Rives-Lange*.

9 bis. Retrait litigieux. BIBL. Lebel, *D. 2008. Chron. 2455*. – Durand, *LPA 10 nov. 2008*. ♦ Le jugement de redressement judiciaire proscrit l'exercice du retrait litigieux par le débiteur soumis à la procédure collective. • Com. 12 oct. 2004 : *Bull. civ. IV, n° 183 ; D. 2004. AJ 2790 ; Act. proc. coll. 2004, n° 218, obs. Regnaut-Moutier ; JCP E 2005, n° 1-2, p. 32, obs. Cabrillac et Pétel ; LPA 11 avr. 2005, note Lécuyer*. ♦ Même solution en cas de liquidation judiciaire : • Com. 14 févr. 2006 : *D. 2006. AJ 916, obs. Lienhard* • 9 mai 2007 : *Bull. civ. IV, n° 121 ; D. 2007. AJ 1509 ; RTD civ. 2007. 583, obs. P.-Y. Gautier*.

9 ter. Rente viagère. Pour l'application de l'art. L. 621-24 [L. 622-7] C. com. aux arrérages de la rente viagère réglés par l'épouse – mariée sous le régime de la communauté – après l'ouverture de la procédure collective de son mari, V. • Civ. 1re, 10 mai 2006 : *D. 2006. AJ 1452, obs. Lienhard ; ibid. Pan. 2254, obs. F.-X. Lucas ; Act. proc. coll. 2006, n° 116, obs. Regnaut-Moutier ; LPA 22 juin 2007, note Antippas.*

9 quater. Principe d'égalité des créanciers. Le paiement effectué par les anciens dirigeants d'une société qui a fait l'objet d'une procédure collective ne porte pas atteinte au principe de l'égalité des créanciers. • Com. 3 oct. 2006 : *D. 2006. AJ 2735, obs. Lienhard*.

10. Clause pénale. V. note 25 ss. art. L. 622-13.

2° RÉTRACTATION DU JUGEMENT D'OUVERTURE

10 bis. L'art. 33 [C. com., art. L. 622-7] n'est pas applicable aux remises portées au crédit du compte de la société antérieurement à la date à laquelle le tribunal a rétracté, à la suite d'une tierce opposition, le jugement ouvrant la procédure de liquidation judiciaire de la société et ouvert à son égard une procédure de redressement judiciaire. • Com. 14 mai 2002 : *Bull. civ. IV, n° 84 ; D. 2002. AJ 1904*.

B. RESPONSABILITÉ DU MANDATAIRE DE JUSTICE

10 ter. Sur l'absence d'exonération de responsabilité personnelle encourue en cas de paiement préférentiel, du fait que les mandataires avaient sollicité l'autorisation du tribunal et du juge-commissaire, V. (loi de 1967) • Com. 20 févr. 1996 : *Bull. civ. IV, n° 58 ; D. 1996. Somm. 337, obs. Honorat ; Dr. sociétés 1996, n° 77, obs. Chaput ; Rev. proc. coll. 1996. 243, obs. Soinne.*

C. VALIDITÉ DES PAIEMENTS PAR COMPENSATION

BIBL. Martin-Serf, *RTD com. 1995. 196*. – Bac, *JCP E 1999, n° 7, p. 308* (compte courant). – Gallet, *Rev. loyers 1999. 138* (compensation entre loyers arriérés et dépôt de garantie). – Reifegerste, *LPA 4 avr. 2000* (connexité). – Toledo, *RTD civ. 2000. 265* (compensation conventionnelle). – Lutun, *JCP E 2003, n° 6, p. 260*. – Le Corre, *AJDI 2003. 657* (compensation entre dépôt de garantie et loyers impayés). – Kuntz et Nurit, *Bull. Joly Entrep. diff. 2011. 160* (paiement de dettes connexes et principe d'égalité des créanciers : l'éternelle incompatibilité). – Pelletier et Aymami, *JCP E*

2012. 1289 (compensation des créances de loyers et de restitution du dépôt de garantie).

Par une modification de l'art. 33, al. 1er, de la loi du 25 janv. 1985 [devenu C. com., art. L. 621-24, puis art. L. 622-7, al. 1er], la L. n° 94-475 du 10 juin 1994 est venue confirmer la jurisprudence de la Cour de cassation en précisant que l'interdiction de paiement prévue par ce texte ne fait pas obstacle au paiement par compensation de créances connexes.

10 quater. Créance postérieure. L'interdiction du paiement des créances nées avant le jugement d'ouverture de la procédure collective ne fait pas obstacle à la compensation d'une telle créance avec une créance connexe du débiteur née postérieurement. • Com. 21 févr. 2012 : *Bull. civ. IV, n° 44 ; D. 2012. Actu. 678, obs. Lienhard ; RTD com. 2012. 613, obs. Martin-Serf ; LEDEN avr. 2012, p. 3, obs. Mouial-Bassilana ; Gaz. Pal. 27-28 avr. 2012, p. 28, obs. Roussel Galle.*

11. Nécessité de créances connexes. La Cour de cassation avait déjà, avant l'intervention de la loi du 10 juin 1994, jugé qu'il résultait des dispositions combinées des art. 33 et 37, al. 4, de la loi du 25 janv. 1985, que l'interdiction de payer toute créance née antérieurement au jugement d'ouverture du redressement judiciaire ne faisait pas obstacle, même pendant la période d'observation, à ce que la compensation opérât entre dettes connexes. • Com. 2 mars 1993 : *Bull. civ. IV, n° 86 ; D. 1993. 426, note Pédamon ; JCP 1993. II. 22169, note Montredon.* ♦ Un lien de connexité, issu d'un contrat de production de porcs charcutiers liant un agriculteur et une coopérative, existant entre la créance du débiteur au titre de livraisons d'animaux effectuées après le jugement d'ouverture du redressement judiciaire et la créance de la coopérative au titre de ses livraisons d'aliments pour animaux antérieures à cette décision, la compensation doit s'opérer entre ces deux sommes qui étaient l'une et l'autre exigibles. • Com. 19 mars 1991 : *Bull. civ. IV, n° 105 ; D. 1991. 542, note Duboc ; D. 1992. Somm. 257 , et 1993. Somm. 11, obs. Derrida ; JCP 1991. II. 21726, note Montredon ; JCP E 1991. II. 174, note Legeais ; RTD com. 1991. 454, obs. Martin-Serf ; RJ com. 1992. 24, note Pédamon.* ♦ Par ailleurs, les dispositions légales prévoyant un ordre de paiement entre les créances nées régulièrement après le jugement d'ouverture de la procédure collective ne pouvaient mettre obstacle au jeu de la compensation entre les sommes, non sujettes à discussion quant à leur exigibilité et à leur montant, dont le producteur et la coopérative étaient débiteurs l'un envers l'autre au titre des livraisons réciproques d'animaux et d'aliments qui avaient eu lieu durant la poursuite d'activité. • Même arrêt.

11 bis. A défaut d'obligations réciproques dérivant d'un même contrat, le lien de connexité entre les créances et dettes du débiteur et du créancier ne peut exister qu'entre des créances et dettes nées de ventes et achats conclus en exécution d'une convention ayant défini entre eux le cadre du développement de leurs affaires, ou constituant les éléments d'un ensemble contractuel unique servant de cadre général à ces relations. • Com. 5 avr. 1994 : *Bull. civ. IV, n° 142 ; D. 1995. Somm. 215, obs. Honorat ; RJ com. 1995. 113, note Honorat ; JCP E 1994. I. 397, n° 20, obs. Cabrillac et Pétel.* – V. aussi • Com. 9 mai 1995 : *Bull. civ. IV, n° 130 ; D. 1996. 322, note Loiseau ; JCP 1995. II. 22448, rapp. Rémery ; Dr. sociétés 1995, n° 137, obs. Chaput ; Rev. dr. bancaire 1995. 221, obs. Campana et Calendini* • 12 déc. 1995 : *Bull. civ. IV, n° 293 ; Rev. dr. bancaire 1996. 64, obs. Campana et Calendini* • 1er avr. 1997 : *D. Affaires 1997. 663.* (contrat liant une centrale de référencement à ses adhérents) • 31 mars 1998 : *BRDA 1998, n° 8, p. 10* (diverses missions données à un expert-comptable) • 18 févr. 2003 : *RJDA 2003, n° 849* (contrat-cadre entre une centrale d'achat et l'un de ses fournisseurs) • 15 mars 2005 : *Bull. civ. IV, n° 62 ; D. 2005. AJ 1025, obs. Lienhard ; Act. proc. coll. 2005, n° 107, obs. Pétel ; Gaz. Pal. 6-7 juill. 2005, p. 21, obs. Le Corre ; ibid., p. 38, obs. Bonhomme ; RTD com. 2005. 843, obs. Martin-Serf* (contrat de collecte de lait). ♦ Sont connexes des créances réciproques nées d'un même contrat ou de contrats distincts correspondant à une volonté commune de réaliser une même opération économique dans le cadre d'un accord global. • Paris, 29 avr. 1994 : *Dr. sociétés 1994, n° 173, obs. Chaput.*

11 ter. Sur les conditions de validité des clauses conventionnelles de compensation entre les créances issues d'un prêt et celles issues d'une convention, V., en ce sens que serait inefficace la seule clause de compensation, • Com. 9 déc. 1997 : *Bull. civ. IV, n° 329 ; D. 1998. Somm. 325, obs. Honorat ; D. Affaires 1998. 111, obs. A. L. ; JCP E 1998, n° 17, p. 657, obs. Cabrillac ; Rev. dr. bancaire 1998. 74, obs. Campana et Calendini.* ♦ Comp., sur l'efficacité de l'affectation spéciale en garantie d'un solde d'un compte particulier (la clause ayant été convenu et ayant commencé à fonctionner avant la période suspecte) : • Com. 9 déc. 1997 : *ibid. ; Bull. civ. IV, n° 327.*

11 quater. La créance d'une société correspondant, en partie à un dépôt de garantie, en partie à un excédent de cotisations et de ristournes sur les frais de fonctionnement d'une coopérative, qui s'inscrit dans le cadre de la convention liant la coopérative à ses adhérents en vue de centraliser les achats et règlements effectués auprès des fournisseurs attitrés, est connexe avec la créance de cette coopérative représentée par le montant de fournitures, de frais de fonctionnement et de publicité réglée par celle-ci pour le compte de la société adhérente. • Com. 23 nov. 1999 : *Dr. sociétés 2000, n° 24, obs. Chaput.*

12. En revanche, l'appartenance à un même groupe de sociétés est insuffisante à établir la connexité entre deux contrats distincts. • Paris, 17 mars 1994 : *Dr. sociétés 1994, n° 136, obs. Chaput.* ♦ De même, le fait que deux sociétés aient été en relations d'affaires, même importantes, et se soient mutuellement vendu des marchandises est insuffisant à caractériser une connexité entre leurs créances réciproques, en l'absence de circonstances établissant que les ventes et achats conclus entre les parties résultaient de la mise en œuvre d'une convention ayant défini entre elles le cadre du développement de leurs affaires. • Lyon, 13 oct. 1995 : *D. 1995. IR 257.*

13. Si le jugement d'ouverture de la procédure de redressement judiciaire du tireur d'une lettre de change non acceptée n'a pas pour effet de consolider les droits du tiers porteur de celle-ci sur la provision, et n'empêche pas le tiré, pour la partie non acceptée de la créance, d'opposer la compensation jusqu'à l'échéance, il ne le peut que si les conditions de la compensation légale ont été réunies avant l'ouverture de la procédure collective ou, à défaut, s'il existe entre les dettes respectives du tireur et du tiré un lien de connexité et si le tiré a déclaré au passif du redressement judiciaire du tireur sa créance d'origine antérieure. • Com. 22 févr. 1994 : *Bull. civ. IV, n° 70 ; D. 1995. 27, note Honorat et Romani ; JCP 1994. II. 22267, rapp. Rémery.*

14. Un solde débiteur correspondant à des pertes sur des opérations boursières et l'indemnisation due au client par le banquier intermédiaire pour lesdites pertes sont des créances connexes susceptibles de compensation. • Com. 6 janv. 1998 : *D. Affaires 1998. 382, obs. J. F. ; Rev. dr. bancaire 1998. 74, obs. Campana et Calendini.*

15. Les créances réciproques de loyers et de restitution du dépôt de garantie sont connexes comme ayant pris naissance à l'occasion du même contrat de bail. A défaut de compensation légale, les conditions de la compensation judiciaire sont réunies et le bailleur peut à bon droit imputer sa dette en restitution du dépôt de garantie due en raison de la résiliation du bail après le jugement d'ouverture sur sa créance de loyers, fût-elle antérieure au jugement d'ouverture, dès lors que cette créance a été régulièrement déclarée au passif de la procédure. • Versailles, 24 févr. 1995 : *RJDA 1995, n° 889* • Paris, 12 déc. 1996 : *Gaz. Pal. 1997. 2. 555, note Brault* • 14 janv. 1997 : *Loyers et copr. 1997, n° 201, obs. Brault et Mutelet* • 24 nov. 2000 : *Gaz. Pal. 2001. Somm. 1251, obs. Brault* • 17 oct. 2001 : *Loyers et copr. 2002, n° 66, obs. Brault et Pereira.* ♦ ... Peu important que le bailleur n'ait pas mentionné dans sa déclaration de créance l'existence du dépôt de garantie. • Com. 18 janv. 2005 : *Bull. civ. IV, n° 11 ; D. 2005. 782, note Le Corre ; ibid. AJ 431, obs. Lienhard ; ibid. Pan. 2016, obs. F.-X. Lucas ; JCP E 2005, n° 17, p. 712, obs. Cabrillac ; RTD com. 2005. 413, obs. Martin-Serf ; RJ com. 2006. 49, note Sortais ; Gaz. Pal. 21-22 juin 2006, p. 41, obs. Robine.*

V., cassant un arrêt qui avait prononcé la compensation judiciaire entre une créance de restitution du dépôt de garantie et une créance de loyers impayés, à concurrence en priorité des loyers impayés avant le redressement judiciaire, alors que la compensation légale de la créance de restitution du dépôt de garantie et de la créance de loyers dus postérieurement au jugement d'ouverture s'était opérée de plein droit, • Com. 20 mars 2001 : *Bull. civ. IV, n° 63 ; D. 2001. AJ 1391, obs. Lienhard ; JCP E 2001, n° 37, p. 1423, obs. Cabrillac et Pétel ; ibid. 2002, n° 5, p. 226, note Kéita ; RTD com. 2001. 765, obs. Martin-Serf .*

Sur la question de l'imputation du dépôt de garantie, V. aussi : • Com. 24 juin 2003 : *JCP E 2003, n° 48, p. 1915, obs. Kendérian ; ibid. 2004, n° 12, p. 469, note Kéita* • Paris, 16 mai 2001 : *RTD com. 2001. 765, obs. Martin-Serf .*

15 bis. Pour la compensation entre la dette du bailleur correspondant à l'avance de travaux et sa créance de loyers sur la société bénéficiaire du plan de continuation, V. • Civ. 3e, 13 févr. 2002 : *Bull. civ. III, n° 37 ; D. 2002. AJ 887 .*

15 ter. L'indemnité d'éviction due par le bailleur et l'indemnité d'occupation due par le preneur, nées de la situation constituée par la résiliation du bail commercial, sont connexes. • Civ. 1re, 9 mai 2001 : *Bull. civ. I, n° 126 ; Act. proc. coll. 2001, n° 138, obs. Vallansan.*

16. La déductibilité de la TVA prévue aux art. 271 s. CGI, qui n'établit aucun lien de connexité entre une dette de TVA antérieure au jugement d'ouverture et un crédit de TVA afférent à des opérations postérieures à ce jugement, ne permet pas la compensation entre eux. • Com. 19 janv. 1999 : *Bull. civ. IV, n° 18 ; D. 1999. IR 49 ; D. Affaires 1999. 296, obs. A. L. ; JCP E 1999, n° 18-19, p. 815, obs. Cabrillac ;*

Act. proc. coll. 1999, n° 36, obs. Vallansan ; RTD com. 1999. 746, obs. Martin-Serf ; LPA 18 mai 1999, note Soinne ; ibid., 15 juin 1999, note Brandeau (V. l'arrêt cassé : • Paris, 28 sept. 1995 : *D. 1995. IR 243 ; RJDA 1996, n° 261*).

16 bis. Le solde débiteur du compte courant au jour du jugement d'ouverture et les sommes résultant de l'encaissement d'effets de commerce postérieurement à ce jugement ne sont pas connexes dès lors que celles-ci, qui ne pouvaient être inscrites par la banque au crédit du compte avant leur encaissement, n'étaient pas entrées en compte avant le jugement d'ouverture. • Com. 28 sept. 2004 : *RD banc. fin. 2005, n° 80, obs. Crédot.* ♦ Sur la possibilité de compenser des encours avec le solde d'un compte courant, V. • Com. 17 oct. 1995 : *RJDA 1996, n° 119 ; Rev. huiss. 1996. 306, note Hesbert.* ♦ V. aussi note 18.

16 ter. Le caractère autonome d'une garantie exclut la connexité entre la créance du garant à l'encontre du débiteur et toute créance de celui-ci à l'encontre du garant. • Com. 19 déc. 2006 : *cité note 16 bis ss. ancien art. L. 621-43, ss. art. L. 622-24 ; RTD com. 2007. 450, obs. Martin-Serf* . ♦ V. déjà, s'agissant d'une contre-garantie à première demande, • Com. 6 mars 2001 : *Bull. civ. IV, n° 49 ; D. 2001. AJ 1173, obs. Lienhard ; Banque et Droit mai-juin 2001. 51, obs. Prüm ; RD banc. fin. 2001, n° 116, obs. Cerles ; RTD com. 2001. 764, obs. Martin-Serf* .

17. La créance de l'actionnaire contre la société constituée par le solde créditeur du compte ouvert à son nom dans les livres de la société (compte courant) est née du prêt consenti à celle-ci, tandis que la dette de l'actionnaire envers ladite société, au titre de l'obligation de libérer l'intégralité du capital social, dérive du contrat de société. A défaut de connexité, la compensation n'est pas possible. • Com. 20 mai 1997 : *Bull. civ. IV, n° 144 ; D. Affaires 1997. 762 ; Bull. Joly 1997. 804, note Calendini* • 18 janv. 2000 : *Rev. proc. coll. 2002. 179, obs. Lebel* • Paris, 3e ch. C, 30 avr. 1998 : *Dr. sociétés 1999, n° 12* • 25 janv. 2000 : *Dr. sociétés 2000, n° 74, obs. Chaput* • Versailles, 8 juin 2000 : *RTD com. 2000. 934, obs. Champaud et Danet ; ibid. 956, obs. Chazal et Reinhard* • Lyon, 11 févr. 2000 : *RTD com. 2001. 145, obs. Champaud et Danet* . – V., déjà en ce sens, • Paris, 30 sept. 1991 : *D. 1992. 140, note Derrida ; Bull. Joly 1991. 1021, note Pétel* • Versailles, 6 juin 1996 : *BICC 1996, n° 1273 ; RJDA 1997, n° 221.* – *Contra* : • Paris, 5e ch. B, 5 nov. 1998 : *D. Affaires 1999. 36.* ♦ V. aussi, pour l'absence de connexité entre la créance d'un actionnaire née d'un mandat et sa dette de libération du solde du capital social, • Com. 17 juill. 2001 : *Bull. civ. IV, n° 148 ; D. 2001. AJ 2515, obs. Lienhard ; Bull Joly 2001. 1089, note Dom ; JCP E 2002, n° 4, p. 175, obs. Cabrillac ; Dr. sociétés 2002, n° 25, note Legros ; RD banc. fin. 2002, n° 14, obs. Cerles ; LPA 8 mars 2002, note Cerati-Gauthier ; Rev. sociétés 2002. 336, note P. Didier ; Rev. proc. coll. 2002. 179, obs. Lebel.* ♦ Sur la compensation de plein droit, avant le jugement d'ouverture, entre la créance de libération du capital social et la créance d'avance en compte courant, V. • Com. 8 janv. 2002 : *Bull. civ. IV, n° 4, D. 2002. AJ 485, obs. Lienhard ; Act. proc. coll. 2002, n° 59, obs. Boulay ; Bull. Joly 2002. 477, note F.-X. Lucas ; Dr. sociétés 2002, n° 112, note Legros ; RTD com. 2002. 371, obs. Martin-Serf* .

17 bis. La condition de connexité supposant que les créances aient un fondement contractuel, la compensation ne peut être retenue dès lors que l'une d'elles procède d'une escroquerie. V. • Com. 14 mai 1996 : *Bull. civ. IV, n° 133 ; D. 1996. 502 rapp. Le Dauphin ; D. 1996. Somm. 332 obs. Delebecque ; D. 1996. Somm. 340, obs. Honorat ; RTD com. 1997. 680, obs. Martin-Serf* . ♦ Dans le même sens, pour une créance de loyer et une créance résultant d'un abus de contestation du droit au bail, V. • Com. 22 avr. 1997 : *Bull. civ. IV, n° 101 ; D. Affaires 1997. 864, Rev. dr. bancaire 1997. 129, obs. Campana et Calendini ; JCP E 1997. I. 681, n° 18, obs. Pétel.* ♦ V. encore • Com. 18 sept. 2007 : *D. 2007. AJ 2476 ; JCP E 2008. 1207, n° 16, obs. Pétel* • 18 déc. 2012 : *D. 2013. Actu. 78 ; LEDEN févr. 2013, p. 2, obs. Audras ; CCC 2013, n° 56, note Mathey.*

17 ter. Sur la possibilité, pour un séquestre, de refuser la restitution d'une somme d'argent en invoquant la compensation, V. • Paris, 25 sept. 1996 : *D. Affaires 1996. 1292.* ♦ V. aussi notes 16 et 43 ss. art. L. 622-21 et note 12 ss. ancien art. L. 621-43, ss. art. L. 622-24.

17 quater. Sur l'impossibilité, pour un vendeur, de refuser de livrer à son acheteur en liquidation judiciaire des marchandises acquises et payées avant le jugement d'ouverture pour compenser d'autres commandes non payées, V. • Com. 7 juill. 1998 : *D. Affaires 1998. 1444, obs. V. A.-R. ; Act. proc. coll 1998, n° 92, obs. Regnaut-Moutier.*

17 quinquies. Pour l'opposabilité à la procédure collective de l'adhérent à un contrat d'affacturage de la clause permettant à l'affactureur de porter au débit du compte courant ouvert par son client des créances acquises sur un autre adhérent, fournisseur du débiteur, cette entrée en compte courant réalisant la condition de connexité prévue à l'art. L. 621-24 [L. 622-7]

C. com., V. • Com. 1er mars 2005 : *JCP E 2005, n° 23, p. 952, note Scholastique ; Gaz. Pal. 6-7 juill. 2005, p. 37, obs. Bonhomme ; RTD com. 2005. 841, obs. Martin-Serf*. – *Contra* : • Versailles, 13 févr. 2003 : *Gaz. Pal. 2003. Somm. 2589 ; LPA 17 mai 2004, note Sortais* • 18 déc. 2003 : *BICC 2004, n° 1466 ; JCP E 2005, n° 21, p. 870, obs. Dumoulin.*

17 sexies. Sur l'appréciation de la condition de réciprocité des obligations, V. encore • Com. 5 févr. 2013 : *D. 2013. Actu. 431 ; Rev. sociétés 2013. 181, obs. Roussel Galle ; JCP E 2013. 1259, note Lebel ; Dict. perm. diff. entrep., Bull. n° 345, obs. Rémery ; Act. proc. coll. 2013, n° 47, obs. Cagnoli ; LEDEN mars 2013, p. 2, obs. Mouial-Bassilana ; Gaz. Pal. 1er-4 mai 2013, p. 5, obs. Reille ; Bull. Joly Entrep. diff. 2013. 153, note Saint-Alary-Houin.*

17 septies. Connexité « provoquée » par les parties. Si l'interdiction de payer toute créance née antérieurement au jugement d'ouverture du redressement judiciaire ne fait pas obstacle à ce que la compensation opère entre des dettes connexes, encore faut-il que les parties n'aient pas délibérément provoqué cette connexité. • Com. 26 oct. 1999 : *RJDA 2000, n° 46* • Versailles, 14 févr. 2002 : *D. 2002. AJ 1486 ; RJDA 2003, n° 153.*

17 octies. Compensation de créances avant l'ouverture de la procédure. La compensation s'opère de plein droit, même en l'absence de lien de connexité, entre les dettes réciproques des parties, dès lors qu'elles sont certaines liquides et exigibles, avant le prononcé du jugement d'ouverture de la procédure collective de l'une ou l'autre des parties, peu important le moment où elle est invoquée. • Com. 27 sept. 2011 : *Bull. civ. IV, n° 138 ; D. 2011. Actu. 2466, obs. Lienhard ; RTD com. 2012. 614, obs. Martin-Serf ; LEDEN nov. 2011, p. 2, obs. Rubellin ; RJDA 2012, n° 69 ; Gaz. Pal. 20-21 janv. 2012, p. 32, obs. Roussel Galle.*

18. Certitude, liquidité et exigibilité de la créance. La compensation fondée sur la connexité des créances, si elle requiert que la créance opposée au débiteur en procédure collective ou à son ayant droit soit certaine dans son principe et ne soit pas éteinte, n'exige pas la réunion des conditions de liquidité et d'exigibilité de cette créance. • Com. 28 avr. 2009 : *D. 2009. AJ 1353 ; Dr. sociétés 2009, n° 124, note Legros ; LEDEN, juill. 2009, p. 2, obs. Mouial-Bassilana ; RTD com. 2009. 805, obs. Martin-Serf*. ♦ Pour le caractère incertain d'une créance de pénalité, subordonnée à une déclaration de responsabilité, V. • Com. 21 janv. 1992 : *Bull. civ. IV, n° 23* ♦ V. aussi • Com. 6 févr. 1996. *Bull. civ. IV, n° 34 (1er arrêt)* (créances incertaines faute d'être entrées en compte courant). ♦ Comp., à propos de la créance, certaine bien que non encore exigible, d'une banque sur le débiteur, créance connexe de celles devant être inscrites en compte courant, du fait que les parties avaient fait de celui-ci le cadre de règlement de leurs créances réciproques : • Com. 6 févr. 1996 : *Bull. civ. IV, n° 34 (2e arrêt) ; D. 1997. 353, note Boccara ; Banque mai 1996. 94, obs. Guillot ; Rev. dr. bancaire 1996. 62, obs. Campana et Calendini ; RTD com. 1996. 529, obs. Martin-Serf*. ♦ Sur l'incidence de la date d'entrée en compte de la somme (jour du règlement à la banque, et non date postérieure de régularisation comptable), V. • Com. 22 oct. 1996 : *Bull. civ. IV, n° 249 ; D. Affaires 1997. 22 ; Rev. dr. bancaire 1996. 244, obs. Campana et Calendini.* – V. Soinne, *LPA 10 janv. 1997.*

18 bis. Renonciation. Le paiement par un créancier d'une créance née après le jugement d'ouverture prouve la renonciation de ce créancier à la garantie attachée au caractère connexe de cette créance avec une créance née avant l'ouverture de la procédure. • Com. 17 juin 1997 : *D. Affaires 1997. 1155.*

19. Créances soumises aux délais fixés par un plan de continuation. Même dans le cas où, un plan de continuation de l'entreprise ayant été arrêté, la créance est soumise aux délais fixés par le plan, le débiteur d'une entreprise en redressement judiciaire est en droit d'opposer à cette dernière, pour résister à une demande en paiement, le principe de la compensation entre sa dette et une créance connexe déclarée au passif du redressement judiciaire. • Com. 24 oct. 1995 : *Bull. civ. IV, n° 252 ; D. 1995. IR 244 ; D. Affaires 1995. 201 ; Bull. Joly 1996. 154, note Monsèrié.* (V. l'arrêt cassé : • Amiens, 22 janv. 1993 : *D. 1993. 254, note Derrida*). ♦ Dans le même sens, alors même que la dette du bénéficiaire du plan n'était pas définitivement fixée, V. • Com. 25 mars 1997 : *Rev. dr. bancaire 1997. 130, obs. Campana et Calendini.*

20. Obligation de déclaration au passif. Les règles fixées par la loi de 1985 et son décret d'application pour faire vérifier l'existence et le montant d'une créance, si elle n'est pas liquide à la date du jugement d'ouverture du redressement judiciaire, n'interdisent pas d'invoquer le principe de la compensation devant la juridiction saisie, en attendant qu'il soit statué sur la déclaration de créance faite au passif du redressement judiciaire. • Com. 27 avr. 1993 : *Bull. civ. IV, n° 148 ; D. 1993. 426, note Pédamon* • 6 juin 1995 : *RJDA 1995, n° 1263.* ♦ Dans le même sens, pour une créance contestée :

• Com. 25 mai 1993 : *Bull. civ. IV, n° 207 ; D. 1993. IR 165.* ♦ La cour d'appel qui retient le caractère vraisemblable de la créance déclarée au passif du débiteur et le principe de la compensation doit l'ordonner à concurrence du montant de cette créance à fixer par le juge-commissaire. • Com. 30 juin 2009 : *Bull. civ. IV, n° 90 ; D. 2009. AJ 1892 ; RJDA 2009, n° 983 ; Gaz. Pal. 1er-3 nov. 2009, p. 24, obs. Roussel Galle ; RTD com. 2009. 805, obs. Martin-Serf ; RTD civ. 2009. 721, obs. Fages ; JCP E 2010. 1011, n° 9, obs. Cabrillac ; LPA 8 janv. 2010, note Tricoire.* – Rappr. : • Com. 21 févr. 2012 : *préc. note 10 quater.* ♦ L'admission définitive d'une créance au passif d'une société en redressement judiciaire ne fait pas obstacle à la possibilité d'une compensation pour connexité. Celle-ci peut être ordonnée dès lors que le droit au paiement des dettes réciproques est né pour chacune des parties avant la décision d'ouverture de la procédure collective, peu important que la liquidation des créances n'ait pu être effectuée qu'à une date postérieure à cette décision. • Paris, 31 oct. 1997 : *BICC 1998, n° 532.* ♦ La compensation pour dettes connexes ne peut être prononcée dès lors que le créancier n'a pas déclaré sa créance. • Com. 3 mai 2011 : *Bull. civ. IV, n° 66 ; D. 2011. Actu. 1215, obs. Lienhard ; ibid. Pan. 2076, obs. F.-X. Lucas ; RTD com. 2011. 635, obs. Martin-Serf ; JCP E 2011. 1656, note Lebel ; ibid. 1596, n° 11, obs. Pétel ; Act. proc. coll. 2011, n° 160, obs. Coquelet ; RLDA juill.-août 2011. 18, obs. Guyader ; RJDA 2011, n° 719 ; Dr. et patr. sept. 2011. 72, obs. Monsèrié-Bon ; Bull. Joly Entrep. diff. 2011. 258, note Brena ; LPA 3 janv. 2012, obs. Reille ; Rev. proc. coll. 2012, n° 10, obs. F. Legrand et M.-N. Legrand* • 19 juin 2012 : *Bull. civ. IV, n° 129 ; D. 2012. Actu. 1669, obs. Lienhard ; Rev. sociétés 2012. 534, obs. Henry ; LEDEN sept. 2012, p. 2, obs. Mouial-Bassilana ; Banque et Droit sept.-oct. 2012. 60, obs. Jacob ; RJDA 2012, n° 1092* (décisions rendues sous l'empire de la L. du 26 juill. 2005). – V. déjà • Com. 15 oct. 1991 : *Bull. civ. IV, n° 290* • 14 mars 1995 : *ibid. IV, n° 77 ; D. 1996. Somm. 82, obs. Honorat* • 4 févr. 1997 : *D. 1997. IR 66.* ♦ Dans la mesure de cette déclaration, l'exception de compensation est opposable au détenteur de la créance du cocontractant, que celui-ci ait été subrogé dans les droits de ce dernier ou qu'il en ait été cessionnaire, en l'absence d'acceptation de la cession. • Com. 1er déc. 1992 : *Bull. civ. IV, n° 381 ; D. 1993. 513, note Sortais.* – V. aussi • Paris, 12 nov. 1997 : *JCP E 1997. Pan. 1309.* ♦ Il appartient au créancier de déclarer l'intégralité de sa créance au jour du jugement d'ouverture. • Com. 20 mars 2001 : *Bull. civ. IV, n° 62 ; D. 2001. AJ 1468, obs. Lienhard ; ibid. 2002. Somm. 1482, obs. Honorat ; Procédures 2001, n° 127, obs. Laporte.*

Le débiteur cédé ne peut opposer au cessionnaire de créances professionnelles l'exception de compensation entre les créances cédées et une créance de dommages-intérêts détenue contre le cédant, dès lors que cette créance de dommages-intérêts n'a fait l'objet d'aucune déclaration au passif de la procédure collective du cédant. • Com. 21 nov. 2000 : *Act. proc. coll. 2001, n° 7, obs. Vallansan.* – V. aussi • Com. 9 oct. 2001 : *RJDA 2002, n° 174.*

20 bis. Caution. En application des art. 1294, al. 1er, et 2036 [2313] C. civ., la caution, même solidaire, peut opposer au créancier la compensation de ce qu'il doit au débiteur principal, même si celui-ci renonce à l'invoquer. • Com. 26 oct. 1999 : *JCP E 1999, n° 49, p. 1941 ; Act. proc. coll. 1999, n° 241.*

20 ter. Compensation sollicitée par voie d'action. L'art. L. 621-24 [L. 622-7] C. com. ne fait pas obstacle à ce que le créancier de l'entreprise en redressement judiciaire sollicite, par voie d'action, la compensation de sa créance née antérieurement au jugement d'ouverture avec sa propre dette née postérieurement à ce jugement à l'occasion de la poursuite de l'activité autorisée par le tribunal, sous réserve de la connexité de ces créances réciproques. • Com. 7 mars 2006 : *RJDA 2006, n° 805.*

20 quater. Juridiction compétente. Il n'appartient qu'à la juridiction judiciaire de se prononcer sur l'existence d'une connexité existant éventuellement entre une créance née antérieurement au jugement ouvrant une procédure de redressement judiciaire et une créance née postérieurement à ce jugement ; il en va ainsi même si les créances dont il s'agit sont de nature fiscale et concernent un impôt dont le contentieux relève de la compétence de la juridiction administrative. • T. confl., 22 janv. 2001 : *Bull. civ. n° 1 ; RTD com. 2001. 511, obs. Martin-Serf ; Rev. proc. coll. 2003. 105, obs. Gorrias.* – V. Lagarde, *LPA 24 juill. 2001.*

20 quinquies. En l'absence d'une décision ayant déjà statué sur la compensation judiciaire, le juge de l'exécution est compétent pour se prononcer sur l'exception de compensation présentée à l'appui d'une demande de mainlevée de saisie. • Com. 21 févr. 2012 : *préc. note 10 quater ; Act. proc. coll. 2012, n° 86, obs. Cagnoli ; RJDA 2012, n° 515.*

20 sexies. V. aussi note 24 ss. art. L. 622-13, note 5 *ter* ss. art. L. 622-22, note 23 ss. ancien art. L. 621-43 ss. art. L. 622-24, et notes 32 et 33 ss. ancien art. L. 621-46 ss. art. L. 622-26.

II. ACTE DE DISPOSITION ÉTRANGER À LA GESTION COURANTE

BIBL. Félix, *Defrénois 1990. 424* (actes de cession).

21. Notion. L'autorisation du juge-commissaire, prévue à l'art. 33, al. 2 [C. com., art. L. 622-7, al. 2], est requise, que les biens dont le débiteur entend disposer soient ou non attachés à l'exploitation. • Com. 9 juin 1992 : *RJDA 1992, n° 950.*

21 bis. Constituent des actes étrangers à la gestion courante au sens de l'art. L. 622-7, al. 2, C. com. : l'affectation de fonds pour l'acquisition d'un immeuble. • Civ. 1re, 27 janv. 2004 : *Act. proc. coll. 2004, n° 90.* ♦ ... La réalisation d'une maison d'habitation appartenant à la société débitrice. • T. com. Melun, 27 mars 2001 : *Rev. proc. coll. 2002. 90, obs. Lebel.* ♦ ... La cession d'actions. • Lyon, 30 juin 1995 : *Dr. sociétés 1996, n° 100, obs. Chaput.* ♦ ... Un engagement de caution. • Douai, 15 oct. 1998 : *Rev. proc. coll. 1999. 219, obs. Saint-Alary-Houin.* ♦ ... La conclusion d'un contrat d'agent commercial exclusif prévoyant, en outre, un taux progressif de commissions, alors que l'entreprise n'a jamais recouru auparavant à ce mode de distribution de ses produits. • Orléans, 24 mars 2005 : *RJDA 2005, n° 844.* ♦ En revanche, dès lors que le bail conclu par la société débitrice ne fait que constater la demande du bénéficiaire de la promesse de bail de bénéficier de celle-ci, il constitue un acte d'administration, et non un acte de disposition supposant l'autorisation du juge-commissaire. • Versailles, 9 avr. 1998 : *D. Affaires 1998. 1051, obs. A. L.* ♦ L'action en résolution d'une vente ne constitue pas un acte de disposition ou de cession. • Com. 3 févr. 1998 : *D. Affaires 1998. 538.*

22. La vente du fonds de commerce ne saurait être autorisée pendant la période d'observation, en ce qu'elle constitue une cession d'entreprise. • Toulouse, 13 mai 1987 : *Rev. dr. bancaire 1988. 136, obs. Dekeuwer-Defossez.*

22 bis. Pour un arrêt qualifiant d'acte de gestion courante la conclusion d'un contrat de travail (contrat de chauffeur-livreur conclu par une entreprise de transport routier, pour une courte durée afin de faire face à un surcroît d'activité), V. • Soc. 21 sept. 2005 : *Bull. civ. V, n° 261 ; D. 2005. AJ 2446, obs. Lienhard ; D. 2006. Pan. 79, obs. Le Corre ; JCP E 2006, n° 2, p. 71, obs. Pétel ; Procédures 2005, n° 255, note Laporte ; RJ com. 2006. 41, note Sortais.* – Comp. : • Soc. 17 oct. 2006 : *cité note 1 sexies ss. art. L. 622-3.*

23. Compromis et transaction. Il résulte de l'art. 33, al. 2 [C. com., art. L. 622-7, al. 2], combiné avec les dispositions du jugement ayant déclaré une société en redressement judiciaire, que le gérant de cette société ne pouvait compromettre qu'assisté de l'administrateur après autorisation du juge-commissaire. • Paris, 10 févr. 1994 : *D. 1994. IR 79.* – V. aussi • T. com. Bobigny, 7 juill. 1997 : *RJ com. 1998. 78, obs. Gallet.* ♦ V. aussi, pour l'annulation d'une transaction autorisée *a posteriori*, • Com. 26 nov. 2002 : *Rev. proc. coll. 2004. 49, obs. Lebel.*

L'art. 33 [C. com., art. L. 622-7], qui soumet le compromis et la transaction à l'autorisation du juge-commissaire et qui dispose que tout acte passé en violation de ses dispositions est annulé à la demande de tout intéressé, ne distingue pas selon l'objet de la transaction. • Com. 5 janv. 1999 : *Bull. civ. IV, n° 4 ; D. 1999. Somm. 350, obs. Honorat ; D. Affaires 1999. 174, obs. A. L. ; JCP E 1999, n° 18-19, p. 809, obs. Cabrillac ; Act. proc. coll. 1999, n° 31, obs. Dom ; Rev. proc. coll. 1999. 176, obs. Canet ; RJ com. 1999. 408, note Gallet.* – V. Courtier, *Dr. sociétés 1999. Chron. 22.*

23 bis. Forme de l'autorisation du juge-commissaire. Le juge-commissaire ne peut, sauf à méconnaître ses pouvoirs, délivrer par lettre simple l'autorisation de faire un acte de disposition étranger à la gestion courante de l'entreprise. • Civ. 1re, 27 janv. 2004 : *préc. note 21 bis.*

III. RETRAIT ET SUBSTITUTION DE MARCHANDISES

23 ter. Le juge-commissaire ne peut, en application de l'art. 33 [C. com., art. L. 622-7], et sous peine de nullité, autoriser le paiement d'une créance née antérieurement à l'ouverture de la procédure collective qu'à la demande du chef d'entreprise ou de l'administrateur, et non d'un créancier. • Dijon, 23 mai 1995 : *Gaz. Pal. 1998. 1. Somm. 380.* ♦ Le représentant des créanciers n'a pas non plus qualité pour agir. • Com. 2 mars 1999 : *Act. proc. coll. 1999, n° 90.* ♦ Par suite, le commissaire à l'exécution du plan ne peut poursuivre l'action en retrait du gage. • Même arrêt.

24. Sur la possibilité, pour le juge-commissaire, d'autoriser le paiement partiel d'une créance antérieure pour retirer les marchandises gagées, à condition d'y substituer d'autres marchandises, V. • T. com. Nancy, 22 mai 1986 : *Rev. proc. coll. 1986, n° 4, p. 59, obs. Mestre et Delebecque.*

24 bis. Méconnaît l'étendue de ses pouvoirs le juge-commissaire qui autorise l'administrateur judiciaire à vendre un bon de caisse détenu à titre de gage par un établissement de crédit, le prix devant être bloqué à la Caisse des dépôts et consignations, sans avoir au préalable autorisé le retrait du gage dans les conditions prévues à l'art. 33, al. 3 [C. com., art. L. 622-7, al. 3]. • Com. 11 mai 1999 : *Bull. civ. IV, n° 98 ; D. 1999. IR 160 ; D. Affaires 1999. 943, obs. A. L. ; JCP E 1999, n° 39, p. 1532, obs. Cabrillac ; JCP 2000. II. 10278, note Le Maigat ; RTD com. 2000. 174, obs. Martin-Serf ; RD banc. fin. 2000, n° 22, obs. F.-X. Lucas.* – V. aussi Courtier, *Rev. proc. coll. 1999. 210.*

25. Une société qui détient une machine appartenant à l'un de ses clients en vue de la réparer peut se prévaloir de son droit de rétention pour obtenir paiement du montant des réparations effectuées antérieurement au profit de ce même client et non payées dès lors qu'il existe un lien de connexité entre cette créance et le dépôt ; il en est ainsi lorsque la société a effectué les travaux pour le compte de son client en vertu d'un contrat global. • Rouen, 12 mars 1992 : *RJDA 1992, n° 391.* ♦ Le client ayant été mis en redressement puis en liquidation judiciaire, le liquidateur ne peut pas, en conséquence, revendiquer le matériel ainsi retenu sans payer la créance en vertu de laquelle le droit de rétention est exercé. • Même arrêt.

26. Le droit de rétention est opposable à la procédure (à propos d'un prêteur qui, au lieu de prendre l'inscription du gage spécifique aux véhicules automobiles, s'est fait remettre la carte grise). • Com. 31 mai 1994 : *Bull. civ. IV, n° 196 ; JCP E 1995. I. 417, n° 18, obs. Cabrillac.* ♦ Le droit de rétention confère à son titulaire le droit de refuser la restitution de la chose légitimement retenue jusqu'à complet paiement de sa créance, même en cas de redressement ou de liquidation judiciaire du débiteur, et la perte de ce droit nuit aux cautions (qui peuvent donc invoquer le bénéfice de l'art. 2037 [2314] C. civ.). • Com. 25 nov. 1997 : *Bull. civ. IV, n° 301 ; D. 1998. 232, note François ; D. Affaires 1998. 78, obs. A. L. ; JCP E 1998, n° 17, p. 657, obs. Cabrillac ; RTD com. 1999. 192, obs. Martin-Serf.* ♦ La rétention, qui confère au créancier une situation privilégiée, ne peut s'analyser ni comme une action ni comme une voie d'exécution (interrompues ou interdites par l'art. L. 622-21) et n'entre pas dans le domaine de l'art. 57 [C. com., art. L. 622-30]. • Toulouse, 3 nov. 1999 : *RJDA 2000, n° 1170 ; Rev. proc. coll. 2001. 248.* ♦ Le droit de rétention ne peut être limité par le pouvoir conféré au juge-commissaire par l'art. 34, al. 3 [C. com., art. L. 622-8, al. 3], d'imposer une substitution de garantie. • Com. 4 juill. 2000 : *Bull. civ. IV, n° 136 ; D. 2001. 465, note Piedelièvre ; ibid. 2000. AJ 361, obs. Lienhard ; Act. proc. coll. 2000, n° 176, obs. Legeais ; JCP E 2001, n° 4, p. 174, obs. Cabrillac ; RTD com. 2000. 1009, obs. Martin-Serf ; Banque et Droit janv.-févr. 2001. 44, obs. Jacob ; JCP 2001. I. 315, n° 15, obs. Delebecque ; LPA 8 juin 2001, note Narayan-Fourment.* – V. l'arrêt confirmé : • Toulouse, 1er déc. 1997 : *D. Affaires 1998. 1246, note Le Corre ; JCP 1998. IV. 2042* ♦ V. aussi note ss. art. L. 622-5. ♦ Sur la neutralisation du droit de rétention « fictif », V. art. L. 622-7, al. 2, dans sa réd. issue de l'Ord. n° 2008-1345 du 18 déc. 2008. ♦ Sur l'absence de nécessité de déclarer le droit de rétention, V. note 3 *bis* ss. art. L. 622-25. ♦ Sur l'efficacité du droit de rétention en cas de plan de cession, V. note 3 *quater* ss. art. L. 642-12.

26 bis. Dès lors qu'en application de l'art. 33, al. 1er, devenu l'art. L. 622-7, al. 1er, C. com., le paiement d'une créance antérieure au jugement d'ouverture est interdit et frappé de nullité, le commissionnaire ne peut valablement exercer son droit de rétention sur des marchandises confiées après le jugement d'ouverture pour obtenir le paiement de créances antérieures. • Com. 13 nov. 2001 : *Bull. civ. IV, n° 179 ; D. 2001. AJ 3533, obs. Lienhard ; Act. proc. coll. 2002, n° 3, obs. Vallansan ; Banque et Droit janv.-févr. 2002. 42, obs. Rontchevsky ; RD banc. fin. 2002, n° 17, obs. F.-X. Lucas ; JCP E 2002, nos 8-9, p. 373, note Piedelièvre ; ibid., n° 21, p. 855, obs. Cabrillac ; Rev. huiss. 2002. 97, obs. Courtier ; RTD com. 2002. 373, obs. Martin-Serf ; Rev. proc. coll. 2002. 177, obs. Lebel ; ibid. 183, obs. Macorig-Venier.* ♦ Comp., pour la possibilité d'exercer le droit de rétention sur des marchandises confiées avant et après l'ouverture : • Toulouse, 3 nov. 1999 : *préc. note 26* • Besançon, 8 mars 2000 : *Rev. proc. coll. 2001. 248, obs. Macorig-Venier.*

27. L'appréciation de la régularité du droit de rétention invoqué par un créancier n'entre pas dans les attributions du juge-commissaire, qui ne peut donc ordonner la restitution de documents (à propos de certificats d'immatriculation retenus par une banque en garantie d'un prêt pour l'achat de véhicules). • Com. 6 juin 1995 : *Bull. civ. IV, n° 169 ; D. 1996. Somm. 86, obs. Honorat ; JCP E 1995. I. 513, n° 2, obs. Cabrillac ; Rev. proc. coll. 1995. 291, obs. Dureuil.*

IV. SANCTIONS

28. Nature de la nullité. La sanction de l'excès de pouvoir du dirigeant, qui intervient quel que soit l'auteur de l'acte incriminé dans un délai préfix de trois ans, est la nullité absolue de l'acte. • Paris, 10 févr. 1994 : *préc. note 23* • Versailles, 15 janv. 1998 : *D. Affaires 1998. 915 ; RJDA 1998, n° 457.* ♦ Tout intéressé peut s'en prévaloir. • Bordeaux, 20 mai 1997 : *Banque et Droit sept.-oct. 1997. 40, obs. Guillot ; RJDA 1998, n° 308.*

28 bis. Qualité pour agir. Le commissaire à l'exécution du plan est en droit de faire constater la nullité du paiement fait par l'administrateur d'une créance née antérieurement au jugement d'ouverture. • Com. 28 mai 2002 : *cité note 19 bis ss. ancien art. L. 621-32 ss. art. L. 622-17.*

29. Effets de la nullité. La nullité des paiements effectués par le débiteur après l'ouverture de son redressement judiciaire, au moyen des fonds que son fournisseur lui avait versés par chèque à titre d'avance sur ristournes, ne peut entraîner la restitution au profit de ce dernier de la somme correspondant au montant de la provision, la propriété de celle-ci ayant été transférée au bénéficiaire du chèque dès l'émission de l'effet. • Com. 4 févr. 1992 : *RJDA 1992, n° 284.*

L'exigence d'une société d'assurance de ne maintenir la couverture de prestations sociales légales ou conventionnelles, pour le débiteur, que contre paiement de sa créance de cotisations échues se heurtant à la règle de l'interdiction du paiement préférentiel, le représentant des créanciers est, *ès qualités,* fondé à solliciter le remboursement de la somme indûment versée avec intérêts au taux légal à compter de la date de son recours et avec capitalisation dans les conditions de l'art. 1154 C. civ. • Paris, 18 juin 1999 : *D. 1999. AJ 21.*

Dès lors qu'elle ne tend pas à obtenir la réintégration des sommes payées dans le patrimoine du débiteur, mais dans son patrimoine propre, l'action exercée par la banque, qui a procédé, postérieurement à l'ouverture de la procédure collective, au paiement d'une lettre de change, ne peut être accueillie. • Com. 3 oct. 2000 : *RJDA 2001, n° 185 ; RTD com. 2001. 513, obs. Martin-Serf ; Rev. proc. coll. 2002. 91, obs. Lebel.*

29 bis. Effets de l'absence d'annulation. Un acte de disposition étranger à la gestion courante n'en produit pas moins ses effets dès lors qu'il n'a pas fait l'objet de l'action en annulation ouverte par l'art. L. 622-7, al. 4, C. com. • Orléans, 24 mars 2005 : *préc. note 21 bis.*

30. Responsabilité civile. Dès lors que le jugement ouvrant la procédure de redressement judiciaire n'a pas été publié et que la banque du débiteur n'a pas eu connaissance de la mise en redressement judiciaire de ce dernier, aucune faute ne peut être retenue à son encontre pour avoir, en qualité de mandataire du débiteur, effectué un paiement le jour même du prononcé du redressement judiciaire. • Com. 3 mars 1998 : *Bull. civ. IV, n° 90 ; D. 1998. IR 90 ; D. Affaires 1998. 536, obs. A. L. ; Gaz. Pal. 2000. 1872, note Daniélou.*

31. Sanctions pénales. V. art. L. 654-8.

Art. L. 622-8 En cas de vente d'un bien grevé d'un privilège spécial, *(Ord. n° 2008-1345 du 18 déc. 2008, art. 165)* « d'un gage, » d'un nantissement ou d'une hypothèque, la quote-part du prix correspondant aux créances garanties par ces sûretés est versée en compte de dépôt à la Caisse des dépôts et consignations. Après l'adoption du plan *(Abrogé par L. n° 2005-845 du 26 juill. 2005, art. 26) « de redressement ou en cas de liquidation »*, les créanciers bénéficiaires de ces sûretés ou titulaires d'un privilège général sont payés sur le prix suivant l'ordre de préférence existant entre eux et conformément à l'article L. 626-22 lorsqu'ils sont soumis aux délais du plan *(Abrogé par L. n° 2005-845 du 26 juill. 2005, art. 26) « de continuation »*.

Le juge-commissaire peut ordonner le paiement provisionnel de tout ou partie de leur créance aux créanciers titulaires de sûretés sur le bien. Sauf décision spécialement motivée du juge-commissaire ou lorsqu'il intervient au bénéfice du Trésor ou des organismes sociaux ou organismes assimilés, ce paiement provisionnel est subordonné à la présentation par son bénéficiaire d'une garantie émanant d'un établissement de crédit.

Le débiteur *(Abrogé par Ord. n° 2008-1345 du 18 déc. 2008, art. 23) « ou l'administrateur »* peut proposer aux créanciers, la substitution aux garanties qu'ils détiennent de garanties équivalentes. En l'absence d'accord, le juge-commissaire peut ordonner cette substitution. Le recours contre cette ordonnance est porté devant la cour d'appel. – *[C. com., ancien art. L. 621-25.]*

V. art. R. 622-7, R. 622-8 et R. 661-1.

BIBL. ▸ KORNMANN, *JCP N 1988. Prat. 726.* – D. MARTIN, *D. 1986. Chron. 325.* – DEVÈZE, *Rev. proc. coll. 1992. 10 7.* – POHÉ, *ibid. 1992. 245* (substitution judiciaire de garanties). – HUILLE, *Gaz. Pal. 2001. Doctr. 298* (répartitions provisionnelles).

1. Gage. V. notes 8 et 23 *ter* s. ss. art. L. 622-7.

2. Warrant agricole. Les dispositions de l'art. 8 de la loi du 30 avr. 1906, permettant à l'emprunteur, sous certaines conditions, de vendre les objets warrantés, ne peuvent prévaloir sur celles des art. 33, al. 1er, et 34, al. 1er, de la loi du 25 janv. 1985 [C. com., art. L. 622-7 et L. 622-8]. • Com. 9 avr. 1991 : *Bull. civ. IV, n° 131 ; D. 1992. Somm. 256, obs. Derrida ; JCP E 1991. II. 232, note Le Corre.* ♦ Aussi, la quote-part du prix de vente d'une récolte correspondant à la créance garantie par le warrant agricole doit être versée en compte de dépôt à la Caisse des dépôts et consignations jusqu'à l'adoption du plan de redressement ou à la liquidation. • Même arrêt.

3. Dividendes à échoir. Pour un arrêt faisant application de l'art. 78, al. 2 [C. com., art. L. 626-22], en fixant les dividendes à échoir au profit du créancier en fonction des paiements anticipés qu'il avait reçus, V. • Com. 20 janv. 1998 : *Bull. civ. IV, n° 27.*

Art. L. 622-9 L'activité de l'entreprise est poursuivie pendant la période d'observation, sous réserve des dispositions des articles *(L. n° 2005-845 du 26 juill. 2005, art. 27)* « L. 622-10 à L. 622-16 ». – *[C. com., ancien art. L. 621-26.]*

V. art. R. 622-9.

Art. L. 622-10 *(L. n° 2005-845 du 26 juill. 2005, art. 28)* A tout moment de la période d'observation, le tribunal, à la demande du débiteur *(Abrogé par Ord. n° 2008-1345 du 18 déc. 2008, art. 24)* « *, de l'administrateur, du mandataire judiciaire, d'un contrôleur, du ministère public ou d'office,* » peut ordonner la cessation partielle de l'activité.

Dans les mêmes conditions, *(Ord. n° 2008-1345 du 18 déc. 2008, art. 24)* « à la demande du débiteur, de l'administrateur, du mandataire judiciaire, du ministère public ou d'office, » il convertit la procédure en un redressement judiciaire, si les conditions de l'article L. 631-1, sont réunies ou prononce la liquidation judiciaire, si les conditions de l'article L. 640-1 sont réunies.

(Ord. n° 2008-1345 du 18 déc. 2008, art. 24) « A la demande du débiteur, il décide également la conversion en redressement judiciaire si l'adoption d'un plan de sauvegarde est manifestement impossible et si la clôture de la procédure conduirait, de manière certaine et à bref délai, à la cessation des paiements. »

Il statue après avoir entendu ou dûment appelé le débiteur, l'administrateur, le mandataire judiciaire, les contrôleurs et les représentants du comité d'entreprise ou, à défaut, des délégués du personnel, et avoir recueilli l'avis du ministère public.

Lorsqu'il convertit la procédure de sauvegarde en procédure de redressement judiciaire, le tribunal peut, si nécessaire, modifier la durée de la période d'observation restant à courir.

(Ord. n° 2008-1345 du 18 déc. 2008, art. 24) « Aux fins de réaliser la prisée des actifs du débiteur au vu de l'inventaire établi pendant la procédure de sauvegarde, il désigne, en considération de leurs attributions respectives telles qu'elles résultent des dispositions qui leur sont applicables, un commissaire-priseur judiciaire, un huissier de justice, un notaire ou un courtier en marchandises assermenté. »

V. art. R. 622-10 et R. 622-11.

BIBL. ▶ Mastrullo, *Rev. proc. coll. 2008. Étude 19.*

Audition de l'ordre professionnel. Les dispositions des art. L. 622-10 et L. 631-15 relatives à la convocation et à l'audition de l'organisme professionnel désigné en qualité de contrôleur, préalablement au prononcé de la liquidation judiciaire, ne s'appliquent qu'à la procédure de première instance et ne concernent pas la procédure devant la cour d'appel. • Com. 6 juill. 2010 : *cité note 2 quater ss. art. L. 621-1.*

Code de commerce

Ancien art. L. 621-27 *A tout moment, le tribunal, à la demande de l'administrateur, du représentant des créanciers, d'un contrôleur, du débiteur, du procureur de la République ou d'office et sur rapport du juge-commissaire, peut ordonner la cessation totale ou partielle de l'activité ou la liquidation judiciaire.*

Le tribunal statue après avoir entendu ou dûment appelé en chambre du conseil, le débiteur, l'administrateur, le représentant des créanciers, un contrôleur et les représentants du comité d'entreprise ou, à défaut, des délégués du personnel.

Lorsque le tribunal prononce la liquidation, il met fin à la période d'observation et à la mission de l'administrateur. — [L. n° 85-98 du 25 janv. 1985, art. 36.]

1. Conditions. La liquidation judiciaire peut être prononcée à tout moment, sans attendre l'issue de la procédure de vérification des créances. • Com. 30 oct. 2000 : *Act. proc. coll. 2000, n° 246.*

1 bis. Sur le refus de différer le prononcé de la liquidation judiciaire en considération de la demande d'extension de la procédure collective de la société débitrice à une autre société, V. • Paris, 27 nov. 2001 : *RJDA 2002, n° 404.*

2. Est irrégulière la saisine du tribunal par voie de requête de l'administrateur en vue du prononcé d'un jugement de redressement judiciaire par voie d'extension d'une procédure de redressement judiciaire antérieurement ouverte, aucun texte de la loi de 1985 n'autorisant à déroger à la règle de droit commun de la saisine par voie d'assignation. • Montpellier, 31 juill. 1991 : *D. 1991. 474, note Derrida.* ♦ Comp., sur la régularité de la saisine lorsque, bien que l'administrateur eût saisi le tribunal par requête, le débiteur avait été convoqué par lettre recommandée émanant du greffier, en application de l'art. 86 du décret de 1985 : • Aix-en-Provence, 26 sept. 1990 : *ibid.*

3. Rapport du juge-commissaire. A défaut du rapport prévu par l'art. 36 [C. com., ancien art. L. 621-27], le jugement doit être annulé, l'omission de la formalité, s'agissant d'une disposition d'ordre public, ne pouvant être réparée en cause d'appel. • Besançon, 22 mars 1995 : *Rev. proc. coll. 1996. 52, obs. Dureuil.*

4. Convocation du débiteur. Lorsque la lettre recommandée portant convocation à l'audience destinée à statuer sur la conversion du redressement judiciaire en liquidation n'a pas atteint le débiteur, il appartient au greffier, à peine de nullité du jugement pour non-respect du contradictoire, de faire convoquer le débiteur par voie de signification d'huissier en application de l'art. 670-1 NCPC [C. pr. civ.]. • Besançon, 6 déc. 1996 : *RJ com. 1999. 80, note Haennig* • 20 déc. 1996 : *ibid.*

5. Audition du débiteur. Le directeur général d'une société anonyme a qualité pour représenter la société devant le tribunal lors de son audition préalable au prononcé de la liquidation judiciaire. • Com. 12 juill. 1993 : *Bull. civ. IV, n° 308 ; D. 1993. 549, note Merle ; Rev. sociétés 1993. 803, note Guyon ; Bull. Joly 1993. 1135, note Le Cannu.*

6. Fin des fonctions de l'administrateur. Sauf à méconnaître la distinction entre les fonctions d'administrateur et de liquidateur et les règles d'ordre public qui s'y attachent, l'administrateur ne peut, postérieurement au jugement de liquidation judiciaire, gérer le compte bancaire du débiteur et effectuer des règlements sans avoir reçu, préalablement, l'autorisation expresse du liquidateur. • Amiens, 25 oct. 2001 : *Rev. proc. coll. 2003. 131, obs. Soinne.*

Art. L. 622-11 *(L. n° 2005-845 du 26 juill. 2005, art. 28)* **Lorsque le tribunal prononce la liquidation, il met fin à la période d'observation et, sous réserve des dispositions de l'article L. 641-10, à la mission de l'administrateur.** *(Ord. n° 2008-1345 du 18 déc. 2008, art. 25)* **« Dans les conditions prévues au dernier alinéa de l'article L. 622-10, il désigne une personne chargée de réaliser la prisée des actifs du débiteur. »**

Le licenciement prononcé par l'administrateur dont la mission a pris fin avec le prononcé de la liquidation judiciaire est dépourvu de cause réelle et sérieuse. • Soc. 15 nov. 2011 : *Bull. civ. V, n° 263 ; D. 2011. Actu. 2863, obs. Lienhard ; LEDEN janv. 2012, p. 7, obs. G. Dedessus-le-Moustier ; Bull. Joly Entrep. diff. 2012. 103, note Jacotot ; Rev. proc. coll. 2012, n° 27, obs. Lebel.*

Art. L. 622-12 *(L. n° 2005-845 du 26 juill. 2005, art. 28)* **Lorsque les difficultés qui ont justifié l'ouverture de la procédure ont disparu, le tribunal y met fin à la demande du débiteur. Il statue dans les conditions prévues au** *(Ord. n° 2008-1345 du 18 déc. 2008, art. 26)* **« quatrième » alinéa de l'article L. 622-10.** — *V. art. R. 622-12.*

BIBL. ▶ LE CORRE, *LPA 25 mars 2009.*

Art. L. 622-13 *(Ord. n° 2008-1345 du 18 déc. 2008, art. 27)* **I. — Nonobstant toute disposition légale ou toute clause contractuelle, aucune indivisibilité, résiliation ou résolution d'un contrat en cours ne peut résulter du seul fait de l'ouverture d'une procédure de sauvegarde.** — *Sur la validité des clauses de résiliation de plein droit dans les opérations sur instruments financiers, V. C. mon. fin., art. L. 211-36-1 et L. 211-40.* — ***C. mon. fin.***

Le cocontractant doit remplir ses obligations malgré le défaut d'exécution par le débiteur d'engagements antérieurs au jugement d'ouverture. Le défaut d'exécution de ces engagements n'ouvre droit au profit des créanciers qu'à déclaration au passif.

II. — L'administrateur a seul la faculté d'exiger l'exécution des contrats en cours en fournissant la prestation promise au cocontractant du débiteur.

Lorsque la prestation porte sur le paiement d'une somme d'argent, celui-ci doit se faire au comptant, sauf pour l'administrateur à obtenir l'acceptation, par le cocontractant du débiteur, de délais de paiement. Au vu des documents prévisionnels dont il dispose, l'administrateur s'assure, au moment où il demande l'exécution, qu'il disposera des fonds nécessaires à cet effet. S'il s'agit d'un contrat à exécution ou paiement échelonnés dans le temps, l'administrateur y met fin s'il lui apparaît qu'il ne disposera pas des fonds nécessaires pour remplir les obligations du terme suivant.

III. — Le contrat en cours est résilié de plein droit :

1° Après une mise en demeure de prendre parti sur la poursuite du contrat adressée par le cocontractant à l'administrateur et restée plus d'un mois sans réponse. Avant l'expiration de ce délai, le juge-commissaire peut impartir à l'administrateur un délai plus court ou lui accorder une prolongation, qui ne peut excéder deux mois, pour se prononcer ;

2° A défaut de paiement dans les conditions définies au II et d'accord du cocontractant pour poursuivre les relations contractuelles. En ce cas, le ministère public, l'administrateur, le mandataire judiciaire ou un contrôleur peut saisir le tribunal aux fins de mettre fin à la période d'observation.

IV. — A la demande de l'administrateur, la résiliation est prononcée par le juge-commissaire si elle est nécessaire à la sauvegarde du débiteur et ne porte pas une atteinte excessive aux intérêts du cocontractant.

V. — Si l'administrateur n'use pas de la faculté de poursuivre le contrat ou y met fin dans les conditions du II ou encore si la résiliation est prononcée en application du IV, l'inexécution peut donner lieu à des dommages et intérêts au profit du cocontractant, dont le montant doit être déclaré au passif. Le cocontractant peut néanmoins différer la restitution des sommes versées en excédent par le débiteur en exécution du contrat jusqu'à ce qu'il ait été statué sur les dommages et intérêts.

VI. — Les dispositions du présent article ne concernent pas les contrats de travail. Elles ne concernent pas non plus le contrat de fiducie, à l'exception de la convention en exécution de laquelle le débiteur conserve l'usage ou la jouissance de biens ou droits transférés dans un patrimoine fiduciaire.

V. art. R. 622-13.

Sur la continuation des contrats d'édition et de production audiovisuelle, V. CPI, art. L. 132-15 et L. 132-30, ***CPI*** *ou* ***C. pr. coll.*** — *... Des garanties collectives de prévoyance à adhésion obligatoire, V. CSS, art. L. 932-10.* — ***CSS.***

Pour une dérogation à l'art. L. 622-13 ci-dessus, s'agissant des contrats qui prévoient la gestion ou le recouvrement, pour le compte d'une société de crédit foncier, des prêts, créances assimilées, titres et valeur, obligations ou autres ressources prévues à l'art. L. 515-13 C. mon. fin., V. C. mon. fin., art. L. 515-28. — ***C. mon. fin.***

Lorsque les créances cédées à une société de crédit foncier résultent d'un contrat de crédit-bail, la survenance d'une procédure collective du crédit-bailleur cédant en cours de contrat ne peut remettre en cause la poursuite du contrat de crédit-bail (C. mon. fin., art. L. 515-21, al. 2). — V. ***C. mon. fin.***

BIBL. ▶ Régime issu de l'ordonnance du 18 déc. 2008 : LE CORRE-BROLY, *D. 2009. 663*. - ROUSSEL GALLE, *Rev. proc. coll. 2009. Dossier 7.*

Ancien art. L. 622-13 ***L'administrateur a seul la faculté d'exiger l'exécution des contrats en cours en fournissant la prestation promise au cocontractant du débiteur. Le contrat est résilié de plein droit après une mise en demeure adressée à l'administrateur restée plus d'un mois sans réponse. Avant l'expiration de ce délai, le juge-commissaire peut impartir à l'administrateur un délai plus court ou lui accorder une prolongation, qui ne peut excéder deux mois, pour prendre parti.***

Lorsque la prestation porte sur le paiement d'une somme d'argent, celui-ci doit se faire au comptant, sauf pour l'administrateur à obtenir l'acceptation, par le cocontractant du débiteur, de délais de paiement. Au vu des documents prévisionnels dont il dispose, l'administrateur s'assure, au moment où il demande l'exécution, qu'il disposera des fonds nécessaires à cet effet. S'il s'agit d'un contrat à exécution ou paiement échelonnés dans le temps, l'administrateur y met fin s'il lui apparaît qu'il ne disposera pas des fonds nécessaires pour remplir les obligations du terme suivant.

A défaut de paiement dans les conditions définies à l'alinéa précédent et d'accord du cocontractant pour poursuivre les relations contractuelles, le contrat est résilié de plein droit et le parquet, l'administrateur, le mandataire judiciaire ou un contrôleur peut saisir le tribunal aux fins de mettre fin à la période d'observation.

Le cocontractant doit remplir ses obligations malgré le défaut d'exécution par le débiteur d'engagements antérieurs au jugement d'ouverture. Le défaut d'exécution de ces engagements n'ouvre droit au profit des créanciers qu'à déclaration au passif.

(L. n° 2005-845 du 26 juill. 2005, art. 29) ***« Si l'administrateur n'use pas de la faculté de poursuivre le contrat ou y met fin dans les conditions du deuxième alinéa, l'inexécution peut donner lieu à des dommages et intérêts dont le montant doit être déclaré au passif au profit de l'autre partie contractante. » Celle-ci peut néanmoins différer la restitution des sommes versées en excédent par le débiteur en exécution du contrat jusqu'à ce qu'il ait été statué sur les*** (L. n° 2005-845 du 26 juill. 2005, art. 29) ***« dommages et intérêts ».***

Nonobstant toute disposition légale ou toute clause contractuelle, aucune indivisibilité, résiliation ou résolution du contrat ne peut résulter du seul fait de l'ouverture d'une (L. n° 2005-845 du 26 juill. 2005, art. 29) ***« procédure de sauvegarde ».***

Les dispositions du présent article ne concernent pas les contrats de travail. — [C. com., ancien art. L. 621-28.]

BIBL. ▶ Régime issu de la loi du 26 juill. 2005 : ROUSSEL GALLE, *Rev. proc. coll. 2005. 204.* ▶ Régime issu de la loi du 10 juin 1994 : BOCCARA, *JCP E 1994. I. 385.* - LEMISTRE et MERCIER, *LPA 14 sept. 1994.* - MACORIG-VENIER, *LPA 6 sept. 2000,* (rupture des contrats). - BRUNETTI-PONS, *RTD com. 2000. 783* (spécificité du régime des contrats en cours). - LE CORRE-BROLY, *JCP E 2002, n° 40, p. 1565* (résiliation de plein droit des contrats du fait de la liquidation judiciaire non assortie d'une période de poursuite provisoire d'activité). - MONTÉRAN, *Gaz. Pal. 2003. Doctr. 2716* (influence des procédures collectives sur la poursuite et la fin des contrats). - TEBOUL, *Gaz. Pal. 2004. Doctr. 938* (le sort des contrats pendant les procédures collectives : quels choix opérer ?).

Sur les baux commerciaux, V. bibl. ss. art. L. 622-14.

I. DOMAINE D'APPLICATION

A. CONTRATS CONCERNÉS

1. Notion de « contrats en cours ». BIBL. Derrida, *RJDA 1993, n° 6, p. 399.* - Bac, *JCP E 2000, n° 1-2, p. 22.* ♦ Un contrat de prêt n'est pas un contrat en cours, au sens de l'art. 37 [C. com., art. L. 622-13], si les fonds ont été remis à l'emprunteur avant l'ouverture de son redressement judiciaire. • Com. 14 déc. 1993 : *Bull. civ. IV, n° 477* • 13 avr. 1999 : *Bull. civ. IV, n° 87 ;*

D. 2000. 257, note Lipinski ; D. Affaires 1999. 801, obs. A. L. • Versailles, 28 févr. 2013 : *D. 2013. Actu. 638*. – V. déjà • Com. 2 mars 1993 : *Bull. civ. IV, n° 89 ; D. 1993. 572, note Devésa ; Rev. huiss. 1993. 1434, note Vidal* • 3 mars 1992 : *Bull. civ. IV, n° 102 ; D. 1992. Somm. 260, obs. Derrida ; Defrénois 1992. 1371, obs. Le Cannu ; JCP E 1992. I. 192, n° 2, obs. crit. Pétel* • Versailles, 12 nov. 1991 : *ibid. 1992. I. 195, n° 11, obs. crit. Cabrillac et Pétel.*

1 bis. Le contrat de vente d'un immeuble dont l'une des clauses subordonne le transfert de propriété au paiement intégral du prix est un contrat de vente à terme n'incluant pas un prêt. Ce contrat est en cours lors de l'ouverture de la procédure collective dès lors qu'une partie du prix reste à payer. • Com. 1er févr. 2000 : *Bull. civ. IV, n° 23 ; D. 2000. AJ 144, obs. Lienhard ; RTD com. 2000. 444, obs. Laude ; Rev. proc. coll. 2002. 182, obs. Macorig-Venier.* ♦ Comp., pour la vente de biens mobiliers sous réserve de propriété : note 18 *bis* ss. art. L. 624-9.

Un contrat de vente en viager ne cesse pas d'être un contrat à exécution instantanée par le simple fait que les parties sont convenues d'un échelonnement partiel du prix, le transfert de propriété ayant eu lieu le jour de la vente, et il ne peut donc s'analyser comme un contrat en cours au sens de l'art. 37 [C. com., art. L. 622-13]. • Paris, 14 oct. 1997 : *D. Affaires 1997. 1427.* – V. aussi : • Com. 2 mars 1999 : *Act. proc. coll. 1999, n° 91, obs. Vallansan ; LPA 1er févr. 2000, note Gallet* • Dijon, 3 déc. 1998 : *JCP E 1999, n° 49, p. 1944* • Paris, 9 mars 2000 : *D. 2000. AJ 202, obs. Pisoni* • Aix-en-Provence, 23 mai 2001 : *Rev. proc. coll. 2002. 189, obs. Roussel Galle.* – V. Delattre, *Ann. loyers 2002. 137.* – *Contra :* • Agen, 5 sept. 1995 : *Cah. jurispr. Aquitaine 1995, n° 2, p. 89.* ♦ Dans le même sens, à propos d'une donation partage stipulant le versement par le donataire d'une rente viagère, V. • Agen, 8 mars 2004 : *Rev. proc. coll. 2004. 223, obs. Roussel Galle.*

Pour un arrêt ayant jugé que la vente d'un terrain dont le paiement est assuré par une dation en paiement dont la réalisation est fixée dans le temps, *étant un acte* ponctuel détaché de toute connexité, ne peut constituer un contrat en cours, V. • Civ. 3e, 18 juill. 1995 : *D. 1996. 70, note crit. Derrida ; RTD com. 1996. 343, obs. Martin-Serf.*

En ce sens qu'une promesse unilatérale de vente d'immeuble est un contrat en cours lorsque le bénéficiaire de la promesse est mis en redressement judiciaire avant l'expiration du délai d'option, V. • Com. 1er févr. 2000 : *Rev. proc. coll. 2003. 18, obs. Roussel Galle.* ♦ V. aussi, pour une promesse de cession de marque, en cas de redressement judiciaire du promettant, • Besançon, 4 mars 2004 : *ibid. 2004. 65, obs. Roussel Galle.*

1 ter. Le bail commercial renouvelé après délivrance d'un congé est un nouveau bail, le précédent cessant par l'effet du congé, ce dont il résulte qu'il ne constitue pas un contrat en cours dont l'administrateur du redressement judiciaire du preneur peut exiger l'exécution (s'agissant d'un bail en cours à la date de l'ouverture de la procédure collective, mais arrivé à son terme par l'effet du congé au jour de la mise en demeure adressée par le bailleur à l'administrateur judiciaire pour qu'il exerce son option). • Cass. ass. plén. 7 mai 2004 : *Bull. civ. n° 9 ; BICC 15 juill. 2004, rapp. Gillet et avis de Gouttes ; D. 2004. AJ 1451, avis de Gouttes et obs. Lienhard ; ibid. Somm. 2142, obs. Le Corre ; JCP E 2004, n° 28-29, p. 1156, note Dumoustier ; ibid., n° 37, p. 1389, obs. Pétel ; Act. proc. coll. 2004, n° 121, obs. Regnaut-Moutier ; Rev. proc. coll. 2004. 222, obs. Roussel Galle ; Loyers et copr. 2004, n° 131, note Brault ; LPA 8 déc. 2004, note Serra ; ibid. 18 janv. 2005, p. 7, note Mercier ; Defrénois 2004. 1666, obs. Gibirila* (V. déjà, dans la même affaire, • Com. 17 févr. 1998 : *Bull. civ. IV, n° 72 ; D. 1998. IR 82 ; D. Affaires 1998. 582, obs. A. L. ; JCP E 1998, n° 36, p. 1361, note Brault ; AJPI 1998. 1064, note Gallet).* – V. Pizon, *JCP E 2004, n° 51, p. 2008.*

Pour une promesse de bail constitutive d'un contrat en cours d'exécution, dès lors que le contrat de bail devait seulement recevoir sa formulation définitive par l'adjonction des clauses usuelles, V. • Com. 6 févr. 1996 : *Bull. civ. IV, n° 36 ; D. 1996. IR 73 ; D. Affaires 1996. 422 ; Gaz. Pal. 1996. 1. Somm. 225, obs. Brault ; Rev. proc. coll. 1996. 209, obs. Mestre et Laude.*

1 quater. Dès lors que le transfert de propriété des parts d'une société civile immobilière que les porteurs se sont engagés à céder à une société mise en liquidation judiciaire ne s'est pas réalisé avant l'ouverture de la procédure collective le contrat de vente est en cours. • Com. 22 oct. 1996 : *Bull. civ. IV, n° 253 ; D. 1996. IR 263 ; Defrénois 1997. 467, obs. Le Cannu ; Rev. proc. coll. 1998. 290, obs. Macorig-Venier.* – V. aussi • Rouen, 6 mars 1997 : *RJDA 1997, n° 837.*

Le contrat par lequel une personne commet un commissionnaire en marchandises pour effectuer pour son compte une opération à terme ne s'achevant que par l'exécution, au terme prévu, de cette opération, ce contrat est soumis aux dispositions de l'art. 37 [C. com., art. L. 622-13] s'il est en cours lors de l'ouverture de la procédure collective du commissionnaire. • Com. 26 mai 1998 : *RJDA 1998, n° 1132 ; Rev. proc. coll. 1999. 116, obs. Laude.*

Un contrat d'entreprise est un contrat en cours d'exécution dès lors qu'au jour du jugement d'ouverture subsiste notamment à la charge du cocontractant une obligation de fabrication et de livraison. • Reims, 14 févr. 2001 : *Rev. proc. coll. 2002. 190, obs. Roussel Galle.*

En ce sens que le contrat de sous-traitance n'est pas un contrat en cours lorsque les travaux sous-traités ont été achevés avant l'ouverture de la procédure collective, peu important que la garantie ait été mise en jeu postérieurement à cette date, V. • Com. 19 janv. 1999 : *RJDA 1999, n° 307.*

Sur la notion de « contrats en cours », V. également note 25 ss. art. L. 622-21.

1 quinquies. Dès lors qu'un concessionnaire avait, contrairement à la convention conclue avec le concédant, revendu les véhicules que ce dernier lui livrait à un revendeur étranger à son réseau, qui les commercialisait, doit être rejetée la demande de ce concessionnaire tendant à la poursuite des livraisons. • Com. 11 oct. 1994 : *Bull. civ. IV, n° 283 ; D. 1994. IR 242 ; JCP E 1995. II. 749, note J.-C. Fourgoux.* ♦ V. aussi note 28.

1 sexies. Bail commercial. V. note 1 *ter.* ♦ Sur l'articulation des art. L. 622-13 et L. 622-14 dans le régime issu de la loi du 26 juill. 2005, V. note 1 ss. art. L. 622-14.

2. Concours bancaires. L'administrateur d'un redressement judiciaire a la faculté d'exiger l'exécution des contrats en cours lors du prononcé de ce redressement judiciaire sans qu'il puisse être fait de distinction selon que les contrats ont été ou non conclus en considération de la personne. • Com. 8 déc. 1987 : *Bull. civ. IV, n° 266 ; D. 1988. 52, note Derrida ; JCP 1988. II. 20927, note Jeantin.* ♦ Il en résulte que l'administrateur doit, lorsqu'il le demande, obtenir la continuation, pendant la période d'observation, des conventions de compte courant, d'ouverture de crédits, de découvert ou d'autorisation d'escomptes en cours au jour du jugement de redressement judiciaire, sauf pour l'établissement financier à bénéficier des dispositions de l'art. 40 de la loi du 25 janv. 1985 [C. com., art. L. 622-17] et, s'il y a lieu, de celles de l'art. 60, al. 2, de la loi du 24 janv. 1984 [C. mon. fin., art. L. 313-12, App., v° *Banque et financement de l'entreprise*]. • Même arrêt. – V., sur renvoi, • Lyon, 5 déc. 1988 : *Banque 1989. 213, obs. Rives-Lange.* ♦ En effet, la continuation des concours bancaires, par application de l'art. 37 ci-dessus [C. com., art. L. 622-13], n'interdit pas que ces concours soient interrompus pendant la période d'observation si les conditions fixées par l'art. 60, al. 1er ou 2, de la loi du 24 janv. 1984 [C. mon. fin., art. L. 313-12] sont réalisées. • Com. 1er oct. 1991 : *Bull. civ. IV, n° 273 ; D. 1992. Somm. 261 , et 1993. Somm. 10, obs. Derrida ; JCP 1992. II. 21854, note Jeantin* • 2 mars 1993 : *Bull. civ. IV, n° 88 ; D. 1993. IR 91 ; Rev. dr. bancaire 1993. 228, note Gavalda ; Rev. proc. coll. 1993. 532, obs. Mestre et Laude.* ♦ Mais, en présence d'une résiliation avec préavis, décidée par la banque le jour du jugement d'ouverture, et en l'absence de notification de la décision de résiliation à l'administrateur judiciaire, l'ordonnance du juge-commissaire enjoignant à la banque de poursuivre ses concours pendant la période d'observation doit recevoir son entier effet. • Com. 28 juin 1994 : *Bull. civ. IV, n° 242 ; D. 1994. IR 205 ; Dr. sociétés 1994, n° 189, obs. Chaput ; Rev. dr. bancaire 1995. 83, obs. Campana et Calendini.* ♦ Sur l'application de l'art. 60 de la loi du 24 janv. 1984 [C. mon. fin., art. L. 313-12], V. aussi • TGI Laon, 9 mars 1988 : *JCP 1989. II. 21243, note Gavalda ; D. 1990. Somm. 11, obs. Derrida.*

Sur le contrôle exercé par la Cour de cassation, V. • Com. 1er juill. 1997 : *Bull. civ. IV, n° 214 ; RTD com. 1997. 660, obs. Cabrillac ; RJDA 1997, n° 1540 ; RD bancaire et bourse 1998. 24, obs. Campana et Calendini.*

3. En ce sens que la continuité du compte courant après l'ouverture du redressement judiciaire n'empêche pas la banque d'établir un solde provisoire et d'en demander paiement aux cautions, V. • Com. 9 juin 1992 : *D. 1994. Somm. 323, obs. Vasseur ; Banque 1992. 950, obs. Rives-Lange.* – V. aussi • Versailles, 29 sept. 1988 : *D. 1989. 132, note Martin.* ♦ *Contra*, jugeant que l'ouverture du redressement judiciaire ne rend pas exigible le solde débiteur existant à cette date en l'absence de clôture du compte courant et que la caution peut opposer au créancier toutes les exceptions qui appartiennent au débiteur principal : • Com. 3 janv. 1995 : *D. 1995. IR 51 ; JCP E 1995. I. 405, n° 16, obs. Cabrillac ; Rev. dr. bancaire 1995. 115, obs. Contamine-Raynaud.* ♦ Dans le même sens, jugeant que la caution ne peut être condamnée au paiement du solde débiteur existant à la date du jugement d'ouverture si celui-ci a été ultérieurement apuré par la remise de chèques ou par des virements, V. • Com. 2 mars 1999 : *Act. proc. coll. 1999, n° 103, obs. Regnaut-Moutier ; Rev. proc. coll. 2000. 55, obs. Kerckhove.* ♦ Comp., désormais, art. L. 622-28, al. 2.

4. Le changement de régime juridique de la procédure de redressement judiciaire passant de la période d'observation à la phase d'exécution du plan de continuation de l'entreprise ne suffit pas à légitimer la rupture brutale des concours bancaires précédemment accordés. • Agen, 2 avr. 1987 : *D. 1987. 592, note Derrida.* ♦ En ne donnant pas à l'entreprise le préavis raisonnable lui ménageant une transition indispensable entre les deux régimes, les banques ne peuvent ignorer les conséquences de la brusque rupture de leur soutien financier sur la survie de l'entreprise ; elles ne peuvent soutenir qu'est survenu l'un des événements mentionnés à l'al. 2 de l'art. 60 de la loi du 24 janv. 1984 [C. mon. fin., art. L. 313-12]. • Même arrêt. – Arrêt conf. par • Com. 14 févr. 1989 : *D. 1991. Somm. 11, obs. Derrida*. ♦ Les conventions en cours lors de l'homologation du plan de continuation de l'entreprise doivent être appliquées par les banques jusqu'à leur échéance, en vertu des dispositions de l'art. 64, al. 1er, de la loi du 25 janv. 1985 [C. com., art. L. 626-11]. • T. com. Antibes, 2 juin 1987 : *D. 1987, préc.*

5. Assurance-maladie. Le régime d'assurance maladie et maternité des travailleurs non salariés des professions non agricoles est un statut légal obligatoire, peu important que les assurés puissent choisir, pour y adhérer, entre différents organismes conventionnés ; l'affiliation du commerçant et la perception de prestations qui en découle ne procèdent pas d'un contrat mais de l'application de ce statut (non-application de l'art. 37 [C. com., art. L. 622-13]). • Soc. 13 mars 1997 : *D. 1997. IR 83* ; *D. Affaires 1997. 540.*

5 bis. Protection sociale complémentaire. Pour l'application du régime général des contrats en cours, sous réserve de la mise en œuvre du régime spécial de résiliation prévu par l'art. L. 932-10 CSS, V. • Com. 28 juin 2011 : *Bull. civ. IV, n° 108 ; D. 2011. Actu. 1814* ; *JCP E 2011. 1596, n° 9, obs. Pétel ; Bull. Joly Entrep. diff. 2011. 340, note Donnette ; Bull. Joly 2011. 1001, note Kessler ; RJDA 2011, n° 939.*

6. Garantie financière d'un agent immobilier. La finalité première de la loi du 25 janv. 1985 étant la survie de l'entreprise, la garantie financière fournie par une société d'assurance mutuelle à un de ses sociétaires, agent immobilier mis en redressement judiciaire, doit être maintenue à la demande de l'administrateur, nonobstant la clause des statuts de la société selon laquelle le jugement d'ouverture entraîne la perte de la qualité de sociétaire, clause qui tombe sous le coup de l'art. 37, al. 5 [7] [C. com., art. L. 622-13]. • T. com. Nice, 23 août 1991 : *D. 1992. Somm. 260, obs. Derrida*. – Comp. : • T. com. Antibes, 2 oct. 1992 : *Gaz. Pal. 1994. 1. Somm. 220, obs. Nakam.*

7. Crédit-bail. BIBL. *Sur le crédit-bail immobilier* : Marion-Fondaneche, *Gaz. Pal. 1986. 2. Doctr. 571.* – Sentex, *RJ com. 1986. 121.* – V. aussi • Versailles, 19 mars 1992 : *D. 1992. Somm. 259, obs. Derrida*. ♦ Sur l'incidence de l'application au crédit-bail mobilier du délai de revendication des meubles, avant l'intervention de la loi du 10 juin 1994, V. note 30 *bis*, et notes 4 s. ss. art. L. 624-9.

7 bis. Contrat de société. Le contrat de société liant un associé mis en procédure collective n'est pas un contrat en cours au sens de l'art. L. 621-28 [L. 622-13] C. com. • Com. 10 juill. 2007 : *Bull. civ. IV, n° 191 ; D. 2007. AJ 2107, obs. Lienhard* ; *Act. proc. coll. 2007, n° 163, obs. Regnaut-Moutier ; Gaz. Pal. 26-27 oct. 2007, p. 38, obs. Reille ; JCP E 2007. 2474, note Legros ; ibid. 2008. 1207, n° 12, obs. Pétel ; Bull. Joly 2008. 46, note F.-X. Lucas ; Rev. proc. coll. 2008. 76, obs. Roussel Galle.*

7 ter. Contrat d'apport. Le contrat d'apport [engagement d'apporter sa production souscrit par l'adhérent d'une coopérative agricole], fût-il lié au contrat de société, constitue un contrat en cours dont l'administrateur peut exiger la continuation ou la résiliation. • Com. 19 févr. 2013 : *D. 2013. Actu. 566* ; *JCP E 2013. 1216, n° 8, obs. Pétel ; ibid. 1277, note Legros ; Bull. Joly Entrep. diff. 2013. 138, note Monsèrié-Bon.*

7 quater. Contrats administratifs. Pour l'application de l'art. L. 622-13 C. com. à ces contrats, V. • Com. 16 juin 2004 : *Rev. proc. coll. 2004. 224, obs. Roussel Galle.*

8. Marchés publics. BIBL. Terneyre, *Cah. ar. entr. 1992, n° 4.* – Comp. : • CAA Nantes, 10 juin 1993 : *JCP E 1993. Pan. 1004.*

9. Adhésion à une association. L'adhésion à une association antérieurement au jugement d'ouverture, en vue d'assurer un revenu de substitution à un dirigeant de l'entreprise, constitue un contrat en cours au sens de l'art. L. 621-28 [L. 622-13] C. com., qui n'opère aucune distinction entre les contrats nécessaires à la poursuite de l'activité et les autres. • Com. 19 mai 2004 : *Rev. proc. coll. 2004. 224, obs. Roussel Galle.*

B. PROCÉDURES CONCERNÉES

10. Déjà avant la loi du 10 juin 1994, la Cour de cassation avait jugé que les art. 37 et 38 [devenus C. com., art. L. 622-13 et L. 622-14] étaient applicables en cas de liquidation judiciaire. • Com. 17 oct. 1989 : *Bull. civ. IV, n° 251 ; D. 1990. Somm. 2, obs. Derrida* ; *RTD com. 1990. 101, obs. Martin-Serf*. ♦ V. désormais art. L. 641-11 et L. 641-12.

II. OPTION DE L'ADMINISTRATEUR

BIBL. Haehl, *LPA 8 juill. 1996.* – Monsèrié, *ibid., p. 15* (continuation du contrat de bail).

A. CONTINUATION DU CONTRAT

10 bis. Légitimité de la demande. Il incombe au mandataire de justice de s'assurer, lorsqu'il décide la poursuite d'un contrat, des possibilités financières immédiates et prévisibles de l'entreprise, pour en garantir l'exécution. • Versailles, 18 mars 1999 : *RJDA 1999, n° 802.* ♦ Dès lors que le liquidateur n'est plus en mesure de fournir la prestation promise, il y a lieu de rejeter la demande en continuation d'un contrat de concession exclusive en cours. • Com. 16 nov. 1993 : *Rev. proc. coll. 1994. 45, obs. Mestre et Laude.* ♦ Dans le même sens, pour un contrat entre un hôtel et une société, V. • Com. 13 oct. 1998 : *RJDA 1999, n° 69.* ♦ V. aussi note 1 *ter.* ♦ D'autre part, dans le cas d'une action en résiliation engagée avant le jugement d'ouverture par le cocontractant, dès lors que la résiliation était demandée pour inexécution d'obligations de faire et non d'une obligation de payer une somme d'argent, le cours de l'instance ne peut en être arrêté ni par l'ouverture du redressement judiciaire du débiteur, ni par l'exercice de la faculté ouverte à l'administrateur par l'art. 37 [C. com., art. L. 622-13]. • Com. 28 mai 1996 : *Bull. civ. IV, n° 149 ; JCP E 1996. I. 584, n° 13, obs. Pétel* • 26 oct. 1999 : *Bull. civ. IV, n° 190 ; D. 1999. AJ 79 ; Act. proc. coll. 1999, n° 249, obs. Vallansan ; Loyers et copr. 1999, n° 295, obs. Brault ; LPA 12 juin 2000, note Courtier ; AJDI 2000. 706, note Gallet .* – V. A. Pimbert, *Rev. proc. coll. 2000. 41.* ♦ L'art. 37 [C. com., art. L. 622-13] ne fait pas obstacle à la poursuite de l'action en résiliation du bail pour une cause antérieure au jugement de redressement judiciaire, autre que le défaut de paiement d'une somme d'argent. • Civ. 3e, 21 juill. 1999 : *D. 1999. IR 229 ; D. Affaires 1999. 1443, obs. V. A.-R. ; JCP E 2000, n° 4, p. 126, obs. Pétel ; JCP 2000. II. 10391, note Roussel.* ♦ V. notes 23 s. ss. art. L. 622-21.

11. Modalités de la demande. Un contrat en cours au jour du jugement d'ouverture peut être continué sans que le contractant ait adressé la mise en demeure prévue par l'art. 37 [C. com., art. L. 622-13]. • Com. 20 juin 2000 : *Bull. civ. IV, n° 130 ; D. 2000. AJ 343, obs. Pisoni ; Dr. et patr. janv. 2001. 97, obs. Monsèrié-Bon ; RTD com. 2000. 1007, obs. Laude .* ♦ En réglant postérieurement au jugement d'ouverture une partie des échéances échues après cette date afin de pouvoir utiliser le matériel donné en location, l'administrateur exprime de façon non équivoque sa volonté de continuer le contrat. • Caen, 11 mars 1993 : *JCP 1993. IV. 1127.* ♦ En ce sens que le paiement d'un seul loyer par l'administrateur établit suffisamment sa volonté, V. • Com. 3 déc. 1996 : *Bull. civ. IV, n° 302 ; RJDA 1997, n° 411.* ♦ V. aussi notes 14 et 30 *bis.*

V. encore, jugeant que le liquidateur du bailleur manifeste sa volonté de poursuivre le bail en demandant au notaire qui a encaissé les loyers de lui adresser le compte et en s'opposant à la consignation des loyers. • Com. 29 avr. 2002 : *cité note 16 bis ss. ancien art. L. 621-40.*

Comp., en ce sens que la poursuite du contrat a lieu de plein droit : • Versailles, 28 nov. 1996 : *D. 1997. 508, note Pérochon ; D. Affaires 1997. 222.* ♦ V. aussi note 29 *bis.*

V. aussi, sur la règle selon laquelle il y a continuation de tous les contrats qui n'ont pas été expressément dénoncés, • Com. 28 janv. 1997 : *Rev. proc. coll. 1998. 276, obs. Mestre et Laude.*

B. RENONCIATION À LA CONTINUATION

Jurisprudence antérieure à la loi du 10 juin 1994.

BIBL. Martin-Serf, *RJ com. nov. 1992. 8* (contrats en cours avant l'option). – Darrousez, *ibid. nov. 1992. 20* (option de l'administrateur).

12. Nécessité d'une mise en demeure. La renonciation présumée [ou, depuis la loi du 10 juin 1994, la résiliation de plein droit] ne peut résulter que d'une mise en demeure qui, si elle n'est soumise à aucune forme, doit être dépourvue de toute équivoque. • Paris, 26 févr. 1993 : *Loyers et copr. 1993, n° 268, obs. Brault ; Rev. proc. coll. 1993. 531, obs. Mestre et Laude.* ♦ Ne saurait être assimilée à la mise en demeure exigée par la loi la déclaration unilatérale par laquelle le cocontractant annonce qu'il ne tient pas à poursuivre ses relations commerciales avec le débiteur. • Paris, 9 nov. 1994 : *D. 1995. IR 18.* ♦ Sur l'exigence d'une mise en demeure, V. aussi • Com. 23 mai 2000 : *Act. proc. coll. 2000, n° 161.*

12 bis. La lettre de mise en demeure adressée, non à l'administrateur, mais au juge-commissaire, qui n'a aucune compétence pour y répondre, ne peut faire courir le délai d'un mois de l'art. 37 [C. com., art. L. 622-13], al. 1er. • Versailles, 28 sept. 2000 : *RJDA 2001, n° 46 ; Rev. proc. coll. 2002. 191, obs. Roussel Galle.*

13. En revanche, répond aux exigences de l'art. 37 [C. com., art. L. 622-13], la mise en demeure adressée au débiteur par lettre recommandée avec demande d'avis de réception. • Rouen, 3 déc. 1992 : *RJDA 1993, n° 60.* ♦ Il importe peu que, par le même courrier, ait été effectuée une déclaration de créance. • Aix-en-Provence, 29 févr. 1996 : *Gaz. Pal. 1996. 1. 262.*

14. Le liquidateur qui n'avait pas reçu du

bailleur la mise en demeure prévue à l'art. 37 [C. com., art. L. 622-13] ne pouvait être présumé avoir renoncé à la poursuite du bail. S'il n'a jamais été sommé de prendre parti sur la continuation de la location, la demande de prorogation de délais qu'il a pu former devant le juge-commissaire, manifestant ainsi clairement sa volonté de poursuivre la convention, n'était pas indispensable, et c'est le premier alinéa dudit art. 37 qui lui donne la faculté de poursuivre seul l'exécution du contrat en cours, peu important, par conséquent, que l'ordonnance du magistrat lui accordant l'autorisation sollicitée ait été annulée. • Com. 19 oct. 1993 : *Bull. civ. IV, n° 343 ; Rev. loyers 1995. 111, note Gallet.*

15. Modalités de la renonciation. V., sur l'insuffisance d'une simple déclaration d'intention de ne pas poursuivre les contrats de crédit-bail, de la part de l'administrateur, dès lors qu'il n'avait pas restitué les véhicules et qu'il avait obtenu une nouvelle prolongation de son délai d'option, • Com. 9 avr. 1991 : *Bull. civ. IV, n° 137 ; D. 1993. Somm. 10, obs. Derrida ; JCP E 1992. I. 100, note Le Corre.* ♦ En revanche, la renonciation au contrat de bail peut être déduite de la remise volontaire des clés et des locaux par le mandataire-liquidateur. • Civ. 3e, 4 mars 1998 : *RJDA 1998, n° 759.*

15 bis. Rôle du juge-commissaire dans la procédure simplifiée (jurisprudence antérieure à la L. du 26 juill. 2005). Dans la procédure simplifiée, en l'absence d'administrateur, l'autorisation du juge-commissaire n'est requise par l'art. 141 [C. com., ancien art. L. 621-137] que pour l'exercice par le débiteur de la faculté d'exiger l'exécution des contrats en cours et non pour renoncer à leur poursuite. • Com. 9 janv. 1996 : *Bull. civ. IV, n° 13 ; D. 1996. IR 50 ; Quot. jur. 13 févr. 1996, p. 5, note P. M. ; JCP E 1996. I. 554, n° 21, obs. Cabrillac ; Rev. proc. coll. 1996. 214, obs. Mestre et Laude* • 22 oct. 1996 : *RJDA 1997, n° 265 ; Loyers et copr. 1997, n° 114, note Brault.*

15 ter. A défaut de l'autorisation prévue par l'art. 141 [C. com., ancien art. L. 621-137], la décision prise par le débiteur de continuer un contrat est nulle. • Com. 6 mai 1997 : *Bull. civ. IV, n° 125 ; Quot. jur. 19 juin 1997, p. 8, note P.M. ; JCP E 1997. I. 681, n° 13, obs. Pétel ; Rev proc. coll. 1997. 444, obs. Mestre et Laude* • 6 juill. 1999 : *RJDA 1999, n° 1099.* – Comp. : • Com. 28 janv. 2004 : *Act. proc. coll. 2004, n° 85, obs. Vallansan.* ♦ V. aussi note 30 *bis, in fine* (Com. 11 juill. 1995 et 22 avr. 1997). ♦ Pour un arrêt jugeant qu'en ce cas le contrat de prêt et le cautionnement sont nuls, V. • Grenoble, 6 mai 1998 : *Act. proc. coll. 1998, n° 114, obs. crit. F.-X. Lucas.*

Comp., désormais, sur la poursuite des contrats en cours dans la procédure sans administrateur : art. L. 627-2 dans sa réd. issue de L. n° 2005-845 du 26 juill. 2005.

16. Conflits d'intérêts. Sur le conflit d'intérêt entre le droit du liquidateur d'une société bailleresse de renoncer à la continuation du bail et le droit du preneur de bénéficier de son bail commercial, V., donnant la préférence à ce dernier, • Paris, 24 avr. 1992 : *D. 1993. Somm. 4, obs. crit. Derrida*, conf. par • Com. 6 févr. 1996 : *préc. note 1 ter* • Caen, 11 mai 2001 : *Act. proc. coll. 2001, n° 176, obs. Regnaut-Moutier ; RJDA 2002, n° 171 ; Gaz. Pal. 2002. 68, note Brault ; Rev. proc. coll. 2002. 192, obs. Roussel Galle* • Dijon, 13 févr. 2003 : *Rev. proc. coll. 2004. 66, obs. Roussel Galle.*

17. Présomption de renonciation. La présomption de renonciation édictée par l'ancien art. 37, al. 3, avait un caractère irréfragable. • Com. 11 déc. 1990 : *Bull. civ. IV, n° 319 ; D. 1991. IR 11 ; RTD com. 1991. 103, obs. Chaput* (confirmant • Aix-en-Provence, 3 févr. 1989 : *D. 1990. Somm. 10, obs. Derrida*) • 15 oct. 1991 : *Bull. civ. IV, n° 292 ; Defrénois 1992. 581, obs. Le Cannu et Sénéchal ; D. 1992. Somm. 260, obs. Derrida* • 4 févr. 1992 : *Bull. civ. IV, n° 57 ; D. 1993. Somm. 2, obs. Derrida* • 3 mars 1992 : *préc. note 1.* ♦ Pour la reconduction de cette jurisprudence après la loi du 10 juin 1994, V. • Paris, 26 sept. 2001 : *Loyers et copr. 2002, n° 118, note Brault.* ♦ Les juges du fond ne pouvaient mettre en échec ce caractère irréfragable en retenant que, pour être recevable, la demande tendant à faire prononcer la résiliation judiciaire du contrat ne devait pas être entachée d'abus de droit. • Com. 18 janv. 2000 : *Rev. proc. coll. 2003. 18, obs. Roussel Galle.* ♦ *Contra*, concluant à la présomption simple réservant droit à la preuve contraire, V. • TI Angers, 25 juin 1986 : *D. 1987. Somm. 98, obs. Derrida* • TGI Tours, 20 janv. 1987 : *D. 1990. Somm. 10, obs. Derrida* • Paris, 14 janv. 1988 : *ibid.* • Caen, 27 mai 1993 : *JCP 1993. IV. 2476 ; RJ com. 1993. 100, note crit. Lévy.*

18. Notification aux créanciers inscrits. En cas de mise en demeure par le bailleur à l'administrateur, d'exercer son option, l'art. 14 de la loi du 17 mars 1909 [C. com., art. L. 143-2] n'est pas applicable. • Com. 11 déc. 1990 : *JCP E 1991. I. 46, n° 20, obs. Cabrillac ; Bull. civ. IV, n° 319* • Paris, 28 juin 1991 : *D. 1992. Somm. 261, obs. Derrida.* ♦ En revanche, en cas de demande de résiliation judiciaire du bail, au vu de la renonciation du liquidateur à sa poursuite, le bailleur devait notifier sa demande aux créanciers inscrits. • Douai, 3 oct. 1991 : *BICC 1992, n° 328* • Com. 13 oct. 1998 : *D. 1999. Somm.*

297, obs. Piedelièvre ; *D. Affaires 1998. 1846, obs. A.-L. M.-D.* ; *Act. proc. coll. 1998, n° 145* ; *Gaz. Pal. 1999. 1. 167, note Brault* ; *LPA 20 mai 1999, note Jouffin* ; *JCP E 1999, n° 48, p. 1918, obs. Monéger.* ♦ De même, la notification aux créanciers nantis est obligatoire en cas de saisine du juge-commissaire pour lui faire constater la résiliation de plein droit du bail (dans le régime issu de la loi du 10 juin 1994). • TGI Béthune, 11 août 2004 : *D. 2004. AJ 2376* ; *RJDA 2005, n° 418.* ♦ V. aussi note 3 ss. art. L. 622-14.

19. Prolongation du délai. Il appartient à l'administrateur de prouver que la prolongation de délai pour prendre parti a été demandée et obtenue du juge-commissaire dans le mois de la mise en demeure. • Com. 4 févr. 1992 : *préc. note 17.*

20. Le délai d'un mois n'est ni suspendu ni interrompu par le jugement qui, rendu avant son expiration, prononce la liquidation judiciaire et met fin aux fonctions de l'administrateur. Il continue à courir sans que le cocontractant ait à adresser au liquidateur une nouvelle mise en demeure. • Com. 23 mai 1995 : *Bull. civ. IV, n° 152* ; *D. 1995. Somm. 308, obs. Honorat* ; *JCP E 1995. I. 513, n° 15, obs. Cabrillac* ; *Gaz. Pal. 1996. 1. 132,* (confirmation de • Paris, 8 oct. 1992 : *D. 1993. Somm. 2, obs. Derrida*). ♦ Il appartient à l'administrateur, dont les fonctions prennent fin, d'informer le liquidateur de l'état des actions que l'entreprise débitrice a engagées ou dont elle a fait l'objet. • TGI Paris, réf., 13 juin 1994 : *Rev. loyers 1995. 420, note Gallet,* conf. par • Paris, 5 mai 1995 : *ibid. 1996. 182, note Gallet.* ♦ V. art. L. 641-5.

21. Sort du contrat pendant le délai d'option. Le défaut de règlement des loyers postérieurement au jugement d'ouverture, malgré la mise en demeure, autorise le crédit-bailleur à faire prononcer la résiliation et à faire valoir son droit de propriété sur les biens objet du contrat par une action en revendication. • Com. 30 mars 1999 : *Act. proc. coll. 1999, n° 134.* – V. aussi • TGI Paris, 10 sept. 1992 : *D. 1993. Somm. 3, obs. crit. Derrida*.

21 bis. Résiliation de l'art. L. 622-13, IV. Le souhait de l'administrateur judiciaire de faire réaliser une meilleure opération financière à son administrée, par rapport à celle qu'elle avait initialement souscrite avant de bénéficier d'une mesure de sauvegarde, comme celui de valoriser ses actifs immobiliers au meilleur prix, ne constituent pas des nécessités au sens de l'art. L. 622-13, IV. • Paris, 22 sept. 2011 : *RJDA 2012, n° 309.* ♦ V. aussi cet arrêt en ce qu'il retient par ailleurs l'existence d'une atteinte excessive aux intérêts du cocontractant au sens des mêmes dispositions précitées.

III. EFFETS DE L'OPTION

A. NON-CONTINUATION

BIBL. Campana, *LPA 8 juill. 1996* (résiliation de plein droit des contrats en cours).

22. Résiliation des contrats non poursuivis (jurisprudence antérieure à la loi du 10 juin 1994). Avant l'intervention de la loi du 10 juin 1994, lorsque l'administrateur renonçait à la continuation du bail, le bailleur acquérait du fait de cette renonciation, le droit de faire prononcer en justice la résiliation du contrat et ce droit ne pouvait être remis en cause par les dispositions du jugement arrêtant le plan de redressement de l'entreprise. • Com. 11 déc. 1990 : *préc. note 17* • 25 janv. 1994 : *Bull. civ. IV, n° 36* ; *D. 1994. IR 88* ; *JCP 1994. II. 22290, note Lévy* ; *Loyers et copr. 1994, n° 196, note Brault* • 9 janv. 1996 : *préc. note 15 bis* • 17 déc. 1996 : *Bull. civ. IV, n° 315* ; *Defrénois 1997. 936, obs. Sénéchal* • 28 avr. 1998 : *Bull. civ. IV, n° 137* ; *D. 1998. IR 163* • 13 oct. 1998 : *Bull. civ. IV, n° 241.* – En ce sens déjà : • Com. 7 févr. 1989 : *Bull. civ. IV, n° 49* ; *D. 1989. IR 67.* ♦ Le mandataire ne pouvait pas s'y opposer. • Com. 13 oct. 1998 : *préc.* ♦ V. aussi : sur la possibilité pour le cocontractant de se prévaloir de la clause prévoyant la résiliation de plein droit du contrat, sans que ce droit pût être remis en cause par une décision du juge-commissaire postérieure à l'expiration du délai prévu à l'ancien art. 37, al. 3, accordant à l'administrateur une prolongation dudit délai pour prendre parti, • Com. 3 mars 1992 : *préc. note 1.* ♦ ... Et, pour une résiliation amiable, • Com. 3 mai 1994 : *RJDA 1994, n° 1072.* ♦ V. note 15 ss. art. L. 642-7.

23. La Cour de cassation avait d'abord décidé que la demande en résiliation, qui ne relevait pas de la compétence du juge-commissaire, dès lors qu'étaient en cause, non l'exercice de l'option réservée à l'administrateur par l'art. 37, al. 1er [C. com., art. L. 622-13], mais ses conséquences, pouvait être soumise au juge des référés. • Com. 25 janv. 1994 : *préc. note 22* • 20 févr. 1996 : *Bull. civ. IV, n° 57* ; *D. 1996. IR 90* ; *D. Affaires 1996. 488* ; *AJPI 1996. 305, note Blatter* • 26 mai 1998 : *Loyers et copr. 1998, n° 303, obs. Brault.* ♦ Puis, la Chambre commerciale a considéré que le juge des référés, s'il pouvait ordonner toutes les mesures qui ne se heurtaient à aucune contestation sérieuse ou que justifiait l'existence d'un différend, comme la restitution des clefs, ne pouvait ni prononcer la résiliation d'un contrat en raison de l'art. 484 NCPC [C. pr. civ.], ni constater la résiliation d'un bail non encore prononcée par le juge du fond. • Com. 13 oct. 1998 : *D. Affaires 1998. 1818 ; Procédures 1999, n° 35, obs. Laporte.*

Sur la notification aux créanciers inscrits, V. note 18.

23 bis. La présomption de renonciation à la continuation rendait le débiteur sans droit ni titre à se maintenir dans les lieux par lui-même ou par des occupants de son chef. • Com. 31 mai 1994 : *Loyers et copr. 1995, n° 217.*

L'art. 37, al. 1er, de la loi du 25 janv. 1985, tel que modifié par la L. n° 94-475 du 10 juin 1994 [désormais, C. com., art. L. 622-13, III, 1°], a prévu la résiliation de plein droit du contrat, à défaut d'option pour la continuation ; V. aussi, art. R. 622-13, qui donne compétence au juge-commissaire pour constater la résiliation.

23 ter. Résiliation de plein droit (loi du 10 juin 1994). L'administrateur ayant été mis en demeure de se prononcer sur la poursuite d'un contrat en cours, son refus exprès de poursuivre le contrat entraîne la résiliation de plein droit de celui-ci, à la date de réception par le cocontractant de ce refus, si celle-ci intervient dans le délai d'un mois prévu à l'art. 37 devenu l'art. L. 621-28 [L. 622-13] C. com. • Com. 18 mars 2003 : *Bull. civ. IV, n° 47 ; D. 2003. AJ 972, obs. Lienhard ; Act. proc. coll. 2003, n° 96, obs. Regnaut-Moutier ; JCP E 2003, n° 40, p. 1573, obs. Cabrillac ; Rev. proc. coll. 2003. 234, obs. Roussel Galle ; Dr. et patr. oct. 2003. 89, obs. Monsèrié-Bon ; RD banc. fin. 2003, n° 191, obs. F.-X. Lucas ; RTD com. 2004. 152, obs. Martin-Serf.* ♦ Il n'y a pas lieu de faire nécessairement constater cette résiliation par le juge-commissaire. • Même arrêt. ♦ En revanche, en l'absence de mise en demeure par le cocontractant, la renonciation de l'administrateur à la poursuite du contrat n'entraîne pas la résiliation de plein droit de la convention à son initiative mais confère au seul cocontractant le droit de la faire prononcer en justice ; une telle demande n'entre pas dans les attributions du juge-commissaire. • Com. 19 mai 2004 : *Bull. civ. IV, n° 100 ; D. 2004. AJ 1668, obs. Lienhard ; Act. proc. coll. 2004, n° 146, obs. Regnaut-Moutier ; JCP E 2004, n° 37, p. 1388, obs. Pétel ; LPA 6 août 2004, note Le Corre ; Rev. proc. coll. 2004. 227, obs. Roussel Galle ; Dr. et patr. oct. 2004. 117, obs. Monsèrié-Bon ; Loyers et copr. 2004, n° 208, obs. Brault* • 7 déc. 2004 : *Rev. proc. coll. 2005. 41, obs. Roussel Galle* • 5 juill. 2005 : *D. 2005. AJ 2147, obs. Lienhard ; D. 2006. Pan. 80, obs. Le Corre ; Gaz. Pal. 4-5 nov. 2005, p. 24, obs. Dumont ; RD banc. fin. 2005, n° 176, obs. F.-X. Lucas ; RJ com. 2005. 444, note Sortais* (dans l'hypothèse d'une liquidation judiciaire). ♦ Sur la faculté, pour l'administrateur, de demander la résiliation du contrat, V., désormais, art. L. 622-13, IV, dans sa réd. issue de l'Ord. n° 2008-1345 du 18 déc. 2008. ♦ Sur la portée de la renonciation spontanée, V. note 23 *quater.* ♦ V. aussi note 3 *quater* ss. ancien art. 66 du Décr. n° 85-1388 du 27 déc. 1985 ss. art. R. 622-21.

La seule mention de l'indemnité de résiliation dans la déclaration de créance, qui peut avoir été faite à titre conservatoire, ne vaut pas résiliation du contrat. • Versailles, 28 sept. 2000 : *préc. note 12 bis.*

23 quater. Loyers échus entre la renonciation et la résiliation. Le liquidateur ne peut être tenu de payer que les loyers afférents à la période comprise entre l'ouverture de la procédure et la date d'expiration du délai d'option, qui entrent seuls dans les prévisions de l'art. 40 [C. com., art. L. 622-17], dès lors que n'est pas relevée l'existence d'une faute commise par le liquidateur, d'un préjudice subi par le bailleur et d'un lien de causalité entre ces éléments. • Com. 2 févr. 1993 : *Bull. civ. IV, n° 35 ; Gaz. Pal. 1993. 2. 570, note Brault ; JCP 1994. II. 22212, note Lévy ; Rev. loyers 1994. 157, note Gallet* • 20 janv. 1998 : *RJDA 1998, n° 617.* ♦ La renonciation du liquidateur à la poursuite du contrat de bail n'entraînant pas par elle-même, la résiliation de la convention à son initiative, le mandataire ne peut être condamné, *ès qualités,* au paiement d'une certaine somme, au titre des loyers et indemnité d'occupation dus à compter de la date de sa réponse à la mise en demeure du bailleur. • Civ. 3e, 16 juill. 1998 : *Rev. loyers 1999. 228, note Gallet.* ♦ De même, lorsque l'administrateur a renoncé à la poursuite des contrats de crédit-bail sans avoir été mis en demeure, il ne peut être condamné au paiement au titre des loyers échus postérieurement à l'ouverture du redressement judiciaire, à l'exception de ceux afférents à la période comprise entre cette ouverture et la date de la renonciation, qui entrent seuls dans les prévisions de l'art. L. 621-32 C. com. dans sa rédaction antérieure à la loi du 26 juill. 2005, et non ceux échus postérieurement, sauf à relever à l'encontre du débiteur une faute ayant causé un préjudice aux bailleurs. • Com. 18 sept. 2007 : *Bull. civ. IV, n° 200 ; D. 2007. AJ 2393, obs. Lienhard ; ibid. Chron. C. cass. 2767, obs. Orsini ; Act. proc. coll. 2007, n° 197, obs. Regnaut-Moutier ; JCP E 2008. 1207, n° 13, obs. Pétel ; Gaz. Pal. 23-24 janv. 2008, p. 42, obs. Reille ; Rev. proc. coll. 2008. 74, obs. Roussel-Galle.* ♦ Sur la responsabilité du mandataire liée à la continuation, ou non, du bail, V. Soinne, *Rev. proc. coll. 1996. 353 ; ibid. 1998. 188.* ♦ V. aussi note 20 ss. ancien art. L. 621-32, ss. art. L. 622-17.

24. Dommages-intérêts. A défaut de poursuite du contrat, il appartient au créancier de déclarer dans le délai légal la créance dont il s'estime titulaire au titre de l'indemnité de résiliation d'une location-gérance et, en l'absence d'une telle déclaration, il ne peut invoquer le bénéfice de la compensation entre sa créance de dommages et intérêts et la dette de restitution du dépôt de garantie. • Com. 23 janv. 1990 : *D. 1990. IR 86 ; Bull. civ. IV, n° 17.* ♦ Dans le même sens, pour une créance d'indemnité résultant de la résiliation de plein droit d'un contrat de bail non poursuivi, V. • Paris, 24 nov. 2000 : *Gaz. Pal. 2001. Somm. 1251, obs. Brault.*

Sur la possibilité, pour le cocontractant, soit de déclarer sa créance immédiatement, sans attendre la décision de l'administrateur, soit d'attendre cette décision, qui a pour effet de prolonger le délai de déclaration, V. note 3 *quater* ss. ancien art. 66 du Décr. n° 85-1388 du 27 déc. 1985 ss. art. R. 622-21.

24 bis. La créance fondée sur le manque à gagner résultant de la renonciation par le mandataire judiciaire à la poursuite de contrats de crédit-bail équivaut à une créance au titre de la résiliation de ces contrats, exclue de la priorité de paiement instituée par l'art. L. 621-32 C. com. dans sa rédaction antérieure à la loi du 26 juill. 2005, et doit être déclarée au passif de la procédure collective. • Com. 18 sept. 2007 : *préc. note 23 quater.*

V. aussi notes 18 s. ss. ancien art. L. 621-32, ss. art. L. 622-17.

25. Clauses pénales. Le principe d'égalité des créanciers ne s'oppose à la validité au regard de la procédure collective d'une clause pénale convenue entre un créancier et le débiteur antérieurement à l'ouverture de la procédure collective que lorsqu'il résulte de cette clause une majoration des obligations du débiteur envers le créancier en cas de prononcé de son redressement judiciaire. • Com. 11 mai 1993 : *Bull. civ. IV, n° 181 ; D. 1993. Somm. 368, obs. Honorat* • 5 janv. 1999 : *Act. proc. coll. 1999, n° 47, obs. Fraimout.* ♦ De même, l'art. 37, al. 4 [6] [C. com., art. L. 622-13], ne prévoit pas que la clause déterminant le montant de l'indemnité destinée à réparer le préjudice causé au bailleur en cas de résiliation de la convention serait réputée non écrite après le prononcé du redressement judiciaire du locataire. Une telle clause, dont les parties peuvent librement convenir lors de la signature du contrat, sous réserve du pouvoir reconnu au juge par l'art. 1152, al. 2, C. civ., n'est pas contraire à l'égalité des créanciers. • Com. 10 déc. 1991 : *Bull. civ. IV, n° 378 ; JCP E 1992. I. 138, n° 24, obs. Pétel ; RTD com. 1992. 686, obs. Martin-Serf* (V. l'arrêt cassé : • Angers, 27 nov. 1989 : *RTD com. 1991. 104, obs. Martin-Serf ; RJ com. 1990. 344, note Calendini*) • Com. 3 mai 1994 : *D. 1994. IR 153. – Contra :* • Rennes, 22 juill. 1987 : *RTD com. 1989. 317, obs. Martin-Serf* • Grenoble, 23 mai 1990 : *Rev. proc. coll. 1991. 351, obs. Dureuil.* ♦ V. aussi, sur la validité des clauses d'indemnisation pour rupture anticipée. • Com. 9 juill. 1991 (loi de 1967) : *Bull. civ. IV, n° 254 ; JCP E préc.* • 11 juill. 2000 : *Act. proc. coll. 2000, n° 205, obs. Vallansan.* ♦ Comp. : note 19 ss. ancien art. L. 621-32 ss. art. L. 622-17.

Sur le pouvoir modérateur du juge, V. • T. com. Créteil, 30 sept. 1997 : *AJDI 1999. 228, note Gallet.*

25 bis. Autres clauses contractuelles. Les clauses contractuelles sont opposables aux mandataires judiciaires qui renoncent aux contrats qu'ils ont poursuivis et ceux-ci sont tenus de restituer les biens en bon état ; la créance de réparation étant née postérieurement au jugement d'ouverture, elle constitue une créance de l'art. L. 621-32 C. com. dans sa rédaction antérieure à la loi du 26 juill. 2005. • Com. 18 sept. 2007 : *préc. note 23 quater.*

25 ter. Paiement du solde d'une commande. Le contrat ayant été résilié, le liquidateur de l'entrepreneur ne peut plus demander au cocontractant le paiement du solde de la commande correspondant aux travaux inexécutés. • Com. 24 sept. 2003 : *Bull. civ. IV, n° 142 ; D. 2003. AJ 2503 ; JCP E 2003, n° 50, p. 2018, note Kéita ; ibid. 2004, n° 6, p. 226, obs. Pétel ; Act. proc. coll. 2003, n° 244, obs. Boulay ; Rev. proc. coll. 2004. 67, obs. Roussel Galle.*

25 quater. Responsabilité de l'administrateur. Manque à son obligation de moyens l'administrateur qui, après avoir reçu la mise en demeure prévue par l'art. 37 [C. com., art. L. 622-13], ne s'est entouré d'aucun avis, n'a pas demandé une prolongation des délais impartis, n'a pas mené une véritable étude sur la réponse à fournir et a laissé s'éteindre les effets du contrat qui revêtait pour l'entreprise une importance primordiale puisqu'il lui permettait de vendre en exclusivité un produit recherché. • Com. 9 juin 1998 : *Bull. civ. IV, n° 185 ; D. 1998. Somm. 329, obs. Honorat ; D. Affaires 1998. 1177, obs. A. L. ; RTD com. 1999. 190, obs. Laude ; Rev. proc. coll. 2000. 78, obs. Soinne.*

B. CONTINUATION DU CONTRAT

26. Maintien des stipulations initiales. **BIBL.** Campana, *RJ com. nov. 1992. 55* (effets de la poursuite des contrats). ♦ Sur l'obligation faite au liquidateur du bailleur d'exécuter les réparations nécessaires autres que locatives, V.

• Com. 29 avr. 2002 : *cité note 16 bis ss. art. L. 622-21.*

27. Les clauses résolutoires expresses fondées sur l'inexécution du contrat et qui auraient produit leurs effets avant l'ouverture de la procédure privent l'administrateur de sa faculté. • T. com. Paris, 11 déc. 1986 : *Gaz. Pal. 1987. 1. 376 ; Rev. dr. bancaire 1987. 100, obs. Dekeuwer-Defossez.* ♦ En revanche, le crédit-bailleur renonce implicitement au bénéfice d'une clause de résiliation de plein droit en mettant l'administrateur en demeure de se prononcer sur la poursuite du contrat. • Com. 21 janv. 1992 : *Bull. civ. IV, n° 25 ; D. 1992. Somm. 259, obs. Derrida ; Defrénois 1992. 1375, obs. Le Cannu.* ♦ V. aussi note 2 ss. art. L. 622-14.

28. Dès lors que la radiation des dépôts de marques effectués par la société concessionnaire en violation de ses obligations contractuelles n'est intervenue que postérieurement à la date où l'administrateur a exigé l'exécution du contrat de concession, à défaut de fournir la prestation promise au cocontractant du débiteur, l'administrateur ne peut user de la faculté prévue par l'art. 37, al. 1er [C. com., art. L. 622-13]. • Com. 3 avr. 1990 : *Bull. civ. IV, n° 111 ; D. 1991. Somm. 1, obs. Derrida.* ♦ V. aussi note 1 *ter.*

La modification d'un élément du contrat tenant aux modalités de règlement du cocontractant est antinomique avec la continuation, prévue par la loi du 25 janv. 1985, d'un contrat en cours à l'ouverture du redressement judiciaire de l'autre partie. Le cocontractant est dès lors fondé à opposer l'exception d'inexécution. • Com. 17 févr. 1998 : *RJDA 1998, n° 758.*

28 bis. Sur le maintien du dépôt de garantie, V. • Versailles, 25 oct. 2001 : *BICC 2002, n° 166.*

29. Sur le respect d'une clause attributive de compétence, V. • T. com. Roubaix-Tourcoing, réf., 31 juill. 1986 : *Gaz. Pal. 1986. 2. Somm. 377 ; Rev. proc. coll. 1987, n° 2, p. 44, obs. Mestre et Delebecque.*

29 bis. Résiliation de plein droit pour défaut de paiement. La résiliation de plein droit prévue à l'art. L. 621-28 [L. 622-13], al. 3, C. com. en cas de non-paiement d'une somme d'argent, qui doit nécessairement être constatée par le juge-commissaire, suppose que l'administrateur ait opté expressément ou tacitement pour la continuation du contrat ; il s'ensuit qu'en l'absence d'option expresse ou tacite de la part de l'administrateur pour la continuation, le contrat non exécuté par celui-ci n'est pas résilié de plein droit. • Com. 7 nov. 2006 : *Bull. civ. IV, n° 217 ; D. 2006. AJ 2846, obs. Lienhard ; D. 2007. Pan. 48, obs. Le Corre ; Act. proc. coll. 2006, n° 236, obs. Roussel Galle ; JCP E 2007, n° 1, p. 25, obs. Cabrillac ; Gaz. Pal. 19-20 janv. 2007, p. 45, obs. Pérochon ; Defrénois 2007. 873, obs. Gibirila ; RTD com. 2007. 239, obs. Vallens ; Rev. proc. coll. 2007. 225, obs. Monsèrié-Bon.* – V. Le Corre-Broly, *JCP E 2007, n° 1, p. 15.* ♦ Sur la faculté, pour l'administrateur, de demander la résiliation du contrat, V. art. L. 622-13, IV, dans sa réd. issue de l'Ord. n° 2008-1345 du 18 déc. 2008.

29 ter. Résiliation du bail. Rien n'oblige le mandataire liquidateur qui a opté pour la continuation du bail à le poursuivre jusqu'à son échéance contractuelle ou jusqu'à la prochaine échéance triennale, et ce peu important qu'il ait opté pour la poursuite du bail avec ou sans réserve quant à la durée de celle-ci. • Paris, 16 mai 2001 : *Loyers et copr. 2002, n° 39, obs. Brault et Pereira.*

30. Avis à tiers détenteur. Sur l'absence de transfert au Trésor d'une créance née de la continuation d'un contrat de location-gérance, malgré un avis à tiers détenteur, V. • Com. 26 juin 1990 : *Bull. civ. IV, n° 192 ; D. 1991. Somm. 3, obs. Derrida.*

30 bis. Reconnaissance du droit de propriété du crédit-bailleur. En ce sens qu'en exécutant les prestations du contrat de crédit-bail, l'administrateur optait pour la poursuite du contrat, et que cette continuation impliquait reconnaissance du droit de propriété du crédit-bailleur sur le matériel loué sans que celui-ci eût [avant l'intervention de la loi du 10 juin 1994] à exercer l'action en revendication prévue à l'art. 115 [devenu C. com., art. L. 624-9] : • Com. 6 déc. 1994 : *Bull. civ. IV, nos 365 et 367 ; D. 1995. IR 18 ; LPA 23 janv. 1995, note Soinne ; Rev. huiss. 1995. 449, note Courtier ; JCP E 1995. II. 698, note Leveneur ; ibid. 1995. I. 457, n° 14, obs. Pétel.* – Dans le même sens : • Com. 9 janv. 1996 : *Bull. civ. IV, n° 11 ; D. 1996. Somm. 213, obs. Pérochon* • 4 juill. 2000 : *Act. proc. coll. 2000, n° 206.* – *Contra* : • Toulouse, 25 janv. 1995 : *Rev. proc coll. 1995. 480, obs. Soinne.* ♦ V. aussi, en cas de reconnaissance non équivoque du droit de propriété du crédit-bailleur résultant d'une lettre de renonciation à la poursuite du contrat, • Com. 25 juin 1996 : *D. 1996. IR 186 ; D. Affaires 1996. 1102.* – Rappr. : • Com. 25 mars 1997 : *Rev. proc. coll. 1997. 337, obs. Soinne.* ♦ Il en allait de même lorsque le liquidateur, après avoir renoncé à la faculté de poursuivre l'exécution du contrat, avait conclu un nouveau contrat de location du matériel objet de la convention initiale. • Com. 25 juin 1996 : *Bull. civ. IV, n° 188 ; D. 1997 Somm. 255, obs. S. Piedelièvre ; D. Affaires 1996. 1102.* – V. aussi • Com. 11 févr. 1997 : *D. Affaires 1997. 347.*

♦ Sur le pouvoir souverain des juges du fond pour apprécier la reconnaissance non équivoque du droit de propriété par le preneur, V. • Com. 28 janv. 1997 : *Bull. civ. IV, n° 48 ; D. Affaires 1997. 347.* ♦ Toutefois, en cas de procédure suivant le régime simplifié, la continuation pour laquelle avait opté le débiteur n'était opposable à la procédure qu'à condition qu'il eût obtenu l'autorisation du juge-commissaire. • Com. 11 juill. 1995 : *Rev. proc. coll. 1995. 480, obs. Soinne* • 22 avr. 1997 : *Bull. civ. IV, n° 105 ; D. 1997. IR 126*. ♦ V. désormais art. L. 624-10. ♦ V. aussi note 12 ss. art. L. 624-9.

30 ter. Responsabilité de l'administrateur. V. notes 5 et 6 ss. art. L. 621-4.

30 quater. Défaut d'exécution par le débiteur d'engagements antérieurs au jugement d'ouverture. Il résulte de l'art. L. 622-13, al. 4, C. com., dans sa rédaction antérieure à l'Ord. du 18 déc. 2008, rendu applicable au redressement judiciaire par l'art. L. 631-14-I, que le cocontractant du débiteur doit remplir ses obligations malgré le défaut d'exécution par celui-ci d'engagements antérieurs au jugement d'ouverture (exclusion de l'exception d'inexécution). • Com. 28 juin 2011 : *Bull. civ. IV, n° 110 ; D. 2011. Actu. 1813 ; JCP E 2011. 1713, note Lebel ; Gaz. Pal. 7-8 oct. 2011, p. 24, obs. Kendérian ; RJDA 2011, n° 942 ; Rev. proc. coll. 2012, n° 129, obs. Roussel Galle.* ♦ V. aussi • Com. 28 mai 2002 : *cité note 19 bis ss. ancien art. L. 621-32 ss. art. L. 622-17.* ♦ V. encore note 10 *bis*.

30 quinquies. Pour un arrêt ayant jugé que le crédit-bailleur peut subordonner l'exercice de l'option d'achat par le preneur en liquidation judiciaire au règlement intégral des sommes dues (comme le prévoient les dispositions du contrat), y compris les loyers antérieurs au jugement d'ouverture, dès lors que cette option n'est pas inhérente à la continuation du contrat, V. • Com. 26 nov. 2002 : *D. 2003. 122, note Le Corre ; Act. proc. coll. 2003, n° 14, obs. Boulay ; JCP E 2003, n° 20, p. 853, obs. Cabrillac ; Rev. proc. coll. 2003. 236, obs. Roussel Galle.*

31. Créances nées de l'exécution des contrats. V. art. L. 622-17 et notes 18 s. ss. ancien art. L. 621-32.

IV. PARALYSIE DES CLAUSES RÉSOLUTOIRES

BIBL. Sexer, *Dr. et patr. sept. 1994. 20.*

32. Selon l'art. 37, devenu l'art. L. 621-28 [L. 622-13] C. com., aucune résiliation du contrat ne peut résulter du seul fait de l'ouverture d'une procédure de redressement judiciaire, à laquelle il y a lieu d'assimiler celle d'une procédure de liquidation judiciaire. • Com. 22 janv. 2002 : *Act. proc. coll. 2002, n° 102.* ♦ Les dispositions de l'art. 37, al. 5 [6] [C. com., art. L. 622-13], excluent la validité d'une clause résolutoire fondée sur l'état de cessation des paiements du cocontractant dès lors que la constatation d'un tel état par le tribunal, saisi par la déclaration du débiteur ou par l'assignation du créancier ou encore par le procureur de la République ou sur saisine d'office, le conduit nécessairement à ouvrir la procédure de redressement judiciaire. • Com. 2 mars 1993 : *Bull. civ. IV, n° 87 ; D. 1993. IR 77 ; Rev. huiss. 1993. 866, note Vidal.* ♦ Pour un autre exemple de clause nulle, V. • Paris, 21 mars 1997 : *D. 1997. IR 134 ; D. Affaires 1997. 702 ; Rev. proc. coll. 1997. 447, obs. Mestre et Laude.* ♦ V. note 35 *bis*.

32 bis. L'impossibilité de mettre en œuvre, du seul fait de l'ouverture d'une procédure de redressement judiciaire, la clause de résolution d'un contrat, n'a été édictée que dans l'intérêt de l'entreprise en redressement ou en liquidation judiciaires pour permettre au débiteur autorisé par le juge-commissaire, à l'administrateur ou au liquidateur, d'exercer la faculté d'exiger l'exécution des contrats en cours. Le coassuré d'un débiteur en liquidation judiciaire ne peut se prévaloir, au lieu et place du liquidateur, de cette disposition. • Com. 19 déc. 1995 : *Bull. civ. IV, n° 306 ; D. 1996. Somm. 283, obs. Honorat ; D. Affaires 1996. 181.* ♦ Dans le même sens, s'agissant d'un codébiteur solidaire du débiteur en liquidation judiciaire, V. • Com. 13 mars 2001 : *RJDA 2001, n° 877 ; Rev. proc. coll. 2002. 189, obs. Roussel Galle.*

32 ter. La résiliation du contrat de concession notifiée par le concédant quelques jours avant la mise en redressement judiciaire du concessionnaire, mais après que celui-ci a déclaré son état de cessation des paiements, n'est pas nulle dès lors que, fondée sur une autre cause que le dépôt de bilan, elle n'est pas entachée de mauvaise foi ou de fraude de la part du concédant, dont il n'est pas établi qu'il connaissait l'état de cessation des paiements ou sa déclaration au moment où il a mis en œuvre la clause résolutoire. • Com. 19 mars 2002 : *RJDA 2002, n° 908.*

V. COMPÉTENCE JURIDICTIONNELLE

33. Compétence du juge-commissaire. La connaissance de la demande de l'administrateur tendant à obtenir la continuation d'une ouverture de crédit et d'un compte courant en cours au prononcé du jugement relève de la compétence exclusive du juge-commissaire. • Com. 8 déc. 1987 : *Bull. civ. IV, n° 267 ; D. 1988. 52, note Derrida ; JCP 1988. II. 20927, note Jeantin*

• 21 déc. 1987 : *D. 1988. IR 13* • Versailles, 9 oct. 1992 : *Rev. proc. coll. 1993. 457, obs. Dureuil.* ♦ V. cependant, admettant la compétence du juge des référés, • Agen, 2 avr. 1987 : *préc. note 4* • T. com. Antibes, 2 juin 1987 : *préc. note 4.*

34. De même, le juge-commissaire est compétent pour connaître de la demande de l'administrateur d'enjoindre à la banque de fournir ses prestations et de continuer ses concours bancaires dans les termes de l'ordonnance du juge-commissaire qui avait autorisé l'ouverture de nouveaux comptes. • Com. 1er oct. 1991 : *préc. note 2.*

34 bis. Sur la compétence du juge-commissaire pour autoriser, dans le cadre d'une procédure simplifiée sans désignation d'un administrateur, la poursuite d'un contrat administratif, V. • Com. 16 juin 2004 : *Rev. proc. coll. 2005. 128, obs. Gorrias.*

35. Compétence du juge des référés. En revanche, le juge des référés est compétent pour connaître de la demande d'un crédit-bailleur tendant au paiement des loyers échus postérieurement au prononcé du redressement judiciaire alors qu'il n'est pas saisi d'un litige relatif à l'option réservée à l'administrateur par l'art. 37, al. 1er [C. com., art. L. 622-13]. • Com. 9 avr. 1991 : *préc. note 15.* ♦ De même, le litige, relatif à la demande d'un crédit-bailleur tendant à la constatation de l'acquisition de la clause résolutoire pour défaut de règlement des loyers échus postérieurement au prononcé du redressement judiciaire et au paiement de ces loyers, n'est pas soumis à l'influence juridique de la procédure collective et, dès lors, la règle de compétence édictée par l'art. 174 du Décr. du 27 déc. 1985 au profit du tribunal de cette procédure n'est pas applicable. • Com. 6 juin 1995 : *Bull. civ. IV, n° 170 ; D. 1995. Somm. 307, obs. Honorat.*

35 bis. Le juge des référés est également compétent pour annuler une résiliation unilatérale de contrat, dès lors que l'application de l'art. 37, al. 5 [7] [C. com., art. L. 622-13], n'est pas susceptible d'une contestation sérieuse lorsque le juge se borne à retenir que, nonobstant toute disposition légale ou clause contractuelle, aucune résiliation du contrat ne peut résulter du seul fait de l'ouverture d'une procédure de redressement judiciaire • Com. 26 mai 1992 : *Bull. civ. IV, n° 205 ; D. 1993. Somm. 2, obs. Derrida.*

36. Régime procédural. S'agissant d'une exception de procédure, l'incompétence du juge des référés doit, en vertu de l'art. 74 NCPC [C. pr. civ.] être soulevée, à peine d'irrecevabilité, avant toute défense au fond ; cette incompétence ne peut être relevée d'office en application de l'art. 92 NCPC [C. pr. civ.]. V. • Com. 26 mai 1992 : *préc. note 35 bis.*

37. Recours. Sur la compétence du tribunal de commerce pour statuer sur les recours contre les ordonnances du juge-commissaire, V. note 1 ss. ancien art. 25 du Décr. n° 85-1388 du 27 déc. 1985, ss. art. R. 621-21.

Art. L. 622-14 *(Ord. n° 2008-1345 du 18 déc. 2008, art. 28)* **« Sans préjudice de l'application du I et du II de l'article L. 622-13, la résiliation du bail des immeubles donnés à bail au débiteur et** *(Ord. n° 2010-1512 du 9 déc. 2010, art. 3-6°)* **« utilisés pour » l'activité de l'entreprise intervient dans les conditions suivantes :**

« 1° Au jour où le bailleur est informé de la décision de l'administrateur de ne pas continuer le bail. Dans ce cas, l'inexécution peut donner lieu à des dommages et intérêts au profit du cocontractant, dont le montant doit être déclaré au passif. Le cocontractant peut néanmoins différer la restitution des sommes versées en excédent par le débiteur en exécution du contrat jusqu'à ce qu'il ait été statué sur les dommages et intérêts ; »

(L. n° 2005-845 du 26 juill. 2005, art. 30) **2° Lorsque le bailleur demande la résiliation ou fait constater la résiliation du bail pour défaut de paiement des loyers et charges afférents à une occupation postérieure au jugement d'ouverture, le bailleur ne pouvant agir qu'au terme d'un délai de trois mois à compter dudit jugement.**

Si le paiement des sommes dues intervient avant l'expiration de ce délai, il n'y a pas lieu à résiliation.

Nonobstant toute clause contraire, le défaut d'exploitation pendant la période d'observation dans un ou plusieurs immeubles loués par l'entreprise n'entraîne pas résiliation du bail.

V. art. R. 622-13.

BIBL. ▸ Régime issu de l'ordonnance du 18 déc. 2008 : ROUSSEL GALLE, *Rev. proc. coll. 2009. Dossier 7.* – KENDÉRIAN, *Gaz. Pal. 2009. Doctr. 765.* – FRADIN et MARTIN, *Procédures, juin 2009, p. 3* (l'Ord. du 18 déc. 2008 et la mise en demeure d'opter sur le sort du bail des immeubles affectés à l'activité de l'entreprise). – GALL-HENG, *Gaz. Pal. 2009. Doctr. 2391.* – CASTEL et ROMAIN-HUTTIN, *RLDA avr. 2010. 65.* – KUNTZ et NURIT, *Bull. Joly Entrep. diff. 2012. 187* (sort du bail pendant la période d'observation et le plan). – MACORIG-VENIER et MONSÈRIÉ-BON, *Dr. et patr. juin 2012. 81* (bail commercial et procédures collectives : questions d'actualités). – LE CORRE, *Gaz. Pal. 18-19 janv. 2013, p. 43* (questions-réponses sur la résiliation du bail commercial). ▸ Régime issu de la loi du 26 juill. 2005 : SAINTOURENS, *Loyers et copr. 2005. Étude 11.* – AUQUE, *RJ com. 2005. 478.* – LE CORRE, *AJDI 2006. 175* . – V. aussi ss. art. L. 622-13.

1. Articulation avec l'art. L. 622-13 (régime issu de la loi du 26 juill. 2005). Il résulte des art. L. 622-13, L. 622-14 et L. 631-14 dans leur rédaction antérieure à l'Ord. n° 2008-1345 du 18 déc. 2008 qu'en cas de redressement judiciaire du locataire, l'envoi par le bailleur d'un immeuble affecté à l'activité de l'entreprise à l'administrateur judiciaire d'une mise en demeure de prendre parti sur la poursuite du bail est sans effet et que le bail n'est pas de plein droit résilié par l'absence de réponse à cette mise en demeure. • Com. 2 mars 2010 : *Bull. civ. IV, n° 44 ; D. 2010. AJ 649, obs. Lienhard ; Rev. proc. coll. 2010, n° 61, obs. Roussel Galle ; Gaz. Pal. 2-3 juill. 2010, p. 24, obs. Kendérian ; RLDA avr. 2010. 17, obs. Vercken ; Act. proc. coll. 2010, n° 95, obs. Blanc ; JCP E 2010. 1553, note Brault ; ibid. 1742, n° 11, obs. Cabrillac ; Rev. loyers 2010. 208, obs. C.-H. Gallet ; RJDA 2010, n° 647 ; Ann. Loyers 2010. 814, obs. Cerati-Gauthier ; Dr. et patr. oct. 2010. 89, obs. Saint-Alary-Houin et Monsèrié-Bon ; Defrénois 2010. 1482, obs. Gibirila ; RJ com. 2010. 372, note Gourdon.* ♦ Comp., désormais : art. L. 622-14, al. 1er, dans sa réd. issue de l'Ord. n° 2008-1345 du 18 déc. 2008, rendant applicables les I et II de l'art. L. 622-13. ♦ Dans le régime antérieur à la loi du 26 juill. 2005, la jurisprudence avait admis que l'action en résiliation du bail prévue à l'ancien art. L. 621-29 C. com. n'était pas exclusive de la possibilité, appartenant à tout cocontractant du débiteur, de faire constater la résiliation de plein droit d'un contrat en cours dans les conditions prévues par l'ancien art. L. 621-28 C. com. • Com. 16 mai 2006 : *Gaz. Pal. 14-18 juill. 2006, p. 22, obs. Dumont ; Rev. proc. coll. 2006. 266, obs. Roussel Galle.*

1 bis. Bail des immeubles affectés à l'activité de l'entreprise. Dès lors que le contrat en cause n'est pas le bail des immeubles affectés à l'activité de l'entreprise, l'art. 38 [C. com., art. L. 622-14] ne s'applique pas. • Com. 9 mai 1995 : *Bull. civ. IV, n° 136 ; D. 1995. IR 148.* ♦ Un contrat de crédit-bail ne pouvant être assimilé à un contrat de bail, il s'ensuit que l'art. 25 du Décr. du 30 sept. 1953 relatif aux baux commerciaux [C. com., art. L. 145-41] et l'art. 38 [C. com., art. L. 622-14] ci-dessus ne le concernent pas. • Com. 11 mars 1997 : *Dr. sociétés 1997, n° 82, obs. Chaput ; RJDA 1997, n° 953* • Dijon, 15 nov. 1994 : *BICC 1995, n° 976.* – V. aussi • Versailles, 19 mars 1992 : *D. 1992. Somm. 259, obs. Derrida* .

2. Résiliation conventionnelle acquise. Le locataire et son administrateur judiciaire ne sauraient invoquer les art. 38 et 47 [C. com., art. L. 622-14 et L. 622-21] pour s'opposer à une expulsion en cours, dès lors que la clause résolutoire prévue au bail avait produit son effet avant l'intervention de la procédure collective et que l'expulsion ne constituait pas une voie d'exécution sur les meubles et les immeubles. • Civ. 3e, 21 févr. 1990 : *Bull. civ. III, n° 52 ; D. 1990. IR 73 ; RTD com. 1990. 478, obs. Chaput* . ♦ V., dans le même sens, • Aix-en-Provence, 22 déc. 1987 : *D. 1989. 45, note Putman* • Com. 12 mai 1992 : *Bull. civ. IV, n° 183 ; D. 1992. IR 195 ; Rev. loyers 1993. 423, note Gallet* • Aix-en-Provence, 28 avr. 2000 : *Act. proc. coll. 2001, n° 8.* ♦ Comp., classant les mesures d'expulsion parmi les procédures civiles d'exécution : L. n° 91-650 du 9 juill. 1991 (art. 61 s.), applicable depuis le 1er janv. 1993, et codifiée, à partir du 1er juin 2012, au C. pr. exéc. (art. L. 431-1 s.), **C. pr. civ.** (V. note Gallet, ss. • Paris, 19 mai 1992 : *Rev. loyers 1994. 27*). ♦ En ce sens qu'il n'y a pas lieu à suspendre les effets du commandement d'avoir à libérer les lieux, dès lors que l'expulsion a été ordonnée par une décision devenue exécutoire antérieurement au jugement de redressement judiciaire, V. • Civ. 2e, 10 déc. 1998 : *AJDI 1999. 794, obs. Gallet* . ♦ Dès lors qu'à la date du jugement d'ouverture, la décision ordonnant la résiliation du bail n'est pas encore passée en force de chose jugée, et qu'en application de la règle de l'arrêt des poursuites individuelles, édictée à l'art. 47 [C. com., art. L. 622-21], l'action tendant à la constatation de la résiliation ne peut plus être poursuivie, la demande introduite par le bailleur ne peut plus être accueillie au motif que cette action a pour cause des loyers échus antérieurement au jugement d'ouverture. • Com. 12 juin 1990 : *Bull. civ. IV, n° 172 ; D. 1990. 450, note Derrida* • 14 mai 1991 : *Bull. civ. IV, n° 166 ; Rev. loyers 1993. 397, note Gallet ; D. 1991. IR 165* • Civ. 3e, 26 juin 1991 : *Bull. civ. III, n° 193 ; D. 1991. IR 220* • 13 mai 1992 : *Bull. civ. III, n° 146* • 13 oct. 1993 : *Rev. huiss. 1994. 185, note Vidal* • 9 déc. 1997 : *Loyers et copr. 1998, n° 129,* *obs. Brault et Mutelet ; Rev. loyers 1999. 243, note Gallet* • 9 janv. 2008 : *Bull. civ. III, n° 1 ; D. 2008. AJ 291 ; Act. proc. coll. 2008, n° 22, obs. Regnaut-Moutier ; Gaz. Pal. 27-29 avr. 2008, p. 20, obs. Reille ; Dr. et patr. juill.-août 2008. 106, obs. Monsèrié-Bon ; Rev. proc. coll. 2008, n° 126, obs. Macorig-Venier.* ♦ En revanche, la demande en constatation de l'acquisition de la clause résolutoire est recevable lorsque la clause était acquise avant l'ouverture de la procédure, faute pour le locataire d'avoir, à cette date, exécuté les obligations mises à sa charge par la décision ayant suspendu les effets de la clause. • Civ. 3e, 4 nov. 1998 : *RJDA 1998, n° 1385 ; Gaz. Pal. 30 juin-1er juill. 1999, p. 23, note Brault ; LPA 9 déc. 1999, note Gallet.* ♦ V. aussi, jugeant que le locataire qui n'a pas respecté les premières échéances fixées par l'ordonnance de référé ayant suspendu les effets de la clause résolutoire sous la condition du paiement aux dates prévues, ne peut invoquer utilement l'effet suspensif résultant du jugement d'ouverture de la procédure collective, rendu postérieurement à la date à laquelle la clause résolutoire a produit ses effets (soit un mois après la signification au locataire de l'ordonnance de référé), • Civ. 3e, 8 déc. 1999 : *D. 2000. AJ 99, obs. Lienhard ; Act. proc. coll. 2000, n° 6, obs. Vallansan ; AJDI 2000. 819, note Gallet.* – Comp. : • Civ. 3e, 10 déc. 1997 : *Rev. loyers 1999. 248, note Gallet.*

La règle selon laquelle a force de chose jugée le jugement qui n'est susceptible d'aucun recours suspensif d'exécution tandis que le jugement susceptible d'un tel recours acquiert la même force à l'expiration du délai de recours si celui-ci n'a pas été exercé dans le délai s'applique à l'ordonnance de référé, peu important l'absence au principal d'autorité de la chose jugée de cette ordonnance. • Com. 24 oct. 1995 : *Bull. civ. IV, n° 254* • 11 janv. 1994 : *ibid., n° 18.* ♦ Dès lors qu'au jour de l'ouverture du redressement judiciaire de la société, l'ordonnance de référé constatant l'acquisition de la clause résolutoire était frappée d'appel, l'acquisition de la clause résolutoire, pour défaut de paiement des loyers antérieurs à l'ouverture de la procédure soumise aux dispositions de la loi du 26 juill. 2005, n'a pas encore été constatée par une décision passée en force de chose jugée, de sorte que le bailleur ne peut plus poursuivre l'action antérieurement engagée, peu important à cet effet que l'ordonnance de référé soit exécutoire à titre provisoire. • Com. 28 oct. 2008 : *Bull. civ. IV, n° 184 ; D. 2008. AJ 2865, obs. Lienhard ; Loyers et copr. 2008, n° 280, obs. P.-H. Brault ; Gaz. Pal. 21-22 janv. 2009, p. 32, obs. Kendérian ; ibid. 6-7 févr. 2009, p. 32, note C.-E. Brault ; JCP E 2009. 1382, note Bourgeois.*

3. La demande de constatation de l'acquisition de la clause résolutoire avant l'ouverture de la procédure doit être notifiée aux créanciers inscrits sur le fonds, en application de l'art. 14 de la loi du 17 mars 1909 [C. com., art. L. 143-2]. • Civ. 3e, 22 janv. 1997 : *Rev. loyers 1997. 254, note Gallet.*

4. Défaut de paiement des loyers. L'application des dispositions de l'art. 38 [C. com., art. L. 622-13] n'est pas subordonnée à l'absence de paiement partiel effectué par les preneurs sur les loyers dus. • Com. 11 juin 1996 : *D. 1996. IR 186.*

4 bis. Commandement de payer. Les dispositions de l'art. L. 622-14 C. com. ne dérogent pas aux dispositions de l'art. L. 145-41 prévoyant, en cas de clause résolutoire, la délivrance préalable d'un commandement. • Com. 28 juin 2011 : *D. 2011. Actu. 1895 ; Gaz. Pal 7-8 oct. 2011, p. 26, obs. Kendérian ; RJDA 2011, n° 1057.*

4 ter. Délais de paiement. L'art. L. 622-14 C. com. n'interdit pas au liquidateur de se prévaloir des dispositions de l'article L. 145-41 et de solliciter des délais de paiement ainsi que la suspension des effets de la clause résolutoire tant que la résiliation du bail n'est pas constatée par une décision passée en force de chose jugée. • Com. 6 déc. 2011 : *Bull. civ. IV, n° 204 ; D. 2012. Actu. 6, obs. Lienhard ; JCP E 2012. 1209, note Kendérian ; ibid. 1227, n° 11, obs. Pételj ; Act. proc. coll. 2012, n° 10, obs. Vallansan ; RJDA 2012, n° 319 ; RLDA mars 2012. 19, obs. Vercken ; Bull. Joly Entrep. diff. 2012. 155, note Benilsi ; LPA 12 juill. 2012, note Kuntz et Nurit ; Rev. proc. coll. 2012, n° 130, obs. Roussel Galle.*

5. Ancien délai de trois mois (jurisprudence antérieure à la loi du 10 juin 1994). Avant la loi du 10 juin 1994, le bailleur pouvait, à l'expiration du délai de trois mois suivant le jugement qui a ouvert le redressement judiciaire, agir en résiliation du bail pour défaut de paiement des loyers qui étaient échus postérieurement à l'ouverture de la procédure collective. • Com. 17 oct. 1989 : *Bull. civ. IV, n° 251 ; Defrénois 1990. 731, obs. Bihr* • 2 févr. 1993 : *Bull. civ. IV, n° 35* • 2 févr. 1999 : *Act. proc. coll. 1999, n° 77 ; Dr. sociétés 1999, n° 57, obs. Chaput (pourvoi n° 96-19.996)* • 2 févr. 1999 : *AJDI 2000. 232, note Gallet (pourvoi n° 95-21.625).* ♦ Dès lors, ne constituait pas une contestation sérieuse de l'action en résiliation engagée par le bailleur le fait que la date d'exigibilité des loyers se situât dans le délai précité. • Com. 17 oct. 1989 *préc.*

6. Le défaut de paiement des loyers échus depuis plus de trois mois après le jugement d'ouverture du redressement judiciaire devait être établi au jour de l'introduction ou de la poursuite de l'action en résiliation du bail des immeubles affectés à l'activité de l'entreprise ; il constituait une condition de fond de la résiliation et non de recevabilité de l'action. • Com. 2 nov. 1993 : *Bull. civ. IV, n° 373 ; D. 1993. IR 261.*

7. C'est à bon droit qu'une cour d'appel avait constaté la résiliation d'un bail par acquisition de la clause résolutoire, à la suite de la délivrance par le bailleur d'un commandement de payer, dès lors, d'une part, que le bailleur pouvait, à l'expiration du délai de trois mois suivant le jugement d'ouverture du redressement judiciaire, agir en résiliation du bail pour défaut de paiement des loyers échus postérieurement à l'ouverture de la procédure collective, et, d'autre part, que l'arrêt attaqué, qui avait retenu que le commandement de payer invoquant la clause résolutoire avait été signifié au liquidateur plus de sept mois après la date de l'ouverture de la procédure collective pour défaut de paiement de loyers échus postérieurement à cette date, avait fait l'exacte application des dispositions de l'art. 38 de la loi du 25 janv. 1985 [C. com., ancien art. L. 621-29], en constatant que la résiliation du bail s'était réalisée un mois après le commandement de payer demeuré infructueux. • Com. 11 oct. 1994 : *Rev. loyers 1995. 520, note Gallet.*

Comp., désormais : art. L. 622-14, 2°, dans sa réd. issue de L. n° 2005-845 du 26 juill. 2005.

8. Loyers antérieurs (jurisprudence antérieure à la loi du 10 juin 1994). Le non-paiement des loyers antérieurs au jugement d'ouverture n'ouvre droit au profit des créanciers qu'à déclaration au passif. • Com. 3 nov. 1992 : *Bull. civ. IV, n° 340 ; D. 1992. IR 277 ; JCP 1993. II. 22117, note crit. Boccara ; Rev. loyers 1993. 407, note Gallet.* ♦ Comp., en ce sens que le bailleur pouvait agir en résiliation pour défaut de paiement de loyers à l'expiration du délai de trois mois suivant le jugement d'ouverture, dès lors que les loyers impayés correspondaient, pour partie, à une période de jouissance postérieure à ce jugement, même si, à la date de celui-ci, le loyer d'un trimestre était déjà échu : • Com. 14 juin 1994 : *Bull. civ. IV, n° 211 ; D. 1995. 105, rapp. Rémery, note crit. Derrida ; Rev. loyers 1995. 355, note Gallet.* – V. aussi • Civ. 3e, 9 oct. 1996 : *Gaz. Pal. 1997. 1. 214, note Brault ; Rev. huiss. 1997. 497, note R. Martin ; AJPI 1997. 935, note Gallet.*

Pour la validité d'un commandement dont les causes portaient à la fois sur des loyers et charges dus postérieurement à l'ouverture de la procédure collective et sur des sommes dues antérieurement, V. • Civ. 3e, 16 juin 2004 : *AJDI 2005. 132, obs. Le Corre.*

8 bis. Compétence juridictionnelle. Sur le régime antérieur à la réforme de 1994, V. Gallet, *Rev. loyers 1996. 71.* ♦ V. désormais art. R. 622-13. ♦ V. aussi note 4 *ter* ss. art. R. 662-3.

9. Application à la liquidation judiciaire (jurisprudence antérieure à la loi du 10 juin 1994). V. • Com. 12 févr. 1991 : *Bull. civ. IV, n° 65 ; D. 1991. Somm. 241, obs. Honorat* • 5 déc. 1995 : *Rev. loyers 1996. 295, note Gallet ; Loyers et copr. 1996, n° 352, obs. Brault et Mutelet.* ♦ V. aussi note 10 ss. art. L. 622-13. ♦ Comp., désormais : art. L. 641-12.

10. Congé avec refus de renouvellement. V. note 29 ss. art. L. 622-21.

11. Résiliation pour défaut d'entretien. L'art. 38, al. 2 [C. com., art. L. 622-14, al. 5], ne fait pas obstacle à l'action en résiliation du bail pour un défaut d'entretien constaté antérieurement au jugement de redressement judiciaire. • Civ. 3e, 21 juill. 1999 : *D. 1999. IR 229 ; D. Affaires 1999. 1443, obs. V. A.-R ; JCP E 2000, n° 4, p. 126, obs. Pétel ; JCP 2000. II. 10391, note Roussel ; Rev. proc. coll. 2000. 128, obs. Macorig-Venier.*

Art. L. 622-15 **En cas de cession du bail, toute clause imposant au cédant des dispositions solidaires avec le cessionnaire est** *(L. n° 2005-845 du 26 juill. 2005, art. 31)* **« réputée non écrite ».** – *[C. com., ancien art. L. 621-30.]*

Art. L. 622-16 **En cas de** *(L. n° 2005-845 du 26 juill. 2005, art. 32)* **« procédure de sauvegarde », le bailleur n'a privilège que pour les deux dernières années de loyers avant le jugement d'ouverture de la procédure.**

Si le bail est résilié, le bailleur a, en outre, privilège pour l'année courante, pour tout ce qui concerne l'exécution du bail et pour les *(L. n° 2005-845 du 26 juill. 2005, art. 32)* **« dommages et intérêts » qui pourront lui être alloués par les tribunaux.**

Si le bail n'est pas résilié, le bailleur ne peut exiger le paiement des loyers à échoir lorsque les sûretés qui lui ont été données lors du contrat sont maintenues ou lorsque celles qui ont été fournies depuis le jugement d'ouverture sont jugées suffisantes.

Le juge-commissaire peut autoriser le débiteur ou l'administrateur, selon le cas, à vendre des meubles garnissant les lieux loués soumis à dépérissement prochain, à dépréciation imminente ou dispendieux à conserver, ou dont la réalisation ne met pas en cause, soit l'existence du fonds, soit le maintien de garanties suffisantes pour le bailleur. — *[C. com., ancien art. L. 621-31.]*

1. Application à la liquidation judiciaire. V. art. L. 641-12, al. 6.

2. Créances garanties. Le privilège du bailleur d'immeuble s'applique à toute créance résultant de l'occupation des lieux à quelque titre que ce soit (à propos d'une créance d'indemnités d'occupation). • Com. 25 oct. 2011 : *Bull. civ. IV, n° 171 ; D. 2011. Actu. 2653, obs. Lienhard ; JCP E 2012. 1000, n° 13, obs. Pétel ; LEDEN déc. 2011, p. 5, obs. Berthelot ; Banque et Droit nov.-déc. 2011. 53, obs. Jacob ; Gaz. Pal. 20-21 janv. 2012, p. 21, obs. Kendérian ; Bull. Joly Entrep. diff. 2012. 92, note Macorig-Venier ; Rev. proc. coll. 2012, n° 132, obs. Roussel Galle.*

3. Délai de deux ans. L'art. 39 [C. com., art. L. 622-16] donne au bailleur privilège pour les deux années de loyers antérieurs au jugement d'ouverture de la procédure collective et, en outre, en cas de résiliation, privilège pour l'année de loyers en cours et pour les dommages-intérêts qui peuvent lui être alloués. • Civ. 3e, 10 févr. 1999 : *Rev. loyers 1999. 294, note Gallet.*

4. Il résulte de l'art. 39 [C. com., art. L. 622-16] ci-dessus et de l'art. 1256 C. civ. que, lorsque la quittance ne porte aucune imputation et que les dettes sont d'égale nature, il y a lieu de considérer que le dernier versement effectué par le preneur durant le délai de deux ans doit s'imputer sur les sommes dues à la date d'expiration de ce délai. Et le solde de la créance du bailleur afférente à cette période doit être admis au passif du preneur à titre privilégié. • Rouen, 29 mars 1990 : *Rev. loyers 1994. 291, note Gallet.*

5. Saisie-attribution. Dès lors qu'il résulte de l'art. 43 de la loi du 9 juill. 1991 [C. pr. exéc., art. L. 211-2, à compter du 1er juin 2012] que l'acte de saisie emporte attribution immédiate au saisissant de la créance saisie « ainsi que de tous ses accessoires », y compris les garanties qui lui sont attachées, la créance de loyers attribuée par l'effet de la saisie a vocation, en cas d'ouverture d'une procédure collective à l'égard du locataire, tiers saisi, à bénéficier du privilège du bailleur dans la limite de deux ans fixée à l'art. 39 [C. com., art. L. 622-16]. • Orléans, 25 mai 2000 : *RJDA 2000, n° 1138.*

6. Déclaration de créance. Sur la nécessité pour le bailleur de mentionner son privilège dans sa déclaration de créance, V. • Com. 10 juill. 2001 : *Rev. proc. coll. 2002. 94, obs. Legrand* • 7 déc. 2004 : *RJDA 2005, n° 426.*

Art. L. 622-17 *(L. n° 2005-845 du 26 juill. 2005, art. 33)* **« I. — Les créances nées régulièrement après le jugement d'ouverture pour les besoins du déroulement de la procédure ou de la période d'observation, ou en contrepartie d'une prestation fournie au débiteur** *(Abrogé par Ord. n° 2008-1345 du 18 déc. 2008, art. 29)* **« ,** ***pour son activité professionnelle,*** **» pendant cette période, sont payées à leur échéance.**

« II. — Lorsqu'elles ne sont pas payées à l'échéance, ces créances sont payées par privilège avant toutes les autres créances, assorties ou non de privilèges ou sûretés, à l'exception de celles garanties par le privilège établi aux articles L. 143-10 *[L. 3253-2 et L. 3253-3]*, **L. 143-11** *[L. 3253-4]*, **L. 742-6 et L. 751-15** *[L. 7313-8]* **du code du travail,** *(Ord. n° 2008-1345 du 18 déc. 2008, art. 29)* **« des frais de justice nés régulièrement après le jugement d'ouverture pour les besoins du déroulement de la procédure » et de celles garanties par le privilège établi par l'article L. 611-11 du présent code. »**

III. — Leur paiement se fait dans l'ordre suivant :

1° Les créances de salaires dont le montant n'a pas été avancé en application des articles L. 143-11-1 à L. 143-11-3 *[L. 3253-6 et L. 3253-8 à L. 3253-13]* **du code du travail ;**

2° *Abrogé par Ord. n° 2008-1345 du 18 déc. 2008, art. 29.*

(Ord. n° 2008-1345 du 18 déc. 2008, art. 29) **« 2° » Les prêts consentis** *(Abrogé par L. n° 2005-845 du 26 juill. 2005, art. 33)* ***« par les établissements de crédit »*** **ainsi que les créances résultant de l'exécution des contrats poursuivis conformément aux dispositions de l'article L. 622-13 et dont le cocontractant accepte de recevoir un paie-**

ment différé ; ces prêts et délais de paiement sont autorisés par le juge-commissaire dans la limite nécessaire à la poursuite de l'activité pendant la période d'observation et font l'objet d'une publicité. En cas de résiliation d'un contrat régulièrement poursuivi, les indemnités et pénalités sont exclues du bénéfice *(L. n° 2005-845 du 26 juill. 2005, art. 33)* **« du présent article » ;** *— V. art. R. 622-14.*

4° *Abrogé par Ord. n° 2008-1345 du 18 déc. 2008, art. 29.*

(Ord. n° 2008-1345 du 18 déc. 2008, art. 29) **« 3° » Les autres créances, selon leur rang.** *— [C. com., ancien art. L. 621-32.]*

(L. n° 2005-845 du 26 juill. 2005, art. 33) **« IV. — Les créances impayées perdent le privilège que leur confère le** *(Ord. n° 2008-1345 du 18 déc. 2008, art. 29)* **« II du » présent article si elles n'ont pas été portées à la connaissance** *(Ord. n° 2008-1345 du 18 déc. 2008, art. 29)* **« de l'administrateur et, à défaut, du mandataire judiciaire » ou, lorsque ces organes ont cessé leurs fonctions, du commissaire à l'exécution du plan ou du liquidateur, dans le délai d'un an à compter de la fin de la période d'observation. »** *— V. art. R. 622-15.*

BIBL. ► Régime issu de l'ordonnance du 18 déc. 2008 : Reille, *Gaz. Pal. 2009. Doctr. 772.* – Le Corre, *ibid. 2010. Doctr. 2770* (la taxe foncière, une créance postérieure méritante ?) ; *Rev. proc. coll. 2012. Dossier 10* (coordination des art. L. 622-17 et L. 625-8). – Berthelot, *Rev. proc. coll. 2011. Dossiers 35 et 36* (créanciers postérieurs méritants). – Teboul, *Gaz. Pal. 28 août-1er sept. 2011, p. 7* (créances utiles méritantes : tentative d'éclaircissement). – Boustani, *LPA 11 févr. 2011, p. 15* (conservation du privilège). – Donnette, *Bull. Joly Entrep. diff. 2012. 385* (notion de « créances de salaires »). ► Régime issu de la loi du 26 juill. 2005 : Pérochon, *Gaz. Pal. 2005. Doctr. 2972.* – Saint-Alary-Houin, *Rev. proc. coll. 2005. 221 ; LPA 14 juin 2007.* – Pétel, *Rev. proc. coll. 2006. 142.* – Lienhard, *Mélanges Simler, Litec-Dalloz, 2006, p. 475.* – Gréau, *LPA 12 juin 2008.* – Henry, *Rev. proc. coll. 2008. Étude 15.* – Pétel et Brénac, *ibid. Dossier 4.* – Le Corre, *D. 2009. Chron. 2172* (continuation des contrats en cours, date de naissance des créances et mandat).

1. Notion de créance postérieure privilégiée. La créance d'indemnités de rupture d'un contrat n'étant pas née pour les besoins du déroulement de la procédure ou en contrepartie d'une prestation, elle est soumise aux dispositions de l'art. L. 622-24. • Com. 5 oct. 2010 : *D. 2010. Actu. 2428, obs. Lienhard ; D. 2011. Pan. 2081, obs. Le Corre ; RTD com. 2011. 173, obs. Martin-Serf ; Gaz. Pal. 7-8 janv. 2011, p. 28, obs. Henry ; Rev. proc. coll. 2011, n° 7, obs. Roussel Galle ; Bull. Joly Entrep. diff. 2011. 25, note Macorig-Venier ; RJDA 2011, n° 257.*

2. La contribution sociale de solidarité et la contribution additionnelle constituent pour les sociétés assujetties une obligation légale prévue par les art. L. 651-1 et L. 245-13 CSS et les créances en résultant, qui sont inhérentes à l'activité de la société, entrent dans les prévisions de l'art. L. 622-17 C. com. pour l'activité poursuivie postérieurement à l'ouverture de la procédure collective. • Com. 15 juin 2011 : *Bull. civ. IV, n° 99 ; D. 2011. Chron. C. cass. 2691, obs. Guillou ; ibid. Actu. 1677, obs. Lienhard ; RTD com. 2011. 640, obs. Martin-Serf ; JCP E 2011. 1596, n° 12, obs. Pétel ; LEDEN juill. 2011, p. 4, obs. Mouial-Bassilana ; Act. proc. coll. 2011, n° 209, obs. Monsèrié-Bon ; Gaz. Pal. 7-8 oct. 2011, p. 23, obs. Henry ; Bull. Joly Entrep. diff. 2011. 312, note Bénilsi ; RJDA 2011, n° 941.*

3. Le fait générateur de la créance des cotisations perçues par la Caisse nationale des barreaux français est l'existence de l'inscription de l'avocat à une date donnée, de sorte que, pour ceux d'entre eux qui étaient inscrits au 1er janv., la créance naît à cette date pour l'année entière, sans avoir à distinguer entre les périodes antérieure et postérieure à l'ouverture de leur procédure collective. • Com. 3 juill. 2012 : *Bull. civ. IV, n° 148 ; D. 2012. Pan. 2205, obs. Le Corre ; RTD com. 2013. 139, obs. Martin-Serf ; Bull. Joly Entrep. diff. 2012. 290, note Favario ; RJDA 2012, n° 875.*

Code de commerce

Ancien art. L. 621-32 *I. — Les créances nées régulièrement après le jugement d'ouverture sont payées à leur échéance lorsque l'activité est poursuivie. En cas de cession totale ou lorsqu'elles ne sont pas payées à l'échéance en cas de continuation, elles sont payées par priorité à tou-*

tes les autres créances, assorties ou non de privilèges ou sûretés, à l'exception des créances garanties par le privilège établi aux articles L. 143-10, L. 143-11, L. 742-6 et L. 751-15 du code du travail.

II. — En cas de liquidation judiciaire, elles sont payées par priorité à toutes les autres créances, à l'exception de celles qui sont garanties par le privilège établi aux articles L. 143-10, L. 143-11, L. 742-6 et L. 751-15 du code du travail, des frais de justice, de celles qui sont garanties par des sûretés immobilières ou mobilières spéciales assorties d'un droit de rétention ou constituées en application du chapitre V du titre II du livre V.

III. — Leur paiement se fait dans l'ordre suivant :

1° Les créances de salaires dont le montant n'a pas été avancé en application des articles L. 143-11-1 à L. 143-11-3 du code du travail ;

2° Les frais de justice ;

3° Les prêts consentis par les établissements de crédit ainsi que les créances résultant de l'exécution des contrats poursuivis conformément aux dispositions de l'article L. 621-28 et dont le cocontractant accepte de recevoir un paiement différé ; ces prêts et délais de paiement sont autorisés par le juge-commissaire dans la limite nécessaire à la poursuite de l'activité pendant la période d'observation et font l'objet d'une publicité. En cas de résiliation d'un contrat régulièrement poursuivi, les indemnités et pénalités sont exclues du bénéfice de la présente disposition ;

4° Les sommes dont le montant a été avancé en application du 3° de l'article L. 143-11-1 du code du travail ;

5° Les autres créances, selon leur rang. — [L. n° 85-98 du 25 janv. 1985, art. 40.]

Sur la rédaction de l'art. 40 de la L. n° 85-98 du 25 janv. 1985 (désormais codifié à l'ancien art. L. 621-32) antérieure à la L. n° 94-475 du 10 juin 1994, V. éd. 1993-1994 et antérieures du ***C. com.***

BIBL. ▶ Régime issu de la loi du 10 juin 1994 : Cabrillac et Pétel, *D. 1994. 243* ; *LPA 14 sept. 1994.* – Campana et Legeais, *ibid. 14 sept. 1994, p. 49.* – Campana, *Rev. proc. coll. 1994. 489 et 491.* – Calendini, *Banque oct. 1994. 54 ; Rev. proc. coll. 1994. 497.* – D. Martin, *LPA 14 sept. 1994.* – Bac, *Rev. proc. coll. 1994. 515.* – Soinne, *ibid. 1997. 249* (répartitions). – Dymant et Le Corre, *JCP E 2000, n° 23, p. 884* (droit de poursuite individuelle). – Jazottes, *LPA 6 sept. 2000 ; RLDA, suppl. au n° 80, mars 2005, p. 132 (périmètre du privilège de l'art. L. 621-32).* – Desprat, *Gaz. Pal. 2001. Doctr. 322.* – Baron, *RTD com. 2001. 1* (date de naissance des créances contractuelles). – Derrida, *D. 2002. 800* (même thème). – Pétel, *Mélanges Guyon, Dalloz, 2003, p. 917* (pour une relecture de l'art. L. 621-32). – Saint-Alary-Houin, *LPA 9 nov. 2004* (date de naissance des créances).

I. NATURE DE LA PRIORITÉ DE PAIEMENT

1. La priorité de paiement instituée par l'art. 40, dans sa rédaction antérieure à la L. n° 94-475 du 10 juin 1994, qui ne dépend pas de la qualité de la créance, ne constitue pas un privilège au sens de l'art. 2095 [2324] C. civ. • Com. 5 févr. 2002 : *Bull. civ. IV, n° 27 ; D. 2002. AJ 805, obs. Lienhard ; Act. proc. coll. 2002, n° 100, obs. Piedelièvre ; JCP E 2002, n° 21, p. 854, obs. Cabrillac et Pétel ; JCP 2002. II. 10186, note Cuif ; RTD civ. 2002. 337, obs. Crocq ; RTD com. 2002. 542, obs. Martin-Serf ; Rev. proc. coll. 2003. 144, obs. Saint-Alary-Houin.*

II. DOMAINE D'APPLICATION

A. PROCÉDURE EN COURS

1 bis. Plan de continuation. Ne sont pas soumises aux dispositions de l'art. 40 [C. com., ancien art. L. 621-32] les créances nées après le jugement arrêtant le plan de continuation de l'entreprise. • Com. 3 avr. 1990 : *Bull. civ. IV, n° 113 ; D. 1990. 385, note Jeantin ; RTD com. 1990. 497, obs. Martin-Serf* (V. l'arrêt cassé, rendu à propos d'un plan de continuation ultérieurement résolu : • Versailles, 6 oct. 1988 : *D. 1989. 155, note Jeantin*). ♦ V. note 30.

2. Plan de cession. Le jugement qui arrête le plan de cession d'une entreprise en redressement judiciaire, s'il met fin à la période d'observation, et, sauf disposition contraire, fait recouvrer au débiteur tous ses pouvoirs, n'entraîne pas la clôture de la procédure collective, laquelle est prononcée après l'accomplissement de tous les actes nécessaires à la réalisation de la cession. Aussi, ces actes n'ayant pas été passés, la créance d'une banque, résultant de la poursuite de l'activité, bénéficie de l'art. 40 [C. com., ancien art. L. 621-32]. • Com. 6 déc. 1994 : *Bull. civ. IV, n° 366 ; Quot. jur. 19 janv. 1995, p. 2 ; RTD com. 1996. 128, obs. Martin-Serf.* – V. aussi • Montpellier, 9 févr. 1993 : *Rev. proc. coll. 1993. 524, obs. Soinne.* ♦ Les créances afférentes à des contrats qui n'ont pas été transmis par le plan de cession relèvent des dispositions de l'art. 40, devenu l'art. L. 621-32 [ancien] C. com., jusqu'à l'achèvement ou la résiliation de ces contrats, peu important la date de clôture de la procédure. • Com. 15 oct. 2002 : *RJDA 2003, n° 278.*

Comp., en cas d'annulation du plan de cession : note 5 *bis* ss. art. L. 642-8.

Sur la recevabilité de l'action en paiement, V. note 39 *quinquies*.

3. Liquidation judiciaire (jurisprudence antérieure à la loi du 10 juin 1994). L'art. 40 [C. com., ancien art. L. 621-32] étant applicable aux créances nées régulièrement après l'ouverture du redressement judiciaire, doit en bénéficier la créance de cotisations de l'URSSAF relative aux indemnités de congés payés et de préavis consécutives aux licenciements opérés après le prononcé de la liquidation judiciaire. • Com. 20 févr. 1990 : *Bull. civ. IV, n° 47 ; D. 1991. Somm. 3, obs. Derrida* (V. l'arrêt cassé : • Agen, 16 juin 1988 : *Gaz. Pal. 1988. 2. 689, note Soinne)* • 10 juill. 1990 : *Bull. civ. IV, n° 207 ; D. 1990. IR 192 ; RTD com. 1991. 294, obs. Martin-Serf*.

3 bis. Liquidation judiciaire immédiate (loi du 10 juin 1994). Si l'art. 40 [C. com., ancien art. L. 621-32] se trouve inséré au chapitre Ier du titre Ier de la loi de 1985 traitant du régime général du redressement judiciaire, dans les dispositions relatives à la poursuite de l'activité pendant la période d'observation, l'ordre de priorité qu'il édicte pour le règlement des dettes antérieures au jugement d'ouverture par rapport à celles nées postérieurement, doit être appliqué, même en cas de liquidation judiciaire immédiate, le texte n'opérant, en effet, aucune distinction suivant que la liquidation est prononcée en cours de période d'observation ou directement. • Montpellier, 26 janv. 1999 : *Rev. proc. coll. 1999. 221, obs. Saint-Alary-Houin.*

4. Condition de poursuite de l'activité. Le bénéfice de l'art. 40 [C. com., ancien art. L. 621-32] n'est pas limité aux créances relatives à la poursuite de l'activité ou à la liquidation elle-même : V. • Com. 22 juin 1999 : *Act. proc. coll. 1999, n° 213* • 27 oct. 1998 : *cité note 18* • 8 déc. 1998 : *cité note 26* • 17 janv. 1995 : *Bull. civ. IV, n° 16 ; D. 1995. Somm. 216, obs. Honorat* • 2 avr. 1996 : *Bull. civ. IV, n° 108 ; D. 1996. IR 123 ; Rev. proc. coll. 1997. 68, obs. Saint-Alary-Houin.* – Comp. : • Com. 23 oct. 1990 : *D. 1993. Somm. 6*. – *Contra* : • Paris, 11 mai 1989 : *D. 1989. IR 184* • Versailles, 18 févr. 1988 : *D. 1988. IR 103* • Dijon, 21 mars 1991 : *Rev. proc. coll. 1993. 66, obs. Saint-Alary-Houin* • Lyon, 21 mars 1991 : *ibid. 1994. 40, obs. Saint-Alary-Houin* • Aix-en-Provence, 13 nov. 1997 : *BICC 1998, n° 661 ; Gaz. Pal. 1998. 2. Somm. 705 ; Rev. proc. coll. 1999. 158, obs. Monsèrié.* ♦ V., désormais, art. L. 641-10.

B. CRÉANCES NÉES RÉGULIÈREMENT

5. Pour l'exclusion d'une créance n'étant pas née régulièrement, le débiteur ne pouvant pas s'engager sans l'assistance de l'administrateur, V. • Com. 4 févr. 1992 : *D. 1993. Somm. 5, obs. Derrida* • 31 mars 1998 : *Act. proc. coll. 1998, n° 22 ; Rev. proc. coll. 1999. 157, obs. Monsèrié ; RJ com. 2000. 37, obs. Teilliais* • 29 févr. 2000 : *RJDA 2000, n° 556.* ♦ Pour l'exclusion du bénéfice de l'art. 40 [C. com., ancien art. L. 621-32] des honoraires d'avocats relatifs à une mission d'assistance d'une société en liquidation judiciaire, V. • Com. 19 mai 2004 : *Bull. civ. IV, n° 98 ; D. 2004. AJ 2045 ; JCP E 2004, n° 37, p. 1391, obs. Pétel ; LPA 12 avr. 2005, note Zattara.* – V. aussi • Com. 30 mars 2010 : *Bull. civ. IV, n° 66 ; D. 2010. Chron. C. cass. 1110, obs. Bélaval ; ibid. Actu. 958 ; RTD com. 2010. 612, obs. Martin-Serf ; JCP E 2010. 1742, n° 5, obs. Cabrillac ; Act. proc. coll. 2010, n° 143, obs. Regnaut-Moutier ; LEDEN juin 2010, p. 2, obs. Parachkévova ; Rev. proc. coll. 2010, n° 156, obs. Lebel ; RJDA 2010, n° 982 ; Dr. et patr. oct. 2010. 90, obs. Saint-Alary-Houin et Monsèrié-Bon ; RJ com. 2010. 493, note Sortais.* ♦ L'engagement de caution solidaire signé sans autorisation du juge-commissaire ne peut donner naissance à une dette régulière bénéficiant de la priorité de paiement prévue par l'art. 40 [C. com., ancien art. L. 621-32]. • Douai, 15 oct. 1998 : *Rev. proc. coll. 1999. 219, obs. Saint-Alary-Houin.* ♦ Il en va de même du soutien financier accordé à la société débitrice sans autorisation du juge-commissaire. • T. com. Paris, 20 mai 1997 : *Rev. proc. coll. 1999. 219, obs. Saint-Alary-Houin.*

6. L'art. 40 [C. com., ancien art. L. 621-32] étant applicable aux créances nées après le jugement d'ouverture conformément aux règles gouvernant les pouvoirs du débiteur ou de l'administrateur s'il en est désigné un, la créance née du chef du débiteur après l'ouverture à son égard d'une procédure simplifiée de redressement judiciaire sans désignation d'un administrateur, entre dans les prévisions de ce texte, même si le tribunal, à l'issue de la période d'enquête, n'a pris aucune décision pour exercer l'option prévue à l'art. 142 [C. com., ancien art. L. 621-138]. • Com. 9 juin 1992 : *Bull. civ. IV, n° 231 ; D. 1993. Somm. 5, obs. Derrida ; RTD com. 1993. 382, obs. Martin-Serf*. ♦ Il appartient aux juges du fond de rechercher si une créance délictuelle postérieure est née régulièrement, c'est-à-dire conformément aux règles gouvernant les pouvoirs du débiteur ou, le cas échéant, de l'administrateur. • Com. 13 oct. 1998 : *Bull. civ. IV, n° 240 ; D.*

Affaires 1998. 1816, obs. A. L.; Act. proc. coll. 1998, n° 139, obs. Pétel; JCP E 1998, n° 52, p. 2069, obs. Cabrillac et Pétel; ibid. 1999, n° 24, p. 1060, note Rossi; Rev. proc. coll. 1999. 157, obs. Monsèrié; RTD com. 1999. 979, obs. Martin-Serf .

6 bis. Sauf en cas de fraude, est opposable à la procédure collective la créance du salarié née de la poursuite illicite de l'activité par l'employeur en liquidation judiciaire, sans que puissent être opposés l'usage irrégulier de ses pouvoirs par le débiteur et la méconnaissance de son dessaisissement. • Com. 13 juill. 2010 : *D. 2010. Actu. 1935, obs. Lienhard ; LEDEN oct. 2010, p. 4, obs. Camensuli-Feuillard; Rev. proc. coll. 2012, n° 41, obs. Saint-Alary-Houin. – Contra :* • Com. 27 mars 2007 : *Rev. proc. coll. 2007. 143, obs. Saint-Alary-Houin.*

7. Les créances quasi délictuelles nées postérieurement au jugement d'ouverture entrent dans les prévisions de l'art. 40 [C. com., ancien art. L. 621-32]. • Com. 31 mars 1992 : *Rev. proc. coll. 1993. 66, obs. Saint-Alary-Houin.*

8. La créance de l'ASSEDIC se rapportant à des allocations chômage versées au débiteur pour une période postérieure au jugement d'ouverture ne rentre pas dans les prévisions de l'art. 40 [C. com., ancien art. L. 621-32]; en effet, si elle est née postérieurement au jugement d'ouverture de la procédure collective, cette créance n'est pas née régulièrement dans la mesure où le débiteur, en déposant une demande d'allocations auprès de l'ASSEDIC, n'a pas agi dans l'exercice de son activité commerciale et a de plus fait preuve d'un comportement fautif, qui lui est seul imputable, en se faisant consentir deux fois les mêmes droits par deux ASSEDIC différentes. • Paris, 31 mars 2000 : *D. 2000. AJ 251 ; Rev. proc. coll. 2002. 99, obs. Saint-Alary-Houin.*

8 bis. Les créances nées irrégulièrement après le jugement d'ouverture sont hors procédure, ce dont il résulte que leurs titulaires ne peuvent être payés qu'après désintéressement des créanciers de la procédure. • Com. 5 juill. 2005 : *D. 2005. AJ 2146, obs. Lienhard ; RD banc. fin. 2005, n° 178, obs. F.-X. Lucas; Gaz. Pal. 4-5 nov. 2005, p. 26, obs. Henry; ibid., p. 30, obs. Voinot.*

C. CRÉANCES NÉES APRÈS LE JUGEMENT D'OUVERTURE

9. Cotisations sociales. **BIBL.** Diesbecq, *Gaz. Pal. 1991. 1. 223.* ♦ Les dispositions relatives à l'exigibilité des cotisations de sécurité sociale ne peuvent prévaloir sur celles de la loi du 25 janv. 1985 [du code de commerce] qui interdisent de payer toute créance née antérieurement au jugement d'ouverture du redressement judiciaire. • Com. 8 nov. 1988 : *D. 1989. 36, note Honorat; Bull. civ. IV, n° 296.* ♦ Dès lors que les cotisations se rapportent à des salaires perçus pour une période de travail antérieure à l'ouverture de la procédure collective, la créance de cotisations est née antérieurement au jugement d'ouverture et, par suite, peu important l'époque à laquelle les salaires correspondants ont été payés, l'acte tendant à obtenir paiement de cette créance doit être annulé. • Même arrêt. • Com. 18 juill. 1989 : *Bull. civ. IV, n° 224; D. 1989. Somm. 288, obs. Honorat* • 20 févr. 1990 : *préc. note 3* • 19 mars 1991 : *Bull. civ. IV, n° 108* • 19 mai 1992 : *Bull. civ. IV, n° 194; D. 1992. IR 220; JCP E 1992. I. 168, n° 19, obs. Pétel* (indemnités de congés payés effectivement pris) • 5 avr. 1994 : *Bull. civ. IV, n° 141; Rev. proc. coll. 1995. 303, obs. Saint-Alary-Houin* • 14 nov. 1995 : *Rev. proc. coll. 1997. 70, obs. Monsèrié.*

10. En revanche, entre dans le champ d'application de l'art. 40 [C. com., ancien art. L. 621-32], la créance de cotisation sociale annuelle du régime d'assurance-maladie des travailleurs non salariés des professions non agricoles, dès lors qu'elle est due en raison de l'activité exercée après le jugement d'ouverture, même si elle est calculée d'après les revenus professionnels nets de l'année précédente. • Com. 15 déc. 1992 : *Bull. civ. IV, n° 413; JCP 1993. IV. 544.*

11. Sont admises au bénéfice de l'art. 40 [C. com., ancien art. L. 621-32] des créances de cotisations sociales relatives aux indemnités consécutives aux licenciements opérés après la liquidation judiciaire. V. note 3. ♦ ... Aux licenciements opérés durant la période d'observation. • Com. 2 mai 1990 : *Bull. civ. IV, n°s 127 et 130; D. 1991. 241, note Pagès* • 19 mai 1992 : *Bull. civ. IV, n° 193; D. 1992. IR 220; JCP E 1992. I. 168, n° 19, obs. crit. Pétel* • 20 oct. 1992 : *Bull. civ. IV, n° 318; D. 1993. Somm. 7, obs. Derrida* . ♦ ... Même si le Fonds national de garantie des salaires a réglé les indemnités en question au lieu et place de l'employeur. • Soc. 9 oct. 1997 : *Bull. civ. V, n° 308* • Paris, 16 sept. 1992 : *D. 1992. IR 255.*

Sur la compétence juridictionnelle, V. note 7 ss. art. R. 662-3.

12. Créances salariales. **BIBL.** *Cah. dr. social, JCP E 1992. I. 198.* – Cardi-Broda, *Gaz. Pal. 1986. 2. Doctr. 425.* – Ramackers, *D. 1989. Chron. 301.* ♦ V. aussi obs. Honorat, ss. • Paris, 14 mars 1989 : *D. 1989. Somm. 285.* ♦ Pour des créances salariales relatives au paiement d'un treizième mois, V. • Soc. 23 oct. 1991 : *Bull. civ. V, n° 424; D. 1993. Somm. 8, obs. Derrida ; JCP E 1992. I. 168, n° 20, obs. Pétel.*

La créance d'indemnité de congés payés née

après le jugement d'ouverture du redressement judiciaire entre dans les prévisions de l'art. 40 [C. com., ancien art. L. 621-32], peu important qu'elle soit ou non garantie par l'AGS. • Soc. 30 mars 1999 : *Act. proc. coll. 1999, n° 136.* ♦ Dès lors qu'un licenciement a été prononcé conformément au plan de cession de l'entreprise, en sorte que les créances indemnitaires résultant de la rupture du contrat de travail sont nées régulièrement après le jugement d'ouverture, ces créances relèvent de l'art. 40, devenu l'art. L. 621-32 [ancien] C. com., peu important la date de conclusion du contrat de travail. • Soc. 2 oct. 2001 : *Bull. civ. V, n° 290 ; D. 2001. AJ 3122.* ♦ Dans le même sens, pour des créances nées de licenciements décidés après le jugement arrêtant le plan de cession et avant la clôture de la procédure collective, V. • Paris, 20 oct. 1999 : *D. 2001. Somm. 116, obs. Derrida ; Rev. proc. coll. 2002. 102, obs. Saint-Alary-Houin.* ♦ En revanche, l'indemnité de préavis, l'indemnité de congés payés sur préavis, l'indemnité de licenciement et l'indemnité pour licenciement sans cause réelle et sérieuse dont le fait générateur, à savoir la rupture abusive du contrat de travail, est antérieur au prononcé du redressement judiciaire, ne peuvent être qualifiées de créances de l'art. 40 [C. com., ancien art. L. 621-32], peu important que ces créances n'aient été liquidées dans leur quantum que postérieurement au jugement d'ouverture de la procédure collective. • TGI Castres, JEX, 12 mars 1998 : *LPA 2 juill. 1999, note Devésa.*

V. aussi note 3.

13. Créances fiscales. BIBL. Soinne, *Rev. proc. coll. 1987, n° 2, p. 1* (fait générateur). – Deleneuville, *ibid. 1998. 20* (fait générateur des taxes assises sur les salaires). – Guillou, *ibid. 1999. 57* (fait générateur, origine, exigibilité de l'impôt). ♦ Si une créance d'impôt née régulièrement après le jugement d'ouverture du redressement judiciaire n'est pas payée à l'échéance lorsque l'activité est poursuivie, les dispositions des art. 40, 47 et 49 de la loi [C. com., anciens art. L. 621-32, L. 621-40 et L. 621-42] et 61 [dans sa rédaction antérieure au Décr. du 21 oct. 1994], et 62 du décret n'interdisent pas au comptable du Trésor chargé du recouvrement d'exercer son droit de poursuite individuelle, le cas échéant, par voie d'avis à tiers détenteur notifié conformément aux règles fiscales applicables. • Com. 20 juin 1989 : *Bull. civ. IV, n° 196 ; RTD com. 1990. 106, obs. Martin-Serf* • Poitiers, 14 sept. 1994 : *Rev. proc. coll. 1995. 304, obs. Dureuil.* ♦ V. notes 30 et 39 s.

14. Le fait générateur de l'impôt sur les revenus résulte, non pas de leur perception, mais de l'expiration de l'année au cours de laquelle ils ont été perçus. • Com. 12 juill. 1994 : *Bull. civ. IV, n° 264 ; D. 1995. Somm. 9, obs. Derrida ; JCP E 1995. I. 417, n° 19, obs. crit. Pétel; LPA 2 déc. 1994, note Brandeau ; Dr. sociétés 1994, n° 156, obs. Chaput* • 14 janv. 2004 : *RJDA 2004, n° 856 (3e esp.) ; Rev. proc. coll. 2004. 244, obs. Saint-Alary-Houin* • Rennes, 25 avr. 2001 : *Rev. proc. coll. 2002. 102, obs. Saint-Alary-Houin ; ibid. 210, obs. Neau-Leduc.*

14 bis. Le fait générateur de l'impôt sur les sociétés et la taxe y afférente résulte, en application des art. 36, 38 et 209 CGI, de la clôture de l'exercice comptable et non pas de la perception des impôts. • Com.16 déc. 2008 : *Bull. civ. IV, n° 210 ; D. 2009. AJ 164, obs. Lienhard (1re esp.) ; Act. proc. coll. 2009, n° 75, obs. Serlooten ; JCP E 2009. 1347, n° 9, obs. Pétel; Gaz. Pal. 26-28 avr. 2009, p. 22, obs. Henry ; RTD com. 2009. 618, obs. Martin-Serf ; Rev. proc. coll. 2009, n° 120, obs. Saint-Alary-Houin.*

14 ter. Le fait générateur de la créance de l'administration fiscale relative à la taxe sur la valeur ajoutée grevant l'acquisition d'un immeuble est l'expiration du délai de cinq ans prévu par l'art. 257, 7°, CGI (cette taxe étant regardée comme déductible tant que cet immeuble demeure, pendant la durée de cinq ans, destiné à la vente). • Com. 16 déc. 2008 : *Bull. civ. IV, n° 209 ; D. 2009. AJ 164, obs. Lienhard (2e esp.) ; Act. proc. coll. 2009, n° 75, obs. Serlooten ; Gaz. Pal. 26-28 avr. 2009, p. 22, obs. Henry ; RTD com. 2009. 619, obs. Martin-Serf ; Rev. proc. coll. 2009, n° 120, obs. Saint-Alary-Houin.*

15. Entre dans les prévisions de l'art. 40 [C. com., ancien art. L. 621-32] la créance du percepteur relative à la taxe foncière, née régulièrement au cours des opérations de liquidation. • Com. 17 janv. 1995 : *préc. note 4.* ♦ ... Peu important l'absence de poursuite d'activité. • Com. 14 nov. 2000 : *Rev. proc. coll. 2002. 210, obs. Neau-Leduc.* ♦ V. aussi • TGI Paris, 18 juin 1998 : *RJ com. 1999. 426, obs. Legrand.*

15 bis. Il résulte de la combinaison des art. L. 313-1 CCH et 235 *bis* CGI que le fait générateur de la créance fiscale afférente à la cotisation due au titre de la participation des employeurs à l'effort de construction, et donc sa naissance régulière, se situe à la date à laquelle expire le délai imparti à l'employeur pour investir. • Com. 7 juill. 1998 : *Bull. civ. IV, n° 221 ; D. 1998. IR 207 ; D. Affaires 1998. 1400, obs. A. L. ; RTD com. 1999. 509, obs. Martin-Serf* (V. l'arrêt confirmé : • Angers, 10 sept. 1996 : *BICC 1996, n° 1187 ; Rev. proc. coll. 1997. 455, obs. Saint-Alary-Houin*). – Dans le même sens : • Douai, 16 déc. 1999 : *D. 2000. AJ 116* • 11 janv. 2001 : *Rev. proc. coll. 2002. 102, obs. Saint-Alary-Houin.* ♦ V. aussi, pour la taxe d'apprentissage, • Douai, 16 déc. 1999 : *préc.*

15 ter. Est une créance antérieure, la créance de TVA, dès lors qu'il résulte des comptes de la société en redressement judiciaire que des travaux avaient été réalisés et facturés avant l'ouverture de la procédure. • TGI Béthune, ord., 20 juin 1996 : *Rev. proc. coll. 1997. 455, obs. Saint-Alary-Houin.*

15 quater. La créance du Trésor public au titre des droits d'enregistrement d'un jugement d'adjudication, qui naît de la formalité de l'enregistrement, n'a pas à être déclarée lorsque celle-ci est postérieure au jugement d'ouverture de la procédure collective. • Com. 10 mars 2004 : *Bull. civ. IV, n° 51 ; Act. proc. coll. 2004, n° 113, obs. Béhar-Touchais ; JCP E 2004, n° 37, p. 1390, obs. Cabrillac ; ibid., n° 47, p. 1839, note Kéita.*

16. Contribution sociale de solidarité. Cette contribution, mise à la charge de certaines sociétés par les art. L. 651-1 s. CSS, dont l'assiette est le chiffre d'affaires de l'année précédente, a pour fait générateur l'existence de l'entreprise débitrice au 1er janv. de l'année au titre de laquelle elle est due. • Com. 28 juin 1994 : *Bull. civ. IV, n° 241 ; D. 1994. IR 198 ; JCP E 1995. I. 417, n° 19, obs. Pétel.*

16 bis. Charges de copropriété. V. • Com. 3 déc. 1996 : *Bull. civ. IV, n° 304 ; D. 1997. IR 18 ; Rev. proc. coll. 1997. 457, obs. Saint-Alary-Houin* (dettes de la masse, à propos de la loi de 1967).

17. Crédits. BIBL. Calendini, *Cah. dr. entr. 1988, n° 1, p. 22.*

17 bis. Intérêts à échoir. Les intérêts résultant de contrats de prêt conclus pour une durée égale ou supérieure à un an, à échoir au moment du prononcé du redressement judiciaire, ne peuvent bénéficier de la priorité de paiement édictée par l'art. 40 [C. com., ancien art. L. 621-32]. • Dijon, 15 juin 1993 : *Rev. proc. coll. 1999. 220, obs. Saint-Alary-Houin.* ♦ V. aussi note 2 ss. art. L. 622-28.

18. Contrats poursuivis. Bénéficient de l'art. 40 [C. com., ancien art. L. 621-32] des créances nées pendant la période d'observation et relatives à des contrats en cours au jour du jugement d'ouverture, pour lesquels l'administrateur n'a pas encore exercé son option (à propos de contrats de location de voitures) : V. • Com. 16 oct. 1990 : *Bull. civ. IV, n° 240 ; JCP E 1992. II. 300, note Le Corre ; D. 1990. IR 261 ; RTD com. 1991. 461, obs. Martin-Serf.* – V. aussi • Com. 10 juill. 1990 : *cité note 35* • 15 oct. 1991 : *D. 1992. Somm. 260, obs. Derrida* • 12 juill. 1994 : *Rev. proc. coll. 1995. 299, obs. Saint-Alary-Houin* • 20 janv. 1998 : *AJDI 1998. 927, note Gallet.* ♦ La créance pour loyers dus postérieurement au jugement d'ouverture de la procédure collective du preneur est née régulièrement après cette décision et entre dans les prévisions de l'art. 40 [C. com., ancien art. L. 621-32], peu important l'absence de poursuite de l'activité et de délivrance à l'administrateur d'une mise en demeure d'opter sur la continuation du bail. • Com. 27 oct. 1998 : *Bull. civ. IV, n° 263 ; D. Affaires 1999. 33, obs. A. L. ; Rev. proc. coll. 1999. 157, obs. Monsèrié ; Loyers et copr. 1999, n° 127, obs. Brault et Mutelet ; AJDI 1999. 696, note Gallet.* – V. déjà • Com. 2 avr. 1996 : *préc. note 4.* – V. aussi • Orléans, 25 mai 2000 : *Procédures 2000, n° 163, obs. Croze.*

19. De même, avant l'intervention de la loi du 10 juin 1994, l'indemnité contractuelle de résiliation relevait de l'art. 40 [devenu C. com., ancien art. L. 621-32], et non de l'art. 37, al. 4 [5] [C. com., ancien art. L. 621-28], qui ne concerne que les dommages-intérêts dus par l'entreprise lorsque l'administrateur n'use pas de la faculté de poursuivre le contrat. • Com. 3 mai 1994 : *Bull. civ. IV, n° 163 ; D. 1994. IR 157 ; JCP E 1994. I. 397, n° 15, obs. Pétel ; RTD com. 1995. 487, obs. Martin-Serf.* – V. aussi • Paris, 12 janv. 1990 : *D. 1993. Somm. 6, obs. Derrida* • Com. 9 juill. 1996 : *Bull. civ. IV, n° 209 ; D. Affaires 1996. 1039 ; Rev. proc. coll. 1997. 456, obs. Saint-Alary-Houin* (créance contractuelle d'indemnité de préavis). ♦ La clause pénale figurant dans un contrat de location de matériel et consistant en une majoration du loyer non payé à son échéance doit suivre le sort de celui-ci. Par suite, s'agissant de créances échues postérieurement au jugement d'ouverture du redressement judiciaire, elles bénéficiaient de l'art. 40 [C. com., ancien art. L. 621-32] et l'art. 55 [C. com., ancien art. L. 621-48] n'était pas applicable. • Com. 25 nov. 1997 : *RJDA 1998, n° 462 ; Rev. proc. coll. 1998. 295, obs. Saint-Alary-Houin.* ♦ Comp., désormais : art. L. 621-32, III (3°), excluant du bénéfice de l'art. L. 621-32 les indemnités de résiliation des contrats régulièrement poursuivis. ♦ La modification apportée par la loi du 10 juin 1994 n'ayant pas de caractère interprétatif n'est pas applicable aux procédures ouvertes avant le 1er oct. 1994. • Paris, 7 oct. 1998 : *D. 1998. IR 246 ; D. Affaires 1998. 1956, obs. A. L.* ♦ Les créances d'indemnités et pénalités subséquentes à la résiliation d'un contrat régulièrement poursuivi sont exclues de la priorité de paiement instituée par l'art. 40, devenu l'art. L. 621-32 [ancien] C. com., et soumises à déclaration au passif de la procédure collective comme les créances antérieures au jugement d'ouverture. • Com. 15 oct. 2002 : *Bull. civ. IV, n° 145 ; D. 2002. AJ 2942, obs. Lienhard ; Act. proc. coll. 2002, n° 248, obs. Roussel Galle ; JCP E 2003, n° 5, p. 218, obs. Cabrillac ; RTD com. 2003. 166, obs. Martin-Serf ; Loyers et copr. 2003, n° 13, note*

Brault ; RD banc. fin. 2003, n° 35, obs. F.-X. Lucas • 29 oct. 2002 : *Rev. proc. coll. 2003. 236, obs. Roussel Galle* • Paris, 21 sept. 2000 : *D. 2000. AJ 421, obs. Lienhard*.

19 bis. La redevance prévue par un contrat à exécution successive poursuivi par l'administrateur est une créance de la procédure pour la prestation afférente à la période postérieure au jugement d'ouverture et constitue une créance née antérieurement au jugement d'ouverture pour la prestation afférente à la période antérieure à ce jugement et soumise à déclaration au passif, peu important la date à laquelle la redevance est devenue exigible. • Com. 28 mai 2002 : *Bull. civ. IV, n° 94 ; 2002. AJ 2124, obs. Lienhard ; Act. proc. coll. 2002, n° 172, obs. Vallansan et Golhen ; JCP E 2003, n° 6, p. 269, obs. Pétel ; RTD com. 2002. 726, obs. Martin-Serf ; Dr. et patr. oct. 2002. 113, obs. Monsèrié-Bon ; LPA 19 déc. 2002, note Courtier ; Rev. proc. coll. 2003. 146, obs. Saint-Alary-Houin.* ♦ La créance relative aux loyers du crédit-bail dus pour la période de jouissance suivant l'ouverture du redressement judiciaire constitue une créance née régulièrement après le jugement d'ouverture, qui n'est pas soumise à l'obligation de déclaration, et ne peut donc être éteinte en raison de l'irrégularité de cette dernière. • Com. 12 janv. 2010 : *Bull. civ. IV, n° 4 ; D. 2010. Pan. 1826, obs. Le Corre ; ibid. AJ 203, obs. Lienhard ; RJDA 2010, n° 651 ; Rev. proc. coll. 2010, n° 160, obs. Pérochon.*

20. Dès lors qu'il avait fait savoir qu'il n'entendait pas poursuivre le bail commercial consenti au débiteur avant sa mise en liquidation judiciaire, un liquidateur ne peut sérieusement contester avoir l'obligation personnelle de libérer les lieux et à défaut, il est redevable au propriétaire d'une indemnité d'occupation pour la période postérieure à la résiliation du contrat et jusqu'à remise à disposition effective des lieux concernés. • Com. 31 mars 1992 : *Bull. civ. IV, n° 138 ; D. 1993. Somm. 8, obs. Derrida ; JCP E 1992. I. 166, n° 9, obs. Cabrillac.* ♦ Le fait générateur de l'indemnité est l'occupation sans droit ni titre des locaux par la société postérieurement au jugement d'ouverture de la procédure collective et la créance du bailleur, née postérieurement à ce jugement, n'est pas soumise à déclaration et bénéficie de la priorité de paiement instaurée par l'art. 40 [C. com., ancien art. L. 621-32]. • Com. 25 janv. 1994 : *Bull. civ. IV, n° 33 ; D. 1994. IR 88 ; JCP E 1994. II. 629, note Rossi ; RTD com. 1995. 489, obs. Martin-Serf* • 9 mai 1995 : *Rev. proc. coll. 1996. 76, obs. Saint-Alary-Houin.* – V. aussi • Com. 12 oct. 1999 : *AJDI 2000. 927, note Gallet* • Poitiers, 1er déc. 1997 : *Rev. proc. coll. 1999. 219, obs. Saint-Alary-Houin* • Paris, 24 nov. 2000 : *Gaz. Pal. 2001. Somm. 1251, obs. Brault ; Rev. proc. coll. 2002. 101, obs. Saint-Alary-Houin.* ♦ L'indemnité d'occupation en cas de défaut de restitution des locaux, du fait de la nature quasi délictuelle de la faute du liquidateur, ne constitue pas une indemnité ou pénalité contractuelle visée par l'art. 40 (3°) [C. com., ancien art. L. 621-32]. • Paris, 17 oct. 1997 : *Loyers et copr. 1998, n° 14, obs. Brault.* ♦ V. aussi notes 23 *quater* et 23 *quinquies* ss. art. L. 622-13.

V. aussi, en ce sens que la créance de restitution des lieux loués a pour fait générateur la résiliation du bail, • Com. 6 mars 2001 : *Bull. civ. IV, n° 51 ; D. 2001. AJ 1469 ; Act. proc. coll. 2001, n° 89, obs. Vallansan.*

La créance de remise en état des lieux ne peut bénéficier de l'art. 40 [C. com., ancien art. L. 621-32], dès lors que le bailleur avait, antérieurement à l'ouverture de la procédure collective du preneur, délivré congé à celui-ci sans offre d'indemnité d'éviction en invoquant les fautes commises par lui et notamment le défaut d'entretien. • Com. 26 mai 1998 : *Bull. civ. IV, n° 170 ; D. Affaires 1998. 1132, obs. A. L. ; Gaz. PaL. 1998. 2. 807, note Brault ; AJPI 1998. 1059, note Gallet ; RTD com. 1999. 510, obs. Martin-Serf*. ♦ Comp., dans le cas d'un bail commercial poursuivi après l'ouverture de la procédure collective, fixant le fait générateur de la créance de remise en état des lieux à la date de commission des dégradations : • Com. 13 mars 2007 : *Gaz. Pal. 20-21 juill. 2007, p. 37, obs. Henry.* – V. aussi, à propos de cet arrêt, Bouru et Menjucq, *RLDA 2007, n° 20, p. 20.*

V. aussi note 25 *bis* ss. art. L. 622-13.

21. Le fait générateur d'une créance de matériel étant la remise de celui-ci, si le matériel est livré au commissaire à l'exécution du plan postérieurement au jugement d'ouverture, la créance entre dans les prévisions de l'art. 40 [C. com., ancien art. L. 621-32] sans qu'il y ait lieu de prendre en considération la date mentionnée sur les factures. • Com. 22 nov. 1994 : *Bull. civ. IV, n° 345 ; D. 1995. IR 7.* ♦ V. aussi, en ce sens que la créance d'une société correspondant à une commande passée avant le redressement judiciaire de la société débitrice et livrée à celle-ci postérieurement au jugement d'ouverture bénéficie de l'art. 40 [C. com., ancien art. L. 621-32], • Com. 15 févr. 2000 : *Bull. civ. IV, n° 32 ; D. 2000. AJ 160, obs. Lienhard ; RJ com. 2001. 83, note Courtier.*

22. Bénéficient de l'art. 40 [C. com., ancien art. L. 621-32] : l'indemnité de retard de livraison d'un immeuble vendu en l'état futur d'achèvement. • Versailles, 27 janv. 1995 : *Rev. loyers 1995. 522, note Gallet ; Rev. proc. coll. 1995. 70, obs. Saint-Alary-Houin.* ♦ ... L'indemnité de retard due par une entreprise de déménagement, née à compter de la livraison, postérieure au jugement déclaratif. • Paris, 12 nov. 1993 : *Rev. proc. coll. 1995. 301, obs. Saint-Alary-Houin.*

22 bis. Les créances de réparation nées régulièrement après le jugement d'ouverture bénéficient de l'art. 40 [C. com., ancien art. L. 621-32] (à propos de désordres se rapportant à des travaux exécutés dans le cadre de la poursuite d'un contrat de construction en cours). • Com. 23 juin 1998 : *D. Affaires 1998. 1273.* ♦ Dès lors que l'exécution d'un contrat conclu avant la mise en redressement judiciaire a été poursuivie par l'administrateur judiciaire, les pénalités dues en raison du retard apporté par le débiteur à l'achèvement des prestations à sa charge et le coût de réparations de malfaçons afférentes à la poursuite du contrat constituent des créances de l'art. 40 [C. com., ancien art. L. 621-32]. • Com. 26 oct. 1999 : *Act. proc. coll. 1999, n° 267, obs. Blanc.* ♦ En revanche, est exclue du bénéfice de l'art. 40 [C. com., ancien art. L. 621-32] la créance résultant de l'application d'une clause pénale, qui est née de l'inexécution, constatée avant le jugement d'ouverture, de l'obligation de construire mise à la charge du débiteur. • Civ. 3e, 13 oct. 1999 : *Bull. civ. III, n° 203 ; RJDA 1999, n° 1353 ; Act. proc. coll. 1999, n° 268, obs. Blanc ; Gaz. Pal. 2000. 602, note Courtier ; AJDI 2000. 611, note Gallet.*

22 ter. En l'état d'un contrat stipulant une pénalité par jour calendaire de retard, due de plein droit sans l'accomplissement d'aucune formalité dès que le retard serait dûment contrôlé, seule la partie de la créance constituée par les indemnités de retard acquises à compter du jugement d'ouverture n'est pas soumise à déclaration. • Com. 26 avr. 2000 : *Bull. civ. IV, n° 82 ; D. 2000. AJ 293, obs. Lienhard ; RTD com. 2001. 233, obs. Martin-Serf.*

23. Entrent dans le champ d'application de l'art. 40 [C. com., ancien art. L. 621-32] : la créance de restitution d'un commerçant née de l'annulation d'un contrat passé antérieurement à la mise en redressement judiciaire du cocontractant. • Com. 5 déc. 1995 : *Bull. civ. IV, n° 283 ; D. 1996. IR 43 ; D. Affaires 1996. 183 ; JCP E 1996. I. 554, n° 3, obs. Cabrillac* • 20 juin 2000 : *Bull. civ. IV, n° 129 ; D. 2000. AJ 368, obs. Pisoni ; JCP E 2001, n° 5, p. 221, obs. Cabrillac ; RTD com. 2000. 1010, obs. Martin-Serf* • 23 nov. 2004 : *D. 2005. Pan. 293, obs. Le Corre.* ♦ ... La créance de restitution du prix née de l'annulation de la vente d'un immeuble prononcée après le jugement d'ouverture de la procédure collective. • Com. 12 oct. 2004 : *RJDA 2005, n° 291* • Civ. 3e, 28 mars 2007 : *Bull. civ. III, n° 46 ; D. 2007. AJ 1082, obs. Lienhard ; Gaz. Pal. 20-21 juill. 2007, p. 36, obs. Henry ; JCP E 2007. 2119, n° 12, obs. Cabrillac ; Rev. proc. coll. 2007. 168, obs. Lebel.* – V. l'arrêt rectificatif : • Civ. 3e, 26 juin 2007 : *D. 2007. AJ 2036.* ♦ ... La créance de restitution d'acomptes versés sur le prix d'actions devant être cédées, née à la date – postérieure au jugement d'ouverture – de la caducité de la vente. • Com. 15 nov. 2005 : *Bull. civ. IV, n° 227 ; D. 2005. AJ 3012, obs. Lienhard ; Act. proc. coll. 2005, n° 253, obs. Regnaut-Moutier ; Gaz. Pal. 10-11 févr. 2006, p. 23, obs. Henry ; ibid. 21-22 juin 2006, p. 44, obs. Robine ; LPA 24 févr. 2006, p. 6, note Vinckel ; RTD com. 2006. 204, obs. Martin-Serf.* ♦ ... La créance de restitution d'un acompte sur une subvention accordée par l'ANAH, née de la décision de retrait de la subvention prise postérieurement à l'ouverture de la procédure collective pour sanctionner l'absence de respect des conditions d'attribution de l'aide. • Com. 13 mai 2003 : *Bull. civ. IV, n° 78 ; D. 2003. AJ 1764 ; Act. proc. coll. 2003, n° 143, obs. Vallansan ; JCP E 2003, n° 40, p. 1575, obs. Cabrillac et Pételᅠ; RTD com. 2003. 821, obs. Martin-Serf ; Rev. proc. coll. 2004. 244, obs. Saint-Alary-Houin.* ♦ ... La créance de restitution générée par la résiliation, prononcée en cours de procédure collective, d'un contrat de crédit. • Com. 20 mai 1997 : *Bull. civ. IV, n° 149 ; D. Affaires 1997. 863 ; RTD com. 1998. 420, obs. Martin-Serf.* ♦ ... La garantie de remboursement du prêt prévue par l'art. L. 311-22 [art. L. 311-33, à compter du 1er mai 2011] C. consom., dès lors qu'elle trouve son origine, non pas dans la conclusion des contrats, mais dans la résolution du contrat de vente par le fait du vendeur et la résiliation consécutive du contrat de crédit prononcées postérieurement au jugement d'ouverture de la procédure collective de celui-ci, de telle sorte qu'une telle créance n'a pas à être déclarée. • Com. 3 févr. 1998 : *Bull. civ. IV, n° 52 ; D. 1998. IR 61 ; D. Affaires 1998. 477, obs. V. A.-R. ; JCP 1998. II. 10042, rapp. Rémery ; JCP E 1998, n° 17, p. 658, obs. Cabrillac et Pétel* • Toulouse, 7 sept. 1999 : *BICC 2000, n° 439.* ♦ ... La créance de restitution née de l'infirmation, postérieurement à l'ouverture de la procédure collective, d'un jugement de condamnation. • Com. 21 janv. 2003 : *RJDA 2003, n° 617 (1re esp.).* ♦ V. aussi note 8 *bis* ss. ancien art. L. 621-43 ss. art. L. 622-24.

23 bis. Créance d'indu. L'origine de la créance d'indu étant le fait juridique du paiement, la créance d'indu contre le bénéficiaire d'un chèque trouve son origine non dans l'émission du chèque mais dans son encaissement. • Com. 5 juin 2007 : *Bull. civ. IV, n° 154 ; D. 2007. AJ 1730, obs. Lienhard ; JCP E 2007. 2119, n° 13, obs. Cabrillac ; Gaz. Pal. 26-27 oct. 2007, p. 52, obs. Bonhomme ; RTD com. 2007. 840, obs. Martin-Serf ; Rev. proc. coll. 2009,* *n° 118, obs. Saint-Alary-Houin.*

23 ter. Recours de la caution. La créance de la caution qui a payé la dette [postérieurement à l'ouverture de la procédure collective] et qui agit contre le débiteur principal sur le fondement de l'art. 2305 C. civ. prend naissance à la date de l'engagement de caution. • Com. 30 sept. 2008 : *LPA 21 sept. 2009, note Sortais.* ♦ V. aussi, à propos du recours de la caution contre un cofidéjusseur en redressement judiciaire, • Com. 16 juin 2004 : *cité note 16 ss. ancien art. L. 621-43 ss. art. L. 622-24.*

24. Contrats conclus postérieurement. Les ristournes nées de trois ventes effectuées à une société après le jugement d'ouverture sont des créances de l'art. 40 [C. com., ancien art. L. 621-32]. • Lyon, 3 déc. 1993 : *Rev. proc. coll. 1995. 301, obs. Saint-Alary-Houin.*

24 bis. Promesse unilatérale d'achat. La créance du prix de vente convenu dans une promesse unilatérale d'achat souscrite par le débiteur mis ultérieurement en redressement judiciaire naît postérieurement au jugement d'ouverture si son bénéficiaire lève l'option après celui-ci. • Com. 3 mai 2011 : *Bull. civ. IV, n° 63 ; D. 2011. Actu. 1279, obs. Lienhard ; ibid. Pan. 2077, obs. Le Corre ; RTD com. 2011. 798, obs. Martin-Serf ; JCP E 2011. 1596, n° 8, obs. Pétel ; Act. proc. coll. 2011, n° 148, obs. Fin-Langer ; LEDEN juin 2011, p. 3, obs. Borga ; RJDA 2011, n° 833 ; Bull. Joly Entrep. diff. 2011. 250, note Bénilsi ; RJ com. 2011. 502, note Sortais ; LPA 3 janv. 2012, obs. Zattara-Gros.*

25. Cessions de marchandises couvertes par une clause de réserve de propriété. **BIBL.** Soinne, *Rev. proc. coll. 1995. 202.* ♦ Les commissaires à l'exécution du plan ne pouvant, fût-ce en vertu de ce plan, procéder à la cession de matériels vendus avec clause de réserve de propriété, un arrêt décide à bon droit, après avoir ordonné leur restitution, qu'à défaut, lesdits commissaires seraient débiteurs de leur valeur au titre des sommes visées par l'art. 40, al. 2 [3], 5° [C. com., ancien art. L. 621-32]. • Com. 8 juin 1993 : *Bull. civ. IV, n° 234 ; D. 1993. Somm. 296, obs. Pérochon* • 6 juin 1995 : *Rev. proc. coll. 1995. 486, obs. Soinne* • 10 oct. 1995 : *RJDA 1996, n° 122* • 5 mars 1996 : *BRDA 1996, n° 7, p. 12.* – V. déjà • Com. 9 juin 1992 : *Bull. civ. IV, n° 230 ; D. 1993. Somm. 6, obs. Derrida.*

La revendication ne rend pas les marchandises vendues avec clause de réserve de propriété indisponibles tandis que l'activité de l'entreprise est poursuivie ; mais la créance du vendeur sous réserve de propriété, dont la marchandise a été revendue par le liquidateur, née régulièrement après le jugement d'ouverture, entre dans les prévisions de l'art. 40 [C. com., ancien art. L. 621-32]. • Com. 11 mars 1997 : *Bull. civ. IV, n° 70 ; D. 2000. Somm. 77, obs. Pérochon et Mainguy ; D. Affaires 1997. 510 ; JCP E 1997. I. 681, n° 11, obs. Cabrillac* • 17 févr. 1998 : *D. Affaires 1998. 626* • 26 juin 2001 : *Act. proc. coll. 2001, n° 183 ; RJDA 2001, n° 1234 ; RTD civ. 2001. 932, obs. Crocq.* ♦ Viole, par conséquent, l'art. 40 [C. com., ancien art. L. 621-32] l'arrêt qui décide que la créance du vendeur sous réserve de propriété n'entre pas dans le champ d'application de l'art. 40 [C. com., ancien art. L. 621-32] mais bénéficie des art. 121 et 122 [C. com., ancien art. L. 621-122 et L. 621-124, devenus art. L. 624-16 et L. 624-18] et doit donc être déclarée payable par priorité aux autres créances. • Com. 20 févr. 1996 : *D. 1996. IR 101 ; D. Affaires 1996. 422* (cassant • Amiens, 24 févr. 1994 : *JCP 1994. II. 22355, note Massot-Durin*). – V. déjà • Com. 17 mai 1994 : *Bull. civ. IV, n° 180 ; D. 1996. Somm. 221, obs. Pérochon ; RTD com. 1996. 130, obs. Martin-Serf.* – Dans le même sens que l'arrêt cassé : • Besançon, 10 juin 1992 : *Rev. proc. coll. 1993. 123, obs. Soinne* • Dijon, 26 nov. 1992 : *D. 1993. Somm. 296, obs. Pérochon* • Paris, 8 juill. 1994 : *D. 1994. IR 238.*

V. aussi, désormais, art. L. 624-16, al. 4.

Sur la responsabilité civile du mandataire judiciaire, V. note 22 *bis* ss. art. L. 624-16.

26. Astreinte. La liquidation d'une astreinte provisoire, assortissant une condamnation du liquidateur à restituer un bien et prononcée après le jugement d'ouverture, fait naître à la charge de la procédure une dette relevant de l'art. 40 [C. com., ancien art. L. 621-32]. • Com. 8 déc. 1998 : *Bull. civ. IV, n° 294 ; D. 1999. Somm. 190, obs. Honorat ; D. Affaires 1999. 133 ; Act. proc. coll. 1999, n° 10, obs. Regnaut-Moutier ; RTD com. 1999. 978, obs. Martin-Serf.*

V. aussi note 15 ss. art. L. 622-21.

27. Frais de justice. Pour la primauté des créances garanties par des sûretés immobilières ou mobilières spéciales sur les frais de justice postérieurs au jugement d'ouverture, V. note 29 *decies.*

28. Sur la créance d'honoraires de l'avocat du débiteur, V. note 16 *ter* ss. ancien art. L. 621-43, ss. art. L. 622-24.

Sur la créance d'émoluments du liquidateur, V. Courtier, *Rev. proc. coll. 1999. 8.*

28 bis. Créance de dépens. **BIBL.** Cunha, *Gaz. Pal. 2004. Doctr. 1794.* ♦ La créance des dépens et des frais résultant de l'application de l'art. 700 NCPC [C. pr. civ.], mise à la charge du débiteur, trouve son origine dans la décision qui statue sur ces dépens et frais et entre dans les prévisions de l'art. L. 621-32 [ancien] C. com. lorsque cette décision est postérieure au jugement d'ouverture de la procédure collective. • Com.

11 juin 2002 : *Bull. civ. IV, n° 104 ; D. 2002. AJ 2121, obs. Lienhard ; ibid. Somm. 2642, obs. Fricero ; JCP E 2003, n° 6, p. 271, obs. Cabrillac et Pétel ; RTD com. 2002. 724, obs. Martin-Serf ; Dr. et proc. 2002. 300, obs. Douchy ; RD banc. fin. 2002, n° 145, obs. F.-X. Lucas ; Dr. et patr. oct. 2002. 111, obs. Monsèrié-Bon ; Procédures 2002, n° 187, note Laporte* • Civ. 3e, 12 juin 2002 : *ibid. ; Bull. civ. III, n° 138 ; Loyers et copr. 2003, n° 12, note Brault* • Com. 10 déc. 2002 : *Rev. proc. coll. 2003. 146, obs. Saint-Alary-Houin* • Soc. 12 févr. 2003 : *D. 2003. AJ 768 ; RTD com. 2003. 371, obs. Martin-Serf ; Procédures 2003, n° 145, obs. Laporte.* ♦ Pour un arrêt reconduisant cette solution sous l'empire de la loi du 26 juill. 2005, V. • Civ. 3e, 7 oct. 2009 : *Bull. civ. III, n° 219 ; D. 2009. AJ 2548, obs. Lienhard ; RTD com. 2010. 199, obs. Martin-Serf ; Act. proc. coll. 2009, n° 287, obs. Vallansan ; Gaz. Pal. 8-9 janv. 2010, p. 18, obs. Henry.* – V. Berthelot, *Rev. proc. coll. 2010. Étude 18.*

28 ter. Créance pour procédure abusive. La créance de dommages-intérêts pour procédure abusive trouve son origine dans la décision qui prononce la condamnation et entre dans les prévisions de l'art. L. 621-32 [ancien] C. com. lorsque cette décision est postérieure au jugement d'ouverture de la procédure collective. • Com. 11 juin 2003 : *Bull. civ. IV, n° 96 ; D. 2003. AJ 2174 ; Act. proc. coll. 2003, n° 196, obs. Vallansan ; RTD com. 2004. 158, obs. Martin-Serf .*

28 quater. Créance de l'adjudicataire. La créance due à l'adjudicataire d'un immeuble, née de l'occupation sans droit ni titre de cet immeuble par le débiteur en liquidation judiciaire postérieurement à la signification du jugement d'adjudication, entre dans les prévisions de l'art. L. 621-32 [ancien] C. com., sans que la clause du cahier des charges mentionnant la présence du débiteur saisi dans les lieux puisse exonérer le vendeur de l'immeuble de son obligation de délivrance et dispenser en conséquence le liquidateur de prendre, de sa propre initiative, les mesures nécessaires à la libération des lieux. • Com. 30 mars 2005 : *Bull. civ. IV, n° 73 ; D. 2005. AJ 1083, obs. Lienhard ; RTD com. 2006. 478, obs. Martin-Serf .*

28 quinquies. Créance née du manquement d'un dépositaire. Dès lors qu'elle résulte, non de la résiliation d'un contrat de dépôt-vente, mais du non-respect par le dépositaire de ses obligations après le jugement d'ouverture du redressement judiciaire, consistant à apporter tous les soins nécessaires, la créance est née postérieurement à la procédure collective, et relève donc de l'art. L. 621-32 [ancien] C. com. • Aix-en-Provence, 10 sept. 2003 : *D. 2003. AJ 2767 .*

28 sexies. Créance de soulte. Sur le fait générateur de la créance de soulte de l'art. 826 C. civ., fixé par ce texte à la date du partage, V. • Com. 3 nov. 2010 : *Bull. civ. IV, n° 164 ; D. 2010. Actu. 2700, obs. Lienhard ; RTD com. 2011. 639, obs. Martin-Serf ; JCP E 2011. 1263, n° 10, obs. Pétel ; Act. proc. coll. 2010, n° 278, obs. Leprovaux ; LEDEN janv. 2011, p. 3, obs. J.-P. Sénéchal ; Rev. proc. coll. 2011, n° 75, obs. Dumont-Lefrand ; Bull. Joly Entrep. diff. 2011. 153, note Becqué-Ickowicz ; RJDA 2011, n° 558.*

29. Créance d'un expert judiciaire. En ce sens que cette créance naît le jour du dépôt du rapport d'expertise, V., à propos de la loi de 1967, • Com. 14 mars 1995 : *Bull. civ. IV, n° 84 ; D. 1996. Somm. 81, obs. crit. Honorat ; Quot. jur. 30 mai 1995, p. 3, note P. M.*

29 bis. Créance du commissaire aux comptes. En ce sens que, lorsque la mission de certification des comptes du commissaire aux comptes se poursuit après le jugement d'ouverture de la procédure collective, seuls les honoraires correspondant à des prestations accomplies postérieurement à ce jugement bénéficient de l'art. 40 [C. com., ancien art. L. 621-32], V. • Com. 2 oct. 2001 : *Bull. civ. IV, n° 157 ; D. 2001. AJ 3118, obs. Lienhard ; Act. proc. coll. 2001, n° 231, obs. Regnaut-Moutier ; LPA 20 déc. 2001, p. 88, note F-X. Lucas ; JCP E 2002, n° 4, p. 181, note Pasqualini ; ibid. 175, n° 16, obs. Cabrillac ; Bull. Joly 2002. 39, note Vidal ; Rev. proc. coll. 2002. 264, obs. Dumont.* (V. l'arrêt cassé : • Paris, 23 oct. 1998 : *D. 1998. IR 259 ; D. Affaires 1998. 1908, obs. A. L. ; Bull. Joly 1999. 345, note Pasqualini ; Rev. sociétés 1999. 195, obs. Guyon*).

29 ter. Créance environnementale. BIBL. Voinot, *RTD com. 2001. 581* . – Lavoillotte, *Rev. proc. coll. 2003. 100.* – Colloque « droit des entreprises en difficulté et protection de l'environnement » du 24 oct. 2003, *ibid. 2004. 140.* – Pelletreau, *LPA 1er avr. 2005.* ♦ La créance résultant de l'application de l'art. 23 de la L. n° 76-663 du 19 juill. 1976 [C. envir., art. L. 514-1], qui prévoit les sanctions administratives à l'inobservation des conditions imposées à l'exploitant d'une installation classée qui n'a pas déféré à une injonction de faire des travaux, a pour fait générateur l'arrêté préfectoral ordonnant au débiteur la consignation des sommes répondant du montant des travaux à réaliser. • Com. 17 sept. 2002 : *Bull. civ. IV, n° 125 ; D. 2002. AJ 2735, obs. Lienhard ; Act. proc. coll. 2002, n° 221, obs. Vallansan ; JCP E 2003, n° 5, p. 230, note Voinot ; ibid., n° 6, p. 272, obs. Cabrillac ; RTD com. 2003. 167, obs. Martin-Serf ; Gaz. Pal. 2003. 501, note Lavoillotte ; LPA 26 mai 2003,* *p. 17, note Lévy ; ibid. 6 août 2003, p. 15, note Rolland ; Rev. proc. coll. 2003. 147, obs. Saint-Alary-Houin* • Versailles, 21 déc. 2000 : *Gaz. Pal. 2001. Somm. 605 ; Rev. proc. coll. 2002. 100, obs. Saint-Alary-Houin.* – Comp. : • TGI Béthune, 13 mai 1998 : *Act. proc. coll. 1999, n° 95, obs. Voinot ; Rev. proc. coll. 1999. 220, obs. Saint-Alary-Houin.*

29 quater. Créance pénale. Si les amendes et confiscations douanières ont un caractère pénal, les agissements qu'elles sanctionnent et qui constituent le fait générateur de la créance sont antérieurs à l'ouverture de la procédure collective ; elles ne peuvent donc être recouvrées à leur échéance, en vertu de l'art. 40 [C. com., art. L. 621-32]. • Crim. 5 févr. 1998 : *Bull. crim. n° 48 ; D. 1998. IR 127 ; D. Affaires 1998. 912, obs. A. L. ; Rev. sociétés 1998. 421, note Bouloc ; JCP E 1998, n° 37, p. 1400, obs. Cabrillac et Pétel ; RTD com. 1998. 945, obs. Martin-Serf ; Rev. proc. coll. 1999. 221, obs. Saint-Alary-Houin.* ♦ En revanche, la Chambre commerciale considère que les sanctions pécuniaires répressives naissent avec la décision constitutive qui les prononce, de sorte que les créances du Trésor public relatives à des amendes prononcées en cours de procédure collective pour des faits délictuels antérieurs au jugement d'ouverture relèvent de l'art. 40, devenu l'ancien art. L. 621-32 C. com. • Com. 14 janv. 2004 : *RJDA 2004, n° 856 (1re esp.) ; Rev. proc. coll. 2004. 243, obs. Saint-Alary-Houin.* ♦ V. aussi : note 8 *sexies* ss. ancien art. L. 621-43 ss. art. 622-24.

29 quinquies. Cotisations dues à une association. En ce sens qu'est exclue du bénéfice de l'art. 40 [C. com., ancien art. L. 621-32] la créance de cotisations annuelles d'amortissement de l'investissement réalisé par une association pour le compte de ses membres, qui trouve son origine dans l'adhésion à l'association, antérieure à l'ouverture de la procédure collective, V. • Com. 22 juin 1999 : *Act. proc. coll. 1999, n° 214* • 8 juill. 2003 : *Rev. proc. coll. 2004. 243, obs. Saint-Alary-Houin.* ♦ En revanche, dès lors que le contrat d'adhésion à l'association s'est poursuivi après le jugement d'ouverture du redressement judiciaire de l'adhérent, les cotisations réclamées à celui-ci, qui ont eu comme contrepartie les prestations fournies par l'association, constituent une créance née régulièrement après le jugement d'ouverture et relèvent, à ce titre, de l'art. 40 [C. com., ancien art. L. 621-32]. • Com. 30 oct. 2000 : *RJDA 2001, n° 187* • 9 nov. 2004 : *Dr. sociétés 2005, n° 64, note F.-X. Lucas.*

29 sexies. Créance de garantie d'un maître de l'ouvrage. La créance de garantie d'un maître de l'ouvrage contre un entrepreneur principal, ayant dû payer à la place de ce dernier les sous-traitants, qui est la conséquence d'une faute commise par ce maître de l'ouvrage avant le jugement d'ouverture de la procédure collective de l'entrepreneur principal (non-respect des obligations découlant de l'art. 14-1 de la L. n° 75-1334 du 31 déc. 1975), ne saurait bénéficier du régime prévu par l'art. 40 [C. com., ancien art. L. 621-32], mais doit être déclarée à la procédure. • Paris, 12 sept. 2000 : *D. 2000. AJ 405*.

D. PRIMAUTÉ DES SÛRETÉS SPÉCIALES ANTÉRIEURES (L. n° 94-475 du 10 juin 1994)

29 septies. L'expression « sûretés immobilières ou mobilières spéciales assorties d'un droit de rétention », prévue à l'art. 40, al. 2 [C. com., ancien art. L. 621-32], doit être interprétée comme n'appliquant l'exigence d'un droit de rétention qu'aux seules sûretés mobilières : Rép. min. n° 35796 : *JOAN Q, 22 juill. 1996, p. 4005 ; JCP 1997. I. 4033, n° 15, obs. Delebecque ; RTD com. 1997. 330, obs. Martin-Serf*. ♦ V. aussi note 29 *decies*.

III. CLASSEMENT DES CRÉANCIERS

29 octies. La circonstance qu'un découvert accordé par un établissement de crédit à une société en redressement judiciaire n'ait pas été autorisé par le juge-commissaire n'a pas pour effet de faire perdre à la banque sa qualité de créancier de la procédure, mais seulement de la priver du droit de revendiquer le rang plus favorable reconnu par l'art. 40, al. 3, 3° [C. com., ancien art. L. 621-32, III-3°], aux créances nées d'un crédit autorisé par le juge-commissaire et publié, pour ne pouvoir bénéficier du paiement prioritaire du cinquième et dernier rang, en application de l'art. 40, al. 3, 5° [C. com., ancien art. L. 621-32, III-5°]. • Paris, 26 oct. 1999 : *D. 1999. AJ 79 ; LPA 25 avr. 2000, p. 11, note Courtier.*

29 nonies. La collocation d'un syndicat de copropriétaires, en raison des créances garanties en vertu de l'art. 2103-1° *bis* [2374] C. civ. dont il est titulaire à l'encontre d'un copropriétaire mis en liquidation judiciaire, est soumise, s'agissant de créances nées postérieurement au jugement d'ouverture, aux dispositions de l'art. 40, 5°, devenu l'art. L. 621-32, III, 5°, [ancien] C. com. • Cass., avis, 21 janv. 2002 : *Bull. civ., n° 1 ; D. 2003. Somm. 1334, obs. Giverdon ; JCP E 2002, n° 20, p. 812, note Fraimout ; ibid., n° 39, p. 1526, obs. Cabrillac ; RTD com. 2002. 727, obs. Martin-Serf ; RD banc. fin. 2002, n° 90, obs. Legeais ; JCP N 2004, n° 46-47, p. 1739, obs. Vauvillé.* – V. Fosset-Lefebvre, *Rev. proc. coll. 2002. 4 ;* Giverdon, *Loyers et copr. 2003. Chron. 1.*

29 decies. Il résulte de l'art. L. 621-32, II et III, C. com. qu'en cas de liquidation judiciaire, les créances nées régulièrement après le jugement d'ouverture sont payées par priorité à toutes les autres créances à l'exception de celles qui sont garanties par le super-privilège des salaires, des frais de justice antérieurs au jugement d'ouverture et de celles qui sont garanties par des sûretés immobilières ou mobilières spéciales et que les frais de justice postérieurs au jugement d'ouverture, notamment la rémunération des mandataires de justice, sont réglés dans l'ordre prévu pour les créances nées régulièrement après le jugement d'ouverture. • Com. 21 sept. 2010 : *Bull. civ. IV, n° 139 ; D. 2010. Actu. 2223, obs. Lienhard ; JCP E 2011. 1030, n° 12, obs. Cabrillac ; Act. proc. coll. 2010, n° 257, obs. Regnaut-Moutier ; LEDEN nov. 2010, p. 1, obs. F.-X. Lucas et M. Sénéchal ; Bull. Joly Entrep. diff. 2011. 22, note Macorig-Venier ; RJDA 2011, n° 444 ; Rev. proc. coll. 2012, n° 53, obs. Saint-Alary-Houin.* ♦ *Contra*, dans le régime antérieur à la loi du 10 juin 1994 : • Com. 31 mars 1998 : *Bull. civ. IV, n° 120 ; D. 1998. Somm. 327, obs. Honorat ; D. 1998. Somm. 382, obs. S. Piedelièvre ; D. Affaires 1998. 763, obs. A. L. ; JCP 1998. II. 10105, rapp. Rémery ; RTD com. 1998. 941, obs. Martin-Serf ; Rev. proc. coll. 2000. 217, obs. Soinne.*

29 undecies. Dès lors que le liquidateur, qui a mentionné la TVA sur la facture de vente du stock, en était redevable et que cette taxe ainsi mise à la charge de l'acquéreur était acquise de plein droit au trésor public, l'UNEDIC-AGS ne peut faire valoir son privilège que sur le prix de vente hors taxe (application de l'art. 283 (3) CGI). • Com. 2 juin 2004 : *Bull. civ. IV, n° 108 ; D. 2004. AJ 2046 ; LPA 26 oct. 2004, p. 11, note Brandeau.*

IV. EXERCICE DU DROIT

30. Superprivilège des salariés. BIBL. V. note 12. ♦ Si l'art. 40, al. 1er [C. com., ancien art. L. 621-32], énonce que les créances nées régulièrement après le jugement d'ouverture du redressement judiciaire doivent être payées avant les créances nées antérieurement, il réserve cependant le cas des créances superprivilégiées de salaires qui l'emportent sur toutes les autres, mêmes postérieures au jugement d'ouverture. • Com. 6 juill. 1993 : *Bull. civ. IV, n° 285 ; D. 1993. 530, note Ramackers ; Dr. sociétés 1993, n° 181, obs. Chaput.* ♦ Applique donc exactement ce texte l'arrêt conférant la priorité de paiement à l'Assedic, subrogée dans les droits des créanciers superprivilégiés. • Même arrêt. (V. aussi l'arrêt confirmé : • Besançon, 30 janv. 1991 : *D. 1991. 490, note Saint-Alary-Houin)*. – Dans le même sens : • Aix-en-Provence, 21 mars 1989 : *ibid.* • T. com. Rouen, 24 juin 1988 : *ibid.* • Colmar, 11 juill. 1995 : *BICC 1995, n° 194.* – V. aussi : • TGI Béthune, 13 mai 1998 : *préc. note 29 ter.* ♦ Comp., en ce qui concerne le produit de l'action en complément de passif : note 41 ss. art. L. 651-2. ♦ Toutefois, l'avis à tiers détenteur délivré par le Trésor public pour assurer le recouvrement d'une créance fiscale née après le jugement d'ouverture ayant produit, en application de l'art. 43 de la L. n° 91-650 du 9 juill. 1991 [C. pr. exéc., art. L. 211-2, à compter du 1er juin 2012], l'effet d'attribution immédiate que lui confère l'art. 86 de la même loi, cette attribution immédiate ne peut être remise en cause par l'existence de créances garanties par le privilège établi aux art. L. 143-10, L. 143-11 [L. 3253-2 à L. 3253-4], L. 742-6 et L. 751-15 [L. 7313-8] C. trav. • Com. 13 nov. 2002 : *Bull. civ. IV, n° 164 ; D. 2002. AJ 3206, obs. Lienhard ; JCP E 2003, n° 20, p. 848, obs. Cabrillac ; RD banc. fin. 2003, n° 86, obs. Delleci.* – V. aussi • Com. 13 mai 2003 : *D. 2003. AJ 1763*. – V. déjà • Poitiers, 8 mars 1995 : *D. 1996. 256, note Derrida*. ♦ V. note 39.

31. Compensation. V. notes 11 s. ss. art. L. 622-7 et note 24 ss. art. L. 622-13.

32. Attribution judiciaire d'un gage. BIBL. Courtier, *Rev. huiss. 1998. 193.* ♦ Le créancier nanti peut demander l'attribution judiciaire de son gage, au cas de liquidation judiciaire, sans que des créanciers puissent se prévaloir pour s'y opposer des droits qu'ils tiennent de l'art. 40 [C. com., ancien art. L. 621-32]. • Com. 6 mars 1990 : *Bull. civ. IV, n° 67 ; D. 1990. 311, note Derrida ; JCP E 1990. II. 15815, note Amlon.* ♦ V. note 1 *ter* ss. art. L. 642-25. ♦ Mais l'art. 159 [C. com., ancien art. L. 622-21] ne constitue une dérogation à l'art. 40 [C. com., art. L. 642-25] que dans le cas où ce dernier texte s'applique dans le cadre d'une liquidation judiciaire, et non en cas de cession totale. • Paris, 18 févr. 1994 : *D. 1994. IR 95.*

33. Aliénation d'un bien grevé. Le versement du prix d'adjudication entre les mains du Crédit foncier ne vaut paiement qu'à l'égard de l'adjudicataire libéré par la consignation des fonds, et l'affectation particulière aux créanciers hypothécaires ne prive pas les créanciers privilégiés de leur droit d'être payés par préférence sur le prix qui demeure jusqu'à sa distribution dans le patrimoine du débiteur. • Com. 22 févr. 1994 : *Bull. civ. IV, n° 77 ; D. 1995. Somm. 24, obs. Honorat*.

34. Délais de grâce. Les dispositions d'ordre public relatives au règlement prioritaire des créances visées à l'art. 40 [C. com., ancien art. L. 621-32] dérogent au texte général de l'art. 1244-1 C. civ. et s'opposent à l'octroi de délais judiciaires de paiement aux loyers échus d'un bail commercial depuis le jugement d'ouverture.

• Dijon, 13 sept. 1994 : *D. 1995. IR 29. – Contra* • TGI Paris, réf., 23 mai 1997 : *RJ com. 1998. 79, obs. Gallet.*

35. Poursuites individuelles. V. note 13. ♦ Justifie sa décision de condamner le liquidateur ès qualités à payer à un créancier une certaine somme, la cour d'appel qui relève que cette créance, née régulièrement après le jugement d'ouverture du redressement judiciaire, devait, conformément à l'art. 40 [C. com., ancien art. L. 621-32], être payée à son échéance, le moyen tiré de l'existence nécessaire de fonds suffisants pour régler cette dette n'étant pas fondé. • Com. 10 juill. 1990 : *Bull. civ. IV, n° 202 ; D. 1990. 468, note Derrida ; RTD com. 1991. 110, obs. Martin-Serf* • Paris, 16 juin 1992 : *D. 1993. Somm. 11, obs. Derrida* • Versailles, 1er oct. 1992 : *ibid.* – Comp. : • Toulouse, 12 févr. 1991 : *Rev. proc. coll. 1991. 217, obs. Saint-Alary-Houin.*

36. Sur la question de l'applicabilité des art. 2104 et 2105 [2375 et 2376] C. civ. au paiement des créanciers postérieurs, V. • Toulouse, 9 juin 1993 : *Rev. proc. coll. 1994. 42, obs. Saint-Alary-Houin.*

37. Les dispositions de l'art. 61 du Décr. du 27 déc. 1985, dans sa rédaction résultant du Décr. du 29 mai 1989 [mais antérieure au Décr. du 21 oct. 1994], et l'art. 122 du même texte, n'avaient pas pour effet de subordonner à l'établissement de la « liste des créances mentionnées à l'art. 40 [C. com., ancien art. L. 621-32] qui n'ont pas été payées » [que prévoyait ledit art. 61], ni à l'inscription sur cette liste, l'exercice du droit de poursuite individuelle dont dispose tout créancier dont la créance née régulièrement après le jugement d'ouverture du redressement judiciaire n'a pas été payée à son échéance. • Com. 8 févr. 1994 : *Bull. civ. IV, n° 58 ; D. 1994. 609, note Derrida ; Gaz. Pal. 1994. 2. 427, note Massoni ; Defrénois 1995. 263, note Sénéchal ; JCP 1995. II. 22451, note Vignal ; Dr. sociétés 1994, n° 71, obs. Chaput* • 26 mars 1996 : *LPA 7 août 1996, p. 40, note Brandeau ; Rev. proc. coll. 1996. 346, obs. Canet ; RTD com. 1997. 151, obs. Martin-Serf* • 22 avr. 1997 : *Bull. civ. IV, n° 104.* – V. Soinne, *Rev. proc. coll. 1994. 15.* – V. déjà • Com. 20 oct. 1992 : *Bull. civ. IV, n° 318 ; D. 1993. Somm. 10, obs. Derrida.*

38. Référé. Sur la compétence du juge des référés pour connaître des demandes de paiement de créances échues postérieurement au jugement d'ouverture, V. note 35 ss. ancien art. L. 622-13.

Le juge des référés est compétent pour connaître de la demande d'un salarié tendant au paiement de sommes dues au titre de la poursuite et de la rupture de son contrat de travail postérieurement au redressement judiciaire de l'employeur et relevant des dispositions de l'art. 40 [C. com., ancien art. L. 621-32]. • Soc. 7 oct. 1998 : *Bull. civ. V, n° 411 ; Procédures 1999, n° 37, obs. Laporte.*

39. Voies d'exécution. BIBL. Ghelfi-Tastevin, *LPA 18 oct. 1999 ; ibid., 20 oct. 1999.* – Martin-Serf, *Rev. proc. coll. 2000. 172* (avis à tiers détenteur). – Kéita, *LPA 7 oct. 2004* (évolutions récentes). ♦ Le titulaire d'une créance de l'art. 40 [C. com., ancien art. L. 621-32], demeurée impayée, peut exercer librement son droit de poursuite individuelle. Dès lors que le droit d'être payé à l'échéance de la créance est indissociable du droit d'exercer des poursuites, une cour d'appel n'a violé ni les art. 148 s. de la loi de 1985 [C. com., anciens art. L. 622-1 s.], ni les art. 86 et 43 de la L. n° 91-650 du 9 juill. 1991 [C. pr. exéc., art. L. 211-2 ; LPF, art. L. 263], en refusant d'annuler l'avis à tiers détenteur délivré au liquidateur par le receveur en vue d'obtenir le recouvrement d'une créance née régulièrement après le jugement d'ouverture du redressement judiciaire et venue à échéance. • Com. 25 juin 1996 : *D. 1996. 615, note Derrida ; Rev. proc. coll. 1997. 45, obs. Canet.* – V. aussi • CE 9 févr. 2000 : *cité note 1 ss. art. L. 662-1.* ♦ Les sommes saisies par un percepteur suite à la notification d'un avis à tiers détenteur, doivent être remises à celui-ci, peu important l'existence, éventuellement, d'autres créances bénéficiant d'un rang préférable dans l'ordre de classement établi par l'art. 40 [C. com., ancien art. L. 621-32]. • Com. 11 févr. 1997 : *Bull. civ. IV, n° 49 ; D. 1997. IR 93 ; D. Affaires 1997. 350 ; JCP E 1997. I. 651, n° 1, obs. Cabrillac ; Rev. dr. bancaire 1997. 78, obs. Campana et Calendini ; Rev. proc. coll. 1997. 312, obs. Canet* • 22 avr. 1997 : *préc. note 37* • 3 juin 1997 : *D. Affaires 1997. 1082 ; Rev. proc. coll. 1997. 458, obs. Saint-Alary-Houin ; ibid. 1999. 112, obs. Canet* • 13 nov. 2001 : *RJDA 2002, n° 309.* ♦ Dans l'exercice de son droit de poursuite individuelle, et sans porter atteinte à l'ordre des paiements fixé par l'art. 40 [C. com., ancien art. L. 621-32], le créancier dont la créance est née régulièrement après le jugement d'ouverture peut obtenir un titre exécutoire (peu important les conséquences du concours entre ce créancier et l'Assedic agissant au titre du superprivilège des salariés). • Com. 13 oct. 1998 : *Bull. civ. IV, n° 239 ; D. 2001. Somm. 116, obs. Derrida ; D. Affaires 1998. 1780, obs. A. L. ; JCP E 1998, n° 52, p. 2063,* obs. Cabrillac ; LPA 19 nov. 1999, p. 18, *note Teilliais ; Rev. proc. coll. 1999. 112, obs. Canet.* – Comp. : • Com. 12 nov. 1997 : *Bull. civ. IV, n° 288 ; D. Affaires 1998. 30, obs. A. L. ; Quot. jur. 30 déc. 1997, p. 7, note P. M. ; Rev. dr. bancaire 1998. 70, obs. Campana et Calendini ; RTD com. 1998. 419, obs. Martin-Serf ; Rev. proc.*

coll. 1998. 300, obs. Saint-Alary-Houin ; ibid. 1999. 113, obs. Canet. – V. aussi • Paris, 10 mars 1989 : *JCP E 1989. II. 15591, n° 4, obs. Cabrillac* • 25 nov. 1999 : *D. 2000. AJ 33* • TGI Grenoble, 27 juin 1994 : *JCP E 1995. II. 687, note R. Martin* (saisie-attribution) • TGI Montluçon, 29 juin 1994 : *Rev. proc. coll. 1995. 304, obs. Saint-Alary-Houin* (saisie-attribution).

Pour des arrêts ayant jugé, tout en admettant la validité de la délivrance d'un avis à tiers détenteur, que l'ordre prévu par l'art. 40, al. 3 [C. com., ancien art. L. 621-32], doit tout de même être respecté (hypothèses de liquidation judiciaire), V. • Montpellier, 2 mai 1995 : *Rev. proc. coll. 1996. 79, obs. Saint-Alary-Houin* • Douai, 9 nov. 1995 : *ibid. 1996. 64, obs. Canet.* – En sens contraire, V. • Poitiers, 8 mars 1995 : *préc. note 30* • Dijon, 6 juin 1995 : *Rev. proc. coll. 1996. 346, obs. Canet* • Toulouse, 27 févr. 1996 : *ibid.*

39 bis. La nécessité de régler l'ordre entre les créanciers et de procéder à la distribution du prix de vente d'un immeuble ne faisant pas obstacle à la mesure d'exécution d'un créancier de la procédure sur le prix de vente, le titulaire d'une créance de l'art. 40 [C. com., ancien art. L. 621-32] peut exercer librement son droit de poursuite individuelle. • Com. 26 avr. 2000 : *Bull. civ. IV, n° 85 ; D. 2000. AJ 247, obs. Lienhard ; JCP E 2000, n° 40, p. 1565, obs. Pétel ; Act. proc. coll. 2000, n° 120, obs. Regnaut-Moutier.* ♦ De même, les dispositions de l'art. 92 [C. com., ancien art. L. 621-95] ne font pas obstacle à l'exercice par un créancier de son droit de poursuite individuelle afin d'obtenir un titre exécutoire pour le recouvrement d'une créance de loyer née après le jugement d'ouverture de la procédure collective et non réglée à son échéance. • Com. 20 mars 2001 : *Bull. civ. IV, n° 65 ; D. 2001. AJ 1319, obs. Lienhard ; RTD com. 2001. 768, obs. Martin-Serf.* ♦ La cour d'appel de Paris a toutefois considéré que le prix de cession étant indisponible pour le temps de sa répartition, un créancier, fût-il titulaire d'une créance relevant de l'art. 40 [C. com., ancien art. L. 621-32], ne peut, par une saisie-attribution à l'effet attributif immédiat, prétendre se faire payer au détriment de l'ordre des créanciers et de leurs droits respectifs. • Paris, 4 févr. 1999 : *D. Affaires 1999. 520, obs. A. L. ; RJDA 1999, n° 960.* ♦ La saisie-attribution ne peut avoir effet que sur le solde de la somme restant après que la répartition du prix aura été faite selon les droits des créanciers d'après les règles de la procédure collective. • Même arrêt.

39 ter. L'administrateur judiciaire du débiteur est un tiers saisi qui peut être condamné personnellement, à la demande du créancier, à payer les sommes dues à celui-ci, dès lors qu'il n'a pas rempli les obligations prévues aux art. 44 de la loi du 9 juill. 1991 et 59 du Décr. du 31 juill. 1992 [C. pr. exéc., art. L. 211-3 et R. 211-4, à compter du 1er juin 2012]. • Com. 1er avr. 2003 : *Bull. civ. IV, n° 53 ; D. 2003. AJ 1093, obs. Lienhard ; ibid. Somm. 1624, obs. F.-X Lucas ; Act. proc. coll. 2003, n° 108, obs. Valansan ; JCP E 2003, n° 40, p. 1576, obs. Pétel ; RD banc. fin. 2003, n° 156, obs. Delleci ; Dr. et proc. 2003. 318, note Putman ; Gaz. Pal. 2003. Somm. 3245, obs. Brenner.* ♦ V. aussi, jugeant : que le liquidateur judiciaire doit être considéré comme dépositaire ou détenteur de fonds appartenant ou devant appartenir au débiteur au sens de l'art. L. 262 LPF : • Com. 20 févr. 2001 : *Bull. civ. IV, n° 43 ; D. 2001. AJ 921, obs. Lienhard* • 13 mai 2003 : *préc. note 30 ; Procédures 2003, n° 168, obs. Perrot ; RD banc. fin. 2003, n° 156, obs. Delleci.* ♦ ... Qu'un commissaire à l'exécution du plan de cession d'une entreprise est un « tiers détenteur » des sommes appartenant au redevable, au sens de l'art. L. 262 LPF, dès lors qu'il détient les fonds provenant notamment du prix de vente des biens de celui-ci jusqu'à leur repartition aux créanciers. • Rouen, 10 juin 1998 : *Gaz. Pal. 1998. 2. Somm. 707.* ♦ V. encore, pour un arrêt de la 2e Chambre civile de la Cour de cassation ayant admis, de façon incidente, la qualité de tiers saisi du liquidateur, • Civ. 2e, 5 avr. 2001 : *cité note 17 ss. art. L. 641-9.* ♦ Auparavant, la jurisprudence considérait que le liquidateur ne détenant pas en son nom personnel mais en qualité d'organe de la procédure les sommes d'argent appartenant au débiteur qui lui étaient remises dans l'exercice de ses fonctions, il ne pouvait être pratiqué de saisie-attribution entre ses mains. • Com. 3 févr. 1998 : *Bull. civ. IV, n° 51 ; D. 1998. IR 62 ; D. Affaires 1998. 338, obs. A. L. ; JCP E 1998, n° 17, p. 654, obs. Cabrillac et Pétel ; Rev. proc. coll. 1999. 111, obs. Canet.*

Sur l'insaisissabilité des sommes déposées à la Caisse des dépôts et consignations, V. art. L. 662-1.

39 quater. Résiliation du contrat. Le non-paiement des sommes dues, en vertu de l'art. 40 [C. com., ancien art. L. 621-32], à l'échéance contractuelle, autorise le cocontractant à résilier le contrat. • T. com. Paris, 10 févr. 1997 : *Gaz. Pal. 1998. 1. Somm. 216.*

39 quinquies. Recevabilité de l'action en paiement. La demande en paiement d'une créance postérieure, après l'arrêt d'un plan de cession, ne peut être dirigée contre le seul commissaire à l'exécution du plan hors la présence du débiteur. • Besançon, 25 avr. 1997 : *Rev. proc. coll. 1998. 299, obs. Saint-Alary-Houin.*

40. Créances à déclarer. Les créances liées à une précédente procédure collective clôturée par un plan de continuation de l'entreprise, qui ont leur origine antérieurement au jugement d'ouverture de la seconde procédure collective, doivent, à l'exception des créances des salariés, être déclarées au représentant des créanciers de cette seconde procédure ; il n'y a donc pas lieu de rechercher si les créances, nées lors de la première procédure, relèvent ou non de l'art. 40 [C. com., ancien art. L. 621-32]. • Com. 28 juin 1994 : *Bull. civ. IV, n° 244 ; D. 1994. IR 198 ; RTD com. 1995. 486, obs. Martin-Serf* • 10 oct. 1995 : *Dr. sociétés 1995, n° 241, obs. Chaput* • 28 mars 2000 : *RJDA 2000, n° 779.* ♦ Lorsque le plan de redressement adopté au profit d'un débiteur reste inexécuté et que le tribunal en prononce la résolution, il s'ouvre une nouvelle procédure de redressement [liquidation] judiciaire, en application de l'art. 80 [C. com., ancien art. L. 621-82] et, dans ce cas, la loi ne distingue pas entre les créanciers dont la créance est antérieure à l'ouverture de la première procédure, et ceux dont la créance est née entre le jugement arrêtant le plan et sa résolution ; aussi la priorité de paiement doit-elle être écartée pour les créances nées pendant la première période d'observation écoulée. • Com. 12 juill. 1994 : *préc. note 14.*

41. A défaut de déclaration, les créances dont l'origine est antérieure au jugement d'ouverture de la procédure collective consécutif à la résolution du plan de continuation sont éteintes. • Com. 6 déc. 1994 : *Bull. civ. IV, n° 362 ; D. 1995. IR 18.* ♦ Le créancier ne peut se prévaloir utilement de la déclaration de créance opérée dans le cadre de la liquidation judiciaire résultant de la conversion de la seconde procédure de redressement ouverte après résolution du plan de continuation, dès lors que cette dernière déclaration n'a pu emporter régularisation de l'omission de la déclaration qui aurait dû être accomplie dans le cadre de la seconde procédure collective. • Versailles, 3 déc. 1998 : *préc. note 40.* ♦ Sur l'opposabilité de l'extinction de la créance par la caution, V. notes 12 s. ss. ancien art. L. 621-46 ss. art. L. 622-26.

41 bis. En revanche, les créances nées régulièrement après le jugement d'ouverture de la nouvelle procédure ne sont pas soumises à déclaration. • Com. 20 juin 1995 : *Rev. proc. coll. 1996. 78, obs. Saint-Alary-Houin.*

41 ter. La créance détenue contre un tiers, qui est née avant le jugement d'ouverture de la procédure collective de ce tiers par extension, en raison de la confusion des patrimoines, de celle précédemment ouverte à l'égard de la société débitrice, n'entre pas dans le champ d'application de l'art. 40 [C. com., ancien art. L. 621-32]. • Com. 20 févr. 2001 : *RJDA 2001, n° 709* • 15 mars 2005 : *Gaz. Pal. 6-7 juill. 2005, p. 15, obs. Le Corre ; RTD com. 2006. 480, obs. Martin-Serf.*

V. aussi notes 8 s. ss. ancien art. L. 621-43, ss. art. L. 622-24.

42. Responsabilité de l'administrateur. V. art. L. 622-13 et note 6 ss. art. L. 621-4.

Art. L. 622-18 **Toute somme perçue par l'administrateur ou le mandataire judiciaire qui n'est pas portée sur les comptes bancaires ou postaux du débiteur, pour les besoins de la poursuite d'activité, doit être versée immédiatement en compte de dépôt à la Caisse des dépôts et consignations.**

En cas de retard, l'administrateur ou le mandataire judiciaire doit, pour les sommes qu'il n'a pas versées, un intérêt dont le taux est égal au taux de l'intérêt légal majoré de cinq points. — *[C. com., ancien art. L. 621-33.]*

V. art. R. 622-16.

Pour l'insaisissabilité des sommes déposées à la Caisse des dépôts et consignations, V. art. L. 662-1.

Art. L. 622-19 **Toute somme versée par l'association mentionnée à l'article L. 143-11-4** *[L. 3253-14]* **du code du travail en application des articles L. 143-11-1 à L. 143-11-3** *[L. 3253-6 et L. 3253-8 à L. 3253-13]* **du même code donne lieu à déclaration à l'administration fiscale.** — *V. ces textes ss. art. L. 625-9. — [C. com., ancien art. L. 621-38.] — V. art. R. 622-17.*

Art. L. 622-20 *(L. n° 2005-845 du 26 juill. 2005, art. 34)* **« Le mandataire judiciaire désigné par le tribunal a seul qualité pour agir au nom et dans l'intérêt collectif des créanciers. Toutefois, en cas de carence du mandataire judiciaire, tout créancier nommé contrôleur peut agir dans cet intérêt dans des conditions fixées par décret en Conseil d'État. »** — *V. art. R. 622-18.*

Le mandataire judiciaire communique au juge-commissaire et au *(L. n° 2005-845 du 26 juill. 2005, art. 34)* **« ministère public » les observations qui lui sont transmises à tout moment de la procédure par les contrôleurs.**

Les sommes recouvrées *(L. n° 2005-845 du 26 juill. 2005, art. 34)* **« à l'issue des actions introduites par le mandataire judiciaire ou, à défaut, par le ou les créanciers nommés contrôleurs, » entrent dans le patrimoine du débiteur et sont affectées en cas de continuation de l'entreprise selon les modalités prévues pour l'apurement du passif.** – *[C. com., ancien art. L. 621-39.]*

BIBL. ▶ L.-M. MARTIN, *Rev. dr. bancaire 1990. 64.* – SAINT-ALARY-HOUIN, *Rev. proc. coll. 1991. 129.* – DAIGRE, *LPA 1er juin 1990.* – RAKOTOVAHINY, *LPA 27 déc. 1999.* – GORRIAS, *Gaz. Pal. 2009. Doctr. 755* (le mandataire judiciaire après l'Ord. du 18 déc. 2008 et le Décr. du 12 févr. 2009).

1. Monopole. Seul le représentant des créanciers, dont les attributions sont ensuite dévolues au liquidateur, ayant qualité pour agir au nom et dans l'intérêt collectif des créanciers, un associé ou un créancier ne sont pas recevables à agir au nom des créanciers (s'agissant de la réparation du préjudice résultant de l'aggravation du passif). • Com. 3 juin 1997 : *Bull. civ. IV, n° 163 ; D. 1997. 517, note Derrida ; D. Affaires 1997. 833 ; JCP E 1997. II. 988, note Béhar-Touchais ; Rev. dr. bancaire 1997. 175, obs. Campana et Calendini ; JCP E 1998. n° 1-2, p. 33, obs. Cabrillac ; Rev. proc. coll. 1998. 113, obs. Martin-Serf.* ♦ Il ne saurait être soutenu que tout créancier peut exercer *« ut singuli »* cette action dès lors que le représentant des créanciers n'a pas exercé les pouvoirs qu'il tient de l'art. 46 [C. com., art. L. 622-20]. • Même arrêt. ♦ V. aussi • Com. 28 mars 2000 : *Rev. proc. coll. 2002. 118, obs. Martin-Serf.* ♦ Sur l'exercice de l'action en responsabilité pour crédits abusifs, une fois la mission du représentant des créanciers achevée, par le commissaire à l'exécution du plan, V. note 8 ss. art. L. 626-25. ♦ ... Par le liquidateur, V. note 1 ss. art. L. 641-4. ♦ Sur cette action, V. notes 28 s. ss. C. mon. fin., art. L. 313-12, App., v° *Banque et financement de l'entreprise.*

Sur la fin de non-recevoir d'ordre public tirée du défaut de qualité pour agir des créanciers, V. note 2 *bis* ss. art. L. 641-4. ♦ Comp., désormais, sur l'action des contrôleurs en cas de carence du mandataire judiciaire : art. L. 622-20, dans sa réd. issue de L. n° 2005-845 du 26 juill. 2005.

Sur le rôle des contrôleurs dans le régime intérieur, V. note 13 ; V. aussi note 23 *ter* ss. art. L. 661-6.

Sur la répartition des tâches entre plusieurs représentants des créanciers, V. note 24 *bis* ss. ancien art. L. 621-43, ss. art. L. 622-24.

2. Intérêt des créanciers. Le représentant des créanciers dispose du droit général d'agir au nom et dans l'intérêt des créanciers en vue notamment de la réparation du préjudice subi par eux collectivement et l'exercice de ce droit n'est pas enfermé dans la période d'observation. • Paris, 3 mai 1994 : *D. 1994. IR 157.*

2 bis. Seul le représentant des créanciers, dont les attributions sont ensuite dévolues au liquidateur, a qualité pour agir au nom et dans l'intérêt des créanciers et, tenant de la loi le pouvoir de représenter l'ensemble de ceux-ci pour la défense de leur intérêt collectif, il n'a pas à indiquer au nom de quels créanciers il se présente dès lors qu'il ne peut légalement agir que dans l'intérêt de tous et non dans l'intérêt personnel d'un créancier ou d'un groupe de créanciers. • Com. 16 mars 1993 : *Bull. civ. IV, n° 106 ; D. 1993. 583, note Derrida ; Rect. 612* (V. l'arrêt confirmé : • Rennes, 4 juill. 1990 : *Gaz. Pal. 1991. 2. Somm. 423, obs. Bey*). – V. aussi note 3 *ter* et • Com. 7 janv. 2003 : *cité note 4 ss. art. L. 624-1.* ♦ Il s'ensuit que le crédit-bailleur ne peut invoquer le bénéfice de l'exception prévue à l'art. 8 du Décr. n° 72-665 du 4 juill. 1972 qu'à la condition d'établir que chacun des créanciers du preneur a eu connaissance de l'existence de ses droits. • Com. 29 avr. 1997 : *Bull. civ. IV, n° 112 ; D. 1997. IR 13 ; D. Affaires 1997. 835.*

Dès lors que le soutien abusif accordé par la banque à la société débitrice a porté préjudice aux seuls créanciers, l'action en réparation engagée par la société en redressement judiciaire assistée de son administrateur est irrecevable. • Com. 5 janv. 1999 : *Bull. civ. IV, n° 3 ; D. Affaires 1999. 219, obs. A. L. ; LPA 20 janv. 1999, p. 8, note P. M. ; RJ com. 1999. 414, note Courtier.*

3. Sur la recevabilité de l'action en responsabilité pour contribution à la diminution de l'actif ou à l'aggravation du passif, exercée par le représentant des créanciers ou le liquidateur contre un des créanciers, V. note 1 ss. art. L. 641-4. ♦ La demande d'un créancier, fondée sur l'art. 145 NCPC (devenu art. 145 C. pr. civ., relatif aux mesures d'instructions conservatoires), tendant à la désignation d'un expert chargé de rechercher les conditions d'intervention d'organismes financiers ayant apporté leurs concours au débiteur, est irrecevable. • Com. 22 oct. 1996 : *RJDA 1997, n° 125.*

3 bis. Sur l'exercice de l'action en extension de la procédure de redressement ou de liquidation judiciaire, V. note 36 ss. art. L. 621-2. ♦ Sur la constitution de partie civile pour banqueroute, V. art. L. 654-17. ♦ Sur l'appel-nullité, V. note 24 ss. art. L. 661-6.

3 ter. Le représentant des créanciers ne pouvant légalement agir que dans l'intérêt de tous les créanciers et non dans l'intérêt personnel d'un créancier ou d'un groupe de créanciers, il n'est pas recevable à exercer à l'encontre du loueur une action sur le fondement de l'art. 8 de la loi du 20 mars 1956 devenu l'art. L. 144-7 C. com., instituée dans le seul intérêt des créanciers disposant d'une créance nécessaire à l'exploitation du fonds de commerce. • Com. 9 nov. 2004 : *Bull. civ. IV, n° 193 ; D. 2004. AJ 3069, obs. Lienhard ; D. 2005. Pan. 296, obs. Le Corre ; Act. proc. coll. 2004, n° 245, obs. Regnaut-Moutier ; LPA 13 avr. 2005, p. 4, note F.-X. Lucas ; Dr. et patr. avr. 2005. 115, obs. Monsèrié-Bon ; Defrénois 2005. 993, obs. Gibirila. – Contra*, auparavant : • Com. 8 juill. 2003 : *LPA 18 févr. 2004, note F.-X. Lucas.*

4. Est irrecevable la tierce opposition à un jugement arrêtant un plan de cession totale d'une entreprise en liquidation judiciaire, formée par un créancier, dès lors que les critiques formulées à l'encontre du jugement se bornent à invoquer l'atteinte portée, en violation des dispositions légales, à l'intérêt collectif des créanciers dont le représentant des créanciers, partie au jugement frappé de tierce opposition, a seul la charge. • Com. 9 juill. 1996 : *D. 1996. IR 188 ; D. Affaires 1996. 1008.* ♦ Dans le même sens, pour une tierce opposition à un jugement prononcant la liquidation judiciaire, V. • Com. 18 janv. 2000 : *Rev. proc. coll. 2000. 222, obs. Soinne.*

En revanche, le représentant des créanciers ne pouvant agir que dans l'intérêt collectif des créanciers, le créancier qui invoque un droit qui lui est propre ne peut être représenté par lui et est ainsi recevable à former tierce opposition. • Com. 14 nov. 2000 : *RJDA 2001, n° 183.* ♦ Ainsi, le créancier nanti sur fonds de commerce, qui dispose d'un droit propre pour s'opposer à la résiliation du bail en invoquant l'inobservation des formalités prévues par l'art. 14 de la loi du 17 mars 1909, devenu l'art. L. 143-2 C. com., est recevable en sa tierce opposition à l'ordonnance constatant la résiliation du bail commercial : • Com. 19 mai 2004 : *Loyers et copr. 2004, n° 188, note Brault.*

5. En application de l'art. 46, devenu l'art. L. 621-39 [L. 622-20] C. com., le droit conféré aux créanciers par l'art. 1167 C. civ. (action paulienne) peut également être exercé, en leur nom et dans leur intérêt collectif, par le représentant des créanciers. • Com. 13 nov. 2001 : *cité note 8 ss. art. L. 626-25.* – V. aussi • Grenoble, 12 oct. 2000 : *JCP E 2001, n° 17, p. 686.* ♦ Le droit exclusif que l'art. 46 [C. com., art. L. 622-20] confère au représentant des créanciers pour agir au nom et dans l'intérêt de ceux-ci ne fait pas obstacle à ce qu'un créancier exerce l'action de l'art. 1167 C. civ. contre tous les actes faits en fraude de ses droits par le débiteur. • Com. 8 oct. 1996 : *Bull. civ. IV, n° 227 ; D. 1997. 87, note Derrida ; D. Affaires 1996. 1294. Rev. dr. bancaire 1996. 245, obs. Campana et Calendini ; JCP E 1997. II. 914, note Guyon.* (V. l'arrêt d'appel : • Versailles, 28 janv. 1993 : *D. 1993. IR 95).* ♦ Le représentant des créanciers ne peut avoir plus de droits que les créanciers eux-mêmes. • Com. 30 nov. 1993 : *Bull. civ. IV, n° 438 ; D. 1994. 175, note Derrida et Sortais ; JCP 1994. IV. 359 ; Rev. huiss. 1995. 457, note Vidal.* ♦ Ainsi, lorsque les seuls créanciers invoqués, qui avaient introduit une instance en annulation d'une donation faite frauduleusement à leur égard, ont renoncé à leur droit d'agir par un désistement accepté, leur représentant, intervenant volontaire, ne peut prétendre exercer l'action paulienne en leur lieu et place. • Même arrêt. ♦ Sur l'action paulienne, V. Courtier, *LPA 3 mars 1995* ; Pizzio-Delaporte, *RTD com. 1995. 715* . ♦ Sur les effets de l'action, V. note 3 *bis* ss. art. L. 632-4.

Nonobstant l'art. 46, al. 1er [C. com., art. L. 622-20], un des créanciers peut agir par la voie oblique (art. 1166 C. civ.) s'il justifie d'un intérêt personnel à ce que les créances pour lesquelles il agit réintègrent le patrimoine de son débiteur. • Paris, 13 mars 1998 : *D. Affaires 1998. 673, obs. A. L. ; JCP E 1999, n° 14, p. 621, note Dubœuf-Hild.* ♦ Si ce créancier est titulaire de créances visées à l'art. 40 [C. com., art. L. 622-17], et qu'il entend obtenir paiement des sommes, réintégrées par la voie oblique dans le patrimoine de son débiteur, il doit appeler à la cause ce débiteur, sur la créance duquel il prétend se payer par l'action oblique exercée contre le sous-débiteur. • Même arrêt. ♦ Sur l'irrecevabilité de l'action oblique en cas de liquidation judiciaire, V. note 14 *bis* ss. art. L. 641-9.

5 bis. Viole l'art. 46 [C. com., art. L. 622-20], l'arrêt qui condamne le débiteur, l'administrateur judiciaire ès qualités et aussi le représentant des créanciers ès qualités à payer au bailleur les loyers échus au créancier, alors que le représentant des créanciers, qui a pour mission de défendre l'intérêt collectif des créanciers, ne peut, en cette qualité, être condamné au paiement d'une telle somme. • Com. 31 mai 1994 : *Bull. civ. IV, n° 198 ; D. 1994. IR 180.*

5 ter. Compétence territoriale. Le tribunal de commerce saisi est territorialement compétent pour connaître de l'action en responsabilité délictuelle dirigée contre une banque, dès lors que ce tribunal est celui qui a ouvert le redressement judiciaire de sociétés et que c'est dans son ressort que le dommage invoqué, consistant en l'ouverture même de la procédure collective de ces sociétés à la suite de la rupture des concours de la banque, a été subi par la collectivité des créanciers au nom et dans l'intérêt de laquelle l'action a été engagée par le représentant des créanciers. • Com. 3 juin 1997 : *Bull. civ. IV, n° 161 ; D. 1997. 517, note Derrida ; D. Affaires 1997. 834 ; Rev. proc. coll. 1998. 115, obs. Martin-Serf.*

5 quater. Étendue de la réparation pour crédits abusifs. La banque, responsable du préjudice collectif subi par les créanciers de la société en liquidation, est tenue de le réparer en totalité sauf son recours contre le créancier à qui elle impute une part de responsabilité dans la survenance de ce préjudice. • Com. 5 mars 1996 : *Bull. civ. IV, n° 70 ; D. 1996. IR 105 ; D. Affaires 1996. 525.*

5 quinquies. Sort des sommes recouvrées. Les sommes recouvrées par le représentant des créanciers à la suite des actions qu'il engage entrent dans le patrimoine du débiteur pour être affectées, en cas de continuation de l'entreprise, selon les modalités prévues pour l'apurement du passif et pour être réparties en cas de cession de l'entreprise ou de liquidation, entre tous les créanciers, au marc le franc. • Com. 28 mars 1995 : *Bull. civ. IV, n° 105 ; D. 1995. 410, note Derrida ; Rev. dr. bancaire 1995. 118, obs. Campana et Calendini ; RTD com. 1996. 127, obs. Martin-Serf.* ♦ Ces règles faisant obstacle à ce que la compensation ait lieu entre la dette mise à la charge du créancier à la suite de l'action engagée par le représentant des créanciers du débiteur et la dette de ce dernier envers le créancier, un arrêt retient à bon droit la responsabilité du créancier et le condamne à ce titre au paiement d'une indemnité au représentant des créanciers, et condamne solidairement les cautions du débiteur, en cette qualité, à payer au créancier le reliquat de sa créance sur le débiteur, après distribution de la créance d'indemnité aux créanciers. • Même arrêt. – Dans le même sens, V. • Com. 6 mai 1997 : *Bull. civ. IV, n° 119 ; D. Affaires 1997. 865 ; Rev. proc. coll. 1997. 491, obs. Martin-Serf.* ♦ Confirmant cette solution sous l'empire de la loi du 26 juillet 2005, la Cour de cassation a précisé qu'il importe peu que l'instance ait été engagée par le créancier dès lors que le liquidateur a repris la demande reconventionnelle formulée par le débiteur. • Com. 7 avr. 2009 : *D. 2009. AJ 1203 ; Gaz. Pal. 26-28 juill. 2009, p. 26, obs. Rohart-Messager ; JCP E 2009. 1814, n° 14, obs. Cabrillac ; RJDA 2009, n° 874 ; RTD com. 2009. 809, obs. Martin-Serf.*

6. Plan d'apurement du passif. Sur l'absence d'intérêt du représentant des créanciers à agir en nullité de la vente d'un bien du débiteur conclue après l'ouverture du redressement judiciaire, alors qu'il a été mis fin à cette procédure par un plan d'apurement du passif, V. • Com. 29 oct. 1991 : *Bull. civ. IV, n° 320.*

7. Fin des fonctions. V. art. L. 626-24, al. 2.

8. Liquidation judiciaire. Le monopole de représentation de l'intérêt collectif des créanciers, que le législateur a entendu conférer au représentant des créanciers, est transmis au liquidateur lors du jugement de liquidation judiciaire ; il appartient, par conséquent, à ce dernier, et conformément au chapitre 1er du titre 3 de la loi [section 1re du chapitre 2 du titre 2 du livre 6 du code de commerce], d'exercer les actions qui relèvent de la compétence du représentant des créanciers ; un créancier ne peut se substituer à lui. • T. com Chambéry, 5 oct. 1987 : *Gaz. Pal. 1988. 1. Somm. 96* • Chambéry, 16 avr. 1992 : *BICC 1992, n° 1892.*

V. aussi notes 1 s. ss. art. L. 641-4.

9. Intérêt distinct et préjudice individuel. A subi un préjudice individuel fondé sur un intérêt distinct de celui des autres créanciers, l'entreprise qui a procédé à des travaux dans les locaux sinistrés par un incendie d'une société depuis en redressement judiciaire, dès lors que l'assureur de celle-ci, en ne remettant pas l'indemnité destinée en priorité au paiement de ces ouvrages, à la bénéficiaire de l'assurance ou à un mandataire dûment habilité, et le gestionnaire de la police, en détournant le montant de ce dédommagement par son affectation à un autre usage, ont privé la société en cause des fonds nécessaires pour régler l'entreprise avant l'ouverture du redressement judiciaire et ont fait perdre à cette créancière toute chance d'être intégralement désintéressée. • Com. 11 oct. 1994 : *Bull. civ. IV, n° 281 ; Rev. huiss. 1995. 335, note Courtier ; JCP 1994. I. 2491.* ♦ En revanche, doivent être déclarées irrecevables les actions individuelles en indemnisation engagées par des créanciers au titre de préjudices tenant à des pertes de rémunération, de valeur de leurs parts sociales ou actions, ainsi que des fonds de commerce et autres biens mis à la disposition des sociétés débitrices, dès lors que les préjudices énoncés sont subis indistinctement et collectivement par tous les créanciers ayant déclaré leurs créances. • Com. 14 déc. 1999 : *Bull. civ. IV, n° 230 ; D. 2000. AJ 90, obs. Faddoul ; Rev. proc. coll. 2000. 222, obs. Soinne ; ibid. 2002. 119, obs. Martin-Serf.* ♦ V. déjà, sous l'empire de la loi de 1967, en ce sens qu'aucun créancier n'est recevable à agir lui-même contre un tiers pour demander réparation du préjudice constitué par l'immobilisation de sa créance et notamment par la perte des intérêts : • Cass., ass. plén., 9 juill. 1993 : *Bull. civ. n° 13 ; BICC 15 sept. 1993, concl. Jéol ; D. 1993. 469, concl. Jéol, note Derrida ; JCP 1993. II. 22122, concl. Jéol, note Pollaud-Dulian ; Dr. sociétés 1994, n° 26, obs. Chaput* • Com. 25 nov. 1986 : *D. 1987. Somm. 279, obs. Vasseur ; RTD com. 1987. 230, obs. Cabrillac et Teyssié.* (même affaire). – *Contra*, sur renvoi : • Toulouse, 26 juin 1989 : *D. 1989. 530, note Derrida ; RTD com. 1990. 71, obs. Cabrillac et Teyssié*. ♦ V. aussi : • Com. 19 déc. 1995 : *Bull. civ. IV, n° 309 ; D. 1996. IR 48* • 27 févr. 1996 : *RJDA 1996, n° 688* • 23 mai 2000 : *Act. proc. coll. 2000, n° 172* • 4 juill. 2000 : *BRDA 2000, n° 18, p. 8* • Paris, 20 juin 2000 : *D. 2000. AJ 382, obs. Pisoni*.

9 bis. La recevabilité de l'action engagée par un créancier d'un débiteur en procédure collective contre un tiers dépend seulement du point de savoir s'il justifie d'un préjudice spécial et distinct de celui évoqué par les autres créanciers. • Soc. 14 nov. 2007 : *Bull. civ. V, n° 188 ; D. 2007. AJ 3075 ; JCP 2008. II. 10038, note Dumont ; Bull. Joly 2008. 223, note Saintourens ; RJ com. 2008. 225, note Sortais.* ♦ Le préjudice invoqué par les salariés résultant, à la suite de la cession de la filiale, de la perte de leur emploi ainsi que de la diminution de leur droit à participation dans la société et de la perte d'une chance de bénéficier des dispositions du plan social du groupe constitue un préjudice particulier et distinct de celui éprouvé par l'ensemble des créanciers de la procédure collective de la société cessionnaire. • Même arrêt.

10. Le principe de l'égalité des créanciers ne s'oppose pas à leur action individuelle contre les complices du banqueroutier qui ne font pas eux-mêmes l'objet d'une procédure collective et dont le patrimoine n'est pas en conséquence le gage de l'ensemble des créanciers. • Crim. 11 oct. 1993 : *Bull. crim. n° 283 ; D. 1994. IR 18 ; Rev. sociétés 1994. 303, note Bouloc*.

11. Constitue un préjudice subi personnellement par une banque celui résultant du non-respect par un tiers d'une promesse d'apporter les fonds nécessaires au redressement financier d'une entreprise, dès lors que cette promesse, faite personnellement à la banque, l'a conduite à accorder des crédits supplémentaires à l'entreprise mise par la suite en redressement judiciaire. • Versailles, 9 mai 1996 : *RJDA 1996, n° 1392.* ♦ De même, un créancier peut être admis à poursuivre contre le commissaire aux comptes de la société en redressement judiciaire la réparation d'un préjudice personnel, distinct de celui des autres créanciers, qui découlerait d'une faute commise dans l'exercice de sa mission. • T. com. Paris, 20 févr. 1995 : *Gaz. Pal. 1996. 1. Somm. 53.*

11 bis. Le créancier nanti justifie d'un intérêt personnel et distinct quant à la détermination de l'assiette de son droit de préférence. Ce créancier peut donc valablement contester l'ordonnance du juge-commissaire autorisant la vente du fonds de commerce de gré à gré, à un prix selon lui insuffisant, dès lors que cette décision affecte la valeur de son gage. • TGI Thionville, 27 avr. 1995 : *Rev. proc. coll. 1998. 158, obs. Soinne.*

12. Lorsque le créancier agit pour la défense de ses intérêts particuliers, aucun texte n'exige qu'il sollicite l'intervention du représentant des créanciers. • Paris, 8 déc. 1995 : *Rev. proc. coll. 1998. 158, obs. Soinne.*

12 bis. Action des créanciers d'une société civile. Les associés d'une société civile demeurent tenus personnellement à l'égard des créanciers sociaux même en cas de procédure collective de cette société ; dès lors, ni le représentant des créanciers [mandataire judiciaire] de la société, ni, en cas de liquidation judiciaire, le liquidateur n'ont qualité pour exercer l'action ouverte par l'art. 1857 à chacun des créanciers contre les associés. • Com. 24 janv. 2006 : *Bull. civ. IV, n° 17 ; D. 2006. AJ 445, obs. Lienhard ; JCP E 2006, n°s 14-15, p. 672, obs. Cabrillac et Pétel ; Act. proc. coll. 2006, n° 40, obs. Regnaut-Moutier ; LPA 28 avr. 2006, p. 14, note Gibirila ; Bull. Joly 2006. 588, note Daigre ; Dr. sociétés 2006, n° 73, note F.-X. Lucas ; Rev. sociétés 2006. 410, note J.-F. Barbièri ; RTD com. 2006. 435, obs. Monsèrié-Bon ; ibid. 916, obs. Martin-Serf ; Banque et Droit juill.-août 2006. 49, obs. Riassetto ; Rev. sociétés 2006. 637, note Bonneau*. – V. aussi F.-X. Lucas, *Dr. sociétés 2006. Étude 10.* ♦ V. déjà, sous l'empire de la loi de 1967, • Com. 12 janv. 1988 : *D. 1989. Somm. 338, obs. Honorat ; Rev. sociétés 1988. 269, note Bouloc.*

12 ter. Responsabilité personnelle du dirigeant à l'égard des créanciers. La recevabilité d'une action en responsabilité personnelle engagée par un créancier à l'encontre du dirigeant d'une société mise en procédure collective, pour des faits antérieurs au jugement d'ouverture, est subordonnée à l'allégation d'un préjudice personnel distinct de celui des autres créanciers résultant d'une faute du dirigeant séparable de ses fonctions. • Com. 7 mars 2006 : *Bull. civ. IV, n° 61 ; D. 2006. AJ 857, obs. Lienhard ; Act. proc. coll. 2006, n° 102, obs. Vallansan ; JCP E 2006, n° 26, p. 1171, obs. Caussain, Deboissy et Wicker ; ibid., n° 37, p. 1536,* *obs. Cabrillac ; Bull. Joly 2006. 938, note F.-X. Lucas ; RTD com. 2006. 431, obs. Le Cannu ; RJ com. 2006. 207, obs. Ginestet ; Gaz. Pal. 14-18 juill. 2006, p. 31, obs. Roussel Galle ; Rev. sociétés 2006. 644, note J.-F. Barbièri*. – V. Jambort, *JCP E 2006, n° 51-52, p. 2204*. ♦ Tel n'est pas le cas lorsque le créancier sollicite le paiement du montant non recouvré de sa créance en réparation de la privation de la possibilité d'exercer son action en revendication des marchandises vendues sous réserve de propriété. • Même arrêt.

13. Responsabilité civile du représentant des créanciers. Le représentant des créanciers agit au nom et dans l'intérêt des créanciers, avec l'assistance d'un contrôleur lorsqu'il en est désigné un ; dès lors, il commet une faute dont il doit réparation en n'engageant pas contre le dirigeant social, comme le lui demandait le contrôleur, une action à l'égard du dirigeant contre lequel, par la suite, ont été prononcé des condamnations judiciaires notamment pour présentation de bilan inexact. • Paris, 3 févr. 1998 : *D. 1998. IR 78 ; D. Affaires 1998. 478 ; Rev. proc. coll. 2000. 83, obs. Sonne.*

14. Sur la prescription de l'action en responsabilité, V. note 6 *bis* ss. art. L. 641-4.

15. V. aussi note 35 *bis* ss. ancien art. L. 621-46 ss. art. L. 622-26, note 3 *bis* ss. art. L. 626-9, note 4 ss. art. L. 624-1 et note 2 *bis* ss. ancien art. 66 du Décr. n° 85-1388 du 27 déc. 1985, ss. art. R. 622-21.

Art. L. 622-21 **I. — Le jugement d'ouverture** *(L. n° 2005-845 du 26 juill. 2005, art. 35)* **« interrompt » ou interdit toute action en justice de la part de tous les créanciers dont la créance** *(L. n° 2005-845 du 26 juill. 2005, art. 35)* **« n'est pas mentionnée au I de l'article L. 622-17 » et tendant :**

1° A la condamnation du débiteur au paiement d'une somme d'argent ;

2° A la résolution d'un contrat pour défaut de paiement d'une somme d'argent.

(Ord. n° 2008-1345 du 18 déc. 2008, art. 30) **« II. — Il arrête ou interdit également toute procédure d'exécution de la part de ces créanciers tant sur les meubles que sur les immeubles ainsi que toute procédure de distribution n'ayant pas produit un effet attributif avant le jugement d'ouverture. »** — *V. art. R. 622-19.*

III. — Les délais impartis à peine de déchéance ou de résolution des droits sont en conséquence *(Ord. n° 2008-1345 du 18 déc. 2008, art. 30)* **« interrompus ».** — *[C. com., ancien art. L. 621-40.]*

BIBL. ▸ VALLENS, *RTD com. 1991. 529*. – ALIX, *Gaz. Pal. 1996. 1. Doctr. 412*. – F. AUBERT, *Dr. et patr. févr. 1998. 46*. – POLLAUD-DULIAN, *JCP 1998. I. 138* (principe d'égalité). – GARÇON, *JCP N 1998, n° 26, p. 998* (la détention d'un prix de vente en présence de voies d'exécution mobilières diligentées à l'encontre du vendeur objet d'une procédure collective). – MACORIG-VENIER, *LPA 6 sept. 2000* (rupture des contrats). – ROUSSEL GALLE, *Gaz. Pal. 2009. Doctr. 806* (Ord. du 18 déc. 2008). – RAKOTOVAHINY, *Dr. et patr. mai 2013. 34* (action directe en paiement et procédures collectives).

I. GÉNÉRALITÉS

1. Ordre public. Le principe de suspension des poursuites individuelles en matière de faillite est à la fois d'ordre public interne et international. • Civ. 1re, 6 mai 2009 : *Bull. civ. I, n° 86 ; D. 2009. AJ 1422, obs. Delpech ; RTD com. 2009. 546, obs. Loquin ; Act. proc. coll. 2009, n° 182, obs. Mastrullo ; Procédures 2009, n° 236, obs. Rolland ; LEDEN juill. 2009, p. 5, obs. Mélin ; JCP E 2009. 1814, n° 2, obs. Pétel ; Rev. proc. coll. 2010, n° 9, obs. Staes.* – V. déjà • Civ. 1re, 19 déc. 1995 : *D. Affaires 1996. 241.*

1 bis. La règle de l'arrêt des poursuites individuelles, consécutive à l'ouverture d'une procédure collective, constitue une fin de non-recevoir pouvant être proposée en tout état de cause dont le caractère d'ordre public impose au juge de la relever d'office. • Com. 12 janv. 2010 : *D. 2010. AJ 263, obs. Lienhard ; LEDEN mars 2010, p. 6, obs. Staes ; RJDA 2010, n° 544.*

2. Application à la liquidation judiciaire. V. art. L. 641-3. ♦ V. déjà, avant la L. n° 94-475 du 10 juin 1994, dont était issu l'ancien art. L. 622-3 : • Com. 19 déc. 1995 : *Bull. civ. IV, n° 305 ; D. 1996. 145, note Campana ; D. 1996. Somm. 390, obs. S. Piedelièvre ; JCP E 1996. I. 554, n° 21, obs. Cabrillac ; Defrénois 1996. 937, obs. Sénéchal ; RTD com. 1996. 533, obs. Martin-Serf ; Rev. proc. coll. 1997. 51, obs. Macorig-Venier.*

2 bis. Plan de redressement. V. note 3 ss. art. L. 625-6.

3. Nécessité d'un jugement d'ouverture. La suspension de l'action en justice des créanciers visée à l'art. 47 [C. com., art. L. 622-21] procède de la seule autorité du jugement d'ouverture de la procédure de redressement judiciaire.

• Com. 27 avr. 1993 : *Bull. civ. IV, n° 147.*

4. Existence d'une procédure antérieure. L'art. 47 [C. com., art. L. 622-21], qui ne fait aucune distinction selon qu'il existe ou non une procédure antérieure, interdit toute voie d'exécution en vue du recouvrement des créances antérieures à cette nouvelle procédure collective (s'agissant de l'inexécution d'un plan de continuation ayant entraîné sa résolution et l'ouverture d'une nouvelle procédure). • Com. 10 oct. 1995 : *Dr. sociétés 1995, n° 241, obs. Chaput ; Rev. proc. coll. 1996. 88, obs. Soinne.* ♦ V. aussi note 5 ss. ancien art. L. 621-82, ss. art. L. 626-27.

4 bis. Invocation devant la Cour de cassation. Faute d'avoir informé la cour d'appel, par des conclusions antérieures à l'ordonnance de clôture, de sa mise en redressement judiciaire postérieurement à la naissance de la créance invoquée contre lui, le débiteur est irrecevable à présenter pour la première fois devant la Cour de cassation le moyen tiré du principe de la suspension des poursuites. • Com. 22 oct. 1996 : *Bull. civ. IV, n° 244.*

4 ter. Délais de prescription. Le délai de prescription qui court contre un débiteur n'est pas suspendu par sa mise en redressement ou liquidation judiciaires. • Com. 20 sept. 2005 : *Bull. civ. IV, n° 178 ; D. 2005. AJ 2445, obs. Lienhard ; JCP E 2006, n° 2, p. 71, obs. Cabrillac ; Bull. Joly 2006. 202, note F.-X. Lucas ; Gaz. Pal. 10-11 févr. 2006, p. 28, obs. Roussel Galle.*

4 quater. Procédure ouverte à l'étranger. Il résulte de l'art. 509 C. pr. civ. que, en l'absence d'exequatur, une décision de mise en liquidation judiciaire prononcée à l'étranger ne peut produire, en France, aucun effet de suspension des poursuites individuelles. • Civ. 1re, 28 mars 2012 : *D. 2012. Actu. 942 ; Rev. sociétés 2012. 400, obs. Roussel Galle ; LEDEN mai 2012, p. 7, obs. Mélin ; Act. proc. coll. 2012, n° 131, obs. V. Legrand ; Rev. proc. coll. 2012, n° 192, obs. Menjucq.*

II. NATURE DES ACTIONS VISÉES

A. EXCLUSION DES ACTIONS CONTRE LES TIERS

5. Actions contre les dirigeants sociaux. L'action fondée sur l'art. 52 de la loi du 24 juill. 1966 [C. com., art. L. 223-22], exercée non contre la société mais contre le gérant à raison de ses fautes personnelles, ne se trouve pas soumise à la suspension des poursuites individuelles. • Paris, 8 mars 1991 : *D. 1991. IR 134.* ♦ Comp. : note 4 ss. art. L. 651-2. ♦ De même, les dispositions des art. 47 et 49 [C. com., art. L. 622-21 et L. 621-23], invoquées par un dirigeant social d'une société mise en liquidation judiciaire, ne sauraient faire obstacle à l'application de l'action engagée par le receveur principal sur le fondement de l'art. L. 267 LPF. • Versailles, 26 mars 1992 : *D. 1992. IR 165* • Com. 21 juin 1994 : *RJDA 1994, n° 1208.*

6. Constitution de partie civile. Est recevable l'action engagée par le créancier d'une société en redressement judiciaire contre l'un des dirigeants de celle-ci, complice d'escroquerie, dès lors que cette action est dirigée contre une personne étrangère à la procédure collective et dont le patrimoine n'est pas le gage des créanciers. • Crim. 24 janv. 1994 : *RJDA 1994, n° 590* • 3 avr. 1995 : *Dr. sociétés 1996, n° 57, obs. Chaput* • 23 mai 1995 : *RJDA 1996, n° 67.* – Rappr. : • Crim. 26 févr. 1998 : *Rev. sociétés 1998. 604, note Bouloc* • 27 avr. 2000 : *RJDA 2000, n° 1013.* ♦ V. note 14 *quater* et notes ss. art. L. 654-17.

7. Actions contre les cautions (jurisprudence antérieure à la loi du 10 juin 1994). BIBL. Campana, *Gaz. Pal. 1986. 2. Doctr. 717.* – Liénard, *Rev. proc. coll. 1988. 121.* – Soinne, *ALD 1985. 99.* ♦ Avant la modification de l'art. 55 de la loi du 25 janv. 1985 [devenu C. com., art. L. 622-28] par la loi du 10 juin 1994, le redressement judiciaire du débiteur n'avait pas pour effet de suspendre les poursuites dirigées contre la caution solidaire. • Com. 16 févr. 1993 : *Bull. civ. IV, n° 58 ; D. 1993. Somm. 310, obs. Aynès* • Civ. 1re, 31 mars 1998 : *Bull. civ. I, n° 135 ; D. 1998. IR 119 ; D. Affaires 1998. 805* • Com. 22 juin 1999 : *Bull. civ. IV, n° 134 ; D. 1999. IR 194 ; Act. proc. coll. 1999, n° 173, obs. Regnaut-Moutier ; RTD com. 1999. 984, obs. Vallens ; Procédures 2000, n° 10, obs. Laporte ; Rev. proc. coll. 2000. 12, obs. Macorig-Venier* • Civ. 1re, 14 juin 2000 : *Bull. civ. I, n° 182 ; D. 2001. Somm. 696, obs. Aynès ; D. 2000. AJ 318, obs. Lienhard ; Act. proc. coll. 2000, n° 165, obs. Regnaut-Moutier ; Dr. et patr. janv. 2001. 96, obs. Monsèrié-Bon ; Defrénois 2001. 368, obs. Sénéchal* • Versailles, 4 oct. 1990 : *Gaz. Pal. 1991. 1. Somm. 226.* ♦ La caution, condamnée « *in solidum* » avec le débiteur principal, n'avait pas qualité pour critiquer la condamnation prononcée à l'égard de ce dernier en tant que cette condamnation serait contraire à la règle de l'arrêt des poursuites individuelles, applicable au seul débiteur principal. • Com. 11 mai 1993 : *Bull. civ. IV, n° 180.* ♦ Comp., désormais : art. L. 622-28, al. 2, suspendant toute action contre les cautions personnes physiques jusqu'au jugement arrêtant le plan ou prononçant la liquidation.

8. Actions contre le conjoint. Le prêteur de

deniers ne peut exercer des poursuites sur les biens communs, en sa qualité de créancier privilégié de l'épouse, en dehors des cas où les créanciers du mari peuvent eux-mêmes agir. • Com. 17 juin 1997 : *D. 1998. Somm. 107, obs. S. Piedelièvre ; D. Affaires 1997. 901 ; RTD civ. 1997. 709, obs. Bandrac et Crocq*. – V. Soinne, *LPA 8 août 1997.* ♦ V. déjà • Cass., ass. plén., 23 déc. 1994 : *cité note 5 ss. art. L. 641-9.* ♦ *Contra*, auparavant : • Com. 19 janv. 1993 : *Bull. civ. IV, n° 25 ; D. 1993. 331, note crit. Honorat et Patarin ; JCP 1993. II. 22056, note Pétel* • Civ. 2e, 24 mars 1993 : *Bull. civ. II, n° 128.* ♦ Dans le même sens, à propos de l'action en résolution de la vente d'un bien commun, V. • Com. 28 janv. 2004 : *Rev. proc. coll. 2005. 60, obs. Rubellin.*

9. Comp., estimant qu'une saisie-attribution des créances à exécution successive pratiquée à l'encontre de deux époux, communs en biens et codébiteurs solidaires, antérieurement à la mise en liquidation judiciaire de l'un d'eux sur les loyers d'un immeuble dépendant de la communauté poursuit ses effets sur les loyers échus après le jugement de liquidation : • Cass., avis, 16 déc. 1994 : *D. 1995. 166, note Derrida ; JCP 1995. II. 22409, note Grafmeyer ; JCP E 1995. II. 686, note R. Martin.* – V. Soinne, *LPA 1er nov. 1996.* ♦ Comp. : note 6 ss. art. L. 622-7.

9 bis. Bien qu'il ait déclaré sa créance à la procédure de l'époux en liquidation judiciaire, le créancier de l'époux *in bonis* ne peut exercer un droit de poursuite individuelle sur les biens communs qu'en démontrant qu'il est titulaire d'un privilège spécial, d'un nantissement ou d'une hypothèque. • Com. 2 févr. 1999 : *Act. proc. coll. 1999, n° 80, obs. Vallansan ; Rev. proc. coll. 2000. 11, obs. Macorig-Venier.* – V. Robinne, *Dr. et patr. avr. 2000. 38.* ♦ Les salaires d'un époux marié sous un régime de communauté sont des biens communs frappés par la saisie collective au profit des créanciers de l'époux mis en procédure collective qui ne peuvent être saisis, pendant la durée de celle-ci, au profit d'un créancier de l'époux maître de ses biens. • Com. 16 nov. 2010 : *Bull. civ. IV, n° 176 ; D. 2010. Actu. 2904, obs. Lienhard ; LEDEN janv. 2011, p. 4, obs. M. Sénéchal ; Gaz. Pal. 7-8 janv. 2011, p. 43, obs. Antonini-Cochin ; RD banc. fin. 2011, n° 24, obs. S. Piedelièvre ; RJDA 2011, n° 333 ; Rev. proc. coll. 2011, n° 70, obs. Dumont-Lefrand ; LPA 29 avr. 2011, obs. Henry ; Bull. Joly Entrep. diff. 2011. 150, note S. Cabrillac.*

9 ter. Actions contre l'ex-conjoint. L'interdiction des voies d'exécution à l'encontre de la personne en procédure collective est sans application à l'égard de l'ex-conjoint, maître de ses biens. • Com. 6 juill. 1999 : *Bull. civ. IV, n° 152 ; D. 2000. Somm. 395, obs. Piedelièvre ; D. Affaires 1999. 1217, obs. A. L. ; Act. proc. coll. 1999, n° 183, obs. Vallansan ; Procédures 1999. n° 251, obs. Laporte ; Defrénois 2000. 42, obs. Sénéchal ; Rev. proc. coll. 2001. 8, obs. Macorig-Venier ; RTD com. 2001. 230, obs. Martin-Serf.*

9 quater. Actions contre les héritiers. En ce sens que les héritiers bénéficient de l'arrêt des poursuites individuelles de la part des créanciers antérieurs à l'ouverture de la procédure collective de leur auteur, V. • Com. 4 janv. 2000 : *Bull. civ. IV, n° 4 ; Act. proc. coll. 2000, n° 21, obs. Regnaut-Moutier.*

10. Actions contre des associés. La suspension des instances ne fait pas obstacle à ce qu'un créancier poursuive à l'encontre d'associés d'un GAEC en redressement judiciaire le recouvrement de sa créance. • Com. 9 nov. 1993 : *Rev. huiss. 1993. 1442.*

11. Seuls peuvent se prévaloir du principe de l'arrêt des poursuites énoncé à l'art. 47, al. 1er [C. com., art. L. 622-21] les associés de société en nom collectif ayant fait l'objet d'une procédure personnelle de redressement judiciaire, les effets de la procédure de redressement judiciaire de la personne morale ne pouvant leur être étendus de plein droit. • Paris, 24 févr. 1995 : *Dr. sociétés 1995, n° 120, obs. Chaput.* ♦ V. ancien art. L. 624-1 ss. art. L. 651-1.

11 bis. Pour l'application de la règle de l'arrêt des poursuites individuelles au créancier d'une EURL en liquidation judiciaire et l'absence d'action directe du créancier contre l'associé unique, V. • T. com. Paris, 6 janv. 1998 : *Gaz. Pal. 1999. 2. Somm. 617.*

11 ter. Un arrêt ne peut déclarer tenus solidairement les associés d'une société en participation du fait de malfaçons ou non-façons, alors que l'action dirigée contre l'associé en liquidation judiciaire est irrecevable. • Com. 14 mai 1996 : *Bull. civ. IV, n° 132 ; Dr. sociétés 1996, n° 168, obs. Chaput.*

11 quater. Indivision. Les créanciers de l'indivision préexistante à l'ouverture de la procédure collective de l'un des indivisaires, qui auraient pu agir sur les biens indivis avant qu'il y eût indivision, conservent leur droit de poursuivre la saisie de ces biens, malgré l'ouverture de cette procédure. • Civ. 1re, 13 déc. 2005 : *Bull. civ. I, n° 494 ; D. 2006. AJ 302, obs. Lienhard* • Com. 7 févr. 2012 : *Bull. civ. IV, n° 31 ; D. 2012. Actu. 499 ; Gaz. Pal. 27-28 avr. 2012, p. 24, obs. Voinot ; Rev. proc. coll. 2012, n° 110, obs. Dumont-Lefrand ; LPA 15 juin 2012, p. 4, obs. Henry.* – Rappr. : • Civ. 2e, 16 mai 2013 : *D. 2013. Actu. 1268.* ♦ Dès lors que l'hypothèque a été constituée par tous les coïndivisaires sur un bien dont le caractère indivis préexistait à l'ouverture de la procédure collective de l'un d'eux, le créancier hypothécaire, fût-il créancier de l'un seulement des coïndivisaires, peut poursuivre la saisie et la vente de ce bien avant le partage de l'indivision en application des dispositions de l'art. 2125 [2414] C. civ., l'interdiction des voies d'exécution à l'encontre de la personne en procédure collective étant sans effet à l'égard du coïndivisaire, maître de ses biens. • Com. 19 déc. 2000 : *Bull. civ. IV, nº 202 ; D. 2001. AJ 379 ; Rev. proc. coll. 2001. 8, obs. Macorig-Venier ; Defrénois 2001. 943, obs. Théry.* – Dans le même sens : • Civ. 1re, 14 juin 2000 : *préc. note 7* • 28 juin 2005 : *RJDA 2005, nº 1294* • Toulouse, 1er déc. 1997 : *D. 1999. Somm. 243, obs. Revel.*

B. INTERRUPTION ET INTERDICTION DES ACTIONS EN JUSTICE

1º ACTIONS EN PAIEMENT

12. Créances antérieures. Pour un exemple de créance postérieure au jugement d'ouverture, non soumise à l'arrêt des poursuites individuelles, V. • Com. 4 janv. 2005 : *Act. proc. coll. 2005, nº 39, obs. Regnaut-Moutier ; Gaz. Pal. 29-30 avr. 2005, p. 41, obs. Bonhomme* (demande de remboursement du paiement opéré, après le jugement d'ouverture, par le débiteur cédé d'une créance transmise par bordereau Dailly avant ledit jugement).

13. Référé-provision. L'art. 47 [C. com., art. L. 622-1] rend irrecevable une demande de provision devant la juridiction de référé. • Paris, 14 oct. 1987 : *D. 1988. Somm. 146, obs. Honorat ; Gaz. Pal. 1988. 1. 91.* ♦ V. aussi note 8 ss. art. L. 622-22.

13 bis. Demande d'expertise. Ne tombe pas sous le coup de l'art. 47 [C. com., art. L. 622-21] la demande d'expertise visant à permettre à une société apporteuse de rapporter la preuve de manœuvres dolosives affectant le consentement qu'elle avait donné au traité d'apport (demande constituant le préalable à une action en annulation du traité d'apport conclu et exécuté antérieurement à l'ouverture de la procédure collective de la société bénéficiaire), dès lors qu'elle ne tend ni à la condamnation de la société bénéficiaire au paiement d'une somme d'argent ni à la résolution d'un contrat pour défaut de paiement d'une telle somme. • Com. 1er févr. 2000 : *RJDA 2000, nº 557 ; Rev. proc. coll. 2001. 246, obs. Macorig-Venier.*

13 ter. Dommages-intérêts. Pour des exemples de demande en paiement de dommages-intérêts suspendue en vertu de l'art. 47 [C. com., art. L. 622-21], V. • Com. 12 févr. 1991 : *Bull. civ. IV, nº 67* • 26 oct. 1999 : *RJDA 1999, nº 1351* • Crim. 29 avr. 1996 : *Bull. crim. nº 173* (condamnation du paiement de droits fraudés au détriment du Trésor public).

S'agissant de l'action en comblement du passif engagée à l'encontre d'un dirigeant soumis à une procédure collective, V. note ss. art. R. 651-6.

14. Action pour troubles du voisinage. En ce sens que le débiteur en redressement judiciaire peut être condamné à verser des dommages-intérêts aux demandeurs invoquant des troubles du voisinage, même lorsque ces troubles ont pris naissance avant le jugement d'ouverture, dès lors qu'il n'est pas allégué que des mesures ont été prises depuis l'ouverture de la procédure collective pour diminuer les nuisances, V. • Civ. 2e, 20 janv. 2000 : *Act. proc. coll. 2000, nº 63.* – Comp. : • Versailles, 9 janv. 1998 : *Gaz. Pal. 1999. 1. Somm. 38.*

14 bis. Cautionnement pénal. Si l'ouverture d'une procédure collective à l'encontre d'une personne mise en examen ne fait pas obstacle à l'application des art. 137 et 138-11º C. pr. pén., le cautionnement au versement duquel a été obligé un débiteur placé sous contrôle judiciaire par le juge d'instruction doit, après condamnation définitive, être versé, par application des art. 33, 47 et 48 de la loi du 25 janv. 1985 [C. com., art. L. 622-7, L. 622-21 et L. 622-22], entre les mains de l'administrateur ou du liquidateur judiciaire. • Crim. 29 avr. 1996 : *Bull. crim. nº 171 ; D. Affaires 1996. 1006.* ♦ V. aussi note 22 ss. art. L. 641-9.

14 ter. Frais non recouvrables. Les sommes allouées à la partie civile au titre de l'art. 475-1 C. pr. pén. ne sont pas des dommages-intérêts et ne sont donc pas soumises aux dispositions des art. 47 et 50 de la loi de 1985 [C. com., art. L. 622-21 et L. 622-24]. • Crim. 15 janv. 1998 : *Bull. crim. nº 20* • 24 févr. 1999 : *Bull. crim. nº 62 ; D. Affaires 1999. 764, obs. P. P. ; Rev. proc. coll. 2000. 15, obs. Macorig-Venier.*

14 quater. Constitution de partie civile. En cas de redressement ou de liquidation judiciaire de la personne poursuivie, la constitution de partie civile demeure recevable en ce qu'elle tend seulement à ce que soit fixé le montant du préjudice découlant des infractions poursuivies pour lequel le créancier doit déclarer. • Crim. 31 janv. 1996 : *D. Affaires 1996. 558.* – V. aussi • Crim. 20 mars 2001 : *Act. proc. coll. 2001, nº 121.*

14 quinquies. Pénalités fiscales. En matière de contributions indirectes, la mise en redressement judiciaire de la personne poursuivie ne fait pas obstacle à ce qu'elle puisse être condamnée, à la suite de poursuites de l'Administration, aux amende, pénalité proportionnelle et confiscation prévues par l'art. 1791 CGI. • Crim. 28 avr. 1997 : *D. Affaires 1997. 1008 ; Rev. proc. coll. 2000. 16, obs. Macorig-Venier.* ♦ Les amendes et les pénalités fiscales prévues par l'art. 1791, qui ont le double caractère d'une peine et d'une réparation civile, ne sont pas soumises aux dispositions des art. 47 et 48 de la loi du 25 janv. 1985 [C. com., art. L. 622-21 et L. 622-22]. • Même arrêt.

V. aussi, pour des sanctions douanières, note 8 *septies* ss. ancien art. L. 621-43 ss. art. L. 622-24.

14 sexies. Solidarité fiscale et contrainte par corps. La mise en liquidation judiciaire d'un prévenu ne s'oppose ni au prononcé de la solidarité prévue par l'art. 1745 CGI, mesure à caractère pénal, qui est sans incidence sur la détermination des droits dus et sur l'obligation pour l'Administration de déclarer sa créance, ni au prononcé de la contrainte par corps, cette mesure étant suspendue jusqu'à la clôture de la procédure collective. • Crim. 10 nov. 1999 : *Dr. sociétés 2000, n° 91, obs. Chaput.*

14 septies. Action en recouvrement de l'impôt. En ce sens que l'ouverture d'une procédure collective à l'encontre du redevable principal de l'impôt suspend le cours de la prescription de l'action en recouvrement et que cette action, non prescrite à l'égard du débiteur, ne l'est pas davantage à l'égard de la caution solidaire de la dette fiscale, V. • Com. 12 oct. 1999 : *JCP E 2000, n° 41, p. 1626, note D. F.*

15. Astreinte. L'action en liquidation d'une astreinte prononcée par une décision antérieure au jugement d'ouverture de la procédure de redressement judiciaire qui a suivi la résolution du plan de continuation et en condamnation au paiement de l'astreinte liquidée est soumise à la suspension des poursuites individuelles sans distinguer selon la période, antérieure ou postérieure à ce jugement, pendant laquelle l'astreinte a couru. • Com. 21 janv. 2003 : *Bull. civ. IV, n° 10 ; D. 2003. AJ 421, obs. Lienhard ; Act. proc. coll. 2003, n° 55, obs. Voinot ; JCP E 2003, n° 20, p. 855, obs. Cabrillac ; RTD com. 2003. 371, obs. Martin-Serf ; Rev. proc. coll. 2003. 145, obs. Saint-Alary-Houin ; ibid. 2004. 229, obs. Macorig-Venier.* – Dans le même sens, V. • Civ. 2e, 11 mai 2006 : *Bull. civ. II, n° 126 ; D. 2006. AJ 1530, obs. Lienhard.* ♦ La fixation d'une astreinte définitive pour contraindre à l'exécution d'une obligation de faire née antérieurement au jugement d'ouverture de la procédure collective du débiteur entraîne pour celui-ci le paiement d'une somme d'argent. • Même arrêt. ♦ Jugé, en revanche, que l'ouverture du redressement judiciaire n'interdit pas à un conseil de prud'hommes d'ordonner au liquidateur judiciaire de l'employeur de remettre à un salarié une attestation destinée aux Assedic, sous astreinte provisoire, la demande du travailleur et l'astreinte ne tendant pas au paiement. • Soc. 17 oct. 1989 : *Bull. civ. V, n° 594* • 12 juin 1991 : *Rev. proc. coll. 1992. 107, obs. Dureuil.* ♦ Dans le même sens : pour des documents à remettre à un organisme de sécurité sociale : • Com. 12 juill. 1994 : *Bull. civ. IV, n° 261 ; D. 1994. IR 253.* ♦ ... Pour la délivrance de lots gagnés par tirage au sort : • Com. 28 mars 1995 : *Bull. civ. IV, n° 103 ; D. 1995. IR 107 ; RTD com. 1996. 338, obs. Martin-Serf.*

16. Action en restitution d'une somme séquestrée. Dès lors que le séquestre conventionnel ou judiciaire fait obstacle à ce que la somme d'argent déposée soit transférée dans le patrimoine du créancier de cette somme, un juge peut ordonner, après l'annulation d'une vente dont une partie du prix a été séquestrée, la restitution de cette somme à l'acquéreur. • Com. 20 juin 1995 : *Bull. civ. IV, n° 186 ; D. 1995. IR 214 ; JCP E 1995. I. 513, n° 3, obs. Pétel ; Rev. dr. bancaire 1996. 51, obs. Campana et Calendini ; Defrénois 1996. 555, obs. J. Honorat.* – Rappr. : • Com. 25 févr. 2004 : *LPA 12 avr. 2005, note M. Sénéchal* • 3 mai 2006 : *Gaz. Pal. 14-18 juill. 2006, p. 28, obs. M. Sénéchal* (sur cet arrêt, V. aussi Vauvillé, *JCP N 2007. 1263*) • 24 avr. 2007 : *Bull. civ. IV, n° 114 ; D. 2007. AJ 1275, obs. Lienhard ; D. 2008. Pan. 573, obs. F.-X. Lucas ; Act. proc. coll. 2007, n° 111, obs. Lebel ; JCP E 2007. 2119, n° 15, obs. Pétel ; Rev. proc. coll. 2007. 125, obs. Lebel.* ♦ V. aussi note 43, note 17 *ter* ss. art. L. 622-7 et note 12 ss. ancien art. L. 621-43 ss. art. L. 622-24. ♦ Comp. : note 4 ss. art. L. 622-7. ♦ Comp. également : art. R. 622-19 C. com., dans sa réd. issue du Décr. n° 2006-936 du 27 juill. 2006.

16 bis. Autres actions en exécution d'une obligation de faire. L'action exercée en vue de contraindre une personne mise en redressement judiciaire à exécuter l'obligation, qu'elle avait antérieurement contractée, de se substituer à une caution tend, sous couvert de l'exécution d'une obligation de faire, à obtenir la souscription par le débiteur en redressement judiciaire d'un engagement de payer une somme d'argent, et se trouve donc soumise à la règle de l'arrêt des poursuites individuelles. • Com. 6 juin 1995 : *Bull. civ. IV, n° 166 ; D. 1995. IR 170 ; JCP E 1995. I. 513, n° 16, obs. Pétel ; RTD com. 1996. 336, obs. crit. Martin-Serf.*

De même, l'obligation de remise en état inhérente à la résolution du contrat ne saurait s'analyser en une prestation en nature de démolition et retrait des ouvrages édifiés ne tombant pas sous le coup de l'art. 47 [C. com., art. L. 622-21], alors que, sous couvert de la condamnation de la société à procéder à la démolition et à l'enlèvement d'une construction, la demande ne tend qu'au paiement d'une somme d'argent pour une cause antérieure à l'ouverture de la procédure collective. • Com. 9 juill. 1996 : *Bull. civ. IV, n° 210 ; D. 1996. IR 203 ; D. 1997. IR 168 ; D. Affaires 1996. 1037 ; JCP E 1997. I. 623, n° 2, obs. Cabrillac.* ♦ Même solution pour la condamnation à réaliser un mur : • Com. 17 juin 1997 : *Bull. civ. IV, n° 192 ; D. 1997. IR 168 ; D. 1997. Somm. 311, obs. Honorat ; D. Affaires 1997. 902 ; Quot. jur. 24 juill. 1997, p. 3, note P. M. ; RTD com. 1997. 684, obs. Martin-Serf ; Rev. proc. coll. 1998. 282, obs. Macorig-Venier.* ♦ ... Pour la condamnation à reconstruire un ouvrage démoli, V. • Com. 17 oct. 2000 : *Rev. proc. coll. 2001. 246, obs. Macorig-Venier.* ♦ ... Pour la mise en œuvre de la garantie d'achèvement d'une maison, V. • Com. 8 janv. 2002 : *Rev. proc. coll. 2002. 268, obs. Staes.* ♦ ... Pour la condamnation à exécuter une obligation de nettoiement des lieux : • Paris, 4 déc. 1998 : *Rev. proc. coll. 2000. 13, obs. Macorig-Venier.* ♦ ... Pour la condamnation à remplacer un moteur pour défaut de conformité : • Com. 23 janv. 2001 : *Dr. sociétés 2001, n° 62, obs. Chaput ; Rev. proc. coll. 2001. 247, obs. Macorig-Venier ; RTD com. 2002. 540, obs. Martin-Serf.* – V. Viala, *Rev. proc. coll. 2002. 43.* ♦ ... Pour l'action en fixation d'une astreinte, V. note 15. ♦ V. aussi, sur l'obligation de déclarer la créance résultant de l'inexécution d'une obligation de faire du débiteur, • Com. 12 nov. 1996 : *RJDA 1997, n° 267.* ♦ *Contra*, accueillant des actions tendant à l'exécution d'une obligation de faire : • Angers, 10 févr. 1997 : *Rev. proc. coll. 1999. 121, obs. Macorig-Venier* • Rennes, 9 oct. 1997 : *ibid.*

En revanche, l'action tendant à l'exécution de travaux par le bailleur ou le liquidateur qui le représente ne tombe par sous le coup de l'art. 47 [C. com., art. L. 622-21], dès lors que celui-ci doit pendant toute la durée du bail en cours toutes les réparations nécessaires autres que locatives, peu important que les preneurs aient déclaré leur créance au titre des travaux, cette déclaration ne valant pas abandon pour l'avenir de leur droit d'obtenir que le bailleur remplisse une de ses obligations résultant de la poursuite du contrat. • Com. 29 avr. 2002 : *Bull. civ. IV, n° 75 ; D. 2002. AJ 1674, obs. Lienhard ; Act. proc. coll. 2002, n° 141, obs. Vallansan ; Rev. proc. coll. 2002. 193, obs. Roussel Galle.*

16 ter. Remise en état d'une installation classée. Sur la possibilité pour l'Administration, nonobstant les dispositions des art. L. 621-40 [L. 622-21] s. C. com., d'imposer au liquidateur de l'exploitant d'une installation classée la consignation d'une somme en vue de la dépollution du site d'exploitation, V. • CE 29 sept. 2003 : *D. 2003. AJ 2574 ; Act. proc. coll. 2003, n° 257, obs. Trébulle ; JCP E 2004, n° 5, p. 174, obs. Pétel.* – V. Saint-Alary-Houin, *Rev. proc. coll. 2004. 146.*

16 quater. Actions en répétition de l'indu. L'action en répétition de l'indu est soumise à l'art. 47 [C. com., art. L. 622-21]. • Soc. 7 mars 1996 : *Rev. proc. coll. 1997. 49, obs. Macorig-Venier.*

17. Procédure d'arbitrage. Le principe d'ordre public de l'arrêt des poursuites individuelles interdit, après l'ouverture de la procédure collective, la saisine du tribunal arbitral par un créancier dont la créance a son origine antérieurement au jugement d'ouverture, sans qu'il se soit soumis au préalable à la procédure de vérification des créances. • Com. 2 juin 2004 : *Bull. civ. IV, n° 112 ; D. 2004. AJ 1732, obs. Lienhard ; ibid. Somm. 3184, obs. Clay ; JCP E 2004, n° 26, p. 1053, note N. S. ; LPA 21 juill. 2004, p. 15, note Touchent ; Act. proc. coll. 2004, n° 158, obs. Vallansan ; Rev. proc. coll. 2004. 235, obs. Staes ; RTD com. 2004. 439, obs. Loquin ; Rev. arb. 2004. 591, note Ancel ; RTD com. 2004. 808, obs. Martin-Serf ; Defrénois 2004. 1671, obs. Gibirila* (V. l'arrêt cassé : • Paris, 13 févr. 2002 : *BICC 2003, n° 63 ; RJDA 2002, n° 658 ; JCP E 2003, n° 12, p. 518, note P. M. ; Rev. proc. coll. 2003. 310, obs. Staes).* – V. déjà, en ce sens • Paris, 3 mars 1998 : *D. 1998. IR 103 ; D. Affaires 1998. 846, obs. A. L.* • 8 sept. 1998 : *D. 1998. IR 235 ; D. Affaires 1998. 1646* • 30 mars 1999 : *D. 1999. IR 125.* ♦ V. aussi • Paris, 16 mars 1995 : *D. 1995. IR 103.* ♦ V. note 11 ss. art. L. 622-22.

17 bis. Action en paiement de créances cédées. Il résulte des art. L. 313-23, L. 313-24 et L. 313-27 C. mon. fin. [relatifs à la cession de créances professionnelles] que, même si son exigibilité n'est pas encore déterminée, une créance peut être cédée et que, sortie du patrimoine du cédant, son paiement n'est pas affecté par l'ouverture de la procédure collective de ce dernier postérieurement à cette date. • Com. 7 déc. 2004 : *Bull. civ. IV, n° 213 ; D. 2005. 230, note Larroumet (Rect. ibid. 376) ; ibid. AJ 77, obs. Lienhard ; ibid. Pan. 1426, obs. Boujeka, et 2014, obs. F.-X. Lucas ; JCP E 2005, n° 6, p. 231, note Raby ; ibid., n° 17, p. 707, obs. Pétel ; ibid. n° 21, p. 870, obs. Mathey ; Act. proc. coll. 2005, n° 17, obs. Regnault-Moutier ; Defrénois 2005. 997, obs. Gibirila ; RTD com. 2005. 415, obs. Martin-Serf.* – Dans le même sens, V. • Com. 22 nov. 2005 : *Bull. civ. IV, n° 230 ; D. 2005. AJ 3081, obs. Delpech ; Act. proc. coll. 2006, n° 13, obs. Bonhomme ; JCP E 2006, n° 14-15, p. 673, obs. Cabrillac ; RD banc. fin. 2006, n° 16, obs. Cerles ; Banque et Droit mars-avr.*

2006. 67, obs. Bonneau. – V. Tchotourian, *RJDA avr. 2006, p. 33.* ♦ Solution confirmée par l'art. L. 214-43 C. mon. fin. – ***C. mon. fin.*** ♦ V. aussi • Versailles, 28 févr. 2013 : *D. 2013. Actu. 829, obs. Dammann*. ♦ Auparavant, la Chambre commerciale avait au contraire considéré que le jugement d'ouverture de la procédure collective à l'égard du cédant faisait obstacle aux droits de la banque cessionnaire sur les créances nées de la poursuite d'un contrat à exécution successive postérieurement à ce jugement. • Com. 26 avr. 2000 : *Bull. civ. IV, n° 84 ; D. 2000. 717, note Larroumet ; ibid., AJ 265, obs. Pisoni ; JCP E 2000, n° 28, p. 1134, note Legeais ; ibid., n° 40, p. 1560, obs. Pétel ; Dr. sociétés 2000, n° 174, obs. Chaput ; Act. proc. coll. 2000, n° 146, obs. Regnaut-Moutier ; Procédures 2000, n° 165, obs. Croze.* – V. Likillimba, *RJDA 2001. 663 ;* Soinne, *Rev. proc. coll. 2000. 179.* ♦ V. aussi note 12.

17 ter. Sommation de payer préalable à la vente forcée d'un fonds de commerce. L'exigence de la délivrance d'une sommation de payer à l'encontre du débiteur en liquidation judiciaire, dans le cadre d'une interprétation purement littérale des dispositions de l'art. 16 de la loi du 17 mars 1909 [C. com., art. L. 143-5] (qui permet aux créanciers inscrits de demander la vente aux enchères publiques du fonds à défaut de paiement), serait contraire aux dispositions d'ordre public des art. 47 et 48 de la loi du 25 janv. 1985 [C. com., art. L. 622-21 et L. 622-22]. • Paris, 21 avr. 2000 : *D. 2000. AJ 313, obs. Monéger-Dupuis et Pisoni*.

18. Action en réduction du prix de vente d'un fonds de commerce. L'action en réduction du prix de vente d'un fonds de commerce pour inexactitude des mentions obligatoires n'entre pas dans le champ d'application de l'art. 47 [C. com., art. L. 622-21]. • Paris, 17 janv. 1994 : *RJDA 1994, n° 333.*

19. Garantie des vices cachés. Échappe à la suspension des poursuites individuelles l'obligation de remplacer le matériel litigieux, invoquée par l'acheteur ayant introduit une instance sur le fondement de l'art. 1648 C. civ. à l'encontre du débiteur en redressement judiciaire dont l'entreprise a fait l'objet d'une cession. • Com. 28 mars 1995 : *Bull. civ. IV, n° 104 ; D. 1995. IR 107.* ♦ En revanche, dès lors que le contrat de vente a été conclu avant le jugement d'ouverture de la liquidation judiciaire du vendeur, la demande de dommages-intérêts formée par l'acquéreur contre ce dernier, sur le fondement de l'action estimatoire, tout comme sa demande de dommages-intérêts pour perte de jouissance, sont irrecevables. • Com. 18 févr. 2003 : *Rev. proc. coll. 2003. 312, obs. Staes.*

20. Action en nullité d'un contrat. N'est pas soumise à la suspension des poursuites prévue par l'art. 47 [C. com., art. L. 622-21], une action en nullité d'une vente fondée sur le dol constitué par une publicité mensongère. • Dijon, 25 nov. 1994 : *BICC 1995, n° 841 ; Rev. huiss. 1995. 1263.* ♦ Pour une autre application, V. • Grenoble, 12 janv. 2005 : *Rev. proc. coll. 2005. 211, obs. Macorig-Venier.*

21. Action paulienne. BIBL. Courtier, *LPA 3 mars 1995.* – Pizzio-Delaporte, *RTD com. 1995. 715*. ♦ L'action fondée sur l'art. 1167 C. civ. qu'un créancier peut exercer contre tous les actes faits en fraude de ses droits par le débiteur n'est pas soumise aux dispositions de l'art. L. 621-40 [L. 622-21] C. com. • Com. 2 nov. 2005 : *Bull. civ. IV, n° 214 ; D. 2005. AJ 2872, obs. Lienhard ; D. 2006. Pan. 83, obs. Le Corre ; Act. proc. coll. 2005, n° 237, obs. Vallansan ; Gaz. Pal. 10-11 févr. 2006, p. 27, obs. Roussel Galle ; ibid. 26-27 juill. 2006, p. 22, note Daussy-Roman ; JCP E 2006, n° 14-15, p. 673, obs. Pétel ; Rev. proc. coll. 2006. 276, obs. Blanc ; LPA 17 nov. 2006, p. 14, note Jambort.* ♦ L'inopposabilité de l'acte, résultant de l'admission de l'action paulienne exercée contre lui par un créancier, n'a d'effet qu'à l'égard de celui-ci. • Même arrêt. – V. déjà, en ce sens, • Paris, 4 févr. 1994 : *D. 1994. IR 80* • Lyon, 3 avr. 2003 : *BICC 2004, n° 1362.* ♦ V. encore note 37 *bis* ss. art. L. 621-2, note 5 ss. art. L. 622-20, note 3 ss. art. L. 632-4 et note 7 ss. art. L. 642-18.

21 bis. Action oblique. Une telle action n'a pas pour objet principal d'obtenir le paiement du sous-débiteur par le créancier qui l'exerce mais seulement la réintégration dans le patrimoine du débiteur de celui-ci des créances que ce dernier néglige de recouvrer. • Paris, 13 mars 1998 : *D. Affaires. 1998. 673, obs. A. L. ; Rev. proc. coll. 1999. 120, obs. Macorig-Venier.* ♦ Sur l'exercice de cette action, V. note 5 ss. art. L. 622-20 et note 14 *bis* ss. art. L. 641-9.

21 ter. Action en dissolution d'une société. L'action en dissolution d'une société suite à la réunion de toutes les parts sociales en une seule main (art. 1844-5 C. civ.), ne tendant pas au paiement d'une somme d'argent, n'est pas paralysée par l'art. 47 [C. com., art. L. 622-21]. • Paris, 27 sept. 1996 : *Dr. sociétés 1996, n° 234, obs. Chaput.*

22. Créances d'aliments. BIBL. M. Storck, *Rev. proc. coll. 1989. 1.* ♦ Échappe à la règle d'arrêt des poursuites individuelles prévue par l'art. 47 [C. com., art. L. 622-21], en vertu des art. 1er et 2 de la loi du 2 janv. 1973, l'action directe dont dispose le créancier d'aliments contre les tiers débiteurs de sommes liquides et exigibles envers la personne tenue au paiement de la pension. • Nancy, 30 avr. 1999 : *BICC 1999, n° 1302.* ♦ V. L. n° 73-5 du 2 janv. 1973. – **C. civ.** ♦ En revanche, l'action dirigée contre le débiteur et tendant à la condamnation de ce dernier au paiement des arriérés d'une pension alimentaire est irrecevable. • Paris, 4 sept. 2000 : *RTD com. 2001. 234, obs. Martin-Serf* . ♦ Comp. : note 18 *quinquies* ss. ancien art. L. 621-43 ss. art. L. 622-24.

22 bis. Cotisations dues aux caisses de congés payés. Sur la portée de l'art. L. 143-8 [L. 3253-23], 4°, C. trav. (privilège des caisses de congés payés pour le paiement des cotisations qui leur sont dues) au regard de la suspension des poursuites instituée par l'art. L. 621-40 [L. 622-21] C. com., V. • Com. 13 déc. 2005 : *Bull. civ. IV, n° 251 ; D. 2006. AJ 227, obs. Lienhard ; JCP E 2006, n° 14-15, p. 674, obs. Cabrillac ; ibid., n° 19, p. 860, obs. Delebecque ; Gaz. Pal. 30 avr.-4 mai 2006, p. 40, obs. Roussel Galle.*

22 ter. Fixation des honoraires d'avocat. En ce sens que le principe de l'arrêt des poursuites individuelles n'interdit pas au bâtonnier de statuer sur les contestations émises par le débiteur en ce qui concerne le montant des honoraires de son avocat, V. • Com. 24 janv. 2006 : *Bull. civ. IV, n° 13 ; D. 2006. AJ 499, obs. Lienhard ; ibid. Pan. 2254, obs. F.-X. Lucas ; Act. proc. coll. 2006, n° 57, obs. Le Corre ; Gaz. Pal. 30 avr.-4 mai 2006, p. 38, obs. Roussel Galle ; Rev. proc. coll. 2007. 133, obs. Macorig-Venier.*

2° ACTION EN RÉSOLUTION

23. Résolution pour défaut de paiement d'une somme d'argent. La demande de bailleurs tendant à la résiliation d'un contrat de bail pour défaut de paiement des loyers est irrecevable. • Bordeaux, 9 juill. 1987 : *préc. note 1.* ♦ Il en va de même de l'action en résolution d'un contrat de vente pour défaut de paiement du prix. • Com. 31 mars 1992 : *Bull. civ. IV, n° 140 ; D. 1992. IR 142.* ♦ ... Et de la demande tendant à faire constater l'acquisition de la clause résolutoire d'un bail pour non payement d'un loyer antérieur au jugement d'ouverture, V. note 2 ss. art. L. 622-14. ♦ Mais il en va différemment si la clause résolutoire a produit ses effets antérieurement au jugement d'ouverture (à propos d'un crédit-bail immobilier). • Com. 9 mai 1995 : *Bull. civ. IV, n° 136 ; D. 1995. IR 148* • Civ. 3e, 11 juin 1997 : *Bull. civ. III, n° 139 ; AJPI 1998. 47, note Gallet.* ♦ Dans le même sens, pour la résolution de plein droit d'un bail à construction, V. • Civ. 3e, 28 janv. 2004 : *Bull. civ. III, n° 13 ; D. 2004. AJ 502 ; Act. proc. coll. 2004, n° 56, obs. Vallansan ; Loyers et copr. 2004, n° 52, obs. Brault ; Dr. et proc. 2004. 209, note Putman ; Rev. contrats 2004. 711, obs. Seube ; Rev. proc. coll. 2004. 233, obs. Macorig-Venier.* ♦ ... D'une vente de fonds de commerce, V. • Com. 25 nov. 1997 : *Bull. civ. IV, n° 305 ; D. 1998. IR 8 ; Rev. loyers 1998. 190, note Gallet.*

23 bis. La règle de suspension des poursuites individuelles fait obstacle à la demande de résolution d'un contrat de vente en viager pour défaut de paiement des arrérages échus antérieurement au jugement d'ouverture de la procédure collective. • Com. 5 janv. 1999 : *Act. proc. coll. 1999, n° 46.* ♦ En revanche, elle n'empêche pas la constatation de l'acquisition de la clause résolutoire du contrat au jour du jugement d'ouverture. • Com. 8 déc. 1998 : *Act. proc. coll. 1999, n° 19.* ♦ Ainsi, il y a lieu de constater l'acquisition de la clause résolutoire de plein droit insérée dans le contrat de vente avec rente viagère dès lors que le liquidateur ne justifie pas que les débirentiers ont exécuté les causes du commandement de payer antérieurement au prononcé de la liquidation judiciaire, et notamment réglé l'indexation des mensualités impayées de rente viagère dans le mois qui leur était imparti pour le faire. • Dijon, 3 déc. 1998 : *JCP E 1999, n° 49, p. 1944.* ♦ Comp., jugeant que la résolution du contrat pour non-paiement des arrérages échus antérieurement et postérieurement au jugement d'ouverture ne peut qu'être écartée à défaut de constatation de la mise en œuvre de la clause résolutoire par une décision passée en force de chose jugée avant le jugement d'ouverture : • Com. 2 mars 1999 : *Act. proc. coll. 1999, n° 91, obs. Vallansan ; LPA 1er févr. 2000, p. 21, note Gallet ; Rev. proc. coll. 2000. 13, obs. Macorig-Venier.* – V. aussi • Paris, 9 mars 2000 : *D. 2000. AJ 201, obs. Pisoni* . ♦ V. également Vauvillé, *Dr. et patr. avr. 2001. 45* ; Delattre, *Ann. loyers 2002. 137.*

23 ter. Pour la renonciation implicite d'un crédit-bailleur à se prévaloir d'une clause de résiliation de plein droit avant l'ouverture de la procédure, V. • Com. 21 janv. 1992 : *Bull. civ. IV, n° 25 ; D. 1992. Somm. 259, obs. Derrida ; Defrénois 1992. 1375, obs. Sénéchal.*

24. Aucun texte, et spécialement l'art. 47 [C. com., art. L. 622-21], ne s'oppose à ce qu'un tribunal constate, après le jugement d'ouverture d'une procédure collective à l'encontre de l'acheteur, l'acquisition, pour défaut de paiement d'une fraction du prix, de la clause résolutoire insérée dans l'acte de vente de biens immobiliers, dès lors que n'est pas en cause la résiliation du bail d'un immeuble affecté à l'activité de l'entreprise en liquidation judiciaire. • Com. 5 avr. 1994 : *D. 1994. IR 174.* – Dans le même sens, V. • Paris, 24 mars 1998 : *D. Affaires 1998. 847 ; Rev. proc. coll. 1999. 119, obs. Macorig-Venier.*

25. L'art. 47 [C. com., art. L. 622-21] interdit l'action résolutoire engagée par un vendeur dont les créances pour les sommes échues après le jugement d'ouverture avaient leur origine dans le contrat de vente et le contrat de prêt conclus antérieurement, et que ces contrats n'étaient plus en cours au sens de l'art. 37 [C. com., art. L. 622-13], le transfert de propriété des immeubles vendus s'étant réalisé dès la signature de l'acte de vente et le montant du prêt ayant été versé par le prêteur. • Com. 9 avr. 1991 : *Bull. civ. IV, n° 127 ; D. 1992. Somm. 257, obs. Derrida ; Rev. proc. coll. 1992. 165, obs. Saint-Alary-Houin.* – Dans le même sens, pour une vente contre paiement d'une rente viagère, V. • Com. 28 févr. 1995 : *Bull. civ. IV, n° 59 ; D. 1995. IR 89 ; Quot. jur. 21 mars 1995, p. 2* • Paris, 17 oct. 2002 : *LPA 6 nov. 2003, p. 16, note Sortais ; Gaz. Pal. 2004. Somm. 680, obs. Vray.* – *Contra* : • Agen, 5 sept. 1995 : *Cah. jurispr. Aquitaine 1995, n° 2, p. 89.*

25 bis. Sur l'inapplicabilité de l'art. 47 [C. com., art. L. 622-21] à la résiliation d'un contrat d'assurance pour non-paiement d'une prime échue antérieurement à la mise en redressement judiciaire du souscripteur, le défaut de paiement de la prime constituant, en vertu de l'art. L. 132-20 C. assur., une cause de résiliation n'ayant pas à être constatée judiciairement, V. • Com. 26 mai 1999 : *D. 1999. IR 161 ; JCP E 1999, n° 39, p. 1532, obs. Pétel ; Act. proc. coll. 1999, n° 144, obs. Regnaut-Moutier ; Procédures 1999, n° 204, obs. Laporte ; RCA 1999, n° 309, obs. Groutel ; Rev. proc. coll. 2000. 14, obs. Macorig-Venier.* ♦ V. aussi note 11 *nonies* ss. ancien art. L. 621-43, ss. art. L. 622-24.

26. La caution est déchargée, par application de l'art. 2037 [2314] C. civ., lorsque le bailleur n'a pas exercé en temps utile l'action résolutoire contre le preneur, de sorte que, par l'effet du redressement judiciaire du débiteur principal, la caution ne peut plus être subrogée dans ladite action résolutoire. • Civ. 1re, 17 févr. 1993 : *Bull. civ. I, n° 75 ; D. 1993. IR 65.*

27. Résolution pour inexécution d'une obligation de faire. N'est pas visée par l'art. 47 [C. com., art. L. 622-21] l'action en résolution consécutive à l'inexécution d'une obligation de faire. • Com. 12 mai 1992 : *Bull. civ. IV, n° 181 ; JCP 1993. II. 21999, note Lévy ; D. 1992. IR 195* • Chambéry, 9 sept. 1992 : *Rev. loyers 1995. 105, note Gallet ; JCP E 1992. Pan. 1117.* ♦ Il en va ainsi, par exemple, en cas de mise en œuvre de la clause résolutoire d'un bail commercial en raison du non-respect : de l'obligation du preneur d'utiliser les lieux pour l'exercice de son commerce et de les tenir constamment garnis. • Com. 11 avr. 1995 : *Rev. proc. coll. 1995. 295, obs. Mestre et Laude.* ♦ ... De la destination contractuelle. • Paris, 24 mai 1995 : *Loyers et copr. 1995, n° 425, note Brault et Mutelet.* ♦ ... Ou des formalités d'autorisation et de concours du bailleur à l'acte de sous-location. • Paris, 14 janv. 1993 : *Juris-Data n° 010306.* ♦ V. aussi, admettant l'action en constatation du jeu de la clause résolutoire d'un bail commercial pour non-respect de l'obligation d'assurance, • Paris, 21 janv. 1997 : *Rev. proc. coll. 1999. 118, obs. Macorig-Venier.* ♦ V. encore note 10 *bis* ss. art. L. 622-13.

Sur le délai imparti au bailleur pour introduire sa demande en cas de liquidation judiciaire, V. art. L. 641-12, al. 4.

La demande tendant à la résolution d'une vente, en application de l'art. 1610 C. civ. (obligation de délivrance), à l'exclusion du remboursement du prix versé, est recevable ; les acquéreurs n'ont pas l'obligation de déclarer leur créance résultant du défaut d'achèvement de l'immeuble. • Civ. 1re, 26 nov. 1996 : *Bull. civ. I, n° 418 ; D. Affaires 1997. 160.* ♦ Est également recevable la demande en résolution de contrats de vente pour défaut de conformité et existence de vices cachés. • Com. 2 mars 1999 : *RJDA 1999, n° 573 ; Rev. proc. coll. 2000. 14, obs. Macorig-Venier.*

V. aussi, pour la résolution d'un contrat de cession de clientèle consécutivement à l'inexécution d'une obligation de faire, • Paris, 26 janv. 1996 : *D. 1996. IR 62.*

28. Comp. : note 16 *bis*.

29. Congé avec refus de renouvellement du bail. La suspension des poursuites prévue par l'art. 47 [C. com., art. L. 622-21] n'est pas applicable à l'action en déclaration de validité de congé avec refus de renouvellement pour retards dans les paiements. • Com. 3 juin 1992 : *Bull. civ. IV, n° 182 ; Defrénois 1993. 796, obs. Vermelle ; ibid. 1993. 1215, obs. Sénéchal.* – Dans le même sens, V. • Civ. 3e, 14 mai 1997 : *D. 1997. Somm. 305, obs. Rozès ; D. Affaires 1997. 866 ; RJDA 1997, n° 954 ; Rev. loyers 1999. 240, note Gallet* • Lyon, 29 mars 1995 : *Rev. proc. coll. 1998. 286, obs. Macorig-Venier* • Paris, 12 sept. 2005 : *RJDA 2006, n° 394.*

29 bis. Résiliation du bail mis à disposition. Lorsqu'un fermier met ses terres à disposition d'une exploitation agricole à responsabilité limitée [en application de l'art. L. 411-37 C. rur.], il reste seul titulaire du bail et la procédure collective suivie contre l'EARL, même si elle débouche sur un plan de continuation, ne fait pas obstacle à l'action en résiliation du bailleur dont les droits n'ont pas été modifiés. • Civ. 3e, 6 janv. 2010 : *Bull. civ. III, n° 3 ; D. 2010. AJ 205 ; Act. proc. coll. 2010, n° 53, obs. Lebel ; RJ com. 2010. 490, note Sortais ; Dr. sociétés 2011, n° 15, note Legros.*

30. Résolution du plan de cession. Dans la procédure de redressement judiciaire du cessionnaire, l'art. 47 [C. com., art. L. 622-21] ne fait pas obstacle au prononcé de la résolution du plan de cession, compte tenu de sa nature et de l'action en résolution ouverte au procureur de la République et au tribunal, distincte de l'action interdite par l'art. 47 aux seuls créanciers. • TGI Metz, 3 août 1988 : *D. 1991. Somm. 17, obs. Derrida.* ♦ En revanche, la résolution des actes de cession ne saurait être sollicitée par le commissaire à l'exécution du plan dans la mesure où les cessionnaires étant eux-mêmes soumis à une procédure de redressement judiciaire, s'appliquent les dispositions de l'art. 47 [C. com., art. L. 622-21] interdisant toute action en résolution pour défaut de paiement d'une somme d'argent. • Orléans, 23 oct. 1997 : *Rev. proc. coll. 1999. 120, obs. Macorig-Venier.*

30 bis. Résolution d'une adjudication. Un mandataire à la liquidation judiciaire d'une société ayant fait procéder à la vente d'un immeuble dépendant de l'actif social au bénéfice d'une autre société, qui n'en a pas payé le prix, peut être déclaré irrecevable à poursuivre la revente de ce bien sur folle enchère en raison de la procédure de liquidation judiciaire dont a fait l'objet à son tour l'adjudicataire. Les dispositions de l'art. 47 [C. com., art. L. 622-21] sont, en effet, applicables, dès lors qu'aux termes du cahier des charges, l'adjudicataire devenait propriétaire du seul fait de l'adjudication, en sorte que la procédure de folle enchère tendait à la résolution de la première adjudication. • Civ. 2e, 19 mai 1998 : *D. 2000. Somm. 67, obs. Pérochon et Mainguy ; D. Affaires 1998. 1325, obs. V. A.-R.* – Dans le même sens, V. • Com. 13 oct. 1998 : *Dr. sociétés 1998, n° 158, obs. Chaput ; RTD com. 1999. 504, obs. Martin-Serf* • Civ. 2e, 11 mars 2010 : *Bull. civ. II, n° 50 ; D. 2010. AJ 763 ; LEDEN mai 2010, p. 4, obs. M. Sénéchal ; Act. proc. coll. 2010, n° 136, obs. Salvat ; RJDA 2010, n° 648 ; RD banc. fin. 2010, n° 105, obs. S. Piedelièvre.*

31. Résolution d'un concordat. Jugé que la demande de résolution d'un concordat dont le débiteur avait bénéficié, fondée sur l'inexécution des engagements concordataires, ne tombe pas sous le coup de l'art. 47 [C. com., art. L. 622-21]. • Aix-en-Provence, 13 déc. 1989 : *D. 1991. Somm. 2, obs. crit. Derrida.*

C. ARRÊT DES PROCÉDURES D'EXÉCUTION

1° PROCÉDURES D'EXÉCUTION VISÉES

BIBL. Théry, *Rev. huiss. 2002. 140.*

32. Jurisprudence antérieure à la L. n° 91-650 du 9 juill. 1991. V. éditions 2012 et antérieures du C. com.

33. Saisie-attribution. **BIBL.** Derrida, *LPA 6 janv. 1993.* – Canet, *Rev. proc. coll. 1995. 265.* – Ghelfi-Tastevin, *LPA 18 oct. 1999 ; ibid. 20 oct. 1999.* – F. Aubert, *Rapp. C. cass. pour 1999, p. 83.* – Rezek, *JCP N 2001, n° 37, p. 1349.* – Spinelli, *Dr. et proc. 2002. 273* (dénonciation de la saisie-attribution). – Lefort, *ibid. 2003. 204 et 272* (saisie conservatoire pratiquée antérieurement au jugement d'ouverture). – Garreau, *RTD com. 2004. 413* (saisie-attribution sur des créances à exécution successive). ♦ L'acte de saisie emporte, à concurrence des sommes pour lesquelles elle est pratiquée, attribution immédiate au profit du saisissant de la créance saisie disponible entre les mains du tiers ainsi que de tous ses accessoires [...]. – La [...] survenance d'un jugement portant ouverture d'un redressement ou d'une liquidation judiciaires ne remet pas en cause cette attribution [...], (C. pr. exéc., art. L. 211-2).

L'avis à tiers détenteur comporte l'effet d'attribution immédiate prévu à l'art. L. 211-2 C. pr. exéc. (LPF, art. L. 263, al. 2).

La survenance d'un redressement judiciaire ne peut, par application de l'art. 43 de la loi du 9 juill. 1991 [C. pr. exéc., art. L. 211-2, à compter du 1er juin 2012], remettre en cause l'attribution que réalise l'acte de saisie-attribution, la créance entrant par l'effet de la saisie dans le patrimoine du saisissant et n'ayant pas à être déclarée. • Com. 13 oct. 1998 : *Bull. civ. IV, n° 237 ; D. Affaires 1998. 2018, obs. A. L.* ♦ En effet, la règle de la suspension des poursuites individuelles édictée par l'art. 47 [C. com., art. L. 622-21] ne fait pas obstacle à l'effet attributif immédiat de la saisie-attribution dès lors qu'elle a été pratiquée à une date antérieure au redressement judiciaire, quand bien même le tribunal ferait-il remonter la date de cessation des paiements à une date antérieure à celle de la saisie. • TGI Carpentras, JEX, 22 juill. 1999 : *Annonces de la Seine, suppl. au n° 16 du 28 févr. 2000, p. 4.*

34. Il résulte des art. 13 et 43 de la loi du 9 juill. 1991 préc. et des art. 69 s. de son décret d'application n° 92-755 du 31 juill. 1992 [C. pr. exéc., art. L. 112-1, L. 211-2 et R. 211-14 s., à compter du 1er juin 2012] que la saisie-attribution d'une créance à exécution successive pratiquée à l'encontre de son titulaire avant la survenance d'un jugement portant ouverture d'un redressement ou d'une liquidation judiciaires de celui-ci poursuit ses effets sur les sommes échues en vertu de cette créance après ledit jugement. • Cass., ch. mixte, 22 nov. 2002 : *Bull. civ. n° 7 ; BICC janv. 2003, p. 11, avis Viricelle et rapp. Foulon ; D. 2002. AJ 3270, obs. Lienhard ; D. 2003. 445, note Larroumet ; ibid. Somm. 1472, obs. Taormina ; Act. proc. coll. 2002, n° 262, obs. Regnaut-Moutier ; JCP 2003. II. 10033, note Houtcieff ; JCP E 2003, n° 11, p. 469, note Legeais ; ibid., n° 20, p. 854, obs. Cabrillac ; RTD com. 2003. 367, obs. Martin-Serf ; Procédures 2003, n° 8, obs. Perrot ; Dr. et proc. 2003. 120, note Putman ; RD banc. fin. 2003, n° 19, obs. Cerles ; ibid., n° 37, obs. Delleci ; LPA 13 juin 2003, p. 15, note Courtier ; ibid. 27 févr. 2004, p. 11, note M. Sénéchal* • Com. 5 nov. 2003 : *Bull. civ. IV, n° 165 ; D. 2003. AJ 2964 ; Dr. et proc. 2004. 108, note Putman* • 3 déc. 2003 : *D. 2004. Somm. 1489, obs. Taormina*. ♦ V. déjà • Civ. 2e, 10 juill. 1996 : *D. 1996. 625, note Ancel ; JCP 1996. II. 22723, note Putman ; Rev. proc. coll. 1997. 42, obs. Canet* • 8 mars 2001 : *Act. proc. coll. 2001, n° 98, obs. Regnaut-Moutier.* – V. Soinne, *LPA 1er nov. 1996 ; Rev. proc. coll. 2000. 179.* ♦ Sur la notion de « créance à exécution successive », V. • Civ. 2e, 17 mai 2001 : *Act. proc. coll. 2001, n° 191, obs. Soinne.* ♦ V. aussi note 9. ♦ Pour l'application de cette solution à un avis à tiers détenteur pratiqué sur une créance à exécution successive, V. note 6 ss. art. L. 622-7.

La dénonciation au débiteur saisi de la saisie-attribution pratiquée à son encontre ne constitue pas une voie d'exécution et n'est donc pas concernée par l'interdiction de toute voie d'exécution prévue par l'art. 47 [C. com., art. L. 622-21]. • Paris, 2 sept. 1999 : *Banque et Droit mars-avr. 2000. 53, obs. Guillot* • TGI Lyon, JEX, 23 avr. 1996 : *D. 1997. 43, note Prévault*.

35. Le jugement d'ouverture de la procédure collective interdit toute conversion en saisie-attribution de la saisie conservatoire pratiquée antérieurement. • Com. 22 avr. 1997 : *Bull. civ. IV, n° 100 ; D. 1997. IR 127 ; D. Affaires 1997. 673 ; RD bancaire et bourse 1997. 134, obs. Campana et Calendini ; JCP E 1997. II. 1013, note Grellière ; ibid. 1997. I. 681, n° 16, obs. Cabrillac ; Rev. proc. coll. 1997. 316, obs. Canet ; RTD com. 1998. 208, obs. Martin-Serf*. ♦ Il résulte de la combinaison de l'art. 47 de la loi du 25 janv. 1985 [C. com., art. L. 622-21] et des art. 240 à 242 du Décr. n° 92-755 du 31 juill. 1992 [C. pr. exéc., art. R. 523-7 à R. 523-9], qu'une saisie conservatoire signifiée au tiers saisi avant la date de cessation des paiements qui n'a pas été convertie en saisie-attribution avant la date du jugement d'ouverture n'emporte plus, dès lors, affectation spéciale et privilège au profit du créancier saisissant. • Com. 22 avr. 1997 : *préc.* • 6 mars 2001 : *Bull. civ. IV, n° 48 ; D. 2001. AJ 1102, obs. Lienhard ; Act. proc. coll. 2001, n° 88, obs. Vallansan ; Procédures 2001, n° 126, obs. Laporte ; RD banc. fin. 2001, n° 129, obs. Delleci* • Paris, 19 mars 1998 : *D. Affaires 1998. 720, obs. A. L.* – V. aussi • Douai, 19 juill. 1994 : *D. 1995. 479, note Prévault ; JCP E 1995. I. 513, n° 17, obs. Cabrillac ; Rev. huiss. 1995. 838, note Dahan* • Montpellier, 20 avr. 2004 : *RD banc. fin. 2005, n° 59, obs. F.-X. Lucas* (à propos d'une conversion en saisie-attribution intervenue le jour même du jugement d'ouverture). ♦ En effet, aux termes mêmes de cet art. 240 et de l'art. 76, al. 2, de la loi du 9 juill. 1991 [C. pr. exéc., art. L. 523-2 et R. 523-7, à compter du 1er juin 2012], c'est la demande de paiement contenue dans l'acte de conversion qui emporte attribution immédiate, au profit du créancier, de la créance saisie conservatoirement et non la saisie conservatoire elle-même. • TGI Lyon, JEX, 26 sept. 1995 : *BICC 1996, n° 193 ; Rev. proc. coll. 1996. 343, obs. Canet.* – *Contra* : • TGI Lyon, JEX, 20 févr. 1996 : *D. 1996. IR 188* • TGI Le Mans, JEX, 12 avr. 1994 : *Gaz. Pal. 1996. 2. Somm. 436, obs. Vray.* ♦ Dès lors, même en présence d'un jugement définitif consacrant sa créance, le créancier qui n'a pas signifié d'acte de conversion de la saisie conservatoire en saisie-attribution, avant l'ouverture de la procédure collective, ne peut se prévaloir d'un droit acquis avant le jugement d'ouverture. • Civ. 2e, 19 mai 1999 : *Bull. civ. II, n° 97 ; D. 1999. 549, note Prévault ; RJDA 2000, n° 184.* ♦ V. art. L. 632-1, I (7°). ♦ Sur cette question, V. Vaccaro, *D. Affaires 1997. 1409.*

Une saisie conservatoire non convertie en saisie-attribution à la date du jugement d'ouverture doit faire l'objet d'une mainlevée. • Com. 31 mars 1998 : *Procédures 1998, n° 139, obs. Perrot ; ibid. n° 144, obs. Croze* • Paris, 16 juin 1998 : *D. Affaires 1998. 1450, obs. A. L.* ♦ De même, doit être ordonnée la mainlevée de la consignation des sommes entre les mains d'un séquestre, comme modalité de substitution à la saisie conservatoire, et leur reversement dans l'actif de la société en redressement judiciaire. • Lyon, 17 juin 1998 : *JCP 2000. IV. 1389.* ♦ En effet, la substitution d'un séquestre judiciaire à une saisie conservatoire n'a pas pour conséquence de faire échapper la créance séquestrée au régime juridique de la saisie conservatoire dont les effets sont maintenus. • Com. 6 mars 2001 : *préc.* – V. C. pr. exéc., art. L. 512-1 et R. 523-2. – **C. pr. civ.**

Une saisie conservatoire, qui n'a pas été convertie en saisie-attribution lors du jugement d'ouverture du redressement judiciaire du saisi, ne peut plus produire ses effets et s'oppose à ce que le créancier poursuivant puisse faire condamner le tiers saisi qui ne fournit pas les renseignements prévus [par l'art. 44 de la L. n° 91-650 du 9 juill. 1991, devenant l'art. L. 211-3 C. pr. exéc. à compter du 1er juin 2012]. • Civ. 2e, 20 oct. 2005 : *Bull. civ. II, n° 267 ; D. 2005. AJ 2804, obs. Lienhard ; D. 2006. Pan. 83, obs. Le Corre ; Act. proc. coll. 2005, n° 255, obs. Salvat ; Gaz. Pal. 10-11 févr. 2006, p. 29, obs. Roussel Galle ; ibid. 2-4 juill. 2006, obs. Brenner ; RD banc. fin. 2006, n° 28, obs. S. Piedelièvre ; Dr. et patr. juill.-août 2006. 92, obs. Lefort* • 14 sept. 2006 : *Act. proc. coll. 2006, n° 212, obs. Vallansan ; Gaz. Pal. 19-20 janv. 2007, p. 37, obs. Roussel Galle.*

En revanche, dès lors que la saisie conservatoire a été régulièrement convertie en saisie-attribution avant l'ouverture du redressement judiciaire, le débiteur n'est plus recevable à la contester et sa demande de nullité ou de caducité du procès-verbal de saisie-attribution doit être rejetée. • Com. 2 mars 2010 : *Bull. civ. IV, n° 45 ; D. 2010. AJ 706 ; Act. proc. coll. 2010, n° 118, obs. Salvat ; RJDA 2010, n° 677 ; RD banc. fin. 2010, n° 103, obs. S. Piedelièvre ; Gaz. Pal. 20-22 juin 2010, p. 19, note Lefort ; JCP E 2010. 1716, note Lauvergnat.*

36. Si l'attribution immédiate de la créance saisie reconnue au profit du saisissant par l'art. 43 de la loi du 9 juill. 1991 [C. pr. exéc., art. L. 211-2, à compter du 1er juin 2012] fait obstacle à l'interruption de la procédure de saisie-attribution pratiquée antérieurement au jugement d'ouverture de la procédure collective, ce même effet d'exception au regard de la règle posée par l'art. 47 de la loi du 25 janv. 1985 [C. com., art. L. 622-21] ne peut être reconnu à la saisie des rémunérations. • TI Brumath, 2 juin 1999 : *BICC 1999, n° 1441.* ♦ Doit être ordonnée la mainlevée de la saisie des rémunérations de l'épouse du débiteur, codébiteur à l'égard du même créancier, postérieurement à l'extension à son encontre de la procédure collective. • Toulouse, 14 oct. 1997 : *Rev. proc. coll. 1999. 107, obs. Canet.*

37. Le créancier saisissant, devenu par l'effet attributif immédiat de la saisie-attribution créancier du tiers saisi, est soumis au principe de la suspension des poursuites individuelles, en cas de survenance d'un jugement portant ouverture du redressement ou de la liquidation judiciaire du tiers saisi. • Com. 11 juin 2002 : *Bull. civ. IV, n° 106 ; D. 2002. AJ 2256, obs. Lienhard ; Act. proc. coll. 2002, n° 161, obs. Vallansan ; JCP E 2003, n° 6, p. 272, obs. Cabrillac ; Dr. et patr. oct. 2002. 114, obs. Monsèrié-Bon ; Dr. et proc. 2002. 372, note Putman* • 8 juill. 2003 : *Act. proc. coll. 2003, n° 229, obs. Regnaut-Moutier ; RD banc. fin. 2004, n° 22, obs. F.-X. Lucas.*

38. Saisie-vente. L'arrêt des voies d'exécution implique la mainlevée d'une procédure de saisie-vente lorsque, à la date du jugement d'ouverture, cette procédure d'exécution n'a pas, par la vente, produit ses effets. • Com. 27 mars 2012 : *Bull. civ. IV, n° 69 ; D. 2012. Actu. 942, obs. Lienhard ; JCP E 2012. 1508, n° 2, obs. Pétel ; Dict. perm. diff. entrep., Bull. n° 336, obs. Rémery ; LEDEN mai 2012, p. 4, obs. Mouial-Bassilana ; Act. proc. coll. 2012, n° 141, obs. Cagnoli ; RD banc. fin. 2012, n° 98, obs. S. Piedelièvre ; RJDA 2012, n° 696 ; Bull. Joly Entrep. diff. 2012. 221, note Camensuli-Feuillard.* – V. déjà • Com. 2 févr. 1999 : *Bull. civ. IV, n° 36 ; D. 1999. IR 63 ; JCP E 1999, n° 13, p. 553, obs. Cadiou.*

39. Saisie-revendication. En application de l'art. 47 [C. com., art. L. 622-21], le jugement d'ouverture de la procédure collective interdit toute saisie-revendication. • Civ. 2e, 18 févr. 1999 : *Act. proc. coll. 1999, n° 96, obs. Vallansan.*

40. Avis à tiers détenteur. Si le tiers détenteur n'est tenu au versement des sommes saisies qu'au terme du délai d'opposition, l'avis qu'il reçoit emporte attribution immédiate de la créance saisie disponible entre ses mains au comptable public qui l'a émis ; dès lors, des avis à tiers détenteur ne peuvent être déclarés sans effet aux motifs que n'ayant pas fait l'objet d'un acquiescement et étant toujours susceptibles d'opposition, ils n'étaient définitifs et n'avaient donc pas pu attribuer les créances saisies au comptable public quand le jugement d'ouverture du redressement judiciaire a été prononcé. • Com. 16 juin 1998 : *cité note 20 ss. art. L. 631-1.* ♦ S'agissant d'un avis à tiers détenteur pratiqué sur une créance à exécution successive, V. note 6 ss. art. L. 622-7.

41. Attribution judiciaire du gage. L'action afin d'attribution judiciaire du gage doit être considérée comme une voie d'exécution au sens de l'art. 47 [C. com., art. L. 622-21]. • Chambéry, 26 sept. 1994 : *Gaz. Pal. 1995. 1. Somm. 195.*

41 bis. Restitution du montant d'un chèque impayé. L'action en restitution du montant d'un chèque encaissé constitue une voie d'exécution interdite par l'art. 47 [C. com., art. L. 622-21] dès lors que la créance avait son origine antérieurement au jugement d'ouverture de la procédure collective. • Com. 23 juin 1998 : *Act. proc. coll. 1998, n° 147, note Bonhomme ; Rev. proc. coll. 1999. 107, obs. Canet.*

42. *Expulsion.* La clause résolutoire prévue au bail ayant produit ses effets avant l'ouverture de la procédure collective, l'expulsion ne constitue pas une voie d'exécution au sens de l'art. 47 [C. com., art. L. 622-21]. • Civ. 3e, 21 févr. 1990 : *Bull. civ. III, n° 52 ; D. 1990. IR 73 ; RTD com. 1990. 478, obs. Chaput*. – V. aussi • Com. 3 déc. 2003 : *Act. proc. coll. 2004, n° 16.* ♦ Dans le même sens, à propos d'un crédit-bail : • Com. 17 mai 1994 : *Bull. civ. IV, n° 179 ; Gaz. Pal. 1995. 1. 6, note Massoni ; JCP N 1995. I. 651, note Garçon ; D. 1994. IR 180*. ♦ Comp., classant les mesures d'expulsion parmi les procédures civiles d'exécution : L. n° 91-650 du 9 juill. 1991 (art. 61 s.), applicable depuis le 1er janv. 1993, et codifiée, à partir du 1er juin 2012, au C. pr. exéc. (art. L. 431-1 s.), **C. pr. civ.** (V. note Gallet, ss. • Paris, 19 mai 1992 : *Rev. loyers 1994. 27*). ♦ V. aussi notes 2 s. ss. art. L. 622-14.

2° VALIDITÉ DES MESURES CONSERVATOIRES

43. Les mesures conservatoires, qui ne peuvent être assimilées aux voies d'exécution, échappent à l'interdiction prévue par l'art. 47 [C. com., art. L. 622-21]. Tel est le cas : de l'opposition au paiement du prix de vente d'un fonds de commerce formée par un créancier. • Montpellier, 5 mars 1997 : *Rev. proc. coll. 1999. 120, obs. Macorig-Venier.* ♦ ... De la surenchère du sixième formée par un créancier du vendeur de fonds de commerce. • Com. 21 juill. 1987 : *Rev. proc. coll. 1997, n° 4, p. 37, obs. Campana.* ♦ ... De la délivrance du commandement préalable à la saisie exécution qu'exigeait l'art. 583 C. pr. civ. [ancien ; abrogé depuis le 1er janv. 1993]. • Com. 14 mars 1995 : *Bull. civ. IV, n° 76 ; D. 1995. IR 112.* ♦ ... De la prorogation d'un commandement de saisie immobilière, publié antérieurement au jugement d'ouverture de la procédure collective dont fait l'objet le saisi, cette prorogation ayant été sollicitée dans le but de faire obstacle à la péremption de l'art. 694, al. 3, C. pr. civ. [ancien]. • Civ. 2e, 23 oct. 1991 : *Bull. civ. II, n° 283 ; D. 1992. Somm. 184, obs. crit. Honorat ; Defrénois 1992. 592, obs. Sénéchal.* ♦ ... De la procédure gracieuse en vertu de laquelle un créancier qui justifie d'une créance paraissant fondée en son principe sollicite du président du tribunal de grande instance l'autorisation de prendre sur les immeubles du débiteur une inscription provisoire d'hypothèque judiciaire. • Paris, 20 oct. 1987 : *D. 1987. IR 240.* ♦ ... De l'envoi de réclamations préalables telles que celles prévues par l'art. 32 de la convention du 19 mai 1956, relative au contrat de transport international de marchandises par route (CMR). • Paris, 23 sept. 1994 : *RJDA 1995, n° 348.* ♦ ... De l'exequatur d'un jugement étranger portant condamnation à un paiement. • Paris, 4 juill. 1991 : *Rev. proc. coll. 1994. 34, obs. Saint-Alary-Houin ; JDI 1991. 405, note Kahn.* ♦ ... De la mesure conservatoire de séquestre. • Paris, 26 janv 1996 : *D. 1996. IR 62.* – V. aussi note 16, et note 12 ss. ancien art. L. 621-43 ss. art. L. 622-24. ♦ Comp., pour un séquestre comme substitut à une saisie conservatoire : • Lyon, 17 juin 1998 : *préc. note 35.* ♦ ... De la mise en demeure de l'entrepreneur principal, dans le cadre de la mise en œuvre de l'action directe du sous-traitant contre le maître de l'ouvrage (Rép. min. n° 51711 : *JOAN Q, 25 mai 1992, p. 2356).*

III. ACTION EN RESTITUTION

43 bis. L'action tendant à voir déclarer de nul effet les poursuites engagées en violation de l'interdiction de toute voie d'exécution prévue à l'art. L. 621-40 C. com. et à obtenir restitution des sommes indûment versées par le tiers détenteur n'est pas soumise aux dispositions de l'art. L. 621-24 C. com. [inapplicabilité de la prescription de trois ans prévue par ce texte]. • Com. 2 oct. 2007 : *Gaz. Pal. 23-24 janv. 2008, p. 48, obs. Rohart-Messager ; Rev. proc. coll. 2008. 71, obs. Lebel.*

IV. RECOURS

44. Le débiteur a le droit propre, lorsqu'était en cours à la date du jugement d'ouverture de son redressement judiciaire une instance tendant à sa condamnation au paiement d'une somme d'argent pour une cause antérieure à ce jugement, d'exercer les voies de recours prévues par la loi contre la décision statuant sur l'existence et le montant de la créance. • Com. 11 mai 1993 : *préc. note 7.*

Art. L. 622-22 **Sous réserve des dispositions de l'article L. 625-3, les instances en cours sont** *(L. n° 2005-845 du 26 juill. 2005, art. 36)* **« interrompues » jusqu'à ce que le créancier poursuivant ait procédé à la déclaration de sa créance. Elles sont alors reprises de plein droit, le mandataire judiciaire et, le cas échéant, l'administrateur** *(L. n° 2005-845 du 26 juill. 2005, art. 36)* **« ou le commissaire à l'exécution du plan nommé en application de l'article L. 626-25 » dûment appelés, mais tendent uniquement à la constatation des créances et à la fixation de leur montant.** – *[C. com., ancien art. L. 621-41.] – V. art. R. 622-20.*

BIBL. ▸ Régime issu de la loi du 26 juill. 2005 : Staes, *Rev. proc. coll. 2005. 215 ; ibid. 2006. 269.* ▸ Régime antérieur à la loi du 26 juill. 2005 : Vallens, *RTD com. 1991. 529* .

1. Suspension des instances en cours. Le créancier ne justifiant pas de la déclaration de sa créance entre les mains du représentant des créanciers, la cour doit, dès lors, constater la suspension de l'instance en impartissant aux créanciers un délai en vue de la régularisation de la procédure. • Paris, 2 déc. 1986 : *D. 1987. Somm. 238, obs. Honorat.*

2. La déclaration de la créance ne peut, toutefois, mettre fin, dans les conditions prévues par l'art. 48 [C. com., art. L. 622-22], à la suspension de l'instance, que si elle a été faite dans le délai légal ou si le créancier retardataire a obtenu d'être relevé de la forclusion encourue. • Paris, 24 mars 1987 : *D. 1987. IR 113* • 23 sept. 1987 : *D. 1989. Somm. 14, obs. Derrida* • 28 janv. 1988 : *D. 1988. Somm. 385, obs. Honorat.*

3. Sur le rattachement de la suspension des instances en cours à l'interruption de l'instance édictée par les art. 369 s. NCPC [C. pr. civ.], V. déjà, avant la loi du 26 juill. 2005 : • Paris, 28 juill. 1986 : *D. 1987. Somm. 94, obs. Derrida* • Civ. 2e, 6 mars 1991 : *Bull. civ. II, n° 78 ; D. 1992. Somm. 88, obs. Derrida* • Com. 29 oct. 1991 : *Bull. civ. IV, n° 319 ; D. 1992. 293, note Rossi , et Somm. 254, obs. Derrida* • 22 juin 1993 : *Bull. civ. IV, n° 260 ; D. 1993. Somm. 365, obs. Honorat* • Civ. 3e, 19 mars 1997 : *RJDA 1997, n° 955 ; Rev. proc. coll. 1999. 33, obs. Monsérié.*

Une société ayant été mise en redressement judiciaire par un jugement survenu postérieurement à l'ouverture des débats devant la cour d'appel, l'instance n'a pas été interrompue par l'effet de cette décision. • Com. 14 févr. 1995 : *Bull. civ. IV, n° 44 ; D. 1995. Somm. 217, obs. Honorat* • 6 févr. 2001 : *Rev. proc. coll. 2002. 269, obs. Staes.* ♦ V. art. 371 **C. pr. civ.**

La copie de l'assignation délivrée au débiteur antérieurement à l'ouverture de la procédure collective n'ayant été remise au greffe du tribunal que le lendemain de cette ouverture, il n'existe pas d'instance en cours susceptible d'enlever au juge-commissaire le pouvoir de statuer sur la créance déclarée. • Com. 12 janv. 2010 : *cité note 1 bis ss. art. L. 622-21 ; Gaz. Pal. 16-17 avr. 2010, p. 30, obs. Rohart-Messager ; Rev. proc. coll. 2011, n° 29, obs. Staes.*

Sur la radiation de l'affaire, en application de l'art. 376 NCPC [C. pr. civ.], V. • Paris, 16 mars 1995 : *D. 1995. IR 103.*

4. Actions visées. L'art. 48 [C. com., art. L. 622-22] ne s'applique pas à l'action en résiliation des baux pour défaut d'entretien. • Civ. 3e, 21 juill. 1999 : *D. 1999. IR 229 ; D. Affaires 1999. 1443, obs. V. A.-R.*

4 bis. La demande reconventionnelle en fixation d'une créance formée après le jugement d'ouverture de la procédure collective du demandeur initial n'est pas une instance en cours au sens de l'art. 48, devenu l'art. L. 621-41 [L. 622-22] C. com. • Com. 17 juill. 2001 : *Bull. civ. IV, n° 153 ; RJDA 2002, n° 34 ; Procédures 2002, n° 7, note Laporte ; JCP E 2002, n° 13, p. 569, note Kandem ; Rev. proc. coll. 2002. 268, obs. Staes* • Angers, 3 juin 2002 : *Rev. proc. coll. 2003. 313, obs. Staes.* ♦ En revanche, les dispositions de l'art. 48 [C. com., art. L. 622-22] s'appliquent à la demande reconventionnelle en paiement de dommages-intérêts introduite avant l'ouverture de la procédure collective. • Paris, 14 mars 2000 : *Rev. proc. coll. 2001. 251, obs. Staes.*

4 ter. Le jugement d'ouverture de la liquidation judiciaire interrompt la saisie immobilière en cours, qui doit être reprise aux formes et conditions des art. L. 622-16 [642-18] C. com. et 125 à 131 du Décr. du 27 déc. 1985 [C. com., art. R. 642-22 s.]. • Com. 3 avr. 2002 : *RJDA 2002, n° 1054.*

5. L'instance en cours, suspendue jusqu'à ce que le créancier poursuivant ait procédé à la déclaration de sa créance est celle qui tend à obtenir, de la juridiction saisie du principal, une décision définitive sur l'existence et le montant de cette créance ; tel n'est pas le cas de l'instance en référé qui tend à obtenir une condamnation provisionnelle. • Com. 12 juill. 1994 : *Bull. civ. IV, n° 263 ; D. 1994. 520 ; D. 1995. Somm. 28, obs. Honorat ; RTD com. 1995. 482, obs. Martin-Serf ; Justices 1995. 241, obs. Héron ; JCP E 1995. II. 640, note Gallet* • 3 déc. 1996 : *Rev. proc. coll. 1999. 33, obs. Monsèrié* • 23 mai 2000 : *RJDA 2000, n° 1018 ; Rev. proc. coll. 2001. 251, obs. Staes* • Paris, 24 avr. 1998 : *D. 1998. IR 141* • Dijon, 18 nov. 2003 : *Rev. proc. coll. 2004. 237, obs. Staes.* ♦ Par conséquent, la créance faisant l'objet d'une telle instance doit être soumise à la procédure normale de vérification et à la décision du juge-commissaire. • Mêmes arrêts. ♦ Solution reconduite sous l'empire de la loi du 26 juill. 2005 : V. • Com. 6 oct. 2009 : *Bull. civ. IV, n° 123 ; D. 2009. AJ 2485, obs. Lienhard ; RTD com. 2010. 198, obs. Martin-Serf ; Procédures 2009, n° 409, obs. Rolland ; Rev. proc. coll. 2010, n° 6, obs. Staes.* ♦ V. aussi note 12 ss. art. L. 624-2.

5 bis. Méconnaît l'art. 48 [C. com., art. L. 622-22] la cour d'appel qui fixe le montant des dommages-intérêts dus par un prévenu personnellement en liquidation judiciaire à chacune des parties civiles, alors que le liquidateur n'a pas été mis en cause. • Crim. 24 févr. 1999 : *D. 1999. IR 98 ; Rev. sociétés 1999. 408, note Bouloc*.

5 ter. La mise en cause du représentant des créanciers, prévue par l'art. 48 [C. com., art. L. 622-22], n'est pas exigée lorsque, dans l'instance en paiement dirigée contre le débiteur du débiteur soumis à la procédure collective, le juge, saisi d'une demande de compensation, doit statuer sur le point de savoir si la créance invoquée à ce titre a été déclarée au passif dans le délai légal. • Com. 6 févr. 1996 : *Bull. civ. IV, n° 39 ; D. 1997. Somm. 77, obs. Honorat ; D. Affaires 1996. 459.*

6. Sur l'exclusion des instances en cours devant la juridiction prud'homale, V. art. L. 625-3.

7. Effets de la suspension. L'ouverture d'une procédure de redressement judiciaire n'interrompt l'instance qu'au profit de la personne qui y est soumise ; l'interruption de l'instance ne dessaisit pas le juge. • Civ. 3e, 12 mai 1999 : *Bull. civ. III, n° 114 ; D. 1999. IR 152*. – Dans le même sens : • Paris, 2 mai 1990 : *D. 1990. Somm. 219, obs. Honorat*.

7 bis. A compter de l'ouverture de la procédure de redressement judiciaire d'une SCI, l'instance en cours tendant à la résolution de la vente en l'état futur d'achèvement et à la restitution du prix étant suspendue et ne pouvant reprendre, après déclaration des créances, qu'en vue de leur constatation et de la fixation de leur montant, aucune condamnation ne peut être prononcée. • Civ. 3e, 17 mars 1999 : *JCP E 1999, n° 21, p. 885.*

8. Sur l'impossibilité, pour le juge des référés, lorsqu'une demande de provision est soumise à la suspension des poursuites individuelles, d'évaluer le montant de la créance, V. • Paris, 14 oct. 1987 : *D. 1988. Somm. 146, obs. Honorat ; Gaz. Pal. 1988. 1. 91.* – V. aussi • Paris, 27 sept. 1989 : *Gaz. Pal. 1990. 1. Somm. 187* • 19 mai 1992 : *Rev. loyers 1994. 27, note Gallet* • 24 avr. 1998 : *préc. note 5.*

9. Reprise de l'instance. L'instance suspendue ne peut être reprise qu'en vue de la constatation de la créance et de la fixation de son montant, à l'exclusion de la condamnation du débiteur. • Com. 11 mai 1993 : *Bull. civ. IV, n° 182.* – Dans le même sens : • Com. 8 mars 1994 : *Bull. civ. IV, n° 98* • 20 juin 2000 : *Dr. sociétés 2000, n° 140, obs. Chaput ; Rev. proc. coll. 2001. 253, obs. Staes* • 15 oct. 2002 : *Rev. proc. coll. 2003. 314, obs. Staes* (en cas de plan de continuation du débiteur). ♦ V. aussi, dans le cas de poursuites dirigées contre les héritiers, après décès du débiteur, • Com. 4 janv. 2000 : *Bull. civ. IV, n° 4 ; JCP E 2000, n° 17, p. 700, obs. Pétel ; Act. proc. coll. 2000, n° 21, obs. Regnaut-Moutier.* ♦ Dès lors que le liquidateur judiciaire du débiteur est dans la cause et que le créancier a déclaré sa créance, il appartient à la juridiction saisie de se prononcer d'office sur l'existence et le montant de celle-ci, peu important que les conclusions du créancier tendent à une condamnation au paiement. • Com. 4 avr. 2006 : *Bull. civ. IV, n° 87 ; D. 2006. AJ 1107, obs. Lienhard ; Act. proc. coll. 2006, n° 99, obs. Vallansan ; RD banc. fin. 2006, n° 109, obs. F.-X. Lucas ; Gaz. Pal. 14-18 juill. 2006, p. 38, obs. Le Corre ; JCP E 2006, n° 37, p. 1532, obs. Pétel ; Rev. proc. coll. 2006. 272, obs. Staes ; RTD com. 2006. 666, obs. Martin-Serf ; ibid. 670, obs. Vallens*. ♦ Pour la reprise de cette solution, sous l'empire de la loi du 26 juill. 2005, V. • Com. 3 nov. 2009 : *Bull. civ. IV, n° 140 ; D. 2009. AJ 2747 ; Dict. perm. diff. entrep., Bull. n° 309, p. 4025, obs. Rémery ; Procédures 2010, n° 17, obs. Rolland ; Rev. proc. coll. 2010, n° 8. obs. Staes ; RJDA 2010, n° 263 ; Gaz. Pal. 16-17 avr. 2010, p. 29, obs. Rohart-Messager.*

La juridiction saisie doit rechercher, au besoin d'office, si le créancier a procédé à la déclaration de sa créance auprès du représentant des créanciers et si l'instance a été valablement reprise. • Com. 12 févr. 1991 : *Bull. civ. IV, n° 67 ; JCP E 1991. I. 100, n° 7, obs. Cabrillac* • 6 oct. 1992 : *Bull. civ. IV, n° 289* • 3 déc. 2003 : *Act. proc. coll. 2003, n° 17, obs. Regnaut-Moutier ; Rev. proc. coll. 2004. 240, obs. Staes.* – Dans le même sens, V • Com. 7 janv. 1992 : *Bull. civ. IV, n° 4 ; D. 1992. Somm. 255, obs. Derrida* • 22 juin 1993 : *préc. note 3* • 1er juill. 1997 : *Rev. proc. coll. 1999. 33, obs. Monsèrié* • 23 nov. 2004 : *ibid. 2005. 130, obs. Gorrias.* ♦ Elle ne peut se prononcer que dans les limites de cette déclaration. • Com. 20 mars 2001 : *Bull. civ. IV, n° 62 ; D. 2001. AJ 1468 ; Rev. proc. coll. 2001. 253, obs. Staes.* ♦ S'agissant d'une procédure soumise à la loi du 26 juill. 2005, en l'absence de déclaration de créance, les conditions de la reprise d'instance ne sont pas réunies, même si la créance du créancier forclos n'est pas éteinte ; en l'espèce, l'instance demeure donc interrompue jusqu'à la clôture de la liquidation judiciaire. • Cass., avis, 8 juin 2009 : *Bull. civ., n° 1 ; BICC 15 oct. 2009, rapp. Delmotte et obs. Petit ; D. 2009. AJ 1603, obs. Lienhard ; RTD com. 2010. 199, obs. Martin-Serf ; JCP E 2009. 1814, n° 3, obs. Cabrillac et Pétel ; Dr. et proc. 2009. 338, obs. Le Corre ; Gaz. Pal. 1er-3 nov. 2009, p. 23, obs. Rohart-Messager ; RJDA 2009 n° 1106 ; Rev. proc. coll. 2010, n° 10, obs. Staes.*

Le débiteur ne s'étant pas prévalu, au cours de la procédure ayant abouti à l'arrêt le condamnant au paiement d'une certaine somme, de l'absence de mise en cause du représentant des créanciers, seul celui-ci, dont les attributions sont ensuite dévolues au liquidateur ou au commissaire à l'exécution du plan, serait recevable à se prévaloir de l'inopposabilité à la procédure collective de la décision statuant, dans une instance en cours au jour du jugement d'ouverture, sur une créance à l'encontre du débiteur. • Com. 27 févr. 2007 : *Bull. civ. IV, n° 67 ; D. 2007. AJ 1082 ; Rev. proc. coll. 2007. 141, obs. Staes ; Act. proc. coll. 2007, n° 76, obs. Vallansan.*

Dans le cadre d'une action dirigée contre une société placée en liquidation judiciaire par un tribunal de commerce ayant désigné deux coliquidateurs, l'instance d'appel, interrompue jusqu'à la déclaration de créance de l'appelante, a été valablement reprise par l'assignation de l'un seulement des deux coliquidateurs, chacun d'entre eux disposant de l'entier pouvoir d'exercer des droits et actions de la société en liquidation. • Bordeaux, 6 déc. 1994 : *BICC 1995, n° 253 ; Rev. huiss. 1995. 485,* conf. par • Civ. 2e, 8 janv. 1997 : *Bull. civ. II, n° 1 ; D. Affaires 1997. 256 ; JCP E 1997. I. 651, n° 5, obs. Pétel.*

Si la juridiction devant laquelle est reprise l'instance n'est pas liée par la déclaration de créance effectuée par le créancier, le représentant des créanciers ne peut, au cours de cette instance, contester cette créance et discuter son inscription au passif. • Paris, 4 juill. 1997 : *Rev. proc. coll. 1999. 157, obs. Monsèrié.*

Bien que l'art. 48 [C. com., art. L. 622-22] ne le précise pas formellement, le tribunal, en considération du fait que le caractère privilégié ou chirographaire de la créance constitue un élément indissociable de la créance elle-même, peut statuer sur ce point. • T. com. Paris, 7 nov. 1986 : *Gaz. Pal. 1987. 1. 68, note de Granvilliers* • Lyon, 7 mai 1992 : *BICC 1993, n° 79 ; Rev. proc. coll. 1994. 29, obs. Dureuil.*

V. aussi note 8 *septies* ss. ancien art. L. 621-43 ss. art. L. 622-24.

9 bis. Défaut de reprise. A défaut de reprise de l'instance conformément à l'art. L. 622-22, les jugements, même passés en force de chose jugée, sont réputés non avenus, à moins qu'ils ne soient expressément ou tacitement confirmés par la partie au profit de laquelle l'interruption est prévue (à propos d'une procédure de sauvegarde). • Com. 26 janv. 2010 : *Bull. civ. IV, n° 20 ; D. 2010. AJ 380 ; Act. proc. coll. 2010, n° 74, obs. Vallansan ; RJDA 2010, n° 650 ; Gaz. Pal. 2-3 juill. 2010, p. 29, obs. Rohart-Messager ; RJ com. 2010. 488, note Sortais ; Rev. proc. coll. 2011, n° 34, obs. Staes.*

9 ter. Plan de cession. Si le jugement arrêtant le plan de cession de l'entreprise met fin, en tout état de cause, à l'interruption de l'instance provoquée par l'ouverture de la procédure de redressement judiciaire, il n'en suit pas que les dispositions de l'art. 48 [C. com., art. L. 622-22], qui ne fait aucune distinction selon qu'un plan de cession a été ou non arrêté, ne soient pas applicables. • Paris, 18 janv. 2002 : *Rev. proc. coll. 2003. 314, obs. Staes.*

10. Application à la liquidation judiciaire. V. art. L. 641-3.

11. Arbitrage. Lorsque l'instance arbitrale formée contre le débiteur a été commencée avant l'ouverture de la procédure, l'instance arbitrale est, en application de l'art. 48 [C. com., art. L. 622-22] suspendue jusqu'à ce que le créancier ait déclaré sa créance. • Paris, 3 mars 1998 : *D. 1998. IR 102 ; D. Affaires 1998. 846, obs. A. L.* • 8 sept. 1998 : *D. 1998. IR 235 ; D. Affaires 1998. 1646 ; JCP E 1998, n° 40, p. 1525 ; Rev. proc. coll. 1999. 156, obs. Monsèrié* • 30 mars 1999 : *D. 1999. IR 125.* ♦ L'instance arbitrale est en cours à partir du jour où le tribunal arbitral est définitivement constitué et peut donc être saisi du litige, c'est-à-dire à partir de l'acceptation par tous les arbitres de leur mission. • Civ. 1re, 30 mars 2004 : *Bull. civ. I, n° 98 ; D. 2004. Somm. 3183, obs. Clay ; Act. proc. coll. 2004, n° 112, obs. Vallansan ; Rev. proc. coll. 2004. 236, obs. Staes.* ♦ V. note 17 ss. art. L. 622-21.

Art. L. 622-23 *(Ord. n° 2008-1345 du 18 déc. 2008, art. 31)* **Les actions en justice et les procédures d'exécution autres que celles visées à l'article L. 622-21 sont poursuivies au cours de la période d'observation à l'encontre du débiteur, après mise en cause du mandataire judiciaire et de l'administrateur lorsqu'il a une mission d'assistance ou après une reprise d'instance à leur initiative.**

1. Ordre public. L'art. 49 [C. com., art. L. 622-23] est d'ordre public. • Bordeaux, 9 juill. 1987 : *Gaz. Pal. 1987. 2. 535, note Brault.* ♦ Toutefois, la mise en cause n'a été édictée que dans l'intérêt des créanciers, si bien que seul le représentant des créanciers, à l'exclusion de l'administrateur judiciaire, peut s'en prévaloir pour exciper d'une irrégularité de la procédure suivie par un tribunal administratif au cas où il n'aurait pas été appelé à l'instance à l'occasion d'une action introduite par l'administrateur judiciaire ou par un éventuel créancier. • CAA Nantes, 12 juin 1997 : *RJDA 1998, n° 761.*

2. *Saisie-arrêt ou saisie-attribution.* La saisie-arrêt, s'analysant comme une voie d'exécution portant sur un meuble, ne constitue pas une des exceptions prévues par l'art. 49 [C. com., art. L. 622-23]. • Paris, 12 oct. 1988 : *D. 1988. IR 279.* ♦ L'acte de saisie emportant, à concurrence des sommes pour lesquelles elle est pratiquée, attribution immédiate au profit du saisissant de la créance disponible entre les mains du tiers et la survenance d'un jugement de redressement ou de liquidation judiciaire ne remettant pas en cause cette attribution, la dérogation ainsi apportée au principe de la suspension des poursuites individuelles de la part des créanciers visés à l'art. 47 [C. com., art. L. 622-21] n'a pas pour conséquence de soumettre aux dispositions de l'art. 49 [C. com., art. L. 622-23] la saisie-attribution pratiquée. • Com. 16 févr. 1999 : *Procédures 1999, n° 274, obs. Laporte.*

2 bis. L'administrateur à qui a été confiée la mission d'assister le débiteur, conformément à l'art. 31 [C. com., art. L. 622-1], doit être considéré comme étant le débiteur auquel la saisie-attribution doit être dénoncée, à peine de caducité, dans les huit jours, en vertu de l'art. 58 du Décr. n° 92-755 du 31 juill. 1992 [C. pr. exéc., art. R. 211-3, à compter du 1er juin 2012]. Il doit donc être mis en cause. • Paris, 14 sept. 1995 : *Rev. proc. coll. 1996. 219, obs. Canet.* ♦ De même, la saisie-attribution doit être dénoncée au représentant des créanciers. • TGI Grenoble, JEX, 27 juin 1994 : *JCP 1995. II. 22417, note R. Martin ; Rev. proc. coll. 1996. 219, obs. Canet.* ♦ V. aussi, sur la nullité d'une contrainte délivrée par l'URSSAF à la seule entreprise en redressement judiciaire, • TASS Paris, 15 mai 1995 : *Rev. proc. coll. 1998. 90, obs. Canet.*

3. *Résolution d'un bail commercial.* Après l'ouverture de la procédure de redressement judiciaire du preneur et l'exercice de l'option par l'administrateur, la résiliation du bail pour une cause autre que le défaut de paiement d'une somme d'argent est valablement poursuivie contre le preneur, après mise en cause de l'administrateur et du représentant des créanciers. • Com. 6 janv. 1998 : *AJPI 1998. 844, note Gallet.* ♦ Cependant, l'art. 49 [C. com., art. L. 622-23] ne s'applique pas lorsque la clause résolutoire d'un bail commercial avait produit ses effets avant l'ouverture de la procédure collective et que le juge des référés n'était pas saisi d'une action à l'encontre du débiteur, mais d'une demande de ce dernier. • Com. 19 déc. 1989 : *Bull. civ. IV, n° 320 ; D. 1990. 450, note Derrida.* ♦ V. aussi note 2 ss. art. L. 622-14.

3 bis. Action en revendication. V. note 3 ss. art. L. 624-9.

4. *Action devant le juge administratif.* L'art. 49 [C. com., art. L. 622-23] ne comporte aucune dérogation aux dispositions régissant les compétences respectives des juridictions administratives et judiciaires ; par suite, la circonstance que la SNCF, dont l'action devant le juge administratif tend à obtenir l'expulsion d'un occupant – en redressement judiciaire – sans titre du domaine public, n'a pas mis en cause, devant le tribunal, l'administrateur et représentant des créanciers, est sans influence sur la compétence du juge administratif pour se prononcer sur ces conclusions. • CAA Lyon, 20 oct. 1993 : *JCP E 1994. Pan. 394.* ♦ De même, il appartient au juge administratif, s'agissant des créances qui par leur nature relèvent de sa compétence, d'examiner si la personne publique demanderesse a droit à réparation, de fixer le montant des sommes qui lui sont dues à ce titre, et de prononcer ainsi une condamnation, sans préjudice des suites que la procédure judiciaire est susceptible d'avoir sur le recouvrement de ses créances. • CAA Nantes, 12 juin 1997 : *préc. note 1.*

4 bis. Procédure simplifiée. En cas de régime simplifié sans administrateur, la mise en cause du représentant des créanciers est nécessaire. • Com. 26 mai 1999 : *Rev. proc. coll. 2000. 130, obs. Monsèrié-Bon.*

5. *Régularisation.* Si la mise en cause de l'assuré responsable, à laquelle est subordonnée la recevabilité de l'action directe exercée à l'encontre de son assureur, doit avoir lieu dans le délai de prescription de l'action ouverte contre l'assuré et si la régularité de la mise en cause de celui-ci, lorsqu'il a été mis en redressement judiciaire, suppose, par application de l'art. 49 [C. com., art. L. 622-23], que soient appelés à l'instance l'administrateur de la procédure collective, s'il a reçu une mission de représentation ou d'assistance du débiteur, et le représentant des créanciers, la situation résultant de la seule mise en cause du débiteur avant l'expiration du délai peut être régularisée, après cette date, par l'intervention de ces mandataires de justice jusqu'au moment où le juge statue. • Com. 25 juin 1996 : *Bull. civ. IV, n° 195 ; D. 1996. 481, rapp. Rémery ; D. Affaires 1996. 1131.*

Art. L. 622-23-1 *(Ord. n° 2008-1345 du 18 déc. 2008, art. 32)* **Lorsque des biens ou droits présents dans un patrimoine fiduciaire font l'objet d'une convention en exécution de laquelle le débiteur constituant en conserve l'usage ou la jouissance,**

aucune cession ou aucun transfert de ces biens ou droits ne peut intervenir au profit du fiduciaire ou d'un tiers du seul fait de l'ouverture de la procédure, de l'arrêté du plan ou encore d'un défaut de paiement d'une créance née antérieurement au jugement d'ouverture. Cette interdiction est prévue à peine de nullité de la cession ou du transfert.

Art. L. 622-24 A partir de la publication du jugement, tous les créanciers dont la créance *(L. nº 2005-845 du 26 juill. 2005, art. 37)* « est née » antérieurement au jugement d'ouverture, à l'exception des salariés, adressent la déclaration de leurs créances au mandataire judiciaire *(Ord. nº 2008-1345 du 18 déc. 2008, art. 33)* « dans des délais fixés par décret en Conseil d'État ». *(L. nº 2005-845 du 26 juill. 2005, art. 37)* « Les créanciers titulaires d'une sûreté publiée ou liés au débiteur par un contrat publié sont avertis personnellement ou, s'il y a lieu, à domicile élu. Le délai de déclaration court à l'égard de ceux-ci à compter de la notification de cet avertissement. » *— V. art. R. 622-21.*

La déclaration des créances peut être faite par le créancier ou par tout préposé ou mandataire de son choix.

La déclaration des créances doit être faite alors même qu'elles ne sont pas établies par un titre. *(L. nº 2005-845 du 26 juill. 2005, art. 37)* « Celles dont le montant n'est pas encore définitivement fixé sont déclarées sur la base d'une évaluation. » Les créances du Trésor public et des organismes de prévoyance et de sécurité *(L. nº 2003-7 du 3 janv. 2003, art. 50-II)* « sociale » ainsi que les créances recouvrées par les organismes visés à l'article L. 351-21 *[L. 5427-1]* du code du travail qui n'ont pas fait l'objet d'un titre exécutoire au moment de leur déclaration sont admises à titre provisionnel pour leur montant déclaré. En tout état de cause, les déclarations du Trésor et de la sécurité sociale sont toujours faites sous réserve des impôts et autres créances non établis à la date de la déclaration. Sous réserve des procédures judiciaires ou administratives en cours, leur établissement définitif doit, à peine de forclusion, être effectué dans le délai prévu à l'article L. 624-1.

Les institutions mentionnées à l'article L. 143-11-4 *[L. 3253-14]* du code du travail sont soumises aux dispositions du présent article pour les sommes qu'elles ont avancées et qui leur sont remboursées dans les conditions prévues pour les créances nées antérieurement au jugement ouvrant la procédure. *— [C. com., ancien art. L. 621-43.] — V. art. R. 622-21.*

(L. nº 2005-845 du 26 juill. 2005, art. 37) « Les créances nées régulièrement après le jugement d'ouverture, autres que celles mentionnées au I de l'article L. 622-17 *(Abrogé par Ord. nº 2008-1345 du 18 déc. 2008, art. 33)* *« et les créances alimentaires »*, sont soumises aux dispositions du présent article. Les délais courent à compter de la date d'exigibilité de la créance. Toutefois, les créanciers dont les créances résultent d'un contrat à exécution successive déclarent l'intégralité des sommes qui leur sont dues dans des conditions prévues par décret en Conseil d'État. » *— V. art. R. 622-22.*

(Ord. nº 2008-1345 du 18 déc. 2008, art. 33) « Le délai de déclaration, par une partie civile, des créances nées d'une infraction pénale court dans les conditions prévues au premier alinéa ou à compter de la date de la décision définitive qui en fixe le montant, lorsque cette décision intervient après la publication du jugement d'ouverture.

« Les créances alimentaires ne sont pas soumises aux dispositions du présent article. »

Pour l'application au redressement judiciaire, V. art. L. 631-14 ; ... A la liquidation judiciaire, V. art. L. 641-3.

Sur la dispense de déclaration des créances accordée au Fonds de garantie des dépôts et aux déposants, instituée par la L. nº 99-532 du 25 juin 1999, en cas d'ouverture d'une procédure collective à *l'égard d'un établissement de crédit ou d'une entreprise d'investissement, V. C. mon. fin., art. L. 613-30. — **C. mon. fin.***

Sur la dispense de déclaration des créances accordée aux titulaires de droits sur les titres financiers inscrits en compte, en cas d'ouverture d'une procédure collective à l'égard de l établissement teneur des comptes, V. C. mon. fin., art. L. 211-10, App., vº Banque et financement de l'entreprise.

*Sur la dispense de déclaration des créances accordée : aux assurés, souscripteurs, adhérents et bénéficiaires de contrats d'assurance, ainsi qu'au fonds de garantie mentionné à l'art. L. 423-1 C. assur., en cas d'ouverture d'une procédure de liquidation judiciaire à l'égard d'une entreprise d'assurance, V. C. assur., art. L. 326-4. — **C. assur.** ... aux membres participants, bénéficiaires et ayants droit de règlements ou de contrats, ainsi qu'au fonds paritaire de garantie institué par les art. L. 931-5 s. CSS, en cas d'ouverture d'une procédure collective à l'égard d'une institution de prévoyance ou d'une union d'institutions de prévoyance, V. CSS, art. L. 931-21-1. — **CSS.** ... aux membres participants et aux bénéficiaires de garanties, ainsi qu'au fonds de garantie mentionné à l'art. L. 431-1 C. mut., en cas d'ouverture d'une procédure collective à l'égard d'une mutuelle ou d'une union, V. C. mut., art. L. 212-18. — **CSS.***

Sur la production des créances dans les procédures d'insolvabilité ayant des effets transfrontaliers, V. Règl. CE nº 1346/2000 du 29 mai 2000 relatif aux procédures d'insolvabilité, art. 39 s.

BIBL. ▶ LE CORRE, *Gaz. Pal. 2005. Doctr. 2997* (nouvelles règles de fixation du passif du débiteur) ; *LPA 14 juin 2007* (déclaration de créance) ; *JCP E 2011. 1318* (la créance non déclarée et la clôture de la liquidation judiciaire pour extinction du passif). – BRANDEAU, *LPA 5 mai 2006* (déclaration et admission des créances du Trésor public). – LEGRAND, *Rev. proc. coll. 2007. 181* (sort des créances déclarées sur la base d'une évaluation). – HENRY, *Gaz. Pal. 2009. Doctr. 817* (Ord. du 18 déc. 2008). – LEBEL, *Rev. proc. coll. 2011. Formule 2* (délégation de pouvoir en vue de déclarer une créance). – GALOKHO, *Rev. proc. coll. 2012. Étude 36* (responsabilité civile des professionnels du droit dans la déclaration de créance).

1. Avertissement personnel. Le caractère obligatoire, en application d'un texte légal publié, de l'affiliation, par voie de déclaration, de tout professionnel libéral à la section de la Caisse nationale d'assurance vieillesse des professions libérales dont il relève, telle que la CARPIMKO, n'a pas pour effet de lier les parties par un contrat publié au sens de l'art. L. 622-24, al. 1er, C. com., de sorte que la CARPIMKO n'a pas à être avertie personnellement d'avoir à déclarer sa créance. • Com. 31 janv. 2012 : *Bull. civ. IV, nº 20 ; D. 2012. Actu. 432, obs. Lienhard ; RTD com. 2012. 401, obs. Martin-Serf ; LEDEN mars 2012, p. 2, obs. Couard ; RJDA 2012, nº 420 ; Gaz. Pal. 27-28 avr. 2012, p. 29, obs. Le Corre ; Rev. proc. coll. 2012, nº 159, obs. Lebel.*

1 bis. Pour le cas d'un avertissement adressé avant la publication du jugement d'ouverture au BODACC, V. note 3 *bis*.

1 ter. Naissance de la créance. L'origine et la naissance d'une créance de remboursement d'un crédit immobilier dont l'offre a été acceptée se situent à la même date, de sorte qu'il est sans incidence sur la solution du litige que la cour d'appel se soit déterminée en considération de l'origine plutôt que de la naissance des créances de la caisse. • Com. 23 avr. 2013 : *D. 2013. Actu. 1128, obs. Lienhard.*

1 quater. Créance du mandant d'une agence immobilière. Le mandant d'une agence immobilière en liquidation judiciaire n'a pas à déclarer sa créance de restitution résultant des dispositions de la L. du 2 janv. 1970 au passif de la procédure, celle-ci échappant par sa nature aux dispositions de la procédure collective obligeant les créanciers dont la créance est née antérieurement au jugement d'ouverture à déclarer leurs créances au liquidateur. • Com. 15 févr. 2011 : *Bull. civ. IV, nº 25 ; D. 2011. 988, note D. R. Martin ; ibid. Actu. 590, obs. Lienhard ; RTD com. 2011. 634, obs. Martin-Serf ; RTD civ. 2011. 376, obs. Crocq ; JCP E 2011. 1263, nº 8, obs. Pétel ; Gaz. Pal. 1er-2 avr. 2011, p. 30, obs. Henry ; LEDEN avr. 2011, p. 4, obs. Mouial-Bassilana ; Act. proc. coll. 2011, nº 109, obs. Bazin-Beust ; RJDA 2011, nº 556 ; Bull. Joly Entrep. diff. 2011. 196, note Le Corre-Broly ; Rev. proc. coll. 2011, nº 82, obs. F. Legrand et M.-N. Legrand ; Dr. et patr. sept. 2011. 75, obs. Saint-Alary-Houin.* ♦ V. aussi note 27 ss. anc. art. L. 621-46, ss. art. L. 622-26.

1 quinquies. Créance de défaut de conformité. La créance de l'acquéreur née du défaut de conformité de la chose vendue a son origine au jour de la conclusion de la vente, de sorte que, si celle-ci est intervenue avant le jugement d'ouverture de la procédure collective du vendeur, l'acquéreur doit la déclarer au passif. • Com. 2 oct. 2012 : *Bull. civ. IV, nº 177 ; D. 2012. Actu. 2387, obs. Lienhard ; LEDEN nov. 2012, p. 2, obs. Rubellin ; Bull. Joly Entrep. diff. 2012. 360, note Reille ; Gaz. Pal. 18-19 janv. 2013, p. 26, obs. Henry.*

1 sexies. Créance de recours de la CPAM. En ce sens que la créance de recours de la caisse primaire d'assurance maladie contre l'employeur en cas de faute inexcusable de celui-ci (CSS, art. L. 452-2 et L. 452-3) a pour fait générateur cette faute et non la demande de fixation d'indemnités complémentaires formée par les ayants droit de la victime, V. • Civ. 2e, 14 mars 2013 : *D. 2013. Actu. 767 ; LEDEN avr. 2013, p. 3, obs. Mouial-Bassilana.*

2. Déclaration sur la base d'une évaluation. V. notes 1 *ter* ss. art. L. 622-25 et 1 *quater* ss. art. R. 622-23.

3. Forme de la déclaration. Les art. L. 622-24 et R. 622-23 ne prévoient pas la forme précise que doit revêtir l'écrit par lequel le créancier fait sa déclaration de créance ; le juge apprécie souverainement si l'écrit envoyé au mandataire judiciaire exprime de façon non équivoque la volonté du créancier de réclamer dans la procédure collective le paiement de sa créance. • Com. 15 févr. 2011 : *Bull. civ. IV, n° 26 ; D. 2011. Actu. 673, obs. Lienhard ; ibid. Pan. 2073, obs. F.-X. Lucas ; RTD com. 2011. 793, obs. Martin-Serf ; Rev. sociétés 2011. 387, obs. Roussel Galle ; Gaz. Pal. 1er-2 avr. 2011, p. 32, obs. Le Corre-Broly ; LEDEN avr. 2011, p. 2, obs. Berthelot ; RJDA 2011, n° 643 ; Rev. proc. coll. 2011, n° 81, obs. F. Legrand et M.-N. Legrand.*

3 bis. Délai de déclaration. Il résulte de la combinaison des art. L. 622-24, al. 1er, R. 622-21, al. 1er, et R. 622-24, al. 1er, que ne peut encourir de forclusion le créancier titulaire d'une sûreté publiée qui a déclaré sa créance dans le délai de deux mois à compter de la publication du jugement d'ouverture au BODACC, peu important qu'il ait été averti personnellement avant cette publication par le liquidateur d'avoir à déclarer sa créance. • Com. 30 oct. 2012 : *Bull. civ. IV, n° 196 ; D. 2012. Actu. 2593, obs. Lienhard ; D. 2013. Chron. C. cass. 1179, obs. Arbellot ; Rev. sociétés 2012. 732, obs. Roussel Galle ; JCP E 2012. 1757, n° 13, obs. Pétel ; Act. proc. coll. 2012, n° 294, obs. Théron ; Dict. perm. diff. entrep., Bull. n° 342, obs. Dizel ; Bull. Joly Entrep. diff. 2013. 22, note Macorig-Venier ; Gaz. Pal. 18-19 janv. 2013, p. 9, note Le Corre ; RJDA 2013, n° 248.* ♦ N'encourt pas de forclusion le bailleur qui, dans le délai de deux mois à compter de la publication du jugement d'ouverture au BODACC, a déclaré une créance résultant de la résiliation du bail décidée par le liquidateur en application de l'art. L. 641-12, peu important que ce délai ait expiré postérieurement à celui imparti par l'art. R. 622-21, al. 2. • Com. 26 mars 2013 : *D. 2013. Actu. 903, obs. Lienhard ; JCP E 2013. 1276, note Cerati-Gauthier ; Dict. perm. diff. entrep., Bull. n° 347, obs. Rémery.*

4. Auteur de la déclaration. Pour la validité de la déclaration de créance émanant du directeur général délégué d'une société par actions simplifiée, ce dernier ayant, conformément aux statuts, été nommé à ces fonctions par le conseil d'administration et chargé par cet organe social « du recouvrement et du contentieux, [...] avec le pouvoir de procéder aux déclarations de créances », V. • Com. 21 juin 2011 : *Bull. civ. IV, n° 107 ; D. 2011. Actu. 1753, obs. Lienhard ; RTD com. 2012. 193, obs. Martin-Serf ; Rev. sociétés 2012. 169, note Godon ; JCP E 2011. 1826, n° 6, obs. Deboissy et Wicker ; LEDEN sept. 2011, p. 2, obs. Berthelot ; LPA 22 sept. 2011, obs. Gibirila ; Dr. sociétés 2011, n° 174, note Gallois-Cochet ; RJDA 2011, n° 823 ; Act. proc. coll. 2011, n° 227, obs. Regnaut-Moutier ; Gaz. Pal. 7-8 oct. 2011, p. 30, obs. Le Corre-Broly ; ibid. 16-17 nov. 2011, p. 24, obs. Zattara-Gros ; Bull. Joly 2011. 867, note Legros et Roussel Galle ; RLDA oct. 2011. 10, obs. Lebel.*

5. L'avocat collaborateur de celui du créancier peut déclarer les créances sans être tenu de justifier de son pouvoir. • Com. 25 oct. 2011 : *Bull. civ. IV, n° 172 ; D. 2011. Actu. 2653, obs. Lienhard ; Rev. sociétés 2011. 731, obs. Roussel Galle ; RTD com. 2012. 403, obs. Martin-Serf ; LEDEN déc. 2011, p. 2, obs. F. Legrand ; RJDA 2012, n° 72 ; Gaz. Pal. 20-21 janv. 2012, p. 33, obs. Le Corre.* ♦ V. aussi notes 29 *bis* et 29 *ter* ss. ancien art. L. 621-43.

5 bis. Déclaration d'une partie civile (art. L. 622-24, al. 6). En ce sens que la demande de dommages-intérêts de la partie civile ne saurait être rejetée au motif que celle-ci n'a pas déclaré sa créance à titre provisionnel, dans le délai imparti à compter de la publication au BODACC, V. • Crim. 4 déc. 2012 : *D. 2013. Actu. 77 ; RJDA 2013, n° 345.*

5 ter. Infirmation du jugement d'ouverture. En cas d'infirmation par la cour d'appel du jugement de liquidation judiciaire et d'ouverture d'une procédure de redressement judiciaire, la déclaration de créance n'est en rien affectée par l'arrêt infirmatif et le juge-commissaire demeure régulièrement saisi par cette déclaration. • Com. 22 janv. 2013 : *D. 2013. Actu. 302, obs. Lienhard ; Act. proc. coll. 2013, n° 44, obs. Blanc ; LEDEN mars 2013, p. 2, obs. Mouial-Bassilana ; Gaz. Pal. 1er-4 mai 2013, p. 29, obs. Le Corre ; Bull. Joly Entrep. diff. 2013. 168, note Rolland.*

6. Droit international. Sur l'application de la loi de la source de la créance pour définir la qualité de créancier, V., à propos de la déclaration de créance d'un *trustee* soumis au droit de l'État de New York, • Com. 13 sept. 2011 : *Bull. civ. IV,* *n° 131 ; D. 2011, note d'Avout et Borga ; RTD com. 2011. 801, obs. Vallens ; ibid. 2012. 190, obs. Martin-Serf ; LEDEN oct. 2011, p. 1, obs. F.-X. Lucas ; Act. proc. coll. 2011, n° 259, obs. Jault-Seseke et Robine ; Dict. perm. diff. entrep., Bull. n° 330, obs. Roussel Galle ; Bull. Joly Entrep. diff. 2011. 305, note Henry et Houin-Bressand ; RJDA 2011, n° 943, Rev. proc. coll. 2011, n° 173, obs. Meniucq et Mastrullo ; Gaz. Pal. 20-21 janv. 2012, p. 12, obs. Mélin.* – V. Rapp. Rémery, *RJDA 2011. 827.* – V. aussi Dammann et Albertini, *JCP E 2011. 1803* ; Fiszelson, *RLDA nov. 2011. Étude 32.*

Code de commerce

Ancien art. L. 621-43 *A partir de la publication du jugement, tous les créanciers dont la créance a son origine antérieurement au jugement d'ouverture, à l'exception des salariés, adressent la déclaration de leurs créances au représentant des créanciers. Les créanciers titulaires d'une sûreté ayant fait l'objet d'une publication ou d'un contrat de crédit-bail publié sont avertis personnellement et, s'il y a lieu, à domicile élu.* — V. ancien art. L. 621-46 al. 2, ss. art. L. 622-26.

La déclaration des créances peut être faite par le créancier ou par tout préposé ou mandataire de son choix.

La déclaration des créances doit être faite alors même qu'elles ne sont pas établies par un titre. Les créances du Trésor public et des organismes de prévoyance et de sécurité (L. n° 2003-7 du 3 janv. 2003, art. 50-II) *« sociale » ainsi que les créances recouvrées par les organismes visés à l'article L. 351-21 du code du travail qui n'ont pas fait l'objet d'un titre exécutoire au moment de leur déclaration sont admises à titre provisionnel pour leur montant déclaré. En tout état de cause, les déclarations du Trésor et de la sécurité sociale sont toujours faites sous réserve des impôts et autres créances non établis à la date de la déclaration. Sous réserve des procédures judiciaires ou administratives en cours, leur établissement définitif doit, à peine de forclusion, être effectué dans le délai prévu à l'article L. 621-103.*

Les institutions mentionnées à l'article L. 143-11-4 du code du travail sont soumises aux dispositions du présent article pour les sommes qu'elles ont avancées et qui leur sont remboursées dans les conditions prévues pour les créances nées antérieurement au jugement ouvrant la procédure. — [L. n° 85-98 du 25 janv. 1985, art. 50.] — Sur la rédaction de l'art. 50 de la L. n° 85-98 du 25 janv. 1985 (désormais codifié à l'art. L. 621-43) antérieure à la L. n° 94-475 du 10 juin 1994, V. éd. 1993-1994 et antérieures du **C. com.**

BIBL. ▶ CHAPUT, *Rev. proc. coll. 1988. 149 ; Dr. sociétés 1995. Chron. 7* (créanciers avertis et créanciers ignorants). – SOINNE, *ibid. 1986, n° 4, p. 1.* – R. MARTIN, *Ann. loyers 1994. 620* (créance d'indemnité d'éviction du preneur commercial). – CHOTIN, *LPA 14 sept. 1994* (sort des créances fiscales). – GUILLOU, *Rev. proc. coll. 1999. 57* (fait générateur, origine, exigibilité de l'impôt). – LARRIEU, *LPA 6 sept. 2000.* – BARON, *RTD com. 2001. 1* (date de naissance des créances contractuelles). – RODRIGUEZ, *JCP 2002. I. 161* (le Trésor face à l'obligation de déclaration des créances). – RÉMERY, *Rev. proc. coll. 2003. 66* (aspects européens de la déclaration des créances dans une procédure collective ouverte en France). – SAINT-ALARY-HOUIN, *LPA 9 nov. 2004* (date de naissance des créances). – LE CORRE-BROLY, *Gaz. Pal. 2005. Doctr. 1010* (déclaration de créance du bailleur financier et du crédit-bailleur). – DE KERGOMMEAUX et VAN GALLEBAERT, *RTDF 2006, n° 2, p. 88* (origine et nature des créances titrisées). – THOMASSIN, *RTD com. 2007. 655* (date de naissance des créances contractuelles).

I. GÉNÉRALITÉS

1. Ordre public. Les juges doivent appliquer d'office les dispositions d'ordre public des art. 47 et 50 [C. com., art. L. 622-21 et L. 622-24] qui obligent le créancier d'un débiteur en redressement judiciaire à se soumettre, concernant les demandes tendant au paiement d'une somme d'argent pour une cause antérieure à l'ouverture de la procédure collective, à la procédure de vérification des créances. • Com. 6 déc. 1994 : *Bull. civ. IV, n° 361 ; Quot. jur. 12 janv. 1995, p. 4.*

1 bis. Une cour d'appel saisie d'une action en paiement contre les cautions n'est pas tenue de rechercher d'office si le créancier a déclaré sa créance au passif de la société débitrice principale en liquidation judiciaire, mais doit rechercher d'office si le créancier a déclaré sa créance au passif du redressement judiciaire de la caution. • Com. 23 juin 1998 : *Bull. civ. IV,* *nº 204 ; D. Affaires 1998. 1590, obs. V. A.-R.*

1 ter. Une décision de reconnaissance en France d'un jugement étranger ne conférant pas à celui-ci plus de droits que n'en aurait une décision nationale, elle ne saurait tenir en échec le principe d'ordre public interne et international selon lequel, en cas de procédure collective, tout créancier doit déclarer sa créance. • Civ. 1re, 29 sept. 2004 : *Bull. civ. I, nº 215 ; D. 2005. 2159, note Henry ; ibid. Pan. 1266, obs. Courbe et Chanteloup ; Act. proc. coll. 2004, nº 221, obs. Péroz ; LPA 11 avr. 2005, p. 19, note Roussel Galle ; RTD com. 2005. 172, obs. Vallens ; Rev. proc. coll. 2005. 242, obs. Menjucq.* ♦ Il en résulte qu'une ordonnance définitive d'un président de TGI déclarant exécutoire la condamnation, par un tribunal belge, d'une caution ne fait pas obstacle à l'exception d'extinction de la créance soulevée par cette caution, dès lors que la créance de la banque n'a pas été déclarée à la liquidation judiciaire ouverte par un tribunal français. • Même arrêt.

2. En ce sens que l'obligation de déclarer les créances antérieures au jugement d'ouverture de la procédure collective n'est pas limitée aux créances liées à l'activité professionnelle du débiteur, V. • Com. 23 mai 2000 : *Act. proc. coll. 2000, nº 163* • 13 mai 2003 : *ibid. 2003, nº 170.*

3. Compétence administrative. V. note 1 *quater* ss. art. L. 621-2.

3 bis. Conversion en liquidation judiciaire. Le créancier, qui a régulièrement déclaré sa créance au passif du débiteur en redressement judiciaire, n'est pas tenu de procéder à une nouvelle déclaration de créance lorsqu'à l'issue de la période d'observation, la liquidation judiciaire est prononcée. • Com. 16 janv. 2007 : *Bull. civ. IV, nº 4 ; D. 2007. AJ 311, obs. Lienhard ; Gaz. Pal. 13-14 avr. 2007, p. 45, obs. Le Corre-Broly.* ♦ Dans le même sens, dans l'hypothèse d'un redressement judiciaire ouvert en cours d'exécution d'un plan de continuation, V. • Com. 5 juin 2007 : *Bull. civ. IV, nº 155 ; D. 2007. AJ 1787, obs. Lienhard ; Act. proc. coll. 2007, nº 139, obs. Rétif ; Gaz. Pal. 26-27 oct. 2007, p. 49, obs. Le Corre-Broly ; RTD com. 2008. 855, obs. Saint-Alary-Houin .*

4. Jonction de procédures. La jonction de procédures collectives, simple mesure d'administration judiciaire, n'entraînant pas la poursuite des procédures sous patrimoine commun, la déclaration de créance faite dans une procédure ne vaut pas déclaration au passif de l'autre. • Com. 14 janv. 2004 : *RJDA 2004, nº 855.*

5. Avertissement des créanciers. Sur la sanction du défaut d'avertissement personnel des créanciers titulaires de sûretés publiées ou du crédit-bailleur, dans le régime antérieur à la loi du 26 juill. 2005, V. ancien art. L. 621-46, al. 2, et notes ss. cet art. ss. art. L. 622-26.

Il résulte de la combinaison des art. 50 de la loi [C. com., art. L. 622-24] et 66 du décret [C. com., art. R. 622-21] que le représentant des créanciers a l'obligation d'adresser l'avertissement d'avoir à déclarer leur créance à tous « les créanciers titulaires d'une sûreté ayant fait l'objet d'une publication ». La loi ne distingue pas entre titulaire d'un privilège spécial et titulaire d'un privilège général. • Com. 9 janv. 2001 : *Bull. civ. IV, nº 6 ; D. 2001. AJ 479 ; JCP E 2001, nº 18, p. 152, obs. Cabrillac* • Versailles, 25 mars 1999 : *D. Affaires 1999. 834 ; RJDA 1999, nº 805.*

Le privilège mobilier accordé à l'administration fiscale par l'art. 1926 CGI, pour le recouvrement des taxes sur le chiffre d'affaires et des taxes assimilées, est une sûreté au sens de l'art. 50, al. 1er, de la loi du 25 janv. 1985 [C. com., art. L. 622-24]. • Com. 4 juill. 2000 : *Bull. civ. IV, nº 137 ; D. 2001. Somm. 617, obs. Honorat ; ibid., 2000. AJ 353, obs. Pisoni ; RD banc. fin. 2000, nº 200, obs. F.-X. Lucas ; Dr. et patr. janv. 2001. 99, obs. Monsèrié-Bon ; JCP E 2001, nº 5, p. 219, obs. Pétel ; ibid., nº 26, p. 1090, obs. Delebecque ; RTD com. 2001. 228, obs. Martin-Serf .* – V. aussi • Amiens, 17 déc. 1998 : *Gaz. Pal. 2000. Somm. 2202, obs. Canet* • Paris, 28 sept. 2001 : *Rev. proc. coll. 2002. 188, obs. Legrand.*

Si le nantissement des parts sociales s'est valablement opéré dès la signification à la société exigée par l'art. 253 du Décr. nº 92-755 du 31 juill. 1992 [C. pr. exéc., art. R. 532-3, à compter du 1er juin 2012], cette signification ne constitue pas une publication au sens de l'art. L. 621-43 [L. 622-24] C. com., de sorte que le créancier ne peut se prévaloir de l'inopposabilité de la forclusion. • Com. 16 mai 2006 : *Bull. civ. IV, nº 121 ; D. 2006. AJ 1528, obs. Lienhard ; JCP E 2006, nº 35, p. 1429, note Vallansan ; RD banc. fin. 2006, nº 163, obs. F.-X. Lucas ; RTD com. 2006. 912, obs. Martin-Serf .*

V. aussi notes 3 *bis* à 4 *bis* ss. ancien art. L. 621-46 ss. art. L. 622-26.

Une banque qui a inscrit un privilège de prêteur de deniers sur un bien immobilier acquis par une société civile immobilière n'a pas à être avertie personnellement de l'ouverture d'une procédure collective à l'encontre de la caution solidaire du remboursement du prêt souscrit pour l'acquisition de cet immeuble. • Com. 16 oct. 2001 : *Rev. proc. coll. 2002. 93, obs. Legrand.*

Le représentant des créanciers est tenu d'avertir personnellement les créanciers titulaires d'une sûreté ayant fait l'objet d'une publication au jour du jugement d'ouverture de la procédure collective (rejet de la requête en inopposabilité de la forclusion formée par la caution qui avait déclaré – hors délai – sa créance au titre des arrérages de rente réglés par elle après l'ouverture du redressement judiciaire des débirentiers). • Com. 5 déc. 2006 : *Bull. civ. IV, n° 239 ; D. 2007. AJ 23, obs. Lienhard ; JCP E 2007. 1321, note Vallansan ; Gaz. Pal. 13-14 avr. 2007, p. 46, obs. Le Corre-Broly ; RTD com. 2007. 593, obs. Martin-Serf*. ♦ La qualité de créancier titulaire d'une sûreté publiée, au sens de l'art. L. 621-43 C. com., s'appréciant à la date du jugement d'ouverture de la procédure collective, le créancier titulaire d'un nantissement inscrit sur le fonds de commerce de la société au jour de l'ouverture de la liquidation judiciaire de cette dernière doit être personnellement averti d'avoir à déclarer sa créance, peu important que la validité de la publicité de la sûreté puisse être ultérieurement contestée. • Com. 15 avr. 2008 : *Bull. civ. IV, n° 90 ; D. 2008. AJ 1344, obs. Lienhard ; Act. proc. coll. 2008, n° 125, obs. Regnaut-Moutier ; Gaz. Pal. 27-29 juill. 2008, p. 45, obs. Le Corre-Broly ; JCP E 2008. 2062, n° 9, obs. Cabrillac ; RTD com. 2008. 621, obs. Martin-Serf ; ibid. 630, obs. Vallens ; RD banc. fin. 2008, n° 144, obs. S. Piedelièvre*. – Dans le même sens, V. • Com. 6 déc. 2011 : *Bull. civ. IV, n° 201 ; D. 2012. Actu. 7 ; RJDA 2012, n° 311 ; RLDA févr. 2012. 24, obs. Guyader ; Gaz. Pal. 28-29 mars 2012, p. 23, obs. Dumont-Lefrand ; Bull. Joly Entrep. diff. 2012. 160, note Macorig-Venier*. ♦ V. aussi, à propos d'un créancier hypothécaire radié par erreur avant le jugement d'ouverture puis réinscrit après, • Com. 12 juill. 2004 : *Bull. civ. IV, n° 155 ; D. 2004. AJ 2156 ; RD banc. fin. 2004, n° 246, obs. F.-X. Lucas ; Defrénois 2005. 525, obs. S. Piedelièvre*. ♦ S'agissant d'une sûreté grevant un fonds de commerce, qui se perd non seulement par la radiation de l'inscription mais aussi par la fermeture définitive du fonds, qui équivaut à la perte de la chose, il appartient au créancier qui se prétend titulaire d'une sûreté visée à l'art. L. 621-43 [L. 622-24] C. com. de prouver que le fonds n'a pas disparu avec sa clientèle. • Orléans, 20 déc. 2001 : *RJDA 2002, n° 279*. – Rappr. : • Nîmes, 10 janv. 2002 : *RD banc. fin. 2003, n° 30, obs. F.-X. Lucas*.

L'art. 50 [C. com., art. L. 622-24] n'impose nullement à l'organe compétent de la procédure collective d'adresser au créancier autant d'avertissements d'avoir à déclarer ses créances que ce créancier possède de sûretés, surtout lorsque ces sûretés garantissent en réalité le remboursement de la même créance. • Rennes, 9 juin 1999 : *BICC 2000, n° 356*.

Lorsque le créancier hypothécaire a été averti personnellement, il ne peut prétendre, en outre, être averti à domicile élu. • Com. 25 févr. 2004 : *D. 2004. AJ 952*. ♦ Pour la validité de l'avertissement notifié au seul domicile élu, V. • Com. 5 mars 2002 : *Bull. civ. IV, n° 46 ; D. 2002. AJ 1202, obs. Lienhard ; Act. proc. coll. 2002, n° 95, obs. Boulay ; JCP E 2002, n° 39, p. 1523, obs. Cabrillac et Pétel ; Procédures 2002, n° 120, note Laporte ; RD banc. fin. 2002, n° 97, obs. F.-X. Lucas* ♦ Solution confirmée par l'art. L. 622-24 dans sa réd. issue de L. n° 2005-845 du 26 juill. 2005.

L'avis prévu par l'art. 50, devenu l'art. L. 621-43 [L. 622-24] C. com., ne constitue pas un acte de procédure au sens de l'art. 114 NCPC [C. pr. civ.]. Le moyen qui invoque l'art. 690, al. 1er, NCPC [C. pr. civ.] relatif à la notification des actes de procédure à une personne morale est donc inopérant. • Com. 19 févr. 2002 : *Act. proc. coll. 2002, n° 96, obs. Regnaut-Moutier ; Procédures 2002, n° 121, note Laporte ; RD banc. fin. 2002, n° 96, obs. F.-X. Lucas*. ♦ Pour la validité de l'avertissement adressé à l'adresse mentionnée sur la déclaration de créance, et non au siège social de la société créancière, V. • Com. 1er févr. 2005 : *Bull. civ. IV, n° 17, D. 2005. AJ 640, obs. Lienhard ; ibid. Pan. 2015, obs. F.-X. Lucas ; Act. proc. coll. 2005, n° 40, obs. Regnaut-Moutier ; Gaz. Pal. 29-30 avr. 2005, p. 37, obs. Le Corre*.

Lorsque le créancier est mis sous tutelle, l'avertissement doit être adressé à son tuteur. • Com. 6 déc. 2011 : *Bull. civ. IV, n° 200 ; D. 2012. Actu. 7, obs. Lienhard ; RTD com. 2012. 402, obs. Martin-Serf ; Dict. perm. diff. entrep., Bull. n° 332, obs. Rémery ; LEDEN févr. 2012, p. 2, obs. Laroche ; RJDA 2012, n° 310 ; Bull. Joly Entrep. diff. 2012. 162, note Houin-Bressand ; Rev. proc. coll. 2012, n° 74, obs. F. et M.-N. Legrand ; LPA 15 juin 2012, p. 11, obs. Zattara-Gros*.

Lorsque le créancier titulaire d'une sûreté publiée est en liquidation judiciaire et donc frappé de dessaisissement par l'effet de l'art. L. 622-9 [L. 641-9], l'avertissement, pour être opérant, doit être adressé au liquidateur judiciaire de ce créancier. • Aix-en-Provence, 16 mai 2001 : *RD banc. fin. 2001, n° 235, obs. F.-X. Lucas*.

5 bis. Portée de la déclaration. En ce sens que dès lors que le crédit-bailleur a déclaré sa créance, le contrat de crédit-bail immobilier, même non publié, est opposable à la procédure collective, V. • Com. 15 mai 2001 : *Bull. civ. IV, n° 89 ; D. 2001. Somm. 3429, obs. Honorat ; ibid. AJ 1873, obs. Lienhard ; Act. proc. coll. 2001, n° 154, obs. Regnaut-Moutier ; JCP E 2001, n° 38, p. 1473, obs. Cabrillac et Pétel ; Defrénois 2002. 836, obs. Piedelièvre*.

II. CRÉANCES À DÉCLARER

A. CRÉANCES SUR LA PERSONNE OBJET DE LA PROCÉDURE

5 ter. Cautionnement réel. Un créancier ne peut être déclaré déchu du bénéfice de l'hypothèque consentie par le gérant d'une société sur un immeuble lui appartenant, au motif que, ayant seulement été admis à titre chirographaire au passif de la société placée en liquidation judiciaire, il ne peut plus se prévaloir de l'inscription hypothécaire, accessoire de la créance, alors que la créance était garantie par une hypothèque qui ne portait pas sur un bien compris dans les actifs de la société en liquidation judiciaire. • Civ. 3e, 24 juin 1998 : *Bull. civ. III, no 137 ; D. 1999. Somm. 301, obs. Piedelièvre ; D. Affaires 1998. 1403, obs. A. L. ; JCP E 1998, no 52, p. 2065, obs. Cabrillac ; RTD com. 1999. 972, obs. Martin-Serf*.

5 *quater*. *Cotisations sociales dues par le gérant.* Les cotisations d'allocations familiales et vieillesse dues au titre de l'activité de gérant non salarié d'une société agricole mise en redressement judiciaire, qui présentent un caractère personnel, ne peuvent faire l'objet d'une production au redressement judiciaire de la société. • Soc. 19 juill. 2001 : *Bull. civ. V, no 280 ; Act. proc. coll. 2001, no 204, obs. Vachet.*

5 *quinquies*. *Exercice du droit de suite.* Le créancier bénéficiaire d'un nantissement sur un fonds de commerce, revendu par son débiteur à un tiers ultérieurement mis en redressement judiciaire, n'est pas créancier de ce tiers et n'est donc pas tenu de déclarer sa créance pour exercer son droit de suite conféré par l'art. 22 de la loi du 17 mars 1909 devenu l'art. L. 143-12 C. com. • Com. 17 déc. 2002 : *Bull. civ. IV, no 195 ; JCP E 2003, no 37, p. 1440, note Kéita ; RTD com. 2003. 365, obs. Martin-Serf ; Dr. et patr. juin 2003. 99, obs. Monsèrié-Bon.*

V. aussi note ss. art. R. 643-6.

B. CRÉANCES ANTÉRIEURES

5 *sexies*. Tous les créanciers dont la créance, fût-elle constatée par un jugement passé en force de chose jugée, a son origine antérieurement au jugement d'ouverture, à l'exception des salariés, sont tenus d'adresser la déclaration de leur créance au représentant des créanciers. • Com. 6 févr. 1996 : *Bull. civ. IV, no 39 ; D. 1997. Somm. 77, obs. Honorat*.

5 *septies*. Les créances nées après le jugement arrêtant le plan de continuation de l'entreprise ne sont pas soumises au régime des créances antérieures au jugement d'ouverture de la procédure collective. • Com. 17 sept. 2002 : *RJDA 2003, no 46.* ♦ Comp., en cas de résolution du plan : *note 5 ss. ancien art. L. 621-82 ss. art. L. 626-27.*

1o EXCLUSION DES CRÉANCES ÉTEINTES

6. Le paiement effectué avant l'ouverture de la procédure collective, en vertu d'une décision, statuant sur le fond exécutoire, par provision, éteint la créance et le créancier n'est pas soumis à l'obligation de la déclarer. • Com. 14 juin 1994 : *Bull. civ. IV, no 215 ; D. 1994. 520 ; D. 1995. Somm. 28, obs. Honorat ; RTD com. 1995. 482, obs. Martin-Serf* • 28 mai 1996 : *D. 1996. IR 161 ; Rev. proc. coll. 1996. 491, obs. Soinne.*

7. En revanche, jugé qu'un créancier, payé au titre de l'exécution provisoire d'un jugement de condamnation dont le débiteur a fait appel, doit se soumettre à la procédure de déclaration des créances auprès du représentant des créanciers de la procédure de redressement judiciaire ouverte à l'encontre du débiteur au cours de l'instance d'appel, sous peine de voir sa créance éteinte par application de l'art. 53 [C. com., ancien art. L. 621-46]. • Aix-en-Provence, 12 juin 1991 : *D. 1992. Somm. 248, obs. crit. Derrida ; Dr. sociétés 1992, no 181, obs. Chaput.*

7 *bis*. Sur la nécessité, pour le créancier ayant reçu un paiement provisionnel avant l'ouverture de la procédure collective, de déclarer l'intégralité de sa créance, dès lors qu'un tel paiement n'éteint pas la créance à concurrence du montant versé, V. • Civ. 2e, 7 mars 2002 : *Bull. civ. II, no 35 ; D. 2002. AJ 1203 ; Act. proc. coll. 2002, no 110, obs. Salvat.*

V. aussi note 23.

7 *ter*. L'attribution du gage ordonnée avant l'ouverture de la procédure collective, par une décision statuant sur le fond, exécutoire par provision, transfère la propriété au créancier et éteint la créance de celui-ci à concurrence de sa valeur ; il en résulte que la banque, qui est devenue propriétaire des marchandises nanties avant le jugement d'ouverture, n'est pas soumise à l'obligation de déclarer sa créance pour la partie correspondant à leur valeur. • Com. 24 janv. 2006 : *Bull. civ. IV, no 15 ; D. 2006. AJ 499, obs. Lienhard*.

2o EXEMPLES DE CRÉANCES ANTÉRIEURES

8. *Vices et malfaçons.* La créance née de la garantie des vices cachés ayant son origine au jour de la conclusion du contrat de vente et non pas au jour de la révélation du vice, dès lors que la vente de la chose viciée est antérieure à l'ouverture du redressement judiciaire à l'encontre du vendeur, l'obligation de déclaration de sa créance s'impose à l'acheteur, même si son préjudice ne s'est réalisé que postérieurement au jugement d'ouverture. • Com. 7 juill. 1992 : *RJDA 1992, no 1172.* – Dans le même sens, V. • Com. 8 juin 1999 : *Bull. civ. IV, no 121 ; D. 2000. Somm. 95, obs. Honorat ; D. Affaires 1999. 1116, obs. A. L. ; LPA 30 juin 1999, p. 11, note P. M. ; ibid., 1er nov. 1999, p. 14, note*

Courtier ; CCC 1999, n° 157, obs. Leveneur ; JCP E 2000, n° 4, p. 131, obs. Cabrillac ; ibid., n° 8, p. 312, obs. Mainguy. ♦ De même, les créances en réparation de malfaçons commises au cours des travaux de construction sont nécessairement antérieures à l'arrêt du chantier et à la procédure de redressement judiciaire ouverte contre le constructeur en cause. Elles ne sont pas nées du jugement qui ordonne la réparation de ces malfaçons et doivent donc faire l'objet d'une déclaration de créance. • Versailles, 7 janv. 1994 : *BICC 1994, n° 515.* – V. aussi • Com. 11 juill. 1995 : *Dr. sociétés 1995, n° 190, obs. Chaput* • Paris, 27 févr. 2002 : *Act. proc. coll. 2002, n° 74.*

8 bis. Créances de restitution. Le fait générateur de la créance de restitution de droits de douane est le fait juridique à l'origine de l'obligation de restitution de ces droits par l'administration et non la restitution elle-même. • Com. 23 janv. 2007 : *Bull. civ. IV, n° 10 ; D. 2007. AJ 448, obs. Lienhard ; Gaz. Pal. 13-14 avr. 2007, p. 33, obs. Henry ; Rev. proc. coll. 2007. 144, obs. Saint-Alary-Houin ; RTD com. 2007. 599, obs. Martin-Serf.* ♦ V. aussi cet arrêt sur la date de naissance de la créance de restitution du dépôt de garantie versé au bailleur. ♦ V. aussi note 23 ss. ancien art. L. 621-32, ss. art. L. 622-17, et note 5 *bis* ss. art. L. 632-4.

8 ter. Victime d'un dommage. V. • Versailles, 4 oct. 1995 : *BICC 1996, n° 343.*

8 quater. Créance de réparation d'une partie civile. Si l'ouverture d'une procédure collective à l'encontre d'un prévenu ne fait pas obstacle à son placement sous le régime du sursis avec mise à l'épreuve comportant l'obligation spéciale, prévue à l'art. 132-45, 5°, C. pén., de réparer les dommages causés par l'infraction, même en l'absence de décision sur l'action civile, c'est à la condition, lorsqu'il s'agit de réparation pécuniaire, que la créance de la partie civile ne soit pas déclarée éteinte. • Crim. 11 juin 1998 : *D. 1998. IR 219* • 10 sept. 2003 : *D. 2003. AJ 2694 ; Rev. sociétés 2003. 901, note Bouloc.*

En ce sens qu'est soumise à déclaration la créance née d'un délit, dès lors que son fait générateur, le délit, a été commis antérieurement à l'ouverture de la procédure, peu important que le montant du dommage ne soit fixé que postérieurement, V. • Paris, 21 sept. 1999 : *D. 1999. AJ 33, obs. A. L.* – V. aussi • Crim. 27 avr. 2000 : *RJDA 2000, n° 1013.*

Comp., désormais : art. L. 622-24, dernier al., dans sa réd. issue de L. n° 2005-845 du 26 juill. 2005.

8 quinquies. Sentence arbitrale. Sur l'antériorité d'une indemnité mise à la charge du débiteur par une sentence arbitrale postérieure au jugement d'ouverture, V. note ss. • Paris, 26 janv. 1990 : *D. 1991. 201.*

8 sexies. Créances du Trésor nées d'une décision de justice. Aux termes de l'art. 13 de l'Ord. n° 86-1243 du 1er déc. 1986 [C. com., art. L. 464-2], les condamnations prononcées par le Conseil [l'Autorité] de la concurrence étant des « sanctions pécuniaires », la créance du Trésor public n'existe que depuis la décision du Conseil [de l'Autorité], de sorte que cette créance, qui n'a pas son origine antérieurement au jugement d'ouverture, n'est pas soumise aux dispositions des art. 47 et 50 [C. com., art. L. 622-21 et L. 622-24]. • Com. 4 mars 1997 : *Bull. civ. IV, n° 62 ; D. 1998. 264, note Souweine ; D. Affaires 1997. 443 ; RD bancaire et bourse 1997. 132, obs. Campana et Calendini ; JCP E 1997. I. 681, n° 17, obs. Cabrillac ; RTD com. 1998. 944, obs. Martin-Serf.* – Dans le même sens, V. • Cons. conc. n° 04-D-03 18 févr. 2004 : *D. 2004. AJ 877 ; RTD com. 2004. 598, obs. Martin-Serf.* – V. aussi et Comp. : note 29 *quater* ss. ancien art. L. 621-32, ss. art. L. 622-17.

8 septies. Créances douanières. L'administration des Douanes, qui exerce à titre principal l'action pour l'application des sanctions fiscales, en vertu de l'art. 343-2 du code des douanes, est recevable à réclamer, devant la juridiction répressive, la condamnation solidaire aux amendes et confiscations douanières du débiteur en redressement judiciaire, sans avoir à produire sa créance entre les mains du représentant des créanciers ; elle n'a cette obligation que pour obtenir la condamnation au paiement des droits fraudés qui n'ont pas le caractère de pénalités. • Crim. 13 déc. 2000 : *Bull. crim. n° 376 ; D. 2001. AJ 925.*

9. Porteurs de lettres de change. Fait une exacte application des art. 116 [L. 511-7], 131 s. [L. 511-22 s.] C. com., et 33, 47 et 109 de la loi du 25 janv. 1985 [C. com., art. L 622-7, L. 622-21 et L. 632-3], l'arrêt qui, relevant que la créance du banquier escompteur de lettres de change acceptées sur la société tirée était née antérieurement au jugement d'ouverture de la procédure de redressement judiciaire, décide qu'elle doit être déclarée dans les conditions prévues aux art. 50 s. de ladite loi [C. com., art. L. 622-24 s.], la consignation par le tiré avec affectation spéciale n'étant pas susceptible de valoir paiement. • Com. 8 janv. 1991 : *Bull. civ. IV, n° 12 ; D. 1992. Somm. 248, obs. Derrida, et 282, obs. Honorat ; Rev. dr. bancaire 1991. 155, obs. Campana et Calendini.*

V. aussi note 13 ss. art. L. 622-7.

10. Créance d'apport des associés. Les associés, ne pouvant reprendre leur apport qu'après paiement de l'intégralité du passif social, ne peuvent déclarer cette créance. • Aix-en-Provence, 23 juin 1994 : *Dr. sociétés 1995, n° 53, obs. Chaput ; Rev. proc. coll. 1995. 307, obs. Dureuil.*

11. Créances de copropriétaires. Le droit à restitution des fonds déposés par les copropriétaires sur le compte ouvert par le syndic de copropriété, peu important que ce compte soit ouvert à son nom, ne constitue pas une créance de somme d'argent détenue contre le syndic au sens de l'art. 50 [C. com., art. L. 622-24]. • Paris, 6 oct. 1995 : *D. 1996. Somm. 95, note Atias*. ♦ V. aussi note 14 ss. art. L. 624-9.

11 bis. Créance de garantie de loyers. V. • Civ. 3e, 4 juill. 2001 : *Rev. proc. coll. 2002. 265, obs. Dumont.*

11 ter. Commission d'agent immobilier ou d'agent commercial. La créance de commission d'un agent immobilier (au sens de l'art. 6 de la loi du 2 janv. 1970), chargé de conduire les négociations dans le cadre de la vente d'un immeuble trouve son origine dans le mandat qui lui est délivré. • Com. 17 févr. 1998 : *Bull. civ. IV, n° 81 ; D. Affaires 1998. 478 ; JCP 1998. II. 10053, rapp. Sargos ; Rev. proc. coll. 1998. 293, obs. Saint-Alary-Houin ; JCP E 1998, n° 37, p. 1400, obs. Cabrillac et Pétel ; LPA 4 janv. 1999, p. 13, note Jazotte ; RTD com. 1998. 938, obs. Martin-Serf*. ♦ De même, le fait générateur de la créance de commission de l'agent commercial se situe au moment où le cocontractant se trouve lié au mandant, conformément à l'art. L. 134-6 C. com., lequel fixe le droit à commission « pour toute opération commerciale conclue pendant la durée du contrat d'agence ». • Com. 15 nov. 2005 : *D. 2005. AJ 3086, obs. Lienhard ; Gaz. Pal. 10-11 févr. 2006, p. 22, obs. Henry.*

11 quater. Créance de remboursement d'un crédit immobilier. La créance de remboursement d'un crédit immobilier dont l'offre a été acceptée avant l'ouverture de la procédure collective a son origine antérieurement au jugement d'ouverture et doit dès lors être déclarée. • Com. 11 févr. 2004 : *Bull. civ. IV, n° 30 ; D. 2004. AJ 567 ; JCP E 2004, n° 22, p. 862, obs. Pétel ; RTD com. 2005. 171, obs. Martin-Serf*.

11 quinquies. Créance de remboursement anticipé d'un prêt. La créance relative à l'indemnité de remboursement anticipé d'un prêt contracté avant le jugement d'ouverture étant née le jour où le prêt a été contracté, la créance doit être déclarée à la procédure collective, peu important que son montant ne puisse pas encore être déterminé à la date de la déclaration. • Com. 27 juin 2006 : *D. 2007. Pan. 44, obs. Le Corre*.

11 sexies. Créance éventuelle de remboursement d'un codébiteur solidaire. V. • Com. 30 juin 2004 : *Bull. civ. IV, n° 142 ; D. 2004. AJ 2156 ; RTD com. 2005. 171, obs. Martin-Serf ; Rev. proc. coll. 2005. 53, obs. Dumont.*

11 septies. Créance contre un associé de société civile. Le créancier de la personne morale détenant à l'encontre des associés tenus indéfiniment du passif social à raison de leur part une créance éventuelle dont la mise en jeu est subordonnée à une préalable et vaine poursuite de la personne morale, cette créance née du contrat de prêt consenti à la société doit être déclarée au passif du redressement judiciaire des associés, peu important l'antériorité de l'ouverture de cette procédure collective par rapport à celle de la société civile professionnelle. • Com. 30 juin 2004 : *Bull. civ. IV, n° 141 ; D. 2004. AJ 2155 ; Rev. sociétés 2004. 952, note J.-F. Barbièri ; Act. proc. coll. 2004, n° 189, obs. Boulay ; Rev. proc. coll. 2004. 259, obs. Lebel ; Bull. Joly 2005. 231, note F.-X. Lucas ; RTD com. 2005. 171, obs. Martin-Serf*. ♦ Pour une autre application, V. • Civ. 3e, 23 mai 2007 : *Bull. civ. III, n° 85 ; D. 2007. AJ 1513 ; RD banc. fin. 2007, n° 112, obs. F.-X. Lucas ; Act. proc. coll. 2007, n° 129, obs. Legros ; Gaz. Pal. 20-21 juill. 2007, p. 35, obs. Henry ; ibid., p. 52, obs. Le Corre, Rev. proc. coll. 2007. 169, obs. Lebel ; Bull. Joly 2007. 1062, note Pétel.*

11 octies. Créance de franchise contractuelle de l'assureur. La créance de l'assureur au titre du paiement de la franchise contractuelle trouve son origine dans le contrat d'assurance. • Com. 5 juill. 2005 : *Bull. civ. IV, n° 156 ; D. 2005. AJ 2280, obs. Lienhard ; Act. proc. coll. 2005, n° 203, obs. Regnaut-Moutier ; Gaz. Pal. 4-5 nov. 2005, p. 25, obs. Henry.*

11 nonies. Prime d'assurance-vie. Il résulte de l'art. L. 132-20 C. assur. que le défaut de paiement de la prime n'ouvre pas à l'entreprise d'assurance une action pour en exiger le paiement ; celle-ci n'a donc aucune créance à déclarer au passif de la procédure collective du souscripteur, de sorte que la règle de l'extinction de la créance à raison du défaut de déclaration n'a pas à s'appliquer. • Com. 6 oct. 2009 : *Bull. civ. IV, n° 120 ; D. 2009. AJ 2484 ; Act. proc. coll. 2009, n° 278, obs. Cagnoli.* ♦ V. aussi note 25 *bis* ss. art. L. 622-21.

12. Fonds séquestrés. En cas de mise en redressement judiciaire d'un banquier, les droits des parties l'ayant constitué séquestre conventionnel à recouvrer la somme remise ou à la transférer chez un tiers, ne peuvent être exercés qu'aux mêmes conditions que celles s'imposant à d'autres déposants. • Com. 4 mars 1997 : *Bull. civ. IV, n° 64 ; D. 1997. IR 120 ; D. Affaires 1997. 672 ; Bull. Joly 1997. 590, note Bonneau ; Rev. dr. bancaire 1997. 129, obs. Campana et Calendini ;*

RTD com. 1998. 415, obs. Martin-Serf ; *Rev. proc. coll. 1998. 288, obs. Macorig-Venier* (cassant • Paris, 14 janv. 1994 : *D. 1994. IR 61*). ♦ Un arrêt ne peut donc, sans violer les art. 1956 C. civ. et 47 et 50 de la loi de 1985 [C. com., art. L. 622-21 et L. 622-24], décharger la banque de sa mission de séquestre et ordonner le placement des sommes dans un autre établissement, au motif que l'obligation d'un séquestre, serait-il en redressement judiciaire, est de rendre les sommes indépendamment de toute déclaration de créance à la procédure collective. • Même arrêt. ♦ V. désormais C. mon. fin., art. L. 312-4, App., v° *Banque et financement de l'entreprise.* ♦ V. aussi note 17 *ter* ss. art. L. 622-7, notes 16 et 43 ss. art. L. 622-21 et note 15 ss. art. L. 624-9.

13. Créanciers concordataires. Le jugement de redressement judiciaire ayant rendu caduc le concordat antérieur non entièrement exécuté, le créancier concordataire est soumis, comme tout créancier dont la créance a son origine antérieurement au jugement d'ouverture de la procédure collective, à l'obligation de déclarer au passif du redressement judiciaire sa créance de dividendes impayés. • Com. 23 mai 1995 : *Bull. civ. IV, n° 151* ; *D. 1996. Somm. 82, obs. Honorat* .

14. Créanciers nantis. Les échéances de remboursement des prêts, postérieures à la cession des matériels nantis, sont des créances nées avant l'ouverture de la procédure collective, soumises comme telles à l'obligation de déclaration, bien que le cessionnaire soit tenu de les payer. • Com. 20 juin 1995 : *Bull. civ. IV, n° 188* ; *D. 1999. Somm. 4, obs. Derrida* ; *JCP E 1995. I. 513, n° 6, obs. Pétel* ; *Dr. sociétés 1995, n° 163, obs. Chaput* ; *RTD com. 1996. 339, obs. Martin-Serf* . – Dans le même sens, V. • Com. 3 avr. 2002 : *Rev. proc. coll. 2002. 266, obs. Dumont.*

14 bis. Créanciers du conjoint. V. note 9 ss. ancien art. L. 621-46 ss. art. L. 622-26.

15. Créances à l'encontre d'une caution. Sur l'obligation de déclarer au passif du redressement judiciaire d'une caution, la créance née *d'un engagement* de celle-ci antérieur au jugement d'ouverture, V. • Com. 19 janv. 1993 : *Bull. civ. IV, n° 17* ; *Dr. sociétés 1994, n° 92, obs. Chaput.*

15 bis. Le créancier, bénéficiaire d'un cautionnement réel ou personnel, dispose à l'égard de la caution d'un droit de créance, en cas de défaillance du débiteur principal, ce droit étant limité aux biens affectés à la garantie de l'engagement, s'agissant d'un cautionnement réel. Dès lors, l'obligation de déclarer la créance au passif de la caution soumise à une procédure collective s'impose à la banque créancière. • Com. 27 oct. 1998 : *Bull. civ. IV, n° 260* ; *D. 1999. Somm. 187, obs. Honorat* ; *D. Affaires 1998. 1958, obs. V. A.-R.* ; *Act. proc. coll. 1998, n° 160, obs. Legeais* ; *Defrénois 1999. 280, obs. Piedelièvre* ; *RTD com. 1999. 499, obs. Martin-Serf* . – Dans le même sens, V. • Paris, 6 juill. 2001 : *D. 2001. AJ 2832* . ♦ V. cependant, s'agissant du créancier bénéficiaire d'un « cautionnement réel », l'arrêt de chambre mixte du 2 déc. 2005, selon lequel « une sûreté réelle consentie pour garantir la dette d'un tiers n'implique aucun engagement personnel à satisfaire à l'obligation d'autrui et [n'est] pas dès lors un cautionnement » : • Cass., ch. mixte, 2 déc. 2005 : *Bull. civ. n° 7* ; *D. 2006. 729, avis Sainte-Rose et note Aynès*

Les juges doivent, au besoin d'office, vérifier si la créance a été déclarée au passif du redressement judiciaire de la caution. • Civ. 1re, 22 janv. 2002 : *Bull. civ. I, n° 22* ; *JCP E 2002, n° 10, p. 401* ; *RJDA 2002, n° 521.*

16. Créances de la caution du débiteur. La créance de la caution qui agit avant paiement contre le débiteur principal, sur le fondement de l'art. 2309 C. civ., prend naissance à la date de l'engagement de caution. • Com. 3 févr. 2009 : *Bull. civ. IV, n° 11* ; *D. 2009. AJ 428, obs. Lienhard* ; *JCP E 2009. 1347, n° 12, obs. Cabrillac* ; *LEDEN, avr. 2009, p. 4, obs. Rubellin* ; *RTD com. 2009. 612, obs. Martin-Serf* ; *Rev. proc. coll. 2009, n° 113, obs. Macorig-Venier.* ♦ La caution qui, avant même d'avoir payé, agit contre le débiteur en redressement judiciaire dispose d'une créance personnelle d'indemnité qu'elle peut déclarer, même si la créance du créancier principal a été admise. • Com. 29 oct 1991 : *Bull. civ. IV, n° 316* ; *D. 1991. IR 280* ; *RTD com. 1993. 178, obs. Martin-Serf* • 17 déc 1996 : *Bull. civ. IV, n° 313* ; *D. 1997. IR 31* ; *D. Affaires 1997. 252* ; *JCP 1997. II. 22837, rapp. Rémery* ; *JCP E 1997. II. 941, note Béhar-Touchais.* ♦ La banque agissant en sa qualité de caution contre le débiteur soumis à une procédure collective avant d'avoir payé a le droit de déclarer sa créance au passif de cette procédure mais ne peut obtenir le paiement de celle-ci par une inscription au compte courant dont le débiteur est titulaire sans que soit démontrée la compensation. • Com. 3 mars 1998 : *Bull. civ. IV, n° 90* ; *D. Affaires 1998. 536, obs. A. L.* ♦ V. aussi note 14 ss. ancien art. L. 621-46 ss. art. L. 622-26.

La caution qui, avant l'ouverture de la procédure collective du débiteur, a payé la dette en tout ou partie et se trouve, par l'effet subrogatoire du paiement [prévu par l'art. 2306 C. civ.], investie des droits et actions du subrogeant, à due concurrence du paiement effectué, a seule qualité pour déclarer sa créance, sauf convention habilitant le créancier subrogeant à agir en ses lieu et place et sans préjudice des règles propres à la déclaration de créance par un tiers. • Com. 1er déc. 2009 : *Bull. civ. IV, n° 154 ; D. 2009. AJ 2928, obs. Lienhard ; D. 2010. Pan. 1830, obs. Le Corre ; RTD com. 2010. 420, obs. Martin-Serf ; JCP E 2010. 1296, n° 8, obs. Cabrillac ; LEDEN, févr. 2010, p. 3, obs. Mouial-Bassilana ; Act. proc. coll. 2010, n° 37, obs. Le Corre ; RJDA 2010, n° 285 ; Rev. proc. coll. 2010, n° 98, obs. F. Legrand et M.-N. Legrand ; Defrénois 2010. 1476, obs. Gibirila.*

Pour conserver ses droits contre ses cofidéjusseurs, la caution qui a régulièrement payé n'est pas tenue de déclarer sa créance au passif de la procédure collective ouverte contre le débiteur principal, les autres cautions ayant elles-mêmes la faculté d'effectuer une telle déclaration, même avant d'avoir payé, en vertu de l'art. 2032 [2309] C. civ. • Com. 5 nov. 2003 : *Bull. civ. IV, n° 158 ; D. 2003. AJ 3050 ; RD banc. fin. 2004, n° 12, obs. Legeais.* ♦ La créance de la caution qui a payé la dette et qui agit contre son cofidéjusseur sur le fondement de l'art. 2033 [2310] C. civ. prend naissance à la date de naissance de l'engagement de caution. • Com. 16 juin 2004 : *Bull. civ. IV, n° 123 ; D. 2004. AJ 2046 ; Gaz. Pal. 2004. 2531, note Le Corre ; Act. proc. coll. 2004, n° 185, obs. Legeais ; Banque et Droit sept.-oct. 2004. 76, obs. Jacob ; RTD com. 2004. 811, obs. Martin-Serf ; Dr. et patr. nov. 2004. 95, obs. Monsèrié-Bon ; RD banc. fin. 2004, n° 244, obs. F.-X. Lucas ; JCP E 2005, n° 1-2, p. 32, obs. Cabrillac ; Rev. proc. coll. 2005. 53, obs. Dumont.*

16 bis. Créance de recours du garant autonome. La créance de recours du garant contre le donneur d'ordre prend naissance à la date à laquelle l'engagement à première demande autonome a été souscrit. • Com. 19 déc. 2006 : *Bull. civ. IV, n° 249 ; D. 2007. AJ 158, obs. Lienhard ; Banque et Droit janv.-févr. 2007. 49, obs. Jacob ; JCP E 2007. 1450, n° 12, obs. Cabrillac ; Gaz. Pal. 13-14 avr. 2007, p. 32, obs. Henry ; ibid., p. 40, obs. Roussel Galle ; RD banc. fin. 2007, n° 53, obs. Crédot et Samin ; ibid., n° 59, obs. Legeais ; Rev. proc. coll. 2007. 145, obs. Saint-Alary-Houin ; LPA 28 déc. 2007, note Delrieu ; RTD com. 2007. 837, obs. Martin-Serf.*

16 ter. Créances d'honoraires de l'avocat du débiteur. Pour fixer la date à laquelle est née la créance d'honoraires d'un avocat, il y a lieu de distinguer les prestations accomplies antérieurement au jugement d'ouverture de la procédure collective de celles accomplies postérieurement. • Com. 19 juin 2007 : *Bull. civ. IV, n° 168 ; D. 2007. AJ 1878, obs. Lienhard ; Gaz. Pal. 26-27 oct. 2007, p. 39, obs. Henry ; Procédures 2007, n° 254, obs. Croze ; RTD com. 2007. 837, obs. Martin-Serf.* ♦ La créance d'honoraires d'un avocat, se rapportant à la période postérieure à l'ouverture du redressement judiciaire, n'est pas soumise à déclaration. • Com. 8 déc. 1998 : *D. Affaires 1999. 220.* ♦ Pour l'obligation de déclarer la créance d'honoraires antérieure au jugement d'ouverture, V. • Civ. 1re, 30 janv. 1996 : *Bull. civ. I, n° 50 ; D. Affaires 1996. 325.* ♦ V. aussi note 28 ss. ancien art. L. 621-32, ss. art. L. 622-17.

16 quater. Créances d'indemnité d'éviction. Doit être déclarée la créance de l'indemnité d'éviction due au locataire, ayant son origine dans le congé qui lui a été délivré par le bailleur avant sa mise en redressement judiciaire. • Com. 19 mars 1996 : *Bull. civ. IV, n° 90 ; D. 1996. IR 101 ; D. Affaires 1996. 557* • Civ. 3e, 28 juin 2000 : *Bull. civ. III, n° 132 ; D. 2000. AJ 387, obs. Rouquet ; RD banc. fin. 2000, n° 159, obs. F.-X. Lucas ; Rev. loyers 2000. 434, obs. Teilliais ; LPA 25-26 oct. 2000, p. 43, note Barbier ; Loyers et copr. 2000, n° 226, obs. Brault et Pereira ; JCP E 2001, n° 5, p. 219, obs. Cabrillac ; RTD com. 2001. 516, obs. Martin-Serf* (V. l'arrêt d'appel : • Paris, 17 juin 1998 : *Act. proc. coll. 1998, n° 106 ; Gaz. Pal. 1999. 1. 174, note Brault*). – V. Brault, *JCP E 1997. I. 618 ;* Martin, *Ann. loyers 1996. 733.* ♦ V. note 9 *quater* ss. ancien art. L. 621-46 ss. art. L. 622-26.

17. Créance du bailleur au titre du « pas-de-porte ». V. note 22 ss. art. L. 642-7.

17 bis. Créances du cocontractant. V. art. L. 622-13, al. 4, et note 24 ss. cet art.

18. Modalités d'exécution des contrats continués. L'administrateur ayant opté pour la poursuite d'un contrat de sous-traitance, l'imputation des acomptes payés, avant le jugement d'ouverture du sous-traitant, sur des factures émises postérieurement, constitue une modalité d'exécution du contrat continué, de sorte que les créances correspondant au versement de ces acomptes ne sont pas soumises à déclaration. • Com. 28 janv. 1997 : *Bull. civ. IV, n° 33 ; D. 1997. IR 65 ; D. Affaires 1997. 419 ; Rev. dr. bancaire 1997. 131, obs. Campana et Calendini.*

Sur la notion de « contrats en cours », V. aussi notes 1 s. ss. art. L. 622-13.

18 bis. Indemnité contractuelle de résiliation. Pour l'obligation de déclarer cette créance, lorsque le contrat a été résilié avant l'ouverture de la procédure collective, V. • Com. 9 juill. 2002 : *Rev. proc. coll. 2003. 140, obs. Legrand.* ♦ V. aussi, s'agissant de l'indemnité de résiliation d'un contrat poursuivi, note 19 ss. ancien art. L. 621-32, ss. art. L. 622-17. ♦ En ce sens que l'indemnité de résiliation d'un contrat de crédit-bail qui n'a pas été déclarée est éteinte, peu important que son montant ait été contractuellement fixé à un pourcentage du montant des loyers dus au jour de la résiliation, qui eux, ont fait l'objet d'une déclaration au passif, V. • Com. 26 nov.

2002 : *AJDI 2003. 430, note Le Corre*. – V. aussi • Paris, 3 févr. 2004 : *Gaz. Pal. 2004. 2525, note Le Corre-Broly ; RJDA 2005, n° 164.*

18 ter. Créance d'astreinte. V. note 15 ss. art. L. 622-21.

18 quater. Accident du travail. La créance en remboursement de sommes versées par la caisse primaire d'assurance maladie à la victime d'un accident du travail trouve son origine dans la faute de l'employeur et non dans le jugement déterminant les droits à indemnité complémentaire de la victime. • Soc. 19 déc. 2002 : *Act. proc. coll. 2003, n° 38. – Contra :* • Riom, 4 déc. 2001 : *Act. proc. coll. 2002, n° 233, obs. Regnaut-Moutier.* ♦ V. aussi note 21 *ter*.

18 quinquies. Créances nées de prestations compensatoires ou de pensions alimentaires. BIBL. Théry, *Mélanges Buffet, LPA, 2004, p. 433* (sort de la créance d'aliments dans les procédures collectives). – Chendeb, *Rev. proc. coll. 2009. Étude 21* (même thème). ♦ La créance née de la prestation compensatoire, qui présente pour partie un caractère alimentaire, n'a pas à être déclarée au passif du débiteur soumis à la procédure collective et échappe ainsi à l'extinction faute de déclaration. • Com. 8 oct. 2003 : *Bull. civ. IV, n° 151 ; D. 2003. AJ 2637, obs. Lienhard ; D. 2004. Somm. 54, obs. F.-X. Lucas ; ibid. 1965, obs. Denis-Fatôme ; Act. proc. coll. 2003, n° 230, obs. M. Storck ; RJPF 2003, n° 12, p. 24, obs. Valory ; Dr. fam. 2003, n° 132, note Lécuyer ; JCP E 2004, n° 6, p. 227, obs. Cabrillac et Pétel ; ibid., n° 10, p. 376, note Becqué-Ickowicz ; JCP 2004. I. 109, n° 1, obs. Bosse-Platière ; LPA 17 févr. 2004, p. 7, note Zattara ; ibid. 3 mai 2004, p. 16, note Massip ; ibid. 7 juill. 2004, p. 15, note Flasaquier (2e esp.) ; RTD com. 2004. 368, obs. Martin-Serf ; Dr. et proc. 2004. 87, note Crocq (1re esp.).* – V. Fosset-Lefebvre, *Rev. proc. coll. 2004. 22.* – Dans le même sens, V. • Com. 1er févr. 2005 : *cité note 30 octies* • 4 avr. 2006 : *Bull. civ. IV, n° 89 ; D. 2006. AJ 1166, obs. Lienhard ; RTD. com. 2006. 662, obs. Martin-Serf.* ♦ La créance née de la pension alimentaire peut être payée sans avoir été déclarée au passif du débiteur soumis à la procédure collective. • Com. 8 oct. 2003 : *ibid. (2e esp.) ; Bull. civ. IV, n° 152 ; Gaz. Pal. 2003. 3756, note Le Corre ; LPA 7 juill. 2004, p. 15, note Flasaquier (1re esp.)* • 4 avr. 2006 : *préc.* ♦ La créance d'aliments, qui est une dette personnelle du débiteur soumis à la procédure collective, doit être payée sur les revenus dont il conserve la disposition, ou bien être recouvrée par la voie de la procédure de paiement direct ou de recouvrement public des pensions alimentaires. • Même arrêt. – Dans le même sens, V. • Crim. 7 janv. 2004 : *Bull. crim. n° 5 ; D. 2004. AJ 419, obs. Lienhard ; AJ pénal 2004. 114, obs. Bicheron ; Act. proc. coll. 2004, n° 62, obs. Mascala ; JCP E 2004, n° 22, p. 867, obs. Pétel ; JCP 2004. II. 10060, note Pomart ; RJPF 2004, n° 4, p. 28, obs. Valory ; LPA 12 avr. 2005, note Zattara ; Rev. proc. coll. 2005. 50, obs. Dumont* • 9 juin 2004 : *Bull. crim. n° 158 ; D. 2004. AJ 2157 ; Dr. pénal 2004, n° 154, obs. Véron ; RJ com. 2005. 437, note Sortais.* ♦ Toutefois, lorsque le créancier déclare aussi ses créances d'aliments en vue de leur admission au passif de la procédure collective, les règles relatives à la procédure de déclaration et de vérification des créances et à l'admission dans les répartitions et dividendes leur sont applicables, sans pour autant que la non-admission à ce passif affecte ses droits de créancier d'aliments. • Com. 13 juin 2006 : *Bull. civ. IV, n° 141 ; D. 2006. 1969, note Vincent ; ibid. AJ 1681, obs. Lienhard ; D. 2007. Pan. 45, obs. Le Corre ; Act. proc. coll. 2006, n° 154, obs. Vallansan ; RTD. com. 2006. 662, obs. Martin-Serf.*

V., désormais, excluant les créances alimentaires de l'obligation de déclaration, art. L. 622-24, dernier al., dans sa réd. issue de l'Ord. n° 2008-1345 du 18 déc. 2008.

18 sexies. Créance issue de la liquidation du régime matrimonial. Pour l'obligation faite au conjoint divorcé d'un débiteur en redressement judiciaire de déclarer sa créance issue de la liquidation du régime matrimonial dès lors que celle-ci est née antérieurement au jugement d'ouverture, V. • Civ. 1re, 25 oct. 2005 : *D. 2005. AJ 2873, obs. Lienhard ; D. 2006. Pan. 87, obs. Le Corre ; Act proc. coll. 2005, n° 256, obs. Deboissy et Wicker.* ♦ V. aussi • Civ. 1re, 23 mai 2006 : *Bull. civ. I, n° 253 ; D. 2006. AJ 1684, obs. Lienhard ; Gaz. Pal. 6-7 oct. 2006, p. 33, obs. Vauvillé.*

18 septies. Créance au titre du paiement de l'insuffisance d'actif. V. note ss. art. R. 651-6.

18 octies. Créance d'une caisse de crédit municipal. V. • Com. 3 déc. 2003 : *RD banc. fin. 2004, n° 77, obs. F.-X. Lucas*

18 nonies. Clause de retour à meilleure fortune. V. • Com. 12 oct. 2004 : *Bull. civ. IV, n° 182 ; D. 2004. AJ 2791 ; Act. proc. coll. 2004, n° 228, obs. Blanc ; RJ com. 2005. 65, note Sortais.*

18 decies. Exception d'inexécution. Sur la déclaration de créance incombant à celui qui invoque l'exception d'inexécution face au débiteur soumis à une procédure collective, V. • Com. 17 mai 2011 : *Bull. Joly Entrep. diff. 2011. 321, note Reille.*

18 undecies. Créance née d'un trouble de voisinage. En ce sens qu'est soumise à déclaration la créance de bailleurs assignés, antérieurement à la mise en redressement judiciaire de la société locataire, par les victimes d'un trouble de voisinage causé par cette société, la persistance du trouble étant sans effet sur la date à laquelle se situe l'origine de la créance, V. • Com. 7 déc. 2004 : *Bull. civ. IV, n° 217 ; D. 2005. AJ 358, obs. Lienhard ; Act. proc. coll. 2005, n° 18, obs. Trébulle ; JCP E 2005, n° 17, p. 711, obs. Cabrillac.*

19. Pour des exemples de créances antérieures ou postérieures au jugement d'ouverture, V. aussi notes 9 s. ss. ancien art. L. 621-32, ss. art. L. 622-17.

C. CESSION DE CRÉANCE

19 bis. Dès lors qu'après la mise en redressement judiciaire d'une société, l'un de ses créanciers ayant régulièrement déclaré sa créance a cédé celle-ci et a signifié cette cession à la société, à son administrateur judiciaire ainsi qu'au représentant des créanciers, le cessionnaire s'est trouvé subrogé dans les droits du créancier initial et n'a donc pas à déclarer à nouveau la créance au passif de la société. • Rouen, 27 mars 1997 : *RJDA 1997, n° 1113.*

Sur la déclaration de créance du cessionnaire, V. note 30 *octies.*

D. CRÉANCES SALARIALES

20. Les créances salariales ne sont pas soumises à l'art. 50 [C. com., art. L. 622-24]. Spécialement, tel est le cas de demandes de salariés licenciés pour faute lourde antérieurement au jugement d'ouverture. • Soc. 19 juin 1991 : *Bull. civ. V, n° 309 ; D. 1991. IR 199.* ♦ La dispense de l'obligation de déclarer les créances salariales s'attache à la nature de la créance et non à la qualité du créancier. • Versailles, 11 mars 1993 : *D. 1993. IR 102.*

E. ACTIONS DIRECTES

21. Assurance. Il résulte de l'art. L. 124-3 C. assur. que la victime d'un dommage a un droit exclusif sur l'indemnité due par l'assureur de l'auteur responsable de ce dommage. Par suite, si la victime doit établir la responsabilité de l'assuré, qui doit être mis en cause, elle n'est pas tenue, lorsque celui-ci est en état de redressement ou de liquidation judiciaire, de se soumettre à la procédure de vérification des créances prévue aux art. 50 ci-dessus [C. com., art. L. 622-24] et 65 à 75 du Décr. du 27 déc. 1985 [C. com., art. R. 624-1 s.], sauf dans la mesure où elle prétendrait faire valoir une créance de somme d'argent à l'encontre de l'assuré. • Civ. 1re, 25 mars 1991 : *Bull. civ. I, n° 105* • Com. 25 mars 1997 : *D. 1998. Somm. 142, obs. Bonnard ; D. Affaires 1997. 612 ; Dr. sociétés 1997, n° 83, obs. Chaput* • Civ. 3e, 12 mai 2004 : *D. 2004. AJ 1904 ; Act. proc. coll. 2004, n° 134, obs. Vallansan.* ♦ V. aussi note 5 ss. art. L. 622-23.

21 bis. Selon l'art. L. 121-13 C. assur., les indemnités dues par suite d'assurance contre l'incendie sont attribuées, sans qu'il y ait besoin de délégation expresse, aux créanciers priviligiés ou hypothécaires, suivant leur rang ; l'indemnité d'assurance n'étant pas tombée dans le patrimoine du débiteur soumis à une procédure de redressement judiciaire, cette procédure collective est sans effet sur l'attribution de l'indemnité à une banque ayant consenti un prêt pour l'acquisition de l'hôtel-restaurant du débiteur, créancière privilégiée et hypothécaire inscrite sur l'immeuble sinistré (inapplicabilité des art. 47, 50 et 161 [C. com., art. L. 622-21, L. 622-24 et L. 643-2]). • Civ. 1re, 28 oct. 1997 : *D. 1998. Somm. 142, obs. Bonnard ; D. Affaires 1997. 1426 ; LPA 20 août 1999, p. 20, note Teilliais.*

21 ter. Accident du travail. L'indemnisation complémentaire allouée à la victime d'une faute inexcusable de l'employeur (CSS, art. L. 452-1 s.) est versée directement aux bénéficiaires par la caisse primaire d'assurance maladie, qui en récupère le montant auprès de l'employeur, de sorte que le salarié, qui ne demande pas la condamnation de son employeur au paiement d'une somme d'argent, n'a pas à déclarer sa créance. • Soc. 11 juin 1998 : *D. 1998. IR 175* • 6 juill. 2000 : *Act. proc. coll. 2000, n° 191* • 15 févr. 2001 : *Act. proc. coll. 2001, n° 85.* ♦ Sur le fait générateur de la créance en remboursement de la caisse primaire d'assurance maladie, V. note 18 *quater.*

21 quater. Action directe du transporteur. L'action directe du transporteur n'est pas subordonnée à la déclaration de sa créance au passif du donneur d'ordre. • Com. 17 déc. 2003 : *Bull. civ. IV, n° 209 ; D. 2004. AJ 212 ; Act. proc. coll. 2004, n° 29, obs. Vallansan et Petit ; Procédures 2004, n° 80, obs. Laporte.*

22. Sous-traitance. Il doit être déduit de l'art. 12, al. 3, de la loi du 31 déc. 1975 qu'un sous-traitant, pour intenter son action directe contre le maître de l'ouvrage, n'est pas tenu de produire au passif de la procédure collective dont l'entrepreneur principal est l'objet. • Paris, 27 nov. 1990 : *JCP 1992. II. 21782, note Dubois* • 29 sept. 1992 : *D. 1993. IR 39.* ♦ V. ce texte, App., v° *Sous-traitance.* ♦ Sur la possibilité, cependant, de produire concomitamment à titre conservatoire, V. • Versailles, 29 sept. 1988 : *D. 1988. IR 262.* ♦ V. aussi note 29 *bis* ss. ancien art. L. 621-46 ss. art. L. 622-26.

F. SAISIE-ATTRIBUTION

22 *bis*. En ce sens que le créancier saisissant, devenu, par l'effet attributif immédiat de la saisie, créancier du tiers saisi, doit, lorsque celui-ci fait l'objet d'une procédure collective, déclarer sa créance entre les mains du représentant des créanciers, V. • Com. 11 juin 2002 : *cité note 37 ss. ancien art. L. 622-21* • 8 juill. 2003 : *ibid.* • Orléans, 25 mai 2000 : *Procédures 2000, nº 163, obs. Croze ; RJDA 2000, nº 1138 ; Rev. proc. coll. 2002. 267, obs. Dumont.* ♦ V. note 33 ss. art. L. 622-21.

G. COMPENSATION

23. Une partie n'a pas à déclarer au passif d'une société une créance éteinte par une compensation qui s'est opérée de plein droit entre leurs dettes réciproques avant l'ouverture de la procédure collective. • Com. 29 nov. 1994 : *RJDA 1995, nº 349* • 5 déc. 1995 : *D. Affaires 1996. 211* (remises réciproques en compte courant). ♦ V. aussi, pour la réalisation antérieure d'un gage-espèces : • Com. 3 juin 1997 : *Bull. civ. IV, nº 165 ; D. 1998. 61, note François ; D. 1998. Somm. 104, obs. S. Piedelièvre ; D. Affaires 1997. 864 ; JCP 1997. II. 22891, rapp. Rémery ; RTD com. 1997. 663, obs. Cabrillac ; ibid. 1997. 686, obs. Martin-Serf ; RD bancaire et bourse 1998. 22, obs. Campana et Calendini.* ♦ La compensation de créances réciproques non sujettes à discussion quant à leur exigibilité et à leur montant s'opère de plein droit, à concurrence de la plus faible, à l'instant où la seconde vient à échéance. • Com. 17 mai 1994 : *Bull. civ. IV, nº 178 ; D. 1995. 124, note Larroumet ; RTD com. 1996. 531, obs. Martin-Serf.* ♦ Sur l'obligation de déclarer la créance lorsque la compensation a opéré après le jugement d'ouverture, V. note 20 ss. art. L. 622-7 et note 32 ss. ancien art. L. 621-46 ss. art. L. 622-26.

H. REVENDICATION

23 *bis*. Une demande de restitution de fonds ne peut être formée par voie de revendication, la seule voie ouverte au créancier d'une somme d'argent étant de déclarer sa créance à la procédure collective de son débiteur. • Com. 4 févr. 2003 : *D. 2003. AJ 1230, obs. Lienhard ; JCP E 2003, nº 39, p. 1536, note Robine ; Act. proc. coll. 2003, nº 128, obs. Regnaut-Moutier ; RTD com. 2003. 572, obs. Martin-Serf ; RD banc. fin. 2003, nº 154, obs. F.-X. Lucas ; ibid., nº 173, obs. Crédot et Gérard ; Dr. et proc. 2003. 292, note Le Corre ; Defrénois 2003. 1163, obs. Libchaber* (V. l'arrêt d'appel : • Paris, 10 déc. 1999 : *RTD com. 2000. 1014, obs. Martin-Serf*). ♦ Comp., auparavant, sur la possibilité de revendiquer une somme d'argent à condition que celle-ci ait été soustraite à toute confusion avec les autres valeurs composant le patrimoine du débiteur : • Com. 25 mars 1997 : *Bull civ. IV, nº 84 ; D. 1997. 481, note D. Martin ; ibid. 2000. Somm. 70, obs. Pérochon et Mainguy ; D. Affaires 1997. 639 ; Quot. jur. 22 avr. 1997, p. 7, note P. M. ; Rev. dr. bancaire 1997. 127, obs. Campana et Calendini ; JCP E 1997. II. 991, note Pétel* • Paris, 14 oct. 1997 : *D. 1998. 91, note Larroumet ; ibid. 2000. Somm. 70, obs. Pérochon et Mainguy ; D. Affaires 1997. 1394 ; RTD com. 1998. 423, obs. Martin-Serf* • 12 mai 1998 : *Gaz. Pal. 1998. 2. Somm. 707 ; RTD com. 2000. 180, obs. Martin-Serf.* – Comp. également, écartant l'action en revendication de sommes d'argent exercée par une société, aux motifs que celle-ci n'était pas propriétaire de ces sommes (recettes perçues par un magasin, pour être reversées, après déduction d'une redevance, à la société exploitant le rayon boucherie-charcuterie), mais créancière à l'égard du débiteur en redressement judiciaire, ces créances étant soumises à déclaration : • Com. 10 mai 2000 : *Bull. civ. IV, nº 98 ; D. 2000. AJ 277, obs. Lienhard ; JCP E 2000, nº 40, p. 1566, obs. Pétel ; Dr. sociétés 2000, nº 105, obs. Chaput ; RD banc. fin. 2000, nº 161, obs. F.-X. Lucas ; LPA 27 déc. 2000, p. 14, note Rawach ; RTD com. 2000. 1012, obs. Martin-Serf ; JCP E 2001, nº 12, p. 521, note Courtot et Marmoz ; Rev. proc. coll. 2001. 21, obs. Soinne.* – Dans le même sens, V. • Com. 9 janv. 2001 : *RJDA 2001, nº 614.* ♦ Sur la revendication de sommes d'argent, V. R. Martin, *D. 2002. Chron. 3279* ; J. François, *D. 2012. Chron. 1493.*

Sur la revendication de bons de caisse, V. note 14 *bis* ss. art. L. 624-9.

I. ANNULATION DU JUGEMENT D'OUVERTURE

23 *ter*. L'annulation, par un arrêt rendu sur contredit statuant sur la compétence territoriale, du jugement d'ouverture d'une procédure collective ne s'étend pas à la déclaration de créance effectuée sur le fondement de ce jugement, dès lors que le tribunal jugé compétent, après que le dossier lui a été retourné par la cour d'appel, a ouvert une procédure collective. • Com. 10 mai 2005 : *Bull. civ. IV, nº 98 ; D. 2005. AJ 1414, obs. Lienhard ; JCP E 2005, nº 36, p. 1422, obs. Pétel ; Gaz. Pal. 6-7 juill. 2005, p. 24, obs. Le Corre ; RTD com. 2006. 199, obs. Martin-Serf ; Banque et Droit juill.-août 2006. 66, obs. Guillot.* ♦ V. note 3 ss. art. R. 631-6.

III. MODALITÉS DE LA DÉCLARATION

BIBL. Lienhard, *D. 2001. Chron. 1011*. – Desprat, *Rev. proc. coll. 2001. 199.*

A. DESTINATAIRE DE LA DÉCLARATION

24. Monopole du représentant des créanciers. L'administrateur, dont les fonctions sont distinctes de celles du représentant des créanciers, n'est pas habilité à recevoir une déclaration de créance. • Com. 22 juin 1993 : *Bull. civ. IV, n° 260 ; D. 1993. Somm. 365, obs. Honorat* (V. aussi l'arrêt d'appel : • Paris, 23 sept. 1987 : *D. 1989. Somm. 13, obs. Derrida*) • 14 févr. 1995 : *Bull. civ. IV, n° 42.* ♦ Mais, dès lors que la déclaration est parvenue au représentant des créanciers avant l'expiration du délai, il importe peu que la transmission de cette déclaration ait été matériellement effectuée par un tiers ou par l'administrateur judiciaire. • Com. 8 oct. 1996 : *Dr. sociétés 1996, n° 210, obs. Chaput ; Rev. dr. bancaire 1996. 241, obs. Campana et Calendini* • 6 janv. 1998 : *Bull. civ. IV, n° 3 ; D. 1998. IR 39 ; JCP E 1998, n° 17, p. 656, obs. Pétel ; Rev. dr. bancaire 1998. 70, obs. Campana et Calendini.* ♦ L'administrateur n'a nullement l'obligation de transmettre les déclarations de créances reçues par lui par erreur au représentant des créanciers. Le fait que l'administrateur ait reçu, par erreur, une première déclaration de créance du créancier et ait transmis celle-ci dans le délai de déclaration des créances au représentant des créanciers, ce qui a permis de régulariser la situation pour cette première déclaration, ne permet pas de soutenir que l'administrateur ait accepté un « mandat de centralisation contractuelle et de transmission des déclarations », ce qui de toute façon serait contraire aux règles d'ordre public relatives à la procédure de vérification et d'admission des créances et porterait atteinte à la compétence exclusive du représentant des créanciers en ce qui concerne la réception des déclarations de créances. • Versailles, 27 janv. 2000 : *D. 2000. AJ 172 ; RTD com. 2000. 718, obs. Martin-Serf*. – V. aussi • Rennes, 20 juin 2001 : *Rev. proc. coll. 2002. 93, obs. Legrand.*

En ce sens que la validité de la déclaration de créance adressée au représentant des créanciers n'est pas affectée par l'erreur d'indication sur la qualité de ce mandataire, V. • Com. 7 déc. 1999 : *Bull. civ. IV, n° 223 ; D. 2000. AJ 48, obs. A. L. ; JCP E 2000, n°s 18-19, p. 751, obs. Pétel ; RTD com. 2000. 718, obs. Martin-Serf*.

Sur la responsabilité de La Poste pour n'avoir pas remis à son destinataire une lettre recommandée portant déclaration de créance libellée au nom du représentant des créanciers, mais adressée par erreur à la société débitrice, qui l'avait réceptionnée, V. • Civ. 1re, 12 avr. 2005 : *Bull. civ. I, n° 184 ; D. 2005. AJ 1352, obs. Lienhard ; Gaz. Pal. 6-7 juill. 2005, p. 23, obs. Le Corre.*

24 bis. Le représentant des créanciers ayant seul qualité pour recevoir les déclarations de créances, la désignation par le tribunal de deux représentants des créanciers en précisant la mission plus particulièrement confiée à chacun d'eux est sans incidence sur la fonction dont est légalement investi cet organe de la procédure. • Com. 30 mai 2006 : *Bull. civ. IV, n° 131 ; D. 2006. 1683, obs. Lienhard ; JCP E 2006, n° 37, p. 1534, obs. Cabrillac ; RTD com. 2006. 910, obs. Martin-Serf*. ♦ Par suite, dès lors que la déclaration de créance a été adressée dans le délai légal à un des représentants des créanciers, la créance doit être admise. • Même arrêt. – V. déjà, en ce sens, • Com. 21 mars 2006 : *RD banc. fin. 2006, n° 108, obs. F.-X. Lucas ; Gaz. Pal. 14-18 juill. 2006, p. 35, obs. Le Corre.*

24 ter. Conflit d'intérêts. Si un même mandataire de justice ne peut occuper, dans la procédure de vérification des créances, à la fois la position de créancier déclarant et de représentant des créanciers du débiteur, l'éventuelle irrégularité n'affecte pas la validité de la déclaration de créance mais seulement la régularité de la procédure de vérification de cette créance. • Com. 7 févr. 2006 : *Bull. civ. IV, n° 32 ; D. 2006. AJ 577, obs. Lienhard ; RD banc. fin. 2006, n° 71, obs. F.-X. Lucas ; Gaz. Pal. 30 avr.-4 mai 2006, p. 44, obs. Le Corre.*

B. DÉCLARATION PAR MANDATAIRE

Jurisprudence antérieure à la loi du 10 juin 1994.

BIBL. Campana et Calendini, *JCP E 1993. I. 230.* – Soinne, *Banque 1993. 94 ; Rev. proc. coll. 1993. 21 ; LPA 29 juin 2000* – Coffy de Boisdeffre, *Gaz. Pal. 1993. 2. Doctr. 918.* – Canac, Grisoni et Teitgen, *ibid. 1993. 2. Doctr. 1325.* – Le Cannu, *Bull. Joly 1997. 628.* – Rémery, *JCP 1999. I. 113.*

25. Mandataire ou préposé d'une personne morale. La déclaration des créances au passif du redressement judiciaire du débiteur équivaut à une demande en justice que le créancier peut, selon les art. 853, al. 1er, NCPC [C. pr. civ.] et 175 du Décr. n° 85-1388 du 27 déc. 1985 [C. com., art. R. 662-2], former lui-même. • Com. 14 déc. 1993 (2 arrêts) : *Bull. civ. IV, n° 471 ; D. 1994. IR 31 ; JCP 1994. II. 22200, rapp. Rémery ; RJDA 1994, n° 95, concl. Piniot (p. 12) ; Banque févr. 1994. 93, obs. Guillot ; Gaz. Pal. 1994. 1. 137, note Vatier ; ibid. 1994. 2. 645, note Coffy de Boisdeffre ; RJ com. 1994. 49, rapp. Rémery ; Bull. Joly 1994. 196, note Jeantin ; JCP E 1994. II. 573,* *note Campana et Calendini ; Rev. sociétés 1994. 100, note Chartier ; RTD com. 1994. 364, obs. Martin-Serf* • 14 févr. 1995 (4 arrêts) : *Bull. civ. IV, n° 43 ; D. 1995. IR 89 ; Rev. sociétés 1995. 331, note Alix ; Bull. Joly 1995. 442, note Daigre.* ♦ Dans le cas où le créancier est une personne morale, cette déclaration faite à titre personnel, si elle n'émane pas des organes habilités par la loi à la représenter, peut encore être effectuée par tout préposé titulaire d'une délégation de pouvoirs lui permettant d'accomplir un tel acte, sans que ce pouvoir soit soumis aux règles applicables au mandat de représentation en justice dont un tiers peut être investi. • Mêmes arrêts. – V. aussi • Com. 17 déc. 1996 : *préc. note 16* • 30 mars 1999 : *Bull. civ. IV, n° 75 ; D. 1999. IR 117 ; D. Affaires 1999. 763, obs. A. L. ; Act. proc. coll. 1999, n° 101, obs. Legros ; Bull. Joly 1999. 764, note Daigre ; RTD com. 1999. 732, obs. Cabrillac* • 3 juin 2009 : *D. 2009. AJ 1691 (1er arrêt)* • Paris, 3e ch. A, 25 janv. 1994 : *D. 1994. IR 75* ♦ ... Que la personne à laquelle il est opposé soit, ou non, commerçante. • Com. 23 nov. 1999 : *D. 2000. AJ 15*. ♦ Pour l'application de ces règles à une procédure d'insolvabilité ouverte en France, V. • Com. 15 déc. 2009 : *D. 2010. AJ 86, obs. Lienhard ; Act. proc. coll. 2010, n° 22, obs. Vallansan ; LEDEN, févr. 2010, p. 7, obs. Mélin.*

Le droit local alsacien-mosellan ne déroge pas, sur ce point, à l'application de la loi de 1985. • Com. 28 nov. 2000 : *Bull. civ. IV, n° 185 ; D. 2001. AJ 307, obs. Pisoni* • 11 juin 2003 : *cité note 28 ter ss. ancien art. L. 621-32* • Metz, 20 janv. 1998 : *Banque et Droit mars-avr. 1998. 36, obs. Guillot* • Colmar, 21 avr. 1999 : *Banque et Droit janv.-févr. 2000. 65, obs. Guillot.* – V. Seigneur, *D. Affaires 1999. 1229.*

Le défaut de pouvoirs constitue une irrégularité de fond affectant la validité de la déclaration qui doit être annulée conformément aux dispositions de l'art. 53 [C. com., ancien art. L. 621-46]. • Amiens, 18 janv. 1999 : *JCP 1999. IV. 2566.*

Sur l'obligation faite au juge de rechercher si l'auteur de la déclaration a reçu, par une délégation générale ou spéciale, le pouvoir de déclarer des créances, V. • *Com. 2 mars 1999 : Act. proc. coll. 1999, n° 118.* ♦ ... Et si ce pouvoir émane de la personne habilitée à représenter la personne morale, V. • Com. 15 févr. 2000 : *Act. proc. coll. 2000, n° 71.*

En ce sens que la délégation de pouvoirs doit autoriser expressément le délégataire à agir en justice ou à effectuer des déclarations de créances, V. • Com. 9 juin 1998 : *Bull. civ. IV, n° 183 ; D. Affaires 1998. 1216, obs. A. L. ; LPA 14 avr. 1999, p. 10, note Paulet* • 24 nov. 1998 : *D. Affaires 1999. 133* • 6 mars 2001 : *Act. proc. coll. 2001, n° 107.*

Sur la précision requise, pour la délégation, V. aussi • Com. 3 juin 1997 : *cité note 24 bis ss. art. L. 624-9.*

25 bis. La charge de la preuve de l'identité du signataire de la déclaration pèse sur le créancier, dès lors que celle-ci est contestée : V. • Com. 17 juin 1997 : *Bull. civ. IV, n° 191 ; D. Affaires 1997. 904 ; Bull. Joly 1997. 896, note J.-F. Barbièri ; JCP E 1998, n° 1-2, obs. Pétel* • 17 mars 1998 : *D. Affaires 1998. 677* • 29 avr. 2002 : *Bull. civ. IV, n° 73 ; D. 2002. AJ 1755, obs. Lienhard (2e esp.) ; RTD com. 2002. 538, obs. Martin-Serf ; Bull. Joly 2002. 894, note Le Cannu ; RD banc. fin. 2002, n° 188, obs. F.-X. Lucas ; Procédures 2002, n° 231, note Laporte* • 3 juin 2009 : *D. 2009. AJ 1691 (2e arrêt) ; RTD com. 2010. 196, obs. Martin-Serf ; Gaz. Pal. 26-28 juill. 2009, p. 35, obs. Le Corre-Broly.* ♦ Les juges du fond doivent rechercher si le signataire de la déclaration dont l'identité est contestée est le préposé bénéficiant de la délégation de pouvoirs. • Com. 6 mars 2001 : *Act. proc. coll. 2001, n° 108.* ♦ V. aussi, dans le cas d'une signature précédée de la mention P/O (pour ordre), • Civ. 1re, 1er avr. 2003 : *Bull. civ. I, n° 92 ; D. 2003. AJ 1292 ; RD banc. fin. 2003, n° 116, obs. F.-X. Lucas ; Bull. Joly 2003. 773, note Scholer.* ♦ La preuve de l'identité du déclarant peut être faite, même en l'absence de signature de la déclaration, par tous moyens, jusqu'au jour où le juge statue. • Com. 21 nov. 2006 (2 arrêts) : *Bull. civ. IV, nos 226 et 227 ; D. 2006. AJ 2983, obs. Lienhard ; RD banc. fin. 2007, n° 19, obs. F.-X. Lucas ; RJ com 2007. 67, obs. Sortais ; Gaz. Pal. 13-14 avr. 2007, p. 43, obs. Le Corre-Broly ; Defrénois 2007. 887, obs. Gibirila ; RTD com. 2007. 446, obs. Martin-Serf.*

26. Sur la possibilité de subdéléguer, V. • Com. 14 févr. 1995 (2 arrêts) : *Bull. civ. IV, n° 43 ; Rev. sociétés 1995. 331, note Alix ; Bull. Joly 1995. 442, note Daigre.* ♦ Ayant constaté que la délégation de pouvoirs dont bénéficiait le délégataire avait été annulée dans un acte du 17 févr. 2004 qui avait reporté les effets de l'annulation au 1er sept. 2003, une cour d'appel retient à bon droit que le subdélégataire, dont le pouvoir procédait d'une délégation principale annulée, n'était pas habilité à effectuer une déclaration de créance le 30 sept. 2003. • Com. 5 févr. 2008 : *Bull. civ. IV, n° 27 ; D. 2008. AJ 611, obs. Lienhard ; JCP E 2008. 1432, n° 10, obs. Pétel ; Act. proc. coll. 2008, n° 59, obs. Vallansan ; Gaz. Pal. 27-29 avr. 2008, p. 26, obs. Le Corre-Broly ; Bull. Joly 2008. 426, note Ferrier ; RTD com. 2008. 417, obs. Martin-Serf.*

Comp. : note 40 *bis* ss. ancien art. L. 621-46 ss. art. L. 622-26.

26 bis. Est régulière la déclaration de créance effectuée par le préposé d'une banque dès lors que le président du conseil d'administration a donné aux mandataires généraux de l'établissement le pouvoir d'agir en justice dans toutes les procédures civiles ainsi que d'intervenir dans toutes procédures de règlement judiciaire, liquidation des biens ou autres, et que le préposé, qui a déclaré la créance le 7 oct. 1993, a été désigné mandataire général le 27 janv. 1986 par le directeur des ressources humaines délégué à cet effet par le président. • Com. 29 avr. 2002 : *Bull. civ. IV, n° 74 ; D. 2002. AJ 1755, obs. Lienhard (1re esp.) ; RTD com. 2002. 537, obs. Martin-Serf ; Bull. Joly 2002. 895, note Scholer.*

27. Le conseil d'administration a le pouvoir de nommer un préposé de la société pour déclarer les créances avec ou sans faculté de délégation. • Com. 28 sept. 2004 : *Bull. civ. IV, n° 173 ; D. 2004. AJ 2653 ; Act. proc. coll. 2004, n° 207, obs. Vallansan ; Bull. Joly 2005. 37, note Le Cannu.* ♦ Il en va de même du directoire. • Com. 22 janv. 2008 : *Bull. civ. IV, n° 9 ; D. 2008. AJ 413, obs. Lienhard ; Rev. sociétés 2008. 179, note J.-F. Barbièri ; Bull. Joly 2008. 419, note Nurit-Pontier ; Defrénois 2008. 1237, obs. Gibirila ; RTD com. 2009. 204, obs. Martin-Serf .* ♦ Pour la régularité de la déclaration de créance du représentant légal d'une société dont la nomination n'a pas été publiée au RCS, V. • Com. 12 juill. 2004 : *Bull. civ. IV, n° 157 ; D. 2004. AJ 2153 ; JCP E 2005, n° 1-2, p. 29, obs. Pétel ; JCP E 2005, n° 1-2, p. 29, obs. Pétel ; Act. proc. coll. 2004, n° 170, obs. Regnaut-Moutier ; Dr. sociétés 2004, n° 183, note Trébulle (1re esp.) ; RD banc. fin. 2004, n° 243, obs. F.-X. Lucas ; Bull. Joly 2004. 1525, note Bahans et Le Cannu ; Rev. sociétés 2005. 216, note Chartier ; RTD com. 2005. 168, obs. Martin-Serf* (pour un président du conseil d'administration) • 12 juill. 2004 : *ibid. (2e esp.) ; Bull. civ. IV, n° 156 ; RD banc. fin. 2004, n° 242, obs. F.-X. Lucas ; Bull. Joly 2004. 1477, note Bahans et Le Cannu* (pour un liquidateur amiable). ♦ Sur le pouvoir du directeur général d'une société anonyme de déclarer une créance de la société ou de donner mandat spécial à un tiers à cette fin, V. • Com. 12 juill. 1993 : *Bull. civ. IV, n° 308 ; D. 1993. 549, note Merle ; Rev. sociétés 1993. 803, note Guyon ; Bull. Joly 1993. 1135, note Le Cannu* • 9 mai 1995 : *Bull. civ. IV, n° 138 ; D. 1995. IR 155 ; Bull. Joly 1995. 765, note Le Cannu* • 10 févr. 2009 : *D. 2009. AJ 627, obs. Lienhard ; RJDA 2009, n° 449 ; Gaz. Pal. 26-28 avr. 2009, p. 32, obs. Le Corre-Broly ; LEDEN, avr. 2009, p. 6, obs. F.-X. Lucas ; Rev. sociétés 2009. 417, note J.-F. Barbièri ; Bull. Joly 2009. 590, note Ferrier ; RTD com. 2010. 193, obs. Martin-Serf .* ♦ V. aussi, s'agissant d'un pouvoir donné par le directeur général à un préposé de la société, • Versailles, 29 nov. 2001 : *préc. note 25.*

27 bis. La délégation donnée par un dirigeant (en l'occurrence, un P-DG de SA) ayant été faite par le dirigeant au nom et pour le compte de la société, et non en son nom personnel, reste valable, malgré le changement de dirigeant, tant qu'elle n'a pas été révoquée. • Com. 4 févr. 1997 : *Bull. civ. IV, n° 44 ; D. Affaires 1997. 354 ; Dr. sociétés 1997, n° 56, note Bonneau ; Defrénois 1997. 663, obs. Hovasse* • 15 mars 2005 : *Bull. civ. IV, n° 64 ; D. 2005. AJ 957, obs. Lienhard ; JCP E 2005, n° 27-28, p. 1165, obs. Caussain, Deboissy et Wicker ; Dr. sociétés 2005, n° 119, note Hovasse.* ♦ Dans le même sens, en présence de délégations en cascade, validant la déclaration de créance du préposé ayant cessé ses fonctions, dès lors qu'il est justifié d'une chaîne ininterrompue de délégations de pouvoirs régulières, V. • Com. 8 juill. 2008 : *Bull. civ. IV, n° 146 ; D. 2008. AJ 2072, obs. Lienhard ; Bull. Joly 2008. 1011, note Ferrier ; JCP E 2009. 1008, n° 12, obs. Pétel ; RTD com. 2009. 206, obs. Martin-Serf .* ♦ Les modifications apportées par la loi du 15 mai 2001, relative aux nouvelles régulations économiques, aux règles de représentation de la société anonyme sont sans incidence sur la validité d'une délégation de pouvoirs valablement consentie à une époque où le président tenait de la loi le pouvoir de représenter la société et d'agir en son nom. • Com. 3 juin 2009 : *Bull. civ. IV, n° 74 ; D. 2009. AJ 1603, obs. Lienhard ; Rev. sociétés 2009. 865, note Sortais ; ibid. 868, note J.-F. Barbièri ; RTD com. 2010. 195, obs. Martin-Serf ; Gaz. Pal. 26-28 juill. 2009, p. 34, obs. Le Corre-Broly ; JCP E 2009. 1926, note Hovasse ; Bull. Joly 2010. 172, note Nurit-Pontier.*

27 ter. En application du principe selon lequel l'étendue des pouvoirs du représentant d'une personne morale étrangère pour agir en France doit être appréciée en fonction de la loi du siège social de cette personne, deux préposés d'une banque luxembourgeoise ont, au regard de la loi française, qualité pour déclarer les créances de celle-ci dès lors que leur pouvoir est justifié par un document officiel publié au RCS de Luxembourg indiquant que ces préposés sont titulaires d'une délégation de signature pour engager la banque. • Rouen, 20 janv. 1999 : *RJDA 1999, n° 696.*

27 quater. Pour la validité de la déclaration de créance d'un préposé de deux co-employeurs, investi d'une délégation régulière l'autorisant à effectuer des déclarations de créances pour la société créancière, V. • Com. 17 nov. 2009 : *Bull. civ. IV, n° 147 ; D. 2009 AJ 2862 ; RTD com. 2010. 419, obs. Martin-Serf ; JCP E 2010. 1296, n° 9, obs. Pétel ; Act. proc. coll. 2010, n° 16, obs. Coquelet ; Bull. Joly 2010. 246, note Ferrier ; RJDA 2010, n° 543.*

28. Preuve de la délégation de pouvoirs. Il appartient à la société créancière de justifier que son responsable du service contentieux, qui a signé la déclaration de créances, dispose d'un pouvoir émanant d'un organe habilité par la loi à représenter la personne morale créancière et comportant, par les termes employés, le pouvoir de déclarer les créances ou encore d'un pouvoir émanant d'un préposé de la société ayant lui-même reçu d'un organe habilité par la loi à la représenter, le pouvoir de déclarer les créances ainsi que la faculté de subdéléguer, dans l'exercice de ce pouvoir, un autre préposé de la société. • Com. 5 mars 1996 : *D. Affaires 1996. 523.* – V. aussi • Com. 10 juill. 2001 : *Act. proc. coll. 2001, n° 220* • Versailles, 2 mai 1996 : *D. Affaires 1996. 1038.*

Le seul fait, pour l'auteur de la déclaration, d'occuper un emploi défini par la convention collective de travail applicable comme comportant délégation de pouvoirs de déclarer les créances ne suffit pas à établir que ce préposé tenait son pouvoir des organes habilités par la loi à représenter la personne morale. • Com. 22 oct. 1996 : *Bull. civ. IV, n° 248 ; D. Affaires 1997. 78 ; Rev. dr. bancaire 1996. 241, obs. Campana et Calendini ; Bull. Joly 1997. 160, note Le Cannu.*

28 bis. Il peut être justifié de l'existence de la délégation de pouvoirs, jusqu'à ce que le juge statue sur l'admission de la créance, par la production des documents établissant la délégation, ayant ou non acquis date certaine. • Com. 14 déc. 1993 (2 arrêts) : *préc. note 25* • 14 févr. 1995 : *ibid.* • 28 janv. 1997 : *Bull. civ. IV, n° 31 ; D. 1997. IR 66 ; JCP E 1997. I. 651, n° 10, obs. Pétel* • 27 oct. 1998 : *Act. proc. coll. 1998, n° 169 ; RJDA 1998, n° 1387* • 19 déc. 2000 : *RJDA 2001, n° 472* • Reims, 26 janv. 2000 : *Rev. proc. coll. 2002. 185, obs. Legrand.* ♦ L'expression « jusqu'à ce que le juge statue » s'entend du juge de première instance comme du juge d'appel. • Versailles, 7 nov. 2002 : *RJDA 2003, n° 282.* ♦ Dès lors, les juges n'ont pas à rechercher si l'auteur d'une déclaration de créance pour le compte d'une personne morale a indiqué en quelle qualité il a agi dans sa déclaration. • Com. 19 janv. 1999 : *Act. proc. coll. 1999, n° 78.* ♦ Sur l'inapplicabilité de la procédure prévue à l'art. L. 622-27, V. note 1 ss. cet art.

Si une attestation, fût-elle établie postérieurement à l'expiration du délai de déclaration des créances, peut justifier de la préexistence, au moment de la déclaration, de la délégation de pouvoir du déclarant, une déclaration irrégulière, faute d'habilitation de celui-ci, est insusceptible de ratification. • Com. 28 mai 1996 : *Bull. civ. IV, n° 148 ; D. Affaires 1996. 812 ; Bull. Joly 1996. 951, note J.-F. Barbièri.* – V. aussi • Com. 17 déc. 1996 : *préc. note 16* • 26 mai 1998 : *Bull. civ. IV, n° 166* • 7 déc. 1999 : *RJDA 2000, n° 311* • 28 mai 2002 : *ibid. 2002, n° 1058.* – Comp. : • Com. 9 déc. 1997 : *Rev. dr. bancaire 1998. 69, obs. Campana et Calendini.*

L'attestation de l'existence d'une délégation de pouvoir au profit d'un préposé de la personne morale pour déclarer les créances de celle-ci doit émaner d'un représentant légal de la personne morale ou d'une personne qui a reçu délégation régulière de pouvoir avec faculté de subdélégation. • Com. 26 mai 1999 : *Bull. civ. IV, n° 107 ; RJDA 1999, n° 803* • 10 mai 2005 : *Bull. civ. IV, n° 97 ; D. 2005. AJ 1476, obs. Lienhard ; Act. proc. coll. 2005, n° 130, obs. Vallansan ; Gaz. Pal. 6-7 juill. 2005, p. 22, obs. Le Corre ; Bull. Joly 2005. 1405, note M. Sénéchal.* ♦ Une attestation par laquelle celui ou ceux qui exerçaient les fonctions d'organe habilité par la loi à représenter la personne morale créancière certifient que le préposé déclarant bénéficiait, à la date de la déclaration, d'une délégation de pouvoirs à cette fin suffit à établir que celle-ci émanait d'un organe ayant qualité pour la donner. • Com. 8 nov. 2011 : *Bull. civ. IV, n° 183 ; D. 2011. Actu. 2790, obs. Lienhard ; RTD com. 2012. 194, obs. Martin-Serf ; Rev. sociétés 2012. 194, obs. Roussel Galle ; Act. proc. coll. 2012, n° 1, obs. Blanc ; LEDEN janv. 2012, p. 2, obs. Mouial-Bassilana ; RJDA 2012, n° 182 ; Rev. proc. coll. 2012, n° 10, obs. F. Legrand et M.-N. Legrand.*

La preuve de l'existence de la délégation ne peut résulter des conclusions de la personne morale, quel que soit leur contenu. • Com. 3 déc. 1996 : *Bull. civ. IV, n° 296.* – Dans le même sens, V. • Com. 29 avr. 2002 : *préc. note 25 bis.*

28 ter. Sur la délégation de signature du receveur principal des impôts à un contrôleur des impôts pour déclarer des créances fiscales, V • Com. 9 déc. 1997 : *Bull. civ. IV, n° 326.*

28 quater. La preuve de la déclaration de créance par un créancier à une procédure collective et de la délégation de pouvoir qu'il a consentie à un préposé pour y procéder n'est pas soumise aux dispositions de l'art. 1334 C. civ. • Com. 4 oct. 2005 : *Bull. civ. IV, n° 201 ; D. 2005. AJ 2874, obs. Lienhard.*

29. Nécessité d'un pouvoir spécial en cas de déclaration par un tiers. La déclaration des créances équivaut à une demande en justice. Par suite, la personne qui déclare la créance d'un tiers doit, si elle n'est pas avocat, être munie d'un pouvoir spécial donné par écrit (à propos de la déclaration des créances effectuée par le chef de file d'un pool bancaire au nom de chacun des membres du pool). • Cass., ass. plén., 26 janv. 2001 : *Bull. civ. n° 1 ; D. 2001. AJ 631 ; BICC 1er mars 2001, p. 17, concl. Feuillard et note Bouret ; JCP E 2001, n° 14, p. 617, note Béhar-*

Touchais ; ibid., n° 18, p. 753, obs. Cabrillac ; JCP 2001. II. 10552, note Lochouarn ; RTD com. 2001. 507, obs. Martin-Serf ; RD banc. fin. 2001, n° 66, obs. F.-X. Lucas ; Procédures 2001, n° 109, obs. Laporte ; Act. proc. coll. 2001, n° 61, obs. Boulay ; Banque et Droit sept.-oct. 2001. 48, obs. Guillot. – V. déjà • Com. 17 déc. 1996 : *préc. note 16* (même affaire) • 30 mars 1999 : *préc. note 25* (même cas de figure). – Dans le même sens, V. • Com. 16 oct. 2001 : *D. 2001. AJ 3275, obs. Lienhard* • 30 janv. 2007 : *Bull. civ. IV, n° 16 ; D. 2007. AJ 508, obs. Lienhard ; Act. proc. coll. 2007, n° 35, obs. Vallansan ; Gaz. Pal. 13-14 avr. 2007, p. 45, obs. Le Corre-Broly ; RJ com. 2007. 224, note Sortais ; RTD com. 2007. 444, obs. Martin-Serf*. ♦ La recherche d'éléments de preuve d'un mandat tirés des circonstances de la cause ne peut suppléer l'absence de production d'un pouvoir spécial et écrit. • Cass., ass. plén., 26 janv. 2001 : *préc.* ♦ Ne constitue un tel pouvoir ni la lettre par laquelle une société gérant des locaux commerciaux charge un huissier de justice de délivrer à certains locataires un commandement de payer les arriérés de loyer ainsi qu'une assignation en résiliation du bail, cette lettre ne confiant à l'huissier qu'une mission générale, ni la lettre par laquelle la société, après avoir transmis à l'huissier l'ordonnance d'expulsion d'un locataire mis en redressement judiciaire et l'avis du représentant des créanciers l'invitant à déclarer sa créance, prie l'huissier de lui faire savoir si les éléments qu'il détient lui permettent d'effectuer la déclaration de créances. • Civ. 1re, 13 juin 1995 : *RJDA 1996, n° 126.* – V. aussi • Com. 11 juin 1996 : *Dr. sociétés 1996, n° 210, obs. Chaput.* ♦ Dans le même sens, pour une « mission de recouvrement de créances », V. • Com. 13 avr. 1999 : *RJDA 1999, n° 1227* • 3 oct. 2000 : *RJDA 2001, n° 190* • Paris, 29 sept. 1995 : *Dr. sociétés 1996, n° 8, obs. Chaput.*

En ce sens que le préposé d'une société appartenant au même groupe que la société créancière doit justifier d'un pouvoir spécial, c'est-à-dire du pouvoir de déclarer les créances de cette société dans la procédure collective de la société en cause, V. • Com. 1er févr. 2000 : *Bull. civ. IV, n° 22 ; D. 2000. AJ 128 ; Act. proc. coll. 2000, n° 46, obs. Vallansan ; Dr. sociétés 2000, n° 57, obs. Chaput ; Banque et Droit mai-juin 2000. 43, obs. Storck* • 26 nov. 2002 : *RJDA 2003, n° 408 ; Rev. proc. coll. 2003. 316, obs. Legrand* • Toulouse, 6 mai 1999 : *Dr. sociétés 1999, n° 162, obs. Chaput.*

Une caisse fédérale de crédit, personne morale distincte des caisses locales adhérentes, doit justifier d'un pouvoir spécial pour déclarer par l'intermédiaire d'un préposé les créances d'une caisse locale. • Com. 30 oct. 2000 : *Act. proc. coll. 2000, n° 257.* ♦ Pour une autre application, V. • Com. 5 nov. 2003 : *Bull. civ. IV, n° 163 ; D. 2003. AJ 3048 ; Bull. Joly 2004. 228, note F.-X. Lucas ; RD banc. fin. 2004, n° 11, obs. Legeais ; RTD com. 2004. 597, obs. Martin-Serf ; Rev. proc. coll. 2004. 275, obs. Dumont.*

Une cour d'appel doit rechercher, comme il lui est demandé, s'il résulte de la délégation de pouvoir consentie à un fondé de pouvoir principal, que celui-ci a reçu d'un organe habilité à représenter l'établissement de crédit créancier, le pouvoir de donner mandat spécial à un tiers de déclarer les créances. • Com. 28 janv. 2004 : *Bull. civ. IV, n° 18 ; D. 2004. AJ 503 ; Procédures 2004, n° 78, obs. Laporte.* ♦ V. aussi cet arrêt à propos des délégations en séries consenties au sein de la société mandataire.

Sur le pouvoir spécial d'un huissier, V. • Com. 11 oct. 1994 : *Bull. civ. IV, n° 280* • 13 nov. 2002 : *Bull. civ. IV, n° 163 ; D. 2003. AJ 204 ; Dr. et proc. 2003. 90, note Le Corre ; RD banc. fin. 2003, n° 28, obs. F.-X. Lucas ; RTD com. 2003. 563, obs. Martin-Serf ; Dr. et patr. mars 2003. 95, obs. Monsèrié-Bon ; LPA 3 avr. 2003, p. 14, note Tafanelli ; Procédures 2003, n° 147, note Laporte.* ♦ ... D'un notaire, V. • Com. 27 mai 2008 : *Gaz. Pal. 27-29 juill. 2008, p. 44, obs. Le Corre-Broly ; JCP N 2009. 1279, obs. Vauvillé.* ♦ ... D'un avoué, V. • Com. 28 juin 2005 : *Bull. civ. IV, n° 143 ; D. 2005. AJ 1940, obs. Lienhard ; JCP E 2005, n° 46, p. 1933, note Rémery ; RTD com. 2005. 840, obs. Martin-Serf ; Procédures 2005, n° 232, obs. Junillon ; Bull. Joly 2006. 188, note J.-J. Barbièri* • 29 nov. 2005 : *Bull. civ. IV, n° 235 ; D. 2006. AJ 65, obs. Lienhard ; Bull. Joly 2006. 189, note J.-J. Barbièri ; Gaz. Pal. 10-11 févr. 2006, p. 32, obs. Le Corre* • Aix-en-Provence, 16 oct. 2002 : *BICC 2003, n° 181 ; RD banc. fin. 2004, n° 24, obs. F.-X. Lucas.*

Si un tiers n'ayant pas la qualité d'avocat ne peut déclarer une créance au passif du redressement judiciaire d'un débiteur ouvert par un tribunal de commerce qu'en vertu du pouvoir spécial de représentation en justice dont le créancier l'a investi, il est loisible à ce tiers mandataire, lorsqu'il s'agit d'une personne morale, de déléguer ensuite le pouvoir d'effectuer la déclaration à l'un de ses préposés, sans qu'il soit exigé que ce dernier reçoive un mandat *ad litem* du créancier lui-même ou que sa délégation de pouvoir revête un caractère spécial. • Com. 14 janv. 1997 : *Bull. civ. IV, n° 12 ; D. 1997. IR 39 ; JCP 1997. II. 22837, rapp. Rémery* • 20 juin 2000 : *Act. proc. coll. 2000, n° 188.* ♦ ... Ou encore qu'elle soit postérieure au mandat reçu du tiers par le commettant. • Com. 30 janv. 2007 : *préc.*

En cas de contestation, il peut être justifié de l'existence d'un pouvoir spécial jusqu'au jour où le juge statue. • Cass., ass. plén., 4 févr. 2011 :

Bull. civ. n° 2 ; BICC 15 mars 2011, Rapp. Lambremon et Avis Le Mesle ; D. 2011. Actu. 439, obs. Lienhard ; ibid. Pan. 2074, obs. F.-X. Lucas ; RTD com. 2011. 412, obs. Martin-Serf ; JCP E 2011. 1263, n° 7, obs. Pétel ; ibid. 1264, note Roussel Galle ; JCP 2011. 381, note Henry ; Gaz. Pal. 9-10 mars 2011, p. 13, obs. Antonini-Cochin ; ibid. 1er-2 avr. 2011, p. 30, obs. Le Corre-Broly ; LEDEN mars 2011, p. 2, obs. F. Legrand ; Act. proc. coll. 2011, n° 80, obs. Roussel Galle ; Rev. proc. coll. 2011, n° 23, obs. Cagnoli ; Dr. et proc. 2011. 117, note Vinckel ; RLDA avr. 2011. 17, obs. Nabet ; Procédures 2011, n° 177, note Rolland ; Bull. Joly Entrep. diff. 2011. 130, note Le Corre ; RJDA 2011, n° 557 ; LPA 3 janv. 2012, obs. Zattara-Gros. ♦ Jusqu'à cette décision de l'assemblée plénière, la Cour de cassation exigeait que le pouvoir donné au mandataire *ad litem* accompagne la déclaration de créance ou soit produit dans le délai de celle-ci : • Com. 19 nov. 1996 : *Bull. civ. IV, n° 277 ; D. 1997. IR 19 ; JCP E 1997. II. 932, note Pétel* • 13 nov. 2002 : *préc.* ♦ Aucun texte n'exige que le pouvoir spécial donné par écrit ait date certaine. • Com. 17 juin 1997 : *Bull. civ. IV, n° 190 ; D. Affaires 1997. 904 ; Bull. Joly 1997. 995, note P. S.*

Le défaut de pouvoir spécial constitue une irrégularité de fond affectant la validité de l'acte qui doit, en conséquence, être annulé. • Com. 19 mars 1996 : *D. Affaires 1996. 653 ; RTD com. 1996. 713, obs. Martin-Serf*. ♦ La caution assignée en paiement, par la banque créancier à la procédure, ne peut opposer à cette demande de paiement, le défaut d'habilitation du préposé ayant produit au passif de la société, du fait qu'elle n'allègue pas avoir contesté la créance de la banque dans le cadre de la procédure de vérification et qu'elle ne prétend pas celle-ci éteinte. • Com. 14 janv. 1997 : *D. 1997. IR 52*. ♦ Comp., jugeant que la caution du débiteur peut opposer au créancier l'exception tirée du défaut de pouvoir du signataire de la déclaration : • Paris, 19 janv. 1996 : *RJDA 1996, n° 677.*

29 bis. Sans avoir à justifier d'un pouvoir, l'avocat du créancier a qualité pour déclarer, au nom de son client, une créance au passif du redressement ou de la liquidation judiciaires du débiteur. • Com. 3 juin 1997 : *Dr. sociétés 1997, n° 157, obs. Chaput ; RJDA 1997, n° 1404.* ♦ Sur la responsabilité professionnelle de l'avocat qui s'est abstenu de déclarer la créance de son client, V. • Civ. 1re, 22 sept. 2011 : *Bull. civ. I, n° 147 ; D. 2011. Actu. 2336 ; RJDA 2011, n° 1059* • Paris, 15 févr. 2011 : *Gaz. Pal. 1er-2 avr. 2011, p. 39, obs. Routier.*

29 ter. La déclaration de créance faite par un avocat associé appartenant à une société d'avocats mandatée par le créancier, dès lors qu'elle n'a pas été signée pour ordre mais au nom de l'avocat associé, est régulière comme émanant d'une personne dispensée de justifier d'un pouvoir. • Com. 31 mai 2011 : *D. 2011. Actu. 1614, obs. Lienhard ; RJDA 2011, n° 830 ; RTD com. 2012. 403, obs. Martin-Serf*. ♦ Pour l'irrégularité de la déclaration de créance signée par la secrétaire de l'avocat du créancier qui n'était pas elle-même munie d'un pouvoir spécial et écrit émanant de ce créancier, V. • Com. 17 févr. 2009 : *Bull. civ. IV, n° 25 ; D. 2009. Chron. C. cass. 1240, obs. Bélaval ; ibid. AJ 627 ; Act. proc. coll. 2009, n° 77, obs. Regnaut-Moutier ; JCP E 2009. 1347, n° 7, obs. Pétel ; Gaz. Pal. 26-28 avr. 2009, p. 31, obs. Le Corre-Broly, ibid. 20-21 mai 2009, p. 12, obs. S. Piedelièvre ; LEDEN, avr. 2009, p. 6, obs. F.-X. Lucas ; RTD com. 2009. 450, obs. Martin-Serf ; Rev. proc. coll. 2010, n° 12, obs. F. Legrand et M.-N. Legrand.*

29 quater. Les caisses de mutualité sociale agricole, qui tiennent de la loi la possibilité de conclure des conventions avec des organismes administrés paritairement par les organisations professionnelles et syndicales de l'agriculture en vue du recouvrement, pour le compte de ces organismes, des cotisations qui leur sont dues, sont, sous réserve de la conclusion des conventions précitées, légalement habilitées à déclarer les créances correspondantes sans être tenues de justifier d'un pouvoir spécial. • Com. 21 févr. 2006 : *Bull. civ. IV, n° 45 ; D. 2006. AJ 718, obs. Lienhard ; JCP E 2006. n° 14-15, p. 671, obs. Pétel ; RJ com. 2006. 232, note Sortais ; Gaz. Pal. 14-18 juill. 2006, p. 33, obs. Le Corre ; RTD com. 2006. 659, obs. Martin-Serf*. – Dans la même affaire, V. • Cass., Ass. plén., 26 mars 2010 : *Bull. civ. n° 2 ; D. 2010. Actu. 887, obs. Lienhard ; RTD com. 2010. 610, obs. Martin-Serf ; JCP E 2010. 1742, n° 10, obs. Pétel ; JCP 2010. 383, obs. Roussel Galle ; Act. proc. coll. 2010, n° 116, obs. Vallansan ; LEDEN mai 2010, p. 2, obs. Rubellin ; Dict. perm. diff. entrep., Bull. n° 314, p. 3, obs. Rémery ; RJDA 2010, n° 770 ; Rev. proc. coll. 2011, n° 36, obs. F. Legrand et M.-N. Legrand.*

30. Sur les modalités de la déclaration de créance par le créancier mandataire, V. note 3 *quater* ss. art. L. 622-25.

30 bis. Confirmation légale de la jurisprudence. BIBL. Alix, *LPA 31 juill. 1995.* ♦ L'art. L. 621-43, al. 2, issu de la L. n° 94-475 du 10 juin 1994 [désormais art. L. 622-24, al. 2] confirme la jurisprudence de la Cour de cassation.

30 ter. Déclaration d'une commune. Le comptable d'une commune tient de la loi [art. L. 2343-1 CGCT] le pouvoir de poursuivre la rentrée de tous les revenus de la commune et de toutes les sommes qui lui sont dues, et dès lors celui de déclarer les créances correspondantes (cassation de l'arrêt qui avait déclaré irrecevable la déclaration de créance en raison de l'absence de délégation de pouvoirs au comptable). • Com. 12 juin 2001 : *Bull. civ. IV, n° 116 ; D. 2001. AJ 2199, obs. Lienhard ; Act. proc. coll. 2001, n° 163, obs. F.-X. Lucas ; JCP E 2001, n° 45, p. 1774, note Rémery ; Procédures 2001, n° 197, obs. Laporte ; RTD com. 2001. 972, obs. Martin-Serf*. ♦ S'il appartient à l'ordonnateur de liquider les créances, seul le comptable de la commune, qui tient de la loi le pouvoir de poursuivre la rentrée de tous les revenus de la commune et de toutes les sommes qui lui sont dues, peut les déclarer au passif du débiteur. • Com. 29 avr. 2003 : *Bull. civ. IV, n° 66 ; D. 2003. AJ 1365 ; JCP E 2003, n° 30, p. 1247, note Rémery ; Act. proc. coll. 2003, n° 140, obs. Léfondré ; RTD com. 2003. 819, obs. Martin-Serf*. ♦ V. aussi note 2 *quinquies* ss. art. L. 622-27.

30 quater. Déclaration d'un syndic de copropriété. Le syndic, représentant légal du syndicat, exerce une mesure conservatoire au sens de l'art. 55, al. 2, du Décr. du 17 mars 1967 en déclarant la créance du syndicat au passif de la procédure collective de l'ancien syndic et n'a donc pas à justifier d'une autorisation préalable de l'assemblée générale des copropriétaires. • Civ. 3e, 29 janv. 2003 : *Bull. civ. III, n° 21 ; JCP E 2003, n° 27, p. 1150, note Djigo ; Act. proc. coll. 2003, n° 112, obs. Vallansan ; RTD com. 2003. 566, obs. Martin-Serf ; Procédures 2003, n° 146, note Laporte ; Rev. proc. coll. 2003. 347, obs. Lebel*. – Dans le même sens, V. • Com. 19 mai 2004 : *Bull. civ. IV, n° 99 ; D. 2004. IR 1709 ; JCP E 2004, n° 32-35, p. 1303, note Djigo ; Rev. proc. coll. 2004. 258, obs. Lebel ; AJDI 2005. 37, obs. Capoulade*.

C. SOLIDARITÉ ACTIVE OU SUBROGATION CONVENTIONNELLE

30 quinquies. Déclaration par le créancier solidaire. L'obligation solidaire entre plusieurs créanciers donne à chacun d'eux, en application de l'art. 1197 C. civ., le droit de demander le paiement total de la créance et, en conséquence, de la déclarer en totalité au passif de la procédure collective du débiteur. • Com. 20 mars 2001 : *Bull. civ. IV, n° 61 ; D. 2001. AJ 1245, obs. Lienhard ; Act. proc. coll. 2001, n° 97, obs. Regnaut-Moutier ; RD banc. fin. 2001, n° 117, obs. F.-X. Lucas ; JCP E 2001, n° 42, p. 1674, note Béhar-Touchais ; Dr. et patr. nov. 2001. 112, obs. Monsèrié-Bon ; Banque et Droit janv.-févr. 2002. 39, obs. Jacob.*

30 sexies. Déclaration par le créancier subrogeant. En ce sens que le créancier ayant délivré quittance subrogative contre paiement a qualité pour déclarer la créance dont il demeure titulaire dans ses rapports avec le débiteur en redressement judiciaire, V. • Com. 23 janv. 2001 : *Bull. civ. IV, n° 21 ; D. 2001. AJ 858, obs. Lienhard ; Act. proc. coll. 2001, n° 48, obs. Regnaut-Moutier ; JCP E 2001, n° 18, p. 753, obs. Cabrillac ; ibid., n° 42, p. 1674, note Béhar-Touchais ; RTD com. 2001. 970, obs. Martin-Serf*. – Dans le même sens, V. • Com. 16 oct. 2001 : *Rev. proc. coll. 2002. 94, obs. Legrand.* ♦ *Contra*, s'agissant de la subrogation dont bénéficie la caution après paiement, en vertu de l'art. 2306 C. civ. : • Com. 1er déc. 2009 : *préc. note 16.*

D. INDIVISION

30 septies. Il résulte des art. 815 s. C. civ. que tout indivisaire peut déclarer une créance de l'indivision à la procédure collective du débiteur de l'indivision. • Com. 11 juin 2003 : *Bull. civ. IV, n° 95 ; Act. proc. coll. 2003, n° 171, obs. Vallansan ; Bull. Joly 2003. 1024, note J.-J. Barbièri ; JCP E 2004, n° 6, p. 225, obs. Pétel ; RTD com. 2004. 595, obs. Martin-Serf ; Rev. proc. coll. 2005. 51, obs. Dumont* • Civ. 1re, 14 mars 2012 : *Bull. civ. I, n° 58 ; D. 2012. Actu. 813 ; RTD com. 2012. 845, obs. Martin-Serf ; LEDEN mai 2012, p. 2, obs. Parachkévova ; Act. proc. coll. 2012, n° 113, obs. Leprovaux ; Rev. proc. coll. 2012, n° 116, obs. Dumont-Lefrand ; RJDA 2012, n° 786.*

Préalablement aux opérations de partage de l'indivision post-communautaire, l'ex-épouse, en sa qualité d'indivisaire, doit déclarer la créance de l'indivision, au titre des loyers échus antérieurement au jugement d'ouverture de la liquidation judiciaire de l'ex-mari et perçus par ce dernier, à la procédure collective du débiteur de l'indivision. • Com. 1er févr. 2005 : *Bull. civ. IV, n° 18 ; D. 2005. AJ 489, obs. Lienhard ; Act. proc. coll. 2005, n° 44, obs. Henry*. – V. aussi, sur renvoi, • Paris, 13 mars 2008 : *RJDA 2008, n° 828.*

E. CESSION DE CRÉANCE

30 octies. Pour la validité de la déclaration de créance du cessionnaire, dès lors que la cession a été signifiée au débiteur avant que le juge-commissaire ne statue sur l'admission de la créance, V. • Com. 7 avr. 2004 : *D. 2004. AJ 1734*.

A propos d'une créance cédée après l'ouverture de la procédure, V. note 19 *bis*.

F. FORME DE LA DÉCLARATION

31. Il n'est pas légalement exigé que la production revête une forme spéciale, celle-ci devant seulement résulter d'une déclaration claire faite par le créancier (loi de 1967). • Com. 5 oct. 1993 : *Dr. sociétés 1993, n° 222, obs. Chaput.* – V. aussi • Com. 8 oct. 1996 : *RJDA 1997, n° 120* • 12 juill. 2004 : *ibid. 2004, n° 1244.* ♦ Il ne résulte ni des art. 51 de la loi [C. com., art. L. 622-25] et 67 du Décr. du 27 déc. 1985 [C. com., art. R. 662-23], ni des règles de preuve du droit positif, que la déclaration de créance doive emprunter des formes sacramentelles. Notamment, il n'est pas obligatoire qu'elle prenne la forme d'un document unique, comprenant dans son « corps » toutes les informations nécessaires. • Versailles, 14 janv. 1999 : *RJDA 1999, n° 697.* – V. aussi • Poitiers, 26 mars 2002 : *RD banc. fin. 2003, n° 27, obs. F.-X. Lucas.* – Comp. : • Lyon, 7 nov. 1997 : *LPA 30 oct. 1998, p. 19, note Soinne.* ♦ La déclaration de créance doit être accompagnée des éléments justificatifs de nature à en prouver l'existence et le montant. • Versailles, 21 mars 1996 : *RJDA 1996, n° 1258 ; JCP E 1996. Pan. 656.* ♦ V. aussi notes 3 s. ss. art. R. 622-23.

32. Il suffit, pour que la déclaration de créance soit régulière, et de ce fait valable, que le signataire soit identifié. • Paris, 23 nov. 1995 : *D. 1996. IR 74 ; D. Affaires 1996. 182.* ♦ La preuve de l'identité du déclarant peut être faite, même en l'absence de signature de la déclaration, par tous moyens, jusqu'au jour où le juge statue. • Com. 21 nov. 2006 (2 arrêts) : *D. 2006. AJ 2983, obs. Lienhard ; Gaz. Pal. 13-14 avr. 2007, p. 45, obs. Le Corre-Broly.* ♦ L'auteur d'une déclaration de créance non signée, établie sur du papier à en-tête, peut être identifié par la lettre de transmission de la déclaration, rédigée sur papier à même en-tête et signée : • Com. 1er mars 2005 : *RJDA 2005, n° 849.*

32 bis. Une déclaration de créance, qui équivaut à une demande en justice, doit être rédigée en langue française. • Lyon, 15 mars 2001 : *Procédures 2001, n° 153, note Laporte.* ♦ Cependant, une déclaration rédigée en langue étrangère mais accompagnée d'une traduction en français est régulière. Cette traduction peut être produite jusqu'à ce que le juge-commissaire statue sur l'admission de la créance. • Lyon, 7 sept. 2001 : *BICC 2001, n° 1214 ; RTD com. 2002. 167, obs. Vallens.* ♦ V. également Règl. CE n° 1346/2000 du 29 mai 2000 relatif aux procédures d'insolvabilité, art. 42.

32 ter. Le recours à un coursier est valable, dès lors que le cachet apposé par le représentant des créanciers sur la déclaration atteste que celle-ci a été faite dans le délai légal. • Versailles, 2 mai 1996 : *préc. note 28.*

32 quater. La déclaration faite par télécopie n'est pas, en soi, irrégulière. • Com. 17 déc. 2003 : *Bull. civ. IV, n° 210 ; D. 2004. AJ 137, obs. Lienhard ; JCP E 2004, n° 22, p. 858, obs. Pétel ; Procédures 2004, n° 77, obs. Laporte.* ♦ Toutefois, le rapport d'émission de la télécopie ne constitue qu'un commencement de preuve par écrit de la réception qui doit être corroboré par d'autres éléments. • Com. 6 oct. 2009 : *LEDEN, déc. 2009, p. 2, obs. Legrand ; Gaz. Pal. 8-9 janv. 2010, p. 29, obs. Le Corre-Broly* • Paris, 2 avr. 2002 : *D. 2002. AJ 1840 ; RD banc. fin. 2002, n° 95, obs. F.-X. Lucas ; RTD com. 2002. 547, obs. Vallens.*

33. En revanche, l'assignation en intervention forcée délivrée au liquidateur ne vaut pas déclaration de la créance. • Com. 22 mars 1994 : *Bull. civ. IV, n° 119.* – V. aussi • Versailles, 5 mai 2003 : *RJDA 2003, n° 980.* ♦ Il en va de même de conclusions reconventionnelles notifiées au liquidateur ou au représentant des créanciers dans le cadre d'une instance en cours. • Com. 8 déc. 1998 : *Act. proc. coll. 1999, n° 16.* ♦ ... De la lettre par laquelle le créancier invoque la compensation et invite le liquidateur à mettre en œuvre une expertise, la créance de dommages-intérêts n'ayant été ni chiffrée, ni évaluée à titre provisionnel dans la lettre. • Paris, 27 mars 1996 : *RJDA 1996, n° 1259.* ♦ ... De la lettre d'un avocat fournissant des précisions sur une créance. • Com. 17 juin 1997 : *Dr. sociétés 1997, n° 157, obs. Chaput* • 20 févr. 2001 : *Rev. proc. coll. 2001. 75, obs. Soinne.* ♦ ... De la lettre adressée au représentant des créanciers faisant référence à l'existence d'un prêt consenti par la banque créancière au débiteur et divers autres éléments extrinsèques à ce document. • Com. 17 févr. 1998 : *D. Affaires 1998. 765.* ♦ ... De la remise de pièces comptables et de documents valant abandon de créance. • Versailles, 30 oct. 1997 : *D. Affaires 1998, p. 206, obs. V. A.-R.* ♦ ... Du courrier accompagné d'une mise en demeure de régler des loyers sous peine de résiliation de plein droit et comportant le décompte de la créance après résiliation, qui a pour objet exclusif la revendication du matériel confié au débiteur, V. • Aix-en-Provence, 11 sept. 2001 : *Act. proc. coll. 2002, n° 39.* ♦ V. aussi • Limoges, 3 juin 1999 : *BICC 2000, n° 122 ; RJDA 2000, n° 560* • Lyon, 10 juin 2004 : *BICC 2004, n° 1907.*

33 bis. Pour la validité d'une déclaration unique en cas de pluralité de procédures, lorsque chacun des débiteurs est clairement identifié et individualisé et est tenu au même titre au paiement de la dette, V. • Com. 17 déc. 2003 : *RJDA 2004, n° 593 ; RD banc. fin. 2004, n° 132, obs. F.-X. Lucas.*

G. DÉLAI DE DÉCLARATION

V. art. L. 622-26 et R. 622-24.

H. PREUVE DE LA DÉCLARATION

33 ter. Il appartient au créancier d'établir que la lettre contenant la déclaration a été reçue par son destinataire. • Civ. 1re, 7 oct. 1998 : *D. Affaires 1998. 1862, obs. A. L. ; Procédures 1999, no 10, obs. Laporte ; Rev. proc. coll. 2001. 75, obs. Soinne.* ♦ Le créancier qui produit le récépissé postal du dépôt de la lettre qu'il prétend avoir adressée au représentant des créanciers ne rapporte pas la preuve de la réception de cette déclaration. • Com. 26 oct. 1999 : *RJDA 1999, no 1357.* ♦ De même, la lettre adressée par le représentant des créanciers au créancier pour recueillir son accord sur la proposition de règlement des dettes, conformément à l'art. 24, ne vaut pas preuve de la déclaration de créance. • Com. 18 janv. 2000 : *RD banc. fin. 2000, no 121, obs. F.-X. Lucas ; Rev. proc. coll. 2001. 75, obs. Soinne.* – V. aussi • Lyon, 7 nov. 1997 : *LPA 30 oct. 1998, p. 19, note Soinne.* ♦ En revanche, une cour d'appel ne peut retenir, pour rejeter l'action en paiement exercée par une banque contre la caution d'un débiteur en liquidation judiciaire, que la banque ne rapporte pas la preuve qu'elle a produit sa créance auprès du liquidateur, sans préciser en quoi le certificat d'admission de la créance dressé par le greffe du tribunal de la liquidation judiciaire n'établit pas que la déclaration de créance a été effectuée. • Com. 26 oct. 1999 : *RJDA 1999, no 1357.*

IV. EFFETS DE LA DÉCLARATION

A. ADMISSIONS PROVISIONNELLES

BIBL. Deleneuville, *Rev. proc. coll. 1997. 137* (créances fiscales) ; *D. 2001. Chron. 1156* (admission définitive des créances fiscales). – Brandeau, *LPA 12 janv. 1999 ; ibid. 12 nov. 2002.* – Amlon, *LPA 25 janv. 2001 ; Rev. proc. coll. 2000. 163.* – Baujet, *Gaz. Pal. 2001. Doctr. 339.*

34. Domaine d'application. Le juge-commissaire ne peut prononcer l'admission provisionnelle d'une autre créance que celles prévues à l'art. 50, al. 2 [3] [C. com., art. L. 622-24] ; il ne peut que l'admettre à titre définitif ou la rejeter en tout ou en partie, en se conformant aux règles de procédure fixées par l'art. 101 [C. com., art. L. 624-2]. • Grenoble, 26 avr. 1988 : *D. 1989. Somm. 13, obs. Derrida* • Paris, 27 sept. 1989 : *Gaz. Pal. 1990. 1. Somm. 187* • 13 sept. 1994 : *RJDA 1995, no 68* • Com. 2 févr. 1993 : *Bull. civ. IV, no 36* • 16 mars 1999 : *Act. proc. coll. 1999, no 119.* – V. aussi • Com. 14 nov. 2000 : *Act. proc. coll. 2001, no 47.* ♦ Ainsi, le juge-commissaire ne peut prononcer l'admission à titre provisionnel d'une créance ayant fait l'objet d'un titre exécutoire au sens du droit fiscal et qui est contestée. • Com. 29 mai 2001 : *RJDA 2001, no 998.* ♦ Dans ce cas, dès lors que la demande d'admission définitive a été formée dans le délai de l'art. 100, devenu l'art. L. 621-103 [L. 624-1] C. com., le juge-commissaire doit seulement constater qu'une réclamation ou une instance est en cours. • Com. 11 déc. 2001 : *Bull. civ. IV, no 197 ; D. 2002. AJ 326, obs. Lienhard ; Act. proc. coll. 2002, no 18, obs. Regnaut-Moutier ; LPA 1er mars 2002, p. 16, note Brandeau ; JCP E 2002, no 20, p. 807, obs. Cabrillac ; Rev. proc. coll. 2002. 187, obs. Legrand.* ♦ Comp., sous le régime antérieur à la loi du 10 juin 1994 : art. 106 [abrogé] de la L. no 85-98 du 25 janv. 1985 ss. ancien art. L. 624-4.

Les créances du Trésor public qui ont fait l'objet d'un titre exécutoire postérieurement à leur déclaration à titre provisionnel et d'une demande d'admission définitive dans le délai de l'art. L. 621-103 [L. 624-1] C. com., sont admises définitivement par le juge-commissaire, sans attendre l'expiration du délai de réclamation contentieuse. • Com. 8 janv. 2002 : *Bull. civ. IV, no 2 ; D. 2002. AJ 486, obs. Lienhard ; Act. proc. coll. 2002, no 60, obs. Neau-Leduc ; JCP E 2002, no 20, p. 807, obs. Cabrillac ; Rev. proc. coll. 2002. 187, obs. Legrand.*

34 bis. Le Trésor public est défini comme l'ensemble des services dépendant du ministère des Finances et dépourvu de personnalité juridique distincte de celle de l'État (tel n'est pas le cas d'une agence de l'eau). • Bordeaux, 23 juin 1997 : *JCP E 1997. Pan. 1129.*

34 ter. La déclaration des créances des organismes de prévoyance et de sécurité sociale qui ne sont pas habilités à se délivrer des titres exécutoires ne relève pas des dispositions de l'al. 3 de l'art. L. 621-43 [L. 622-24] C. com. • Com. 5 juill. 2005 : *Bull. civ. IV, no 155 ; D. 2005. AJ 1998, obs. Lienhard ; Act. proc. coll. 2005, no 204, obs. Regnaut-Moutier ; Gaz. Pal. 4-5 nov. 2005, p. 41, obs. Le Corre ; JCP E 2006, no 2, p. 76, obs. Pétel ; RJ com. 2006. 46, note Sortais ; RTD com. 2006. 475, obs. Martin-Serf.* ♦ Le GARP est un organisme de prévoyance sociale au sens de l'art. 50 [C. com., art. L. 622-24]. • Versailles, 6 mai 1999 : *D. 1999. IR 172.* ♦ En revanche, les Caisses de congés payés du bâtiment ne sont ni des organismes de sécurité sociale ni des organismes visés à l'art. L. 351-21 [désormais, art. L. 5427-1 s.] C. trav. • Com. 12 avr. 2005 : *Bull. civ. IV, no 85 ; D. 2005. AJ 1228, obs. Lienhard ; Act. proc. coll. 2005, no 112, obs. Vallansan ; RTD com. 2006. 475, obs. Martin-Serf.*

34 quater. Les déclarations de créances du Trésor public ou des organismes de prévoyance et de sécurité sociale sont toujours faites sous réserve des impôts et autres créances non encore établis à leur date, de sorte que l'autorité de la chose jugée résultant d'une admission provisionnelle pour le montant déclaré ne peut leur être opposée et que la décision du juge-commissaire n'est pas de nature à faire obstacle à une déclaration complémentaire de la part de l'organisme de prévoyance de ses créances non éteintes. • Com. 14 janv. 1997 : *D. 1997. IR 59 ; RJDA 1997, n° 1264.*

34 quinquies. La créance déclarée par la SACEM qui n'est ni un organisme de sécurité sociale, ni un organisme visé à l'art. L. 351-21 [désormais, art. L. 5427-1 s.] C. trav., ne relève pas des dispositions de l'art. L. 621-43, al. 3, [L. 622-24] C. com. et ne peut se trouver atteinte par la forclusion qu'il édicte, dès lors qu'en dépit de la mention de son admission à titre provisionnel sur l'état des créances, dépourvue de portée juridique au regard de ce texte, aucune obligation d'établir sa créance de manière définitive ne pèse sur ce créancier. • Com. 3 oct. 2006 : *Bull. civ. IV, n° 195 ; D. 2006. AJ 2601, obs. Lienhard ; Gaz. Pal. 19-20 janv. 2007, p. 40, obs. Le Corre ; RJ com. 2007. 62, obs. Sortais.*

35. Déclarations complémentaires. Les déclarations complémentaires doivent être effectuées, sous peine de forclusion, dans les délais prévus par les art. 53 de la loi [C. com., art. L. 622-26] et 66 [99] du décret ; à défaut, la créance n'est admise que pour la somme déclarée à titre provisionnel. • Com. 3 mai 1994 : *Bull. civ. IV, n° 162 ; RTD com. 1994. 787, obs. Martin-Serf ; JCP E 1994. I. 397, n° 9, obs. Cabrillac et Pétel ; D. 1994. IR 156* • 29 avr. 2003 : *Bull. civ. IV, n° 64 ; D. 2003. AJ 1565 ; Act. proc. coll. 2003, n° 127, obs. Regnaut-Moutier ; JCP E 2003, n° 40, p. 1571, obs. Cabrillac ; JCP 2004. II. 10020, note Galliard (1er arrêt).* ♦ En effet, l'art. 50 [C. com., art. L. 622-24] ne déroge pas aux dispositions de l'art. 53 [C. com., art. L. 622-26]. • Com. 8 oct. 1996 : *JCP E 1997. II. 954, note Brandeau* • Paris, 27 juin 1997 : *D. Affaires 1997. 1083.* – Dans le même sens, V. • Com. 3 oct. 2000 : *LPA 24 nov. 2000, p. 11, note Brandeau ; RJDA 2000, n° 1139.*

35 bis. Établissement définitif. Les créanciers visés à l'art. L. 621-43 [L. 622-24], al. 3, C. com. peuvent, personnellement, demander l'admission à titre définitif de leur créance, déclarée à titre provisionnel (à propos du régime d'Alsace-Moselle). • Com. 27 févr. 2007 : *Bull. civ. IV, n° 66 ; D. 2007. AJ 947, obs. Lienhard .*

Il résulte de l'art. 50 de la loi [C. com., art. L. 622-24] et de l'art. 74 du décret de 1985 [C. com., art. R. 624-6], d'abord, que la notion d'« établissement définitif », qui s'oppose à celle de déclaration à « titre provisionnel » renvoie à la notion de « titre exécutoire non contesté » ; ensuite, que toute « procédure judiciaire ou administrative en cours » qui a pour effet nécessaire de retarder ou d'interdire l'émission d'un titre exécutoire ou de suspendre son exécution exclut la constatation de la forclusion ; enfin, que le cours du délai de forclusion est interrompu dès l'introduction d'une procedure de cette nature et demeure suspendu pendant la durée de cette procédure. • Paris, 12 sept. 1997 : *D. Affaires 1997. 1257.*

L'établissement définitif de la créance doit s'entendre de la production d'un titre exécutoire, la réserve tenant à l'existence d'une procédure judiciaire ou administrative n'ayant d'incidence qu'au regard du délai prévu à l'art. L. 621-103 [L. 624-1]. • Toulouse, 14 oct. 2004 : *JCP E 2005, n° 24, p. 1026.*

35 ter. Sauf à priver de toute portée les dispositions nouvellement instituées par la loi du 10 juin 1994 tendant à limiter dans le temps l'établissement définitif par l'administration fiscale de ses créances, le processus de mise en recouvrement de la taxe professionnelle ne saurait être assimilé à une « procédure administrative en cours », qui suppose que la créance, préalablement arrêtée par le créancier, fait l'objet d'une réclamation de la part du débiteur. • Com. 18 janv. 2000 : *Bull. civ. IV, n° 14 ; D. 2000. AJ 82, obs. Lienhard ; JCP E 2000, nos 18-19, p. 752, obs. Pétel ; ibid., n° 35, p. 1330, note Casey ; Act. proc. coll. 2000, n° 37, obs. Regnaut-Moutier ; RTD com. 2000. 463, obs. Vallens ; ibid., 721, obs. Martin-Serf .* – V. Deleneuville, *Rev. proc. coll. 2000. 91.* – V. déjà • Lyon, 13 juin 1997 : *JCP E 1997. Pan. 873 ; LPA 11 mars 1998, p. 16, note Brandeau.* ♦ De même, une taxation d'office, une notification de redressement et un avis de recouvrement ne constituent pas une procédure administrative en cours, mais des formalités internes à l'administration des impôts. • Versailles, 13 nov. 1997 : *BICC 1998, n° 776 ; JCP E 1998, n° 13, p. 490.* ♦ *A fortiori*, un contrôle fiscal n'est pas une procédure administrative en cours au sens de l'art. 50, al. 3 [C. com., art. L. 622-24]. • Com. 9 janv. 2001 : *Bull. civ. IV, n° 4 ; D. 2001. AJ 478, obs. Lienhard ; Act. proc. coll. 2001, n° 51, obs. Amlon ; JCP E 2001, n° 18, p. 754, obs. Pétel ; RTD com. 2001. 510, obs. Martin-Serf* • 15 oct. 2002 : *RJDA 2003, n° 158* • Paris, 9 févr. 2001 : *D. 2001. AJ 1174 .*

En revanche, la demande de dégrèvement présentée en application de l'art. 1647 *bis* CGI constitue une réclamation contentieuse, telle que prévue par l'art. L. 190 LPF, et ouvre dès lors une procédure administrative. • Com. 10 déc. 2003 : *Bull. civ. IV, n° 205 ; D. 2004. AJ 142 .* ♦ De même, une procédure administrative est en cours lorsque le débiteur a saisi, pour arbitrage, la Commission départementale des impôts directs et des taxes sur le chiffre d'affaires. • Rennes, 25 avr. 2001 : *Rev. proc. coll. 2002. 187, obs. Legrand.*

Sur les effets d'une réclamation contentieuse formée par le débiteur postérieurement à l'ordonnance d'admission définitive de la créance du Trésor public, V. • Com. 18 janv. 2005 : *Bull. civ. IV, n° 9 ; D. 2005. AJ 356, obs. Lienhard (2e esp.) ; JCP E 2005, n° 17, p. 710, obs. Cabrillac ; Act. proc. coll. 2005, n° 57, obs. Boulay.*

A défaut d'avoir fait l'objet d'un titre exécutoire au moment de sa déclaration, la créance de l'URSSAF ne peut être admise qu'à titre provisionnel pour son montant déclaré, son établissement définitif devant, à peine de forclusion, être effectué dans le délai prévu à l'art. L. 621-103 [L. 624-1] C. com. • Com. 27 mars 2007 : *Bull. civ. IV, n° 100 ; D. 2007. AJ 1144, obs. Lienhard ; Gaz. Pal. 20-21 juill. 2007, p. 43, obs. Le Corre-Broly ; JCP E 2007. 2119, n° 9, obs. Cabrillac.*

La forclusion prévue à l'art. 50, al. 3, devenu l'art. L. 621-43 [L. 622-24] C. com., n'est attachée qu'au défaut d'établissement définitif par un titre exécutoire au sens du droit fiscal, de la créance du Trésor public déclarée à titre provisionnel. • Com. 3 avr. 2002 : *Bull. civ. IV, n° 66 ; D. 2002. AJ 1421, obs. Lienhard ; JCP E 2002, n° 39, p. 1524, obs. Cabrillac ; Act. proc. coll. 2002, n° 111, obs. Vallansan ; LPA 5 juill. 2002, p. 26, note Brandeau ; RTD com. 2002. 539, obs. Martin-Serf .* ♦ Le receveur qui a adressé au liquidateur, dans le délai fixé en application de l'art. 100 de la loi du 25 janv. 1985, devenu l'art. L. 621-103 [L. 624-1] C. com., le titre établissant définitivement la créance en vue de son admission définitive ne s'expose pas à la forclusion, alors même que le juge-commissaire n'a pas été saisi, à l'intérieur du même délai, d'une requête visant à l'admission définitive de la créance. • Même arrêt. – V. aussi • Com. 3 mai 2006 : *Bull. civ. IV, n° 110 ; D. 2006. AJ 1452, obs. Lienhard ; Gaz. Pal. 14-18 juill. 2006, p. 36, obs. Le Corre ; RTD. com. 2006. 665, obs. Martin-Serf ; Rev. proc. coll. 2007. 49, obs. Legrand ; ibid. 152, obs. Neau-Leduc et Hubert.* ♦ Dès lors que la déclaration modificative a été effectuée dans le délai imparti par le tribunal pour l'établissement de l'état des créances et pour une somme inférieure à la déclaration à titre provisionnel, aucune forclusion n'est encourue. • Com. 5 oct. 2010 : *Bull. civ. IV, n° 151 ; D. 2010. Actu. 2429, obs. Lienhard ; RTD com. 2011. 796, obs. Martin-Serf ; LEDEN déc. 2010, p. 2, obs. Gorrias ; LPA 20 déc. 2010, obs. Zattara-Gros ; Gaz. Pal. 7-8 janv. 2011, p. 38, obs. Le Corre-Broly ; RJDA 2011, n° 259 ; Rev. proc. coll. 2011, n° 35, obs. F. Legrand et M.-N. Legrand.*

Aucune disposition du livre VI ou du Décr. du 27 déc. 1985 n'impose la publication du délai de l'art. L. 621-103 [L. 624-1] C. com., sa fixation par le jugement d'ouverture du redressement judiciaire, lui-même objet d'un avis publié au BODACC, suffisant à le rendre opposable au Trésor public. • Com. 8 juill. 2003 : *Act. proc. coll. 2003, n° 208.*

Le représentant des créanciers n'a pas l'obligation de rappeler au créancier la nécessité de demander l'admission définitive de sa créance. • Com. 7 janv. 2003 : *Rev. proc. coll. 2003. 321, obs. Legrand.*

35 quater. Les organismes de prévoyance sont soumis à l'obligation d'établir définitivement leurs créances déclarées, à titre provisionnel, dans le délai de l'art. 100 [C. com., art. L. 624-1]. • Versailles, 8 oct. 1998 : *D. Affaires 1998. 1863* • 6 mai 1999 : *préc. note 34 ter.* ♦ Il en va de même des organismes visés à l'art. L. 351-21 [désormais, art. L. 5427-1 s.] C. trav., et donc de l'ASSEDIC. • Com. 27 mai 2003 : *Bull. civ. IV, n° 86 ; D. 2003. AJ 1694 .*

La contrainte décernée par le directeur d'un organisme de sécurité sociale pour le recouvrement des cotisations et majorations de retard constitue, dès sa délivrance, le titre exécutoire cité par l'art. 50, devenu l'art. L. 621-43 [L. 622-24] C. com., et, tout en permettant à cet organisme de demander l'admission définitive de sa créance dans le délai cité par l'art. 100, devenu l'art. L. 621-103 [L. 624-1] C. com., elle met le débiteur en mesure de saisir le tribunal des affaires de sécurité sociale à seule fin de constater la créance et d'en fixer le montant. • Com. 17 sept. 2002 : *Bull. civ. IV, n° 126 ; D. 2002. AJ 2805, obs. Lienhard ; Act. proc. coll. 2002, n° 218, obs. Le Corre ; JCP E 2003, n° 6, p. 268, obs. Pétel ; Dr. et patr. mars 2003. 96, obs. Monsèrié-Bon.* ♦ Le juge-commissaire n'est valablement saisi, dans le délai fixé par le tribunal de la procédure collective, aux fins d'admission définitive de la créance déclarée à titre provisionnel, qu'après la délivrance d'une contrainte. • Même arrêt.

35 quinquies. Motif de relevé de forclusion. Une caisse de retraite, excipant d'un défaut de réponse du représentant des créanciers l'ayant empêché de fixer définitivement sa créance, ne peut être relevée de forclusion, dès lors que son règlement intérieur lui permettait de fixer définitivement le montant de sa créance par référence aux cotisations dues au cours du précédent exercice. • Versailles, 13 nov. 1997 : *BICC 1998, n° 774.* ♦ V. aussi, pour un arrêt écartant le relevé de forclusion au motif d'une carence manifeste du service des impôts à arrêter sa créance, • Bourges, 21 févr. 2001 : *Act. proc. coll. 2002, n° 38.* ♦ Pour un exemple de relevé de forclusion dans le cas d'une sous-évaluation de la déclaration provisionnelle, V. • Versailles, 3 mars

2005 : *BICC 2005, n° 983 ; D. 2005. AJ 1228, obs. Lienhard* ; *RTD com. 2006. 476, obs. Martin-Serf*.

35 sexies. Poursuite de l'instance. L'admission provisionnelle, par le juge-commissaire, des créances des organismes de prévoyance et de sécurité sociale ainsi que des organismes visés à l'art. L. 351-21 C. trav. [désormais, art. L. 5427-1 s.], prévue par l'art. 50 de la loi du 25 janv. 1985 [C. com., art. L. 622-24], ne dessaisit pas le juge. • Cass., avis, 18 mai 1998 : *Bull. civ., n° 6 ; D. 1998. IR 157 ; D. Affaires 1998. 1133.* ♦ La poursuite de l'instance, à fin d'admission définitive, est régie, s'agissant de créances du Trésor public, par les dispositions de l'art. 74 du Décr. n° 85-1388 du 27 déc. 1985 [C. com., art. R. 624-6]. S'agissant des autres créances, la situation est soumise, en l'absence de dispositions spécifiques dans la loi du 25 janv. 1985 ou son décret d'application, aux dispositions générales de l'art. 379, al. 1er, NCPC (devenu art. 379 C. pr. civ., relatif au sursis à statuer). • Même avis.

36. Régime antérieur à la loi du 10 juin 1994. Sur l'admission provisionnelle des créances fiscales, V., avant l'abrogation de l'art. 106 par la loi du 10 juin 1994, • Com. 11 déc. 1990 : *Bull. civ. IV, n° 317 ; D. 1991. IR 19* • 2 mars 1993 : *Bull. civ. IV, n° 84 ; D. 1993. IR 83.*

B. INTERRUPTION DE LA PRESCRIPTION

37. La déclaration des créances faite par l'acquéreur d'un navire au passif du redressement judiciaire du constructeur de ce dernier, qui équivaut à une demande en justice, interrompt la prescription annale de l'action en garantie des vices cachés du navire prevue à l'art. 8 de la loi du 3 janv. 1967. • Com. 28 juin 1994 : *Bull. civ. IV, n° 240.*

38. La déclaration de créances interrompt la prescription et l'effet interruptif se prolonge jusqu'à la clôture de la procédure collective. • Com. 12 déc. 1995 : *Bull. civ. IV, n° 299 ; JCP E 1996. II. 829, note Brardeau* • 15 mars 2005 : *Bull. civ. IV, n° 63 ; D. 2005 AJ 1286, obs. Lienhard*. ♦ La déclaration de créance interrompt la prescription à l'égard de la caution sans qu'il soit besoin d'une notification. • Com. 26 sept. 2006 : *Bull. civ. IV, n° 190 ; D. 2006. AJ 2460, obs. Lienhard* ; *Act. proc. coll. 2006, n° 207, obs. Le Corre ; JCP E 2007, n° 1, p. 23, obs. Cabrillac.* ♦ La L. n° 68-1250 du 31 déc. 1968, qui institue un régime spécifique de prescription au profit des personnes publiques, fût-elle d'ordre public, ne peut faire échec au caractère interruptif de la prescription à l'égard de la caution de la déclaration de créance au passif du débiteur principal. • Com. 27 févr. 2007 : *D. 2007. AJ 948*. ♦ L'interruption de la prescription résultant de la déclaration de créance est opposable au tiers constituant d'une sûreté réelle en garantie de la dette du débiteur • Com. 17 nov. 2009 : *Bull. civ. IV, n° 149 ; D. 2009. AJ 2805, obs. Lienhard* ; *JCP E 2010. 1296, n° 11, obs. Cabrillac ; Gaz. Pal. 8-9 janv. 2010, p. 39, obs. Le Corre ; Act. proc. coll. 2010, n° 9, obs. Cagnoli.*

39. Le nouveau délai de prescription court à compter du jugement de clôture. L'absence de mise en œuvre de la faculté ouverte au Trésor public par l'art. 161 [C. com., art. L. 643-2] est sans influence sur la prescription. • Com. 12 déc. 1995 : *préc.*

Art. L. 622-25 La déclaration porte le montant de la créance due au jour du jugement d'ouverture avec indication des sommes à échoir et de la date de leurs échéances. Elle précise la nature du privilège ou de la sûreté dont la créance est éventuellement assortie.

Lorsqu'il s'agit de créances en monnaie étrangère, la conversion *(L. n° 2003-7 du 3 janv. 2003, art. 20-II)* **« en euros » a lieu selon le cours du change à la date du jugement d'ouverture.**

Sauf si elle résulte d'un titre exécutoire, la créance déclarée est certifiée sincère par le créancier. Le visa du commissaire aux comptes ou, à défaut, de l'expert-comptable sur la déclaration de créance peut être demandé par le juge-commissaire. Le refus de visa est motivé. – *[C. com., ancien art. L. 621-44.]*

V. art. R. 622-23.

BIBL. ▸ LE CORRE-BROLY, *Banque et Droit janv.-févr. 1998. 3* (contenu de la déclaration de créance du crédit-bailleur). – ROUSSEL GALLE, *LPA 11 févr. 2011, p. 37* (déclaration de créance et sûretés réelles).

1. Créances à échoir. Un créancier en vertu d'un contrat de prêt conclu pour une période supérieure à un an et dont la créance n'est pas échue, doit la déclarer en précisant le montant de chacune des échéances, leur date, les modalités de calcul des intérêts et le taux de ces derniers en cas de déchéance du terme, le juge-commissaire ne pouvant pas se contenter, à peine de nullité, d'indiquer le seul montant de la créance déclarée. • Douai, 26 nov. 1987 : *Rev. proc. coll. 1988. 92, obs. Dureuil* • Versailles, 23 janv. 1992 : *ibid. 1992. 427, obs. Dureuil* • Metz, 10 déc. 1997 : *JCP 1998. IV. 3303.* ♦ La déclaration de créance du crédirentier qui se borne à demander le paiement d'une mensualité sans indiquer les sommes à échoir et la date de leurs échéances n'exprime pas, de façon non équivoque, la volonté de réclamer les arrérages à échoir de la rente. • Com. 28 févr. 1995 : *Bull. civ. IV, n° 59 ; D. 1995. IR 89 ; Quot. jur. 21 mars 1995, p. 2.* – V. aussi • Com. 4 mars 2003 : *Rev. proc. coll. 2003. 237, obs. Roussel Galle* • Paris, 9 mars 2000 : *D. 2000. AJ 201, obs. Pisoni.*

Il résulte des art. 51, al. 1er, ci-dessus [C. com., art. L. 622-25], et 67, al. 1er (2°) du Décr. du 27 déc. 1985 [C. com., art. R. 622-23] que le juge-commissaire doit, en ce qui concerne les intérêts d'une créance continuant à courir après le jugement d'ouverture, se borner à indiquer les modalités de calcul retenues sans en fixer le montant, sa décision valant admission, dans les limites de ces modalités, de la créance d'intérêts telle qu'arrêtée ultérieurement. • Com. 22 nov. 1994 : *Bull. civ. IV, n° 347 ; D. 1995. IR 7 ; JCP E 1995. I. 457, n° 12, obs. Cabrillac.* ♦ Comp. : note 2 ss. art. R. 622-23.

1 bis. Créances conditionnelles. Ne commet pas de faute le créancier qui déclare au passif du redressement judiciaire de son débiteur le montant total d'une créance conditionnelle. • Com. 2 nov. 1993 : *Bull. civ. IV, n° 376.*

1 ter. Montant à parfaire. Hors les cas prévus par la loi, aucune créance ne peut être déclarée à titre provisionnel, ou sous réserve, ou pour un montant à parfaire. • Paris, 30 nov. 2001 : *Loyers et copr. 2002, n° 119, note Brault ; Rev. proc. coll. 2002. 184, obs. Legrand.* – Comp. : • Reims, 3 juill. 2001 : *JCP E 2002, n° 27, p. 1120.* ♦ V. aussi note 1 *bis* ss. art. R. 622-23. ♦ Sur l'obligation faite aux juges du fond de rechercher si le créancier, en déclarant « à titre provisionnel », n'a pas entendu réclamer à titre définitif la somme indiquée, V. • Com. 28 juin 2005 : *Bull. civ. IV, n° 142 ; D. 2005. AJ 1939, obs. Lienhard ; D. 2006. Pan. 85, obs. Le Corre ; RD banc. fin. 2005, n° 177, obs. F.-X. Lucas* • 30 nov. 2010 : *Bull. civ. IV, n° 187 ; D. 2011. Chron. C. cass. 1178, obs. Arbelot ; ibid. 2010. Actu. 2904, obs. Lienhard ; Rev. sociétés 2011. 195, obs. Roussel Galle ; RTD com. 2011. 416, obs. Martin-Serf ; LEDEN févr. 2011, p. 2, obs. Gorrias ; Act. proc. coll. 2011, n° 47, obs. Pagnucco ; RJDA 2011, n° 336 ; Gaz. Pal. 1er-2 avr. 2011, p. 33, obs. Le Corre-Broly ; RJ com. 2011. 333, note Sortais* (loi du 26 juill. 2005).

2. Créances équivoques. Est inopérante la déclaration d'une créance d'un montant mentionné « à titre indicatif », lorsque le relevé de compte joint ne concorde pas avec cette déclaration quant à l'existence d'un solde débiteur au jour du jugement d'ouverture. • Com. 12 févr. 1991 : *Bull. civ. IV, n° 66 ; D. 1992. Somm. 249, obs. Derrida ; JCP E 1991. I. 73, n° 14, obs. Pétel et Cabrillac.* ♦ La déclaration doit être accompagnée des éléments justificatifs de nature à prouver l'existence et le montant de la créance. • Versailles, 21 mars 1996 : *D. Affaires 1996. 654.*

2 bis. Paiements provisionnels. V. note 7 *bis* ss. ancien art. L. 621-43 ss. art. L. 622-24.

2 ter. Déclaration irrégulière. Dans le cas où la créance n'a pas fait l'objet d'une déclaration régulière, le représentant des créanciers n'a pas l'obligation d'aviser le créancier de cette irrégularité. • Com. 6 févr. 2001 : *Bull. civ. IV, n° 31 ; D. 2001. AJ 1027, obs. Lienhard ; Act. proc. coll. 2001, n° 59, obs. Vallansan ; RD banc. fin. 2001, n° 67, obs. F.-X. Lucas ; RTD com. 2002. 536, obs. Martin-Serf.*

2 quater. Rectification d'erreur matérielle. Lorsqu'une erreur matérielle est évidente, les juges peuvent considérer que la demande du créancier tendant à sa rectification ne constitue pas une déclaration nouvelle atteinte de forclusion et admettre la créance pour le montant rectifié. • Com. 26 mai 1998 : *Bull. civ. IV, n° 165 ; D. Affaires 1998. 1176 ; JCP E 1998, n° 37, p. 1398, obs. Pétel.* ♦ En revanche, une déclaration rectificative doit, à peine de forclusion, être effectuée dans les délais réglementaires. • Com. 26 mai 1996 : *Bull. civ. IV, n° 166.* ♦ Par ailleurs, la déclaration de créance modificative incluant des intérêts échus depuis le jugement d'ouverture ne peut être admise dès lors que la déclaration de créance initiale ne portait pas sur les intérêts à échoir. • Com. 24 nov. 1998 : *Bull. civ. IV, n° 278 ; D. 1999. Somm. 189, obs. Honorat.* – V. Courtier, *Dr. sociétés 1999, Chron. n° 9.*

Il ne peut y avoir lieu à relevé de forclusion du créancier qui a déclaré sa créance dans les délais prescrits, le caractère d'immutabilité de la déclaration s'opposant au droit de solliciter le relevé de forclusion pour procéder à sa modification au motif d'une erreur affectant la déclaration. • Versailles, 20 mai 1999 : *RJDA 1999, n° 1228 ; RTD com. 2003. 567, obs. Martin-Serf.*

V. aussi • Com. 10 juill. 2001 : *RTD com. 2001. 982, obs. Vallens ; Rev. proc. coll. 2002. 96, obs. Legrand* • 19 nov. 2003 : *RTD com. 2004. 161, obs. Vallens.*

2 quinquies. Montant critiquable. Le seul fait de réclamer dans une déclaration de créance des sommes dont le montant est calculé dans des conditions critiquables n'est pas de nature à faire perdre à l'acte sa valeur juridique. Par suite, en cas de discussion par le débiteur du montant de la créance déclarée, le créancier qui a fourni au liquidateur judiciaire ses explications dans le délai de l'art. 54 [C. com., art. L. 622-27] n'est pas tenu d'adresser une déclaration de créance rectificative conforme aux souhaits du débiteur et la circonstance que la créance ne figure pas sur l'état des créances est sans incidence sur l'obligation qui incombe au juge-commissaire de statuer ultérieurement sur le mérite de la déclaration régulièrement enregistrée. • Com. 17 mars 1998 : *RJDA 1998, n° 890.*

Pour la condamnation d'un créancier à verser des dommages-intérêts au débiteur au motif qu'il avait déclaré un montant sans commune mesure possible avec l'étendue de son préjudice et que cette faute avait augmenté inutilement les émoluments du représentant des créanciers, V. • Com. 8 janv. 2002 : *RJDA 2002, n° 524 ; RD banc. fin. 2002, n° 59, obs. F.-X. Lucas ; Rev. proc. coll. 2002. 186, obs. Legrand.*

Sur l'appréciation du caractère abusif de la déclaration de créance dans le cadre de la procédure de vérification des créances, V. note 6 ss. art. L. 624-2.

2 sexies. Créances d'un EPIC. Sur les conditions de justification de l'existence et du montant des créances d'un établissement public à caractère industriel et commercial, V. • Com. 1er févr. 2011 : *Bull. civ. IV, n° 12 ; D. 2011. Actu. 514, obs. Lienhard ; RTD com. 2011. 795, obs. Martin-Serf ; RJDA 2011, n° 335 ; Rev. proc. coll. 2011, n° 83, obs. F. Legrand et M.-N. Legrand.*

3. Créances privilégiées. Le délai de déclaration étant expiré à la date de nouvelles déclarations, un crédit-bailleur ne peut plus invoquer, dans celles-ci, un privilège dont il n'a pas fait état dans sa déclaration de créance initiale effectuée dans le délai légal. • Com. 4 févr. 1992 : *Bull. civ. IV, n° 56 ; D. 1992. Somm. 250, obs. Derrida.* – V. aussi • Com. 25 janv. 1994 : *Rev. huiss. 1994. 477* • 11 juin 2002 : *Procédures 2002, n° 229, note Laporte* • Orléans, 10 janv. 2002 : *Rev. proc. coll. 2002. 184, obs. Legrand.* ♦ En effet, un créancier ne peut invoquer le privilège garantissant sa créance que dans le délai de déclaration des créances prévu à l'art. 66 du Décr. du 27 déc. 1985 [désormais, C. com., art. R. 622-24] (à propos d'un gage). • Com. 23 janv. 2001 : *Bull. civ. IV, n° 20 ; D. 2001. AJ 779, obs. Lienhard.*

Dès lors que la créance d'un contribuable contre le débiteur en redressement judiciaire n'avait qu'un caractère chirographaire, cette créance conserve ce caractère à l'égard du Trésor public, l'avis à tiers détenteur, notifié au débiteur, ayant pour effet de transporter la créance du contribuable contre son débiteur dans le patrimoine du Trésor et non de conférer à celui-ci une créance d'impôts sur ce tiers. • Com. 16 juin 1998 : *D. 1998. IR 209.*

V. aussi note 3 *bis*, note 6 ss. art. L. 622-16 et note 9 ss. ancien art. L. 621-46 ss. art. L. 622-26.

3 bis. Droit de rétention. BIBL. Pourquier, *D. Affaires 1998. 936.* – Campana et Calendini, *JCP E 1998, n° 27, p. 1082.* – Le Corre-Broly, *D. Affaires 1998. 1802 et 1838* (droit de rétention sur documents d'immatriculation). – Pérochon, *Mélanges Cabrillac, Dalloz-Litec, 1999, p. 379.* ♦ Le droit de rétention n'est pas une sûreté et n'est pas assimilable au gage. • Com. 20 mai 1997 : *Bull. civ. IV, n° 141 ; D. 1998. 479, note Kenderian ; D. 1998. Somm. 102, obs. S. Piedelièvre ; D. 1998. Somm. 115, obs. Libchaber ; D. Affaires 1997. 763 ; JCP E 1997. I. 681, n° 10, obs. Cabrillac ; RTD civ. 1997. 707, obs. Bandrac et Crocq ; RTD com. 1998. 202, obs. Martin-Serf.* – V. aussi • Com. 3 mars 1998 : *Dr. sociétés 1998, n° 76, obs. Chaput ; RJDA 1998, n° 887* • T. com. Paris, 13 sept. 1999 : *Act. proc. coll. 2000, n° 217, obs. Regnaut-Moutier* (droit de rétention issu d'un gage sur titres). ♦ V. note 1 *quater* ss. art. L. 642-25. ♦ *Contra*, jugeant qu'un droit de rétention sur des documents administratifs (cartes grises) constitue une sûreté mobilière qui doit être précisée dans la déclaration de la créance : • Aix-en-Provence, 2 mars 1995 : *JCP 1995. IV. 1977.* ♦ Dans le même sens, s'agissant d'une rétention conventionnelle : • Angers, 3 févr. 1997 : *BICC 1997, n° 1055* • Besançon, 6 juin 1997 : *RJ com. 2000. 69, note Haennig.*

Le droit de rétention dont bénéficie le commissionnaire de transport sur les marchandises qui lui ont été confiées pour expédition étant la conséquence du privilège institué au profit de tout commissionnaire par l'art. 95 [L. 132-2] C. com., le commissionnaire qui n a demandé son admission au passif de la procédure collective du commettant débiteur qu'à titre chirographaire, perdant ainsi son privilège, ne peut, non plus, retenir les marchandises. • Com. 8 juin 1999 : *Bull. civ. IV, n° 125 ; D. 2000. Somm. 297, obs. Mercadal ; ibid. 388, obs. Piedelièvre ; JCP 1999. II. 10121, rapp. Rémery ; JCP E 2000, n° 4, p. 130, obs. Cabrillac ; Act. proc. coll. 1999, n° 160, obs. Vallansan ; Banque et Droit sept.-oct. 1999. 50, obs. Rontchevsky ; RTD com. 1999. 968, obs. Martin-Serf.*

3 ter. Créancier consignataire. La créance chirographaire de la société au bénéfice de laquelle le débiteur objet de la procédure collective a consigné une somme d'argent, régulièrement déclarée, et judiciairement reconnue, doit être payée sur les sommes consignées antérieurement au jugement d'ouverture, spécialement affectées au paiement de cette créance, peu important que le créancier n'ait pas mentionné cette affectation spéciale dans sa déclaration. • Com. 21 mars 2006 : *Bull. civ. IV, n° 75 ; BICC 2006, n° 1395 ; D. 2006. AJ 982, obs. Lienhard ; Act. proc. coll. 2006, n° 89, obs. Regnaut-Moutier ; Gaz. Pal. 14-18 juill. 2006, p. 36, obs. Le Corre ; JCP E 2006, n° 37, p. 1533, obs. Cabrillac.*

3 quater. Créancier mandataire. Si lorsqu'un créancier non solidaire reçoit mandat d'un autre créancier de déclarer sa créance, la déclaration doit distinguer les créances respectives des deux déclarants, le non-respect de cette exigence n'entraîne pas la nullité de la déclaration de créance et le déclarant conserve la faculté d'individualiser les créances jusqu'à ce que le juge statue. • Com. 30 janv. 2007 : *cité note 29 ss. ancien art. L. 621-43, ss. art. L. 622-24.*

3 quinquies. Créances professionnelles. Si une cession de créance professionnelle à titre de garantie attribue au cessionnaire un droit exclusif sur cette créance afin de garantir le recouvrement du concours consenti, elle ne saurait conférer au concours déclaré au passif du cédant un privilège dont il serait assorti lui donnant le droit d'être préféré aux autres créanciers sur un élément du patrimoine de son débiteur. • Com. 20 févr. 2007 : *D. 2007. AJ 793, obs. Delpech ; JCP E 2007. 2119, n° 7, obs. Cabrillac ; Act. proc. coll. 2007, n° 73, obs. Bonhomme.*

4. Réserve de propriété. En ce sens que le bénéficiaire d'une clause de réserve de propriété n'est pas tenu de signaler l'existence de celle-ci au moment où il déclare sa créance, V. • Montpellier, 15 mai 1990 : *Rev. proc. coll. 1992. 425, obs. crit. Soinne.* ♦ V. note 16 ss. art. L. 624-9.

4 bis. Cautionnement. Le cautionnement, mesure de garantie personnelle, n'a pas à être précisé dans la déclaration de créance, son existence ou son absence étant sans incidence sur la régularité de celle-ci. • Civ. 1re, 1er févr. 2000 : *RJDA 2000, n° 585.* ♦ V. aussi, jugeant que la déclaration de créance mentionnant deux prêts consentis au débiteur et indiquant que ces créances sont assorties de cautions répond aux exigences de l'art. 51 [C. com., art. L. 622-25]. • Com. 4 janv. 2000 : *RJDA 2000, n° 313.*

4 ter. Assurance-vie. Une banque, bénéficiaire alternatif d'un contrat d'assurance sur la vie, ne s'étant pas vu céder le bénéfice du contrat par le souscripteur et n'ayant pas reçu celui-ci en gage, est réputée avoir droit, à partir du jour du contrat, au capital qui n'est jamais entré dans le patrimoine du souscripteur, en sorte qu'elle n'a pas à faire état de cet acte dans sa déclaration de créance à la procédure collective de ce dernier. • Com. 12 juin 2001 : *Bull. civ. IV, n° 115 ; D. 2001. AJ 2034, obs. Lienhard ; Act. proc. coll. 2001, n° 162, obs. Vallansan ; JCP E 2002, n° 4, p. 172, obs. Cabrillac.*

4 quater. Créances en monnaie étrangère. Si les créances en monnaie étrangère sont échues au jour du jugement d'ouverture de la procédure de redressement judiciaire, leur conversion en euros a lieu selon le cours du change à la date de ce jugement (dans le cas d'une conversion du redressement judiciaire en liquidation judiciaire). • Com. 5 juin 2007 : *Bull. civ. IV, n° 153 ; D. 2007. AJ 1788, obs. Lienhard ; JCP E 2007. 2119, n° 14, obs. Cabrillac ; Gaz. Pal. 26-27 oct. 2007, p. 45, obs. Rohart-Messager.*

N'est pas entachée d'irrégularité la déclaration de créances exprimées en droits de tirage spéciaux, unité de compte du Fonds monétaire international dont le cours est fixé quotidiennement. • Com. 8 juill. 2003 : *D. 2003. AJ 2238.*

4 quinquies. Forme de la déclaration. V. notes 31 s. ss. ancien art. L. 621-43, ss. art. L. 622-24.

4 sexies. Déclaration complémentaire. Pour l'irrégularité d'une déclaration complémentaire portant sur les intérêts à échoir, déclarés initialement « pour mémoire », le créancier n'apportant pas la preuve que cette déclaration avait été adressée au représentant des créanciers dans les deux mois de la publication du jugement d'ouverture au BODACC, V. • Com. 15 mars 2005 : *Bull. civ. IV, n° 61 ; D. 2005. AJ 953, obs. Lienhard ; RD banc. fin. 2005, n° 93, obs. F.-X. Lucas ; Gaz. Pal. 6-7 juill. 2005, p. 23 et 26, obs. Le Corre.*

5. Sanction. Il ne résulte pas de l'art. 51 ci-dessus [C. com., art. L. 622-25] que la méconnaissance de ses dispositions et de celles des art. 67 [C. com., art. R. 622-23] et 68 [ancien] du Décr. du 27 déc. 1985, pris pour son application, soit sanctionnée par la nullité de la déclaration de créance. • Com. 1er déc. 1992 : *Bull. civ. IV, n° 382* • 8 mars 1994 : *ibid. IV, n° 97 ; D. 1994. IR 104.* – Dans le même sens : • Com. 17 déc. 1996 : *D. 1997. IR 31 ; D. Affaires 1997. 252 ; JCP E 1997. II. 941, note Béhar-Touchais* • 17 déc. 2003 : *cité note 32 quater ss. ancien art. L. 621-43.* ♦ L'irrégularité de la déclaration de créance tenant à la présentation des sommes déclarées comme échues alors qu'elles étaient à échoir n'est pas sanctionnée par l'extinction de la créance. • Com. 28 sept. 2004 : *cité note 27 ss. ancien art. L. 621-43, ss. art. L. 622-24.* ♦ V.

aussi note 3 *quater.* ♦ Il résulte des art. L. 622-25, al. 1er, et R. 622-23 C. com. que le juge-commissaire qui estime que la créance déclarée n'est pas suffisamment justifiée ne peut la rejeter sans inviter au préalable le créancier déclarant à produire les documents justificatifs faisant défaut. • Com. 5 juin 2012 : *Bull. civ. IV, n° 114 ; D. 2012. Actu. 1541, obs. Lienhard ; JCP E 2012. 1508, n° 5, obs. Pétel ; LEDEN juill. 2012, p. 5, obs. Staes ; RJDA 2012, n° 877 ; Gaz. Pal. 12-13 oct. 2012, p. 29, obs. Le Corre.*

5 bis. Visa du commissaire aux comptes. Si les documents émanant du commissaire aux comptes ou de l'expert comptable du créancier, qui se bornent à attester du montant des créances comptabilisées par ce dernier, peuvent faire foi des constatations faites par leur auteur à partir des pièces auxquelles il avait eu accès, de tels documents ne peuvent à eux seuls constituer la preuve de la réalité et de l'étendue des engagements contractés. • Com. 11 oct. 1994 : *Bull. civ. IV, n° 280.*

Art. L. 622-26 *(L. n° 2005-845 du 26 juill. 2005, art. 38)* **A défaut de déclaration dans** *(L. n° 2009-526 du 12 mai 2009, art. 138-IX–, 1°)* **« les délais prévus à l'article L. 622-24 », les créanciers ne sont pas admis dans les répartitions et les dividendes à moins que le juge-commissaire ne les relève de leur forclusion s'ils établissent que leur défaillance n'est pas due à leur fait ou qu'elle est due à une omission volontaire du débiteur lors de l'établissement de la liste prévue au deuxième alinéa de l'article L. 622-6. Ils ne peuvent alors concourir que pour les distributions postérieures à leur demande.** – *V. art. R. 622-24.*

(Ord. n° 2008-1345 du 18 déc. 2008, art. 34) **« Les créances non déclarées régulièrement dans ces délais sont inopposables au débiteur pendant l'exécution du plan et après cette exécution lorsque les engagements énoncés dans le plan ou décidés par le tribunal ont été tenus. Pendant l'exécution du plan, elles sont également inopposables aux personnes physiques coobligées ou ayant consenti une sûreté personnelle ou ayant affecté ou cédé un bien en garantie. »**

L'action en relevé de forclusion ne peut être exercée que dans le délai de six mois. Ce délai court à compter de la publication du jugement d'ouverture ou, pour les institutions mentionnées à l'article L. 143-11-4 *[L. 3253-14]* **du code du travail, de l'expiration du délai pendant lequel les créances résultant du contrat de travail sont garanties par ces institutions. Pour les créanciers titulaires d'une sûreté publiée ou liés au débiteur par un contrat publié, il court à compter de la réception de l'avis qui leur est donné. Par exception, le délai est porté à un an pour les créanciers placés dans l'impossibilité de connaître l'existence de leur créance avant l expiration du délai de six mois précité.** – *V. art. R. 622-25.*

Pour une dérogation à l'art. L. 622-26 ci-dessus, s'agissant du droit à répartition conféré au Fonds de garantie des dépôts pour les sommes versées par le mécanisme de garantie des cautions institué par la L. n° 99-532 du 25 juin 1999 (désormais codifiée au C. mon. fin.), V. C. mon. fin., art. L. 313-51, App., v° Banque et financement de l'entreprise.

BIBL. ▸ DERRIDA et SORTAIS, *LPA 22 mars 2006* (situation des créanciers forclos). – MONSÈRIÉ-BON, *D. 2006. 1282* (effets inattendus de l'absence d'extinction des créances non déclarées). – BRENA, *Bull. Joly Entrep. diff. 2012. 131* (influence de l'inopposabilité des créances non déclarées sur le bénéfice de subrogation). – ROBINE, *Journ. sociétés mars 2012. 22* (conséquences du défaut de déclaration sur les garanties du créancier).

1. Délai de déclaration. Pour un exemple de prolongation du délai de déclaration au bénéfice d'un créancier placé dans l'impossibilité de connaître l'existence de sa créance avant l'expiration du délai de six mois (art. L. 622-26, al. 3, dernière phrase), s'agissant, en l'espèce, d'une créance postérieure ne bénéficiant pas de la priorité de paiement de l'art. L. 622-17, V. • Paris, 29 janv. 2008 : *D. 2008. AJ 537, obs. Lienhard ; Act. proc. coll. 2008, n° 76, obs. Regnaut-Moutier ; RTD com. 2008. 418, obs. Martin-Serf.*

2. Inopposabilité des créances non déclarées. Il résulte de l'art. L. 622-26 dans sa rédaction antérieure à l'Ord. du 18 déc. 2008 que, si les créanciers qui n'ont pas déclaré leur créance ne sont pas, sauf à être relevés de la forclusion encourue, admis dans les répartitions et les dividendes, cette créance n est pas éteinte ; elle est inopposable à la liquidation judiciaire. • Com. 3 nov. 2010 : *Bull. civ. IV, n° 165 ; D. 2010. Actu. 2645, obs. Lienhard ; D. 2011. Pan. 2075, obs. F.-X. Lucas ; Rev. sociétés 2011. 194, obs.*

Roussel Galle ; RTD com. 2011. 413, obs. Martin-Serf ; JCP E 2011. 1030, n° 10, obs. Cabrillac ; Gaz. Pal. 7-8 janv. 2011, p. 18, note Le Corre-Broly ; RJDA 2011, n° 64 ; Bull. Joly Entrep. diff. 2011. 186, note Saint-Alary-Houin ; Dr. et patr. sept. 2011. 71, obs. Monsèrié-Bon. ♦ Une créance non déclarée dans les délais étant inopposable à la procédure, c'est uniquement après la clôture de celle-ci que le créancier recouvre le droit d'exercice de son action contre le débiteur, à la condition qu'il se trouve dans l'un des cas de reprise des poursuites individuelles. • Limoges, 25 juin 2008 : *BICC 2009, n° 800.*

3. Relevé de forclusion. Si le caractère volontaire de l'omission d'une créance est démontré, le créancier qui sollicite un relevé de forclusion n'est pas tenu d'établir l'existence d'un lien de causalité entre son omission de la liste et la tardiveté de sa déclaration de créance. • Com. 10 janv. 2012 : *Bull. civ. IV, n° 4 ; D. 2012. Actu. 216, obs. Lienhard ; Rev. sociétés 2012. 195, obs. Roussel Galle ; RTD com. 2012. 404, obs. Martin-Serf ; JCP E 2012. 1123, note Cerati-Gauthier ; ibid. 1227, n° 8, obs. Pétel ; Act. proc. coll. 2012, n° 24, obs. Fin-Langer ; LEDEN mars 2012, p. 2, obs. Rubellin ; Gaz. Pal. 27-28 avr. 2012, p. 31, obs. Le Corre ; Rev. proc. coll. 2012, n° 75, obs. F. et M.-N. Legrand ; RJDA 2012, n° 876.* – V. déjà • Com. 12 juill. 2011 : *D. 2011. Actu. 2031, obs. Lienhard ; LEDEN oct. 2011, p. 3, obs. Rubellin ; RJ com. janv.-févr. 2012. 70, note Sortais.* ♦ Il n'appartient pas au juge-commissaire de vérifier, avant de statuer sur la demande de relevé de forclusion fondée sur une omission volontaire du débiteur lors de l'établissement de la liste de ses créanciers, du montant de ses dettes et des principaux contrats en cours, l'existence de la créance si elle est contestée par le débiteur. • Com. 12 janv. 2010 : *Bull. civ. IV, n° 6 ; D. 2010. AJ 264 ; Rev. sociétés 2010. 196, obs. Roussel Galle ; RTD com. 2010. 606, obs. Martin-Serf ; Act. proc. coll. 2010, n° 69, obs. Staes ; RJDA 2010, n° 408 ; Gaz. Pal. 16-17 avr. 2010, p. 35, obs. Le Corre-Broly ; RJDA 2010, n° 702 ; Defrénois 2010. 1480, obs. Gibirila.* ♦ L'information dans la demande d'ouverture d'une procédure de sauvegarde, selon laquelle des cotisations sociales sont dues pour le troisième trimestre 2008, ne remplace pas l'indication de l'organisme social sur la liste des créanciers, mais démontre que le débiteur avait connaissance de l'existence de ce créancier, de sorte que l'omission de son nom sur la liste des créanciers a été volontaire. • Com. 10 janv. 2012 : *préc.* ♦ Pour un autre exemple d'omission volontaire, V. • Com. 16 mars 2010 : *RTD com. 2010. 606, obs. Martin-Serf ; Gaz. Pal. 2-3 juill. 2010, p. 34, obs. Le Corre-Broly.*

3 bis. Si aucun texte n'oblige le créancier défaillant à déclarer sa créance avant de saisir le juge-commissaire de sa demande de relevé de forclusion, il est néanmoins tenu de la déclarer dans le délai préfix de cette action, même s'il n'a pas été statué sur sa demande de relevé de forclusion à l'intérieur de ce délai. • Com. 23 avr. 2013 : *D. 2013. Actu. 1129, obs. Lienhard .*

4. Pour l'application des dispositions de l'art. L. 622-26, al. 3, à un créancier établi à l'étranger dans le cadre d'une procédure d'insolvabilité ouverte en France, V. • Com. 16 nov. 2010 : *D. 2010. Actu. 2832, obs. Lienhard ; Rev. sociétés 2011. 196, obs. Roussel Galle ; RTD com. 2011. 181, obs. Vallens ; Dict. perm. diff. entrep., Bull. n° 321, obs. Rémery ; LEDEN janv. 2011, p. 7, obs. Mélin ; Gaz. Pal. 7-8 janv. 2011, p. 39, obs. Le Corre-Broly ; RJDA 2011, n° 170 ; LPA 29 avr. 2011, obs. Nabet.*

5. Sur les conditions du relevé de forclusion en cas de défaut d'avertissement du créancier d'avoir à déclarer sa créance, V. note ss. art. R. 622-21.

5 bis. Pour l'application des dispositions de l'art. L. 622-26 à l'action en relevé de forclusion présentée par l'État, agissant aux fins de restitution d'aides illégalement versées, V. • Com. 23 avr. 2013 : *D. 2013. Actu. 1128.* ♦ V. aussi note 38 *bis* ss. anc. art. L. 621-46.

6. Sort de la caution en cas de forclusion. Il résulte des dispositions de l'art. L. 622-26 que la défaillance du créancier ayant pour effet, non d'éteindre la créance, mais d'exclure son titulaire des répartitions et dividendes, cette sanction ne constitue pas une exception inhérente à la dette, susceptible d'être opposée par la caution, pour se soustraire à son engagement. • Com. 12 juill. 2011 : *Bull. civ. IV, n° 118 ; D. 2011. Actu. 1894, obs. Lienhard ; RTD civ. 2011. 782, obs. Crocq ; RTD com. 2012. 405, obs. Martin-Serf ; JCP E 2011. 1628, note Dissaux ; JCP E 2012. 1000, n° 7, obs. Pétel ; LEDEN sept. 2011, p. 3, obs. Borga ; Act. proc. coll. 2011, n° 219, obs. Cagnoli ; Dict. perm. diff. entrep., Bull. n° 329, obs. Dizel ; Bull. Joly 2011. 816, note J.-J. Barbièri ; Bull. Joly Entrep. diff. 2011. 258, note Brena ; RD banc. fin. 2011, n° 162, obs. Cerles ; Gaz. Pal. 7-8 oct. 2011, p. 15, note Le Corre ; ibid. 26-27 oct. 2011, p. 8, obs. Juillet ; Banque et Droit sept.-oct. 2011. 42, obs. Jacob ; RLDA oct. 2011. 25, obs. Vallens ; LPA 21 déc. 2011,* note S. Piedelièvre ; RJDA 2012, *n° 184 ; RJ com. mai-juin 2012. 45, note Macorig-Venier.* – V. aussi Brignon, *Rev. proc. coll. 2011. Étude 25* ; J.-F. Barbièri, *Bull. Joly 2011. 935* ; Picod, *RLDA janv. 2012. 71.* ♦ Il résulte de la combinaison de l'art. 2314 C. civ. et de l'art. L. 622-26, al. 1er, C. com., dans sa rédaction antérieure à l'Ord. du 18 déc. 2008, que, lorsque le créancier a omis de déclarer sa créance, peu important la nature de celle-ci, la caution est déchargée de son obligation si cette dernière avait pu tirer un avantage effectif du droit d'être admise dans les répartitions et dividendes, susceptible de lui être transmis par subrogation. • Com. 19 févr. 2013 : *D. 2013. Actu. 565, obs. Lienhard ; JCP E 2013. 1216, n° 7, obs. Pétel ; Act. proc. coll. 2013, n° 76, obs. Alleaume ; LEDEN avr. 2013, p. 2, obs. Borga ; Gaz. Pal. 1er-4 mai 2013, p. 36, obs. Le Corre-Broly ; RJDA 2013, n° 436 ; Bull. Joly Entrep. diff. 2013. 151, note Le Mesle.*

Code de commerce

Ancien art. L. 621-46 *A défaut de déclaration dans des délais fixés par décret en Conseil d'État, les créanciers ne sont pas admis dans les répartitions et dividendes à moins que le juge-commissaire ne les relève de leur forclusion s'ils établissent que leur défaillance n'est pas due à leur fait. En ce cas, ils ne peuvent concourir que pour la distribution des répartitions postérieures à leur demande.*

La forclusion n'est pas opposable aux créanciers mentionnés dans la seconde phrase du premier alinéa de l'article L. 621-43, dès lors qu'ils n'ont pas été avisés personnellement.

L'action en relevé de forclusion ne peut être exercée que dans le délai d'un an à compter de la décision d'ouverture ou, pour les institutions mentionnées à l'article L. 143-11-4 du code du travail, de l'expiration du délai pendant lequel les créances résultant du contrat de travail sont garanties par ces institutions. L'appel de la décision du juge-commissaire statuant sur le relevé de forclusion est porté devant la cour d'appel.

Les créances qui n'ont pas été déclarées et n'ont pas donné lieu à relevé de forclusion sont éteintes.

Cette extinction vaut régularisation de l'incident de paiement au sens de l'article 65-3 du décret du 30 octobre 1935 unifiant le droit en matière de chèques et relatif aux cartes de paiement [C. mon. fin., art. L. 131-73]. — [L. n° 85-98 du 25 janv. 1985, art. 53.] — V. C. mon. fin., art. L. 131-73, App., v° Banque et financement de l'entreprise. — Cette disposition est applicable aux seules procédures ouvertes après l'entrée en vigueur de la L. n° 98-657 du 29 juill. 1998 (L. n° 98-657 du 29 juill. 1998, art. 112, III).

BIBL. ▶ NEVEU, *Banque et Droit 1988. 10.* – VALLANSAN, *RJ com. 2000. 50* (le créancier oublié). – HOUTCIEFF, *Bull. actualité Lamy droit commercial juill. 2002* (indemnisation du créancier forclos en cas de fraude du débiteur). – DELATTRE, *RJDA août-sept. 2002, p. 720* (incidence de la fraude du débiteur sur la demande en relevé de forclusion). – SEXER et MARTIAL, *Rev. proc. coll. 2004. 117* (moyens de surmonter la forclusion). ▶ Modification apportée par la loi du 10 juin 1994 : CALENDINI, *LPA 31 janv. 1996.* – LE CORRE, *LPA 29 juill. 1998.*

I. AVERTISSEMENT AUX CRÉANCIERS CONNUS

1. Avis du représentant des créanciers. V. art. R. 622-21 et, pour le régime antérieur à la loi du 26 juill. 2005, ancien art. 66 du Décr. n° 85-1388 du 27 déc. 1985, ss. art. R. 622-21.

II. AVERTISSEMENT PERSONNEL DES CRÉANCIERS PRIVILÉGIÉS (ANCIEN ART. L. 621-46, AL. 2)

2. Application de la loi dans le temps. L'application de l'art. 53, al. 2 [C. com., ancien art. L. 621-46, al. 2], issu de la loi du 10 juin 1994, n'était pas subordonnée à la parution du décret d'application du 21 oct. 1994 (le 22 oct.), puisque ce texte ne nécessite pas de mesures réglementaires. • Paris, 22 nov. 1996 : *D. Affaires 1997. 159 ; RJDA 1997, n° 430.* ♦ Ce texte s'applique donc aux procédures ouvertes après le 1er oct. 1994. • Paris, 28 févr. 1997 : *D. 1997. IR 109* • 25 sept. 1998 : *D. Affaires 1998. 1746, obs. A. L.* ♦ Il s'ensuit qu'à l'occasion de ces procédures les dispositions réglementaires antérieures à l'entrée en vigueur du Décr. du 21 oct. 1994 doivent recevoir application dès lors qu'elles sont compatibles avec les nouvelles dispositions législatives. • Paris, 26 sept. 1997 : *D. 1997. IR 236 ; D. Affaires 1997. 128.* ♦ Comp., pour une application rétroactive de cette disposition : • T. com. Nanterre, 29 sept. 1995 : *Banque et Droit sept.-oct. 1996. 34, obs. Guillot.*

2 bis. Dès lors que la procédure collective a été ouverte antérieurement à l'entrée en vigueur de la loi du 10 juin 1994, la disposition introduite par cette loi concernant l'inopposabilité de la forclusion au créancier titulaire d'une sûreté qui n'a pas été avisé personnellement ne peut recevoir application. • Com. 11 juin 2002 : *Act. proc. coll. 2002, n° 202.*

2 ter. La procédure collective ouverte postérieurement à l'entrée en vigueur de la loi du 10 juin 1994, à la suite de la résolution, pour inexécution des engagements, du plan de continuation antérieurement arrêté, reste soumise aux dispositions de l'art. 53 de la loi du 25 janv. 1985, dans sa rédaction initiale, de sorte que le défaut de l'avertissement prévu à l'art. 66 du Décr. du 27 déc. 1985 n'a pas pour effet de dispenser le créancier retardataire d'établir que sa défaillance n'est pas due à son fait. • Com. 20 juin 2000 : *Act. proc. coll. 2000, n° 177.*

2 quater. En ce sens que les créanciers d'une personne à laquelle une procédure collective a été étendue postérieurement à l'entrée en vigueur de la loi du 10 juin 1994 ne peuvent bénéficier du mécanisme de l'inopposabilité de la forclusion, dès lors que la procédure initiale a été ouverte antérieurement, V. • Com. 4 janv. 2005 : *Gaz. Pal. 29-30 avr. 2005, p. 36, obs. Le Corre.*

3. Bénéfice des dispositions de l'ancien art. L. 621-46, al. 2. Dès lors qu'il est satisfait aux conditions de l'art. 50, al. 1er [C. com., ancien art. L. 621-43], auquel se réfère l'art. 53, al. 2 [C. com., ancien art. L. 621-46], le contrat de crédit-bail qui fonde les droits du créancier contre le débiteur dans les liens de la procédure collective ayant été régulièrement publié, peu importe que la cession de ce contrat n'ait pas été elle-même publiée puisque le changement de crédit-preneur a laissé subsister le contrat dans ses éléments essentiels et que, conformément aux dispositions de l'art. 11 du Décr. n° 72-665 du 4 juill. 1972, seuls les tiers au contrat peuvent se prévaloir d'une inopposabilité par suite du défaut de publicité. • Paris, 30 oct. 1998 : *D. 1998. IR 263 ; D. Affaires 1998. 1954, obs. A. L.*

3 bis. Le créancier qui a fait procéder à l'inscription d'un gage automobile au registre public de la préfecture, dans le respect de la réglementation du Décr. n° 53-968 du 30 sept. 1953, est fondé à invoquer à son profit les dispositions de l'art. 53 [C. com., ancien art. L. 621-46]. • Douai, 19 sept. 2000 : *RTD com. 2001. 228, obs. Martin-Serf*. – Dans le même sens, V. • Amiens, 21 sept. 2000 : *Gaz. Pal. 2002. Somm. 540, obs. Vray* • Orléans, 14 juin 2002 : *RJDA 2002, n° 1170.*

4. Dès lors qu'en application des art. 2103 et 2107 [2374 et 2378] C. civ., les syndicats de copropriétaires sont dispensés de la formalité d'inscription du privilège dont ils bénéficient pour garantir le paiement de leurs créances de charges et travaux mentionnés aux art. 10 et 30 de la L. n° 65-557 du 10 juill. 1965, le syndicat créancier ne peut être assimilé à un créancier titulaire d'une sûreté ayant fait l'objet d'une publication. • Com. 4 mars 2003 : *Bull. civ. IV, n° 35 ; D. 2003. AJ 909 ; JCP E 2003, n° 40, p. 1571, obs. Cabrillac ; RTD com. 2003. 566, obs. Martin-Serf ; AJDI 2003. 514, note Giverdon.* – Dans le même sens, V. • Paris, 8 févr. 2001 : *D. 2001. AJ 1244, obs. Lienhard ; D. 2003. Somm. 1333, obs. Giverdon* • 12 mars 2002 : *RJDA 2002, n° 789.* – V. Delattre, *Ann. loyers 2002. 1147.*

4 bis. L'inopposabilité de la forclusion ne peut être invoquée par les créanciers titulaires d'une sûreté ayant fait l'objet d'une publication sur un bien n'appartenant pas à leur débiteur en procédure collective (à propos d'une hypothèque consentie par un dirigeant de la société en procédure collective). • Com. 21 juin 2005 : *Bull. civ. IV, n° 133 ; D. 2005. AJ 1851, obs. Lienhard ; JCP E 2005, n° 51-52, p. 2203, obs. Delebecque ; Gaz. Pal. 4-5 nov. 2005, p. 39, obs. Le Corre ; RTD com. 2006. 914, obs. Martin-Serf.* – V. déjà, en ce sens, • Colmar, 29 mai 2001 : *D. 2001. AJ 2743, obs. Lienhard ; JCP E 2002, n° 4, p. 173, obs. Cabrillac et Pételǃ.*

4 ter. Le créancier dont la sûreté a été publiée et qui déclare sa créance avant d'avoir été averti personnellement est soumis aux dispositions des art. 50 et 53, al. 2, devenus les art. L. 621-43 et L. 621-46, al. 2, [anciens] C. com., de sorte que la déclaration à titre privilégié d'une créance initialement déclarée à titre chirographaire doit être faite dans le délai légal à peine de forclusion. • Com. 13 mai 2003 : *Bull. civ. IV, n° 76 ; D. 2003. AJ 1563, obs. Lienhard ; JCP E 2003, n° 40, p. 1571, obs. Pétel ; Act. proc. coll. 2003, n° 158, obs. Modi Koko Bebey ; RD banc. fin. 2003, n° 233, obs. F.-X. Lucas ; RTD com. 2003. 818, obs. Martin-Serf ; Defrénois 2004. 726, obs. Théry.*

4 quater. Forme et contenu de l'avertissement. Ne saurait être considéré comme satisfaisant aux prescriptions de l'art. 53, al. 2 [C. com., ancien art. L. 621-46], dans sa rédaction issue de la loi du 10 juin 1994, et de l'art. 66 du Décr. du 27 déc. 1985, dans sa rédaction issue du Décr. du 21 oct. 1994, l'envoi par le représentant des créanciers de la lettre simple adressée aux créanciers connus en application de l'art. 66, al. 1er, préc. • Com. 14 mars 2000 : *Bull. civ. IV, n° 57 ; D. 2000. AJ 169, obs. Lienhard ; JCP E 2000, n° 40,* p. 1571, note Le Corre ; ibid., p. 1563, *obs. Pétel ; JCP 2001. II. 10460, note Rivière ; RTD com. 2000. 717, obs. Martin-Serf ; Act. proc. coll. 2000, n° 88, obs. Regnaut-Moutier ; RD banc. fin. 2000, n° 69, obs. F.-X. Lucas.* ♦ En effet, l'envoi d'une lettre recommandée constitue une formalité substantielle. • Rennes, 1er oct. 1997 : *JCP*

E 1998, n° 25, p. 993, note F.-X. Lucas ; RJDA 1998, n° 1134 ; RTD com. 1998. 934, obs. Martin-Serf ✎.

Il résulte de la combinaison des art. L. 621-46, al. 2, [ancien] C. com. et 66, al. 3, du Décr. du 27 déc. 1985 que seul l'avertissement conforme aux dispositions prévues par l'art. 66 du décret fait courir le délai de deux mois à l'expiration duquel les créanciers encourent la forclusion (dans l'hypothèse où l'avertissement adressé par le représentant des créanciers à un créancier hypothécaire concernait la société débitrice, et non le débiteur personne physique ayant consenti l'hypothèque, auquel la procédure collective avait été étendue). • Com. 15 mai 2001 : *Bull. civ. IV, n° 88 ; D. 2001. AJ 1872, obs. Lienhard* ✎ *; Act. proc. coll. 2001, n° 137, obs. Vallansan ; Procédures 2001, n° 152, note Laporte ; JCP E 2001, n° 38, p. 1470, obs. Cabrillac.*

Seule la réception de l'avertissement prévu à l'art. 66 du Décr. du 27 déc. 1985 fait courir le délai de deux mois à l'expiration duquel les créanciers encourent la forclusion (dans le cas d'un avertissement adressé à l'ancienne adresse du créancier). • Com. 27 févr. 2007 : *Bull. civ. IV, n° 69 ; D. 2007. AJ 946, obs. Lienhard* ✎ *; RD banc. fin. 2007, n° 69, obs. F.-X. Lucas ; Gaz. Pal. 20-21 juill. 2007, p. 44, obs. Le Corre-Broly.*

Pour la censure d'un arrêt ayant validé l'avertissement d'un créancier domicilié à l'étranger alors que cet avertissement n'avait pas été adressé au moyen d'un formulaire [prévu par le Règl. n° 1346-2000 du 29 mai 2000] portant dans toutes les langues officielles des institutions de l'Union européenne le titre « Invitation à produire une créance. Délais à respecter », qu'il indiquait un délai de déclaration erroné et ne reproduisait pas les dispositions de l'art. L. 621-43 C. com. ni celles des art. 31-1 et 66 du Décr. n° 85-1388 du 27 déc. 1985, V. • Com. 7 juill. 2009 : *D. 2009. AJ 1965* ✎ *; LEDEN, oct. 2009, p. 2, obs. Blanc ; Gaz. Pal. 30-31 oct. 2009, p. 32, note Henry ; Rev. proc. coll. 2009, n° 149, obs. Menjucq ; RTD com. 2009. 804, obs. Martin-Serf* ✎ *; JCP E 2010. 1011, n° 8, obs. Pétel.*

V. aussi note 5 ss. ancien art. L. 621-43, ss. art. L. 622-24.

4 quinquies. Avertissement tardif. En ce sens que le créancier n'encourt pas de forclusion lorsque, averti par le représentant des créanciers après l'expiration du délai légal de déclaration, il déclare sa créance dans le délai de deux mois à compter de la réception de cet avertissement, V. • Com. 14 mars 2000 : *Bull. civ. IV, n° 56 ; D. 2000. AJ 167, obs. Lienhard* ✎ *; JCP E 2000, n° 40, p. 1571, note Le Corre ; ibid., p. 1563, obs. Pétel ; JCP 2001. II. 10460, note Rivière ; Act. proc. coll. 2000, n° 88, obs. Regnaut-Moutier ; RD banc. fin. 2000, n° 69, obs. F.-X. Lucas ; Defrénois 2000. 852, obs. Sénéchal ; RTD com. 2000. 716, obs. Martin-Serf* ✎ *; LPA 6 mars 2001, p. 15, note Courtier.* – V. aussi • Com. 1er avr. 2003 : *RD banc. fin. 2003, n° 148, obs. F.-X. Lucas.* ♦ A l'expiration de ce délai de deux mois, le créancier peut se faire relever de la forclusion s'il présente sa demande dans le délai d'un an à compter du jugement d'ouverture de la procédure. • Com. 26 nov. 2002 : *Bull. civ. IV, n° 177 ; D. 2003. AJ 66, obs. Lienhard* ✎ *; JCP E 2003, n° 20, p. 852, obs. Pétel ; Act. proc. coll. 2003, n° 2, obs. Vallansan ; RD banc. fin. 2003, n° 29, obs. F.-X. Lucas ; RTD com. 2003. 366, obs. Martin-Serf* ✎.

5. Défaut d'avertissement. Le créancier privilégié n'ayant pas été averti personnellement, sa requête en relevé de forclusion ne peut être rejetée. • Amiens, 20 mars 1997 : *Gaz. Pal. 1998. 2. Somm. 409.* ♦ Si le juge-commissaire, saisi d'une requête en relèvement de la forclusion, peut constater qu'il n'y a pas lieu à relèvement en raison de l'inopposabilité de la forclusion au créancier, non avisé personnellement et bénéficiant d'une sûreté ayant fait l'objet d'une publication ou d'un crédit-bail publié, la requête qui a pour seul objet de faire juger que la forclusion est inopposable au créancier requérant n'autorise pas le juge-commissaire à accorder un relèvement qui n'est pas sollicité. • Paris, 30 oct. 1998 : *préc. note 3.* ♦ V. aussi, pour des applications distributives du relevé de forclusion et de l'inopposabilité de forclusion à l'égard de créanciers dont la créance est, pour partie privilégiée, pour partie chirographaire, • Paris, 18 nov. 1997 : *RTD com. 1998. 934, obs. Martin-Serf* ✎ • 16 juin 1998 : *ibid.*

Comp., en ce sens que le créancier doit exercer une action en déclaration d'inopposabilité de la forclusion et non pas une action en relevé de forclusion. • Rennes, 18 févr. 1998 : *JCP E 1998, n° 25, p. 993, note F.-X. Lucas ; RJDA 1998, n° 1134* • Douai, 9 sept. 1999 : *BICC 2000, n° 871.* ♦ S'agissant d'une action en inopposabilité de forclusion et non d'une action en relevé de forclusion, le délai d'un an prévu par l'art. 53, al. 3 [C. com., art. L. 621-46], n'est pas applicable. • Paris, 21 nov. 1997 : *RTD com. 1998. 934, obs. Martin-Serf* ✎ • 22 janv. 1999 : *D. Affaires 1999. 342.*

5 bis. Portée de l'inopposabilité prévue par l'ancien art. L. 621-46, al. 2. Si la forclusion n'est pas opposable au créancier titulaire d'un contrat de crédit-bail publié dès lors qu'il n'a pas été averti personnellement d'avoir à déclarer sa créance, celui-ci reste néanmoins tenu de le faire pour agir contre la caution. • Com. 30 janv. 2007 : *Bull. civ. IV, n° 15 ; D. 2007. AJ 508, obs. Lienhard* ✎ *; D. 2008. Pan. 578, obs. Le Corre* ✎ *; Act. proc. coll. 2007, n° 47, obs. Salvat ; JCP E 2007. 1450, n° 10, obs. Cabrillac ; Gaz. Pal. 13-*

14 avr. 2007, p. 54, obs. Le Corre ; RJ com. 2007. 228, note Sortais ; RTD com. 2007. 449, obs. Martin-Serf ; RTD civ. 2007. 597, obs. Crocq .

5 *ter*. Recours. V. note 53.

III. FORCLUSION (ANCIEN ART. L. 621-46, AL. 4)

6. Caractère de la sanction. La créance qui n'a pas été déclarée dans le délai réglementaire est éteinte de plein droit, sauf relevé de forclusion. • Com. 16 févr. 1999 : *Bull. civ. IV, n° 47 ; D. Affaires 1999. 523, obs. P. P.* ♦ Sur le caractère de sanction impérative de la forclusion, V. aussi obs. Martin-Serf ss. • Versailles, 21 mai 1991 : *RTD com. 1991. 664* . ♦ La forclusion ne suppose pas qu'une faute du créancier ait été constatée. • Com. 23 oct. 1990 : *Bull. civ. IV, n° 244 ; D. 1992. Somm. 250, obs. Derrida* . ♦ V. aussi note 2 ss. art. L. 622-6, et notes 2 et 2 *bis* ss. ancien art. 66 du Décr. n° 85-1388 du 27 déc. 1985 ss. art. 622-21.

7. Le créancier dont la créance est éteinte pour n'avoir pas été déclarée au redressement judiciaire de son débiteur dans les délais prévus, ne saurait arguer, pour poursuivre la vente sur saisie immobilière des biens de celui-ci, d'une convention prise par conversion d'une obligation naturelle en obligation civile. • Com. 31 mai 1994 : *Bull. civ. IV, n° 197 ; D. 1995. Somm. 25, obs. Honorat ; D. 1995. Somm. 90, obs. Delebecque ; RTD com. 1994. 785, obs. Martin-Serf* . – Dans le même sens, V. • Com. 1er oct. 2002 : *RJDA 2003, n° 159 ; RD banc. fin. 2003, n° 74, obs. F.-X. Lucas.* ♦ Comp. : • Paris, 29 juin 2000 : *D. 2000. AJ 360, obs. Lienhard ; Banque et Droit mai-juin 2001. 57, obs. Guillot ; Rev. proc. coll. 2001. 80, obs. Soinne.*

Comp., désormais : art. L. 622-26 dans sa réd. issue de L. n° 2005-845 du 26 juill. 2005, qui ne prévoit plus l'extinction des créances non déclarées.

7 *bis*. Sur la conformité de la sanction à la DDH (non-renvoi d'une QPC), V. • Com. 22 mai 2013 : *D. 2013. Actu. 1269.*

8. Portée de la sanction. L'art. 53, al. 3 [4] [C. com., ancien art. L. 621-46], ne vise que les créances soumises à déclaration. • Com. 3 déc. 1996 : *Rev. dr. bancaire 1997. 36, obs. Campana et Calendini ; RJDA 1997, n° 417.*

9. L'absence de déclaration de leur créance par des banques bénéficiaires d'une hypothèque conventionnelle inscrite sur un immeuble commun au débiteur en liquidation judiciaire et à son épouse n'affecte que l'exercice dans le cadre de la procédure collective des droits hypothécaires des banques, mais non leur existence et la radiation de l'hypothèque ne peut, en l'état, être ordonnée du chef de l'épouse, alors que la créance litigieuse, éteinte à l'égard du mari, ne l'était pas à l'égard de la femme en raison de la solidarité des dettes. • Com. 14 mai 1996 : *Bull. civ. IV, n° 129 ; D. 1996. 460, note Derrida ; D. 1996. Somm. 387, obs. S. Piedelièvre ; D. Affaires 1996. 811 ; JCP E 1996. I. 584, n° 9, obs. Pétel ; Quot. jur. 18 juin 1996, p. 9, note P.M. ; LPA 19 juill. 1996, p. 23, note Soinne.* – V. aussi Martin-Serf, *RJ com. 1996. 337* ; Derrida, *D. 1997. Chron. 117* ; Comanzo, *JCP N 1998, n° 8, p. 279.* ♦ Il résulte des art. 1413 C. civ. et 53 de la loi du 25 janv. 1985 [C. com., ancien art. L. 621-46] que le créancier au profit duquel des époux communs en biens se sont solidairement engagés en constituant des sûretés réelles sur un immeuble commun ne peut, s'il n'a pas déclaré sa créance au passif de la liquidation judiciaire ouverte ultérieurement à l'égard de l'un des conjoints, prétendre participer aux répartitions faites dans le cadre de cette procédure collective mais, demeurant créancier de l'autre conjoint, peut faire valoir ses sûretés sur le produit de la vente de l'immeuble grevé, une fois désintéressés tous les créanciers admis. • Com. 26 oct. 1999 : *RJDA 2000, n° 70* • 1er févr. 2000 : *RJDA 2000, n° 692* • 2 mai 2001 : *Bull. civ. IV, n° 80 ; D. 2001. AJ 2030, obs. Lienhard ; Act. proc. coll. 2001, n° 141, obs. Vallansan ; JCP E 2001, n° 47, p. 1857, obs. Delebecque.* – V. aussi • Com. 23 mai 2000 : *Act. proc. coll. 2000, n° 151* • 23 mai 2000 : *LPA 18 sept. 2000, p. 13, note Gallet ; Rev. proc. coll. 2001. 10, obs. Macorig-Venier.*

9 *bis*. L'extinction de la créance, faute de déclaration au passif de l'indivisaire soumis à la procédure collective, est sans incidence sur le droit de poursuivre les biens indivis que le créancier tient de l'art. 815-17, al. 1er, C. civ., dès lors que les créanciers de l'indivision préexistante à l'ouverture de la procédure collective de l'un des indivisaires, qui auraient pu agir sur les biens indivis avant qu'il y eût indivision, conservent leur droit de poursuivre la saisie de ces biens, malgré l'ouverture de cette procédure. • Civ. 1re, 13 déc. 2005 : *cité note 11 quater ss. art. L. 622-21.*

9 *ter*. L'absence de déclaration de créance du porteur de la lettre de change au passif du redressement judiciaire du tiré est sans incidence sur l'action en responsabilité quasi délictuelle formée par le porteur à l'encontre de la banque ayant refusé de régler l'effet. • Com. 23 nov. 1999 : *Bull. civ. IV, n° 206.*

9 *quater*. Suite à l'extinction de la créance d'indemnité d'éviction non déclarée au passif du bailleur, le preneur, déchu de son droit de recevoir cette indemnité, ne peut plus se prévaloir du droit au maintien dans les lieux. • Com. 4 janv. 2005 : *Bull. civ. IV, n° 3. Act. proc. coll. 2005,* *n° 27, obs. Vallansan ; Loyers et copr. 2005, n° 96, obs. Brault ; RJDA 2005, n° 593.*

9 quinquies. La sentence d'un tribunal arbitral qui s'est prononcé, en retenant l'existence d'un préjudice fondé sur l'insuffisance de bonne foi du débiteur, sur une demande n'ayant pas fait l'objet d'une déclaration de créance doit être annulée dès lors que la règle de l'extinction des créances non déclarées est d'ordre public. • Civ. 1re, 28 sept. 2011 : *D. 2011. Actu. 2410, obs. Delpech ; Rev. sociétés 2011. 732, obs. Roussel Galle ; RTD com. 2012. 189, obs. Martin-Serf ; JCP E 2011. 1738, obs. Béguin ; Procédures 2011, n° 339, note Weiller ; LEDEN nov. 2011, p. 5, obs. Mélin ; Bull. Joly Entrep. diff. 2012. 27, note Vidal.*

10. En l'absence de déclaration de créance à la procédure collective d'un des époux qui se sont portés cautions solidaires et ont hypothéqué deux immeubles dépendant de leur communauté en garantie de crédits consentis à une société, la créance étant éteinte à l'égard de cet époux, il en résulte que le commandement aux fins de saisie immobilière ne doit être signifié qu'à son épouse, qui demeure la seule débitrice. • Com. 3 mai 2006 : *D. 2006. AJ 1451, obs. Lienhard ; Act. proc. coll. 2006, n° 130, obs. Henry.*

11. La décision de relevé de forclusion du juge-commissaire de la seconde procédure collective [ouverte après résolution du plan de continuation] est dénuée de tout effet lorsque la créance est déjà éteinte par suite de la forclusion intervenue dans la première procédure collective. • Com. 21 juin 2005 : *Bull. civ. IV, n° 132 ; D. 2005. AJ 1939, obs. Lienhard ; D. 2006. Pan. 84, obs. Le Corre ; Act. proc. coll. 2005, n° 221, obs. Cagnoli ; RJ com. 2005. 450, note Sortais ; RTD com. 2006. 201, obs. Martin-Serf.*

11 bis. L'extinction de la créance, conséquence de l'irrégularité de la déclaration à la procédure collective du débiteur, survenue postérieurement à l'ouverture de la procédure collective, ne constitue pas une circonstance nouvelle, au sens de l'art. 488, al. 2, C. pr. civ., permettant de rapporter ou de modifier en référé une ordonnance de référé. • Com. 8 janv. 2008 : *Bull. civ. IV, n° 2 ; D. 2008. AJ 290 ; JCP E 2008. 1432, n° 12, obs. Pétel ; Act. proc. coll. 2008, n° 60, obs. Bléry.*

12. Caution. **BIBL.** Courtier, *LPA 23 sept. 1992.* ♦ L'extinction de la créance en application de l'art. 53, al. 3 [4] [C. com., ancien art. L. 621-46], est une exception inhérente à la dette et, conformément à l'art. 2036 [2313] C. civ., la caution peut l'opposer au créancier. • Com. 17 juill. 1990 : *Bull. civ. IV, nos 214 et 215 ; D. 1990. 494, note Honorat ; D. 1991. Somm. 12, obs. Derrida ; Gaz. Pal. 1990. 2. 678, note Piedelièvre ; JCP E 1991. II. 101, note Amlon* • 23 oct. 1990 : *Bull. civ. IV, n° 244 ; D. 1990. IR 267* • 30 mars 1993 : *Bull. civ. IV, n° 124 ; D. 1993. IR 131* • 6 juill. 1993 : *Rev. huiss. 1994. 93, note Vidal.* ♦ V., dans le même sens, pour un avaliste, • Com. 25 oct. 1994 : *Bull. civ. IV, n° 312 ; D. 1995. 590, note Crionnet ; D. 1995. Somm. 306, obs. Honorat ; RTD com. 1996. 124, obs. Martin-Serf ; Rev. huiss. 1995. 57, note Vidal* • 3 déc. 1996 : *Bull. civ. IV, n° 296 ; D. 1997. IR 19* (avaliste d'un billet à ordre). – *Contra* : • Lyon, 18 nov. 1988 : *D. 1989. 71, note Derrida* • Bordeaux, 16 mars 1989 : *D. 1989. 473, note Derrida* • CE 14 juin 2000 : *RJDA 2001, n° 475* (engagement de caution en remplacement d'une retenue de garantie, dans un marché de travaux publics). – Rappr. : • Versailles, 21 mai 1991 : *D. 1992. Somm. 251, obs. Derrida.* ♦ V. aussi, en cas de condamnation de la caution par un tribunal étranger, note 1 *ter* ss. ancien art. L. 621-43, ss. art. L. 622-24. ♦ La solution est évidemment différente lorsque le prétendu cautionnement s'analyse, en réalité, en garantie à première demande. • TGI Paris, 8 mars 1995 : *Rev. dr. bancaire 1995. 191, obs. Contamine-Raynaud.*

13. La créance étant éteinte par application de l'art. 53 [C. com., ancien art. L. 621-46], peu important la clôture de la liquidation judiciaire du débiteur principal pour insuffisance d'actif, aucune action ne peut plus être engagée contre la caution. • Com. 11 juin 1996 : *Bull. civ. IV, n° 167 ; Rev. dr. bancaire 1996. 213, obs. Campana et Calendini.* ♦ De même, la décision, prise en application de l'art. 71 du Décr. du 27 déc. 1985 (et de l'art. 99 de la loi [C. com., ancien art. L. 621-102]), de ne pas engager ou poursuivre la vérification des créances, est sans influence sur l'extinction de la créance. • Com. 23 nov. 1999 : *Bull. civ. IV, n° 208 ; D. 2000. AJ 13, obs. A. L. ; RTD com. 2000. 188, obs. Vallens.* ♦ V. aussi • Versailles, 8 oct. 1998 : *RJ com. 1999. 427, obs. Legrand.* – *Contra* : • Versailles, 21 mai 1991 : *D. 1992. Somm. 251, obs Derrida ; RTD com. 1991. 664, obs. Martin-Serf.*

14. Dès lors que la caution a seule fait une déclaration de créance, le créancier ne peut invoquer, pour remédier à sa propre carence, les dispositions de l'art. 2032 [2309] C. civ., lesquelles, en vue d'accroître les garanties de la caution, l'autorisent à agir contre le débiteur principal avant même d'avoir payé et retourner ainsi contre la caution, en le détournant de sa finalité, un texte destiné à faciliter l'exercice de son action récursoire. • Com. 23 oct. 1990 : *préc. note 6* • 17 juill. 1990 : *Bull. civ. IV, n° 215* • 12 juill. 1994 : *ibid. IV, n° 260 ; D. 1994. IR 207* • 3 janv. 1996 : *Rev. dr. bancaire 1996. 210, obs. Campana et Calendini.* ♦ Pas plus, à l'inverse, le fait par un creancier d'avoir déclaré sa créance, ne peut dispenser la caution entendant se prévaloir des dispositions de l'art. 2032 [2309] C. civ., de déclarer également sa propre créance contre le débiteur principal, à défaut de quoi cette créance est éteinte. • Com. 2 mars 1993 : *Bull. civ. IV, nº 80 ; D. 1993. Somm. 310, obs. Aynès* • Civ. 1re, 25 oct. 1994 : *Bull. civ. I, nº 305 ; D. 1994. IR 255*. ♦ V. aussi note 16 ss. ancien art. L. 621-43, ss. art. L. 622-24.

15. De même, il importe peu, dès lors que la créance est éteinte, que la caution ait été mise en demeure de payer antérieurement à la mise en redressement judiciaire du débiteur principal. • Rennes, 1er déc. 1994 : *Dr. sociétés 1995, nº 213.*

16. Le prononcé à l'encontre de la caution d'un jugement la condamnant à exécuter son engagement ne fait pas non plus obstacle à ce qu'elle oppose au créancier l'extinction de sa créance pour une cause postérieure audit jugement, celui-ci serait-il passé en force de chose jugée. • Com. 5 déc. 1995 : *Bull. civ. IV, nº 277 ; Quot. jur. 1er févr. 1996, p. 6, note P. M. ; JCP E 1996. I. 554, nº 18, obs. Cabrillac ; RTD com. 1997. 326, obs. Martin-Serf* • 6 juin 2000 : *Act. proc. coll. 2000, nº 181, obs. Vallansan ; RD banc. fin. 2000, nº 201, obs. F.-X. Lucas.*

Sur la décharge de la caution lorsque le créancier omet de déclarer sa créance dans le cadre de la seconde procédure collective ouverte après résolution du plan de continuation, V. aussi • Com. 10 déc. 2002 : *RJDA 2003, nº 518* • Versailles, 3 déc. 1998 : *Gaz. Pal. 1999. 2. Somm. 615.*

En revanche, l'extinction de la créance ne peut plus être opposée par la caution à la société créancière dès lors qu'elle était acquise au jour du jugement de condamnation de la caution, prononcé après l'expiration du délai de déclaration et en l'absence de demande de relevé de forclusion de la part du créancier. • Com. 4 oct. 2005 : *Bull. civ. IV, nº 199 ; D. 2005. AJ 2805, obs. Lienhard ; Gaz. Pal. 10-11 févr. 2006, p. 41, obs. Le Corre ; RD banc. fin. 2006, nº 21, obs. F.-X. Lucas.*

16 bis. Pour la nullité, faute d'objet, d'une transaction conclue entre une banque et les cautions de la société débitrice, la créance de la banque étant éteinte au jour de la transaction, pour n'avoir pas été déclarée à la procédure collective de la société, V. • Civ. 1re, 29 mai 2001 : *Bull. civ. I, nº 156 ; D. 2001. AJ 1944, obs. Avena-Robardet ; Banque et Droit juill.-août 2001. 55, obs. Jacob ; JCP E 2001, nº 46, p. 1815, obs. Simler.* ♦ *Contra*, s'agissant d'une transaction conclue après condamnation définitive de la caution au paiement : • Civ 1re, 19 déc. 2000 : *Bull. civ. I, nº 334 ; D. 2001. AJ 629, obs. Avena-Robardet ; Act. proc. coll. 2001, nº 19, obs. Regnaut-Moutier ; JCP E 2001, nº 18, p. 753, obs. Pétel ; ibid., nº 46, p. 1815, obs. Simler ; Banque et Droit mai-juin 2001. 46, obs. Jacob ; ibid. janv.-févr. 2002. 50, obs. Guillot ; RTD com. 2001. 976, obs. Martin-Serf*.

17. La caution ne peut plus invoquer l'extinction de la créance après que le créancier a été irrévocablement relevé de la forclusion : V. note 9 ss. art. 4 du Décr. nº 2007-431 du 25 mars 2007 ss. art. R. 624-7 C. com.

18. En l'absence de décision d'admission de la créance garantie opposable à la caution, une cour d'appel, saisie par celle-ci d'une exception tenant au caractère tardif de la déclaration de créance à la procédure collective du débiteur principal, peut, elle-même, après avoir constaté que la créance garantie a été déclarée hors délai, en déduire qu'elle est éteinte, à moins que le créancier ne justifie avoir demandé au juge-commissaire à être relevé de la forclusion encourue. • Com. 17 mars 1998 : *Bull. civ. IV, nº 106 ; JCP E 1998, nº 10, obs. Cabrillac.* ♦ Dès lors que la banque ne prétend pas, en l'espèce, avoir saisi le juge-commissaire d'une demande en relevé de forclusion, la cour d'appel, sans être tenue de surseoir à statuer, peut se prononcer sur le caractère tardif de la déclaration litigieuse. • Même arrêt.

19. Subrogée dans les droits du créancier, la caution qui a payé celui-ci et qui ne prétend pas l'avoir fait après l'extinction des droits du créancier principal pour défaut de déclaration ne peut lui reprocher de n'avoir pas déclaré une créance éteinte. • Com. 6 juin 2000 : *Act. proc. coll. 2000, nº 181, obs. Vallansan ; RJDA 2000, nº 1047 ; JCP 2002. II. 10008, note Boronad-Lesoin ; RTD com. 2002. 369, obs. Martin-Serf*.

19 bis. A défaut de déclaration de la créance de la banque caution, celle-ci est éteinte à l'égard des sous-cautions qui garantissent non la créance de la société bénéficiaire du cautionnement à l'égard du débiteur principal en liquidation judiciaire, mais celle de la banque caution à l'égard du débiteur principal, lequel n'étant titulaire d'aucun droit à l'égard des sous-cautions n'a pu en transmettre le bénéfice par l'effet de la subrogation. • Civ. 1re, 7 mai 2002 : *Bull. civ. I, nº 123 ; D. 2002. AJ 1902, obs. Lienhard ; JCP E 2002, nº 39, p. 1523, obs. Cabrillac ; Dr. et proc. 2002. 286, obs. Courtier ; RD banc. fin. 2002, nº 132, obs. Legeais ; RTD com. 2003. 165, obs. Martin-Serf* • Com. 30 mars 2005 : *Bull. civ. IV, nº 71 ; D. 2005. AJ 1151, obs. Lienhard ; Act. proc. coll. 2005, nº 118, obs. Legeais ; JCP E 2005, nº 36, p. 1426, obs. Cabrillac ; Gaz. Pal. 6-7 juill. 2005, p. 41, obs. Le Corre ; ibid. 21-22 juin 2006, p. 41, obs. Robine. – Contra :* • Lyon, 24 mars 2005 : *BICC 2006, nº 324.* ♦ Le défaut de déclaration de sa créance par le créancier initial ne fait pas obstacle au recours de la caution qui a déclaré sa créance au passif de la société cautionnée contre la sous-caution. • Com. 11 févr. 2004 : *RJDA 2004, n° 1017 ; JCP 2004. I. 188, n° 9, obs. Simler.* – Dans le même sens, V. • Com. 21 févr. 2006 : *Gaz. Pal. 14-18 juill. 2006, p. 39, obs. Le Corre.* ♦ La caution qui a déclaré sa créance avant paiement au redressement judiciaire du débiteur principal peut se retourner contre la sous-caution après le paiement effectué par elle au créancier, sans avoir à procéder à une nouvelle déclaration de créance. • Com. 17 déc. 2003 : *Bull. civ. IV, n° 208.* ♦ Sauf en cas d'admission de la créance de la caution au passif du débiteur principal, la sous-caution est fondée à contester, à l'égard de la caution, la réalité et le montant de la créance de celle-ci contre le débiteur principal. • Com. 17 sept. 2002 : *Bull. civ. IV, n° 123 ; D. 2002. Somm. 3336, obs. Aynès ; Act. proc. coll. 2002, n° 208, obs. Regnaut-Moutier ; JCP E 2003, n° 6, p. 272, obs. Cabrillac ; RD banc. fin. 2002, n° 235, obs. F.-X. Lucas ; RTD com. 2003. 370, obs. Martin-Serf ; LPA 30 juin 2003, p. 10, note Houtcieff.*

19 ter. Garantie autonome. Une garantie autonome n'est pas éteinte lorsqu'en cas de redressement ou de liquidation judiciaire du donneur d'ordre, le créancier bénéficiaire de la garantie ne déclare pas au passif sa créance ; en conséquence, celui-ci peut assigner directement le garant. • Com. 30 janv. 2001 : *D. 2001. Somm. 3426, obs. Honorat ; JCP E 2001, n° 13, p. 568, note Legeais ; ibid., n° 20-21, p. 850, note Rémery ; Banque et Droit mai-juin 2001. 50, obs. Prüm ; RTD com. 2001. 763, obs. Martin-Serf.* ♦ En raison du caractère autonome de son engagement, le garant ne peut ni imputer à faute au bénéficiaire de la garantie la non-déclaration de sa créance au titre du contrat de base au passif du redressement judiciaire des sociétés garanties, ni prétendre avoir de ce fait subi un préjudice. • Com. 9 juin 2004 : *Bull. civ. IV, n° 118 ; Rev. sociétés 2004. 894, note Pariente ; Banque et Droit sept.-oct. 2004. 77, obs. Rontchevsky.*

20. Codébiteurs solidaires. L'extinction, en vertu de l'art. 53, al. 3 [4] [C. com., ancien art. L. 621-46], de la créance à l'égard du débiteur faisant l'objet d'une procédure collective, laisse subsister l'obligation distincte contractée par son codébiteur solidaire. • Com. 19 janv. 1993 : *Bull. civ. IV, n° 25 ; D. 1993. 331, note Honorat et Patarin ; JCP 1993. II. 22056, note Pétel; Defrénois 1993. 1045, note Derrida ; ibid. 1993. 1220, obs. Sénéchal* • Civ. 1re, 17 nov. 1993 : *Bull. civ. I, n° 335 ; D. 1994. Somm. 214, obs. Delebecque ; Defrénois 1994. 1121, obs. D. Mazeaud* • 2 avr. 1996 : *RJDA 1996, n° 971* • Civ. 3e, 8 oct. 1997 : *RJDA 1997, n° 1543* • Com. 14 mars 2000 : *RD banc. fin. 2000, n° 68, obs. F.-X. Lucas ; RJDA 2000, n° 691* • Paris, 22 juin 2001 : *D. 2002. Somm. 638, obs. R. Martin.* ♦ Ainsi, l'extinction de la créance à l'égard du mari faisant l'objet d'une procédure collective laisse subsister l'obligation distincte contractée par son épouse, codébiteur solidaire, et n'affecte pas l'existence des droits hypothécaires du créancier sur les biens communs. • Com. 11 déc. 2001 : *Bull. civ. IV, n° 198 ; D. 2002. AJ 402, obs. Lienhard ; Act. proc. coll. 2002, n° 23, obs. Regnaut-Moutier ; Procédures 2002, n° 52, note Croze ; RD banc. fin. 2002, n° 60, obs. F.-X. Lucas ; JCP E 2002, n° 20, p. 807, obs. Pétel ; RJ com. 2002. 229, note Courtier ; Dr. et patr. juill.-août 2002. 106, obs. Monsèrié-Bon ; RTD com. 2002. 363, obs. Martin-Serf.* ♦ Il en résulte que le créancier qui, après l'extension de la procédure collective à l'épouse, a regulièrement déclaré sa créance au passif de celle-ci, conserve ses droits dans cette procédure. • Même arrêt. ♦ L'extinction de la créance du bailleur à l'égard du locataire, objet d'une procédure collective, faute de déclaration à celle-ci, laisse subsister l'obligation personnelle de son épouse, co-titulaire du bail, en vertu de l'art. 1751 C. civ. • Civ. 3e, 23 mars 2005 : *D. 2005. AJ 1084, obs. Lienhard ; Gaz. Pal. 6-7 juill. 2005, p. 43, obs. Le Corre.* ♦ La négligence imputable au créancier pour avoir omis de déclarer sa créance en temps utile au passif de la liquidation judiciaire du codébiteur ne révèle de sa part, ni un manquement à son obligation de bonne foi, ni une manifestation de déloyauté à l'égard de ses cocontractants, susceptible d'engager sa responsabilité civile. • Com. 23 oct. 2001 : *Bull. civ. IV, n° 175 ; D. 2001. AJ 3433, obs. Lienhard ; D. 2003. Somm. 1284, obs. Brémond ; LPA 4 déc. 2001, p. 14, note E. C. ; JCP 2002. II 10103, note de Gentili-Picard.*

20 bis. En application des dispositions de l'art. 1208 C. civ., si l'extinction de la créance à l'égard du débiteur faisant l'objet d'une procédure collective en raison du défaut de déclaration laisse subsister l'obligation distincte contractée par son codébiteur solidaire, en revanche, ce dernier peut opposer au créancier la chose jugée résultant de l'admission irrévocable de la créance dans la procédure collective ouverte à l'égard de l'autre codébiteur solidaire. • Com. 25 nov. 2008 : *Bull. civ. IV, n° 199 ; D. 2008. AJ 3008, obs. Lienhard ; Act. proc. coll. 2009, n° 51, obs. Cagnoli ; Gaz. Pal. 21-22 janv. 2009, p. 51, obs. Le Corre ; JCP E 2009. 1347, n° 8, obs. Cabrillac ; Defrénois 2009. 1400, obs. Gibirila ; RJDA 2009, n° 869 (2e esp.).*

21. L'extinction de la créance à l'égard du locataire-gérant, résultant du défaut de déclaration, ne profite pas au loueur solidairement responsable en application de l'art. 8 de la loi du

20 mars 1956 [C. com., art. L. 144-7]. • Com. 27 mai 1997 : *D. Affaires 1997. 1042* • Montpellier, 18 janv. 1990 : *Rev. proc. coll. 1990. 413, obs. Dureuil ; RTD com. 1991. 292, obs. crit. Martin-Serf*.

21 bis. Lorsque la cession de créance professionnelle est effectuée à titre de garantie d'un crédit, le cédant reste tenu, en sa qualité de débiteur principal, vis-à-vis de l'établissement cessionnaire lui ayant accordé le crédit, peu important que la créance cédée n'ait pas été déclarée au passif du débiteur cédé. • Com. 20 oct. 2009 : *Bull. civ. IV, n° 128 ; D. 2009. AJ 2611 ; RTD com. 2010. 422, obs. Martin-Serf ; Act. proc. coll. 2009, n° 303, obs. F. Petit ; Gaz. Pal. 8-9 janv. 2010, p. 31, obs. Bonhomme ; LEDEN, janv. 2010, p. 4, obs. Mouial-Bassilana ; Banque et Droit janv.-févr. 2010. 18, obs. Bonneau ; Rev. proc. coll. 2010, n° 63, obs. Pérochon ; RD banc. fin. 2010, n° 39, obs. Crédot et Samin.*

22. Pluralité de débiteurs. L'extinction de la créance, à défaut de déclaration, laissant subsister l'éventuelle obligation distincte susceptible de peser sur un autre débiteur, c'est à tort que le crédit-bailleur, propriétaire d'un véhicule loué à une entreprise en redressement judiciaire et détenu par un garagiste qui avait effectué des travaux de réparation, prétend que la demande en paiement des réparations formée à son encontre est irrecevable en raison de l'absence de déclaration par le garagiste de sa créance au passif de l'entreprise utilisatrice. • Versailles, 21 sept. 1994 : *RJDA 1994, n° 1366.*

23. Cofidéjusseurs. **BIBL.** J. Mestre, *Dr. et patr. janv. 1998. 66 ; avr. 1998. 64.* ♦ Il résulte de l'art. 2025 [2302] C. civ. que l'extinction de la dette de la caution en liquidation judiciaire est sans effet sur l'obligation de l'autre caution à toute la dette. • Com. 28 janv. 1997 : *Bull. civ. IV, n° 27 ; D. 1997. Somm. 167, obs. Aynès ; D. 1997. Somm. 213, obs. Honorat ; D. Affaires 1997. 276 ; JCP 1997. II. 22946, note Dagorne-Labbe ; LPA 3 oct. 1997, p. 28, note D. Boccara.* ♦ V. aussi note 18.

24. Coavalistes. En ce sens que la condamnation à paiement prononcée contre un avaliste, nonobstant le défaut de déclaration de créance du bénéficiaire d'un billet à ordre à la procédure collective du souscripteur, a autorité de la chose jugée contre l'autre avaliste, dès lors que celui-ci ne prétend pas que l'instance engagée contre le coavaliste a été menée en fraude des intérêts, V. • Com. 1er juin 1999 : *Bull. civ. IV, n° 115 ; D. Affaires 1999. 1114, obs. X. D. ; Act. proc. coll. 1999, n° 174, obs. Cabrillac ; Banque et Droit sept.-oct. 1999. 47, obs. Jacob.*

24 bis. Indivisaire post-communautaire. Une personne qui n'est pas recherchée comme caution mais comme indivisaire d'un bien dépendant de l'indivision post-communautaire, pour une dette née du chef de l'ex-époux pendant la communauté, ne peut se prévaloir de l'extinction de la créance non déclarée au passif du débiteur. • Com. 10 mai 2012 : *Bull. civ. IV, n° 93 ; D. 2012. Actu. 1326 ; Act. proc. coll. 2012, n° 157, obs. Leprovaux ; Bull. Joly Entrep. diff. 2012. 248, note Cabrillac ; LEDEN sept. 2012, p. 3, obs. Rubellin ; RJDA 2012, n° 878.*

25. Associés tenus du passif social. L'extinction de la créance d'un créancier contre une SCI fait disparaître l'obligation des associés, qui ne sont tenus que du passif social. • Civ. 3e, 22 mars 1995 : *Bull. civ. III, n° 84 ; Rev. sociétés 1995. 559, note Barbièri ; Dr. sociétés 1995, n° 96, obs. Chaput ; Bull. Joly 1995. 551, note Jeantin* • 10 juill. 1996 : *D. 1997. Somm. 80, obs. Honorat ; Dr. sociétés 1996, n° 169, obs. Chaput ; Bull. Joly 1996. 958, note Calendini* • Douai, 6 févr. 1995 : *BICC 1995, n° 854.* ♦ De même, l'extinction de la créance d'un créancier contre une société en nom collectif emporte, si elle est établie, la disparition de l'obligation des associés qui ne sont tenus que du passif social. • Com. 25 nov. 1997 : *Bull. civ. IV, n° 309 ; D. Affaires 1998. 27, obs. A. L. ; Bull. Joly 1998. 156, note Le Cannu.*

26. Délégation. L'obligation du délégué est une obligation personnelle, indépendante de l'obligation du délégant, de sorte que l'extinction de la créance du délégataire contre le délégant pour défaut de déclaration au passif de sa liquidation judiciaire laisse subsister l'obligation distincte du délégué. • Com. 7 déc. 2004 : *D. 2005. AJ 79, obs. Lienhard ; ibid. Pan. 1427, obs. Boujeka ; Act. proc. coll. 2005, n° 31, obs. Saint-Alary-Houin ; JCP E 2005, n° 17, p. 711, obs. Pétel ; Banque et Droit mars-avr. 2005. 39, obs. Rontchevsky ; Dr. et patr. avr. 2005. 116, obs. Monsèrié-Bon ; Gaz. Pal. 29-30 avr. 2005, p. 33, obs. Le Corre.*

27. Garantie financière professionnelle. En raison de son autonomie, la garantie financière exigée des personnes exerçant des activités relatives à certaines opérations portant sur les immeubles et les fonds de commerce et affectée au remboursement des fonds, effets ou valeurs qu'elles ont reçus n'est pas éteinte lorsqu'en cas de redressement ou de liquidation judiciaire de l'agent immobilier, le client ne déclare pas au passif sa créance de restitution de la somme versée. • Cass., ass. plén., 4 juin 1999 : *Bull. civ. n° 4 ; D. 2000. Somm. 140, obs. Capoulade ; D. Affaires 1999. 1082, obs. A. L. ; JCP E 1999, n° 30-34, p. 1294, note Béhar-Touchais ; RTD civ. 1999. 665, obs. Crocq ; Banque et Droit sept-oct. 1999. 46, obs. Rontchevsky ; LPA 27 déc. 1999, p. 9, note*

Lemaitre-Basset et Schroeder ; ibid., 10 févr. 2000, p. 16, note Féviliyé-Dawey ; RTD com. 2000. 175, obs. Martin-Serf • Com. 15 févr. 2000 : *Rev. proc. coll. 2002. 174, obs. Lebel* (pour la garantie financière d'un syndic de copropriété) • 23 mai 2000 : *Act. proc. coll. 2000, n° 147* • Civ. 1re, 12 déc. 2000 : *Act. proc. coll. 2001, n° 50 ; RD banc. fin. 2001, n° 113, obs. Cerles* • 25 juin 2002 : *AJDI 2003. 529, note Thioye ; Rev. proc. coll. 2003. 347, obs. Lebel.* ♦ Comp., pour la position de la première Chambre civile antérieure à l'arrêt d'Assemblée plénière du 4 juin 1999 : • Civ. 1re, 10 janv. 1995 : *Bull. civ. I, n° 17 ; D. 1995. 178, note Aynès ; JCP 1995. II. 22489, note Béhar-Touchais* • 27 juin 1995 : *Bull. civ. I, n° 278 ; D. 1995. IR 165.* ♦ De même, la garantie imposée par la L. n° 71-1130 du 31 déc. 1971 [dans sa rédaction initiale], et spécialement affectée au remboursement des fonds, effets ou valeurs reçus par les conseils juridiques, ne s'éteint que pour l'une des causes énumérées de manière limitative par l'art. 20 du Décr. n° 72-671 du 13 juill. 1972 et seulement dans les conditions fixées par les art. 21, 22 et 23 de ce décret ; cette garantie ne cesse pas, en cas d'ouverture du redressement judiciaire du conseil juridique, si le client omet de déclarer au passif sa créance de restitution des sommes versées. • Com. 5 oct. 1993 : *Bull. civ. IV, n° 311 ; D. 1994. 267, note Sortais et Derrida ; RTD com. 1994. 122, obs. Martin-Serf ; JCP 1994. II. 22225, note Béhar-Touchais* (V. l'arrêt cassé : • Paris, 28 févr. 1991 : *JCP 1992. II. 21911, note Ginestet* ; et l'arrêt de renvoi : • Versailles, 14 nov. 1996 : *D. Affaires 1997. 223*). – *Contra* : • Com. 1er oct. 1991 : *JCP 1993. II. 21990, note Béhar-Touchais.*

28. Garantie d'achèvement. La garantie d'achèvement des travaux prévue à l'art. R. 315-34 C. urb. possédant un caractère spécifique et ne s'assimilant pas à un cautionnement prévu par les art. 2011 [2288] s. C. civ., sa mise en œuvre n'est pas soumise à une déclaration préalable de créance en cas de redressement ou de liquidation judiciaires du lotisseur : • Civ. 3e, 14 janv. 1998 : *D. 1998. IR 54 ; D. Affaires 1998. 257, obs. J. F. ; JCP E 1998, n° 9, p. 298, obs. Morvan* • *28 nov. 2001 : Bull. civ. III, n° 139 ; D. 2002. AJ 213 ; JCP 2003. I. 124, n° 10, obs. Delebecque* • Com. 25 févr. 2004 : *RD banc. fin. 2004, n° 206, obs. Cerles.*

29. Caution de retenue de garantie. Le cautionnement solidaire substitué à la retenue de garantie [souscrit en application de la L. n° 71-584 du 16 juill. 1971] possédant un caractère spécifique et ne s'assimilant pas au cautionnement prévu par les art. 2011 [2288] s. C. civ., sa mise en œuvre n'est pas soumise à une déclaration préalable de créance en cas de redressement ou de liquidation judiciaire de l'entrepreneur. • Civ. 3e, 3 oct. 2001 : *Bull. civ. III, n° 111 ; D. 2001. AJ 3121, obs. Lienhard ; Act. proc. coll. 2001, n° 260, obs. Le Corre ; JCP E 2002, n° 3, p. 132, note F.-X. Lucas ; ibid., n° 4, p. 172, n° 10, obs. Pétel ; ibid., n° 20, p. 807, n° 11, obs. Cabrillac ; RD banc. fin. 2002, n° 15, obs. Cerles ; Banque et Droit mars-avr. 2002. 49, obs. Jacob ; RTD com. 2002. 368, obs. Martin-Serf.* – *Contra* : • Paris, 28 mai 1999 : *Banque et Droit janv.-févr. 2000. 68, obs. Guillot.* ♦ Dans le même sens que l'arrêt de la Cour de cassation, pour une caution de retenue de garantie consentie dans les conditions de l'art. 322 (ancien) C. marchés, V. • CE 14 juin 2000 : *D. 2001. 2117, note Ancel ; RJDA 2001, n° 475 ; JCP 2001. I. 356, n° 10, obs. Simler ; RD banc. fin. 2001, n° 225, obs. Cerles.*

29 bis. Action directe du sous-traitant. En ce sens que l'extinction de la créance du sous-traitant faute de déclaration au passif de la procédure collective dont est l'objet l'entrepreneur principal, ne préjudicie pas à l'exercice de l'action directe du sous-traitant contre le maître de l'ouvrage, en vertu de l'art. 12, al. 3, de la loi du 31 déc. 1975, V. • Paris, 27 nov. 1990 : *JCP 1992. II. 21782, note Dubois* • Versailles, 4 juill. 1991 : *D. 1992. Somm. 116, obs. Bénabent ; RTD com. 1991. 664, obs. Martin-Serf.* ♦ V. ce texte App., v° *Sous-traitance*.

30. Vente à terme. Même si elle libère l'acquéreur de l'obligation de payer la partie du prix restant due, l'extinction de la créance par application de l'art. 53 [C. com., ancien art. L. 621-46] ne constitue pas le terme contractuellement fixé pour le transfert de propriété. • Com. 9 janv. 1996 : *Bull. civ. IV, n° 8 ; D. 1996. 184, note Derrida ; Dr. sociétés 1996, n° 58, obs. Chaput ; JCP E 1996. I. 554, n° 19, obs. Cabrillac.* – V. Larroumet, *D. Affaires 1996. 603* ; Charlery, *JCP 1997. I. 4013.*

31. Salariés. V. art. L. 625-1.

32. Compensation. La créance qui n'a pas été déclarée et n'a pas donné lieu à un relevé de forclusion est éteinte, ce qui exclut la compensation judiciaire entre créance et dette respectives. • Com. 8 juin 1999 : *Dr. sociétés 1999, n° 148, obs. Chaput* • Grenoble, 28 janv. 1988 : *LPA 31 août 1988, note Gallet.*

33. En l'absence de déclaration d'une créance d'indemnités contractuelles, le créancier, assigné en paiement après que la banque cessionnaire lui a notifié une cession de créance par le débiteur en liquidation judiciaire, ne peut ensuite invoquer cette créance comme un élément d'une compensation, y compris dans les relations avec la banque cessionnaire, en l'absence de toute dette personnelle de celle-ci. • Com. 18 juin 1996 : *D. 1996. IR 186.*

34. Partie civile. L'extinction de la créance de

la victime en application de l'art. L. 621-46 C. com. ne saurait la priver de son droit de se constituer partie civile pour corroborer l'action publique. • Crim. 23 janv. 2008 : *Act. proc. coll. 2008, n° 122, obs. Cerf-Hollender ; JCP E 2008. 2062, n° 15, obs. Cabrillac ; Rev. proc. coll. 2008, n° 136, obs. Legrand.* ♦ Dès lors que les juges ont constaté l'extinction de la créance de la partie civile, pour défaut de déclaration dans la liquidation judiciaire du prévenu, celui-ci ne peut être placé sous le régime du sursis avec mise à l'épreuve comportant l'obligation spéciale de réparer les dommages causés par l'infraction. • Crim. 11 juin 1998 : *Rev. sociétés 1998. 814, note Bouloc*.

35. Action paulienne. Le créancier qui n'a pas déclaré sa créance dans les délais et qui n'a pas été relevé de sa forclusion est irrecevable, même après la clôture de la liquidation de son débiteur, à exercer l'action paulienne. • Com. 2 févr. 1999 : *Bull. civ. IV, n° 35 ; D. 1999. Somm. 351, obs. Honorat ; Act. proc. coll. 1999, n° 49, obs. Vallansan ; RTD com. 1999. 745, obs. Martin-Serf*.

35 bis. Action en responsabilité engagée par le créancier forclos. La société qui n'a pas déclaré sa créance devant, comme tout créancier, veiller à la sauvegarde de ses droits, le dirigeant de la société débitrice qui n'avait pas l'obligation d'informer le créancier du prononcé du redressement judiciaire n'a pas commis de faute engageant sa responsabilité en raison de l'extinction de la créance. • Com. 16 févr. 1993 : *Dr. sociétés 1993, n° 75, obs. Chaput.* ♦ En effet, l'extinction de la créance résulte du défaut de déclaration par le créancier et non pas du silence conservé par le débiteur. • Com. 20 janv. 1998 : *D. Affaires 1998. 336, obs. X. D. ; JCP 1998. II. 10121, note Dagorne-Labbe ; Defrénois 1998. 952, obs. Le Cannu ; RTD com. 2000. 172, obs. Martin-Serf* • 14 mai 1996 : *D. 1996. IR 174*. ♦ V. aussi • Com. 13 avr. 1999 : *RJDA 1999, n° 698 ; Act. proc. coll. 1999, n° 130, obs. Vallansan* • 14 mai 2002 : *RJDA 2002, n° 1061.* ♦ Comp., pour une condamnation du débiteur, fondée sur l'art. 123 NCPC (désormais, art. 123 C. pr. civ., relatif à l'abstention de soulever une fin de non-recevoir à des fins dilatoires) : • Aix-en-Provence, 31 mai 1996 : *Gaz. Pal. 1997. 1. 55, note Latil.* ♦ De même, l'administrateur et le commissaire à l'exécution du plan n'ont aucune obligation d'informer les créanciers de l'ouverture d'une procédure collective. • Com. 14 mai 2002 : *préc.* ♦ Sur la responsabilité du représentant des créanciers pour défaut d'avertissement d'un créancier, V. note 2 *bis* ss. ancien art. 66 du Décr. n° 85-1388 du 27 déc. 1985 ss. art. R. 622-21. ♦ Dans le cas où la créance a fait l'objet d'une déclaration tardive, le représentant des créanciers n'a pas l'obligation d'aviser le créancier de la tardiveté de sa déclaration. • Com. 18 févr. 2003 : *Rev. proc. coll. 2003. 320, obs. Legrand.*

IV. RELEVÉ DE FORCLUSION

36. Délai de l'action en relevé de forclusion. Le délai d'un an [six mois], fixé par l'art. 53 [C. com., art. L. 622-26], est un délai préfix. • Com. 1er juill. 1997 : *Bull. civ. IV, n° 210 ; D. 1998. Somm. 96, obs. Honorat ; D. Affaires 1997. 934 ; JCP E 1998, n° 1-2, p. 32, obs. Cabrillac ; RD bancaire et bourse 1998. 21, obs. Campana et Calendini ; RTD com. 1998. 417, obs. Martin-Serf* • 27 oct. 1998 : *D. Affaires 1999. 37* • 11 juin 2002 : *RD banc. fin. 2002, n° 138, obs. F.-X. Lucas* • Paris, 6 déc. 1991 : *RJDA 1992, n° 195* • Orléans, 21 juin 1994 : *Rev. proc. coll. 1995. 312, obs. Dureuil* • Toulouse, 27 nov. 1997 : *JCP 1998. IV. 2041* • Rouen, 18 juin 1998 : *Gaz. Pal. 1998. 2. Somm. 706.* – Comp. (Rép. min. n° 2412 : *JO Sénat Q, 21 oct. 1993, p. 1960*). ♦ *Contra*, pour un délai de prescription : • T. com. Versailles, 26 oct. 1989 : *Rev. dr. bancaire 1990. 141, obs. Campana et Calendini* • T. com. Paris, 2 mars 1990 : *ibid. 1990. 173, obs. Campana et Calendini ; RTD com. 1990. 640, obs. Martin-Serf* • 31 mai 1991 : *Gaz. Pal. 1992. 2. Somm. 333* • Rouen, 30 janv. 1992 : *Dr. sociétés 1992, n° 134, obs. Chaput* • 3 mars 1994 : *Rev. proc. coll. 1995. 312, obs. Dureuil.*

37. L'erreur à l'origine du dépassement de délai ne saurait réunir les caractères d'un événement de force majeure, dès lors qu'elle est imputable à une personne ou un groupe de personnes et qu'elle est susceptible de fonder une recherche de responsabilité. • Toulouse, 27 nov. 1997 : *préc. note 36.*

37 bis. En ce sens que le créancier forclos pour n'avoir pas sollicité un relevé de forclusion dans le délai d'un an [six mois], ne peut invoquer une violation de l'art. 6 (1) Conv. EDH (droit au procès équitable), V. • Com. 3 oct. 2000 : *D. 2001. Somm. 1070, obs. F.-X. Lucas ; RTD com. 2001. 760, obs. Martin-Serf*.

38. Le fait que la procédure ait abouti successivement à l'adoption, puis à la résolution, d'un plan de cession et au prononcé de la liquidation judiciaire, est sans effet sur la détermination du point de départ du délai qui reste constant. • Paris, 10 mai 1994 : *RJDA 1994, n° 710 ; Gaz. Pal. 1994. 1. 798, note Fisselier.*

38 bis. Pour l'application des dispositions de l'art. L. 621-46, al. 3, C. com. à la demande en relevé de forclusion présentée par l'État, agissant aux fins de restitution d'aides illégalement versées, V. • Com. 11 déc. 2012 : *D. 2013. Actu.*

8 ; Rev. sociétés 2013. 182, obs. Roussel Galle ; LEDEN janv. 2013, p. 5, obs. Favario ; Bull. Joly Entrep. diff. 2013. 43, note Vallens ; Dict. perm. diff. entrep., Bull. n° 344, obs. Rémery ; Act. proc. coll. 2013, n° 32, obs. Petit ; RJDA 2013, n° 247.

39. En application de l'art. 641, al. 2, NCPC [C. pr. civ.], le délai d'un an [dans le régime antérieur à la loi du 26 juill. 2005] expire le jour de l'année suivante qui porte le même quantième, à vingt-quatre heures (l'art. 14 du Décr. du 27 déc. 1985 étant sans effet à cet égard) : • Com. 6 févr. 1996 : *Dr. sociétés 1996, n° 79, obs. Chaput ; RJDA 1996, n° 832* • Paris, 3 avr. 1998 : *D. 1998. IR 129 ; D. Affaires 1998. 847.* ♦ La date d'une notification faite par voie postale, étant, à l'égard de celui qui y procède, celle de l'expédition, n'est pas tardive l'action en relevé de forclusion engagée par le créancier par une lettre expédiée par voie postale le dernier jour du délai. • Paris, 3 avr. 1998 : *préc.* ♦ Dans le même sens, à propos d'une requête en relevé de forclusion effectuée par télécopie, V. • TGI La Roche-sur-Yon, 27 févr. 2003 : *Gaz. Pal. 2003. 3050.*

39 bis. La prorogation de délai par l'art. 66 du Décr. du 27 déc. 1985 [C. com., art. R. 622-24], pour les créanciers résidant « hors de la France métropolitaine », expressément prévue au titre de la déclaration de créance, ne s'applique pas au délai dans lequel la requête en relevé de forclusion doit être formalisée. En revanche, un tel créancier est, en application de l'art. 645 NCPC (désormais, art. 645 C. pr. civ., relatif à la prorogation des délais de comparution, d'appel, d'opposition, de recours en révision et de pourvoi en cassation), parfaitement fondé à prétendre qu'il convient d'augmenter de deux mois le délai d'un an [six mois] prévu à l'art. 53, al. 3, de la loi [C. com., art. L. 622-26]. • Paris, 17 déc. 1999 : *D. 2000. AJ 116 .* ♦ V. aussi, appliquant l'art. 645 NCPC, • Rennes, 15 déc. 1999 : *RD banc. fin.V 2000, n° 67, obs. F.-X. Lucas.*

40. Les juges doivent relever d'office la fin de non-recevoir d'ordre public tirée de l'expiration du délai d'un an, à défaut de quoi est ouverte la voie de l'appel-nullité. V. • Com. 16 nov. 1993 : *Bull. civ. IV, n° 409 ; Gaz. Pal. 1995. 1. 7, note Latil* • 28 mai 1996 : *D. 1996. IR 161* • 26 oct. 1999 : *Bull. civ. IV, n° 187 ; D. 1999. AJ 95 ; RTD com. 2000. 188, obs. Vallens ; RD banc. fin. 2000, n° 20, obs. F.-X. Lucas* • Paris, 10 mai 1994 : *préc. note 38* • Nîmes, 10 janv. 2002 : *RD banc. fin. 2003, n° 30, obs. F.-X. Lucas.* – *Contra* : • Versailles, 1er déc. 1994 : *D. 1995. IR 51.*

40 bis. Validité de la requête en relevé de forclusion. Pour un arrêt ayant jugé, s'agissant d'une requête présentée par un préposé d'une caisse d'épargne, que la mention selon laquelle celui-ci déclarait agir « pour le responsable contentieux » et invoquait un pouvoir de « représenter la caisse devant les instances judiciaires » était insuffisante à établir la validité de la subdélégation, V. • Com. 5 déc. 1995 : *Bull. civ. IV, n° 304 ; Quot. jur. 1er févr. 1996, p. 4.* ♦ Comp. : notes 25 et 26 ss. ancien art. L. 621-43, ss. art. L. 622-24.

41. Pour l'obligation de la représentation par avocat en Alsace-Moselle, V. • Com. 19 juin 2007 : *Bull. civ. IV, n° 165 ; D. 2007. AJ 2036 ; Gaz. Pal. 26-27 oct. 2007, p. 50, obs. Le Corre-Broly.*

41 bis. Intérêt à agir. La requête en relevé de forclusion, contrairement à la déclaration de créance dont il est acquis qu'elle a simplement les caractères d'une demande en justice, est présentée directement à une juridiction, le juge-commissaire ; il s'ensuit que le requérant doit justifier d'un intérêt à agir au sens des art. 30 à 32 C. pr. civ. • Douai, 13 nov. 2008 : *D. 2008. AJ 2933.*

41 ter. Déclaration de créance. Ni l'art. L. 621-43 [L. 622-24] ni l'art. L. 621-46 [L. 622-26] C. com. n'obligent le créancier défaillant à déclarer sa créance avant de saisir le juge-commissaire de sa demande en relevé de forclusion. • Com. 4 oct. 2005 : *Bull. civ. IV, n° 200 ; D. 2005. AJ 2742, obs. Lienhard ; JCP E 2006, n° 2, p. 76, obs. Cabrillac ; RTD com. 2006. 199, obs. Martin-Serf ; RD banc. fin. 2006, n° 26, obs. F.-X. Lucas.* ♦ Il est néanmoins tenu de la déclarer dans le délai préfix d'un an à compter de la décision d'ouverture de la procédure. • Com. 3 nov. 2009 : *Gaz. Pal. 16-17 avr. 2010, p. 34, obs. Le Corre-Broly.*

42. Sursis à statuer sur l'admission de la créance. V. note 13 ss. art. L. 624-2.

43. Principe du contradictoire. Le juge-commissaire ne peut statuer sur la demande d'un créancier tendant à être relevé de forclusion, qui est de nature contentieuse, qu'après avoir entendu ou dûment appelé le représentant des créanciers et les parties intéressées. • Com. 13 déc. 2005 : *Bull. civ. IV, n° 250 ; D. 2006. AJ 228, obs. Lienhard ; Gaz. Pal. 30 avr.-4 mai 2006, p. 43, obs. Le Corre.*

44. Motifs de relevé de forclusion. Sur le pouvoir souverain des juges du fond pour apprécier les circonstances motivant le relevé de forclusion, V. • Com. 27 mars 1990 : *Bull. civ. IV, n° 92* • 30 mai 2006 : *RTD com. 2006. 672, obs. Vallens .* ♦ Les juges ne peuvent, toutefois, se borner à retenir, à l'appui de leur décision de relevé de forclusion, que la créance résulte d'un titre authentique. • Com. 22 oct. 1996 : *RJDA 1997, n° 122.*

45. Sur un relevé de forclusion motivé par le fait qu'une créance fiscale est apparue par suite d'une vérification postérieure au jugement d'ouverture, V. • Pau, 2 juill. 1996 : *Cah. jurispr. Aquitaine 1996, n° 3, p. 109.* ♦ ... Par le fait que le créancier a donné mandat à un tiers de procéder à la déclaration de créances, V. • Com. 16 oct. 2001 : *Rev. proc. coll. 2002. 97, obs. Legrand.* ♦ ... Par l'altération des fonctions cérébrales du créancier pendant la période au cours de laquelle il aurait dû déclarer, V. • Toulouse, 21 nov. 2001 : *RD banc. fin. 2002, n° 100, obs. F.-X. Lucas.* ♦ V. aussi • Colmar, 20 janv. 2004 : *RD banc. fin. 2004, n° 170, obs. F.-X. Lucas ; Rev. proc. coll. 2005. 52, obs. Dumont ; ibid. 57, obs Rubellin* (détresse psychologique de l'épouse du débiteur, qui subissait la violence de celui-ci). – Comp. : • Metz, 28 janv. 2003 : *RD banc. fin. 2003, n° 149, obs. F.-X. Lucas.* ♦ ... Par l'éloignement du créancier, domicilié à l'étranger, V. • Aix-en-Provence, 7 mai 1998 : *Act. proc. coll. 1998, n° 93, obs. Vallansan.* ♦ *Contra*, pour un créancier qui était associé dans la société débitrice et qui avait été assigné en paiement avec elle avant même l'ouverture de la procédure collective, • Paris, 30 juin 1998 : *Act. proc. coll. 1998, n° 115.* ♦ V. aussi, jugeant que la qualité d'étranger du créancier ne le dispense pas d'établir que sa défaillance n'est pas due à son fait, • Rouen, 13 juill. 1999 : *JCP E 2000, n° 46, p. 1789.* ♦ ... Par le fait que le créancier, non initié aux procédures collectives, n'a pas été informé de l'ouverture de la procédure collective de son débiteur, V. • Montpellier, 3 mars 1998 : *Act. proc. coll. 1999, n° 202, obs. Vallansan* (conjoint créancier d'une pension alimentaire) • Orléans, 4 févr. 1999 : *ibid.* (client consommateur). – V. aussi • Besançon, 6 avr. 2004 : *Act. proc. coll. 2004, n° 136* (cessionnaire de créances professionnelles n'ayant jamais été en relations d'affaires avec le débiteur et ayant son siège social dans un ressort différent de celui de la juridiction ayant ouvert la procédure). ♦ ... Par l'indication au BODACC d'un faux délai de déclaration, V. • T. com. Paris, 12 janv. 1994 : *RJDA 1994, n° 583.* ♦ ... Par le fait que le BODACC ne mentionnait que le lieu d'activité du débiteur personne physique, et non son domicile, V. • Douai, 2 juill. 1998 : *Rev. proc. coll. 1999. 215, obs. Larrieu.* ♦ ... Par l'absence de mention, dans le jugement d'ouverture et l'avis publié au BODACC, de l'existence des établissements secondaires du débiteur, V. • Paris, 9 oct. 1998 : *D. 1998. IR 246.* ♦ ... Par le fait que le créancier, bien qu'abonné au BODACC, ne l'avait pas reçu pendant la période où le jugement d'ouverture avait été publié, V. • Nîmes, 13 nov. 2003 : *RD banc. fin. 2004, n° 133, obs. F.-X. Lucas.* ♦ V. aussi, jugeant que la lecture du BODACC ne saurait être exigée d'un créancier que pour les dettes professionnelles, • T. com. Paris, 31 mai 1991 : *préc. note 36.*

46. Sur un relevé de forclusion motivé par la fraude du débiteur, qui a dissimulé à son créancier (une banque), dans le cadre d'une instance qui l'opposait à celui-ci, la procédure collective dont il faisait l'objet, V. • Com. 2 mai 2001 : *RJDA 2001, n° 788,* conf. de • Paris, 30 janv. 1998 : *D. Affaires 1998. 428, obs. V. A.-R.* – V. aussi • T. com. Nanterre, 30 janv. 1998 : *ibid.* (fraude résultant du défaut d'information du créancier sur le transfert du siège social de la société débitrice dans le ressort d'un autre tribunal) • T. com. Nanterre, 19 déc. 1997 : *ibid.* (fraude résultant du défaut d'information du créancier sur le changement de raison sociale de la société débitrice) • Aix-en-Provence, 29 nov. 2000 : *RD banc. fin. 2001, n° 64, obs. F.-X. Lucas* • Nancy, 16 oct. 2002 : *ibid. 2004, n° 26, obs. F.-X. Lucas.* ♦ Comp., refusant de relever de sa forclusion une banque, au motif qu'il n'était pas établi que la société débitrice ait voulu dissimuler sa nouvelle dénomination sociale dans le litige qui l'opposait à la banque, le changement de dénomination sociale ayant fait l'objet des mesures de publicité légale, • Com. 2 mars 1999 : *Banque et Droit nov.-déc. 1999. 61, obs. Guillot.* ♦ Comp. également : • Com. 27 nov. 2001 : *Act. proc. coll. 2002, n° 58, obs. Vallansan* • Paris, 20 juin 2003 : *RD banc. fin. 2003, n° 195, obs. F.-X. Lucas.*

47. En ce sens que ne peuvent justifier un relevé de forclusion : l'existence de perturbations dans l'acheminement du courrier, V. • Paris, 29 mai 1998 : *Act. proc. coll. 1998, n° 117* • Nancy, 21 sept. 1998 : *Rev. proc. coll. 1999. 213, obs. Larrieu.* ♦ ... Des difficultés liées à une restructuration, V. • Paris, 6 juin 2001 : *Rev. proc. coll. 2002. 96, obs. Legrand.* – Rappr. : • Paris, 11 oct. 2002 : *RTD com. 2003. 567, obs. Martin-Serf.* ♦ ... Les difficultés matérielles résultant d'un nombre important de débiteurs, V. • Paris, 23 oct. 1998 : *Act. proc. coll. 1999, n° 79.* ♦ Dans le même sens, refusant de relever de sa forclusion un créancier (France Télécom) qui alléguait l'impossibilité, en raison du grand nombre de ses abonnés, de suivre au jour le jour la situation de ceux-ci, à défaut d'outils propres à assurer une surveillance, V. • Paris, 30 sept. 1999 : *D. 1999. AJ 53.* – *Contra :* • Douai, 19 oct. 1989 : *Banque 1990. 196, obs. Rives-Lange ; RTD com. 1990. 262, obs. Martin-Serf* • Amiens, 24 sept. 1998 : *Rev. proc. coll. 1999. 215, obs. Larrieu.* ♦ V. aussi, refusant de relever de sa forclusion une banque, plaideur institutionnel disposant d'un service juridique et contentieux, • Nîmes, 8 mars 2001 : *RD banc. fin. 2001, n° 234, obs. F.-X. Lucas.* ♦ ... Un créancier dont le conseil avait été informé en temps utile de l'ouverture de la procédure collective, V. • Douai, 7 avr. 2005 : *JCP E 2005, n° 36, p. 1428, note Delattre.* ♦ ... Un créancier contrôleur, V. • Lyon, 8 juin 2006 : *BICC 2006, n° 1769.* ♦ ... Pour l'omission d'une créance sur la liste des créanciers, dans le régime antérieur à la loi du 26 juill. 2005, V. notes 2 s. ss. art. L. 622-6. ♦ … Le défaut d'avertissement aux créanciers d'avoir à déclarer leurs créances entre les mains du représentant des créanciers, V. note 2 ss. ancien art. 66 du Décr. n° 85-1388 du 27 déc. 1985 ss. art. R. 622-21. ♦ … Le défaut d'information du créancier quant à l'irrégularité de sa déclaration, V. note 2 *ter* ss. art. L. 622-25.

V. aussi note 2 *quater* ss. art. L. 622-25.

48. Pour un arrêt refusant de relever de sa forclusion un mandataire-liquidateur, par définition professionnel des procédures collectives, V. • Amiens, 17 déc. 1998 : *Rev. proc. coll. 1999. 215, obs. Larrieu.*

49. Pour des décisions relevant de forclusion le Trésor public, V. • T. com. Nanterre, 31 mars 1995 : *Gaz. Pal. 1996. 1. Somm. 278* • Pau, 23 sept. 1997 : *Act. proc. coll. 1998, n° 35* • Dijon, 2 juill. 1998 : *Act. proc. coll. 1999, n° 202, obs. Vallansan ; Rev. proc. coll. 1999. 217, obs. Larrieu* • Paris, 9 oct. 1998 : *préc. note 45.* ♦ Sur le relevé de forclusion susceptible d'être accordé au Trésor public pour les créances dont sont redevables les sociétés de travaux publics intervenant sur des chantiers mobiles, V. *Rev. proc. coll. 1999. 215, obs. Larrieu.* ♦ Pour des arrêts refusant le relevé de forclusion, V. • Paris, 29 janv. 1999 : *D. 1999. IR 77 ; Rev. proc. coll. 1999. 215, obs. Larrieu* (publicité faite dans un autre département) • Besançon, 12 mai 1999 : *Act. proc. coll. 1999, n° 202, obs. Vallansan.*

50. Date de l'ordonnance. N'est pas entachée de nullité pour dépassement de ses pouvoirs par le juge-commissaire, l'ordonnance ayant relevé un créancier de la forclusion postérieurement au prononcé de la clôture pour insuffisance d'actif d'une liquidation judiciaire. • Paris, 24 avr. 1992 : *D. 1992. IR 212.*

51. Frais de l'instance. V. art. R. 622-25.

52. Effets du relevé de forclusion. Si aucun texte n'oblige le créancier défaillant à déclarer sa créance avant de saisir le juge-commissaire de sa demande de relevé de forclusion, il est néanmoins tenu de la déclarer dans le délai préfix d'un *an à compter de la décision* d'ouverture de la procédure [six mois à compter de la publication du jugement d'ouverture, dans le régime issu de la loi du 26 juill. 2005], même si le juge-commissaire n'a pas statué sur sa demande de relevé de forclusion à l'intérieur de ce délai. • Com. 9 mai 2007 : *Bull. civ. IV, n° 125 ; D. 2007. AJ 1424, obs. Lienhard ; RD banc. fin. 2007, n° 113, obs. F.-X. Lucas, JCP E 2007. 2119, n° 8, obs. Cabrillac ; RJ com. 2007. 367, note Roussel Galle ; Defrénois 2007. 1568, obs. Gibirila ; RTD com. 2008. 176, obs. Martin-Serf.* ♦ Le créancier qui a déclaré tardivement sa créance n'est pas tenu, après avoir été relevé de la forclusion, de procéder à une seconde déclaration de créance. • Com. 24 sept. 2003 : *RJDA 2004, n° 192.* – V. déjà, en ce sens, • Paris, 18 déc. 1998 : *D. Affaires 1999. 297.*

V. RECOURS

53. Décisions relatives à l'inopposabilité de la forclusion. Il résulte de l'art. 53, devenu l'art. L. 621-46 [ancien] C. com., que lorsque le juge-commissaire statue sur la demande en inopposabilité de la forclusion au créancier titulaire d'une sûreté ou d'un contrat de crédit-bail publiés qui n'a pas été avisé personnellement, l'appel de sa décision est porté devant la cour d'appel. • Com. 14 janv. 2004 *Bull. civ. IV, n° 11 ; D. 2004. AJ 279, obs. Lienhard ; JCP E 2004, n° 22, p. 858, obs. Pétel ; Act. proc. coll. 2004, n° 59, obs. Vallansan ; Dr. et patr. juin 2004. 101, obs. Monsèrié-Bon.*

54. Décisions statuant en matière de relevé de forclusion. V. ancien art. L. 621-46, al. 3. ♦ V. aussi note 3 ss. art. L. 631-12 et notes 1 *bis* et 8 ss. ancien art. L. 623-4 ss. art. L. 661-4. ♦ En ce sens que les dispositions de l'art. 53, al. 3 [C. com., ancien art. L. 621-46, al. 3], issues de la loi du 10 juin 1994, ne sont pas applicables aux procédures ouvertes avant le 1er oct. 1994, V. • Com. 10 mai 2000 : *Act. proc. coll. 2000, n° 158.*

55. Dès lors que l'irrégularité affectant l'ordonnance porte sur l'absence de débat contradictoire, la cour d'appel se trouve, par l'effet dévolutif de l'appel, saisie du litige en son entier et doit statuer sur le fond du droit, même si elle déclare l'ordonnance nulle. • Com 13 déc. 2005 : *préc. note 43.*

56. Pour un arrêt jugeant que le débiteur doit, en sa qualité de partie à la procédure, être intimé par le créancier interjetant appel de l'ordonnance ayant rejeté sa requête en relevé de forclusion, V. • Toulouse, 10 oct. 2001 : *RTD com. 2003. 567, obs. Martin-Serf.*

VI. ORDRE PUBLIC INTERNATIONAL

57. L'absence d'extinction de la créance pour défaut de déclaration à la procédure collective du débiteur principal n'est pas contraire à la conception française de l'ordre public international. • Com. 16 oct. 2007 : *Bull civ. IV, n° 218 ; D. 2007. AJ 2734, obs. Lienhard ; Gaz. Pal. 23-24 janv. 2008, p. 27, obs. Mélin ; RJDA 2008, n° 175 ; RJ com. 2008. 221, note Sortais ; Rev. crit. DIP 2008. 289, note Bureau.*

Art. L. 622-27 **S'il y a discussion sur tout ou partie d'une créance autre que celles mentionnées à l'article L. 625-1, le mandataire judiciaire en avise le créancier intéressé en l'invitant à faire connaître ses explications. Le défaut de réponse dans le délai de trente jours interdit toute contestation ultérieure de la proposition du mandataire judiciaire.** – *[C. com., ancien art. L. 621-47.]* – *V. art. R. 624-1.*

1. Domaine d'application. La sanction prévue par les art. 54 et 102, al. 2 [C. com., art. L. 622-27 et L. 624-3, al. 2], en cas de défaut de réponse dans le délai de trente jours n'est applicable que s'il y a discussion sur tout ou partie d'une créance autre que celles mentionnées aux art. 106 [abrogé par L. n° 94-475 du 10 juin 1994] et 123 [C. com., art. L. 625-1] ; elle ne peut être étendue lorsque la discussion porte sur la régularité de la déclaration de créance. • Com. 7 juill. 1998 : *Bull. civ. IV, n° 219 ; D. 1998. IR 209 ; D. Affaires 1998. 1322, obs. A. L. ; Quot. jur. 11 août 1998, p. 5, note P. M. ; Bull. Joly 1998. 1290, note Courtier ; JCP E 1998, n° 52, p. 2066, obs. Pétel* • 5 janv. 1999 : *Act. proc. coll. 1999, n° 51, obs. Vallansan* • Reims, 3 juill. 2001 : *JCP E 2002, n° 27, p. 1120.*

1 bis. Les dispositions de l'art. 54 [C. com., art. L. 622-27] ne sont pas applicables à la déclaration du passif de la personne morale au passif du dirigeant mis en redressement ou en liquidation judiciaires sur le fondement de l'art. 182 [C. com., ancien art. L. 624-5]. • Com. 15 févr. 2000 : *RJDA 2000, n° 707.* ♦ V. note 11 *bis* ss. ancien art. L. 624-5 ss. art. L. 652-1.

1 ter. Principe du contradictoire. Sur l'obligation de respecter le principe du contradictoire, V. • Rennes, 23 janv. 1990 : *Rev. proc. coll. 1991. 352, obs. Dureuil* • Bordeaux, 14 mars 1991 : *ibid.* • Com. 22 nov. 1994 : *Rev. proc. coll. 1995. 311, obs. Dureuil.* ♦ V. aussi note 2 *ter.*

2. Défaut de réponse. BIBL. Soinne, *Mélanges Honorat, Frison-Roche, 2000, p. 209.* ♦ A défaut de réponse dans le délai de trente jours, le créancier s'exclut lui-même du débat sur la créance, de sorte qu'il n'a pas à être convoqué pour être entendu par le juge-commissaire et ne peut pas non plus exercer de recours contre la décision de ce magistrat confirmant la proposition du représentant des créanciers. • Com. 30 mars 1993 : *Bull. civ. IV, n° 128 ; D. 1993. IR 130* • 28 mars 2000 : *Act. proc. coll. 2000, n° 132.* – V. aussi • Com. 30 mars 1993 : *Bull. civ. IV, n° 132 ; D. 1993. IR 130* • Paris, 28 mai 1999 : *D. 1999. IR 217.* ♦ Toutefois, en l'absence d'une réelle contestation de la créance dans la lettre du représentant des créanciers, le créancier n'a pas à présenter d'observation et son défaut de réponse ne l'exclut donc pas du débat sur la créance. • Paris, 20 sept. 1996 : *JCP E 1996. Pan. 1110.* – Pour des applications, V. • Aix-en-Provence, 3 déc. 2003 : *RD banc. fin. 2004, n° 171, obs. F.-X. Lucas* • Nancy, 24 févr. 2004 : *ibid.* ♦ Ainsi, la sanction prévue par les art. L. 621-47 [L. 622-27] et L. 621-105 [L. 624-3], al. 2, C. com., en cas de défaut de réponse dans le délai de trente jours, n'est pas applicable lorsque le représentant des créanciers avise le créancier de l'existence d'une instance en cours. • Com. 15 mars 2005 : *Bull. civ. IV, n° 57 ; D. 2005. AJ 889, obs. Lienhard ; RD banc. fin. 2005, n° 102, obs. F.-X. Lucas ; Gaz. Pal. 6-7 juill. 2005, p. 28, obs. Le Corre.* ♦ Il en va de même lorsque la contestation porte sur une créance autre que celle déclarée par le créancier. • Com. 17 juill. 2001 : *Act. proc. coll. 2001, n° 235.*

Le caractère insuffisant ou incomplet de la réponse du créancier à la décision de rejet d'une créance ne peut être assimilé à un défaut de réponse. • Com. 11 déc. 2001 : *Rev. proc. coll. 2002. 185, obs. Legrand* • Chambéry, 24 sept. 1996 : *Rev. proc. coll. 1997. 463, obs. Blanchard.* ♦ L'appréciation du contenu de la réponse du créancier fait partie de la discussion elle-même et ne relève pas de la sanction édictée pour défaut de réponse. • Com. 15 oct. 2002 : *RJDA 2003, n° 160 ; RD banc. fin. 2003, n° 32, obs. F.-X. Lucas.*

2 bis. Le créancier ne se trouve pas privé de ses droits, et le juge commissaire qui n'est pas tenu de suivre la proposition du représentant des créanciers, a la faculté d'ordonner son inscription sur l'état des créances, pour le montant qu'il estime justifié. • Versailles, 9 janv. 1997 : *Gaz. Pal. 1997. 2. Somm. 351.* ♦ V. aussi note 1 ss. art. L. 624-3.

2 ter. Dès lors que le créancier a été convoqué devant le juge-commissaire dans le délai de trente jours ouvert par l'art. L. 621-47 [L. 622-27] C. com. et a comparu devant lui, la sanction prévue par l'art. précité ne lui est pas applicable, peu important l'absence de réponse à la lettre de contestation du représentant des créanciers. • Com. 7 déc. 2004 : *Bull. civ. IV, n° 216 ; D. 2005. AJ 80, obs. Lienhard ; Act. proc. coll. 30 janv. 2005,* obs. Voinot ; RD banc. *fin. 2005, n° 19, obs. F.-X. Lucas ; RTD com. 2005. 175, obs. Vallens ; Rev. proc. coll. 2005. 129, obs. Gorrias.*

2 quater. Lettre adressée au mandataire du créancier. Lorsqu'un créancier déclare sa créance par l'intermédiaire d'un mandataire, la lettre par laquelle le représentant des créanciers avise que la créance déclarée fait l'objet d'une contestation peut être adressée soit au mandataire qui a déclaré la créance soit au créancier lui-même. • Com. 19 déc. 2006 : *Bull. civ. IV, n° 256 ; D. 2007. AJ 229 ; Act. proc. coll. 2007, n° 36, obs. Fricero ; RD banc. fin. 2007, n° 23, obs. F.-X. Lucas ; Gaz. Pal. 13-14 avr. 2007, p. 47, obs. Le Corre-Broly.* – V. déjà : • Com. 12 nov. 1997 : *Bull. civ. IV, n° 286 ; D. 1997. IR 258 ; D. Affaires 1997. 1425.*

2 quinquies. Créance d'une commune. Il résulte de la combinaison des dispositions de l'art. L. 621-47 C. com. et de celles de l'art. L. 2343-1, al. 1er, CGCT que, s'il appartient à l'ordonnateur de liquider les créances, seul le comptable de la commune, qui tient de la loi le pouvoir de poursuivre la rentrée de tous les revenus de la commune et de toutes les sommes qui lui sont dues, peut les déclarer au passif du débiteur. • Com. 23 oct. 2007 : *Bull. civ. IV, n° 221 ; D. 2007. AJ 2810 ; JCP E 2008. 1207, n° 10, obs. Pétel ; Gaz. Pal. 23-24 janv. 2008, p. 53, obs. Le Corre-Broly.* ♦ Seul le trésorier, qui a procédé à la déclaration de créance, a qualité pour faire connaître ses explications. • Même arrêt.

2 sexies. Lettre adressée à l'ancien syndic de copropriété. L'envoi par le représentant des créanciers à l'ancien syndic de copropriété, avant qu'il ne soit informé de son remplacement, d'une lettre mentionnant l'objet de la contestation de la créance et l'invitant à faire connaître ses explications dans le délai de trente jours, satisfait aux exigences des art. L. 621-47 [L. 622-27] C. com. et 72, al. 3, du décret du 27 déc. 1985 [C. com., art. R. 624-1] ; le représentant des créanciers n'ayant pas à renouveler sa contestation auprès du nouveau syndic peut, sans y être tenu, lui adresser une copie pour information de la lettre envoyée à son prédécesseur. • Com. 8 juin 2010 : *Bull. civ. IV, n° 106 ; D. 2010. Actu. 1477, obs. Lienhard ; RJDA 2010, n° 1094.*

2 septies. Réponse par un préposé du créancier. La personne morale créancière peut répondre à la lettre du liquidateur, l'avisant de l'existence d'une discussion sur tout ou partie de la créance déclarée, par tout préposé de son choix sans que ce préposé soit tenu de justifier qu'il est titulaire d'une délégation de pouvoir à cette fin émanant des organes habilités par la loi à représenter la personne morale. • Com. 16 sept. 2008 : *Bull. civ. IV, n° 154 ; D. 2008. AJ 2345, obs. Lienhard ; JCP E 2009. 1008, n° 13, obs. Pétel ; RTD com. 2008. 873, obs. Vallens ; ibid. 207, obs. Martin-Serf .*

2 octies. Délai de trente jours. Il résulte de la combinaison des art. L. 621-47 [L. 622-27] C. com. et 72, al. 3, du Décr. du 27 déc. 1985 [C. com., art. R. 624-1] que le délai de trente jours dans lequel le créancier doit répondre à la lettre du représentant des créanciers court à compter de la réception de la lettre par le créancier. • Com. 21 janv. 2003 : *RJDA 2003, n° 860.* ♦ Dès lors que le créancier n'a pas reçu la lettre recommandée l'avisant de la contestation de sa créance, celle-ci ayant été retournée à l'envoyeur faute d'avoir été réclamée, le délai de trente jours n'a pas couru. • Com. 5 nov. 2003 : *Bull. civ. IV, n° 161 ; D. 2003. AJ 2963, obs. Lienhard ; Procédures 2004, n° 22, note Perrot.* ♦ Il en va de même lorsque la lettre revient au représentant des créanciers avec la mention « n'habite plus à l'adresse indiquée ». • Orléans, 3 mars 2005 : *RJDA 2005, n° 731.* ♦ Il appartient au représentant des créanciers d'établir la date de réception de la lettre de contestation par le créancier. • Paris, 4 févr. 1997 : *Rev. proc. coll. 1997. 462, obs. Blanchard.*

3. Créancier domicilié à l'étranger. Le créancier domicilié à l'étranger ne bénéficie pas d'une augmentation du délai de trente jours. • Paris, 16 mars 1993 : *RJDA 1993, n° 563.* ♦ Il ne peut non plus invoquer le défaut de traduction de la lettre dans sa langue, aucun texte ne prévoyant une telle obligation. • Paris, 29 juin 1993 : *RJDA 1993, n° 827* • Douai, 25 avr. 2002 : *D. 2002. AJ 2604 .*

Art. L. 622-28 *(L. n° 2005-845 du 26 juill. 2005, art. 39)* **« Le jugement d'ouverture arrête le cours des intérêts légaux et conventionnels, ainsi que de tous intérêts de retard et majorations, à moins qu'il ne s'agisse des intérêts résultant de contrats de prêt conclus pour une durée égale ou supérieure à un an ou de contrats assortis d'un paiement différé d'un an ou plus.** *(Ord. n° 2008-1345 du 18 déc. 2008, art. 166-I)* **« Les personnes physiques coobligées ou ayant consenti une sûreté personnelle ou ayant affecté ou cédé un bien en garantie » peuvent se prévaloir des dispositions du présent alinéa.** – *Comp., en cas de redressement judiciaire : art. L. 631-14 (II).*

« Le jugement d'ouverture suspend jusqu'au jugement arrêtant le plan ou prononçant la liquidation toute action contre les personnes physiques coobligées ou ayant

consenti » *(Ord. n° 2008-1345 du 18 déc. 2008, art. 166-II)* **« une sûreté personnelle ou ayant affecté ou cédé un bien en garantie ». Le tribunal peut ensuite leur accorder des délais ou un différé de paiement dans la limite de deux ans.**

Les créanciers bénéficiaires de ces *(L. n° 2005-845 du 26 juill. 2005, art. 39)* **« garanties » peuvent prendre des mesures conservatoires.** – *[C. com., ancien art. L. 621-48.]*

V. art. R. 622-26.

BIBL. ▸ MACORIG-VENIER, *Rev. proc. coll. 2005. 210.* – NEVEU et GUERY, *ibid. 2012. Étude 44* (situation des cautions, coobligés et garants).

1. Caractère définitif de l'arrêt. Le jugement d'ouverture du redressement judiciaire arrêtant définitivement le cours des intérêts des créances nées antérieurement, une cour d'appel ne peut faire reprendre le cours des intérêts à compter de la date du jugement adoptant le plan de continuation. • Soc. 10 déc. 1996 : *Bull. civ. V, n° 434 ; Dr. sociétés 1997, n° 7, obs. Chaput* • Com. 10 déc. 2002 : *RJDA 2003, n° 615.*

1 bis. Application à la liquidation judiciaire. V. déjà, avant la L. n° 94-475 du 10 juin 1994, qui a rendu l'art. L. 621-48 [devenu L. 622-28] applicable à la procédure de liquidation judiciaire, • Com. 7 févr. 1989 : *D. 1989. Somm. 214, obs. Honorat ; Bull. civ. IV, n° 50.* ♦ V., désormais, art. L. 641-3.

1 ter. Créances garanties par l'AGS. Le jugement d'ouverture arrêtant définitivement le cours des intérêts des créances, y compris salariales, nées antérieurement, les juges du fond doivent se borner, sans mettre hors de cause l'AGS, à déterminer le montant des sommes à inscrire sur l'état des créances, toute condamnation de l'employeur à payer directement ces sommes à l'intéressé étant exclue. • Soc. 13 janv. 1999 : *Act. proc. coll. 1999, n° 57.* ♦ Sur l'application de l'art. 55 [C. com., art. L. 622-28] aux créances salariales, V. aussi • Soc. 23 nov. 1999 : *D. 2001. Somm. 116, obs. Derrida.*

1 quater. Exclusion des créances postérieures au jugement d'ouverture. L'art. 55 [C. com., art. L. 622-28] ne s'applique qu'aux intérêts des créances dont l'origine est antérieure au jugement d'ouverture de la procédure collective. • Com. 11 juill. 1995 : *Bull. civ. IV, n° 210 ; D. 1996. Somm. 222, obs. Pérochon ; D. Affaires 1995. 69.* – Dans le même sens : • Com. 20 juin 2000 : *Bull. civ. IV, n° 129 ; D. 2000. AJ 368, obs. Pisoni ; JCP E 2001, n° 5, p. 221, obs. Cabrillac.* ♦ Tel n'est pas le cas de la créance du vendeur, titulaire d'une clause de réserve de propriété, lorsque les marchandises, qui existaient en nature à la date du jugement d'ouverture, ont été revendues par la suite. • Com. 11 juill. 1995 : *préc.*

1 quinquies. Notion de prêt. L'art. 55 [C. com., art. L. 622-28] n'est pas applicable à un contrat de crédit-bail. • Com. 29 mai 2001 : *Bull. civ. IV, n° 106 ; D. 2001. AJ 2122, obs. Avena-Robardet ; JCP E 2001, n° 37, p. 1423, obs. Cabrillac* • Paris, 9 oct. 1997 : *RJDA 1998, n° 72.*

2. Durée supérieure à un an. La dérogation à la règle de l'arrêt du cours des intérêts n'est pas limitée aux seuls contrats en cours à l'ouverture de la procédure, mais s'applique aussi aux contrats déjà dénoncés ou résiliés avant. • Colmar, 10 janv. 1990 : *D. 1991. Somm. 111, obs. Derrida* • Com. 16 avr. 1991 : *Bull. civ. IV, n° 143 ; D. 1991. 362, note Gavalda* • 27 nov. 1991 : *Bull. civ. IV, n° 362 ; D. 1993. 229, note Sortais* • 11 mai 1993 : *Bull. civ. IV, n° 181 ; Rev. sociétés 1993. 652, note Chaput* • 6 juill. 1993 : *Rev. huiss. 1993. 190, note Vidal.*

La circonstance que trois prolongations successives aient été accordées ne saurait conférer au prêt [conclu à l'origine pour six mois], au regard des dispositions de l'art. 55 [C. com., art. L. 622-28], le caractère d'un prêt conclu pour une durée égale ou supérieure à un an. • Com. 29 avr. 2003 : *Bull. civ. IV, n° 65 ; D. 2003. AJ 1436 ; JCP E 2003, n° 40, p. 1569, obs. Cabrillac ; RD banc. fin. 2003, n° 235, obs. F.-X. Lucas ; RTD com. 2003. 820, obs. Martin-Serf.*

Dès lors que la convention de compte courant ne précise ni la durée pendant laquelle la mise à disposition des fonds est accordée, ni les modalités de son remboursement, le compte courant ne saurait constituer un prêt à plus d'un an, les modalités de remboursement accordées lors de la cession des titres ne lui conférant pas cette qualité. • Com. 23 avr. 2013 : *D. 2013. Actu. 1128.*

Pour l'application de l'art. 55 [C. com., art. L. 622-28] à une ouverture de crédit, V. • Com. 19 mars 1996 : *D. 1996. IR 111 ; Rev. dr. bancaire 1996. 127, obs. Campana et Calendini ; Rev. proc. coll. 1996. 490, obs. Kerckhove ; RTD com. 1996. 720, obs. Martin-Serf* • 9 janv. 2001 : *Bull. civ. IV, n° 1 ; D. 2001. AJ 923, obs. Avena-Robardet ; RD banc. fin. 2001, n° 119, obs. F.-X. Lucas ; Dr. et patr. nov. 2001. 113, obs. Monsèrié-Bon ; RTD com. 2001. 975, obs. Martin-Serf.* ♦ Comp., s'agissant d'une ouverture de crédit à durée indéterminée dont l'exécution s'est poursuivie pendant plus d'un an : • Com. 6 mai 1997 : *Bull. civ. IV, n° 116 ; Rev. dr. bancaire 1997. 174, obs. Campana et Calendini ; JCP E 1997. II. 996, note Legeais.*

Le jugement d'ouverture du redressement judiciaire de la caution arrête le cours des intérêts de la somme due par celle-ci, conformément à la règle de l'art. 55 [C. com., art. L. 622-28], peu important, au regard de cet arrêt, intervenu du chef de la caution, la durée supérieure à un an du contrat de prêt initialement conclu entre le créancier et le débiteur principal, objet d'une autre procédure collective. • Com. 3 mai 1994 : *Bull. civ. IV, n° 165 ; D. 1994. IR 156.* ♦ Il n'est pas dérogé à cette règle en présence d'une décision de condamnation du débiteur à payer la créance assortie des intérêts au taux contractuel. • Com. 16 nov. 2010 : *Bull. civ. IV, n° 175 ; D. 2010. Actu. 2902, obs. Lienhard ; Rev. sociétés 2011. 194, obs. Roussel Galle ; RTD com. 2011. 637, obs. Martin-Serf ; JCP E 2011. 1263, n° 3, obs. Pételˌ; LEDEN janv. 2011, p. 6, obs. Couard ; Bull. Joly Entrep. diff. 2011. 37, note Brena ; RJDA 2011, n° 372 ; Gaz. Pal. 30-31 mars 2011, p. 18, obs. Dumont-Lefrand ; LPA 29 avr. 2011, obs. Reille.*

Un créancier en vertu d'un contrat de prêt conclu pour une période supérieure à un an et dont la créance n'est pas échue, doit la déclarer en précisant le montant de chacune des échéances, leur date, les modalités de calcul des intérêts et le taux de ces derniers en cas de déchéance de terme. • Douai, 26 nov. 1987 : *Rev. proc. coll. 1988. 92, obs. Dureuil* • Rennes, 22 juill. 1987 : *RTD com. 1989. 317, obs. Martin-Serf ; Gaz. Pal. 1987. 2. 615, note Massart ; Rev. dr. bancaire 1988. 30, obs. Dekeuwer-Defossez* • Aix-en-Provence, 21 mai 1992 : *RJDA 1992, n° 759.*

L'exception prévue à l'égard des intérêts résultant des contrats de prêt conclus pour une durée supérieure à un an s'applique aux intérêts de retard prévus par ces conventions. • Com. 27 nov. 1991 : *préc.*

En ce sens que, s'agissant de contrats de prêt conclus pour une durée égale ou supérieure à un an, la caution, quelle que soit la date à laquelle le cautionnement a été souscrit, est tenue des intérêts au-delà du jugement d'ouverture, V. • Com. 4 avr. 2006 : *Bull. civ. IV, n° 88 ; D. 2006. AJ 1231, obs. Lienhard ; JCP E 2006, n° 37, p. 1535, obs. Cabrillac.*

2 bis. Plan de continuation. Lorsque les retards de remboursement des prêts sont la conséquence des délais imposés par le tribunal dans le jugement arrêtant le plan de continuation, la créance d'intérêts moratoires conventionnels doit être admise au passif, en l'absence de faute du créancier. • Com. 2 fevr. 1993 : *Bull. civ. IV, n° 36 ; D. 1995. Somm. 7, obs. Derrida ; RJDA 1993, n° 560.* ♦ Le créancier qui a consenti au débiteur, avant son redressement judiciaire, un prêt pour une durée d'au moins un an et auquel sont imposés par le plan de continuation des délais de remboursement plus longs que ceux contractuellement prévus, a droit au paiement des intérêts prévus par le contrat à raison de l'allongement de ces délais. • Com. 14 oct. 1997 : *Bull. civ. IV, n° 264 ; D. 1997. IR 237 ; D. Affaires 1997. 1358 ; Defrénois 1998. 257, obs. Le Cannu ; RD bancaire et bourse 1998. 26, obs. Campana et Calendini ; Rev. proc. coll. 1998. 362, obs. Soinne* • 3 déc. 2003 : *RJDA 2004, n° 598.*

2 ter. Capitalisation. Il ne résulte ni de l'art. 55 de la loi du 25 janv. 1985 [C. com., art. L. 622-28] ni d'aucune autre disposition législative que l'application de l'art. 1154 C. civ. serait exclue à propos des intérêts dont le cours n'a pas été arrêté par le jugement d'ouverture de la procédure collective. • Paris, 27 fevr. 1998 : *D. Affaires 1998. 583.* – Comp. : • Versailles, 20 sept. 1990 : *BICC 1991, n° 332.*

3. Cautions (jurispr. antérieure à la loi du 10 juin 1994). Avant la loi du 10 juin 1994, une caution n'était pas tenue des intérêts au-delà de la date du jugement prononcant le redressement judiciaire du débiteur dès lors que l'art. 55 n'opérait aucune distinction pour l'arrêt du cours des intérêts légaux et conventionnels et que l'obligation de la caution ne peut excéder ce qui est dû par le débiteur principal. • Com. 13 nov. 1990 : *Bull. civ. IV, n° 277 ; D. 1991. Somm. 112, obs. Derrida ; JCP E 1991. II. 114, note Pételˌ* • Paris, 15 oct. 1991 : *D. 1991. IR 267* • Chambéry, 27 oct. 1993 : *BICC 1993, n° 1363.* ♦ Même solution pour le donneur d'aval : • Com. 25 juin 1996 : *D. 1996. IR 184 ; Bull. civ. IV, n° 193 ; D. Affaires 1996. 1101 ; JCP 1996. II. 22687, rapp. Rémery* • 21 oct. 1997 : *RJDA 1998, n° 209.* ♦ En revanche, les cautions étaient tenues à titre personnel, à compter de leur mise en demeure, sur le fondement de l'art. 1153, al. 3, C. civ., des intérêts au taux légal de la dette garantie. • Com. 7 janv. 1992 : *Bull. civ. IV, n° 2 ; Defrénois 1992. 1573, obs. J. Honorat* • 11 mai 1993 : *Bull. civ. IV, n° 182 ; Banque oct. 1993. 100, obs. Guillot ; RTD com. 1995. 202, obs. Martin-Serf* • 12 oct. 1993 : *Banque janv. 1994. 91* • 14 déc. 1993 : *JCP 1994. IV. 467* • 22 févr. 1994 : *Rev. huiss. 1994. 473* • 22 mars 1994 : *Bull. civ. IV, n° 122 ; D. 1995. 139, note Vernet.* ♦ Cette jurisprudence avait été infirmée par la nouvelle réd. de l'art. 55, al. 1er, de la loi du 25 janv. 1985 [devenu art. L. 621-48 C. com.], issue de la L. n° 94-475 du 10 juin 1994.

♦ Comp., désormais : art. L. 622-28, al. 1er, dans sa réd. issue de L. n° 2005-845 du 26 juill. 2005, qui fait bénéficier les personnes physiques cautions de l'arrêt du cours des intérêts.

S'agissant d'une caution en redressement judiciaire, V. note 2.

3 bis. Recours de la caution contre un créancier. V. notes 50 s. ss. art. L. 313-12 C. mon. fin. App., v° *Banque et financement de l'entreprise.*

4. Application dans le temps de la loi du 10 juin 1994. Les dispositions de l'art. 55, al. 2, devenu l'art. L. 621-48, al. 2, C. com., dans sa rédaction issue de la loi du 10 juin 1994, ne peuvent concerner les cautionnements souscrits avant la publication de cette loi. • Com. 10 mars 2004 : *Bull. civ. IV, n° 50 ; D. 2004. AJ 1020, obs. Lienhard ; Rect. ibid. 1087 ; Banque et Droit mai-juin 2004. 42, obs. Rontchevsky ; Rev. proc. coll. 2004. 231, obs. Macorig-Venier.* ♦ V. aussi, en ce sens que l'art. 55, al. 1er [devenu C. com., art. L. 621-48, al. 1er], dans sa rédaction issue de la loi du 10 juin 1994, ne s'applique que dans les procédures ouvertes après le 1er oct. 1994 et seulement aux cautionnements souscrits après le 11 juin 1994, V. • Paris, 17 mars 1995 : *Rev. proc. coll. 1995. 454, obs. Kerckhove* • Grenoble, 26 mars 1997 : *ibid. 1998. 291, obs. Macorig-Venier.* ♦ Comp., appliquant le nouvel art. 55, al. 2 [devenu C. com., art. L. 621-48, al. 2], s'agissant d'une procédure soumise à la loi du 10 juin 1994, et nonobstant le fait que l'engagement de la caution ait été souscrit avant la publication de la loi : • T. com. Menton, 4 avr. 1996 : *D. 1996. 387, note Derrida ; Banque sept. 1996. 91, obs. Guillot.* – V. aussi • Aix-en-Provence, 27 juin 2000 : *Rev. proc. coll. 2001. 11, obs. Macorig-Venier.* ♦ Comp., aussi : appliquant la disposition nouvelle à toutes les procédures, quelle que soit la date de leur ouverture, à condition que les cautionnements aient été souscrits après la promulgation de la loi : • Paris, 7 mai 1996 : *RTD com. 1997. 514, obs. Martin-Serf* • T. com. Nice, 5 juin 1996 : *ibid.*

4 bis. Interdiction d'agir contre la caution. L'art. L. 621-48 [L. 622-28], al. 2, C. com. édicte, dans le seul intérêt de la caution, une fin de non-recevoir dont celle-ci ne peut se prévaloir pour la première fois devant la Cour de cassation. • Cass., ch. mixte, 16 nov. 2007 : *Bull. civ. n° 11 ; D. 2007. AJ 3009, obs. Lienhard ; JCP E 2008. 1377, note Salati ; ibid. 1432, n° 4, obs. Cabrillac ; Procédures 2008, n° 17, obs. Rolland ; Act. proc. coll. 2008, n° 25, obs. Fricero ; RD banc. fin. 2008, n° 11, obs. Legeais ; Dr. et patr. juill.-août 2008. 107, obs. Macorig-Venier et Monsèrié-Bon ; Rev. proc. coll. 2008, n° 128, obs. Macorig-Venier ; RTD civ. 2008. 716, obs. Théry.* ♦ Comp. : note 1 *bis* ss. art. L. 622-21.

Le donneur d'aval étant tenu comme une caution solidaire, l'art. 55, al. 2 [C. com., art. L. 622-28], lui est applicable si les conditions de sa mise en œuvre sont réunies. • Paris, 11 juin 1999 : *D. Affaires 1999. 1218 ; Dr. sociétés 1999, n° 147, obs. Chaput ; JCP 2000. I. 209, n° 5, obs. Simler et Delebecque ; Rev. proc. coll. 2000. 12, obs. Macorig-Venier ; RTD com. 2000. 723, obs. Martin-Serf.* ♦ *Contra,* jugeant que l'art. 182 [L. 511-81] C. com., qui est d'application générale en matière d'effets de commerce, déroge aux dispositions de l'art. 55 [C. com., art. L. 622-28] : • T. com. Paris, 19 oct. 1998 : *Gaz. Pal. 1999. 2. Somm. 537.*

La suspension des poursuites invoquées par la caution constitue une contestation de fond portant sur l'exigibilité de la créance et n'entre pas dans le champ d'application de l'art. 703 C. pr. civ. ; la décision du tribunal est donc susceptible d'appel et, par conséquent, le pourvoi est irrecevable. • Com. 24 mai 2005 : *Bull. civ. IV, n° 111 ; cité par Lienhard, D. 2005. AJ 1632 ; RD banc. fin. 2005, n° 145, obs. S. Piedelièvre ; Gaz. Pal. 4-5 nov. 2005, p. 51, obs. Le Corre ; Procédures 2005, n° 233, obs. Junillon.*

4 ter. Mesures conservatoires. En application de l'art. 215 du Décr. n° 92-755 du 31 juill. 1992 [C. pr. exéc., art. R. 511-7, à compter du 1er juin 2012], si ce n'est dans le cas où elle a été pratiquée avec un titre exécutoire, le créancier qui a été autorisé à pratiquer une mesure conservatoire contre une caution personnelle personne physique doit, dans le mois qui suit l'exécution de la mesure, à peine de caducité, introduire une procédure ou accomplir les formalités nécessaires à l'obtention d'un titre exécutoire, même si le débiteur principal a fait l'objet d'un redressement judiciaire ; dans ce cas, l'instance ainsi engagée est suspendue jusqu'au jugement arrêtant le plan de redressement ou prononçant la liquidation judiciaire du débiteur principal. • Com. 24 mai 2005 (2 arrêts) : *Bull. civ. IV, nos 116 et 117 ; D. 2005. AJ 1632, obs. Lienhard ; Act. proc. coll. 2005, n° 132, obs. Vallansan ; JCP E 2005, n° 36, p. 1423, obs. Pétel ; JCP E 2005, n° 51-52, p. 2203, obs. Delebecque ; Banque et Droit juill.-août 2005. 60, obs. Rontchevsky ; RD banc. fin. 2005, n° 130, obs. Legeais ; ibid., n° 141, obs. S. Piedelièvre ; Dr. et proc. 2005. 280, obs. Crocq ; Rev. proc. coll. 2005. 212, obs. Macorig-Venier ; Gaz. Pal. 4-5 nov. 2005, p. 49,* obs. Le Corre ; Defrénois 2005. 1937, *obs. Gibirila.* – V. déjà, en ce sens, • Paris, 10 juin 1999 : *D. Affaires 1999. 1218 ; Act. proc. coll. 1999, n° 221, obs. Regnaut-Moutier ; RJDA 1999, n° 1101 ; JCP 2000. I. 209, n° 5, obs. Simler et Delebecque ; Rev. proc. coll. 2000. 13, obs. Macorig-Venier ; RTD com. 2000. 723, obs.*

Martin-Serf. ♦ V. aussi • Civ. 2e, 30 avr. 2002 : *Bull. civ. II, no 85 ; D. 2002. AJ 2260 ; JCP E 2002, no 39, p. 1521, obs. Pétel ; RD banc. fin. 2002, no 131, obs. Legeais ; Dr. et patr. oct. 2002. 113, obs. Monsèrié-Bon ; RTD com. 2003. 163, obs. Martin-Serf ; Rev. proc. coll. 2004. 230, obs. Macorig-Venier.*

5. Reprise des poursuites contre la caution. L'action régulièrement engagée par le créancier contre la caution et suspendue par l'effet du jugement d'ouverture du redressement judiciaire du débiteur principal peut être reprise sans nouvelle assignation après le jugement arrêtant le plan de redressement ou prononçant la liquidation judiciaire. • Com. 24 mai 2005 : *préc. note 4 ter* • 7 juin 2005 : *D. 2006. Pan. 85, obs. Le Corre*. ♦ ... Et sans qu'il soit nécessaire de notifier préalablement ce jugement à la caution. • Com. 27 févr. 2007 : *Bull. civ. IV, no 68 ; D. 2007. AJ 947, obs. Lienhard ; Gaz. Pal. 13-14 avr. 2007, p. 56, obs. Le Corre ; JCP E 2007. 2119, no 11, obs. Cabrillac ; Rev. proc. coll. 2007. 135, obs. Macorig-Venier.*

6. Résolution du plan de continuation. V. note 5 ss. ancien art. L. 621-82 ss. art. L. 626-27.

7. Clauses pénales. V. note 25 ss. art. L. 622-13.

Art. L. 622-29 **Le jugement d'ouverture** *(Abrogé par L. no 2005-845 du 26 juill. 2005, art. 40)* **« *du redressement judiciaire* » ne rend pas exigibles les créances non échues à la date de son prononcé. Toute clause contraire est réputée non écrite.** – *[C. com., ancien art. L. 621-49.]*

1. Clause de déchéance du terme. Le jugement d'ouverture de la procédure de redressement judiciaire ne rend pas exigibles les créances non échues à la date de son prononcé, et toute clause liant directement ou indirectement la déchéance du terme d'une créance à l'ouverture d'une procédure de redressement judiciaire est réputée non écrite. • Com. 21 févr. 2012 : *Bull. civ. IV, no 43 ; D. 2012. Actu. 607, obs. Lienhard ; ibid. Pan. 2196, obs. F.-X. Lucas ; Rev. sociétés 2012. 399, obs. Henry ; LEDEN avr. 2012, p. 4, obs. Parachkévova ; Act. proc. coll. 2012, no 85, obs. Cagnoli.*

2. Cautions. La déchéance du terme n'étant pas encourue par le débiteur principal, elle ne peut être invoquée contre la caution. • Com. 14 nov. 1989 : *Bull. civ. IV, no 285 ; RTD com. 1990. 494, obs. Martin-Serf* • 2 mars 1993 : *Bull. civ. IV, no 79 ; D. 1993. Somm. 309, obs. Aynès* • 3 janv. 1995 : *Bull. civ. IV, no 1 ; D. 1995. IR 51 ; Rev. dr. bancaire 1995. 117, obs. Campana et Calendini* • 16 avr. 1996 : *Bull. civ. IV, no 119*. ♦ ... Même si l'acte de cautionnement prévoyait que le créancier pouvait se prévaloir de la procédure collective ouverte à l'encontre du débiteur principal pour exiger de la caution le paiement du solde du compte courant. • Com. 8 juin 1993 : *Rev. huiss. 1993. 990* • 20 juin 1995 : *Bull. civ. IV, no 184 ; D. 1996. 426, note Bazin ; Rev. dr. bancaire 1995. 219, obs. Campana et Calendini ; JCP E 1996. II. 807, note S. Piedelièvre.* – V. aussi • Civ. 1re, 24 janv. 1995 : *Bull. civ. IV, no 51 ; D. 1995. IR 46 ; Defrénois 1995. 417, obs. Aynès ; Rev. dr. bancaire 1995. 117, obs. Campana et Calendini ; JCP E 1996. II. 807, note S. Piedelièvre* • Orléans, 19 janv. 2006 : *BICC 2006, no 704 ; RJDA 2006, no 435.* ♦ Comp., pour les créances exigibles après le jugement d'ouverture : • Com. 12 juin 2001 : *RJDA 2002, no 69.* ♦ Comp. également : note 3 ss. art. L. 626-11 et note 1 ss. art. L. 643-1.

V. aussi, pour la suspension des poursuites contre les cautions personnes physiques, art. L. 622-28, al. 2.

Art. L. 622-30 *(L. no 2005-845 du 26 juill. 2005, art. 41)* **« Les hypothèques,** *(Ord. no 2008-1345 du 18 déc. 2008, art. 35)* **« gages, » nantissements et privilèges ne peuvent plus être inscrits postérieurement au jugement d'ouverture. Il en va de même des actes et des décisions judiciaires translatifs ou constitutifs de droits réels, à moins que ces actes n'aient acquis date certaine ou que ces décisions ne soient devenues exécutoires avant le jugement d'ouverture. »**

Toutefois, le Trésor public conserve son privilège pour les créances qu'il n'était pas tenu d'inscrire à la date du jugement d'ouverture et pour les créances mises en recouvrement après cette date si ces créances sont déclarées dans les conditions prévues à l'article L. 622-24.

Le vendeur du fonds de commerce, par dérogation aux dispositions du premier alinéa, peut inscrire son privilège. – *[C. com., ancien art. L. 621-50.]*

BIBL. ▶ Biguenet-Maurel, *JCP E 2005, n° 41, p. 1692* (publication des actes translatifs postérieurement au jugement d'ouverture). ▶ Régime antérieur à la loi du 26 juill. 2005 : Dagot, *JCP 1986. I. 3262* (publicité foncière). – Daublon, *Defrénois 1986. 817*. – Honorat, *Defrénois 1991. 1153* (clause de retour dans une donation immobilière). – Grosjean, *Defrénois 1998. 1345* (sort des inscriptions hypothécaires sur les immeubles appartenant concurremment au débiteur et à d'autres personnes). – Cordier, *RJDA 1999, p. 939* (publication du crédit-bail après l'ouverture de la procédure collective du preneur). – Biguenet-Maurel, *JCP E 2005, n° 41, p. 1692* (publication des actes translatifs postérieurement au redressement judiciaire).

A. INTERDICTION DES INSCRIPTIONS DE SÛRETÉS

1. Limitation aux sûretés antérieures. Sur l'articulation entre l'art. 57 [C. com., art. L. 622-30], interdisant seulement l'inscription des sûretés antérieures au jugement d'ouverture lorsqu'elles n'ont pas été inscrites à cette date, et l'art. 107 [C. com., art. L. 632-1], permettant l'annulation des sûretés constituées sur les biens du débiteur, pour dettes antérieurement contractées, postérieurement à la date de cessation des paiements, V. • Com. 6 déc. 1994 : *AJPI 1995. 692, note Gallet.*

1 bis. Privilège du vendeur d'immeuble. Pour l'inopposabilité à la procédure collective de l'inscription effectuée après le jugement d'ouverture et l'impossibilité, pour le vendeur d'immeuble, d'exercer l'action résolutoire, V. • T. com. Paris, 2 avr. 1998 : *Rev. proc. coll. 2000. 15, obs. Macorig-Venier.*

2. Exclusion des inscriptions complémentaires. En vertu de l'art. 54 ancien C. pr. civ. [abrogé par L. n° 91-650 du 9 juill. 1991], l'inscription définitive prise dans le délai légal se substitue rétroactivement à l'inscription provisoire d'hypothèque judiciaire et, dès lors, est réputée prise à la date de celle-ci. Il s'ensuit que ne tombe pas sous le coup de l'art. 57 [C. com., art. L. 622-30] l'inscription définitive, même postérieure à l'ouverture d'une procédure de redressement judiciaire, dès lors que l'inscription provisoire est antérieure au jugement d'ouverture et n'encourt pas la nullité prévue à l'art. 107, 7° [C. com., art. L. 632-1] pour avoir été prise après la date de cessation des paiements. • Com. 17 nov. 1992 : *Bull. civ. IV, n° 358 ; D. 1993. 96, note Derrida* (cassation de • Grenoble, 17 oct. 1990 : *Gaz. Pal. 1991. 1. 210, note Gallet*) • Com. 11 avr. 1995 : *RJDA 1995, n° 1162* • Lyon, 24 avr. 1998 : *Rev. proc. coll. 2001. 249, obs. Macorig-Venier.*

2 bis. De même, un créancier ayant pris une inscription provisoire d'un nantissement de fonds de commerce avant le jugement d'ouverture, peut en effectuer l'inscription définitive après, dès lors que, prise dans le délai légal, elle rétroagit au jour de l'inscription provisoire. • Toulouse, 10 févr. 1994 : *Rev. proc. coll. 1996. 76, obs. Macorig-Venier* • Aix-en-Provence, 23 juin 1994 : *ibid.*

3. Rétablissement d'une inscription provisoire précédemment radiée. Il résulte des art. 48 et 57, al. 1er [C. com., art. L. 622-22 et L. 622-30], que ni l'infirmation de l'ordonnance de référé ayant rétracté l'autorisation de prendre l'inscription provisoire, ni le rétablissement consécutif de celle-ci ne sont possibles après l'ouverture de la procédure collective du débiteur prétendu, dès lors que le nantissement d'un fonds de commerce ne peut plus être inscrit postérieurement au jugement d'ouverture, sauf s'il s'agit de l'inscription complémentaire se substituant à une inscription provisoire prise antérieurement et hors période suspecte. • Com. 9 mai 1995 : *RJDA 1995, n° 1283.*

4. Hypothèque sur bien commun ou indivis. La communauté répond des dettes de chacun des époux et pendant sa durée, les droits de l'un ou l'autre des époux ne peuvent être individualisés sur tout ou partie des biens communs ou sur l'un d'entre eux, de sorte que l'hypothèque constitué sur un immeuble commun ne peut plus faire l'objet d'une inscription postérieurement au jugement d'ouverture du redressement judiciaire de l'un des époux. • Com. 20 mai 1997 : *D. 1998. Somm. 107, obs. S. Piedelièvre ; D. 1998. Somm. 134, obs. Revel ; D. Affaires 1997. 1042 ; LPA 8 août 1997, p. 4, obs. Soinne* • 3 févr. 1998 : *RJDA 1998, n° 768 ; Rev. proc. coll. 2000. 10, obs. Macorig-Venier* • Colmar, 16 mars 1998 : *Rev. proc. coll. 2001. 249, obs. Macorig-Venier.* ♦ L'hypothèque consentie sur un bien indivis par un seul des indivisaires est reportée, en cas de vente de l'immeuble grevé, sur la fraction du prix qui est attribuée au constituant. En conséquence, l'hypothèque constituée par des époux sur un immeuble indivis propre pour moitié à chacun d'eux est valable jusqu'à concurrence de la part de l'époux maître de ses biens, peu important l'interdiction d'inscrire l'hypothèque du chef de l'autre époux en redressement puis en liquidation judiciaires, en vertu de l'art. 57, al. 1er [C. com., art. L. 622-30]. • Com. 20 juin 1995 : *Bull. civ. IV, n° 183 ; D. 1997. 1, rapp. Rémery ; D. 1996. Somm. 207, obs. S. Piedelièvre ; LPA 17 avr. 1996, p. 11, note Honorat et Henry.* – V. déjà • Agen, 9 févr. 1988 :

Rev. proc. coll. 1991. 211, obs. Saint-Alary-Houin • Amiens, 15 oct. 1992 : *ibid. 1994. 36, obs. Saint-Alary-Houin.* – Comp. : • Limoges, 30 mai 1994 : *BICC 1994, n° 854.*

V. aussi note 5 ss. ancien art. L. 622-9.

4 bis. Contestation de la validité d'une inscription postérieure au jugement d'ouverture. Jugé que l'art. 30 (5) du Décr. n° 55-22 du 4 janv. 1955 relatif à la publicité foncière, qui soumet à publicité les demandes tendant à faire prononcer la résolution, la révocation, l'annulation ou la rescision de droits résultant d'actes soumis à publicité, s'applique aux demandes en justice en contestation de validité d'inscriptions d'hypothèques conventionnelles au motif qu'elles auraient été prises en violation de l'art. 57, al. 1er [C. com., art. L. 622-30] : • Paris, 28 mai 1999 : *D. Affaires 1999. 1118.*

4 ter. Privilège du Trésor public. Pour une application de l'art. L. 621-50 [L. 622-30], al. 2, C. com., s'agissant de créances mises en recouvrement après le jugement d'ouverture, V. • Com. 18 févr. 2003 : *Bull. civ. IV, n° 24 ; D. 2003. AJ 1294.* ♦ ... S'agissant de créances que le Trésor public n'était pas tenu d'inscrire à la date jugement d'ouverture, V. • Com. 24 juin 2003 : *Bull. civ. IV, n° 107 ; D. 2003. AJ 2012 ; Act. proc. coll. 2003, n° 220, obs. Regnaut-Moutier.*

B. INTERDICTION DES INSCRIPTIONS D'ACTES ET DE DÉCISIONS JUDICIAIRES TRANSLATIFS OU CONSTITUTIFS DE DROITS RÉELS

5. Régime de l'interdiction, prévue avant la loi du 10 juin 1994. Pour l'inopposabilité au débiteur et à son administrateur, puis au liquidateur, des adjudications prononcées mais non publiées à la date du jugement d'ouverture, V. • Com. 7 juill. 1992 : *Bull. civ. IV, n° 264 ; D. 1992. 433, note Derrida ; Defrénois 1993. 514, obs. Sénéchal.* ♦ Comp., désormais, pour les adjudications sur saisies immobilières : art. L. 642-18, al. 2, dans sa réd. issue de L. n° 2005-845 du 26 juill. 2005.

6. La décision judiciaire qui constatait la validité d'une vente immobilière non réitérée par acte authentique survenue antérieurement à l'ouverture de la procédure collective de la société venderesse était soumise à l'ancien art. 57, al. 1er. • Rennes, 14 sept. 1993 : *Dr. sociétés 1994, n° 134, obs. Chaput.*

6 bis. L'art. 57 faisait obstacle à la publication de l'assignation en constatation de l'acquisition d'une clause résolutoire prescrite par l'art. 28-4° c) du Décr. du 4 janv. 1955 relatif à la publicité foncière. • Besançon, 19 sept. 1997 : *Rev. proc. coll. 1999. 117, obs. Macorig-Venier,* conf. par : • Com. 10 mai 2000 : *Rev. proc. coll. 2001. 249, obs. Macorig-Venier.*

7. Le jugement prononçant l'annulation d'une vente immobilière n'ayant ni effet translatif, ni effet constitutif de droits réels, sa publication ne tombait pas sous le coup de l'interdiction édictée par l'ancien art. 57. • TGI Saintes, 5 oct. 1993 : *BICC 1994, n° 308.*

7 bis. La publication d'une vente postérieurement au jugement d'ouverture était nulle et non avenue. • TGI Arras, 1er août 1995 : *Rev. proc. coll. 1997. 64, obs. Macorig-Venier.* ♦ Comp. note 7 *quater.*

7 ter. Une cour d'appel ne pouvait, sans méconnaître l'art. 57, ordonner la reprise de véhicules par une société de crédit-bail à un débiteur mis en redressement judiciaire, après avoir relevé que la publicité des contrats de crédit-bail avait été effectuée postérieurement à l'ouverture de la procédure collective, alors qu'à la date du jugement d'ouverture le droit de propriété du crédit-bailleur n'était pas opposable aux créanciers du preneur faute qu'ait été accomplie la publicité prévue par le Décr. du 4 juill. 1972. • Com. 11 mai 1999 : *Bull. civ. IV, n° 96 ; D. 2000. Somm. 95, obs. Honorat ; D. Affaires 1999. 1042, obs. A. L. ; JCP E 1999, n° 39, p. 1535, obs. Cabrillac ; Act. proc. coll. 1999, n° 149, obs. Crocq ; Dr. sociétés 1999, n° 113, obs. Chaput ; LPA 14 sept. 1999, p. 13, note Courtier ; Rev. proc. coll. 2001. 13, obs. Soinne.* ♦ Comp. note 9.

7 quater. Lorsqu'il n'avait été publié que postérieurement au jugement d'ouverture, le jugement d'adjudication antérieur était inopposable à la procédure collective • Com. 22 janv. 2002 : *Bull. civ. IV, n° 18, D. 2002. AJ 722, obs. Lienhard ; JCP E 2002, n° 20, p. 804, obs. Pétel.* ♦ Cette inopposabilité n'affectait pas la validité de l'adjudication qui avait fait sortir l'immeuble du patrimoine du débiteur et n'avait d'effet que sur la répartition du prix de vente, qui relevait alors de la compétence du liquidateur. • Même arrêt. – Dans le même sens, V. • Com. 10 mai 2005 : *Gaz. Pal. 4-5 nov. 2005, p. 37, obs. Roussel Galle.*

La L. n° 2005-845 du 26 juill. 2005 a réintroduit l'interdiction des inscriptions d'actes et de décisions judiciaires translatifs ou constitutifs de droits réels, qui avait été supprimée par la L. n° 94-475 du 10 juin 1994 (pour l'entrée en vigueur de ce texte, V. note précédant l'art. L. 610-1).

8. Levée de l'interdiction par la loi du 10 juin 1994. BIBL. Derrida, *D. 1995. Chron. 257 ; Defrénois 1995. 1425* – Sénéchal, *LPA 28 oct. 1998.* ♦ Pour un arrêt écartant, sous l'empire de l'art. 57 dans sa rédaction issue de la loi du 10 juin 1994 [C. com., ancien art. L. 621-50], la possibilité de publier un contrat de crédit-bail mobilier postérieurement à l'ouverture de la procédure collective du crédit-preneur, et rejetant la demande en revendication du crédit-bailleur, V. • Douai, 22 avr. 1999 : *JCP E 2000, n° 11, p. 465, note Laugier ; Rev. proc. coll. 2001. 13, obs. Soinne*, conf. par • Com. 4 déc. 2001 : *Act. proc. coll. 2002, n° 62, obs. Vallansan*. – *Contra* : • Montpellier, 2 oct. 2001 : *ibid.* ♦ V. note 5 *bis* ss. ancien art. L. 621-43, ss. art. L. 622-24.

C. APPLICATION AU REDRESSEMENT ET À LA LIQUIDATION JUDICIAIRES

V. art. L. 631-14 et L. 641-3.

Art. L. 622-31 **Le créancier, porteur d'engagements souscrits, endossés ou garantis solidairement par deux ou plusieurs coobligés soumis à une procédure** *(L. n° 2005-845 du 26 juill. 2005, art. 42-I)* **« de sauvegarde », peut déclarer sa créance pour la valeur nominale de son titre, dans chaque procédure.** – *[C. com., ancien art. L. 621-51.]*

BIBL. ► Situation des cautions et coobligés avant la loi du 26 juill. 2005 : SOINNE, *ALD 1985. 99.* – CAMPANA, *Gaz. Pal. 1986. 2. Doctr. 717.* – LIÉNART, *Rev. proc. coll. 1988. 121.* – BÉHAR-TOUCHAIS, *RTD civ. 1993. 737* (banquier et caution face à la défaillance du débiteur). – PUYGAUTHIER, *JCP N 1995. I. 1259.* – COURTIER, *Rev. huiss. 1995. 1287.* – FRAIMOUT, *Gaz. Pal. 2000. Doctr. 1598* (la caution exerçant ses recours). – LE CORRE, *Rev. proc. coll. 2004. 181* (cautions, coobligés et garants). ► Sur la responsabilité du banquier vis-à-vis de la caution pour l'octroi abusif de crédits à un débiteur en difficulté : obs. Haehl, *RTD com. 1990. 275*.

Art. L. 622-32 **Aucun recours pour les paiements effectués n'est ouvert aux coobligés soumis à une procédure** *(L. n° 2005-845 du 26 juill. 2005, art. 42-I)* **« de sauvegarde » les uns contre les autres à moins que la réunion des sommes versées en vertu de chaque procédure n'excède le montant total de la créance, en principal et accessoire ; en ce cas, cet excédent est dévolu, suivant l'ordre des engagements, à ceux des coobligés qui auraient les autres pour garants.** – *[C. com., ancien art. L. 621-52.]*

Art. L. 622-33 **Si le créancier porteur d'engagements solidairement souscrits par le débiteur** *(L. n° 2005-845 du 26 juill. 2005, art. 42-II)* **« soumis à une procédure de sauvegarde » et d'autres coobligés a reçu un acompte sur sa créance avant le jugement d'ouverture, il ne peut déclarer sa créance que sous déduction de cet acompte et conserve, sur ce qui lui reste dû, ses droits contre le coobligé ou la caution.**

Le coobligé ou la caution qui a fait le paiement partiel peut déclarer sa créance pour tout ce qu'il a payé à la décharge du débiteur. – *[C. com., ancien art. L. 621-53.]*

Il résulte de l'art. 60, al. 2 [C. com., art. L. 622-33], que la caution qui a fait le paiement peut déclarer sa créance pour tout ce qu'elle a payé à la décharge du débiteur et que le paiement intégral du créancier principal par la caution après le jugement d'ouverture prive ce dernier de l'exercice de ses droits, lesquels sont exercés, au titre de la subrogation légale, par la caution. • Com. 13 avr. 1999 : *Bull. civ. IV, n° 85 ; D. 2000. Somm. 99, obs. Honorat ; D. Affaires 1999. 906, obs. V. A.-R. ; JCP E 1999, n° 39, p. 1534, obs. Cabrillac ; RTD com. 1999. 973, obs. Martin-Serf ; Rev. proc. coll. 2000. 56, obs. Kerckhove* • 12 oct. 1999 : *Act. proc. coll. 1999, n° 250 ; Procédures 2000, n° 214, obs. Laporte* • 20 juin 2000 : *JCP E 2000, n° 35, p. 1308.*

CHAPITRE III DE L'ÉLABORATION DU BILAN ÉCONOMIQUE, SOCIAL ET ENVIRONNEMENTAL

Art. L. 623-1 **L'administrateur, avec le concours du débiteur et l'assistance éventuelle d'un ou plusieurs experts, est chargé de dresser dans un rapport le bilan économique et social de l'entreprise.** *(Abrogé par L. n° 2005-845 du 26 juill. 2005,* *art. 43)* **« *Au vu de ce bilan, l'administrateur propose soit un plan de redressement, soit la liquidation judiciaire.* »**

Le bilan économique et social précise l'origine, l'importance et la nature des difficultés de l'entreprise.

(L. n° 2003-699 du 30 juill. 2003, art. 24-I) **« Dans le cas où l'entreprise exploite une ou des installations classées au sens du titre Ier du livre V du code de l'environnement, le bilan économique et social est complété par un bilan environnemental que l'administrateur fait réaliser dans des conditions prévues par décret en conseil d'État. »** – *[C. com., ancien art. L. 621-54, al. 1 à 3.]*

(Abrogé par Ord. n° 2008-1345 du 18 déc. 2008, art. 36) (L. n° 2005-845 du 26 juill. 2005, art. 43) **« *Au vu de ce bilan, l'administrateur propose un plan de sauvegarde, sans préjudice de l'application des dispositions de l'article L. 622-10.* »**

Al. 4 à 7 abrogés par L. n° 2005-845 du 26 juill. 2005, art. 43.

V. art. R. 623-1 et R. 623-2.

BIBL. ▶ ROLLAND, *JCP E 2004, n° 10, p. 369* (loi du 30 juill. 2003).

1. Concours du débiteur. Lorsque le débiteur a comparu devant les premiers juges avec l'assistance d'un avocat, lequel n'avait pas demandé le renvoi de l'affaire, ainsi qu'il lui appartenait de le faire s'il avait estimé ne pas avoir eu le temps de consulter le rapport et le bilan économique et social, la cour d'appel n'a pas méconnu le principe du contradictoire. • Com. 9 janv. 1990 : *Bull. civ. IV, n° 6 ; D. 1991. Somm. 8, obs. Derrida.*

2. L'absence de consultation du débiteur n'est assortie d'aucune sanction. • Chambéry, 23 oct. 1989 : *D. 1991. Somm. 8, obs. Derrida.* ♦ La loi n'exige nullement que ce bilan ait été approuvé et signé par le débiteur. • Même arrêt.

V. aussi, en cas d'examen contradictoire approfondi pendant l'instance d'appel, • Colmar, 9 févr. 1993 : *D. 1994. Somm. 1. obs. Derrida.*

2 bis. Principe du contradictoire. L'expert, désigné pour assister l'administrateur chargé de dresser le bilan économique et social de l'entreprise, n'est pas tenu de communiquer à chacune des parties les observations formulées par les autres avant de donner son avis ; il suffit que le rapport de l'expert, comme les observations écrites de l'administrateur, aient fait l'objet, devant la juridiction, d'un débat contradictoire. • Com. 28 mars 1995 : *Rev. proc. coll. 1995. 133, obs. Soinne.*

3. Proposition de continuation. Sur la validité d'une proposition présentée par l'associé majoritaire de la société soumise à la procédure, V. • Com. 22 mai 1990 : *D. 1990. 415, note Derrida.*

Art. L. 623-2 **Le juge-commissaire peut, nonobstant toute disposition législative ou réglementaire contraire, obtenir communication par les commissaires aux comptes,** *(L. n° 2005-845 du 26 juill. 2005, art. 44)* **« les experts-comptables, » les membres et représentants du personnel, par les administrations et organismes publics, les organismes de prévoyance et de sécurité sociales, les établissements de crédit,** *(Ord. n° 2009-866 du 15 juill. 2009, art. 17, en vigueur le 1er nov. 2009 ; L. n° 2013-100 du 28 janv. 2013, art. 22)* **« les établissements de monnaie électronique, les établissements de paiement » ainsi que les services chargés de centraliser les risques bancaires et les incidents de paiement des renseignements de nature à lui donner une exacte information sur la** *(L. n° 2005-845 du 26 juill. 2005, art. 44)* **« situation économique, financière, sociale et patrimoniale du débiteur ».** – *[C. com., ancien art. L. 621-55.]*

Exception au secret bancaire. Le refus d'une banque de communiquer l'historique et la position actuelle d'un compte bancaire n'est pas justifié par l'absence d'actif. L'ordonnance organisant la mesure d'information est exécutoire, quant à l'obligation d'en communiquer l'historique, quel que soit le solde du compte. • Poitiers, 12 mai 1993 : *JCP 1993. IV. 2697.* ♦ La banque ne saurait davantage invoquer le secret professionnel, l'art. 19 [C. com., art. L. 623-2] disposant que tous renseignements doivent être donnés, « nonobstant toutes dispositions législatives ou réglementaires contraires ». • Même arrêt. ♦ De même, les exceptions soulevées par des agences bancaires, tenant notamment à leur devoir de non-immixtion ou aux contraintes techniques de gestion des comptes, ne sont pas recevables. • Reims, 27 janv. 1999 : *JCP E 1999, n° 50, p. 1992.*

Art. L. 623-3 L'administrateur reçoit du juge-commissaire tous renseignements et documents utiles à l'accomplissement de sa mission et de celle des experts.

Lorsque la procédure est ouverte *(L. nº 2005-845 du 26 juill. 2005, art. 45)* « à l'égard d'une entreprise qui bénéficie de l'accord amiable homologué prévu à l'article L. 611-8 du présent code ou à l'article L. 351-6 du code rural et de la pêche maritime », l'administrateur reçoit communication du rapport d'expertise mentionné à l'article *(L. nº 2005-845 du 26 juill. 2005, art. 45)* « L. 611-6 » ou, le cas échéant, du rapport d'expertise et du compte rendu mentionnés aux articles L. 351-3 et L. 351-6 du code rural et de la pêche maritime.

L'administrateur consulte *(Abrogé par L. nº 2005-845 du 26 juill. 2005, art. 45) « le débiteur et »* le mandataire judiciaire et entend toute personne susceptible de l'informer sur la situation et les perspectives de redressement de l'entreprise, les modalités de règlement du passif et conditions sociales de la poursuite de l'activité. *(L. nº 2005-845 du 26 juill. 2005, art. 45)* « Il en informe le débiteur et recueille ses observations *(Abrogé par Ord. nº 2008-1345 du 18 déc. 2008, art. 37) « et propositions »*.

Il informe de l'avancement de ses travaux *(Abrogé par L. nº 2005-845 du 26 juill. 2005, art. 45) « le débiteur, »* le mandataire judiciaire ainsi que le comité d'entreprise ou, à défaut, les délégués du personnel. *(Abrogé par Ord. nº 2008-1345 du 18 déc. 2008, art. 37) « Il les consulte* *(L. nº 2005-845 du 26 juill. 2005, art. 45)* *« , ainsi que le débiteur, » sur les mesures qu'il envisage de proposer au vu des informations et offres reçues. »* — *[C. com., ancien art. L. 621-56.]*

(L. nº 2005-845 du 26 juill. 2005, art. 45) « Lorsque le débiteur exerce une profession libérale soumise à un statut législatif ou réglementaire ou dont le titre est protégé, l'administrateur consulte l'ordre professionnel ou l'autorité compétente dont, le cas échéant, relève le débiteur. »

CHAPITRE IV DE LA DÉTERMINATION DU PATRIMOINE DU DÉBITEUR

SECTION PREMIÈRE DE LA VÉRIFICATION ET DE L'ADMISSION DES CRÉANCES

Art. L. 624-1 Dans le délai fixé par le tribunal, le mandataire judiciaire établit, après avoir sollicité les observations du débiteur, la liste des créances déclarées avec ses propositions d'admission, de rejet ou de renvoi devant la juridiction compétente. Il transmet cette liste au juge-commissaire.

Le mandataire judiciaire ne peut être rémunéré au titre des créances déclarées ne figurant pas sur la liste établie dans le délai mentionné ci-dessus *(L. nº 2005-845 du 26 juill. 2005, art. 46)* « , sauf pour des créances déclarées après ce délai, en application des deux derniers alinéas de l'article L. 622-24. » — *[C. com., ancien art. L. 621-103.]*

V. art. R. 624-1 et R. 624-2.

1. Établissement de la liste des créanciers. Aucune disposition de la loi du 25 janv. 1985 et de son décret d'application n'interdit au débiteur de mettre en œuvre, à l'appui de sa contestation, un moyen qu'il n'aurait pas invoqué dans les observations formulées par lui lors de la vérification des créances effectuées par le représentant des créanciers (à propos d'une demande de rejet pour forclusion d'une créance). • Com. 19 janv. 1993 : *Bull. civ. IV, nº 16 ; D. 1993. IR 55.*

1 bis. Quoique l'art. 100, al. 1er [C. com., art. L. 624-1], fasse obligation au représentant des créanciers qui établit la liste des créances déclarées de solliciter les observations du débiteur, il ne résulte d'aucune disposition de cette loi ou du Décr. du 27 déc. 1985 que l'éventuelle absence d'invitation du débiteur, par le représentant des créanciers, à être présent à la vérification du passif, trouverait sa sanction dans la nullité de la décision d'admission prise par le juge-commissaire. • Paris, 30 janv. 1998 : *Act. proc. coll. 1998, n° 36.*

1 ter. Les dispositions de l'art. L. 621-103 [L. 624-1] C. com. font référence aux simples observations du débiteur, de sorte que la contestation soulevée par ce dernier lors de la vérification des créances ne peut être assimilée à une demande en justice nécessitant de la part du préposé qui le représente, lorsque celui-ci est une personne morale, de justifier d'une délégation de pouvoir lui permettant d'accomplir un tel acte. • Reims, 6 juin 2001 : *JCP 2002. IV. 2124.*

2. Le débiteur ayant omis de soumettre au représentant des créanciers sa demande de rejet de la créance afin que le juge-commissaire en soit saisi et statue sur cette demande conformément aux règles prévues par l'art. 101 [C. com., art. L. 624-2], cette demande présentée pour la première fois en appel, sans respecter le double degré de juridiction, n'est pas recevable. • Paris, 12 juin 1990 : *Gaz. Pal. 1991. 2. 505,* conf. par • Com. 4 févr. 1992 : *Bull. civ. IV, n° 55 ; D. 1992. IR 118.*

3. L'omission d'une créance dans l'insertion au BODACC qui a été régulièrement déclarée au représentant des créanciers est sans incidence puisqu'une telle obligation ne constitue qu'une mesure de publicité pouvant être réparée par une déclaration, même tardive, du représentant des créanciers au juge-commissaire et par le dépôt d'un état complémentaire. • Rouen, 18 août 1993 : *JCP 1994. IV. 380.*

4. Responsabilité du représentant des créanciers. Engage sa responsabilité personnelle envers la caution du débiteur le représentant des créanciers qui manque aux obligations de sa mission en proposant au juge-commissaire l'admission d'une créance bien que la déclaration de celle-ci ait été manifestement tardive et que le délai pour agir en relevé de forclusion ait été expiré. • Com. 7 janv. 2003 : *Bull. civ. IV, n° 1 ; D. 2003. AJ 274, obs. Lienhard ; Act. proc. coll. 2003, n° 35, obs. Vallansan ; JCP E 2003, n° 20, p. 853, obs. Cabrillac et Pétel ; RTD com. 2003. 564, obs. Martin-Serf ; Dr. et patr. juin 2003. 101, obs. Monsèrié-Bon.* – V. aussi • Com. 30 juin 2004 : *RD banc. fin. 2004, n° 252, obs. F.-X. Lucas : RJDA 2005, n° 63.* ♦ Sur la responsabilité d'un mandataire de justice qui a proposé au juge-commissaire d'admettre à titre privilégié un créancier pour une créance chirographaire, privant un créancier nanti de son droit de préférence, V., à propos de la loi de 1967, • Com. 5 déc. 1995 : *Bull. civ. IV, n° 287 ; D. 1996. IR 35 ; Quot. jur. 30 janv. 1996, p. 4 ; JCP 1996. IV. 253.* ♦ Comp., à défaut de préjudice : • TGI Paris, 15 sept. 1993 : *Rev. proc. coll. 1996. 413, obs. Scinne.*

Art. L. 624-2 Au vu des propositions du mandataire judiciaire, le juge-commissaire décide de l'admission ou du rejet des créances ou constate soit qu'une instance est en cours, soit que la contestation ne relève pas de sa compétence. – *[C. com., ancien art. L. 621-104.]*

V. art. R. 624-3 s.

BIBL. ► DELENEUVILLE, *Rev. proc. coll. 1995. 391* (compétence du juge-commissaire). – CAGNOLI, *ibid. 2009. Étude 23* (réflexions critiques sur les restrictions jurisprudentielles au pouvoir juridictionnel du juge-commissaire en matière de vérification des créances). – THÉRON, *RTD com. 2010. 635* (réflexions sur la nature et l'autorité des décisions rendues en matière d'admission de créances). – VALLANSAN, *Rev. proc. coll. 2012. Étude 9* (exception d'incompétence ou fin de non-recevoir pour absence de pouvoir ?).

1. Pouvoir et compétence du juge-commissaire. A l'exception des créances des salariés, le juge-commissaire est seul compétent pour statuer sur la déclaration de créance, y compris sur l'existence même de celle-ci. • Com. 27 oct. 1998 : *D. Affaires 1998. 1910 ; RTD com. 2000. 191, obs. Vallens.* – V. aussi, à propos d'une créance fiscale, • Com. 28 avr. 2004 : *Bull. civ. IV, n° 77 ; D. 2004. AJ 1735 ; Act. proc. coll. 2004, n° 131, obs. Regnaut-Moutier ; JCP E 2004, n° 37, p. 1387, obs. Pétel.* ♦ Le juge-commissaire, lorsqu'il statue sur une créance, n'est pas tenu de suivre la proposition du représentant des créanciers. • Com. 8 mars 1994 : *Bull. civ. IV, n° 99 ; D. 1994. IR 79.* ♦ ... Ainsi, peut-il décider d'admettre la créance à titre chirographaire, quand bien même le représentant des créanciers n'aurait, avant la saisine du magistrat, élevé aucune discussion sur le privilège invoqué dans la déclaration de créance. • Com. 19 mai 1998 : *Bull. civ. IV, n° 159 ; D. 1998. IR 157 ; D. Affaires 1998. 1036, obs. A.-L. M.-D. et P. P.* ♦ En revanche, encourt l'annulation la décision du juge-commissaire statuant sur l'admission d'une créance, alors qu'il n'a été préalablement saisi d'aucune proposition d'admission par le représentant des créanciers. • Grenoble, 29 mars 1990 : *Rev. proc. coll. 1990. 401, obs. Dureuil.*

Le juge-commissaire ne peut, sans excéder ses pouvoirs, prononcer l'admission ou le rejet de la créance dans des termes différents de ceux qui ont été notifiés au créancier par la lettre de contestation. • Paris, 28 mai 1999 : *D. 1999. IR 217.* ♦ A supposer qu'il estime ne pas devoir, en l'absence de réponse du créancier à la lettre de contestation, suivre la proposition du représentant des créanciers, le juge-commissaire ne peut, à peine de nullité de sa décision qui serait rendue en violation du principe de la contradiction, consacré en la matière par l'art. 101, al. 2 [Décr. n° 2007-431 du 25 mars 2007, art. 4], admettre ou rejeter la créance dans des termes autres que ceux de la contestation sans avoir entendu ou dûment appelé le créancier et le débiteur qui doivent être mis à même de faire valoir leurs observations. • Même arrêt.

2. L'art. 101 [C. com., art. L. 624-2] exclut toute décision conditionnelle de la part du juge-commissaire, à moins que ne soient en cause les créances visées à l'art. 50 [C. com., art. L. 622-24], al. 2 [3]. • Com. 9 mai 1995 : *Bull. civ. IV, n° 132 ; D. 1995. IR 153* • 19 déc. 2000 : *Bull. civ. IV, n° 201 ; D. 2001. AJ 631* • 20 févr. 2001 : *Bull. civ. IV, n° 41 ; D. 2001. AJ 926.*

3. Une créance ne peut être admise pour un montant supérieur à celui qui a été déclaré. • Com. 22 janv. 2008 : *RJDA 2008, n° 303.*

4. Le juge-commissaire doit indiquer la raison pour laquelle il a décidé de rejeter partiellement une déclaration de créance, l'art. 101 [C. com., art. L. 624-2] ne le dispensant aucunement de motiver ses décisions. • Douai, 17 juin 1993 : *Rev. proc. coll. 1996. 54, obs. Dureuil.* ♦ Méconnaît les exigences de l'art. 455 NCPC [C. pr. civ.] le juge-commissaire qui, par une ordonnance rendue en dernier ressort, rejette une créance déclarée sans motiver sa décision. • Com. 25 févr. 1997 : *D. Affaires 1997. 418.* ♦ V. art. 455 C. pr. civ. – **C. pr. civ.** ♦ Sur la motivation des décisions d'admission, V. • Com. 11 févr. 2004 : *RTD com. 2004. 376, obs. Vallens.*

5. Le juge-commissaire doit, en ce qui concerne les intérêts restant à courir après le jugement d'ouverture, indiquer les modalités de calcul retenues sans en fixer le montant, sa décision valant admission, dans la limite de ces modalités, de la créance d'intérêts telle qu'arrêtée ultérieurement. • Com. 26 oct. 1999 : *RJDA 2000, n° 58.* ♦ Pour apprécier si la créance d'intérêts a été admise au passif, il convient de se référer exclusivement à la décision d'admission du juge-commissaire devenue irrévocable dont la mention « intérêts mémoire » ne vaut pas admission de la créance d'intérêts. • Com. 13 nov. 2007 : *Bull. civ. IV, n° 241 ; D. 2007. AJ 3012 ; JCP E 2008. 1432, n° 11, obs. Cabrillac ; RTD com. 2008. 179, obs. Martin-Serf.* ♦ V. art. R. 622-23 et notes ss. cet art.

6. La procédure de vérification des créances n'a pour objet que de déterminer l'existence, le montant, ou la nature de la créance déclarée (la faute d'une banque bénéficiaire d'un cautionnement ne peut être prise en compte). • Com. 22 avr. 1997 : *Rev. proc. coll. 1997. 463, obs. Blanchard.* ♦ Il en résulte que le débiteur en redressement ou en liquidation judiciaire ne peut pas former une demande reconventionnelle en paiement devant le juge-commissaire. • Versailles, 8 oct. 1998 : *Gaz. Pal. 2000. Somm. 353.* ♦ Toutefois, la déclaration de créance faisant partie intégrante de la procédure de vérification des créances, l'appréciation du caractère abusif de cette déclaration relève de cette procédure, et la demande en paiement de dommages-intérêts réparant le préjudice en résultant, est recevable devant le juge-commissaire. • Même arrêt.

7. Il n'entre pas dans les attributions du juge-commissaire, et partant de la cour statuant en matière d'admission des créances, de se prononcer sur les demandes présentées par un syndicat de copropriétaires (admission à titre privilégié, pour la totalité, sans aucune concurrence, y compris avec le prêteur de deniers, s'agissant de charges dues pour l'année en cours et les deux années antérieures aux dates du jugement d'ouverture et de la déclaration de créance) qui relèvent de la procédure d'ordre. • Paris, 22 juin 2001 : *D. 2001. AJ 2890, obs. Lienhard ; RTD civ. 2001. 926, obs. Croq.*

7 bis. Le juge-commissaire statue au-delà de sa compétence en appliquant d'office l'art. 1244-1 C. civ. (imputation des paiements faits par le débiteur en priorité sur le capital). • Toulouse, 15 nov. 2001 : *Cah. jurispr. Aquitaine 2002, n° 1, p. 184.*

8. La cour d'appel qui, sans remettre en cause l'admission des créances d'une société, se borne à retenir que, cette société ayant admis une réduction de 40 % des sommes lui restant dues après le versement des fonds provenant de cessions partielles d'actifs, cette réduction devait s'appliquer non pas sur l'ensemble des créances de cette société mais uniquement sur le solde constaté après déduction de ces versements, ne viole pas les art. 101 de la loi du 25 janv. 1985 [C. com., art. L. 624-2] et 1351 C. civ. • Com.

20 janv. 1998 : *Bull. civ. IV, n° 27.*

8 bis. La cour d'appel, juge de la vérification des créances, excède les pouvoirs qu'elle tient de l'art. 101, devenu l'art. L. 621-104 [L. 624-2] C. com., en statuant sur la rupture d'un contrat. • Com. 18 févr. 2003 : *Bull. civ. IV, n° 23 ; D. 2003. AJ 1095 ; Act. proc. coll. 2003, n° 84, obs. Vallansan ; RD banc. fin. 2003, n° 75, obs. F.-X. Lucas.* ♦ De même, il n'entre pas dans les attributions du juge de la vérification des créances de se prononcer sur la responsabilité encourue par le créancier à l'occasion de l'exécution du contrat. • Com. 21 sept. 2004 : *D. 2005. Pan. 297, obs. Le Corre .* ♦ ... De prononcer la nullité d'un acte intervenu en période suspecte : V. note 4 ss. art. L. 632-4. ♦ ... Ou de statuer à propos d'un contrat administratif (contrat de concession conclu entre une société d'économie mixte et une commune). • Com. 1er mars 2005 : *Bull. civ. IV, n° 39 ; D. 2005. AJ 1026, obs. Lienhard ; ibid. Pan. 2016, obs. F.-X. Lucas .* ♦ V. aussi • Aix-en-Provence, 29 juin 2004 : *RD banc. fin. 2005, n° 61, obs. F.-X. Lucas.*

9. S'il est vrai que le juge du cautionnement est tenu de respecter la décision du juge-commissaire, ce dernier, statuant directement dans les seuls rapports entre le créancier et le débiteur principal, n'est pas tenu de ventiler la part des intérêts et du principal de la créance si cette ventilation ne présente pas d'intérêt pour les parties directement en cause. • Com. 26 oct. 1999 : *Bull. civ. IV, n° 189 ; JCP E 2000, n° 4, p. 130, obs. Cabrillac ; RD banc. fin. 2000, n° 11, obs. Legeais ; LPA 7 juin 2000, p. 24, note Courtier.*

10. Il résulte des dispositions combinées des art. 101 et 102, al. 3 [Décr. n° 2007-431 du 25 mars 2007, art. 4], que le juge-commissaire est compétent pour statuer sur l'admission ou le rejet des créances lorsque la matière est de la compétence du tribunal qui a ouvert la procédure collective. Le juge-commissaire est donc compétent pour se prononcer sur la validité du nantissement invoqué par une société créancière et rétablir ainsi la véritable nature de la créance litigieuse. • Com. 19 mai 1998 : *préc. note 1.* ♦ En revanche, le juge-commissaire n'est pas compétent pour se prononcer sur la nullité du contrat ayant donné naissance à la créance. • Com. 19 mai 2004 : *Act. proc. coll. 2004, n° 148, obs. Regnaut-Moutier.*

11. Lorsque l'instance arbitrale n'est pas en cours au jour du jugement d'ouverture, le juge-commissaire, saisi d'une contestation et devant lequel est invoquée une clause compromissoire, doit, après avoir, le cas échéant, vérifié la régularité de la déclaration de créance, se déclarer incompétent à moins que la convention d'arbitrage ne soit manifestement nulle ou inapplicable. • Com. 2 juin 2004 : *Bull. civ. IV, n° 110 ; D. 2004. AJ 1732, obs. Lienhard ; ibid. Somm. 3184, obs. Clay ; JCP E 2004, n° 26, p. 1053, note N. S. ; LPA 21 juill. 2004, p. 15, note Touchent ; Act. proc. coll. 2004, n° 158, obs. Vallansan ; Rev. proc. coll. 2004. 235, obs. Staes ; RTD com. 2004. 439, obs. Loquin ; Rev. arb. 2004. 591, note Ancel ; RTD com. 2004. 808, obs. Martin-Serf ; Defrénois 2004. 1671, obs. Gibirila.*

12. Instance en cours. L'instance en cours qui enlève au juge-commissaire le pouvoir de décider de l'admission ou du rejet de la créance s'entend d'une instance engagée à l'encontre du débiteur et non d'une instance introduite par ce dernier. • Com. 27 mai 2008 : *Act. proc. coll. 2008, n° 176, obs. Regnaut-Moutier ; Gaz. Pal. 27-29 juill. 2008. p. 41, obs. Rohart-Messager ; RJDA 2008, n° 1044.* ♦ ... Ou intentée contre le gérant de la société soumise à la procédure collective. • Com. 10 mai 2005 : *RJDA 2005, n° 1014.*

Doit être déclarée nulle l'ordonnance rendue par le juge-commissaire statuant sur le sort d'une créance salariale en l'état d'une procédure prud'homale en cours pour déterminer son montant. • Douai, 19 nov. 1987 : *Rev. proc. coll. 1988. 85, obs. Dureuil.*

Lorsqu'un créancier a formé un pourvoi en cassation contre l'arrêt qui a rejeté sa demande en paiement contre le débiteur, l'instance n'est pas en cours au sens de l'art. 101 [C. com., art. L. 624-2], et, passée en force de chose jugée, la décision rendue doit recevoir exécution. • Com. 14 juin 1994 : *Bull. civ. IV, n° 212 ; D. 1995. Somm. 26, obs. Honorat ; RTD com. 1995. 482, obs. Martin-Serf .*

Il résulte des art. 47 et 48 [C. com., art. L. 622-21 et L. 622-22] que seule une instance en cours devant un juge du fond au jour du jugement d'ouverture enlève au juge-commissaire le pouvoir de décider de l'admission ou du rejet de la créance. • Com. 14 mars 1995 : *Bull. civ. IV, n° 75 ; D. 1995. IR 98 .* ♦ ... De sorte qu'il ne peut admettre une telle créance, même à titre provisionnel, dans un état de collocation. • Com. 7 févr. 2012 *Bull. civ. IV, n° 25 ; D. 2012. Actu. 493 ; Act. proc. coll. 2012, n° 66, obs. Le Corre.*

En l'absence d'instance en cours à la date du jugement d'ouverture de la procédure collective du débiteur, le créancier, après avoir déclaré sa créance, ne peut en faire constater le principe et fixer le montant qu'en suivant la procédure de vérification du passif. • Com. 4 janv. 2000 : *RJDA 2000, n° 314 ; Rev. loyers 2000. 304, note Gallet.* – Dans le même sens. V. • Com. 8 janv. 2002 : *Bull. civ. IV, n° 3 ; D. 2002. AJ 487 ; Rev. proc. coll. 2003. 141, obs. Legrand.*

L'ordonnance constatant qu'une instance est en cours, contre laquelle aucun recours n'est exercé, dessaisit le juge-commissaire et rend irrecevable toute nouvelle demande formée devant lui pour les mêmes créances. • Com. 8 juill. 2008 : *Bull. civ. IV, n° 145 ; D. 2008. AJ 2073 ; JCP E 2009. 1008, n° 14, obs. Pételle.*

12 bis. Les cautions n'ont pas qualité pour critiquer la décision d'admission des créances prise par le juge-commissaire en ce que celui-ci aurait dû constater qu'une instance était en cours au sens de l'art. 101 devenu l'art. L. 621-104 [L. 624-2] C. com. • Com. 4 mars 2003 : *RJDA 2003, n° 852 ; Rev. proc. coll. 2004. 238, obs. Staes.*

13. Sursis à statuer. Statuant dans la procédure de vérification des créances, la cour d'appel est tenue de constater que la contestation [relative au défaut de pouvoir du représentant légal de la société caution en liquidation judiciaire lors de la souscription de l'engagement de caution] ne relève pas du pouvoir juridictionnel du juge-commissaire et doit surseoir à statuer sur l'admission de la créance après avoir invité les parties à saisir le juge compétent. • Com. 7 févr. 2006 : *Bull. civ. IV, n° 29 ; D. 2006. AJ 578, obs. Lienhard ; Act. proc. coll. 2006, n° 45, obs. Vallansan ; RD banc. fin. 2006, n° 74, obs. F.-X. Lucas ; Gaz. Pal. 30 avr.-4 mai 2006, p. 45, obs. Le Corre.* — Dans le même sens, V. • Com. 9 avr. 2013 : *D. 2013. Actu. 990 ; LEDEN mai 2013, p. 3, obs. Rubellin.*

Il résulte de l'art. 53 [C. com., ancien art. L. 621-46], al. 4, selon lequel les créances qui n'ont pas été déclarées et n'ont pas donné lieu à relevé de forclusion sont éteintes, qu'il ne peut être statué sur l'admission d'une créance tant qu'il n'a pas été irrévocablement statué sur le relevé de forclusion. • Com. 14 janv. 1997 : *Bull. civ. IV, n° 11 ; D. 1997. Somm. 215, obs. Honorat ; D. Affaires 1997. 256 ; JCP E 1997. I. 651, n° 14, obs. Cabrillac et Pételle ; RTD com. 1998. 937, obs. Martin-Serf* • 1er oct. 1997 : *D. Affaires 1997. 1394.*

Le juge-commissaire, seul compétent pour statuer sur l'admission de la créance au passif du débiteur principal, n'est pas tenu de surseoir à statuer dans l'attente de la décision du juge du cautionnement, saisi d'une action en paiement par le créancier contre la caution, cette décision ne s'imposant que dans les rapports entre le créancier et la caution, fût-elle solidaire. • Com. 11 févr. 2004 : *Bull. civ. IV, n° 29 ; D. 2004. AJ 638 ; JCP E 2004, n° 22, p. 859, obs. Pételle ; Act. proc. coll. 2004, n° 82, obs. Vallansan ; RTD com. 2004. 810, obs. Martin-Serf.*

Sur le recours contre les ordonnances de sursis à statuer, V. • Paris, 29 mai 1991 : *Rev. proc. coll. 1991. 414, obs. Dureuil.*

13 bis. Compétence territoriale. V. note 9 ss. art. R. 600-1.

14. Auditions individuelles. Est nulle l'ordonnance rendue par le juge-commissaire qui rejette une créance en tout ou en partie sans avoir au préalable entendu ou dûment appelé le créancier, le débiteur, l'administrateur et le représentant des créanciers. • Rouen, 22 oct. 1987 : *Rev. proc. coll. 1988. 87, obs. Dureuil* • Nancy, 20 févr. 1989 : *Banque et Droit 1989. 184.*

15. Il résulte de l'art. 101 que la convocation préalable du créancier déclarant est nécessaire lorsque le liquidateur s'oppose à une déclaration de créance qui ne revêt pas le caractère privilégié dont fait état ce créancier. • Chambéry, 25 févr. 1992 : *BICC 1992, n° 1497.*

16. Le juge-commissaire n'a pas à entendre ou appeler le débiteur lorsqu'il prononce l'admission d'une créance non contestée. • Com. 3 oct. 2000 : *Bull. civ. IV, n° 147 ; Act. proc. coll. 2000, n° 224.*

17. Sur l'obligation faite au juge-commissaire d'entendre le débiteur et le créancier lorsqu'il décide d'admettre ou de rejeter la créance dans des termes autres que ceux de la contestation du représentant des créanciers, V. • Paris, 28 mai 1999 : *préc. note 1.*

18. Dans le cas où le juge-commissaire n'a pas convoqué l'administrateur avant de statuer sur le sort de la créance, le débiteur, qui a le droit propre d'exercer des voies de recours prévues par la loi contre la décision statuant sur l'admission de la créance, est sans qualité à invoquer un grief dont seul l'administrateur de la procédure collective, s'il avait reçu la mission d'assurer l'administration, serait fondé à se prévaloir. • Com. 9 mai 1995 : *Rev. proc. coll. 1995. 291, obs. Dureuil.*

19. Contestations successives. Aucune disposition de la loi du 25 janv. 1985 ou du Décr. du 27 déc. 1985 n'interdit au liquidateur de formuler plusieurs contestations successives de la déclaration de créance. • Com. 22 oct. 1996 : *Bull. civ. IV, n° 247.*

20. Procédure orale. Devant le juge-commissaire, la procédure étant orale, les prétentions des parties peuvent être formulées au cours de l'audience et elles sont présumées avoir été contradictoirement débattues. • Com. 31 janv. 1995 : *Bull. civ. IV, n° 30 ; D. 1995. IR 51.*

21. Notion de décision d'admission. Ayant relevé que le juge-commissaire a signé la liste des créances déclarées établie par le représentant des créanciers et contenant ses propositions d'admission des créances non contestées, une cour d'appel en déduit exactement que le juge-commissaire a décidé d'admettre ces créances. • Com. 23 nov. 2004 : *Bull. civ. IV, n° 201 ; D. 2004. AJ 3222 ; D. 2005. Pan. 298, obs. Le Corre ; Act. proc. coll. 2005, n° 5, obs. Vallansan ; RD banc. fin. 2005, n° 16, obs. F.-X. Lucas ; JCP E 2005, n° 17, p. 710, obs. Pétel ; RTD com. 2005. 173, obs Vallens*. – Rappr. : • Lyon, 14 oct. 2004 : *BICC 2005, n° 440.*

22. Autorité de la chose jugée. BIBL. Lebois, *Rev. proc. coll. 2002. 234.* ♦ L'autorité de la chose jugée s'étend à la nature de la garantie et, faute d'avoir été admise, la créance hypothécaire ne peut être opposée aux autres créanciers hypothécaires inscrits sur l'état des créances. • Com. 6 juill. 1999 : *Bull. civ. IV, n° 151 ; D. 2000. Somm. 327, obs. Honorat*. ♦ V. aussi, s'agissant d'une clause de réserve de propriété, • Com. 28 juin 2011 : *D. 2011. Actu. 1895 ; RJDA 2011, n° 947.*

23. Le créancier qui n'a pas invoqué devant les juges du fond l'autorité de chose jugée attachée à la décision d'admission de sa créance n'est pas recevable à l'invoquer pour la première fois devant la Cour de cassation. • Com. 20 juin 1995 : *RJDA 1995, n° 1447.*

24. L'admission par le juge-commissaire d'une créance au passif du débiteur acquiert, quant à son existence et à son montant, l'autorité de la chose jugée à l'égard de la caution, sauf contestation par celle-ci de l'état des créances déposé au greffe dans les conditions prévues par les art. 103 de la loi et 83 du décret. • Com. 22 oct. 1996 : *D. 1997. IR 2 ; Quot. jur. 19 nov. 1996, p. 12.* ♦ V. aussi note 1 ss. art. L. 632-4 et note 4 *bis* ss. art. R. 624-5 ; note 40 ss. art. L. 313-22 C. mon. fin., App., v° *Banque et financement de l'entreprise.*

24 bis. Subrogation. La créance dont la caution dispose par subrogation contre le débiteur principal est celle du subrogeant et peut donner lieu à une autre admission au passif du débiteur principal au profit de cette caution en sa qualité de subrogée dans les droits du créancier garanti. • Com. 4 oct. 2005 : *Bull. civ. IV, n° 197 ; D. 2005. AJ 2874, obs. Lienhard ; Banque et Droit nov.-déc. 2005. 74, obs. Jacob ; JCP E 2006, n° 2, p. 76, obs. Cabrillac ; LPA 23 janv. 2006, p. 13, note Houtcieff.*

24 ter. L'assuré, qui, après avoir été indemnisé, n'a plus qualité pour agir contre le débiteur, ne peut, sauf convention expresse ou tacite l'y habilitant, agir en justice dans l'intérêt de l'assureur, subrogé dans ses droits (rejet de la demande d'admission de l'assuré pour une somme incluant le montant de l'indemnité versée par l'assureur). • Com. 1er déc. 2009 : *D. 2009. AJ 2929 ; LEDEN, févr. 2010, p. 3, obs. Camensuli-Feuillard.*

25. Preuve de l'admission. Il appartient au créancier, dont l'existence de la créance est contestée, de rapporter la preuve de son admission au passif de son débiteur. • Com. 13 avr. 1999 : *Procédures 1999, n° 202, obs. Laporte.* ♦ V. aussi • Com. 6 juill. 1999 : *RJDA 1999, n° 1232.*

26. Péremption d'instance. La péremption d'instance ayant pour objet de sanctionner le défaut de diligence des parties, le débiteur ne peut invoquer une extinction du passif en raison de la péremption d'instance dès lors que les créanciers n'ont aucune diligence à accomplir une fois effectuées les déclarations de créances. • Com. 9 nov. 2004 : *Bull. civ. IV, n° 192 ; D. 2004. AJ 3070 ; D. 2005. Pan. 297, obs. Le Corre ; Rev. proc. coll. 2005. 130, obs. Gorrias* • 7 juill. 2009 : *D. 2009. AJ 2035 ; Procédures 2009, n° 324, note Rolland ; RJDA 2009, n° 1023 ; Gaz. Pal. 1er-3 nov. 2009, p. 29, obs. Le Corre-Broly.* ♦ V. aussi note 5 ss. ancien art. L. 622-30 ss. art. L. 643-9.

Art. L. 624-3 **Le recours contre les décisions du juge commissaire prises en application** *(L. n° 2005-845 du 26 juill. 2005, art. 47-I)* **« de la présente section » est ouvert au créancier, au débiteur** *(Abrogé par L. n° 2005-845 du 26 juill. 2005, art. 47-I)* ***« , à l'administrateur lorsqu'il a pour mission d'assurer l'administration »*** **ou au mandataire judiciaire.**

Toutefois, le créancier dont la créance est discutée en tout ou en partie et qui n'a pas répondu au mandataire judiciaire dans le délai mentionné à l'article L. 622-27 ne peut pas exercer de recours contre la décision du juge-commissaire lorsque celle-ci confirme la proposition du mandataire judiciaire.

Les conditions et les formes du recours prévu au premier alinéa sont fixées par décret en Conseil d'État. – *[C. com., ancien art. L. 621-105.]* – *V. art. R. 624-7.*

1. Défaut de réponse du créancier. Si, selon l'art. L. 621-105 [L. 624-3], al. 2, C. com., le créancier dont la créance est discutée en tout ou en partie et qui n'a pas répondu au représentant des créanciers dans le délai mentionné à l'art. L. 621-47 [L. 622-27] ne peut pas exercer de recours contre l'ordonnance du juge-commissaire lorsque celle-ci confirme la proposition du représentant des créanciers, il en résulte, *a contrario*, que le créancier recouvre le droit d'exercer un recours lorsque le juge-commissaire n'a pas entériné la proposition du représentant des créanciers. • Com. 1er avr. 2003 : *RJDA 2003, n° 984.* ♦ Sur le domaine d'application de l'art. L. 624-3, al. 2, C. com., V. aussi notes 1 à 2 *ter* ss. art. L. 622-27.

2. Forme du recours. Il résulte des dispositions de l'art. 102, al. 1er [C. com., art. L. 624-3], que le recours ouvert à l'encontre des décisions du juge-commissaire statuant sur l'admission des créances, y compris lorsque ce magistrat se déclare incompétent, est l'appel. • Com. 10 oct. 1995 : *Bull. civ. IV, n° 225 ; D. 1996. Somm. 87, obs. Honorat ; D. Affaires 1995. 161 ; JCP E 1996. I. 554, n° 17, obs. Pétel.* ♦ Dans le même sens, en présence d'une clause compromissoire, V. • Com. 22 janv. 2008 : *Bull. civ. IV, n° 10 ; D. 2008. AJ 478, obs. Lienhard ; Rev. proc. coll. 2008, n° 61, obs. Gorrias.* ♦ L'opposition formée devant le tribunal de la procédure collective et l'appel formé contre le jugement ainsi rendu sont, par conséquent, irrecevables. • Com. 15 févr. 2000 : *JCP E 2000, n° 17, p. 680, note Cagnoli ; Act. proc. coll. 2000, n° 85, obs. Vallansan.* ♦ Comp., désormais, pour les recours formés contre une décision d'incompétence : art. R. 624-5.

3. L'indication erronée d'une voie de recours dans la notification n'a pas pour effet d'ouvrir cette voie de recours lorsque celle-ci est interdite par la loi. • Paris, 5 mars 1991 : *Gaz. Pal. 1991. 2. Somm. 428.* ♦ Sur la nullité de la notification n'indiquant pas le délai et les modalités des voies de recours, V. note 4 s. ss. art. R. 661-3.

4. Recours du débiteur. Il résulte de l'art. 102 [C. com., art. L. 624-3] que le débiteur en redressement judiciaire peut exercer un recours contre la décision du juge-commissaire statuant sur une créance qu'il a contestée. • Com. 22 juin 1999 : *Bull. civ. IV, n° 137 ; D. 1999. Somm. 351, obs. Honorat ; RTD com. 1999. 986, obs. Vallens ; JCP E 2000, n° 4, p. 131, obs. Pétel.* ♦ ... Peu important l'objet de cette contestation. • Com. 4 févr. 2003 : *Bull. civ. IV, n° 14 ; D. 2003. AJ 556.* ♦ En revanche, est irrecevable l'appel contre une décision d'admission d'une créance formé par un débiteur, celui-ci n'ayant pas soumis au représentant des créanciers sa contestation relative à ladite créance et le juge-commissaire n'en ayant donc pas été saisi et n'ayant pu statuer sur elle. • Com. 4 févr. 1992 : *Bull. civ. IV, n° 55 ; D. 1992. 264, note Derrida.* – Rappr. : • Com. 8 janv. 2013 : *D. 2013. Actu. 173 ; RTD com. 2013. 152, obs. Vallens ; JCP E 2013. 1216, n° 6, obs. Pétel ; Gaz. Pal. 1er-4 mai 2013, p. 32, obs. Le Corre.*

5. Seules les décisions du juge-commissaire rendues sur contestation pouvant faire l'objet d'un appel en vertu de l'art. 102 [C. com., art. L. 624-3], le débiteur qui a participé à la vérification des créances effectuée conformément aux dispositions de l'art. 72 du Décr. du 27 déc. 1985 [C. com., art. R. 624-1] sans élever aucune contestation, n'est pas recevable à former un appel-nullité contre la décision du juge-commissaire rendue au vu de la proposition du représentant des créanciers, quand bien même ce dernier aurait omis de faire état de la forclusion d'une déclaration de créance. • Com. 14 janv. 1997 : *Bull. civ. IV, n° 13 ; D. 1997. IR 39 ; D. Affaires 1997. 278.*

6. En vertu de l'art. 102 [C. com., art. L. 624-3], lorsque la matière est de la compétence du tribunal qui a ouvert le redressement judiciaire, la décision du juge-commissaire admettant ou rejetant la créance peut faire l'objet d'un recours devant la cour d'appel de la part du débiteur, fût-il dessaisi de l'administration et de la disposition de ses biens. Il en résulte que, lorsque était en cours, à la date du jugement d'ouverture du redressement judiciaire, une instance tendant à sa condamnation au paiement d'une somme d'argent pour une cause antérieure à ce jugement, le débiteur a, dans ce cas également, le droit propre d'exercer les voies de recours prévues par la loi contre la décision statuant sur l'existence et le montant de la créance. • Com. 11 mai 1993 : *Bull. civ. IV, n° 180 ; RJDA 1993, n° 99* • 26 nov. 2002 : *Bull. Joly 2003. 140, note Scholer.* ♦ L'instance n'étant, aux termes de l'art. 369 NCPC [C. pr. civ.], interrompue par l'effet du jugement de liquidation que s'il emporte dessaisissement et, le débiteur exerçant le droit propre de contester les créances déclarées que lui ouvre l'art. 102 [C. com., art. L. 624-3] n'étant pas dessaisi, l'instance n'est pas interrompue. • Com. 26 mai 1998 : *Bull. civ. IV, n° 166 ; RTD com. 1999. 210, obs. Vallens.*

7. Recours du mandataire judiciaire. Pour l'ouverture de l'appel, V. • Com. 16 oct. 1990 : *Bull. civ. IV, n° 238 ; D. 1991. Somm. 333, obs. Honorat.*

8. Recours du cessionnaire de l'actif. Le recours prévu par l'art. 102 [C. com., art. L. 624-3] n'est pas ouvert au cessionnaire de tout ou partie de l'actif, lequel peut, comme toute personne intéressée, à l'exclusion de celles mentionnées audit art. 102, contester l'état des créances déposé au greffe dans les conditions prévues par les art. 103 de la loi et 83 du décret [désormais, C. com., art. R. 624-8]. • Com. 30 mars 1993 :

Bull. civ. IV, n° 127 ; D. 1993. Somm. 321, obs. Honorat ; JCP E 1993. I. 277, n° 14, obs. Pétel.

9. Pouvoirs de la cour d'appel. Pour fixer à une certaine somme la créance d'une société contre un débiteur en liquidation judiciaire, une cour d'appel ne peut se borner à retenir que cette créance n'était pas contestée par le liquidateur, sans examiner les conclusions du débiteur qui contestait certains éléments de la créance déclarée par la société. • Com. 27 oct. 1992 : *Bull. civ. IV, n° 325.*

10. La cour saisie de l'appel de l'ordonnance du juge-commissaire ne peut statuer que dans les limites des attributions de celui-ci (irrecevabilité d'une demande reconventionnelle du débiteur). • Com. 6 févr. 2001 : *Bull. civ. IV, n° 32 ; D. 2001. AJ 1175 ; Act. proc. coll. 2001, n° 74, obs. Regnaut-Moutier.*

11. Il résulte des art. L 624-3, al. 3, et R. 624-7 C. com. que, lorsque la cour d'appel infirme une décision du juge-commissaire rejetant une créance et prononce elle-même le sursis à statuer sur l'admission de celle-ci, il lui appartient, après l'expiration du sursis, de statuer sur l'admission avec les pouvoirs du juge-commissaire, qui lui sont dévolus par le recours dont elle est saisie. • Com. 10 mai 2012 : *Bull. civ. IV, n° 96 ; D. 2012. Actu. 1327 ; JCP E 2012. 1508, n° 4, obs. Pétel ; LEDEN juin 2012, p. 5, obs. Staes ; Act. proc. coll. 2012, n° 143, obs. Vallansan ; RJDA 2012, n° 698 ; Gaz. Pal. 3-4 août 2012, p. 30, obs. Le Corre.*

Art. L. 624-3-1 *(Ord. n° 2008-1345 du 18 déc. 2008, art. 38)* **Les décisions d'admission ou de rejet des créances ou d'incompétence prononcées par le juge-commissaire sont portées sur un état qui est déposé au greffe du tribunal. Toute personne intéressée, à l'exclusion de celles mentionnées à l'article L. 624-3, peut former une réclamation devant le juge-commissaire dans des conditions fixées par décret en Conseil d'État.**

Art. L. 624-4 Le juge-commissaire statue en dernier ressort dans les cas prévus *(L. n° 2005-845 du 26 juill. 2005, art. 47-II)* **« à la présente section » lorsque la valeur de la créance en principal n'excède pas le taux de compétence en dernier ressort du tribunal qui a ouvert la procédure.** – *[C. com., ancien art. L. 621-106.]*

La valeur d'une créance en principal n'excédant pas le taux de compétence en dernier ressort du tribunal ayant ouvert la procédure tel qu'il résulte de l'art. 639 [R. 721-6] C. com., il s'ensuit, en application de l'art. 105 [C. com., art. L. 624-4], que le juge-commissaire avait statué en dernier ressort sur la contestation élevée par le débiteur à l'encontre de cette créance ; le pourvoi en cassation est donc recevable, en vertu de l'art. 605 NCPC [C. pr. civ.]. • Com. 19 janv. 1993 : *Bull. civ. IV, n° 16 ; D. 1993. IR 55.*

Loi n° 85-98 du 25 janvier 1985,

Relative au redressement et à la liquidation judiciaires des entreprises.

Art. 106 *(Abrogé par L. n° 94-475 du 10 juin 1994) Les créances visées au code général des impôts ou au code des douanes ne peuvent être contestées que dans les conditions prévues auxdits codes. Elles sont, dans ce cas, admises par provision de plein droit.* – Pour la date d'effet de l'abrogation, V. note précédant l'art. L. 610-1.

1. Admission par provision. Viole les art. 50, al. 2 [C. com., art. L. 622-24, al. 3], et 106 l'arrêt qui, pour confirmer l'ordonnance du juge-commissaire rejetant des créances au titre de la taxe professionnelle, énonce que celles-ci ne pouvaient être retenues, le trésorier principal ayant lui-même, par ses déclarations ultérieures, définitivement arrêté les impositions litigieuses, alors que le débat portait sur l'existence des créances fiscales en cause. • Com. 11 déc. 1990 : *Bull. civ. IV, n° 317 ; D. 1991. IR 19.*

2. Une créance visée au CGI admise provisionnellement par ordonnance du juge-commissaire ayant fait l'objet d'une réclamation adressée à l'administration fiscale qui l'a rejetée, une cour d'appel ne donne pas de base légale à sa décision de prononcer l'admission définitive de cette créance en ne recherchant pas si la décision de rejet n'avait pas fait l'objet d'un recours toujours pendant devant la juridiction administrative, comme le soutenait le liquidateur, et si, en conséquence, la créance pouvait être considérée comme n'étant plus contestée au sens de l'art. 74, al. 1er, du Décr. du 27 déc. 1985, peu important que la réclamation du débiteur eût été présentée postérieurement à l'ordonnance du juge-commissaire. • Com. 2 mars 1993 : *Bull. civ. IV, nº 84 ; D. 1993. IR 83 ; RTD com. 1994. 788, obs. Martin-Serf*.

2 bis. Les dispositions de l'art. 106 ayant une portée générale, sans qu'il y ait lieu de distinguer selon qu'il s'agit de créances antérieures au jugement d'ouverture ou nées régulièrement après celui-ci, les créances contestées dans les conditions prévues au code général des impôts sont admises par provision de plein droit ou inscrites de même sur la liste des créances mentionnées à l'art. 40 [C. com., ancien art. L. 621-32] qui n'ont pas été payées. • Com. 6 juin 1995 : *Bull. civ. IV, nº 165 ; D. 1995. IR 221.*

V., depuis l'abrogation de l'art. 106, note 34 ss. ancien art. L. 621-43, ss. art. L. 622-24.

3. Admission définitive. A défaut de contestation au sens fiscal du terme, ou lorsque la créance de l'Administration a donné lieu à l'établissement d'un titre exécutoire, son admission à titre définitif dans les termes de la déclaration s'impose au juge-commissaire. • Paris, 10 sept. 1993 : *D. 1993. IR 245.* ♦ Spécialement, le liquidateur ne peut s'opposer à l'admission définitive de la créance du Trésor représentative d'un redressement opéré suivant la procédure de taxation d'office, dès lors qu'il n'a pas contesté ce redressement dans le délai de trente jours prévu par l'art. L. 76 LPF à compter de la notification qui lui en a été faite. • Même arrêt. ♦ Dès lors qu'aucune procédure de contestation suivant les modalités prévues au CGI n'a été engagée par le débiteur et qu'aucune violation des art. 106 et 50 [C. com., art. L. 622-24] n'est alléguée, l'appel contre le jugement ayant admis à titre définitif le receveur principal des impôts au passif est irrecevable. • Com. 17 oct. 2000 : *Bull. civ. IV, nº 106 ; D. 2000. AJ 414 ; Act. proc. coll. 2000, nº 241, obs. Serlooten.*

V. aussi • Com. 8 mars 1994 : *Bull. civ. IV, nº 104 ; D. 1994. IR 95* • Paris, 11 déc. 2001 : *BICC 2002, nº 714.*

4. Recours. Si le débat porte sur leur existence, les créances visées au CGI ne peuvent être contestées que dans les conditions prévues audit code et la décision prononçant leur admission définitive n'est pas susceptible d'appel lorsque aucune procédure de contestation suivant les modalités prévues au CGI n'a été engagée et qu'aucune violation des art. 50 et 106 de la loi du 25 janv. 1985 n'a été alléguée. • Com. 24 sept. 2003 : *Bull. civ. IV, nº 141 ; D. 2003. AJ 2502*. ♦ Si, au contraire, le débat porte sur la régularité de la déclaration de créance, l'ordonnance du juge-commissaire est susceptible de recours, dans les conditions de l'art. 102 de la loi du 25 janv. 1985, et le débiteur doit être entendu ou dûment appelé devant le juge-commissaire. • Même arrêt.

SECTION II DES DROITS DU CONJOINT

Art. L. 624-5 **Le conjoint du débiteur soumis à une procédure** *(L. nº 2005-845 du 26 juill. 2005, art. 48)* **« de sauvegarde » établit la consistance de ses biens personnels conformément aux règles des régimes matrimoniaux** *(L. nº 2005-845 du 26 juill. 2005, art. 48)* **« et dans les conditions prévues par »** *(Ord. nº 2008-1345 du 18 déc. 2008, art. 39)* **« les articles L. 624-9 et L. 624-10 ».** – *[C. com., ancien art. L. 621-111.]*

Art. L. 624-6 *(Abrogé par Cons. const., nº 2011-212 QPC, du 20 janv. 2012, à compter du 21 janv. 2012)* ***Le mandataire judiciaire ou l'administrateur peut, en prouvant par tous les moyens que les biens acquis par le conjoint du débiteur l'ont été avec des valeurs fournies par celui-ci, demander que les acquisitions ainsi faites soient réunies à l'actif.*** – *[C. com., ancien art. L. 621-112.]*

BIBL. ▸ BRÉMOND, *JCP N 2006, nº 17, p. 825* (moyens de défense de l'époux faisant l'objet d'une action en « réunion d'actif »).

I. INCONSTITUTIONNALITÉ DE L'ART. L. 624-6

1. V., déclarant l'art. L. 624-6 contraire à la Constitution, • Cons. const. 20 janv. 2012, nº 2011-212 QPC : *D. 2012. Pan. 2199, obs. F.-X. Lucas ; RTD com. 2012. 198, obs. Martin-Serf ; Rev. sociétés 2012. 192, obs. Roussel Galle ; JCP E 2012. 1194, note Lebel ; ibid. 1227, nº 6, obs. Pétell ; LEDEN mars 2012,* *p. 3, obs. Rubellin ; Bull. Joly Entrep. diff. 2012. 120, concl. Bonhomme, note Becqué-Ickowicz et S. Cabrillac ; Act. proc. coll. 2012, n° 38, obs. V. Legrand ; Gaz. Pal. 27-28 avr. 2012, p. 41, obs. Le Corre-Broly ; RJDA 2012, n° 516.* – V. M. Sénéchal, *D. 2012. 373* ; V. Legrand, *ibid. 375* ; Dumont-Lefrand et Lisanti, *Rev. proc. coll. 2012. Étude 8* ; Henry, *JCP E 2012. 1255* ; Lebel, *JCP N 2012. 1315.* ♦ ... Et, tirant les conséquences de cette déclaration d'inconstitutionnalité, • Com. 11 avr. 2012 : *Bull. civ. IV, n° 81 ; D. 2012. Actu. 1122, obs. Lienhard ; JCP E 2012. 1508, n° 3, obs. Pétel ; LEDEN mai 2012, p. 4, obs. Rubellin ; RJDA 2012, n° 605 (1re esp.) ; Act. proc. coll. 2012, n° 148, obs. Leprovaux ; Bull. Joly Entrep. diff. 2012. 250, note Becqué-Ickowicz.*

II. JURISPRUDENCE ANTÉRIEURE À LA DÉCLARATION D'INCONSTITUTIONNALITÉ

2. Inapplicabilité aux biens propres. L'immeuble bâti sur le terrain propre de l'épouse, pendant la durée du mariage et à l'aide de fonds provenant de la communauté, constituant lui-même un propre, sauf récompense, les dispositions de l'art. L. 621-112 [L. 624-6] C. com. ne sont pas applicables. • Com. 24 juin 2003 : *Bull. civ. IV, n° 105 ; D. 2003. 2167, note Delmotte ; D. 2004. Somm. 51, obs. Le Corre ; Rev. proc. coll. 2003. 359, obs. Rubellin ; RJPF 2003, n° 12, p. 18, obs. Vauvillé ; JCP E 2004, n° 6, p. 225, obs. Pétel.* – V. Brémond, *Dr. et patr. juin 2004. 36.*

3. Parts sociales. Les parts sociales ne peuvent être réunies à l'actif que proportionnellement au montant des valeurs fournies par le débiteur à son conjoint pour les acquérir. • Com. 11 avr. 2012 : *Bull. civ. IV, n° 79 ; D. 2012. Actu. 1122, obs. Lienhard ; Rev. sociétés 2012. 397, obs. Roussel Galle ; Bull. Joly 2012. 497, note Parachkévova ; RJDA 2012, n° 605 (2e esp.) ; Act. proc. coll. 2012, n° 148, obs. Leprovaux ; Gaz. Pal. 3-4 août 2012, p. 35, obs. Antonini-Cochin.*

4. Conditions d'application. L'application de l'art. 112 [C. com., art. L. 624-6] n'est pas subordonnée à la condition de paiement intégral du prix des biens acquis. • Com. 23 janv. 1996 : *Bull. civ. IV, n° 24 ; D. 1999. Somm. 19, obs. Brémond ; D. Affaires 1996. 298 ; Defrénois 1996. 944, obs. Sénéchal ; JCP E 1996. I. 554, n° 15, obs. Pétel.*

5. L'application de l'art. L. 621-112 [L. 624-6] C. com. n'est pas subordonnée à la condition que le mariage soit en cours à la date d'ouverture de la procédure collective du débiteur. • Com. 16 janv. 2007 : *Bull. civ. IV, n° 3 ; D. 2007. AJ 378, obs. Lienhard ; Act. proc. coll. 2007, n° 28, obs. Cagnoli ; Defrénois 2007. 894, obs. Gibirila ; Rev. proc. coll. 2007. 124, obs. Lebel.* – V. aussi Obellianne, *Rev. proc. coll. 2008. 40.*

6. Preuve. La simple preuve de ce que le conjoint, au moment de l'acquisition, ne disposait pas de ressources ou de capitaux personnels pour en payer le prix, est suffisante, puisqu'il en résulte que ce n'est en fait que grâce aux revenus du débiteur que les acquisitions ont été réalisées. • Besançon, 21 nov. 1997 : *Act. proc. coll. 1998, n° 40.* ♦ Pour d'autres exemples de présomption suffisante pour l'application de l'art. 112 [C. com., art. L. 624-6], V. • Com. 10 janv. 2006 : *Bull. civ. IV, n° 3 ; D. 2006. AJ 302, obs. Lienhard ; RD banc. fin. 2006, n° 110, obs. F.-X. Lucas* • 22 sept. 2009 : *RJDA 2009, n° 984 ; Gaz. Pal. 8-9 janv. 2010, p. 43, obs. Antonini-Cochin ; Rev. proc. coll. 2010, n° 142, obs. Lisanti* • Metz, 14 déc. 1995 : *Rev. proc. coll. 2001. 18, obs. Soinne* • Poitiers, 2 juin 1998 : *ibid.*

Art. L. 624-7 Les reprises faites en application de l'article L. 624-5 ne sont exercées qu'à charge des dettes et hypothèques dont ces biens sont légalement grevés. – *[C. com., ancien art. L. 621-113.]*

Art. L. 624-8 *(L. n° 2005-845 du 26 juill. 2005, art. 49)* **Le conjoint du débiteur qui, lors de son mariage, dans l'année de celui-ci ou dans l'année suivante, était** *(Ord. n° 2008-1345 du 18 déc. 2008, art. 40)* **« agriculteur ou exerçait une activité commerciale, artisanale ou » toute autre activité professionnelle indépendante, ne peut exercer dans la procédure de sauvegarde aucune action à raison des avantages faits par l'un des époux à l'autre, dans le contrat de mariage ou pendant le mariage. Les créanciers ne peuvent, de leur côté, se prévaloir des avantages faits par l'un des époux à l'autre.**

Sur l'inapplicabilité de l'art. L. 624-8 au cas de l'assurance-vie, V. C. assur., art. L. 132-17. – **C. assur.** *ou* **C. pr. coll.**

SECTION III DES DROITS DU VENDEUR DE MEUBLES, DES REVENDICATIONS ET DES RESTITUTIONS

BIBL. GÉN. ▶ Favarel-Veidig, *LPA, n° spéc., 17 févr. 2006, p. 53.* – Le Corre-Broly, *Gaz. Pal. 2009. Doctr. 832* (modifications apportées par l'Ord. du 18 déc. 2008) ; *Bull. Joly Entrep. diff. 2011. 68* (actions en revendication ou en reprise et EIRL). – Dross, *Dr. et patr. févr. 2011. 30* (la revendication dans les procédures collectives : une imposture ?).

Art. L. 624-9 **La revendication des meubles ne peut être exercée que dans le délai de trois mois suivant la publication du jugement ouvrant la procédure** *(Abrogé par L. n° 2005-845 du 26 juill. 2005, art. 50)* ***« de redressement judiciaire ou de liquidation judiciaire immédiate ».***

(Abrogé par Ord. n° 2008-1345 du 18 déc. 2008, art. 41) ***« Pour les biens faisant l'objet d'un contrat en cours au jour de l'ouverture de la procédure, le délai court à partir de la résiliation ou du terme du contrat. »*** – *[C. com., ancien art. L. 621-115.]*

V. art. R. 624-13.

BIBL. ▶ Pérochon, *RJ com. nov. 1992. 91.*

▶ Régime issu de la loi du 10 juin 1994 : Pérochon, *D. 1994. Chron. 251* ; *Cah. dr. entr. 1995, n° 5, p. 25.* – Soinne, *LPA 14 sept. 1994.* – Benezera, *Gaz. Pal. 1994. 2. Doctr. 1289.* – Soinne, *Rev. proc. coll. 1994. 471 ; ibid. 1997. 199* (nouvel art. 121, al. 2). – Martin-Serf, *LPA 28 oct. 1998* (questions procédurales). – Courtier, *Dr. sociétés 2000. Chron. 8* (requête en revendication). – Devésa, *Gaz. Pal. 2002. Doctr. 156* (de l'alternative : action en revendication de l'objet ou action en résolution du contrat de vente). – Pérochon, *LPA 13 févr. 2002 ; Rev. proc. coll. 2002. 123* (dernières évolutions jurisprudentielles) ; *RLDA, suppl. au n° 80, mars 2005, p. 105* (difficultés génératrices de contentieux). – Le Corre-Broly et Le Corre, *D. 2002. Chron. 948* (analyse jurisprudentielle de la demande en acquiescement de revendication). – Deleneuville, *Rev. proc. coll. 2004. 199* (modalités procédurales et voies de recours : actualité jurisprudentielle).

I. CONFORMITÉ À LA CONSTITUTION ET À LA CONV. EDH

1. Les restrictions aux conditions d'exercice du droit de propriété qui peuvent résulter de l'art. L. 624-9 C. com. dans sa rédaction issue de l'Ord. du 18 déc. 2008 répondent à un motif d'intérêt général et n'ont ni pour objet, ni pour effet d'entraîner la privation du droit de propriété ou d'en dénaturer la portée (non-renvoi de la QPC au Conseil constitutionnel). • Com., QPC, 15 mars 2011 : *Bull. civ. IV, n° 44 ; D. 2011. Chron. C. cass. 2689, obs. Arbellot ; ibid. Actu. 815, obs. Lienhard ; Rev. sociétés 2011. 387, obs. Roussel Galle ; RTD com. 2011. 642, obs. Martin-Serf ; Dr. et proc. mai 2011. Chron. 14, obs. Reille ; Bull. Joly Entrep. diff. 2011. 194, note Laroche ; RJDA 2011, n° 645 ; Banque et Droit juill.-août 2011. 38, obs. Jacob.* ♦ Les dispositions de l'art. 115 [C. com., art. L. 624-9] ne sont pas contraires à celles de l'art. 1er du premier protocole additionnel à la Conv. EDH, en ce qu'il protège le droit de propriété, et sont applicables à la revendication exercée par le bailleur sur le bien mobilier faisant l'objet du contrat de location. • Com. 8 mars 1994 : *cité note 6* • 9 mai 1995 : *ibid.* • 5 déc. 1995 : *Bull. civ. IV, n° 278 ; D. 1996. Somm. 215, obs. Pérochon.*

II. DOMAINE D'APPLICATION

Jurisprudence antérieure à la loi du 10 juin 1994.

BIBL. Rives-Lange et Rachez, *D. 1991. Chron. 270*. – B.S., *Gaz. Pal. 1989. 2. Doctr. 333.* – Amiot, *Rev. dr. bancaire 1988. 182.* – Le Corre, *Rev. proc. coll. 1992. 1.*

A. PROCÉDURES CONCERNÉES

1 bis. Pour l'application de l'art. L. 624-9 au redressement judiciaire, V. art. L. 631-18, al. 1er, et pour l'application à la liquidation judiciaire, V. art. L. 641-14, al. 1er.

2. Sur la revendication de marchandises acquises sous réserve de propriété postérieurement au redressement judiciaire de l'acheteur, V. • Versailles, 22 févr. 1990 : *D. 1991. Somm. 43, obs. Pérochon.*

3. L'action en revendication qui a été engagée avant l'ouverture de la procédure collective du débiteur n'est pas soumise aux dispositions de l'art. 115 [C. com., art. L. 624-9]. Elle doit être seulement, en application de l'art. 49 [C. com., art. L. 622-23], poursuivie contre le liquidateur judiciaire sans que la mise en cause de celui-ci soit enfermée dans le délai de trois mois. • Com. 9 juill. 1996 : *Bull. civ. IV, n° 208 ; D. 1996. IR 193 ; D. Affaires 1996. 1069 ; Rev. proc. coll. 2001. 26, obs. Soinne.* ♦ Même solution pour l'action en restitution : • Com. 3 déc. 2003 : *RJDA 2004, n° 591* • 30 juin 2004 : *Bull. civ. IV, n° 138 ; D. 2004. AJ 2302 ; JCP E 2005, n° 1-2, p. 30, obs. Cabrillac.*

B. MEUBLES SOUMIS À REVENDICATION

3 bis. Exclusion des meubles détenus en vertu du droit de rétention. Le dépositaire d'un meuble, qui dispose du droit de rétention, n'est pas soumis, pour revenir en possession du meuble dont il s'est trouvé dessaisi par la fraude ou la violence, aux dispositions de l'art. 115 [C. com., art. L. 624-9]. • Com. 3 janv. 1995 : *D. 1995. IR 75 ; Rev. proc. coll. 1995. 482, obs. Soinne ; JCP E 1995. I. 487, n° 13, obs. Cabrillac.* ♦ Le droit de rétention du garagiste impayé est opposable à tous les créanciers tant chirographaires que privilégiés. • Pau, 13 oct. 1994 : *JCP 1995. IV. 1566.* (V. l'arrêt rejetant le pourvoi : • Com. 20 mai 1997 : *cité note 3 bis ss. ancien art. L. 621-44*).

3 ter. Marchandises détenues par le débiteur à la suite de l'inexécution de son obligation de délivrance. V. • Paris, 18 nov. 1994 : *Rev. proc. coll. 1995. 481, obs. Soinne.*

4. Crédit-bail (jurisprudence antérieure à la loi du 10 juin 1994). BIBL. Le Corre, *Rev. proc. coll. 1992. 1.* – Cordier, *RJDA 1999, p. 939* (incidence de la publicité des contrats de crédit-bail mobilier).♦ Avant la loi du 10 juin 1994, qui a modifié l'art. 115 et ajouté l'art. 115-1 [devenus C. com., art. L. 624-9 et L. 624-10], les dispositions de l'ancien art. 115 étaient applicables quels que soient la cause juridique ou le titre invoqué à l'appui de la revendication, le crédit-bailleur ne pouvant, dès lors, faire valoir son droit de propriété sur les biens objet du contrat qu'en les revendiquant dans le délai de trois mois à partir du prononcé du jugement ouvrant la procédure de redressement judiciaire. • Com. 15 oct. 1991 : *Bull. civ. IV, n° 291 (1er arrêt) ; D. 1991. 632 (1re esp.), note F. D. ; D. 1993. Somm. 285, obs. Pérochon ; JCP 1992. II. 21805, note Larroumet ; JCP E 1992. II. 250, note Bey ; RJ com. 1991. 394, note Martin-Serf ; Rev. sociétés 1992. 105 (1re esp.), note Leveneur et Paclot* • 10 déc. 1991 : *Bull. civ. IV, n° 379* • 11 mai 1993 : *Rev. huiss. 1993. 982, note Vidal ; Dr. sociétés 1993, n° 202, obs. Chaput* • 6 juill. 1993 : *RJDA 1993, n° 743* • 9 nov. 1993 : *Rev. huiss. 1994. 192, note Vidal.* ♦ V. aussi note 1. ♦ Ces dispositions devaient recevoir application s'agissant d'une requête tendant à la restitution de matériels faisant l'objet de contrats de crédit-bail non poursuivis par l'administrateur de la procédure collective. • Com. 15 oct. 1991 : *Bull. civ. IV, n° 291 (2e arrêt) ; D. 1991 préc. (2e esp.), ; Rev. sociétés préc. (2e esp.)* • Dijon, 25 janv. 1990 : *Gaz. Pal. 1990. 2. 461, note Soinne* • Chambéry, 28 oct. 1991 : *JCP E 1991. Pan. 1308.* ♦ ... Même lorsque des loyers avaient été payés postérieurement au jugement d'ouverture. • Com. 8 déc. 1998 : *Act. proc. coll. 1999, n° 37.* ♦ En revanche, dès lors que le contrat de crédit-bail avait été poursuivi, la restitution du bien mobilier objet de celui-ci devait être obtenue par la voie d'une action en résiliation du contrat continué et non pas au moyen de l'action en revendication prévue à l'art. 115. • Com. 25 juin 1996 : *Bull. civ. IV, n° 189 ; D. 1996. IR 136 ; D. Affaires 1996. 1036 ; JCP 1997. II. 22857, note Mondoloni.* – V. aussi • Com. 3 déc. 1996 : *Bull. civ. IV, n° 300.*

5. Le fait que la revendication fût fondée sur la présomption de renonciation par l'administrateur à la continuation du contrat n'entraînait aucune dérogation aux dispositions générales et impératives de l'ancien art. 115. • Com. 17 mars 1992 : *Bull. civ. IV, n° 118 ; D. 1992. Somm. 248, obs. Derrida ; D. 1993. Somm. 285, obs. Pérochon ; JCP 1992. II. 21963, note Bey ; RJ com. 1994. 66, note Leclerc* • 11 mai 1993 : *Rev. huiss. 1993. 982 (2e esp.), note Vidal.*

6. Ne violait pas la règle *Contra non valentem...*, l'arrêt qui relevait que la prolongation de délai accordée par le juge-commissaire à l'administrateur pour exercer l'option prévue par l'art. 37 ne faisait pas obstacle à ce que, dans le délai préfix imparti par l'art. 115, le crédit-bailleur fît reconnaître à l'égard de la procédure collective son droit de propriété sur les biens mobiliers donnés en crédit-bail au moyen de l'action en revendication, en vue de leur restitution sauf poursuite du contrat par l'administrateur. • Com. 20 oct. 1992 : *Bull. civ. IV, n° 316 ; D. 1993. 19, note Derrida ; D. 1993. Somm. 285, obs. Pérochon* • 8 mars 1994 : *Bull. civ. IV, n° 101 ; D. 1994. IR 79 ; Dr. sociétés 1994, n° 93, obs. Chaput* • 9 mai 1995 : *Bull. civ. IV, n° 135 ; D. 1996. Somm. 217, obs. Pérochon ; Rev. proc. coll. 1995. 478, obs. Soinne.*

7. Il résultait de l'absence de revendication dans le délai requis que le juge-commissaire pouvait valablement autoriser au profit de l'ensemble des créanciers la vente de véhicules objet de contrats de crédit-bail. • Com. 11 mai 1993 : *Rev. huiss. 1993. 982 (3e esp.), note Vidal.* ♦ V. aussi • Com. 23 mai 1995 : *Bull. civ. IV, n° 153 ; D. 1996. Somm. 216, obs. Pérochon ; Rev. proc. coll. 1995. 488, obs. Soinne* • Paris, 7 févr. 1996 : *D. 1996. IR 83* • Pau, 17 oct.

1995 : *Rev. proc. coll. 1997. 348, obs. Soinne* (condamnation du crédit-bailleur à opérer le transfert de la carte grise). ♦ Dès lors que le crédit-bail était résilié, la perte par le crédit-bailleur du droit de revendiquer le bien devenu le gage commun des créanciers n'emportait pas le droit pour le liquidateur judiciaire d'agir contre le vendeur en résolution de la vente de ce bien et restitution du prix, le liquidateur conservant seulement le droit, en vertu de la clause de transfert de garantie, d'obtenir réparation du préjudice souffert par le crédit-preneur, en raison des défauts du bien, révélés antérieurement à la résiliation du crédit-bail, jusqu'à la date de celle-ci. • Com. 6 janv. 1998 : *Bull. civ. IV, n° 5 ; D. 2000. Somm. 71, obs. Pérochon et Mainguy ; D. Affaires 1998. 537, obs. A. L. ; RTD com. 1998. 689, obs. Martin-Serf ; Rev. proc. coll. 2001. 33, obs. Soinne.* ♦ Sur l'absence de responsabilité de l'administrateur ou du liquidateur, V. • Com. 14 mars 1995 : *Rev. proc. coll. 1996. 255, obs. Soinne.* ♦ V. aussi note 22 *bis* ss. art. L. 624-16.

8. L'ouverture d'une procédure collective à l'égard du crédit-preneur n'ayant pas entraîné la résiliation des contrats de crédit-bail conclus antérieurement et le crédit-bailleur s'étant trouvé dans l'obligation de remplir ses propres engagements jusqu'à l'expiration du délai imparti par le juge-commissaire à l'administrateur judiciaire pour se prononcer ou jusqu'à la renonciation expresse de l'administrateur judiciaire intervenant avant ou pendant ce délai, sa créance, qui relève des dispositions de l'art. 40 [C. com., ancien art. L. 621-32], avait été régulièrement payée (bien que le crédit-bailleur n'eût pas exercé l'action en revendication dans le délai légal). • Com. 9 mai 1995 : *préc. note 6.* ♦ La perte par le crédit-bailleur du droit de revendiquer le bien était sans influence sur les droits qu'il prétendait exercer en application du contrat, notamment en cas de résiliation, et ne faisait donc pas obstacle à son admission au passif pour le montant de l'indemnité de résiliation et de la valeur résiduelle du matériel. • Com. 3 févr. 1998 : *Bull. civ. IV, n° 55 ; D. 2000. Somm. 71, obs. Pérochon et Mainguy ; D. Affaires 1998. 382, obs. A. L. ; Rev. proc. coll. 2001. 33, obs. Soinne.* ♦ ... Ainsi que pour le montant des échéances de loyers restant à échoir. • Com. 19 janv. 1999 : *Act. proc. coll. 1999, n° 69.*

9. La résolution du plan de redressement entraînant l'ouverture d'une nouvelle procédure distincte et autonome à laquelle s'appliquent les dispositions de l'art. 115, le crédit-bailleur pouvait, dans le délai de trois mois du prononcé du jugement ouvrant cette nouvelle procédure, exercer une action en revendication sans qu'il y ait lieu de rechercher s'il avait exercé cette action en revendication lors de la première procédure. • Com. 20 juin 1995 : *Rev. proc. coll. 1995. 482, obs. crit. Soinne* • 20 mai 1997 : *D. Affaires 1997. 860 ; RTD com. 1998. 685, obs. Martin-Serf*. ♦ La revendication dans la première procédure ne dispense pas de revendiquer une nouvelle fois. • Com. 14 mars 1995 : *Dr. sociétés 1995, n° 121, obs. Chaput.*

10. Le crédit-bailleur qui n'avait pas exercé ses droits de propriétaire dans le délai de trois mois suivant la publication du jugement d'ouverture, ne pouvait plus revendiquer ni les biens en nature ni les prix de vente qui leur sont subrogés et ne pouvait que faire valoir un droit de créance sur le débiteur pour autant qu'il produisît régulièrement à la procédure. • Paris, 25 nov. 1994 : *D. 1995. IR 6* • 30 sept. 1997 : *D. 1997. IR 231.*

11. En revanche, en ce sens qu'en exécutant les prestations du contrat de crédit-bail, l'administrateur optait, en application de l'art. 37, pour la poursuite du contrat, et que cette continuation impliquait reconnaissance du droit de propriété du crédit-bailleur sur le matériel loué sans que celui-ci eût à exercer l'action en revendication prévue à l'art. 115, V. note 30 *bis* ss. art. L. 622-13.

12. Dès lors qu'un contrat de crédit-bail n'avait pris effet qu'à la date de réception du matériel par le crédit-preneur et que cette réception était postérieure à la mise en redressement judiciaire de ce dernier, le crédit-bailleur n'était pas soumis aux dispositions de l'art. 115 pour ce bien. • Com. 16 mai 1995 : *Bull. civ. IV, n° 143 ; D. 1996. Somm. 214, obs. Pérochon ; JCP 1995. II. 22497, note Clément.* – Dans le même sens, V. • Rouen, 5 nov. 1998 : *RJDA 1999, n° 204.*

12 bis. Sur l'inopposabilité du droit de propriété du crédit-bailleur en l'absence de publicité du contrat de crédit-bail à la date du jugement d'ouverture, V. note 7 *ter* et 8 ss. art. L. 622-30.

Comp., désormais : art. L. 624-10 [issu de L. n° 94-475 du 10 juin 1994 et mod. par L. n° 2005-845 du 26 juill. 2005], dispensant de la revendication en cas de contrat ayant fait l'objet d'une publicité.

12 ter. Prêt gratuit. L'art. 115 [C. com., art. L. 624-9] est applicable au propriétaire d'un bien prêté, fût-ce à titre gratuit. • Com. 28 janv. 1997 : *D. 2000. Somm. 66, obs. Pérochon et Mainguy ; D. Affaires 1997. 347 ; Dr. sociétés 1997, n° 46, obs. Chaput.*

13. Meubles incorporels. BIBL. Vérignon, *JCP N 1995. I. 1037.* ♦ L'obligation de revendiquer dans le délai de trois mois, imposée par l'art. 115 [C. com., art. L. 624-9] à celui qui doit faire reconnaître son droit de propriété contre une personne soumise à une procédure de redressement judiciaire, n'est pas limitée aux meubles corporels. • Com. 21 nov. 1995 : *Bull. civ. IV, n° 266 ; D. 1996. 211, note Regnaut-Moutier ; D. 1996. Somm. 214, obs. Pérochon ; D. Affaires 1996. 26 ; Rev. huiss. 1996. 326, note Courtier* (fonds de commerce) • 22 oct. 1996 : *Bull. civ. IV, n° 252 ; D. Affaires 1996. 1324* (droits de propriété industrielle) • 29 févr. 2000 : *RJDA 2000, n° 572 ; Procédures 2000, n° 148, obs. Laporte* (fonds de commerce). ♦ V. aussi note 1 *quater* ss. art. L. 624-16.

14. Sommes figurant sur un compte bancaire. Sur la preuve que ces sommes font partie du patrimoine du débiteur, V. • Com. 22 nov. 1994 : *D. 1995. IR 6.* ♦ V. aussi • Paris, 21 mai 1999 : *Rev. proc. coll. 2001. 21, obs. Soinne.*

La demande en restitution des fonds déposés par un syndic de copropriété sur un compte bancaire destiné exclusivement à recevoir les fonds appartenant aux copropriétaires n'est pas une action en revendication soumise aux art. 115 s. [C. com., art. L. 624-9 s.], dès lors que les fonds restent la propriété des copropriétaires et ne peuvent être utilisés que pour leur compte et que le versement de ces fonds est effectué en exécution de dispositions législatives et réglementaires impératives. • Paris, 6 oct. 1995 : *D. 1996. Somm. 95, obs. Atias.*

14 bis. Bons de caisse. Les porteurs de reçus anonymes ou certificats de retrait qui ont remis en nantissement des bons de caisse à l'établissement de crédit qui les a émis doivent revendiquer les bons de caisse dans la procédure collective ouverte à l'égard de l'établissement de crédit. • Paris, 26 juin 1998 : *Act. proc. coll. 1998, n° 109, note Bonneau ; Rev. proc. coll. 2001. 21, obs. Soinne.* – V. F.-X. Lucas, *RD bancaire et bourse 1999. 81.*

14 ter. Choses fongibles. V. note 23 *bis* ss. ancien art. L. 621-43, ss. art. L. 622-24.

15. Restitution de fonds séquestrés. En ce sens que des fonds séquestrés (prix de vente d'un fonds de commerce) n'ont pas à être revendiqués lorsqu'ils ont été remis à tort au liquidateur, en l'absence de consentement des parties intéressées, et n'ont donc pas été transférés dans le patrimoine du débiteur en liquidation judiciaire, V. • Com. 6 juin 2000 : *Act. proc. coll. 2000, n° 208, obs. Regnaut-Moutier ; RJDA 2000, n° 1051.* ♦ V. aussi note 12 ss. ancien art. L. 621-43, ss. art. L. 622-24.

15 bis. Attribution judiciaire du gage. V. note 2 *sexies* ss. art. L. 642-25.

C. DISTINCTION DE LA SAISIE-REVENDICATION

15 ter. Le créancier qui demande au juge d'autoriser une saisie-revendication n'exerce pas une action en revendication, mais met en œuvre une mesure d'exécution forcée. Dès lors, l'art. 115 [C. com., art. L. 624-9] n'est pas applicable. • Civ. 2e, 18 févr. 1999 : *Act. proc. coll. 1999, n° 96, obs. Vallansan ; Rev. proc. coll. 2001. 29, obs. Soinne.*

III. RÉGIME DE LA REVENDICATION

A. DÉFAUT DE DÉCLARATION DE LA CRÉANCE

BIBL. Larroumet, *D. Affaires 1996. 603.* – Le Corre-Broly, *Banque et Droit janv.-févr. 1998. 3* (contenu de la déclaration de créance du crédit-bailleur). – D. Boccara, *LPA 2 mars 1998.*

16. La déclaration de la créance n'est pas une condition de la revendication des marchandises vendues avec clause de réserve de propriété. • Com. 20 oct. 1992 : *Rev. proc. coll. 1992. 425, obs. Soinne ; D. 1993. Somm. 288, obs. Pérochon* • 11 mars 1997 : *Bull. Civ. IV, n° 70 ; D. Affaires 1997. 510.* ♦ V. notes 19 et 20 ss. art. L. 624-16.

Si la créance est éteinte à concurrence du prix de revente du matériel, le credit-bailleur doit être admis pour le montant résiduel de celle-ci afin d'être rempli de l'intégralité de ses droits (à propos de la revente d'un bien crédit-baillé, avec l'accord du crédit-bailleur qui en a touché le prix). • Com. 1er oct. 1997 : *D. Affaires 1997. 1223.*

B. DÉLAI DE REVENDICATION

16 bis. Portée du délai. Si l'absence de revendication rend le droit de propriété inopposable à la procédure collective, elle n'entraîne cependant pas extinction de ce droit de propriété ni le transfert de la propriété au débiteur, la forclusion ne constituant pas un mode d'acquisition de ce droit, ce dont il résulte que, dans les rapports entre le débiteur et le bailleur, l'absence de revendication est sans incidence (dans l'hypothèse où le débiteur avait fait l'objet d'un plan de continuation). • Com. 4 janv. 2000 : *D. 2000. 533, note Le Corre-Broly ; Act. proc. coll. 2000, n° 40, obs. Regnaut-Moutier ; RJ com. 2000. 266, note Dumesnil-Rossi et Santana ; RTD com. 2002. 160, obs. Martin-Serf.* – V. aussi • Com. 24 mars 2004 : *Bull. civ. IV, n° 61, D. 2004. AJ 1084, obs. Lienhard ; Act. proc coll. 2004, n° 105, obs. Regnaut-Moutier ; JCP E 2004, n° 37, p. 1384,* *obs. Cabrillac ; Rev. proc. coll. 2004. 378, obs. Monsèrié-Bon.*

16 ter. Le non-exercice de la revendication dans le délai prescrit par l'art. 115 [C. com., art. L. 624-9] n'est pas opposable au bénéficiaire d'une clause de réserve de propriété sur le matériel duquel le crédit-bailleur exerce la possession, l'utilisateur en liquidation judiciaire n'étant que simple détenteur dudit matériel. • Versailles, 25 juin 1998 : *Gaz. Pal. 1999. 2. Somm. 456.*

16 quater. Revendication en nature suivie d'une revendication du prix. V. note 4 *bis* ss. art. L. 624-18.

17. Computation. BIBL. Diesbecq et Laverrière, *JCP E 2005, n° 25, p. 1053* (prorogation des délais à raison de la distance et computation). ♦ Avant la loi du 10 juin 1994, le point de départ du délai de revendication était la date du jugement d'ouverture de la procédure et non la date de publicité dudit jugement. • Douai, 7 déc. 1989 : *Gaz. Pal. 1990. 2. Somm. 604, obs. Bey.* ♦ Solution infirmée par l'art. L. 624-9, al. 1er [réd. issue de la L. n° 94-475 du 10 juin 1994], qui fait courir le délai à partir de la publication du jugement.

18. Le prononcé ultérieur de la liquidation judiciaire demeure sans effet sur les conditions d'exercice de l'action. • Com. 27 nov. 1991 : *RJDA 1992, n° 200.*

18 bis. Un contrat de vente de biens mobiliers dont la propriété est réservée et dont le prix n'est pas payé lors de l'ouverture de la procédure collective n'est pas un contrat en cours au sens de l'art. L. 621-28 [L. 622-13] C. com. et le délai de revendication a pour point de départ la publication du jugement d'ouverture de la procédure collective. • Com. 5 mai 2004 : *Bull. civ. IV, n° 81 ; D. 2004. AJ 1525, obs. Lienhard ; ibid. Somm. 2144, obs. F.-X. Lucas ; Act. proc. coll. 2004, n° 139, obs. Pérochon ; JCP E 2004, n° 37, p. 1387, obs. Cabrillac ; ibid., p. 1394, note Reifegerste ; Rev. proc. coll. 2004. 225, obs. Roussel Galle ; RTD civ. 2004. 760, obs. Crocq.* ♦ V. déjà • Com. 3 avr. 2001 : *Bull. civ. IV, n° 72 ; D. 2001. AJ 1621, obs. Avena-Robardet ; Act. proc. coll. 2001, n° 110, obs. Vallansan ; JCP E 2001, n° 38, p. 1472, obs. Cabrillac et Pétel; RTD civ. 2001. 631, obs. Crocq ; RTD com. 2002. 160, obs. Martin-Serf.* ♦ Dans le même sens, dans le cas d'une action en revendication exercée par un tiers subrogé dans les droits du vendeur, V. • Com. 28 sept. 2004 : *LPA 24 juin 2005, p. 21, note Houin-Bressand.* ♦ En ce sens que le délai de revendication ne saurait courir du seul fait du prononcé de la liquidation judiciaire, dès lors que celle-ci n'a pas pour effet d'entraîner la résiliation des contrats en cours, V. • Com. 15 févr. 2005 : *cité note 1 ss. ancien art. L. 622-12 ; Gaz. Pal. 29-30 avr. 2005, p. 47, obs. Le Corre-Broly ; Rev. proc. coll. 2005. 376, obs. Monsèrié-Bon ; RTD com. 2006. 206, obs. Martin-Serf.* ♦ Pour une décision ayant fixé le terme d'un contrat en cours à la date du jugement arrêtant le plan de cession, V. • Versailles, 8 oct. 1998 : *D. Affaires 1998. 2019, obs. A. L.* ♦ V. aussi • Com. 7 nov. 2006 : *cité note 29 bis ss. art. L. 622-13.*

Comp., désormais : art. L. 624-9, dans sa réd. issue de l'Ord. n° 2008-1345 du 18 déc. 2008. ♦ Sur la restitution consécutive à la revendication des biens faisant l'objet d'un contrat en cours, V. art. L. 624-10-1, issu de l'Ord. n° 2008-1345 du 18 déc. 2008.

18 ter. Dès lors que, si des marchandises restent entreposées dans les locaux de la société objet de la procédure collective, il n'est justifié d'aucune commande en cours d'exécution au moment de l'ouverture de la procédure, ni d'aucune commande postérieure, qui seules seraient de nature à démontrer la poursuite du contrat, le délai de trois mois de l'action en revendication commence à courir, conformément à l'art. L. 621-115 [L. 624-9], al. 1er, du jour de la publication du jugement d'ouverture du redressement judiciaire. • Paris, 10 sept. 2001 : *D. 2001. AJ 2973 ; Act. proc. coll. 2002, n° 80, obs. Pérochon.*

19. En cas de requête adressée au juge-commissaire par voie postale, il a été jugé qu'il suffit que le pli soit expédié avant la date d'expiration du délai de trois mois sans qu'il soit nécessaire qu'il ait atteint le destinataire avant cette date. • Com. 1er oct. 1991 : *JCP E 1992. II. 136, n° 15, obs. Cabrillac* • Paris, 19 mai 1995 : *Rev. proc. coll. 1995. 483, obs. crit. Soinne.* ♦ V. art. 668 C. pr. civ. – **C. pr. civ.** ♦ Comp., décidant qu'il ne suffit pas que la revendication ait été émise en temps utile, qu'il faut que la juridiction compétente ait été saisie dans le délai : • Com. 11 févr. 1997 : *D. 1997. IR 82.*

V. désormais art. L. 624-17.

19 bis. La prorogation de délai prévue par l'art. 643 NCPC [C. pr. civ.] ne s'applique pas au délai de trois mois imparti par l'art. L. 621-115 [L. 624-9] C. com. pour saisir le mandataire de justice d'une demande en revendication d'un bien. • Com. 7 févr. 2006 : *Bull. civ. IV, n° 30 ; D. 2006. 1547, note Marotte ; ibid. AJ 576, obs. Lienhard* (2e esp.) ; Gaz. Pal. 30 avr.-4 *mai 2006, p. 51, obs. Le Corre-Broly ; RTD. com. 2006. 668, obs. Vallens ; RJ com. 2006. 400, note Sortais ; Rev. proc. coll. 2006. 361, obs. Monsèrié-Bon.* ♦ En faveur de l'application des art. 641 et 642 NCPC [C. pr. civ.], V. • T. com. Lille, 25 juin 1996 : *Rev. proc. coll. 1997. 326, obs. Soinne.*

20. Caractère préfix. Le délai est un délai préfix. • Com. 13 févr. 1990 : *Bull. civ. IV, n° 41 ; D. 1991. Somm. 42, obs. Pérochon* • 20 oct. 1992 : *préc. note 6.* ♦ Il ne saurait donc être interrompu par la saisine d'une juridiction incompétente. • TGI Béthune, 26 oct. 1988 : *Gaz. Pal. 1989. 2. 534.* ♦ ... Ni par une action en saisie-revendication. • Versailles, 16 juin 1992 : *RJDA 1993, n° 744.* ♦ V. note 23. ♦ ... Et il ne peut donner lieu à un relevé de forclusion. • Dijon, 4 mai 1993 : *RJ com. 1994. 67.* ♦ V. aussi note 19.

Il importe peu, d'autre part, que le créancier ait ignoré l'ouverture de la procédure. • Paris, 3 févr. 1995 : *Rev. proc. coll. 1995. 478, obs. Soinne.*

20 bis. En ce sens que la règle *Contra non valentem...* pourrait être invoquée si l'action en revendication n'avait pu être exercée dans le délai légal en raison d'une impossibilité absolue d'agir, V., à propos de la loi de 1967, art. 59, rédaction antérieure à la loi du 12 mai 1980 : • Com. 28 juin 1994 : *Bull. civ. IV, n° 246 ; D. 1996. Somm. 216, obs. Pérochon ; RTD com. 1995. 178, obs. Bouloc*. ♦ L'ignorance du crédit-bailleur, quant au prononcé de la liquidation judiciaire du réparateur auquel le matériel loué a été confié et à la mise en vente autorisée de ses actifs, ne constitue pas une impossibilité absolue d'exercer l'action en revendication dans le délai préfix imparti par l'art. 115 [C. com., art. L. 624-9]. • Com. 2 mars 1999 : *RJDA 1999, n° 578 ; RD banc. fin. 2000, n° 20, obs. F.-X. Lucas ; Rev. proc. coll. 2001. 32, obs. Soinne.*

20 ter. V. aussi notes 6 s. et 20 *quater*.

C. PARTIES À L'ACTION EN REVENDICATION

20 quater. Qui peut revendiquer ? L'action en revendication, régie par les art. 115 à 122 [C. com., art. L. 624-9 à L. 624-18], étant réservée au propriétaire d'une chose détenue par le débiteur en redressement ou en liquidation judiciaire, le crédit-preneur d'un bien sous-loué à un utilisateur ultérieurement mis en liquidation judiciaire n'a pas qualité pour l'exercer. • Com. 13 juin 1995 : *Bull. civ. IV, n° 177 ; D. 1996. Somm. 211, obs. Pérochon ; JCP E 1995. I. 513, n° 11, obs. Cabrillac.*

En l'absence de poursuite d'un contrat de sous-location (portant sur des biens crédits baillés), l'action en revendication en vue de la restitution de la chose sous-louée, qui est nécessaire, est réservée à son propriétaire et ne peut être exercée par le locataire principal. • Com. 20 mai 1997 : *Bull. civ. IV, n° 150 ; D. 2000. Somm. 66, obs. Pérochon et Mainguy ; D. Affaires 1997. 862.*

Le dépositaire ayant la charge, par application de l'art. 1915 C. civ., de restituer en nature la chose remise, le droit de revendiquer le bien entre les mains du sous-dépositaire lui est ouvert. • Com. 14 nov. 2000 : *Bull. civ. IV, n° 175 ; D. 2001. AJ 233, obs. Pisoni ; Act. proc. coll. 2000, n° 262, obs. F.-X. Lucas ; JCP E 2001, n° 18, p. 755, obs. Pétel ; RTD civ. 2001. 387, obs. Revet*. ♦ Cette action en revendication doit être exercée dans le délai préfix imparti par l'art. 115 [C. com., art. L. 624-9]. • Même arrêt.

Pour l'irrecevabilité de l'action en revendication exercée au nom d'une société par actions simplifiée par son directeur général, le président de la société ayant seul le pouvoir de la représenter à l'égard des tiers, V. • Com. 2 juill. 2002 : *Bull. civ. IV, n° 112 ; D. 2002. AJ 2263, obs. Lienhard ; JCP E 2002, n° 51-52, p. 2069, note Dondero ; Act. proc. coll. 2002, n° 187, obs. Regnaut-Moutier ; RD banc. fin. 2002, n° 190, obs. F.-X. Lucas ; RTD com. 2002. 688, obs. Chazal et Reinhard ; ibid. 2003. 374, obs. Martin-Serf*. ♦ Comp., désormais : art. L. 227-6, al. 3, C. com., dans sa réd. issue de L. n° 2003-706 du 1er août 2003.

En l'état d'une action en revendication intentée par le président du conseil d'administration d'une société alors gérée par un administrateur judiciaire provisoire, puis mise elle-même en liquidation judiciaire, il y a lieu de rejeter l'opposition formée par le liquidateur de la société contre l'ordonnance du juge-commissaire qui a rejeté cette action en revendication, dès lors que, le recours formé par le liquidateur judiciaire étant intervenu après l'expiration du délai de trois mois ouvert en application de l'art. 115 [C. com., art. L. 624-9], la nullité pour irrégularité de fond de la demande formée par le président du conseil d'administration n'a pas été couverte dans le délai de la revendication. • Com. 8 juin 1999 : *Bull. civ. IV, n° 122 ; D. 1999. IR 178 ; D. Affaires 1999. 1332, obs. V. A.-R. ; Rev. proc. coll. 2001. 32, obs. Soinne.* – V. aussi J.-L. Courtier, *Dr. sociétés 2000. Chron. 8.*

20 quinquies. Contre qui revendiquer ? L'action en revendication peut parfaitement être présentée auprès du détenteur des matériels même si celui-ci n'est pas le débiteur du crédit-bailleur. • Com. 24 oct. 1995 : *Rev. proc. coll. 1997. 324, obs. Soinne.* ♦ V. aussi, pour une revendication entre les mains d'un cessionnaire, • Paris, 26 mars 1996 : *ibid.*

D. PREUVE

20 sexies. Lorsqu'une société créancière prouve être propriétaire des biens remis à bail à la société en liquidation, il convient de considérer que le revendiquant n'a pas à faire la preuve de l'existence en nature des appareils entre les mains du débiteur au moment de sa revendication, dans la mesure où les biens n'ont pas été consignés au débiteur ni à titre de dépôt, ni pour être vendus pour le compte du propriétaire, ni cédés avec clause de réserve de propriété. • Caen, 16 mars 1995 : *JCP 1995. IV. 2674.*

E. CAUTIONS

21. La caution est fondée à se prévaloir de la décharge édictée par l'art. 2037 [2314] C. civ., dès lors que le créancier n'a pas exercé la revendication dans le délai légal, privant ainsi la caution d'un droit qui pouvait lui profiter. • Com. 14 févr. 1995 : *Bull. civ. IV, n° 41 ; D. 1996. Somm. 218, obs. Pérochon* (loi de 1967) • 11 juill. 1988 : *Bull. civ. IV, n° 237 ; Gaz. Pal. 1988. 2. 672* • Versailles, 1er déc. 1995 : *D. Affaires 1996. 263* • Paris, 3 juin 2003 : *RD banc. fin. 2003, n° 193, obs. F.-X. Lucas.* ♦ Comp., énonçant que, dans le cas où un vendeur bénéficie à la fois d'un cautionnement solidaire garantissant le paiement du prix de vente et d'une clause de réserve de propriété, aucun texte ne subordonne l'exercice de son recours contre la caution à la revendication préalable du bien vendu : • Com. 14 juin 1994 : *Bull. civ. IV, n° 209 ; Defrénois 1995. 96, note S. Piedelièvre.* – Comp., également : • Paris, 19 sept. 2003 : *RTD com. 2004. 157, obs. Martin-Serf.* ♦ L'absence de revendication dans le délai de l'art. 115 [C. com., art. L. 624-9] a pour effet, non pas de rendre la demande irrecevable, mais de décharger la caution de tout ou partie de son obligation dans la limite des droits dont elle est privée, faute de subrogation. • Com. 20 mai 1997 : *RJDA 1997, n° 1244 ; Rev. proc. coll. 2001. 33, obs. Soinne.*

IV. COMPÉTENCE

Jurisprudence antérieure à la loi du 10 juin 1994.

22. Avant la loi du 10 juin 1994, qui a ajouté l'art. 121-1 [devenu C. com., art. L. 624-17], aucune disposition de la loi du 25 janv. 1985 et de son décret d'application n'interdisait au demandeur, bénéficiaire d'une clause de réserve de propriété, de soumettre sa revendication au tribunal ayant ouvert la procédure de redressement judiciaire dont la compétence était ainsi concurrente de celle, non exclusive, du juge-commissaire. • Paris, 27 janv. 1988 : *Gaz. Pal. 1988. 1. Somm. 91.* – V., aussi en ce sens, • Com. 10 juill. 1990 : *Bull. civ. IV, n° 205 ; D. 1990. IR 188* • 1er oct. 1991 : *D. 1992. Somm. 6, obs. Derrida ; D. 1993. Somm. 294, obs. Pérochon.* ♦ Sur l'incompétence du juge des référés, V. • Com. 9 juill. 1991 : *Bull. civ. IV, n° 252 ; D. 1993. Somm. 294, obs. Pérochon ; JCP E 1991. I. 102, n° 9, obs. Pétel ; RTD com. 1992. 469, obs. Martin-Serf* • 20 oct. 1991 : *Rev. proc. coll. 1993. 131, obs. Soinne* • 11 mai 1993 : *Rev. huiss. 1993. 801* • 22 nov. 1994 : *Dr. sociétés 1995, n° 6, obs. Chaput.* ♦ Comp., désormais : art. L. 624-17.

23. V. aussi note 4 *ter* ss. art. L. 624-18.

Jugé qu'aucune disposition n'interdit au bénéficiaire d'une clause de réserve de propriété de solliciter du président du tribunal de grande instance, à titre conservatoire, une saisie-revendication conformément aux art. 826 s. C. pr. civ. [abrogés par L. n° 91-650 du 9 juill. 1991]. • Paris, 12 déc. 1991 : *D. 1992. IR 47.* ♦ V. aussi note 20 et comp. : note 32 ss. art. L. 624-16.

V. MODALITÉS

24. Forme de la requête. Est recevable la revendication opérée par voie de requête notifiée au juge-commissaire par voie postale le dernier jour du délai de trois mois. • Paris, 5 janv. 1990 : *RJ com. 1991. 225, note Gallet.* ♦ En revanche, n'a pas été saisi d'une instance en revendication, le juge-commissaire à qui a été adressée, par lettre recommandée, copie d'une demande amiable en revendication formée auprès du représentant des créanciers, dès lors que cette lettre ne contient aucune demande, même implicite, et ne sollicite aucune décision de ce magistrat, qui n'est tenu de statuer que sur ce qui lui est demandé. • Com. 21 janv. 1992 : *Bull. civ. IV, n° 24 ; D. 1992. Somm. 246, obs. Derrida ; D. 1993. Somm. 295, obs. Pérochon ; RJDA 1992, n° 403.* ♦ V. et comp., après le Décr. n° 94-910 du 21 oct. 1994 : art. R. 624-13.

N'entre pas dans les irrégularités de fond, limitativement énumérées par l'art. 117 NCPC, le défaut de signature de la requête unilatérale présentée au juge-commissaire. • Civ. 2e, 3 juin 1999 : *Bull. civ. II, n° 107 ; D. Affaires 1999. 1332, obs. V. A.-R. ; Rev. proc. coll. 2001. 32, obs. Soinne.* – V. aussi J.-L. Courtier, *Dr. sociétés 2000. Chron. 8.*

Sur une requête rédigée en langue étrangère, V. • Dijon, 10 déc. 1996 : *Rev. proc. coll. 1997. 332, obs. Soinne.*

24 bis. Délégation de pouvoirs. La requête en revendication est une demande en justice que le propriétaire du bien peut former lui-même (V. C. pr. civ., art. 853. – **C. pr. civ.**). • Com. 9 mai 1995 : *RJDA 1995, n° 1163.* ♦ Dans le cas où le propriétaire est une personne morale, cette requête, si elle n'émane pas des organes habilités par la loi à la représenter, peut encore être adressée au juge-commissaire [Comp., désormais : art. L. 624-17 et R. 624-13 C. com.]

par tout préposé titulaire d'une délégation de pouvoirs lui permettant d'accomplir un tel acte, sans que ce pouvoir soit soumis aux règles applicables au mandat de représentation en justice dont un tiers peut être investi. • Même arrêt. ♦ V. aussi cet arrêt sur la faculté de subdéléguer du directeur adjoint d'une société anonyme. ♦ La délégation doit cependant être suffisamment précise (tel n'est pas le cas de la délégation pour « rédiger et signer tous les actes afférents à [la] fonction »). • Com. 3 juin 1997 : *Bull. civ. IV, n° 167 ; D. 2000. Somm. 73, obs. Pérochon et Mainguy ; D. Affaires 1997. 861 ; RJDA 1997, n° 1413 ; RTD com. 1998. 686, obs. Martin-Serf ; Rev. proc. coll. 2001. 32, obs. Soinne.* ♦ Comp., désormais, pour la demande en revendication adressée au mandataire de justice : note 2 *bis* ss. art. R. 624-13.

24 ter. La société qui a constitué avocat hors le délai légal de l'action en revendication ne peut se prévaloir de l'intervention de cet avocat pour couvrir la requête en revendication et le recours affectés d'une irrégularité de fond touchant le pouvoir de la personne, non avocat, ayant introduit l'action (nullité de la requête et du recours). • Com. 14 janv. 1997 : *Bull. civ. IV, n° 14 ; D. 1997. IR 53* (arrêt rendu dans le cadre du régime local d'Alsace-Moselle).

VI. ACTION EN DISTRACTION

25. L'absence de revendication n'interdit pas au tiers qui se prétend propriétaire d'un bien saisi entre les mains du débiteur d'en demander la distraction, pour s'opposer au droit du créancier saisissant sans préjudicier au droit de gage général des créanciers antérieurs au jugement d'ouverture. • Com. 26 nov. 2002 : *Bull. civ. IV, n° 176 ; D. 2003. AJ 67 ; RTD com. 2003. 570, obs. Martin-Serf ; Gaz. Pal. 2003. Somm. 3246, obs. Brenner ; Rev. proc. coll. 2003. 309, obs. Monsèrié-Bon.*

Art. L. 624-10 **Le propriétaire d'un bien est dispensé de faire reconnaître son droit de propriété lorsque le contrat portant sur ce bien a fait l'objet d'une publicité.** *(L. n° 2005-845 du 26 juill. 2005, art. 51)* **« Il peut réclamer la restitution de son bien dans des conditions fixées par décret en Conseil d'État. »** – *[C. com., ancien art. L. 621-116.] – V. art. R. 624-14 et art. R. 624-15.*

L'art. L. 624-10 est applicable aux procédures et situations en cours dès la publication de la L. n° 2005-845 du 26 juill. 2005 (préc., art. 190, JO 27 juill.).

1. Position de la jurisprudence avant la loi du 10 juin 1994. V. notes 4 s. ss. art. L. 624-9.

2. Application de la loi dans le temps. Un crédit-bailleur ne saurait arguer en sa faveur des dispositions introduites par la L. n° 94-475 du 10 juin 1994, excluant l'application de l'art. 115 [devenu C. com., art. L. 624-9] aux propriétaires d'un bien lorsque le contrat portant sur ce bien a été publié, dès lors que les dispositions nouvelles ne sont pas applicables à une procédure entamée avant leur entrée en vigueur. • Paris, 10 nov. 1995 : *D. Affaires 1996. 24* • 3 févr. 1995 : *Rev. proc. coll. 1995. 464, obs. Soinne* • Com. 28 janv. 1997 : *D. Affaires 1997. 347 ; RTD com. 1998. 684, obs. Martin-Serf.* ♦ Sur l'entrée en vigueur de la loi du 10 juin 1994, V. note précédant l'art. L. 610-1.

3. Contrats publiés. La dispense de revendication bénéficie à tous les propriétaires de biens mobiliers qui se trouvent confiés au débiteur en procédure collective, par suite d'un contrat publié ayant fait l'objet d'une publicité. • Com. 15 mars 2005 : *Bull. civ. IV, n° 60 ; D. 2005. AJ 890, obs. Lienhard ; Act. proc. coll. 2005, n° 102, obs. Pérochon ; Loyers et copr. 2005, n° 116, obs. Brault ; JCP E 2005, n° 36, p. 1426, obs. Cabrillac ; RD banc. fin. 2005, n° 101, obs. F.-X. Lucas ; Gaz. Pal. 6-7 juill. 2005, p. 48, obs. Le Corre-Broly ; RTD com. 2005. 603, obs. Martin-Serf ; Rev. proc. coll. 2005. 375, obs. Monsèrié-Bon.* – V. Puygauthier, *JCP N 2005, n° 36, p. 1459.* ♦ Il en résulte que le locataire-gérant d'un fonds de commerce qui a régulièrement publié le contrat de ocation-gérance [conformément au Décr. n° 86-465 du 14 mars 1986] est dispensé de revendiquer le fonds de commerce sans avoir à recourir à une seconde publicité dans les formes requises par l'art. 85-5, al. 1er, du Décr. du 27 déc. 1985. • Même arrêt. – Dans le même sens, V. • Com. 18 sept. 2012 : *Bull. civ. IV, n° 162 ; D. 2012. Actu. 2240, obs. Lienhard ; JCP E 2012. 1757, n° 17, obs. Pétel ; Act. proc. coll. 2012, n° 241, obs. Vallansan ; Bull. Joly Entrep. diff. 2012. 372, note Laroche ; Gaz. Pal. 18-19 janv. 2013, p. 32, obs. Le Corre-Broly ; RJDA 2013, n° 349.* ♦ Solution confirmée par l'art. R. 624-15 C. com.

3 bis. Dès lors que les contrats passés entre le débiteur et un établissement financier n'ont fait l'objet d'aucune publicité, cet établissement financier ne peut pas bénéficier des dispositions de l'art. L. 621-116 [L. 624-10] C. com. et est tenu d'agir par la voie d'une action en revendication, peu important la connaissance par le liquidateur de son droit de propriété. • Com. 15 févr. 2005 : *cité note 1 ss. ancien art. L. 622-12 ;*

D. 2005. Pan. 2018, obs. F.-X. Lucas ; Gaz. Pal. 29-30 avr. 2005, p. 46, obs. Le Corre-Broly.

4. Publicité irrégulière. Pour l'inopposabilité aux créanciers du preneur ainsi qu'au mandataire judiciaire d'un contrat de crédit-bail ayant fait l'objet d'une publicité affectée de plusieurs erreurs sur l'identité du contractant, V. • Com. 11 mai 2010 : *Bull. civ. IV, n° 88 ; D. 2010. Actu. 1276, obs. Lienhard ; Rev. sociétés 2010. 409, obs. Roussel Galle ; RTD com. 2011. 174, obs. Martin-Serf ; LEDEN juill. 2010, p. 5, obs. Legrand ; Gaz. Pal. 2-3 juill. 2010, p. 40, obs. Le Corre-Broly ; JCP E 2010. 1742, n° 12, obs. Cabrillac ; JCP 2010. 791, note Lasserre Capdeville ; Act. proc. coll. 2010, n° 177, obs. Petit ; RJDA 2010, n° 983.*

5. Cession de créance. En ce sens que la cession de créance, qui ne constitue pas une cession du droit de propriété, ne fait pas perdre au crédit-bailleur le droit de former une demande en restitution du bien objet du contrat de crédit-bail, V. • Douai, 6 nov. 2003 : *cité note 6.*

6. Fusion-absorption. Pour la recevabilité de la demande en restitution d'un bien objet d'un contrat de crédit-bail publié, formée par une banque ayant absorbé la société de crédit-bail, l'absorbante étant, du fait de la publicité de la fusion-absorption, substituée de plein droit dans le bénéfice des publicités effectuées au nom de la société absorbée à la date d'ouverture de la procédure collective, V. • Douai, 6 nov. 2003 : *Gaz. Pal. 2004. 488, note Le Corre-Broly,* conf. par • Com. 5 juill. 2005 : *cité note 2 ss. art. L. 624-17.*

7. Action en restitution antérieure au jugement d'ouverture. V. note 3 ss. art. L. 624-9.

8. Paiement pour éviter la restitution. Pour l'inapplicabilité des dispositions de l'art. L. 624-16, al. 4, V. note 30 ss. cet art.

9. Recours. V. note 7 *bis* ss. ancien art. L. 623-4, ss. art. L. 661-4.

Art. L. 624-10-1 *(Ord. n° 2008-1345 du 18 déc. 2008, art. 42)* **Lorsque le droit à restitution a été reconnu dans les conditions prévues aux articles L. 624-9 ou L. 624-10 et que le bien fait l'objet d'un contrat en cours au jour de l'ouverture de la procédure, la restitution effective intervient au jour de la résiliation ou du terme du contrat.**

Art. L. 624-11 *(L. n° 2005-845 du 26 juill. 2005, art. 52)* **Le privilège et le droit de revendication établis par le 4° de l'article 2102 du code civil au profit du vendeur de meubles ainsi que l'action résolutoire ne peuvent être exercés que dans la limite des dispositions des articles L. 624-12 à L. 624-18 du présent code.** – *[C. com., ancien art. L. 621-117.]*

Sur l'inapplicabilité des art. L. 624-11 à L. 624-18 au vendeur de fonds de commerce, V. art. L. 141-11.

Art. L. 624-12 **Peuvent être revendiquées, si elles existent en nature, en tout ou partie, les marchandises dont la vente a été résolue antérieurement au jugement ouvrant** *(L. n° 2005-845 du 26 juill. 2005, art. 53)* **« la procédure » soit par décision de justice, soit par le jeu d'une condition résolutoire acquise.**

La revendication doit pareillement être admise bien que la résolution de la vente ait été prononcée ou constatée par décision de justice postérieurement au jugement ouvrant *(L. n° 2005-845 du 26 juill. 2005, art. 53)* **« la procédure » lorsque l'action en revendication ou en résolution a été intentée antérieurement au jugement d'ouverture par le vendeur pour une cause autre que le défaut de paiement du prix.** – *[C. com., ancien art. L. 621-118.]*

V. note ss. art. L. 624-11.

1. Clause résolutoire. Le pacte commissoire n'étant stipulé qu'au profit du vendeur qui peut y renoncer, la clause résolutoire n'est acquise que lorsque son bénéficiaire a manifesté son intention de s'en prévaloir. • Com. 3 juin 1997 : *Bull. civ. IV, n° 168.*

2. Preuve de l'existence des biens en nature. Il n'y a pas lieu de suppléer à la carence du revendiquant qui se borne à solliciter à titre conservatoire la désignation d'un mandataire dont la mission serait d'établir que, à la date du jugement d'ouverture les marchandises litigieuses remplissaient les conditions exigées par l'art. 117 [C. com., art. L. 624-12]. • Paris, 17 mars 1998 : *Rev. proc. coll 2001. 22, obs. Soinne.*

Art. L. 624-13 **Peuvent être revendiquées les marchandises expédiées au débiteur tant que la tradition n'en a point été effectuée dans ses magasins ou dans ceux du commissionnaire chargé de les vendre pour son compte.**

Néanmoins, la revendication n'est pas recevable si, avant leur arrivée, les marchandises ont été revendues sans fraude, sur factures ou titres de transport réguliers. – *[C. com., ancien art. L. 621-119.]*

V. note ss. art. L. 624-11.

Art. L. 624-14 **Peuvent être retenues par le vendeur les marchandises qui ne sont pas délivrées ou expédiées au débiteur ou à un tiers agissant pour son compte.** – *[C. com., ancien art. L. 621-120.]*

V. note ss. art. L. 624-11.

1. Le vendeur de meuble, bénéficiant d'une clause de réserve de propriété et n'ayant pas livré le bien à l'acquéreur en raison du défaut de paiement intégral de la créance, est en droit d'opposer au sous-acquéreur du bien son droit de rétention en application de l'art. L. 621-20 [L. 624-14] C. com. • Toulouse, 25 oct. 2001 : *Cah. jurispr. Aquitaine 2002, n° 1, p. 181.*

2. Jugé que les biens entreposés dans les locaux d'une société qui fait l'objet d'une procédure collective, n'étant jamais entrés dans son patrimoine, n'ont pas à faire l'objet d'une revendication au titre du droit de vendeur de meubles et que l'action n'est donc pas enfermée dans le délai de trois mois de l'art. 115 [C. com., art. L. 624-9]. • Metz, 20 oct. 1994 : *Rev. proc. coll. 1995. 469, obs. crit. Soinne.*

Art. L. 624-15 **Peuvent être revendiqués, s'ils se trouvent encore dans le portefeuille du débiteur, les effets de commerce ou autres titres non payés, remis par leur propriétaire pour être recouvrés ou pour être spécialement affectés à des paiements déterminés.** – *[C. com., ancien art. L. 621-121.]*

V. note ss. art. L. 624-11.

Affectation spéciale. L'affectation spéciale visée par l'art. 120 [C. com., art. L. 624-15] doit émaner du propriétaire de l'effet qui le revendique. • Versailles, 8 juin 1989 : *D. 1989. IR 226 ; JCP E 1990. II. 15668, n° 16, obs. Cabrillac.* ♦ Il en résulte que le vendeur originaire ne peut revendiquer l'effet accepté par le sous-acquéreur et qui se trouve encore entre les mains de l'acheteur. • Même arrêt.

Art. L. 624-16 *(Ord. n° 2008-1345 du 18 déc. 2008, art. 43)* **« Peuvent être revendiqués, à condition qu'ils se retrouvent en nature, les biens meubles remis à titre précaire au débiteur ou ceux transférés dans un patrimoine fiduciaire dont le débiteur conserve l'usage ou la jouissance en qualité de constituant. »**

(Ord. n° 2006-346 du 23 mars 2006, art. 48-I) **« Peuvent également être revendiqués, s'ils se retrouvent en nature au moment de l'ouverture de la procédure, les biens vendus avec une clause de réserve de propriété. Cette clause doit avoir été convenue entre les parties dans un écrit au plus tard au moment de la livraison. Elle peut l'être dans un écrit régissant un ensemble d'opérations commerciales convenues entre les parties.**

« La revendication en nature peut s'exercer dans les mêmes conditions sur les biens mobiliers incorporés dans un autre bien lorsque la séparation de ces biens peut être effectuée sans qu'ils en subissent un dommage. La revendication en nature peut également s'exercer sur des biens fongibles lorsque des biens de même nature et de même qualité se trouvent entre les mains du débiteur ou de toute personne les détenant pour son compte. »

(L. nº 2005-845 du 26 juill. 2005, art. 54) **« Dans tous les cas, il n'y a pas lieu à revendication si, sur décision du juge-commissaire, le prix est payé immédiatement. Le juge-commissaire peut également, avec le consentement du créancier requérant, accorder un délai de règlement. Le paiement du prix est alors assimilé à celui des créances mentionnées au I de l'article L. 622-17. »** – *[C. com., ancien art. L. 621-122.]*

V. note ss. art. L. 624-11.

Sur la clause de réserve de propriété, V. C. civ., art. 2367 s. – ***C. civ.***

BIBL. ▸ Crocq, *JCP E 2006, suppl. au nº 20-21, p. 23* (Ord. du 23 mars 2006).

▸ Benezera, *Gaz. Pal. 1989. 1. Doctr. 1 ; ibid. 1989. 2. 650* (procédure de référé). – Chaput, *JCP 1981. I. 3017 ; Rev. huiss. 1986. 790.* – Coffy de Boisdeffre, *Banque et Droit 1991, nº 15, p. 23.* – Derrida, *D. 1980. Chron. 293.* – Ghestin, *D. 1981. Chron. 1.* – Ghestin et Jamin, *Rev. proc. coll. 1989. 291.* – Ghozi, *D. 1986. Chron. 317.* – Houin, *JCP 1980. I. 2978.* – Merle, *Banque 1986. 644.* – Ponceblanc et Monod, *Gaz. Pal. 1992. 2. Doctr. 594.* – De Candé, *RJ com. 1993. 133.* – M. Storck, *D. 1988. Chron. 131* (sort du contrat de vente). – Bretzner, *Rev. proc. coll. 1991. 377* (nullités de la période suspecte). – Jacomet, *Bull. Joly 1991. 977* (vente d'actions avec réserve de propriété). – Demoures, *Gaz. Pal. 1993. 2. Doctr. 1337* (triple méprise de la clause de réserve de propriété). – Courtier, *LPA 18 avr. 1994.* – Ophele-Rosseto, *RTD com. 1995. 87* (protection pénale des biens). – Delebecque, *RJ com. 1994. 385.* – Ducouloux-Favard, Kopp et Pernazza, *LPA 14 sept. 1994* (droit comparé, allemand, français et italien). – Colloque de Montpellier du 28 avr. 1995 (faut-il retarder le transfert de propriété ?), *Cah. dr. entr. 1995, nº 5.* – Lavabre, *RJDA 1998, p. 83* (actualité de la clause de réserve de propriété). – Bac, *JCP E 1998, nº 32135, p. 1294* (obstacles de la dernière heure, parades possibles). – Viterbo, *Banque et Droit 1999, nº 65, p. 3* (réserve de propriété en période de règlement amiable). – Houtmann, *LPA 18 juin 1999.* – Ribadeau Dumas, *D. 2008. Chron. 2190* (saisie-revendication).

▸ Régime issu de la loi du 10 juin 1994. – *V. BIBL. ss. art. L. 624-9.*

Ancien art. L. 624-16 *(Al. 1 à 3)* ***Peuvent être revendiquées, à condition qu'elles se retrouvent en nature, les marchandises consignées au débiteur, soit à titre de dépôt, soit pour être vendues pour le compte du propriétaire.***

Peuvent également être revendiqués, s'ils se retrouvent en nature au moment de l'ouverture de la procédure, les biens vendus avec une clause de réserve de propriété subordonnant le transfert de propriété au paiement intégral du prix. Cette clause, qui peut figurer dans un écrit régissant un ensemble d'opérations commerciales convenues entre les parties, doit avoir été convenue entre les parties dans un écrit établi, au plus tard, au moment de la livraison. Nonobstant toute clause contraire, la clause de réserve de propriété est opposable à l'acheteur et aux autres créanciers, à moins que les parties n'aient convenu par écrit de l'écarter ou de la modifier.

La revendication en nature peut s'exercer dans les mêmes conditions sur les biens mobiliers incorporés dans un autre bien mobilier lorsque leur récupération peut être effectuée sans dommage pour les biens eux-mêmes et le bien dans lequel ils sont incorporés. La revendication en nature peut également s'exercer sur des biens fongibles lorsque se trouvent entre les mains de l'acheteur des biens de même espèce et de même qualité.

I. DOMAINE DE L'ART. L. 624-16, AL. 1er

BIBL. Brill-Venkatasamy, *Rev. proc. coll. 1997. 397* (contrat de confié).

Jurisprudence antérieure à l'Ord. du 18 déc. 2008.

1. Jugé que les dispositions prévues par l'art. 121 *[C. com., art. L. 624-16]*, dérogatoires à celles de l'art. 115 [C. com., art. L. 624-9], propres aux marchandises consignées au débiteur soit à titre de dépôt, soit pour être vendues pour le compte du propriétaire, ou à celles vendues avec clause de réserve de propriété, ne peuvent être étendues à d'autres contrats (à propos d'un contrat de location). • Paris, 6 janv. 1995 : *D. 1996. Somm. 217, obs. crit. Pérochon.* ♦ Dans le même sens, pour un contrat d'entreprise, V. • Rouen, 8 juin 1995 : *RJDA 1996, nº 131.* ♦ V. aussi • Caen, 16 mars 1995 : *D. 1996. Somm. 220, obs. crit. Pérochon* (crédit-bail). ♦ Comp. : • Com. 2 mars 1999 : *cité note 2* (contrat d'entreprise). ♦ Comp. aussi, s'agissant de la revendication du prix de revente : note 1 ss. art. L. 624-18.

Sur l'action en revendication exercée par le dépositaire contre le sous-dépositaire, V. note 20 *quater* ss. art. L. 624-9.

Sur la revendication de pierres précieuses ouvrées, remises au débiteur en redressement judiciaire aux termes de « contrats de confiés », V. • Com. 6 juill. 1999 : *Bull. civ. IV, n° 148 ; D. Affaires 1999. 1255, obs. A. L. ; LPA 6 janv. 2000, p. 12, note P. M. ; RTD com. 2000. 453, obs. Martin-Serf*. – Dans la même affaire, V. • Com. 28 sept. 2004 : *Act. proc. coll. 2004, n° 232, obs. Vallansan* • 20 oct. 2009 : *RTD com. 2010. 425, obs. Martin-Serf ; RJDA 2010, n° 64 ; Gaz. Pal. 8-9 janv. 2010, p. 44, obs. Le Corre-Broly*.

Comp., visant désormais, de façon plus générale, « les biens meubles remis à titre précaire au débiteur » : art. L. 624-16, al. 1er, dans sa réd. issue de l'Ord. n° 2008-1345 du 18 déc. 2008.

1 bis. La revendication ne pouvant s'exercer que sur des marchandises existant en nature, le prêt d'un stock d'or, qui porte sur des choses fongibles, ne peut donner lieu à revendication. • T. com. Paris, 7 déc. 1993 : *RJ com. 1995. 122, note X. Vincent*. ♦ En ce sens que si le prêteur qui s'est réservé la propriété des marchandises prêtées bénéficie d'un droit préférentiel au sens de l'art. 2037 [2314] C. civ., il ne commet aucune faute portant préjudice à la caution en s'abstenant d'exercer un recours contre la décision du juge-commissaire ayant rejeté sa requête en revendication en raison de l'impossibilité d'établir l'origine de propriété des marchandises retrouvées, V. • Com. 26 mai 1999 : *Bull. civ. IV, n° 108 ; D. 1999. IR 161 ; D. Affaires 1999. 1077, obs. J. F.* ♦ V. aussi note 23 *bis* ss. ancien art. L. 621-43, ss. art. L. 622-24.

II. CLAUSES DE RÉSERVE DE PROPRIÉTÉ

A. BIENS POUVANT ÊTRE REVENDIQUÉS

BIBL. Pérochon, *LPA 14 sept. 1994* (biens fongibles). – Jenselme, *ibid., 14 sept. 1994, p. 98* (logiciels). – Vérignon, *JCP N 1995. I. 1037* (fonds de commerce). – Baudran, *Rev. proc. coll. 2004. 5* (biens fongibles). – Pétel, *Mélanges Tricot, Dalloz-Litec, 2011, p. 571* (choses fongibles).

1 ter. Notion de marchandises. En ce sens que le texte ne distingue pas entre les biens d'équipement et les marchandises, V. déjà, sous l'empire de la loi de 1967, • Com. 13 mars 1985 : *JCP 1985. II. 20843, note Joly* • Aix-en-Provence, 13 oct. 1983 : *JCP E 1984. II. 14271, note Chaput*. – *Contra* : • Douai, 24 sept. 1987 : *Gaz. Pal. 1988. 1. 415, note Prouvost* • T. com. Grenoble, 15 janv. 1990 : *Rev. proc. coll. 1991. 221, obs. Soinne*. ♦ Sur la revendication d'une plateforme posée au sol, V. • Versailles, 10 nov. 1988 : *Rev. proc. coll. 1989. 217, obs. Soinne*. ♦ ... D'une installation frigorifique, V. • T. com. Chartres, 16 oct. 1990 : *JCP E 1990. I. 20473*. ♦ ... D'une licence de débits de boisson, V. • Chambéry, 27 mai 1997 : *JCP 1998. IV. 2822*.

1 quater. En ce sens que l'existence de droits incorporels sur les biens dont la propriété est réservée ne fait pas obstacle à leur revendication, V. • Com. 19 nov. 2003 : *cité note 7 bis*. ♦ Il n'y a pas lieu d'exclure d'une demande en revendication des logiciels et progiciels, biens incorporels dont le support est un bien corporel. • Versailles, 30 juin 1994 : *D. 1994. IR 216 ; Gaz. Pal. 1995. 1. 44, note Breban*. ♦ V. aussi • Paris, 26 févr. 1999 : *Gaz. Pal. 2000. Somm. 905, obs. Sauvage*.

Dans sa rédaction issue de la L. n° 94-475 du 10 juin 1994, l'art. L. 621-122, al. 2, C. com. [et désormais l'art. L. 624-16, al. 2] vise la revendication des biens, et non plus des marchandises.

2. Individualisation (jurisprudence antérieure à la loi du 10 juin 1994). Sur le rejet de la revendication avant la modification de l'art. 121 de la loi du 25 janv. 1985 par la L. n° 94-475 du 10 juin 1994, au motif que les matériels avaient été incorporés au fonds immobilier et qu'ils n'existaient plus en nature, V. • Com. 6 janv. 1987 : *Bull. civ. IV, n° 4 ; D. 1987. 242, note Prévault ; D. 1988. Somm 10, obs. Derrida* (loi de 1967) • 2 mars 1999 : *Bull. civ. IV, n° 50 ; D. 2000. Somm. 69, obs. Pérochon et Mainguy ; D. Affaires 1999. 597, obs. A. L. ; JCP 1999. II. 10180, note Cutajar ; JCP E 1999, n° 39, p. 1535, obs. Pétel ; RTD com. 1999. 751, obs. Martin-Serf ; RTD civ. 1999. 442, obs. Crocq ; Act. proc. coll. 1999, n° 82, obs. Vallansan ; RTD civ. 2000. 866, obs. Revet ; Rev. proc. coll. 2001. 24, obs. Soinne*. ♦ V. aussi, pour des matériels incorporés à une chaîne de montage de voitures, • Com. 6 juill. 1993 : *Bull. civ. IV, n° 286 ; D. 1993. Somm. 293, obs. Pérochon*. ♦ ... Pour des commandes numériques intégrées à une machine, • Com. 24 mars 2004 : *JCP 2005. II. 10039, note De Badts*. – *Contra* : • Com. 4 janv. 2005 : *LPA 16 févr. 2006, p. 7, note Voisin*.

Dès lors que les éléments livrés étaient aisément démontables dans l'immeuble auquel ils n'avaient été fixés que pour remplir leur fonction industrielle ou commerciale et sans que leur adjonction ou suppression entraînât la dépréciation de cet immeuble, il pouvait être jugé que le matériel se retrouvait en nature. • Com. 17 mars 1998 : *Bull. civ. IV, n° 108 ; D. Affaires 1998. 803, obs. V. A.-R.*

Sur le caractère fongible, mais toujours individualisé, de fuel, V. • Com. 3 juin 1986 : *Bull. civ. IV, n° 114 ; D. 1988. Somm. 10, obs. Derrida* (loi de 1967). ♦ Pour des pneumatiques montés sur des véhicules, V. • Com. 18 juill. 1989 : *Bull. civ. IV, n° 228 ; D. 1991. Somm. 45, obs. Pérochon* (loi de 1967). ♦ ... Pour un moteur de navire, V. • Com. 15 mars 1994 : *Bull. civ.*

IV, n° 110 ; D. 1996. Somm. 219, obs. Pérochon ; *JCP 1994. II. 22277, note Larroumet* • 11 mars 1997 : *Bull. civ. IV, n° 70 ; D. 2000. Somm. 72, obs. Pérochon et Mainguy* ; *D. Affaires 1997. 510.* ♦ ... Pour du vin, V. • Bordeaux, 16 déc. 1993 : *JCP 1994. IV. 1424.* ♦ ... Pour une machine-outil incorporée à une chaîne d'assemblage automatique, V. • Com. 3 janv. 1995 : *Bull. civ. IV, n° 3 ; D. 1996. Somm. 219, obs. Pérochon* ; *Rev. huiss. 1995. 452, note Courtier.* ♦ ... Pour un bras hydraulique vissé au châssis d'un camion, V. • Montpellier, 14 janv. 1997 : *RTD com. 2001. 24, obs. Soinne.*

Pouvait être revendiquée une marchandise qui, bien qu'incorporée à d'autres, restait néanmoins identifiable et dissociable de l'ensemble auquel elle avait été intégrée. • Com. 15 juill. 1987 : *Bull. civ. IV, n° 187 ; JCP 1987. IV. 342* (loi de 1967) • Rennes, 12 févr. 1992 : *Rev. proc. coll. 1993. 127, obs. Soinne* (immobilisation par nature). – V. aussi • Com. 6 mars 1990 : *D. 1991. Somm. 46, obs. Pérochon* • 10 juill. 1990 : *Bull. civ. IV, n° 206* • 5 oct. 1993 : *Bull. civ. IV, n° 315* • Paris, 30 avr. 1993 : *D. 1993. Somm. 291, obs. Pérochon* • Limoges, 13 déc. 1993 : *BICC 1994, n° 609* (installations téléphoniques). ♦ Ne se retrouvaient pas en nature des animaux de boucherie après abattage. • Com. 22 mars 1994 : *Bull. civ. IV, n° 121 ; D. 1996. Somm. 219, obs. Pérochon* • 11 oct. 1994 : *Rev. proc. coll. 1995. 206, obs. Soinne.* – Comp. : • Versailles, 7 juin 1990 : *D. 1991. Somm. 46, obs. Pérochon* . ♦ L'art. 121, al. 3, dans sa rédaction issue de la loi du 10 juin 1994, est applicable aux procédures ouvertes à compter du 1er oct. 1994. • Com. 15 févr. 2000 : *Bull. civ. IV, n° 30 ; D. 2000. AJ 127, obs. Lienhard* .

V., désormais, art. L. 624-16, al. 3.

3. Lorsque des ventes successives de marchandises identiques ont été conclues entre les mêmes parties, fût-ce en exécution d'une convention exclusive d'approvisionnement, dont la violation n'est pas alléguée, et que l'acheteur est mis en redressement judiciaire sans avoir réglé la totalité des sommes dues au vendeur, la revendication exercée par celui-ci ne peut être accueillie que s'il est établi que les fournitures retrouvées en possession du débiteur sont celles dont il n'a pas réglé le prix. • Com. 5 oct. 1993 : *Bull. civ. IV, n° 316 ; D. 1993. IR 234 ; CCC 1993, n° 208, note Leveneur.*

4. Sur la charge de la preuve, V., en ce sens qu'elle pèse sur le revendiquant, • Com. 14 avr. 1992 : *RJDA 1992, n° 765* • 15 déc. 1992 : *Bull. civ. IV, n° 412 ; D. 1993. Somm. 289, obs. Pérochon* • 25 juin 2002 : *Act. proc. coll. 2002, n° 195, obs. Vallansan* • Dijon, 8 févr. 1990 : *D. 1991. Somm. 46, obs. Pérochon* • Douai, 23 janv. 2003 : *RJDA 2005, n° 431* • T. com. Senlis, 29 oct. 1996 : *Rev. proc. coll. 2001. 22, obs. Soinne.* ♦ Comp., ayant jugé avant la loi de 1985 que la preuve incombait au syndic : • Com. 5 juill. 1988 : *D. 1988. IR 235* (loi de 1967) • 7 nov. 1989 : *Bull. civ. IV, n° 277 ; D. 1991, préc.*

La preuve peut être rapportée par tous moyens, notamment par la production d'un état des stocks établi postérieurement au jugement d'ouverture. • Paris, 18 mars 1994 : *RJDA 1994, n° 863.* ♦ De même, l'absence d'un inventaire des marchandises établi par le commissaire-priseur désigné par l'administrateur ne fait pas obstacle à l'exercice de l'action en restitution dès lors que preuve est rapportée que les marchandises revendiquées avaient été livrées au débiteur très peu de temps avant le jugement d'ouverture et qu'il est constant que le débiteur a fait obstruction à l'accomplissement de la mission du commissaire-priseur. • Versailles, 17 sept. 1998 : *D. Affaires 1998. 1781 ; RTD civ. 1999. 885, obs. Crocq* . ♦ V. aussi • Com. 13 avr. 1999 : *Bull. civ. IV, n° 86 ; D. 2000. Somm. 72, obs. Pérochon et Mainguy* ; *D. Affaires 1999. 833, obs. P. P. ; JCP E 1999, n° 39, p. 1534, obs. Cabrillac ; Act. proc. coll. 1999, n° 135, obs. Monsèrié-Bon ; Rev. proc. coll. 2001. 23, obs. Soinne* • 26 juin 2001 : *RJDA 2001, n° 1234.*

5. Pour la revendication, par des viticulteurs, de stocks de vins conservés par une coopérative, V. • Com. 11 juill. 2006 : *Bull. civ. IV, n° 181 ; D. 2006. AJ 2462* ; *Act. proc. coll. 2006, n° 198, obs. Pérochon ; JCP E 2007, n° 1, p. 24, obs. Cabrillac ; Gaz. Pal. 5-6 janv. 2007, p. 26, note Goni ; Rev. proc. coll. 2006. 362, obs. Monsèrié-Bon ; RTD com. 2007. 453, obs. Martin-Serf* .

6. N'est pas valable la convention instituant une présomption d'identité entre marchandises impayées et marchandises en stock (loi de 1967). • Com. 9 janv. 1990 : *D. 1991. 130, note Virassamy* ; *Bull. civ. IV, n° 8.*

6 bis. Biens fongibles. L'art. 121, al. 3 *in fine*, devenu l'art. L. 621-122 [L. 624-16], al. 3 *in fine*, C. com. énonce une règle de fond, attribuant au revendiquant la propriété des biens fongibles qui se trouvent entre les mains de l'acheteur dès lors que ceux-ci sont de même espèce et de même qualité que ceux qu'il a livrés. • Com. 5 mars 2002 : *Bull. civ. IV, n° 48 ; D. 2002. AJ 1139, obs. Lienhard* ; *JCP E 2002, n° 39, p. 1525, obs. Cabrillac et Pétel ; Act. proc. coll. 2002, n° 115, obs. Mainguy ; Banque et Droit mai-juin 2002. 44, obs. Jacob ; RTD civ.*

2002. 327, obs. Revet ; ibid. 339, obs. Crocq ; RTD com. 2002. 544, obs. Martin-Serf . – Dans le même sens, V. • Com. 13 nov. 2002 : *JCP E 2003, n° 17-18, p. 764, note Forgues ; RTD com. 2003. 571, obs. Martin-Serf* . ♦ En ce sens que l'appréciation du caractère fongible des biens revendiqués relève du pouvoir souverain des juges du fond, V. • Com. 15 févr. 2000 : *Bull. civ. IV, n° 30 ; D. 2000. AJ 127, obs. Lienhard ; Rev. proc. coll. 2001. 21, obs. Soinne* • 5 mars 2002 : *préc.* • 15 mars 2005 : *D. 2005. AJ 1083, obs. Lienhard ; ibid. Pan. 2019, obs. F.-X. Lucas ; JCP E 2005, n° 36, p. 1426, obs. Cabrillac ; RTD com. 2005. 605, obs. Martin-Serf* . ♦ Des produits pharmaceutiques trouvés en nature dans les stocks d'une entreprise en redressement judiciaire constituent des biens fongibles dès lors qu'ils apparaissent interchangeables en raison notamment de leur identité, nature, origine, conditionnement et marque (recevabilité de l'action en revendication du vendeur de ces produits, bien qu'il ne fût pas le seul fournisseur de l'entreprise, l'autre fournisseur ayant été réglé et ne revendiquant pas la marchandise livrée). • Rouen, 4 avr. 1996 : *RJDA 1996, n° 1543.* – Dans le même sens, V. • Paris, 3e ch. B, 26 juin 1998 : *D. 2000. Somm. 69, obs. Pérochon et Mainguy ; D. Affaires 1998. 1401, obs. A. L. ; RTD com. 2000. 180, obs. Martin-Serf ; Rev. proc. coll. 2001. 21, obs. Soinne* • Lyon, 5 nov. 1999 : *JCP E 2001, n° 5, p. 221, obs. Pétel ; RTD com. 2000. 1014, obs. Martin-Serf* (à propos de médicaments) • Paris, 3e ch. A, 22 mars 2005 : *Gaz. Pal. 6-7 juill. 2005, p. 45, obs. Le Corre-Broly ; RTD com. 2005. 605, obs. Martin-Serf* . ♦ Dès lors que le caractère fongible des biens revendiqués (médicaments et produits pharmaceutiques) n'est pas contesté, il n'y a pas lieu de prendre en considération l'argument selon lequel la rotation rapide des stocks exclurait que les marchandises retrouvées en nature chez le débiteur soient celles mêmes vendues avec une clause de réserve de propriété. • Paris, 3e ch. C, 3 avr. 1998 : *D. 2000. Somm. 69, obs. Pérochon et Mainguy ; D. Affaires 1998, p. 845, obs. A. L. ; RJDA 1998, n° 1017 ; RTD civ. 1998. 709, obs. Bandrac et Crocq ; RTD com. 2000. 180, obs. Martin-Serf* , conf. par • Com. 5 mars 2002 : *préc.* – V. aussi • Paris, 3e ch. B, 22 janv. 1999 : *D. Affaires 1999. 340, obs. A. L.* ♦ *Contra*, jugeant que les biens fongibles, au sens de l'art. 121, al. 3 [C. com., art. L. 624-16], étant ceux qui sont juridiquement considérés comme interchangeables, identiques les uns aux autres, et non individualisés, des médicaments ou des produits pharmaceutiques conditionnés sous emballages portant une ou plusieurs indications permettant de les individualiser et n'étant pas interchangeables ne sont donc pas des biens fongibles : • Paris, 3e ch. C, 12 mai 2000 : *D. 2000. AJ 329, obs. Lienhard ; JCP E 2001, n° 5, p. 221, obs. Pétel ; RTD com. 2000. 1014, obs. Martin-Serf ; Rev. proc. coll. 2001. 21, obs. Soinne.* ♦ Sur la question de la fongibilité des produits pharmaceutiques, V. aussi Marly, note ss. • Com. 15 mars 2005 : *D. 2005. 1718* . ♦ En ce sens que des bijoux de fantaisie fabriqués en série n'ont pas le caractère de biens fongibles, V. • Com. 15 févr. 2000 : *préc.* ♦ V. aussi, à propos de tissus, • Douai, 23 janv. 2003 : *préc. note 4.* ♦ Constituent des biens fongibles des petits moteurs destinés, non à un seul usage, mais à équiper différents systèmes de fermeture de bâtiment, l'indicat on d'un numéro de série ne leur ayant pas fait perdre leur caractère fongible par famille. • Orléans, 11 mars 2004 : *RJDA 2004, n° 867.*

Sur le caractère fongible de l'électroménager et de la hi-fi vidéo (dans l'hypothèse où le revendiquant établissait qu'il était le distributeur exclusif des marques des marchandises revendiquées), V. • Douai, 16 déc. 1999 : *Rev. proc. coll. 2001. 21, obs. Soinne*

6 ter. *Biens détenus par un tiers.* Le bien revendiqué doit exister en nature dans le patrimoine de la personne morale débitrice, qu'elle le détienne dans ses locaux ou qu'il soit détenu par son représentant légal dans d'autres lieux. • Com. 10 mai 2012 : *Bull civ. IV, n° 95 ; D. 2012. Chron. C. cass. 2553, obs. Guillou ; ibid. Actu. 1326, obs. Lienhard ; RTD com. 2013. 143, obs. Martin-Serf ; JCP E 2012. 1508, n° 6, obs. Pétel ; LEDEN juin 2012, p. 2, obs. Borga ; Bull. Joly Entrep. diff. 2012. 216, note Le Mesle ; Gaz. Pal. 3-4 août 2012, p. 32, obs. Le Corre-Broly ; RJDA 2012, n° 882 ; RJ com. sept.-oct. 2012. 51, note Sortais.* ♦ V. déjà, en ce sens, • Com. 3 déc. 1996 : *Bull. civ. IV, n° 301 ; Rev. dr. bancaire 1997. 37, obs. Campana et Calendini ; JCP E 1997. I. 651, n° 16, obs. Cabrillac.*

7. *Marchandises sinistrées.* En cas de perte des biens livrés sous le bénéfice d'une clause de réserve de propriété, l'indemnité d'assurance, subrogée aux biens dont le vendeur était demeuré propriétaire, n'entre pas dans le patrimoine de l'acheteur, de sorte que l'action engagée contre l'assureur rend sans objet une revendication dans les conditions de l'art. 115 [C. com., art. L. 624-9]. • Com. 22 avr. 1997 : *Bull. civ. IV, n° 103 ; D. 1997. IR 126 ; D. Affaires 1997. 736 ; JCP E 1997. I. 681, n° 12, obs. Cabrillac ; RTD com. 1998. 421, obs. Martin-Serf ; Rev. proc. coll. 2001. 29, obs. Soinne.* ♦ Sur la revendication de l'indemnité d'assurance, V. art. L. 624-18.

B. CLAUSE STIPULÉE DANS UN CONTRAT D'ENTREPRISE

7 bis. L'action en revendication des biens dont la propriété est réservée en application d'une clause contractuelle peut être exercée quelle que soit la nature juridique du contrat dans lequel elle figure. • Com. 19 nov. 2003 : *Bull. civ. IV, n° 174 ; D. 2003. AJ 3049, obs. Lienhard ; D. 2004. 801, note A. Lucas et F.-X. Lucas ; JCP E 2004, n° 22, p. 860, obs. Cabrillac ; Act. proc. coll. 2004, n° 20, obs. Alleaume ; LPA 19 févr. 2004, p. 9, note Lécuyer ; RTD com. 2004. 599, obs. Martin-Serf ; Rev. proc. coll. 2004. 379, obs. Monsèrié-Bon.* ♦ V. déjà, pour un arrêt admettant implicitement l'application des dispositions de l'art. 121 [C. com., art. L. 624-16] à la clause de réserve de propriété stipulée dans un contrat d'entreprise, • Com. 2 mars 1999 : *préc. note 2.*

C. ACCEPTATION DE LA CLAUSE

1° NÉCESSITÉ D'UNE ADHÉSION NON ÉQUIVOQUE

8. Critères de l'adhésion. S'il n'est pas nécessaire qu'un écrit soit spécialement établi pour constater une clause de réserve de propriété, et s'il n'est pas davantage exigé que l'acceptation de celle-ci soit également donnée par écrit, il faut néanmoins que l'adhésion de l'acheteur à cette clause soit certaine et non équivoque. • Paris, 18 déc. 1990 : *D. 1991. IR 18.*

8 bis. Il résulte des dispositions de l'art. L. 624-16, al. 2, C. com. rendues applicables à la liquidation judiciaire par l'art. L. 641-14, al. 1er, du même code, que, à défaut d'écrit régissant un ensemble d'opérations commerciales convenues entre les parties, l'acceptation par le débiteur de la clause de réserve de propriété s'apprécie pour chaque vente objet de celle-ci au plus tard à la date de la livraison, cette acceptation pouvant, suivant les circonstances, être déduite de l'existence de relations d'affaires et de la réception par le débiteur, dans le courant de ces relations, de factures antérieures comportant la clause litigieuse, sans protestation de sa part. • Com. 31 janv. 2012 : *Bull. civ. IV, n° 18 ; D. 2012. Actu. 432, obs. Lienhard ; ibid. Pan. 2200, obs. F.-X. Lucas ; RTD com. 2012. 617, obs. Martin-Serf ; Dict. perm. diff. entrep., Bull. n° 334, obs. Rémery ; LEDEN mars 2012, p. 4, obs. Juillet ; RJDA 2012, n° 423 ; Act. proc. coll. 2012, n° 75, obs. Thiberge ; Gaz. Pal. 27-28 avr. 2012, p. 35, obs. Pérochon ; Bull. Joly Entrep. diff. 2012. 158, note Laroche ; LPA 15 juin 2012, p. 16, obs. Reille ; RJ com. sept.-oct. 2012. 47, note Sortais.*

9. Le débiteur en liquidation judiciaire ayant accepté le devis établi par le fournisseur faisant expressément référence à une clause de réserve de propriété, la clause remplit les conditions pour être opposable à la procédure collective, dès lors que, stipulée par écrit par le vendeur et adressée à l'acheteur, elle a été acceptée par ce dernier par l'exécution du contrat en connaissance de cause. • Com. 6 juin 1989 : *Bull. civ. IV, n° 175* • 13 juin 1989 : *ibid. IV, n° 186* (clause figurant au recto et au verso des accusés de réception de la commande) • Paris, 30 avr. 1998 : *Rev. proc. coll. 2001. 15, obs. Soinne* (clause figurant dans tous les documents contractuels, en bas de page) • 11 janv. 2000 : *RJDA 2000, n° 575* (clause figurant au recto des confirmations de commandes et des factures). ♦ Comp. : • Com. 17 janv. 1995 : *Rev. huiss. 1995. 484 ; Rev. proc. coll. 1995. 194, obs. Soinne* (clause figurant exclusivement au verso des bons de commande, considérée comme valable) • 17 mars 1998 : *préc. note 2* (même cas de figure). ♦ Comp. aussi, décidant que la mention au verso n'implique pas que la clause ait été ignorée de l'acquéreur : • Com. 13 oct. 1998 : *D. 2000. Somm. 65, obs. Pérochon et Mainguy ; Act. proc. coll. 1998, n° 151 ; RJDA 1998, n° 1391 ; Rev. proc. coll. 2001. 16, obs. Soinne.*

10. N'a pas été acceptée tacitement, malgré l'absence de réaction de l'acheteur, une clause rédigée en petits caractères sans intervalles significatifs. • Rennes, 2 nov. 1988 : *Rev. proc. coll. 1989. 215, obs. Soinne.* ♦ V. aussi • Com. 14 juin 1994 : *Rev. huiss. 1994. 1287* (clause noyée au milieu des autres conditions générales, au verso des bons de livraison et factures, sans mention en caractères gras au recto) • 11 juill. 1995 : *Rev. proc. coll. 1995. 470, obs. Soinne* (même solution) • Paris, 12 sept. 1997 : *D. 2000. Somm. 65, obs. Pérochon et Mainguy ; D. Affaires 1997. 1260 ; Rev. proc. coll. 2001. 15, obs. Soinne* (clause peu lisible mais figurant au recto) • Versailles, 20 nov. 1997 : *RJDA 1998, n° 196* • Pau, 29 juill. 1999 : *Cah. jurispr. Aquitaine 2000. 95* (mention « réserve de propriété » figurant sur un bon de livraison non signé par l'acheteur ou l'un de ses préposés) • Versailles, 20 janv. 2000 : *RJDA 2000, n° 575* (clause figurant sur une facture non visée par l'acheteur, immédiatement à la suite de la liste des marchandises vendues, en bas de page et en caractères identiques à ceux utilisés pour désigner ces marchandises).

10 bis. Sur l'inopposabilité d'une clause rédigée en langue étrangère, V. • Douai, 4 mars 1999 : *Rev. proc. coll. 2001. 15, obs. Soinne.* ♦ Comp., en cas de relations suivies avec un fournisseur étranger : • Metz, 30 mai 1996 : *ibid.* ♦ Sur l'opposabilité d'une clause rédigée en langue étrangère, en vertu de la circ. du 19 mars

1996 portant application de la loi du 4 août 1994, V. Soinne, *Rev. proc. coll. 1997. 206.*

10 ter. Acceptation par la signature d'un préposé. L'opposabilité à l'acheteur d'une clause de réserve de propriété n'étant pas subordonnée à l'existence d'une acceptation écrite de sa part, dès lors que cette clause, stipulée par écrit par le vendeur et adressée à l'acheteur, avait été acceptée par celui-ci par l'exécution du contrat en connaissance de cause, il n'est pas nécessaire de rechercher si tel salarié de l'acheteur avait qualité pour apposer sa signature sous la clause de réserve de propriété. • Com. 11 juill. 1995 : *Bull. civ. IV, n° 210 ; D. 1996. Somm. 211, obs. Pérochon ; JCP E 1995. I. 513, n° 13, obs. Pétel.*

11. Clause contenue dans un contrat-cadre. Avant la loi du 10 juin 1994, en cas de ventes de marchandises effectuées en application d'un contrat d'approvisionnement, il fallait que, pour chacune des ventes prises isolément, la clause de réserve de propriété fût convenue entre les parties dans un écrit adressé à l'acheteur au plus tard au moment de la livraison. • Com. 17 mars 1992 : *D. 1993. Somm. 290, obs. Pérochon ; RJDA 1992, n° 517.* – V. aussi • Com. 13 avr. 1999 : *Bull. civ. IV, n° 86 ; D. 2000. Somm. 65, obs. Pérochon et Mainguy ; D. Affaires 1999. 833, obs. P. P. ; Act. proc. coll. 1999, n° 135, obs. Monsèrié-Bon.* ♦ De même, lors de ventes successives et autonomes de marchandises, la clause de réserve de propriété n'était opposable à la procédure que si, pour chacune de ces ventes prises isolément, la clause, stipulée par écrit et adressée à l'acheteur, avait été acceptée par ce dernier par l'exécution du contrat en connaissance de cause. • Com. 3 nov. 1992 (2 arrêts) : *Bull. civ. IV, n° 346 ; D. 1993. Somm. 287 et 290, obs. Pérochon* • 29 mai 2001 : *D. 2001. AJ 2032*. ♦ Cette acceptation ne pouvait être déduite, par conséquent, ni de l'insertion de la clause dans les conditions générales de vente jointes aux catalogues envoyés à l'acheteur, ou de la production d'une lettre-circulaire, ni de l'existence entre l'acheteur et le vendeur de ventes antérieures avec réserve de propriété. • Mêmes arrêts.

12. Dans sa rédaction issue de la L. n° 94-475 du 10 juin 1994, l'art. L. 621-122, al. 2, [et désormais l'art. L. 624-16, al. 2] dispose que la clause de réserve de propriété peut figurer dans un écrit régissant un ensemble d'opérations commerciales convenues entre les parties. ♦ V. aussi note 8 *bis*.

13. Preuve de l'acceptation. L'appréciation de la preuve de l'acceptation ressortit au pouvoir souverain des juges du fond. V. • Com. 6 mars 1990 : *Bull. civ. IV, n° 66.*

14. L'ordonnance du juge-commissaire qui autorise le liquidateur à vendre des marchandises de gré à gré à condition que soit stipulée une clause de réserve de propriété ne dispense pas le liquidateur d'établir l'écrit exigé par l'art. 121 [C. com., art. L. 624-16]. • Com. 16 oct. 1990 : *JCP E 1991. I. 44, n° 5, obs. Pétel ; Bull. civ. IV, n° 239.*

2° PORTÉE DU REFUS DE LA CLAUSE PAR L'ACHETEUR

BIBL. D. Boccara, *D. Affaires 1997. 1101.* – Voinot, *D. 1997. Chron. 312*.

Jurisprudence antérieure à la loi du 1er juill. 1996.

14 bis. Avant la loi du 1er juill. 1996, si une clause de réserve de propriété pouvait être acceptée tacitement, un refus formel de l'application de la clause par l'acheteur dès avant la livraison excluait une telle acceptation, et le juge n'avait pas, dès lors, à rechercher les circonstances postérieures à l'exécution du contrat qui n'emportaient pas rétractation de ce refus. • Com. 11 mai 1993 : *Bull. civ. IV, n° 183 ; D. 1993. Somm. 287, obs. Pérochon*. – V. aussi • Com. 10 déc. 1991 : *Bull. civ. IV, n° 384 ; D. 1993, préc.*

L'exécution de la vente par l'acheteur n'impliquait pas l'abandon de ses conditions générales d'achat, de sorte qu'en cas de cessions successives, ne pouvait lui être opposée une clause de réserve de propriété figurant sur les seuls documents d'accusé de réception du vendeur, alors que la vente faite purement et simplement opérait transfert immédiat et inconditionnel de la propriété. • Com. 12 juill. 1994 : *Bull. civ. IV, n° 268 ; D. 1996. Somm. 212, obs. Pérochon ; JCP E 1994. Pan. 1220.* ♦ De même, les conditions générales de vente et les conditions générales d'achat de sociétés étant contradictoires, et le vendeur ayant signé un document matérialisant son adhésion aux conditions financières de l'acheteur, la signature par ce dernier des bons de livraison ou l'apposition sur ces bons de son cachet ne pouvait valoir acceptation tacite et univoque de la clause de réserve de propriété invoquée par le vendeur, le refus antérieurement exprimé ne pouvant être rétracté que par une acceptation expresse. • Com. 25 oct. 1994 : *Bull. civ. IV, n° 316 ; D. 1996. Somm. 212, obs. Pérochon ; JCP E 1996. II. 779, note Vallansan.* – V. aussi • Paris, 20 juin 1990 : *D. 1991. Somm. 41, obs. Pérochon*, conf. par • Com. 11 mai 1993 : *cité note 24* • 3 déc. 1996 : *Bull. civ. IV, n° 299 ; Dr. sociétés 1997, n° 10, obs. Chaput ;*

Rev. dr. bancaire 1997. 37, obs. Campana et Calendini.

L'acceptation par le fournisseur du refus par l'acheteur de toute réserve de propriété n'était pas nécessaire pour donner effet à ce refus. • Com. 11 juill. 1995 : *Bull. civ. IV, n° 212 ; D. 1996. Somm. 212, obs. Pérochon ; JCP 1996. II. 22583, note Mainguy ; JCP E 1996. II. 779, note Vallansan ; Rev. huiss. 1995. 1217, note Vidal.* ♦ La clause par laquelle l'acheteur refusait toute réserve de propriété s'imposant au fournisseur du seul fait qu'elle était portée à sa connaissance, ce fournisseur ne pouvait invoquer le bénéfice d'une clause de réserve de propriété, dans les conditions énoncées par l'art. 121, qu'en démontrant que l'acheteur avait renoncé à ce refus avant la livraison. • Com. 11 juill. 1995 : *Bull. civ. IV, nos 211 et 213 ; D. 1996. Somm. 212, obs. Pérochon ; D. Affaires 1995. 68 ; JCP, préc. ; JCP E, préc. ; Rev. huiss. 1995. 1219, note Vidal.*

La L. n° 96-588 du 1er juill. 1996 (art. 19) a modifié l'art. 121, al. 2, devenu l'art. L. 621-122, al. 2, C. com., en rendant, nonobstant toute clause contraire, la clause de réserve de propriété opposable à l'acheteur et aux autres créanciers, à moins que les parties n'aient convenu par écrit de l'écarter ou de la modifier. ♦ L'art. 19 de la L. n° 96-588 du 1er juill. 1996, qui n'a pas de caractère interprétatif, n'est pas applicable à la revendication introduite dans une procédure ouverte avant l'entrée en vigueur de ce texte. • Com. 2 oct. 2001 : *Bull. civ. IV, n° 156 ; D. 2001. AJ 3044, obs. Lienhard ; Act. proc. coll. 2001, n° 249, obs. Vallansan ; RTD com. 2002. 162, obs. Martin-Serf* • 11 déc. 2001 : *Act. proc. coll. 2002, n° 48, obs. Regnaut-Moutier.*

En vertu de l'art. L. 621-122 C. com., dans sa réd. issue de la loi du 1er juill. 1996, la clause d'exclusion de réserve de propriété étant privée d'effet dès lors qu'elle n'est pas formellement acceptée par le vendeur, la seule mention de cette clause d'exclusion dans les conditions générales d'achat ne fait pas obstacle à ce que la preuve de l'acceptation de la clause de réserve de propriété par l'acheteur résulte de l'exécution du contrat en connaissance de cause. • Versailles, 28 oct. 2004 : *D. 2005. AJ 79.*

Comp., désormais : art. L. 624-16, al. 2, dans sa réd. issue de l'Ord. n° 2006-346 du 23 mars 2006.

D. EFFICACITÉ DE LA CLAUSE

15. Conflit avec un créancier hypothécaire. Un moteur de navire, dont la vente a été assortie d'une clause de réserve de propriété, peut, dès lors qu'il se retrouve en nature sur le navire et qu'il demeure identifiable et dissociable, être revendiqué par le vendeur impayé, malgré la constitution régulière d'une hypothèque maritime sur le navire, et quoique cette hypothèque, en application de l'art. 46 de la L. n° 67-5 du 3 janv. 1967, s'étende à tous les accessoires, machine, agrès et apparaux, dès lors que, n'ayant pas cessé d'être propriété d'un tiers, ce bien n'est pas juridiquement de nature à entrer dans le champ de l'hypothèque. • Com. 15 mars 1994 : *préc. note 2.*

16. Cumul d'une sûreté et d'une clause de réserve de propriété. Les dispositions des art. 121 et 122 [C. com., art. L. 624-16 et L. 624-18] ne distinguent pas selon que le vendeur ou celui qui lui est subrogé, peut, ou non, bénéficier de sûretés spéciales et n'excluent pas le droit pour celui-ci d'invoquer une clause de réserve de propriété plutôt qu'un droit de gage. • Com. 5 oct. 1993 : *Bull. civ. IV, n° 314 ; D. 1993. IR 234.* ♦ La subrogation conventionnelle du prêteur dans les droits et actions du vendeur titulaire d'une clause de réserve entraîne le transfert de cette clause au profit du subrogé qui peut la mettre en œuvre nonobstant l'existence d'un gage souscrit à son profit. • Limoges, 27 févr. 1995 : *Rev. proc. coll. 1997. 202, obs. Soinne.*

De même, l'existence du privilège de vendeur d'immeuble n'exclut pas le droit pour le vendeur d'invoquer la clause de réserve de propriété stipulée dans l'acte de vente, même si ce privilège a été publié. • Com. 28 sept. 2004 : *Bull. civ. IV, n° 172 ; D. 2005. Pan. 299, obs. Le Corre ; ibid. 2081, obs. Crocq ; JCP E 2005, n° 1-2, p. 31, obs. Cabrillac ; Defrénois 2005. 517, obs. S. Piedelièvre.*

16 bis. Bien déjà en possession de l'acquéreur. Il résulte de l'art. L. 624-16 C. com., ensemble l'art. 1606 C. civ., que la délivrance d'un meuble s'opère par le seul consentement des parties, si l'acheteur l'avait déjà en son pouvoir à un autre titre ; qu'en ce cas, la clause de réserve de propriété affectant ce bien doit, pour être opposable aux tiers, avoir été convenue dans le contrat de vente. • Com. 3 juill. 2012 : *Bull. civ. IV, n° 147 ; D. 2012. Chron. C. cass. 2553, obs. Guillou ; ibid. Actu. 1815, obs. Lienhard ; RTD civ. 2012. 557, obs. Crocq ; RTD com. 2013. 143, obs. Martin-Serf ; JCP E 2012. 1757, n° 16, obs. Pétel ; Bull. Joly Entrep. diff. 2012. 291, note Laroche ; Act. proc. coll. 2012, n° 212, obs. Petit ; Gaz. Pal. 12-13 oct. 2012, p. 31, obs. Pérochon ; Banque et Droit sept.-oct. 2012. 58, obs. Netter ; RJDA 2012, n° 1096.*

17. Restitutions. La créance du vendeur, qui a revendiqué dans la procédure collective des marchandises vendues avec clause de réserve de propriété et retrouvé le droit d'en disposer, est éteinte à concurrence de la valeur des marchandises reprises. Si cette valeur excède le solde du prix resté dû lors de l'exercice de l'action, le vendeur doit restituer à l'acheteur la somme reçue en excédent. • Com. 5 mars 1996 : *Bull. civ. IV, n° 72 ; D. 1996. Somm. 222, obs. Pérochon ; D. Affaires 1996. 487 ; JCP E 1996. I. 584, n° 11, obs. Cabrillac.* – V. aussi • Bordeaux, 27 févr. 1990 : *D. 1991. 191, note Pérochon* • Rennes, 17 mars 1999 : *JCP 2000. IV. 2344.* ♦ Dès lors que la valeur des biens restitués n'excède pas le solde du prix restant dû, lequel doit s'entendre de la fraction du prix convenu entre les parties demeurée impayée, indépendamment d'une déclaration de créance y correspondant totalement ou partiellement, aucune somme n'est due par la société bénéficiaire de la clause de réserve de propriété. • Com. 1er avr. 2008 : *Bull. civ. IV, n° 74 ; D. 2008. AJ 1142 ; ibid. Pan. 2110, obs. Crocq ; Act. proc. coll. 2008, n° 140, obs. Blanc ; JCP E 2008. 2062, n° 12, obs. Cabrillac ; Gaz. Pal. 27-29 juill. 2008, p. 61, obs. Pérochon ; RTD com. 2008. 623, obs. Martin-Serf .* ♦ Lorsque le vendeur réservataire de la propriété a pu, après sa revendication, revendre les marchandises, le montant de sa créance résulte de la différence entre le prix de la vente initiale et le prix de revente qu'il a obtenu d'un nouvel acquéreur. • Paris, 11 janv. 1994 : *D. 1996. Somm. 222, obs. Pérochon ; RJ com. 1995. 205, obs. X. Vincent.*

L'action en revendication d'un bien vendu avec clause de réserve de propriété n'est pas une action en résolution de la vente et le prêteur, subrogé dans la sûreté que constitue la propriété réservée, n'est tenu de restituer les sommes qu'il a reçues en exécution du contrat de prêt que dans la mesure où la valeur du bien restitué excède le montant des sommes qui lui restent dues. • Com. 23 janv. 2001 : *Bull. civ. IV, n° 23 ; D. 2001. AJ 702, obs. Lienhard ; Act. proc. coll. 2001, n° 52, obs. Regnaut-Moutier ; JCP E 2001, n° 18, p. 755, obs. Cabrillac ; Dr. sociétés 2001, n° 63, obs. Chaput ; RD banc. fin. 2001, n° 62, obs. Cerles ; RTD com. 2001. 518, obs. Martin-Serf ; RJ com. 2001. 280, note Haennig* • 8 janv. 2002 : *RJDA 2002, n° 549.*

Sur la question de la personne (acheteur ou prêteur) à qui le vendeur doit restitution, V. • Bordeaux, 27 févr. 1990 : *préc.*

18. En cas de transmission de la créance par subrogation dans les droits du vendeur, le créancier subrogeant n'a pas l'obligation de restituer les acomptes perçus par le vendeur. • Com. 9 mai 1995 : *Rev. proc. coll. 1995. 487, obs. Soinne.* – V. aussi : • Douai, 12 oct. 1995 : *Rev. proc. coll. 1997. 343, obs. Soinne. – Contra* : • Rennes, 26 avr. 1995 : *ibid.*

19. Effets de la déclaration de créance. V. note 16 ss. art. L. 624-9. ♦ Le vendeur conserve la faculté de produire au passif de la procédure collective pour être rempli de l'intégralité de ses droits. • Com. 1er oct. 1985 : *Bull. civ. IV, n° 222 ; D. 1986. IR 48* (loi de 1967). ♦ Le fait, pour le vendeur, de demander à l'acheteur le paiement de la marchandise ne constitue pas une renonciation au bénéfice de la clause de réserve de propriété, laquelle ne peut jouer que dans la mesure où le paiement n'est pas effectué par l'acheteur. • Versailles, 22 févr. 1990 : *D. 1991. Somm. 43, obs. Pérochon .*

20. Le vendeur qui a déclaré sa créance de dommages-intérêts peut demander au juge-commissaire de la compenser avec sa dette de restitution d'acomptes. • T. com. Senlis, 4 févr. 1988 : *Rev. proc. coll. 1988. 303, obs. Soinne* • Rennes, 21 juin 1989 : *ibid. 1991. 238, obs. Soinne.*

21. Exception de non-conformité. Sur l'inopposabilité par l'acheteur d'une exception fondée sur la non-conformité de la marchandise, V. • Com. 12 févr. 1991 : *Bull. civ. IV, n° 69 ; D. 1993. Somm. 288, obs. Pérochon ; Gaz. Pal. 1992. 1. 86, note Cressard.*

21 bis. Marchandises sinistrées. V. note 7.

22. Vente des marchandises couvertes par une clause. BIBL. Crocq, *Mélanges AEDBF-France III, Banque éditeur, 2001, p. 109.* ♦ Sur la créance du vendeur résultant de la non-restitution des marchandises, V note 25 ss. ancien art. L. 621-32, ss. art. L. 622-17. ♦ Sur les intérêts de cette créance V. note 1 *quater* ss. art. L. 622-28.

22 bis. Tant que le délai de revendication n'est pas expiré, le liquidateur ne peut procéder à des réalisations d'actifs portant sur des biens objets d'une clause de réserve de propriété dont il connaît l'existence sans l'accord du vendeur. Par conséquent, doit être accueillie l'action en responsabilité contre le liquidateur, formée par le créancier qui n'avait reçu du fait de la revente prématurée des biens, qu'un prix moindre que le solde restant dû. • Com. 5 déc. 1995 : *Bull. civ. IV, n° 280 ; D. 1996. Somm. 224, obs. Pérochon ; D. Affaires 1996. 179 ; Quot. jur. 2 avr. 1996, p. 5, note P. M. ; Rev. proc. coll. 1998. 186, obs. Soinne.* – V. aussi • Com. 6 juill. 1999 : *Bull. civ. IV, n° 150 ; D. 1999. IR 209 ; D. Affaires 1999. 1366, obs. A. L. ; Gaz. Pal. 1999. 2. 807, note De Gaulle ; RJDA 1999, n° 1238 ; RTD civ. 1999. 885, obs. Crocq ; Rev. proc. coll. 2000. 80, obs. Soinne* (absence d'inventaire révélant l'existence de la clause de réserve de propriété) • Bordeaux, 7 nov. 1993 : *Rev. proc. coll. 1995. 202, obs. Soinne* • TGI Foix, 10 avr. 1991 : *BICC 1991, n° 1471.* – Comp : • Paris, 8 juill. 1994 :

D. 1994. IR 238. ♦ La responsabilité éventuelle, vis-à-vis du vendeur initial, du liquidateur judiciaire qui a cédé des marchandises faisant l'objet d'une clause de réserve de propriété, postérieurement à l'ouverture de la procédure collective et de l'exercice de l'action en revendication, ne libère pas le sous-acquéreur de son obligation de payer le prix convenu dans l'acte de cession. • Com. 17 mars 1998 : *D. 2000. Somm. 77, obs. Pérochon et Mainguy ; D. Affaires 1998. 846.* ♦ V. également note 30.

Si l'administrateur peut vendre les marchandises objets d'une clause de réserve de propriété, il lui appartient d'affecter les fonds, provenant de cette revente, au règlement de la créance de la société revendiquante dès l'issue de la revendication. Par suite, l'administrateur judiciaire qui n'a pas pris les mesures conservatoires qui auraient permis la restitution éventuelle à l'issue de la procédure de revendication doit être condamné personnellement à indemniser le vendeur. • Com. 4 janv. 2000 : *Bull. civ. IV, n° 5 ; D. 2000. AJ 56, obs. Lienhard ; JCP E 2000, n° 17, p. 701, obs. Cabrillac ; Act. proc. coll. 2000, n° 29, obs. Crocq ; Rev. proc. coll. 2000. 80, obs. Soinne ; RTD com. 2000. 457, obs. Martin-Serf.* – V. aussi • Com. 11 déc. 2001 : *RJDA 2002, n° 407.* ♦ Sur la possibilité de condamner le représentant des créanciers *in solidum*, pour avoir utilisé des fonds provenant de la vente pour le paiement des créanciers privilégiés, V. • Com. 11 juill. 1995 : *D. 1996. Somm. 223, obs. Pérochon ; JCP E 1995. Pan. 1141 ; Rev. proc. coll. 1995. 475, obs. Soinne.*

Sur cette question, V. obs. Soinne, *Rev. proc. coll. 1993. 603 ; ibid. 1995. 202.*

23. Plan de continuation. L'adoption d'un plan de continuation n'a pas pour effet de priver le créancier revendiquant de son action lorsqu'elle a été introduite dans les délais légaux et n'a pas fait l'objet d'une renonciation expresse. • Versailles, 8 nov. 1990 : *préc. note 15.*

Sur l'exercice de l'action en revendication en cas de résolution du plan de redressement entraînant l'ouverture d'une nouvelle procédure, V. note 9 ss. art. L. 624-9.

Sur l'opposabilité du droit de propriété au débiteur faisant l'objet d'un plan de continuation, en l'absence de revendication dans le délai prescrit, V. note 16 *bis* ss. art. L. 624-9.

23 bis. Plan de cession. Lorsque les biens vendus sous réserve de propriété sont compris dans les actifs cédés en vertu d'un plan de cession, le vendeur impayé ne peut exercer l'action en revendication à l'encontre du cessionnaire, tiers de bonne foi. • Rennes, 15 oct. 1998 : *Rev. proc. coll. 2001. 19, obs. Soinne.* ♦ Mais le cessionnaire peut prendre l'engagement, par une clause spéciale de l'acte de cession, de payer la dette du cédant. • Com. 17 mai 1994 : *Bull. civ. IV, n° 180 ; D. 1996. Somm. 221, obs. Pérochon ; RTD com. 1996. 130, obs. Martin-Serf.* ♦ V. aussi note 8 ss. art. L. 624-18.

24. Opposabilité de la clause au sous-acquéreur. L'opposabilité de la clause de réserve de propriété aux tiers n'est pas subordonnée à une formalité de publicité. • Com. 11 mai 1993 : *Bull. civ. IV, n° 184 ; D. 1993. IR 145 ; JCP E 1993. I. 277, n° 15, obs. Cabrillac et Pétel.* – Comp. : • Com. 5 mars 1996 : *cité note 26.*

25. Mais le vendeur d'une marchandise avec clause de réserve de propriété ne peut revendiquer la marchandise litigieuse à l'encontre d'un sous-acquéreur sans démontrer que celui-ci n'était pas possesseur de bonne foi de cette marchandise • Com. 1er oct. 1985 : *Bull. civ. IV, n° 224* (loi de 1967) • Com. 19 mai 1987 : *D. 1988. Somm. 12, obs. Derrida ; Bull. civ. IV, n° 120* (loi de 1967) • 5 oct. 1993 : *ibid. IV, n° 317 ; Rev. huiss. 1994. 187, note Vidal* • Versailles, 8 juill. 1993 : *RJDA 1993, n° 1089.*

26. Les dispositions de l'art. 65 [C. com., art. L. 624-16] ne dérogent pas à celles prévues en faveur du possesseur de bonne foi par l'art. 2279 C. civ. • Com. 14 nov. 1989 : *D. 1991. Somm. 43, obs. Pérochon ; Bull. civ. IV, n° 290* (loi de 1967). ♦ Il s'ensuit qu'une banque – à qui ont été données en gage des marchandises vendues sous réserve de propriété, livrées et entreposées dans les locaux d'un tiers, sans que le prix en ait été payé –, possesseur de bonne foi, bénéficie de la présomption édictée par ledit art. 2279, peu important que la possession de son auteur soit entachée d'un vice, et que la banque, qui n'a pas effectué des vérifications ou des recherches que ni la loi ni les usages du commerce ne lui imposent, peut opposer son nantissement à la revendication du vendeur. • Même arrêt. ♦ Cependant, seule une possession exempte de vices par le sous-acquéreur lui-même ou par autrui pour lui confère à celui-ci un titre faisant obstacle à toute revendication. • Com. 11 mai 1993 : *préc. note 24* • 5 mars 1996 : *Bull. civ. IV, n° 73 ; D. 2000. Somm. 74, obs. Pérochon et Mainguy ; D. Affaires 1996. 523 ; JCP E 1996. I. 584, n° 12, obs. Cabrillac* (cession de matériel, par un contrat de cession-bail, à une société de crédit-bail, qui a laissé le débiteur en possession comme locataire, ladite société ne pouvant ignorer qu'elle tenait le bien de quelqu'un qui n'en était pas propriétaire). ♦ Pour une détention de mauvaise foi, V. • Rennes, 13 nov. 1991 : *RJDA 1992, n° 518 ; D. 1993. Somm. 293, obs. Pérochon.* ♦ V., à propos de la loi de 1967, • Com. 28 nov. 1989 : *Bull. civ. IV, n° 300 ; D. 1991. Somm. 43, obs. Pérochon.* ♦ Et, affirmant que le commissionnaire de transport qui n'a pas eu connaissance de la clause de réserve de propriété grevant les marchandises, est fondé à invoquer un droit de rétention de créancier gagiste à l'égard du vendeur : • Com. 3 oct. 1989 : *D. 1991. Somm. 44, obs. Pérochon ; JCP 1990. II. 21454, note Béhar-Touchais ; Bull. civ. IV, n° 244* (loi de 1967). ♦ Comp., sur l'absence de perte de maîtrise de la chose par le vendeur : • Com. 13 févr. 1990 : *Bull. civ. IV, n° 45 ; D. 1990. Somm. 388, obs. Aynès*.

26 bis. Conflit avec le bailleur propriétaire des locaux. Le bailleur, qui n'avait pas été informé par le liquidateur de l'existence d'une clause de réserve de propriété portant sur des cloisons démontables, est entré de bonne foi en possession de celles-ci lors de la remise des clés après la résiliation du bail ; le vendeur, qui a été, de la sorte, empêché d'exercer utilement l'action en revendication, peut actionner le liquidateur en responsabilité civile pour faute. • Com. 22 févr. 1994 : *Bull. civ. IV, n° 71 ; D. 1995. Somm. 26, obs. Honorat*.

E. TRANSMISSION DE LA CLAUSE

BIBL. Cabrillac, *D. 1988. Chron. 225*. – Ghozi, *D. 1986. Chron. 317*. – Soinne, *Gaz. Pal. 1985. 1. Doctr. 287*.

27. Pour l'application d'une clause de réserve de propriété, lorsque l'acheteur a été soumis à une procédure collective, il n'y a pas lieu de distinguer selon que la revendication est exercée par le vendeur ou par un tiers subrogé dans ses droits. • Com. 15 mars 1988 (2 arrêts) : *Bull. civ. IV, n° 106 ; D. 1988. 330, note Pérochon ; Gaz. Pal. 1988. 1. 244, note Soinne ; JCP 1989. II. 21348, note Morançais-Demeester ; RTD com. 1988. 287, obs. Hémard et Bouloc ; Banque 1988. 700, obs. Rives-Lange* (loi de 1967) • 11 juill. 1988 : *Bull. civ. IV, n° 241 ; RTD com. 1988. 656, obs. Cabrillac et Teyssié ; D. 1988. IR 240 ; Banque 1988. 932, obs. Rives-Lange.* ♦ Si le paiement avec subrogation a pour effet d'éteindre la créance à l'égard du créancier, il la laisse subsister au profit du subrogé, qui dispose de toutes les actions qui appartenaient au créancier qui se rattachaient à cette créance avant le paiement. • Mêmes arrêts.

28. La réserve de propriété constitue l'accessoire de la créance du vendeur en lui garantissant le paiement du prix, et l'endossement d'une lettre de change transmet au porteur la propriété de la provision avec ses accessoires. • Com. 11 juill. 1988 : *préc. note 27.*

29. Un contrat de concession, comportant une clause de réserve de propriété en faveur du concédant sur les marchandises livrées par lui au concessionnaire et stipulant que leur prix sera payable par l'intermédiaire d'un organisme de financement agréé par le concédant, forme, avec le contrat de financement, conclu entre le concessionnaire et l'organisme de financement et qui prévoit que ce dernier sera subrogé dans les droits du concédant après paiement, un ensemble indivisible dans la commune intention de toutes les parties ; dès lors est irrecevable la demande en revendication de marchandises présentée par le concédant, cette action ayant été transmise à l'organisme de financement par la subrogation qui est opposable au concédant. • Com. 2 févr. 1993 : *Bull. civ. IV, n° 38.*

V. aussi note 18.

F. PAIEMENT DU PRIX POUR ÉVITER LA REVENDICATION

30. La faculté prévue à l'art. L. 621-122 [L. 624-16], al. 4, d'interprétation stricte en ce qu'il déroge à l'interdiction de payer les créances antérieures au jugement d'ouverture, ne permet pas de s'opposer à la restitution du bien, objet d'un contrat de crédit-bail, en payant les échéances antérieures au jugement d'ouverture restées impayées. • Com. 19 juin 2007 : *Bull. civ. IV, n° 166 ; D. 2007. 2363, note Le Corre-Broly ; ibid. AJ 1878, obs. Lienhard ; D. 2008. Pan. 576, obs. Le Corre ; Act. proc. coll. 2007, n° 151, obs. Vallansan ; Gaz. Pal. 26-27 oct. 2007, p. 46, obs. Roussel Galle ; JCP E 2008. 1207, n° 6, obs. Cabrillac ; RTD com. 2008. 182, obs. Martin-Serf*. ♦ Comp., désormais : art. L. 622-7, dans sa réd. issue de l'Ord. n° 2008-1345 du 18 déc. 2008.

30 bis. Le vendeur de meubles, titulaire d'une clause de réserve de propriété, est recevable à mettre en cause la responsabilité délictuelle de l'administrateur judiciaire de l'acheteur qui, ayant obtenu l'autorisation du juge-commissaire de régler la créance pour conserver les marchandises, s'opposant ainsi à la revendication, a cessé les versements. • Paris, 20 sept. 1996 : *JCP E 1996. Pan. 1147 ; Rev. proc. coll. 1998. 188, obs. Soinne.*

G. PROCÉDURE

31. Modalités de la revendication. V. art. L. 624-17 et notes ss. art. L. 624-9. ♦ V. aussi art. R. 624-13 s.

32. Saisie conservatoire. La saisie conservatoire n'est pas ouverte à celui qui revendique des marchandises en vertu d'une clause de réserve de propriété. • Com. 9 janv. 1990 : *Bull. civ. IV, n° 7 ; D. 1991. Somm. 42, obs. Pérochon* (loi de 1967). ♦ Comp. : note 23 ss. art. L. 624-9.

H. DROIT INTERNATIONAL PRIVÉ

BIBL. Scarano, *RTD com. 1990. 535* (droit comparé et droit international privé).

33. Les conditions auxquelles peuvent être revendiquées des marchandises vendues avec réserve de propriété sont, en cas de redressement judiciaire de l'acheteur, déterminées par la loi de la procédure collective, quelle que soit la loi régissant la validité et l'opposabilité, en général, de la clause de propriété réservée. • Civ. 1re, 8 janv. 1991 : *Bull. civ. I, n° 9 ; D. 1991. 276, note Rémery ; D. 1993. Somm. 286, obs. Pérochon*. ♦ Il résulte de l'art. 7, al. 2, de la Convention de Rome du 19 juin 1980, aux termes duquel les dispositions de celle-ci ne pourront porter atteinte à l'application des règles de la loi du pays du juge qui régissent impérativement la situation quelle que soit la loi applicable au contrat, que doit être écartée l'application du droit italien à l'action en revendication exercée à l'encontre d'une société soumise à une procédure collective portée devant un juge français. • Com. 8 janv. 2002 : *Rev. crit. DIP 2002. 328, note Bureau ; RTD com. 2002. 729, obs. Martin-Serf*.

I. APPLICATION AU REDRESSEMENT ET À LA LIQUIDATION JUDICIAIRES

V. art. L. 631-18, al. 1er, et L. 641-14, al. 1er.

Art. L. 624-17 *(L. n° 2005-845 du 26 juill. 2005, art. 55-I ; Ord. n° 2006-346 du 23 mars 2006, art. 48-II)* **L'administrateur avec l'accord du débiteur ou à défaut le débiteur après accord du mandataire judiciaire peut acquiescer à la demande en revendication ou en restitution d'un bien visé à la présente section. A défaut d'accord ou en cas de contestation, la demande est portée devant le juge-commissaire qui statue sur le sort du contrat, au vu des observations du créancier, du débiteur et du mandataire de justice saisi.** – *[C. com., ancien art. L. 621-123.]*

V. note ss. art. L. 624-11.

BIBL. ▶ Le Corre-Broly et Le Corre, *D. 2002. Chron. 948* (analyse jurisprudentielle de la demande en acquiescement de revendication).

1. Portée de la procédure préalable. L'art. 121-1 [C. com., art. L. 624-17], tel qu'il résulte de la loi du 10 juin 1994, institue en matière de revendication une procédure préliminaire devant l'administrateur ou, à défaut, devant le représentant des créanciers ou le liquidateur [le débiteur, depuis la loi du 26 juill. 2005], constituant un préalable obligatoire à l'engagement de l'action en revendication qui relève désormais de la seule compétence du juge-commissaire, de sorte que l'action en revendication est irrecevable lorsque cette procédure n'a pas été respectée. • Com. 2 oct. 2001 : *Bull. civ. IV, n° 155 ; D. 2001. AJ 3043, obs. Lienhard ; Act. proc. coll. 2001, n° 250, obs. Pérochon ; JCP E 2002, n° 4, p. 173, obs. Cabrillac et Pétel; RTD com. 2002. 159, obs. Martin-Serf* • Aix-en-Provence, 18 sept. 2002 : *BICC 2002, n° 1109 ; Rev. proc. coll. 2003. 308, obs. Monsérié-Bon.* ♦ Si le juge-commissaire ne peut accueillir la requête en revendication lorsque le délai prévu à l'art. 85-1 du Décr. du 27 déc. 1985 [C. com., art. R. 624-13] dont dispose le mandataire pour répondre à la demande présentée devant lui n'est pas expiré, il peut, cependant, en application des dispositions de l'art. 126 NCPC [C. pr. civ.], statuer sur la requête dès lors que la cause d'irrecevabilité a disparu à la date où il statue. • Com. 11 juill. 2006 : *Bull. civ. IV, n° 174 ; D. 2006. AJ 2100, obs. Lienhard ; D. 2007. Pan. 49, obs. Le Corre ; Gaz. Pal. 6-7 oct. 2006, p. 35, obs. Le Corre-Broly ; JCP E 2007, n° 1, p. 24, obs. Cabrillac ; Rev. proc. coll. 2006. 363, obs. Monsérié-Bon ; Act. proc. coll. 2006, n° 177, obs. Vallansan ; RTD com. 2007. 231, obs. Martin-Serf*. ♦ V. art. R. 624-13.

2. Dans le cas où le demandeur en restitution avait ignoré la désignation de l'administrateur en adressant sa demande au représentant des créanciers, qui était devenu le mandataire de justice compétent dans le délai d'un mois imparti pour répondre à cette demande, l'irrégularité qui entachait la procédure préliminaire ayant disparu avant que n'expire le délai accordé au mandataire de justice compétent pour répondre, une cour d'appel a pu en déduire que la procédure prévue par les art. L. 621-123 [L. 624-17] C. com. et 85-4 du décret du 27 déc. 1985 [C. com., art. R. 624-14] n'avait pas été méconnue. • Com. 5 juill. 2005 : *Bull. civ. IV, n° 154 ; D. 2005. 2165, note Le Corre-Broly ; ibid. AJ 1999, obs. Lienhard ; Gaz. Pal. 4-5 nov. 2005, p. 55, obs. Pérochon ; RTD com. 2006. 208, obs. Martin-Serf*.

3. Compétence du juge-commissaire. Il résulte de l'art. 121-1 [C. com., art. L. 624-17] que l'action en revendication relève désormais de la seule compétence du juge-commissaire. • Com.

2 oct. 2001 : *préc. note 1.* ♦ Le juge-commissaire ne statue sur l'action en revendication qu'en cas de refus ou d'absence de réponse du mandataire de justice. • Com. 22 mai 2007 : *Bull. civ. IV, n° 137 ; D. 2007. AJ 1600 ; Gaz. Pal. 20-21 juill. 2007, p. 53, obs. Pérochon ; Rev. proc. coll. 2007. 225, obs. Monsèrié-Bon.* ♦ Pour la possibilité de saisir le tribunal lorsque le juge-commissaire ne s'est pas prononcé dans un délai raisonnable (application de l'art. 25, al. 2, du Décr. du 27 déc. 1985, devenu l'art. R. 621-21, al. 2, C. com.), V. • Com. 5 juill. 2005 : *préc. note 2.*

4. Revendication du prix. Les dispositions de l'art. 121-1 [C. com., art. L. 624-17] sont applicables aussi bien à la revendication du bien lui-même qu'à celle de son prix. • Com. 2 oct. 2001 : *préc. note 1.* ♦ ... Peu important que cette demande soit faite contre un sous-acquéreur. • Com. 24 mai 2005 : *Bull. civ. IV, n° 110 ; D. 2005. AJ 1633, obs. Lienhard ; Gaz. Pal. 4-5 nov. 2005, p. 57, obs. Pérochon ; Rev. proc. coll. 2005. 374, obs. Monsèrié-Bon.* ♦ La forclusion résultant du défaut de saisine du juge-commissaire dans le délai légal a vocation à s'appliquer dans le cadre de l'action en revendication du prix exercée par le vendeur contre l'affactureur. • Com. 15 mars 2005 : *Bull. civ. IV, n° 59 ; D. 2005. AJ 1351, obs. Lienhard ; Act. proc. coll. 2005, n° 103, obs. Regnaut-Moutier ; Gaz. Pal. 6-7 juill. 2005, p. 46, obs. Le Corre-Broly ; Rev. proc. coll. 2005. 374, obs. Monsèrié-Bon ; RTD com. 2007. 235, obs. Martin-Serf.* ♦ ... Ou contre le banquier cessionnaire de la créance du prix de revente. • Com. 12 avr. 2005 : *Gaz. Pal. 6-7 juill. 2005, p. 46, obs. Le Corre-Broly.*

5. Situation antérieure à la loi du 10 juin 1994. V. notamment notes 17 s. et 22 ss. art. L. 624-9.

Art. L. 624-18 **Peut être revendiqué le prix ou la partie du prix des biens visés à l'article L. 624-16 qui n'a été ni payé, ni réglé en valeur, ni compensé** *(Abrogé par Ord. n° 2008-1345 du 18 déc. 2008, art. 44)* ***« en compte courant »*** **entre le débiteur et l'acheteur à la date du jugement ouvrant la procédure** *(Abrogé par L. n° 2005-845 du 26 juill. 2005, art. 55-II)* ***« de redressement judiciaire ».*** *(Ord. n° 2006-346 du 23 mars 2006, art. 48-III)* **« Peut être revendiquée dans les mêmes conditions l'indemnité d'assurance subrogée au bien. »** – *[C. com., ancien art. L. 621-124.]*

V. art. R. 624-16.

V. note ss. art. L. 624-11.

BIBL. ▸ SOUWEINE, *D. 2011. Chron. 2617.* ▸ Sur le régime antérieur à la loi du 26 juill. 2005 : CABRILLAC, *D. 1988. Chron. 225.* – CHAPUT, *Rev. proc. coll. 1989. 363.* – SCHMIDT, HEMMELE et CHOPARD, *JCP E 1988. II. 15309.* – D. MARTIN, *D. 1986. Chron. 323.* – PÉROCHON, *D. Affaires 1996. 1402.* – LE CORRE-BROLY, *Gaz. Pal. 2007. Doctr. 3161* (jurisprudence récente).

1. Contrat d'entreprise. Le vendeur d'un bien dont la propriété lui est réservée peut revendiquer le prix impayé par le sous-acquéreur, si ce dernier a reçu le bien dans son état initial, fût-ce en exécution d'un contrat d'entreprise. • Com. 5 nov. 2003 : *Bull. civ. IV, n° 162 ; D. 2003. AJ 2965 ; Act. proc. coll. 2004, n° 7, obs. Jacquemont ; JCP E 2004, n° 22, p. 861, obs. Cabrillac ; RD banc. fin. 2004, n° 20, obs. Legeais ; LPA 19 févr. 2004, p. 9, note Lécuyer ; RTD com. 2004. 600, obs. Martin-Serf.* – V. déjà • Com. 17 mars 1998 : *Bull. civ. IV, n° 108 ; D. 1999. Somm. 72, obs. Honorat ; ibid. 2000. Somm. 75, obs. Pérochon et Mainguy ; D. Affaires 1998. 803, obs. V. A.-R ; JCP E 1998, n° 37, p. 1398, obs. Pétel.*

1 bis. Revendication du prix. Le vendeur dont la propriété est réservée peut revendiquer le prix impayé par le sous-acquéreur dès lors que ce dernier a reçu le matériel dans son état initial. • Com. 17 mars 1998 : *préc. note 1.* – V. aussi • Com. 27 oct. 1998 : *D. 2000. Somm. 75, obs. Pérochon et Mainguy ; RJDA 1998, n° 1271, et p. 887, rapp. Rémery* ♦ La revente, avant le jugement d'ouverture, de certaines marchandises demeurées en leur état initial ne fait pas obstacle, sous réserve de leur identification, à la revendication qui porte alors sur la créance du prix dû par les sous-acquéreurs. • Com. 15 déc. 1992 : *Bull. civ. IV, n° 412 ; D. 1993. Somm. 293, obs. Pérochon* • Paris, 22 févr. 1989 : *D. 1989. IR 90.* ♦ Dès lors que l'ouverture de la procédure emporte subrogation de la créance du prix à la chose, le vendeur est fondé à revendiquer, entre les mains du sous-acquéreur, la partie du prix encore impayée. • Com. 3 janv. 1995 : *Bull. civ. IV, n° 3 ; D. 1996. Somm. 221, obs. Pérochon ; Rev. proc. coll. 1995. 198, obs. Soinne ; JCP E 1995. I. 457, n° 13, obs. Cabrillac et Pétel.* ♦ En effet, le paiement fait par le sous-acquéreur postérieurement à l'exercice de l'action en revendication ne fait pas obstacle à celle-ci, à due concurrence de la partie du prix ainsi payée. • Com. 27 oct. 1998 : *préc.* ♦ V. et Comp. : note 6.

1 ter. Lorsque l'acquéreur d'un bien vendu

avec réserve de propriété le revend sans avoir payé l'intégralité du prix, la revente opère, par l'effet de la subrogation réelle, transport dans le patrimoine du vendeur initial du prix ou de la partie du prix impayé par le sous-acquéreur au jour de l'ouverture de la procédure collective du débiteur, sans que le sous-acquéreur puisse opposer au vendeur initial les exceptions [en l'espèce, l'exception d'inexécution] qu'il pourrait faire valoir contre son propre vendeur. • Com. 5 juin 2007 : *Bull. civ. IV, n° 152 ; D. 2007. AJ 1729, obs. Lienhard ; Act. proc. coll. 2007, n° 153, obs. Le Corre-Broly ; Gaz. Pal. 20-21 juill. 2007, p. 54, obs. Pérochon ; Rev. proc. coll. 2007. 224, obs. Monsèrié-Bon ; JCP E 2008. 1207, n° 11, obs. Cabrillac et Pétel ; RTD com. 2008. 622, obs. Martin-Serf* • 18 janv. 2011 : *D. 2011. Actu. 368, obs. Lienhard ; RTD civ. 2011. 378, obs. Crocq ; RTD com. 2012. 616, obs. Martin-Serf ; Gaz. Pal. 1er-2 avr. 2011, p. 36, obs. Pérochon ; Bull. Joly Entrep. diff. 2011. 198, note Torck.*

2. Revendiquant entre les mains du débiteur non les marchandises vendues avec réserve de propriété elles-mêmes mais leur prix, le vendeur doit prouver que ce prix a été payé par le sous-acquéreur au débiteur après le jugement d'ouverture de la procédure collective. • Com. 2 nov. 1993 : *Bull. civ. IV, n° 375 ; D. 1994. IR 7.* ♦ Solution confirmée par l'art. L. 621-124 [L. 624-18], dans sa rédaction issue de la L. n° 94-475 du 10 juin 1994. – Pour une application, V. • Com. 7 avr. 2009 : *Gaz. Pal. 1er-3 nov. 2009, p. 40, obs. Le Corre-Broly.*

2 bis. Il résulte de l'art. L. 621-124 [L. 624-18] C. com. que le prix du bien livré qui n'a pas été payé par le sous-acquéreur avant la date du jugement d'ouverture de la procédure, peut être revendiqué par le vendeur entre les mains du débiteur sans qu'il y ait lieu de distinguer si le prix a été ou non payé avant la demande en revendication. • Com. 3 déc. 2003 : *Bull. civ. IV, n° 191 ; D. 2004. AJ 140, obs. Lienhard ; Act. proc. coll. 2004, n° 21, obs. Pérochon ; JCP E 2004, n° 22, p. 860, obs. Cabrillac ; RD banc. fin. 2004, n° 71, obs. Legeais ; Rev. proc. coll. 2004. 380, obs. Monsèrié-Bon ; RTD civ. 2004. 761, obs. Crocq .*

2 ter. Le vendeur d'un bien dont la propriété lui est réservée peut revendiquer le prix impayé par le sous-acquéreur en redressement ou en *liquidation judiciaires*, peu important que la créance détenue par l'acquéreur initial à l'encontre du sous-acquéreur soit éteinte pour n'avoir pas été déclarée au passif de ce dernier. • Com. 21 févr. 2006 : *Bull. civ. IV, n° 43 ; D. 2006. AJ 718, obs. Lienhard ; ibid. Pan. 2255, obs. F.-X. Lucas ; JCP E 2006, n° 14-15, p. 672, obs. Cabrillac ; Act. proc. coll. 2006, n° 81, obs. Vallansan ; Gaz. Pal. 30 avr.-4 mai 2006, p. 49, obs. Le Corre-Broly ; ibid. 14-18 juill. 2006, p. 45, obs. Pérochon ; RJ com. 2006. 394, note Sortais ; Rev. proc. coll. 2006. 361, obs. Monsèrié-Bon ; RTD com. 2007. 233, obs. Martin-Serf .* ♦ V. note 7 *ter.*

2 quater. Justifie sa décision rejetant la demande en revendication du prix la cour d'appel qui, après avoir constaté qu'avant le jugement d'ouverture de la procédure collective le prix du véhicule affecté de la clause de réserve de propriété avait été réglé par le sous-acquéreur entre les mains de l'affactureur, retient qu'il est indifférent qu'une somme d'argent, sans rapport avec la convention conclue avec l'acquéreur originaire, ait été versée postérieurement au jugement d'ouverture par le sous-acquéreur entre les mains de l'affactureur, faisant ainsi ressortir que la somme restant due par le sous-acquéreur correspondait à une créance distincte de celle du prix de revente du bien affecté de la clause de réserve de propriété. • Com. 16 juin 2009 : *Bull. civ. IV, n° 84 ; D. 2009. 1752, obs. Lienhard (1er arrêt) ; JCP E 2009. 1814, n° 11, obs. Cabrillac ; JCP 2009. 385, obs. J.-J. Barbièri ; Act. proc. coll. 2009, n° 210, obs. Pérochon ; RLDA 2009, n° 42, p. 30, obs. Marpeau ; RJDA 2009, n° 989 (2e esp.) ; Rev. proc. coll. 2009, n° 170, obs. Monsèrié-Bon ; RTD com. 2009. 810, obs. Martin-Serf .*

3. La revendication du prix s'exerce sur le solde du prix de revente du bien affecté de la clause de réserve de propriété restant dû au jour de l'ouverture de la procédure collective du débiteur, à concurrence du prix tel que fixé lors de la convention conclue avec le vendeur initial. • Com. 16 juin 2009 : *Bull. civ. IV, n° 81 ; D. 2009. AJ 1752, obs. Lienhard (2e arrêt) ; JCP E 2009. 1814, n° 10, obs. Cabrillac ; Act. proc. coll. 2009, n° 210, obs. Pérochon ; RLDA 2009, n° 42, p. 30, obs. Marpeau ; RJDA 2009, n° 989 (1re esp.) ; Rev. proc. coll. 2009, n° 170, obs. Monsèrié-Bon ; RTD civ. 2009. 751, obs. Revet ; ibid. 760, obs. Crocq .* ♦ Le prix revenant au créancier ne peut inclure la marge bénéficiaire que l'acheteur avait fait supporter à ses clients. • Com. 15 janv. 1991 : *Bull. civ. IV, n° 31 ; JCP E 1991. I. 102, n° 11, obs. Cabrillac et Pétel* (loi de 1967) • Lyon, 11 juill. 1997 : *Rev. proc. coll. 2001. 19, obs. Soinne* • Versailles, 23 sept. 1999 : *ibid.* ♦ Par ailleurs, le vendeur sous réserve de propriété n'est fondé à revendiquer que le prix de vente moins les frais. • Paris, 8 juill. 1994 : *D. 1994. IR 238.*

Lorsque le vendeur réservataire de la propriété a pu, après revendication, revendre les marchandises, le montant de sa créance résulte de la différence entre le prix de la vente initiale et le prix de revente. Dans la mesure où elle ne lui est pas imputable, la diminution du prix ne doit pas être supportée par le revendiquant. • Paris, 11 janv. 1994 : *RJ com. 1995. 205, note X. Vincent.*

3 bis. En vertu de l'art. 1315, al. 2, C. civ., celui qui se prétend libéré doit justifier le paiement ou le fait qui a produit l'extinction de son obligation ; dès lors, pour être déchargé de tout ou partie de son obligation vis-à-vis du vendeur dont la propriété est réservée, le sous-acquéreur recherché en revendication sur le fondement de l'art. 122 [C. com., art. L. 624-18], doit prouver qu'il a payé, ou réglé en valeur, ou opéré une compensation en compte courant. • Com. 17 mars 1998 : *préc. note 1.*

4. Individualisation des marchandises. La revendication du prix ne peut être accueillie qu'aux mêmes conditions que la revendication des marchandises elles-mêmes avant leur revente et notamment, dans la mesure où ces marchandises existaient encore en nature dans le patrimoine du débiteur lors de l'ouverture de la procédure collective. V. à propos de la loi de 1967, • Com. 27 mai 1986 : *Bull. civ. IV, n° 102 ; D. 1988. Somm. 63, obs. Derrida* (V. l'arrêt cassé : • Toulouse, 27 nov. 1984 : *D. 1985. 185, note J. Mestre*) • 5 oct. 1993 : *Bull. civ. IV, n° 317* • Paris, 18 mai 1987 : *D. 1988. Somm. 64, obs. Derrida* (loi de 1967) • Rennes, 30 oct. 1991 : *JCP 1992. IV. 55.* ♦ La marchandise dont le prix est revendiqué doit exister en son état initial, non à la date du jugement d'ouverture de la procédure collective mais à celle de sa délivrance au sous-acquéreur. • Com. 3 janv. 1995 : *préc. note 1 bis* • 14 janv. 1997 : *D. 1997. IR 52* • 5 nov. 2003 : *préc. note 1.* ♦ Comp. : art. L. 624-16, al. 2 et 3. ♦ La revendication du prix de revente des marchandises vendues avec réserve de propriété est soumise aux conditions de l'art. 121, al. 3, dans sa réd. issue de la loi du 10 juin 1994 [désormais, art. L. 624-16, al. 3], qui autorise la revendication des biens mobiliers incorporés dans un autre bien mobilier lorsque leur récupération peut être effectuée sans dommage pour les biens eux-mêmes et le bien dans lequel ils sont incorporés. • Versailles, 24 juin 1999 : *RJDA 1999, n° 1110.*

4 bis. Délais d'action. Il résulte des art. 115 et 122 [C. com., art. L. 624-9 et L. 624-18] que dès lors que l'action en revendication en nature a été exercée dans le délai légal, la forclusion ne peut être opposée à l'action en revendication du prix exercée ultérieurement, à l'encontre du sous-acquéreur. • Com. 24 nov. 1998 : *Bull. civ. IV, n° 279 ; D. 2000. Somm. 75, obs. Pérochon et Mainguy ; D. Affaires 1999. 522, obs. A. L. ; JCP E 1999, n° 18-19, p. 811. obs. Cabrillac ; RTD com. 1999. 754, obs. Martin-Serf ; Quot. jur. 10 déc. 1998, p. 6, note P. M. ; RJ com. 1999. 261, note Courtier ; Rev. proc. coll. 2001. 19, obs. Soinne.* ♦ L'action en paiement exercée contre les détenteurs des marchandises vendues avec clause de réserve de propriété, à la suite de l'ordonnance du juge-commissaire autorisant le vendeur à revendiquer le prix impayé, qui découle de l'action en revendication mais ne se confond pas avec celle-ci, n'est pas soumise au délai de l'art. 115 [C. com., art. L. 624-9]. • Com. 15 févr. 2000 : *RJDA 2000, n° 573 ; Act. proc. coll. 2000, n° 75 ; RTD com. 2001. 517, obs. Martin-Serf .*

4 ter. Compétence. Dès lors qu'elle ne conduit à mettre en cause ni la validité ni l'exécution du contrat administratif, l'action en revendication du prix de marchandises revendues à un établissement public a un caractère purement commercial, et il appartient ainsi à la juridiction judiciaire de connaître du litige. • T. confl., 13 nov. 2000 : *Bull. civ., n° 23 ; D. 2001. AJ 236 .*

5. Règlement en valeur. Ayant relevé que le sous-acquéreur de marchandises initialement grevées de réserve de propriété avait, en paiement du prix, remis à l'acheteur-revendeur des lettres de change acceptées, une cour d'appel en a exactement déduit que, par suite du règlement en valeur auquel il avait été ainsi procédé, conformément à l'art. 66 [C. com., art. L. 624-18], le vendeur originaire ne pouvait plus exercer l'action en revendication du prix à l'encontre du sous-acquéreur de la marchandise. • Com. 9 janv. 1990 : *Bull. civ. IV, n° 9 ; D. 1990. Somm. 121, obs. Cabrillac ; D. 1991. Somm. 48, obs. Pérochon ; Banque 1990. 428, obs. Rives-Lange* (loi de 1967) • 2 nov. 1993 : *préc. note 2.* – V. déjà • Paris, 14 mai 1985 : *D. 1988. Somm. 64, obs. Derrida* (loi de 1967) • 2 oct. 1987 : *D. 1988. Somm. 51, obs. Cabrillac* (loi de 1967).

La remise à l'escompte par le débiteur en redressement judiciaire d'une lettre de change tirée sur les acheteurs mais non acceptée par eux ne peut, en l'absence d'engagement cambiaire de ce dernier, constituer le règlement en valeur entre le débiteur et l'acheteur qui, aux termes de l'art. 122 [C. com., art. L. 624-18], fait obstacle à la revendication du prix des marchandises par le propriétaire. • Com 6 mai 1997 : *Bull. civ. IV, n° 123 ; D. 2000. Somm. 75, obs. Pérochon et Mainguy ; D. Affaires 1997. 798 ; JCP 1997. II. 22910, rapp. Rémery ; RTD com. 1997. 485, obs. Cabrillac , Rev. proc. coll. 2001. 20, obs. Soinne.*

5 bis. Compensation (jurisprudence anté-

rieure à l'Ord. du 18 déc. 2008). Un paiement par compensation, autre que par compte courant, avant l'ouverture de la procédure collective ne constitue pas l'un des modes de paiement mettant obstacle à la revendication du vendeur. • Com. 8 janv. 2002 : *Bull. civ. IV, n° 7 ; D. 2002. AJ 573, obs. Lienhard ; Act. proc. coll. 2002, n° 49, obs. Regnaut-Moutier ; JCP E 2002, n° 20, p. 808, obs. Cabrillac et Pétel ; Dr. et patr. juill.-août 2002. 105, obs. Monsèrié-Bon ; RTD com. 2002. 374, obs. Martin-Serf*. ♦ *Contra*, désormais : art. L. 624-18, dans sa réd. issue de l'Ord. n° 2008-1345 du 18 déc. 2008.

5 *ter*. *Dation en paiement.* La dation en paiement ne constitue pas un mode de paiement mettant obstacle à la revendication du vendeur sous réserve de propriété. • Com. 14 mai 2008 : *Bull. civ. IV, n° 98 ; D. 2008. 2253, note Aubry ; ibid. AJ 1477, obs. Lienhard ; Act. proc. coll. 2008, n° 168, obs. Macorig-Venier ; Gaz. Pal. 27-29 juill. 2008, p. 62, obs. Pérochon ; JCP E 2008. 2062, n° 13, obs. Cabrillac ; RTD civ. 2008. 520, obs. Crocq ; RJ com. 2008. 386, obs. Sortais ; Rev. proc. coll. 2008, n° 151, obs. Monsèrié-Bon ; RTD com. 2008. 866, obs. Martin-Serf*.

6. *Cession de créance.* Après revente des marchandises en leur état initial par le débiteur, le prix se trouvant par là même subrogé aux marchandises, le vendeur exerce sa revendication sur le prix. • Com. 20 juin 1989 : *Bull. civ. IV, n° 197 ; D. 1989. 431, note Pérochon ; RTD com. 1989. 745, obs. Martin-Serf, et 1990. 445, obs. Bouloc ; Banque 1989. 760, obs. Rives-Lange* (loi de 1967). ♦ La cession de créance par l'acquéreur-revendeur, selon bordereau Dailly, ne peut faire échec à la revendication du fournisseur. • Même arrêt. – Dans le même sens, V. • CE 25 juin 2003 : *RJDA 2003, n° 1234*. ♦ V. déjà, admettant l'opposabilité de la clause au sous-acquéreur (loi de 1967). • Dijon, 9 sept. 1987 : *D. 1988. 74, note Zénati ; JCP E 1987. 14988, note Chaput* • Paris, 3 févr. 1988 : *D. 1988. IR 84 ; Gaz. Pal. 1988. 1. 312, concl. Sauvel et note Garnier et Leblond* (infirmant • T. com. Paris, 16 janv. 1987 : *D. 1988. Somm. 65, obs. Derrida*). ♦ Comp., écartant la faute d'une commune, qui, bien qu'ayant eu connaissance de la réserve de propriété frappant les biens qu'elle avait acquis, avait payé le cessionnaire de la créance, et non le vendeur initial : • CAA Douai, 29 juin 2000 : *D. 2001. 537, note Laugier*.

7. Si la subrogation investit le subrogé de la créance primitive avec tous ses avantages et accessoires, le subrogé n'a pas plus de droits que son subrogeant au lieu et place duquel il agit. • Com. 26 avr. 2000 : *Bull. civ. IV, n° 89 ; D. 2000. AJ 278, obs. Pisoni ; Act. proc. coll. 2000, n° 122, obs. Dom.* ♦ Ayant retenu que le vendeur était fondé à se prévaloir de sa réserve de propriété à l'égard des matériels litigieux, et que ceux-ci ayant été revendus par le débiteur, le prix dû à ce dernier se trouvait par là même subrogé aux marchandises dont le vendeur était demeuré propriétaire, c'est à bon droit que les juges ont décidé que la créance invoquée par l'affactureur du débiteur ne pouvait faire échec à la revendication du vendeur. • Même arrêt. – V. déjà : • Com. 27 juin 1989 : *Bull. civ. IV, n° 205 ; JCP E 1990. II. 15668, n° 15, obs. Cabrillac ; RTD com. 1990. 269, obs. Martin-Serf* (loi de 1967) (V. l'arrêt confirmé : • Versailles, 13 mai 1987 : *D. 1988. Somm. 64, obs. Derrida)* • Riom, 28 avr. 1999 : *JCP E 2000, n° 17, p. 680.* ♦ Mais le vendeur réservataire ne peut se prévaloir des dispositions de l'art. 122 [C. com., art. L. 624-18] qu'à la condition qu'au jour de l'exercice de l'action en revendication, le prix de revente des marchandises n'ait pas été payé par les sous-acquéreurs entre les mains du tiers subrogé dans les droits de la société débitrice ayant revendu les marchandises. • Com. 10 juill. 2001 : *Bull. civ. IV, n° 134 ; D. 2001. AJ 2597, obs. Lienhard ; Act. proc. coll. 2001, n° 181, obs. Mainguy ; RTD com. 2001. 962, obs. Cabrillac ; ibid. 2002. 163, obs. Martin-Serf ; RTD civ. 2001. 927, obs. Croq* • Paris, 5 oct. 1996 : *D. Affaires 1996. 1418 ; Rev. proc. coll. 2001. 20, obs. Soinne.* ♦ V. déjà, sous l'empire de la loi du 13 juill. 1967 : • Com. 11 déc. 1990 : *Bull. civ. IV, n° 322 ; JCP E 1991. I. 102, n° 10, obs. Cabrillac.*

7 *bis*. Dès lors que le débiteur-acheteur du matériel couvert par une clause de réserve de propriété a cédé sa créance du prix de revente le 18 août 2006, la subrogation n'a pu s'opérer sur cette créance, sortie du patrimoine de ce débiteur antérieurement à la mise en possession réelle du sous-acquéreur, en janvier et février 2007 (rejet de l'action en revendication fondée sur l'art. L. 624-18 C. com.). • Com. 14 déc. 2010 : *D. 2011. Actu. 8, obs. Lienhard ; RTD civ. 2011. 155, obs. Crocq ; JCP E 2011. 1263, n° 9, obs. Pétel ; LEDEN févr. 2011, p. 3, obs. Rubellin ; Act. proc. coll. 2011, n° 45, obs. Saintourens ; RJDA 2011, n° 338 ; Gaz. Pal. 1er-2 avr. 2011, p. 35, obs. Pérochon ; Dr. et proc. mai 2011. Chron. 9, obs. Reille.*

7 *ter*. *Action en paiement contre le sous-acquéreur.* L'action en paiement exercée par le vendeur initial à l'encontre d'un sous-acquéreur de biens vendus avec clause de réserve de propriété s'analyse en une action personnelle et non en une action réelle. • Com. 6 oct. 2009 : *Bull. civ. IV, n° 122 ; D. 2009. Chron. C. cass. 2582, obs. Orsini ; ibid. AJ 2482, obs. Lienhard ; D. 2010. Pan. 1822, obs. F.-X. Lucas ; RTD com.*

2010. 201, obs. Martin-Serf ; *Gaz. Pal.* 1er-3 nov. *2009, p. 42, obs. Pérochon ; JCP E 2009. 2144, note Reifegerste ; ibid. 2010. 1011, n° 12, obs. Cabrillac ; JCP 2009. 566, note Dallemagne ; Act. proc. coll. 2009, n° 283, obs. Blanc ; LEDEN, déc. 2009, p. 4, obs. M. Sénéchal ; RD banc. fin. 2010, n° 14, obs. Legeais.* ♦ Viole les art. L. 622-7, L. 622-21, L. 624-18, L. 631-14 et L. 631-18 C. com. dans leur rédaction issue de la loi du 26 juill. 2005, la cour d'appel qui accueille la demande en paiement du prix impayé formée par le vendeur initial à l'encontre du sous-acquéreur en liquidation judiciaire, alors que l'action tendait au paiement d'une créance antérieure au jugement d'ouverture de la procédure collective de ce dernier. • Même arrêt.

8. Plan de cession. Sur l'application de l'art. 122 [C. com., art. L. 624-18] en cas de cession de marchandises vendues sous réserve de propriété, dans le cadre d'un plan de cession, V. • Aix-en-Provence, 20 mars 1990 : *D. 1991. Somm. 42, obs. Pérochon* (arrêt partiellement cassé par • Com. 9 juin 1992 : *Bull. civ. IV, n° 230 ; D. 1993. Somm 6, obs. Derrida*). – Comp. : • Besançon, 10 juin 1992 : *Rev. proc. coll. 1993. 123, obs. Soinne.* ♦ V. aussi note 25 ss. ancien art. L. 621-32 ss. art. L. 622-17, et note 23 *bis* ss. art. L. 624-16.

SECTION IV DISPOSITIONS PARTICULIÈRES AU DÉBITEUR ENTREPRENEUR INDIVIDUEL À RESPONSABILITÉ LIMITÉE

(Ord. n° 2010-1512 du 9 déc. 2010, art. 3-7°)

Art. L. 624-19 Le débiteur entrepreneur individuel à responsabilité limitée établit, dans les conditions prévues par l'article L. 624-9, la consistance des biens détenus dans le cadre de l'activité à raison de laquelle la procédure a été ouverte qui sont compris dans un autre de ses patrimoines. L'administrateur, avec l'accord du mandataire judiciaire, peut acquiescer à la demande tendant à la reprise du bien. A défaut d'acquiescement ou en l'absence d'administrateur, la demande est portée devant le juge-commissaire.

CHAPITRE V DU RÈGLEMENT DES CRÉANCES RÉSULTANT DU CONTRAT DE TRAVAIL

BIBL. GÉN. ▶ Saintourens et Duprat, *Gaz. Pal. 8-10 mars 2009, p. 40* (droits des salariés dans l'Ord. du 18 déc. 2008).

SECTION PREMIÈRE DE LA VÉRIFICATION DES CRÉANCES

RÉP. COM. v° *Entreprises en difficulté (Salariés)*, par Cesaro.

BIBL. GÉN. ▶ Régime antérieur à la loi du 26 juill. 2005 : Bell'Assinot, *Gaz. Pal. 1986. 2. Doctr. 590.* – Henry, *Dr. soc. 1986. 678.* – Lafarge et Meteye, *Gaz. Pal. 1987. 1. Doctr. 391* (AGS et contentieux prud'homal). – Rossi, *LPA 5 juill. 2002.*

Art. L. 625-1 Après vérification, le mandataire judiciaire établit, dans les délais prévus à l'article L. 143-11-7 *[L. 3253-19]* du code du travail, les relevés des créances résultant d'un contrat de travail, le débiteur entendu ou dûment appelé. Les relevés des créances sont soumis au représentant des salariés dans les conditions prévues à l'article L. 625-2. Ils sont visés par le juge-commissaire, déposés au greffe du tribunal et font l'objet d'une mesure de publicité dans des conditions fixées par décret en Conseil d'État.

Le salarié dont la créance ne figure pas en tout ou en partie sur un relevé peut saisir à peine de forclusion le conseil de prud'hommes dans un délai de deux mois à

compter de l'accomplissement de la mesure de publicité mentionnée à l'alinéa précédent. Il peut demander au représentant des salariés de l'assister ou de le représenter devant la juridiction prud'homale.

(Ord. nº 2008-1345 du 18 déc. 2008, art. 45) **« Le débiteur et l'administrateur lorsqu'il a une mission d'assistance sont mis en cause. »** — *[C. com., ancien art. L. 621-125.]*

V. art. R. 625-1 s.

1. Créances salariales visées. Les créances salariales qui sont l'objet d'une instance en cours devant la juridiction prud'homale à la date du jugement d'ouverture du redressement judiciaire ne sont pas soumises à la vérification des créances salariales instituée par l'art. 123 de la loi [C. com., art. L. 625-1] et par les art. 76 et 78 du décret [C. com., art. R. 625-1 et R. 625-3]. • Soc. 10 déc. 1996 : *Bull. civ. V, nº 434* • 30 sept. 1997 : *Bull. civ. V, nº 297 ; D. 1997. IR 219 ; Rev. proc. coll. 1999. 156, obs. Monsèrié.*

2. Délai de saisine. Le délai de forclusion ne court pas lorsque le représentant des créanciers n'a pas informé le salarié de son existence et de son point de départ. • Soc. 25 juin 2002 : *Bull. civ. V, nº 210 ; D. 2002. AJ 2406 ; JCP E 2002, nº 39, p. 1526, obs. Pétel ; Act. proc. coll. 2002, nº 181, obs. Regnaut-Moutier ; Rev. proc. coll. 2002. 289, obs. Taquet ; LPA 15 avr. 2003, p. 10, note Tchotourian ; RTD com. 2003. 568, obs. Martin-Serf.* ♦ ... Sans qu'il y ait lieu de distinguer selon que la créance a été rejetée ou omise. • Soc. 16 déc. 2008 : *Gaz. Pal. 26-28 avr. 2009, p. 38, obs. Saintourens.* ♦ Il résulte des art. L. 621-125 [L. 625-1] C. com., 78 du Décr. du 27 déc. 1985 [C. com., art. R. 625-3] et 640 NCPC [C. pr. civ.] que le représentant des créanciers qui informe le salarié de la nature et du montant des créances admises ou rejetées, doit lui rappeler la durée du délai de forclusion prévu au premier des textes susvisés, la date de la publication prévue au 3° al. du deuxième de ces textes, le journal dans lequel elle sera effectuée ainsi que la juridiction compétente et les modalités de sa saisine ; en l'absence de ces mentions, ou lorsque celles-ci sont erronées, le délai de forclusion ne court pas. • Soc. 7 févr. 2006 : *Bull. civ. V, nº 62 ; D. 2006. AJ 579, obs. Lienhard ; Rev. proc. coll. 2006. 287, obs. Taquet.*

3. Le salarié qui demande devant le conseil de prud'hommes, conformément à l'art. L. 511-1 [L. 1411-1 s.] C. trav., la réparation du préjudice causé par l'irrégularité de fond ou de procédure de son licenciement et dont l'action est distincte de celle ouverte par l'art. 123 de la loi du 25 janv. 1985 [C. com., art. L. 625-1] ne peut se voir opposer la fin de non-recevoir tirée de la forclusion prévue par ce second texte. • Soc. 4 juill. 2000 : *Bull. civ. V, nº 266 ; D. 2001. Somm. 115, obs. Derrida ; Rev. proc. coll. 2001. 41, obs. Taquet* • 11 oct. 2006 : *Bull. civ. V, nº 304 ; D. 2006. IR 2624 ; Act. proc. coll. 2006, nº 244, obs. Fin-Langer.*

4. L'art. L. 621-125 [L. 625-1] C. com. n'impose au salarié, à peine de forclusion, que de saisir la juridiction prud'homale dans le délai qu'il prévoit ; des demandes nouvelles peuvent être présentées en tout état de la procédure ainsi engagée, peu important que le délai de forclusion soit alors expiré. • Soc. 9 nov. 2005 : *Bull. civ. V, nº 314 ; Act. proc. coll. 2006, nº 17, obs. Regnaut-Moutier ; Rev. proc. coll. 2006. 70, obs. Taquet.*

5. Lorsque, invoquant le caractère privilégié d'une créance salariale, un salarié conteste l'admission de cette créance faite à titre chirographaire sur le relevé établi par le représentant des créanciers, le juge-commissaire, dont la fonction est de viser les relevés des créances salariales, n'est pas compétent pour statuer sur les contestations relatives à ces créances à la demande du salarié et la décision par laquelle il refuse de reconnaître le caractère privilégié de la créance figurant sur le relevé doit être infirmée, alors que les contestations relatives à l'admission des créances doivent, conformément à l'art. 123 [C. com., art. L. 625-1], al. 2, être portées devant le conseil de prud'hommes dans le délai de deux mois à compter de la publication du relevé. • Paris, 2 juin 1993 : *D. 1993. IR 245.*

5 bis. Relevé de forclusion. La saisine du conseil de prud'hommes par le salarié, qui conteste la décision du représentant des créanciers, emporte nécessairement demande de relevé de forclusion lorsqu'il introduit la procédure après l'expiration du délai de deux mois de l'art. L. 621-125 [L. 625-1] C. com., mais conformément aux art. L. 621-46 [L. 622-26] C. com. et 78 du Décr. du 27 déc. 1985 [C. com., art. R. 625-3], moins d'un an [six mois] après le jugement d'ouverture de la procédure collective, sans qu'il soit besoin que cette demande soit formulée expressément. • Soc. 26 mars 2003 : *Bull. civ. V, nº 118 ; Act. proc. coll. 2003, nº 165, obs. Cagnoli ; JCP E 2003, nº 40, p. 1574, obs. Pétel ; Rev. proc. coll. 2003. 251, obs. Taquet. – Contra,* auparavant : • Soc. 22 juin 1993 : *Bull. civ. V, nº 173 ; D. 1993. IR 195 ; Dr. sociétés 1994,* *nº 71, obs. Chaput* • 26 nov. 1996 : *Rev. proc. coll. 1997. 472, obs. Taquet ; RJ com. 1998. 108, note Haennig.*

5 ter. Le délai de l'action en relevé de forclusion ne peut courir à l'encontre du salarié dès lors que le représentant des créanciers a déposé le relevé des créances résultant d'un contrat de travail non dans les trois mois suivant le prononcé du jugement d'ouverture, mais postérieurement à l'expiration du délai prévu à l'art. 53 [C. com., art. L. 622-26]. • Soc. 8 janv. 2002 : *Bull. civ. V, nº 2 ; Rev. proc. coll. 2002. 110, obs. Taquet ; RTD com. 2003. 568, obs. Martin-Serf.*

6. Contestation postérieure à la condamnation de l'employeur au paiement. En ce sens qu'un salarié peut saisir le conseil de prud'hommes d'une action tendant à contester le refus du représentant des créanciers de faire figurer sa créance sur un relevé des créances résultant d'un contrat de travail, même lorsqu'une précédente décision prud'homale a condamné l'employeur à payer les sommes réclamées, V. • Soc. 16 déc. 1998 : *Bull. civ. V, nº 568 ; D. 2001. Somm. 115, obs. Derrida ; JCP E 1999, nº 18-19, p. 812, obs. Pétel.*

7. Défendeur à l'action. L'action relative à l'inscription sur le relevé des créances des diverses indemnités consécutives à la rupture du contrat de travail est formée à titre principal contre le représentant des créanciers de l'employeur en redressement judiciaire. • Soc. 16 janv. 1991 : *Bull. civ. V, nº 14 ; D. 1991. IR 48* • 16 déc. 1992 : *Bull. civ. V, nº 596.*

8. Intéressement des salariés. La juridiction prud'homale est compétente pour statuer sur la demande du salarié tendant à l'inscription sur le relevé des créances relatives à l'intéressement et mettant en jeu la garantie de l'AGS. • Soc. 19 mars 1997 : *D. 1997. IR 94.*

9. Accident du travail. Les dispositions relatives au règlement des créances résultant de l'art. 123 [C. com., art. L. 625-1] ne sont pas applicables à la créance du salarié victime d'un accident du travail, consécutive à la reconnaissance de la faute inexcusable de l'employeur, cette créance ne constituant pas une créance salariale résultant d'un contrat de travail mais une créance dont le fait générateur est né du fait ou à l'occasion du travail, selon la définition de l'art. L. 411-1 CSS. • Dijon, 21 oct. 1997 : *JCP 1998. IV. 3147.*

10. Défaut d'établissement des relevés des créances salariales. Lorsque les délais imposés au représentant des créanciers pour établir les relevés des creances résultant d'un contrat de travail sont dépassés, sans que ces relevés aient été établis, les salariés peuvent saisir directement le conseil de prud'hommes pour faire reconnaître leurs créances salariales, notamment celles qui sont nées après l'ouverture de la procédure collective. • Soc. 26 févr. 2003 : *Bull. civ. V, nº 69.*

11. Voies de recours. La demande par laquelle le salarié conteste devant le bureau de jugement du conseil de prud'hommes, conformément aux dispositions des art. L. 621-125 et L. 621-128 [L. 625-1 et L. 625-5] C. com., la décision du représentant des créanciers de ne pas faire figurer tout ou partie de sa créance sur les relevés des créances résultant d'un contrat de travail, présente un caractère indéterminé en sorte que le jugement du conseil de prud'hommes est susceptible d'appel. • Soc. 18 févr. 2004 : *Rev. proc. coll. 2004. 254, obs. Taquet.*

Art. L. 625-2 *(L. nº 2005-845 du 26 juill. 2005, art. 57)* **« Les relevés des créances résultant des contrats de travail sont » soumis pour vérification par le mandataire judiciaire au représentant des salariés mentionné à l'article** *(L. nº 2005-845 du 26 juill. 2005, art. 57)* **« L. 621-4 ». Le mandataire judiciaire doit lui communiquer tous documents et informations utiles. En cas de difficultés, le représentant des salariés peut s'adresser à l'administrateur et, le cas échéant, saisir le juge-commissaire. Il est tenu à l'obligation de discrétion mentionnée à l'article L. 432-7** *[L. 2325-5]* **du code du travail. Le temps passé à l'exercice de sa mission tel qu'il est fixé par le juge-commissaire est considéré de plein droit comme temps de travail et payé** *(Abrogé par Ord. nº 2008-1345 du 18 déc. 2008, art. 46)* ***« par l'employeur, l'administrateur ou le liquidateur, selon le cas, »*** **à l'échéance normale.** – *[C. com., ancien art. L. 621-36.]*

BIBL. ▸ HENRY, *Dr. soc. 1986. 678 ; ibid. 1987. 799.* – LANGLOIS, *RTD com. 1987, nº spéc., p. 11.*

S'il n'est pas contesté que le représentant des salariés a consacré tout son temps à l'accomplissement de sa mission, le montant intégral de son salaire doit lui être versé. • Soc 2 juin 1992 : *JCP 1992. IV. 2231.*

Art. L. 625-3 *(Ord. nº 2008-1345 du 18 déc. 2008, art. 47)* **« Les instances en cours devant la juridiction prud'homale à la date du jugement d'ouverture sont poursuivies en présence du mandataire judiciaire et de l'administrateur lorsqu'il a une mission d'assistance ou ceux-ci dûment appelés. »**

Le mandataire judiciaire informe dans les dix jours la juridiction saisie et les salariés parties à l'instance de l'ouverture de la procédure *(Abrogé par L. nº 2005-845 du 26 juill. 2005, art. 58-I) « de redressement judiciaire ». — [C. com., ancien art. L. 621-126.]*

Dernier al. abrogé par L. nº 2005-845 du 26 juill. 2005, art. 58-I.

V. art. R. 625-5.

1. Les dispositions des art. 369 et 372 NCPC [C. pr. civ.] ne sont pas applicables aux instances visées à l'art. L. 621-126 [L. 625-3] C. com., qui ne sont ni suspendues ni interrompues. • Soc. 17 sept. 2003 : *Bull. civ. V, nº 234 ; D. 2003. AJ 2376 ; Act. proc. coll. 2003, nº 210, obs. Blanc ; JCP E 2004, nº 13, p. 517, obs. Morvan* • 24 nov. 2004 : *Bull. civ. V, nº 300 ; RTD com. 2005. 174, obs. Vallens ; Rev. proc. coll. 2005. 217, obs. Staes.*

1 bis. Sur la poursuite d'une instance en référé, après mise en cause du GARP, dans le régime antérieur à la loi du 26 juill. 2005, V. • Paris, 22 oct. 1993 : *BICC 1994, nº 82.*

1 ter. La juridiction prud'homale, informée de l'ouverture d'une procédure collective, est tenue d'appliquer les dispositions d'ordre public des art. L. 625-3, L. 641-4 et L. 641-14 C. com. et de convoquer les organes de la procédure ainsi que l'AGS, selon les modalités prévues aux art. R. 1454-19 C. trav. ou 937 C. pr. civ. • Soc. 9 mars 2011 : *D. 2011. Actu. 885 ; JCP E 2011. 1596, nº 3, obs. Pétel ; Act. proc. coll. 2011, nº 110, obs. Fin-Langer ; LEDEN mai 2011, p. 7, obs. G. Dedessus-Le Moustier ; RJDA 2011, nº 642 ; Bull. Joly Entrep. diff. 281, note Neau-Leduc.*

2. Est irrecevable, en raison de l'indivisibilité de la procédure collective, le pourvoi formé par une société mise en redressement judiciaire entre la date de la décision attaquée et la date du pourvoi, dès lors que le représentant des créanciers ne s'est pas joint à la déclaration de pourvoi et n'a pas non plus été désigné comme défendeur dans cette déclaration, de telle sorte que les organes de la procédure collective n'ont pas été mis en cause devant la Cour de cassation. • Soc. 12 juill. 1994 : *Bull. civ. V, nº 235 ; D. 1994. IR 221.*

3. Le tribunal de commerce ayant mis fin à la mission du représentant des créanciers de l'ancien employeur, le commissaire à l'exécution du plan peut, valablement au regard de l'art. 124 [C. com., art. L. 625-3], intervenir à l'instance. • Soc. 30 sept. 1997 : *Bull. civ. V, nº 297 ; D. 1997. IR 219 ; Rev. proc. coll. 1999. 156, obs. Monsèrié.*

4. L'instance introduite par le salarié, qui était en cours à la date du jugement d'ouverture, recommence à la suite de l'opposition formée par les parties défaillantes contre l'arrêt de défaut. C'est la même instance qui se poursuit en présence de l'employeur et des organes de la procédure, aucune forclusion n'étant encourue par le salarié. • Soc. 16 mars 1999 : *JCP E 1999, nº 20, p. 841.*

4 bis. La radiation d'une procédure introduite devant la juridiction prud'homale, avant que l'employeur ne soit placé en liquidation judiciaire, ne constitue qu'une simple mesure d'administration judiciaire qui laisse subsister l'instance, laquelle se poursuit après l'ouverture de la procédure collective et le rétablissement de l'affaire. • Soc. 14 mai 2003 : *Bull. civ. V, nº 166 ; D. 2003. IR 1735 .*

5. Le représentant des créanciers qui n'a pas informé de l'ouverture de la procédure de redressement judiciaire les salariés et la juridiction saisie ne peut valablement se prévaloir d'une inopposabilité de la décision rendue au terme de l'instance prud'homale. • Soc. 17 sept. 2003 : *préc. note 1.* ♦ Lorsque cette information n'a pas été donnée, il ne peut être opposé au salarié qui a introduit une action avant que l'employeur soit mis en redressement judiciaire, que sa créance ne figure pas sur le relevé des créances et qu'il n'a intenté aucune action ni mis en cause le représentant des créanciers, dans les conditions de l'art. 123 [C. com., art. L. 625-1]. • Soc. 13 juill. 1999 : *Act. proc. coll. 1999, nº 188.*

Art. L. 625-4 **Lorsque les institutions mentionnées à l'article L. 143-11-4** *[L. 3253-14]* **du code du travail refusent pour quelque cause que ce soit de régler une créance figurant sur un relevé des créances résultant d'un contrat de travail, elles font connaître leur refus au mandataire judiciaire qui en informe immédiatement le représentant des salariés et le salarié concerné.**

Ce dernier peut saisir du litige le conseil de prud'hommes. Le mandataire judiciaire, le *(Ord. nº 2008-1345 du 18 déc. 2008, art. 48 et 163-I)* **« débiteur et l'administrateur lorsqu'il a une mission d'assistance » sont mis en cause.**

Le salarié peut demander au représentant des salariés de l'assister ou de le représenter devant la juridiction prud'homale. – *[C. com., ancien art. L. 621-127.]*

V. art. R. 625-6.

1. Contestation de la garantie. Sur le droit de l'AGS de contester l'étendue de sa garantie, V. • Soc. 5 janv. 1995 : *Rev. proc. coll. 1995. 497, obs. Taquet* • 14 mars 2000 : *Bull. civ. V, nº 102 ; Rev. proc. coll. 2000. 108, obs. Taquet* • 1er févr. 2001 : *Bull. civ. V, nº 35 ; Rev. proc. coll. 2001. 154, obs. Taquet.* ♦ V. aussi notes 28 et 29 ss. art. L. 3253-8 C. trav., ss. art. L. 625-9.

1 bis. Caractère facultatif de la saisine. Le verbe « peut » figurant à l'al. 2 signifie à l'évidence que la voie de recours ouverte au salarié est facultative, mais non pas qu'il aurait la possibilité de soumettre sa contestation à une juridiction autre que le conseil des prud'hommes, seul compétent en la matière. • TGI Paris, 7 juill. 1986 : *Gaz. Pal. 1986. 2. 563, note Marchi.*

1 ter. Mise en cause du commissaire à l'exécution du plan. L'action prévue par l'art. L. 621-127 [L. 625-4] C. com. étant principalement dirigée contre l'AGS, la seule absence de mise en cause de l'administrateur judiciaire ou, après la fin de ses fonctions, du commissaire à l'exécution du plan, ne peut affecter la recevabilité de cette action, lorsque le représentant des créanciers encore en fonction est appelé à la procédure, avec un mandataire *ad hoc* désigné pour représenter le débiteur. • Soc. 21 déc. 2006 : *Bull. civ. V, nº 410 ; D. 2007. AJ 313 ; Act. proc. coll. 2007, nº 30, obs. Neau-Leduc (2e esp.).*

2. Autorité de la chose jugée. Une décision du conseil de prud'hommes, fixant une créance salariale ayant acquis autorité de la chose jugée entre le salarié et le liquidateur, n'empêche pas un recours du salarié contre l'AGS, qui refuse de régler ladite créance, devant le conseil de prud'hommes, conformément à l'art. 125 [C. com., art. L. 625-4]. • Soc. 22 juin 1993 : *Bull. civ. V, nº 172 ; D. 1993. IR 186.*

3. Litige relatif aux Assedic. Il résulte de l'art. 125 [C. com., art. L. 625-4] qu'un litige relatif au refus d'une Assedic de régler des créances nées de la rupture de contrats de travail, est de la compétence exclusive du conseil de prud'hommes et que les salariés concernés sont seuls recevables à agir. • Soc. 21 mars 1989 : *Bull. civ. V, nº 233 ; D. 1991. Somm. 108, obs. Derrida.*

4. Les instances introduites par un salarié sur le fondement de l'art. 125 [C. com., art. L. 625-4] ayant pour objet de faire déclarer mal fondé le refus opposé par l'Assedic au paiement de ses créances salariales, l'Assedic, partie principale, peut être condamnée aux dépens avec le mandataire-liquidateur, ès-qualité. • Paris, 21 mai 1993 : *BICC 1993, nº 1216.*

5. Requalification des contrats. V. note 28 ss. art. L. 3253-8 C. trav., ss. art. L. 625-9.

Art. L. 625-5 **Les litiges soumis au conseil de prud'hommes en application des articles L. 625-1 et L. 625-4 sont portés directement devant le bureau de jugement.**

– *[C. com., ancien art. L. 621-128.]*

1. Compétence exclusive. Le bureau de jugement est seul compétent, par application de l'art. L. 621-128 [L. 625-5] C. com., pour connaître des litiges relatifs aux créances qui doivent figurer sur un relevé de créances résultant d'un contrat de travail et opposant le salarié au représentant des créanciers, dès lors que le salarié entend obtenir la mise en œuvre de la garantie de l'AGS. • Soc. 4 juin 2003 : *Bull. civ. V, nº 189 ; D. 2003. IR 1603 ; Rev. proc. coll. 2003. 343, obs. Taquet.* ♦ ... Peu important qu'il ait appelé en garantie une partie étrangère à la procédure collective de l'employeur. • Soc. 21 juin 2005 : *Bull. civ. V, nº 209 ; D. 2005. IR 2039.* ♦ Par suite, est exclue, non seulement la compétence du bureau de conciliation, mais aussi celle de la formation en référé. • Paris, 22 janv. 1987 : *D. 1987. Somm. 239, obs. Honorat ; Rev. proc. coll. 1988. 371, obs. Langlois* • Montpellier, 5 nov. 1987 : *D. 1989. Somm. 79, obs. Honorat.* ♦ La saisine directe du bureau de jugement prévue par l'art. 126 [C. com., art. L. 625-5] exclut toute possibilité de s'adresser au juge des référés pour obtenir une provision. • Soc. 17 juin 1992 : *Bull. civ. V, nº 406 ; D. 1992. IR 212* • 14 déc. 1993 : *Gaz. Pal. 1994. 1. Pan. 30.* ♦ En revanche, dès lors qu'il est saisi, non d'un litige relatif au refus des institutions mentionnées à l'art. L. 143-11-4 [L. 3253-14] C. trav. de régler une créance figurant sur un relevé des créances résultant d'un contrat de travail, mais de la demande de salariés tendant au paiement de la fraction non garantie par les institutions des sommes dues aux titres de la poursuite et de la rupture de leur contrat de travail postérieurement au prononcé du redressement judiciaire de l'employeur, le juge des référés est compétent pour en connaître. • Soc. 7 oct. 1998 : *Bull. civ. V, n° 412 ; D. 1998. IR 235 ; JCP E 1998, n° 52, p. 2068, obs. Pétel ; Procédures 1999, n° 38, obs. Laporte.*

2. Viole les art. 123 et 126 [C. com., art. L. 625-1 et L. 625-5] l'arrêt qui, pour renvoyer des salariés licenciés pour motif économique à se pourvoir devant le bureau de conciliation, ces salariés ayant saisi directement le bureau de jugement du conseil de prud'hommes afin d'obtenir des indemnités pour rupture abusive du contrat de travail, retient « qu'il s'agit, en la cause, de différends nés à l'occasion du contrat de travail et qui, comme tels, sont régis par les dispositions de l'art. L. 511-1 [L. 1411-1] C. trav. qui imposent d'interpréter restrictivement les textes d'exception que constituent les art. 123 et 125 de la loi du 25 janv. 1985 [C. com., art. L. 625-1 et L. 625-4] », alors que l'arrêt constate que les salariés ont saisi la juridiction prud'homale d'un litige concernant des créances résultant d'un contrat de travail qui ne figurent pas sur les relevés établis par le représentant des créanciers. • Soc. 4 déc. 1991 : *Bull. civ. V, n° 550 ; D. 1992. IR 31.* – Rappr. : • Soc. 23 oct. 2012 : *Bull. civ. V, n° 272 ; D. 2012. Actu. 2594 ; Gaz. Pal. 18-19 janv. 2013, p. 36, obs. Gailhbaud ; LPA 15 avr. 2013, p. 14, obs. Jacotot.*

3. La dispense du préliminaire de conciliation prévue par l'art. L. 621-128 [L. 625-5] C. com. s'applique aussi à la demande en paiement formée contre la société cessionnaire dans la même instance et pour la même créance indemnitaire, dont l'inscription sur un relevé de créances résultant d'un contrat de travail de la société cédante est demandée. • Soc. 5 déc. 2006 : *Bull. civ. V, n° 367 ; D. 2007. AJ 229 ; Act. proc. coll. 2007, n° 30, obs. Neau-Leduc (1re esp.).*

Art. L. 625-6 **Les relevés des créances résultant d'un contrat de travail, visés par le juge-commissaire, ainsi que les décisions rendues par la juridiction prud'homale sont portés sur l'état des créances déposé au greffe. Toute personne intéressée, à l'exclusion de celles visées aux articles L. 625-1 à L. 625-4, peut former une réclamation ou une tierce opposition dans des conditions prévues par décret en Conseil d'État.** – *[C. com., art. L. 621-129.] – V. art. R. 625-7.*

1. Pouvoirs du conseil de prud'hommes. Le conseil de prud'hommes doit se borner à déterminer le montant des sommes à inscrire sur l'état des créances déposé au greffe du tribunal, sans pouvoir condamner le liquidateur de l'employeur à payer celles-ci à l'intéressé. • Soc. 6 juin 1989 : *Bull. civ. V, n° 424* • 15 juin 1995 : *Rev. proc. coll. 1996. 121, obs. Taquet.* – V. aussi • Soc. 27 oct. 1998 : *D. 2001. Somm. 114, obs. Derrida ; JCP 1999. I. 183, n° 20, obs. Morvan.* ♦ Le conseil de prud'hommes ne peut porter condamnation du représentant des créanciers, à payer des sommes dues aux salariés. Cette juridiction doit se borner, pour les créances nées antérieurement à l'ouverture de la procédure de redressement judiciaire, à déterminer le montant des sommes à inscrire sur l'état des créances déposé au greffe du tribunal. Le représentant des créanciers ne peut être condamné à payer les créances nées après l'ouverture de la procédure collective. • Soc. 8 avr. 1992 : *Bull. civ. V, n° 252 ; D. 1992. IR 187.*

2. Le conseil de prud'hommes qui juge que les *intérêts légaux des sommes dues aux salariés* courent à partir de la date de la saisine de la juridiction prud'homale, alors qu'il constate que certaines créances ont pris naissance avant le jugement d'ouverture du redressement judiciaire, viole l'art. 55 [C. com., art. L. 622-28]. • Soc. 8 avr. 1992 : *préc. note 1.*

2 bis. Réclamation. Le salarié dont la créance n'a pas été incluse dans celle de l'AGS admise au passif, s'il est sans intérêt à relever appel de l'ordonnance d'admission, dès lors que selon l'art. L. 143-11-7 [L. 3253-19 s.] C. trav., ses droits à l'égard de cet organisme sont indépendants de la déclaration que ce dernier fait dans les conditions des art. L. 621-43 [L. 622-24] s. C. com., peut toutefois agir par voie de réclamation conformément aux art. L. 621-129 [L. 625-6] C. com., 83 et 84 du Décr. du 27 déc. 1985 [C. com., art. R. 624-8 à R. 624-10]. • Aix-en-Provence, 4 févr. 2004 : *BICC 2005, n° 2161.*

3. Plan de redressement. Les sommes dues par l'employeur en exécution du contrat de travail antérieurement au jugement ouvrant la procédure de redressement judiciaire restent soumises, même après l'adoption d'un plan de redressement, qu'il soit par cession ou par continuation, au régime de la procédure collective. • Soc. 27 oct. 1998 : *D. 1998. IR 259 ; JCP E 1999, n° 17, p. 774, note Serret* • 10 mai 2006 : *Bull. civ. V, n° 167 ; D. 2006. AJ 1529, obs. Lienhard* ; Gaz. Pal. 6-7 oct. 2006, *p. 24, obs. Roussel Galle.* ♦ Doit être cassé, pour violation des art. 76 et 127 [C. com., art. L. 626-20 et L. 625-4], l'arrêt qui, pour condamner un employeur en redressement judiciaire à payer une indemnité pour licenciement sans cause réelle et sérieuse à un salarié licencié antérieurement à la procédure, énonce que l'employeur, qui a bénéficié d'un plan de redressement, est tenu de réparer l'entier préjudice causé aux salariés par application de l'art. 76 [C. com., art. L. 626-20] (2°), alors que les juges du fond constatent que les créances du salarié sont nées antérieurement au jugement d'ouverture du redressement judiciaire de l'employeur et qu'ils devaient donc se borner à déterminer le montant des sommes à inscrire sur l'état des créances déposé au greffe du tribunal sans pouvoir condamner le débiteur à payer celles-ci au salarié. • Soc. 27 oct. 1998 : *préc.* ♦ V. aussi note 25 *bis* ss. art. L. 3253-8 C. trav., ss. art. L. 625-9.

4. Portée de l'état des créances salariales. Il résulte de l'art. 127 [C. com., art. L. 625-6] qu'outre les relevés des créances visés par le juge-commissaire, seules les décisions rendues par la juridiction prud'homale doivent être portées sur l'état des créances salariales et, par voie de conséquence, ouvrent aux salariés les droits à l'assurance contre le risque de non-paiement des sommes qui leur sont dues en exécution du contrat de travail. • Soc. 14 mars 2000 : *Bull. civ. V, n° 102.*

5. Prescription. Dès lors que le relevé des créances salariales, qui n'a fait l'objet d'aucune contestation en ce qui concerne les salariés en cause, est porté sur l'état des créances déposé au greffe du tribunal de commerce et que cette admission au passif de la procédure collective revêt un caractère irrévocable, il en résulte qu'elle entraîne la substitution de la prescription trentenaire à la prescription quinquennale. • Soc. 21 nov. 2012 : *Bull. civ. V, n° 300 ; D. 2012. Actu. 2798 ; Act. proc. coll. 2012, n° 300, obs. Fin-Langer ; LEDEN janv. 2013, p. 5, obs. G. Dedessus-Le-Moustier ; Gaz. Pal. 18-19 janv. 2013, p. 35, obs. Gailhbaud ; Bull. Joly Entrep. diff. 2013. 111, note Donnette.*

SECTION II DU PRIVILÈGE DES SALARIÉS

Art. L. 625-7 Les créances résultant d'un contrat de travail sont garanties en cas d'ouverture d'une procédure *(L. n° 2005-845 du 26 juill. 2005, art. 58-II)* **« de sauvegarde » :**

1° Par le privilège établi par les articles L. 143-10 *[L. 3253-2 et L. 3253-3]*, **L. 143-11** *[L. 3253-4]*, **L. 742-6 et L. 751-15** *[L. 7313-8]* **du code du travail, pour les causes et montants définis auxdits articles ;**

2° Par le privilège du 4° de l'article 2101 *[2331]* **et du 2° de l'article 2104** *[2375]* **du code civil.** – *[C. com., ancien art. L. 621-130.]*

1. L'entreprise de travail temporaire ne peut invoquer, en déclarant au passif du redressement judiciaire de l'entreprise utilisatrice sa créance pour le prix de ses prestations de services, les privilèges afférents aux créances des salariés. • Com. 12 juill. 1993 : *Bull. civ. IV, n° 297 ; D. 1993. Somm. 369, obs. Honorat* (V. l'arrêt d'appel : • Versailles, 21 sept. 1989 : *D. 1990. Somm. 74, obs. Honorat*).

Pour une autre application, V. • Soc. 29 oct. 2003 : *Bull. civ. V, n° 266.*

1 bis. Pour déterminer si une créance peut bénéficier du privilège des salaires, il convient de rechercher non pas si elle est de nature salariale, mais si elle résulte d'un contrat de travail conclu avec la personne faisant l'objet de la procédure collective. • Rouen, 5 avr. 2001 : *RJDA 2002, n° 282.*

2. Selon les art. 2101 et 2104 [2331 et 2375] C. civ. auxquels renvoie l'art. 128 [C. com., art. L. 625-7], ont un caractère privilegié les rémunérations des six derniers mois, l'indemnité compensatrice de congés payés et l'indemnité de licenciement. La notion de rémunération au sens desdits art. 2101 et 2104 [2331 et 2375] englobe non seulement le salaire proprement dit, mais aussi ses accessoires ; les gratifications contractuelles, en l'espèce la gratification conventionnelle d'un montant déterminé régulièrement versée au salarié, les primes de treizième mois et de bilan liquidées à la date de la rupture du contrat de travail, présentent le caractère d'un complément de rémunération ; par suite, les règles protectrices du salaire leur sont applicables. • Paris, 28 mai 1993 : *JCP E 1993. Pan. 1006.*

V. notes ss. art. L. 3253-6 et L. 3253-8 C. trav., ss. art. L. 625-9.

Art. L. 625-8 Nonobstant l'existence de toute autre créance, les créances que garantit le privilège établi aux articles L. 143-10 *[L. 3253-2 et L. 3253-3]*, **L. 143-11** *[L. 3253-4]*, **L. 742-6 et L. 751-15** *[L. 7313-8]* **du code du travail doivent** *(Ord.*

nº 2008-1345 du 18 déc. 2008, art. 49) « **, sur ordonnance du juge-commissaire, être payées dans les dix jours du prononcé du jugement ouvrant la procédure par le débiteur ou, lorsqu'il a une mission d'assistance, par l'administrateur, si le débiteur ou l'administrateur** » **dispose des fonds nécessaires.**

Toutefois, avant tout établissement du montant de ces créances, *(Ord. nº 2008-1345 du 18 déc. 2008, art. 49)* « **le débiteur ou l'administrateur s'il a une mission d'assistance** » **doit, avec l'autorisation du juge-commissaire et dans la mesure des fonds disponibles, verser immédiatement aux salariés, à titre provisionnel, une somme égale à un mois de salaire impayé, sur la base du dernier bulletin de salaire, et sans pouvoir dépasser le plafond visé à l'article L. 143-10** *[L. 3253-2 et L. 3253-3]* **du code du travail.**

A défaut de disponibilités, les sommes dues en vertu des deux alinéas précédents doivent être acquittées sur les premières rentrées de fonds. – *[C. com., ancien art. L. 621-131.]*

BIBL. ► CALOMILI, *LPA 11 févr. 2011, p. 20* (efficacité du superprivilège des salaires).

La subrogation de l'AGS dans les droits des salariés (après avance des fonds) ne peut être exigée durant la période d'observation, selon les dispositions de l'art. L. 621-131 [L. 625-8], que dans la mesure où l'entreprise détient les fonds lui permettant d'y faire droit sans compromettre son fonctionnement normal et donc ses possibilités de redressement. • T. com. Lyon, 28 déc. 2000 : *Act. proc. coll. 2001, nº 35, obs. Étienne-Martin et Nanterme.* – V. Soinne, *Rev. proc. coll. 2001. 59.*

SECTION III DE LA GARANTIE DU PAIEMENT DES CRÉANCES RÉSULTANT DU CONTRAT DE TRAVAIL

BIBL. GÉN. ► Régime issu de la loi du 26 juill. 2005 : TAQUET, *Rev. proc. coll. 2005. 295* (le nouveau champ d'application de l'AGS – Art. 177 de la loi du 26 juill. 2005). – PÉTEL, *RJ com. 2006. 174* (l'AGS et la réforme des procédures collectives). MÉTEYÉ, *Gaz. Pal. 2006. Doctr. 2226* (intervention de l'AGS dans les procédures de sauvegarde). – AUZERO, *RDT 2009. 358* (détermination des créances garanties par l'AGS en matière d'épargne salariale).

► Autres thèmes : NEISS, *RLDA nov. 2010. 60* (utilisation des présomptions comme technique de lutte contre la fraude à l'AGS).

Art. L. 625-9 *(Ord. nº 2008-1345 du 18 déc. 2008, art. 50)* **Sans préjudice des règles fixées aux articles L. 625-7 et L. 625-8, les créances résultant du contrat de travail ou du contrat d'apprentissage sont garanties dans les conditions fixées aux articles L. 3253-2 à L. 3253-4, L. 3253-6 à L. 3253-21 et L. 8252-3 du code du travail.**

Code du travail

PARTIE LÉGISLATIVE (DE LA PARTIE III)

(Ord. nº 2007-329 du 12 mars 2007, ratifiée par L. nº 2008-67 du 21 janv. 2008)

[Les dispositions des art. L. 143-10 à L. 143-11-9 et L. 143-13-1 C. trav., abrogés par l'Ord. nº 2007-329 du 12 mars 2007 relative à la partie législative du code du travail, sont reprises aux nouveaux art. L. 3253-2 à L. 3253-4, L. 3253-6 à L. 3253-21 et L. 8252-3 (reproduits ci-après). Les dispositions de l'Ord. préc. entrent en vigueur le 1er mai 2008 (Ord. préc., art. 14, mod. par L. nº 2008-67 du 21 janv. 2008, art. 2-X). Demeurent en vigueur, dans leur rédaction en vigueur à la date du publication de l'Ord. du 12 mars 2007 préc., les dispositions des art. L. 143-11-7 et L. 143-11-9, en tant qu'elles s'appliquent aux marins mentionnés à l'art. L. 742-6 C. trav. (Ord. nº 2007-

329 du 12 mars 2007, art. 13, JO 13 mars). — V. lesdits art. L. 143-11-7 et L. 143-11-9 aux éd. 2009 et antérieures du ***C. com.****]*

CHAPITRE III (DU TITRE V DU LIVRE II). *PRIVILÈGES ET ASSURANCES*

....

SECTION II. *Privilèges et assurances en cas de procédure de sauvegarde, de redressement ou de liquidation judiciaire*

SOUS-SECTION 1. *Privilèges*

Art. L. 3253-2 Lorsqu'une procédure de sauvegarde, de redressement ou de liquidation judiciaire est ouverte, les rémunérations de toute nature dues aux salariés pour les soixante derniers jours de travail sont, déduction faite des acomptes déjà perçus, payées, nonobstant l'existence de toute autre créance privilégiée, jusqu'à concurrence d'un plafond mensuel identique pour toutes les catégories de bénéficiaires.

Ce plafond est fixé par voie réglementaire sans pouvoir être inférieur à deux fois le plafond retenu pour le calcul des cotisations de sécurité sociale. — *[Anc. art. L. 143-10, al. 1er et 2.] — V. art. D. 3253-1, fixant ce plafond à deux fois le plafond retenu, par mois, pour le calcul des cotisations de sécurité sociale. —* ***C. trav.***

1. Il résulte de l'art. L. 3253-2 C. trav. qu'est seule garantie par le superprivilège institué par ce texte la créance résultant du contrat de travail pesant sur un employeur faisant l'objet d'une procédure collective (dans l'hypothèse où, avant l'ouverture de la procédure collective, les salariés avaient été repris par une société nouvelle, qui avait réglé les indemnités de congés payés). • Com. 3 nov. 2010 : *Bull. civ. IV, n° 168 ; D. 2010. Actu. 2701, obs. Lienhard ; JCP E 2011. 1263, n° 11, obs. Pétel ; Act. proc. coll. 2010, n° 279, obs. Fin-Langer ; LEDEN janv. 2011, p. 6, obs. G. Dedessus-Le-Moustier ; Gaz. Pal. 7-8 janv. 2011, p. 41, obs. Gailhbaud ; Bull. Joly Entrep. diff. 2011. 23, note Macorig-Venier ; LPA 29 avr. 2011, obs. Jacotot.*

2. L'indemnité de clientèle ne bénéficie pas du superprivilège. • Rouen, 10 janv. 1990 : *JCP E 1991. I. 102, n° 15, obs. Pétel.*

Art. L. 3253-3 Les rémunérations prévues au premier alinéa de l'article L. 3253-2 comprennent :

1° Les salaires, appointements ou commissions proprement dites ;

2° Les accessoires et notamment l'indemnité compensatrice prévue à l'article L. 1226-14, l'indemnité compensatrice de préavis prévue à l'article L. 1234-5, l'indemnité de fin de contrat prévue à l'article L. 1243-8 et l'indemnité de fin de mission prévue à l'article L. 1251-32. — *[Anc. art. L. 143-10, al. 3.]*

Art. L. 3253-4 Les indemnités de congés payés sont, nonobstant l'existence de toute créance privilégiée, payées jusqu'à concurrence d'un plafond identique à celui établi pour une période de trente jours de rémunération par l'article L. 3253-1. — *[Anc. art. L. 143-11.]*

Art. L. 3253-5 Les sommes dues aux façonniers par leurs donneurs d'ordres sont payées, lorsque ces derniers font l'objet d'une procédure de sauvegarde, de redressement ou de liquidation judiciaire, nonobstant l'existence de toute autre créance privilégiée à l'exception de celles garanties par l'article L. 3253-2, à due concurrence du montant total des rémunérations de toute nature dues aux salariés de ces façonniers, au titre des soixante derniers jours de travail ou d'apprentissage précédant l'ouverture de la procédure. — *[Anc. art. L. 786-1.]*

SOUS-SECTION 2. *Assurance contre le risque de non-paiement*

§ 1er. *Principes*

Art. L. 3253-6 Tout employeur de droit privé assure ses salariés, y compris ceux détachés à l'étranger ou expatriés mentionnés à l'article L. 5422-13, contre le risque de non-paiement des sommes qui leur sont dues en exécution du contrat de travail, en cas de procédure de sauvegarde, de redressement ou de liquidation judiciaire. – *[Anc. art. L. 143-11-1, al. 1er.]*

1. *Employeurs visés.* Sur l'application du texte aux URSSAF, V. • Soc. 21 avr. 1988 : *Bull. civ. V, n° 258.* ♦ ... Aux sociétés d'assurances dont le retrait d'agrément entraîne, en application de l'art. L. 326-2 C. assur., l'ouverture d'une procédure de liquidation judiciaire, V. • Soc. 15 juin 2010 : *Bull. civ. V, n° 135 ; Act. proc. coll. 2010, n° 219, obs. Fin-Langer.*

Pour l'application à une société de télévision (société Télévision du savoir), V. • Soc. 29 févr. 2000 : *Bull. civ. V, n° 78 ; D. 2001. Somm. 117, obs. Derrida ; Rev. proc. coll. 2000. 107, obs. Taquet.* ♦ *Contra,* auparavant : • Soc. 16 déc. 1987 : *Bull. civ. V, n° 730 ; Gaz. Pal. 1988. 2. 685, note Véron ; Dr. soc. 1988. 489, concl. Picca.* ♦ Pour l'application à la société France Télécom, V. • Soc. 7 sept. 2004 : *D. 2004. IR 2691.* ♦ En revanche, sont exclues du champ d'application : la compagnie nationale Air France. • Soc. 16 déc. 1987 : *Bull. civ. V, n° 731 ; Gaz. Pal. 1988. 2. 685, note Véron ; Dr. soc. 1988. 489, concl. Picca* • 17 avr. 1991 : *D. 1991. IR 134 ; Rev. sociétés 1991. 593, note Maleville* (conf. • Paris, 26 mai 1989 : *D. 1990. Somm. 217, obs. Honorat*). ♦ ... La SNCF. • Soc. 16 déc. 1987 : *préc.* ♦ ... La SEITA. • Soc. 6 nov. 1991 : *Bull. civ. V, n° 476* (conf. • Paris, 9 mai 1988 : *D. 1988. IR 219*).

Depuis le 26 juill. 1994 (date d'entrée en vigueur de la L. n° 94-624 du 21 juill. 1994), les syndicats de copropriété sont exclus du champ d'application de la garantie des salaires (Instr. UNEDIC n° 11-96 du 21 févr. 1996, *JCP E 1996. Pan. 338*).

2. Est recevable la demande en répétition de l'indu en cas de paiement, par erreur, de cotisations au GARP par une société non soumise aux procédures collectives d'apurement du passif. • Soc. 3 mai 1995 : *Bull. civ. V, n° 141 ; Rev. proc. coll. 1996. 119, obs. Taquet* (cassant • Versailles, 10 juill. 1992 : *JCP E 1993. Pan. 494*).

3. *Apprentis.* Pour l'application de la garantie de l'AGS aux apprentis, V. • Soc. 23 mai 2000 : *Bull. civ. V, n° 192 ; D. 2001. Somm. 118, obs. Derrida ; Act. proc. coll. 2000, n° 153, obs. Vallansan ; ibid., n° 167, obs. Taquet* • 6 juin 2000 : *Bull. civ. V, n° 215.*

4. *Alsace-Moselle.* Il résulte de l'art. 22 de la loi du 1er juin 1924 [C. com., art. L. 670-1] que bénéficient de la garantie de l'AGS les sommes *dues, en exécution du* contrat de travail, aux salariés des personnes physiques domiciliées dans les départements du Haut-Rhin, Bas-Rhin et Moselle, qui ne sont ni des commerçants, ni des artisans, ni des agriculteurs, lorsqu'elles sont en état d'insolvabilité notoire. • Soc. 12 janv. 1999 : *Bull. civ. V, n° 9 ; D. 2001. Somm. 117, obs. Derrida* • Colmar, 8 nov. 1999 : *Rec. jur. de l'Est 2000, n° 1, p. 22.*

5. *Faillite internationale.* La garantie de l'AGS est due dans les conditions prévues par les art. L. 143-11-1 [L. 3253-6] s. dès lors, d'une part, que les salariés exercent ou exerçaient habituellement leur travail en France et, d'autre part, qu'une procédure collective d'apurement du passif de l'employeur est ouverte en France ou, lorsqu'elle est ouverte dans un pays extérieur à l'Union européenne, a fait l'objet d'une décision d'*exequatur.* • Soc. 3 juin 2003 : *Bull. civ. V, n° 184 ; D. 2004. Somm. 58, obs. Henry ; Act. proc. coll. 2003, n° 216, obs. Dom ; Rev. proc. coll. 2003. 342, obs. Taquet ; JCP E 2004, n° 5, p. 180, note Mélin (2e arrêt).* ♦ Si sont inclus dans la protection légale les salariés détachés à l'étranger ainsi que les travailleurs français expatriés, le régime d'assurance ne s'étend, en revanche, pas aux salariés engagés à l'étranger et y travaillant. • Paris, 26 nov. 1986 : *D. 1988. Somm. 41, obs. Honorat.*

6. Lorsque l'employeur est établi dans un autre État membre que celui sur le territoire duquel le travailleur réside et exerçait son activité salariée, l'institution de garantie compétente, au titre de l'art. 3 de la directive CEE n° 80-987 du Conseil, du 20 oct. 1980 (concernant le rapprochement des législations des États membres relatives à la protection des travailleurs salariés en cas d'insolvabilité de l'employeur, abrogée et remplacée par la directive 2008/94/CE du 22 oct. 2008), pour le paiement des créances de ce travailleur en cas d'insolvabilité de son employeur, est l'institution de l'État sur le territoire duquel, selon les termes de l'art. 2, § 1, de la directive, soit l'ouverture de la procédure de désintéressement collectif est décidée, soit la fermeture de l'entreprise ou de l'établissement de l'employeur est constatée. • CJCE 17 sept. 1997 : *D. 1997. IR 206.* ♦ Ainsi, la garantie prévue par l'art. L. 143-11-1 [L. 3253-6 s.] ne s'applique pas dès lors que la société, qui employait un salarié exerçant son activité en France et y résidant, était établie en Allemagne et que la procédure de liquidation des biens de cette société avait été ouverte sur le territoire de cet État membre de l'Union européenne. • Soc. 20 janv. 1998 : *Bull. civ. V, n° 25 ; D. 1998. IR 53 ; JCP 1998. II. 10086, note Kerckhove ; LPA 8 juin 1997, p. 17, note Vallens ; JCP E 1998, n° 12, p. 449, obs. Taquet.* ♦ Pour une autre application de l'art. 3 de la Dir. CE n° 80-987, V. • Soc. 21 sept. 2011 : *Bull. civ. V, n° 194 ; D. 2011. Actu. 2400 ; JCP E 2012. 1000, n° 12, obs. Pétel ; Act. proc. coll. 2011, n° 250, obs. Fin-Langer ; LEDEN nov. 2011, p. 7, obs. G. Dedessus-Le-Moustier ; Rev. proc. coll. 2011, n° 171, obs. Menjucq ; ibid., n° 198, obs. Taquet ; Bull. Joly*

Entrep. diff. 2012. 29, note Donnette ; Gaz. Pal. 20-21 janv. 2012, p. 41, obs. Gailhbaud. ♦ En revanche, lorsque les travailleurs victimes de l'insolvabilité de leur employeur exerçaient leur activité dans un État membre pour le compte de la succursale d'une société constituée selon le droit d'un autre État membre, dans lequel cette société a son siège social et y est mise en liquidation, l'institution compétente, au regard de l'art. 3 de la directive CEE n° 80-987, pour le paiement des créances de ces travailleurs, est celle de l'État sur le territoire duquel ils exerçaient leur activité salariée. • CJCE 16 déc. 1999 : *D. 2000. IR 25.* – Dans le même sens, V. • Soc. 2 juill. 2002 : *Bull. civ. V, n° 228 ; D. 2002. IR 2778 ; Act. proc. coll. 2002, n° 196, obs. Vachet ; JCP E 2003, n° 6, p. 270, obs. Pétel ; ibid., n° 12, p. 512, obs. Morvan ; JCP 2003. II. 10026, note Menjucq* • 3 juin 2003 : *Bull. civ. V, n° 183 ; Rev. proc. coll. 2003. 343, obs. Taquet ; JCP E 2004, n° 5, p. 180, note Mélin (1er arrêt)* • 26 avr. 2006 : *Bull. civ. V, n° 144 ; D. 2006. IR 1335 ; Act. proc. coll. 2006, n° 159, obs. Fin-Langer.* ♦ Comp., retenant la compétence de l'institution de l'État d'ouverture de la procédure, dans l'hypothèse où celle-ci avait été étendue à un établissement situé dans un autre État : • Soc. 2 oct. 2001 : *Bull. civ. V, n° 294 ; D. 2001. IR 3171 ; Act. proc. coll. 2001, n° 242, obs. Regnaut-Moutier ; Rev. proc. coll. 2002. 62, obs. Taquet.* ♦ La Dir. n° 80/987/CEE ne s'oppose pas à ce qu'une législation nationale prévoie qu'un travailleur puisse se prévaloir de la garantie salariale de l'institution nationale, conformément au droit de cet État membre, à titre complémentaire ou substitutif par rapport à celle offerte par l'institution désignée comme étant compétente en application de cette directive, pour autant, toutefois, que ladite garantie donne lieu à un niveau supérieur de protection du travailleur. • Soc. 11 avr. 2012 : *Bull. civ. V, n° 123 ; D. 2012. Actu. 1123 ; JCP E 2012. 1508, n° 7, obs. Pétel ; LEDEN juin 2012, p. 5, obs. G. Dedessus-Le-Moustier ; Act. proc. coll. 2012, n° 140, obs. Jacotot ; Bull. Joly Entrep. diff. 2012. 233, note Tagliarino-Vignal ; Gaz. Pal. 3-4 août 2012, p. 34, obs. Duprat ; Rev. proc. coll. 2012, n° 188, obs. Menjucq.* ♦ Dans le même sens, à propos de l'art. 8 *bis* de la Dir. n° 2002/74/CE du 23 sept. 2002, devenu l'art. 9 de la Dir. n° 2008/94/CE du 22 oct. 2008, V. • Soc. 4 déc. 2012 : *D. 2013. 691, note Dammann et Thillaye ; JCP E 2013. 1216, n° 10, obs. Pétel ; LEDEN janv. 2013, p. 7, obs. Mélin ; Gaz. Pal. 1er-4 mai 2013, p. 5, obs. Gailhbaud ; Rev. proc. coll. 2013, n° 31, obs. Menjucq ; Bull. Joly Entrep. diff. 2013. 179, note Donnette.* ♦ Sur l'effet direct de l'art. 3 la Dir. n° 80/987/CEE du 20 oct. 1980, telle que modifiée par la directive 2002/74/CE du 23 sept. 2002, V. • CJCE 17 janv. 2008 : *D. 2008. AJ 413* .

Comp., désormais : C. trav., art. L. 3253-18-1 à L. 3253-18-9, issus de L. n° 2008-89 du 30 janv. 2008 et reproduits ci-après.

Art. L. 3253-7 Le droit du salarié est garanti indépendamment de l'observation par l'employeur tant des prescriptions de la présente section que des obligations dont il est tenu à l'égard des institutions prévues à l'article L. 3253-14. – *[Anc. art. L. 143-11-5.]*

§ 2. *Créances couvertes par l'assurance*

Art. L. 3253-8 L'assurance mentionnée à l'article L. 3253-6 couvre :

1° Les sommes dues aux salariés à la date du jugement d'ouverture de toute procédure de redressement ou de liquidation judiciaire, ainsi que les contributions dues par l'employeur dans le cadre *(L. n° 2011-893 du 28 juill. 2011, art. 44-I-2°)* « du contrat de sécurisation professionnelle » ;

2° Les créances résultant de la rupture des contrats de travail intervenant :

a) Pendant la période d'observation ;

b) Dans le mois suivant le jugement qui arrête le plan de sauvegarde, de redressement ou de cession ;

c) Dans les quinze jours *(L. n° 2013-504 du 14 juin 2013, art. 18-XXI-1°)* « , ou vingt et un jours lorsqu'un plan de sauvegarde de l'emploi est élaboré, » suivant le jugement de liquidation ;

d) Pendant le maintien provisoire de l'activité autorisé par le jugement de liquidation judiciaire *(Ord. n° 2008-1345 du 18 déc. 2008, art. 167)* « et dans les quinze jours *(L. n° 2013-504 du 14 juin 2013, art. 18-XXI-1°)* « , ou vingt et un jours lorsqu'un plan de sauvegarde de l'emploi est élaboré, » suivant la fin de ce maintien de l'activité » ;

3° Les créances résultant de la rupture du contrat de travail des salariés auxquels a été *(L. n° 2011-893 du 28 juill. 2011, art. 44-I-3°)* « proposé le contrat de sécurisation professionnelle », sous réserve que l'administrateur, l'employeur ou le liquidateur, selon le cas, ait proposé *(L. n° 2011-893 du 28 juill. 2011, art. 44-I-3°)* « ce contrat » aux intéressés au cours de l'une des périodes indiquées au 2°, y compris les contributions dues par l'employeur dans le cadre de *(L. n° 2011-893 du 28 juill. 2011, art. 44-I-3°)* « ce contrat » et les salaires dus pendant le délai de réponse du salarié ;

(L. n° 2013-504 du 14 juin 2013, art. 18-XXI-2° et 3°) « 4° Les mesures d'accompagnement résultant d'un plan de sauvegarde de l'emploi déterminé par un accord collectif majoritaire ou par un document élaboré par l'employeur, conformément aux articles L. 1233-24-1 à L. 1233-24-4, dès lors qu'il a été validé ou homologué dans les conditions prévues à l'article L. 1233-58 avant ou après l'ouverture de la procédure de redressement ou de liquidation judiciaire ;

« 5° » Lorsque le tribunal prononce la liquidation judiciaire, dans la limite d'un montant maximal correspondant à un mois et demi de travail, les sommes dues :

a) Au cours de la période d'observation ;

b) Au cours des quinze jours *(L. n° 2013-504 du 14 juin 2013, art. 18-XXI-3°)* « , ou vingt et un jours lorsqu'un plan de sauvegarde de l'emploi est élaboré, » suivant le jugement de liquidation ;

c) Au cours du mois suivant le jugement de liquidation pour les représentants des salariés prévus par les articles L. 621-4 et L. 631-9 du code de commerce ;

d) Pendant le maintien provisoire de l'activité autorisé par le jugement de liquidation *(Ord. n° 2008-1345 du 18 déc. 2008, art. 167)* « et au cours des quinze jours *(L. n° 2013-504 du 14 juin 2013, art. 18-XXI-3°)* « , ou vingt et un jours lorsqu'un plan de sauvegarde de l'emploi est élaboré, » suivant la fin de ce maintien de l'activité ».

La garantie des sommes et créances mentionnées aux 1°, 2° et *(L. n° 2013-504 du 14 juin 2013, art. 18-XXI-4°)* « 5° » inclut les cotisations et contributions sociales et salariales d'origine légale, ou d'origine conventionnelle imposée par la loi. — *[Anc. art. L. 143-11-1, al. 2 à 7.]*

Jusqu'à l'entrée en vigueur des dispositions conventionnelles et réglementaires d'application de l'art. 41 de la L. n° 2011-893 du 28 juill. 2011, relatif au contrat de sécurisation professionnelle, la convention de reclassement personnalisé reste applicable selon les modalités en vigueur à la date de promulgation de la L. préc., sous réserve des stipulations des accords collectifs conclus en application de l'art. L. 1233-68 C. trav. dans sa rédaction antérieure à cette loi (L. préc., art. 44-IV, JO 29 juill.). — L'art. 44 de la L. n° 2011-893 du 28 juill. 2011 ne s'applique pas à Mayotte (L. préc., art. 44-VI).

Les modifications issues de la L. n° 2013-504 du 14 juin 2013 sont applicables aux procédures de licenciement collectif engagées à compter du 1er juill. 2013. Pour l'application de la disposition qui précède, une procédure de licenciement collectif est réputée engagée à compter de la date d'envoi de la convocation à la première réunion du comité d'entreprise mentionnée à l'art. L. 1233-30 C. trav. (L. préc., art. 18-XXXIII).

1. Critère de la garantie. La protection est accordée indépendamment de la qualification de salaire de la somme en cause, le critère n'étant pas la nature salariale de la créance, mais son rattachement au contrat de travail (à propos de frais professionnels). • Soc. 17 déc. 1991 : *Bull. civ. V, n° 587 ; D. 1992. IR 47.*

Sur l'exclusion du bénéfice de l'AGS : des dirigeants de fait, V. • Soc. 25 oct. 2000 : *Rev. proc. coll. 2001. 102, obs. Taquet* • Douai, 27 sept. 1996 : *Rev. proc. coll. 1997. 227, obs. Taquet* • 30 juin 1999 : *Rev. proc. coll. 2000. 61, obs. Taquet.* ♦ ... Des sommes dues à un dirigeant dont le contrat de travail est nul, V. • Paris, 29 mai 1997 : *Rev. sociétés 1997. 625, obs. Guyon.* – Comp. : • Versailles, 16 oct. 1997 : *Rev. sociétés 1998. 159, obs. Guyon.* ♦ Des sommes dues au représentant des salariés à la procédure collective dont le contrat de travail est fictif, V. • Soc. 30 nov. 2004 : *Act. proc. coll. 2005, n° 32, obs. Vallansan.* ♦ ... Des sommes liées à la rupture du contrat de travail conclu, non avec l'employeur en redressement judiciaire, mais avec le précédent employeur, V. • Soc. 15 janv. 2003 : *Act. proc. coll. 2003, n° 58.*

2. Exemples de créances garanties. Bénéficient de la garantie de l'AGS, comme se rattachant à l'exécution du contrat de travail : l'indemnité compensatrice des salaires. • Soc. 16 nov. 1999 : *Bull. civ. V, n° 440 ; Rev. proc. coll. 2000. 62, obs. Taquet.* – Dans le même sens : • Soc. 18 juill. 2000 : *Act. proc. coll. 2000, n° 211, obs. Vallansan* • 29 janv. 2003 : *Bull. civ. V, n° 25.* ♦ ... L'indemnité compensatrice de congés payés. • Soc. 2 juin 1992 : *Bull. civ. V, n° 358.* ♦ Comp., limitant la garantie à l'indemnité due pour la période antérieure à l'ouverture de la procédure collective : • Soc. 21 nov. 1989 : *Bull. civ. V, n° 673.* ♦ ... L'indemnité correspondant aux repos compensateurs dont le salarié n'a pu bénéficier. • Soc. 1er avr. 1997 : *Rev. proc. coll. 1997. 353, obs. Taquet.* ♦ ... Une prime de treizième mois devenue obligatoire par voie d'usage dans l'entreprise. • Soc. 23 sept. 1992 : *Gaz. Pal. 1992. 2. Pan. 265.* ♦ ... Les créances de complément de salaires et de remboursement de frais médicaux, dès lors que ces sommes sont versées par l'employeur en application de la convention collective. • Soc. 28 oct. 1997 : *Bull. civ. V, n° 338 ; D. 1998. IR 16*. ♦ ... L'indemnité de clientèle accordée à un VRP dans le cadre d'une transaction. • Soc. 4 oct. 2000 : *Rev. proc. coll. 2001. 42, obs. Taquet.* ♦ ... La prime d'objectifs et l'indemnité de rupture prévues par une transaction, dès lors que ces créances ne constituent pas un nouvel engagement de l'employeur se substituant à ses obligations anciennes mais résultent, tant dans leur principe que dans leur montant, des stipulations du contrat de travail. • Soc. 3 avr. 2001 : *Bull. civ. V, n° 116 ; D. 2001. IR 1852*. ♦ ... La capitalisation du congé de conversion due à la date du licenciement. • Soc. 10 juill. 2001 : *Act. proc. coll. 2001, n° 263.* ♦ ... La somme allouée au salarié à la suite de la requalification de son contrat de travail à temps partiel en contrat de travail à temps complet. • Soc. 12 juin 2002 : *Act. proc. coll. 2002, n° 210.* ♦ ... L'indemnité forfaitaire versée au salarié embauché sans déclaration préalable à l'embauche. • Soc. 12 févr. 2003 : *Rev. proc. coll. 2003. 250, obs. Taquet.* ♦ ... La créance résultant de l'inexécution de l'engagement pris par l'employeur d'étendre le bénéfice d'un contrat de solidarité à une nouvelle période. • Soc. 9 oct. 1990 : *Bull. civ. V, n° 427 ; D. 1990. IR 245.* ♦ ... La créance de rémunération avant amortissement d'un film due à un comédien. • Soc. 17 mai 2005 : *Bull. civ. V, n° 166 ; D. 2005. IR 1506 ; Act. proc. coll. 2005, n° 145, obs. Fin-Langer.*

3. Sont également garantis par l'AGS : les dommages-intérêts alloués au salarié en réparation du retard apporté par le représentant des créanciers à lui transmettre les documents nécessaires à l'adhésion à la convention de conversion. • Soc. 2 mars 1999 : *D. 2001. Somm. 119, obs. Derrida ; Rev. proc. coll. 1999. 226, obs. Taquet.* ♦ ... Les dommages-intérêts alloués aux salariés en raison du retard de l'employeur dans le paiement des indemnités de rupture des contrats de travail. • Soc. 10 juill. 2001 : *Bull. civ. V, n° 251 ; D. 2001. IR 2461 ; Rev. proc. coll. 2001. 259, obs. Taquet.* ♦ ... Les dommages-intérêts dus au salarié à raison de la méconnaissance par l'employeur de l'obligation du repos dominical. • Soc. 8 juin 1999 : *Bull. civ. V, n° 265 ; Rev. proc. coll. 1999. 227, obs. Taquet.* ♦ ... Les dommages-intérêts dus à raison de l'inexécution par l'employeur de son obligation d'information des salariés de leurs droits en matière de repos compensateur. • Soc. 16 mars 1999 : *Bull. civ. V, n° 114 ; Rev. proc. coll. 1999. 161, obs. Taquet.* ♦ ... Les dommages-intérêts alloués au salarié pour non-respect par l'employeur de ses obligations vis-à-vis de la sécurité sociale et des organismes de retraite. • Soc. 17 oct. 2000 : *JCP 2001. II. 10532, note Colonna* • 8 janv. 2002 : *Bull. civ. V, n° 1 ; Rev. proc. coll. 2002. 108, obs. Taquet.* ♦ ... Les dommages-intérêts dus à raison des retards de paiement des salaires et de la non-régularisation des documents relatifs aux congés payés. • Soc. 27 juin 2001 : *Act. proc. coll. 2001, n° 208.* ♦ ... Les dommages-intérêts accordés aux salariés au titre de l'inexécution, par l'employeur, de ses obligations de délivrer des bulletins de paie, certificats de travail et attestations Assedic. • Soc. 4 déc. 2002 : *Bull. civ. V, n° 368. – Contra :* • Soc. 13 janv. 1999 : *Rev. proc. coll. 1999. 162, obs. Taquet.* ♦ ... Les dommages-intérêts alloues en raison de la rupture du contrat de travail avant la prise de fonctions. • Soc. 22 mars 1995 : *Gaz. Pal. 1995. 1. Pan. 106 ; Rev. proc. coll. 1995. 496, obs. Taquet.* ♦ Comp. : note 8. ♦ ... Les dommages-intérêts alloués en réparation de la rupture d'un contrat de travail à durée déterminée conclu en méconnaissance des dispositions des art. L. 122-1 [L. 1242-1] s. C. trav. • Soc. 18 oct. 2007 : *Bull. civ. V, n° 162 ; D. 2007. AJ 2753, obs. Perrin ; Act. proc. coll. 2007, n° 229, obs. Fin-Langer ; Gaz. Pal. 23-24 janv. 2008, p. 61, obs. Saintourens.* ♦ ... Les dommages-intérêts alloués en réparation du préjudice résultant d'un prêt illicite de main-d'œuvre. • Soc. 9 nov. 2004 : *Bull. civ. V, n° 280 ; D. 2004. IR 3116*. ♦ ... Les dommages-intérêts alloués au salarié victime du harcèlement moral de son employeur. • Soc. 8 févr. 2005 : *Act. proc. coll. 2005, n° 69.* – Rappr. : • Metz, 25 sept. 2002 : *JCP E 2003, n° 9, p. 348.*

4. L'AGS doit garantir une partie de salaire retenue par l'employeur en raison d'une saisie-arrêt et non déposée au greffe du tribunal d'instance avant l'ouverture de la procédure collective à l'encontre de l'employeur. • Soc. 14 mai 1997 : *JCP 1997. IV. 1410.*

5. La garantie de l'AGS s'étend aux sommes prévues par les plans de sauvegarde de l'emploi pour favoriser le reclassement des salariés, y compris à l'extérieur de l'entreprise ou du groupe auquel elle appartient, ainsi qu'aux dommages et intérêts réparant l'inexécution d'un engagement tendant à ces reclassements. • Soc. 8 févr. 2012 : *Bull. civ. V, n° 62 ; D. 2012. Actu. 550 ; LEDEN avr. 2012, p. 7, obs. G. Dedessus-Le-Moustier ; Act. proc. coll. 2012, n° 74, obs. Fin-Langer ; Gaz. Pal. 27-28 avr. 2012, p. 38, obs. Duprat ; Bull. Joly Entrep. diff. 2012. 179, note Driguez.* ♦ La prime de création d'entreprise prévue au plan social et destinée à aider les salariés licenciés pendant la période d'observation à se reclasser relève de la garantie de l'AGS. • Soc. 30 avr. 2003 : *Bull. civ. V, n° 150 ; D. 2003. IR 1339 ; Act. proc. coll. 2003, n° 178, obs. Fin-Langer.*

6. Le paiement des cotisations sociales obligatoires afférentes à la rémunération des salariés, qui constitue pour l'employeur une obligation résultant du contrat de travail, est garanti par l'AGS. • Soc. 24 oct. 2006 : *Bull. civ. V, n° 317 ; D. 2006. AJ 2790, obs. Lienhard.*

6 bis. Pour l'obligation de garantir l'indemnité correspondant à la conversion monétaire des droits acquis sur un compte épargne-temps, en l'absence de clause du plan de cession relative au sort des jours épargnés, V. • Soc. 7 avr. 2010 : *Act. proc. coll. 2010, n° 141, obs. Neau-Leduc ; Gaz. Pal. 2-3 juill. 2010, p. 37, obs. Duprat.*

7. Capital-décès. En ce sens que le capital-décès, étant directement rattaché au contrat de travail, la protection de l'art. L. 143-11-1 [L. 3253-8] doit bénéficier aux ayants droit de salariés cadres, V. • Soc. 4 févr. 1987 : *Bull. civ. V, n° 56 ; D. 1987. Somm. 211, obs. Langlois, et 236, obs. Honorat* • 8 nov. 1994 : *Bull. civ. V, n° 293 ; D. 1995. 143, note Honorat ; JCP 1995. II. 22383, note Saint-Jours* • 8 juill. 1997 : *Bull. civ. V, n° 248 ; D. 1997. IR 200.* ♦ *Contra,* au motif que la créance résulte d'une action en responsabilité contre l'employeur : • Soc. 6 avr. 1994 : *Bull. civ. V, n° 132 ; D. 1995. Somm. 24, obs. Honorat ; JCP 1994. II. 22335, note Saint-Jours.*

8. Exemples de créances non garanties. L'AGS ne garantit pas : les sommes dues en application de l'art. 700 NCPC [C. pr. civ.], qui sont nées d'une procédure judiciaire. • Soc. 2 mars 1999 : *Bull. civ. V, n° 87 ; Rev. proc. coll. 1999. 161, obs. Taquet* • 31 oct. 2000 : *Act. proc. coll. 2000, n° 260.* ♦ ... La créance d'un salarié démissionnaire correspondant à des dommages-intérêts du fait de l'illégalité d'une clause de non-concurrence qui figurait dans le contrat de travail et dont l'employeur avait exigé l'application. • Soc. 16 déc. 1992 : *Bull. civ. V, n° 595 ; D. 1993. Somm. 193, obs. Honorat.* ♦ ... Les dommages-intérêts dus pour rupture d'une promesse d'embauche, V. • Soc. 19 janv. 1999 : *Rev. proc. coll. 2000. 19, obs. Taquet* • Versailles, 28 sept. 1993 : *D. 1994. Somm. 180, obs. Honorat* • 2 déc. 1994 : *D. 1996. Somm. 87, obs. Honorat.* ♦ Comp., s'agissant d'une rupture du contrat avant prise de fonctions : note 3. ♦ ... Les sommes dues par l'employeur en redressement judiciaire en réparation des souffrances et du préjudice esthétique causés au salarié victime d'un accident du travail dû à la faute inexcusable dudit employeur. • Soc. 21 oct. 1998 : *Bull. civ. V, n° 442.* ♦ ... Les sommes allouées à des salariés par décision de justice à titre de dommages-intérêts pour résistance abusive à leur demande. • Soc. 26 janv. 2000 : *Bull. civ. V, n° 37.* ♦ ... Les dommages-intérêts en raison des carences de l'employeur, lequel a payé certains salaires avec retard, dès lors qu'il n'est pas constaté, pour le salarié, l'existence d'un préjudice indépendant de ce retard et causé par la mauvaise foi de l'employeur. • Soc. 26 janv. 2000 : *Bull. civ. V, n° 39.* ♦ ... La créance relevant d'une action en responsabilité contre le représentant des créanciers et le représentant des salariés ayant omis de mentionner le salarié sur la liste des salariés. • Soc. 12 févr. 1992 : *Bull. civ. V, n° 84 ; D. 1993. Somm. 75, obs. Honorat.* ♦ ... La somme résultant de la liquidation de l'astreinte, prononcée à la suite de la condamnation d'un employeur à remettre à son ancien salarié des bulletins de salaire. • Soc. 7 nov. 1990 : *Bull. civ. V, n° 522 ; D. 1990. IR 285* • 30 mars 1993 : *Gaz. Pal. 1993. 1. Pan. 125.*

9. De même, sont exclus de la garantie de l'AGS : les sommes dues au titre des frais d'huissier de justice dues à la suite de la résistance opposée par le débiteur à l'exécution d'une décision de justice. • Soc. 12 janv. 1999 : *D. 1999. IR 50.* ♦ ... L'indemnité de préavis due à l'Assedic en cas d'adhésion d'un salarié à une convention de conversion. • Soc. 18 juill. 2000 : *Rev. proc. coll. 2001. 42, obs. Taquet.* ♦ ... Les agios engendrés par le défaut de provision de chèques émis par l'employeur en règlement de créances salariales. • Paris, 13 mai 1993 : *BICC 1993, n° 1273.* ♦ ... L'indemnité de stage ainsi que les frais de déplacement du stagiaire dus en exécution de contrats ayant pour objet des stages d'initiation à la vie professionnelle des jeunes. • Soc. 25 oct. 1990 : *Bull. civ. V, n° 498 ; D. 1991. Somm. 238, obs. Honorat.* ♦ ... Le paiement d'une somme qui avait été retenue sur le salaire d'un salarié et qui n'avait pas été versée à la caisse de retraite par son employeur en liquidation judiciaire, la créance litigieuse ne résultant pas de l'exécution du contrat de travail mais d'une action en responsabilité dirigée contre l'employeur. • Soc. 10 juill. 1991 : *Bull. civ. V, n° 351 ; D. 1992. Somm. 186, obs. crit. Honorat* • 12 janv. 1993 : *Gaz. Pal. 1993. 1. Pan. 48.* – Comp. : note 3. – V. aussi • Soc. 21 févr. 1995 : *D. 1995. Somm. 305, obs. crit. Honorat* • Versailles, 15 mars 1996 : *BICC 1996, n° 795* • Paris, 7 avr. 1998 : *D. 1998. IR 135.* ♦ ... Une créance salariale que le salarié a entendu nover en créance de prêt. • Grenoble, 22 juin 1998 : *Dr. sociétés 1999, n° 71, obs. Chaput.* ♦ ... L'aide individuelle de réinsertion des travailleurs immigrés dans leur pays d'origine. • Soc. 24 févr. 1993 : *Bull. civ. V, n° 65 ; D. 1993. Somm. 322, obs. Honorat.*

10. La demande de régularisation du paiement des *cotisations dues à une caisse complé-*

mentaire de prévoyance ne constitue pas une créance du salarié, mais une dette de l'entreprise, dont l'AGS n'a pas à garantir le paiement. • Soc. 31 mars 1998 : *D. 1998. IR 125*. ♦ Dans le même sens, pour des cotisations à un régime de retraite complémentaire, V. • Soc. 28 mars 2000 : *D. 2001. Somm. 119, obs. Derrida* ; *Rev. proc. coll. 2001. 103, obs. Taquet.* ♦ En revanche, doit être garantie par l'AGS l'indemnité due en réparation du préjudice subi par le salarié du fait du non-paiement par l'employeur des cotisations à une caisse de retraite complémentaire prévue par la convention collective. • Soc. 25 janv. 2005 : *Bull. civ. V, n° 17 ; D. 2005. IR 597* ; *Act. proc. coll. 2005, n° 68, obs. Rétif.*

11. Si les sommes représentant les arrérages de rentes résultant de la souscription par l'employeur de *contrats d'assurance collective* pour obtenir le versement d'une rente viagère au profit du conjoint d'un salarié décédé et des salariés victimes d'invalidité permanente ou d'incapacité de longue durée, sont dues en exécution du contrat de travail, le bénéficiaire n'en devient créancier qu'au fur et à mesure des échéances ; elles sont, dès lors, exclues du régime d'assurance de l'art. L. 143-11-1 [L. 3253-8] si cette échéance est postérieure à la date d'ouverture de la procédure collective. • Soc. 2 juin 1992 : *Bull. civ. V, n° 359.*

12. En ce sens que les *indemnités journalières* dues par l'employeur pour non-respect du contrat souscrit auprès de l'organisme de prévoyance ne sont garanties par l'AGS que s'il existe un accord collectif imposant la souscription d'un contrat d'assurance au profit des salariés, V. • Soc. 14 avr. 1999 : *Act. proc. coll. 1999, n° 138.*

13. Lorsque l'*avantage conféré au titre d'un plan social* ne constitue pas une indemnisation effective des dommages consécutifs au licenciement économique, mais un revenu de remplacement du salarié en fin de droit, une prestation sociale, cet avantage ne relève d'aucune des créances privilégiées visées aux art. 2101 [2331] (4°) et 2104 [2375] (2°) C. civ. et, s'agissant d'une *somme qui n'est pas due en exécution du contrat* de travail, la créance ne relève pas du régime d'assurance des créances des salariés. • Soc. 25 mai 1993 : *D. 1994. Somm. 80, obs. Honorat*. ♦ Comp. : note 5.

14. Une cour d'appel qui, ayant relevé qu'un salarié, actionnaire d'une société, après accord du conseil d'administration de celle-ci, a accepté avec les administrateurs de laisser le montant de ses *créances salariales sur un compte dénommé « compte courant »* et ayant fait ressortir l'importance des sommes dues et l'étroite imbrication des intérêts du salarié et de la société, estime souverainement que les parties ont eu la commune intention de modifier la nature de la créance, peut en déduire que les éléments constitutifs d'une novation de la créance sont réunis pour rejeter la demande du salarié tendant à ce que ces sommes soient portées sur le relevé des créances salariales et garanties par l'AGS après mise en liquidation judiciaire de la société. • Soc. 22 juin 1993 : *Bull. civ. V, n° 174 ; D. 1994. Somm. 80, obs. Honorat* ; *Bull. Joly 1993. 1237, note Couret.* – Dans le même sens, V. • Chambéry, 2 déc. 2003 : *RJDA 2004, n° 1217.*

15. *Le versement de fonds en vue de l'acquisition de parts sociales* ne constitue pas une créance résultant de l'exécution du contrat de travail. • Soc. 7 juill. 1998 : *Bull. civ. V, n° 366 ; D. 1998. IR 209*.

16. L'AGS ne doit pas garantir le paiement à un *fonctionnaire communal détaché auprès d'une société d'économie mixte* d'aménagement, au titre de sa rémunération due à la date de la mise en liquidation judiciaire de cette société jusqu'à la date à laquelle le détachement devait prendre fin et celle due à titre de dommages-intérêts, dès lors que ces créances ne résultent pas du contrat de travail liant le salarié à l'organisme de détachement, mais de l'application de la loi du 26 janv. 1984 portant dispositions statutaires relatives à la fonction publique territoriale. • Soc. 7 juill. 1998 : *Bull. civ. V, n° 365 ; D. 1998. IR 198*.

17. Existence d'un autre garant. L'AGS intervient pour garantir le règlement des créances dues au salarié en exécution du contrat de travail, dès lors que le représentant des créanciers ne dispose pas des sommes nécessaires à ce règlement, peu important qu'un tiers, en l'occurrence la commune qui s'était engagée, en cas de dissolution d'une association, à prendre en charge les contrats de travail du personnel, soit susceptible de garantir également tout ou partie de ces créances. • Soc. 1er déc. 1993 : *Bull. civ. V, n° 297 ; D. 1994. IR 20.*

17 bis. Si les associés d'un groupement d'employeurs, auquel les salariés sont liés par des contrats de travail, sont solidairement responsables du passif salarial, en application de l'art. L. 127-1 [L. 1253-8] C. trav., cette circonstance n'est cependant pas de nature à empêcher la mise en œuvre de la garantie de l'AGS, à la suite de la liquidation judiciaire du groupement. • Soc. 9 mars 2004 : *Bull. civ. V, n° 74 ; D. 2004. Somm. 2191, obs. Giraudet* ; *Act. proc. coll. 2004, n° 124, obs. Fin-Langer.*

18. Sommes dues à la date du jugement d'ouverture. L'AGS doit garantir le paiement des dommages-intérêts alloués à un salarié sur le fondement de l'art. L. 122-14-5 [L. 1235-5], en réparation du préjudice subi du fait de son licenciement sans cause réelle et sérieuse, prononcé avant le jugement d'ouverture de la procédure collective de l'employeur. • Soc. 8 juin 1999 : *Bull. civ. V, n° 266 ; D. 2001. Somm. 120, obs. Derrida* • 29 janv. 2003 : *Bull. civ. V, n° 26.* ♦ Dans le même sens, s'agissant de dommages-intérêts alloués en raison de la rupture illicite d'un contrat à durée déterminée, V. • Soc. 12 mars 2002 : *Bull. civ. V, n° 86.* ♦ ... De dommages-intérêts alloués en raison de la rupture d'un contrat de travail en violation de l'art. L. 122-12 [L. 1224-1] C. trav., V. • Soc. 28 janv. 2004 : *Bull. civ. V, n° 28 ; Act. proc. coll. 2004, n° 73, obs. Fin-Langer.*

L'indemnité de départ à la retraite ne relève pas de la garantie de l'AGS, au titre de l'art. L. 143-11-1, al. 2, 1° [L. 3253-8, 1°], dès lors que le salarié ne justifie pas avoir informé son employeur de son intention de partir à la retraite avant le jugement d'ouverture de la procédure. • Soc. 20 avr. 2005 : *Bull. civ. V, n° 147 ; JCP E 2005, n° 25, p. 1057 ; Act. proc. coll. 2005, n° 145, obs. Fin-Langer.*

Sur la date de naissance de la créance, V., pour une indemnité conventionnelle de départ à la retraite (absence de garantie pour les salariés n'ayant pas atteint l'âge prévu par l'accord à la date d'ouverture), • Soc. 12 avr. 1995 : *Bull. civ. V, n° 132 ; D. 1995. Somm. 307, obs. Honorat ; Rev. proc. coll. 1995. 499, obs. Taquet.* ♦ ... Pour une indemnité conventionnelle de rupture amiable payable par mensualités (créance naissant au jour de la conclusion de l'accord), • Soc. 23 nov. 2004 : *Bull. civ. V, n° 293 ; D. 2005. IR 18 ; Act. proc. coll. 2005, n° 8, obs. Vallansan ; JCP E 2005, n° 17, p. 711, obs. Pétel.* ♦ ... Pour une prime de 13e mois (naissant le 31 déc. de l'année concernée), • Soc. 14 mai 1997 : *Bull. civ. V, n° 172 ; D. 1997. IR 145.*

18 bis. La garantie de l'AGS ne saurait être exclue au motif que la créance litigieuse peut être couverte par les fonds disponibles de l'entreprise. • Soc. 10 déc. 1996 : *Bull. civ. V, n° 434.*

18 ter. Les sommes dues par l'employeur en exécution du contrat de travail antérieurement au jugement ouvrant le redressement judiciaire restant soumises, même après un plan de redressement par cession ou par continuation, au régime de la procédure collective, la garantie de l'AGS doit intervenir selon les principes énoncés par les art. L. 143-11-1 [L. 3253-8] s. • Soc. 27 oct. 1998 : *Bull. civ. V, n° 454 ; Rev. proc. coll. 1999. 162, obs. Taquet* • 13 juin 2001 : *Act. proc. coll. 2001, n° 194.*

18 quater. Pour la garantie des sommes dues à la date d'ouverture de la seconde procédure collective, consécutive à la résolution du plan de cession, V. • Soc. 14 déc. 1999 : *Bull. civ. V, n° 485 ; D. 2001. Somm. 121, obs. Derrida.*

18 quinquies. Procédure de sauvegarde (L. 26 juill. 2005). Il résulte de l'art. L. 143-11-1, al. 2, C. trav., en sa rédaction issue de la loi du 26 juill. 2005, devenu L. 3253-8 C. trav., qu'en cas d'ouverture d'une procédure de sauvegarde de l'entreprise, laquelle n'est pas en état de cessation des paiements, seules sont garanties les créances résultant de ruptures intervenues pendant la période d'observation et dans le mois suivant le jugement qui a arrêté le plan de sauvegarde. • Soc. 10 mars 2009 : *Bull. civ. V, n° 65 ; D. 2009. AJ 807, obs. Lienhard ; JCP E 2009. 1549, note Beyneix ; Act. proc. coll. 2009, n° 136, obs. Jacotot ; LEDEN, mai 2009, p. 1, obs. F.-X. Lucas.*

19. Licenciement après jugement de plan de redressement. La garantie de l'AGS s'applique aux créances résultant de la rupture des contrats de travail intervenue dans le mois suivant le jugement qui a modifié le plan de redressement, lequel fait corps avec le jugement arrêtant ce plan. • Soc. 3 avr. 1991 : *Bull. civ. V, n° 165 ; D. 1994. Somm. 44, obs. Derrida ; JCP E 1991. I. 102, n° 16, obs. Pétel.*

20. Viole l'art. L. 143-11-1 [L. 3253-8], 1° et 2°, la cour d'appel qui, pour exclure la garantie de l'AGS en ce qui concerne le paiement de rappels de salaire et de dommages et intérêts pour rupture abusive du contrat de travail à un certain nombre de joueurs de football, licenciés par un club sportif à la suite de sa mise en redressement judiciaire, retient qu'en application de l'art. 64 de la loi du 25 janv. 1985 [C. com., art. L. 626-11] les dispositions du plan de redressement sont opposables aux joueurs en sorte que l'AGS doit être mise hors de cause, le club étant désormais *in bonis*, alors que les créances dont elle a fixé le montant concernent, d'une part, des rappels de salaires dus à la date de l'ouverture de la procédure collective et, d'autre part, des indemnités résultant de la rupture du contrat de travail intervenue pendant la période d'observation. • Soc. 20 mai 1992 : *Bull. civ. V, n° 321 ; D. 1992. IR 187.* – V. aussi • Soc. 20 mai 1992 : *Bull. civ. V, n° 322 ; D. 1992. IR 188.* ♦ En revanche, en l'absence de prononcé de liquidation judiciaire, ne peut être mise à la charge de l'AGS, la garantie du paiement de créances nées après l'ouverture du redressement judiciaire et résultant de la poursuite des contrats de travail des salariés pendant la période d'observation (s'agissant d'une prime annuelle de 13e mois pour la période antérieure à la cession). • Soc. 12 nov. 1997 : *Bull. civ. V, n° 367.* ♦ De même, ne peuvent être garantis au titre de l'art. L. 143-11-1, al. 2 [L. 3253-8], 1° et 2°, des salaires postérieurs au jugement d'ouverture du redressement judiciaire et des créances résultant de la rupture du contrat de travail intervenue plus d'un mois après le jugement arrêtant le plan de redressement par continuation. • Soc. 13 janv. 1999 : *Rev. proc. coll. 2001. 103, obs. Taquet.* – V. aussi • Soc. 29 avr. 1998 : *Rev. proc. coll. 1999. 35, obs. Taquet.* ♦ En ce sens que la date du jugement autorisant les licenciements constitue le point de départ du délai d'un mois prévu par l'art. L. 143-11-1 [L. 3253-8], V. • Soc. 13 févr. 2001 : *Act. proc. coll. 2001, n° 92 ; Rev. proc. coll. 2001. 258, obs. Taquet.* ♦ La contrepartie pécuniaire à la clause de non-concurrence étant une créance due mois par mois pendant un an, dès lors qu'aucune mensualité n'est due à l'intéressé pendant la période d'observation et dans le mois suivant l'adoption du plan de redressement, l'AGS n'a pas à en garantir le paiement. • Soc. 27 oct. 1999 : *Bull. civ. V, n° 416 ; Rev. proc. coll. 2000. 62, obs. Taquet.*

20 bis. En négligeant de licencier, dans le délai d'un mois prévu par l'art. L. 143-11-1 [L. 3253-8], qui constitue l'une des conditions d'application de la garantie de l'AGS, un salarié non repris par le cessionnaire, l'administrateur judiciaire commet une faute et engage sa responsabilité professionnelle dans les termes de l'art. 1383 C. civ. • Paris, 11 oct. 1999 : *JCP E 1999, n° 46, p. 1806.*

20 ter. Nouvelle procédure après résolution du plan de continuation. V. note 5 *quater* ss. ancien art. L. 621-82 C. com., ss. art. L. 626-27 C. com.

20 quater. Rupture du contrat de travail. La garantie de l'AGS ne pouvant être mise en œuvre sur le fondement de l'art. L. 143-11-1 [L. 3253-8], al. 2, 2°, qu'à la condition que le contrat ait été rompu par l'administrateur, l'employeur ou le liquidateur, selon le cas, au cours de l'une des périodes visées par ce texte, il en résulte que la créance indemnitaire résultant du seul départ à la retraite du salarié après le jugement d'ouverture et au cours de la période d'observation ne bénéficie pas de cette garantie. • Soc. 20 avr. 2005 : *préc. note 18.*

20 quinquies. Infirmation du jugement d'extension de la procédure. L'infirmation du jugement d'extension de la procédure de redressement judiciaire entraîne l'annulation par voie de conséquence de la décision d'autorisation de licencier prise par le juge-commissaire dans le cadre de cette procédure, ce dont il résulte que les licenciements sont dépourvus de cause réelle et sérieuse, de sorte que l'AGS doit sa garantie. • Soc. 24 juin 2008 : *Bull. civ. V, n° 139 ; D. 2008. AJ 1897 ; Gaz. Pal. 21-22 janv. 2009, p. 49, obs. Duprat.*

21. Licenciement après jugement de liquidation. Ne sont pas garanties les créances résultant de la rupture de contrats de travail intervenue plus de quinze jours après la liquidation judiciaire de l'employeur. • Soc. 21 nov. 1989 : *Bull. civ. V, n° 672 ; D. 1990. Somm. 217, obs. Honorat* • 24 janv. 1990 : *Bull. civ. V, n° 25 ; D. 1990, préc.* • 5 avr 1995 : *Rev. proc. coll. 1996. 120, obs. Taquet* • 1er déc. 1999 : *Rev. proc. coll. 2000. 107, obs. Taquet.* ♦ La liquidation judiciaire n'entraîne pas en soi la rupture des contrats de travail, au sens de l'art. L. 143-11-1 [L. 3253-8]. • Soc. 18 nov. 1992 : *Bull. civ. V, n° 558* • 24 mai 2000 : *Rev. proc. coll. 2001. 103, obs. Taquet* • 3 mai 2001 : *Rev. proc. coll. 2001. 258, obs. Taquet* • 20 juin 2001 : *Act. proc. coll. 2001, n° 240* • 3 avr. 2002 : *Bull. civ. V, n° 116 ; D. 2002. Somm. 2095, obs. Escande-Varniol ; Act. proc. coll. 2002, n° 114, obs. Vallansan ; Rev. proc. coll. 2002. 202, obs. Taquet.*

La créance indemnitaire consécutive à l'arrêt de maladie puis à l'invalidité du salarié due plus de quinze jours après le prononcé de la liquidation judiciaire ne peut être garantie par l'AGS. • Soc. 31 mars 1998 : *préc. note 10.*

21 bis. Dès lors que les contrats de travail ont été rompus pendant le maintien provisoire de l'activité autorisé par le jugement de liquidation judiciaire de l'employeur et que la créance au titre de la contrepartie financière à la clause de non-concurrence résulte de la rupture des contrats de travail, l'AGS doit en garantir le paiement, peu important que toutes les échéances ne soient pas encore exigibles. • Soc. 20 juin 2006 : *Bull. civ. V, n° 218 ; D. 2006. AJ 1889, obs. Lienhard ; JCP E 2007, n° 1, p. 25, obs. Pétel.* ♦ Comp., auparavant : • Soc. 6 mai 1997 : *Bull. civ. V, n° 162 ; D. 1998. Somm. 221, obs. Serra ; JCP 1997. II. 22936, note Serret.*

22. Viole l'art. L. 143-11-1 [L. 3253-8] (2°), la cour d'appel qui, pour retenir la garantie de l'AGS, estime que, si le jugement de liquidation judiciaire n'a pas autorisé expressément la poursuite d'activité, celle-ci a eu lieu, en fait, jusqu'à la date des licenciements, alors qu'elle a constaté, d'une part, que les licenciements sont intervenus plus de quinze jours après le jugement de liquidation judiciaire et, d'autre part, que ce jugement n'a pas autorisé le maintien provisoire de l'activité de l'entreprise. • Soc. 20 mai 1992 : *Bull. civ. V, n° 320 ; D. 1992. IR 187.* – V. aussi • Soc. 18 févr. 1998 : *Rev. proc. coll. 1998. 500, obs. Taquet.*

22 bis. Doit être cassé, pour violation de l'art. L. 143-11-1 [L. 3253-8] (2°), l'arrêt qui, pour dire que la garantie est due au salarié qui a demandé la requalification de son contrat de travail à durée déterminée renouvelé de façon ininterrompue pendant une longue période, énonce que la rupture du contrat requalifié en contrat à durée indéterminée a eu lieu à la date fixée lors de la conclusion du contrat, dans le délai légal de quinze jours et produit les effets d'un licenciement, alors que le contrat de travail à durée indéterminée, auquel il ne peut être mis fin à une date fixée à l'avance, n'a pas été rompu dans le délai de quinze jours suivant le prononcé de la liquidation judiciaire. • Soc. 8 janv. 1997 : *D. 1997. IR 40.*

22 ter. La remise d'un reçu pour solde de tout compte et d'une attestation ASSEDIC aux salariés sous contrats à durée déterminée vaut rupture de leur contrat de travail, et dès lors que ces documents ont été remis dans les quinze jours suivant le jugement de liquidation judiciaire, l'AGS doit prendre en charge les dommages-intérêts qui leur sont dus. • Soc. 13 juin 2001 : *Rev. proc. coll. 2002. 60, obs. Taquet.*

22 quater. En ce sens que l'AGS n'a pas à garantir les indemnités résultant de la résiliation judiciaire d'un contrat de travail prononcée plus de quinze jours après le jugement de liquidation judiciaire, V. • Soc. 14 oct. 2009 : *Bull. civ. V, n° 222 ; D. 2009. AJ 2554, obs. Maillard ; Act. proc. coll. 2009, n° 291, obs. Fin-Langer ; Gaz. Pal. 8-9 janv. 2010, p. 36, obs. Gailhbaut.* – V. Jacotot, *Rev. proc. coll. 2010. Étude 14.*

23. Le liquidateur, qui exerce les droits et actions du débiteur concernant le patrimoine de celui-ci, doit effectuer les démarches nécessaires pour obtenir le nombre et les noms des salariés du débiteur, afin que leur licenciement intervienne dans le délai prévu par l'art. L. 143-11-1 [L. 3253-8], pour leur permettre de recevoir de l'AGS le paiement des indemnités consécutives à la rupture du contrat de travail. • Com. 6 juill. 1993 : *Bull. civ. IV, n° 281 ; D. 1993. IR 211.*

24. Sommes dues au cours de la période d'observation. Il résulte de l'art. L. 143-11-1 (3°) [L. 3253-8, 4°] que l'assurance contre le risque de non-paiement, en cas de procédure de redressement judiciaire, des sommes dues en exécution du contrat de travail, ne couvre les sommes dues à ce titre au cours de la période d'observation que lorsque le tribunal prononce la liquidation judiciaire. • Soc. 7 févr. 1990 : *Bull. civ. V, n° 43 ; D. 1990. Somm. 217, obs. Honorat* • 6 juill. 1999 : *D. 2001. Somm. 120, obs. Derrida ; Act. proc. coll. 1999, n° 222, obs. Gherari.* ♦ La garantie ne peut donc jouer lorsque la société intéressée a fait l'objet d'un plan de cession. • Soc. 3 oct. 1995 : *JCP E 1996. Pan. 24* • 7 juin 2000 : *Rev. proc. coll. 2001. 43, obs. Taquet.*

V. aussi, pour une prime de treizième mois, • Soc. 17 mars 1998 : *Act. proc. coll. 1998, n° 43.*

24 bis. Il résulte de l'art. L. 143-11-1 (3°) [L. 3253-8, 4°] que l'AGS ne doit garantir le paiement que d'une somme correspondant à un mois et demi de travail. • Soc. 24 juin 1998 : *Rev. proc. coll. 1999. 163, obs. Taquet* • 10 oct. 2000 : *Act. proc. coll. 2000, n° 259.*

25. Sommes dues au cours des quinze jours suivant le jugement de liquidation. En ce sens que la garantie de l'AGS s'applique aux sommes dues au cours des quinze jours suivant le jugement de liquidation judiciaire, quand bien même le liquidateur n'aurait pas procédé au licenciement du salarié dans les quinze jours de ce jugement, V. • Soc. 8 oct. 2003 : *Bull. civ. V, n° 255 ; Act. proc. coll. 2003, n° 261, obs. Taquet.*

25 bis. Plan de redressement. Les sommes dues par l'employeur en exécution du contrat de travail antérieurement au jugement ouvrant le redressement judiciaire restant soumises, même après un plan de redressement par cession ou par continuation, au régime de la procédure collective, la garantie de l'AGS doit intervenir selon les principes énoncés par les art. L. 143-11-1 [L. 3253-8] s. • Soc. 27 oct. 1998 : *Bull. civ. V, n° 454 ; Act. proc. coll. 1998, n° 175 ; JCP E 1998, n° 52, p. 2067, obs. Pétel.* ♦ V. aussi note 1 ss. art. L. 626-20 et note 3 ss. art. L. 625-6.

25 ter. Le plan de cession n'ayant prévu aucun licenciement pour motif économique, le contrat de travail s'est poursuivi de plein droit avec le cessionnaire, nonobstant la carence de l'employeur soumis à la procédure collective qui, dès l'arrêté du plan, a cessé d'exécuter ses obligations en ne versant plus son salaire au salarié. Dès lors, à défaut de rupture du contrat de travail, l'AGS ne doit aucune garantie. • Soc. 6 juill. 1999 : *Bull. civ. V, n° 322 ; D. 2000. Somm. 2, obs. Derrida.*

26. Cession d'unités de production. En ce sens que les contrats de travail étant poursuivis en application de l'art. L. 122-12 [L. 1224-1] C. trav., la garantie de l'AGS n'est pas due, V. • Agen, 5 juin 1990 : *Gaz. Pal. 1991. 2. 341, note Lagraula.* ♦ En revanche, s'agissant de salariés licenciés dans le cadre d'une cession d'actif et non repris, l'AGS est tenue de garantir les indemnités pour méconnaissance de l'ordre des licenciements et de la priorité de réembauchage mise à la charge du cédant. • Soc. 27 nov. 2001 : *Bull. civ. V, n° 358 ; D. 2002. Somm. 2094, obs. Giraudet ; Rev. proc. coll. 2002. 109, obs. Taquet.*

27. Répétition de l'indu. V. note 2 ss. art. L. 3253-6.

28. Contestations de l'AGS. L'AGS n'est pas recevable, sauf fraude qu'il lui appartient de démontrer, à demander la requalification d'un contrat de travail à durée déterminée en contrat à durée indéterminée. • Soc. 4 déc. 2002 : *Bull. civ. IV, n° 367 ; D. 2003. 373, note Karaquillo ; JCP E 2003, n° 4, p. 156, obs. Taquet ; ibid., n° 26, p. 1087, obs. Bousez* • 26 mars 2003 : *Rev. proc. coll. 2003. 249, obs. Taquet.* – Rappr. : • Soc. 23 oct. 2001 : *Bull. civ. V, n° 328 ; Rev. proc. coll. 2002. 61, obs. Taquet.* – *Contra*, auparavant : • Soc. 1er déc. 1993 : *D. 1994. 577, note Roy-Loustaunau ; Gaz. Pal. 1994. 1. Pan. 15 ; Rev. proc. coll. 1995. 240, obs. Taquet* • 1er mars 1994 : *D. 1994, préc.* • 12 avr. 1995 : *Bull. civ. V, n° 130 ; D. 1995. 461, note Roy-Loustaunau.*

29. L'AGS n'est recevable à contester l'accord transactionnel conclu au cours d'une procédure de médiation et homologué par le juge prud'homal qu'à la condition d'établir que cet accord procédait d'une fraude. • Soc. 25 janv. 2006 : *Bull. civ. V, n° 22.*

Art. L. 3253-9 Sont également couvertes les créances résultant du licenciement des salariés bénéficiaires d'une protection particulière relative au licenciement dès lors que l'administrateur, l'employeur ou le liquidateur, selon le cas, a manifesté, au cours des périodes mentionnées au 2° de l'article L. 3253-8, son intention de rompre le contrat de travail. — *[Anc. art. L. 143-11-2.]*

1. L'AGS ne garantit les créances résultant de la rupture du contrat de travail d'un salarié bénéficiaire d'une protection particulière au sens de l'art. L. 143-11-2 [L. 3253-9] que si le mandataire-liquidateur a manifesté son intention de rompre le contrat de travail dans les quinze jours qui suivent le jugement de liquidation judiciaire. • Soc. 18 déc. 1991 : *Bull. civ. V, n° 591 ; D. 1992. IR 47* • 4 janv. 2000 : *Rev. proc. coll. 2000. 108, obs. Taquet.*

2. L'AGS doit garantir l'indemnité de licenciement allouée au salarié bénéficiant d'une protection particulière lorsque l'administrateur a indiqué par écrit à l'intéressé qu'une procédure de licenciement allait être engagée à son égard, manifestant ainsi son intention de rompre le contrat de travail dans le mois suivant le jugement arrêtant le plan de redressement, peu important qu'un délai de plus d'un mois se soit écoulé entre la date de ce jugement et la rupture effective du contrat de travail. • Soc. 2 oct. 2001 : *Bull. civ. V, n° 295 ; D. 2001. IR 3089 ; Rev. proc. coll. 2002. 62, obs. Taquet.*

3. Dès lors que le liquidateur a manifesté son intention de rompre les contrats de travail des salariés protégés, le 25 juin 1996, dans le délai de quinze jours suivant le jugement de liquidation judiciaire, les contrats de travail des intéressés, qui n'avaient plus ni travail ni salaire, ont été effectivement rompus à cette date, et l'AGS doit garantir le paiement des créances indemnitaires résultant de la rupture des contrats de travail des salariés, peu important le fait qu'aucune lettre de licenciement ne leur ait été notifiée. • Soc. 6 juin 2007 : *Bull. civ. V, n° 92 ; D. 2007. AJ 1789.*

4. Dès lors que les salariés protégés ont été convoqués à un entretien préalable au licenciement dans le mois suivant le jugement arrêtant le plan de cession, l'AGS doit garantie, peu important, s'agissant d'un salarié en particulier, qu'à la suite d'un refus de l'inspecteur du travail, la demande d'autorisation de licenciement, dont il n'est pas allégué qu'elle portait sur des motifs différents, ait été réitérée. • Soc. 8 févr. 2012 : *cité note 5 ss. art. L. 3253-8.*

5. Les créances dues à un salarié bénéficiant d'une protection particulière relatives au licenciement, qui ne résultent pas de la rupture de son contrat de travail mais concernent des salaires pour une période postérieure à l'expiration du délai de 15 jours suivant la liquidation judiciaire, ne sont pas garanties par l'AGS. • Soc. 2 juin 1992 : *Bull. civ. V, n° 358 ; D. 1993. Somm. 75, obs. Honorat.*

Art. L. 3253-10 Sont également couvertes, lorsqu'elles revêtent la forme d'un droit de créance sur l'entreprise, les sommes dues aux titres de l'intéressement, de la participation des salariés aux fruits de l'expansion ou d'un fonds salarial. — *[Anc. art. L. 143-11-3, al. 1er.]*

1. La garantie de l'AGS s'applique aux versements volontaires effectués par les salariés sur le plan d'épargne d'entreprise, ces sommes revêtant la forme d'un droit de créance sur l'entreprise. • Soc. 17 mai 1995 : *Rev. proc. coll. 1996. 272, obs. Taquet.* ♦ L'art. L. 143-11-3 [L. 3253-10] ne prévoit pas que la garantie de l'AGS s'applique aux versements de sommes effectués par les salariés sur le plan d'épargne d'entreprise du seul fait de l'affectation de ces sommes à ce plan, et il ne fait bénéficier de cette garantie les sommes dues au titre de la participation des salariés aux fruits de l'expansion que si elles revêtent la forme d'un droit de créance sur l'entreprise, ce qui n'est pas le cas de celles qui, en application d'un accord de participation, ont été employées à l'acquisition d'un fonds commun de placement institué dans le cadre d'un plan d'épargne d'entreprise. • Soc. 28 nov. 2007 : *Bull. civ. V, n° 198.* – Rappr. : • Soc. 30 sept. 2004 : *Bull. civ. V, n° 242.*

2. L'interdiction prévue par l'art. L. 442-13 [L. 3326-1] de remettre en cause, à l'occasion de litiges nés de l'application des dispositions relatives à la participation des salariés, le montant du bénéfice net et celui des capitaux propres est limitée aux litiges opposant le salarié à son employeur ; l'AGS, tiers au contrat de travail, dispose d'un droit propre de contester le principe et l'étendue du bénéfice net et de celui des capitaux propres. • Soc. 10 févr. 1999 : *Bull. civ. V, n° 62 ; D. Affaires 1999. 398, obs. Guiomard ; Rev. proc. coll. 1999. 163, obs. Taquet.*

3. V. aussi note 8 ss. art. L. 625-1 C. com.

Art. L. 3253-11 Sont également couverts les arrérages de préretraite dus à un salarié ou à un ancien salarié en application d'un accord professionnel ou interprofessionnel, d'une convention collective ou d'un accord d'entreprise.

Ces dispositions s'appliquent lorsque l'accord ou la convention prévoit le départ en préretraite à cinquante-cinq ans au plus tôt.

La garantie prévue par le présent article est limitée dans des conditions déterminées par décret. – *[Anc. art. L. 143-11-3, al. 2.]* – *V. art. D. 3253-3.* – ***C. trav.***

En ce sens que des arrérages versés en application d'une note et d'un procès-verbal de réunion du comité d'entreprise, qui ne constituent pas un accord collectif d'entreprise au sens des art. L. 131-1 [L. 2221-1] s. C. trav., ne peuvent bénéficier de la garantie de l'AGS, V. • Soc. 10 avr. 1991 : *Bull. civ. V, n° 175 ; D. 1993. Somm. 75, obs. Honorat.*

Art. L. 3253-12 Les créances mentionnées aux articles L. 3253-10 et L. 3253-11 sont garanties :

1° Lorsqu'elles sont exigibles à la date du jugement d'ouverture de la procédure ;

2° Lorsque, si un plan organisant la sauvegarde ou le redressement judiciaire de l'entreprise intervient à l'issue de la procédure, elles deviennent exigibles du fait de la rupture du contrat de travail, dans les délais prévus au 2° de l'article L. 3253-8 ;

2° Lorsque intervient un jugement de liquidation judiciaire ou un jugement arrêtant le plan de cession totale de l'entreprise. – *[Anc. art. L. 143-11-3, al. 3 à 6.]*

Art. L. 3253-13 L'assurance prévue à l'article L. 3253-6 ne couvre pas les sommes qui concourent à l'indemnisation du préjudice causé par la rupture du contrat de travail dans le cadre d'un licenciement pour motif économique, en application d'un accord d'entreprise ou d'établissement ou de groupe *(L. n° 2013-504 du 14 juin 2013, art. 18-XXII-1°)* « , d'un accord collectif validé » ou d'une décision unilatérale de l'employeur *(L. n° 2013-504 du 14 juin 2013, art. 18-XXII-2°)* « homologuée conformément à l'article L. 1233-57-3 », lorsque l'accord a été conclu et déposé ou la décision notifiée moins de dix-huit mois avant la date du jugement d'ouverture de la procédure de sauvegarde, de redressement ou de liquidation judiciaire *(L. n° 2013-504 du 14 juin 2013, art. 18-XXII-3°)* « , ou l'accord conclu ou la décision notifiée postérieurement à l'ouverture de la procédure de sauvegarde, de redressement ou de liquidation judiciaire ». – *[Anc. art. L. 143-11-3, al. 7.]*

Pour l'entrée en vigueur des modifications issues de la L. n° 2013-504 du 14 juin 2013, V. 2e note ss. art. L. 3253-8.

Il résulte des dispositions de l'art. L. 143-11-3, al. 7, C. trav., dans leur rédaction issue de la loi n° 2004-391 du 4 mai 2004 [devenu art. L. 3253-13], que seules les créances salariales résultant d'une décision prise unilatéralement par l'employeur ou d'un accord d'entreprise conclu moins de dix-huit mois avant le jugement d'ouverture de la procédure de redressement ou de liquidation judiciaires sont exclues de la garantie de l'AGS. • Soc. 30 sept. 2009 : *Bull. civ. V, n° 213 ; D. 2009. AJ 2423 ; LEDEN, nov. 2009, p. 4, obs. Gorrias ; Gaz. Pal. 8-9 janv. 2010, p. 38, obs. Gailhbaut.* ♦ Dès lors que la créance du salarié résulte d'un accord d'entreprise conclu postérieurement au jugement arrêtant le plan de cession, l'AGS doit sa garantie. • Même arrêt.

§ 3. *Institutions de garantie contre le risque de non-paiement*

Art. L. 3253-14 L'assurance prévue à l'article L. 3253-6 est mise en œuvre par une association créée par les organisations nationales professionnelles d'employeurs représentatives et agréée par l'autorité administrative. — *Cette association a pris le nom d'Association pour la gestion du régime d'assurance des créances des salariés (AGS). — L'autorité administrative sus-mentionnée est le ministre chargé du travail (C. trav., art. R. 3253-4).*

Cette association conclut une convention de gestion avec *(L. n° 2008-126 du 13 févr. 2008, art. 16-II-10°)* « l'organisme gestionnaire » du régime d'assurance chômage *(L. n° 2008-126 du 13 févr. 2008, art. 17-1°)* « et avec l'Agence centrale des organismes de sécurité sociale pour le recouvrement des cotisations mentionnées à l'article L. 3253-18.

« En cas de dissolution de cette association, l'autorité administrative confie à l'organisme prévu à l'article L. 5427-1 la gestion du régime d'assurance institué à l'article L. 3253-6, à l'exception du recouvrement des cotisations mentionnées à l'article L. 3253-18 confié aux organismes mentionnés à l'article L. 5422-16. »

Cette association et *(L. n° 2008-126 du 13 févr. 2008, art. 16-II-10°)* « l'organisme précité » constituent les institutions de garantie contre le risque de non-paiement. — *[Anc. art. L. 143-11-4.] — V. C. com., art. L. 622-19.*

Cette écriture de l'art. L. 3253-14 est en vigueur à compter d'une date fixée par décret et au plus tard le 1er janv. 2012 et au plus tôt le 1er mai 2008 (L. n° 2008-126 du 13 févr. 2008, art. 17-1°).

La date du transfert du recouvrement des cotisations et contributions aux organismes mentionnés à l'art. L. 5427-1 C. trav. a été fixée au 1er janv. 2011 (V. Décr. n° 2009-1708 du 30 déc. 2009, mod. par Décr. n° 2010-1736 du 30 déc. 2010).

1. Capacité juridique de l'AGS. Aucun texte légal, réglementaire d'ordre public ou conventionnel ne limite la capacité et les pouvoirs de l'AGS et partant ceux de son mandataire par l'intermédiaire des instituts de gestion, qui sont des parties à l'instance prud'homale. Il ne leur est donc pas interdit, dans le cadre de litiges individuels, de transiger ainsi que le droit commun du statut des associations relevant du droit privé le permet. • Paris, 22 janv. 1999 : *Gaz. Pal. 1999. 1. Somm. 52.*

2. Appel en garantie. Le salarié auquel est reconnu le droit d'agir contre les institutions mentionnées à l'art. L. 143-11-4 [L. 3253-14] lorsque celles-ci refusent de régler une créance figurant sur le relevé des créances salariales, est recevable à appeler en cause ces mêmes institutions pour les entendre condamner à garantir la créance, qui, sur sa réclamation, serait jugée devoir figurer sur ledit relevé. • Soc. 30 mai 1990 : *Bull. civ. V, n° 253.*

3. Déclaration des créances. V. C. com., art. L. 622-24, al. 4.

4. Déclaration à l'administration fiscale. V. C. com., art. L. 622-19.

Art. L. 3253-15 *(L. n° 2008-67 du 21 janv. 2008)* « Les institutions de garantie mentionnées à l'article L. 3253-14 » avancent les sommes comprises dans le relevé établi par le mandataire judiciaire, même en cas de contestation par un tiers.

Elles avancent également les sommes correspondant à des créances établies par décision de justice exécutoire, même si les délais de garantie sont expirés.

Les décisions de justice sont de plein droit opposables à l'association prévue à l'article L. 3253-14.

Lorsque le mandataire judiciaire a cessé ses fonctions, le greffier du tribunal ou le commissaire à l'exécution du plan, selon le cas, adresse un relevé complémentaire aux *(L. n° 2008-67 du 21 janv. 2008)* « institutions de garantie mentionnées à l'article L. 3253-14 », à charge pour lui de reverser les sommes aux salariés et organismes créanciers. — *[Anc. art. L. 143-11-7, al. 13 et 14.]*

Art. L. 3253-16 *(L. n° 2008-67 du 21 janv. 2008)* « Les institutions de garantie mentionnées à l'article L. 3253-14 » sont subrogées dans les droits des salariés pour lesquels elles ont réalisé des avances :

1° Pour l'ensemble des créances, lors d'une procédure de sauvegarde ;

2° Pour les créances garanties par le privilège prévu aux articles L. 3253-2, L. 3253-4 et L. 7313-8 et les créances avancées au titre du 3° de l'article L. 3253-8, lors d'une procédure de redressement ou de liquidation judiciaire. Les autres sommes avancées dans le cadre de ces procédures leur sont remboursées dans les conditions prévues par les dispositions du livre VI du code de commerce pour le règlement des créances nées antérieurement au jugement d'ouverture de la procédure. Elles bénéficient alors des privilèges attachés à celle-ci. — *[Anc. art. L. 143-11-9.]*

1. Portée de la subrogation. V. note 30 ss. ancien art. L. 621-32 C. com. ss. art. L. 622-17, et note 5 *quater* ss. ancien art. L. 621-82 C. com., ss. art. L. 626-27.

2. Tierce opposition. Les art. L. 143-1-1 s. [L. 3253-14] C. trav. ont institué un régime spécial de garantie de salaire qui obéit à des règles propres tant en ce qui concerne la procédure à suivre que l'étendue éventuelle de la garantie qui est due, ce qui exclut que les organismes chargés de sa gestion puissent être considérés comme représentés à l'instance par l'employeur ou le salarié ou comme ayant la qualité de créancier ou ayant droit de l'employeur dans l'instance en cause ; aussi l'ASSEDIC et l'AGS sont-elles recevables à former tierce opposition à un jugement ayant condamné une société mise par la suite en liquidation judiciaire à verser diverses sommes représentant des créances salariales. • Soc. 2 juill. 1992 : *Bull. civ. V, n° 441 ; D. 1992. IR 246.*

3. De même, les institutions mentionnées à l'art. L. 143-11-4 [L. 3253-14] peuvent être recevables à former tierce opposition, dans les conditions prévues par les art. 582 à 592 NCPC [C. pr. civ.], aux décisions de justice définitives intervenues avant l'ouverture de la procédure collective entre un employeur et son salarié, lorsque ces décisions sont susceptibles d'entraîner la garantie prévue. • Paris, 3 juill. 1992 : *BICC 1992, n° 1885.*

Art. L. 3253-17 La garantie des *(L. n° 2008-67 du 21 janv. 2008)* « institutions de garantie mentionnées à l'article L. 3253-14 » est limitée, toutes créances du salarié confondues, à un ou des montants déterminés par décret, en référence au plafond mensuel retenu pour le calcul des contributions du régime d'assurance chômage. — *[Anc. art. L. 143-11-8.] — V. art. D. 3253-5.* — ***C. trav.***

Il résulte des dispositions combinées des art. L. 1423-11-1, L. 143-11-7, L. 143-11-8, L. 143-11-9 et D. 143-2 [anciens] C. trav., que le montant maximum de la garantie de l'AGS s'entend du montant des avances versées pour le compte du salarié, peu important les remboursements perçus par cet organisme subrogé dans les droits du salarié. • Soc. 9 avr. 2008 : *Bull. civ. V, n° 82.*

§ 4. *Financement*

Art. L. 3253-18 L'assurance est financée par des cotisations des employeurs assises sur les rémunérations servant de base au calcul des contributions au régime d'assurance-chômage.

(L. n° 2008-126 du 13 févr. 2008, art. 17-2°) « Le recouvrement, le contrôle de ces cotisations et leur contentieux suivent les règles prévues à l'article L. 5422-16. » — *[Anc. art. L. 143-11-6.]*

Les dispositions de la L. n° 2008-126 du 13 févr. 2008 entrent en vigueur le 1er janv. 2011 pour les contributions et cotisations mentionnées à l'art. L. 3253-18 ci-dessus (Décr. n° 2009-1708 du 30 déc. 2009, mod. par Décr. n° 2010-1736 du 30 déc. 2010).

§ 5. *Dispositions applicables dans le cas où l'employeur est établi dans un autre État membre de la Communauté européenne ou de l'Espace économique européen (L. n° 2008-89 du 30 janv. 2008, art. 11)*

Les dispositions ci-dessous entrent en vigueur en même temps que celles de l'Ord. n° 2007-329 du 12 mars 2007 relative à la partie législative du code du travail [1er mai 2008] (L. n° 2008-89 du 30 janv. 2008, art. 12).

Art. L. 3253-18-1 *(L. n° 2008-89 du 30 janv. 2008)* Les institutions de garantie mentionnées à l'article L. 3253-14 assurent le règlement des créances impayées des salariés qui exercent ou exerçaient habituellement leur activité sur le territoire français, pour le compte d'un employeur dont le siège social, s'il s'agit d'une personne morale, ou, s'il s'agit d'une personne physique, l'activité ou l'adresse de l'entreprise est situé dans un autre État membre de la Communauté européenne ou de l'Espace économique européen, lorsque cet employeur se trouve en état d'insolvabilité.

Art. L. 3253-18-2 *(L. nº 2008-89 du 30 janv. 2008)* Un employeur est considéré comme se trouvant en état d'insolvabilité au sens de l'article L. 3253-18-1 lorsqu'a été demandée l'ouverture d'une procédure collective fondée sur son insolvabilité, prévue par les dispositions législatives, réglementaires et administratives d'un État membre de la Communauté européenne ou de l'Espace économique européen, qui entraîne le dessaisissement partiel ou total de cet employeur ainsi que la désignation d'un syndic ou de toute personne exerçant une fonction similaire à celle du mandataire judiciaire, de l'administrateur judiciaire ou du liquidateur, et que l'autorité compétente en application de ces dispositions a :

1º Soit décidé l'ouverture de la procédure ;

2º Soit constaté la fermeture de l'entreprise ou de l'établissement de l'employeur ainsi que l'insuffisance de l'actif disponible pour justifier l'ouverture de la procédure.

Art. L. 3253-18-3 *(L. nº 2008-89 du 30 janv. 2008)* La garantie due en application de l'article L. 3253-18-1 porte sur les créances impayées mentionnées à l'article L. 3253-8.

Toutefois, les délais prévus aux 2º et 3º de l'article L. 3253-8 sont portés à trois mois à compter de toute décision équivalente à une décision de liquidation ou arrêtant un plan de redressement.

Art. L. 3253-18-4 *(L. nº 2008-89 du 30 janv. 2008)* Si les créances ne peuvent être payées en tout ou partie sur les fonds disponibles, les institutions de garantie mentionnées à l'article L. 3253-14 procèdent au versement des fonds sur présentation par le syndic étranger ou par toute autre personne exerçant une fonction similaire à celle du mandataire judiciaire, de l'administrateur judiciaire ou du liquidateur, des relevés des créances impayées.

Le dernier alinéa de l'article L. 3253-19 est applicable.

Art. L. 3253-18-5 *(L. nº 2008-89 du 30 janv. 2008)* Les sommes figurant sur ces relevés et restées impayées sont directement versées au salarié dans les huit jours suivant la réception des relevés des créances.

Par dérogation au premier alinéa, l'avance des contributions dues par l'employeur dans le cadre *(L. nº 2011-893 du 28 juill. 2011, art. 44-I-2º)* « du contrat de sécurisation professionnelle » mentionnées au 1º de l'article L. 3253-8 est versée aux *[à l']* *(L. nº 2008-126 du 13 févr. 2008)* « organisme gestionnaire du régime d'assurance chômage ». — *Sur l'entrée en vigueur de la L. nº 2011-893 du 28 juill. 2011, V. ss. art. L. 3253-8.*

Art. L. 3253-18-6 *(L. nº 2008-89 du 30 janv. 2008)* L'article L. 3253-15 est applicable à l'exception du dernier alinéa.

Lorsque le mandataire judiciaire, l'administrateur judiciaire ou le liquidateur reçoit d'une institution située dans un autre État membre équivalente aux institutions de garantie mentionnées à l'article L. 3253-14 les sommes dues aux salariés, il reverse immédiatement ces sommes aux salariés concernés.

Le mandataire judiciaire ou le liquidateur transmet à toute institution située dans un autre État membre équivalente aux institutions de garantie mentionnées à l'article L. 3253-14 les relevés des créances impayées.

Art. L. 3253-18-7 *(L. nº 2008-89 du 30 janv. 2008)* Les articles L. 3253-7, L. 3253-10 à L. 3253-13 et L. 3253-17 sont applicables aux procédures définies aux articles L. 3253-18-1 et L. 3253-18-2. Les jugements mentionnés à l'article L. 3253-12 s'entendent de toute décision équivalente prise par l'autorité étrangère compétente.

Les institutions mentionnées à l'article L. 3253-14 sont subrogées dans les droits des salariés pour lesquels elles ont réalisé des avances.

Art. L. 3253-18-8 *(L. nº 2008-89 du 30 janv. 2008)* Lorsque le syndic étranger ou toute personne exerçant une fonction similaire à celle du mandataire judiciaire, de l'administrateur judiciaire ou du liquidateur a cessé ses fonctions ou dans le cas mentionné au 2º de l'article L. 3253-18-2, les institutions de garantie versent les sommes dues au salarié sur présentation, par celui-ci, des pièces justifiant du montant de sa créance. Dans ce cas, les dispositions relatives aux relevés des créances ne sont pas applicables.

Art. L. 3253-18-9 *(L. nº 2008-89 du 30 janv. 2008)* Les institutions mentionnées à l'article L. 3253-14 informent, en cas de demande, toutes autres institutions de garantie des États membres de la Communauté européenne ou de l'Espace économique européen sur la législation et la réglementation nationales applicables en cas de mise en œuvre d'une procédure d'insolvabilité définie aux articles L. 3253-18-1 et L. 3253-18-2.

SOUS-SECTION 3. *Établissement et liquidation des créances*

Art. L. 3253-19 Le mandataire judiciaire établit les relevés des créances dans les conditions suivantes :

1° Pour les créances mentionnées aux articles L. 3253-2 et L. 3253-4, dans les dix jours suivant le prononcé du jugement d'ouverture de la procédure ;

2° Pour les autres créances également exigibles à la date du jugement d'ouverture de la procédure, dans les trois mois suivant le prononcé du jugement ;

3° Pour les salaires et les indemnités de congés payés couvertes en application du 3° de l'article L. 3253-8 et les salaires couverts en application du dernier alinéa de ce même article, dans les dix jours suivant l'expiration des périodes de garantie prévues à ce 3° et ce, jusqu'à concurrence du plafond mentionné aux articles L. 3253-2, L. 3253-4 et L. 7313-8 ;

4° Pour les autres créances, dans les trois mois suivant l'expiration de la période de garantie.

Les relevés des créances précisent le montant des cotisations et contributions mentionnées au dernier alinéa de l'article L. 3253-8 dues au titre de chacun des salariés intéressés. — *[Anc. art. L. 143-11-7, al. 1er à 6.]*

Art. L. 3253-20 Si les créances ne peuvent être payées en tout ou partie sur les fonds disponibles avant l'expiration des délais prévus par l'article L. 3253-19, le mandataire judiciaire demande, sur présentation des relevés, l'avance des fonds nécessaires aux *(L. nº 2008-67 du 21 janv. 2008)* « institutions de garantie mentionnées à l'article L. 3253-14 ».

Dans le cas d'une procédure de sauvegarde, le mandataire judiciaire justifie à ces *(L. nº 2008-67 du 21 janv. 2008)* « institutions », lors de sa demande, que l'insuffisance des fonds disponibles est caractérisée. Ces *(L. nº 2008-67 du 21 janv. 2008)* « institutions » peuvent contester, dans un délai déterminé par décret en Conseil d'État, la réalité de cette insuffisance devant le juge-commissaire. Dans ce cas, l'avance des fonds est soumise à l'autorisation du juge-commissaire. — *[Anc. art. L. 143-11-7, al. 7.]* — *Le délai de contestation prévu à l'art. L. 3253-20, al. 2, est de dix jours à compter de la réception par l'organisme gestionnaire du régime d'assurance chômage de la demande de fonds par le mandataire judiciaire (art. R. 3253-6).*

V. notes ss. art. L. 3253-21.

Art. L. 3253-21 *(L. nº 2008-67 du 21 janv. 2008)* « Les institutions de garantie mentionnées à l'article L. 3253-14 » versent au mandataire judiciaire les sommes figurant sur les relevés et restées impayées :

1° Dans les cinq jours suivant la réception des relevés mentionnés aux 1° et 3° de l'article L. 3253-19 ;

2° Dans les huit jours suivant la réception des relevés mentionnés aux 2° et 4° du même article.

Par dérogation, l'avance des contributions de l'employeur au financement *(L. nº 2011-893 du 28 juill. 2011, art. 44-I-2°)* « du contrat de sécurisation professionnelle » est versée directement *(L. nº 2008-126 du 13 févr. 2008)* « à l'institution mentionnée à l'article L. 5312-1 ». — *A compter d'une date fixée par décret et, au plus tard, le 1er janv. 2012, les mots : « l'institution mentionnée à l'article L. 5312-1 » sont remplacés par les mots : « aux organismes chargés du recouvrement mentionnés à l'article L. 5427-1 ». — Sur l'entrée en vigueur de la L. nº 2011-893 du 28 juill. 2011, V. ss. art. L. 3253-8.*

Le mandataire judiciaire reverse immédiatement les sommes qu'il a reçues aux salariés et organismes créanciers, à l'exclusion des créanciers subrogés, et en informe le représentant des salariés. — *[Anc. art. L. 143-11-7, al. 8 à 12.]*

1. Avances de l'AGS. Viole l'art. L. 143-11-7 [l. 3253-20 ET l. 3253-21] le conseil des prud'hommes qui condamne l'AGS et les ASSEDIC à verser directement à un salarié les sommes dues au titre de salaires, alors qu'il ne peut condamner ces institutions qu'à faire entre les mains du représentant des créanciers [mandataire judiciaire] l'avance des fonds nécessaires au règlement de cette créance dans les conditions prévues audit art.. • Soc. 30 mai 1990 : *D. 1990. IR 162* • 21 mars 1990 : *Bull. civ. V, n° 133* • 11 juin 1992 : *ibid. V, n° 384.* ♦ La fin de non-recevoir à opposer aux demandes de salariés dirigées contre l'ASSEDIC a un caractère d'ordre public et doit être relevée d'office. • Soc. 12 févr. 1991 : *D. 1991. IR 68.*

2. L'AGS intervient pour garantir le règlement des créances dues au salarié en exécution du contrat de travail dès lors que le représentant des créanciers [mandataire judiciaire] ne dispose pas des sommes nécessaires à ce règlement, peu important qu'un tiers soit susceptible de garantir également tout ou partie des créances. • Soc. 1er déc. 1993 : *Bull. civ. V, n° 297 ; Rev. proc. coll. 1995. 242, obs. Taquet.*

3. La preuve de l'absence ou de l'insuffisance des fonds n'incombe pas au salarié. • Soc. 21 oct. 1998 : *Bull. civ. V, n° 441.*

4. Refus de paiement. Si le GARP est tenu de verser au représentant ces créanciers [mandataire judiciaire] ou au mandataire-liquidateur les sommes figurant sur les relevés des créances salariales dans les délais fixés par l'art. L. 143-11-7 [L. 3253-21], aucune disposition ne prévoit que son refus de payer doive être formulé dans ces délais. • Soc. 20 mai 1992 : *Bull. civ. V, n° 323 ; D. 1993. Somm. 367, obs. crit. Honorat*.

4 bis. Sauf admission définitive antérieure d'une créance au passif salarial, la décision qui, à la suite d'un refus de garantie opposé à l'AGS, écarte l'existence d'un contrat de travail produit tous ses effets dans la procédure collective. • Soc. 27 janv. 2010 : *Bull. civ. V, n° 20 ; D. 2010. AJ 438*.

5. Compétence du juge-commissaire. Si le paiement par le représentant des créanciers [mandataire judiciaire] n'intervient pas dans un délai convenable, le salarié doit saisir le juge-commissaire de la difficulté, le juge des référés du tribunal de grande instance n'étant pas compétent pour donner injonction au représentant des créanciers dans le cadre de la mission qui lui a été donnée par le tribunal de commerce. • Versailles, 10 janv. 1992 : *Gaz. Pal. 1992. 1. Somm. 237.*

V. art. L. 1226-17 et L. 1226-22 C. trav. qui déclarent applicables, en cas de sauvegarde, de redressement ou de liquidation judiciaires, les art. L. 3253-15 et L. 3253-19 à L. 3253-21 au paiement des indemnités prévues aux art. L. 1226-14, L. 1226-15, L. 1226-20 et L. 1226-21 du même code (rupture du contrat de travail des salariés victimes d'un accident du travail ou d'une maladie professionnelle). — ***C. trav.***

Le salarié étranger mentionné à l'art. L. 8252-1 [étranger non muni du titre l'autorisant à exercer une activité salariée en France] bénéficie des dispositions du chapitre III du titre V du livre II de la troisième partie du C. trav. relatives aux assurances et privilèges de salaire pour les sommes qui lui sont dues en application de cet art. (C. trav., art. L. 8252-3).

CHAPITRE VI DU PLAN DE SAUVEGARDE

RÉP. COM. v° *Entreprises en difficulté (Plan de sauvegarde et de redressement)*, par G. Blanc.

BIBL. ▸ F.-X. Lucas, *RLDA, suppl. au n° 80, mars 2005, p. 35* (du plan de continuation au plan de sauvegarde). – Béhar-Touchais, *Rev. proc. coll. 2005. 363* (plans de sauvegarde et de continuation). – F.-X. Lucas, *LPA, n° spéc., 8 févr. 2006, p. 74* (commentaire article par article) – Pérot-Reboul, *ibid., 17 févr. 2006, p. 30* (les plans dans la loi de sauvegarde). – Monsèrié-Bon *Dr. et patr. mars 2006. 73.* – Blanc, *Rev. proc. coll. 2006. 182.* – Brenac, *Gaz. Pal. 2007. Doctr 863* (sort des contrats de prêts dans les plans de continuation, de sauvegarde ou de redressement). – Dammann et Podeur, *D. 2008. 928* (les sûretés-propriété face au plan de sauvegarde). – Fraimout, *Rev. proc. coll. 2009. Dossier 11* (réforme issue de l'Ord. du 18 déc.

2008). – LEBEL, *Gaz. Pal. 2009. Doctr. 779* (même thème) ; *Gaz. Pal. 7-8 janv. 2011, p. 9* (innovations issues de la loi du 22 oct. 2010).

Art. L. 626-1 *(L. nº 2005-845 du 26 juill. 2005, art. 59)* **Lorsqu'il existe une possibilité sérieuse pour l'entreprise d'être sauvegardée, le tribunal arrête dans ce but un plan qui met fin à la période d'observation.**

Ce plan de sauvegarde comporte, s'il y a lieu, l'arrêt, l'adjonction ou la cession d'une ou de plusieurs activités. Les cessions faites en application du présent article sont soumises aux dispositions de la section I du chapitre II du titre IV *(Ord. nº 2008-1345 du 18 déc. 2008, art. 51)* **« et à l'article L. 642-22 ». Le mandataire judiciaire exerce les missions confiées au liquidateur par ces dispositions.**

(Ord. nº 2008-1345 du 18 déc. 2008, art. 51) **« Les droits de préemption institués par le code rural et de la pêche maritime ou le code de l'urbanisme ne peuvent s'exercer sur un bien compris dans une cession d'une ou de plusieurs activités décidée en application du présent article. »**

Code de commerce

Ancien art. L. 621-70 al. 1er *Le tribunal décide, sur le rapport de l'administrateur, la continuation de l'entreprise lorsqu'il existe des possibilités sérieuses de redressement et de règlement du passif.*

Critères de continuation. BIBL. Chaput, *RTD com. 1989. 728.* – Haehl, *ibid. 1989. 736.* – Ponceblanc, *Gaz. Pal. 1991. 2. Doctr. 441.* ♦ Sur le pouvoir souverain de décision des juges du fond, V. • Com. 10 juill. 1990 : *Bull. civ. IV, nº 208* • 21 janv. 1992 : *ibid. IV, nº 28.* ♦ Sur la nécessité qu'existent des possibilités sérieuses de redressement, V. • Com. 12 nov. 1997 : *Bull. civ. IV, nº 289 ; D. 1998. IR 7 ; D. Affaires 1998. 116, obs. V. A.-R.* • Amiens, 19 févr. 1998 : *Gaz. Pal. 15-16 sept. 2000, p. 40, obs. Canet.* – V. aussi Saint-Alary-Houin, *Mélanges Alfandari, Dalloz, p. 181.* ♦ V. note 1 ss. art. L. 631-22.

SECTION PREMIÈRE DE L'ÉLABORATION DU PROJET DE PLAN

Art. L. 626-2 *(Ord. nº 2008-1345 du 18 déc. 2008, art. 52)* **« Au vu du bilan économique, social et, le cas échéant, environnemental, le débiteur, avec le concours de l'administrateur, propose un plan, sans préjudice de l'application des dispositions de l'article L. 622-10. »**

(L. nº 2005-845 du 26 juill. 2005, art. 60) **Le projet de plan détermine les perspectives de redressement en fonction des possibilités et des modalités d'activités, de l'état du marché et des moyens de financement disponibles.**

Il définit les modalités de règlement du passif et les garanties éventuelles que le *(Ord. nº 2008-1345 du 18 déc. 2008, art. 163-I)* **« débiteur » doit souscrire pour en assurer l'exécution.**

Ce projet expose et justifie le niveau et les perspectives d'emploi ainsi que les conditions sociales envisagées pour la poursuite d'activité. Lorsque le projet prévoit des licenciements pour motif économique, il rappelle les mesures déjà intervenues et définit les actions à entreprendre en vue de faciliter le reclassement et l'indemnisation des salariés dont l'emploi est menacé. Le projet tient compte des travaux recensés par le bilan environnemental.

Il recense, annexe et analyse les offres d'acquisition portant sur une ou plusieurs activités, présentées par des tiers. Il indique la ou les activités dont sont proposés l'arrêt ou l'adjonction.

Règlement du passif. Dans le projet de plan qu'il doit élaborer, l'administrateur a l'obligation de prévoir les modalités d'apurement de la totalité du passif admis ; il ne peut se contenter de proposer un plan permettant l'apurement d'une partie du passif et de renvoyer le paiement du solde après le plan. • Versailles, 28 févr. 2013 : *cité note 1 ss. art. L. 622-13 ; LEDEN avr. 2013, p. 5, obs. F.-X. Lucas.*

Art. L. 626-3 *(L. n° 2005-845 du 26 juill. 2005, art. 61)* **« Lorsque le projet de plan prévoit une modification du capital, l'assemblée générale extraordinaire ou l'assemblée des associés ainsi que, lorsque leur approbation est nécessaire, les assemblées spéciales mentionnées aux articles L. 225-99 et L. 228-35-6 ou les assemblées générales des masses visées à l'article L. 228-103 sont convoquées dans des conditions définies par décret en Conseil d'État. »** — *V. art. R. 626-1 à R. 626-3.*

Si, du fait des pertes constatées dans les documents comptables, les capitaux propres sont inférieurs à la moitié du capital social, l'assemblée est d'abord appelée à reconstituer ces capitaux à concurrence du montant proposé par l'administrateur et qui ne peut être inférieur à la moitié du capital social. Elle peut également être appelée à décider la réduction et l'augmentation du capital en faveur d'une ou plusieurs personnes qui s'engagent à exécuter le plan.

Les engagements pris par les actionnaires ou associés ou par de nouveaux souscripteurs sont subordonnés dans leur exécution à l'acceptation du plan par le tribunal.

Les clauses d'agrément sont réputées non écrites. — *[C. com., ancien art. L. 621-58.]*

Sur la modification des statuts des coopératives faisant l'objet d'une procédure collective, V. L. n° 47-1775 du 10 sept. 1947, art. 25. — ***C. sociétés.***

BIBL. ▸ FEUGÈRE, *Gaz. Pal. 1988. 1. Doctr. 251.* - LE CANNU, *LPA 16 juin 1993.*

1. Cession de parts sociales. La cession de leurs parts par les associés au candidat à la reprise n'implique pas les modifications du capital au sens de l'art. 22 [C. com., art. L. 626-3] et n'impose donc pas l'application de ce texte. • Paris, 17 janv. 1989 : *Gaz. Pal. 1989. 1. 471, note Marchi.* ♦ Dans le même sens, à propos d'une cession d'actions intervenue au bénéfice de certains actionnaires, en application d'une clause de préemption contenue dans un pacte d'actionnaires extra-statutaire, V. • Aix-en-Provence, 5 déc. 2003 : *Bull. Joly 2004. 1077, note Cerati-Gauthier ; RJDA 2005, n° 276.*

2. Reconstitution des capitaux propres. En ce sens qu'il ne peut y avoir de plan de continuation au cas où les capitaux propres sont devenus inférieurs à la moitié du capital social s'il n'y a pas eu de reconstitution de ces fonds propres sous condition suspensive de l'acceptation du plan par le tribunal, V. • T. com. Béthune, 26 sept. 1986 : *Rev. proc. coll. 1987, n° 2, p. 51, obs. Soinne.* – V. aussi • T. com. Nanterre, 8 déc. 1987 : *JCP 1988. II. 21019, note Viandier ; Rev. proc. coll. 1988. 313, obs. Soinne.* ♦ Jugeant que ces mesures doivent au plus tard être décidées lors de l'adoption du plan. • Paris, 2 déc. 1987 : *Dict. perm. diff. entr. : Bull. 1988, n° 42, p. 8929.* ♦ *Contra*, au motif que les fonds propres devraient redevenir positifs en application du plan, V. • Douai, 21 avr. 1988 : *Rev. proc. coll. 1988. 313, obs. Soinne.*

Comp., décidant que, dès lors que l'administrateur ne propose pas un plan de continuation prévoyant une modification du capital social, la reconstitution des fonds propres, qui n'a aucun caractère obligatoire en vertu de l'art. 241, dernier al., de la loi du 24 juill. 1966 [C. com., art. L. 225-248], ne constitue pas une condition juridique à l'admissibilité d'un plan de cession : • Bordeaux, 25 nov. 1993 : *Bull. Joly 1994. 1345, note Baraderie.* – V. aussi • Com. 6 mars 1990 : *Bull. civ. IV, n° 65 ; D. 1990. 218, note Derrida.*

2 bis. Modifications statutaires. Le tribunal ne peut imposer l'adoption de modifications statutaires, dès lors que celles-ci sont subordonnées au vote favorable des associés (augmentation de capital) : V. • Com. 15 janv. 1991 : *Bull. civ. IV, n° 27 ; D. 1991. IR 47 ; Rev. sociétés 1991. 383, note Guyon ; Bull. Joly 1991. 425, note Le Cannu ; RJ com. 1991. 385, note Merle.*

2 ter. Une société à responsabilité limitée qui, dans le cadre d'un plan de continuation d'une société anonyme en état de redressement judiciaire, acquiert la majorité du capital de celle-ci et en devient administrateur, commet une faute de gestion en ne souscrivant pas à l'augmentation de capital prévue par le plan que le redressement de la société exigeait et qui devait restaurer la confiance des banques, des fournisseurs et des clients. • Paris, 19 mars 1996 : *RJDA 1996, n° 709 ; Bull. Joly 1996. 608, note Le Cannu.*

3. Droit des sociétés. L'obligation de reconstitution des capitaux propres prévue à l'art. 241 de la loi du 24 juill. 1966 [C. com., art. L. 225-248] est écartée lorsque l'entreprise est en redressement judiciaire. • Crim. 27 avr. 1987 : *Rev. proc. coll. 1988, n° 3, p. 314, obs. Soinne.*

Art. L. 626-4 *(Abrogé par Ord. n° 2008-1345 du 18 déc. 2008, art. 53)* (L. n° 2005-845 du 26 juill. 2005, art. 62) « ***Lorsque la sauvegarde de l'entreprise le requiert, le tribunal, sur la demande du ministère public, peut subordonner l'adoption du plan au remplacement d'un ou plusieurs dirigeants de l'entreprise, sauf lorsque le débiteur exerce une activité professionnelle libérale soumise à un statut législatif ou réglementaire.***

« ***A cette fin et dans les mêmes conditions, le tribunal peut prononcer l'incessibilité des parts sociales, titres de capital ou valeurs mobilières donnant accès au capital, détenus par un ou plusieurs dirigeants de droit ou de fait et décider que le droit de vote y attaché sera exercé, pour une durée qu'il fixe, par un mandataire de justice désigné à cet effet. De même, il peut ordonner la cession de ces parts sociales, titres de capital ou valeurs mobilières donnant accès au capital détenus par ces mêmes personnes, le prix de cession étant fixé à dire d'expert.*** »

Pour l'application du présent article, les dirigeants et les représentants du comité d'entreprise ou, à défaut, des délégués du personnel sont entendus ou dûment appelés. — [C. com., ancien art. L. 621-59.]

V. art. R. 626-4 à R. 626-6 abrogés.

1. Il résulte de l'art. L. 626-4, abrogé depuis, que la cession forcée des actions des dirigeants peut être demandée uniquement par le ministère public. • Paris, 18 juin 2009 : *D. 2009. AJ 2163, obs. Lienhard ; Rev. proc. coll. 2010, n° 53, obs. Lebel.*

2. V. la jurisprudence rendue sous le régime antérieur à la loi du 26 juill. 2005 ss. l'art. L. 631-19-1.

Art. L. 626-5 *(L. n° 2005-845 du 26 juill. 2005, art. 63)* **Les propositions pour le règlement des dettes** *(L. n° 2010-1249 du 22 oct. 2010, art. 58-I-1°)* **« peuvent porter sur des délais, remises et conversions en titres donnant ou pouvant donner accès au capital. Elles » sont, au fur et à mesure de leur élaboration et sous surveillance du juge-commissaire, communiquées par l'administrateur au mandataire judiciaire, aux contrôleurs ainsi qu'au comité d'entreprise ou, à défaut, aux délégués du personnel.**

(L. n° 2010-1249 du 22 oct. 2010, art. 58-I-1°) **« Lorsque la proposition porte sur des délais et remises, le mandataire judiciaire recueille, individuellement ou collectivement, l'accord de chaque créancier qui a déclaré sa créance conformément à l'article L. 622-24. » En cas de consultation par écrit, le défaut de réponse, dans le délai de trente jours à compter de la réception de la lettre du mandataire judiciaire, vaut acceptation. Ces dispositions sont applicables aux institutions visées à l'article L. 143-11-4** *[L. 3253-14]* **du code du travail pour les sommes mentionnées au quatrième alinéa de l'article L. 622-24, même si leurs créances ne sont pas encore déclarées.** *(Ord. n° 2008-1345 du 18 déc. 2008, art. 54)* **« Elles le sont également aux créanciers mentionnés au premier alinéa de l'article L. 626-6 lorsque la proposition qui leur est soumise porte exclusivement sur des délais de paiement. »**

(L. n° 2010-1249 du 22 oct. 2010, art. 58-I-1°) **« Lorsque la proposition porte sur une conversion en titres donnant ou pouvant donner accès au capital, le mandataire judiciaire recueille, individuellement et par écrit, l'accord de chaque créancier qui a déclaré sa créance conformément à l'article L. 622-24. Le défaut de réponse, dans le délai de trente jours à compter de la réception de la lettre du mandataire judiciaire, vaut refus.**

« Le mandataire judiciaire n'est pas tenu de consulter les créanciers pour lesquels le projet de plan ne modifie pas les modalités de paiement ou prévoit un paiement intégral en numéraire dès l'arrêté du plan ou dès l'admission de leurs créances. » — *V. art. R. 626-7 et R. 626-8.*

La L. n° 2010-1249 du 22 oct. 2010 est applicable aux procédures de sauvegarde et de redressement judiciaire ouvertes à compter du premier jour du cinquième mois suivant sa publication (L. préc., art. 58-II, JO 23 oct.), soit à compter du 1er mars 2011. — Ses dispositions sont applicables en Nouvelle-Calédonie et dans les îles Wallis-et-Futuna (L. préc., art. 85-II).

Ancien art. L. 626-5 *(al. 2, 1re phr.)* [réd. issue de L. n° 2005-845 du 26 juil. 2005] ***Le mandataire judiciaire recueille individuellement ou collectivement l'accord de chaque créancier qui a déclaré sa créance conformément à l'article L. 622-24, sur les délais et remises qui lui sont proposés.***

1. Consultation des créanciers. Le représentant des créanciers doit, conformément à l'art. 24, al. 2 [C. com., art. L. 626-5], recueillir l'accord des créanciers ; il ne peut, en aucun cas, apprécier en opportunité s'il y a lieu de procéder, ou non, à une telle formalité. • Besançon, 9 déc. 1993 : *Rev. proc. coll. 1995. 119, obs. Soinne.*

Le tribunal ne peut statuer sur un plan de continuation que si tous les créanciers ont répondu dans le délai de trente jours ou si ce délai est expiré. Si le tribunal a arrêté ledit plan avant l'expiration de ce délai, il y a lieu de prononcer la nullité du jugement. • Paris, 10 juin 1987 : *D. 1987. 546, note Derrida* • Lyon, 17 juin 1987 : *ibid.* • Paris, 24 oct. 1995 : *Rev. proc. coll. 1996. 372, obs. Soinne.* ♦ Comp., sur le défaut de respect du délai de trente jours : • T. com. Paris, 21 mai 1987 : *Rev. proc. coll. 1988. 311, obs. Soinne.* ♦ V. note 2 ss. art. L. 621-3.

V. aussi, prévoyant une possibilité de régularisation, • Paris, 22 mars 1988 : *Gaz. Pal. 1988. 2. Somm. 377.* ♦ Et sur les conséquences du principe de l'effet dévolutif de l'appel, V. • Paris, 10 juin 1987 : *préc.* ♦ Comp., renvoyant l'affaire devant le tribunal : • Lyon, 17 juin 1987 : *préc.* • Paris, 8 oct. 1991 : *D. 1992. Somm. 87, obs. Derrida.*

Sur les recours en cas de non-respect de l'art. 24, al. 2 [C. com., art. L. 626-5], V. note 24 ss. ancien art. L. 661-6.

1 bis. La consultation des créanciers n'est indispensable que lorsque l'adoption du plan de continuation est envisagée par le tribunal et elle s'avère inutile lorsque le plan de continuation est écarté d'emblée par celui-ci. • Versailles, 20 janv. 1994 : *D. 1995. Somm. 3, obs. Derrida ; Rev. proc. coll. 1996. 372, obs. Soinne,* conf. par • Com. 25 mars 1997 : *Bull. civ. IV, n° 82 ; D. Affaires 1997. 705 ; JCP E 1997. I. 681, n° 4, obs. Pétel.* ♦ Le tribunal ayant disposé du choix de la solution sans être lié par le projet de l'administrateur et du débiteur, c'est aux juges qu'il appartient d'apprécier la fiabilité et les possibilités de bonne fin de la proposition et de prolonger, s'ils l'estiment nécessaire, la période d'observation pour que la consultation des créanciers puisse avoir lieu. • Même arrêt. – Dans le même sens : • Com. 17 mars 1998 : *D. 1999. 236, note Picod ; JCP 1998. II. 10080, rapp. Rémery ; D. Affaires 1998. 624, obs. A. L. ; RTD com. 1998. 676, obs. Saint-Alary-Houin* • 4 janv. 2000 : *Rev. proc. coll. 2001. 74, obs. Soinne.*

2. Après avoir relevé qu'en vue du plan de continuation, il avait été proposé à chaque créancier chirographaire un règlement à concurrence de 30 % du montant de sa créance sur 10 ans, porté ensuite à 40 % sur initiative du débiteur, une cour d'appel a pu décider que l'offre relative aux délais de paiement et remises de dettes avait été soumise à chacun, conformément à l'art. 24 [C. com., art. L. 626-5], et qu'il était inutile de procéder à une nouvelle consultation après la proposition du débiteur ou d'entendre les créanciers réfractaires à qui seul le tribunal pouvait, en vertu de l'art. 74 [C. com., art. L. 626-18], imposer des délais et remises. • Com. 6 févr. 1996 : *Bull. civ. IV, n° 38 ; D. 1996. IR 111.*

2 bis. Sur l'application des dispositions de l'art. L. 626-5, al. 2, interdisant d'imposer des remises de dettes à l'URSSAF, V. • Com. 26 mars 2013 : *D. 2013. Actu. 904 ; Act. proc. coll. 2013, n° 109, obs. Vallansan ; LEDEN mai 2013, p. 5, obs. Favario.*

2 ter. Computation du délai de trente jours. Le délai de trente jours dont dispose le créancier pour répondre à la consultation sur les remises et délais adressée par lettre recommandée avec demande d'avis de réception par le représentant des créanciers commence à courir à compter de la réception de cette lettre par le créancier ; la réponse est effectuée dans le délai légal dès lors qu'elle est expédiée par lettre recommandée avec demande d'avis de réception avant l'expiration du délai de trente jours, peu important que le représentant des créanciers la reçoive après l'expiration de ce délai (application des art. 668 et 669 C. pr. civ.). • Com. 28 oct. 2003 : *Bull. civ. IV, n° 181 ; D. 2008. AJ 2866 ; Act. proc. coll. 2008, n° 299, obs. Vallansan.*

3. Application en appel. Les créanciers n'ont pas à être consultés à nouveau à la suite des propositions formulées par le débiteur dans ses conclusions d'appel. • Com. 10 juill. 1990 : *Bull. civ. IV, n° 208* • 2 avr. 1996 : *Quot. jur. 2 juill. 1996, p. 6, note P. M.*

4. Cautions et coobligés. V. art. L. 626-11.

5. Acceptation conditionnelle. Sur cette question, V. *Rev. proc. coll. 1991. 289, obs. Soinne.* ♦ Dès lors que le créancier figure sur la liste des créanciers ayant accepté un abattement de leur créance de 50 % telle qu'établie par le représentant des créanciers, le caractère définitif à son égard du jugement arrêtant le plan s'oppose à ce qu'il fasse valoir que sa réponse à la proposition de remises et délais adressée par le représentant des créanciers devait être considérée comme négative, la condition subordonnant son acceptation d'une remise de 50 % à l'obtention de garanties n'ayant pas été remplie : • Com. 28 oct. 2008 : *préc. note 2 ter.* ♦ V., dans la même affaire, • Com. 25 oct. 2011 : *RJ com. janv.-févr. 2012. 76, note Sortais ; Bull. Joly Entrep. diff. 2012. 80, note Bourbouloux et Couturier.*

6. Clause de retour à meilleure fortune. BIBL. Playoust, *Rev. proc. coll. 1994. 349.* – Jacomet et Béjinariu, *Bull. Joly 1996. 365.*

Art. L. 626-6 *(L. n° 2005-845 du 26 juill. 2005, art. 63)* **Les administrations financières, les organismes de sécurité sociale, les institutions gérant le régime d'assurance chômage prévu par les articles L. 351-3** *[L. 5422-1]* **et suivants du code du travail et les institutions régies par le livre IX du code de la sécurité sociale peuvent accepter** *(Abrogé par L. n° 2009-179 du 17 févr. 2009, art. 20-I)* **« ,** ***concomitamment à l'effort consenti par d'autres créanciers,*** **» de remettre tout ou partie de ses dettes au débiteur dans des conditions similaires à celles que lui octroierait, dans des conditions normales de marché, un opérateur économique privé placé dans la même situation.** — *La L. n° 2009-179 du 17 févr. 2009 s'applique à toutes les demandes de remise de dettes en cours d'instruction à la date de son entrée en vigueur (texte préc., art. 20-II, JO 18 févr.).*

Dans ce cadre, les administrations financières peuvent remettre l'ensemble des impôts directs perçus au profit de l'État et des collectivités territoriales ainsi que des produits divers du budget de l'État dus par le débiteur. S'agissant des impôts indirects perçus au profit de l'État et des collectivités territoriales, seuls les intérêts de retard, majorations, pénalités ou amendes peuvent faire l'objet d'une remise.

Les conditions de la remise de la dette sont fixées par décret *(Abrogé par L. n° 2009-179 du 17 févr. 2009, art. 20-I)* **«** ***en Conseil d'État*** **».** — *V. art. D. 626-9 s. et Décr. n° 2007-154 du 5 févr. 2007, ss. art. D. 626-15 ; V. aussi CSS, art. R. 243-20-2. —* ***CSS*** *ou* ***C. pr. coll.***

Les créanciers visés au premier alinéa peuvent également décider des cessions de rang de privilège ou d'hypothèque ou de l'abandon de ces sûretés. — *V. CGI, art. 1929 septies. —* ***CGI*** *ou* ***C. pr. coll.*** *; — V. CSS, art. R. 243-20-3. —* ***CSS*** *ou* ***C. pr. coll.***

BIBL. ► Teboul, *LPA 30 mars 2009* (loi du 17 févr. 2009).

Art. L. 626-7 *(L. n° 2005-845 du 26 juill. 2005, art. 63)* **Le mandataire judiciaire dresse un état des réponses faites par les créanciers. Cet état est adressé au débiteur et à l'administrateur** *(Abrogé par Ord. n° 2008-1345 du 18 déc. 2008, art. 55)* **«** ***en vue de l'établissement de son rapport,*** **» ainsi qu'aux contrôleurs.**

Art. L. 626-8 *(Ord. n° 2008-1345 du 18 déc. 2008, art. 56)* **« Le comité d'entreprise ou, à défaut, les délégués du personnel et le mandataire judiciaire sont informés et consultés sur les mesures que le débiteur envisage de proposer dans le projet de plan au vu des informations et offres reçues.**

« Ils le sont également, ainsi que le ou les contrôleurs, sur le bilan économique et social et sur le projet de plan, qui leur sont communiqués par l'administrateur et complétés, le cas échéant, de ses observations.

« Les documents mentionnés au deuxième alinéa sont simultanément adressés » à l'autorité administrative compétente en matière de droit du travail. Le procès-verbal de la réunion à l'ordre du jour de laquelle a été inscrite la consultation des représentants du personnel est transmis au tribunal ainsi qu'à l'autorité administrative mentionnée ci-dessus.

(Ord. n° 2008-1345 du 18 déc. 2008, art. 56) **« Le ministère public en reçoit communication. »** — *[C. com., ancien art. L. 621-61.]*

SECTION II DU JUGEMENT ARRÊTANT LE PLAN ET DE L'EXÉCUTION DU PLAN

Art. L. 626-9 *(L. nº 2005-845 du 26 juill. 2005, art. 65)* **Après avoir entendu ou dûment appelé le débiteur, l'administrateur, le mandataire judiciaire, les contrôleurs ainsi que les représentants du comité d'entreprise ou, à défaut, des délégués du personnel, le tribunal statue au vu** *(Ord. nº 2008-1345 du 18 déc. 2008, art. 57)* **« des documents prévus à l'article L. 626-8 », après avoir recueilli l'avis du ministère public. Lorsque la procédure est ouverte au bénéfice d'un débiteur qui emploie un nombre de salariés ou qui justifie d'un chiffre d'affaires hors taxes supérieurs à des seuils fixés par décret en Conseil d'État, les débats doivent avoir lieu en présence du ministère public.**

V. art. R. 626-17 s.

1. Délai de présentation. V. art. R. 626-18.

2. Convocations. En l'absence de convocation du débiteur par le tribunal avant qu'il ne statue, le jugement arrêtant le plan doit être annulé. • Nancy, 13 janv. 1988 : *Rev. proc. coll. 1988. 386, obs. Soinne.* ♦ En revanche, le tribunal n'est pas tenu de procéder à l'audition d'un repreneur éventuel. • Com. 22 mars 1988 : *D. 1988. 375, note Derrida et Julien ; Bull. civ. IV, nº 113* • 8 nov. 1988 : *ibid. IV, nº 295.*

3. Engage sa responsabilité le représentant des créanciers qui méconnaît les obligations qui lui incombent en application de l'art. 46 [C. com., art. L. 622-20] en ne comparaissant pas à l'audience et en ne présentant pas à la juridiction les observations qu'appelait ce projet de plan et le sort réservé à un créancier hypothécaire. • Paris, 12 oct. 1995 : *Rev. proc. coll. 1996. 407, obs. Soinne ; Gaz. Pal. 1997. 1. Somm. 153.*

La consultation des créanciers n'est indispensable que lorsque l'adoption du plan de continuation est envisagée par le tribunal, et elle s'avère inutile lorsque le plan de continuation est écarté d'emblée par celui-ci. • Versailles, 20 janv. 1994 : *D. 1994. IR 79.*

3 bis. Les prérogatives que l'Association française des banques tient de la loi bancaire nº 84-46 du 24 févr. 1984 [désormais codifiée au C. mon. fin.] et de ses statuts n'ont pas pour objet et ne peuvent avoir pour effet de lui conférer un droit d'action, direct et privilégié, devant le tribunal de commerce statuant sur les propositions de cession ou de continuation de l'activité d'une entreprise, même si celle-ci est un établissement financier ou de crédit. • Paris, 5 avr. 1996 : *D. 1996. IR 139.*

4. Présence du juge-commissaire. N'est pas contraire à l'art. 6 (1) de la le fait que le juge-commissaire ait pris diverses mesures concernant les sociétés durant la phase d'observation et qu'il ait présidé par la suite le tribunal qui a statué sur le sort de ces sociétés, en l'absence de tout motif objectif de croire que la nature et l'étendue des tâches du juge-commissaire durant la phase d'observation ont impliqué un préjugé sur la question distincte à trancher au sein du tribunal concernant l'appréciation de la viabilité du plan de continuation proposé. • CEDH 6 juin 2000, *Morel c/ France : BICC 2000, nº 879 ; D. 2001. Somm. 1062, obs. Fricero ; ibid. 1610, obs. Niboyet ; RTD com. 2000. 1021, obs. Vallens ; RJ com. 2001. 20, note Sortais ; JCP E 2001, nº 19, p. 797, obs. E. Garaud.* – V. Goyet, *D. 2001. Chron. 328*. – Dans le même sens, V. • Com. 18 mars 2003 : *Dr. sociétés 2004, nº 60, note Legros* ♦ V. aussi note 1 *bis* ss. art. L. 621-4.

5. Voies de recours. V. art. L. 661-1 et L. 661-3.

6. Responsabilité de l'administrateur. La compétence exercée par le tribunal qui arrête le plan de redressement ne dégage pas l'administrateur de la responsabilité qu'il encourt sur le fondement de l'art. 1382 C. civ. (dans l'hypothèse où les fautes de l'administrateur ont été à l'origine de l'adoption du plan de redressement et du préjudice subi par les fournisseurs amenés à traiter en confiance avec le repreneur). • Com. 11 mai 1999 : *Dr. sociétés 1999, nº 116, obs. Chaput.* ♦ Sur la responsabilité de l'administrateur judiciaire qui a recommandé au tribunal l'adoption d'un plan de continuation dont le succès était aléatoire, sans le mettre en garde sur les risques encourus en cas de continuation de l'activité du fait de la contestation par le bailleur de la qualité de propriétaire des locaux du preneur, V. • TGI Paris, 4 nov. 1998 : *AJDI 1999. 795, obs. Gallet*.

Art. L. 626-10 **Le plan désigne les personnes tenues de l'exécuter et mentionne l'ensemble des engagements qui ont été souscrits par elles et qui sont nécessaires** *(L.*

n° 2005-845 du 26 juill. 2005, art. 66) **« à la sauvegarde » de l'entreprise. Ces engagements portent sur l'avenir de l'activité, les modalités du maintien et du financement de l'entreprise,** *(Ord. n° 2008-1345 du 18 déc. 2008, art. 58)* **« le règlement du passif soumis à déclaration » ainsi que, s'il y a lieu, les garanties fournies pour en assurer l'exécution.**

Le plan expose et justifie le niveau et les perspectives d'emploi ainsi que les conditions sociales envisagés pour la poursuite d'activité.

Les personnes qui exécuteront le plan, même à titre d'associés, ne peuvent pas se voir imposer des charges autres que les engagements qu'elles ont souscrits au cours de sa préparation, sous réserve des dispositions prévues aux articles *(L. n° 2005-845 du 26 juill. 2005, art. 66)* **« L. 626-3 et L. 626-16 ».** – *[C. com., ancien art. L. 621-63.]*

1. Interdiction d'aggravation des charges. La notion de charge nouvelle est une notion de fait qui relève de l'appréciation souveraine des juges du fond : V. • Com. 14 janv. 1997 : *Rev. proc. coll. 1997. 436, obs. Cadiou.*

2. Cautionnement par le dirigeant social. Le dirigeant de la société en redressement judiciaire s'étant, dans le cadre du plan de continuation de celle-ci, porté « caution solidaire du passif réellement dû par la société pendant le redressement judiciaire », c'est souverainement qu'une cour d'appel retient que ce passif est celui révélé par les opérations de vérification des créances et non couvert par les actifs de la personne morale. • Com. 2 nov. 1993 : *Bull. civ. IV, n° 377.*

3. Recours. Sur la recevabilité de l'appel-nullité d'un associé tenu d'exécuter le plan, en cas de méconnaissance de l'art. 62 [C. com., art. L. 626-10], al. 3, V. • Com. 27 avr. 1993 : *Bull. civ. IV, n° 152 ; D. 1994. Somm. 45, obs. Derrida ; Rev. sociétés 1993. 648, note Chaput* • 28 févr. 1995 : *Bull. civ. IV, n° 57 ; D. 1995. 562, note Bolard ; Rev. proc. coll. 1995. 135, obs. Soinne.*

Art. L. 626-11

Art. L. 626-11 *(L. n° 2005-845 du 26 juill. 2005, art. 67)* **Le jugement qui arrête le plan en rend les dispositions opposables à tous.**

A l'exception des personnes morales, les coobligés et les personnes ayant consenti *(Ord. n° 2008-1345 du 18 déc. 2008, art. 166-II)* **« une sûreté personnelle ou ayant affecté ou cédé un bien en garantie » peuvent s'en prévaloir.** – *[C. com., ancien art. L. 621-65.] – Comp., dans le cas d'un plan de redressement : art. L. 631-20.*

BIBL. ▶ Régime antérieur à la loi du 26 juill. 2005 : CAMPANA, *Gaz. Pal. 1986. 2. Doctr. 317.* – LIÉNART, *Rev. proc. coll. 1988. 121.* – FRÉMEAUX, *LPA 29 déc. 1997* (remises de dettes et plans de règlement). – NSIE, *Rev. proc. coll. 1998. 138* (remises de dettes consenties aux débiteurs en difficulté).

1. Dividende fixé par le plan. Le jugement qui arrête le plan autorise tout créancier à exercer, après l'échéance, une action en paiement du dividende fixé par le plan dès lors que sa créance a été définitivement admise au passif (recevabilité de la demande, en référé, d'une provision). • Com. 14 mars 1995 : *Bull. civ. IV, n° 81 ; D. 1995. Somm. 306, obs. Honorat ; Rev. huiss. 1995. 1214, note Courtier.* – V. déjà • T. com. Paris, 21 mars 1989 : *D. 1991. Somm. 11, obs. Derrida ; Gaz. Pal. 1989. 2. 828, note Marchi.* ♦ Comp., désormais, sur l'action en paiement des dividendes : art. L. 626-27.

1 bis. Mesure d'exécution forcée. Jugeant *que le plan, étant opposable à tous en vertu de* l'art. 64 [C. com., art. L. 626-11] et plus spécialement aux créanciers dont la créance est antérieure au redressement judiciaire et ayant la valeur d'un « contrat judiciaire », un créancier ne saurait y contrevenir de manière unilatérale par le biais d'une mesure d'exécution forcée qui a pour effet de remettre en cause une condition essentielle dudit plan, V. • TGI Castres, JEX, 12 mars 1998 : *LPA 2 juill. 1999, p. 20, note Devésa.*

1 ter. Résiliation du bail. Le plan de continuation, qui prévoit la poursuite de l'activité de l'entreprise et le règlement du passif de celle-ci, est opposable aux créanciers dont la créance a une origine antérieurement au jugement de redressement judiciaire et aux personnes qui ont pris un engagement dans le plan mais ne fait pas obstacle à la poursuite après le jugement d'ouverture du redressement judiciaire d'une action en résiliation du bail pour une cause autre que le défaut de paiement d'une somme d'argent (défaut d'entretien et d'exploitation de domaines viticoles). • Civ. 3e, 21 juill. 1999 : *D. 1999. IR 229 ; D. Affaires 1999. 1443, obs. V. A.-R ; JCP E 2000, n° 4, p. 126, obs. Pétel.*

1 quater. Biens communs. Sur l'exercice des poursuites du chef de l'époux *in bonis,* V.

• Com. 8 juill. 2003 : *RJPF 2003, n° 12, p. 18, obs. Vauvillé.* – V. aussi • TGI Lyon, JEX, 15 juin 1993 : *D. 1995. Somm. 8, obs. Derrida* • Paris, 24 janv. 1997 : *D. Affaires 1997. 444* • Aix-en-Provence, 9 avr. 1997 : *JCP E 1997. Pan. 905* • Agen, 11 sept. 1995 : *JCP 1996. IV. 569 ; Cah. jurispr. Aquitaine 1996, n° 1, p. 112, note Saintourens ; Rev. proc. coll. 1998. 266, obs. Soinne* • Toulouse, 3 juin 2004 : *Rev. proc. coll. 2005. 60, obs. Rubellin.* ♦ V. et comp. : notes 8 s. ss. art. L. 622-21 et 9 ss. ancien art. L. 621-46, ss. art. L. 622-26.

1 quinquies. Concours bancaires. V. note 4 ss. art. L. 622-13.

1 sexies. Cautions (régime de la L. 26 juill. 2005). L'art. L. 626-11 ne peut régir que les cautionnements souscrits après le 1er janv. 2006, date d'entrée en vigueur de la loi du 26 juill. 2005. • Aix-en-Provence, 1er avr. 2010 : *Rev. proc. coll. 2011, n° 43, obs. Fraimout.*

1 septies. En application de l'art. R. 622-26 C. com., les instances engagées par le créancier contre les coobligés et les personnes physiques ayant consenti un cautionnement ou une garantie autonome à une société bénéficiant d'un plan de sauvegarde, qui peuvent se prévaloir des dispositions de ce plan en application de l'art. L. 626-11, suspendues en application de l'art. L. 622-28, sont poursuivies à l'initiative des créanciers bénéficiaires de garanties selon les dispositions applicables à l'opposabilité de ce plan à l'égard des garants. • Com. 10 janv. 2012 : *Bull. civ. IV, n° 5 ; D. 2012. Chron. C. cass. 1220, obs. Guillou ; ibid. Actu. 215, obs. Lienhard ; JCP E 2012. 1227, n° 4, obs. Pétel ; Gaz. Pal. 28-29 mars 2012, p. 20, obs. Dumont-Lefrand ; Rev. proc. coll. 2012, n° 54, obs. Patureau et Perot-Reboul ; Banque et Droit mars-avr. 2012. 40, obs. Jacob ; Act. proc. coll. 2012, n° 46, obs. Cagnoli ; Gaz. Pal. 27-28 avr. 2012, p. 40, obs. Le Corre-Broly ; Bull. Joly Entrep. diff. 2012. 144, note Borga ; Rev. proc. coll. 2012, n° 77, obs. Fraimout ; RJ com. mai-juin 2012. 43, note Macorig-Venier ; RJDA 2012, n° 879.*

2. Cautions solidaires (jurisprudence antérieure à L. 26 juill. 2005). BIBL. Boulez, *Gaz. Pal. 1994. 1. Doctr. 46.* ♦ Malgré leur caractère volontaire, les remises, pouvant, le cas échéant, être réduites par le tribunal, ces réductions de créances participent de la nature judiciaire des dispositions du plan arrêté pour permettre la continuation de l'entreprise ; en conséquence, elles ne peuvent être assimilées aux remises conventionnelles de dette prévues par l'art. 1287 C. civ., et en vertu de l'art. 64 [C. com., ancien art. L. 621-65], al. 2, les cautions solidaires ne peuvent s'en prévaloir. • Com. 17 nov. 1992 : *Bull. civ. IV, n° 355 ; D. 1993. 41, note Vidal ; Defrénois 1993. 527, obs. Sénechal* • 17 mai 1994 : *Bull. civ. IV, n° 177 ; D. 1994. IR 156* • 17 janv. 1995 : *Rev. huiss. 1995. 466, note R. Martin* • 26 mai 1999 : *Rev. proc. coll. 2000. 57, obs. Kerckhove.* – V déjà • Com. 28 mai 1991 : *Bull. civ. IV, n° 179 ; D. 1991. IR 176 ; RTD com. 1992. 690, obs. Martin-Serf* • Paris, 22 févr. 1989 : *D. 1991. Somm. 12, obs. Derrida.* ♦ Sur l'application de l'art. 2037 [2314] C. civ. à un créancier qui n'avait pas demandé au représentant des créanciers d'interjeter appel du jugement lui imposant une remise de dette, V. • Com. 16 avr. 1991 : *Bull. civ. IV, n° 142 ; JCP 1991. II. 21716, note Bouteiller ; D. 1991. IR 181.*

L'acceptation expresse ou tacite, par le créancier, de la proposition de remise de dette qui lui est faite en vue de l'élaboration du plan de continuation du débiteur n'est pas constitutive d'une faute, pour avoir privé la caution de son recours subrogatoire à due concurrence, sauf fraude aux droits de celle-ci. • Com. 22 oct. 1996 : *Bull. civ. IV, n° 255 ; D. 1996. IR 261 ; D. Affaires 1996. 1411 ; Quot. jur. 21 nov. 1996, p. 6, note P.M. ; Rev. dr. bancaire 1996. 242, obs. Campana et Calendini.* – V. aussi • Com. 14 mai 2008 : *RTD com. 2008. 851, obs. Saint-Alary-Houin.*

2 bis. Si la déchéance du terme non encourue par la société débitrice ne peut plus être invoquée contre les cautions, ces dernières ne peuvent se prévaloir des délais prévus au plan de continuation, lesquels participent de la nature judiciaire de ce plan, arrêté pour permettre la continuation de l'entreprise. Les cautions demeurent, par conséquent, tenues de la partie exigible des dettes de la société débitrice et ne peuvent, à l'égard des dettes non encore exigibles, réclamer que le bénéfice du seul terme convenu dans les différents engagements. • Com. 12 juill. 1994 : *JCP 1994, n° 40, Actualités.*

Comp., désormais : art. L. 626-11, al. 2, dans sa réd. issue de L. n° 2005-345 du 26 juill. 2005 et de l'Ord. n° 2008-1345 du 18 déc. 2008, qui permet aux cautions personnes physiques de se prévaloir des dispositions du plan.

3. Cautions simples. Il résulte de l'art. L. 621-65 [ancien] C. com. que les cautions non solidaires peuvent se prévaloir des dispositions du plan de redressement judiciaire. • Com. 23 nov. 2004 : *Bull. civ. IV, n° 203 ; D. 2004. AJ 3220, obs. Lienhard ; D. 2005. 653, note Lisanti ; Banque et Droit janv.-févr. 2005. 60, obs. Rontchevsky ; JCP E 2005, n° 17, p. 708, obs. Cabrillac ; LPA 19 avr. 2005, p. 12, note Souhami ; RD banc. fin. 2005, n° 48, obs. F.-X. Lucas ; RTD com. 2005. 594, obs. Saint-Alary-Houin ; ibid.*

602, obs. Martin-Serf. ♦ Solution confirmée par le nouvel art. L. 626-11, al. 2, en ce qui concerne les cautions personnes physiques.

3 bis. Héritiers du débiteur. En ce sens que les héritiers du débiteur au profit duquel a été arrêté un plan de continuation peuvent se prévaloir des dispositions de ce plan, V. • Com. 4 janv. 2000 : *Bull. civ. IV, n° 4 ; Act. proc. coll. 2000, n° 21, obs. Regnaut-Moutier ; RTD com. 2001. 218, obs. Saint-Alary-Houin*.

3 ter. Salariés. L'autorité du jugement qui arrête le plan ne saurait s'étendre à la question du paiement des créances privilégiées dues aux salariés à la date du jugement d'ouverture. • Soc. 19 févr. 2002 : *Bull. civ. V, n° 67 ; D. 2002. AJ 1141 ; Act. proc. coll. 2002, n° 81, obs. Cagnoli ; JCP E 2002, n° 28, p. 1192, obs. Morvan ; ibid., n° 39, p. 1521, obs. Cabrillac.*

3 quater. Garantie de l'AGS. V. note 20 ss. art. L. 3253-8 C. trav., ss. art. L. 625-9.

3 quinquies. Associés d'une société civile. Un créancier ne peut poursuivre un associé de sociétés civiles d'exploitation agricole en paiement des dettes de ces sociétés, dès lors que celles-ci ont bénéficié d'un plan de redressement dont elles respectent les dispositions d'apurement du passif et que les associés des sociétés civiles, qui sont débiteurs subsidiaires du passif social envers les tiers, peuvent, par application de l'art. 64, al. 1er [C. com., art. L. 621-65, al. 1er], se prévaloir des plans de continuation. • Com. 23 janv. 2001 : *Bull. civ. IV, n° 24 ; D. 2001. Somm. 3427, obs. Honorat ; ibid. AJ 781, obs. Lienhard ; JCP E 2001, n° 18, p. 751, obs. Pétel ; ibid., n° 20-21, p. 850, note Rémery ; RD banc. fin. 2001, n° 69, obs. F.-X. Lucas ; Bull. Joly 2001. 481, note Couret ; Act. proc. coll. 2001, n° 65, obs. Vallansan ; RJ com. 2001. 189, note Courtier ; RTD com. 2001. 472, obs. Monsèrié-Bon ; LPA 27 sept. 2001, p. 14, note Gibirila ; Rev. sociétés 2001. 847, obs. Dom*. ♦ V. aussi • Com. 31 janv. 2006 : *Dr. sociétés 2006, n° 85, note F.-X. Lucas.*

4. GAEC. La procédure de redressement judiciaire et le plan de continuation concernant uniquement le groupement agricole d'exploitation en commun et non les époux preneurs, seuls titulaires du bail, la procédure collective poursuivie contre le GAEC, même si les biens loués avaient été mis à sa disposition par les preneurs, ne peut faire obstacle à l'action en résiliation du bailleur dont les droits ne sont pas modifiés. • Civ. 3e, 8 oct. 1997 : *Bull. civ. III, n° 183 ; D. Affaires 1997. 1256.*

5. Aide personnalisée au logement. En ce sens qu'il ne peut être déduit du plan d'apurement du passif aucune obligation, pour le prêteur, de restituer au débiteur le montant de l'APL reçu, V. • Com. 26 nov. 1998 : *Bull. civ. IV, n° 282 ; D. 1999. IR 11 ; D. Affaires 1999. 175, obs. V. A.-R. ; LPA 9 avr. 1999, p. 11, note Courtier.*

Art. L. 626-12 *(L. n° 2005-845 du 26 juill. 2005, art. 68)* **Sans préjudice de l'application des dispositions de l'article L. 626-18, la durée du plan est fixée par le tribunal. Elle ne peut excéder dix ans. Lorsque le débiteur est un agriculteur, elle ne peut excéder quinze ans.**

1. Prorogation. Le tribunal peut proroger la durée du plan, dès lors qu'elle n'excède pas dix ans, si cette prorogation permet d'atteindre les objectifs du plan, peu important qu'aucune modification substantielle dans les objectifs et les moyens du plan ne soit parallèlement décidée. • Paris, 19 juin 2001 : *D. 2001. AJ 2892 ; RJDA 2002, n° 70.* ♦ N'excède pas ses pouvoirs la juridiction qui proroge, avant qu'elles n'aient pris fin, la durée du plan [de cession, en l'espèce] et la mission du commissaire à l'exécution du plan, déjà prorogées par des décisions devenues irrévocables. • Com. 19 juin 2007 : *cité note 16 ter ss. ancien art. L. 661-6 ; RTD com. 2008. 858, obs. Saint-Alary-Houin*. ♦ La durée du plan ayant été fixée à deux ans sauf prolongation, un tribunal ne commet pas d'excès de pouvoir en statuant postérieurement à l'expiration du délai de deux ans initialement fixé dès lors que le commissaire à l'exécution du plan l'a saisi avant l'expiration de sa mission. • Com. 13 nov. 2007 : *cité note 1 bis ss. art. L. 626-26.*

2. Agriculteurs. Ne sauraient être applicables à une personne morale, et spécialement à une société commerciale, quand bien même son activité serait de nature agricole, les dispositions de l'art. 65 [C. com., art. L. 626-12] qui précisent que la durée du plan peut aller jusqu'à quinze ans lorsque le débiteur est agriculteur, conformément à la définition donnée par l'art. L. 311-1 C. rur. • Agen, 8 déc. 1999 : *Dr. sociétés 2000, n° 106, obs. Chaput ; Act. proc. coll. 2000, n° 200, obs. Vallansan.* ♦ *Contra* : • T. com. Bordeaux, 10 mars 2010 : *D. 2010. Actu. 1343, obs. Bourgeois*.

Art. L. 626-13 *(L. n° 2005-845 du 26 juill. 2005, art. 69)* **L'arrêt du plan par le tribunal entraîne la levée de plein droit de toute interdiction d'émettre des chèques**

conformément à l'article L. 131-73 du code monétaire et financier, mise en œuvre à l'occasion du rejet d'un chèque émis avant le jugement d'ouverture de la procédure. *(Ord. n° 2010-1512 du 9 déc. 2010, art. 3-8°)* **« Lorsque le débiteur est un entrepreneur individuel à responsabilité limitée, cette interdiction est levée sur les comptes afférents au patrimoine visé par la procédure. »** – *[C. com., ancien art. L. 621-71.] – V. l'art. L. 131-73 C. mon. fin., App., v° Banque et financement de l'entreprise.*

V. art. R. 626-24.

Art. L. 626-14 Dans le jugement arrêtant le plan ou le modifiant, le tribunal peut décider que les biens qu'il estime indispensables à la continuation de l'entreprise ne pourront être aliénés, pour une durée qu'il fixe, sans son autorisation. *(L. n° 2005-845 du 26 juill. 2005, art. 70)* **« La durée de l'inaliénabilité ne peut excéder celle du plan. »**

(Ord. n° 2008-1345 du 18 déc. 2008, art. 59) **« Lorsque le tribunal est saisi d'une demande d'autorisation d'aliéner un bien rendu inaliénable en application du premier alinéa, il statue, à peine de nullité, après avoir recueilli l'avis du ministère public. »**

La publicité de l'inaliénabilité temporaire est assurée *(L. n° 2005-845 du 26 juill. 2005, art. 70)* **« dans des conditions fixées par décret en Conseil d'État ».**

Tout acte passé en violation des dispositions du premier alinéa est annulé à la demande de tout intéressé *(L. n° 2005-845 du 26 juill. 2005, art. 70)* **« ou du ministère public », présentée dans le délai de trois ans à compter de la conclusion de l'acte. Lorsque l'acte est soumis à publicité, le délai court à compter de celle-ci.** – *[C. com., ancien art. L. 621-72.]*

V. art. R. 626-25 et R. 626-31.

1. Biens inaliénables. L'inaliénabilité n'atteint que les biens dont la propriété est celle du débiteur et non ceux dont il n'est que locataire. • Colmar, 25 mars 1987 : *JCP E 1988. II. 15114, n° 9, obs. Cabrillac et Vivant.* ♦ Sur l'inaliénabilité d'un fonds de commerce, V. • T. com. Paris, 2 mars 1987 : *Gaz. Pal. 1987. 2. 482, note Marchi* • T. com. Dunkerque, 1er avr. 2003 : *Gaz. Pal. 2003. Somm. 3256, obs. Delattre* (fonds exploité dans un bâtiment dépendant du domaine public maritime).

2. Indivision. Les créanciers de l'indivision préexistante à l'ouverture de la procédure collective de l'un des indivisaires ne peuvent, indépendamment de la publicité foncière de l'inaliénabilité temporaire décidée par le tribunal arrêtant le plan de continuation de cet indivisaire, se voir opposer cette disposition du plan qui fait obstacle au droit de poursuite qu'ils tiennent de l'art. 815-17, al. 1er, C. civ. ; l'inaliénabilité ne revêt pas le caractère d'une insaisissabilité s'imposant aux créanciers de l'indivision. • Com. 7 févr. 2012 : *D. 2012. Actu. 499*. ♦ V. aussi note 11 *quater* ss. art. L. 622-21.

Art. L. 626-15 Le plan mentionne les modifications des statuts nécessaires à la *(L. n° 2005-845 du 26 juill. 2005, art. 71)* **« réorganisation » de l'entreprise.** – *[C. com., ancien art. L. 621-73.]*

Refus de l'assemblée. Sur les conséquences du refus de l'assemblée de modifier les statuts (résolution du plan), V. • Com. 15 janv. 1991 : *cité note 12 ss. art. L. 626-25.*

Art. L. 626-16 *(L. n° 2005-845 du 26 juill. 2005, art. 72)* **En cas de nécessité, le jugement qui arrête le plan donne mandat à l'administrateur de convoquer, dans des conditions fixées par décret en Conseil d'État, l'assemblée compétente pour mettre en œuvre les modifications prévues par le plan.** – *V. art. R. 626-32.*

Art. L. 626-17 Les associés ou actionnaires sont tenus de libérer le capital qu'ils souscrivent dans le délai fixé par le tribunal. En cas de libération immédiate, ils peuvent bénéficier de la compensation à concurrence du montant de leurs créances

admises et dans la limite de la réduction dont elles sont l'objet dans le plan sous forme de remises ou de délais. – *[C. com., ancien art. L. 621-75.]*

Art. L. 626-18 *(L. n° 2010-1249 du 22 oct. 2010, art. 58-I-2°)* **Le tribunal donne acte des délais et remises acceptés par les créanciers dans les conditions prévues au deuxième alinéa de l'article L. 626-5 et à l'article L. 626-6. Ces délais et remises peuvent, le cas échéant, être réduits par le tribunal.**

Le tribunal homologue les accords de conversion en titres acceptés par les créanciers dans les conditions prévues au troisième alinéa de l'article L. 626-5, sauf s'ils portent atteinte aux intérêts des autres créanciers. Il s'assure également, s'il y a lieu, de l'approbation des assemblées mentionnées à l'article L. 626-3.

Pour les créanciers autres que ceux visés aux premier et deuxième alinéas du présent article, lorsque les délais de paiement stipulés par les parties avant l'ouverture de la procédure sont supérieurs à la durée du plan, le tribunal ordonne le maintien de ces délais.

Dans les autres cas, le tribunal impose des délais uniformes de paiement, sous réserve du cinquième alinéa du présent article. Le premier paiement ne peut intervenir au-delà d'un délai d'un an. Le montant de chacune des annuités prévues par le plan, à compter de la troisième, ne peut être inférieur à 5 % de chacune des créances admises, sauf dans le cas d'une exploitation agricole. — *V. art. R. 626-33.*

Lorsque le principal d'une créance reste à échoir en totalité au jour du premier paiement prévu par le plan, son remboursement commence à la date de l'annuité prévue par le plan qui suit l'échéance stipulée par les parties avant l'ouverture de la procédure. A cette date, le principal est payé à concurrence du montant qui aurait été perçu par le créancier s'il avait été soumis depuis le début du plan aux délais uniformes de paiement imposés par le tribunal aux autres créanciers. Le montant versé au titre des annuités suivantes est déterminé conformément aux délais uniformes de paiement imposés aux autres créanciers. Si aucun créancier n'a été soumis à des délais uniformes de paiement, le montant versé au titre des annuités suivantes correspond à des fractions annuelles égales du montant du principal restant dû.

Les délais de paiement imposés en application des quatrième et cinquième alinéas ne peuvent excéder la durée du plan.

Pour les contrats de crédit-bail, les délais prévus au présent article prennent fin si, avant leur expiration, le crédit preneur lève l'option d'achat. Celle-ci ne peut être levée si, sous déduction des remises acceptées, l'intégralité des sommes dues en vertu du contrat n'a pas été réglée.

BIBL. ▶ Le Corre, *Gaz. Pal. 3-4 août 2012, p. 5* (délais de remboursement d'un plan supérieurs à dix ans).

La L. n° 2010-1249 du 22 oct. 2010 est applicable aux procédures de sauvegarde et de redressement judiciaire ouvertes à compter du premier jour du cinquième mois suivant sa publication (L. préc., art. 58-II, JO 23 oct.), soit à compter du 1er mars 2011. — Ses dispositions sont applicables en Nouvelle-Calédonie et dans les îles Wallis-et-Futuna (L. préc., art. 85-II).

Ancien art. L. 626-18 [réd. antérieure à L. n° 2010-1249 du 22 oct. 2010] ***Le tribunal donne acte des délais et remises acceptés par les créanciers dans les conditions prévues*** (L. n° 2005-845 du 26 juill. 2005, art. 73) ***« au deuxième alinéa de l'article L. 626-5 et à l'article L. 626-6 ». Ces délais et remises peuvent, le cas échéant, être réduits par le tribunal. Pour les autres créanciers, le tribunal impose des délais uniformes de paiement, sous réserve, en ce qui concerne les créances à terme, des délais supérieurs stipulés par les parties avant l'ouverture de la procédure*** (L. n° 2005-845 du 26 juill. 2005, art. 73) ***« qui peuvent excéder la durée du plan.***

« Le premier paiement ne peut intervenir au-delà d'un délai d'un an. — V. art. R. 626-33.

« Au-delà de la deuxième année, le montant de chacune des annuités prévues par le plan ne peut, sauf dans le cas d'une exploitation agricole, être inférieur à 5 % du passif admis. »

Pour les contrats de crédit-bail, ces délais prennent fin si, avant leur expiration, le crédit preneur lève l'option d'achat. Celle-ci ne peut être levée si, sous déduction des remises acceptées, l'intégralité des sommes dues en vertu du contrat n'a pas été réglée. – [C. com., ancien art. L. 621-76.]

1. Remises imposées. A violé l'art. 74 [C. com., art. L. 626-18], le tribunal qui a imposé aux créanciers chirographaires ayant rejeté les propositions visées à l'art. 24 [C. com., art. L. 626-5], une réduction de leurs créances. • Versailles, 5 janv. 1988 : *JCP 1988. II. 21002, note Martin-Serf* • Nancy, 10 juin 1987 : *Rev. proc. coll. 1988. 316, obs. Soinne.* ♦ V. aussi note 2 ss. art. L. 626-5.

2. Délais de paiement uniformes. Viole l'art. 74 [C. com., art. L. 626-18] le tribunal imposant aux créanciers privilégiés et chirographaires réfractaires aux propositions des délais différents de paiement. • Versailles, 3 mars 1988 : *D. 1988. IR 103.* ♦ Cependant, le sort des créanciers privilégiés réfractaires est nécessairement moins favorable que celui des créanciers privilégiés acceptants, puisque la loi contraint les juges à aligner leur sort sur celui des créanciers chirographaires réfractaires. • Versailles, 19 mai 1988 : *D. 1988. 562, concl. Challe ; JCP E 1988. II. 15300 et 15301 ; Gaz. Pal. 1988. 2. 590, note de Guillenchmidt.*

V. aussi • Com. 16 nov. 1993 : *Bull. civ. IV, n° 410 ; D. 1995. Somm. 7, obs. Derrida*.

Pour une analyse comparée de la situation des créanciers « refusants » et des créanciers « acceptant », V. Soinne, *Rev. proc. coll. 1998. 359.*

2 bis. Modification du plan. En ce sens que les dispositions de l'art. 24 [C. com., art. L. 626-5], al. 2, visant l'acceptation tacite dans le cadre du plan de redressement ne doivent pas être étendues à une proposition de modification du plan car la stipulation d'une acceptation tacite constituerait une violation de l'art. 74 [C. com., art. L. 626-18] qui interdit d'imposer une réduction de créance, V. • Reims, 9 sept. 1998 : *JCP E 1999, n° 23, p. 987.*

2 ter. Durée des délais. Les délais de paiement du passif peuvent excéder la durée maximale du plan, fixée à dix ans par l'art. L. 621-22 [L. 626-12] C. com. • Bordeaux, 8 avr. 2002 : *Banque et Droit juill.-août 2002. 52, obs. Guillot* • T. com. Paris, 28 déc. 1995 : *Rev. proc. coll. 1996. 443, obs. Soinne.*

Sur la durée des remboursements, V. Soinne, *Rev. proc. coll. 1998. 355.*

2 quater. Paiement annuel. Aucune disposition n'interdit au tribunal, qui décide des modalités d'apurement du passif en cas de continuation, de prévoir un paiement annuel de dividende aux créanciers tout en obligeant le débiteur à provisionner mensuellement le montant de celui-ci entre les mains du commissaire à l'exécution du plan. • Orléans, 23 nov. 2000 : *RJDA 2001, n° 478.*

3. Prêts participatifs. V. note 1 ss. C. mon. fin., art. L. 313-16, App., v° *Banque et financement de l'entreprise.*

4. Cautions. V. art. L. 626-11, al. 2.

5. Intérêts moratoires. V. note 2 *bis* ss. art. L. 622-28.

6. Crédit-bail. Sur l'impossibilité d'appliquer les dispositions de l'art. 74, al. 3, ajoutées par la loi du 10 juin 1994 [C. com., art. L. 626-18, al. 4], dans le cadre de procédures ouvertes avant le 1er oct. 1994, V. • Rouen, 11 mai 1995 : *Gaz. Pal. 1995. 2. Somm. 521.*

7. Lorsque le contrat est venu à expiration pendant la période d'observation et que la levée de l'option est intervenue pendant cette période, l'art. 74 [C. com., art. L. 626-18] est inapplicable. Dans ce cas, l'art. 33 [C. com., art. L. 622-7] interdit tout reglement des créances nées antérieurement au redressement judiciaire et rend impossible le paiement des échéances impayées avant l'ouverture de la procédure. • T. com. Nice, 4 nov. 1997 : *D. 1998. IR 15.* ♦ Le seul paiement de la valeur résiduelle du bien ne peut donc être refusé par le crédit-bailleur qui ne peut s'opposer au transfert de propriété. • Même jugement. ♦ Le paiement des échéances de la période antérieure au jugement doit s'effectuer conformément au plan de redressement. • Même jugement.

Art. L. 626-19 Le plan peut prévoir un choix pour les créanciers comportant un paiement dans des délais uniformes plus brefs mais assorti d'une réduction proportionnelle du montant de la créance.

(Abrogé par L. n° 2005-845 du 26 juill. 2005, art. 74) ***« Dans ce cas les délais ne peuvent excéder la durée du plan. »***

La réduction de créance n'est définitivement acquise qu'après versement, au terme fixé, de la dernière échéance prévue par le plan *(Ord. n° 2008-1345 du 18 déc. 2008, art. 60)* **« pour son paiement ».** – *[C. com., ancien art. L. 621-77.]*

1. Si un choix est proposé aux créanciers consultés individuellement par lettre recommandée, cette lettre doit préciser le terme du choix qu'ils seront censés accepter à défaut de réponse dans les délais légaux. • T. com. Marseille, 16 mai 1991 : *D. 1995. Somm. 4, obs. Derrida* ; *Rev. proc. coll. 1996. 447, obs. Soinne.*

1 bis. Il résulte de l'art. L. 621-77 [L. 626-19] C. com. que la créance ayant fait l'objet d'une réduction dans le cadre du plan n'est éteinte que lorsque le débiteur a exécuté ses engagements. • Com. 3 oct. 2006 : *Bull. civ. IV, nº 197 ; D. 2006. AJ 2734, obs. Lienhard ; D. 2007. Pan. 42, obs. Le Corre ; Act. proc. coll. 2006, nº 237, obs. Boulay ; Gaz. Pal. 19-20 janv. 2007, p. 31, obs. Voinot.* ♦ La résolution du plan a pour effet d'anéantir rétroactivement les délais et remises acceptés lors de son adoption, de sorte que de telles remises, accordées au débiteur en dehors de toute négociation contractuelle étrangère au plan, ne sont définitivement acquises au débiteur qu'après versement, au terme fixé de la dernière échéance prévue par le plan. • Com. 9 mai 2007 : *Bull. civ. IV, nº 126 ; D. 2007. AJ 1509, obs. Lienhard ; Act. proc. coll. 2007, nº 118, obs. Vallansan ; Rev. proc. coll. 2007. 131, obs. Lebel.*

2. Sur la comptabilisation des réductions de créances, V. • Amiens, 19 févr. 1998 : *Gaz. Pal. 2000. Somm. 2200, obs. Canet.*

Art. L. 626-20 **I. — Par dérogation aux dispositions des articles L. 626-18 et L. 626-19, ne peuvent faire l'objet de remises ou de délais :**

1° Les créances garanties par le privilège établi aux articles L. 143-10 *[L. 3253-2 et L. 3253-3]*, **L. 143-11** *[L. 3253-4]*, **L. 742-6 et L. 751-15** *[L. 7313-8]* **du code du travail ;**

2° Les créances résultant d'un contrat de travail garanties par les privilèges prévus au 4° de l'article 2101 *[2331]* **et au 2° de l'article 2104** *[2375]* **du code civil lorsque le montant de celles-ci n'a pas été avancé par les institutions mentionnées à l'article L. 143-11-4** *[L. 3253-14]* **du code du travail ou n'a pas fait l'objet d'une subrogation.**

II. — Dans la limite de 5 % du passif estimé, les créances les plus faibles prises dans l'ordre croissant de leur montant et sans que chacune puisse excéder un montant fixé par décret, sont remboursées sans remise ni délai. Cette disposition ne s'applique pas lorsque le montant des créances détenues par une même personne excède un dixième du pourcentage ci-dessus fixé ou lorsqu'une subrogation a été consentie ou un paiement effectué pour autrui. — *[C. com., ancien art. L. 621-78.] — V. art. R. 626-34.*

1. Créances salariales. La créance de l'AGS correspondant au montant des créances salariales garanties par le superprivilège des salariés entre dans les prévisions de l'art. 76, 1°, devenu l'art. L. 621-78, 1°, [L. 626-20] C. com., et ne peut, en vertu de ce texte, faire l'objet d'un délai de paiement ; cette disposition, au contraire de celle du 2° du même art., ne profite, en effet, pas seulement aux salariés mais aussi à ceux qui ont acquis leur créance, dont l'AGS subrogée dans leurs droits. • Orléans, 22 févr. 2001 : *Act. proc. coll. 2001, nº 102, obs. Soinne.* ♦ V. aussi note 3 *ter* ss. art. L. 626-11 et note 3 ss. art. L. 625-6.

2. Entrepreneurs de travaux publics. Le bénéficiaire du privilège spécial mobilier, prévu par l'art. L. 143-6 [L. 3253-22] C. trav. auquel ne s'appliquent pas les dérogations énumérées par l'art. 76 de la loi du 25 janv. 1985 [C. com., art. L. 626-20], est soumis, comme les autres créanciers privilégiés, aux modalités d'apurement du passif décidées par le jugement arrêtant le plan de continuation. • Com. 17 févr. 1998 : *Bull. civ. IV, nº 83 ; D. Affaires 1998. 538 ; JCP E 1998, nº 36, p. 1357, obs. Cabrillac.*

Art. L. 626-21 **L'inscription d'une créance au plan et** *(L. nº 2010-1249 du 22 oct. 2010, art. 58-I-3°)* **« l'acceptation par le créancier de délais, remises ou conversions en titres donnant ou pouvant donner accès au capital »** *[ancienne rédaction : « l'octroi de délais ou remises par le créancier »]* **ne préjugent pas l'admission définitive de la créance au passif.**

(L. nº 2010-1249 du 22 oct. 2010, art. 58-I-3°) **« Lorsque le mandataire judiciaire a proposé l'admission d'une créance et que le juge-commissaire n'a été saisi d'aucune contestation sur tout ou partie de cette créance, les versements y afférents sont**

effectués à titre provisionnel dès que la décision arrêtant le plan est devenue définitive, à condition que cette décision le prévoie. »

Les sommes à répartir correspondant aux créances litigieuses ne sont versées qu'à compter de l'admission définitive de ces créances au passif. Toutefois, la juridiction saisie du litige peut décider que le créancier participera à titre provisionnel, en tout ou partie, aux répartitions faites avant l'admission définitive.

Sauf disposition législative contraire *(Abrogé par L. n° 2005-845 du 26 juill. 2005, art. 75)* ***« ou si le plan n'en dispose autrement »*****, les paiements prévus par le plan sont portables.** – *[C. com., ancien art. L. 621-79.]*

(L. n° 2005-845 du 26 juill. 2005, art. 75) **« Le tribunal fixe les modalités du paiement des dividendes arrêtés par le plan. Les dividendes sont payés entre les mains du commissaire à l'exécution du plan, qui procède à leur répartition. »** *(L. n° 2010-1249 du 22 oct. 2010, art. 58-I-3°)* **« Lorsque la bonne exécution du plan le requiert au regard de la nature particulière des paiements à effectuer, le tribunal peut, par décision spécialement motivée et après avis du ministère public, autoriser le commissaire à l'exécution du plan, sous sa responsabilité, à régler les créanciers par l'intermédiaire d'un établissement de crédit spécialement organisé pour effectuer des paiements de masse en numéraire ou en valeurs mobilières. »**

La L. n° 2010-1249 du 22 oct. 2010 est applicable aux procédures de sauvegarde et de redressement judiciaire ouvertes à compter du premier jour du cinquième mois suivant sa publication (L. préc., art. 58-II, JO 23 oct.), soit à compter du 1er mars 2011. – Ses dispositions sont applicables en Nouvelle-Calédonie et dans les îles Wallis-et-Futuna (L. préc., art. 85-II).

A. PORTÉE DE L'INSCRIPTION D'UNE CRÉANCE AU PLAN

1. Le plan de continuation doit prévoir le règlement de toutes les créances déclarées, même si elles sont contestées. • Com. 6 janv. 1998 : *Bull. civ. IV, n° 8 ; D. 1998. IR 39 ; D. Affaires 1998, p. 205, obs. V. A.-R. ; Quot. jur. 10 févr. 1998, p. 6, note P. M. ; JCP E 1998, n° 17, p. 654, obs. Cabrillac ; Rev. dr. bancaire 1998. 72, obs. Campana et Calendini* • 3 oct. 2006 : *Act. proc. coll. 2006, n° 232, obs. Vallansan.* ♦ Le créancier qui n'a pas reçu les dividendes fixés par le plan qui n'incluait pas sa créance peut en demander la résolution, en vertu de l'art. 80 [C. com., art. L. 626-27]. • Com. 6 janv. 1998 : *préc.* – V. aussi : • Com. 9 déc. 1997 : *JCP E 1998, n° 6, p. 205.*

Sur la responsabilité civile du représentant des créanciers, V. note 4 ss. art. L. 624-1.

2. Viole l'art. 77 [C. com., art. L. 626-27], al. 1er, l'arrêt qui, pour admettre une créance à un montant inférieur à celui déclaré, énonce que les personnes exécutant le plan de redressement d'une entreprise ne peuvent se voir imposer des charges autres que les engagements souscrits par elles au cours de sa préparation et relève que le débiteur s'est engagé dans le projet de plan à régler cette somme en dix ans, alors que l'inscription au plan de la créance ne fait pas obstacle à son admission, pour la somme déclarée, et alors que la cour d'appel constate que cette créance est pleinement justifiée par les factures produites. • Com. 14 juin 1994 : *Bull. civ. IV, n° 216 ; D. 1995. Somm. 6, obs. Derrida ; RTD com. 1995. 481, obs. Martin-Serf.*

3. Le juge-commissaire ayant admis la créance d'une banque pour son seul montant en principal, hors intérêts, et le plan de continuation ayant prévu le règlement des créances déclarées pour leur seul montant en capital, il en résulte que le débiteur n'est pas tenu de régler les intérêts de la créance de la banque • Com. 23 nov. 2004 : *RTD com. 2005. 595, obs. Saint-Alary-Houin.*

B. PAIEMENTS PRÉVUS PAR LE PLAN

Jurisprudence partiellement relative à l'ancien art. 77, al. 3, de la loi du 25 janv. 1985.

4. Le jugement qui arrête le plan de continuation autorise tout créancier à exercer après l'échéance, y compris en référé, une action de droit commun en paiement du dividende fixé par le plan, dès lors que sa créance a été définitivement admise au passif. • Paris, 6 févr. 2002 : *BICC 2002, n° 1283.* ♦ En conséquence, n'est pas fondée l'exception d'incompétence au profit du tribunal de la procédure collective soulevée par le débiteur. • Même arrêt. ♦ V. aussi, pour l'engagement d'une mesure d'exécution forcée, • Com. 15 oct. 2002 : *RTD com. 2003. 168, obs. Vallens.* ♦ V. aussi note 1 ss. art. L. 626-11. ♦ Comp., désormais, sur l'action en paiement des dividendes : art. L. 626-27.

5. La loi ne prévoit aucune déchéance ou forclusion relative aux demandes tardives de paiement de dividendes échus et seules les règles de la prescription font obstacle à de telles demandes. • Com. 22 oct. 1996 : *Bull. civ. IV, n° 254 ; D. Affaires 1997. 27 ; Rev. dr. bancaire 1996. 243, obs. Campana et Calendini.*

5 bis. Sur le droit du créancier d'obtenir le paiement des annuités échues antérieurement à l'admission définitive de sa créance, V. • Com. 22 nov. 2011 : *Bull. civ. IV, n° 191 ; D. 2011. Actu. 2927 ; Rev. sociétés 2012. 196, obs. Roussel Galle ; JCP E 2012. 1227, n° 5, obs. Pétel ; LEDEN janv. 2012, p. 3, obs. Staes ; RJDA 2012, n° 314 ; Gaz. Pal. 27-28 avr. 2012, p. 22, obs. Lebel.*

6. Il résulte de l'art. 1680 CGI que les impôts et taxes visés par ce code ne sont pas quérables, mais payables à la caisse du comptable du Trésor chargé du recouvrement des impôts directs détenteur du rôle, ou suivant les modes de paiement autorisés par le ministre de l'économie et des finances. • Com. 2 févr. 1993 : *Bull. civ. IV, n° 42 ; D. 1995. Somm. 5, obs. Derrida.*

Art. L. 626-22 **En cas de vente d'un bien grevé d'un privilège spécial,** *(Ord. n° 2008-1345 du 18 déc. 2008, art. 165)* **« d'un gage, » d'un nantissement ou d'une hypothèque,** *(L. n° 2005-845 du 26 juill. 2005, art. 76)* **« la quote-part du prix correspondant aux créances garanties par ces sûretés est versée en compte de dépôt à la Caisse des dépôts et consignations et » les créanciers bénéficiaires de ces sûretés ou titulaires d'un privilège général sont payés sur le prix après le paiement des créances garanties par le privilège établi aux articles L. 143-10** *[L. 3253-2 et L. 3253-3]*, **L. 143-11** *[L. 3253-4]*, **L. 742-6 et L. 751-15** *[L. 7313-8]* **du code du travail.**

Ils reçoivent les dividendes à échoir d'après le plan, réduits en fonction du paiement anticipé, suivant l'ordre de préférence existant entre eux.

Si un bien est grevé d'un privilège, *(Ord. n° 2008-1345 du 18 déc. 2008, art. 165)* **« d'un gage, » d'un nantissement ou d'une hypothèque, une autre garantie peut lui être substituée en cas de besoin, si elle présente des avantages équivalents. En l'absence d'accord, le tribunal peut ordonner cette substitution.** — *[C. com., ancien art. L. 621-80.]*

V. art. R. 626-35, R. 626-36 et R. 661-1.

1. Paiement des créanciers privilégiés. Pour l'inapplicabilité de l'art. L. 621-80 [L. 626-22] dans le cas où la vente du bien grevé n'a pas été prévue par le plan, mais est intervenue après l'arrêté de celui-ci, V. • Com. 21 févr. 2006 : *cité note 1 bis ss. art. L. 626-25.* ♦ Sur les modalités d'application de l'art. L. 621-80 [L. 626-22], al. 1er et 2, V. • Douai, 11 mars 1993 : *Rev. proc. coll. 1993. 490, obs. Soinne.*

2. Substitution de garanties. BIBL. Pohé, *Rev. proc. coll. 1992. 45.* ♦ L'art. 78 [C. com., art. L. 626-22], al. 3, n'autorise pas le juge à substituer une caution bancaire à l'immeuble dont la réalisation est envisagée et qui doit sortir du patrimoine gage des créanciers soumis au plan de continuation. • Paris, 29 juin 1993 : *D. 1995. Somm. 5, obs. Derrida.* ♦ Par suite, le juge, statuant sur une demande de modification du plan de continuation qui prévoyait qu'un immeuble ne pourrait être cédé sans son autorisation, subordonne à bon droit cette autorisation au règlement du passif, tant des créanciers titulaires de sûretés sur l'immeuble que des créanciers chirographaires. • Même arrêt.

Art. L. 626-23 **En cas de cession partielle d'actifs, le prix est versé** *(L. n° 2005-845 du 26 juill. 2005, art. 77)* **« au débiteur » sous réserve de l'application de l'article L. 626-22.** — *[C. com., ancien art. L. 621-81.]*

BIBL. ▶ DORLÉAC, *Bull. Joly Entrep. diff. 2011. 293.*

Art. L. 626-24 *(L. n° 2005-845 du 26 juill. 2005, art. 78)* **« Le tribunal peut charger l'administrateur d'effectuer les actes, nécessaires à la mise en œuvre du plan, qu'il détermine. »**

Le mandataire judiciaire demeure en fonction pendant le temps nécessaire *(L. n° 2005-845 du 26 juill. 2005, art. 78)* **« à la vérification et à l'établissement définitif de l'état des créances ».** — *[C. com., ancien art. L. 621-67.]*

(Ord. n° 2008-1345 du 18 déc. 2008, art. 61) **« Lorsque la mission de l'administrateur et du mandataire judiciaire est achevée, il est mis fin à la procédure dans des conditions fixées par décret en Conseil d'État. »**

V. art. R. 626-38 s.

1. Délimitation des pouvoirs. **BIBL.** Soinne, *Rev. proc. coll. 2001. 163.* ♦ En vertu des art. 46, 63, al. 2, 66, 67 et 147 [C. com., art. L. 622-20, ancien art. L. 621-64, art. L. 626-24, L. 626-25 et ancien art. L. 621-143], le représentant des créanciers, qui demeure en fonction pendant le temps nécessaire à la vérification des créances, agit au nom et dans l'intérêt des créanciers ; le commissaire à l'exécution du plan de redressement de l'entreprise est chargé de veiller à l'exécution de celui-ci, tandis que les pouvoirs nécessaires à la mise en œuvre du plan, spécialement en ce qui concerne les licenciements prévus, sont attribués à l'administrateur ; en cas d'ouverture d'une procédure simplifiée de redressement judiciaire sans administrateur, le commissaire à l'exécution du plan assiste le débiteur dans l'accomplissement des actes nécessaires à la mise en œuvre du plan. • Soc. 8 avr. 1992 : *Bull. civ. V, n° 260 ; D. 1992. IR 187.* ♦ Cassation, pour violation de ces textes, de l'arrêt qui condamne *in solidum* le commissaire à l'exécution du plan, le représentant des créanciers et le débiteur à payer des dommages et intérêts à un salarié irrégulièrement licencié pour motif économique en application d'un plan de cession, alors que la cour d'appel ne peut condamner que l'administrateur ès qualités et le débiteur, ou, en cas de procédure simplifiée et en l'absence de désignation d'un administrateur, que le débiteur assisté du commissaire à l'exécution du plan. • Même arrêt. ♦ V. aussi notes 4 s. ss. art. L. 626-25.

2. Fin des fonctions du représentant des créanciers. Le représentant des créanciers, demeurant en fonction pendant le temps nécessaire à la vérification des créances, est recevable à faire appel d'un jugement ayant reconnu l'existence de cette créance. • Com. 11 avr. 1995 : *JCP 1995. IV. 1478.* ♦ Mais, le représentant des créanciers ne demeure en fonction que pour achever la vérification du passif et n'a plus qualité pour exercer, après le jugement arrêtant le plan, une action en paiement de dommages-intérêts contre une personne à qui il est reproché d'avoir contribué, par des agissements fautifs, à la diminution de l'actif ou à l'aggravation du passif. • Com. 12 juill. 1994 : *Bull. civ. IV, n° 265 ; D. 1995. Somm. 1, obs. Derrida* • 3 janv. 1995 : *Bull. Joly 1995. 266, note Couret.* ♦ Dans le même sens, pour des actions en comblement de passif et en prononcé de faillite personnelle, V. • Com. 24 sept. 2003 : *Bull. civ. IV, n° 143 ; D. 2003. AJ 2438, obs. Lienhard ; Bull. Joly 2003. 1265, note Cagnoli ; JCP E 2004, n° 5, p. 174, obs. Pétel ; ibid., n° 11, p. 423, note Legros ; Rev. sociétés 2004. 412, note F.-X. Lucas ; Rev. proc. coll. 2005. 150, obs. Martin-Serf.* ♦ V. note 8 ss. art. L. 626-25. ♦ De même, après l'adoption d'un plan de redressement, le représentant des créanciers n'a plus qualité pour demander en référé la designation d'un expert en vue de rechercher les éléments relatifs à la responsabilité d'une banque pour soutien abusif. • Com. 8 janv. 2002 : *Act. proc. coll. 2002, n° 72.* ♦ V. aussi, sur le défaut de qualité pour agir en rapport du montant d'un chèque, sur le fondement de l'art. L. 621-109 [L. 632-3] C. com., • Com. 23 nov. 2004 : *Bull. civ. IV, n° 200 ; D. 2004. AJ 3218, obs. Lienhard ; RD banc. fin. 2005, n° 18, obs. F.-X. Lucas ; Dr. et patr. avr. 2005. 114, obs. Monsèrié-Bon ; RTD com. 2005. 590, obs. Saint-Alary-Houin.* ♦ ... Pour poursuivre une action en nullité de la période suspecte, note 1 *septies* ss. art. L. 632-4. ♦ La fin de non-recevoir tirée du défaut de qualité du représentant des créanciers pour agir en paiement des dettes sociales n'est pas susceptible d'être régularisée par la nomination d'un mandataire *ad hoc*. • Com. 28 mars 2000 : *Bull. civ. IV, n° 72 ; D. 2000. AJ 212 ; JCP E 2000, n° 40, p. 1561, obs. Pétel.*

3. Sur l'absence d'intérêt du représentant des créanciers pour agir en nullité d'une vente conclue durant la période suspecte, dès lors que la liquidation judiciaire de la société a été clôturée pour extinction du passif et qu'il a été mis fin au redressement judiciaire du dirigeant après adoption du plan d'apurement de son passif, l'intégralité des sommes destinées à couvrir ce passif ayant été consignée entre les mains du représentant des créanciers avant la date de l'assignation en nullité, V. • Com. 29 oct. 1991 : *D. 1992. 424, note Sortais.*

Art. L. 626-25 *(L. n° 2005-845 du 26 juill. 2005, art. 79)* **« Le tribunal nomme, pour la durée fixée à l'article L. 626-12, l'administrateur ou le mandataire judiciaire en qualité de commissaire chargé de veiller à l'exécution du plan. Le tribunal peut, en cas de nécessité, nommer plusieurs commissaires.** *(Abrogé, à compter du 15 févr. 2009, par Ord. n° 2009-112 du 30 janv. 2009, art. 11-I) (Ord. n° 2008-1345 du*

18 déc. 2008, art. 62) « ***Les dispositions de l'article L. 621-4-1 sont applicables au commissaire à l'exécution du plan.*** »

« Les actions introduites avant le jugement qui arrête le plan et auxquelles l'administrateur ou le mandataire judiciaire est partie sont poursuivies par le commissaire à l'exécution du plan ou, si celui-ci n'est plus en fonction, par un mandataire de justice désigné spécialement à cet effet par le tribunal.

« Le commissaire à l'exécution du plan est également habilité à engager des actions dans l'intérêt collectif des créanciers. »

Le commissaire à l'exécution du plan peut se faire communiquer tous les documents et informations utiles à sa mission.

Il rend compte au président du tribunal et au *(L. nº 2005-845 du 26 juill. 2005, art. 79)* **« ministère public » du défaut d'exécution du plan. Il en informe le comité d'entreprise ou, à défaut, les délégués du personnel.** – *V. art. R. 626-43 et R. 626-47.*

(L. nº 2003-7 du 3 janv. 2003, art. 43) **« Toute somme perçue par le commissaire à l'exécution du plan est immédiatement versée en compte de dépôt à la Caisse des dépôts et consignations. En cas de retard, le commissaire à l'exécution du plan doit, pour les sommes qu'il n'a pas versées, un intérêt dont le taux est égal au taux de l'intérêt légal majoré de cinq points. »** – *[C. com., ancien art. L. 621-68.] – Pour l'insaisissabilité des sommes versées à la Caisse des dépôts et consignations, V. art. L. 662-1.*

(L. nº 2005-845 du 26 juill. 2005, art. 79) **« Le commissaire à l'exécution du plan peut être remplacé par le tribunal, soit d'office, soit à la demande du ministère public. »** *(Ord. nº 2008-1345 du 18 déc. 2008, art. 62)* **« Lorsque le remplacement est demandé par le commissaire à l'exécution du plan, le président du tribunal statue par ordonnance. »** – *V. art. R. 626-44.*

BIBL. ▶ GOMEZ, *Rev. proc. coll. 2008. 28* (durée de la mission du commissaire à l'exécution du plan).

▶ Régime antérieur à la loi du 26 juill. 2005 : BOLARD, *Mélanges Honorat, Frison-Roche, 2000, p. 27*. – BRILL-VENKATASAMY, *RJ com. 1994. 1* (sort des actions en responsabilité à l'encontre des tiers non dirigeants après l'adoption d'un plan de redressement). – SOINNE, *Rev. proc. coll. 2001. 163 ; ibid. 2003. 3 ; LPA 15 janv. 2002 ; ibid. 16 janv. 2002, p. 8 ; ibid. 17 janv. 2002* (répartition des pouvoirs entre les organes de la procédure). – MONTÉRAN et LE BOURGEOIS, *Rev. proc. coll. 2003. 294* (pouvoirs du commissaire à l'exécution du plan). – LE CORRE, *Gaz. Pal. 2004. Doctr. 3708* (durée des fonctions du commissaire à l'exécution du plan).

A. EFFETS DU JUGEMENT ARRÊTANT LE PLAN

1. Le jugement arrêtant le plan de cession [de sauvegarde ou de redressement] de l'entreprise mettant fin, dès son prononcé, à la période d'observation, le débiteur retrouve la totalité de ses pouvoirs, sous réserve de ceux qui sont attribués à l'administrateur pour la mise en œuvre du plan et au commissaire à l'exécution du plan pour veiller à l'exécution de celui-ci. • Soc. 20 janv. 1993 : *Bull. civ. V, nº 16 ; D. 1994. Somm. 40, obs. Derrida* • 3 mars 1994 : *Rev. proc. coll. 1994. 232, obs. Soinne* • 13 juin 2001 : *Act. proc. coll. 2001, nº 199*. – V. aussi • Civ. 3e, 7 juin 2001 : *Act. proc. coll. 2001, nº 212, obs. Regnaut-Moutier.*

1 bis. Après l'arrêté du plan de continuation [de redressement] et sauf disposition contraire de celui-ci, le débiteur, redevenu maître de ses biens, peut disposer de ceux-ci ainsi que de leur prix, sans avoir à solliciter l'autorisation du tribunal ou du juge-commissaire, ses créanciers étant réglés selon les modalités du plan. • Com. 21 févr. 2006 : *Bull. civ. IV, nº 46 ; D. 2006. AJ 719, obs. Lienhard ; ibid. Pan. 2253, obs. F.-X. Lucas ; JCP E 2006, nº 14-15, p. 670, obs. Cabrillac ; LPA 27 avr. 2006, p. 18, note Lebel ; Gaz. Pal. 30 avr.-4 mai 2006, p. 32, obs. Voinot ; Act. proc. coll. 2006, nº 91, obs. Boulay ; RTD com. 2006. 482, obs. Vallens ; JCP N 2006, nº 49, p. 2143, obs. Vauvillé.* ♦ De même, le débiteur redevenu maître de ses biens est recevable à exercer une action en résolution d'un contrat, peu important l'inaction de l'administrateur pendant la période d'observation. • Com. 16 sept. 2008 : *Bull. civ. IV, nº 156 ; D. 2008. AJ 2425, obs. Lienhard ; Act. proc. coll. 2008, nº 269, obs. Regnaut-Moutier ; JCP E 2009. 1008, nº 5, obs. Pétel ; LPA 25 mars 2009, note Rakotovahiny.*

1 ter. Pour la recevabilité de l'action contractuelle de la société débitrice contre un établissement de crédit ayant rompu abusivement son concours antérieurement au jugement d'ouverture, dès lors qu'il s'agit d'obtenir réparation d'un préjudice distinct de celui subi par les créanciers de la procédure collective, V. • Com. 13 mars 2007 : *Bull. civ. IV, n° 86 ; D. 2007. AJ 1020, obs. Lienhard ; Act. proc. coll. 2007, n° 107, obs. Legeais ; Bull. Joly 2007. 839, note F.-X. Lucas ; Gaz. Pal. 20-21 juill. 2007, p. 49, obs. Routier ; Rev. proc. coll. 2007. 238, obs. Martin-Serf.* – V. aussi Paclot et Roussel Galle, *JCP E 2008. 2101*.

2. La mission d'assistance confiée à l'administrateur prend fin à la date du jugement arrêtant le plan de continuation [de sauvegarde ou de redressement] et, dès lors, le débiteur est apte à former seul un recours en cassation ; il ne peut donc être soutenu que le pourvoi est irrecevable faute pour le commissaire à l'exécution du plan d'y figurer au lieu et place de l'administrateur chargé d'assister le débiteur. • Com. 30 mars 1993 : *D. 1995. Somm. 6, obs. Derrida*. – Dans le même sens, V. • Com. 15 oct. 2002 : *RD banc. fin. 2003, n° 81, obs. F.-X. Lucas.*

3. Lorsqu'une procédure portant sur des créances nées après le jugement d'ouverture est en cours, au jour du jugement arrêtant le plan, le débiteur doit y être appelé, afin d'y défendre ses intérêts, nul ne pouvant être condamné sans avoir été entendu ou appelé. • Soc. 27 nov. 2001 : *Bull. civ. V, n° 366 ; JCP E 2002, n° 3, p. 112 ; RTD com. 2002. 154, obs. Saint-Alary-Houin*.

B. COMMISSAIRE À L'EXÉCUTION DU PLAN

3 bis. Nomination. Aucune disposition n'interdit au tribunal de désigner plusieurs commissaires à l'exécution du plan lorsque la situation du débiteur rend ces désignations nécessaires. • Com. 11 déc. 2001 : *RJDA 2002, n° 412.* ♦ Solution confirmée par l'art. L. 626-25, al. 1er, dans sa réd. issue de L. n° 2005-845 du 26 juill. 2005. ♦ Lorsque le tribunal qui a arrêté le plan désigne plusieurs commissaires à l'exécution du plan, chacun d'eux se trouve investi de la totalité des pouvoirs dévolus par la loi à cet organe, lequel ne représente pas le débiteur, et a la capacité de les exercer seul, de sorte que la notification du jugement faite à l'un d'eux ne fait pas courir le délai d'appel à l'égard de l'autre (cassation pour violation de l'art. 529 C. pr. civ.). • Com. 9 mai 2007 : *Bull. civ. IV, n° 123 ; D. 2007. AJ 1426 ; Defrénois 2007. 1565, obs. Gibirila.*

3 ter. Désignation d'office. En ce sens que constitue une mesure d'administration provisoire non susceptible de recours la désignation d'office par le tribunal, en qualité de commissaire à l'exécution du plan, en lieu et place du mandataire désigné, d'une société d'exercice libéral prise en la personne de ce mandataire, en raison du constat que ce dernier n'exerçait plus son activité professionnelle à titre individuel mais en société, V. • Com. 16 juin 2009 : *Bull. civ. IV, n° 80 ; D. 2009. AJ 1822 ; RJDA 2009, n° 993 ; Gaz. Pal. 1er-3 nov. 2009, p. 12, obs. Bidan.*

3 quater. Qualité. La révision d'une décision ne pouvant être demandée que par les personnes qui y ont été parties ou représentées, le commissaire à l'exécution du plan ne peut pas demander la révision de l'arrêt auquel a été partie le débiteur mis ensuite en redressement judiciaire. • Com. 16 mars 1999 : *Bull. civ. IV, n° 68 ; D. 1999. Somm. 349, obs. Honorat ; D. Affaires 1999. 718, obs. A. L.*

Sur la validité et l'efficacité d'un avis à tiers détenteur notifié au commissaire à l'exécution du plan, V. note 3 ss. art. L. 662-1.

4. Pouvoirs. Lorsque la mission de l'administrateur a pris fin, l'action en paiement d'une créance née régulièrement apres le jugement d'ouverture doit, conformément aux art. 67 [C. com., art. L. 626-25], al. 1er, ci-dessus et 90 du Décr. du 27 déc. 1985 [abrogé], être dirigée contre le commissaire à l'exécution du plan, désigné pour la durée de ce plan, avec mission de veiller à son exécution. • Soc. 20 janv. 1993 : *préc. note 1.*

5. Les dispositions de l'art. 67 [C. com., art. L. 626-25], al. 2, ne concernent pas les instances qui étaient en cours à la date d'ouverture du redressement judiciaire. • Com. 22 juin 1993 : *Bull. civ. IV, n° 262 ; D. 1994. Somm. 39, obs. Derrida* • Civ. 3e, 16 juin 1999 : *Bull. civ. III, n° 145 ; RJDA 1999, n° 1106 ; LPA 3 mars 2000, p. 17, note Gallet.* ♦ En effet, si le commissaire peut poursuivre les actions introduites par le représentant des créanciers ou l'administrateur, il est néanmoins irrecevable à agir lorsque l'action a été introduite du temps où le débiteur était *in bonis* et que cette action n'a pas été reprise par l'administrateur ou le représentant des créanciers et pas davantage par une nouvelle saisine de la juridiction ou une demande en réouverture des débats. • Aix-en-Provence, 30 sept. 1994 : *Rev. proc. coll. 1995. 414 obs. Soinne.* – Dans le même sens, V. • Paris, 15 oct. 2004 : *RD banc. fin. 2005, n° 57, obs. F.-X. Lucas* • Versailles, 20 janv. 2005 : *EICC 2005, n° 984 ; RD banc. fin. 2005, n° 98, obs. F.-X. Lucas ; RJDA 2005, n° 1017 ; Rev. sociétés 2006. 173, note Sortais*. ♦ V. aussi, jugeant irrecevable la demande du commissaire à l'exécution du plan tendant à sa désignation en qualité de mandataire *ad hoc* avec pour mission de poursuivre l'action introduite par le débiteur, • Paris, 14 janv. 2005 :

Gaz. Pal. 29-30 avr. 2005, p. 28, obs. Voinot.

5 bis. Après l'adoption d'un plan de cession, les opérations de la procédure collective ne se poursuivent que pour leur achèvement, qu'il s'agisse de la vérification des créances, ou des instances en cours, ou encore de l'exécution du plan. • Montpellier, 19 mars 1996 : *D. 1996. IR 134 ; JCP E 1996. I. 584, n° 15, obs. Pétel ; Rev. proc. coll. 1996. 375, obs. Soinne,* conf. par • Com. 9 juin 1998 : *D. 1998. IR 197 ; D. Affaires 1998. 1218 ; Quot. jur. 24 sept. 1998, p. 3, note P. M. ; RTD com. 1998. 931, obs. Saint-Alary-Houin .*

6. Lorsque la mission du représentant des créanciers a pris fin dans les conditions prévues à l'art. 88, al. 2, du Décr. du 27 déc. 1985 [C. com., art. R. 626-38, al. 2], la procédure de vérification et d'admission ouverte par la déclaration de créance est poursuivie par le commissaire à l'exécution du plan ou, si ce dernier n'est plus en fonction, par le mandataire *ad hoc* désigné par le tribunal de la procédure collective. • Com. 25 oct. 1994 : *Bull. civ. IV, n° 313.*

6 bis. Dès lors que les organes de la procédure n'ont pas usé des pouvoirs qui leur ont été conférés par la loi, aucun mandataire, même spécialement nommé (désignation d'un mandataire *ad hoc* pour engager une nouvelle procédure), ne peut recevoir pour mission d'exercer ces pouvoirs, définitivement révolus. • Montpellier, 19 mars 1996 : *préc. note 5 bis.*

7. Il résulte de l'art. 67 [C. com., art. L. 626-25], al. 2, qu'après le jugement arrêtant le plan de redressement, seul le commissaire à l'exécution du plan a qualité pour poursuivre les actions introduites auparavant. • Com. 30 mai 1989 : *D. 1991. Somm. 9, obs. Derrida ; Bull. civ. IV, n° 168.* ♦ En conséquence, est sans qualité à se pourvoir en cassation l'administrateur du redressement judiciaire, agissant comme tel, dans un litige opposant le débiteur à un tiers, faute pour le commissaire de s'être substitué à l'administrateur dans le délai prévu à l'art. 978 NCPC [C. pr. civ.] • Même arrêt. ♦ Cette fin de non-recevoir est d'ordre public et peut être relevée d'office. • Même arrêt. – Dans le même sens : • Com. 14 avr. 1992 : *Bull. civ. IV, n° 159 ; D. 1992. Somm. 374, obs. Honorat .* ♦ De même, la personne agissant en qualité d'administrateur judiciaire est sans qualité pour former appel d'un jugement relatif au licenciement d'un salarié auquel elle avait procédé. • Soc. 2 avr. 1996 : *Bull. civ. V, n° 133 ; D. 1996. IR 123.* ♦ ... Ou pour déposer un mémoire ampliatif. • Soc. 6 nov. 2001 : *Act. proc. coll. 2002, n° 10.* ♦ En revanche, l'administrateur a qualité pour défendre aux actions nées après le jugement arrêtant le plan et destinées à faire obstacle à son exécution. • Paris, 15 janv. 1991 : *D. 1991. IR 54.*

7 bis. Le commissaire à l'exécution du plan, qui n'a pas engagé en cette qualité une action en responsabilité à l'encontre d'une banque et qui n'a fait que poursuivre en cette qualité l'action introduite par l'administrateur, qui n'avait pas qualité pour l'engager, n'est pas habilité à demander une condamnation sur le fondement de cette action. • Com. 5 janv. 1999 : *D. Affaires 1999. 219, obs. A. L. ; LPA 26 janv. 1999, p. 8, note P. M ; RJ com. 1999. 414, note Courtier ; Rev. proc. coll. 2002. 118, obs. Martin-Serf.*

8. Le commissaire à l'exécution du plan trouve dans les pouvoirs qui lui sont conférés par l'art. 67 [C. com., art. L. 626-25], al. 2, en vue de poursuivre les actions exercées avant le jugement arrêtant le plan, par le représentant des créanciers, pour la défense de leur intérêt collectif, qualité pour engager également en leur nom une action tendant aux mêmes fins. • Com. 12 juill. 1994 : *Bull. civ. IV, n° 265 ; D. 1995. Somm. 1, obs. Derrida ; LPA 16 juin 1995, p. 22* (cassant • Lyon, 21 févr. 1992 : *D. 1994. Somm. 41, obs. Derrida*). ♦ ... Alors même que le représentant des créanciers aurait été maintenu en fonction pour les seuls besoins de la vérification du passif. • Lyon, 26 févr. 1999 : *BICC 1999, n° 1443 ; RTD com. 2001. 215, obs. Saint-Alary-Houin .* ♦ Par conséquent, le commissaire à l'exécution du plan est compétent, après le jugement ayant arrêté le plan de cession de l'entreprise, pour exercer une action en paiement de dommages-intérêts contre toute personne, fût-elle titulaire d'une créance ayant son origine antérieurement au jugement d'ouverture de la procédure collective, à qui il est reproché d'avoir contribué, par des agissements fautifs, à la diminution de l'actif ou à l'aggravation du passif. • Com. 12 juill. 1994 : *préc.* (comp., sur renvoi : • Chambéry, 21 mai 1996 : *Rev. dr. bancaire 1997. 38, obs. Campana et Calendini)* • 15 févr. 2000 : *RJDA 2000, n° 567.* ♦ Le commissaire à l'exécution du plan est compétent pour exercer une action en responsabilité tendant à la défense de l'intérêt collectif des créanciers (s'agissant d'une action en réparation du préjudice causé aux créanciers par la rupture abusive d'un contrat de concession). • Com. 23 nov. 1999 : *Procédures 2000, n° 65, obs. Laporte ; RTD com. 2001. 217, obs. Saint-Alary-Houin .* ♦ Dès lors que la procédure collective n'est pas clôturée, le commissaire à l'exécution du plan demeure investi de sa mission et est recevable à saisir le tribunal pour demander le paiement des dettes sociales par les dirigeants en application de l'art. 180 [C. com., art. L. 651-2]. • Com. 3 janv. 1995 : *Bull. Joly 1995. 266, note Couret ; Dr. sociétés 1995,* n° 55, obs. Chaput (V. l'arrêt d'appel : • Paris, 18 juin 1991 : *Gaz. Pal. 1992. 1. 148, note Marchi ; Dr. sociétés 1992, n° 27, obs. Chaput ; Rev. proc. coll. 1991. 304, obs. Soinne).* ♦ De même, le commissaire a qualité pour engager au nom des créanciers une action en recouvrement d'une créance antérieure au jugement d'ouverture de la procédure collective. • Com. 20 mai 1997 : *Bull. civ. IV, n° 148 ; D. 1998. Somm. 11, obs. Derrida ; D. 1998. Somm. 100 ; D. Affaires 1997. 765* • 29 févr. 2000 : *RJDA 2000, n° 695 ; RTD com. 2001. 217, obs. Saint-Alary-Houin*. – V. aussi • Com. 3 mars 1998 : *RTD com. 1998. 673, obs. Saint-Alary-Houin* • 8 déc. 1998 : *Act. proc. coll. 1999, n° 24 ; RTD com. 2000. 447, obs. Saint-Alary-Houin* • Aix-en-Provence, 9 déc. 1998 : *JCP E 1999, n° 30-34, p. 1270* • Versailles, 8 janv. 1999 : *JCP E 1999, n° 21, p. 891.* ♦ ... Pour déclarer une créance au passif de la caution du débiteur. • Paris, 13 avr. 1999 : *RTD com. 1999. 957, obs. Saint-Alary-Houin*. ♦ ... Pour engager l'action en rapport prévue par l'art. L. 621-109 [L. 632-3] C. com. • Com. 23 nov. 2004 : *cité note 2 ss. art. L. 626-24.* ♦ ... Ou pour se constituer partie civile des chefs de présentation et de publication de comptes annuels infidèles contre les dirigeants de la société faisant l'objet de la procédure et de confirmation de comptes inexacts contre le commissaire aux comptes. • Crim. 27 nov. 1997 : *Bull. crim. n° 405 ; Rev. sociétés 1998. 596, note Bouloc* • 17 nov. 2004 : *Bull. crim. n° 291 ; D. 2005. AJ 566, obs. Lienhard ; Dr. sociétés 2005, n° 58, note R. Salomon ; RJDA 2005, n° 403 ; Rev. sociétés 2005. 433, note Bouloc*. ♦ Le commissaire à l'exécution du plan est également recevable à exercer contre un tiers une action fondée sur l'art. 1167 C. civ. (action paulienne). • Com. 13 nov. 2001 : *Bull. civ. IV, n° 178 ; D. 2001. AJ 3617, obs. Lienhard ; JCP E 2002, n°s 18-19, p. 765, note Blanc ; JCP 2002. II. 10151, note Bost ; Dr. et patr. avr. 2002. 100, obs. Monsèrié-Bon ; RD banc. fin. 2002, n° 62, obs. F.-X. Lucas ; RTD com. 2002. 151, obs. Saint-Alary-Houin ; LPA 7 août 2002, p. 8, note M. Sénéchal ; RJ com. 2003. 234, note Sortais* • 9 juill. 2002 : *RJDA 2002, n° 1299 ; Rev. proc. coll. 2004. 69, obs. Blanc.*

Pour la compétence du commissaire à l'exécution du plan s'agissant de confirmer une décision non avenue faute de reprise de l'instance interrompue par le jugement d'ouverture en présence du représentant des créanciers, V. • Com. 2 juin 2004 : *Bull. civ. IV, n° 109 ; D. 2004. AJ 1974 ; Rev. proc. coll. 2005. 219, obs. Staes.*

V., désormais, confirmant ces solutions : art. L. 626-25, al. 3, dans sa réd. issue de L. n° 2005-845 du 26 juill. 2005.

Comp., concernant l'action en report de la date de cessation des paiements : note 6 ss. art. L. 631-8. ♦ ... L'action en extension de la procédure collective : note 35 ss. art. L 621-2.

8 bis. Le commissaire à l'exécution du plan de cession n'a pas qualité pour engager, au lieu et place du débiteur, une action tendant à l'indemnisation du préjudice résultant pour le débiteur d'un abus dans la fixation des prix par son cocontractant. • Com. 18 janv. 2000 : *Bull. civ. IV, n° 16 ; D. 2000. AJ 36 ; JCP E 2000, n° 17, p. 701, obs. Cabrillac ; Act. proc. coll. 2000, n° 32, obs. Vallansan.* – Rappr. : • Com. 1er oct. 2002 : *Bull. Joly 2002. 1298, note F.-X. Lucas ; RJDA 2003, n° 213.* ♦ V. déjà, jugeant : que le commissaire à l'exécution du plan n'a pas qualité pour exercer une action totalement étrangère à l'exécution du plan de cession, notamment une action relative à la réparation du préjudice subi par un club de football à la suite de sa rétrogradation • Paris, 7 juill. 1992 : *D. 1994. Somm. 41, obs. Derrida ; JCP 1992. IV. 2913.* ♦ ... Que les attributions du commissaire à l'exécution du plan, s'exerçant dans un cadre légal strictement défini ne lui permettent pas de représenter le débiteur et d'exécuter à sa place l'arrêt condamnant le débiteur à verser à un salarié une certaine somme : • Aix-en-Provence, 10 nov. 1992 : *D. 1994. Somm. 41, obs. Derrida*.

8 ter. Le commissaire à l'exécution du plan, qui ne représente pas le débiteur, ne peut pas se substituer aux organes légaux de la société pour exiger d'un associé qu'il libère ses apports. • Com. 12 oct. 2004 : *Bull. civ. IV, n° 184 ; D. 2004. AJ 2790 ; D. 2005. Pan. 295, obs. Le Corre ; Dr. sociétés 2004, n° 210, note F.-X. Lucas ; JCP E 2005, n° 1-2, p. 27, obs. Cabrillac et Pétel ; Bull. Joly 2005. 27, note Cérati-Gauthier ; Rev. sociétés 2005. 219, note Poracchia ; RJ com. 2005. 31, obs. Monsèrié-Bon ; Rev. proc. coll. 2005. 230, obs. Dumont ; ibid. 2006. 46, obs. Lebel ; RTD com. 2005. 592, obs. Saint-Alary-Houin*. ♦ En cas de cession totale des actifs de la société cette demande incombe à son liquidateur amiable ou à un mandataire *ad hoc*. • Même arrêt.

8 quater. Le commissaire à l'exécution du plan ne peut engager que les actions qui lui sont propres dans l'intérêt collectif des créanciers, au titre desquelles ne figure pas le droit d'interjeter appel à l'encontre d'une décision statuant sur une demande de résiliation d'un bail commercial concédé au débiteur en vue du recouvrement d'une créance postérieure à son redressement judiciaire. • Com. 27 mars 2012 : *Bull. civ. IV, n° 70 ; D. 2012. Actu. 942, obs. Lienhard ; Act. proc. coll. 2012, n° 121, obs.*

Fin-Langer ; Gaz. Pal. 3-4 août 2012, p. 24, obs. Lebel ; RJDA 2012, n° 880.

9. Bien qu'opportune, la mise en cause du commissaire à l'exécution du plan, dans une procédure intentée par le commerçant ou contre lui, est facultative, de sorte que l'omission de cette formalité n'est assortie d'aucune sanction. • Versailles, 20 avr. 1988 : *D. 1991. Somm. 9, obs. Derrida* .

10. Le commissaire à l'exécution du plan, chargé de veiller à l'exécution de celui-ci, dispose du pouvoir de saisir le tribunal de tout fait de nature à empêcher cette exécution. • Com. 23 janv. 1996 : *Bull. civ. IV, n° 26 ; D. 1996. Somm. 282, obs. Honorat ; JCP E 1996. I. 554, n° 5, obs. Cabrillac* (V. l'arrêt cassé : • Paris, 14 sept. 1993 : *D. 1994. Somm. 41, obs. crit. Derrida ; Gaz. Pal. 1994. 1. 23, note Marchi ; LPA 20 avr. 1994, note Calendini*). ♦ Il résulte de la combinaison des art. 67 et 80, al. 2 [C. com., art. L. 626-25 et L. 626-27], qu'il peut saisir le tribunal aux fins de résolution d'un plan de continuation sans mise en demeure préalable. • Com. 9 déc. 1997 : *Rev. proc. coll. 1998. 348, obs. Soinne.*

10 bis. Le commissaire à l'exécution du plan, qu'il ait poursuivi l'action introduite avant sa nomination ou l'ait introduite lui-même, n'a plus qualité, après expiration de ses fonctions et sauf nouvelle habilitation judiciaire, pour suivre l'instance en cours, qui ne peut être poursuivie que par un mandataire de justice spécialement désigné. • Crim. 29 nov. 2000 : *Bull. crim. n° 358.* ♦ La décision du tribunal qui n'a d'autre objet que de rétablir rétroactivement le commissaire à l'exécution du plan, qui après l'expiration du plan a initié des procédures aux fins de rechercher la responsabilité de diverses sociétés de crédit, est dénuée de tout fondement juridique. • Paris, 18 juin 2002 : *D. 2002. AJ 2331, obs. Lienhard ; RTD com. 2003. 811, obs. Saint-Alary-Houin* . ♦ V. aussi cet arrêt sur la recevabilité et les modalités procédurales de la tierce opposition formée contre le jugement de prorogation.

Le commissaire à l'exécution du plan de cession n'a pas qualité pour engager, aux lieu et place du débiteur, une action tendant au recouvrement d'une créance postérieure au jugement d'ouverture. • Com. 3 oct. 2006 : *Bull. civ. IV, n° 196 ; D. 2006. AJ 2601, obs. Lienhard ; JCP E 2007, n° 1, p. 21, obs. Cabrillac ; Gaz. Pal. 19-20 janv. 2007, p. 31, obs. Voinot.*

11. Interruption et reprise de l'instance. Viole les art. 67 [C. com., art. L. 626-25] de la loi et 90 [abrogé] du décret ainsi que l'art. 370 NCPC [C. pr. civ.], l'arrêt qui retient que l'instance, introduite par le représentant des créanciers, s'est valablement poursuivie, alors qu'elle avait été interrompue et n'avait pas été valablement reprise par le commissaire à l'exécution du plan qui « s'en rapportant à la justice » avait contesté la recevabilité et le mérite de l'appel. • Com. 20 janv. 1998 : *Bull. civ. IV, n° 31 ; Quot. jur. 19 mars 1998, p. 6, note P. M.*

11 bis. Prorogation de la mission. V. note 1 ss. art. L. 626-12, note 1 *bis* ss. art. L. 626-26, note 2 ss. art. L. 661-3 et note 16 *ter* ss. ancien art. L. 661-6.

11 ter. Responsabilité. Sur la responsabilité, à l'égard du propriétaire du local, du commissaire qui a admis l'installation sur place du cessionnaire, alors que le locataire en redressement judiciaire avait reçu congé avec refus de renouvellement et offre d'indemnité d'éviction avant le jugement d'ouverture, que le repreneur s'est établi dans les lieux et ne les a libérés que trois ans plus tard, et que la cession excluait les baux, V. • Civ. 3e, 28 mai 1997 : *D. 1997. IR 141 ; D. Affaires 1997. 786.* ♦ Pour la responsabilité du commissaire à l'exécution du plan à l'égard d'un créancier ayant été privé du bénéfice des dividendes du plan de continuation, V. • Com. 13 juin 2006 : *D. 2007. Pan. 43, obs. Le Corre* .

Sur la responsabilité disciplinaire, V. note 11 *sexies*, et note 2 ss. art. L. 812-9.

11 quater. Information relative à l'inexécution du plan. Caractérise la faute disciplinaire l'arrêt qui retient que le dépôt des états trimestriels prévus par les art. 150 de la loi du 25 janv. 1985, devenu l'art. L. 622-7 [L. 641-7] C. com., et 123 du Décr. du 27 déc. 1985 [C. com., art. R. 641-38] ne dispense pas le commissaire à l'exécution du plan de respecter, outre les obligations mises à sa charge par le jugement arrêtant le plan de cession, celles prévues par l'art. 67, al. 4, de la loi du 25 janv. 1985, devenu l'art. L. 621-68, al. 4, [L. 626-25, al. 5] C. com. • Com. 8 juill. 2003 : *Bull. civ. IV, n° 125 ; JCP E 2004, n° 5, p. 175, obs. Cabrillac ; RTD com. 2003. 812, obs. Saint-Alary-Houin* .

11 quinquies. Secret bancaire. Pour l'opposabilité du secret bancaire au commissaire à l'exécution du plan, V. • Com. 10 déc. 2002 : *Bull. civ. IV, n° 194 ; D. 2003. AJ 134 ; RD banc. fin. 2003, n° 36, obs. F.-X. Lucas ; JCP E 2003, n° 20, p. 849, obs. Cabrillac ; RTD com. 2003. 147, obs. Legeais ; ibid. 810, obs. Saint-Alary-Houin ; Banque et Droit mars-avr. 2003. 58, obs. Bonneau.*

C. MANDATAIRE AD HOC

11 sexies. Désignation. L'art. 90 du décret du 27 déc. 1985 [désormais, l'art. L. 626-25] n'exclut pas la possibilité de désigner un mandataire *ad hoc* pour poursuivre les actions engagées par le seul commissaire à l'exécution du plan. • Montpellier, 19 mars 1996 : *D. 1996. IR 134 ; Rev. proc. coll. 1996. 377, obs. Soinne*, conf. par • Com. 9 juin 1998 : *Bull. civ. IV, n° 184 ; D. 1998. IR 197* ; *D. Affaires 1998. 1218 ; RTD com. 1998. 931, obs. Saint-Alary-Houin* ; *Rev. proc. coll. 1999. 187, obs. Martin-Serf.*

11 septies. Recours. La décision désignant sur requête un mandataire de justice à l'effet de poursuivre les instances en cours lorsque les organes de la procédure ont cessé leurs fonctions ne peut être attaquée, s'agissant d'un intéressé, que par le recours en rétractation institué par l'art. 496 NCPC [C. pr. civ.], qui relève de la compétence exclusive du juge qui a désigné ce mandataire. • Com. 30 oct. 2007 : *Bull. civ. IV, n° 230 ; D. 2007. AJ 2878, obs. Lienhard* ; *D. 2008. Pan. 574, obs. F.-X. Lucas* ; *JCP E 2008. 1207, n° 14, obs. Cabrillac ; Gaz. Pal. 23-24 janv. 2008, p. 58, obs. Routier ; RTD com. 2008. 191, obs. Vallens* ; *Defrénois 2008. 1219, obs. Gibirila.* ♦ Les établissements de crédit, qui, comme tout intéressé, pouvaient en référer au tribunal qui avait désigné l'ancien représentant des créanciers puis commissaire à l'exécution du plan en qualité de « mandataire *ad hoc* », ne sont pas recevables à contester cette désignation devant le juge saisi de l'action en soutien abusif engagée contre eux par le représentant des créanciers, puis poursuivie par le commissaire à l'exécution du plan et enfin par le « mandataire *ad hoc* » après que les organes de la procédure collective ont cessé leurs fonctions. • Même arrêt.

D. RÉSOLUTION DU PLAN

Jurisprudence antérieure à la loi du 10 juin 1994.

12. Pour la résolution d'un plan de continuation, sur initiative du commissaire à l'exécution, V. • Com. 15 janv. 1991 : *Bull. civ. IV, n° 27 ; Rev. sociétés 1991. 383, note Guyon* ; *Bull. Joly 1991. 425, note Le Cannu ; RJ com. 1991. 385, note Merle ; D. 1991. IR 47.* ♦ V. désormais, sur la résolution du plan de sauvegarde ou de redressement, art. L. 626-27.

Art. L. 626-26 *(L. n° 2005-845 du 26 juill. 2005, art. 80)* **Une modification substantielle dans les objectifs ou les moyens du plan ne peut être décidée que par le tribunal, à la demande du débiteur et sur le rapport du commissaire à l'exécution du plan.**

(L. n° 2008-776 du 4 août 2008, art. 76-II) **« L'article L. 626-6 est applicable. »**

Le tribunal statue après avoir recueilli l'avis du ministère public et avoir entendu ou dûment appelé le débiteur, le commissaire à l'exécution du plan, les contrôleurs, les représentants du comité d'entreprise ou, à défaut, des délégués du personnel et toute personne intéressée. – *[C. com., ancien art. L. 621-69.]*

V. art. R. 626-45 et R. 626-46.

1. Champ d'application. L'art. 68 [C. com., art. L. 626-26] ne s'applique pas aux relations contractuelles entre le bailleur et le preneur en redressement judiciaire, qui sont étrangères au plan de continuation. • Civ. 3e, 21 juill. 1999 : *D. 1999. IR 229 ; D. Affaires 1999. 1443, obs. V. A.-R.*

1 bis. La prorogation du plan ne constitue pas *une modification substantielle de ses objectifs* ou de ses moyens, au sens de l'art. L. 621-69 [L. 626-26] C. com. • Com. 23 nov. 2004 : *RJDA 2005, n° 430.* ♦ Cet art. ne prive pas le tribunal du pouvoir d'ordonner la prorogation de la mission du commissaire à l'exécution du plan pour lui permettre de rechercher d'éventuelles responsabilités dans la défaillance de l'entreprise. • Com. 13 nov. 2007 : *Bull. civ. IV, n° 244 ; D. 2007. AJ 3010, obs. Lienhard* ; *D. 2008. Pan. 574, obs. F.-X. Lucas* ; *JCP E 2008. 1046, note Regnaut-Moutier (1re esp.) ; ibid. 1432, n° 5, obs. Cabrillac ; RTD com. 2008. 859, obs. Saint-Alary-Houin*. ♦ V. aussi note 1 ss. art. L. 626-12.

2. Résolution du plan. V. art L. 626-27.

3. Notion de modification substantielle. BIBL. Haehl, *JCP E 1989. I. 15642.* ♦ Le licenciement, moins de trois mois après l'arrêté du plan, de quatre salariés sur treize, constitue, compte tenu de l'objectif général de la loi en matière de maintien de l'emploi, une modification substantielle relevant de l'art. 68. • Nancy, 3 avr. 1996 : *JCP E 1998, n° 78, p. 250.*

La demande formée par le dirigeant d'une association en ce qu'elle tend à obtenir de s'acquitter par anticipation de l'intégralité du passif restant dû au moyen d'un dividende unique et exceptionnel financé par le prix de cession de la totalité de ses actifs à une société commerciale à créer constitue une modification substantielle dans les objectifs ou les modalités du plan de continuation, au sens de l'art. L. 621-69

[L. 626-26] C. com. • Aix-en-Provence, 14 déc. 2006 : *JCP E 2007. 1497, note Cerati-Gauthier.*

En revanche, le changement dans la personne du dirigeant, lequel n'avait pas souscrit de garantie personnelle et s'était seulement engagé à l'exécution du plan de continuation, ne constitue pas une modification substantielle du plan homologué par le tribunal. • Paris, 5 oct. 1999 : *Dr. sociétés 2000, n° 41, obs. Chaput.*

4. Demande de modification. La demande de modification, prévue par l'art. 68 [C. com., art. L. 626-26], suppose, sauf à ôter toute portée au droit d'appel, qu'un élément nouveau soit intervenu depuis l'arrêté du plan susceptible de remettre en cause ses dispositions. • Paris, 10 mai 1995 : *D. 1995. IR 162.*

5. Voies de recours. V. art. L. 661-1 (appel et pourvoi en cassation) et L. 661-3 (tierce opposition). ♦ Pour l'irrecevabilité du recours-nullité des créanciers, V. note 13 *ter* ss. art. L. 661-1.

Art. L. 626-27 *(Ord. n° 2008-1345 du 18 déc. 2008, art. 63)* **« I. — En cas de défaut de paiement des dividendes par le débiteur, le commissaire à l'exécution du plan procède à leur recouvrement conformément aux dispositions arrêtées. Il y est seul habilité.**

« Le tribunal qui a arrêté le plan peut, après avis du ministère public, en décider la résolution si le débiteur n'exécute pas ses engagements dans les délais fixés par le plan.

« Lorsque la cessation des paiements du débiteur est constatée au cours de l'exécution du plan, le tribunal qui a arrêté ce dernier décide, après avis du ministère public, sa résolution et ouvre une procédure de redressement judiciaire ou, si le redressement est manifestement impossible, une procédure de liquidation judiciaire. *— Cette disposition est applicable aux plans de sauvegarde en cours d'exécution au jour de l'entrée en vigueur de l'Ord. n° 2008-1345 du 18 déc. 2008 [15 févr. 2009] (texte préc., art. 173).*

« Le jugement qui prononce la résolution du plan met fin aux opérations et à la procédure lorsque celle-ci est toujours en cours. Sous réserve des dispositions du deuxième alinéa de l'article L. 626-19, il fait recouvrer aux créanciers l'intégralité de leurs créances et sûretés, déduction faite des sommes perçues, et emporte déchéance de tout délai de paiement accordé. »

(L. n° 2005-845 du 26 juill. 2005, art. 81) **« II. — Dans les cas mentionnés** *(Ord. n° 2008-1345 du 18 déc. 2008, art. 63)* **« aux deuxième et troisième alinéas du I », le tribunal est saisi par un créancier, le commissaire à l'exécution du plan ou le ministère public. Il peut également se saisir d'office.**

« III. — Après résolution du plan et ouverture *(Abrogé par Ord. n° 2008-1345 du 18 déc. 2008, art. 63) « ou prononcé »* **de la nouvelle procédure, les créanciers soumis à ce plan sont dispensés de déclarer leurs créances et sûretés. Les créances inscrites à ce plan sont admises de plein droit, déduction faite des sommes déjà perçues. »**

L'art. L. 626-27 est applicable aux procédures de redressement judiciaire en cours au jour de l'entrée en vigueur [1er janv. 2006] de la loi n° 2005-845 du 26 juill. 2005 (texte préc., art. 191).

V. art. R. 626-47 à R. 626-49.

BIBL. ▸ Rémery, *JCP 2009. 406* (résolution du plan).

Ancien art. L. 626-27 (I) [réd. issue de L. n° 2005-845 du 26 juill. 2005] ***Le tribunal qui a arrêté le plan peut, après avis du ministère public, en décider la résolution si le débiteur n'exécute pas ses engagements dans les délais fixés par le plan. Lorsque l'inexécution résulte d'un défaut de paiement des dividendes par le débiteur et que le tribunal n'a pas prononcé la résolution du plan, le commissaire à l'exécution du plan procède, conformément aux dispositions arrêtées, à leur recouvrement.***

Lorsque la cessation des paiements du débiteur est constatée au cours de l'exécution du plan, le tribunal qui a arrêté ce dernier décide, après avis du ministère public, sa résolution et prononce la liquidation judiciaire.

Le jugement qui prononce la résolution du plan met fin aux opérations et emporte déchéance de tout délai de paiement accordé. — L'art. L. 626-27, dans sa réd. issue de la L. n° 2005-845 du

26 juill. 2005, est applicable aux procédures de redressement judiciare en cours au jour de l'entrée en vigueur de ce texte [1er janv. 2006] (art. 191).

1. Droit transitoire. Selon l'art. 191, 2°, de la loi du 26 juill. 2005, l'art. L. 626-27 C. com. est applicable aux procédures de redressement judiciaire en cours au 1er janv. 2006 ; il en résulte que les dispositions de cet art. régissent la résolution des plans de redressement par voie de continuation lorsque celle-ci n'a pas été prononcée avant cette date. • Com. 18 mars 2008 : *Bull. civ. IV, n° 65 ; D. 2008. AJ 977, obs. Lienhard ; ibid. Chron. C. cass. 1234, obs. Orsini ; Act. proc. coll. 2008, n° 114, obs. Vallansan ; Dr. sociétés 2008, n° 100, note Legros ; Dr. et proc. 2008. 209, obs. Le Corre ; JCP E 2008. 2062, n° 5, obs. Pétel ; RTD com. 2008. 628, obs. Vallens ; Rev. proc. coll. 2009, n° 9, obs. Fraimout.* ♦ V. aussi note 3.

1 bis. La liquidation judiciaire concomitante à la résolution du plan de redressement décidée, après constatation de la cessation des paiements du débiteur au cours de ce plan, en application des dispositions de l'art. L. 626-27, I, al. 2, qui sont applicables aux procédures de redressement judiciaire en cours au 1er janv. 2006, est régie par les dispositions de cette loi. • Com. 16 juin 2009 : *Bull. civ. IV, n° 83 ; D. 2009. AJ 1821, obs. Lienhard ; Rev. sociétés 2010. 58, note Roussel Galle ; RTD com. 2010. 187, obs. Saint-Alary-Houin ; Act. proc. coll. 2009, n° 204, obs. Vallansan ; Dr. sociétés 2009, n° 190, note Legros ; RJDA 2009, n° 987 ; Gaz. Pal. 1er-3 nov. 2009, p. 19, obs. Lebel ; Rev. proc. coll. 2010, n° 47, obs. Saintourens ; ibid. n° 74, obs. Fraimout.* • 20 oct. 2009 : *cité ss. art. L. 640-5.* ♦ Il en résulte que l'application de l'art. L. 624-1 C. com. dans sa rédaction antérieure à la loi du 26 juill. 2005 doit être écartée et que la liquidation judiciaire de la société ne produit pas ses effets à l'égard de ses associés, fussent-ils indéfiniment et solidairement responsables du passif social. • Com. 16 juin 2009 : *préc.*

2. Recouvrement des dividendes. BIBL. Vinckel, *Rev. proc. coll. 2009. Étude 13.* ♦ Le recouvrement forcé des dividendes est inapplicable lorsqu'un défaut de paiement des dividendes a été suivi d'une résolution du plan (Rép. min. n° 98727 : *JOAN Q, 3 oct. 2006, p. 10404*). ♦ Solution confirmée par la nouvelle rédaction de l'art. L. 626-27, issue de l'Ord. n° 2008-1345 du 18 déc. 2008.

3. Cessation des paiements. Lorsque la résolution d'un plan de redressement par voie de continuation arrêté en faveur d'un débiteur n'a pas été prononcée avant le 1er janv. 2006, sa mise en liquidation judiciaire concomitante suppose que soit constatée la cessation de ses paiements au cours de l'exécution du plan. • Com. 16 déc. 2008 : *Bull. civ. IV, n° 211 ; D. 2009. AJ 94, obs. Lienhard ; Gaz. Pal. 26-28 avr. 2009, p. 26, obs. Voinot ; RJ com. 2009. 234, note Sortais ; Dr. et patr. sept. 2009. 113, obs. Monsèrié-Bon.* – Rappr. : • Com. 24 juin 2008 : *JCP E 2008. 2207, note Roussel Galle ; RJDA 2008, n° 1160.* ♦ L'état de cessation des paiements ne peut résulter du non-paiement d'une créance, qui a une origine antérieure au jugement de redressement judiciaire, mais qui, par l'effet de la loi, n'a pu être initialement intégrée au plan de redressement. • Grenoble, 17 janv. 2007 : *JCP E 2007. 1905.*

4. Avis du ministère public. Il résulte de la combinaison des art. L. 626-27, I, al. 2, et L. 631-19 que le tribunal, qui a arrêté le plan de redressement par voie de continuation, ne peut prononcer la résolution de ce plan et ouvrir une procédure de liquidation judiciaire qu'après avis du ministère public. • Com. 11 déc. 2012 : *D. 2013. Actu. 8, obs. Lienhard ; Rev. sociétés 2013. 180, obs. Roussel Galle ; LEDEN janv. 2013, p. 3, obs. Delattre ; Bull. Joly Entrep. diff. 2013. 98, note Le Mesle ; Gaz. Pal. 1er-4 mai 2013, p. 21, obs. Lebel.* ♦ V. aussi, pour l'application devant la cour d'appel, • Com. 3 mai 2011 : *Bull. civ. IV, n° 67 ; D. 2011. Actu. 1278, obs. Lienhard ; LEDEN juin 2011, p. 5, obs. Delattre ; RJ com. 2011. 500, note Sortais ; Bull. Joly Entrep. diff. 2011. 330, note de Lajarte ; RJDA 2011, n° 948 ; Rev. proc. coll. 2011, n° 183, obs. Fraimout.*

5. Déclaration et admission des créances. Tout créancier qui a déclaré sa créance et qui est soumis à un plan de sauvegarde ou de redressement peut bénéficier de la dispense de déclaration prévue à l'art. L. 626-27, III, C. com., peu important que sa créance n'ait pas encore été définitivement admise au passif de la procédure à la date de la résolution du plan. • Cass., avis, 17 sept. 2012 : *Bull. civ., n° 8 ; D. 2012. 2355, concl. Le Mesle ; ibid. 2360, note Le Corre ; D. 2013. Chron. C. cass. 1178, obs. Arbellot ; Rev. sociétés 2012. 731, obs. Henry ; RTD com. 2012. 846, obs. Martin-Serf ; JCP E 2012. 1757, n° 14, obs. Pétel ; LEDEN oct. 2012, p. 4, obs. Borga ; RLDA nov. 2012. 19, obs. Vallens ; Bull. Joly Entrep. diff. 2013. 24, obs. Le Corre-Broly ; RJDA 2013, n° 346 ; Rev. proc. coll. 2013, n° 50, obs. Staes.* ♦ Les créances déclarées au passif de la première procédure collective mais non encore admises avant la résolution du plan sont soumises à la procédure de vérification et d'admission propre à la seconde procédure collective. • Même avis.

6. Recours. V. art. L. 661-1, I, 8°. ♦ Sur l'arrêt

de l'exécution provisoire, V. note 1 ss. art. R. 661-1.

7. Extension de procédure. V. note 36 ss. art. L. 621-2.

Code de commerce

Ancien art. L. 621-82 *Si le débiteur n'exécute pas ses engagements dans les délais fixés par le plan, le tribunal peut, d'office ou à la demande d'un créancier, le commissaire à l'exécution du plan entendu, prononcer la résolution du plan et l'ouverture d'une procédure de liquidation judiciaire.*

Le tribunal peut également être saisi à la demande du commissaire à l'exécution du plan ou du procureur de la République.

Les créanciers soumis au plan déclarent l'intégralité de leurs créances et sûretés, déduction faite des sommes perçues. — [L. n° 85-98 du 25 janv. 1985, art. 80.]

BIBL. ▶ VALLENS, *JCP E 1987. II. 14979.* – PONCEBLANC, *Gaz. Pal. 1991. 1. Doctr. 135.* – HAEHL, *LPA 16 juin 1993.* – FRISON-ROCHE, *Rev. proc. coll. 1994. 339* (sort des engagements non financiers). – SEUBE, *JCP E 1999, n° 13, p. 564* (effets de la résolution). – FEUGÈRE, *JCP E 2001, n° 26, p. 1078* (le plan de continuation : de la résolution à la caducité).

1. Décision judiciaire. L'inexécution du plan de redressement par le débiteur n'entraîne pas de plein droit à l'échéance la résolution de ce plan, laquelle doit être judiciairement prononcée, peu important que la durée du plan soit expirée. • Com. 15 févr. 2005 : *RJDA 2005, n° 733.*

1 bis. Domaine d'application. La résolution du plan de continuation doit être prononcée en l'absence de règlement du passif à l'échéance fixée, sans qu'il soit nécessaire qu'il y ait eu mise en demeure du débiteur. • Com. 9 déc. 1997 : *Bull. civ. IV, n° 330.* ♦ Constitue une inexécution du plan de continuation de l'entreprise, justifiant sa résolution, le défaut de paiement à l'échéance d'une créance fiscale visée au CGI qui, n'étant pas quérable selon l'art. 1680 de ce code, dont l'ancien art. 77, al. 3, de la loi du 25 janv. 1985 réservait l'application, n'avait pas à faire l'objet, avant la demande de résolution du plan, d'une réclamation de la part du comptable du Trésor. • Com. 2 févr. 1993 : *Bull. civ. IV, n° 42.* ♦ En revanche, en présence d'un plan de continuation précisant expressément que chaque annuité serait calculée en fonction du montant du passif vérifié et admis, il ne peut être reproché au débiteur une infraction au plan de redressement suffisamment sérieuse pour entraîner sa résolution, dès lors que, le passif vérifié et admis n'ayant été établi que courant octobre 1996, le montant de chaque annuité, et en conséquence de chaque provision mensuelle, n'était pas connu avant octobre 1996. • Besançon, 29 avr. 1998 : *RJ com. 1999. 358, note Haennig.* – Dans le même sens, V. • Com. 8 juin 1999 : *RJDA 1999, n° 1108 ; RTD com. 2000. 449, obs. Saint-Alary-Houin.*

2. Sur la recevabilité d'une demande de résolution du plan motivée par le refus de l'assemblée des associés de voter les modifications de statuts prévues par le plan, V. • Com. 15 janv. 1991 : *préc. note 12 ss. art. L. 626-25.*

2 bis. Avant la loi du 10 juin 1994, l'art. 80, dans sa rédaction alors applicable, ne pouvait jouer qu'en cas d'inexécution des engagements financiers pris dans les délais fixés par le plan de redressement et il en résultait qu'il n'y avait pas lieu à résolution dès lors que le débiteur justifiait avoir effectué trois versements au commissaire à l'exécution du plan et que le retard apporté au règlement par rapport au délai prévu était le résultat de la défaillance de ses propres clients dont les factures représentaient un volume important. • Dijon, 14 sept. 1993 : *Rev. proc. coll. 1995. 144, obs. Soinne.* ♦ Sur l'irrecevabilité de la demande d'un créancier représentant moins de 15 % des créances, V. • Com. 6 févr. 1996 : *Bull. civ. IV, n° 40 ; D. 1996. IR 91 ; D. Affaires 1996. 461.* ♦ Comp., désormais, art. L. 621-82, al. 1er, dans sa réd. issue de la L. n° 94-475 du 10 juin 1994 et art. L. 626-27, al. 1er, dans sa réd. issue de L. n° 2005-845 du 26 juill. 2005.

2 ter. Pour l'application de l'art. 80 [C. com., art. L. 621-82] à la résolution du plan de continuation consécutive à la cessation des paiements du bénéficiaire du plan, V. • Com. 4 janv. 2000 : *cité note 7* • 10 mai 2005 : *Bull. civ. IV, n° 99 ; Dr. sociétés 2005, n° 215, note Legros ; D. 2005. AJ 1413, obs. Lienhard ; Act. proc. coll. 2005, n° 123, obs. Regnaut-Moutier ; JCP E 2005, n° 36, p. 1423, obs. Cabrillac ; Gaz. Pal. 6-7 juill. 2005, p. 17, obs. Voinot ; ibid. 4-5 nov. 2005, p. 15, obs. Lebel.* – V. déjà • Paris, 19 févr. 1991 : *D. 1995. Somm. 8, obs. crit. Derrida.* – V. aussi • Com. 27 oct. 1998 : *cité note 7* • Cass., avis, 10 juill. 2000 : *Bull. civ., n° 4 ; D. 2000. AJ 404, note Lienhard ; Act. proc. coll. 2000, n° 225,* *obs. Regnaut-Moutier ; JCP E 2001, n° 4, p. 175, obs. Cabrillac et Pétel ; RTD com. 2001. 219, obs. Saint-Alary-Houin* • T. com. Lille, 27 sept. 2005 : *cité par Soinne, Rev. proc. coll. 2006. 16.* ♦ V., désormais, art. L. 626-27, al. 2, dans sa réd. issue de L. n° 2005-845 du 26 juill. 2005.

3. Juridiction compétente. Sur la compétence du tribunal qui a ouvert la procédure pour prononcer la résolution du plan, V. • Paris, 26 janv. 1989 : *D. 1989. Somm. 215, obs. Honorat* • Poitiers, 2 avr. 1996 : *BICC 1996, n° 900 ; JCP E 1996. II. 857, note Daigre ; Rev. proc. coll. 1996. 450, obs. Soinne.*

4. Ouverture d'une nouvelle procédure. La constatation de l'état de cessation des paiements n'est pas une condition nécessaire de l'ouverture d'une nouvelle procédure de redressement judiciaire [de liquidation judiciaire, depuis la loi du 10 juin 1994] consécutive à la résolution du plan de continuation. • Com. 23 mai 1995 : *Bull. civ. IV, n° 154* • 27 oct. 1998 : *Dr. sociétés 1999, n° 9, obs. Chaput.* ♦ Sur la fixation de la date de cessation des paiements dans le cadre de la nouvelle procédure, V. • Colmar, 22 nov. 1989 : *Rev. proc. coll. 1991. 314, obs. Soinne.*

L'ouverture d'une nouvelle procédure, en application de l'art. 80 [C. com., ancien art. L. 621-82], est une sanction dont la mise en œuvre n'est pas soumise aux conditions prévues par l'art. 17 [C. com., ancien art. L. 621-15]. • Aix-en-Provence, 16 oct. 1997 : *BICC 1998, n° 392.* – Dans le même sens, V. • Toulouse, 24 avr. 2002 : *RD banc. fin. 2003, n° 146, obs. F.-X. Lucas.*

5. Lorsqu'à la suite de la résolution du plan de continuation, le tribunal ouvre, en application de l'art. 80 [C. com., ancien art. L. 621-82], une nouvelle procédure de redressement judiciaire [de liquidation judiciaire, depuis la loi du 10 juin 1994], il n'y a pas lieu de distinguer entre les créanciers dont la créance est antérieure à l'ouverture de la première procédure et ceux dont la créance est née entre le jugement arrêtant le plan et le jugement prononçant sa résolution. • Com. 2 avr. 1996 : *Bull. civ. IV, n° 110 ; D. 1997. Somm. 77, obs. Honorat* • Dijon, 17 nov. 1998 : *Gaz. Pal. 2000. Somm. 352.* ♦ Aussi, dès lors qu'un commandement de payer avait été délivré avant la résolution du plan de redressement, et qu'à la date du jugement d'ouverture de la seconde procédure collective, l'acquisition de la clause résolutoire pour défaut de paiement des loyers antérieurs n'avait encore été constatée par aucune décision passée en force de chose jugée, il en résulte qu'en vertu de l'art. 47 [C. com., ancien art. L. 621-40, devenu art. L. 622-21], le jugement d'ouverture de la seconde procédure avait suspendu l'action tendant à la résiliation du contrat de bail pour défaut de paiement des loyers échus avant son prononcé. • Com. 2 avr. 1996 : *préc.* ♦ V. aussi note 4 ss. art. L. 622-21.

5 bis. Sous réserve de la décision concernant la régularité de la déclaration dans la première procédure collective, l'admission ou le rejet de la créance dans cette procédure collective n'a pas autorité de la chose jugée dans la seconde procédure collective ouverte à l'encontre du même débiteur suite à la résolution du plan de continuation. • Com. 3 déc. 2003 : *Bull. civ. IV, n° 190 ; D. 2004. AJ 62 ; Act. proc. coll. 2004, n° 15, obs. Regnaut-Moutier ; Gaz. Pal. 2003. 480, note Le Corre ; JCP E 2004, n° 22, p. 858, obs. Pétel ; RD banc. fin. 2004, n° 78, obs. F.-X. Lucas ; RTD com. 2004. 373, obs. Martin-Serf.* – Dans la même affaire, V. • Cass., ass. plén., 10 avr. 2009 : *Bull. civ. n° 4 ; BICC 15 juin 2009, rapp. Crédeville et avis Bornet ; D. 2009. AJ 1138 ; RTD com. 2010. 423, obs. Martin-Serf ; Act. proc. coll. 2009, n° 141, obs. Cagnoli ; Procédures 2009, n° 197, obs. Rolland ; LEDEN, juin 2009, p. 3, obs. Staes ; RLDA 2009, n° 39, p. 19, obs. Cavet ; JCP E 2009. 1814, n° 9, obs. Pétel ; ibid. 2030, note Lebel ; Dr. et patr. sept. 2009. 114, obs. Monsèrié-Bon ; RJDA 2009, n° 869 (1re esp.) ; Rev. proc. coll. 2010, n° 1, obs. Gorrias et Manie ; ibid. n° 73, obs. Fraimout.* ♦ Les créances déclarées au passif de la liquidation judiciaire ouverte après résolution du plan de continuation sont soumises à la procédure de vérification et d'admission des créances propre à cette nouvelle procédure, distincte de la procédure de redressement judiciaire initiale. • Com. 27 mars 2007 : *Bull. civ. IV, n° 102 ; D. 2007. AJ 1145, obs. Lienhard ; Act. proc. coll. 2007, n° 86, obs. Regnaut-Moutier ; Rev. proc. coll. 2007. 138, obs. Staes.*

5 ter. En l'absence de décision du juge de la première procédure collective sur la créance déclarée dans cette procédure, le juge de la seconde procédure collective ouverte à l'encontre du même débiteur après résolution du plan doit statuer sur la régularité de la déclaration de créance effectuée dans la première procédure collective, et, le cas échéant, constater l'extinction de la créance [dans le régime antérieur à la loi du 26 juill. 2005]. • Com. 13 févr. 2007 : *Bull. civ. IV, n° 39 ; D. 2007. AJ 661, obs. Lienhard ; JCP E 2007. 1450, n° 11, obs. Pétel ; Gaz. Pal. 13-14 avr. 2007, p. 48, obs. Le Corre-Broly ; RD banc. fin. 2007, n° 69, obs. F.-X. Lucas ; RTD com. 2007. 448, obs. Martin-Serf.*

5 quater. L'AGS, légalement subrogée dans les droits des salariés au titre des avances effectuées pour leurs créances superprivilégiées dans le cadre de la première procédure, ne perd pas le bénéfice de cette subrogation du fait de l'ouverture de la seconde procédure et demeure en conséquence dispensée de l'obligation de déclarer cette créance. • Com. 3 févr. 2009 : *Bull. civ. IV, n° 13 ; D. 2009. AJ 495 ; RTD com. 2010. 189, obs. Saint-Alary-Houin ; JCP E 2009. 1347, n° 3, obs. Pétel ; Gaz. Pal. 26-28 avr. 2009, p. 39, obs. Duprat ; RJDA 2009, n° 763 ; Dr. et patr. sept. 2009. 111, obs. Monsèrié-Bon.* ♦ V. aussi • Poitiers, 23 avr. 1996 : *D. 1996. Somm. 284, obs. Honorat* .

5 quinquies. Sur le sort : des créances nées entre l'ouverture de la première procédure et la date à laquelle le plan de continuation a été arrêté, V. aussi notes 40 et 41 ss. ancien art. L. 621-32, ss. art. L. 622-17, et note 16 ss. ancien art. L. 621-46, ss. art. L. 622-26. ♦ ... Des réductions de créances consenties dans le cadre du plan, V. notes 1 *bis* et 3 ss. art. L. 626-19. ♦ Sur les effets du défaut de déclaration dans la première procédure collective, V. note 11 ss. ancien art. L. 621-46 ss. art. L. 622-26.

6. Sur l'incidence sur l'exercice du droit de revendication, V. note 9 ss. art. L. 624-9. ♦ ... Sur la possibilité de prononcer l'extension de la procédure au dirigeant, V. note 6 *bis* ss. ancien art. L. 624-5 ss. art. L. 652-1. ♦ ... De prononcer la faillite personnelle du dirigeant ou une mesure d'interdiction, V. note 11 ss. art. L. 653-1, note 1 ss. art. L. 653-3, note 3 *ter* ss. art. L. 653-5 et note 3 *ter* ss. art. L. 653-8.

Sur la date de la faute de gestion et sur le point de départ de la prescription de l'action en comblement de passif, V. notes 19 et 30 *bis* ss. art. L. 651-2. ♦ ... De l'action en extension de la procédure collective, V. note 13 ss. ancien art. L. 624-5, ss. art. L. 652-1.

6 bis. Sur la fin de la suspension des effets d'une éventuelle interdiction d'émettre des chèques, V. art. L. 626-13.

7. Application dans le temps des dispositions modifiées par la loi du 10 juin 1994. La procédure collective, ouverte postérieurement à l'entrée en vigueur de la loi du 10 juin 1994 [V. note précédant l'art. L. 610-1], à la suite de la résolution du plan de continuation pour inexécution des engagements contenus dans le plan, reste soumise aux dispositions de l'art. 80, dans sa rédaction initiale. • Com. 4 janv. 2000 : *Bull. civ. IV, n° 2 ; D. 2000. AJ 71, obs. Avena-Robardet ; Act. proc. coll. 2000, n° 22, obs. Regnaut-Moutier ; JCP E 2000, n°s 21-22, p. 849, note Le Corre ; RTD com. 2000. 450, obs. Saint-Alary-Houin ; LPA 9 août 2000, p. 15, note Gallet ; ibid., 30 oct. 2000, p. 12, note Courtier* • 2 mai 2001 : *D. 2001. AJ 1727, obs. Lienhard* . ♦ Par suite, seul un créancier ou un groupe de créanciers représentant au moins quinze pour cent des créances peut saisir le tribunal aux fins de résolution du plan et le tribunal ne peut prononcer la liquidation judiciaire qu'après avoir ouvert une procédure de redressement judiciaire. • Mêmes arrêts.

En revanche, lorsque c'est sur la déclaration de l'état de cessation des paiements du débiteur, en cours d'exécution du plan de continuation, que le tribunal prononce la résolution du plan et ouvre une nouvelle procédure collective, cette procédure doit être soumise aux dispositions de la loi du 10 juin 1994. • Com. 4 janv. 2000 : *Bull. civ. IV, n° 1 ; D. 2000. AJ 71, obs. Avena-Robardet ; Act. proc. coll. 2000, n° 22, obs. Regnaut-Moutier ; JCP E 2000, n° 17, p. 699, obs. Cabrillac et Pétel ; ibid., n°s 21-22, p. 849, note Le Corre ; RTD com. 2000. 450, obs. Saint-Alary-Houin ; LPA 9 août 2000, p. 15, note Gallet ; ibid., 30 oct. 2000, p. 12, note Courtier.* – V. déjà • Com. 27 oct. 1998 : *Bull. civ. IV, n° 258 ; D. 2000. Somm. 67, obs. Pérochon et Mainguy ; D. Affaires 1998. 2019, obs. A. L. ; Quot. jur. 17 nov. 1998, p. 4 ; Act. proc. coll. 1998, n° 162 ; Dr. sociétés 1999, n° 40, obs. Chaput ; RTD com. 1999. 958, obs. Saint-Alary-Houin* .

7 bis. Effets à l'égard de la caution. Sur l'exécution de l'engagement de caution après résolution du plan et ouverture d'une nouvelle procédure collective, V. • Com. 8 juill. 2008 : *Bull. civ. IV, n° 147 ; D. 2008. Chron. C. cass. 2750, obs. Bélaval ; ibid. AJ 1991, obs. Lienhard ; Dr. sociétés 2008, n° 227, note Legros ; JCP E 2008. 2493, n° 6, obs. Simler ; ibid. 2009. 1008, n° 4, obs. Cabrillac ; RTD com. 2008. 864, obs. Martin-Serf ; Rev. proc. coll. 2009, n° 6, obs. Fraimout* • Paris, 9 avr. 2002 : *BICC 2003, n° 182.*

8. Responsabilité civile. L'inexécution d'un engagement pris dans le cadre du plan de continuation d'une entreprise constitue en principe une faute qui autorise le mandataire de justice à mettre en cause la responsabilité de la partie défaillante pour obtenir réparation du préjudice constitué par la liquidation judiciaire qui s'en est suivie, indépendamment des actions et mesures prévues par la loi du 25 janv. 1985 [désormais codifiée au C. com.] dans un tel cas. Toutefois, le bien-fondé de cette action suppose la démonstration que, sans cette faute, la liquidation judiciaire aurait été évitée et que l'exécution du plan se serait poursuivie dans les conditions arrêtées par le tribunal. • Paris, 30 oct. 1992 : *RJDA 1993, n° 446.*

Art. L. 626-28 *(L. nº 2005-845 du 26 juill. 2005, art. 82)* **Quand il est établi que les engagements énoncés dans le plan ou décidés par le tribunal ont été tenus, celui-ci, à la requête du commissaire à l'exécution du plan, du débiteur ou de tout intéressé, constate que l'exécution du plan est achevée.**

V. art. R. 626-50 et R. 626-51.

SECTION III DES COMITÉS DE CRÉANCIERS

BIBL. GÉN. ▸ BOURGNINAUD, *LPA, nº spéc., 8 févr. 2006, p. 85* (commentaire article par article). – BRÉMOND et SCHOLASTIQUE, *JCP E 2006, nº 10, p. 466* (réflexions sur la composition des comités de créanciers). – DAMMANN, *RLDA 2006, nº 3, p. 65.* – LE CORRE, *D. 2007. Chron. 822* (irrégularités affectant la composition et le vote des comités de créanciers) *Rev. proc. coll. 2011. Colloque 3.* – M.-A. BARRET, *LPA 20 mars 2007.* – DAMMANN et PODEUR, *JCP E 2009. 2094* (enjeux de la réforme des comités de créanciers). – LE GUERNEVÉ et MORELLI, *Cah. dr. entr. juill.-août 2011* (nouveaux enjeux des comités de créanciers).

Art. L. 626-29 *(L. nº 2005-845 du 26 juill. 2005, art. 83)* **Les débiteurs dont les comptes ont été certifiés par un commissaire aux comptes ou établis par un expert-comptable et dont le nombre de salariés ou le chiffre d'affaires sont supérieurs à des seuils fixés par décret en Conseil d'État sont soumis aux dispositions de la présente section.** *(Ord. nº 2008-1345 du 18 déc. 2008, art. 64)* **« Les autres dispositions du présent chapitre qui ne lui sont pas contraires sont également applicables. »** — *V. art. R. 626-52.*

A la demande du débiteur ou de l'administrateur, le juge-commissaire peut autoriser qu'il en soit également fait application en deçà de ce seuil. — *V. art. R. 626-53 et R. 626-54.*

Art. L. 626-30 *(Ord. nº 2008-1345 du 18 déc. 2008, art. 65)* **Les établissements de crédit et assimilés, tels que définis par décret en Conseil d'État ainsi que les principaux fournisseurs de biens ou de services, sont constitués en deux comités de créanciers par l'administrateur judiciaire. La composition des comités est déterminée au vu des créances nées antérieurement au jugement d'ouverture de la procédure.**

Les établissements de crédit et ceux assimilés, ainsi que tous les titulaires d'une créance acquise auprès de ceux-ci ou d'un fournisseur de biens ou de services, sont membres de droit du comité des établissements de crédit.

A l'exclusion des collectivités territoriales et de leurs établissements publics, chaque fournisseur de biens ou de services est membre de droit du comité des principaux fournisseurs lorsque sa créance représente plus de 3 % du total des créances des fournisseurs. Les autres fournisseurs, sollicités par l'administrateur, peuvent en être membres.

Pour l'application des dispositions qui précèdent aux créanciers bénéficiaires d'une fiducie constituée à titre de garantie par le débiteur, sont seules prises en compte, lorsqu'elles existent, celles de leurs créances non assorties d'une telle sûreté. *V. art. R. 626-55 s. et R. 626-63.*

Art. L. 626-30-1 *(Ord. nº 2008-1345 du 18 déc. 2008, art. 66)* **L'obligation ou, le cas échéant, la faculté de faire partie d'un comité constitue un accessoire de la créance née antérieurement au jugement d'ouverture de la procédure et se transmet de plein droit à ses titulaires successifs nonobstant toute clause contraire.**

L'appartenance au comité des établissements de crédit ou au comité des principaux fournisseurs de biens ou de services est déterminée conformément aux deuxième et troisième alinéas de l'article L. 626-30.

Le titulaire de la créance transférée n'est informé des propositions du débiteur et admis à exprimer un vote qu'à compter du jour où le transfert a été porté à la

connaissance de l'administrateur selon des modalités prévues par décret en Conseil d'État. – *V. art. R. 626-57-1.*

Le créancier dont la créance est éteinte ou transmise perd la qualité de membre.

Art. L. 626-30-2 *(Ord. nº 2008-1345 du 18 déc. 2008, art. 66)* Le débiteur, avec le concours de l'administrateur, présente aux comités de créanciers des propositions en vue d'élaborer le projet de plan mentionné à l'article L. 626-2. Tout créancier membre d'un comité peut également soumettre de telles propositions au débiteur et à l'administrateur.

Le projet de plan proposé aux comités n'est soumis ni aux dispositions de l'article L. 626-12 ni à celles *(Abrogé par L. nº 2010-1249 du 22 oct. 2010, art. 58-I-4º)* « *des deuxième et troisième alinéas* » de l'article L. 626-18 *(L. nº 2010-1249 du 22 oct. 2010, art. 58-I-4º)* « , à l'exception de son dernier alinéa ». Il peut notamment prévoir des délais de paiement, des remises et, lorsque le débiteur est une société par actions dont tous les actionnaires ne supportent les pertes qu'à concurrence de leurs apports, des conversions de créances en titres donnant ou pouvant donner accès au capital. Il peut établir un traitement différencié entre les créanciers si les différences de situation le justifient. *(L. nº 2010-1249 du 22 oct. 2010, art. 58-I-4º)* « Il prend en compte les accords de subordination entre créanciers conclus avant l'ouverture de la procédure. »

Après discussion avec le débiteur et l'administrateur, les comités se prononcent sur ce projet, le cas échéant modifié, dans un délai de vingt à trente jours suivant la transmission des propositions du débiteur. A la demande du débiteur ou de l'administrateur, le juge-commissaire peut augmenter ou réduire ce délai, qui ne peut toutefois être inférieur à quinze jours.

La décision est prise par chaque comité à la majorité des deux tiers du montant des créances détenues par les membres ayant exprimé un vote, tel qu'il a été indiqué par le débiteur et certifié par son ou ses commissaire aux comptes ou, lorsqu'il n'en a pas été désigné, établi par son expert-comptable. Pour les créanciers bénéficiaires d'une fiducie constituée à titre de garantie par le débiteur, sont seuls pris en compte les montants de leurs créances non assorties d'une telle sûreté.

(L. nº 2010-1249 du 22 oct. 2010, art. 58-I-4º) « Ne prennent pas part au vote les créanciers pour lesquels le projet de plan ne prévoit pas de modification des modalités de paiement ou prévoit un paiement intégral en numéraire dès l'arrêté du plan ou dès l'admission de leurs créances. » – *V. art. R. 626-57-2 et R. 626-58.*

La L. nº 2010-1249 du 22 oct. 2010 est applicable aux procédures de sauvegarde et de redressement judiciaire ouvertes à compter du premier jour du cinquième mois suivant sa publication (L. préc., art. 58-II, JO 23 oct.), soit à compter du 1er mars 2011. – Ses dispositions sont applicables en Nouvelle-Calédonie et dans les îles Wallis-et-Futuna (L. préc., art. 85-II).

BIBL. ► FOURCAULT et DENEZ, *Journ. sociétés sept. 2009. 26* (conversion de créance en capital).

Art. L. 626-31 *(Ord. nº 2008-1345 du 18 déc. 2008, art. 67)* « Lorsque le projet de plan a été adopté par chacun des comités conformément aux dispositions de l'article L. 626-30-2 et, le cas échéant, par l'assemblée des obligataires dans les conditions prévues par l'article L. 626-32, le tribunal s'assure que les intérêts de tous les créanciers sont suffisamment protégés et, s'il y a lieu, que l'approbation de l'assemblée ou des assemblées mentionnées à l'article L. 626-3 a été obtenue dans les conditions prévues audit article. » *(L. nº 2005-845 du 26 juill. 2005, art. 83)* « Dans ce cas, le tribunal arrête le plan conformément au projet adopté et selon les modalités prévues à la section II du présent chapitre. Sa décision rend applicables à tous leurs membres les propositions acceptées par chacun des comités.

« Par dérogation aux dispositions de l'article L. 626-26, une modification substantielle dans les objectifs ou les moyens du plan arrêté par le tribunal en application du premier alinéa ne peut intervenir que selon les modalités prévues par la présente

section. » *(L. n° 2010-1249 du 22 oct. 2010, art. 58-I-5°)* **« Dans ce cas, le commissaire à l'exécution du plan exerce les pouvoirs dévolus à l'administrateur judiciaire. »**

La L. n° 2010-1249 du 22 oct. 2010 est applicable aux procédures de sauvegarde et de redressement judiciaire ouvertes à compter du premier jour du cinquième mois suivant sa publication (L. préc., art. 58-II, JO 23 oct.), soit à compter du 1er mars 2011. — Ses dispositions sont applicables en Nouvelle-Calédonie et dans les îles Wallis-et-Futuna (L. préc., art. 85-II).

Art. L. 626-32 *(Ord. n° 2008-1345 du 18 déc. 2008, art. 68)* **Lorsqu'il existe des obligataires, une assemblée générale constituée de l'ensemble des créanciers titulaires d'obligations émises en France ou à l'étranger est convoquée dans des conditions définies par décret en Conseil d'État, afin de délibérer sur le projet de plan adopté par les comités de créanciers.**

La délibération peut notamment porter sur des délais de paiement, un abandon total ou partiel des créances obligataires et, lorsque le débiteur est une société par actions dont tous les actionnaires ne supportent les pertes qu'à concurrence de leurs apports, des conversions de créances en titres donnant ou pouvant donner accès au capital. Le projet de plan peut établir un traitement différencié entre les créanciers obligataires si les différences de situation le justifient. *(L. n° 2012-387 du 22 mars 2012, art. 28-I-1°)* **« Il prend en compte les accords de subordination entre créanciers conclus avant l'ouverture de la procédure. »**

La décision est prise à la majorité des deux tiers du montant des créances obligataires détenues par les porteurs ayant exprimé leur vote, nonobstant toute clause contraire et indépendamment de la loi applicable au contrat d'émission. *(L. n° 2012-387 du 22 mars 2012, art. 28-I-1°)* **« Ne prennent pas part au vote les créanciers obligataires pour lesquels le projet de plan ne prévoit pas de modification des modalités de paiement ou prévoit un paiement intégral en numéraire dès l'arrêté du plan ou dès l'admission de leurs créances. »** — *V. art. R. 626-60 s.*

La L. n° 2012-387 du 22 mars 2012 est applicable aux procédures ouvertes à compter de sa promulgation. Elle est applicable en Nouvelle-Calédonie et dans les îles Wallis-et-Futuna (L. préc., art. 28-II et III).

BIBL. ▶ LE CORRE, *D. 2010. Chron. 839* (porteurs de titres super-subordonnés et élaboration des plans de sauvegarde ou de redressement avec comités). – VERMEILLE et FRANÇOIS, *JCP E 2012. 1582* (affaire *Technicolor*).

L'administrateur judiciaire n'a pas le pouvoir de priver certains des obligataires de leurs droits de vote en décidant que seule une partie du nominal de leurs titres leur confère un droit de vote ; toutefois, l'irrégularité ayant affecté les modalités du vote des porteurs des titres super-subordonnés lors de l'assemblée unique des obligataires n'ayant eu aucune influence sur le résultat du vote, la nullité de la délibération n'est pas encourue. • Com. 21 févr. 2012 : *Bull. civ. IV, n° 45 ; D. 2012. Actu. 606, obs. Lienhard ; Rev. sociétés 2012. 450, note Grelon ; JCP E 2012. 1227, n° 3, obs. Pétel ; ibid. 1228, note Bonneau ; BRDA 2012, n° 6, p. 31 ; Gaz. Pal. 27-28 avr. 2012, p. 23, obs. Lebel ; RJDA 2012, n° 520 ; Bull. Joly 2012. 426, note Borga ; Dr. sociétés 2012, n° 108, note Legros ; Rev. proc. coll. 2012, n° 82, obs. Fraimout ; Dr. et patr. sept. 2012. 101, obs. Saint-Alary-Houin.* ♦ Si les porteurs des titres super-subordonnés peuvent se voir imposer un abandon partiel ou total de leurs créances et une conversion de leurs créances en titres donnant ou pouvant donner accès au capital, ces mesures ne peuvent être imposées que par la majorité qualifiée des membres de l'assemblée générale des obligataires, ce qui implique que les porteurs de titres super-subordonnés soient membres de cette assemblée et que les modifications à leurs droits fassent partie du projet de plan soumis à l'approbation de cette assemblée, ce dont il résulte que les porteurs de titres super-subordonnés ne peuvent pas être exclus de l'assemblée générale des obligataires. • Même arrêt. – V. l'arrêt confirmé : • Versailles, 18 nov. 2010 : *D. 2010. Actu. 2767, obs. Lienhard ; Rev. sociétés 2011. 239, note Grelon ; RTDF 2010, n° 4, p. 32, obs. Mason, Morelli et Burgala ; Bull. Joly 2011. 31, note Borga ; Bull. Joly Entrep. diff. 2011. 14, note Roussel Galle ; Act. proc. coll. 2011, n° 86, obs. Moulin ; Rev. proc. coll. 2011, n° 41, obs. Fraimout.*

Art. L. 626-33 *(Ord. n° 2008-1345 du 18 déc. 2008, art. 69)* « Les créanciers qui ne sont pas membres des comités institués en application de l'article L. 626-30, et pour leurs créances assorties de cette sûreté, les créanciers bénéficiaires d'une fiducie constituée à titre de garantie par le débiteur sont consultés selon les dispositions des articles L. 626-5 à L. 626-6. »

(L. n° 2005-845 du 26 juill. 2005, art. 83) Les dispositions du plan relatives aux créanciers qui ne sont pas membres des comités institués en application de l'article L. 626-30 sont arrêtées selon les dispositions des articles L. 626-12 et L. 626-18 à L. 626-20.

Art. L. 626-34 *(L. n° 2005-845 du 26 juill. 2005, art. 83)* Lorsque l'un ou l'autre des comités *(Ord. n° 2008-1345 du 18 déc. 2008, art. 70)* « et, le cas échéant, l'assemblée des obligataires ne se sont pas prononcés sur un projet de plan dans un délai de six mois à compter du jugement d'ouverture de la procédure, que l'un d'eux a refusé les propositions faites » par le débiteur ou que le tribunal n'a pas arrêté le plan en application de l'article L. 626-31, la procédure est reprise pour préparer un plan dans les conditions prévues aux articles L. 626-5 à L. 626-7 afin qu'il soit arrêté selon les dispositions des articles L. 626-12 et L. 626-18 à L. 626-20. *(Abrogé par Ord. n° 2008-1345 du 18 déc. 2008, art. 70)* ***« La procédure est reprise suivant les mêmes modalités lorsque le débiteur n'a pas présenté ses propositions de plan aux comités dans les délais fixés. »***

Art. L. 626-34-1 *(Ord. n° 2008-1345 du 18 déc. 2008, art. 71)* Le tribunal statue dans un même jugement sur les contestations relatives à l'application des articles L. 626-30 à L. 626-32 et sur l'arrêté ou la modification du plan.

Les créanciers ne peuvent former une contestation qu'à l'encontre de la décision du comité ou de l'assemblée dont ils sont membres.

Art. L. 626-35 *(L. n° 2005-845 du 26 juill. 2005, art. 83)* Un décret en Conseil d'État détermine les conditions d'application de la présente section. — *V. art. R. 626-52 s.*

● CHAPITRE VII DISPOSITIONS PARTICULIÈRES EN L'ABSENCE D'ADMINISTRATEUR JUDICIAIRE

BIBL. GÉN. ► BOURGNINAUD, *LPA, n° spéc., 8 févr. 2006, p. 85* (commentaire article par article).

Art. L. 627-1 *(L. n° 2005-845 du 26 juill. 2005, art. 84)* Les dispositions du présent chapitre sont applicables lorsqu'il n'a pas été désigné d'administrateur judiciaire en application *(Ord. n° 2008-1345 du 18 déc. 2008, art. 72)* « du quatrième » alinéa de l'article L. 621-4. Les autres dispositions du présent titre sont applicables dans la mesure où elles ne sont pas contraires à celles du présent chapitre.

Art. L. 627-2 *(L. n° 2005-845 du 26 juill. 2005, art. 85)* Le débiteur exerce, après avis conforme du mandataire judiciaire, la faculté ouverte à l'administrateur de poursuivre des contrats en cours *(Ord. n° 2008-1345 du 18 déc. 2008, art. 73)* « et de demander la résiliation du bail en application des articles L. 622-13 et L. 622-14 ». En cas de désaccord, le juge-commissaire est saisi par tout intéressé.

V. art. R. 627-1.

BIBL. ► ROUSSEL GALLE, *Rev. proc. coll. 2006. 264.*

V., à propos du rôle du juge-commissaire dans la procédure simplifiée sans nomination d'un administrateur (régime antérieur à la loi du 26 juill. 2005), notes 15 *bis* et 15 *ter* ss. art. L. 622-13.

Art. L. 627-3 *(L. nº 2005-845 du 26 juill. 2005, art. 86)* **Pendant la période d'observation, le débiteur établit un projet de plan avec l'assistance éventuelle d'un expert nommé par le tribunal.** *(Ord. nº 2008-1345 du 18 déc. 2008, art. 74)* **« Il n'est pas dressé de bilan économique, social et environnemental. »**

Le débiteur communique au mandataire judiciaire et au juge-commissaire les propositions de règlement du passif prévues à l'article L. 626-5 et procède aux informations. *(Ord. nº 2008-1345 du 18 déc. 2008, art. 74)* **« , consultations et communications prévues à l'article L. 626-8 ».**

Pour l'application de l'article L. 626-3, l'assemblée générale extraordinaire ou l'assemblée des associés ainsi que, lorsque leur approbation est nécessaire, les assemblées spéciales mentionnées aux articles L. 225-99 et L. 228-35-6 ou les assemblées générales des masses visées à l'article L. 228-103 sont convoquées dans des conditions fixées par décret en Conseil d'État. Le juge-commissaire fixe le montant de l'augmentation du capital proposée à l'assemblée pour reconstituer les capitaux propres. — *[C. com., ancien art. L. 621-139.]*

Art. L. 627-4 *(L. nº 2005-845 du 26 juill. 2005, art. 87)* **Après le dépôt au greffe du projet de plan par le débiteur, le tribunal statue au vu du rapport du juge-commissaire.**

CHAPITRE VIII DE LA SAUVEGARDE FINANCIÈRE ACCÉLÉRÉE

(L. nº 2010-1249 du 22 oct. 2010, art. 57-I)

Les art. L. 628-1 à L. 628-7 ci-dessous sont applicables aux procédures de conciliation ouvertes à compter du premier jour du cinquième mois suivant la publication de la L. nº 2010-1249 du 22 oct. 2010 (L. préc., art. 57-II, JO 23 oct.), soit à compter du 1er mars 2011. — Ils sont applicables en Nouvelle-Calédonie et dans les îles Wallis-et-Futuna (L. préc., art. 85-II).

RÉP. COM. vº *Entreprises en difficulté (Sauvegarde financière accélérée)*, par LIENHARD.

BIBL. GÉN. ▶ DAMMANN et SCHNEIDER, *D. 2011. Chron. 1429* (analyse et perspectives d'avenir). – GRELON, *Rev. sociétés 2011. 7*. – MONTÉRAN et MIEULLE, *Journ. sociétés nov. 2010. 36* (de la pratique du plan de sauvegarde pré-négocié à la procédure de sauvegarde financière accélérée). – PROUVOST, *ibid. déc. 2010. 42*. – Table ronde du 30 mars 2011, *Rev. proc. coll. 2011. 73*. – VALLENS, *RTD com. 2011. 644*.

Art. L. 628-1 **Il est institué une procédure de sauvegarde financière accélérée, soumise aux règles applicables à la procédure de sauvegarde sous réserve des dispositions du présent chapitre.**

La procédure de sauvegarde accélérée est ouverte sur demande d'un débiteur, engagé dans une procédure de conciliation en cours et satisfaisant aux critères mentionnés au premier alinéa des articles L. 620-1 et L. 626-29, qui justifie avoir élaboré un projet de plan visant à assurer la pérennité de l'entreprise et susceptible de recueillir un soutien suffisamment large de la part des créanciers mentionnés à l'alinéa suivant pour rendre vraisemblable son adoption dans le délai prévu à l'article L. 628-6. *(L. nº 2012-387 du 22 mars 2012, art. 28-I-2º)* **« Pour l'application du présent chapitre, est réputé remplir les conditions de seuil mentionnées au premier alinéa de l'article L. 626-29 le débiteur dont le total de bilan est supérieur à un seuil fixé par décret. »** — *La L. nº 2012-387 du 22 mars 2012 est applicable aux procédures ouvertes à compter de sa promulgation. Elle est applicable en Nouvelle-Calédonie et dans les îles Wallis-et-Futuna (L. préc., art. 28-II et III).*

L'ouverture de la procédure n'a d'effet qu'à l'égard des créanciers mentionnés à l'article L. 626-30 comme ayant la qualité de membres du comité des établissements de crédit et, s'il y a lieu, de ceux mentionnés à l'article L. 626-32.

V. art. R. 628-1 s.

Art. L. 628-2 Sans préjudice de l'article L. 621-1, le tribunal statue sur l'ouverture de la procédure après rapport du conciliateur sur le déroulement de la conciliation et sur les perspectives d'adoption du projet de plan par les créanciers concernés. – *V. art. R. 628-3 s.*

Art. L. 628-3 Lorsque le conciliateur est inscrit sur la liste prévue à l'article L. 811-2, le tribunal le désigne administrateur judiciaire. Par décision spécialement motivée, il peut désigner une autre personne dans les conditions prévues à ce même article.

Art. L. 628-4 Seuls le comité des établissements de crédit prévu à l'article L. 626-30 et, s'il y a lieu, l'assemblée générale des obligataires prévue à l'article L. 626-32 sont constitués. Le délai de quinze jours fixé au troisième alinéa de l'article L. 626-30-2 est réduit à huit jours. – *V. art. R. 628-8 à R. 628-11.*

Art. L. 628-5 Les créanciers adressent la déclaration de leurs créances au mandataire judiciaire dans les conditions prévues aux articles L. 622-24 à L. 622-26.

Pour les créanciers mentionnés au dernier alinéa de l'article L. 628-1 ayant participé à la conciliation, une liste des créances à la date de l'ouverture de la procédure de sauvegarde financière accélérée est établie par le débiteur et certifiée par le commissaire aux comptes ou, à défaut, l'expert-comptable. Cette liste est déposée au greffe du tribunal. Le mandataire judiciaire informe *(Abrogé par L. nº 2012-387 du 22 mars 2012, art. 28-I-3º)* *« par tout moyen »* chaque créancier concerné des caractéristiques de ses créances figurant sur la liste. Par dérogation au premier alinéa, ces créances sont réputées déclarées, sous réserve de leur actualisation, si les créanciers n'adressent pas la déclaration de ces créances dans les conditions prévues au premier alinéa. – *La L. nº 2012-387 du 22 mars 2012 est applicable aux procédures ouvertes à compter de sa promulgation. Elle est applicable en Nouvelle-Calédonie et dans les îles Wallis-et-Futuna (L. préc., art. 28-II et III).*

Un décret en Conseil d'État précise les modalités d'application du présent article. – *V. art. R. 628-6 et R. 628-7.*

Art. L. 628-6 Le tribunal arrête le plan dans les conditions prévues à l'article L. 626-31 dans le délai d'un mois à compter du jugement d'ouverture. Il peut prolonger ce délai d'un mois au plus.

A défaut d'adoption du projet de plan par le comité et, s'il y a lieu, l'assemblée mentionnés à l'article L. 628-4 et d'arrêté du plan dans le délai prévu au premier alinéa du présent article, le tribunal met fin à la procédure. – *V. art. R. 628-12 s.*

Art. L. 628-7 La décision prise en application de l'article L. 662-2 par laquelle une juridiction a été désignée pour connaître d'une procédure de conciliation emporte prorogation de compétence territoriale au profit de la même juridiction pour connaître de la procédure de sauvegarde accélérée qui lui fait suite.

TITRE TROISIÈME DU REDRESSEMENT JUDICIAIRE

BIBL. GÉN. ► TEBOUL, *LPA 27 oct. 2005.* – LEGROS, *Dr. sociétés 2005. Étude 16.* – DELFOSSE et PÉNIGUEL, *JCP N 2005, nº 41, p. 1667.* – JAZOTTES, *Rev. proc. coll. 2005. 358* (innovations de la procédure de redressement judiciaire). – CROZE, *Procédures 2006. Étude 1 ; ibid. mars 2006, p. 4.*

– MARLY, *LPA, n° spéc., 8 févr. 2006, p. 94* (commentaire article par article). ▶ Sur l'ordonnance du 18 déc. 2008 : ROUSSEL GALLE, *D. 2009. 644* (ouverture des procedures). – VOINOT, *Gaz. Pal. 2009. Doctr. 746* (même thème). – SAINTOURENS, *Rev. proc. coll. 2009. Dossier 4.*

CHAPITRE PREMIER DE L'OUVERTURE ET DU DÉROULEMENT DU REDRESSEMENT JUDICIAIRE

Art. L. 631-1 *(L. n° 2005-845 du 26 juill. 2005, art. 88)* **Il est institué une procédure de redressement judiciaire ouverte à tout débiteur mentionné aux articles L. 631-2 ou L. 631-3 qui, dans l'impossibilité de faire face au passif exigible avec son actif disponible, est en cessation des paiements.** *(Ord. n° 2008-1345 du 18 déc. 2008, art. 75)* **« Le débiteur qui établit que les réserves de crédit ou les moratoires dont il bénéficie de la part de ses créanciers lui permettent de faire face au passif exigible avec son actif disponible n'est pas en cessation des paiements. »**

La procédure de redressement judiciaire est destinée à permettre la poursuite de l'activité de l'entreprise, le maintien de l'emploi et l'apurement du passif. Elle donne lieu à un plan arrêté par jugement à l'issue d'une période d'observation et, le cas échéant, à la constitution de deux comités de créanciers, conformément aux dispositions des articles L. 626-29 et L. 626-30.

Pour une dérogation à l'art. L. 631-1 ci-dessus, s'agissant de la définition de l'état de cessation des paiements applicable aux établissements de crédit, V. C. mon. fin., art. L. 613-26. — **C. mon. fin.**

BIBL. ▶ CHAPUT, *RTD com. 1986, n° spéc., p. 17.* – DELESALLE, *Rev. proc. coll. 1987, n° 4, p. 1.* – NANTERME et PONCEBLANC, *Gaz. Pal. 1986. 2. Doctr. 661.* – NUSSENBAUM, *Rev. dr. bancaire mai-juin 1996. 79* (cessation des paiements des banques). – MONTÉRAN, *Rev. proc. coll. 2001. 1.* – DELATTRE, *Gaz. Pal. 2002. Doctr. 152* (notion de cessation des paiements : passif exigible ou passif exigé ?). – LAFORTUNE, *ibid.* (périmètre de l'état de cessation des paiements dans l'actualité jurisprudentielle). – MARTINEAU-BOURGNINAUD, *RTD com. 2002. 245* (la cessation des paiements, notion fonctionnelle). – DERRIDA, *Mélanges Sortais, Bruylant, 2002, p. 73* (notion de cessation des paiements). – TRICOT, *Gaz. Pal. 2005. Doctr. 1009* (la cessation des paiements : une notion stable). – MARTY, *RLDA, suppl. au n° 80, mars 2005, p. 21* (de la cessation des paiements aux difficultés prévisibles des entreprises). ▶ Après la loi du 26 juill. 2005 : – LEBEL, *Gaz. Pal. 2005. Doctr. 2934.* – FAURY, *ibid. 2007. Doctr. 85.* – TEBOUL, *Gaz. Pal. 2008. Doctr. 1703* (la cessation des paiements, point de convergence des intérêts contraire ?). – VALLENS, *JCP 2008. I. 148* (de la cessation des paiements à l'insolvabilité) ; *Rev. proc. coll. 2009, Étude 25* (preuve de la cessation des paiements). – BERTHELOT, *JCP E 2008. 2232.* – GRELON, *Mélanges Tricot, Dalloz-Litec, 2011, p. 423* (prévention et cessation des paiements). – BUCHBERGER, *Bull. Joly Entrep. diff. 2011. 286* (avances de trésorerie, avances en compte courant et cessation des paiements). – ARBELLOT, *JCP E 2012. 1102* (notion de « réserves de crédit »). – ZINTY, *Rev. proc. coll. 2012. Étude 27* (notion d'actif disponible).

1. Notion de « débiteur ». Il résulte de la *combinaison de l'art. L. 631-1 C. com.*, ensemble les art. 3, 4 et 9 du Décr. n° 56-221 du 29 févr. 1956, que si tout officier public ou ministériel auquel un suppléant a été désigné doit s'abstenir de tout acte professionnel dès l'entrée en fonction de ce dernier, il demeure titulaire de l'office et peut à ce titre faire l'objet d'un redressement ou d'une liquidation judiciaires, dès lors que se trouve constaté l'état de cessation des paiements. • Com. 3 mai 2011 : *Bull. civ. IV, n° 65 ; D. 2011. Actu. 1343, obs. Lienhard ; Rev. sociétés 2011. 385, obs. Roussel Galle ; JCP E 2011. 1596, n° 1, obs. Pétel ; LEDEN juin 2011, p. 2, obs. Couard ; Rev. proc. coll. 2011, n° 118, obs. Lebel ; RJDA 2011, n° 717 ; Bull. Joly Entrep. diff. 2011. 308, note Favario ; Rev. proc. coll. 2012, n° 16, obs. Saintourens.*

1 bis. Notion de « cessation des paiements ». L'état de cessation des paiements ne se déduit pas de la seule constatation de l'existence d'un résultat déficitaire. • Com. 3 nov. 1992 : *Bull. civ. IV, n° 343* • Nancy, 28 avr. 1998 : *Rev. proc. coll. 2000. 53, obs. Deleneuville* • Chambéry, 18 janv. 1999 : *ibid.* ... Ou d'une perte d'exploitation et du non-paiement des salaires. • Com. 9 janv. 1996 :

D. 1996. IR 43 ; D. Affaires 1996. 273. ♦ V. aussi • Com. 9 juill. 2002 : *RD banc. fin. 2002, n° 233, obs. F.-X. Lucas.* ♦ La cessation des paiements est distincte du refus de paiement et doit être prouvée par celui qui demande l'ouverture d'un redressement judiciaire. • Com. 27 avr. 1993 : *Bull. civ. IV, n° 154* • 25 févr. 1997 : *D. 1997. IR 127 ; D. Affaires 1997. 484 ; LPA 11 mai 1998, p. 11, obs. Gibirila* • 23 nov. 1999 : *Procédures 2000, n° 215, obs. Laporte* • 23 janv. 2001 : *Rev. proc. coll. 2002. 55, obs. Deleneuville* • Aix-en-Provence, 6 juin 2000 : *RD banc. fin. 2000, n° 228, obs. F.-X. Lucas* • Besançon, 11 sept. 2001 : *RJ com. 2002. 124, note Haennig.* ♦ V. aussi note 8. ♦ Il n'y a cessation des paiements que si le débiteur est dans l'impossibilité de faire face à son passif exigible, c'est-à-dire échu, avec son actif disponible. • T. com. Lille, 5 mai 1987 : *RJ com. 1987. 255, note Derrida ; RTD com. 1988. 688, obs. Merle* • 30 avr. 1987 : *Rev. proc. coll. 1987, n° 3, p. 11, obs. Didier ; Rev. dr. bancaire 1988. 29, obs. Dekeuwer-Defossez.* ♦ Cette condition étant suffisante, il n'y a pas lieu de rejeter une demande d'ouverture de procédure, dès lors qu'il est constaté que le débiteur n'est pas en mesure de se libérer du passif échu. • Douai, 24 mars 1986 : *Rev. proc. coll. 1987, n° 1, p. 27, obs. Didier.* ♦ L'actif d'une société, constitué de deux immeubles non encore vendus, n'est pas disponible. • Com. 27 févr. 2007 : *Bull. civ. IV, n° 65 ; D. 2007. AJ 872, obs. Lienhard ; JCP E 2007. 1833, note Roussel Galle ; ibid. 2119, n° 1, obs. Pétel ; Gaz. Pal. 13-14 avr. 2007, p. 21, obs. Lebel ; RD banc. fin. 2007, n° 71, obs. F.-X. Lucas ; Act. proc. coll. 2007, n° 71, obs. Vallansan ; Rev. proc. coll. 2007. 221, obs. Saintourens ; Defrénois 2007. 1557, obs. Gibirila.* – V. aussi Delattre, *Rev. proc. coll. 2007. 109.* ♦ De même, pour la détermination de l'actif disponible ne peuvent être pris en compte ni le prix d'acquisition du fonds de commerce, ni le montant des travaux réalisés dans les lieux, ni la valeur du stock de marchandises. • Com. 17 mai 1989 : *Bull. civ. IV, n° 152 ; D. 1989. IR 177 ; JCP 1990. II. 21464, note Beaubrun.* ♦ ... Non plus que des participations dans des filiales et des créances sur celles-ci. • Com. 20 juin 1995 : *Dr. sociétés 1995, n° 162, obs. Chaput.* ♦ ... Ni un terrain à exproprier. • Com. 25 nov. 1997 : *Bull. civ. IV, n° 303 ; D. Affaires 1998. 300, obs. A. L.* ♦ V. aussi, sur l'exclusion des stocks, à moins qu'ils ne soient en cours de réalisation, • Versailles, 6 mars 1997 : *Rev. proc. coll. 1998. 33, obs. Calendini* • Amiens, 11 mars 1999 : *Rev. proc. coll. 2000. 49, obs. Deleneuville* • Besançon, 20 nov. 2001 : *RJ com. 2002. 127, note Haennig.* ♦ ... Et des créances, sauf celles qui arrivent immédiatement à terme, • Versailles, 22 mai 1997 : *Rev. proc. coll. 1998. 33, obs. Calendini.* – V. aussi • Paris, 25 sept. 1998 : *Rev. proc. coll. 2000. 49, obs. Deleneuville.* ♦ Le capital social non libéré ne peut être assimilé à un actif disponible ou à une réserve de crédit au sens de l'art. L. 631-1 C. com. • Com. 23 avr. 2013 : *D. 2013. Actu. 1130, obs. Lienhard .*

En revanche, il y a lieu de prendre en compte le produit de la vente d'un fonds de commerce consigné entre les mains d'un notaire, de nature à permettre de désintéresser les créanciers qui ont fait opposition. • Aix-en-Provence, 19 nov. 1998 : *Rev. proc. coll. 2000. 49, obs. Deleneuville.*

L'action du porteur d'un chèque de banque contre le tiré se prescrivant par un an à partir de l'expiration du délai de présentation, la provision correspondante qui existe au profit du porteur durant le délai de prescription de cette action constitue un actif disponible. • Com. 18 déc. 2007 : *Bull. civ. IV, n° 267 ; D. 2008. AJ 83, obs. Lienhard ; JCP E 2008. 1358, note Grimonprez ; ibid. 1432, n° 1, obs. Cabrillac ; Act. proc. coll. 2008, n° 39, obs. Bonneau ; Gaz. Pal. 27-29 avr. 2008, p. 14, obs. Lebel ; RJ com. 2008. 237, note Roussel Galle ; Defrénois 2008. 1232, obs. Gibirila ; Rev. proc. coll. 2008, n° 113, obs. Saintourens.*

La comparaison des éléments du bilan n'est pas de nature à établir l'existence de la cessation des paiements. • Com. 2 févr. 1999 : *RJDA 1999, n° 438 ; Act. proc. coll. 1999, n° 76 ; Rev. proc. coll. 1999. 235, obs. Bach* • Paris, 18 févr. 2000 : *D. 2000. AJ 170, obs. Pisoni .*

Sur le rejet d'une analyse purement comptable et l'intégration des éléments dynamiques de la vie de l'entreprise, V. • Aix-en-Provence, 5 juin 1987 : *D. 1988. Somm. 41, obs. Honorat* • Rouen, 17 sept. 1992 : *RJDA 1993, n° 251.* ♦ Sur la prise en compte des concours financiers accordés par une banque, V. • Com. 23 mai 1995 : *RJDA 1995, n° 1272* • 5 mars 1996 : *Rev. proc. coll. 1996. 202, obs. Calendini* • 8 janv. 2002 : *Act. proc. coll. 2002, n° 69.* ♦ ... Des liquidités apportées par le dirigeant, V. • Com. 24 mars 2004 : *Bull. civ. IV, n° 60 ; D. 2004. AJ 1022, obs. Lienhard ; ibid. Somm. 2143, obs. F.-X. Lucas ; Act. proc. coll. 2004, n° 110, obs. Vallansan ; JCP E 2004, n° 37, p. 1383, obs. Pétel ; LPA 4 juin 2004, note Reifegerste ; Defrénois 2004. 1659, obs. Gibirila.* ♦ ... D'un moratoire accordé par les créanciers, V. • Com. 18 mars 2008 : D. 2008. AJ 982, obs. *Lienhard ; Gaz. Pal. 27-29 juill. 2008, p. 31, obs. Lebel ; Dr. et patr. juill.-août 2008. 109, obs. Monsèrié-Bon ; Rev. proc. coll. 2008, n° 114, obs. Saintourens* • 27 févr. 2007 : *préc. ; Rev. proc. coll. 2007. 222, obs. Saintourens* • 14 mai 2002 : *cité note 4 bis ss. art. L. 631-8* (dans le cadre d'une procédure de règlement amiable) • 15 févr. 2011 : *Bull. civ. IV, n° 23 ; D. 2011. Actu. 591, obs. Lienhard ; JCP E 2011. 1280, note Lebel ; LEDEN avr. 2011, p. 3, obs. Delattre ; RJDA 2011, n° 436 ; Bull. Joly Entrep. diff. 2011. 176, note Martineau-Bourgninaud* (ss. l'empire de la L. du 26 juill. 2005). ♦ Jurisprudence confirmée par l'art. L. 631-1 dans sa réd. issue de l'Ord. n° 2008-1345 du 18 déc. 2008. ♦ Pour une première application, jugeant qu'une avance de trésorerie qui n'est pas bloquée ou dont le remboursement n'a pas été demandé constitue un actif disponible, V. • Com. 16 nov. 2010 : *D. 2010. Actu. 2830, obs. Lienhard ; D. 2011. Pan. 2072, obs. F.-X. Lucas ; LEDEN janv. 2011, p. 2, obs. Rubellin ; Gaz. Pal. 7-8 janv. 2011, p. 25, obs. Reille ; Dr. sociétés 2011, n° 37, note Legros ; Bull. Joly 2011. 207, note Mouial-Bassilana.*

Sur l'exclusion des créances litigieuses pour la détermination du passif exigible (à propos de créances constatées par décisions de référé provisoires), • Com. 25 nov. 2008 : *D. 2009. AJ 17 ; Gaz. Pal. 26-28 avr. 2009, p. 15, obs. Lebel* • Chambéry, 9 déc. 1991 : *BICC 1992, n° 644*, conf. par • Com. 22 févr. 1994 : *Bull. civ. IV, n° 75 ; JCP 1995. II. 22447, note Lévy ; JCP E 1994. I. 394, n° 1, obs. Pétel* • TGI Metz, 5 juin 1997 : *BICC 1998, n° 205.* ♦ Comp. : note 5.

La cessation des paiements étant caractérisée par l'impossibilité pour le débiteur de faire face au passif exigible avec son actif disponible, peu importe le montant du passif effectivement exigé. • Com. 17 juin 1997 : *Bull. civ. IV, n° 193 ; D. Affaires 1997. 903 ; JCP E 1998, n° 1-2, p. 28, obs. Pétel ; Rev. proc. coll. 1998. 38, obs. Calendini ; ibid. 2000. 48, obs. Deleneuville.* ♦ Comp., considérant que le passif à prendre en compte est « le passif exigible et exigé » : • Com. 28 avr. 1998 : *D. Affaires 1998. 1487, obs. A. L. ; Defrénois 1998. 948, obs. Le Cannu ; JCP E 1998, n° 49, p. 1926, note Likillimba ; RTD com. 1999. 187, obs. Laude ; Rev. proc. coll. 2000. 49, obs. Deleneuville.* – Dans le même sens, V. • Besançon, 14 juin 2000 : *Act. proc. coll. 2000, n° 227.* – V. aussi J. Besse, *Rev. proc. coll. 2000. 39* ; J.-L. Courtier, *RJ com. 2001. 212.*

Sur la notion de passif exigible, s'agissant de créances fiscales, V. • Com. 12 nov. 1997 : *Bull. civ. IV, n° 290 ; D. Affaires 1997. 1468 ; Rev. proc. coll. 1998. 38, obs. Calendini* • 7 mars 2006 : *Gaz. Pal. 14-18 juill. 2006, p. 13, obs. Lebel.* ♦ V. aussi les arrêts cités par J.-M. Deleneuville, *Rev. proc. coll. 2000. 50.*

Sur la distinction des notions de « cessation des paiements » et de « situation irrémédiablement compromise » (art. L. 313-12 C. mon. fin.), V. • Com. 31 mars 2004 : *D. 2004. AJ 1231, obs. Avena-Robardet .*

2. Séquestre. En revanche, la cessation des paiements n'est pas constituée lorsque le débiteur a déposé la somme réclamée entre les mains d'un séquestre, car même si la somme n'est pas disponible pour le créancier, elle a été disponible pour le débiteur, fût-ce pour l'immobiliser temporairement par une mesure de sûreté. • TGI Évry, 20 mai 1988 : *D. 1989. Somm. 285, obs. Honorat.*

2 bis. Groupe de sociétés. L'état de cessation des paiements est caractérisé objectivement, pour chaque société d'un groupe, par l'impossibilité pour elle de faire face à son passif exigible avec son actif disponible. • Com. 3 juill. 2012 : *Bull. civ. IV, n° 146 ; D. 2012. 2212, note Dammann et François ; ibid. Chron. C. cass. 2548, obs. Lecaroz ; ibid. Actu. 1814, obs. Lienhard ; Rev. sociétés 2012. 527, obs. Henry ; JCP E 2012. 1509, note Cerati-Gauthier ; ibid. 1757, n° 1, obs. Pétel ; JCP 2012. 1073, note Fabre ; Gaz. Pal. 5-6 sept. 2012, p. 5, obs. Demeyere ; Bull. Joly 2012. 631, note Pelletier ; Bull. Joly Entrep. diff. 2012. 279, concl. Bonhomme et note Neau-Leduc ; LEDEN sept. 2012, p. 2, obs. Delattre ; Act. proc. coll. 2012, n° 206, obs. Fin-Langer ; Dict perm. diff. entrep., Bull. n° 340, obs. Roussel Galle ; RJDA 2012, n° 872 ; Dr. sociétés 2012, n° 189, note Legros ; Rev. proc. coll. 2013, n° 6, obs. Saintourens ; LPA 15 avr. 2013, p. 4, obs. Zattara-Gros.* ♦ Une cour d'appel ne peut prononcer le redressement judiciaire de toutes les sociétés d'un groupe sans constater que le montant des actifs disponibles à la date retenue comme étant celle de la cessation des paiements ne permettait pas à chacune des sociétés de faire face à son passif exigible : • Com. 8 juin 1999 : *Bull. civ. IV, n° 120 ; Act. proc. coll. 1999, n° 155, obs. Vallansan ; LPA 8 juill. 1999, p. 5 ; Dr. sociétés 1999, n° 166, obs. Chaput* • 20 févr. 2001 : *Dr. sociétés 2001, n° 113, obs. Legros ; RTD com. 2001. 921, obs. Champaud et Danet .*

2 ter. Confusion des patrimoines. V. note 11 ss. art. L. 621-2.

2 quater. Liquidation judiciaire immédiate. V. note 4 ss. art L. 640-1.

2 quinquies. Indifférence des mobiles du débiteur. Lorsque l'état de cessation des paiements est avéré, le juge saisi d'une demande d'ouverture d'une procédure collective ne peut la rejeter en raison des mobiles du débiteur, qui est légalement tenu de déclarer cet état. • Com. 3 juill. 2012 : *préc. note 2 bis.*

3. Délais de paiement. Le tribunal saisi d'une demande d'ouverture d'un redressement judiciaire statue *ultra petita* s'il accorde des délais de paiement au débiteur qu'il condamne au paiement. • Paris, 22 mars 1988 : *Gaz. Pal. 1988. 2. Somm. 376.*

4. Date de cessation des paiements. Sur la nécessité, pour les tribunaux, de retenir une date précise comme date de la cessation des paiements, V. • Com. 20 mai 1997 : *Bull. civ. IV, n° 145 ; D. 1997. IR 144 ; D. Affaires 1997. 767 ; Bull. Joly 1997. 801, note Saintourens.*

4 bis. Date d'appréciation. La cessation des paiements est appréciée au jour où statue la juridiction, même en cause d'appel. • Com. 9 mai 1987 : *Rev. proc. coll. 1987, n° 4, p. 29, obs. Didier* • 7 nov. 1989 : *Bull. civ. IV, n° 273 ; Gaz. Pal. 1990. 1. Pan. 44* • 6 oct. 1992 : *Bull. civ. IV, n° 290 ; Dr. sociétés 1992, n° 249, obs. Chaput.* – Dans le même sens : • Com. 14 nov. 2000 : *Procédures 2001, n° 63, obs. Laporte ; Rev. proc. coll. 2002. 56, obs. Deleneuville* • 3 avr. 2001 : *ibid.* • Paris, 19 oct. 2004 : *RJ com. 2005. 74, note Sortais.* ♦ Pour apprécier l'état de cessation de paiement au jour où elle statue, la cour d'appel peut tenir compte des créances devenues exigibles par l'effet du jugement arrêtant le plan de cession, dès lors qu'il n'est pas allégué que les créanciers de ces sommes auraient perdu l'exercice individuel de leurs actions contre le débiteur dans les conditions prévues par les art. 92 et 169 [C. com., anciens art. L. 621-95 et L. 622-32]. • Com. 14 déc. 1993 : *Bull. civ. IV, n° 475 ; D. 1994. IR 43.*

V. aussi, en cas de transaction intervenue depuis le jugement d'ouverture, • Aix-en-Provence, 2 avr. 1992 : *RJDA 1992, n° 751.*

4 ter. Expertise. Pour fixer la date de cessation des paiements d'une société à l'égard de deux sociétés actionnaires, il est loisible aux juges du fond de puiser dans le rapport de l'expert, bien qu'il ne vale pas comme rapport d'expertise judiciaire, au sens des art. 263 s. NCPC [C. pr. civ.], à l'égard de ces deux sociétés, tous renseignements, dès lors que ce document a été régulièrement versé aux débats et soumis à leur discussion contradictoire. • Com. 15 févr. 2000 : *JCP E 2000, n° 14, p. 587 ; RJDA 2000, n° 440 ; RTD com. 2000. 443, obs. Laude ; RJ com. 2000. 285, obs. Teboul.*

Sur la possibilité de désigner un expert pour se prononcer sur la permanence de l'état de cessation des paiements, V. • TGI Béthune, 17 sept. 1993 : *Rev. proc. coll. 1993. 445, obs. Calendini.*

5. Sursis à statuer. Lorsqu'une société est en cessation de paiement, une cour d'appel ne peut surseoir à statuer sur une demande de mise en redressement judiciaire, au motif de l'existence d'une garantie à première demande et d'un accord du garant pour différer l'exigibilité à son égard de la dette résultant d'une éventuelle mise en œuvre de la garantie. • Com. 26 juin 1990 : *Bull. civ. IV, n° 194 ; D. 1991. 574, note Morvan ; D. 1992. Somm. 2, obs. Derrida ; JCP E 1991. I. 44, n° 1, obs. Pétel.*

6. Force de chose jugée. La force de chose jugée attachée à un précédent arrêt ayant refusé d'ouvrir une procédure collective à l'égard d'un débiteur, après avoir retenu qu'il n'était pas en état de cessation des paiements, s'oppose à ce que lors de l'ouverture ultérieure d'une procédure de redressement judiciaire à l'égard de ce même débiteur la date légale de cessation des paiements puisse être fixée à une date antérieure à celle du premier arrêt. • Com. 20 juin 1995 : *Bull. civ. IV, n° 182 ; Rev. proc. coll. 1996. 43, obs. Calendini.* – Comp. : • Com. 19 nov. 1996 : *cité note 3 bis ss. art. L. 653-5.* ♦ Sur la force de chose jugée attachée au jugement ayant ouvert une procédure de redressement judiciaire alors que le débiteur n'était pas en cessation des paiements, V. • Com. 19 nov. 2003 : *RD banc. fin. 2004, n° 73, obs. F.-X. Lucas.*

V. aussi note 4 *ter* ss. art. L. 632-4.

6 bis. Sur la portée de la date de cessation des paiements retenue par le jugement d'ouverture dans une instance ultérieure en résolution d'une cession de parts sociales de la société en redressement judiciaire, V. • Com. 19 juin 2001 : *D. 2001. AJ 2599, obs. Lienhard ; ibid. 2002. Somm. 1480, obs. Honorat ; Bull. Joly 2001. 1241, note Couret.*

7. Report de la date. V. art. L. 631-8.

8. Preuve. Il appartient au créancier qui engage une action tendant à voir prononcer le redressement judiciaire de son débiteur de prouver, outre le caractère déterminé et exigible de sa créance, que l'état financier de son débiteur ne permet pas de faire face à un passif exigible. • Com. 22 juin 1999 : *Rev. proc. coll. 2000. 45, obs. Deleneuville.* ♦ Il n'appartient donc pas au débiteur de rapporter la preuve qu'il est en mesure de faire face au passif exigible avec son actif disponible et qu'il possède les fonds nécessaires pour désintéresser immédiatement son créancier. • Com. 2 avr. 1996 : *Bull. civ. IV, n° 111 ; D. 1996. IR 123.* – Dans le même sens, V. • Com. 24 mai 2005 : *Gaz. Pal. 4-5 nov. 2005, p. 12, obs. Lebel.* ♦ Comp. : • Com. 25 nov. 1997 : *préc. note 1 bis.*

La cour d'appel qui prononce l'ouverture du redressement judiciaire d'une partie au vu d'un acte d'huissier non sérieusement contesté, selon lequel aucun actif immobilier ou matériel apparent n'est saisissable, n'est pas tenue d'effectuer d'autres recherches, notamment quant à la situation bancaire du débiteur. • Com. 2 nov. 1993 : *Bull. civ. IV, n° 378 ; JCP 1994. IV. 36.*

8 bis. En ce sens que c'est au débiteur assigné en redressement judiciaire qu'il incombe d'établir qu'il bénéficie d'un moratoire de la part de ses créanciers, V. • Com. 27 févr. 2007 : *préc. note 1 bis.*

9. Responsabilité pour crédit abusif. V. notes 28 s. ss. art. L. 313-12 C. mon. fin., App., v° *Banque et financement de l'entreprise.*

10. Déclaration d'état de cessation des paiements. V. notes ss art. R. 631-1. ♦ Sur la sanction de l'omission, V. art. L. 653-1.

11. Voies de recours. V. notes 1 et 1 *bis* ss. art. L. 661-1.

Art. L. 631-2 *(L. n° 2005-845 du 26 juill. 2005, art. 88)* **La procédure de redressement judiciaire est applicable à** *(Ord. n° 2008-1345 du 18 déc. 2008, art. 164-I)* **« toute personne exerçant une activité commerciale ou artisanale », à tout agriculteur, à toute autre personne physique exerçant une activité professionnelle indépendante y compris une profession libérale soumise à un statut législatif ou réglementaire ou dont le titre est protégé, ainsi qu'à toute personne morale de droit privé.**

(Ord. n° 2010-1512 du 9 déc. 2010, art. 4-1°) **« A moins qu'il ne s'agisse de patrimoines distincts d'un entrepreneur individuel à responsabilité limitée, » il ne peut être ouvert de nouvelle procédure de redressement judiciaire à l'égard** *(Ord. n° 2010-1512 du 9 déc. 2010, art. 4-1°)* **« d'un débiteur soumis » à une telle procédure** *(Ord. n° 2008-1345 du 18 déc. 2008, art. 76)* **« , à une procédure de sauvegarde » ou à une procédure de liquidation judiciaire, tant qu'il n'a pas été mis fin aux opérations du plan qui en résulte ou que la procédure de liquidation n'a pas été clôturée.**

1. Pour le refus de transmettre au Conseil constitutionnel la question prioritaire de constitutionnalité relative à l'extension du champ d'application de la procédure de redressement judiciaire aux personnes physiques exerçant une activité professionnelle indépendante, V. • Cass., QPC, 19 oct. 2010 : *D. 2010. Actu. 2511, obs. Lienhard ; Rev. sociétés 2011. 190, obs. Roussel Galle ; LPA 20 déc. 2010, obs. Henry ; Bull. Joly Entrep. diff. 2011. 8, note Bonhomme.*

2. Sur les personnes éligibles au redressement judiciaire, V. la jurisprudence reproduite ss. l'art. L. 620-2.

3. Il résulte des dispositions des art. L. 631-2, L. 640-2 C. com. et 190 de la loi du 26 juill. 2005 qu'à compter du 1er janv. 2006, une procédure collective de redressement ou de liquidation judiciaire peut être ouverte à l'encontre d'une personne physique exerçant une activité professionnelle indépendante, dès lors qu'elle est en état de cessation des paiements à la date à laquelle le juge statue, peu important que son passif ait été exigible avant le 1er janv. 2006 (à propos d'un détective privé). • Com. 27 mai 2008 : *cité note 2 ter ss. art. L. 621-1.*

Art. L. 631-3 *(L. n° 2005-845 du 26 juill. 2005, art. 88)* **La procédure de redressement judiciaire est également applicable aux personnes mentionnées au premier alinéa de l'article L. 631-2 après la cessation de leur activité professionnelle si tout ou partie de leur passif provient de cette dernière.**

(Ord. n° 2008-1345 du 18 déc. 2008, art. 164-II ; Ord. n° 2009-112 du 30 janv. 2009, art. 11-I) **« Lorsqu'une personne exerçant une activité commerciale ou artisanale », un agriculteur ou toute autre personne physique exerçant une activité professionnelle indépendante, y compris une profession libérale soumise à un statut législatif ou réglementaire ou dont le titre est protégé, est décédé en cessation des paiements, le tribunal peut être saisi, dans le délai d'un an à compter de la date du décès, sur l'assignation d'un créancier, quelle que soit la nature de sa créance, ou sur requête du ministère public. Le tribunal peut également se saisir d'office dans le même délai et peut être saisi sans condition de délai par tout héritier du débiteur.** – *V. art. R. 631-5.*

BIBL. ▶ ARTEIL, *Defrénois 2008. 145* (redressement ou liquidation judiciaire du débiteur décédé : quel intérêt pour les héritiers ?). ▶ Régime antérieur à la loi du 26 juill. 2005 : ROBINNE, *LPA 5 juill. 1999* (commerçant décédé). – J.-P. SÉNÉCHAL, *LPA 24 avr. 2003* (décès du débiteur).

1. A compter du 1er janv. 2006, une procédure collective de redressement judiciaire ou de liquidation judiciaire peut être ouverte, sur le fondement de la loi du 26 juill. 2005, à la demande d'un professionnel ayant cessé son activité et qui n'est pas déjà soumis à une procédure collective, dès lors qu'il se trouve en état de cessation des paiements et que tout ou partie de son passif provient de son activité professionnelle, peu important la date à laquelle il a cessé son activité. • Cass., avis, 17 sept. 2007 : *Bull. civ. n° 6 ; BICC 15 déc. 2007, p. 21, rapp. Orsini et obs. Bonhomme ; D. 2007. AJ 2475, obs. Lienhard ; Gaz. Pal. 26-27 oct. 2007, p. 31, note Lebel ; Act. proc. coll. 2007, n° 212, obs. Jacquemont ; JCP E 2008. 1207, n° 3, obs. Pétel ; RJ com. 2008. 234, note Roussel Galle ; Rev. proc. coll. 2008, n° 112, obs. Saintourens.* – V. aussi • Civ. 2e, 2 juill. 2009 : *D. 2009. AJ 1965 ; RJDA 2009, n° 1103 ; Rev. proc. coll. 2010, n° 46, obs. Saintourens.*

2. Le tribunal peut ouvrir à l'égard de l'avocat qui a cessé d'exercer son activité à titre individuel pour devenir associé d'une société civile professionnelle (ou d'une société d'exercice libéral) une procédure de redressement judiciaire après cette cessation d'activité, lorsque tout ou partie du passif provient de l'activité professionnelle antérieure ; toutefois, si la procédure est ouverte sur l'assignation d'un créancier, cette dernière doit intervenir dans le délai d'un an à compter de la cessation de l'activité individuelle. • Com. 9 févr. 2010 : *cité note 9 bis ss. art. L. 620-2.*

Art. L. 631-4 *(L. n° 2005-845 du 26 juill. 2005, art. 89)* **L'ouverture de cette procédure doit être demandée par le débiteur au plus tard dans les quarante-cinq jours qui suivent la cessation des paiements s'il n'a pas, dans ce délai, demandé l'ouverture d'une procédure de conciliation.**

En cas d'échec de la procédure de conciliation, lorsqu'il ressort du rapport du conciliateur que le débiteur est en cessation des paiements, le tribunal, d'office, se saisit afin de statuer sur l'ouverture d'une procédure de redressement judiciaire.

V. art. R. 631-1 et R. 631-3.

Art. L. 631-5 *(L. n° 2005-845 du 26 juill. 2005, art. 89)* **Lorsqu'il n'y a pas de procédure de conciliation en cours, le tribunal peut également** *(Abrogé par Cons. const., n° 2012-286 QPC du 7 déc. 2012, à compter du 8 déc. 2012) « se saisir d'office ou »* **être saisi sur requête du ministère public aux fins d'ouverture de la procédure de redressement judiciaire.**

Sous cette même réserve, la procédure peut aussi être ouverte sur l'assignation d'un créancier, quelle que soit la nature de sa créance. Toutefois, lorsque le débiteur a cessé son activité professionnelle, cette assignation doit intervenir dans le délai d'un an à compter de :

1° La radiation du registre du commerce et des sociétés. S'il s'agit d'une personne morale, le délai court à compter de la radiation consécutive à la publication de la clôture des opérations de liquidation ;

2° La cessation de l'activité, s'il s'agit d'une personne *(Ord. n° 2008-1345 du 18 déc. 2008, art. 164-III)* **« exerçant une activité artisanale », d'un agriculteur ou d'une personne physique exerçant une activité professionnelle indépendante, y compris une profession libérale soumise à un statut législatif ou réglementaire ou dont le titre est protégé ;**

3° La publication de l'achèvement de la liquidation, s'il s'agit d'une personne morale non soumise à l'immatriculation.

En outre, la procédure ne peut être ouverte à l'égard d'un débiteur exerçant une activité agricole qui n'est pas constitué sous la forme d'une société commerciale que si le président du tribunal de grande instance a été saisi, préalablement à l'assignation, d'une demande tendant à la désignation d'un conciliateur présentée en application de l'article L. 351-2 du code rural et de la pêche maritime.

La déclaration d'inconstitutionnalité du 7 déc. 2012 est applicable à tous les jugements d'ouverture d'une procédure de redressement judiciaire rendus postérieurement à sa date de publication (Cons. const., n° 2012-286 QPC du 7 déc. 2012, JO 8 déc.).

V. art. R. 631-2 s.

I. SAISINE DU TRIBUNAL

A. ASSIGNATION D'UN CRÉANCIER

V. art. R. 631-2.

1. Nature de la créance. La qualité de créancier requise par l'art. L. 621-2 [L. 631-5] C. com. n'implique pas la présentation d'un titre exécutoire ; dès lors, des salariés sont recevables à agir. • Lyon, 22 avr. 2004 : *BICC 2005, n° 1764.* ♦ V. note 3 ss. art. L. 620-2.

1 bis. Créance fiscale. Le comptable public chargé du recouvrement d'une créance fiscale, qui, aux termes de l'art. L. 252, al. 2, LPF, exerce les actions liées indirectement à ce recouvrement, a qualité pour demander l'ouverture d'une procédure collective à l'égard d'un redevable. • Com. 7 févr. 2012 : *cité note 5 ss. art. L. 641-1.*

1 ter. Exploitation agricole. En ce sens que le président du tribunal de grande instance doit être préalablement saisi en vue de la désignation d'un conciliateur même lorsque l'assignation tend à l'ouverture d'une nouvelle procédure collective après infirmation par la cour d'appel de la précédente procédure collective, V. • Com. 26 avr. 2000 : *Bull. civ. IV, n° 86 ; D. 2000. AJ 312 ; Procédures 2000, n° 216, obs. Laporte ; RTD com. 2000. 1006, obs. Laude.*

2. Sur la portée de l'obligation faite au créancier de demander la désignation d'un conciliateur préalablement à toute assignation, V. • Com. 15 mars 2005 : *Bull. civ. IV, n° 56 ; D. 2005. AJ 954, obs. Lienhard ; Procédures 2005, n° 156, obs. Laporte* • Aix-en-Provence, 14 mai 2002 : *Rev. proc. coll. 2003. 349, obs. Lebel* • Grenoble, 22 janv. 2003 : *ibid. 2004. 262, obs. Lebel.*

3. Interruption de la prescription. L'assignation signifiée au débiteur par le créancier aux fins d'ouverture d'une procédure collective, qui contient implicitement une demande de reconnaissance du droit de ce créancier, constitue une citation en justice au sens de l'art. 2244 C. civ. [devenu l'art. 2241] et interrompt la prescription ; si la demande du créancier est rejetée ou déclarée irrecevable, l'interruption de la prescription doit être regardée comme non avenue. • Com. 26 mai 2010 : *Bull. civ. IV, n° 97 ; D. 2010. Actu. 1414, obs. Lienhard ; JCP E 2010. 1742, n° 2, obs. Cabrillac ; LEDEN juill. 2010, p. 6, obs. Camensuli-Feuillard ; Gaz. Pal. 2-3 juill. 2010, p. 32, obs. Le Corre-Broly ; Act. proc. coll. 2010, n° 189, obs. Cagnoli ; LPA 14 oct. 2010, note Sortais ; RJDA 2010, n° 1166 ; Bull. Joly Entrep. diff. 2011. 41, note Hugon.*

B. AUTRES MODES DE SAISINE

4. Saisine par requête. V. note 2 ss. ancien art. L. 621-27, ss. art. L. 622-10.

5. Saisine d'office. Ni l'art. L. 631-5 ni aucune autre disposition ne fixant les garanties légales ayant pour objet d'assurer qu'en se saisissant d'office, le tribunal ne préjuge pas de sa position lorsque, à l'issue de la procédure contradictoire, il sera appelé à statuer sur le fond du dossier, les dispositions de l'art. L. 631-5 confiant au tribunal la faculté de se saisir d'office aux fins d'ouverture de la procédure de redressement judiciaire méconnaissent les exigences découlant de l'art. 16 de la DDH et doivent donc être déclarées contraires à la Constitution. • Cons. const. 7 déc. 2012, n° 2012-286 QPC : *D. 2012. Actu. 2886, obs. Lienhard ; D. 2013. 338, note Vallens ; Rev. sociétés 2013. 177, obs. Henry ; JCP E 2013. 1048, note Fricero ; ibid. 1216, n° 1, obs. Petel ; JCP 2013. 50, note Gerbay ; Dict. perm. diff. entrep., Bull. n° 343, obs. Roussel Galle ; Gaz. Pal. 23-27 déc. 2012, p. 14, obs. L. Robert ; LEDEN janv. 2013, p. 2, obs. Mouial-Bassilana ; Bull. Joly Entrep. diff. 2013. 10, note Favario ; RLDA févr. 2013. 19, obs. Drummen ; LPA 7 mai 2013, p. 11, obs. Tabourot-Hyest.* – V. Frison-Roche, *D. 2013. Chron. 28* ; Saintourens, *Rev. proc. coll. 2013. Étude 2* ; Rolland, *Procédures 2013. Étude 3.* ♦ V. aussi note 13 *bis*.

II. DÉBITEUR AYANT CESSÉ SON ACTIVITÉ

6. Délai d'un an. Le délai d'un an est un délai préfix. • Com. 10 oct. 1995 : *Bull. civ. IV, n° 228 ; D. 1996. Somm. 86, obs. Honorat ; D. Affaires 1995. 180 ; Bull. Joly 1996. 60, note Jeantin ; Rev. proc. coll. 1996. 46, obs. Calendini.* ♦ V. aussi note 2 ss. art. L. 631-3.

6 bis. Cessation des paiements (L. 26 juill. 2005). Selon l'art. L. 631-5, issu de la loi du 26 juill. 2005, la saisine du tribunal, par un créancier, à l'encontre d'un débiteur qui a cessé son activité n'est plus soumise à l'exigence d'un état de cessation des paiements préalable à la cessation d'activité. • Montpellier, 24 avr. 2007 : *Gaz. Pal. 23-24 janv. 2008, p. 31, obs. Lebel.*

7. Radiation du registre du commerce. Il résulte de l'art. 17 [C. com., art. L. 631-5] une présomption irréfragable de commercialité à l'égard de ceux qui, se trouvant en état de cessation des paiements, ont négligé de se faire radier du registre du commerce ou n'ont fait procéder à cette radiation que dans l'année ayant précédé le jugement d'ouverture. • Paris, 2 févr. 1988 : *D. 1988. Somm. 340, obs. Honorat* • 22 janv. 1993 : *RJDA 1993, n° 438* • 8 mars

2000 : *Rev. proc. coll. 2002. 51, obs. Deleneuville.* – Comp. : • Com. 6 janv. 1987 : *Bull. civ. IV, n° 2 ; Rev. sociétés 1987. 411, note Chaput* • Orléans, 10 sept. 1998 : *Rev. proc. coll. 2002. 52, obs. Deleneuville.* ♦ V. aussi art. L. 123-7 s.

S'agissant du défaut de radiation du répertoire des métiers, V. note 11.

8. La procédure de redressement judiciaire peut être ouverte contre le commerçant, personne physique, radié du RCS, qui était en fait en état de cessation des paiements antérieurement à la radiation. • Com. 14 févr. 1995 : *Bull. civ. IV, n° 46 ; D. 1995. Somm. 217, obs. Honorat*. ♦ Néanmoins, la date légale de cessation des paiements ne peut être fixée plus de dix-huit mois avant celle du jugement d'ouverture. • Même arrêt.

9. Le commerçant radié du registre du commerce ne pouvant demander lui-même sa mise en redressement judiciaire, celle-ci ne peut être prononcée sur la déclaration de son état de cessation des paiements. • Com. 10 oct. 1995 : *préc. note 2.*

10. Défaut d'inscription au registre du commerce. Dès lors qu'elles visent la situation d'un débiteur ayant fait l'objet d'une radiation au RCS, les dispositions de l'art. 17 [C. com., art. L. 631-5] ne peuvent s'appliquer à une personne physique qui n'a jamais été inscrite sur ce registre. Il en résulte que la preuve de la qualité de commerçant, qui doit être appréciée selon les règles du droit commun, au jour de la vérification de l'état de cessation des paiements, incombe aux créanciers qui l'invoquent. • Limoges, 11 févr. 1991 : *D. 1992. Somm. 284, obs. Honorat*.

11. Cessation d'activité d'un artisan. La disposition de l'art. 17 [C. com., ancien art. L. 621-15] n'est applicable que si l'arrêt de l'activité est postérieur à la cessation des paiements de l'artisan. • Com. 26 oct. 1999 : *Bull. civ. IV, n° 194 ; D. 2000. Somm. 330, obs. Honorat ; JCP E 2000, n° 4, p. 124, obs. Pétel ; Rev. proc. coll. 2000. 46, obs. Deleneuville ; Defrénois 2000. 995, obs. Gibirila.* ♦ Comp., désormais, la nouvelle rédaction de l'art. L. 631-5, issue de la L. n° 2005-845 du 26 juill. 2005, qui ne mentionne plus la condition d'antériorité de la cessation des paiements à l'arrêt de l'activité. ♦ V., à ce propos, note 6 *bis*. ♦ Sur le caractère de présomption simple du défaut de radiation du répertoire des métiers, V. • Nancy, 21 mai 1987 : *D. 1989. Somm. 3, obs. Derrida.*

12. Cessation d'activité d'un agriculteur. La qualité d'exploitant agricole au regard de la législation sociale applicable est indifférente pour apprécier en fait la notion de cessation d'activité. • Com. 1er juill. 1997 : *Bull. civ. IV, n° 215 ; D. 1997. IR 200 ; D. Affaires 1997. 964.* ♦ La preuve de la cessation d'activité peut être rapportée par tous moyens, la radiation de la caisse de mutualité sociale agricole n'en constituant qu'un indice. • TGI Angoulême, 13 févr. 1992 : *JCP N 1994. Prat. 2991.*

13. Liquidation de la personne morale. L'art. 17 [C. com., art. L. 631-5] ne vise que la radiation consécutive à la publication de la clôture des opérations de liquidation de la société. • Com. 4 janv. 2000 : *Act. proc. coll. 2000, n° 35, obs. Regnaut-Moutier ; Dr. sociétés 2000, n° 39, obs. Chaput.* ♦ Ce texte n'est pas applicable en cas de dissolution d'une société après réunion de toutes les parts sociales dans la même main, une telle dissolution entraînant la transmission universelle du patrimoine de la société à l'associé unique, sans qu'il y ait lieu à liquidation, la personne morale disparaissant à l'issue du délai d'opposition. • Même arrêt. ♦ Il en va de même en cas de fusion, celle-ci entraînant la dissolution sans liquidation de la société qui disparaît et la transmission universelle de son patrimoine à la société bénéficiaire à la date de réalisation définitive de l'opération. • Paris, 17 déc. 1993 : *Rev. sociétés 1994. 106, note Chaput*. ♦ Comp. : • T. com. Nanterre, 28 mars 1996 : *Dr. sociétés 1997, Chron., n° 10, par Laubie.*

13 bis. Saisine d'office. Avant la décision du Conseil constitutionnel du 7 déc. 2012 [V. note 5 ci-dessus], la Cour de cassation avait admis que, lorsqu'il n'y avait pas de procédure de conciliation en cours et que le débiteur, radié du registre du commerce et des sociétés ou du répertoire des métiers ou ayant cessé son activité, était dans l'impossibilité de faire face à un passif professionnel résiduel et exigible, le tribunal pouvait, à tout moment, se saisir d'office aux fins d'ouverture d'une procédure de redressement judiciaire ou, si le redressement est manifestement impossible, de liquidation judiciaire. • Com. 15 févr. 2011 : *Bull. civ. IV, n° 24 ; D. 2011. Actu. 672, obs. Lienhard ; JCP E 2011. 1238, note Lebel ; Gaz. Pal. 1er-2 avr. 2011, p. 16, obs. Reille ; Act. proc. coll. 2011, n° 99, obs. Cagnoli ; LEDEN avr. 2011, p. 5, obs. Parachkévova ; Bull. Joly Entrep. diff. 2011. 108, note Tagliarino-Vignal ; RJDA 2011, n° 554.*

14. Conversion du redressement judiciaire en liquidation. L'art. 17 [C. com., art. L. 631-5] n'est pas applicable au jugement convertissant le redressement judiciaire en liquidation judiciaire. • Com. 9 janv. 2001 : *Bull. civ. IV, n° 7 ; D. 2001. AJ 548, obs. Lienhard ; Procédures 2001, n° 61, obs. Laporte ; RJ com. 2001. 318, note Courtier.*

15. Résolution du plan de continuation. L'art. 17 [C. com., art. L. 631-5] n'est pas applicable à la procédure collective qui sanctionne la résolution du plan de continuation. • Com. 2 mai 2001 : *Bull. civ. IV, nº 84 ; D. 2001. AJ 1727, obs. Lienhard ; Act. proc. coll. 2001, nº 127, obs. Regnaut-Moutier ; JCP E 2001, nº 37, p. 1424, obs. Pétel.*

Art. L. 631-6 *(L. nº 2005-845 du 26 juill. 2005, art. 89)* **Le comité d'entreprise ou, à défaut, les délégués du personnel peuvent communiquer au président du tribunal ou au ministère public tout fait révélant la cessation des paiements du débiteur.**

Art. L. 631-7 *(L. nº 2005-845 du 26 juill. 2005, art. 89)* **Les articles L. 621-1, L. 621-2 et L. 621-3 sont applicables à la procédure de redressement judiciaire.**

Art. L. 631-8 *(L. nº 2005-845 du 26 juill. 2005, art. 89)* **Le tribunal fixe la date de cessation des paiements. A défaut de détermination de cette date, la cessation des paiements est réputée être intervenue à la date du jugement** *(Ord. nº 2008-1345 du 18 déc. 2008, art. 77)* **« d'ouverture de la procédure ».**

Elle peut être reportée une ou plusieurs fois, sans pouvoir être antérieure de plus de dix-huit mois à la date du jugement *(Ord. nº 2008-1345 du 18 déc. 2008, art. 77)* **« d'ouverture de la procédure ». Sauf cas de fraude, elle ne peut être reportée à une date antérieure à la décision définitive ayant homologué un accord amiable en application du II de l'article L. 611-8.**

Le tribunal est saisi par l'administrateur, le mandataire judiciaire ou le ministère public. Il se prononce après avoir entendu ou dûment appelé le débiteur.

La demande de modification de date doit être présentée au tribunal dans le délai d'un an *(Ord. nº 2008-1345 du 18 déc. 2008, art. 77)* **« à compter du » jugement d'ouverture de la procédure.**

(Ord. nº 2008-1345 du 18 déc. 2008, art. 77) **« Lorsqu'il a été fait application de l'article L. 621-12, le jugement d'ouverture mentionné aux premier et deuxième alinéas est celui de la procédure de sauvegarde et le point de départ du délai mentionné au quatrième alinéa est le jour du jugement ayant converti la procédure de sauvegarde. »**

V. art. R. 631-13.

BIBL. ► VINCKEL, *JCP E 2006, nº 3, p. 129* (régime de la période suspecte dans la loi du 26 juill. 2005 et le décret du 28 déc. 2005). – WICKER, *Rev. proc. coll. 2006. 12* (même thème). – MOUIAL-BASSILANA, *D. 2006. Chron. 1959, Err. 2108* (articulation de la période suspecte et des différentes procédures).

Sur l'intérêt personnel du dirigeant à contester la décision de report de la date de cessation des paiements, V. note 3 *quater* ss. art. L. 653-8.

Code de commerce

Ancien art. L. 621-7 *Le tribunal fixe, s'il y a lieu, la date de cessation des paiements. A défaut de détermination de cette date, la cessation des paiements est réputée être intervenue à la date du jugement qui la constate. Elle peut être reportée une ou plusieurs fois, sans pouvoir être antérieure de plus de dix-huit mois à la date du jugement d'ouverture.*

Il se prononce d'office ou à la demande de l'administrateur, du représentant des créanciers, du liquidateur ou du procureur de la République. La demande de modification de date doit être présentée au tribunal avant l'expiration du délai de quinze jours qui suit le dépôt du rapport prévu à l'article L. 621-54 ou du projet de plan prévu à l'article L. 621-141 ou du dépôt de l'état des créances si la liquidation est prononcée. — [L. nº 85-98 du 25 janv. 1985, art. 9.]

BIBL. ► DIENER, *D. 1993. Chron. 255*. – TEBOUL, *RJ com. 2000. 204.*

1. Fixation de la date. V. notes 4 s. ss. art. L. 631-1.

2. Demande de report de la date. La place de l'art. 9 [C. com., ancien art. L. 621-7] au sein du chapitre « La procédure d'observation » n'en limite cependant pas l'application à la période d'observation puisque le liquidateur peut présenter une demande de report de la date de cessation des paiements jusqu'à la date du dépôt de l'état des créances. • Paris, 3 mai 1994 : *D. 1994. IR 157 ; RJ com. 1995. 272, note X. Vincent ; Rev. proc. coll. 1996. 198, obs. Calendini.* ♦ Est recevable, dès lors que la liquidation judiciaire est prononcée par le tribunal, la demande en report de la date de cessation des paiements présentée avant l'expiration du délai de quinze jours qui a suivi le dépôt de l'état des créances (bien qu'à ce moment là, la liquidation n'eût pas encore été prononcée). • Com. 27 juin 1989 : *Bull. civ. IV, n° 202 ; JCP E 1990. II. 15668, n° 12, obs. Cabrillac.*

2 bis. En disposant que la date de cessation des paiements peut être reportée une ou plusieurs fois et en prescrivant la présentation au tribunal de la demande de modification de date avant l'expiration du délai de quinze jours qui suit chacun des rapports, l'art. 9 [C. com., ancien art. L. 621-7] impose des délais uniformes d'action courant à compter de chacun des dépôts qui en marque le point de départ, ces délais étant cumulatifs. • Com. 26 oct. 1999 : *Bull. civ. IV, n° 188 ; JCP E 2000, n° 4, p. 129, obs. Cabrillac et Pétel; RTD com. 2000. 186, obs. Vallens.* ♦ Une cour d'appel fait une exacte application des art. 9, al. 2 [C. com., ancien art. L. 621-7], et 103 de la loi du 25 janv. 1985, 82 et 83 du Décr. du 27 déc. 1985, en retenant que le point de départ de l'action en report de la date de cessation des paiements est la date du dépôt au greffe du tribunal de l'état des créances (et non la date de publication au BODACC de l'insertion par laquelle le greffier indique que l'état des créances est constitué et déposé au greffe). • Com. 26 mai 1998 : *Bull. civ. IV, n° 164 ; D. 1998. IR 164 ; D. Affaires 1998. 1131, obs. A. L.* ♦ ... Peu important que celui-ci soit complété par l'adjonction de décisions ultérieures du juge-commissaire. • Com. 16 mars 1999 : *Act. proc. coll. 1999, n° 115.* – Dans le même sens, en cas d'extension de la procédure à un autre débiteur, V. • Com. 17 déc. 2003 : *RJDA 2004, n° 589 ; Rev. proc. coll. 2004. 212, obs. Lebel.* ♦ ... Ou qu'il ait été déposé antérieurement au prononcé de la liquidation judiciaire. • Com. 7 déc. 1999 : *Bull. civ. IV, n° 220 ; D. 2000. AJ 58, obs. Lienhard ; JCP E 2000, n° 17, p. 699, obs. Cabrillac ; RTD com. 2000. 186, obs. Vallens ; LPA 27 juill. 2000, p. 29, note Courtier ; Defrénois 2000. 999, obs. Gibirila.* ♦ Pour un arrêt décidant qu'en l'absence de dépôt de l'état des créances prévu à l'art. 103 de la loi du 25 janv. 1985 (en cas de demande de dispense de vérification des créances, en vertu de l'art. 99 [C. com., ancien art. L. 621-102]), le délai de quinze jours ne peut commencer à courir : • Com. 13 avr. 1999 : *Bull. civ. IV, n° 84 ; D. 1999. 490, note Derrida ; D. Affaires 1999. 834 ; JCP E 1999, n° 39, p. 1530, obs. Cabrillac et Pétel; RTD com. 1999. 758, obs. Vallens ; ibid. 951, obs. Laude ; Act. proc. coll. 1999, n° 114, obs. Macorig-Venier ; Procédures 2000, n° 11, obs. Laporte.* ♦ *Contra,* jugeant, dans cette hypothèse, que le délai court à compter du jour où la décision du juge-commissaire est devenue définitive, soit, en l'absence d'opposition et conformément à l'art. 25 du Décr. du 27 déc. 1985, à compter du neuvième jour suivant son dépôt au greffe pour ce qui concerne le mandataire-liquidateur : • Lyon, 16 nov. 2001 : *D. 2002. AJ 92 ; JCP E. 2002, n° 20, p. 804, obs. Cabrillac et Pételt ; Procédures 2002, n° 31, note Laporte.*

3. Le tribunal étant saisi, conformément à l'art. 857 NCPC [C. pr. civ.], par la remise au greffe d'une copie de l'assignation, il convient de se référer à la date de cette remise, et non à la date de délivrance de l'assignation. • Com. 22 nov. 1994 : *Bull. civ. IV, n° 344 ; D. 1995. IR 19* (V. l'arrêt cassé : • Rouen, 21 mai 1992 : *RJDA 1992, n° 752*).

3 bis. En ce sens que le tribunal est valablement saisi par voie de requête du représentant des créanciers lorsque le débiteur est présent à l'audience fixée pour l'examen de cette requête, V. • Com. 16 févr. 1999 : *Bull. civ. IV, n° 46 ; D. 1999. 276, note Derrida ; D. Affaires 1999. 477, obs. A. L. ; JCP E 1999, n° 39, p. 1530, obs. Cabrillac ; RTD com. 1999. 511, obs. Vallens.* – V. Courtier, *Rev. proc. coll. 1999. 139 ; ibid. 755, obs. Martin-Serf.*

4. L'existence d'une décision d'irrecevabilité ou de rejet d'une demande de report de la date de cessation des paiements, fût-elle revêtue de la force de chose jugée, ne fait pas obstacle à l'introduction d'une nouvelle demande fondée sur l'art. L. 621-7, al. 1er, C. com. • Com. 8 juill. 2003 : *RD banc. fin. 2004, n° 28, obs. F.-X. Lucas.*

4 bis. Fixation de la date reportée. En ce sens que l'impossibilité de faire face au passif exigible avec l'actif disponible doit être caractérisée à la date à laquelle il est décidé de reporter la cessation des paiements, V. • Com. 2 mars 1999 : *Act. proc. coll. 1999, n° 113* • 26 oct. 1999 : *préc. note 2 bis* • 29 mai 2001 : *RJDA 2001, n° 1126.*

Une amélioration de la situation déficitaire d'une entreprise n'interdit pas le report de la date de cessation de ses paiements à l'époque où l'état de cessation des paiements était avéré. • Paris, 22 mars 1996 : *D. 1996. IR 111.*

Dès lors que ni l'ordonnance ouvrant le règlement amiable, ni l'ordonnance suspendant les poursuites, ni l'ordonnance homologuant l'accord n'ont l'autorité de la chose jugée quant à la date de cessation des paiements, l'ouverture de la procédure de règlement amiable n'empêche pas le report de la date de cessation des paiements. • Com. 14 mai 2002 : *Bull. civ. IV, n° 87 ; D. 2002. AJ 1837, obs. Lienhard ; D. 2003. 615, note Martineau-Bourgninaud ; Act. proc. coll. 2002, n° 149, obs. Regnaut-Moutier ; JCP E 2002, n° 39, p. 1520, obs. Pétel ; ibid. 2003, n° 3, p. 131, note Vinckel ; RTD com. 2002. 532, obs. Macorig-Venier ; Procédures 2002, n° 189, note Laporte ; RJ com. 2002. 412, note Armand-Prévost ; RD banc. fin. 2002, n° 186, obs. F.-X. Lucas.* ♦ Comp., désormais, concernant la procédure de conciliation : art. L. 631-8, al. 2, dans sa réd. issue de L. n° 2005-845 du 26 juill. 2005.

En ce sens que la date de cessation des paiements ne peut être antérieure à l'immatriculation de la société au RCS, V. • Com. 1er févr. 2000 : *RJDA 2000, n° 553 ; JCP E 2000, n° 48, p. 1909, note Besnard-Goudet ; Dr. sociétés 2000, n° 125, obs. Chaput ; ibid. 2001, n° 82, obs. Legros.* ♦ ... A la création de la société, sauf à démontrer que cette société était créée de fait avant son immatriculation au RCS et qu'elle était déjà en cessation des paiements, • Versailles, 16 janv. 1997 : *Rev. proc. coll. 1998. 35, obs. Calendini.* ♦ Comp., en cas d'extension de la procédure sur le fondement de la confusion des patrimoines : • Bourges, 31 août 2004 : *BRDA 2005, n° 11, p. 6.*

En tout état de cause, la date de cessation des paiements ne peut être antérieure de plus de dix-huit mois à la date du jugement d'ouverture, V. • Com. 17 janv. 1995 : *Rev. proc. coll. 1996. 199, obs. Calendini.*

5. Saisine d'office du tribunal. Il résulte de l'art. 9 [C. com., ancien art. L. 621-7] que le tribunal ne peut prononcer d'office le report de la date de cessation des paiements que s'il se saisit avant l'expiration du délai de 15 jours qui suit le dépôt du rapport prévu à l'art. 18 [C. com., ancien art. L. 621-54] ou du projet de plan prévu à l'art. 145 [C. com., ancien art. L. 621-141] ou du dépôt de l'état des créances prévu à l'art. 103 de la loi du 25 janv. 1985 si la liquidation est prononcée. • Com. 11 juin 1991 : *Bull. civ. IV, n° 218 ; D. 1992. Somm. 3, obs. Derrida* • Cass., ass. plén., 31 mars 1995 : *Bull. civ., n° 2 ; D. 1995. 321, concl. Jéol et note Derrida ; Quot. jur. 2 mai 1995, p. 3, note P. M. ; BICC 15 mai 1995, p. 7, concl. Jéol et note Borra ; Gaz. Pal. 1995. 2. 410, concl. Jéol ; Bull. Joly 1995. 780, note Jeantin* (dans la même affaire, sur deuxième pourvoi). • Com. 4 oct. 2005 : *cité note 6.*

6. Qualité pour agir. Il résulte de l'art. 9 [C. com., ancien art. L. 621-7] que le représentant des créanciers peut demander le report de la date de cessation des paiements dans les quinze jours suivant le dépôt du rapport de l'administrateur (bien qu'il ne soit pas l'auteur du rapport établi en application de l'art. 18 [C. com., ancien art. L. 621-54]). • Com. 16 févr. 1999 : *préc. note 3 bis.*

Si le commissaire à l'exécution du plan peut demander l'annulation d'un acte accompli pendant la période suspecte, il n'a pas qualité pour agir en report de la date de cessation des paiements lorsque l'action n'a pas été préalablement introduite par l'administrateur ou le représentant des créanciers. • Com. 4 oct. 2005 : *Bull. civ. IV, n° 196 ; D. 2005. AJ 2679, obs. Lienhard ; JCP E 2006, n° 2, p. 75, obs. Cabrillac ; Gaz. Pal. 10-11 févr. 2006, p. 12, obs. Lebel ; RTD com. 2007. 600, obs. Martin-Serf.* ♦ Comp. : art. L. 626-25, al. 3, dans sa réd. issue de L. n° 2005-845 du 26 juill. 2005. ♦ V. aussi, pour l'irrecevabilité de la demande introduite par l'administrateur ou le représentant des créanciers après le jugement arrêtant le plan de cession, • Com. 9 juill. 2002 : *Act. proc. coll. 2002, n° 232.*

Sur l'irrecevabilité de la demande émanant d'un créancier, V. • Paris, 27 juin 2003 : *RTD com. 2003. 826, obs. Vallens.*

Le débiteur ne peut agir à titre principal pour faire fixer la date de cessation des paiements à une date autre que celle qui résulte du jugement d'ouverture de la procédure collective ou d'un jugement postérieur. • Com. 7 déc. 1999 : *Bull. civ. IV, n° 224.*

6 bis. Principe du contradictoire. Le débiteur soumis à une procédure collective dispose d'un droit propre à se défendre à l'action tendant au report de la date de cessation des paiements dont la nature est contentieuse, et à cette fin, à défaut de la remise au greffe d'une requête conjointe et de la présentation volontaire des parties constatées par la signature d'un procès-verbal, une assignation doit lui être délivrée (irrecevabilité de l'assignation délivrée à l'ancien dirigeant de la société en liquidation judiciaire, sans qualité pour la représenter). • Com. 1er mars 2005 : *Bull. civ. IV, n° 40 ; D. 2005. AJ 953, obs. Lienhard ; Act. proc. coll. 2005, n° 75, obs. Regnaut-Moutier ; Dr. et proc. 2005. 277, obs. Le Corre ; RD banc. fin. 2005, n° 139, obs. F.-X. Lucas , Bull. Joly 2005. 942, note M. Sénéchal ; Rev. proc. coll. 2006. 49, obs. Lebel.* ♦ V. aussi note 1 quinquies ss. art. L. 631-12.

7. Notification du jugement. En l'absence de dispositions dérogatoires dans la loi du 25 janv. 1985 et le Décr. du 27 déc. 1985, le jugement ayant statué sur la demande de report de la date de cessation des paiements doit être notifié par voie de signification conformément à l'art. 675 NCPC [C. pr. civ.], • Com. 15 déc. 1992 : *Bull. civ. IV, n° 411.*

8. Exécution provisoire. V. notes ss. ancien art. 155 du Décr. n° 85-1388 du 27 déc. 1985 ss. art. R. 661-1.

9. Voies de recours. V. notes 1, 1 *bis*, 1 *sexies* et 7 ss. art. L. 661-1 et note ss. art. L. 662-2.

10. Action en comblement de passif, faillite personnelle et banqueroute. Sur le pouvoir du juge de retenir une autre date de cessation des paiements, V. note 22 ss. art. L. 651-2, note 7 *bis* ss. ancien art. L. 624-5 ss. art. L. 652-1, note 3 *bis* ss. art. L. 653-5 et note 9 ss. art. L. 654-2.

11. Ordre public international. V. note 23 ss. art. L. 620-2.

Art. L. 631-9 *(Ord. n° 2008-1345 du 18 déc. 2008, art. 78)* **L'article L. 621-4, à l'exception de la première phrase du cinquième alinéa et du sixième alinéa, ainsi que les articles** *(L. n° 2009-526 du 12 mai 2009, art. 138-IX-2°)* **« L. 621-5 » à L. 621-11 sont applicables à la procédure de redressement judiciaire. Le tribunal peut se saisir d'office aux fins mentionnées aux troisième et quatrième alinéas de l'article L. 621-4.**

Le ministère public peut proposer des mandataires de justice à la désignation du tribunal. Le rejet de cette proposition doit être spécialement motivé.

Aux fins de réaliser l'inventaire prévu à l'article L. 622-6 et la prisée des actifs du débiteur, le tribunal désigne, en considération de leurs attributions respectives telles qu'elles résultent des dispositions qui leur sont applicables, un commissaire-priseur judiciaire, un huissier de justice, un notaire ou un courtier en marchandises assermenté.

V. art. R. 631-16.

Inventaire et prisée des actifs. V. note 4 *quinquies* ss. art. L. 621-4.

Art. L. 631-10 *(Ord. n° 2008-1345 du 18 déc. 2008, art. 79)* **« A compter du jugement d'ouverture, les parts sociales, titres de capital ou valeurs mobilières donnant accès au capital de la personne morale qui a fait l'objet du jugement d'ouverture et qui sont détenus, directement ou indirectement par les dirigeants de droit ou de fait, rémunérés ou non, ne peuvent être cédés, à peine de nullité, que dans les conditions fixées par le tribunal. »**

Les *(L. n° 2005-845 du 26 juill. 2005, art. 90)* **« titres de capital ou valeurs mobilières donnant accès au capital » sont virés à un compte spécial bloqué, ouvert par l'administrateur au nom du titulaire et tenu par la société ou l'intermédiaire financier selon le cas. Aucun mouvement ne peut être effectué sur ce compte sans l'autorisation du juge-commissaire.**

L'administrateur fait, le cas échéant, mentionner sur les registres de la personne morale l'incessibilité des parts *(Ord. n° 2008-1345 du 18 déc. 2008, art. 79)* **« détenues directement ou indirectement par les dirigeants ».** – *[C. com., ancien art. L. 621-19.]*

V. art. R. 631-14.

BIBL. ▶ DE BERMOND DE VAULX, *Rev. sociétés 1990. 221.*

1. Dirigeants visés. Une société, membre du conseil d'administration d'une société anonyme, et un particulier, représentant permanent de cette dernière, ont la qualité de dirigeant de droit et relèvent des dispositions de l'art. L. 621-19 [L. 631-10] C. com. • Com. 20 oct. 2009 : *Gaz. Pal. 8-9 janv. 2010, p. 22, obs. Lebel ; RJDA 2010, n° 166 ; Bull. Joly 2010. 282, note Pétel ; Dr. sociétés 2010, n° 100, note Legros.*

1 bis. Accord antérieur au jugement d'ouverture. Les dispositions de l'art. 28 [C. com., art. L. 631-10] ne font pas obstacle à l'action tendant à faire exécuter par les dirigeants de droit ou de fait d'une société ayant fait l'objet d'une procédure collective une cession de parts sociales représentant leurs droits sociaux dans cette société, dès lors que l'accord entre les parties sur les termes d'une telle cession est intervenu antérieurement au jugement d'ouverture. • Com. 10 mars 1992 : *Bull. civ. IV, n° 109 ; JCP E 1992. I. 168, n° 22, obs. Cabrillac et Pételⅼ.* ♦ En revanche, les dirigeants bénéficiaires d'une promesse unilatérale d'achat de leurs actions ne peuvent lever l'option d'achat au cours de la période d'observation, quand bien même la promesse aurait été conclue avant l'ouverture de la procédure collective : • Com. 20 oct. 2009 : *préc. note 1.*

2. Cessation de l'activité de l'entreprise. L'art. 28 [C. com., art. L. 631-10] n'a pour but que de faciliter la poursuite de l'entreprise et cesse de recevoir application lorsque l'entreprise a cessé son activité. • T. com. Paris, 6 févr. 1995 : *Gaz. Pal. 1995. 1. Somm 215.*

Art. L. 631-10-1 *(L. n° 2012-346 du 12 mars 2012, art. 2)* **A la demande de l'administrateur ou du mandataire judiciaire, le président du tribunal saisi peut ordonner toute mesure conservatoire utile à l'égard des biens du dirigeant de droit ou de fait à l'encontre duquel l'administrateur ou le mandataire judiciaire a introduit une action en responsabilité fondée sur une faute ayant contribué à la cessation des paiements du débiteur.** *– La L. n° 2012-346 du 12 mars 2012 est applicable aux procédures de sauvegarde, de redressement judiciaire ou de liquidation judiciaire en cours à la date de sa publication [JO 13 mars.] Elle est applicable en Nouvelle-Calédonie et dans les îles Wallis-et-Futuna (L. préc., art. 5 et 6).*

V. art. L. 663-1-1, R. 631-7-1, R. 631-14-1, R. 662-1-1 et R. 662-1-2.

Art. L. 631-10-2 *(L. n° 2012-346 du 12 mars 2012, art. 2)* **Les représentants du comité d'entreprise ou, à défaut, des délégués du personnel sont informés par l'administrateur ou, à défaut, le mandataire judiciaire des modalites de mise en œuvre des mesures conservatoires prises en application de l'article L. 621-2.**

Pour l'entrée en vigueur et l'application à l'outre-mer, V. note ss. art. L. 631-10-1.

Art. L. 631-11 **Le juge-commissaire fixe la rémunération afférente aux fonctions exercées par** *(L. n° 2005-845 du 26 juill. 2005, art. 91)* **« le débiteur s'il est une personne physique » ou les dirigeants de la personne morale.**

En l'absence de rémunération, les personnes mentionnées à l'alinéa précédent peuvent obtenir sur l'actif, pour eux et leur famille, des subsides fixés par le juge-commissaire. *(Ord. n° 2010-1512 du 9 déc. 2010, art. 4-2°)* **« Lorsque le débiteur est un entrepreneur individuel à responsabilité limitée, le juge-commissaire tient compte des revenus éventuellement perçus au titre des patrimoines non visés par la procédure. »** *– [C. com., ancien art. L. 621-21.]*

V. art. R. 631-15.

1. Consultations nécessaires. V. art. R. 631-15.

2. Dirigeant de fait. Le juge-commissaire n'a compétence pour fixer la rémunération d'un dirigeant de personne morale que s'il s'agit d'un dirigeant de droit et non pas de fait. • TGI Douai, 28 avr. 1989 : *Rev. proc. coll. 1990. 381, obs. Dureuil* • Versailles, 3 nov. 1994 : *D. 1995. IR 29 ; LPA 23 août 1995, p. 13, note Moulai ; Rev. proc. coll. 1996. 67, obs. Dureuil* • Paris, 23 nov. 2004 : *Rev. proc. coll. 2006. 47, obs. Lebel.*

2 bis. Dirigeant salarié. L'art. 30 [C. com., art. L. 631-11] ne concerne que la rémunération en qualité de dirigeant et non le salaire octroyé au titre d'un contrat de travail. • T. com. Cambrai, 5 déc. 1995 : *Rev. proc. coll. 1996. 268, obs. Taquet.*

3. Conditions liées à la période. Il a été jugé que l'allocation de subsides ne serait possible que durant la période d'observation, à la condition que le chef d'entreprise ne perçoive aucune rémunération en considération des fonctions exercées pendant la période d'activité. • TGI Metz, 27 janv. 1988 : *Rev. proc. coll. 1988. 289, obs. crit. Dureuil.*

4. En ce sens que le dirigeant ne peut plus percevoir de subsides au titre de l'art. 30 [C. com., art. L. 631-11] après le jugement arrêtant le plan de cession, V. • Aix-en-Provence, 13 nov. 1997 : *Gaz. Pal. 1998. 2. Somm. 705.* ♦ ... Ni après transformation du redressement judiciaire en liquidation judiciaire, V. • Reims, 29 juin 1994 : *Rev. proc. coll. 1996. 68, obs. Dureuil. – Contra :* • Paris, 4 juill. 2000 : *cité note 2 sexies ss. art. L. 641-9* • TGI Béthune, 27 févr. 2004 :

D. 2004. AJ 700.

4 bis. Notion de rémunération et subsides. Le mode de fixation de la rémunération versée au dirigeant de personne morale soumise à un redressement judiciaire n'a pas pour effet de changer la nature de cette rémunération, qui demeure à la charge de la société (saisissabilité de la rémunération allouée au gérant salarié d'une SARL en redressement judiciaire). • Paris, 27 mars 2001 : *Rev. proc. coll. 2004. 49, obs. Lebel.* ♦ V. aussi note 28 *bis* ss. ancien art. L. 621-32, ss. art. L. 622-17.

5. Opposition. L'ordonnance du juge-commissaire est susceptible d'opposition devant le tribunal qui, à la demande du dirigeant, peut donner à sa décision un effet rétroactif (Rép. min. nº 57511 : *JOAN Q, 13 juill. 1992, p. 3205*). ♦ Sur les pouvoirs du tribunal, V. aussi • Com. 17 déc. 2003 : *Rev. proc. coll. 2004. 217, obs. Lebel.*

Art. L. 631-12 *(L. nº 2005-845 du 26 juill. 2005, art. 92)* **Outre les pouvoirs qui leur sont conférés par le présent titre, la mission du ou des administrateurs est fixée par le tribunal.**

Ce dernier les charge ensemble ou séparément d'assister le débiteur pour tous les actes relatifs à la gestion ou certains d'entre eux, ou d'assurer seuls, entièrement ou en partie, l'administration de l'entreprise. Lorsque le ou les administrateurs sont chargés d'assurer seuls et entièrement l'administration de l'entreprise et que chacun des seuils mentionnés au quatrième alinéa de l'article L. 621-4 est atteint, le tribunal désigne un ou plusieurs experts aux fins de les assister dans leur mission de gestion. Dans les autres cas, il a la faculté de les désigner. Le président du tribunal arrête la rémunération de ces experts, mise à la charge de la procédure.

Dans sa mission, l'administrateur est tenu au respect des obligations légales et conventionnelles incombant au débiteur.

A tout moment, le tribunal peut modifier la mission de l'administrateur sur la demande de celui-ci, du mandataire judiciaire, du ministère public ou d'office. — *V. art. R. 631-17.*

L'administrateur fait fonctionner, sous sa signature, les comptes bancaires ou postaux dont le débiteur est titulaire quand ce dernier a fait l'objet des interdictions prévues aux articles L. 131-72 ou L. 163-6 du code monétaire et financier.

1. Mission d'assistance. La contrainte signifiée par l'URSSAF à une société en redressement judiciaire doit également être signifiée à l'administrateur ayant reçu mission d'assister le débiteur pour tous les actes de gestion et de disposition : • Com. 3 mars 1992 : *RJDA 1992, nº 503* • 30 mars 1993 : *Bull. civ. IV, nº 133 ; D. 1993. IR 131.*

En application de l'art. 369 NCPC [C. pr. civ.], la nomination d'un administrateur avec une mission d'assistance implique l'interruption des actions introduites par la société objet du jugement d'ouverture de la procédure collective. • Versailles, 20 janv. 2005 : *Gaz. Pal. 2005. Somm. 2216 ; Rev. sociétés 2006. 173, note Sortais*.

La mission d'assistance pour tous les actes de gestion implique que l'administrateur soit présent aux côtés du débiteur pour relever appel d'une décision rendue contre son administré. • Riom, 23 oct. 2002 : *Dr. sociétés 2004, nº 10, note Legros.*

En ce sens qu'une saisie-attribution doit être dénoncée à l'administrateur ayant reçu mission d'assister le débiteur lorsqu'il n'est pas précisé si l'exercice du droit de recevoir notification d'un acte de procédure n'est pas compris dans sa mission, V. • Com. 16 févr. 1999 : *Act. proc. coll. 1999, nº 89 ; Procédures 1999, nº 274, obs. Laporte.* ♦ V. aussi, pour la caducité d'une saisie-attribution dénoncée au seul débiteur soumis à la procédure collective, • Com. 19 févr. 2002 : *Bull. civ. IV, nº 37 ; D. 2002. AJ 1070, obs. Avena-Robardet ; RD banc. fin. 2002, nº 105, obs. F.-X. Lucas ; Dr. et proc. 2002. 237, note Hoonakker ; RJ com. 2002. 375, note Courtier ; Dr. sociétés 2002, nº 176, note Legros* • Paris, 24 oct. 2002 : *JCP 2003. IV. 1479.* ♦ V. note 1 *quater* ss. art. L. 622-3.

La notification d'un redressement fiscal d'un débiteur en redressement judiciaire pour lequel un administrateur a été désigné avec une mission générale d'assistance doit être faite au mandataire de justice pour être juridiquement valable et ainsi permettre la fixation définitive de la créance concernée. • Douai, 17 janv. 2002 : *Rev. proc. coll. 2004. 45, obs. Lebel.*

1 bis. Si la mission de surveillance de l'administrateur, chargé d'assister le débiteur dans la gestion de l'entreprise, consiste à s'assurer que les agissements du débiteur ne sont pas contraires à l'intérêt de l'entreprise ou de ses créanciers, il n'entre pas dans sa mission d'effectuer des investigations ou d'utiliser des méthodes coercitives à l'encontre du débiteur pour rechercher la destination de marchandises qu'un fournisseur revendique et qui n'ont pas pu être inventoriées. • Versailles, 20 mars 1997 : *RJDA 1997, n° 1394.*

L'initiative de la demande de prorogation du permis de construire n'entre pas dans la mission d'assistance de l'administrateur du redressement judiciaire de la société venderesse d'un immeuble en l'état futur d'achèvement, par ailleurs dépourvu du pouvoir de se substituer aux acquéreurs pour mettre en œuvre, à leur profit, la garantie d'achèvement. • Com. 13 nov. 2002 : *Bull. civ. IV, n° 162 ; D. 2003. AJ 204 ; Rev. proc. coll. 2004. 44, obs. Lebel.*

1 ter. Mission d'administration. La mission d'assurer seul la gestion de l'entreprise exige de la part de l'administrateur judiciaire une attention particulièrement soutenue dans le contrôle effectif des actes accomplis, avec ou sans son autorisation, par le débiteur dans le cadre de la poursuite d'activité, spécialement lorsque la période d'observation est d'une durée exceptionnellement longue (deux ans) et alors qu'il appartient à ce mandataire de saisir le tribunal, conformément à l'art. 36 de la loi [C. com., ancien art. L. 621-27], d'une demande de conversion du redressement en liquidation judiciaire dès le moment où il apparaît que tout projet de plan de continuation ou de cession est exclu. • Paris, 16 avr. 1999 : *D. 1999. IR 153.*

1 quater. Le directeur général unique d'une société à directoire et conseil de surveillance ayant la capacité d'assurer la publicité de sa nomination, doit être cassé l'arrêt qui retient qu'un administrateur judiciaire ayant été nommé avec mission d'assurer seul et entièrement l'administration de l'entreprise, le directeur général unique ne peut demander seul l'inscription modificative au RCS relative à sa nomination. • Com. 7 févr. 1995 : *Bull. civ. IV, n° 40 ; D. 1995. IR 75 ; Bull. Joly 1995. 419, note Le Cannu ; Defrénois 1995. 698, obs. Hovasse ; Dr. sociétés 1995, n° 95, obs. Chaput.*

1 quinquies. Même si l'administrateur a été chargé, conformément aux dispositions de l'art. L. 621-22, II-3°, [L. 631-12] C. com. d'assurer seul et entièrement l'administration de l'entreprise, le droit d'être appelé et entendu sur une demande de report de la date de cessation des paiements est, malgré le dessaisissement, propre au débiteur et n'est pas compris dans la mission de l'administrateur, spécialement lorsque celui-ci figure au nombre des auteurs de la demande de report. • Orléans, 2 mai 2002 : *RJDA 2002, n° 766.*

1 sexies. Modification de la mission. V. note 3.

2. Respect des obligations légales. Aux termes de l'art. 31 [C. com., art. L. 631-12], l'administrateur est tenu, dans sa mission, au respect des obligations légales et conventionnelles incombant au chef d'entreprise ; ce texte n'apporte aucune restriction à l'étendue de ces obligations. • Crim. 21 juin 2000 : *D. 2000. AJ 352, obs. Lienhard ; D. 2002. Somm. 207, obs. Derrida ; Act. proc. coll. 2000, n° 199, obs. Legros ; JCP E 2000, n° 46, p. 1815, note Couret ; Bull. Joly 2000. 1121, note Vallansan ; RSC 2000. 843, obs. Renucci ; Rev. proc. coll. 2000. 209, obs. Soinne ; Rev. sociétés 2000. 753, note Bouloc ; RTD com. 2001. 159, obs. Chazal et Reinhard ; Dr. et patr. janv. 2001. 95, obs. Monsèrié-Bon ; JCP 2001. I. 289, n° 4, obs. Robert ; ibid., E 2001, n° 4, p. 174, obs. Cabrillac.* ♦ Poursuivi, sur le fondement de l'art. 441 de la loi du 24 juill. 1966 [C. com., art. L. 242-10], pour avoir omis de réunir l'assemblée générale ordinaire des actionnaires dans les six mois de la clôture de l'exercice, aux fins d'approbation des comptes, l'administrateur judiciaire ne peut être relaxé, alors qu'avant l'expiration du délai de six mois précité, étant seul investi des obligations incombant au chef d'entreprise, il devait convoquer cette assemblée. • Même arrêt (V. l'arrêt cassé : • Metz, 21 juill. 1999 : *D. 1999. AJ 8, obs. A. L. ; JCP E 2000, n° 4, p. 125, obs. Cabrillac et Pételi ; Bull. Joly 2000. 145, note Vallansan).*

L'administrateur judiciaire ayant reçu mission d'exercer seul l'administration de l'entreprise, le président du directoire de la société ne peut être déclaré coupable du délit d'infraction à la réglementation relative à la sécurité du travail et de blessures involontaires, alors que, à la date de l'accident, l'administrateur était seul investi des obligations incombant au chef d'entreprise. • Crim. 3 mars 1998 : *Bull. crim. n° 82 ; D. 1998. IR 120 ; D. Affaires 1998. 804 ; Rev. proc. coll. 2000. 69, obs. Soinne.* ♦ Mais lorsque le débiteur dessaisi effectue, sans l'accord de l'administrateur investi d'une mission de représentation, des actes étrangers aux pouvoirs propres qui lui sont attribués par la loi, il reste tenu au respect des obligations légales et conventionnelles incombant au chef d'entreprise et sa responsabilité pénale peut être engagée. • Crim. 12 juin 1996 : *Bull. crim. n° 251 ; D. 1997. IR 25.* ♦ La mission d'assistance de l'administrateur judiciaire ne retire pas au dirigeant sa qualité de représentant de celle-ci et de responsable pénal. • Crim. 3 déc. 2003 : *Dr. pénal 2004, n° 54, note J.-H. Robert.*

Poursuivi pour avoir fait obstacle à l'exercice régulier des fonctions des délégués du personnel, l'administrateur judiciaire ne peut invoquer, pour s'exonérer de sa responsabilité pénale, une délégation de ses pouvoirs au président de la société en redressement judiciaire, les relations existant entre l'administrateur et le chef d'entreprise, qui ne sont pas des relations d'employeur à préposé, excluant toute possibilité de délégation de pouvoirs du premier au profit du second. • Crim. 30 janv. 1996 : *Bull. crim. n° 53 ; Dr. sociétés 1996, n° 130, obs. Chaput ; Rev. proc. coll. 1996. 260, obs. Soinne.*

3. Voies de recours. L'appel formalisé par un débiteur en redressement judiciaire, sans l'assistance de l'administrateur désigné avec une mission d'assistance pour les actes de gestion, ne peut être régularisé par l'intervention de cet administrateur qu'avant l'expiration du délai prescrit pour exercer le recours que la signification du jugement à ce mandataire a fait courir. • Com. 12 juin 2001 : *Bull. civ. IV, n° 117 ; D. 2001. AJ 2301, obs. Lienhard ; RTD com. 2001. 775, obs. Vallens ; Procédures 2001, n° 196, obs. Laporte ; JCP E 2002, n° 20, p. 127, obs. Pétel ; RTD civ. 2001. 956, obs. Perrot* • Montpellier, 24 juin 2003 : *BICC 2003, n° 1110.* ♦ Il résulte de l'art. 32 [C. com., art. L. 622-3] que l'exercice d'une voie de recours, tel l'appel d'une ordonnance de relevé de forclusion, acte conservatoire, peut valablement être intenté par le débiteur. • Versailles, 3 déc. 1998 : *D. Affaires 1999. 380.* ♦ V. aussi, pour la recevabilité de l'appel du débiteur contre un jugement ayant fixé une créance, • Com. 14 mars 2000 : *Rev. proc. coll. 2002. 92, obs. Lebel.* ♦ V. encore note 9 ss. art. L. 661-1.

Le débiteur dispose d'un droit propre de former un recours contre le jugement modifiant la mission de l'administrateur. • Com. 17 juill. 2001 : *Bull. civ. IV, n° 149 ; D. 2001. AJ 2677, obs. Lienhard ; ibid. 2002. Somm. 1479, obs. Honorat ; Procédures 2001, n° 198, obs. Laporte ; JCP E 2002, n° 3, p. 126, obs. Cabrillac ; Dr. sociétés 2002, n° 8, note Legros ; RJ com. 2002. 185, note Courtier.*

4. Effets du jugement arrêtant le plan sur les pouvoirs du débiteur. V. notes 1 s. ss. art. L. 626-25.

Art. L. 631-13 *(L. n° 2005-845 du 26 juill. 2005, art. 92)* **Dès l'ouverture de la procédure, les tiers sont admis à soumettre à l'administrateur des offres tendant au maintien de l'activité de l'entreprise, par une cession totale ou partielle de celle-ci selon les dispositions de la section I du chapitre II du titre IV.** – *V. art. L. 642-1 s.*

Art. L. 631-14 *(Ord. n° 2008-1345 du 18 déc. 2008, art. 80)* **Les articles L. 622-3 à L. 622-9, à l'exception de l'article L. 622-6-1, et L. 622-13 à L. 622-33 sont applicables à la procédure de redressement judiciaire, sous réserve des dispositions qui suivent.**

Il est réalisé une prisée des actifs du débiteur concomitamment à l'inventaire prévu à l'article L. 622-6.

Lorsque l'administrateur a une mission de représentation, il exerce les prérogatives conférées au débiteur par le II de l'article L. 622-7 et par le *(L. n° 2009-526 du 12 mai 2009, art. 138-IX, 3°)* **« troisième » alinéa de l'article L. 622-8. En cas de mission d'assistance, il les exerce concurremment avec le débiteur.**

Lorsque la procédure de redressement judiciaire a été ouverte en application du *(L. n° 2009-526 du 12 mai 2009, art. 138-IX, 3°)* **« troisième » alinéa de l'article L. 626-27 et que le débiteur a transféré des biens ou droits dans un patrimoine fiduciaire avant l'ouverture de la procédure de sauvegarde ayant donné lieu au plan résolu, la convention en exécution de laquelle celui-ci conserve l'usage ou la jouissance de ces biens ou droits n'est pas soumise aux dispositions de l'article L. 622-13 et les dispositions de l'article L. 622-23-1 ne sont pas applicables.**

Pour l'application de l'article L. 622-23, l'administrateur doit également être mis en cause lorsqu'il a une mission de représentation.

Les personnes coobligées ou ayant consenti une sûreté personnelle ou ayant affecté ou cédé un bien en garantie ne bénéficient pas de l'inopposabilité prévue au deuxième alinéa de l'article L. 622-26 et ne peuvent se prévaloir des dispositions prévues au premier alinéa de l'article L. 622-28.

V. art. R. 631-18 s. et R. 631-27.

Clause de déchéance du terme. V. note 1 ss. art. L. 622-29.

Art. L. 631-15 *(L. nº 2005-845 du 26 juill. 2005, art. 92)* **I. – Au plus tard au terme d'un délai de deux mois à compter du jugement d'ouverture, le tribunal ordonne la poursuite de la période d'observation s'il lui apparaît que** *(Ord. nº 2008-1345 du 18 déc. 2008, art. 81)* **« le débiteur » dispose à cette fin de capacités de financement suffisantes. Toutefois, lorsque le débiteur exerce une activité agricole, ce délai peut être modifié en fonction de l'année culturale en cours et des usages spécifiques aux productions de cette exploitation.**

Le tribunal se prononce au vu d'un rapport, établi par l'administrateur ou, lorsqu'il n'en a pas été désigné, par le débiteur.

II. – A tout moment de la période d'observation, le tribunal, à la demande du débiteur, de l'administrateur, du mandataire judiciaire, d'un contrôleur, du ministère public ou d'office, peut ordonner la cessation partielle de l'activité ou prononce la liquidation judiciaire si *(Ord. nº 2008-1345 du 18 déc. 2008, art. 81)* **« le redressement est manifestement impossible ».**

Il statue après avoir entendu ou dûment appelé le débiteur, l'administrateur, le mandataire judiciaire, les contrôleurs et les représentants du comité d'entreprise ou, à défaut, des délégués du personnel, et avoir recueilli l'avis du ministère public.

Lorsque le tribunal prononce la liquidation, il met fin à la période d'observation et, sous réserve des dispositions de l'article L. 641-10, à la mission de l'administrateur.

V. art. R. 631-23 et R. 631-24.

1. Conversion en liquidation judiciaire. La cessation des paiements étant déjà constatée lors de l'ouverture du redressement judiciaire, le renvoi opéré par l'art. L. 631-15, II, dans sa rédaction antérieure à l'Ord. du 18 déc. 2008, à l'art. L. 640-1 ne peut viser que la condition relative à l'impossibilité manifeste du redressement ; dès lors, la cour d'appel n'a pas à se prononcer sur la cessation des paiements. • Com. 23 avr. 2013 : *D. 2013. Actu. 1130, obs. Lienhard* ♦ Sur la notion de « redressement manifestement impossible », soumise à l'appréciation souveraine des juges du fond, V. • Com. 6 juill. 2010 : *Gaz. Pal. 15-16 oct. 2010, p. 29, obs. Lebel ; Rev. proc. coll. 2010, nº 235, obs. Fraimout.* ♦ Aucun plan de cession n'ayant été présenté par le débiteur en redressement judiciaire, c'est à bon droit qu'après avoir retenu que le plan de continuation proposé n'était pas sérieux et l'avoir écarté, la cour d'appel, qui n'avait pas à rechercher d'office si un plan de cession était possible, a prononcé la liquidation judiciaire. • Com. 25 juin 1991 : *Bull. civ. IV, nº 235.*

2. Audition de l'ordre professionnel. V. note ss. art. L. 622-10.

Art. L. 631-16 *(L. nº 2005-845 du 26 juill. 2005, art. 92)* **S'il apparaît, au cours de la période d'observation, que le débiteur dispose des sommes suffisantes pour désintéresser les créanciers et acquitter les frais et les dettes afférents à la procédure, le tribunal peut mettre fin à celle-ci.**

Il statue à la demande du débiteur, dans les conditions prévues au deuxième alinéa du II de l'article L. 631-15.

V. art. R. 631-25.

BIBL. ▶ LE CORRE, *LPA 25 mars 2009.*

Sur le pouvoir souverain des juges du fond, ayant, en l'espèce, refusé de mettre fin au redressement judiciaire, aux motifs que la possibilité, pour l'entreprise, de régler le passif échu n'avait été concrétisée qu'en cause d'appel, après plusieurs promesses en ce sens et au prix d'un nouvel emprunt auprès d'une banque et de nouvelles dettes à l'égard des associés, de sorte que la possibilité d'assurer la pérennité de l'entreprise n'était pas démontrée. V. • Com. 16 déc. 2008 : *Bull. civ. IV, nº 212 ; D. 2009. AJ 94, obs. Lienhard ; JCP E 2009. 1347, nº 2, obs. Cabrillac ; Act. proc. coll. 2009, nº 32, obs. Regnaut-Moutier ; Defrénois 2009. 1405, obs. Gibirila ; RJDA 2009, nº 873.*

Art. L. 631-17 *(L. n° 2005-845 du 26 juill. 2005, art. 92)* **Lorsque des licenciements pour motif économique présentent un caractère urgent, inévitable et indispensable pendant la période d'observation, l'administrateur peut être autorisé par le juge-commissaire à procéder à ces licenciements.**

Préalablement à la saisine du juge-commissaire, *(L. n° 2013-504 du 14 juin 2013, art. 18-XXIII-1°)* **« l'administrateur met en œuvre le plan de licenciement dans les conditions prévues à l'article L. 1233-58 du code du travail ». Il joint, à l'appui de la demande qu'il adresse au juge-commissaire, l'avis recueilli et les justifications de ses diligences en vue de faciliter l'indemnisation et le reclassement des salariés** *(L. n° 2013-504 du 14 juin 2013, art. 18-XXIII-1°)* **« , ainsi que la décision de l'autorité administrative prévue à l'article L. 1233-57-4 du code du travail ».**

Les modifications issues de la L. n° 2013-504 du 14 juin 2013 sont applicables aux procédures de licenciement collectif engagées à compter du 1er juill. 2013. Pour l'application de la disposition qui précède, une procédure de licenciement collectif est réputée engagée à compter de la date d'envoi de la convocation à la première réunion du comité d'entreprise mentionnée à l'art. L. 1233-30 C. trav. (L. préc., art. 18-XXXIII).

V. art. R. 631-26.

BIBL. ► TILLIÉ, *Dr. ouvrier 1985. 167.* – GRELON, *Gaz. Pal. 1984. 1. Doctr. 101.* – LANGLOIS, *Mélanges Jeantin, Dalloz, 1999, p. 419* (divorce du droit social et du droit du redressement judiciaire). – SAVENIER, *Rev. proc. coll. 2001. 224* (obligation de reclassement) ; *ibid. 227* (plan social). – PEZZINO, *ibid. 230* (licenciements). – BECQUET, *ibid. 237* (décision du juge-commissaire). – MORAND, *Cah. dr. entr. 2002, n° 2, p. 21* (particularités des licenciements économiques).

1. *Autorisation de licencier.* L'autorisation du juge-commissaire n'interdit pas à la juridiction prud'homale de statuer sur les demandes des salariés licenciés au regard de leur situation individuelle. • Soc. 5 mai 1993 : *Bull. civ. V, n° 127 ; D. 1993. IR 138.* ♦ Ainsi, l'autorité de l'ordonnance du juge-commissaire autorisant les licenciements ne s'étend pas à la situation individuelle des salariés au regard de l'obligation de reclassement de l'employeur, qui relève de la compétence du juge prud'homal. • Soc. 22 nov. 2000 : *Act. proc. coll. 2001, n° 64.* ♦ V. aussi note 5.

1 bis. Dès lors que la lettre de licenciement n'a été adressée au salarié qu'après l'obtention par l'administrateur judiciaire de l'autorisation du juge-commissaire, peu importe que la procédure ait été engagée auparavant. • Soc. 18 juin 1997 : *Bull. civ. V, n° 226 ; D. 1997. IR 162 ; Rev. proc. coll. 1997. 352, obs. Taquet.*

1 ter. Le prononcé du jugement de redressement judiciaire entraîne l'ouverture de la période d'observation dès la première heure du jour de son prononcé, et, dès l'instant que la période d'observation est ouverte, il appartient au juge-commissaire d'autoriser le licenciement, en vérifiant la cause économique du licenciement et son caractère urgent, inévitable et indispensable. • Soc. 12 mai 1998 : *Bull. civ. V, n° 243 ; D. 1998. IR 148 ; Rev. proc. coll. 1999. 39, obs. Taquet.* – V. aussi • Soc. 11 juill. 2000 : *Act. proc. coll. 2000, n° 213* • 3 mai 2001 : *Bull. civ. V, n° 151 ; JCP E 2001, n° 26, p. 1075.*

2. *Motifs de licenciement.* L'économie fondée sur les congédiements répond aux exigences de l'art. 45 [C. com., art. L. 631-17] lorsque l'opération de compression des effectifs peut être une composante de la mise en place et de la réussite d'un plan de redressement. • T. com. Versailles, 17 nov. 1986 : *Rev. proc. coll. 1987, n° 3, p. 33, obs. Langlois.* – Comp. : • T. com. Melun, 7 mai 1987 : *Gaz. Pal. 1987. 2. Somm. 313.*

2 bis. La lettre de licenciement que l'administrateur est tenu d'adresser au salarié doit comporter le visa de l'ordonnance du juge-commissaire autorisant les licenciements économiques. À défaut, le licenciement est réputé sans cause réelle et sérieuse. • Cass., ass. plén., 24 janv. 2003 : *Bull. civ. n° 1 ; BICC 15 mars 2003, p. 95, concl. de Gouttes et rapp. Mazars ; D. 2003. IR 465 ; Gaz. Pal. 2002. 502, note Pansier ; Act. proc. coll. 2003, n° 47, obs. Taquet ; RJ com. 2003. 374, note Courtier* • Soc. 19 mars 2003 : *Bull. civ. V, n° 104.* ♦ La seule référence à la procédure de redressement judiciaire ne constitue donc pas une motivation suffisante. • Soc. 5 oct. 1999 : *Bull. civ. V, n° 367 ; D. 2000. Somm. 6, obs. Derrida .*

2 *ter.* Notification du licenciement. Si, en application de l'art. L. 621-37 [L. 631-17] C. com., après autorisation donnée par ordonnance du juge-commissaire, il appartient à l'administrateur judiciaire de procéder aux licenciements pour motif économique présentant un caractère urgent, inévitable et indispensable, la circonstance que le licenciement prononcé au visa de cette ordonnance ait été notifié par le débiteur, au lieu de l'administrateur, ne suffit pas à le priver de cause réelle et sérieuse mais ouvre droit à indemnisation pour inobservation de la procédure. • Soc. 11 juin 2008 : *Bull. civ. V, n° 131 ; D. 2008. AJ 1834 ; Act. proc. coll. 2008, n° 224, obs. Fin-Langer ; Gaz. Pal. 21-22 janv. 2009, p. 48, obs. Duprat.*

3. Comité d'entreprise. Le renvoi à l'art. L. 321-9 [L. 1233-58] C. trav. ne comporte aucune réserve dont pourrait se déduire une dispense d'observer les règles applicables d'ordinaire aux réunions du comité, lesquelles comprennent la convocation obligée de tous ses membres et le respect du délai préalable. • Versailles, 19 sept. 1989 : *D. 1991. Somm. 107, obs. Derrida* .

3 bis. Dispense de préavis. Il entre dans les pouvoirs que l'administrateur judiciaire tient de l'art. L. 621-37 [L. 631-17] C. com. de dispenser le salarié de l'exécution de son préavis. • Soc. 22 oct. 2008 : *Bull. civ. V, n° 199.*

4. Recours. Est recevable le recours formé par le représentant des salariés contre une décision du juge-commissaire autorisant des licenciements pendant la période d'observation. • T. com. Paris, 14 janv. 1988 : *Gaz. Pal. 1989. 1. 354, note Marchi.* ♦ Sur l'absence de qualité de parties des organisations syndicales, V. • T. com. Lille, 30 janv. 1989 : *LPA 29 mars 1989.*

Lorsque l'ordonnance du juge-commissaire est devenue définitive, le caractère économique du motif du licenciement ne peut plus être contesté. • Soc. 9 juill. 1996 : *Bull. civ. V, n° 268 ; D. 1997. 60, note Bailly ; JCP E 1997. II. 915, note Serret.*

5. Compétence du conseil de prud'hommes. BIBL. Magci-Germain, *LPA 12 août 1998.* – Dechristé, *D. Affaires 1999. 358.* ♦ Si, conformément à l'art. 45 [C. com., art. L. 631-17], le juge-commissaire a autorisé l'administrateur à procéder au licenciement présentant un caractère urgent, inévitable et indispensable, la juridiction prud'homale est demeurée compétente pour en apprécier le caractère réel et sérieux qui fait défaut dès lors que la lettre de licenciement ne contient aucune motivation sur les causes économiques ayant justifié le licenciement. • Soc. 21 févr. 1996 : *D. 1997. 60, note Bailly ; JCP E 1996. II. 862, note Serret.* ♦ Le salarié qui a adhéré à une convention de conversion gardant la possibilité, malgré son acceptation, de contester le caractère réel et sérieux de son licenciement, une cour d'appel, qui constate que l'employeur ne justifie d'aucune recherche au sein de la société et du groupe auquel elle appartient, ni d'aucune proposition en vue du reclassement des salariés peut décider que les licenciements prononcés sont sans cause réelle et sérieuse. • Soc. 3 mars 1998 : *Bull. civ. V, n° 112 ; D. 1998. 418, note Bailly* . ♦ V. aussi note 1 et note 2 s. ss. art. R. 631-26.

6. Compétence du TGI. V. note 4 *quater* ss. art. R. 662-3.

Art. L. 631-18 *(Ord. n° 2008-1345 du 18 déc. 2008, art. 82)* **Les dispositions des chapitres III, IV et V du titre II du présent livre sont applicables à la procédure de redressement judiciaire, sous réserve des dispositions qui suivent.** *— V. art. L. 623-1 s., L. 624-1 s. et L. 625-1 s.*

Pour l'application du quatrième alinéa de l'article L. 623-3, la consultation porte sur les mesures que l'administrateur envisage de proposer et le débiteur est également consulté.

Le recours prévu au premier alinéa de l'article L. 624-3 est également ouvert à l'administrateur, lorsque celui-ci a pour mission d'assurer l'administration de l'entreprise.

Pour l'application de l'article L. 625-1, le mandataire judiciaire cité devant le conseil de prud'hommes ou, à défaut, le demandeur appelle devant la juridiction prud'homale les institutions mentionnées à l'article L. 3253-14 du code du travail. L'administrateur est seul mis en cause lorsqu'il a pour mission d'assurer l'administration de l'entreprise.

Pour l'application de l'article L. 625-3, les institutions mentionnées à l'article L. 3253-14 du code du travail sont mises en cause par le mandataire judiciaire ou, à défaut, par les salariés requérants, dans les dix jours du jugement d'ouverture de la procédure de redressement judiciaire ou du jugement convertissant une procédure de sauvegarde en procédure de redressement. Les instances en cours devant la juridiction prud'homale à la date du jugement d'ouverture sont poursuivies en présence du mandataire judiciaire et de l'administrateur ou ceux-ci dûment appelés.

Pour l'application de l'article L. 625-4, outre le mandataire judiciaire, l'administrateur est seul mis en cause lorsqu'il a pour mission d'assurer l'administration de l'entreprise.

L'administrateur est seul tenu des obligations prévues à l'article L. 625-8 lorsqu'il a pour mission d'assurer l'administration de l'entreprise.

V. art. R. 631-28 s.

Art. L. 631-19 *(L. n° 2005-845 du 26 juill. 2005, art. 92)* I. – Les dispositions du chapitre VI du titre II sont applicables au plan de redressement *(Ord. n° 2008-1345 du 18 déc. 2008, art. 83)* « , sous réserve des dispositions qui suivent. – *V. art. L. 626-1 s.*

« Il incombe à l'administrateur, avec le concours du débiteur, d'élaborer le projet de plan et, le cas échéant, de présenter aux comités de créanciers les propositions prévues au premier alinéa de l'article L. 626-30-2. Pour l'application du premier alinéa de l'article L. 626-8, l'information et la consultation portent sur les mesures que l'administrateur envisage de proposer. »

II. – *(L. n° 2013-504 du 14 juin 2013, art. 18-XXIII-2°)* « Le plan est arrêté par le tribunal après que la procédure prévue à l'article L. 1233-58 du code du travail a été mise en œuvre par l'administrateur, à l'exception du 6° du I et des trois premiers alinéas du II de cet article. »

Le plan précise notamment les licenciements qui doivent intervenir dans le délai d'un mois après le jugement. *(L. n° 2013-504 du 14 juin 2013, art. 18-XXIII-2°)* « Dans ce délai, l'autorité administrative valide ou homologue le projet de licenciement dans les conditions fixées aux articles L. 1233-57-2 et L. 1233-57-3 du même code. » Dans ce délai, ces licenciements interviennent sur simple notification de l'administrateur, sous réserve des droits de préavis prévus par la loi, les conventions ou accords collectifs du travail.

(Ord. n° 2008-1345 du 18 déc. 2008, art. 83) « Lorsque le licenciement concerne un salarié bénéficiant d'une protection particulière en matière de licenciement, ce délai d'un mois après le jugement est celui dans lequel l'intention de rompre doit être manifestée. »

Pour l'entrée en vigueur des modifications issues de la L. n° 2013-504 du 14 juin 2013, V. note ss. art. L. 631-17.

V. art. R. 631-34 s.

1. Consultation des représentants du personnel. L'administrateur judiciaire n'ayant tenu qu'une seule réunion des délégués du personnel après avoir déposé son rapport portant projet de plan au greffe du tribunal de commerce et celle-ci s'étant tenue la veille de l'audience du tribunal à l'expiration de la période d'observation de vingt mois, il en résulte que les délégués du personnel n'ont pas été mis en mesure de faire valoir utilement leurs observations et que la procédure de consultation prévue par les art. L. 621-56 [désormais, art. L. 631-19] C. com. et L. 321-9 [L. 1233-58] C. trav., interprétés à la lumière de la directive n° 2002/14/CE du 11 mars 2002, n'a pas été valablement conduite. • Soc. 12 sept. 2007 : *Bull. civ. V, n° 125 ; D. 2007. AJ 2308, obs. Lienhard ; Act. proc. coll. 2007, n° 202, obs. Fin-Langer ; Gaz. Pal. 23-24 janv. 2008, p. 61, obs. Saintourens.*

1 bis. Licenciements prévus dans le plan. En application de l'art. 63 [C. com., art. L. 631-19], le plan de cession ne devant prévoir que le nombre des licenciements à intervenir avant la cession et les licenciements ne pouvant concerner que des salariés non repris par le cessionnaire, c'est à tort qu'un plan prévoit le licenciement de tous les salariés et la reprise ultérieure de trente-deux salariés d'une entreprise en redressement judiciaire ; les contrats de travail des salariés repris subsistant par le seul effet de l'art. L. 122-12, al. 2, [L. 1224-1] C. trav., les licenciements antérieurement prononcés sont de nul effet. • Soc. 30 juin 1992 : *Bull. civ. V, n° 427.* ♦ En application des dispositions combinées des art. L. 122-12 [L. 1224-1] C. trav. et 63 de la loi du 25 janv. 1985 [C. com., art. L. 631-19], le licenciement prononcé par l'administrateur judiciaire dans le cadre du plan de cession, qui ne doit prévoir que le nombre des licenciements à intervenir, est privé d'effet, lorsque le salarié, même après une suspension d'activité, est repris par l'entreprise cessionnaire à l'égard de laquelle le contrat de travail se poursuit. • Soc. 14 déc. 1999 : *Bull. civ. V, n° 483 ; Rev. proc. coll. 2001. 47, obs. Taquet.* ♦ V. aussi notes 14 s. ss. art. L. 642-7 et note 11 ss. ancien art. L. 622-17 ss. art. L. 642-19.

1 ter. Lorsque le plan de cession approuvé par le tribunal de commerce autorise un certain nombre de licenciements pour motif économique, seuls ces licenciements peuvent être prononcés. • Soc. 3 févr. 1998 : *Bull. civ. V, n° 58.*

1 quater. Ne satisfait pas aux exigences de l'art. 63, devenu l'art. L. 621-64 [L. 631-19] C. com., le jugement arrêtant le plan de cession partielle qui se borne à prévoir le nombre des contrats de travail dont le maintien a été proposé au repreneur sans indiquer le nombre de licenciements autorisés, ni les activités et catégories professionnelles concernées. • Soc. 10 juill. 2001 : *Bull. civ. V, n° 254 ; D. 2001. IR 2458 ; Act. proc. coll. 2001, n° 193, obs. Vallansan.*

2. Liste nominative. Une liste nominative des salariés licenciés n'a pas à être dressée et serait en toute hypothèse dépourvue d'effet. • Soc. 26 juin 1991 : *Bull. civ. V, n° 328 ; JCP E 1992. II. 274, note Serret* • 27 oct. 1998 : *D. 1998. IR 247* • 16 mars 1999 : *Bull. civ. V, n° 116.* ♦ Dès lors, le licenciement, sans autorisation de l'inspecteur du travail, d'un salarié protégé, en raison du seul fait qu'il ne figurait pas sur la liste arrêtée par le tribunal de commerce, est constitutif du délit d'entrave aux fonctions de délégué du personnel. • Crim. 17 mars 1992 : *Bull. crim. n° 117 ; D. 1992. IR 241.* ♦ De même, une cour d'appel peut décider que le licenciement du directeur général d'une société en redressement judiciaire est dépourvu de cause réelle et sérieuse, dès lors qu'elle constate que le salarié a été remplacé immédiatement après son licenciement, faisant ainsi ressortir que l'ordonnance du juge-commissaire a été obtenue par fraude. • Soc. 27 oct. 1998 : *préc.* – V. aussi • Soc. 30 mars 1993 : *Rev. proc. coll. 1993. 311, obs. Soinne.*

3. Ordre des licenciements. Cependant, si le plan de cession de l'entreprise peut prévoir des licenciements économiques, sans liste nominative de salariés, la juridiction prud'homale est seule compétente pour vérifier le respect, par l'employeur, des critères qui doivent être définis pour fixer l'ordre des licenciements. • Soc. 8 avr. 1992 : *Bull. civ. V, n° 260.* ♦ A défaut de convention ou d'accord collectif applicable sur ce point, l'employeur doit définir, après consultation du comité d'entreprise ou, à défaut, des délégués du personnel, pour chaque licenciement collectif, les critères retenus pour fixer l'ordre des licenciements. • Même arrêt.

3 bis. Notification des licenciements. La méconnaissance par l'administrateur du délai d'un mois pour notifier aux salariés concernés la rupture de leur contrat de travail constitue une irrégularité de forme du licenciement de nature à causer un préjudice aux intéressés, qui peuvent en demander réparation. • Soc. 10 juill. 2002 : *Bull. civ. V, n° 242 ; D. 2002. AJ 2678, obs. Lienhard ; Act. proc. coll. 2002, n° 182, obs. Regnaut-Moutier ; JCP E 2003, n° 5, p. 219, obs. Pétel.* ♦ ... Mais n'a pas pour conséquence de priver d'effet l'autorisation de licenciement contenue dans le jugement. • Soc. 21 sept. 2005 : *Bull. civ. V, n° 267 ; D. 2005. AJ 2446, obs. Lienhard ; D. 2006. Pan. 81, obs. Le Corre ; Act. proc. coll. 2005, n° 217, obs. Vallansan.*

3 ter. Seule une ordonnance du premier président arrêtant l'exécution provisoire du jugement qui adopte le plan de redressement peut avoir pour effet de prolonger la durée de la période d'observation et, par là, de différer la notification des licenciements prévus dans le jugement (application de l'art. 155 du Décr. du 27 déc. 1985). • Soc. 21 sept. 2005 : *préc. note 3 bis.*

3 quater. Motivation de la lettre de licenciement. La lettre de licenciement est suffisamment motivée lorsqu'elle fait référence au jugement qui arrête le plan et autorise des licenciements. • Soc. 21 sept 2005 : *préc. note 3 bis.*

4. Modification des contrats de travail. La proposition de modification des contrats de travail faite par l'administrateur judiciaire est soumise aux dispositions de l'art. L. 321-1-2 C. trav. (relatif à la procédure de modification du contrat de travail consécutive à des difficultés économiques). • Soc. 23 nov. 2000 : *Bull. civ. V, n° 393 ; Act. proc. coll. 2001, n° 22, obs. Taquet.*

5. Licenciements disciplinaires. La clause du plan de cession, par laquelle le cessionnaire s'est engagé, pour la durée du plan, à ne procéder à aucun licenciement sans l'autorisation préalable du tribunal de commerce, ne peut concerner que les licenciements prononcés pour motif économique et ne prive pas l'employeur de son pouvoir disciplinaire exercé sous le contrôle du juge prud'homal. • Soc. 16 mai 2007 : *D. 2007. AJ 1601* .

Art. L. 631-19-1 *(Ord. nº 2008-1345 du 18 déc. 2008, art. 84)* **Lorsque le redressement de l'entreprise le requiert, le tribunal, sur la demande du ministère public, peut subordonner l'adoption du plan au remplacement d'un ou plusieurs dirigeants de l'entreprise.**

A cette fin et dans les mêmes conditions, le tribunal peut prononcer l'incessibilité des parts sociales, titres de capital ou valeurs mobilières donnant accès au capital, détenus par un ou plusieurs dirigeants de droit ou de fait et décider que le droit de vote y attaché sera exercé, pour une durée qu'il fixe, par un mandataire de justice désigné à cet effet. De même, il peut ordonner la cession de ces parts sociales, titres de capital ou valeurs mobilières donnant accès au capital détenu par ces mêmes personnes, le prix de cession étant fixé à dire d'expert.

Le tribunal statue après avoir entendu ou dûment appelé les dirigeants et les représentants du comité d'entreprise ou, à défaut, des délégués du personnel.

Les dispositions du présent article ne sont pas applicables lorsque le débiteur exerce une activité professionnelle libérale soumise à un statut législatif ou réglementaire.

V. art. R. 631-34-1 s.

BIBL. ► DIESBECQ, *Gaz. Pal. 2009. Doctr. 97* (cession interne de l'entreprise en difficulté). – GIBIRILA, *Journ. sociétés mai 2012. 45* (sort des droits sociaux des dirigeants d'entreprises en difficulté). ► Régime de la loi du 25 janv. 1985 : DE BERMOND DE VAULX, *Rev. sociétés 1990. 221* ✎. – BARBIÈRI, *Rev. proc. coll. 1991. 153.* – CERATI-GAUTHIER, *LPA 1er-2 janv. 2004.*

Jurisprudence relative à l'ancien art. L. 621-59 C. com. [réd. antérieure à L. 26 juill. 2005]

A. REMPLACEMENT DU DIRIGEANT

1. Sur la prise en considération de l'intérêt de l'entreprise, V. • Colmar, 12 sept. 1990 : *Rev. proc. coll. 1991. 293, obs. Soinne.*

B. INCESSIBILITÉ ET CESSION FORCÉE DES PARTS SOCIALES

1 bis. Intérêt général. Pour la conformité des dispositions de l'art. L. 621-59 [ancien] C. com. à la Conv. EDH, à la Déclaration des droits de l'homme et du citoyen et à l'art. 544 C. civ. (droit de propriété), en ce qu'elles sont justifiées par l'intérêt général, V. • Com. 12 juill. 2005 : *Bull. civ. IV, nº 174 ; D. 2005. AJ 2071, obs. Lienhard* ✎ *; Act. proc. coll. 2005, nº 193, obs. Regnaut-Moutier ; Gaz. Pal. 4-5 nov. 2005, p. 28, obs. Voinot ; Bull. Joly 2006. 22, avis Lafortune et note Saintourens ; Rev. proc. coll. 2006. 52, obs. Lebel ; Rev. sociétés 2006. 162, note F.-X. Lucas* ✎.

2. Dirigeants visés. Il résulte des art. L. 621-59 [ancien] C. com. et 41, al. 1er, du décret du 27 déc. 1985 que la qualité de dirigeant, de droit ou de fait, du détenteur des actions ou des parts sociales dont le tribunal peut ordonner la cession lorsque la survie de l'entreprise le requiert, s'apprécie à la date du jugement qui ordonne cette cession. • Com. 19 févr. 2008 : *Act. proc. coll. 2008, nº 98, obs. Pagnucco ; RJDA 2008, nº 555 ; Gaz. Pal. 27-29 avr. 2008, p. 22, obs. Voinot ; Dr. sociétés 2008, nº 126, note Legros ; JCP E 2008. 2062, nº 14, obs. Pételˌ; Rev. proc. coll. 2008, nº 117, obs. Lebel ; ibid. 2009, nº 3, obs. Fraimout ; RTD com. 2008. 852, obs. Saint-Alary-Houin* ✎ – V. Cerati-Gauthier, *JCP E 2008. 1716.* ♦ Il s'ensuit que le tribunal ne peut ordonner la cession des actions détenues par un dirigeant dont la démission est effective à la date à laquelle il statue, peu important que celle-ci n'ait pas été publiée. • Même arrêt.

Pour le refus d'appliquer l'art. L. 651-59 [ancien] C. com. à des actionnaires disposant de la majorité du capital et des voix au conseil de surveillance, en l'absence d'éléments propres à établir, en dehors de l'exercice de leur mission de membres du conseil de surveillance, l'exercice, en toute indépendance, d'une activité positive de direction dans la société, V. • Com. 12 juill. 2005 : *préc. note 1 bis ; Dr. sociétés 2005, nº 175, note Legros ; JCP E 2005, nº 50, p. 2163, obs. Caussain, Deboissy et Wicker ; ibid. 2006, nº 2, p. 77, obs. Pételˌ; Rev. proc. coll. 2006. 290, obs. Martin-Serf* (V. l'arrêt cassé : • Nancy, 18 déc. 2002 : *Dr. sociétés 2003, nº 211, note Legros (1re esp.) ; RTD com. 2004. 94, obs. Champaud et Danet)* ✎ ♦ Sur la notion de dirigeant de fait, V. • Montpellier, 5 nov. 2002 : *Dr. sociétés 2003, nº 211, note Legros (2e esp.).*

2 bis. Droit d'agir. Ni la société soumise à la procédure collective, ni le gérant n'ont le droit d'agir en vue de la cession forcée des parts d'un associé. • Com. 4 févr. 2003 : *RJDA 2003, nº 745 ; RD banc. fin. 2003, nº 153, obs. F.-X. Lucas ; Dr. sociétés 2003, nº 144, note Legros ; Rev. proc. coll. 2004. 218, obs. Lebel.*

2 ter. Choix du cessionnaire. Les cédants n'ont pas qualité pour critiquer le choix de la personne au profit de laquelle a lieu la cession forcée des titres. • Versailles, 21 févr. 2002 : *Dr. sociétés 2004, n° 8, note Legros ; Rev. proc. coll. 2004. 49, obs. Lebel.*

3. Droit de préemption. Le tribunal n'est pas tenu de prendre en compte les statuts réservant aux actionnaires un droit de préemption des actions des dirigeants. • Nancy, 9 juin 1992 : *RJDA 1993, n° 164.*

4. Expertise. Les dispositions de l'art. 23, al. 2, de la loi du 25 janv. 1985 sont d'ordre public, et, quelle que soit la valeur présumée des actions d'un administrateur, le tribunal ne peut se dispenser de recourir à une expertise. • Grenoble, 16 juin 1988 : *RJ com. 1990. 228, note Gallet.* ♦ Sur le rôle de l'expert, V. • Com. 1er oct. 2002 : *RJDA 2003, n° 163.*

5. Créance résultant de la cession forcée. En l'absence, dans l'art. 23 de la loi du 25 janv. 1985, de dispositions régissant la date d'exigibilité du paiement du prix de cession des actions et les intérêts, la somme due doit être réglée sans délai et avec intérêts à compter du jour du transfert. • Com. 1er juill. 1997 : *Bull. civ. IV, n° 213 ; D. 1997. IR 177 ; D. Affaires 1997. 934 ; JCP E 1998, n° 1-2, p. 29, obs. Pétel; Rev. proc. coll. 1998. 265, obs. Soinne* (V. l'arrêt d'appel : • Versailles, 4 mai 1995 : *Rev. proc. coll. 1995. 409, obs. Soinne*).

6. Voies de recours. La disposition du jugement qui ordonne la cession des actions détenues par un ou plusieurs dirigeants sociaux est susceptible d'appel de la part de ces dirigeants. • Com. 26 juin 2001 : *Bull. civ. IV, n° 127 ; D. 2001. AJ 2299, obs. Lienhard ; ibid. 2002. 1482, obs. Honorat ; Act. proc. coll. 2001, n° 186, obs. Regnaut-Moutier ; RTD com. 2001. 778, obs. Vallens ; Procédures 2001, n° 216, note Laporte ; Dr. sociétés 2001, n° 175, note Legros ; JCP E 2002, n° 3, p. 127, obs. Pétel; RJ com. 2002. 85, note F.-X. Lucas ; Dr. et patr. avr. 2002. 99, obs. Monsèrié-Bon ; Rev. proc. coll. 2002. 166, obs. Gorrias.* – Dans le même sens, V. • Versailles, 21 févr. 2002 : *BICC 2002, n° 1237 ; Dr. sociétés 2004, n° 8, note Legros.* ♦ V. déjà, pour la recevabilité de l'appel du dirigeant limité aux dispositions du jugement fixant les modalités de paiement du prix, • Com. 1er juill. 1997 : *préc. note 5.* ♦ V. aussi • Grenoble, 12 janv. 1988 : *RJ com. 1988. 189, note Gallet* • Paris, 16 juin 1995 : *préc. note 2.* ♦ *Contra* : • Bourges, 8 févr. 1989 : *Rev. proc. coll. 1989. 510, obs. Soinne.* ♦ Sur l'irrecevabilité de l'appel du cessionnaire, V. • Fort-de-France, 29 avr. 1989 : *ibid. 1989. 515, obs. Soinne.*

7. Est entaché d'excès de pouvoir l'arrêt décidant qu'un associé, qui n'était plus gérant, évincé en application de l'art. 23 [C. com., art. L. 626-4], sans qu'il fût établi que la survie de l'entreprise requérait cette mesure, était privé du droit de faire appel du jugement arrêtant le plan de continuation, et que ce jugement ne présentait pas de vice suffisamment grave pour justifier la formation d'un appel-nullité. • Com. 27 avr. 1993 : *Bull. civ. IV, n° 152 ; D. 1994. Somm. 45, obs. Derrida ; D. 1995. Somm. 3, obs. Derrida ; Rev. sociétés 1993. 648, note Chaput ; Rev. proc. coll. 1994. 154, obs. Liénard.*

8. Aucun accord de cession amiable des actions d'un dirigeant d'une société en redressement judiciaire n'ayant été conclu avant le jugement d'ouverture au profit d autres dirigeants sociaux, ces derniers sont irrecevables, faute d'intérêt, à reprocher à une cour d'appel d'ordonner la cession forcée des actions appartenant au premier dirigeant au profit d'un tiers qui a présenté un plan de continuation par voie de reprise interne. • Com. 12 juill. 1994 : *D. 1995. Somm. 2, obs. Derrida ; Rev. proc. coll. 1995. 149, obs. Soinne.*

9. Opposabilité du jugement. Lorsque le tribunal adopte un plan de continuation [redressement] en prononçant l'incessibilité des actions des dirigeants, cette decision, qui a l'autorité de la chose jugée, est, en application de l'art. 64, al. 1er, de la loi du 25 janv. 1985 [V., désormais, art. L. 626-11], « opposable à tous », y compris à la banque bénéficiaire d'un engagement de caution, qui ne peut donc pratiquer une saisie-arrêt sur ces actions, dès lors qu'elle aboutirait à la vente forcée de celles-ci. • TGI Grenoble, 26 mai 1989 : *D. 1991. Somm. 11, obs. Derrida.*

10. Transaction. Viole l'art. 2051 C. civ. l'arrêt qui déclare irrecevable la demande, formée par le dirigeant d'une société en redressement judiciaire, tendant à l'annulation de l'expertise ordonnée en vue de fixer le prix d'un certain nombre d'actions de la société cédées à un organisme bancaire, au motif que la transaction intervenue antérieurement, sur la fixation du prix des actions, entre ledit dirigeant et un autre cessionnaire avait autorité de la chose jugée à l'égard de la banque. • Com. 14 avr. 1992 : *Bull. civ. IV, n° 165 ; JCP 1992. IV. 1797.*

Art. L. 631-20 *(L. n° 2005-845 du 26 juill. 2005, art. 92)* **Par dérogation aux dispositions de l'article L. 626-11, les coobligés et les personnes ayant consenti** *(Ord.*

nº 2008-1345 du 18 déc. 2008, art. 166-II) **« une sûreté personnelle ou ayant affecté ou cédé un bien en garantie » ne peuvent se prévaloir des dispositions du plan.**

BIBL. ▶ LE CORRE, *Gaz. Pal. 12-13 oct. 2012, p. 7* (poursuite de la caution personne physique d'un débiteur ayant obtenu un plan de redressement).

1. Sur la situation du conjoint commun en biens, V. * Rép. min. nº 104335 : *JOAN Q, 11 oct. 2011 ; D. 2011. Actu. 2591 ; JCP E 2011. 1872, obs. Lebel ; Rev. proc. coll. 2012, nº 118, obs. Lisanti.*

2. Sur la situation des cautions dans le régime antérieur à la loi du 26 juill. 2005, V. notes 2 s. ss. art. L. 626-11.

Art. L. 631-20-1 *(Ord. nº 2008-1345 du 18 déc. 2008, art. 85)* **Par dérogation aux dispositions du troisième alinéa de l'article L. 626-27, lorsque la cessation des paiements du débiteur est constatée au cours de l'exécution du plan, le tribunal qui a arrêté ce dernier décide, après avis du ministère public, sa résolution et ouvre une procédure de liquidation judiciaire.**

La distinction opérée par les art. L. 626-27, I, al. 3, et L. 631-20-1 entre les effets de la résolution d'un plan, selon qu'elle met fin à un plan de sauvegarde ou à un plan de redressement, est fondée sur la différence de situation des débiteurs concernés et il n'en résulte aucune atteinte au droit à un procès équitable (non-renvoi de la QPC). • Com., QPC, 13 déc. 2011 : *D. 2012. Actu. 87, obs. Lienhard ; Rev. sociétés 2012. 193, obs. Roussel Galle ; RJDA 2012, nº 180 ; Bull. Joly Entrep. diff. 2012. 146, note Tagliarino-Vignal.*

Art. L. 631-21 *(L. nº 2005-845 du 26 juill. 2005, art. 92)* **Les dispositions du chapitre VII du titre II sont applicables au plan de redressement.** — *V. art. L. 627-1 s.*

Pendant la période d'observation, l'activité est poursuivie par le débiteur qui exerce les prérogatives dévolues à l'administrateur par l'article L. 631-17 et procède aux notifications prévues au second alinéa du II de l'article L. 631-19.

Le mandataire judiciaire exerce les fonctions dévolues à l'administrateur par les deuxième et troisième alinéas de l'article L. 631-10.

V. art. R. 631-38.

Art. L. 631-21-1 *(Ord. nº 2008-1345 du 18 déc. 2008, art. 86)* **Lorsque le tribunal estime que la cession totale ou partielle de l'entreprise est envisageable, il désigne un administrateur, s'il n'en a pas déjà été nommé un, aux fins de procéder à tous les actes nécessaires à la préparation de cette cession et, le cas échéant, à sa réalisation.**

Art. L. 631-22 *(Ord. nº 2008-1345 du 18 déc. 2008, art. 87)* **A la demande de l'administrateur, le tribunal peut ordonner la cession totale ou partielle de l'entreprise si le débiteur est dans l'impossibilité d'en assurer lui-même le redressement. Les dispositions de la section I du chapitre II du titre IV, à l'exception du I de l'article L. 642-2, et l'article L. 642-22 sont applicables à cette cession. Le mandataire judiciaire exerce les missions dévolues au liquidateur.** — *V. art. L. 642-1 s.*

L'administrateur reste en fonction pour passer tous les actes nécessaires à la réalisation de la cession.

Lorsque la cession totale ou partielle a été ordonnée en application du premier alinéa, la procédure est poursuivie dans les limites prévues par l'article L. 621-3. Si l'arrêté d'un plan de redressement ne peut être obtenu, le tribunal prononce la liquidation judiciaire et met fin à la période d'observation ainsi qu'à la mission de l'administrateur, sous réserve des dispositions de l'article L. 641-10. Les biens non compris dans le plan de cession sont alors cédés dans les conditions de la section II du chapitre II du livre IV. — *V. art. R. 642-18 s.*

V. art. R. 631-39 s.

1. *Choix de la solution.* L'option entre plan de continuation et plan de cession est du domaine du pouvoir souverain des juges du fond. • Com. 10 juill. 1990 : *Bull. civ. IV, n° 208* • 21 janv. 1992 : *ibid. IV, n° 28 ; D. 1994. Somm. 6, obs. Derrida* • 9 juin 1998 : *RTD com. 1998. 927, obs. Saint-Alary-Houin*. ♦ ... De même que l'option entre la cession et la liquidation judiciaire. V. • Com. 2 févr. 1993 : *Bull. civ. IV, n° 41 ; D. 1994. Somm. 6, obs. Derrida*. ♦ Sur les critères de choix de la juridiction entre un projet de cession et un projet de continuation, V. • Com. 19 déc. 2000 : *RJDA 2001, n° 477 ; RJ com. 2002. 133, note Merven* • T. com. Lyon, 21 mai 1987 : *Gaz. Pal. 1987. 2. 680, note de Guillenchmidt et Marchi* • 30 juill. 1986 : *JCP E 1986. II. 14786, note Haehl* • Limoges, 21 sept. 1993 : *BICC 1993, n° 1276*. ♦ Comp., préférant la cession en se fondant sur la situation des créanciers : • Aix-en-Provence, 19 nov. 1991 : *D. 1994. Somm. 6, obs. Derrida*. ♦ Sur le refus, fréquent, de prendre en compte les sommes susceptibles de provenir d'une action en responsabilité contre des tiers, V. • Paris, 31 mars 1995 : *Rev. proc. coll. 1995. 145, obs. Soinne* • Versailles, 30 mars 1995 : *ibid. 1995. 441, obs. Soinne*. ♦ ... Les produits exceptionnels réalisés au cours d'un exercice, V. • Com. 2 mai 2001 : *Act. proc. coll. 2001, n° 171*. ♦ Sur la motivation, V. • T. com. Paris, 18 avr. 1988 : *RJ com. 1988. 278, note Derrida* • Com. 16 avr. 1991 : *Gaz. Pal. 1991. 2. Pan. 330* • 22 mars 1994 : *Rev. proc. coll. 1995. 136, obs. Soinne*. ♦ V. aussi Haehl, *RTD com. 1989. 736*.

Le débiteur qui n'a proposé personnellement aucun plan de redressement ne peut contester la liquidation judiciaire au motif qu'il appartenait à l'administrateur de proposer un plan, dès lors que tant dans le régime général que dans la procédure simplifiée, lorsqu'il est nommé un administrateur, aucune disposition légale n'interdit au débiteur d'élaborer un projet de plan de redressement. • Com. 29 avr. 2002 : *Rev. proc. coll. 2004. 48, obs. Lebel*. ♦ Aucun plan de cession de l'entreprise n'ayant été présenté par le débiteur, c'est à bon droit qu'une cour d'appel, après avoir retenu que le plan de continuation proposé n'était pas sérieux et l'avoir écarté, prononce la liquidation judiciaire, sans avoir à rechercher d'office si un plan de cession était possible. • Com. 25 juin 1991 : *Bull. civ. IV, n° 235 ; D. 1992. Somm. 87, obs. Derrida*. ♦ Pour le rejet d'un plan de redressement ne constituant qu'un « projet futur », V. • Com. 27 oct. 1998 : *RTD com. 1999. 955, obs. Saint-Alary-Houin*. ♦ V. aussi, pour la conversion d'un redressement judiciaire en liquidation judiciaire, dans l'hypothèse où, après prolongation de la période d'observation, le débiteur se trouvait toujours dans l'incapacité de proposer un plan d'apurement du passif social, • Com. 27 oct. 1998 : *RTD com. 1999. 955, obs. Saint-Alary-Houin*. – Rappr. : • Com. 3 avr. 2001 : *RJDA 2001, n° 881*. ♦ V. encore, jugeant que, le débiteur ayant vendu son fonds de commerce et n'exerçant plus aucune activité économique, c'est à bon droit qu'une cour d'appel a prononcé sa liquidation judiciaire, dès lors qu'un plan de redressement, par voie de continuation ou de cession, ne peut avoir pour seul objet l'apurement du passif du débiteur mais doit tendre également à la sauvegarde de l'entreprise et au maintien de l'activité et de l'emploi, • Com. 24 oct. 1995 : *Rev. proc. coll. 1995. 410, obs. Soinne*. ♦ Dans le même sens, V. • Com. 17 févr. 1998 : *Bull. civ. IV, n° 82 ; D. 1998. IR 82 ; D. Affaires 1998. 583 ; JCP E 1998, n° 36, p. 1357, obs. Cabrillac et Pétel ; RTD com. 1998. 675, obs Saint-Alary-Houin* • 16 févr. 1999 : *RJDA 1999, n° 577 ; Act. proc. coll. 1999, n° 105* • 23 mars 2000 : *Act. proc. coll. 2000, n° 105*. – V. aussi • Paris, 1er mars 2002 : *RJDA 2002, n° 914*. ♦ Sur le contrôle du sérieux du plan de continuation rejeté, en cas d'appel, V. note 8 *quater* ss. art. L. 661-1.

2. Rien n'interdit au tribunal qui ne désire pas suivre les conclusions de l'administrateur prônant la liquidation judiciaire de l'entreprise d'adopter un plan de continuation élaboré par le débiteur lui-même avant que la procédure de redressement judiciaire soit passée du régime simplifié sans administrateur au régime général. • Com. 8 juin 1999 : *RJDA 1999, n° 1105 ; RTD com. 2000. 446, obs. Saint-Alary-Houin*.

3. Lorsque, pour donner une solution à la procédure collective, au vu des propositions de l'administrateur ou du débiteur, le tribunal arrête un plan de redressement ou prononce la liquidation judiciaire, il ne statue pas sur une demande au sens des art. 463 et 464 NCPC [C. pr. civ.], qui sont, dès lors, inapplicables à une telle décision. • Com. 12 oct. 1993 : *Bull civ. IV, n° 334 ; D. 1994. Somm. 7, obs. Derrida ; Rev. sociétés 1994. 326, note Saintourens* • 1er oct. 1997 : *Rev. proc. coll. 1998. 340, obs. Soinne*.

4. Si, en vertu des art. 61, al. 3, et 94 [C. com., anciens art. L. 621-62 et L. 621-97], un contrat de location-gérance du fonds de commerce du débiteur en redressement judiciaire ne peut être conclu, après la période d'observation, que sur l'autorisation du tribunal donnée par le jugement arrêtant le plan de cession de l'entreprise, le propriétaire d'un fonds de commerce qui a été mis en redressement judiciaire, tandis qu'était en cours un contrat de location-gérance de ce fonds, peut proposer un plan de continuation de son entreprise prévoyant la poursuite de ce contrat. • Com. 11 avr. 1995 : *Bull. civ. IV, n° 125 ; JCP E 1995. I. 487, n° 3, obs. Cabrillac ; Defrénois 1995. 969, obs. Le Cannu ; Rev. huiss. 1996. 345, note Vidal ; Quot. jur. 9 mai 1995, p. 5, note P. M.*

5. Sur la possibilité, pour le jugement arrêtant un plan de continuation pour deux sociétés, de prononcer la confusion de patrimoines de celles-ci, V. • Com. 6 mai 1997 : *Rev. proc. coll. 1998. 336, obs. Soinne.*

5 bis. Biens non compris dans le plan. En l'absence de plan de continuation, le désintéressement des créanciers constitue une priorité, et l'ensemble du patrimoine du débiteur qui n'a pas été cédé doit concourir à ce désintéressement. Les opérations de réalisation doivent donc porter non seulement sur les biens propres du débiteur mais également sur les biens communs. • Aix-en-Provence, 15 oct. 1998 : *Act. proc. coll. 1999, n° 230.* – Dans le même sens, V. • Aix-en-Provence, 22 oct. 1998 : *ibid.* ♦ V. aussi, pour l'obligation de réaliser les actifs du débiteur situés à l'étranger, • Civ. 1re, 19 nov. 2002 : *cité note 22 ss. art. L. 620-2.*

5 ter. Il n'y a pas lieu de procéder à la réalisation des biens non compris dans le plan de cession lorsqu'il n'existe plus de passif exigible ou que les sommes dont dispose le commissaire à l'exécution du plan [mandataire judiciaire] sont suffisantes pour désintéresser les créanciers. • Com. 22 avr. 1997 : *D. 1998. Somm. 11, obs. Derrida ; Rev. proc. coll. 1998. 373 et 396, obs. Soinne.*

5 quater. Lorsque le juge-commissaire autorise, en l'absence de plan de continuation de l'entreprise, la vente de biens non compris dans le plan de cession et correspondant à un ensemble d'éléments corporels et incorporels permettant l'exercice d'une activité qui poursuit un objectif propre, cette cession emporte de plein droit le transfert des contrats de travail des salariés affectés à cette entité économique autonome ; il en résulte que les licenciements du personnel affecté à cette entité prononcés par l'administrateur sont sans effet, peu important qu'ils aient été autorisés antérieurement par le jugement arrêtant le plan de cession partielle de l'entreprise (application de l'art. L. 122-12, al. 2, devenu l'art. L. 1224-1, C. trav.). • Soc. 24 oct. 2006 : *Bull. civ. V, n° 316 ; D. 2006. AJ 2789, obs. Lienhard ; Act. proc. coll. 2007, n° 6, obs. Fin-Langer.*

6. Voies de recours. V. art. L. 661-1 et L. 661-6.

7. Effets du jugement arrêtant le plan. V. notes 1 s. ss. art. L. 626-25.

8. Responsabilité de l'administrateur. La compétence exercée par le tribunal qui arrête le plan de redressement ne dégage pas l'administrateur de la responsabilité qu'il encourt sur le fondement de l'art. 1382 C. civ. (dans l'hypothèse où les fautes de l'administrateur ont été à l'origine de l'adoption du plan de redressement et du préjudice subi par les fournisseurs amenés à traiter en confiance avec le repreneur). • Com. 11 mai 1999 : *Dr. sociétés 1999, n° 116, obs. Chaput.*

CHAPITRE II DE LA NULLITÉ DE CERTAINS ACTES

RÉP. COM. v° *Entreprises en difficulté (Nullités de la période suspecte)*, par MARTIN-SERF.

Art. L. 632-1 I. – Sont nuls, lorsqu'ils *(L. n° 2005-845 du 26 juill. 2005, art. 93)* « sont intervenus » depuis la date de cessation des paiements, les actes suivants :

1° Tous les actes à titre gratuit translatifs de propriété mobilière ou immobilière ;

2° Tout contrat commutatif dans lequel les obligations du débiteur excèdent notablement celles de l'autre partie ;

3° Tout paiement, quel qu'en ait été le mode, pour dettes non échues au jour du paiement ;

4° Tout paiement pour dettes échues, fait autrement qu'en espèces, effets de commerce, virements, bordereaux de cession visés par la loi n° 81-1 du 2 janvier 1981 facilitant le crédit aux entreprises ou tout autre mode de paiement communément admis dans les relations d'affaires ;

5° Tout dépôt et toute consignation de sommes effectués en application de l'article 2350 du code civil, à défaut d'une décision de justice ayant acquis force de chose jugée ;

6° Toute hypothèque conventionnelle, toute hypothèque judiciaire ainsi que l'hypothèque légale des époux et tout droit de nantissement *(Ord. n° 2006-346 du 23 mars*

2006, art. 49) **« ou de gage » constitués sur les biens du débiteur pour dettes antérieurement contractées ;**

7° Toute mesure conservatoire, à moins que l'inscription ou l'acte de saisie ne soit antérieur à la date de cessation de paiement ;

(L. n° 2005-845 du 26 juill. 2005, art. 94) **« 8° Toute autorisation** *(Ord. n° 2008-1345 du 18 déc. 2008, art. 88)* **« et levée » d'options définies aux articles L. 225-177 et suivants du présent code ; »**

(L. n° 2007-211 du 19 févr. 2007, art. 18) **« 9° Tout transfert de biens ou de droits dans un patrimoine fiduciaire »** *(Ord. n° 2008-1345 du 18 déc. 2008, art. 88)* **« , à moins que ce transfert ne soit intervenu à titre de garantie d'une dette concomitamment contractée ;**

« 10° Tout avenant à un contrat de fiducie affectant des droits ou biens déjà transférés dans un patrimoine fiduciaire à la garantie de dettes contractées antérieurement à cet avenant ; »

(Ord. n° 2010-1512 du 9 déc. 2010, art. 4-3°) **« 11° Lorsque le débiteur est un entrepreneur individuel à responsabilité limitée, toute affectation ou modification dans l'affectation d'un bien, sous réserve du versement des revenus mentionnés à l'article L. 526-18, dont il est résulté un appauvrissement du patrimoine visé par la procédure au bénéfice d'un autre patrimoine de cet entrepreneur. »**

II. — Le tribunal peut, en outre, annuler les actes à titre gratuit visés *(L. n° 2003-7 du 3 janv. 2003, art. 50-II)* **« au 1° du I » faits dans les six mois précédant la date de cessation des paiements.** – *[C. com., ancien art. L. 621-107.]*

Sur le cas de l'assurance vie, V. C. assur., art. L. 132-14, — ***C. assur.*** *ou* ***C. pr. coll.***

BIBL. ▶ ARRIGHI, *Gaz. Pal. 2005. Doctr. 2990* (nouveaux cas de nullité). – VINCKEL, *JCP E 2006, n° 3, p. 129* (régime de la période suspecte dans la loi du 26 juill. 2005 et le décret du 28 déc. 2005). – WICKER, *Rev. proc. coll. 2006. 12* (même thème). – BLANC, *ibid. 66* (nullités de la période suspecte). – MOUIAL-BASSILANA, *D. 2006. Chron. 1959* ; *Err. 2108* (articulation de la période suspecte et des différentes procédures). – SAUTONIE-LAGUIONIE, *Bull Joly Entrep. diff. 2011. 82* (EIRL et nullités de la période suspecte). – MARTIN-SERF, *RTD com. 2011. 417* (Ord. du 9 déc. 2010). ▶ Régime antérieur à la loi du 26 juill. 2005 : MARTIN-SERF, *Rev. proc. coll. 2000. 167* (les nullités de la période suspecte, l'avis à tiers détenteur et la loi Dailly). – TEBOUL, *Gaz. Pal. 2001. Doctr. 1525* (actes à titre gratuit). – FEUGÈRE, *JCP E 2002, n° 27, p. 1128* (sort d'une remise de dette consentie au cours de la période suspecte du créancier). – BONNEAU, *Act. proc. coll. 18 oct. 2002* (contrats de garantie financière). – BRIAND-MÉLÉDO, *Mélanges Paillusseau, Dalloz, 2003, p. 385* (quelques repères sur les nullités de la période suspecte).

A. ACTES FAITS PAR LE DÉBITEUR

1. La nullité des actes faits pendant la période suspecte, édictée par l'art. 107 [C. com., art. L. 632-1], ne vise que ceux accomplis par le débiteur en redressement judiciaire, et non par son épouse. • Com. 30 nov. 1993 : *Bull. civ. IV, n° 433 ; JCP 1994. IV. 329.* – Dans le même sens : • Com. 21 nov. 1995 : *RJDA 1996, n° 554.* ♦ V. aussi note 16. ♦ S'agissant d'un acte accompli à la fois par le débiteur et son conjoint commun en biens, en ce sens que la nullité de l'acte peut être prononcée, sur le fondement de l'art. 107 [C. com., art. L. 632-1], du chef du débiteur et que l'acte peut être déclaré inopposable aux créanciers de la procédure, par application de l'art. 1167 C. civ. (action paulienne), du chef du conjoint *in bonis*, V. • Rennes, 1er déc. 1998 : *Act. proc. coll. 1999, n° 228, obs. Vallansan.*

Échappent à la nullité : le paiement fait par le bénéficiaire d'une promesse de cession des parts de la société débitrice. • Com. 11 oct. 1994 : *Rev. proc. coll. 1995. 447, obs. Lemistre ; RJDA 1995, n° 209.* ♦ ... Le paiement fait par un tiers en exécution d'une garantie à première demande garantissant les engagements du débiteur. • Com. 26 sept. 2006 : *RJDA 2006, n° 1247 ; Rev. proc. coll 2007. 226, obs. Blanc.* ♦ ... Les paiements forcés accomplis par un créancier tiers, en raison d'une procédure de saisie-attribution. • Rouen, 26 juin 1996 : *RJDA 1997, n° 704 ; Rev. proc. coll. 1998. 87, obs. Canet.*

Pour une application de l'art. 107 [C. com., art. L. 632-1] aux actes faits par un créancier, s'agissant de l'inscription d'une hypothèque judiciaire sur les biens du débiteur, V. note 11 *ter*.

La cession d'un fonds de commerce indivis accomplie par trois coïndivisaires dont un seulement est en redressement judiciaire ne peut être annulée sur le fondement des art. 107 et 108 [C.

com., art. L. 632-1 et L. 632-2]. La circonstance que le débiteur exploitait seul le fonds de commerce indivis ne saurait être d'aucune incidence dès lors que les autres coïndivisaires se trouvent *in bonis*. • Aix-en-Provence, 22 janv. 1999 : *JCP E 1999, n° 51-52, p. 2043 ; Rev. proc. coll. 2004. 384, obs. Blanc.*

Comp., désormais : art. L. 632-1, dans sa réd. issue de L. n° 2005-845 du 26 juill. 2005, qui vise les actes « intervenus depuis la date de cessation des paiements » et non plus les actes « faits par le débiteur ».

B. PÉRIODE SUSPECTE

1 bis. La nullité prévue par l'art. 107 [C. com., art. L. 632-1] ne peut atteindre que des actes accomplis au cours de la période suspecte et non ceux que le débiteur a passés après le jugement d'ouverture. Par suite, doit être rejetée l'action tendant à l'annulation, sur le fondement de ce texte, de la convention de divorce attribuant, après l'ouverture de la procédure collective, un fonds de commerce et un immeuble communs à l'épouse *in bonis*, à charge pour celle-ci de supporter la totalité du passif correspondant et de verser une soulte à son conjoint. • Com. 19 janv. 1999 : *RJDA 1999, n° 316.*

La période suspecte débute la première heure du jour fixé pour la date de cessation des paiements. • Com. 28 sept. 2004 : *Bull. civ. IV, n° 172 ; D. 2004. AJ 2716 ; D. 2005. Pan. 296, obs. Le Corre.* ♦ Sur la date de la cessation des paiements, V. art. L. 631-8.

C. ACTES À TITRE GRATUIT

1 ter. Changement de régime matrimonial. L'inopposabilité [la nullité] de la période suspecte ne peut atteindre que l'état liquidatif dressé en exécution du jugement homologuant la convention portant changement de régime matrimonial, non cette convention ou le jugement (loi de 1967). • Com. 28 mars 1995 : *Bull. civ. IV, n° 111 ; D. 1996. Somm. 81, obs. Honorat ; Defrénois 1995. 970, obs. Sénéchal.*

1 quater. État liquidatif compris dans une convention de divorce. L'état liquidatif de communauté compris dans la convention définitive réglant les effets du divorce ou de la séparation de corps sur demande conjointe, conclue après la date de cessation des paiements, n'échappe pas aux nullités des actes accomplis pendant la période suspecte, même si cet acte contient des dispositions relatives aux créances alimentaires ou de prestations compensatoires. • Com. 7 nov. 2006 : *Bull. civ. IV, n° 216 ; D. 2006. AJ 2911, obs. Lienhard ; JCP E 2007. 1450, n° 7, obs. Cabrillac ; JCP 2007. II. 10017, note Blanc ; Gaz. Pal. 19-20 janv. 2007, p. 38, obs. Roussel Galle ; Defrénois 2007. 870, obs. Gibirila ; Rev. proc. coll. 2007. 123, obs. Lebel ; RTD com. 2008. 183, obs. Martin-Serf.* – V. déjà • Civ. 1re, 25 janv. 2000 : *Bull. civ. I, n° 19 ; D. 2000. Somm. 333, obs. Revel ; ibid. AJ 103, obs. Lienhard ; Act. proc. coll. 2000, n° 68, obs. F.-X. Lucas ; RTD com. 2000. 460, obs. Martin-Serf ; RTD civ. 2000. 553, obs. Hauser ; Dr. fam. 2000, n° 48, obs. Lécuyer ; LPA 5 juin 2001, p. 14, note Mercier ; Rev. proc. coll. 2002. 276, obs. Blanc ; ibid. 2003. 354, obs. Dumont.* – V. Courtier, *Dr. sociétés 2000. Chron. 16.* – V. aussi note 2.

1 quinquies. Renonciation à une succession. V. • Lyon, 17 févr. 2000 : *JCP E 2001, n° 2, p. 61 ; Gaz. Pal. 2002. 1023, note Goaziou-Huet.*

1 sexies. Donation. Pour la nullité d'une donation de divers biens immobiliers faite à leur fils par des époux, V. • Com. 1er févr. 2000 : *RJDA 2000, n° 570.* – V. aussi • Com. 24 sept. 2003 : *Rev. proc. coll. 2004. 386, obs. Blanc* • Paris, 4 déc. 2001 : *ibid. 2003. 357, obs. Rubellin* • TGI Dunkerque, 18 déc. 2002 : *Dr. et proc. 2003. 233, note Delattre ; Rev. proc. coll. 2003. 151, obs. Blanc.*

1 septies. Assurance-vie. V. C. assur., art. L. 132-14. – **C. assur.** ou **C. pr. coll.**

1 octies. Transaction. Pour la nullité d'une transaction fondée sur l'art. L. 621-107 [L. 632-1] (II), V. • Aix-en-Provence, 19 févr. 2002 : *Act. proc. coll. 2002, n° 224.* ♦ V. aussi note 2.

1 nonies. Acte portant sur un bien commun. Lorsque le débiteur, époux commun en biens, a passé avec son conjoint un acte à titre gratuit portant sur un bien commun qui fait partie du gage des créanciers, la nullité de cet acte, fait depuis la date de cessation des paiements ou dans les six mois précédant cette date, atteint l'acte en son entier. • Com. 7 avr. 2009 : *Bull. civ. IV, n° 50 ; D. 2009. Chron. C. cass. 1242, obs. Bélaval ; ibid. AJ 1085, obs. Lienhard ; Act. proc. coll. 2009, n° 158, obs. Leprovaux ; LEDEN, juin 2009, p. 6, obs. Rubellin ; Gaz. Pal. 26-28 juill. 2009, p. 32, obs. Roussel Galle ; JCP E 2009. 1814, n° 7, obs. Cabrillac ; RJDA 2009, n° 768 ; RTD com. 2009. 811, obs. Martin-Serf ; Rev. proc. coll. 2010, n° 143, obs. Lisanti.* ♦ V. aussi note 2 *in fine* et 16.

D. CONTRATS COMMUTATIFS

2. BIBL. Neuville, *D. 2000. Chron. 571* (transaction). ♦ Est nul tout contrat commutatif dans lequel les obligations du débiteur, résultant de ce seul contrat et appréciées à la date de sa conclusion, excèdent notablement celles de l'autre partie. • Com. 10 déc. 2002 : *RJDA 2003, n° 521 ; Rev. proc. coll. 2004. 71, obs.*

Blanc ; RTD com. 2004. 813, obs. Martin-Serf. ♦ V., pour la nullité : de la cession d'actions intervenue pour un prix excessif en raison de la surévaluation des titres, • Versailles, 30 sept. 1993 : *Dr. sociétés 1994, n° 29, obs. Chaput.* ♦ ... De l'apport en société d'un immeuble moyennant l'attribution d'un faible pourcentage de parts sociales, • Grenoble, 8 avr. 2003 : *Dr. sociétés 2004, n° 75, note F.-X. Lucas.* ♦ ... De la concession d'une exploitation de lignes d'autocars à un prix ne couvrant pas les frais d'amortissement, • T. com. Marseille, 16 avr. 1987 : *Rev. proc. coll. 1987, n° 3, p. 43, obs. Guyon.* ♦ ... D'une vente de fonds de commerce à vil prix, • Paris, 19 mai 1992 : *RJDA 1993, n° 764.* ♦ ... De la cession, la veille du prononcé de la liquidation judiciaire, d'une licence IV à un prix très inférieur à sa valeur de marché, • Orléans, 28 avr. 2005 : *RJDA 2005, n° 1132 (1re esp.).* ♦ ... D'une transaction conclue avec un salarié à la suite de son licenciement, • Com. 27 nov. 2001 : *RJDA 2002, n° 666 ; Rev. proc. coll. 2002. 275, obs. Blanc ; ibid. 287, obs. Canet.* ♦ ... D'un contrat de travail aux prestations déséquilibrées, • Soc. 20 mai 1992 : *Bull. civ. V, n° 323* • 21 nov. 2000 : *RJDA 2001, n° 790* • 29 oct. 2002 : *Bull. civ. V, n° 325 ; JCP E 2003, n° 40, p. 1583, note Fin-Langer* • 15 juin 2004 : *D. 2004. AJ 2158 ; JCP E 2004, n° 44, p. 1743, note Louit-Martinod ; RTD com. 2005. 416, obs. Martin-Serf* (à propos d'un contrat de qualification) • Paris, 12 févr. 1999 : *D. 1999. IR 90 ; D. Affaires 1999. 675* • Angers, 28 févr. 2002 : *BICC 2004, n° 618* (à propos d'un contrat initiative-emploi). ♦ ... De l'acte de partage de la communauté auquel des ex-époux ont procédé à la suite de leur divorce pour faute, • Civ. 1re, 3 juin 2003 : *Bull. civ. I, n° 136 ; D. 2003. 2655, note Marly ; D. 2004. Somm. 2266, obs. Revel ; Act. proc. coll. 2003, n° 179, obs. Vallansan ; RTD com. 2004. 814, obs. Martin-Serf ; JCP N 2005, n° 12, p. 644, note Vauvillé.* – V. aussi note 1 *quater.* ♦ ... D'un bail comportant des clauses régissant le loyer dont le caractère inhabituel ne peut être justifié par la précarité de la convention, • Pau, 10 nov. 1992 : *Rev. proc. coll. 1995. 448, obs. Lemistre.* ♦ V. aussi sur la nature de contrat commutatif d'une opération qualifiée par les parties de cession de créances professionnelles, • Com. 4 avr. 2006 : *RD banc. fin. 2006, n° 105, obs. Legeais.*

Comp., pour la validité : d'une opération de cession-bail, • Com. 11 mars 1997 : *RJDA 1997, n° 961.* ♦ ... D'une transaction moyennant remise de dette en contrepartie de laquelle la société objet de la procédure collective a fait l'économie d'une procédure judiciaire, dont l'issue était aléatoire, • Com. 2 oct. 2001 : *Bull. civ. IV, n° 154 ; D. 2001. AJ 3119, obs. Lienhard ; Act. proc. coll. 2001, n° 237, obs. Regnault-Moutier ; RTD com. 2002. 164, obs. Martin-Serf*.

Lorsque le débiteur, époux commun en biens, a passé, avec son conjoint, un contrat commutatif portant sur un bien commun, faisant partie du gage des créanciers, et dans lequel ses obligations excèdent notablement celles de l'autre partie, la nullité de cette convention, faite depuis la date de cessation des paiements ou dans les six mois précédant cette date, atteint l'acte en son entier. • Com. 3 mai 2011 : *Bull. civ. IV, n° 64 ; D. 2011. Actu 1343, obs. Lienhard ; RTD com. 2012. 619, obs. Martin-Serf ; JCP E 2011. 1598, note Legros ; LEDEN juin 2011, p. 4, obs. Rubellin ; RJDA 2011, n° 722 ; Bull. Joly Entrep. diff. 2011. 332, note Sautonie-Laguionie ; Bull. Joly 2012. 56, note Le Cannu.*

E. PAIEMENT DE DETTES NON ÉCHUES

2 bis. Remboursement d'un compte courant d'associé. En l'absence de conditions particulières, notamment au regard de l'exigibilité, précisées dans les statuts ou dans une convention passée entre l'associé prêteur et la société, quant au remboursement des avances consenties en compte courant, le solde créditeur d'un compte courant d'associé constitue une dette échue, dont le titulaire du compte est, à tout moment, en droit de demander le remboursement. • Paris, 17 sept. 1999 : *D 1999. AJ 31, obs. A. L.*

2 ter. Abandon d'un bien au titre d'un devoir de secours. L'abandon de la quote-part d'un bien immobilier, au titre de l'accomplissement d'un devoir de secours, ne constitue pas le paiement d'une dette non échue au jour du paiement, au sens de l'art. L. 621-107, 3°, [L. 632-1, I, 3°] C. com. • Com. 7 nov. 2006 : *préc. note 1 quater.*

2 quater. Cession de créances professionnelles. Pour des applications de l'art. 107 (3°) [L. 632-1, I, 3°], V. • Com. 22 janv. 2002 : *Rev. proc. coll. 2002. 276, obs. Blanc (pourvoi n° 99-10.895)* • 2 nov. 2005 : *Gaz. Pal. 10-11 févr. 2006, p. 30, obs. Roussel Gaille ; RD banc. fin. 2006, n° 16, obs. Cerles.* ♦ Comp., dans le cas d'une cession de créances opérée à titre de garantie. • Com. 22 janv. 2002 : *Rev. proc. coll. 2002. 276, obs. Blanc (pourvoi n° 98-21.023).*

F. MODES DE PAIEMENT

BIBL. Martin-Serf, *Rev. proc. coll. 2000. 167.*

3. Compensation. Qu'elle soit qualifiée de légale ou de conventionnelle, la compensation, renforcée par la connexité expressément créée par l'accord des parties avant la date de la cessation des paiements, résultant de la clôture des comptes courants, l'un débiteur, l'autre créditeur, ouverts au nom du même client mis en liquidation judiciaire, ne tombe pas sous le coup des dispositions de l'art. 107, 4° [C. com., art. L. 632-1], pour avoir joué le jour même de la date fixée pour la cessation des paiements. • Paris, 28 mars 1989 : *D. 1991. Somm. 31, obs. Vasseur* ⊘. ♦ Cette compensation n'est pas davantage annulable par application de l'art. 108 [C. com., art. L. 632-2] puisqu'elle n'est pas intervenue après la date de cessation des paiements et que la banque n'avait pas connaissance de cet état, l'acte n'ayant pas porté préjudice à l'ensemble des créanciers. • Même arrêt. – V. aussi • Com. 17 mai 1994 : *Bull. civ. IV, n° 178 ; D. 1994. IR 148 ; Rev. dr. bancaire 1995. 85, obs. Campana et Calendini* • Colmar, 6 nov. 2002 : *BICC 2004, n° 620.* ♦ Sur l'exigence d'une créance à caractère certain, V. • Com. 21 janv. 1992 : *Bull. civ. IV, n° 23.*

En revanche, le remboursement d'un prêt par une compensation provoquée avec une partie du prix de la vente d'une maison appartenant au débiteur ne constitue pas un mode de paiement admis par l'art. 107 (4°) [C. com., art. L. 632-1]. • Com. 19 déc. 2000 : *Bull. civ. IV, n° 203 ; D. 2001. Somm. 3426, obs. Honorat* ⊘ *; ibid. AJ 306, obs. Lienhard* ⊘ *; Act. proc. coll. 2001, n° 26, obs. Regnaut-Moutier ; RTD com. 2002. 165, obs. Martin-Serf* ⊘. ♦ Pour un autre exemple de compensation « provoquée », V. • Com. 13 févr. 2007 : *D. 2007. AJ 583, obs. Lienhard* ⊘ *; Act. proc. coll. 2007, n° 49, obs. Regnaut-Moutier ; JCP E 2007. 1450, n° 6, obs. Cabrillac ; Gaz. Pal. 13-14 avr. 2007, p. 40, obs. Roussel Galle ; Rev. proc. coll. 2007. 128, obs. Lebel ; ibid. 227, obs. Blanc ; RTD com. 2008. 624, obs. Martin-Serf* ⊘. ♦ Est nul le paiement du prix de vente du fonds de commerce du débiteur par compensation avec le solde créditeur d'un compte courant d'associés dès lors que ce mode de paiement n'est pas courant pour l'acquisition d'un fonds de commerce, le prix étant habituellement séquestré jusqu'à l'expiration du délai d'opposition reconnu aux créanciers du vendeur. • Com. 19 janv. 1999 : *RJDA 1999, n° 446.* – V. aussi • Limoges, 11 mars 1991 : *D. 1992. Somm. 183, obs. Honorat* ⊘.

4. En ce sens que la compensation de la part non libérée du capital social d'un actionnaire avec une créance en compte courant, certaine, liquide et exigible, n'est pas nulle comme intervenue en période suspecte, V. • Paris, 10 juin 1994 : *D. 1994. IR 188 ; Bull. Joly 1994. 1224.* ♦ V. aussi note 10 ss. ancien art. L. 632-2.

4 bis. Bordereaux de cession de créances. **BIBL.** Cerles, *Rev. dr. bancaire 1993. 200* (cession de flux de créances). ♦ Il résulte des dispositions de l'art. 107, 4° [C. com., art. L. 632-1], que le paiement pour dettes échues fait par bordereaux de cession tels que visés par la L. n° 81-1 du 2 janv. 1981 est expressément réputé normal. • Rennes, 16 sept. 1992 : *D. 1994. Somm. 82, obs. Honorat* ⊘ • Paris, 26 mai 1994 : *D. 1994. IR 207.*

5. Cession de créance. **BIBL.** Jeantin, *D. 1980. Chron. 309.* – Cassandra-Sulpasso, *RTD com. 1986. 49.* ♦ Un arrêt ne peut, pour déclarer nulles des cessions de créances consenties, depuis la date de cessation des paiements, par un entrepreneur d'étanchéité, mis en redressement judiciaire, retenir que ce mode de paiement, utilisé par l'entrepreneur à l'égard de ses fournisseurs depuis quelques années en raison de ses difficultés financières, n'est pas communément admis dans les relations d'affaires, sans rechercher si le fournisseur établit que, dans les relations d'affaires du secteur professionnel de la construction considéré, le paiement des fournisseurs par la cession de créances que l'entrepreneur détient sur les maîtres d'ouvrages est communément admis. • Com. 30 mars 1993 : *Bull. civ. IV, n° 130 ; D. 1993. Somm. 320, obs. Honorat* ⊘ *; JCP E 1993. II. 453, note Guyon.* – V., sur renvoi, • Rouen, 11 oct. 1994 : *RJDA 1995, n° 357.* ♦ Comp., jugeant que la cession de créance, hormis le cas où il s'agit de la cession de créances professionnelles à un établissement de crédit qui finance l'entreprise cédante, ne constitue pas un mode de paiement communément admis dans les relations d'affaires et est nulle lorsqu'elle est consentie dans la période suspecte : • Paris, 28 mars 1989 : *Gaz. Pal. 1990. 1. Somm. 186.* – Comp. aussi : • Besançon, 12 juin 1991 : *Rev. dr. bancaire 1991. 229, obs. crit. Crédot et Gérard ; RTD com. 1991. 623, obs. crit. Cabrillac et Teyssié* ⊘ *; ibid. 1992. 870, obs. crit. Martin-Serf* ⊘.

6. Les relations entre l'URSSAF et les assujettis n'étant pas des relations d'affaires, au sens de l'art. 107, al. 1er (4°) [C. com., art. L. 632-1], la cession de créances de cotisations sociales qu'une société en liquidation judiciaire a consentie à cet organisme n'est pas valable. • Com. 14 déc. 1993 : *Bull. civ. IV, n° 472 ; D. 1994. Somm. 178, obs. Honorat* ⊘ *; JCP E 1994. II. 546, note Guyon.*

6 bis. La cession de créances détenues contre EDF-GDF n'est pas un mode de paiement communément admis ni dans la relation existant entre un vendeur et un acquéreur de fonds de commerce, ni entre le bailleur et le preneur d'un local à destination commerciale. • Toulouse, 28 févr. 2001 : *Rev. proc. coll. 2003. 152, obs. Blanc.*

6 ter. En ce sens que la cession de créances peut constituer un mode de paiement communément admis dans les relations d'affaires du secteur considéré même si la pratique est limitée à un secteur géographique restreint, V. • Com. 24 sept. 2003 : *RJDA 2004, n° 195 ; Rev. proc. coll. 2004. 385, obs. Blanc.*

6 quater. V. encore, sur la nécessité d'établir l'existence d'un usage professionnel ou d'une pratique générale et habituelle dans la branche d'activité considérée, • Paris, 21 déc. 2001 : *D. 2002. AJ 724.*

7. Délégation. Doit être annulée la délégation faite, par une société de commerce de viande en cessation des paiements, d'une créance qu'elle détient sur une compagnie d'assurance, au profit du propriétaire des marchandises sinistrées, dès lors que le bénéficiaire de la délégation ne peut sérieusement soutenir qu'un tel mode de paiement ponctuel, issu d'un événement inhabituel, est normal, compte tenu des usages de la profession, et qu'il ressort ainsi que la délégation de créance n'est pas communément admise dans les relations d'affaires considérées relatives au commerce des viandes. • Com. 30 nov. 1993 : *Bull. civ. IV, n° 439 ; D. 1994. Somm. 178, obs. Honorat.* – Dans le même sens : • Com. 14 juin 1994 : *D. 1994. IR 221* • 26 oct. 1999 : *RJDA 2000, n° 63.* ♦ Un mode de paiement communément admis dans les relations d'affaires ne résulte pas forcément d'un usage. • Com. 23 janv. 2001 : *Bull. civ. IV, n° 22 ; D. 2001. 2509, note Bimes-Arbus ; ibid. AJ 701, obs. Lienhard ; Act. proc. coll. 2001, n° 66, obs. Vallansan ; JCP E 2001, n° 18, p. 752, obs. Cabrillac ; RD banc. fin. 2001, n° 63, obs. Cerles ; RTD com. 2001. 977, obs. Martin-Serf ; RJ com. 2001. 311, note Courtier.* ♦ Justifie sa décision la cour d'appel qui se réfère aux relations entre l'établissement de crédit ayant financé le prêt et l'emprunteur pour déterminer si la délégation de créance faite par ce dernier constitue une pratique générale et habituelle dans les relations d'affaires du secteur bancaire pour la mise en place d'un prêt immobilier. • Même arrêt. ♦ La délégation de paiement constitue un mode de paiement communément admis dans le secteur du bâtiment. • Paris, 17 sept. 2003 : *RD banc. fin. 2004, n° 136, obs. F.-X. Lucas.* ♦ ... Mais non dans celui du commerce de véhicules automobiles. • Paris, 27 janv. 2004 : *ibid.* ♦ V. aussi, validant un tel mode de paiement, • Aix-en-Provence, 16 avr. 1992 : *Rev. proc. coll. 1993. 111, obs. Auque-Warembourg et Lemistre* • 25 janv. 1995 : *Bull. Aix-en-Provence 1995, n° 2, p. 319.* ♦ *Contra* : • Com. 28 mai 2002 : *Rev. proc. coll. 2003. 152, obs. Blanc.*

L'acte prévoyant une délégation de loyers ne peut être jugé nul pour être intervenu en période suspecte dès lors qu'il a été conclu avant la date de l'insolvabilité notoire [dans le régime d'Alsace-Moselle], peu important que son exécution ait été postérieure à cette date : • Com. 4 oct. 2005 : *Bull. civ. IV, n° 198 ; D. 2005. AJ 2591, obs. Lienhard ; JCP E 2006, n° 2, p. 75, obs. Cabrillac ; Act. proc. coll. 2005, n° 243, obs. Lécuyer ; Banque et Droit nov.-déc. 2005. 78, obs. Rontchevsky ; RD banc. fin. 2005, n° 209, obs. Cerles ; Dr. et patr. janv. 2006. 89, obs. Aynès ; Gaz. Pal. 10-11 févr. 2005, p. 31, obs. Roussel Galle ; RTD com. 2006. 481, obs. Martin-Serf ; Rev. proc. coll. 2006. 276, obs. Blanc.* – V. Albrieux, *JCP E 2006, n° 9, p. 414.*

7 bis. Remise en compte courant. Doit être annulée la remise en compte courant par la société débitrice au cours de la période suspecte ayant eu pour effet de réduire le montant du solde débiteur du compte et de rompre ainsi l'égalité des créanciers soumis à la procédure collective. • Com. 19 janv. 1999 : *Act. proc. coll. 1999, n° 70, obs. Regnaut-Moutier.* – Comp. : • Besançon, 18 juin 2002 : *ibid. 2002, n° 267.*

7 ter. Prélèvement bancaire. Pour un arrêt validant ce mode de paiement, prévu par les actes de prêt liant les parties, V. • Angers, 24 mai 2005 : *RD banc. fin. 2006, n° 24, obs. F.-X. Lucas.*

8. Subrogation de l'indemnité d'assurance. En cas de perte de biens livrés sous le bénéfice d'une clause de réserve de propriété (mais avec transfert des risques à l'acheteur), l'indemnité d'assurance, subrogée aux biens dont le vendeur était demeuré propriétaire n'entre pas dans le patrimoine de l'acheteur ; le versement de cette indemnité au vendeur n'est pas soumis aux nullités de la période suspecte. • Com. 6 juill. 1993 : *Bull. civ. IV, n° 282 ; D. 1994. Somm. 81, obs. Honorat ; JCP 1993. II. 22153, note Larroumet.* ♦ V. aussi note 7 ss. art. L. 624-16.

9. Dation en paiement. La livraison par la société débitrice d'un matériel autre que celui prévu contractuellement, soit des équipements nautiques divers au lieu d'un bateau, constitue une dation en paiement prohibée par l'art. 107 [C. com., art. L. 632-1]. • Com. 1er févr. 2000 : *RJDA 2000, n° 571.* – Dans le même sens, V. • Orléans, 13 févr. 2003 : *RD banc. fin. 2004, n° 29, obs. F.-X. Lucas.* ♦ Est nulle la dation en paiement résultant de la reprise, par le vendeur, de marchandises qui a entraîné la résolution amiable de la vente et a donné lieu à l'émission d'un avoir correspondant à la valeur des marchandises reprises, ce qui a eu pour effet de réduire dans une proportion très importante la créance du vendeur à l'égard de la société en redressement judiciaire. • Paris, 7 janv. 1992 : *D. 1992. IR 111 ; Rev. proc. coll. 1993. 111, obs. crit. Auque-Warembourg et Lemistre.* – Dans le même sens : • Aix-en-Provence, 18 mars 1999 : *Rev. proc. coll. 2003. 151, obs. Blanc.* ♦ Pour la nullité d'une dation en paiement conduisant à une compensation, dans l'hypothèse d'un créancier achetant au débiteur des biens à seule fin de compenser sa créance préexistante avec sa dette nouvelle, V. • Com. 5 avr. 1994 : *Bull. civ. IV, n° 143 ; Rev. proc. coll. 1995. 448, obs. Lemistre* • 2 févr. 1999 : *Bull. civ. IV, n° 37 ; D. 1999. IR 77 ; D. Affaires 1999. 379, obs. A. L. ; RTD com. 1999. 757, obs. Martin-Serf ; Act. proc. coll. 1999, n° 60, obs. Vallansan ; LPA 1er avr. 1999, p. 11, note P. M. ; RTD civ. 2000. 115, obs. Mestre et Fages.* – Comp. : • Rennes, 23 mars 1994 : *JCP 1995. IV. 1148 ; Rev. proc. coll. 1997. 79, obs. Lemistre,* conf. par • Com. 20 mai 1997 : *Rev. proc. coll. 1998. 205, obs. Lemistre.*

De même, est nulle la reprise, par la société de crédit d'un constructeur automobile, ayant financé le stock d'un concessionnaire, de véhicules impayés, pendant la période suspecte. • Douai, 6 févr. 1997 : *Rev. proc. coll. 1998. 205, obs. Lemistre,* conf. par • Com. 11 juill. 2000 : *Bull. civ. IV, n° 142 ; D. 2000. IR 251 ; JCP 2000. I. 259, n° 16, obs. Pétel ; RJDA 2000, p. 751, concl. Piniot ; Rev. proc. coll. 2002. 277, obs. Blanc.* – Rappr. : • Com. 18 févr. 2003 : *Act. proc. coll. 2003, n° 118, obs. Boulay ; JCP 2003. I. 176, n° 21, obs. Delebecque ; RJDA 2003, n° 746 ; Rev. proc. coll. 2004. 71, obs. Blanc.*

Est nulle la dation en paiement d'une licence IV de débit de boissons pour solder le prix d'achat d'un fonds de commerce quelques jours avant l'ouverture de la procédure collective de l'acquéreur. • Lyon, 22 mars 2002 : *BICC 2004, n° 621.*

Pour un autre exemple de dation en paiement tombant sous le coup de la nullité, V. • Com. 20 févr. 1996 : *Bull. civ. IV, n° 55.*

9 bis. Résiliation d'un contrat. Des ventes de marchandises ayant été faites purement et simplement, ne peut être écartée la demande d'annulation, sur le fondement de l'art. 107, 4° [C. com., art. L. 632-1], d'une convention analysée comme une résolution amiable, en période suspecte, desdites ventes, sans que soit constaté que cette opération constituait, telle quelle, un mode de paiement communément admis dans les relations d'affaires considérées. • Com. 12 juill. 1994 : *Bull. civ. IV, n° 268 ; D. 1996. Somm. 212, obs. Pérochon.* ♦ V. aussi, pour la résiliation amiable d'un bail, • T. com. Paris, 30 juin 1995 : *Gaz. Pal. 1996. 2. somm. 541.*

En revanche, la résiliation d'un contrat de financement qui, conformément aux conditions contractuelles, intervient, en considération d'impayés, antérieurement à l'ouverture de la procédure de redressement judiciaire, pendant la période suspecte, demeure étrangère et n'entre pas dans les prévisions des art. 107 à 110 [C. com., art. L. 632-1 à L. 632-4]. • Versailles, 10 sept. 1998 : *Gaz. Pal. 1999. 2. Somm. 616.*

9 ter. Clause de réserve de propriété. La restitution au vendeur de marchandises impayées vendues sous clause de réserve de propriété ne peut s'analyser comme un procédé anormal de paiement soumis aux nullités de la période suspecte, en dépit de l'établissement d'un avoir pour régularisation comptable de l'opération. • Com. 16 déc. 2008 : *RJDA 2009, n° 375 ; Gaz. Pal. 26-28 avr. 2009, p. 30, obs. Roussel Galle ; Rev. proc. coll. 2009, n° 84, obs. Blanc.* ♦ V. aussi note 8.

9 quater. Portée de la nullité. La nullité prévue par l'art. 107 (4°) [C. com., art. L. 632-1] porte uniquement sur le paiement anormal et ne s'étend pas à la convention valablement conclue en vertu de laquelle le paiement est intervenu. • Versailles, 19 oct. 1995 : *RJDA 1996, n° 422.*

9 quinquies. Preuve. Tout recours à la notion d'usage professionnel est exclu lorsqu'il est prouvé que le mode anormal de paiement (en l'espèce, une dation en paiement) a été proposé par le débiteur. • Colmar, 26 mars 1997 : *Rev. proc. coll. 1998. 206, obs. Lemistre.*

V., jugeant que c'est par référence aux usages en vigueur dans le secteur professionnel du créancier qui a accepté le paiement qu'il convient de déterminer si le mode de paiement est ou non communément admis, • Grenoble, 30 oct. 2003 : *RD banc. fin. 2004, n° 135, obs. F.-X. Lucas.*

Sur la possibilité de s'appuyer sur des attestations de professionnels, V. • Paris, 3 juill. 1997 : *Rev. proc. coll. 1998. 206, obs. Lemistre.*

G. DÉPÔTS ET CONSIGNATIONS

10. Consignation. Doit être déclarée valable la consignation sur saisie-arrêt, effectuée avant la date de cessation des paiements, alors même que cet acte aurait été validé après cette date. • Dijon, 15 oct. 1987 : *Rev. proc. coll. 1988. 411, obs. Guyon.*

11. La consignation, en cours d'instruction pénale, d'une somme d'argent afin de garantir la réparation du dommage de la partie civile n'est pas visée par l'art. 107 (5°) [C. com., art. L. 632-1]. • Crim. 22 mai 1995 : *Rev. proc. coll. 1996. 114, obs. Dureuil.*

11 bis. En ce sens qu'une saisie-exécution ne peut être déclarée nulle sur le fondement de l'art. 107 (5°) [C. com., art. L. 632-1], V. • Com. 26 oct. 1999 : *RJDA 2000, n° 65.*

H. SÛRETÉS POUR DETTES ANTÉRIEURES

BIBL. Devèze, *Rev. proc. coll. 1992. 119* (gage, nantissement). – Canet, *Rev. proc. coll. 1995. 265* (voies d'exécution issues de la loi du 9 juill. 1991). – Martin-Serf, *Rev. proc. coll. 2000. 167.*

11 ter. Sûretés prises par un créancier. Une hypothèque judiciaire ne peut, par hypothèse, avoir été inscrite par le débiteur. Ainsi, en dépit de sa formulation, l'art. 107 [C. com., art. L. 621-107] qui, en son 6°, vise aussi « tout nantissement constitué sur les biens du débiteur pour dettes antérieurement contractées » concerne tant les actes faits par le créancier que ceux faits par le débiteur. • Paris, 11 juin 1999 : *RJDA 1999, n° 1361 ; Act. proc. coll. 1999, n° 204.* – V. aussi • Metz, 17 déc. 1998 : *JCP 2000. IV. 1135.* ♦ Solution confirmée par l'art. L. 632-1, dans sa réd. issue de L. n° 2005-845 du 26 juill. 2005.

12. Garantie de dettes antérieures. Une sûreté constituée en période suspecte, en garantie du solde débiteur d'un compte courant, n'est valable que si une dette concomitante ou postérieure à la constitution de la sûreté a pris naissance avant la clôture du compte. • Com. 2 mai 1990 : *Rev. proc. coll. 1991. 475, obs. Guyon.*

13. Bien que l'hypothèque ait été consentie durant la période suspecte, dès lors que le droit de créance de la banque à l'égard de la société qui a pris l'engagement de caution hypothécaire trouve son origine dans le cautionnement souscrit à la même date, la naissance de la créance est concomitante de la constitution de l'hypothèque, et celle-ci n'encourt donc pas la nullité en vertu de l'art. L. 621-107 [L. 632-1], 6°. • Paris, 6 juill. 2001 : *D. 2001. AJ 2832*.

13 bis. Substitution de garantie. Dès lors qu'aux termes de l'acte de « translation d'hypothèque », il n'y a pas eu constitution d'une sûreté nouvelle mais substitution au privilège du prêteur de deniers et à l'hypothèque inscrits sur l'immeuble vendu, d'une hypothèque sur l'immeuble acquis pour garantir le remboursement du solde du prêt, cette sûreté, qui n'est supérieure, ni dans sa nature, ni dans son étendue, aux sûretés auxquelles elle avait été substituée, a été valablement inscrite pendant la période suspecte. • Com. 20 janv. 1998 : *Bull. civ. IV, n° 28 ; D. 1998. IR 60 ; D. Affaires 1998. 254, obs. A. L. ; JCP E 1998, n° 17, p. 655, obs. Cabrillac ; Rev. dr. bancaire 1998. 73, obs. Campana et Calendini ; RTD com. 1998. 396, obs. Cabrillac ; ibid. 1999. 194, obs. Martin-Serf.* (V. l'arrêt confirmé • Dijon, 28 mars 1995 : *Rev. dr. bancaire 1995. 218, obs. Campana et Calendini ; Rev. proc. coll. 1997. 80, obs. Mestre et Laude*) • Paris, 23 oct. 1998 : *D. Affaires 1998. 1959.*

14. Droit de nantissement. L'art. 107, 6° [C. com., art. L. 632-1], vise toutes sûretés y compris « tout droit de nantissement », sans établir aucune distinction ; il s'applique donc à un nantissement judiciaire sur fonds de commerce. • Paris, 18 févr. 1992 : *D. 1992. IR 142.*

15. Cession de créances à titre de garantie. BIBL. Raynaud-Contamine, *Mélanges Jeantin, Dalloz, 1999, p. 443.* ♦ La cession de créance consentie dans les formes de la loi du 2 janv. 1981 transfère au cessionnaire la propriété de la créance cédée, même lorsqu'elle est effectuée en vue de garantir le paiement du solde d'un compte courant et sans stipulation d'un prix, de sorte qu'une telle cession n'est pas une constitution d'un droit de nantissement sur un bien du débiteur. • Com. 28 mai 1996 : *Bull. civ. IV, n° 151 ; D. 1996. Somm. 390, obs. S. Piedelièvre ; D. Affaires 1996 842 ; RTD com. 1996. 508, obs. Cabrillac ; RTD civ. 1996. 671, obs. Bandrac et Crocq ; Rev. dr. bancaire 1996. 207, obs. Campana et Calendini* (cassant • Paris, 15 juin 1993 : *D. 1993. IR 252*) • Bordeaux, 2 juill. 1992 : *Rev. proc. coll. 1994. 392, obs. Soinne.* – Comp. : • Paris, 29 mars 1996 : *Rev. dr. bancaire 1996. 207, obs. Campana et Calendini.*

15 bis. Date de constitution de la sûreté. Pour prononcer la nullité d'une hypothèque judiciaire, au regard de l'art. 107, 6° [C. com., art. L. 632-1], il y a lieu de rechercher si sa constitution sur les biens du débiteur, qui résulte non de son inscription mais du jugement de condamnation, est postérieure à la date de cessation des paiements. • Com. 25 oct. 1994 : *Bull. civ. IV, n° 314.* – V. aussi • Rennes, 13 mai 1994 : *JCP 1996. IV. 210* • Versailles, 6 juin 1996 : *Gaz. Pal. 1996. 2. Somm. 540* • Com. 1er juill. 1997 : *Bull. civ. IV, n° 212 ; JCP E 1998, n° 1-2, p. 31, obs. Cabrillac ; RTD com. 1999. 197, obs. Martin-Serf* • Paris, 8 avr. 1999 : *D. 1999. Somm. 302, obs. Piedelièvre*. ♦ Comp., pour une hypothèque de contrainte provisoire inscrite au Livre foncier selon le régime applicable en Alsace-Moselle : • Com. 21 janv. 2003 : *RD banc. fin. 2003, n° 124, obs. Delleci.* ♦ De même, pour un nantissement sur fonds de commerce, c'est à la date de constitution qu'il convient de se référer, et non à celle de son inscription. • Com. 22 nov. 1994 : *Rev. loyers 1995. 529, note Gallet.* ♦ Dans le même sens, pour une hypothèque conventionnelle, V. • Com. 18 févr. 2003 : *préc. note 9.* ♦ L'hypothèque constituée sur les biens du débiteur depuis la date de cessation des paiements pour une dette antérieurement contractée est nulle, peu important qu'une promesse d'hypothèque ait été consentie avant cette date. • Com. 12 nov. 1997 : *Bull. civ. IV, n° 287 ; D. 1998. Somm. 325, obs. Honorat ; D. 1998. Somm. 106, obs. Piedelièvre ; D. Affaires 1997. 1470 ; RTD com. 1999. 196, obs. Martin-Serf*. ♦ Doit être considérée comme une hypothèque régulièrement constituée avant la date de cessation des paiements, et non comme une simple promesse d'hypothèque, la convention conclue avant la date de cessation des paiements qui oblige le débiteur à ne pas consentir d'autre sûreté sur un immeuble et qui permet au créancier de faire inscrire l'hypothèque sans nouvelle manifestation de volonté du débiteur. • Chambéry, 28 mai 2002 : *BICC 2004, n° 975.*

Il résulte des dispositions de l'art. 2075 C. civ. que le gage qui porte sur des meubles incorporels ne confère de droit réel au créancier gagiste et n'est ainsi constitué au sens de l'art. 107 (6°) [C. com., art. L. 632-1] qu'autant que l'acte conclu entre les parties a été enregistré puis signifié au débiteur de la créance gagée, ou accepté par lui dans un acte authentique. • Com. 28 janv. 1997 : *Bull. civ. IV, n° 35 ; D. 1997. Somm. 214, obs. Honorat ; D. 1998. Somm. 140, obs. Jobard-Bachellier ; D. Affaires 1997. 372 ; JCP 1997. II. 22791, rapp. Rémery ; Quot. jur. 6 mars 1997, p. 5, note P. M.*

16. Hypothèque sur immeuble commun. La communauté répondant des dettes du mari, en vertu de l'art. 1413 C. civ., et, durant celle-ci, les droits de l'un ou l'autre des époux ne pouvant être individualisés sur tout ou partie des biens communs ou sur l'un d'entre eux, l'hypothèque grevant un immeuble commun, constituée depuis la date de cessation des paiements du mari pour sûreté d'une dette antérieurement contractée, est nulle pour le tout. • Com. 2 avr. 1996 : *Bull. civ. IV, n° 106 ; D. 1996. Somm. 340, obs. Honorat ; JCP E 1996. I. 584, n° 7, obs. Pétel.* ♦ Comp., limitant les effets de la nullité à la part de la sûreté garantissant la dette du seul époux en redressement judiciaire : • Paris, 16 mai 1990 : *Rev. proc. coll. 1991. 473, obs. Guyon.* ♦ V. aussi note 1 *nonies.*

16 bis. Hypothèque judiciaire inscrite par une association syndicale. Pour l'application de l'art. L. 621-107 [L. 632-1] C. com., V. • Com. 9 juill. 2002 : *Bull. civ. IV, n° 116 ; D. 2002. AJ 2471*.

16 ter. Purge des sûretés. La circonstance que l'acquéreur du fonds de commerce nanti ait, en application de l'art. 22 de la loi du 17 mars 1909 [C. com., art. L. 143-12], engagé la procédure de purge des privilèges et nantissement avant l'ouverture de la procédure collective ne s'oppose pas à l'exercice par le liquidateur de l'action en nullité de l'art. 107 (6°) [C. com., art. L. 632-1]. • Com. 20 nov. 2001 : *Rev. proc. coll. 2002. 279, obs. Blanc.*

17. Clause de réserve de propriété. BIBL. Bretzner, *Rev. proc. coll. 1991. 377.*

18. Prêt. Les dispositions de l'art. 107 (6°) [C. com., art. L. 632-1] ne s'appliquent pas à la demande en annulation d'un acte de prêt. • Com. 23 mai 2000 : *Rev. proc. coll. 2002. 279, obs. Blanc.*

18 bis. Fiducie. BIBL. J. Ferry, *Rev. dr. bancaire 1992. 182.*

18 ter. Publicité foncière. La demande en justice tendant à l'annulation d'une hypothèque inscrite durant la période suspecte doit, en vertu de l'art. 30 (5°) du Décr. n° 55-22 du 4 janv. 1955, à peine d'irrecevabilité, être publiée au bureau des hypothèques : • Com. 12 avr. 2005 : *D. 2005. AJ 1151, obs. Lienhard ; Act. proc. coll. 2005, n° 122, obs. Le Bars ; JCP E 2005, n° 36, p. 1425, obs. Cabrillac ; JCP 2005. II. 10147, note Le Bars ; Gaz. Pal. 6-7 juill. 2005, p. 21, obs. Le Corre ; RTD com. 2005. 848, obs. Martin-Serf* • Paris, 25 sept. 1998 : *D. 1999. Somm. 305, obs. Piedelièvre ; D. Affaires 1998. 1698, obs. A. L. ; RTD com. 2000. 182, obs. Martin-Serf*.

I. MESURES CONSERVATOIRES

BIBL. V. bibl. précédant note 11 *ter.*

18 quater. Signification de l'art. L. 632-1, I (7°). Sont nulles les mesures conservatoires dont l'acte de saisie est postérieur à la date de cessation des paiements. • Rouen, 7 févr. 1996 : *RJDA 1996, n° 834 ; Rev. proc. coll. 1996. 343, obs. Canet* • Versailles, 28 sept. 2000 : *RJDA 2001, n° 199.*

19. Saisie conservatoire. BIBL. Lefort, *Dr. et proc. 2003. 204 et 272* (saisie conservatoire pratiquée antérieurement au jugement d'ouverture). ♦ Pour la validité de la saisie conservatoire pratiquée en période suspecte et convertie en saisie-attribution avant le jugement d'ouverture, V. • Com. 10 déc. 2002 : *Bull. civ. IV, n° 191 ; D. 2003. AJ 68, obs. Lienhard ; ibid. Somm. 1473, obs. Taormina ; JCP E 2003, n° 20, p. 852, obs. Cabrillac ; Act. proc. coll. 2003, n° 20, obs. Regnaut-Moutier ; Procédures 2003, n° 41, note Laporte ; RD banc. fin. 2003, n° 40, obs. Delleci ; Gaz. Pal. 2003. Somm. 3247, obs. Brenner* • 29 avr. 2003 : *Bull. civ. IV, n° 63 ; D. 2003. AJ 1364, obs. Lienhard ; RD banc. fin. 2003, n° 158, obs. Delleci ; LPA 6 oct. 2003, p. 15, note Kéita.* ♦ *Contra,* auparavant : • Com. 12 oct. 1999 : *Bull. civ. IV, n° 166 ; D. 1999. AJ 45, obs. A. L. ; Act. proc. coll. 1999, n° 243, obs. Regnaut-Moutier ; JCP E 2000, n° 4, p. 129, obs. Cabrillac ;*

Procédures 2000, n° 3, obs. Perrot ; ibid., n° 14, obs. Laporte ; LPA 8 févr. 2000, p. 20, note Courtier ; RD banc. fin. 2000, n° 76, obs. Delleci ; RTD com. 2000. 459, obs. Martin-Serf . ♦ V. note 35 ss. art. L. 622-21.

20. Saisie-attribution et avis à tiers détenteur. L'avis à tiers détenteur, qui emporte attribution immédiate de la créance saisie disponible entre les mains du tiers au comptable public qui l'a émis, est une mesure d'exécution forcée, qui ne peut être assimilée à une mesure conservatoire visée par l'art. 107 (7°) [C. com., art. L. 632-1], • Com. 16 juin 1998 : *Bull. civ. IV, n° 200 ; D. 1998. IR 214 ; D. Affaires 1998. 1272, obs. A. L. ; JCP E 1998, n° 52, p. 2065, obs. Cabrillac ; RTD com. 1999. 199, obs. Martin-Serf* (cassant • Rouen, 23 mars 1996 : *LPA 31 oct. 1997, p. 19, note Soinne*) • TGI Clermont-Ferrand, 27 janv. 1994 : *Rev. huiss. 1994. 653 ; Rev. proc. coll. 1995. 449, obs. Lemistre* • TGI Dijon, 1er févr. 1994 : *ibid.* • TGI Lyon, 2 avr. 1996 : *D. 1997. 43, note Prévault* . ♦ V. aussi art. L. 632-2, al. 2, et note 6 ss. cet art.

20 bis. Saisie-revendication. Sur la compétence pour annuler une saisie-revendication, V. note 2 ss. art. R. 662-3.

20 ter. Déclaration d'insaisissabilité. La déclaration d'insaisissabilité prévue par l'art. L. 526-1 C. com. ne constitue pas une mesure conservatoire au sens de l'art. L. 632-1 ci-dessus. • Nancy, 23 mars 2011 : *JCP E 2011. 1368, note Lebel.* ♦ La loi ne l'interdit pas que cet acte soit passé pendant la période suspecte. • Même arrêt.

J. ORDRE PUBLIC INTERNATIONAL

21. V. note 23 ss. art. L. 620-2.

Art. L. 632-2 **Les paiements pour dettes échues effectués** *(Ord. n° 2008-1345 du 18 déc. 2008, art. 89)* **« à compter de » la date de cessation des paiements et les actes à titre onéreux accomplis** *(Ord. n° 2008-1345 du 18 déc. 2008, art. 89)* **« à compter de » cette même date peuvent être annulés si ceux qui ont traité avec le débiteur ont eu connaissance de la cessation des paiements.** – *[C. com., ancien art. L. 621-108.]*

(L. n° 2005-845 du 26 juill. 2005, art. 95) **« Tout avis à tiers détenteur, toute saisie attribution ou toute opposition peut également être annulé lorsqu'il a été délivré ou pratiqué par un créancier** *(Ord. n° 2008-1345 du 18 déc. 2008, art. 89)* **« à compter de » la date de cessation des paiements et en connaissance de celle-ci. »**

Pour l'inapplicabilité de l'art. L. 632-2 : aux contrats conclus par ou avec une société de crédit foncier et aux actes juridiques accomplis par une société de crédit foncier ou à son profit dès lors qu'ils entrent dans son objet, V. C. mon. fin., art. L. 515-25 ; ... Aux contrats conclus par une société de financement de l'habitat et aux actes juridiques accomplis par une société de financement de l'habitat ou à son profit dès lors qu'ils entrent dans son objet, V. C. mon. fin., art. L. 515-37. – ***C. mon. fin.***

BIBL. ▶ LAUVERGNAT, *Dr. et proc. 2007. 254* (art. L. 632-2, al. 2). – BRANDEAU, *LPA 15 mai 2008* (avis à tiers détenteur délivré après la cessation des paiements). – V. aussi ss. art. L. 632-1.

1. Nécessité d'un préjudice ? Pour prononcer la nullité prévue à l'art. 108 [C. com., art. L. 632-2], les juges du fond ne sont pas tenus de constater l'existence d'un préjudice subi par le débiteur ou par ses créanciers. • Com. 16 févr. 1993 : *Bull. civ. IV, n° 62 ; D. 1993. IR 77 ; JCP E 1993. I. 273, n° 9, obs. Cabrillac et Pétel* • 5 avr. 1994 : *Bull. civ. IV, n° 143 ; D. 1994. IR 117* • 17 janv. 1995 : *Rev. huiss. 1995. 486* • 24 oct. 1995 : *Bull. civ. IV, n° 250 ; D. 1996. 86, note Derrida ; D. Affaires 1995. 200 ; RJ com. 1996. 204, note D. Martin* • 9 janv. 1996 : *Bull. civ. IV, n° 10 ; D. 1996. IR 42 ; D. Affaires 1996. 272* • 29 mai 2001 : *RJDA 2001, n° 1002 ; Dr. sociétés 2001, n° 161, note Legros ; RD banc. fin. 2001, n° 237, obs. F.-X. Lucas* • Versailles, 30 sept. 1993 : *Dr. sociétés 1994, n° 29, obs. Chaput.*

1 bis. Actes visés. La nullité prévue par l'art. 108 [C. com., art. L. 632-2] ne peut atteindre que des actes accomplis au cours de la période suspecte et non ceux que le débiteur a passés après le jugement d'ouverture. • Com. 19 janv. 1999 : *RJDA 1999, n° 316.*

En revanche, l'art. 108 [C. com., art. L. 632-2] envisage de façon générale l'annulation de tout acte à titre onéreux, dès lors qu'il intervient au cours de la période suspecte, quels que soient la nature juridique de l'acte, le procédé technique utilisé et, le cas échéant, l'automatisme des opérations concernées. • T. com. Paris, 26 mai 1998 : *Gaz. Pal. 1999. 2. Somm. 612.*

Les paiements effectués par le débiteur après la date de cessation des paiements au titre des cotisations sociales incluant celles précomptées sur les salaires peuvent être annulés ou rapportés, dès lors qu'il est établi que le créancier avait connaissance de l'état de cessation des paiements. • Com. 21 juin 2005 : *Bull. civ. IV, n° 131 ; D. 2005. AJ 1850, obs. Lienhard ; Act. proc. coll. 2005, n° 154, obs. Vallansan ; Gaz. Pal. 4-5 nov. 2005, p. 37, obs. Roussel Galle ; RTD com. 2005. 847, obs. Martin-Serf.*

2. Paiements et actes à titre onéreux prohibés. BIBL. Martin-Serf, *Rev. proc. coll. 2000. 167* (cession Dailly). ♦ Il résulte de la combinaison des art. 108 et 109 [C. com., art. L. 632-2 et L. 632-3] que le paiement par chèque échappe à l'action en nullité de l'art. 108 [C. com., art. L. 632-2] et se trouve soumis à l'action en rapport. • Com. 14 mars 2000 : *Bull. civ. IV, n° 58 ; D. 2000. AJ 186, obs. Lienhard ; Act. proc. coll. 2000, n° 93, obs. Regnaut-Moutier ; Rev. proc. coll. 2002. 282, obs. Blanc.* ♦ V. note 1 *quater* ss. art. L. 632-3.

2 bis. Le paiement d'un compte courant d'associé, lorsqu'il constitue un paiement de dette échue, n'est soumis à nullité de la période suspecte que si l'associé avait conscience de la situation réelle de la société, de sa cessation des paiements. • Metz, 4 avr. 1991 : *Dr. sociétés 1992, n° 80, obs. Chaput.* ♦ Ainsi, doit être annulé le remboursement par la société anonyme du compte courant d'associés présentant un solde créditeur au profit des actionnaires, dès lors qu'il est intervenu au cours de la période suspecte et que la connaissance de l'état de cessation des paiements par les intéressés résulte suffisamment de leur qualité soit de dirigeants sociaux, soit d'actionnaires ayant des liens de parenté avec les premiers. • Versailles, 30 sept. 1993 : *préc. note 1.* – V. aussi • Com. 29 mai 2001 : *préc. note 1* • Rennes, 17 nov. 1993 : *RJ com. 1994. 242, note Grua ; Rev. proc. 1995. 450, obs. Lemistre,* conf. par • Com. 24 oct. 1995 : *préc. note 1* • Versailles, 24 mars 1994 : *Rev. proc. coll. 1995. 450, obs. Lemistre* (banquier acceptant les remises, mais rejetant les chèques tirés sur le compte) • Paris, 17 mai 1994 : *D. 1994. IR 179 ; Bull. Joly 1994. 849 ; Dr. sociétés 1995, n° 54, obs. Chaput* (compensation par le président du conseil d'administration entre sa quote-part de capital non libérée et son avance en compte courant). ♦ V. aussi note 10.

2 ter. Les conventions de cession de créances professionnelles ou de remise à l'escompte d'effets de commerce ne peuvent tomber sous le coup d'une nullité facultative que si elles ont été conclues après la date de cessation des paiements. • Com. 19 janv. 1999 : *Act. proc. coll. 1999, n° 71 ; Dr. sociétés 1999, n° 52, obs. Chaput.*

3. L'avantage consenti au créancier par la L. n° 81-1 du 2 janv. 1981 [désormais codifiée au C. mon. fin.] ne saurait lui être retiré même en cas d'ouverture d'une procédure collective à l'encontre de son débiteur, sans que soit rapportée la preuve de la connaissance qu'il avait de la situation irrémédiablement obérée de ce dernier ou à tout le moins de la fraude résultant de l'opération envers ledit débiteur ou les autres créanciers ; la cession litigieuse ne constituant pas une opération isolée, mais s'inscrivant dans le cadre d'une « convention de cession de créances en garantie de concours » conclue antérieurement à la date de cessation des paiements, il n'y a pas lieu d'annuler les cessions de créances au profit de la banque. • Rennes, 16 sept. 1992 : *D. 1994. Somm. 82, obs. Honorat.* – Dans le même sens : • Com. 20 févr. 1996 : *Bull. civ. IV, n° 56 ; D. 1996. Somm. 283, obs. Honorat ; Banque mai 1996. 97, obs. Guillot ; RTD com. 1996. 309, obs. Cabrillac* • Paris, 18 juin 2002 : *BICC 2004, n° 976.* – V. Raynaud-Contamine, *Mélanges Jeantin, Dalloz, 1999, p. 443.* – Comp. : • T. com. Paris, 13 nov. 2001 : *RD banc. fin. 2002, n° 184, obs. Cerles.*

4. L'art. 108 [C. com., art. L. 632-2] est inapplicable à des opérations de crédit, notamment résultant de cessions de créances, faites au cours du fonctionnement d'un compte courant lesquelles ne peuvent s'analyser comme des paiements, de telles cessions de créances n'étant effectivement consenties qu'en vue de garantir le paiement du solde débiteur qui, lors de la clôture, constitue, s'il est négatif, la créance exigée de la banque, les différents articles d'un compte courant étant indivisibles. • Paris, 15 juin 1993 : *D. 1993. IR 252*, conf. par • Com. 28 mai 1996 : *cité note 15 ss. art. L. 632-1.* – V. aussi : • Com. 20 janv. 1998 : *Banque mars 1998. 89, obs. Guillot ; Rev. dr. bancaire 1998. 73, obs. Campana et Calendini ; RJDA 1998, n° 626* • 26 juin 2001 : *Act. proc. coll. 2001, n° 216, obs. Bonhomme* • Paris, 24 févr. 1998 : *D. 1998. IR 89* • 25 févr. 2000 : *D. 2000. AJ 226.* ♦ Comp. : note 7.

5. Les remises d'effets ou de chèques émis par des tiers, effectuées par le débiteur sur son compte courant après la date de cessation des paiements, peuvent être annulées en application de l'art. L. 621-108 [L. 632-2] C. com. • Com. 25 févr. 2004 : *Rev. proc. coll. 2004. 387, obs. Blanc.* ♦ En revanche, l'annulation d'un prélèvement et le rejet d'un chèque ne constituent pas des paiements pour dettes échues ou des actes à titre onéreux au sens de l'art. L. 621-108 [L. 632-2] C. com. • Com. 2 oct. 2007 : *Bull. civ. IV, n° 210 ; D. 2007. AJ 2611 ; JCP E 2008. 1207, n° 9, obs. Cabrillac ; Gaz. Pal. 23-24 janv. 2008, p. 51, obs. Roussel Galle ; RTD com. 2008. 184, obs. Martin-Serf ; Rev.*

proc. coll. 2008, n° 71, obs. Blanc.

Le nantissement qui aurait permis à la banque, lors de sa réalisation, de demander l'attribution judiciaire du matériel gagé n'autorise pas celle-ci à tirer profit de la remise en compte courant du prix de vente de ce matériel ayant pour effet de réduire le montant du solde débiteur du compte et de rompre ainsi l'égalité des créanciers soumis à la procédure collective. • Com. 19 janv. 1999 : *RJDA 1999, n° 810.*

5 bis. Constitue un paiement anormal la reprise d'un stock de marchandises au cours de la période suspecte, avec émission d'avoirs correspondant à la valeur des marchandises reprises et inscription de cette opération au crédit du compte courant du débiteur. • Nîmes, 26 févr. 2004 : *RD banc. fin. 2004, n° 210, obs. F.-X. Lucas.*

5 ter. Sur l'exclusion, du champ d'application de l'art. 108 [C. com., art. L. 632-2], des paiements effectués par une personne autre que le débiteur, V. • Com. 20 mai 1997 : *RJDA 1997, n° 1274 ; Rev. proc. coll. 1998. 88, obs. Canet* • 1er avr. 2008 : *RTD com. 2008. 869, obs. Martin-Serf* . ♦ De même, le paiement effectué par le séquestre étant un paiement de sommes qui n'appartenaient plus au vendeur dès la constitution du séquestre, les conditions d'application de l'art. 108 [C. com., art. L. 632-2] ne peuvent être réunies, ce texte n'intéressant que les paiements effectués à partir du patrimoine du débiteur. • Paris, 25 nov. 1997 : *RJ com. 1999. 23, note Convert.*

5 quater. L'acte de partage de la communauté auquel ont procédé des ex-époux à la suite de leur divorce pour faute constitue un acte à titre onéreux. • Civ. 1re, 3 juin 2003 : *cité note 2 ss. art. L. 632-1.*

5 quinquies. Saisie-attribution et avis à tiers détenteur (jurisprudence issue de L. 26 juill. 2005). Pour des exemples d'application de l'art. L. 632-2, al. 2, V. • Toulouse, 10 mai 2007 : *JCP E 2008. 1643, note Lebel ; Rev. proc. coll. 2008, n° 72, obs. Blanc* • Paris, 29 mai 2007 : *Rev. proc. coll. 2008, n° 72, obs. Blanc.*

5 sexies. Après avoir constaté que les conditions pour prononcer la nullité [d'un avis à tiers détenteur délivré en période suspecte] sont réunies, le juge, saisi d'une action en nullité fondée sur l'art. L. 632-2 C. com., dans sa rédaction issue de la loi du 26 juill. 2005, jouit de la faculté de prononcer ou non cette mesure. • Com. 12 janv. 2010 : *Bull. civ. IV, n° 5 ; D. 2010. Pan. 1820, obs. F.-X. Lucas ; ibid. AJ 204, obs. Lienhard ; RTD com. 2010. 426, obs. Martin-Serf ; JCP E 2010. 1296, n° 7, obs. Cabrillac ; Act. proc. coll. 2010, n° 61, obs. Cagnoli ; RJDA 2010, n° 270 ; LEDEN mars 2010, p. 3, obs. Rubellin ; Dr. et proc. 2010. 129, note Lauvergnat ; RD banc. fin. 2010, n° 67, obs. S. Piedelièvre ; Gaz. Pal. 16-17 avr. 2010, p. 32, obs. Roussel Galle ; RTD civ. 2010. 102, obs. Fages ; ibid. 376, obs. Perrot ; Defrénois 2010. 1478, obs. Gibirila ; RJ com. 2010. 301, note Sortais ; Rev. proc. coll. 2010, n° 232, obs. Blanc.* – V. Rapp. Delmotte, *RJDA 2010. 215.*

V. aussi note 12.

6. Saisie-attribution et avis à tiers détenteur (jurisprudence antérieure à L. 26 juill. 2005). BIBL. Martin-Serf, *Rev. proc. coll. 2000. 167* (avis à tiers détenteur). ♦ V. notes 33 s. ss. art. L. 622-21. ♦ Avant la loi du 26 juill. 2005, les mesures d'exécution forcée n'entraient pas dans le champ d'application de l'art. 108. • Com. 16 juin 1998 : *Bull. civ. IV, n° 200 ; D. 1998. IR 216 ; D. Affaires 1998. 1272, obs. A. L. ; JCP E 1998, n° 52, p. 2065, obs. Cabrillac* (pour un avis à tiers détenteur) • 26 oct. 1999 : *RJDA 2000, n° 65* (pour une saisie-exécution). ♦ L'art. 108, devenu l'art. L. 621-108 C. com., n'était pas applicable à la saisie-attribution, qui constitue une mesure d'exécution forcée et non un paiement volontaire. • Com. 29 avr. 2003 : *cité note 19 ss. art. L. 632-1.*

En revanche, étaient privées de fondement les saisies-attributions pratiquées en exécution d'une reconnaissance de dette tombant sous le coup de l'art. L. 621-103 C. com. • Com. 1er oct. 2002 : *Bull. civ. IV, n° 134 ; D. 2002. AJ 2869, obs. Lienhard ; Act. proc. coll. 2002, n° 238, obs. Boulay ; JCP E 2003, n° 6, p. 268, obs. Cabrillac ; Dr. et proc. 2003. 108, note Delattre ; RD banc. fin. 2003, n° 82, obs. F.-X. Lucas.*

Comp., désormais : art. L. 632-2, al. 2, dans sa réd. issue de L. n° 2005-845 du 26 juill. 2005.

7. Connaissance de la cessation des paiements. Les juges du fond disposent d'un pouvoir souverain d'appréciation des preuves qui leur sont soumises pour admettre, ou non, que le créancier connaissait l'état de cessation des paiements. • Com. 2 févr. 1999 : *D. 1999. IR 77 ; D. Affaires 1999. 379, obs. A. L. ; Act. proc. coll. 1999, n° 60, obs. Vallansan.* ♦ Avait connaissance de la cessation des paiements la banque dont le créancier cédé par bordereau était le client, qui avait conclu avec cette banque une convention de compte courant ; la banque, qui avait des relations d'affaires permanentes et suivies avec son client, ne pouvait ignorer sa situation financière. • Paris, 26 mai 1994 : *D. 1994. IR 207 ; Rev. proc. coll. 1995. 450, obs. Lemistre.* ♦ En revanche, le rejet de chèques et la notification d'une interdiction d'émettre des chèques ne caractérisent pas la connaissance de l'état de cessation des paiements. • Besançon, 10 avr. 1998 : *Act. proc. coll. 1998, n° 98.* ♦ V. aussi, sur l'insuffisance d'éléments tels que la connaissance de l'existence d'une saisie-arrêt, et les mises en demeure déjà adressées par le créancier au débiteur, • Com. 31 mars 1998 : *RJDA 1998, n° 1015.*

7 bis. Le remboursement anticipé du solde du crédit-vendeur consenti à un courtier en assurances, lors de la cession d'un fonds de commerce de courtage d'assurances, par compensation avec le prix de rachat d'un autre portefeuille de courtage dû par le vendeur du fonds de commerce ressort de la nullité facultative de l'art. L. 621-108 [L. 632-2] C. com. dans la mesure où l'acheteur du portefeuille a eu connaissance au moment du paiement des difficultés importantes de son contractant, qui n'était pas en mesure de s'acquitter des primes encaissées pour lui, et de la défection de la banque du courtier. • Besançon, 19 nov. 2002 : *JCP 2003. IV. 2131.*

8. Le créancier qui assigne son débiteur en redressement judiciaire a connaissance de l'état de cessation des paiements de ce dernier dans la mesure où la demande d'ouverture du redressement judiciaire est, aux termes de l'art. 7 du Décr. du 27 déc. 1985 [C. com., art. R. 631-2], exclusive de toute autre demande et où elle implique nécessairement que le créancier connaît la cessation des paiements de son débiteur, laquelle est la condition d'ouverture de la procédure. • Paris, 13 sept. 1994 : *RJDA 1994, n° 1370 ; D. 1994. IR 237.* ♦ Pour l'application de cette règle à l'URSSAF, ayant accepté un chèque en paiement de cotisations échues, V. • Versailles, 6 mars 1997 : *JCP E 1997. Pan. 435 ; Gaz. Pal. 1997. 2. Somm. 352.*

9. Mais la preuve de la connaissance de la cessation des paiements ne résulte pas de la seule proximité de la date de l'opération critiquée et de celle du jugement d'ouverture. • Com. 25 oct. 1994 : *Rev. proc. coll. 1995. 449, obs. Lemistre.*

9 bis. Le créancier qui consent le moratoire crée les conditions de l'absence de cessation de paiements, de sorte que les règlements qu'il reçoit en exécution de la convention ne peuvent être annulés. • Aix-en-Provence, 25 janv. 1996 : *Rev. proc. coll. 1998. 208, obs. Lemistre.* ♦ Cependant, si, malgré le moratoire, les retards de paiements continuent à s'accumuler envers le même créancier, celui-ci s'expose à ce que tous les paiements qu'il reçoit soient immanquablement annulés. • Paris, 24 janv. 1997 : *Rev. proc. coll. 1998. 208, obs. Lemistre.*

10. Pour une opération de compensation entre la fraction non libérée du capital social due par le dirigeant d'une SA en liquidation judiciaire et sa créance de rémunération, V. • Com. 28 mai 1996 : *Bull. civ. IV, n° 152 ; Defrénois 1997. 470, obs. Le Cannu ; Bull. Joly 1996. 948, note Calendini* (V. l'arrêt cassé : • Paris, 29 oct. 1993 : *Bull. Joly 1994. 91, note Couret ; Rev. sociétés 1994. 110, obs. Guyon ; JCP E 1994. II. 588, note Le Nabasque*) • Rennes, 11 janv. 1995 : *Rev. proc. coll. 1997. 79, obs. Mestre et Laude.*

11. La connaissance par le créancier de la cessation des paiements de son débiteur doit s'apprécier, non au jour des reconnaissances de dettes signées par le débiteur, mais au jour des paiements effectués par celui-ci. • Com. 17 juill. 2001 : *Rev. proc. coll. 2002. 280, obs. Blanc.*

12. Il appartient au commissaire à l'exécution du plan qui, sur le fondement de l'art. L. 632-2, al. 2, C. com., demande la nullité de la saisie-attribution pratiquée sur les biens du débiteur au cours de la période suspecte, d'établir la preuve de la connaissance, par le créancier saisissant, de la cessation des paiements du débiteur. • Bordeaux, 30 juin 2008 : *Act. proc. coll. 2008, n° 233.* – V. aussi • Paris, 13 déc. 2007 : *D. 2008. AJ 221, obs. Lienhard.*

13. Mauvaise foi. L'art. 108, devenu l'art. L. 621-108 [L. 632-2] C. com., n'exige pas la preuve de la mauvaise foi de ceux qui ont traité avec le débiteur, mais seulement la connaissance de la cessation des paiements. • Com. 29 mai 2001 : *préc. note 1.*

Art. L. 632-3 **Les dispositions des articles L. 632-1 et L. 632-2 ne portent pas atteinte à la validité du paiement d'une lettre de change, d'un billet à ordre ou d'un chèque.**

Toutefois, l'administrateur ou le mandataire judiciaire peut exercer une action en rapport contre le tireur de la lettre de change ou, dans le cas de tirage pour compte, contre le donneur d'ordre, ainsi que contre le bénéficiaire d'un chèque et le premier endosseur d'un billet à ordre, s'il est établi qu'ils avaient connaissance de la cessation des paiements. – *[C. com., ancien art. L. 621-109.]*

BIBL. ▶ Sortais, *Mélanges Tricot, Dalloz-Litec, 2011, p. 593* (l'action en rapport et le chèque).

1. Il résulte de l'art. 109, al. 1er [C. com., art. L. 632-3], que le paiement des billets à ordre émis par le débiteur soumis à une procédure collective ne peut être attaqué par la voie de l'action ou de l'exception en nullité de la période suspecte. • Com. 25 nov. 1997 : *Bull. civ. IV,* *n° 306 ; D. 1998. IR 22 ; D. Affaires 1998. 115, obs. V. A.-R.*

1 bis. Il résulte de l'art. L. 621-109 [L. 632-3], al. 1er, C. com. que les dispositions des art. L. 621-107 et L. 621-108 [L. 632-1 et L. 632-2] ne portent pas atteinte à la validité du paiement d'une lettre de change, peu important que celle-ci n'ait pas circulé. • Com. 28 janv. 2004 : *Bull. civ. IV, n° 17 ; D. 2004. AJ 501, obs. Lienhard ; JCP E 2004, n° 24, p. 962, note S. Piedelièvre ; Act. proc. coll. 2004, n° 89, obs. Boulay ; Defrénois 2004. 1651, obs. Gibirila ; RTD com. 2005. 147, obs. Martin-Serf .*

1 ter. La souscription d'effets (billets à ordre) demeurés impayés n'est pas susceptible d'être attaquée sur le fondement de l'art. 109, al. 2 [C. com., art. L. 632-3]. • Com. 17 déc. 1996 : *D. 1997. IR 31 ; D. Affaires 1997. 252.*

1 quater. Il résulte des dispositions des art. L. 632-1, I, al. 1er, et L. 632-3, al. 2, C. com. que le paiement par chèque de banque intervenu depuis la date de cessation des paiements est soumis à l'action en rapport, dès lors que le débiteur a fourni la contrepartie à l'établissement de crédit émetteur du chèque. • Com. 3 juill. 2012 : *Bull. civ. IV, n° 145 ; D. 2012. Chron. C. cass. 2552, obs. Guillou ; ibid. Actu. 1813, obs. Lienhard ; RTD com. 2012. 595, obs. Legeais ; ibid. 2013. 146, obs. Martin-Serf ; JCP E 2012. 1757, n° 11, obs. Pétel ; Dict. perm. diff. entrep., Bull. n° 339, obs. Rémery ; Act. proc. coll. 2012, n° 202, obs. S. Piedelièvre ; Bull. Joly Entrep. diff. 2012. 300, note Bonhomme ; RJDA 2012, n° 881 ; LEDEN oct. 2012, p. 3, obs. Rubellin ; Gaz. Pal. 12-13 oct. 2012, p. 33, obs. Bonhomme ; RLDA oct. 2012. 18, obs. Dumont-Lefrand ; RD banc. fin. 2013, n° 1, obs. Crédot et Samin ; Rev. proc. coll. 2013, n° 17, obs. Blanc.* – V. Zinty, *Rev. proc. coll. 2012. Étude 43.*

1 quinquies. Pour un arrêt considérant que c'est à la date de l'émission du billet à ordre que doit s'apprécier la connaissance par la banque bénéficiaire de l'état de cessation des paiements, V. • Com. 5 mai 2004 : *Rev. proc. coll. 2004. 388, obs. Blanc.*

1 sexies. Le commissaire à l'exécution du plan a qualité pour engager l'action en rapport prévue par l'art. L. 621-109 [L. 632-3]. • Com. 23 nov. 2004 : *cité note 2 ss. art. L. 626-24 ; D. 2005. Pan. 296, obs. Le Corre .*

2. Sur la compensation opposée par le tiré en cas de redressement judiciaire du tireur, V. note 13 ss. art. L. 622-7.

3. En cas de redressement judiciaire du tiré, V. note 9 ss. ancien art. L. 621-43, ss. art. L. 622-24.

Art. L. 632-4 *(L. n° 2005-845 du 26 juill. 2005, art. 96)* **« L'action en nullité est exercée par l'administrateur, le mandataire judiciaire, le commissaire à l'exécution du plan** *(Abrogé par Ord. n° 2008-1345 du 18 déc. 2008, art. 89)* **«** ***, le liquidateur*** **» ou le ministère public. » Elle a pour effet de reconstituer l'actif du débiteur.** – *[C. com., ancien art. L. 621-110.]*

1. Délai pour agir. Il ne peut être soutenu que l'action en nullité d'un droit de nantissement constitué sur les biens du débiteur pour dettes antérieurement contractées, qui a pour effet de reconstituer l'actif du débiteur, n'est enfermée dans aucun délai, a un caractère autonome et est susceptible d'être exercée tant antérieurement que postérieurement au dépôt de l'état des créances et de remettre en cause des décisions préalablement arrêtées par le juge-commissaire quant à l'admission des créances, alors que l'autorité de la chose jugée attachée à la décision d'admission de la créance par le juge-commissaire, dont le caractère irrévocable n'est pas contesté, est générale et peut être invoquée même en cas de report de la date de cessation des paiements. • Com. 12 nov. 1991 : *Bull. civ. IV, n° 342 ; D. 1992. Somm. 183, obs. Honorat* (V. l'arrêt cassé : • Douai, 8 juin 1989 : *D. 1989. Somm. 371, obs. crit. Honorat*). – Dans le même sens : • Com. 13 oct. 1998 : *Act. proc. coll. 1998, n° 112.* ♦ Comp., jugeant que l'action en nullité prévue par l'art. 107 [C. com., art. L. 632-1] n'est soumise à aucun délai de rigueur : • Paris, 18 févr. 1992 : *D. 1992. IR 142.*

Si l'admission d'une créance d'une banque rend irrecevable, comme contraire à l'autorité de la chose jugée, toute contestation du solde débiteur d'un compte courant, rien ne s'oppose, en revanche, à ce que des remises opérées de façon anormale par le débiteur pendant la période suspecte soient annulées par application de l'art. 108 [C. com., art. L. 632-2], la décision d'admission n'ayant pas pour effet de réputer réguliers les paiements qui, effectués en période suspecte, auraient diminué le solde débiteur à une date où la banque avait connaissance de la cessation des paiements. • Com. 24 oct. 1995 : *Bull. civ. IV, n° 250 ; D. 1996. 85, note crit. Derrida ; D. Affaires 1995. 200 ; RTD com. 1996. 344, obs. Martin-Serf* • 9 juil. 1996 : *D. 1996. IR 185 ; D. Affaires 1995. 1170 ; Rev. proc. coll. 1998. 208, obs. Lemistre.* – Dans le même sens, V. • Com. 18 févr. 2003 : *Act. proc. coll. 2003, n° 142, obs. Boulay ; RD banc. fin. 2003, n° 117, obs. F.-X. Lucas ; Rev. proc. coll. 2004. 69, obs. Blanc.*

La décision de rejet de la créance ne rend pas

irrecevable, comme contraire à l'autorité de la chose jugée, l'action en nullité de la cession des créances professionnelles faite par le débiteur au cours de la période suspecte. • Com. 8 juin 1999 : *Bull. civ. IV, n° 123 ; D. 1999. Somm. 352, obs. Honorat ; D. Affaires 1999. 1117, obs. V. A.-R. ; LPA 8 juill. 1999, p. 9, note P. M. ; RTD com. 2000. 183, obs. Martin-Serf ; Rev. proc. coll. 2002. 274, obs. Blanc.* ♦ De même, l'admission d'un créancier pour la partie impayée de sa créance ne met pas obstacle à l'action en nullité des paiements partiels reçus en période suspecte. • Com. 7 déc. 1999 : *Bull. civ. IV, n° 221 ; D. 2000. AJ 32, obs. A. L. ; JCP E 2000, n°s 18-19, p. 751, obs. Cabrillac ; LPA 3 juill. 2000, p. 24, note Courtier ; RTD com. 2000. 1016, obs. Martin-Serf* • 25 févr. 2004 : *Rev. proc. coll. 2004. 384, obs. Blanc.*

Les actions en nullité des actes visés par les art. L. 621-107 et L. 621-108 [L. 632-1 et L. 632-2] C. com. ne relèvent pas de la prescription décennale [quinquennale, depuis la loi du 17 juin 2008] édictée par l'art. L. 110-4 C. com. • Com. 30 mars 2010 : *D. 2010. Actu. 1017, obs. Lienhard ; RTD com. 2010. 433, obs. Vallens ; ibid. 614, obs. Martin-Serf ; LEDEN juin 2010, p. 6, obs. Camensuli-Feuillard ; Gaz. Pal. 2-3 juill. 2010, p. 31, obs. Roussel Galle ; Rev. proc. coll. 2010, n° 225, obs. Blanc.* ♦ Elles ne sont pas non plus soumises au délai quinquennal de l'art. 1304 C. civ., applicable aux seules conventions. • Paris, 20 déc. 2007 : *JCP 2008. IV. 1230 ; LPA 9 avr. 2008, note Sortais ; RJDA 2008, n° 557.* ♦ L'action en nullité prévue à l'art. L. 621-107 C. com. dans sa rédaction antérieure à la loi du 26 juill. 2005 peut être exercée par ses titulaires, notamment le liquidateur judiciaire, aussi longtemps que ces derniers restent en fonction. • Com. 21 sept. 2010 : *Bull. civ. IV, n° 140 ; D. 2010. Actu. 2221, obs. Lienhard ; RTD com. 2010. 797, obs. Vallens ; ibid. 2011. 419, obs. Martin-Serf ; Rev. sociétés 2011. 311, note Boillot ; JCP E 2010. 1946, note Reifegerste ; ibid. 2011. 1030, n° 8, obs. Cabrillac ; LEDEN nov. 2010, p. 2, obs. Rubellin ; Act. proc. coll. 2010, n° 261, obs. Reille ; LPA 20 déc. 2010, obs. Zattara-Gros ; Gaz. Pal. 7-8 janv. 2011, p. 37, obs. Roussel Galle ; RJDA 2011, n° 190 ; Bull. Joly Entrep. diff. 2011. 136, note Delattre.* ♦ Solution transposable sous le régime issu de la loi du 26 juill. 2005.

Il résulte des art. 3 et 2221 C. civ. que, en droit international privé commun, l'action qu'exercent les organes d'une procédure collective en annulation, révocation ou inopposabilité d'actes passés par le débiteur avant l'ouverture de celle-ci et estimés préjudiciables aux créanciers est, en raison de son lien avec la procédure, soumise au droit applicable à celle-ci, y compris en ce qui concerne les délais pour agir. • Com. 2 oct. 2012 : *Bull. civ. IV, n° 175 ; D. 2013. 62, note Jault-Seseke et Robine (1re esp.) ; D. 2012. Actu. 2386, obs. Lienhard ; RTD com. 2013. 149, obs. Martin-Serf ; JCP E 2012. 1757, n° 12, obs. Pétel ; ibid. 2013. 1049, note Mélin ; Act. proc. coll. 2012, n° 274, obs. V. Legrand ; Dict. perm. diff. entrep., Bull. n° 341, obs. Rémery ; RJDA 2012, n° 1121 ; Rev. proc. coll. 2012, n° 191, obs. Menjucq ; Bull. Joly Entrep. diff. 2013. 36, note Henry ; LPA 15 avr. 2013, p. 16, obs. Nabet.*

1 bis. Qualité pour agir. La nullité prévue à l'art. 107 [C. com., art. L. 632-1] ne peut être prononcée qu'à l'initiative d'une des personnes visées à l'art. 110 [C. com., art. L. 632-4]. • Com. 5 oct. 1993 : *RJDA 1994, n° 206* • 12 juin 2001 : *Bull. civ. IV, n° 115 ; D. 2001. AJ 2034, obs. Lienhard* (excluant l'action du débiteur). ♦ Un créancier n'a pas qualité pour invoquer personnellement la nullité d'un paiement, fût-ce par voie d'exception. • Com. 6 mai 1997 : *Bull. civ. IV, n° 120 ; D. 1997. Somm. 313, obs. Honorat ; D. Affaires 1997. 735 ; RTD com. 1999. 201, obs. Martin-Serf.* ♦ V. aussi note 4 *bis.* ♦ De même, la caution n'est pas fondée à se prévaloir de cette nullité. • Com. 25 févr. 2004 : *RJDA 2004, n° 1021 ; Rev. proc. coll. 2004. 382, obs. Blanc.* ♦ Toutefois, les tiers peuvent se prévaloir de la nullité dès lors que celle-ci a été prononcée (débiteur cédé se prévalant de la nullité d'une cession de créance). • Com. 3 juin 1997 : *D. Affaires 1997. 860 ; RTD com. 1999. 202, obs. Martin-Serf.* ♦ V. aussi notes 2 *quater* et 10.

1 ter. Les fonctions des organes de la procédure, s'agissant de l'exercice de l'action en nullité des paiements faits par le débiteur après la date de cessation des paiements, ne sont pas exclusives les unes des autres mais concourantes ; chacun peut donc prétendre au paiement des frais irrépétibles qu'il a personnellement exposés. • Com. 3 juin 1997 : *Procédures 1997, n° 267, note Croze ; Rev. proc. coll. 1998. 77, obs. Soinne.*

1 quater. En revanche, seuls ont qualité pour demander, par voie d'action ou d'exception, la nullité d'actes accomplis en période suspecte par le débiteur soumis à une procédure collective, les mandataires de justice désignés dans cette procédure collective (et non ceux désignés dans celle ouverte à l'encontre du donneur d'aval de billets à ordre émis par le débiteur). • Com. 25 nov. 1997 : *Bull. civ. IV, n° 306 ; D. 1998. IR 22 ; D. Affaires 1998. 115, obs. V. A.-R. ; RTD com. 1999. 201, obs. Martin-Serf.*

1 quinquies. L'action en nullité de la période suspecte engagée par le mandataire liquidateur, en vertu de l'art. 110 [C. com., art. L. 632-4, sur renvoi de L. 641-14], en sa qualité de liquidateur de la société commerciale initialement mise en liquidation, concerne nécessairement également la société civile fictive à laquelle la procédure a été étendue. • Paris, 25 sept. 1998 : *D. Affaires 1998. 1698, obs. A. L.*

1 sexies. Le jugement qui a arrêté le plan de cession ayant mis fin aux fonctions de l'administrateur même en ce qui concerne les pouvoirs nécessaires à la mise en œuvre du plan, celui-ci, ayant perdu la qualité d'administrateur du redressement judiciaire, est irrecevable à agir en nullité des actes faits durant la période suspecte. • Com. 1er févr. 2000 : *RJDA 2000, n° 566 ; RTD com. 2001. 215, obs. Saint-Alary-Houin.*

1 septies. Si le représentant des créanciers demeure en fonction pendant le temps nécessaire à la vérification des créances, cette fonction n'implique pas qu'il puisse poursuivre une action en nullité de la période suspecte. • Com. 17 déc. 2003 : *Rev. proc. coll. 2004. 382, obs. Blanc.*

1 octies. Le commissaire à l'exécution du plan de cession, nommé après la résolution d'un précédent plan de redressement [dans le régime antérieur à la loi du 26 juill. 2005], n'a pas qualité pour engager une action en nullité des paiements ou des actes faits durant la période suspecte antérieure à l'ouverture de la procédure initiale. • Com. 13 nov. 2007 : *Bull. civ. IV, n° 243 ; D. 2007. AJ 3010, obs. Lienhard (2e esp.) ; D. 2008. Pan. 573, obs. F.-X. Lucas ; JCP E 2008. 1155, note Cholet ; ibid. 1432, n° 8, obs. Pétel ; Rev. proc. coll. 2008, n° 65, obs. Blanc ; RTD com. 2008. 868, obs. Martin-Serf.*

1 nonies. Lorsque l'action en nullité de la période suspecte a été engagée par le commissaire à l'exécution du plan et que la mission de celui-ci a pris fin, seul un mandataire *ad hoc* désigné par le tribunal devant lequel s'est déroulée la procédure de redressement judiciaire peut poursuivre l'instance. • Com. 12 juin 2001 : *Rev. proc. coll. 2002. 272, obs. Blanc ; RD banc. fin. 2002, n° 19, obs. F.-X. Lucas.*

1 decies. Sur le défaut de qualité pour agir de l'AGS, V. • Soc. 13 févr. 2008 : *Gaz. Pal. 27-29 avr. 2008, p. 36, obs. Duprat.* ♦ Toutefois, bien que ce soit l'AGS qui ait invoqué la nullité du contrat de travail, lorsque le liquidateur, en cause d'appel, demande également l'infirmation du jugement et l'annulation du contrat de travail, cet appel provoqué permet à la cour d'appel de statuer sur le fondement de l'art. L. 621-110 C. com. • Soc. 2 déc. 2009 : *D. 2010. AJ 13 ; LEDEN, févr. 2010, p. 4, obs. F.-X. Lucas ; Act. proc. coll. 2010, n° 46, obs. Finlanger ; RLDA avr. 2010. 20, obs. Gibirila.*

1 undecies. Sur la possibilité, pour le juge, de soulever d'office la nullité, V. • Civ. 2e, 21 déc. 2000 : *Act. proc. coll. 2001, n° 36, obs. Vallansan.*

2. Intérêt à agir. Sur le défaut d'intérêt à agir du représentant des créanciers dès lors que la liquidation judiciaire de la société avait été clôturée pour extinction du passif et qu'il avait été mis fin au redressement judiciaire de son dirigeant après adoption du plan d'apurement de son passif, l'intégralité des sommes destinées à couvrir ce passif ayant été consignée entre les mains du représentant des créanciers avant la date de l'assignation en nullité, V. • Com. 29 oct. 1991 : *Bull. civ. IV, n° 320.*

2 bis. Nécessité d'un préjudice. V. note 1 ss. art. L. 632-2.

2 ter. Autonomie de l'action. V. note 1, et note 40 ss. art. L. 651-2.

2 quater. Nature de la nullité. La nullité des actes faits par le débiteur depuis la cessation des paiements, telle que prévue par l'art. 107 [C. com., art. L. 632-1], est une nullité relative, qui ne peut notamment être invoquée par le propre débiteur de la personne débitrice. • Com. 1er avr. 1997 : *D. Affaires 1997. 611.*

Cependant, les dispositions de l'art. 107 [C. com., art. L. 632-1] étant d'ordre public, le mandataire liquidateur ne peut librement renoncer à la nullité des actes mentionnés au 6° de ce texte. • Paris, 25 sept. 1998 : *préc. note 1 quinquies.*

3. Action paulienne. BIBL. Courtier, *LPA 3 mars 1995.* – Pizzio-Delaporte, *RTD com. 1995. 715.* ♦ Si le créancier ne peut pas exercer l'action en nullité, dévolue par l'art. 110 [C. com., art. L. 632-4] aux seuls mandataires de justice, il n'en est pas de même de l'action paulienne engagée sur le fondement de l'art. 1167 C. civ. qui peut bien évidemment être exercée également par les créanciers et par les mandataires de justice pour des actes antérieurs à la période suspecte et reste ouverte aux créanciers pour les actes passés en période suspecte lorsque l'inaction des mandataires de justice les contraint à l'engager. • Versailles, 28 janv. 1993 : *D. 1993. IR 95*, conf. sur ce point par • Com. 8 oct. 1996 : *Bull. civ. IV, n° 227 ; D. 1997. 87, note Derrida ; D. Affaires 1996. 1294 ; JCP E 1997. II. 914, note Guyon.*

3 bis. L'inopposabilité d'une donation, résultant de l'exercice de l'action paulienne, n'a d'effet que dans les rapports des seules parties en cause. • Com. 8 oct. 1996 : *préc. note 3.*

V. aussi note 37 *bis* ss. art. L. 621-2, note 5 ss. art. L. 622-20 et note 21 ss. art. L. 622-21.

4. Compétence. L'action en annulation d'un acte sur le fondement des art. L. 621-107 [L. 632-1] s. C. com. relève de la compétence du tribunal de la procédure collective, et ne peut être soumise au juge-commissaire, qui ne dispose pas du pouvoir pour statuer sur une telle action. • Versailles, 5 sept. 2002 : *BICC 2004, n° 974 ; D. 2003. 897, note Sortais ; Rev. proc. coll. 2004. 383, obs. Blanc,* conf. par • Com. 28 sept. 2004 : *D. 2005. Pan. 297, obs. Le Corre .* ♦ Le tribunal de grande instance statuant en référé est incompétent pour se prononcer sur une demande en nullité d'inscription de nantissement pris en période suspecte. • TGI Paris, réf., 4 juill. 1988 : *Rev. proc. coll. 1989. 222, obs. Guyon.* ♦ V. aussi note 2 ss. art. R. 662-3.

4 bis. Mesure d'instruction in futurum. En sa qualité de créancier de l'entreprise en redressement judiciaire, non habilité à exercer les actions spécifiques des art. 107 et 108 [C. com., art. L. 632-1 et L. 632-2], une société ne justifie pas d'un motif légitime pour demander l'institution d'une mesure d'instruction destinée à établir l'irrégularité alléguée d'actes préjudiciables aux créanciers accomplis par le débiteur au cours de la période suspecte et la connaissance de son état de cessation des paiements par ses cocontractants. • Com. 26 avr. 2000 : *Bull. civ. IV, n° 83 ; D. 2001. Somm. 621, obs. Honorat ; ibid. 2000. AJ 267, obs. Lienhard ; RTD com. 2000. 728, obs. Vallens ; ibid. 2001. 235, obs. Martin-Serf ; Bull. Joly 2000. 793, note Menjucq.* ♦ V. note 1 *bis.*

4 ter. Contestation de la date de cessation des paiements. Le défendeur à l'action en nullité formée en vertu des art. L. 621-107 et L. 621-108 [L. 632-1 et L. 632-2] C. com., qui n'a pas exercé de tierce opposition dans les forme et délai de l'art. 156 du Décr. du 27 déc. 1985 [C. com., art. R. 661-2] contre la décision fixant ou reportant la date de cessation des paiements, ne peut plus la contester. • Com. 13 févr. 2007 : *Bull. civ. IV, n° 36 ; RD banc. fin. 2007, n° 70, obs. F.-X. Lucas ; Gaz. Pal. 13-14 avr. 2007, p. 22, obs. Lebel ; ibid., p. 40, obs. Roussel Galle ; Defrénois 2007. 1553, obs. Gibirila.*

5. Restitution. En ce sens que le point de départ des intérêts légaux est la date où le paiement annulé a été reçu (application de l'art. 1378 C. civ., en raison de la mauvaise foi, à propos d'une nullité facultative), V. • Com. 22 nov. 1994 : *Rev. proc. coll. 1995. 450, obs. Lemistre.* – V. aussi • Com. 21 nov. 1995 : *Rev. proc. coll. 1997. 83, obs. Mestre et Laude.*

5 bis. La créance résultant d'une obligation de rembourser un prêt à la suite de l'annulation, en application de l'art. 107 (3°) [C. com., art. L. 632-1], d'un paiement effectué avant le jugement d'ouverture a son origine antérieurement à ce jugement et doit être déclarée à la procédure collective. • Com. 30 oct. 2000 : *Bull. civ. IV, n° 171 ; D. 2001. Somm. 618, obs. Honorat ; ibid. 2000. AJ 427, obs. Lienhard ; Act. proc. coll. 2000, n° 239, obs. Vallansan ; JCP E 2001, n° 5, p. 219, obs. Pétel ; RD banc. fin. 2001, n° 20, obs. F.-X. Lucas ; RTD com. 2001. 236, obs. Martin-Serf ; Dr. et patr. juin 2001. 112, obs. Monsèrié-Bon.* ♦ Dans le même sens, pour la créance de restitution du prix d'une vente annulée, V. • Com. 28 janv. 2004 : *D. 2005. Pan. 293, obs. Le Corre ; RJDA 2004, n° 856 (2e esp.) ; Rev. proc. coll. 2004. 389, obs. Blanc* • 20 janv. 2009 : *Bull. civ. IV, n° 8 ; D. 2009. AJ 425, obs. Lienhard ; Act. proc. coll. 2009, n° 65, obs. Vallansan ; RLDA 2009, n° 36, p. 23, obs. Guyader ; JCP E 2009. 1347, n° 6, obs. Cabrillac ; ibid. 1381, note Lebel ; Dr. sociétés 2009, n° 80, note Legros ; Dr. et proc. 2009. 146, note Le Corre ; Gaz. Pal. 26-28 avr. 2009, p. 21, obs. Henry ; LEDEN, avr. 2009, p. 7, obs. Feuillard ; Rev. proc. coll. 2009, n° 87, obs. Blanc ; ibid. n° 116, obs. Saint-Alary-Houin ; RTD com. 2009. 616, obs. Martin-Serf ; Defrénois 2010. 469, obs. Gibirila.*

6. La nullité du paiement prononcée en application de l'art. 108 [C. com., art. L. 632-2] ayant pour effet, en vertu de l'art. 110 [C. com., art. L. 632-4] de reconstituer l'actif du débiteur, toute compensation est exclue entre la dette de restitution consécutive au prononcé de la nullité de remises en compte courant effectuées après la date de cessation des paiements et une créance admise au passif de la procédure collective. • Com. 24 oct. 1995 : *préc. note 1* • 31 mars 1998 : *RJDA 1998, n° 1016* • Versailles, 6 mars 1997 : *JCP E 1997. Pan. 435.*

6 bis. Sur la mise à l'écart des dispositions de l'art. 1240 C. civ. (validité du paiement fait de bonne foi à celui qui est en possession de la créance, encore que le possesseur en soit par la suite évincé) en cas d'annulation d'une cession de créance consentie au cours de la période suspecte, V. • Com. 11 oct. 2011 : *D. 2011. Actu. 2534 ; LEDEN nov. 2011, p. 2, obs. Borga ; Gaz. Pal. 20-21 janv. 2012, p. 34, obs. Roussel Galle ; Rev. proc. coll. 2013, n° 18, obs. Blanc.*

7. La restitution amiable par le créancier du débiteur des sommes reçues en vertu d'un paiement que la loi déclare nul de droit est opposable à la caution. • Com. 22 oct. 1996 : *D. 1997. IR 2 ; Quot. jur. 19 nov. 1996, p. 12 ; Rev. sociétés 1997. 596, note Didier .*

8. Sous-acquéreurs. Ni l'erreur commune, ni l'apparence ne peuvent faire obstacle aux conséquences, vis-à-vis des tiers sous-acquéreurs, même de bonne foi, de la nullité édictée par les art. 107 et 108 [C. com., art. L. 632-1 et L. 632-2]. • Com. 3 févr. 1998 : *Bull. civ. IV, n° 53 ; D. 1999. 185, note Bénabent ; D. 1999. Somm. 70, obs. Honorat ; D. Affaires 1998. 339, obs. A. L. ; JCP E 1998, n° 17, p. 655, obs. Cabrillac ; RTD com. 1999. 201, obs. Martin-Serf* • 30 juin 2004 : *Bull. civ. IV, n° 137 ; D. 2004. AJ 2301 ; Act. proc. coll. 2004, n° 191, obs. Vallansan.*

9. Publicité foncière. BIBL. Dagot, *JCP 1986. I. 3262.* ♦ V. note 18 *ter* ss. art. L. 632-1.

10. Recours. La tierce opposition n'est pas ouverte, faute de qualité à agir, au débiteur cédé qui prétend critiquer le jugement ayant rejeté la demande du liquidateur judiciaire du cédant tendant à l'annulation de la cession de créance et rendu à la suite d'une action dont l'art. L. 621-110 [L. 632-4] C. com. réserve l'exercice à certaines personnes et dont il n'est pas titulaire. • Com. 18 janv. 2011 *Bull. civ. IV, n° 5 ; D. 2011. Actu. 302, obs. Lienhard ; RTD com. 2012. 619, obs. Martin-Serf ; Act. proc. coll. 2011, n° 64, obs. Fricero ; LEDEN mars 2011, p. 4, obs. Parachkévova ; Gaz. Pal. 1er-2 avr. 2011, p. 34, obs. Roussel Galle ; RJDA 2011, n° 442 ; Bull. Joly Entrep. diff. 2011. 210, note Sautonie-Laguionie ; Rev. proc. coll. 2011, n° 130, obs. Blanc.*

TITRE QUATRIÈME DE LA LIQUIDATION JUDICIAIRE

RÉP. COM. v° *Entreprises en difficulté (Liquidation judiciaire)*, par Tagliarino-Vignal.

BIBL. GÉN. ▸ Teboul, *LPA 27 oct. 2005.* – Legros, *Dr. sociétés 2005. Étude 16.* – Delfosse et Péniguel, *JCP N 2005, n° 41, p. 1712.* – Monsèrié-Bon, *Rev. proc. coll. 2005. 367.* – Froehlich, *RLDA, suppl. au n° 88, déc. 2005, p. 28.* – Froehlich et M. Sénéchal, *LPA, n° spéc., 9 févr. 2006. p. 4* (commentaire article par article). – Gorrias, *ibid., 17 févr. 2006, p. 56.* – Roussel Galle, *LPA 14 juin 2007.* ▸ Sur la réforme issue de l'ordonnance du 18 déc. 2008 : Canet *Rev. proc. coll. 2009. Dossier 12.* – Pérochon, *Gaz. Pal. 2009. Doctr. 788.* – Berthelot, *JCP E 2009. 1312.*

CHAPITRE PRÉLIMINAIRE DES CONDITIONS D'OUVERTURE DE LA LIQUIDATION JUDICIAIRE *(Ord. n° 2008-1345 du 18 déc. 2008, art. 91).*

Art. L. 640-1 *(L. n° 2005-845 du 26 juill. 2005, art. 97)* **Il est institué une procédure de liquidation judiciaire ouverte à tout débiteur mentionné à l'article L. 640-2 en cessation des paiements et dont le redressement est manifestement impossible.**

La procédure de liquidation judiciaire est destinée à mettre fin à l'activité de l'entreprise ou à réaliser le patrimoine du débiteur par une cession globale ou séparée de ses droits et de ses biens.

Pour l'ouverture d'une procédure de liquidation judiciaire à l'égard des établissements de crédit qui ont fait l'objet d'une mesure de radiation prononcée par l'Autorité de contrôle prudentiel, V. C. mon. fin., art. L. 613-26. — ***C. mon. fin.*** *— Pour un commentaire de cette disposition, V. Bonneau, JCP E 1999, n° 36, p. 1378.*

1. Liquidation judiciaire immédiate. Avant la L. n° 94-475 du 10 juin 1994, la juridiction saisie ne pouvait prononcer une liquidation judiciaire sans avoir par une première décision ouvert une procédure de redressement judiciaire destinée à apprécier les chances de sauvegarde de l'entreprise. • Com. 4 nov. 1986 : *Bull. civ. IV, n° 198 ; D. 1986. 579, note Derrida ; JCP 1987. II. 20737, note Bousquet.* ♦ Les deux décisions pouvaient être prononcées le même jour, dès lors que le tribunal avait constaté que les conditions d'ouverture d'une liquidation judiciaire étaient réunies. • Com. 17 mai 1989 : *D. 1989. IR 177 ; JCP 1990. II. 21464, note Beaubrun ; ibid. éd. E 1990. II. 15658, n° 4, obs. Pétel.*

1 bis. Pour des décisions postérieures à l'entrée en vigueur de la loi de 1994, refusant de prononcer la liquidation judiciaire immédiate, V. • T. com. Paris, 30 nov. 1994 : *Dr. sociétés 1995, nº 118, obs.* Chaput (au motif de l'intérêt du groupe) • Paris, 7 juill. 1995 : *Dr. sociétés 1995, nº 239, obs.* Chaput (au motif que la cessation d'activité pourrait n'être que temporaire, au vu du bilan prévisionnel).

1 ter. Pour une décision, postérieure à l'entrée en vigueur de la loi du 26 juill. 2005, refusant de prononcer la liquidation judiciaire d'une société assignée par l'un de ses créanciers auquel elle devait 12 500 €, au motif que l'existence de commandes fermes pour un montant de 72 000 € environ permettait d'envisager sérieusement un plan de redressement, V. • Orléans, 19 oct. 2006 : *RJDA 2007, nº 69.*

1 quater. Pour le prononcé de la liquidation judiciaire immédiate d'une entreprise : dont l'exploitation avait cessé depuis plusieurs mois et pour laquelle il n'existait aucune perspective de reprise de l'activité, V. • Com. 29 mai 2001 : *RJDA 2001, nº 1126.* ♦ ... En raison de la faillite personnelle frappant la personne physique l'exploitant en son nom personnel, V. • Com. 2 mai 2001 : *RJDA 2001, nº 882 ; Rev. proc. coll. 2001. 275, obs. Barret.*

2. Cessation des paiements. V. art. L. 631-1 et notes ss. cet art.

3. Pouvoirs de la cour d'appel. Dès lors que le débiteur reconnaît être en cessation des paiements, la cour d'appel, après avoir infirmé le jugement rendu sur l'assignation du créancier, peut prononcer d'office la liquidation judiciaire. • Com. 12 mai 1998 : *Bull. civ. IV, nº 152 ; D. Affaires 1998. 1006 ; RJ com. 2000. 40, obs. Teilliais.*

4. En ce sens qu'une cour d'appel ne peut confirmer l'ouverture immédiate d'une procédure de liquidation judiciaire, sans faire de distinction entre le passif exigible à la date du jugement ouvrant la liquidation et le passif rendu exigible par l'effet du jugement de liquidation et sans examiner si l'entreprise disposait d'un actif, V. • Com. 26 mai 1999 : *Bull. civ. IV, nº 110 ; D. 1999. IR 165 ; D. Affaires 1999. 1175, obs. A. L. ; Act. proc. coll. 1999, nº 168, obs. Vallansan ; RTD com. 1999. 953, obs. Laude ; LPA 4 janv. 2000, p. 20, note Courtier ; Rev. proc. coll. 2000. 46, obs. Deleneuville* • 8 juill. 2003 : *Bull. civ. IV, nº 124 ; D. 2003. AJ 2174 ; RD banc. fin. 2003, nº 230, obs. F.-X. Lucas ; JCP E 2004, nº 5, p. 173, obs. Pétel ; LPA 17 févr. 2004, p. 3, note Zattara ; Defrénois 2004. 578, obs. Gibirila ; Rev. proc. coll. 2004. 210, obs. Lebel.*

Art. L. 640-2 *(L. nº 2005-845 du 26 juill. 2005, art. 97)* **La procédure de liquidation judiciaire est applicable à** *(Ord. nº 2008-1345 du 18 déc. 2008, art. 164-I)* **« toute personne exerçant une activité commerciale ou artisanale », à tout agriculteur, à toute autre personne physique exerçant une activité professionnelle indépendante y compris une profession libérale soumise à un statut législatif ou réglementaire ou dont le titre est protégé, ainsi qu'à toute personne morale de droit privé.**

(Ord. nº 2010-1512 du 9 déc. 2010, art. 5-1º) **« A moins qu'il ne s'agisse de patrimoines distincts d'un entrepreneur individuel à responsabilité limitée, » il ne peut être ouvert de nouvelle procédure de liquidation judiciaire à l'égard** *(Ord. nº 2010-1512 du 9 déc. 2010, art. 5-1º)* **« d'un débiteur soumis » à une telle procédure tant que celle-ci n'a pas été clôturée** *(Ord. nº 2008-1345 du 18 déc. 2008, art. 92)* **« ou à une procédure de sauvegarde ou de redressement judiciaire, tant qu'il n'a pas été mis fin aux opérations du plan qui en résulte ».**

Sur les personnes éligibles à la liquidation judiciaire, V. la jurisprudence reproduite ss. l'art. L. 620-2. ♦ V. aussi note 2 ss. art. L. 631-2.

Art. L. 640-3 *(L. nº 2005-845 du 26 juill. 2005, art. 97)* **La procédure de liquidation judiciaire est également ouverte aux personnes mentionnées au premier alinéa de l'article L. 640-2 après la cessation de leur activité professionnelle, si tout ou partie de leur passif provient de cette dernière.**

(Ord. nº 2008-1345 du 18 déc. 2008, art. 164-II ; Ord. nº 2009-112 du 30 janv. 2009, art. 11-I) **« Lorsqu'une personne exerçant une activité commerciale ou artisanale », un agriculteur ou toute autre personne physique exerçant une activité professionnelle indépendante, y compris une profession libérale soumise à un statut législatif ou réglementaire ou dont le titre est protégé, est décédé en cessation des**

paiements, le tribunal peut être saisi, dans le délai d'un an à compter de la date du décès, sur l'assignation d'un créancier, quelle que soit la nature de sa créance, ou sur requête du ministère public. Le tribunal peut également se saisir d'office dans le même délai. Il peut être saisi sans condition de délai par tout héritier du débiteur.

V. la jurisprudence reproduite ss. l'art. L. 631-3.

Art. L. 640-4 *(L. nº 2005-845 du 26 juill. 2005, art. 97)* **L'ouverture de cette procédure doit être demandée par le débiteur au plus tard dans les quarante-cinq jours qui suivent la cessation des paiements, s'il n'a pas dans ce délai demandé l'ouverture d'une procédure de conciliation.**

En cas d'échec de la procédure de conciliation, si le tribunal, statuant en application du second alinéa de l'article L. 631-4, constate que les conditions mentionnées à l'article L. 640-1 sont réunies, il ouvre une procédure de liquidation judiciaire.

V. art. R. 640-1.

Cessation des paiements. V. art. L. 631-1 et notes ss. cet art.

Art. L. 640-5 *(L. nº 2005-845 du 26 juill. 2005, art. 97)* **Lorsqu'il n'y a pas de procédure de conciliation en cours, le tribunal peut également se saisir d'office ou être saisi sur requête du ministère public aux fins d'ouverture de la procédure de liquidation judiciaire.**

Sous cette même réserve, la procédure peut aussi être ouverte sur l'assignation d'un créancier, quelle que soit la nature de sa créance. Toutefois, lorsque le débiteur a cessé son activité professionnelle, cette assignation doit intervenir dans le délai d'un an à compter de :

1º La radiation du registre du commerce et des sociétés. S'il s'agit d'une personne morale, le délai court à compter de la radiation consécutive à la publication de la clôture des opérations de liquidation ;

2º La cessation de l'activité, s'il s'agit d'une personne *(Ord. nº 2008-1345 du 18 déc. 2008, art. 164-III)* **« exerçant une activité artisanale », d'un agriculteur ou d'une personne physique exerçant une activité professionnelle indépendante, y compris une profession libérale soumise à un statut législatif ou réglementaire ou dont le titre est protégé ;**

3º La publication de l'achèvement de la liquidation, s'il s'agit d'une personne morale non soumise à l'immatriculation.

En outre, la procédure ne peut être ouverte à l'égard d'un débiteur exerçant une activité agricole qui n'est pas constitué sous la forme d'une société commerciale que si le président du tribunal de grande instance a été saisi, préalablement à l'assignation, d'une demande tendant à la désignation d'un conciliateur présentée en application de l'article L. 351-2 du code rural et de la pêche maritime.

V. art. R. 640-1.

BIBL. ▶ COCHETEUX, *Rev. proc. coll. 2008. 60* (assignation en liquidation judiciaire des professionnels libéraux par les comptables publics). – GOURDAIN, *D. 2008. 2606* (portée de l'autonomie des demandes de redressement et de liquidation judiciaires).

1. *Agriculteurs.* Les dispositions de l'art. L. 640-5, al. 3, dans leur rédaction issue de la loi du 26 juill. 2005 ne s'appliquent qu'à l'ouverture d'une procédure de liquidation judiciaire et non à son prononcé concomitant à la résolution d'un plan. • Com. 20 oct. 2009 : *Bull. civ. IV, nº 130 ; D. 2009. AJ 2609, obs. Lienhard ; RTD com. 2010. 188, obs. Saint-Alary-Houin ; Act. proc. coll. 2009, nº 279, obs. Cagnoli ; JCP E 2010. 1011, nº 1, obs. Pétel ; Dict. perm. diff. entrep., bull. nº 309, p. 4027, obs. Roussel Galle ; Gaz. Pal. 8-9 janv. 2010, p. 15, obs. Reille ; LEDEN, janv. 2010, p. 6, obs Legrand ; RJDA 2010, nº 655 ; Defrénois 2010. 1470, obs. Gibirila.*

2. V. aussi notes ss. art. L. 631-5.

Art. L. 640-6 *(L. nº 2005-845 du 26 juill. 2005, art. 97)* **Le comité d'entreprise ou, à défaut, les délégués du personnel peuvent communiquer au président du tribunal ou au ministère public tout fait révélant la cessation des paiements du débiteur.**

CHAPITRE PREMIER DU JUGEMENT DE LIQUIDATION JUDICIAIRE

Art. L. 641-1 *(L. nº 2005-845 du 26 juill. 2005, art. 98)* **I. — Les articles L. 621-1 et L. 621-2 sont applicables à la procédure de liquidation judiciaire.**

(Ord. nº 2008-1345 du 18 déc. 2008, art. 93) **« II. — Dans le jugement qui ouvre la liquidation judiciaire, le tribunal désigne le juge-commissaire. Il peut, en cas de nécessité, en désigner plusieurs.**

« Dans le même jugement, sans préjudice de la possibilité de nommer un ou plusieurs experts en vue d'une mission qu'il détermine, le tribunal désigne, en qualité de liquidateur, un mandataire judiciaire inscrit ou une personne choisie sur le fondement du premier alinéa du II de l'article L. 812-2. Il peut, à la demande du ministère public ou d'office, en désigner plusieurs.

« Le ministère public peut proposer un liquidateur à la désignation du tribunal. Le rejet de cette proposition doit être spécialement motivé. Lorsque la procédure est ouverte à l'égard d'un débiteur qui bénéficie ou a bénéficié d'un mandat *ad hoc* ou d'une procédure de conciliation dans les dix-huit mois qui précèdent, le ministère public peut en outre s'opposer à ce que le mandataire *ad hoc* ou le conciliateur soit désigné en qualité de liquidateur.

« Un représentant des salariés est désigné dans les conditions prévues au deuxième alinéa de l'article L. 621-4 et à l'article L. 621-6. Il exerce la mission prévue à l'article L. 625-2.

« Les contrôleurs sont désignés et exercent leurs attributions dans les mêmes conditions que celles prévues au titre II.

« Aux fins de réaliser l'inventaire prévu par l'article L. 622-6 et la prisée de l'actif du débiteur, le tribunal désigne, en considération de leurs attributions respectives telles qu'elles résultent des dispositions qui leur sont applicables, un commissaire-priseur judiciaire, un huissier de justice, un notaire ou un courtier en marchandises assermenté. »

III. — Lorsque la liquidation judiciaire est prononcée au cours de la période d'observation d'une procédure de sauvegarde ou de redressement judiciaire, le tribunal nomme le mandataire judiciaire en qualité de liquidateur. Toutefois, le tribunal peut, par décision motivée, à la demande de l'administrateur, d'un créancier, du débiteur ou du ministère public, désigner en qualité de liquidateur une autre personne dans les conditions prévues à l'article L. 812-2.

(Ord. nº 2008-1345 du 18 déc. 2008, art. 93) **« Lorsque le débiteur exerce une profession libérale soumise à un statut législatif ou réglementaire ou dont le titre est protégé, la demande peut aussi être faite au tribunal par l'ordre professionnel ou l'autorité compétente dont, le cas échéant, il relève. »**

IV. — La date de cessation des paiements est fixée dans les conditions prévues à l'article L. 631-8.

V. art. R. 641-1 s. et R. 641-36.

1. Désignation du liquidateur. Sur la liberté de choix du tribunal, V. note 1 ss. art. L. 812-1.

2. Refus du mandat. V. note 2 ss. art. L. 812-1.

3. Audition de l'ordre professionnel. V. notes 2 *ter* et 2 *quater* ss. art. L. 621-1.

4. Inventaire et prisée des actifs. V. note 4 *quinquies* ss. art. L. 621-4.

5. Date de cessation des paiements. Il résulte de la combinaison des art. L. 631-1, al. 1er, L. 631-8 et L. 641-1, IV, que la date de cessation des paiements est, en cas de liquidation judiciaire, fixée, comme en matière de redressement judiciaire, au jour où le débiteur a été placé dans l'impossibilité de faire face à son passif exigible avec son actif disponible. • Com. 7 févr. 2012 : *Bull. civ. IV, n° 27 ; D. 2012. Actu. 496 ; JCP E 2012. 1414, note Lebel.*

Art. L. 641-1-1 *(Ord. n° 2008-1345 du 18 déc. 2008, art. 94)* **Le tribunal peut, soit d'office, soit sur proposition du juge-commissaire ou à la demande du ministère public, procéder au remplacement du liquidateur, de l'expert ou de l'administrateur s'il en a été désigné en application de l'article L. 641-10 ou encore adjoindre un ou plusieurs liquidateurs ou administrateurs à ceux déjà nommés.**

Le liquidateur, l'administrateur ou un créancier nommé contrôleur peut demander au juge-commissaire de saisir à cette fin le tribunal.

Lorsque le débiteur exerce une profession libérale soumise à un statut législatif ou réglementaire ou dont le titre est protégé, l'ordre professionnel ou l'autorité compétente dont, le cas échéant, il relève peut saisir le ministère public à cette même fin.

Le débiteur peut demander au juge-commissaire de saisir le tribunal aux fins de remplacer l'expert. Dans les mêmes conditions, tout créancier peut demander le remplacement du liquidateur.

Par dérogation aux alinéas qui précèdent, lorsque le liquidateur ou l'administrateur demande son remplacement, le président du tribunal, saisi à cette fin par le juge-commissaire, est compétent pour y procéder. Il statue par ordonnance.

Le comité d'entreprise ou, à défaut, les délégués du personnel ou à défaut, les salariés de l'entreprise peuvent seuls procéder au remplacement du représentant des salariés.

V. art. R. 641-12.

1. Remplacement du liquidateur. Le tribunal ayant ouvert la procédure collective est seul compétent pour connaître d'une demande de remplacement d'un mandataire judiciaire qu'il a désigné. L'auxiliaire de justice dont s'agit n'étant pas attrait en son nom personnel et lui-même directement partie à l'instance qui concerne exclusivement son administré, mais mis en cause à raison des conditions dans lesquelles il exerce le mandat qui lui a été confié par le tribunal, l'art. 47 NCPC [C. pr. civ.], qui prévoit, lorsqu'un auxiliaire de justice est partie à un litige qui relève de la juridiction dans le ressort de laquelle il exerce ses fonctions, un renvoi de droit au profit de la juridiction limitrophe, est inapplicable. • Versailles, 25 févr. 1999 : *RJ com. 1999. 449, note Fricero.*

2. Le nouveau liquidateur doit être mis en cause dans une instance en cours ayant pour objet la constatation du principe et la fixation du montant d'une créance, même si, à cet égard, le débiteur dispose du droit propre d'exercer les voies de recours. • Orléans, 17 févr. 2000 : *RJDA 2000, n° 450 ; Procédures 2000, n° 146, obs. Laporte.*

3. Sur le pouvoir discrétionnaire des juges du fond pour procéder au remplacement du liquidateur, V. note 2 *bis* ss. art. L. 661-7.

Art. L. 641-2 *(Ord. n° 2008-1345 du 18 déc. 2008, art. 95)* **Il est fait application de la procédure simplifiée prévue au chapitre IV du présent titre si l'actif du débiteur ne comprend pas de bien immobilier et si le nombre de ses salariés au cours des six mois précédant l'ouverture de la procédure ainsi que son chiffre d'affaires hors taxes sont égaux ou inférieurs à des seuils fixés par décret.** — *V. art. D. 641-10.*

Si le tribunal dispose des éléments lui permettant de vérifier que les conditions mentionnées au premier alinéa sont réunies, il statue sur cette application dans le jugement de liquidation judiciaire. Dans le cas contraire, le président du tribunal statue au vu d'un rapport sur la situation du débiteur établi par le liquidateur dans le mois de sa désignation.

Liquidation judiciaire simplifiée (régime de la loi du 26 juill. 2005). L'application de la liquidation judiciaire simplifiée prévue par l'art. L. 641-2, al. 2, est une faculté dont le tribunal peut faire usage dès l'ouverture de la procédure. • Cass., avis, 10 juill. 2006 : *Bull. civ. n° 5 ; D. 2006. AJ 2032, obs. Lienhard ; D. 2007. Pan. 43, obs. Le Corre ; Rev. proc. coll. 2006. 254, obs. Roussel Galle ; Gaz. Pal. 6-7 oct. 2006, p. 22, obs. M. Sénéchal ; JCP E 2007, n° 1, p. 21, obs. Pételt.* ♦ Solution infirmée par l'art. R. 644-1, dans sa réd. issue du Décr. n° 2006-1709 du 23 déc. 2006, imposant au tribunal de statuer au vu du rapport du liquidateur. ♦ Comp., désormais : art. L. 641-2, al. 2 (réd. issue de l'Ord. n° 2008-1345 du 18 déc. 2008) et R. 644-1 (réd. issue du Décr. n° 2009-160 du 12 févr. 2009).

Art. L. 641-2-1 *(Ord. n° 2008-1345 du 18 déc. 2008, art. 96)* **En l'absence de bien immobilier et si le nombre des salariés du débiteur ainsi que son chiffre d'affaires hors taxes sont supérieurs aux seuils fixés en application de l'article L. 641-2 sans excéder des seuils fixés par décret, la procédure simplifiée prévue au chapitre IV du présent titre peut être ordonnée.** – *V. art. D. 641-10.*

Si la liquidation judiciaire est prononcée au cours d'une période d'observation, le tribunal statue sur cette application dans le jugement de liquidation judiciaire. Dans le cas contraire, la décision est prise par le président du tribunal au vu d'un rapport sur la situation du débiteur établi par le liquidateur dans le mois de sa désignation.

Art. L. 641-3 *(L. n° 2005-845 du 26 juill. 2005, art. 100)* **« Le jugement qui ouvre la liquidation judiciaire a les mêmes effets que ceux qui sont prévus en cas de sauvegarde par les premier et »** *(Ord. n° 2008-1345 du 18 déc. 2008, art. 97)* **« troisième alinéas du I et par le III de l'article L. 622-7, par les articles L. 622-21 et L. 622-22, par la première phrase de l'article L. 622-28 et par l'article L. 622-30.**

« Le juge-commissaire peut autoriser le liquidateur ou l'administrateur lorsqu'il en a été désigné à payer des créances antérieures au jugement, pour retirer le gage ou la chose légitimement retenue ou encore, lorsque le paiement à intervenir est d'un montant inférieur à la valeur vénale du bien objet du contrat, pour lever l'option d'achat d'un contrat de crédit-bail.

« Lorsque la liquidation judiciaire est ouverte ou prononcée à l'égard d'une personne morale, les dispositions prévues en matière d'arrêté et d'approbation des comptes annuels ne sont plus applicables sauf, le cas échéant, pendant le maintien provisoire de l'activité autorisé par le tribunal. »

(L. n° 2005-845 du 26 juill. 2005, art. 100) **« Les créanciers déclarent leurs créances au liquidateur selon les modalités prévues aux articles L. 622-24 à L. 622-27 et L. 622-31 à L. 622-33. »**

V. art. R. 641-23 s.

Art. L. 641-4 *(L. n° 2005-845 du 26 juill. 2005, art. 101)* **Le liquidateur procède aux opérations de liquidation en même temps qu'à la vérification des créances. Il peut introduire ou poursuivre les actions qui relèvent de la compétence du mandataire judiciaire.**

Il n'est pas procédé à la vérification des créances chirographaires s'il apparaît que le produit de la réalisation de l'actif sera entièrement absorbé par les frais de justice et les créances privilégiées, à moins que, s'agissant d'une personne morale *(Ord. n° 2010-1512 du 9 déc. 2010, art. 5-2°)* **« ou d'un entrepreneur individuel à responsabilité limitée », il n'y ait lieu de mettre à la charge des dirigeants sociaux de droit ou de fait** *(Ord. n° 2010-1512 du 9 déc. 2010, art. 5-2°)* **« ou de cet entrepreneur » tout ou partie du passif conformément** *(Ord. n° 2008-1345 du 18 déc. 2008, art. 98 ; Ord. n° 2009-112 du 30 janv. 2009, art. 11-II)* **« à l'article L. 651-2 »**

Le liquidateur exerce les missions dévolues à l'administrateur et au mandataire judiciaire par les articles L. 622-6, L. 622-20, L. 622-22, L. 622-23, L. 624-17, L. 625-3, L. 625-4 et L. 625-8.

(Abrogé par Ord. n° 2008-1345 du 18 déc. 2008, art. 98) ***« Aux fins de réaliser l'inventaire prévu à l'article L. 622-6, le tribunal désigne un commissaire-priseur judiciaire, un huissier, un notaire ou un courtier en marchandises assermenté.***

« Une prisée des actifs du débiteur est effectuée par les personnes visées au quatrième alinéa. »

Les licenciements auxquels procède le liquidateur en application de la décision *(Ord. n° 2008-1345 du 18 déc. 2008, art. 98)* **« ouvrant ou prononçant la liquidation, le cas échéant au terme du maintien provisoire de l'activité autorisé par le tribunal, » sont soumis aux dispositions** *(L. n° 2013-504 du 14 juin 2013, art. 18-XXIII-3°)* **« de l'article L. 1233-58 » du code du travail.** – *Pour l'entrée en vigueur des modifications issues de la L. n° 2013-504 du 14 juin 2013, V. note ss. art L. 631-17.*

V. art. R. 641-14 s.

Sur la mission du liquidateur en cas d'ouverture d'une procédure de liquidation judiciaire à l'égard d'un établissement de crédit ou d'une entreprise d'investissement, V. C. mon. fin., art. L. 613-29. – ***C. mon. fin.***

I. POUVOIRS DU LIQUIDATEUR

BIBL. Vallens, *RTD com. 2001. 979* (double rôle du liquidateur).

1. Étendue des pouvoirs. Le liquidateur trouve dans les pouvoirs qui lui sont conférés par la loi en vue de la défense de l'intérêt collectif des créanciers qualité pour exercer une action en paiement de dommages-intérêts contre toute personne, fût-elle titulaire d'une créance ayant son origine antérieurement au jugement d'ouverture de la procédure collective, coupable d'avoir contribué par des agissements fautifs à la diminution de l'actif ou à l'aggravation du passif (à propos d'une action contre une banque). • Com. 16 nov. 1993 : *Bull. civ. IV, n° 408 ; D. 1994. 57, concl. Régis de Gouttes, rapp. Pasturel, note Derrida et Sortais* • 11 oct. 1994 : *Bull. civ. IV, n° 279 ; D. 1994. IR 240 ; Bull. Joly 1994. 1342, note Le Cannu ; LPA 16 juin 1995, p. 22, note Courtier.*

2. Le liquidateur désigné dans la nouvelle procédure collective ouverte après résolution du plan de continuation trouve, dans les pouvoirs qui lui sont dévolus par la loi en vue de la défense de l'intérêt collectif des créanciers, qualité pour poursuivre les actions reprises ou engagées aux mêmes fins, avant la résolution du plan, par le commissaire à l'exécution du plan. • Com. 24 mars 2004 : *Bull. civ. IV, n° 62 ; D. 2004. Somm. 2148, obs. F.-X. Lucas ; JCP E 2004, n° 37, p. 1384, obs. Pétel ; Gaz. Pal. 2004. 1903, note Le Corre.*

2 bis. Selon les dispositions des art. 46, al. 1er [C. com., art. L. 622-20, al. 1er], et 148, al. 3 [C. com., art. L. 641-4, al. 1er], qui sont d'ordre public, le représentant des créanciers [mandataire judiciaire], dont les attributions sont ensuite dévolues au liquidateur, a seul qualité pour agir au nom et dans l'intérêt collectif des créanciers ; l'action individuelle introduite par un créancier, pour demander la réparation d'un préjudice qui n'est pas distinct de celui causé aux autres créanciers, est irrecevable. • Com. 4 oct. 2005 : *Bull. civ. IV, n° 195 ; D. 2005. AJ 2805, obs. Lienhard .* ♦ Cette fin de non-recevoir doit être relevée d'office. • Même arrêt.

Est ainsi irrecevable l'action individuelle d'un créancier tendant à rechercher la faute d'une banque pour avoir accordé abusivement du crédit au débiteur. • Versailles, 12 oct. 1995 : *BICC 1996, n° 339.*

Le représentant des créanciers d'une société, désigné en qualité de liquidateur judiciaire de celle-ci, à la suite d'une conversion de procédure, est recevable à se constituer partie civile dans les poursuites exercées contre le dirigeant de l'entreprise pour abus des biens sociaux. • Crim. 12 oct. 1995 : *Bull. crim. n° 305 ; RJDA 1996, n° 65.*

2 ter. Sur la recevabilité de l'action du liquidateur à l'encontre des associés d'une société civile de moyens pour voir fixer leur contribution aux pertes sociales, V. • Com. 20 sept. 2011 : *Bull. civ. IV, n° 136 ; D. 2011. 2970, note Marmoz ; ibid. Actu. 2334, obs. Lienhard ; Rev. sociétés 2011. 691, obs. Prévost ; RTD com. 2011. 771, obs. Le Cannu et Dondero ; JCP E 2011. 1804, note Mortier ; JCP E 2012. 1000, n° 2, obs. Pétel ; ibid. 1777, n° 6, obs. Deboissy et Wicker ; Bull. Joly 2011. 902, note F.-X. Lucas ; Dr. sociétés 2011, n° 212, note Hovasse ; LEDEN oct. 2011, p. 5, obs. Borga ; Act. proc. coll. 2011, n° 278, obs. Pagnucco ; RJDA 2011, n° 1033 ; RLDA nov. 2011. 10, obs. Demeyere ; Banque et Droit nov.-déc. 2011. 59, obs. Riassetto.*

2 quater. Le liquidateur judiciaire est recevable à invoquer, dans l'intérêt collectif des créanciers, les dispositions de l'art. L. 221-14, al. 2, C. com. • Com. 25 sept. 2012 : *D. 2012. Actu. 2303, obs. Lienhard ; Rev. sociétés 2012. 729, obs. Henry ; Act. proc. coll. 2012, n° 262, obs. Fin-Langer ; LEDEN oct. 2012, p. 4, obs. J.-P. Sénéchal ; Bull. Joly 2012. 870, note F.-X. Lucas ; RJDA 2013, n° 60 ; Bull Joly Entrep. diff. 2013. 15, obs. Tagliarino-Vignal ; LPA 15 avr. 2013, p. 12, obs. Thomas.*

3. Le liquidateur, qui succède au représentant des créanciers [mandataire judiciaire], en vue de la défense de leurs intérêts collectifs, est un tiers par rapport au contrat de gage conclu par le débiteur avant sa mise en liquidation judiciaire et, en conséquence, est habilité à contester l'opposabilité du gage et sa validité, peu important qu'en sa qualité de représentant du débiteur il ait eu connaissance personnellement de l'existence du gage. • Com. 23 janv. 2001 : *Bull. civ. IV, n° 20 ; D. 2001. AJ 779, obs. Lienhard ; Defrénois 2001. 942, obs. Théry.*

Le liquidateur a le pouvoir de demander qu'en application de l'art. 112 [C. com., art. L. 624-6], l'acquisition faite par une épouse séparée de biens avec les valeurs fournies par son mari soit réunie à l'actif de la société de ce dernier faisant l'objet d'une procédure de redressement judiciaire. • Com. 23 janv. 1996 : *Bull. civ. IV, n° 24 ; D. 1996. IR 62.*

Le droit conféré aux créanciers par l'art. 1167 C. civ. (action paulienne) peut également être exercé, en leur nom et dans leur intérêt collectif, par le liquidateur. • Civ. 1re, 13 juill. 2004 : *LPA 13 avr. 2005, p. 3, note Lécuyer* • Rouen, 27 janv. 1999 : *RJDA 1999, n° 837.*

V. aussi notes ss. art. L. 622-20.

3 bis. La déclaration d'insaisissabilité (C. com., art. L. 526-1 s.) n'ayant d'effet qu'à l'égard des créanciers dont les droits naissent, postérieurement à sa publication, à l'occasion de l'activité professionnelle du déclarant, le liquidateur n'a pas qualité pour agir, dans l'intérêt de ces seuls créanciers, en inopposabilité de la déclaration d'insaisissabilité. • Com. 13 mars 2012 : *Bull. civ. IV, n° 53 ; D. 2012. 1460, note Marmoz ; ibid. Actu. 807, obs. Lienhard ; ibid. Pan. 2201, obs. Le Corre ; Rev. sociétés 2012. 394, obs. Henry ; JCP E 2012. 1325, note Le Corre ; ibid. 1508, n° 8, obs. Pétel ; JCP N 2012. 1281, note Lebel ; Act. proc. coll. 2012, n° 105, obs. Vallansan ; LEDEN mai 2012, p. 1, obs. F.-X. Lucas ; Bull. Joly Entrep. diff. 2012. 147, note Camensuli-Feuillard ; Bull. Joly 2012. 495, note Monsèrié-Bon ; RJDA 2012, n° 609 ; RD banc. fin. 2012, n° 91, obs. S. Piedelièvre ; Rev. proc. coll. 2012, n° 112, obs. Lisanti RLDA juin 2012. 19, obs. Vallens.* – V. Legrand, *LPA 3 mai 2012* ; Hoonakker, *D. 2013. 318.* ♦ L'intérêt collectif des créanciers ne résulte pas de l'irrégularité de la publicité de la déclaration d'insaisissabilité. • Même arrêt. – V. déjà. • Com. 3 févr. 2009 : *Bull. civ. IV, n° 15 ; D. 2009. AJ 494, obs. Lienhard ; Act. proc. coll. 2009, n° 112, obs. Bazin-Beust ; RJDA 2009, n° 457 ; Rev. proc. coll. 2009, n° 62, obs. Lisanti ; Gaz. Pal. 26-28 avr. 2009, p. 27, obs. Voinot ; Procédures 2009, n° 159, obs. Rolland ; LEDEN, avr. 2009, p. 5, obs. M. Sénéchal ; Defrénois 2010. 472, obs. Gibirila.* – V. aussi M. Sénéchal, *Bull. Joly 2009. 226.* ♦ Dans le même sens, pour l'irrecevabilité du liquidateur à exercer l'action paulienne aux fins de voir juger la déclaration d'insaisissabilité inopposable à la procédure, V. • Com. 23 avr. 2013 : *D. 2013. Actu. 1127, obs. Lienhard .* ♦ Sur cette problématique, V. encore Le Corre, *Gaz. Pal. 1er-4 mai 2013, p. 48.*

3 ter. Sort des sommes recouvrées. Les sommes recouvrées à la suite des actions que le liquidateur engage ou poursuit dans l'intérêt collectif des créanciers entrent dans le patrimoine du débiteur pour être réparties, entre tous les créanciers, au marc le franc. • Com. 9 nov. 2004 : *RJDA 2005, n° 175.* ♦ Cette règle fait obstacle à ce que la compensation ait lieu entre la dette mise à la charge d'un tiers à la suite de l'action poursuivie par le liquidateur et la dette du débiteur en liquidation judiciaire envers ce tiers. • Même arrêt.

3 quater. Coliquidateurs. V. note 9 ss. art. L. 622-22 (Civ. 2e, 8 janv. 1997).

4. Concurrence de compétence entre liquidateur et juge des ordres. V., dans le régime antérieur à la loi du 10 juin 1994, • Com. 12 juill. 1994 : *Bull. civ. IV, n° 262 ; D. 1994. 569, rapp. Rémery, note Honorat ; Defrénois 1995. 269, note Sénéchal* • 23 janv. 1996 : *Bull. civ. IV, n° 25 ; D. 1996. 425, note Prévault ; D. 1996. Somm. 282, obs. Honorat ; Defrénois 1996. 940, obs. Sénéchal ; D. Affaires 1996. 326 ; JCP E 1996. I. 554, n° 14, obs. Cabrillac ; Rev. huiss. 1996. 591, note Courtier.* – V. aussi • Com. 6 févr. 1996 : *D. 1996. IR 139.*

V. également notes 6 et 6 *bis* ss. art. L. 642-18.

4 bis. Licenciements. La lettre de licenciement pour motif économique émanant du mandataire judiciaire liquidateur est suffisamment motivée dès lors qu'elle vise le jugement de liquidation en application duquel il est procédé au licenciement. • Soc. 2 mars 2004 (2 arrêts) : *Bull. civ. V, nos 66 et 67 ; Act. proc. coll. 2004, n° 104, obs. Taquet ; JCP E 2004, n° 37, p. 1390, obs. Pétel ; JCP 2004. I. 183, n° 16, obs. Morvan.*

4 ter. L'annulation du jugement de liquidation judiciaire de l'employeur prive de fondement et d'effet les licenciements pour motif économique prononcés en vertu de cette décision par le liquidateur judiciaire, qui sont ainsi dépourvus de cause réelle et sérieuse ; il n'en va autrement que lorsque la cour d'appel annulant ce jugement ouvre par la même décision une liquidation judiciaire. • Soc. 16 déc. 2008 : *Bull. civ. V, n° 253 ; D. 2009. AJ 234 ; Gaz. Pal. 26-28 avr. 2009, p. 38, obs. Saintourens.*

4 quater. En ce sens que l'art. L. 641-4 C. com., en ce qu'il impose au liquidateur judiciaire la mise en place de mesures de reclassement préalables à tout licenciement, tout en l'obligeant à procéder au licenciement du salarié dans les quinze jours de l'ouverture de la liquidation judiciaire, ne méconnaît pas le principe d'égalité du citoyen devant la loi (art. 6 de la DDH), V. • Soc., QPC, 6 oct. 2011 : *Bull. civ. V, n° 229 ; D. 2011. Actu. 2467 ; JCP E 2012. 1000, n° 11, obs. Pételǃ; LEDEN nov. 2011, p. 6, obs. G. Dedessus-Le-Moustier ; Act. proc. coll. 2011, n° 294, obs. Fin-Langer ; Gaz. Pal. 20-21 janv. 2012, p. 39, obs. Gailhbaud ; Bull. Joly Entrep. diff. 2012. 102, note Donnette.*

II. RESPONSABILITÉ CIVILE DU LIQUIDATEUR

5. Exemples. Sur la responsabilité civile d'un liquidateur en raison : de diligences insuffisantes pour obtenir le nombre et les noms des salariés du débiteur afin que leur licenciement intervienne dans le délai de l'art. L. 143-11-1 [L. 3253-8] C. trav., V. • Com. 6 juill. 1993 : *Bull. civ. IV, n° 281 ; D. 1993. IR 211* • Besançon, 6 mars 1998 : *Rev. proc. coll. 2000. 84, obs. Soinne.* ♦ V. aussi notes 23 et 25 ss. art. L. 3253-8 C. trav., ss. art. L. 625-9. ♦ ... Du défaut de licenciement d'un salarié resté en arrêt maladie pendant plusieurs années puis reconnu en état d'invalidité, ainsi privé de l'indemnité de licenciement à laquelle il aurait eu droit, V. • TGI Paris, 19 mai 1999 : *JCP E 1999, n° 26, p. 1130.* ♦ ... De la dissimulation au cessionnaire du fonds de commerce d'une demande d'autorisation de licenciement d'un salarié protégé, V. • Versailles, 22 juin 2000 : *D. 2000. AJ 383.* ♦ ... De la résiliation tardive d'un bail commercial, V. • Paris, 25 oct. 2002 : *JCP E 2003, n° 27, p. 1142, obs. Pasqualini* et *Pasqualini-Salerno.* – Comp. : • Com. 7 juin 2005 : *Gaz. Pal. 4-5 nov. 2005, p. 21, obs. Gorrias* (à propos de l'absence de résiliation d'un bail à construction). ♦ ... De la non-restitution d'un local au bailleur, alors qu'il n'était plus en mesure de payer les loyers, V. • Paris, 18 mars 1993 : *Dr. sociétés 1993, n° 182* • 13 sept. 1993 : *JCP E 1993. 1149* • 29 mars 1996 : *JCP E 1996. Pan. 553 ; AJPI 1996. 1017, note Gallet.* – V. aussi • Paris, 19 mai 2000 : *JCP E 2000, n° 50, p. 1981* • 3 avr. 2001 : *RJDA 2001, n° 884.* ♦ V. encore note 23 *quater* ss. art. L. 622-13. ♦ ... Du refus du débiteur d'exécuter la décision ayant ordonné son expulsion, V. • Com. 18 mars 1998 : *Rev. proc. coll. 2000. 82, obs. Soinne* • TGI Boulogne-sur-Mer, 4 juill. 2000 : *Gaz. Pal. 2001. Somm. 307.* ♦ ... De la négligence dans la gestion d'un portefeuille de valeurs mobilières et le recouvrement de loyers échus, V. • Com. 6 févr. 1996 : *D. 1996. IR 83* (loi de 1967). ♦ ... Du retard mis pour procéder à la réalisation d'un bien gagé, V. • Com. 11 mai 1993 : *Bull. civ. IV, n° 186 ; JCP E 1993. I. 295, n° 9, obs. Cabrillac* (loi de 1967). ♦ ... Du retard dans le versement au créancier nanti des sommes résultant de la vente du fonds de commerce du débiteur, V. • Paris, 1er juill. 1999 : *RJDA 2000, n° 67.* ♦ ... Du défaut d'information du bailleur, après résiliation du bail, de l'existence d'une clause de réserve de propriété portant sur des cloisons démontables, V. • Com. 22 févr. 1994 : *Bull. civ. IV, n° 71 ; D. 1995. Somm. 26, obs. Honorat.* ♦ ... De la cession d'un droit au bail sans respecter l'obligation contractuelle de cession par acte authentique, V. • Civ. 1re, 13 févr. 1996 : *Bull. civ. I, n° 83* (loi de 1967). ♦ ... D'une demande abusive d'extension de la procédure, V. • Com. 27 oct. 1998 : *RJDA 1999, n° 64.* ♦ ... D'une faute dans l'établissement de l'état des créances, V. note 4 ss. art. L. 624-1. ♦ ... De la vente, avant l'expiration du délai de revendication, de marchandises couvertes par une clause de réserve de propriété, V. note 22 *bis* ss. art. L. 624-16. ♦ ... De la vente d'un véhicule qu'il savait ne pas appartenir à la société débitrice, V. • Com. 22 janv. 2002 : *Act. proc. coll. 2002, n° 106, obs. Regnaut-Moutier ; JCP 2003. II. 10013, note Haennig ; RTD com. 2003. 570, obs. Martin-Serf.* ♦ ... De la poursuite irrégulière de l'activité en cas de conversion en liquidation, V. Soinne, *Rev. proc. coll. 1996. 360.* ♦ ... De la clôture des opérations de liquidation judiciaire sans qu'ait été réglée la créance de la banque du débiteur dont il avait pourtant connaissance, V. • T. com. Paris, 18 févr. 1998 : *Gaz. Pal. 1999. 1. Somm. 614.*

6. Exercice de l'action en responsabilité. Justifie légalement sa décision la cour d'appel qui, ayant constaté qu'un créancier demandait au liquidateur la réparation de sa fraction personnelle d'un préjudice subi par l'ensemble des créanciers, retient que l'action dans l'intérêt collectif des créanciers ne peut être exercée que par un nouveau liquidateur, désigné dans les conditions fixées par l'art. L. 622-5, al. 2, [L. 641-1] C. com. • Com. 4 mars 2003 : *Bull. civ. IV, n° 37 ; D. 2003. AJ 1166.*

6 bis. Prescription de l'action en responsabilité. L'action en responsabilité engagée par un tiers à l'encontre d'un mandataire judiciaire à la liquidation des entreprises est soumise à la prescription édictée par l'art. 2270-1 [2224] C. civ. • Com. 3 juill. 2007 : *Bull. civ. IV, n° 183 ; D. 2007. AJ 2108, obs. Lienhard ; Act. proc. coll. 2007, n° 170, obs. Regnaut-Moutier ; Gaz. Pal. 26-27 oct. 2007, p. 36, obs. Gorrias ; Procédures 2007, n° 253, obs. Croze.*

III. DISPENSE DE VÉRIFICATION DES CRÉANCES CHIROGRAPHAIRES

BIBL. Le Corre, *D. 2000. Chron. 275*.

7. Le défaut de vérification des créances, fussent-elles privilégiées, par le mandataire-liquidateur, en cas de clôture de la liquidation pour insuffisance d'actif n'emporte pas leur extinction, dès lors qu'elles ont été régulièrement déclarées (recevabilité de l'action du créancier contre la caution). • Paris, 15 nov. 2002 : *RD banc. fin. 2003, n° 76, obs. F.-X. Lucas.*

8. En raison du caractère accessoire du cautionnement, le juge du cautionnement, saisi d'une action en paiement par le créancier contre la caution, est tenu, en l'absence de vérification et d'admission des créances chirographaires, de statuer sur toutes les exceptions inhérentes à la dette invoquée par la caution, sa décision ne s'imposant que dans les rapports entre le créancier et la caution. • Com. 18 févr. 2003 : *JCP E 2003, n° 25, p. 1053, note Le Corre ; RTD com. 2003. 815, obs. Martin-Serf.* ♦ En l'absence de vérification et d'admission des créances chirographaires, la cour d'appel, saisie par la caution d'une exception tenant au caractère tardif de la déclaration de créance à la procédure collective du débiteur principal, est tenue de se prononcer sur la régularité de la déclaration litigieuse. • Même arrêt. ♦ V. aussi, sur la compétence des juridictions civiles pour statuer sur la validité au fond de la créance, • Douai, 15 juill. 1994 : *Rev. proc. coll. 1996. 130, obs. Dureuil.*

9. Sur l'absence d'incidence sur l'effet interruptif de la prescription résultant de la déclaration de créance, V. • Com. 15 mars 2005 : *RJDA 2005, n° 1013 ; Gaz. Pal. 6-7 juill. 2005, p. 29, obs. Le Corre.*

10. Sur le lien entre la vérification des créances et la condamnation d'un dirigeant au comblement du passif, V. note 31 ss. art. L. 651-2.

11. Sur l'incidence sur le point de départ du délai pour demander le report de la date de cessation des paiements, V. • Com. 13 avr. 1999 : *cité note 2 bis ss. art. L. 631-8.*

Art. L. 641-5 *(L. n° 2005-845 du 26 juill. 2005, art. 102)* **Lorsque la liquidation judiciaire est prononcée au cours de la période d'observation d'une procédure de sauvegarde ou de redressement judiciaire, le liquidateur procède aux opérations de liquidation en même temps qu'il achève éventuellement la vérification des créances et qu'il établit l'ordre des créanciers. Il poursuit les actions introduites avant le jugement de liquidation, soit par l'administrateur, soit par le mandataire judiciaire, et peut introduire les actions qui relèvent de la compétence du mandataire judiciaire.** — *[C. com., ancien art. L. 622-5.]*

Art. L. 641-6 *(Ord. n° 2008-1345 du 18 déc. 2008, art. 99)* **Aucun conjoint ou partenaire lié par un pacte civil de solidarité, aucun parent ou allié jusqu'au quatrième degré inclusivement, du débiteur personne physique ou des dirigeants, s'il s'agit d'une personne morale, ne peut être désigné à l'une des fonctions prévues à l'article L. 641-1 ou L. 641-10, sauf dans les cas où cette disposition empêche la désignation d'un représentant des salariés.**

Art. L. 641-7 *(L. n° 2005-845 du 26 juill. 2005, art. 103)* **Le liquidateur tient informés, au moins tous les trois mois, le juge-commissaire, le débiteur et le ministère public du déroulement des opérations.** *(Ord. n° 2008-1345 du 18 déc. 2008, art. 100)* **« Le juge-commissaire et le ministère public peuvent à toute époque requérir communication de tous actes ou documents relatifs à la procédure. »** — *V. art. R. 641-38.*

Art. L. 641-8 **Toute somme reçue par le liquidateur dans l'exercice de ses fonctions est immédiatement versée en compte de dépôt à la Caisse des dépôts et consignations. En cas de retard, le liquidateur doit, pour les sommes qu'il n'a pas versées, un intérêt dont le taux est égal au taux de l'intérêt légal majoré de cinq points.** — *[C. com., ancien art. L. 622-8.]*

(Ord. n° 2008-1345 du 18 déc. 2008, art. 101) **« Toute somme versée par l'association mentionnée à l'article L. 3253-14 du code du travail en application des articles**

L. 3253-8 à L. 3253-13 du même code donne lieu à déclaration à l'administration fiscale par le liquidateur. »

Pour l'insaisissabilité des sommes déposées à la Caisse des dépôts et consignations, V. art. L. 662-1.

BIBL. ▶ TUDELA, *Gaz. Pal. 1999. 2. Doctr. 1223.*

S'il est vrai que l'art. L. 622-8 [L. 641-8] C. com. fait obligation au liquidateur de verser en compte de dépôt à la caisse des dépôts et consignations toute somme reçue, aucune disposition légale ne fait obstacle à une utilisation à sa guise desdits fonds dans l'accomplissement de la mission de liquidation à lui confiée, la non-représentation des fonds ne pouvant être sanctionnée que sur un fondement quasi délictuel. • Versailles, réf., 4 août 2004 : *JCP E 2004, n° 48, p. 1885, note Merrien et Sitterlé.*

Art. L. 641-9 *(L. n° 2005-845 du 26 juill. 2005, art. 104)* **« I. » — Le jugement qui ouvre ou prononce la liquidation judiciaire emporte de plein droit, à partir de sa date, dessaisissement pour le débiteur de l'administration et de la disposition de ses biens même de ceux qu'il a acquis à quelque titre que ce soit tant que la liquidation judiciaire n'est pas clôturée. Les droits et actions du débiteur concernant son patrimoine sont exercés pendant toute la durée de la liquidation judiciaire par le liquidateur.**

Toutefois, le débiteur peut se constituer partie civile dans le but d'établir la culpabilité de l'auteur d'un crime ou d'un délit dont il serait victime *(Abrogé par L. n° 2005-845 du 26 juill. 2005, art. 104)* « ***, s'il limite son action à la poursuite de l'action publique sans solliciter de réparation civile*** ». — *[C. com., ancien art. L. 622-9.]*

(L. n° 2005-845 du 26 juill. 2005, art. 104) **« Le débiteur accomplit également les actes et exerce les droits et actions qui ne sont pas compris dans la mission du liquidateur ou de l'administrateur lorsqu'il en a été désigné.**

« II. — Lorsque le débiteur est une personne morale, les dirigeants sociaux en fonction lors du prononcé du jugement de liquidation judiciaire le demeurent, sauf disposition contraire des statuts ou décision de l'assemblée générale. En cas de nécessité, un mandataire peut être désigné en leur lieu et place par ordonnance du président du tribunal sur requête de tout intéressé, du liquidateur ou du ministère public.

« Le siège social est réputé fixé au domicile du représentant légal de l'entreprise ou du mandataire désigné.

« III. — Lorsque le débiteur est une personne physique, il ne peut exercer, au cours de la liquidation judiciaire, aucune des activités mentionnées au premier alinéa de l'article L. 640-2. » *(Ord. n° 2010-1512 du 9 déc. 2010, art. 5-3°)* **« Toutefois, le débiteur entrepreneur individuel à responsabilité limitée peut poursuivre l'exercice d'une ou de plusieurs de ces activités, si celles-ci engagent un patrimoine autre que celui visé par la procédure. »**

BIBL. ▶ DELENEUVILLE, *D. 2006. Chron. 1233* (constitution de partie civile de la victime en liquidation judiciaire). – LEBEL, *Mélanges Dugas de la Boissonny, P.U.N., 2009, p. 128* (dessaisissement du débiteur). – VALLANSAN, *Mélanges Tricot, Dalloz-Litec, 2011, p. 599* (dessaisissement de la personne physique en liquidation judiciaire). – CANTIN, *Rev. proc. coll. 2008. 21* (représentation d'une société en liquidation judiciaire). – THÉRON, *Rev. proc. coll. 2013. Dossier 3* (contours du dessaisissement). ▶ Régime antérieur à la loi du 26 juill. 2005 : TEBOUL, *RJ com. 2002. 360* (effets du dessaisissement). – SAINT-ALARY-HOUIN, *Rev. proc. coll. 2003. 173.* – MONSÈRIÉ-BON, *RLDA, suppl. au n° 80, mars 2005, p. 53* (dessaisissement et avènement des droits propres).

A. GÉNÉRALITÉS

1. Portée du dessaisissement. V. note 4. ♦ Sur la sanction, V. notes 24 s.

Le dessaisissement atteint aussi bien les revenus que le débiteur a pu se procurer à raison d'une activité professionnelle nouvelle postérieure à sa mise en liquidation, dès lors que ces revenus ou tous autres biens ont été acquis avant la clôture de la liquidation. • Metz, 6 mars 1997 : *JCP 1998. IV. 1412.*

Le dessaisissement s'étend à toute opération ou à tout acte ayant un caractère patrimonial et atteint l'ensemble des biens du débiteur qu'ils soient affectés ou non à l'exploitation. • Caen, 25 nov. 1997 : *BICC 1998, n° 608 ; RJDA 1998, n° 1018.*

Le jugement de liquidation judiciaire d'une personne physique emporte dessaisissement pour le débiteur de l'administration et de la disposition de ses biens, notamment des parts dans le capital d'une société mais ne le dessaisit pas de ses fonctions de représentant légal de cette société. • Com. 27 nov. 2001 : *Bull. civ. IV, n° 189 ; D. 2002. AJ 92, obs. Lienhard ; Act. proc. coll. 2002, n° 12, obs. Vallansan ; Dr. sociétés 2002, n° 24, note Legros ; Bull. Joly 2002. 212, note M. Sénéchal ; RD banc. fin. 2002, n° 65, obs. F.-X. Lucas ; JCP E 2002, n° 20, p. 805, obs. Pétel ; RJ com. 2002. 462, note Haennig.* ♦ Il en résulte que le liquidateur, qui ne peut agir qu'au nom du débiteur actionnaire de la société, n'est pas recevable à demander la désignation d'un administrateur provisoire de la société au motif que son représentant légal est soumis à une procédure de liquidation judiciaire. • Même arrêt. ♦ En cas de mise en liquidation judiciaire de l'associé d'une société civile, le liquidateur n'a pas qualité pour exercer les actions liées à sa qualité d'associé ou de gérant et concernant le patrimoine de la personne morale, non plus que son droit de participer aux décisions collectives. • Com. 18 oct. 2011 : *Bull. civ. IV, n° 163 ; D. 2011. Actu. 2592, obs. Lienhard ; D. 2012. 593, note Dondero ; Rev. sociétés 2012. 249, note Saintourens et Duprat ; JCP E 2012. 1018, note Lebel ; Act. proc. coll. 2011, n° 277, obs. Vallansan ; Dr. sociétés 2011, n° 213, note Hovasse ; Bull. Joly 2011. 994, note F.-X. Lucas ; Procédures 2011, n° 375, note Rolland ; RJDA 2012, n° 76 ; Gaz. Pal. 20-21 janv. 2012, p. 27, obs. Voinot ; Bull. Joly Entrep. diff. 2012. 82, note Coquelet ; LPA 27 juin 2012, p. 17, obs. Boillot.* – V. aussi • Civ. 3e, 19 déc. 2007 : *D. 2008. AJ 159 ; Dr. sociétés 2008. n° 75, note Legros ; Bull. Joly 2008. 321, note Voinot* • Com. 19 juin 2012 : *Bull. civ. IV, n° 128 ; D. 2012. Actu. 1671 ; Rev. sociétés 2012. 532, obs. Henry ; LEDEN juill. 2012, p. 3, obs. Pelletier ; Act. proc. coll. 2012, n° 194, obs. Regnaut-Moutier ; Dr. sociétés 2012, n° 171, note Legros ; Bull. Joly 2012. 731, note F.-X. Lucas ; Gaz. Pal. 12-13 oct. 2012, p. 28, obs. Voinot.*

Le dessaisissement d'un débiteur ne l'empêche pas d'exercer une activité professionnelle. • Com. 5 juill. 2005 : *Bull. civ. IV, n° 152 ; D. 2005. AJ 2146, obs. Lienhard ; RD banc. fin. 2005, n° 178, obs. F.-X. Lucas ; Gaz. Pal. 4-5 nov. 2005, p. 30, obs. Voinot ; ibid. 21-22 juin 2006, p. 42, obs. Robine ; JCP E 2006, n° 2, p. 72, obs. Pétel.* ♦ Comp., désormais : art. L. 641-9, III, issu de la L. n° 2005-845 du 26 juill. 2005.

Les dispositions relatives au dessaisissement du débiteur en liquidation judiciaire n'entraînent pas une privation de propriété. • Com., QPC, 18 déc. 2012 : *D. 2013. Actu. 77 ; Rev. sociétés 2013. 179, obs. Henry ; Act. proc. coll. 2013, n° 20, obs. Vallansan ; Bull. Joly Entrep. diff. 2013. 82, note Benilsi ; LEDEN avr. 2013, p. 4, obs. Favario.* ♦ Le dessaisissement de plein droit du débiteur en application des dispositions de l'art. L. 622-9 [L. 641-9] C. com. n'entraîne pas la disparition de son droit de propriété sur l'immeuble indivis litigieux, de sorte que le liquidateur n'a pas qualité pour poursuivre l'expulsion de ce dernier avant la réalisation définitive de la cession de cet immeuble. • Com. 25 oct. 2011 : *Bull. civ. IV, n° 170 ; D. 2011. Actu. 2724, obs. Lienhard ; D. 2012. 479, note Albiges ; JCP E 2012. 1000, n° 5, obs. Pétel ; ibid. 1138, note Lebel ; LEDEN déc. 2011, p. 2, obs. Berthelot ; Act. proc. coll. 2011, n° 302, obs. Roussel Galle ; Gaz. Pal. 20-21 janv. 2012, p. 29, obs. Théron ; RJDA 2012, n° 318 ; LPA 27 juin 2012, p. 17, obs. Boillot.* ♦ De même, le dessaisissement de la société en liquidation judiciaire n'entraîne pas au préjudice de cette société, dont la personnalité morale demeure pour les besoins de sa liquidation en vertu des art. 1844-8 C. civ. et L. 237-2, al. 2, C. com., la disparition de son droit de propriété sur l'immeuble litigieux ; la société en liquidation reste en conséquence redevable de la taxe annuelle prévue par l'art. 990 D CGI. • Com. 8 avr. 2008 : *Bull. civ. IV, n° 80 ; D. 2008. AJ 1204 ; Act. proc. coll. 2008, n° 153, obs. Serlooten.*

Sur la responsabilité pénale du liquidateur judiciaire pour non-convocation de l'assemblée générale des actionnaires aux fins d'approbation des comptes annuels, V. Rép. min. n° 4657 : *JOAN Q, 6 mai 2008, p. 351.* – V. aussi Cerati-Gauthier, *JCP E 2008. 1904.*

Sur la question de savoir si, par application de l'art. L. 641-9, le liquidateur peut être considéré comme un tiers par rapport au débiteur, V. note 39 *ter* ss. ancien art. L. 621-32, ss. art. L. 622-17.

1 bis. Un débiteur en liquidation judiciaire, fût-ce une société, peut subir un préjudice dont il appartient au liquidateur judiciaire ou, lorsque l'action est dirigée contre ce dernier, à un mandataire ad hoc de poursuivre la réparation. • Com. 24 mai 2005 : *Bull. civ. V, n° 109 ; D. 2005. AJ 1695, obs. Lienhard ; JCP E 2005, n° 36, p. 1424, obs. Cabrillac et Pétel ; Gaz. Pal. 4-5 nov. 2005, p. 35, obs. Roussel Galle ; Dr. sociétés 2005, n° 216, note Legros.* ♦ Sur le tribunal compétent pour désigner un mandataire *ad* *hoc*, V. note 4 *quater* ss. art. 1844-7 C. civ., App., v° *Sociétés commerciales*.

2. Point de départ. Par l'effet de la loi, le dessaisissement du débiteur part de la première heure du jour où est prononcée la liquidation judiciaire. • Com. 17 mai 1989 : *Bull. civ. IV, n° 152 ; D. 1989. IR 177 ; JCP 1990. II. 21464, note Beaubrun.*

2 bis. Fin du dessaisissement. La clôture de la liquidation judiciaire pour insuffisance d'actif, qui met fin au dessaisissement du débiteur, lui permet d'engager une action en paiement d'une créance née antérieurement à l'ouverture de la procédure collective et non recouvrée par le liquidateur. • Com. 17 oct. 2000 : *Bull. civ. IV, n° 155 ; D. 2001. Somm. 619, obs. Honorat ; ibid. 2000. AJ 411, obs. Lienhard ; Act. proc. coll. 2000, n° 232, obs. Bonneau ; JCP E 2001, n° 4, p. 176, obs. Pétel ; RTD com. 2001. 243, obs. Vallens.*

La remise des parties dans leur état antérieur à la suite de l'annulation du jugement d'adjudication d'un bien immobilier [elle-même consécutive à l'annulation du jugement d'extension d'une procédure de liquidation judiciaire à la SCI qui était propriétaire du bien objet de l'adjudication] commande que soit mise à la charge du propriétaire qui, dans la procédure de saisie immobilière, avait été représenté par le liquidateur pour le temps de son dessaisissement, et qui a été remis à la tête de ses biens, la restitution du prix en contrepartie de celle du bien. • Com. 7 févr. 2006 : *Bull. civ. IV, n° 28 ; D. 2006. AJ 578, obs. Lienhard ; Gaz. Pal. 30 avr.-4 mai 2006, p. 33, obs. Voinot ; RJ com. 2006. 239, note Sortais.*

2 ter. Rétractation du jugement prononçant la liquidation. Le jugement rétractant la décision de liquidation judiciaire du débiteur ne fait pas disparaître rétroactivement les effets du dessaisissement du débiteur lorsqu'il était en état de liquidation judiciaire. • Com. 2 avr. 1996 : *Bull. civ. IV, n° 104 ; D. 1996. IR 122 ; JCP E 1996. I. 584, n° 6, obs. Cabrillac.* ♦ Par conséquent, des chèques ayant été émis par le dirigeant d'une société postérieurement au jugement ayant prononcé sa liquidation judiciaire, ces opérations sont inopposables à la procédure judiciaire, et la banque n'a commis aucune faute en rejetant, par deux fois, les chèques présentés par le créancier bénéficiaire, même si la seconde présentation des chèques litigieux a été effectuée après rétractation du jugement de liquidation judiciaire. • Même arrêt.

2 quater. Cassation de l'arrêt confirmant le jugement prononçant la liquidation judiciaire. V. • Com. 1er avr. 2003 : *Dr. sociétés 2004, n° 43, note Legros.*

2 quinquies. Bonne foi des tiers. Les dispositions de l'art. 152 [C. com., art. L. 641-9] ne font pas d'exception en faveur des tiers de bonne foi. • Com. 2 avr. 1996 : *Bull. civ. IV, n° 103 ; D. 1996. Somm. 338, obs. Honorat ; JCP E 1996. I. 584, n° 5, obs. Cabrillac* • 22 oct. 1996 : *Dr. sociétés 1996, n° 232, obs. Chaput* • 19 mai 2004 : *Bull. civ. IV, n° 97 ; D. 2004. AJ 1813, obs. Lienhard (2e esp.) ; Act. proc. coll. 2004, n° 163, obs. Boulay ; Rev. proc. coll. 2006. 55, obs. Lebel.* ♦ V. aussi note 24.

2 sexies. Créancier de pension alimentaire. Si l'art. 30 de la loi du 25 janv. 1985 [C. com., art. L. 631-11] permet à la personne mise en liquidation judiciaire d'obtenir de l'actif, pour sa famille, des subsides fixés par le juge-commissaire, son dessaisissement, résultant de l'application des dispositions d'ordre public de l'art. 152 [C. com., art. L. 641-9], est général et embrasse l'intégralité de son patrimoine, aucune exception n'étant légalement prévue en faveur des créanciers auxquels serait due une pension alimentaire. • Paris, 4 juill. 2000 : *D. 2000. AJ 398 ; Rev. proc. coll. 2002. 260, obs. Lebel.*

2 septies. Conflit avec l'art. L. 108 CPCE. Les dispositions d'ordre public de l'art. 152 [C. com., art. L. 641-9] l'emportent sur celles de l'art. L. 108 CPCE, qui énonce qu'en cas de changement dans la condition civile ou la situation légale du titulaire du compte courant postal, avis doit être donné au centre de chèques postaux détenteur de ce compte et que La Poste ne peut être tenue responsable ces conséquences pouvant résulter des modifications qui ne lui auraient pas été notifiées. • Com. 18 janv. 2000 : *JCP E 2000, n° 8, p. 297 ; Procédures 2000, n° 126, obs. Laporte ; RJDA 2000, n° 701 ; Gaz. Pal. 2000. 1873, note Daniélou.* ♦ Le jugement qui prononce la liquidation judiciaire emportant de plein droit, à partir de sa date à zéro heure, dessaisissement pour le débiteur de l'administration et de la disposition de ses biens, il importe peu que La Poste ait connu ou non la liquidation judiciaire de son client au jour des retraits effectués sur le compte chèque postal. • Même arrêt. – Dans le même sens, V. • Aix-en-Provence, 24 mars 2004 : *RD banc. fin. 2004, n° 211, obs. F.-X. Lucas.*

2 octies. Dissolution des sociétés en liquidation judiciaire. BIBL. Dureuil, *Mélanges Honorat, Frison-Roche, 2000, p. 99.* ♦ V. art. 1844-7 (7°) C. civ. et notes ss. cet art., App., v° *Sociétés commerciales.*

B. EFFETS DU DESSAISISSEMENT QUANT AUX BIENS

3. Biens insaisissables. Si sont exclues du dessaisissement du débiteur en liquidation judiciaire la fraction insaisissable des salaires ou les prestations assimilées, cette exception, édictée dans le seul intérêt du débiteur, ne peut pas être invoquée par un tiers, dès lors que les conditions d'application de l'art. 1166 C. civ. (action oblique) ne sont pas réunies. • Com. 11 juill. 1995 : *Bull. civ. IV, n° 209 ; D. 1996. Somm. 83, obs. Honorat ; RJDA 1995, n° 132.*

En ce sens que les juges ne peuvent faire échapper au dessaisissement les indemnités allouées au débiteur à la suite d'un accident de la circulation, sans rechercher si celles-ci ont, en tout ou en partie, un caractère alimentaire au regard de l'art. 14 de la L. n° 91-650 du 9 juill. 1991 [C. pr. exéc., art. L. 112-2, à compter du 1er juin 2012], V. • Com. 5 févr. 2002 : *Bull. civ. IV, n° 28 ; D. 2002. AJ 887 ; Act. proc. coll. 2002, n° 88, obs. Vallansan ; Procédures 2002, n° 98, obs. Laporte ; Dr. et patr. juill.-août 2002. 107, obs. Monsèrié-Bon ; Rev. proc. coll. 2002. 257, obs. Lebel ; RJ com. 2003. 415, note Sortais.*

Le débiteur peut opposer la déclaration d'insaisissabilité qu'il a effectuée en application de l'art. L. 526-1 C. com., avant qu'il ne soit mis en liquidation judiciaire, en dépit de la règle du dessaisissement prévue par l'art. L. 641-9. • Com. 28 juin 2011 : *Bull. civ. IV, n° 109 ; D. 2011. Actu. 1751, obs. Lienhard ; D. 2012. Pan. 2201, obs. Le Corre ; Rev. sociétés 2011. 526, obs. Roussel Galle ; JCP E 2011. 1551, note Pérochon ; ibid. 1596, n° 4, obs. Pétel ; LEDEN juill. 2011, p. 1, obs. F.-X. Lucas ; Dict. perm. diff. entrep., Bull. n° 328, obs. Rémery ; Act. proc. coll. 2011, n° 203, obs. Fin-Langer ; LPA 28 sept. 2011, note Teboul ; Bull. Joly Entrep. diff. 2011. 242, note Camensuli-Feuillard ; RD banc. fin. 2011, n° 171, obs. S. Piedelièvre ; Gaz. Pal. 7-8 oct. 2011, p. 11, note Antonini-Cochin ; RJ com. 2011. 510, note Sortais ; LPA 23 nov. 2011, note Reille ; Rev. proc. coll. 2012, n° 111, obs. Lisanti.* – V. aussi Legrand et Vallansan, *Rev. proc. coll. 2011. Étude 30.* ♦ Dès lors que l'immeuble appartenant au débiteur et à son conjoint commun en biens a fait l'objet d'une déclaration d'insaisissabilité publiée avant l'ouverture de la liquidation judiciaire, le juge-commissaire ne peut autoriser, sous peine de commettre un excès de pouvoir, le liquidateur à procéder à la vente aux enchères publiques de cet immeuble dont l'insaisissabilité lui est opposable. • Même arrêt.

3 bis. Salaires. La saisie des rémunérations dues par un employeur est soumise aux dispositions du code du travail ; si le liquidateur d'un salarié en liquidation judiciaire est fondé à demander à l'employeur le versement entre ses mains des salaires du débiteur qui, à l'exclusion de leur fraction insaisissable, sont appréhendés par l'effet réel de la procédure collective, il doit mettre en œuvre la procédure de saisie des rémunérations ressortissant à la compétence exclusive du tribunal d'instance. • Com.13 avr. 2010 : *Bull. civ. IV, n° 78 ; D. 2010. Actu. 1072 ; JCP E 2010. 1534, note Lebel ; ibid. 1742, n° 7, obs. Pétel ; Act. proc. coll. 2010, n° 137, obs. Fin-Langer ; LEDEN juin 2010, p. 4, obs. Rubellin ; RJDA 2010, n° 644 ; Procédures 2010, n° 236, obs. Rolland ; Gaz. Pal. 2-3 juill. 2010, p. 27, obs. Voinot ; Rev. proc. coll. 2012, n° 33, obs. Canet.*

3 ter. Apport en société. Le débiteur en liquidation judiciaire étant dessaisi, en application de l'art. 152 [C. com., art. L. 641-9], de l'administration et de la disposition de ses biens, il n'a pas la capacité d'effectuer un apport en société, qui constitue un acte de disposition ; il s'ensuit que la société constituée entre la débitrice en liquidation judiciaire et son fils doit être déclarée nulle sur le fondement des art. 1841-10 et 1832 C. civ. • Poitiers, 22 juill. 1999 : *Dr. sociétés 2001, n° 11, obs. Chaput.*

4. Débiteur marié. Il résulte de la combinaison des art. 1413 C. civ. et L. 622-9 [L. 641-9] C. com. qu'en cas de liquidation judiciaire d'un débiteur marié sous le régime de la communauté, les biens communs inclus dans l'actif de la procédure collective sont administrés par le seul liquidateur qui exerce pendant toute la durée de la liquidation judiciaire les droits et actions du débiteur dessaisi concernant son patrimoine. • Com. 4 oct. 2005 : *Bull. civ. IV, n° 193 ; D. 2005. AJ 2592, obs. Lienhard ; D. 2006. Pan. 86, obs. Le Corre ; ibid. 1382, obs. Danis-Fatôme ; Act. proc. coll. 2005, n° 230, obs. Regnaut-Moutier ; JCP E 2006, n° 2, p. 73, obs. Pétel ; ibid., n° 6-7, p. 293, note Beigner ; Gaz. Pal. 10-11 févr. 2006, p. 42, obs. Vauvillé.* ♦ Il s'ensuit que les pouvoirs de gestion des biens communs normalement dévolus au conjoint *in bonis* en vertu des art. 1421 s. C. civ. ne peuvent plus s'appliquer. • Même arrêt. ♦ Le dessaisissement du débiteur porte aussi sur les biens de communauté quand le jugement de divorce est postérieur à l'ouverture de la procédure collective. • Paris, 9 févr. 1990 : *JCP E 1990. I. 20009* • 6 nov. 1992 : *RJDA 1993, n° 450* • Reims, 14 févr. 1996 : *JCP 1997. IV. 852.* – V. aussi, en cas de décès du débiteur en cours de procédure, • Colmar, 26 nov. 2002 : *JCP 2003. IV. 2932.* ♦ Chacun des époux, ayant le pouvoir d'administrer seul les biens communs et d'en disposer, a qualité pour exercer seul, en défense ou en demande, les actions relatives aux biens communs ; il s'en déduit que les décisions rendues à l'encontre du seul époux en liquidation judiciaire, représenté par son liquidateur, relativement à la vente d'un bien commun, étant opposables au conjoint maître de ses biens, la tierce opposition formée par ce dernier à leur encontre n'est pas recevable. • Com. 28 avr. 2009 : *Bull. civ. IV, n° 58 ; D. 2009. 2143, note Souhami ; ibid. AJ 1353 ; LEDEN, juin 2009, p. 5, obs. Rubellin ; Act. proc. coll. 2009, n° 176, obs. Leprovaux ; Gaz. Pal. 26-28 juill. 2009, p. 46, obs. Antonini-Cochin ; RJDA 2009, n° 878 ; Rev. proc. coll. 2010, n° 3, obs. Gorrias et Manie ; ibid., n° 145, obs. Dumont-Lefrand ; Defrénois 2010. 478, obs. Gibirila.*

4 bis. Pour l'inopposabilité à la procédure collective de l'acte de cession compris dans une convention définitive de divorce homologuée par le juge, prévoyant l'abandon par le mari, soumis à une procédure de liquidation judiciaire, de sa part sur l'immeuble commun au titre de la pension alimentaire, V. • Com. 26 avr. 2000 : *Bull. civ. IV, n° 81 ; D. 2000. AJ 264, obs. Lienhard ; JCP E 2000, n° 40, p. 1562, obs. Pétel ; Procédures 2000, n° 164, obs. Laporte ; LPA 28 févr. 2001, p. 16, note Paquette-Dessaigne.*

4 ter. La liquidation judiciaire du mari ne peut faire obstacle à la demande de séparation de biens présentée par son épouse. • Civ. 1re, 3 mai 2000 : *Bull. civ. I, n° 127 ; D. 2000. AJ 294 ; JCP 2000. II. 10389, note Casey ; ibid. 2001. I. 309, obs. Tisserand ; Defrénois 2000. 855, obs. Sénéchal.* ♦ ... Mais elle n'établit cependant pas à elle seule la mise en péril des intérêts de l'épouse. • Civ. 1re, 19 oct. 2004 : *Bull. civ. I, n° 231 ; D. 2004. AJ 2855 ; D. 2005. Pan. 298, obs. Le Corre ; Act. proc. coll. 2004, n° 233, obs. Vallansan et Leprovaux ; JCP E 2005, n° 6, p. 239, obs. Leprovaux ; AJ fam. 2005. 28, obs. Hilt ; Rev. proc. coll. 2005. 56, obs. Dumont ; Defrénois 2005. 990, obs. Gibirila.*

5. Si la liquidation judiciaire d'une personne mariée sous le régime de la communauté de biens ne modifie pas les droits que les créanciers de son conjoint tiennent du régime matrimonial, le dessaisissement de la personne leur interdit d'exercer des poursuites sur les biens communs en dehors des cas où les créanciers du débiteur soumis à la liquidation judiciaire peuvent eux-mêmes agir. • Cass., ass. plén., 23 déc. 1994 : *Bull. civ. n° 7 ; BICC 1er févr. 1995, p. 1, concl. Roehrich, rapp. Chartier ; D. 1995. 145, rapp. Chartier, note Derrida ; RJ com. 1995. 55, note M. Storck ; JCP 1995. II. 22401, note Randoux ; JCP E 1995. II. 660, note Pétel ; Gaz. Pal. 1995. 2. 407, note de La Marnierre.* ♦ V. aussi Sénéchal, *Bull. Joly 1995. 229 ;* Vauville, *Rev. proc. coll. 1995. 23 ;* Courtier, *Rev. huiss. 1995. 961.* ♦ Les juges doivent rechercher, au besoin d'office, si le créancier avait déclaré sa créance au passif de la procédure collective du débiteur, dès lors qu'en l'absence d'une telle déclaration, le créancier ne peut faire valoir son hypothèque, sauf, le cas échéant, sur le solde du prix de l'immeuble grevé subsistant après règlement des créanciers admis. • Com. 14 oct. 1997 : *Bull. civ. IV, n° 260 ; D. 1998. Somm. 134, obs. Revel ; D. Affaires 1997. 1327 ; JCP 1998. II. 10003, note Beignier* • 16 mars 1999 : *Act. proc. coll. 1999, n° 165.* ♦ V. aussi • Com. 25 févr. 2004 : *D. 2004. AJ 2147, obs. Le Corre ; Rev. proc. coll. 2005. 58, obs. Rubellin.* ♦ Sur l'obligation de déclarer la créance, V. aussi note 9 ss. ancien art. L. 621-46, ss. art. L. 622-26.

6. L'inopposabilité à la liquidation judiciaire du mari, en raison de son dessaisissement, du prêt contracté par les époux n'affecte ni la validité de l'emprunt à l'égard de la femme *in bonis* ni l'engagement de ses biens propres. • Com. 20 juin 1995 : *Bull. civ. IV, n° 183 ; JCP E 1995. I. 513, n° 8, obs. Cabrillac* (V. l'arrêt confirmé : • Amiens, 27 nov. 1992 : *Rev. proc. coll. 1994. 36, obs. Saint-Alary-Houin*).

6 bis. L'inopposabilité à la masse de l'hypothèque consentie, postérieurement au jugement de liquidation des biens de l'un des époux, sur un immeuble commun, pour sûreté d'une dette que ceux-ci ont contractée, produit effet à l'égard de chacun des époux. • Com. 14 oct. 1997 : *Bull. civ. IV, n° 267 ; D. 1998. Somm. 99, obs. Honorat* (loi de 1967).

7. Lorsque l'ordonnance du juge-commissaire fixant la mise à prix, précisant les conditions essentielles de la vente et déterminant les modalités de publicité est passée en force de chose jugée à l'égard du débiteur qui dispose à son encontre d'un recours devant le tribunal de la procédure collective, le liquidateur, qui exerce le pouvoir exclusif d'agir au nom du débiteur dans la procédure de saisie immobilière, se trouve dispensé de délivrer au débiteur saisi la sommation prévue à l'art. 689 C. pr. civ. [ancien]. • Cass., ch. mixte, 5 déc. 1997 : *Bull. civ., n° 2 ; D. 1998. IR 22 ; D. Affaires 1998. 28, obs. A. L. ; Quot. Jur. 20 janv. 1998, p. 10, note P. M. ; BICC 15 févr. 1998, p. 8, concl. Monnet ; JCP E 1998, n° 9, p. 328, note Croze* • Com. 11 avr. 1995 : *Bull. civ. IV, n° 123 ; D. 1995. IR 153 ; Defrénois 1995. 973, obs. Sénéchal.* – V. Cass., rép., *BICC 1er mai 1996, p. 36.* ♦ Dans le cas où un immeuble appartenant à deux époux, dont l'un est en liquidation judiciaire, fait l'objet d'une procédure de saisie immobilière, la sommation prévue audit art. doit être faite au conjoint du débiteur en liquidation judiciaire. • Com. 11 avr. 1995 : *préc.*

7 bis. Il résulte de l'art. 2217, al. 1er, C. civ. qu'un commandement de payer doit être délivré à l'épouse du débiteur, qui demeure maître de ses biens, s'agissant d'une saisie portant sur un immeuble acquis en indivision par des époux séparés de biens. • Com. 28 janv. 1997 :

D. 1997. IR 72 (loi de 1967). ♦ V. aussi note 6 ss. art. L. 643-2.

7 ter. Le jugement d'adjudication d'un immeuble faisant partie de l'actif d'une liquidation judiciaire doit être signifié au débiteur en état de liquidation et à son épouse occupant avec lui l'immeuble avant que l'adjudicataire ne puisse demander la libération des lieux et l'expulsion des occupants. • Civ 2e, 5 juin 1996 : *Rev. huiss. 1998. 294, note R. Martin.*

C. EFFETS QUANT AUX ACTIONS EN JUSTICE

BIBL. Matsopoulou, *JCP 1998. I. 164* (exercice de l'action civile).

8. Actions interdites. Il résulte de l'art. 152 [C. com., art. L. 641-9], texte d'ordre public, que le débiteur seul ne peut exercer une voie de recours. • Paris, 12 juill. 1988 : *D. 1989. Somm. 10, obs. Derrida.* ♦ S'il peut cependant faire appel d'un jugement défavorable à la masse *[sic]* pour empêcher cette décision d'acquérir l'autorité de la chose jugée, c'est seulement à titre purement conservatoire et sous réserve qu'ultérieurement le mandataire-liquidateur s'associe à cet appel. • Même arrêt.

8 bis. Du fait de son dessaisissement résultant du jugement de liquidation judiciaire, le pourvoi formé par le débiteur, qui n'exerce pas de droit propre, n'est pas recevable. • Com. 30 janv. 2007 : *Bull. civ. IV, n° 14 ; D. 2007. AJ 509 ; Gaz. Pal. 13-14 avr. 2007, p. 25, obs. Rohart-Messager.*

8 ter. Aucun droit propre ne fait échec au dessaisissement du débiteur pour l'exercice des actions tendant au recouvrement de ses créances. • Com. 18 sept. 2012 : *Bull. civ. IV, n° 61 ; Bull. civ. IV, n° 142 ; D. 2012. Actu. 2240, obs. Lienhard ; JCP E 2012. 1757, n° 5, obs. Pétel ; LEDEN oct. 2012, p. 3, obs. Mouial-Bassilana ; Act. proc. coll. 2012, n° 244, obs. Vallansan ; RJDA 2012, n° 986 ; Bull. Joly Entrep. diff. 2012. 367, note Sautonie-Laguionie ; Gaz. Pal. 18-19 janv. 2013, p. 29, obs. Voinot.*

9. L'action en responsabilité civile contre le liquidateur est de nature patrimoniale et ne peut être exercée par le débiteur en liquidation judiciaire avant la clôture des opérations de liquidation. • Com. 6 févr. 2001 : *Bull. civ. IV, n° 30 ; D. 2001. AJ 859, obs. Lienhard ; RTD com. 2001. 770, obs. Vallens.* – V. déjà • Paris, 13 sept. 1999 : *D. 1999. AJ 21, obs. A. L.* ♦ Par suite, si le débiteur peut faire appel à titre conservatoire du jugement rejetant sa demande, il n'a pas qualité pour suivre l'instance d'appel sans intervention d'un administrateur *ad hoc*. • Com. 6 févr. 2001 : *préc.*

9 bis. Il résulte de la combinaison de l'art. 152 [C. com., art. L. 641-9] et de l'art. 66 du Décr. n° 92-755 du 31 juill. 1992 [C. pr. exéc., art. R. 211-11, à compter du 1er juin 2012] que, lorsque le jugement de liquidation judiciaire est prononcé au cours du délai ouvert pour contester la saisie-attribution, il interrompt le délai et un nouveau délai commence à courir à compter de la dénonciation faite au liquidateur. • Com. 19 janv. 1999 : *Bull. civ. IV, n° 17 ; D. 1999. 245, note Derrida ; D. Affaires 1999. 478 ; JCP E 1999, n° 18-19, p. 815, obs. Pétel ; LPA 9 mars 1999, p. 8, note P. M. ; Defrénois 2000. 45, obs. Sénéchal ; RJ com. 2000. 29, note Courtier.* ♦ A la suite du prononcé de la liquidation judiciaire, le liquidateur a seul qualité pour élever une contestation relative à la saisie-attribution. • Même arrêt. ♦ Le débiteur en liquidation judiciaire est irrecevable à demander la mainlevée d'une saisie-vente pratiquée par un créancier. • Com. 1er oct. 2002 : *Act. proc. coll. 2002, n° 251.*

9 ter. L'action en paiement du montant non libéré du capital d'une société anonyme fait partie des droits et actions du débiteur concernant son patrimoine que le liquidateur exerce en application de l'art. 152 [C. com., art. L. 641-9]. • Com. 26 mai 1999 : *Bull. civ. IV, n° 109 ; D. 2000 Somm. 97, obs. Honorat ; D. Affaires 1999. 994, obs. A. L. ; Act. proc. coll. 1999, n° 148, obs. Regnaut-Moutier ; Bull. Joly 1999. 971, note Saintourens ; Rev. sociétés 1999. 865, note Honorat.*

9 quater. Dès lors que l'action en responsabilité dirigée par le débiteur en liquidation judiciaire ne vise pas à sanctionner une atteinte personnelle à ses droits mais tend à obtenir la réparation d'un préjudice résultant d'une faute lourde commise par l'État, sur le fondement de l'art. L. 781-1 COJ, elle revêt un caractère patrimonial et, étant susceptible d'affecter les droits de ses créanciers, entre dans les prévisions de l'art. L. 622-9 [L. 641-9] C. com. • Com. 12 juill. 2004 : *Bull. civ. IV, n° 154 ; D. 2004. AJ 2157 ; Rev. proc. coll. 2006. 56, obs. Lebel.*

9 quinquies. Le dessaisissement du débiteur s'étend à l'exercice de ses droits dans l'indivision dont il est membre. • Com. 21 janv. 2003 : *RJDA 2003, n° 625.* ♦ Le liquidateur, qui exerce les droits et actions du débiteur dessaisi, peut agir sur le fondement de l'art. 815 C. civ. qui dispose que nul n'est contraint de demeurer dans l'indivision. • Com. 3 déc. 2003 : *Bull. civ. IV, n° 189 ; D. 2004. AJ 141 ; AJ fam. 2004. 67, obs. Deis-Beauquesne ; RJPF 2004, n° 4, p. 18, obs. Vauvillé* • Civ. 1re, 29 juin 2011 : *Bull. civ. I, n° 132 ; D. 2011. Actu. 1970 ; JCP E 2012. 1000, n° 3, obs. Pétel ; Act. proc. coll. 2011,* *n° 225, obs. Delrieu ; Gaz. Pal. 7-8 oct. 2011, p. 37, obs. Antonini-Cochin ; Bull. Joly Entrep. diff. 2011. 346, note Rubellin ; Rev. proc. coll. 2012, n° 2, obs. Cagnoli ; ibid., n° 115, obs. Dumont-Lefrand.*

10. Pour l'irrecevabilité d'un dire déposé par le débiteur dans le cadre de la vente aux enchères publiques autorisée par le juge-commissaire, V. • Com. 2 avr. 1996 : *Bull. civ. IV, n° 102 ; D. 1996. IR 123 ; JCP E 1996. Pan. 657* • 7 déc. 1999 : *RJDA 2000, n° 320 ; Procédures 2000, n° 64, obs. Laporte* • 3 déc. 2003 : *RD banc. fin. 2004, n° 86, obs. S. Piedelièvre* ♦ ... D'un incident de saisie immobilière formé par le débiteur dessaisi dans le cadre d'une telle vente, V. • Com. 18 janv. 2011 : *D. 2011. Actu. 368, obs. Lienhard ; LEDEN mars 2011, p. 6, obs. M. Sénéchal ; Procédures 2011, n° 102, obs. Rolland ; RJDA 2011, n° 445.*

10 bis. Il résulte de l'art. 152 [C. com., art. L. 641-9], al. 1er, que le débiteur mis en liquidation judiciaire n'a plus qualité, non seulement pour agir, mais encore pour défendre en justice. Par suite, l'appel d'un jugement formé seulement à son encontre est irrecevable. • Versailles, 4 juin 1998 : *RJ com. 2000. 35, obs. Legrand.* ♦ En effet, le liquidateur, seul habilité à défendre au nom du débiteur, doit être attrait devant la cour dans le délai d'appel. • Même arrêt.

10 ter. S'agissant d'un appel interjeté par la société en liquidation judiciaire seule, l'intervention du liquidateur, par conclusions postérieures à l'expiration du délai d'appel, ne peut régulariser la procédure. • Com. 10 déc. 2003 : *Bull. civ. IV, n° 204 ; D. 2004. AJ 142 ; Act. proc. coll. 2004, n° 52, obs. Legros ; Bull. Joly 2004. 357, note Scholer.* – Rappr. : • Versailles, 27 mai 2003 : *BICC 2004, n° 250.*

11. Actions ouvertes. Un débiteur en liquidation judiciaire peut toujours exercer seul, pourvu qu'il le fasse contre le liquidateur judiciaire ou en sa présence, un pourvoi contre la décision qui l'a déclaré irrecevable à agir, s'il prétend que la nature ou la portée des règles du dessaisissement ont été violées. • Com. 2 avr. 1996 : *préc. note 10.* • Soc. 1er févr. 2001 : *Act. proc. coll. 2001, n° 130.* ♦ De même, le dessaisissement ne saurait priver le débiteur de son droit propre de faire appel. • Versailles, 6 mars 1997 : *Gaz. Pal. 1997. 2. Somm. 352.*

11 bis. Le débiteur en liquidation judiciaire est recevable à interjeter appel de l'ordonnance du juge-commissaire ayant relevé un créancier de sa forclusion. • Com. 15 févr. 2000 : *Bull. civ. IV, n° 31 ; D. 2000. AJ 161 ; RJDA 2000, n° 451 (pourvoi n° 97-21. 102)* • 15 févr. 2000 : *Act. proc. coll. 2000, n° 84, obs. Vallansan (pourvoi n° 97-20.749)* • 8 juil. 2003 : *Bull. civ. IV, n° 126 ; D. 2003. AJ 2173 ; Dr. sociétés 2003, n° 187, note F.-X. Lucas ; Procédures 2003, n° 260, obs. Croze ; Bull. Joly 2004. 103, note Neau-Leduc* (s'agissant d'une association en liquidation judiciaire) ♦ Il dispose également d'un droit propre de former un pourvoi contre l'arrêt qui a rejeté l'appel-nullité interjeté par lui, à l'encontre d'un jugement ayant confirmé le relevé de forclusion d'un créancier prononcé par le juge-commissaire. • Com. 26 oct. 1999 : *Bull. civ. IV, n° 187 ; JCP 1999. IV. 3076.* ♦ Quelles que soient les voies de recours engagées, la décision de liquidation judiciaire est exécutoire par provision et l'art. 152 [C. com., art. L. 641-9] est applicable, étant observé que le débiteur conserve évidemment le droit de former des recours notamment contre la décision de liquidation, celle fixant la date de cessation des paiements et celles statuant sur les admissions de créances. • Versailles, 14 déc. 1995 : *D. 1996. IR 56.* ♦ Comp., lorsqu'un administrateur provisoire a été désigné : • Paris, 15 janv. 2002 : *BICC 2002, n° 771.* ♦ Pour la recevabilité de l'appel-nullité du débiteur contre la décision de vente d'un immeuble prise par le juge-commissaire, V. • Com. 5 oct. 2010 : *cité note 8 ss. ancien art. L. 623-4, ss. art. L. 661-4.*

11 ter. Un débiteur en liquidation judiciaire peut toujours, en vertu de son droit propre, défendre seul à une action exercée contre lui par le liquidateur. • Com. 8 juill. 2003 : *Bull. civ. IV, n° 123 ; D. 2004. Somm. 56, obs. F.-X. Lucas ; Act. proc. coll. 2003, n° 213, obs. Vallansan ; Dr. sociétés 2004, n° 80, note Legros.*

11 quater. Après l'appel relevé par le débiteur, avant sa mise en liquidation judiciaire, contre une décision statuant sur l'existence et le montant d'une créance, le désistement d'appel du liquidateur est impropre à dessaisir les juges d'appel, faute pour eux d'avoir constaté le désistement du débiteur dans l'exercice de son droit propre. • Com. 1er oct. 2002 : *Bull. civ. IV, n° 133 ; D. 2002. AJ 3013 ; Act proc. coll. 2002, n° 240, obs. Fricero ; Dr. et patr. mars 2003. 94, obs. Monsèrié-Bon ; Dr. sociétés 2003, n° 70, note Legros.* – Dans le même sens, V. • Com. 5 juill. 2005 : *Gaz. Pal. 4-5 nov. 2005, p. 16, obs. Rohart-Messager.*

12. Le recours formé contre une décision du Conseil [de l'Autorité] de la concurrence déclarant sa saisine irrecevable n'est pas une action patrimoniale au sens de l'art. 152 [C. com., art. L. 641-9]. • Paris, 12 sept. 1991 : *Gaz. Pal. 1992. 1. 58, concl. Jobard et note Marchi.*

13. Sur les droits propres du débiteur à exercer des voies de recours, V. aussi note 2 *ter* ss. art. L. 624-3.

13 bis. Sur l'exercice des actions exclusivement attachées à la personne du débiteur, V. notes 20 s.

14. Le débiteur, exerçant un droit qui lui est propre, peut demander lui-même au tribunal la clôture de sa liquidation judiciaire. • Com. 5 mars 2002 : *Bull. civ. IV, n° 47 ; D. 2002. AJ 1422 ; JCP E 2002, n° 39, p. 1523, obs. Cabrillac ; Procédures 2002, n° 122, note Laporte ; RD banc. fin. 2002, n° 104, obs. F.-X. Lucas ; RTD com. 2002. 378, obs. Vallens ; Dr. et patr. oct. 2002. 112, obs. Monsèrié-Bon.* ♦ V., désormais, en ce sens : art. L. 643-9.

14 bis. Action oblique. Pendant toute la durée de la liquidation judiciaire, les droits et actions du débiteur concernant son patrimoine sont exercés par le liquidateur auquel aucun créancier ne peut se substituer pour recouvrer, fût-ce par voie oblique, une créance de la personne soumise à cette procédure collective. • Com. 3 avr. 2001 : *Bull. civ. IV, n° 71 ; D. 2001. AJ 1728 ; RD banc. fin. 2001, n° 118, obs. F.-X. Lucas ; JCP E 2001, n° 38, p. 1473, obs. Pétel ; RTD com. 2001. 771, obs. Vallens ; Dr. et patr. nov. 2001. 110, obs. Monsèrié-Bon ; RTD civ. 2001. 882, obs. Mestre et Fages.* ♦ Si le liquidateur ne fait pas diligence, il appartient au créancier d'en demander le remplacement dans les conditions prévues par l'art. 148-4 [C. com., art. L. 641-1], al. 2, de la loi et l'art. 30 du décret. • Paris, 13 mars 1998 : *D. Affaires 1998. 673, obs. A. L. ; JCP E 1999, n° 14, p. 621, note Dubœuf-Hild.*

15. Interruption des instances en cours. L'instance étant interrompue par l'effet du jugement de liquidation judiciaire, celle-ci doit être reprise par le liquidateur ou à son encontre, celui-ci étant seul habilité à poursuivre les instances introduites avant le jugement de liquidation, soit par l'administrateur, soit par le représentant des créanciers. • Civ. 2e, 6 mars 1991 : *Bull. civ. II, n° 78 ; D. 1992. Somm. 88, obs. Derrida.* ♦ A défaut, les jugements, même passés en force de chose jugée, obtenus après l'interruption de l'instance, sont réputés non avenus, à moins qu'ils ne soient expressément ou tacitement confirmés par la partie au profit de laquelle l'interruption est prévue. • Même arrêt. – Dans le même sens, V. • Nîmes, 7 déc. 2004 : *D. 2005. 1034, note Souweine.*

V. note 9 ss. art. L. 622-22 (Civ. 2e, 8 janv. 1997).

15 bis. Opposabilité de la prescription au liquidateur. A l'égard du liquidateur qui exerce les droits et actions du débiteur, concernant son patrimoine, à la suite de son dessaisissement, la prescription commence à courir à compter de la même date qu'à l'égard de ce dernier. • Com. 7 déc. 2004 : *RJDA 2005, n° 354 ; Rev. proc. coll. 2006. 58, obs. Lebel.*

D. EFFETS QUANT AUX ACTES JURIDIQUES

15 ter. Chèques et virements. Sont inopposables à la procédure collective d'un débiteur dessaisi du droit de disposer de ses biens en raison de sa mise en liquidation judiciaire les émissions de chèques ainsi que les virements effectués à partir d'un compte bancaire personnel ou joint. • Com. 3 nov. 2010 : *Bull. civ. IV, n° 163 ; D. 2010. Actu. 2701, obs. Lienhard ; Act. proc. coll. 2010, n° 270, obs. Cagnoli ; LEDEN janv. 2011, p. 4, obs. Berthelot ; RJDA 2011, n° 262 ; Gaz. Pal. 1er-2 avr. 2011, p. 37, obs. Bonhomme ; Rev. proc. coll. 2011, n° 74, obs. Dumont-Lefrand ; LPA 15-17 août 2011, note Bénilsi.* ♦ V. aussi note 2 *ter*.

15 quater. Compte courant. Sont inopposables à la procédure collective les opérations de débit du compte courant effectuées postérieurement au jugement de liquidation judiciaire. • Com. 19 mai 2004 : *préc. note 2 quinquies ; JCP E 2004, n° 37, p. 1385, obs. Cabrillac.*

16. Obligations de l'employeur. Il ne saurait être reproché à un conseil de prud'hommes d'avoir condamné un liquidateur à délivrer, en cette qualité, à des salariés, des certificats de travail, des bulletins de paie et des attestations ASSEDIC. • Soc. 24 janv. 1989 : *Bull. civ. V, n° 53.* ♦ Sur la possibilité d'ordonner au liquidateur, sous astreinte, la remise à un salarié d'une attestation destinée aux ASSEDIC, V. • Soc. 17 oct. 1989 : *Bull. civ. V, n° 594.* ♦ V. aussi • Soc. 23 sept. 2009 : *D. 2009. AJ 2341 ; Act. proc. coll. 2009, n° 256, obs. Taquet ; Gaz. Pal. 8-9 janv. 2010, p. 9, obs. Gailhbaud ; Rev. proc. coll. 2010, n° 81, obs. Berthelot.*

17. Actes conservatoires et notifications au débiteur. L'inscription au RCS, en raison des conséquences qui s'y attachent, ne constitue pas un simple acte conservatoire que peut accomplir un débiteur en liquidation des biens [liquidation judiciaire]. • Com. 3 mai 1994 : *Bull. civ. IV, n° 160* (loi de 1967).

De même, la mise en demeure de l'entrepreneur principal prévue par l'art. 12 de la L. n° 75-1334 du 31 déc. 1975, ne constituant pas, en raison des circonstances qui s'y rattachent, un simple acte conservatoire, est inopérante une mise en demeure adressée par le sous-traitant à un entrepreneur principal dessaisi. • Civ. 3e, 3 juill. 1996 : *Bull. civ. III, n° 170 ; D. Affaires 1996. 1123 ; LPA 25 oct. 1996, p. 19, note Coffy de Boisdeffre* (loi de 1967).

Dès lors que l'arrêté de fermeture du site emportant obligation de dépolluer, intervenu postérieurement au jugement de liquidation judiciaire, n'a pas été notifié au liquidateur, l'obligation de faire résultant de cet arrêté lui est inopposable. • Com. 19 nov. 2003 : *D. 2004. 629, note Voinot*.

Il résulte des dispositions de l'art. 152 de la loi du 25 janv. 1985, qui sont désormais reprises à l'art. L. 641-9 C. com., que les droits et actions du débiteur qu'elles visent incluent ceux qui se rapportent, le cas échéant, aux dettes fiscales de celui-ci, et, par suite, aux actes de la procédure d'imposition le concernant, tels que les notifications de redressements, qui sont susceptibles d'avoir une incidence sur son patrimoine ; dès lors, c'est au liquidateur judiciaire que doit être adressée la notification des redressements envisagés par l'administration. • CE 14 mars 2008 : *D. 2008. AJ 916 ; JCP E 2008. 1729, note D. F. ; Gaz. Pal. 8-10 juin 2008, p. 8, note Lagarde ; LPA 25 juin 2008, note Dieu ; Rev. proc. coll. 2009, n° 53, obs. Dumont-Lefrand.* ♦ Dans le même sens, à propos d'une proposition de rectification établie en application de l'art. 55 LPF, V. • Com. 21 févr. 2012 : *Bull. civ. IV, n° 40 ; D. 2012. Actu. 606 ; Gaz. Pal. 27-28 avr. 2012, p. 25, obs. Voinot ; LEDEN mai 2012, p. 3, obs. F. Blanc ; RJDA 2012, n° 610 ; Bull. Joly Entrep. diff. 2012. 234, note Dedeurwaerder.* ♦ En revanche, l'avis exigé par l'art. 47 LPF ne doit être notifié qu'à la personne du contribuable, personnellement tenu, fût-il en redressement ou liquidation judiciaire, de l'obligation fiscale de déclarer annuellement l'ensemble de ses revenus. • Crim. 11 mars 2009 : *D. 2009. AJ 1534*.

Le liquidateur est habilité à recevoir l'acte par lequel lui est, à la fois, signifiée la saisie-attribution en sa qualité de tiers saisi et lui est dénoncée en sa qualité de représentant du débiteur. • Civ. 2e, 5 avr. 2001 : *Bull. civ. II, n° 73 ; D. 2001. AJ 1467, obs. Lienhard ; JCP E 2001, n° 38, p. 1474, obs. Cabrillac ; Dr. et patr. nov. 2001. 110, obs. Monsèrié-Bon.* ♦ La saisie-attribution doit être dénoncée au liquidateur dans le délai de huit jours, à peine de caducité. • Com. 4 mars 2003 : *Bull. civ. IV, n° 34 ; D. 2003. AJ 907, obs. Lienhard ; ibid. Somm. 1623, obs. F.-X. Lucas ; JCP E 2003, n° 19, p. 814, note Delattre ; ibid., n° 40, p. 1576, obs. Pétel ; RD banc. fin. 2003, n° 118, obs. Delleci ; Procédures 2003, n° 167, obs. Perrot ; Dr. et proc. 2003. 306, note Putman ; Gaz. Pal. 5-6 sept. 2003, p. 7, obs. Brenner.* ♦ Lorsque le débiteur n'a pas été mis en liquidation judiciaire dans le délai de huit jours dans lequel la saisie-attribution doit lui être dénoncée, cette saisie, si elle lui a été régulièrement dénoncée dans ce délai, ne peut plus encourir la caducité prévue par l'art. 58 du Décr. du 31 juill. 1992, devenu l'art. R. 211-3 C. pr. exéc. • Com. 2 oct. 2012 : *Bull. civ. IV, n° 178 ; D. 2012. Actu. 2385, obs. Lienhard ; JCP E 2013. 1001, note Lebel ; Act. proc. coll. 2012, n° 255, obs. Cagnoli ; LEDEN nov. 2012, p. 5, obs. Camensuli-Feuillard ; Bull. Joly Entrep. diff. 2012. 377, note Hugon ; RD banc. fin. 2013, n° 26, obs. S. Piedelièvre.*

Est nul le commandement de payer délivré au débiteur dessaisi de l'administration et de la disposition de ses biens par l'effet du jugement de liquidation judiciaire. • Com. 1er oct. 2002 : *RD banc. fin. 2003, n° 78, obs. F.-X. Lucas.*

17 bis. Date de l'acte. En ce sens que les actes sous seing privé faits par le débiteur mis en liquidation judiciaire font foi de leur date par eux-mêmes et qu'il appartient, par conséquent, au liquidateur qui prétend qu'un tel acte aurait été accompli postérieurement à l'ouverture de la procédure collective, ce prouver, par tous moyens, la fausseté de sa date apparente, V. • Com. 16 mars 1999 : *Act. proc. coll. 1999, n° 116, obs. Regnaut-Moutier.*

V. aussi • Aix-en-Provence, 16 mai 2001 : *RD banc. fin. 2001, n° 235, obs. F.-X. Lucas.*

E. DROITS ET ACTIONS ATTACHÉS À LA PERSONNE DU DÉBITEUR

V., désormais, art. L. 641-9, I, *in fine*, dans sa réd. issue de L. n° 2005-845 du 26 juill. 2005.

18. Droits attachés à la personne. Si, une fois réglée au souscripteur lui-même, la valeur de rachat d'un contrat d'assurance sur la vie fait partie de son patrimoine et, par conséquent, de l'actif de sa liquidation judiciaire, lui seul peut, s'agissant d'un droit exclusivement attaché à sa personne, exercer la faculté de rachat qui met fin au contrat, de sorte que le paiement effectué sur sa demande et entre ses mains est, malgré son dessaisissement, libératoire pour l'assureur. • Com. 11 déc. 2012 : *D. 2013. Actu. 8 ; JCP E 2013. 1216, n° 4, obs. Pétel ; LEDEN janv. 2013, p. 4, obs. Rubellin ; RJDA 2013, n° 146 ; Act. proc. coll. 2013, n° 30, obs. Borga ; Bull. Joly Entrep. diff. 2013. 85, note Lisanti ; Gaz. Pal. 1er-4 mai 2013, p. 22, obs. Voinot.*

19. Pour le courrier du débiteur, V. art. L. 641-15.

19 bis. L'action en reconnaissance d'un bail rural échappe au dessaisissement du débiteur en liquidation judiciaire. • Civ. 3e, 7 avr. 2004 : *Bull. civ. III, n° 78 ; D. 2004. AJ 1236, obs. Lienhard ; Dr. et patr. juill.-août 2004. 100, obs. J.-J. Barbièri* (1re esp.). ♦ De même, le droit de préemption portant sur un fonds faisant l'objet d'un bail rural ne peut être mis en œuvre que par l'exploitant preneur en place, même s'il est en liquidation judiciaire. • Civ. 3e, 7 avr. 2004 : *ibid.* (2e esp.) ; *Act. proc. coll. 2004, n° 127, obs. Roussel Galle.*

19 ter. La faculté d'accepter une succession ou d'y renoncer étant un droit attaché à la personne, le débiteur en liquidation judiciaire l'exerce seul, sans préjudice de la mise en œuvre éventuelle par le liquidateur, en sa qualité de représentant des créanciers, de l'action prévue par l'art. 788 C. civ. • Com. 3 mai 2006 : *Bull. civ. IV, n° 109 ; D. 2006. AJ 1369, obs. Lienhard ; ibid. Pan. 2253, obs. F.-X. Lucas ; Act. proc. coll. 2006, n° 118, obs. Regnaut-Moutier ; Gaz. Pal. 14-18 juill. 2006, p. 27, obs. Voinot ; JCP E 2006, n° 37, p. 1533, obs. Cabrillac ; ibid., n° 40, p. 1690, note Garçon ; JCP N 2006, n° 49, p. 2140, obs. Vauvillé ; Rev. proc. coll. 2006. 357, obs. Lebel.*

19 quater. Sur le droit de l'associé en liquidation judiciaire de participer aux décisions collectives, V. note 1.

20. Actions attachées à la personne. L'action tendant à être autorisé à disposer d'un bien donné avec clause d'inaliénabilité, qui est subordonnée à des considérations personnelles d'ordre moral et familial, est exclusivement attachée à la personne du donataire et ne peut être exercée par le liquidateur. • Civ. 1re, 29 mai 2001 : *Bull. civ. I, n° 150 ; D. 2001. IR 1997 ; JCP E 2001, n° 37, p. 1424, obs. Cabrillac ; RTD civ. 2001. 882, obs. Mestre et Fages ; Rev. proc. coll. 2002. 257, obs. Lebel* • 3 avr. 2002 : *RJDA 2002, n° 996 ; RJ com. 2003. 414, note Sortais* • 8 mars 2005 : *Gaz. Pal. 6-7 juill. 2005, p. 18, obs. Voinot* • Com. 9 nov. 2004 : *Bull. civ. IV, n° 191 ; D. 2004. AJ 3068, obs. Lienhard ; D. 2005. Pan. 295, obs. Le Corre ; Act. proc. coll. 2004, n° 244, obs. Regnaut-Moutier ; JCP E 2005, n° 17, p. 707, obs. Cabrillac ; JCP N 2005, n° 12, p. 646, note Vauvillé ; LPA 13 avr. 2005, p. 6, note F.-X. Lucas ; Rev. proc. coll. 2005. 54, obs. Dumont.* – Comp. • Civ. 1re, 4 juill. 2006 : *Bull. civ. I, n° 344 ; D. 2006. IR 2275 ; Act. proc. coll. 2006, n° 183, obs. Vallansan ; JCP E 2007, n° 1, p. 22, obs. Cabrillac ; Rev. proc. coll. 2006. 358, obs. Lebel.* ♦ *Contra*, auparavant : • Com. 4 janv. 2000 : *RJDA 2000, n° 453* • Caen, 4 mars 2003 : *JCP N 2004, n° 46-47, p. 1741, obs. Vauvillé.*

20 bis. Seuls les époux ont qualité pour intenter une action en divorce ou y défendre, de sorte que l'intervention à l'instance du mandataire liquidateur de la société propriétaire de l'immeuble ayant constitué le domicile conjugal n'est pas recevable. • Civ. 1re, 4 juin 2007 : *D. 2007. AJ 1794 ; Act. proc. coll. 2007, n° 154, obs. Leprovaux ; Defrénois 2007. 1575, obs. Gibirila.*

21. De même, une personne en liquidation judiciaire peut relever seule appel du jugement ayant prononcé son expulsion des lieux où elle loge avec sa famille. • Paris, 22 févr. 1995 : *RJDA 1995, n° 899.* ♦ ... Ou demander seule en justice des délais pour libérer le logement familial dont elle est expulsée. • Rouen, 3 avr. 2001 : *RJDA 2002, n° 74.* – Rappr. : • Nancy, 23 sept. 2002 : *RD banc. fin. 2004, n° 32, obs. F.-X. Lucas.*

21 bis. Il résulte des dispositions combinées des art. 1166 C. civ., L. 511-1 [L. 1411-1 s.] C. trav. et L. 622-9 [L. 641-9] que l'instance introduite par le salarié devant la juridiction prud'homale à l'encontre de son employeur ou de ses représentants à l'occasion de son contrat de travail est exclusivement attachée à la personne de l'intéressé, même s'il est en liquidation judiciaire, et ne peut être exercée ni par ses créanciers ni par ses représentants légaux. • Soc. 31 janv. 2001 : *Bull civ. V, n° 29 ; D. 2001. 2404, note Lacamp-Leplaë ; Act. proc. coll. 2001, n° 80, obs. Saintourens ; RJDA 2001, n° 715.* ♦ La condamnation à l'astreinte prononcée contre le salarié pour qu'il cesse son activité concurrente ne peut être mise à la charge de la liquidation judiciaire, dès lors que la demande du salarié tendant à la constatation de la nullité de la clause de non-concurrence insérée à son contrat de travail est une action strictement personnelle qui échappe au dessaisissement. • Même arrêt. ♦ De même, la reconnaissance de l'existence d'un contrat de travail est un droit exclusivement attaché à la personne de celui qui se prétend salarié. • Soc. 13 juill. 2004 : *Bull. civ. V, n° 217 ; D. 2004. AJ 2157 ; Rev. proc. coll. 2006. 56, obs. Lebel.* ♦ En revanche, l'action tendant à faire reconnaître que les dispositions de l'art. L. 7321-2 C. trav. [statut de gérant non salarié de succursale] sont applicables à un rapport contractuel n'est pas une action exclusivement attachée à la personne. • Soc. 9 mars 2011 : *D. 2011. Actu. 888 ; RJDA 2011, n° 561.*

21 ter. Si le débiteur peut continuer à exercer l'action en diffamation introduite avant sa mise en liquidation judiciaire, les organes de la procédure collective sont recevables à prétendre que, dans la mesure où cette action tend également à obtenir une réparation matérielle, les condamnations pécuniaires qui viendraient à être prononcées en sa faveur resteront acquises à la liquidation judiciaire. • Paris, 16 oct. 2000 : *D. 2001. 1167, note Ravanas ; JCP E 2000, n° 46, p. 1789 ; Rev. proc. coll. 2003. 14, obs. Lebel.*

21 quater. Le caractère personnel attaché aux sanctions pécuniaires prononcées par la COB implique que leur contestation soit réservée à la personne qui en fait l'objet, même si elle se trouve en liquidation judiciaire, qu'un créancier individuel ne puisse se substituer à cette personne et que, par exception au principe du dessaisissement prévu par l'art. L. 622-9 [L. 641-9] C. com., le représentant des créanciers ne soit pas autorisé à agir sans que le débiteur soit partie au recours. • Paris, 8 juin 2004 : *JCP E 2004, n° 40, p. 1521 ; Act. proc. coll. 2004, n° 202, obs. Regnaut-Moutier ; Banque et Droit nov.-déc. 2004. 36, obs. de Vauplane et Daigre ; RD banc. fin. 2004, n° 274, obs. Pietrancosta*, conf. par • Com. 11 juill. 2006 : *Bull. civ. IV, n° 169 ; D. 2006. AJ 2036, obs. Lienhard ; Dr. sociétés 2006, n° 166, note Bonneau ; Rev. proc. coll. 2006. 358, obs. Lebel.*

21 quinquies. L'action concernant la détermination de la nature du régime matrimonial des époux ne concerne en rien leurs rapports familiaux et conjugaux et a un caractère purement patrimonial, de sorte que le liquidateur n'a pas à attraire le débiteur dans la procédure. • Com. 12 oct. 2004 : *LPA 12 avr. 2005, note Lécuyer ; Rev. proc. coll. 2006. 55, obs. Lebel.*

F. POURSUITES PÉNALES

21 sexies. Le liquidateur ne représentant le débiteur que pour les actions à caractère patrimonial, il y a lieu, lorsque l'action publique est exercée contre la personne morale en liquidation judiciaire, de désigner, en vertu de l'art. 706-43 C. pr. pén., un mandataire de justice pour la représenter. • Crim. 10 févr. 2010 : *Bull. crim. n° 22 ; D. 2010. AJ 651 ; Rev. sociétés 2010. 193, obs. Roussel Galle ; JCP E 2010. 1742, n° 8, obs. Cabrillac ; LEDEN avr. 2010, p. 4, obs. Parachkévova ; Act. proc. coll. 2010, n° 99, obs. Cagnoli ; Gaz. Pal. 2-3 juill. 2010, p. 46, obs. Robaczewski ; Bull. Joly 2010. 670, note Mouial-Bassilana ; Rev. proc. coll. 2010, n° 181, obs. Berthelot ; Dr. sociétés 2010, n° 211, note Legros.*

22. Le dessaisissement du débiteur prévu par l'art. 152 [C. com., art. L. 641-9] ne saurait faire obstacle à l'application des art. 137 et 138 (11°) C. pr. pén. (placement et obligations du contrôle judiciaire). • Crim. 29 juin 1994 : *Bull. crim. n° 259 ; D. 1995. Somm. 27, obs. crit. Honorat ; Bull. Joly 1994. 847, note Jeantin.* ♦ V. aussi note 14 *bis* ss. art. L. 622-21.

23. Le dirigeant d'une société commerciale en liquidation judiciaire, qui n'est pas lui-même l'objet d'une procédure collective, doit répondre sur son patrimoine personnel des conséquences dommageables de ses agissements délictueux, eussent-ils été commis pour le compte de la société. La cour d'appel a donc légalement justifié sa décision de condamnation du gérant de la société à réparer le préjudice subi par la victime du fait du délit de tromperie. • Crim. 23 mai 1995 : *Bull. crim. n° 189 ; JCP E 1995. Pan. 1038.*

G. CONSTITUTION DE PARTIE CIVILE

23 bis. En ce sens que l'art. 152 [C. com., art. L. 641-9], al. 2, vise aussi bien la constitution de partie civile du débiteur que celle de son représentant légal, lorsqu'il s'agit d'une personne morale, V. • Crim. 29 juin 1994 : *préc. note 22* • 21 mars 2000 : *D. 2000 AJ 280, obs. Lienhard ; RTD com. 2000. 729, obs. Vallens ; Rev. sociétés 2000. 751, note Bouloc.*

23 ter. Pour l'irrecevabilité de la constitution de partie civile du mandataire-liquidateur d'une société victime de contrefaçon de marque, V. • Crim. 31 janv. 2006 : *Bull. crim. n° 29 ; D. 2006. AJ 982, obs. Lienhard ; Act. proc. coll. 2006, n° 83, obs. Alleaume ; Gaz. Pal. 30 avr.-4 mai 2006, p. 54, obs. Robaczewski.* ♦ ... D'abus de biens sociaux, V. • Douai, 2 mars 2006 : *D. 2006. AJ 981, obs. Lienhard.*

H. SANCTIONS

24. Les actes juridiques accomplis par le débiteur en liquidation judiciaire, dessaisi de l'administration et de la disposition de ses biens, ne sont pas frappés de nullité mais simplement d'inopposabilité à la procédure collective. • Com. 23 mai 1995 : *Bull. civ. IV, n° 150 ; D. 1995. 413, note Derrida ; Dr. sociétés 1995, n° 165, obs. Chaput ; Rev. proc. coll. 1995. 345, obs. Dureuil* • 12 juin 1997 : *Dr. sociétés 1997, n° 159, obs. Chaput ; Rev. proc. coll. 1997. 476, obs. Canet* • 23 juin 1998 : *D. Affaires 1998. 1451 ; RJDA 1998, n° 1273.* ♦ Ces actes peuvent être ratifiés par le liquidateur dans l'intérêt des créanciers qu'il représente. • Com. 20 févr. 2001 : *RJDA 2001, n° 883.* – Sur les conditions de la ratification, V. • Com. 2 juin 2004 : *RJDA 2004, n° 1358* • 17 févr. 2009 : *Bull. civ. IV, n° 24 ; D. 2009. AJ 728 ; JCP E 2009. 1347, n° 4, obs. Cabrillac ; LEDEN, avr. 2009, p. 3, obs. Staes ; RJDA 2009, n° 875.* ♦ L'acte accompli par le débiteur en liquidation judiciaire, preneur d'un bail rural, en méconnaissance des règles du dessaisissement, est inopposable aux créanciers de la procédure, ce dont il résulte que les bailleurs ne peuvent l'invoquer pour fonder une demande de résiliation du bail rural, suite à la mise à disposition d'une société (en vertu de l'art. L. 411-37 C. rur.) de la parcelle donnée à bail. • Com. 9 janv. 2001 : *Bull. civ. IV, n° 3 ; D. 2001. AJ 630, obs. Lienhard ; Act. proc. coll. 2001, n° 39, obs. Vallansan ; JCP E 2001, n° 18, p. 750, obs. Cabrillac ; Ann. loyers 2002. 565, obs. Delattre.* ♦ L'inopposabilité des actes accomplis en méconnaissance du dessaisissement est encourue même si l'acte irrégulier a été accompli sans intention de dissimulation et concerne un bien ne figurant pas sur l'inventaire dressé pour les besoins de la liquidation judiciaire (Rép. min. n° 95073 : *JOAN Q, 6 déc. 2011, p. 12854*). ♦ V. aussi notes 2 *ter* et 6.

25. La signification d'un jugement faite par le débiteur dessaisi est nulle et ne peut avoir pour effet de faire courir le délai d'appel à l'encontre du destinataire de l'acte. • Com. 28 juin 1994 : *Bull. civ. IV, n° 239 ; D. 1994. IR 198.*

25 bis. La réalisation d'un actif [immeuble acquis par le débiteur au cours de la procédure, en infraction à la règle du dessaisissement] en vue de permettre le paiement des créanciers dont les droits sont reconnus n'implique ni la ratification par le liquidateur de l'acquisition faite par le débiteur, ni celle du prêt assorti d'une sûreté ayant permis cette acquisition, qui sont inopposables à la procédure : • Com. 19 mai 2004 : *Bull. civ. IV, n° 96 ; D. 2004. AJ 1813, obs. Lienhard (1re esp.) ; JCP E 2004, n° 37, p. 1385, obs. Pételet ; Act. proc. coll. 2004, n° 174, obs. Modi Koko Bebey.*

25 ter. L'action fondée sur l'enrichissement sans cause ne peut être introduite pour suppléer une autre action qui se heurte à un obstacle de droit ; l'inopposabilité à la masse des créanciers [aux créanciers] des actes accomplis par le débiteur dessaisi à la suite de sa liquidation des biens [liquidation judiciaire] faisant obstacle à l'exercice de l'action en remboursement des prêts consentis au débiteur pour l'acquisition d'un immeuble, il en résulte que l'action introduite par les prêteurs fondée sur l'enrichissement sans cause ne peut y suppléer. • Com. 2 nov. 2005 : *Bull. civ. IV, n° 216 ; D. 2005. AJ 2943, obs. Lienhard .*

26. La règle du dessaisissement étant édictée dans l'intérêt des créanciers, seul le liquidateur peut s'en prévaloir. • CE 21 juin 2000 : *RTD com. 2000. 1020, obs. Vallens* • Com. 22 janv. 2002 : *RJDA 2002, n° 532* • 7 juin 2005 : *Gaz. Pal. 4-5 nov. 2005, p. 31, obs. Voinot.* ♦ Tel n'est cependant pas le cas lorsque le débiteur ayant formé seul une demande en paiement d'une créance, le liquidateur intervient volontairement pour se substituer à lui (solution fondée sur l'art. 126 C. pr. civ.). • Com. 14 déc. 2010 : *Bull. civ. IV, n° 201 ; D. 2011. Actu. 69, obs. Lienhard ; Act. proc. coll. 2011, n° 41, obs. Cagnoli ; LEDEN févr. 2011, p. 5, obs. Camensuli-Feuillard ; RJDA 2011, n° 173 (2e esp.) ; Rev. proc. coll. 2011, n° 24, obs. Cagnoli ; RJ com. 2011. 339, note Sortais.*

I. MAINTIEN EN FONCTION DU DIRIGEANT (ART. L. 641-9, II)

27. Pour la recevabilité du pourvoi en cassation formé par le dirigeant de la personne morale débitrice, pour le compte de celle-ci, contre la décision prononçant la liquidation judiciaire, V. • Com. 16 mars 2010 : *cité note 18 bis ss. art. L. 620-2.*

27 bis. Les dispositions de l'art. L. 641-9, II, ne font pas obstacle à l'exercice, par le liquidateur, des actions qui tendent à l'allocation de dommages-intérêts en réparation du préjudice résultant des infractions commises par les dirigeants de la personne morale en liquidation judiciaire. • Crim. 5 déc. 2012 : *D. 2012. Actu. 2958 ; Rev. sociétés 2013. 305, note Bouloc ; LEDEN janv. 2013, p. 7, obs. Lasserre Capdeville ; Dr. sociétés 2013, n° 36, note R. Salomon ; Act. proc. coll. 2013, n° 28, obs. Cerf-Hollender ; Gaz. Pal. 1er-4 mai 2013, p. 46, obs. Robaczewski.*

28. Pour l'inapplicabilité des dispositions de la loi du 26 juill. 2005 prévoyant le maintien en fonction des dirigeants sociaux aux procédures collectives ouvertes avant le 1er janv. 2006, V. • Com. 19 oct. 2010 : *Dr. sociétés 2011, n° 78, note Legros* • Lyon, 7 févr. 2008 : *BICC 2008, n° 1590 ; JCP E 2008. 1910 ; Dr. sociétés 2008, n° 182, note Legros.*

J. INTERDICTION D'EXERCER (ART. L. 641-9, III)

29. L'interdiction édictée par l'art. L. 641-9 (III), qui empêche seulement l'avocat, pendant le cours de sa liquidation judiciaire, d'exercer sa profession à titre individuel, ne porte pas une atteinte disproportionnée à son droit d'obtenir un emploi, tel qu'il est garanti par l'art. 5 du Préambule de la Constitution du 27 oct. 1946, et elle est justifiée par l'intérêt général (non-renvoi de la QPC). • Com., QPC, 31 mai 2012 : *D. 2012. Actu. 1542, obs. Lienhard ; Rev. sociétés 2012. 530, obs. Roussel Galle ; Dict. perm. diff. entrep., Bull. n° 338, obs. Rémery ; LEDEN juill. 2012, p. 4, obs. Favario ; Act. proc. coll. 2012, n° 180, obs. Rétif ; RJDA 2012, n° 789 ; Gaz. Pal. 3-4 août 2012, p. 26, obs. Voinot ; Rev. proc. coll. 2012, n° 157, obs. Lebel ; LPA 15 avr. 2013, p. 8, obs. Gerbay.*

30. La décision d'omettre un avocat du tableau ne peut être prise par le conseil de l'ordre que dans les conditions des art. 104 et 105 du Décr. n° 91-1197 du 27 nov. 1991, qui ne visent pas la privation temporaire d'exercice de la profession d'avocat prévue par l'art. L. 641-9 C. com. • Com. 5 avr. 2011 : *Bull. civ. IV, n° 56 ; D. 2011. Actu. 1071, obs. Lienhard ; Rev. sociétés 2011. 386, obs. Roussel Galle ; JCP E 2011. 1383, note Cerati-Gauthier ; Dict. perm. diff. entrep., Bull. n° 325, obs. Rémery ; LEDEN mai 2011, p. 6, obs. Rubellin ; Act. proc. coll. 2011, n° 147, obs. Rétif ; Procédures 2011, n° 206, note*

Rolland ; Bull. Joly 2011. 577, note Saintourens ; Gaz. Pal. 17-19 juill. 2011, p. 15, obs. Montéran ; RJDA 2011, n° 723 ; Bull. Joly Entrep. diff. 2011. 247, note Martineau-Bourgninaud ; Rev. proc. coll. 2011, n° 214, obs. Lebel.

Art. L. 641-10 *(L. n° 2005-845 du 26 juill. 2005, art. 105)* **« Si la cession totale ou partielle de l'entreprise est envisageable ou si l'intérêt public » ou celui des créanciers l'exige, le maintien de l'activité peut être autorisé par le tribunal pour une durée maximale fixée par décret en Conseil d'État. Elle peut être prolongée à la demande du** *(L. n° 2005-845 du 26 juill. 2005, art. 105)* **« ministère public » pour une durée fixée par la même voie. Lorsqu'il s'agit d'une exploitation agricole, ce délai est fixé par le tribunal en fonction de l'année culturale en cours et des usages spécifiques aux productions concernées.** *(Abrogé par Ord. n° 2008-1345 du 18 déc. 2008, art. 102)* ***« Les dispositions de l'article** (L. n° 2005-845 du 26 juill. 2005, art. 105)* ***« L. 641-13 » sont applicables aux créances nées pendant cette période. »*** *— V. art. R. 641-18.*

(L. n° 2005-845 du 26 juill. 2005, art. 105) **« Le liquidateur administre l'entreprise.** *(Abrogé par Ord. n° 2008-1345 du 18 déc. 2008, art. 102)* ***« Il a la faculté d'exiger l'exécution des contrats en cours et exerce les prérogatives conférées à l'administrateur judiciaire par l'article L. 622-13. »***

« Dans les conditions prévues à l'article L. 631-17, il peut procéder aux licenciements.

« Le cas échéant, il prépare un plan de cession, passe les actes nécessaires à sa réalisation, en reçoit et en distribue le prix.

« Toutefois, lorsque le nombre des salariés ou le chiffre d'affaires est supérieur *(Ord. n° 2008-1345 du 18 déc. 2008, art. 102)* **« ou égal » à des seuils fixés par décret en Conseil d'État ou, en cas de nécessité, le tribunal désigne un administrateur judiciaire pour administrer l'entreprise.** *(Ord. n° 2008-1345 du 18 déc. 2008, art. 102)* **« Dans ce cas, l'administrateur exerce les prérogatives conférées au liquidateur par les articles L. 641-11-1 et L. 641-12. » Il prépare le plan de cession, passe les actes nécessaires à sa réalisation et, dans les conditions prévues à l'article L. 631-17, peut procéder aux licenciements.** *— V. art. R. 641-19.*

« Lorsque l'administrateur ne dispose pas des sommes nécessaires à la poursuite de l'activité, il peut, sur autorisation du juge-commissaire, se les faire remettre par le liquidateur.

« Le liquidateur ou l'administrateur, lorsqu'il en a été désigné, exerce les fonctions conférées, selon le cas, à l'administrateur ou au mandataire judiciaire par les articles L. 622-4 et L. 624-6. » *— [C. com., ancien art. L. 622-10.]*

(Ord. n° 2008-1345 du 18 déc. 2008, art. 102) **« L'arrêté d'un plan de cession totale ou l'expiration du délai fixé en application du premier alinéa met fin au maintien de l'activité. Le tribunal peut également décider d'y mettre fin à tout moment si celui-ci n'est plus justifié. »**

V. art. R. 641-20.

Contrats en cours (jurisprudence antérieure à la L. du 26 juill. 2005). Dans le régime antérieur à la loi du 26 juill. 2005, il était admis que le prononcé de la liquidation judiciaire n'avait pas pour effet d'entraîner la résiliation des contrats en cours. • Com. 15 févr. 2005 : *Bull. civ. IV, n° 28 ; D. 2005. AJ 641, obs. Lienhard ; Gaz. Pal. 4-5 nov. 2005, p. 24, obs. Dumont ; Act. proc. coll. 2005, n° 56, obs. Vallansan ; JCP E 2005, n° 36, p. 1424, obs. Pétell* • 5 juill. 2005 : *Bull. civ. IV, n° 151 ; D. 2005. AJ 2147, obs. Lienhard ; Gaz. Pal. 4-5 nov. 2005, p. 24, obs. Dumont.* ♦ Toutefois, le compte courant d'un débiteur mis en liquidation judiciaire était clôturé par l'effet de cette mesure. • Com. 14 mai 2002 : *Bull. civ. IV, n° 83 ; Act. proc. coll. 2002, n° 155, obs. Boulay.* ♦ Sur la poursuite des contrats en cours, V., désormais, art. L. 641-11-1, dans sa réd. issue de l'Ord. n° 2008-1345 du 28 déc. 2008.

Art. L. 641-11 *(Ord. n° 2008-1345 du 18 déc. 2008, art. 103)* « Le juge-commissaire exerce les compétences qui lui sont dévolues par les articles L. 621-9, L. 623-2 et L. 631-11 et par le quatrième alinéa de l'article L. 622-16. Lorsqu'il est empêché ou a cessé ses fonctions, il est remplacé dans les conditions prévues au troisième alinéa de l'article L. 621-9. » — *V. art. R. 641-21.*

(L. n° 2005-845 du 26 juill. 2005, art. 106) « Les renseignements détenus par le ministère public lui sont communiqués selon les règles prévues au deuxième alinéa de l'article L. 621-8.

« Le liquidateur et l'administrateur, lorsqu'il en a été désigné, reçoivent du juge-commissaire tous les renseignements utiles à l'accomplissement de leur mission. »

Art. L. 641-11-1 *(Ord. n° 2008-1345 du 18 déc. 2008, art. 104)* I. — Nonobstant toute disposition légale ou toute clause contractuelle, aucune indivisibilité, résiliation ou résolution d'un contrat en cours ne peut résulter du seul fait de l'ouverture ou du prononcé d'une liquidation judiciaire.

Le cocontractant doit remplir ses obligations malgré le défaut d'exécution par le débiteur d'engagements antérieurs au jugement d'ouverture. Le défaut d'exécution de ces engagements n'ouvre droit au profit des créanciers qu'à déclaration au passif.

II. — Le liquidateur a seul la faculté d'exiger l'exécution des contrats en cours en fournissant la prestation promise au cocontractant du débiteur.

Lorsque la prestation porte sur le paiement d'une somme d'argent, celui-ci doit se faire au comptant, sauf pour le liquidateur à obtenir l'acceptation, par le cocontractant du débiteur, de délais de paiement. Au vu des documents prévisionnels dont il dispose, le liquidateur s'assure, au moment où il demande l'exécution, qu'il disposera des fonds nécessaires à cet effet. S'il s'agit d'un contrat à exécution ou paiement échelonnés dans le temps, le liquidateur y met fin s'il lui apparaît qu'il ne disposera pas des fonds nécessaires pour remplir les obligations du terme suivant.

III. — Le contrat en cours est résilié de plein droit :

1° Après une mise en demeure de prendre parti sur la poursuite du contrat adressée par le cocontractant au liquidateur et restée plus d'un mois sans réponse. Avant l'expiration de ce délai, le juge-commissaire peut impartir au liquidateur un délai plus court ou lui accorder une prolongation, qui ne peut excéder deux mois, pour se prononcer ;

2° A défaut de paiement dans les conditions définies au II et d'accord du cocontractant pour poursuivre les relations contractuelles ;

3° Lorsque la prestation du débiteur porte sur le paiement d'une somme d'argent, au jour où le cocontractant est informé de la décision du liquidateur de ne pas poursuivre le contrat.

IV. — A la demande du liquidateur, lorsque la prestation du débiteur ne porte pas sur le paiement d'une somme d'argent, la résiliation est prononcée par le juge-commissaire si elle est nécessaire aux opérations de liquidation et ne porte pas une atteinte excessive aux intérêts du cocontractant.

V. — Si le liquidateur n'use pas de la faculté de poursuivre le contrat ou y met fin dans les conditions du II ou encore si la résiliation du contrat est prononcée en application du IV, l'inexécution peut donner lieu à des dommages et intérêts au profit du cocontractant, dont le montant doit être déclaré au passif. Le cocontractant peut néanmoins différer la restitution des sommes versées en excédent par le débiteur en exécution du contrat jusqu'à ce qu'il ait été statué sur les dommages et intérêts.

VI. — Les dispositions du présent article ne concernent pas les contrats de travail. Elles sont également inapplicables au contrat de fiducie et à la convention en exé-

cution de laquelle le débiteur constituant conserve l'usage ou la jouissance de biens ou droits transférés dans un patrimoine fiduciaire.

V. art. R. 641-21.

BIBL. ▸ LE CORRE-BROLY, *D. 2009. 663*. – ROUSSEL GALLE, *Rev. proc. coll. 2009. Dossier 7.*

Il résulte des dispositions des art. L. 641-10 et L. 641-11-1 que le sort des contrats en cours relève des prérogatives du liquidateur ; dès lors, le tribunal ne peut dans le jugement d'ouverture de la liquidation judiciaire, où il désigne le liquidateur, statuer sur le sort du contrat de location-gérance du fonds de commerce au terme de la période d'activité. • Com. 7 févr. 2012 : *Bull. civ. IV, nº 30 ; D. 2012. Actu. 494, obs. Lienhard ; Rev. proc. coll. 2012, nº 128, obs. Roussel Galle ; RJDA 2012, nº 885.*

Art. L. 641-12 *(Ord. nº 2008-1345 du 18 déc. 2008, art. 105)* **Sans préjudice de l'application du I et du II de l'article L. 641-11-1, la résiliation du bail des immeubles** *(Ord. nº 2010-1512 du 9 déc. 2010, art. 5-4º)* **« utilisés pour » l'activité de l'entreprise intervient dans les conditions suivantes :**

1º Au jour où le bailleur est informé de la décision du liquidateur de ne pas continuer le bail ;

2º Lorsque le bailleur demande la résiliation judiciaire ou fait constater la résiliation de plein droit du bail pour des causes antérieures au jugement de liquidation judiciaire ou, lorsque ce dernier a été prononcé après une procédure de sauvegarde ou de redressement judiciaire, au jugement d'ouverture de la procédure qui l'a précédée. Il doit, s'il ne l'a déjà fait, introduire sa demande dans les trois mois de la publication du jugement de liquidation judiciaire ;

3º Le bailleur peut également demander la résiliation judiciaire ou faire constater la résiliation de plein droit du bail pour défaut de paiement des loyers et charges afférents à une occupation postérieure au jugement de liquidation judiciaire, dans les conditions prévues aux troisième à cinquième alinéas de l'article L. 622-14.

Le liquidateur peut céder le bail dans les conditions prévues au contrat conclu avec le bailleur avec tous les droits et obligations qui s'y rattachent. En ce cas, toute clause imposant au cédant des dispositions solidaires avec le cessionnaire est réputée non écrite.

Le privilège du bailleur est déterminé conformément aux trois premiers alinéas de l'article L. 622-16.

V. art. R. 641-21.

BIBL. ▸ Régime de l'ordonnance du 18 déc. 2008 : KUNTZ et NURIT, *Bull. Joly Entrep. diff. 2012. 263.* – V. aussi ss. art. L. 622-14.

▸ Régime de la loi du 26 juill. 2005 : LE CORRE, *AJDI 2006. 175*. – AUQUE, *Rev. proc. coll. 2006. 341.* – FRADIN et MARTIN, *Procédures 2007. Étude 7* (mise en demeure d'opter sur le sort du bail).

1. Causes antérieures au jugement de liquidation. L'art. L. 622-13 [L. 641-12] C. com. ne dérogeant pas à l'art. L. 621-40 [L. 622-21], les causes antérieures au jugement de liquidation judiciaire mentionnées au premier de ces textes ne peuvent concerner que des obligations autres que le paiement d'une somme d'argent. • Com. 28 mai 2002 : *Bull. civ. IV, nº 93 ; D. 2002. AJ 1980, obs. Lienhard ; Rev. proc. coll. 2002. 181, obs. Macorig-Venier ; AJDI 2002. 686, obs. Le Corre ; Loyers et copr. 2002, nº 231, obs. Brault et Pereira-Osouf ; JCP E 2003, nº 5, p. 220, obs. Pétel* • 30 mars 2005 : *Rev. proc. coll. 2005. 214, obs. Macorig-Venier.*

1 bis. Défaut de paiement des loyers postérieurs à la liquidation. Le jugement ordonnant la vente du fonds de commerce, qui n'a pas eu d'effet translatif de la propriété de ce fonds, ne peut pas avoir pour effet de priver les bailleurs de leur droit de poursuivre la résiliation du bail pour défaut de paiement des loyers échus après l'ouverture de la procédure. • Com. 21 févr. 2012 : *Bull. civ. IV, nº 42 ; D. 2012. Actu. 607, obs. Lienhard ; JCP E 2012. 1227, nº 10, obs. Pétel ; ibid. 1252, note Brault ; LEDEN avr. 2012, p. 4, obs. Dumont-Lefrand ; Act. proc. coll. 2012, nº 99, obs. Vallansan ; Gaz. Pal. 27-28 avr. 2012, p. 20, obs. Kendérian ; Bull.*

Joly Entrep. diff. 2012. 155, note Benilsi ; Rev. proc. coll. 2012, n° 131, obs. Roussel Galle

1 ter. Le point de départ du délai de trois mois prévu à l'art. L. 641-12, 3°, C. com. est soit la date du jugement d'ouverture de la liquidation judiciaire lorsque celle-ci est prononcée immédiatement, soit celle du jugement d'ouverture de sauvegarde ou de redressement judiciaire en cas de conversion de la procédure en liquidation judiciaire. • Com. 19 févr. 2013 : *D. 2013. Actu. 566, obs. Lienhard ; JCP E 2013. 1216, n° 9, obs. Pétel ; ibid. 1276, note Cerati-Gauthier ; Dict. perm. diff. entrep., Bull. n° 346, obs. Roussel Galle ; Act. proc. coll. 2013, n° 64, obs. Vallansan ; LEDEN avr. 2013, p. 3, obs. Borga ; Gaz. Pal. 1er-4 mai 2013, p. 19, obs. Kendérian ; Bull. Joly Entrep. diff. 2013. 147, note Le Mesle.*

2. Cession du droit au bail. Il résulte de la combinaison des art. L. 622-13 [L. 641-12] et L. 622-18 [L. 642-19] C. com. qu'en cas de cession du droit au bail d'un immeuble affecté à l'activité de l'entreprise dont un débiteur en liquidation judiciaire est titulaire, dans les conditions prévues au contrat conclu avec le bailleur, le liquidateur doit obtenir l'autorisation préalable du juge-commissaire suivant les modalités prévues par le second de ces textes. • Com. 9 mai 2007 : *Bull. civ. IV, n° 122 ; D. 2007. AJ 1508, obs. Lienhard ; Act. proc. coll. 2007, n° 119, obs. Vallansan ; JCP E 2007. 2119, n° 5, obs. Pétel.*

3. Il résulte de la combinaison des art. L. 641-12 et L. 642-19 C. com., dans leur rédaction antérieure à l'Ord. du 18 déc. 2008, et 1134 C. civ., qu'en cas de liquidation judiciaire, la cession du droit au bail se fait aux conditions prévues par le contrat à la date du jugement d'ouverture, à l'exception de la clause imposant au cédant des obligations solidaires avec le cessionnaire. • Com. 27 sept. 2011 : *Bull. civ. IV, n° 141 ; D. 2011. Actu. 2399, obs. Lienhard ; JCP E 2011. 1795, note P.-H. Brault ; LEDEN oct. 2011, p. 4, obs. Rubellin ; Bull. Joly Entrep. diff. 2012. 14, note Camensuli-Feuillard ; Gaz. Pal. 20-21 janv. 2012, p. 19, obs. Kendérian ; RJDA 2012, n° 186.* ♦ Ainsi, le bailleur est autorisé à se prévaloir de la clause des baux annexés à l'acte de cession du fonds de commerce prévoyant que « le cessionnaire sera dans tous les cas, du seul fait de la cession, garant du paiement par le preneur de la totalité des sommes dues au titre du présent bail par ledit preneur à la date de la cession », peu important que ces stipulations contractuelles n'aient pas été reproduites dans l'ordonnance du juge-commissaire autorisant la cession. • Même arrêt.

4. Déclaration de créance. V. note 3 *bis* ss. art. L. 622-24.

Ancien art. L. 641-12 *La liquidation judiciaire n'entraîne pas de plein droit la résiliation du bail des immeubles affectés à l'activité de l'entreprise.*

Le liquidateur ou l'administrateur peut continuer le bail ou le céder dans les conditions prévues au contrat conclu avec le bailleur avec tous les droits et obligations qui s'y rattachent. (L. n° 2005-845 du 26 juill. 2005, art. 107) *« En cas de cession du bail, les dispositions de l'article L. 622-15 sont applicables. »*

Si le liquidateur ou l'administrateur décide de ne pas continuer le bail, celui-ci est résilié sur sa simple demande. La résiliation prend effet au jour de cette demande.

(L. n° 2005-845 du 26 juill. 2005, art. 107) *« Le bailleur peut demander la résiliation judiciaire ou faire constater la résiliation de plein droit du bail pour des causes antérieures au jugement de liquidation judiciaire ou, lorsque ce dernier a été prononcé après une procédure de sauvegarde ou de redressement judiciaire, au jugement d'ouverture de la procédure qui l'a précédé. Il doit, s'il ne l'a déjà fait, introduire sa demande dans les trois mois de la publication du jugement de liquidation judiciaire.*

« Le bailleur peut également demander la résiliation judiciaire ou faire constater la résiliation de plein droit du bail pour défaut de paiement des loyers et charges afférents à une occupation postérieure au jugement de liquidation judiciaire, dans les conditions prévues aux troisième à cinquième alinéas de l'article L. 622-14. »

Le privilège du bailleur est déterminé conformément aux trois premiers alinéas de l'article L. 622-16. — [C. com., ancien art. L. 622-13.]

Art. L. 641-12-1 *(Ord. n° 2008-1345 du 18 déc. 2008, art. 106)* **Si le débiteur est constituant et seul bénéficiaire d'un contrat de fiducie, l'ouverture ou le prononcé d'une liquidation judiciaire à son égard entraîne la résiliation de plein droit de ce contrat et le retour dans son patrimoine des droits, biens ou sûretés présents dans le patrimoine fiduciaire.**

Art. L. 641-13 *(Ord. nº 2008-1345 du 18 déc. 2008, art. 107)* **« I. — Sont payées à leur échéance les créances nées régulièrement après le jugement qui ouvre ou prononce la liquidation judiciaire pour les besoins du déroulement de la procédure ou du maintien provisoire de l'activité autorisé en application de l'article L. 641-10 ou en contrepartie d'une prestation fournie au débiteur pendant ce maintien de l'activité.** — *V. art. R. 641-39.*

« En cas de prononcé de la liquidation judiciaire, sont également payées à leur échéance, les créances nées régulièrement après le jugement d'ouverture de la procédure de sauvegarde ou de redressement judiciaire mentionnées au I de l'article L. 622-17. »

(L. nº 2005-845 du 26 juill. 2005, art. 108) **« II. —** *(Ord. nº 2008-1345 du 18 déc. 2008, art. 107)* **« Lorsqu'elles ne sont pas payées à l'échéance, ces créances » sont payées par privilège avant toutes les autres créances à l'exception de celles qui sont garanties par le privilège établi aux articles L. 143-10** *[L. 3253-2 et L. 3253-3]*, **L. 143-11** *[L. 3253-4]*, **L. 742-6 et L. 751-15** *[L. 7313-8]* **du code du travail,** *(Ord. nº 2008-1345 du 18 déc. 2008, art. 107)* **« des frais de justice nés régulièrement après le jugement d'ouverture pour les besoins du déroulement de la procédure », de celles qui sont garanties par le privilège établi par l'article L. 611-11 du présent code et de celles qui sont garanties par des sûretés immobilières ou par des sûretés mobilières spéciales assorties d'un droit de rétention ou constituées en application du chapitre V du titre II du livre V.**

« III. — Leur paiement se fait dans l'ordre suivant :

« 1° Les créances de salaires dont le montant n'a pas été avancé en application des articles L. 143-11-1 à L. 143-11-3 *[L. 3253-6 et L. 3253-8 à L. 3253-13]* **du code du travail ;**

(Abrogé par Ord. nº 2008-1345 du 18 déc. 2008, art. 107) « 2° Les frais de justice ; »

(Ord. nº 2008-1345 du 18 déc. 2008, art. 107) **« 2° » Les prêts consentis ainsi que les créances résultant de la poursuite d'exécution des contrats en cours conformément aux dispositions de l'article L. 622-13 du présent code et dont le cocontractant accepte de recevoir un paiement différé ; ces prêts et délais de paiement sont autorisés par le juge-commissaire dans la limite nécessaire à la poursuite de l'activité et font l'objet d'une publicité. En cas de résiliation d'un contrat régulièrement poursuivi, les indemnités et pénalités sont exclues du bénéfice du présent article ;** — *V. art. R. 641-22.*

(Ord. nº 2008-1345 du 18 déc. 2008, art. 107) **« 3° » Les sommes dont le montant a été avancé en application du 3° de l'article L. 143-11-1** *[L. 3253-8, 4°]* **du code du travail ;**

(Ord. nº 2008-1345 du 18 déc. 2008, art. 107) **« 4° » Les autres créances, selon leur rang.**

« IV. — Les créances impayées perdent le privilège que leur confère le *(Ord. nº 2008-1345 du 18 déc. 2008, art. 107)* **« II du » présent article si elles n'ont pas été portées à la connaissance du mandataire judiciaire, de l'administrateur lorsqu'il en est désigné ou du liquidateur,** *(Ord. nº 2008-1345 du 18 déc. 2008, art. 107)* **« au plus tard » dans le délai de six mois à compter de la publication du jugement ouvrant ou prononçant la liquidation ou, à défaut, dans le délai d'un an à compter de celle du jugement arrêtant le plan de cession. »**

BIBL. ▶ V. ss. art. L. 622-17.

Ancien art. L. 641-13 (I et II) [réd. issue de L. nº 2005-845 du 26 juill. 2005] *I. — Les créances nées régulièrement après le jugement qui ouvre ou prononce la liquidation judiciaire ou, dans ce dernier cas, après le jugement d'ouverture de la procédure de sauvegarde ou de redressement judiciaire qui l'a précédée, pour les besoins du déroulement de la procédure, pour les besoins, le cas échéant, de la période d'observation antérieure, ou en raison d'une prestation fournie au débiteur, pour son activité professionnelle postérieure à l'un de ces jugements, sont payées à leur échéance.*

II. — Si elles ne sont pas payées à l'échéance, elles sont payées par privilège avant toutes les autres créances à l'exception de celles qui sont garanties par le privilège établi aux articles L. 143-10 [L. 3253-2 et L. 3253-3], *L. 143-11* [L. 3253-4], *L. 742-6 et L. 751-15* [L. 7313-8] *du code du travail, de celles qui sont garanties par le privilège des frais de justice, de celles qui sont garanties par le privilège établi par l'article L. 611-11 du présent code et de celles qui sont garanties par des sûretés immobilières ou par des sûretés mobilières spéciales assorties d'un droit de rétention ou constituées en application du chapitre V du titre II du livre V.*

1. Créances indemnitaires résultant d'un licenciement. Relèvent notamment du privilège institué par l'art. L. 641-13-I, dans sa rédaction en vigueur au jour du licenciement, les créances nées régulièrement après le jugement qui ouvre ou prononce la liquidation judiciaire, pour les besoins du déroulement de la procédure. • Soc. 16 juin 2010 : *Bull. civ. V, n° 140 ; D. 2010. Actu. 1550, obs. Lienhard ; D. 2011. Pan. 2080, obs. Le Corre ; RTD com. 2011. 173, obs. Martin-Serf ; Gaz. Pal. 15-16 oct. 2010, p. 27, obs. Henry ; Rev. proc. coll. 2010, n° 245, obs. Berthelot ; ibid. 2012, n° 47, obs. Saint-Alary-Houin.* ♦ Dès lors que le licenciement a été prononcé par le liquidateur conformément à ses obligations dans le cadre de la procédure collective en cours, les créances indemnitaires résultant de la rupture du contrat de travail sont nées régulièrement après le jugement prononçant la liquidation judiciaire pour les besoins du déroulement de cette procédure et, en conséquence, elles relèvent de l'art. L. 641-13-I, peu important que l'activité ait cessé immédiatement. • Même arrêt.

2. Créance de loyer d'habitation. La créance de loyer d'habitation du débiteur, échue postérieurement au jugement d'ouverture de la liquidation judiciaire de ce dernier, n'est pas une créance née pour les besoins du déroulement de la procédure. • Com. 12 mars 2013 : *D. 2013. Actu. 702, obs. Lienhard ; Act. proc. coll. 2013, n° 74, obs. Fin-Langer ; LEDEN avr. 2013, p. 2, obs. Favario.*

3. Créance d'honoraires de résultat. La date d'exigibilité de la commission ne se confond pas avec la date du fait générateur de la créance ; en conséquence, la créance d'honoraires de résultat [trouvant sa cause dans un contrat de mandat] ne naît pas à la date du paiement, mais à celle de l'exécution de la prestation caractéristique. • Com. 27 sept. 2011 : *D. 2011. Actu. 2398, obs. Lienhard ; Rev. sociétés 2011. 730, obs. Roussel Galle ; Act. proc. coll. 2011, n° 264, obs. Cagnoli ; LEDEN oct. 2011, p. 2, obs. Rubellin ; RJDA 2012, n° 71 ; Bull. Joly Entrep. diff. 2012. 17, note Le Corre-Broly ; Gaz. Pal. 20-21 janv. 2012, p. 18, obs. Henry.*

Art. L. 641-14 *(L. n° 2005-845 du 26 juill. 2005, art. 109)* **Les dispositions des chapitres IV et V du titre II du présent livre relatives à la détermination du patrimoine du débiteur et au règlement des créances résultant du contrat de travail ainsi que les dispositions du chapitre II du titre III du présent livre relatives aux nullités de certains actes s'appliquent à la procédure de liquidation judiciaire.** — *V. art. L. 624-1 s., L. 625-1 s. et L. 632-1 s.*

Toutefois, pour l'application de l'article L. 625-1, le liquidateur cité devant le conseil de prud'hommes ou, à défaut, le demandeur appelle devant la juridiction prud'homale les institutions visées à l'article L. 143-11-4 *[L. 3253-14]* **du code du travail.**

Pour l'application de l'article L. 625-3 du présent code, les institutions mentionnées à l'article L. 143-11-4 *[L. 3253-14]* **du code du travail sont mises en cause par le liquidateur ou, à défaut, par les salariés requérants, dans les dix jours du jugement d'ouverture de la procédure de liquidation judiciaire ou du jugement la prononçant.** *(Abrogé par Ord. n° 2008-1345 du 18 déc. 2008, art. 108)* ***« De même, les instances en cours devant la juridiction prud'homale à la date du jugement d'ouverture sont poursuivies en présence de l'administrateur, lorsqu'il en a été désigné, ou celui-ci dûment appelé. »***

V. art. R. 641-27 s.

Art. L. 641-15 *(L. n° 2005-845 du 26 juill. 2005, art. 110)* **Pendant la procédure de liquidation judiciaire, le juge-commissaire peut ordonner que le liquidateur ou l'administrateur, lorsqu'il en a été désigné, soit le destinataire du courrier adressé au débiteur.**

Le débiteur, préalablement informé, peut assister à l'ouverture du courrier. Toutefois, une convocation devant une juridiction, une notification de décisions ou tout autre courrier ayant un caractère personnel doit être immédiatement remis ou restitué au débiteur. *(Ord. n° 2010-1512 du 9 déc. 2010, art. 5-5°)* **« Lorsque le débiteur est un entrepreneur individuel à responsabilité limitée, il y a également lieu à remise ou restitution immédiate du courrier intéressant un patrimoine autre que celui visé par la procédure. »**

Le juge-commissaire peut autoriser l'accès du liquidateur *(Ord. n° 2008-1345 du 18 déc. 2008, art. 109)* **« et de l'administrateur, lorsqu'il en a été désigné, » au courrier électronique reçu par le débiteur dans des conditions déterminées par décret en Conseil d'État.** – *V. art. R. 641-40.*

Lorsque le débiteur exerce une activité pour laquelle il est soumis au secret professionnel, les dispositions du présent article ne sont pas applicables.

1. Si le liquidateur, pour se faire remettre le courrier adressé au débiteur, utilise des ordres de réexpédition, cette prestation est assurée par La Poste à titre onéreux. • Com. 28 sept. 2004 : *Bull. civ. IV, n° 168 ; D. 2004. AJ 2714, obs. Lienhard ; JCP E 2005, n° 1-2, p. 26, obs. Pétel; Rev. proc. coll. 2005. 202 obs. Lebel.*

2. Il appartient au liquidateur d'établir qu'il a effectivement remis au débiteur le courrier ayant un caractère personnel. • Com. 25 oct. 2011 : *cité note 1 ss. art. L. 641-9.*

CHAPITRE II DE LA RÉALISATION DE L'ACTIF

SECTION PREMIÈRE DE LA CESSION DE L'ENTREPRISE

RÉP. COM. v° *Entreprises en difficulté (Cession de l'entreprise)*, par G. BLANC.

BIBL. GÉN. ▶ FROEHLICH, *D. 2005. Chron. 2878* (ambivalence du plan de cession totale) ; *LPA 14 juin 2007* (nouvelle répartition des rôles entre administrateurs et mandataires judiciaires). – COURET, *RLDA, suppl. au n° 80, mars 2005, p. 42* (le plan de cession, mesure de redressement ou de liquidation ?). – HENRY, *Gaz. Pal. 2005. Doctr. 2956.* – GÉNITEAU, *RLDA, suppl. au n° 88, déc. 2005, p. 23.* – A. MAZEAUD, *Dr. soc. 2006. 12* (sort des contrats de travail). – PÉROT-REBOUL, *LPA, n° spéc., 17 févr. 2006, p. 30* (les plans dans la loi de sauvegarde). – DEHARVENG, *D. 2006. Chron. 1047*. – CROZE, *Procédures 2006. Étude 5.* – COQUELET, *Rev. proc. coll. 2006. 188* (le plan de cession a-t-il changé ?) ; *ibid. 2008. Dossier 12* (faut-il déjà réformer ?). – RÉTIF, *ibid. 232* (plan de cession de l'entreprise libérale individuelle). – SOINNE, *ibid. 313* (problématique de la nouvelle cession d'entreprise). – SORTAIS, *LPA 14 juin 2007* (attraits de la liquidation-cession). – COUTURIER, *Bull. Joly 2008. 142* (le plan de cession, instrument de restructuration des entreprises défaillantes). – LUCIANO, *Rev. proc. coll. 2011. Étude 9* (fiducie-sûreté et plan de cession).

▶ Régime antérieur à la loi du 26 juill. 2005 : CHAPUT, *RJ com. 1987. 52.* – COURET, *Bull. Joly 1986. 289.* – LAGRAULA, GUÉRIN et AUDINET, *Gaz. Pal. 1986. 2. Doctr. 759.* – LE NABASQUE, *JCP E 1990. II. 15770.* – PÉROCHON, *D. 1990. Chron. 252*. – BOIVIN, *JCP N 1991. I. 382.* – PIROVANO, *D. 1988. Chron. 273* (contestation du plan de cession). – SOINNE, *Rev. proc. coll. 1989. 463.* – SAINT-ALARY-HOUIN, *Mélanges Champaud, Dalloz, p. 539.* – SERLOOTEN, *Rev. proc. coll. 1998. 415* (fiscalité). – CORDIER, *RJDA 1999, p. 103* (le plan de cession devant la Cour de cassation). – GARÇON, *JCP E 1999, n° 13, p. 561* (pacte de préférence). – H. BUREAU, *JCP E 1999, n° 27-28, p. 1182* (période intermédiaire entre l'adoption et la réalisation du plan de cession). – MONSÈRIE-BON, *LPA 6 sept. 2000.* – FEUGÈRE, *Gaz. Pal. 2000. Doctr. 2162* (devoir de loyauté). – DUREUIL, *Mélanges Honorat, Frison-Roche, 2000, p. 99* (représentation des sociétés frappées d'un plan de cession totale). – TEBOUL, *Gaz. Pal. 4-5 juill. 2003, p. 2* (actualité). – VAUVILLÉ, *Rev. proc. coll. 2006. 345* (responsabilités et sanctions).

Art. L. 642-1 *(L. n° 2005-845 du 26 juill. 2005, art. 111)* La cession de l'entreprise a pour but d'assurer le maintien d'activités susceptibles d'exploitation autonome, de tout ou partie des emplois qui y sont attachés et d'apurer le passif.

Elle peut être totale ou partielle. Dans ce dernier cas, elle porte sur un ensemble d'éléments d'exploitation qui forment une ou plusieurs branches complètes et autonomes d'activités.

Lorsqu'un ensemble est essentiellement constitué du droit à un bail rural, le tribunal peut, sous réserve des droits à indemnité du preneur sortant et nonobstant les autres dispositions du statut du fermage, soit autoriser le bailleur, son conjoint ou l'un de ses descendants à reprendre le fonds pour l'exploiter, soit attribuer le bail rural à un autre preneur proposé par le bailleur ou, à défaut, à tout repreneur dont l'offre a été recueillie dans les conditions fixées aux articles L. 642-2, L. 642-4 et L. 642-5. Les dispositions relatives au contrôle des structures des exploitations agricoles ne sont pas applicables. Toutefois, lorsque plusieurs offres ont été recueillies, le tribunal tient compte des dispositions des 1° à 4° et 6° à *(L. n° 2006-11 du 5 janv. 2006, art. 14-V)* « 9° » de l'article L. 331-3 du code rural et de la pêche maritime. — *V. art. R. 661-3.*

(Ord. n° 2008-1345 du 18 déc. 2008, art. 110) « Lorsque le débiteur est un officier public ou ministériel, le liquidateur peut exercer le droit du débiteur de présenter son successeur au garde des sceaux, ministre de la justice. »

1. Offres de reprise. V. notes ss. art. L. 642-2.

2. Inutilité d'un débat contradictoire. Il n'est nulle part prévu dans la loi que la décision d'arrêt du plan doit être précédée d'un débat contradictoire entre les candidats repreneurs alors que leur audition n'est pas prévue et qu'ils ne sont pas parties à un débat judiciaire. • Limoges, 13 août 1986 : *D. 1987. 44, note Derrida.* ♦ V. aussi note 2 ss. art. L. 626-9.

3. Apurement du passif. Le tribunal peut arrêter un plan de cession qui ne permet d'apurer que partiellement le passif. • Com. 26 juin 1990 : *Bull. civ. IV, n° 191 ; D. 1991. IR 192* • T. com. Paris, 16 avr. 1986 : *Gaz. Pal. 1986. 1. Somm. 221, obs. Annichiarico* • Versailles, 9 juill. 1986 : *ibid. 1986. 2. 570, note J.-F. Martin.* ♦ Sur un prix de caractère symbolique, V. • Paris, 6 févr. 1987 : *D. 1987. IR 42.* – Comp. : • T. com. Paris, 20 mai 1986 : *JCP 1986. II. 20658, note Chaput.* ♦ Les créanciers ne doivent cependant pas être sacrifiés par la fixation d'un prix sans rapport avec la valeur des biens cédés. • Versailles, 23 juill. 1986 : *Gaz. Pal. 1986. 2. 781* • T. com. Bordeaux, 27 juin 1986 : *ibid. 1986. 2. 770.* ♦ Ainsi, un tribunal ne saurait admettre, au seul motif de la sauvegarde de moins de la moitié des emplois, que les actifs de la société soient cédés à un prix qui représente 10 à 15 % de la valeur liquidative de ces biens, tant immobiliers que mobiliers. • T. com. Abbeville, 17 janv. 2001 : *Rev. proc. coll. 2001. 79, obs. Soinne.*

Sur la nécessité de respecter le principe d'égalité des créanciers dans le choix du repreneur, V. • Aix-en-Provence, 30 oct. 1997 : *D. 1999. Somm. 2, obs. Derrida.*

V. aussi note 1 ss. art. L. 631-22.

4. Maintien de l'activité et des emplois. Le redressement judiciaire par la voie de la cession instauré par la loi du 25 janv. 1985 a essentiellement pour but d'assurer la survie de l'entreprise cédée par la poursuite de l'activité du débiteur à laquelle le cessionnaire doit se livrer à l'aide des biens affectés à cette activité. • Paris, 23 juill. 1992 : *D. 1992. 491.* – V. Derrida, *D. 1992. Chron. 301.* ♦ Une société cessionnaire ne peut donc reprendre et poursuivre elle-même l'activité de la société cédée lorsqu'elle n'exerce pas cette activité à laquelle elle est étrangère. Lorsqu'il apparaît que la finalité de la cession est la réalisation d'une opération immobilière à laquelle est liée, accessoirement, la reprise d'une société en difficulté, il s'agit d'un dévoiement de procédure. • Même arrêt. ♦ Dans le même sens : • Paris, 21 févr. 1995 : *Rev. proc. coll. 1995. 156, obs. Soinne* • Pau, 29 juin 1994 : *ibid.* ♦ V. aussi, rejetant une offre de reprise partielle portant sur des actifs immobiliers d'une société marchand de biens, dès lors que celle-ci n'a plus de salariés, • Paris, 7 juill. 1995 : *Dr. sociétés 1995, n° 240, obs. Chaput ; Rev. proc. coll. 1996. 467, obs. Soinne.* ♦ ... Une offre spéculative de reprise de biens immobiliers nullement nécessaires à l'exploitation d'un pôle hôtelier, seule branche d'activité cessible, au sens de l'art. 81 [C. com., art. L. 642-1], • Paris, 3 avr. 1998 : *D. Affaires 1998. 847.* ♦ V. désormais art. L. 642-10.

Sur le pouvoir souverain des juges du fond, V. • Com. 2 févr. 1993 : *Bull. civ. IV, n° 41 ; D. 1994. Somm. 6, obs. Derrida.*

5. Cession partielle. Une offre de cession peut être accueillie même si elle ne permet que le maintien d'une branche d'activité et que celui d'une partie des emplois. • Aix-en-Provence, 2 oct. 1986 : *D. 1987. Somm. 9, obs. Derrida.* ♦ La qualification de cession partielle d'entreprise n'est remise en cause que si les biens non compris dans la cession sont indifférents à la poursuite de l'activité. • Com. 11 juin 1996 : *Bull. civ. IV, n° 170 ; D. 1997. Somm. 2, obs. Derrida ; D. Affaires 1996. 877 ; Quot. jur. 9 juill. 1996, p. 13, note P. M. ; Rev. proc. coll. 1996. 457, obs. Soinne.* ♦ Les cessions arrêtées par le tribunal de la totalité des éléments d'exploitation de sociétés formant plusieurs branches complètes et autonomes d'activité constituent des cessions partielles n'interdisant pas l'inclusion des éléments cédés dans un plan ultérieur de continuation. • Com. 17 févr. 1998 : *Bull. civ. IV, n° 75 ; D. Affaires 1998. 426, obs. A. L. ; LPA 12 juin 1998, p. 22, note Soinne ; Bull. Joly 1998. 658, note Pétel.* – V., dans la même affaire, • Com. 7 janv. 2003 : *JCP E 2003, n° 20, p. 850, obs. Pétel.* ♦ La cession ne peut être qualifiée de totale dès lors que le jugement d'arrêté de plan précise lui-même qu'il statue sur une offre présentée globalement par plusieurs repreneurs permettant de réaliser la cession de la plus grande partie des actifs de la société. • Com. 24 nov. 1998 : *Rev. proc. coll. 2001. 87, obs. Soinne.*

6. Branche d'activité. BIBL. Sénéchal, *LPA 2 avr. 1990.* ♦ Un droit au bail, s'il est un élément essentiel du fonds de commerce, ne saurait être assimilé à l'entreprise elle-même, ni constituer à lui seul un ensemble d'éléments d'exploitation formant une branche complète et autonome d'activité. • Metz, 13 févr. 1990 : *D. 1991. Somm. 13, obs. Derrida.* ♦ V. aussi, rejetant la seule offre d'acquisition du fonds de commerce présentée par son locataire-gérant, • Paris, 19 avr. 1988 : *D. 1991. Somm. 5, obs. Derrida.* ♦ ... Refusant de considérer comme une cession d'entreprise la vente portant exclusivement sur des immeubles, des meubles meublants et des véhicules automobiles, • Paris, 14 déc. 1993 : *D. 1996. Somm. 5, obs. Derrida.* ♦ Comp. : note 18.

7. Jugé qu'une banque étant devenue, du fait de son retrait d'agrément, une « entreprise de recouvrement de créances », l'actif a pu être cédé en tant que branche complète et autonome d'activité au sens de l'art. 81 [C. com., art. L. 642-1]. • T. com. Paris, 22 janv. 1991 : *D. 1992. Somm. 355, obs. Vasseur ; JCP E 1991. II. 207, note Peltier.* – V. Derrida, *D. 1996. Chron. 7.*

8. Bail rural. BIBL. Masson, *Rev. dr. rur. 1994. 125.* – Delattre, *Ann. loyers 2002. 565.* ♦ Le bail rural qui ne constitue pas l'essentiel d'un ensemble agricole demeure incessible. • Com. 28 avr. 1998 : *Bull. civ. IV, n° 138 ; D. 1998. IR 163 ; D. Affaires 1998. 960, obs. V. A.-R. ; Quot. jur. 18 juin 1998, p. 8, note P. M. ; JCP 1998. II. 10128, note Ourliac ; Rev. proc. coll. 1998. 375, obs. Soinne ; RTD com. 1998. 678, obs. Saint-Alary-Houin* • Paris, 2 nov. 1993 : *Rev. dr. rur. janv. 1994, p. 3.* – V. aussi • Dijon, 18 mai 1995 : *Rev. proc. coll. 1996. 466, obs. Soinne.* ♦ Sur le contrôle de la qualification du caractère essentiel quant à l'équilibre économique de l'exploitation, du droit au bail rural, par la Cour de cassation, V. • Com. 28 avr. 1998 : *préc.*

9. L'art. 82 [C. com., art. L. 642-1], al. 3, qui permet au tribunal d'attribuer le bail rural à un autre preneur proposé par le bailleur, étant applicable même lorsque les biens de l'exploitation agricole font l'objet de plusieurs baux fussent-ils consentis par plusieurs propriétaires, l'attribution, aux divers preneurs respectivement proposés par chaque bailleur, de ces baux, dès lors qu'ils constituent l'essentiel de l'exploitation agricole objet de la cession, répond aux exigences de l'al. 1er. • Com. 9 juin 1998 : *Bull. civ. IV, n° 186 ; D. 1998. IR 197 ; D. Affaires 1998. 1217, obs. V. A.-R.* – V. déjà • Paris, 2 nov. 1993 : *préc. note 8.*

10. Le tribunal ne peut attribuer un bail rural à un repreneur dont l'offre a été recueillie dans les conditions fixées aux art. 83, 84 et 85 [C. com., art. L. 642-1, L. 642-2 et L. 642-5] qu'à défaut pour le bailleur de demander l'attribution du bail au preneur qu'il propose, et ce, quel que puisse être l'intérêt pour le débiteur, les créanciers et le repreneur, de la cession arrêtée. • Com. 30 nov. 1993 : *Bull. civ. IV, n° 443 ; D. 1996. Somm. 2, obs. Derrida ; JCP 1994. II. 22248, note Ourliac ; Defrénois 1994. 1239, obs. Sénéchal ; Rev. proc. coll. 1994. 229, obs. Soinne.* – Dans le même sens, V. • Douai, 21 juill. 1998 : *Rev. proc. coll. 2001. 82, obs. Soinne.*

En ce sens que les offres émanant du bailleur n'ont pas à être recueillies sous les mêmes conditions que celles faites par des tiers, V. • Paris, 16 janv. 1998 : *Rev. proc. coll. 2001. 82, obs. Soinne.*

Sur l'attribution du bail en cas de désaccord entre les différents propriétaires de l'exploitation, V. • Douai, 12 sept. 1995 : *Rev. proc. coll. 1996. 100, obs. Soinne.*

Sur l'interprétation de l'art. 82 [C. com., art. L. 642-1], al. 3, V. aussi • Rennes, 31 oct. 1990 : *Rev. proc. coll. 1991. 329, obs. Soinne.*

11. Aucune disposition de la loi du 25 janv. 1985 ne donne le pouvoir au juge d'imposer au propriétaire de concéder un bail rural sur ses terres. • Com. 14 mars 2000 : *Bull. civ. IV, n° 62 ; D. 2000. AJ 189 ; RTD com. 2001. 220, obs. Saint-Alary-Houin ; Rev. proc. coll. 2001. 84,* *obs. Soinne ; Dr. et patr., janv. 2002. 93, obs. Roussel.*

11 bis. Si le tribunal peut, sous réserve de certaines conditions, attribuer le droit à un bail rural à un repreneur sans tenir compte des dispositions relatives au contrôle des structures, une telle cession suppose que le preneur qui a fait l'objet d'une procédure de redressement judiciaire soit titulaire de ce droit (dans le cas où le bail avait été déclaré nul, faute, pour le preneur, d'avoir obtenu l'autorisation administrative d'exploiter). • Com. 28 oct. 2008 : *Bull. civ. IV, n° 180 ; D. 2008. AJ 2932 ; Gaz. Pal. 21-22 janv. 2009, p. 34, obs. Voinot ; Rev. proc. coll. 2009, n° 36, obs. Lebel.*

12. Adoption tardive du plan de cession. Aucune disposition de la loi ne sanctionne de nullité le jugement qui a arrêté un plan de cession après l'expiration de la période d'observation. • Paris, 14 oct. 1988 : *D. 1988. IR 266.*

13. Biens compris dans le plan. Le plan de cession d'une entreprise ne peut être arrêté lorsque les éléments qui la composent ne sont plus dans le patrimoine du débiteur en redressement judiciaire pour avoir été cédés à un tiers avant le jugement d'ouverture de la procédure collective. • Com. 2 févr. 1993 : *Bull. civ. IV, n° 40 ; D. 1996. Somm. 5, obs. Derrida ; RJDA 1993, n° 959.* ♦ D'autre part, en vertu de l'art. 81 [C. com., art. L. 642-1], ne peuvent être compris dans le plan de cession de l'entreprise les biens qui ne sont pas affectés à l'activité de celle-ci : V. • Com. 3 mars 1992 : *Bull. civ. IV, n° 103 ; D. 1992. IR 104.*

14. La cession partielle d'une entreprise présentant le caractère d'une vente, le transfert de propriété se limite aux biens compris dans le plan, le cessionnaire étant l'ayant cause à titre particulier du débiteur cédant. • Aix-en-Provence, 23 févr. 1993 : *BICC 1993, n° 778.* ♦ Dès lors que le transfert de tous les droits de propriété industrielle existant à la date de la cession dans le patrimoine du cédant n'implique pas celui des brevets d'invention déposés au nom d'un tiers dans les formes légales et à défaut de toute réserve relative à leur revendication, le cessionnaire a implicitement admis que le débiteur cédant n'était pas propriétaire des brevets litigieux ; l'action en revendication de brevets, qui ne peut être considérée comme l'accessoire normal de leur licence d'exploitation seule cédée antérieurement par l'inventeur, doit donc être déclarée irrecevable. • Même arrêt.

15. La cession des biens hypothéqués compris dans le plan de redressement n'est pas une vente consentie par le propriétaire. Dès lors, il ne peut être reproché à celui-ci (le débiteur en redressement judiciaire) de n'avoir pas respecté son engagement de ne pas aliéner ces biens. • Com. 12 oct. 1999 : *RJDA 1999, n° 1360 ; RTD com. 2000. 451, obs. Saint-Alary-Houin .*

16. La cession d'une branche d'activité représentée par un réseau de franchise entre dans les prévisions de l'art. 81 [C. com., art. L. 642-1] mais ne peut être imposée aux franchisés qui sont libres de ne pas poursuivre leur collaboration avec le nouveau franchiseur. • Paris, 15 déc. 1992 : *D. 1993. IR 45 ; RJ com. 1993. 151, note Martin-Serf ; JCP 1994. II. 22205, note Jamin.*

16 bis. Dès lors qu'aux termes de l'art. 220 *quinquies* CGI, la créance de report en arrière des déficits est inaliénable et incessible, cette créance ne peut pas faire partie de l'actif cédé. • Com. 15 déc. 2009 : *Bull. civ. IV, n° 165 ; D. 2010. AJ 87, obs. Lienhard ; JCP E 2010. 1296, n° 5, obs. Pétel ; LEDEN, févr. 2010, p. 5, obs. Parachkévova ; Act. proc. coll. 2010, n° 47, obs. Lamulle ; Rev. proc. coll. 2010, n° 80, obs. Fraimout ; RJDA 2010, n° 410.*

16 ter. Sur le sort des valeurs acquises sur les contrats d'assurance souscrits par la société débitrice en vue de garantir à ses salariés le paiement d'indemnités de fin de carrière, V. • Com. 18 janv. 2011 : *Bull. civ. IV, n° 6 ; D. 2011. Actu. 370 ; JCP E 2011. 1263, n° 4, obs. Pétel ; Gaz. Pal. 1er-2 avr. 2011, p. 40, obs. Gailhbaud ; Act. proc. coll. 2011, n° 75, obs. Fin-Langer ; RJDA 2011, n° 260 ; Rev. proc. coll. 2011, n° 51, obs. Fraimout.* – V. Rapp. Rémery, *RJDA mars 2011. 195.*

17. Biens non compris dans le plan. V. art. L. 642-21.

18. Cessions d'immeubles et de fonds de commerce. BIBL. Jaffrain, *JCP E 1992. I. 205* (vente d'un fonds de commerce dans le cadre d'une liquidation judiciaire). – Derrida, *Defrénois 1995. 1073* (réalisation des immeubles). – Garçon, *JCP E 2001, n° 13, p. 548* (droit de préemption urbain après la loi SRU du 13 déc. 2000). – Saint-Alary-Houin, *RTD com. 2001. 221* (même thème). ♦ Dès lors qu'est en cause non une vente de droit commun mais un plan de redressement par voie de cession de l'entreprise du débiteur en redressement judiciaire, opération dont le caractère forfaitaire implique l'existence d'un aléa exclusif de l'application des garanties prévues dans le droit commun de la vente et obéissant à des règles propres édictées, en vue du maintien au moins partiel de l'activité, par une loi d'ordre public, les juges n'ont pas à effectuer de recherches inopérantes telles celles relatives à la consistance de la clientèle (à propos d'un plan de cession portant sur un fonds de commerce). • Com. 22 oct. 1996 : *D. 1997. Somm. 3, obs. Derrida .* ♦ Le cessionnaire ne saurait invoquer ni l'exécution de l'obligation de délivrance, ni la garantie d'éviction, ni la rescision du prix pour cause de lésion. Il ne peut pas non plus invoquer un vice du consentement, que ce soit une erreur substantielle excusable ou une réticence dolosive du mandataire-liquidateur dès lors qu'il avait nécessairement connaissance du caractère aléatoire de la convention. • Paris, 13 sept. 1994 : *Rev. proc. coll. 1996. 89, obs. Soinne.* – Dans le même sens, V. • Com. 23 nov. 1999 : *RJDA 2000, n° 196* • Bordeaux, 16 mai 1995 : *ibid.* ♦ En revanche, le fondateur, dirigeant et principal animateur d'une société, est sans conteste possible tenu d'une obligation de loyauté à l'égard du repreneur de la société que sa gestion a conduite au redressement judiciaire ; il doit s'abstenir, nonobstant l'absence de toute clause de non-concurrence ou de non-rétablissement, de développer une activité concurrente dans des conditions susceptibles de détourner la clientèle régulièrement cédée. • Paris, 25 sept. 1996 : *D. Affaires 1996. 1282.*

19. Dès lors qu'une cession est intervenue dans le cadre de la reprise globale des actifs d'une société en redressement et d'un engagement de maintenir un certain nombre d'emplois salariés, conformément à un plan de cession homologué par jugement du tribunal de commerce, opération dont le caractère forfaitaire implique l'existence d'un aléa, il en résulte une réduction de la valeur des biens cédés. • Com. 16 juin 1998 : *D. 1999. Somm. 1, obs. Derrida ; D. Affaires 1998. 1215, obs. A. L. ; Defrénois 1998. 1458, obs. Bénabent ; JCP E 1998, n° 52, p. 2064, obs. Pétel.* ♦ Viole les art. L. 17 LPF et 81 de la loi du 25 janv. 1985 [C. com., art. L. 642-1], le jugement qui, pour rejeter la demande de la société repreneuse, faisant valoir que le prix énoncé dans l'acte de cession correspondait à la valeur réelle des immeubles qui aurait pu être obtenue par le jeu de l'offre et de la demande dans un marché réel, a estimé que les deux termes de comparaison produits par l'Administration des impôts présentaient des analogies suffisantes pour refléter le marché local de biens équivalents et justifier un redressement de valeur. • Même arrêt. – V. Pinict, *RJDA 1998, p. 684.* ♦ Sur l'impossibilité, pour le tribunal, d'imposer aux dirigeants de la personne morale débitrice une obligation de non-concurrence, V. note 4 ss. art. L. 642-5.

20. Pour la paralysie des droits de préemption institués par le code rural ou le code de l'urbanisme pour les biens compris dans un plan de cession, V. art. L. 642-5, al. 4, dans sa réd. issue de l'Ord. n° 2008-1345 du 18 déc. 2008, et note 3 *bis* ss. cet art.

21. Sur l'exclusion de la surenchère, lorsque la cession comprend un fonds de commerce, V. art. L. 642-8, al. 2.

Art. L. 642-2 *(L. n° 2005-845 du 26 juill. 2005, art. 111)* **I. — Lorsque le tribunal estime que la cession totale ou partielle de l'entreprise est envisageable, il autorise la poursuite de l'activité et il fixe le délai dans lequel les offres de reprise doivent parvenir au liquidateur et à l'administrateur lorsqu'il en a été désigné.**

Toutefois, si les offres reçues en application de l'article L. 631-13 remplissent les conditions prévues au II du présent article et sont satisfaisantes, le tribunal peut décider de ne pas faire application de l'alinéa précédent.

II. — Toute offre doit être écrite et comporter l'indication :

1° De la désignation précise des biens, des droits et des contrats inclus dans l'offre ;

2° Des prévisions d'activité et de financement ;

3° Du prix offert, des modalités de règlement, de la qualité des apporteurs de capitaux et, le cas échéant, de leurs garants. Si l'offre propose un recours à l'emprunt, elle doit en préciser les conditions, en particulier de durée ;

4° De la date de réalisation de la cession ;

5° Du niveau et des perspectives d'emploi justifiés par l'activité considérée ;

6° Des garanties souscrites en vue d'assurer l'exécution de l'offre ;

7° Des prévisions de cession d'actifs au cours des deux années suivant la cession ;

8° De la durée de chacun des engagements pris par l'auteur de l'offre.

III. — Lorsque le débiteur exerce une profession libérale soumise à un statut législatif ou réglementaire ou dont le titre est protégé, l'offre doit en outre comporter l'indication de la qualification professionnelle du cessionnaire.

IV. — Le liquidateur ou l'administrateur lorsqu'il en a été désigné informe le débiteur, le représentant des salariés et les contrôleurs du contenu des offres reçues. Il les dépose au greffe où tout intéressé peut en prendre connaissance.

Elles sont notifiées, le cas échéant, à l'ordre professionnel ou à l'autorité compétente dont le débiteur relève.

V. — L'offre ne peut être ni modifiée, sauf dans un sens plus favorable aux objectifs mentionnés au premier alinéa de l'article L. 642-1, ni retirée. Elle lie son auteur jusqu'à la décision du tribunal arrêtant le plan.

En cas d'appel de la décision arrêtant le plan, seul le cessionnaire reste lié par son offre.

V. art. R. 642-1.

I. PRÉSENTATION DE L'OFFRE

A. AUTEUR DE L'OFFRE

V. art. L. 642-3.

B. DÉLAI DE PRÉSENTATION

1. La loi n'impose aucun délai minimum pour la présentation des offres, et s'il peut être reproché à l'administrateur d'avoir prévu un délai de présentation trop bref, encore faut-il que cette décision soit préjudiciable. • Rennes, 18 nov. 1998 : *Rev. proc. coll. 2001. 73, obs. Soinne.* ♦ Aucun texte ne sanctionne par la nullité ou l'irrecevabilité le dépôt d'une offre au-delà du délai fixé par l'administrateur. • Paris, 2 juill. 1999 : *Rev. proc. coll. 2001. 73, obs. Soinne.* ♦ Il suffit que les offres aient été reçues par l'administrateur et déposées par lui au greffe avant la date d'audience fixée pour qu'il soit statué sur son rapport, • Aix-en-Provence, 2 juin 1988 : *D. 1991. Somm. 5, obs. Derrida.* ♦ Également en ce sens qu'un débat contradictoire n'est pas indispensable, V. • Amiens, 9 févr. 1989 : *D. 1991. Somm. 6, obs. Derrida.* ♦ Le délai de présentation des offres est désormais fixé par le tribunal : art. L. 642-2 (I).

C. FORME DE L'OFFRE

2. Il a été jugé que l'offre doit être écrite et signée à peine d'irrecevabilité par le ou les candidats à la reprise. • T. com. Paris, 19 nov. 1986 : *LPA 10 déc. 1986.*

D. CONTENU DE L'OFFRE

3. Pour des offres jugées insuffisamment sérieuses, V. • Paris, 29 avr. 1988 : *D. 1988. IR 160 ; Gaz. Pal. 1988. 2. 783* • Dijon, 18 janv. 1994 : *JCP 1994. IV. 1707.* ♦ V. aussi notes 3 à 5 ss. art. L. 642-1.

Sur la validité d'une offre conditionnelle, V. • Com. 24 oct. 1995 : *D. Affaires 1995. 226 ; RJDA 1996, n° 129* • 14 mai 1996 : *Rev. proc. coll. 1996. 369, obs. Soinne.*

4. Pour un arrêt retenant, en l'absence de la mention « hors taxes » ou « toutes taxes » dans l'offre de cession, que, selon un usage constant entre commerçants, les prix s'entendent hors taxes, sauf convention contraire, V. • Com. 9 janv. 2001 : *D. 2001. AJ 550, obs. Lienhard ; LPA 13 juin 2001, p. 11, note Lagarde ; CCC 2001, n° 70, note Leveneur ; RTD civ. 2001. 870, obs. Mestre et Fages.*

II. PORTÉE DE L'OFFRE

5. *Irrévocabilité des offres.* Sur l'irrecevabilité des demandes de diminution des charges résultant d'une offre de reprise, V. • T. com. Antibes, 5 août 1988 : *D. 1991. Somm. 5 et 6, obs. Derrida* • Aix-en-Provence, 25 oct. 1989 : *ibid.*

6. Cependant, l'irrévocabilité des offres ne vise que la procédure préalable au prononcé du jugement statuant sur le plan ; par la suite, les cessionnaires éventuels ne demeurent liés que s'ils y consentent. • Paris, 4 janv. 1989 : *D. 1991. Somm. 6, obs. Derrida* • Com. 26 juin 1990 : *Bull. civ. IV, n° 191.* ♦ En cas d'appel, un candidat peut retirer son offre, tandis qu'un autre peut maintenir la sienne, en la modifiant dans le sens d'une amélioration. • Mêmes arrêts. ♦ Mais, le repreneur dont l'offre a été retenue par le jugement arrêtant le plan de cession étant tenu d'exécuter ce plan, en vertu de l'art. 62, al. 1er [C. com., ancien art. L. 621-63], ne peut, en cas d'appel interjeté par l'une des personnes mentionnées à l'art. 174, al. 2 [C. com., ancien art. L. 623-6], se prétendre délié de son offre, en vertu des dispositions de l'art. 21, al. 2 [C. com., ancien art. L. 621-57], qui lui sont, sur ce point, inapplicables. • Com. 9 juin 1992 : *Bull. civ. IV, n° 232 ; D. 1994. Somm. 4, obs. Derrida ; Defrénois 1993. 521, obs. Sénéchal ; JCP E 1993. II. 479, note Blanc.* ♦ V. désormais, art. L. 642-2, V, al. 2.

7. Lorsque l'auteur de l'offre a modifié son offre en violation de l'art. 21 [C. com., art. L. 642-2], le tribunal ne saurait prendre en considération la nouvelle offre, ni procéder lui-même à la modification de l'offre initiale (annulation du jugement, sur appel-nullité du débiteur). • Paris, 4 févr. 1997 : *D. 1998. Somm. 3, obs. Derrida ; Rev. proc. coll. 1997. 433, obs. Cadiou.*

8. Le candidat à la reprise d'une entreprise en redressement judiciaire, par voie de continuation ou de cession, n'est tenu à aucune obligation tant que ses propositions de redressement ne sont pas arrêtées par le tribunal. Cependant, le candidat repreneur, qui a, dans le cadre de l'élaboration du plan, souscrit des obligations en faveur du dirigeant de l'entreprise, engage sa responsabilité à l'égard de ce dirigeant, à moins qu'il justifie d'un motif légitime, lorsque les parties, qui ont négocié directement, sont allées au-delà de simples pourparlers, l'accord de principe étant acquis de présenter un plan de redressement et le candidat repreneur s'étant engagé, de manière précise, ferme et définitive, à l'égard du dirigeant personnellement, sous la seule condition de l'homologation du plan par le tribunal, et que le candidat à la reprise s'abstient de soumettre son offre au tribunal aux fins d'homologation ou la retire, même dans le cas où il ne serait pas tenu de la maintenir en application de l'art. 21, al. 2 [C. com., art. L. 642-2]. • Paris, 20 nov. 1992 : *JCP E 1993. I. 236, n° 5, obs. Pétel.*

V. aussi, pour la responsabilité, en raison de l'aggravation du passif causée par son attitude, du cessionnaire qui, après avoir tardé à présenter son offre, a refusé de poursuivre l'exécution du plan, portant ainsi préjudice aux créanciers postérieurs à l'ouverture de la procédure, • Paris, 4 févr. 1992 : *D. 1995. Somm. 10, obs. Derrida*, conf. par • Com. 28 juin 1994 : *Bull. civ. IV, n° 243 ; D. 1994. IR 216 ; Dr. sociétés 1994, n° 188, obs. Chaput ; JCP E 1995. I. 417, n° 4, obs. Cabrillac.* – V. également • Nancy, 3 juin 1994 : *Rev. proc. coll. 1995. 404, obs. Soinne.*

9. Amélioration de l'offre. Les dispositions de l'art. 21, al. 2 [C. com., art. L. 642-2], ne lient pas le tribunal, qui peut exiger, sous peine de caducité, une amélioration des garanties offertes pour l'exécution du plan. • Paris, 14 oct. 1988 : *D. 1991. Somm. 6, obs. Derrida*. ♦ Le candidat repreneur qui ne satisfait pas aux obligations supplémentaires qu'il se voit ainsi imposer, est en droit de retirer son offre. • Com. 2 oct. 1990 : *Bull. civ. IV, n° 223.* ♦ ... La loi n'imposant pas au candidat repreneur de se conformer à la demande, même si les modifications désirées sont mineures ou ne paraissent changer l'équilibre de l'offre. • Paris, 12 mai 1995 : *D. 1995. IR 148 ; Rev. proc. coll. 1995. 404, obs. Soinne.*

10. L'appel du parquet fondé sur une prétendue violation de l'art. 21 [C. com., art. L. 642-2] concernant l'intangibilite des offres doit être rejeté, dès lors que les modifications aboutissent à une amélioration des conditions sociales prévues dans l'offre initiale et qu'elles ont été présentées à la demande du tribunal, les autres candidats ayant eux aussi modifié leurs offres initiales. • Limoges, 13 août 1986 : *D. 1987. 44, note Derrida ; JCP 1986. II. 20693, note Cabrillac ; Gaz. Pal. 1986. 2. 722, note J.-F. Martin.* – V. aussi • Paris, 29 juill. 1987 : *Gaz. Pal. 1987. 2. 677, note de Guillenchmidt et Marchi* • Amiens, 9 févr. 1989 : *préc. note 1.*

11. Si l'art. 21 [C. com., art. L. 642-2] peut s'interpréter en ce sens que le repreneur ne peut qu'améliorer son offre, encore faut-il que l'amélioration proposée présente un caractère incontestable, susceptible de recueillir, sinon l'assentiment, du moins la compréhension des autres personnes associées à la procédure. • Rennes, 7 juill. 1993 : *D. 1995. Somm. 7, obs. Derrida*.

12. Vices du consentement. **BIBL.** Amalvy et Derrida, *D. 1988. Chron. 208.* ♦ Pour un arrêt prononçant l'annulation d'un plan de cession pour erreur du repreneur, V. • Bordeaux, 27 févr. 1990 : *D. 1994. Somm. 5, obs. Derrida ; JCP 1991. I. 44, n° 8, obs. Pétel.*

13. Perte de la chose. La perte de valeur du fonds cédé, due à la faute du cessionnaire, ne pouvant constituer « la perte de la chose », prévue à l'art. 1234 C. civ., ne le dispense pas d'exécuter ses obligations. • Com. 31 mars 1998 : *RTD com. 1998. 679, obs. Saint-Alary-Houin*.

III. SANCTION

14. Sanction. Il a été jugé que la violation des prescriptions des art. 83 de la loi [C. com., art. L. 642-2] et 32 du décret [C. com., art. R. 642-1, al. 1er], pour impératives qu'elles soient, ne peut suffire à justifier l'annulation du jugement. • Paris, 14 oct. 1988 : *D. 1988. IR 266.* ♦ Par ailleurs, l'absence des indications énumérées audit art. 83 [C. com., art. L. 642-2] ne saurait être invoquée par l'auteur de l'offre pour se soustraire à ses engagements. • Com. 26 janv. 1993 : *Rev. proc. coll. 1993. 87, obs Soinne.*

Art. L. 642-3 *(L. n° 2005-845 du 26 juill. 2005, art. 111)* **Ni le débiteur,** *(Ord. n° 2010-1512 du 9 déc. 2010, art. 5-6°)* **« au titre de l'un quelconque de ses patrimoines, » ni les dirigeants de droit ou de fait de la personne morale en liquidation judiciaire, ni les parents ou alliés jusqu'au deuxième degré inclusivement de ces dirigeants ou du débiteur personne physique, ni les personnes ayant ou ayant eu la qualité de contrôleur au cours de la procédure ne sont admis, directement ou par personne interposée, à présenter une offre. De même, il est fait interdiction à ces**

personnes d'acquérir, dans les cinq années suivant la cession, tout ou partie des biens *(Ord. n° 2008-1345 du 18 déc. 2008, art. 111)* **« compris dans cette cession »** *[ancienne rédaction : « dépendant de la liquidation »]*, **directement ou indirectement, ainsi que d'acquérir des parts ou titres de capital de toute société ayant dans son patrimoine, directement ou indirectement, tout ou partie de ces biens, ainsi que des valeurs mobilières donnant accès, dans le même délai, au capital de cette société.**

Toutefois, lorsqu'il s'agit d'une exploitation agricole, le tribunal peut déroger à ces interdictions et autoriser la cession à l'une des personnes visées au premier alinéa, à l'exception des contrôleurs *(Ord. n° 2010-1512 du 9 déc. 2010, art. 5-6°)* **« et du débiteur au titre de l'un quelconque de ses patrimoines. Dans les autres cas et sous réserve des mêmes exceptions, le tribunal, sur requête du ministère public, peut autoriser la cession à l'une des personnes visées au premier alinéa par un jugement spécialement motivé, après avoir demandé l'avis des contrôleurs. »**

Tout acte passé en violation du présent article est annulé à la demande de tout intéressé ou du ministère public, présentée dans un délai de trois ans à compter de la conclusion de l'acte. Lorsque l'acte est soumis à publicité, le délai court à compter de celle-ci.

BIBL. ► Régime antérieur à la loi du 26 juill. 2005 : COURET, *Dr. et patr. nov. 1995. 41* (modifications apportées par la loi du 10 juin 1994). – TEBOUL, *RJ com. 1999. 103* (notion de tiers acquéreur). – CARAMALLI, *D. 2005. 2210* (qualité de tiers repreneur : la candidature des actionnaires).

1. Un repreneur qui a des participations dans le capital de la société en redressement ne peut, pour cette seule raison, être considéré comme une personne interposée au sens de l'art. 21, al. 4 [C. com., art. L. 642-3, al. 1er]. • Paris, 4 juin 1996 : *RJ com. 1996. 314, note Heit ; Rev. sociétés 1996. 851, obs. Guyon ; Dr. sociétés 1997, n° 89, obs. Chaput.* ♦ En revanche, doit être écartée l'offre présentée par un associé de la société débitrice, lorsqu'il existe de fortes présomptions que celui-ci est également cogérant de fait de la société. • TGI Annecy, 11 sept. 1998 : *Rec. proc. coll. 2001. 70, obs. Soinne.* – Dans le même sens, V. • Poitiers, 5 juill. 2001 : *Dr. sociétés 2003, n° 49, note Legros ; RJDA 2004, n° 445.* ♦ V. aussi, pour le rejet d'une offre présentée par un associé majoritaire, • Aix-en-Provence, 14 févr. 2001 : *JCP 2001. IV. 3007 ; RJ com. 2002. 168, note Auger et Morelli.* ♦ Comp. : • Montpellier, 10 avr. 2002 : *JCP E 2002, n° 39, p. 1522, obs. Pétel.*

La qualité de tiers ne peut être reconnue à la société auteur de l'offre dès lors que cette dernière a un dirigeant commun avec la société cessionnaire des contrats du débiteur, exerce son activité dans les locaux du débiteur et correspond directement avec ses franchisés. • Paris, 17 déc. 1996 : *Dr. sociétés 1998, n° 7.*

2. Le fait d'avoir été nommé par l'autorité judiciaire et d'avoir agi sous le contrôle des instances professionnelles ne fait pas échapper l'administrateur provisoire d'une société civile professionnelle d'huissiers à l'exclusion résultant de l'art. 21 [C. com., art. L. 642-3] puisque, ayant recueilli les pouvoirs légaux dont les organes de cette société étaient investis et effectué tous les actes de gestion et d'administration nécessaires au fonctionnement de l'étude, il a eu les prérogatives de dirigeant de celle-ci. • Com. 13 nov. 2002 : *Bull. civ. IV, n° 165 ; D. 2003. 269, note Derrida ; Rev. sociétés 2003. 366, note Bouloc ; Dr. et patr. mars 2003. 96, obs. Monsèrié-Bon ; JCP E 2003, n° 20, p. 850, obs. Pétel ; Dr. sociétés 2003, n° 71, note Legros ; Bull. Joly 2003. 396, note F.-X. Lucas ; Rev. proc. coll. 2004. 272, obs. Dumont.* – Dans le même sens, V. • Com. 4 oct. 2005 : *Bull. civ. IV, n° 203 ; D. 2005. AJ 2679, obs. Lienhard ; D. 2006. Pan. 81, obs. Le Corre ; Dr. sociétés 2005, n° 215, note Legros ; RD banc. fin. 2006, n° 25, obs. F.-X. Lucas.*

3. V. déjà, avant la loi du 10 juin 1994, pour l'interdiction des offres présentées par les dirigeants de la personne morale débitrice : • Com. 26 mai 1998 : *Bull. civ. IV, n° 171 ; D. 1998. IR 179 ; D. Affaires 1998. 1047, obs. A. L. ; Quot. jur. 2 juill. 1998, p. 5, note P. M.* ♦ Sur la fraude que constituait une reprise par le débiteur agissant par personne interposée, V. • Douai, 31 mars 1988 : *Gaz. Pal. 1988. 2. 584, note Soinne ; D. 1990. Somm. 3, obs. Derrida.* ♦ V. aussi, excluant la reprise d'une société par une autre filiale du même groupe, • Papeete, 14 févr. 1991 : *BICC 1991, n° 1191.* – Comp. : • T. com. Lyon, 23 sept. 1993 : *Rev. proc. coll. 1995. 402, obs. Soinne* (offre présentée par la société même). ♦ Pour un exemple de reprise proposée au nom et pour le compte d'une société en formation, V. • Paris, 29 nov. 1995 : *Dr. sociétés 1996, n° 98, obs. Chaput.*

Art. L. 642-4 *(L. n° 2005-845 du 26 juill. 2005, art. 111)* Le liquidateur ou l'administrateur lorsqu'il en a été désigné donne au tribunal tous éléments permettant de vérifier le caractère sérieux de l'offre ainsi que la qualité de tiers de son auteur au sens des dispositions de l'article L. 642-3.

Il donne également au tribunal tous éléments permettant d'apprécier les conditions d'apurement du passif, notamment au regard du prix offert, des actifs résiduels à recouvrer ou à réaliser, des dettes de la période de poursuite d'activité et, le cas échéant, des autres dettes restant à la charge du débiteur.

Art. L. 642-5 *(L. n° 2005-845 du 26 juill. 2005, art. 111)* Après avoir recueilli l'avis du ministère public et entendu ou dûment appelé le débiteur, le liquidateur, l'administrateur lorsqu'il en a été désigné, les représentants du comité d'entreprise ou, à défaut, des délégués du personnel et les contrôleurs, le tribunal retient l'offre qui permet dans les meilleures conditions d'assurer le plus durablement l'emploi attaché à l'ensemble cédé, le paiement des créanciers et qui présente les meilleures garanties d'exécution. Il arrête un ou plusieurs plans de cession.

Les débats doivent avoir lieu en présence du ministère public lorsque la procédure est ouverte au bénéfice *(Ord. n° 2010-1512 du 9 déc. 2010, art. 5-7°)* « d'un débiteur » dont le nombre de salariés ou le chiffre d'affaires hors taxes est supérieur à un seuil fixé par décret en Conseil d'État. — *V. art. R. 642-2.*

Le jugement qui arrête le plan en rend les dispositions applicables à tous.

(Ord. n° 2008-1345 du 18 déc. 2008, art. 112) « Les droits de préemption institués par le code rural et de la pêche maritime ou le code de l'urbanisme ne peuvent s'exercer sur un bien compris dans ce plan. »

Lorsque le plan prévoit des licenciements pour motif économique, il ne peut être arrêté par le tribunal qu'après que *(L. n° 2013-504 du 14 juin 2013, art. 18-XXIII-4°)* « la procédure prévue à l'article L. 1233-58 du code du travail a été mise en œuvre, à l'exception du 6° du I et des trois premiers alinéas du II de cet article ». Le plan précise notamment les licenciements qui doivent intervenir dans le délai d'un mois après le jugement. *(L. n° 2013-504 du 14 juin 2013, art. 18-XXIII-4°)* « Dans ce délai, l'autorité administrative valide ou homologue le projet de licenciement dans les conditions fixées aux articles L. 1233-57-2 et L. 1233-57-3 du même code. » Dans ce délai, ces licenciements interviennent sur simple notification du liquidateur, ou de l'administrateur lorsqu'il en a été désigné, sous réserve des droits de préavis prévus par la loi, les conventions ou les accords collectifs du travail. — *Pour l'entrée en vigueur des modifications issues de la L. n° 2013-504 du 14 juin 2013, V. note ss. art. L. 631-17.*

(Ord. n° 2008-1345 du 18 déc. 2008, art. 112) « Lorsque le licenciement concerne un salarié bénéficiant d'une protection particulière en matière de licenciement, ce délai d'un mois après le jugement est celui dans lequel l'intention de rompre le contrat de travail doit être manifestée. »

V. art. R. 642-3 s.

1. Maintien de l'emploi. V. notes 4 et 5 ss. art. L. 642-1.

2. Paiement des créanciers. V. note 3 ss. art. L. 642-1. ♦ En l'absence de disposition contraire du plan, le cessionnaire désigné par le plan de cession n'est pas tenu du passif de l'entreprise antérieur à la cession. • Com. 11 oct. 1994 : *Bull. Joly 1994. 1340, note Le Cannu.* ♦ V., toutefois, sur l'application des art. 372-1 et 387 de la loi du 24 juill. 1966 [C. com., art. L. 236-3 et L. 236-22], relatifs à la transmission universelle du patrimoine du débiteur, lorsque le repreneur bénéficie d'une fusion ou d'un apport partiel d'actif soumis au régime des scissions, • Com. 30 mars 1993 : *Bull. civ. IV, n° 134 ; D. 1993. 384, note Le Cannu ; Defrénois 1993. 1229, obs. Sénéchal.*

3. Licenciements économiques. V., par analogie, notes ss. art. L 631-19.

3 bis. Droits de préemption. Il résulte des art. L. 143-4, 7°, C. rur., 165-IV de la loi du 26 juill. 2005 et L. 642-5 C. com. qu'une SAFER ne peut se prévaloir d'un droit de préemption sur les biens compris dans le plan de cession totale ou partielle d'une entreprise ordonnée par le tribunal, que celle-ci soit en redressement ou en liquidation judiciaire. • Civ. 3e, 19 mai 2010 : *Bull. civ. III, n° 102 ; D. 2010. Actu. 1342, obs. Lienhard ; LEDEN juill. 2010, p. 4, obs. M. Sénéchal ; Dict. perm. diff. entrep., Bull. n° 316, obs. Roussel Galle ; Rev. proc. coll. 2010, n° 196, obs. Lebel.* ♦ V. déjà, sous le régime antérieur à la loi du 26 juill. 2005, • Civ. 3e, 1er avr. 1998 : *Bull. civ. III, n° 79 ; D. 1998. IR 119 ; D. Affaires 1998. 805, obs. A. L. ; RTD com. 1998. 929, obs. Saint-Alary-Houin.*

4. *Obligation de non-concurrence.* Si l'auteur d'une offre de cession totale des actifs d'une entreprise en redressement judiciaire peut l'assortir de la condition suspensive que le ou les dirigeants de la personne morale débitrice souscrivent personnellement tel engagement de non-concurrence à son égard, il n'entre pas dans les pouvoirs du tribunal, lorsqu'il arrête le plan de cession, d'imposer à ce ou ces dirigeants une obligation de non-concurrence qu'ils n'ont pas acceptée. • Com. 17 mars 1998 : *Bull. civ. IV, n° 109 ; D. 1999. 236, note Picod ; D. 1999. Somm. 105, obs. Serra ; D. Affaires 1998. 624, obs. A. L. ; Quot. jur. 28 avr. 1998, p. 3, note P. M. ; JCP 1998. II. 10080, rapp. Rémery ; Bull. Joly 1998. 660 ; JCP E 1998, n° 36, p. 1358, obs. Cabrillac et Pétel ; RTD com. 1998. 676, obs. Saint-Alary-Houin ; Dr. sociétés 1998, n° 124, obs. Chaput.*

4 bis. *Opposabilité du crédit-bail.* Pour l'opposabilité aux créanciers du repreneur des droits du crédit-bailleur sur le matériel objet du contrat de crédit-bail, en cas de cession de ce contrat dans le cadre d'un plan de cession, V. • Com. 28 oct. 2008 : *Bull. civ. IV, n° 179 ; D. 2008. AJ 2866, obs. Lienhard ; Act. proc. coll. 2008, n° 309, obs. Pérochon ; JCP E 2009. 1008, n° 7, obs. Cabrillac ; RTD com. 2009. 457, obs. Martin-Serf.*

5. *Sanction.* L'art. 85 [C. com., art. L. 642-5] n'est pas susceptible d'entraîner la nullité du jugement, en l'absence d'erreur manifeste particulièrement grave. • Paris, 14 oct. 1988 : *D. 1988. IR 266.*

Art. L. 642-6 *(L. n° 2005-845 du 26 juill. 2005, art. 111)* **Une modification substantielle dans les objectifs et les moyens du plan ne peut être décidée que par le tribunal, à la demande du cessionnaire.**

Le tribunal statue après avoir entendu ou dûment appelé le liquidateur, l'administrateur judiciaire lorsqu'il en a été désigné, les contrôleurs, les représentants du comité d'entreprise ou, à défaut, des délégués du personnel et toute personne intéressée et après avoir recueilli l'avis du ministère public.

Toutefois, le montant du prix de cession tel qu'il a été fixé dans le jugement arrêtant le plan ne peut être modifié.

V. art. R. 642-5 et R. 642-6.

1. *Champ d'application.* V. notes 1 et 1 *bis* ss. art. L. 626-26.

2. *Résolution du plan.* V. art. L. 642-11.

Sur la résolution d'une location-gérance, V. art. L. 642-17.

3. *Notion de modification substantielle.* BIBL. Haehl, *JCP E 1989. II. 15642.* ♦ Un jugement organisant une cession portant sur des éléments non compris dans le plan initial arrêté par un premier jugement et permettant au cessionnaire d'acquérir l'ensemble de l'actif industriel de l'entreprise en redressement judiciaire tout en augmentant le nombre d'emplois maintenus, une cour d'appel en a exactement déduit que le second jugement arrêtait, conformément à l'art. 68 [C. com., art. L. 642-6], une modification substantielle dans les objectifs et les moyens du plan de cession. • Com. 8 juin 1993 : *Bull. civ. IV, n° 235 ; D. 1994. Somm. 42, obs. Derrida ; Rev. huiss. 1994. 196, note Vidal.*

V. aussi note 3 ss. art. L. 626-26.

Sur la substitution de cessionnaire, V. art. L. 642-9 et notes 2 s. ss. cet art.

4. *Demande de modification.* V. note 4 ss. art. L. 626-26.

5. L'action du cessionnaire qui, invoquant que sur 907 contrats dont la cession avait été ordonnée, 285 ne lui ont pas été transmis, tend à obtenir une modification du prix de cession et se heurte à l'interdiction d'une telle modification prévue par l'art. L. 621-69 [L. 642-6], al. 3, C. com. • Com. 15 mars 2005 : *RJDA 2005, n° 856.*

6. *Voies de recours.* V. art. L. 661-6 (III). ♦ Pour la recevabilité de l'appel du cessionnaire contre le jugement ayant rejeté sa demande de modification du plan de cession, V. note 2 *bis* ss. ancien art. L. 661-6. ♦ ... L'irrecevabilité de la tierce opposition contre le jugement modifiant le plan de cession, V. note 8 ss. art. L. 661-7.

Art. L. 642-7 *(L. n° 2005-845 du 26 juill. 2005, art. 111)* **Le tribunal détermine les contrats de crédit-bail, de location ou de fourniture de biens ou services nécessaires au maintien de l'activité au vu des observations des cocontractants du débiteur transmises au liquidateur ou à l'administrateur lorsqu'il en a été désigné.**

Le jugement qui arrête le plan emporte cession de ces contrats, même lorsque la cession est précédée de la location-gérance prévue à l'article L. 642-13.

Ces contrats doivent être exécutés aux conditions en vigueur au jour de l'ouverture de la procédure, nonobstant toute clause contraire.

En cas de cession d'un contrat de crédit-bail, le crédit-preneur ne peut lever l'option d'achat qu'en cas de paiement des sommes restant dues dans la limite de la valeur du bien fixée d'un commun accord entre les parties ou, à défaut, par le tribunal à la date de la cession.

(Ord. n° 2008-1345 du 18 déc. 2008, art. 113) **« La convention en exécution de laquelle le débiteur constituant conserve l'usage ou la jouissance de biens ou droits transférés à titre de garantie dans un patrimoine fiduciaire ne peut être cédée au cessionnaire, sauf accord des bénéficiaires du contrat de fiducie »**

V. art. R. 642-7, R. 642-8 et R. 661-3.

Sur la cession des contrats d'édition et de production audiovisuelle, V. CPI, art. L. 132-15 et L. 132-30. — ***CPI** ou **C. pr. coll.***

BIBL. ▸ Thullier, *D. 2006. 130*. – Le Corre, *JCP E 2006, n° 47, p. 1987* (sort du contrat non cédé). ▸ Régime antérieur à la loi du 26 juill. 2005 : Mestre, *RTD civ. 1987. 532*. – Fabiani, *RJ com. 1987. 41*. – Montredon, *JCP E 1988. II. 15156*. – Stephan, *Banque et Droit 1989. 16*. – Zuin, *Gaz. Pal. 1989. 1. Doctr. 110*. – D. Martin, *LPA 2 janv. 1991*. – Calendini, *RJ com. nov. 1992. 110* (détermination des contrats cédés). – Delebecque, *ibid. nov. 1992. 134* (régime des contrats cédés). – Le Corre-Broly, *LPA 10 juin 1996* (régime de la levée de l'option d'achat du contrat de crédit-bail cédé). – Bac, *JCP E 2000, n° 1-2, p. 22* (situation de la caution). – Brunetti-Pons, *RTD com. 2000. 783* (spécificité du régime des contrats en cours). – Le Corre, *AJDI 2002. 437* (cession du bail commercial). – Berger, *D. 2003. Chron. 1682* (sort de la caution).

I. CONTRATS CÉDÉS

A. DÉTERMINATION DES CONTRATS

1. Le tribunal ne peut imposer au repreneur la cession d'un des contrats mentionnés par l'art. L. 642-7 dont l'exécution aggraverait les engagements qu'il a souscrits au cours de la préparation de son offre qui ne mentionnait pas la reprise de ce contrat. • Com. 15 déc. 2009 : *cité note 2 ss. art. L. 661-7 ; Rev. proc. coll. 2010, n° 60, obs. Roussel Galle et Pérochon*. ♦ Au contraire, dans le régime antérieur à la loi du 26 juill. 2005, la cession de contrats n'exigeait pas le consentement des cocontractants concernés. • Paris, 17 mars 2000 : *D. 2000. AJ 249, obs. Pisoni*. ♦ La prétention, exprimée dans son offre par le cessionnaire de l'entreprise, de choisir les contrats qu'il souhaitait reprendre, était contraire à l'art. 86, al. 1er, de la loi de 1985 qui donnait au tribunal seul le pouvoir de déterminer les contrats nécessaires au maintien de l'activité. • Aix-en-Provence, 9 déc. 1988 : *D. 1990. Somm. 3, obs. Derrida*.

1 bis. Sont exclus du domaine de l'art. L. 621-88 [L. 642-7] C. com. les contrats qui n'apparaissent pas nécessaires à la poursuite de l'activité et ceux qui sont transmis en même temps que les actifs cédés dont ils constituent l'accessoire, tels les baux. • Com. 4 janv. 2005 : *RJDA 2005, n° 597*. ♦ Même solution pour le contrat d'assurance, l'art. L. 121-10 C. assur. prévoyant la transmission de plein droit du contrat en cas d'aliénation de la chose assurée : • Civ. 2e, 13 juill. 2005 : *Act. proc. coll. 2005, n° 218, obs. Monserié-Bon ; RJDA 2005, n° 1369 ; JCP E 2006, n° 2, p. 72, obs. Pétel*. – V. Asselain, *RCA 2006. Étude 1*.

1 ter. Les contrats dont l'exécution représente l'activité ordinaire sont cédés en dehors de tout formalisme judiciaire dans le seul but de satisfaire les clients en terminant les travaux, en vue d'en percevoir le prix dans l'intérêt commun du débiteur et du cocontractant. • Douai, 8 févr. 2007 : *D. 2007. AJ 732*.

1 quater. Sur la nécessité d'une mention expresse des contrats cédés dans le jugement arrêtant le plan, V. • Com. 16 oct. 1990 : *Bull. civ. IV, n° 241* • 17 déc. 1996 : *cité note 4* • Orléans, 27 avr. 2000 : *Loyers et copr. 2000, n° 275, obs. Brault et Pereira*.

2. Un jugement prononçant la cession d'une entreprise mise en redressement judiciaire peut être interprété comme emportant cession d'un contrat de fourniture exclusive d'électricité, de manière indivisible, avec un bail à construction, dès lors que les deux contrats passés entre une société et l'entreprise cédée aménagent une indivisibilité conventionnelle au sens de l'art. 1217 C. civ., l'indivisibilité découlant de l'objet économique de ces conventions qui faisait dépendre l'amortissement des investissements réalisés par la société de la fourniture d'électricité fournie à l'entreprise cédée. • Com. 12 mai 1998 : *D. Affaires 1998. 1123, obs. J. F.*

B. DOMAINE D'APPLICATION DE L'ART. L. 642-7

1° CONTRATS VISÉS PAR L'ART. L. 642-7

3. Crédit-bail. BIBL. Bey, *RJDA 1992. 651.* ♦ Lorsque la fragilité du fonds de commerce cédé (commissionnaire agréé en douane) impose l'absence de toute solution de continuité dans la fourniture des services à la clientèle et exclut l'abandon des locaux habituels d'exploitation, le contrat de crédit-bail en vertu duquel l'immeuble est occupé doit être transmis au cessionnaire conformément aux dispositions de l'art. 86 [C. com., art. L. 642-7]. • Paris, 11 juill. 1986 : *D. 1987. 55, note Fabiani ; Gaz. Pal. 1988. 1. 87, note Bey ; RTD com. 1987. 539, obs. Mestre.* ♦ V. aussi notes 16 à 18 *ter*.

4. Location. La cession d'un fonds de commerce n'inclut pas nécessairement celle du bail et des locaux dans lesquels ce fonds est exploité et il en est de même lorsque cette cession intervient dans le cadre d'un plan arrêté par le tribunal, à moins que celui-ci, par une disposition expresse, ne décide, en vertu de l'art. 86 [C. com., art. L. 642-7], que le contrat de bail est nécessaire au maintien de l'activité de l'entreprise, ce qui emporte alors sa cession. • Com. 17 déc. 1996 : *D. 1997. 387, note Monsèrié ; D. Affaires 1997. 188 ; Rev. proc. coll. 1998. 381, obs. Soinne.* – V. déjà • Metz, 13 févr. 1990 : *D. 1991. Somm. 13, obs. Derrida.* ♦ V. aussi note 21. ♦ Comp., jugeant que le bail commercial qui est un des éléments constitutifs du fonds et qui est cessible en vertu des dispositions de l'art. 35-1 du Décr. du 30 sept. 1953 [C. com., art. L. 145-16], n'entre pas dans l'énumération limitative de l'art. 86 ci-dessus [C. com., art. L. 642-7] : • Paris, 19 janv. 1993 : *D. 1993. IR 102 ; Rev. proc. coll. 1993. 519, obs. Soinne.* – Comp. aussi : • Versailles, 6 juin 1991 : *Rev. proc. coll. 1991. 331, obs. Soinne.*

5. Sur le respect des dispositions conventionnelles relatives à la cession des baux commerciaux, V. notes 21 s.

6. S'agissant du bail rural, un mode particulier de dévolution ayant été prévu par l'art. 82 [C. com., art. L. 642-1], al. 3, les contrats de ce type ne sauraient valablement être transmis par une autre voie. • Paris, 2 nov. 1993 : *Rev. dr. rur. 1994, p. 3.* ♦ V. aussi notes 8 et 11 ss. art. L. 642-1.

7. Sous-location. Un contrat de sous-location commerciale n'est pas nécessaire au maintien de l'activité du locataire principal qui fait l'objet d'un plan de cession dès lors que ce dernier n'occupait pas le local et que le prix de la sous-location était reversé au bailleur. • Paris, 24 mars 1992 : *Rev. proc. coll. 1993. 98, obs. Soinne.*

8. Contrats intuitu personae. La nécessité du contrat pour le maintien de l'activité est la seule condition posée à la cession forcée, indépendamment de l'*intuitus personae,* qui ne peut exclure l'application de l'art. 86 [C. com., art. L. 642-7], ce texte ne distinguant pas selon que le contrat revêt ou non un caractère personnel. • Douai, 8 mars 1990 : *D. 1990. IR 87.*

9. Ainsi a-t-il été jugé que l'*intuitus personae* n'était pas un obstacle à la cession : d'un contrat de franchise. • Versailles, 23 juin 1988 : *Gaz. Pal. 1989. 1. Somm. 112* (♦ *Contra*, en cas de procédure collective du franchiseur : • Paris, 15 déc. 1992 : *D. 1993. IR 45 ; RJ com. 1993. 151, note Martin-Serf ; JCP 1994. II. 22205, note Jamin ; JCP E 1993. I. 275, n° 6, obs. Pétel* • Versailles, 28 mars 1996 : *RJDA 1996, n° 973 ; Rev. proc. coll. 1998. 379, obs. Soinne*). ♦ ... De licence d'exploitation de brevets. • Colmar, 13 juin 1990 : *préc. note 1.* ♦ ... De concession. • Douai, 8 mars 1990 : *préc. note 8.* ♦ ... De sponsoring sportif. • Poitiers, 20 avr. 1988 : *Gaz. Pal. 1989. 1. Somm. 111.* ♦ ... De praticien avec un établissement de soins. • Com. 17 mars 1992 : *Bull. civ. IV, n° 120.*

De même, pour cette raison, le cocontractant ne peut pas utilement s'opposer à la cession d'un contrat de crédit-bail conclu avec le débiteur en invoquant un conflit avec le cessionnaire dans une autre affaire. • Paris, 22 nov. 1996 : *RJDA 1997, n° 418.*

10. Concessions sur marchés nationaux. V. note 3 *bis* ss. ancien art. L. 621-89, ss. art. L. 642-8.

2° CONTRATS EXCLUS

11. Contrats de prêt. Le contrat de prêt des fonds intégralement remis à l'emprunteur avant l'ouverture de sa procédure collective ne peut être cédé au titre des contrats visés à l'art. 86 [C. com., art. L. 642-7]. • Com. 13 avr. 1999 : *Bull. civ. IV, n° 87 ; D. 2000. 257, note Lipinski ; D. Affaires 1999. 801, obs. A. L. ; LPA 25 mai*

1999, p. 10, note P. M. ; Defrénois 1999. 870, obs. Sénéchal. – V. Mahinga, *Rev. proc. coll. 2000. 96.* ♦ V. aussi, jugeant que les contrats de prêt n'entrent dans aucune des catégories de contrats limitativement énumérées par l'art. 86 [C. com., art. L. 642-7] : • Paris, 16 mars 1993 : *RJDA 1993, n° 659* • Nîmes, 15 oct. 1992 : *JCP 1993. IV. 2339.*

12. Contrat de GIE. Les rapports établis entre les membres d'un groupement d'intérêt économique n'entrent pas dans le champ d'application de l'art. 86 [C. com., art. L. 642-7]. • Lyon, 13 mars 1992 : *Bull. Joly 1992. 1306, note Le Cannu ; Rev. proc. coll. 1993. 517, obs. Soinne ; Dr. sociétés 1993, n° 7, obs. Chaput.*

13. Sociétés en participation. En ce sens que l'absence de personnalité morale des sociétés en participation ne peut avoir pour conséquence de les réduire à des contrats ordinaires auxquels s'appliquerait l'art. 86 [C. com., art. L. 642-7], V. • Douai, 12 oct. 1995 : *Rev. proc. coll. 1996. 98, obs. crit. Soinne.* – Comp. : • Paris, 30 janv. 1997 : *Dr. sociétés 1997, n° 109, obs. Chaput.*

14. Contrats de travail. BIBL. Bailly, *Gaz. Pal. 2002. Chron. 1359* (contrat de travail et transfert de l'entreprise en difficulté). ♦ Les contrats de travail ne sont pas compris au nombre des contrats faisant l'objet d'une cession judiciaire conformément à l'art. 86 [C. com., art. L. 642-7], dès lors que les contrats de travail en cours lors de la cession d'entreprise subsistent en application de l'art. L. 122-12 [L. 1224-1] C. trav. entre le nouvel employeur et le personnel non licencié selon l'art. 63 [C. com., art. L. 642-5]. • Paris, 6 févr. 1987 : *D. 1987. IR 42* • Soc. 26 juin 1991 : *Bull. civ. V, n° 328 ; D. 1991. IR 213 ; JCP E 1992. II. 274, note Serret* • 30 juin 1992 : *Bull. civ. V, n° 427.* – V. aussi • Com. 8 nov. 1988 : *D. 1991. Somm. 107, obs. Derrida* • Soc. 14 mai 1997 : *Bull. civ. V, n° 169 ; D. 1997. IR 193*. ♦ La décision du juge-commissaire d'ordonner la cession d'éléments d'actif n'est pas de nature à faire échec à l'application de l'art. L. 122-12, al. 2, [L. 1224-1] C. trav. • Soc. 31 mars 1998 : *D. 1998. IR 122*. ♦ Il en est ainsi, notamment, en cas de reprise postérieure à la liquidation judiciaire, même si l'exploitation a été interrompue durant un certain temps. • Paris, 3 déc. 1996 : *D. 1997. IR 29.*

14 bis. L'obligation de non-concurrence, à laquelle est assortie une indemnité compensatrice, souscrite par des salariés compris dans un licenciement collectif pour motif économique mis en œuvre dans le cadre d'un plan de cession, se transmet à la société cessionnaire. • Soc. 6 déc. 1994 : *Bull. civ. V, n° 326* • Com. 21 oct. 1998 : *Dr. sociétés 1999, n° 8.*

14 ter. Cautionnement. Le cautionnement est conclu entre le créancier et la caution de sorte qu'il ne peut être cédé parmi les contrats de la société débitrice, par application de l'art. 86 [C. com., art. L. 642-7]. • Com. 10 juill. 2001 : *Bull. civ. IV, n° 135 ; D. 2001. AJ 2595, obs. Lienhard ; Act. proc. coll. 2001, n° 201, obs. Vallansan ; JCP E 2002, n° 3, p. 128, obs. Cabrillac.*

3° CONTRATS NON CONTINUÉS

15. Avant la modification de l'art. 37 de la loi du 25 janv. 1985 par la loi du 10 juin 1994, un contrat non continué à la suite de l'option de l'administrateur pouvait malgré tout faire l'objet d'une cession reposant sur l'art. 86 de cette loi, si, à la date de la décision, aucune action en résiliation n'avait été introduite par le bailleur. • Paris, 21 nov. 1989 : *JCP E 1990. II. 15886, note Vallansan ; Rev. dr. bancaire 1990. 87, obs. Campana et Calendini.* – V. conf., sur pourvoi, • Com. 21 janv. 1992 : *D. 1992. IR 78 ; Bull. civ. IV, n° 27.* ♦ La L. n° 94-475 du 10 juin 1994 a modifié l'art. 37, al. 1er [devenu C. com., art. L. 622-13], qui prévoit désormais la résiliation de plein droit des contrats non continués.

4° INAPPLICABILITÉ DE L'ART. L. 642-7 AUX CESSIONS D'ACTIFS

V. note 6 *bis* ss. art. L. 642-19.

C. CONTRATS NON REPRIS PAR LE PLAN DE CESSION

15 bis. Les contrats non repris dans le plan de cession totale ne se trouvent pas résiliés par l'effet du jugement arrêtant ce plan. • Com. 6 oct. 2009 : *Bull. civ. IV, n° 120 ; D. 2009. AJ 2484, obs. Lienhard ; RTD com. 2010. 191, obs. Saint-Alary-Houin ; LEDEN, nov. 2009, p. 4, obs. Rubellin ; Rev. proc. coll. 2009, n° 161, obs. Roussel Galle ; JCP E 2010. 1011, n° 6, obs. Pétel ; Gaz. Pal. 8-9 janv. 2010, p. 24, obs. Voinot.* – Dans le même sens, sur renvoi, V. • Paris, 15 nov. 2012 : *Bull. Joly Entrep. diff. 2013. 80, note Lisanti.*

II. POUVOIRS DU TRIBUNAL

16. Créances antérieures. Il ne résulte pas de l'art. 86 [C. com., art. L. 642-7] que le transfert des contrats (crédit-bail) puisse être subordonné à l'obligation imposée au cessionnaire de payer au cocontractant les prestations fournies avant le jugement d'ouverture. • Paris, 11 juill. 1986 : *préc. note 3.* ♦ Elles doivent faire l'objet d'une déclaration au passif. • Même arrêt.

17. Délais de paiement (jurisprudence antérieure à la loi du 10 juin 1994). Si le tribunal a le pouvoir d'imposer des délais de paiement au cocontractant, il ne saurait fixer une échéance supérieure au terme du contrat (crédit-bail). • Aix-en-Provence, 13 janv. 1988 : *D. 1988. 283, note Fabiani ; Gaz. Pal. 1988. 1. 248, note Bey ; Rev. dr. bancaire 1988. 208, obs. Dekeuwer-Defossez ; Rev. proc. coll. 1988. 392, obs. Soinne* • Versailles, 27 mai 1987 : *JCP E 1987. I. 16790.*

18. L'art. 86 [C. com., ancien art. L. 621-88], al. 3, lui permettant d'« imposer » des délais de paiement, le tribunal peut y soumettre le cocontractant, sans qu'il soit nécessaire que le repreneur en fasse la demande. • Montpellier, 7 mai 1991 : *D. 1991. 557, note Derrida ; JCP 1991. II. 21717, note J.-H. Robert ; JCP E 1991. II. 224, note Bey ; Dr. sociétés 1992, n° 79, obs. Chaput.* ♦ Les délais de paiement s'analysant en un report d'exigibilité, le tribunal peut décider en conséquence que les intérêts moratoires ne courront pas pendant ces délais. • Même arrêt. ♦ L'avantage financier procuré au repreneur par ce report peut se traduire par une majoration du prix de chacune des cessions concernées. • Même arrêt.

L'art. L. 642-7 C. com., dans sa réd. issue de la L. n° 2005-845 du 26 juill. 2005, ne permet plus au tribunal d'accorder des délais de paiements au cessionnaire.

18 bis. Levée de l'option d'achat du crédit-bail cédé. Le plafonnement prévu par l'art. L. 621-88 [L. 642-7], al. 4, C. com. (« dans la limite de la valeur du bien »), ne s'applique qu'aux sommes demeurées impayées du chef du précédent crédit-preneur en procédure collective, le cessionnaire n'étant pas dispensé du paiement de l'intégralité des sommes qui lui incombe personnellement au titre du contrat cédé. • Com. 23 nov. 2004 : *Bull. civ. IV, n° 205 ; D. 2005. 510, note Le Corre-Broly ; ibid. Pan. 294, obs. Le Corre ; Act. proc. coll. 2005, n° 12, obs. Vallansan ; JCP E 2005, n° 17, p. 708, obs. Pétel ; RTD com. 2005. 598, obs. Saint-Alary-Houin .*

18 ter. Le crédit-bailleur, avant l'intervention de la loi du 10 juin 1994, était tenu d'accepter la continuation du contrat et la cession, même si celle-ci ne portait que sur la levée de l'option, l'ensemble des loyers étant arrivé à échéance au jour de l'ouverture de la procédure collective, sans pouvoir se prévaloir, pour demander que cette cession fût subordonnée au paiement des loyers antérieurs non réglés, de la clause du contrat prévoyant l'exercice de la levée d'option sous la condition suspensive du paiement préalable des loyers échus. • Paris, 7 mars 1995 : *Rev. proc. coll. 1996. 102, obs. Soinne.* ♦ Comp., désormais : art. L. 642-7, al. 4.

III. RÉGIME DES CONTRATS CÉDÉS

A. DATE DE TRANSFERT

18 quater. Si le jugement arrêtant le plan de cession de l'entreprise emporte cession des contrats que le tribunal détermine, le transfert des droits et obligations résultant de ceux-ci ne prend effet qu'à la date de la conclusion des actes de cession ou de la prise de possession par le cessionnaire en vertu des dispositions du jugement ou de l'autorisation de l'administrateur lorsqu'elle intervient antérieurement à ces actes. • Com. 6 janv. 1998 : *Bull. civ. IV, n° 7 ; D. 1998. IR 39 ; D. Affaires 1998. 254, obs. A. L. ; Quot. jur. 17 févr. 1998, p. 6, note P. M. ; Rev. huiss. 1998. 1191, note Courtier.* – V. aussi • Com. 26 mai 1999 : *Rev. proc. coll. 2001. 93, obs. Soinne.* ♦ V. encore note 4 *ter* ss. ancien art. L. 621-89, art. L. 642-8.

En cas de cession de contrats à exécution successive, le cessionnaire est tenu des créances correspondant à la période de jouissance postérieure à la date ainsi fixée, peu important l'exigibilité de ces créances, antérieure à cette date. • Même arrêt. ♦ *Contra*, en ce sens que la cession des contrats est effective dès le prononcé du jugement : • Paris, 18 oct. 1991 : *D. 1992. IR 19.*

B. PRINCIPE DU MAINTIEN DES STIPULATIONS

19. Lorsque le contrat a été conclu à durée indéterminée, chacun des cocontractants dispose à tout moment, sauf abus, de la faculté de subordonner la poursuite de la convention à une modification des obligations qu'elle comporte. • Com. 21 janv. 1992 : *Bull. civ. IV, n° 26 ; JCP E 1992. I. 166, n° 6, obs. Cabrillac.*

20. Il résulte de l'art. 86 [C. com., art. L. 642-7], al. 3, que la cession des contrats intervenant en vertu d'une décision du tribunal et non de la volonté des parties n'emporte pas extinction de l'obligation préexistante et remplacement de celle-ci par une obligation nouvelle substituée à l'ancienne, aucun effet novatoire n'étant ainsi attaché à l'opération. • Com. 12 oct. 1993 : *Bull. civ. IV, n° 333 ; D. 1994. 353, note Playoust ; Banque janv. 1994. 91, obs. Guillot ; Rev. proc. coll. 1993. 512, obs. Soinne ; Dr. sociétés 1994, n° 6, obs. Chaput ; JCP E 1994. I. 348, n° 2, obs. Cabrillac et Pétel ; Defrénois 1994. 1237, obs. Sénéchal.* ♦ Dès lors, le contrat dans l'exécution duquel le repreneur succède au débiteur en redressement judiciaire étant celui-là même qui liait le cocontractant cédé au débiteur, il en résulte que ce dernier n'est pas déchargé du passif contractuel afférent à sa propre gestion et que, si la caution n'a pas à garantir les créances nouvelles nées du chef du repreneur depuis la cession, elle demeure tenue au titre des créances nées du chef du débiteur antérieurement à la cession. • Même arrêt. – Dans le même sens : • Com. 14 juin 1994 : *RJDA 1995, n° 71* • 14 oct. 1997 : *RJDA 1998, n° 193* • Agen, 23 oct. 1995 : *Cah. jurispr. Aquitaine 1996, n° 2, p. 920, note Saintourens* • Caen, 10 oct. 1995 : *LPA 7 févr. 1997, p. 23, note Gallet.* ♦ V. aussi notes 4 *ter* et 9 ss. art. L. 642-12. ♦ La novation par changement de débiteur ne peut résulter de la cession du contrat, ni de l'acceptation par le créancier des délais et remises tels qu'ils ont été repris par le plan. • Com. 14 févr. 1995 : *Banque 1995. 92, obs. Guillot ; Rev. proc. coll. 1995. 171, obs. Soinne.*

Lorsqu'un contrat de crédit-bail, dont l'exécution est garantie par une caution, est cédé par application de l'art. 86 [C. com., art. L. 642-7], si la caution reste garante des loyers échus antérieurement à la cession, nés du chef du débiteur cédé, elle ne garantit pas les loyers postérieurs dus par le cessionnaire, dont elle n'a pas garanti les obligations, à moins que, par un nouvel engagement, elle ait donné sa garantie au cessionnaire pour le paiement de ces loyers. • Com. 21 nov. 1995 : *Bull. civ. IV, n° 267 ; D. 1996. Somm. 336, obs. Aynès ; D. 1997. Somm. 5, obs. Derrida ; JCP 1996. II. 22635, note Jamin et Billiau ; Rev. dr. bancaire 1996. 36, obs. Campana et Calendini ; Rev. huiss. 1996. 460, note Courtier* • 6 juill. 1999 : *RJDA 1999, n° 1234 ; Act. proc. coll. 1999, n° 203, obs. Legeais* • 26 oct. 1999 : *RJDA 2000, n° 92.*

20 bis. La clause de résiliation de plein droit d'un contrat de franchise en cas de procédure collective est inopposable au cessionnaire. • Versailles, 13 mai 1993 : *Rev. proc. coll. 1995. 172, obs. Soinne.*

C. CESSION DU BAIL COMMERCIAL

21. La clause contractuelle stipulant que la cession du bail est subordonnée à l'accord écrit du bailleur se trouve privée d'effet. • Com. 6 déc. 1994 : *Bull. civ. IV, n° 368 ; D. 1997. Somm. 4, obs. Derrida ; Defrénois 1995. 964, obs. Sénéchal.* ♦ Comp., jugeant que la violation de la clause prévoyant expressément le concours du bailleur à l'acte, dans le cadre de la cession d'un bail commercial intervenue en application de l'art. 86 [C. com., art. L. 642-7], n'est pas un manquement de nature à justifier la résiliation judiciaire du bail, dès lors qu'un exemplaire de l'acte de cession a été remis au bailleur dans un délai raisonnable, peu important que le jugement arrêtant le plan de cession n'ait pas jugé utile de procéder à une substitution des garanties du cédant : • Paris, 4 févr. 1993 : *Rev. proc. coll. 1993. 520, obs. Soinne.*

22. Ayant retenu que, selon les termes d'un contrat de bail de locaux commerciaux, les sommes dues au bailleur à titre de « droit d'entrée » avaient le caractère d'une indemnité destinée à compenser la dépréciation de l'immeuble résultant de l'octroi au preneur de la propriété commerciale, et que l'étalement des échéances de cette indemnité n'en modifiait pas la nature, une cour d'appel en a exactement déduit que la créance du bailleur était née dès la conclusion du contrat, antérieurement au jugement d'ouverture du redressement judiciaire du preneur, que, par suite, l'art. 86 [C. com., art. L. 642-7] n'imposait pas au cessionnaire du contrat de bail de le payer, et qu'elle devait faire l'objet d'une déclaration entre les mains du représentant des créanciers de la société débitrice. • Com. 14 avr. 1992 : *Bull. civ. IV, n° 158 ; D. 1994. Somm. 47, obs. Rozès ; JCP 1992. II. 21957, note Lévy.*

22 bis. Le pacte de préférence constituant une créance de nature personnelle, la cession du contrat de bail ordonnée par le jugement arrêtant le plan de cession du preneur mis en redressement judiciaire n'emporte pas transmission au profit du cessionnaire du pacte de préférence inclus dans ce bail. • Com. 13 févr. 2007 : *Bull. civ. IV, n° 38 ; D. 2007. AJ 648, obs. Lienhard (1re esp.) ; JCP E 2007. 1450, n° 2, obs. Pétel ; Act. proc. coll. 2007, n° 66, obs. Monsèrié-Bon ; Gaz. Pal. 13-14 avr. 2007, p. 35, obs. Voinot ; ibid. 20-22 mai 2007, p. 23, note Brault ; RTD civ. 2007. 367, obs. P.-Y. Gautier ; RTD com. 2008. 856, obs. Saint-Alary-Houin.*

23. Pour l'obligation du repreneur de reconstituer le dépôt de garantie prévu par le bail, V. • Com. 16 sept. 2008 : *Bull. civ. IV, n° 155 ; D. 2008. AJ 2345, obs. Lienhard ; Act. proc. coll. 2008, n° 261, obs. Le Corre-Broly ; JCP E 2008. 2465, note Brault ; ibid. 2009. 1008, n° 6, obs. Cabrillac ; Rev. proc. coll. 2009, n° 15, obs. Fraimout.*

24. Sur l'application d'une clause résolutoire et d'une clause pénale contenues dans un bail, V. • Paris, 22 nov. 1990 : *Rev. loyers 1991. 153, note Gallet.*

IV. VOIES DE RECOURS DU COCONTRACTANT

V. art. L. 661-6 (II).

Art. L. 642-8 *(L. n° 2005-845 du 26 juill. 2005, art. 111)* **En exécution du plan arrêté par le tribunal, le liquidateur ou l'administrateur lorsqu'il en a été désigné**

passe tous les actes nécessaires à la réalisation de la cession. Dans l'attente de l'accomplissement de ces actes et sur justification de la consignation du prix de cession ou d'une garantie équivalente, le tribunal peut confier au cessionnaire, à sa demande et sous sa responsabilité, la gestion de l'entreprise cédée. — *Sur la déclaration au registre du commerce et des sociétés incombant au cessionnaire, V. art. R. 123-39.*

Lorsque la cession comprend un fonds de commerce, aucune surenchère n'est admise.

V. art. R. 642-9 à R. 642-11.

Les actes nécessaires à la réalisation d'un plan de cession ne pouvant avoir pour effet de modifier le contenu du plan homologué [prévoyant, en l'espèce, la reprise du bail de sous-location en cours avec le crédit-preneur], la condition suspensive [de l'accord du crédit-bailleur] insérée à l'acte de cession est dépourvue de tout effet juridique en ce qu'elle contredit les termes du jugement arrêtant le plan de cession. • Civ. 3e, 7 déc. 2011 : *D. 2012. Actu. 88 ; Gaz. Pal. 27-28 avr. 2012, p. 24, obs. Voinot ; RJDA 2012, no 567 (1re esp.).*

Code de commerce

Ancien art. L. 621-89 *En exécution du plan arrêté par le tribunal, l'administrateur passe tous les actes nécessaires à la réalisation de la cession.*

Dans l'attente de l'accomplissement de ces actes, l'administrateur peut, sous sa responsabilité, confier au cessionnaire la gestion de l'entreprise cédée. — [L. no 85-98 du 25 janv. 1985, art. 87.]

BIBL. ▶ H. Bureau, *JCP E 1999, no 27-28, p. 1182.*

1. Transfert de propriété. S'il n'en est autrement décidé par le jugement arrêtant le plan, le transfert des biens et droits compris dans le plan s'opère à la date de passation des actes nécessaires à la réalisation de la cession, la modification qui en résulte dans la situation juridique de l'employeur se produisant également à cette date. • Com. 26 janv. 1993 : *Bull. civ. IV, no 30 ; D. 1993. 205, note F.D. ; Defrénois 1994. 564, obs. Sénéchal* • 25 mai 1993 : *Rev. proc. coll. 1994. 234, obs. Soinne* • Soc. 19 oct. 1993 : *RJDA 1994, no 336* • 10 janv. 1995 : *Rev. proc. coll. 1996. 104, obs. Soinne.* – Dans le même sens, V. • Com. 3 mai 1994 : *RJDA 1994, no 1214* • 6 déc. 1994 : *Bull. civ. IV, no 369 ; Bull. Joly 1995. 187 ; LPA 12 janv. 1995, p. 2.* ♦ V., aussi, sur l'évolution ultérieure de la jurisprudence de la chambre sociale, note 4 *bis.* ♦ Sur la date de transfert des contrats cédés, V. note 18 *quater* ss. art. L. 642-7.

1 bis. Transfert des risques. Dès lors qu'un plan de redressement organisant la cession totale d'une entreprise a été arrêté et que, par ailleurs, les dispositions relatives à la cession n'ont été assorties d'aucune restriction, elles impliquent, avec le transfert de l'unité de production, le transfert des risques et des charges de l'exploitation au cessionnaire. • Basse-Terre, 18 janv. 1999 : *BICC 1999, no 1377.*

2. Pouvoirs de l'administrateur et du tribunal. L'administrateur n'ayant aucun pouvoir de négociation puisqu'il ne peut agir qu'en exécution du plan arrêté par le tribunal, la mise en œuvre d'une cession ne peut être soumise à aucune condition, et une réserve portée à l'acte par les bailleurs est dépourvue de tout effet juridique. • Paris, 18 oct. 1991 : *cité note 18 quater ss. art. L. 642-7.*

3. A défaut de paiement du prix arrêté par le tribunal, l'administrateur peut légitimement refuser de signer l'acte de cession. • Douai, 11 oct. 1990 : *D. 1991. 526, note Derrida.* ♦ Il peut donc revendiquer les biens compris dans le plan et en reprendre possession ; à défaut de restitution, le prix de ces biens doit lui être versé. • Même arrêt.

En cas de refus du cessionnaire de signer les actes nécessaires à la réalisation de la cession, les juges peuvent prononcer la résolution du plan. • Com. 5 déc. 1995 : *Rev. proc. coll. 1996. 471, obs. Soinne.* ♦ Ils peuvent également condamner le cessionnaire désigné à régulariser les actes sous astreinte. • Toulouse, 11 mai 1998 : *Rev. proc. coll. 2001. 97, obs. Soinne.* ♦ Il a encore été jugé que si, hors le cas où son consentement a été vicié, le repreneur refuse de signer l'acte de cession, celle-ci peut être judiciairement constatée. • Aix-en-Provence, 23 oct. 1997 : *BICC 1998, n° 391 ; Gaz. Pal. 1998. 2. Somm. 573.* ♦ Sur la responsabilité, V. notes 4 *quater* et 7.

Sur l'obligation faite au débiteur de signer les actes de cession, V. • Angers, 3 nov. 1998 : *Rev. proc. coll. 2001. 97, obs. Soinne.*

3 bis. Il appartient à l'administrateur, investi du pouvoir de passer tous les actes nécessaires à la réalisation de la cession en exécution du plan arrêté, de veiller à la stricte conformité desdits actes à ce plan et au commissaire chargé de veiller à l'exécution du plan d'attaquer les actes passés, opposables aux seules parties, notamment les contrats de vente, qui ne respecteraient pas le contenu, opposable à tous, de la décision judiciaire irrévocable arrêtant ou modifiant le plan. • Com. 8 juin 1999 : *RJDA 1999, n° 968.* ♦ S'agissant de la cession de contrats de concession sur les marchés nationaux, il appartient à l'administrateur de veiller à ce que le cessionnaire obtienne l'autorisation préfectorale nécessaire, la cession ordonnée par le tribunal n'étant pas inconciliable avec cette exigence. • Paris, 17 oct. 1991 : *D. 1991. IR 275.*

4. Gestion de l'entreprise cédée. Sauf disposition du jugement arrêtant le plan de cession qui aurait prévu la prise de possession immédiate de l'entreprise cédée par le cessionnaire sous sa responsabilité, la gestion par celui-ci de l'entreprise, dans l'attente de l'accomplissement des actes nécessaires à la réalisation de la cession, s'effectue, selon l'art. 87 [C. com., ancien art. L. 621-89], al. 2, sous la responsabilité de l'administrateur. • Com. 9 juin 1992 : *Bull. civ. IV, n° 232 ; D. 1992. IR 221 ; Defrénois 1993. 521, obs. Sénéchal ; JCP E 1993. II. 479, note Blanc.* ♦ Comp., désormais : art. L. 642-8, dans sa réd. issue de L. n° 2005-845 du 26 juill. 2005.

Dès lors qu'un plan de cession prévoit la poursuite de l'ensemble des contrats de travail en cours et comporte la mention que le projet de reprise est d'effet immédiat, l'URSSAF ne bénéficie pas des dispositions de l'art. 40 [C. com., ancien art. L. 621-32] pour le paiement des cotisations sociales postérieures au jugement ayant arrêté le plan (le cessionnaire se trouvait, en effet, autorisé, dès le prononcé de la décision, à poursuivre l'activité de l'entreprise sous sa propre responsabilité avec l'obligation corrélative d'assumer, notamment, le paiement des cotisations sociales liées aux contrats de travail maintenus en exécution de ce plan). • Com. 31 mars 1998 : *Bull. civ. IV, n° 121 ; D. 1998. IR 119 ; D. Affaires 1998. 764, obs. P. P. ; JCP E 1998, n° 36, p. 1357, obs. Cabrillac ; Rev. proc. coll. 1998. 384, obs. Soinne ; RTD com. 1998. 942, obs. Martin-Serf.*

V. aussi note 5.

En sa qualité d'exploitant effectif, le cessionnaire de l'entreprise a qualité pour agir en contrefaçon. • Com. 11 févr. 1997 : *D. 1998. Somm. 8, obs. Derrida.*

4 bis. L'administrateur, en confiant, sous sa responsabilité, la gestion de l'entreprise au cessionnaire, lui a transféré une entité économique ayant conservé son identité et dont l'activité est poursuivie, d'où il suit que le cessionnaire est devenu l'employeur ; ne sont donc pas nulles les transactions intervenues entre des salariés et le cessionnaire. • Soc. 26 nov. 1996 : *Bull. civ. V, n° 402 ; D. 1998. Somm. 8, obs. Derrida ; Rev. sociétés 1997. 883, note Caronna.* ♦ Comp., pour la position antérieure de la chambre sociale : note 1.

4 ter. Il s'infère de l'art. 87, al. 2, [désormais, C. com., art. L. 642-8, al. 1er] que le transfert des droits et obligations résultant des contrats cédés peut, par exception au principe général, prendre effet dès la prise de possession du cessionnaire et non pas seulement à la date de régularisation des actes de cession par l'administrateur. • Versailles, 23 mars 2000 : *RJ com. 2000. 273, note Martin-Serf.* ♦ V. aussi note 18 *quater* ss. art. L. 642-7.

4 quater. Sur la responsabilité du cessionnaire pour refus de réalisation de la cession aux conditions de son offre, V., en ce sens que la prise de possession, prévue à l'art. 87, al. 2 [C. com., art. L. 642-8, al. 1er], n'équivaut pas à l'exécution de l'obligation de délivrance, • Com. 14 oct. 1997 : *Bull. civ. IV, n° 263 ; D. 1998. Somm. 9, obs. Derrida ; Rev. huiss. 1998. 679, note Courtier ; Rev. proc. coll. 1998. 384, obs. Soinne.*

4 quinquies. Modalités des actes nécessaires à la réalisation. Les modalités des actes nécessaires à la réalisation d'un plan de cession ne peuvent avoir pour effet de modifier le contenu et les objectifs du plan homologué. • Com. 9 janv. 1996 : *Bull. civ. IV, n° 12 ; D. 1998. Somm. 11, obs. Derrida ; JCP E 1996. I. 554, n° 8, obs. Cabrillac ; LPA 22 janv. 1997, p. 31, note Courtier ; Rev. proc. coll. 1998. 374, obs. Soinne.*

4 sexies. Clause d'agrément. L'administrateur, chargé de passer tous les actes nécessaires à la réalisation de la cession est tenu, pour la vente des actions en cause, de respecter la clause des statuts de la société imposant l'agrément préalable du conseil d'administration. • Com. 31 janv. 1995 : *Bull. civ. IV, n° 31 ; D. 1995. 426, note Parléani ; Rev. sociétés 1995. 320, note Le Nabasque ; JCP 1995. II. 22460, note Guyon ; Bull. Joly 1995. 342, note Couret ; Defrénois 1995. 696, obs. Hovasse ; Rev. proc. coll. 1995. 163, obs. Soinne ; LPA 2 août 1995, p. 24, note Courtier.* ♦ De même, doit être respectée la procédure d'agrément des cessions de parts de SARL, prévue par l'art. 45 de la loi du 24 juill. 1966 [C. com., art. L. 223-14]. • Versailles, 28 mars 1996 : *RJDA 1996, n° 796.* ♦ V. aussi note 3 *bis* ss. ancien art. L. 622-17, ss. art. L. 642-19.

5. Effets de l'annulation du plan de cession. En cas d'annulation du plan de cession, les créances découlant de commandes passées entre la date du jugement arrêtant le plan et la date d'annulation de ce plan, par le cessionnaire, qui avait pris possession de l'entreprise en vertu d'une disposition expresse dudit jugement, ne peuvent bénéficier de l'art. 40 [C. com., ancien art. L. 621-32]. • Com. 28 janv. 1997 : *Bull. civ. IV, n° 36 ; D. 1998. Somm. 10, obs. Derrida ; D. Affaires 1997. 277 ; JCP E 1997. I. 651, n° 3, obs. Cabrillac ; Rev. dr. bancaire 1997. 79, obs. Campana et Calendini ; RTD com. 1997. 688, obs. Martin-Serf.*

6. Effets de la résolution du plan de cession. La résolution du plan de cession n'a pas pour effet d'entraîner de plein droit la résolution d'une convention de vente conclue, pour son exécution, par l'administrateur judiciaire. • Com. 22 juin 1993 : *Bull. civ. IV, n° 263 ; D. 1993. IR 186 ; Rev. proc. coll. 1993. 506, obs. Soinne ; Dr. sociétés 1993, n° 183, obs. Chaput.* ♦ Le jugement ayant prononcé la résolution du plan de cession n'ayant pas décidé la résolution de la vente du fonds de commerce, acte distinct du jugement arrêtant le plan, et cette résolution n'ayant pas été demandée dans l'instance introduite par la banque, la convention subsiste en l'état. • Même arrêt.

Avant la loi du 26 juill. 2005, la résolution des actes de cession ne pouvait être sollicitée par le commissaire à l'exécution du plan dans la mesure où, les cessionnaires étant eux-mêmes soumis à une procédure de redressement judiciaire, s'appliquaient les dispositions de l'art. 47 [C. com., ancien art. L. 621-40, devenu art. L. 622-21] interdisant toute action en résolution pour défaut de paiement d'une somme d'argent. • Orléans, 23 oct. 1997 : *Rev. proc. coll. 1999. 120, obs. Macorig-Venier.*

V., désormais, sur la résolution ou la résiliation des actes passés en exécution du plan résolu : art. L. 642-11, al. 3.

7. En présence de l'inexécution de l'engagement pris par la société cessionnaire (n'ayant pas signé les actes de cession avant d'être mise en liquidation judiciaire), la responsabilité de celle-ci ne peut être écartée, sans que soit retenue une cause d'exonération de sa responsabilité. • Com. 26 oct. 1999 : *Bull. civ. IV, n° 193 ; D. 1999. AJ 67, obs. A. L. ; D. 2000. 383, note Pélissier ; ibid. Somm. 328, obs. Honorat ; Act. proc. coll. 1999, n° 254, obs. Saintourens ; Dr. et patr. janv. 2000. 100, obs. Monsèrié-Bon ; JCP E 2000, n° 4, p. 127, obs. Cabrillac et Pétel ; ibid., n° 13, p. 563, note Delfour ; RTD com. 2000. 452, obs. Saint-Alary-Houin ; RTD civ. 2000. 835, obs. Mestre et Fages.* – V. aussi Courtier, *Dr. sociétés 2000. Chron. 26 ;* Asfar, *Dr. et patr. mai 2002. 28.* – V. aussi note 8 ss. art. L. 642-11.

8. Si l'administrateur, en confiant sous sa responsabilité la gestion de l'entreprise au cessionnaire, lui a transféré une entité économique dont l'activité est poursuivie, alors même que les actes nécessaires à la réalisation de la cession n'ont pas été signés, la résolution du plan de cession emporte retour de l'entité transférée et des contrats de travail y afférents au cédant (application de l'art. L. 122-12, al. 2, devenu l'art. L. 1224-1 C. trav.). • Soc. 8 juin 1999 : *Bull. civ. V, n° 263 ; D. 2000. Somm. 4, obs. Derrida ; RTD com. 1999. 966, obs. Saint-Alary-Houin ; JCP E 2000, n° 4, p. 127, obs. Pétel.* ♦ Par suite, les licenciements postérieurs à la date de résolution du plan de cession sont à la charge du cédant. • Même arrêt. ♦ En revanche, le cessionnaire est tenu, à l'égard des salariés, des obligations nées entre l'adoption du plan de cession et sa résolution. • Soc. 8 juin 1999 : *Bull. civ. V, n° 264 ; D. 2000. Somm. 4, obs. Derrida ; JCP E 2000, n° 4, p. 127, obs. Pétel.*

Art. L. 642-9 *(L. n° 2005-845 du 26 juill. 2005, art. 111)* **Tant que le prix de cession n'est pas intégralement payé, le cessionnaire ne peut, à l'exception des stocks, aliéner ou donner en location-gérance les biens corporels ou incorporels qu'il a acquis.**

Toutefois, leur aliénation totale ou partielle, leur affectation à titre de sûreté, leur location ou leur location-gérance peut être autorisée par le tribunal après rapport du liquidateur qui doit préalablement consulter le comité d'entreprise ou, à défaut, les délégués du personnel. Le tribunal doit tenir compte des garanties offertes par le cessionnaire.

Toute substitution de cessionnaire doit être autorisée par le tribunal dans le jugement arrêtant le plan de cession, sans préjudice de la mise en œuvre des dispositions de l'article L. 642-6. L'auteur de l'offre retenue par le tribunal reste garant solidairement de l'exécution des engagements qu'il a souscrits.

Tout acte passé en violation des alinéas qui précèdent est annulé à la demande de tout intéressé ou du ministère public, présentée dans le délai de trois ans à compter de la conclusion de l'acte. Lorsque l'acte est soumis à publicité, le délai court à compter de celle-ci.

1. Interdiction d'aliéner. La résiliation d'un contrat de bail n'entre pas dans les prévisions de l'art. 89 [C. com., art. L. 642-9], al. 1er. • Com. 8 juin 1999 : *Bull. civ. IV, n° 124 ; D. 1999. IR 186 ; D. Affaires 1999. 1041, obs. A. L. ; RTD com. 1999. 962, obs. Saint-Alary-Houin ; JCP E 2000, n° 4, p. 125, obs. Cabrillac ; Rev. proc. coll. 2001. 88, obs. Soinne.*

2. Substitution de repreneur (jurisprudence antérieure à la loi du 26 juill. 2005). BIBL. Robinot et Lafortune, *Gaz. Pal. 1990. 1. Doctr. 221.* – C. Vincent, *LPA 25 nov. 1998 ; D. 2004. Chron. 686* (portée de la garantie de l'auteur de l'offre de reprise). ♦ Dès lors que, en application de l'art. 62 [C. com., ancien art. L. 621-63], le tribunal a arrêté le plan de cession proposé par une société et qu'il a désigné cette société comme étant tenue d'exécuter ce plan, cette société se trouve seule tenue de son exécution. • Com. 12 févr. 1991 : *Bull. civ. IV, n° 73 ; Bull. Joly 1991. 633, note Pétel.* ♦ Il résulte de l'art. 62 [C. com., ancien art. L. 621-63] que, si l'offre de cession est assortie d'une faculté de substitution, celle-ci, qui ne peut être exercée qu'en cas d'accord du tribunal, ne décharge pas son auteur de ses obligations. Ce dernier demeure donc personnellement engagé par le plan de cession adopté. • Com. 8 déc. 1998 : *Bull. civ. IV, n° 296 ; D. Affaires 1999. 80, obs. A. L. ; JCP E 1999, n° 18-19, p. 809, obs. Cabrillac et Pétel ; LPA 11 mars 1999, p. 10, note P. M. ; JCP 2000. II. 10234, note Brocard et Jeuland ; RJ com. 2000. 214, note Courtier.* – Dans le même sens, V. • Aix-en-Provence, 21 sept. 2000 : *JCP E 2001, n° 37, p. 1409.* – Comp. : • Paris, 22 janv. 1999 : *Rev. proc. coll. 2001. 71, obs. Soinne.* ♦ Toutefois, cette garantie ne s'étend pas à l'exécution des engagements résultant des contrats cédés par le plan. • Com. 7 janv. 2003 : *Bull. civ. IV, n° 5 ; D. 2003. AJ 276 ; JCP E 2003, n° 20, p. 851, obs. Pétel ; Dr. et patr. juin 2003. 100, obs. Monsèrié-Bon* • 27 sept. 2011 : *Bull. civ. IV, n° 140 ; D. 2011. 2852, note Juillet ; Act. proc. coll. 2011, n° 267, obs. Cagnoli, RJDA 2011, n° 1061 ; Bull. Joly Entrep. diff. 2012. 15, note Vincent ; Gaz. Pal. 20-21 janv. 2012, p. 25, obs. Voinot.* ♦ Est inopérante et de nul effet la substitution du cessionnaire désigné dans le plan de redressement, même si le débiteur a agi avec l'assistance de l'administrateur, une telle substitution ne pouvant pas être réalisée par le seul consentement des parties. • Paris, 31 oct. 1989 : *D. 1991. Somm. 14, obs. Derrida.*

3. Si le jugement arrêtant un plan de cession autorise le cessionnaire à se substituer toute personne physique ou morale sous la condition expresse de solidarité du paiement du prix et de maintien des contrats de travail, le tribunal, en organisant la cession de la totalité des actifs, sans régler la composition des ensembles des éléments d'exploitation, qui pouvait seule permettre le fractionnement de l'entreprise, interdit de la sorte au cessionnaire de recourir, le cas échéant, à une substitution autre que totale. • Com. 16 juill. 1991 : *Bull. civ. IV, n° 261 ; D. 1996. Somm. 4, obs. Derrida ; Dr. sociétés 1991, n° 377 ; JCP E 1991. I. 100, n° 5, obs. Pétel et Cabrillac.* ♦ Sur la possibilite, pour le bénéficiaire de la cession, de demander au tribunal d'autoriser une modification du plan afin d'opérer cette substitution, V. • Paris, 18 mai 1989 : *Rev. proc. coll. 1990. 150, obs. Le Corre.*

4. Il y a lieu de faire droit à la demande de modification d'un plan de cession, dès lors que, d'une part, elle est motivée par la restructuration de l'entreprise et la procedure pénale qui s'en est suivie, événements survenus après l'adoption du plan et créant une situation nouvelle que rien ne laissait prévoir et que, d'autre part, elle tend au remplacement du cessionnaire par une société financière nouvellement créée afin de soustraire le plan de cession à une possible remise en cause sur le fondement de l'art. 207, al. 3 [C. com., art. L. 654-12], ce qui permettra d'assurer une meilleure sauvegarde de l'entreprise et de l'emploi. • Paris, 11 mai 1993 : *D. 1994. Somm. 43, obs. Derrida.*

5. Sur la responsabilité de l'administrateur et du commissaire à l'exécution du plan en cas de substitution de cessionnaire sans autorisation judiciaire, V. • Paris, 20 juin 1995 : *Rev. proc. coll. 1996. 406, obs. Soinne.*

Comp., désormais : art. L. 642-9, al. 3, dans sa réd. issue de L. n° 2005-845 du 26 juill. 2005.

Art. L. 642-10 *(Ord. n° 2008-1345 du 18 déc. 2008, art. 114)* **« Le tribunal peut prévoir dans le jugement arrêtant le plan de cession que tout ou partie des biens cédés ne pourront être aliénés, pour une durée qu'il fixe, sans son autorisation.**

« La publicité de l'inaliénabilité temporaire est assurée dans des conditions fixées par un décret en Conseil d'État. – *V. art. R. 642-12 s.*

« Lorsque le tribunal est saisi d'une demande d'autorisation d'aliéner un bien rendu inaliénable en application du premier alinéa, il statue, à peine de nullité, après avoir recueilli l'avis du ministère public. »

(L. nº 2005-845 du 26 juill. 2005, art. 111) Tout acte passé en violation des dispositions du premier alinéa est annulé à la demande de tout intéressé ou du ministère public, présentée dans le délai de trois ans à compter de la conclusion de l'acte. Lorsque l'acte est soumis à publicité, le délai court à compter de celle-ci.

Art. L. 642-11 *(L. nº 2005-845 du 26 juill. 2005, art. 111)* Le cessionnaire rend compte au liquidateur de l'application des dispositions prévues par le plan de cession.

Si le cessionnaire n'exécute pas ses engagements, le tribunal peut, à la demande du ministère public d'une part, du liquidateur, d'un créancier, de tout intéressé ou d'office, après avoir recueilli l'avis du ministère public, d'autre part, prononcer la résolution du plan sans préjudice de dommages et intérêts.

Le tribunal peut prononcer la résolution ou la résiliation des actes passés en exécution du plan résolu. Le prix payé par le cessionnaire reste acquis.

V. art. R. 642-18.

BIBL. ▶ Le Corre, *Gaz. Pal. 2-3 juill. 2010, p. 9* (résolution du plan de cession et adoption d'un second plan de cession).

1. Responsabilité fiscale du cessionnaire. **BIBL.** Jadaud, *LPA 16 juin 1993.* ♦ Sur l'application de l'art. 1684-1 CGI, V. Soinne, *Rev. proc. coll. 1992. 412.*

2. Absence de garantie de passif légale. Dans le cadre de la cession d'entreprise prévue par les art. 81 s. [C. com., art. L. 642-1 s.], le cessionnaire n'a aucune obligation envers les créanciers réunis dans la procédure collective de leur débiteur. A l'exception de certains biens grevés d'une sûreté, il n'est tenu en aucune façon des dettes du cédant, seules pesant sur lui l'obligation de paiement du prix et les contraintes instituées par la loi pour assurer le maintien de l'activité. • Versailles, 17 mars 1994 : *Dr. sociétés 1994, nº 174, obs. Chaput.* ♦ La caution d'un prêt non compris dans le plan de cession n'est pas déchargée, le cessionnaire ne se substituant pas au débiteur dans ses obligations à l'égard de ses créanciers. • Com. 3 mai 1994 : *Rev. dr. bancaire 1995. 42, obs. Campana et Calendini.*

3. Cautionnement des engagements souscrits. V. obs. Soinne, *Rev. proc. coll. 1998. 254 ; ibid. 2001. 72.*

4. Engagement conventionnel. **BIBL.** Calendini, *Bull. Joly 1995. 733* (à propos de Com. 3 janv. 1995). ♦ Le cessionnaire peut, par une clause spéciale de l'acte de cession, prendre l'engagement de régler, outre le prix de cession, une dette antérieure du cédant. • Com. 30 nov. 1993 : *Rev. huiss. 1994. 225 ; Dr. sociétés 1994, nº 28, obs. Chaput* • 17 mai 1994 : *Bull. civ. IV, nº 180 ; D. 1996. Somm. 221, obs. Pérochon ; RTD com. 1996. 130, obs. Martin-Serf.* ♦ Il contracte alors, en tant que tiers, une obligation personnelle envers le créancier concerné qui résulte directement du jugement arrêtant le plan de cession, opposable à tous. • Com. 3 janv. 1995 : *Bull. civ. IV, nº 4 ; D. 1995. IR 39 ; RJ com. 1995. 198, rapp. Rémery ; JCP E 1995. I. 455, nº 4, obs. Pétel et Cabrillac ; Rev. proc. coll. 1995. 137, obs. Soinne.* ♦ Dans le silence de l'acte de cession, l'action en exécution de cette obligation n'est pas soumise à la procédure de déclaration des créances. • Com. 3 janv. 1995 : *préc.*

5. Responsabilité à l'égard des tiers du cessionnaire n'ayant pas respecté ses engagements. Toute personne qui a intérêt au respect de l'engagement unilatéralement pris peut faire valoir la faute du cessionnaire qui se délie abusivement d'une obligation destinée par la nature de son contenu à se prolonger dans le temps (recevabilité de l'action en responsabilité civile engagée par une commune sur le site de laquelle le cessionnaire s'était engagé à maintenir l'activité). • Com. 28 mars 2000 : *Bull. civ. IV, nº 73 ; D. 2000. AJ 210, obs. Lienhard ; JCP E 2000, nº 40, p. 1561, obs. Pétel ; Act. proc. coll. 2000, nº 108, obs. Vallansan ; RD banc. fin. 2000, nº 72, obs. F.-X. Lucas ; RTD com. 2000. 727, obs. Vallens ; ibid. 2001. 222, obs. Saint-Alary-Houin.* – V. concl. Piniot, *RJDA 2000, p. 594.* ♦ V. désormais, sur la possibilité de condamner le cessionnaire à des dommages-intérêts : art. L. 642-11, al. 2.

6. Résolution du plan de cession (jurisprudence antérieure à la loi du 10 juin 1994). Aucune disposition de la loi du 25 janv. 1985, dans sa rédaction antérieure à la L. n° 94-475 du 10 juin 1994, n'interdisait de prononcer la résolution d'un plan de cession pour défaut de paiement du prix par le cessionnaire, conformément aux principes généraux du droit. • Com. 9 juin 1998 : *Bull. civ. IV, n° 187 ; D. 1998. Somm. 328, obs. Honorat ; D. Affaires 1998. 1133 ; RTD com. 1998. 933, obs. Saint-Alary-Houin*. – V. déjà • Com. 6 mai 1997 : *Bull. civ. IV, n° 124 ; D. 1998. Somm. 6, obs. Derrida ; D. Affaires 1997. 766.*

V. aussi note 6 ss. ancien art. L. 621-89, ss. art. L. 642-8.

7. Résolution du plan de cession (L. n° 94-475 du 10 juin 1994). A la différence des plans de continuation dont l'art. 80 [C. com., ancien art. L. 621-82] dispose, dans sa rédaction de la loi du 10 juin 1994, que la résolution entraîne l'ouverture d'une procédure de liquidation judiciaire dans le cadre de laquelle « les créanciers soumis au plan déclarent l'intégralité de leurs créances et sûretés, déduction faite des sommes perçues » (ce qui constitue donc une seconde procédure collective), l'art. 89 [C. com., ancien art. L. 621-91], al. 4, qui prévoit la résolution des plans de cession n'impose aucune nouvelle déclaration. • Paris, 9 févr. 2000 : *D. 2000. AJ 200, obs. Lienhard*. ♦ Pour l'irrecevabilite d'une déclaration de créance faite dans la seconde procédure, ouverte après résolution du plan de cession, lorsque le créancier n'a pas déclaré dans la première procédure et n'a pas été relevé de sa forclusion, V. • Civ. 3e, 7 nov. 2001 : *Bull. civ. III, n° 125 ; D. 2001. AJ 3619, obs. Lienhard ; Act. proc. coll. 2001, n° 257, obs. Regnaut-Moutier ; Rev. huiss. 2002. 94, obs. Crocq.*

En cas de résolution du plan de cession pour défaut de paiement du prix, le cessionnaire doit supporter les conséquences financières du licenciement des employés. Il convient donc de mettre à sa charge le coût des indemnités salariales et autres dues aux salariés dans le cadre du plan de cession. • Basse-Terre, 18 janv. 1999 : *BICC 1999, n° 1377.*

Sur l'exercice de l'appel, V. note 16 *bis* ss. ancien art. L. 661-6.

8. Responsabilité du cessionnaire pour dévaluation de l'actif. Le cessionnaire doit être tenu de réparer le préjudice né de la dévaluation de l'actif si celle-ci trouve son origine, soit directement dans les effets de la gestion du repreneur, soit encore dans le temps perdu pour parvenir à la réalisation effective par suite de l'abandon fautif du plan de poursuite des activités de l'entreprise. • Basse-Terre, 18 janv. 1999 : *préc. note 7.*

Code de commerce

Ancien art. L. 621-93 *En cas de défaut de paiement du prix de cession, le tribunal peut, d'office, à la demande du commissaire à l'exécution du plan, du procureur de la République ou de tout intéressé, nommer un administrateur ad hoc dont il détermine la mission.* — [L. n° 85-98 du 25 janv. 1985, art. 90.]

BIBL. ▸ HAEHL, *LPA 16 juin 1993.*

1. Défaut de paiement du prix. Sur la possibilité, pour le cessionnaire, de soulever l'exception d'inexécution, V. • Com. 24 oct. 1995 : *Bull. civ. IV, n° 253 ; D. Affaires 1995. 226 ; RJDA 1996, n° 129.*

2. Le cessionnaire défaillant peut être mis personnellement en redressement judiciaire. • T. com. Orléans, 1er avr. 1988 : *Rev. proc. coll. 1988. 401, obs. Soinne.* ♦ Le tribunal compétent pour décider l'ouverture de cette procédure peut être, en application de l'art. 7, al. 3, de la loi du 25 janv. 1985, celui qui avait prononcé le jugement arrêtant le plan. • Douai, 13 déc. 1994 : *Rev. proc. coll. 1996. 109, obs. Soinne.*

3. Action en recouvrement. Le commissaire à l'exécution du plan ayant le pouvoir, en vertu de l'art. 88 [C. com., ancien art. L. 621-90], de percevoir le prix de cession et, en vertu de l'art. 92 [C. com., ancien art. L. 621-95], al. 2, celui de le distribuer, il a aussi qualité pour agir en justice afin de le recouvrer. • Com. 24 oct. 1995 : *Bull. civ. IV, n° 253 ; D. 1995. IR 244 ; D. Affaires 1995. 226 ; Bull. Joly 1996. 151, note Sénéchal ; Defrénois 1996. 253, obs. Le Cannu.* ♦ Le commissaire à l'exécution du plan ayant seul qualité pour recouvrer le prix de cession, la société débitrice ne peut se substituer à ce mandataire de justice pour prétendre que ce prix n'a pas été réglé et en poursuivre le paiement à son seul profit et non en vue de sa distribution, et elle n'est pas davantage recevable en sa demande subsidiaire en paiement de cette même somme, à titre de dommages-intérêts, formée à l'encontre du cessionnaire. • Com. 19 oct. 2010 : *Bull. civ. IV, n° 156 ; D. 2010. Actu. 2573, obs. Lienhard ; Act. proc. coll. 2010, n° 268, obs. Pagnucco ; Rev. proc. coll. 2011, n° 53, obs. Fraimout ; RJDA 2011, n° 440.*

4. Nomination de l'administrateur. Aucune disposition n'interdit de désigner l'administrateur du redressement judiciaire comme administrateur *ad hoc* dans le cadre d'un plan de cession. • Com. 28 févr. 1995 : *Bull. civ. IV, n° 62 ; Bull. Joly 1995. 541, note Le Cannu ; D. 1995. IR 89.*

5. Mission de l'administrateur. La mission devant être limitée à l'entreprise cédée, l'administrateur *ad hoc* ne peut être chargé de procéder à la déclaration de la cessation des paiements du cessionnaire et de prendre des mesures provisoires concernant son entreprise. • Com. 28 févr. 1995 : *préc. note 4.* ♦ *Contra*, en ce sens que l'administrateur *ad hoc* peut avoir pour mission de vérifier les causes de l'inexécution des obligations du cessionnaire et d'en tirer les conséquences, soit en payant le prix de cession, soit en déposant le bilan : • Toulouse, 11 mars 1991 : *BICC 1991, n° 1190.*

6. Autres manquements. BIBL. Martin-Serf, note ss. Besançon, 24 mars 1989 : *Gaz. Pal. 1989. 2. 799.* – Vachet, *LPA 16 juin 1993* (non-respect des engagements sociaux). – Frison-Roche, *Rev. proc. coll. 1994. 339* (engagements non financiers). ♦ Le licenciement de personnels, repris dans le cadre d'un plan de cession, ne saurait en aucune manière être constitutif du défaut de paiement du prix de cession visé par l'art. 90 [C. com., ancien art. L. 621-93]. • T. com. Paris, 19 déc. 1988 : *Gaz. Pal. 1989. 1. 358, note Marchi.*

7. Un repreneur s'étant engagé, lors de la cession, à conserver cent salariés pour une durée de deux ans minimum, et à réaliser certains investissements nécessaires, il y a lieu de déclarer justifiée en son principe la demande de dommages-intérêts des salariés licenciés, alors que si la situation économique invoquée pour justifier les licenciements est conforme à la réalité, elle ne peut pour autant être considérée comme une cause sérieuse de licenciement, en ce qu'elle procède d'une attitude intentionnelle, et quasi frauduleuse, du repreneur, celui-ci désirant s'abstenir d'effectuer les investissements indispensables dans le but de transférer sa production à l'étranger. • Aix-en-Provence, 29 oct. 1991 : *D. 1992. 130, note Derrida*, conf. par • Soc. 13 janv. 1993 : *RJDA 1993, n° 568.* – V. aussi • Soc. 30 janv. 1991 : *Bull. civ. V, n° 46 ; D. 1991. IR 55 ; JCP E 1991. I. 73, n° 21, obs. Pétel et Cabrillac.*

Art. L. 642-12 *(L. n° 2005-845 du 26 juill. 2005, art. 111)* **Lorsque la cession porte sur des biens grevés d'un privilège spécial,** *(Ord. n° 2008-1345 du 18 déc. 2008, art. 165)* **« d'un gage, » d'un nantissement ou d'une hypothèque, une quote-part du prix est affectée par le tribunal à chacun de ces biens pour la répartition du prix et l'exercice du droit de préférence.**

Le paiement du prix de cession fait obstacle à l'exercice à l'encontre du cessionnaire des droits des créanciers inscrits sur ces biens.

Jusqu'au paiement complet du prix qui emporte purge des inscriptions grevant les biens compris dans la cession, les créanciers bénéficiant d'un droit de suite ne peuvent l'exercer qu'en cas d'aliénation du bien cédé par le cessionnaire.

Toutefois, la charge des sûretés immobilières et mobilières spéciales garantissant le remboursement d'un crédit consenti à l'entreprise pour lui permettre le financement d'un bien sur lequel portent ces sûretés est transmise au cessionnaire. Celui-ci est alors tenu d'acquitter entre les mains du créancier les échéances convenues avec lui et qui restent dues à compter du transfert de la propriété ou, en cas de location-gérance, de la jouissance du bien sur lequel porte la garantie. Il peut être dérogé aux dispositions du présent alinéa par accord entre le cessionnaire et les créanciers titulaires des sûretés.

(Ord. n° 2008-1345 du 18 déc. 2008, art. 115) **« Les dispositions du présent article n'affectent pas le droit de rétention acquis par un créancier sur des biens compris dans la cession. »**

V. art. R. 642-19 et R. 642-20.

BIBL. ▶ Régime issu de la loi du 26 juill. 2005 : Le Corre, *Gaz. Pal. 2011. Doctr. 31* (le créancier titulaire d'une sûreté spéciale victime de l'absence d'affectation d'une quote-part du prix de cession). – Buisine, *Rev. proc. coll. 2011. Étude 31* (opposabilité du droit de rétention « fictif »).

► Sur le droit de rétention dans le régime antérieur à la loi du 26 juill. 2005 : POURQUIER, *D. Affaires 1998. 936.* – CAMPANA et CALENDINI, *JCP E 1998, n° 27, p. 1083.* – PÉROCHON, *Mélanges Cabrillac, Dalloz-Litec, 1999, p. 379.* – LE CORRE, *D. 2001. Chron. 2815* .

1. Ordre public. La charge du nantissement est imposée au cessionnaire sans que celui-ci puisse instaurer une discussion sur le point de savoir si les biens grevés sont ou non utiles ou nécessaires à l'exploitation au moment de la cession. • Riom, 28 avr. 1988 : *D. 1991. Somm. 15, obs. Derrida ; Rev. proc. coll. 1988. 395, obs. Soinne.*

Sur le caractère facultatif de l'inclusion des biens grevés de sûretés dans le plan de cession, V. note 9 ss. ancien art. L. 661-6.

2. Affectation du prix. L'art. 93 [C. com., art. L. 642-12] ne déroge pas à l'ordre des privilèges et sûretés et n'autorise pas qu'une partie du prix de cession soit réservée aux créanciers chirographaires. • Paris, 8 juin 1993 : *D. 1996. Somm. 5, obs. Derrida ; Gaz. Pal. 1994. 1. 20, note Marchi ; JCP E 1993. I. 295, n° 8, obs. Pétel ; Rev. dr. bancaire 1994. 136, obs. Campana et Calendini.* ♦ La transmission de la charge du gage ou de l'hypothèque s'opère nonobstant l'existence d'autres créanciers même privilégiés, mais c'est au tribunal qu'il appartient de procéder à l'affectation d'une partie du prix de cession aux gagistes en respectant le principe d'égalité. • TGI Béthune, 27 nov. 1987 : *Rev. proc. coll. 1988. 70, obs. Soinne.* ♦ Le créancier gagiste peut recouvrer sa créance échue antérieurement au jugement sur la fraction du prix affecté. • Même jugement. ♦ Mais le créancier gagiste ne saurait requérir la mise aux enchères du bien. • Orléans, 19 févr. 1988 : *Gaz. Pal. 1988. 2. Somm. 380.*

L'art. 93 [C. com., art. L. 642-12] ne déterminant pas les critères d'affectation d'une quote-part du prix à chacun des biens grevés, un tribunal a valablement pu répartir le prix de cession des immeubles hypothéqués en tenant compte de la valeur de ces immeubles fixée à dire d'expert et non de la ventilation proposée par les repreneurs. • Versailles, 25 nov. 1993 : *RJDA 1994, n° 337 ; Rev. proc. coll. 1995. 178, obs. Soinne.*

S'il appartient au tribunal d'affecter à chacun des biens grevés d'hypothèques une quote-part du prix, aucune disposition de la loi du 25 janv. 1985 n'interdit aux repreneurs de soumettre au tribunal la répartition qu'ils souhaiteraient voir adopter et il n'est pas interdit au juge d'adopter cette répartition si elle lui apparaît opportune au regard de l'économie générale du plan qui lui est soumis ; le tribunal peut, si la répartition proposée ne recueille pas son agrément, écarter le plan soumis à une telle condition. • Com. 14 janv. 1997 : *D. 1999. Somm. 3, obs. Derrida ; Rev. proc. coll. 1997. 440, obs. Cadiou ; ibid. 1998. 331 obs. Soinne* (V. l'arrêt d'appel : • Colmar, 8 mars 1994 : *LPA 22 juin 1994, p. 17, note Calendini*).

2 bis. L'art. 93 [C. com., art. L. 642-12], al. 1er, ne dérogeant pas aux dispositions de l'art. 524 C. civ., ni à l'ordre des privilèges et des sûretés, dès lors qu'il n'est pas contesté que le matériel et l'outillage figurant dans le plan de cession constituent des immeubles par destination, un créancier hypothécaire peut exercer son droit de préférence sur la part du prix affectée à ces matériel et outillage. • Com. 24 oct. 1995 : *RJDA 1996, n° 128 ; Rev. proc. coll. 1996. 481, obs. Soinne* (V. l'arrêt cassé : • Paris, 14 mai 1993 : *Rev. proc. coll. 1995. 180, obs. Soinne*).

2 ter. L'affectation spéciale aux droits des créanciers inscrits d'une quote-part du prix résultant de la loi elle-même le dépôt des fonds à la Caisse des dépôts et consignations équivaut à une consignation, ce qui dispense les créanciers, à partir de cette date, de procéder au renouvellement des inscriptions. • Com. 1er févr. 2000 : *Bull. civ. IV, n° 25 ; D. 2000. Somm. 331, obs. Honorat ; ibid. 396, obs. Piedelièvre ; ibid. AJ 139 ; Act. proc. coll. 2000, n° 50, obs. Vallansan ; JCP E 2000, n° 17, p. 702, note Rémery ; Rev. proc. coll. 2001. 89, obs. Soinne.*

3. Biens gagés (jurisprudence antérieure à la loi du 10 juin 1994). Avant la loi du 10 juin 1994, la transmission concernait exclusivement l'outillage et le matériel d'équipement, à l'exclusion d'une sûreté garantissant le paiement du prix d'un fonds de commerce. • Riom, 28 avr. 1988 : *préc. note 1* • Com. 11 juin 1996 : *JCP 1996. IV. 1786.*

3 bis. A fait l'exacte application de l'ancien art. 93, al. 2, l'arrêt qui après avoir constaté que le prêteur du prix d'acquisition d'un matériel d'équipement professionnel justifiait que sa créance était garantie par un nantissement sur ce matériel, inclus dans le plan de cession d'une entreprise en redressement judiciaire, a condamné le cessionnaire à payer entre les mains du prêteur les échéances restant dues à compter de l'entrée en jouissance des biens nantis, sans qu'il y ait ventilation de ces sommes qui, mises à la charge du cessionnaire, s'ajoutent au prix de cession. • Com. 23 nov. 1993 : *Bull. civ. IV, n° 420 ; D. 1994. IR 18 ; JCP E 1994. I. 348, n° 3, obs. Cabrillac ; Defrénois 1994. 1240, obs. Sénéchal.*

3 ter. Le transfert de la charge des sûretés dans les conditions de l'art. 93, al. 3, [C. com., art. L. 642-12, al. 4] lorsqu'il n'est pas écarté par le plan et l'offre d'acquisition, résulte de plein droit du jugement qui arrête le plan (condamnation sous astreinte du repreneur, qui invoquait son ignorance du nantissement grevant le matériel acquis, à régulariser l'acte de cession). • Aix-en-Provence, 20 juin 2000 : *Act. proc. coll. 2000, n° 220, obs. Regnaut-Moutier.* ♦ Comp., ordonnant l'exclusion du bien gagé du plan de cession, dans l'hypothèse où le repreneur avait précisé dans son offre qu'aucun contrat de prêt, leasing ou crédit-bail ne serait repris ou poursuivi et qu'une somme forfaitaire serait versée aux créanciers pour solde des prêts en capital moyennant mainlevée de leur gage commun sur le bien à reprendre : • Aix-en-Provence, 4 avr. 2000 : *ibid.* ♦ *Contra,* jugeant que le cessionnaire n'a pas à assumer la charge des sûretés dont il n'a pas eu connaissance et dont l'existence ne lui a pas été notifiée : • Douai, 2 sept. 1999 : *Rev. proc. coll. 2001. 90, obs. Soinne.*

3 quater. La cession de l'entreprise, par suite de l'adoption d'un plan de redressement, ne peut porter atteinte au droit de rétention issu du gage avec dépossession qu'un créancier a régulièrement acquis sur des éléments compris dans l'actif cédé. • Com. 20 mai 1997 : *Bull. civ. IV, n° 151 ; D. 1997. Somm. 312, obs. Honorat ; D. 1998. Somm. 102, obs. S. Piedelièvre ; D. 1999. Somm. 5, obs. Derrida ; D. Affaires 1997. 763 ; Quot. jur. 15 juill. 1997, p. 8 note P. M. ; LPA 28 juill. 1997, p. 24, note Crédot ; JCP E 1997. I. 681, n° 5, obs. Cabrillac ; RJ com. 1997. 308, rapp. Rémery, note Saint-Alary-Houin.* ♦ En l'absence de disposition légale en ce sens, le créancier rétenteur ne peut être contraint de se dessaisir du bien qu'il retient légitimement que par le paiement du montant de la créance qu'il a déclarée, et non par celui d'une quote-part du prix de cession qui serait affectée à ce bien pour l'exercice du droit de préférence. • Même arrêt. – V. l'arrêt cassé : • Nancy, 12 janv. 1995 : *Rev. proc. coll. 1996. 107, obs. crit. Soinne.* – V. aussi Le Corre, *LPA 22 oct. 1997.* ♦ Sur deuxième pourvoi, la Cour de cassation a confirmé cette solution, en écartant l'argument tiré de la force de chose jugée attachée au jugement arrêtant le plan : • Com. 12 avr. 2005 : *RJDA 2005, n° 1260.* ♦ V., désormais, consacrant cette solution, art. L. 642-12, dernier al., issu de l'Ord. n° 2008-1345 du 18 déc. 2008.

3 quinquies. Sûretés visées par la loi de 1994. L'art. 93 [C. com., art. L. 642-12] n'est applicable qu'au profit des créanciers titulaires d'un privilège spécial ou d'une hypothèque sur les biens cédés, ce qui n'est pas le cas du privilège général des salaires. • TGI Castres, JEX, 12 mars 1998 : *LPA 2 juill. 1999, p. 20, note Devésa.*

Pour l'application de l'art. 93, al. 3 [C. com., art. L. 642-12, al. 4] au nantissement garantissant un prêt finançant l'acquisition de certains matériels, mais portant sur l'ensemble du fonds de commerce, y compris le matériel antérieurement ou même postérieurement acquis, V. • Metz, 4 juill. 1996 : *Rev. proc. coll. 1998. 402, obs. Soinne.* – V. aussi • T. com. Paris, 9 févr. 2001 : *RJ com. 2002. 318, note Merven ; Banque et Droit mai-juin 2002. 53, obs. Guillot.*

3 sexies. Le transfert de la charge d'une sûreté mobilière spéciale, en application de l'art. L. 621-96, al. 3, [L. 642-12, al. 4] C. com. suppose que celle-ci ait été régulièrement inscrite, ce qui n'est pas le cas d'un nantissement de matériel d'équipement lorsque les biens engagés ne sont pas précisément individualisés : • Lyon, 16 janv. 2003 : *RD banc. fin. 2004, n° 31, obs. F.-X. Lucas.*

4. Affectation du crédit. Il résulte de l'art. L. 621-96, al. 3, [L. 642-12, al. 4] C. com. que le crédit devant être affecté, l'acte par lequel il est accordé doit préciser sa destination et prévoir la sûreté qui en garantira le remboursement. • Com. 23 nov. 2004 : *Bull. civ. IV, n° 204 ; D. 2005. AJ 142, obs. Lienhard ; ibid. Pan. 2017, obs. F.-X. Lucas ; JCP E 2005, n° 10, p. 433, note Le Corre ; ibid., n° 17, p. 709, obs. Cabrillac ; RTD com. 2005. 596, obs. Saint-Alary-Houin .*

4 bis. Déclaration des échéances. Sur l'obligation de déclarer les échéances de remboursement postérieures à la cession, V. note 14 ss. ancien art. L. 621-43, ss. art. L. 622-24.

4 ter. Caution. BIBL. Berger, *D. 2003. Chron. 1682.* ♦ Bien que le cessionnaire soit tenu, en application de l'art. 93 [C. com., art. L. 642-12], de payer les échéances de remboursement du prêt postérieures à la cession du matériel nanti, la caution solidaire des engagements de l'emprunteur demeure tenue, dans les mêmes conditions que celui-ci, de rembourser, sous déduction des sommes versées par le cessionnaire, l'intégralité de l'emprunt dont les échéances constituent des créances nées avant l'ouverture de la procédure collective. • Com. 13 avr. 1999 : *Bull. civ. IV, n° 87 ; D. 2000. 257, note Lipinski ; D. Affaires 1999. 801, obs. A. L. ; JCP E 1999, n° 39, p. 1533, obs. Cabrillac ; LPA 25 mai 1999, p. 10, note P. M. ; Act. proc. coll. 1999, n° 141 ; Defrénois 1999. 870, obs. Sénéchal ; RTD com. 1999. 964, obs. Saint-Alary-Houin ; ibid. 2000. 177, obs. Martin-Serf .* – V. Mahinga, *Rev. proc. coll. 2000. 96 ;* Bac, *JCP E 2000, nos 1-2, p. 22.* – Dans le même sens, V. • Com. 3 avr. 2002 : *Rev. proc. coll. 2003. 332, obs. Léguevaques.* – *Contra* : • Caen, 16 mai 2002 : *Act. proc. coll. 2002, n° 209, obs. Parot.* ♦ La caution ne peut agir avant paiement, sur le fondement de l'art. 2032 C. civ., devenu l'art. 2309 C. civ., qu'à l'encontre du débiteur par elle cautionné et non contre le cessionnaire, codébiteur de celui-ci. • Com. 27 févr. 2007 : *D. 2007. AJ 1021 ; JCP E 2007. 2119, n° 4, obs. Cabrillac.*

La cession du fonds de commerce grevé d'un nantissement garantissant le remboursement d'un crédit consenti à l'entreprise pour en permettre le financement, ordonnée par le jugement ayant arrêté le plan de cession, opère transmission de plein droit au cessionnaire de la charge de la sûreté qui n'est pas perdue et le privilège du créancier gagiste suit le fonds de commerce en quelques mains qu'il passe. • Com. 7 juill. 2009 : *Bull. civ. IV, n° 100 ; D. 2009. AJ 1891 ; RTD com. 2010. 787, obs. Martin-Serf ; Act. proc. coll. 2009, n° 231, obs. Salvat ; RD banc. fin. 2009, n° 157, obs. Cerles ; Gaz. Pal. 1er-3 nov. 2009, p. 38, obs. Le Corre ; JCP E 2010. 1011, n° 4, obs. Cabrillac et Pétel ; Rev. proc. coll. 2010, n° 66, obs. Pérochon.* ♦ Viole l'art. 2314 C. civ., l'art. L. 621-96 C. com., dans sa rédaction antérieure à la loi du 26 juill. 2005, et l'art. L. 143-12 du même code la cour d'appel qui, pour décharger la caution de ses engagements de caution, retient qu'à défaut d'accomplissement par la banque d'une inscription modificative de son privilège postérieurement à la cession du fonds de commerce nanti dans le cadre du plan de cession de la société emprunteuse la garantie est perdue et la caution ne peut plus être subrogée dans les droits du créancier gagiste par le fait de la banque. • Même arrêt. ♦ Comp., pour un arrêt antérieur ayant jugé, à propos du nantissement sur matériel et outillage, que la caution est déchargée lorsque la banque créancière n'a pas fait procéder à l'inscription modificative de son privilège sur le compte de l'entreprise cessionnaire : • Com. 3 févr. 1998 : *Bull. civ. IV, n° 57 ; D. 1998. 583, note Chazal ; D. 1999. Somm. 7, obs. Derrida ; D. Affaires 1998. 478, obs. A. L. ; Quot. jur. 7 avr. 1998, p. 6, note P. M. ; JCP E 1998, n° 36, p. 1358, obs. Cabrillac ; Rev. huiss. 1998. 1186, note Courtier ; Defrénois 1999. 246, obs. Sénéchal ; Rev. proc. coll. 2001. 89, obs. Soinne.*

Selon l'art. 93, al. 3, devenu l'art. L. 621-96, al. 3, [L. 642-12, al. 4] C. com., la transmission au cessionnaire de la charge des sûretés s'opère de plein droit, sauf accord entre le cessionnaire et le créancier titulaire d'une sûreté mentionnée par ce texte ; le tribunal n'ayant pas constaté un tel accord, la perte du nantissement résultant du jugement arrêtant le plan de cession n'est pas imputable exclusivement au créancier et la caution ne saurait donc être déchargée sur le fondement de l'art. 2037 [2314] C. civ. (dans l'hypothèse où l'offre de reprise du cessionnaire excluait l'application de l'art. L. 621-96, al. 3). • Com. 13 mai 2003 : *Bull. civ. IV, n° 71 ; D. 2003. AJ 1629, obs. Avena-Robardet ; JCP E 2003, n° 40, p. 1569, obs. Cabrillac ; RTD com. 2004. 155, obs. Martin-Serf ; Defrénois 2004. 884, obs. J. Honorat.* – Dans le même sens, V. • Com. 4 janv. 2005 : *Gaz. Pal. 29-30 avr. 2005, p. 44, obs. Le Corre.* ♦ Pour la décharge de la caution en cas d'accord entre le cessionnaire et le créancier titulaire de la sûreté, V. • Aix-en-Provence, 12 avr. 2007 : *D. 2007. AJ 1276*.

V. aussi note 6 *bis*.

5. Purge des inscriptions. Il résulte des dispositions de l'art. 93 [C. com., art. L. 642-12], al. 1er et 3, que lorsqu'un immeuble grevé d'hypothèques est inclus dans le plan de cession d'une entreprise, les créanciers hypothécaires inscrits perdent leur droit de suite à partir du paiement complet du prix qui emporte purge des inscriptions grevant les biens compris dans la cession, mais conservent l'exercice de leur droit de préférence sur la quote-part du prix de cession affectée à l'immeuble par le tribunal. • Com. 17 janv. 1995 : *Bull. civ. IV, n° 17 ; D. 1995. Somm. 216, obs. Honorat ; D. 1996. Somm. 206, obs. S. Piedelièvre ; JCP N 1995. II. 935, note Frémont ; Defrénois 1995. 967, obs. Sénéchal ; Rev. huiss. 1996. 57, note Courtier.* – V. aussi • Com. 30 mars 2010 : *Bull. civ. IV, n° 67 ; D. 2010. Actu. 958 ; LEDEN juin 2010, p. 3, obs. J.-P. Sénéchal ; Gaz. Pal. 2-3 juill. 2010, p. 28, obs. Voinot ; Rev. proc. coll. 2010, n° 174, obs. Fraimout ; ibid., n° 177, obs. Pérochon ; Defrénois 2010. 1485, obs. Gibirila ; JCP N 2010. 1300, obs. Garçon.*

6. Avant la loi du 10 juin 1994, le paiement complet du prix de cession, indépendamment du règlement des échéances restant dues à compter de l'entrée en jouissance des biens nantis, était sans influence sur le droit, pour le créancier bénéficiaire d'un nantissement sur le matériel d'équipement professionnel, de poursuivre le recouvrement de sa créance contre le cessionnaire. • Com. 23 nov. 1993 : *préc. note 3 bis.* ♦ Comp., désormais : art. L. 642-12, al. 2.

6 bis. Le paiement complet du prix emportant purge des inscriptions grevant les biens compris dans la cession, ce dont il résulte que le créancier nanti perd son droit de suite, l'omission de faire apposer des plaques mentionnant l'inscription sur le matériel nanti est sans incidence sur l'étendue des droits du créancier susceptibles de bénéficier à la caution qui ne subit, de ce fait, aucun préjudice consécutif à cette négligence. • Com. 26 mai 1999 : *Bull. civ. IV, n° 112 ; D. 1999. IR 162 ; RTD com. 1999. 962, obs. Saint-Alary-Houin ; Rev. proc. coll. 2000. 58, obs. Kerckhove.*

6 ter. Dérogation à l'art. L. 642-12, al. 3, par accord entre le cessionnaire et le créancier titulaire d'une sûreté. Un tel accord ne résulte pas du fait que le créancier et le cessionnaire sont convenus du montant dû par ce dernier au titre des échéances futures du prêt garanti par la sûreté. • Com. 19 oct. 2010 : *Bull. civ. IV, n° 155 ; D. 2010. Actu. 2510, obs. Lienhard ; D. 2011. Pan. 408, obs. Crocq ; RTD com. 2011. 170, obs. Martin-Serf ; JCP E 2011. 1030, n° 4, obs. Cabrillac ; LEDEN déc. 2010, p. 3, obs. Borga ; Act. proc. coll. 2010, n° 277, obs. Amlon ; LPA 20 déc. 2010, obs. Nabet ; RJDA 2011, n° 65 ; Gaz. Pal. 7-8 janv. 2011, p. 42, obs. Le Corre ; ibid. 30-31 mars 2011, p. 19, obs. Dumont-Lefrand ; Rev. proc. coll. 2011, n° 9, obs. Patureau et Perot-Reboul ; ibid., n° 50, obs. Fraimout ; Bull. Joly Entrep. diff. 2011. 30, note Lisanti.*

7. Radiation des inscriptions. Conformément à l'art. 2157 [2440] C. civ., en l'absence de consentement des parties intéressées, la radiation des inscriptions ne peut se faire que sur décision judiciaire. • Com. 17 janv. 1995 : *préc. note 5.* ♦ Sur la compétence, V. art. R. 642-10, al. 2.

8. Réserve de propriété. V. note 25 ss. ancien art. L. 621-32, ss. art. L. 622-17.

9. Maintien de l'obligation du débiteur. De la combinaison de l'art. 93 et de l'art. 86 [C. com., art. L. 642-12 et L. 642-7], il résulte que la cession du contrat intervenue en vertu de la décision du tribunal, et non pas de la volonté des parties, n'emporte pas extinction de l'obligation originelle et remplacement de celle-ci par une obligation nouvelle qui lui serait substituée mais que, s'agissant d'un seul et même contrat dans l'exécution duquel le cessionnaire succède au débiteur originel en redressement judiciaire et se trouve tenu des obligations de paiement de celui-ci à la date du transfert, soit de la jouissance du bien nanti, en cas de location-gérance, soit de la propriété de celui-ci, le débiteur en redressement demeure seulement tenu du passif créé pendant sa propre exécution du contrat (transmise en application de l'art. 93 [C. com., art. L. 642-12]) qui a pris fin au moment où le cessionnaire lui a succédé dans l'exécution de celui-ci. • Bordeaux, 22 mars 1995 : *Rev. proc. coll. 1996. 105, obs. crit. Soinne.* ♦ V. aussi • Douai, 12 nov. 1998 : *Rev. proc. coll. 2001. 91, obs. Soinne.*

V. aussi note 20 ss. art. L. 642-7.

10. Attribution de l'indemnité d'assurance. Le créancier gagiste titulaire d'un droit direct sur l'indemnité d'assurance, en vertu de l'art. L. 121-13 C. assur., dispose seul du pouvoir de décider de l'affectation de ladite indemnité, et il ne peut lui être imposé de recevoir le prix de cession du véhicule réparé (cédé dans le cadre du plan de cession) au lieu et place de l'indemnité. • Com. 12 mai 1998 : *Bull. civ. IV, n° 153 ; D. 1999. Somm. 6, obs. Derrida ; D. Affaires 1998. 1005, obs. A. L. ; JCP E 1998, n° 36, p. 1359, obs. Cabrillac ; RTD com. 1999. 748, obs. Martin-Serf.* ♦ V. aussi note 21 *bis* ss. ancien art. L. 621-43, ss. art. L. 622-24.

11. Droit transitoire. En ce sens que les modifications issues de la loi du 10 juin 1994 ne peuvent être appliquées aux affaires en cours, V. • Chambéry, 3 mars 1997 : *Rev. proc. coll. 2001. 89, obs. Soinne.*

12. Voies de recours. V. note 9 ss. ancien art. L. 661-6.

Art. L. 642-13 *(L. n° 2005-845 du 26 juill. 2005, art. 111)* **Par le jugement qui arrête le plan de cession, le tribunal peut autoriser la conclusion d'un contrat de location-gérance, même en présence de toute clause contraire, notamment dans le bail de l'immeuble, au profit de la personne qui a présenté l'offre d'acquisition permettant dans les meilleures conditions d'assurer le plus durablement l'emploi et le paiement des créanciers.**

Le tribunal statue après avoir entendu ou dûment appelé le liquidateur, l'administrateur judiciaire lorsqu'il en a été désigné, les contrôleurs, les représentants du comité d'entreprise ou, à défaut, des délégués du personnel et toute personne intéressée et après avoir recueilli l'avis du ministère public.

Sur la location-gérance des entreprises titulaires d'une autorisation relative à un service de communication audiovisuelle, V. L. n° 86-1067 du 30 sept. 1986, art. 42-12. — ***C. communic.*** *ou* ***C. pr. coll.***

Art. L. 642-14 *(L. n° 2005-845 du 26 juill. 2005, art. 111)* **Les dispositions des articles L. 144-3, L. 144-4 et L. 144-7 sur la location-gérance ne sont pas applicables.**

Art. L. 642-15 *(L. nº 2005-845 du 26 juill. 2005, art. 111)* **En cas de location-gérance, l'entreprise doit être effectivement cédée dans les deux ans du jugement qui arrête le plan.**

Durée maximale. L'art. 97 [C. com., art. L. 642-15] étant d'ordre public, le plan de redressement ne saurait prévoir une location-gérance excédant une durée de deux ans. • Versailles, 16 déc. 1987 : *Rev. proc. coll. 1988. 317, obs. Soinne ; RJ com. 1988. 232, note Martin-Serf.*

Art. L. 642-16 *(L. nº 2005-845 du 26 juill. 2005, art. 111)* **Le liquidateur peut se faire communiquer par le locataire-gérant tous les documents et informations utiles à sa mission. Il rend compte au tribunal de toute atteinte aux éléments pris en location-gérance ainsi que de l'inexécution des obligations incombant au locataire-gérant.**

Le tribunal, d'office ou à la demande du liquidateur ou du ministère public, peut ordonner la résiliation du contrat de location-gérance et la résolution du plan.

V. art. R. 642-21.

Les procédures ouvertes en vertu de l'ancien art. L. 621-98 [V. éd. 2007 et antérieures du **C. com.***] ne sont pas affectées par l'entrée en vigueur de la L. nº 2005-845 du 26 juill. 2005 (loi préc., art. 192).*

1. Défaillance du locataire-gérant. Au cas où le locataire-gérant n'a pas exécuté ses engagements, le tribunal prononce la résiliation du contrat de location, puis la résolution du plan de cession et [avant la loi du 26 juill. 2005] l'ouverture d'un nouveau redressement judiciaire à l'égard du loueur, qui doit être convoqué ainsi que le locataire-gérant devant le tribunal. • Nancy, 1er avr. 1988 : *Rev. proc. coll. 1989. 172, obs. Soinne.*

2. Résiliation. Le débiteur ne figure pas parmi les personnes pouvant saisir le tribunal d'une demande de résiliation du contrat de location-gérance que comporte le plan de cession, susceptible d'avoir pour conséquence la résolution du plan. • Paris, 2 mars 1990 : *D. 1991. Somm. 16, obs. Derrida.*

Art. L. 642-17 *(L. nº 2005-845 du 26 juill. 2005, art. 111)* **Si le locataire-gérant n'exécute pas son obligation d'acquérir dans les conditions et délais fixés par le plan, le tribunal, d'office ou à la demande du liquidateur ou du ministère public, ordonne la résiliation du contrat de location-gérance et la résolution du plan sans préjudice de tous dommages et intérêts.**

Toutefois, lorsque le locataire-gérant justifie qu'il ne peut acquérir aux conditions initialement prévues pour une cause qui ne lui est pas imputable, il peut demander au tribunal de modifier ces conditions, sauf en ce qui concerne le montant du prix et le délai prévu à l'article L. 642-15. Le tribunal statue avant l'expiration du contrat de location et après avoir recueilli l'avis du ministère public et entendu ou dûment appelé le liquidateur, l'administrateur lorsqu'il en est désigné, les contrôleurs, les représentants du comité d'entreprise ou, à défaut, des délégués du personnel et toute personne intéressée.

1. Interprétation stricte. La sanction de l'art. 98 [C. com., art. L. 642-17] ne peut intervenir lorsque le locataire-gérant n'a pas payé le dépôt de garantie et certaines redevances mensuelles. • Dijon, 2 avr. 1996 : *Rev. proc. coll. 1998. 374, obs. Soinne.* ♦ Le défaut de paiement peut seulement entraîner la résolution du contrat de gérance et du plan. • Même arrêt.

1 bis. Délais de paiement. Pour l'octroi de délais de paiement dans le règlement du prix de cession, afin d'assurer la poursuite de l'activité, V. • T. com. Paris, 7 nov. 1988 : *Rev. proc. coll. 1989. 173, obs. Soinne* • 31 oct. 1988 : *Gaz. Pal. 1989. 1. 355, note Marchi.*

2. Causes non imputables au gérant. Ne peuvent être considérées comme « causes non imputables au locataire-gérant », les difficultés de gestion, financières ou commerciales, qu'il pourrait rencontrer, lesquelles existent dans la conduite de toute entreprise. • T. com. Paris, 31 oct. 1988 : *préc. note 1 bis.* ♦ Parmi ces difficultés sont à classer la non-poursuite de contrats en cours, le départ des salariés, en particulier lorsque la preuve d'une concurrence déloyale ne peut être apportée, ou des difficultés de règlement de la part des fournisseurs. • Même jugement. – Comp. : • T. com. Marseille, 4 déc. 1989 : *D. 1991. Somm. 17, obs. Derrida* ✐.

SECTION II DE LA CESSION DES ACTIFS DU DÉBITEUR

BIBL. GÉN. ▶ THÉRON, *D. 2006. 570* ✐ (moment de perfection des transferts « autorisés » en période de liquidation) ; *Rev. proc. coll. 2008. Dossier 13* (vente du fonds de commerce) ; *Bull. Joly Entrep. diff. 2012. 253* (obstacles à contourner et modalités de la cession isolée des biens du débiteur). – VAUVILLÉ, *Dr. et patr. mars 2006. 80*. – BRIGNON, *Rev. proc. coll. 2012. Étude 22* (date de transfert de propriété des actifs). – LIENHARD, *Mélanges Merle, Dalloz, 2012, p. 477* (cession du fonds de commerce en tant qu'actif isolé).

Art. L. 642-18 *(Ord. nº 2008-1345 du 18 déc. 2008, art. 116)* **« Les ventes d'immeubles ont lieu conformément aux articles 2204 à 2212 du code civil, à l'exception des articles 2206 et 2211, sous réserve que ces dispositions ne soient pas contraires à celles du présent code. Le juge-commissaire fixe la mise à prix et les conditions essentielles de la vente. »**

Lorsqu'une procédure de saisie immobilière engagée avant l'ouverture *(L. nº 2005-845 du 26 juill. 2005, art. 112)* **« de la procédure de sauvegarde, de redressement ou de » liquidation judiciaires a été suspendue par l'effet de cette dernière, le liquidateur peut être subrogé dans les droits du créancier saisissant pour les actes que celui-ci a effectués, lesquels sont réputés accomplis pour le compte du liquidateur qui procède à la vente des immeubles. La saisie immobilière peut alors reprendre son cours au stade où le jugement d'ouverture l'avait suspendue.**

(Ord. nº 2008-1345 du 18 déc. 2008, art. 116) **« Le » juge-commissaire peut, si la consistance des biens, leur emplacement ou les offres reçues sont de nature à permettre une cession amiable dans de meilleures conditions,** *(L. nº 2005-845 du 26 juill. 2005, art. 112)* **« ordonner la vente par adjudication amiable sur la mise à prix qu'il fixe ou autoriser la vente de gré à gré » aux prix et conditions qu'il détermine.** *(Ord. nº 2008-1345 du 18 déc. 2008, art. 116)* **« En cas d'adjudication amiable, les articles 2205, 2207 à 2209 et 2212 du code civil sont applicables, sous la réserve prévue au premier alinéa, et il peut toujours être fait surenchère.**

« Pour les adjudications réalisées en application des alinéas qui précèdent, le paiement du prix au liquidateur et des frais de la vente emportent purge des hypothèques et de tout privilège du chef du débiteur. L'adjudicataire ne peut, avant d'avoir procédé à ces paiements, accomplir un acte de disposition sur le bien à l'exception de la constitution d'une hypothèque accessoire à un contrat de prêt destiné à l'acquisition de ce bien. »

Le liquidateur répartit le produit des ventes et règle l'ordre entre les créanciers, sous réserve des contestations qui sont portées devant le *(Ord. nº 2006-461 du 21 avr. 2006, art. 14)* **« juge de l'exécution ».** — *L'Ord. nº 2006-461 du 21 avr. 2006 entrera en vigueur à la date de l'entrée en vigueur du décret en Conseil d'État prévu à son art. 23 et, au plus tard, le 1er janv. 2007 (art. 25). Le Décr. nº 2006-936 du 27 juill. 2006 est entré en vigueur le 1er janv. 2007 (art. 168).*

En cas de liquidation judiciaire d'un agriculteur, le tribunal peut, en considération de la situation personnelle et familiale du débiteur, lui accorder des délais de grâce dont il détermine la durée pour quitter sa maison d'habitation principale.

Les modalités d'application du présent article sont fixées par décret en Conseil d'État. — *[C. com., ancien art. L. 622-16.] — V. art. R. 642-22 s.*

Sur les ventes d'immeubles dans les départements du Bas-Rhin, du Haut-Rhin et de la Moselle, V. art. L. 670-8.

BIBL. ▸ Régime antérieur à la loi du 26 juill. 2005 : Daublon, *Defrénois 1986. 817.* – Frémont, *JCP N 1987. I. 1.* – Provancal, *Rev. proc. coll. 1987, n° 2, p. 11* (distribution du prix). – Sénéchal, *Defrénois 1993. 817* (détention et distribution du prix) ; *LPA 28 oct. 1998* (vente des immeubles et distribution de leur prix). – Gallet, *Gaz. Pal. 1990. 2. Doctr. 595* (vente à la requête d'un créancier). – P. Rieg, *JCP N 1995. Prat. 3391.* – Derrida, *Defrénois 1995. 1073.* – Vauvillé, *Dr. et patr. oct. 1997. 33* (purge des inscriptions). – Fernandez, *LPA 17 déc. 1997* (même thème). – Garçon, *JCP E 1999, n° 13, p. 561* (pacte de préférence) ; *JCP E 2001, n° 13, p. 548* (droit de préemption urbain après la loi SRU du 13 déc. 2000). – Colloque organisé par le Crajefe le 29 mai 1999, *LPA 12 janv. 2000.* – Navarre-Laroche, *Gaz. Pal. 2000. Doctr. 718* (sort de l'immeuble indivis hypothéqué). – Journée d'études organisée par l'IFPPC le 4 mai 1999, *LPA 18 juill. 2000 et 19 juill. 2000.* – Macorig-Venier, *JCP N 2004, n° 27, p. 1070* (ventes de gré à gré dans la liquidation judiciaire : actualité et perspectives). – M. Sénéchal, *D. 2004. Chron. 2845* (réalisation des droits du créancier hypothécaire).

1. *Saisie immobilière.* L'autorisation de vendre un immeuble du débiteur en liquidation judiciaire autrement que par voie de saisie immobilière étant donnée par le juge-commissaire dans les conditions prévues à l'art. 154 [C. com., art. L. 642-18], al. 2 [3], il en résulte que si ce magistrat a autorisé le liquidateur à vendre l'immeuble par voie de saisie immobilière, il ne peut être demandé au tribunal de grande instance de convertir cette vente en vente volontaire sur le fondement des art. 744 et 745 C. pr. civ. ancien. • Com. 11 avr. 1995 : *Bull. civ. IV, n° 122 ; D. 1995. 333, rapp. Rémery, note Honorat.*

Sur les effets du dessaisissement, V. note 7 ss. art. L. 641-9.

1 *bis. Cession amiable.* L'art. 154 [C. com., art. L. 642-18] laisse au juge-commissaire toute latitude pour choisir entre la vente par adjudication et le gré à gré sans établir de hiérarchie, ni conférer à la vente de gré à gré le caractère d'une exception. • Paris, 27 févr. 1990 : *Gaz. Pal. 1991. 1. 314, note Marchi ; RTD com. 1990. 479, obs. Haehl.* – V. aussi • Paris, 22 févr. 1991 : *D. 1992. Somm. 89, obs. Derrida.*

1 ter. L'autorisation du juge-commissaire de vendre un immeuble de gré à gré aux conditions d'une offre déterminée ne vaut qu'au profit de l'auteur de celle-ci, peu important que son nom ne figure pas dans le dispositif. • Com. 3 mai 2006 : *Bull. civ. IV, n° 108 ; D. 2006. AJ 1453, obs. Lienhard ; Gaz. Pal. 14-18 juill. 2006, p. 30, obs. M. Sénéchal ; JCP E 2006, n° 37, p. 1533, obs. Cabrillac ; RD banc. fin. 2006, n° 165, obs. F.-X. Lucas ; RJ com. 2006. 403, note Sortais.*

2. Il résulte de l'art. L. 213-1 C. urb. que ne sont exclus de l'exercice du droit de préemption que les immeubles compris dans un plan de cession arrêté en application de l'art. L. 631-22 ou des art. L. 642-1 s. C. com. ; l'ordonnance autorisant le liquidateur judiciaire de la société propriétaire de l'immeuble litigieux à accepter l'offre d'acquisition, ayant été prise en application de l'art. L. 642-18 C. com., la vente n'a pas été mise en œuvre dans le cadre d'un plan de cession de la société et la commune pouvait donc exercer son droit de préemption sur cet immeuble. • CE 17 déc. 2008 : *D. 2009. AJ 102, obs. Vincent ; JCP N 2009. 1232, note Lebel.*

La SAFER peut exercer son droit de préemption sur les biens d'un débiteur en liquidation judiciaire dont le juge-commissaire autorise la vente de gré à gré. • Com. 15 oct. 2002 : *Bull. civ. IV, n° 144 ; D. 2002. AJ 3012, obs. Lienhard ; JCP E 2003, n° 5, p 220, obs. Pétel ; Gaz. Pal. 2003. 1805, obs. Lacheud ; LPA 14 juill. 2003, p. 8, note Roussel Galle.* ♦ V. note 3 *ter* ss. ancien art. L. 622-17 ss. art. L. 642-19. ♦ Dans le même sens, pour le droit de préemption du preneur d'un bien rural (C. rur., art. L. 412-1), V. • Civ. 3e, 5 févr. 2003 : *Bull. civ. III, n° 28 ; D. 2003. AJ 696 ; Act proc. coll. 2003, n° 75, obs. Regnaut-Moutier ; LPA 14 juill. 2003, p. 8, note Roussel Galle.* ♦ Toutefois, l'exercice du droit de préemption par la SAFER ne peut avoir pour effet de modifier les conditions de la vente autorisée par le juge-commissaire. • Civ. 3e, 19 sept. 2012 : *Bull. civ. III, n° 129 ; D. 2012. Actu. 2164, obs. Lienhard ; JCP E 2012. 1757, n° 10, obs. Pétel ; LEDEN oct. 2012, p. 5, obs. J.-P. Sénéchal ; Act. proc. coll. 2012, n° 249, obs. Lebel ; Bull. Joly Entrep. diff. 2012. 364, note Saint-Alary-Houin ; LPA 15 avr. 2013, p. 10, obs. Rossi.*

2 bis. Lorsque le juge-commissaire autorise, en application de l'art. 154, al. 3, devenu l'art. L. 622-16 [L. 642-18], al. 3, C. com., la cession amiable de biens immobiliers compris dans l'actif de la procédure collective, il résulte de l'art. 138, al. 3, du Décr. du 27 déc. 1985 [C. com., art. R. 642-36, al. 3] que le liquidateur passe les actes nécessaires à la réalisation de la vente ; dès lors, s'il n'en est autrement décidé par l'ordonnance du juge-commissaire, le transfert de la propriété des biens s'opère à la date de passation des actes précités. • Com. 16 oct. 2001 : *Bull. civ. IV, n° 166 ; D. 2001. AJ 3349, obs. Lienhard ; ibid. 2002. Somm. 1479, obs. Honorat ; Act. proc. coll. 2001, n° 251, obs.*

Vallansan ; JCP E 2002, n° 3, p. 129, obs. Cabrillac. – Dans le même sens, V. • Com. 13 mars 2012 : *Bull. civ. IV, n° 52 ; D. 2012. Actu. 806, obs. Lienhard ; RJDA 2012, n° 702 ; Gaz. Pal. 3-4 août 2012, p. 27, obs. Théron.*

2 ter. Si la vente de gré à gré d'un immeuble compris dans l'actif du débiteur en liquidation judiciaire n'est réalisée que par l'accomplissement d'actes postérieurs à la décision du juge-commissaire qui autorise, sur le fondement de l'art. L. 622-16 [L. 642-18], al. 3, C. com., la cession de ce bien, celle-ci n'en est pas moins parfaite dès l'ordonnance, sous la condition suspensive que la décision acquière force de chose jugée. • Com. 4 oct. 2005 : *Bull. civ. IV, n° 191 ; D. 2005. AJ 2593, obs. Lienhard ; JCP E 2005, n° 50, p. 2154, note Rakotovahiny ; ibid. 2006, n° 2, p. 74, obs. Cabrillac et Pétel ; Act. proc. coll. 2005, n° 233, obs. Roussel Galle ; Gaz. Pal. 10-11 févr. 2006, p. 25, obs. M. Sénéchal.*

3. Biens communs. Lorsque des époux mariés sous le régime de la communauté légale ont été, par des décisions successives, mis, chacun, en liquidation judiciaire, la vente de gré à gré des biens communs, soumis dès son prononcé à l'effet réel de la procédure collective première ouverte, ne peut être autorisée que par le juge-commissaire de cette procédure. • Com. 16 mars 2010 : *Bull. civ. IV, n° 55 ; D. 2010. Chron. C. cass. 1112, obs. Bélaval ; ibid. Pan. 1828, obs. Le Corre ; ibid. AJ 825, obs. Lienhard ; JCP E 2010. 1742, n° 6, obs. Cabrillac ; Act. proc. coll. 2010, n° 122, obs. Vallansan ; LEDEN mai 2010, p. 1, obs. F.-X. Lucas ; Gaz. Pal. 2-3 juill. 2010, p. 13, note Antonini-Cochin ; RJDA 2010, n° 773 ; RLDA juill.-août 2010. 16, obs. Salgado ; Defrénois 2010. 1484, obs. Gibirila ; Rev. proc. coll. 2010, n° 248, obs. Berthelot ; ibid. 2011, n° 71, obs. Dumont-Lefrand.*

V. aussi note 6 *ter*.

4. Logement familial. BIBL. Vauvillé, *JCP N 1993. I. 79.* ♦ L'art. 215, al. 3, C. civ. (prévoyant, à peine de nullité, que les époux ne peuvent l'un sans l'autre disposer des droits par lesquels est assuré le logement de la famille) est inapplicable en cas de vente forcée. • Civ. 1re, 21 mai 1997 : *D. Affaires 1997. 905 ; JCP E 1997. I. 681, n° 14, obs. Pétel* • Paris, 9 mars 1992 : *D. 1992. IR 49.* ♦ En conséquence, lorsque des époux sont propriétaires indivis de leur logement familial et que l'un d'eux a été mis en liquidation judiciaire, le liquidateur, qui a été autorisé par le juge-commissaire à procéder à la vente judiciaire du logement, peut provoquer par la voie de l'action oblique le partage de l'indivision conventionnelle des époux portant sur ce logement et solliciter la licitation dès lors que le partage ne peut être réalisé en nature. • Paris, 2 déc. 1995 : *RJDA 1996, n° 706.*

Comp., désormais : C. civ., art. 2195.

Sur les effets de la déclaration d'insaisissabilité effectuée par le débiteur en application de l'art. L. 526-1 C. com., V. note 3 ss. art. L. 641-9.

5. Indivision. Une banque ne peut être condamnée à restituer au liquidateur la partie du prix de vente résultant de l'adjudication d'un immeuble indivis, aux motifs qu'il a été procédé à l'adjudication au mépris de l'art. L. 622-16 [L. 642-18], al. 2, C. com., et qu'il appartenait au seul liquidateur de percevoir la totalité du prix de vente et de procéder à sa répartition suivant l'ordre des créanciers, alors que, créancière de l'indivision qui préexistait à l'ouverture de la procédure collective de l'ex-époux, elle pouvait poursuivre la saisie et la vente de l'immeuble indivis avant tout partage, tandis que le partage auquel aurait été contraint le liquidateur pour déterminer le sort du bien serait demeuré sans effet sur les droits des créanciers de l'indivision. • Com. 18 févr. 2003 : *Bull. civ. IV, n° 21 ; D. 2003. AJ 766, obs. Lienhard ; ibid. Somm. 1620, obs. Le Corre ; Act. proc. coll. 2003, n° 91, obs. Vallansan ; Procédures 2003, n° 150, note Laporte ; JCP N 2003, n° 47, p. 1701, obs. Vauvillé ; Rev. proc. coll. 2003. 356, obs. Dumont ; RJ com. 2004. 31, note Sortais (pourvoi n° 00-11.008).* – Rappr. : • Com. 20 sept. 2005 : *D. 2006. Pan. 82, obs. Le Corre.* ♦ La liquidation judiciaire étant antérieure au décès du débiteur, le liquidateur, qui représente les créanciers, aurait pu agir avant la création de l'indivision successorale et est donc recevable en application de l'art. 815-17, al. 1er, C. civ., à poursuivre la vente forcée de l'immeuble tombé dans l'indivision successorale. • Com. 18 févr. 2003 : *ibid. ; Bull. civ. IV, n° 22 ; Procédures 2003, n° 149, note Laporte ; Dr. et patr. juin 2003. 98, obs. Monsèrié-Bon (pourvoi n° 00-13.100).* ♦ Dès lors que l'immeuble en cause dépend d'une indivision qui préexistait à l'ouverture de la procédure collective des époux, le liquidateur, représentant les intérêts des créanciers personnels de l'indivisaire en liquidation judiciaire, est fondé à solliciter la licitation de l'immeuble indivis en vertu de l'art. 815-17, al. 3, C. civ. sans avoir à demander l'autorisation préalable du juge-commissaire. • Com. 3 oct. 2006 : *Bull. civ. IV, n° 194 ; D. 2006. AJ 2602, obs. Lienhard ; Gaz. Pal. 19-20 janv. 2007, p. 44, obs. Vauvillé.*

V. aussi note 11 ss. art. 4 du Décr. n° 2007-431 du 25 mars 2007 ss. art. R. 624-7.

5 bis. Purge des hypothèques. Le fait que l'immeuble vendu soit la propriété d'un débiteur en liquidation judiciaire n'est pas de nature à exclure le droit de surenchère prévu par l'art. 2185 [devenu l'art. 2480] C. civ. • Civ. 3e,

17 janv. 2007 : *D. 2007. AJ 379* ; *JCP E 2007. 1450, n° 4, obs. Cabrillac* ; *Gaz. Pal. 13-14 avr. 2007, p. 37, obs. M. Sénéchal*. – V. Vauvillé, *Act. proc. coll. 20 mars 2007* ; *JCP N 2007. 1264*.

6. Compétence du TGI et du juge-commissaire. Si l'art. 174 du Décr. du 27 déc. 1985 [C. com., art. R. 662-3] dispose que le tribunal saisi d'une procédure de redressement judiciaire connaît de tout ce qui concerne le redressement et la liquidation judiciaires, les contestations en matière de règlement d'ordre entre les créanciers relèvent, par application de l'art. 154 [C. com., art. L. 642-18], al. 4 [5], ci-dessus, de la compétence exclusive du tribunal de grande instance. • Com. 19 oct. 1993 : *Bull. civ. IV, n° 342* ; *D. 1993. IR 252*. ♦ Comp., désormais : art. L. 642-18, al. 5, dans sa réd. issue de l'Ord. n° 2006-461 du 21 avr. 2006, qui donne compétence au juge de l'exécution.

6 bis. Le juge-commissaire fixe les conditions essentielles de la vente par adjudication amiable au cours de la liquidation judiciaire, dont font partie les modalités de paiement du prix d'adjudication, et le tribunal de grande instance [juge de l'éxécution] ne connaît de la distribution du prix que les contestations formées contre l'état de collocation dressé par le liquidateur de la procédure collective, lesquelles ne peuvent porter que sur le montant de la somme à distribuer, l'ordre de préférence entre créanciers et le montant des collocations. • Com. 28 juin 1994 : *Bull. civ. IV, n° 238* ; *D. 1994. 477, rapp. Rémery, note Honorat*.

6 ter. Procédure d'ordre. Il résulte de l'article 154 de la loi du 25 janv. 1985, devenu l'art. L. 622-16 [L. 642-18] C. com., que le liquidateur est chargé de répartir le prix de vente des immeubles inclus dans l'actif de la liquidation judiciaire, fussent-ils des biens communs, et que les droits de chaque époux sur l'actif de la communauté ne peuvent être individualisés durant celle-ci. • Com. 22 mai 2012 : *Bull. civ. IV, n° 106* ; *D. 2012. Actu. 1399, obs. Lienhard* ; *LEDEN juill. 2012, p. 3, obs. Rubellin* ; *Act. proc. coll. 2012, n° 172, obs. Vauvillé* ; *RJDA 2012, n° 884*. – V. déjà • Cass., avis, 7 déc. 1992 : *Bull. civ., n° 6* ; *Defrénois 1993. 1045, note Derrida*.

L'art. 154 [C. com., art. L. 642-18], ni aucun autre texte, ne faisant un sort particulier au créancier bénéficiant d'un privilège spécial sur les immeubles, il en résulte que ce créancier ne peut prétendre obtenir le paiement de sa créance que dans le cadre de la procédure d'ordre. • Amiens, 28 oct. 1997 : *Gaz. Pal. 1998. 2. Somm. 705*.

6 quater. Rescision pour lésion. La vente des immeubles d'un débiteur en liquidation judiciaire par le liquidateur, fût-elle de gré à gré, est une vente qui, d'après l'art. 154, al. 1er et 2, devenu l'art. L. 622-16 [L. 642-18], al. 1er et 3, C. com., ne peut être faite que d'autorité de justice et n'est, en conséquence, pas susceptible de rescision pour lésion. • Com. 16 juin 2004 : *Bull. civ. IV, n° 125* ; *D. 2004. AJ 2045* ; *JCP E 2004, n° 49, p. 1931, note Rakotovahiny* ; *ibid. 2005, n° 1-2, p. 28, obs. Cabrillac* ; *JCP N 2004, n° 41, p. 1518, note Garçon* ; *Defrénois 2005. 695, note Roussel Galle* • Civ. 3e, 6 oct. 2010 : *Bull. civ. III, n° 182* ; *D. 2010. Actu. 2429* ; *JCP E 2011. 1030, n° 7, obs. Cabrillac* ; *Act. proc. coll. 2010, n° 248, obs. Vallansan* ; *LEDEN déc. 2010, p. 5, obs. Borga* ; *RJDA 2010, n° 1179*.

6 quinquies. Les dispositions de l'art. L. 622-16 [L. 642-18] C. com. ne s'appliquant pas à la rescision puisqu'il s'agit non d'une vente mais de la mise à néant d'une vente antérieurement réalisée, il en résulte que l'option prise par le liquidateur en application de l'art. 1681 C. civ. ne requiert pas l'autorisation préalable du juge-commissaire. • Civ. 3e, 8 nov. 2006 : *Bull. civ. III, n° 223* ; *D. 2006. AJ 2912, obs. Lienhard*.

7. Action paulienne. L'autorité de l'ordonnance du juge-commissaire qui autorise la vente ne pouvant se trouver affectée par la décision d'inopposabilité que prononce le juge saisi de l'action paulienne, cette action peut être accueillie. • Com. 14 mai 1996 : *Bull. civ. IV, n° 134* ; *D. 1996. IR 141* ; *D. Affaires 1996. 808* (loi de 1967).

7 bis. Suspension d'une procédure de saisie immobilière. Quel que soit le régime applicable à la procédure de saisie immobilière en cours, lorsqu'un jugement de liquidation judiciaire suspend le cours d'une procédure engagée antérieurement, cette procédure peut être reprise par le liquidateur ou par le créancier poursuivant, sur autorisation du juge-commissaire, dans l'état où elle se trouvait au jour du jugement d'ouverture de la procédure collective, de sorte que les actes et formalités antérieurement effectués bénéficient au liquidateur judiciaire comme au créancier poursuivant dispensés de les accomplir, la vente forcée du bien étant, alors, ordonnée par le juge-commissaire qui en fixe la mise à prix et les conditions essentielles. • Civ. 2e, 7 juin 2012 : *Bull. civ. II, n° 104* ; *D. 2012. Actu. 1542* ; *LEDEN juill. 2012, p. 2, obs. Camensuli-Feuillard* ; *Act. proc. coll. 2012, n° 186, obs. Hoonakker* ; *RD banc. fin. 2012, n° 162, obs. S. Piedelièvre*.

8. Recours. V. art. L. 642-19-1 ♦ Sur le régime antérieur à la reforme de 2008, V. art. L. 661-5, désormais abrogé. ♦ V. aussi note 3 ss. ancien art. L. 623-4, ss. art. L. 661-4, et ancien art. 25 du Décr. n° 85-1388 du 27 déc. 1985, ss. art. R. 621-21.

Art. L. 642-19 *(Ord. n° 2008-1345 du 18 déc. 2008, art. 117)* **« Le juge-commissaire soit ordonne la vente aux enchères publiques, soit autorise, aux prix et conditions qu'il détermine, la vente de gré à gré des autres biens du débiteur. »** *(L. n° 2005-845 du 26 juill. 2005, art. 113)* **« Lorsque la vente a lieu aux enchères publiques, il y est procédé dans les conditions prévues, selon le cas, au second alinéa de l'article L. 322-2 ou aux articles L. 322-4 ou L. 322-7. »**

Le juge-commissaire peut demander que le projet de vente amiable lui soit soumis afin de vérifier si les conditions qu'il a fixées ont été respectées. – *[C. com., ancien art. L. 622-18.]*

V. art. R. 642-37-2 s.

Pour les contrats d'édition, V. CPI, art. L. 132-15. — **CPI** *ou* **C. pr. coll.**

BIBL. ▸ Régime antérieur à la loi du 26 juill. 2005 : Soinne, *Rev. proc. coll. 1988. 1.* – Garçon, *JCP E 1999, n° 13, p. 561* (pacte de préférence). – Rakotovahiny, *D. 2000. Chron. 51* (vente de gré à gré du fonds de commerce) ; *LPA 31 janv. 2000.* – Macorig-Venier, *JCP N 2004, n° 27, p. 1070* (ventes de gré à gré dans la liquidation judiciaire : actualité et perspectives).

1. Biens concernés. Lorsque les biens cédés (fonds de commerce, stock de marchandises, matériel divers) n'englobent aucun outil de production propre à l'activité de l'entreprise soumise à la procédure de liquidation judiciaire et ne s'accompagnent de la reprise d'aucun salarié, ni de projet de création immédiate d'emplois, c'est avec pertinence et dans les pleines limites de ses attributions que le juge-commissaire a fondé son ordonnance sur l'art. 156 [C. com., art. L. 642-19], seul applicable en l'espèce, et non sur l'art. 155 [C. com., ancien art. L. 622-17]. • T. com. Lyon, 29 juill. 1986 : *D. 1987. Somm. 93, obs. Derrida.* ♦ Dans le même sens, pour la vente d'une simple marque de fabrique : • Aix-en-Provence, 3 juin 1993 : *Rev. proc. coll. 1995. 77, obs. Dureuil.*

1 bis. La liquidation judiciaire du promettant est sans effet sur la promesse de vente qu'il a consentie alors qu'il était maître de ses biens et ne prive pas le bénéficiaire de son droit de lever l'option d'achat ; dès lors, en autorisant la cession du fonds de commerce à un tiers après la levée de l'option d'achat par le bénéficiaire de la promesse, le juge-commissaire excède ses pouvoirs, ce qui rend l'appel du jugement recevable. • Com. 7 mars 2006 : *Bull. civ. IV, n° 63 ; D. 2006. AJ 859, obs. Lienhard ; ibid. Pan. 2255, obs. F.-X. Lucas ; Act. proc. coll. 2006, n° 93, obs. Monsèrié-Bon ; JCP E 2006, n° 37, p. 1534, obs. Cabrillac et Pétel ; RTD com. 2006. 669, obs. Vallens.* – V. Coutant-Lapalus, *JCP N 2007. 1044* ; Vauvillé, *ibid. 1266.*

1 ter. Sur une autorisation donnée sous condition de stipuler une clause de réserve de propriété, V. note 14 ss. art. L. 624-16.

2. Offres d'achat. **BIBL.** Delattre, *RJDA 2003, p. 323* (réalisation des actifs d'une entreprise en liquidation judiciaire : ordonnance du juge-commissaire et rétractation). ♦ Les dispositions de l'art. 156 [C. com., art. L. 642-19] font échapper, par leur caractère d'ordre public, l'offre d'achat de gré à gré d'un élément de l'actif mobilier d'un débiteur en liquidation judiciaire aux dispositions d'ordre privé du code civil régissant la nature et la forme de la vente. • Com. 14 juin 1994 : *Bull. civ. IV, n° 210 ; D. 1994. IR 205 ; Rev. proc. coll. 1995. 343, obs. Dureuil.* ♦ Aussi, s'agissant de l'auteur d'une offre d'achat de fonds de commerce n'ayant pas rétracté celle-ci avant l'ordonnance du juge-commissaire autorisant le liquidateur à céder le bien à l'amiable, ni formé de recours contre ladite ordonnance qui lui avait été régulièrement notifiée, une cour d'appel a pu décider qu'en refusant, sans justifier d'aucun motif légitime tiré de la non-réalisation des conditions suspensives dont l'offre était assortie, de procéder à la vente ordonnée par le juge-commissaire, l'auteur de l'offre avait commis une faute engageant sa responsabilité. • Même arrêt. ♦ Si la vente de gré à gré d'un élément de l'actif mobilier du débiteur en liquidation judiciaire n'est réalisée que par l'accomplissement d'actes postérieurs à la décision du juge-commissaire qui ordonne, sur le fondement de l'art. 156 [C. com., art. L. 642-19], la cession du bien, celle-ci n'en est pas moins parfaite dès l'ordonnance, sous la condition suspensive que la décision acquière force de chose jugée, dès lors que le cessionnaire ne peut ensuite refuser de procéder à la vente ordonnée en retirant l'offre d'achat retenue par le juge-commissaire, sauf à justifier, le cas échéant, d'un motif légitime tiré de la non-réalisation des conditions dont il avait pu l'assortir. • Com. 11 mars 1997 : *Bull. civ. IV, n° 69 ; D. 1997. IR 87 ; D. Affaires 1997. 482 ; Defrénois 1997. 941, obs. Sénéchal ; JCP E 1997. I. 681, n° 8, obs. Pétel ; Rev. huiss. 1998. 351, note Courtier.* ♦ Ainsi, dès lors qu'une société n'allègue pas qu'une ordonnance aurait retenu une offre d'achat différente de celle, non conditionnelle, qu'elle avait formulée, c'est à bon droit qu'une cour d'appel, sans énoncer que l'ordonnance de ce magistrat valait vente par elle-même, retient que la cession du fonds était parfaite et en déduit que la créance déclarée au titre du prix de vente convenu devait être admise au passif du redressement judiciaire de l'acquéreur. • Même arrêt. – V. Garçon, *JCP N 1997. I. 1283.* ♦ De même, le cessionnaire, qui ne peut refuser de régulariser la vente en retirant son offre, est tenu, pour obtenir la restitution de l'acompte, d'agir en résolution de la cession devant le tribunal de la procédure collective. • Com. 3 oct. 2000 : *Bull. civ. IV, n° 146 ; D. 2000. AJ 397, obs. Lienhard ; RJDA 2000, n° 1143 ; JCP E 2001, n° 4, p. 175, obs. Cabrillac ; RTD com. 2001. 224, obs. Saint-Alary-Houin ; Dr. et patr. juin 2001. 111, obs. Monsèrié-Bon.* ♦ V. aussi note 4.

V. aussi, sur la sanction du refus d'acquérir, • Com. 19 déc. 2000 : *Act. proc. coll. 2001, n° 68 ; RJDA 2001, n° 617* • Riom, 22 mai 2003 : *RD banc. fin. 2004, n° 83, obs. F.-X. Lucas.*

Sur l'application du principe d'interdiction d'aggravation des charges, prévu à l'ancien art. L. 621-63, al. 3, V. • Paris, 19 mai 1995 : *D. 1996. Somm. 87, obs. Honorat* .

2 bis. Autorisation du juge-commissaire. Les ventes des biens de l'entreprise en liquidation judiciaire ont lieu suivant les formes prescrites par la loi du 25 janv. 1985. Cette règle est d'ordre public. La nullité absolue résultant de la violation des formes prescrites par l'art. 156 de cette loi [C. com., art. L. 642-19] peut être invoquée par tout intéressé, sans qu'il soit tenu de justifier d'un grief et l'autorisation donnée postérieurement par le juge-commissaire ne peut faire obstacle à l'action en nullité du cessionnaire et de son liquidateur. • Com. 27 oct. 1998 : *Bull. civ. IV, n° 259 ; D. 1998. IR 256 ; D. Affaires 1998. 1861, obs. A. L. ; Quot. jur. 26 nov. 1998, p. 8, note P. M. ; JCP E 1998, n° 52, p. 2064, obs. Pétel* (V. l'arrêt confirmé • Paris, 19 mai 1995 : *D. 1995. Somm. 309, obs. Honorat*). – V. Garçon, *JCP N 1999, n° 26, p. 1051.*

Pour la nullité d'une cession d'actifs autorisée au mépris du principe du contradictoire, V. • Paris, 11 janv. 2005 : *RD banc. fin. 2005, n° 54, obs. F.-X. Lucas ; Rev. proc. coll. 2006. 59, obs. Lebel.*

3. Recours. V. art. L. 642-19-1. ♦ Sur le régime antérieur à la réforme de 2008, V. art. L. 661-5, désormais abrogé ; V. aussi note 3 ss. art. L. 661-4 et note 15 ss. ancien art. 25 du Décr. du 27 déc. 1985 ss. art. R. 621-21. ♦ Sur l'irrecevabilité de l'opposition d'un candidat acquéreur évincé contre l'ordonnance du juge-commissaire décidant la vente de gré à gré du fonds de commerce, V. aussi • T. com. Nanterre, 3 mai 1988 : *Rev. proc. coll. 1989. 240, obs. Dureuil.* ♦ Comp., sur la recevabilité de l'opposition de l'acquéreur retenu par l'ordonnance : • T. com. Grenoble, 17 mai 1991 : *RJ com. 1993. 216, obs. Gallet.*

4. Réalisation de la vente. La vente de gré à gré d'un élément de l'actif mobilier du débiteur en liquidation judiciaire est parfaite dès l'ordonnance du juge-commissaire qui l'autorise, sous la condition suspensive que la décision acquière force de chose jugée ; la vente n'est réalisée que par l'accomplissement d'actes postérieurs à la décision du juge-commissaire. • Com. 7 sept. 2010 : *Bull. civ. IV, n° 132 ; D. 2010. Actu. 2060, obs. Lienhard ; RTD com. 2010. 796, obs. Vallens ; JCP E 2010. 1910, note Brignon ; ibid. 2011. 1030, n° 5, obs. Cabrillac ; Act. proc. coll. 2010, n° 252, obs. Jazottes ; LEDEN oct. 2010, p. 5, obs. M. Sénéchal ; LPA 20 déc. 2010, obs. Roussel Galle ; Rev. proc. coll. 2010, n° 249, obs. Berthelot ; RJDA 2011, n° 68 ; Bull. Joly Entrep. diff. 2011. 18, note Théron* (décision rendue au visa de l'art. L. 642-19 C. com. dans sa rédaction issue de la loi du 26 juill. 2005). ♦ V. aussi note 2. ♦ Le transfert de propriété est subordonné à l'établissement de ces actes. • Com. 8 janv. 2002 : *RJDA 2002, n° 669.* ♦ Les conditions de la cession étant, en raison de la disparition d'une partie du matériel cédé, antérieurement au paiement du prix par le cessionnaire et à l'autorisation du commissaire-priseur de procéder à l'enlèvement du matériel, différentes de celles arrêtées par le juge-commissaire dans son ordonnance, la société cessionnaire a un motif légitime de refuser de poursuivre la vente. • Paris, 19 oct. 1999 : *Act. proc. coll. 2000, n° 33, obs. Vallansan ; LPA 2 août 2000, p. 23, note Rakotovahiny.* ♦ V. aussi, en cas de péremption d'une partie des marchandises objet de la cession, • Com. 16 mai 2006 : *Bull. civ. IV, n° 124 ; D. 2006. AJ 1683, obs. Lienhard ; JCP E 2006, n° 37, p. 1537, note Vallansan.*

4 bis. Le juge-commissaire, en autorisant la prise de possession d'un fonds de commerce, dépendant de l'actif d'une liquidation judiciaire, cédé dans le cadre d'une vente de gré à gré, en violation des clauses du bail, sans l'agrément du propriétaire et en l'absence d'autorisation des tribunaux, fût-ce à titre précaire, a excédé ses pouvoirs, ce qui rend l'appel du jugement recevable en application de l'art. 173 [C. com., art. L. 623-4] (2). • Com. 14 oct. 1997 : *D. Affaires 1997. 1469 ; LPA 15 juill. 1998, p. 18, note Tulliars.* ♦ Sur la responsabilité du mandataire n'ayant pas respecté l'obligation contractuelle de céder le bail par acte authentique, V. • Civ. 1re, 13 févr. 1996 : *Bull. civ. I, n° 83.*

5. Vente à vil prix. Pour un exemple, V. • Com. 28 sept. 2004 : *cité note 5 ss. art. L. 661-4.*

5 bis. Cession du droit au bail. V. note 2 ss. art. L. 641-12.

6. Clause de non-concurrence. Viole la clause de non-concurrence contenue dans le contrat de vente du fonds de commerce, l'exploitant individuel qui se rétablit et crée une confusion dans l'esprit de la clientèle. • Bourges, 10 sept. 1996 : *Dr. sociétés 1997, n° 87, obs. Chaput.* ♦ En revanche, il ne peut être reproché à l'ancien associé d'une société l'exercice d'une activité interdite par une clause de non-concurrence insérée dans la vente du fonds, dès lors que cette clause n'engage que la société débitrice représentée par le liquidateur et non les associés de la société dont le liquidateur n'est pas mandataire. • Nancy, 16 mars 1994 : *Dr. sociétés 1994, obs. Chaput.* – V. aussi • Paris, 5 juill. 1996 : *Dr. sociétés 1997, n° 27, obs. Chaput.*

6 bis. Inapplicabilité de l'art. L. 642-7. Le juge-commissaire qui ordonne la cession forcée d'un contrat accessoirement à la vente de gré à gré d'un bien visé à l'art. 156, devenu l'art. L. 622-18 [L. 642-19] C. com., excède ses pouvoirs. • Com. 26 juin 2001 : *JCP E 2002, n° 28, p. 1199, note Perdriau (3e esp.) ; RD banc. fin. 2002, n° 20, obs. F.-X. Lucas.* – Dans le même sens, V. • Versailles, 14 oct. 2004 : *RJDA 2005, n° 306.* ♦ V. aussi note 12 ss. ancien art. L. 622-17.

7. Compétence juridictionnelle. V. note 4 *quinquies* ss. art. R. 662-3.

8. Surenchère du dixième. La loi du 25 janv. 1985 ne contenant aucune disposition régissant la procédure de surenchère du créancier inscrit en cas de cession amiable du fonds de commerce autorisée par le juge-commissaire, les formalités prévues par l'art. 23 de la loi du 17 mars 1909, devenu les art. L. 143-13 et L. 143-15 C. com., doivent être respectées par le créancier surenchérisseur. • Com. 10 janv. 2006 : *Bull. civ. IV, n° 4 ; D. 2006. AJ 368, obs. Lienhard ; ibid. Pan. 2254, obs. F.-X. Lucas ; JCP E 2006, n° 14-15, p. 670, obs. Cabrillac ; Act. proc. coll. 2006, n° 30, obs. Vallansan ; Gaz. Pal. 30 avr.-4 mai 2006, p. 35, obs. M. Sénéchal ; JCP N 2006, n° 49, p. 2142, obs. Vauvillé.* – V. déjà, en ce sens, • Com. 20 oct. 1998 : *Bull. civ. IV, n° 248 ; D. Affaires 1998. 1946, obs. A.-L. M.-D.* • Paris, 28 nov. 1997 : *D. Affaires 1998. 138, obs. A.-L. M.-D. et P. P. ; RTD com. 1998. 325, obs. Derruppé* • Douai, 24 juill. 2001 : *RTD com. 2003. 59, obs. Saintourens.* ♦ Sur le respect des formalités de publicité prévues par la loi de 1909, V. aussi Vauvillé, *Dr. et patr. 1999. 51* ; Rakotovahiny, *D. 2000. Chron. 51.*

Code de commerce

Ancien art. L. 622-17 *Des unités de production composées de tout ou partie de l'actif mobilier ou immobilier peuvent faire l'objet d'une cession globale.*

Le liquidateur suscite des offres d'acquisition et fixe le délai pendant lequel elles seront reçues. Toute personne intéressée peut soumettre son offre au liquidateur.

Toutefois, ni le débiteur, ni les dirigeants de droit ou de fait de la personne morale en liquidation judiciaire, ni aucun parent, ni allié de ceux-ci jusqu'au deuxième degré inclusivement ne peuvent se porter acquéreur.

Toute offre doit être écrite et comprendre les indications prévues aux 1° à 5° du I de l'article L. 621-85. Elle est déposée au greffe du tribunal où tout intéressé peut en prendre connaissance. Elle est communiquée au juge-commissaire.

Le juge-commissaire, après avoir entendu ou dûment convoqué le débiteur, le comité d'entreprise ou à défaut les délégués du personnel, les contrôleurs et, le cas échéant, le propriétaire des locaux dans lesquels l'unité de production est exploitée, le ministère public dûment avisé, choisit l'offre qui lui paraît la plus sérieuse et qui permet dans les meilleures conditions d'assurer durablement l'emploi et le paiement des créanciers.

Le liquidateur rend compte de l'exécution des actes de cession.

Une quote-part du prix de cession est affectée à chacun des biens cédés pour la répartition du prix et l'exercice du droit de préférence. – [L. n° 85-98 du 25 janv. 1985, art. 155.]

BIBL. ▶ Lagraula, Guérin et Audinet, *Gaz. Pal. 1986. 2. Doctr. 759.* - Haehl, *RTD com. 1989. 310.* - Pérochon, *D. 1990. Chron. 252.* - Garçon, *JCP N 1994. I. 177 ; JCP E 1999, n° 13, p. 561* (pacte de préférence) ; *JCP E 2001, n° 13, p. 548* (droit de préemption urbain après la loi SRU du 13 déc. 2000). - Saint-Alary-Houin, *RTD com. 2001. 221* (même thème). – Canet, *RJDA 1997, p. 587* (liquidation judiciaire et sauvegarde de l'emploi). – Rakotovahiny, *LPA 31 janv. 2000.*

1. Unité de production. L'unité de production correspond à un ensemble de biens de production (matériels) qui nécessairement associés à une force humaine de travail, concourt par elle-même soit à transformer de la matière première en produit fini ou semi-fini, soit plus généralement à générer de la valeur ajoutée hors le seul profit de vente. • T. com. Lyon, 29 juill. 1986 : *D. 1987. Somm. 93, obs. Derrida ; RTD com. 1989. 310, obs. Haehl.* ♦ L'unité de production suppose un ensemble de moyens matériels et humains permettant la poursuite ou la naissance d'une activité économique. • Paris, 27 févr. 1990 : *Gaz. Pal. 1991. 1. 314, note Marchi ; RTD com. 1990. 479, obs. Haehl* • 8 oct. 1999 : *Act. proc. coll. 1999, n° 257.* ♦ L'unité de production suppose le maintien d'une activité minimale. • Lyon, 6 sept. 1996 : *JCP E 1997. I. 623, n° 4, obs. Cabrillac.* ♦ Une entreprise ayant cessé toute activité, depuis un certain temps, peut uniquement être vendue comme « les autres biens » et dans les formes prescrites par l'art. 156. • T. com. Paris, 27 sept. 1994 : *Rev. proc. coll. 1995. 351, obs. Dureuil.*

1 bis. La cession autorisée par le juge-commissaire n'étant pas limitée au bail mais comprenant le fonds de commerce y inclus les baux, et le bailleur ne démontrant pas que cette cession serait une cession « camouflée » du seul droit au bail, une cour d'appel a pu en déduire que l'opération constituait une cession globale d'unité de production au sens de l'art. 155 [C. com., ancien art. L. 622-17]. • Com. 19 oct. 1993 : *Bull. civ. IV, n° 343 ; Dr. sociétés 1994, n° 7, obs. Chaput ; Rev. loyers 1995. 111, note Gallet.* ♦ Comp. : • Com. 9 mai 2007 : *cité note 2 ss. art. L. 641-12.*

2. Nature de la cession globale. S'agissant non d'une vente de droit commun librement contractée entre les parties mais d'une cession globale d'unité de production, opération dont le caractère forfaitaire implique l'existence d'un aléa exclusif de l'application des garanties prévues dans le droit commun de la vente et obéissant à des règles propres édictées en vue du maintien au moins partiel de l'activité, par une loi d'ordre public, le cessionnaire ne peut se prévaloir des dispositions légales relatives à la garantie d'éviction et demander sur ce fondement la résolution de la cession d'un portefeuille d'assurance sur lequel des salariés de l'entreprise liquidée font valoir des droits concurrents. • Com. 12 oct. 1993 : *Bull. civ. IV, n° 331 ; D. 1993. IR 245 ; Rev. proc. coll. 1993. 496, obs. Soinne ; Defrénois 1994. 565, obs. Sénéchal ; RTD com. 1994. 559, obs. Haehl* • Paris, 13 sept. 1994 : *RJDA 1995, n° 213 ; Rev. proc. coll. 1995. 402, obs. Soinne.* ♦ V., dans le même sens, pour une cession à forfait soumise à la loi du 13 juill. 1967, • Com. 3 mars 1998 *Bull. civ. IV, n° 93 : D. 1998. IR 94 ; D. Affaires 1998. 583 ; Defrénois 1998. 1458, obs. Bénabent.*

3. Réalisation de la cession. La décision du juge-commissaire, rendue sur le fondement de l'art. 155 [ancien art. L. 621-17] pour ordonner soit la cession globale d'une unité de production, soit la cession de gré à gré d'un élément de l'actif mobilier d'un débiteur en liquidation judiciaire ne vaut pas vente par elle-même. La cession ainsi ordonnée n'est réalisée que par les actes que doit passer le liquidateur après l'ordonnance, d'où il résulte que l'exigibilité du prix est subordonnée à l'établissement des actes nécessaires à la réalisation de la cession. • Com. 5 déc. 1995 : *Bull. civ. IV, n° 279 ; D. 1996. IR 35 ; Quot. jur. 30 janv. 1996, p. 2.* ♦ Ainsi, le notaire qui s'abstient, bien qu'il en ait été requis, de dresser ces actes, commet une faute à l'origine de la perte de la chance éprouvée par le liquidateur de percevoir le prix de cession avant la mise en redressement judiciaire de l'acquéreur. • Même arrêt. ♦ Comp., en ce sens que si la vente de gré à gré d'un fonds de commerce du débiteur en liquidation judiciaire n'est réalisée que par l'accomplissement d'actes postérieurs à la décision du juge-commissaire qui ordonne, sur le fondement de l'art. 155 [C. com., art. L. 622-17], la cession du fonds, celle-ci n'en est pas moins parfaite dès l'ordonnance, sous la condition suspensive que la décision acquière force de chose jugée : • Com. 6 juin 2000 : *RJDA 2000, n° 1142 ; RTD com. 2001. 224, obs. Saint-Alary-Houin* . – V. l'arrêt confirmé : • Paris, 28 oct. 1997 : *D. Affaires 1997. 1471.* ♦ V. aussi notes 2 et 4 ss. art. L. 642-19.

3 bis. Le liquidateur autorisé par le juge-commissaire à céder des biens du débiteur, doit respecter le pacte de préférence stipulé au profit d'un tiers. • Com. 13 févr. 2007 : *Bull. civ. IV, n° 34 ; D. 2007. AJ 648, obs. Lienhard (2ᵉ esp.) ; Act. proc. coll. 2007, n° 51, obs. Regnaut-Moutier ; JCP E 2007. 1450, n° 3, obs. Pétel ; Gaz. Pal. 13-14 avr. 2007, p. 38, obs. M. Sénéchal ; ibid. 20-22 mai 2007, p. 22, note Brault ; RTD civ. 2007. 367, obs. P.-Y. Gautier* . – V. aussi Vauvillé, *JCP N 2007. 1265* ; Garçon, *JCP E 2007. 2548.* ♦ V. déjà, dans le cadre de la cession des parts d'une SCI dont la société en liquidation judiciaire était titulaire, pour l'obligation faite au liquidateur de respecter la clause statutaire de la SCI relative au droit de préemption des associés, nonobstant l'autorité de la chose jugée de l'ordonnance ayant décidé la cession globale des actifs, y compris les parts de la SCI, • Com. 23 janv. 1996 : *Bull. civ. IV, n° 22 ; D. 1996. 310, note Derrida ; D. Affaires 1996. 327 ; Dr. sociétés 1996, n° 56, obs. Chaput ; JCP E 1996. I. 554, n° 10, obs. Pétel ; Bull. Joly 1996. 488, note Calendini.* ♦ V. aussi note 4 *sexies* ss. ancien art. L. 621-89, ss. art. L. 642-8.

3 ter. La SAFER peut exercer son droit de préemption sur les biens composant une unité de production dont le juge-commissaire a ordonné la cession globale dans le cadre de la liquidation judiciaire. • Com. 15 oct. 2002 : *Bull. civ. IV, n° 143 ; D. 2002. AJ 3012, obs. Lienhard ; JCP E 2003, n° 5, p. 220, obs. Pétel ; LPA 14 juill. 2003, p. 8, note Roussel Galle.* – Dans le même sens, V. • Civ. 3e, 30 avr. 2003 : *Bull. civ. IV, n° 94 ; D. 2003. AJ 1365 ; LPA 10 déc. 2003, p. 17, note Roussel Galle ; ibid. 9 avr. 2004, p. 10, note Sortais ; JCP N 2004, n° 46-47, p. 1737, obs. Vauvillé.* ♦ V. aussi note 2 ss. art. L. 642-18.

4. Parents et alliés. V. • T. com. Lyon, 29 juill. 1986 : *préc. note 1.*

4 bis. Transmission de l'offre. Jugé qu'il ne résulte nullement de l'art. 155 [C. com., ancien art. L. 622-17] qu'il serait fait obligation au greffier de transmettre au juge-commissaire les offres reçues par lui en application de ce texte ; c'est au candidat acquéreur qu'il appartient de faire parvenir son offre au juge-commissaire. • T. com. Nanterre, 4 sept. 1997 : *Rev. proc. coll. 1998. 259, obs. Soinne.*

5. Portée de l'offre. Sur la possibilité pour un repreneur de rétracter une offre faite sous une condition suspensive dont la réalisation n'est pas établie, V. • Com. 25 mai 1993 : *Bull. civ. IV, n° 206 ; D. 1994. Somm. 3, obs. Derrida ; Rev. proc. coll. 1993. 466, obs. Soinne ; JCP E 1993. I. 295, n° 8, obs. Cabrillac et Pétel ; RTD com. 1994. 563, obs. Haehl.*

6. Choix de l'offre. L'intérêt relatif des différentes offres ne peut être apprécié qu'en l'état où elles se trouvaient au terme du délai fixé par le liquidateur pour leur réception. • T. com. Paris, 17 mars 1989 : *Gaz. Pal. 1990. 1. Somm. 190.* – V. conf. • T. com. Bobigny, 23 mars 1988 : *ibid.*

7. En application de l'art. 155 [C. com., ancien art. L. 622-17], le débiteur est appelé à donner un simple avis sur les offres reçues, il n'est pas partie et n'a pas vocation à faire opposition, même s'il n'a pas déféré à la convocation du juge-commissaire, seul le défaillant à une instance à laquelle il est partie pouvant exercer cette voie de recours. • Versailles, 14 déc. 1995 : *D. 1996. IR 56.*

7 bis. Le tribunal saisi sur une opposition à l'ordonnance du juge-commissaire qui a rejeté les offres d'acquisition d'unités de production ne saurait déclarer irrecevables les améliorations à celles-ci sans organiser un débat unique respectant le principe de la contradiction. • Paris, 10 mai 1996 : *RJ com. 1996. 275, note L. R.*

8. Sur le pouvoir souverain des juges du fond de retenir, ou non, une proposition de cession globale d'une unité de production, V. • Com. 16 mars 1993 : *Bull. civ. IV, n° 103 ; D. 1993. IR 101.*

Sur le pouvoir de la cour d'appel saisie par le ministère public, V. note 1 ss. art. L. 661-5.

9. Faculté de substitution. En ce sens que cette faculté doit être expressément prévue par l'ordonnance du juge-commissaire, V. • Civ 3e, 11 juin 1997 : *RJDA 1997, n° 1417 ; JCP E 1997. Pan. 896.*

En autorisant une cession au profit d'un tiers, ou, à défaut, de « toute personne physique ou morale pouvant s'y substituer », l'ordonnance du magistrat institue, pour le cas où le cessionnaire désigné ne donnerait pas suite à son offre, une faculté de substitution à l'usage du seul liquidateur et, dès lors, les règles de la subrogation conventionnelle ne sont pas applicables. • Com. 19 oct. 1993 : *Bull. civ. IV, n° 343 ; JCP E 1993. Pan. 1409.*

10. Ordre de préférence. Le juge-commissaire statue en dehors des limites de ses attributions en établissant un ordre de préférence entre les créanciers, peu important que l'attribution prioritaire du prix aux créanciers hypothécaires inscrits et aux créanciers titulaires d'un nantissement sur matériel soit apparue, en l'espèce, comme une condition nécessaire de la cession. • Com. 16 mars 1993 : *Bull. civ. IV, n° 104.*

11. Poursuite des contrats de travail. **BIBL.** Bailly, *Gaz. Pal. 2002. Doctr. 1359.* – Béraud, *Rev. proc. coll. 2003. 91.* – Bret, *Sem. soc. Lamy 6 oct. 2003, n° 1138, p. 38.* – Przemyski, *Dr. et proc. 2004. 197.* – Moreuil et Morvan, *JCP E 2004, n° 52-53, p. 2060.* ♦ La clause de la convention de cession d'une entité économique autonome, qui ne prévoit que la reprise d'une partie des salariés, contraire aux dispositions d'ordre public de l'art. L. 122-12, al. 2, [L. 1224-1] C. trav., doit être réputée non écrite, sans qu'en soit affectée entre les parties la validité de la convention de cession. • Cass., ch. mixte, 7 juill. 2006 : *Bull. civ. n° 5 ; BICC 1er nov. 2006, p. 51, rapp. Guirimand et avis de Gouttes ; D. 2006. AJ 1954, obs. Lienhard ; Act. proc. coll. 2006, n° 171, obs. Regnaut-Moutier ;* LPA 13 sept. 2006, p. 10, note *Vignal ; Gaz. Pal. 6-7 oct. 2006, p. 20, obs. Voinot ; JCP E 2007, n° 1, p. 22, obs. Pétel.* – V. aussi Morvan, *RLDA 2006, n° 9, p. 25.* ♦ Cet arrêt confirme la jurisprudence de la Chambre sociale, qui avait déjà admis que le fait, pour le juge-commissaire, d'accepter une offre d'acquisition en vertu de l'art. 155 [C. com., ancien art. L. 622-17] et d'ordonner en conséquence la cession, n'était pas de nature à faire échec à l'application de l'art. L. 122-12, al. 2, [L. 1224-1] C. trav. • Soc. 8 juill. 1992 : *Bull. civ. V, n° 446* • 21 oct. 1998 : *D. 2000. Somm. 3, obs. Derrida* • 16 mars 1999 : *Act. proc. coll. 1999, n° 122 ; Dr. sociétés 1999, n° 94, obs. Chaput* • 27 oct. 1999 : *Bull. civ. V, n° 415 ; JCP 2000. I. 247, p. 1423, obs. Morvan ; Rev. proc. coll. 2000. 65, obs. Taquet.* ♦ La cession d'unités de production entraîne de plein droit le transfert d'une entité économique autonome et, par voie de conséquence, la poursuite avec le cessionnaire des contrats de travail des salariés des unités transférées, peu important qu'ils aient été licenciés par le mandataire-liquidateur avant la cession ainsi que l'interruption de courte durée de l'activité cédée. • Soc. 19 avr. 2005 : *Bull. civ. V, n° 143 ; D. 2005. AJ 1352, obs. Lienhard ; ibid. Pan. 2017, obs. F.-X. Lucas*. – V. déjà, en ce sens, • Soc. 16 mars 1999 : *D. 2000. Somm. 2, obs. Derrida* • 3 avr. 2001 : *Bull. civ. V, n° 113 ; D. 2001. AJ 1618, obs. Lienhard ; Act. proc. coll. 2001, n° 128, obs. Masquefa.*

11 bis. Résiliation du bail. La cession ordonnée, en application de l'art. 155 [C. com., ancien art. L. 622-17], ne saurait priver le propriétaire de l'immeuble dans lequel le fonds de commerce est exploité du droit de poursuivre la résiliation judiciaire du bail pour une cause antérieure à l'ordonnance rendue par le juge-commissaire. • Com. 22 oct. 1996 : *RJDA 1997, n° 265 ; Loyers et copr. 1997, n° 114, note Brault.*

12. Inapplicabilité de l'ancien art. L. 621-88. Les cessions opérées au cours des opérations de liquidation judiciaire n'entraînent pas transmission forcée des contrats de fourniture de biens ou services concernant les biens cédés. • Com. 19 déc. 1995 : *Bull. civ. IV, n° 303 ; D. 1997. Somm. 3, obs. Derrida ; D. Affaires 1996. 180* • 4 févr. 2003 : *RJDA 2003, n° 747 ; RD banc. fin. 2003, n° 151, obs. F.-X. Lucas ; Rev. proc. coll. 2003. 243, obs. Roussel Galle* • 13 mai 2003 : *LPA 8 déc. 2003, obs. Mottet.* ♦ V. aussi, pour l'incessibilité du contrat de franchise, en cas de liquidation judiciaire du franchiseur, • Orléans, 14 sept. 2000 : *D. 2001. 1017, note Marot*.

13. Inapplicabilité de l'ancien art. L. 621-84, al. 3. Si dans les conditions et suivant les modalités prévues à l'art 82 [C. com., ancien art. L. 621-84], al. 3, il est possible de céder un bail rural en vue du redressement de l'entreprise par la voie d'un plan de cession, cette faculté est exclue au cours des opérations de liquidation judiciaire, fût-ce à l'occasion de la cession globale d'une unité de production, dès lors que, dans ce cas, les contrats ne peuvent être cédés qu'aux conditions qui leur sont applicables et qu'il n'existe aucune dérogation aux dispositions d'ordre public de l'art. L. 411-35 C. rur. qui interdisent la cession d'un bail rural. • Com. 1er oct. 1997 : *Bull. civ. IV, n° 232 ; D. Affaires 1997. 1224 ; JCP 1997. II. 22941, rapp. Rémery.*

14. Recours. V. note 3 ss. ancien art. L. 623-4, ss. art. L. 661-4 et ancien art. 25 du Décr. n° 85-1388 du 27 déc. 1985, ss. art. R. 621-21.

Art. L. 642-19-1 *(Ord. n° 2008-1345 du 18 déc. 2008, art. 118)* **Les conditions et formes du recours contre les décisions du juge-commissaire prises en application des articles L. 642-18 et L. 642-19 sont fixées par décret en Conseil d'État.** – *V. art. R. 642-37-1 et R. 647-37-3.*

Art. L. 642-20 *(L. n° 2005-845 du 26 juill. 2005, art. 114)* **Les dispositions de l'article L. 642-3 sont applicables aux cessions d'actifs réalisées en application des articles L. 642-18 et L. 642-19. Dans ce cas, les pouvoirs du tribunal sont exercés par le juge-commissaire.**

(Ord. n° 2008-1345 du 18 déc. 2008, art. 119) **« Toutefois, lorsque un actif mobilier est nécessaire aux besoins de la vie courante et de faible valeur, le juge-commissaire peut, par une ordonnance spécialement motivée, autoriser l'une des personnes mentionnées au premier alinéa de l'article L. 642-3 à s'en porter acquéreur, à l'exception des contrôleurs. Il statue après avoir recueilli l'avis du ministère public. »**

Art. L. 642-20-1 *(Ord. n° 2008-1345 du 18 déc. 2008, art. 120)* **A défaut de retrait du gage ou de la chose légitimement retenue dans les conditions prévues par le deuxième alinéa de l'article L. 641-3, le liquidateur doit, dans les six mois du jugement de liquidation judiciaire, demander au juge-commissaire l'autorisation de procéder à la réalisation. Le liquidateur notifie l'autorisation au créancier quinze jours avant la réalisation.**

Le créancier gagiste, même s'il n'est pas encore admis, peut demander au juge-commissaire, avant la réalisation, l'attribution judiciaire. Si la créance est rejetée en tout ou en partie, il restitue au liquidateur le bien ou sa valeur, sous réserve du montant admis de sa créance.

En cas de vente par le liquidateur, le droit de rétention est de plein droit reporté sur le prix. L'inscription éventuellement prise pour la conservation du gage est radiée à la diligence du liquidateur.

V. art. R. 661-1.

V. la jurisprudence reproduite ss. l'art. L. 642-25 abrogé.

Art. L. 642-21 *(Abrogé par Ord. n° 2008-1345 du 18 déc. 2008, art. 121)* (L. n° 2005-845 du 26 juill. 2005, art. 114) ***Lorsqu'il a été fait application des dispositions de l'article L. 631-22 et que le débiteur ne peut obtenir du tribunal l'arrêté d'un plan de redressement, les dispositions du présent titre sont applicables. Les biens non compris dans le plan de cession sont cédés dans les conditions de la présente section.***

SECTION III DISPOSITIONS COMMUNES

Art. L. 642-22 *(L. n° 2005-845 du 26 juill. 2005, art. 115)* **Toute cession d'entreprise et toute réalisation d'actif doivent être précédées d'une publicité dont les modalités sont déterminées par un décret en Conseil d'État en fonction de la taille de l'entreprise et de la nature des actifs à vendre.** — *V. art. R. 642-40.*

Art. L. 642-23 **Avant toute vente ou toute destruction des archives du débiteur, le liquidateur en informe l'autorité administrative compétente pour la conservation des archives. Cette autorité dispose d'un droit de préemption.** — *[C. com., ancien art. L. 622-19.]*

(L. n° 2005-845 du 26 juill. 2005, art. 116) **« La destination des archives du débiteur soumis au secret professionnel est déterminée par le liquidateur en accord avec l'ordre professionnel ou l'autorité compétente dont il relève. »**

Art. L. 642-24 **Le liquidateur peut, avec l'autorisation du juge-commissaire et le débiteur entendu ou dûment appelé, compromettre et transiger sur toutes les contestations qui intéressent collectivement les créanciers même sur celles qui sont relatives à des droits et actions immobiliers.**

Si l'objet du compromis ou de la transaction est d'une valeur indéterminée ou excède la compétence en dernier ressort du tribunal, le compromis ou la transaction est soumis à l'homologation du tribunal. — *[C. com., ancien art. L. 622-20.]*

V. art. R. 642-41.

1. Domaine d'application. L'art. 158 [C. com., art. L. 642-24] ne s'applique pas aux actions engagées sur le fondement de l'art. 180 [C. com., art. L. 651-2], qui sont fondées sur une disposition d'ordre public. • Versailles, 15 juin 1995 : *Rev. proc. coll. 1999. 178, obs. Canet.* ♦ V. aussi note 37 *bis* ss. art. L. 651-2.

Sur la validité d'une transaction relative à la responsabilité d'une banque, V. • Toulouse, 29 mars 1999 (2e esp.) : *RJ com. 2000. 179, note Monsèrié-Bon.* ♦ Sur l'appréciation par le juge de l'économie de l'accord, V. • Rouen, 2 mai 1996 : *Rev. proc. coll. 1999. 179, obs. Canet* • Paris, 21 juin 1994 : *ibid.* • 28 mars 1997 : *ibid.*

1 bis. L'art. 158 [C. com., art. L. 642-24] ne confère pas au liquidateur, même autorisé par le juge-commissaire, le pouvoir de renoncer à l'extinction d'une créance par application de l'art. 53 [C. com., ancien art. L. 621-46]. • Com. 23 nov. 1999 : *D. 2000. AJ 13, obs. A. L.* ; *JCP E 2000, nos 18-19, p. 752, obs. Pétel* ; *LPA 11 juill. 2000, p. 27, note Courtier* ; *RTD com. 2000. 719, obs. Martin-Serf* ; *Rev. proc. coll. 2002. 283, obs. Canet.*

1 ter. Il résulte de l'art. 2093 [2285] C. civ., selon lequel les biens du débiteur sont le gage commun de ses créanciers qui s'en distribuent le prix entre eux à moins qu'il n'y ait des causes légitimes de préférence, qu'aux termes d'une transaction, des créanciers n'ayant aucune garantie ne peuvent se voir accorder plus de droits qu'un créancier nanti. • Com. 10 déc. 2002 : *Bull. civ. IV, n° 192 ; D. 2003. AJ 134, obs. Lienhard ; JCP E 2003, n° 20, p. 851, obs. Pétel.*

1 quater. Le plan d'apurement d'une créance bancaire passé dans l'intérêt exclusif et indistinct du débiteur et de son épouse, afin d'éviter la réalisation de l'immeuble commun, et sans atteinte aux droits des autres créanciers, ne constitue pas une transaction au sens de l'art. 158 [C. com., art. L. 642-24]. • Com. 4 oct. 2005 : *D. 2005. AJ 2806, obs. Lienhard ; Gaz. Pal. 30 avr.-4 mai 2006, p. 36, obs. M. Sénéchal.*

2. Homologation. Dès lors que l'objet de la transaction excède la compétence en dernier ressort du tribunal, l'homologation de la transaction doit être soumise au tribunal de la procédure collective. • Com. 2 mars 1999 : *Rev. proc. coll. 1999. 176, obs. Canet ; LPA 24 avr. 2000, p. 9, note Gallet.* ♦ En procédant lui-même à l'homologation de la transaction, le juge-commissaire excède les limites de ses attributions. • Même arrêt. ♦ Sur le caractère obligatoire de la double formalité de l'autorisation préalable du juge-commissaire et de l'homologation du tribunal, pour les actes visés à l'art. L. 622-20 [L. 642-24], al. 2, C. com., V. • Paris, 31 mai 2002 : *D. 2002. AJ 2533*. – Comp. : • Orléans, 17 févr. 2000 : *Rev. proc. coll. 2002. 286, obs. Canet.* ♦ L'ordonnance par laquelle le juge-commissaire autorise le liquidateur à transiger n'a pas elle-même à être homologuée par le tribunal. • Reims, 5 juin 1996 : *Rev. proc. coll. 1999. 176, obs. Canet.*

En ce sens que le jugement homologuant la transaction est revêtu de l'autorité de la chose jugée et a pour effet d'interdire toute appréciation de la validité de la transaction, V. • Com. 19 oct. 1993 : *Rev. proc. coll. 1999. 178, obs. Canet* (loi de 1967).

3. Ordre public. Les règles de ce texte étant d'ordre public, les transactions intervenues en violation des formes prescrites par la loi sont nulles d'une nullité absolue (loi de 1967). • Com. 6 déc. 1994 : *Bull. civ. IV, n° 372 ; D. 1995. Somm. 215, obs. Honorat*. ♦ V. aussi note 4.

4. Voies de recours. Une banque qui est intervenue à l'instance, en sa qualité de créancière munie d'une sûreté spéciale portant sur un actif, objet de la transaction, justifie d'un intérêt personnel, distinct de celui de la collectivité des créanciers, et est donc recevable à interjeter appel du jugement autorisant la transaction. • Com. 10 déc. 2002 : *préc. note 1 ter.* ♦ En revanche, la qualité de bailleur et de créanciers du débiteur en liquidation judiciaire ne permet pas de critiquer les motifs par lesquels une cour d'appel a rejeté une demande de transaction présentée par le liquidateur, seul habilité à élever une contestation dans l'intérêt collectif des créanciers. • Même arrêt. L'appel du liquidateur contre le jugement d'homologation d'une transaction non autorisée ne peut être déclaré irrecevable, le liquidateur ayant intérêt à demander la nullité d'une transaction entachée d'une nullité absolue. • Com. 29 avr. 2002 : *RJDA 2002, n° 1065.* ♦ Le débiteur, même s'il a le droit d'être entendu par le tribunal en application de l'art. L. 622-20 [L. 642-24] C. com., n'est pas partie à la transaction, de sorte que son appel contre le jugement d'homologation est irrecevable dès lors que l'accord conclu par le liquidateur n'est pas relatif à des droits extrapatrimoniaux ou à des droits propres exclus du dessaisissement. • Amiens, 3 juin 2004 : *Rev. proc. coll. 2005. 54, obs. Dumont.* – V. aussi • Paris, 21 juin 1994 : *Rev. proc coll. 1999. 177, obs. Canet* • Versailles, 12 oct. 1995 : *ibid.* • Chambéry, 4 déc. 2001 : *Rev. proc. coll. 2003. 9, obs. Lebel.* ♦ Pour l'irrecevabilité de l'appel formé par les associés de la société en liquidation judiciaire, V. • Com. 16 oct. 2001 : *Act. proc. coll. 2001, n° 266 ; Dr. sociétés 2002, n° 41, note Legros.* ♦ En ce sens qu'un contrôleur ne peut interjeter appel du jugement d'homologation, V. • Com. 9 déc. 1997 : *Rev. proc. coll. 1999. 177, obs. Canet* • Paris, 19 déc. 1995 : *ibid.* ♦ Pour l'irrecevabilité de l'appel formé par un cosignataire de la transaction à l'encontre du jugement d'homologation, V. • Toulouse, 29 mars 1999 : *préc. note 1.*

Art. L. 642-25 *(Abrogé par Ord. n° 2008-1345 du 18 déc. 2008, art. 121)* ***Le liquidateur autorisé par le juge-commissaire peut, en payant la dette, retirer les biens constitués en gage par le débiteur ou la chose retenue.***

A défaut de retrait, le liquidateur doit, dans les six mois du jugement de liquidation judiciaire, demander au juge-commissaire l'autorisation de procéder à la réalisation. Le liquidateur notifie l'autorisation au créancier quinze jours avant la réalisation.

Le créancier gagiste, même s'il n'est pas encore admis, peut demander (L. n° 2005-845 du 26 juill. 2005, art. 117) ***« au juge-commissaire », avant la réalisation, l'attribution judiciaire. Si la créance est rejetée en tout ou en partie, il restitue au liquidateur le bien ou sa valeur, sous réserve du montant admis de sa créance.***

En cas de vente par le liquidateur, le droit de rétention est de plein droit reporté sur le prix. L'inscription éventuellement prise pour la conservation du gage est radiée à la diligence du liquidateur. — [C. com., ancien art. L. 622-21.]

BIBL. ▶ MARTIN-SERF, *RTD com. 1988. 692.* – NEVEU, *Banque 1985. 1030 ; RJ com. nov. 1994, n° spéc., p. 149.* – DEVÈZE, *Rev. proc. coll. 1992. 119.* – POURQUIER, *D. Affaires 1998. 936 ; RTD com. 2000. 569* . – CAMPANA et CALENDINI, *JCP E 1998, n° 27, p. 1083.* – LE CORRE-BROLY, *D. Affaires 1998. 1802 et 1838* (droit de rétention sur documents d'immatriculation). – PÉROCHON, *Mélanges Cabrillac, Dalloz-Litec, 1999, p. 379.*

1. Biens constitués en gage. La consignation auprès du comptable du Trésor d'une somme pour assurer le recouvrement de la créance du Trésor public ne constitue pas un contrat de gage. Aussi, une cour d'appel ne peut, sans violer les art. L. 277, R. 277-1 LPF et 159 de la loi de 1985 [C. com., art. L. 642-25], pour ordonner la compensation entre la garantie détenue par la recette des finances et la créance du Trésor public, énoncer que les sommes déposées sur un compte à terme de la recette des finances constituent une sûreté assimilable au gage. • Com. 27 oct. 1998 : *D. 1999. Somm. 244, obs. Jobard-Bachellier ; D. Affaires 1999. 170, obs. V. A.-R. ; JCP 1999. I. 158, n° 13, obs. Delebecque ; RTD com. 1999. 749, obs. Martin-Serf ; Quot. jur. 17 nov. 1998, p. 7, note P. M. ; RJ com. 2000. 325, note Courtier.*

L'art. 159, al. 1er, devenu l'art. L. 622-21 [L. 642-25], al. 1er, C. com., est inapplicable aux immeubles. • Civ. 3e, 23 oct. 2002 : *Bull. civ. III, n° 209 ; D. 2002. AJ 3144 ; Act. proc. coll. 2002, n° 269, obs. Saintourens ; JCP E 2003, n° 5, p. 221, obs. Cabrillac ; ibid., n° 43, p. 1720, note Kéita ; JCP 2003. II. 10182, note Dreuille ; RD banc. fin. 2003, n° 24, obs. Legeais.*

1 bis. Gage sans droit de rétention. Le juge-commissaire ne statue pas dans la limite de ses attributions lorsque, au mépris de l'ordre des créanciers, il autorise le liquidateur à retirer le bien nanti, en payant la dette du créancier titulaire d'un nantissement sur l'outillage et le matériel qui ne confère pas de droit de rétention. • Com. 4 janv. 2005 : *Bull. civ. IV, n° 1 ; D. 2005. 970, note A. Aynès ; ibid. Pan. 2018, obs. F.-X. Lucas ; JCP E 2005, n° 17, p. 709, obs. Cabrillac ; Gaz. Pal. 29-30 avr. 2005, p. 31, obs. Voinot ; Rev. proc. coll. 2005. 133, obs. Gorrias.*

1 ter. Attribution judiciaire. Le créancier gagiste peut, à défaut de paiement, demander l'attribution judiciaire de son gage et, si le débiteur est soumis à une procédure de redressement judiciaire, il dispose à nouveau de cette faculté après le jugement prononçant la liquidation judiciaire. • Com. 28 mai 1996 : *Bull. civ. IV, n° 144 ; D. 1996. Somm. 385, obs. S. Piedelièvre ; Rev. dr. bancaire 1996. 211, obs. Campana et Calendini.* ♦ L'art. 40 [C. com., art. L. 622-17] n'exclut pas l'application de l'art. 159 [C. com., art. L. 642-25], al. 3, et de l'art. 2078 C. civ., l'attribution judiciaire du gage étant, à défaut de disposition contraire, offerte au créancier, titulaire d'un nantissement sur outillage et matériel d'équipement, qui ne poursuit pas la réalisation du bien grevé. • Com. 6 mars 1990 : *Bull. civ. IV, n° 67 ; D. 1990. 311, note Derrida ; JCP E 1990. II. 15815, note Amlon* (V. l'arrêt cassé : • Bastia, 21 avr. 1988 : *D. 1988. Somm. 384, obs. Honorat*). ♦ Tout créancier nanti peut demander l'attribution judiciaire du gage même non assorti d'un droit de rétention et le superprivilège des salaires ne peut faire obstacle à cette attribution. • Com. 6 janv. 1998 : *Bull. civ. IV, n° 9 ; D. 1998. IR 39 ; D. Affaires 1998. 157, obs. A. L. ; LPA 8 févr. 1999, p. 15, note Teilliais.* ♦ V. aussi, en ce sens que l'attribution judiciaire ne suppose pas que le gage soit affecté d'un droit de rétention, • Aix-en-Provence, 21 mai 1987 : *Gaz. Pal. 1989. 1. 211, note Putman* • Lyon, 26 mars 1993 : *Gaz. Pal. 1995. 2. Somm. 606* • Colmar, 19 nov. 1997 : *Gaz. Pal. 1999. 2. 803.* ♦ Comp., affirmant que le fait d'engager des procédures visant à ordonner l'attribution ou la vente des objets gagés est le prolongement normal de l'exercice du droit de rétention et ne saurait s'analyser comme une renonciation à celui-ci : • Com. 18 déc. 1990 : *RTD com. 1992. 465, obs. Martin-Serf .* – *Contra* : • Limoges, 6 janv. 1987 : *JCP E 1988. II. 15346, note Garçon.*

1 quater. Le créancier qui a omis de déclarer la sûreté dont il était titulaire ne peut ultérieurement faire état de son droit de rétention, conséquence de cette sûreté, pour demander l'attribution judiciaire du gage. • Com. 1er févr. 2000 : *RJDA 2000, n° 562.*

Le droit de rétention qui n'est pas une sûreté et qui n'est pas assimilable au gage ne permet pas l'attribution en pleine propriété de la chose retenue. • Com. 9 juin 1998 : *Bull. civ. IV, n° 181 ; D. 1999. Somm. 300, obs. Piedelièvre ; D. Affaires 1998. 1323, obs. A. L. ; RTD com. 1999. 751, obs. Martin-Serf ; Banque et Droit nov.-déc. 1998. 38, obs. Rontchevsky ; Gaz. Pal. 1999. 2. Somm. 451, obs. Guével.*

Le titulaire du droit de rétention peut refuser la restitution des marchandises sur lesquelles il exerce son droit mais n'a nullement vocation à se voir attribuer la propriété de ces marchandises et seul le liquidateur est habilité à procéder à la vente des marchandises, le droit de rétention étant reporté sur le prix de vente dans les limites du montant de l'admission de la créance du rétenteur. • Même arrêt. ♦ V. aussi note 3 *bis* ss. art. L. 622-25.

1 quinquies. Est recevable la demande d'attribution judiciaire d'un gage sur valeurs mobilières. • Aix-en-Provence, 2 avr. 1992 : *Dr. sociétés 1992, n° 262, obs. Chaput ; Rev. proc. coll. 1993. 156, obs. Dureuil.*

1 sexies. La banque bénéficiaire d'un warrant agricole n'a pas à revendiquer les marchandises remises en gage et dispose des droits qui lui sont reconnus par l'art. 159, devenu l'art. L. 622-21 [L. 642-25] C. com. • Com. 4 mars 2003 : *D. 2003. Somm. 1627, obs. Le Corre ; JCP E 2003, n° 40, p. 1573, obs. Cabrillac ; RJDA 2003, n° 865.*

2. L'absence de vérification des créances ne fait pas obstacle à la recevabilité de l'action en attribution du gage, laquelle suppose seulement l'existence d'une créance du bénéficiaire du gage à l'égard du constituant. • Versailles, 30 janv. 1997 : *D. 1997. IR 124 ; D. Affaires 1997. 577.* – V. déjà • Chambéry, 26 sept. 1994 : *Gaz. Pal. 1995. 1. Somm. 195.*

2 bis. Dès lors qu'en exécution de deux ordonnances les matériels nantis ont été restitués aux vendeurs impayés, bénéficiaires d'une clause de réserve de propriété, le créancier gagiste ne peut plus, en vertu de l'art. 159 [C. com., art. L. 642-25], al. 3, demander l'attribution de ces matériels revenus en la possession des vendeurs propriétaires. • Com. 5 avr. 1994 : *Bull. civ. IV, n° 146 ; D. 1994. IR 117 ; JCP E 1995. I. 417, n° 13, obs. Cabrillac ; Rev. huiss. 1995. 720, note Bazin.*

2 ter. N'a pas dépassé la limite de ses attributions le juge-commissaire qui n'a pas dans son ordonnance attribué judiciairement le matériel nanti, ni fait application de l'art. 159 [C. com., art. L. 642-25], al. 4, mais qui a seulement affecté une quote-part du prix de cession à chacun des biens cédés pour la répartition du prix et l'exercice du droit de préférence, conformément à l'art. 155 [C. com., ancien art. L. 622-17], dernier al. (à propos d'une demande d'attribution faite, par un créancier n'ayant pas fait opposition à l'ordonnance, avant la réalisation de l'acte de vente). • Com. 16 avr. 1996 : *Bull. civ. IV, n° 122 ; D. 1996. IR 139 ; JCP E 1996. I. 584, n° 16, obs. Cabrillac ; Rev. huiss. 1998. 287, note Courtier.* ♦ Dès lors que l'ordonnance autorisant la vente est passée en force de chose jugée, l'attribution judiciaire du matériel ne peut plus être demandée. • Même arrêt.

2 quater. Le créancier gagiste, recouvrant, en vertu de l'art. 159 [C. com., art. L. 642-25], la faculté de demander l'attribution judiciaire du gage après le jugement prononçant la liquidation judiciaire, doit former une demande nouvelle devant le juge-commissaire. • Com. 14 oct. 1997 : *Bull. civ. IV, n° 265 ; D. 1998. Somm. 105, obs. S. Piedelièvre ; D. Affaires 1997. 1360 ; RTD com. 1999. 747, obs. Martin-Serf ; RD bancaire et bourse 1998. 25, obs. Campana et Calendini.*

2 quinquies. L'attribution judiciaire ne peut être demandée durant la phase de redressement judiciaire. • Chambéry, 26 sept. 1994 : *préc. note 2.* ♦ V. note 41 ss. art. L. 622-21.

2 sexies. Lorsque le créancier gagiste demande l'attribution judiciaire du gage, en application de l'art. 159 [C. com., art. L. 642-25], al. 3, il n'agit pas en revendication. • Com. 28 janv. 1997 : *Bull. civ. IV, n° 32 ; Dr. sociétés 1997, n° 42, obs. Chaput.*

3. Vente par le liquidateur. Une banque, titulaire d'un droit de rétention fictif sur un véhicule automobile, est fondée, en cas de vente aux enchères publiques de ce véhicule à l'initiative du liquidateur, à suspendre la mainlevée du gage à l'attribution à son profit du produit de la vente, peu important l'existence de créances superprivilégiées de salaires qui ne peuvent faire échec au report du droit de rétention sur le prix. • Com. 15 oct. 1991 : *Bull. civ. IV, n° 288 ; D. 1991. IR 249 ; RTD com. 1992. 464, obs. Martin-Serf.* – V. aussi • TGI Vesoul, 17 juin 1988 : *Gaz. Pal. 1988. 2. 838, note Pinon* • Aix-en-Provence, 21 juin 1991 : *RJDA 1991, n° 1076.* ♦ En revanche, le droit de rétention du prêteur sur les documents administratifs relatifs à des véhicules ne s'étend pas aux véhicules eux-mêmes et il n'en résulte pas un droit pour le prêteur de se faire attribuer le prix de vente des véhicules concernés par ces documents. • Com. 8 juill. 2003 : *D. 2004. Somm. 55, obs. Le Corre ; RJDA 2004, n° 101.* – V. Le Corre-Broly, *Gaz. Pal. 26-28 sept. 2004, p. 5.*

3 bis. L'art. 159 [C. com., art. L. 642-25], al. 4, est inapplicable au nantissement d'un fonds de commerce car ce dernier ne confère aucun droit de rétention réel ou fictif au créancier. • Bordeaux, 20 déc. 1995 : *Cah. jurispr. Aquitaine 1996, n° 2, p. 94* • Orléans, 19 janv. 2006 : *RJDA 2006, n° 459.*

4. *Sanction du délai de six mois.* Dès lors que le liquidateur ne demande pas l'autorisation de procéder à la réalisation du bien gagé dans le délai de six mois, le créancier, dont le droit de rétention n'est pas contesté et à l'encontre de qui une demande de restitution n'est plus recevable, n'a pas d'autre possibilité que de demander au tribunal l'autorisation de réaliser la chose qu'il retient et il y a donc lieu de faire droit à cette demande. • Limoges, 23 févr. 1993 : *D. 1993. IR 77 ; JCP E 1993. I. 275, n° 7, obs. Cabrillac.*

5. *Responsabilité civile du liquidateur.* V., en cas de retard pour procéder à la réalisation du bien engagé (loi de 1967), • Com. 11 mai 1993 : *Bull. civ. IV, n° 186 ; JCP E 1993. I. 295, n° 9, obs. Cabrillac.*

6. *Situation de la caution.* Si l'attribution judiciaire du gage prévue par l'art. 159, al. 3, devenu l'art. L. 622-21 [L. 642-25], al. 3, C. com., ne constitue qu'une faculté pour le créancier, ce dernier, lorsqu'il est par ailleurs garanti par un cautionnement, commet une faute au sens de l'art. 2037 [2314] C. civ. si, en s'abstenant de demander cette attribution, il prive la caution d'un droit qui pouvait lui profiter. • Com. 13 mai 2003 : *Bull. civ. IV, n° 73 ; D. 2003. AJ 1629, obs. Avena-Robardet ; D. 2004. Somm. 52, obs. Le Corre ; Act. proc. coll. 2003, n° 173, obs. Legeais ; JCP E 2003, n° 40, p. 1575, obs. Cabrillac ; RD banc. fin. 2003, n° 192, obs. F.-X. Lucas ; RTD com. 2004. 156, obs. Martin-Serf ; LPA 19 févr. 2004, p. 4, note Mouial-Bassilana ; Defrénois 2004. 889, obs. J. Honorat* • 3 déc. 2003 : *RD banc. fin. 2004, n° 79, obs. F.-X. Lucas ; RJDA 2004, n° 626. – Contra* : • Civ. 1re, 8 juill. 2003 : *D. 2004. Somm. 52, obs. Le Corre*. ♦ Dans le même sens, la Chambre mixte de la Cour de cassation a considéré que la caution est déchargée de son obligation lorsque la banque, en accordant au liquidateur la mainlevée de son nantissement, renonce au bénéfice du gage. • Cass., ch. mixte, 10 juin 2005 : *Bull. civ., n° 5 ; D. 2005. AJ 1773, obs. Delpech ; ibid. 2020, note Piedelièvre ; JCP E 2005, n° 29, p. 1218, note Legeais ; JCP 2005. II. 10130, note Simler ; Act. proc. coll. 2005, n° 142, obs. Regnaut-Moutier ; Banque et Droit juill.-août 2005. 63, obs. Jacob ; Dr. et proc. 2005. 365, obs. Picod ; RTD com. 2005. 844, obs. Martin-Serf*. ♦ C'est au créancier qui, en s'abstenant de demander l'attribution judiciaire du gage, a privé la caution d'un droit qui pouvait lui profiter, de prouver que la perte de ce droit n'a causé aucun préjudice à celle-ci. • Com. 30 juin 2009 : *D. 2009. 2325, note Picod ; RTD civ. 2009. 555, obs. Crocq ; RTD com. 2011. 168, obs. Martin-Serf*. ♦ Sur la date d'appréciation du préjudice subi par la caution, V. • Com. 17 févr. 2009 : *Bull. civ. IV, n° 22 ; D. 2009. AJ 625 ; Act. proc. coll. 2009, n° 103, obs. Legeais ; Banque et Droit mars-avr. 2009. 52, obs. Jacob ; Gaz. Pal. 26-28 avr. 2009, p. 43, obs. Le Corre ; RTD civ. 2009. 555, obs. Crocq*.

CHAPITRE III DE L'APUREMENT DU PASSIF

SECTION I DU RÈGLEMENT DES CRÉANCIERS

Art. L. 643-1 **Le jugement qui ouvre ou prononce la liquidation judiciaire rend exigibles les créances non échues.** *(L. n° 2005-845 du 26 juill. 2005, art. 118)* **« Toutefois, lorsque le tribunal autorise la poursuite de l'activité au motif que la cession totale ou partielle de l'entreprise est envisageable, les créances non échues sont exigibles à la date du jugement »** *(Ord. n° 2008-1345 du 18 déc. 2008, art. 122)* **« statuant sur la cession ou, à défaut, à la date à laquelle le maintien de l'activité prend fin. »**

Lorsque ces créances sont exprimées dans une monnaie autre que celle du lieu où a été prononcée la liquidation judiciaire, elles sont converties en la monnaie de ce lieu, selon le cours du change à la date du jugement — *[C. com., ancien art. L. 622-22.]*

1. *Caution.* La déchéance du terme convenu, résultant du prononcé de la liquidation judiciaire du débiteur principal, n'a d'effet qu'à l'égard de celui-ci et ne peut pas être étendue à la caution, à défaut de clause contraire. • Com. 8 mars 1994 : *Bull. civ. IV, n° 96 ; D. 1994. 557,* *note Bazin* • 13 oct. 1999 : *Rev. proc. coll. 2000. 55, obs. Kerckhove* • 26 oct. 1999 : *JCP E 1999, n° 49, p. 1941* • 7 déc. 1999 : *Rev. proc. coll. 2000. 132, obs. Kerckhove* • 18 janv. 2000 : *RJDA 2000, n° 477.* ♦ *Contra*, dans le cas d'un cautionnement hypothécaire, assimilé à une sûreté réelle : • Civ. 1re, 4 mai 1999 : *D. 1999. IR 168 ; D. Affaires 1999. 899, obs. A. L.* ♦ V. aussi, désormais, en ce sens qu'une sûreté réelle consentie pour garantir la dette d'un tiers ne constitue pas un cautionnement, • Cass., ch. mixte, 2 déc. 2005 : *D. 2005. 729, concl. Sainte-Rose et note Aynès*.

1 bis. Coobligés. La déchéance du terme résultant de la liquidation judiciaire du débiteur principal n'a d'effet qu'à l'égard de celui-ci et reste sans incidence sur la situation de ses coobligés solidaires poursuivis en paiement. • Com. 15 juin 2011 : *Bull. civ. IV, n° 98 ; D. 2011. Actu. 1752, obs. Lienhard ; LEDEN juill. 2011, p. 3, obs. Couard ; Act. proc. coll. 2011, n° 220, obs. Salhi ; RJDA 2011, n° 832 ; Gaz. Pal. 7-8 oct. 2011, p. 36, obs. Le Corre ; Bull. Joly Entrep. diff. 2011. 314, note Brena.*

2. Libération des actions. Si l'art. 75 de la loi du 24 juill. 1966 [C. com., art. L. 225-3] fixe un délai maximal de cinq ans à compter de l'immatriculation de la société pour la libération des actions de numéraire, l'art. 160 ci-dessus [C. com., art. L. 643-1] prévoit que la liquidation judiciaire rend exigibles les créances non échues à la date du jugement d'ouverture de la procédure. Par suite, le mandataire-liquidateur peut à tout moment exiger des actionnaires le versement de la fraction du capital non libéré correspondant à leurs apports sans avoir à justifier que celui-ci est nécessaire pour apurer le passif. • Paris, 16 janv. 1992 : *RJDA 1992, n° 869.* ♦ V. aussi, s'agissant de la libération du solde du capital d'une SARL à capital variable, • Rennes, 17 janv. 2001 : *Bull. joly 2001. 163, note Legrand ; Dr. sociétés 2001, n° 160, obs. Legros* • Paris, 6 mars 2001 : *D. 2001. AJ 1543, obs. Lienhard ; Bull. Joly 2001. 787, note Dom ; Dr. sociétés 2001, n° 116, obs. F.-X. Lucas ; Rev. proc. coll. 2002. 176, obs. Lebel.* ♦ Comp., jugeant que l'art. 160 [C. com., art. L. 643-1] ne vise que les créances sur le débiteur et non les créances du débiteur : • Versailles, 3 avr. 1997 *D. Affaires 1997. 1084 ; Bull. Joly 1997. 861, note Dom* • Lyon, 11 févr. 2000 : *RTD com. 2001. 145, obs. Champaud et Danet*. ♦ La dette de l'actionnaire au titre de la libération du capital souscrit ne devient exigible que sur décision du conseil d'administration ou du directoire ; l'expiration du délai dans lequel la libération du capital aurait dû intervenir ne suffit pas à rendre cette créance exigible. • Même arrêt. ♦ Une société ayant été mise en liquidation judiciaire, le liquidateur, substitué aux organes légaux de celle-ci, est en droit d'exiger de certains souscripteurs qu'ils libèrent totalement leurs actions, dès lors qu'aucune échéance n'a été fixée par les dirigeants, sans avoir à justifier de l'appel des fonds auprès de tous les actionnaires. • Com. 9 mai 1995 : *Bull. civ. IV, n° 137 ; D. 1995. IR 148 ; Rev. sociétés 1995. 753, note Jeantin , Defrénois 1995. 961, obs. Le Cannu ; Bull. Joly 1995. 775, note Calendini.* ♦ Sur cette question, V. aussi F.-X. Lucas, *LPA 9 janv. 2002.*

3. Indemnité contractuelle Aucun texte, et spécialement l'art. 160 [C. com., art. L. 643-1], ne dispose que la clause, déterminant le montant de l'indemnité destinée à réparer le préjudice causé au prêteur au cas d'exigibilité anticipée du prêt, serait réputée non écrite, après le prononcé de la liquidation judiciaire. Une telle clause, dont les parties peuvent librement convenir lors de la signature du contrat, sous réserve du pouvoir reconnu au juge par l'art. 1152, al. 2, C. civ., n'est pas contraire à la règle d'égalité des créanciers. • Com. 9 mai 1995 : *Bull. civ. IV, n° 132 ; D. 1995. IR 153.*

Art. L. 643-2 **Les créanciers titulaires d'un privilège spécial,** *(Ord. n° 2008-1345 du 18 déc. 2008, art. 165)* **« d'un gage, » d'un nantissement ou d'une hypothèque et le Trésor public pour ses créances privilégiées peuvent, dès lors qu'ils ont déclaré leurs créances même s'ils ne sont pas encore admis, exercer leur droit de poursuite individuelle si le liquidateur n'a pas entrepris la liquidation des biens grevés dans le délai de trois mois à compter du jugement qui ouvre ou prononce la liquidation judiciaire.**

(L. n° 2005-845 du 26 juill. 2005, art. 119) **« Lorsque le tribunal a fixé un délai en application de l'article L. 642-2, ces créanciers peuvent exercer leur droit de poursuite individuelle à l'expiration de ce délai, si aucune offre incluant ce bien n'a été présentée. »**

En cas de vente d'immeubles, les dispositions des premier, troisième et cinquième alinéas de l'article L. 642-18 sont applicables. Lorsqu'une procédure de saisie immobilière a été engagée avant le jugement d'ouverture, le créancier titulaire d'une

hypothèque est dispensé, lors de la reprise des poursuites individuelles, des actes et formalités effectués avant ce jugement. – *[C. com., ancien art. L. 622-23.]*

V. art. R. 643-1 et, sur la procédure d'ordre, art. R. 643-3 s.

BIBL. ▸ Régime antérieur à la loi du 10 juin 1994 : DEVÈZE, *Rev. proc. coll. 1992. 119.*

1. Créanciers visés. En accordant à quelques créanciers le droit d'exercer, sous certaines conditions, leurs droits de poursuites individuelles, le législateur a implicitement mais nécessairement décidé que l'exercice d'un tel droit était en principe suspendu ou interdit à tous les créanciers conformément aux dispositions de l'art. 47 [C. com., art. L. 622-21]. • TGI Chalon-sur-Saône, 11 mars 1986 : *Gaz. Pal. 1986. 2. 614, note Brault.* ♦ Dans ces conditions, la demande de bailleurs, alors que le tribunal de commerce a prononcé la liquidation judiciaire du preneur, et tendant à la résiliation d'un contrat de bail pour défaut de paiement des loyers est irrecevable. • Même jugement.

2. Inaction du liquidateur. Si l'art. 161 [C. com., art. L. 643-2] n'exige pas que le liquidateur ait réalisé les ventes dans les trois mois du jugement [ouvrant ou] prononçant la liquidation judiciaire, il est cependant nécessaire qu'un commencement d'exécution soit intervenu dans ce même délai. • Com. 28 mai 1991 : *Bull. civ. IV, n° 186 ; D. 1991. Somm. 333, obs. Honorat.* ♦ Le liquidateur ne justifiant pas avoir, à la suite d'une ordonnance par laquelle le juge-commissaire, statuant à sa requête, l'avait autorisé à procéder à toute expertise et à toute recherche à l'effet de déterminer avec précision la consistance et l'évaluation des immeubles du débiteur ainsi qu'à « poursuivre les ventes d'ores et déjà entreprises dans les formes prescrites par la loi du 25 janv. 1985 et le Décr. du 27 déc. 1985 », procédé à des recherches effectives ou saisi un expert, il peut en être déduit que la décision du juge-commissaire avait constitué une simple mesure préparatoire ouvrant la possibilité de passer à l'exécution des opérations de liquidation et que, dès lors, la liquidation des biens grevés n'avait pas été entreprise dans le délai légal. • Même arrêt. – V. aussi • Bourges, 26 oct. 1987 : *Rev. proc. coll. 1988. 324, obs. Dureuil.*

2 bis. Constitue une démarche nécessaire et préalable à la vente des meubles saisis, l'intervention volontaire des liquidateurs à une audience du juge de l'exécution, tenue quelques semaines après le prononcé de la liquidation judiciaire et relative à une instance engagée par les débiteurs avant l'ouverture de la procédure collective, tendant à voir déclarer nulles les saisies conservatoires et à faire ordonner la restitution des meubles objets de la saisie conservatoire et de la saisie-vente engagées par le Trésor public. • Paris, 12 déc. 1995 : *Rev. proc. coll. 1996. 221, obs. Canet.*

3. Le droit de poursuite individuelle des créanciers, qui ne peut avoir pour effet de modifier l'ordre des paiements, autorise seulement la poursuite ou l'engagement des voies d'exécution. Aussi, une société subrogée dans les droits du vendeur d'un ensemble immobilier est irrecevable à exercer l'action résolutoire du contrat de vente, bien que le liquidateur judiciaire n'ait pas entrepris la liquidation des biens grevés dans le délai de trois mois à compter du jugement de liquidation judiciaire. • Com. 19 déc. 1995 : *Bull. civ. IV, n° 305 ; D. 1996. 145, note Campana ; D. 1996. Somm. 390, obs. S. Piedelièvre ; D. Affaires 1996. 213 ; Defrénois 1996. 937, obs. Sénéchal ; RTD com. 1996. 533, obs. Martin-Serf ; JCP E 1996. I. 554, n° 13, obs. Pétel* • 19 janv. 1999 : *Act. proc. coll. 1999, n° 73* • 13 nov. 2001 : *RJDA 2002, n° 285.* – V. Soinne, *Rev. proc. coll. 1996. 145.* ♦ V. aussi • Lyon, 21 avr. 1989 : *D. 1991. Somm. 110, obs. Derrida.* ♦ *Contra* : V. • Limoges, 6 avr. 1987 : *JCP E 1988. II. 15346, note Garçon* • Toulouse, 21 juin 1988 : *Rev. proc. coll. 1990. 170, obs. Dureuil.*

3 bis. Le créancier hypothécaire d'un époux *in bonis* ne peut exercer des poursuites sur l'immeuble commun qu'après justification de ce que le liquidateur de l'autre époux n'a pas entrepris la liquidation du bien grevé dans les trois mois du jugement de liquidation judiciaire. • Cass., ass. plén., 23 déc. 1994 : *Bull. civ., n° 7 ; BICC 1er févr. 1995, p. 1, concl. Roehrich, rapp. Chartier ; D. 1995. 145, rapp. Chartier, note Derrida ; RJ com. 1995. 55, note M. Storck ; JCP 1995. II. 22401, note Randoux ; JCP E 1995. II. 660, note Pétel ; Gaz. Pal. 1995. 2. 407, note de La Marnierre.* – V. aussi Sénéchal, *Bull. Joly 1995. 229 ;* Vauville, *Rev. proc. coll. 1995. 23 ;* Courtier, *Rev. huiss. 1995. 961.* ♦ V. note 9 *bis* ss. art. L. 622-21. ♦ Sur le sort des biens communs lorsque les époux sont successivement mis en liquidation judiciaire, V. Rubellin, *Defrénois 2001. 492.*

3 ter. Le créancier hypothécaire du coïndivisaire, maître de ses biens, peut poursuivre la saisie immobilière du bien grevé dès lors que le liquidateur de l'indivisaire en procédure collective n'a pas entrepris la liquidation du bien dans les trois mois à compter du jugement ayant prononcé la liquidation judiciaire. • Com. 6 juill. 1999 : *Bull. civ. IV, n° 152 ; D. 2000. Somm.*

395, obs. Piedelièvre ; D. Affaires 1999. 1217, obs. A. L. ; Act. proc. coll. 1999, n° 183, obs. Vallansan ; Procédures 1999, n° 251, obs. Laporte.

4. Déclaration de créance. Sur la nécessité de déclarer sa créance, V. • TGI Fontainebleau, 8 avr. 1987 : *D. 1988. Somm. 145, obs. Honorat.* ♦ Le tiers détenteur d'un immeuble grevé d'une hypothèque ne peut opposer au créancier qui exerce son droit de suite que l'extinction de la créance résultant du défaut de déclaration et non le fait qu'elle n'ait pas encore été admise par le juge-commissaire. • Com. 17 déc. 2003 : *Bull. civ. IV, n° 210 ; D. 2004. AJ 137, obs. Lienhard ; JCP E 2004, n° 22, p. 862, obs. Pétel.*

5. Absence d'influence de l'inaction du Trésor public sur la prescription. V. note 38 ss. ancien art. L. 621-43, ss. art. L. 622-24.

6. Ventes d'immeubles. Le créancier hypothécaire, qui exerce des poursuites de saisie immobilière sur un bien indivis sur lequel une personne soumise à une procédure collective a des droits, est tenu, sans préjudice de la délivrance d'un commandement aux indivisaires maîtres de leurs droits, fût-il titulaire d'une hypothèque consentie par tous les indivisaires et lui permettant dès lors de poursuivre pour la saisie et la vente de ce bien avant le partage de l'indivision, de présenter requête au juge-commissaire dont l'ordonnance se substitue au commandement de droit commun. • Com. 22 avr. 1997 : *Bull. civ. IV, n° 99 ; D. 1998. Somm. 106, obs. Piedelièvre ; D. Affaires 1997. 703 ; JCP E 1997. I. 681, n° 15, obs. Pétel ; Defrénois 1998. 254, obs. Sénéchal.* – V. déjà • Reims, 14 févr. 1996 : *JCP E 1997. Pan. 601.* ♦ Dans le même sens, s'agissant de poursuites de saisie immobilière sur un bien commun à deux époux dont l'un est soumis à une procédure collective, V. • Com. 16 mars 1999 : *RJDA 1999, n° 703 ; Procédures 1999, n° 156, obs. Laporte ; Act. proc. coll. 1999, n° 131 ; Defrénois 1999. 865, obs. Sénéchal ; Rev. proc. coll. 2001. 10, obs. Macorig-Venier.*

7. Lorsque la vente est poursuivie par un créancier, en application de l'art. 161 [C. com., art. L. 643-2], la mise à prix n'est pas déterminée par le juge-commissaire seul, mais par celui-ci en accord avec le créancier poursuivant. • Com. 6 janv. 1998 : *Bull. civ. IV, n° 2.*

8. Clôture de la liquidation judiciaire. En ce sens que l'art. L. 622-23 [L. 643-2] ne saurait servir de fondement à des poursuites diligentées postérieurement à la clôture de la procédure de liquidation judiciaire, V • Com. 16 nov. 2010 : *cité note 1 ss. ancien art. L. 622-32, ss. art. L. 643-11.*

Art. L. 643-3 *(L. n° 2005-845 du 26 juill. 2005, art. 120)* **« Le juge-commissaire peut, d'office ou à la demande du liquidateur ou d'un créancier, ordonner le paiement à titre provisionnel » d'une quote-part d'une créance définitivement admise.**

Ce paiement provisionnel peut être subordonné à la présentation par son bénéficiaire d'une garantie émanant d'un établissement de crédit. – *[C. com., ancien art. L. 622-24.]*

(L. n° 2005-845 du 26 juill. 2005, art. 120) **« Dans le cas où la demande de provision porte sur une créance privilégiée des administrations financières, des organismes de sécurité sociale, des institutions gérant le régime d'assurance chômage prévu par les articles L. 351-3** *[L. 5422-1]* **et suivants du code du travail et des institutions régies par le livre IX du code de la sécurité sociale, la garantie prévue au deuxième alinéa n'est pas due. »**

V. art. R. 643-2.

BIBL. ▶ HUILLE, *Gaz. Pal. 2001. Doctr. 298.*

Art. L. 643-4 **Si une ou plusieurs distributions de sommes précèdent la répartition du prix des immeubles, les créanciers privilégiés et hypothécaires admis concourent aux répartitions dans la proportion de leurs créances totales.**

Après la vente des immeubles et le règlement définitif de l'ordre entre les créanciers hypothécaires et privilégiés, ceux d'entre eux qui viennent en rang utile sur le prix des immeubles pour la totalité de leur créance ne perçoivent le montant de leur collocation hypothécaire que sous la déduction des sommes par eux reçues.

Les sommes ainsi déduites profitent aux créanciers chirographaires. – *[C. com., ancien art. L. 622-25.]*

BIBL. ▶ SOINNE, *Rev. proc. coll. 1997. 249* (répartitions). – PIERRE, *Rev proc. coll. 2000. 1* (l'indu et les erreurs de répartition). – CANET, *Gaz. Pal. 2001. Doctr. 292* (compétence pour prescrire les répartitions et statuer sur les conflits de privilèges). – Rouger, *ibid. p. 303* (distribution du prix de vente des immeubles). – Cabrillac, *Mélanges Breton-Derrida, p. 31* (égalité entre les créanciers). – Montéran et Bourgoin, *Gaz. Pal. 27-29 juill. 2008, p. 3* (répartitions).

1. Règle de l'égalité des créanciers. **BIBL.** Pollaud-Dulian, *JCP 1998. I. 138.* ♦ Un créancier, admis à titre chirographaire, ne peut conserver les sommes à lui payées en violation de la règle de l'égalité des créanciers chirographaires, le paiement eût-il été fait en connaissance de cette violation. • Com. 17 nov. 1992 : *Bull. civ. IV, n° 361 ; D. 1993. 341, note Sortais , et Somm. 191, obs. Honorat ; JCP 1993. II. 22140, note Dagorne-Labbe ; Defrénois 1994. 575. obs. Sénéchal* • 11 févr. 2004 : *Bull. civ. IV, n° 27 ; D. 2004. AJ 701 ; JCP E 2004, n° 24, p. 963, note Millet ; ibid., n° 37, p. 1391, obs. Cabrillac ; Act. proc. coll. 2004, n° 72, obs. Regnaut-Moutier ; RTD com. 2005. 165, obs. Martin-Serf .* ♦ A défaut d'accomplissement de la publicité définitive de l'hypothèque judiciaire par le créancier dans le délai prévu, la publicité provisoire étant caduque à la date du paiement, le créancier ne peut conserver les sommes à lui payées en violation de la règle de l'égalité des créanciers chirographaires. • Com. 12 mai 2009 : *Bull. civ. IV, n° 68 ; D. 2009. AJ 1414 ; Act. proc. coll. 2009, n° 180, obs. Regnaut-Moutier ; LEDEN, juill. 2009, p. 3, obs. M. Sénéchal ; Gaz. Pal. 26-28 juill. 2009, p. 30, obs. Roussel Galle ; JCP E 2009. 1814, n° 8, obs. Cabrillac ; RD banc. fin. 2009, n° 131, obs. S. Piedelièvre.*

1 bis. En revanche, le paiement fait par une erreur sur l'ordre des privilèges n'ouvre pas droit à répétition, dès lors qu'il est intervenu sans atteinte au principe de l'égalité des créanciers, inapplicable aux créanciers privilégiés, et que l'accipiens n'a reçu que ce que lui devait son débiteur. • Com. 30 oct. 2000 : *Bull. civ. IV, n° 169 ; D. 2001. 1527, note S. Pierre ; ibid. Somm. 620, obs. Honorat ; ibid. 1612, obs. Brémond ; D. 2000. AJ 430, obs. Pisoni ; Act. proc. coll. 2000, n° 242, obs. Vallansan ; JCP E 2001, n° 4, p. 176, obs. Cabrillac ; Defrénois 2001. 364, obs. Sénéchal ; Dr. et patr. juin 2001. 114, obs. Monsèrié-Bon.*

2. Efficacité d'une saisie-attribution. Un créancier ne pouvant, en procédant par voie de saisie-attribution, que saisir la créance disponible, au sens de l'art. 43 de la loi du 9 juill. 1991 [C. pr. exéc., art. L. 211-2, à compter du 1er juin 2012], une saisie pratiquée sur des sommes issues de la réalisation judiciaire de l'actif de liquidation d'une société est inutile, dès lors que ces sommes se trouvent affectées au désintéressement des créanciers de cette société, selon les règles d'ordre public de la procédure collective. • TGI Caen, JEX, 21 mai 1996 : *BICC 1996, n° 1025 ; RJDA 1997, n° 424.* ♦ Le créancier recourant à la saisie-attribution ne saurait primer par sa diligence dans l'exercice de cette voie d'exécution et par l'effet attributif subséquent, que les créanciers de même rang. Et dès lors que le superprivilège des salariés absorbe l'intégralité du produit de la vente, la mainlevée de cette saisie ne peut qu'être ordonnée. • Même ordonnance.

Art. L. 643-5 **Les droits des créanciers hypothécaires qui sont colloqués partiellement sur la distribution du prix des immeubles sont réglés d'après le montant qui leur reste dû après la collocation immobilière. L'excédent des dividendes qu'ils ont touchés dans des distributions antérieures par rapport au dividende calculé après collocation est retenu sur le montant de leur collocation hypothécaire et est inclus dans les sommes à répartir aux créanciers chirographaires.** — *[C. com., ancien art. L. 622-26.]*

Art. L. 643-6 **Les créanciers privilégiés ou hypothécaires, non remplis sur le prix des immeubles, concourent avec les créanciers chirographaires pour ce qui leur reste dû.** — *[C. com., ancien art. L. 622-27.]*

Art. L. 643-7 **Sous réserve du** *(Ord. n° 2008-1345 du 18 déc. 2008, art. 123)* **« deuxième alinéa de l'article L. 642-20-1 », les dispositions des articles L. 643-4 à L. 643-6 s'appliquent aux créanciers bénéficiaires d'une sûreté mobilière spéciale.** — *[C. com., ancien art. L. 622-28.]*

Art. L. 643-8 **Le montant de l'actif, distraction faite des frais et dépens de la liquidation judiciaire, des subsides accordés au** *(Ord. n° 2008-1345 du 18 déc. 2008, art. 163-II)* **« débiteur personne physique » ou aux dirigeants ou à leur famille et**

des sommes payées aux créanciers privilégiés, est réparti entre tous les créanciers au marc le franc de leurs créances admises.

La part correspondant aux créances sur l'admission desquelles il n'aurait pas été statué définitivement et, notamment, les rémunérations des dirigeants sociaux tant qu'il n'aura pas été statué sur leur cas, est mise en réserve. — *[C. com., ancien art. L. 622-29.]*

SECTION II DE LA CLÔTURE DES OPÉRATIONS DE LIQUIDATION JUDICIAIRE

Art. L. 643-9 *(L. nº 2005-845 du 26 juill. 2005, art. 121)* **Dans le jugement qui ouvre ou prononce la liquidation judiciaire, le tribunal fixe le délai au terme duquel la clôture de la procédure devra être examinée. Si la clôture ne peut être prononcée au terme de ce délai, le tribunal peut proroger le terme par une décision motivée.**

Lorsqu'il n'existe plus de passif exigible ou que le liquidateur dispose de sommes suffisantes pour désintéresser les créanciers, ou lorsque la poursuite des opérations de liquidation judiciaire est rendue impossible en raison de l'insuffisance de l'actif, la clôture de la liquidation judiciaire est prononcée par le tribunal, le débiteur entendu ou dûment appelé.

Le tribunal est saisi à tout moment par le liquidateur, le débiteur ou le ministère public. Il peut se saisir d'office. A l'expiration d'un délai de deux ans à compter du jugement de liquidation judiciaire, tout créancier peut également saisir le tribunal aux fins de clôture de la procédure.

En cas de plan de cession, le tribunal ne prononce la clôture de la procédure qu'après avoir constaté le respect de ses obligations par le cessionnaire.

L'art. L. 643-9 est applicable aux procédures et situations en cours dès la publication de la L. nº 2005-845 du 26 juill. 2005 (texte préc., art. 190, JO 27 juill.).

V. art. R. 643-16 s.

BIBL. ▶ Pérochon et Roussel Galle, *Mélanges Tricot, Dalloz-Litec, 2011, p. 559* (controverse sur la non-reprise des poursuites après clôture de la liquidation judiciaire pour extinction du passif).

La clôture pour insuffisance d'actif de la liquidation judiciaire ne peut être prononcée lorsqu'il subsiste des actifs réalisables du débiteur susceptibles de désintéresser, même partiellement, les créanciers. • Com. 22 janv. 2008 : *Bull. civ. IV, nº 11 ; D. 2008. AJ 348, obs. Lienhard ; JCP E 2008. 1432, nº 7, obs. Cabrillac ; Act. proc. coll. 2008, nº 69, obs. F.-X. Lucas ; Gaz. Pal. 27-29 avr. 2008, p. 23, obs. Voinot ; Bull. Joly 2008. 421, note Rabreau ; LPA 2 juin 2008, note Sortais ; Defrénois 2008. 1241, obs. Gibirila ; RJ com. 2008. 383, obs. Sortais ; Rev. proc. coll. 2009, nº 51, obs. Dumont-Lefrand ; JCP N 2009. 1278, obs. Vauvillé.* ♦ Une difficulté de réalisation ou la perspective d'un faible prix de cession ne constituent pas l'impossibilité de poursuivre les opérations de liquidation judiciaire pour insuffisance d'actif. • Même arrêt. ♦ Comp., sur renvoi, ordonnant la clôture de la liquidation judiciaire au visa de l'art. 6, § 1, de la Conv. EDH (droit au délai raisonnable) : • Caen 4 nov. 2010 : *Rev. sociétés 2011. 191, obs. Roussel Galle ; LEDEN févr. 2011, p. 4, obs. Delattre ; Bull. Joly Entrep. diff. 2011. 116, note Hugon.*

Code de commerce

Ancien art. L. 622-30 *A tout moment, le tribunal peut prononcer, même d'office, le débiteur entendu ou dûment appelé et sur rapport du juge-commissaire, la clôture de la liquidation judiciaire :*

1º Lorsqu'il n'existe plus de passif exigible ou que le liquidateur dispose des sommes suffisantes pour désintéresser les créanciers ;

2° Lorsque la poursuite des opérations de liquidation judiciaire est rendue impossible en raison de l'insuffisance de l'actif. — [L. n° 85-98 du 25 janv. 1985, art. 167.]

BIBL. ▶ VALLENS, *LPA 19 sept. 1997.*

1. Application au redressement judiciaire. Les art. 167 et 8, devenus les art. L. 622-30 (1°) et L. 621-6 [anciens] C. com., n'interdisent pas de prononcer la clôture de la procédure de redressement judiciaire lorsqu'au cours de la période d'observation il est constaté que le débiteur met à la disposition de ses créanciers des sommes suffisantes pour payer les dettes exigibles. • Com. 8 juill. 2003 : *Bull. civ. IV, n° 128 ; D. 2003. AJ 2008, obs. Lienhard ; D. 2004. Somm. 57, obs. Le Corre ; Act. proc. coll. 2003, n° 212, obs. Vallansan ; JCP E 2004, n° 5, p. 173, obs. Cabrillac ; RTD com. 2003. 814, obs. Saint-Alary-Houin ; Dr. sociétés 2004, n° 26, note Legros ; Rev. proc. coll. 2004. 74, obs. Canet.* ♦ V., désormais, sur la clôture de la procédure de redressement judiciaire : art. L. 631-16, dans sa réd. issue de L. n° 2005-845 du 26 juill. 2005.

1 bis. Demande du débiteur. V. note 14 ss. art. L. 641-9.

1 ter. Notion d'insuffisance d'actif. V. note ss. art. R. 643-16.

2. Effets du jugement de clôture pour extinction du passif. V. note 5 ss. art. L. 653-11. ♦ Si le jugement de clôture pour extinction du passif n'a pas autorité de chose jugée quant à l'extinction des créances et si, dès lors, il ne rend pas irrecevable la demande en paiement formée par un créancier prétendant n'avoir pas été désintéressé, il appartient à celui-ci de rapporter la preuve de ce fait, lorsque le jugement de clôture a été prononcé au motif que le passif avait été réglé. • Com. 16 nov. 2010 : *Bull. civ. IV, n° 177 ; D. 2010. Actu. 2831, obs. Lienhard ; JCP E 2011. 1263, n° 5, obs. Pétel ; Act. proc. coll. 2010, n° 289, obs. Fin-Langer ; LEDEN janv. 2011, p. 5, obs. Mouial-Bassilana ; Gaz. Pal. 7-8 janv. 2011, p. 30, obs. Voinot ; JCP E 2011. 1105, note J.-J. Barbièri ; RJDA 2011, n° 172 ; LPA 29 avr. 2011, obs. Reille.* ♦ V. déjà, pour un arrêt reconnaissant au créancier n'ayant pas été désintéressé le droit de poursuivre le débiteur nonobstant le jugement de clôture de la procédure, • Com. 4 oct. 2005 : *Bull. civ. IV, n° 192 ; D. 2005. AJ 2806, obs. Lienhard ; D. 2006. Pan. 82, obs. Le Corre ; JCP E 2006, n° 2, p. 74, obs. Cabrillac ; Gaz. Pal. 30 avr.-4 mai 2006, p. 36, obs. M. Sénéchal.*

2 bis. Après clôture de sa liquidation judiciaire pour extinction du passif, une société dont la personnalité morale subsiste pour les besoins de sa liquidation et qui n'est plus dessaisie peut exercer, par l'organe de son liquidateur amiable, une action nouvelle tendant à augmenter l'actif à partager. • Com. 8 juin 2010 : *Bull. civ. IV, n° 105 ; D. 2010. Actu. 1621, obs. Lienhard ; Rev. sociétés 2010. 408, obs. Roussel Galle ; JCP E 2010. 1664, note Legros ; Act. proc. coll. 2010, n° 193, obs. Cagnoli ; Procédures 2010, n° 319, obs. Rolland ; RJDA 2010, n° 961 ; RLDA oct. 2010. 17, obs. Lebel ; Bull. Joly 2010. 903, note F.-X. Lucas.*

2 ter. Une association ne prend pas fin par l'effet du jugement ordonnant sa liquidation judiciaire et, après la décision de clôture de cette procédure pour extinction du passif, elle redevient maîtresse de ses biens. • Com. 19 oct. 2010 : *D. 2010. Actu. 2574, obs. Lienhard ; Rev. sociétés 2011. 191, obs. Roussel Galle ; LEDEN déc. 2010, p. 5, obs. Rubellin ; RJDA 2011, n° 67 ; Bull. Joly 2011. 118, note F.-X. Lucas ; LPA 8 mars 2011, obs. Gibirila ; Rev. proc. coll. 2011, n° 113, obs. Lebel.*

3. Effets du jugement de clôture pour insuffisance d'actif. La clôture des opérations de liquidation pour insuffisance d'actif prive le mandataire judiciaire du droit de représenter la personne morale. • Civ. 2e, 17 oct. 2002 : *Bull. civ. II, n° 232 ; D. 2002. AJ 3143 ; Bull. Joly 2003. 125, note Pétel ; Rev. sociétés 2003. 154, note Le Corre ; Dr. sociétés 2003, n° 129, note Legros ; RJ com. 2004. 388, note Sortais.* ♦ V. aussi note 2 *bis* ss. ancien art. L. 622-9.

3 bis. En ce sens que, le jugement de clôture de la liquidation judiciaire mettant fin aux fonctions du liquidateur, celui-ci, partie en première instance, ne peut plus être intimé et la procédure d'appel doit donc être régularisée par la nomination d'un mandataire *ad hoc*, V. • Com. 5 nov. 2003 : *Bull. civ. IV, n° 160 ; D. 2003. AJ 2965 ; Act. proc. coll. 2004, n° 9, obs. Cagnoli ; JCP E 2004, n° 31, p. 1254, note Legros ; Rev. proc. coll. 2004. 271, obs. Dumont ; RJ com. 2004. 389, note Sortais.*

3 ter. Sur les conséquences de la clôture de la liquidation judiciaire pour insuffisance d'actif et de l'absence de vérification de l'état des créances, V. note 13 ss. ancien art. L. 621-46 ss. art. L. 622-26.

3 quater. V. aussi note 12 *ter* ss. art. L. 620-2.

4. Durée excessive de la procédure. Pour une condamnation de la France sur le fondement de l'art. 6 (1) Conv. EDH (« délai raisonnable » des procédures), V. • CEDH 17 janv. 2002 : *D. 2002. AJ 807 ; RJ com. 2002. 272, note Sortais.*

5. Péremption d'instance. La péremption

d'instance a pour objet de sanctionner le défaut de diligence des parties ; la procédure collective, dont l'ouverture est imposée par la loi dans certaines conditions, ne constitue pas une instance au sens de l'art. 386 NCPC [C. pr. civ.] • Com. 10 janv. 2006 : *Bull. civ. IV, n° 2 ; D. 2006. AJ 443, obs. Lienhard ; ibid. Pan. 2251, obs. F.-X. Lucas ; JCP E 2006, n° 24, p. 1068, note Cholet ; RTD com. 2006. 484, obs. Vallers.* ♦ V. aussi note 25 *bis* ss. art. L. 624-2.

Ancien art. L. 621-95 *En cas de cession totale de l'entreprise, le tribunal prononce la clôture des opérations après régularisation des actes nécessaires à la cession, paiement du prix et réalisation des actifs non compris dans le plan.*

Le prix de cession est réparti par le commissaire à l'exécution du plan entre les créanciers suivant leur rang.

Les créanciers recouvrent, après le jugement de clôture, leur droit de poursuite individuelle dans les limites fixées par l'article L. 622-32. – [L. n° 85-98 du 25 janv. 1985, art. 92.] – V. l'ancien art. L. 622-32 C. com. ss. art. L. 643-11.

BIBL. ▶ SOINNE, *Rev. proc. coll. 1997. 249* (répartitions). – CANET, *Gaz. Pal. 2001. Doctr. 292* (même thème). – ROUGER, *ibid. 303* (distribution du prix de vente des immeubles). – M. SÉNÉCHAL, *LPA 12 mai 2004* (distribution du prix de vente d'un immeuble grevé de sûretés).

1. Clôture des opérations. L'accomplissement de tous les actes nécessaires à la réalisation de la cession n'entraîne pas par lui-même la clôture des opérations, en l'absence d'un jugement le prononçant. • Com. 27 avr. 1993 : *Bull. civ. IV, n° 153 ; Rev. proc. coll. 1993. 478, obs. Soinne.* ♦ V., désormais, sur la clôture de la procédure en cas de plan de cession, art. L. 643-9, dernier al., dans sa réd. issue de L. n° 2005-845 du 26 juill. 2005.

Sur le sort des créances nées après le jugement qui arrête le plan de cession, V. note 2 ss. ancien art. L. 621-32, ss. art. L. 622-17.

2. Dissolution de société. V. C. civ., art. 1844-7 (7°) et notes ss. cet art., App., v° *Sociétés commerciales.*

3. Reprise des poursuites individuelles. L'arrêt du plan de cession ne met pas fin à la suspension des poursuites individuelles visées à l'art. 47 [C. com., ancien art. L. 621-40, devenu art. L. 622-21]. • Com. 14 mars 2000 : *RJDA 2000, n° 687.* ♦ En effet, le droit de poursuite individuelle des créanciers n'est pas susceptible d'être recouvré tant que le tribunal de commerce n'a pas prononcé la clôture des opérations. • Civ. 2e, 5 févr. 1997 : *D. 1997. IR 114.*

4. L'art. 33 [C. com., ancien art. L. 621-24, devenu art. L. 622-7] emportant interdiction de payer toute créance née antérieurement au jugement d'ouverture, dès lors qu'il n'est fait état d'aucun jugement de clôture des opérations de cession, il résulte de l'art. 92 [C. com., ancien art. L. 621-95], al. 3, que les créanciers n'ont pas recouvré leur droit de poursuites individuelles. • Com. 11 avr. 1995 : *Bull. civ. IV, n° 124 ; D. 1999. Somm. 7, obs. Derrida.*

V., désormais, sur la reprise des poursuites individuelles après clôture de la procédure, art. L. 643-11, dans sa réd. issue de L. n° 2005-845 du 26 juill. 2005.

Art. L. 643-10 Le liquidateur procède à la reddition des comptes. Il est responsable des documents qui lui ont été remis au cours de la procédure pendant cinq ans à compter de cette reddition. – *[C. com., ancien art. L. 622-31.]*

V. art. R. 643-19.

Art. L. 643-11 *(L. n° 2005-845 du 26 juill. 2005, art. 122)* **I. — Le jugement de clôture de liquidation judiciaire pour insuffisance d'actif ne fait pas recouvrer aux créanciers l'exercice individuel de leurs actions contre le débiteur, sauf si la créance résulte :**

1° D'une condamnation pénale du débiteur.

2° De droits attachés à la personne du créancier.

II. — Toutefois, la caution ou le coobligé qui a payé au lieu et place du débiteur peut poursuivre celui-ci.

III. — Les créanciers recouvrent leur droit de poursuite individuelle dans les cas suivants :

1° La faillite personnelle du débiteur a été prononcée ;

2° Le débiteur a été reconnu coupable de banqueroute ;

3° Le débiteur *(Ord. n° 2010-1512 du 9 déc. 2010, art. 5-8°)* « , au titre de l'un quelconque de ses patrimoines, » ou une personne morale dont il a été le dirigeant a été soumis à une procédure de liquidation judiciaire antérieure clôturée pour insuffisance d'actif moins de cinq ans avant l'ouverture de celle à laquelle il est soumis ;

4° La procédure a été ouverte en tant que procédure territoriale au sens du paragraphe 2 de l'article 3 du règlement (CE) n° 1346/2000 du Conseil du 29 mai 2000 relatif aux procédures d'insolvabilité.

IV. — En outre, en cas de fraude à l'égard d'un ou de plusieurs créanciers, le tribunal autorise la reprise des actions individuelles de tout créancier à l'encontre du débiteur. Le tribunal statue lors de la clôture de la procédure après avoir entendu ou dûment appelé le débiteur, le liquidateur et les contrôleurs. Il peut statuer postérieurement à celle-ci, à la demande de tout intéressé, dans les mêmes conditions. — *Sur la publicité du jugement autorisant la reprise des poursuites, V. art. R. 643-18, al. 3 et 4.*

(Ord. n° 2008-1345 du 18 déc. 2008, art. 124) « V. — Les créanciers qui recouvrent leur droit de poursuite individuelle et dont les créances ont été admises ne peuvent exercer ce droit sans avoir obtenu un titre exécutoire ou, lorsqu'ils disposent déjà d'un tel titre, sans avoir fait constater qu'ils remplissent les conditions prévues au présent article. Le président du tribunal, saisi à cette fin, statue par ordonnance.

« Les créanciers qui recouvrent l'exercice individuel de leurs actions et dont les créances n'ont pas été vérifiées peuvent le mettre en œuvre dans les conditions du droit commun. »

(Ord. n° 2010-1512 du 9 déc. 2010, art. 5-8°) « VI. — Lorsque la clôture de liquidation judiciaire pour insuffisance d'actif est prononcée à l'issue d'une procédure ouverte à raison de l'activité d'un débiteur entrepreneur individuel à responsabilité limitée à laquelle un patrimoine est affecté, le tribunal, en cas de fraude à l'égard d'un ou de plusieurs créanciers, autorise les actions individuelles de tout créancier sur les biens compris dans le patrimoine non affecté de cet entrepreneur. Il statue dans les conditions prévues au IV. Les créanciers exercent les droits qui leur sont conférés par les présentes dispositions dans les conditions prévues au V. »

V. art. R. 643-20.

L'art. L. 643-11 est applicable aux procédures de redressement ou de liquidation judiciaire en cours au jour de l'entrée en vigueur de la L. n° 2005-845 du 26 juill. 2005 [1er janv. 2006.] Toutefois, les poursuites déjà engagées au jour de l'entrée en vigueur de cet article à l'égard de débiteurs ayant fait l'objet d'une interdiction de diriger ou de contrôler une entreprise commerciale ou une personne morale ne sont pas affectées et les sommes perçues par leurs créanciers restent acquises à ces derniers. L'art. L. 643-11 est également applicable aux procédures de règlement judiciaire ou de liquidation des biens en cours. Toutefois, les sommes perçues par les créanciers leur restent acquises (L. n° 2005-845 du 26 juill. 2005, art. 191).

L'art. L. 643-11 est applicable aux situations en cours, résultant d'une procédure de liquidation de biens dont les opérations ont été closes antérieurement au jour de l'entrée en vigueur de la L. n° 2005-845 du 26 juill. 2005 de sauvegarde des entreprises [1er janv. 2006.] Toutefois, les sommes perçues par les créanciers leur restent acquises (L. n° 2008-776 du 4 août 2008, art. 77-I).

1. Droit transitoire. Ayant relevé que les requêtes de l'administration fiscale tendant à l'obtention du titre exécutoire ou de l'autorisation spécifiques nécessaires à la reprise des poursuites individuelles avaient été déposées avant le 1er janv. 2006, jour de l'entrée en vigueur de la loi du 26 juill. 2005, une cour d'appel en a déduit, à bon droit, qu'au sens de l'art. 191, 3°, de la loi précitée [en note ci-dessus], les poursuites étaient engagées dès ce dépôt et que le dirigeant ayant fait l'objet d'une mesure d'interdiction de gérer ne pouvait se prévaloir des dispositions nouvelles de l'art. L. 643-11 C. com., lesquelles ne prévoient la reprise du droit de poursuite individuelle des créanciers qu'en cas de faillite personnelle du débiteur, et non plus d'interdiction de diriger. • Com. 21 sept. 2010 : *Bull. civ. IV, n° 142 ; D. 2010. Actu. 2286, obs. Lienhard* ✐ *; RTD com. 2010. 798, obs. Vallens* ✐ *; Rev. sociétés 2010. 539, obs. Roussel Galle* ✐ *;*

LEDEN nov. 2010, p. 4, obs. Camensuli-Feuillard ; Dict. perm. diff. entrep., Bull. n° 319, obs. Rémery ; RJDA 2010, n° 1180 ; LPA 20 déc. 2010, obs. Reille ; Rev. proc. coll. 2010, n° 250, obs. Berthelot ; Gaz. Pal. 7-8 janv. 2011, p. 47, obs. Montéran ; Dr. sociétés 2011, n° 36, note Legros.

2. Débiteur cautionné. Les dispositions de l'art. L. 643-11, II, en ce qu'elles dérogent à la règle de la libération du débiteur ne portent pas atteinte à l'égalité entre débiteurs cautionnés, dont la situation, distincte de celle des débiteurs non cautionnés, peut justifier une différence de traitement dans l'intérêt des cautions, lesquelles, en l'absence de ce texte, supporteraient définitivement une dette dont le débiteur principal serait lui-même déchargé (non-lieu à QPC). • Com., QPC, 21 juin 2011 : *D. 2011. Actu. 1815, obs. Lienhard ; RTD com. 2012. 196, obs. Martin-Serf.* ♦ V. aussi cet arrêt en ce qu'il déclare l'art. L. 643-11, II, applicable en Alsace-Moselle.

Ancien art. L. 643-11 (V) [réd. issue de L. n° 2005-845 du 26 juill. 2005] ***Les créanciers qui recouvrent l'exercice individuel de leurs actions en application du présent article peuvent, si leurs créances ont été admises, obtenir un titre exécutoire par ordonnance du président du tribunal ou, si leurs créances n'ont pas été vérifiées, le mettre en œuvre dans les conditions de droit commun.***

Code de commerce

Ancien art. L. 622-32 *I. — Le jugement de clôture de liquidation judiciaire pour insuffisance d'actif ne fait pas recouvrer aux créanciers l'exercice individuel de leurs actions contre le débiteur, sauf si la créance résulte :*

1° D'une condamnation pénale soit pour des faits étrangers à l'activité professionnelle du débiteur, soit pour fraude fiscale, au seul bénéfice, dans ce cas, du Trésor public ;

2° De droits attachés à la personne du créancier.

II. — Toutefois, la caution ou le coobligé qui a payé au lieu et place du débiteur peut poursuivre celui-ci.

III. — Les créanciers recouvrent leur droit de poursuite individuelle en cas de fraude à l'égard des créanciers, de faillite personnelle, d'interdiction de diriger ou contrôler une entreprise commerciale ou une personne morale, de banqueroute ou lorsque le débiteur ou la personne morale dont il a été le dirigeant a été déclaré en état de cessation des paiements et que la procédure a été clôturée pour insuffisance d'actif.

IV. — Les créanciers dont les créances ont été admises et qui recouvrent l'exercice individuel de leurs actions peuvent obtenir, par ordonnance du président du tribunal, un titre exécutoire. — [L. n° 85-98 du 25 janv. 1985, art. 169.]

BIBL. ▶ Dureuil et Mestre, *Rev. proc. coll. 1989. 389.* – Macorig-Venier, *ibid. 2003. 186.*

▶ Sur la situation de la caution après la loi du 10 juin 1994 : Brocard, *ALD 1994. 169 ; RJ com. 1994. 368.* – Devèze, *LPA 12 oct. 1994.* – De Valbray, *ibid., 14 sept. 1994.* – Chaput, *Rev. proc. coll. 1994. 523.* – Courtier, *Rev. huiss. 1995. 257.* – Rubellin, *LPA 21 juin 1995.* – Delville, *JCP 1996. I. 3961.* – Leblond, *Rev. proc. coll. 2009. Étude 26* (à propos des arrêts des 3 févr. et 12 mai 2009).

1. Cautions. Malgré la clôture de la liquidation judiciaire pour insuffisance d'actif, les créanciers conservent, la dette n'étant pas éteinte, le droit de poursuite à l'encontre de la caution du débiteur ; il en était ainsi, avant la loi du 10 juin 1994, quoique le droit, subsistant, de la caution à subrogation, ne pût s'exercer, sauf dans les cas prévus aux art. 169, ancien al. 2 [devenu al. 3], et 170 [ancien]. • Com. 8 juin 1993 : *Bull. civ. IV, n° 230 ; JCP 1993. II. 22174, note Ginestet ; Bull. Joly 1993. 911, note Jeantin ; Defrénois 1994. 577, obs. Sénéchal.* ♦ Solution infirmée par l'art. L. 622-32, al. 2, issu de la L. n° 94-475 du 10 juin 1994 [dont les dispositions ont été reprises à l'art. L. 643-11, II], qui permet à la caution ou au coobligé qui a payé au lieu et place du débiteur de poursuivre celui-ci.

Après le jugement de clôture de la liquidation judiciaire pour insuffisance d'actif, la caution qui a payé au lieu et place du débiteur peut poursuivre celui-ci soit en exerçant un recours subrogatoire sous réserve que le créancier ait déclaré sa créance soit en exerçant un recours personnel dès lors qu'elle a elle-même declaré sa créance. • Com. 12 mai 2009 : *Bull. civ. IV, n° 67 ; D. 2009. 2459, note Brocard ; ibid. Chron. C. cass. 2581, obs. Bélaval ; D. 2009. AJ 1472, obs. Lienhard ; JCP E 2009 1777, note Simler ; ibid. 1814, n° 6, obs. Cabrillac ; Act. proc. coll. 2009, n° 189, obs. Cagnoli ; LEDEN, juill. 2009, p. 4, obs.*

Camensuli-Feuillard ; Gaz. Pal. 12-16 juill. 2009, p. 7, note S. Piedelièvre ; ibid. 26-28 juill. 2009, p. 44, obs. Le Corre ; Banque et Droit juill.-août 2009. 44, obs. Jacob ; RTD com. 2009. 613, obs. Martin-Serf ; RTD civ. 2009. 554, obs. Crocq ; Rev. proc. coll. 2009, n° 112, obs. Macorig-Venier ; ibid. 2010, n° 16, obs. F. Legrand et M.-N. Legrand ; LPA 26 avr. 2010, note Dumont-Lefrand ; Defrénois 2010. 481, obs. Gibirila. ♦ ... La créance de recours personnel de la caution prenant naissance à la date de l'engagement de caution. • Com. 1er mars 2005 : *D. 2005. 1365, note Le Corre ; Rev. proc. coll. 2005. 212, obs. Macorig-Venier.* ♦ Dans le même sens, pour la créance de la caution qui agit avant paiement contre le débiteur principal, sur le fondement de l'art. 2309 C. civ., V. • Com. 3 févr. 2009 : *cité note 16 ss. ancien art. L. 621-43, ss. art. L. 622-24.*

1 bis. Codébiteurs solidaires. Si le jugement de clôture de la liquidation judiciaire ne fait pas recouvrer aux créanciers l'exercice de leurs actions contre le débiteur, cette exception purement personnelle à ce dernier ne peut pas être opposée par le codébiteur solidaire. • Com. 24 mars 2004 : *D. 2004. AJ 1593 ; Rev. proc. coll. 2004. 232, obs. Macorig-Venier.*

1 ter. Créances postérieures au jugement d'ouverture. Les créanciers dont la créance est née régulièrement après l'ouverture de la procédure collective peuvent poursuivre le recouvrement de leurs créances après la clôture de la liquidation judiciaire pour insuffisance d'actif. • Com. 30 oct. 2000 : *Act. proc. coll. 2000, n° 248 ; RJDA 2001, n° 203.*

1 quater. Action en revendication. Les dispositions de l'art. 169, devenu l'art. L. 622-32 [L. 643-11] C. com., ne font pas obstacle à l'exécution, postérieurement au jugement de clôture de la liquidation judiciaire pour insuffisance d'actif, d'une décision du juge-commissaire autorisant, à la suite d'une requête en revendication, la restitution du bien. • Com. 4 janv. 2005 : *Gaz. Pal. 29-30 avr. 2005, p. 45, obs. Le Corre-Broly ; RTD com. 2006. 207, obs. Martin-Serf.*

1 quinquies. Action paulienne. L'action fondée sur l'art. 1167 C. civ. qu'un créancier peut exercer contre tous les actes faits en fraude de ses droits par le débiteur n'est pas soumise aux dispositions de l'art. L. 622-32 [L. 643-11] C. com. • Com. 2 nov. 2005 : *cité note 21 ss. art. L. 622-21.*

1 sexies. Créances éteintes (jurisprudence antérieure à L. 26 juill. 2005). La renaissance du droit de poursuite individuelle d'un créancier pour le recouvrement d'une créance ayant son origine antérieurement au jugement d'ouverture est subordonnée à la non-extinction de cette créance sur laquelle la poursuite est fondée. • Com. 14 nov. 2000 : *Bull. civ. IV, n° 174 ; D. 2001. AJ 125, obs. Lienhard ; Act. proc. coll. 2001, n° 14, obs. Vallansan ; RTD com. 2001. 226, obs. Martin-Serf* • 25 juin 2002 : *RD banc. fin. 2002, n° 191, obs. F.-X. Lucas ; Rev. proc. coll. 2004. 231, obs. Macorig-Venier.* ♦ Sans préjudice de l'éventuelle application des dispositions de l'art. 1382 C. civ. en raison de la fraude commise par le débiteur, la créance étant éteinte faute d'avoir été déclarée à la procédure collective et d'avoir donné lieu à relevé de forclusion, le créancier est irrecevable à invoquer les dispositions de l'art. 169, al. 2 [C. com., ancien art. L. 622-32, III]. • Mêmes arrêts. – Dans le même sens, V. • Paris, 11 oct. 2001 : *D. 2001. AJ 3435.* ♦ Comp., désormais : art. L. 622-26, dans sa réd. issue de L. n° 2005-845 du 26 juill. 2005, qui ne prévoit plus l'extinction des créances non déclarées.

1 septies. Condamnation pénale. La créance résultant d'une condamnation, par le juge pénal, à payer des intérêts civils, est une créance résultant d'une condamnation pénale au sens de l'art. L. 622-32 [L. 643-11] C. com. • Civ. 2e, 13 juill. 2006 : *Bull. civ. II, n° 201 ; D. 2006. AJ 2101, obs. Lienhard.*

1 octies. Droits attachés à la personne. Déjà avant la loi du 10 juin 1994 [dont les dispositions ont été reprises à l'art. L. 643-11, I, 2°], la Cour de cassation avait jugé que l'art. 169 vise les droits attachés non à la personne du débiteur mais à celle du créancier. • Com. 31 mars 1992 : *Bull. civ. IV, n° 139 ; D. 1992. Somm. 373, obs. Derrida ; Defrénois 1992. 1384, obs. Le Cannu* • Soc. 11 mars 1993 : *Bull. civ. V, n° 84 ; D. 1993. IR 101* • 11 janv. 1994 : *Rev. huiss. 1994. 477.* ♦ A défaut de résulter de tels droits, la créance de cotisations d'une caisse régionale d'assurance maladie ne peut ouvrir à celle-ci droit à la reprise des poursuites individuelles contre son assuré. • Com. 31 mars 1992 : *préc.* – *Contra* : • Dijon, 26 avr. 1990 : *D. 1991. Somm. 241, obs. crit. Honorat ; JCP E 1991. I. 44, n° 9, obs. crit. Pétel.* – Comp. : • TASS Lot-et-Garonne, 6 juin 1994 : *BICC 1994, n° 800 ; Rev. dr. bancaire 1995. 41, obs. Campana et Calendini.* ♦ L'art. L. 622-32, al. 1er, dans sa rédaction issue de la L. n° 94-475 du 10 juin 1994 [dont les dispositions ont été reprises à l'art. L. 643-11, I, 2°], confirme cette jurisprudence. Dès lors que l'accident du travail d'un salarié était dû à la faute inexcusable de l'employeur, la demande de ce salarié en paiement, par l'employeur d'une indemnité réparant son préjudice professionnel est recevable, s'agissant d'un droit attaché à la personne. • Soc. 23 mai 1996 : *Bull. civ. V, n° 204 ; D. 1996. IR 157 ; Rev. proc. coll. 1997. 93, obs. Taquet.*

La créance de remboursement d'un prêt ne résulte pas de droits attachés à la personne du créancier. • Com. 29 mai 2001 : *Bull. civ. IV, nº 103 ; D. 2001. AJ 1950*. ♦ ... Le prêt fût-il assorti du privilège de prêteur de deniers. • Com. 16 nov. 2010 : *Bull. civ. IV, nº 174 ; D. 2010. Actu. 2831, obs. Lienhard ; LEDEN févr. 2011, p. 5, obs. Camensuli-Feuillard ; Bull. Joly Entrep. diff. 2011. 114, note Coquelet.*

1 nonies. Non-extinction des dettes. Si le jugement de clôture pour insuffisance d'actif n'entraîne pas l'extinction des dettes, il interdit aux créanciers l'exercice individuel de leurs actions contre le débiteur, de sorte que l'absence de règlement intégral des cotisations antérieures ne prive pas l'assuré ou ses ayants droit de tout droit aux prestations, mais a seulement pour effet d'exclure la période pendant laquelle les cotisations n'ont pas été payées du calcul du montant des prestations. • Civ. 2e, 17 janv. 2007 : *D. 2007. AJ 449 ; D. 2008. Pan. 575, obs. Le Corre ; Act. proc. coll. 2007, nº 84, obs. Regnaut-Moutier ; RTD com. 2007. 452, obs. Martin-Serf ; JCP E 2007. 2119, nº 6, obs. Pétel.* – Comp. : • Soc. 8 juin 1995 : *Bull. civ. IV, nº 194 ; Rev. proc. coll. 1996. 131, obs. Dureuil.*

1 decies. Compensation. Sauf exceptions limitativement énumérées, les dispositions d'ordre public de l'art. L. 622-32 [L. 643-11] C. com. font obstacle, postérieurement au jugement de clôture de la liquidation judiciaire pour insuffisance d'actif, à l'application de l'art. L. 725-1, al. 1er, C. rur., de sorte que la caisse de mutualité sociale agricole ne saurait prélever sur le montant des prestations dues à son adhérent le solde impayé de sa créance de cotisations admise au passif de la procédure collective. • Com. 8 juill. 2008 : *Bull. civ. IV, nº 144 ; D. 2008. AJ 2072, obs. Lienhard ; Act. proc. coll. 2008, nº 216, obs. Vallansan ; JCP E 2009. 1008, nº 11, obs. Pétel ; Rev. proc. coll. 2009, nº 111, obs. Macorig-Venier.*

2. Alsace-Moselle. Pour l'application des dispositions de l'art. L. 622-32 [L. 643-11] C. com. dans le cadre des procédures de faillite civile ouvertes pour cause d'insolvabilité notoire, V. • Civ. 2e, 13 juill. 2006 : *préc. note 1 septies ; Gaz. Pal. 6-7 oct. 2006, p. 21, obs. Voinot.*

3. Fraude. BIBL. Pérochon, *Mélanges Honorat, Frison-Roche, 2000, p. 161.* ♦ L'art. 169 [C. com., art. L. 643-11] ne distingue pas selon que la fraude a été commise avant ou après l'ouverture de la procédure collective. • Com. 15 févr. 2005 : *Bull. civ. IV, nº 26 ; D. 2005. AJ 711, obs. Lienhard ; ibid. Pan. 2018, obs. F.-X. Lucas ; Act. proc. coll. 2005, nº 71, obs. Blanc ; Gaz. Pal. 29-30 avr. 2005, p. 31, obs. Voinot.* ♦ Sur la condition de recevabilité tenant à la qualité de créancier, V. • Com. 2 févr. 1999 : *cité note 35 ss. ancien art. L. 621-46 ss art. L. 622-26.* ♦ ... À la clôture de la procédure pour insuffisance d'actif, V. • Paris, 5 janv. 2005 : *Gaz. Pal. 3-5 avr. 2005, p. 20, obs. Vray.* ♦ Une simple faute de gestion est insuffisante pour caractériser la fraude. • Amiens, 16 déc. 1988 : *JCP E 1990. II. 15658, nº 11, obs. Cabrillac et Pétel.* ♦ Constatant qu'un débiteur, dont la liquidation judiciaire a été clôturée pour insuffisance d'actif, et qui est tenu, en vertu des art. 52 de la loi [C. com., ancien art. L. 621-45] et 69 du décret, de remettre au représentant des créanciers la liste certifiée de ses créanciers et du montant de ses dettes, a dissimulé l'existence des sommes dont il était redevable envers un créancier qui n'a pu, en conséquence, bénéficier de l'avertissement aux créanciers connus d'avoir à déclarer leurs créances, prévu à l'art. 66 du décret, une cour d'appel en déduit justement qu'un tel comportement à l'égard du créancier est constitutif d'une fraude au sens de l'art. 169 [C. com., ancien art. L. 622-32], al. 2 [3], de la loi. • Com. 16 nov. 1993 : *Bull. civ. IV, nº 407 ; D. 1994. 157, note Amalvy et Derrida.* ♦ Il en résulte que le créancier est recevable à agir contre le débiteur, après la clôture de la liquidation judiciaire pour insuffisance d'actif, en réparation du préjudice lié à l'extinction de sa créance sur le fondement de l'art. 1382 C. civ., à charge pour lui d'établir que ce dernier a commis une fraude en dissimulant intentionnellement sa dette. • Com. 17 nov. 2009 : *Bull. civ. IV, nº 145 ; D. 2009. AJ 2861, obs. Lienhard ; Gaz. Pal. 8-9 janv. 2010, p. 28, obs. Le Corre-Broly ; LEDEN, janv. 2010, p. 5, obs. Rubellin ; Act. proc. coll. 2010, nº 4, obs. Cagnoli ; Rev. proc. coll. 2010, nº 14, obs. F. Legrand et M.-N. Legrand ; Bull. Joly 2010. 259, note Reille ; LPA 9 avr. 2010, note Rakotovahiny ; RJDA 2010, nº 660.* ♦ Le préjudice lié à l'extinction de la créance ne correspond pas nécessairement au montant de cette créance. • Même arrêt. ♦ Comp., pour un arrêt antérieur ayant admis que le créancier était fondé à obtenir, à titre de dommages et intérêts, le paiement de l'équivalent de la créance éteinte : • Com. 26 oct. 1999 : *Bull. civ. IV, nº 186 ; D. 1999. AJ 93, obs. A. L. ; Act. proc. coll. 1999, nº 258, obs. Vallansan ; JCP E 2000, nº 4, p. 128, obs. Pétel ; ibid., nº 42, p. 1660, note Le Corre ; RD banc. fin. 2000, nº 23, obs. F.-X. Lucas ; RJ com. 2000. 209, note Courtier ; RTD com. 2001. 226, obs. Martin-Serf.* ♦ Sur la preuve, incombant au créancier, du caractère intentionnel de la dissimulation, V. • Com. 13 nov. 2007 : *Bull. civ. IV, nº 239 ; D. 2007. AJ 3011 ; Defrénois 2008. 1226, obs. Gibirila.* – Sur cet arrêt, V. aussi Cerati-Gauthier, *RLDA 2008, nº 23, p. 18.* ♦ Toutefois, la créance fondant les poursuites étant éteinte pour n'avoir pas été déclarée au passif de la procédure collective du débiteur, les juges ne peuvent lui substituer un nouveau titre. • Civ. 2e, 26 juin 2003 : *D. 2003. AJ 1911, obs. Lienhard ; Dr. et proc. 2003. 354, obs. Putman ; LPA 18 févr. 2004, p. 3, note F.-X. Lucas.* ♦ Comp., désormais : art. L. 622-26, al. 1er, dans sa réd. issue de L. no 2005-845 du 26 juill. 2005, qui permet au créancier omis de la liste des créanciers mentionnée à l'art. L. 622-6 d'être relevé de sa forclusion. ♦ V. aussi art. L. 653-8, al. 2.

4. En ce sens que commet une fraude le débiteur qui accomplit, après la date de cessation des paiements, un acte visé aux art. 107 et 108 [C. com., art. L. 632-1 et L. 632-2], V. • Rouen, 20 nov. 1996 : *BRDA 1997, no 5, p. 9.*

4 bis. La fraude peut consister dans le non-respect des mesures de publicité de la vente d'un fonds de commerce imposées par l'art. 3 de la loi du 17 mars 1909 [C. com., art. L. 141-12 s.]. • Montpellier, 5 mars 1997 : *Rev. proc. coll. 1999. 120, obs. Macorig-Venier.*

4 ter. La soustraction d'un bien par le dirigeant d'une personne morale en liquidation judiciaire pour insuffisance d'actif constitue une fraude, permettant aux créanciers de recouvrer leur droit de poursuite individuelle, sans qu'il soit nécessaire de reprendre la procédure, clôturée. • Paris, 9 oct. 2001 : *BICC 2002, no 164.* ♦ Comp. note 3 ss. art. L. 643-13.

5. Il n'est pas nécessaire que la fraude concerne l'ensemble des créanciers. • Crim. 7 nov. 1994 : *Bull. crim. no 353 ; JCP 1995. IV. 551.* ♦ Solution confirmée par l'art. L. 643-11, IV, dans sa réd. issue de L. no 2005-845 du 26 juill. 2005.

6. Sur le défaut de qualité des dirigeants pour interjeter appel du jugement ordonnant la réouverture de la procédure, V. note 6 *quater* ss. art. L. 661-1.

7. Responsabilité fiscale. La clôture pour insuffisance d'actifs, malgré les conséquences qui s'y attachent à l'égard du débiteur en application de l'art. 169 [C. com., art. L. 643-11], ne fait pas obstacle à l'exercice par l'administration fiscale, à l'encontre du dirigeant de la société en liquidation, de l'action instituée à l'art. 267 LPF. • Com. 30 mai 2000 : *D. 2000. AJ 302, obs. Lienhard ; RD banc. fin. 2000, no 163, obs. F.-X. Lucas ; Bull. Joly 2000. 903, note Serlooten* • 28 nov. 2000 : *Bull. civ. IV, no 184 ; D. 2001. AJ 235, obs. Lienhard ; JCP E 2001, no 18, p. 752, obs. Pételّ.* ♦ V. art. L. 267 LPF. – **C. sociétés** ou **C. pr. fisc.** ♦ V. aussi note 28 ss. art. L. 651-2.

7 bis. Dirigeant de personne morale. Il résulte de la combinaison des art. L. 622-32, III, et L. 624-5, II, C. com., dans leur rédaction antérieure à la loi du 26 juill. 2005, que les créanciers recouvrent leur droit de poursuite individuelle contre le débiteur, ancien dirigeant d'une personne morale, tenu personnellement du passif de celle-ci par l'effet de la liquidation judiciaire prononcée contre lui à titre de sanction et clôturée pour insuffisance d'actif, lorsque ce dirigeant a également fait l'objet d'une mesure de faillite personnelle ou d'interdiction de gérer ou a été condamné pour banqueroute. • Com. 16 janv. 2007 : *Bull. civ. IV, no 2 ; D. 2007. AJ 312, obs. Lienhard ; Dr. sociétés 2007, no 135, note Legros ; RTD com. 2007. 451, obs. Martin-Serf ; Rev. proc. coll. 2007. 135, obs. Macorig-Venier ; Rev. sociétés 2007. 893, note Roussel Galle .* ♦ En revanche, un créancier admis au passif de la liquidation judiciaire d'une société n'est pas fondé à obtenir un titre exécutoire lui permettant de reprendre les poursuites individuelles contre son dirigeant, ayant fait l'objet d'une procédure collective sur le fondement de l'art. L. 624-4 [ancien] C. com., dès lors qu'il n'est pas devenu créancier du dirigeant personnellement du fait de l'ouverture de la procédure collective de ce dernier, et qu'il appartient au seul liquidateur de la personne morale de recouvrer le montant de la condamnation mise à la charge du dirigeant et de répartir ensuite les fonds obtenus entre les créanciers de celle-ci. • Com. 28 mars 2000 : *Bull. civ. IV, no 71 ; D. 2001. Somm. 618, obs. Honorat ; ibid. 2000. AJ 225, obs. Pisoni ; JCP E 2000, no 40, p. 1567, obs. Pétel ; RTD com. 2000. 731, obs. Vallens ; LPA 21 nov. 2000, p. 16, note Gibirila ; ibid. 24 sept. 2001, p. 13, note Courtier ; Act. proc. coll. 2000, no 112, obs. Vallansan* • 17 oct. 2000 : *Act. proc. coll. 2000, no 249, obs. Vallansan.*

7 ter. Ouverture antérieure d'une procédure clôturée pour insuffisance d'actif. Les créanciers ne recouvrent pas leur droit de poursuite individuelle à l'égard du dirigeant d'une personne morale dont la liquidation judiciaire a été clôturée pour insuffisance d'actif lorsque ce dirigeant n'avait pas lui-même antérieurement fait l'objet d'une procédure de liquidation judiciaire avec clôture pour insuffisance d'actif ou été le dirigeant d'une personne morale dont la liquidation judiciaire avait connu la même issue. • Com. 9 juin 1998 : *Bull. civ. IV, no 182 ; D. Affaires 1998. 1129, obs. A. L. ; Act. proc. coll. 1998, no 76, obs. Béhar-Touchais ; Procédures 1998, no 200, obs. Croze ; JCP E 1998, no 52, p. 2068, obs. Cabrillac.*

Pour recouvrer les dettes sociales impayées, les créanciers ne peuvent reprendre les poursuites à l'encontre du dirigeant faisant l'objet d'une interdiction de gérer ou de faillite personnelle lorsque l'extension à ce dernier de la liquidation judiciaire de la société n'a pas été prononcée (Rép.

min. n° 9903 : *JO Sénat Q, 19 nov. 1998, p. 3704*).

7 quater. Admission au passif. L'art. 169 modifié par la L. n° 94-475 du 10 juin 1994 [C. com., ancien art. L. 622-32], qui prévoit qu'en cas de faillite personnelle du débiteur les créanciers recouvrent leurs droits de poursuite individuelle, subordonne l'exercice de ce droit à la condition que la créance ait été admise au passif de la liquidation judiciaire. • Paris, 26 févr. 1999 : *Dr. sociétés 1999, n° 165, obs. Chaput.* ♦ Comp., désormais : art. L. 643-11, V, dans sa réd. issue de L. n° 2005-845 du 26 juill. 2005.

8. Liquidation des biens. Selon les termes de l'art. 240, le dispositif de l'art. 169, plus favorable au débiteur que celui prévu par la loi du 13 juill. 1967, n'est applicable qu'aux procédures ouvertes après l'entrée en vigueur de la loi de 1985, le 1er janv. 1986, sans dérogation au bénéfice des personnes déclarées en liquidation des biens avant cette date (Rép. min. n° 2990 : *JOAN Q, 9 févr. 1998, p. 740*).

9. Obtention d'un titre exécutoire. Les créanciers qui recouvrent leur droit de poursuite individuelle après la clôture de la liquidation judiciaire pour insuffisance d'actif ne peuvent l'exercer qu'en obtenant un titre exécutoire délivré par le président du tribunal de la procédure collective. • Com. 14 janv. 2004 : *D. 2003. AJ 348, obs. Lienhard* ; *JCP E 2004, n° 22, p. 857, obs. Cabrillac ; RTD com. 2004. 375, obs. Vallens*. – Dans le même sens, V. • Com. 16 juin 2004 : *Bull. civ. IV, n° 126 ; D. 2004. AJ 1902, obs. Lienhard* (1re esp.) ; *Act. proc. coll. 2004, n° 205, obs. Cagnoli ; Rev. proc. coll. 2005. 213, obs. Macorig-Venier.* ♦ Toutefois, s'agissant de l'administration fiscale, celle-ci doit simplement faire constater par ce magistrat qu'elle remplit les conditions légales pour reprendre l'exercice de son droit de poursuite individuelle. • Com. 24 mars 2004 : *Bull. civ. IV, n° 59 ; BRDA 2004, n° 7, p. 6* (rectifiant l'arrêt du 14 janv. 2004 préc.). ♦ Dans le même sens, V. • Com. 7 déc. 2004 : *Rev. proc. coll. 2006. 73, obs. Neau-Leduc et Hubert* • 18 janv. 2005 : *ibid.* • Amiens, 9 mai 2005 : *JCP E 2006, n° 3, p. 134* (rendu sur renvoi de • Com. 24 mars 2004 : *préc.*). ♦ Comp., désormais, distinguant entre les créanciers dont les créances ont été admises et ceux dont les créances n'ont pas été vérifiées : art. L. 643-11, V, dans sa réd. issue de l'Ord. n° 2008-1345 du 18 déc. 2008.

10. Recours contre l'ordonnance du président du tribunal. L'ordonnance rendue par le président du tribunal de commerce en application de l'art. 169, dernier al., devenu l'art. L. 622-32, IV, [L. 643-11, V] C. com., ne relève pas du régime prévu par les art. 1405 s. NCPC [désormais, art. 1405 s. C. pr. civ., relatifs à l'ordonnance d'injonction de payer] ; cette ordonnance est susceptible d'appel de la part du débiteur dans les conditions de forme et de délai de droit commun. • Com. 16 juin 2004 : *Bull. civ. IV, n° 127 ; D. 2004. AJ 1902, obs. Lienhard* (2e esp.).

Art. L. 643-12 La clôture de la liquidation judiciaire suspend les effets de la mesure d'interdiction d'émettre des chèques, dont le débiteur fait l'objet au titre de l'article 65-3 du décret du 30 octobre 1935 unifiant le droit en matière de chèques et relatif aux cartes de paiement *[C. mon. fin., art. L. 131-73, App. v° Banque et financement de l'entreprise]*, mise en œuvre à l'occasion du rejet d'un chèque émis avant le jugement d'ouverture de la procédure. *(Ord. n° 2010-1512 du 9 déc. 2010, art. 5-9°)* « Toutefois, lorsque le débiteur est un entrepreneur individuel à responsabilité limitée, cette suspension est limitée aux comptes afférents au patrimoine visé par la procédure. »

Si les créanciers recouvrent leur droit de poursuite individuelle, la mesure d'interdiction reprend effet, à compter de la délivrance du titre exécutoire *(Ord. n° 2008-1345 du 18 déc. 2008, art. 125)* « mentionné au V » de l'article *(L. n° 2005-845 du 26 juill. 2005, art. 123)* « L. 643-11 ». – *[C. com., ancien art. L. 622-33]*

V. art. R. 643-21 à R. 643-23.

Art. L. 643-13 *(L. n° 2005-845 du 26 juill. 2005, art. 124)* Si la clôture de la liquidation judiciaire est prononcée pour insuffisance d'actif et qu'il apparaît que des actifs n'ont pas été réalisés ou que des actions dans l'intérêt des créanciers n'ont pas été engagées pendant le cours de la procédure, celle-ci peut être reprise.

Le tribunal est saisi par le liquidateur précédemment désigné, par le ministère public ou par tout créancier intéressé. Il peut également se saisir d'office. S'il est saisi par un créancier, ce dernier doit justifier avoir consigné au greffe du tribunal

les fonds nécessaires aux frais des opérations. Le montant des frais consignés lui est remboursé par priorité sur les sommes recouvrées à la suite de la reprise de la procédure.

Si les actifs du débiteur consistent en une somme d'argent, la procédure prévue au chapitre IV du présent titre est de droit applicable.

L'art. L. 643-13 est applicable aux procédures en cours au jour de l'entrée en vigueur de la L. n° 2005-845 du 26 juill. 2005 [1er janv. 2006] (texte préc., art. 191).

V. art. R. 643-23.

1. Confusion des patrimoines. V. note 34 ss. art. L. 621-2.

2. Qualité pour agir. En cas de clôture d'une liquidation judiciaire pour insuffisance d'actif, et s'il apparaît que des actifs ont été dissimulés ou, plus généralement, en cas de fraude commise par le chef d'entreprise ou les dirigeants sociaux, le liquidateur, dont la mission a pris fin, n'est pas recevable, faute d'intérêt, à demander la reprise de la procédure. • Com. 5 avr. 1994 : *Bull. civ. IV, n° 140 ; D. 1994. IR 117 ; JCP E 1994. I. 394, n° 8, obs. Cabrillac* • 29 oct. 2002 : *Act. proc. coll. 2003, n° 22.* ♦ Solution infirmée par l'art. L. 643-13, al. 2, dans sa réd. issue de L. n° 2005-845 du 26 juill. 2005.

3. Motifs de réouverture. Il se déduit de l'art. L. 643-13 qu'une liquidation judiciaire, clôturée pour insuffisance d'actif, peut être reprise afin de poursuivre une procédure déjà engagée dans l'intérêt de l'entreprise, en vue de l'allocation de dommages-intérêts. • Crim. 27 janv. 2010 : *Bull. crim. n° 15 ; D. 2010. AJ 706 ; Rev. sociétés 2010. 193, obs. Roussel Galle ; Dr. sociétés 2010, n° 102, note R. Salomon ; RJDA 2010, n° 869 ; Rev. proc. coll. 2010, n° 180, obs. Berthelot.* ♦ La notion d'actions non engagées en faveur des créanciers ne peut correspondre qu'à celles qui ont pour objet de reconstituer l'actif du débiteur concerné aux fins de répartition de cet actif omis entre les créanciers, et non à celles qui ont au contraire pour objet d'alourdir le passif du débiteur, telle l'action d'un créancier d'une société dont la liquidation judiciaire a été clôturée pour insuffisance d'actif, en sa qualité d'assureur condamné à avancer une provision pour la réalisation de travaux de reprise de désordres imputables à cette société. • Rennes, 21 mars 2001 : *BICC 2001, n° 899 ; RJDA 2002, n° 183.* ♦ La réouverture de la liquidation judiciaire ne peut concerner que les actifs qui se trouvaient encore dans le patrimoine du débiteur au moment de l'ouverture de la procédure collective et dont l'existence n'aurait pas été connue du liquidateur. • Aix-en-Provence, 22 juin 2006 : *JCP 2006. IV. 3223.* ♦ Pour une réouverture justifiée par l'existence de deux biens immobiliers dissimulés par le débiteur, constamment défaillant durant les opérations de liquidation judiciaire, V. • T. com. Paris, 27 sept. 1995 : *RJ com. 1996. 272, note Gallet.* – Comp. note 4 *ter* ss. ancien art. L. 622-32 ss. art. L. 643-11.

3 bis. En ce sens qu'une action en responsabilité civile contre le liquidateur, mise en œuvre, après clôture de la liquidation judiciaire pour insuffisance d'actif, par l'ancien dirigeant désigné mandataire *ad hoc* à cet effet, suppose, pour être recevable, la reprise de la procédure dans les conditions de l'art. L. 643-13, V. • Com. 10 mai 2012 : *Bull. civ. IV, n° 94 ; D. 2012. Actu. 1325, obs. Lienhard ; JCP E 2012. 1479, note Lebel ; LEDEN juin 2012, p. 3, obs. Mouial-Bassilana ; Act. proc. coll. 2012, n° 153, obs. Vallansan ; Gaz. Pal. 3-4 août 2012, p. 29, obs. Rohart-Messager ; Bull. Joly 2012. 641, note Staes ; RJDA 2013, n° 350.*

3 ter. Sur le pouvoir souverain d'appréciation des juges du fond, V. • Com. 2 nov. 2005 : *Bull. civ. IV, n° 211 ; D. 2005. AJ 2873, obs. Lienhard .*

3 quater. Effet rétroactif de la reprise. La décision du tribunal ordonnant la reprise d'une procédure de liquidation judiciaire produit ses effets rétroactivement pour tous les actifs qui, à la date de la clôture de la procédure de liquidation judiciaire, faisaient partie du patrimoine du débiteur et qui n'ont pas été réalisés. • Com. 10 mai 2012 : *Bull. Joly Entrep. diff. 2012. 214, note Sortais.* — V. aussi • Com. 16 mars 2010 : *cité note 3 ss. art. L. 642-18.*

4. Recours. La tierce opposition formée par un créancier contre le jugement prononçant la réouverture des opérations de liquidation judiciaire est recevable, dès lors que l'art. 585 NCPC [C. pr. civ.] dispose que tout jugement est susceptible de tierce opposition si la loi n'en dispose autrement. • T. com. Paris, 27 sept. 1995 : *préc. note 3.*

5. Droit transitoire. L'application de l'art. L. 643-13 supposant que la procédure soit en cours au 1er janv. 2006, il en résulte que ce texte n'est pas applicable à une procédure de liquidation judiciaire clôturée en dernier lieu en 2004. • Orléans, 22 févr. 2007 : *BICC 2007, n° 1888 ; RTD com. 2007. 460, obs. Vallens .*

CHAPITRE IV DE LA LIQUIDATION JUDICIAIRE SIMPLIFIÉE

Le chapitre IV du titre IV du livre VI du code de commerce est applicable aux procédures en cours au jour de l'entrée en vigueur de la L. n° 2005-845 du 26 juill. 2005 [1er janv. 2006] (texte préc., art. 191).

BIBL. GÉN. ▶ M. SÉNÉCHAL, *Gaz. Pal. 2005. Doctr. 2962.* – PÉROCHON, *Rev. proc. coll. 2006. 191.* – THEETTEN, *D. 2007. Chron. 394* (après le décret du 23 déc. 2006). ▶ Sur la réforme issue de l'ordonnance du 18 déc. 2008 : LE CORRE, *D. 2009. 677*. – PÉROCHON, *Gaz. Pal. 8-10 mars 2009, p. 3.* – BERTHELOT, *JCP E 2009. 1312.*

Art. L. 644-1 *(L. n° 2005-845 du 26 juill. 2005, art. 125)* **La procédure de liquidation judiciaire simplifiée est soumise aux règles de la liquidation judiciaire, sous réserve des dispositions du présent chapitre.**

V. art. R. 644-1 s.

Art. L. 644-2 *(Ord. n° 2008-1345 du 18 déc. 2008, art. 126)* **« Par dérogation aux dispositions de l'article L. 642-19, lorsque la procédure simplifiée est décidée en application de l'article L. 641-2, le liquidateur procède à la vente des biens mobiliers de gré à gré ou aux enchères publiques dans les trois mois suivant le jugement de liquidation judiciaire. »**

(L. n° 2005-845 du 26 juill. 2005, art. 125) **A l'issue de cette période, il est procédé à la vente aux enchères publiques des biens subsistants.**

(Ord. n° 2008-1345 du 18 déc. 2008, art. 126) **« Lorsque la procédure simplifiée est décidée en application de l'article L. 641-2-1, le tribunal ou le président du tribunal, selon le cas, détermine les biens du débiteur pouvant faire l'objet d'une vente de gré à gré dans les trois mois de sa décision. Sous cette réserve, les biens sont vendus aux enchères publiques. »**

Pour l'entrée en vigueur, V. note précédant l'art. L. 644-1.

Art. L. 644-3 *(L. n° 2005-845 du 26 juill. 2005, art. 125)* **Par dérogation aux dispositions de l'article L. 641-4, il est procédé à la vérification des seules créances susceptibles de venir en rang utile dans les répartitions et des créances résultant d'un contrat de travail.**

Pour l'entrée en vigueur, V. note précédant l'art. L. 644-1.

Art. L. 644-4 *(Ord. n° 2008-1345 du 18 déc. 2008, art. 127)* **A l'issue de la procédure de vérification et d'admission des créances telle que prévue à l'article L. 644-3 et de la réalisation des biens, le liquidateur fait figurer ses propositions de répartition sur l'état des créances. Cet état ainsi complété est déposé au greffe et fait l'objet d'une mesure de publicité.**

Tout intéressé peut en prendre connaissance et, à l'exclusion du liquidateur, former réclamation devant le juge-commissaire dans des conditions fixées par décret en Conseil d'État. Les réclamations du débiteur ne peuvent concerner que les propositions de répartition. Celles des créanciers ne peuvent pas être formées contre les décisions du juge-commissaire portées sur l'état des créances auxquelles ils ont été partie.

Le juge-commissaire statue sur les contestations par une décision qui peut faire l'objet d'un recours dans un délai fixé par décret en Conseil d'État.

Le liquidateur procède à la répartition conformément à ses propositions ou à la décision rendue.

V. art. R. 644-2 et R. 644-3.

Pour l'entrée en vigueur, V. note précédant l'art. L. 644-1.

Art. L. 644-5 *(Ord. nº 2008-1345 du 18 déc. 2008, art. 128)* **« Au plus tard dans le délai d'un an à compter de la décision ayant ordonné ou décidé l'application de la procédure simplifiée, le tribunal prononce la clôture de la liquidation judiciaire, le débiteur entendu ou dûment appelé. »**

(L. nº 2005-845 du 26 juill. 2005, art. 125) **Il peut, par un jugement spécialement motivé, proroger la procédure pour une durée qui ne peut excéder trois mois.**

Pour l'entrée en vigueur, V. note précédant l'art. L. 644-1.

Art. L. 644-6 *(L. nº 2005-845 du 26 juill. 2005, art. 125)* **A tout moment, le tribunal peut décider, par un jugement spécialement motivé, de ne plus faire application des dérogations prévues au présent chapitre.** – *V. art. R. 644-4.*

Pour l'entrée en vigueur, V. note précédant l'art. L. 644-1.

TITRE CINQUIÈME DES RESPONSABILITÉS ET DES SANCTIONS

RÉP. COM. vº *Entreprises en difficulté (Responsabilités et sanctions)*, par FORTIS.

BIBL. GÉN. ▶ Régime de l'ordonnance du 18 déc. 2008 : MARTIN-SERF, *Rev. proc. coll. 2009. Dossier 14.* – MONTÉRAN, *Gaz. Pal. 8-10 mars 2009, p. 57.*

▶ Régime de la loi du 26 juill. 2005 : MONTÉRAN, *Gaz. Pal. 2005. Doctr. 3016* (sanctions pécuniaires et personnelles). – MASCALA, *RLDA, suppl. au nº 80, mars 2005, p. 71* (le comportement fautif du chef d'entreprise : de la sanction à la réparation ?) ; *Rev. proc. coll. 2005. 370* (amélioration de la situation du chef d'entreprise) ; *RTD com. 2006. 209* (nouveau régime des sanctions) ; *Rev. proc. coll. 2008. Dossier 11* (faut-il réformer les sanctions ?). – ROUSSEL GALLE, *JCP E 2005, nº 42, p. 1761* (responsabilités et sanctions). – TEBOUL, *LPA 1er-2 nov. 2005* (même thème). – MARTIN-SERF, *Rev. proc. coll. 2005. 382* (sanctions pécuniaires). – VALLENS, *RLDA, suppl. au nº 88, déc. 2005, p. 32.* – LE CANNU, *Rev. sociétés 2005. 743* (responsabilité civile des dirigeants de personne morale). – LEGROS, *Dr. sociétés 2006. Étude 2* (sort des membres et dirigeants de personnes morales). – ZATTARA-GROS, *LPA, nº spéc., 9 févr. 2006, p. 52* (commentaire article par article). – REGNAUT-MOUTIER, *Rev. proc. coll. 2006. 159* (dirigeants de société). – CROZE, *Procédures 2006. Étude 8* (procédures contre les dirigeants, associés ou membres d'une personne morale). – LÈGUEVAQUES, *Rev. proc. coll. 2006. 246* (sanctions civiles et pénales). – PARACHKÉVOVA, *LPA 19 déc. 2006* (nouvelle responsabilité des dirigeants dans les procédures collectives : révolution ou évolution ?). – VAUVILLÉ, *Rev. proc. coll. 2006. 345* (responsabilités et sanctions). – GUYADER, *RLDA 2007, nº 18, p. 69* (application des dispositions transitoires). – MODAT, *ibid., p. 75* (sanctions commerciales). – FOSSIER, *Rev. proc. coll. 2008. 18* (sanction et responsabilité du dirigeant : critères d'appréciation au fond).

Art. L. 650-1 *(Ord. nº 2008-1345 du 18 déc. 2008, art. 129)* **« Lorsqu'une procédure de sauvegarde, de redressement judiciaire ou de liquidation judiciaire est ouverte, »** *(L. nº 2005-845 du 26 juill. 2005, art. 126)* **les créanciers ne peuvent être tenus pour responsables des préjudices subis du fait des concours consentis, sauf les cas de fraude, d'immixtion caractérisée dans la gestion du débiteur ou si les garanties prises en contrepartie de ces concours sont disproportionnées à ceux-ci.**

Pour le cas où la responsabilité d'un créancier est reconnue, les garanties prises en contrepartie de ses concours *(Ord. nº 2008-1345 du 18 déc. 2008, art. 129)* **« peuvent être annulées ou réduites par le juge** *[ancienne rédaction : sont nulles]*. **»**

BIBL. ▶ ROUTIER, *D. 2006. Chron. 2916* ; *Gaz. Pal. 2005. Doctr. 3012.* – LEGEAIS, *RTD com. 2005. 818* . – CRÉDOT et GÉRARD, *RD banc. fin. 2005, nº 154.* – MARTIN-SERF, *Rev. proc. coll. 2005. 386.* – ROBINE, *D. 2006. Chron. 69* . – HOANG, *ibid. 1458* . – MOURY, *ibid. 1743* . – BONNEAU, *Banque et Droit janv.-févr. 2006. 61.* – FORRAY, *RTD com. 2008. 661* . – CARAMALLI, *JCP*

E 2009. 1363 (responsabilité du banquier pour soutien abusif dans un contexte de LBO en difficulté). ▸ Après l'ordonnance du 18 déc. 2008 : ROUTIER, *Gaz. Pal. 2009. Doctr. 837.* – LAISNEY, *RLDA avr. 2010. 60.* – KENSICHER, *Journ. sociétés mars 2012. 29.* – CRÉDOT, *ibid. avr. 2012. 71.* – DEMEYÈRE, *Rev. proc. coll. 2012. Étude 25.* – HOANG, *D. 2012. Chron. 2034*.

1. Il résulte de l'art. 190 de la loi du 26 juill. 2005 que l'art. L. 650-1 n'est applicable qu'aux seules procédures ouvertes après le 1er janv. 2006, date de son entrée en vigueur. • Com. 19 juin 2012 : *Bull. civ. IV, n° 127 ; D. 2012. Actu. 1670, obs. Lienhard ; ibid. Pan. 2204, obs. Le Corre ; JCP E 2012. 1508, n° 10, obs. Pétel ; Rev. sociétés 2012. 535, obs. Roussel Galle ; LEDEN sept. 2012, p. 4, obs. Parachkévova ; Banque et Droit sept.-oct. 2012. 57, obs. Rontchevsky ; RJDA 2012, n° 1098 ; LPA 15 avr. 2013, p. 13, obs. Zattara-Gros.*

2. Les termes génériques de « concours consentis » et de « créancier » de l'art. L. 650-1 conduisent à ne pas limiter son application aux seuls établissements de crédit. • Com. 16 oct. 2012 : *Bull. civ. IV, n° 186 ; D. 2012. Actu. 2513, obs. Lienhard ; Rev. sociétés 2012. 730, obs. Roussel Galle ; JCP E 2012. 1735, note Legeais ; ibid. 1757, n° 18, obs. Pétel ; Bull. Joly Entrep. diff. 2012. 379, note Le Mesle ; LEDEN déc. 2012, p. 4, obs. Borga ; Act. proc. coll. 2012, n° 293, obs. Regnaut-Moutier ; Gaz. Pal. 18-19 janv. 2013, p. 34, obs. Routier ; RJDA 2013, n° 143 ; RLDA janv. 2013. 19, obs. Demeyere ; Banque et Droit janv.-févr. 2013. 22, obs. Bonneau.* ♦ Des délais de paiement accordés par un cocontractant au débiteur constituent des concours au sens de l'art. L. 650-1. • Même arrêt.

3. Lorsqu'une procédure de sauvegarde, de redressement judiciaire ou de liquidation judiciaire est ouverte, les créanciers ne peuvent être tenus pour responsables des préjudices subis du fait des concours consentis, sauf les cas de fraude, d'immixtion caractérisée dans la gestion du débiteur ou de disproportion des garanties prises, que si les concours consentis sont en eux-mêmes fautifs. • Com. 27 mars 2012 : *Bull. civ. IV, n° 68 ; D. 2012. 1455, note Dammann et Rapp ; ibid. Actu. 870, obs. Lienhard ; ibid. Pan. 2204, obs. Le Corre ; Rev. sociétés 2012. 398, obs. Roussel Galle ; ibid. 2013. 91, note Riassetto ; JCP E 2012. 1274, note Legeais (1re esp.) ; ibid. 1508, n° 9, obs. Pétel ; JCP 2012. 635, note S. Piedelièvre ; Dict. perm. diff. entrep., Bull. n° 336, obs. Henry ; LEDEN mai 2012, p. 5, obs. Borga ; Act. proc. coll. 2012, n° 125, obs. Routier ; Bull. Joly Entrep. diff. 2012. 176, note Favario ; Bull. Joly 2012. 493, note Pétel ; Banque et Droit mai-juin 2012. 22, obs. Bonneau ; ibid. 44, obs. Rontchevsky ; RD banc. fin. 2012, n° 114, obs. Crédot et Samin ; Gaz. Pal. 3-4 août 2012, p. 16, obs. Routier ; RLDA juill.-août 2012. 21, obs. Robine ; RJDA 2012, n° 1098 ; Rev. proc. coll. 2012, n° 215, obs. Martin-Serf* • Com. 19 juin 2012 : *préc. note 1.*

4. La fraude doit s'entendre de l'octroi de crédits illicites ou de manœuvres exercées par le créancier pour le seul service de ses intérêts personnels au lieu de soutenir l'activité d'une entreprise ou d'assurer sa pérennité. • Orléans, 13 janv. 2011 : *Rev. proc. coll. 2011, n° 205, obs. Martin-Serf (6e esp.).* ♦ Sur les conditions d'application de l'art. L. 650-1, V. aussi • Com. 27 mars 2012 : *D. 2012. Pan. 2204, obs. Le Corre ; JCP E 2012. 1274, note Legeais (2e esp.) ; JCP 2012. 636, note Boucard ; LEDEN mai 2012, p. 5, obs. Favario ; Banque et Droit mai-juin 2012. 22, obs. Bonneau ; ibid. 44, obs. Rontchevsky ; RD banc. fin. 2012, n° 114, obs. Crédot et Samin ; Gaz. Pal. 3-4 août 2012, p. 16, obs. Routier ; RLDA juill.-août 2012. 21, obs. Robine ; Rev. proc. coll. 2012, n° 216, obs. Martin-Serf* • Paris, 3 juill. 2008 : *Gaz. Pal. 21-22 janv. 2009, p. 22, obs. Routier* • 17 sept. 2010 : *LEDEN nov. 2010, p. 5, obs. Petavy* • Versailles, 20 janv. 2011 : *RD banc. fin. 2011, n° 130, obs. Crédot et Samin ; JCP E 2011. 1882, n° 10, obs. Dumoulin.*

CHAPITRE PREMIER DE LA RESPONSABILITÉ POUR INSUFFISANCE D'ACTIF

Le chapitre Ier du titre V du livre VI du code de commerce est applicable aux procédures en cours au jour de l'entrée en vigueur de la L. n° 2005-845 du 26 juill. 2005 [1er janv. 2006], à l'exception de l'art. L. 651-2 (texte préc., art. 191).

Art. L. 651-1 *(L. n° 2005-845 du 26 juill. 2005, art. 127)* **Les dispositions du présent chapitre** *(Abrogé par Ord. n° 2008-1345 du 18 déc. 2008, art. 130)* **« *et du chapitre II du présent titre* » sont applicables aux dirigeants d'une personne morale de**

droit privé soumise à une procédure collective, ainsi qu'aux personnes physiques représentants permanents de ces dirigeants personnes morales *(Ord. n° 2010-1512 du 9 déc. 2010, art. 6-1°)* **« et aux entrepreneurs individuels à responsabilité limitée ».** – *[C. com., ancien art. L. 624-2.]*

L'action en comblement de passif est applicable aux dirigeants d'une association loi de 1901, peu important la nature de sa mission. • Com. 27 juin 2006 : *RJDA 2007, n° 49.*

Code de commerce

Ancien art. L. 624-1 *Le jugement qui ouvre le redressement ou la liquidation judiciaires de la personne morale produit ses effets à l'égard de toutes les personnes membres ou associées de la personne morale et indéfiniment et solidairement responsables du passif social. Le tribunal ouvre à l'égard de chacune d'elles une procédure de redressement judiciaire ou de liquidation judiciaire selon le cas.* – [L. n° 85-98 du 25 janv. 1985, art. 178.]

Les procédures ouvertes en vertu de l'art. L. 624-1, dans sa réd. antérieure à la L. n° 2005-845 du 26 juill. 2005, ne sont pas affectées par son entrée en vigueur (L. n° 2005-845 du 26 juill. 2005, art. 192). – V. note 6.

BIBL. ▶ BARBIÈRI, *Rev. proc. coll. 1991. 153.*

1. Ordre public. V. • Paris, 13 janv. 1995 : *Bull. Joly 1995. 262, note Jeantin.*

1 bis. Qualification. L'ouverture d'une procédure collective à l'encontre d'un associé indéfiniment responsable du passif social n'est pas une sanction au sens des dispositions de l'art. 6-1 Conv. EDH. • Paris, 8 sept. 2000 : *D. 2001. Somm. 1070, obs. F.-X. Lucas ; D. 2002. Somm. 76, obs. Sortais ; Dr. sociétés 2001, n° 8, obs. Chaput.* ♦ Dès lors, l'associé d'une société en nom collectif en liquidation judiciaire qui voit s'ouvrir à son encontre une procédure collective sur le fondement de l'art. 178 [C. com., ancien art. L. 624-1] ne peut s'y opposer en arguant du caractère disproportionné de la sanction ainsi prononcée, la liquidation ayant été causée par les agissements frauduleux d'un autre associé. • Même arrêt.

L'ouverture d'une procédure collective à l'égard de chacun des membres d'un groupement d'intérêt économique en redressement ou liquidation judiciaires n'est pas subordonnée à la constatation d'une faute de ce membre. • Com. 29 nov. 2005 : *Dr. sociétés 2006, n° 21, note Legros ; Gaz. Pal. 10-11 févr. 2006, p. 14, obs. Lebel.*

1 ter. Jugements successifs. Les dispositions de l'art. 178, devenu l'art. L. 624-1 [ancien] C. com., n'impliquent pas que l'ouverture de la procédure collective des associés soit simultanée par rapport à celle de la personne morale et soit contenue dans le même jugement. • Com. 10 déc. 2002 : *Act. proc. coll. 2003, n° 48.*

1 quater. Groupements d'intérêt économique. Pour une hypothèse de confusion de patrimoines entre des sociétés adhérentes d'un groupement d'intérêt économique, ayant conduit à prononcer un redressement judiciaire unique pour toutes ces entreprises, V. • Versailles, 16 déc. 1987 : *D. 1988. Somm. 383, obs. Honorat ; Rev. sociétés 1989. 434, note Honorat.* – Comp. : • Com. 6 mars 1990 : *Dr. sociétés 1990, n° 173.* ♦ Lorsqu'un règlement judiciaire a été prononcé à titre personnel à l'encontre d'un membre d'un GIE puis étendu à ce dernier pour confusion des patrimoines, la procédure ouverte par extension à l'égard du GIE ne saurait justifier l'ouverture d'une procédure à l'encontre de chacun des autres membres par application de l'art. 97 de la loi du 13 juill. 1967, en l'absence de cessation des paiements propre au GIE et de confusion des patrimoines entre celui-ci et ceux-là. • Com. 1er déc. 1992 : *Bull. Joly 1993. 237, note Daigre.*

V. aussi • Com. 8 févr. 1994 : *Bull. civ. IV, n° 57 ; Dr. sociétés 1994, n° 94, obs. Chaput ; Rev. proc. coll. 2000. 124, obs. Deleneuville.*

Comp., pour les GEIE : art. 36 du Règl. CEE n° 2137-85 du 25 juill. 1985 ss. art. L. 252-13.

2. Sociétés en nom collectif. Pour des applications à des associés indéfiniment et solidairement responsables du passif social, V., • Com. 25 mai 1988 : *Rev. sociétés 1989. 277, note Daigre* (art. 97, loi de 1967) • Paris, 2 mars 1990 : *Gaz. Pal. 1990. 2. 683, note Marchi* • 24 mars 1992 : *D. 1992. IR 167* • 8 mars 1996 : *D. Affaires 1996. 559.* – Comp. : • Paris, 11 juill. 1990 : *JCP E 1991. I. 22, n° 1, obs. Viandier et Caussain ; Rev. proc. coll. 1991. 198, obs. Calendini.*

Tant que la cession des parts sociales de l'associé en nom collectif n'a pas été inscrite au RCS, l'associé ne peut l'opposer aux tiers pour se soustraire à l'art. 178 [C. com., ancien art. L. 624-1]. • Com. 10 déc. 1996 : *D. Affaires 1997. 191 ; Bull. Joly 1997. 238, note Le Cannu ; JCP 1997. II. 22886, note E. Savatier* • Paris, 1er déc. 2000 : *Bull. Joly 2001. 451, note Bahans ; Act. proc. coll. 2001, n° 225, obs. Vallansan.*

Si la mise en tutelle d'un majeur associé en nom collectif le prive juridiquement de la capacité d'être commerçant, la poursuite de son activité commerciale, nonobstant la mesure d'incapacité prononcée à son égard, le laisse justiciable des dispositions de l'art. 178 [C. com., ancien art. L. 624-1]. • Com. 8 déc. 1998 : *Bull. civ. IV, n° 292 ; D. 1999. IR 29 ; D. Affaires 1999. 129, obs. A. L. ; JCP 1999. II. 10130, note Gibirila ; JCP E 1999, n° 18-19, p. 813, obs. Cabrillac ; ibid., n° 21, p. 916, note Youego ; Bull. Joly 1999. 386, note Le Cannu ; Act. proc. coll. 1999, n° 9, obs. Regnaut-Moutier ; Defrénois 1999. 612, obs. J. Honorat.* – V. aussi Valory, *Dr. et patr. mars 2000. 74* (V. l'arrêt cassé : • Paris, 12 mars 1996 : *D. 1996. IR 111 ; RJ com. 1996. 367, note X. Vincent*) • Com. 28 nov. 2000 : *D. 2001. Somm. 1514, obs. Lemouland ; Dr. sociétés 2001, n° 23, obs. Chaput ; RD banc. fin. 2001, n° 17, obs. F.-X. Lucas ; Bull. Lamy droit commercial mai 2001, p. 2, obs. Gibirila.*

Le tribunal peut, sans contradiction, prononcer la liquidation judiciaire immédiate d'un associé, alors qu'il a mis en redressement judiciaire les sociétés en nom collectif dans lesquelles il est associé, dès lors qu'il constate, qu'à son égard, un redressement est manifestement impossible. • Paris, 27 janv. 1995 : *Gaz. Pal. 1995. 1. Somm. 70.*

2 bis. Il résulte de l'art. 178 [C. com., ancien art. L. 624-1] que le tribunal ne peut être saisi ou se saisir d'office de la procédure de redressement judiciaire des associés tenus indéfiniment et solidairement du passif social qu'après l'ouverture de la procédure collective de la société en nom collectif. • Com. 25 nov. 1997 : *Bull. civ. IV, n° 307 ; D. 1998. IR 14 ; D. Affaires 1998. 27, obs. A. L. ; Bull. Joly 1998. 153, note Le Cannu.* ♦ La saisine d'office du tribunal à une époque où la société n'était pas en procédure collective du fait de l'annulation, par la cour d'appel, du jugement d'ouverture, n'a pas pour effet d'engager valablement l'action contre les associés. • Même arrêt.

2 ter. Sociétés en commandite. L'ouverture d'une procédure collective à l'encontre d'une société en commandite simple entraîne, en application de l'art. 178 [C. com., ancien art. L. 624-1], l'ouverture d'une procédure de redressement à l'égard de chaque associé commandité, ceux-ci ayant, selon l'art. 23 de la loi du 24 juill. 1966 [C. com., art. L. 222-1], le même statut que les associés en nom et se trouvant ainsi indéfiniment et solidairement responsables du passif social. • Poitiers, 2 déc. 1997 : *Dr. sociétés 1999, n° 51, obs. Chaput.* ♦ La cession de ses parts par l'associé, antérieurement au jugement d'ouverture de la procédure et à la date de cessation des paiements, est sans incidence dès lors que l'associé reste responsable du passif préexistant à son départ et qu'à ce moment-là, la société, assignée par un créancier en vue de l'ouverture du redressement judiciaire, ne pouvait faire face à ce passif exigible avec l'actif disponible. • Même arrêt.

2 quater. Sociétés civiles professionnelles. S'agissant d'un associé d'une SCP de notaires, l'absence de publicité au RCS (obligatoire, en vertu de l'art. 39, al. 2, du Décr. n° 67-868 du 2 oct. 1967), impliquant une présomption irréfragable que l'associé est demeuré membre de la société, le retrayant ne peut échapper au principe automatique de l'ouverture du redressement judiciaire en vertu de l'art. 178 [C. com., ancien art. L. 624-1]. • Douai, 25 sept. 1997 : *LPA 3 déc. 1997, p. 17, note Soinne.* ♦ C'est à compter de la publication du retrait au RCS, et non de l'arrêté de retrait ou de sa publication au *Journal officiel*, que le retrayant cesse d'être associé. • Même arrêt. ♦ V. aussi, pour l'application de l'art. L. 624-1 C. com. à un associé destitué n'ayant pas cédé ses parts au jour de la mise en redressement judiciaire de la SCP, • Com. 22 mai 2007 : *Bull. civ. IV, n° 139. ; D. 2007. AJ 1668 ; Act. proc. coll. 2007, n° 138, obs. Rétif ; Rev. proc. coll. 2007. 167, obs. Lebel ; Dr. sociétés 2007, n° 178, note Legros.*

2 quinquies. Sociétés civiles agricoles. Sur l'inapplicabilité de l'art. 178 [C. com., ancien art. L. 624-1] à l'associé d'une société civile d'exploitation agricole, V. • Com. 3 oct. 2000 : *Act. proc. coll. 2000, n° 226, obs. Regnaut-Moutier ; Dr. sociétés 2000, n° 172, obs. Chaput ; LPA 7 mai 2001, p. 12, note Gibirila.*

3. Sociétés créées de fait. La condition préalable à l'application des art. 178 [C. com., ancien art. L. 624-1] et 182 [C. com., ancien art. L. 624-5] (existence d'une procédure collective à l'encontre de la société) ne peut être réalisée à l'égard d'une société créée de fait, alors que, aux termes de l'art. 2 [C. com., ancien art. L. 620-2], seuls les groupements de droit privé dotés de la personnalité morale peuvent être soumis à la procédure de redressement judiciaire. • Paris, 22 janv. 1993 : *D. 1993. IR 117.* – V. aussi • Com. 30 mars 1993 : *Bull. civ. IV, n° 126 ; Bull. Joly 1993. 775, note Le Nabasque* • Paris, 13 sept. 1994 : *Dr. sociétés 1994, n° 191, obs. Chaput.*

3 bis. Plan de continuation. La procédure collective de l'associé de la personne morale, indéfiniment et solidairement responsable du passif social, ne peut être ouverte après que le tribunal, mettant fin au redressement judiciaire, a arrêté le plan de continuation de la personne morale. • Com. 13 nov. 2002 : *Bull. civ. IV, n° 166 ; D. 2002. AJ 3342, obs. Lienhard ; Act. proc. coll. 2002, n° 264, obs. Regnaut-Moutier ; JCP E 2003, n° 13, p. 566, note Legros ; Bull. Joly 2003. 128, note F.-X. Lucas ; LPA 19 sept. 2003, p. 13, note Cerati-Gauthier ; RTD com. 2003. 814, obs. Saint-Alary-Houin ; Rev. proc. coll. 2004. 266, obs. Dumont.*

3 ter. Clôture de la liquidation judiciaire pour insuffisance d'actif. La clôture pour insuffisance d'actif de la personne morale, qui laisse subsister la responsabilité solidaire des associés, ne fait pas obstacle à l'ouverture ultérieure d'une procédure collective à l'encontre de ces derniers dans le cadre de l'art. L. 624-1 [ancien] C. com. • Grenoble, 21 mai 2003 : *Rev. proc. coll. 2004. 219, obs. Lebel.*

4. Effets. BIBL. Le Corre, *D. 2002. Chron. 1122* (sort des créances). ♦ Les procédures collectives ainsi ouvertes sont indépendantes les unes des autres, chacune conservant son autonomie et suivant son régime propre. • Paris, 24 mars 1992 : *préc. note 2.*

Si l'ouverture d'une procédure collective à l'égard d'une personne morale produit ses effets à l'égard de toutes les personnes membres de la personne morale et indéfiniment et solidairement responsables du passif social, il n'en demeure pas moins qu'il s'agit de procédures distinctes et que, par voie de conséquence, il incombe au créancier qui se prévaut de l'obligation des associés au passif social, de déclarer sa créance non seulement à la procédure suivie contre la personne morale mais encore à chacune de celles suivies contre ses membres ou associés. • Com. 20 févr. 2001 : *Bull. civ. IV, n° 40 ; D. 2001. AJ 1101, obs. Avena-Robardet ; Act. proc. coll. 2001, n° 76, obs. Regnaut-Moutier ; JCP E 2001, n° 20-21, p. 850, note Rémery ; ibid., n° 38, p. 1469, obs. Pétel ; Bull. Joly 2001. 605, note Le Nabasque ; Dr. sociétés 2001, n° 97, note Legros ; RD banc. fin. 2001, n° 120, obs. F.-X. Lucas ; RJ com. 2002. 44, note Gibirila ; RTD com. 2002. 722, obs. Martin-Serf* • Paris, 1er févr. 1994 : *Dr. sociétés 1994, n° 91, obs. Chaput* • Aix-en-Provence, 2 sept. 2003 : *RD banc. fin. 2004, n° 172, obs. F.-X. Lucas.* – V. aussi • Paris, 11 janv. 2002 : *RD banc. fin. 2002, n° 101, obs. F.-X. Lucas.*

Jugé que le passif social mis à la charge de l'associé en nom en application de l'art. 178 [C. com., ancien art. L. 624-1] étant de même nature que celui déterminé dans le cadre de la vérification du passif de la société, une créance fiscale admise au passif de la société à titre privilégié le sera de même au passif de l'associé. • Paris, 18 sept. 1998 : *Rev. proc. coll. 2000. 126, obs. crit. Deleneuville.*

La déclaration de créance effectuée par le créancier au passif d'un des associés en nom a pour effet de sauvegarder la créance sur celui-ci, obligé à la dette, mais non la créance contributive de cet associé dans ses rapports avec ses coassociés qui font aussi l'objet d'une procédure collective, de sorte qu'il ne peut pas, en l'absence de déclaration au passif de ses coassociés, appeler ceux-ci en garantie pour la créance déclarée à son propre passif. • Paris, 9 sept. 2003 : *RJDA 2004, n° 326.*

4 bis. Lorsqu'il a été fait application de l'art. L. 624-1 [ancien] C. com. aux personnes, membres ou associées d'une personne morale en procédure collective, indéfiniment et solidairement responsables du passif social, la date de la cessation des paiements de ces personnes, soumises chacune à une procédure collective indépendante, est la date fixée pour la personne morale, peu important que cette date soit antérieure de plus de dix-huit mois à celle du jugement d'ouverture des personnes concernées. • Com. 27 juin 2006 : *Bull. civ. IV, n° 153 ; D. 2006. AJ 1890, obs. Lienhard ; Gaz. Pal. 6-7 oct. 2006, p. 11, obs. Lebel ; Dr. sociétés 2006, n° 182, note Legros ; JCP E 2007, n° 1, p. 23, obs. Pétel ; Rev. sociétés 2007. 174, note Roussel Galle.*

5. Application cumulative des anciens art. L. 624-1 et L. 624-3. L'ouverture à l'égard d'un associé d'une procédure de redressement judiciaire en application de l'art. 178 [C. com., ancien art. L. 624-1] rend sans objet la demande présentée sur le fondement de l'art. 180 [C. com., ancien art. L. 624-3]. • Com. 8 févr. 1994 : *préc. note 1 quater* • 11 avr. 1995 : *RJDA 1995, n° 771.*

6. Droit transitoire. Selon l'art. 192 de la loi du 26 juill. 2005, les procédures ouvertes en vertu de l'art. L. 624-1 C. com., dans sa rédaction antérieure à cette loi, ne sont pas affectées par son entrée en vigueur ; il s'ensuit que la procédure de redressement ou de liquidation judiciaire ouverte à l'égard des personnes, membres ou associées d'une personne morale en procédure collective, indéfiniment et solidairement responsables du passif social, par une décision prononcée antérieurement au 1er janv. 2006, fût-elle frappée de recours, continue d'être régie par les dispositions du code de commerce dans sa rédaction antérieure à la loi précitée, peu important que l'exécution provisoire ait été, le cas échéant, arrêtée. • Com. 27 juin 2006 : *préc. note 4 bis.* – V. aussi Bélaval, *D. 2007. Chron. C. Cass. 1303*. ♦ Pour l'inapplicabilité de l'art. L. 624-1 aux associés d'une société dont la liquidation judiciaire a été prononcée concomitamment à la résolution du plan de redressement, en application des dispositions issues de la loi du 26 juill. 2005, V. note 1 *bis* ss. art. L. 626-27.

Art. L. 651-2 *(Ord. nº 2008-1345 du 18 déc. 2008, art. 131)* **Lorsque la liquidation judiciaire d'une personne morale fait apparaître une insuffisance d'actif, le tribunal peut, en cas de faute de gestion ayant contribué à cette insuffisance d'actif, décider que le montant de cette insuffisance d'actif sera supporté, en tout ou en partie, par tous les dirigeants de droit ou de fait, ou par certains d'entre eux, ayant contribué à la faute de gestion. En cas de pluralité de dirigeants, le tribunal peut, par décision motivée, les déclarer solidairement responsables.**

(Ord. nº 2010-1512 du 9 déc. 2010, art. 6-2º) **« Lorsque la liquidation judiciaire a été ouverte ou prononcée à raison de l'activité d'un entrepreneur individuel à responsabilité limitée à laquelle un patrimoine est affecté, le tribunal peut, dans les mêmes conditions, condamner cet entrepreneur à payer tout ou partie de l'insuffisance d'actif. La somme mise à sa charge s'impute sur son patrimoine non affecté. »**

L'action se prescrit par trois ans à compter du jugement qui prononce la liquidation judiciaire.

Les sommes versées par les dirigeants *(Ord. nº 2010-1512 du 9 déc. 2010, art. 6-2º)* **« ou l'entrepreneur individuel à responsabilité limitée » entrent dans le patrimoine du débiteur. Elles sont réparties au marc le franc entre tous les créanciers. Les dirigeants** *(Ord. nº 2010-1512 du 9 déc. 2010, art. 6-2º)* **« ou l'entrepreneur individuel à responsabilité limitée » ne peuvent pas participer aux répartitions à concurrence des sommes au versement desquelles ils ont été condamnés.**

V. art. R. 651-1 à R. 651-3, R. 651-6 et R. 661-1.

BIBL. ▸ Arnaud-Grossi et Poracchia, *Journ. sociétés févr. 2010. 32.*

Ancien art. L. 651-2 (L. nº 2005-845 du 26 juill. 2005, art. 128) ***« Lorsque la résolution d'un plan de sauvegarde ou de redressement judiciaire ou la liquidation judiciaire d'une personne morale fait apparaître une insuffisance d'actif, le tribunal peut, en cas de faute de gestion ayant contribué à cette insuffisance d'actif, décider que les dettes de la personne morale seront supportées, en tout ou partie, par tous les dirigeants de droit ou de fait ou par certains d'entre eux, ayant contribué à la faute de gestion. En cas de pluralité de dirigeants, le tribunal peut, par décision motivée, les déclarer solidairement responsables.***

« L'action se prescrit par trois ans à compter du jugement qui prononce la liquidation judiciaire ou la résolution du plan. »

Les sommes versées par les dirigeants en application de l'alinéa 1er entrent dans le patrimoine du débiteur (Abrogé par L. nº 2005-845 du 26 juill. 2005, art. 128) ***« et sont affectées en cas de continuation de l'entreprise selon les modalités prévues par le plan d'apurement du passif. En cas de cession ou de liquidation, ». Ces sommes sont réparties entre tous les créanciers au marc le franc.*** — [C. com., ancien art. L. 624-3.] — Pour l'entrée en vigueur, V. note précédant l'art. L. 651-1.

BIBL. ▸ Régime antérieur à la loi du 26 juill. 2005 : Rosenfeld et Sexer, *D. Affaires 1995. 145.* - Obadia et Sexer, *Bull. Joly 1994. 617.* - Vincensini, *Bull. Aix-en-Provence 1995, nº 2, p. 16.* - Gruber, *LPA 1er mai 1995* (action en comblement de passif et art. 1er, al. 2, de la Convention de Bruxelles du 27 sept. 1968). - Pollaud-Dulian, *RTD com. 1997. 349* (avatars de l'action en responsabilité civile dans le droit des affaires). - Y. Colin, *Dr. sociétés 1998. Chron. 5.* - Feugère, *RJ com. 1999. 333.* - Deboissy, *Annonces de la Seine, 18 mai 2000, p. 6.* - Derrida, *D. 2001. Chron. 1377*. - Saint-Alary-Houin, *Cah. dr. entr. 2001, nº 3, p. 30 ; Rev. proc. coll. 2001. 145.* - Cozian, *JCP E 2002, nº 8-9, p. 358* (déductibilité des revenus imposables des paiements faits par le dirigeant). - Deleneuville, *Rev. proc. coll. 2002. 76.* - Sortais, *Mélanges Bézard, Montchrestien, 2002, p. 321.* - Descorps Declère, *RTD com. 2003. 25* (pour une réhabilitation de la responsabilité civile des dirigeants sociaux). - Rouvière, *ibid. 2006. 529* (concours de l'action en comblement de passif et de l'action civile exercée devant la juridiction répressive).

A. CONDITIONS D'APPLICATION

1. *Nature juridique.* Sur l'absence de caractère répressif, V. note 28. ♦ Sur le *caractère indemnitaire* de l'action en comblement de passif, V. • Pau, 23 mars 2004 : *RD banc. fin. 2004, n° 214, obs. F.-X. Lucas ; Rev. proc. coll. 2005. 233, obs. Dumont.*

1 bis. L'obligation en comblement de l'insuffisance d'actif prévue à l'art. 180 [C. com., art. L. 651-2] ayant un caractère patrimonial et indemnitaire, les dispositions de ce texte ne font pas obstacle à ce que les dirigeants de droit ou de fait des sociétés débitrices participent volontairement à l'apurement du passif même s'ils ne reconnaissent pas leur responsabilité et sans que celle-ci soit constatée. • T. com. Paris, 7 sept. 1998 : *Gaz. Pal. 1999. 2. Somm. 612.*

2. Cette action est d'ordre patrimonial et la charge qui en résulte est transmissible par succession (loi de 1967). • Com. 9 févr. 1979 : *D. 1980. 459, note Burst.* – Dans le même sens, V. • Amiens, 23 janv. 2003 : *JCP 2003. IV. 2612 ; RJDA 2004, n° 208 ; Rev. proc. coll. 2005. 153, obs. A. Barret.* ♦ Les héritiers ayant accepté sous bénéfice d'inventaire sont tenus du paiement des dettes de la succession (dont la dette au titre du comblement de passif) à concurrence de la valeur des biens recueillis. • Versailles, 27 févr. 1997 : *BICC 1997, n° 1053 ; JCP E 1997. Pan. 468 ; Gaz. Pal. 1997. 2. Somm. 351.*

3. L'auteur du dommage qui était sous l'empire d'un trouble mental n'en est pas moins obligé à réparation, selon l'art. 489-2 C. civ. V. (loi de 1967) • Civ. 1re, 9 nov. 1983 : *Bull. civ. I, n° 263 ; JCP 1984. II. 20316, note Jourdain* • Aix-en-Provence, 13 janv. 1988 : *Rev. proc. coll. 1989. 248, obs. Chaput.*

4. Cumul d'actions en responsabilité. BIBL. Daigre, *Bull. Joly 1995. 953 ; Rev. sociétés 1988. 199.* – Brunet et Germain, *LPA 23 juill. 1986.* – Soinne, *ibid., 2 août 1995, p. 10 ; Rev. proc. coll. 1995. 249.* – Piniot, *RJDA 1995, p. 639.* – Vidal, *Dr. sociétés déc. 2000. 3* (tiers victime d'une faute du dirigeant détachable de ses fonctions). ♦ Lorsque le redressement ou la liquidation judiciaires d'une société à responsabilité limitée fait apparaître une insuffisance d'actif, les dispositions des art. 180 et 183 de la loi du 25 janv. 1985 [C. com., art. L. 651-2 et L. 651-3], qui ouvrent, aux conditions qu'ils prévoient, une action en paiement des dettes sociales ayant contribué à l'insuffisance d'actif, ne se cumulent pas avec celles de l'art. 52 de la loi du 24 juill. 1966 [C. com., art. L. 223-22]. • Com. 28 févr. 1995 : *Bull. civ. IV, n° 60 ; D. 1995. 390, note Derrida ; Rev. sociétés 1995. 555, note Derrida ; RTD com. 1995. 663, obs. Haehl ; LPA 11 août 1995, p. 37, note Chartier ; Quot. jur. 21 mars 1995, p. 7, note P. M.* • 19 févr. 2002 : *Dr. sociétés 2002, n° 117, note Vidal ; RJDA 2002, n° 777* • Paris, 28 mars 1995 : *Bull. Joly 1995. 683, note Daigre.* ♦ Il s'ensuit qu'un créancier est irrecevable à exercer contre le gérant, à qui il impute des fautes de gestion, l'action en réparation du préjudice résultant du non-paiement de sa créance. • Mêmes arrêts. – Comp. : • Com. 28 avr. 1998 : *D. 1998. IR 136 ; D. Affaires 1998. 1008, obs. A. L. ; Bull. Joly 1998. 808, note Le Cannu ; JCP E 1998, n° 31, p. 1258, note Guyon ; Dr. sociétés 1998, n° 115, note Vidal ; JCP 1998. II. 10177, note Ohl ; Rev. sociétés 1998. 767, note Saintourens.* ♦ ... Peu important le fait que le dirigeant n'ait pas été poursuivi en paiement des dettes sociales sur le fondement de l'art. 180 [C. com., art. L. 651-2]. • Com. 11 avr. 1995 : *Bull. Joly 1995. 684, note Daigre.* ♦ V. aussi, pour l'irrecevabilité de l'action sociale en responsabilité contre les dirigeants, • Com. 26 mai 1999 : *Bull. Joly 1999. 962, note Menjucq ; RJDA 2000, n° 321* • 3 oct. 2000 : *Bull. Joly 2001. 24, note Le Cannu ; LPA 30 mai 2001, p. 21, note Gibirila.* – *Contra :* • Com. 21 févr. 1995 : *cité par Soinne, LPA 2 août 1995, p. 16.* ♦ De même, les dispositions desdits art. 180 et 183 [C. com., art. L. 651-2 et L. 651-3] ne peuvent être cumulées avec celles des art. 1382 et 1383 C. civ. • Com. 20 juin 1995 : *Bull. civ. IV, n° 186 ; D. 1995. 448 ; Bull. Joly 1995. 988, note Saintourens ; Rev. sociétés 1995. 766.* ♦ Est donc irrecevable l'action subsidiaire formée par le liquidateur, sur le fondement de ces art., en réparation du préjudice global des créanciers résultant de l'insuffisance d'actif. • Même arrêt. – Dans le même sens, V. • Paris, 17 avr. 1992 : *Bull. Joly 1992. 952, note Daigre ; Dr. sociétés 1992, n° 206, obs. Chaput* • 4 juill. 1995 : *D. 1995. IR 222 ; D. Affaires 1995. 25* • Bordeaux, 12 janv. 1993 : *Rev. proc. coll. 1993. 573, obs. Blanchard* • Dijon, 23 sept. 1997 : *Rev. proc. coll. 1999. 46, obs. Martin-Serf* • Angers, 3 déc. 2001 : *BICC 2002, n° 341* • TGI Toulouse, 28 mars 1988 : *D. 1991. Somm. 114, obs. Derrida ; Rev. proc. coll. 1989. 246, obs. Chaput.* ♦ Sur la recevabilité de l'action civile en cas d'abus de biens sociaux, V. note 40 *bis*.

S'il est vrai que les dispositions de l'art. 180 [C. com., art. L. 651-2] excluent toute action concurrente du liquidateur fondée sur l'art. 1382 C. civ., cette exclusion ne trouve toutefois à s'appliquer qu'à la condition que les fautes imputées au dirigeant social aient contribué à une insuffisance d'actif, laquelle s'apprécie en fonction du passif existant au jour de l'ouverture de la procédure. • Lyon, 30 avr. 1999 : *D. 1999. IR 217 ; D. Affaires 1999. 1256, obs. A. L ; Gaz. Pal. 2000. 539, note Guével.* ♦ V. note 32. ♦ Pour la recevabilité de l'action fondée sur l'art. 52 de la loi du 24 juill. 1966 [C. com., art. L. 223-22], lorsque l'insuffisance d'actif n'est pas alléguée, V. • Com. 28 mars 2000 : *Bull. civ. IV, n° 70 ; D. 2000. AJ 227 ; JCP E 2000, n° 40, p. 1566, obs. Pétel ; Rev. proc. coll. 2000. 135, obs. Martin-Serf ; Act. proc. coll. 2000, n° 113, obs. Saintourens ; RD banc. fin. 2000, n° 73, obs. F.-X. Lucas ; Bull. Joly 2000. 606, note Daigre ; RTD com. 2001. 452, obs. Champaud et Danet* • 28 mai 2002 : *RJDA 2002, n° 1176 ; Dr. sociétés 2003, n° 105, note Legros.* ♦ ... Ou lorsque le redressement ou la liquidation judiciaire ne fait pas apparaître d'insuffisance d'actif, V. • Com. 27 juin 2006 : *Bull. civ. IV, n° 152 ; D. 2006. AJ 1891, obs. Lienhard ; Act. proc. coll. 2006, n° 172, obs. Regnaut-Moutier ; Gaz. Pal. 6-7 oct. 2006, p. 38, obs. Montéran ; Dr. sociétés 2007, n° 6, note Legros.*

Pour la recevabilité de l'action individuelle en responsabilité exercée par un associé [sur le fondement de l'art. L. 225-252 C. com.] à l'encontre des dirigeants d'une société faisant l'objet d'une procédure collective, pour des faits antérieurs au jugement d'ouverture, dès lors qu'est établi un préjudice personnel, distinct de celui subi par la personne morale, peu important que la procédure collective fasse apparaître une insuffisance d'actif, V. • Com. 9 mars 2010 : *Bull. civ. IV, n° 48 ; D. 2010. AJ 761, obs. Lienhard ; LEDEN mai 2010, p. 6, obs. Parachkévova ; RJDA 2010, n° 637 ; Bull. Joly 2010. 537, note Schmidt ; Rev. proc. coll. 2011, n° 16, obs. Martin-Serf.* ♦ Sur l'action personnelle des créanciers, V. note 12 *ter* ss. art. L. 622-20.

Sur la responsabilité fiscale, V. note 28.

Pour le non-cumul de l'action en comblement de passif et de l'action en responsabilité pour abus de dépendance économique (C. com., art. L. 442-6), V. • Versailles, 25 sept. 2008 : *RJDA 2009, n° 664.*

4 bis. Seule la gestion du dirigeant social antérieure au jugement d'ouverture pouvant ouvrir l'action en paiement des dettes sociales prévue par l'art. 180 [C. com., art. L. 651-2], l'action d'un créancier relevant de l'art. 40 [C. com., art. L. 622-17], fondée sur l'art. 244 de la loi du 24 juill. 1966 [C. com., art. L. 225-251] et tendant à la mise en jeu de la responsabilité du dirigeant pour des faits postérieurs au jugement d'ouverture, est recevable. • Com. 14 mars 2000 : *Bull. civ. IV, n° 59 ; D. 2000. AJ 187, obs. Lienhard ; JCP E 2000, n° 39, p. 1527, note Poracchia ; Rev. proc. coll. 2000. 135, obs. Martin-Serf ; Gaz. Pal. 2000. Somm. 2770, obs. Guével ; ibid. 2002. 52, note Courtier ; LPA 21 nov. 2000, p. 13, note Gibirila ; Dr. sociétés 2000, n° 75, obs. Chaput ; RD banc. fin. 2000, n° 73, obs. F.-X. Lucas ; Bull. Joly 2000. 602, note Daigre.* ♦ V. note 18.

5. Dirigeants de droit. N'avaient pas la qualité de dirigeants de droit au sens de l'art. 99 de la loi de 1967 : les membres des organes légaux de surveillance. • Com. 9 mai 1978 : *D. 1978. 419.* ♦ ... Les directeurs salariés. • Com. 20 févr. 1979 : *Gaz. Pal. 1979. 2. 539, note Fagain.*

5 bis. Bien qu'ils n'assument pas la direction générale de la société, les administrateurs ont la qualité de dirigeants de droit au sens de l'art. L. 624-3 [L. 651-2] C. com. (condamnation au comblement du passif des administrateurs d'une société anonyme en raison de fautes d'abstention). • Com. 31 mai 2011 : *Bull. civ. IV, n° 87 ; D. 2011. Actu. 1551, obs. Lienhard , Rev. sociétés 2011. 521, obs. Roussel Galle ; JCP E 2011. 1655, note Couret et Condero ; LEDEN juill. 2011, p. 5, obs. Parachkévova ; Act. proc. coll. 2011, n° 207, obs. Pagnucco ; RJDA 2011, n° 725 ; Bull. Joly 2011. 817, note Saintourens ; Bull. Joly Entrep. diff. 2011. 268, note Dammann et Boché-Robinet , Gaz. Pal. 7-8 oct. 2011, p. 39, obs. Montéran ; Dr. sociétés 2011, n° 200, note Legros ; Rev. proc. coll. 2011, n° 199, obs Martin-Serf.*

6. Le défaut de publicité de la désignation d'un dirigeant ne peut pas avoir pour effet de soustraire celui-ci aux responsabilités attachées aux fonctions qu'il a acceptées et exercées. • Com. 8 juill. 2003 : *RJDA 2004, n° 76.* – V. déjà, sous l'empire de la loi de 1967 : • Com. 26 janv. 1988 : *Bull. civ. IV, n° 52 : D. 1988. Somm. 377, obs. Honorat ; Rev. sociétés 1988. 284, note Chaput.*

Si, aux termes de l'art. 66 du Décr. du 30 mai 1984 [C. com., art. L. 123-9], la personne assujettie à immatriculation au RCS, ne peut dans l'exercice de son activité, opposer aux tiers les faits et actes sujets à mention que si ces derniers ont été publiés au registre, l'inopposabilité ne concerne pas les faits et actes qui mettent en jeu sa responsabilité personnelle sur le fondement de l'art. 180 [C. com., art. L. 651-2] (à propos d'un dirigeant dont la démission n'a pas été publiée). • Com. 14 oct. 1997 : *Bull. civ. IV, n° 254 ; D. 1997. IR 243 ; D. Affaires 1997. 1290 ; Bull. Joly 1997. 1083, note Calendini ; Defrénois 1998. 671, obs. J. Honorat et Hovasse ; Rev. sociétés 1998. 380, note Randaux* • Versailles, 2 déc. 1999 : *Bull. Joly 2000. 382 ; RJDA 2000, n° 456.* ♦ Ainsi, l'administrateur d'une société anonyme, considéré comme démissionnaire d'office au bout de trois mois d'exercice de ses fonctions et ayant effectivement démissionné deux mois plus tard, ne peut être considéré comme responsable de faits postérieurs à son départ simplement parce que sa démission n'a pas été publiée. • Paris, 25 févr.

2000 : *Dr. sociétés 2000, n° 155, obs. Chaput.* ♦ V. note 17.

V. aussi note 1 *bis* ss. ancien art. L. 625-4, ss. art. L. 653-4 et notes 2 à 2 *ter* ss. art. L. 653-5.

7. L'existence d'un contrat de travail ne suffit pas à établir que le dirigeant de droit n'est que le prête-nom d'un dirigeant de fait. • Paris, 15 janv. 1999 : *Bull. Joly 1999. 627, note Saintourens.* ♦ Pour l'absence de condamnation d'un dirigeant de droit, simple prête-nom sans réel pouvoir, V. • Metz, 29 juin 1993 : *Dr. sociétés 1994, n° 114, obs. Chaput.* ♦ Comp. : note 22 *bis*.

8. Dirigeants de fait. BIBL. Rives-Lange, *D. 1975. Chron. 41.* – Notté, *JCP E 1980. II. 8560.* – J.-F. Martin, *Gaz. Pal. 1991. 1. Doctr. 24.* – Champaud et Danet, *RTD com. 1994. 279*. – Tricot, *Dr. et patr. janv. 1996. 24.* – Le Cannu, *Bull. Joly 1998. 5* (contrat avec la société dirigée). – Gimalac, *RTD com. 1999. 601* (distribution intégrée). – Delattre, *JCP E 2007. 1872.* ♦ A la qualité de dirigeant de fait celui qui exerce une activité positive et indépendante dans l'administration générale d'une société (loi de 1967). • Com. 9 mai 1978 : *D. 1979. 419, note Vasseur* • 20 déc. 1988 : *Rev. proc. coll. 1989. 244, obs. Chaput* (loi de 1967, à propos d'un président de conseil de surveillance) • 20 janv. 1998 : *RTD com. 1998. 357, obs. Champaud et Danet* • 3 févr. 1998 : *RTD com. 1998. 614, obs. Champaud et Danet*. ♦ Pour des exemples du contrôle exercé par la Cour de cassation sur la motivation par les juges du fond, V. • Com. 28 janv. 1997 : *D. 1997. IR 72* • 16 mars 1999 : *Bull. civ. IV, n° 64 ; D. 1999. IR 103* • 18 janv. 2000 : *Rev. proc. coll. 2001. 262, obs. Martin-Serf* • 17 déc. 2003 : *Dr. sociétés 2005, n° 46, note Legros* • 12 oct. 2004 : *ibid.*

9. L'immixtion dans la gestion d'une entreprise devant se traduire par des actes positifs en toute indépendance, la preuve de tels actes ne peut résulter de l'exécution d'un contrat de partenariat interne qui implique une collaboration sous la surveillance et le contrôle des dirigeants de droit. • Rennes, 11 juill. 1990 : *Dr. sociétés 1993, n° 184, obs. Chaput.* ♦ En revanche, la personne qui, sous couvert d'un « contrat de partenariat interne », se charge d'organiser la gestion financière de la société et de négocier avec ses différents partenaires financiers, administratifs et commerciaux, s'immisce dans la gestion et doit être qualifiée de dirigeant de fait. • Com. 6 oct. 1992 : *Bull. civ. IV, n° 287 ; D. 1992. IR 255 ; Bull. Joly 1992. 1288, note Daigre.*

Pour la qualité de dirigeant de fait d'un donneur d'ordre qui s'était immiscé dans la gestion des sous-traitants, V. • Com. 12 mai 1998 : *RTD com. 1998. 862, obs. Champaud et Danet* ; *Rev. proc. coll. 2001. 263, obs. Martin-Serf ; Bull. Joly 2006. 469, note F.-X. Lucas.*

9 bis. Le fait, pour une banque, d'exercer un contrôle sur l'utilisation des fonds prêtés, de « suivre » un dossier et même d'intervenir au besoin auprès des dirigeants de l'entreprise est un acte légitime de défense de ses intérêts propres, lequel ne lui confère pas systématiquement la qualité de dirigeant de fait. • Paris, 15 déc. 1995 : *D. 1996. IR 74 ; RJDA 1996, n° 432.*

9 ter. Pour un arrêt qualifiant une banque d'administrateur de fait par personnes interposées (deux de ses cadres, qu'elle avait fait nommer au conseil d'administration de la société débitrice), V. • Com. 27 juin 2006 : *Bull. civ. IV, n° 151 ; D. 2006. 2534, note Dammann et Paszkudzki ; ibid. AJ 1892, obs. Lienhard ; Act. proc. coll. 2006, n° 161, obs. Vallansan ; JCP E 2006, n° 39, p. 1629, note Reinhard ; ibid. 2007, n° 1, p. 26, obs. Pétel ; Dr. sociétés 2006, n° 160, note Legros ; Bull. Joly 2006. 1372, note F.-X. Lucas ; Banque et Droit nov.-déc. 2006. 59, obs. M. Storck ; Rev. sociétés 2006. 900, note Poracchia ; Rev. proc. coll. 2007. 85, obs. Martin-Serf* (V. l'arrêt confirmé : • Versailles, 29 avr. 2004 : *Bull. Joly 2004. 1201, note Constantin et Lévy ; Dr. sociétés 2004, n° 188, note Legros ; JCP E 2005, n° 1-2, p. 34, note Campana ; Rev. proc. coll. 2005. 235, obs. Dumont.* – V. aussi F.-X. Lucas, *RD banc. fin. 2004 juill.-août 2004. 271 ; Dr. sociétés 2004. Étude 14 ;* Delebecque, *JCP E 2005, n° 6, p. 220 ;* Amigues, *Banque et Droit mars-avr. 2005. 7*). ♦ Pour un exemple de direction de fait par société interposée, V. • Com. 2 nov. 2005 : *BRDA 2005, n° 23, p. 5 ; Bull. joly 2006. 469, note F.-X. Lucas ; Rev. sociétés 2006. 398, note Poracchia ; Banque et Droit mai-juin 2006. 68, obs. Urban ; Rev. proc. coll. 2007. 84, obs. Martin-Serf.*

10. La direction de fait ne peut pas être déduite de la seule existence d'un contrat de franchise, mais doit être vérifiée au cas par cas au vu des circonstances de la cause et ne peut être retenue que s'il en résulte un dépassement des obligations inhérentes à la nécessaire collaboration des parties par laquelle se définit ce type de contrat. • Orléans, 8 mars 2001 : *RJDA 2001, n° 589.* ♦ S'est livré à une immixtion dans la gestion de la société franchisée dépassant les obligations à sa charge résultant du contrat de franchise, et en était en réalité le dirigeant de fait, le franchiseur qui détenait les documents comptables, sociaux et bancaires nécessaires pour gérer cette entreprise, conservait la signature bancaire, préparait tous les documents administratifs et les titres de paiement signés ensuite par la personne morale, établissait les déclarations fiscales et sociales, contrôlait l'embauche du personnel et a participé à la poursuite d'une activité déficitaire pendant plusieurs mois bien qu'il connût l'insuffisance de la trésorerie. • Com. 9 nov. 1993 : *Bull. civ. IV, n° 390 ; D. 1995. Somm. 79, obs. Ferrier ; JCP 1994. II. 22304, note Virassamy ; Rev. sociétés 1994. 321, note le Tourneau*. – V. aussi • Rouen, 14 mars 1992 : *RJDA 1992, n° 870*. – Comp. : • Com. 27 mai 2003 : *RJDA 2003, n° 960 (3e esp.)*, cassant • Pau, 29 févr. 2000 : *Dr. sociétés 2000, n° 100, obs. Chaput ; Rev. proc. coll. 2001. 263, obs. Martin-Serf.* (V. l'arrêt rendu sur renvoi : • Toulouse, 4 mai 2005 : *RJDA 2006, n° 650*). – Comp. également : • Montpellier, 10 sept. 1996 : *LPA 20 févr. 1998, p. 21, note Likillimba.*

La société qui s'est réservé les domaines de l'embauche et des licenciements, la mise en place de l'organisation administrative et financière d'un hôtel, la définition de la politique des prix, la négociation des contrats et la politique commerciale, assure, en fait, la direction de l'hôtel, le propriétaire des lieux n'ayant que le rôle d'un simple bailleur de fonds. • Com. 19 déc. 1995 : *Bull. civ. IV, n° 307 ; D. Affaires 1996. 153 ; Rev. sociétés 1996. 347, note le Tourneau ; Dr. sociétés 1996, n° 33, obs. Chaput.*

10 bis. Dès lors qu'il est établi que le gérant de droit, frappé d'une interdiction de gérer, a continué, postérieurement à sa démission, à intervenir dans la gestion de la société, il doit être regardé comme étant un dirigeant de fait. • Paris, 10 oct. 2000 : *Bull. Joly 2001. 33 ; Dr. sociétés 2001, n° 6, obs. Chaput.* ♦ En revanche, le fait que la concubine de ce gérant ait été propriétaire de plus de la moitié du capital social et qu'elle ait bénéficié d'un bail sur des locaux de la société pour lesquels aucun loyer n'a été payé ne sont pas de nature à établir sa qualité de gérante de fait. • Même arrêt. ♦ V. aussi • Paris, 15 déc. 1999 : *RTD com. 2001. 241, obs. Mascala*.

11. A été considéré comme un dirigeant de fait le directeur d'un cabinet de conseil juridique, qui avait organisé les études de marché d'une société, recherché les investisseurs, organisé les contacts avec les organismes financiers, avait manifesté des signes extérieurs d'autorité et un intérêt propre concrétisé par des engagements de caution. • Toulouse, 25 janv. 1993 : *JCP E 1993. Pan. 1412.*

11 bis. Doivent être qualifiés de dirigeants de fait, un architecte et un expert-comptable liés à la société débitrice par un contrat de maîtrise d'ouvrage déléguée, dès lors qu'il apparaît qu'ils se sont passés, à de multiples reprises, de la signature du gérant pour procéder à des règlements bancaires, faire intervenir des entreprises sur le chantier, embaucher du personnel ou se consentir des avantages financiers réciproques. • Com. 4 juill. 2000 : *RJDA 2001, n° 30 ; LPA 30 mai 2001, p. 24, note Gibirila ; Rev. proc. coll. 2001. 263, obs. Martin-Serf.*

11 ter. Sur la qualité de dirigeants de fait de directeurs techniques salariés, V. • Versailles, 21 déc. 2000 : *RJDA 2001, n° 487.*

11 quater. Pour un arrêt écartant la qualité de dirigeant de fait d'un salarié détenant la moitié des parts sociales de la société débitrice, en l'absence d'activité positive et indépendante dans l'administration de cette société, V. • Com. 26 juin 2001 : *Act. proc. coll. 2001, n° 202 ; Dr. sociétés 2001, n° 140, note Legros.* ♦ V. aussi, s'agissant de salariés dont l'immixtion dans la gestion sociale n'était pas suffisamment caractérisée, • Paris, 1er févr. 2002 : *RJDA 2002, n° 673.* ♦ En sens contraire, pour des arrêts retenant la qualité de dirigeant de fait de salariés. : • Com. 19 févr. 2002 : *RJDA 2002, n° 791* • Grenoble, 5 nov. 1998 : *Rev. proc. coll. 2001. 266, obs. Martin-Serf* • Aix-en-Provence, 28 janv. 1999 : *ibid.*

11 quinquies. La preuve de l'immixtion d'une société détenant une participation dans le capital de la société débitrice en liquidation judiciaire et de son représentant légal ne peut résulter de l'exécution du contrat de prestations administratives conclu entre ces deux sociétés, lequel impliquait la fourniture de différentes prestations d'assistance moyennant une rémunération qui ne paraît pas excessive, sous le contrôle du gérant de droit. • Paris, 14 oct. 1997 : *Dr. sociétés 1998, n° 90, obs. Chaput.* ♦ Comp. : • Com. 22 juin 1999 : *Rev. proc. coll. 2001. 263, obs. Martin-Serf.*

Ne peut être qualifié de dirigeant de fait celui à l'encontre duquel il est simplement relevé qu'il a été porteur de parts au sein d'une SARL, dont il a par la suite été désigné liquidateur amiable. • Paris, 13 juin 2000 : *Rev. proc. coll. 2001. 110, obs. Barret.*

V. aussi : pour un associé majoritaire de SARL, • Com. 25 janv. 1994 : *RJDA 1994, n° 457* • Toulouse, 9 janv. 1997 : *Rev. proc. coll. 2001. 264, obs. Martin-Serf* • Paris, 23 oct. 1998 : *ibid.* – Comp. : • Paris, 19 sept. 1995 : *RJDA 1995, n° 1368.* ♦ ... Pour un associé unique d'EURL, • Paris, 15 janv. 1999 : *préc. note 7 bis.* ♦ ... Pour une société holding et une société fondatrice, • Paris, 7 févr. 1997 : *Bull. Joly 1997. 480, note Daigre ; Rev. proc. coll. 2001. 265, obs. Martin-Serf.* ♦ ... Pour une société mère elle-même filiale à 99 % d'une holding, • Paris, 23 mai 1997 : *JCP E 1997. Pan. 764 ; RJDA 1997, n° 1277.* ♦ ... Pour une société mère, seule maîtresse de la politique économique et financière de sa filiale, • Com. 6 juin 2000 : *RJDA 2000, n° 896 ; Rev. proc. coll. 2001. 265, obs. Martin-Serf* • Paris, 15 janv. 1999 : *BRDA 1999, n° 6, p. 3.* ♦ ... Pour une société mère qui avait continué à gérer une branche d'activité transférée à sa filiale, V • Com. 23 nov. 1999 : *Rev. proc. coll. 2001. 265, obs. Martin-Serf.* ♦ ... Pour le dirigeant de droit d'une société mère, avec l'accord duquel étaient prises toutes les décisions importantes concernant la filiale. • Com. 12 juin 2001 : *RJDA 2001, n° 971.*

12. En ce sens que la délégation de signature dont dispose un associé, alors qu'elle constitue le seul signe de sa participation à la gestion de la société, ne permet pas de déduire que celui-ci détient le pouvoir dans l'entreprise, V. • Paris, 9 sept. 1992 : *Bull. Joly 1992. 1219.* – V. aussi • Com. 9 juill. 2002 : *RJDA 2002, n° 1274.* – Comp. : • Paris, 20 déc. 1996 : *Rev. sociétés 1997. 392, obs. Guyon.* ♦ En revanche, le fait de détenir seul l'exploitation et la signature bancaire d'une société dont le siège ne correspond qu'à une simple domiciliation commerciale suffit à caractériser la gestion de fait. • Paris, 25 janv. 2000 : *Rev. proc. coll. 2001. 110, obs. Barret.*

12 bis. Pour un arrêt ayant refusé de reconnaître au maire d'une commune la qualité de dirigeant de fait d'un club de football professionnel, au motif qu'il n'exerçait qu'un contrôle de l'utilisation des concours financiers municipaux, V. • CAA Bordeaux, 11 mai 1998 : *D. 1999. Somm. 92, obs. Karaquillo.*

12 ter. Sur la compétence du tribunal de la procédure collective pour apprécier la qualité de dirigeant de fait, V. note 1 ss. art. R. 651-1. ♦ S'agissant de poursuites exercées contre un dirigeant personne publique, V. note 13 *bis*.

13. Sur l'indépendance des poursuites entre dirigeants de fait et de droit, V. note 30 *octies*.

13 bis. Dirigeants personnes publiques. La responsabilité qui peut incomber à l'État ou aux autres personnes morales de droit public en raison des dommages imputés à leurs services publics administratifs est soumise à un régime de droit public ; il n'en va autrement que si la loi, par une disposition expresse, a dérogé à ce principe. • T. confl., 15 nov. 1999 : *Bull. civ., n° 35 ; D. 2000. AJ 11, obs. A. L. ; LPA 17 avr. 2000, p. 11, note Courtier ; JCP E 2000, nos 18-19, p. 755, obs. Pétel ; Dr. sociétés 2000, n° 54, obs. Chaput ; Rev. proc. coll. 2000. 136, obs. Martin-Serf.* ♦ Il ne résulte pas de l'art. 180 [C. com., art. L. 651-2] que le législateur ait entendu, par dérogation aux principes gouvernant la responsabilité des personnes publiques, faire relever de la compétence des tribunaux de l'ordre judiciaire, la recherche de la responsabilité civile de l'État ou d'autres personnes morales de droit public au titre de l'exercice d'une mission de service public administratif. • Même arrêt. ♦ Pour une confirmation implicite de cette solution, V. • CE 1er oct. 2004 : *RJDA 2005, n° 740.* ♦ Si la recherche de la responsabilité civile de l'État ou d'autres personnes morales de droit public au titre de l'exercice d'une mission de service administratif relève de la compétence des tribunaux de l'ordre administratif, une telle action relève de la compétence des tribunaux de l'ordre judiciaire lorsque cette responsabilité est recherchée au titre d'une activité à caractère industriel et commercial, sans qu'il y ait lieu de distinguer si la collectivité publique concernée a agi en qualité de dirigeant de fait ou de droit. • T. confl., 20 nov. 2006 : *Bull. civ. n° 31 ; RJDA 2007, n° 183 ; Dr. sociétés 2007, n° 112, note Legros ; Defrénois 2007. 884, obs. Gibirila.* – V. concl. Chauvaux, *RJDA 2007. 119.* – V. déjà, en ce sens, • Com. 6 févr. 2001 : *Bull. civ. IV, n° 33 ; D. 2002. Somm. 81, obs. Derrida ; Bull. Joly 2001. 593, note Barbièri ; Rev. proc. coll. 2001. 267, obs. Martin-Serf.*

Pour la cassation d'un arrêt ayant reconnu compétence à la juridiction administrative pour connaître de l'action en comblement de passif contre une commune dirigeant une association, qui avait en charge la gestion d'une piscine et d'une patinoire, sans rechercher si la commune était dirigeante de droit ou de fait de l'association et si le service géré par cette association était administratif ou industriel et commercial, V. • Civ. 1re, 11 févr. 2003 : *Bull. civ. I, n° 44 ; D. 2003. AJ 623, obs. Lienhard ; Act. proc. coll. 2003, n° 107, obs. Regnaut-Moutier ; Bull. Joly 2003. 557, note Pézard ; Rev. proc. coll. 2005. 150, obs. Martin-Serf* (V. l'arrêt cassé : • Versailles, 9 déc. 1999 : *D. 2000. AJ 145 ; Rev. proc. coll. 2000. 136, obs. Martin-Serf*).

Sur la compétence des tribunaux judiciaires pour connaître de l'action en comblement du passif dirigée à l'encontre d'un syndicat intercommunal, dirigeant de droit d'une société d'économie mixte locale, V. • Com. 26 oct. 1999 : *D. 1999. AJ 80 ; Act. proc. coll. 1999, n° 246, obs. Regnaut-Moutier ; JCP E 2000, n° 1-2, p. 34, rapp. Rémery ; LPA 3 févr. 2000, p. 13, note P. M. ; Rev. proc. coll. 2000. 136, obs. Martin-Serf.* ♦ Dans le même sens, pour une action dirigée contre une commune, V. • Com. 8 janv. 2002 : *Bull. civ. IV, n° 7 ; D. 2002. AJ 570, obs. Lienhard ; Dr. sociétés 2002, n° 71, note Vidal ; ibid. 2003, n° 30, note Legros ; Rev. sociétés 2003. 308, note F.-X. Lucas ; Rev. proc. coll. 2003. 161, obs. Martin-Serf* • 7 mars 2006 : *Dr. sociétés 2006, n° 122, note Legros.* ♦ V. également note 15.

13 ter. Pour un arrêt reconnaissant à une commune la qualité de dirigeant de fait d'une association sportive, V. • Com. 13 mai 2003 : *D. 2003. Somm. 2537, obs. Karaquillo*. – Comp. • Grenoble, 31 janv. 2002 : *Rev. proc. coll. 2003. 346, obs. Lebel.*

13 quater. Si une collectivité territoriale actionnaire d'une société d'économie mixte locale peut être appelée, en application de l'art. 180 [C. com., art. L. 651-2], à supporter tout ou partie de l'insuffisance d'actif de cette société lors de sa liquidation, ces dispositions, qui sont applicables au seul cas de liquidation judiciaire, n'ont pas pour objet et ne sauraient avoir pour effet d'autoriser une collectivité locale à déroger aux dispositions législatives relatives aux aides directes aux entreprises lorsqu'elle décide la dissolution amiable d'une société d'économie mixte. • CE 15 mars 2000 : *JCP E 2000, nos 15-16, p. 630.*

14. Représentants d'une personne morale. Les représentants permanents des personnes morales encourent, suivant l'art. 91 de la loi du 24 juill. 1966 [C. com., art. L. 225-20], la même responsabilité que s'ils étaient administrateurs en leur nom propre, sans préjudice de la responsabilité solidaire des sociétés représentées par eux. • Paris, 18 juin 1991 : *Gaz. Pal. 1992. 1. 148, note Marchi ; Bull. Joly 1992. 277, note Couret,* conf. par • Com. 3 janv. 1995 : *cité note 34.* – V. aussi • Com. 25 mars 1997 : *Bull. civ. IV, n° 85 ; D. Affaires 1997. 579 ; Bull. Joly 1997. 799, note G. B. ; Rev. proc. coll. 1999. 182, obs. Martin-Serf.*

15. Une commune, membre du conseil d'administration d'une association, a la qualité de dirigeant de droit de cette personne morale et peut, en cette qualité, être condamnée à supporter partie des dettes de celle-ci (loi de 1967). • Com. 16 févr. 1993 : *Bull. civ. IV, n° 66 ; Rev. sociétés 1993. 644, note Guyon ; Bull. Joly 1993. 678, note Jeantin.*

16. Viole les art. L. 381-5 C. communes et 99 de la loi du 13 juill. 1967, l'arrêt qui déclare recevable l'action en comblement de passif dirigée contre le représentant d'une commune au sein du conseil d'administration d'une société d'économie mixte, au motif qu'il était recherché en raison de sa gestion personnelle et non de son mandat, alors qu'il résulte du premier des textes visés que la responsabilité civile résultant de ce mandat incombe à la commune et non à ses représentants (loi de 1967). • Com. 25 juin 1991 : *Rev. proc. coll. 1991. 502, obs. Chaput.*

V. aussi note 13 *bis* et, note 36.

16 bis. Dirigeant soumis à une procédure collective. V. note ss. art. R. 651-6.

17. Retrait du dirigeant. L'ancien dirigeant qui a cédé ses parts entre la date de cessation des paiements et l'ouverture de la procédure peut être condamné à combler le passif. • Com. 23 juin 1998 : *Act. proc. coll. 1998, n° 124* • Com. 4 févr. 1969 : *D. 1969. 584, note Honorat* (loi de 1967). ♦ Les juges doivent cependant préciser si l'insuffisance d'actif existait déjà lors de la cessation des fonctions du dirigeant. • Com. 2 févr. 1999 : *Dr. sociétés 1999, n° 95, obs. Chaput.* ♦ V. aussi • Rouen, 9 oct. 1997 : *RJDA 1998, n° 632.* ♦ Sur l'incidence de la publication de la démission, V. note 6.

18. Date de la faute. Seule la gestion du dirigeant social, antérieurement au jugement d'ouverture de la procédure collective, peut donner lieu à l'action en comblement de passif. Les dettes nées postérieurement à ce jugement n'entrent donc pas dans le passif pouvant entraîner cette sanction. • Com. 28 févr. 1995 : *RJDA 1995, n° 651* • 18 mars 2008 : *D. 2009. 349, note Deleneuville ; Rev. proc. coll. 2009, n° 171, obs. Martin-Serf.* ♦ La faute peut être antérieure à la date de la cessation des paiements, dès lors que le lien de causalité entre cette faute et l'insuffisance d'actif est établi. • Paris, 5 juill. 1996 : *D. 1996. IR 228.* ♦ V. aussi note 4 *bis*.

19. Plan de continuation (jurisprudence antérieure à L. 26 juill. 2005). L'apurement de passif organisé par le plan de continuation de la personne morale ne fait pas obstacle à ce que l'insuffisance d'actif révélée par la procédure collective soit mise en tout ou partie à la charge du dirigeant. • Com. 21 nov. 2006 : *Bull. civ. IV, n° 228 ; D. 2007. AJ 22, obs. Lienhard ; JCP E 2007. 1235, note Guyader ; Gaz. Pal. 2007. 1167, note Montéran ; Bull. Joly 2007. 361, note Pétel ; Dr. sociétés 2007, n° 94, note Legros ; Rev. proc. coll. 2007. 83, obs. Martin-Serf ; Act. proc. coll. 2007, n° 21, obs. Saintourens.* – V. Guyader, *ibid. 71.* ♦ Comp., désormais : art. L. 651-2, al. 1er, dans sa réd. issue de la L. n° 2005-845 du 26 juill. 2005, puis de l'Ord. n° 2008-1345 du 18 déc. 2008.

20. Nature de la faute BIBL. Bourrié-Quenillet, *JCP 1998. I. 112.* – Favario, *Rev. proc. coll. 2011. Étude 15.* – Demeyere, *Gaz. Pal. 5-6 avr. 2013, p. 13.* ♦ Le dirigeant de droit, gérant de la société, ne saurait être condamné, en application de l'art. 180 [C. com., art. L. 651-2], à combler partie du passif de la société en liquidation judiciaire, en l'absence de tout comportement frauduleux et de faute de gestion nettement caractérisée et suffisamment grave pour trancher avec le comportement habituel du commerçant malheureux de bonne foi. • Bourges, 3 juin 1998 : *JCP E 1999, n° 37, p. 1417.* ♦ Le dirigeant ne peut être sanctionné à titre personnel sur le fondement de l'art. 180 [C. com., art.

L. 651-2], dès lors qu'il n'a commis aucune faute de gestion, nonobstant les mauvais résultats de son entreprise. • Paris, 8 sept. 2000 : *Dr. sociétés 2001, n° 5, obs. Chaput.*

Caractérise l'existence d'une faute de gestion d'un gérant de société ayant contribué à l'insuffisance d'actif, quelles qu'en soient les autres causes, l'arrêt qui relève que le dirigeant s'est abstenu de mettre en place une structure compétente et des outils de gestion fiables, permettant à la personne morale et à lui-même d'appréhender la situation économique et financière exacte et, en conséquence, de prendre en temps utile les mesures de redressement qui s'imposaient et que cette anarchie totale est à l'origine de l'insuffisance qui a pu ainsi se créer et s'accroître sans que le gérant puisse s'en apercevoir. • Com. 14 déc. 1993 : *Bull. civ. IV, n° 473 ; JCP 1994. IV. 480.*

21. V. aussi, à propos : de financement d'investissements par les fonds propres au lieu du recours à un emprunt à long terme, • Com. 2 nov. 1993 : *Rev. huiss. 1993. 226.* ♦ ... De financement de travaux indus et de poursuite d'exploitation déficitaire, • Com. 13 nov. 1990 : *Bull. civ. IV, n° 276 ; Gaz. Pal. 1991. 1. Pan. 94.* ♦ ... De la poursuite volontaire et en toute connaissance de cause de l'exploitation d'un fonds de commerce déficitaire, la charge imposée à la société, sans contrepartie, au profit d'une autre société du groupe, ayant excédé ses possibilités financières. • Com. 30 mars 1999 : *RJDA 1999, n° 704.* (la faute de gestion consistant en la poursuite d'une exploitation déficitaire n'étant pas subordonnée à la constatation d'un état de cessation des paiements de la société antérieur ou concomitant à cette poursuite. • Com. 27 avr. 1993 : *Bull. civ. IV, n° 151 ; D. 1993. IR 130 ; Bull. Joly 1993. 687, note Chaput ; Rev. sociétés 1993. 871, note Le Nabasque.*) – V. aussi • Com. 14 mai 1991 : *Bull. civ. IV, n° 164* • 8 juin 1999 : *Bull. Joly 1999. 1078, note Scholer* • 26 oct. 1999 : *RJDA 1999, n° 1368* • 28 nov. 2000 : *RJDA 2001, n° 346* • 16 oct. 2001 : *D. 2001. AJ 3273, obs. Lienhard* • 14 janv. 2004 : *Dr. sociétés 2004, n° 168, note Legros* • Paris, 18 juin 1991 : *préc. note 14* • 12 nov. 1991 : *D. 1992. IR 54* • T. com. Paris, 15 sept. 1992 : *Bull. Joly 1993. 79, note Daigre.* ♦ ... Du défaut de consultation des associés afin qu'ils se prononcent sur la poursuite éventuelle de l'activité, conformément à l'art. L. 223-42 C. com., alors que le bilan faisait apparaître des pertes supérieures à la moitié du capital social. • Paris, 17 févr. 2009 : *RJDA 2009, n° 564.* ♦ ... De manœuvres destinées à minorer les pertes réelles, ces manœuvres ayant permis de masquer la situation de la société et de tromper l'opinion des dispensateurs de crédit, • Com. 18 janv. 2000 : *Bull. Joly 2000. 498.* ♦ ... De la tenue approximative de la comptabilité, • Paris, 28 janv. 2000 : *Rev. proc. coll. 2000. 226, obs. Barret.* ♦ ... D'un dirigeant d'une société anonyme qui fait financer par celle-ci les investissements immobiliers d'une SCI dont il est l'associé, cette charge financière ayant abouti à la ruine de la SA, • Com. 14 déc. 1993 : *Rev. sociétés 1994. 778, note Pariente.* ♦ ... De la souscription d'emprunts hors de proportion avec les capacités de remboursement des sociétés du groupe, du non-respect de la procédure applicable aux conventions réglementées et de la tenue d'une comptabilité irrégulière et incomplète, • Paris, 5 déc. 1997 : *Bull. Joly 1998. 253, note Daigre.* ♦ ... De l'abstention de désigner un commissaire aux comptes, • Paris, 18 nov. 1997 : *Bull. Joly 1998. 250, note J.-F. Barbièri ; RJDA 1998, n° 299.* ♦ ... D'un dirigeant qui avait, à plusieurs reprises, fait régler par la société ses dépenses personnelles, avait utilisé des fonds sociaux afin de rembourser des dettes contractées par une autre société dans laquelle il était intéressé et s'était lancé, malgré l'endettement chronique de la société, dans des achats de véhicules inconsidérés, bien qu'aucun financement par l'entreprise ne fût possible, • Com. 11 juill. 1995 : *JCP 1995. II. 22549, note Gibirila.* ♦ ... De dirigeants qui avaient maintenu un courant d'affaires avec une autre société, alors que les créances impayées s'accumulaient, sans se préoccuper d'obtenir de garantie, avec des délais de paiement anormalement longs et la continuation des livraisons malgré des factures importantes en souffrance, • Paris, 12 janv. 1996 : *D. 1996. IR 75.* ♦ ... D'un dirigeant s'étant octroyé une rémunération excessive, • Com. 4 janv. 2000 : *BRDA 2000, n° 6, p. 5* • Rennes, 13 déc. 1995 : *Dr. sociétés 1996, n° 195, obs. Chaput* • Paris, 19 sept. 2000 : *ibid. 2001, n° 42, obs. Chaput* • Lyon, 17 avr. 2003 : *JCP 2004. IV. 1308.* – V. aussi les arrêts cités par A. Martin-Serf, *Rev. proc. coll. 1998. 109.* ♦ Comp., en cas de régularisation dans les comptes sociaux et le patrimoine personnel du dirigeant : • Com. 20 mai 1997 : *Dr. sociétés 1999, n° 6.* ♦ ... D'une distribution exceptionnelle de dividendes, privant la société d'une partie importante de ses réserves, ce dans un contexte de baisse d'activité, • Com. 25 oct. 2011 : *Bull. Joly 2012. 243, note Poracchia ; Banque et Droit mai-juin 2012. 47, obs. Urban.* ♦ ... De la mise en place d'une direction générale pléthorique inadaptée à l'entreprise et de l'absence de mesures de réorganisation, ayant entraîné la perte de nombreux marchés, • Com. 3 oct. 2000 : *préc. note 4.* ♦ ... Du versement de rémunérations à un salarié dont il n'est pas démontré qu'il a exercé une activité réelle (la production des fiches de paie par le dirigeant poursuivi étant, à cet égard, insuffisante), • Com. 23 nov. 1999 : *Bull. Joly 2000. 379, note Barbièri.* ♦ ... D'un dirigeant qui avait créé une société sans apporter de fonds propres suffisants pour assurer son fonctionnement dans des conditions normales et qui avait poursuivi l'activité de la société sans prendre aucune mesure pour remédier à cette insuffisance de fonds propres, • Com. 23 nov. 1999 : *RJDA 2000, n° 457.* – V. aussi • Aix-en-Provence, 16 mai 2001 : *RJDA 2002, n° 416 ; RD banc. fin. 2001, n° 192, obs. F.-X. Lucas.* ♦ ... D'un repreneur de société dont le plan était vicié par des erreurs d'appréciation, • T. com. Paris, 23 nov. 1992 : *Bull. Joly 1993. 255, note Campana.* – Rappr. : • Rouen, 21 mars 2002 : *RJDA 2002, n° 1305 (2e esp.).* ♦ ... D'un dirigeant qui avait laissé impayées des dettes sociales anciennes, engagé un personnel important et procédé à des investissements tandis qu'il n'avait aucune certitude au sujet des contrats qu'il espérait signer, • Com. 27 oct. 1998 : *RTD com. 1999. 983, obs. Mascala.* ♦ ... D'un franchiseur qui avait continué à livrer des marchandises à ses franchisés alors qu'il connaissait leur impossibilité absolue d'en payer le prix, • Pau, 29 févr. 2000 : *préc. note 10.* ♦ ... D'un dirigeant qui avait consenti sur les fonds sociaux de nombreux prêts à une société qu'il dirigeait également, sans exiger aucune garantie pour leur remboursement, et ce, alors même que la société connaissait des difficultés, • Com. 8 oct. 2003 : *RJDA 2004, n° 353.* ♦ ... D'un dirigeant d'une société filiale, liquidateur amiable de celle-ci, qui s'était abstenu de recouvrer une créance détenue sur la société mère, • Paris, 12 oct. 1999 : *Dr. sociétés 2000, n° 101, obs. Chaput.*

Les faits de détournement d'actif qui ont été retenus pour justifier une interdiction de gérer constituent en eux-mêmes des fautes de gestion. • Com. 17 juill. 2001 : *cité note 22.*

22. Sur la faute de gestion constituée par le retard dans la déclaration de cessation des paiements, V., • Com. 8 déc. 1998 : *RTD com. 1999. 983, obs. Mascala* • 8 oct. 1996 : *D. Affaires 1996. 1356 ; Bull. Joly 1996. 1057, note Calendini* • 28 mai 1991 : *Bull. civ. IV, n° 187 ; D. 1992. Somm. 184, obs. Honorat ; Rev. sociétés 1992. 373, note Honorat* (loi de 1967) • Paris, 21 sept. 2001 : *Dr. sociétés 2002, n° 62, note Legros.* – Comp. : • Com. 19 janv. 1993 : *Bull. civ. IV, n° 18 ; Rev. huiss. 1993. 673, note Vidal* • 18 janv. 2000 : *RJDA 2000, n° 704* • Paris, 16 nov. 1993 : *Bull. Joly 1994. 101* • Rennes, 5 avr. 2000 : *Dr. sociétés 2001, n° 42, obs. Chaput ; RTD com. 2001. 922, obs. Champaud et Danet* (retard justifié par l'activité de concessionnaire du débiteur) • Paris, 27 févr. 2001 : *RJDA 2001, n° 838* (société ayant cessé son activité plus d'un an avant le dépôt de bilan). ♦ ... La faute de gestion résultant de l'omission de la déclaration de la perte de la moitié du capital social, V. • Bordeaux, 23 oct. 1995 : *Dr. sociétés 1996, n° 34, obs. Chaput.* ♦ ... Ou du défaut de convocation de l'assemblée générale en vue de la reconstitution des capitaux propres, V. • Com. 8 oct. 1996 : *Rev. proc. coll. 1999. 42, obs. Martin-Serf.*

Dès lors que le dirigeant a commis des fautes de gestion ayant contribué à l'insuffisance d'actif, il doit répondre des dettes sociales, sans qu'il soit besoin de rechercher si celui-ci avait ou non personnellement bénéficié de la poursuite de l'exploitation. • Com. 23 mai 1995 : *Bull. Joly 1995. 884, note Le Cannu* • Paris, 13 oct. 1995 : *D. 1995. IR 244.* ♦ En effet, la faute de gestion pouvant entraîner la condamnation d'un dirigeant au paiement des dettes sociales en application de l'art. 180, devenu l'art. L. 624-3 [L. 651-2] C. com., peut exister indépendamment du fait que le dirigeant a agi dans un intérêt personnel. • Com. 17 juill. 2001 : *Dr. sociétés 2002, n° 5, note Legros.* – V. aussi • Paris, 24 mai 1996 : *Dr. sociétés 1997, n° 9, obs. Chaput.*

Le juge qui fait application de l'art. 180 [C. com., art. L. 651-2] n'est pas tenu par la limitation de délai énoncée à l'art. 9 [C. com., art. L. 631-8], al. 1er. • Com. 30 nov. 1993 : *Bull. civ. IV, n° 440 ; Bull. Joly 1994. 410, note Pételi.* ♦ Il n'est pas davantage tenu par la décision de report de la date de cessation des paiements. • Com. 10 mars 2004 : *RTD com. 2004. 378, obs. Vallens ; RJDA 2004, n° 874* • Paris, 18 févr. 2000 : *D. 2000. AJ 170, obs. Pisoni.* ♦ V. aussi art. L. 653-8, al. 3.

22 bis. Celui qui a accepté les fonctions d'administrateur est tenu à une surveillance et à un contrôle sérieux de l'administration de la société et l'intérêt limité qu'il a dans l'affaire ne peut justifier sa passivité. • Com. 31 janv. 1995 : *Bull. civ. IV, n° 29 ; D. 1995. IR 50 ; Rev. sociétés 1995. 763 ; Bull. Joly 1995. 341, note Couret ; RTD com. 1996. 543, obs. Martin-Serf.* – V. aussi • Com. 3 mars 1998 : *RJDA 1998, n° 902 ; Bull. Joly 1998. 645* • 23 juin 1998 : *Bull. Joly 1998. 1287, note Pételi ; RJDA 1998, n° 1393 ; RTD com. 1999. 983, obs. Mascala* • Versailles, 21 oct. 1993 : *Bull. Joly 1994. 99, note P.L.C.* • Paris, 28 oct. 1994 : *ibid. 1995. 72, note Le Cannu ; Dr. sociétés 1995, n° 122, obs. Chaput* (loi de 1967) • Douai, 9 janv. 1997 : *Rev. proc. coll. 1999. 182, obs. Martin-Serf* • Chambéry, 22 juin 1998 : *Dr. sociétés 2000, n° 121, obs. Chaput* • Versailles, 2 déc. 1999 : *préc. note 6* • Paris, 2 juill. 1996 : *Dr. sociétés 1996, n° 231, obs. Chaput* • Versailles, 21 déc. 2000 : *préc. note 11 ter* • 11 sept. 2003 : *RJDA 2004, n° 206.*

♦ Comp., exonérant les administrateurs n'ayant pas le rang de président du conseil d'administration ou de directeur général, aux motifs qu'ils n'avaient pas eu connaissance de la situation exacte de la société et que, pour certains d'entre eux, ils n'avaient pas été convoqués au conseil d'administration : • Com. 14 mai 2002 : *RJDA 2002, n° 920 ; Dr. sociétés 2003, n° 104, note Legros.* ♦ L'intéressé ne saurait se retrancher derrière la « pression » exercée par la société mère, actionnaire majoritaire détentrice de 99 % du capital social. • Paris, 25 avr. 1997 : *Dr. sociétés 1998, n° 27, obs. Chaput.* ♦ V. aussi, en ce sens que l'appartenance à un groupe de sociétés est sans incidence sur la responsabilité du dirigeant, qui ne peut rejeter toute responsabilité sur la société-mère, • Paris, 19 nov. 1999 : *Bull. Joly 2000. 263, note Barbièri ; RJDA 2000, n° 459.*

Un administrateur ne peut prétendre se soustraire à l'application de l'art. 180, devenu l'art. L. 624-3 [L. 651-2] C. com. en invoquant l'attitude d'un autre administrateur. • Com. 8 janv. 2002 : *Bull. civ. IV, n° 7 ; D. 2002. AJ 570, obs. Lienhard ; JCP 2002. II. 10057, note Landbeck.*

Sur la condamnation d'un dirigeant pour faute de gestion malgré la désignation d'un enquêteur, dans le cadre de la procédure d'alerte prévue par la loi du 1er mars 1984, V. • Versailles, 28 mai 1998 : *RJDA 1998, n° 1023.*

Commet une faute de gestion la personne morale administrateur qui s'abstient d'exiger du président qu'il déclare la cessation des paiements, peu important, par ailleurs, la présence au conseil d'administration d'administrateurs de complaisance dévoués au président. • Com. 25 mars 1997 : *préc. note 14.*

Les dirigeants ne peuvent pas se soustraire à l'application de l'art. 180 [C. com., art. L. 651-2] en invoquant l'intervention des pouvoirs publics. • Com. 6 févr. 2001 : *préc. note 13 bis.*

23. En revanche, sont impropres à caractériser l'existence d'une faute de gestion d'un dirigeant social ayant contribué à l'insuffisance d'actif les motifs selon lesquels ce dirigeant a pris en charge la société en connaissance de sa situation déficitaire, en a poursuivi sciemment l'exploitation jusqu'à la cessation des paiements, dont l'état s'est révélé irrémédiable, ne s'explique pas sur le défaut de comptabilité régulière, et enfin ne prouve pas que l'insuffisance d'actif est due à des fautes de gestion d'anciens *dirigeants. • Com. 17 nov. 1992 : Bull. civ. IV, n° 359 ; D. 1992. IR 277 ; Rev. sociétés 1993. 445, note Chaput.* ♦ V. aussi, jugeant la faute de gestion non démontrée, s'agissant de la poursuite d'une exploitation déficitaire, dès lors que les difficultés de la société avaient pour origine la conjoncture économique. • Com. 31 mars 1998 : *RJDA 1998, n° 777* • Paris, 16 sept. 1997 : *Rev. proc. coll. 2000. 24, obs. Martin-Serf* • 30 oct. 1998 : *ibid.* • Aix-en-Provence, 11 sept. 2001 : *Dr. sociétés 2002, n° 23, note Legros ; RJDA 2002, n° 672.*

24. Ne caractérise pas la faute de gestion au sens de l'art. 180 [C. com., art. L. 651-2], la seule tolérance d'un administrateur à la poursuite de l'exploitation d'un produit fabriqué par la société sans les autorisations administratives requises pour sa distribution. • Com. 15 déc. 1992 : *Bull. civ. IV, n° 407 ; Rev. sociétés 1993. 450.*

24 bis. La responsabilité de la tenue de la comptabilité incombant au président du conseil d'administration, la tenue d'une comptabilité incomplète ne saurait être reprochée aux administrateurs et justifier leur condamnation au comblement du passif social dès lors qu'il n'est pas démontré qu'ils se sont immiscés dans l'établissement des comptes. • Paris, 29 mars 2002 : *JCP E 2002, n° 46, p. 1795 ; RJDA 2003, n° 172 (2e esp.) ; Dr. sociétés 2003, n° 88, note Legros.*

25. L'imprévoyance des dirigeants qui n'ont pas su anticiper les nouvelles conditions économiques ni explorer de nouveaux marchés n'est pas en elle-même constitutive de la faute de gestion visée par l'art. 180 [C. com., art. L. 651-2]. • Paris, 29 nov. 1996 : *RJDA 1997, n° 281.* ♦ En revanche, le choix, lors de la création de l'entreprise d'investissements inadaptés ou excessifs, compte tenu de leurs conditions prévisibles de financement, peut constituer une faute de gestion au sens de l'art. 180 [C. com., art. L. 651-2]. • Com. 19 mars 1996 : *Bull. civ. IV, n° 91 ; Rev. sociétés 1996. 840, note Bruguier ; D. 1996. IR 101 ; D. Affaires 1996. 618 ; Bull. Joly 1996. 613, note Couret ; Defrénois 1996. 935, obs. Le Cannu* (V. l'arrêt cassé : • Aix-en-Provence, 9 déc. 1993 : *D. 1995. 475, note crit. Pirovano*). – V., sur renvoi, écartant la faute de gestion des dirigeants, les conditions prévisibles de financement reposant sur des prévisions de recettes raisonnables et le projet étant conforme aux recommandations d'une société de conseil spécialisée : • Nîmes, 23 févr. 1999 : *Banque et Droit juill.-août 1999, p. 48, obs. Guillot,* conf. par • Com. 29 oct. 2002 : *Dr. sociétés 2003, n° 46, note Legros.* ♦ Dans le même sens que l'arrêt du 19 mars 1996, V. • Com. 20 juin 2000 : *Bull. Joly 2000. 906* • 30 oct. 2000 : *Bull. Joly 2001. 27, note Daigre ; RJDA 2001, n° 210 ; Dr. sociétés 2001, n° 80, obs. Legros* (pour une société de capital-risque) • Lyon, 12 sept. 2002 : *Dr. sociétés 2004, n° 7, note Legros.*

26. Le fait pour le dirigeant social de s'être abstenu de désigner un commissaire aux comptes caractérise une faute de gestion ayant contribué à l'insuffisance d'actif de la SARL défaillante. • Paris, 18 nov. 1997 : *JCP E 1997. Pan. 1389.*

27. Lien de causalité. Le dirigeant d'une personne morale peut être déclaré responsable sur le fondement de l'art. 180 [C. com., art. L. 651-2] même si la faute de gestion qu'il a commise n'est que l'une des causes de l'insuffisance d'actif, et il peut être condamné à supporter la totalité des dettes sociales même si cette défaillance n'est à l'origine que d'une partie d'entre elles. • Com. 30 nov. 1993 : *préc. note 22* • 19 mars 1996 : *Bull. Joly 1996. 526, note Le Cannu ; Rev. proc. coll. 2000. 24, obs. Martin-Serf* • 6 févr. 2001 : *préc. note 13 bis* • Orléans, 18 mars 1997 : *Rev. proc. coll. 2000. 24, obs. Martin-Serf.*

V. aussi • Com. 19 janv. 1993 : *préc. note 22.*

Sur l'insuffisance de la seule constatation de la surévaluation des stocks et de la poursuite d'une activité déficitaire ayant entraîné la disparition d'un actif important, V. • Com. 16 avr. 1996 : *D. 1996. IR 138 ; Rev. sociétés 1997. 611, note C. Henry.* ♦ V. aussi, refusant de condamner un dirigeant de deux sociétés dont les difficultés ne résultaient pas des fautes de gestion de ce dirigeant, mais trouvaient leur cause dans l'échec d'un projet et dans la défaillance d'un partenaire qui avait déposé son bilan, • Paris, 24 févr. 1998 : *Rev. proc. coll. 2000. 25, obs. Martin-Serf.* ♦ V. encore • Paris, 1er févr. 2002 : *RJDA 2002, n° 673* (insuffisance d'actif trouvant son origine dans la mésentente entre les associés).

28. Responsabilité fiscale. V. art. L. 267 LPF. – **C. sociétés** ou **C. pr. fisc.** ♦ **BIBL.** Le Corre, *Bull. d'actualité Lamy droit commercial févr. 2004.* ♦ L'action en responsabilité prévue par l'art. L. 267 n'étant exclue que si, en vertu d'une autre disposition légale, le dirigeant est tenu de la totalité de la dette fiscale restant due, l'action en comblement de passif prévue par l'art. 180 [C. com., art. L. 651-2] ne fait pas obstacle à l'application de ce texte. • Com. 9 déc. 1997 : *Bull. civ. IV, n° 331 ; D. Affaires 1998. 159, obs. J. F. ; JCP E 1998, n° 17, p. 659, obs. Pétel ; Rev. sociétés 1998. 316, note Daigre.* – V. concl. Piniot, *RJDA 1998, p. 3* ; Poullain, *Dr. et patr. févr. 1998. 35.* ♦ La cour de cassation avait déjà jugé, avant la loi de 1985, que les conditions d'application dudit art. L. 267 étant indépendantes de celles de l'art. 99 de la loi du 13 juill. 1967, il n'est pas interdit au juge d'appliquer le premier texte à un dirigeant bien que l'action fondée sur le second texte et dirigée contre lui ait été rejetée par une action antérieure (loi de 1967). • Com. 20 nov. 1990 : *Bull. civ. IV, n° 289.* ♦ Même solution pour l'art. L. 266 [abrogé par L. n° 2005-842 du 26 juill. 2005]. • Paris, 20 sept. 1996 : *BRDA 1996, n° 20, p. 2.* ♦ L'action en comblement de passif, prévue par l'art. 180 [C. com., art. L. 651-2], n'a pas la même finalité et ne saurait faire échec aux dispositions du livre des procédures fiscales, lesquelles mettent en œuvre une action spécifique en responsabilité au seul profit du Trésor. • Versailles, 26 mars 1992 : *D. 1992. IR 165,* conf. par • Com. 21 juin 1994 : *RJF 1994, n° 1272.* ♦ Pour une autre application de l'art. L. 267 LPF, V. • Com. 25 avr. 2001 : *Dr. sociétés 2001. n° 128, note Legros.* ♦ V. aussi note 7 ss. ancien art. L. 622-32, ss. art. L. 643-11.

B. MISE EN ŒUVRE

29. Qualité pour agir. V. art. L. 652-2.

30. Prescription (jurisprudence antérieure à L. 26 juill. 2005). Seule l'assignation régulièrement signifiée est susceptible d'interrompre la prescription et non la requête en comblement de passif déposée par l'administrateur. • Dijon, 4 nov. 1992 : *Rev. proc. coll. 1993. 581, obs. Blanchard.*

En cas d'extension de la procédure à d'autres sociétés, c'est la date du dernier jugement d'extension qui constitue le point de départ de la prescription de l'action en comblement de passif, puisque c'est à cette date seulement que les organes de la procédure ont pu avoir connaissance exacte de la gestion du groupe par son dirigeant et des fautes par lui commises. • Paris, 20 déc. 1994 : *Dr. sociétés 1995, n° 75, obs. Chaput.* ♦ L'action en paiement des dettes sociales pour des fautes de gestion commises avant l'ouverture de la procédure collective de la personne morale se prescrit par trois ans à compter du jugement qui arrête le plan de redressement de l'entreprise ou, à défaut, du jugement qui prononce la liquidation judiciaire. • Com. 2 oct. 2007 : *Gaz. Pal. 23-24 janv. 2008, p. 72, obs. Montéran.* ♦ En présence d'un plan de cession, la prescription commence à courir depuis la date du jugement arrêtant le plan (dans l'hypothèse où celui-ci a été réformé à la suite d'un appel). • Com. 19 mai 2004 : *Bull. civ. IV, n° 101 ; D. 2004. AJ 2047 ; Act. proc. coll. 2004, n° 167, obs. Saintourens ; RTD com. 2004. 611, obs. Vallens ; Dr. sociétés 2004, n° 169, note Legros ; Rev. proc. coll. 2005. 151, obs. Martin-Serf.* ♦ Comp., désormais : art. L. 651-2, al. 3, dans sa réd. issue de L. n° 2005-845 du 26 juill. 2005.

30 bis. Lorsque le plan de continuation est résolu, une nouvelle procédure collective est ouverte et le délai de prescription de l'action en paiement des dettes sociales fondée sur une faute commise par un dirigeant social depuis le jugement ayant arrêté le plan court à compter du nouveau jugement. • Com. 20 janv. 1998 : *Bull. civ. IV, n° 30 ; D. 1998. Somm. 326, obs.*

Honorat ; D. Affaires 1998. 253, obs. A. L. ; Rev. proc. coll. 2000. 25, obs. Martin-Serf. ♦ Comp., désormais : art. L. 651-2, al. 3, dans sa réd. issue de L. n° 2005-845 du 26 juill. 2005.

30 ter. Selon l'art. 2261 [2229] C. civ., la prescription est acquise lorsque le dernier jour du terme est accompli ; l'art. 642 NCPC [désormais, art. 642 C. pr. civ., qui prévoit la prorogation des délais de procédure expirant un samedi, un dimanche ou un jour férié ou chômé jusqu'au premier jour ouvrable suivant] ne s'applique pas au délai de prescription prévu par l'art. L. 624-3 C. com. dans sa rédaction antérieure à la loi du 26 juill. 2005. • Com. 10 janv. 2006 : *Bull. civ. IV, n° 5 ; D. 2006. AJ 301, obs. Lienhard ; ibid. Pan. 2256, obs. F.-X. Lucas ; Act. proc. coll. 2006, n° 31, obs. Le Bars ; JCP E 2006, n° 14-15, p. 674, obs. Pétel ; ibid., n° 16, p. 732, note Legros ; Gaz. Pal. 30 avr.-4 mai 2006, p. 52, obs. Montéran ; Rev. proc. coll. 2007. 86, obs. Martin-Serf.*

30 quater. L'action en paiement de l'insuffisance d'actif engagée dans le délai légal contre un dirigeant n'interrompt pas la prescription à l'égard des autres dirigeants, qu'ils soient de droit ou de fait, dès lors qu'aucune solidarité n'existe entre les dirigeants de droit et de fait d'une même personne morale au regard de l'action en paiement de l'insuffisance d'actif de celle-ci, le juge ayant seulement, en application de l'art. L. 624-3 C. com., dans sa rédaction antérieure à la loi du 26 juill. 2005, la faculté de dire que les condamnations seront exécutées avec ou sans solidarité. • Com. 7 nov. 2006 : *Bull. civ. IV, n° 218 ; D. 2006. AJ 2910, obs. Lienhard ; Act. proc. coll. 2006, n° 253, obs. Regnaut-Moutier ; Gaz. Pal. 19-20 janv. 2007, p. 49, obs. Montéran ; Dr. sociétés 2007, n° 47, note Legros ; Bull. Joly 2007. 359, note F.-X. Lucas ; Defrénois 2007. 876, obs. Gibirila ; Rev. proc. coll. 2007. 86, obs. Martin-Serf.*

30 quinquies. L'action pour l'ouverture d'une procédure de redressement judiciaire à l'égard du dirigeant à la charge duquel a été mis tout ou partie du passif d'une personne morale et qui ne s'acquitte pas de cette dette [prévue par l'art. L. 624-4 dans sa réd. antérieure à la loi du 26 juill. 2005] n'est pas soumise, à défaut de disposition spéciale, à la prescription de l'action en paiement des dettes sociales, mais à la prescription de droit commun. • Com. 14 mai 1996 : *Bull. civ. IV, n° 135 ; D. 1996. Somm. 339, obs. Honorat ; D. Affaires 1996. 813 ; Dr. sociétés 1996, n° 128, obs. Chaput ; Bull. Joly 1996. 836, note Le Cannu.* – Dans le même sens : • Aix-en-Provence, 3 sept. 1998 : *Rev. proc. coll. 1999. 237, obs. Bach* • Douai, 29 avr. 2003 : *ibid. 2005. 157, obs. A. Barret.*

30 sexies. Le moyen tiré de la prescription fondé sur l'art. 180 [C. com., art. L. 651-2] ne peut être relevé d'office, conformément à l'art. 2223 [2247] C. civ. • Com. 19 déc. 2000 : *Bull. civ. IV, n° 197.*

Le moyen tiré de la prescription triennale de l'art. L. 624-3 [L. 651-2] C. com. constitue non une exception de procédure, mais une fin de non-recevoir susceptible d'être opposée en tout état de cause. • Com. 13 avr. 2010 : *Dr. sociétés 2010, n° 234, note Legros ; RJ com. 2010. 492, note Sortais.*

Sur l'inapplicabilité de la prescription prévue par l'art. L. 651-2 à l'extension de procédure fondée sur la confusion des patrimoines, V. note 31 ss. art. L. 621-2.

30 septies. Sursis à statuer. L'action pénale en cours contre le dirigeant pour abus de biens sociaux, banqueroute, diffusions d'informations fausses ou trompeuses n'étant pas de nature à exercer une influence sur l'action en comblement de passif, le juge saisi de cette dernière action n'a pas à surseoir à statuer. • Versailles, 4 mai 1995 : *JCP E 1995. Pan. 812* • Paris, 15 mai 1997 : *RJ com. 1998. 206, obs. Legrand.* ♦ Dans le même sens : • Com. 14 mars 1995 : *Bull. Joly 1995. 551* (à propos du prononcé d'un redressement judiciaire ou d'une faillite personnelle du dirigeant) • 25 nov. 1997 : *Dr. sociétés 1998, n° 45, obs. Chaput.* ♦ Comp., jugeant que les juges du fond ne peuvent refuser de surseoir à statuer sur la demande de l'administrateur judiciaire d'une société, tendant à l'ouverture du redressement judiciaire personnel des dirigeants, sans rechercher si la décision à intervenir sur l'action publique relative à l'un des dirigeants (pour abus de biens sociaux) était susceptible d'exercer une influence sur celle qui devait être rendue par la juridiction civile. • Com. 3 févr. 1998 : *D. Affaires 1998. 538.*

Dès lors qu'il est établi que l'action en comblement de passif, engagée et destinée à obtenir la réparation du préjudice causé aux créanciers de l'entreprise par les fautes de gestion du dirigeant, ne présente aucune identité de fondement ni d'objet avec l'instance pénale en faux en écritures, il n'y a pas lieu de surseoir à statuer sur l'action en paiement de l'insuffisance d'actif. • Com. 18 janv. 2000 : *préc. note 21.*

30 octies. Action contre un dirigeant de fait. La recherche de la responsabilité d'un dirigeant de fait, sur le fondement des art. 180 et 182 [C. com., art. L. 651-2 et ancien art. L. 624-5], ne suppose nullement que le dirigeant de droit soit mis en cause ou que sa responsabilité soit également recherchée sur les mêmes fondements : • Paris, 19 mai 1995 : *RJDA 1995, n° 1047.*

31. Insuffisance d'actif. Il n'est pas nécessaire pour qu'il puisse être fait application de l'art. 180 [C. com., art. L. 651-2], que le passif soit entièrement chiffré ni que l'actif ait été réalisé, il suffit que l'insuffisance d'actif soit certaine. • Com. 17 juill. 1956 : *RTD com. 1956. 693, obs. Rault ; ibid. 729, obs. Houin* (droit antérieur) • 28 mai 1991 : *préc. note 22* • 25 janv. 1994 : *Bull. civ. IV, n° 31* • 7 juin 2005 : *JCP E 2005, n° 48, p. 2058, note Delattre ; Dr. sociétés 2005, n° 194, note Legros* • Aix-en-Provence, 27 févr. 2002 : *Dr. sociétés 2002, n° 195, note Legros.* ♦ ... A moins d'une condamnation provisionnelle, la mise en œuvre de l'art. 180 [C. com., art. L. 651-2] suppose que les créances, y compris chirographaires, aient été vérifiées. L'action pouvant, cependant, être engagée avant la fin des opérations de vérification, il doit être fait droit à la demande de sursis à statuer émanant du liquidateur, lorsque l'un des dirigeants poursuivi a contesté la quasi-totalité des créances et que la vérification, compte tenu de ces contestations, est susceptible de durer plus de trois ans, délai de prescription de l'action fondée sur l'art. 180 [C. com., art. L. 651-2]. • Paris, 28 mars 1997 : *JCP 1997. IV. 2119.* – V. aussi • Com. 3 oct. 2006 : *Act. proc. coll. 2006, n° 239, obs. Vallansan.* ♦ ... Une condamnation provisionnelle peut être prononcée contre les dirigeants sociaux même avant l'arrêt définitif de l'état des créances (loi de 1967). • Com. 8 juill. 1986 : *Bull. civ. IV, n° 148.*

Sur la preuve de l'insuffisance d'actif, V. • Com. 3 déc. 2003 : *RJDA 2004, n° 458.*

31 bis. L'insuffisance d'actif ne peut être chiffrée au montant du passif dès lors que la société débitrice est propriétaire de terrains dont la valeur ne peut être tenue pour nulle. • Paris, 30 mai 1997 : *Dr. sociétés 1998, n° 41, obs. Chaput.*

32. L'insuffisance d'actif qui peut être mise à la charge du dirigeant est celle qui est constatée au cours ou à l'issue de la procédure collective, sous réserve de l'exclusion de tout passif social postérieur au jugement d'ouverture, à moins qu'il s'agisse d'un passif trouvant son origine antérieurement à l'ouverture de la procédure et sa cause dans la faute de gestion relevée. • Paris, 5 juill. 1996 : *préc. note 18.*

L'existence et le montant de l'insuffisance d'actif doivent être appréciés au moment où statue la juridiction saisie de l'action tendant à la faire supporter par un dirigeant social. • Com. 27 févr. 1978 : *D. 1978. IR 334* (loi de 1967) • 30 janv. 1990 *Bull. civ. IV, n° 30* • 18 févr. 1992 : *RJDA 1992, n° 521* • 28 avr. 1998 : *D. Affaires 1998. 1487, obs. A. L. ; RJDA 1998, n° 1000* • 16 mars 1999 : *Bull. civ. IV, n° 61 ; D. 1999. IR 103 ; D. Affaires 1999. 907 ; Bull. Joly 1999. 757, note Saint-Alary-Houin ; LPA 16 avr. 1999, p. 7, note P. M.* • 30 mars 1999 : *Bull. Joly 1999. 759, note Saint-Alary-Houin.* ♦ Sur l'exclusion des frais de justice, nés après l'ouverture de la procédure, V. • Com. 2 juin 1987 : *D. 1988. Somm. 39, obs. Honorat ; Bull. civ. IV, n° 130* (loi de 1967) • Paris, 19 mars 1991 : *D. 1992. Somm. 373, obs. Honorat ; Rev. sociétés 1992. 787, note Honorat* • Com. 16 févr. 1993 : *Bull. civ. IV, n° 67 ; D. 1993. Somm. 319, obs. Honorat ; Rev. sociétés 1993. 655, note Honorat* (loi de 1967).

33. Dettes imputables aux dirigeants. Les dettes qui peuvent être mises, en tout ou en partie, à la charge des dirigeants sociaux au titre de l'insuffisance d'actif ne sont pas constituées des seules dettes pour lesquelles les créanciers ont recouvré leur droit de poursuite individuelle et ont obtenu un titre exécutoire. • Aix-en-Provence, 29 oct. 1992 : *RJDA 1993, n° 451 ; Rev. proc. coll. 1993. 581, obs. Blanchard.*

33 bis. Les dettes de la personne morale que l'art. 180 [C. com., art. L. 651-2] permet, aux conditions qu'il prévoit, de mettre à la charge des dirigeants, ne peuvent comprendre celles d'autres personnes morales auxquelles la procédure collective a été étendue sur le fondement de la confusion des patrimoines mais dont ceux-ci n'ont pas été les dirigeants. • Com. 23 mai 2000 : *Bull. civ. IV, n° 108 ; D. 2000. AJ 299, obs. Lienhard ; D. 2002. Somm. 78, obs. Derrida ; Act. proc. coll. 2000, n° 141, obs. Vallansan ; JCP E 2000, n° 40, p. 1567, obs. Pétel ; Bull. Joly 2000. 789, note Couret ; LPA 21 nov. 2000, p. 18, note Gibirila ; ibid., 26 févr. 2001, note Raimon ; Rev. sociétés 2001. 115, note Daigre* • 17 juill. 2001 : *Act. proc. coll. 2001, n° 218, obs. Vallansan ; Dr. sociétés 2001, n° 174, note Legros ; Rev. proc. coll. 2002. 111, obs. Martin-Serf* • 8 juill. 2003 : *Dr. sociétés 2004, n° 167, note Legros* • Paris, 18 oct. 2005 : *Rev. proc. coll. 2006. 291, obs. Martin-Serf.*

34. Montant de la condamnation. Pour déterminer la somme qui est mise à la charge du dirigeant social ayant commis des fautes de gestion, le tribunal doit tenir compte non pas des sommes dues par la personne morale à un créancier déterminé, mais de la gravité des fautes de gestion commises par le dirigeant et de la proportion dans laquelle ces fautes ont contribué à l'insuffisance d'actif, même si en principe le seul fait que le dirigeant ait commis une faute permet de le condamner à payer l'intégralité de l'insuffisance d'actif. • Versailles, 3 mai 1990 : *Bull. Joly 1990. 664, note Daigre.* ♦ Le dirigeant d'une personne morale peut être déclaré responsable sur le fondement de l'art. 180 [C. com., art.

L. 651-2], même si la faute de gestion qu'il a commise n'est que l'une des causes de l'insuffisance d'actif et il peut être condamné à supporter en totalité ou partie des dettes sociales, même si sa faute n'est à l'origine que d'une partie d'entre elles. • Com. 17 févr. 1998 : *Bull. civ. IV, n° 78 ; D. 1998. IR 82 ; D. Affaires 1998. 475, obs. A. L. ; Bull. Joly 1998. 644, note Daigre ; Rev. sociétés 1998. 580, note Guyon* • 21 juin 2005 : *Bull. civ. IV, n° 134 ; D. 2005. AJ 1850, obs. Lienhard ; Dr. sociétés 2005, n° 193, note Legros ; Gaz. Pal. 4-5 nov. 2005, p. 59, obs. Montéran ; Rev. proc. coll. 2005. 385, obs. Martin-Serf.* ♦ Dans le même sens, pour le représentant permanent d'une personne morale, V. • Com. 3 janv. 1995 : *Bull. Joly 1995. 266, note Couret ; Rev. huiss. 1996. 210, note Courtier.*

34 bis. Pour déterminer le montant de la condamnation, le juge doit tenir compte, non seulement de la gravité des fautes et du montant de l'insuffisance d'actif, mais également de la situation personnelle du dirigeant et de ses facultés contributives. • Versailles, 27 sept. 2001 : *RJDA 2002, n° 184 ; Bull. Joly 2002. 48, note Daigre* • Paris, 9 mai 2006 : *RJDA 2006, n° 1061.*

34 ter. Le montant de la condamnation ne peut excéder celui de l'insuffisance d'actif tel qu'il est constaté au jour où le juge statue. • Com. 21 janv. 2003 : *Act. proc. coll. 2003, n° 77* • 27 juin 2006 : *JCP E 2007. 1117, note Delattre.* ♦ La condamnation ne peut porter sur l'intégralité du passif social comprenant le montant des productions de créances non contestées, augmenté du montant des créances admises à l'issue du procès en cours, alors que, si la réparation d'un dommage peut être intégrale, elle ne saurait, en dépassant le montant de l'insuffisance d'actif, excéder celui du préjudice (loi de 1967). • Com. 23 janv. 1996 : *D. 1996. IR 132.* ♦ Jurisprudence confirmée par l'art. L. 651-2, al. 1er, dans sa réd. issue de l'Ord. n° 2008-1345 du 18 déc. 2008.

35. Viole l'art. 180 [C. com., art. L. 651-2] l'arrêt qui condamne un dirigeant à supporter la totalité de l'insuffisance d'actif de la personne morale et un autre à en payer une partie, sans préciser que l'obligation de contribuer du premier en sera diminuée d'autant. • Com. 17 nov. 1992 : *préc. note 23* • 3 févr. 1998 : *D. Affaires 1998. 475, obs. A. L.* • 17 juill. 2001 : *RJDA 2001, n° 1239.*

35 bis. Proportionnalité de la sanction. Si le montant de la condamnation prononcée relève de l'appréciation souveraine des juges du fond dès lors qu'il n'excède pas l'insuffisance d'actif, il importe, lorsque plusieurs fautes de gestion ayant contribué à cette insuffisance d'actif sont retenues, que chacune d'entre elles soit légalement justifiée. • Com. 15 déc. 2009 : *Bull. civ. IV, n° 166 ; D. 2010. AJ 10, obs. Lienhard ; Rev. sociétés 2010. 256, note Morelli ; JCP E 2010. 1164, note Delmotte et Roussel Galle ; Act. proc. coll. 2010, n° 31, obs. Vallansan ; LEDEN, févr. 2010, p. 6, obs. Parachkévova ; LPA 18 févr. 2010, note Teboul ; Dr. sociétés 2010, n° 55, note Legros ; RJDA 2010, n° 275 ; Gaz. Pal. 16-17 avr. 2010, p. 46, obs. Montéran ; Bull. Joly 2010. 364, note Camensuli-Feuillard ; Rev. proc. coll. 2010, n° 115, obs. Martin-Serf ; Defrénois 2010. 1487, obs. Gibirila ; RJ com. 2010. 194, note Messaï-Bahri* • 30 mars 2010 : *D. 2010. Actu. 1071 ; Gaz. Pal. 2-3 juill. 2010, p. 41, obs. Montéran.* – V. Gibirila, *RJDA 2010. 211.*

35 ter. Absence de condamnation. L'art. 180 [C. com., art. L. 651-2] conférant aux juges la faculté de ne pas faire application de la sanction prévue par ce texte, ceux-ci peuvent décider de ne pas prononcer de sanction pécuniaire à l'encontre d'un dirigeant en dépit de ses fautes de gestion, compte tenu du fait qu'il avait exécuté ses engagements de caution et qu'il ne bénéficiait plus que du revenu minimum d'insertion. • Paris, 9 oct. 1998 : *Act. proc. coll. 1999, n° 41.* ♦ La contribution volontaire des dirigeants à l'insuffisance d'actif, fixée à 800 MF, sous forme de versements en numéraire, d'abandons de créances et de cession au franc symbolique d'obligations remboursables en actions, le tout pour un montant de 420 MF, constitue une offre satisfactoire dispensant ces dirigeants de condamnation. • T. com. Paris, 7 sept. 1998 : *Rev. proc. coll. 2002. 112, obs. Martin-Serf.* ♦ De même, une cour d'appel peut juger inopportun de faire application de l'art. 180 [C. com., art. L. 651-2] à un dirigeant à qui il est reproché d'avoir déclaré tardivement la cessation des paiements et poursuivi une activité déficitaire dans un intérêt exclusif lorsqu'il apparaît qu'il suit un traitement psychiatrique depuis plusieurs années et qu'il n'était pas seul à la tête de ses affaires. • Grenoble, 7 janv. 1999 : *JCP E 1999, n° 17, p. 745.* ♦ V. aussi • Com. 25 juin 2002 : *RJDA 2002, n° 1306 ; Dr. sociétés 2003, n° 73, note Legros* • Paris, 11 janv. 2005 : *Gaz. Pal. 29-30 avr. 2005, p. 51, obs. Montéran ; RJDA 2005, n° 1023.*

36. Solidarité. Il résultait de la combinaison de l'art. 91 de la loi du 24 juill. 1966 [devenu C. com., art. L. 225-20] et de l'art. 98 de la loi du 13 juill. 1967 l'existence d'une solidarité légale entre la personne morale et son représentant permanent pour la responsabilité prévue à l'art. 99 de la loi du 13 juill. 1967. • Com. 2 déc. 1986 : *Bull. civ. IV, n° 232 ; Rev. sociétés 1987. 409.* ♦ Il s'ensuivait que l'action engagée dans le délai légal contre la société interrompait la prescription à l'égard du représentant lui-même. • Même arrêt. – Comp. : • Com. 2 juill. 1991 : *Rev. sociétés 1991. 815, note Honorat* . ♦ Il résulte également de cette solidarité que l'action, engagée sur le fondement de l'art. 180 [C. com., art. L. 651-2], peut valablement ne viser que le représentant permanent. • T. com. Paris, 5 janv. 1994 : *RJDA 1994, n° 456.*

V. aussi note 30 *quater*.

37. Les juges ne sont pas tenus de se prononcer sur la part de responsabilité incombant à chacun des coauteurs du dommage dans leurs rapports réciproques, dès lors qu'ils ne sont saisis d'aucune demande en ce sens. • Com. 3 janv. 1995 : *préc. note 34.* ♦ La décision n'ayant pas réparti la contribution à la réparation entre les codébiteurs solidaires, il s'ensuit naturellement que les rapports entre ces codébiteurs sont régis par les dispositions du droit commun de la solidarité contenues dans les art. 1213 et 1214 C. civ. • Paris, 4 févr. 1992 : *Dr. sociétés 1992, n° 79, obs. Chaput.*

V. aussi note 35 *bis*.

37 bis. Transaction. BIBL. N. Colin, *LPA 16 juill. 1999.* – Chaput, *Bull. d'actualité Lamy droit commercial oct. 2001.* – Teboul, *Gaz. Pal. 2004. Doctr. 2824.* – Delattre, *RJDA 2005. 1039 ; Rev. proc. coll. 2012. Étude 35.* ♦ Les condamnations au paiement des dettes sociales prononcées en application de l'art. L. 624-3 [L. 651-2] C. com. ne peuvent faire l'objet d'une transaction. • Com. 5 nov. 2003 : *Bull. civ. IV, n° 164 ; D. 2003. AJ 2831 ; Bull. Joly 2004. 205, note Boillot ; JCP E 2004, n° 22, p. 857, obs. Pétel ; ibid., n° 28-29, p. 1154, note Dumont-Lefrand ; RJ com. 2004. 188, note Sortais ; RTD com. 2004. 604, obs. Mascala ; Dr. sociétés 2004, n° 213, note Legros* • 15 mars 2005 : *Gaz. Pal. 6-7 juill. 2005, p. 52, obs. Montéran.* ♦ V. aussi note 1 ss. art. L. 642-24. ♦ Comp. à propos de la transaction intervenue dans le cadre du plan de cession des sociétés AOM et Air Liberté, portant notamment sur la renonciation à la mise en œuvre d'une action fondée sur l'art. L. 624-3 [L. 651-2] : • T. com. Créteil, 27 juill. 2001 : *D. 2002. Somm. 76, obs. Derrida* . – V. Soinne, *Rev. proc. coll. 2001. 161.* ♦ V. aussi le jugement rendu dans l'affaire « Pallas Stern » : • T. com. Paris, 7 sept. 1998 : *Rev. proc. coll. 2002. 283, obs. Canet.*

37 ter. Délais de paiement. En refusant d'accorder un délai de paiement au dirigeant condamné au comblement du passif, une cour d'appel ne fait qu'exercer le pouvoir discrétionnaire qu'elle tient de l'art. 1244-1 C. civ., sans avoir à motiver spécialement sa décision. • Com. 8 oct. 2003 : *RJDA 2004, n° 202.*

37 quater. Redressement judiciaire civil. Sur la possibilité d'ouvrir une procédure de surendettement à l'égard d'un dirigeant poursuivi en comblement de passif, V. note 11 ss. art. L. 620-2. ♦ L'existence d'une procédure de redressement judiciaire civil ne saurait faire obstacle à l'exécution de la sanction pécuniaire prononcée, en vertu de l'art. 180 [C. com., art. L. 651-2], par une décision irrévocable, cette dette n'étant pas susceptible d'être incluse dans le redressement judiciaire civil. • Paris, 8 févr. 2002 : *BICC 2002, n° 976.*

38. Exclusion de l'application cumulative des anciens art. L. 624-3 et L. 624-5. V. note 10 ss. ancien art. L. 624-5 ss. art. L. 652-1.

39. Exclusion de l'application cumulative des anciens art. L. 624-3 et L. 624-1. V. note 5 ss. ancien art. L. 624-1 ss. art. L. 651-1.

40. Rapports avec l'action en nullité. L'appréciation de la faute de gestion résultant d'un paiement préférentiel effectué en période suspecte n'est pas subordonnée à l'exercice préalable de l'action en nullité du paiement. • Com. 11 juin 1996 : *Bull. civ. IV, n° 169 ; D. Affaires 1996. 876.*

40 bis. Rapport avec l'action civile en cas d'abus de biens sociaux. Si elle est en partie fondée sur les mêmes fautes de gestion, l'action en comblement de passif engagée par le liquidateur devant le tribunal de commerce a un objet différent de l'action civile en réparation du préjudice résultant des infractions d'abus de biens sociaux. • Com. 29 oct. 1996 : *Rev. sociétés 1997. 377, note crit. Bouloc ; Rev. proc. coll. 2000. 136, obs. Martin-Serf* • 21 nov. 2001 : *RJDA 2002, n° 287.* ♦ Il en résulte qu'est recevable l'action civile exercée devant le juge répressif au nom de sociétés en redressement judiciaire alors que des actions en comblement de passif ont été engagées contre le prevenu devant la juridiction commerciale. • Crim. 9 oct. 1997 : *Dr. sociétés 1998, n° 59, obs. Chaput.* ♦ Inversement, un dirigeant peut être condamné au titre de la contribution à l'insuffisance d'actif de la société débitrice, alors que le liquidateur a déjà obtenu devant les juridictions pénales réparation du préjudice causé par l'abus de biens commis par ce dirigeant, dès lors qu'au-delà de la qualification pénale d'abus de biens sociaux du prêt consenti par le dirigeant à un ami personnel, la privation de trésorerie qui en est résultée pour la société a été à l'origine d'une faute de gestion, ladite société ayant été contrainte de souscrire de nouveaux emprunts et d'augmenter ainsi ses frais financiers. • Com. 29 févr. 2000 : *Bull. civ. IV, n° 42 ; D. 2000. AJ 158, obs. Lienhard ; D. 2002. Somm. 79, obs. Sortais ; Bull. Joly 2000. 597, note Saintourens ; RTD com.*

2001. 239, obs. Mascala ; *Gaz. Pal. 2002. Somm. 256, obs. Courtier.* – V. Grossi, *RLDA juill. 2000. 3.* ♦ Comp. : note 4.

Pour la recevabilité de l'action en comblement de passif engagée par des mandataires déboutés par la juridiction pénale de leur action civile pour abus de biens sociaux, V. • Com. 27 nov. 2001 : *Act. proc. coll. 2002, n° 29, obs. Regnaut-Moutier ; RJDA 2002, n° 417 ; Dr. sociétés 2002, n° 88, note Legros.*

L'action civile fondée sur des abus de biens sociaux et des faits de banqueroute étant distincte de l'action en comblement de passif, le juge pénal ne saurait condamner le dirigeant coupable d'abus de biens sociaux et de banqueroute à supporter le passif social. • Crim. 5 août 1998 : *Rev. sociétés 1999. 175, note Bouloc* .

40 ter. Rapports avec l'action civile pour banqueroute. Pour la recevabilité de cette action, dont l'objet est différent de celui de l'action en comblement du passif, V. • Crim. 13 juin 2001 : *RJDA 2002, n° 287* • 10 oct. 2001 : *ibid., n° 417* • 4 nov. 2004 : *Dr. sociétés 2005, n° 100, note R. Salomon.*

41. Répartition des sommes. Il résulte de l'art. 180 [C. com., art. L. 651-2], al. 3, selon lequel les sommes versées par les dirigeants en application de l'al. 1er entrent dans le patrimoine du débiteur et sont réparties, en cas de liquidation, entre tous les créanciers au marc le franc que la répartition de ces sommes s'effectue sans accorder un rang prioritaire aux créanciers superprivilégiés. • Com. 20 mai 1997 : *Bull. civ. IV, n° 147 ; D. 1997. IR 144* ; *D. Affaires 1997. 799 ; Quot. jur. 3 juill. 1997, p. 8, note P. M. ; JCP E 1997. I. 681, n° 19, obs. Pétel ; Rev. proc. coll. 1997. 487, obs. Martin-Serf ; RJ com. 1998. 26, note Calendini.*

C. DROIT TRANSITOIRE

42. Il résulte de l'art. 191, 5°, de la loi du 26 juill. 2005, que les dispositions nouvelles du chapitre Ier du titre V du livre VI C. com., relatives à la responsabilité pour insuffisance d'actif, s'appliquent aux procédures en cours au 1er janv. 2006, à l'exception de l'art. L. 651-2 ; il s'ensuit que l'art. L. 624-3 C. com., dans sa rédaction antérieure à la loi précitée, demeure applicable pour condamner les dirigeants au paiement de l'insuffisance d'actif d'une personne morale de droit privé soumise à une procédure collective ouverte antérieurement au 1er janv. 2006. • Com. 19 déc. 2006 : *Bull. civ. IV, n° 258 ; D. 2007. AJ 86, obs. Lienhard* ; *JCP E 2007. 1450, n° 13, obs. Pétel ; Rev. proc. coll. 2007. 82, obs. Martin-Serf ; Rev. sociétés 2007. 416, note Saintourens* ; *Act. proc. coll. 2007, n° 20, obs. Regnaut-Moutier.* – Rappr. : • Com. 4 mars 2008 : *Gaz. Pal. 27-29 juill. 2008, p. 65, obs. Le Corre (2e esp.).* ♦ V. aussi note 1 ss. art. L. 652-1.

Code de commerce

Ancien art. L. 624-4 *Le tribunal peut ouvrir une procédure de redressement judiciaire ou de liquidation judiciaire à l'égard des dirigeants à la charge desquels a été mis tout ou partie du passif d'une personne morale et qui ne s'acquittent pas de cette dette.* – [L. n° 85-98 du 25 janv. 1985, art. 181.]

Les procédures ouvertes en vertu de l'art. L. 624-4, dans sa réd. antérieure à la L. n° 2005-845 du 26 juill. 2005, ne sont pas affectées par son entrée en vigueur (L. n° 2005-845 du 26 juill. 2005, art. 192).

BIBL. ► Delattre, *Rev. proc. coll. 2000. 183.* – Le Corre, *D. 2002. Chron. 1122* (sort des créances).

1. Héritiers. Le texte ne s'applique pas à ceux qui à titre d'héritiers d'un dirigeant social ont été condamnés au comblement de passif (loi de 1967). • Com. 3 mai 1988 : *D. 1988. IR 140.*

1 bis. Dirigeant déjà soumis à une procédure collective. V. note 12 *bis* ss. art. L. 620-2.

2. Date de cessation des paiements. Il convient de se référer au droit commun et de rechercher à quelle date le dirigeant social a effectivement cessé ses paiements (loi de 1967). • Com. 3 mai 1988 : *Bull. civ. IV, n° 146 ; D. 1988. IR 140.*

2 bis. Rapports avec la faillite personnelle. L'action tendant au prononcé du redressement judiciaire du dirigeant pour non-paiement des dettes sociales mises à sa charge par le tribunal, ayant un objet et une cause distincts de l'action ayant donné lieu à l'arrêt qui tendait au prononcé de sa faillite personnelle pour non-déclaration, dans le délai légal, de l'état de cessation des paiements de la société, une cour d'appel ne méconnaît pas l'autorité de la chose jugée par cette dernière décision en prononçant la liquidation judiciaire du dirigeant. • Com.

14 mai 1996 : *D. 1996. Somm. 339, obs. Honorat ; D. Affaires 1996. 813.*

2 ter. Rapports avec l'interdiction de gérer. Sur l'indépendance de la procédure fondée sur l'art. L. 624-4 C. com. de celle d'interdiction de gérer, V. • Paris, 6 nov. 2001 : *RJDA 2002, n° 289.*

2 quater. Exemples d'application. V. • Com. 4 oct. 2005 : *Gaz. Pal. 10-11 févr. 2006, p. 46, obs. Montéran* • Paris, 25 sept. 1998 : *Rev. proc. coll. 1999. 237, obs. Bach* • 15 déc. 1998 : *ibid.* • 28 janv. 2005 : *Dr. sociétés 2005, n° 132, note Legros.*

3. Prescription. V. note 30 *quinquies* ss. art. L. 651-2.

4. Compétence. Sur la compétence du tribunal ayant ouvert la procédure collective de la personne morale, V. ancien art. 163 du Décr. n° 85-1388 du 27 déc. 1985, aux éd. 2007 et antérieures du **C. com.** ♦ Pour une application de ce texte à un dirigeant résidant à l'étranger, V. • Com. 14 mars 2000 : *Bull. civ. IV, n° 61 ; D. 2000. AJ 241 ; RTD com. 2000. 468, obs. Vallens .*

5. Droit transitoire. Il résulte de l'art. 192 de la loi du 26 juill. 2005 que les instances aux fins de sanction, engagées à l'égard des dirigeants des personnes morales sur le fondement de l'art. L. 624-4 C. com. dans sa rédaction antérieure à cette loi, ne peuvent plus être poursuivies si la procédure de redressement ou de liquidation judiciaire n'a pas été ouverte avant le 1er janv. 2006. • Com. 13 mars 2007 : *Bull. civ. IV, n° 87 ; D. 2007. AJ 872, obs. Lienhard ; Act. proc. coll. 2007, n° 97, obs. F.-X. Lucas ; Dr. sociétés 2007, n° 114, note Legros ; Bull. Joly 2007. 946, note Staes ; Rev. sociétés 2007. 896, note Roussel Galle .* ♦ V. aussi, en cas d'annulation, après le 1er janv. 2006, d'un jugement ayant ouvert, avant cette date, le redressement judiciaire de dirigeants sociaux sur le fondement de l'art. L. 624-4, • Com. 21 juin 2007 : *Bull. civ. IV, n° 172 ; D. 2007. AJ 1876, obs. Lienhard ; Act. proc. coll. 2007, n° 157, obs. Blanc ; Dr. sociétés 2007, n° 176, note Legros ; Gaz. Pal. 26-27 oct. 2007, p. 60, obs. Montéran.*

Art. L. 651-3 *(L. n° 2005-845 du 26 juill. 2005, art. 129)* **Dans** *(Ord. n° 2010-1512 du 9 déc. 2010, art. 6-3°)* **« les cas prévus » à l'article L. 651-2, le tribunal est saisi par** *(Abrogé par Ord. n° 2008-1345 du 18 déc. 2008, art. 132)* ***« le mandataire judiciaire, »*** **le liquidateur ou le ministère public.**

Dans l'intérêt collectif des créanciers, le tribunal peut également être saisi par la majorité des créanciers nommés contrôleurs lorsque le *(Ord. n° 2008-1345 du 18 déc. 2008, art. 132)* **« liquidateur » n'a pas engagé** *(Ord. n° 2008-1345 du 18 déc. 2008, art. 132)* **« l'action prévue » au même article, après une mise en demeure restée sans suite dans un délai et des conditions fixés par décret en Conseil d'État.** – *V. art. R. 651-4.*

(Ord. n° 2008-1345 du 18 déc. 2008, art. 132) **« Le » juge-commissaire ne peut ni siéger dans la formation de jugement, ni participer au délibéré.**

(Ord. n° 2008-1345 du 18 déc. 2008, art. 132) **« Les dépens et frais irrépétibles auxquels a été condamné le dirigeant** *(Ord. n° 2010-1512 du 9 déc. 2010, art. 6-3°)* **« ou l'entrepreneur individuel à responsabilité limitée » sont payés par priorité sur les sommes versées pour combler le passif. »**

Pour l'entrée en vigueur, V. note précédant l'art. L. 651-1.

1. Droit transitoire. L'art. L. 651-2 ne s'appliquant pas aux procédures collectives en cours au 1er janv. 2006 en vertu de l'art. 191, 5°, de la loi du 26 juill. 2005, l'art. L. 651-3 qui détermine les personnes habilitées à saisir le tribunal dans le cas prévu à l'art. L. 651-2 n'est pas applicable à ces procédures. • Com. 5 févr. 2008 : *Bull. civ. IV, n° 28 ; D. 2008. AJ 543, obs. Lienhard ; ibid. Chron. C. cass. 1231, obs. Bélaval ; JCP E 2008. 1432, n° 15, obs. Pétel ; Act. proc. coll. 2008, n° 72, obs. Lebel ; Procédures 2008, n° 117, obs. Rolland ; Dr. sociétés 2008, n° 97, note Legros ; Bull. Joly 2008. 430, note Vallansan ; Rev. proc. coll. 2008, n° 86, obs. Martin-Serf ; ibid. 2009, n° 8, obs. Fraimout ; RTD com. 2008. 860, obs. Saint-Alary-Houin .* ♦ L'art. L. 624-3 dans sa rédaction antérieure à la loi du 26 juill. 2005 pouvant servir de fondement à la condamnation des dirigeants au paiement de l'insuffisance d'actif d'une personne morale de droit privé soumise à une procédure collective ouverte antérieurement au 1er janv. 2006, le commissaire à l'exécution du plan est habilité à saisir le tribunal de cette action en vertu de l'art. L. 624-6 dans la même rédaction. • Même arrêt. ♦ V. aussi note 16 ss. ancien art. L. 624-5, ss. art. L. 652-1.

2. Les art. L. 651-3 et L. 653-7 C. com., qui prévoient qu'en matière de sanctions personnelles ou de condamnation au paiement de l'insuffisance d'actif, le juge-commissaire ne peut siéger dans la formation de jugement ni participer au délibéré, sont immédiatement applicables aux procédures en cours au 1er janv. 2006 en vertu de l'art. 191 de la loi du 26 juill. 2005, qui ne distingue pas entre leurs différents alinéas. • Paris, 26 févr. 2008 : *D. 2008. AJ 915, obs. Lienhard ; JCP E 2008. 1905, note Delattre.*

Code de commerce

Ancien art. L. 624-6 *Dans les cas prévus aux articles L. 624-3 à L. 624-5, le tribunal se saisit d'office ou est saisi par l'administrateur, le représentant des créanciers, le commissaire à l'exécution du plan, le liquidateur ou le procureur de la République.* — [L. n° 85-98 du 25 janv. 1985, art. 183.]

1. Recevabilité des demandes. Le liquidateur a qualité pour demander l'ouverture, sur le fondement de l'art. 182 [C. com., ancien art. L. 624-5], d'une procédure de redressement judiciaire à l'égard des dirigeants d'une personne morale mise en liquidation judiciaire. • Com. 11 mai 1993 : *Bull. civ. IV, n° 187 ; D. 1993. IR 195.*

1 bis. Sur le défaut de qualité du représentant des créanciers pour engager une action en paiement des dettes sociales après le jugement arrêtant le plan de redressement, V. note 2 ss. art. L. 626-24.

1 ter. Le commissaire à l'exécution du plan a qualité pour introduire une action en comblement de passif à l'encontre d'un dirigeant, mais ne peut le faire que tant qu'il demeure en fonction, jusqu'à l'expiration du plan ou jusqu'au paiement du prix de cession. • Aix-en-Provence, 24 sept. 2002 : *Act. proc. coll. 2002, n° 270.* ♦ V. aussi • Com. 29 oct. 2002 : *Dr. sociétés 2003, n° 47, note Legros ; RD banc. fin. 2003, n° 80, obs. F.-X. Lucas.* ♦ V. encore note 8 ss. art. L. 626-25.

1 quater. Sur la question de la régularisation du défaut de qualité pour agir, V. • Com. 24 sept. 2003 : *cité note 2 ss. art. L. 626-24.*

2. Les dirigeants ne sont pas recevables, même à titre de garantie, à exercer l'action en paiement des dettes sociales contre d'autres dirigeants. • Com. 6 juin 1995 : *Bull. civ. IV, n° 168 ; D. 1995. IR 171 ; Bull. Joly 1995. 986, note Le Cannu* • 1er avr. 2003 : *RJDA 2003, n° 752.*

3. L'art. 183 [C. com., ancien art. L. 624-6] n'impose aucunement de présenter requête pour être autorisé à assigner sur le fondement de l'art. 180 [C. com., ancien art. L. 624-3]. • Paris, 13 mars 1991 : *Rev. proc. coll. 1993. 57, obs. Liénard.*

4. En ce sens que l'assignation en paiement des dettes sociales délivrée au dirigeant d'une des sociétés dont le patrimoine est confondu, par le liquidateur agissant « *ès qualités* de liquidateur du groupe » constitue un vice de forme qui n'entraîne la nullité de l'acte qu'en cas de grief prouvé, et non une irrégularité de fond au sens de l'art. 117 NCPC [C. pr. civ.], dès lors que le liquidateur n'a pas agi comme représentant des débiteurs en liquidation judiciaire mais comme organe de la procédure, V. • Com. 14 nov. 2000 : *Bull. civ. IV, n° 176 ; D. 2000. AJ 437, obs. Lienhard ; Procédures 2001, n° 60, obs. Laporte ; RTD com. 2001. 247, obs. Vallens ; Bull. Joly 2001. 251, note Pétel.*

4 bis. Saisine d'office. Il se déduit des art. 183 et 191 [C. com., anciens art. L. 624-6 et L. 625-7], qui prévoient que seul le tribunal peut se saisir d'office, que la cour d'appel n'a pas cette faculté. • Com. 26 nov. 2002 : *Bull. civ. IV, n° 178 ; D. 2003. AJ 276 ; RTD com. 2003. 171, obs. Vallens.*

4 ter. Exclusivité de la demande. Sur l'inapplicabilité des dispositions de l'art. 7 du Décr. du 27 déc. 1985, V. note 6 *quater* ss. cet art. ss. art. R. 631-2 C. com.

4 quater. Responsabilité civile du représentant des créanciers. V. note 13 ss. art. L. 622-20.

5. Qualité pour faire appel. Est recevable l'appel du mandataire-liquidateur, tant en qualité de représentant de la société qu'en tant qu'organe de la procédure, contre le jugement ayant déclaré sa demande irrecevable. • Com. 23 janv. 1996 : *Rev. huiss. 1996. 1264, note Courtier.*

6. Droit transitoire. V. note 1 ss. nouvel art. L. 651-3.

Art. L. 651-4 *(L. n° 2005-845 du 26 juill. 2005, art. 130)* Pour l'application des dispositions de l'article L. 651-2, d'office ou à la demande de l'une des personnes mentionnées à l'article L. 651-3, le président du tribunal peut charger le juge-commissaire ou, à défaut, un membre de la juridiction qu'il désigne d'obtenir, non-

obstant toute disposition législative contraire, communication de tout document ou information sur la situation patrimoniale des dirigeants et des représentants permanents des dirigeants personnes morales mentionnées à l'article L. 651-1 *(Ord. n° 2010-1512 du 9 déc. 2010, art. 6-4°)* **« ou encore sur les revenus et le patrimoine non affecté de l'entrepreneur individuel à responsabilité limitée » de la part des administrations et organismes publics, des organismes de prévoyance et de sécurité sociale** *(Ord. n° 2009-866 du 15 juill. 2009, art. 17, en vigueur le 1er nov. 2009)* **« , des établissements de paiement »** *(L. n° 2013-100 du 28 janv. 2013, art. 22)* **« , des établissements de monnaie électronique » et des établissements de crédit.**

Le président du tribunal peut, dans les mêmes conditions, ordonner toute mesure conservatoire utile à l'égard des biens des dirigeants ou de leurs représentants visés à l'alinéa qui précède *(Ord. n° 2010-1512 du 9 déc. 2010, art. 6-4°)* **« ou encore des biens de l'entrepreneur individuel à responsabilité limitée compris dans son patrimoine non affecté ».** *(L. n° 2012-346 du 12 mars 2012, art. 3)* **« Il peut maintenir la mesure conservatoire ordonnée à l'égard des biens du dirigeant de droit ou de fait en application de l'article L. 631-10-1. »** — *La L. n° 2012-346 du 12 mars 2012 est applicable aux procédures de sauvegarde, de redressement judiciaire ou de liquidation judiciaire en cours à la date de sa publication [JO 13 mars.] Elle est applicable en Nouvelle-Calédonie et dans les îles Wallis-et-Futuna (L. préc., art. 5 et 6).*

Les dispositions du présent article sont également applicables aux personnes membres ou associées de la personne morale en procédure de sauvegarde, de redressement ou de liquidation judiciaire, lorsqu'elles sont responsables indéfiniment et solidairement de ses dettes. — *[C. com., ancien art. L. 624-7.]*

V. art. L. 663-1-1, R. 651-5, R. 662-1-1 et R. 662-1-2.

Pour l'entrée en vigueur, V. note précédant l'art. L. 651-1.

BIBL. ► Delattre, *Rev. proc. coll. 2010. Étude 2* (actes préparatoires à une action en responsabilité pour insuffisance d'actif).

1. L'art. L. 651-4, al. 2, dérogeant à l'art. 67 de la L. du 9 juill. 1991 [désormais codifié à l'art. L. 511-1 C. pr. exéc. et qui prévoit qu'une mesure conservatoire ne peut être ordonnée sur les biens d'un débiteur que si son créancier dispose d'une créance paraissant fondée dans son principe et justifie de circonstances susceptibles d'en menacer le recouvrement], permet au président du tribunal, pour l'application des dispositions de l'art. L. 651-2, d'ordonner toute mesure conservatoire utile à l'égard des biens des dirigeants et des représentants permanents des dirigeants personnes morales mentionnés à l'art. L. 651-1. • Com. 31 mai 2011 : *Bull. civ. IV, n° 89 ; D. 2011. Chron. C. cass. 2692, obs. Guillou ; ibid. Actu 1613, obs. Lienhard ; Rev. sociétés 2011. 522, obs. Roussel Galle ; JCP E 2011. 1737, note Legros ; Dict. perm. diff. entrep., Bull. n° 327, obs. Rémery ; LEDEN juill. 2011, p. 6, obs. Rubellin ; Act. proc. coll. 2011, n° 194, obs. Delattre ; Bull. Joly Entrep. diff. 2011. 271, note Favario ; RJDA 2011, n° 953 ; Rev. proc. coll. 2011, n° 201, obs. Martin-Serf.* ♦ La mesure conservatoire ainsi prononcée ne méconnaît pas les dispositions de l'art. 1er du protocole additionnel à la Conv. EDH [relatif au droit au respect de ses biens]. • Même arrêt.

2. Sur la validité des ordonnances du juge-commissaire prescrivant des mesures d'expertise, au regard du principe du contradictoire, V. • Paris, 18 juin 1991 : *Gaz. Pal. 1992. 1. 148, note Marchi.* – Comp. : • Paris, 2 avr. 1991 : *D. 1992. Somm. 9, obs. Derrida ; Gaz. Pal. 1992. 2. 516, note Breval et Dana.* ♦ Comp. : notes 5 s. ss. art. R. 661-5.

CHAPITRE II *[ABROGÉ]* DE L'OBLIGATION AUX DETTES SOCIALES

(Abrogé par Ord. n° 2008-1345 du 18 déc. 2008, art. 133)

Les actions fondées sur l'obligation aux dettes sociales ne peuvent plus être engagées à compter de l'entrée en vigueur de l'Ord. n° 2008-1345 du 18 déc. 2008 [15 févr. 2009.] En revanche, les actions déjà engagées au jour de cette entrée en vigueur se poursuivent (texte préc., art. 173).

Le chapitre II du titre V du livre VI du code de commerce était applicable aux procédures en cours au jour de l'entrée en vigueur de la L. n° 2005-845 du 26 juill. 2005 [1er janv. 2006] (texte préc., art. 191).

BIBL. ▶ Le Corre, *D. 2006. Chron. 2737* (dispositions transitoires de la loi de sauvegarde, suppression des extensions-sanctions et application de l'obligation aux dettes sociales). – Gourdain, *D. 2007. 2245* (pratique de la nouvelle obligation aux dettes sociales).

Art. L. 652-1 (L. n° 2005-845 du 26 juill. 2005, art. 131) ***Au cours d'une procédure de liquidation judiciaire, le tribunal peut décider de mettre à la charge de l'un des dirigeants de droit ou de fait d'une personne morale la totalité ou une partie des dettes de cette dernière lorsqu'il est établi, à l'encontre de ce dirigeant, que l'une des fautes ci-après a contribué à la cessation des paiements :***

1° Avoir disposé des biens de la personne morale comme des siens propres ;

2° Sous le couvert de la personne morale masquant ses agissements, avoir fait des actes de commerce dans un intérêt personnel ;

3° Avoir fait des biens ou du crédit de la personne morale un usage contraire à l'intérêt de celle-ci à des fins personnelles ou pour favoriser une autre personne morale ou entreprise dans laquelle il était intéressé directement ou indirectement ;

4° Avoir poursuivi abusivement, dans un intérêt personnel, une exploitation déficitaire qui ne pouvait conduire qu'à la cessation des paiements de la personne morale ;

5° Avoir détourné ou dissimulé tout ou partie de l'actif ou frauduleusement augmenté le passif de la personne morale.

Dans les cas visés au présent article, il ne peut être fait application des dispositions de l'article L. 651-2.

V. art. R. 652-1 et R. 652-2 abrogés.

1. Droit transitoire. Dès lors que postérieurement au 1er janv. 2006, date d'entrée en vigueur de la loi du 26 juill. 2005, une cour d'appel se trouve saisie à la fois d'une demande tendant à ce qu'un dirigeant de personne morale soit obligé aux dettes sociales sur le fondement de l'art. L. 652-1 et d'une demande tendant à ce qu'il soit condamné à supporter l'insuffisance d'actif sur celui de l'art. L. 624-3 ancien encore applicable, elle doit d'abord se prononcer sur le premier fondement, exclusif du second par application de l'art. L. 652-1 *in fine* qui prohibe le cumul et, si elle retient l'existence d'un fait qualifié au sens de ce dernier texte, n'a pas à examiner la demande sur le second fondement. • Orléans, 16 févr. 2006 : *BICC 2006, n° 706 ; D. 2006. AJ 1041, obs. Lienhard ; RJDA 2006, n° 814 ; Rev. proc. coll. 2007. 82, obs. Martin-Serf.*

2. Bien que nouvelle, est recevable en appel la demande de prise en charge des dettes sociales, formée sur le fondement de l'art. L. 652-1, dès lors qu'elle tend à faire juger une question née de la survenance d'un fait, résultant de la promulgation d'une loi se déclarant immédiatement applicable aux procédures en cours, comme la loi du 26 juill. 2005 en ce qui concerne l'obligation aux dettes sociales. • Orléans, 23 mars 2006 : *BICC 2006, n° 1237 ; D. 2006. AJ 1600, obs. Lienhard ; RJDA 2006, n° 812.* – Dans le même sens, V. • Versailles, 7 déc. 2006 : *Gaz. Pal. 19-20 janv. 2007, p. 50, obs. Montéran ; RJDA 2007, n° 1268.*

3. En ce sens que méconnaît les exigences de l'art. 455 C. pr. civ. le juge qui, pour rejeter la demande d'arrêt de l'exécution provisoire d'un jugement ayant déclaré recevable l'action engagée le 17 mai 2005 par le liquidateur sur le fondement de l'ancien art. L. 624-5 C. com. et poursuivie par substitution sur le fondement de l'art. L. 652-1 C. com., retient que cette substitution s'analyse en une demande additionnelle qui peut être présentée devant le tribunal par voie de conclusions et que la finalité des deux actions apparaît identique, sans se prononcer sur le caractère sérieux du moyen soulevé par le dirigeant au soutien de son appel relatif à l'impossibilité pour le tribunal statuant le 19 janv. 2007 de prononcer à son encontre une mesure de liquidation judiciaire fondée sur l'ancien art. L. 624-5, dont l'art. 192 de la loi du 26 juill. 2005 excluait l'application, V. • Com. 5 févr. 2008 : *Bull. civ. IV, n° 29 ; D. 2008. AJ 607, obs. Lienhard ; Act. proc. coll. 2008, n° 70, obs. Vallansan ; Bull. Joly 2008. 329, note Le Corre ; Gaz. Pal. 27-29 avr. 2008, p. 41, obs. Montéran ; Rev. sociétés 2008. 426, note Roussel Galle ; RJ com. 2008. 399, obs. Sortais ; Rev. proc. coll. 2008, n° 165, obs. Martin-Serf.*

3 bis. Procédure de liquidation judiciaire. L'obligation aux dettes sociales ne peut être décidée qu'au cours d'une procédure de liquidation judiciaire. • Com. 17 mai 2011 : *Bull. civ. IV, n° 75 ; D. 2011. Actu. 1406, obs. Lienhard ; Rev. sociétés 2011. 524, obs. Roussel Galle ; JCP E 2011. 1596, n° 14, obs. Pétel ; Act. proc. coll. 2011, n° 175, obs. Legros ; LEDEN juill. 2011, p. 6, obs. Mouial-Bassilana ; RJDA 2011, n° 647 ; Bull. Joly Entrep. diff. 2011. 337, note Favario ; Rev. proc. coll. 2012, n° 99, obs. Martin-Serf.*

4. Cessation des paiements. Ne peut être tenu à l'obligation aux dettes sociales, prévue à l'art. L. 652-1, le dirigeant d'une personne morale à qui est imputée une faute qui n'a pas contribué à la cessation des paiements. • Orléans, 29 juin 2006 : *BICC 2006, n° 2174 ; RJDA 2006, n° 1254* • Versailles, 7 déc. 2006 : *préc. note 2.*

5. Non-cumul avec l'action civile pour banqueroute. Dès lors que l'ancien gérant de fait d'une société atteste qu'il a déjà été condamné par le tribunal correctionnel à régler un montant correspondant à l'intégralité du passif, notamment au liquidateur, ce dernier n'est plus recevable, faute d'intérêt, à poursuivre la même demande au plan civil sur le fondement de l'art. L. 652-1 C. com. • Versailles, 7 févr. 2008 : *D. 2008. AJ 1053, obs. Lienhard ; Gaz. Pal. 27-29 juill. 2008, p. 67, obs. Robaczewski ; Rev. proc. coll. 2008, n° 164, obs. Martin-Serf.*

6. Exemple d'application. V • Com. 16 sept. 2008 : *RJDA 2009, n° 49.*

Code de commerce

Ancien art. L. 624-5 *I. — En cas de redressement judiciaire ou de liquidation judiciaire d'une personne morale, le tribunal peut ouvrir une procédure de redressement judiciaire ou de liquidation judiciaire à l'égard de tout dirigeant de droit ou de fait, rémunéré ou non, contre lequel peut être relevé un des faits ci-après :*

1° Avoir disposé des biens de la personne morale comme des siens propres ;

2° Sous le couvert de la personne morale masquant ses agissements, avoir fait des actes de commerce dans un intérêt personnel ;

3° Avoir fait des biens ou du crédit de la personne morale un usage contraire à l'intérêt de celle-ci à des fins personnelles ou pour favoriser une autre personne morale ou entreprise dans laquelle il était intéressé directement ou indirectement ;

4° Avoir poursuivi abusivement, dans un intérêt personnel, une exploitation déficitaire qui ne pouvait conduire qu'à la cessation des paiements de la personne morale ;

5° Avoir tenu une comptabilité fictive ou fait disparaître des documents comptables de la personne morale ou s'être abstenu de tenir toute comptabilité conforme aux regles légales ;

6° Avoir détourné ou dissimulé tout ou partie de l'actif ou frauduleusement augmenté le passif de la personne morale ;

7° Avoir tenu une comptabilité manifestement incomplète ou irréguliere au regard des dispositions légales. — Ce dernier cas d'ouverture a été ajouté par la L. n° 94-475 du 10 juin 1994.

II. — En cas de redressement judiciaire ou de liquidation judiciaire prononcé en application du présent article, le passif comprend, outre le passif personnel, celui de la personne morale.

III. — La date de la cessation des paiements est celle fixée par le jugement d'ouverture du redressement judiciaire ou de la liquidation judiciaire de la personne morale.

IV. — L'action se prescrit par trois ans à compter du jugement qui arrête le plan de redressement de l'entreprise ou, à défaut, du jugement qui prononce la liquidation judiciaire. — [L. n° 85-98 du 25 janv. 1985, art. 182.]

Les procédures ouvertes en vertu de l'art. L. 624-5, dans sa réd. antérieure à la L. n° 2005-845 du 26 juill. 2005, ne sont pas affectées par son entrée en vigueur (L. n° 2005-845 du 26 juill. 2005, art. 192). — V. notes 15 s.

BIBL. ▸ Charvériat, *RJDA 1993, p. 839.* – Teboul, *LPA 14 sept. 1999* (poursuite abusive d'une exploitation déficitaire). – Saint-Alary-Houin, *Cah. dr. entr. 2001, n° 3, p. 30 ; Rev. proc. coll. 2001. 145.*

1. Nature de la procédure ouverte. La procédure collective dont le dirigeant peut être l'objet, en application de l'art. 182 [C. com., ancien art. L. 624-5], est subordonnée à l'ouverture préalable d'une telle procédure à l'égard de la personne morale elle-même. • Com. 11 déc. 2001 : *Act. proc. coll. 2002, n° 55 ; Dr. sociétés 2002, n° 64, note Legros* • Paris, 6 avr. 1990 : *D. 1991. Somm. 115, obs. Derrida .*

Sur la distinction entre la procedure ouverte sur le fondement de l'art. 182 [C. com., ancien art. L. 624-5] et l'extension pour confusion des patrimoines, V. • Com. 8 déc. 1998 : *Bull. civ. IV, n° 291 ; RJDA 1999, n° 209 ; JCP E 1999, n° 18-*

19, p. 816, obs. Pétel • 13 oct. 1998 : *Rev. proc. coll. 1999. 184, obs. Bach* • 14 nov. 2000 : *RJDA 2001, n° 348.*

2. Avant la loi du 10 juin 1994, le tribunal, saisi sur le fondement de l'art. 182, ne pouvait ouvrir une procédure de liquidation judiciaire à l'égard du dirigeant poursuivi, sans faire précéder cette décision d'un jugement de redressement judiciaire le concernant, même si la personne morale qu'il dirigeait avait été mise en liquidation judiciaire. • Com. 16 mars 1993 : *Bull. civ. IV, n° 105 ; D. 1993. IR 101* • 20 juin 1995 : *Bull. Joly 1995. 992, note Le Cannu* • 20 janv. 1998 : *Bull. civ. IV, n° 29 ; D. 1998. IR 61 ; D. Affaires 1998. 298, obs. V. A.-R. ; Quot. jur. 12 mars 1998, p. 6, note P. M.* • 6 juin 2000 : *Dr. sociétés 2000, n° 138, obs. Chaput ; RJDA 2000, n° 1133.* ♦ De même, le tribunal ne pouvait prononcer, par deux jugements rendus le même jour, le redressement puis la liquidation judiciaires du dirigeant de la société et de son épouse, alors que la procédure de redressement judiciaire ouverte en application de l'art. 182 à l'égard des époux et celle concernant la société n'étaient pas communes, et que la liquidation judiciaire desdits époux ne pouvait être prononcée sans que soit constatée l'impossibilité de l'une ou l'autre des solutions du redressement judiciaire prévues par l'art. 1er. • Com. 6 juill. 1993 : *Bull. civ. IV, n° 283 ; JCP 1993. IV. 2318.*

3. Toutefois, en cas de confusion de patrimoine entre une société commerciale et un de ses dirigeants, la liquidation judiciaire de la société pouvait déjà être étendue à celui-ci sans recourir préalablement à la procédure de redressement judiciaire. • Com. 15 oct. 1991 : *Bull. civ. IV, n° 289.* ♦ Il en allait de même en cas de fictivité de la société. • Com. 16 mars 1993 : *préc. note 2.* – *Contra* : • Limoges, 21 mai 1987 : *D. 1988. Somm. 147, obs. Honorat* • Paris, 10 juill. 1987 : *Rev. proc. coll. 1988. 437, obs. Chaput.* ♦ Il résulte désormais des dispositions des art. 1er [C. com., art. L. 620-1], al. 3, et 182 [C. com., art. L. 624-5], al. 1er, dans leur rédaction de la loi du 10 juin 1994, que la liquidation judiciaire immédiate du dirigeant peut être prononcée, même en l'absence de confusion entre son patrimoine et celui de la personne morale ou de fictivité de cette dernière, dès lors que son redressement personnel est manifestement impossible. • Com. 13 oct. 1998 : *préc. note 1.* – V. aussi • Com. 6 juin 2000 : *Rev. proc. coll. 2001. 109, obs. Barret.* ♦ S'agissant de l'application dans le temps de la loi nouvelle, la procédure collective du dirigeant est soumise à la loi applicable à la procédure collective de la personne morale telle qu'elle était en vigueur à la date d'ouverture de la procédure collective de celle-ci. • Com. 20 janv. 1998 : *préc. note 2* • 11 déc. 2001 : *préc. note 1* • 5 mars 2002 : *Dr. sociétés 2002, n° 155, note Legros.* ♦ Les juges qui prononcent d'emblée la liquidation judiciaire doivent indiquer en quoi le redressement personnel du dirigeant est impossible. • Com. 6 févr. 2001 : *Dr. sociétés 2001, n° 81, obs. Legros* • 4 avr. 2006 : *Bull. civ. IV, n° 91 ; D. 2006. AJ 1106, obs. Lienhard ; Gaz. Pal. 14-18 juill. 2006, p. 51, obs. Montéran ; Dr. sociétés 2006, n° 161, note Legros.*

4. Sur l'obligation d'ouvrir une procédure distincte à l'encontre du dirigeant, V. • Paris, 19 déc. 1991 : *Bull. Joly 1992. 325.* ♦ Toutefois, lorsque l'existence d'une confusion de patrimoine est établie, un tribunal peut étendre la procédure ouverte à l'encontre d'une personne morale ou physique sans que les conditions exigées par l'art. 182 [C. com., ancien art. L. 624-5] soient réunies. • Versailles, 29 mars 1990 : *Bull. Joly 1990. 561, note Pétel.*

4 bis. La date de la cessation des paiements du dirigeant est celle fixée par le jugement d'ouverture du redressement judiciaire de la personne morale dont le passif vient s'ajouter au passif personnel du dirigeant. • Com. 20 janv. 1998 : *préc. note 2* • 11 déc. 2001 : *préc. note 1.* ♦ Il ne peut être fixé qu'une seule date de cessation des paiements du dirigeant commun de plusieurs personnes morales soumises chacune à une procédure collective indépendante, cette date étant nécessairement la plus ancienne. • Com. 4 févr. 2003 : *Bull. civ. IV, n° 15 ; D. 2003. 1496, note Martineau-Bourgninaud ; ibid. Somm. 1620, obs. Le Corre ; ibid. AJ 555, obs. Lienhard ; Act. proc. coll. 2003, n° 61, obs. Vallansan ; JCP E 2003, n° 20, p. 855, obs. Pétel ; Dr. sociétés 2003, n° 193, note Legros ; Defrénois 2004. 571, obs. Gibirila ; Rev. proc. coll. 2004. 269, obs. Dumont.*

4 ter. Dirigeants de droit. Le dirigeant de droit ne peut, pour se soustraire à l'application de l'art. 182 [C. com., ancien art. L. 624-5], soutenir qu'il a abandonné l'exercice effectif de ses fonctions à un dirigeant de fait. • Com. 9 mai 1995 : *Bull. civ. IV, n° 134 ; D. 1996. Somm. 84, obs. Honorat ; Rev. sociétés 1995. 765 ; Rev. huiss. 1996. 217, note Courtier.* – V. aussi • Com. 8 déc. 1998 : *Act. proc. coll. 1999, n° 27* • Paris, 6 févr. 1996 : *D. 1996. IR 74* • 9 janv. 1996 : *D. 1996. IR 74.*

5. Dirigeants de fait. BIBL. V. note 8 ss. art. L. 651-2. ♦ La qualité d'associé majoritaire ne peut être regardée, en soi, comme impliquant une participation effective à la gestion d'une société. • Paris, 10 mai 1989 : *JCP E 1989. II. 15558.*

Le fait que l'épouse d'un commerçant ait exploité le fonds de commerce « de notoriété publique » et qu'elle se soit présentée au tribunal au lieu et place de son mari sont insuffisants à établir la qualité de dirigeant de fait de l'épouse, aucun document produit n'établissant par ailleurs que celle-ci traitait avec les fournisseurs ou qu'elle disposait de la signature bancaire. • Aix-en-Provence, 23 nov. 1995 : *Dr. sociétés 1996, n° 211, obs. Chaput.*

Le seul fait de détenir la signature de comptes bancaires ne suffit pas, faute d'autres éléments positifs de gestion et de direction, à caractériser la qualité de gérant de fait. • Paris, 7 oct. 1997 : *Bull. Joly 1998. 55* • 30 juin 1998 : *Act. proc. coll. 1998, n° 140.* ♦ De même, la fonction de conseiller d'une société n'implique pas nécessairement qu'outrepassant son rôle technique, la personne qui l'exerce se soit immiscée dans la direction générale de la société et ait participé de façon continue aux affaires. • Paris, 9 avr. 1996 : *D. 1996. IR 134.*

La qualité de dirigeant de fait découle de la signature d'effets de complaisance en connaissance de cause pour financer l'activité de la société. • Com. 8 oct. 1996 : *Dr. sociétés 1996, n° 211, obs. Chaput.*

Pour étendre à son « directeur technico-commercial », la liquidation judiciaire d'une société de « chauffage-plomberie », une cour d'appel a dans son pouvoir souverain d'appréciation, retenu, entre autres éléments justifiant la qualification de dirigeant de fait, que celui-ci avait lui-même « embauché » le président du conseil d'administration de la société, dont le salaire, fixé par lui, était inférieur de plus de la moitié au sien propre et qu'il prenait toutes les décisions importantes. • Com. 17 mars 1998 : *D. Affaires 1998. 765.*

Pour un arrêt écartant la qualité de dirigeant de fait d'un constructeur automobile qui s'était immiscé dans la gestion d'un concessionnaire, V. • Toulouse, 30 juin 1997 : *RJDA 1997, n° 1420 ; Bull. Joly 1998. 53,* conf. par : • Com. 26 oct. 1999 : *RJDA 1999, n° 1213 ; Bull. Joly 2000. 149, note Le Cannu ; Dr. sociétés 2000, n° 58, obs. Chaput.* – V. rapp. Rémery, *RJDA 1999, p. 945.*

En ce sens que des actes relatifs à la gestion d'un établissement secondaire de la société en liquidation judiciaire, en vertu de mandats donnés par le dirigeant de droit, ne permettent pas de retenir la qualité de dirigeant de fait, en l'absence d'une activité positive de gestion de l'ensemble de la personne morale, V. • Com. 13 févr. 2007 : *cité note 17 ; Rev. sociétés 2007. 630, note Saintourens ; Gaz. Pal. 20-21 juill. 2007, p. 57, obs. Montéran (1re esp.).*

5 bis. Sur l'indépendance des poursuites entre dirigeants de fait et de droit, V. note 30 *octies* ss. art. L. 651-2.

5 ter. Dirigeant décédé. En cas de décès du dirigeant d'une personne morale, le tribunal de la procédure collective de celle-ci, saisi dans les conditions fixées par l'art. L. 624-5 [ancien] C. com. et dans le délai d'un an à partir de la date du décès, peut ouvrir le redressement ou la liquidation judiciaires de ce dirigeant, les héritiers étant appelés en la cause. • Com. 21 juin 2005 : *Bull. civ. IV, n° 136 ; D. 2005. AJ 1848, obs. Lienhard ; D. 2006. Pan. 87, obs. Le Corre ; JCP E 2005, n° 46, p. 1935 note Maitre ; Rev. proc. coll. 2005. 237, obs. Dumont ; Act. proc. coll. 2005, n° 196, obs. Saintourens ; Dr. sociétés 2005, n° 177, note Legros ; RJ com. 2005. 440, note Sortais ; JCP 2006. II. 10025, note Labarthette ; Rev. sociétés 2006. 416, note Roussel Galle.* – V. Houot-Thomas, *Rev. proc. coll. 2005. 190.* ♦ Une indivision successorale étant dépourvue de la personnalité morale, seule peut être ouverte la procédure collective du dirigeant décédé. • Même arrêt. ♦ Le décès du dirigeant en cours d'instance n'entraîne pas l'extinction de celle-ci qui doit être poursuivie à son égard, les héritiers étant appelés en la cause. • Com. 21 juin 2005 : *ibid. ; Bull. civ. IV, n° 135 ; Dr. sociétés 2005, n° 176, note Legros.*

5 quater. Date de prise des fonctions du dirigeant. Une procédure de liquidation judiciaire peut être ouverte à l'encontre du dirigeant d'une société contre lequel est relevé l'un des faits énumérés à l'art. L. 624-5 C. com. dès lors que ces faits sont antérieurs à l'ouverture de la procédure collective de la société, peu important qu'il ait pris ses fonctions posterieurement à la date de cessation des paiements retenue pour la société. • Com. 17 févr. 2009 : *Bull. civ. IV, n° 26 ; D. 2009. AJ 727, obs. Lienhard ; Dr. sociétés 2009, n° 81, note Legros ; RLDA 2009, n° 38, p. 21, obs. Guyader ; Gaz. Pal. 26-28 avr. 2009, p. 48, obs. Montéran.*

5 quinquies. Société objet d'un plan de redressement. La décision qui arrête le plan de redressement d'une personne morale ne fait pas obstacle à l'ouverture d'une procédure de redressement ou de liquidation judiciaires à l'égard du dirigeant contre lequel peut être relevé un des faits prévus à l'art. L. 624-5 [ancien] C. com. ; la constatation d'une insuffisance d'actif n'est donc pas une condition nécessaire à l'exercice de l'action visée par ce texte. • Com. 7 juin 2005 : *Bull. civ. IV, n° 126 ; D. 2005. AJ 1697, obs. Lienhard ; D. 2006. Pan. 87, obs. Le Corre ; JCP E 2005, n° 36, p. 1427, obs. Pétel ; ibid., n° 39, p. 1582, note Cerati-Gauthier ; Act. proc. coll. 2005, n° 161, obs. Vallansan ; Rev. proc. coll. 2005. 236, obs. Dumont ; Rev. sociétés 2005. 906, note Le Corre.*

5 sexies. Lorsqu'une société fait l'objet d'un plan de redressement, aucune procédure de redressement ou de liquidation judiciaire ne peut être ouverte à son égard au motif que cette société aurait été le dirigeant de fait d'une autre société soumise à une procédure collective et aurait commis l'un des agissements prévus par l'art. 182 [C. com., ancien art. L. 624-5]. • Com. 5 févr. 2002 : *Bull. civ. IV, n° 29 ; JCP E 2002, n° 39, p. 1527, obs. Pétel ; Act. proc. coll. 2002, n° 91, obs. Vallansan ; Dr. sociétés 2002, n° 92, note Legros.* – V. Delattre, *Act. proc. coll. juin 2002.*

6. Date des faits. Seuls des faits antérieurs au jugement d'ouverture du redressement [ou de la liquidation] judiciaire d'une personne morale peuvent justifier le prononcé du redressement [ou de la liquidation] judiciaire de ses dirigeants sur le fondement de l'art. 182 [C. com., ancien art. L. 624-5]. • Com. 12 oct. 1993 : *Bull. civ. IV, n° 332 ; D. 1993. IR 245 ; Bull. Joly 1993. 1268, note Pétel* • 28 nov. 2000 : *RJDA 2001, n° 349* • 20 févr. 2001 : *Dr. sociétés 2001, n° 98, note Legros.*

6 bis. Les juges peuvent ne retenir que des faits postérieurs à la décision arrêtant le plan de continuation et antérieurs à celle ouvrant, après la résolution de celui-ci, une nouvelle procédure collective. • Com. 11 mars 1997 : *Bull. civ. IV, nos 71 et 72 ; D. Affaires 1997. 481 ; Dr. sociétés 1997, n° 85, obs. Chaput ; Bull. Joly 1997. 586, note Le Cannu.*

6 ter. Caractère patrimonial de l'action. V. note 2 ss. art. L. 651-2.

7. Comportements répréhensibles. Les dispositions de l'art. 182 [C. com., ancien art. L. 624-5] (1°) n'exigent pas que soit rapportée la preuve que les actes de disposition ont été accomplis dans l'intérêt personnel du dirigeant ; il suffit que ces actes soient sans commune mesure avec les facultés de la société. • Paris, 7 juill. 1992 : *RJDA 1993, n° 29.* ♦ Entrent ainsi dans le champ d'application de l'art. 182 [C. com., ancien art. L. 624-5] : des prélèvements importants dans la caisse sociale. • Paris, 2 nov. 1988 : *Rev. proc. coll. 1989. 595, obs. Chaput.* ♦ ... Des ventes à prix coûtant à la famille du dirigeant de véhicules sociaux et la prise en charge par la société de dépenses personnelles, • Com. 14 oct. 1997 : *Bull. Joly 1998. 56.* ♦ ... Des mobilisations de créances fictives et des cessions de créances à des conditions anormalement avantageuses pour le cessionnaire, • Com. 25 nov. 1997 : *Bull. Joly 1998. 148.* ♦ ... Des remboursements indus de frais de voyage, • Bourges, *19 oct. 1988 : ibid.* – V. aussi • Com. 8 déc. 1998 : *Bull. Joly 1999. 453, note J.-F. Barbièri.* ♦ Comp., en cas de rémunération modeste : • Com. 19 nov. 1996 : *RJDA 1997, n° 581.* ♦ ... Ou de régularisation dans les comptes sociaux et le patrimoine personnel du dirigeant : • Com. 20 mai 1997 : *Dr. sociétés 1999, n° 6.* ♦ ... Le paiement par la société, sans l'accord du conseil d'administration, de mensualités d'une assurance retraite souscrite par le président, • Com. 8 déc. 1998 : *préc.* ♦ ... Le recel du produit d'escroquerie aux cartes bancaires dérobées à la clientèle. • Paris, 16 oct. 1990 : *D. 1990. IR 267.* ♦ ... La conclusion par un gérant, au profit d'une association dont il est président, de contrats pour lesquels il a fait un usage des biens et du crédit de la société contraire à l'intérêt de cette dernière. • Com. 28 mai 1991 : *Bull. Joly 1991. 840, note Jeantin.* ♦ ... L'achat, par la société, d'actifs d'une autre société à la seule fin de permettre à celle-ci de rembourser un prêt cautionné par le dirigeant de la première société. • Com. 4 janv. 2000 : *RJDA 2000, n° 460.* ♦ ... Le virement, sans contrepartie, du compte de la société débitrice à celui d'une autre société dans laquelle le dirigeant a un intérêt direct. • Com. 26 mai 1998 : *Bull. civ. IV, n° 167 ; D. 1998. IR 216 ; D. Affaires 1998. 1130, obs. P. P.* ♦ ... La mise en place d'un montage juridique masquant la situation réelle du groupe, dont les dirigeants ont retiré des avantages financiers au détriment du groupe et des petits actionnaires, poursuivant une exploitation déficitaire qui ne pouvait conduire qu'à la cessation des paiements. • Versailles, 4 mai 1995 : *Bull. Joly 1995. 788, note Couret.* – V. aussi • Com. 5 mars 2002 : *Act. proc. coll. 2002, n° 119* • Versailles, 28 oct. 1999 : *RJDA 2000, n° 74.* ♦ ... La rupture, par un gérant, d'un contrat de location-gérance à seule fin de pouvoir céder son fonds dans de bonnes conditions. • Grenoble, 23 nov. 1995 : *Dr. sociétés 1997, n° 88.*

Sur les conditions d'application de l'art. L. 624-5 (3°), V. • Com. 3 avr. 2001 : *RJDA 2001, n° 716 ; Act. proc. coll. 2001, n° 113.* ♦ Pour un exemple d'application de ce texte, à propos de la présentation de nombreuses lettres de change non causées, tirées sur des tierces personnes non averties, faits qui pouvaient exposer la société et son dirigeant au risque anormal de poursuites pénales et fiscales et porter atteinte au crédit et à la réputation de la société, V. • Com. 21 juin 2005 : *préc. note 5 ter (2e arrêt).* ♦ Pour des cas de poursuite abusive d'exploitation, V. • Com. 12 juin 2001 : *RJDA 2001, n° 1238* • Paris, 8 oct. 1991 : *Bull. Joly 1991. 1139* • 9 juill. 1993 : *Gaz. Pal. 1994. 1. 21, note Marchi.*

Le redressement judiciaire doit être étendu au dirigeant qui, malgré une procédure d'alerte déclenchée par le commissaire aux comptes, a maintenu une activité déficitaire. • Pau, 23 mai 1995 : *Dr. sociétés 1996, n° 6, obs. Chaput.*

Seul un fait positif de poursuite abusive d'une exploitation déficitaire peut être retenu à l'encontre d'un dirigeant. • Com. 25 juin 1996 :

Bull. Joly 1996. 1063, note Daigre.

Constitue un intérêt personnel, au sens de l'art. 182 [C. com., ancien art. L. 624-5] (4°), le seul fait, pour des dirigeants, de poursuivre abusivement l'exploitation d'une société en vue de retarder la mise en œuvre des garanties personnelles qu'ils ont consenties aux créanciers sociaux. • Com. 8 oct. 1996 : *RJDA 1997, n° 134.* ♦ L'intérêt personnel poursuivi par le dirigeant est caractérisé lorsque celui-ci a pris soin de régler le passif social qu'il garantissait par préférence aux autres charges courantes qui, elles, sont demeurées impayées. • Com. 27 oct. 1998 : *RJDA 1999, n° 450.* – Rappr. : • Paris, 11 févr. 2000 : *Rev. proc. coll. 2001. 111, obs. Barret.* ♦ Sur la caractérisation de l'intérêt personnel, V. aussi • Com. 14 janv. 1997 : *RJDA 1997, n° 582* • 23 janv. 2001 : *Rev. proc. coll. 2002. 115, obs. Barret* • 3 avr. 2001 : *Dr sociétés 2001, n° 144, note Legros* • 13 nov. 2002 : *RJDA 2003, n° 292* • 15 mars 2005 : *Gaz. Pal. 6-7 juill. 2005, p. 50, obs. Montéran.*

7 bis. Le juge, qui fait application de l'art. 182 [C. com., ancien art. L. 624-5] (4°), n'est pas tenu par la date de cessation des paiements judiciairement fixée. • Paris, 10 juin 1994 : *D. 1994. IR 188* ♦ V. aussi note 3 *bis* ss. art. L. 653-5.

7 ter. Le fait, pour un dirigeant d'association, d'avoir repris dans celle-ci, à la faveur d'une clause nulle d'actualisation du montant nominal de ses apports en numéraire, autre chose que ce qu'il y avait apporté, démontre qu'il a perçu de manière illicite des fonds constituant des actifs de l'association, ce qui révèle un détournement d'actif au sens de l'art. L. 624-5 (6°) [ancien] C. com. • Com. 5 juill. 2005 : *Bull. civ. IV, n° 149 ; D. 2005. AJ 2219, obs. Lienhard ; Dr. sociétés 2005, n° 172, note F.-X. Lucas ; RTD com. 2005. 783, obs. Grosclaude ; Rev. proc. coll. 2006. 83, obs. A. Barret ; Rev. sociétés 2006. 182, note Sortais .* ♦ Constitue le grief défini à l'art. 182 [C. com., ancien art. L. 624-5] (6°) le fait de donner le fonds de commerce, seul élément d'actif, en location-gérance à un administrateur, avec clause de préemption, à une époque où la société était déjà en cessation des paiements. • Paris, 21 oct. 1994 : *Dr. sociétés 1995, n° 31, obs. Chaput.*

8. En revanche, il ne suffit pas de constater qu'un dirigeant de fait d'une société a soustraité à son propre bureau d'études des activités sociales, dès lors qu'il n'a pas masqué ses agissements sous le couvert de la société qu'il dirigeait, ni fait des biens de la société un usage contraire à l'intérêt de celle-ci. • Paris, 16 déc. 1987 : *Gaz. Pal. 1988. 1. Somm. 209 ; Rev. proc. coll. 1989. 81, obs. Chaput.* ♦ V. aussi, lorsque les actes en question (travaux sur propriété personnelle) ont été faits ostensiblement au nom de leur destinataire réel • Com. 28 mars 1995 : *Bull. civ. IV, n° 107 ; D. 1995. IR 107 ; Dr. sociétés 1995, n° 140, obs. Chaput.*

9. La mauvaise foi n'est pas une condition exigée par l'art. 182 [C. com., anc. art. L. 624-5] (5°). • Com. 27 oct. 1998 : *D. Affaires 1998. 2020.* – V. aussi • Bourges, 12 juin 2001 : *Act. proc. coll. 2001, n° 255.*

La remise lacunaire ou tardive des pièces comptables au mandataire liquidateur ne suffit pas à justifier la condamnation du gérant d'une SARL en liquidation judiciaire, en application de l'art. 182 [C. com., ancien art. L. 624-5] (5°). • Paris, 16 avr. 1999 : *RJDA 1999, n° 979.* ♦ Comp. : • Amiens, 19 nov. 1998 : *Rev. proc. coll. 1999. 236, obs. Bach.* ♦ La non-remise au mandataire judiciaire de la comptabilité équivaut à l'absence de toute comptabilité. Il s'agit, neanmoins, d'une présomption simple et le dirigeant peut, à tout moment de la procédure, tenter d'expliquer les raisons pour lesquelles il n'a pas été à même de présenter la comptabilité. • Paris, 9 juin 1998 : *Rev. proc. coll. 1999. 236, obs. Bach.* – V. aussi • Com. 14 janv. 2004 : *Rev. proc. coll. 2005. 155, obs. A. Barret.*

Avant la loi du 10 juin 1994, l'absence de livre journal et de livre d'inventaire, n'équivalant pas à l'absence de toute comptabilité, n'entrait pas dans le champ d'application de l'art. 182. • Paris, 19 mars 1993 : *RJDA 1993, n° 801.* – V. aussi : • Com. 8 déc. 1998 : *Act. proc. coll. 1999, n° 28* (absence de mise à jour du livre d'inventaire) • 3 avr. 2001 : *Act. proc. coll. 2001, n° 113* (absence de provisions pour créances irrécouvrables). ♦ Comp., depuis la loi du 10 juin 1994, ancien art. L. 624-5 (7°). ♦ Pour l'entrée en vigueur de cette loi, V. note précédant l'art. L. 610-1. ♦ Pour des applications de l'art. 182 [C. com., ancien art. L. 624-5] (7°), V. • Com. 17 sept. 2002 : *RJDA 2002, n° 1307 ; Dr. sociétés 2003, n° 90, note Legros* (application à un dirigeant de fait) • Paris, 23 avr. 2000 : *Dr. sociétés 2000, n° 137, obs. Chaput.*

V. aussi note 2 ss. ancien art. L. 625-4, ss. art. L. 653-4.

9 bis. Caractère facultatif de la sanction. Il résulte expressément de l'art. 182 [C. com., ancien art. L. 624-5] qu'à supposer même que ses conditions d'application soient réunies, cette sanction commerciale n'est que facultative. • Rennes, 6 sept. 2000 : *Rev. proc. coll. 2001. 108, obs. Barret. – Contra :* • Bourges, 12 juin 2001 : *préc. note 9.*

10. Application cumulative des art. L. 624-3 et L. 624-5. Une même décision judiciaire ne peut à la fois condamner le dirigeant d'une personne morale en redressement judiciaire à supporter l'insuffisance d'actif et prononcer à son égard le redressement judiciaire en vertu de l'art. 182 [C. com., ancien art. L. 624-5]. • Com. 17 nov. 1992 : *Bull. civ. IV, n° 359 ; Rev. sociétés 1993. 445, note Chaput* • 5 févr. 2002 : *RJDA 2002, n° 537 ; Dr. sociétés 2002, n° 193, note Legros.* ♦ V. déjà, refusant l'application cumulative des art. 99 et 101 de la loi du 13 juill. 1967, • Com. 25 juin 1991 : *Rev. sociétés 1992. 114, note crit. Honorat* .

10 bis. Cumul avec une interdiction de gérer. Pour la compatibilité de l'action de l'art. L. 624-5 [ancien] et de l'action tendant au prononcé d'une interdiction de gérer, V. • Com. 17 déc. 2003 : *RJDA 2004, n° 459 ; Rev. proc. coll. 2005. 153, obs. A. Barret.*

11. Effets de la confusion des patrimoines. **BIBL.** Le Corre, *D. 2002. Chron. 1122* (sort des créances). ♦ Dès lors que la liquidation judiciaire d'une société a été étendue à son dirigeant avec passif commun, le privilège général sur les immeubles, dans lequel le Fonds national de garantie des salaires est subrogé, s'exerce sur l'ensemble des deux patrimoines et ce superprivilège, né au titre de la personne morale, est opposable aux créanciers du dirigeant, sans qu'il y ait lieu à publicité préalable. • Com. 6 févr. 1996 : *Bull. civ. IV, n° 35 ; D. 1996. IR 75 ; JCP E 1996. I. 584, n° 19, obs. crit. Pételee.* – V., déjà (loi de 1967), • Com. 2 nov. 1993 : *Bull. civ. IV, n° 379 ; RJDA 1994, n° 462.*

11 bis. Les créanciers admis au passif de la personne morale n'ont pas à déclarer leur créance dans la procédure collective du dirigeant dès lors que c'est par l'effet de la loi et du seul fait de l'ouverture du redressement judiciaire du dirigeant que le passif de celui-ci comprend, outre ses dettes personnelles, celles de la personne morale. • Com. 17 févr. 1998 : *Bull. civ. IV, n° 77 ; D. 1998. IR 90 ; JCP E 1998, n° 37, p. 1401, obs. Pétel* • 12 oct. 1999 : *JCP E 2000, n° 9, p. 366, rapp. Rémery ; RJDA 1999, n° 1369.* ♦ Toutefois, l'extension au dirigeant d'une société, sur le fondement de l'art. L. 624-5 C. com., de la procédure collective ouverte à l'égard de cette société, si elle a pour conséquence de mettre à la charge du dirigeant le passif social, n'a pas d'incidence sur les créances qui résultent des infractions dont celui-ci s'est rendu coupable et qui, faute d'avoir été déclarées dans la procédure suivie contre lui, sont éteintes. • Crim. 10 mai 2007 : *Bull. crim. n° 121 ; D. 2007. AJ 1788, obs. Lienhard ; Gaz. Pal. 20-21 juill. 2007, p. 61, obs. Robaczewski.*

Il résulte de l'art. 182 [C. com., ancien art. L. 624-5], al. 2, qu'il doit être tenu compte des droits de préférence des créanciers privilégiés de la personne morale dans la procédure collective ouverte à l'égard du dirigeant. • Com. 2 mars 1999 : *Bull. civ. IV, n° 49 ; D. 1999. Somm. 301, obs. Piedelièvre ; D. Affaires 1999. 560, obs. A. L. ; JCP 1999. I. 158, n° 16, obs. Delebecque ; JCP E 1999, n° 39, p. 1536, obs. Cabrillac ; Bull. Joly 1999. 856, note Sénéchal ; Rev. proc. coll. 1999. 237, obs. Bach ; RTD civ. 1999. 436, obs. Crocq ; LPA 23 mars 2000, p. 14, note Honorat et Henry ; Act. proc. coll. 1999, n° 85, obs. Vallansan.*

Si, selon l'art. L. 624-5 [ancien] C. com., en cas de redressement ou liquidation judiciaires prononcé en application de ce texte, le passif du dirigeant comprend, outre son passif personnel, celui de la personne morale, les créances admises dans la procédure collective de la personne morale et qui ont fait l'objet d'une réclamation de la part du dirigeant, dans les conditions fixées à l'art. 103 de la loi du 25 janv. 1985, ne sont comprises de plein droit dans la procédure collective du dirigeant que dans les termes de la décision rendue sur cette réclamation. • Com. 4 avr. 2006 : *Bull. civ. IV, n° 90 ; D. 2006. AJ 1167, obs. Lienhard ; Dr. sociétés 2006, n° 124, note Legros ; RTD com. 2006. 660, obs. Martin-Serf* .

Le dirigeant de fait mis en redressement judiciaire après l'expiration du délai de recours de l'art. 103 de la loi du 25 janv. 1985 ne saurait se trouver privé d'un recours effectif au juge pour discuter du passif de la personne morale mis à sa charge. • Com. 22 nov. 2011 : *Bull. civ. IV, n° 192 ; D. 2011. Actu. 2927, obs. Lienhard ; Act. proc. coll. 2011, n° 317, obs. Cagnoli ; LEDEN janv. 2012, p. 2, obs. Laroche ; Bull. Joly 2012. 236, note Le Corre ; RJDA 2012, n° 324 ; Gaz. Pal. 27-28 avr. 2012, p. 32, obs. Le Corre ; Dr. sociétés 2012, n° 129, note Legros.*

11 ter. En décidant, que le passif du dirigeant comprendrait outre son passif personnel et celui d'une première société, mis à sa charge par un précédent jugement, celui d'une seconde société, sans prononcer le redressement judiciaire du dirigeant en tant que dirigeant de fait de cette société, au motif qu'il avait été antérieurement mis en redressement judiciaire en qualité de dirigeant de droit de la première société, une cour d'appel viole l'art. 182 de la loi du 25 janv. 1985 [C. com., ancien art. L. 624-5] et l'art. 166 du décret du 27 déc. 1985 (dans sa rédaction antérieure au Décr. du 21 oct. 1994). • Com. 26 mai 1998 : *préc. note 7.* – Dans le même sens, V. • Com. 17 déc. 2003 : *RJDA 2004, n° 602.*

11 quater. Saisine du tribunal. V. ancien art. L. 624-6, ss. art. L. 651-3.

12. Sursis à statuer. V. note 30 *septies* ss. art. L. 651-2.

13. Prescription. La prescription de l'action prévue par l'art. L. 624-5 [ancien] C. com. commence à courir à la date du jugement prononçant la liquidation judiciaire de la société (et non à compter du jour où cette décision est passée en force de chose jugée). • Com. 13 mai 2003 : *Bull. civ. IV, n° 79 ; D. 2003. AJ 1564 ; JCP E 2003, n° 41, p. 1630, note Legros ; Bull. Joly 2003. 907, note Pétel ; RTD com. 2003. 823, obs. Vallens ; Rev. proc. coll. 2004. 269, obs. Dumont.* ♦ S'agissant de faits commis par le dirigeant, postérieurement au jugement arrêtant le plan de continuation, pendant l'exécution de celui-ci, la prescription court du jugement qui, après résolution du plan, et ouverture d'une nouvelle procédure collective, ordonne la cession de l'entreprise ou sa liquidation (à propos de l'ancien art. 80, al. 1er). • Com. 22 avr. 1997 : *Bull. civ. IV, n° 102 ; D. 1997. IR 135 ; D. Affaires 1997. 704.* ♦ La prescription étant acquise à la date de résolution du plan de cession, la résolution n'a pas eu pour effet de faire courir un nouveau délai pour les faits commis antérieurement au jugement d'arrêté de ce plan. • Com. 5 mars 2002 : *Rev. proc. coll. 2003. 337, obs. Barret.*

13 bis. Clôture de la liquidation judiciaire pour insuffisance d'actif. V. note 7 *bis* ss. ancien art. L. 622-32, ss. art. L. 643-11.

14. Rapport avec l'action civile en cas d'abus de biens sociaux. La condamnation d'un dirigeant au paiement de dommages-intérêts à la suite d'un abus de biens sociaux n'interdit pas l'ouverture à son encontre d'une procédure collective sur le fondement de l'art. L. 624-5, I, al. 3, [ancien] C. com. • Com. 4 janv. 2005 : *Dr. sociétés 2005, n° 68, note Legros ; RJDA 2005, n° 606 ; Gaz. Pal. 29-30 avr. 2005, p. 53, obs. Montéran ; Rev. proc. coll. 2006. 82, obs. A. Barret.*

15. Droit transitoire. Selon l'art. 192 de la loi du 26 juill. 2005, les procédures ouvertes en vertu de l'art. L. 624-5 C. com., dans sa rédaction antérieure à cette loi, ne sont pas affectées par son entrée en vigueur ; il s'ensuit que la procédure de redressement ou de liquidation judiciaires ouverte, à titre de sanction, contre un dirigeant social par une décision prononcée antérieurement au 1er janv. 2006, fût-elle frappée de voies de recours, continue d'être régie par les dispositions de l'art. L. 624-5 C. com. dans sa rédaction antérieure à la loi précitée, peu important que l'exécution provisoire ait été, le cas échéant, arrêtée. • Com. 4 janv. 2006 : *Bull. civ. IV, n° 1 ; D. 2007. Chron. C. Cass. 1303, obs. Bélaval ; D. 2006. AJ 142, obs. Lienhard ; JCP E 2006, n° 14-15, p. 675, note Legros ; Act. proc. coll. 2006, n° 20, obs. Regnaut-Moutier ; RJ com. 2006. 55, note Sortais ; Gaz. Pal. 30 avr.-4 mai 2006, p. 52, obs. Montéran.*

16. Il résulte de la combinaison des art. 190 et 192 de la loi du 26 juill. 2005 que les instances engagées aux fins d'ouverture d'une procédure collective à l'égard des dirigeants des personnes morales sur le fondement des art. L. 624-5 et L. 624-6 C. com. dans leur rédaction antérieure à cette loi, peuvent être poursuivies si la procédure de redressement ou de liquidation judiciaire a été ouverte avant le 1er janv. 2006, peu important le mode de saisine du tribunal. • Com.16 mai 2006 : *Bull. civ. IV, n° 123 ; D. 2007. Chron. C. Cass. 1303, obs. Bélaval ; D. 2006. AJ 1449, obs. Lienhard ; Dr. sociétés 2007, n° 48, note Legros.*

17. Il résulte de la combinaison des art. 190 à 192 de la loi du 26 juill. 2005 que les instances aux fins de sanction engagées à l'égard des dirigeants des personnes morales sur le fondement de l'art. L. 624-5 C. com. dans sa rédaction antérieure à cette loi, ne peuvent plus être poursuivies si la procédure de redressement ou de liquidation judiciaire n'a pas été ouverte avant le 1er janv. 2006. • Com. 7 mars 2006 : *Bull. civ. IV, n° 60 ; D. 2007. Chron. C. Cass. 1303, obs. Bélaval ; D. 2006. AJ 856, obs. Lienhard ; Act. proc. coll. 2006, n° 95, obs. Regnaut-Moutier ; Dr. sociétés 2006, n° 88, note Legros ; JCP E 2006, n° 37, p. 1530, obs. Pétel* • 30 mai 2006 : *Gaz. Pal. 6-7 oct. 2006, p. 37, obs. Montéran.* ♦ Le dirigeant ayant été remis à la tête de ses biens avant cette date, jour de l'entrée en vigueur de la loi du 26 juill. 2005, est devenu sans objet le pourvoi formé par le liquidateur contre l'arrêt de cour d'appel ayant infirmé les décisions ouvrant un redressement judiciaire, puis prononçant une liquidation judiciaire contre ce dirigeant. • Com. 7 mars 2006 : *préc.* ♦ V. aussi • Com. 13 févr. 2007 : *Bull. civ. IV, n° 41 ; D. 2007. Chron. C. Cass. 1303, obs. Bélaval ; ibid. AJ 731, obs. Lienhard ; Dr. sociétés 2007, n° 95, note Legros ; Bull. Joly 2007. 697, note Lecourt.*

18. L'abrogation, avec effet immédiat, de la sanction prévue par l'art. L. 624-5 C. com. ne prive pas la personne morale débitrice elle-même d'une espérance légitime de créance, pouvant présenter le caractère d'un bien au sens de l'art. 1er, § 1er, du protocole additionnel à la Conv. EDH. • Com. 17 mai 2011 : *cité note 3 bis ss. art. L. 652-1.*

19. V. aussi note 3 ss. art. L. 652-1.

Art. L. 652-2 (L. n° 2005-845 du 26 juill. 2005, art. 131) ***En cas de pluralité de dirigeants responsables, le tribunal tient compte de la faute de chacun pour déterminer la***

part des dettes sociales mises à sa charge. Par décision motivée, il peut les déclarer solidairement responsables.

Art. L. 652-3 (L. n° 2005-845 du 26 juill. 2005, art. 131) *Les sommes recouvrées sont affectées au désintéressement des créanciers selon l'ordre de leurs sûretés.*

Art. L. 652-4 (L. n° 2005-845 du 26 juill. 2005, art. 131) *L'action se prescrit par trois ans à compter du jugement qui prononce la liquidation judiciaire.*

Dès lors que la demande d'obligation aux dettes sociales a été formée par le liquidateur dans ses conclusions signifiées le 12 févr. 2009, tandis que la liquidation judiciaire de la société a été prononcée le 21 nov. 2003, l'action en obligation aux dettes sociales, qui se prescrit par trois ans à compter du jugement qui prononce la liquidation judiciaire de la personne morale en application de l'art. L. 652-4 C. com., est prescrite. • Com. 8 mars 2011 : *Bull. civ. IV, n° 34 ; D. 2011. Actu. 744, obs. Lienhard ; Rev. sociétés 2011. 523, obs. Roussel Galle ; JCP E 2011. 1596, n° 13, obs. Pétel ; LEDEN avr. 2011, p. 6, obs. Couard ; Dr. sociétés 2011, n° 98, note Legros ; Bull. Joly 2011. 421, note Le Corre ; Act. proc. coll. 2011, n° 123, obs. Regnaut-Moutier ; RJDA 2011, n° 446 ; Rev. proc. coll. 2011, n° 101, obs. Martin-Serf ; RJ com. 2011. 498, note Sortais.* – V. Rapp. Arbellot, *Rev. proc. coll. 2011. Étude 8.*

Art. L. 652-5 (L. n° 2005-845 du 26 juill. 2005, art. 131) *Les dispositions des articles L. 651-3 et L. 651-4 sont applicables à l'action prévue au présent chapitre.*

CHAPITRE III DE LA FAILLITE PERSONNELLE ET DES AUTRES MESURES D'INTERDICTION

BIBL. ▸ Schultz, *Rev. proc. coll. 2005. 299.* – O. Barret, *ibid. 2006. 84.* – Matsopoulou, *D. 2007. Chron. 104.*

Art. L. 653-1 *(L. n° 2005-845 du 26 juill. 2005, art. 132)* **I. — Lorsqu'une procédure de redressement judiciaire ou de liquidation judiciaire est ouverte, les dispositions du présent chapitre sont applicables :**

1° Aux personnes physiques exerçant *(Ord. n° 2008-1345 du 18 déc. 2008, art. 134)* **« une activité commerciale ou artisanale, aux agriculteurs » et à toute autre personne physique exerçant une activité professionnelle indépendante y compris une profession libérale soumise à un statut législatif ou réglementaire ou dont le titre est protégé ;**

2° Aux personnes physiques, dirigeants de droit ou de fait de personnes morales ;

3° Aux personnes physiques, représentants permanents de personnes morales, dirigeants des personnes morales définies au 2°.

Ces mêmes dispositions ne sont pas applicables aux personnes physiques ou dirigeants de personne morale, exerçant une activité professionnelle indépendante et, à ce titre, soumises à des règles disciplinaires.

II. — Les actions prévues par le présent chapitre se prescrivent par trois ans à compter du jugement qui prononce l'ouverture de la procédure mentionnée au I. – *[C. com., ancien art. L. 625-1.]*

BIBL. ▸ Delattre, *Rev. proc. coll. 2008. 48* (prescription).

A. PERSONNES CONCERNÉES

1. Dirigeants de droit. V. note 1 *bis* ss. ancien art. L. 625-4, ss. art. L. 653-4, et notes 2 à 2 *ter* ss. art. L. 653-5.

2. Dirigeants de fait. **BIBL.** V. note 8 ss. art. L. 651-2. ♦ Sur la nécessité de prouver des actes positifs de gestion pour qualifier un gérant de fait, V. • Paris, 8 mars 1990 : *JCP E 1990. I. 20012* • 5 févr. 1999 : *Dr. sociétés 2000, n° 4, obs.*

Chaput • 7 févr. 2003 : *ibid. 2004, n° 145, note Legros.* ♦ V. note 1 *ter* ss. art. L. 653-4 et note 2 *ter* ss. art. L. 653-5.

En ce sens que, pour retenir la qualité de dirigeant de fait, les juges peuvent se référer à un jugement devenu définitif et ayant condamné le dirigeant sur le fondement de l'art. 180 [C. com., art. L. 651-2], V. • Com. 3 oct. 2000 : *Act. proc. coll. 2000, n° 235 ; Dr. sociétés 2000, n° 175, obs. Chaput.*

3. Dirigeants rémunérés ou non. Les art. 185, 189 et 192 [C. com., art. L. 653-1, L. 653-5 et L. 653-8] ne distinguent pas selon que le dirigeant a été rémunéré ou non. • Com. 16 févr. 1999 : *RJDA 1999, n° 452.*

4. Représentants permanents de personnes morales. Pour une application de l'art. L. 625-1 [L. 653-1, I] (3°), V. • Paris, 16 mai 1995 : *Dr. sociétés 1995, n° 192, obs. Chaput.* ♦ L'art. L. 1524, al. 5, CGCT [selon lequel la responsabilité civile qui résulte de l'exercice du mandat des représentants incombe à la collectivité territoriale ou au groupement dont ils sont mandataires] ne déroge pas aux dispositions de l'art. 185 (3°), devenu l'art. L. 625-1 [L. 653-1, I] (3°) C. com. • Com. 8 janv. 2002 : *Bull. civ. IV, n° 5 ; D. 2002. AJ 570, obs. Lienhard ; Act. proc. coll. 2002, n° 56, obs. Vallansan ; Procédures 2002, n° 50, note Croze ; JCP 2002. II. 10057, note Landbeck ; Dr. sociétés 2003, n° 32, note Legros.*

5. Dirigeant d'une succursale d'une société étrangère. L'établissement en France, d'une société de droit allemand ayant fait l'objet d'une publicité au RCS, n'a aucune personnalité morale propre dès lors qu'elle répond aux critères caractérisant la succursale. Par suite, l'intéressé qui a été cité pour répondre des agissements qu'il aurait pu commettre, en sa qualité de dirigeant de la succursale, dont la liquidation judiciaire a été prononcée et qui n'a jamais été le dirigeant de la société de droit allemand, ne peut se voir appliquer les dispositions des art. 185 à 192 [C. com., art. L. 653-1 à L. 653-8]. • Paris, 27 juin 1997 : *Rev. proc. coll. 1999. 49, obs. Bach.*

6. Personnes morales ayant une activité économique. Une association qui, pour réaliser son objet, emploie une quinzaine de salariés, facture ses prestations et verse chaque mois à sa directrice salariée une somme d'argent pour son hébergement au domicile de celle-ci a un objet économique au sens de l'art. L. 625-1 (2°) [ancien] C. com. • Paris, 9 avr. 2002 : *Bull. Joly 2002. 889, note Grellière ; RJDA 2002, n° 1160.* ♦ En ce sens que l'existence de « créances à recouvrer » dont il n'est pas prétendu qu'il s'agisse de cotisations n'est pas de nature à établir, à elle seule, le caractère économique de l'activité exercée par une association, V. • Paris, 17 janv. 2003 : *Dr. societés 2003, n° 106, note Legros.*

7. Une société civile immobilière qui a pour activité effective d'offrir au public la location de logements exerce une activité économique au sens de l'art. L. 625-1 [ancien] C. com. • Paris, 25 oct. 2002 : *RJDA 2003, n° 272.*

Comp., désormais : art. L. 653-1, I, 2°, dans sa réd. issue de L. n° 2005-845 du 26 juill. 2005, qui ne limite plus la possibilité de prononcer la faillite personnelle aux seuls dirigeants de personnes morales *ayant une activité économique.*

8. Professionnels indépendants (L. 26 juill. 2005). Contrairement aux médecins ou avocats qui exercent une activité libérale indépendante, les pharmaciens sont des commerçants inscrits au registre du commerce et passibles de sanctions personnelles énoncées aux art. L. 653-1 à L. 653-11 C. com., le dernier al. [du I] de l'art. L. 653-1 ne faisant exception qu'aux personnes physiques exerçant une activité professionnelle « indépendante » et, à ce titre, soumises à des règles disciplinaires. • Paris, 23 sept. 2008 : *D. 2008. AJ 2665, obs. Lienhard ; RJDA 2009, n° 50.* – V. Cerati-Gauthier, *JCP E 2008. 2436.*

B. DÉLAI D'ACTION

9. Droit transitoire. Il résulte des art. 190 et 191 de la loi du 26 juill. 2005 que le chapitre III du titre V du livre VI C. com. dans sa nouvelle rédaction, relatif à la faillite personnelle et aux autres mesures d'interdiction, à l'exception des art. L. 653-7 et L. 653-11, n'est pas applicable aux procédures collectives en cours au 1er janv. 2006 ; dès lors, les dispositions de l'art. L. 653-1, II, C. com. prévoyant un délai de trois ans ne sont pas applicables au prononcé, par une juridiction non répressive, d'une mesure d'intérêt public, telle la faillite personnelle, à l'occasion d'une procédure ouverte antérieurement au 1er janv. 2006. • Com. 16 oct. 2007 : *Bull. civ. IV, n° 219 ; D. 2007. AJ 2666, obs. Lienhard ; JCP E 2007. 2471, note Cholet ; JCP 2007. II. 10212, note Legros ; Act. proc. coll. 2007, n° 226, obs. Vallansan ; Rev. sociétés 2008. 174, note Roussel Galle ; Defrénois 2008. 1216, obs. Gibirila.* – V. Guyader, *RLDA 2008, n° 24, p. 21.*

10. Situation antérieure à la loi du 26 juill. 2005. Avant la loi du 26 juill. 2005, il était admis que les mesures d'intérêt public prévues par les art. 185 s. [C. com., anciens art. L. 625-1 s.], en cas d'ouverture du redressement judiciaire, pouvaient être prononcées à toute époque de la procédure. • Com. 3 mai 1994 : *Bull. civ. IV,* *n° 164 ; D. 1994. IR 156.* ♦ La faillite personnelle ou l'interdiction de gérer pouvaient être prononcées dès lors que le tribunal avait été saisi ou s'était saisi d'office en vue de l'application d'une sanction personnelle avant la clôture de la procédure collective par une décision passée en force de chose jugée. • Com. 22 oct. 1996 : *Bull. civ. IV, n° 250 ; D. 1997. Somm. 79, obs. Honorat ; D. Affaires 1997. 26 ; Bull. Joly 1996. 1066, note Calendini ; JCP E 1997. 5. 693, n° 12, obs. crit. Pétel...* ♦ Comp., désormais : art. L. 653-1, II, dans sa réd. issue de L. n° 2005-845 du 26 juill. 2005, prévoyant une prescription de trois ans à compter du jugement d'ouverture.

11. Résolution du plan. Une procédure de redressement judiciaire s'étant achevée par la résolution du plan, et une nouvelle procédure étant ouverte, le tribunal n'a pas le pouvoir de sanctionner le débiteur pour des faits concernant une procédure qui n'était plus en cours. • Caen, 1er juin 1995 : *JCP 1995. IV. 2675.* – Dans le même sens, V. • Toulouse, 8 avr. 1999 : *cité note 1 ss. art. L. 653-3.* ♦ V. aussi note 3 *ter* ss. art. L. 653-5.

Art. L. 653-2 **La faillite personnelle emporte interdiction de diriger, gérer, administrer ou contrôler, directement ou indirectement, toute entreprise commerciale ou artisanale, toute exploitation agricole** *(L. n° 2005-845 du 26 juill. 2005, art. 133)* **« ou toute entreprise ayant toute autre activité indépendante et toute personne morale ».**

(Abrogé par L. n° 2005-845 du 26 juill. 2005, art. 133) ***« Elle entraîne également les interdictions et déchéances applicables aux personnes qui étaient déclarées en état de faillite au sens donné à ce terme antérieurement au 1er janvier 1968. »*** – [C. com., ancien art. L. 625-2.]

1. Sociétés étrangères. L'art. L. 625-2 [L. 653-2] C. com. ne circonscrit nullement la déchéance qu'il édicte aux seules sociétés françaises. • Douai, 22 sept. 2005 : *D. 2005. AJ 2677, obs. Lienhard ; Act. proc. coll. 2006, n° 41, obs. Delattre.*

2. Acte de direction. Sur la question de savoir si la signature d'un bail commercial doit s'analyser comme un acte de direction d'une entreprise commerciale, V. • Civ. 3e, 27 janv. 1999 : *D. 1999. IR 63 ; D. Affaires 1999. 342 ; JCP E 1999, n° 18-19, p. 816, obs. Cabrillac ; RTD com. 1999. 432, obs. Champaud et Danet.*

3. Loi d'amnistie. Sur l'absence d'amnistie, au titre de la loi du 20 juill. 1988, de la faillite personnelle, V. • Paris, 2 févr. 1989 : *D. 1989. IR 81* (loi de 1967). ♦ Dans le même sens, V. L. n° 95-884 du 3 août 1995, art. 18-II, 1° *(D. et ALD 1995. 407)* ; L. n° 2002-1062 du 6 août 2002, art. 16, al. 2, 1° *(D. 2002. 2308).*

Art. L. 653-3 *(L. n° 2005-845 du 26 juill. 2005, art. 134 ; Ord. n° 2010-1512 du 9 déc. 2010, art. 6-5°)* **« I. – Le tribunal peut prononcer la faillite personnelle de toute personne mentionnée au 1° du I de l'article L. 653-1, sous réserve des exceptions prévues au dernier alinéa du I du même article, contre laquelle a été relevé l'un des faits ci-après : »**

1° Avoir poursuivi abusivement une exploitation déficitaire qui ne pouvait conduire qu'à la cessation des paiements ;

(Abrogé par L. n° 2005-845 du 26 juill. 2005, art. 134) ***« 2° Avoir omis de tenir une comptabilité conformément aux dispositions légales ou fait disparaître tout ou partie des documents comptables ; »***

« 3° Avoir détourné ou dissimulé tout ou partie *(L. n° 2005-845 du 26 juill. 2005, art. 134)* **« de son actif » ou frauduleusement augmenté son passif.** – *[C. com., ancien art. L. 625-3.]*

(Ord. n° 2010-1512 du 9 déc. 2010, art. 6-5°) **« II. – Peuvent en outre, sous la même réserve, être retenus à l'encontre d'un entrepreneur individuel à responsabilité limitée les faits ci-après :**

« 1° ***Avoir disposé*** **des biens du patrimoine visé par la procédure comme s'ils étaient compris dans un autre de ses patrimoines ;**

« 2° Sous le couvert de l'activité visée par la procédure masquant ses agissements, avoir fait des actes de commerce dans un intérêt autre que celui de cette activité ;

« 3° Avoir fait des biens ou du crédit de l'entreprise visée par la procédure un usage contraire à l'intérêt de celle-ci à des fins personnelles ou pour favoriser une

personne morale ou entreprise dans laquelle il était intéressé directement ou indirectement. »

V. art. R. 653-1, R. 653-3 et R. 661-1.

1. Délai pour prononcer la décision (jurisprudence antérieure à L. 26 juill. 2005). V. note 10 ss. art. L. 653-1. ♦ Les art. 187 et 188 [C. com., anciens art. L. 625-3 et L. 625-4] permettant au tribunal de prononcer dans certains cas la faillite personnelle à toute époque de la procédure, ne le privent pas d'arrêter sa décision à cet égard après l'issue de celle-ci, dès lors que c'est à ce moment que les agissements du dirigeant social sont le plus clairement et le plus complètement révélés. En effet, aucun délai de prescription particulier n'est prévu par la loi du 25 janv. 1985 ou son décret d'application en ce qui concerne les sanctions. • Paris, 12 juin 1991 : *BICC 1992, n° 327.* ♦ La loi ne retire pas au tribunal le pouvoir de statuer sur les sanctions après la clôture des opérations de liquidation judiciaire. • Paris, 8 févr. 1994 : *D. 1994. IR 79. – Contra :* • Aix-en-Provence, 17 mars 1994 : *D. 1994. IR 117* • Basse-Terre, 10 mai 1999 : *Rev. proc. coll. 2000. 224, obs. Barret.* ♦ Si une juridiction antérieurement saisie peut certainement statuer postérieurement à la clôture de la procédure, cette formulation suppose que la sanction soit demandée alors que la procédure est encore en cours. La demande de sanction fondée sur des faits antérieurs à la seconde procédure collective ouverte après résolution du plan de continuation est donc irrecevable. • Toulouse, 8 avr. 1999 : *JCP E 1999, n° 40, p. 1560 ; RJ com. 2000. 221, note Regnaut-Moutier ; Rev. proc. coll. 2000. 224, obs. Barret.* ♦ V. aussi note 11 ss. art. L. 653-1.

Le délai de prescription visé à l'art. 182 [C. com., ancien art. L. 624-5], dernier al., n'est pas applicable. • Com. 25 oct. 1994 : *Dr. sociétés 1995, n° 32, obs. Chaput.*

Comp., désormais : art. L. 653-1, II, dans sa réd. issue de L. n° 2005-845 du 26 juill. 2005, prévoyant une prescription de trois ans à compter du jugement d'ouverture.

2. Poursuite abusive d'une exploitation déficitaire. La faillite personnelle ne peut être prononcée pour avoir poursuivi l'exploitation du fonds de commerce au-delà de la période de trois mois fixée par un jugement postérieur au jugement d'ouverture. • Pau, 24 juin 1998 : *Cah. jurispr. Aquitaine 1999, n° 4991.* ♦ Le jugement de report de la date de cessation des paiements faisant seulement apparaître que les créanciers institutionnels n'étaient plus payés, le caractère abusif d'une poursuite d'exploitation qui ne pouvait conduire qu'à la cessation des paiements n'est pas démontré. • Même arrêt.

3. Comptabilité (jurisprudence antérieure à la L. du 26 juill. 2005). Le caractère incomplet de la comptabilité la rend non conforme aux dispositions légales. • Com. 12 avr. 2005 : *Bull. civ. IV, n° 86 ; D. 2005 AJ 1351, obs. Lienhard ; Bull. Joly 2005. 1209, note Granier ; Defrénois 2005. 1928, obs. Gibirila. – Contra,* auparavant • Paris, 25 sept. 1990 : *D. 1990. IR 229* • Rouen, 1er avr. 1999 *Rev. proc. coll. 2000. 226, obs. Barret.* ♦ L'existence de pièces permettant de reconstituer une comptabilité n'équivaut pas à l'existence même de cette comptabilité. • Riom, 13 mars 1991 : *Gaz. Pal. 1992. 2. Somm. 537.* ♦ Le grief de défaut de tenue de comptabilité en conformité avec les prescriptions légales n'est pas caractérisé lorsque le commerçant établit que l'expert-comptable chargé de la tenue de la comptabilité, bien que payé de ses honoraires, n'a pas rempli sa mission et qu'il a dû procéder à son remplacement. • Aix-en-Provence, 3 sept. 1998 : *Rev. proc. coll. 2000. 67, obs. Bach.* ♦ V. aussi note 2 ss. ancien art. L. 625-4, ss. art. L. 653-4.

3 bis. Pluralité de griefs. La faillite personnelle peut être prononcée dès lors qu'un seul des faits prévus par les art. L. 625-3 et L. 625-5 C. com. dans leur rédaction antérieure à la loi du 26 juill. 2005 est établi. Toutefois, si la sanction infligée relève de l'appréciation souveraine des juges du fond, il importe, lorsque plusieurs faits sont retenus, que chacun d'entre eux soit légalement justifié. • Com. 1er déc. 2009 : *Bull. civ. IV, n° 155 ; D. 2010. AJ 7, obs. Lienhard ; Rev. sociétés 2010. 256, note Morelli ; JCP 2010. 55, note Roussel Galle ; JCP E 2010. 1115, note Lebel ; ibid. 1296, n° 15, obs. Pétel ; Act. proc. coll. 2010, n° 31, obs. Vallansan : Dict. perm. diff. entrep., Bull. n° 310, p. 4005, obs. Rémery ; LPA 18 févr. 2010, note Teboul ; RJDA 2010, n° 275 ; Bull. Joly 2010. 256, note Le Corre ; Gaz. Pal. 16-17 avr. 2010, p. 46, obs. Montéran ; Rev. proc. coll. 2010, n° 119, obs. Martin-Serf ; Defrénois 2010. 1487, obs. Gibirila : RJ com. 2010. 194, note Messaï-Bahri. – V. Gibirila, RJDA 2010. 211.*

4. Fautes commises en qualité de dirigeant social. En ce sens qu'un commerçant ne peut être condamné à la faillite personnelle dans le cadre d'une procédure collective ouverte à son encontre en tant que personne physique pour des fautes commises en qualité de dirigeant de sociétés mises en liquidation judiciaire, V. • Com. 13 mai 2003 : *Dr. sociétés 2004, n° 25, note Legros ; RTD com. 2004. 607, obs. Mascala ; Rev. proc. coll. 2005. 161, obs. O. Barret.*

Art. L. 653-4 *(Ord. nº 2008-1345 du 18 déc. 2008, art. 135)* **Le tribunal peut prononcer la faillite personnelle de tout dirigeant, de droit ou de fait, d'une personne morale, contre lequel a été relevé l'un des faits ci-après :**

1° Avoir disposé des biens de la personne morale comme des siens propres ;

2° Sous le couvert de la personne morale masquant ses agissements, avoir fait des actes de commerce dans un intérêt personnel ;

3° Avoir fait des biens ou du crédit de la personne morale un usage contraire à l'intérêt de celle-ci à des fins personnelles ou pour favoriser une autre personne morale ou entreprise dans laquelle il était intéressé directement ou indirectement ;

4° Avoir poursuivi abusivement, dans un intérêt personnel, une exploitation déficitaire qui ne pouvait conduire qu'à la cessation des paiements de la personne morale ;

5° Avoir détourné ou dissimulé tout ou partie de l'actif ou frauduleusement augmenté le passif de la personne morale.

L'art. L. 653-4 est applicable aux procédures en cours au jour de l'entrée en vigueur de l'Ord. nº 2008-1345 du 18 déc. 2008 [15 févr. 2009] (texte préc., art. 173).

V. art. R. 653-1, R. 653-3 et R. 661-1.

Ancien art. L. 653-4 [réd. issue de L. nº 2005-845 du 26 juill. 2005] ***Le tribunal peut prononcer la faillite personnelle de tout dirigeant, de droit ou de fait, d'une personne morale, qui a commis l'une des fautes mentionnées à l'article L. 652-1.*** — [C. com., ancien art. L. 625-4.]

Code de commerce

Ancien art. L. 625-4 [réd. antérieure à L. nº 2005-845 du 26 juill. 2005] *A toute époque de la procédure, le tribunal peut prononcer la faillite personnelle de tout dirigeant, de droit ou de fait, rémunéré ou non, d'une personne morale qui a commis l'un des actes mentionnés à l'article L. 624-5.* — [L. nº 85-98 du 25 janv. 1985, art. 188.] — V. l'ancien art. L. 624-5 C. com., ss. art. L. 652-1.

1. Délai pour prononcer la décision. V. note 10 ss. art. L. 653-1 et note 11 ss. art. L. 653-3.

1 bis. Dirigeants de droit. L'ancien président-directeur général devenu président du conseil de surveillance, n'ayant plus qualité pour déclarer la cessation des paiements, ne peut faire l'objet d'une interdiction de diriger. • Paris, 9 juin 1995 : *JCP E 1996. I. 541, nº 10, obs. Viandier et Caussain ; Dr. sociétés 1995, nº 214, obs. Chaput.* ♦ De même, la faillite personnelle ne peut être prononcée contre un gérant pour des faits postérieurs à sa démission. • Com. 14 janv. 1997 : *RJDA 1997, nº 580.* ♦ V. aussi • Paris, 9 mars 1999 : *RJDA 1999, nº 705.*

Un dirigeant de droit, au sens de l'art. 188 [C. com., art. L. 653-4], ne peut, pour se soustraire à l'application de ce texte, prétendre n'avoir été que le prête-nom du dirigeant de fait de la société. • Com. 12 nov. 1991 : *Bull. civ. IV, nº 338 ; D. 1992. IR 39.* – Dans le même sens, V. • Paris, 21 déc. 2001 : *Dr. sociétés 2003, nº 10, note Legros.*

Pour la condamnation à la faillite personnelle d'un liquidateur amiable, V. • Bordeaux, 22 juin 1999 : *Cah. jurispr. Aquitaine 2000. 96.*

1 ter. Dirigeants de fait. BIBL. V. note 8 ss. art. L. 651-2. ♦ En droit, la qualification de dirigeant de fait d'une société se caractérise par l'exercice, en toute souveraineté et indépendance, d'activités positives de gestion et de direction engageant celle-ci. • Paris, 16 déc. 1997 : *D. 1998. IR 44 ; Bull. Joly 1998. 369.* ♦ Le seul fait de détenir la signature sociale, pour une durée de quelques mois, ne suffit pas, faute de démontrer l'existence d'autres éléments positifs de gestion et de direction, à caractériser la qualité de gérant de fait. • Même arrêt. ♦ La qualité de gérant de fait ne peut être déduite de la seule fictivité du contrat de travail de l'intéressé : • Com. 24 mai 2005 : *Dr. sociétés 2005, nº 195, note Legros (2e esp.).* ♦ La qualité d'associé, même majoritaire, n'implique pas, en elle-même, une participation effective à la gestion sociale et n'emporte pas nécessairement la qualité de dirigeant de fait. • Paris, 19 sept. 1995 : *BRDA 1995, nº 20, p. 5.* ♦ De même, la possession par un salarié de près du quart du capital d'une société, comme la souscription par lui d'un engagement de caution au bénéfice d'un créancier de cette société, à la bonne marche de laquelle il était intéressé en raison même de sa participation au capital, ne sont pas des éléments suffisants pour établir, à eux seuls, sa qualité de gérant de fait. • Paris, 19 janv. 1996 : *D. Affaires 1996. 245.* ♦ En revanche, la qualité de gérant de fait a été retenue à l'égard de l'époux de la gérante de droit d'une SARL, titulaire d'une procuration permettant d'engager la société, caution de celle-ci, et qui avait mis à sa disposition un compte courant d'associé. • Paris, 6 févr. 1996 : *D. Affaires 1996. 527.*

1 quater. Condamnation antérieure. Le titulaire de plusieurs mandats sociaux peut faire l'objet d'une sanction de faillite personnelle en qualité de dirigeant de chacune des personnes morales dans laquelle il exerce son mandat ; il peut donc être condamné en qualité de gérant d'une société à responsabilité limitée, même s'il a auparavant fait l'objet d'une mesure identique en tant que dirigeant d'une autre société. • Versailles, 14 nov. 1996 : *RJDA 1997, n° 283.*

2. Comportements répréhensibles. Seuls des faits antérieurs au jugement d'ouverture de la procédure collective peuvent justifier le prononcé de la faillite personnelle. • Com. 17 oct. 2000 : *Act. proc. coll. 2000, n° 252 ; LPA 30 mai 2001, p. 27, note Gibirila* • 28 avr. 2009 : *Act. proc. coll. 2009, n° 162, obs. Vallansan.*

La faillite personnelle du dirigeant ne peut être prononcée que si celui-ci a commis l'un des actes mentionnés à l'art. 182 [C. com., ancien art. L. 624-5], et non en raison d'un des faits prévus à l'art. 187 [C. com., ancien art. L. 625-3]. • Com. 17 nov. 1992 : *Bull. civ. IV, n° 359 ; D. 1992. IR 277.*

Le défaut de remise de la comptabilité ou de la liste des créanciers et des dettes de la société n'est pas un fait de nature à justifier le prononcé de la faillite personnelle. • Com. 27 févr. 2007 : *Bull. civ. IV, n° 70 ; D. 2007. AJ 1021, obs. Lienhard ; Dr. sociétés 2007, n° 133, note Legros ; Gaz. Pal. 20-21 juill. 2007, p. 59, obs. Montéran ; JCP E 2007. 2401, note Delattre.* ♦ Comp., désormais : art. L. 653-5, 5°, dans sa réd. issue de L. n° 2005-845 du 26 juill. 2005.

Avant la loi du 10 juin 1994, la tenue d'une comptabilité irrégulière ne figurait pas parmi les faits qui pouvaient être sanctionnés, l'art. 188 [C. com., ancien art. L. 625-4], qui renvoyait à l'art. 182 [C. com., ancien art. L. 624-5], retenant seulement le cas où le dirigeant avait fait disparaître les documents comptables ou s'était abstenu de tenir une comptabilité. • Paris, 13 juin 1989 : *D. 1989. IR 211* • 29 oct. 1991 : *D. 1992. IR 54* • Com. 22 juin 1993 : *Bull. civ. IV, n° 261* • 28 mars 1995 : *Bull. civ. IV, n° 107 ; D. 1995. IR 107* • 8 déc. 1998 : *Dr. sociétés 1999, n° 99, obs. Chaput.* ♦ Le seul défaut de mise à jour était distinct de l'absence totale de comptabilité qui seule pouvait motiver une interdiction professionnelle. • Paris, 29 mai 1990 : *D. 1990. IR 162.* ♦ Comp. art. L. 624-5 (7°), dans sa réd. issue de la L. n° 94-475 du 10 juin 1994.

V., désormais, art. L. 653-5, 6°, dans sa réd. issue de L. n° 2005-845 du 26 juill. 2005.

V. aussi notes 7 à 9 ss. ancien art. L. 624-5, ss. art. L. 652-1, note 3 ss. art. L. 653-3, note 3 ss. art. L. 653-5 et note 2 ss. art. L. 653-3.

3. Sanctions. Le renvoi opéré par l'art. 188 [C. com., ancien art. L. 625-4] aux actes mentionnés à l'art. 182 [C. com., ancien art. L. 624-5] fait que l'un des cas énumérés à l'art. 182 peut déboucher à la fois sur une procédure de redressement judiciaire du dirigeant et sur une condamnation pour faillite personnelle • Paris, 16 oct. 1990 : *D. 1990. IR 267.*

Sur le caractère facultatif de la sanction, V. • Com. 11 juill. 2006 : *Gaz. Pal. 6-7 oct. 2006, p. 41, obs. Montéran.*

4. Prescription. Les actions en matière de sanctions personnelles restent soumises à la prescription de droit commun, l'art. 188 [C. com., ancien art. L. 625-4] ne faisant référence aux dispositions de l'art. 182 [C. com., ancien art. L. 624-5] que pour la définition de certains cas d'application de la faillite personnelle. • Paris, 30 avr. 1993 : *D. 1993. IR 158.* ♦ Comp., désormais : art. L. 653-1, II, dans sa réd. issue de L. n° 2005-845 du 26 juill. 2005, prévoyant une prescription de trois ans à compter du jugement d'ouverture.

5. Droit transitoire. Il résulte des art. 190 et 191 de la loi du 26 juill. 2005 de sauvegarde des entreprises que le chapitre III du titre V du livre VI C. com. dans sa nouvelle rédaction, relatif à la faillite personnelle et aux autres mesures d'interdiction, à l'exception de ses art. L. 653-7 et L. 653-11, n'est pas applicable aux procédures collectives en cours au 1er janv. 2006. • Com. 4 avr. 2006 : *Bull. civ. IV, n° 92 ; D. 2007. Chron. C. Cass. 1303, obs. Bélaval ; D. 2006. AJ 1107, obs. Lienhard ; Act. proc. coll. 2006, n° 95, obs. Regnaut-Moutier ; Dr. sociétés 2006, n° 123, note Legros ; Rev. proc. coll. 2007. 93, obs. O. Barret.* ♦ Il s'ensuit que l'art. L. 624-5 C. com. dans sa rédaction antérieure à la loi du 26 juill. 2005, auquel renvoie l'art. L. 625-4, bien qu'abrogé par cette loi, peut encore servir de fondement au prononcé d'une mesure de faillite personnelle ou d'interdiction de gérer contre le dirigeant d'une personne morale soumise à une procédure collective en cours au 1er janv. 2006, ayant commis l'un des actes qui y sont mentionnés. • Même arrêt.

Art. L. 653-5 *(L. n° 2005-845 du 26 juill. 2005, art. 136)* **Le tribunal peut prononcer la faillite personnelle de toute personne mentionnée à l'article L. 653-1 contre laquelle a été relevé l'un des faits ci-après :**

1° Avoir exercé une activité commerciale, artisanale ou agricole ou une fonction de direction ou d'administration d'une personne morale contrairement à une interdiction prévue par la loi ;

2° Avoir, dans l'intention d'éviter ou de retarder l'ouverture de la procédure de redressement judiciaire ou de liquidation judiciaire, fait des achats en vue d'une revente au-dessous du cours ou employé des moyens ruineux pour se procurer des fonds ;

3° Avoir souscrit, pour le compte d'autrui, sans contrepartie, des engagements jugés trop importants au moment de leur conclusion, eu égard à la situation de l'entreprise ou de la personne morale ;

4° Avoir payé ou fait payer, après cessation des paiements et en connaissance de cause de celle-ci, un créancier au préjudice des autres créanciers ;

5° Avoir, en s'abstenant volontairement de coopérer avec les organes de la procédure, fait obstacle à son bon déroulement ;

6° Avoir fait disparaître des documents comptables, ne pas avoir tenu de comptabilité lorsque les textes applicables en font obligation, ou avoir tenu une comptabilité fictive, manifestement incomplète ou irrégulière au regard des dispositions applicables.

V. art. R. 653-1, R. 653-3 et R. 661-1.

Code de commerce

Ancien art. L. 625-5 *A toute époque de la procédure, le tribunal peut prononcer la faillite personnelle de toute personne mentionnée à l'article L. 625-1 contre laquelle a été relevé l'un des faits ci-après :*

....

5° Avoir omis de faire, dans le délai de quinze jours, la déclaration de l'état de cessation de paiements. – [L. n° 85-98 du 25 janv. 1985, art. 189.]

1. Délai d'action. V. note 10 ss. art. L. 653-1.

2. Personnes visées. Le cogérant d'une SARL ne saurait, au seul motif que sa nomination n'a pas été publiée au registre du commerce, soutenir que le défaut de publicité, qu'il lui appartenait d'ailleurs d'accomplir, suffirait à démontrer qu'il n'a pas géré la société et le ferait échapper ainsi aux sanctions prévues par les art. 189 [C. com., ancien art. L. 625-5] (5) et 192 [C. com., art. L. 653-8]. • Paris, 26 sept. 1989 : *D. 1991. Somm. 116, obs. Derrida* .

2 bis. Bien que la démission d'un gérant n'ait pas été publiée au registre du commerce, on ne saurait retenir, pour prononcer l'interdiction prévue à l'art. 192 [C. com., art. L. 653-8], des faits qui se sont produits après cette démission. • Paris, 3e ch. A, 15 mai 1990 : *D. 1991. Somm. 116, obs. Derrida* • 13 nov. 1990 : *D. 1991. Somm. 112, obs. Derrida* • 20 nov. 1990 : *D. 1991. IR 35* • 18 janv. 1994 : *Bull. Joly 1994. 309, note A. C.* • 9 mars 1999 : *Bull. Joly 1999. 856.*

2 ter. L'obligation de déclarer l'état de cessation de paiements de la société pèse sur le dirigeant de fait (alors même qu'il n'est pas le représentant légal ou n'a pas reçu pouvoir spécial pour déclarer la cessation de paiements de la société). • Com. 6 janv. 1998 : *Bull. civ. IV, n° 6 ; D. Affaires 1998. 158, obs. A. L. ; Bull. Joly 1998. 370, note Routier ; JCP 1998. II. 10068, note Daigre* • 7 juill. 1998 : *BRDA 1998, n° 18, p. 4.* – V. déjà • Paris, 21 févr. 1992 : *Dr. sociétés 1992, n° 111, obs. Chaput. – Contra* : • Paris, 11 oct. 1991 : *Dr. sociétés 1992, n° 53, obs. Chaput.* – Sur cette question, V. Cunha, *Rev. proc. coll. 2006. 24.* ♦ A défaut d'être un dirigeant de fait, la non-déclaration ne peut être imputée à un administrateur. • Paris, 25 oct. 1996 : *Dr. sociétés 1998, n° 5, obs. Chaput.*

Les membres du conseil d'administration qui n'allèguent pas avoir agi au sein du conseil en vue de la déclaration de cessation des paiements entrent dans le champ d'application des art. 189 [C. com., ancien art. L. 625-5] (5) et 192

[C. com., art. L. 653-8]. • Com. 9 juin 1992 : *Dr. sociétés 1992, n° 203, obs. Chaput* • 7 juill. 1998 : *D. Affaires 1998. 1536, obs. A. L. ; Bull. Joly 1998. 1297, note Le Cannu.* – V. aussi • Com. 16 févr. 1999 : *Dr. sociétés 1999, n° 55, obs. Chaput ; RJDA 1999, n° 451 ; Bull. Joly 1999. 774, note P. S.* ♦ Le fait, pour une personne, d'avoir accepté d'être un gérant de complaisance ne l'exonère pas de la responsabilité qui pèse sur tout dirigeant de veiller à la bonne marche de l'entreprise et de satisfaire aux obligations légales. • Paris, 9 janv. 1996 : *RJDA 1996, n° 562.* – V. aussi • Paris, 8 déc. 2000 : *RTD com. 2001. 242, obs. Mascala.* ♦ Comp., pour une décision tenant compte du jeune âge et des liens de filiation avec le président : • Paris, 23 oct. 1998 : *Act. proc. coll. 1998, n° 182 ; Rev. proc. coll. 1999. 235, obs. Bach.*

En ce sens que la dissimulation, par le précédent dirigeant, demeuré dirigeant de fait, de la situation exacte de la société, n'est pas exonératoire de la responsabilité du dirigeant de droit, lequel aurait dû, au vu du bilan, procéder à une analyse financière dès sa nomination et effectuer, dès cette date, la déclaration de cessation des paiements, V. • Com. 5 janv. 1999 : *Rev. proc. coll. 1999. 235, obs. Bach.*

V. aussi note 6 ss. art. L. 651-2.

2 quater. La faillite personnelle ne peut être prononcée à l'encontre d'un exploitant agricole dès lors que les faits visés sont antérieurs à la L. n° 88-1202 du 30 déc. 1988. • Com. 8 oct. 1996 : *Bull. civ. IV, n° 225 ; D. 1996. IR 242.*

3. Comportements répréhensibles. V., sanctionnant, sur le fondement de l'art. 189 [C. com., art. L. 653-5] (1), un notaire ayant exercé une fonction de président de conseil d'administration, contrairement à l'interdiction prévue par le Décr. du 19 déc. 1945, • Com. 10 oct. 1995 : *Bull. civ. IV, n° 226 ; D. 1995. IR 244 ; D. Affaires 1995. 162.* ♦ En revanche, le fait, par un dirigeant, d'avoir exercé une activité dans un établissement public, sans obtenir de dérogation pour continuer à diriger une entreprise privée, ne permet pas de lui appliquer l'art. 189 [C. com., art. L. 653-5] (1). • Com. 14 oct. 1997 : *D. Affaires 1997. 1362.*

V., sanctionnant des faits répondant à la définition de l'art. 189 [C. com., art. L. 653-5] (2), • Com. 22 juin 1993 : *Bull. civ. IV, n° 261* • 28 janv. 2004 : *RJDA 2004, n° 873* • Paris, 19 mars 1993 : *Gaz. Pal. 1994. 1. Somm. 225.*

La sanction de faillite personnelle ne peut être infligée au gérant d'une SARL, pour avoir pris un risque inconsidéré et disproportionné aux capacités de l'entreprise en concluant deux contrats très importants de sous-traitance : • Paris, 29 oct. 1991 : *D. 1992. IR 54.*

En revanche, justifie le prononcé d'une mesure de faillite personnelle, sur le fondement de l'art. L. 625-5 [L. 653-5] (3°) C. com., le fait, pour un exploitant à titre individuel, d'avoir consenti à son conjoint et à ses deux enfants des contrats de travail non justifiés par l'activité réelle de l'entreprise tandis que les résultats de celle-ci ne lui permettaient pas d'en supporter la charge. • Com. 28 sept. 2004 : *RJDA 2005, n° 310.*

3 bis. Déclaration tardive d'état de cessation des paiements (jurisprudence antérieure à la L. du 26 juill. 2005). Le juge qui fait application de l'art. 189 [C. com., ancien art. L. 625-5] (5) n'est tenu ni par la limitation de délai énoncée à l'art. 9 [C. com., ancien art. L. 621-7], al. 1er. • Com. 20 oct. 1992 : *Bull. civ. IV, n° 315 ; D. 1992. IR 265 ; Bull. Joly 1993. 122, note Le Nabasque* • 30 nov. 1993 : *Bull. civ. IV, n° 440* • Versailles, 18 nov. 1999 : *RJDA 2000, n° 198.* ♦ ... Ni par l'absence de demande de report dans le délai formulé par l'art. 9 [C. com., ancien art. L. 621-7], al. 2. • Com. 11 juin 1996 : *Bull. civ. IV, n° 168 ; D. 1996. Somm. 341, obs. Honorat ; D. Affaires 1996. 952 ; Bull. Joly 1996. 955, note Saintourens.* ♦ ... Ni par la décision antérieure du tribunal qui a retenu, par une appréciation de la situation au jour où il statuait, que la personne morale n'était pas en état de cessation des paiements. • Com. 19 nov. 1996 : *Bull. civ. IV, n° 278 ; D. 1997. Somm. 310, obs. Honorat ; D. Affaires 1997. 79 ; Bull. Joly 1997. 235, note Saintourens ; JCP E 1997. I. 651, n° 19, obs. Pétel ; Rev. sociétés 1997. 387, note Honorat.* – V. aussi • Paris, 7 déc. 2001 : *Dr. sociétés 2002, n° 136, note Legros.* ♦ Sur la nécessité, cependant, de retenir une date précise de cessation des paiements, V. • Com. 20 mai 1997 : *Bull. civ. IV, n° 145 ; D. 1997. IR 144 ; D. Affaires 1997. 767 ; Bull. Joly 1997. 801, note Saintourens* • 20 juin 2000 : *Rev. proc. coll. 2001. 108, obs. Barret.* ♦ La faillite personnelle ne peut être prononcée par application de l'art. 189 [C. com., ancien art. L. 625-5] (5) que s'il est établi que l'entreprise était en état de cessation des paiements plus de quinze jours avant la délivrance de l'assignation du créancier. • Com. 16 mars 1999 : *Act. proc. coll. 1999, n° 143.* ♦ Les juges du fond doivent constater l'impossibilité, pour le débiteur, de faire face au passif exigible avec son actif disponible à la date retenue comme étant celle de la cessation des paiements. • Com. 15 févr. 2000 : *Rev. proc. coll. 2001. 50, obs. Barret* • 9 juill. 2002 : *Dr. sociétés 2003, n° 8, note Legros.* ♦ En revanche, ils ne sont pas tenus de fixer le montant de l'insuffisance d'actif tel qu'il existait lorsque la cessation des paiements aurait dû être déclarée par le dirigeant. • Com. 26 oct. 1999 : *Rev. proc. coll. 2000. 115, obs. Barret.* ♦ Le dirigeant poursuivi est en droit de contester, pour les besoins de sa défense, le bien-fondé de la date de cessation des paiements retenue dans le jugement d'ouverture de la procédure. • Com. 4 juill. 2000 : *Rev. proc. coll. 2001. 107, obs. Barret ; RJ com. 2001. 276, note Teboul.*

La responsabilité de l'absence de déclaration dans le délai incombe exclusivement au débiteur, même dans le cas où il n'a différé sa déclaration que sur les conseils d'un tiers. • Com. 30 nov. 1993 : *préc.* • Douai, 18 juin 1998 : *Rev. proc. coll. 1999. 235, obs. Bach.* ♦ Il n'y a pas lieu de considérer les motifs qui ont conduit le dirigeant à différer la déclaration d'état de cessation des paiements ou l'absence de caractère intentionnel de son abstention. • Com. 10 oct. 1995 : *Bull. civ. IV, n° 227 ; D. 1996. Somm. 84, obs. Honorat ; D. Affaires 1995. 159 ; Bull. Joly 1996. 62 ; Rev. huiss. 1996. 596, note Courtier* • 8 oct. 1996 : *Bull. civ. IV, n° 225 ; D. 1996. IR 242 ; D. Affaires 1996. 1264* • 27 oct. 1998 : *Bull. Joly 1999. 57* • 13 avr. 1999 : *RJDA 1999, n° 979 ; Bull. Joly 1999. 1082, note Scholer* • 14 mars 2000 : *Rev. proc. coll. 2000. 226, obs. Barret* • Paris, 2 juin 2000 : *Rev. proc. coll. 2001. 108, obs. Barret.* ♦ ... Peu important, par ailleurs, les mesures de redressement et les accords avec les créanciers envisagés ultérieurement, hors du cadre du règlement amiable de la loi du 1er mars 1984 (à propos d'une action en comblement de passif). • Com. 8 oct. 1996 : *Bull. civ. IV, n° 226 ; D. Affaires 1996. 1356 ; Bull. Joly 1996. 1057, note Calendini ; JCP E 1997. II. 917, note Daigre.* – V. aussi • Com. 26 juin 2001 : *Dr. sociétés 2001, n° 143, note Legros* • Versailles, 11 avr. 1996 : *D. 1996. IR 161 ; Bull. Joly 1996. 703, note Le Cannu* • Paris, 18 juin 1999 : *Rev. proc. coll. 2001. 50, obs. Barret* • 5 janv. 2000 : *JCP E 2000, nos 18-19, p. 730.*

Le débiteur, qui est tenu de demander l'ouverture de la procédure de redressement judiciaire au plus tard dans les quinze jours qui suivent la cessation des paiements, n'en est pas dispensé par la délivrance d'une assignation à cette fin par un créancier : • Com. 19 janv. 1999 : *Bull. civ. IV, n° 19 ; D. 2002. Somm. 203, obs. Sortais ; D. Affaires 1999. 259, obs. A. L. ; JCP E 1999, n° 18-19, p. 816, obs. Pétel ; Dr. sociétés 1999, n° 37, obs. Chaput ; LPA 9 juill. 1999, p. 24, note Courtier.*

Le dirigeant de droit d'une personne morale ne peut, pour se soustraire à l'application de l'art. 189, devenu l'art. L. 625-5 [ancien] C. com., prétendre avoir abandonné l'exercice de ses fonctions à un dirigeant de fait ou n'avoir été que son prête-nom. • Com. 5 févr. 2002 : *Dr. sociétés 2002, n° 153, note Legros* • Paris, 4 oct. 2002 : *RTD com. 2003. 377, obs. Mascala.* ♦ Ainsi, le fait, pour une fille de 19 ans, d'avoir accepté, à la demande de son père, de signer divers documents dont elle ne comprenait pas la portée et qui ont fait d'elle l'un des associés et la gérante d'une société, dont elle ignorait tout de la marche, de ses difficultés et de l'ouverture du redressement judiciaire, n'est pas de nature à l'exonérer de sanction. • Paris, 18 juin 1999 : *D. Affaires 1999. 1296 ; Rev. proc. coll. 2001. 50, obs. Barret.*

Sur la prise en compte de l'absence d'incidence du retard sur le montant du passif, V. • Paris, 19 juin 1998 : *Act. proc. coll. 1998, n° 126.* ♦ ... De la collaboration du dirigeant au bon déroulement de la procédure, V. • Paris, 15 févr. 2000 : *Rev. proc. coll. 2000. 226, obs. Barret.* ♦ ... Du fait que les difficultés de l'entreprise sont en partie imputables à des causes étrangères au dirigeant, V. • Paris, 25 janv. 2000 : *Rev. proc. coll. 2001. 277, obs. Barret.* ♦ V. aussi, sur l'opportunité de prononcer une sanction en application de l'art. 189 [C. com., ancien art. L. 625-5] (5) : • Paris, 23 sept. 1997 : *Rev. proc. coll. 1999. 133, obs. Bach* • 3 juill. 1998 : *ibid.* • Besançon, 3 mai 2000 : *Rev. proc. coll. 2001. 108, obs. Barret.*

V. aussi, note 2 *ter*, et note 22 ss. art. L. 651-2.

3 ter. Dès lors que la société avait obtenu un plan de redressement (par la suite résolu), il ne peut être reproché au dirigeant de n'avoir pas déclaré la cessation des paiements avant la décision ayant arrêté ce plan. • Com. 17 mars 1998 : *Bull. civ. IV, n° 107 ; RJDA 1998, n° 1025.* ♦ V. aussi note 11 ss. art. L. 653-1 et note 3 *ter* ss. art. L. 653-8.

V., désormais, pour la sanction de l'omission de déclaration de cessation des paiements, art. L. 653-8, al. 3, dans sa réd. issue de la L. n° 2005-845 du 26 juill. 2005, en partie reprise par l'Ord. n° 2008-1345 du 18 déc. 2008.

4. Énumération limitative. Les causes de faillite personnelle sont strictement énumérées par la loi du 25 janv. 1985. L'art. 189 [C. com., art. L. 653-5] ne pose aucune mesure de faillite personnelle contre un commerçant créant une activité personnelle au cours d'une procédure de liquidation judiciaire dont il fait l'objet. • Com. 17 mars 1998 : *D. Affaires 1998. 915.* ♦ V., désormais, art. L. 641-9, III, dans sa réd. issue de L. n° 2005-845 du 26 juill. 2005. ♦ De même, l'insuffisance d'actif ne constitue pas l'un des faits visés par les art. 188 et 189 [C. com., art. L. 653-4 et L. 553-5] et, même importante, elle ne peut servir à elle seule de fondement à une interdiction professionnelle. • Paris, 29 mai 1990 : *D. 1990. IR 162.*

V. aussi note 8 ss. ancien art. L. 624-5, ss. art. L. 652-1.

4 bis. Pluralité de griefs. V. note 3 *bis* ss. art. L. 653-3.

4 ter. Mesure facultative. Il résulte de l'art. 189 [C. com., art. L. 653-5] que le juge a la faculté de ne pas prononcer la faillite personnelle du dirigeant contre lequel il a relevé des faits qui y sont mentionnés. • Com. 23 mai 2000 : *Act. proc. coll. 2000, n° 155.* ♦ Pour une application, V. • Paris, 9 nov. 2001 : *Dr. sociétés 2002, n° 111, note Legros.*

5. Violation de l'interdiction. V. art. L. 654-15 et notes ss. cet art.

Art. L. 653-6 Le tribunal peut prononcer la faillite personnelle du dirigeant de la personne morale *(Ord. n° 2010-1512 du 9 déc. 2010, art. 6-6°)* « ou de l'entrepreneur individuel à responsabilité limitée qui n'ont pas acquitté les dettes mises à leur charge en application de l'article L. 651-2 ». – *[C. com., ancien art. L. 625-6.]*

V. art. R. 653-1, R. 653-3 et R. 661-1.

BIBL. ▶ DELATTRE, *Rev. proc. coll. 2012. Étude 42.*

Interprétation stricte. L'art. 190 [C. com., art. L. 653-6] n'est applicable que dans le cas où le dirigeant, condamné en application de l'art. 180 [C. com., art. L. 651-2] à supporter tout ou partie des dettes de la personne morale, s'est abstenu d'en régler le montant (et non dans le cas d'une procédure d'extension au dirigeant avec mise à sa charge du passif de la personne morale). • Com. 6 janv. 1998 : *Bull. civ. IV, n° 4 ; D. Affaires 1998. 255, obs. J. F. ; JCP E 1998, n° 17, p. 659, obs. Pétel ; Bull. Joly 1998. 367, note Calendini ; LPA 6 août 1999, p. 27, note Teilliais.*

Art. L. 653-7 *(L. n° 2005-845 du 26 juill. 2005, art. 137)* Dans les cas prévus aux articles L. 653-3 à L. 653-6 et L. 653-8, le tribunal est saisi par le mandataire judiciaire, le liquidateur ou le ministère public.

Dans l'intérêt collectif des créanciers, le tribunal peut également être saisi à toute époque de la procédure par la majorité des créanciers nommés contrôleurs lorsque le mandataire de justice ayant qualité pour agir n'a pas engagé les actions prévues aux mêmes articles, après une mise en demeure restée sans suite dans un délai et des conditions fixés par décret en Conseil d'État. – *V. art. R. 653-2.*

(Ord. n° 2008-1345 du 18 déc. 2008, art. 136) « Le » juge-commissaire ne peut ni siéger dans la formation de jugement, ni participer au délibéré.

L'art. L. 653-7 est applicable aux procédures en cours au jour de l'entrée en vigueur de la L. n° 2005-845 du 26 juill. 2005 [1er janv. 2006] (texte préc., art. 191).

1. Saisine du tribunal. Pour l'irrecevabilité de l'action du commissaire à l'exécution du plan (régime antérieur à la loi du 26 juill. 2005), V. • Com. 24 sept. 2003 : *cité note 2 ss. art. L. 626-24.*

2. Participation du juge-commissaire au jugement. V. note 2 ss. art. L. 651-3.

Art. L. 653-8 Dans les cas prévus aux articles L. 653-3 à L. 653-6, le tribunal peut prononcer, à la place de la faillite personnelle, l'interdiction de diriger, gérer, administrer ou contrôler, directement ou indirectement, soit toute entreprise com*merciale ou artisanale,* toute exploitation agricole et toute personne morale, soit une ou plusieurs de celles-ci.

L'interdiction mentionnée au premier alinéa peut également être prononcée à l'encontre de toute personne mentionnée à l'article L. 653-1 qui, de mauvaise foi, n'aura pas remis au mandataire judiciaire *(L. n° 2005-845 du 26 juill. 2005, art. 138)* « , à l'administrateur ou au liquidateur les renseignements qu'il est tenu de lui communiquer en application de l'article L. 622-6 dans le mois » suivant le jugement d'ouverture. – *[C. com., ancien art. L. 625-8.]*

(Ord. n° 2008-1345 du 18 déc. 2008, art. 137) « Elle peut également être prononcée à l'encontre de toute personne mentionnée à l'article L. 653-1 qui a omis de demander l'ouverture d'une procédure de redressement ou de liquidation judiciaire

dans le délai de quarante-cinq jours à compter de la cessation des paiements, sans avoir, par ailleurs, demandé l'ouverture d'une procédure de conciliation. »

V. art. R. 653-1, R. 653-3 et R. 661-1.

1. Personnes visées. En ce sens qu'un gérant d'EURL non rémunéré peut valablement être condamné à une interdiction de gérer, V. • Com. 16 févr. 1999 : *BRDA 1999, n° 6, p. 4.* ♦ Pour l'application de l'art. 192 [C. com., art. L. 653-8] à des dirigeants d'une association, V. • TGI Créteil, 15 févr. 1989 : *RTD com. 1990. 271, obs. Haehl.*

2. Agissements répréhensibles. Sur le régime antérieur à la L. n° 94-475 du 10 juin 1994, V. éditions 2007 et antérieures du **C. com.** ♦ Le défaut de remise de la comptabilité n'est pas un fait de nature à justifier le prononcé d'une interdiction de gérer. • Com. 3 déc. 2003 : *Rev. proc. coll. 2005. 159, obs. O. Barret.*

3. Le président du directoire d'une société anonyme à qui il appartenait de démissionner s'il ne pouvait réellement exercer ses pouvoirs et qui a souscrit des engagements trop importants au moment de leur conclusion eu égard à la situation de la personne morale et qui a engagé des dépenses excessives en l'absence de compte d'exploitation prévisionnel et de prévision de financement, a eu une gestion imprudente justifiant une interdiction de gérer. • Paris, 9 nov. 1990 : *Rev. sociétés 1991. 590, note Sortais.*

3 bis. Déclaration tardive d'état de cessation des paiements. Pour le prononcé d'une interdiction de gérer à l'encontre d'un dirigeant n'ayant pas déclaré la cessation des paiements dans le délai imparti, V. • Com. 13 oct. 1998 : *Bull. civ. IV, n° 238* • Paris, 16 avr. 1999 : *Dr. sociétés 2000, n° 9, obs. Chaput* • 23 janv. 2001 : *Dr. sociétés 2002, n° 6, note Legros* (condamnation des dirigeants de droit et de fait). ♦ Pour une décision écartant, au contraire, l'application de l'art. 192 [C. com., art. L. 653-8], alors même que le grief de dépassement du délai de déclaration de la cessation des paiements était établi, au motif, notamment, que le dirigeant avait effectué cette déclaration sitôt connu l'échec de la tentative de règlement amiable, V. • Paris, 8 juin 1999 : *Act. proc. coll. 1999, n° 208.* – V. aussi • Paris, 5 janv. 2000 : *JCP E 2000, n°s 18-19, p. 730* • 6 nov. 2001 : *Dr. société 2002, n° 111, note Legros* • 7 mars 2003 : *RJDA 2003, n° 754 ; Dr. sociétés 2003, n° 210, note Legros* • T. com. Roubaix-Tourcoing, 3 mars 1998 : *Rev. proc. coll. 2000. 115, obs. Barret.*

3 ter. Dès lors que la nouvelle procédure collective a été ouverte par résolution du plan de continuation [redressement] de l'entreprise pour inexécution des engagements financiers, la sanction de l'interdiction de gérer ne peut être fondée sur l'omission de faire, dans le délai de quinze jours [quarante-cinq jours], la déclaration de l'état de cessation des paiements. • Com. 29 mai 2001 : *Bull. civ. IV, n° 105 ; D. 2002. Somm. 203, obs. Derrida ; D. 2001. AJ 2033, obs. Lienhard ; JCP E 2001, n° 37, p. 1425, obs. Pétel ; Dr. sociétés 2001, n° 142, note Legros ; RTD com. 2002. 155, obs. Saint-Alary-Houin* • 30 sept. 2008 : *cité note 1 ss. art. R. 651-2.*

3 quater. Il résulte des dispositions des art. L. 653-8, al. 3, dans sa rédaction issue de la loi du 26 juill. 2005, et R. 653-1, al. 2, que, pour sanctionner par l'interdiction de gérer le dirigeant de la société débitrice qui n'a pas déclaré la cessation des paiements de celle-ci dans le délai légal, la date de la cessation des paiements à retenir ne peut être différente de celle fixée par le jugement d'ouverture de la procédure collective ou un jugement de report ; dès lors, ce dirigeant a un intérêt personnel à contester la décision de report de la date de cessation des paiements. • Com. 5 oct. 2010 : *Bull. civ. IV, n° 150 ; D. 2010. Actu. 2359, obs. Lienhard ; RTD com. 2011. 179, obs. Vallens ; JCP E 2011. 1030, n° 13, obs. Cabrillac ; LEDEN nov. 2010, p. 6, obs. Rubellin ; RJDA 2010, n° 1181 ; Rev. proc. coll. 2010, n° 215, obs. Saintourens ; Gaz. Pal. 7-8 janv. 2011, p. 46, obs. Montéran ; Dr. sociétés 2011, n° 58, note Legros ; Rev. proc. coll. 2011, n° 25, obs. Cagnoli.*

V. aussi note 9.

4. Substitution par la cour d'appel. Une cour d'appel ne peut substituer à l'interdiction de gérer prononcée en première instance la sanction plus sévère de la faillite personnelle. • Com. 5 avr. 1994 : *Bull. Joly 1994. 1213* • 28 mars 2000 : *Act. proc. coll. 2000, n° 114.*

5. Motifs de substitution. Pour des circonstances économiques spécifiques (guerre du Golfe), à l'origine des difficultés financières de la société, V. • Paris, 6 juill. 1995 : *D. 1995. IR 221 ; D. Affaires 1995. 45 ; JCP 1996. II. 22649, note Gibirila.* ♦ ... Pour une défaillance d'une filiale conséquence de la défaillance de la société-mère, V. • Paris, 26 mars 1996 : *Dr. sociétés 1996, n° 193, obs. Chaput.* ♦ ... Pour la possibilité de reclassement du dirigeant dans une activité commerciale individuelle mieux adaptée, V. • Paris, 25 sept. 1990 : *D. 1990. IR 229.* ♦ ... Pour les circonstances dans lesquelles une fille de 19 ans a accepté de prêter son nom à son père et la crainte révérencielle que celui-ci lui a inspirée, V.

• Paris, 18 juin 1999 : *D. Affaires 1999. 1296 ; Dr. sociétés 2000, n° 8, obs. Chaput.* ♦ V. aussi • Bourges, 11 janv. 1999 : *Act. proc. coll. 1999, n° 235.*

6. Statut d'auto-entrepreneur. Pour l'impossibilité d'adopter le statut d'auto-entrepreneur pour la personne se trouvant sous le coup d'une interdiction de gérer une entreprise commerciale ou artisanale, V. * Rép. min. n° 107215 : *JOAN Q, 20 sept. 2011, p. 10061 ; JCP E 2012. 1069, obs. Delattre.* ♦ Pour un dirigeant autorisé à adopter ce statut pendant la durée de son interdiction de gérer, V. • Paris, 7 sept. 2010 : *Dr. sociétés 2011, n° 118, obs. Legros.*

7. Violation de l'interdiction. V. art. L. 654-15 et notes ss. cet art.

8. Interdiction de gérer prévue par l'art. L. 653-8, al. 2. V. note 2 ss. art. L. 622-6.

9. Droit transitoire. Il résulte des art. 190 et 191 de la loi du 26 juill. 2005 que le chapitre III du titre V du livre VI C. com. dans sa nouvelle rédaction, relatif à la faillite personnelle et aux autres mesures d'interdiction, à l'exception de ses art. L. 653-7 et L. 653-11, n'est pas applicable aux procédures collectives en cours au 1er janv. 2006 (dans le cas où les dirigeants condamnés à une interdiction de gérer pour avoir omis de faire, dans le délai de quinze jours, la déclaration de l'état de cessation des paiements invoquaient la rétroactivité *in mitius* de la loi du 26 juill. 2005, qui a porté le délai de déclaration à quarante-cinq jours). • Com. 19 déc. 2006 : ⚖ *Bull. civ. IV, n° 259 ; D. 2007. AJ 37, obs. Lienhard* ✎ *; Dr. sociétés 2007, n° 70, note Legros ; Act. proc. coll. 2007, n° 20, obs. Regnaut-Moutier ; JCP E 2007. 1450, n° 15, obs. Pétel ; Rev. proc. coll. 2007. 36, obs. Roussel Galle.* ♦ Il s'ensuit que les art. L. 625-3, L. 625-5 et L. 625-8, dans leur rédaction antérieure à la loi du 26 juill. 2005, demeurent applicables pour prononcer une interdiction de gérer à l'encontre d'une personne physique exerçant la profession de commerçant, d'agriculteur ou immatriculée au répertoire des métiers, soumise à une procédure collective ouverte antérieurement au 1er janv. 2006. • Com. 4 mars 2008 : ⚖ *Gaz. Pal. 27-29 juill. 2008, p. 65, obs. Montéran (1re esp.).*

Art. L. 653-9 **Le droit de vote des dirigeants frappés de la faillite personnelle ou de l'interdiction prévue à l'article L. 653-8 est exercé dans les assemblées des personnes morales soumises à une procédure de redressement judiciaire ou de liquidation judiciaire par un mandataire désigné par le tribunal à cet effet, à la requête de l'administrateur, du liquidateur ou du commissaire à l'exécution du plan.**

Le tribunal peut enjoindre à ces dirigeants ou à certains d'entre eux, de céder leurs actions ou parts sociales dans la personne morale ou ordonner leur cession forcée par les soins d'un mandataire de justice, au besoin après expertise. Le produit de la vente est affecté au paiement de la part des dettes sociales dans le cas où ces dettes ont été mises à la charge des dirigeants. — *[C. com., ancien art. L. 625-9.]*

Cession de parts sociales. Le tribunal ne peut étendre la mesure prévue à l'art. 193 [C. com., art. L. 653-9], al. 2, aux parts sociales que les dirigeants sociaux peuvent détenir dans d'autres personnes morales, l'interdiction de contrôler ces personnes, de les gérer ou administrer, conséquence de la faillite personnelle, ne nécessitant pas obligatoirement une telle cession. • Versailles, 25 févr. 1993 : *D. 1993. IR 101 ; Bull. Joly 1993. 602, note P.L.C. ; Dr. sociétés 1994, n° 52, obs. Chaput* • 5 mai 1994 : *RJDA 1994, n° 1143.*

Art. L. 653-10 *(L. n° 2005-845 du 26 juill. 2005, art. 139)* **Le tribunal qui prononce la faillite personnelle peut prononcer l'incapacité d'exercer une fonction publique élective. L'incapacité est prononcée pour une durée égale à celle de la faillite personnelle, dans la limite de cinq ans. Lorsque la décision est devenue définitive, le ministère public notifie à l'intéressé l'incapacité, qui produit effet à compter de la date de cette notification.**

Art. L. 653-11 *(L. n° 2005-845 du 26 juill. 2005, art. 140)* **Lorsque le tribunal prononce la faillite personnelle ou l'interdiction prévue à l'article L. 653-8, il fixe la durée de la mesure, qui ne peut être supérieure à quinze ans. Il peut ordonner l'exécution provisoire de sa décision. Les déchéances, les interdictions et l'incapacité d'exercer une fonction publique élective cessent de plein droit au terme fixé, sans qu'il y ait lieu au prononcé d'un jugement.**

Le jugement de clôture pour extinction du passif, y compris après exécution *(Ord. n° 2008-1345 du 18 déc. 2008, art. 138)* **« d'une condamnation prononcée à son encontre en application de l'article L. 651-2 », rétablit le** *(Ord. n° 2008-1345 du 18 déc. 2008, art. 163-II)* **« débiteur personne physique » ou les dirigeants de la personne morale dans tous leurs droits. Il les dispense ou relève de toutes les déchéances, interdictions et incapacité d'exercer une fonction publique élective.**

L'intéressé peut demander au tribunal de le relever, en tout ou partie, des déchéances et interdictions et de l'incapacité d'exercer une fonction publique élective s'il a apporté une contribution suffisante au paiement du passif.

Lorsqu'il a fait l'objet de l'interdiction prévue à l'article L. 653-8, il peut en être relevé s'il présente toutes garanties démontrant sa capacité à diriger ou contrôler l'une ou plusieurs des entreprises ou personnes visées par le même article.

Lorsqu'il y a relèvement total des déchéances et interdictions et de l'incapacité, la décision du tribunal emporte réhabilitation.

L'art. L. 653-11 est applicable aux procédures en cours au jour de l'entrée en vigueur de la L. n° 2005-845 du 26 juill. 2005 [1er janv. 2006] (texte préc., art. 191).

L'avant-dernier alinéa de l'art. L. 653-11 est applicable à l'interdiction prévue à l'art. L. 625-8, dans sa rédaction antérieure à l'entrée en vigueur de la L. n° 2005-845 du 26 juill. 2005 [1er janv. 2006], lorsque cette interdiction a été prononcée dans le cours d'une procédure close avant la date de cette entrée en vigueur (L. n° 2008-776 du 4 août 2008, art. 77-II).

V. art. R. 653-4.

BIBL. ▸ Delattre, *JCP E 2007. 1451* (durée des interdictions prononcées par les juridictions répressives) ; *Rev. proc. coll. 2011. Étude 19* (procédure de réhabilitation).

1. Droit transitoire. L'art. 190, 2°, de la loi du 26 juill. 2005 dispose que les mesures de faillite personnelle et d'interdiction de gérer ainsi que les déchéances et interdictions qui en ont résulté prennent fin à la date de publication de la loi, soit le 27 juill. 2005, lorsque, à cette date, elles ont été prononcées plus de quinze années auparavant par une décision devenue définitive ; une mesure de faillite personnelle prononcée le 12 juill. 1972 ayant ainsi pris fin, est sans objet le pourvoi en cassation formé contre l'arrêt de la cour d'appel qui a rejeté la demande de réhabilitation de l'intéressé ainsi que sa demande d'amnistie de la mesure par application de la loi du 3 août 1995. • Com. 29 nov. 2005 : *Bull. civ. IV, n° 236 ; D. 2007. Chron. C. Cass. 1303, obs. Bélaval ; D. 2005. AJ 3085, obs. Lienhard ; Act. proc. coll. 2005, n° 260, obs. Regnaut-Moutier ; JCP E 2006, n° 8, p. 359, note J.-H. Robert ; Dr. sociétés 2006, n° 19, note Legros ; Bull. Joly 2006. 325, note Mascala ; Rev. sociétés 2006. 186, note Roussel Galle* • 22 mai 2007 : *Bull. civ. IV, n° 141 ; D. 2007. AJ 1507, obs. Lienhard ; Dr. sociétés 2007, n° 155, note Legros ; JCP E 2008. 1327, note Delattre.* – Dans le même sens, V. • Orléans, 15 déc. 2005 : *BICC 2006, n° 1239.*

2. Selon l'art. 190, a), de la loi du 26 juill. 2005, dans toutes les dispositions prévoyant une incapacité, une interdiction ou une déchéance résultant d'une faillite personnelle ou d'une interdiction de gérer, ces mesures doivent être comprises comme ayant une durée maximale de quinze ans à compter du jour où la décision les ayant prononcées est devenue définitive ; au sens de ce texte, la faillite personnelle doit être comprise comme ayant une durée maximale de quinze ans à compter du jour de la décision exécutoire qui la prononce. • Com. 23 mai 2006 : *Bull. civ. IV, n° 125 ; D. 2007. Chron. C. Cass. 1303, obs. Bélaval ; D. 2006. AJ 1528, obs. Lienhard ; Act. proc. coll. 2006, n° 148, obs. Martineau-Bourgninaud ; Bull. Joly 2006. 1138, note Pétel ; Gaz. Pal. 6-7 oct. 2006, p. 38, obs. Montéran ; Dr. sociétés 2007, n° 27, note Legros.*

2 bis. Selon l'art. 191, 7°, de la loi du 26 juill. 2005, les dispositions de l'art. L. 653-11 s'appliquent aux procédures en cours au 1er janv. 2006. • Com. 12 juill. 2011 : *Bull. civ. IV, n° 117 ; D. 2011. Actu. 1966, obs. Lienhard ; Rev. sociétés 2011. 525, obs. Roussel Galle ; LEDEN sept. 2011, p. 5, obs. Parachkévova ; Gaz. Pal. 7-8 oct. 2011, p. 38, obs. Montéran ; Dr. sociétés 2011, n° 223, note Legros ; Rev. proc. coll. 2011, n° 204, obs. Martin-Serf ; RJDA 2011, n° 1067.*

3. Fixation de la durée (L. du 26 juill. 2005). V. note 1 *bis* ss. art. L. 654-6.

4. Fixation de la durée (jurisprudence antérieure à la L. du 26 juill. 2005). En décidant que, compte tenu des éléments relevés à l'encontre du gérant d'une société mise en liquidation judiciaire, il convenait de prononcer sa faillite personnelle mais qu'il n'y avait pas lieu de limiter cette mesure dans le temps, s'agissant d'une sanction qui ne se circonscrit pas dans la durée, un arrêt viole l'art. 195 [C. com., ancien art. L. 625-10]. • Com. 3 nov. 1992 : *Bull. civ. IV, n° 343.* ♦ De même, viole ce texte l'arrêt qui a déchu à vie le président du conseil d'administration de la société du droit de diriger, gérer, administrer ou contrôler toute entreprise commerciale. • Com. 9 janv. 1996 : *Bull. civ. IV, n° 9 ; D. 1996. IR 43 ; Bull. Joly 1996. 530, note Vallansan.* – Dans le même sens : • Com. 23 nov. 1999 : *Rev. proc. coll. 2000. 115, obs. Barret.* ♦ En revanche, en fixant à vingt ans la durée de la faillite personnelle, une cour d'appel, statuant avant le 1er janv. 2006, date de l'entrée en vigueur de la loi du 26 juill. 2005, a, à bon droit, fait application de l'art. L. 625-10 C. com. dans sa rédaction antérieure à cette loi qui ne fixe pas de durée maximale à cette mesure. • Com. 22 mai 2007 : *préc. note 1.*

V., désormais, art. L. 653-11, al. 1er, dans sa réd. issue de L. n° 2005-845 du 26 juill. 2005.

5. Effets du jugement de clôture pour extinction du passif. Il résulte des art. 1844-7, 7°, et 1844-8, al. 3, C. civ., que le jugement de clôture pour extinction du passif est sans influence sur la dissolution, consécutive au prononcé de la liquidation judiciaire, de la personne morale dont la personnalité ne subsiste que pour les besoins de sa liquidation. • Com. 26 oct. 1999 : *Bull. civ. IV, n° 196 ; D. 1999. AJ 77, obs. A. L. ; Act. proc. coll. 1999, n° 245, obs. Regnaut-Moutier ; JCP E 2000, n° 4, p. 128, obs. Cabrillac et Pétel ; Bull. Joly 2000. 49, note Le Cannu ; LPA 17 févr. 2000, p. 11, note P. M. ; ibid., 14 mars 2000, p. 11, note Courtier ; Dr. sociétés 2000, n° 27, obs. Chaput ; RJ com. 2000. 130, note Convert ; RTD com. 2000. 124, obs. Champaud et Danet ; Defrénois 2000. 997, obs. Gibirila.* ♦ Viole ces textes l'arrêt qui, pour dire n'y avoir lieu à la désignation d'un liquidateur de la société, retient que l'art. 195 de la loi du 25 janv. 1985 [C. com., art. L. 653-11] doit être interprété comme rétablissant la société dans ses droits, et que celle-ci, qui avait été rétablie dans son existence sociale par l'effet de la clôture de sa liquidation judiciaire pour extinction du passif, disposait de ses organes sociaux. • Même arrêt. (V. l'arrêt cassé : • Douai, 16 janv. 1997 : *LPA 8 sept. 1997, p. 10, note Sonne*).

6. Relevé de déchéance. **BIBL.** Mascala, *Rev. proc. coll. 2003. 192.* ♦ Sur le pouvoir souverain d'appréciation des juges du fond, V. • Com. 24 mai 2005 : *RJDA 2005, n° 1373 ; Dr. sociétés 2006, n° 20, note Legros.* ♦ La faculté de demander le relevé des déchéances attachées à la faillite personnelle n'est pas de nature exclusivement quantitative, il convient de tenir compte aussi des possibilités contributives du failli et il est permis de retenir la part prise dans la création du passif. • Paris, 12 juin 1990 : *D. 1990. IR 192.* ♦ Pour des décisions accordant le relevé de déchéance, V. • Paris, 14 sept. 1999 : *Rev. proc. coll. 2000. 68, obs. Bach* • Douai, 21 oct. 1999 : *Rev. proc. coll. 2001. 278, obs. Barret* • T. com. Bobigny, 6 nov. 1998 : *ibid.* ♦ Pour des décisions refusant de prononcer le relevé de déchéance, V. • Com. 3 nov. 1992 : *Bull. civ. IV, n° 344* (versement mensuel de 250 F [env. 38 €] pour un passif supérieur à 200 000 F [env. 30 500 €]) • Paris, 16 mai 2003 : *Dr. sociétés 2004, n° 172, note Legros* • T. com. Paris, 20 mai 1999 : *Rev. proc. coll. 2000. 68, obs. Bach* (contribution de 15 000 F [env. 2 300 €] pour une insuffisance d'actif de 2,5 millions de francs [env. 381 000 €].

Sur l'insuffisance de la seule offre de verser une somme consignée sur un compte, V. • Versailles, 11 sept. 1997 : *D. Affaires 1997. 1329.* ♦ ... De la justification d'avoir obtenu des dégrèvements fiscaux, V. • Dijon, 24 nov. 1998 : *Rev. proc. coll. 2000. 68, obs. Bach.*

7. Le paiement total par le dirigeant des sommes auxquelles il a été condamné, destiné à indemniser le préjudice subi par les créanciers à la suite de son comportement fautif, constitue une réparation pécuniaire distincte et autonome de la sanction personnelle qu'est la mesure d'interdiction de gérer, qui vise à assainir les professions commerciales et à écarter l'intéressé des responsabilités économiques. • Douai, 15 févr. 2001 : *BICC 2001, n° 962.* ♦ Cette réparation n'équivaut donc pas à la contribution prévue par les dispositions de l'art. L. 625-10 [L. 653-11] C. com. • Versailles, 26 juin 2003 : *RJDA 2003, n° 1105.*

8. Les dispositions de l'art. L. 625-10 [L. 653-11] C. com. ne concernent que le relèvement des déchéances et interdictions et ne sont pas applicables aux condamnations pécuniaires. • Paris, 24 janv. 2003 : *RJDA 2003, n° 863.*

CHAPITRE IV DE LA BANQUEROUTE ET DES AUTRES INFRACTIONS

BIBL. GÉN. ▸ Régime issu de la loi du 26 juill. 2005 : Robaczewski, *Gaz. Pal. 2005. Doctr. 3027*. – J.-H. Robert, *Dr. pénal. 2005. Étude 15 ; Cah. dr. entr. 2006, n° 1, p. 34.*

▸ Régime issu de l'ordonnance du 18 déc. 2008 : Mascala, *D. 2009. Pan. 1727* ; *Rev. proc. coll. 2009. Dossier 15*. – Robaczewski, *Gaz. Pal. 2009. Doctr. 845*. – Sordino, *ibid. 1605*. – Bénéjat, *Rev. proc. coll. 2010. Étude 27* (faut-il sauver la banqueroute ?).

▸ Régime antérieur à la loi du 26 juill. 2005 : Bouloc, *RSC 1985. 613*. – Derrida, *ibid. 1989. 658*. – Laborde, *Rev. proc. coll. 1987, n° 1, p. 1*. – Langlade, *JCP E 1986. II. 15710*. – Brieuc de Massiac, *RJDA 1992, p. 658*. – Devèze, *Rev. proc. coll. 1992. 319*. – Jonville, *JCP N 1994. Prat. 3053* (responsabilité pénale des personnes morales). – Jeandidier, *RJ com. nov. 2001, n° spéc., p. 131* (le droit pénal de la banqueroute ou les avatars de la pénalisation).

SECTION PREMIÈRE DE LA BANQUEROUTE

Art. L. 654-1 Les dispositions de la présente section sont applicables :

1° A *(Ord. n° 2008-1345 du 18 déc. 2008, art. 139)* **« toute personne exerçant une activité commerciale ou artisanale, à tout agriculteur » et à toute personne physique exerçant une activité professionnelle indépendante, y compris une profession libérale soumise à un statut législatif ou réglementaire ou dont le titre est protégé ;**

2° A toute personne qui a, directement ou indirectement, en droit ou en fait, dirigé ou liquidé une personne morale de droit privé *(Abrogé par L. n° 2005-845 du 26 juill. 2005, art. 141)* ***« ayant une activité économique »*** **;**

3° Aux personnes physiques représentants permanents de personnes morales dirigeants des personnes morales définies au 2° ci-dessus. – *[C. com., ancien art. L. 626-1.]*

Pour l'application des dispositions relatives à la banqueroute aux personnes ayant directement ou indirectement le pouvoir d'engager une institution de prévoyance, même lorsque cette dernière ne relève pas de plein droit de ces dispositions, V. CSS, art. 931-18 (issu de L. n° 94-678 du 8 août 1994). – ***CSS.***

BIBL. ▸ Conte, *Mélanges Jean Larguier* (la banqueroute du commerçant radié du registre du commerce et des sociétés) ; *Dr. pénal, hors-série, déc. 2000, p. 4* (la banqueroute, un exemple des ambiguïtés de la dépénalisation). – Matsopoulou, *LPA 18 juin 2008* (aspects d'actualisation).

1. Application aux dirigeants de fait. Les art. 196 et 197 [C. com., art. L. 654-1 et L. 654-2] sont indistinctement applicables aux dirigeants de droit ou de fait pour toutes les infractions qu'ils prévoient, y compris pour l'absence de toute comptabilité. • Crim. 7 déc. 1992 : *Bull. crim. n° 402*. – Dans le même sens, V. • Crim. 31 oct. 2007 : *RJDA 2008, n° 314 ; Rev. sociétés 2008. 165, note Matsopoulou* • 19 nov. 2008 : *Bull. crim. n° 237 ; Dr. sociétés 2009, n° 18, note R. Salomon ; Act. proc. coll. 2009, n° 87, obs. Cerf-Hollender ; RJDA 2009, n° 462 ; Gaz. Pal. 26-28 avr. 2009, p. 50, obs. Robaczewski ; Rev. sociétés 2009. 653, note Matsopoulou* (condamnation du dirigeant de fait d'une entreprise individuelle).

2. Caractérise la gestion de fait, l'arrêt qui constate qu'un prévenu, théoriquement directeur commercial, était en réalité le seul à disposer d'une voiture de fonction, occupait le bureau directorial, prenait les décisions importantes et était le véritable patron, fixait les salaires, décidait des investissements et des prises de participation, et qu'il avait joué un rôle essentiel dans les procédés frauduleux. • Crim. 19 sept. 1994 : *Bull. Joly 1994. 1309, note J.-F. Barbièri.* ♦ Doit également être considéré comme gérant de fait le prévenu qui, après sa retraite, continue à animer la société en toute indépendance, établissant des relations avec les clients et les fournisseurs et procédant à des embauches. • Paris, 9 nov. 1998 : *Dr. sociétés 1999, n° 72, obs. Chaput.* ♦ Il en va de même du prévenu salarié dont le montant du salaire est nettement supérieur à celui perçu par la gérante de droit et qui, par ailleurs, exerce des fonctions de directeur financier, s'est porté caution solidaire pour des dettes sociales, encaisse les chèques clients sur un compte personnel et est en relation directe avec les fournisseurs de la société. • Paris, 16 févr. 1999 : *Dr. sociétés 2000, n° 4, obs. Chaput.* ♦ Pour d'autres exemples, V. • Crim. 19 déc. 1994 : *Bull. Joly 1995. 340* • 26 sept. 2001 : *Dr. sociétés 2002, n° 91, note Legros* • Paris, 12 nov. 1993 : *Dr. sociétés 1994, n° 190* • 9 juin 1995 : *Dr. sociétés 1995, n° 215, obs. Chaput.*

V. aussi notes 8 s. ss. art. L. 651-2.

3. Condamnation simultanée d'un dirigeant de fait et d'un dirigeant de droit. Sur cette possibilité, V. • Crim. 19 sept. 1994 : *préc. note 2.*

3 bis. Représentant permanent d'une personne morale. V. • Toulouse, 31 mai 2000 : *JCP 2001. IV. 1514 ; Dr. sociétés 2001, n° 44, obs. Chaput.*

4. Société d'économie mixte. Le fait qu'une société d'économie mixte locale, personne morale de droit privé, poursuive un but d'intérêt général et que la majorité de son capital soit détenue par une collectivité locale ou un groupement de communes, n'exclut pas que ses dirigeants puissent être poursuivis pour banqueroute, dès lors que cette société exerce une activité économique au sens de l'art. 196 [C. com., art. L. 654-1]. • Crim. 2 juin 1999 : *Bull. crim. n° 118 ; D. 1999. IR 206 ; D. Affaires 1999. 1118 ; Rev. sociétés 1999. 653, note Bouloc ; Bull. Joly 1999. 1201, note Barbièri ; RTD com. 1999. 980, obs. Mascala ; ibid. 2000. 200, obs. Bouloc ; RSC 1999. 830, obs. Renucci ; Dr. adm. 1999, n° 281, obs. Benjamin* • Toulouse, 31 mai 2000 : *préc. note 3 bis.*

Art. L. 654-2 **En cas d'ouverture d'une procédure de redressement judiciaire ou de liquidation judiciaire, sont coupables de banqueroute les personnes mentionnées à l'article L. 654-1 contre lesquelles a été relevé l'un des faits ci-après :**

1° Avoir, dans l'intention d'éviter ou de retarder l'ouverture de la procédure de redressement judiciaire *(Ord. n° 2008-1345 du 18 déc. 2008, art. 140)* **« ou de liquidation judiciaire », soit fait des achats en vue d'une revente au-dessous du cours, soit employé des moyens ruineux pour se procurer des fonds ;**

2° Avoir détourné ou dissimulé tout ou partie de l'actif du débiteur ;

3° Avoir frauduleusement augmenté le passif du débiteur ;

4° Avoir tenu une comptabilité fictive ou fait disparaître des documents comptables de l'entreprise ou de la personne morale ou s'être abstenu de tenir toute comptabilité *(L. n° 2005-845 du 26 juill. 2005, art. 142-I)* **« lorsque les textes applicables en font obligation » ;**

5° Avoir tenu une comptabilité manifestement incomplète ou irrégulière au regard des dispositions légales. – *[C. com., ancien art. L. 626-2.]*

Sont exclus du bénéfice de l'amnistie opérée par la L. n° 2002-1062 du 6 août 2002 les délits de banqueroute par détournement d'actifs prévus par les art. L. 654-1 à L. 654-5 C. com. et le recel d'actifs détournés prévu par les art. L. 654-10 et L. 654-12 C. com. (L. n° 2002-1062 du 6 août 2002, art. 14, 5°).

BIBL. ▸ GIOANNI, *D. 1994. Chron. 53* (la cessation des paiements dans l'infraction de banqueroute). – DEKEUWER, *JCP E 1995. I. 420* (même thème).

1. Emploi de moyens ruineux. Constitue le délit de banqueroute par emploi de moyens ruineux pour se procurer des fonds l'escompte de fausses factures et de traites de complaisance dont le coût ne peut qu'aggraver la situation financière de l'entreprise. • Crim. 6 déc. 1993 : *Bull. crim. n° 370 ; D. 1994. IR 50.* – Dans le même sens : • Crim. 24 mai 2000 : *Dr. pénal 2000, n° 129, obs. J.-H. Robert.* ♦ V. aussi, pour l'utilisation de la technique de l'affacturage, • Crim. 13 mai 1991 : *Rev. proc. coll. 1995. 354, obs. Devèze.* ♦ ... Pour l'accumulation de prêts et des opérations relevant du mécanisme dit de la « cavalerie », • Paris, 26 mai 1993 : *Gaz. Pal. 1994. 1. 69* • Crim. 19 sept. 1994 : *Bull. Joly 1994. 1309, note J.-F. Barbièri.* ♦ ... Pour la souscription de contrats de construction à un prix inférieur au prix des marchés de sous-traitance, • Rennes, 11 mai 1994 : *JCP 1996. IV. 211.* ♦ ... Pour un taux d'endettement excessif générant des frais trop importants pour l'entreprise, • Crim. 12 mars 1998 : *Bull. crim. n° 100 ; D. Affaires 1998. 962.*

2. La notion d'emploi de moyens pour se procurer des fonds suppose un ou des actes positifs permettant d'obtenir ou de faire rentrer des fonds et non pas une simple abstention de payer une dette légitimement préexistante. Le caractère ruineux des moyens suppose qu'il apparaisse dans le même temps que le recours à la technique et l'effet inéluctable de l'augmentation du passif par le recours auxdits moyens (à propos du non-paiement de dettes fiscales et sociales). • Versailles, 11 juin 1993 : *BICC 1993, n° 1272.*

3. Sur l'insuffisance du seul fait d'avoir souscrit un emprunt bancaire au profit d'une société en état de cessation des paiements depuis trois ans, manifestement incapable de le rembourser, V. • Crim. 26 sept. 1996 : *RJDA 1997, n° 135 ; Bull. Joly 1997. 112, note J.-F. Barbièri.* ♦ V. aussi, pour des emprunts successifs et sans intérêt, • Crim. 21 mars 2001 : *Dr. pénal 2001, n° 103, note J.-H. Robert.*

4. L'utilisation de fonds à un autre usage que celui auquel ils étaient destinés ne constitue pas un emploi de moyens ruineux pour se procurer des fonds. • Crim. 16 juin 1999 : *Rev. proc. coll. 2000. 34, obs. Devèze.*

5. Le président d'une société anonyme qui a fait tout son possible pour réduire l'endettement de sa société et qui y est parvenu dans une très large mesure ne saurait se voir reprocher d'avoir recouru à des moyens ruineux dans l'intention d'éviter ou de retarder la constatation de la cessation des paiements, constitutifs de banqueroute. • Paris, 22 avr. 1992 : *Dr. sociétés 1992, n° 225, obs. Chaput ; Gaz. Pal. 1992. 2. 520, note Marchi.*

5 bis. Le délit de banqueroute est constitué, que les faits constatés soient antérieurs ou postérieurs à la date de la cessation des paiements, dès lors que, procédant d'une même intention et tendant au même but, ils ont pour objet ou pour effet soit d'éviter ou de retarder la constatation de cet état, soit d'affecter la consistance de l'actif disponible dans des conditions de nature à placer l'intéressé dans l'impossibilité de faire face au passif exigible. • Crim. 21 sept. 1994 : *Gaz. Pal. 1994. 2. Somm. 712 ; JCP E 1995. II. 690, note A. Dekeuwer.* – Dans le même sens : • Crim. 6 févr. 1995 : *Rev. proc. coll. 1996. 133, obs. Devèze* • 7 avr. 1998 : *RSC 1998. 773, obs. Renucci ; RTD com. 1998. 947, obs. Mascala.* – Comp. : • Crim. 18 juin 1998 : *JCP E 1999, n° 4, p. 174, note J.-H. Robert ; Rev. sociétés 1998. 817, note Bouloc.*

6. Détournement ou dissimulation d'actif. Si le délit de banqueroute par détournement d'actif suppose qu'une procédure de redressement judiciaire ait été ouverte contre le débiteur, il s'agit là d'une condition préalable à l'exercice de l'action publique, constitutive d'une règle de procédure qui ne saurait avoir effet sur les poursuites régulièrement engagées avant l'entrée en vigueur de la loi du 25 janv. 1985. • Crim. 10 mars 1986 : *D. 1986. 182, note Derrida ; D. 1986. IR 407, obs. Roujou de Boubée ; Gaz. Pal. 1986. 2. 536, note Marchi* • 12 oct. 1987 : *D. 1987. 37, note Derrida.* ♦ Ainsi les faits de détournement d'actif poursuivis, bien que commis sous l'empire des dispositions abrogées de la loi du 13 juill. 1967, entrent dans les prévisions de la loi du 25 janv. 1985 et justifient la condamnation prononcée au regard de l'une et l'autre de ces deux lois. • Crim. 10 mars 1986 : *préc.* – Dans le même sens : • Crim. 14 févr. 1994 : *RJDA 1994, n° 463 ; JCP 1994. IV. 1202.*

7. Le délit de banqueroute par détournement d'actif suppose l'existence d'une dissipation volontaire d'un élément de patrimoine d'un débiteur en état de cessation des paiements par l'une des personnes énumérées à l'art. 196 [C. com., art. L. 654-1]. • Crim. 5 juin 1989 : *D. 1989. IR 244.* • 10 mai 1993 : *Bull. crim. n° 168 ; RJDA 1993, n° 966.* – Rappr. : • Crim. 12 janv. 2005 : *Dr. sociétés 2005, n° 147, note R. Salomon ; JCP E 2005, n° 41, p. 1696, note J.-H. Robert.* ♦ Tout acte de disposition volontaire accompli sur le patrimoine du débiteur après la cessation des paiements, en fraude des droits des créanciers, constitue le délit de banqueroute par détournement d'actif. • Crim. 11 mai 1995 : *Bull. crim. n° 172.* ♦ Sur l'absence d'élément intentionnel, dans l'hypothèse où le débiteur aurait consigné le prix de vente du fonds de commerce pour désintéresser les créanciers, V. • Crim. 13 juin 1996 : *D. Affaires 1996. 1227 ; Rev. sociétés 1997. 369, note Bouloc ; Rev. proc. coll. 1997. 495, obs. Devèze.*

Dès lors qu'il n'est pas démontré, ni même allégué, que les cessions d'actif réalisées par le dirigeant aient reçu une contrepartie, une cour d'appel caractérise en tous ses éléments le délit de banqueroute. • Crim. 3 oct. 1996 : *D. Affaires 1997. 55.*

8. La dissipation volontaire de l'élément du patrimoine devant avoir été accomplie personnellement par l'une des personnes énumérées à l'art. 196 [C. com., art. L. 654-1], un gérant de société en liquidation judiciaire ne peut être condamné alors que l'élément principal de l'actif vendu l'a été par le liquidateur, avec l'autorisation du juge-commissaire. • Crim. 22 févr. 1996 : *Bull. crim. n° 90 ; Bull. Joly 1996. 694, note J.-F. Barbièri.*

Il n'est pas exigé que l'élément d'actif ait définitivement disparu du patrimoine, soit par une destruction, soit par un acte de disposition ; il suffit qu'il ait été volontairement caché ou soustrait de façon à empêcher qu'il ne soit appréhendé au profit des créanciers. • Toulouse, 16 mars 2005 : *Dr. sociétés 2005, n° 186, note R. Salomon ; RJDA 2006, n° 448.* ♦ L'art. L. 626-2 [L. 654-2] (2°) C. com. ne prévoit pas que la clôture des opérations de liquidation ait dû intervenir préalablement aux faits litigieux ou à leur poursuite. • Même arrêt.

9. Pour déclarer constitué le délit de banqueroute, le juge répressif a le pouvoir de retenir, en tenant compte des éléments soumis à son appréciation, une date de cessation des paiements autre que celle déjà fixée par la juridiction consulaire. • Crim. 18 nov. 1991 : *Bull. crim. n° 415 ; JCP 1993. II. 22102, note Sordino ; D. 1992. IR 54 ; Gaz. Pal. 1992. 2. 515, note Marchi* • 21 juin 1993 : *Bull. crim. n° 217 ; Bull. Joly 1993. 1151 ; RJ com. 1994. 16, note Bernadini et Honorat*. – Comp. : • Lyon, 19 juin 1990 : *D. 1991. Somm. 117, obs. Derrida*. ♦ Également en ce sens que des détournements d'actif antérieurs à la date de cessation des paiements peuvent être constitutifs du délit de banqueroute, V. • Crim. 5 oct. 1992 : *cité note 11*. ♦ V. aussi note 5 *bis*.

10. Ne constitue pas le délit de banqueroute par détournement de l'actif d'une société le fait, par le dirigeant de celle-ci, de céder à un ou plusieurs créanciers de la personne morale tout ou partie des biens de cette dernière, dans la mesure où, égale ou supérieure à la valeur de ces biens, la créance du bénéficiaire est liquide, certaine et exigible. • Crim. 16 janv. 1989 : *D. 1989. IR 78*. ♦ Pareille dation en paiement, bien que réalisée durant la période suspecte, ne s'analyse qu'en un paiement préférentiel, lequel n'est plus pénalement punissable depuis l'abrogation par la loi du 25 janv. 1985 de l'ancien art. 131, al. 3, de la loi du 13 juill. 1967. • Même arrêt • Crim. 21 juin 1993 : *préc. note 9* • Douai, 10 janv. 1995 : *Dr. sociétés 1995, n° 123, obs. Chaput*. ♦ Comp., pour l'utilisation du produit de la vente du fonds de commerce pour rembourser des comptes courants d'associés dont le gérant et son fils étaient titulaires : • Crim. 11 mai 1995 : *préc. note 7*.

10 bis. Le détournement de clientèle d'un fonds de commerce pris en location-gérance n'est pas constitutif du délit de banqueroute par détournement d'actif, dès lors que cet élément du fonds n'est pas la propriété de la société en cessation des paiements et ne figure pas dans ses actifs. • Crim. 22 août 1995 : *Bull. crim. n° 267 ; D. 1995. IR 243 ; D. Affaires 1995. 115 ; Rev. sociétés 1996. 339, note Ohl*. ♦ Comp. : • Crim.14 févr. 2007 : *Dr. sociétés 2007, n° 102, note R. Salomon ; Rev. proc. coll. 2007. 157, obs. Mascala ; Rev. sociétés 2007. 885, note Bouloc*. ♦ Comp., également, pour un délit de banqueroute par détournement d'actif résultant de la vente à un prix inférieur au prix d'acquisition de véhicules achetés avec une clause de réserve de propriété : • Crim. 20 oct. 2004 : *Bull. crim. n° 249 ; D. 2004. AJ 3223 ; RTD com. 2005. 429, obs. Bouloc*.

11. En revanche, commet le délit de banqueroute par détournement d'actif, le dirigeant : qui, titulaire d'un compte courant d'associé créditeur, a opéré, postérieurement au jugement prononçant le redressement judiciaire et au jugement arrêtant le plan de cession, des prélèvements sur le compte de la société aux fins de paiement de sa créance, dès lors que celle-ci était éteinte, faute d'avoir été déclarée, et que l'intéressé était dessaisi pour partie de ses pouvoirs de gestion. • Crim. 20 mars 1995 : *Bull. crim. n° 110 ; RJDA 1995, n° 907*. ♦ V. aussi, sur le détournement d'actif résultant de la position débitrice du compte courant d'associé, • Crim. 8 sept. 2004 : *JCP E 2005, n° 20, p. 818, obs. Muller*. ♦ ... Qui a détourné des règlements de clients et des contrats de construction, éléments du patrimoine social, ces agissements ayant provoqué la cessation des paiements de l'entreprise. • Crim. 5 oct. 1992 : *Bull. crim. n° 301 ; Bull. Joly 1993. 252, note Bouloc*. ♦ ... Qui a poursuivi l'activité de transport-déménagement de la société, avec certains salariés et un véhicule de celle-ci, et perçu personnellement les règlements des clients. • Crim. 5 août 1998 : *Rev. sociétés 1999. 170, note Bouloc*. ♦ ... Qui a cédé un élément d'actif d'une société en redressement judiciaire, pour une somme bien inférieure à sa valeur vénale, au bénéfice d'une autre société dans laquelle le dirigeant a des intérêts. • Crim. 7 déc. 1992 : *RJDA 1993, n° 67*. ♦ ... Qui a cédé des actifs de la société aux dépens de la procédure. • Paris, 17 mars 1997 : *Dr. sociétés 1997, n° 155*. ♦ ... Qui, après avoir mis en œuvre une procédure de divorce par consentement mutuel, a vendu un immeuble dépendant de la communauté et déposé le produit de la vente sur un compte bancaire ouvert au Luxembourg au nom de jeune fille de son épouse, dans l'intention de soustraire cet élément d'actif au gage des créanciers. • Crim. 29 mars 2000 : *Bull. crim. n° 141 ; D. 2000. AJ 268 ; RJDA 2000, n° 1024*. ♦ ... Qui a fait reprendre par d'autres sociétés les contrats de construction, lesquels constituaient la partie essentielle de son actif, et a organisé l'affectation des fonds payés par les clients soit au profit de la société de crédit immobilier, soit au profit d'autres sociétés. • Crim. 14 déc. 1994 : *Bull. crim. n° 417*. ♦ ... Qui, de concert avec la SCI propriétaire des murs, laisse celle-ci retrouver la disposition des locaux dans lesquels la SARL exerçait jusque-là son activité, sans réclamer une indemnité d'éviction correspondant à la perte du droit au bail. • Crim. 26 oct. 1995 : *RJDA 1996, n° 279*. ♦ ... Qui resilie le bail commercial pour le remplacer par un bail précaire, et augmente le loyer. • Paris, 30 mai 1996 : *Dr. sociétés 1997, n° 8, obs. Chaput*. ♦ ... Qui occupe un appartement loué par la société sans versement de loyers. • Paris, 30 oct. 1996 : *Dr. sociétés 1997, n° 84.* ♦ ... Qui s'est octroyé des rémunérations excessives, au regard de la situation financière de la société. • Crim. 18 juin 1998 : *JCP E 1999, n° 4, p. 174, note J.-H. Robert.* ♦ ... Qui a signé un ordre de virement en vue de rembourser à des associés, membres de sa famille, leur compte courant. • Crim. 27 nov. 1997 : *RJDA 1998, n° 323.* ♦ ... Qui a fait régler par la société en difficulté d'importantes dépenses personnelles. • Paris, 4 déc. 1996 : *Dr. sociétés 1997, n° 155.* ♦ ... Qui a émis à son ordre, sur le compte de la société, un chèque, en remboursement de sommes versées en vue d'une augmentation de capital restée à l'état de projet, sans rapporter la preuve de l'existence d'une créance certaine, liquide et exigible. • Crim. 23 oct. 1997 : *Bull. crim. n° 348 ; D. 1998. IR 39 ; D. Affaires 1998. 115, obs. V. A.-R. ; Rev. sociétés 1998. 141, note Bouloc ; JCP E 1999. 321, note J.-H. Robert.* ♦ ... Qui n'a remis ni au mandataire liquidateur, ni au repreneur de la société, les codes sources permettant d'adapter, de modifier, et de faire évoluer en fonction des besoins de la clientèle les trois logiciels qui figuraient à l'actif du bilan de la société. • Crim. 26 nov. 1998 : *Bull. crim. n° 319 ; D. Affaires 1999. 260 ; Rev. sociétés 1999. 402, note Bouloc ; Dr. pénal 1999, n° 85, obs. Robert.* ♦ ... Qui a détourné, au profit d'une société concurrente, des sites internet et les fichiers clients d'une lettre informatique, V. • Paris, 14 mars 2005 : *Dr. sociétés 2005, n° 230, note R. Salomon.*

12. L'intérêt de groupe ne peut constituer, en cas de poursuite pour banqueroute par détournement d'actifs, un fait justificatif. • Crim. 27 avr. 2000 : *Bull. crim. n° 169 ; D. 2000. AJ 327, obs. Lienhard ; D. 2002. Somm. 206, obs. Sortais ; Act. proc. coll. 2000, n° 170, obs. Regnaut-Moutier ; RSC 2000. 842, obs. Renucci ; RTD com. 2000. 1030, obs. Bouloc ; LPA 9 avr. 2001, p. 13, note Sordino.* ♦ V. déjà, ayant jugé que justifie sa décision la cour d'appel qui refuse au dirigeant d'une entreprise en état de cessation des paiements, poursuivi pour avoir détourné partie de l'actif social au profit d'une autre entreprise dans laquelle il est intéressé, de se prévaloir de l'existence d'une union économique entre ces deux sociétés, en relevant que la procédure collective dont la première fait l'objet a restitué à celle-ci, dans l'intérêt des créanciers, son indépendance économique et financière, • Crim. 20 juill. 1993 : *Bull. crim. n° 250 ; Rev. sociétés 1994. 93, note Bouloc ; RJDA 1993, n° 968.* – V. aussi • Paris, 23 avr. 1997 : *Dr. sociétés 1997, n° 178, obs. Chaput.*

12 bis. Les abandons de créances régulièrement visés aux conventions réglementées et approuvés par le commissaire aux comptes de la société peuvent être considérés comme un élément constitutif du délit de banqueroute par détournement d'actif, dès lors qu'il est établi que ces abandons constituaient des actes positifs de disposition d'un élément du patrimoine de la société, tendant à amoindrir le gage des créanciers (Rép. min. n° 1563 : *JO Sénat Q, 15 nov. 2007, p. 2091*).

13. Infractions relatives à la comptabilité. **BIBL.** Eichel, *Gaz. Pal. 1987. 2. Doctr. 481.* – Thorin, *ibid. 1989. 1. Doctr. 193.* – Stolowy, *JCP 2003. I. 147.* ♦ La loi du 25 janv. 1985, avant sa modification par la loi du 10 juin 1994, ne contenait aucune incrimination pénale pour des faits de tenue irrégulière de la comptabilité d'une société, lesquels ne pouvaient, en raison de l'interprétation stricte des lois pénales, être assimilés à une absence de toute comptabilité. • Crim. 26 janv. 1987 : *Bull. crim. n° 38 ; D. 1987. IR 43* • 15 oct. 1998 : *Rev. sociétés 1999. 184, note Bouloc .* ♦ Comp., depuis la L. n° 94-475 du 10 juin 1994 : art. L. 626-2 [L. 654-2] (5°). ♦ Sur cette nouvelle rédaction, V. Devèze, *Rev. proc. coll. 1996. 135.* ♦ Pour des applications de ce texte, V. • Crim. 12 sept. 2001 : *RJDA 2002, n° 185* • 8 mars 2006 : *ibid. 2006, n° 686* • Versailles, 22 juin 2006 : *JCP E 2006, n° 46, p. 1944.*

14. Si la tenue d'une comptabilité fictive est spécialement incriminée depuis le 1er janv. 1986 par l'art. 197 ci-dessus [devenu C. com., art. L. 654-2], il n'en demeure pas moins que les faits de cette nature, commis par un mandataire social, entraient antérieurement dans les prévisions de l'art. 131 de la loi du 13 juill. 1967, qui réprimait la tenue irrégulière de la comptabilité d'une société, et qu'ainsi les faits poursuivis au titre de la banqueroute sont punissables au regard de l'une et l'autre de ces deux lois. • Crim. 26 mars 1990 : *D. 1990. IR 129.* – V. aussi • Crim. 25 juill. 1989 : *D. 1990. Somm. 364, obs. Roujou de Boubée* • 4 sept. 1990 : *JCP 1990. IV. 404.*

14 bis. Constitue le délit de banqueroute par tenue de comptabilité fictive le fait, pour le dirigeant d'une société, d'avoir donné personnellement des directives pour l'établissement de traites fictives. • Crim. 5 nov. 1998 : *JCP 1999. IV. 1326.*

15. L'existence de pièces permettant de reconstituer une comptabilité n'équivaut pas à l'existence même de cette comptabilité. • Riom, 13 mars 1991 : *Gaz. Pal. 1992. 2. Somm. 537.* ♦ Sur l'absence de comptabilité, V. aussi • Crim. 5 déc. 2001 : *Dr. sociétés 2002, n° 90, note Legros* • Paris, 7 déc. 1987 : *Gaz. Pal. 1988. 1. 362,* *note Marchi* • 14 déc. 1987 : *ibid.* • 20 janv. 1988 : *ibid.* • 14 juin 1988 : *ibid. 1988. 2. 694, note Marchi* • 28 juin 1988 : *ibid.*

16. En cas d'ouverture d'une procédure de redressement judiciaire, constitue le délit de banqueroute par abstention de tenue de toute comptabilité le fait, par tout commerçant ou dirigeant d'une personne morale commerçante, de s'abstenir de procéder, au mépris des dispositions de l'art. 8 [L. 123-12] C. com., à l'enregistrement chronologique des mouvements affectant le patrimoine de l'entreprise et à l'établissement de l'inventaire périodique des éléments actifs et passifs de ce patrimoine. • Crim. 6 déc. 1993 : *préc. note 1.*

17. Commet le délit de banqueroute par soustraction de comptabilité le gérant d'une société à responsabilité limitée mise en redressement judiciaire qui ne représente pas la comptabilité, pourtant régulièrement tenue au sein de l'entreprise, aux organes de la procédure collective ou aux autorités judiciaires. • Crim. 19 oct. 1992 : *RJDA 1993, n° 33.* ♦ V. aussi, pour la condamnation d'un dirigeant qui avait retardé la communication de la comptabilité au liquidateur jusqu'au moment où il avait eu connaissance de la citation le convoquant devant le tribunal correctionnel, • Crim. 19 janv. 2000 : *Bull. crim. n° 29 ; RJDA 2000, n° 708 ; Rev. sociétés 2000. 574, note Bouloc ; RSC 2000. 841, obs. Renucci.* ♦ ... D'un dirigeant qui avait invité la société d'archivage désignée par le liquidateur à venir prendre possession de la comptabilité dans un endroit particulièrement difficile d'accès, • Crim. 25 févr. 2004 : *Bull. crim. n° 52 ; Rev. sociétés 2004. 917, note Bouloc ; Dr. pénal 2004, n° 112, note J.-H. Robert ; RTD com. 2004. 610, obs. Mascala ; JCP E 2005, n° 20, p. 819, obs. Muller.*

18. L'incrimination peut concerner les exercices comptables antérieurs à la date de cessation des paiements. • Crim. 17 nov. 2004 : *Dr. pénal 2005, n° 61, note J.-H. Robert.* – Dans le même sens, V. • Crim. 26 janv. 2005 : *ibid. ; Dr. sociétés 2005, n° 146, note R. Salomon.*

19. Complicité de banqueroute. **BIBL.** Kœring-Joulin, *D. 1980. Chron. 231.* – Mouly, *D. 1984. Chron. 32.* – Letartre, *Rev. dr. bancaire 1988. 192.* ♦ Ne justifie pas sa décision de relaxe du chef de complicité de banqueroute, la cour d'appel qui constate que le banquier poursuivi de ce chef a notifié à une personne morale l'interdiction d'émettre des chèques, puis a laissé le dirigeant social virer des fonds sociaux sur un compte personnel sur lequel des chèques ont ensuite été émis en méconnaissance de l'art. 65-4 du Décr. du 30 oct. 1935. • Crim. 9 oct. 1989 : *D. 1990. Somm. 120, obs. Cabrillac ; Rev. sociétés 1990. 279, note Bouloc ; Bull. crim. n° 343.* ♦ Comp., pour l'absence de complicité, dès lors que les frais financiers étaient normaux et que la banque ignorait le caractère de complaisance d'un effet escompté : • Crim. 13 nov. 1989 : *Rev. proc. coll. 1990. 287, obs. Devèze.*

La complicité du banquier n'est établie que si la démonstration est faite qu'il connaissait pertinemment l'état de cessation des paiements du débiteur, le caractère ruineux du crédit, ainsi que la volonté du débiteur de retarder le dépôt de bilan ; il est nécessaire que le banquier ait eu une conscience infractionnelle et qu'il ait décidé de s'associer en connaissance de cause aux manœuvres du débiteur. • Saint-Denis de La Réunion, 17 déc. 1998 : *D. 1999. 609, note D.-R. Martin.* – Dans le même sens, V. • Paris, 14 févr. 2000 : *D. 2002. Somm. 205, obs. Sortais ; RTD com. 2001. 238, obs. Mascala.*

Pour la condamnation d'un avocat qui avait prêté main forte au débiteur pour dissimuler aux créanciers le produit de la vente d'un immeuble, V. • Crim. 29 mars 2000 : *préc. note 11.*

Sur la relaxe d'un expert-comptable débutant, faute d'élément intentionnel, • Paris, 26 oct. 1994 : *Dr. sociétés 1995, n° 77, obs. Chaput.* ♦ ... D'un administrateur judiciaire, poursuivi du chef de complicité de banqueroute par détournement d'actifs, V. • Crim. 12 juin 2003 : *cité par Soinne, Rev. proc. coll. 2003. 263 ; Gaz. Pal. 12-14 sept. 2003, p. 4.*

V. aussi • Crim. 21 mars 2001 : *Act. proc. coll. 2001, n° 145.*

20. Le principe de l'égalité des créanciers ne s'oppose pas à leur action individuelle contre les complices du banqueroutier qui ne font pas eux-mêmes l'objet d'une procédure collective et dont le patrimoine n'est pas en conséquence le gage de l'ensemble des créanciers. • Crim. 11 oct. 1993 : *Bull. crim. n° 283 ; D. 1994. IR 18 ; RJDA 1994, n° 102.*

21. Sur la condamnation civile du complice de banqueroute, V. • Douai, 14 déc. 2004 : *D. 2005. AJ 358, obs. Lienhard.*

22. Action civile des créanciers. V. notes ss. art. L. 654-17.

23. Recel de banqueroute. En obtenant le versement d'honoraires anormalement élevés sans rapport avec les prestations fournies à une société pour laquelle il devait mettre au point le plan de reprise d'activités par le même dirigeant, le prévenu, qui se prétend professionnel des procédures collectives, s'est rendu coupable du délit de recel de banqueroute dès lors qu'il lui appartenait, par des vérifications comptables sommaires, de vérifier que la société débitrice n'était pas en état virtuel de cessation des paiements. • Paris, 25 oct. 1993 : *Dr. sociétés 1994,* *n° 53, obs. Chaput.*

24. Sont coupables de recel de détournement d'actif les prévenus qui ont acheté des marchandises à une société en état de cessation des paiements, alors, qu'en tant que professionnels, ils ne pouvaient ignorer ni la situation irrémédiablement compromise de la société, ni le caractère dérisoire du prix payé. • Paris, 21 févr. 1995 : *Dr. sociétés 1995, n° 123, obs. Chaput.*

V. note 3 ss. art. L. 654-6.

25. Tentative. Aucune disposition légale ne réprime la tentative de banqueroute. • Crim. 7 avr. 1998 : *Rev. sociétés 1998. 624, note Bouloc.*

25 bis. Jugement d'ouverture non définitif. Justifie sa décision la cour d'appel qui, pour déclarer un prévenu coupable de banqueroute par détournement ou dissimulation d'actifs, relève qu'il importe peu que les pourvois en cassation formés par celui-ci contre les arrêts ayant ouvert la procédure de redressement judiciaire et converti cette procédure en liquidation judiciaire soient pendants devant la Cour de cassation dès lors que la procédure collective était exécutoire au moment des détournements et que l'ouverture d'une procédure collective n'est qu'une condition préalable à l'exercice de l'action publique. • Crim. 24 mars 2010 : *Bull. crim., n° 55 ; D. 2010. Actu. 1204, obs. Lienhard ; D. 2011. Pan. 1865, obs. Mascala ; Rev. sociétés 2010. 407, obs. Roussel Galle ; ibid. 464, note Matsopoulou ; JCP E 2010. 1742, n° 13, obs. Pétel ; LEDEN juin 2010, p. 7, obs. Rubellin ; Dr. sociétés 2010, n° 151, note R. Salomon ; Act. proc. coll. 2010, n° 166, obs. Cerf-Hollender ; Gaz. Pal. 2-3 juill. 2010, p. 43, obs. Robaczewski ; Bull. Joly 2010. 669, note Mouial-Bassilana ; RJDA 2010, n° 872.* ♦ V. aussi note 6.

26. Rapport avec l'abus de biens sociaux. BIBL. Sordino, *Mélanges Cabrillac, Dalloz-Litec, 1999. p. 698.* ♦ En ce sens que les qualifications d'abus de biens sociaux et de banqueroute sont exclusives l'une de l'autre et que seule la banqueroute doit être prononcée lorsque les faits poursuivis ont été commis après la date de cessation des paiements, V. • Crim. 27 oct. 1999 : *RJDA 2000, n° 284 ; JCP E 2000, n° 26, p. 1045, note J.-H. Robert* • 30 juin 2004 : *JCP E 2004, n° 50, p. 1978, note J.-H. Robert ; RSC 2004. 895, obs. Rebut ; Dr. sociétés 2005, n° 18, note R. Salomon (1re esp.)* • 6 juin 2007 : *Rev. sociétés 2008. 405, note Bouloc.* ♦ V. aussi note 5 *bis.*

Art. L. 654-3 La banqueroute est punie de cinq ans d'emprisonnement et de 75 000 € d'amende.

(Abrogé par Ord. n° 2008-1345 du 18 déc. 2008, art. 141) ***« Encourent les mêmes peines les complices de banqueroute, même s'ils n'ont pas la qualité de commerçant, d'agriculteur ou d'artisan ou ne dirigent pas, directement ou indirectement, en droit ou en fait, une personne morale de droit privé »*** *(Abrogé par L. n° 2005-845 du 26 juill. 2005, art. 142-II)* ***« ayant une activité économique ».*** *– [C. com., ancien art. L. 626-3.] – V. note ss. art. L. 654-2.*

Complicité. V. note 19 ss. art. L. 654-2.

Art. L. 654-4 Lorsque l'auteur ou le complice de banqueroute est un dirigeant d'une entreprise prestataire de services d'investissement, les peines sont portées à sept ans d'emprisonnement et 100 000 € d'amende. *– [C. com., ancien art. L. 626-4.] – V. note ss. art. L. 654-2.*

Art. L. 654-5 Les personnes physiques coupables des infractions prévues par les articles L. 654-3 et L. 654-4 encourent également les peines complémentaires suivantes :

1° L'interdiction des droits civiques, civils et de famille, suivant les modalités de l'article 131-26 du code pénal ;

2° *(L. n° 2008-776 du 4 août 2008, art. 71-I, 2°)* **« L'interdiction, suivant les modalités prévues par l'article 131-27 du code pénal, soit d'exercer une fonction publique ou d'exercer l'activité professionnelle ou sociale dans l'exercice ou à l'occasion de l'exercice de laquelle l'infraction a été commise, soit d'exercer une profession commerciale ou industrielle, de diriger, d'administrer, de gérer ou de contrôler à un titre quelconque, directement ou indirectement, pour son propre compte ou pour le compte d'autrui, une entreprise commerciale ou industrielle ou une société commerciale. Ces interdictions d'exercice peuvent être prononcées cumulativement ; »**

3° L'exclusion des marchés publics pour une durée de cinq ans au plus ;

4° L'interdiction, pour une durée de cinq ans au plus, d'émettre des chèques autres que ceux qui permettent le retrait de fonds par le tireur auprès du tiré ou ceux qui sont certifiés ;

5° L'affichage ou la diffusion de la décision prononcée dans les conditions prévues par l'article 131-35 du code pénal. – *[C. com., ancien art. L. 626-5.] – V. note ss. art. L. 654-2.*

Art. L. 654-6 *(L. n° 2005-845 du 26 juill. 2005, art. 143)* La juridiction répressive qui reconnaît l'une des personnes mentionnées à l'article L. 654-1 coupable de banqueroute peut, en outre, *(Ord. n° 2008-1345 du 18 déc. 2008, art. 142)* « dans les conditions prévues au premier alinéa de l'article L. 653-11, » prononcer soit la faillite personnelle de celle-ci, soit l'interdiction prévue à l'article L. 653-8, à moins qu'une juridiction civile ou commerciale ait déjà prononcé une telle mesure par une décision définitive *(Ord. n° 2008-1345 du 18 déc. 2008, art. 142)* « prise à l'occasion des mêmes faits ».

1. Pouvoir du juge. L'impossibilité pour la juridiction pénale de prononcer une mesure de faillite personnelle ou d'interdiction de gérer, lorsqu'une juridiction civile ou commerciale a déjà prononcé une telle mesure par une décision définitive, édictée par l'art. L. 654-6, issu de la loi du 26 juill. 2005, ne s'applique que si cette décision a été prise à l'occasion des mêmes faits. • Crim. 31 oct. 2007 : *D. 2007. AJ 3074, obs. Lienhard ; D. 2008. Pan. 1579, obs. Mascala ; Dr. pénal 2008, n° 10, obs. J.-H. Robert ; Dr. sociétés 2008, n° 18, note R. Salomon ; Gaz. Pal. 23-24 janv. 2008, p. 75, obs. Robaczewski ; Bull. Joly 2008. 332, note Chilstein ; Rev. sociétés 2008. 165, note Matsopoulou .* ♦ Jurisprudence confirmée par l'art. L. 654-6 dans sa réd. issue de l'Ord. n° 2008-1345 du 18 déc. 2008.

1 bis. Durée de la sanction. Pour l'application de l'art. L. 653-11, limitant la durée de la faillite personnelle et de l'interdiction de gérer à quinze ans, aux mesures de faillite personnelle et d'interdiction de gérer prononcées par le juge pénal en application de l'art. L. 654-6, V. • Crim. 8 nov. 2006 (3 arrêts) : *Bull. crim. n° 280 ; D. 2007. Pan. 1630, obs. Mascala ; ibid. 10, obs. Lienhard ; Dr. pénal 2007, n° 9, obs. J.-H. Robert ; Dr. sociétés 2007, n° 17, note R. Salomon ; Gaz. Pal. 19-20 janv. 2007, p. 47, obs. Robaczewski ; Act. proc. coll. 2007, n° 31, obs. Cerf-Hollender ; JCP E 2007. 1450, n° 16, obs. Pétel ; Rev. proc. coll. 2007. 36, obs. Roussel Galle ; ibid. 157, obs. Mascala ; Defrénois 2007. 880, obs. Gibirila.* ♦ V. aussi, désormais, art. L. 654-6 dans sa réd. issue de l'Ord. n° 2008-1345 du 18 déc. 2008, rendant applicable l'art. L. 653-11, al. 1er. ♦ Comp., pour la jurisprudence antérrieure, appliquant l'art. 131-27 C. pén. : • Crim. 8 janv. 2003 : *Bull. crim. n° 3 ; D. 2003. IR 807 ; RTD com. 2003. 379, obs. Mascala ; Dr. pénal 2003, n° 46, note Véron ; JCP E 2003, n° 24, p. 1001, note J.-H. Robert ; Act. proc. coll. 2003, n° 94, obs. Cerf-Hollender.* – V. Couvrat, *RSC 2003. 598* • 25 janv. 2006 : *Dr. sociétés 2006, n° 96, note R. Salomon.* ♦ ... Et jugeant que l'art. L. 626-6 [ancien] n'impose nullement que la durée de l'interdiction soit limitée : • Crim. 25 févr. 2004 : *Bull. crim. n° 52 ; D. 2004. AJ 1085 ; Act. proc. coll. 2004, n° 119, obs. Cerf-Hollender ; Bull. Joly 2004. 779, note F.-X. Lucas ; Dr. pénal 2004, n° 112, note J.-H. Robert ; Gaz. Pal. 12-14 sept. 2004, p. 7, obs. Sordino ; Rev. sociétés 2004. 917, note Bouloc .*

2. Complicité de banqueroute. La faillite personnelle ne peut être prononcée à l'égard d'une personne condamnée pour complicité de banqueroute qui n'était ni gérant de droit, ni gérant de fait de la société en redressement judiciaire. • Crim. 30 juin 2004 : *JCP E 2004, n° 50, p. 1978, note J.-H. Robert ; Dr. sociétés 2005, n° 18, note R. Salomon (1re esp.).*

3. Recel de banqueroute. La personne déclarée coupable de recel de banqueroute ne peut être condamnée à une interdiction de gérer ou administrer toute entreprise commerciale ou artisanale et toute personne morale, aucun texte ne prévoyant une telle peine pour le délit retenu. • Crim. 5 août 1998 : *JCP 1999. I. 151, n° 6, obs. J.-H. Robert ; Rev. sociétés 1999. 175, note Bouloc .*

Art. L. 654-7 *(Ord. n° 2008-1345 du 18 déc. 2008, art. 143)* Les personnes morales déclarées responsables pénalement des infractions prévues par les articles L. 654-3 et L. 654-4 encourent les peines suivantes :

1° L'amende, suivant les modalités prévues par l'article 131-38 du code pénal ;

2° Les peines mentionnées à l'article 131-39 du code pénal.

L'interdiction mentionnée au 2° de l'article 131-39 du code pénal porte sur l'activité dans l'exercice ou à l'occasion de l'exercice de laquelle l'infraction a été commise. – *[C. com., ancien art. L. 626-7.]*

BIBL. ▶ DUCOULOUX-FAVARD, *LPA 6 oct. 1993* (banqueroute par moyens ruineux et complicité des établissements financiers au regard du nouveau code pénal). – JONVILLE, *JCP N 1994. Prat. 3053.*

SECTION II DES AUTRES INFRACTIONS

Art. L. 654-8 *(L. n° 2005-845 du 26 juill. 2005, art. 144)* **Est passible d'un emprisonnement de deux ans et d'une amende de 30 000 € le fait :**

(Ord. n° 2008-1345 du 18 déc. 2008, art. 144) **« 1° Pour toute personne mentionnée à l'article L. 654-1, de passer un acte ou d'effectuer un paiement en violation des dispositions de l'article L. 622-7 » ;**

2° Pour toute personne mentionnée à l'article L. 654-1, d'effectuer un paiement en violation des modalités de règlement du passif prévues au plan de sauvegarde ou au plan de *(Ord. n° 2009-112 du 30 janv. 2009, art. 11-I)* **« redressement ou » de faire un acte de disposition sans l'autorisation prévue par l'article L. 626-14** *(Abrogé par Ord. n° 2008-1345 du 18 déc. 2008, art. 144)* ***« ou de procéder à la cession d'un bien rendu inaliénable, dans le cadre d'un plan de cession, en application de l'article L. 642-10 » ;*** *– Les dispositions de l' Ord. n° 2009-112 du 30 janv. 2009 entrent en vigueur le 15 févr. 2009 (art. 12).*

3° Pour toute personne, pendant la période d'observation ou celle d'exécution du plan de sauvegarde ou du plan de redressement, en connaissance de la situation du débiteur, de passer avec celui-ci l'un des actes mentionnés aux 1° et 2° ou d'en recevoir un paiement irrégulier. – *[C. com., ancien art. L. 626-8.]*

(Ord. n° 2008-1345 du 18 déc. 2008, art. 144) **« 4° Pour toute personne, de procéder à la cession d'un bien rendu inaliénable en application de l'article L. 642-10. »**

BIBL. ▶ E. LE CORRE, *Banque et Droit juill.-août 2004. 19* (éléments constitutifs de l'infraction de paiements interdits).

Art. L. 654-9 **Est puni des peines prévues par les articles L. 654-3 à L. 654-5 le fait :**

1° Dans l'intérêt des personnes mentionnées à l'article L. 654-1, de soustraire, receler ou dissimuler tout ou partie des biens, meubles ou immeubles de celles-ci, *(Ord. n° 2010-1512 du 9 déc. 2010, art. 6-7°)* **« ces biens étant, si la personne est un entrepreneur individuel à responsabilité limitée, ceux du patrimoine visé par la procédure, » le tout sans préjudice de l'application de l'article 121-7 du code pénal ;**

2° Pour toute personne, de déclarer frauduleusement dans la procédure *(L. n° 2005-845 du 26 juill. 2005, art. 145)* **« de sauvegarde, de redressement judiciaire » ou de liquidation judiciaire, soit en son nom, soit par interposition de personne, des créances supposées ;**

(L. n° 2005-845 du 26 juill. 2005, art. 145) **« 3° Pour toute personne exerçant une activité commerciale, artisanale, agricole ou toute autre activité indépendante, sous le nom d'autrui ou sous un nom supposé, de se rendre coupable d'un des faits prévus à l'article L. 654-14. »** – *[C. com., ancien art. L. 626-9.]*

Art. L. 654-10 **Le fait, pour le conjoint, les descendants ou les ascendants ou les collatéraux ou les alliés des personnes mentionnées à l'article L. 654-1, de détourner, divertir ou receler des effets dépendant de l'actif du débiteur soumis à une procédure** *(L. n° 2005-845 du 26 juill. 2005, art. 146-I ; Ord. n° 2008-1345 du 18 déc. 2008, art. 145)* **« de redressement judiciaire ou de liquidation judiciaire », est puni des peines prévues par l'article 314-1 du code pénal.** – *[C. com., ancien art. L. 626-10.]*

Art. L. 654-11 **Dans les cas prévus par les articles précédents, la juridiction saisie statue, lors même qu'il y aurait relaxe :**

1° D'office, sur la réintégration dans le patrimoine du débiteur de tous les biens, droits ou actions qui ont été frauduleusement soustraits ;

2° Sur les *(L. n° 2005-845 du 26 juill. 2005, art. 146-II)* **« dommages et intérêts » qui seraient demandés.** – *[C. com., ancien art. L. 626-11.]*

Art. L. 654-12 **I. – Est puni des peines prévues par l'article 314-2 du code pénal le fait, pour tout administrateur, mandataire judiciaire, liquidateur ou commissaire à l'exécution du plan :**

1° De porter volontairement atteinte aux intérêts des créanciers ou du débiteur soit en utilisant à son profit des sommes perçues dans l'accomplissement de sa mission, soit en se faisant attribuer des avantages qu'il savait n'être pas dus ;

2° De faire, dans son intérêt, des pouvoirs dont il disposait, un usage qu'il savait contraire aux intérêts des créanciers ou du débiteur.

II. – Est puni des mêmes peines le fait, pour tout administrateur, mandataire judiciaire, liquidateur, commissaire à l'exécution du plan ou toute autre personne, à l'exception *(Abrogé par L. n° 2005-845 du 26 juill. 2005, art. 146-III) « **des contrôleurs et** »* **des représentants des salariés, de se rendre acquéreur pour son compte, directement ou indirectement, de biens du débiteur ou de les utiliser à son profit, ayant participé à un titre quelconque à la procédure. La juridiction saisie prononce la nullité de l'acquisition et statue sur les** *(L. n° 2005-845 du 26 juill. 2005, art. 146-III)* **« dommages et intérêts » qui seraient demandés.** – *[C. com., ancien art. L. 626-12.] – V. note ss. art. L. 654-2.*

BIBL. ▸ FREYRIA, *Rev. proc. coll. 2000. 174* (notion de malversation).

A. ÉLÉMENTS CONSTITUTIFS DU DÉLIT

1. Exigence d'un dol spécial. Contrairement au premier al. de l'art. 207 [C. com., art. L. 654-12, I], le deuxième al. de ce même texte ne rend nullement nécessaire que soit rapportée la preuve de la conscience qu'aurait eue le prévenu de porter atteinte aux intérêts des créanciers, l'intérêt protégé par la loi pénale n'étant pas alors l'intérêt particulier des créanciers mais l'intérêt général qui exige que les juges consulaires et les mandataires de justice ne puissent se porter acquéreurs des biens du débiteur lorsqu'ils ont participé à la procédure. • Crim. 23 mai 1995 : *Rev. proc. coll. 1996. 240, obs. Soinne.*

2. Délit de malversation. En ce sens que l'infraction n'est constituée que si le mandataire a *commis les faits reprochés « dans son intérêt »,* V. • Crim. 5 mai 1999 : *Rev. proc. coll. 2000. 74, obs. Soinne.*

Sont constitutifs du délit de malversation les prélèvements opérés par le syndic, alors qu'il n'avait obtenu aucune autorisation des organes compétents. • Paris, 31 mai 1990 : *D. 1991. 35, note Fortin.* ♦ En revanche, l'incrimination prévue par l'art. 207 [C. com., art. L. 654-12] ne peut être retenue contre un syndic qui a cédé un stock de marchandises dans des conditions douteuses, dès lors que l'intéressé n'a pas utilisé à son profit les sommes qu'il a perçues dans l'accomplissement de sa mission, ni fait un usage abusif des pouvoirs dont il disposait. • Même arrêt.

3. La non-consignation, par le syndic à la liquidation des biens, des fonds perçus à l'occasion de sa mission, en méconnaissance des prescriptions légales ou réglementaires, et leur utilisation à son profit, sont constitutives du délit de malversation. • Crim. 5 juill. 1993 : *Bull. crim. n° 239 ; D. 1993. IR 240.*

Doit être déclaré coupable de malversation l'administrateur qui a créé et accueilli, dans ses locaux, des sociétés « de façade » destinées à dissimuler les liens l'unissant à ses subordonnés qui en étaient les gérants de fait, et entretenu, dans l'esprit des dirigeants des entreprises en difficulté à qui il les recommandait, une confusion sur la nature de ses fonctions, en ayant conscience qu'en confiant à des tiers une partie de son mandat, il provoquait l'accroissement des charges de ces entreprises, l'intervention de ces tiers ayant eu pour but et pour effet d'alléger la charge de travail de son étude, de réduire le poids de ses frais généraux pour recevoir, nets de charge, les frais et honoraires dont il pouvait solliciter le paiement en application des barèmes légaux, auprès desdites entreprises. • Crim. 26 sept. 2001 : *Bull. crim. n° 190 ; D. 2001. AJ 3198, obs. Lienhard ; D. 2002. Somm. 208, obs.*

Derrida ; JCP E 2002, n° 13, p. 573, note J.-H. Robert ; RTD com. 2002. 181, obs. Bouloc ; RSC 2002. 340, obs. Renucci ; RJ com. 2003. 76, note Gil ; Rev. proc. coll. 2003. 119, obs. Soinne.

3 bis. Fait un usage de ses pouvoirs contraire aux intérêts du débiteur ou des créanciers, au sens de l'art. 207, al. 1 (2°) [C. com., art. L. 654-12, I (2°)], l'administrateur qui laisse sciemment et dans son intérêt s'éteindre la créance de la société administrée sur le dirigeant social en redressement judiciaire. • Crim. 29 sept. 1999 : *Dr. sociétés 2000, n° 72, obs. Chaput.*

4. Sur la nullité d'une ordonnance qui autorise la location à titre précaire d'un immeuble d'un débiteur en redressement judiciaire au profit d'un juge-commissaire de la procédure, V. • Paris, 31 mai 1988 : *D. 1988. IR 218.*

5. Délit d'acquisition des biens du débiteur. Constituent des biens du débiteur, au sens de l'art. 207 al. 2 [C. com., art. L. 654-12, II], tous les éléments actifs et passifs du patrimoine ; par conséquent, ne peuvent en être exclues les créances sur le débiteur et les actions ou parts sociales de la société en redressement judiciaire, qui ouvrent droit à une quote-part de l'actif en cas de liquidation. • Crim. 19 juin 1997 : *Bull. crim. n° 250 ; D. Affaires 1997. 1193 ; Bull. Joly 1997. 1047, note Le Cannu ; Rev. proc. coll. 1998. 182, obs. Soinne ; Rev. sociétés 1998. 384, note Bouloc .* – V. l'arrêt de renvoi : • Paris, 10 nov. 1998 : *D. Affaires 1999. 220.*

V. aussi note 4 ss. art. L. 642-9.

5 bis. En ce sens que constitue une participation à la procédure, au sens de l'art. 207 [C. com., art. L. 654-12], le fait, pour un juge consulaire, de participer au jugement d'ouverture de la procédure collective, V. • Crim. 30 juin 1999 : *Bull. crim. n° 175 ; D. Affaires 1999. 1290, obs. A. L. ; Act. proc. coll. 1999, n° 209, obs. Vallansan ; Rev. sociétés 2000. 553, note Bouloc .*

5 ter. Pour la condamnation, sur le fondement de l'art. 207, al. 2, [C. com., art. L. 654-12, II], d'un administrateur qui avait acquis, par l'intermédiaire d'un prête-nom, 10 % des actions de la société administrée, V. • Crim. 29 sept. 1999 : *préc. note 3 bis.*

5 quater. L'expert comptable de la société en liquidation judiciaire, n'étant ni un organe de la procédure ni une personne mandatée pour y intervenir, ne peut être déclaré coupable de malversation sur le fondement de l'art. L. 626-12 [L. 654-12] (II) C. com. • Crim. 15 déc. 2004 : *Bull. crim. n° 321 ; D. 2005. AJ 567, obs. Lienhard ; Act. proc. coll. 2005, n° 62, obs. Saintourens ; Dr. pénal 2005, n° 46, note J.-H. Robert ; Gaz. Pal. 29-30 avr. 2005, p. 54, obs. Robaczewski ; Bull. Joly 2005. 567, note J.-F. Barbièri ; RSC 2005. 316, obs. Rebut .*

6. Complicité. Est punissable le syndic qui se rend complice de l'acquisition d'un élément de l'actif du débiteur par une société dans laquelle son collaborateur était majoritaire. • Paris, 31 mai 1990 : *préc. note 2.* ♦ V. aussi, pour la complicité d'un administrateur pour n'avoir pas joint le K-*bis* de la société candidate à la reprise à sa requête au juge-commissaire pour qu'il autorise la cession à forfait, • Crim. 23 mai 1995 : *préc. note 1.*

Pour un arrêt ayant retenu la complicité de malversation d'un magistrat, juge-commissaire et président de la formation ayant accordé la cession des actifs de la société en redressement judiciaire, pour ne pas s'être opposé à une manœuvre dont il connaissait le caractère frauduleux, V. • Crim. 30 juin 1999 : *préc. note 5 bis.*

B. DROIT TRANSITOIRE

7. Référence au nouveau code pénal. Il se déduit de l'art. 207 ancien, selon lequel les malversations incriminées par cet art. sont punies « des peines prévues par le 2e alinéa de l'art. 408 du code pénal », que le législateur a, quant à la répression, entendu assimiler ces malversations aux faits d'abus de confiance définis par ce second texte. Il s'ensuit que les dispositions de l'art. 408, al. 2, ayant été reprises, à compter du 1er mars 1994, à l'art. 314-2 du code pénal, les peines prévues par ce texte ont, dès cette date, été applicables au délit prévu par l'art. 207 [devenu C. com., art. L. 654-12]. • Crim. 30 juin 1998 : *D. 1998. IR 225 ; D. Affaires 1998. 1645, obs. A. L. ; Rev. sociétés 1999. 166, note Bouloc* • 30 juin 1999 : *Bull. crim. n° 175 ; D. Affaires 1999. 1290, obs. A. L. ; Rev. proc. coll. 2000. 74, obs. Soinne ; Rev. sociétés 2000. 553, note Bouloc .*

Art. L. 654-13 **Le fait, pour le créancier, après le jugement ouvrant la procédure** *(L. n° 2005-845 du 26 juill. 2005, art. 163)* **« de sauvegarde, de redressement judiciaire » ou de liquidation judiciaire, de passer une convention comportant un avantage particulier à la charge du débiteur est puni des peines prévues par l'article 314-1 du code pénal.**

La juridiction saisie prononce la nullité de cette convention. – *[C. com., ancien art. L. 626-13.]*

Art. L. 654-14 **Est puni des peines prévues aux articles L. 654-3 à L. 654-5 le fait, pour les personnes mentionnées aux 2° et 3° de l'article L. 654-1, de mauvaise foi, en vue de soustraire tout ou partie de leur patrimoine aux poursuites de la personne morale qui a fait l'objet d'un jugement d'ouverture** *(L. n° 2005-845 du 26 juill. 2005, art. 163)* **« de sauvegarde, de redressement judiciaire » ou de liquidation judiciaire ou à celles des associés ou des créanciers de la personne morale, de détourner ou de dissimuler, ou de tenter de détourner ou de dissimuler tout ou partie de leurs biens, ou de se faire frauduleusement reconnaître débitrice de sommes qu'elles ne devaient pas.** – *[C. com., ancien art. L. 626-14.]*

(Ord. n° 2010-1512 du 9 déc. 2010, art. 6-8°) **« Est puni des mêmes peines le fait, pour l'entrepreneur individuel à responsabilité limitée qui a fait l'objet d'un jugement d'ouverture d'une procédure de sauvegarde, de redressement judiciaire ou de liquidation judiciaire à raison d'une activité à laquelle un patrimoine est affecté, de mauvaise foi, en vue de se soustraire au paiement d'une condamnation susceptible d'être prononcée ou déjà prononcée en application du deuxième alinéa de l'article L. 651-2, de détourner ou de dissimuler, ou de tenter de détourner ou de dissimuler, tout ou partie des biens de son patrimoine non affecté, ou de se faire frauduleusement reconnaître sur ce dernier débiteur de sommes qu'il ne devait pas. »**

Art. L. 654-15 **Le fait, pour toute personne, d'exercer une activité professionnelle ou des fonctions en violation des interdictions, déchéances ou incapacité prévues par les articles L. 653-2 et L. 653-8, est puni d'un emprisonnement de deux ans et d'une amende de 375 000 €.** – *[C. com., art. L. 627-4.]*

Sur le fichier national automatisé des interdits de gérer, V. art. L. 128-1 s.

1. Droit transitoire. Justifie sa décision de condamner un prévenu poursuivi pour avoir, courant 2005, exercé la gestion d'une société, en violation d'une interdiction de gérer prononcée le 11 déc. 1979 par un tribunal de commerce, la cour d'appel qui relève que la commission des éléments constitutifs de l'infraction poursuivie est antérieure au 27 juill. 2005 et que les dispositions de l'art. L. 627-4 [ancien] C. com., applicable au moment des faits, incriminant le délit de violation d'une interdiction de gérer, ont été reprises, par la loi du 26 juill. 2005, à l'art. L. 654-15 C. com., et dès lors que l'art. 190 de ladite loi a mis fin, sans rétroactivité, aux peines d'interdiction de gérer prononcées plus de quinze ans avant sa date de publication. • Crim. 19 sept. 2007 : *D. 2007. AJ 2810, obs. Lienhard ; D. 2008. Pan. 1575, obs. Mascala ; JCP E 2008. 1474, note Delattre.*

1 bis. L'art. 216 [C. com., ancien art. L. 627-4] est applicable à la violation, commise après le 1er janv. 1986, d'une interdiction de gérer prononcée antérieurement sur le fondement des art. 105 à 109 de la loi du 13 juill. 1967, dès lors que tous les éléments constitutifs de l'infraction sont postérieurs à la date d'entrée en vigueur de la loi du 25 janv. 1985. • Crim. 10 nov. 1999 : *D. 2000. AJ 85 ; Act. proc. coll. 2000, n° 70, obs. Regnaut-Moutier ; Rev. sociétés 2000. 568, note Bouloc.*

2. Sanction civile. Les actes accomplis par un dirigeant social sous le coup d'une faillite personnelle ne sont pas affectés dans leur validité tant que les organes sociaux délibérants n'ont pas tiré les conséquences de la sanction personnelle frappant le dirigeant ou que la cessation des fonctions de ce dirigeant, sans préjudice d'une démission toujours possible, ne résulte d'une application des dispositions de l'art. 193 [C. com., art. L. 653-9]. • Paris, 9 oct. 1998 : *D. Affaires 1998. 1813, obs. A. L. ; RJ com. 1999. 170, note Pétel.*

3. Direction d'une société étrangère. Pour l'application de l'art. L. 627-4 [L. 654-15] C. com. au dirigeant français d'une société étrangère, V. • Douai, 22 sept. 2005 : *cité note 1 ss. art. L. 653-2.*

SECTION III DES RÈGLES DE PROCÉDURE

Art. L. 654-16 **Pour l'application des dispositions des sections I et II du présent chapitre, la prescription de l'action publique ne court que du jour du jugement** *(L.*

n° 2005-845 du 26 juill. 2005, art. 146-IV) « ouvrant la procédure de sauvegarde, de redressement judiciaire ou de liquidation judiciaire » lorsque les faits incriminés sont apparus avant cette date. — *[C. com., art. L. 626-15.]*

1. Le point de départ de la prescription de l'action publique du délit de malversation [C. com., art. L. 654-12, I] doit être fixé au jour où l'infraction est apparue et a pu être constatée dans les conditions permettant l'exercice de l'action publique. • Crim. 9 févr. 2005 : *Bull. crim. n° 50 ; D. 2005. AJ 1152, obs. Lienhard ; Dr. pénal 2005, n° 80, note J.-H. Robert.*

2. Sur le point de départ de la prescription du délit d'acquisition des biens du débiteur visé à l'art. L. 626-12 [L. 654-12] (II) C. com., V. • Crim. 19 févr. 2003 : *Dr. pénal 2003, n° 88, note J.-H. Robert.*

Art. L. 654-17 **La juridiction répressive est saisie soit sur la poursuite du ministère public, soit sur constitution de partie civile de l'administrateur, du mandataire judiciaire, du représentant des salariés, du commissaire à l'exécution du plan** *(L. n° 2005-845 du 26 juill. 2005, art. 146-V)* **« , du liquidateur ou de la majorité des créanciers nommés contrôleurs agissant dans l'intérêt collectif des créanciers lorsque le mandataire de justice ayant qualité pour agir n'a pas agi, après une mise en demeure restée sans suite dans un délai et des conditions fixés par décret en Conseil d'État. »** — *[C. com., ancien art. L. 626-16.] — V. art. R. 654-1.*

1. Ordre des poursuites. L'art. L. 626-16 [L. 654-17] C. com. n'impose pas, comme condition de validité des poursuites engagées par le procureur de la République, leur antériorité à toute constitution de partie civile. • Crim. 11 avr. 2002 : *Bull. crim. n° 87 ; D. 2002. AJ 2258 ; Rev. sociétés 2002. 561, note Bouloc.*

1 bis. Mise en mouvement de l'action publique. Seules peuvent mettre en mouvement l'action publique en matière de banqueroute les personnes limitativement énumérées par l'art. 211 [C. com., art. L. 654-17]. • Crim. 20 févr. 1997 : *Bull. crim. n° 72 ; RJDA 1997, n° 967.* ♦ Le débiteur, exclu de l'énumération limitative de l'art. L. 654-17 C. com., n'a pas qualité pour mettre en mouvement l'action publique, par voie de citation directe, du chef de malversation. • Crim. 10 mars 2010 : *Bull. crim., n° 50 ; D. 2010. 2758, note Bouloc ; Dr. sociétés 2010, n° 152, note R. Salomon ; Gaz. Pal. 2-3 juill. 2010, p. 45, obs. Robaczewski.* ♦ Toutefois, l'irrégularité résultant de l'ouverture d'une information du chef de banqueroute sur plainte avec constitution de partie civile d'une personne autre que celles désignées à cet art. est couverte par l'ordonnance de renvoi devant le tribunal correctionnel et ne peut plus être invoquée devant les juges du fond. • Crim. 5 mai 1997 : *Bull. crim. n° 159 ; Rev. sociétés 1998. 127, note Bouloc.*

1 ter. Ouverture de l'action civile. BIBL. Matsopoulou, *JCP 1998. I. 164.* ♦ L'action du créancier qui se constitue partie civile peut seulement avoir comme effet de corroborer l'action publique déjà engagée sur le fondement du délit de banqueroute. Elle ne peut pas constituer la base d'une demande en réparation du préjudice résultant de l'inexécution du contrat conclu entre le créancier et le débiteur faisant l'objet d'une procédure collective. • Crim. 6 janv. 1992 : *RJDA 1992, n° 522.* – Dans le même sens, V. • Crim. 28 janv. 1998 : *Act. proc. coll. 1998, n° 47.*

2. Toutefois, l'art. 211 [C. com., art. L. 654-17] n'interdit pas aux créanciers de se constituer parties civiles en raison d'un préjudice particulier distinct du montant de leur créance et résultant directement de l'infraction. • Crim. 11 oct. 1993 : *Bull. crim. n° 283 ; D. 1994. IR 18 ; Rev. sociétés 1994. 303, note Bouloc.* ♦ Dans le même sens, jugeant recevable la constitution de partie civile de dirigeants de sociétés en redressement judiciaire des chefs de malversation et prise illégale d'intérêts, V. • Crim. 26 sept. 2001 : *Bull. crim. n° 193 ; D. 2001. AJ 3621.* ♦ Sur la notion de « préjudice particulier », V. • Crim. 17 nov. 2004 : *D. 2005. AJ 566, obs. Lienhard ; Dr. sociétés 2005, n° 58, note R. Salomon ; Rev. sociétés 2005. 433, note Bouloc.*

3. Le dirigeant d'une société doit répondre sur son patrimoine personnel des conséquences de ses agissements délictueux, notamment de banqueroute, dans la mesure où il n'est ni établi, ni même allégué, que la liquidation judiciaire lui ait été étendue ou qu'il ait été condamné au comblement du passif social (à propos d'un préjudice moral). • Crim. 30 mai 1994 : *Bull. Joly 1994. 1205, note Daigre ; Rev. proc. coll. 1996. 137, obs. Mascala.* ♦ Comp., sur la compatibilité de l'action civile pour banqueroute et de l'action en comblement du passif : note 40 *ter* ss. art. L. 651-2.

4. Si, en cas de poursuites pour banqueroute, le créancier ne peut obtenir devant la juridiction répressive le montant de sa créance, il conserve le droit de demander réparation du préjudice particulier résultant de l'infraction à toutes les personnes étrangères à la procédure collective. • Crim. 14 févr. 1994 : *Bull. crim. n° 63 ; RJDA 1994, n° 590.* ♦ V. aussi note 6 ss. art. L. 622-21.

4 bis. Pour la recevabilité de la constitution de partie civile du commissaire à l'exécution du plan, V. • Crim. 17 nov. 2004 : *préc. note 2.* ♦ V. aussi note 8 ss. art. L. 626-25.

4 ter. L'agent judiciaire du Trésor [devenu l'agent judiciaire de l'État] ne figure pas au nombre des personnes que l'art. L. 654-17 autorise seules, par dérogation à l'art. 2 C. pr. pén., à se constituer partie civile du chef de banqueroute. • Crim. 28 févr. 2006 : *Bull. crim. n° 55 ; D. 2006. 2145, note Jacopin ; ibid. AJ 1456, obs. Lienhard ; Rev. sociétés 2006. 389, note Bouloc ; Dr. sociétés 2006, n° 95, note R. Salomon ; Act. proc. coll. 2006, n° 120, obs. Cerf-Hollender ; Gaz. Pal. 14-18 juill. 2006, p. 53, obs. Robaczewski ; Bull. Joly 2006. 1035, note Mascala.*

4 quater. Pour l'irrecevabilité de la constitution de partie civile : de l'AGS, V. • Crim. 7 mars 2012 : *Bull. crim. n° 62 ; D. 2012. Actu. 734 ; RTD com. 2012. 855, obs. Bouloc ; Dr. sociétés 2012, n° 90, note R. Salomon ; Gaz. Pal. 27-28 avr. 2012, p. 46, obs. Robaczewski ; LEDEN mai 2012, p. 7, obs. Lasserre Capdeville ; Bull. Joly Entrep. diff. 2012. 229, note Sordino.* ♦ ... D'un syndicat de salariés, V. • Crim. 27 oct. 1999 : *RJDA 2000, n° 285.*

5. Évaluation du préjudice. Le préjudice subi par les créanciers résulte directement de la diminution de l'actif et est nécessairement égal à la valeur du bien frauduleusement soustrait. • Crim. 13 mars 1995 : *Bull. crim. n° 99 ; D. 1995. IR 147.* ♦ Aucune disposition de la loi ne permet de réduire, en raison de la négligence de la victime, le montant des réparations civiles dues par l'auteur d'une infraction intentionnelle contre les biens. • Crim. 20 mars 1995 : *Bull. crim. n° 110.*

Sur la réparation de la perte d'une chance, V. : • Crim. 4 déc. 1997 : *LPA 27 juill. 1998, p. 24, note Sordine.*

Sur le pouvoir souverain des juges du fond pour apprécier le préjudice, V. • Crim. 8 août 1995 : *Dr. sociétés 1995, n° 243.*

6. Instruction. Doit être rejetée la demande tendant à l'annulation des actes de l'instruction portant sur des faits de banqueroute par emploi de moyens ruineux en raison du fait que le juge d'instruction n'avait pas été saisi de cette infraction, le réquisitoire introductif ne visant que la banqueroute par détournement d'actif, dès lors que la qualification des faits par le réquisitoire n'est que provisoire et indicative et que les pièces jointes à ce réquisitoire, soit en particulier, la plainte des créanciers, dénoncent bien des faits d'emploi de moyens ruineux pour se procurer des fonds. • Crim. 11 avr. 2002 : *Bull. crim. n° 87 ; Rev. sociétés 2002. 561, note Bouloc ; Act. proc. coll. 2002, n° 256, obs. Cerf-Hollender.*

7. De même, doit être rejetée la demande d'annulation du réquisitoire fondée sur la circonstance que le jugement ayant étendu la procédure de redressement judiciaire et le jugement ayant prononcé la liquidation judiciaire seraient réputés non avenus pour n'avoir pas été notifiés dans le délai prévu par l'art. 478 NCPC [C. pr. civ.] et qu'ainsi les faits de banqueroute, objet du réquisitoire, ne pourraient être constitués, dès lors qu'une telle circonstance est sans incidence sur la validité du réquisitoire et de la procédure ultérieure, l'ouverture du redressement judiciaire n'étant qu'une condition préalable à l'exercice de l'action publique. • Crim. 10 mars 2004 : *Bull. crim. n° 55 ; D. 2004. AJ 1237 ; RTD com. 2004. 608, obs. Mascala .*

8. Impartialité du juge. Le fait que le juge d'instruction ait, antérieurement à sa désignation, participé au jugement d'ouverture de la procédure de redressement judiciaire, puis à la décision étendant cette procédure et enfin au jugement de liquidation n'est pas, en soi, de nature à faire naître un doute objectivement justifié sur l'impartialité du magistrat en cause. • Crim. 10 mars 2004 : *préc. note 7 .*

Art. L. 654-18 **Le ministère public peut requérir de l'administrateur ou du liquidateur la remise de tous les actes et documents détenus par ces derniers.** – *[C. com., ancien art. L. 626-17.]*

Art. L. 654-19 **Les frais de la poursuite intentée par l'administrateur, le mandataire judiciaire, le représentant des salariés, le commissaire à l'exécution du plan ou le liquidateur sont supportés par le Trésor public, en cas de relaxe.**

En cas de condamnation, le Trésor public ne peut exercer son recours contre le débiteur qu'après la clôture des opérations de liquidation judiciaire. – *[C. com., ancien art. L. 626-18.]*

Art. L. 654-20 Les jugements et arrêts de condamnation rendus en application du présent chapitre sont publiés aux frais du condamné. – *[C. com., ancien art. L. 626-19.]*

TITRE SIXIÈME DES DISPOSITIONS GÉNÉRALES DE PROCÉDURE

CHAPITRE PREMIER DES VOIES DE RECOURS

RÉP. COM. v° *Entreprises en difficulté (Procédure et organes)*, par CAGNOLI.

BIBL. GÉN. ▸ Régime de l'ordonnance du 18 déc. 2008 : STAES, *Rev. proc. coll. 2009. Dossier 5.* – FRICERO, *Gaz. Pal. 2009. Doctr. 751.* – RÉMERY, *JCP 2009. I. 129.* – VALLENS, *RTD com. 2009. 462* . – VALLANSAN et CAGNOLI, *Rev. proc. coll. 2010. Étude 26.*

▸ Régime de la loi du 26 juill. 2005 : VALLENS, *RTD com. 2006. 219* . – BALLU, *LPA 22 mai 2007.* – RÉMERY, *JCP E 2008. 1154* (l'appel dans la loi de sauvegarde des entreprises).

Art. L. 661-1 *(Ord. n° 2008-1345 du 18 déc. 2008, art. 146)* « I. – Sont susceptibles d'appel ou de pourvoi en cassation :

« 1° Les décisions statuant sur l'ouverture des procédures de sauvegarde ou de redressement judiciaire de la part du débiteur, du créancier poursuivant et du ministère public ;

« 2° Les décisions statuant sur l'ouverture de la liquidation judiciaire de la part du débiteur, du créancier poursuivant, du comité d'entreprise ou, à défaut, des délégués du personnel et du ministère public ;

« 3° Les décisions statuant sur l'extension d'une procédure de sauvegarde, de redressement judiciaire ou de liquidation judiciaire *(Ord. n° 2010-1512 du 9 déc. 2010, art. 7)* « ou sur la réunion de patrimoines » de la part du débiteur soumis à la procédure, du débiteur visé par l'extension, du mandataire judiciaire ou du liquidateur, de l'administrateur et du ministère public ;

« 4° Les décisions statuant sur la conversion de la procédure de sauvegarde en redressement judiciaire de la part du débiteur, de l'administrateur, du mandataire judiciaire et du ministère public ;

« 5° Les décisions statuant sur le prononcé de la liquidation judiciaire au cours d'une période d'observation de la part du débiteur, de l'administrateur, du mandataire judiciaire, du comité d'entreprise ou, à défaut, des délégués du personnel et du ministère public ;

« 6° Les décisions statuant sur l'arrêté du plan de sauvegarde ou du plan de redressement de la part du débiteur, de l'administrateur, du mandataire judiciaire, du comité d'entreprise ou, à défaut, des délégués du personnel et du ministère public, ainsi que de la part du créancier ayant formé une contestation en application de l'article L. 626-34-1 ;

« 7° Les décisions statuant sur la modification du plan de sauvegarde ou du plan de redressement de la part du débiteur, du commissaire à l'exécution du plan, du comité d'entreprise ou, à défaut, des délégués du personnel et du ministère public, ainsi que de la part du créancier ayant formé une contestation en application de l'article L. 626-34-1 ;

« 8° Les décisions statuant sur la résolution du plan de sauvegarde ou du plan de redressement de la part du débiteur, du commissaire à l'exécution du plan, du comité d'entreprise ou, à défaut des délégués du personnel, du créancier poursuivant et du ministère public. »

(L. n° 2005-845 du 26 juill. 2005, art. 147) **« II. – L'appel du ministère public est suspensif, à l'exception de celui portant sur les décisions statuant sur l'ouverture de la procédure de sauvegarde ou de redressement judiciaire.**

« III. – En l'absence de comité d'entreprise ou de délégué du personnel, le représentant des salariés exerce les voies de recours ouvertes à ces institutions par le présent article. »

V. art. R. 661-1 s.

1. Un créancier n'est pas recevable à relever appel-nullité de la décision du tribunal statuant sur l'arrêté du plan de redressement. • Com. 2 oct. 2012 : *Bull. Joly Entrep. diff. 2013. 34, note de Lajarte-Moukoko ; Gaz. Pal. 18-19 janv. 2013, p. 28, obs. Lebel.* ♦ V. déjà, sous le régime antérieur, note 4 ss. anc. art. L. 661-1.

2. Sur les modalités de l'appel interjeté par le débiteur contre la décision d'extension de la procédure pour confusion des patrimoines, V. note 1 *ter* ss. art. R. 661-6.

Ancien art. L. 661-1 (I) ***Sont susceptibles d'appel ou de pourvoi en cassation :***

1° Les décisions statuant sur l'ouverture (L. n° 2005-845 du 26 juill. 2005, art. 147) ***« des procédures de sauvegarde, de redressement judiciaire et de liquidation judiciaire » de la part du débiteur, du créancier poursuivant ainsi que du ministère public même s'il n'a pas agi comme partie principale ;***

2° Les décisions statuant sur la liquidation judiciaire, arrêtant ou rejetant le plan (L. n° 2005-845 du 26 juill. 2005, art. 147) ***« de sauvegarde ou le plan de redressement » de la part du débiteur, de l'administrateur, du mandataire judiciaire, du comité d'entreprise ou, à défaut, des délégués du personnel ainsi que du ministère public même s'il n'a pas agi comme partie principale ;***

3° Les décisions modifiant le plan (L. n° 2005-845 du 26 juill. 2005, art. 147) ***« de sauvegarde ou le plan de redressement » de la part du débiteur, du commissaire à l'exécution du plan, du comité d'entreprise ou, à défaut des délégués du personnel ainsi que du ministère public même s'il n'a pas agi comme partie principale.***

BIBL. ▶ Régime antérieur à la loi du 26 juill. 2005 : FRISON-ROCHE et GUILLOT, *LPA 30 sept. 1994* (effet suspensif des recours du ministère public). – RAHON, *Gaz. Pal. 2003. Doctr. 683* (appel des décisions de mise en liquidation judiciaire).

Jurisprudence antérieure à l'Ord. du 18 déc. 2008.

I. APPEL OU POURVOI EN CASSATION

A. OUVERTURE DE LA PROCÉDURE

1. Aucune disposition de la loi et de son décret d'application n'interdit que l'appel, interjeté par le débiteur, soit limité à la disposition concernant la date provisoire de la cessation des paiements. • Paris, 8 mars 1991 : *Gaz. Pal. 1991. 2. Somm. 426* • Colmar, 11 sept. 1991 : *Rev. proc. coll. 1993. 53, obs. Liénard.* – V. aussi • Versailles, 6 mars 1997 : *Gaz. Pal. 1997. 2. Somm. 353.*

Seule une décision passée en force de chose irrévocablement jugée étant de nature à rendre l'appel du débiteur sans objet, viole l'art. 1351 C. civ. et l'art. 3 de la loi de 1985 [C. com., ancien art. L. 621-1] l'arrêt qui, pour dire sans objet l'appel relevé par un débiteur en redressement judiciaire, relève que le tribunal a « converti » le redressement judiciaire en liquidation judiciaire et retient que sa décision est exécutoire de plein droit, à titre provisoire. • Com. 3 déc. 1996 : *Bull. civ. IV, n° 303 ; D. 1997. IR 26.* ♦ V. aussi • Com. 1er oct. 2002 : *Rev. proc. coll. 2004. 45, obs. Lebel.*

Si, aux termes de l'art. 9 [C. com., art. L. 631-8], al. 2, le débiteur ne peut agir à titre principal pour faire fixer la date de cessation des paiements, il peut se pourvoir en cassation contre un arrêt ayant statué sur une demande de report de cette date. • Com. 1er févr. 2000 : *Bull. civ. IV, n° 24 ; D. 2000. AJ 128 ; Act. proc. coll. 2000, n° 57, obs. Vallansar ; LPA 1er juin 2001, p. 12, note Courtier.* ♦ N'ayant pas formé de recours contre le jugement de redressement judiciaire, qui a reporté la date de cessation des paiements de la société débitrice au 30 juin 1995, le cogérant de celle-ci n'est pas recevable à critiquer le chef de l'arrêt d'appel fixant à cette date la cessation des paiements, sur une demande de report dont le tribunal s'est saisi d'office. • Même arrêt.

Faute d'appel à l'instance de l'administrateur judiciaire désigné, l'appel dirigé par le débiteur contre le jugement ayant ouvert son redressement judiciaire est irrecevable. • Com. 3 déc. 2003 : *Bull. civ. IV, n° 194 ; Dr. sociétés 2004, n° 214, note Legros.* ♦ A défaut d'avoir été appelé à l'instance, l'administrateur judiciaire, par son intervention volontaire, permet la régularisation de la procédure. • Même arrêt.

1 bis. Les anciens dirigeants d'une société dissoute par application de l'art. 1844-7 (7°), C. civ. ayant intérêt à titre personnel à contester le report de la date de cessation des paiements, l'administrateur judiciaire ne saurait prétendre que ces dirigeants n'ont plus qualité pour représenter les sociétés dissoutes alors qu'il a engagé son action sans prendre la précaution de faire désigner un mandataire *ad hoc*. • Versailles, 7 déc. 1995 : *D. 1996. IR 56.* ♦ Le droit de faire appel du jugement reportant la date de cessation des paiements étant incontestable, les anciens dirigeants légaux ne peuvent se voir dénier le droit d'intervenir dans de telles instances, leur présence étant même nécessaire dès lors qu'une modification de la date de cessation des paiements peut leur être opposée. • Même arrêt. ♦ V. aussi, sur l'intérêt personnel du dirigeant à contester la décision de report de la cessation des paiements, pour un arrêt statuant après la réforme de 2005 : note 3 *quater* ss. art. L. 653-8.

1 ter. Sur l'appel du débiteur de la décision d'extension pour confusion des patrimoines, V. note 6 *ter*.

1 quater. Une banque, tiers opposant, n'étant pas créancier poursuivant, ne peut donc faire appel du jugement de redressement judiciaire et, par voie de conséquence, du jugement ayant statué sur sa tierce opposition. • Versailles, 19 déc. 1994 : *D. 1995. IR 51.* ♦ V. désormais, pour l'ouverture de l'appel du jugement statuant sur la tierce opposition : art. L. 661-2, dans sa réd. issue de L. n° 2005-845 du 26 juill. 2005.

1 quinquies. Le jugement qui étend à une ou plusieurs personnes une procédure de redressement ou de liquidation judiciaires n'est pas soumis aux dispositions de l'art. 171 (1) de la loi du 25 janv. 1985 en ce qui concerne les personnes susceptibles de former un recours ; il s'ensuit que le pourvoi formé par une banque contre l'arrêt qui a confirmé le jugement ayant rejeté la tierce opposition contre le jugement d'extension de la procédure est recevable. • Com. 4 juill. 2000 : *Bull. civ. IV, n° 138 ; D. 2000. AJ 375, obs. Lienhard ; RJDA 2000, n° 1134.* ♦ Sur les recours contre les décisions statuant sur l'extension d'une procédure, V., désormais, art. L. 661-1, I, 3°, et L. 661-2, dans leur réd. issue de l'Ord. n° 2008-1345 du 18 déc. 2008.

1 sexies. Le recours contre le jugement qui reporte la date de cessation des paiements n'est pas soumis aux dispositions de l'art. L. 623-1 (1°) [L. 661-1, I, 1°] C. com. (recevabilité de l'intervention volontaire d'un créancier dans l'instance d'appel introduite par le débiteur). • Com. 24 janv. 2006 : *Gaz. Pal. 30 avr.-4 mai 2006, p. 20, obs. Lebel.*

1 septies. Est irrecevable l'appel formé par le représentant des créanciers, devenu liquidateur, contre le jugement statuant sur l'ouverture de la procédure de liquidation judiciaire d'un associé de société en nom collectif, en raison de la mise en liquidation judiciaire de la personne morale, sur le fondement de l'art. 178 [C. com., ancien art. L. 624-1, abrogé par L. n° 2005-845 du 26 juill. 2005], dès lors que seules les décisions statuant sur la liquidation judiciaire prises à l'issue d'une période d'observation sont susceptibles d'un recours de la part du mandataire. • Com. 20 mars 2001 : *Bull. civ. IV, n° 64 ; D. 2001. AJ 1469 ; Dr. sociétés 2001, n° 114, obs. Legros ; Dr. et patr. nov. 2001. 113, obs. Monsèrié-Bon ; Rev. sociétés 2002. 754, note Henry .*

1 octies. L'appel-nullité ne peut être formé que par une partie au procès (à propos d'une banque ayant elle-même reconnu, en formant tierce opposition aux jugements dont elle a fait appel, par la suite, qu'elle n'était pas partie à l'instance). • Com. 19 nov. 1996 : *Bull. civ. IV, n° 279 ; D. Affaires 1997. 131 ; LPA 13 mai 1998, p. 27, note Courtier.* ♦ Sur les recours contre les décisions statuant sur l'extension d'une procédure, V., désormais, art. L. 661-1, I, 3°, et L. 661-2, dans leur réd. issue de l'Ord. n° 2008-1345 du 18 déc. 2008. ♦ V. aussi notes 8 s. ss. ancien art. L. 623-4 ss. art. L. 661-4 et notes 17 s. ss. ancien art. L. 661-6.

2. Pour l'irrecevabilité de l'appel-nullité formé par l'associé d'une société créée de fait contre le jugement ayant étendu à cette société la procédure de liquidation judiciaire ouverte à l'encontre d'une autre société, seule la voie de la tierce opposition étant ouverte, V. • Com. 11 févr. 2004 : *Bull. civ. IV, n° 31 ; Dr. sociétés 2004, n° 128, note Legros ; Gaz. Pal. 2004. 2465, note Watremet ; JCP E 2005, n° 15-16, p. 670, note Gibirila.*

2 bis. Période d'observation. V. art. L. 661-9.

3. Établissements de crédit. V. note 2 ss. C. mon. fin., art. L. 613-24. – **C. mon. fin.**

B. LIQUIDATION JUDICIAIRE

4. Qualité. Il résulte de l'art. 171 que le *représentant des salariés* peut relever appel des décisions statuant sur la liquidation judiciaire. • Limoges, 13 août 1986 : *D. 1987. 44, note Derrida ; Gaz. Pal. 1986. 2. 724, note Martin.* ♦ V., désormais, art. L. 661-1, III, dans sa réd. issue de L. n° 2005-845 du 26 juill. 2005.

4 bis. Le comité d'entreprise, pouvant interjeter appel du jugement statuant sur la liquidation judiciaire dans les dix jours de la signification de cette décision, n'est pas recevable à critiquer un tel jugement par la voie de la tierce opposition. • Com. 19 oct. 1993 : *Bull. civ. IV, n° 345 ; D. 1994. Somm. 46, obs. Derrida ; Rev. proc. coll. 1994. 150, obs. Liénard.*

5. En cas d'appel du ministère public contre un jugement ayant prononcé la liquidation judiciaire de l'entreprise, est recevable l'intervention des *délégués du personnel.* • Paris, 2 mai 1986 : *JCP 1986. II. 20713, note Jeantin.* ♦ En revanche, est irrecevable celle des *AGS* et du *GARP* alors que c'est au ministère public qu'il appartient de faire respecter la loi et que ces organismes d'assurance ne sont pas chargés de préserver les droits des salariés qui, en l'espèce, sont parties à la procédure pour la défense de leurs intérêts. • Même arrêt.

6. Sur le pourvoi en cassation du *représentant des créanciers,* V. note 2 *ter* ss. art. L. 661-7.

6 bis. Le *débiteur* est recevable, en vertu du droit propre qu'il tient de l'art. 171 (1) [C. com., art. L. 661-1], à former un pourvoi en cassation contre l'arrêt qui prononce sa liquidation judiciaire. Mais si ce débiteur est une société, sa dissolution par l'effet du jugement de liquidation judiciaire, en application de l'art. 1844-7 (7°) C. civ., prive de pouvoirs ses *dirigeants*, y compris l'administrateur provisoire antérieurement désigné, et la société débitrice ne peut alors exercer son droit propre que par l'intermédiaire de son liquidateur amiable ou d'un mandataire *ad hoc.* • Com. 16 mars 1999 : *Bull. civ. IV, n° 66 ; D. 2000. 513, note Kenfack ; Bull. Joly 1999. 1118, note Randoux ; RTD com. 2000. 130, obs. Monsèrié-Bon* • 16 oct. 2001 : *Act. proc. coll. 2001, n° 265 ; Dr. sociétés 2002, n° 39, note Legros ; Rev. proc. coll. 2002. 168, obs. Gorrias.* ♦ V. aussi • Com. 7 nov. 2006 : *D. 2006. AJ 2914, obs. Lienhard*. ♦ L'*ancien dirigeant* ne saurait utilement se prévaloir des dispositions de l'art. 534 NCPC [C. pr. civ.] pour faire appel du jugement d'ouverture de la liquidation judiciaire, l'exercice des voies de recours en matière de procédure collective étant régi par des dispositions spécifiques, exclusives de l'application des règles de droit commun. • Paris, 7 mars 2003 : *D. 2003. AJ 1038, obs. Lienhard ; Dr. sociétés 2003, n° 128, note Legros ; RD banc. fin. 2003, n° 145, obs. F.-X. Lucas.*

Si le débiteur est recevable à critiquer la décision prononçant sa liquidation judiciaire, il ne peut se borner à former des griefs à l'encontre des dispositions rejetant le plan de cession. • Com. 10 mai 2000 : *Bull. civ. IV, n° 97 ; Act. proc. coll. 2000, n° 143, obs. Cagnoli* • 30 oct. 2000 : *RTD com. 2001. 245, obs. Vallens*. ♦ Sur le droit du débiteur de faire appel du jugement rejetant le plan de cession, V., désormais, art. L. 661-6, dans sa réd. issue de la L. n° 2005-845 du 26 juill. 2005, reprise par l'Ord. n° 2008-1345 du 18 déc. 2008.

6 ter. Il résulte de l'art. L. 623-1 [L. 661-1] C. com. que le débiteur dont la liquidation judiciaire a été étendue à une autre personne physique ou morale est recevable, en vertu de son droit propre, à relever appel du jugement d'extension. • Com. 24 mai 2005 : *RTD com. 2005. 608, obs. Vallens ; RJDA 2005, n° 1252.* ♦ Pour la recevabilité de l'appel du débiteur contre le jugement d'extension, V., désormais, art. L. 661-1, I, 3°, dans sa réd. issue de l'Ord. n° 2008-1345 du 18 déc. 2008.

6 quater. Les *dirigeants sociaux,* à qui sont imputées la dissimulation d'actif ou la fraude pouvant justifier la reprise de la procédure de la liquidation judiciaire de la société débitrice, n'ont pas qualité pour interjeter appel, en leur nom propre du jugement ayant ordonné la réouverture de la procédure, en vertu de l'art. 169. • Com. 11 févr. 1997 : *Dr. sociétés 1997, n° 86, obs. Chaput.*

6 quinquies. En retenant qu'un *associé* d'une société civile professionnelle, qui en tant que tel n'a pas la qualité de partie au jugement prononçant la liquidation judiciaire de cette société même s'il a été convoqué devant le tribunal, est irrecevable à relever appel de ce jugement, une cour d'appel n'a pas méconnu le droit d'accès de cet associé à un tribunal dès lors que l'intéressé aurait pu former tierce opposition à l'encontre de cette décision. • Com. 13 juin 2006 : *RJDA 2007, n° 81.*

7. Décisions visées. Est recevable le pourvoi contre une décision ordonnant la jonction de procédures de liquidation judiciaire, en vertu de l'art. 7 [C. com., ancien art. L. 621-5], et se prononçant sur une demande de report de la date de cessation des paiements. • Com. 9 avr. 1991 : *D. 1991. IR 128.*

8. Est recevable l'appel de l'administrateur contre le jugement qui [dans le régime antérieur à la loi du 26 juill. 2005], arrêtant un plan de cession, rejette implicitement la liquidation judiciaire. • Com. 15 juil. 1992 : *Bull. civ. IV, n° 271 ; D. 1994. Somm. 44, obs. Derrida*.

8 bis. Le jugement rendu sur tierce opposition à un jugement ayant prononcé la liquidation judiciaire d'un débiteur est une décision statuant sur la liquidation judiciaire au sens de l'art. 171 [C. com., art. L. 661-1]. • Com. 14 déc. 1993 : *Bull. civ. IV, n° 470 ; D. 1994. IR 18*

• 16 avr. 1996 : *D. 1996. IR 144 ; D. Affaires 1996. 718.*

8 ter. Pluralité de parties. Si, lorsque la matière est indivisible, l'appel interjeté en temps utile contre l'une des parties conserve le droit de l'appelant vis-à-vis des autres et couvre l'irrégularité ou la tardiveté d'intimation, encore faut-il que les intéressés aient été mis en cause devant la juridiction d'appel. Il en résulte que la société mise en liquidation judiciaire ne peut faire appel du jugement d'ouverture en se bornant à attraire dans la procédure d'appel le seul liquidateur, en sa qualité de représentant des créanciers, sans intimer également ce créancier à l'initiative duquel la procédure collective avait été ouverte. • Com. 28 avr. 1998 : *Bull. civ. IV, n° 135 ; D. Affaires 1998. 1052 ; RJDA 1998, n° 1021.*

C. PLAN DE CONTINUATION [REDRESSEMENT]

8 quater. Contrôle du sérieux du plan. Pour apprécier la recevabilité de l'appel formé, sur le fondement de l'art. 171 (2) [C. com., art. L. 661-1], à l'encontre d'un jugement qui aurait rejeté un plan de continuation, la cour d'appel doit rechercher si les propositions constituent un tel plan ; à défaut de contenir des engagements sérieux et efficaces, un projet ne peut, en dépit de son intitulé, être considéré comme un plan de continuation. • Com. 20 févr. 1996 : *D. 1996. IR 112 ; D. Affaires 1996. 491 ; Dr. sociétés 1996, n° 127, obs. Chaput.* – V. aussi • Com. 6 oct. 1992 : *Bull. civ. IV, n° 288 ; D. 1994. Somm. 44, obs. Derrida* • Paris, 5 déc. 1997 : *RJ com. 1998. 325, note Monsèrié.*

9. Recours du débiteur. En vertu du droit propre qu'il tient de l'art. 171 (2) [C. com., art. L. 661-1], le débiteur peut, même lorsqu'un administrateur a été désigné avec mission d'assurer seul et entièrement l'administration de l'entreprise, former un recours en cassation contre les décisions arrêtant ou rejetant le plan de continuation. • Com. 22 mai 1990 : *Bull. civ. IV, n° 154 ; D. 1990. 415, note Derrida.* – V. aussi, pour le droit d'appel, • Paris, 9 oct. 1998 : *RJ com. 1999. 170, note Pétel.* ♦ Ce droit n'est pas limité au seul cas où le débiteur lui-même a proposé le plan de continuation. • Versailles, 23 avr. 1992 : *D. 1992. IR 203 ; RJ com. 1992. 307, note Vallens.*

En ce sens qu'est recevable l'appel du débiteur tendant à faire adopter un plan de continuation par voie de reprise interne présenté par un tiers auquel doit être cédée la majorité des parts sociales, V. • Com. 6 juill. 1999 : *Bull. civ. IV, n° 153 ; D. 1999. IR 214 ; Act. proc. coll. 1999, n° 197, obs. Fricero ; RTD com. 1999. 987, obs. Vallens ; JCP E 2000, n° 4, p. 126, obs. Pétel.* ♦ V. note 10 *bis*.

10. Un associé d'une société à responsabilité limitée ne peut représenter la société dans l'exercice du recours qui lui est ouvert par ce texte. • Com. 28 juin 1990 : *Bull. civ. IV, n° 193 ; D. 1990. IR 208.*

10 bis. Est irrecevable le pourvoi formé par une société ayant présenté un plan de continuation par voie de reprise interne, mais qui n'est pas le débiteur soumis à la procédure de redressement judiciaire. • Com. 25 oct. 1994 : *Bull. civ. IV, n° 315 ; D. 1995. Somm. 4, obs. Derrida.*

11. Rejet du plan. En application de l'art. 171 (2) [C. com., ancien art. L. 623-1], l'appel du *débiteur* est recevable contre le jugement qui, arrêtant un plan de cession, rejette par là même un plan de continuation proposé par le débiteur. • Com. 6 mars 1990 : *Bull. civ. IV, n° 65 ; D. 1990. 218, note Derrida ; JCP 1990. II. 21513, note Bolard* • 22 mai 1990 : *préc. note 9* • 10 juill. 1990 : *D. 1990. IR 193* (recours en cassation) • 16 avr. 1991 : *JCP 1991. IV. 235.* – Dans le même sens : • Com. 14 mai 1991 : *Bull. civ. IV, n° 165 ; D. 1992. Somm. 93, obs. Derrida* • Colmar, 18 nov. 1987 : *D. 1988. Somm. 42* • Bourges, 14 janv. 2002 : *Dr. sociétés 2002, n° 113, note Legros.* ♦ V., désormais, sur le droit du débiteur de faire appel du jugement arrêtant le plan de cession : art. L. 661-6, dans sa réd. issue de L. n° 2005-845 du 26 juill. 2005, reprise par l'Ord. n° 2008-1345 du 18 déc. 2008.

12. En revanche, une société candidate à la reprise interne des sociétés débitrices par rachat des actions de celles-ci, n'est pas, en cette qualité, au nombre des personnes énumérées au 2 de l'art. 171 [C. com., art. L. 661-1] pour former appel d'un jugement rejetant le plan de continuation d'une entreprise et prononçant sa liquidation judiciaire, et son appel est donc irrecevable. • Paris, 29 avr. 1988 : *D. 1988. IR 160.*

Sur l'irrecevabilité de l'appel des candidats évincés, V. • Com. 10 déc. 1991 : *Bull. civ. IV, n° 380.*

13. Recours des créanciers. Il résulte de l'art. 171 (2) [C. com., art. L. 661-1] qu'un créancier ne peut ni faire *appel* d'un jugement arrêtant le plan de continuation de l'entreprise. • Com. 20 juin 1995 : *Rev. huiss. 1995. 1371, note Vidal.* ♦ ... Ni exercer un *recours en cassation* contre un arrêt statuant en la matière de plan de continuation d'une entreprise en redressement judiciaire. • Com. 14 mars 1989 : *D. 1989. IR 106 ; Bull. civ. IV, n° 85.* ♦ La solution est la même en cas de carence du représentant des créanciers à user personnellement des voies de recours à l'égard d'une décision qui lui fait grief en violant les règles essentielles de procédure et de fond applicables aux procédures collectives. • Com. 20 juin 1995 : *préc.* – V. déjà • Com. 20 déc. 1988 : *D. 1989. 484, note Derrida (2e arrêt) ; Bull. civ. IV, n° 348.* ♦ V. aussi notes ss. art. L. 661-7.

13 bis. Un créancier ne peut exercer un recours en cassation contre l'arrêt qui statue sur le recours en révision formé contre la décision arrêtant le plan de continuation. • Com. 24 juin 2003 : *Bull. civ. IV, n° 108.*

13 ter. Si les créanciers peuvent être entendus par le tribunal en qualité de « personnes intéressées » en cas de modification substantielle du plan de continuation, ils ne peuvent pas être considérés comme étant des parties à l'instance en modification du plan ayant des prétentions à formuler. • Rouen, 27 janv. 2005 : *RJDA 2005, n° 734.*

14. L'appel formé par un créancier, fût-ce aux fins d'annulation du jugement pour violation d'une disposition d'ordre public est irrecevable à moins que ne soit en cause la méconnaissance par le juge d'un principe essentiel de procédure ou l'excès de pouvoir. • Com. 28 mars 1995 : *Bull. civ. IV, n° 108 ; D. 1995. IR 112.* ♦ V. aussi et comp. : note 8 ss. anc. art. L. 623-4, ss. art. L. 661-4 et note 23 ss. art. L. 661-6.

Le créancier qui excipe d'un droit propre et d'un préjudice personnel distinct n'est ni partie, ni représenté par le représentant des créanciers en première instance ; son appel-nullité contre le jugement arrêtant le plan de continuation est donc irrecevable. • Com. 9 déc. 1997 : *Bull. civ. IV, n° 329 ; JCP E 1998, n° 17, p. 652, obs. Pétel.*

14 bis. Représentant des créanciers. Le représentant des créanciers est recevable à former un appel-nullité contre une décision statuant sur l'exécution du plan dans la mesure où, par sa désignation, il est devenu partie à l'instance et qu'il entre dans sa mission de s'opposer à la violation des règles d'ordre public. • Pau, 17 déc. 2002 : *JCP E 2003. n° 50, p. 1991.*

14 ter. Recours du ministère public. Le ministère public, chargé d'assurer le respect de la légalité et de l'ordre public economique, est investi par l'art. 171 [C. com., art. L. 661-1] du pouvoir d'exercer les voies de recours, même s'il n'a pas agi comme partie principale et est habile à invoquer, à cette occasion, toute violation de la loi. • Com. 28 févr. 1995 : *Bull. civ. IV, n° 61 ; RJDA 1995, n° 895.*

14 quater. Recours de l'ex-associé en cas de cession forcée des parts sociales ou des actions. V. notes 6 à 8 ss. art. L. 631-19-1.

14 quinquies. Caducité ou résolution du plan. Faute de disposition particulière limitant le droit d'appel d'une décision constatant la caducité du plan de continuation, ce droit est ouvert à toute partie y ayant intérêt (en l'espèce, le représentant des créanciers). • Versailles, 30 nov. 1995 : *Rev. proc. coll. 1996. 453, obs. Soinne.* ♦ Dans le même sens, écartant l'application de l'art. 171 (1) [C. com., art. L. 661-1] au jugement ayant prononcé la résolution du plan sur le fondement de l'art. 80 [C. com., art. L. 626-27] : • Versailles, 25 mars 1999 : *D. Affaires 1999. 716, obs. A. L.*

II. RECOURS EN RÉVISION

15. La révision d'un jugement passé en force de chose jugée ne pouvant être demandée que par les personnes qui y ont été parties ou représentées, un créancier ne peut demander la révision du jugement ayant ouvert le redressement judiciaire de son débiteur • Com. 11 oct. 1994 : *Bull. civ. IV, n° 285 ; D. 1994. IR 242.*

Comp. : note 9 ss. art. L 661-7.

III. DROIT TRANSITOIRE

16. Pour l'inapplicabilite de l'art. L. 661-1 aux procédures collectives en cours au 1er janv. 2006, V. note 5 ss. art. L. 661-2.

Art. L. 661-2 **Les décisions** *(Ord. n° 2008-1345 du 18 déc. 2008, art. 147)* **« mentionnées aux 1° à 5° du I de l'article L. 661-1, à l'exception du 4°,** *[ancienne rédaction : statuant sur l'ouverture de la procédure]* **» sont susceptibles de tierce opposition.** *(L. n° 2005-845 du 26 juill. 2005, art. 148-I)* **« Le jugement statuant sur la tierce opposition est susceptible d'appel et de pourvoi en cassation de la part du tiers opposant. »** – *[C. com., ancien art. L. 623-2.]*

V. art. R. 661-2.

1. Recevabilité de la tierce opposition. Il résulte des art. L. 661-2 C. com., dans sa rédaction antérieure à l'Ord. du 18 déc. 2008, et 583, al. 2, C. pr. civ., que la tierce opposition est ouverte à l'encontre du jugement statuant sur l'ouverture de la procédure de sauvegarde à tout créancier invoquant des moyens qui lui sont propres (s'agissant d'un créancier qui alléguait une instrumentalisation de la procédure de sauvegarde de la part des sociétés débitrices à la seule fin d'échapper à leurs obligations contractuelles à son égard). • Com. 8 mars 2011 : *cité note 1 bis ss. art. L. 620-1 ; Procédures 2011, n° 179, note Rolland.* ♦ Pour la recevabilité de la tierce opposition d'un assureur-crédit à l'encontre du jugement d'ouverture d'une procédure de sauvegarde, V. • Lyon, 31 mai 2006 : *BICC 2006, n° 1770 ; Rev. proc. coll. 2006. 253, obs. Roussel Galle ; RJ com. 2007. 71, obs. Sortais ; RJDA 2007, n° 380.* ♦ ... Du bailleur, par ailleurs associé de la société débitrice, à l'encontre du jugement de liquidation judiciaire, en ce que celui-ci affectait ses droits, V. • Com. 7 févr. 2012 : *cité ss. art. L. 641-11-1 ; LEDEN mars 2012, p. 5, obs. Rubellin ; Gaz. Pal. 27-28 avr. 2012, p. 14, obs. Reille.*

2. Le droit effectif au juge implique que l'associé d'une société civile immobilière, qui répond indéfiniment des dettes sociales à proportion de sa part dans le capital social, soit recevable à former tierce opposition à l'encontre du jugement ouvrant la liquidation judiciaire de la SCI. • Com. 19 déc. 2006 : *Bull. civ. IV, n° 254 ; D. 2007. 1321, note Orsini ; ibid. AJ 157, obs. Lienhard ; JCP E 2007. 1186, note Cholet ; ibid. 1877, n° 9, obs. Caussain, Deboissy et Wicker ; Rev. sociétés 2007. 401, note Bonneau ; Dr. sociétés 2007, n° 22, note Lécuyer ; ibid., n° 24, note F.-X. Lucas ; Bull. Joly 2007. 466, note Cagnoli et Vallansan ; Gaz. Pal. 13-14 avr. 2007, p. 24, obs. Lebel ; Defrénois 2007. 890, obs. Gibirila.* – V. Souhami, *RLDA 2007, n° 15, p. 21.* ♦ V. aussi, pour la recevabilité de la tierce opposition de l'associé d'une SCI contre le jugement ayant fixé une créance dans une instance en paiement engagée contre cette personne morale avant l'ouverture de sa liquidation judiciaire, • Com. 26 mai 2010 : *D. 2010. Actu. 1415, obs. Lienhard ; Rev. sociétés 2010. 406, obs. Roussel Galle ; RTD com. 2010. 567, obs. Monsèrié-Bon ; ibid. 2011. 179, obs. Vallens ; JCP E 2010. 1861, note Perrot ; Procédures 2010, n° 284, obs. Rolland ; Act. proc. coll. 2010, n° 180, obs. Fin-Langer ; Dr. sociétés 2010, n° 158, note Hovasse ; Rev. proc. coll. 2010, n° 194, obs. Lebel ; Bull. Joly 2010. 839, obs. Staes.*

3. Pour la recevabilité de la tierce opposition contre le jugement de report de la date de cessation des paiements, V. • Grenoble, 24 nov. 2004 : *Rev. proc. coll. 2005. 127, obs. Gorrias.*

4. Pour la recevabilité de la tierce opposition formée par des créanciers domiciliés au Royaume-Uni et au Luxembourg contre le jugement d'ouverture de la procédure principale de sauvegarde de la société *Eurotunnel*, V. • Com. 30 juin 2009 : *Bull. civ. IV, n° 88 ; D. 2009. 2591, note Moreil ; ibid. Chron. C. cass. 2582, obs. Orsini ; ibid. AJ 1886, obs. Lienhard ; Gaz. Pal. 26-28 juill. 2009, p. 7, note Fricéro ; ibid. 1er-3 nov. 2009, p. 6, obs. Reille ; JCP E 2009. 1974, note Rolland ; ibid. 2010. 1011, n° 2, obs. Pétel ; RTD com. 2009. 625, obs. Vallens ; Dict. perm. diff. entrep. 2009, Bull. n° 306, obs. Rémery ; Bull. Joly 2009. 877, note Jault-Seseke et Robine ; Act. proc. coll. 2009, n° 224, obs. Dom ; RLDA 2009, n° 42, p. 25, obs. Mélin ; Dr. sociétés 2009, n° 230, note Legros ; Rev. proc. coll. 2009, n° 147, obs. Mastrullo.* – V. concl. Bonhomme, *Rev. proc. coll. 2009. Étude 16.* – V. l'arrêt cassé : • Paris, 29 nov. 2007 : *D. 2008. AJ 12, obs. Lienhard ; Act. proc. coll. 2008, n° 50, obs. Cagnoli ; RTD com. 2008. 424, obs. Vallens ; Dr. et patr. juill.-août 2008. 104, obs. Saint-Alary-Houin.* – A propos de cet arrêt, V. aussi Scholastique, *JCP E 2008. 1087* ; Menjucq, *Rev. proc. coll. 2008. 9.*

5. *Droit transitoire.* Il résulte des dispositions de l'art. 191 de la loi du 26 juill. 2005 que les art. L. 661-1 et L. 661-2 C. com. ne sont pas applicables aux procédures collectives en cours au 1er janv. 2006. • Com. 19 févr. 2008 : *Bull. civ. IV, n° 40 ; D. 2008. AJ 688, obs. Lienhard ; ibid. Chron. C. cass. 1235, obs. Orsini ; Procédures 2008, n° 148, obs. Rolland ; JCP E 2008. 1975, note Legros ; Bull. Joly 2008. 501, note Roussel Galle ; Rev. proc. coll. 2008, n° 59, obs. Gorrias ; RJ com. 2008. 395, obs. Sortais et Roussel Galle.* – V. Cerati-Gauthier, *JCP E 2008. 1716.* ♦ La procédure de liquidation judiciaire étant en cours au 1er janv. 2006, les voies de recours contre le jugement statuant sur l'ouverture de cette procédure demeurent régies par les dispositions des anciens art. L. 623-1 et L. 623-2 C. com., qui ne comprennent pas les associés au nombre des personnes admises à former un appel contre une telle décision. • Même arrêt.

Art. L. 661-3 *(L. n° 2005-845 du 26 juill. 2005, art. 148-II)* **Les décisions arrêtant ou modifiant le plan de sauvegarde ou** *(Ord. n° 2008-1345 du 18 déc. 2008, art. 148)* **« de redressement ou rejetant la résolution de ce plan** *[ancienne rédaction : le plan de redressement]* **» sont susceptibles de tierce opposition.**

Le jugement statuant sur la tierce opposition est susceptible d'appel et de pourvoi en cassation de la part du tiers opposant.

(Ord. nº 2008-1345 du 18 déc. 2008, art. 148) **« Il ne peut être exercé de tierce opposition contre les décisions rejetant l'arrêté ou la modification du plan de sauvegarde ou de redressement ou prononçant la résolution de ce plan. »**

V. art. R. 661-2.

1. Avant la loi du 26 juill. 2005, le jugement modifiant le plan de continuation n'était pas susceptible de tierce opposition à moins que ne soit en cause la violation d'un principe fondamental de procédure ou l'excès de pouvoir. • Com. 28 sept. 2004 : *D. 2005. Pan. 293, obs. Le Corre* .

2. La tierce opposition-nullité à un jugement ayant modifié la durée des fonctions du commissaire à l'exécution du plan n'est recevable qu'en cas d'excès de pouvoir. • Com. 13 nov. 2007 : *cité note 1 bis ss. art. L. 626-26.*

Art. L. 661-4 *(L. nº 2005-845 du 26 juill. 2005, art. 149)* **Les jugements** *(Ord. nº 2008-1345 du 18 déc. 2008, art. 149)* **« ou ordonnances » relatifs à la nomination ou au remplacement du juge-commissaire ne sont pas susceptibles de recours.** – *[C. com., ancien art. L. 623-4.]*

Code de commerce

Ancien art. L. 623-4 *Ne sont susceptibles ni d'opposition, ni de tierce opposition, ni d'appel, ni de recours en cassation :*

1º Les jugements relatifs à la nomination ou au remplacement du juge-commissaire ;

2º Les jugements par lesquels le tribunal statue sur le recours formé contre les ordonnances rendues par le juge-commissaire dans la limite de ses attributions, à l'exception de ceux statuant sur les revendications. — [L. nº 85-98 du 25 janv. 1985, art. 173.]

1. Conformité à la Constitution et à la Conv. EDH. Les dispositions de l'art. L. 623-4, 2º, C. com. ne méconnaissent pas le droit d'exercer un recours effectif devant une juridiction en ce que le juge-commissaire est une juridiction et que celles de ses ordonnances qui ne sont pas susceptibles d'appel peuvent être contestées devant le tribunal en vertu de l'art. 25 du Décr. du 27 déc. 1985 (non-renvoi de la QPC au Conseil constitutionnel). • Com., QPC, 14 déc. 2010 : *LPA 29 avr. 2011, obs. Henry.* ♦ V. aussi, pour l'absence de contrariété de l'art. L. 623-4 C. com. à l'art. 6 de la Conv. EDH, • Nancy, 3 déc. 2002 : *JCP 2003. IV. 2811.*

1 bis. Relevé de forclusion. Le pourvoi formé contre un arrêt statuant sur le relevé de forclusion n'est pas soumis aux dispositions de l'art. 173, devenu l'art. L. 623-4 [ancien] C. com. • Com. 29 oct. 2002 : *Bull. civ. IV, nº 155 ; RJDA 2003, nº 283.* ♦ En revanche, était irrecevable, avant la loi du 10 juin 1994, le pourvoi contre un jugement qui statuait sur l'opposition formée contre une ordonnance du juge-commissaire rendue, conformément à l'art. 53 de la loi du 25 janv. 1985, dans son ancienne rédaction, sur une action en relevé de forclusion. • Com. 17 janv. 1989 : *D. 1989. 146, note F. D. ; Bull. civ. IV, nº 21.* – V. aussi • Paris, 21 févr. 1989 : *D. 1989. IR 91* • Com. 28 nov. 1989 : *Bull. civ. IV, nº 298* • 9 mai 1990 : *D. 1990. IR 149 ; Bull. civ. IV, nº 139.* ♦ V. aussi note 8.

2. Continuation des contrats. Est irrecevable le pourvoi contre la décision du juge-commissaire qui, un concédant ayant annoncé au concessionnaire qu'il résilierait le contrat de concession à compter d'une certaine date et le concessionnaire ayant été mis en redressement judiciaire avant la fin du délai de préavis, ordonna, sur la demande de l'administrateur, la poursuite du contrat sous astreinte. • Com. 11 déc. 1990 : *D. 1991. 440, note crit. Derrida* ; *JCP 1991. II. 21712, note crit. Béhar-Touchais.*

V. aussi • Paris, 30 sept. 1991 : *D. 1991. IR 249.*

3. Cessions d'actif. Sur l'irrecevabilité de l'appel contre un jugement statuant sur un recours formé à la suite d'une ordonnance portant sur : la cession aux enchères publiques de biens mobiliers ne constituant pas une unité de production de l'entreprise en liquidation judiciaire, V. • Com. 26 oct. 1999 : *Bull. civ. IV, nº 191 ; D. 2000. Somm. 330, obs. Honorat* ; *ibid. 1999. AJ 95* ; *RJDA 1999, nº 1363 ; RTD com. 2000. 189, obs. Vallens* ; *LPA 29 mai 2000, p. 12, note Courtier.* ♦ ... La cession d'un fonds de commerce d'une entreprise en liquidation judiciaire comprenant un droit au bail, V. • Com. 9 janv. 2001 : *Act. proc. coll. 2001, nº 70.* ♦ Sur l'irrecevabilité d'un pourvoi en cassation contre des décisions statuant sur le recours formé à la suite d'une ordonnance portant : sur la cession d'unités de production, V. • Com. 20 déc. 1988 : *Bull. civ. IV, n° 347 ; D. 1989. 484, note Derrida (3e arrêt).* ♦ ... Une cession de gré à gré, V. • Com. 19 mars 1991 : *Bull. civ. IV, n° 106 ; D. 1992. Somm. 89, obs. Derrida.* ♦ ... Une vente aux enchères du fonds de commerce ou d'autres biens mobiliers, V. • Com. 13 janv. 1993 : *Bull. civ. IV, n° 12* • 26 juin 2001 : *JCP E 2002, n° 28, p. 1199, note Perdriau (2e esp.).* ♦ Sur le rejet d'une demande d'attribution judiciaire de biens mobiliers nantis dont la vente aux enchères a été ordonnée, V. • Com. 6 déc. 1988 : *Bull. civ. IV, n° 337 ; D. 1988. IR 302.* ♦ V. aussi note 6 *ter.* ♦ Comp., depuis la L. n° 94-475 du 10 juin 1994, art. L. 623-5, devenu art. L. 661-5.

4. Portée de l'art. L. 623-4 (2°). L'irrecevabilité de l'appel, édictée par l'art. 173 (2) [C. com., ancien art. L. 623-4 (2°)], ne peut s'appliquer qu'à la disposition du jugement statuant sur l'ordonnance du juge-commissaire proprement dite et non pas à la disposition par laquelle le tribunal s'est prononcé sur une demande qui lui avait été présentée pour la première fois. • Com. 22 oct. 1996 : *RJDA 1997, n° 279.* – V. aussi • Orléans, 13 janv. 2000 : *JCP 2000. IV. 2253.*

4 bis. Est irrecevable l'appel du jugement qui, statuant sur recours contre l'ordonnance du juge-commissaire ayant rejeté la demande en relevé de forclusion, a accueilli celle-ci et renvoyé les parties devant le juge-commissaire pour qu'il soit statué sur l'admission de la créance en cause. • Com. 6 mai 1997 : *Bull. civ. IV, n° 122 ; RJDA 1997, n° 1130.*

4 ter. Sur l'inapplicabilité de l'art. 173 (2) [C. com., anciens art. L. 623-4] dans l'hypothèse de saisine d'office du tribunal, prévue par l'art. 25, al. 2, du décret, V. note 4 ss. ancien art. 25 du Décr. n° 85-1388 du 27 déc. 1985, ss. art. R. 621-21.

4 quater. La fin de non-recevoir tirée de l'absence d'ouverture d'une voie de recours contre les jugements visés à l'art. L. 623-4 (2°) [ancien] C. com. doit, en raison de son caractère d'ordre public, être relevée d'office : V. • Civ. 2e, 10 mars 2004 : *Bull. civ. II, n° 98 ; D. 2004. AJ 951 ; Act. proc. coll. 2004, n° 108, obs. Cagnoli.*

5. Dépassement d'attributions. Pour un appel recevable contre un jugement ayant statué sur le recours contre une ordonnance excédant les attributions du juge-commissaire (location d'un immeuble du débiteur à titre précaire), V. • Paris, 31 mai 1988 : *D. 1988. IR 218.* ♦ V. aussi, pour une ordonnance appréciant la régularité d'un droit de rétention, • Com. 6 juin 1995 : *Bull. civ. IV, n° 169 ; D. 1996. Somm. 86, obs. Honorat.* ♦ ... Une expertise probatoire en vue d'une action en responsabilité ultérieure opposant les créanciers à des tiers, • Paris, 2 avr. 1991 : *D. 1992. Somm. 9, obs. Derrida ; Gaz. Pal. 1992. 2. 88, note Marchi.* – V. aussi • Paris, 17 janv. 1995 : *D. 1995. IR 115 ; Rev. proc. coll. 1995. 286, obs. Dureuil.* ♦ Comp., sur cette question controversée : note 5 ss. art. R. 651-5. ♦ ... Une autorisation de cession de fonds de commerce, dans le cadre d'une vente de gré à gré d'une entreprise en liquidation judiciaire, sans respecter la clause d'agrément du propriétaire, • Com. 14 oct. 1997 : *D. Affaires 1997. 1469.* ♦ ... Une ordonnance autorisant la cession du fonds de commerce d'une entreprise en liquidation judiciaire après la levée de l'option d'achat par le bénéficiaire d'une promesse de vente sur ledit fonds de commerce, • Com. 7 mars 2006 : *cité note 1 bis ss. art. L. 642-19.* ♦ ... Une ordonnance constituant une modification substantielle des conditions de la cession précédemment ordonnée en application des art. 155 et 156 [C. com., ancien art. L. 622-17 et L. 622-18]. • Com. 16 mars 1999 : *Bull. civ. IV, n° 65 ; D. 1999. IR 103 ; JCP E 1999, n° 39, p. 1533, obs. Pétel.* ♦ ... Une ordonnance autorisant la vente d'actifs d'un débiteur en liquidation judiciaire pour un prix fictif. • Com. 28 sept. 2004 : *Bull. civ. IV, n° 167 ; D. 2005. 302, note Rakotovahiny ; Act. proc. coll. 2004, n° 216, obs. Vallansan ; JCP E 2005, n° 1-2, p. 29, obs. Cabrillac ; LPA 13 avr. 2005, p. 8, note F.-X. Lucas ; ibid. 16 mai 2005, p. 3, obs. Forray ; RTD civ. 2005. 157, obs. P.-Y. Gautier ; JCP N 2005, n° 15, p. 736, note Garçon.* ♦ Une ordonnance se prononçant sur la répartition entre les créanciers du prix de cession des actifs. • Com. 7 déc. 2004 : *Rev. proc. coll. 2005. 131, obs. Gorrias.* ♦ ... Une ordonnance rendue dans une matière réservée au conseil de prud'hommes. • Com. 19 janv. 1999 : *Act. proc. coll. 1999, n° 127.* ♦ ... Une ordonnance ayant attribué au liquidateur un pouvoir de sélection des dossiers des créanciers susceptibles de voir le montant de leur créance réglé par le fonds de garantie des assurances obligatoires de dommages, V. • Com. 13 nov. 2007 : *Bull. civ. IV, n° 242 ; D. 2007. AJ 3075 ; RJ com. 2008. 230, note Sortais.* ♦ ... Une ordonnance rejetant, sur le fondement de l'art. 107 [C. com., art. L. 632-1], une demande d'attribution judiciaire du gage, V. note 2 *ter* ss. art. L. 642-25. ♦ V. aussi note 1 *bis* ss. art. L. 642-25. ♦ Sur les limitations des attributions du juge-commissaire résultant de la compétence du juge de l'exécution, V. note 3 ss. art. L. 621-9.

5 bis. En ce sens que le juge-commissaire excède les limites de ses attributions en autorisant les exploitants d'une société civile d'exploitation agricole en redressement judiciaire à souscrire une assurance privée pour couvrir le risque de maladie, dès lors que la juridiction du contentieux de la sécurité sociale est seule compétente pour statuer sur l'application de l'art. 1106-12 C. rur. excluant les assurés du bénéfice de l'assurance en cas de défaut de versement des cotisations [V. désormais art. L. 732-15 C. rur.], lorsque ce défaut de versement ne résulte que de l'application de l'art. 33 de la loi du 25 janv. 1985 [C. com., art. L. 622-7], V. • Soc. 8 juill. 1999 : *Bull. civ. V, n° 340 ; JCP E 1999, n° 41, p. 1614 ; Act. proc. coll. 1999, n° 236, obs. Vachet.*

6. Malgré les dispositions de l'art. 173 (2) [C. com., ancien art. L. 623-4], est susceptible d'appel un jugement statuant sur le recours formé contre une ordonnance rendue par le juge-commissaire dans les limites de ses attributions en ce que ce jugement aurait fait une inexacte application des dispositions de l'art. 25 du Décr. du 27 déc. 1985 relatives aux formes et délai du recours contre l'ordonnance du juge-commissaire. • Com. 2 févr. 1993 : *Bull. civ. IV, n° 37 ; Rev. proc. coll. 1993. 398, obs. Dureuil* • 28 mai 1996 : *Bull. civ. IV, n° 150* • 17 juin 1997 : *D. Affaires 1997. 965* • 6 janv. 1998 : *Rev. proc. coll. 1999. 27, obs. Cadiou.* ♦ Lorsque le jugement attaqué est susceptible d'appel en ce qu'il aurait fait une inexacte application des dispositions dudit art. 25, il s'ensuit qu'il ne peut faire l'objet d'un pourvoi en cassation. • Com. 14 déc. 1993 : *Bull. civ. IV, n° 474 ; D. 1994. IR 40.*

De même est recevable, par application des art. 103, al. 3, et 173 (2) [C. com., ancien art. L. 623-4], l'appel formé par une banque contre le jugement d'un tribunal de commerce ayant, à tort, accueilli le recours formé par des cautions des engagements d'une société en liquidation judiciaire envers ladite banque contre l'ordonnance du juge-commissaire qui avait décidé l'admission au passif de la créance de cette banque. • Com. 22 oct. 1996 : *Bull. civ. IV, n° 251 ; D. 1997. Somm. 79, obs. Honorat ; D. Affaires 1996. 1355 ; JCP 1996. II. 22738, rapp. Rémery.*

6 bis. L'irrecevabilité du recours édictée par l'art. 173 (2) [C. com., ancien art. L. 623-4] ne s'applique pas à la disposition du jugement par laquelle le tribunal s'est prononcé sur une demande qui lui était soumise pour la première fois de dommages-intérêts présentée par le liquidateur de la liquidation judiciaire, et les juges du second degré qui déclarent l'appel recevable, usent légalement de leur pouvoir de réformation. • Com. 22 mars 1994 : *Bull. civ. IV, n° 120.*

7. Revendications. Il résulte de l'art. 173 (2) [C. com., ancien art. L. 623-4] que l'appel dirigé contre un jugement par lequel le tribunal s'est prononcé sur le recours formé contre une ordonnance rendue par le juge-commissaire sur une revendication n'est recevable que dans cette limite et il est interdit à la cour d'appel de connaître d'une demande présentée sur un autre fondement. • Com. 14 juin 1994 : *Bull. civ. IV, n° 214 ; D. 1994. IR 206.*

7 bis. Demandes en restitution. Les jugements par lesquels le tribunal statue sur le recours formé contre les ordonnances rendues par le juge-commissaire sur les demandes en restitution prévues par l'art. 85-4 du décret du 27 déc. 1985, sont, à l'instar de ceux se prononçant sur les demandes en revendication, susceptibles d'appel. • Com. 3 févr. 2009 *Bull. civ. IV, n° 14 ; D. 2009. AJ 495 ; Act. proc. coll. 2009, n° 102, obs. Petit ; Gaz. Pal. 26-28 avr. 2009, p. 45, obs. Le Corre-Broly ; LEDEN, avr. 2009, p. 2, obs. Le Bars ; RJDA 2009, n° 880 ; Rev. proc. coll. 2010, n° 4, obs. Gorrias et Manie.*

7 ter. Pourvoi en cassation. A supposer que le juge-commissaire statue hors la limite de ses attributions ou que soit en cause un excès de pouvoir, le jugement est susceptible d'appel ; la voie de la cassation n'est ouverte que lorsque toutes les autres voies sont fermées. • Com. 18 sept. 2007 : *Bull. civ. IV, n° 201 ; D. 2007. AJ 2475, obs. Lienhard* • Civ. 1re, 12 déc. 2007 : *Bull. civ. I, n° 384 ; D. 2008. AJ 84 ; Procédures 2008, n° 51, obs. Rolland.* ♦ V. aussi note 8 *ter*.

8. Appel-nullité et pourvoi-nullité. Aucune disposition ne peut interdire de faire constater, selon les voies de recours du droit commun, la nullité d'une décision entachée d'excès de pouvoir. • Com. 12 mai 1992 : *Bull. civ. IV, n° 182 ; D. 1992. 345, note Bolard ; Defrénois 1992. 1376, obs. Sénéchal.* – V. aussi • Com. 26 juin 2001 : *JCP E 2002, n° 28, p. 1199, note Perdriau (1re esp.).* ♦ Depuis l'arrêt de la chambre mixte du 28 janv. 2005, le recours-nullité n'est ouvert qu'en cas d'excès de pouvoir : V. • Cass. ch. mixte, 28 janv. 2005 : *Bull. civ. n° 1 ; D. 2005. IR 386, obs. Avena-Robardet.* – En ce sens, V. • Com. 3 mai 2006 : *RTD com. 2006. 671, obs. Vallens.* ♦ L'excès de pouvoir consiste pour le juge à méconnaître l'étendue de son pouvoir de juger. • Civ. 1re, 20 févr. 2007 : *D. 2007. AJ 803 ; Gaz. Pal. 20-21 juill. 2007, p. 31, obs. Fricero.* ♦ Ne constituent un excès de pouvoir ni la violation des règles relatives à la composition des juridictions ni la violation du principe de la contradiction. • Civ. 2e, 17 nov. 2005 : *D. 2005. AJ 3085, obs. Lienhard ; Act. proc. coll. 2006, n° 22, obs. Cagnoli ; Procédures 2006, n° 12, obs. Junillon.* – Comp. : note 2 ss. art. L. 661-5 abrogé. ♦ De même, la violation de l'obligation de motivation ne constitue pas un excès de pouvoir. • Com. 26 janv. 2010 : *Bull. civ. IV, n° 19 ; D. 2010. AJ 380 ; JCP 2010. 223, note Arbellot ; RJDA 2010, n° 699 ; Rev. proc. coll.*

2010, nº 97, obs. Cagnoli ; RTD civ. 2010. 375, obs. Perrot ♦ ... Pas plus que le défaut de communication de la procédure au parquet ou la non-réponse à un moyen. • Paris, 18 oct. 2007 : *RTD com. 2008. 190, obs. Vallens*. ♦ ... Ou la méconnaissance des art. 6, § 1, et 13 de la Conv. EDH (droit à un procès équitable et à un recours effectif). • Com. 19 juin 2012 : *Bull. civ. IV, nº 130 ; D. 2012. Actu. 1670 ; LEDEN oct. 2012, p. 7, obs. Staes ; Gaz. Pal. 12-13 oct. 2012, p. 22, obs. Fricero.* ♦ Comp., auparavant : note 8 *bis*.

Ont été déclarés recevables : un appel-nullité contre un jugement ayant refusé de statuer sur le recours formé par le débiteur contre une ordonnance du juge-commissaire dont le délai d'exercice n'avait pas commencé à courir faute de notification régulière de l'ordonnance, • Com. 22 mai 2007 : *Bull. civ. IV, nº 140 ; D. 2007. AJ 1600 ; RD banc. fin. 2007, nº 115, obs. F.-X. Lucas ; Act. proc. coll. 2007, nº 142, obs. Cagnoli.* ♦ ... Un appel-nullité contre un jugement ayant statué sur une demande en relevé de forclusion introduite plus d'une année après le jugement d'ouverture sans relever d'office cette fin de non-recevoir d'ordre public, • Com. 16 nov. 1993 : *Bull. civ. IV, nº 409* • 28 mai 1996 : *D. 1996. IR 161* • 19 déc. 2000 : *RJDA 2001, nº 486.* – *Contra* : • Aix-en-Provence, 7 janv. 1993 : *Gaz. Pal. 1992. 2. 346, note Latil ; JCP E 1993. I. 298, nº 12, obs. crit. Cabrillac et Pételˊ* • Versailles, 1er déc. 1994 : *D. 1995. IR 51 ; Rev. proc. coll. 1995. 288, obs. crit. Dureuil.* ♦ ... Un appel-nullité contre un jugement ayant confirmé une ordonnance par laquelle le juge-commissaire avait statué sur une créance née après l'ouverture de la procédure collective. • Com. 12 mai 2009 : *Gaz. Pal. 26-28 juill. 2009, p. 41, obs. Le Corre-Broly.* ♦ ... Un pourvoi-nullité contre un arrêt ayant statué dans une matière où la cour d'appel est incompétente, • Com. 30 mars 1993 : *Bull. civ. IV, nº 131 ; D. 1993. IR 131.* ♦ ... Un pourvoi-nullité contre un arrêt ayant rejeté le recours formé par un cocontractant du débiteur dont le contrat avait fait l'objet d'une cession forcée accessoirement à la vente de gré à gré d'un bien visé à l'art. 156, devenu l'art. L. 622-18 [L. 642-19] C. com., • Com. 26 juin 2001 : *JCP E 2002, nº 28, p. 1199, note Perdriau (3e esp.) ; RD banc. fin. 2002, nº 20, obs. F.-X. Lucas.*

Constitue un excès de pouvoir le fait pour les premiers juges d'avoir déclaré irrecevable le recours formé par un débiteur en liquidation judiciaire, qui exerce son droit propre, contre la décision d'autorisation de vente prise par le juge-commissaire, dont il prétend qu'elle a violé la nature ou la portée des règles relatives à son dessaisissement. • Com. 5 oct. 2010 : *Bull. civ. IV, nº 149 ; D. 2010. Actu. 235 ; RJDA 2010, nº 1203 ; Rev. proc. coll. 2010, nº 245, obs. Berthelot ; Gaz. Pal. 7-8 janv. 2011, p. 31, obs. Voinot.*

8 bis. Avant l'arrêt de la chambre mixte du 28 janv. 2005 [préc. note 8], il était admis qu'aucune disposition ne pouvait interdire de faire constater selon les voies de recours du droit commun la nullité d'une décision rendue en violation d'un principe essentiel de procédure, telle l'obligation de motivation des jugements. • Com. 30 mars 1993 : *Bull. civ. IV, nº 132* (à propos d'une ordonnance du juge-commissaire) • 18 janv. 2005 : *Rev. proc. coll. 2005. 131, obs. Gorrias (même cas de figure)* • Dijon, 23 oct. 2001 : *JCP E 2002, nº 10, p. 402* (à propos d'un jugement relevant un créancier de sa forclusion).

L'appel-nullité était ainsi recevable en cas de violation du principe de la contradiction. • Com. 14 févr. 1995 : *Bull. civ. IV, nº 45 ; D. 1995. IR 75 ; Rev. proc. coll. 1995. 288, obs. Dureuil* • 19 déc. 1995 : *ibid. 1996. 321, obs. Soinne* • 28 avr. 1998 : *D. Affaires 1998. 956, obs. S. P.* ♦ ... Ou en cas d'absence de motivation. • Dijon, 4 juin 1996 : *JCP 1997. IV. 291.* ♦ ... Ou de participation du juge-commissaire à la formation de jugement (statuant sur le recours). • Basse-Terre, 2 déc. 1996 : *BICC 1997, nº 552.*

8 ter. L'appel-nullité était recevable dès lors qu'un créancier invoquait l'application inexacte faite par le tribunal des dispositions du Décr. du 27 déc. 1985 relatives aux formes et délais du recours formé contre une ordonnance rendue par le juge-commissaire, dans la limite de ses attributions. • Com. 28 mai 1996 : *Bull. civ. IV, nº 150 ; D. Affaires 1996. 779.* – V. aussi • Dijon, 31 mai 1994 : *BICC 1994, nº 1170* (opposition à l'ordonnance formée par une simple lettre) • Lyon, 6 sept. 1996 : *JCP E 1996. Pan. 1055.*

Sur l'ouverture de l'appel-nullité en cas d'atteinte au principe de l'effet dévolutif du recours et à la règle du dessaisissement du juge-commissaire et de contradiction entre les motifs et le dispositif, V. • Paris, 12 févr. 1991 : *D. 1992. Somm. 8, obs. Derrida*. – V. aussi • Lyon, 11 oct. 1991 : *ibid.* ♦ Sur la nécessité d'un intérêt à agir, V. • Paris, 6 mars 1991 : *D. 1992. Somm. 92, obs. Derrida*.

La voie de la cassation n'étant ouverte que lorsque toutes les autres voies sont fermées, est irrecevable le pourvoi formé contre un jugement d'un tribunal qui a rejeté les recours contre une ordonnance du juge-commissaire refusant d'accueillir les requêtes en relevé de forclusion, alors que le tribunal ayant excédé ses pouvoirs en se prononçant dans une matière où seule la cour d'appel était compétente dès lors que la procédure collective avait été ouverte postérieurement à l'entrée en vigueur de la loi du 10 juin 1994, un tel recours en annulation pouvait être formé par la voie de l'appel. • Com. 28 nov. 2000 : *Bull. civ. IV, n° 186 ; D. 2001. AJ 127, obs. Lienhard ; Act. proc. coll. 2001, n° 16, obs. Vallansan.* ♦ V. aussi note 7 *ter.*

8 quater. L'appel en annulation suppose que le jugement et non l'ordonnance du juge-commissaire soit affecté d'une irrégularité de nature à justifier la recevabilité de cette voie de recours. • Toulouse, 6 juill. 2000 : *BICC 2002, n° 650.* – Rappr. : • Com. 17 juill. 2001 : *Rev. proc. coll. 2002. 171, obs. Gorrias.*

8 quinquies. Les actes de notification des jugements visés à l'art. L. 623-4 C. com., qui n'ont pas à faire mention des délais et modalités de l'appel, ne doivent pas non plus indiquer qu'un appel-nullité est exceptionnellement ouvert en cas d'excès de pouvoir, ni préciser le délai et les modalités d'exercice de cette voie de recours. • Com. 30 mars 2010 : *RTD com. 2010. 432, obs. Vallens .*

9. Sur l'autonomie des conditions de l'appel-nullité par rapport à celles de l'appel-réformation, V. • Com. 27 mai 2003 : *Bull. civ. IV, n° 88 ; D. 2003. AJ 2013 .*

10. Sur l'effet dévolutif de l'appel-nullité, V. note 55 ss. ancien art. L. 621-46, ss. art. L. 622-26, et notes 33 et 34 ss. art. L. 661-6.

V. aussi note 2 ss. art. L. 621-7, notes 17 s. ss. ancien art. L. 661-6, note 15 *bis* ss. art. 25 du Décr. n° 85-1388 du 27 déc. 1985, ss. art. R. 621-21.

Art. L. 661-5 *(Abrogé par Ord. n° 2008-1345 du 18 déc. 2008, art. 150)* ***Ne sont susceptibles que d'un appel et d'un pourvoi en cassation de la part du ministère public, les jugements statuant sur les recours formés contre les ordonnances du juge-commissaire rendues en application des articles*** (L. n° 2005-845 du 26 juill. 2005, art. 150) ***« L. 642-18 et L. 642-19 ».*** — [C. com., ancien art. L. 623-5.]

V. art. R. 661-1 et R. 661-3 s.

1. Effet dévolutif. Par l'effet dévolutif de l'appel, la juridiction du second degré se trouve investie de l'entière connaissance du litige et elle est tenue, sans que ce pouvoir soit conditionné par l'existence d'une erreur manifeste d'appréciation de la part des premiers juges, de se prononcer, à son tour, sur l'opportunité d'ordonner ou non la cession prévue à l'art. 155 [C. com., ancien art. L. 622-17] à l'un des candidats repreneurs dont les offres avaient été écartées par le tribunal. • Com. 11 mars 1997 : *Bull. civ. IV, n° 73 ; D. 1997. IR 144 ; RJDA 1997, n° 965 ; JCP E 1997. I. 681, n° 7, obs. Pétel.*

2. Appel-nullité. Les jugements statuant sur le recours formé contre les ordonnances rendues par le juge commissaire en application de l'art. L. 622-16 C. com. dans sa rédaction antérieure à la loi du 26 juill. 2005 ne sont susceptibles d'un appel ou d'un pourvoi en cassation que de la part du ministère public ; il ne peut être dérogé à cette règle, comme à tout autre règle interdisant ou différant un recours, qu'en cas d'excès de pouvoir. • Com. 3 nov. 2009 : *Bull. civ. IV, n° 139 ; D. 2009. AJ 2746 ; Gaz. Pal. 8-9 janv. 2010, p. 25, obs. Voinot ; RJDA 2010, n° 271.* ♦ Le tribunal ne fait qu'user des pouvoirs qu'il tient dudit art. L. 622-16 en ordonnant la vente de gré à gré de l'immeuble du débiteur, dès lors que la procédure de liquidation judiciaire n'est pas clôturée (dans le cas où le débiteur invoquait l'inutilité de la vente en l'absence de passif exigible). • Même arrêt. ♦ La violation de l'art. 4 C. pr. pén. [imposant au juge civil de surseoir à statuer dans l'attente de la décision du juge pénal sur l'action publique], dans sa rédaction antérieure à la loi du 5 mars 2007, ne constitue pas un excès de pouvoir. • Com. 11 mai 2010 : *Bull. civ. IV, n° 87 ; D. 2010. Actu. 1277 ; LEDEN juill. 2010, p. 7, obs. Staes ; Dict. perm. diff. entrep., bull. n° 316, obs. Roussel Galle ; RJDA 2010, n° 986.* ♦ De même, ni la méconnaissance du principe de loyauté des débats, ni le grief tiré d'une violation de l'art. 6, § 1, de la Conv. EDH ne constituent un excès de pouvoir. • Com. 8 mars 2011 : *Bull. civ. IV, n° 35 ; D. 2011. Actu. 815 ; RTD com. 2011. 424, obs. Vallens ; Act. proc. coll. 2011, n° 128, obs. Cagnoli ; Procédures 2011, n° 178, note Rolland ; Bull. Joly Entrep. diff. 2011. 200, note Staes ; RJDA 2011, n° 646.* – Dans la même affaire, V. • Com. 12 juill. 2011 : *Bull. civ. IV, n° 120 ; D. 2011. Actu. 1966, obs. Lienhard ; LEDEN oct. 2011, p. 7, obs. Staes ; Procédures 2011, n° 343, note Rolland ; LPA 3 janv. 2012, obs. Roussel Galle.* ♦ V. aussi, refusant de voir un excès de pouvoir dans la décision du juge-commissaire autorisant la cession de gré à gré du droit au bail de la société en liquidation judiciaire à une date à laquelle la résiliation du bail était acquise par le jeu de la clause résolutoire, • Com. 1er févr. 2011 : *Bull. civ. IV, n° 13 ; D. 2011. Actu. 514, obs. Lienhard ; Gaz. Pal. 1er-2 avr. 2011, p. 25, obs. Kendérian ; LEDEN mars 2011, p. 5, obs. Staes ; Rev. proc. coll. 2011, n° 28, obs. Cagnoli ; RJDA 2011, n° 563.* ♦ En revanche, constitue un excès de pouvoir [rendant recevable l'appel-nullité] le fait pour un juge, qui se prononce en matière de réalisation de l'actif du débiteur en liquidation judiciaire, de statuer sans que le débiteur ait été entendu ou dûment appelé. • Com. 16 juin 2009 : *Bull. civ. IV, n° 82 ; D. 2009. AJ 1756, obs. Lienhard ; Act. proc. coll. 2009, n° 209, obs. Vallansan et Cagnoli ; Gaz. Pal. 26-28 juill. 2009, p. 19, obs. Fricéro ; ibid. 1er-3 nov. 2009, p. 19, obs. Voinot ; JCP E 2009. 1814, n° 5, obs. Pétel ; Procédures 2009, n° 280, obs. Rolland ; LEDEN sept. 2009, p. 6, obs. Staes ; RLDA 2009, n° 43, p. 18, obs. Gorrias ; Rev. proc. coll. 2010, n° 5, obs. Gorrias et Manie ; RJ com. 2010. 188, note Boillot* • 8 janv. 2013 : *D. 2013. Actu. 173, obs. Lienhard ; LEDEN mars 2013, p. 4, obs. Staes ; Procédures 2013, n° 111, note Rolland ; Rev. proc. coll. 2013, n° 41, obs. Cagnoli ; Gaz. Pal. 1er-4 mai 2013, p. 24, obs. Théron ; Bull. Joly Entrep. diff. 2013. 166, note Sortais.* ♦ Pour un excès de pouvoir résultant du refus de reconnaître au créancier gagiste le bénéfice des prérogatives attachées à son droit de rétention, V. • Com. 22 mai 2012 : *Bull. civ. IV, n° 108 ; D. 2012. Actu. 1398, obs. Lienhard ; LEDEN juill. 2012, p. 2, obs. Laroche ; Gaz. Pal. 3-4 août 2012, p. 28, obs. Théron ; RJDA 2013, n° 352.* ♦ V. aussi cet arrêt en ce qu'il reconnaît au créancier gagiste réclamant la qualité de partie, du fait de sa participation à l'instance de recours devant le tribunal.

2 bis. Il n'entre pas dans les pouvoirs juridictionnels de la cour d'appel, statuant sur un appel-nullité relevé à l'encontre d'un jugement rendu à la suite d'une ordonnance du juge-commissaire prise en application de l'art. L. 642-18 C. com., de se prononcer sur l'éventuelle cession forcée d'un immeuble grevé d'une clause d'inaliénabilité. • Com. 8 nov. 2011 : *Bull. civ. IV, n° 184 ; D. 2011. Actu. 2789 ; Act. proc. coll. 2011, n° 308, obs. Cagnoli ; LEDEN janv. 2012, p. 5, obs. J.-P. Sénéchal ; RJDA 2012, n° 320 ; Bull. Joly Entrep. diff. 2012. 168, note Théron.*

3. Recours du candidat repreneur évincé. L'auteur d'une offre d'acquisition de gré à gré d'un actif d'un débiteur en liquidation judiciaire, n'ayant aucune prétention à soutenir au sens des art. 4 et 31 C. pr. civ., n'est pas recevable à exercer un recours contre la décision du juge-commissaire autorisant ou ordonnant la vente au profit de l'auteur d'une offre concurrente. • Com. 28 avr. 2009 : *Bull. civ. IV, n° 57 ; D. 2009. AJ 1276 ; Act. proc. coll. 2009, n° 160, obs. Vallansan ; LEDEN, juin 2009, p. 3, obs. F.-X. Lucas ; Gaz. Pal. 26-28 juill. 2009, p. 18, obs. Fricero ; RJDA 2009, n° 879 ; Defrénois 2010. 475, obs. Gibirila.* ♦ Pour l'irrecevabilité de l'appel-nullité, V. • Com. 3 déc. 2003 : *Bull. civ. IV, n° 193 ; D. 2004. AJ 141 ; RD banc. fin. 2004, n° 82, obs. F.-X. Lucas ; RJ com. 2004. 186, note Sortais* • 24 mai 2005 : *Gaz. Pal. 4-5 nov. 2005, p. 32, obs. M. Sénéchal* • 14 déc. 2010 : *Bull. civ. IV, n° 202 ; D. 2011. Actu. 69, obs. Lienhard ; JCP E 2011. 1263, n° 2, obs. Pétel ; LEDEN févr. 2011, p. 3, obs. Staes ; Act. proc. coll. 2011, n° 29, obs. Rolland ; Dict. perm. diff. entrep., Bull. n° 322, obs. Roussel Galle ; RJDA 2011, n° 340 ; Rev. proc. coll. 2011, n° 27, obs. Cagnoli ; LPA 29 avr. 2011, obs. Nabet ; RJ com. 2011. 493, note Sortais* • 31 mai 2011 : *Bull. civ. IV, n° 88 ; D. 2011. Actu. 1613, obs. Lienhard ; Act. proc. coll. 2011, n° 190, obs. Vallansan ; LEDEN juill. 2011, p. 7, obs. Borga ; RJDA 2011, n° 724 ; Gaz. Pal. 7-8 oct. 2011, p. 28, obs. Théron.* ♦ ... L'irrecevabilité de la tierce opposition-nullité, V. • Com. 28 sept. 2004 : *D. 2005. Pan. 295, obs. Le Corre .*

4. Pourvoi en cassation. L'excès de pouvoir, lorsqu'il est établi, ouvre droit à un recours en annulation du jugement formé par la voie de l'appel ; le pourvoi en cassation est irrecevable dès lors que, selon l'art. 605 C. pr. civ., la voie de la cassation n'est ouverte que lorsque toutes les autres voies sont fermées. • Com., QPC, 26 juin 2012 : *Bull. civ. IV, n° 138 ; D. 2012. Chron. C. cass. 2012. 2554, obs. Arbellot ; RJDA 2013, n° 149.*

Art. L. 661-6 *(Ord. n° 2008-1345 du 18 déc. 2008, art. 151)* **I. — Ne sont susceptibles que d'un appel de la part du ministère public :**

1° Les jugements ou ordonnances relatifs à la nomination ou au remplacement de l'administrateur, du mandataire judiciaire, du commissaire à l'exécution du plan, du liquidateur, des contrôleurs, du ou des experts ;

2° Les jugements statuant sur la durée de la période d'observation, sur la poursuite ou la cessation de l'activité.

II. — Ne sont susceptibles que d'un appel de la part du débiteur ou du ministère public, les jugements relatifs à la modification de la mission de l'administrateur.

III. — Ne sont susceptibles que d'un appel de la part soit du débiteur, soit du ministère public, soit du cessionnaire ou du cocontractant mentionné à l'article L. 642-7 les jugements qui arrêtent ou rejettent le plan de cession de l'entreprise. Le cessionnaire ne peut interjeter appel du jugement arrêtant le plan de cession que

si ce dernier lui impose des charges autres que les engagements qu'il a souscrits au cours de la préparation du plan. Le cocontractant mentionné à l'article L. 642-7 ne peut interjeter appel que de la partie du jugement qui emporte cession du contrat.

IV. — Ne sont susceptibles que d'un appel de la part du ministère public ou du cessionnaire, dans les limites mentionnées à l'alinéa précédent, les jugements modifiant le plan de cession.

V. — Ne sont susceptibles que d'un appel de la part du débiteur, de l'administrateur, du liquidateur, du cessionnaire et du ministère public les jugements statuant sur la résolution du plan de cession.

VI. — L'appel du ministère public est suspensif.

V. art. R. 661-3, R. 661-4 et R. 661-6.

Ordonnances du juge-commissaire. Les dispositions de l'art. L. 661-6, I, 1°, n'ont ni pour objet ni pour effet de fermer le recours de droit commun ouvert contre les ordonnances du juge-commissaire devant le tribunal de la procédure collective par l'art. R. 621-21 (non-lieu à renvoi de la QPC). • Com., QPC, 21 févr. 2012 : *Bull. civ. IV, n° 48 ; D. 2012. Actu. 550, obs. Lienhard ; Gaz. Pal. 27-28 avr. 2012, p. 26, obs. Rohart-Messager ; Procédures 2012, n° 183, note Rolland ; Rev. proc. coll. 2012, n° 61, obs. Cagnoli.*

Ancien art. L. 661-6 *I. — Ne sont susceptibles que d'un appel de la part du ministère public même s'il n'a pas agi comme partie principale :*

1° Les jugements relatifs à la nomination ou au remplacement de l'administrateur, du mandataire judiciaire, du liquidateur, des contrôleurs, du ou des experts ;

2° Les jugements statuant sur la durée de la période d'observation, sur la poursuite ou la cessation de l'activité (Abrogé par L. n° 2005-845 du 26 juill. 2005, art. 151) *« ou sur l'autorisation de la location-gérance prévue à l'article L. 621-34 ».*

II. — Ne sont susceptibles que d'un appel de la part, (L. n° 2005-845 du 26 juill. 2005, art. 151) *« soit du débiteur, » soit du ministère public même s'il n'a pas agi comme partie principale, soit du cessionnaire ou du cocontractant mentionné à l'article* (L. n° 2005-845 du 26 juill. 2005, art. 151) *« L. 642-7 », les jugements qui arrêtent ou rejettent le plan de cession de l'entreprise. Le cessionnaire ne peut interjeter appel du jugement arrêtant le plan de cession que si ce dernier lui impose* (Abrogé par L. n° 2005-845 du 26 juill. 2005, art. 151) *«, en violation de l'article L. 621-63, » des charges autres que les engagements qu'il a souscrits au cours de la préparation du plan. Le cocontractant mentionné à l'article* (L. n° 2005-845 du 26 juill. 2005, art. 151) *« L. 642-7 » ne peut interjeter appel que de la partie du jugement qui emporte cession du contrat.*

III. — Ne sont susceptibles que d'un appel de la part soit du ministère public même s'il n'a pas agi comme partie principale, soit du cessionnaire, dans les limites mentionnées à l'alinéa précédent, les jugements modifiant le plan de cession.

IV. — L'appel du ministère public est suspensif. — [C. com., ancien art. L. 623-6.]

I. APPEL-RÉFORMATION

A. QUALITÉ POUR AGIR

1. Ministère public. Le ministère public étant recevable à agir pour la défense d'intérêts légitimes peut déférer à la cour tout jugement qui ne retiendrait pas l'offre de reprise permettant d'assurer dans les meilleures conditions l'emploi attaché à l'ensemble cédé et le paiement des créanciers. • Amiens, 24 juill. 1986 : *Gaz. Pal. 1986. 2. 643* • Aix-en-Provence, 2 juin 1988 : *D. 1990. Somm. 3, obs. Derrida*. – V. aussi • Nancy, 18 déc. 2003 : *RTD com. 2004. 162, obs. Vallens* (dans le cas où une offre préférable à celle retenue avait été présentée tardivement, en cours de délibéré). ♦ Le candidat dont l'offre n'a pas été retenue ne peut contester la recevabilité de l'appel interjeté par le ministère public. • Paris, 29 juill. 1987 : *Gaz. Pal. 1987. 2. 677.* ♦ L'appel du ministère public à l'encontre du jugement ayant arrêté un plan de redressement est un droit reconnu par le législateur, même s'il n'a pas agi comme partie principale, sans avoir à justifier d'un intérêt particulier. • Paris, 5 déc. 1997 : *RJ com. 1998. 325, note Monsèrié.* ♦ Sur la recevabilité, de la part du candidat évincé, d'une intervention accessoire aux prétentions du ministère public, V. note 12.

2. Cessionnaire. Est recevable l'appel du cessionnaire de l'entreprise contre le jugement arrêtant le plan de cession de l'entreprise, qui lui imposerait des charges autres que les engagements souscrits dans son offre. • Aix-en-Provence, 9 déc. 1988 : *D. 1990. Somm. 3, obs. Derrida* • Montpellier, 19 juin 1990 : *D. 1992. Somm. 93, obs. Derrida*. ♦ Ainsi, sont recevables les appels-réformation de créanciers hypothécaires dont l'offre de reprise a été écartée par le tribunal décidant qu'une partie du prix de cession d'immeubles sera réservée aux créanciers chirographaires, sans respecter les conditions des offres des établissements de crédit et en leur imposant une charge qu'ils n'avaient pas souscrite. • Paris, 8 juin 1993 : *D. 1993. IR 186 ; Gaz. Pal. 1994. 1. 20, note Marchi.* ♦ A défaut de cette condition, n'est pas recevable l'appel contre un jugement interprétatif concernant les modalités du plan de cession. • Com. 12 févr. 1991 : *JCP 1991. IV. 140 ; Bull. civ. IV, n° 68.* ♦ Comp., admettant l'appel visant à contester la cession judiciaire de contrats : • Paris, 5 déc. 1997 : *préc. note 1.* ♦ L'auteur de l'offre de cession qui a été désigné dans le jugement comme bénéficiaire de la reprise a la qualité de cessionnaire au sens de l'art. L. 623-6 [L. 661-6] (II) C. com. et peut, à ce titre, même en cas d'exercice d'une faculté de substitution, interjeter appel du jugement qui lui imposerait d'autres engagements que ceux qu'il a pu souscrire : • Orléans, 21 juill. 2005 : *RJDA 2006, n° 54.*

2 bis. Aucune disposition légale n'interdit au cessionnaire qui a demandé la modification du plan de cession d'interjeter appel du jugement rejetant cette demande. • Com. 3 mai 2006 : *cité note 1 ss. art. L. 661-7.*

3. Cocontractant cédé. Le cocontractant ne peut relever appel que de la partie du jugement qui emporte cession du contrat, ce qui ne lui permet pas de critiquer l'ensemble du jugement. • Limoges, 13 août 1986 : *D. 1987. 44, note Derrida ; JCP 1986. II. 20693, note Cabrillac ; Gaz. Pal. 1986. 2. 722, note J.-F. Martin.*

4. Le cocontractant mentionné à l'art. 86 [C. com., art. L. 642-7] n'est pas recevable à relever appel de la décision refusant le transfert de son contrat. • Paris, 22 oct. 1991 : *D. 1992. 417, note Derrida*. – V. aussi • Versailles, 15 avr. 1996 : *Rev. proc. coll. 1998. 384, obs. Soinne.* ♦ Sur la recevabilité de l'appel-nullité, V. note 22.

B. ABSENCE DE QUALITÉ

5. Débiteur et administrateur. Avant la loi du 26 juill. 2005, le débiteur cédé n'avait pas qualité pour faire appel. • Versailles, 9 juill. 1986 : *Gaz. Pal. 1987. 1. 133, note Marchi.* ♦ V., toutefois, pour la recevabilité de l'appel formé par le débiteur ou l'administrateur contre un jugement qui, arrêtant un plan de cession, rejetait par là même un plan de continuation ou la liquidation judiciaire, notes 8 et 11 ss. art. L. 661-1. ♦ V. aussi, pour la recevabilité de l'appel-nullité du débiteur, note 27.

V., désormais, sur le droit d'appel du débiteur : art. L. 661-6, dans sa réd. issue de la L. n° 2005-845 du 26 juill. 2005, reprise par l'Ord. n° 2008-1345 du 18 déc. 2008.

6. L'appel du débiteur contre le jugement statuant sur la non-exécution des obligations du cessionnaire est recevable. • Toulouse, 11 mars 1991 : *BICC 1991, n° 1190.*

7. Associé. L'associé d'une société en redressement judiciaire est irrecevable à interjeter appel du jugement ayant arrêté le plan de cession de la société. • Com. 18 mars 2003 : *Dr. sociétés 2004, n° 60, note Legros.*

8. Créanciers. Il résulte de l'art. 174, al. 2 [C. com., art. L. 661-6, III], qu'un créancier ne peut interjeter appel d'un jugement statuant en matière de plan de cession. • Com. 3 mars 1992 : *Bull. civ. IV, n° 100.* ♦ Ni les créanciers, ni les contrôleurs ne sont au nombre des personnes autorisées, par l'art. 174 [C. com., art. L. 661-6], à faire appel des jugements arrêtant le plan de cession de l'entreprise. • Paris, 8 juill. 1987 : *D. 1988. 11, concl. Sauvel.* ♦ Est irrecevable l'appel interjeté par un créancier hypothécaire contre un jugement arrêtant, conformément aux prévisions de l'art. 68 [C. com., art. L. 642-6], une modification substantielle dans les objectifs et les moyens du plan de cession. • Com. 8 juin 1993 : *Bull. civ. IV, n° 235 ; D. 1994. Somm. 42, obs. Derrida ; Rev. huiss. 1994. 196, note Vidal.* ♦ V. aussi note 23.

9. La banque qui se prévaut d'un contrat de prêt affecté, dont le sort est réglé par les dispositions de l'art. L. 642-12 C. com., n'est pas un cocontractant au sens des dispositions de l'art. L. 642-7 du même code ; son appel est donc irrecevable. • Bordeaux, 17 nov. 2009 : *BICC 2010, n° 1381.* ♦ Lorsque, faute d'accord avec le créancier nanti à propos d'un paiement partiel des échéances d'emprunt restant dues postérieurement au transfert de propriété, les matériels grevés de nantissement ont été exclus de l'offre de reprise, de sorte que le tribunal n'a pas été appelé à statuer sur leur cession, le créancier nanti n'avait pas la qualité de partie à l'instance qui devait statuer sur le plan de cession ; son appel contre le jugement arrêtant ce plan est donc irrecevable. • Aix-en-Provence, 3 avr. 1997 : *D. 1999. Somm. 4, obs. Derrida*. – V. aussi • Amiens, 16 déc. 1988 : *D. 1990. Somm. 3, obs. Derrida*. ♦ Pour l'irrecevabilité de l'appel-nullité, V. note 23.

10. Salariés et représentants du personnel. Les représentants du comité d'entreprise ou, à défaut, les délégués du personnel dont l'audition se trouve ainsi requise par la loi ne disposent pas pour autant de la faculté de relever appel du jugement arrêtant ou rejetant le plan de cession. • Paris, 13 janv. 1987 : *D. 1987. IR 42 ; Gaz. Pal. 1987. 1. 199, note Marchi* • Versailles, 9 févr. 1989 : *D. 1990. Somm. 3, obs. Derrida*. ♦ Sur l'irrecevabilité de l'appel des salariés, des représentants des salariés et des délégués du personnel, V. • Paris, 22 févr. 1989 : *D. 1989. IR 91* • 6 févr. 1987 : *D. 1987. IR 42.*

11. Candidats repreneurs évincés. Il résulte de l'art. 174 [C. com., art. L. 661-6] que les appels relevés par les repreneurs évincés contre le jugement arrêtant ou rejetant un plan de cession sont irrecevables. • Limoges, 13 août 1986 : *préc. note 3* • Amiens, 9 févr. 1989 : *D. 1990. Somm. 3, obs. Derrida* • Rouen, 5 juill. 1994 : *BICC 1995, n° 134.* ♦ En exerçant néanmoins un recours que la jurisprudence déclare irrecevable, le repreneur évincé commet une faute dont il doit réparation au cessionnaire et au mandataire de justice de l'entreprise cédée. • Com. 11 mai 1999 : *Bull. civ. IV, n° 101 ; D. 2000. Somm. 96, obs. Honorat ; Dr. sociétés 1999, n° 115, obs. Chaput ; LPA 5 août 1999, p. 10, note P. M.*

12. Cependant, le candidat évincé est recevable en son intervention accessoire, conformément aux dispositions combinées des art. 330 et 554 NCPC [C. pr. civ.] ainsi que de l'art. 161, al. 4, du Décr. du 27 déc. 1985 [C. com., art. R. 661-5°], dans la mesure où il a intérêt, pour la conservation de ses droits, à soutenir désormais les prétentions du ministère public. • Paris, 6 févr. 1987 : *préc. note 10.* – V. aussi • Versailles, 23 avr. 1992 : *RJ com. 1992. 307, note Vallens* • Paris, 5 déc. 1997 : *préc. note 1.*

13. Sur la recevabilité de l'appel-nullité, V. note 21. ♦ Sur la recevabilité d'un pourvoi en cassation portant sur la recevabilité de l'appel, V. note 3 ss. ancien art. L. 661-7.

C. JUGEMENTS VISÉS

13 bis. Selon l'art. L. 661-6, I, 1°, C. com., dans sa rédaction issue de la loi du 26 juill. 2005, les jugements relatifs à la nomination ou au remplacement de l'administrateur, du mandataire judiciaire, du liquidateur, des contrôleurs, du ou des experts ne sont susceptibles que d'un appel du ministère public. Il n'est dérogé à cette règle qu'en cas d'excès de pouvoir, lequel, s'il est établi, ouvre droit à un recours en annulation du jugement formé par la voie de l'appel (irrecevabilité du pourvoi en cassation du candidat contrôleur évincé). • Com. 16 mars 2010 : *Bull. civ. IV, n° 57 ; D. 2010. Chron. C. cass. 1113, obs. Bélaval ; ibid. AJ 825 ; Rev. sociétés 2010. 195, obs. Roussel Galle ; RTD com. 2010. 430, obs. Vallens ; LEDEN mai 2010, p. 4, obs. Staes ; Gaz. Pal. 2-3 juill. 2010, p. 22, obs. Fricero ; RJDA 2010, n° 772 ; Rev. proc. coll. 2011, n° 26, obs. Cagnoli.*

14. La décision qui se borne à modifier la désignation de l'associé représentant une société d'exercice libéral de mandataires judiciaires dans l'accomplissement de sa mission de liquidateur du débiteur, précédemment exercée par l'un des associés au nom de cette même société, n'est pas une décision de remplacement • Com. 13 déc. 2005 : *Act. proc. coll. 2006, n° 70.* – V. Soinne, *Rev. proc. coll. 2006. 230.*

15. Le remplacement d'un contrôleur entraîne nécessairement dans un premier temps sa révocation et par conséquent les jugements qui ont trait à la révocation d'un contrôleur sont susceptibles de recours dans les mêmes conditions que les décisions de nomination ou de remplacement. Par suite, un créancier, fût-il contrôleur, ne dispose d'aucun droit d'appel à l'encontre du jugement qui prononce sa révocation. • Rouen, 11 sept. 1997 : *RJDA 1998, n° 455.*

16. Le jugement qui, sur requête du commissaire à l'exécution du plan, confirme le plan de cession arrêté par un précédent jugement n'entre pas dans la catégorie des jugements qui arrêtent ou rejettent un plan de cession ; les voies de recours de droit commun sont donc ouvertes contre ce jugement. • Paris, 14 sept. 1993 : *Gaz. Pal. 1994. 1. 23, note Marchi ; LPA 20 avr. 1994, note Calendini.*

16 bis. La loi du 25 janv. 1985 ne renferme aucune disposition prohibant l'exercice de l'appel à l'encontre d'une décision statuant sur une demande de résolution d'un plan de cession. • Com. 6 mai 1997 : *Bull. civ. IV, n° 124 ; D. 1998. Somm. 6, obs. Derrida ; D. Affaires 1997. 766.* – Dans le même sens, V. • Paris, 26 févr. 2002 : *BICC 2002, n° 977.* ♦ Sur la restriction du droit d'appel, V., désormais, art. L. 661-6, V, dans sa réd. issue de l'Ord. n° 2008-1345 du 18 déc. 2008.

16 ter. Le jugement prorogeant la durée du plan de cession et la mission du commissaire à l'exécution du plan est une décision modifiant le plan, de sorte qu'il n'est, selon l'art. L. 623-6, III, C. com. dans sa rédaction antérieure à la loi du 26 juill. 2005, susceptible que d'un appel du ministère public et qu'il en est de même du jugement rendu sur sa tierce opposition. • Com. 19 juin 2007 : *Bull. civ. IV, n° 169 ; D. 2007. AJ 1965, obs. Lienhard ; D. 2008. Pan. 574, obs. F.-X. Lucas ; RD banc. fin. 2007, n° 157, obs. F.-X. Lucas ; Gaz. Pal. 26-27 oct. 2007, p. 43, obs. Voinot.*

16 quater. Pour la recevabilité de l'appel du

commissaire à l'exécution du plan contre le jugement ayant prononcé la clôture de la procédure et mis fin à la mission de ce mandataire alors qu'il restait des actifs immobiliers à réaliser, cette décision n'étant pas visée par les dispositions spéciales de la loi du 25 janv. 1985 réglementant les voies de recours, V. • Com. 5 mai 2004 : *Bull. civ. IV, n° 83 ; D. 2004. AJ 1734 ; Act. proc. coll. 2004, n° 143, obs. Cagnoli ; RTD com. 2004. 612, obs. Vallens*.

II. RECOURS-NULLITÉ

V. aussi notes 8 s. ss. ancien art. L. 623-4, ss. art. L. 661-4, notes 8 à 8 *ter* ss. art. L. 661-7 et note 2 ss. art. R. 621-17.

BIBL. Bolard, *D. 1988. Chron. 177 ; Rev. proc. coll. 1991. 1 ; Justices juill.-déc. 1996, p. 119*. – Cadiet, *ibid. 1988. 17*. – Honorat et Mas, *LPA 1er juill. 1987*. – Gerbay, *D. 1993. Chron. 143* . – Pirovano, *D. 1988. Chron. 273*. – Soinne, *Gaz. Pal. 1987. 2. Doctr. 695*. – A. Robert, *Dr. et patr. févr. 1998. 58*. – Santa-Croce, *Mélanges Jeantin, Dalloz, 1999, p. 467*. – Perdriau, *D. 2002. Chron. 1993* (pourvoi-nullité). – Maupas, *Rev. proc. coll. 2002. 229*.

17. Conditions de recevabilité. Aucune disposition régissant les procédures collectives n'interdit de faire constater, selon les voies de recours du droit commun, la nullité d'une décision entachée d'excès de pouvoir. • Com. 3 mars 1992 : *Bull. civ. IV, n° 103 ; D. 1992. 345, note Bolard ; Defrénois 1992. 1380, obs. Sénéchal* (intégration dans le plan de cession de biens n'appartenant pas au débiteur) • 11 avr. 1995 : *Rev. proc. coll. 1996. 103, obs. Soinne* (même motif). – V. aussi • Com. 27 avr. 1993 : *Bull. civ. IV, n° 152 ; D. 1994. Somm. 45, obs. Derrida ; Rev. sociétés 1993. 648, note Chaput* (charges supplémentaires imposées aux personnes exécutant le plan). ♦ Il en allait de même, avant l'arrêt de la chambre mixte du 28 janv. 2005 [V. note 8 ss. art. L. 661-4], en cas de violation d'un principe essentiel de procédure, tel que l'obligation de motivation des jugements. • Com. 17 mai 1994 : *Dr. sociétés 1994, n° 154, obs. Chaput* • 19 déc. 1995 : *ibid. 1996, n° 55, obs. Chaput*. ♦ Mais si, pour remédier à certains vices particulièrement graves, l'appel à fin d'annulation peut être formé, même lorsque l'appel à fin de réformation n'est pas ouvert, encore faut-il qu'il émane d'une partie qui y a intérêt, ainsi qu'en dispose l'art. 546 NCPC [C. pr. civ.]. • Paris, 8 juill. 1987 : *préc. note 8*.

18. L'administrateur judiciaire, chargé d'assister le débiteur déclaré en redressement judiciaire, et le représentant des créanciers ne sont, au sens de l'art. 583 NCPC [C. pr. civ.], ni des tiers au regard du débiteur, ni des étrangers par rapport à la procédure à laquelle ils auraient dû être appelés, si bien que la voie de la tierce opposition leur est fermée. L'appel est la seule voie de recours appropriée pour permettre aux mandataires de justice, en présence d'une décision obtenue à leur insu, de faire valoir les règles d'ordre public des procédures collectives. • Grenoble, 29 janv. 1992 : *BICC 1992, n° 1029*.

19. Délai. V. notes 1 *ter* et 3 ss. art. R. 661-3.

A. CARACTÈRE SUBSIDIAIRE DU RECOURS

20. L'appel-nullité, de caractère subsidiaire, ne peut être utilisé que lorsque aucune autre voie de recours n'est ouverte. • Com. 7 juill. 1998 : *Act. proc. coll. 1998, n° 128* • Douai, 16 juill. 1987 : *Gaz. Pal. 1987. 2. 693*. ♦ Telle n'est pas la situation dans laquelle se trouve le procureur de la République qui dispose du droit d'appel des jugements arrêtant ou rejetant un plan de cession, en vertu de l'art. 174 [C. com., art. L. 661-6]. • Douai, 16 juill. 1987 : *préc.*

B. QUALITÉ DE PARTIE

BIBL. Derrida, *D. 1989. Chron. 77*.

21. Candidats repreneurs évincés. Avant de se prononcer sur le plan de redressement de l'entreprise, le tribunal n'est pas tenu de procéder à l'audition des candidats repreneurs et ceux-ci, quand bien même seraient-ils entendus pour une bonne administration de la justice, n'ont pas de prétentions à soutenir au sens des art. 4 et 31 NCPC [C. pr. civ.]. • Com. 22 mars 1988 : *D. 1988. 375, note Derrida et Julien ; Bull. civ. IV, n° 113 ; Gaz. Pal. 1988. 2. 661, note Marchi* • 8 nov. 1988 : *D. 1988. IR 279 ; Bull. civ. IV, n° 295* • 22 oct. 1996 : *Rev. proc. coll. 1997. 424, obs. Cadiou*. ♦ Dès lors, le candidat repreneur, qui n'était pas partie à l'instance et à l'encontre de qui aucune condamnation n'a été prononcée, est irrecevable à se pourvoir en cassation. • Com. 22 mars 1988 : *préc.* ♦ De même, son appel-annulation du jugement ayant arrêté le plan de redressement est-il irrecevable. • Com. 8 nov. 1988 : *préc.* – V. aussi • Lyon, 14 févr. 1992 : *D. 1994. Somm. 39, obs. Derrida* • Com. 2 avr. 1996 : *Bull. civ. IV, n° 109* • 3 févr. 1998 : *RTD com. 1998. 680, obs. Saint-Alary-Houin*. – Comp. : • Douai, 31 mars 1988 : *D. 1990. Somm. 3, obs. Derrida* • Aix-en-Provence, 9 déc. 1988 : *ibid.* ♦ *Contra*, jugeant recevable l'appel-nullité relevé contre le jugement arrêtant un plan de redressement par une personne n'ayant pas été partie en première instance : • Pau, 14 avr. 1992 : *D. 1994. Somm. 45, obs. Derrida ; Cah. jurispr. Aquitaine 1992. 3. 414, note Legrand*. ♦ V. aussi note 2 ss. art. L. 661-7.

Sur l'irrecevabilité, faute d'avoir été partie en première instance, de l'appel-nullité du « repreneur » évincé, V. aussi • Lyon, 16 oct. 1987 : *Gaz. Pal. 1988. 1. 249* • Paris, 18 oct. 1988 : *D. 1989. Somm. 12, obs. Derrida.* ♦ V. également, pour l'appel de l'ancien locataire-gérant qui avait offert de racheter le fonds de commerce, • Paris, 5 mars 1991 : *D. 1991. 376, note Sortais* ✎.

Le dirigeant d'une société en redressement judiciaire qui a présenté en son nom personnel, comme associé de la société, un plan de continuation doit être considéré comme un repreneur évincé et n'a donc pas qualité pour former un appel-nullité à l'encontre du jugement ayant arrêté le plan de cession. • Com. 29 févr. 2000 : *Dr. sociétés 2000, n° 104, obs. Chaput.*

22. Cocontractant cédé. N'ayant pas le droit de demander la cession forcée des contrats qui le lient à l'entreprise en redressement judiciaire et qui est décidée souverainement par le tribunal lorsque celui-ci la juge nécessaire au maintien de l'activité, le cocontractant mentionné à l'art. 86 [C. com., art. L. 642-7], dont le contrat n'a pas été transféré, n'a pas de prétentions à soutenir au sens des art. 4 et 31 NCPC [C. pr. civ.], et n'est donc pas partie à l'instance. • Paris, 22 oct. 1991 : *préc. note 4.* – Dans le même sens : • Com. 22 nov. 1994 : *Bull. civ. IV, n° 346 ; D. 1997. Somm. 7, obs. Derrida* ✎.

22 bis. Cessionnaire. Pour la recevabilité du recours du cessionnaire en annulation du jugement ayant arrêté le plan de cession nonobstant l'absence de réalisation des conditions suspensives dont l'offre était assortie, V. • Com. 11 déc. 2001 : *Rev. proc. coll. 2003. 108, obs. Gorrias.*

23. Créanciers. Ne peut former d'appel à fin d'annulation, la société qui, ni en tant que créancier, ni en tant que contrôleur n'était partie en première instance. • Paris, 8 juill. 1987 : *préc. note 8.* – Comp. : • Douai, 4 juin 1987 : *Gaz. Pal. 1987. 2. 691* • 31 mars 1988 : *préc. note 21.*

Lorsque l'Association française des banques était présente devant le tribunal en sa qualité de contrôleur, la subrogation dont elle prétend bénéficier dans les droits des déposants qu'elle a indemnisés au titre de la solidarité interbancaire n'a pas pour effet de lui donner le statut de partie au sens de l'art. 546 NCPC [C. pr. civ.], puisque les créanciers dans les droits desquels elle serait subrogée ne bénéficient pas eux-mêmes de cette qualité. • Paris, 5 avr. 1996 : *D. 1996. IR 139 ; Rev. proc. coll. 1996. 331, obs. Soinne.* ♦ V. aussi note 23 *ter.*

Toutefois, des créanciers, représentés en première instance par le représentant des créanciers, peuvent interjeter appel-nullité au cas d'inaction de ce dernier, tout créancier, qui estime que la décision arrêtant le plan de cession contrevient aux règles d'ordre public de la loi, étant autorisé à exercer l'action *ut singuli.* • Montpellier, 29 juill. 1992 (3ᵉ esp.) : *D. 1992. Somm. 357, obs. Vasseur* ✎, conf. par • Com. 26 avr. 1994 : *cité note 24.*

Pour l'irrecevabilité de l'appel-nullité du créancier titulaire d'une sûreté réelle dont la charge a été transmise au cessionnaire en application de l'art. L. 642-12, V. • Com. 15 déc. 2009 : *Bull. civ. IV, n° 167 ; D. 2010. Pan. 1827, obs. Le Corre* ✎ *; ibid. AJ 11, obs. Lienhard (3ᵉ esp.)* ✎ *; RJDA 2010, n° 272 ; Rev. proc. coll. 2010, n° 65, obs. Pérochon ; Rev. proc. coll. 2010, n° 96, obs. Cagnoli.*

23 bis. En énonçant que faute d'appel-nullité recevable, un créancier, eût-il un droit propre distinct de celui invoqué par les autres créanciers, était irrecevable en son intervention volontaire en cause d'appel, une cour d'appel n'a pas excédé ses pouvoirs. • Com. 26 avr. 1994 : *cité note 24.*

23 ter. Contrôleurs V. note 23. ♦ Si, en application de l'art. 15 [C. com., art. L. 621-11], les contrôleurs désignés par le juge-commissaire assistent le représentant des créanciers dans ses fonctions, leur audition éventuelle ne leur confère pas la qualité de partie ; l'appel du contrôleur n'est donc pas recevable. • Com. 9 déc. 1997 : *D. 1998. IR 22 ; D. Affaires 1998. 77, obs. A. L. ; Quot. jur. 15 janv. 1998, p. 6, note P. M. ; RTD com. 1998. 952, obs. Vallens* ✎ • 6 juin 2000 : *RJDA 2000, n° 1005.* ♦ V. déjà, dans une espèce où l'Association française des banques avait été désignée comme contrôleur, • Paris, 5 avr. 1996 : *préc. note 23.*

V. aussi • Paris, 20 déc. 1996 : *D. 1997. IR 53 ; D. Affaires 1997. 351 ; Rev. dr. bancaire 1997. 80, obs. Campana et Calendini.*

24. Représentant des créanciers. V., dans le sens de la recevabilité de l'appel-nullité du représentant des créanciers contre un jugement arrêtant un *plan de continuation,* pour non-respect de la procédure de consultation des créanciers, • Paris, 10 juin 1987 : *D. 1987. 546, note Derrida* • Lyon, 17 juin 1987 : *ibid.* ♦ Comp., rejetant l'appel, en cas de *plan de cession* : • Lyon, 4 nov. 1988 : *D. 1989. Somm. 12, obs. Derrida.* ♦ V. aussi note 13.

Le représentant des créanciers d'une société en redressement judiciaire est irrecevable à se prévaloir devant la Cour de cassation de griefs, à supposer qu'ils visent un excès de pouvoir, qui sont personnels, d'un côté, à la société débitrice qu'il ne représente pas, d'un autre côté, à certains créanciers pris individuellement ayant formé appel, dès lors que lui-même n'a pas relevé, en vue de la défense de l'intérêt collectif des créanciers, appel du jugement ayant arrêté le plan de cession. • Com. 26 avr. 1994 : *Bull. civ. IV, n° 154 ; D. 1994. 542, note Derrida* ; *RJDA 1994, n°s 713 à 715, et p. 498, concl. M. Raynaud.* – V. aussi Vasseur, *D. 1994. Chron. 317*.

25. Représentant des salariés. Jugé que, même si le représentant des salariés doit être entendu avant le jugement, cette circonstance ne lui confère pas la qualité de partie ; il est donc irrecevable à relever appel du jugement, fût-ce pour en faire prononcer la nullité. • Limoges, 13 août 1986 : *préc. note 3.*

26. Représentants du personnel. Jugé que, bien que non parties à l'instance au sens strict du terme, les délégués du personnel et les comités d'entreprise qui sont parties à la procédure doivent être déclarés recevables à relever appel-nullité d'une décision ainsi rendue en violation des obligations d'ordre public de la loi de 1985 qui a organisé à leur intention une information et une consultation préalable. • Rennes, 7 juill. 1993 : *D. 1996. Somm. 7, obs. Derrida* ; *JCP 1994. IV. 46.* ♦ Comp. : art. L. 642-5, al. 1er.

27. Débiteur. Avant la loi du 26 juill. 2005, il était admis qu'aucune disposition légale n'interdisait au débiteur de faire constater par la voie de l'appel la nullité d'un jugement arrêtant un plan de cession. • Lyon, 4 nov. 1988 : *préc. note 24* • Paris, 4 févr. 1997 : *D. 1998. Somm. 3, obs. Derrida*. – *Contra* : • Versailles, 9 févr. 1989 : *D. 1990. Somm. 3, obs. Derrida*. ♦ V. aussi, refusant l'appel, dans un cas où un plan de continuation avait été résolu, • Paris, 15 janv. 1991 : *D. 1992. Somm. 92, obs. crit. Derrida*.

V., désormais, sur l'ouverture de l'appel-réformation : art. L. 661-6, II, dans sa réd. issue de L. n° 2005-845 du 26 juill. 2005.

27 bis. Coïndivisaire. En ce sens qu'un coïndivisaire du débiteur n'a pas la qualité de partie, au sens de l'art. 546 NCPC [C. pr. civ.], V. • Paris, 7 févr. 1997 : *D. 1998. Somm. 4, obs. Derrida*.

28. Administrateur. V. note 18.

C. INTÉRÊT À AGIR

29. Excès de pouvoir. Sur la notion d'excès de pouvoir, V. • Douai, 16 mai 2006 : *D. 2006. AJ 1529, obs. Lienhard*. ♦ Pour la recevabilité d'un appel-nullité fondé sur une violation de la règle d'irrévocabilité des offres de reprise, édictée par l'art. 21, al. 2 [L. 642-2, V]. – V. • Paris, 4 févr. 1997 : *préc. note 27.* – Comp. : note ss. art. R. 642-1. ♦ ... De la règle d'indépendance du repreneur, prévue par l'art. 21, al. 4 [L. 642-3], V. • Com. 4 oct. 2005 : *cité note 2 ss. art. L. 642-3 ; Gaz. Pal. 10-11 févr. 2006, p. 16, obs. Rohart-Messager.*

En ce sens que la violation de la règle d'égalité des créanciers, dans le choix du repreneur, n'est pas constitutive d'un abus de pouvoir, V. • Aix-en-Provence, 30 oct. 1997 : *D. 1999. Somm. 2, obs. Derrida*.

30. Pour des exemples d'excès de pouvoir, V. note 7 ss. art. L. 631-19-1 ; et • Com. 3 mars 1992 : *préc. note 17.* ♦ V. aussi note 8 ss. ancien art. L. 623-4, ss. art. L. 661-4.

31. La cour d'appel saisie d'un recours en annulation n'a pas à apprécier l'opportunité ni le contenu du plan arrêté par le jugement de première instance. • Versailles, 9 juill. 1986 : *D. 1987. Somm. 8, obs. Derrida ; Gaz. Pal. 1986. 2. 570, note J.-F. Martin.*

32. Grief. Aux termes de l'art. 114, al. 2, NCPC [C. pr. civ.], la nullité ne peut être prononcée qu'à charge pour l'adversaire qui l'invoque de prouver le grief que lui cause l'irrégularité, même lorsqu'il s'agit d'une formalité substantielle ou d'ordre public. • Lyon, 16 oct. 1987 : *Gaz. Pal. 1988. 1. 249.*

D. EFFET DÉVOLUTIF

33. Si la recevabilité de l'appel-nullité est conditionnée par l'existence de griefs autonomes tels l'excès de pouvoir ou la violation d'un principe fondamental de procédure, son effet dévolutif s'opère pour le tout en application de l'art. 562, al. 2, NCPC [C. pr. civ.], la cour d'appel ayant dès lors l'obligation, après avoir annulé la décision attaquée, de statuer au fond en répondant aux conclusions qui déterminent les moyens des parties. • Com. 28 mai 1996 : *Bull. civ. IV, n° 150 ; D. 1997. 538, note Bolard* ; *D. Affaires 1996. 779 ; LPA 9 mai 1997, p. 13, note Lebel ; RTD com. 1998. 692, obs. Vallens* • 1er oct. 1997 : *D. Affaires 1997. 1224 ; JCP 1997. II. 22941, rapp. Rémery.* ♦ Comp., en cas d'appel-réformation concurrent irrecevable : • Basse-Terre, 2 déc. 1996 : *BICC 1997, n° 552 ; Gaz. Pal. 1997. 1. Somm. 154, obs. Vray.* – *Contra* : • Dijon, 27 juin 1995 : *BICC 1996, n° 64* • Nîmes, 16 sept. 1993 : *ibid. 1993, n° 1220* • Paris, 9 avr. 1991 : *D. 1992. Somm. 8, obs. Derrida*. ♦ Jugé, toutefois, que l'effet dévolutif ne peut jouer lorsque la cour se trouve dans l'impossibilité de statuer dès lors que tous les candidats repreneurs n'ont pas été attraits dans la procédure d'appel. • Paris, 4 févr. 1997 : *préc. note 27.*

34. Si l'appel tend à l'annulation du jugement, la dévolution s'opère pour le tout, même si l'acte introductif d'instance est annulé dès lors que l'appelant a comparu et conclu au fond en première instance. • Civ. 2e, 9 déc. 1997 : *D. 1998. 229, note Bolard*. ♦ Comp. : • Com. 17 févr. 1998 : *Rev. proc. coll. 1999. 32, obs. Cadiou.*

Art. L. 661-7 *(Ord. n° 2008-1345 du 18 déc. 2008, art. 152)* **« Il ne peut être exercé de tierce opposition ou de recours en cassation ni contre les jugements mentionnés à l'article L. 661-6, ni contre les arrêts rendus en application des I et II du même article. »**

Le pourvoi en cassation n'est ouvert qu'au ministère public à l'encontre des arrêts rendus en application du *(Ord. n° 2008-1345 du 18 déc. 2008, art. 152)* **« III, du IV et du V » de l'article L. 661-6.** – *[C. com., ancien art. L. 623-7.]*

V. art. R. 661-8.

A. RECOURS EN CASSATION

1. Plan de cession. Il résulte de l'art. L. 661-7, al. 2, que le pourvoi n'est ouvert qu'au ministère public à l'encontre des arrêts qui arrêtent ou rejettent le plan de cession. Il n'est dérogé à cette règle, comme à toute autre règle interdisant ou différant un recours, qu'en cas d'excès de pouvoir (irrecevabilité du pourvoi formé par le *débiteur*). • Com. 15 déc. 2009 : *Bull. civ. IV, n° 169 ; D. 2010. AJ 11, obs. Lienhard (2e esp.) ; Procédures 2010, n° 42, obs. Rolland ; RJDA 2010, n° 272 ; Rev. proc. coll. 2010, n° 96, obs. Cagnoli ; RJ com. 2010. 191, note Boillot.* ♦ Dans le même sens, pour l'irrecevabilité du recours du propriétaire de l'immeuble dans lequel le débiteur exploitait son fonds de commerce, V. • Com. 30 mars 2010 : *Bull. civ. IV, n° 68 ; D. 2010. Actu. 958 ; RTD com. 2010. 429, obs. Vallens ; RJDA 2010, n° 870.* ♦ V. déjà, en ce sens, dans le régime antérieur à la loi du 26 juill. 2005, • Com. 3 mai 2006 : *Bull. civ. IV, n° 111 ; D. 2006. AJ 1369, obs. Lienhard ; Gaz. Pal. 14-18 juill. 2006, p. 19, obs. Rohart-Messager ; ibid., p. 26, obs. Voinot ; JCP E 2006, n° 37, p. 1532, obs. Pétel.* – V. aussi • Com. 15 juill. 1987 : *Bull. civ. IV, n° 185 ; D. 1987. IR 232 ; Gaz. Pal. 1987. 2. 676, note J.-F. Martin* • 20 déc. 1988 : *D. 1989. 484, note Derrida ; Bull. civ. IV, n° 346* • 24 janv. 1989 : *ibid. IV, n° 34 ; D. 1989, préc.* • 14 nov. 1989 : *Bull. civ. IV, n° 287 ; D. 1989, préc.* • 12 juill. 1993 : *Bull. civ. IV, n° 296 ; D. 1993. IR 262 .*

1 bis. L'ordonnance par laquelle le premier président de la cour d'appel arrête l'exécution provisoire d'un jugement qui arrête ou rejette le plan de cession est également insusceptible de pourvoi. • Com. 14 mai 1996 : *Bull. civ. IV, n° 136 ; D. 1998. Somm. 1, obs. Derrida ; D. Affaires 1996. 814 ; JCP E 1996. I. 584, n° 2, obs. crit. Pétel.*

2. Il résulte de la combinaison des art. L. 661-6, III, et L. 661-7, al. 2, que le pourvoi en cassation n'est ouvert qu'au ministère public à l'encontre des arrêts qui statuent sur l'appel, interjeté par le *cocontractant* mentionné à l'art. L. 642-7, de la partie du jugement arrêtant le plan de cession de l'entreprise qui emporte cession du contrat. Il n'est dérogé à cette règle comme à toute autre règle interdisant ou différant un recours qu'en cas d'excès de pouvoir. • Com. 15 déc. 2009 : *Bull. civ. IV, n° 168 ; D. 2010. Chron. C. cass. 1111, obs. Bélaval ; ibid. AJ 11, obs. Lienhard (1re esp.) ; LEDEN, févr. 2010, p. 6, obs. Staes ; Procédures 2010, n° 42, obs. Rolland ; RJDA 2010, n° 272 ; Rev. proc. coll. 2010, n° 77, obs. Fraimout.*

De même, sont irrecevables les pourvois élevés : par un *créancier* contre une décision qui a arrêté un plan de redressement d'une entreprise en organisant sa continuation assortie d'une cession partielle. • Com. 12 juin 1990 : *D. 1990. IR 193.* ♦ ... Par le *candidat repreneur évincé* contre l'arrêt qui avait déclaré irrecevable son appel en annulation des jugements relatifs au plan de cession. • Com. 24 janv. 1989 : *préc. note 1* • Civ. 3e, 19 mai 2010 : *cité note 3 bis ss. art. L. 642-5.* ♦ ... Par le *cessionnaire* contre l'arrêt qui avait statué sur l'appel interjeté du jugement arrêtant le plan de cession qui lui impose des charges autres que les engagements qu'il a souscrits au cours de la préparation du plan. • Com. 5 avr. 1994 : *Bull. civ. IV, n° 144 ; D. 1994. IR 117.* ♦ ... Par le *candidat contrôleur évincé* contre le jugement ayant rejeté sa demande. • Com. 16 mars 2010 : *cité note 13 bis ss. ancien art. L. 661-6.* ♦ V. aussi note 21 ss. ancien art. L. 661-6.

2 bis. Remplacement d'un mandataire judiciaire. Les jugements relatifs au remplacement du liquidateur judiciaire ne sont susceptibles que d'un appel de la part du ministère public et aucun recours en cassation ne peut être exercé contre les arrêts rendus en application de l'art. L. 623-6 [L. 661-6]. I, 1°, C. com., à moins que ne soit en cause l'excès de pouvoir. • Com. 2 nov. 2005 : *Bull. civ. IV, n° 212 ; D. 2005. AJ 2874, obs. Lienhard ; Act. proc. coll. 2006, n° 22, obs. Cagnoli ; Gaz. Pal. 10-11 févr. 2006, p. 19, obs. Gorrias.* ♦ Les juges statuent dans l'exercice de leur pouvoir discrétionnaire en procédant au remplacement du liquidateur judiciaire. • Même arrêt. ♦ V. déjà, en ce sens, • Com. 11 mai 1999 : *Bull. civ. IV, n° 100 ; D. 1999. IR 153 ; LPA 8 juin 1999, p. 9, note P. M.* • 15 févr. 2005 : *Bull. civ. IV, n° 27 ; RTD com. 2005. 422, obs. Vallens .*

2 ter. Pourvois recevables. En revanche, est recevable le recours en cassation formé par le représentant des créanciers, en application de l'art. 171 (2) [C. com., art. L. 661-1, I, 2°], à l'encontre d'un arrêt qui, pour arrêter le plan de cession d'une entreprise proposé par un repreneur, a infirmé le jugement qui avait prononcé la liquidation judiciaire de cette entreprise. • Com. 26 juin 1990 : *Bull. civ. IV, n° 191.*

3. De même, est recevable le pourvoi formé par des repreneurs évincés contre l'arrêt rejetant la cession de l'entreprise et homologuant un plan de continuation, dès lors que ceux-ci demandent la cassation de l'arrêt, uniquement en ce qu'il a déclaré recevable l'appel du débiteur contre le jugement ayant arrêté le plan de cession, les cessionnaires désignés par un tel jugement ayant un intérêt légitime à invoquer l'éventuelle méconnaissance par la cour d'appel des dispositions d'ordre public relatives à l'exercice des voies de recours. • Com. 6 mars 1990 : *Bull. civ. IV, n° 65 ; D. 1990. 218, note Derrida ; JCP 1990. II. 21513, note Bolard* • 14 mai 1991 : *Bull. civ. IV, n° 165 ; D. 1992. Somm. 93, obs. Derrida.* ♦ Dans le même sens, s'agissant du pourvoi de l'administrateur et du débiteur tendant à la cassation d'un arrêt ayant déclaré recevable l'appel interjeté par un créancier contre le jugement ayant arrêté le plan de cession : • Com. 3 mars 1992 : *Bull. civ. IV, n° 100 ; D. 1992. IR 118.* ♦ Pour la recevabilité du pourvoi formé par un repreneur évincé contre l'arrêt qui a déclaré son appel-nullité irrecevable et qui l'a condamné au paiement de dommages-intérêts, V. • Com. 11 mai 1999 : *Bull. civ. IV, n° 101 ; Dr. sociétés 1999, n° 115, obs. Chaput ; LPA 5 août 1999, p. 10, note P. M. ; RTD com. 1999. 761, obs. Vallens.*

V. aussi, pour la recevabilité du pourvoi faisant grief à l'arrêt d'avoir déclaré un appel recevable en méconnaissance des dispositions relatives aux formes dans lesquelles doit s'exercer l'appel relevé contre les jugements arrêtant le plan de cession, • Com. 14 mai 1996 : *Bull. civ. IV, n° 136.*

4. Est recevable le pourvoi formé par un débiteur contre un arrêt qui, après avoir infirmé la décision d'un tribunal de commerce prononçant la liquidation judiciaire de l'entreprise, a renvoyé la cause devant les premiers juges, afin qu'il soit statué à nouveau par eux au vu de l'offre d'acquisition de ladite entreprise par un tiers, reçue durant l'instance d'appel. • Com. 21 janv. 1992 : *Bull. civ. IV, n° 28 ; JCP 1992. IV. 869.*

4 bis. Le pourvoi formé par le liquidateur judiciaire contre la décision qui constate la caducité du plan de cession est recevable, cette décision n'étant pas de celles qui sont visées par les art. 174 et 175 [C. com., art. L. 661-6 et L. 661-7]. • Com. 6 févr. 1996 : *Bull. civ. IV, n° 37 ; D. 1998. Somm. 6, obs. Derrida.*

5. Est recevable le pourvoi formé, dans le cas d'une procédure de redressement judiciaire, contre une ordonnance du juge-commissaire rectifiant, pour erreur matérielle, une précédente ordonnance, au motif que, celle-ci étant passée en force de chose jugée à l'expiration du délai prévu par l'art. 157, al. 3, du Décr. du 27 déc. 1985 [art. 330, al. 4, du Décr. du 28 déc. 2005], qui a couru à compter de la notification aux parties, il s'ensuit que la décision rectificative ne peut être attaquée que par la voie du recours en cassation conformément à l'art. 462, al. 5, NCPC [C. pr. civ.]. • Com. 17 mars 1992 : *Bull. civ. IV, n° 117 ; JCP 1992. IV. 1516* • 11 oct. 1994 : *Bull. civ. IV, n° 282 ; D. 1995. 297, rapp. Rémery.* – V. aussi • Com. 6 déc. 1994 : *Quot. jur. 19 janv. 1995, p. 3.*

6. Sur la recevabilité du pourvoi en cas d'excès de pouvoir, V. notes 1 et 2.

B. TIERCE OPPOSITION

7. Irrecevabilité de principe. Les tierces oppositions étant irrecevables, il n'est nul besoin de rechercher si elles seraient recevables du fait que le représentant des créanciers n'aurait pu valablement représenter les créanciers qui ne s'étaient pas manifestés à défaut de publicité du jugement de redressement judiciaire antérieurement au jugement arrêtant le plan de cession. • T. com. Montpellier, 29 juill. 1992 (2e esp.) : *D. 1992. Somm. 357, obs. Vasseur.*

Dès lors qu'elle a pour seul objet de critiquer le plan de cession arrêté après rejet de la proposition de plan de continuation, la tierce-opposition est irrecevable. • Com. 27 oct. 1998 : *RTD com. 1999. 207, obs. Vallens.*

8. Tierce opposition-nullité. Il résulte des dispositions de l'art. 175 [C. com., art. L. 661-7] que ne sont pas susceptibles de tierce opposition, fût-ce aux fins de prononcé de leur nullité, les jugements ou arrêts rendus en application de l'art. 174 [C. com., art. L. 661-6], à moins que ne soit en cause la violation d'un principe essentiel de procédure ou l'excès de pouvoir. • Com. 25 janv. 1994 : *Bull. civ. IV, n° 32 ; D. 1994. 325, rapp. Pasturel , et 379, note Derrida* • 26 avr. 1994 : *Bull. civ. IV, n° 154 ; D. 1994. 542, note Derrida ; RJDA 1994, nos 713 à 715, et p. 498, concl. M. Raynaud.* – V. aussi Vasseur, *D. 1994. Chron. 317.* – V. également • Com. 14 janv. 1997 : *D. 1997. IR 67* • 28 mai 1996 : *Rev. proc. coll. 1998. 329, obs. Soinne.* ♦ Par un arrêt du 28 janv. 2005, la chambre mixte a restreint le recours-nullité au seul cas d'excès de pouvoir (V. note 8 ss. art. L. 661-4).

8 bis. Le jugement modifiant le plan de cession n'est pas susceptible de tierce opposition, à moins que ne soit en cause la violation d'un principe fondamental de procédure ou l'excès de pouvoir. • Com. 18 janv. 2005 : *Gaz. Pal. 29-30 avr. 2005, p. 29, obs. Voinot.*

8 ter. Pour l'irrecevabilité de la tierce opposition-nullité du repreneur évincé et du cocontractant de la société cédée, V. • Com. 17 nov. 2009 : *D. 2009. AJ 2930, obs. Lienhard.*

C. RECOURS EN RÉVISION

Jurisprudence antérieure à la loi du 10 juin 1994.

9. Le recours en révision est ouvert contre tout jugement passé en force de chose jugée. Aucune disposition n'interdit l'exercice d'un tel recours contre le jugement rendu en application de l'art. 174 qui arrête ou rejette le plan de cession d'une entreprise. • Com 2 avr. 1996 : *Bull. civ. IV, n° 107 ; D. 1996. IR 123 ; JCP E 1996. I. 584, n° 1, obs. Cabrillac.* ♦ Comp., depuis la L. n° 94-475 du 10 juin 1994, art. L. 623-7 [L. 661-7], al. 1er.

10. La révision d'une décision ne pouvant être demandée que par les personnes qui y ont été parties ou représentées, le commissaire à l'exécution du plan ne peut demander la révision de l'arrêt auquel a été partie le débiteur mis ensuite en redressement judiciaire. • Com. 16 mars 1999 : *D. 1999. IR 104 ; D. Affaires 1999. 718, obs. A. L.*

Art. L. 661-8 **Lorsque le ministère public doit avoir communication des procédures** *(L. n° 2005-845 du 26 juill. 2005, art. 163)* **« de sauvegarde, de redressement judiciaire » ou de liquidation judiciaire et des causes relatives à la responsabilité des dirigeants sociaux, le pourvoi en cassation pour défaut de communication n'est ouvert qu'à lui seul.** – *[C. com., ancien art. L. 623-8.]*

Le ministère public doit avoir communication des procédures de sauvegarde, de redressement judiciaire et de liquidation judiciaire, des causes relatives à la responsabilité pécuniaire des dirigeants sociaux et des procédures de faillite personnelle ou relatives aux interdictions prévues par l'art. L. 653-8 C. com. (C. pr. civ. art. 425 (2°), dans sa réd. issue du Décr. n° 2005-1677 du 28 déc. 2005).

BIBL. ▶ PERDRIAU, *JCP 1986. I. 3228 ; Err. 3233.*

1. Communication au ministère public. Pour des applications de l'art. 176 [C. com., art. L. 661-8], V. • Com. 22 févr. 1994 : *Bull. civ. IV, n° 75 ; D. 1994. IR 95* • 6 juin 1995 : *JCP 1995. IV. 1896* • 23 janv. 1996 : *Bull. civ. IV, n° 25* • 19 févr. 2002 : *JCP E 2002, n° 14, p. 597.*

2. Appel du ministère public. Dès lors que le ministère public n'a figuré que comme partie jointe et non comme partie principale à la procédure devant les premiers juges, et que les faits sanctionnés par la décision entreprise n'ont pas porté atteinte à l'ordre public, il est privé du droit d'appel. La cour d'appel doit, au besoin d'office, relever cette fin de non-recevoir. • Com. 20 janv. 1998 : *D. 1998. 125, rapp. Pasturel ; D. Affaires 1998. 297, obs. V. A.-R.*

3. Pourvoi en cassation. Les dispositions de l'art. L. 661-8, dans sa rédaction issue de la loi du 26 juill. 2005, ne sont pas applicables lorsque la loi prévoit que la décision sera rendue après avis du ministère public. • Com. 16 déc. 2008 : *cité note 3 ss. art. L 626-27 ; Act. proc. coll. 2009, n° 57, obs. Cagnoli ; Gaz. Pal. 26-28 avr. 2009, p. 20, obs. Fricero* • Com. 3 mai 2011 : *cité note 4 ss. art. L. 626-27.*

Art. L. 661-9 **En cas d'infirmation du jugement imposant de renvoyer l'affaire devant le tribunal, la cour d'appel peut ouvrir une nouvelle période d'observation. Cette période est d'une durée maximale de trois mois** *(Abrogé par L. n° 2005-845 du 26 juill. 2005, art. 152) « réduite à un mois lorsqu'il a été fait application de la procédure simplifiée prévue à la section V du chapitre Ier ».*

En cas d'appel du jugement statuant sur la liquidation judiciaire *(L. n° 2005-845 du 26 juill. 2005, art. 152)* **« au cours de la période d'observation » ou arrêtant ou rejetant le plan** *(L. n° 2005-845 du 26 juill. 2005, art. 152)* **« de sauvegarde ou le plan de redressement judiciaire » et lorsque l'exécution provisoire est arrêtée, la période d'observation est prolongée jusqu'à l'arrêt de la cour d'appel.** – *[C. com., ancien art. L. 623-9.]*

1. Nouvelle période d'observation. Pour des applications, V. • Aix-en-Provence, 28 janv. 1987 : *D. 1987. Somm. 99, obs. Derrida* • Paris, 18 nov. 1988 : *Gaz. Pal. 1989. 1. Somm. 112.*

2. Effet dévolutif de l'appel. Sur l'application de ce principe, en cas d'offre d'acquisition par un tiers d'une entreprise dont le tribunal de commerce avait prononcé la liquidation judiciaire, reçue durant l'instance d'appel, V. • Com. 21 janv. 1992 : *Bull. civ. IV, n° 28.*

V. aussi note 3 ss. art. L. 662-2.

Art. L. 661-10 Pour l'application du présent titre, les membres du comité d'entreprise ou les délégués du personnel désignent parmi eux la personne habilitée à exercer en leur nom les voies de recours. – *[C. com., ancien art. L. 623-10.]*

V. art. R. 661-5.

Art. L. 661-11 *(L. n° 2005-845 du 26 juill. 2005, art. 153)* Les décisions rendues en application des chapitres Ier, II et III du titre V sont susceptibles d'appel de la part du ministère public *(Abrogé par Ord. n° 2008-1345 du 18 déc. 2008, art. 153)* « , *même s'il n'a pas agi comme partie principale* ».

L'appel du ministère public est suspensif.

Art. L. 661-12 *(Ord. n° 2008-1345 du 18 déc. 2008, art. 154)* Les recours du ministère public prévus par le présent chapitre lui sont ouverts même s'il n'a pas agi comme partie principale.

CHAPITRE II AUTRES DISPOSITIONS

BIBL. GÉN. ► VALLENS, *D. 2008. 972* (impartialité du tribunal, procédures collectives et droits de la défense).

Art. L. 662-1 Aucune opposition ou procédure d'exécution de quelque nature qu'elle soit sur les sommes versées à la Caisse des dépôts et consignations n'est recevable. – *[C. com., ancien art. L. 627-1.]*

Jurisprudence relative à l'art. 173 du Décr. n° 85-1388 du 27 déc. 1985.

I. ILLÉGALITÉ DE L'ART. 173 RÉSULTANT DE L'ARRÊT DU 9 FÉVR. 2000

1. En instituant, par l'art. 173, un régime d'insaisissabilité des sommes reçues par le liquidateur dans l'exercice de ses fonctions au nom de l'entreprise mise en liquidation et déposées à la Caisse des dépôts et consignations, l'autorité réglementaire est intervenue dans une matière réservée au législateur. Par suite, les dispositions de l'art. 173 sont entachées d'illégalité. • CE 9 févr. 2000 : *D. 2000. AJ 136, obs. Lienhard ; JCP 2000. II. 10314, note Croze et Moussa ; LPA 16 mars 2000, p. 19, obs. Lagarde ; Procédures 2000, n° 123, obs. Croze ; RTD com. 2000. 724, obs. Martin-Serf*. – V. Dymant et Le Corre, *JCP E 2000, n° 23, p. 884*. – V. concl. Savoie, *LPA 30 août 2000*. ♦ L'art. 173 ayant été déclaré illégal par le Conseil d'État et cette déclaration d'illégalité, même décidée à l'occasion d'une autre instance, s'imposant au juge civil qui ne peut faire application de ce texte illégal, il s'ensuit que cet art. ne peut être invoqué pour faire obstacle à une voie d'exécution sur les sommes versées à la Caisse des dépôts et consignations. • Com. 26 avr. 2000 : *Bull. civ. IV, n° 85 ; D. 2000. AJ 247, obs. Lienhard ; JCP E 2000, n° 40, p. 1565, obs. Pétel ; Act. proc. coll. 2000, n° 120, obs. Regnaut-Moutier ; Procédures 2000, n° 166, obs. Laporte ; RD banc. fin. 2000, n° 162, obs. F.-X. Lucas ; RTD com. 2000. 724, obs. Martin-Serf* • 20 juin 2000 : *RD banc. fin. 2000, n° 162, obs. F.-X. Lucas* • 20 févr. 2001 : *D. 2001. AJ 921, obs. Lienhard ; Act. proc. coll. 2001, n° 75, obs. Regnaut-Moutier ; RD banc. fin. 2001, n° 128, obs. Delleci* • 3 avr. 2001 : *RD banc. fin. 2001, n° 165, obs. Delleci.* – V. aussi Rolland, *LPA 3 oct. 2000.* ♦ Pour l'effet rétroactif de cette déclaration d'illégalité, V. note 1 *ter.* ♦ Sur l'illégalité de l'art. 173, V. déjà Derrida, obs. ss. • Com. 8 févr. 1994 : *D. 1994. 609*.

II. CODIFICATION DE L'ART. 173 PAR L'ORD. DU 18 SEPT. 2000

1 bis. En codifiant les dispositions de l'art. 173 dans la partie législative du code de commerce, le gouvernement, loin de méconnaître l'autorité de la chose jugée de l'arrêt du Conseil d'État du 9 févr. 2000 [préc. note 1], a procédé aux modifications rendues nécessaires par cette décision, afin d'assurer le respect de la hiérarchie des normes, ainsi que l'y habilitait la loi du 16 déc. 1999 (rejet du recours en annulation formé contre l'Ord. du 18 sept. 2000). • CE 27 mai 2002 : *D. 2002. AJ 2188, obs. Lienhard ; Act. proc. coll. 2002, n° 180, obs. Boutin ; RD banc. fin. 2002, n° 192, obs. F.-X. Lucas ; JCP E 2003, n° 6, p. 271, obs. Pétel ; RTD com. 2003. 372, obs. Martin-Serf*. – V. Roussel Galle, *Rev. proc. coll. 2002. 155* ; Prétot, *RJDA janv. 2003, p. 3.* ♦ V. aussi • TGI Saint-Quentin, 21 juin 2001 : *Rev. proc. coll. 2002. 103, obs. Saint-Alary-Houin.* ♦ L'Ord. n° 2000-912 du 18 sept. 2000 a été ratifiée par la L. n° 2003-7 du 3 janv. 2003, art. 50-I *(JO 4 janv.)*.

1 ter. Viole la loi des 16-24 août 1790 la cour d'appel qui, pour rejeter une demande tendant à l'annulation et à la mainlevée d'une saisie-attribution pratiquée entre les mains de la Caisse des dépôts et consignations, le 30 mars 2000, énonce que l'art. L. 627-1 [devenu L. 662-1] C. com. reprend intégralement les termes de l'art. 173 du Décr. du 27 déc. 1985, déclaré illégal le 9 févr. 2000, et a été introduit par l'Ord. du 18 sept. 2000 non encore ratifiée, alors que, l'annulation de l'art. 173 étant sans incidence sur l'art. L. 627-1 [L. 662-1], peu important l'identité de leur contenu, elle a apprécié la légalité de cette dernière disposition alors de nature réglementaire. • Civ. 1re, 13 nov. 2003 : *Bull. civ. I, n° 232 ; D. 2003. AJ 2886, obs. Lienhard ; Act. proc. coll. 2003, n° 258, obs. Regnaut-Moutier ; LPA 18 févr. 2004, p. 8, note F.-X. Lucas ; RTD com. 2004. 159, obs. Martin-Serf*. ♦ Sur renvoi, la cour d'appel de Paris a jugé que la déclaration d'illégalité de l'art. 173 du décret résultant de l'arrêt du Conseil d'État du 9 février 2000 a eu un effet rétroactif et que l'art. L. 627-1 [L. 662-1] C. com. n'est donc pas applicable à un avis à tiers détenteur notifié le 16 sept. 1998 : • Paris, 3 juin 2005 : *Gaz. Pal. 4-5 nov. 2005, p. 26, obs. Henry.*

III. JURISPRUDENCE ANTÉRIEURE À L'ARRÊT DU 9 FÉVR. 2000

1 quater. Portée de l'art. 173 dans sa rédaction issue du Décr. du 21 oct. 1994. La précision apportée par le Décr. du 21 oct. 1994 n'a qu'un effet déclaratif. • Paris, 23 oct. 1998 : *D. Affaires 1998. 1909, obs. A. L. ; Rev. proc. coll. 1999. 101, obs. Canet.* ♦ Le commissaire à l'exécution du plan et le liquidateur ont l'obligation de verser à la Caisse des dépôts et consignations toutes les sommes qu'ils perçoivent dans l'exercice de leur mission ; dès leur dépôt, ces sommes qui sont, aux termes de l'art. L. 627-1 C. com., insaisissables, échappent aux poursuites individuelles des créanciers postérieurs, et sont affectées au règlement des créanciers selon leur rang. • Com. 22 mai 2007 : *Bull. civ. IV, n° 138 ; D. 2007. AJ 1665, obs. Lienhard ; Gaz. Pal. 20-21 juill. 2007, p. 33, obs. Bidan ; Rev. proc. coll. 2007. 128, obs. Lebel ; RTD com. 2007. 841, obs. Martin-Serf*. ♦ L'art. 173 interdit toute opposition ou procédure d'exécution de quelque nature que ce soit, et par là même toute saisie-attribution ou avis à tiers détenteur sur les sommes versées à la Caisse des dépôts et consignations, de sorte que n'est pas recevable l'avis à tiers détenteur délivré au liquidateur, pour obtenir l'attribution de sommes versées à ladite Caisse. • Com. 6 juill. 1999 : *Act. proc. coll. 1999, n° 218.* ♦ Comp., jugeant : que l'art. 173, ne posant pas le principe de l'insaisissabilité des sommes déposées à la Caisse des dépôts et consignations, n'est pas en contradiction avec l'art. 14 de la L. n° 91-650 du 9 juill. 1991 (selon lequel seule la loi peut déclarer un bien insaisissable ; codifié à l'art. L. 112-2 C. pr. exéc. à compter du 1er juin 2012) ; que l'art. 173 constate seulement qu'aucune opposition ou procédure d'exécution, sur les sommes déposées, n'est recevable directement auprès de la Caisse : • Paris, 8e ch. A, 13 janv. 1998 : *D. 1998. 194, note Derrida ; D. Affaires 1998. 295, obs. A. L. ; RTD com. 1999. 505, obs. Martin-Serf* ♦ Dans le même sens, jugeant que les effets de l'avis à tiers détenteur ne sont paralysés qu'à l'égard des sommes déjà versées à la Caisse, V. • Paris, 3e ch. B, 23 oct. 1998 : *préc.* ♦ Comp. aussi, jugeant que le liquidateur joue un double rôle et peut être considéré comme débiteur saisi en tant que représentant de la personne en liquidation, en même temps que tiers saisi comme liquidateur dépositaire des sommes qu'il a recouvrées, ces deux fonctions sont complémentaires, l'une n'excluant pas l'autre : • Paris, 8e ch. B, 7 mai 1998 : *D. Affaires 1998. 1050, obs. A. L. ; RTD com. 1999. 505, obs. Martin-Serf*. ♦ Dans le même sens, V. • Paris, 8e ch. B, 14 mai 1998 : *Act. proc. coll. 1998, n° 82 ; Rev. proc. coll. 1999. 102, obs. Canet* • 29 oct. 1998 : *D. 1998. IR 264 ; Rev. proc. coll. 1999. 111, obs. Canet.* ♦ Sur la qualité de tiers saisi du liquidateur, V. aussi note 39 *ter* ss. ancien art. L. 621-32, ss. art. L. 622-17.

1 quinquies. Sur la possibilité, pour les créanciers de l'art. 40 de la loi, de pratiquer une saisie conservatoire ou une saisie-attribution sur les sommes versées à la Caisse des dépôts et consignations, V. Rép. min. n° 25637 : *JOAN Q, 15 juill. 1996, p. 3868 ; Rev. proc. coll. 1997. 37, obs. Canet.* – V. également • TGI Montluçon, 29 juin 1994 : *Rev. proc. coll. 1995. 304, obs. Saint-Alary-Houin.*

1 sexies. L'art. 173 ne s'applique qu'aux sommes versées à la Caisse des dépôts et consignations, l'avis à tiers détenteur est donc ainsi valable pour les sommes dont le commissaire à l'exécution du plan de continuation est en possession à l'exception de celles versées à ladite Caisse avant la date de l'opposition. • Rouen, 10 juin 1998 : *préc. note 1 quater.*

2. Portée de l'ancienne rédaction de l'art. 173. Cassation de l'arrêt qui avait énoncé que, si, selon l'art. 173, dans sa rédaction antérieure au Décr. du 21 oct. 1994, aucune opposition n'est recevable sur les sommes versées à la Caisse des dépôts et consignations, le terme « opposition » n'a plus de signification en procédure d'exécution depuis l'entrée en vigueur [le 1er janv. 1993] de la L. n° 91-650 du 9 juill. 1991 [codifiée au C. pr. exéc. à compter du 1er juin 2012], de sorte que les effets dudit art. 173 ne peuvent être étendus à la saisie-attribution instituée par cette loi, alors que l'art. 173 interdisait toute opposition, et, par là même, toute saisie-attribution ou avis à tiers détenteur sur les sommes versées à la Caisse des dépôts et consignations. • Com. 22 avr. 1997 : *Bull. civ. IV, n° 104 ; D. 1997. 371, note Derrida ; D. Affaires 1997. 737 ; Quot. jur. 22 mai 1997, p. 6, note P. M. ; Rev. dr. bancaire 1997. 135, obs. Campana et Calendini ; Rev. proc. coll. 1997. 459, obs. Saint-Alary-Houin.* ♦ Dans le même sens, en déduisant que n'était pas recevable l'avis à tiers détenteur délivré au liquidateur, tiers saisi, pour obtenir l'attribution de sommes versées à cette caisse, V. • Com. 5 mai 1998 : *Bull. civ. IV, n° 143 ; D. 1998. IR 152 ; D. Affaires 1998. 961, obs. A. L ; RJ com. 2000. 39, obs. Teilliais.* ♦ Il importe peu que les sommes aient seulement été versées à la Caisse, et non pas consignées. • Com. 8 déc. 1998 : *Bull. civ. IV, n° 290 ; D. 1999. IR 21 ; D. Affaires 1999. 131, obs. A. L. ; RTD com. 1999. 209, obs. Vallens ; ibid. 505, obs. Martin-Serf.*

3. En revanche, produit ses effets l'avis à tiers détenteur notifié au commissaire à l'exécution du plan alors que les fonds, déposés à la banque, n'avaient pas encore été transférés à la Caisse des dépôts et consignations. • Com. 8 déc. 1998 : *D. Affaires 1999. 131, obs. A. L.* ♦ V. Instr. DGI *(BOI 127C 1-99, 15 avr. 1999 ; JCP E 1999, n° 18-19, p. 829 ; Annonces de la Seine, 3 mai 1999, p. 1, obs. Lagarde).*

4. Dépôt obligatoire des fonds à la Caisse. V., pour l'administrateur et le mandataire judiciaire, art. L. 622-18 C. com. ; pour le commissaire à l'exécution du plan, art. L. 626-25 C. com. ; pour le liquidateur, art. L. 641-8 C. com.

Art. L. 662-2 *(L. n° 2005-845 du 26 juill. 2005, art. 154)* **Lorsque les intérêts en présence le justifient, la cour d'appel peut décider de renvoyer l'affaire devant une autre juridiction de même nature, compétente dans le ressort de la cour, pour connaître** *(Ord. n° 2008-1345 du 18 déc. 2008, art. 155)* **« du mandat *ad hoc*, de la procédure de conciliation ou » des procédures de sauvegarde, de redressement judiciaire ou de liquidation judiciaire, dans des conditions fixées par décret. La Cour de cassation, saisie dans les mêmes conditions, peut renvoyer l'affaire devant une juridiction du ressort d'une autre cour d'appel.** — *V. art. R. 662-7.*

BIBL. ▸ VOINOT, *RG proc. 1998. 197* (le renvoi dans la procédure collective)

1. Renvoi devant une autre juridiction. Sur le regroupement, au sein d'une juridiction commerciale unique, de procédures de redressement judiciaire dispersées sur le plan territorial, V. • Douai, 3 juill. 1986 : *D. 1987. Somm. 5, obs. Derrida.* ♦ Pour un renvoi opéré suite à l'annulation du jugement d'ouverture du redressement judiciaire d'une société membre d'un groupe, V. • Douai, 5 avr. 2002 : *Act. proc. coll. 2002, n° 131, obs. Cagnoli.*

2. La loi ne spécifie pas que seul un intérêt économique doit être à l'origine du renvoi. • Douai, 31 mars 1988 : *D. 1989. Somm. 6, obs. Derrida ; Gaz. Pal. 1988. 2. 584, note Soinne.* – V. aussi • Montpellier, 19 juill. 1991 : *D. 1992. Somm. 7, obs. Derrida* • Poitiers, 9 oct. 2001 : *Dr. sociétés 2002, n° 213, note Legros* (renvoi motivé par le fait que le vice-président du tribunal de commerce avait dirigé l'entreprise assignée en redressement judiciaire). ♦ Les dispositions de l'art. 7, al. 3 [L. 662-2], ne peuvent être mises en œuvre qu'à l'initiative du ministère public ou du président du tribunal (à propos d'une demande de renvoi formée par la société débitrice). • Douai, 5 avr. 2002 : *préc. note 1.*

3. Appel. La cour d'appel, saisie par une décision de renvoi, en vertu de l'art. 79, al. 2, NCPC, a l'obligation de statuer au fond, en se prononçant sur l'ouverture de la procédure de redressement judiciaire. • Com. 3 juin 1997 : *Bull. civ. IV, n° 162 ; D. 1997. 538, note Bolard.*

4. Pouvoirs de la Cour de cassation. Dès lors que le tribunal de commerce n'a ouvert une procédure collective personnelle à l'encontre d'un commerçant que postérieurement à l'entrée en vigueur de la nouvelle rédaction des art. 7, al. 3, de la loi du 25 janv. 1985 et 3 du Décr. du 27 déc. 1985, c'est à bon droit que le premier président de la Cour de cassation use des pouvoirs qu'il tient des textes ainsi modifiés pour faire cesser le conflit de compétences provoqué par l'existence de ce nouveau jugement d'ouverture en désignant la juridiction qui sera saisie de l'affaire. • Com. 17 févr. 1998 : *Bull. civ. IV, n° 80 ; D. 1998. 274, note Perdriau et Derrida ; D. Affaires 1998. 675, obs. V. A.-R. ; Quot. jur. 14 avr. 1998, p. 5, note P. M. ; JCP 1998. II. 10171, note Voinot.* ♦ V. aussi note 1 ss. art. R. 662-7.

Art. L. 662-3 *(L. n° 2005-845 du 26 juill. 2005, art. 156)* **Les débats devant le tribunal de commerce et le tribunal de grande instance ont lieu en chambre du conseil. Néanmoins, la publicité des débats est de droit après l'ouverture de la procédure si le débiteur, le mandataire judiciaire, l'administrateur, le liquidateur, le représentant des salariés ou le ministère public en font la demande. Le président du tribunal peut décider qu'ils auront lieu ou se poursuivront en chambre du conseil s'il survient des désordres de nature à troubler la sérénité de la justice.**

Par dérogation aux dispositions du premier alinéa, les débats relatifs aux mesures prises en application des chapitres Ier *(Abrogé par Ord. n° 2008-1345 du 18 déc. 2008, art. 156)* **« , *II* » et III du titre V ont lieu en audience publique. Le président du tribunal peut décider qu'ils ont lieu en chambre du conseil si** *(Ord. n° 2008-1345 du 18 déc. 2008, art. 156)* **« l'une des personnes mises en cause** *[ancienne rédaction : le débiteur]* **» le demande avant leur ouverture.** – *V. art. R. 662-9.*

L'art. L. 662-3 [la loi vise, par erreur, l'art. L. 662-4] est applicable aux procédures en cours au jour de l'entrée en vigueur de la L. n° 2005-845 du 26 juill. 2005 [1er janv. 2006] (texte préc., art. 191).

BIBL. ▶ BIGOT, *Gaz. Pal. 5-6 avr. 2006, p. 2.*

Art. L. 662-4 **Tout licenciement envisagé par l'administrateur, l'employeur ou le liquidateur, selon le cas, du représentant des salariés mentionné aux articles** *(L. n° 2005-845 du 26 juill. 2005, art. 157)* **« L. 621-4 et L. 641-1 » est obligatoirement soumis au comité d'entreprise, qui donne un avis sur le projet de licenciement.**

Le licenciement ne peut intervenir que sur autorisation de l'inspecteur du travail dont dépend l'établissement. Lorsqu'il n'existe pas de comité d'entreprise dans l'établissement, l'inspecteur du travail est saisi directement.

Toutefois, en cas de faute grave, l'administrateur, l'employeur ou le liquidateur, selon le cas, a la faculté de prononcer la mise à pied immédiate de l'intéressé en attendant la décision définitive. En cas de refus de licenciement, la mise à pied est annulée et ses effets supprimés de plein droit.

La protection instituée en faveur du représentant des salariés pour l'exercice de sa mission fixée à l'article L. 625-2 cesse lorsque toutes les sommes versées au mandataire judiciaire par les institutions mentionnées à l'article L. 143-11-4 *[L. 3253-13]* **du code du travail, en application du dixième alinéa de l'article L. 143-11-7** *[L. 3253-21, 2°]* **dudit code, ont été reversées par ce dernier aux salariés.**

Lorsque le représentant des salariés exerce les fonctions du comité d'entreprise ou, à défaut, des délégués du personnel, *(Abrogé par L. n° 2005-845 du 26 juill. 2005, art. 157)* **« *en application de l'article L. 621-135,* » la protection cesse au terme de la dernière audition ou consultation prévue par la procédure de redressement judiciaire.** – *[C. com., ancien art. L. 627-5.]*

1. La période de protection du représentant des salariés dans l'entreprise en redressement ou en liquidation judiciaire instaurée par l'art. L. 627-5 [L. 662-4] C. com. correspond à la durée du mandat. • Soc. 1er mars 2005 : *Bull. civ. V, n° 74.* ♦ Il en résulte que le licenciement d'un candidat à une telle désignation ou élection n'est pas soumis à l'autorisation du comité d'entreprise et de l'inspecteur du travail. • Même arrêt.

1 bis. La protection du représentant des salariés, qui exerce les fonctions du comité d'entreprise ou, à défaut, des délégués du personnel en cas d'absence de ceux-ci, cesse au terme de la dernière audition ou consultation précédant l'adoption d'un plan de redressement. • Soc. 30 janv. 2013 : *D. 2013. Actu. 371 ; LEDEN mars 2013, p. 7, obs. G. Dedessus-Le-Moustier ; Act. proc. coll. 2013, n° 58, obs. Jacotot ; Rev. proc. coll. 2013, n° 33, obs. Roussel Galle ; Gaz. Pal. 1er-4 mai 2013, p. 39, obs. Duprat.*

1 ter. Le licenciement d'un représentant des salariés désigné en vertu de l'art. 15 du Décr. n° 85-1388 du 27 déc. 1985 [devenu C. com., art. R. 621-14] et dont la désignation n'a pas été annulée préalablement par le juge d'instance, auquel le second alinéa de l'art. L. 621-9 [L. 621-6] C. com. attribue compétence pour connaître de cette contestation, doit être autorisé par l'inspecteur du travail si sa mission n'a pas pris fin. • Soc. 23 sept. 2009 : *Bull. civ. V, n° 197 ; D. 2009. AJ 2341 ; JCP E 2010. 1011, n° 14, obs. Pétel ; Act. proc. coll. 2009, n° 257, obs. Fin-Langer.*

2. Le salarié protégé, qui a été licencié sans autorisation et qui ne demande pas la poursuite du contrat de travail illégalement rompu, a le droit d'obtenir non seulement une indemnité égale à la rémunération qu'il aurait perçue depuis la date de son éviction jusqu'à la fin de la période de protection, à titre de sanction de la méconnaissance par l'employeur du statut protecteur, mais encore, à défaut de faute grave, les indemnités de rupture et une indemnité si le licenciement est dépourvu de cause réelle et sérieuse. • Soc. 5 mai 1993 : *Bull. civ. V, n° 127 ; D. 1993. IR 138.*

3. Le cessionnaire, tenu de maintenir provisoirement le contrat de travail du représentant des salariés, en raison de la décision initiale de refus d'autorisation du licenciement de l'inspecteur du travail, peut tirer les conséquences du licenciement prononcé par l'administrateur en application du jugement arrêtant le plan de cession après autorisation de l'inspecteur du travail. • Soc. 14 mars 2007 : *D. 2007. AJ 1083.*

Art. L. 662-5 *(L. n° 2003-7 du 3 janv. 2003, art. 47)* **Les fonds détenus par les syndics au titre des procédures de règlement judiciaire ou de liquidation des biens régies par la loi n° 67-563 du 13 juillet 1967 sur le règlement judiciaire, la liquidation des biens, la faillite personnelle et les banqueroutes sont immédiatement versés en compte de dépôt à la Caisse des dépôts et consignations. En cas de retard, le syndic doit, pour les sommes qu'il n'a pas versées, un intérêt dont le taux est égal au taux de l'intérêt légal majoré de cinq points.** – *[C. com., ancien art. L. 627-6.]*

Art. L. 662-6 *(L. n° 2005-845 du 26 juill. 2005, art. 159)* **Le greffe du tribunal de commerce et celui du tribunal de grande instance établissent au terme de chaque semestre la liste des administrateurs judiciaires et des mandataires judiciaires désignés par la juridiction et des autres personnes auxquelles un mandat afférent aux procédures régies par le présent livre a été confié par ladite juridiction, pendant cette période. Ils y font figurer, pour chacun des intéressés, l'ensemble des dossiers qui lui ont été attribués et les informations relatives aux débiteurs concernés prévues par décret en Conseil d'État.** *(Abrogé par Ord. n° 2008-1345 du 18 déc. 2008, art. 157)* ***« Ils y annexent le montant du chiffre d'affaires qu'il a réalisé, au titre des mandats qui lui ont été confiés par la juridiction, au cours du semestre précédent. »***

Ces informations sont portées à la connaissance du garde des sceaux, ministre de la justice, du ministère public du ressort concerné et des autorités chargées du contrôle et de l'inspection des administrateurs et des mandataires judiciaires, selon des modalités déterminées par un décret en Conseil d'État.

V. art. R. 662-15 et R. 662-16.

CHAPITRE III DES FRAIS DE PROCÉDURE

Art. L. 663-1 **I. – Lorsque les fonds disponibles du débiteur n'y peuvent suffire immédiatement, le Trésor public, sur ordonnance motivée du juge-commissaire** *(Abrogé par Ord. n° 2008-1345 du 18 déc. 2008, art. 158)* ***« ou du président du tribunal »*****, fait l'avance des droits, taxes, redevances ou émoluments perçus par les gref-**

fes des juridictions, *(Abrogé par L. n° 2011-94 du 25 janv. 2011, art. 32-11°, à compter du 1er janv. 2012)* *« des débours tarifés et des émoluments dus aux avoués et »* **des rémunérations des avocats dans la mesure où elles sont réglementées, des frais de signification et de publicité et de la rémunération des techniciens désignés par la juridiction après accord du ministère public, afférents :**

1° Aux décisions qui interviennent au cours de la procédure *(L. n° 2005-845 du 26 juill. 2005, art. 163)* **« de sauvegarde, de redressement judiciaire » ou de liquidation judiciaire rendues dans l'intérêt collectif des créanciers ou du débiteur ;**

2° A l'exercice des actions tendant à conserver ou à reconstituer le patrimoine du débiteur ou exercées dans l'intérêt collectif des créanciers ;

3° Et à l'exercice des actions mentionnées aux articles L. 653-3 à L. 653-6.

(L. n° 2005-845 du 26 juill. 2005, art. 158-I) **« L'accord du ministère public n'est pas nécessaire pour l'avance de la rémunération des officiers publics** *(L. n° 2011-850 du 20 juill. 2011, art. 37-XVI, en vigueur le 1er sept. 2011)* **« ou des courtiers de marchandises assermentés » désignés par le tribunal en application »** *(Ord. n° 2008-1345 du 18 déc. 2008, art. 158)* **« des articles L. 621-4, L. 621-12, L. 622-6-1, L. 622-10, L. 631-9 ou L. 641-1 pour réaliser l'inventaire prévu à l'article L. 622-6 et, le cas échéant, la prisée des actifs du débiteur ».**

II. – Le Trésor public, sur ordonnance motivée du président du tribunal, fait également l'avance des mêmes frais afférents à l'exercice de l'action en résolution et en modification du plan.

III. – Ces dispositions sont applicables aux procédures d'appel ou de cassation de toutes les décisions mentionnées ci-dessus.

IV. – Pour le remboursement de ses avances, le Trésor public est garanti par le privilège des frais de justice. – *[C. com., ancien art. L. 627-3.]*

V. art. R. 661-1.

BIBL. ▸ BRÉVAL, *LPA 13 janv. 1997* (règlement des honoraires d'expertise).

1. Frais et débours. Il résulte de la combinaison de l'art. 215 ci-dessus [C. com., art. L. 663-1] et des art. R. 93 (7°) et R. 214 C. pr. pén., que les frais visés par le premier de ces textes, que le deuxième assimile aux frais de justice criminelle, correctionnelle et de police, sont taxés et liquidés d'après le tarif et selon les règles de la juridiction compétente. Ces frais, s'agissant de ceux dus aux avocats, ne pouvant ainsi comprendre, outre les débours, que la partie légalement tarifée de leur rémunération correspondant à l'exercice de la postulation, et non leurs honoraires qui, aux termes de l'art. 10 de la L. n° 71-1130 du 31 déc. 1971, sont fixés en accord avec le client, l'avance de frais et débours par le Trésor public ne peut couvrir les sommes réclamées par un avocat en vue d'assurer la défense du liquidateur devant une juridiction où la représentation par avocat n'est pas obligatoire. • Com. 6 mai 1997 : *Bull. civ. IV, n° 121 ; D. 1997. 437, rapp. Rémery ; D. Affaires 1997. 799 ; Quot. jur. 24 juin 1997, p. 4, note P.M. ; Rev. proc. coll. 1998. 70, obs. Soinne.* ♦ Solution confirmée par la nouvelle rédaction de l'art. L. 627-3 [L. 663-1], issue de la L. n° 2001-1275 du 28 déc. 2001.

2. Seules les rémunérations des techniciens désignés par le juge-commissaire en application de l'art. L. 621-12 [L. 621-9] C. com., celles des personnes qualifiées désignées en application de l'art. 164 du Décr. n° 85-1388 du 27 déc. 1985 [C. com., art. R. 651-5] ou celles des techniciens désignés pour exécuter des mesures d'instruction en application des art. 232 s. NCPC [C. pr. civ.] peuvent donner lieu à une avance du Trésor public dans les conditions fixées par l'art. L. 627-3 [L. 663-1]. • Com. 28 sept. 2004 : *Bull. civ. IV, n° 169 ; D. 2004. AJ 2654 ; JCP E 2005, n° 1-2, p. 26, obs. Pétel ; Bull. Joly 2005. 217, note J.-F. Barbièri ; Rev. proc. coll. 2006. 54, obs. Lebel.* ♦ Les honoraires d'un cabinet comptable, désigné pour assister le liquidateur judiciaire afin, notamment, de mener des investigations sur les responsabilités encourues par les dirigeants et de procéder à la révision du compte client dans le cadre de l'art. 37 de la L. n° 85-99 du 25 janv. 1985 [C. com., art. L. 814-6] et de l'art. 31 du Décr. n° 85-1390 du 27 déc. 1985 [abrogé], qui n'étaient pas applicables en pareil cas, ne peuvent donner lieu à une avance par le Trésor public. • Même arrêt. ♦ Le commissaire-priseur, désigné pour procéder à une vente aux enchères publiques de l'actif mobilier d'une société en liquidation judiciaire, en application de l'art. L. 622-18 [L. 642-19] C. com., n'est pas un technicien au sens des art. L. 627-3 [L. 663-1] C. com. et 232 NCPC [C. pr. civ.]. • Limoges, 5 janv. 2005 : *BICC 2005, n° 441.*

3. L'art. L. 627-3 [L. 663-1], qui accorde le remboursement des frais et débours avancés dans les procédures impécunieuses, n'opère aucune distinction entre les sommes versées aux officiers publics et ministériels et les autres frais et débours ; ce texte n'exige nullement que pour le paiement des frais de greffe ou d'huissier de justice des justificatifs soient donnés affaire par affaire, ligne par ligne, ou récapitulés sur un état de frais spécifique certifié page par page. • Paris, 15 oct. 2002 : *RJ com. 2004. 29, note Sortais.*

4. Sur le contrôle de la motivation de l'ordonnance du juge-commissaire décidant l'avance des frais et débours par le Trésor public, V. • Besançon, 28 juin 2005 : *RTD com. 2005. 610, obs. Vallens* ∅.

Art. L. 663-1-1 *(L. n° 2012-346 du 12 mars 2012, art. 4)* **Lorsque les mesures conservatoires ordonnées en application des articles L. 621-2, L. 631-10-1 et L. 651-4 portent sur des biens dont la conservation ou la détention génère des frais ou qui sont susceptibles de dépérissement, le juge-commissaire peut autoriser, aux prix et conditions qu'il détermine, l'administrateur, s'il a été nommé, le mandataire judiciaire ou le liquidateur à les céder. Les sommes provenant de cette cession sont immédiatement versées en compte de dépôt à la Caisse des dépôts et consignations.**

Le juge-commissaire peut autoriser l'affectation des sommes provenant de cette cession au paiement des frais engagés par l'administrateur, le mandataire judiciaire ou le liquidateur pour les besoins de la gestion des affaires du propriétaire de ces biens, y compris pour assurer le respect des obligations sociales et environnementales résultant de la propriété de ces biens, si les fonds disponibles du débiteur n'y suffisent pas.

La L. n° 2012-346 du 12 mars 2012 est applicable aux procédures de sauvegarde, de redressement judiciaire ou de liquidation judiciaire en cours à la date de sa publication [JO 13 mars.] Elle est applicable en Nouvelle-Calédonie et dans les îles Wallis-et-Futuna (L. préc., art. 5 et 6).

V. art. R. 661-1, R. 662-17, R. 663-29 et *R. 663-45.*

Art. L. 663-2 *(L. n° 2005-845 du 26 juill. 2005, art. 158-II)* **Un décret en Conseil d'État fixe les modalités de rémunération des administrateurs judiciaires, des mandataires judiciaires, des commissaires à l'exécution du plan et des liquidateurs. Cette rémunération est exclusive de toute autre rémunération ou remboursement de frais au titre de la même procédure ou au titre d'une mission subséquente qui n'en serait que le prolongement.** – *V. art. R. 663-3 s.*

V. art. R. 661-1.

Art. L. 663-3 *(L. n° 2005-845 du 26 juill. 2005, art. 158-III)* **Lorsque le produit de la réalisation des actifs de l'entreprise ne permet pas au liquidateur ou au mandataire judiciaire d'obtenir, au titre de la rémunération qui lui est due en application des dispositions de l'article L. 663-2, une somme au moins égale à un seuil fixé par décret en Conseil d'État, le dossier est déclaré impécunieux par décision du tribunal, sur proposition du juge-commissaire et au vu des justificatifs présentés par le liquidateur ou le mandataire judiciaire.** – *V. art. R. 663-41.*

La même décision fixe la somme correspondant à la différence entre la rémunération effectivement perçue par le liquidateur ou le mandataire judiciaire et le seuil *visé au premier alinéa.*

La somme versée au mandataire judiciaire ou au liquidateur est prélevée sur une quote-part des intérêts servis par la Caisse des dépôts et consignations sur les fonds déposés en application des articles L. 622-18, L. 626-25 et L. 641-8. Cette quote-part est spécialement affectée à un fonds géré par la Caisse des dépôts et consignations sous le contrôle d'un comité d'administration. Les conditions d'application du

présent alinéa sont fixées par un décret en Conseil d'État. – *Ce prélèvement est effectué à compter du 1er juill. 2004 sur l'ensemble des intérêts versés quelle que soit la date d'ouverture de la procédure au titre de laquelle les fonds ont été déposés (Décr. n° 2004-518 du 10 juin 2004, art. 109). – Le taux du prélèvement est fixé à 5 % (Arr. 2 févr. 2007, JO 28 févr.).*

V. art. R. 661-1.

Art. L. 663-4 Le juge-commissaire a droit, sur l'actif du débiteur, au remboursement de ses frais de déplacement. – *[C. com., ancien art. L. 627-2.]*

V. art. R. 661-1.

TITRE SEPTIÈME DISPOSITIONS DÉROGATOIRES PARTICULIÈRES AUX DÉPARTEMENTS DE LA MOSELLE, DU BAS-RHIN ET DU HAUT-RHIN

Art. L. 670-1 *(L. n° 2005-845 du 26 juill. 2005, art. 160-I)* **« Les dispositions du présent titre sont applicables aux personnes physiques, domiciliées dans les départements de la Moselle, du Bas-Rhin et du Haut-Rhin, et à leur succession, qui ne sont** *(Ord. n° 2008-1345 du 18 déc. 2008, art. 159)* **« ni des agriculteurs, ni des personnes exerçant une activité commerciale, artisanale ou » toute autre activité professionnelle indépendante, y compris une profession libérale soumise à un statut législatif ou réglementaire, lorsqu'elles sont de bonne foi et en état d'insolvabilité notoire. Les dispositions des titres II à VI du présent livre s'appliquent dans la mesure où elles ne sont pas contraires à celles du présent titre. »**

(L. n° 2003-710 du 1er août 2003, art. 37) **« Avant qu'il ne soit statué sur l'ouverture de la procédure, le tribunal commet, s'il l'estime utile, une personne compétente choisie dans la liste des organismes agréés, pour recueillir tous renseignements sur la situation économique et sociale du débiteur.**

« Les déchéances et interdictions qui résultent de la faillite personnelle ne sont pas applicables à ces personnes. »

(Abrogé par L. n° 2011-525 du 17 mai 2011, art. 135) ***« Les modalités d'application du présent article sont fixées par décret. »*** – *[C. com., ancien art. L. 628-1.]*

V. art. R. 670-1 s.

Les dispositions du code de la consommation relatives au règlement des situations de surendettement des particuliers ne font pas obstacle à l'application de l'art. L. 670-1 C. com. (C. consom., art. L. 333-3).

1. Insolvabilité notoire. L'insolvabilité notoire ne se confond pas avec la cessation des paiements ; elle est caractérisée lorsque des faits et circonstances extérieurs, notamment des mesures d'exécution demeurées infructueuses, sont de nature à accréditer l'opinion que cette insolvabilité existe et révèlent, en outre, non seulement un arrêt matériel des paiements et une insuffisance d'actif, mais une situation patrimoniale irrémédiablement compromise et sans autre issue, notamment par l'obtention de garanties, de crédit ou de délais de paiement. • Colmar, 16 mars 1988 : *D. 1989. Somm. 4, obs. Derrida.* – V. aussi • Com. 26 nov. 1990 : *Gaz. Pal. 1991. 1. Pan. 94* • Colmar, 14 mai 1996 : *JCP E 1997. Pan. 596 et 597* • 17 déc. 1996 : *LPA 2 mai 1997, p. 8, note Vallens* • 17 févr. 1998 : *JCP 2000. IV. 1134* • Metz, 17 mai 2005 : *Rev. proc. coll. 2006. 299, obs. Lebel* • Colmar, 19 juin 2007 : *JCP E 2007. 2213.*

1 bis. Bonne foi du débiteur. Aux termes de l'art. 2268 (devenu l'art. 2274) C. civ., la bonne foi est toujours présumée. • Civ. 2e, 2 juill. 2009 : *Bull. civ. II, n° 177 ; D. 2009 AJ 1892 ; Gaz. Pal. 1er-3 nov. 2009, p. 3, obs. Reille ; JCP 2009.*

562, obs. Sander. ♦ N'est pas de bonne foi au sens de l'art. L. 628-1 [L. 670-1] C. com. le débiteur dont la plupart des dettes ont pour origine des condamnations pénales ou des amendes contraventionnelles, peu important que ces condamnations soient en relation avec une pathologie psychiatrique. • Colmar, 28 févr. 2006 : *JCP 2006. IV. 2065.*

2. Extinction des créances. V. note 2 ss. ancien art. L. 622-32 C. com., ss. art. L. 643-11. ♦ Sur le refus, fondé sur la tentative de fraude à la loi, de combiner les art. 169 de la loi du 25 janv. 1985 [C. com., art. L. 643-11] et 22, al. 2, de la loi du 1er juin 1924 [C. com., art. L. 670-1, al. 3], V. • Colmar, 16 mars 1988 : *préc. note 1.*

2 bis. Garantie de l'AGS. V. note 4 ss. art. L. 3253-6 C. trav., ss. art. L. 625-9.

2 ter. Domiciliation frauduleuse. Pour des exemples, V. • Colmar, 2 oct. 2001 : *RTD com. 2001. 983, obs. Vallens* • 14 juin 2005 : *JCP E 2006, no 2, p. 81.*

3. Surendettement des particuliers. V. C. consom., art. L. 333-3, en note ci-dessus. ♦ Sur la distinction des deux régimes, V. obs. Lombard, *Gaz. Pal. 1991. 2. Somm. 304.*

Art. L. 670-1-1 *(L. no 2011-1862 du 13 déc. 2011, art. 55)* **Le présent titre est également applicable aux personnes physiques domiciliées dans les départements de la Moselle, du Bas-Rhin et du Haut-Rhin ayant déposé une déclaration de constitution de patrimoine affecté conformément à l'article L. 526-7 et dont l'activité agricole, commerciale, artisanale ou indépendante est exclusivement exercée avec affectation de patrimoine.**

Sauf dispositions contraires, les références faites à la personne, au débiteur, au contrat et au cocontractant s'entendent, respectivement :

– de la personne en tant que titulaire d'un patrimoine non affecté ;
– du débiteur en tant que titulaire d'un patrimoine non affecté ;
– du contrat passé par le débiteur ainsi défini ;
– du cocontractant ayant conclu avec lui un tel contrat.

Les dispositions qui intéressent les biens, droits ou obligations des personnes mentionnées au premier alinéa doivent, sauf dispositions contraires, être comprises comme visant les éléments du seul patrimoine non affecté. Les dispositions qui intéressent les droits ou obligations des créanciers de ces personnes s'appliquent, sauf dispositions contraires, dans les limites du seul patrimoine non affecté.

Art. L. 670-2 *(L. no 2005-845 du 26 juill. 2005, art. 160-II)* **Le juge-commissaire peut ordonner la dispense de l'inventaire des biens des personnes visées à l'article L. 670-1.** – *[C. com., ancien art. L. 628-2.]*

Art. L. 670-3 *(L. no 2003-710 du 1er août 2003, art. 39) (Abrogé par L. no 2005-845 du 26 juill. 2005, art. 160-III)* ***« Par dérogation à l'article L. 621-102, »*** **il n'est pas procédé, en cas de liquidation judiciaire, à la vérification des créances s'il apparaît que le produit de la réalisation de l'actif sera entièrement absorbé par les frais de justice, sauf décision contraire du juge-commissaire.** – *[C. com., ancien art. L. 628-3.]*

Art. L. 670-4 *(L. no 2003-710 du 1er août 2003, art. 40)* **Lors de la clôture des opérations de liquidation judiciaire, le tribunal peut, à titre exceptionnel, imposer au débiteur une contribution destinée à l'apurement du passif dans les proportions qu'il détermine. Le tribunal désigne dans ce jugement un commissaire chargé de veiller à l'exécution de la contribution.**

Pour fixer les proportions de la contribution, le tribunal prend en compte les facultés contributives du débiteur déterminées au regard de ses ressources et charges incompressibles. Le tribunal réduit le montant de la contribution en cas de diminution des ressources ou d'augmentation des charges du contributeur.

Son paiement doit être effectué dans un délai de deux ans.

(Abrogé par L. no 2011-525 du 17 mai 2011, art. 135) ***« Les modalités d'application du présent article sont fixées par décret. »*** – *[C. com., ancien art. L. 628-4.]*

Art. L. 670-5 *(L. nº 2003-710 du 1er août 2003, art. 41)* **Outre les cas prévus à l'article** *(L. nº 2005-845 du 26 juill. 2005, art. 160-IV)* **« L. 643-11 », les créanciers recouvrent également leur droit de poursuite individuelle à l'encontre du débiteur lorsque le tribunal constate, d'office ou à la demande du commissaire, l'inexécution de la contribution visée à l'article L. 670-4.** – *[C. com., ancien art. L. 628-5.]*

Art. L. 670-6 *(L. nº 2003-710 du 1er août 2003, art. 42)* **Le jugement prononçant la liquidation judiciaire est mentionné pour une durée de** *(L. nº 2010-737 du 1er juill. 2010, art. 52)* **« cinq ans** *[ancienne rédaction : huit ans]* **» au fichier prévu à l'article L. 333-4 du code de la consommation et ne fait plus l'objet d'une mention au casier judiciaire de l'intéressé.** – *[C. com., ancien art. L. 628-6.]*

Les dispositions de la L. nº 2010-737 du 1er juill. 2010 entrent en vigueur le premier jour du quatrième mois suivant celui de sa publication au Journal officiel [JO 2 juill.] (art. 61-IV).

Art. L. 670-7 *(L. nº 2003-710 du 1er août 2003, art. 38-I)* **L'assiette et la liquidation de la taxe sur les frais de justice en matière de redressement ou de liquidation judiciaire sont provisoirement réglées conformément aux dispositions des lois locales.** – *[C. com., ancien art. L. 628-7.]*

Art. L. 670-8 *(L. nº 2003-710 du 1er août 2003, art. 38-I)* **Les dispositions de l'article 1er de la loi nº 75-1256 du 27 décembre 1975 relative à certaines ventes de biens immeubles dans les départements du Haut-Rhin, du Bas-Rhin et de la Moselle cessent d'être applicables aux ventes forcées d'immeubles compris dans le patrimoine d'un débiteur ayant fait l'objet d'une procédure de redressement judiciaire ouverte postérieurement au 1er janvier 1986.** – *[C. com., ancien art. L. 628-8.]*

TITRE HUITIÈME DISPOSITIONS PARTICULIÈRES À L'ENTREPRENEUR INDIVIDUEL À RESPONSABILITÉ LIMITÉE

(Ord. nº 2010-1512 du 9 déc. 2010, art. 8)

BIBL. GÉN. ▸ V. Bibl. gén. en tête du livre VI.

Pour l'application en Nouvelle-Calédonie et à Wallis-et-Futuna des dispositions issues de l'Ord. nº 2010-1512 du 9 déc. 2010, V. Ord. nº 2011-322 du 24 mars 2011, art. 1er-1º et 2-1º (JO 25 mars).

Art. L. 680-1 **Lorsque les dispositions des titres Ier à VI du présent livre sont appliquées à raison des activités professionnelles exercées par un entrepreneur individuel à responsabilité limitée, elles le sont patrimoine par patrimoine.**

Art. L. 680-2 **Les dispositions des titres Ier à VI du présent livre qui intéressent la situation économique ou les biens, droits ou obligations du débiteur entrepreneur individuel à responsabilité limitée doivent, sauf dispositions contraires, être comprises comme visant les éléments du seul patrimoine affecté à l'activité en difficulté ou, si l'activité est exercée sans affectation de patrimoine, du seul patrimoine non affecté.**

Art. L. 680-3 **Les dispositions des titres Ier à VI du présent livre qui intéressent les droits ou obligations des créanciers du débiteur entrepreneur individuel à responsabilité limitée s'appliquent, sauf dispositions contraires, dans les limites du seul patri-**

moine affecté à l'activité en difficulté ou, si l'activité est exercée sans affectation de patrimoine, du seul patrimoine non affecté.

Art. L. 680-4 Sauf dispositions contraires, les références faites par les titres Ier à VI du présent livre au débiteur, à l'entreprise, au contrat, au cocontractant s'entendent, respectivement :

– du débiteur en tant qu'il exerce l'activité en difficulté et est titulaire du patrimoine qui se rattache à celle-ci, à l'exclusion de tout autre ;

– de l'entreprise exploitée dans le cadre de l'activité en difficulté ;

– si un patrimoine est affecté à l'activité en difficulté, du contrat passé à l'occasion de l'exercice de cette activité ou, si l'activité est exercée sans affectation de patrimoine, du contrat passé en dehors du ou des activités auxquelles un patrimoine est affecté ;

– du cocontractant ayant conclu le contrat mentionné au précédent alinéa.

Art. L. 680-5 Lorsque les dispositions des titres Ier à VI du présent livre sont appliquées à raison d'une activité professionnelle exercée sans affectation de patrimoine, les éléments d'actif et de passif qui, le cas échéant, proviennent d'un patrimoine dont l'affectation a cessé de produire ses effets en application de l'article L. 526-15 sont considérés comme étant hors du patrimoine non affecté. Cette exclusion prend fin dès lors que les créances ayant composé l'ancien patrimoine sont éteintes.

Le présent article n'est pas applicable si l'exercice de l'activité à laquelle le patrimoine était affecté s'est poursuivi après la cessation de l'affectation.

Art. L. 680-6 Le jugement d'ouverture d'une procédure de sauvegarde, de redressement judiciaire ou de liquidation judiciaire emporte, de plein droit, jusqu'à la clôture de la procédure ou, le cas échéant, jusqu'à la fin des opérations du plan, interdiction pour tout débiteur d'affecter à une activité professionnelle un bien compris dans le patrimoine visé par la procédure ou, sous réserve du versement des revenus mentionnés à l'article L. 526-18, de modifier l'affectation d'un tel bien, lorsqu'il en résulterait une diminution de l'actif de ce patrimoine.

Tout acte passé en violation des dispositions du présent article est annulé à la demande de tout intéressé ou du ministère public dans le délai de trois ans à compter de sa date.

Art. L. 680-7 Sans préjudice de la compétence attribuée au juge-commissaire par l'article L. 624-19, le tribunal saisi d'une procédure de sauvegarde, de redressement judiciaire ou de liquidation judiciaire ouverte à l'égard d'un entrepreneur individuel à responsabilité limitée connaît des contestations relatives à l'affectation des éléments du patrimoine de cet entrepreneur qui s'élèvent à l'occasion de cette procédure.

Code général des impôts

(Décr. n° 50-478 du 6 avr. 1950)

Art. 1756 *(Ord. n° 2005-1512 du 7 déc. 2005, art. 16-II)* « I. — En cas de *(Ord. n° 2008-1345 du 18 déc. 2008, en vigueur le 15 févr. 2009)* « sauvegarde ou de » redressement ou de liquidation judiciaires, les frais de poursuite et les pénalités fiscales encourues en matière d'impôts directs et taxes assimilées, de taxes sur le chiffre d'affaires et taxes assimilées, de droits d'enregistrement, taxe de publicité foncière, droits de timbre et autres droits et taxes assimilés, dus à la date du jugement d'ouverture, sont remis, à l'exception des majorations prévues aux *b* et *c* du 1 de l'article 1728 et aux articles 1729 et 1732 et des amendes mentionnées aux articles 1737 et 1740 A. »

(L. n° 2010-737 du 1er juill. 2010, art. 47) « II. — En cas de mise en œuvre de la procédure de rétablissement personnel prévue aux articles L. 332-5 et L. 332-6 du code de la consommation, les majorations, frais de poursuites et pénalités fiscales encourus en matière d'impôts directs dus à la date à laquelle la commission recommande un rétablissement personnel sans liquidation judiciaire ou à la date du jugement d'ouverture d'une procédure de rétablissement personnel avec liquidation judiciaire sont remis, à l'exception des majorations prévues aux *b* et *c* du 1 de l'article 1728 et à l'article 1729. »

Les dispositions de l'Ord. n° 2005-1512 du 7 déc. 2005 entrent en vigueur le 1er janv. 2006 (art. 25).

Les dispositions de la L. n° 2010-737 du 1er juill. 2010 entrent en vigueur le premier jour du quatrième mois suivant celui de sa publication au Journal officiel [JO 2 juill.] (art. 61-IV).

Art. 1929 *quater* 1. Donnent lieu à publicité, dans les conditions prévues aux 2 à 5, les sommes restant dues à titre privilégié par des commerçants et personnes morales de droit privé, même non commerçantes, au titre de l'impôt sur le revenu, de l'impôt sur les bénéfices des sociétés et autres personnes morales, de la taxe sur les salaires, de la *(L. n° 2009-1673 du 30 déc. 2009, art. 2-7.1)* « cotisation foncière des entreprises » et des taxes annexes, des taxes sur le chiffre d'affaires et des taxes annexes, et des contributions indirectes.

(L. n° 94-1162 du 29 déc. 1994) « N'est pas soumise à la publicité la part de la *(L. n° 2009-1673 du 30 déc. 2009, art. 2-7.1)* « cotisation foncière des entreprises » correspondant à la réduction effectuée par le redevable au titre du plafonnement en fonction de la valeur ajoutée, en application des articles 1647 B *sexies* et 1679 *quinquies*. »

2. La publicité est faite à la diligence de l'administration chargée du recouvrement.

3. L'inscription ne peut être requise, selon la nature de la créance, qu'à partir de la date à laquelle :

(L. n° 2003-1312 du 30 déc. 2003, art. 37-VIII) « 1° Le redevable a encouru une majoration pour défaut de paiement pour les impôts directs recouvrés par les comptables de la direction générale de la comptabilité publique ;

« 2° Un titre exécutoire a été émis, pour les taxes sur le chiffre d'affaires et assimilées et les contributions indirectes, ainsi que pour les impôts directs et taxes assimilées recouvrés par les comptables de la direction générale des impôts. » — *Les dispositions du 1° et du 2° entrent en vigueur à des dates fixées par décret et au plus tard le 1er janv. 2005 (L. n° 2003-1312 du 30 déc. 2003, art. 37-B).*

(L. n° 2008-1443 du 30 déc. 2008, art. 58-I) « 4. La publicité est obligatoire lorsqu'il est constaté, à l'issue des neuf mois qui suivent la première date de l'un ou l'autre des événements mentionnés au 3, que le montant des sommes dues à compter de cette date par le redevable à un même poste comptable ou service assimilé et susceptibles d'être inscrites dépasse un seuil fixé par décret. — *A compter du 1er janv. 2007, pour l'application des dispositions du 4 de l'art. 1929 quater CGI, un décret fixe un seuil en fonction du chiffre d'affaires de l'entreprise (L. n° 2005-1720 du 30 déc. 2005, art. 102). — V. CGI, Ann. III, art. 416 bis. —* ***CGI.***

« Ne sont pas soumises à la publicité les sommes visées *(Décr. n° 2009-389 du 7 avr. 2009)* « au premier alinéa » lorsque le débiteur respecte un plan d'apurement échelonné de sa dette ainsi que ses obligations fiscales courantes. Dès que le plan est dénoncé, le comptable public doit procéder à la publication dans un délai de deux mois. » — *Les dispositions de la L. n° 2008-1443 du 30 déc. 2008 s'appliquent aux créances nées à compter du 1er juill. 2008 (art. 58-IV). — V. art. 416 ter de l'Annexe III.*

5. En cas de paiement avec subrogation, le subrogé aux droits du Trésor est tenu des obligations et formalités mises par le présent article à la charge de l'administration, quel que soit le montant du paiement.

Si le paiement par le subrogé a lieu sans émission de titre exécutoire prévu au 3, l'inscription ne peut être requise que six mois au moins après le paiement.

6. *(L. nº 85-1403 du 30 déc. 1985)* « Les frais de l'inscription du privilège sont à la charge du Trésor. »

7. *(Décr. nº 86-1086 du 7 oct. 1986)* « En cas *(Décr. nº 2006-356 du 24 mars 2006)* « de procédures de sauvegarde, » de redressement *(L. nº 94-475 du 10 juin 1994)* « ou de liquidation » judiciaire du redevable », ou d'un tiers tenu légalement au paiement des sommes visées au 1, le Trésor ou son subrogé ne peut exercer son privilège pour les créances qui étaient soumises à titre obligatoire à la publicité prévue aux 1 à 5 et dont l'inscription n'a pas été régulièrement requise à l'encontre du redevable.

8. Les inscriptions prises en application des 1 à 5 se prescrivent par quatre ans, sauf renouvellement.

(L. nº 2005-845 du 26 juill. 2005, art. 175-II) « 8 *bis*. Le comptable compétent demande, dans un délai d'un mois, la radiation totale de l'inscription devenue sans objet, dès lors que le débiteur s'est acquitté de sa dette. »

9. Les modalités d'application du présent article et notamment les formes et délais des inscriptions et de leur radiation sont fixées par un décret en Conseil d'État pris sur le rapport du ministre de l'économie et des finances et du garde des sceaux, ministre de la justice. — *V. art. 396 bis de l'Annexe II.*

ANNEXE II

Art. 396 *bis* *(Décr. nº 2007-568 du 17 avr. 2007)* 1. L'inscription des sommes privilégiées dues au Trésor prescrite au 1 de l'article 1929 *quater* du code général des impôts est faite :

1º Si le redevable est une personne physique, au greffe du tribunal de commerce ou du tribunal de grande instance statuant commercialement, dans le ressort duquel se trouve son principal établissement commercial ;

2º Si le redevable est une personne morale de droit privé immatriculée au registre du commerce et des sociétés, au greffe du tribunal de commerce ou du tribunal de grande instance statuant commercialement, dans le ressort duquel se trouve son siège social ;

3º Si le redevable est une personne morale de droit privé non immatriculée au registre du commerce et des sociétés, au greffe du tribunal de grande instance dans le ressort duquel se trouve son siège.

Pour les redevables visés aux 2º et 3º dont le siège n'est pas situé sur le territoire métropolitain ou dans les départements d'outre-mer, l'inscription est requise, selon le cas, au greffe du tribunal de commerce ou du tribunal de grande instance statuant commercialement ou au greffe du tribunal de grande instance dans le ressort duquel se trouve le principal établissement du redevable.

2. Lorsque la publicité est faite, en application du *(Décr. nº 2009-195 du 18 févr. 2009)* « premier alinéa du » 4 de l'article 1929 *quater* du code général des impôts, l'inscription des sommes déterminées dans les conditions fixées au 3 dudit article doit être requise *(Décr. nº 2009-195 du 18 févr. 2009)* « au plus tard dans le mois qui suit l'expiration du délai de neuf mois ».

3. Pour requérir l'inscription des sommes privilégiées dues au Trésor, le comptable public chargé du recouvrement remet ou adresse par lettre recommandée avec demande d'avis de réception, au greffier compétent, un bordereau établi en double exemplaire et comportant les indications suivantes :

a. Date à laquelle il est établi ;

b. Désignation du comptable public requérant ;

c. Nom, prénoms, raison ou dénomination sociale, adresse de l'établissement principal ou du siège du redevable ;

d. Montant des sommes dues au Trésor au dernier jour *(Décr. nº 2009-985 du 20 août 2009, art. 3-I)* « de la période de neuf mois prévue au 4 de l'article 1929 *quater* du code général des impôts » précédant l'inscription.

Le comptable avise le contribuable qu'il a requis une inscription à son encontre.

4. Un des exemplaires du bordereau prévu au 3 est restitué ou renvoyé au comptable par le greffier, après avoir été revêtu de la mention d'inscription qui comprend la date de celle-ci et le numéro sous lequel elle a été faite. Le second exemplaire portant les mêmes mentions est conservé au greffe pour constituer le registre des inscriptions ; le greffier tient en outre un répertoire alphabétique.

5. Lorsqu'un redevable a contesté une imposition ayant fait l'objet d'une inscription et qu'il bénéficie du sursis de paiement dans les conditions prévues aux articles L. 277 à L. 279 A du livre des procédures fiscales, il peut faire mentionner par le greffier l'existence de la contestation ; cette mention est portée en marge de l'inscription.

Le redevable doit produire à cet effet une attestation délivrée par le comptable chargé du recouvrement de l'imposition contestée.

La fraction non encore payée d'une imposition contestée ayant fait l'objet d'une mention au registre public figure d'une manière distincte sur le bordereau établi par le comptable en vue d'une nouvelle inscription dans les conditions prévues au premier alinéa du 6.

6. Chaque nouvelle inscription requise par un même comptable à l'encontre du même redevable rend caduque l'inscription précédente.

En dehors du cas prévu au 7, le comptable qui a requis l'inscription demande, dans le délai mentionné au 8 *bis* de l'article 1929 *quater* du code général des impôts, la radiation totale prévue à ce 8 *bis* par la présentation au greffe d'une attestation de paiement.

En dehors du cas prévu au 7, une inscription peut faire l'objet à tout moment d'une radiation partielle à la diligence du redevable, sur présentation au greffe d'une attestation constatant le paiement partiel et établie par le comptable ayant requis l'inscription.

Toute radiation consécutive à un dégrèvement est faite à l'initiative du comptable qui avait requis l'inscription. Il est de même procédé à radiation sur l'initiative du comptable en cas d'erreur commise par celui-ci sur le montant des sommes privilégiées ou sur l'identité du redevable.

Le greffier mentionne les radiations en marge de l'inscription correspondante.

7. Pour inscrire son privilège, le subrogé dans les droits du Trésor produit au greffier un certificat établi par le comptable public chargé du recouvrement et attestant la subrogation. Si la créance ayant fait l'objet d'une subrogation est comprise dans une inscription, le certificat vaut radiation de cette inscription à due concurrence.

8. Les attestations ou certificats prévus aux 5, 6 et 7 sont remis en double exemplaire ou adressés aux greffiers par lettre recommandée avec demande d'avis de réception. L'un des exemplaires est rendu ou renvoyé à titre de récépissé au requérant, après avoir été revêtu, dès réception, d'une mention indiquant la date d'accomplissement de la formalité requise. Le deuxième exemplaire est conservé au greffe.

9. Les greffiers sont tenus de délivrer à tous ceux qui le requièrent et aux frais du requérant soit un état des inscriptions existantes, soit un certificat indiquant qu'il n'existe aucune inscription. Chaque réquisition ne peut viser qu'un redevable nommément désigné.

L'état des inscriptions délivré par le greffier doit comporter l'indication du comptable ou du tiers subrogé ayant requis l'inscription, la date de l'inscription, le montant des sommes inscrites et, le cas échéant, les mentions de contestations.

10. Le modèle du bordereau prévu au 3, des attestations prévues au 5 et au 6 et du certificat prévu au 7 est fixé par arrêté conjoint du ministre chargé du budget et du garde des sceaux, ministre de la justice.

11. En cas de destruction totale ou partielle ou de disparition, par suite d'un sinistre ou de tout autre fait, du registre de publicité des créances privilégiées du Trésor public mentionné à l'article 1er de la loi n° 71-1029 du 24 décembre 1971, quel que soit le greffe dans lequel ce registre était ou est conservé, il est procédé à sa reconstitution de la façon suivante :

Les comptables publics qui avaient obtenu l'inscription de privilèges pour des sommes dues au Trésor demandent au greffier, par simple requête et sur présentation du second exemplaire du bordereau d'inscription prévu au 4, la réinscription du privilège du Trésor pour les sommes indiquées sur cet exemplaire.

Les subrogés dans les droits du Trésor procèdent de la même manière sur production du deuxième exemplaire de l'attestation ou certificat prévu au 8.

La réinscription du privilège du Trésor ou des subrogés est notifiée par le greffier au redevable par lettre recommandée avec demande d'avis de réception dans les huit jours de cette réinscription.

Le redevable, s'il estime que la réinscription n'est pas conforme à l'inscription primitive, peut, dans le délai de quinze jours à compter de la date de réception de cette lettre, présenter une réclamation devant la commission visée à l'article 1er du décret n° 72-917 du 2 octobre 1972.

Celle-ci statue dans les conditions prévues au chapitre Ier du même décret.

ANNEXE III

Art. 416 *bis* *(Décr.n° 2009-197 du 18 févr. 2009)* Le seuil de publicité obligatoire mentionné au premier alinéa du 4 de l'article 1929 *quater* du code général des impôts est fixé à 15 000 €.

Art. 416 *ter* *(Décr. n° 2009-197 du 18 févr. 2009)* Le comptable de la direction générale des finances publiques *(Décr. n° 2011-1303 du 14 oct. 2011, art. 12, en vigueur le 1er oct. 2011)* « ou de la direction générale des douanes et des droits indirects » met fin au plan d'apurement échelonné mentionné au second alinéa du 4 de l'article 1929 *quater* du code général des impôts par lettre recommandée avec accusé de réception et procède à l'inscription du privilège du Trésor dans le délai prévu au même alinéa du 4 de l'article précité. Le délai court à compter de la réception de cette dénonciation par le redevable.

Loi n° 75-1334 du 31 décembre 1975,

Relative à la sous-traitance (D. et BLD 1976. 64).

Art. 12 *V. App., v° Sous-traitance.*

Code de la sécurité sociale

1re PARTIE : LÉGISLATIVE

(Décr. n° 85-1353 du 17 déc. 1985)

Art. L. 243-4 *(L. n° 99-641 du 27 juill. 1999)* Le paiement des cotisations et des majorations et pénalités de retard est garanti pendant un an à compter de leur date d'exigibilité, par un privilège sur les biens meubles du débiteur, lequel privilège prend rang concurremment avec celui des gens de service et celui des salariés établis respectivement par l'article 2331 du code civil et les articles L. 625-7 et L. 625-8 du code de commerce.

(L. n° 2002-73 du 17 janv. 2002) « Le paiement des cotisations et des majorations et pénalités de retard est également garanti, à compter du 1er janvier 1956, par une hypothèque légale en exécution des prescriptions applicables en matière de publicité foncière. »

Art. L. 243-5 *(L. n° 2006-1640 du 21 déc. 2006, art. 39-III)* « Dès lors qu'elles dépassent un montant fixé par décret, » *(L. n° 2005-845 du 26 juill. 2005, art. 184)* « les créances privilégiées en application du premier alinéa de l'article L. 243-4, dues par un commerçant, *(L. n° 2011-525 du 17 mai 2011, art. 90)* « une personne immatriculée au répertoire des métiers, une personne physique exerçant une activité professionnelle indépendante, y compris une profession libérale, ou une personne morale de droit privé », doivent être inscrites à un registre public tenu au greffe du tribunal de commerce ou du tribunal de grande instance dans le délai de *(L. n° 2008-1443 du 30 déc. 2008, art. 58-III)* « neuf » mois suivant leur date limite de paiement ou, le cas échéant, la date de notification de l'avertissement ou de la mise en demeure prévus à l'article L. 244-2, lorsque la créance est constatée lors d'un contrôle organisé en application des dispositions de l'article L. 243-7. » *(L. n° 2006-1640 du 21 déc. 2006, art. 39-III)* « Le montant mentionné au présent alinéa est fixé en fonction de la catégorie à laquelle appartient le cotisant et de l'effectif de son entreprise. » — *V. art. D. 243-3.*

(L. n° 2008-1443 du 30 déc. 2008, art. 58-III) « Toutefois, l'organisme créancier n'est pas tenu d'inscrire ces créances lorsque le débiteur respecte un plan d'apurement échelonné de sa dette. Dès que le plan est dénoncé, l'organisme créancier doit procéder à l'inscription dans un délai de deux mois. »

(L. n° 94-475 du 10 juin 1994) « En cas *(L. n° 2005-845 du 26 juill. 2005, art. 165-II)* « de sauvegarde, » de redressement ou de liquidation judiciaires du redevable ou d'un tiers tenu légalement au paiement de ces sommes, le privilège dont l'inscription n'a pas été régulièrement requise à l'encontre du redevable ne peut plus être exercé pour les créances qui étaient soumises à titre obligatoire à cette inscription. »

L'inscription conserve le privilège *(L. n° 2003-1199 du 18 déc. 2003, art. 70-IV)* « pendant deux années et six mois » à compter du jour où elle est effectuée. Elle ne peut être renouvelée.

Une inscription peut faire l'objet à tout moment d'une radiation totale ou partielle à la diligence des organismes de sécurité sociale ou du redevable sur présentation au greffier d'un certificat délivré par l'organisme créancier ou d'un acte de mainlevée émanant du créancier subrogé. *(L. n° 2005-845 du 26 juill. 2005, art. 184)* « Toutefois, lorsque l'inscription est devenue sans objet, dès lors que le débiteur s'est acquitté de sa dette et sous réserve du règlement, auprès de l'organisme créancier, des frais liés aux formalités d'inscription et de radiation, cet organisme en demande la radiation totale dans un délai d'un mois. »

Toutefois, le privilège est conservé au-delà du délai prévu au *(L. n° 2008-1443 du 30 déc. 2008, art. 58-III)* « troisième » alinéa sur les biens qui ont fait l'objet d'une saisie avant l'expiration de ce délai.

(L. n° 94-475 du 10 juin 1994) « En cas *(L. n° 2005-845 du 26 juill. 2005, art. 165-II)* « de sauvegarde, » de redressement ou de liquidation judiciaires, les pénalités, majorations de retard et frais de poursuites dus par le redevable à la date du jugement d'ouverture sont remis » *(L. n° 2010-1594 du 20 déc. 2010, art. 122)* « , sauf si le passif déclaré résulte en tout ou partie du constat de l'infraction mentionnée à l'article L. 8221-1 du code du travail *[relatif à l'interdiction du travail dissimulé]*. » — *Pour l'entrée en vigueur de la L. n° 94-475 du 10 juin 1994, V. note précédant l'art. L. 610-1 C. com.*

(L. n° 2006-1640 du 21 déc. 2006, art. 39-III) « La règle d'antériorité du rang de l'inscription hypothécaire fixée à l'avant-dernier alinéa de l'article 2425 du code civil et à l'article 45-5 de la loi du 1er juin 1924 mettant en vigueur la législation civile française dans les départements du Bas-Rhin, du Haut-Rhin et de la Moselle s'applique aux hypothèques mentionnées aux articles L. 243-4 et L. 244-9 du présent code. »

La L. n° 2005-845 du 26 juill. 2005 entre en vigueur le 1er janv. 2006 (art. 190).

Les dispositions de la L. n° 2006-1640 du 21 déc. 2006 entrent en vigueur le 1er janv. 2007 (art. 39-IV).

Les dispositions de la L. n° 2008-1443 du 30 déc. 2008 s'appliquent aux créances nées à compter du 1er juill. 2008 (art. 58-IV).

Dans tous les textes législatifs et réglementaires, les références faites au redressement judiciaire sont remplacées par des références aux procédures de sauvegarde ou de redressement judiciaire (L. n° 2005-845 du 26 juill. 2005, art. 165-II).

Les dispositions des art. L. 243-4 et L. 243-5 ci-dessus sont applicables au paiement des cotisations sur les avantages de retraite et sur les allocations et revenus de remplacement [perçus en cas de chômage ou de préretraite] (CSS, art. L. 243-2 et L. 711-2) ; — ... des cotisations d'assurance maladie et maternité et d'assurance vieillesse des travailleurs non salariés non agricoles (CSS, art. L. 612-11, R. 612-4 et R. 612-5 ; art. L. 623-1) ; — ... des cotisations d'assurance volontaire des Français résidant à l'étranger (CSS, art. L. 764-4 et L. 765-9) ; — ... de la contribution des entreprises de préparation de médicaments au profit de la caisse nationale d'assurance maladie des travailleurs salariés (CSS, art. L. 245-6) ; — ... des cotisations dues aux institutions de retraite complémentaire (CSS, art. L. 922-7). — **CSS.** *— Sur l'application à Saint-Pierre-et-Miquelon des art. L. 243-4 et L. 243-5 CSS ci-dessus, V. L. n° 88-1264 du 30 déc. 1988, art. 3 (JO 4 janv. 1989).*

*En ce qui concerne les cotisations d'assurances sociales agricoles, V. C. rur., art. L. 725-5 et L. 725-9. — **C. rur.***

*V. aussi différents textes au **C. civ.**, ss. l'art. 2331 C. civ.*

1. Les dispositions des premier et sixième [septième] al. de l'art. L. 243-5 ne sauraient, sans méconnaître le principe d'égalité devant la loi, être interprétées comme excluant les membres des professions libérales exerçant à titre individuel du bénéfice de la remise de plein droit des pénalités, majorations de retard et frais de poursuites dus aux organismes de sécurité sociale. • Cons. const., QPC, 11 févr. 2011 : *D. 2011. Actu. 513, obs. Lienhard ; Gaz. Pal. 1er-2 avr. 2011, p. 11, obs. Lebel ; LEDEN avr. 2011, p. 4, obs. Rubellin ; Bull. Joly Entrep. diff. 2011. 128, note Rétif ; RJDA 2011, n° 644.* ♦ Solution confirmée par l'art. L. 243-5 dans sa rédaction issue de la L. n° 2011-525 du 17 mai 2011. ♦ Appliquant la solution dégagée par le Conseil constitutionnel, la Cour de cassation a précisé qu'elle s'impose même en présence de pénalités, majorations de retard et frais de poursuites ayant fait l'objet de contraintes devenues définitives. • Civ. 2e, QPC, 17 févr. 2011 : *D. 2011. Actu. 673, obs. Lienhard*. ♦ Pour la position antérieure de la Cour de cassation, jugeant non applicables aux professionnels libéraux les dispositions de l'art. L. 243-5 relatives aux remises de pénalités et majorations, V. • Civ. 2e, 12 févr. 2009 : *D. 2009. AJ 1085 ; Gaz. Pal. 26-28 avr. 2009, p. 28, obs. Roussel Galle ; LEDEN, avr. 2009, p. 1, obs. F.-X. Lucas ; RJ com. 2009. 238, note Sortais* • 14 janv. 2010 : *Bull. civ. II, n° 7 ; D. 2010. AJ 265, obs. Lienhard*. – V. aussi Lebel, *D. 2010. 835.*

2. L'art. L. 243-5, al. 6 [7], qui prévoit, en cas de procédure de sauvegarde, redressement ou liquidation judiciaires, la remise de plein droit des pénalités, majorations de retard et frais de poursuite dus par le redevable de cotisations sociales à la date du jugement d'ouverture de la procédure, s'applique sans distinction suivant le caractère privilégié ou chirographaire de la créance de majorations et frais. • Com. 16 oct. 2012 : *Bull. civ. IV, n° 187 ; D. 2012. Actu. 2515, obs. Lienhard ; JCP E 2012. 1757, n° 4, obs. Pétel ; RJDA 2012, n° 1095 ; LEDEN déc. 2012, p. 6, obs. Favario ; Rev. proc. coll. 2012, n° 218, obs. Lebel ; Bull. Joly Entrep. diff. 2013. 20, note Macorig-Venier ; Gaz. Pal. 18-19 janv. 2013, p. 31, obs. Roussel Galle.*

Art. L. 651-6 Le paiement de la contribution sociale de solidarité *[à la charge des sociétés et entreprises]* est garanti par un privilège sur les biens, meubles et immeubles du débiteur dans les conditions prévues par les articles L. 243-4 et L. 243-5 du code de la sécurité sociale.

(L. n° 2000-1257 du 23 déc. 2000) « Les dispositions de l'article L. 243-3 et du premier alinéa de l'article L. 243-6 sont applicables à la contribution sociale de solidarité. »

2e PARTIE : DÉCRETS EN CONSEIL D'ÉTAT

Art. R. 612-4 Par application des dispositions combinées des articles L. 243-4 et L. 612-11, le paiement des cotisations est garanti, pendant un an à compter de leur date d'exigibilité, par un privilège sur les biens meubles du débiteur, qui prend rang concurremment avec celui des gens de service et celui des ouvriers, établis respectivement par l'article 2101 *[2331]* du code civil et l'article 50 de la loi n° 67-563 du 13 juillet 1967 *[abrogé ; V. C. com., art. L. 625-7]* ainsi que par une hypothèque légale sur les immeubles du débiteur, soumise aux règles édictées par le code civil et par le décret n° 55-22 du 4 janvier 1955 portant réforme de la publicité foncière.

Art. R. 612-5 *(Abrogé par Décr. n° 2007-703 du 3 mai 2007, art. 7-1°) Le privilège prévu à l'article R. 612-4 ne conserve ses effets à l'égard des sommes dues par des commerçants que s'il a fait l'objet d'une inscription à un registre public tenu au greffe du tribunal de commerce dans un délai de* (Décr. n° 2006-375 du 29 mars 2006, art. 3-I) *« six mois » suivant l'échéance desdites sommes.*

L'inscription conserve le privilège pendant deux ans et (Décr. n° 2004-890 du 26 août 2004, art. 12) *« six mois » à compter du jour où elle est effectuée. Elle ne peut être renouvelée.*

Une inscription peut faire l'objet à tout moment d'une radiation totale ou partielle à la diligence (Décr. n° 2006-375 du 29 mars 2006, art. 3-I) *« des caisses de base » ou du redevable sur présentation au greffier d'un certificat délivré par l'organisme créancier ou d'un acte de mainlevée émanant du créancier subrogé.*

Toutefois, le privilège est conservé au-delà du délai prévu au deuxième alinéa sur les biens qui ont fait l'objet d'une saisie avant l'expiration de ce délai.

La garantie prévue à l'art. R. 612-5, applicable à la date d'entrée en vigueur du Décr. n° 2007-703 du 3 mai 2007 (1er janv. 2008), est conservée pour les inscriptions effectuées avant cette date (Décr. préc., art. 8-III).

3e PARTIE : **DÉCRETS**

Art. D. 243-3 *(Décr. n° 2008-1544 du 30 déc. 2008)* Le montant mentionné au premier alinéa de l'article L. 243-5 est fixé à :

a) 10 000 € pour les créances dues, à titre personnel, par les travailleurs indépendants ;

b) 15 000 € pour les créances dues par les employeurs occupant moins de 50 salariés ;

c) 20 000 € pour les autres créances.

Pour la détermination du seuil applicable, l'effectif des salariés est calculé au 31 décembre de chaque année.

Code de la consommation

PREMIÈRE PARTIE : **LÉGISLATIVE**
(L. n° 93-949 du 26 juill. 1993)

Art. L. 333-7 *(Ord. n° 2010-1512 du 9 déc. 2010, art. 9)* Les dispositions du présent titre *[relatif au traitement des situations de surendettement]* sont applicables au débiteur qui a procédé à une déclaration de constitution de patrimoine affecté conformément à l'article L. 526-7 du code de commerce, sous les réserves énoncées par le présent article.

Elles s'appliquent à raison d'une situation de surendettement résultant uniquement de dettes non professionnelles. En ce cas, celles de ces dispositions qui intéressent les biens, droits et obligations du débiteur doivent être comprises, sauf dispositions contraires, comme visant les seuls éléments du patrimoine non affecté. Celles qui intéressent les droits et obligations des créanciers du débiteur s'appliquent dans les limites du seul patrimoine non affecté.

Lorsqu'une procédure de surendettement est engagée devant la commission à la demande d'un entrepreneur individuel à responsabilité limitée, celui-ci indique, lors du dépôt du dossier, si une procédure instituée par les titres II à IV du livre VI du code de commerce est ouverte à son bénéfice et auprès de quelle juridiction.

Lorsqu'une procédure instituée par les titres II à IV du livre VI du code de commerce est ouverte au bénéfice du débiteur après le dépôt du dossier et avant, selon les cas, l'approbation du plan conventionnel de redressement prévu à l'article L. 331-6, jusqu'à la décision imposant les mesures prévues par l'article L. 331-7, jusqu'à l'homologation par le juge des mesures recommandées en application des articles L. 331-7-1, L. 331-7-2 et L. 332-5 ou jusqu'au jugement d'ouverture d'une procédure de rétablissement personnel avec liquidation judiciaire, le débiteur en informe la commission de surendettement et indique auprès de quelle juridiction cette procédure a été ouverte.

Pour l'application en Nouvelle-Calédonie et à Wallis-et-Futuna, V. Ord. n° 2011-322 du 24 mars 2011, art. 1er-2° et 2-2° (JO 25 mars).

BIBL. ▸ V. LEGRAND, *LPA 29 mars 2011.*

Règlement CE n° 1346/2000 du 29 mai 2000,

Relatif aux procédures d'insolvabilité .

Circulaire du 15 décembre 2006,

Relative au Règlement n° 1346/2000 du 29 mai 2000 relatif aux procédures d'insolvabilité .

LIVRE SEPTIÈME DES JURIDICTIONS COMMERCIALES ET DE L'ORGANISATION DU COMMERCE

(Ord. nº 2006-673 du 8 juin 2006, art. 2)

L'Ord. nº 2006-673 du 8 juin 2006 a refondu le livre VII du code de commerce, en y intégrant les dispositions du code de l'organisation judiciaire relatives au tribunal de commerce et aux greffiers des tribunaux de commerce.

TITRE PREMIER DU RÉSEAU DES CHAMBRES DE COMMERCE ET D'INDUSTRIE *(L. nº 2005-882 du 2 août 2005, art. 61).*

RÉP. COM. vº *Chambres de commerce et d'industrie*, par Nouvion.

BIBL. ▶ Linotte, *Gaz. Pal. 2010. 2730* (CCI : le statut nouveau est arrivé !). – Degron, *AJDA 2010. 1938* (régionalisation du réseau des CCI).

Art. L. 710-1 *(L. nº 2010-853 du 23 juill. 2010, art. 1er)* Les établissements ou chambres départementales du réseau des chambres de commerce et d'industrie ont chacun, en leur qualité de corps intermédiaire de l'État, une fonction de représentation des intérêts de l'industrie, du commerce et des services auprès des pouvoirs publics ou des autorités étrangères. Assurant l'interface entre les différents acteurs concernés, ils exercent leur activité sans préjudice des missions de représentation conférées aux organisations professionnelles ou interprofessionnelles par les dispositions législatives ou réglementaires en vigueur et des missions menées par les collectivités territoriales dans le cadre de leur libre administration.

Le réseau et, en son sein, chaque établissement ou chambre départementale contribuent au développement économique, à l'attractivité et à l'aménagement des territoires ainsi qu'au soutien des entreprises et de leurs associations en remplissant, dans des conditions fixées par décret, toute mission de service public et toute mission d'intérêt général nécessaires à l'accomplissement de ces missions.

A cet effet, chaque établissement ou chambre départementale du réseau peut assurer, dans le respect, le cas échéant, des schémas sectoriels qui lui sont applicables :

1º Les missions d'intérêt général qui lui sont confiées par les lois et les règlements ;

2º Les missions d'appui, d'accompagnement, de mise en relation et de conseil auprès des créateurs et repreneurs d'entreprises et des entreprises, dans le respect des dispositions législatives et réglementaires en vigueur en matière de droit de la concurrence ;

3º Une mission d'appui et de conseil pour le développement international des entreprises et l'exportation de leur production, en partenariat avec l'Agence française pour le développement international des entreprises ;

4º Une mission en faveur de la formation professionnelle initiale ou continue grâce, notamment, aux établissements publics et privés d'enseignement qu'il ou elle crée, gère ou finance ;

5º Une mission de création et de gestion d'équipements, en particulier portuaires et aéroportuaires ;

6º Les missions de nature marchande qui lui ont été confiées par une personne publique ou qui s'avèrent nécessaires pour l'accomplissement de ses autres missions ;

7° Toute mission d'expertise, de consultation ou toute étude demandée par les pouvoirs publics sur une question relevant de l'industrie, du commerce, des services, du développement économique, de la formation professionnelle ou de l'aménagement du territoire, sans préjudice des travaux dont il ou elle pourrait prendre l'initiative.

Le réseau des chambres de commerce et d'industrie se compose de l'assemblée des chambres françaises de commerce et d'industrie, des chambres de commerce et d'industrie de région, des chambres de commerce et d'industrie territoriales, des chambres de commerce et d'industrie départementales d'Île-de-France, ainsi que des groupements interconsulaires que peuvent former plusieurs chambres de région ou territoriales entre elles.

L'assemblée des chambres françaises de commerce et d'industrie, les chambres de commerce et d'industrie de région, les chambres de commerce et d'industrie territoriales et les groupements interconsulaires sont des établissements publics placés sous la tutelle de l'État et administrés par des dirigeants d'entreprise élus. Les chambres de commerce et d'industrie départementales d'Île-de-France sont rattachées à la chambre de commerce et d'industrie de région Paris-Île-de-France ; elles sont dépourvues de la personnalité morale.

Les chambres de commerce et d'industrie de région bénéficient des impositions de toute nature qui leur sont affectées par la loi.

Les ressources des établissements publics du réseau sont en outre assurées par :

1° Toute autre ressource légale entrant dans leur spécialité ;

2° La vente ou la rémunération de leurs activités ou des services qu'ils gèrent ;

3° Les dividendes et autres produits des participations qu'ils détiennent dans leurs filiales ;

4° Les subventions, dons et legs qui leur sont consentis.

Chacun des établissements du réseau des chambres de commerce et d'industrie tient une comptabilité analytique mise à la disposition des autorités de tutelle et de contrôle afin de justifier que les ressources publiques ont été employées dans le respect des règles de concurrence nationales et communautaires et n'ont pas financé des activités marchandes.

Dans des conditions définies par décret, les établissements publics du réseau peuvent transiger et compromettre. Ils sont soumis, pour leurs dettes, à la loi n° 68-1250 du 31 décembre 1968 relative à la prescription des créances sur l'État, les départements, les communes et les établissements publics.

Ils peuvent, avec l'accord de l'autorité de tutelle, participer à la création et au capital de sociétés civiles et de sociétés par actions dont l'objet social entre dans le champ de leurs missions. Ils peuvent participer dans les mêmes conditions à la création de groupements d'intérêt public ou privé ainsi qu'à toute personne morale de droit public.

Les dispositions du chapitre Ier du titre Ier de la L. n° 2010-853 du 23 juill. 2010 n'affectent pas l'exécution des contrats et conventions en cours, passés par les chambres de commerce et d'industrie, les chambres régionales de commerce et d'industrie ou les groupements interconsulaires. Elles n'emportent aucun droit à résiliation ou indemnisation pour les cocontractants de ces établissements publics. Les règlements intérieurs actuellement en vigueur dans les établissements du réseau des chambres de commerce et d'industrie sont mis en conformité avec les dispositions issues de la loi précitée dans les six mois suivant le premier renouvellement qui interviendra après la promulgation de cette dernière (L. préc., art. 40-II).

1. Nature juridique. Il ressort de l'ensemble des dispositions de la loi de 1898 que les chambres de commerce et d'industrie ont le caractère d'établissements publics de l'État. • Cons. const. du 28 janv. 1999, n° 98-17 I : *JO 31 janv. 1999 ; D. 2000. Somm. 195, obs. Ghevontian ; AJDA 1999. 271, note Schoettl ; Dr. adm. 1999, n° 104.* ♦ La chambre de commerce, d'industrie, des services et des métiers du territoire de Polynésie française (la CCISM) étant investie prioritairement de missions d'intérêt général, ses ressources étant de nature fiscale ou parafiscale et ses délibérations étant, en règle générale, exécutoires de plein droit, elle présente le caractère d'un établissement public administratif. • Civ. 1re, 11 févr. 2009 : *Bull. civ. I, n° 33.*

Sur la nature juridique des agents des chambres de commerce et d'industrie selon qu'ils sont affectés à un service public administratif ou un service public industriel ou commercial, V. • T. confl. 24 mai 2004 : *Bull. civ., n° 16 ; JCP 2004. I. 165, n° 16, obs. Ondoua.* – V. aussi • CAA Nantes, 2 déc. 2005 : *AJDA 2006. 510* • CAA Nancy, 15 févr. 2007 : *AJDA 2007. 1139, note Carius* • Montpellier, 19 sept. 2007 : *RD transp. 2008, n° 82, obs. Chapier-Granier.* ♦ Sur la consultation de la commission paritaire avant licenciement dans une chambre de commerce, V. • CE 14 mai 2008 : *AJDA 2008. 1623*.

2. Responsabilité. Lorsque la responsabilité des chambres de commerce et d'industrie, établissements publics économiques aux termes de la loi de 1898, est recherchée pour des fautes qu'elles auraient commises à l'occasion d'une activité de gestion privée ne mettant pas en jeu leurs prérogatives de droit public, le litige qui en résulte ne ressortit pas de la compétence des tribunaux de l'ordre administratif. • Versailles, 28 mai 1998 : *D. 1998. IR 193.*

3. Activité économique. Toute activité économique (en l'espèce la production d'un magasine servant de support aux espaces publicitaires qu'elle vend) n'est pas incompatible avec le statut juridique d'établissement public de la CCI. • Com. 5 avr. 2005 : *préc. note 2 bis ss. art. L. 134-1.*

Loi n° 56-1119 du 12 novembre 1956,

Réglementant l'usage des dénominations "Chambre de commerce", "Chambre de commerce et d'industrie", "Chambre de métiers" et "Chambre d'agriculture".

Art. 1er L'usage d'une appellation comportant l'emploi des mots "Chambre de commerce", "Chambre de commerce et d'industrie", "Chambre de métiers", "Chambre d'agriculture" est réservé aux seuls établissements publics constitués dans les conditions prévues par les lois en vigueur.

Art. 2 Des dérogations à cette interdiction pourront toutefois être accordées, à titre précaire, par arrêtés signés du ministre chargé du commerce ou des autres ministres intéressés, après avis, selon le cas, de la chambre de commerce, de la chambre de métiers ou de la chambre d'agriculture de la circonscription dans laquelle le bénéficiaire de la dérogation a son établissement. Elles pourront être rapportées dans les mêmes conditions.

Ces dérogations ne pourront intervenir que pour tenir compte, à titre exceptionnel, de certaines situations préexistantes ou pour assurer le maintien ou favoriser la création d'associations groupant des intérêts commerciaux étrangers en France ou français à l'étranger ou des intérêts commerciaux français et étrangers associés, dans la mesure où les groupements ont été officiellement agréés par les autorités des pays intéressés. – *V. Arr. 5 août 2008, ci-dessous.*

Art. 3 A compter de la promulgation de la présente loi, les groupements, associations ou entreprises dont l'appellation comporterait, seule ou en combinaison avec d'autres termes, les dénominations visées à l'article 1er, devront la modifier dans le délai de six mois s'ils ne satisfont pas aux conditions fixées aux articles 1er et 2 ci-dessus.

Il est interdit à toute revue, publication ou périodique, de faire état dans son titre d'une des appellations visées à l'article 1er, sans avoir obtenu l'autorisation du ou des organismes intéressés.

Art. 4 Les infractions aux dispositions prévues par la présente loi sont punies d'une amende de 3 750 €. En cas de récidive, la peine sera portée au double et la fermeture de l'établissement pourra être ordonnée.

L'affichage du jugement et son insertion dans cinq journaux au plus, aux frais du condamné, pourront également être ordonnés.

Art. 5 Les dispositions de la présente loi s'appliquent *aux départements algériens.*

Elles sont également applicables aux territoires d'outre-mer, *au Togo et au Cameroun*, compte tenu des textes réglementant dans ces territoires les établissements publics visés à l'article 1er. Les dérogations prévues à l'article 2 sont accordées par arrêté des hauts commissaires ou des chefs de territoires autonomes.

Art. 6 Un règlement d'administration publique fixera, en tant que de besoin, les conditions d'application de la présente loi.

Arrêté du 5 août 2008

Autorisant l'usage de la dénomination "Chambres de commerce étrangères en France".

Art. 1er Conformément aux dispositions de la loi du 12 novembre 1956 susvisée *[V. cette loi ci-dessus]*, l'association visant à regrouper les huit associations suivantes est autorisée à utiliser la dénomination « Chambres de commerce étrangères en France » :
— association Chambre de commerce franco-allemande ;
— association Chambre de commerce belgo-luxembourgeoise ;
— association Chambre de commerce et d'industrie franco-britannique ;
— association Chambre de commerce et d'industrie franco-irlandaise ;
— association Chambre de commerce suédoise en France ;
— association Chambre de commerce américaine en France dite « American chamber of Commerce in France » ;
— association Chambre de commerce France-Canada ;
— association Chambre officielle de commerce d'Espagne en France.

Art. 2 L'autorisation de l'article 1er ci-dessus est accordée pour une durée de trois ans. Six mois avant l'échéance, l'association devra, si elle souhaite continuer à utiliser cette dénomination, faire une demande de renouvellement dans les mêmes conditions que pour la demande initiale en l'accompagnant d'un bilan des actions menées et de la mention des éventuelles nouvelles chambres adhérentes.

V. aussi Arr. 19 déc. 2008 autorisant l'association Brésil-France à utiliser la dénomination « chambre de commerce du Brésil en France » (JO 24 déc.).

CHAPITRE PREMIER DE L'ORGANISATION ET DES MISSIONS DU RÉSEAU DES CHAMBRES DE COMMERCE ET D'INDUSTRIE

(L. n° 2005-882 du 2 août 2005, art. 62-II)

SECTION PREMIÈRE LES CHAMBRES DE COMMERCE ET D'INDUSTRIE TERRITORIALES ET DÉPARTEMENTALES D'ÎLE-DE-FRANCE

(L. n° 2010-853 du 23 juill. 2010, art. 2)

A une date fixée par décret et au plus tard le 1er janv. 2011, les chambres de commerce et d'industrie existant à la date de la publication de la L. n° 2010-853 du 23 juill. 2010 (JO 24 juill.) deviennent des chambres de commerce et d'industrie territoriales régies par les dispositions introduites par le chapitre Ier du titre Ier de la loi précitée (L. préc., art. 40-I).

Art. L. 711-1 **Les chambres de commerce et d'industrie territoriales sont créées par décret sur la base du schéma directeur mentionné au 2° de l'article L. 711-8.**

L'acte de création fixe la circonscription de la chambre et son siège ainsi que la chambre de commerce et d'industrie de région à laquelle elle est rattachée. Toute modification est opérée dans les mêmes formes.

La chambre de commerce et d'industrie territoriale se situant dans le périmètre d'une métropole, telle que définie par le code général des collectivités territoriales, peut prendre la dénomination de chambre de commerce et d'industrie métropolitaine. Elle se substitue alors à la chambre de commerce et d'industrie territoriale préexistante. Dans le respect des orientations données par la chambre de commerce et d'industrie de région compétente et dans le cadre des schémas sectoriels régionaux, la chambre de commerce et d'industrie métropolitaine dispose par priorité des compétences prévues pour les chambres de commerce et d'industrie territoriales à l'article L. 710-1 pour animer la vie économique, industrielle et commerciale du bassin de vie correspondant à sa circonscription, sans préjudice des compétences dévolues aux collectivités territoriales.

Sous réserve des dispositions du deuxième alinéa, la chambre de commerce et d'industrie métropolitaine est régie par les dispositions relatives aux chambres de commerce et d'industrie territoriales.

Les chambres de commerce et d'industrie territoriales et départementales d'Île-de-France peuvent procéder à des expérimentations qui doivent être cohérentes avec la stratégie régionale visée au 1° de l'article L. 711-8. Les modalités de cette expérimentation sont définies par décret en Conseil d'État. *– V. art. R. 711-11-1.*

Les chambres de commerce et d'industrie territoriales sont rattachées aux chambres de commerce et d'industrie de région.

Les chambres de commerce et d'industrie territoriales qui le souhaitent peuvent s'unir en une seule chambre dans le cadre des schémas directeurs mentionnés au 2° de l'article L. 711-8 ; elles peuvent disparaître au sein de la nouvelle chambre territoriale ou devenir des délégations de la chambre territoriale nouvellement formée et ne disposent alors plus du statut d'établissement public. Dans ce cas, elles déterminent conjointement la façon dont elles souhaitent mutualiser et exercer les fonctions normalement dévolues aux chambres territoriales.

Si les chambres de commerce et d'industrie territoriales se situent dans le même département ou dans des départements inclus dans une seule et même région, la nouvelle chambre qui résulte de leur union est alors rattachée à la chambre de commerce et d'industrie de région territorialement compétente. Si elles se situent dans des départements limitrophes relevant de plusieurs régions, la nouvelle chambre qui résulte de leur union est rattachée à la chambre de commerce et d'industrie de région dont elles conviennent entre elles ou, à défaut d'un accord, à la région où se situe la chambre territoriale dont le poids économique, mesuré par l'étude économique dont les conditions sont fixées par décret en Conseil d'État, est le plus important.

Art. L. 711-2 Les chambres de commerce et d'industrie territoriales et départementales d'Île-de-France représentent auprès des pouvoirs publics et des acteurs locaux les intérêts de l'industrie, du commerce et des services de leur circonscription.

Dans les conditions prévues par le code de l'urbanisme, elles sont associées à l'élaboration des schémas de cohérence territoriale et des plans locaux d'urbanisme.

Pour la réalisation d'aménagements commerciaux, les chambres de commerce et d'industrie territoriales peuvent se voir déléguer le droit de préemption par les communes ou les établissements de coopération intercommunale compétents.

Code de l'urbanisme Art. L. 121-4 *(Ord. n° 2012-11 du 5 janv. 2012, art. 1er-II)* « I. — » L'État, les régions, les départements, les autorités compétentes en matière d'organisation des transports urbains *(L. n° 2006-872 du 13 juill. 2006, art. 4-XI)* « , les établissements publics de coopération intercommunale compétents en matière de programme local de l'habitat » et les organismes de gestion des parcs naturels régionaux *(L. n° 2006-436 du 14 avr. 2006, art. 25-IV)* « et des parcs nationaux » sont associés à l'élaboration des schémas de cohérence territoriale et des plans locaux d'urbanisme dans les conditions définies aux chapitres II et III. – *V.* ***C. urb.***

Il en est de même des chambres de commerce et d'industrie, des chambres de métiers, des chambres d'agriculture et, dans les communes littorales *(Ord. n° 2012-11 du 5 janv. 2012, art. 1er-II)* « au sens de l'article L. 321-2 du code de l'environnement », des sections régionales de la conchyliculture. Ces organismes assurent les liaisons avec les organisations professionnelles intéressées.

Les études économiques nécessaires à la préparation des documents prévisionnels d'organisation commerciale et artisanale peuvent être réalisées à l'initiative des chambres de commerce et d'industrie et des chambres de métiers.

(Ord. n° 2012-11 du 5 janv. 2012, art. 1er-II) « II. — Pour l'élaboration des schémas de cohérence territoriale, sont, en outre, associés dans les mêmes conditions :

« 1° Les communes limitrophes du périmètre du schéma ;

« 2° Les syndicats mixtes de transports créés en application de l'article L. 1231-10 du code des transports lorsque le schéma est élaboré par un établissement public qui n'exerce pas les compétences définies aux articles L. 1231-10 et L. 1231-11 de ce code ;

« 3° Les établissements publics chargés de l'élaboration, de la gestion et de l'approbation des schémas de cohérence territoriale limitrophes.

« III. — Pour l'élaboration des plans locaux d'urbanisme sont également associés, dans les mêmes conditions :

« 1° Les syndicats d'agglomération nouvelle ;

« 2° L'établissement public chargé de l'élaboration, de la gestion et de l'approbation du schéma de cohérence territoriale lorsque le territoire objet du plan est situé dans le périmètre de ce schéma ;

« 3° Les établissements publics chargés de l'élaboration, de la gestion et de l'approbation des schémas de cohérence territoriale limitrophes du territoire objet du plan lorsque ce territoire n'est pas couvert par un schéma de cohérence territoriale. »

Les dispositions introduites par la L. n° 2006-872 du 13 juill. 2006 s'appliquent aux schémas de cohérence territoriale et aux plans locaux d'urbanisme dont l'élaboration ou la révision ont été prescrites après l'entrée en vigueur de la loi (JO 16 juill. ; L. préc., art. 4-XIII). – Sur l'entrée en vigueur, fixée au plus tard le 1er janv. 2013, des dispositions issues de l'Ord. n° 2012-11 du 5 janv. 2012, V. Ord. préc., art. 19 (JO 6 janv.).

Sur les règles d'adoption des schémas de cohérence territoriale et les plans locaux d'urbanisme, V. C. urb., art. L. 122-1 s. – ***C. urb.***

Art. L. 711-3 Dans le cadre des orientations données par la chambre de commerce et d'industrie de région compétente, les chambres de commerce et d'industrie territoriales et départementales d'Île-de-France exercent toute mission de service auprès des entreprises industrielles, commerciales et de services de leur circonscription.

A ce titre :

1° Elles créent et gèrent des centres de formalités des entreprises et y assurent, pour ce qui les concerne, les missions prévues par l'article 2 de la loi n° 94-126 du 11 février 1994 relative à l'initiative et à l'entreprise individuelle ; *– Sur la création, par les chambres de commerce et d'industrie, de centres de formalités des entreprises, V. art. R. 123-3.*

2° Elles peuvent assurer, en conformité, s'il y a lieu, avec le schéma sectoriel applicable, la maîtrise d'ouvrage de tout projet d'infrastructure ou d'équipement ou gérer tout service concourant à l'exercice de leurs missions ;

3° Elles peuvent, par contrat, être chargées par l'État, les collectivités territoriales ou leurs établissements publics, en conformité, s'il y a lieu, avec le schéma sectoriel

applicable, de la gestion de toute infrastructure, tout équipement ou service, notamment de transport, qui concourt à l'exercice de leurs missions ;

4° Dans des conditions déterminées par décret en Conseil d'État et en cas de délégation permanente des chambres de commerce et d'industrie de région, elles procèdent, dans le cadre du 5° de l'article L. 711-8, au recrutement des agents de droit public sous statut nécessaires au bon accomplissement de leurs missions opérationnelles et gèrent leur situation personnelle. Elles recrutent et gèrent les agents de droit privé et, le cas échéant, de droit public nécessaires au bon accomplissement de leurs services publics industriels et commerciaux, notamment en matière d'infrastructures portuaires et aéroportuaires. — *Aux termes de la loi du 20 juin 1933 (DP 1933. 4. 234 ; BLD 1933. 417), les chambres de commerce peuvent acquérir des terrains ou immeubles en vue de la création d'aéroports. — V. art. R. 711-32.*

Elles disposent, dans des conditions fixées par décret en Conseil d'État, des moyens budgétaires et en personnels nécessaires au bon accomplissement de leurs missions de proximité et de la faculté de gérer ceux-ci de façon autonome.

Les activités mentionnées aux 1° à 4° du présent article donnent lieu à une comptabilité analytique.

Sous réserve de l'application de la loi n° 78-17 du 6 janvier 1978 relative à l'information *[l'informatique]*, **aux fichiers et aux libertés, les chambres de commerce et d'industrie territoriales et départementales d'Île-de-France créent et tiennent à jour des bases de données économiques des entreprises de leur circonscription nécessaires à leurs missions.**

Les informations recueillies par les chambres de commerce et d'industrie territoriales et départementales d'Île-de-France à l'occasion de l'exercice de leur mission de centre de formalités des entreprises ne peuvent être conservées et communiquées que pour les besoins de cette mission ainsi que pour identifier et contacter les entreprises de leur circonscription. Les chambres de commerce et d'industrie territoriales et départementales d'Île-de-France peuvent communiquer à tout intéressé, à titre gratuit ou onéreux, des listes catégorielles de ces entreprises. Toutefois, cette faculté ne les autorise pas à communiquer à titre gratuit ou onéreux des relevés individuels d'informations recueillies en leur qualité de centre de formalités des entreprises.

Aides financières. Jugeant que les engagements souscrits par une chambre de commerce et d'industrie excédaient très largement le coût des actions de promotion touristique mises à la charge de la compagnie Ryanair et ne pouvaient, par conséquent, être regardés comme la rémunération normale d'une prestation, telle qu'aurait pu la verser un investisseur privé en économie de marché, V. • CE 27 févr. 2006 : *AJDA 2006. 519 ; CCC 2006, n° 84, obs. Brunet et Glatt.*

Art. L. 711-4 **Les chambres de commerce et d'industrie territoriales et les chambres de commerce et d'industrie départementales d'Île-de-France peuvent, seules ou en collaboration avec d'autres partenaires, dans le cadre des schémas sectoriels mentionnés au 3° de l'article L. 711-8, créer et gérer des établissements de formation professionnelle initiale et continue dans les conditions prévues par les articles L. 443-1 et L. 753-1 du code de l'éducation pour la formation initiale et, pour la formation continue, dans le respect des dispositions du titre V du livre III de la sixième partie du code du travail qui leur sont applicables.**

Sur la formation professionnelle continue des artisans organisée à l'initiative ces chambres de métiers et des organisations professionnelles de l'artisanat représentatives, V. L. n° 82-1091 du 23 déc. 1982, App. v° Artisans.

Établissement d'enseignement. Il appartient à la juridiction administrative de connaître de l'action en responsabilité d'une chambre de commerce et d'industrie engagée par un élève de l'établissement d'enseignement créé par un tel organisme à raison d'une faute que l'établissement d'enseignement aurait commise à son égard. • T. confl., 22 juin 2006 : *Bull. civ. n° 21 ; AJDA 2006. 1973*.

SECTION II LES CHAMBRES DE COMMERCE ET D'INDUSTRIE DE RÉGION

(L. n° 2010-853 du 23 juill. 2010, art. 3)

A une date fixée par décret et au plus tard le 1er janv. 2011, les chambres régionales de commerce et d'industrie existant à la date de la publication de la L. n° 2010-853 du 23 juill. 2010 (JO 24 juill.) deviennent des chambres de commerce et d'industrie de région régies par les dispositions introduites par le chapitre Ier du titre Ier de la loi précitée (L. préc., art. 40-I).

Les agents de droit public sous statut employés par les chambres de commerce et d'industrie territoriales, à l'exception de ceux employés au sein de leurs services publics industriels et commerciaux, sont transférés à la chambre de commerce et d'industrie de région, qui en devient l'employeur, au 1er janv. 2013. Des commissions paritaires régionales auprès des chambres de commerce et d'industrie de région sont instituées dans les conditions prévues par la commission paritaire nationale, au plus tard dans un délai de six mois après le transfert des agents de droit public à la chambre de commerce et d'industrie de région au 1er janv. 2013. Ces agents sont de droit mis à la disposition de la chambre territoriale qui les employait à la date d'effet du transfert. Les modalités de ce transfert ou de la suppression de la mise à disposition font l'objet d'une décision de la chambre de commerce et d'industrie de région, prise après l'avis de la commission paritaire compétente. Les dépenses de rémunération des agents ainsi mis à disposition constituent des dépenses obligatoires des chambres de commerce et d'industrie territoriales et sont des recettes des chambres de commerce et d'industrie de région concernées (L. n° 2010-853 du 23 juill. 2010, art. 40-III).

BIBL. ▶ Degron, *AJDA 2007. 13* (l'affirmation du rôle des chambres consulaires régionales). ▶ Loi n° 2010-853 du 23 juill. 2010 : Degron, *AJDA 2010. 1938* (régionalisation du réseau des CCI).

Art. L. 711-6 **Dans chaque région, il est créé par décret une chambre de commerce et d'industrie de région. La circonscription de la chambre de commerce et d'industrie de région est la région ou, en Corse, le ressort de la collectivité territoriale. Son siège est fixé par décret, après avis des chambres territoriales et départementales d'Île-de-France rattachées.**

Dans les régions où il n'existe qu'une seule chambre de commerce et d'industrie territoriale, le même établissement public exerce les missions attribuées aux chambres de commerce et d'industrie de région et aux chambres de commerce et d'industrie territoriales. Il est dénommé chambre de commerce et d'industrie de région.

Toutefois, il peut être créé par décret une chambre de commerce et d'industrie de région englobant deux ou plusieurs régions. Son siège est fixé par le décret de création après avis conforme des chambres de commerce et d'industrie territoriales qui lui sont rattachées.

Art. L. 711-7 **Les chambres de commerce et d'industrie de région exercent au sein de leur circonscription l'ensemble des missions du réseau des chambres de commerce et d'industrie prévu à l'article L. 710-1.**

A ce titre :

1° Elles sont consultées par le conseil régional sur tout dispositif d'assistance aux entreprises dont la région envisage la création ;

2° Elles sont associées à l'élaboration du schéma régional d'aménagement et de développement du territoire ;

3° Elles sont associées, dans les conditions prévues par le code de l'urbanisme, à l'élaboration des schémas de cohérence territoriale lorsque ces schémas excèdent la circonscription d'une chambre territoriale ou départementale d'Île-de-France ; – *V. C. urb., art. L. 121-4, ss. art. L. 711-2.*

4° Elles peuvent assurer la maîtrise d'ouvrage de tout projet d'infrastructure ou d'équipement, notamment de transport, et gérer tout service concourant à l'exercice de leurs missions ; elles peuvent également être chargées de réaliser de tels projets par contrat avec l'État, la région, les autres collectivités territoriales de la circonscription régionale ou leurs établissements publics. Elles recrutent et gèrent à cet effet les agents de droit privé nécessaires au bon accomplissement de leurs services publics industriels et commerciaux.

Les activités mentionnées au 4° donnent lieu à une comptabilité analytique.

Art. L. 711-8 Les chambres de commerce et d'industrie de région encadrent et soutiennent les activités des chambres territoriales et départementales d'Île-de-France qui leur sont rattachées. Elles définissent une stratégie pour l'activité du réseau dans leur circonscription. Dans des conditions définies par décret, les chambres de commerce et d'industrie de région exercent leur activité en valorisant les compétences existant dans les chambres de commerce et d'industrie territoriales ou dans les chambres de commerce et d'industrie départementales d'Île-de-France de leur circonscription. – *V. art. D. 711-34-2.*

A ce titre, elles :

1° Votent, à la majorité des deux tiers des membres présents ou représentés, la stratégie applicable dans l'ensemble de leur circonscription ainsi que, chaque année, à la majorité des membres présents ou représentés, le budget nécessaire à sa mise en œuvre ;

2° Établissent, dans des conditions fixées par décret en Conseil d'État, un schéma directeur qui définit le nombre et la circonscription des chambres territoriales et départementales d'Île-de-France dans leur circonscription en tenant compte de l'organisation des collectivités territoriales en matière de développement et d'aménagement économique, ainsi que de la viabilité économique et de l'utilité pour leurs ressortissants des chambres territoriales ;

3° Adoptent, dans des domaines d'activités ou d'équipements définis par décret, des schémas sectoriels destinés à encadrer les projets des chambres de commerce et d'industrie territoriales ;

4° Répartissent entre les chambres de commerce et d'industrie territoriales et départementales d'Île-de-France qui leur sont rattachées, en conformité avec les schémas sectoriels, sous déduction de leur propre quote-part, le produit des impositions de toute nature qui leur sont affectées et transfèrent leur contribution à l'assemblée des chambres françaises de commerce et d'industrie, dans des conditions précisées par décret en Conseil d'État ;

5° Dans les conditions déterminées par décret en Conseil d'État, recrutent les personnels de droit public, dont ceux soumis au statut prévu par la loi n° 52-1311 du 10 décembre 1952 relative à l'établissement obligatoire d'un statut du personnel administratif des chambres d'agriculture, des chambres de commerce et des chambres de métiers, les mettent à disposition des chambres de commerce et d'industrie territoriales et départementales d'Île-de-France rattachées après avis de leur président et gèrent leur situation statutaire. Les dépenses de rémunération des personnels ainsi mis à disposition constituent des dépenses obligatoires des chambres de commerce et d'industrie territoriales et sont des recettes des chambres de commerce et d'industrie de région concernées ; – *V. art. R. 711-32.*

6° Assurent, au bénéfice des chambres territoriales qui leur sont rattachées, des fonctions d'appui juridique et d'audit ainsi que de soutien administratif dans la gestion de leurs ressources humaines, de leur comptabilité, de leur communication et de leurs systèmes d'information, précisées par un décret qui prévoit la prise en compte de cette charge dans la répartition prévue au 4° ; – *V. art. R. 711-33.*

7° Abondent, dans des conditions et limites définies par décret, le budget, au-delà du budget voté, d'une chambre de commerce et d'industrie territoriale et départementale d'Île-de-France qui leur est rattachée pour subvenir à des dépenses exceptionnelles ou faire face à des circonstances particulières ; – *V. art. D. 712-14-1 et D. 712-14-2.*

8° Peuvent passer, pour leur propre compte ou, dans leur circonscription, pour celui de tout ou partie des chambres du réseau, des marchés ou des accords-cadres. Elles peuvent assurer la fonction de centrale d'achat au sens du code des marchés publics pour le compte des chambres territoriales ou départementales de leur circonscription.

Art. L. 711-9 Les chambres de commerce et d'industrie de région élaborent, en cohérence avec le contrat de plan régional de développement des formations professionnelles, un schéma régional en matière de formation professionnelle qui a vocation à être décliné au sein des chambres de commerce et d'industrie territoriales et départementales d'Île-de-France afin de tenir compte des spécificités locales. Elles peuvent, seules ou en collaboration avec d'autres partenaires, créer et gérer des établissements de formation initiale et continue dans les conditions prévues par les articles L. 443-1 et L. 753-1 du code de l'éducation pour la formation initiale et, pour la formation continue, dans le respect des dispositions du titre V du livre III de la sixième partie du code du travail qui leur sont applicables, dans le respect du droit à la concurrence et sous réserve de la tenue d'une comptabilité analytique.

Art. L. 711-10 I. – Par dérogation au premier alinéa de l'article L. 711-7, une chambre de commerce et d'industrie de région peut, par convention, confier à une chambre de commerce et d'industrie territoriale ou départementale d'Île-de-France qui lui est rattachée :

1° La maîtrise d'ouvrage de tout projet d'infrastructure ou d'équipement et la gestion de tout service prévu au 4° de l'article L. 711-7 ;

2° L'administration de tout établissement de formation initiale ou de tout établissement de formation professionnelle continue.

Une chambre de commerce et d'industrie de région peut en outre, par convention, confier à une chambre de commerce et d'industrie territoriale ou départementale d'Île-de-France qui lui est rattachée une partie des fonctions de soutien mentionnées au 6° de l'article L. 711-8. – *V. art. R. 711-33.*

II. – Par convention et, s'il y a lieu, en conformité avec le schéma sectoriel applicable, une chambre de commerce et d'industrie territoriale ou départementale d'Île-de-France peut transférer à la chambre de commerce et d'industrie de région à laquelle elle est rattachée ou à une autre chambre de commerce et d'industrie territoriale ou départementale d'Île-de-France rattachée à la même chambre de commerce et d'industrie de région un service, une activité ou un équipement antérieurement géré par elle.

III. – Les conventions mentionnées aux I et II prévoient les transferts de biens, de ressources et de droits de propriété intellectuelle nécessaires à l'exercice de la mission ou de l'équipement confié ou transféré, ainsi que les compensations financières correspondantes.

Les transferts mentionnés au premier alinéa du présent III sont exonérés de droits et taxes.

SECTION III LA CHAMBRE DE COMMERCE ET D'INDUSTRIE DE RÉGION PARIS-ÎLE-DE-FRANCE

(L. n° 2010-853 du 23 juill. 2010, art. 4)

Art. L. 711-11 Il est créé une chambre de commerce et d'industrie dénommée "chambre de commerce et d'industrie de région Paris-Île-de-France" dont la circonscription correspond à l'ensemble de la région d'Île-de-France.

Les chambres de commerce et d'industrie ainsi que les délégations existant dans la région d'Île-de-France sont rattachées à la chambre de commerce et d'industrie de région Paris-Île-de-France en tant que chambres de commerce et d'industrie départementales d'Île-de-France ne disposant pas du statut juridique d'établissement public.

Toutefois, par dérogation aux dispositions prévues au deuxième alinéa, les chambres de commerce et d'industrie de la Seine-et-Marne et de l'Essonne peuvent décider de conserver le statut juridique d'établissement public dans des conditions définies par décret. Elles deviennent alors des chambres de commerce et d'industrie territoriales et exercent la totalité des compétences prévues par les articles L. 711-1 à L. 711-4.

La CCI de région Paris-Île-de-France est créée au plus tard le 1er janv. 2013. Elle est composée, jusqu'au renouvellement de ses membres postérieur à cette date, des élus de la chambre régionale de commerce et d'industrie de Paris-Île-de-France auxquels s'ajoutent des membres désignés par leur chambre de commerce et d'industrie départementale parmi les élus la composant. Jusqu'à la date d'entrée en vigueur du décret créant la CCI de région Paris-Île-de-France, le code de commerce dans sa rédaction antérieure à la date de publication de la L. n° 2010-853 du 23 juill. 2010 (JO 24 juill.) reste applicable aux chambres membres du réseau consulaire d'Île-de-France. Toutefois, à l'occasion du renouvellement des membres des CCI territoriales et de région qui interviendra après la promulgation de la loi précitée, les membres de la CCI de Paris-Île-de-France et les membres des CCI de Paris, de Seine-et-Marne, de l'Essonne et de Versailles-Val-d'Oise-Yvelines sont élus par département, conformément au chapitre III du titre Ier du livre VII du code de commerce tel qu'il résulte de la loi précitée, à l'exception de l'art. L. 713-12 qui demeure applicable dans sa rédaction antérieure. Ces membres exercent leurs fonctions en qualité d'élus des chambres départementales d'Île-de-France ou, le cas échéant, des chambres territoriales et de la CCI de région Paris-Île-de-France à compter de la date d'entrée en vigueur du décret de création de celle-ci. Jusqu'à cette date, la CCI de Paris est composée des membres élus dans les départements de Paris, des Hauts-de-Seine, de la Seine-Saint-Denis et du Val-de-Marne, et la CCI de Versailles-Val-d'Oise-Yvelines des membres élus dans les départements des Yvelines et du Val-d'Oise. Les procédures de recrutement et d'avancement en cours avant la transformation du statut des CCI de la région Île-de-France et de la chambre régionale de commerce et d'industrie d'Île-de-France peuvent être valablement poursuivies dans le nouvel établissement (L. n° 2010-853 du 23 juill. 2010, art. 40-V).

Art. L. 711-12 Les membres de la chambre de commerce et d'industrie de région Paris-Île-de-France et les membres des chambres de commerce et d'industrie départementales d'Île-de-France sont respectivement élus dans les mêmes conditions que les membres des chambres de commerce et d'industrie de région et les membres des chambres de commerce et d'industrie territoriales.

Art. L. 711-13 Les présidents des chambres de commerce et d'industrie départementales d'Île-de-France sont membres de l'assemblée des chambres françaises de commerce et d'industrie. Ils sont de droit membres du bureau et vice-présidents de la chambre de commerce et d'industrie de région Paris-Île-de-France.

Art. L. 711-14 La chambre de commerce et d'industrie de région Paris-Île-de-France exerce la totalité des compétences dévolues à toute chambre de commerce et d'industrie de région.

Les chambres de commerce et d'industrie départementales d'Île-de-France exercent les missions de proximité dévolues à toute chambre de commerce et d'industrie territoriale, conformément aux articles L. 711-1 à L. 711-4, dans le respect des orientations définies par l'assemblée générale de la chambre de commerce et d'industrie de région Paris-Île-de-France.

SECTION IV L'ASSEMBLÉE DES CHAMBRES FRANÇAISES DE COMMERCE ET D'INDUSTRIE

(L. nº 2010-853 du 23 juill. 2010, art. 5)

Art. L. 711-15 L'assemblée des chambres françaises de commerce et d'industrie est l'établissement public, placé à la tête du réseau défini à l'article L. 710-1, habilité à représenter auprès de l'État et de l'Union européenne ainsi qu'au plan international les intérêts nationaux de l'industrie, du commerce et des services.

Son organe délibérant est constitué des présidents en exercice des chambres de commerce et d'industrie départementales d'Île-de-France, des chambres de commerce et d'industrie territoriales, des chambres des collectivités d'outre-mer régies par l'article 74 de la Constitution et de la Nouvelle-Calédonie, et des chambres de commerce et d'industrie de région.

Le financement de son fonctionnement ainsi que les dépenses relatives aux projets de portée nationale intéressant l'ensemble du réseau des chambres de commerce et d'industrie adoptés par délibération de l'assemblée des chambres françaises de commerce et d'industrie constituent pour les établissements du réseau des dépenses obligatoires.

Les modalités de répartition de ces dépenses sont déterminées par voie réglementaire.

Art. L. 711-16 L'assemblée des chambres françaises de commerce et d'industrie assure l'animation de l'ensemble du réseau des chambres de commerce et d'industrie.

A ce titre :

1° Elle élabore la stratégie nationale du réseau des chambres de commerce et d'industrie ;

2° Elle adopte les normes d'intervention pour les établissements membres du réseau et s'assure du respect de ces normes ;

3° Elle gère les projets de portée nationale intéressant le réseau et elle peut en confier la maîtrise d'ouvrage à un autre établissement du réseau ;

4° Elle propose aux chambres territoriales, départementales d'Île-de-France et de région des fonctions de soutien dans les domaines technique, juridique et financier, ainsi que dans celui de la communication institutionnelle ;

5° Elle peut passer, pour son propre compte ou pour celui de tout ou partie des chambres du réseau, des marchés ou des accords-cadres. Elle peut assurer la fonction de centrale d'achat au sens du code des marchés publics pour le compte de tout ou partie des chambres de région, des chambres territoriales et départementales d'Île-de-France ;

6° Elle définit et suit la mise en œuvre de la politique générale du réseau en matière de gestion des personnels des chambres, négocie et signe les accords nationaux en matière sociale applicables aux personnels des chambres qui sont soumis à un agrément dans des conditions fixées par décret en Conseil d'État s'ils ont un impact sur les rémunérations. Elle peut mettre en place un système d'intéressement aux résultats, un dispositif d'épargne volontaire et de retraite supplémentaire à cotisations définies et réparties entre l'employeur et l'agent ; — *V. art. R. 711-55-1.*

7° Elle peut diligenter ou mener des audits relatifs au fonctionnement des différentes chambres du réseau, dont les conclusions sont transmises à l'autorité compétente dans des conditions fixées par décret en Conseil d'État ; – *V. art. R. 711-56-4.*

8° Elle coordonne les actions du réseau avec celles des chambres de commerce et d'industrie françaises à l'étranger. A ce titre, s'appuyant notamment sur les données économiques recueillies par les différentes chambres du réseau, elle identifie les entreprises qui présentent les meilleures perspectives en termes d'exportation et, en conséquence, les aide de manière spécifique à développer leurs activités à l'international en partenariat avec l'Agence française pour le développement international des entreprises ;

9° Elle peut constituer, à la demande des chambres du réseau, une instance de conciliation pour les différends opposant plusieurs chambres entre elles avant un recours en justice. Cette fonction de conciliation est exercée à titre gracieux.

CHAPITRE II DE L'ADMINISTRATION DES ÉTABLISSEMENTS DU RÉSEAU DES CHAMBRES DE COMMERCE ET D'INDUSTRIE

(L. nº 2005-882 du 2 août 2005, art. 63-I)

Art. L. 712-1 *(L. nº 2005-882 du 2 août 2005, art. 65-I)* Dans chaque établissement public du réseau, l'assemblée générale des membres élus détermine les orientations et le programme d'action de l'établissement. A cette fin, elle délibère sur toutes les affaires relatives à l'objet de celui-ci, notamment le budget, les comptes et le règlement intérieur. Elle peut déléguer aux autres instances de l'établissement des compétences relatives à son administration et à son fonctionnement courant.

Le président est le représentant légal de l'établissement. Il en est l'ordonnateur et est responsable de sa gestion. Il en préside l'assemblée générale et les autres instances délibérantes. Un décret en Conseil d'État détermine les conditions dans lesquelles lui sont appliquées les dispositions de l'article 7 de la loi nº 84-834 du 13 septembre 1984 relative à la limite d'âge dans la fonction publique et le secteur public. Les fonctions de trésorier sont exercées par un membre de l'assemblée générale. – *V. texte préc. au* ***C. fonct. publ.***

(L. nº 2010-853 du 23 juill. 2010, art. 6) « L'assemblée de la chambre de commerce et d'industrie territoriale élit son président parmi ceux de ses membres qui ont été élus à la chambre de commerce et d'industrie de région. Si le président en exercice est élu président de la chambre de commerce et d'industrie de région, il quitte la présidence de la chambre territoriale.

« Le président de chaque chambre de commerce et d'industrie territoriale est de droit vice-président de la chambre de région à laquelle elle est rattachée.

« Le président élu de l'assemblée des chambres françaises de commerce et d'industrie quitte la présidence d'une chambre territoriale, d'une chambre départementale d'Île-de-France ou d'une chambre de région.

« Le décompte des votes à l'assemblée des chambres françaises de commerce et d'industrie s'effectue dans des conditions fixées par décret en Conseil d'État. »

BIBL. ▸ MILLER et LEYAT, *AJDA 2008. 1700* (les chambres régionales des comptes et le contrôle des chambres de commerce et d'industrie). – GROPER et MICHAUT, *AJDA 2010. 483* (la responsabilité des dirigeants des chambres de commerce et d'industrie devant la CDBF).

1. Trésorier. Le trésorier d'une chambre de commerce, n'ayant pas la qualité de comptable public, ne peut pas émettre d'état exécutoire. • CE 27 juin 2008 : *AJDA 2008. 1300* ; *Gaz.*

Pal. 2008. 4042 ; Dr. et proc. 2008. 296.

2. Délégation de pouvoir. Il résulte de l'art. L. 712-1, al. 1er, que le pouvoir d'émettre un avis sur une demande d'autorisation et d'ouverture d'équipement commercial qui ne relève ni de l'administration, ni du fonctionnement courant de la chambre consulaire appartient en propre à l'assemblée générale de cet établissement et ne peut être délégué à une autre instance de celui-ci. • CAA Nancy, 25 nov. 2010 : *AJDA 2011. 239 ; JCP E 2011, no 1898, spéc. no 3, obs. Azarian et Maron.* – Dans le même sens : • CE 19 déc. 2012 : *AJDA 2013. 9, obs. Necib ; Constr.-Urb. 2013, no 39, obs. Renaux.*

Art. L. 712-2 *(L. no 2005-882 du 2 août 2005, art. 64-I)* **Il est pourvu aux dépenses ordinaires** *(L. no 2010-853 du 23 juill. 2010, art. 6)* **« du réseau » au moyen** *(L. no 2010-853 du 23 juill. 2010, art. 6)* **« des impositions de toute nature affectées aux chambres de commerce et d'industrie de région ».** – *[L. 9 avr. 1898, art. 21, al. 1er.] – V. L. no 75-678 du 29 juill. 1975, art. 13-II (D. et BLD 1975. 288). – V. CGI, art. 1600. –* **CGI.**

Ressources. Les fonds que les CCI perçoivent, par le biais de la taxe, pour financer leurs dépenses ordinaires ne sauraient être de nature, de quelque manière que ce soit, à fausser ou menacer directement ou indirectement le jeu de la concurrence entre les entreprises commerciales ou industrielles, et, partant, à affecter les échanges entre les États membres ; la taxe pour frais de CCI ne concourt donc pas au financement d'une aide d'État au sens de l'art. 87 CE. • CAA Lyon, 28 juin 2007 : *AJDA 2007. 2100*.

Art. L. 712-3 *(Abrogé par L. no 2010-853 du 23 juill. 2010, art. 6)* (L. no 2005-882 du 2 août 2005, art. 64-I) ***Les chambres de commerce peuvent affecter tout ou partie des excédents de recettes, provenant de la gestion de leur service ordinaire, à la constitution d'un fonds de réserve en vue de faire face aux dépenses urgentes et imprévues. Le montant de ce fonds de réserve, qui doit être mentionné dans les comptes et budgets de ce service à un article spécial, ne peut, en aucun cas, être supérieur à la moitié de la totalité des ressources annuelles dudit budget.*** – [L. 9 avr. 1898, art. 26, al. 2.]

Art. L. 712-4 *(L. no 2005-882 du 2 août 2005, art. 65-II)* **Un établissement public du réseau des chambres de commerce et d'industrie de la région qui n'a pas délibéré favorablement pour mettre en œuvre le schéma directeur prévu à l'article L. 711-8 ou dont l'autorité compétente constate qu'il n'a pas respecté les dispositions prévues audit schéma ne peut contracter d'emprunts.**

Art. L. 712-5 *(Abrogé par L. no 2010-853 du 23 juill. 2010, art. 6)* (L. no 2005-882 du 2 août 2005, art. 65-II) ***Une chambre régionale de commerce et d'industrie peut, dans des conditions définies par décret, abonder le budget d'une chambre de commerce et d'industrie de sa circonscription pour subvenir à des dépenses exceptionnelles ou faire face à des circonstances particulières.***

Art. L. 712-6 *(L. no 2005-882 du 2 août 2005, art. 64)* **« Les établissements du réseau » sont tenus de nommer au moins un commissaire aux comptes et un suppléant choisis sur la liste mentionnée à l'article** *(L. no 2003-706 du 1er août 2003)* **« L. 822-1 », qui exercent leurs fonctions dans les conditions prévues par les dispositions** *(L. no 2010-853 du 23 juill. 2010, art. 6)* **« des livres II et VIII » sous réserve des règles qui leur sont propres.** *(L. no 2010-853 du 23 juill. 2010, art. 6)* **« Les commissaires aux comptes, désignés dans le respect des dispositions du code des marchés publics, sont nommés par l'assemblée générale sur proposition du président. Les conditions dans lesquelles chaque établissement du réseau publie et transmet à l'autorité de tutelle un bilan, un compte de résultat et une annexe sont déterminées par voie réglementaire. »** – *V. art. R. 712-15-1.*

(Abrogé par L. no 2005-882 du 2 août 2005, art. 64-III) ***« Les dispositions de l'article L. 242-27 leur sont applicables. »***

Les peines prévues par l'article L. 242-8 sont applicables aux dirigeants qui n'auront pas, chaque année, établi un bilan, un compte de résultat et une annexe. *(Abrogé par L. nº 2005-882 du 2 août 2005, art. 64-III)* ***« Les dispositions des articles L. 242-25 et L. 242-28 leur sont également applicables. »*** – *[L. nº 84-148 du 1er mars 1984, art. 32 bis.]*

Art. L. 712-7 *(L. nº 2005-882 du 2 août 2005, art. 66)* **L'autorité compétente veille au fonctionnement régulier des établissements du réseau. Elle assiste de droit à leurs instances délibérantes. Certaines délibérations, notamment celles mentionnées au** *(L. nº 2010-853 du 23 juill. 2010, art. 6)* **« 1° » de l'article L. 711-8, sont soumises à son approbation dans des conditions fixées par voie réglementaire.**

Art. L. 712-8 *(L. nº 2005-882 du 2 août 2005, art. 66)* **Lorsque le budget prévisionnel d'un établissement ou le budget exécuté au cours de l'exercice écoulé fait apparaître un déficit non couvert par les excédents disponibles, que des dépenses obligatoires n'ont pas été inscrites au budget ou n'ont pas été mandatées, ou que des dysfonctionnements graves, mettant en péril l'équilibre financier de l'établissement, sont constatés, l'autorité compétente, après application d'une procédure contradictoire, arrête le budget et peut confier au** *(Ord. nº 2010-420 du 27 avr. 2010, art. 102)* **« directeur départemental des finances publiques** *[ancienne rédaction : trésorier-payeur général]* **» les fonctions de trésorier.**

Les dispositions de l'Ord. nº 2010-420 du 27 avr. 2010 entrent en vigueur à compter de la publication de celle-ci (JO 30 avr.). Toutefois, dans les circonscriptions dans lesquelles les directions régionales, départementales et locales des finances publiques n'ont pas encore été constituées, les dispositions modifiées par l'art. 102 de l'Ord. précitée demeurent applicables dans leur rédaction antérieure à la publication de celle-ci, au plus tard jusqu'au 31 déc. 2012 (Ord. préc., art. 130).

Art. L. 712-9 *(L. nº 2005-882 du 2 août 2005, art. 66)* **Tout membre élu d'un établissement public du réseau peut être suspendu ou déclaré démissionnaire d'office par l'autorité compétente, après procédure contradictoire, en cas de faute grave dans l'exercice de ses fonctions.**

Lorsque les circonstances compromettent le fonctionnement d'un établissement, l'autorité compétente peut prononcer la suspension de ses instances et nommer une commission provisoire.

Au besoin, il est recouru à la dissolution des instances de l'établissement par décision de l'autorité compétente.

Art. L. 712-10 *(L. nº 2010-853 du 23 juill. 2010, art. 6)* **Tout établissement du réseau est tenu d'accorder sa protection au président, au trésorier, à l'élu les suppléant ou ayant reçu une délégation de leur part ou à un ancien élu ayant quitté ces fonctions, lorsque la personne en cause fait l'objet de poursuites pénales à l'occasion de faits n'ayant pas le caractère de faute détachable de l'exercice de ses fonctions.**

Cette protection est également due du fait des violences, menaces ou outrages dont les mêmes personnes peuvent être victimes à l'occasion ou du fait de leurs fonctions et comporte l'obligation de réparer, le cas échéant, le préjudice qui en résulte.

L'établissement est subrogé aux droits de la victime pour obtenir des auteurs de ces infractions la restitution des sommes versées à l'élu ou ancien élu intéressé.

Art. L. 712-11 *(L. nº 2010-853 du 23 juill. 2010, art. 6)* **I. — La représentativité des organisations syndicales des établissements du réseau des chambres de commerce et d'industrie est déterminée d'après les critères de l'article L. 2121-1 du code du travail, sous réserve des dispositions du présent article relatives à la mesure de l'audience.**

II. – Peuvent seules siéger à la commission paritaire nationale des établissements du réseau des chambres de commerce et d'industrie instaurée en application de l'article 2 de la loi n° 52-1311 du 10 décembre 1952 relative à l'établissement obligatoire d'un statut du personnel administratif des chambres d'agriculture, des chambres de commerce et des chambres de métiers les organisations syndicales ayant recueilli le seuil d'audience prévu à l'article L. 2122-5 du code du travail, selon des modalités définies par voie réglementaire. – *V. art. R. 712-11-1.*

III. – Sont représentatives auprès d'un établissement du réseau des chambres de commerce et d'industrie les organisations syndicales ayant recueilli le seuil d'audience prévu à l'article L. 2122-1 du code du travail, mesuré à partir des résultats obtenus aux élections à la commission paritaire de l'établissement. Ces élections ont lieu à une date unique fixée par arrêté du ministre chargé du commerce.

Art. L. 712-12 *(L. n° 2005-882 du 2 août 2005, art. 66)* Un décret en Conseil d'État précise les conditions d'application du présent chapitre, en particulier les règles de fonctionnement administratif et financier des établissements du réseau ainsi que les modalités de la tutelle exercée par l'État. – *Ancien art. L. 712-10 (L. n° 2010-853 du 23 juill. 2010, art. 6).*

CHAPITRE III DE L'ÉLECTION DES MEMBRES DES CHAMBRES DE COMMERCE ET D'INDUSTRIE TERRITORIALES, DES CHAMBRES DE COMMERCE ET D'INDUSTRIE DE RÉGION ET DES DÉLÉGUÉS CONSULAIRES

(L. n° 2010-853 du 23 juill. 2010, art. 7).

SECTION PREMIÈRE DE L'ÉLECTION DES MEMBRES DES CHAMBRES DE COMMERCE ET D'INDUSTRIE TERRITORIALES ET DE RÉGION

(L. n° 2010-853 du 23 juill. 2010, art. 7).

Art. L. 713-1 *(Ord. n° 2003-1067 du 12 nov. 2003, art. 1er)* I. – Les membres des chambres de commerce et d'industrie *(L. n° 2010-853 du 23 juill. 2010, art. 7)* « territoriales et de région » sont élus pour cinq ans.

Un membre d'une *(L. n° 2010-853 du 23 juill. 2010, art. 8)* « chambre de commerce et d'industrie territoriale ou d'une chambre de commerce et d'industrie de région » ne peut exercer plus de trois mandats de président de cette chambre, quelle que soit la durée effective de ces mandats.

(L. n° 2010-853 du 23 juill. 2010, art. 7) « Pour l'élection des membres de chambres de commerce et d'industrie territoriales et des membres de chambres de commerce et d'industrie de région, la circonscription de vote est la circonscription de la chambre de commerce et d'industrie territoriale. Chaque électeur, au titre des deux élections précitées, vote dans sa catégorie et, éventuellement, sous-catégorie professionnelles déterminées en application de l'article L. 713-11. »

II. – Sont électeurs aux élections des membres des chambres de commerce et d'industrie *(L. n° 2010-853 du 23 juill. 2010, art. 7)* « territoriales et de région » :

1° A titre personnel :

a) Les commerçants immatriculés au registre du commerce et des sociétés dans la circonscription de la chambre de commerce et d'industrie, sous réserve, pour les associés en nom collectif et les associés commandités, des dispositions du III de l'article L. 713-2 ;

b) Les chefs d'entreprise inscrits au répertoire des métiers et immatriculés au registre du commerce et des sociétés dans la circonscription ;

c) Les conjoints des personnes énumérées au *a* ou au *b* ci-dessus ayant déclaré au registre du commerce et des sociétés qu'ils collaborent à l'activité de leur époux sans autre activité professionnelle ;

(L. n° 2010-853 du 23 juill. 2010, art. 7) « *d)* Les capitaines de la marine marchande exerçant le commandement d'un navire immatriculé en France dont le port d'attache est situé dans la circonscription ; les pilotes maritimes exerçant leurs fonctions dans un port situé dans la circonscription, les pilotes de l'aéronautique civile domiciliés dans la circonscription et exerçant le commandement d'un aéronef immatriculé en France *[;]* »

2° Par l'intermédiaire d'un représentant :

a) Les sociétés commerciales au sens du deuxième alinéa de l'article L. 210-1 du présent code et les établissements publics à caractère industriel et commercial dont le siège est situé dans la circonscription ;

b) Au titre d'un établissement faisant l'objet dans la circonscription d'une inscription complémentaire ou d'une immatriculation secondaire, à moins qu'il en soit dispensé par les lois et règlements en vigueur, les personnes physiques mentionnées aux *a* et *b* du 1° et les personnes morales mentionnées au a du présent 2°, quelle que soit la circonscription où ces personnes exercent leur propre droit de vote ;

c) Les sociétés à caractère commercial dont le siège est situé hors du territoire national et qui disposent dans la circonscription d'un établissement immatriculé au registre du commerce et des sociétés.

(L. n° 2010-853 du 23 juill. 2010, art. 7) « Le membre d'une chambre de commerce et d'industrie de région dont le siège devient vacant pour quelque cause que ce soit, sauf l'annulation de son élection, est remplacé jusqu'au renouvellement de la chambre de commerce et d'industrie de région par la personne élue en même temps que lui à cet effet. » – *[L. n° 87-550 du 16 juill. 1987, art. 6, al. 1er et 2.]*

1. Société commerciale (jurispr. antérieure à l'Ord. du 12 nov. 2003). Il convient pour l'application de l'art. 6 [C. com., art. L. 713-1] (disposant que les sociétés anonymes sont électrices des membres des chambres de commerce) de prendre en considération la nature de l'activité des sociétés mentionnées par ce texte. Il en résulte qu'une société d'avocats d'exercice libéral à forme anonyme dès lors qu'elle a une activité civile ne peut figurer sur la liste des électeurs. • Civ. 2e, 10 nov. 1998 : *Bull. civ. II, n° 268 ; D. 2000. Somm. 238, obs. Hallouin ; Bull. Joly 1999. 450 note Daigre.*

2. Suppléance. Jugeant qu'un membre du CCI, démissionnaire au cours d'une procédure d'annulation de son élection, doit être remplacé par son suppléant sans qu'il y ait lieu de procéder à un nouveau scrutin : • TA Nancy, 29 mai 2012 : *AJDA 2012. 1831.*

Art. L. 713-2 *(L. n° 2010-853 du 23 juill. 2010, art. 7)* « I. – Au titre de leur siège social et de l'ensemble de leurs établissements situés dans la circonscription de la chambre de commerce et d'industrie territoriale, les personnes physiques ou morales mentionnées aux 1° et 2° du II de l'article L. 713-1 disposent d'un représentant supplémentaire lorsqu'elles emploient dans la circonscription de la chambre de commerce et d'industrie territoriale de dix à quarante-neuf salariés, et d'un deuxième lorsqu'elles emploient dans la même circonscription de cinquante à quatre-vingt-dix-neuf salariés.

« S'y ajoutent :

« 1° Un représentant supplémentaire à partir du centième salarié par tranche de cent salariés lorsqu'elles emploient dans la circonscription de cent à neuf cent quatre-vingt-dix-neuf salariés ;

« 2° A partir du millième salarié, un représentant supplémentaire par tranche de deux cent cinquante salariés lorsqu'elles emploient dans la circonscription plus de mille salariés. »

II. — Toutefois, les personnes physiques énumérées aux *a* et *b* du 1° du II de l'article L. 713-1 dont le conjoint bénéficie des dispositions du *c* du 1° du II du même article ne désignent aucun représentant supplémentaire si elles emploient moins de cinquante salariés dans la circonscription de la chambre de commerce et d'industrie *[territoriale]*.

III. — *(Ord. n° 2003-1067 du 12 nov. 2003, art. 2)* « Les sociétés en nom collectif et les sociétés en commandite désignent par délibération expresse conformément aux dispositions statutaires un représentant unique au titre des associés et de la société, sans préjudice de la possibilité de désigner des représentants supplémentaires en application du I ci-dessus. » — *[L. n° 87-550 du 16 juill. 1987, art. 6, al. 3 à 5.]*

Art. L. 713-3 *(Ord. n° 2003-1067 du 12 nov. 2003, art. 3)* I. — Les représentants mentionnés aux articles L. 713-1 et L. 713-2 doivent exercer dans l'entreprise soit des fonctions de président-directeur général, *(Ord. n° 2004-328 du 15 avr. 2004, art. 15)* « de président ou de membre du conseil d'administration, » de directeur général, de président ou de membre du directoire, de président du conseil de surveillance, de gérant, de président ou de membre du conseil d'administration ou de directeur d'un établissement public à caractère industriel et commercial, soit, à défaut et pour les représenter à titre de mandataire, des fonctions impliquant des responsabilités de direction commerciale, technique ou administrative de l'entreprise ou de l'établissement.

II. — *(L. n° 2010-853 du 23 juill. 2010, art. 7)* « Les électeurs à titre personnel mentionnés au 1° du II de l'article L. 713-1 et les représentants des personnes physiques ou morales mentionnées au 2° du II du même article doivent, pour prendre part au vote : »

1° Remplir les conditions fixées à l'article L. 2 du code électoral, à l'exception de la nationalité ;

(L. n° 2004-1343 du 9 déc. 2004, art. 78-IV) « 2° Ne pas avoir fait l'objet de l'interdiction visée à l'article L. 6 du code électoral ; »

(Ord. n° 2006-673 du 8 juin 2006, art. 2) « 3° N'avoir pas été frappés depuis moins de quinze ans à compter du jour où la décision les ayant prononcées est devenue définitive, de faillite personnelle ou d'une des mesures d'interdiction ou de déchéance telles que prévues au livre VI du présent code, à la loi n° 85-98 du 25 janvier 1985 relative au redressement et à la liquidation judiciaires des entreprises ou à la loi n° 67-563 du 13 juillet 1967 sur le règlement judiciaire, la liquidation des biens, la faillite personnelle et les banqueroutes ;

(L. n° 2008-776 du 4 août 2008, art. 71-I, 3°) « 4° Ne pas être frappé d'une peine d'interdiction, suivant les modalités prévues par l'article 131-27 du code pénal, d'exercer une profession commerciale ou industrielle, de diriger, d'administrer, de gérer ou de contrôler à un titre quelconque, directement ou indirectement, pour son propre compte ou pour le compte d'autrui, une entreprise commerciale ou industrielle ou une société commerciale ; »

« 5° Ne pas avoir été condamnés à des peines, déchéances ou sanctions prononcées en vertu de législations *(L. n° 2010-853 du 23 juill. 2010, art. 7)* « étrangères » équivalentes à celles visées aux 2°, 3° et 4°. » — *[L. n° 87-550 du 16 juill. 1987, art. 6, al. 6 et 7.]*

Sur l'inéligibilité des personnes condamnées pour infractions à la législation relative aux relations financières avec l'étranger, V. C. douanes, art. 459. — ***C. mon. fin.*** *— ... Sur l'inéligibilité des personnes condamnées pour infractions relatives pour contrefaçon en matière de dessins et modèles, V. art. L. 521-4* **CPI**. *— ... Sur l'inéligibilité des personnes condamnées pour organisation de la fraude ou incitation à la fraude aux règles régissant la sécurité sociale, V. art. L. 637-1 et L. 637-2* **CSS.**

Sur la prise en compte du plan de sauvegarde ou de redressement judiciaire de l'entreprise lors des procédures de sauvegarde ou de redressement judiciaire pour déclarer un dirigeant inéligible aux élections consulaires, V. note ss. art. L. 722-9.

Art. L. 713-4 *(Ord. nº 2003-1067 du 12 nov. 2003, art. 5)* **I. – Sont éligibles aux fonctions de membre d'une chambre de commerce et d'industrie** *(L. nº 2010-853 du 23 juill. 2010, art. 7)* **« territoriale et d'une chambre de commerce et d'industrie de région », sous réserve d'être âgés de dix-huit ans accomplis et de satisfaire aux conditions fixées au II de l'article L. 713-3.**

1º Les électeurs à titre personnel mentionnés au 1º du II de l'article L. 713-1 inscrits sur la liste électorale de la circonscription correspondante et justifiant *(L. nº 2010-853 du 23 juill. 2010, art. 7)* **« , pour les électeurs visés aux *a*, *b* et *c* du même 1º, » qu'ils sont immatriculés depuis deux ans au moins au registre du commerce et des sociétés ;**

2º Les électeurs inscrits en qualité de représentant, mentionnés au 2º du II de l'article L. 713-1 et à l'article L. 713-2, inscrits sur la liste électorale de la circonscription et justifiant que l'entreprise qu'ils représentent exerce son activité depuis deux ans au moins.

II. – Tout membre d'une chambre de commerce et d'industrie *(L. nº 2010-853 du 23 juill. 2010, art. 7)* **« territoriale et d'une chambre de commerce et d'industrie de région » qui cesse de remplir les conditions d'éligibilité fixées au I ci-dessus présente sa démission au préfet. A défaut, le préfet le déclare démissionnaire d'office.**

(Ord. nº 2006-673 du 8 juin 2006, art. 2) **« Toutefois, une cessation d'activité inférieure à six mois n'entraîne pas la démission, sauf dans les cas mentionnés aux 2º, 3º, 4º et 5º du II de l'article L. 713-3. »** – *[L. nº 87-550 du 16 juill. 1987, art. 13.] – Anc. art. L. 713-10 (Ord. nº 2004-328 du 15 avr. 2004, art. 2-II). – V. note ss. art. L. 713-3. – V. art. R. 713-6 s.*

Art. L. 713-5 *(Ord. nº 2003-1067 du 12 nov. 2003, art. 7)* **I. – En cas de dissolution d'une chambre de commerce et d'industrie** *[territoriale]*, **il est procédé à son renouvellement dans un délai de six mois.**

Toutefois, si cette dissolution est prononcée moins d'un an avant un renouvellement général, il n'est pas procédé au renouvellement.

II. – Lorsque le nombre de membres d'une chambre de commerce et d'industrie se trouve réduit à moins de la moitié du nombre initial, le préfet constate la situation par arrêté et organise de nouvelles élections pour la totalité des sièges dans un délai de six mois.

Toutefois, si cette situation est constatée moins d'un an avant un renouvellement général, il n'est pas procédé au renouvellement.

(L. nº 2004-1343 du 9 déc. 2004, art. 78-IV) **« III. – Les membres élus en application du présent article demeurent en fonction pour la durée restant à courir du mandat du titulaire initial. »** – *Anc. art. L. 713-14 (Ord. nº 2004-328 du 15 avr. 2004, art. 2-II).*

Par dérogation à l'art. L. 713-5, les élections qui doivent intervenir à la suite de la dissolution d'une chambre de commerce et d'industrie prononcée par le préfet en application de l'art. L. 712-9, ou lorsque le nombre de membres d'une chambre de commerce et d'industrie se trouve réduit à moins de la moitié du nombre initial, sont reportées jusqu'au renouvellement général postérieur à l'entrée en vigueur de la L. nº 2010-853 du 23 juill. 2010 (L. préc., art. 40-IV).

SECTION II **DE L'ÉLECTION DES DÉLÉGUÉS CONSULAIRES** *(Ord nº 2004-328 du 15 avr. 2004, art. 2-III).*

Les dispositions du chapitre Ier de l'Ord. nº 2004-328 du 15 avr. 2004 [dispositions relatives aux délégués consulaires], sont applicables à l'élection pour le remplacement des délégués consulaires dont le mandat arrive à échéance postérieurement à la publication de l'ordonnance précitée (JO 17 avr.), compte tenu de la prorogation des mandats prévue par l'art. 9 de l'Ord. nº 2003-1067 du 12 nov. 2003. – V. art. L. 713-6. – L'Ord. précitée du 15 avr. 2004 a été ratifiée par l'art. 78-XIX de la L. nº 2004-1343 du 9 déc. 2004 (JO 10 déc.).

Art. L. 713-6 *(Ord. n° 2004-328 du 15 avr. 2004, art. 3)* Les délégués consulaires sont élus pour cinq ans dans la circonscription de chaque chambre de commerce et d'industrie *[territoriale]*.

Toutefois, aucun délégué consulaire n'est élu dans la circonscription ou partie de circonscription située dans le ressort d'un tribunal compétent en matière commerciale ne comprenant aucun juge élu. – *Anc. art. L. 713-4 (Ord. n° 2004-328 du 15 avr. 2004, art. 2-II).*

Art. L. 713-7 *(Ord. n° 2004-328 du 15 avr. 2004, art. 3)* Sont électeurs aux élections des délégués consulaires :

1° A titre personnel :

a) Les commerçants immatriculés au registre du commerce et des sociétés dans la circonscription de la chambre de commerce et d'industrie *[territoriale]*, sous réserve, pour les associés en nom collectif et les associés commandités, des dispositions du III de l'article L. 713-2 ;

b) Les chefs d'entreprise inscrits au répertoire des métiers et immatriculés au registre du commerce et des sociétés dans la circonscription ;

c) Les conjoints des personnes énumérées au *a* ou au *b* ci-dessus ayant déclaré au registre du commerce et des sociétés qu'ils collaborent à l'activité de leur époux sans autre activité professionnelle ;

d) Les capitaines au long cours ou capitaines de la marine marchande exerçant le commandement d'un navire immatriculé en France dont le port d'attache est situé dans la circonscription, les pilotes maritimes exerçant leurs fonctions dans un port situé dans la circonscription, les pilotes de l'aéronautique civile domiciliés dans la circonscription et exerçant le commandement d'un aéronef immatriculé en France ;

e) Les membres en exercice des tribunaux de commerce, ainsi que les anciens membres de ces tribunaux ayant demandé à être inscrits sur la liste électorale ;

2° Par l'intermédiaire d'un représentant :

a) Les sociétés à caractère commercial au sens de l'article L. 210-1 et les établissements publics à caractère industriel et commercial dont le siège social est situé dans la circonscription ;

b) Au titre d'un établissement faisant l'objet dans la circonscription d'une inscription complémentaire ou d'une immatriculation secondaire, à moins qu'il en soit dispensé par les lois et règlements en vigueur, les personnes physiques mentionnées aux *a* et *b* du 1° et les personnes morales mentionnées au *a* du présent 2°, quelle que soit la circonscription où ces personnes exercent leur propre droit de vote ;

c) Les sociétés à caractère commercial dont le siège est situé hors du territoire national et qui disposent dans la circonscription d'un établissement immatriculé au registre du commerce et des sociétés ;

3° Les cadres qui, employés dans la circonscription par les électeurs mentionnés aux 1° ou 2°, exercent des fonctions impliquant des responsabilités de direction commerciale, technique ou administrative de l'entreprise ou de l'établissement. – *V. art. R. 713-37.*

Art. L. 713-8 *(Ord. n° 2004-328 du 15 avr. 2004, art. 4)* Les représentants mentionnés au 2° de l'article L. 713-7 doivent exercer dans l'entreprise soit des fonctions de président-directeur général, de président ou de membre du conseil d'administration, de directeur général, de président ou de membre du directoire, de président du conseil de surveillance, de gérant, de président ou de membre du conseil d'administration ou de directeur d'un établissement public à caractère industriel et commercial, soit, à défaut et pour les représenter à titre de mandataire, des fonctions impliquant des responsabilités de direction commerciale, technique ou administrative de l'entreprise ou de l'établissement.

Art. L. 713-9 *(Ord. nº 2004-328 du 15 avr. 2004, art. 4)* Les électeurs à titre personnel et les cadres mentionnés aux 1º et 3º de l'article L. 713-7 ainsi que les représentants des personnes physiques ou morales mentionnées au 2º du même article doivent être ressortissants d'un État membre de la Communauté européenne ou d'un État partie à l'accord sur l'Espace économique européen.

Ils doivent en outre :

1º Remplir les conditions fixées à l'article L. 2 du code électoral sous réserve des dispositions du premier alinéa ci-dessus ;

(L. nº 2004-1343 du 9 déc. 2004, art. 78-XIX) « 2º N'avoir pas été l'auteur de faits ayant donné lieu à une condamnation pénale pour agissements contraires à l'honneur, à la probité ou aux bonnes mœurs ; »

(Ord. nº 2006-673 du 8 juin 2006, art. 2) « 3º N'avoir pas été frappés depuis moins de quinze ans à compter du jour où la décision les ayant prononcées est devenue définitive, de faillite personnelle ou d'une des mesures d'interdiction ou de déchéance telles que prévues au livre VI du présent code, à la loi nº 85-98 du 25 janvier 1985 relative au redressement et à la liquidation judiciaires des entreprises ou à la loi nº 67-563 du 13 juillet 1967 sur le règlement judiciaire, la liquidation des biens, la faillite personnelle et les banqueroutes ;

(L. nº 2008-776 du 4 août 2008, art. 71-I, 4º) « 4º Ne pas être frappé d'une peine d'interdiction, suivant les modalités prévues par l'article 131-27 du code pénal, d'exercer une profession commerciale ou industrielle, de diriger, d'administrer, de gérer ou de contrôler à un titre quelconque, directement ou indirectement, pour son propre compte ou pour le compte d'autrui, une entreprise commerciale ou industrielle ou une société commerciale ; »

« 5º Ne pas avoir été condamnés à des peines, déchéances ou sanctions prononcées en vertu de législations en vigueur dans les États membres de la Communauté européenne ou dans les États parties à l'accord sur l'Espace économique européen équivalentes à celles visées aux 2º, 3º et 4º. »

Art. L. 713-10 Sont éligibles aux fonctions de délégué consulaire les personnes appartenant au collège des électeurs tel qu'il est défini à l'article *(Ord. nº 2004-328 du 15 avr. 2004, art. 5)* « L. 713-7 ». — *[L. nº 87-550 du 16 juill. 1987, art. 12.] — Anc. art. L. 713-9 (Ord. nº 2004-328 du 15 avr. 2004, art. 2-II). — V. art. R. 713-41 s.*

SECTION III **DISPOSITIONS COMMUNES** *(Ord. nº 2004-328 du 15 avr. 2004, art. 2-IV).*

Art. L. 713-11 Les électeurs des délégués consulaires et des membres des chambres de commerce et d'industrie *(L. nº 2010-853 du 23 juill. 2010, art. 7)* « territoriales et de région » sont répartis dans chaque circonscription administrative entre trois catégories professionnelles correspondant respectivement aux activités commerciales, industrielles ou de services.

(L. nº 2010-853 du 23 juill. 2010, art. 7) « Au sein de ces trois catégories, les électeurs peuvent éventuellement être répartis en sous-catégories professionnelles définies en fonction de la taille des entreprises.

« Lorsqu'il est fait application du deuxième alinéa, la chambre de commerce et d'industrie régionale et les chambres de commerce et d'industrie territoriales qui lui sont rattachées définissent des sous-catégories communes sous l'autorité de la chambre de commerce et d'industrie régionale. » — *[L. nº 87-550 du 16 juill. 1987, art. 8.] — Anc. art. L. 713-5 (Ord. nº 2004-328 du 15 avr. 2004, art. 2-II). — V. art. R. 713-33 et R. 713-65 s.*

Art. L. 713-12 *(L. nº 2010-853 du 23 juill. 2010, art. 7)* « I. – » Le nombre des sièges des délégués consulaires, qui ne peut être inférieur à soixante ni supérieur à six cents, est déterminé compte tenu de l'importance du corps électoral consulaire de la circonscription, du nombre de membres élus de la chambre de commerce et d'industrie *[territoriale]* et du nombre des tribunaux de commerce compris dans la circonscription de cette chambre. – *V. art. R. 713-32.*

(L. nº 2010-853 du 23 juill. 2010, art. 7) « II. – Le nombre de sièges d'une chambre de commerce et d'industrie territoriale est de vingt-quatre à soixante, dans des conditions fixées par décret en Conseil d'État.

« III. – Le nombre de sièges d'une chambre de commerce et d'industrie de région est fixé entre trente et cent, dans des conditions fixées par décret en Conseil d'État. – *V. art. R. 711-46.*

« Chaque chambre de commerce et d'industrie territoriale ou départementale d'Île-de-France est représentée au sein de la chambre de commerce et d'industrie de région ou de région Paris Île-de-France à due proportion de son poids économique. Aucune chambre de commerce et d'industrie territoriale ne peut disposer à la chambre de commerce et d'industrie de région de plus de 40 % des sièges. Lorsque le nombre de chambres de commerce et d'industrie territoriales incluses dans la circonscription de la chambre de commerce et d'industrie de région est égal à deux, ces dispositions ne s'appliquent pas. Les élus d'une chambre de commerce et d'industrie territoriale assise sur deux régions, destinés à la représenter à l'échelon régional, peuvent être présents dans chacune des deux assemblées régionales au prorata des représentations des différentes composantes géographiques de cette chambre de commerce et d'industrie territoriale. » – *[L. nº 87-550 du 16 juill. 1987, art. 9.] – Anc. art. L. 713-6 (Ord. nº 2004-328 du 15 avr. 2004, art. 2-II). – V. art. R. 713-66.*

Art. L. 713-13 La répartition des sièges entre catégories et sous-catégories professionnelles est faite en tenant compte des bases d'imposition des ressortissants, du nombre de ceux-ci et du nombre de salariés qu'ils emploient.

Aucune des catégories professionnelles ne peut disposer d'une représentation supérieure à la moitié du nombre des sièges. – *[L. nº 87-550 du 16 juill. 1987, art. 10.] – Anc. art. L. 713-7 (Ord. nº 2004-328 du 15 avr. 2004, art. 2-II).*

Art. L. 713-14 Les listes électorales sont dressées dans *(L. nº 2010-853 du 23 juill. 2010, art. 7)* « des conditions prévues par décret en Conseil d'État » par une commission présidée par le juge commis à la surveillance du registre du commerce et des sociétés et sont soumises aux prescriptions du premier alinéa de l'article L. 25 et des articles L. 27, L. 34 et L. 35 du code électoral. – *[L. nº 87-550 du 16 juill. 1987, art. 11.] – Anc. art. L. 713-8 (Ord. nº 2004-328 du 15 avr. 2004, art. 2-II). – V. art. R. 713-1 s., R. 713-37 s., R. 713-70.*

Pour les sanctions pénales résultant de l'usage commercial des listes électorales, V. art. R. 713-63.

Art. L. 713-15 Pour l'élection des membres des chambres de commerce et d'industrie *(L. nº 2010-853 du 23 juill. 2010, art. 7)* « territoriales et de région », chaque électeur dispose d'autant de voix qu'il a de qualités à être électeur par application de l'article L. 713-1.

Pour l'élection des délégués consulaires, chaque électeur ne dispose que d'une seule voix.

(Ord. nº 2003-1067 du 12 nov. 2003, art. 6) « Le droit de vote aux élections des membres des chambres de commerce et d'industrie *(L. nº 2010-853 du 23 juill. 2010, art. 7)* « territoriales et de région » *(Ord. nº 2006-673 du 8 juin 2006, art. 2)* « et aux élections des délégués consulaires » est exercé par correspondance ou par

voie électronique. » *(Abrogé par Ord. n° 2006-673 du 8 juin 2006, art. 4-II)* ***« En cas d'utilisation par un même électeur au titre de la même qualité des deux modes de vote, seul le vote par voie électronique est considéré comme valide. »*** *— [L. n° 87-550 du 16 juill. 1987, art. 14.] — Anc. art. L. 713-11 (Ord. n° 2004-328 du 15 avr. 2004, art. 2-II). — V. art. R. 713-16 s., R. 713-49 s., R. 713-64.*

L'abrogation de la seconde phrase du deuxième alinéa de l'art. L. 713-15 dans sa rédaction en vigueur jusqu'à la date de publication de l'Ord. n° 2006-673 du 8 juin 2006 (JO 9 juin) a pris effet à la date d'entrée en vigueur du décret relatif à la partie Réglementaire du code de commerce (Ord. préc., art. 4-II). — V. art. R. 713-64 issu du Décr. n° 2007-431 du 25 mars 2007 (JO 27 mars).

Art. L. 713-16 **Les délégués consulaires et les membres des chambres de commerce et d'industrie** *(L. n° 2010-853 du 23 juill. 2010, art. 7)* **« de région et territoriales » sont élus au scrutin** *(Ord. n° 2004-328 du 15 avr. 2004, art. 6-1 ; L. n° 2004-1343 du 9 déc. 2004, art. 78-XIX)* **« majoritaire plurinominal à un tour ». Si plusieurs candidats obtiennent le même nombre de suffrages, le plus âgé est proclamé élu.**

(L. n° 2010-853 du 23 juill. 2010, art. 7) **« Les membres des chambres de commerce et d'industrie de région, départementales d'Île-de-France et territoriales sont élus le même jour, dans des conditions fixées par décret en Conseil d'État.**

« Les membres élus à la chambre de commerce et d'industrie de région et leurs suppléants sont également membres de la chambre territoriale de la circonscription où ils ont été désignés. La perte ou la renonciation de la qualité de membre de l'un de ces deux établissements entraîne simultanément la privation de la qualité de membre de l'autre établissement. » *— [L. n° 87-550 du 16 juill. 1987, art. 15.] — Anc. art. L. 713-12 (Ord. n° 2004-328 du 15 avr. 2004, art. 2-II).*

Art. L. 713-17 *(Ord. n° 2004-328 du 15 avr. 2004, art. 7)* **« Les opérations pour l'élection des délégués consulaires et pour l'élection des membres des chambres de commerce et d'industrie** *(L. n° 2010-853 du 23 juill. 2010, art. 7)* **« territoriales et de région » sont organisées à la même date, par l'autorité administrative et, sous son contrôle, par les chambres de commerce et d'industrie** *(L. n° 2010-853 du 23 juill. 2010, art. 7)* **« territoriales et de région ». Elles sont soumises aux prescriptions des articles L. 49, L. 50, L. 58 à L. 67 du code électoral. La méconnaissance de ces dispositions est passible des peines prévues aux articles L. 86 à L. 117-1 du même code. »**

Une commission présidée par le préfet ou son représentant est chargée de veiller à la régularité du scrutin et de proclamer les résultats. *— V. art. R. 713-11 et R. 713-34 s.*

Les recours contre les élections des délégués consulaires et des membres des chambres de commerce et d'industrie *(L. n° 2010-853 du 23 juill. 2010, art. 7)* **« territoriales et de région » sont portés devant le tribunal administratif comme en matière d'élections municipales.** *— [L. n° 87-550 du 16 juill. 1987, art. 16.] — Anc. art. L. 713-13 (Ord. n° 2004-328 du 15 avr. 2004, art. 2-II). — V. art. R. 713-60.*

Art. L. 713-18 **Un décret en Conseil d'État détermine les modalités d'application des** *(Ord. n° 2003-1067 du 12 nov. 2003, art. 8)* **« articles L. 713-1 à L. 713-14 ». Ce décret fixe notamment les conditions dans lesquelles sont répartis les sièges de délégués consulaires et de membres d'une chambre de commerce et d'industrie** *(L. n° 2010-853 du 23 juill. 2010, art. 7)* **« territoriale ou d'une chambre de commerce et d'industrie de région » entre les catégories et sous-catégories professionnelles.** *— [L. n° 87-550 du 16 juill. 1987, art. 18.] — Anc. art. L. 713-15 (Ord. n° 2004-328 du 15 avr. 2004, art. 2-II). — V. art. R. 713-1 s.*

TITRE DEUXIÈME DU TRIBUNAL DE COMMERCE

(Ord. nº 2006-673 du 8 juin 2006, art. 2)

V. note en tête du livre VII.

RÉP. COM. v^is *Compétence commerciale,* par PIERRE-MAURICE ; *Procédure commerciale,* par BRUSCHI ; *Tribunaux de commerce,* par A. BERNARD.

BIBL. ▶ Actes du Colloque du 22 oct. 1998, *RJ com. déc. 1998* (tribunaux de commerce : quelles réformes ?). – DUFOUR, *LPA 21 oct. 1998* (réforme de la justice commerciale : mixité, pour le meilleur et contre le pire). – GOURION, *Gaz. Pal. 1er-2 oct. 1999, p. 9.* – BERNARD, *D. 1999. Chron. 403* . – PANSIER et CHARBONNEAU, *LPA 28 mai 2001.* – CROZE, *Procédures 2001. Chron. 9* (retour de la compétence matérielle des tribunaux de commerce). – LIENHARD, *D. 2001. 1154* (l'État est-il responsable de la paralysie des tribunaux de commerce ?). – MAGENDIE, *RJ com. 2002. 196* (procédure commerciale et pratique consulaire, prémisses de l'euro-procès). – COSTES, *Annonces de la Seine 28 nov. 2002, p. 1* (nécessaire réforme des tribunaux de commerce). – Actes du Colloque du 8-9 juin 2002, *RJ com. nov. 2002,* (le juge de l'économie). – DUPICHOT, *Mélanges Guyon, Dalloz, 2003, p. 365* (de quelques observations sur la compétence « commerciale » au regard du concept de droit commercial). – ARMAND-PRÉVOST, *RJ com. 2003. 321* (fonctionnement et enjeux des tribunaux de commerce au cours des XIXe et XXe siècles). – DUFOUR, *LPA 1er déc. 2004* (Conseil national des tribunaux de commerce). – LAGARDE, *D. 2005. 82* (propos pragmatiques sur la dispersion du contentieux économique). – PÉTEL-TEYSSIÉ, Le code de commerce 1807-2007, Livre du bicentenaire, *Dalloz, 2007, p. 581* (la compétence « prud'homale » du tribunal de commerce). – SCHILLER, *Procédures 2007. Étude 23* (tribunaux de commerce et droit commercial). – REY, *RJ com. 2007. 378* (schéma directeur de réforme de la carte judiciaire des tribunaux de commerce). – RAIBAUT, *RJ com. 2008. 256* (les tribunaux de commerce : une institution au service de la modernité). – Actes du colloque du 10 oct. 2008, *RLDA sept. 2010. 86* (échevinage et justice économique). – HILAIRE, *Procédures 2011. Dossier 9* (compétences des juridictions consulaires avant le code de commerce de 1807). – RAIBAUT, *Bull. Joly Entrep. diff. 2012. 43* (des tribunaux de commerce aux tribunaux de l'économie : un nouvel horizon pour les juridictions consulaires). – DELATTRE, *Rev. proc. coll. 2013. Étude 3* (la justice consulaire face à l'impartialité). – MAIROT, *LPA 18 févr. 2013* (réflexions pour une réforme des tribunaux de commerce).

Sur le Conseil national des tribunaux de commerce, V. art. R. 721-7 s.

CHAPITRE PREMIER DE L'INSTITUTION ET DE LA COMPÉTENCE

V. note en tête du livre VII.

Art. L. 721-1 Les tribunaux de commerce sont des juridictions du premier degré, composées de juges élus et d'un greffier. Leur compétence est déterminée par le présent code et les codes et lois particuliers.

Les tribunaux de commerce sont soumis aux dispositions, communes à toutes les juridictions, du livre Ier du code de l'organisation judiciaire. – *[COJ, art. L. 411-1.]*

Art. L. 721-2 Dans les circonscriptions où il n'est pas établi de tribunal de commerce, le tribunal de grande instance connaît des matières attribuées aux tribunaux de commerce. – *[COJ, art. L. 411-3.]* – *V. art. R. 420-4, R. 721-5.*

Jusqu'au 31 déc. 2008, dans les TGI qui connaissent en application de l'art. L. 721-2 des matières attribuées au tribunal de commerce : 1° Les régies instituées auprès du greffe sont également compétentes pour toutes les opérations, en recettes et en dépenses, liées à cette compétence. Pour ces opérations, les régisseurs d'avances et les régisseurs de recettes sont tenus aux garanties et encourent les responsabilités définies par la réglementation des régies. Ils perçoivent une indemnité de responsabilité. Les art. R. 743-140 à R. 743-157 sont applicables aux redevances perçues par le greffe de ces tribunaux ; 2° Les demandes sont formées, instruites et jugées conformément aux règles établies par le titre III du livre deuxième du code de procédure civile (Décr. n° 2008-522 du 2 juin 2008, art. 12).

Compétence du TGI. Le tribunal (TGI Annecy, chambre commerciale) saisi d'une procédure dont la loi lui confère le pouvoir d'en connaître ne peut se déclarer incompétent au seul motif qu'elle relève d'une autre de ses formations (chambre civile). • Chambéry, 8 nov. 1994 : *D. 1995. 292, notes Croze (pour) et Reinhard (contre)* • 20 déc. 1994 *Gaz. Pal. 1995. 2. Somm. 491, obs. Croze ; JCP 1995. II. 22473, obs. du Rusquec* (TGI Albertville).

Art. L. 721-3 **Les tribunaux de commerce connaissent :**

1° Des contestations relatives aux engagements entre commerçants, entre établissements de crédit ou entre eux ;

2° De celles relatives aux sociétés commerciales ;

3° De celles relatives aux actes de commerce entre toutes personnes.

Toutefois, les parties peuvent, au moment où elles contractent, convenir de soumettre à l'arbitrage les contestations ci-dessus énumérées. – *[CCJ, art. L. 411-4.]*

Les art. L. 721-3, L. 721-4 et L. 721-6 C. com. (ancien art. L. 411-4, L. 411-5 et L. 411-7 COJ) reprennent en substance les art. 631, 636, 637 et 638, al. 1er, C. com. (ancien) qui avaient été abrogés par le Décr. n° 78-329 du 16 mars 1978, texte validé par L. n° 91-1258 du 17 déc. 1991. — Ils ont pris effet à la date d'entrée en vigueur de l'art. 3 de la L. du 17 déc. 1991 (JO 19 déc.) ... modifiant le COJ et donnant force de loi audit code. — Toutefois, les décisions prononcées par les tribunaux d'instance et de grande instance, avant l'entrée en vigueur de la L. n° 2001-420 du 15 mai 2001 (JO 16 mai), dans les matières mentionnées aux art. préc. sont, sous réserve des décisions de justice passées en force de chose jugée, réputées rendues par des juridictions compétentes (L. n° 2001-420 du 15 mai 2001, art. 127-III).

Sur la compétence du tribunal de commerce en matière d'injonction de payer, V. C. pr. civ., art. 1406. — ***C. pr. civ.*** *— ... De son président, en matière de mesures conservatoires, V. C. pr. exéc., art. L. 511-3. —* ***C. pr. exéc.***

V. pour l'arbitrage international et la reconnaissance, l'exécution forcée et les voies de recours à l'égard des sentences arbitrales rendues à l'étranger ou en matière d'arbitrage international, C. pr. civ., art. 1504 s. — ***C. pr. civ.***

RÉP. COM. v^is *Arbitrage commercial ; Arbitrage international,* par MOREAU ; *Actes de commerce,* par HOUTCIEFF ; *Commerçant,* par DUBAELE ; *Compétence commerciale,* par PIERRE-MAURICE.

RÉP. PR. CIV. v^is *Arbitrage en droit interne ; Arbitrage international,* par MOREAU ; *Compétence commerciale,* par PIERRE-MAURICE.

BIBL. ► DELEAU-DESHAYES, *RJ com. 1961. 276* (ordre public et compétence commerciale). – GEISENBERGER, *RTD com. 1964. 39* (exception d'incompétence d'attribution des tribunaux de commerce). – DE LA MORINERIE, *Actes du forum de l'AFIC du 18 mars 1998, p. 14* (compétence d'attribution du tribunal de commerce). – DUPICHOT, *Mélanges Guyon, Dalloz, 2003, p. 365* (observations sur la compétence « commerciale » au regard du concept de droit commercial). – KESSEDJIAN, Le code de commerce 1807-2007, Livre du bicentenaire, *Dalloz, 2007, p. 601* (règlement des différends entre professionnels : entre justice publique et justice privée). – ARMAND-PRÉVOST, *Gaz. Pal. 2007. 639* (interrogations sur le traitement des litiges entre sociétés commerciales). – J.-P. et M. BERTREL, *Dr. et patr. janv. 2008. 30* (commercialité de l'acquisition de contrôle). – MASSART, *Bull. Joly 2008. 366* (commercialité de la cession des droits sociaux d'une société commerciale : tableau didactique). – REINHARD, *Procédures 2011. Dossier 11* (compétence et sociétés commerciales). – VOINOT, *ibid. 12* (quelles compétences pour les tribunaux de commerce en matière de procédures collectives ?).

(Jurisprudence rendue sur le fondement de l'art. 631 C. com., abrogé, mais dont les dispositions ont été reprises à l'art. L. 411-4 COJ (devenu l'art. L. 721-3 C. com.) par la L. n° 2001-420 du 15 mai 2001).

I. ABROGATION DE L'ART. 631 C. COM.

BIBL. Le Bars, *JCP 2000. Actu. 2163* (nouvelles observations sur la codification à « droit constant » du code de commerce : l'art. 631 abrogé depuis 1991). — Douvreleur, *D. 2001. 530* (de la compétence des tribunaux de commerce). — Croze, *Procédures 2000, n° 12* (tribunaux de commerce : conséquence de l'abrogation de l'ancien code de commerce).

1. Portée de l'abrogation. S'il est exact que l'art. 4 de l'Ord. n° 2000-912 du 18 sept. 2000, relative à la partie législative du code de commerce a abrogé celui-ci, et par conséquent les dispositions prévues par l'art. 631 dudit code, dès lors que le litige revêt un caractère purement commercial, il relève de la compétence du tribunal de commerce. • Paris, 31 janv. 2001 : *D. 2001. AJ 783, obs. Lienhard ; JCP 2001. I. 311, n° 5, obs. Cadiet ; RJ com. 2001. 111 note Fages et Vexliard.* ♦ Considérant qu'il ne saurait résulter de l'abrogation de l'art. 631 C. com. par la L. n° 91-1258 du 17 déc. 1991, l'absence d'existence légale des tribunaux de commerce, V. • Orléans, 10 janv. 2001 : *JCP 2001. I. 311, n° 5, obs. Cadiet ; Procédures 2001, n° 90, obs. Croze.* – Comp. : • Lyon, 11 janv. 2001 : *Procédures 2001, n° 90, obs. Croze.*

1 bis. L'abrogation de l'art. 631 C. com., qui définissait la compétence des tribunaux de commerce, est sans incidence dès lors que les tribunaux de commerce institués par l'art. 411-1 COJ sont, par application de l'art. L. 621-5 C. com. [désormais L. 621-2], compétents en matière de procédure collective d'un commerçant personne physique. • Paris, 23 mars 2001 : *D. 2001. AJ 1539, obs. Lienhard*. ♦ De même, elle n'affecte en rien l'existence des tribunaux de commerce et par conséquent l'institution du RCS, régis dans leur organisation et leur fonctionnement par d'autres textes qui demeurent incontestablement en vigueur. • Paris, 28 févr. 2001 : *BICC n° 968.*

1 ter. Rétablissement de la substance de l'art. 631 C. com. L'intervention du législateur *qui s'est borné à rétablir*, dans des termes équivalents, des dispositions réglementant la compétence des tribunaux de commerce qui, à la suite d'une maladresse législative, avaient été abrogées sans que d'autres ne soient venues les remplacer, a répondu ainsi à un impérieux motif d'intérêt général. • Com. 14 déc. 2004 : *Bull. civ. IV, n° 227 ; D. 2005. AJ 146, obs. Lienhard ; JCP E 2005, n° 5, p. 162 ; Dr. sociétés 2005, n° 31, obs. Hovasse ; Bull. Joly 2005. 728, note Fages et Vexliard ; Procédures 2005, n° 60, obs. Perrot.* ♦ Par la loi du 15 mai 2001, le législateur n'a fait que réparer l'erreur qu'il avait commise lors de son entreprise de codification, et le juge ne peut violer l'art. 6 (1) de la Conv. EDH en faisant application d'une loi qui rétroactivement en fait coïncider la lettre avec l'esprit. • Paris, 17 oct. 2001 : *D. 2001. AJ 3438, obs. Lienhard ; Rev. huiss. 2002. 102, obs. Desdevises ; RTD civ. 2002. 843, obs. Normand*.

L'art. 127 (III) de la loi du 15 mai 2001, dont l'objet est de valider les décisions rendues pendant la période comprise entre l'abrogation de l'art. 631 ancien C. com. et son rétablissement dans l'art. L. 411-4 COJ (devenu l'art. L. 721-3 C. com.), n'a pas eu pour effet de dessaisir les TGI des litiges dont ils avaient été saisis régulièrement au regard de la législation en vigueur à la date de l'acte introductif d'instance. • Paris, 6 mars 2002 : *D. 2002. AJ 1349, obs. Lienhard ; RTD civ. 2002. 840, obs. Normand ; Procédures 2002, n° 104, obs. Croze.* ♦ C'est donc à tort qu'un TGI, compétent en l'état des dispositions en vigueur le 9 mars 2000, a accueilli l'exception d'incompétence au profit du tribunal de commerce s'agissant d'une action en restitution d'un dépôt de garantie et d'un remboursement de trop-perçu de charges, engagée par un preneur commercial contre le bailleur. • Même arrêt.

II. CONTESTATIONS ENTRE COMMERÇANTS

1 quater. Présomption de commercialité. La nature commerciale de l'acte s'apprécie à la date à laquelle il a été passé, peu important que son auteur ait perdu depuis lors la qualité de commerçant. • Com. 12 mars 2013 : *Dalloz actualité, 29 mars 2013, obs. Delpech ; D. 2013. Actu. 769 ; JCP 2013, n° 610, note Lebel ; BRDA 2013, n° 7, p. 11 ; Procédures 2013, n° 143, obs. Perrot.* ♦ Les tribunaux de commerce connaissant des contestations relatives aux engagements entre commerçants, c'est à tort que les juges du fond ont considéré que le tribunal de grande instance, qui connaît de toutes les affaires pour lesquelles compétence n'a pas été expressément attribuée à une autre juridiction, n'est pas incompétent pour connaître du litige dont la compétence n'a pas été expressément attribuée au tribunal de commerce. • Com. 27 oct. 2009 : *Bull. civ. IV, n° 137 ; D. 2009. AJ 2682 ; JCP E 2010. 1037, note Lebel ; LPA 21 janv. 2010, note Loir ; RJDA 2010, n° 103 ; RJ com. 2010. 154, obs. Messaï-Bahri ; RLDA déc. 2009. 24, obs. Filiol de Raimond ; Dr.*

et proc. 2010. 53, note Lauvergnat. ♦ Les actes accomplis par un commerçant pour les besoins de son commerce sont commerciaux par accessoire. • Com. 14 févr. 1956 : *RTD com. 1957. 413 (n° 1)* • 18 mars 1974 : *Gaz. Pal. 1974. 1. Somm. 134, obs. Jauffret.* ♦ C'est à celui qui invoque le caractère civil de l'acte à prouver qu'il n'a pas été accompli pour les besoins du commerce. • Orléans, 22 avr. 1974 : *JCP 1974. IV. 6445, obs. J.A.* ♦ Sur la commercialité par accessoire, V. note 21 ss. art. L. 110-1.

2. Contrat de travail. Ne relève pas de la compétence commerciale la résiliation du contrat de travail purement civil d'un agent commercial, cette profession ayant un caractère civil, même si les deux parties ont la qualité de commerçant. • Amiens, 4 juin 1975 : *D. 1975. 695, note N.P.* ♦ L'action dirigée contre une société, fondée sur la complicité de celle-ci dans la violation par un ancien salarié d'une clause de non-concurrence, relevant de la compétence du tribunal de commerce, suppose que soit tranchée la question préalable de la violation de la clause de non-concurrence par l'intéressé, laquelle relève de la compétence exclusive de la juridiction prud'homale. • Com. 6 mai 2003 : *JCP E 2003, n° 27, p. 1120 ; RJDA 2003, n° 1145.* ♦ Lorsque des gérants exercent leur activité non pas dans les conditions d'un contrat de travail de droit commun, mais dans les conditions fixées par l'art. L. 781-1 [L. 7321-1 s. nouv.] C. trav., la compétence prud'homale est écartée, et le tribunal de commerce retrouve sa compétence, lorsque le litige porte sur les modalités d'exploitation commerciale de la succursale. • Soc. 9 juill. 1974 : *Bull. civ. V, n° 429* • Paris, 11 juill. 1975 : *RTD com. 1975. 803, obs. Jauffret ; JCP 1976. IV. 120.* ♦ Tel est le cas lorsque le différend concerne une demande en paiement de fourniture et de frais d'exploitation. • Soc. 10 juin 1976 : *Bull. civ. V, n° 357* • 8 nov. 1979 : *ibid., n° 843.* ♦ ... Ou porte sur un remboursement d'une certaine somme correspondant à des détournements et à un déficit d'inventaire. • Soc. 8 mars 2006 : *Bull. civ. V, n° 96 ; JCP E 2006, n° 16, p. 741 ; RLDA mai 2006. 51, obs. Méar ; Lettre distrib. avr. 2006, p. 4.* ♦ Pour une reconnaissance de la compétence prud'homale, V. • Soc. 22 mars 2006 : *Bull. civ. V, n° 122 ; JCP E 2006, n° 19, p. 883 ; Gaz. Pal. 2006. Somm. 2086, obs. Boubli.*

2 bis. Droit d'auteur. Seuls certains tribunaux de grande instance peuvent connaître des litiges de droit d'auteur, alors même que tous les tribunaux de commerce, sans exclusion, sont susceptibles d'être compétents si le procès oppose deux commerçants. • T. com. Paris, 3 juill. 2008 : *CCE 2008, n° 101, obs. Caron. – Contra* : • T. com. Lille, réf., 20 déc. 2007 : *CCE 2008, n° 50.* ♦ V. désormais la rédaction de l'art. L. 331-1 **CPI**, résultant de la L. n° 2008-776 du 4 août 2008, conférant une compétence exclusive aux TGI. – Sur cette réforme, V. Bruguière et Deprez, *JCP E 2008, n° 39, p. 3.*

3. Demandes multiples. Lorsque la demande comprend des chefs distincts, les uns civils, les autres commerciaux, mais unis par des liens de connexité si étroits qu'on risquerait, en les jugeant séparément, de leur donner des solutions inconciliables, la juridiction civile doit prévaloir sur la juridiction exceptionnelle et être saisie de l'entier litige. • Civ. 21 janv. 1903 : *DP 1903. 1. 177* • 21 oct. 1931 : *ibid. 1933. 1. 100.* ♦ Il en est de même quand une action est intentée contre plusieurs défendeurs dont les uns sont tenus civilement et les autres commercialement. • Civ. 5 févr. 1907 : *DP 1907. 1. 429.* ♦ Le tribunal de commerce n'est, en principe, compétent pour connaître des demandes reconventionnelles que si elles ont, comme la demande principale, une cause commerciale, ou si, étant de nature civile, elles sont indivisibles de la demande principale. • Req 19 déc 1922 : *DP 1923. 1. 189.* ♦ Lorsque le défendeur assigné devant une juridiction commerciale, soulève un moyen de défense portant sur un point de droit civil ou rendant nécessaire l'interprétation d'un contrat civil, la solution doit en être soumise préjudiciellement à la juridiction civile. • Civ. 6 févr. 1924 : *DP 1924. 1. 181, note Appleton.* ♦ La compétence donnée au TGI par l'art. 29 du Décr. du 30 sept. 1953 [C. com., art. R. 145-23], dans le cas où le litige a pour fondement ou met en cause une disposition dudit décret, n'exclut pas la compétence du tribunal de commerce, sur le fondement de l'art. 411-4 COJ (devenu l'art. L. 721-3 C. com.), pour les autres contestations pouvant opposer les parties à un bail commercial (désignation d'un géomètre-expert). • Paris, 11 févr. 2004 : *AJDI 2004 379* • 22 mai 2012 : *Loyers et copr. 2012, n° 296, obs. Chavance.* ♦ Le tribunal de commerce est compétent pour statuer sur une demande de paiement de loyers par le preneur qui n'allègue aucune motivation sérieuse relevant du statut des baux commerciaux. • Rennes, 5 févr. 2003 : *BICC 2003, n° 673.*

3 bis. Commission rogatoire. La demande de l'autorité requérante décernée en application des dispositions de la Conv de La Haye du 18 mars 1970 sur l'obtention des preuves à l'étranger en matière civile ou commerciale ayant pour seul objet l'exécution d'une commission rogatoire, cette demande qui n'entre pas dans le champ de la compétence d'attribution du tribunal de commerce, telle que définie par l'art. L. 721-3, relève de la compétence du TGI. • Cass., avis, 18 mars 2013 : *BICC 1er mai 2013, p. 20, rapp. Matet, obs. Domingo ; D. 2013.*

Actu. 845 ; *JCP E 2013, n° 279* ; *Bull. Joly 2013. 354, note Cholet.*

III. SOCIÉTÉS DE COMMERCE

4. Actions relatives à la vie sociale. Les tribunaux de commerce connaissent des contestations relatives aux sociétés commerciales (action contre les dirigeants sociaux de fait, alors même que les sociétés qu'ils dirigent n'ont pas elles-mêmes été personnellement mises en cause). • Com. 27 oct. 2009 : *Bull. civ. IV, n° 138* ; *D. 2010. 296, note Dondero* ; *D. 2009. AJ 2679, obs. Delpech* ; *RTD com. 2009. 766, obs. Le Cannu et Dondero* ; *Rev. sociétés 2010. 30, note Saintourens* ; *JCP 2009, n° 52, p. 30, note Lebel* ; *LPA 29 déc. 2009, note Brignon* ; *Gaz. Pal. 2010. 1086, obs. Zattara-Gros* ; *Banque et Droit janv.-févr. 2010. 53, obs. Riassetto* ; *RJDA 2010, n° 51* ; *RJ com. 2010. 157, obs. Messaï-Bahri* ; *RLDA déc. 2009. 10, note Poracchia et Merland* ; *Dr. sociétés 2010, n° 41, obs. Coquelet* ; *Dr. et proc. 2010. 82, note Gibirila* ; *Procédures 2009, n° 411, obs. H. C.* ♦ La compétence est commerciale dès lors qu'on met en cause une société commerciale, que l'action soit intentée par un associé contre la société ou par la société contre un associé. • Paris, 26 juin 1961 : *D. 1962. 39, note Hémard.* ♦ Le fait qu'un gérant de SARL ne soit pas personnellement commerçant ne peut pas le soustraire à la juridiction commerciale dès lors que les faits allégués contre lui se rattachent par un lien direct à la gestion de la société. • Com. 7 avr. 1967 : *D. 1968. 61, note Calais-Auloy* • Aix-en-Provence, 6 janv. 1995 : *Bull. Aix-en-Provence 1995, n° 1, p. 201, obs. Vincensini* • Paris, 19 mars 1997 : *Dr. Sociétés 1997, n° 113, note Bonneau* • T. com. Paris, 4 févr. 1997 : *Gaz. Pal. 1998. 1. Somm. 181* • Paris, 14 juin 2002 : *RJDA 2003, n° 848* (litige entre un associé et le gérant d'une société en participation ayant une activité commerciale). ♦ La juridiction commerciale est compétente en cas de litige opposant deux associés de fait dont l'un a assigné l'autre en résiliation et dissolution à ses torts de la société de fait commerciale et en dommages-intérêts. • Com. 8 juill. 1970 : *D. 1971. 324.* ♦ Le conseil de prud'hommes n'est pas compétent pour statuer sur les conditions de mise en œuvre d'un pacte d'actionnaires qui ne constitue pas un accessoire au contrat de travail. • Soc. 18 oct. 2007 : *Bull. civ. V, n° 165* ; *RJDA 2008, n° 133.* ♦ Si l'attribution par l'employeur à un salarié d'une option donnant droit à une souscription d'actions constitue un accessoire du contrat de travail dont la connaissance relève du conseil de prud'hommes, les différends pouvant ensuite s'élever dans les relations entre la société et le salarié devenu actionnaire, indépendamment des conditions d'acquisition de ses actions, sont de la compétence de la juridiction commerciale. • Soc. 16 sept. 2008 : *Bull. civ. V, n° 161* ; *Rev. sociétés 2009. 102, note Barbièri* ; *JCP E 2009, n° 3, p. 24, note Kovac et Montanier* ; *RJDA 2008, n° 1277* ; *RJ com. 2009. 36, obs. Desbarats.* • 27 févr. 2013 : *RJDA 2013, n° 422.* ♦ Jugeant que la demande en paiement de dommages-intérêts d'un salarié en réparation du préjudice causé par les conditions particulières de cession de ses actions en raison de la perte de sa qualité de salarié du fait de son licenciement constitue un différend né à l'occasion du contrat de travail : • Soc. 9 juill. 2008 : *Rev. sociétés 2008. 780, note Barbièri* ; *RJDA 2008, n° 1261* ; *RJ com. 2009. 38, obs. Desbarats.*

Le tribunal de commerce est compétent, en vertu de l'art. 631 C. com. *[abrogé]*, pour connaître du litige qui oppose deux sociétés commerciales au sujet de l'exécution des engagements résultant d'un contrat de bail qui a le caractère d'un acte de commerce, aucun texte, et notamment pas l'art. R. 321-2 COJ, n'attribuant compétence exclusive aux tribunaux d'instance pour, dans de telles conditions, connaître des actions nées d'un contrat de louage d'immeuble. • Lyon, 15 mai 1992 : *D. 1993. 3, note Reinhard* • Civ. 2e, 30 sept. 1981 : *D. 1982. IR 158, obs. Julien.* ♦ Sur la compétence commerciale pour un litige opposant deux associés d'une société commerciale sur le nombre d'actions devant être attribuées à l'un deux, V. • Com. 14 févr. 2006 : *Rev. sociétés 2006. 787, note Saintourens* ; *JCP E 2007, n° 12, p. 27, note Legros* ; *RJDA 2006, n° 793.* ♦ La demande indemnitaire émanant d'un tiers, relative aux conséquences d'une opération de restructuration du capital social d'une société commerciale, engagée contre la société elle-même, son président et divers autres intervenants, entre dans le champ de la compétence des juridictions commerciales. • Versailles, 7 juin 2007 : *RJDA 2007, n° 1115.*

5. Cessions de parts sociales. BIBL. Oppetit, *Rev. sociétés 1978. 631.* – Roux, *ibid. 1980. 49.* – Paillusseau, *JCP 1986. I. 3224.* – Seffert, *RJ com. 1972. 267.* – J.-P. et M. Bertrel, *Dr. et patr. janv. 2008. 30* (la commercialité de l'acquisition de contrôle). ♦ Le litige qui oppose les cédants des actions d'une société anonyme aux dirigeants de la société cédée porte sur la clause de non-concurrence contenue dans la convention de cession, ce dont il résulte qu'en application de l'art. L. 721-3, ce litige, né à l'occasion d'une cession de titres d'une société commerciale, relève de la compétence du tribunal de commerce. • Com. 10 juill. 2007 : *Bull. civ. IV,* *nº 193 ; R. 2007, p. 408 ; D. 2008. 518, note Thévenet-Montfrond ; D. 2007. Chron. C. cass. 2768, obs. Salomon ; ibid. AJ 2041, obs. Lienhard ; RTD com. 2007. 783, obs. Le Cannu et Dondero ; Rev. sociétés 2007. 793, note Saintourens ; JCP E 2007, nº 46, p. 27, note Legros ; LPA 27 déc. 2007, note Navarro ; RJDA 2007, nº 1245 ; Dr. et patr. juin 2008. 106, obs. Poracchia ; Dr. sociétés 2007, nº 179, obs. Hovasse ; Bull. Joly 2007. 1242, note Poracchia ; Procédures 2007, nº 223, obs. Croze ; Dr. et proc. 2007. 299 ; RJ com. 2007. 348, obs. Ginestet ; RLDA sept. 2007. 17, obs. Faussurier ; RTDF 2007, nº 3, p. 122, obs. Poracchia.* ♦ Le litige relatif à une cession de créance, qui oppose les parties à l'acte de cession des actions et porte sur une stipulation insérée dans ledit acte, est né à l'occasion de la cession des titres d'une société commerciale et ressortit à ce titre à la compétence du tribunal de commerce. • Com. 12 févr. 2008 : *Bull. civ. IV, nº 39 ; D. 2008. AJ 612, obs. Lienhard ; RTD com. 2008. 358, obs. Le Cannu et Dondero ; ibid. 571, obs. Champaud et Danet ; Rev. sociétés 2008. 370, note Saintourens ; JCP 2008. II. 10129, note Lebel ; Banque et Droit mai-juin 2008. 56, obs. Riassetto ; LPA 17 juill. 2008, note Brignon ; RJDA 2008, nº 533 ; Defrénois 2008. 1475, obs. Thullier ; RLDA avr. 2008. 14, obs. Faussurier ; Dr. sociétés 2008, nº 78, obs. Hovasse ; Bull. Joly 2008. 485, note Barbièri.* ♦ Comp., retenant la compétence du TGI dès lors que les parties à la cession d'actions de la société commerciale n'entraînant pas prise de contrôle de cette dernière sont non-commerçantes : • Paris, 29 mai 2008 : *RJDA 2008, nº 1271.* ♦ En vertu de l'art. L. 411-4 COJ (devenu l'art. L. 721-3 C. com.), les tribunaux de commerce peuvent désormais statuer sur un contentieux dont l'objet est l'existence même de la qualité d'associé, dès lors qu'un tel litige a trait au pacte social et d'une cession de droits sociaux, en tant qu'elle a pour objet de faire perdre ou d'acquérir la qualité d'associé, est relative à la société commerciale au sens de cette disposition. • Versailles, 13 mai 2004 : *JCP E 2005, nº 1-2, p. 42, note Legros ; RTD com. 2004. 746, obs. Champaud et Danet ; Rev. sociétés 2004. 731, obs. Urbain-Parléani ; RJDA 2004, nº 1336* (absence de cession de contrôle). ♦ *Contra* : l'art. 631, 2º, [abrogé] est une disposition exceptionnelle limitée aux contestations qui ont leur cause dans l'existence du pacte social et ne peut être appliqué au litige portant exclusivement sur une cession de parts sociales. • Paris, 17 oct. 1960 : *D. 1961. 199, note J. Hémard* • Com. 5 déc. 1966 : *D. 1967. 409, note J. Schmidt.* ♦ Présente, en revanche, un caractère commercial la cession d'un nombre de parts entraînant le contrôle de la société. • Com. 28 déc. 1978 : *D. 1980. 316, note Bousquet* • 3 janv. 1985 : *D. 1985. IR 226* • 19 nov. 1985 : *Bull. civ. IV, nº 272* • 24 nov. 1992 : *ibid., nº 367* • 2 juill. 2002 : *Bull. Joly 2002. 1179, note Fages ; JCP E 2003, nº 19, p. 804, obs. Béguin ; RJDA 2003, nº 501.* ♦ Les conventions qui emportent cession de contrôle d'une société commerciale présentent un caractère commercial encore qu'elles ne soient pas conclues entre commerçants. • Com. 28 nov. 2006 : *RTD com. 2007. 148, obs. Champaud et Danet ; RJDA 2007, nº 489 ; Dr. sociétés 2007. nº 30, obs. Hovasse.* ♦ La cession d'une fraction minoritaire du capital d'une SARL revêt un caractère commercial lorsqu'elle s'inscrit dans le cadre d'une opération juridique globale destinée à permettre au cessionnaire la prise de contrôle de la société ; tel est le cas d'une cession de 25 % des parts sociales conclue sous la condition que le cessionnaire acquière la moitié des parts auprès d'autres associés et que le même jour, ces derniers s'engagent à lui ceder leurs parts. • Paris, 22 sept. 1999 : *JCP 2000. I. 205, nº 1, obs. Viandier et Cozian ; BRDA 1999, nº 21, p. 3.* ♦ Sur la notion d'opération juridique globale dans laquelle peut s'inscrire une cession d'action revêtant un caractère commercial, V. • Civ. 2e, 30 mars 2000 : *BRDA 2000, nº 9, p. 7.* – V. aussi • Com. 22 mars 2005 : *RJDA 2005, nº 987* • Paris, 9 oct. 2009 : *RJDA 2010, nº 193.* ♦ Comp., jugeant que la prise de contrôle d'une société s'appréciant non pas au regard du vendeur, mais au regard de chacun des cessionnaires pris séparément, des cessions distinctes de parts sociales consenties par actes séparés à des personnes n'ayant entre elles aucun lien de parenté ne constituent pas des cessions en bloc mais des actes civils relevant de la compétence du TGI. • Versailles, 17 sept. 1998 : *Bull. Joly 1998. 1266, note Etain ; JCP 1999. I. 134, nº 5, obs. Viandier et Caussain ; RTD com. 1999. 141, obs. Reihnard.* ♦ Un pacte d'actionnaires portant sur le contrôle d'une société commerciale pouvant avoir pour objet ou pour effet de transférer ce contrôle à une autre société ou au contraire de faire obstacle à ce transfert et de renforcer le contrôle exercé par les actionnaires, doit être considéré comme un acte de commerce par nature au sens de l'art. 631 (3º) [abrogé], et non comme un acte mixte. • TGI Lyon, 10 avr. 1992 : *RTD com. 1992. 642, obs. Reinhard.*

Lorsque, alors que les apports de deux investisseurs faisaient perdre le contrôle de la société et de ses filiales à l'actionnaire majoritaire, une société holding a été créée pour éviter ce résultat et que, pour protéger les associés majoritaires en capital qu'un tel montage rendait minoritaires en voix, un droit de sortie leur a été garanti par l'engagement de rachat pris par l'actionnaire majoritaire, la clause de rachat ne constitue pas un engagement autonome, mais son acceptation, imposée par les investisseurs, donne à l'actionnaire majoritaire le contrôle des sociétés, effet suffisant pour lui donner la nature d'acte commercial. • Com. 26 mars 1996 : *Bull. civ. IV, n° 93 ; D. 1996. Somm. 342, obs. Hallouin ; Bull. Joly 1996. 588, note Rontchevsky ; JCP E 1996. II. 855, note Bonneau* (conf. : • Paris, 2 mars 1994 : *D. 1994. IR 126 ; Bull. Joly 1994. 513, note Couret*).

V. aussi, sur la compétence du tribunal de commerce, pour apprécier la validité d'achats d'actions, dans le cadre d'une offre publique, • Paris, 20 nov. 1991 : *D. 1992. 193 (2e esp.), note Guyon ; Rev. sociétés 1992. 327, note Carreau et J.-Y. Martin ; Bull. Joly 1992. 87* (conf. • T. com. Paris, réf., 22 oct. 1991 : *RJ com. 1991. 389, note Schmidt et Baj*). ♦ Il en est de même d'une contestation sur une cession s'intégrant dans une opération comme la liquidation, affectant la société elle-même. • Colmar, 17 nov. 1972 : *D. 1973. Somm. 77.* ♦ V. aussi, sur le caractère commercial d'une garantie de passif dans le cadre d'une cession de parts sociales conférant à l'acquéreur le contrôle de la société, • Paris, 26 janv. 2000 : *BRDA 2000, n° 6, p. 3.* ♦ Retenant la compétence commerciale pour une action en paiement d'honoraires intentée par un conseiller financier chargé d'une mission préparatoire à une cession du contrôle de la société, V. • Com. 15 janv. 2008 : *Bull. civ. IV, n° 7 ; D. 2008. AJ 413, obs. Chevrier ; RTD com. 2008. 496, obs. Saintourens ; ibid. 573, obs. Champaud et Danet ; JCP 2008. IV. 1290 ; LPA 17 juill. 2008, note Brignon ; LPA 8 août 2008, note Favario ; RJDA 2008, n° 744 ; Defrénois 2008. 1472, obs. Thullier ; RLDA mars 2008. 23, obs. Liliol de Raimond ; Bull. Joly 2008. 386, obs. Vidal.* ♦ Sur l'assimilation à la cession d'un fonds de commerce, V. note 7 ss. art. L. 141-1.

6. Actes de nature civile. BIBL. Jeandidier, *D. 1979. Chron. 7.* – Dekeuwer, *JCP E 1977. I. 12392.* ♦ Les actes faits par une société à forme commerciale, même s'ils sont de nature civile, sont à son égard des actes de commerce. • Com. 14 févr. 1956 : *JCP 1956. II. 9375* • 19 nov. 1956 : *Gaz. Pal. 1957. 1. 203* • 3 janv. 1956 : *JCP 1956. II. 9232, note Derrida* • 10 mars 1998 : *Bull. civ. IV, n° 101 ; D. Affaires 1998. 722, obs. V. A.-R. ; Bull. Joly 1998. 665, note Daigre ; Rev. sociétés 1998. 307, note Barbièri*. ♦ V. cep., s'agissant des actes constitutifs ou translatifs de droits réels immobiliers, • Paris, 22 avr. 1950 : *Gaz. Pal. 1950. 2. 367* • Nancy, 30 juin 1960 : *D. 1960. 678.* ♦ La compétence des juridictions commerciales régie par l'art. 631 C. com. [abrogé] s'étend au cautionnement, acte civil par nature, qui devient commercial lorsque la caution a un intérêt patrimonial personnel dans l'opération garantie. • Com. 7 avr. 2004 : *RJDA 2004, n° 1040.* ♦ Une cour d'appel fait une exacte application des dispositions de l'art. L. 721-3 en retenant la compétence du tribunal de commerce pour connaître d'une demande d'expertise *in futurum* formée par un liquidateur judiciaire contre une SARL de commissariat aux comptes exerçant une activité professionnelle libérale réglementée. • Com. 29 sept. 2009 : *Bull. Joly 2010. 32, note Godon.*

IV. ASSOCIATIONS

7. BIBL. Simon, *D. 1977. Chron. 153.* ♦ Bien qu'une association de la loi de 1901 relève en principe des tribunaux civils, la juridiction commerciale peut être compétente lorsque les actes de commerce qu'elle accomplit deviennent habituels. • Com. 8 juill. 1969 : *JCP 1970. II. 16155 bis, note J.A. ; RTD civ. 1970. 349, obs. Jauffret* • Paris, 13 juin 1990 : *D. 1990. IR 192.* ♦ V., pour un club de football professionnel, • Reims, 19 févr. 1980 : *JCP 1981. II. 19496, note Guyon ; RTD com. 1981. 520, obs. Dubarry ; ibid. 606, obs. Merle.*

Une association, qui offre de manière permanente aux particuliers un site internet visant à favoriser les échanges d'immeubles, effectue des opérations d'intermédiaire pour l'achat ou la vente d'immeubles, et relève de la compétence du tribunal de commerce. • Com. 14 févr. 2006 : *Bull. civ. IV, n° 35 ; D. 2006. AJ 783, obs. Chevrier ; RTD com. 2006. 564, obs. Saintourens ; ibid. 621, obs. Grosclaude ; JCP 2006. IV. 1548 ; Gaz. Pal. 2006. 3384, obs. Ballet ; CCC 2006, n° 102, obs. Leveneur ; CCE 2006, n° 113, obs. Lécuyer ; RJDA 2006, n° 848 ; Dr. sociétés 2008, n° 1, obs. Legros ; RLDA avr. 2006. 14, obs. Alves.*

V. GROUPEMENT D'INTÉRÊT ÉCONOMIQUE

7 bis. Les GIE qui ont une activité de caractère commercial sont justiciables des tribunaux consulaires ; tel est le cas d'un GIE assurant la promotion d'un centre commercial. • Paris, 28 juin 1995 : *JCP E 1995. Pan. 1103 ; RJDA 1995, n° 1115.* ♦ Dès lors que les statuts du GIE autorisent celui-ci à effectuer toutes opérations commerciales se rattachant directement ou indirectement à la réalisation de son objet, il en résulte que ce groupement effectue des actes de commerce et que son objet présente un caractère commercial ; en l'état de ces constatations et appréciations, la cour d'appel a légalement justifié sa décision en déclarant le tribunal de commerce compétent. • Com. 15 juin 2010 : *Rev. sociétés 2010. 386, obs. Lienhard ; JCP E 2010,* *n° 1966, note Hovasse ; RJDA 2010, n° 1089 ; Dr. sociétés 2010, n° 177, obs. Hovasse.*

VI. ACTES MIXTES

8. Option de compétence. En cas de litige entre deux parties dont l'une seulement est commerçante ou à propos d'un acte qui n'est commercial que pour l'une d'elles, la partie qui n'est pas commerçante ou qui n'a pas fait d'acte de commerce a le droit d'être jugée par la juridiction civile compétente à son égard et si elle est demanderesse, à actionner, à son choix, le défendeur commerçant devant le tribunal civil ou devant le tribunal de commerce. • Civ. 8 mai 1907 : *DP 1911. 1. 222* • Civ. 1er juill. 1908 : *ibid. 1909. 1. 11* • Civ. 6 mai 1930 : *DH 1930. 363* • 22 juin 1943 : *DC 1944. J. 83* • Com. 20 juill. 1965 : *D. 1965. 581.* ♦ ... Mais la partie non commerçante peut toujours renoncer à se prévaloir de l'incompétence du tribunal de commerce. • Civ. 2e, 17 mai 1982 : *Bull. civ. II, n° 76.* ♦ ... Et la juridiction saisie ne peut pas relever d'office son incompétence lorsque la partie commerçante a saisi le tribunal de commerce et que l'autre partie n'a pas décliné cette compétence. • Orléans, 27 déc. 2001 : *RJDA 2002, n° 1342.* ♦ Le bail en litige échappant au statut des baux commerciaux, le tribunal de commerce dans le ressort duquel le défendeur, commerçant, a son siège, est compétent pour connaître de l'affaire. • Aix-en-Provence, 23 mars 2004 : *Loyers et copr. 2004, n° 207, obs. Brault.* ♦ Le litige relatif au paiement du solde débiteur du compte professionnel d'un artisan non commerçant concerne un acte mixte qui est commercial pour la banque demanderesse à l'action en paiement, et civil pour l'artisan défendeur à cette action. Dans ce cas, la demanderesse n'avait pas d'autre choix que d'engager son action devant la juridiction civile et le défendeur qui n'a pas pris l'initiative de l'action, et dont le juge naturel est le juge civil, ne disposait pas d'un droit d'option. • Bordeaux, 19 juin 2006 : *JCP 2007. IV. 1394.*

9. Clauses attributives de compétence. V. notes 33 s.

10. Preuve. V. art. L. 110-3.

11. Prescription. V. art. L. 110-4.

VII. CLAUSE COMPROMISSOIRE

BIBL. ▸ Reinhard, *LPA 15 mai 1996* (arbitrage et sociétés). – Contin et Chevallier, *Cah. dr. entr. 1999, n° 3, p. 8* (clauses compromissoires ou compromis). – Loquin, *Gaz. Pal. 5-6 juin 2002, p. 7* (différences et convergences dans le régime de la transmission et de l'extension de la clause compromissoire devant les juridictions françaises). – Moury, *D. 2002. 2744* (réflexions sur la transmission des clauses de compétence dans les chaînes de contrats translatifs). – Mathieu-Bouyssou, *JCP 2003. I. 116* (transmission de la clause compromissoire au cessionnaire de la créance). – Clay, *D. 2003. Somm. 2469*. – Derains, *Gaz. Pal. 2003. Doctr. 3341* (l'arbitre et l'octroi de mesures provisoires *ex parte*). – Philippe, *ibid. 3347* (difficultés procédurales causées par les clauses compromissoires paritaires). – Poudret, *BICC déc. 2003, p. 3* (originalité du droit français de l'arbitrage au regard du droit comparé). – Affaki, *Banque et Droit janv.-févr. 2004. 3* (le banquier et l'arbitrage). – Aboukrat, *Gaz. Pal. 2004. Doctr. 281* (course d'obstacles dans la procédure d'arbitrage). – Croze et Reinhard, *JCP E 2005, n° 14, p. 612* (procédures collectives et arbitrages : conseils pratiques). – Rivier, *Dr. et proc. 2005. 198* (arbitrage et droit des procédures civiles d'exécution). – Braconnier, *Dr. et patr. oct. 2005. 59* (arbitrage et contrats publics d'affaires). – El-Ahdab, *Procédures 2006. Chron. 2* (interprétation restrictive du consentement à une clause compromissoire). – Sachs, *Gaz. Pal. 2007. 2274* (protection de la partie faible en arbitrage). – Idot, *D. 2007. 2681* (la place de l'arbitrage dans la résolution des litiges en droit de la concurrence). – Clay, *D. 2007. 2916* (responsabilité civile du centre d'arbitrage [note ss. TGI Paris, 10 oct. 2007]). – Seraglini, *Gaz. Pal. 2007. 3848* (les parties faibles face à l'arbitrage international : à la recherche de l'équilibre). – Tricot et Paclot, *Dr. et patr. janv. 2008. 50* (garantie de passif : pourquoi choisir la voie de l'arbitrage ?). – Castel et Reigné, *ibid. 55* (clause compromissoire et garantie de passif). – Paillusseau, *ibid. 60* (l'arbitre et le prix de la cession de contrôle). – Lécuyer et Poracchia, *ibid. 67* (circulation de la garantie de passif et de la clause compromissoire). – de Fontmichel, *Gaz. Pal. 2008. 698* (la décision du « juge d'appui » contractuellement choisi par les parties en droit français de l'arbitrage commercial). – Lauzeral et Boulfroy, *D. 2008. 1100* (qui peut engager une procédure d'arbitrage ?). – Legros, *RD transp. sept. 2008, p. 15* (arbitrage et connaissement). – Buchman et Loquin, *Gaz. Pal. 2008. 2893* (préférez l'arbitrage !). – Larroumet, *ibid. 3167* (obligation de modérer le dommage et arbitrage du point de vue du droit français). – Dimolitsa, *ibid. 3171* (office de l'arbitre dans les procédures par défaut). – Vidal, *Gaz. Pal. 2009. 2996* (procédure collective et procédure d'arbitrage : quelle rencontre ?). – Portwood et Pinna, *JCP E 2009, n° 46, p. 14* (l'arbitrage dit *fast-track*). – Pironon, *Rev. arb. 2010. 235* (arbitrage des différends entre une *joint venture* et l'État d'accueil de l'investissement). – Racine, *LPA 8 oct. 2010* (l'arbitre face aux pratiques illicites du commerce international). – Heuzé, *D. 2011. 2880* (arbitrage international : quelle raison à la déraison ?). – Thibierge, *Dr. et patr. juin 2012. 36* (arbitrage et volonté). – Beyneix et Lemmet, *RTD com. 2012. 225* (l'arbitrage international est-il encore un mode alternatif de règlement des différends ?). – Ruet, *Defrénois 2012. 966* (arbitrage et baux commerciaux).

▸ Décr. n° 2011-48 du 13 janv. 2011 : Gaillard et de Lapasse, *D. 2011. 175* (le nouveau droit français de l'arbitrage interne et international). – Kleiman et Spinelli, *Gaz. Pal. 2011. 90* (réforme de l'arbitrage, sous le double signe de la lisibilité et de l'efficacité). – Nourissat, *Procédures 2011. Étude 3* (*idem*). – Le Bars, *JCP E 2011, n° 1108* (réforme du droit de l'arbitrage). – Béguin, Ortscheidt et Seraglini, *JCP 2011, n°s 322 et 467* (un second souffle pour l'arbitrage). – Broussolle, *LPA 6 avr. 2011* (réforme de l'arbitrage). – Moreau, *RJ com. 2011. 115*. – Loquin, *RTD com. 2011. 255* (réforme du droit français interne et international de l'arbitrage). – Bollée, *Rev. crit. DIP 2011. 553* (le droit français de l'arbitrage international après le décret du 13 janv. 2011).

12. Loi du 15 mai 2001. **BIBL.** Marini et Fages, *D. 2001. 2658* (réforme de la clause compromissoire). – Loquin, *RTD com. 2001. 642* (même thème). – Robert et Castel, *Dr. et patr. juill.-août 2001. 19* (loi NRE : premières réactions sur la modification du régime des clauses compromissoires). – Jarrosson, *JCP 2001. I. 333* (nouvel essor de la clause compromissoire après la loi du 15 mai 2001). – Jault et Legros, *LPA 25 avr. 2002* (même thème). – Rontchevsky, *AJDI 2002. 270* (arbitrage et baux commerciaux depuis la loi NRE). – Dossier « Nouvelles perspectives en matière d'arbitrage », *Dr. et patr. juin 2002, p. 51*. – Augendre, *RJ com. 2002. 292* (réforme de l'arbitrage : de nouveaux territoires ?). ♦ L'application de la loi du 15 mai 2001, qui consacre la validité de la clause compromissoire dans les contrats conclus à raison d'une activité professionnelle, à la clause insérée dans le contrat en cause, conclu avant la promulgation de la loi, n'entraîne pas lésion de droits acquis mais conforte au contraire la volonté des parties de se soumettre à l'arbitrage ; s'agissant d'une clause contractuelle qui tend à la mise en œuvre d'une règle de procédure, il y a donc lieu d'en apprécier la validité au regard de la nouvelle rédaction de l'art. 2061 C. civ. • TGI Paris, ord., 8 oct. 2002 : *D. 2003. 1928, note Moreau et Sihvola ; JCP E 2003, n° 45-46, p. 1812, obs. Béguin ; JCP 2004. II. 10014, note Fages ; RTD com. 2003. 695, obs. Loquin ; RTD civ. 2004. 338, obs. Théry*. ♦ Dans le même sens, jugeant qu'il convient d'appliquer immédiatement la loi nouvelle, qui rend la clause valable au moment où celle-ci produit son effet, c'est-à-dire lors de l'introduction d'une instance, et non la loi ancienne qui l'annulait au jour de la conclusion du contrat : • Orléans, 18 mars 2004 : *JCP 2004. II. 10103, note Le Bars et Callé ; JCP E 2004, n° 50, p. 1973, obs. Béguin ; RTD com. 2004. 441, obs. Loquin ; RJDA 2004, n° 920*. ♦ Dès lors, une clause compromissoire, stipulée dans des contrats conclus en raison d'une activité professionnelle, nulle sous l'empire du texte antérieur, peut être invoquée à l'occasion d'un litige portant sur l'exécution de ces contrats, peu important, à cet égard, qu'ils aient ou non pris fin avant l'entrée en vigueur de la loi nouvelle. • Civ. 1re, 22 nov. 2005 : *Bull. civ. I, n° 423 ; D. 2006. 277, note Le Bars et Callé ; D. 2005. IR 3032, obs. Avena-Robardet ; RTD com. 2006. 302, obs. Loquin ; JCP E 2006, n° 5, p. 239, note Croze ; JCP 2006. II. 10015, note Cornut ; LPA 22 mars 2006, note Peltier ; Gaz. Pal. 2006. 463, note Vatier ; Defrénois 2006. 590, obs. Libchaber ; RJDA 2006, n° 207*. ♦ Mais, les époux n'exerçant plus aucune activité professionnelle à la date de la conclusion des contrats renfermant la clause compromissoire, ces contrats n'ont pas été conclus en raison d'une activité professionnelle au sens de l'art. 2061 C. civ., de sorte que la clause compromissoire était nulle et de nul effet. • Civ. 1re, 29 févr. 2012 : *Bull. civ. I, n° 40 ; D. 2012. 1312, note Rouaud ; JCP E 2012, n° 1314, note Monéger ; LPA 22 mai 2012, note Legrand ; ibid. 6 juill. 2012, note Courdier-Cuisinier ; Gaz. Pal. 2012. 1695, obs. Cabrillac ; RJDA 2012, n° 544 ; Procédures 2012, n° 117, obs. Weiller ; RLDC avr. 2012. 15, obs. Pouliquen ; RJ com. janv.-févr. 2013. 24, obs. Moreau ; Rev. loyers 2012. 164, note Chaoui.*

A. AUTONOMIE

13. Absence d'incidence sur la clause compromissoire de l'inefficacité de l'acte qui la contient. En application du principe de validité de la convention d'arbitrage et de son autonomie en matière internationale, la nullité non plus que l'inexistence du contrat qui la contient ne l'affectent. • Civ. 1re, 25 oct. 2005 : *Bull. civ. I, n° 378 ; D. 2006. 199, avis Sainte-Rose ; D. 2005. Pan. 3052, obs. Clay ; JCP E 2006, n° 26, p. 1156, obs. Béguin ; JDI 2006. 996, note Train* • 11 juill. 2006 : *Bull. civ. I, n° 364 ; D. 2006. Pan. 3027, obs. Clay ; ibid. IR 2051, obs. Delpech* ; *JCP 2006. II. 10182, note Callé ; JCP E 2006, n° 50, p. 2146, obs. Seraglini ; RJDA 2007, n° 427*. ♦ En matière d'arbitrage international, l'accord compromissoire, conclu séparément ou inclus dans l'acte juridique auquel il a trait, présente toujours, sauf circonstances exceptionnelles, une complète autonomie juridique excluant qu'il puisse être affecté par une éventuelle invalidité de cet acte. • Civ. 1re, 7 mai 1963 : *D. 1963. 545, note J. Robert.* ♦ La clause compromissoire présentant, par rapport à la convention principale dans laquelle elle s'insère, une autonomie juridique qui exclut qu'elle puisse être affectée par l'inefficacité de cet acte, l'éventuelle nullité du contrat de sous-traitance est sans incidence sur la validité de ladite clause. • Civ. 2e, 4 avr. 2002 : *Bull. civ. II, n° 68 ; D. 2003. 1117, note Degos ; JCP 2002. II. 10154, note Reifegerste ; JCP E 2003, n° 19, p. 804, obs. Seraglini ; Dr. et patr. juin 2002, p. 121, obs. Mestre.* ♦ En droit interne de l'arbitrage, la clause compromissoire présente, par rapport à la convention principale dans laquelle elle s'insère, une autonomie juridique qui exclut, sauf stipulation contraire, qu'elle puisse être affectée par une éventuelle inefficacité de cette convention. • Com. 9 avr. 2002 : *Bull. civ. IV, n° 69 ; D. 2003. 1117, note Degos et Somm. 2470, obs. Clay ; JCP 2002. II. 10154, note Reifegerste ; ibid. 2003. I. 105, n° 2, obs. Seraglini* • Civ. 2e, 20 mars 2003 : *Bull. civ. II, n° 68 ; D. 2003. Somm. 2470, obs. Clay ; JCP E 2003, n° 21-22, p. 880 ; RJDA 2003, n° 1030* • 8 avr. 2004 : *BRDA 2004, n° 8, p. 14.* ♦ Est donc seule de nature à faire obstacle à la compétence prioritaire de l'arbitre la nullité ou l'inapplicabilité manifeste de la clause d'arbitrage. • Com. 25 nov. 2008 : *Bull. civ. IV, n° 197 ; D. 2008. AJ 3091, obs. Delpech ; D. 2009. 1516, note Pillet ; ibid. Pan. 2963, obs. Clay ; JCP 2009. II. 10023, note Mainguy ; JCP E 2009, n° 35, p. 21, obs. Seraglini ; LPA 20 juill. 2009, obs. Larroumet ; RLDC févr. 2009. 13, obs. Maugeri.*

14. Extension de la clause compromissoire. **BIBL.** Bessis, *LPA 2 août 2012* (extension *ratione personae* des conventions d'arbitrage international). ♦ L'existence et l'efficacité d'une clause compromissoire s'apprécient, sous réserve des règles impératives du droit français et de l'ordre public international, d'après la commune volonté des parties, sans qu'il soit nécessaire de se référer à une loi étatique. • Civ. 1re, 30 mars 2004 : *Bull. civ. I, n° 95 ; JCP E 2004, n° 45-46, p. 1786, note Chabot ; RTD com. 2004. 443, obs. Loquin .* ♦ En l'absence de nullité manifeste, la clause compromissoire, contenue dans une convention internationale, doit recevoir application en vertu de l'indépendance d'une telle clause en droit international, sous la seule réserve des règles d'ordre public international qu'il appartiendra aux arbitres de mettre en œuvre, sous le contrôle du juge de l'annulation, pour vérifier leur propre compétence, spécialement en ce qui concerne l'arbitrabilité du litige. • Civ. 1re, 30 mars 2004 : *Bull. civ. I, n° 97 ; D. 2004. 2458, note Najjar ; D. 2005. Pan. 3053, obs. Clay ; JCP E 2005, n° 18-19, p. 755, obs. Seraglini ; RTD com. 2004. 447, obs. Loquin ; RJDA 2004, n° 1406.* ♦ Un litige né de pourparlers ultérieurs au contrat contenant la clause compromissoire n'est pas arbitrable si les pourparlers ne forment pas avec le contrat un ensemble contractuel unique. • Versailles, 31 mars 2005 : *BICC 2005, n° 2241 ; JCP E 2005, n° 47, p. 1986, obs. Beguin.* ♦ Mais donnant compétence à l'arbitre en vertu du principe de compétence-compétence (sur ce principe, V. note 18) pour se prononcer sur une obligation précontractuelle et légale qui incombe à l'un des signataires de la convention d'arbitrage, alors que cette dernière avait été stipulée pour trancher les éventuels litiges nés des relations contractuelles des signataires, V. • Civ. 1re, 4 juill. 2006 : *Bull. civ. I, n° 338 ; D. 2006. Pan. 3029, obs. Clay ; ibid. IR 1985, obs. Delpech ; RTD com. 2006. 764, obs. Loquin ; JCP 2006. IV. 2698 ; Lettre distrib. juil.-août 2006, p. 1, obs. Raynard.* ♦ Sur la question de savoir si une société, impliquée dans l'exécution du contrat, assignée en intervention forcée, devient partie à l'arbitrage, V. • Civ. 1re, 14 mars 2006 : *Bull. civ. I, n° 145 ; D. 2006. IR 943, obs. Avena-Robardet ; JCP E 2006, n° 47, p. 1980, note Danis ; ibid. n° 26, p. 1158, obs. Ortscheidt ; RJDA 2006, n° 1094.* ♦ En présence de deux contrats qui n'ont pas le même objet, dont l'un contient une clause compromissoire (contrat d'approvisionnement) et l'autre une clause attributive de compétence (contrat de gage), l'arbitre ne peut étendre sa compétence au contrat autre que celui qui contenait la clause d'arbitrage. • Civ. 1re, 4 juill. 2006 : *Bull. civ. I, n° 337 ; D. 2006. Pan. 3029, obs. Clay ; RTD com. 2006. 764, obs. Loquin ; JCP E 2006, n° 50, p. 2147, obs. Seraglini ; RJDA 2007, n° 112.* ♦ Lorsque son investiture procède d'un compromis, l'arbitre ne peut, sans nouvel accord des parties, être saisi par une partie d'une demande incidente n'entrant pas, par son objet, dans les prévisions du compromis. • Civ. 1re, 6 mars 2007 : *Bull. civ. I, n° 92 ; D. 2008. Pan. 185, obs. Clay ; D. 2007. AJ 1024 ; RTD com. 2007. 684, obs. Loquin ; JCP E 2007, n° 35, p. 28, obs. Ortscheidt ; LPA 25 sept. 2007, obs. Betto ; RJDA 2007, n° 917.* ♦ La clause compromissoire insérée dans un contrat international a une validité et une efficacité propres qui commandent d'en étendre l'application aux parties directement impliquées dans l'exécution du contrat et dans les litiges qui peuvent en résulter. • Paris, 7 mai 2009 : *LPA 11-12 août 2009, note Barbet.* ♦ L'effet de la clause d'arbitrage international contenue dans le contrat initial s'étend au sous-traitant qui en a eu connaissance lors de la signature de son contrat et qui est directement impliqué dans l'exécution du premier contrat. • Civ. 1re, 26 oct. 2011 : *cité note 21.*

B. CONDITIONS DE VALIDITÉ

15. Principe général de validité dans les contrats internationaux. La clause compromissoire est valable dans les contrats internationaux. • Cass., 19 févr. 1930 : *S. 1933. 1. 41, note Niboyet (1re esp.)* • Civ. 1re, 28 janv. 2003 : *Bull. civ. I, n° 21 ; JCP E 2003, n° 12, p. 491 ; Rev. crit. DIP 2003. 641, note Jault-Seseke.* ♦ Mais la clause compromissoire insérée dans un contrat de travail international n'est pas opposable au salarié qui a saisi régulièrement la juridiction française compétente en vertu des règles applicables, peu important la loi régissant le contrat de travail. • Soc. 16 févr. 1999 : *Bull. civ. V, n° 78.* ♦ V. dans le même sens, • Soc. 4 mai 1999 : *Bull. civ. V, n° 191 ; Rev. arb. 1999. 299, note M.-A. Moreau.* ♦ La qualification, interne ou internationale, d'un arbitrage, déterminée en fonction de la nature des relations économiques à l'origine du litige, ne dépend pas de la volonté des parties, et fixe le régime des voies de recours. • Civ. 1re, 13 mars 2007 : *Bull. civ. I, n° 102 ; D. 2008. Pan. 183, obs. Clay ; D. 2007. AJ 949, obs. Delpech ; JCP E 2007, n° 19, p. 23, obs. Ortscheidt ; LPA 25 sept. 2007, obs. Ben-Reguiga ; RJDA 2008, n° 346 ; RDC 2007. 851, obs. Pelletier ; Rev. crit. DIP 2007. 455, note Bureau.*

Est international l'arbitrage qui met en cause des intérêts du commerce international ; l'internationalité de l'arbitrage fait appel à une définition économique selon laquelle il suffit que le litige soumis à l'arbitre porte sur une opération qui ne se dénoue pas économiquement dans un seul État, et ce, indépendamment de la qualité ou de la nationalité des parties, de la loi applicable au fond ou à l'arbitrage, ou encore du siège du tribunal arbitral. • Civ. 1re, 26 janv. 2011 : *Bull. civ. I, n° 15 ; D. 2011. Actu. 312, obs. Delpech ; Rev. crit. DIP 2011. 704, note Laazouzi ; JCP E 2011, n° 1219, note Asfar Cazenave ; RJDA 2011, p. 563, rapp. Pluyette.*

16. Exigence d'un écrit. BIBL. Juvénal, *RLDC oct. 2011. 7* (la rédaction de la clause compromissoire). ♦ Si l'art. 1443 NCPC [renommé C. pr. civ.] exige que la clause compromissoire figure dans un document écrit, il ne régit ni la forme, ni l'existence des stipulations qui, se référant à ce document, font la convention des parties. • Civ. 2e, 21 janv. 1999 : *Bull. civ. II, n° 16* (validité de la clause compromissoire par référence). ♦ L'engagement d'une société à l'arbitrage ne s'apprécie pas par référence à une quelconque loi nationale mais par la mise en œuvre d'une règle matérielle déduite du principe de validité de la convention d'arbitrage fondée sur la volonté commune des parties, de l'exigence de bonne foi et de la croyance légitime dans les pouvoirs du signataire de la clause pour conclure un acte de gestion courante qui lie la société. • Civ. 1re, 8 juill. 2009 : *Bull. civ. I, n° 165 ; D. 2009. Pan. 2385, obs. D'Avout ; ibid. 2961, obs. Clay ; ibid. AJ 1957, obs. Delpech ; Rev. crit. DIP 2009. 779, note Jault-Seseke ; JCP E 2009, n° 50, p. 18, obs. Ortscheidt ; RJDA 2010, n° 796 ; Rev. arb. 2009. 529, note Cohen.* ♦ Sur la validité d'une clause compromissoire incorporée dans les statuts d'une société, V. • Montpellier, 12 nov. 2002 : *JCP E 2003, n° 15, p. 660, obs. Mousseron.* ♦ ... Ou dans le règlement intérieur d'une société coopérative de commerçants détaillants, V. • Civ. 1re, 20 sept. 2006 : *cité note 27.* ♦ L'acceptation peut résulter de l'exécution du contrat où elle était insérée sans que l'acheteur ait élevé de protestations. • Civ. 9 janv. 1933 : *DH 1933. 164.* ♦ L'acceptation peut résulter de références à des conditions générales rappelées par telex. • Paris, 20 juin 1987 : *JDI 1987. 934, note Loquin.* ♦ Une stipulation contractuelle qui, par référence expresse aux dispositions de l'art. 1592 C. civ., prévoit qu'à défaut d'accord amiable sur la fixation du prix de vente définitif, les parties s'en remettront à l'arbitrage d'un tiers judiciairement désigné, par exception à une clause réservant la connaissance de tous autres différends au TGI, ne constitue pas une clause compromissoire, au sens de l'art. 1442 NCPC [renommé C. pr. civ.]. • Versailles, 4 mars 2004 : *JCP E 2005, n° 18-19, p. 755, obs. Béguin ; JCP 2005. II. 10017, note Noblot.* ♦ Sur la contrariété entre une clause compromissoire et une clause attributive de compétence résolue en faveur de la première dans la mesure où la seconde est usuelle dans les contrats de crédit-bail, ce qui n'est pas le cas des clauses compromissoires : • Nancy, 22 nov. 2004 : *JCP 2006. IV. 1253.* ♦ Jugeant que la clause compromissoire contenue aux avant-contrats, qu'étaient les réservations de fret, avait été remplacée, par une nouvelle expression de la volonté des parties, par les stipulations des connaissements, de sorte qu'elle était de ce fait devenue manifestement inapplicable. • Civ. 1re, 11 juill. 2006 : *Bull. civ. I, n° 366 ; D. 2006. Pan. 3029, obs. Clay ; RTD com. 2006. 764, obs. Loquin ; JCP E 2006, n° 50, p. 2147, obs. Seraglini ; Gaz. Pal. 2006. 2609, avis Sainte-Rose ; RJDA 2006, n° 1287, et p. 1109, note Bouche ; JDI 2007. 146, obs. Sana-Chaillé de Néré ; RD transp. 2007, n° 11, obs. Sana-Chaillé de Néré.* ♦ Sur le caractère optionnel du recours à l'arbitrage en présence d'une clause qui stipulait que chaque partie pourrait choisir de recourir à l'arbitrage ou à une action devant la cour du lieu du siège de l'acheteur, ces deux voies étant alternatives, V. • Civ. 1re, 12 juin 2013 : *pourvoi n° 12-22.565.*

Le contrat d'organisation de l'arbitrage conclu entre l'institution d'arbitrage et les parties est formé, non pas au jour de la clause compromissoire, mais au jour de l'introduction de l'arbitrage. • TGI Paris, 10 oct. 2007 : *D. 2007. 2916, note Clay ; LPA 24-25 mars 2008, note Loquin.*

17. Désignation des arbitres. BIBL. Dupeyre, *LPA 6 févr. 2006* (tribunaux arbitraux permanents et préconstitués). – Niggemann et Jonglez de Ligne, *Gaz. Pal. 2009. 2979* (la liberté contractuelle et l'égalité des parties : une relation difficile). – Clay, *Procédures 2012. Formule 7* (contrat d'arbitre). ♦ Le principe d'égalité des parties qui s'impose dans la désignation des arbitres est d'ordre public et on ne peut y renoncer qu'après la naissance du litige. • Civ. 1re, 7 janv. 1992 : *Bull. civ. I, n° 2 ; Rev. arb. 1992. 470, note P. Bellet.* ♦ Pour une clause compromissoire prévoyant la désignation d'un arbitre unique choisi par la partie saisissante sur une liste de trois noms, V. • Civ. 2e, 31 janv. 2002 : *JCP E 2003, n° 19, p. 805, obs. Seraglini.* ♦ ... Ou imposant la désignation d'un arbitre commun à deux parties en litige ou un groupe d'arbitres n'ayant qu'une voix au sein du tribunal arbitral : • Paris, 10 oct. 2002 : *RTD com. 2004. 249, obs. Loquin* . ♦ S'il peut être d'usage dans une procédure arbitrale que les arbitres prennent l'accord des parties qui les ont désignés pour faire choix d'un troisième arbitre, il n'y a aucune obligation ; l'indépendance des arbitres à l'égard des parties doit les conduire, en cas de difficulté, à s'accorder entre eux sans avoir à tenir systématiquement compte de l'avis des parties. • TGI Paris, réf., 4 avr. 2003 : *RTD com. 2005. 482, obs. Loquin* . ♦ Les dispositions des art. 1453 et 1459 NCPC [C. pr. civ., art. 1451 et 1461 nouv.] imposent, sans que les parties puissent y déroger, que le tribunal arbitral soit constitué d'un seul arbitre ou de plusieurs en nombre impair. • Civ. 2e, 21 nov. 2002 : *Bull. civ. II, n° 265 ; Dr. et patr. mars 2003. 99, obs. Mestre ; RTD com. 2003. 62, obs. Loquin ; JCP E 2003, n° 45-46, p. 1814, obs. Ortscheidt ; LPA 21 nov. 2003, p. 18, note Barbièri ; RJDA 2003, n° 453.* – Comp. • Paris, 21 avr. 2005 : *JCP E 2005, n° 47, p. 1987, obs. Seraglini* (art. 11 de l'Association américaine d'arbitrage). ♦ Si les parties à une convention d'arbitrage désignent les arbitres en nombre pair, la composition du tribunal arbitral peut être régularisée selon les modalités prévues à l'art. 1454 NCPC [C. pr. civ., art. 1451 nouv.]. • Civ. 2e, 25 mars 1999 : *Bull. civ. II, n° 58.* – V. *contra* • Colmar, 12 déc. 2002 : *JCP E 2003, n° 45-46, p. 1814, obs. Ortscheidt.* ♦ Si les parties s'en remettent à un organisme arbitral suffisamment précisé, elles sont censées avoir adopté le règlement de cet organisme et avoir ainsi satisfait aux exigences de l'art. 1443, al. 2 NCPC [C. pr. civ., art. 1444 nouv.] • Paris, 14 févr. 1985 : *Rev. arb. 1987. 325, note Level.* ♦ Excède ses pouvoirs la cour d'appel qui refuse de prêter son concours à la constitution du tribunal arbitral sans constater que la clause compromissoire était soit manifestement nulle, soit insuffisante pour permettre de constituer ce tribunal. • Civ. 2e, 13 juin 2002 : *Bull. civ. II, n° 123 ; D. 2002. IR 2098* . ♦ Un requérant, en participant à la procédure sans émettre aucune réserve sur l'investiture des arbitres, n'est pas recevable à contester devant une cour d'appel la validité de la convention d'arbitrage. • Civ. 1re, 6 mai 2003 : *Bull. civ. I, n° 102 ; JCP E 2003, n° 27, p. 1119 ; Gaz. Pal. 2004. Somm. 1232, obs. du Rusquec ; RJDA 2004, n° 385 ; Rev. crit. DIP 2004. 124, note Chilstein* . ♦ L'instance arbitrale n'est en cours qu'à partir du moment où le tribunal arbitral est définitivement constitué et peut donc être saisi du litige, c'est-à-dire à partir de l'acceptation par tous les arbitres de leur mission. • Civ. 1re, 25 avr. 2006 : *Bull. civ. I, n° 197 ; D. 2006. Pan. 3029, obs. Clay ; JCP E 2006, n° 50, p. 2143, obs. Béguin ; LPA 27 juin 2006, p. 18, note Chabot ; Procédures 2006, n° 150, obs. Perrot.* ♦ La seule notification par le demandeur, par lettre, de la désignation de son arbitre ne peut valoir saisine du tribunal arbitral. • Même arrêt.

Aucune disposition de l'art. 1444 NCPC [C. pr. civ., art. 1452 nouv.], qui permet au président du tribunal de désigner le ou les arbitres lorsque la constitution du tribunal arbitral se heurte à une difficulté du fait de l'une des parties, ou dans la mise en œuvre des modalités de désignation, n'interdit au président du tribunal de commerce de surseoir à statuer en application de l'art. 110 NCPC [renommé C. pr. civ.]. • Montpellier, 17 sept. 2003 : *RJ com. 2004. 36, note Travier.* ♦ L'appel des décisions par lesquelles le président du tribunal de grande instance ou du tribunal de commerce refuse de désigner un ou des arbitres pour une des causes prévues à l'art. 1444, al. 3, C. pr. civ. [art. 1452 nouv.] doit être formé, instruit et jugé comme en matière de contredit de compétence ; il en est de même lorsque la décision de désignation procède d'un excès de pouvoir. • Civ. 1re, 9 févr. 2011 : *Bull. civ. I, n° 24 ; D. 2011. Actu. 600, obs. Delpech ; JCP E 2011, n° 1221.*

L'impossibilité pour une partie d'accéder au juge, fût-il arbitral, chargé de statuer sur sa prétention, à l'exclusion de toute juridiction étatique, constitue un déni de justice qui fonde la compétence internationale du président du TGI de Paris, dans sa mission d'assistance et de coopération du juge étatique à la constitution d'un tribunal arbitral, dès lors qu'il existe un rattachement avec la France. • Civ. 1re, 1er févr. 2005 : *Bull. civ. I, n° 53 ; D. 2005. 2727 note Hotte ; ibid. Pan. 3054, obs. Clay ; JCP E 2005, n° 11, p. 476, note Kessler ; RTD com. 2005. 266, obs. Loquin ; Gaz. Pal. 2005. Somm. 2034, obs. Train ; RJDA 2005, n° 772 ; Rev. crit. DIP 2006. 140, obs. Clay ; RJ com. 2006. 384, obs. Attal.*

17 bis. Indépendance des arbitres. BIBL. Derache, *JCP E 2012, n° 1480* (indépendance et impartialité de l'arbitre). ♦ Sur l'appréciation souveraine des juges du fond pour apprécier le défaut d'indépendance et d'impartialité d'un arbitre, V. • Civ. 1re, 29 janv. 2002 : *JCP E 2003, n° 19, p. 806, obs. Béguin.* ♦ Pour des illustrations : • Civ. 2e, 22 nov. 2001 : *D. 2003. Somm. 2472, obs. Clay* • 6 déc. 2001 : *ibid.* • Paris, 2 avr. 2003 : *ibid.* • 28 nov. 2002 : *JCP E 2003, n° 45-46, p. 1813, obs. Seraglini.* ♦ Les faits susceptibles de faire douter de l'indépendance de l'arbitre, s'ils sont révélés à l'une des parties après le rejet du recours en annulation que celle-ci a exercé contre la sentence, peuvent justifier l'ouverture d'un recours en révision pour fraude contre l'arrêt ayant rejeté son recours en annulation, quand bien même le défaut d'indépendance n'avait pas été évoqué dans le cadre de ce recours. • Civ. 2e, 12 févr. 2004 : *D. 2005. Pan. 3056, obs. Clay ; JCP E 2004, n° 50, p. 1975, obs. Seraglini.* ♦ Sur l'atteinte à l'impartialité objective du tribunal arbitral du fait de la mission de conciliation qu'il avait précédemment exercée, V. • Civ. 2e, 10 juill. 2003 : *Bull. civ. II, n° 233 ; D. 2004. Somm. 3180, obs. Clay.* ♦ En ordonnant une mesure préparatoire le juge d'appui n'excède pas ses pouvoirs dès lors qu'il a pour mission de résoudre les difficultés de constitution du tribunal arbitral de manière à ce que cette juridiction soit investie de la confiance des parties (doute sur l'indépendance de l'arbitre). • Civ. 1re, 20 juin 2006 : *Bull. civ. I, n° 311 ; D. 2008. Pan. 185, obs. Clay ; D. 2006. IR 1840, obs. Avena-Robardet ; JCP 2006. II. 10155, note Chabot ; JCP E 2006, n° 50, p. 2143, obs. Béguin ; Dr. et proc. 2006. 342, obs. Asfar-Cazenave.* ♦ La circonstance que le même arbitre soit fréquemment désigné par l'une des parties et l'existence d'un autre litige entre les mêmes parties sur la désignation de cet arbitre ne peuvent fonder le recours en annulation pour irrégularité de la désignation prévu par l'art. 1484, 2°, NCPC [C. pr. civ., art. 1492, 2°, nouv.]. • Versailles, 2 mars 2006 : *JCP E 2006, n° 29, p. 1270.* ♦ Il appartient à l'arbitre, avant d'accepter sa mission, de révéler toute circonstance susceptible d'être regardée comme affectant son impartialité afin de permettre à la partie d'exercer, à bref délai, s'il y a lieu, son droit de récusation. • Civ. 1re, 1er févr. 2012 : *Bull. civ. I, n° 14 ; D. 2012. Actu. 446, obs. Delpech ; Gaz. Pal. 2012. 1502, obs. Bensaude ; RJDA 2012, n° 627 ; Procédures 2012, n° 73, obs. Weiller ; RLDA avr. 2012. 59, note Désérable ; RJ com. janv.-févr. 2013. 30, obs. Moreau.* ♦ L'arbitre est tenu de révéler à l'une des parties à la convention d'arbitrage l'existence d'un courant d'affaire entre lui et l'autre partie à cette convention, afin de mettre en mesure la première d'exercer son droit de récusation. • Civ. 1re, 20 oct. 2010 : *Bull. civ. I, n° 204 ; D. 2010. Actu. 2589, obs. Delpech ; JCP 2010, n° 1306, note Le Bars et Juvénal ; JCP E 2011, n° 1109, spéc. n° 1, obs. Seraglini ; RJDA 2011, n° 196 ; RJ com. 2011. 79, obs. Moreau ; Dr. et proc. 2011. 17, note Asfar Cazenave.* ♦ Sur le devoir de révélation de l'arbitre qui entretient des relations d'affaires avec un cabinet d'avocats, V. • Paris, 12 févr. 2009 : *D. 2009. Pan. 2959, obs. Clay ; LPA 21 juill. 2009, note Henry.*

C. EFFETS

1° ENTRE LES PARTIES

a. Incompétence des juridictions étatiques

1. Principe

BIBL. Khatchadourian, *RJ com. 2002. 212* (l'arbitrage à deux vitesses... existe-t-il ?). – Racine, *Rev. arb. 2010. 729* (la sentence d'incompétence).

18. Principe de compétence-compétence. La combinaison des principes de validité et de compétence-compétence interdit, par voie de conséquence, au juge étatique français de procéder à un examen substantiel et approfondi de la convention d'arbitrage, et ce, quel que soit le lieu où siège le tribunal arbitral, la seule limite dans laquelle le juge peut examiner la clause d'arbitrage avant qu'il ne soit amené à en contrôler l'existence ou la validité dans le cadre d'un recours contre la sentence étant celle de sa nullité ou de son inapplicabilité manifeste. • Civ. 1re, 7 juin 2006 : *Bull. civ. I, n° 287 ; D. 2006. IR 1701 ; JCP E 2006, n° 50, p. 2146, obs. Seraglini ; JDI 2006. 1384, note Mourre.* ♦ Seule la nullité manifeste de la convention d'arbitrage, constatée par le juge, peut faire obstacle à l'application du principe de compétence-compétence, selon lequel il appartient à l'arbitre, en premier lieu, de statuer sur sa propre compétence, et donc, de se prononcer sur l'existence et la validité de la convention d'arbitrage. • Civ. 1re, 1er déc. 1999 : *Bull. civ. I, n° 325* • 16 mars 2004 : *Bull. civ. I, n° 82 ; JCP E 2004, n° 22, p. 836 ; Rev. crit. DIP 2004. 763,* *note Jault-Seseke* • Civ. 2e, 15 janv. 2004 : *Bull. civ. II, n° 4 ; D. 2004. Somm. 3181, obs. Clay* • Civ. 1re, 16 nov. 2004 : *JCP E 2004, n° 52-53, p. 2048* • 8 nov. 2005 : *Bull. civ. I, n° 402 ; D. 2005. Pan. 3056, obs. Clay ; RTD civ. 2006. 143, obs. Théry ; JCP E 2005, n° 50, p. 2150 ; LPA 3 avr. 2006, note Chabot* (concurrence déloyale) • 22 nov. 2005 : *Bull. civ. I, n° 420 ; D. 2007. Pan. 117, obs. Kenfack ; RTD com. 2006. 251, obs. Delebecque ; Rev. crit. DIP 2006. 606, obs. Jault-Seseke ; JCP E 2006, n° 26, p. 1156, obs. Béguin ; JCP 2006. II. 10046, note Humann ; LPA 8 juin 2006, avis Sainte-Rose ; ibid. 23 août 2006, note Malan ; Gaz. Pal. 2006. 925, note Kaplan ; RJDA 2006, n° 480 ; JDI 2006. 622, note Legros* (connaissement maritime). ♦ En vertu de ce même principe, la juridiction de l'État saisie d'un litige destiné à l'arbitrage doit se déclarer incompétente, sauf nullité ou inapplicabilité manifeste de la convention d'arbitrage et la seule constatation d'une indivisibilité des litiges ne suffit pas à faire échec au jeu de la clause d'arbitrage. • Civ. 1re, 16 oct. 2001 : *Bull. civ. I, n° 254 ; D. 2001. IR 3247 ; Rev. crit. DIP 2002. 555, note Jault-Seseke ; JCP E 2002. 274, note Kaplan et Cuniberti* (2e *esp.*). ♦ Dans le même sens, V. • Civ. 2e, 27 juin 2002 : *Bull. civ. II, n° 146 ; JCP 2002. IV. 2423* • 20 déc. 2001 : *Dr. et patr. juin 2002, p. 120, obs. Mestre* • Com. 4 mars 2003 : *JCP E 2003, n° 45-46, p. 1815, obs. Seraglini.* ♦ Jugeant également que la contradiction entre une clause d'arbitrage et une clause attributive de compétence ne remet pas en cause le principe selon lequel l'arbitre doit statuer sur sa propre compétence, V. • Civ. 2e, 18 déc. 2003 : *Bull. civ. II, n° 393 ; D. 2004. IR 321 ; JCP 2004. II. 10075, note Noblot ; RTD com. 2004. 255, obs. Loquin ; RJDA 2004, n° 498 (1re esp.) ; Defrénois 2004. 990, obs. Libchaber* • Civ. 1re, 27 avr. 2004 : *Bull. civ. I, n° 112 ; RTD com. 2005. 486, obs. Loquin ; JCP E 2004, n° 50, p. 1973, obs. Béguin ; Procédures 2004, n° 157, obs. Nourissat ; RJDA 2005, n° 1171 (2e esp.).* – V. aussi • Civ. 1re, 20 févr. 2007 : *Bull. civ. I, n° 62 ; D. 2008. Pan. 183, obs. Clay ; D. 2007. AJ 734, obs. Delpech ; RTD civ. 2008. 151, obs. Théry ; JCP E 2007, n° 35, p. 31, obs. Béguin ; RJDA 2007, n° 577 et p. 423, rapp. Pascal* (désignation impérative de deux institutions arbitrales). ♦ Jugeant que seul le tribunal arbitral est compétent pour se prononcer sur la caducité éventuelle d'une convention d'arbitrage, V. • Civ. 2e, 8 avr. 2004 : *Bull. civ. II, n° 162 ; D. 2004. IR 1559 ; JCP 2004. IV. 2141 ; RTD civ. 2004. 770, obs. Théry ; RJDA 2004, n° 921 ; Bull. Joly 2004. 1242, note Rontchevsky.* ♦ Le fait que le litige porte sur une obligation précontractuelle alors que la convention d'arbitrage a été stipulée pour trancher les litiges nés des relations contractuelles ne caractérise pas une inapplicabilité manifeste de la clause d'arbitrage. • Civ. 1re, 4 juill. 2006 : *préc. note 14.* – V. aussi • Civ. 1re, 25 avr. 2006 : *Bull. civ. I, n° 196 ; JCP E 2006, n° 50, p. 2147, obs. Seraglini ; CCC 2006, n° 151, obs. Leveneur ; Rev. crit. DIP 2007. 128, note Jault-Seseke* (rupture brutale des pourparlers). ♦ Mais si l'appréciation par l'arbitre de sa compétence est prioritaire, elle n'est pas souveraine : V. pour un contrôle du juge étatique : • Paris, 22 mai 2003 : *JCP E 2004. n° 19, p. 763, obs. Seraglini.* ♦ Après avoir souverainement constaté que la clause statutaire de recours à l'arbitrage contenue dans les statuts d'une société excluait les actions relatives à la validité du pacte social, et que les demandes présentées par l'une des parties mettaient en cause la validité du pacte social, ce dont il résultait que les arbitres avaient statué sans convention d'arbitrage, une cour d'appel retient exactement, par ce seul motif, que la sentence arbitrale doit être annulée. • Civ. 2e, 13 juill. 2005 : *Bull. civ. II, n° 194 ; D. 2005. Pan. 3054, obs. Clay.*

19. *Exception de procédure.* L'exception tirée de l'existence d'une clause compromissoire est régie par les dispositions qui gouvernent les exceptions de procédure, de sorte qu'elle ne peut être soulevée par une partie qui avait préalablement conclu au fond. • Civ. 2e, 22 nov. 2001 : *Bull. civ. II, n° 168 ; CCC 2002, n° 41, note Leveneur.*

19 bis. *Référé pré-arbitral.* BIBL. Arnaldez et Schäfer, *Rev. arb. 1990. 835.* ♦ Jugeant que l'ordonnance rendue d'après un mécanisme contractuel qui repose sur la coopération des parties a, malgré son appellation, une nature conventionnelle, et n'a d'autorité que celle de la chose convenue, V. • Paris, 29 avr. 2003 : *D. 2003. Somm. 2478, obs. Clay ; JCP E 2003, n° 45-46, p. 1816, obs. Béguin ; ibid. 2004, n° 8-9, p. 322, note Kaplan et Cuniberti ; RTD com. 2003. 482, obs. Loquin* ♦ Le président du tribunal de commerce a excédé ses pouvoirs en refusant de prêter son concours à la constitution du tribunal arbitral en raison d'une contestation sur le contrat qui contenait la clause d'arbitrage et en renvoyant l'affaire devant le tribunal de commerce, dépourvu de tout pouvoir en la matière, dès lors que la clause d'arbitrage désignait le président à cette fin, qu'il existait une difficulté justifiant son intervention et qu'il statuait non comme juge des référés mais, ainsi que le précise l'art. 1457, al. 1er NCPC [C. pr. civ., art. 1460, al. 2, nouv.], comme en matière de référé, peu important l'existence d'une contestation sérieuse sur la formation du contrat que seul le tribunal arbitral pouvait trancher. • Orléans, 18 déc. 2003 : *RJDA 2004, n° 650.*

19 ter. Référé post-arbitral. Le juge des référés est dépourvu de tout pouvoir pour décider des mesures d'interdiction assorties d'une astreinte destinées à assurer l'exécution d'une sentence arbitrale, non revêtue de l'exequatur et qui fait l'objet d'un recours en annulation. • Com. 18 mai 2005 : *Bull. civ. IV, n° 103 ; RTD com. 2005. 485, obs. Loquin ; RJDA 2005, n° 1059.*

2. Tempérament

20. Renonciation. Il est loisible aux parties de renoncer à l'exécution d'une convention d'arbitrage. • Civ. 1re, 7 juin 2006 : *Bull. civ. I, n° 283 ; D. 2006. IR 1769 ; JCP E 2006, n° 50, p. 2143, obs. Ortscheidt ; RJDA 2007, n° 113.* ♦ Les parties peuvent renoncer à l'application de la procédure d'arbitrage qu'elles avaient initialement prévue et saisir valablement le juge compétent. • Civ. 29 oct. 1934 : *DH 1934. 602.* ♦ Mais une partie ne peut s'affranchir unilatéralement de la clause compromissoire en saisissant le tribunal de commerce. • Civ. 22 janv. 1946 : *D. 1946. 239.* – Conf. • Paris, 15 déc. 1954 : *D. 1955. 208, note J. Robert.* ♦ Jugeant la clause compromissoire inapplicable dans la mesure où la société défenderesse n'a jamais sollicité l'application de la procédure d'arbitrage, et y a même renoncé lors de la saisine d'une juridiction étatique belge, V. • Besançon, 14 juin 2006 : *JCP 2007. IV. 1346.* ♦ La saisine du juge des référés aux fins de mesures provisoires ou conservatoires ne s'analyse pas en une renonciation au bénéfice de la convention d'arbitrage, de sorte que viole les art. 1442 et 1458, al. 2, NCPC [C. pr. civ., art. 1442 et 1488 nouv.], l'arrêt qui, pour rejeter l'exception d'incompétence fondée sur la clause compromissoire stipulée dans un contrat, retient que la société ayant obtenu la désignation d'un expert en référé, le maître de l'ouvrage a, par cette action en justice, manifesté sa volonté de ne pas faire application de la clause compromissoire. • Civ. 2e, 7 mars 2002 : *Bull. civ. II, n° 31 ; D. 2002. IR 1113 ; Dr. et patr. juin 2002, p. 122, obs. Mestre* • Com. 4 oct. 2005 : *Bull. civ. IV, n° 204 ; JCP 2005. IV. 3354.* ♦ L'accord d'une partie pour la mise en œuvre d'une médiation judiciaire n'emporte pas, à défaut de manifestation de volonté non équivoque en ce sens, renonciation à l'arbitrage et acceptation de la compétence de la juridiction étatique. • Civ. 1re, 28 janv. 2003 : *préc. note 15.*

20 bis. Estoppel. L'estoppel sanctionne le comportement procédural d'une des parties lorsqu'il est constitutif d'un changement de position, en droit, de nature à induire son adversaire en erreur sur ses intentions. • Civ. 1re, 3 févr. 2010 : *Bull. civ. I, n° 25 ; D. 2010. Pan. 2940, obs. Clay ; ibid. AJ 448, obs. Delpech ; JCP E 2010, n° 1194, obs. Ortscheidt ; JCP 2010, n° 626, note Houtcieff ; Gaz. Pal. 2010. 1646, note Train ; RJ com. 2010. 357, obs. Boillot ; Dr. et proc. 2010. 134 ; Rev. arb. 2010. 93, note Weiller.* ♦ Une partie, qui a elle-même formé une demande d'arbitrage et qui a participé sans aucune réserve pendant plus de neuf ans à la procédure arbitrale, est irrecevable, en vertu de la règle de l'estoppel, à soutenir, par un moyen contraire, que cette juridiction aurait statué sans convention d'arbitrage ou sur convention nulle, faute de convention qui lui soit applicable. • Civ. 1re, 6 juill. 2005 : *Bull. civ. I, n° 302 ; D. 2006. 1424, note Agostini ; D. 2005. Pan. 3060, obs. Clay ; RTD com. 2006. 309, obs. Loquin ; Rev. crit. DIP 2006. 602, obs. Muir Watt ; JCP E 2005, n° 47, p. 1988, obs. Ortscheidt ; Gaz. Pal. 2006. Somm. 513, obs. Train ; RDC 2006. 1279, note Fauvarque-Cosson ; JDI 2006. 608, note Béhar-Touchais.* ♦ En vertu de la règle de l'estoppel, une société est irrecevable à soulever l'absence de convention d'arbitrage après avoir excipé devant le juge étatique de l'existence d'une convention dans le contrat d'importation et de distribution exclusive. • Paris, 30 sept. 2007 : *JCP 2007. IV. 3012.* – V. aussi : • Paris, 20 sept. 2007 : *LPA 24-25 mars 2008, note Clavel* • 8 nov. 2007 : *eod. loc.* ♦ La règle de l'estoppel empêche la recourante de plaider devant le juge de l'annulation ne pas avoir été invitée à faire des observations sur la méthode d'évaluation du préjudice proposée par la partie adverse alors qu'elle n'a pas soulevé quand cela lui était possible dans l'arbitrage l'irrégularité qu'elle dénonce aujourd'hui. • Paris, 28 févr. 2008 : *D. 2008. 1325, note Meese ; ibid. Pan. 3113, obs. Clay ; RTD com. 2008. 516, obs. Loquin ; JCP E 2008, n° 19, p. 25, note Caron ; JCP 2008. I. 164, n° 6, obs. Béguin ; CCE 2008, n° 75, obs. Caron.*

21. Saisine du juge des référés. La clause compromissoire n'exclut pas, tant que le tribunal arbitral n'est pas constitué, la faculté de saisir le juge des référés aux fins de mesures provisoires ou conservatoires. • Civ. 1re, 6 déc. 2005 : *Bull. civ. I, n° 463 ; RTD com. 2006. 297, obs. Loquin ; RJDA 2006, n° 729* • Paris, 27 janv. 2006 : *AJDI 2006. 483.* ♦ L'existence d'une convention d'arbitrage ne fait pas obstacle au pouvoir du juge des référés d'ordonner sur le fondement de l'art. 145 NCPC [renommé C. pr. civ.], et avant saisine de la juridiction compétente, toutes les mesures d'instruction légalement admissibles, qui ne se limitent pas aux constatations. • Civ. 2e, 11 oct. 1995 : *Bull. civ. II, n° 235 ; D. 1995. IR 231 ; Procédures 1996,* *n° 3, obs. Perrot.* ♦ S'agissant de l'application de l'art. 808 *[872]* NCPC [renommé C. pr. civ.], le juge des référés n'est compétent que pour autant que les arbitres ne sont pas saisis. • Paris, 13 janv. 1988 : *D. 1988. IR 39.* ♦ V. aussi • Paris, 17 nov. 2006 : *BICC 1er mars 2007, n° 474.* ♦ L'ordonnance sur requête accordant une expertise *in futurum* n'ayant pas autorité de la chose jugée, le requérant peut, après avoir renoncé à l'expertise, réitérer sa demande devant le juge des référés avant la saisine du tribunal arbitral. • Aix-en-Provence, 23 janv. 2007 : *RD transp. 2007, n° 212, obs. Staes.* ♦ La compétence exceptionnelle reconnue au juge des référés en présence d'une convention d'arbitrage est soumise à la condition de l'urgence. • Civ. 1re, 26 oct. 2011 : *Bull. civ. I, n° 175 ; Dalloz actualité, 8 nov. 2011, obs. Delpech ; D. 2011. Actu. 2736 ; JCP 2012, n° 99, note Barbièri ; RJDA 2012, n° 222 ; RJ com. 2012. 17, obs. Moreau ; Procédures 2012, n° 11, obs. Weiller ; JDI 2012. 661, note Sana-Chaillé de Néré ; RDC 2012. 545, obs. Boucobza et Serinet.*

22. Référé-provision. En présence d'une clause d'arbitrage, le juge des référés ne peut accueillir la demande de provision formée par une partie, en relevant qu'aucune contestation sérieuse ne s'oppose au paiement de la provision, sans constater l'urgence. • Com. 29 juin 1999 : *Bull. civ. IV, n° 147 ; D. 1999. 649, note I. Najjar* • Civ. 2e, 13 juin 2002 : *Bull. civ. II, n° 130 ; D. 2002. 2439, note Najjar ; Dr. et patr. mars 2003. 99, obs. Mestre.*

23. Ordonnance sur requête. L'existence d'une clause compromissoire ne prive pas le président du tribunal de commerce du pouvoir qu'il tient de l'art. 875 NCPC [renommé C. pr. civ.] d'ordonner sur requête toutes les mesures urgentes dont les circonstances exigent qu'elles ne soient pas prises contradictoirement. • Com. 10 mars 1998 : *Bull. civ. IV, n° 102 ; RTD com. 1998. 834, obs. Dubarry et Loquin.*

23 bis. Transaction. BIBL. Jarrosson, *Rev. crit. DIP 1997. 657* (le contrat de transaction dans les relations commerciales internationales). ♦ L'existence d'une clause compromissoire ne saurait déroger aux dispositions de l'art. 1441-4 NCPC [renommé C. pr. civ.]. • Paris, 26 sept. 2003 : *D. 2004. 1042, note Kenfack.* ♦ Donner force exécutoire à l'acte (la transaction), qui ne peut relever que de l'*imperium* du juge étatique, est, en effet, indépendant des difficultés d'exécution du même acte, lesquelles difficultés se règlent, soit par la saisine du juge de l'exécution, soit par le recours à l'arbitrage. • Même arrêt. ♦ Jugeant que la transaction conclue entre les parties s'impose au juge comme à l'arbitre mais ne concerne pas l'office du juge d'appui dont la mission consiste à aider à la constitution du collège arbitral : • Paris, 14 nov. 2007 : *LPA 24-25 mars 2008, note Dmytrov.*

23 ter. Appel-nullité. Le juge de l'annulation contrôle la décision du tribunal arbitral sur sa compétence, qu'il se soit déclaré compétent ou incompétent, en recherchant tous les éléments de droit ou de fait permettant d'apprécier la portée de la convention d'arbitrage et d'en déduire les conséquences sur le respect de la mission confiée aux arbitres. • Civ. 1re, 6 oct. 2010 : *Bull. civ. I, n° 185 ; D. 2010. Pan. 2943, obs. Clay ; ibid. Actu. 2441, obs. Delpech ; Rev. crit. DIP 2011. 85, note Jault-Seseke ; JCP E 2011, n° 1031, note Couret et Dondero ; ibid., n° 1109, spéc. n° 6, obs Ortscheidt ; JCP 2010, n° 1028, note Chevalier ; RJDA 2011, n° 95 ; RJ com. 2011. 106, obs. Moreau ; Rev. arb. 2010. 813, note Train.* ♦ Une sentence « ordinaire » est susceptible d'appel à moins que les parties n'en aient décidé autrement, et les parties étant convenues, dans l'acte de cession, que la sentence devait être rendue en « premier et dernier ressort », elles ont manifesté ainsi leur intention de renoncer à la voie de l'appel. • Civ. 1re, 26 oct. 2011 : *Bull civ. I, n° 176 ; Dalloz actualité, 10 nov. 2011, obs. Delpech ; JCP E 2011, n° 1838 ; RJDA 2012, n° 545 ; RJ com. 2012. 29, obs. Moreau ; Procédures 2012, n° 10, obs. Weiller.* ♦ Lorsque les parties n'ont pas renoncé à l'appel, ou qu'elles se sont réservé expressément cette faculté dans la convention d'arbitrage, la voie de l'appel est seule ouverte, qu'elle tende à la réformation de la sentence arbitrale ou à son annulation. • Civ. 2e, 20 mars 2003 : *Bull. civ. II, n° 69 ; D. 2003. IR 943 ; JCP E 2003, n° 21-22, p. 880 ; RTD com. 2003. 699, obs. Loquin ; LPA 2 déc. 2003, note Chabot ; RJDA 2003, n° 1031* • Civ. 1re, 14 mars 2006 : *Bull. civ. I, n° 146 ; D. 2006. IR 1329 ; JCP E 2006, n° 26, p. 1155, obs. Ortscheidt ; RJDA 2006, n° 1093 ; Procédures 2006, n° 124, obs. Perrot.* ♦ Dès lors que l'appelant a conclu au fond, la cour d'appel, qui se trouve saisie de l'entier litige par l'effet dévolutif de l'appel formé contre la sentence arbitrale, doit statuer au fond, quelle que soit sa décision sur la demande d'annulation de la sentence. • Même arrêt. – V. aussi • Civ. 2e, 27 mai 2004 : *Procédures 2004, n° 175, obs. Perrot.* ♦ Lorsque la juridiction saisie d'un recours en annulation annule la sentence arbitrale, elle statue sur le fond dans les limites de la mission de l'arbitre, sauf volonté contraire de toutes les parties. • Civ. 2e, 8 juill. 2004 : *Bull. civ. II, n° 350 ; JCP E 2004, n° 40, p. 1517* • Civ. 1re, 18 mai 2005 : *Bull. civ. I, n° 208 ; D. 2005. Pan. 3058, obs. Clay ; D. 2005. IR 1447 ; JCP E 2005, n° 27-28, p. 1187.* ♦ La cour d'appel peut être saisie par une demande incidente, dès lors qu'entrant par son objet dans les prévisions de la clause compromissoire, cette demande se rattache aux prétentions originaires par un lien suffisant de dépendance, dont l'appréciation relève de son pouvoir souverain. • Civ. 2e, 8 juill. 2004 : *Bull. civ. II, n° 349 ; JCP E 2004, n° 50, p. 1976, obs. Ortscheidt ; CCC 2004, n° 171, obs. Leveneur.* ♦ Lorsque son investiture procède d'une clause compromissoire, l'arbitre peut être saisi par une partie d'une demande incidente, dès lors qu'entrant par son objet dans les prévisions de cette clause cette demande se rattache par un lien suffisant aux prétentions originaires que la partie lui avait soumises et que l'arbitre statue dans le délai qui lui a été imparti. • Civ. 1re, 25 mars 2009 : *Bull. civ. I, n° 63 ; D. 2009. AJ 1025, obs. Delpech ; RTD com. 2009. 541, obs. Loquin ; JCP E 2009, n° 16-17, p. 22, obs. Béguin ; LPA 21 juill. 2009, obs. Gadria ; RJ com. 2010. 45, obs. Moreau ; Rev. arb. 2010. 85, note Théry.* ♦ Mais le juge ne peut connaître aucune demande qui n'a pas d'abord été soumise à l'arbitre, alors même qu'elle entrerait dans le champ de la convention d'arbitrage. • Paris, 27 sept. 2005 : *JCP E 2006, n° 26, p. 1155, obs. Ortscheidt.* ♦ Après avoir annulé une sentence arbitrale, la cour d'appel n'est pas tenue par le délai qui avait été imparti aux arbitres pour se prononcer, mais exclusivement par l'objet de leur mission. • Orléans, 30 sept. 2004 : *RJDA 2005, n° 214.* ♦ Sur le contrôle des sentences arbitrales au regard de l'ordre public concurrentiel, V. • Paris, 18 nov. 2004 : *D. 2005. Pan. 3058, obs. Clay ; JCP 2005. II. 10038, note Chabot ; RTD com. 2005. 263, obs. Loquin ; Rev. crit. DIP 2006. 104, obs. Bollée ; RLC 2005, n° 2 p. 68, note Barbier de La Serre et Nourissat ; RJ com. 2007. 44, obs. Rueda.* – Sur cette question, V. aussi Lesguillons, *Gaz. Pal. 2003. Doctr. 1495.*

Seules peuvent faire l'objet d'un recours en annulation les véritables sentences arbitrales, c'est-à-dire les actes des arbitres qui tranchent de manière définitive, en tout ou en partie, le litige qui leur est soumis, que ce soit sur le fond, sur la compétence ou sur un moyen de procédure qui les conduit à mettre fin à l'instance. • Civ. 1re, 12 oct. 2011 : *Bull. civ. I, n° 164 ; Dalloz actualité, 21 oct. 2011, obs. Delpech ; D. 2011. Actu. 2483 ; JCP E 2012, n° 1140, spéc. n° 8, obs. Ortscheidt ; RJDA 2012, n° 546 ; Procédures 2011, n° 369, obs. Weiller.* ♦ Le mécanisme administratif proposé par l'ICANN dans l'intérêt de la gestion du système des noms de domaine ne constitue pas un arbitrage ; dès lors, le recours en annulation d'une décision qui n'est pas une sentence est irrecevable. • Paris, 17 juin 2004 : *JCP 2004. II. 10156, note Chabot ; CCE 2005, n° 38, obs. Caron ; Dr. et patr. sept. 2005. 107, obs. Caprioli.* ♦ L'acte déféré n'étant pas une sentence arbitrale dès lors que l'existence d'un litige, sans lequel il n'existe pas d'arbitrage juridictionnel, n'était pas caractérisé, le recours en annulation est irrecevable. • Civ. 1re, 15 déc. 2010 : *Bull. civ. I, n° 260 ; D. 2011. Actu. 88, obs. Delpech ; RTD civ. 2011. 385, obs. Théry ; JCP E 2011, n° 1056, obs. Béguin ; RJDA 2011, n° 368.*

Le recours formé contre une sentence arbitrale rendue en France, sur le fondement d'une convention d'arbitrage, dans un litige né de l'exécution ou de la rupture d'un contrat conclu entre une personne morale de droit public française et une personne de droit étranger, exécuté sur le territoire français, mettant en jeu les intérêts du commerce international, fût-il administratif selon les critères du droit interne français, est porté à titre de principe devant le juge judiciaire. • T. confl. 17 mai 2010 : *Bull. civ. n° 11 ; D. 2010. 2633, note Lemaire ; ibid. Pan. 2330, obs. Bollée ; ibid. Actu. 1359, obs. Delpech ; RTD com. 2010. 525, obs. Loquin ; Rev. crit. DIP 2010. 653, note Laazouzi ; AJDA 2010. 1564, note Cassia ; RFDA 2010. 959, concl. Guyomar, note Delvolvé ; RDI 2010. 551, obs. Braconnier ; JCP 2010, n° 552, note Clay ; ibid., n° 585, obs. Gaillard ; Gaz. Pal. 2010. 1642, obs. Guyomar ; BRDA 2010, n° 12, p. 6 ; Procédures 2010, n° 274, obs. Nourissat ; ibid., n° 299, obs. Deygas ; Rev. arb. 2010. 523, concl. Guyomar, note Audit ; Dr. adm. 2010, n° 122, obs. Brenet et Melleray.* – Sur les suites du litige, V. • Civ. 1re, 26 janv. 2011 : *préc. note 15.* – V. sur cette problématique : Gaudemet, Lapp et Steimer, *D. 2011. 2552* (les personnes publiques et l'arbitrage international).

23 quater. Force exécutoire. La cour d'appel, qui rappelle que l'art. 28 du règlement d'arbitrage de la CCI stipule que toute sentence arbitrale a un caractère obligatoire pour les parties qui s'engagent à l'exécuter et sont réputées avoir renoncé à toutes voies de recours auxquelles elles peuvent valablement renoncer et qui retient à juste titre que ce texte ne prévoit pas que la sentence arbitrale soit exécutoire par provision ou de droit, en déduit exactement, d'abord, que l'engagement d'exécuter la sentence n'a pas pour effet de conférer à la sentence arbitrale la valeur d'une décision exécutoire de plein droit ni de priver les parties d'un recours en annulation, toujours possible même lorsque le règlement d'arbitrage l'exclut, contre la sentence arbitrale rendue en France et, ensuite, que, l'exécution provisoire n'ayant pas été ordonnée par le tribunal arbitral, le recours formé est suspensif d'exécution sauf si la décision était exécutoire de droit. • Civ. 1re, 4 juill. 2007 : *Bull. civ. I, n° 252 ; D. 2008. 451, note*

Clay ; D. 2007. AJ 2025, obs. Delpech ; Rev. crit. DIP 2007. 822, note Usunier ; JCP E 2008, n° 4, p. 21, obs. Ortscheidt ; LPA 25 sept. 2007, obs. Gillet ; Dr. et proc. 2007. 344, obs. Cuniberti ; RD banc. fin. 2007, n° 188, obs. Piedelièvre ; RJDA 2008, n° 347.

23 quinquies. Autorité de la chose jugée. **BIBL.** Loquin, *Rev. arb. 2010. 201* (de l'obligation de concentrer les moyens à celle de concentrer les demandes dans l'arbitrage). ♦ Il incombe au demandeur de présenter dans la même instance toutes les demandes fondées sur la même cause et il ne peut invoquer dans une instance postérieure un fondement juridique qu'il s'était abstenu de soulever en temps utile. • Civ. 1re, 28 mai 2008 : *Bull. civ. I, n° 153 ; D. 2008. Pan. 3116, obs. Clay ; ibid. AJ 1629, obs. Delpech ; RTD com. 2010. 535, obs. Loquin ; RTD civ. 2008. 551, obs. Perrot ; JCP E 2008, n° 25, p. 17, obs. Béguin ; JCP 2008. II. 10157, note Chabot ; ibid. 10170, note Bolard ; LPA 3 oct. 2008, obs. Maire du Poset ; RLDA sept. 2008. 47, note Raynard ; RJ com. 2009. 60, obs. Moreau.* ♦ Application à l'arbitrage de la règle posée par • Cass., ass. plén., 7 juill. 2006 : *Bull. ass. plén., n° 8 ; BICC 15 oct. 2006, p. 37, rapp. Charruault, note Koering-Joulin, avis Benmakhlouf ; D. 2006. 2135, note Weiller ; RTD civ. 2006. 825, obs. Perrot ; JCP 2006. I. 183, obs. Amrani-Mekki.* – V. **C. pr. civ.**

b. Sort de la clause compromissoire en cas d'expiration du délai d'arbitrage

24. Maintien de la compétence arbitrale. La clause compromissoire ne stipulant aucun délai, la sentence devait intervenir dans les six mois de la constitution du tribunal, sauf prorogation conventionnelle ou judiciaire. • Civ. 1re, 22 sept. 2010 : *Bull. civ. I, n° 176 ; D. 2010. Pan. 2941, obs. Clay ; ibid. Actu. 2234, obs. Delpech ; JCP E 2010, n° 1938, obs. Béguin ; RJDA 2011, n° 93.* ♦ Le délai légal ou conventionnel dans lequel les arbitres doivent accomplir leur mission ne peut être prorogé que par l'accord des parties ou en justice. • Civ. 2e, 7 nov. 2002 : *Bull. civ. II, n° 242 ; D. 2002. IR 3241 ; JCP E 2003, n° 45-46, p. 1814, obs. Ortscheidt ; Gaz. Pal. 2003. 2306, note Moreau ; RJDA 2004, n° 1070.* – Sur cet arrêt, V. aussi Masson, *Gaz. Pal. 2003. Doctr. 3357* (durée de l'arbitrage) • Paris, 29 juin 2006 : *RTD com. 2006. 760, obs. Loquin .* ♦ Dès lors, méconnaît l'art. 1456 NCPC [C. pr. civ., art. 1463 nouv.] la cour d'appel qui rejette le recours en annulation d'une sentence arbitrale, alors qu'elle constatait que les arbitres ne s'étaient pas prononcés dans le délai fixé et n'avaient pas demandé de prorogation judiciaire avant l'expiration dudit délai. • Civ. 2e, 7 nov. 2002 : *préc.* ♦ Comp., lorsque l'arbitrage a sa source dans une clause compromissoire, l'expiration du délai de mission des arbitres, sans qu'une sentence ait été rendue, ne prive pas nécessairement d'effets la clause compromissoire. Dès lors, ayant relevé que les parties n'avaient pas renoncé à l'application d'une clause compromissoire et qu aucun obstacle caractérisé ne faisait échec à la continuation de la procédure d'arbitrage, une cour d'appel a retenu, à bon droit, que la compétence arbitrale avait subsisté à l'extinction du lien d'instance. • Civ. 2e, 18 févr. 1999 *Bull. civ. II, n° 31 ; D. 1999. IR 73 ; D. Affaires 1999. 714, obs. V. A.-R.* ♦ V., jugeant que le mandat de représentation en justice de l'avocat lui permet de consentir tacitement à la prorogation du délai d'arbitrage : • Civ. 2e, 21 nov. 2002 : *Bull. civ. II, n° 263 ; JCP E 2003, n° 32-35, p. 1337, note Chabot ; RTD com. 2003. 475, obs. Loquin ; Procédures 2003, n° 35, obs. Perrot.* ♦ Pour une volonté tacite de proroger le délai, V. • Montpellier, 8 mars 2005 : *JCP 2006. IV. 1777* • Civ. 1re, 23 mai 2006 : *Bull. civ. I, n° 251 ; JCP E 2006, n° 26, p. 1159.* ♦ V. aussi, jugeant que l'ordonnance prorogeant un délai d'arbitrage en application de l'art. 1456 NCPC [C. pr. civ., art. 1463 nouv.] est insusceptible de recours en vertu de l'art. 1457 du même code, si ce n'est le cas d'excès de pouvoir : • Civ. 2e, 7 nov. 2002 : *Bull. civ. II, n° 241 ; JCP E 2003, n° 45-46, p. 1814, obs. Ortscheidt.* ♦ Sur la notification de la prorogation du délai d'arbitrage, V. • Paris, 6 mars 2003 : *D. 2003. Somm. 2477, obs. Clay ; RTD com. 2003. 479, obs. Loquin ; JCP E 2004, n° 19, p. 764, obs. Béguin.* ♦ V. aussi • Civ. 1re, 6 juill. 2005 : *Bull. civ. I, n° 301 ; JCP E 2005, n° 47, p. 1986, obs. Ortscheidt ; RJDA 2006, n° 354.* ♦ Sur le calendrier de l'arbitrage, V. • Paris, 19 janv. 2006 : *RTD com. 2006. 305, obs. Loquin .*

24 bis. Responsabilité de l'arbitre. **BIBL.** Martel, *RTD com. 2007. 1* (le contrôle de la mission de l'arbitre). ♦ Sur la responsabilité de l'arbitre, tenu à cet égard d'une obligation de résultat, qui a laissé expirer le délai d'arbitrage sans demander sa prorogation au juge d'appui, V. • Civ. 1re, 6 déc. 2005 *Bull. civ. I, n° 462 ; D. 2006. 274, note Gautier ; RTD com. 2006. 299, obs. Loquin ; RTD civ. 2006. 144, obs. Théry ; JCP E 2006, n° 8, p. 344, note Chabot ; ibid. n° 10, p. 460, note Paillusseau ; JCP 2006. II. 10066, note Clay ; RJDA 2006, n° 728 ; RDC 2006. 812, obs. Viney.* ♦ Jugeant, sur renvoi de l'arrêt précédent, que le fait pour les parties de n'avoir pas sollicité de prorogation auprès du président du tribunal de commerce, désigné comme juge d'appui, n'est pas de nature à atténuer la responsabilité encourue par les arbitres, tenus d'une obligation de résultat pour le cas, justement, où les parties ne s'accorderaient pas sur une prorogation ou ne la solliciteraient pas du juge d'appui : • Orléans, 13 avr. 2007 : *RJDA 2008, n° 345.* ♦ A défaut pour les parties d'enfermer la mission des arbitres dans des délais conventionnels, le tribunal arbitral, en conduisant la procédure et fixant de sa propre autorité les délais par voie d'ordonnance de procédure, a fait une interprétation de la clause de procédure relative au délai de l'arbitrage. • Paris, 6 nov. 2008 : *D. 2009. 538, note Mainguy*. ♦ En effet, les arbitres n'étant tenus que d'une obligation de moyens, il ne peut leur être reproché, en l'absence de stipulation d'un délai d'arbitrage, d'avoir laissé s'éterniser la procédure arbitrale. • Civ. 1re, 17 nov. 2010 : *Bull. civ. I, n° 233 ; D. 2010. Pan. 2935, obs. Clay ; ibid. Actu. 2849, obs. Delpech ; JCP 2010, n° 1236 ; RJDA 2011, n° 271.*

La clause exonérant l'institution d'arbitrage de toute responsabilité est licite en droit français, sauf faute intentionnelle, inexcusable et lourde, assimilable au dol. • TGI Paris, 10 oct. 2007 : *préc. note 16.*

c. Demande incidente

25. Recevabilité. Lorsque son investiture procède d'une clause compromissoire, l'arbitre peut être saisi par une partie d'une demande incidente, dès lors qu'entrant par son objet dans les prévisions de la clause compromissoire, cette demande se rattache par un lien suffisant aux prétentions originaires que la partie lui avait soumises. • Civ. 2e, 8 avr. 1999 : *Bull. civ. II, n° 67 ; D. 1999. IR 133 ; Procédures 1999, n° 146, note R. Perrot.*

d. Efficacité

26. Engagement d'exécuter la sentence. L'engagement pris par un État signataire de la clause d'arbitrage d'exécuter la sentence dans les termes de l'art. 24 du règlement d'arbitrage de la Chambre de commerce international implique renonciation de cet État à l'immunité d'exécution. • Civ. 1re, 6 juill. 2000 : *Bull. civ. I, n° 207 ; D. 2000. IR 209 ; JCP E 2001. 223, note Kaplan et Cuniberti (1re esp.).*

26 bis. Exequatur. Sur l'admission de l'exequatur en France d'une sentence arbitrale étrangère annulée, V. • Civ. 1re, 29 juin 2007 : *Bull. civ. I, n°s 250 et 251 ; D. 2008. 1429, note Degos ; ibid. Pan. 189, obs. Clay ; D. 2007. AJ 1969, obs. Delpech ; RTD com. 2007. 682, obs. Loquin ; Rev. crit. DIP 2008. 109, note Bollée ; JCP E 2007, n° 40, p. 34, obs. Reinhard ; LPA 25 sept. 2007, obs. de Boisséson ; Gaz. Pal. 2007. 3690, note Pinsolle ; RJDA 2007, n° 1035, et p. 883, note Ancel ; JDI 2007. 1236, note Clay* (2 arrêts). ♦ Il n'entre pas dans les pouvoirs du juge étatique français d'intervenir dans le déroulement d'une instance arbitrale internationale, car le tribunal arbitral international est une juridiction autonome. • Civ. 1re, 12 oct. 2011 : *Bull. civ. I, n° 163 ; Dalloz actualité, 25 oct. 2011, obs. Delpech ; D. 2011. Actu. 2483 ; RTD com. 2012. 522, obs. Loquin ; JCP E 2012, n° 1140, spéc. n° 6, obs. Seraglini ; RJDA 2012, n° 224 ; RJ com. 2012. 26, obs. Moreau ; Procédures 2011, n° 371, obs. Weiller.*

e. Irrégularités

26 ter. Renonciation. Une partie qui, ayant participé activement à l'arbitrage, s'est abstenue, en connaissance de cause, d'invoquer devant l'arbitre des irrégularités, est réputée avoir renoncé à se prévaloir ultérieurement de celles-ci. • Civ. 2e, 11 juill. 2002 : *Bull. civ. II, n° 161 ; D. 2002. IR 2846 ; JCP E 2003, n° 19, p. 806, obs. Ortscheidt.* ♦ Rappr., en matière d'interruption d'instance : • Civ. 2e, 23 mai 2003 : *JCP E 2004, n° 19, p. 761, obs. Ortscheidt.*

2° À L'ÉGARD DES TIERS

27. Relativité de la clause compromissoire. La clause compromissoire ne lie pas un tiers non partie à la convention. • Com. 15 nov. 1978 : *D. 1979. IR 130.* ♦ Mais jugeant que la clause compromissoire est attachée au contrat et donc opposable aux parties, même non signataires : • Civ. 1re, 11 juill. 2006 : *Bull. civ. I, n° 367 ; D. 2006. Pan. 3029, obs. Clay ; RTD com. 2006. 764, obs. Loquin ; JCP E 2006, n° 50, p. 2148, obs. Seraglini.* ♦ La clause d'arbitrage contenue dans le contrat liant le stipulant au promettant peut être invoquée par et contre le tiers bénéficiaire d'une stipulation pour autrui, et donc contre la société bénéficiaire de la garantie de passif. • Civ. 1re, 11 juill. 2006 : *Bull. civ. I, n° 368 ; D. 2006. Pan. 3028, obs. Clay ; RTD com. 2006. 773, obs. Loquin ; JCP E 2006, n° 49, p. 2092, note Legros ; RJDA 2007, n° 208.* ♦ Pour l'opposabilité d'une clause compromissoire : au président du conseil d'administration d'une société associée à une coopérative de commerçants détaillants, V. • Civ. 1re, 20 sept. 2006 : *Bull. civ. I, n° 403 ; D. 2006. IR 2343 ; JCP E 2007, n° 9, p. 18, note Reifegerste ; LPA 19 janv. 2007, note Lacour ;* BRDA 2006, n° 23, p. 8 ; RLDA déc. 2006. 10, note *Mestre.* ♦ ... Ou au juge-commissaire, V. • Com. 7 févr. 2012 : *cité note 10 bis ss. art. R. 662-3.* ♦ Pour l'inopposabilité d'une clause compromissoire à un liquidateur judiciaire, V. • Com. 14 janv. 2004 : *Bull. civ. IV, n° 10 ; D. 2004. AJ 278, obs. Lienhard ; JCP E 2004, n° 11, p. 398 ;*

RJDA 2004, n° 736 ; RDC 2004. 1008, obs. Béhar-Touchais. ♦ ... Ou à un commissaire à l'exécution du plan agissant au nom et dans l'intérêt collectif des créanciers, V. • Com. 13 juin 2006 : *JCP E 2006, n° 50, p. 2147, obs. Seraglini ; RJDA 2006, n° 1246.* ♦ Sur l'articulation entre une procédure collective et une instance arbitrale non en cours au jour du jugement d'ouverture, V. • Com. 2 juin 2004 : *Bull. civ. IV, n° 110 ; D. 2004. AJ 1732, obs. Lienhard ; ibid. Somm. 3184, obs. Clay ; JCP E 2004, n° 26, p. 1053, note N. S. ; ibid., n° 50, p. 1972, obs. Béguin ; LPA 21 juill. 2004, p. 15, note Touchent ; RTD com. 439, obs. Loquin ; Dr. et patr. oct. 2004. 119, obs. Monsèrié-Bon ; Defrénois 2004. 1671, obs. Gibirila ; RJDA 2004, n° 1240* (2 arrêts). – V. sur la question, Croze et Reinhard, *JCP E 2005, n° 14, p. 612.* ♦ L'instance arbitrale est en cours à partir du jour où le tribunal arbitral est définitivement constitué et peut donc être saisi du litige, c'est-à-dire à partir de l'acceptation par tous les arbitres de leur mission. • Civ. 1re, 30 mars 2004 : *Bull. civ. I, n° 98 ; D. 2004. Somm. 3183, obs. Clay ; JCP 2004. I. 159, n° 17, obs. Besrour ; RJDA 2004, n° 1011.* ♦ La clause compromissoire ne peut pas être invoquée par un tiers à son profit de sorte que le bénéficiaire d'une stipulation pour autrui n'est pas fondé à se prévaloir de la clause compromissoire liant uniquement le stipulant et le promettant. • Com. 4 juin 1985 : *Bull. civ. IV, n° 178 ; RTD civ. 1986. 593, obs. Mestre ; Rev. arb. 1987. 139, note J.-L. Goutal.* ♦ Sur l'opposabilité d'une convention d'arbitrage à une coopérative agricole, agissant en qualité d'ayant droit de ses adhérents, V. • Civ. 1re, 6 mars 2007 : *Bull. civ. I, n° 91 ; D. 2008. Pan. 184, obs. Clay ; D. 2007. AJ 1024, obs. Delpech ; JCP E 2007, n° 35, p. 30, obs. Seraglini ; RJDA 2007, n° 799 ; RD rur. 2007, n° 246, note Barbiéri.* ♦ L'effet de la clause d'arbitrage international s'étend aux parties directement impliquées dans l'exécution du contrat et les litiges qui peuvent en résulter. • Civ. 1re, 27 mars 2007 : *cité note 29.*

28. Appel en garantie. L'appel en garantie lié au défendeur par une clause compromissoire peut soulever l'incompétence de la juridiction étatique. • Com. 8 nov. 1982 : *Bull. civ. IV, n° 337 ; Gaz. Pal. 1983. 1. Pan. 99, obs. Guinchard ; RTD com. 1983. 229, obs. J.-Cl. Dubarry.* ♦ Inversement, dans une procédure arbitrale, on ne peut obliger à intervenir ou appeler en garantie un tiers à la clause compromissoire. • Paris, 19 déc. 1986 : *Rev. arb. 1987. 359 et 275, Chron. E. Guaillard ; Gaz. Pal. 1987. 1. Somm. 108.*

29. Transmission de la clause compromissoire. **BIBL.** Moury, *D. 2002. 2744* (réflexions sur la transmission des clauses de compétence dans les chaînes de contrats translatifs). – Derache, *JCP E 2012, n° 1048* (transmission des clauses de règlement des litiges dans les groupes de contrat). ♦ La clause d'arbitrage international, valable par le seul effet de la volonté des contractants, est transmise au cessionnaire avec la créance telle qu'elle existe dans les rapports entre le cédant et le débiteur cédé. • Civ. 1re, 5 janv. 1999 : *Bull. civ. I, n° 1 ; D. 1999. IR 31 ; Rev. crit. DIP 1999. 536, note Pataut* • Civ. 2e, 20 déc. 2001 : *Bull civ. II, n° 198 ; D. 2002. IR 251 ; RTD com. 2002. 279, obs. Loquin* (et sur renvoi • Paris, 10 sept. 2003 : *RJDA 2004, n° 297*). – V. Pradel, *D. 2003. 569*. ♦ ... Et les conditions de validite de la transmission peuvent être appréciées en dehors de toute recherche de la loi applicable au contrat. • Lyon, 4 nov. 2002 : *BICC 2003, n° 294.* – V. aussi note 13. ♦ La clause d'arbitrage international s'impose à toute partie venant aux droits de l'un des contractants. Dès lors, la clause d'arbitrage insérée dans un contrat de mandat d'exploitation de films est opposable au mandataire substitué. • Civ. 1re, 8 févr. 2000 : *Bull. civ. I, n° 36 ; Rev. crit. DIP 2000. 763, note Coipel-Cordonnier*. ♦ Dans une chaîne homogène de contrats translatifs, la clause d'arbitrage international se transmet avec l'action contractuelle, sauf preuve de l'ignorance raisonnable de l'existence de cette clause. Dès lors, encourt la cassation l'arrêt qui declare une telle clause inopposable à l'acquéreur final au motif inopérant qu'il ne l'a pas acceptée. • Civ. 1re, 6 févr. 2001 : *Bull. civ. I, n° 22 ; D. 2001. Somm. 1135, obs. Delebecque ; RTD com. 2001. 754, obs. Bouloc ; Rev. crit. DIP 2001. 522, note Jault-Seseke ; JCP E 2001, n° 29, p. 1238* • Lyon, 4 nov. 2002 : *préc.* ♦ La cession d'une créance comprend les accessoires de celle-ci. Dès lors, viole l'art. 1492 C. civ. l'arrêt qui, pour rejeter le contredit, retient que dans le cas où seule une créance a été cédée, la clause compromissoire insérée dans le contrat auquel le cessionnaire n'avait pas été partie, en raison du principe d'autonomie qui y est attaché, n'a pu être transmise, alors que la clause d'arbitrage avait été transmise au cessionnaire avec la créance. • Civ. 2e, 20 déc. 2001 : *Bull. civ. II, n° 198 ; RTD com. 2002. 279, obs. Saintourens ; Dr. et patr. juin 2002, p. 123, obs. Mestre.* ♦ Dans une chaîne de contrats translatifs de propriété, la clause compromissoire est transmise de façon automatique en tant qu'accessoire du droit d'action, lui-même accessoire du droit substantiel transmis, sans incidence du caractère homogène ou hétérogène de cette chaîne. • Civ. 1re, 27 mars 2007 : *Bull. civ. I, n° 129 ; D. 2007. 2077, note Bollée ; ibid. 2007. AJ 1086, obs. Delpech ; RTD com. 2007. 677, obs. Loquin ;*

RTD civ. 2008. 541, obs. Théry ; *Rev. crit. DIP 2007. 798, note Jault-Seseke* ; *JCP E 2007, nº 35, p. 29, obs. Seraglini* ; *JCP 2007. II. 10118, note Golhen* ; *LPA 10 août 2007, note Malan* ; *Gaz. Pal. 2007. 3683, note Train* ; *CCC 2007, nº 166, obs. Leveneur* ; *RJDA 2008, nº 591* ; *JDI 2007. 968, note Legros.*

29 bis. En matière internationale, la clause d'arbitrage, juridiquement indépendante du contrat principal, est transmise avec lui, quelle que soit la validité de la transmission des droits substantiels. • Civ. 1re, 28 mai 2002 : *Bull. civ. I, nº 146* ; *D. 2003. Somm. 2471, obs. Clay* ; *Rev. crit. DIP 2002. 758, note Coipel-Cordonnier* ; *JCP 2003. I. 105, nº 10, obs. Seraglini* ; *JCP E 2003, nº 15, p. 656, obs. Raynard* ; *LPA 3 déc. 2002, note Legros* ; *Gaz. Pal. 2003. 1. Somm. 515, obs. Niboyet.* ♦ V. toutefois, considérant que le fait que la convention d'arbitrage soit contractée en considération de la personne peut faire obstacle à sa transmission. • Même arrêt. ♦ En l'état d'un litige concernant l'indemnisation d'avaries relatives au fret opposant un affréteur au voyage et un fréteur liés par une charte-partie, justifie légalement sa décision la cour d'appel qui, ayant relevé que l'affréteur était intervenu à l'instance, non en cette qualité mais en qualité de cessionnaire du destinataire de la marchandise, décide que la clause compromissoire figurant à la charte-partie ne trouve pas à s'appliquer. • Com., 8 oct. 2003 : *Bull. civ. IV, nº 154* ; *Rev. crit. DIP 2004. 763, note Jault-Seseke* ; *Rev. arb. 2004. 77, note Cachard.*

D. POUVOIRS DES ARBITRES

30. Principe de la contradiction. Les arbitres ont l'obligation de mettre les parties en mesure de débattre contradictoirement de toute information qu'ils ont recueillie et utilisée. • Civ. 2e, 21 juin 1995 : *Bull. civ. II, nº 189* ; *Bull. Joly 1995. 1053, note Rontchevsky.* ♦ V. aussi • Civ. 2e, 10 juill. 2003 : *cité note 32.* ♦ Le principe de la contradiction suppose qu'aucun moyen de fait ou de droit ne soit soulevé d'office par le tribunal arbitral sans que les parties n'aient été invitées à présenter leurs observations éventuelles. • Paris, 27 févr. 2003 : *RTD com. 2003. 476, obs. Loquin*. ♦ Si le tribunal arbitral n'a pas l'obligation de soumettre au préalable l'argumentation juridique qui étaye sa motivation à la discussion des parties, il doit cependant respecter le principe de la contradiction. • Civ. 1re, 14 mars 2006 : *préc. note 14* • 29 juin 2011 : *Bull. civ. I, nº 125* ; *D. 2011. Actu. 1911, obs. Delpech* ; *JCP E 2011, nº 1609* ; *RJDA 2011, nº 1090* ; *Procédures 2011, nº 307, obs. Weiller.* ♦ Sur la renonciation à se prévaloir d'éventuelles irrégularités relatives à la violation du principe de la contradiction faute de les avoir invoquées devant les arbitres, V. • Civ. 2e, 20 nov. 2003 : *Bull. civ. II, nº 342* ; *JCP E 2004, nº 3, p. 58.*

30 bis. Mission. La mission des arbitres, définie par la convention d'arbitrage, est délimitée principalement par l'objet du litige, tel qu'il est déterminé par les prétentions des parties sans s'attacher uniquement à l'énoncé des questions dans l'acte de mission. • Civ. 2e, 24 juin 2004 : *Bull. civ. II, nº 310* ; *JCP E 2004, nº 37, p. 1369.* ♦ La sentence arbitrale peut être annulée lorsque l'arbitre a statué sans se conformer à la mission qui lui avait été confiée ; tel est le cas de l'arbitre qui statue *ultra petita* en accordant au demandeur une somme excédant le montant de sa demande. • Versailles, 26 juin 2003 : *BICC 2004, nº 244.*

31. Respect des règles impératives. **BIBL.** Gaillard, *JDI 2007. 1163* (souveraineté et autonomie : réflexions sur les représentations de l'arbitrage international). – Mayer, *Mélanges Gaudemet-Tallon, Dalloz, 2008, p. 459* (étendue du contrôle, par le juge étatique, de la conformité des sentences arbitrales aux lois de police). – Seraglini, *Gaz. Pal. 2009. 951* (le contrôle de la sentence au regard de l'ordre public international par le juge étatique). – Chainais, *Rev. arb. 2010. 3* (l'arbitre, le droit et la contradiction : l'office du juge arbitral à la recherche de son point d'équilibre). ♦ Il appartient à l'arbitre, hors les cas où la non arbitrabilité relève de la matière, de mettre en œuvre les règles impératives du droit, sous le contrôle du juge de l'annulation. • Com. 9 avr. 2002 : *D. 2002. IR 1402.* ♦ S'agissant de la violation de l'ordre public international, seule la reconnaissance ou l'exécution de la sentence est examinée par le juge de l'annulation au regard de la compatibilité de sa solution avec cet ordre public, dont le contrôle se limite au caractère flagrant, effectif et concret de la violation alléguée. • Civ. 1re, 4 juin 2008 : *Bull. civ. I, nº 162* ; *BICC 1er nov. 2008, nº 1600, et les obs.* ; *D. 2008. Pan. 2566, obs. Bollée* ; *ibid. AJ 1684, obs. Delpech* ; *RTD com. 2008. 518, obs. Loquin* ; *JCP E 2008, nº 27, p. 14, obs. Ortscheidt* ; *JCP 2008. I. 164, nº 8, obs. Seraglini* ; *LPA 3 oct. 2008, note Duprey* ; *LPA 26 mars 2009, note Malan* ; *Gaz. Pal. 2009. 539, note Train* ; *RJDA 2009, nº 492* ; *RLC juill.-sept. 2008. 62, note Nourissat* ; *JDI 2008. 1107, note Mourre* (conf. de • Paris, 23 mars 2006 : *D. 2006. Pan. 3033, obs. Clay*) • 11 mars 2009 : *D. 2009. Pan. 2968, obs. Clay* ; *ibid. AJ 880, obs. Delpech* ; *JCP E 2009, nº 35, p. 23, obs. Seraglini* ; *LPA 21 juill. 2009, obs. Tse* ; *Gaz. Pal. 2009. 1309, note Huchet.* ♦ La cour d'appel, qui a procédé, dans les limites de ses pouvoirs, c'est-à-dire sans révision au fond de la sentence arbitrale, au contrôle des sentences au regard de l'application des règles communautaires de la concurrence, a exactement dit que leur reconnaissance et leur exécution n'étaient pas contraires à l'ordre public international. • Civ. 1re, 4 juin 2008 : *préc.* ♦ Le juge chargé de contrôler la régularité de la sentence arbitrale ne peut, pour rejeter le recours en annulation, faire l'économie d'une motivation, sans laquelle la Cour de cassation n'est pas en mesure d'exercer son contrôle. • Civ. 1re, 11 févr. 2009 : *Bull. civ. I, n° 25 ; D. 2009. Pan. 2966, obs. Clay ; ibid. AJ 557, obs. Delpech ; JCP E 2009, n° 35, p. 24, obs. Ortscheid ; JCP 2009. Actu. 104, obs. Chabot.* ♦ Sur la violation de la règle d'ordre public international de la suspension des poursuites individuelles, V. • Civ. 1re, 6 mai 2009 : *Bull. civ. I, n° 86 ; D. 2009. AJ 1422, obs. Delpech ; RTD com. 2009. 546, obs. Loquin ; JCP 2009, n° 50, p. 12, note Bolard ; JCP E 2009, n° 50, p. 18, obs. Béguin ; LPA 21 juill. 2009, obs. Mouralis ; Gaz. Pal. 2009. 2716, obs. F. M. ; RJDA 2010, n° 574 ; RJ com. 2010. 47, obs. Moreau ; Dr. et proc. 2009. 270, obs. Cuniberti ; Rev. arb. 2010. 299, note Cohen.* ♦ ... Ou de l'extinction des créances non déclarées, V. • Civ. 1re, 28 sept. 2011 : *Bull. civ. I, n° 152 ; D. 2011. Actu. 2410, obs. Delpech ; RTD com. 2012. 189, obs. Martin-Serf ; Rev. sociétés 2011. 732, obs. Roussel Galle ; JCP E 2011, n° 1738, obs. Béguin ; RJDA 2011, n° 1089 ; RJ com. 2012. 30, obs. Moreau ; Procédures 2011, n° 339, obs. Weiller ; Bull. Joly Entrep. diff. 2012. 27, note Vidal.*

Aucune méconnaissance de l'art. 6 Conv. EDH n'étant caractérisée et aucune violation de l'ordre public international qui imposerait qu'elle fût flagrante, effective et concrète, n'étant établie, la cour d'appel a pu, sans dénaturation, en déduire que le demandeur sollicitait en réalité une révision au fond de la sentence, interdite au juge de l'annulation. • Civ. 1re, 6 oct. 2010 : *Bull. civ. I, n° 184 ; D. 2010. Actu. 2442, obs. Delpech ; D. 2011. Pan. 270, obs. Fricero ; JCP E 2010, n° 1984 ; RJDA 2011, n° 94.*

31 bis. Sursis à statuer. La règle « le criminel tient le civil en l'état » ne s'applique dans les relations internationales qu'en vertu d'un traité. • Civ. 1re, 6 mai 2003 : *préc. note 17.* ♦ L'art. 4 C. pr. pén. qui oblige le juge civil à surseoir à statuer lorsque, procédant des mêmes faits, l'action civile et l'action publique sont exercées séparément ou que la décision à intervenir au pénal est susceptible d'influer sur celle à rendre par la juridiction civile, est sans application pour l'arbitre statuant en matière internationale en raison de l'autonomie de la procédure arbitrale qui obéit à des règles propres. • Paris, 1er mars 2001 : *RTD com. 2003. 63, obs. Loquin* • 17 janv. 2002 : *ibid.* • 20 juin 2002 : *ibid.*

32. Amiable composition. BIBL. Paillusseau, *JCP E 2006, n° 1, p. 19* (le choix entre le droit et l'équité). – Béguin, *Mélanges Wiederkehr, Dalloz, 2009, p. 1* (l'étonnante liberté de l'arbitre amiable compositeur). ♦ Les arbitres, statuant comme amiables compositeurs, s'ils se prononcent exclusivement par application des règles de droit, doivent s'expliquer sur la conformité de celles-ci à l'équité. • Civ. 2e, 15 févr. 2001 : *Bull. civ. II, n° 26 ; D. 2001. 2780, note Rontchevsky* • 10 juill. 2003 : *Bull. civ. II, n° 234 ; D. 2003. Somm. 2474, obs. Clay ; JCP E 2004, n° 4, p. 131, note Chabot ; RTD com. 2003. 699, obs. Loquin .* – Comp. • Civ. 2e, 8 juill. 2004 : *JCP E 2004, n° 50, p. 1974, obs. Seraglini.* ♦ Après avoir mentionné que le tribunal arbitral avait pour mission de statuer sur le préjudice subi par la banque et de prononcer, le cas échéant, toutes condamnations, l'arrêt retient à bon droit qu'en évaluant le préjudice et en décidant qu'il serait inéquitable de laisser la banque propriétaire de ses parts dans le capital de la société, les arbitres avaient exercé leur pouvoir d'amiable compositeur et recherché, en équité, la solution la plus adéquate. • Civ. 2e, 10 juill. 2003 : *Bull. civ. II, n° 233 ; RTD com. 2005. 484, obs. Loquin ; JCP E 2003, n° 39, p. 1511.* ♦ Pour un arrêt relevant que l'arbitre a également fondé sa décision sur des considérations qui relèvent de la raison, du juste, du normal, des circonstances et du critiquable, du réaliste et du cohérent, V. • Paris, 14 janv. 2003 : *RTD com. 2003. 478, obs. Loquin .* ♦ Jugeant que le juge doit rechercher si les parties n'ont pas renoncé sans équivoque à l'amiable composition au profit d'un arbitrage de droit. • Civ. 1re, 3 oct. 2006 : *Bull. civ. I, n° 420 ; D. 2006. IR 2548 ; JCP E 2006, n° 47, p. 1985 ; RJDA 2007, n° 306 ; Procédures 2007, n° 1, obs. Perrot ; RDC 2007. 851, obs. Pelletier.* ♦ Pour une référence implicite à l'équité, V. • Civ. 1re, 28 nov. 2007 : *Bull. civ. I, n° 369 ; D. 2008. Pan. 187, obs. Clay ; ibid. AJ 26, obs. Delpech ; RTD com. 2008. 521, obs. Loquin ; JCP E 2008, n° 1, p. 28, obs. Béguin ; LPA 24-25 mars 2008, note Jaeger ; RJDA 2008, n° 739 ; RJ com. 2008. 57, obs. Moreau.* ♦ Lorsque le juge d'appel statue comme amiable compositeur, il doit nécessairement faire référence à l'équité ou à la mission d'amiable compositeur qui lui a été conférée. • Civ. 1re, 17 déc. 2008 : *Bull. civ. I, n° 284 ; D. 2009. Pan. 2966, obs. Clay ; ibid. AJ 173, obs. Delpech ; RTD com. 2009. 550, obs. Loquin ; JCP E 2009, n° 4, p. 13, note Béguin ; ibid. n° 11, p. 19, note Chabot ; LPA 16 mars 2009, obs. Coutelier ; RJDA 2009, n° 491 ; RJ com. 2009. 58, obs. Moreau.* ♦ Le tribunal arbitral, auquel les parties ont conféré mission de statuer comme amiable compositeur, doit faire ressortir dans sa sentence qu'il a pris en compte l'équité. • Civ. 1re, 1er févr. 2012 : *préc. note 17 bis.*

VIII. CLAUSES ATTRIBUTIVES DE COMPÉTENCE

A. CLAUSES ATTRIBUTIVES DE COMPÉTENCE MATÉRIELLE

33. *Inopposabilité au défendeur non commerçant.* Est inopposable à un défendeur non commerçant une clause attributive de compétence au tribunal de commerce. • Com. 10 juin 1997 : *Bull. civ. IV, n° 185 ; D. 1998. Jur. 2, note Jault-Seseke et Labarthe*. ♦ Mais dans les conventions de caractère civil pour une partie et commerciale pour l'autre, la partie non commerçante peut valablement s'engager, pour les litiges où elle serait demanderesse, à n'assigner que devant la juridiction commerciale et devant un tribunal de commerce nommément déterminé. • Com. 20 juill. 1965 : *D. 1965. 581.* ♦ De même, la partie non commerçante peut toujours renoncer à se prévaloir de l'incompétence du tribunal de commerce. • Civ. 2e, 17 mai 1982 : *Bull. civ. II, n° 7 ; RTD com. 1983. 59, obs. Derruppé.*

B. CLAUSES ATTRIBUTIVES DE COMPÉTENCE TERRITORIALE (ART. 48 C. pr. civ.)

1° CONDITIONS DE VALIDITÉ

a. Litiges de caractère international

34. *Principe de validité des clauses prorogeant la compétence internationale.* Les clauses prorogeant la compétence internationale sont en principe licites lorsqu'il s'agit d'un litige international et lorsque la clause ne fait pas échec à la compétence territoriale impérative d'une juridiction française et l'art. 48 NCPC [renommé C. pr. civ.] doit s'interpréter en ce sens que doivent être exclus de la prohibition qu'il édicte, les clauses qui ne modifient la compétence territoriale interne qu'en conséquence d'une modification de la compétence internationale. • Civ. 1re, 17 déc. 1985 : *Bull. civ. I, n° 354 ; D. 1986. IR 265, obs. Audit ; Rev. crit. DIP 1986. 537, note Gaudemet-Tallon.* ♦ La désignation globale des juridictions d'un État dans une clause de prorogation de compétence est licite, du moins si le droit interne de cet État permet de déterminer le tribunal spécialement compétent. • Même arrêt. ♦ L'insertion d'une clause de juridiction étrangère dans un contrat international fait partie de l'économie de celui-ci, de sorte qu'elle s'impose à l'assureur subrogé. • Civ. 1re, 12 juill. 2001 : *Bull. civ. I, n° 224 ; D. 2001. Somm. 3246, obs. Delebecque*.

35. *Compétence communautaire.* Selon l'art. 17 de la Convention de Bruxelles, modifiée, du 27 sept. 1968, la clause attributive de juridiction doit être conclue soit par écrit, soit verbalement avec confirmation écrite. Il résulte de l'interprétation donnée par la CJCE que satisfait à ces conditions la clause figurant dans les conditions imprimées sur un document émanant d'une partie, lorsque ce document se situe dans le cadre de rapports commerciaux courants entre les parties et que ces rapports sont régis par des conditions générales comportant ladite clause. • Civ. 1re, 9 janv. 1996 : *Bull. civ. I, n° 19.* ♦ En matière internationale, l'art. 23 du Règl. CE du 22 déc. 2000 reconnaît la validité de la clause attributive de juridiction aux seules conditions que l'une des parties au moins soit domiciliée dans un État signataire et que la juridiction désignée soit celle d'un État contractant, de sorte que la clause attributive de compétence convenue entre une société luxembourgeoise et un Français même non-commerçant résidant à Londres, donnant compétence au Tribunal de commerce de Paris, est valable. • Civ. 1re, 9 janv. 2007 : *Bull. civ. I, n° 5 ; D. 2007. AJ 314, obs. Delpech ; RTD com. 2007. 626, obs. Delebecque ; Rev. crit. DIP 2007. 647, obs. Ancel ; JCP E 2007, n° 8, p. 25 ; CCC 2007, n° 114, obs. Leveneur ; RJDA 2007, n° 1181 ; RLDA sept. 2007. 71, obs. J.-S. Q.*

b. Litiges internes

36. *Personnes ayant toutes contracté en qualité de commerçant.* Toute clause qui, directement ou indirectement, déroge aux règles de compétence territoriale est réputée non écrite à moins qu'elle n'ait été convenue entre des personnes ayant toutes contracté en qualité de commerçant. • Civ. 2e, 4 juill. 2007 : *Bull. civ. II, n° 189 ; D. 2007. AJ 2111 ; Procédures 2007, n° 213, obs. Perrot.* ♦ Viole les art. 1er C. com. [désormais, art. L. 121-1] et 48 NCPC [renommé C. pr. civ.], l'arrêt qui retient la compétence territoriale d'un tribunal fondée sur une clause attributive de compétence, alors que le défendeur, qui avait la qualité d'artisan, ne pouvait se voir conférer celle de commerçant par la seule acceptation de lettres de change. • Com. 11 mai 1993 : *Bull. civ. IV, n° 179 ; Gaz. Pal. 1993. 2. 639, note Dupichot.* ♦ La souscription par le dirigeant d'une société commerciale d'un cautionnement à caractère commercial, en raison de son intérêt personnel dans l'engagement commercial garanti, ne lui donne pas la qualité de commerçant et ne justifie pas l'application à son égard d'une clause attributive de compétence territoriale. • Com. 10 févr. 1981 : *Bull. civ. IV, n° 75 ; Gaz. Pal. 1981. 2. 475, note Dupichot ; D. 1982. IR 153, obs. P. Julien.*

37. Clause spécifiée de façon très apparente. Ne répond pas aux exigences de l'art. 48 NCPC [renommé C. pr. civ.] une clause attributive de juridiction figurant au verso d'un bon de commande et imprimée en caractères grisâtres et peu lisibles. • Com. 30 nov. 1981 : *Bull. civ. IV, n° 415 ; D. 1982. IR 136.* ♦ Est réputée non écrite la clause qui, dans un contrat conclu entre commerçants, déroge aux règles de la compétence territoriale, dès lors qu'elle figure dans les conditions générales du contrat, au verso d'un imprimé qui n'a été signé qu'au recto, en petits caractères d'imprimerie et à la fin d'un texte copieux et serré, difficilement lisible et peu apparent pour un lecteur moyen. • Aix-en-Provence, 22 janv. 1992 : *D. 1993. Jur. 26, note Beignier*. ♦ Pour des exemples de clauses jugées très apparentes et valables, V. • Com. 20 juill. 1981 : *Bull. civ. IV, n° 324 ; D. 1982. IR 156* (clause constituant l'un des paragraphes du contrat passé entre deux sociétés commerciales et non dissimulée par un timbre humide) • 30 mai 1983 : *Gaz. Pal. 1985. 1. 53, note P.-Y. Nicolas* (clause figurant tant au recto qu'au verso d'un connaissement) • Civ. 1re, 30 oct. 2006 : *Bull. civ. I, n° 441 ; D. 2006. IR 2873 ; JCP 2006. IV. 3297 ; RJDA 2007, n° 213* (clause valable dès lors qu'elle permet de déterminer le tribunal choisi).

38. Acceptation de la clause. Une clause attributive de compétence territoriale n'est opposable qu'à la partie qui en a eu connaissance et l'a acceptée au moment de la formation du contrat. • Com. 28 févr. 1983 : *Bull. civ. IV, n° 89.* ♦ Mais l'art. 48 n'exige pas que la clause attributive de compétence territoriale ait été l'objet d'une acceptation distincte de l'ensemble du contrat. • Com. 20 juill. 1981 : *Bull. civ. IV, n° 324 ; D. 1982. IR 156.* ♦ Le consentement du destinataire au contrat de transport ne s'étend pas à la clause attributive de compétence qui, insérée dans la lettre de voiture, ne fait pas partie de l'économie du contrat et doit être acceptée par lui. • Com. 4 janv. 2005 : *cité note 7 ss. art. L. 132-8.* ♦ Il ne résulte d'aucun texte de droit interne que le porteur de connaissement, en acceptant la livraison de la marchandise, succède aux droits et obligations du chargeur découlant de la clause attributive de juridiction acceptée par celui-ci. Dès lors, la clause attributive de compétence est inopposable aux assureurs subrogés dans les droits du destinataire, porteur du connaissement, faute d'avoir été acceptée au plus tard lors de la livraison. • Com. 4 mars 2003 : *Bull. civ. IV, n° 33 ; JCP 2004. II. 10071, note Sinay-Cytermann ; Dr. et patr. nov. 2003. 101, obs. P. Mousseron ; RDC 2003. 140, obs. Delebecque ; Rev. crit. DIP 2003. 285, note Lagarde*. – V. aussi • CJCE 9 nov. 2000 : *D. 2000 IR 298.* ♦ Une clause attributive de juridiction convenue entre un transporteur et un chargeur et insérée dans un connaissement produit ses effets à l'égard du tiers porteur du connaissement pour autant que, en l'acquérant, il ait succédé aux droits et obligations du chargeur en vertu du droit national applicable ; dans le cas contraire, il convient de vérifier son consentement à la clause au regard des exigences de l'art. 17 de la Convention de Lugano du 16 sept. 1988. • Civ. 1re, 16 déc. 2008 : *Bull. civ. I, n° 283 ; BICC 1er mai 2009, n° 634, et les obs. ; D. 2009. Pan. 977, obs. Fenfack ; ibid. AJ 89, obs. Delpech ; RTD com. 2009. 643, obs. Delebecque ; Rev. crit. DIP 2009. 524, note Jault-Seseke ; JCP 2009. II. 10060, note Kenfack ; JCP E 2009, n° 42, p. 33, obs. Legros ; LPA 18 mars 2009, note Mahinga ; Gaz. Pal. 2009. 688, obs. Guez ; ibid. 1302, note Ghueldre et Fleuris ; RJDA 2009, n° 401 ; RDC 2009. 1193, note Racine ; RLDA mars 2009. 72, note Combet ; RLDC mars 2009. 12, obs. Maugeri* • Com. 16 déc. 2008 : *Bull. civ. IV, n° 215 ; eod. loc. (2e esp.).*

Des clauses attributives de juridiction figurant sur les documents contractuels respectifs des parties étant inconciliables, elles s'annulent et dans ce cas la désignation de la juridiction territorialement compétente est régie par les art. 42 et 46 NCPC [renommé C. pr. civ.]. • Com. 20 nov. 1984 : *Bull. civ. IV, n° 313 ; JCP 1987. II. 20832, note Blaisse.* ♦ Sur l'efficacité de la clause attributive de juridiction dans un contexte international et de pluralité de défendeurs, V. • Civ. 1re, 20 juin 2006 : *Bull. civ. I, n° 314 ; D. 2006. IR 1841, obs. Delpech ; JCP E 2006, n° 31-34, p. 1376 ; Gaz. Pal. 2007. 2145, obs. Niboyet ; BRDA 2006, n° 14, p. 11 ; Procédures 2007, n° 137, obs. Nourissat.* ♦ Posant la question de savoir si une clause attributive de juridiction, qui a été convenue, dans une chaîne communautaire de contrats, entre un fabricant d'une chose et un acheteur, produit ou non ses effets à l'égard du sous acquéreur, V. • Civ. 1re, 17 nov. 2010 : *Bull. civ. I, n° 240 ; D. 2010. Pan. 2935, obs. Clay ; ibid. Actu. 2829, obs. Delpech ; RTD com. 2011. 667, obs. Delebecque ; JCP 2010, n° 1307, note Chevalier ; CCC 2011, n° 23, obs. Leveneur ; LPA 29 juin 2011, note Charbonnel ; Gaz. Pal. 2011. 296, obs. Houtcieff ; RJDA 2011, n° 270 ; RJ com. 2011. 88, obs. Moreau.*

2° PORTÉE

39. Renonciation. Le fait que la partie demanderesse se soit initialement prévalue d'une clause attribuant compétence à une juridiction déterminée n'implique pas de sa part renonciation à exercer en faveur de cette juridiction le droit d'option reconnu au demandeur, en matière contractuelle, par les dispositions de l'art. 46 NCPC [renommé C. pr. civ.], dans l'éventualité où la clause attributive de juridiction serait jugée non conforme aux exigences de l'art. 48 du même code. • Com. 2 mars 1993 : *Bull. civ. IV, n° 81.*

40. Référé. La clause attributive de compétence territoriale est inopposable à la partie qui saisit le juge des référés. • Civ. 2e, 17 juin 1998 : *Bull. civ. II, n° 200 ; D. 1998. IR 194 ; D. Affaires 1998. 708, obs. S.P.* ♦ ... Une partie peut toujours saisir de sa demande le juge du lieu où les mesures doivent être prises ou exécutées. • Civ. 2e, 19 nov. 2008 : *Procédures 2009, n° 77, obs. Perrot.* ♦ Comp. les obs. de Delpech ss. • Civ. 1re, 5 mars 2008 : *Bull. civ. I, n° 60 ; D. 2008. AJ 857.*

40 bis. Absence d'incidence sur la clause attributive de compétence de l'inefficacité de l'acte qui la contient. Une clause attributive de compétence, en raison de son autonomie par rapport à la convention principale dans laquelle elle s'insère, n'est pas affectée par l'inefficacité de cet acte. • Civ. 1re, 8 juill. 2010 : *Bull. civ. I, n° 161 ; D. 2010. Actu. 1869, obs. Delpech ; RTD civ. 2010. 780, obs. Fages ; JCP E 2011, n° 1556, spéc. n° 11, obs. Nourissat ; RJDA 2010, n° 1120 ; Procédures 2010, n° 336, obs. Perrot ; RLDC oct. 2010. 17, obs. Paulin ; Dr. et proc. 2010. 293, note Vinckel ; RDC 2011. 223, obs. Racine.*

IX. CLAUSES DE CONCILIATION ET DE MÉDIATION

*V. Dir. 2008/52/CE du 21 mai 2008 sur certains aspects de la médiation en matière civile et commerciale. – **C. pr. civ.**, ou version internet du **C. consom.***

BIBL. Gorchs, *RTD civ. 2003. 409* (la médiation dans le procès civil : sens et contresens). – Chaput, *Mélanges Bouloc, Dalloz, 2006, p. 127* (responsabilité du médiateur dans le contentieux des affaires). – Kayser, *JCP E 2008, n° 28-29, p. 21* (la loi portant réforme de la prescription en matière civile et les modes alternatifs de résolution des conflits). – Creux-Thomas, *JCP 2009, n° 51, p. 9* (la médiation : opportunité ou « gadget » ?). – Fricero, *Dr. et patr. mai 2012. 53* (convention de procédure participative et médiation). – Tricoit, *ibid. 56* (... et conciliation).

41. Existence. Une procédure préalable de conciliation ne peut résulter que d'une stipulation contractuelle, laquelle est seule de nature à s'imposer au juge. • Civ. 1re, 6 mai 2003 : *Bull. civ. I, n° 108 ; JCP E 2004, n° 12, p. 465, obs. Brena ; JCP 2004. II. 10021, note Colson ; RTD civ. 2003. 499, obs. Mestre et Fages ; RJDA 2003, n° 1144.* ♦ Sur la distinction entre la procédure d'arbitrage et une simple procédure de conciliation préalable à la saisine de la justice étatique, V. • Paris, 20 nov. 2003 : *D. 2004. Somm. 3179, obs. Clay.*

41 bis. Sanction de l'inobservation d'une clause instituant un préliminaire de conciliation ou de médiation. BIBL. Montéran, *Gaz. Pal. 2003. 1. Doctr. 790* (respect des clauses contractuelles de médiation). – Deharo, *LPA 26 oct. 2011* (efficacité économique de la clause de médiation). ♦ Il résulte des art. 122 et 124 NCPC [renommé C. pr. civ.] que les fins de non-recevoir ne sont pas limitativement énumérées ; licite, la clause instituant une procédure de conciliation obligatoire et préalable à la saisine du juge, dont la mise en œuvre suspend jusqu'à son issue le cours de la prescription, constitue une fin de non-recevoir qui s'impose au juge si les parties l'invoquent. • Cass., ch. mixte, 14 févr. 2003 : *Bull. civ., n° 1 ; BICC 1er mai 2003, p. 41, concl. Benmakhlouf, rapp. Bailly ; D. 2003. 1386, note Ancel et Cottin ; LPA 12 mars 2003, p. 13, note Bernheim ; Procédures 2003, n° 96, obs. Croze ; JCP E 2003, n° 19, p. 810, note Croze et Gautier ; ibid. n° 45-46, p. 1816, obs. Seraglini ; CCC 2003, n° 84, obs. Leveneur ; RJ com. 2003. 203, note Montéran ; RTD civ. 2003. 294, obs. Mestre et Fages ; RDC 2003. 182, obs. Cadiet, et 189, obs. Lagarde* • Com. 17 juin 2003 : *D. 2003. Somm. 2480, obs. Clay ; JCP E 2003, n° 36, p. 1359 ; CCC 2003, n° 134, obs. Leveneur ; RTD civ. 2004. 136, obs. Perrot ; RJDA 2003, n° 1267 ; Procédures 2003, n° 213, obs. Perrot ; RDC 2004. 417, obs. Lagarde.* ♦ Dans le même sens, s'agissant d'une clause de médiation : • Civ. 1re, 8 avr. 2009 : *Bull. civ. I, n° 78 ; D. 2009. AJ 1284, obs. Delpech ; RTD civ. 2009. 774, obs. Théry ; JCP 2009, n° 26, p. 20, note Cuperlier ; JCP E 2009, n° 50, p. 19, obs. Béguin ; BRDA 2009, n° 11, p. 11 ; RLDC juin 2009. 13, obs. Maugeri.* ♦ V. la jurisprudence antérieure : ayant relevé que les conventions contenaient une clause de conciliation par laquelle les parties s'étaient engagées à soumettre leur différend à deux conciliateurs avant toute action contentieuse, une cour d'appel retient, à bon droit, que l'action en justice introduite par une partie sans observation de la procédure prévue par cette clause est irrecevable. • Civ. 2e, 6 juill. 2000 : *CCC 2001, n° 2, note Leveneur ; Rev. arb. 2001. 749 (1re esp.), note Jarrosson.* ♦ *Contra :* La clause d'un contrat d'exercice professionnel subordonnant une action judiciaire à une conciliation des parties par l'autorité ordinale, qui ne constitue pas une fin de non-recevoir, n'est pas d'ordre public et ne se trouve assortie d'aucune sanction. • Civ. 1re, 23 janv. 2001 :

Bull. civ. I, n° 11 ; Rev. arb. 2001. 751 (2e esp.), note Jarrosson. ♦ La cour d'appel qui a retenu par une interprétation souveraine de la volonté des parties lors de la signature de la convention que l'inobservation de la clause prévoyant un préalable de conciliation avant toute procédure ne constituait pas une fin de non-recevoir à l'action en justice, ce qui impliquait que ce préalable n'était pas obligatoire, a ainsi justifié sa décision sur ce point. • Civ. 1re, 6 mars 2001 : *Rev. arb. 2001. 751 (3e esp.), note Jarrosson.*

42. Saisine du juge des référés. L'existence d'une clause contractuelle de conciliation n'exclut pas la faculté pour l'une ou l'autre partie de saisir la juridiction des référés lorsque cette saisine est justifiée par l'urgence des mesures sollicitées. • Paris, 4 juill. 2001 : *BICC 2002, n° 125.*

X. ACTES DE COMMERCE PAR LA FORME

BIBL. Pirovano, *D. 1976. Chron. 249.* ♦ V. note 18 ss. art. L. 110-1.

Art. L. 721-3-1 *(L. n° 2011-1862 du 13 déc. 2011, art. 4-II, en vigueur le 1er janv. 2013)* **Les tribunaux de commerce connaissent, dans les limites de leur compétence d'attribution, des demandes formées en application du règlement (CE) n° 861/2007 du Parlement européen et du Conseil du 11 juillet 2007 instituant une procédure européenne de règlement des petits litiges.** – *V. ce texte au* ***C. pr. civ.*** *ou au* ***C. consom.***

L'art. L. 721-3-1, tel qu'issu de la L. n° 2011-1862 du 13 déc. 2011, n'est pas applicable aux procédures en cours (L. préc., art. 70-IV).

Art. L. 721-4 **Le tribunal de commerce connaît des billets à ordre portant en même temps des signatures de commerçants et de non-commerçants.**

Toutefois, il est tenu de renvoyer au tribunal de grande instance s'il en est requis par le défendeur lorsque les billets à ordre ne portent que des signatures de non-commerçants et n'ont pas pour occasion des opérations de commerce, trafic, change, banque ou courtage. – *[COJ, art. L. 411-5.]*

1. La demande en paiement d'intérêts d'un billet à ordre ne peut être soumise à la juridiction consulaire qu'autant qu'il est constaté en fait que ce billet avait un caractère commercial. • Civ. 17 mars 1890 : *DP 1891. 1. 84* • 1er août 1900 : *DP 1900. 1. 504.* – V. aussi • Req. 27 nov. 1906 : *DP 1908. 1. 215.*

2. La compétence du tribunal de commerce n'est pas exclusive et le fait que le souscripteur soit commerçant n'interdit pas au tribunal de grande instance de connaître, à l'occasion d'un litige de sa compétence, de la nullité pour dol des avals figurant sur des billets à ordre. • Paris, 15 févr. 1969 : *D. 1970. Somm. 58.*

Art. L. 721-5 **Par dérogation au 2° de l'article L. 721-3 et sous réserve des compétences des juridictions disciplinaires et nonobstant toute disposition contraire, les tribunaux civils sont seuls compétents pour connaître des actions en justice dans lesquelles l'une des parties est une société constituée conformément à la loi n° 90-1258 du 31 décembre 1990 relative à l'exercice sous forme de sociétés des professions libérales soumises à un statut législatif ou réglementaire ou dont le titre est protégé, ainsi que des contestations survenant entre associés d'une telle société.**

Néanmoins, les associés peuvent convenir, dans les statuts, de soumettre à des arbitres les contestations qui surviendraient entre eux pour raison de leur société. – *[COJ, art. L. 411-6.]*

L'art. L. 721-5 est l'ancien art. L. 411-6 COJ qui a pris effet à la date d'entrée en vigueur de l'Ord. n° 2000-912 du 18 sept. 2000, relative à la partie législative du code de commerce (L. n° 2001-420 du 15 mai 2001, art. 127 (IV). Cette Ord. avait abrogé l'art. 631-1 C. com., dont on retrouve aujourd'hui la substance dans l'art. L. 721-5.

BIBL. ▶ Daigre, *JCP E 1998, n° 6, p. 213.*

1. Ayant relevé qu'une société d'experts-comptables avait été constituée en 1987 sous la forme d'une société commerciale, ce dont il résulte que cette société n'était pas constituée sous la forme d'une société d'exercice libéral régie par les dispositions de la loi du 31 déc. 1990 et n'avait pas modifié ses statuts pour le devenir, une cour d'appel retient exactement que le litige dans lequel la société est partie relève de la compétence du tribunal de commerce.

• Com. 16 nov. 2004 : *Bull. civ. IV, n° 196 ; D. 2004. AJ 3141, obs. Lienhard ; JCP E 2004, n° 50, p. 1953 ; RJDA 2005, n° 282 ; Bull. Joly 2005. 226, note Daigre ; Rev. sociétés 2005. 389, note Sortais*. – V. aussi, en faveur de la compétence commerciale, faute de mise en conformité avec la L. n° 90-1258 du 31 déc. 1990, • Paris, 8 oct. 1996 : *Bull. Joly 1997. 34, note Daigre ; Dr. sociétés 1997, n° 15, note Vidal.* ♦ *Contra*, considérant que viole l'art. 631-1 la cour d'appel qui, pour retenir la compétence du tribunal de commerce pour une action intentée contre une société d'avocats, énonce que, celle-ci étant une société anonyme, quelle que soit la nature des actes auxquels le litige se rapporte, « la forme imprime sa commercialité à son activité », celle-ci serait-elle civile par nature. • Civ. 2e, 6 mai 1997 : *Bull. civ. I, n° 128 ; D. 1998. Somm. 186, obs. Hallouin ; D. Affaires 1997. 739 ; JCP E 1997. II. 983, note Bonneau ; Dr. sociétés 1997, n° 132, note Vidal ; Bull. Joly 1997. 989, note Daigre* • Chambéry, 2 juill. 2002 : *JCP E 2003, n° 17-18, p. 737.*

Il résulte de la combinaison des art. 631-1 [721-5] et 7 de la L. n° 85-98 du 25 janv. 1985 [C. com., art. L. 621-5, désormais L. 621-2], que la compétence pour ouvrir une procédure de redressement judiciaire à l'égard d'une société d'exercice libéral d'avocat, à forme anonyme, est exclusivement attribuée au TGI. • Paris, 6 juill. 1994 : *D. 1994. IR 199 ; JCP E 1994. II. 598, note Daigre ; Bull. Joly 1994. 1006, note Jeantin ; Dr. sociétés 1994, n° 111, obs. Chaput ; Rev. huiss. 1995. 86, note Daigre* (infirmant • T. com. Paris, 22 mars 1994 : *D. 1994. 288, note crit. Derrida ; Bull. Joly 1994. 671, note crit. Jeantin*). – V. aussi Daigre, *JCP E 1994. I. 370.*

2. Sur l'application de l'art. L. 721-5 pour prononcer la liquidation judiciaire d'une société d'exercice libéral exerçant une activité de pharmacie, V. • T. com. Valenciennes, 22 août 2011 : *Dr. sociétés 2012. Repère 3, par Legros ; LEDEN oct. 2011, p. 7, obs. Staes.* ♦ Pour une autre application de l'art. 631-1 [721-5] (à propos d'une société de conseils juridiques devenue société d'avocats sans avoir mis ses statuts en harmonie), V. • Paris, 20 déc. 1994 : *JCP 1995. II. 22524, note Daigre ; Dr. sociétés 1995, n° 62.* – V. également • Paris, 11 juin 1997 : *D. Affaires 1997. 906 ; Bull. Joly 1997. 989, note Daigre* • Chambéry, 2 juill. 2002 : *préc. note 1.*

3. Sur l'application d'une clause compromissoire figurant dans les statuts d'une société d'exercice libéral, le litige entre les parties trouvant sa source dans l'interprétation et l'application d'une clause statutaire de non-concurrence, V. • Com. 5 oct. 1999 : *Bull. civ. IV, n° 156 ; D. 1999. AJ 99, obs. M. B. ; LPA 9 mars 2000, p. 20, note Salati ; Bull. Joly 2000. 215, note J. J. Daigre.*

Art. L. 721-6 **Ne sont pas de la compétence des tribunaux de commerce les actions intentées contre un propriétaire, cultivateur ou vigneron, pour vente de denrées provenant de son cru, ni les actions intentées contre un commerçant, pour paiement de denrées et marchandises achetées pour son usage particulier.**

Néanmoins, les billets souscrits par un commerçant sont censés faits pour son commerce. – *[COJ, art. L. 411-7.] – V. note ss. L. 721-3.*

Il résulte de l'art. 638 [art. L. 721-6] que le contrat concédant l'exclusivité et la vente des vins concernant exclusivement des opérations d'écoulement de la production d'un vigneron est un contrat civil relevant de la compétence du TGI, peu important que, pour les besoins de ces opérations, le vigneron ait passé des contrats de distribution, émis des factures et fait de la publicité, indirectement retenus comme « actes à caractère commercial » par le tribunal. • Paris, 12 sept. 1991 : *D. 1991. IR 255.* ♦ De même, l'importance de la vente n'est pas de nature à en modifier le caractère civil dans la mesure où il ne s'agit que de l'écoulement de la production du vigneron. • Même arrêt.

V. aussi notes 37 s. ss. art. L. 110-1.

Art. L. 721-7 *(L. n° 2010-1609 du 22 déc. 2010, art. 9)* **Le président du tribunal de commerce peut connaître concurremment avec le juge de l'exécution, lorsqu'elles tendent à la conservation d'une créance relevant de la compétence de la juridiction commerciale et qu'elles sont demandées avant tout procès, des mesures conservatoires portant sur :**

(Ord. n° 2011-1895 du 19 déc. 2011, art. 3, en vigueur le 1er juin 2012) **« 1° Les meubles et immeubles dans les cas et conditions prévus par le code des procédures civiles d'exécution ;**

« 2° Les navires dans les cas et conditions prévus par les articles L. 5114-20 et L. 5114-29 du code des transports ; »

3° Les aéronefs, dans les cas et conditions prévus par le code de l'aviation civile *[aujourd'hui recodifié à la sixième partie du code des transports]* ;

4° Les bateaux de navigation intérieure d'un tonnage égal ou supérieur à vingt tonnes, dans les cas et conditions prévus par le code du domaine public fluvial et de la navigation intérieure *[aujourd'hui recodifié à la quatrième partie du code des transports]*.

L'art. L. 721-7 entre en vigueur dans les conditions fixées par un décret nécessaire à son application et au plus tard le 1er sept. 2011 (L. n° 2010-1609 du 22 déc. 2010, art. 43).

CHAPITRE II DE L'ORGANISATION ET DU FONCTIONNEMENT

V. note en tête du livre VII.

SECTION PREMIÈRE DE L'ORGANISATION ET DU FONCTIONNEMENT DU TRIBUNAL DE COMMERCE

V. note en tête du livre VII.

Art. L. 722-1 **Sauf dispositions qui prévoient un juge unique, les jugements des tribunaux de commerce sont rendus par des juges statuant en formation collégiale.** – *[COJ, art. L. 412-1.]*

Collégialité. Sur la nullité d'un jugement pour violation de la règle de l'imparité (ancienne rédaction de l'art. L. 412-1 COJ), V. • Civ. 2e, 6 févr. 1991 : *JCP 1991 IV. 126 ; Gaz. Pal. 1991 1. Pan. 144.*

Art. L. 722-2 **Lorsque le tribunal de commerce statue en matière de sauvegarde, de redressement ou de liquidation judiciaires, de règlement judiciaire ou de liquidation de biens, la formation de jugement comprend, sous réserve de l'application des dispositions de l'article L. 722-15, une majorité de juges ayant exercé des fonctions judiciaires pendant plus de deux ans.** – *[COJ, art. L. 412-2.]*

L'art. L. 412-2 COJ [C. com., art. L. 722-2] n'exige pas que tous les juges composant la formation de jugement exercent des fonctions judiciaires depuis plus de deux ans. • Lyon, réf. 12 nov. 1996 : *Gaz. Pal. 1998. 1. Somm. 215, obs Vray.*

Art. L. 722-3 **La formation de jugement est présidée par le président du tribunal de commerce ou par un juge de ce tribunal ayant exercé des fonctions judiciaires pendant au moins trois ans, sous réserve de l'application des dispositions de l'article L. 722-15.** – *[COJ, art. L. 412-3.]*

Art. L. 722-3-1 **Le président du tribunal de commerce connaît dans les limites de la compétence d'attribution du tribunal de commerce, des demandes formées en application du règlement (CE) n° 1896/2006 du Parlement européen et du Conseil du 12 décembre 2006 instituant une procédure européenne d'injonction de payer.** – *V. ce texte au* ***C. pr. civ.***

L'art. L. 722-3-1, tel qu'issu de la L. n° 2011-1862 du 13 déc. 2011, n'est pas applicable aux procédures en cours (L. préc., art. 70-IV).

Art. L. 722-4 **Lorsqu'un tribunal de commerce ne peut se constituer ou statuer, la cour d'appel, saisie sur requête du procureur général, désigne, s'il n'a pas été fait application des dispositions des articles L. 722-13 et L. 722-15, le tribunal de grande instance situé dans le ressort de la cour d'appel appelé à connaître des affaires inscrites au rôle du tribunal de commerce et de celles dont il aurait été saisi ultérieurement. Si le renvoi résulte de l'impossibilité de respecter les prescriptions de l'article L. 722-2, le tribunal de grande instance n'est saisi que des affaires de sauvegarde, redressement et de liquidation judiciaires.**

Le greffier du tribunal de commerce n'est pas dessaisi de ses attributions et continue d'exercer ses fonctions auprès du tribunal de renvoi. – *[COJ, art. L. 412-6, al. 1er.]*

V. C. pr. civ., art. 878-1, App., v° Tribunaux de commerce.

Art. L. 722-5 **Lorsque l'empêchement qui avait motivé le renvoi a cessé, la cour d'appel, saisie sur requête du procureur général, fixe la date à partir de laquelle le tribunal de commerce connaît à nouveau des affaires de sa compétence. A cette date, les affaires sont transmises, en l'état, au tribunal de commerce. Le tribunal de renvoi reste toutefois saisi des affaires de conciliation et, lorsqu'il est statué au fond, des affaires autres que celles de sauvegarde, de redressement, de liquidation judiciaires, de règlement judiciaire et de liquidation de biens.** – *[COJ, art. L. 412-6, al. 2.]*

SECTION II DU MANDAT DES JUGES DES TRIBUNAUX DE COMMERCE

V. note en tête du livre VII.

Art. L. 722-6 **Sous réserve des dispositions relatives aux élections complémentaires prévues au second alinéa de l'article L. 723-11, les juges des tribunaux de commerce sont élus pour deux ans lors de leur première élection. Ils peuvent, à l'issue d'un premier mandat, être réélus par période de quatre ans, dans le même tribunal ou dans tout autre tribunal de commerce, sans que puisse être dépassé le nombre maximal de mandats prévu à l'article L. 723-7.**

Lorsque le mandat des juges des tribunaux de commerce vient à expiration avant le commencement de la période fixée pour l'installation de leurs successeurs, ils restent en fonctions jusqu'à cette installation, sans que cette prorogation puisse dépasser une période de trois mois. – *[COJ, art. L. 412-7, al. 1er et 2.]*

Constitutionnalité. Jugeant que les art. L. 722-6 à L. 722-16, relatifs au mandat des juges des tribunaux de commerce, sont conformes à la Constitution, V. • Cons. const., QPC, 4 mai 2012 : *D. 2012. 1413, note Vallens* ; *ibid. 1626, note Fricéro* ; *RTD com. 2012. 621, obs. Vallens* ; *JCP E 2012, n° 1365, note Vallansan* ; *JCP 2012, n° 595, note Bléry et Raschel* ; *Gaz. Pal. 2012. 2806, obs. Amrani-Mekki* ; *RLDA juin 2012. 17, note Drummen* ; *Bull. Joly 2012. 465, obs. Lucas* ; *Rev. proc. coll. 2012. Repère 3, par Menjucq* ; *Bull. Joly Entrep. diff. 2012. 293, note Rohart-Messager* (statuant après transmission de • Com., QPC, 6 mars 2012 : *D. 2012. Actu. 745*).

Art. L. 722-7 **Avant d'entrer en fonctions, les juges des tribunaux de commerce prêtent serment.**

Le serment est le suivant : « Je jure de bien et fidèlement remplir mes fonctions, de garder religieusement le secret des délibérations et de me conduire en tout comme un juge digne et loyal ».

Il est reçu par la cour d'appel, lorsque le tribunal de commerce est établi au siège de la cour d'appel et, dans les autres cas, par le tribunal de grande instance dans le ressort duquel le tribunal de commerce a son siège. – *[COJ, art. L. 412-7, al. 3 et 4.]*

Art. L. 722-8 La cessation des fonctions de juge d'un tribunal de commerce résulte :

1° De l'expiration du mandat électoral, sous réserve des dispositions du deuxième alinéa de l'article L. 722-6 et du troisième alinéa de l'article L. 722-11 ;

2° De la suppression du tribunal ;

3° De la démission ;

4° De la déchéance. – *[COJ, art. L. 412-8.]*

Art. L. 722-9 Lorsqu'une procédure de sauvegarde, de redressement ou de liquidation judiciaires est ouverte à l'égard d'un juge d'un tribunal de commerce, l'intéressé cesse ses fonctions à compter de la date du jugement d'ouverture. Il est réputé démissionnaire.

Les mêmes dispositions s'appliquent à un juge du tribunal de commerce qui a une des qualités mentionnées au premier alinéa de l'article L. 713-3, lorsque la société ou l'établissement public auquel il appartient fait l'objet d'une procédure de sauvegarde, de redressement ou de liquidation judiciaires. – *[COJ, art. L. 412-9.]*

Jugeant que fait partie de la procédure de redressement judiciaire, rendant inéligible aux élections consulaires, l'exécution du plan de continuation de l'entreprise, V. • Civ. 2e, 10 oct. 2002 : *Bull. civ. II, n° 211 ; D. 2002. AJ 3079* ; *JCP E 2003, n° 44, p. 1774 note Legros ; Dr. sociétés 2003, n° 166, obs. Legros ; Dr. pénal 2003, n° 10, obs. Robert ; RTD com. 2004. 517, obs. Champaud et Danet*.

Art. L. 722-10 Lorsqu'un tribunal de grande instance a été désigné dans les conditions prévues à l'article L. 722-4, le mandat des juges du tribunal de commerce dessaisi n'est pas interrompu pendant la période de dessaisissement. – *[COJ, art. L. 412-10.]*

Art. L. 722-11 Le président du tribunal de commerce est choisi parmi les juges du tribunal qui ont exercé des fonctions dans un tribunal de commerce pendant six ans au moins, sous réserve des dispositions de l'article L. 722-13.

Le président est élu pour quatre ans au scrutin secret par les juges du tribunal de commerce réunis en assemblée générale sous la présidence du président sortant ou, à défaut, du doyen d'âge. L'élection a lieu à la majorité absolue aux deux premiers tours de scrutin et à la majorité relative au troisième tour. En cas d'égalité de voix au troisième tour, le candidat ayant la plus grande ancienneté dans les fonctions judiciaires est proclamé élu ; en cas d'égalité d'ancienneté, le plus âgé est proclamé élu.

Le président reste en fonctions jusqu'à l'installation de son successeur sans que cette prorogation puisse dépasser une période de trois mois. – *[COJ, art. L. 412-11.]*

1. Ancienneté. La condition d'ancienneté dans les fonctions au tribunal de commerce est une condition d'éligibilité du président et non une condition d'aptitude devant s'apprécier au jour de l'entrée en fonction du nouveau président. • Civ. 2e, 21 févr. 2002 : *Bull. civ. II, n° 27.*

2. Autorité constituée. Le président du tribunal de commerce est une autorité constituée, au sens de l'art. 226-10 C. pén., qui, lorsqu'elle acquiert, dans l'exercice de ses fonctions, la connaissance d'un crime ou d'un délit, est tenue d'en donner avis sans délai au procureur de la République. • Crim. 26 juin 2007 : *Bull. crim. n° 173 ; D. 2007. AJ 2238 obs. Darsonville ; AJ pénal 2007. 384, obs. M.-E. C. ; RSC 2008. 81, obs. Mayaud ; RJDA 2007, n° 1100 ; Dr. pénal 2007, n° 123, obs. Véron*

Art. L. 722-12 Lorsque, pour quelque cause que ce soit, le président du tribunal de commerce cesse ses fonctions en cours de mandat, le nouveau président est élu dans un délai de trois mois pour la période restant à courir du mandat de son prédécesseur.

En cas d'empêchement, le président est suppléé dans ses fonctions par le juge qu'il a désigné. A défaut de désignation ou en cas d'empêchement du juge désigné, le président est remplacé par le juge ayant la plus grande ancienneté dans les fonctions judiciaires. – *[COJ, art. L. 412-12.]*

Art. L. 722-13 Lorsque aucun des candidats ne remplit la condition d'ancienneté requise pour être président du tribunal de commerce, le premier président de la cour d'appel, saisi par requête du procureur général, peut décider, par ordonnance, que l'ancienneté requise n'est pas exigée. – *[COJ, art. L. 412-13.]*

Art. L. 722-14 Sous réserve de l'application des dispositions de l'article L. 722-15, nul ne peut être désigné pour exercer les fonctions de juge-commissaire dans les conditions prévues par le livre VI s'il n'a exercé pendant deux ans au moins des fonctions judiciaires dans un tribunal de commerce.

Le président du tribunal de commerce dresse, au début de chaque année judiciaire, par ordonnance prise après avis de l'assemblée générale du tribunal, la liste des juges pouvant exercer les fonctions de juge-commissaire. – *[COJ, art. L. 412-4.]*

BIBL. ▶ SOINNE, *Rev. proc. coll. 1996. 319* (désignation du juge-commissaire en cas de régime simplifié et de liquidation).

Art. L. 722-15 Lorsque aucun des juges du tribunal de commerce ne remplit les conditions d'ancienneté requises soit pour statuer en matière de sauvegarde, de redressement ou de liquidation judiciaires, de règlement judiciaire ou de liquidation de biens, conformément aux dispositions de l'article L. 722-2, soit pour présider une formation de jugement dans les conditions prévues par l'article L. 722-3, soit pour remplir les fonctions de juge-commissaire dans les conditions prévues par l'article L. 722-14, le premier président de la cour d'appel, saisi par requête du procureur général, peut décider, par ordonnance, que l'ancienneté requise n'est pas exigée. – *[COJ, art. L. 412-14.]*

Art. L. 722-16 Le mandat des juges élus des tribunaux de commerce est gratuit. – *[COJ, art. L. 412-15.]*

CHAPITRE III DE L'ÉLECTION DES JUGES DES TRIBUNAUX DE COMMERCE

V. note en tête du livre VII.

SECTION PREMIÈRE DE L'ÉLECTORAT

V. note en tête du livre VII.

Art. L. 723-1 Les juges d'un tribunal de commerce sont élus dans le ressort de la juridiction par un collège composé :

1° Des délégués consulaires élus dans le ressort de la juridiction ;

2° Des juges du tribunal de commerce ainsi que des anciens membres du tribunal ayant demandé à être inscrits sur la liste électorale. – *[COJ, art. L. 413-1, al. 1er à 3.]*

Art. L. 723-2 Les personnes mentionnées à l'article L. 723-1 ne peuvent faire partie du collège électoral qu'à la condition :

1° De ne pas avoir été déchues de leurs fonctions ;

2° De ne pas avoir été condamnées pénalement pour des agissements contraires à l'honneur, à la probité ou aux bonnes mœurs ;

3° De n'avoir pas été frappées depuis moins de quinze ans à compter du jour où la décision les ayant prononcées est devenue définitive, de faillite personnelle ou d'une des mesures d'interdiction ou de déchéance telles que prévues au livre VI du présent code, à la loi n° 85-98 du 25 janvier 1985 relative au redressement et à la liquidation judiciaires des entreprises ou à la loi n° 67-563 du 13 juillet 1967 sur le règlement judiciaire, la liquidation des biens, la faillite personnelle et les banqueroutes ;

(L. n° 2008-776 du 4 août 2008, art. 71-I, 4°) « 4° Ne pas être frappé d'une peine d'interdiction, suivant les modalités prévues par l'article 131-27 du code pénal, d'exercer une profession commerciale ou industrielle, de diriger, d'administrer, de gérer ou de contrôler à un titre quelconque, directement ou indirectement, pour son propre compte ou pour le compte d'autrui, une entreprise commerciale ou industrielle ou une société commerciale ; »

Les délégués consulaires sont désignés dans les conditions prévues aux articles L. 713-6 à L. 713-18. – *[COJ, art. L. 413-1, al. 4 à 8.]*

1. Incompatibilité. L'exercice des fonctions de juge de tribunal de commerce ne saurait être regardé comme incompatible avec l'exercice d'un mandat parlementaire. • Cons. const. n° 96-16 I du 19 déc. 1996 : *JO 27 déc.*

2. Déchéance. V. note ss. art. L. 724-7.

Art. L. 723-3 La liste électorale pour les élections aux tribunaux de commerce est établie par une commission présidée par le juge commis à la surveillance du registre du commerce et des sociétés. En cas de création d'un tribunal de commerce, le premier président de la cour d'appel désigne comme président de la commission un magistrat de l'ordre judiciaire.

Les dispositions du premier alinéa de l'article L. 25 et des articles L. 27, L. 34 et L. 35 du code électoral sont applicables en cas de contestation portant sur la liste électorale. – *[COJ, art. L. 413-2.]*

En application de l'art. L. 34 C. élect., rendu applicable, en vertu des art. L. 413-1 et L. 413-2 COJ [C. com., art. L. 723-1 à L. 723-3], aux élections des juges consulaires, le contentieux relatif à la vérification de la liste électorale ne donne lieu à recours devant le tribunal d'instance que jusqu'au jour du premier tour du scrutin. • Civ. 2e, 29 avr. 1998 : *D. 1998. IR 139*.

SECTION II DE L'ÉLIGIBILITÉ

V. note en tête du livre VII.

Art. L. 723-4 Sont éligibles aux fonctions de juge d'un tribunal de commerce les personnes âgées de trente ans au moins :

1° Inscrites sur la liste électorale dressée en application de l'article L. 713-7 dans le ressort du tribunal de commerce ou dans le ressort des tribunaux de commerce limitrophes ;

2° Qui remplissent la condition de nationalité prévue à l'article L. 2 du code électoral ;

3° A l'égard desquelles une procédure de sauvegarde, de redressement ou de liquidation judiciaires n'a pas été ouverte ;

4° Qui, s'agissant des personnes mentionnées au 1° ou au 2° de l'article L. 713-7, n'appartiennent pas à une société ou à un établissement public ayant fait l'objet d'une procédure de sauvegarde, redressement ou de liquidation judiciaires ;

5° Et qui justifient soit d'une immatriculation pendant les cinq dernières années au moins au registre du commerce et des sociétés, soit de l'exercice, pendant une durée totale cumulée de cinq ans, de l'une des qualités énumérées à l'article L. 713-8 ou de l'une des professions énumérées au *d* du 1° de l'article L. 713-7. – *[COJ, art. L. 413-3.]*

Les personnes condamnées pour infractions à la législation et à la réglementation relatives aux relations financières avec l'étranger sont déclarées incapables d'être électeurs ou élus aux tribunaux de commerce tant et aussi longtemps qu'elles n'auront pas été relevées de cette incapacité (C. douanes, art. 459). – ***C. pén.***

Sur la prise en compte d'un plan de continuation pour déclarer un dirigeant inéligible aux élections consulaires, V. note ss. art. L. 722-9.

Constitutionnalité des règles d'éligibilité. Les conditions d'éligibilité aux fonctions de juge d'un tribunal de commerce sont prescrites afin de permettre le jugement de litiges commerciaux par des juridictions composées de professionnels confirmés, de nationalité française, et de renforcer les exigences de capacités nécessaires à l'exercice de fonctions juridictionnelles ; la différence de traitement entre les professionnels qui en résulte répond à des impératifs de bonne justice et est en rapport direct avec l'objet de la loi qui l'établit. • Com. 20 déc. 2012 : *D. 2013. Actu. 97 ; Rev. proc. coll. 2013, n° 34, obs. Roussel Galle.*

Art. L. 723-5 Toute personne ayant été déchue de ses fonctions de juge d'un tribunal de commerce est inéligible à cette fonction pour une durée de dix ans. – *[COJ, art. L. 413-3-1.]*

Art. L. 723-6 Peut être déclarée inéligible pour une période d'une durée de dix ans par la Commission nationale de discipline toute personne ayant présenté sa démission de juge d'un tribunal de commerce au cours de la procédure disciplinaire diligentée à son encontre. – *[COJ, art. L. 413-3-2.]*

Art. L. 723-7 Les juges des tribunaux de commerce élus pour quatre mandats successifs dans un même tribunal de commerce ne sont plus éligibles dans ce tribunal pendant un an.

Toutefois, le président sortant à l'issue de quatre mandats successifs de membre ou de président peut être réélu pour un nouveau mandat, en qualité de membre du même tribunal de commerce. A la fin de ce mandat, il n'est plus éligible à aucun mandat pendant un an. – *[COJ, art. L. 413-4.]*

Art. L. 723-8 Un juge d'un tribunal de commerce ne peut être simultanément membre d'un conseil de prud'hommes ou juge d'un autre tribunal de commerce. – *[COJ, art. L. 413-5.]*

SECTION III DU SCRUTIN ET DES OPÉRATIONS ÉLECTORALES

V. note en tête du livre VII.

Art. L. 723-9 Chaque électeur ne dispose que d'une voix dans le ressort d'un même tribunal de commerce.

Le droit de vote peut être exercé par correspondance ou par voie électronique. – *[COJ, art. L. 413-6.]*

Art. L. 723-10 Les élections des juges des tribunaux de commerce ont lieu au scrutin plurinominal majoritaire à deux tours.

Sont déclarés élus au premier tour les candidats ayant obtenu un nombre de voix au moins égal à la majorité des suffrages exprimés et au quart des électeurs inscrits. Si aucun candidat n'est élu ou s'il reste des sièges à pourvoir, l'élection est acquise au second tour à la majorité relative des suffrages exprimés. Si plusieurs candidats obtiennent le même nombre de voix au second tour, le plus âgé est proclamé élu. – *[COJ, art. L. 413-7.]*

Art. L. 723-11 Des élections ont lieu tous les ans dans chaque tribunal de commerce où il y a des sièges à pourvoir pour quelque cause que ce soit.

Si, en cours d'année, le nombre des vacances dépasse le tiers des effectifs d'un tribunal, le préfet peut décider qu'il sera procédé à des élections complémentaires. Dans ce cas, le mandat des juges élus expire à la fin de l'année judiciaire. – *[COJ, art. L. 413-8.]*

Art. L. 723-12 Les dispositions des articles L. 49, L. 50, L. 58 à L. 67 et L. 86 à L. 117 du code électoral s'appliquent aux opérations électorales organisées en vue de la désignation des juges des tribunaux de commerce. – *[COJ, art. L. 413-9.]*

Art. L. 723-13 Une commission présidée par un magistrat de l'ordre judiciaire désigné par le premier président de la cour d'appel est chargée de veiller à la régularité du scrutin et de proclamer les résultats. – *[COJ, art. L. 413-10.] – V. art. R. 723-8.*

Art. L. 723-14 Un décret en Conseil d'État détermine les modalités d'application du présent chapitre. – *[COJ, art. L. 413-12.] – V. art. R. 723-1 s.*

CHAPITRE IV DE LA DISCIPLINE DES JUGES DES TRIBUNAUX DE COMMERCE

V. note en tête du livre VII.

Art. L. 724-1 Tout manquement d'un juge d'un tribunal de commerce à l'honneur, à la probité, à la dignité et aux devoirs de sa charge constitue une faute disciplinaire. – *[COJ, art. L. 414-1.]*

Constitutionnalité. Jugeant que les art. L. 724-1 à L. 724-6, relatifs à la discipline des juges des tribunaux de commerce, sont conformes à la Constitution, V. • Cons. const., QPC, 4 mai 2012 : *cité ss. art. L. 722-6.*

Art. L. 724-2 Le pouvoir disciplinaire est exercé par une commission nationale de discipline qui est présidée par un président de chambre à la Cour de cassation, désigné par le premier président de la Cour de cassation, et qui comprend :

1° Un membre du Conseil d'État désigné par le vice-président du Conseil d'État ;

2° Deux magistrats du siège des cours d'appel désignés par le premier président de la Cour de cassation sur une liste établie par les premiers présidents des cours

d'appel, chacun d'eux arrêtant le nom d'un magistrat du siège de sa cour d'appel après avis de l'assemblée générale des magistrats du siège de la cour d'appel ;

3° Quatre juges des tribunaux de commerce élus par l'ensemble des présidents des tribunaux de commerce.

Des suppléants en nombre égal sont désignés dans les mêmes conditions. Les membres de la commission nationale de discipline sont désignés pour quatre ans. – *[COJ, art. L. 414-2.] – V. art. R. 724-1 s.*

Art. L. 724-3 Après audition de l'intéressé par le président du tribunal auquel il appartient, la commission nationale de discipline peut être saisie par le garde des sceaux, ministre de la justice.

Elle peut prononcer soit le blâme, soit la déchéance. – *[COJ, art. L. 414-3.]*

Art. L. 724-4 Sur proposition du garde des sceaux, ministre de la justice, le président de la commission nationale de discipline peut suspendre un juge d'un tribunal de commerce pour une durée qui ne peut excéder six mois, lorsqu'il existe contre l'intéressé, qui aura été préalablement entendu par le président du tribunal auquel il appartient, des faits de nature à entraîner une sanction disciplinaire. La suspension peut être renouvelée une fois par la commission nationale pour une durée qui ne peut excéder six mois. Si le juge du tribunal de commerce fait l'objet de poursuites pénales, la suspension peut être ordonnée par le président de la commission nationale jusqu'à l'intervention de la décision pénale définitive. – *[COJ, art. L. 414-4.]*

Art. L. 724-5 La commission nationale de discipline ne peut délibérer que si quatre de ses membres au moins, y compris le président, sont présents. En cas de partage égal des voix, celle du président est prépondérante. – *[COJ, art. L. 414-5.]*

Art. L. 724-6 Les décisions de la commission nationale de discipline et celles de son président sont motivées. Elles ne sont susceptibles de recours que devant la Cour de cassation. – *[COJ, art. L. 414-6.]*

Art. L. 724-7 Indépendamment des décisions qui pourraient intervenir en application des articles L. 724-3 et L. 724-4, lorsqu'il apparaît, postérieurement à son élection, qu'un juge du tribunal de commerce a encouru, avant ou après son installation, une des condamnations, déchéances ou incapacités mentionnées à l'article L. 723-2, il est déchu de plein droit de ses fonctions. – *[COJ, art. L. 414-7.]*

Déchéance. Les dispositions des art. L. 723-2, 2° et L. 724-7, sans caractère répressif, ont pour objet d'assurer que les professionnels appelés à exercer les fonctions de juge au tribunal de commerce ou à élire ces juges présentent les garanties d'intégrité et de moralité indispensables à l'exercice de fonctions juridictionnelles. Dès lors qu'elles n'instituent pas des sanctions ayant le caractère d'une punition, les griefs tirés de la méconnaissance de l'art. 8 de la Déclaration de 1789 sont inopérants. • Cons. const. 1er avr. 2011 : *Dalloz actualité, 6 avr. 2011, obs. Delpech ; D. 2012. Pan. 1640, obs. Bernaud et Jacquinot*.

TITRE TROISIÈME DES JURIDICTIONS COMMERCIALES PARTICULIÈRES

(Ord. n° 2006-673 du 8 juin 2006, art. 2)

V. note en tête du livre VII.

CHAPITRE PREMIER DES DISPOSITIONS APPLICABLES AUX DÉPARTEMENTS DU BAS-RHIN, DU HAUT-RHIN ET DE LA MOSELLE

V. note en tête du livre VII

Art. L. 731-1 Des chambres commerciales du tribunal de grande instance sont instituées dans les départements du Bas-Rhin, du Haut-Rhin et de la Moselle. – *[COJ, art. L. 913-1.]*

Art. L. 731-2 La compétence de la chambre commerciale est celle des tribunaux de commerce, à l'exception des affaires qui relèvent de la compétence du tribunal d'instance en application des dispositions du chapitre III du titre II du livre II du code de l'organisation judiciaire. – *[COJ, art. L. 913-2.]*

Art. L. 731-3 La chambre commerciale est composée d'un membre du tribunal de grande instance, président, de deux assesseurs élus et d'un greffier. Les assesseurs sont élus dans les conditions fixées aux articles L. 723-1 à L. 723-14. – *[COJ, art L. 913-3.]*

Art. L. 731-4 Les autres dispositions du titre II du livre VII relatives aux tribunaux de commerce sont applicables à la chambre commerciale, à l'exception des articles L. 721-1, L. 721-2, L. 722-3, L. 722-11 à L. 722-13 et du second alinéa de l'article L. 723-7.

Toutefois, par dérogation aux dispositions de l'article L. 722-14, les fonctions de juges-commissaires peuvent aussi être exercées par un juge du siège dans les conditions prévues au second alinéa de l'article L. 215-1 du code de l'organisation judiciaire. – *[COJ, art. L. 913-4.]*

CHAPITRE II DES DISPOSITIONS APPLICABLES AUX DÉPARTEMENTS ET RÉGIONS D'OUTRE-MER

V. note en tête du livre VII.

Art. L. 732-1 Des tribunaux mixtes de commerce sont institués dans les départements et régions d'outre-mer. – *[COJ, art. L. 921-4, al. 1er.]*

Art. L. 732-2 La compétence des tribunaux mixtes de commerce est déterminée par le présent code et les lois particulières. – *[COJ, art. L. 921-4, al. 2, 2e phr.]*

Astreinte. Il résulte de l'art. 1036 du code de procédure civile (ancien), applicable sur le territoire de la Nouvelle-Calédonie, qu'un tribunal mixte de commerce peut assortir d'astreinte l'obligation prononcée par un juge de ce tribunal. • Civ. 2e, 5 avr. 2007 : *Bull. civ. II, n° 84.*

Art. L. 732-3 Les tribunaux mixtes de commerce sont des juridictions du premier degré composées du président du tribunal de grande instance, président, de juges élus, sous réserve des dispositions de l'article L. 732-7, et d'un greffier. Les juges sont élus dans les conditions fixées aux articles L. 723-1 à L. 723-13.

(L. nº 2011-331 du 28 mars 2011, art. 34) « Le greffe des tribunaux mixtes de commerce, dont la liste est fixée par décret en Conseil d'État, est assuré par un greffier de tribunal de commerce. » – *[COJ, art. L. 921-4, al. 3.]*

Art. L. 732-4 Dans les circonscriptions où il n'est pas établi de tribunal mixte de commerce, le tribunal de grande instance connaît des matières attribuées aux tribunaux mixtes de commerce. – *[COJ, art. L. 921-6.]*

Art. L. 732-5 Les jugements des tribunaux mixtes de commerce sont rendus, sauf dispositions qui prévoient un juge unique, par une formation collégiale comprenant, outre le président, trois juges élus ou désignés dans les conditions prévues par l'article L. 732-7. En cas de partage égal des voix, celle du président est prépondérante. – *[COJ, art. L. 921-7.]*

Art. L. 732-6 Les dispositions du titre II du livre VII relatives aux tribunaux de commerce sont applicables au tribunal mixte de commerce, à l'exception des articles L. 721-1, L. 722-1, L. 722-3, L. 722-11 à L. 722-13 et du second alinéa de l'article L. 723-7. – *[COJ, art. L. 921-8.]*

Art. L. 732-7 A la liste des candidats déclarés élus, la commission prévue par l'article L. 723-13 annexe une liste complémentaire comprenant les nom, qualité et domicile des candidats non élus en mentionnant le nombre de voix qu'ils ont obtenues. Le premier président de la cour d'appel, après avis du président du tribunal mixte de commerce, établit à partir de cette liste complémentaire une liste de quinze personnes au plus qui, ayant leur résidence dans la ville, sont en mesure de compléter le tribunal mixte. Si le nombre des juges se révèle insuffisant en cours d'année à l'occasion d'une audience, le président du tribunal mixte procède au tirage au sort en séance publique entre tous les noms de la liste arrêtée par le premier président. Les personnes dont le nom a été tiré au sort prêtent serment devant le président du tribunal mixte. – *[COJ, art. L. 921-9.]*

TITRE QUATRIÈME DU GREFFE DU TRIBUNAL DE COMMERCE

(Ord. nº 2006-673 du 8 juin 2006, art. 2)

V. note en tête du livre VII.

CHAPITRE PREMIER DE L'INSTITUTION ET DES MISSIONS

V. note en tête du livre VII.

Art. L. 741-1 Les greffiers des tribunaux de commerce sont des officiers publics et *ministériels*. – *[COJ, art. L. 821-1, 1re phrase.]*

BIBL. ▶ Bahans, *RLDA juill. 2009. 94* (authenticité des actes des greffiers des tribunaux de commerce et exigence de sécurité juridique en Europe).

Art. L. 741-2 La profession de greffier des tribunaux de commerce est représentée auprès des pouvoirs publics par un Conseil national des greffiers des tribunaux de

commerce, doté de la personnalité morale et chargé d'assurer la défense de ses intérêts collectifs.

(L. nº 2011-331 du 28 mars 2011, art. 27) **« Le conseil national peut, devant toutes les juridictions, exercer tous les droits réservés à la partie civile relativement aux faits portant un préjudice direct ou indirect à l'intérêt collectif de la profession. »**

Les modes d'élection et de fonctionnement du conseil national sont fixés par décret en Conseil d'État. – *V. art. R. 741-10 s.*

(L. nº 2006-1666 du 21 déc. 2006, art. 116) **« Le conseil national fixe son budget.**

« Il peut assurer le financement de services d'intérêt collectif dans les domaines fixés par décret.

« A cette fin, le conseil national appelle une cotisation versée annuellement par chaque titulaire d'un office de greffier de tribunal de commerce. Le montant de cette cotisation résulte d'un barème progressif fixé par décret après avis du conseil national, en fonction de l'activité de l'office et, le cas échéant, du nombre d'associés.

« Le produit de cette cotisation ne peut excéder une quotité déterminée par le conseil national, dans la limite de 2 % du total des produits hors taxes comptabilisés par l'ensemble des offices au titre de l'année précédente.

« A défaut de paiement de cette cotisation dans un délai d'un mois à compter d'une mise en demeure, le conseil national délivre, à l'encontre du redevable, un acte assimilé à une décision au sens du » *(Ord. nº 2011-1895 du 19 déc. 2011, art. 2, en vigueur le 1er juin 2012)* **« 6º de l'article L. 111-3 du code des procédures civiles d'exécution** *[ancienne rédaction : 6º de l'article 3 de la loi nº 91-650 du 9 juillet 1991 portant réforme des procédures civiles d'exécution]* **».** – *V.* ***C. pr. exéc.***

(L. nº 2011-331 du 28 mars 2011, art. 35) **« Le conseil national peut établir, en ce qui concerne les usages de la profession à l'échelon national, un règlement qui est soumis à l'approbation du garde des sceaux, ministre de la justice. »** *(L. nº 2012-387 du 22 mars 2012, art 71)* **« Le Conseil national des greffiers des tribunaux de commerce est également chargé d'assurer la tenue du fichier prévu à l'article L. 128-1. ».** – *[COJ, art. L. 821-4, al. 1er et 2.]*

V. Arr. du 16 nov. 2011 portant approbation du règlement national du Conseil national des greffiers des tribunaux de commerce, intitulé règles professionnelles des greffiers des tribunaux de commerce, adopté le 5 oct. 2011 (JO 25 nov.).

CHAPITRE II DES CONDITIONS D'ACCÈS À LA PROFESSION ET AUX AUTRES PROFESSIONS JUDICIAIRES ET JURIDIQUES

V. note en tête du livre VII.

Art. L. 742-1 **Les règles d'accès à la profession des greffiers des tribunaux de commerce sont fixées par décret en Conseil d'État.** – *[COJ, art. L. 821-3.]* – *V. art. R. 742-1 s.*

Les avoués près les cours d'appel qui renoncent à faire partie de la profession d'avocat ou qui renoncent à y demeurer ainsi que les personnes ayant travaillé en qualité de collaborateur d'avoué postérieurement au 31 déc. 2008 et justifiant, au plus tard à la date d'entrée en vigueur du chapitre Ier de la L. nº 2011-94 du 25 janv. 2011 (fixée au 1er janv. 2012), de la réussite à l'examen d'aptitude à la profession d'avoué peuvent, sur leur demande présentée dans le délai de cinq ans à compter de la date de publication de cette même loi (JO 26 janv. 2011), accéder aux professions (...) de greffier de tribunal de commerce (L. préc., art. 21, al. 1er). Ces personnes peuvent alors accéder à la profession de greffier de tribunal de commerce sans être titulaires des titres ou diplômes exigés au 6º de l'art. R. 742-1, ni avoir accompli le stage et subi l'examen d'aptitude respectivement mentionnés aux 7º et 8º du même article, sous réserve d'une pratique professionnelle de six mois dans un office de greffier de tribunal de commerce (Décr. nº 2011-451 du 22 avr. 2011, art. 1er).

– Les collaborateurs d'avoué non titulaires du diplôme d'aptitude à la profession d'avoué peuvent, sur leur demande présentée dans le même délai, être dispensés de certaines des conditions d'accès aux professions susmentionnées (L. préc., art. 21, al. 2). S'ils justifient de dix années de pratique professionnelle en qualité de collaborateur d'avoué ou sont titulaires d'un master de droit et pratique de la procédure d'appel ou de droit et pratique du procès en appel, ils peuvent bénéficier d'une dispense partielle du stage prévu à l'art. R. 742-1, dans la limite de la moitié de sa durée. Cette dispense est accordée par décision du procureur général près la cour d'appel dans le ressort de laquelle est établi leur domicile, prise après avis du bureau du Conseil national des greffiers des tribunaux de commerce (Décr. préc., art. 4-I).

Art. L. 742-2 Les règles permettant aux greffiers des tribunaux de commerce d'accéder aux autres professions juridiques et judiciaires sont fixées par décret en Conseil d'État.

CHAPITRE III DES CONDITIONS D'EXERCICE

SECTION PREMIÈRE DE L'INSPECTION ET DE LA DISCIPLINE

V. note en tête du livre VII.

SOUS-SECTION 1 DE L'INSPECTION

Art. L. 743-1 Les greffiers des tribunaux de commerce sont soumis, dans leur activité professionnelle, à des inspections sous l'autorité du garde des sceaux, ministre de la justice, dans des conditions prévues par décret en Conseil d'État. Au cours de ces inspections, ils sont tenus de fournir tous renseignements et documents utiles sans pouvoir opposer le secret professionnel.

SOUS-SECTION 2 DE LA DISCIPLINE

Art. L. 743-2 Tout manquement d'un greffier de tribunal de commerce à l'honneur, à la probité, à la dignité et aux devoirs de sa charge constitue une faute disciplinaire.

L'acceptation de la démission d'un greffier ne fait pas obstacle au prononcé d'une sanction disciplinaire, si les faits qui lui ont été reprochés ont été commis pendant l'exercice de ses fonctions. – *[COJ, art. L. 822-1.]*

Art. L. 743-3 Les sanctions disciplinaires sont :

1° Le rappel à l'ordre ;
2° L'avertissement ;
3° Le blâme ;
4° L'interdiction temporaire ;
5° La destitution ou le retrait de l'honorariat.

Les sanctions mentionnées aux 1° à 4° peuvent être assorties de la sanction complémentaire de l'inéligibilité temporaire au Conseil national des greffiers des tribu-

naux de commerce. La durée maximale de cette sanction complémentaire est de cinq ans pour les sanctions mentionnées aux 1° à 3° et de dix ans à compter de la cessation de la mesure d'interdiction pour la sanction mentionnée au 4°. – *[COJ, art. L. 822-2.]*

Interdiction temporaire. Viole l'art. 2 C. civ. une cour d'appel qui, pour condamner un greffier de tribunal de commerce à la peine de l'interdiction temporaire prévue à l'art. L. 822-2 COJ [désormais C. com., art. L. 743-3] issu de la L. n° 2004-130 du 11 févr. 2004, avait retenu que la loi nouvelle était applicable aux poursuites engagées postérieurement à son entrée en vigueur. • Civ. 1re, 14 juin 2007 : *Bull. civ. I, n° 231 ; D. 2007. AJ 1883 ; JCP E 2007, n° 30, p. 22.*

Art. L. 743-4 L'action disciplinaire à l'encontre du greffier d'un tribunal de commerce est exercée soit devant la formation disciplinaire du Conseil national des greffiers des tribunaux de commerce, soit devant le tribunal de grande instance dans le ressort duquel le tribunal de commerce a son siège ou, si le greffier est titulaire de plusieurs greffes, devant le tribunal de grande instance désigné par le premier président de la cour d'appel, dans les conditions prévues par le présent chapitre.

L'action disciplinaire se prescrit par dix ans. – *[COJ, art. L. 822-3.] – Dispositions applicables aux procédures engagées postérieurement à leur entrée en vigueur (L. n° 2004-130 du 11 févr. 2004, art. 78).*

Compétence spéciale. Les dispositions spéciales édictées par les art. L. 743-4 et R. 743-28 C. com., ne sont pas contraires aux exigences de l'art. 6.1 Conv. EDH, qui confèrent attribution spéciale de compétence, en premier ressort, au tribunal de grande instance dans le ressort duquel le tribunal de commerce a son siège et, en cas d'appel, à la cour d'appel territorialement compétente, échappent, par leur nature, aux dispositions générales de l'art. 47 C. pr. civ. • Civ. 1re, 25 févr. 2010 : *JCP 2010, n° 347.*

Art. L. 743-5 La formation disciplinaire du Conseil national des greffiers des tribunaux de commerce comprend cinq membres désignés par le conseil national en son sein ; cinq suppléants sont désignés dans les mêmes conditions. Elle élit son président.

Le président du conseil national ne peut pas être membre de la formation disciplinaire.

La formation disciplinaire du conseil national ne peut prononcer que l'une des sanctions mentionnées aux 1° à 3° de l'article L. 743-3. – *[COJ, art. L. 822-3-1.] – V. note ss. art. L. 743-4.*

Art. L. 743-6 L'action disciplinaire est exercée par le procureur de la République. Elle peut également être exercée par le président du Conseil national des greffiers des tribunaux de commerce. Dans ce cas, notification en est faite au procureur de la République, qui peut citer le greffier devant le tribunal de grande instance statuant disciplinairement. Notification de la citation est faite au président de la formation disciplinaire du conseil national.

La formation disciplinaire du conseil national est dessaisie à compter de la notification effectuée par le procureur de la République. – *[COJ, art. L. 822-3-2.] – V. note ss. art. L. 743-4.*

Art. L. 743-7 Le greffier du tribunal de commerce qui fait l'objet d'une poursuite pénale ou disciplinaire peut être suspendu provisoirement de l'exercice de ses fonctions par le tribunal de grande instance, saisi à la requête du procureur de la République.

En cas d'urgence, la suspension provisoire peut être prononcée par le tribunal de grande instance avant même l'exercice de poursuites pénales ou disciplinaires.

Le tribunal de grande instance peut mettre fin à la suspension provisoire à la requête du procureur de la République ou du greffier.

La suspension cesse de plein droit dès que les actions pénale ou disciplinaire sont éteintes. Elle cesse également de plein droit, dans le cas prévu au deuxième alinéa, si, à l'expiration d'un délai d'un mois à compter de son prononcé, aucune poursuite pénale ou disciplinaire n'a été engagée. – *[COJ, art. L. 822-4.]*

Suspension provisoire. La question de savoir si l'art. L. 743-7 porte atteinte aux droits et libertés que la Constitution garantit, et plus particulièrement au droit à la présomption d'innocence consacré par l'art. 9 de la Déclaration des droits de l'homme et du citoyen, ne présente pas un caractère sérieux en ce que la mesure de suspension provisoire de l'exercice de ses fonctions du greffier d'un tribunal de commerce faisant l'objet d'une poursuite pénale ou disciplinaire est une mesure purement conservatoire, exclusive de toute appréciation sur la responsabilité pénale ou disciplinaire de l'intéressé, de sorte qu'elle ne peut porter atteinte à la présomption d'innocence. • Cass., QPC, 8 juill. 2010 : *JCP 2010, n° 875.*

Art. L. 743-8 Les décisions de la formation disciplinaire du Conseil national des greffiers des tribunaux de commerce peuvent être déférées à la cour d'appel de Paris par le procureur de la République compétent pour exercer l'action disciplinaire, par le président du conseil national lorsque les poursuites ont été engagées à son initiative, ou par le greffier.

Les décisions du tribunal de grande instance statuant en matière disciplinaire peuvent être déférées à la cour d'appel territorialement compétente par le procureur de la République, par le président du Conseil national des greffiers des tribunaux de commerce lorsque les poursuites ont été engagées à son initiative, ou par le greffier. – *[COJ, art. L. 822-5.] – V. note ss. art. L. 743-4.*

Art. L. 743-9 Le greffier suspendu, interdit ou destitué s'abstient de tout acte professionnel. Les actes accomplis au mépris de cette prohibition peuvent être déclarés nuls, à la requête de tout intéressé ou du procureur de la République, par le tribunal de grande instance. La décision est exécutoire à l'égard de toute personne. – *V. note ss. art. L. 743-4.*

Toute infraction aux dispositions du premier alinéa est punie des peines prévues à l'article 433-17 du code pénal. – *[COJ, art. L. 822-6.]*

Art. L. 743-10 Le tribunal de grande instance qui prononce la suspension, l'interdiction ou la destitution nomme un ou plusieurs administrateurs provisoires. – *[COJ, art. L. 822-7.] – V. note ss. art. L. 743-4. – V. art. R. 743-17.*

Art. L. 743-11 Un décret en Conseil d'État fixe les conditions d'application du présent chapitre. – *[COJ, art. L. 822-8.] – V. art. R. 743-1 s.*

SECTION II DES MODES D'EXERCICE

V. note en tête du livre VII.

Art. L. 743-12 Les greffiers des tribunaux de commerce peuvent exercer leur profession à titre individuel, *(L. n° 2010-1609 du 22 déc. 2010, art. 31)* « en qualité de salarié d'une personne physique ou morale titulaire d'un greffe de tribunal de commerce, » sous forme de sociétés civiles professionnelles ou sous forme de sociétés d'exercice libéral telles que prévues par la loi n° 90-1258 du 31 décembre 1990 relative à l'exercice sous forme de sociétés des professions libérales soumises à un statut législatif ou réglementaire ou dont le titre est protégé. Ils peuvent aussi être membres d'un groupement d'intérêt économique ou d'un groupement européen d'intérêt économique ou associés d'une société en participation régie par le titre II

de la loi n° 90-1258 du 31 décembre 1990 relative à l'exercice sous forme de sociétés des professions libérales soumises à un statut législatif ou réglementaire ou dont le titre est protégé. – *[COJ, art. L. 821-1, sauf 1re phrase.] – V. art. R. 743-29 s.*

Art. L. 743-12-1 *(L. n° 2010-1609 du 22 déc. 2010, art. 31)* **Une personne physique titulaire d'un greffe de tribunal de commerce ne peut pas employer plus d'un greffier de tribunal de commerce salarié. Une personne morale titulaire d'un greffe de tribunal de commerce ne peut pas employer un nombre de greffiers de tribunal de commerce salariés supérieur à celui des greffiers de tribunal de commerce associés qui y exercent la profession.**

En aucun cas le contrat de travail du greffier du tribunal de commerce salarié ne peut porter atteinte aux règles déontologiques de la profession de greffier de tribunal de commerce. Nonobstant toute clause du contrat de travail, le greffier de tribunal de commerce salarié peut refuser à son employeur d'accomplir une mission lorsque celle-ci lui paraît contraire à sa conscience ou susceptible de porter atteinte à son indépendance.

Un décret en Conseil d'État fixe les modalités d'application du présent article, et notamment les règles applicables au règlement des litiges nés à l'occasion de l'exécution d'un contrat de travail après médiation du président du Conseil national des greffiers des tribunaux de commerce, celles relatives au licenciement du greffier de tribunal de commerce salarié et les conditions dans lesquelles il peut être mis fin aux fonctions d'officier public du greffier de tribunal de commerce salarié.

Le Conseil national des greffiers des tribunaux de commerce tient le fichier électronique national des gages sans dépossession sur lequel est mentionné l'existence des inscriptions prises en application de l'art. 2338 C. civ. Il constitue à cet effet un groupement d'intérêt économique entre les greffiers des tribunaux de commerce (Décr. n° 2006-1804 du 23 déc. 2006, art. 9). – **V. C. civ.**

SECTION III DE LA TARIFICATION DES GREFFIERS DES TRIBUNAUX DE COMMERCE

Art. L. 743-13 Les émoluments des greffiers des tribunaux de commerce sont fixés par décret en Conseil d'État. – *V. art. R. 743-140 s.*

SECTION IV DE LA COMPTABILITÉ

(L. n° 2008-649 du 3 juill. 2008, art. 31)

Art. L. 743-14 Les sommes détenues par les greffiers des tribunaux de commerce pour le compte de tiers et relevant de catégories fixées par décret en Conseil d'État sont déposées sur un compte spécialement affecté ouvert à cet effet auprès de la Caisse des dépôts et consignations. Le même décret détermine les conditions du dépôt des fonds. – *V. art. R. 743-178 s.*

SECTION V DE LA FORMATION PROFESSIONNELLE CONTINUE

(L. n° 2010-1609 du 22 déc. 2010, art. 30)

Art. L. 743-15 La formation professionnelle continue est obligatoire pour les greffiers des tribunaux de commerce en exercice.

Un décret en Conseil d'État détermine la nature et la durée des activités susceptibles d'être validées au titre de l'obligation de formation professionnelle continue. Le Conseil national des greffiers des tribunaux de commerce détermine les modalités selon lesquelles elle s'accomplit. – *V. art. R. 742-39 et R. 742-40.*

CHAPITRE IV DES DISPOSITIONS APPLICABLES AUX DÉPARTEMENTS ET RÉGIONS D'OUTRE-MER

(L. n° 2011-331 du 28 mars 2011, art. 34)

Art. L. 744-1 **Par dérogation à l'article L. 743-4, l'action disciplinaire à l'encontre du greffier de tribunal de commerce assurant le greffe d'un tribunal mixte de commerce est exercée soit devant la formation disciplinaire du Conseil national des greffiers des tribunaux de commerce, soit devant le tribunal de grande instance de Paris.**

Art. L. 744-2 **Pour l'application de l'article L. 743-7 aux greffiers des tribunaux de commerce assurant le greffe d'un tribunal mixte de commerce, les mots : "tribunal de commerce" sont remplacés par les mots : "tribunal mixte de commerce".**

TITRE CINQUIÈME DE L'AMÉNAGEMENT COMMERCIAL *(L. n° 2008-776 du 4 août 2008, art. 102-XXX, en vigueur le 25 nov. 2008).*

(Ord. n° 2006-673 du 8 juin 2006, art. 2)

V. note en tête du livre VII.

Les modifications apportées au titre V par la L. n° 2008-776 du 4 août 2008 sont entrées en vigueur le 25 nov. 2008 (L. préc., art. 102-XXIX ; Décr. n° 2008-1212 du 24 nov. 2008, art. 8).

RÉP. COM. v° *Équipement commercial,* par COURIVAUD.

BIBL. GÉN. ▸ TANGUY, *RDI 1993. 1* (L. n° 93-122 du 29 janv. 1993) ; *ibid. 1994. 529* (centres commerciaux). – TERNEYRE, *LPA 5 juin 1996* (incohérences, effets pervers et failles de la loi). – CLIQUENNOIS, *ibid. 6 déc. 1996* (L. n° 96-603 du 5 juill. 1996). – POPESCO et DANIEL, *AJPI 1997. 1007* (restructuration des équipements commerciaux après la loi du 5 juill. 1996). – COURRECH, *LPA 12 juill. 2002* (évolutions des conditions d'exploitation des grandes surfaces). – VANDERMEEREN, *RJDA 2004, p. 111* (apport de la jurisprudence récente du Conseil d'État). – BOUYSSOU, *RJ com. 2004. 198* (entre liberté du commerce et planification urbaine). – DESTOURS, *Bull. act. Lamy droit économique juin 2004, p. 1* (droit de la concurrence et droit de l'équipement commercial). – LÉON et HENNIAUX, *Rev. Conc. consom. janv.-mars 2005, Études* (analyse de la jurisprudence récente du Conseil d'État). – BISCHOFF, *JCP N 2005, n° 30-34, p. 1352* (la zone de chalandise selon le Conseil d'État). – POUILLE, *CCC 2006. Chron. 9* (les centres de marques). – MASQUART, *JCP E 2007, n° 42, p. 30* (panorama de jurisprudence avr. 2006/juill. 2007). – GILLES, ROUX et DUPIE, *JCP N 2008, n° 17, p. 20* (urbanisme commercial et développement durable).

▸ Projet de réforme : IDOT, *Mélanges Gavalda, 2001, p. 161* (et si la « loi Raffarin » était contraire au droit communautaire ?). – MONTET et VENAYRE, *RLC 2005, n° 1, p. 174* (rapport de la commission Canivet 2004). – MAILHÉ, *LPA 4 mars 2005* (réglementation des implantations de commerces de détail : soldes avant liquidation ?). – JOYE, *AJDA 2007. 1063* (intégrer l'urbanisme commercial dans l'urbanisme général). – MARSON, *Constr.-Urb. 2007. Alerte 31* (regard critique sur l'une des propositions de réforme de la législation d'urbanisme commercial). – Destours, *RLC avr.-juin 2007. 50* (rééquiper le droit de l'équipement commercial). – Bouyssou, *RJ com. 2007. 251* (sur les propositions de réforme du droit de l'équipement commercial). – Meng, *RDI 2007. 465* (quelles réformes juridiques pour les centres commerciaux ?). – Lecesne, *ibid. 473* (évaluation du système français au regard du droit communautaire). – Bouyssou, *ibid. 479* (propositions de réforme de la commission de modernisation de l'urbanisme commercial). – Périnet-Marquet, *ibid. 489* (quelles voies pour une possible réforme ?). – Mailhé, *RLC janv.-mars 2008. 52* (l'équipement commercial dans la tourmente de la rupture ?). – Marson, *CCC 2008. Alerte 13* (la législation d'urbanisme commercial sous les feux croisés du Conseil de la concurrence et de la CLCF). – Destours, *JCP E 2008, n° 21, p. 24* (haro sur la loi Royer !).

► Loi n° 2008-776 du 4 août 2008 : Mailhé et Laurin, *CCC 2008. Alerte 38* (impossible réforme de la législation des implantations commerciales ?). – Delpech, *D. 2008. 1676* (projet de loi : aménagement commercial) ; *D. 2008. 1887* (projet de loi modifié par le Sénat). – Périnet-Marquet, *Constr.-Urb. 2008. Repère 6* (la réforme de l'équipement commercial : trois voyelles (UEA) et un guépard). – Note de la rédaction, *BRDA 2008, n° 17, p. 10* (LME : mesure en droit de la concurrence). – Renaux, *Constr.-Urb. 2008. Étude 11* (la réforme de l'équipement commercial : grands axes et premières mesures entrées en vigueur). – Joye, *LPA 22 oct 2008* (la mutation du droit des implantations commerciales). – Bouyssou, *AJDA 2008. 1941* (la réforme de l'urbanisme commercial : une loi (presque) pour rien). – Marson, *CCC 2008. Dossier 6* (le nouveau visage de la législation d'équipement commercial : une réforme au milieu du gué). – Gautier, *RLDA nov. 2008. 40* (LME : la réforme de l'urbanisme commercial). – Graboy-Grobesco, *RDI 2008. 470* (nouvelle réforme du droit de l'urbanisme commercial). – Marchat et Mebarek, *Cah. dr. entr. 2008, n° 6, p. 57* (LME et autorisations d'exploitation commerciale : une réforme inachevée). – Bouyssou, *RJ com. 2008. 439* (l'éphémère réforme de l'urbanisme commercial). – Broussolle, *Defrénois 2008. 2382* (nouvelles règles d'implantation commerciale). – Bouyssou, *RDI 2009. 34* (le point actuel sur la réforme de l'urbanisme commercial). – Willems, *RLC oct.-déc. 2009. 146* (LME : bilan et perspectives de la réforme de l'urbanisme commercial). – Bouyssou, *RJ com. 2009. 307* (l'urbanisme commercial entre deux lois). – Rébillard, *RLDA févr. 2010. 72* (la précarité de la LME en matière d'urbanisme commercial). – Dutrieux, *JCP N 2010. Actu. 303* (réforme de l'urbanisme commercial : un bilan fort peu probant). – Robbes, *Cah. dr. entr. 2012, n° 2, p. 20* (champ d'application des autorisations d'exploitation commerciale depuis la LME). – Bouyssou, *RJ com. janv.-févr. 2013. 3* (jurisprudence du Conseil d'État en matière d'urbanisme commercial depuis la LME).

► Proposition de loi n° 2490 du 3 mai 2010 : Laguerre, *JCP A 2011, n° 2056* (le commerce intégré dans l'urbanisme, la liberté du commerce menacée). – Malaurie-Vignal et Riem, *JCP E 2011, n° 1579* (urbanisme commercial et droit de la concurrence). – Bortolamiol, *Cah. dr. entr. 2012, n° 2, p. 44* (proposition de loi Ollier). – Le More et Talau , *CCC 2013. Étude 6* (la réforme de l'urbanisme commercial à l'aune des droits de l'urbanisme et de la concurrence).

V. Cons. conc., avis, n° 07-A-12 du 11 oct. 2007 relatif à la législation relative à l'équipement commercial (BOCC 23 avr. 2008 ; D. 2007. 2526, obs. Chevrier ; CCC 2007, n° 300, obs. Malaurie-Vignal ; RDLC 2008, n° 1, p 200, obs. Kovar ; Constr.-Urb. 2007. Alerte 58, par Renaux et Fresneau).

V. Circ. 31 déc. 2009 relative au rôle des services de l'État chargés de l'urbanisme et de l'environnement dans la mise en œuvre des dispositions sur l'aménagement commercial (MEEDDM n° 2010/2 du 10 févr. 2010).

Art. L. 750-1 Les implantations, extensions, transferts d'activités existantes et changements de secteur d'activité d'entreprises commerciales et artisanales doivent répondre aux exigences d'aménagement du territoire, de la protection de l'environnement et de la qualité de l'urbanisme. Ils doivent en particulier contribuer au maintien des activités dans les zones rurales et de montagne ainsi qu'au rééquilibrage des agglomérations par le développement des activités en centre-ville et dans les zones de dynamisation urbaine.

(L. n° 2008-776 du 4 août 2008, art. 102-I, 1°, en vigueur le 25 nov. 2008) **« Dans le cadre d'une concurrence loyale, » ils doivent également contribuer à la modernisation des équipements commerciaux, à leur adaptation à l'évolution des modes de**

consommation et des techniques de commercialisation, au confort d'achat du consommateur et à l'amélioration des conditions de travail des salariés. – *[L. n° 73-1193 du 27 déc. 1973, art. 1er, al. 4 et 5.]*

(Abrogé par L. n° 2008-776 du 4 août 2008, art. 102-I, 2°, à compter du 25 nov. 2008) (L. n° 2004-804 du 9 août 2004, art. 18-I) ***« Le programme national de développement et de modernisation des activités commerciales et artisanales visé à l'article 1er de la loi n° 73-1193 du 27 décembre 1973 d'orientation du commerce et de l'artisanat exprime les orientations de l'équipement commercial pour la mise en œuvre des objectifs ci-dessus définis. »*** *– [C. com., art. L. 720-1.]*

Sur la création d'un traitement automatisé d'informations nominatives dénommé « Base d'aide logicielle à l'inventaire » (BALI) ayant notamment pour finalité de faciliter l'instruction des demandes d'autorisation de surfaces commerciales et le contrôle des surfaces autorisées, V. art. A. 750-1 s.

1. Technique du bilan. Les commissions départementales d'équipement commercial doivent dans un premier temps apprécier si le projet qui leur est soumis est de nature à compromettre, dans la zone de chalandise intéressée, l'équilibre recherché par le législateur entre les différentes formes de commerce. Si tel est le cas, elles doivent rechercher si cet inconvénient est compensé par des effets positifs que le projet peut présenter au regard notamment de l'emploi, de l'aménagement du territoire, de la concurrence, de la modernisation des équipements commerciaux et plus généralement de la satisfaction des besoins des consommateurs. • CE 27 mai 2002 : *RTD com. 2002. 671, obs. Orsoni ; AJDA 2002. 702, concl. Schwartz ; ibid. 2004. 801, note Toullier ; RJDA 2002, n° 1329 ; JCP 2003. IV. 1367* • 19 juin 2002 : *Cah. dr. entr. 2002, n° 5, p. 34, obs. Destours* • 11 févr. 2004 : *AJDA 2004. 997* • 27 sept. 2006 : *JCP E 2006, n° 50, p. 2157, note Masquart.* ♦ Si les décisions de la commission doivent être motivées, cette obligation n'implique pas qu'elle soit tenue de prendre explicitement parti sur le respect par le projet qui lui est soumis de chacun des objectifs et critères d'appréciation fixés par les dispositions législatives applicables. • CE 27 mai 2002 : *préc.* ♦ Mais en se bornant à mentionner, dans sa décision, que les densités « devaient être relativisées par rapport à l'importance de la population touristique fréquentant la zone », sans caractériser cette importance, la commission nationale n'a pas assorti sa décision des éléments de fait permettant d'en apprécier la légalité. • CE 26 avr. 2006 : *JCP E 2006, n° 37, p. 1540.*

2. Hiérarchie entre les critères. Si une commission d'équipement commercial estime que le projet n'est pas de nature à perturber les équilibres commerciaux, elle ne peut pas valablement rechercher quels sont les effets de ce projet au regard des autres critères d'appréciation. • CE 7 juin 2004 : *AJDA 2004. 1723 ; JCP E 2004, n° 27, p. 1080 ; Defrénois 2004. 1567, obs. Meng (1re esp.) ; Cah. dr. entr. 2004, n° 6, p. 14, obs. Destours ; RJDA 2005, n° 201 (1re esp.)* (annulant une décision de la CNEC qui avait rejeté une demande d'autorisation au motif que le projet, bien que n'étant pas de nature à perturber les équilibres commerciaux, était néanmoins susceptible d'entraîner une dégradation des conditions de circulation). ♦ Comp., pour le cas inverse : • CE 25 oct. 2004 : *RJDA 2005, n° 201 (2e esp.).* ♦ Sur l'articulation des critères, V. encore • CE 4 juill. 2005 : *JCP E 2005, n° 37, note Masquart.* ♦ Bien que le projet était prévu dans une zone où les besoins des consommateurs n'étaient pas entièrement satisfaits par l'offre commerciale existante, il présentait une ampleur telle que le risque d'écrasement du petit commerce l'emportait sur les avantages que ce projet était susceptible de présenter en matière d'emploi, d'animation économique ou d'aménagement du territoire. • TA Pau, 17 mars 2005 : *LPA 30 juin 2006, p. 12, concl. Faîck.*

3. Droit de la concurrence. BIBL. Destours, *Bull. act. Lamy droit économique juin 2004, p. 1.* – Marty, *RLC juill.-sept. 2006. 60* (contrôle concurrentiel des autorisations d'exploitation commerciale). ♦ Il incombe aux commissions d'équipement commercial de veiller, sous le contrôle du juge de l'excès de pouvoir, au respect des règles tendant à préserver le libre jeu de la concurrence, notamment de celles qui résultent des dispositions de l'Ord. du 1er déc. 1986, insérées désormais dans le code de commerce ; au nombre de ces règles figurent celles qui visent à prévenir les risques d'abus de position dominante. • CE 30 juill. 2003 : *AJDA 2003. 2036, concl. Schwartz ; RJDA 2004, n° 105, et p. 7, concl. Schwartz ; Lettre distrib. nov. 2003, p. 1, obs. Destours ; RTD com. 2004. 79, obs. Orsoni ; Cah. dr. entr. 2004, n° 3, p. 34, obs. Destours* • 17 déc. 2003 : Cah. dr. entr. *2004, n° 3, p. 34, obs. Destours* • CE 5 avr. 2006 : *AJDA 2006. 1518* • Cons. conc. n° 05-D-30 du 21 juin 2005 : *cité note 29 ss. art. L. 420-2.* ♦ V. aussi sur cette question : • CE 15 nov. 2006 : *RLC janv.-mars 2007. 40, obs. Marty* • CAA Douai, 3 août 2006 : *eod. loc.* ♦ La méconnaissance de l'obligation de prévenir les risques d'abus de position dominante justifie à elle seule l'annulation de l'autorisation en litige. • CAA Marseille, 23 mai 2005 : *RLDC avr.-mai 2007. 56, obs. Marty.* ♦ Si l'équipement projeté est de nature à concourir à la modernisation de l'offre commerciale, à améliorer le confort d'achat et à supprimer les nuisances occasionnées par l'activité de l'hypermarché Carrefour en centre-ville, il ressort toutefois des pièces du dossier qu'il ne contribuera pas à une amélioration significative des conditions de concurrence dès lors qu'il aura pour effet principal de renforcer l'emprise sur le marché local des deux groupes de grande distribution déjà dominants dans la zone de chalandise ; qu'il suit de là que les effets positifs du projet ne compensent pas le déséquilibre entre les différentes formes de commerce qu'entraînerait sa réalisation. • CE 21 déc. 2007 : *RLC avr.-juin 2008. 65, obs. Marty.*

Si l'implantation du magasin Leroy-Merlin peut permettre le développement de l'offre commerciale de la zone de chalandise, qui a connu une forte augmentation démographique, il ressort des pièces du dossier que l'autorisation, accordée au motif notamment de la délivrance le même jour d'une autorisation pour la création d'un magasin à l'enseigne Castorama aux fins de maintenir l'équilibre des surfaces de vente détenues par ces deux enseignes dans l'agglomération, a pour effet de renforcer l'emprise sur les marchés locaux de ces deux groupes, qui cumuleront 72 % de la surface totale de vente dans le secteur du bricolage, du jardinage et de la décoration de la maison, et ne sera pas de nature, compte tenu de la structure du marché, à contribuer au développement de la concurrence. • CE 9 juill. 2007 : *AJDA 2007. 2101.*

4. Aménagement du territoire. Si, en vertu de l'art. L. 750-1, les implantations d'entreprises commerciales doivent répondre aux exigences d'aménagement du territoire, ces dispositions n'impliquent pas que les CDEC vérifient la conformité des projets qui leur sont soumis aux orientations contenues dans les directives territoriales d'aménagement en vigueur sur le territoire sur lequel est prévue l'implantation du projet contesté. • CE 24 janv. 2008 : *req. n° 299256.*

5. Compatibilité ou respect des critères. Même si la décision de la commission fait état de la « compatibilité » du projet avec les dispositions de l'art. 1er de la L. du 27 déc. 1973, il ressort des motifs de cette décision que la commission a vérifié le respect par le projet qui lui était soumis des dispositions édictées par le législateur. • CE 21 mai 2008 : *cité note 4 ss. art. L. 752-6.*

Art. L. 750-1-1 *(L. n° 2008-776 du 4 août 2008, art. 100-I)* **I. – Dans le respect des orientations définies à l'article L. 750-1, le Gouvernement veille au développement de la concurrence dans le secteur du commerce au moyen de la modernisation des commerces de proximité, en lui apportant les concours prévus à l'article 4 de la loi n° 89-1008 du 31 décembre 1989 relative au développement des entreprises commerciales et artisanales et à l'amélioration de leur environnement économique, juridique et social, y compris en cas de circonstances exceptionnelles susceptibles de provoquer une atteinte grave au tissu commercial.**

Les opérations éligibles à ces concours sont destinées à favoriser la création, le maintien, la modernisation, l'adaptation ou la transmission des entreprises de proximité, pour conforter le commerce sédentaire et non sédentaire notamment en milieu rural, dans les zones de montagne, dans les halles et marchés ainsi que dans les quartiers prioritaires de la politique de la ville. Elles sont également destinées à faciliter le retour à une activité normale des commerces de proximité après l'exécution de travaux publics réduisant l'accès de la clientèle à ces commerces.

Le fonds d'intervention pour les services, l'artisanat et le commerce assure le versement d'aides financières pour la mise en œuvre des alinéas précédents. Il prend en charge, dans des conditions fixées par décret en Conseil d'État, les intérêts des emprunts contractés par les communes pour l'acquisition, en application de l'article L. 214-1 du code de l'urbanisme *[V. cet art. ss. art. L. 145-60]*, **de fonds artisanaux, de fonds de commerce, de baux commerciaux ou de terrains destinés à l'aménagement commercial. Il finance notamment les études nécessaires à l'élaboration d'un cahier des charges qui permet aux communes d'engager dans les meilleures conditions un projet de revitalisation de leur centre-ville, la formation de médiateurs du commerce et les investissements nécessaires pour un meilleur accès des personnes han-**

dicapées aux magasins. Les crédits du Fonds d'intervention pour les services, l'artisanat et le commerce peuvent financer des projets d'une durée supérieure à trois ans. – *V. Décr. nos 2008-1470 et 2008-1475 du 30 déc. 2008, ci-dessous.*

II. – Les ressources du Fonds d'intervention pour les services, l'artisanat et le commerce consistent, dans la limite d'un plafond de 100 millions d'euros, en une fraction de 15 % de la taxe instituée par l'article 3 de la loi no 72-657 du 13 juillet 1972 instituant des mesures en faveur de certaines catégories de commerçants et artisans âgés.

(Abrogé par Décr. no 2013-420 du 23 mai 2013, art. 56) ***« Un conseil stratégique, composé pour moitié de représentants de l'État et pour moitié de représentants de l'Assemblée nationale et du Sénat, des collectivités territoriales et de personnalités qualifiées, fixe les principes et examine la mise en œuvre de la politique de soutien aux activités de proximité.*** – *V. Décr. no 2008-1475 du 30 déc. 2008, art. 10, ci-dessous.*

« Le président du conseil stratégique est nommé par décret sur proposition de celui-ci.

« Une commission d'orientation adresse annuellement au conseil stratégique des recommandations relatives aux améliorations à apporter à la politique de soutien aux activités de proximité. » – *V. Décr. no 2008-1475 du 30 déc. 2008, art. 11, ci-dessous.*

Ont un caractère réglementaire les trois derniers alinéas du II de l'art. L. 750-1-1 (Cons. const. 21 mars 2013, no 2013-237 L : JO 24 mars).

BIBL. ▸ BROUSSOLLE, *Defrénois 2008. 2382* (extension du droit de préemption aux terrains destinés à l'aménagement commercial). – ÉTAIN, *Loyers et copr. 2009. Alerte 15* (financement des fonds de commerce, fonds artisanaux et baux commerciaux préemptés par les communes).

Décret no 2008-1470 du 30 décembre 2008,

Pris pour l'application de l'article L. 750-1-1 du code de commerce.

Art. 1er Pour l'application du troisième alinéa du I de l'article L. 750-1-1 du code de commerce, les dépenses afférentes aux intérêts des emprunts contractés par les communes pour l'acquisition, en application de l'article L. 214-1 du code de l'urbanisme *[V. cet art. ss. art. L. 145-60]*, de fonds artisanaux, de fonds de commerce, de baux commerciaux ou de terrains destinés à l'aménagement commercial qui ont fait l'objet de l'exercice d'un droit de préemption peuvent être prises en charge par le Fonds d'intervention pour les services, l'artisanat et le commerce dans la limite de 50 % de leur montant.

Lorsque le droit de préemption est exercé dans les zones franches urbaines et dans les zones urbaines sensibles dont la liste est annexée aux décrets des 26 décembre 1996 et 28 juillet 2006 susvisés, ce taux est porté à 80 %.

Décret no 2008-1475 du 30 décembre 2008,

Pris pour l'application de certaines dispositions de l'article L. 750-1-1 du code de commerce.

CHAPITRE Ier. *FONDS D'INTERVENTION POUR LES SERVICES, L'ARTISANAT ET LE COMMERCE*

Art. 1er Le fonds d'intervention pour les services, l'artisanat et le commerce (FISAC) assure le versement des aides financières mentionnées à l'article L. 750-1-1 du code de commerce en faveur des entreprises de proximité dont la clientèle est principalement composée de consommateurs finaux.

Les entreprises concernées appartiennent au secteur du commerce, de l'artisanat ou des services. Elle peuvent être sédentaires ou non sédentaires.

Art. 2 Les opérations éligibles au fonds d'intervention pour les services, l'artisanat et le commerce appartiennent à l'une des catégories définies aux articles 3 à 6 comme il suit :

1° Les opérations collectives ;

2° Les opérations individuelles ;

3° Les études ;

4° Les actions collectives spécifiques.

Art. 3 Les opérations collectives sont des opérations qui concernent un ensemble d'entreprises appartenant à un secteur géographique donné et sont réalisées par une collectivité territoriale, un groupement de collectivités territoriales, un de leurs établissements publics, une *(Décr. n° 2010-1463 du 1er déc. 2010, art. 87)* « chambre de commerce et d'industrie territoriale », une *(Décr. n° 2010-1356 du 11 nov. 2010, art. 25)* « chambre de métiers et de l'artisanat de région » ou une société d'économie mixte à capitaux majoritairement publics, lesquels déterminent le périmètre de chaque opération.

Les aides financières sont versées aux personnes morales de droit public visées au premier alinéa, selon des modalités d'attribution fixées par arrêté du ministre chargé du commerce. — *V. Arr. 30 déc. 2008, art. 1er, ci-dessous.*

Elles portent sur :

1° Des dépenses de fonctionnement, en matière d'animation, d'assistance technique, de conseil, de promotion et d'investissements immatériels, et correspondant à des actions collectives de dynamisation et de valorisation du commerce de proximité situé dans le périmètre de l'opération ;

2° Des dépenses d'investissement des maîtres d'ouvrage publics mentionnés au premier alinéa, destinées à contribuer directement à l'implantation et à la modernisation du commerce de proximité situé dans le périmètre de l'opération ;

3° Des aides directes destinées à financer les dépenses d'investissement réalisées par les entreprises de proximité situées dans le périmètre de l'opération.

Art. 4 Les opérations individuelles concernent des entreprises de proximité réalisant un chiffre d'affaires annuel inférieur à un montant fixé par arrêté du ministre chargé du commerce et implantées dans des communes dont la population est inférieure à un seuil déterminé par arrêté du ministre chargé du commerce. — *V. Arr. 30 déc. 2008, art. 2 et 5, ci-dessous.*

La maîtrise d'ouvrage peut être publique ou privée.

Les dépenses éligibles qui sont précisées par arrêté du ministre chargé du commerce sont des dépenses d'investissement destinées à permettre la création, le maintien ou la modernisation d'un commerce de proximité. — *V. Arr. 30 déc. 2008 art. 2, ci-dessous.*

Lorsque le projet est présenté par un maître d'ouvrage privé, il est agréé par le maire de la commune d'implantation ou par le président de l'établissement public de coopération intercommunale compétent en matière d'aménagement de l'espace ou de développement et dont est membre la commune d'implantation.

Art. 5 La catégorie des études comprend :

1° Les études préalables à toute opération collective éligible aux aides du fonds d'intervention pour les services, l'artisanat et le commerce ;

2° Les études d'évaluation des opérations aidées ;

3° Les études permettant de mesurer et d'analyser au niveau national les mutations du commerce de proximité et de préparer les choix de politique publique en faveur de ces commerces ;

4° Les études nécessaires à l'élaboration d'un cahier des charges qui permet aux communes d'engager dans les meilleures conditions :

a) Un projet de revitalisation de leur centre-ville ;

b) La formation de médiateurs du commerce ;

c) Les investissements nécessaires pour un meilleur accès aux commerces des personnes handicapées et des personnes à mobilité réduite.

La maîtrise d'ouvrage de ces études est assurée par l'État ou par l'un des maîtres d'ouvrage publics mentionnés à l'article 3.

Art. 6 Des actions collectives spécifiques de niveau national peuvent être décidées par le ministre chargé du commerce :

1° Pour anticiper ou accompagner l'évolution et les mutations des entreprises visées à l'article 1er en vue de leur création, de leur modernisation, de leur essor ou de leur transmission ;

2° Pour faciliter le retour à une activité normale à la suite de circonstances exceptionnelles susceptibles de provoquer une atteinte grave au tissu commercial de proximité.

Art. 7 Les aides peuvent prendre la forme de subventions, de provisions déléguées à une personne morale de droit public, de prêts ou d'avances remboursables.

Lorsque le montant accordé est supérieur à un seuil fixé par arrêté du ministre chargé du commerce, une convention définissant les engagements respectifs des parties, le calendrier de réalisation et les modalités de suivi et d'évaluation est conclue entre l'État et le bénéficiaire. Il en va de même lorsque l'aide attribuée fait l'objet d'une répartition entre plusieurs bénéficiaires. *— V. Arr. 30 déc. 2008, art. 5, ci-dessous.*

Les aides individuelles sont attribuées exclusivement si les conditions de viabilité économique de l'entreprise sont réunies. Elles ne peuvent avoir pour effet de créer une distorsion de concurrence.

Dans les trois mois qui suivent l'achèvement de l'opération, le bénéficiaire fournit des justificatifs sur l'emploi de l'aide reçue et remet au ministre chargé du commerce un rapport présentant les modalités de réalisation de l'opération, les ajustements éventuels par rapport au projet initial et les premiers effets de l'aide reçue.

Les maîtres d'ouvrage publics des opérations visées aux articles 3 à 5 ne peuvent présenter une nouvelle demande d'aide ayant le même objet et le même territoire de mise en œuvre avant l'expiration d'un délai de deux ans dont le point de départ est la remise du rapport d'achèvement de l'opération. Ce délai peut être réduit ou supprimé dans le cas où des aides autres que celles du fonds d'intervention pour les services, l'artisanat et le commerce, apportées au maître d'ouvrage pour la même opération, pourraient être perdues en cas d'interruption de l'opération.

Sauf dans le cas d'aides attribuées au titre du 2° de l'article 6, l'entreprise bénéficiaire d'une aide du fonds d'intervention pour les services, l'artisanat et le commerce ne peut présenter une nouvelle demande ayant le même objet avant l'expiration d'un délai de deux ans dont le point de départ est la date à laquelle est intervenu le dernier versement de cette aide.

Le bénéficiaire de l'aide tient à disposition de l'État les informations économiques permettant l'évaluation de l'opération pendant une période de cinq ans après son achèvement.

Les aides sont attribuées par décision du ministre chargé du commerce.

Art. 8 Lorsque les aides prennent la forme de subventions, celles-ci ne peuvent excéder :

1° En ce qui concerne les dépenses de fonctionnement visées au 1° de l'article 3, ainsi que les études visées à l'article 5, 50 % des dépenses subventionnables ;

2° En ce qui concerne les dépenses d'investissement visées aux 2° et 3° de l'article 3 et au troisième alinéa de l'article 4, 30 % des dépenses subventionnables. Le taux d'intervention est porté à 40 % pour les dépenses subventionnables d'investissement relatives à la sécurisation des entreprises et des locaux d'activité et pour celles visant à favoriser l'accessibilité des entreprises commerciales, artisanales et de services aux personnes handicapées et aux personnes à mobilité réduite.

Pour les aides destinées à financer les dépenses d'investissement et accordées à des collectivités publiques, ces taux sont appliqués à des dépenses subventionnables inférieures ou égales à un seuil fixé par arrêté du ministre chargé du commerce. Au-delà de ce seuil, le taux d'intervention est fixé à 10 % des dépenses subventionnables. *— V. Arr. 30 déc. 2008, art. 6, ci-dessous.*

Pour les aides destinées à financer les dépenses d'investissement et accordées à des personnes physiques ou morales de droit privé dans le cadre des opérations individuelles réalisées en zone rurale et dans le cadre des opérations collectives, le montant des dépenses subventionnables ne peut excéder un plafond fixé par arrêté du ministre chargé du commerce. *(Décr. n° 2010-407 du 26 avr. 2010, art. 1er)* « Si les aides sont accordées dans le cadre d'une opération collective, l'engagement financier de l'État dans ces aides individuelles ne peut excéder celui des collectivités territoriales participantes ou, dans les départements d'outre-mer, celui des collectivités territoriales et des fonds structurels européens participants. » — *V. Arr. 30 déc. 2008, art. 7, ci-dessous.*

Pour les opérations réalisées dans les zones urbaines sensibles, dont la liste est annexée au décret du 26 décembre 1996 susvisé *[n° 96-1156]*, et dans les zones franches urbaines, mentionnées par le décret du 28 juillet 2006 susvisé *[n° 2006-930]*, les taux sont portés respectivement à 80 % en fonctionnement et à 40 % en investissement. Les opérations d'investissement incluent les aides individuelles que l'État accorde, dans le cadre d'opérations collectives, aux personnes physiques ou morales de droit privé dont l'entreprise est implantée dans une zone urbaine sensible ou dans une zone franche urbaine. Il n'est pas fait obligation aux collectivités territoriales concernées de participer au financement de ces aides individuelles.

Les aides afférentes aux actions collectives peuvent être modulées en fonction de l'incidence de ces différentes actions sur les activités commerciales, artisanales ou de services. Elles peuvent également être dégressives dans le cas où ces actions présentent un caractère répétitif.

Le montant des dépenses pouvant faire l'objet d'une subvention est apprécié hors taxes.

Un arrêté du ministre chargé du commerce détermine l'aide financière maximale qui peut être accordée pour une même opération ou pour certaines catégories de dépenses. Il fixe également le seuil minimal de dépenses subventionnables, en dessous duquel une opération ne peut être aidée par le fonds d'intervention pour les services, l'artisanat et le commerce. — *V. Arr. 30 déc. 2008, art. 8 et 10, ci-dessous.*

Art. 9 Les aides qui, dans un délai de trois ans à compter de la date de leur notification au bénéficiaire, n'ont pas été utilisées conformément à l'objet pour lequel elles ont été attribuées donnent lieu à reversement et sont recouvrées par la Caisse nationale du régime social des indépendants, sur décision du ministre chargé du commerce.

En cas de refus du bénéficiaire de l'aide de procéder à son remboursement, le ministre chargé du commerce exerce toute action en justice, à l'expiration d'un délai de deux mois à compter de la date d'envoi, par la Caisse nationale du régime social des indépendants, d'une mise en demeure restée infructueuse expédiée par lettre recommandée avec demande d'avis de réception.

CHAPITRE II. *CONSEIL STRATÉGIQUE DU COMMERCE DE PROXIMITÉ*

Art. 10 Le conseil stratégique du commerce de proximité émet des avis et des recommandations relatifs aux politiques publiques de soutien en faveur du commerce de proximité. Il peut être consulté par le ministre chargé du commerce sur toute mesure propre à soutenir et à promouvoir la création, la transmission et le développement des entreprises de proximité. Il prend appui sur les informations qui lui sont fournies par les services de l'État, par les *(Décr. n° 2010-1463 du 1er déc. 2010, art. 87)* « chambres de commerce et d'industrie territoriales », par les *(Décr. n° 2010-1356 du 11 nov. 2010, art. 25)* « chambres de métiers et de l'artisanat de région » et par les professionnels des secteurs concernés.

Le conseil stratégique est composé comme il suit :

a) Un député désigné par le président de l'Assemblée nationale ;

b) Un sénateur désigné par le président du Sénat ;

c) Deux maires désignés par le ministre en charge des petites et moyennes entreprises ;

d) Quatre personnalités qualifiées en matière d'activités de proximité nommées par le ministre chargé des petites et moyennes entreprises ;

e) Un représentant des associations de consommateurs désigné par le bureau du Conseil national de la consommation ;

f) Un représentant de chacun des ministres chargés du commerce, de l'artisanat, des collectivités territoriales, des petites et moyennes entreprises, de l'aménagement du territoire, de l'économie, de la consommation, du budget et de la ville.

Le président du conseil stratégique du commerce de proximité est choisi, sur proposition du conseil stratégique, parmi ses membres et nommé par décret.

Les membres du conseil stratégique du commerce de proximité sont nommés pour trois ans par arrêté du ministre chargé du commerce. Leur mandat est renouvelable une fois.

Lorsqu'un membre du conseil stratégique du commerce de proximité perd la qualité au titre de laquelle il a été nommé ou en cas de vacance avant la date d'expiration du mandat, il est procédé à la désignation d'un remplaçant pour la durée du mandat restant à courir.

Les fonctions de membre du conseil stratégique du commerce de proximité ne donnent pas lieu à rémunération. Les frais de déplacement des membres sont pris en charge dans les conditions fixées par le décret du 3 juillet 2006 susvisé *[nº 2006-781]*.

Le conseil stratégique du commerce de proximité se réunit sur convocation de son président qui arrête l'ordre du jour. Le ministre chargé du commerce peut également le convoquer sur un ordre du jour déterminé.

Le président peut appeler à participer aux travaux du conseil stratégique du commerce de proximité toute personne dont il juge la présence utile compte tenu de l'ordre du jour.

Le secrétariat du conseil stratégique du commerce de proximité est assuré par les services du ministre chargé du commerce.

CHAPITRE III. *COMMISSION D'ORIENTATION DU COMMERCE DE PROXIMITÉ*

Art. 11 La commission d'orientation du commerce de proximité collecte et analyse les informations relatives à la création, à la transmission et au développement des entreprises de proximité. Elle formule des recommandations de bonnes pratiques en matière de conception, de réalisation ou d'évaluation de projets en faveur des entreprises de proximité. Elle est l'instance de concertation technique sur ces questions, notamment entre les services de l'État, *(Décr. nº 2010-1463 du 1er déc. 2010, art. 87)* « chambres de commerce et d'industrie territoriales », les *(Décr. nº 2010-1356 du 11 nov. 2010, art. 25)* « chambres de métiers et de l'artisanat de région » et les experts des secteurs concernés.

Elle est composée d'une commission plénière et de commissions thématiques définies par la commission plénière.

Les membres de la commission d'orientation du commerce de proximité sont nommés par arrêté du ministre chargé du commerce pour un mandat renouvelable de trois ans. Lorsqu'un de ses membres perd la qualité au titre de laquelle il a été nommé ou en cas de vacance avant la date d'expiration du mandat, il est procédé à la désignation d'un remplaçant pour la durée du mandat restant à courir.

Les membres de la commission d'orientation du commerce de proximité siègent à la commission plénière et participent aux travaux des commissions thématiques de leur choix.

Le président de la commission d'orientation du commerce de proximité est choisi parmi ses membres et nommé par arrêté du ministre chargé du commerce.

Les fonctions de membre de la commission d'orientation du commerce de proximité ne donnent pas lieu à rémunération. Les frais de déplacement des membres sont pris en charge dans les conditions fixées par le décret du 3 juillet 2006 susvisé *[nº 2006-781]*.

La commission d'orientation du commerce de proximité se réunit sur convocation de son président, qui arrête l'ordre du jour. Le ministre chargé du commerce peut également la convoquer sur un ordre du jour déterminé.

Le président peut appeler à participer aux travaux de la commission d'orientation du commerce de proximité toute personne dont il juge la présence utile compte tenu de l'ordre du jour.

Le secrétariat de la commission d'orientation du commerce de proximité est assuré par les services du ministre chargé du commerce.

Arrêté du 30 décembre 2008,

Pris pour l'application du décret n° 2008-1475 du 30 décembre 2008 pris pour l'application de certaines dispositions de l'article L. 750-1-1 du code de commerce.

Art. 1er *(Arr. du 15 mai 2009, art. 2)* Dans le cadre des opérations collectives mentionnées à l'article 3 du décret du 30 décembre 2008 susvisé, les entreprises éligibles peuvent bénéficier d'aides individuelles pour le financement de la rénovation de leurs vitrines, des équipements destinés à assurer leur sécurité, des aménagements destinés à faciliter leur accessibilité aux personnes handicapées et aux personnes à mobilité réduite et des investissements relatifs à la modernisation de leurs locaux d'activité.

Art. 2 Dans le cadre des opérations individuelles mentionnées à l'article 4 du décret du 30 décembre 2008 susvisé concernant une entreprise située dans une commune dont la population est inférieure au seuil fixé à l'article 4 du présent arrêté, les aides peuvent concerner les investissements de modernisation de l'appareil productif et d'aménagement des locaux, les équipements destinés à assurer leur sécurité et les aménagements destinés à faciliter leur accessibilité aux personnes handicapées et aux personnes à mobilité réduite. Pour les opérations visées au premier alinéa du présent article, si le maître d'ouvrage est public, sont également éligibles l'acquisition de locaux destinés à être loués pendant au moins dix ans et les aménagements des abords immédiats du commerce pour en faciliter l'accès.

Art. 3 Pour les aides aux entreprises de proximité visées aux articles 3 et 4 du décret du 30 décembre 2008 susvisé, le chiffre d'affaires de référence est celui du dernier exercice connu ou, pour les entreprises nouvelles, le chiffre d'affaires annuel prévisionnel. Le chiffre d'affaires de référence des entreprises éligibles aux aides prévues par le décret susvisé est inférieur à 1 million d'euros hors taxes.

Dans le cas où une aide est attribuée à un maître d'ouvrage public en vue de l'exploitation d'une activité commerciale de proximité par une entreprise privée, le chiffre d'affaires de référence de celle-ci est inférieur à 1 million d'euros hors taxes.

Art. 4 Le seuil de population mentionné à l'article 4 du décret du 30 décembre 2008 susvisé est fixé à 3 000 habitants. *(Arr. du 26 avr. 2010, art. 1er)* « Dans les départements d'outre-mer, les hameaux et les bourgs ruraux qui sont rattachés administrativement à une commune dont la population est supérieure à 3 000 habitants peuvent faire l'objet d'une opération individuelle si la population de ces hameaux ou bourgs n'excède pas le seuil de 3 000 habitants. »

Art. 5 Le seuil créant une obligation de convention, prévu au deuxième alinéa de l'article 7 du décret du 30 décembre 2008 susvisé, est fixé à 75 000 euros.

Art. 6 Le seuil prévu au quatrième alinéa de l'article 8 du décret du 30 décembre 2008 susvisé est fixé à 800 000 euros hors taxes.

Art. 7 Le plafond des dépenses subventionnables pour les aides individuelles accordées à des personnes physiques ou morales de droit privé dans le cadre des opérations individuelles réalisées en zone rurale et dans le cadre des opérations collectives, mentionné au cinquième alinéa de l'article 8 du décret du 30 décembre 2008 susvisé, est fixé à 75 000 euros hors taxes.

Art. 8 L'aide financière maximale qui peut être accordée au titre d'une tranche pour une opération collective comportant un volet fonctionnement et un volet investissement, prévue au neuvième alinéa de l'article 8 du décret du 30 décembre 2008 susvisé, est limitée à 400 000 euros pour chaque volet. Elle ne peut excéder 2 millions d'euros pour une opération pluriannuelle.

Art. 9 La participation annuelle de l'État est limitée à 15 000 euros pour le financement d'un poste d'animateur d'opération collective à temps complet.

Art. 10 Le seuil minimal de dépenses subventionnables pour une opération mentionnée au neuvième alinéa de l'article 8 du décret du 30 décembre 2008 susvisé est fixé à

10 000 euros hors taxes, sauf si l'opération porte sur des travaux de modernisation de halles ou de marchés ruraux. *(Arr. du 27 avr. 2012)* « Le seuil est fixé à 5 000 euros hors taxes lorsque l'opération est portée par une entreprise non sédentaire. »

CHAPITRE PREMIER DES COMMISSIONS D'AMÉNAGEMENT COMMERCIAL *(L. nº 2008-776 du 4 août 2008, art. 102-XXXI, en vigueur le 25 nov. 2008).*

V. note en tête du livre VII.

SECTION PREMIÈRE DES COMMISSIONS DÉPARTEMENTALES D'AMÉNAGEMENT COMMERCIAL *(L. nº 2008-776 du 4 août 2008, art. 102-XXVIII, en vigueur le 25 nov. 2008).*

V. note en tête du livre VII.

Art. L. 751-1 **Une** *(L. nº 2008-776 du 4 août 2008, art. 102-II, en vigueur le 25 nov. 2008)* **« commission départementale d'aménagement commercial » statue sur les demandes d'autorisation qui lui sont présentées en vertu des dispositions des articles L. 752-1, L. 752-3 et L. 752-15.** — *[C. com., art. L. 720-3, al. 1er.]*

(L. nº 2008-776 du 4 août 2008, en vigueur le 25 nov. 2008) **« Cette commission est également compétente, dans la composition spéciale précisée au IV de l'article L. 751-2, pour statuer sur les projets d'aménagement cinématographique qui lui sont présentés en vertu de l'article »** *(Ord. nº 2009-901 du 24 juill. 2009, art. 2)* **« L. 212-7 du code du cinéma et de l'image animée ».** — *V. cet art. L. 212-7, App., vº Commerce (organisation).*

Art. L. 751-2 **I. — La** *(L. nº 2008-776 du 4 août 2008, art. 102-XXVIII, en vigueur le 25 nov. 2008)* **« commission départementale d'aménagement commercial » est présidée par le préfet.**

II. — Dans les départements autres que Paris, elle est composée :

1º Des *(L. nº 2008-776 du 4 août 2008, art. 102-III, en vigueur le 25 nov. 2008)* **« cinq » élus suivants :**

a) **Le maire de la commune d'implantation ;**

b) **Le président de l'établissement public de coopération intercommunale compétent en matière d'aménagement de l'espace et de développement dont est membre la commune d'implantation ou, à défaut, le** *(L. nº 2013-403 du 17 mai 2013, art. 1er)* **« conseiller départemental** *[ancienne rédaction : conseiller général]* **» du canton d'implantation ;** — *Les modifications issues de la L. nº 2013-403 du 17 mai 2013 s'appliquent à compter du prochain renouvellement général des conseils généraux suivant la promulgation de ladite loi (L. préc., art. 51).*

c) **Le maire de la commune la plus peuplée de l'arrondissement, autre que la commune d'implantation ; en dehors des départements des Hauts-de-Seine, de la Seine-Saint-Denis, du Val-de-Marne et des communes de l'Essonne, du Val-d'Oise, des Yvelines et de Seine-et-Marne appartenant à l'agglomération parisienne, dans le cas où la commune d'implantation appartient à une agglomération multicommunale**

comportant au moins cinq communes, le maire de la commune la plus peuplée est choisi parmi les maires des communes de ladite agglomération ;

(L. n° 2008-776 du 4 août 2008, art. 102-III, en vigueur le 25 nov. 2008) **« *d)* Le président du conseil général ou son représentant ;**

« *e)* Le président du syndicat mixte ou de l'établissement public de coopération intercommunale chargé du schéma de cohérence territoriale auquel adhère la commune d'implantation ou son représentant ou, à défaut, un adjoint au maire de la commune d'implantation.

« Lorsque l'un des élus détient plusieurs des mandats mentionnés ci-dessus, le préfet désigne pour le remplacer un ou plusieurs maires de communes situées dans la zone de chalandise concernée. » — *Sur cette notion, V. art. R. 752-8.*

2° *(L. n° 2008-776 du 4 août 2008, art. 102-III, en vigueur le 25 nov. 2008)* **« De trois personnalités qualifiées en matière de consommation, de développement durable et d'aménagement du territoire.** — *V. art. R. 751-3.*

« Lorsque la zone de chalandise du projet dépasse les limites du département, le préfet complète la composition de la commission en désignant au moins un élu et une personnalité qualifiée de chaque autre département concerné.

« Pour éclairer sa décision, la commission entend toute personne dont l'avis présente un intérêt. »

III. — A Paris, elle est composée :

1° Des *(L. n° 2008-776 du 4 août 2008, art. 102-III, en vigueur le 25 nov. 2008)* **« cinq » élus suivants :**

***a)* Le maire de Paris** *(L. n° 2008-776 du 4 août 2008, art. 102-III, en vigueur le 25 nov. 2008)* **« ou son représentant » ;**

***b)* Le maire de l'arrondissement du lieu d'implantation** *(L. n° 2008-776 du 4 août 2008, en vigueur le 25 nov. 2008)* **« ou son représentant » ;**

***c)* Un conseiller d'arrondissement désigné par le conseil de Paris ;**

(L. n° 2008-776 du 4 août 2008, art. 102-III, en vigueur le 25 nov. 2008) **« *d)* Un adjoint au maire de Paris ;**

« *e)* Un conseiller régional désigné par le conseil régional ;

« 2° « De trois personnalités qualifiées en matière de consommation, de développement durable et d'aménagement du territoire. — *V. art. R. 751-3.* — [*C. com., art. L. 720-8, I à III.*]

« Pour éclairer sa décision, la commission entend toute personne dont l'avis présente un intérêt.

« IV. — Lorsqu'elle se réunit pour examiner les projets d'aménagement cinématographique, la commission comprend parmi les personnalités qualifiées désignées par le préfet, » *(Ord. n° 2009-1358 du 5 nov. 2009, art. 8-I)* **« un expert proposé par le président du Centre national du cinéma et de l'image animée et choisi sur une liste établie par lui ».**

1. Droit de la concurrence. Jugeant que, eu égard à leur composition, aussi bien les commissions départementales que la commission nationale d'équipement commercial, sont des autorités de l'État, indépendantes des opérateurs économiques, qui prennent des décisions d'autorisation ou de refus d'autorisation, de telle sorte que ces décisions ne constituent pas des ententes entre entreprises que les pouvoirs publics auraient imposées ou favorisées ou dont ils auraient renforcé les effets, V. • CE 5 mars 2003 : *Lettre distrib. juin 2003, p. 4 ; Europe 2003, n° 213.*

2. Préfet. En vertu du VI de l'art. L. 720-8 [L. 752-11, al. 2, ancien] et eu égard à l'intérêt régional que le projet représentait en l'espèce, le défaut de convocation du préfet de la région d'Île-de-France à la réunion de la CDEC constitue un vice substantiel de nature à rendre illégale l'autorisation accordée. • CAA Paris, 18 févr. 2003 : *RFDA 2003. 815* ✐. ♦ Jugeant que le secrétaire général adjoint d'une préfecture ne peut pas présider la CDEC en remplacement du préfet, V. • CAA Douai, 15 oct. 2009 : *AJDA 2010. 223*.

3. Maire. Sur la possibilité pour les maires de se faire représenter, V. • CE 26 janv. 2007 : *cité ss. art. R. 752-9* • CAA Nantes, 28 sept. 2004 : *AJDA 2005. 1253 ; RFDA 2005. 207, obs. R. V.*

4. Commune la plus peuplée. Pour l'application des dispositions de l'art. 30 de la loi du 27 déc. 1973 [C. com., art. L. 751-2] relatif à la composition de la CDEC, le préfet ne peut se fonder que sur les résultats du recensement qui ont fait l'objet d'une publication. • CAA Lyon, 24 mai 2007 : *AJDA 2007. 1724*.

5. Non-cumul des mandats. Le législateur a entendu, en cas de cumul de plusieurs mandats par l'un des cinq élus concernés, que le préfet désigne un ou plusieurs maires de communes situées dans la zone de chalandise concernée. Cette règle est applicable dans le cas où le maire de la commune d'implantation ou le maire de la commune la plus peuplée de la zone concernée est également président de l'un des EPCI ou syndicats mixtes mentionnés, la circulaire du 18 févr. 2009 suggérant dans ce cas aux préfets de choisir un maire issu d'une des communes de la zone de chalandise appartenant à ces établissements publics ou syndicats mixtes. • CE 3 oct. 2011 : *AJDA 2012. 212, note Verpeaux ; RJDA 2012, n° 436.* – V. aussi art. R. 751-2.

Art. L. 751-3 **Tout membre de la** *(L. n° 2008-776 du 4 août 2008, art. 102-XXVIII, en vigueur le 25 nov. 2008)* **« commission départementale d'aménagement commercial » informe le préfet des intérêts qu'il détient et de la fonction qu'il exerce dans une activité économique.** – *[C. com., art. L. 720-8, IV, al. 1er.]*

(L. n° 2008-776 du 4 août 2008, art. 102-V, en vigueur le 25 nov. 2008) **« Aucun membre de la commission départementale ne peut délibérer dans une affaire où il a un intérêt personnel ou s'il représente ou a représenté une ou des parties. »**

Art. L. 751-4 **Les conditions de désignation des membres de la commission et les modalités de son fonctionnement sont fixées par décret en Conseil d'État.** – *[C. com., art. L. 720-8, VIII.] – V. art. R. 751-1 s.*

SECTION II DE LA COMMISSION NATIONALE D'AMÉNAGEMENT COMMERCIAL *(L. n° 2008-776 du 4 août 2008, art. 12-XXVIII, en vigueur le 25 nov. 2008).*

V. note en tête du livre VII.

Art. L. 751-5 **La** *(L. n° 2008-776 du 4 août 2008, en vigueur le 25 nov. 2008)* **« Commission nationale d'aménagement commercial » comprend huit membres nommés, pour une durée de six ans non renouvelable, par décret pris sur le rapport du ministre chargé du commerce. La commission est renouvelée par moitié tous les trois ans.** – *[C. com., art. L. 720-11, I.]*

Les membres de la Commission nationale d'équipement commercial deviennent, à la date de publication du Décr. n° 2008-1212 du 24 nov. 2008, membres de la Commission nationale d'aménagement commercial ; ils sont maintenus dans leurs fonctions pour la durée de leur mandat restant à courir (Décr. préc., art. 7).

Art. L. 751-6 *(L. n° 2008-776 du 4 août 2008, art. 102-VI)* **« I. – » La** *(L. n° 2008-776 du 4 août 2008, en vigueur le 25 nov. 2008)* **« Commission nationale d'aménagement commercial » se compose de :**

1° Un membre du Conseil d'État désigné par le vice-président du Conseil d'État, président ;

2° Un membre de la Cour des comptes désigné par le premier président de la Cour des comptes ;

3° Un membre de l'inspection générale des finances désigné par le chef de ce service ;

4° *(L. n° 2011-525 du 17 mai 2011, art. 94-IV)* « Un membre du corps des inspecteurs généraux de l'administration du développement durable désigné par le vice-président du Conseil général de l'environnement et du développement durable ; »

5° Quatre personnalités désignées pour leur compétence en matière de distribution, de consommation, *(L. n° 2008-776 du 4 août 2008, art. 102-VI, en vigueur le 25 nov. 2008)* « d'urbanisme, de développement durable, » d'aménagement du territoire ou d'emploi à raison d'une par le président de l'Assemblée nationale, une par le président du Sénat, une par le ministre chargé du commerce et une par le ministre chargé *(L. n° 2008-776 du 4 août 2008, art. 102-VI, en vigueur le 25 nov. 2008)* « de l'urbanisme et de l'environnement. – *[C. com., art. L. 720-11, II.]*

« II. – Lorsque la commission nationale est saisie de recours contre les décisions des commissions départementales statuant sur les projets d'aménagement cinématographique, le membre mentionné au 4° du I est remplacé par un membre du corps des inspecteurs généraux du ministère chargé de la culture ; celle des personnalités mentionnée au 5° du I, désignée par le ministre chargé du commerce, est remplacée par une personnalité compétente en matière de distribution cinématographique désignée par le ministre chargé de la culture. En outre, la commission est complétée par » *(Ord. n° 2009-1358 du 5 nov. 2009, art. 8-II)* « une personnalité qualifiée nommée par le ministre chargé de la culture sur proposition du président du Centre national du cinéma et de l'image animée. Un suppléant est nommé dans les mêmes conditions ».

1. Nature juridique. La Commission nationale d'équipement commercial ne constitue ni une juridiction, ni un tribunal au sens de l'art. 6, § 1 Conv. EDH. • CE 26 mars 2003 : *RJDA 2004, n° 245.* ♦ Pour une décision en faveur de la qualification d'autorité administrative au sens de l'art. 1er de la loi du 12 avr. 2000 relative aux droits des citoyens dans leurs relations avec l'administration. V. • CE 5 nov. 2003 : *RJDA 2004, n° 246.*

2. Recours. Une association dont l'objet social est général et le champ d'action national n'a pas qualité pour demander l'annulation d'une décision de la Commission nationale d'équipement commercial n'ayant d'effet que sur une aire géographique limitée (autorisation d'augmentation de la surface de vente d'un supermarché exploité sur le territoire d'une commune). • CE 29 avr. 2002 : *BRDA 2002, n° 19, p. 12.* ♦ Le délai de recours contentieux commence à courir à compter de la plus tardive des deux dates correspondant, l'une au premier jour d'une période d'affichage de la décision en mairie pendant une durée de deux mois, l'autre à la seconde des deux insertions d'un extrait de la décision effectuées dans la presse régionale ou locale. • CE 10 nov. 2004 : *RJDA 2005, n° 202 (7e esp.).* ♦ L'annulation d'une décision de la CNEC par le Conseil d'État a pour effet de ressaisir la commission nationale de la demande d'autorisation précédemment présentée. • CE 12 janv. 2005 : *JCP E 2005, n° 5, p. 157 ; RTD com. 2005. 270, obs. Orsoni ; RJDA 2005, n° 1158.*

3. Demande de suspension en référé. Lorsque la demande de suspension porte sur une autorisation délivrée au titre de la législation sur l'équipement commercial, ni l'imminence de l'ouverture au public du magasin ou du centre commercial autorisés, ni la perspective d'une concurrence accrue entre grandes surfaces ne peuvent à elles seules caractériser une situation d'urgence. • CE 19 sept. 2003 : *RJDA 2004, n° 247* • 19 oct. 2007 : *RJDA 2008, n° 332 ; Procédures 2008, n° 25, obs. Deygas ; Lettre distrib. janv. 2008, p. 3.* ♦ Il appartient au requérant d'apporter les éléments objectifs et précis de nature à démontrer, notamment, la gravité de l'atteinte portée à sa situation économique – qui peut être différente selon qu'il s'agit de l'exploitant d'une petite entreprise de commerce particulièrement exposée à cette concurrence nouvelle ou au contraire d'une société de grande distribution déjà fortement implantée – ou aux intérêts publics en cause. • Même arrêt. ♦ Pour une décision antérieure contraire, V. • CE 27 juin 2001 : *RJDA 2002, n° 317.*

Art. L. 751-7 **Tout membre de la commission nationale informe le président des intérêts qu'il détient et de la fonction qu'il exerce dans une activité économique. –** *[C. com., art. L. 720-11, III.]*

– *(L. nº 2008-776 du 4 août 2008, art. 102-VII, en vigueur le 25 nov. 2008)* **« Aucun membre de la commission nationale ne peut délibérer dans une affaire où il a un intérêt personnel et direct ou s'il représente ou a représenté une des parties intéressées. »** – *V. art. R. 751-9, al. 4.*

Intérêt personnel. Jugeant que la méconnaissance de la formalité d'information prévue au III de l'art. L. 720-11 [art. L. 751-7], est par elle-même sans incidence sur la régularité des décisions prises par la Commission, dès lors que ses membres se conforment aux prescriptions du IV de cet art. [art. L. 752-20, al. 1er ; désormais art. L. 751-7, al. 2] : • CE 5 nov. 2003 : *RJDA 2004, nº 245.*

Art. L. 751-8 **Les conditions de désignation des membres de la commission nationale et de son président, ainsi que les modalités de son fonctionnement, sont fixées par décret en Conseil d'État.** – *[C. com., art. L. 720-11,VII.]* – *V. art. R. 751-8 s.*

SECTION III DES OBSERVATOIRES DÉPARTEMENTAUX D'ÉQUIPEMENT COMMERCIAL

Art. L. 751-9 *(L. nº 2008-776 du 4 août 2008, art. 102-VIII, en vigueur le 25 nov. 2008)* **L'observatoire départemental d'équipement** *[d'aménagement]* **commercial collecte les éléments nécessaires à la connaissance du territoire en matière commerciale, dans le respect des orientations définies à l'article L. 750-1. Il met ces données à disposition des collectivités locales et de leurs groupements qui élaborent un schéma de développement commercial.** – *Sur les observatoires d'aménagement commercial, V. art. R. 751-12 s.* – *Sur les schémas de développement commercial, V. art. R. 751-18 s.*

BIBL. ▶ Graboy-Grobesco, *AJDA 2003. 169* (schémas de développement commercial). – Bouyssou, *JCP N 2003, nº 3, p. 99* (même thème).

Ancien art. L. 751-9 (Ord. nº 2006-673 du 8 juin 2006, art. 2) ***L'observatoire départemental d'équipement commercial collecte les éléments nécessaires à l'élaboration des schémas de développement commercial, dans le respect des orientations définies à l'article L. 750-1. Il prend en considération, s'il y a lieu, les orientations des directives territoriales d'aménagement mentionnées à l'article L. 111-1-1 du code de l'urbanisme et des schémas régionaux d'aménagement et de développement du territoire prévus à l'article 34 de la loi nº 83-8 du 7 janvier 1983 relative à la répartition de compétences, entre les communes, les départements, les régions et l'État.*** — V. ce texte au **C. adm.** — V. art. R. 751-16 s. anciens.

Le schéma de développement commercial est élaboré et rendu public dans des conditions fixées par décret en Conseil d'État. – [C. com., art. L. 720-3, IV et V.] — V. art. R. 751-19 s. anciens.

Schémas de cohérence territoriale. En vertu de l'art. L. 122-1 C. urb., les autorisations d'exploitation délivrées par les CDEC et par la CNEC doivent être compatibles avec les schémas de cohérence territoriale. • CE 28 sept. 2005 : *RDI 2005. 464, obs. Soler-Couteaux ; JCP E 2005, nº 44-45, p. 1892 ; RJDA 2006, nº 467.* ♦ Comp., jugeant que si les auteurs d'un schéma de cohérence territoriale peuvent fixer des orientations et des objectifs d'implantations préférentielles des activités économiques, notamment commerciales, et identifier à cet effet des zones préférentielles définies en considération des exigences d'aménagement du territoire, de protection de l'environnement ou de qualité de l'urbanisme spécifiques à certaines parties du territoire couvertes par le schéma, il ne leur appartient pas, par des dispositions impératives, d'interdire les opérations de création ou d'agrandissement relevant des qualifications et procédures prévues au titre V du livre VII du code de commerce et de préciser leur localisation exclusive. • TA Orléans, 16 juin 2009 : *AJDA 2009. 1958, concl. Francfort.*

CHAPITRE II DE L'AUTORISATION COMMERCIALE

V. note en tête du livre VII.

SECTION PREMIÈRE DES PROJETS SOUMIS À AUTORISATION

V. note en tête du livre VII.

Art. L. 752-1 I. – **Sont soumis à une autorisation d'exploitation commerciale les projets ayant pour objet :**

1° La création d'un magasin de commerce de détail d'une surface de vente supérieure à *(L. n° 2008-776 du 4 août 2008, art. 102-IX, 1°, a)* **« 1 000 mètres carrés », résultant soit d'une construction nouvelle, soit de la transformation d'un immeuble existant ;**

2° L'extension de la surface de vente d'un magasin de commerce de détail ayant déjà atteint le seuil des *(L. n° 2008-776 du 4 août 2008, art. 102-IX)* **« 1 000 mètres carrés » ou devant le dépasser par la réalisation du projet. Est considérée comme une extension l'utilisation supplémentaire de tout espace couvert ou non, fixe ou mobile, et qui n'entrerait pas dans le cadre de l'article L. 310-2 ;**

3° *(L. n° 2008-776 du 4 août 2008, art. 102-IX)* **« Tout changement de secteur d'activité d'un commerce d'une surface de vente supérieure à 2 000 mètres carrés. Ce seuil est ramené à 1 000 mètres carrés lorsque l'activité nouvelle du magasin est à prédominance alimentaire ;** – *V. art. R. 752-3, R. 752-11 et A. 752-2.*

« 4° La création d'un ensemble commercial tel que défini à l'article L. 752-3 et dont la surface de vente totale est supérieure à 1 000 mètres carrés ; » – *V. art. R. 752-4. – Pour l'absence de prise en compte désormais des stations de distribution de carburants, V. art. R. 752-1.*

5° *(L. n° 2009-526 du 12 mai 2009, art. 47)* **« L'extension de la surface de vente d'un ensemble commercial ayant déjà atteint le seuil des 1 000 mètres carrés ou devant le dépasser par la réalisation du projet ; »** – *V. art. R. 752-4. – Pour l'application du 5° du I de l'art. L. 752-1, il est tenu compte de la surface totale des extensions de surfaces de vente réalisées depuis la publication de la L. n° 2008-776 du 4 août 2008 (JO 5 août), augmentée de la surface de vente prévue par le projet d'extension concerné (Décr. n° 2008-1212 du 24 nov. 2008, art. 3-I). Tout projet d'extension d'un ensemble commercial qui n'était pas soumis à une autorisation d'exploitation commerciale conformément au XXIX de l'art. 102 de la L. n° 2008-776 du 4 août 2008 fait l'objet, postérieurement à sa réalisation, d'une déclaration enregistrée auprès des services de l'État chargés du commerce selon des modalités définies par arrêté du ministre chargé du commerce (Décr. préc., art. 3-II).*

6° La réouverture au public, sur le même emplacement, d'un magasin de commerce de détail d'une surface de vente supérieure à *(L. n° 2008-776 du 4 août 2008, art. 102-IX, 1°, d)* **« 1 000 mètres carrés » dont les locaux ont cessé d'être exploités pendant** *(L. n° 2008-776 du 4 août 2008)* **« trois ans », ce délai ne courant, en cas de procédure de redressement judiciaire de l'exploitant, que du jour où le propriétaire a recouvré la pleine et entière disposition des locaux ;**

(Abrogé par L. n° 2008-776 du 4 août 2008, art. 102-IX, 1°, e) ***« 7° Les constructions nouvelles, les extensions ou les transformations d'immeubles existants entraînant la constitution d'établissements hôteliers d'une capacité supérieure à trente chambres hors de la région d'Île-de-France, et à cinquante chambres dans cette dernière.***

« Lorsqu'elle statue sur ces demandes, la commission départementale d'équipement commercial recueille l'avis préalable de la commission départementale d'action touristique, pré-

sentée par le délégué régional au tourisme qui assiste à la séance. Outre les critères prévus à l'article L. 752-6, elle statue en prenant en considération la densité d'équipements hôteliers dans la zone concernée ;

« 8° Tout changement de secteur d'activité d'un commerce d'une surface de vente supérieure à 2 000 mètres carrés. Ce seuil est ramené à 300 mètres carrés lorsque l'activité nouvelle du magasin est à prédominance alimentaire. »

Pour les pépiniéristes et horticulteurs, la surface de vente mentionnée au 1° est celle qu'ils consacrent à la vente au détail de produits ne provenant pas de leur exploitation, dans des conditions fixées par décret. – *V. art. R. 752-2 et D. 752-6 ancien,* 🏛 *ou au* ***C. com.****, éd. 2009 et antérieures.*

II. – *(L. n° 2008-776 du 4 août 2008, art. 102-IX, 2°)* **« Les schémas prévus au chapitre II du titre II du livre Ier du code de l'urbanisme peuvent définir des zones d'aménagement commercial.**

« Ces zones sont définies en considération des exigences d'aménagement du territoire, de protection de l'environnement ou de qualité de l'urbanisme spécifiques à certaines parties du territoire couvert par le schéma. Leur délimitation ne peut reposer sur l'analyse de l'offre commerciale existante ni sur une mesure de l'impact sur cette dernière de nouveaux projets de commerces.

« La définition des zones figure dans un document d'aménagement commercial qui est intégré au schéma de cohérence territoriale par délibération de l'établissement public prévu *(Ord. n° 2012-11 du 5 janv. 2012, art. 7)* **« aux articles L. 122-4 et L. 122-4-1 » du code de l'urbanisme. A peine de caducité, ce document d'aménagement commercial doit faire l'objet, dans un délai d'un an à compter de la délibération l'adoptant, d'une enquête publique.**

« En l'absence de schéma de cohérence territoriale, l'établissement public compétent pour son élaboration peut adopter avant le 1er juillet 2009 un document provisoire d'aménagement commercial, dans les conditions définies à l'alinéa précédent. Ce document provisoire est valable deux ans. L'approbation du schéma de cohérence territoriale dans ce délai lui confère un caractère définitif.

« Dans la région d'Île-de-France, dans les régions d'outre-mer et en Corse, en l'absence de schéma de cohérence territoriale, un document d'aménagement commercial peut être intégré au plan local d'urbanisme.

« Le document d'aménagement commercial est communiqué dès son adoption au préfet. » – *[C. com., art. L. 720-5, I et VII.]*

Les modifications apportées par la L. n° 2008-776 du 4 août 2008 sont entrées en vigueur le 25 nov. 2008 (L. n° 2008-776 du 4 août 2008, art. 102-XXIX ; Décr. n° 2008-1212 du 24 nov. 2008, art. 8). – Toutefois dès la publication de la loi précitée (JO 5 août), les projets portant sur une superficie inférieure à 1 000 m² ne sont plus soumis à l'examen de la CDEC ou de la CNEC. Par dérogation aux dispositions précitées, dans les communes de moins de 20 000 habitants, le maire ou le président de l'établissement public de coopération intercommunale compétent en matière d'urbanisme, lorsqu'il est saisi d'une demande de permis de construire un équipement commercial dont la surface est comprise entre 300 et 1 000 m² :

– notifie cette demande dans les huit jours au président de l'établissement public de coopération intercommunale visé à l'art. L. 122-4 C. urb. sur le territoire duquel est projetée l'implantation. Celui-ci peut proposer à l'organe délibérant de l'établissement public de saisir la CDEC afin qu'elle statue sur la conformité du projet aux critères énoncés à l'art. L. 752-6 ;

– peut proposer au conseil municipal ou à l'organe délibérant de l'établissement public de saisir la commission départementale à la même fin.

La décision du président de l'établissement public visé à l'art. L. 122-4 C. urb. ou la délibération du conseil municipal ou de l'organe délibérant de l'établissement public de coopération intercommunale est motivée. Elle est transmise au pétitionnaire sous un délai de trois jours. En cas d'avis défavorable de la commission départementale ou, le cas échéant, de la CNEC, le permis de construire ne peut être délivré. La commission départementale se prononce dans un délai d'un mois. En cas d'avis négatif, le promoteur peut saisir la CNEC, qui se prononce dans un délai d'un mois. Le silence de la Commission nationale vaut confirmation de l'avis de la commission départementale (L. nº 2008-776 du 4 août 2008, art. 102-XXIX).

Sur l'entrée en vigueur, fixée au plus tard le 1er janv. 2013, des dispositions issues de l'Ord. nº 2012-11 du 5 janv. 2012, V. Ord. préc., art. 19 (JO 6 janv.).

Sur la compatibilité des autorisations prévues à l'art. L. 752-1 avec les schémas de cohérence territoriale, V. C. urb., art. L. 122-1. — ***C. urb.***

Les résidences hôtelières à vocation sociale ne sont pas soumises à l'autorisation d exploitation visée à l'art. L. 752-1 (CCH, art. L. 631-11). — ***CCH.***

Par dérogation à l'art. L. 752-1 ci-dessus, les projets visés à cet article dont l'établissement public national pour l'aménagement et la restructuration des espaces commerciaux et artisanaux assure la maîtrise d'ouvrage sont, dans des conditions fixées par décret en Conseil d'État, soumis pour autorisation à la Commission nationale d'équipement commercial après consultation de la commission départementale d'équipement commercial, qui rend son avis dans un délai d'un mois à compter de sa saisine. Passé ce délai, l'avis est réputé rendu. Il en est de même lorsque la maîtrise d'ouvrage est assurée par un établissement public d'aménagement par délégation de l'établissement public national pour l'aménagement et la restructuration des espaces commerciaux et artisanaux (L. nº 96-987 du 14 nov. 1996, art. 28). — V. Décr. nº 97-131 du 12 févr. 1997 (JO 13 févr.).

Sur l'interdiction de toute publicité portant sur une opération n'ayant pas reçu l'autorisation prévue par l'art. L. 752-1, V. App., vº Publicité commerciale, C. consom., art. L. 121-15.

BIBL. ▶ A. Bischoff, *JCP E 1996. I. 598.* – Jégou, Boullé et Lenormand, *Cch. dr. entr. 2012, nº 2, p. 28* (comment bien préparer un dossier de demande d'autorisation d'aménagement commercial ?). – Borel, *AJCT 2013. 237* (document d'aménagement commercial, élaboration et intégration dans les SCOT).

1. Droit communautaire. **BIBL.** Idot, *in Mélanges Gavalda, Dalloz 2001, p. 161.* ♦ Jugeant que les dispositions du code de commerce qui soumettent l'implantation ou l'extension de certains commerces de détail d'une surface de plus de 300 m² à une autorisation n'instaurent pas d'inégalité de traitement et ne portent pas atteinte à la liberté d'établissement, V. • CE 5 mars 2003 : *RJDA 2004, nº 235 ; Cah. dr. entr. 2003, nº 5, p. 48, obs. Destours ; Europe 2003, nº 210, obs. Saulnier.*

2. Réouverture d'un magasin. N'est pas soumise à autorisation la reconstruction d'un bâtiment destiné à recevoir un magasin de commerce de détail de même nature et de même surface de vente que le bâtiment abritant un commerce qui n'avait pas cessé d'être exploité pendant deux ans [ancienne rédaction] ou plus *alors même que la construction nouvelle devait* être implantée non sur la surface dégagée par le magasin démoli mais sur l'emplacement de l'ancien parking. • CE 3 juin 2002 : *RJDA 2002, nº 1328 ; Cah. dr. entr. 2003, nº 3, p. 27, obs. Destours ; Defrénois 2003. 920, obs. Meng.* ♦ V., appliquant la prorogation du délai de deux ans [ancienne rédaction], aussi bien en cas de « redressement judiciaire » de l'exploitant, comme expressément prévu par le texte, qu'en cas de « liquidation judiciaire » de celui-ci : • Com. 12 juill. 2004 : *Bull. civ. IV, nº 160 ; D. 2004. AJ 2300 ; JCP E 2005, nº 1-2, p. 29, obs. Cabrillac ; RJDA 2004, nº 1272 ; Act. proc. coll. 2004, nº 178, obs. Regnaut-Moutier ; Gaz. Pal. 2005. Somm. 2805, obs. Guével.*

3. Extension (jurispr. antérieure à la L. nº 2008-776 du 4 août 2008). Lorsqu'elle est saisie d'une demande d'extension, il appartient à l'Administration de vérifier si le projet consiste en l'extension de surfaces commerciales déjà autorisées ; dans le cas où l'extension sollicitée vise à étendre des surfaces commerciales existantes qui n'avaient pas été autorisées, l'Administration doit instruire la demande en tenant compte non seulement des surfaces projetées mais également de ces surfaces non autorisées et de délivrer ou refuser une autorisation portant sur l'ensemble de ces surfaces. • CAA Douai, 15 avr. 2004 : *JCP E 2004, nº 42, p. 1613.* ♦ Pour une décision ordonnant une mesure d'instruction *in futurum* consistant à confier à un géomètre-expert et à un huissier le soin d'établir le plan d'un magasin afin de vérifier qu'il s'est conformé à l'autorisation d'extension, laquelle mentionnait que cette opération avait, selon le projet, pour objet exclusif d'améliorer les conditions d'accueil et de confort de la clientèle, V. • Civ. 1re, 22 févr. 2005 : *cité note 76 ss. L. nº 63-628 du 2 juill. 1963, art. 2, App., vº Concurrence.*

4. Sanction. Les juges peuvent ordonner la fermeture d'un magasin à grande surface installé au mépris des règles relatives au permis de construire et à l'urbanisme commercial, au motif que l'exploitation de ce commerce dans une situation illicite constitue une faute génératrice d'un trouble commercial pour les concurrents. • Com. 28 nov. 1995 : *RJDA 1996, n° 298.* ♦ Mais une demande d'autorisation de création ou d'extension d'un magasin à grande surface ne peut pas être refusée au seul motif que la demande tend à régulariser une situation illicite, l'exploitation de la surface commerciale ayant déjà commencé. • CE 9 juill. 2003 : *RJDA 2004, n° 243.*

5. Établissement hôtelier (jurispr. antérieure à la L. n° 2008-776 du 4 août 2008). Sur la question, V. • CE 5 mars 2003 : *RJDA 2004, n° 237 ; Cah. dr. entr. 2003, n° 5, p. 50, obs. Destours* • 28 nov. 2003 : *RJDA 2004, n° 237* • 25 oct. 2004 : *AJDA 2005. 108 ; JCP E 2005, n° 31-34, p. 1330, obs. Destours ; Gaz. Pal. 2005. Somm. 2063, obs. Graveleau.*

6. Entrée en vigueur de la loi du 12 avr. 1996. Sur la date d'entrée en vigueur de la L. n° 96-314 du 12 avr. 1996 et ses conséquences sur une autorisation tacite de construire, V. • CE 17 mars 2004 : *JCP E 2004, n° 17, p. 643.*

7. Calcul de la surface de vente. Le bâtiment à usage commercial, dont l'édification a été autorisée par le permis contesté, comporte une surface de vente de 297,91 m², incluant, notamment, l'espace situé entre les caisses et la sortie du magasin. Les sas d'entrée et de sortie du magasin, dont la fonction est uniquement de permettre d'accéder au magasin puis d'en sortir, ne sauraient être regardés comme constituant des espaces pouvant être utilisés, soit par la clientèle pour effectuer des achats, soit pour l'exploitation de marchandises proposées à la vente, soit pour la circulation du personnel présentant des marchandises à la vente. Par ailleurs, il n'est pas établi que les locaux à usage de réserves, alors même qu'ils sont séparés de la surface de vente par des cloisons amovibles, seraient accessibles au public. Ainsi, les espaces constitués par ces sas et réserves n'ont pas à être pris en compte au titre des dispositions de l'art. L. 720-5 [désormais L. 752-1] C. com. • CAA Nantes, 27 juin 2007 : *AJDA 2008. 430*

Code de l'urbanisme

Art. L. 111-6-1 *(Ord. n° 2005-1527 du 8 déc. 2005, art. 6)* Nonobstant toute disposition contraire du plan local d'urbanisme, l'emprise au sol des surfaces, bâties ou non, affectées aux aires de stationnement annexes d'un commerce soumis à l'autorisation d'exploitation commerciale prévue aux 1°, 6° et 8° du I de l'article L. 720-5 *[L. 752-1]* du code de commerce et *(L. n° 2008-776 du 4 août 2008, art. 105-II, 1°, a)* « à l'autorisation prévue à l'article » *(Ord. n° 2009-901 du 24 juill. 2009, art. 2)* « L. 212-7 du code du cinéma et de l'image animée », ne peut excéder une fois et demie la surface hors œuvre nette des bâtiments affectés au commerce.

(L. n° 2008-776 du 4 août 2008, art. 105-II, 1°, b) « Lorsqu'un établissement de spectacles cinématographiques soumis à l'autorisation prévue à l'article *(Ord. n° 2009-901 du 24 juill. 2009, art. 2)* « L. 212-7 du code du cinéma et de l'image animée » n'est pas installé sur le même site qu'un commerce soumis aux autorisations d'exploitation commerciale prévues à l'article L. 752-1 du code de commerce, l'emprise au sol des surfaces, bâties ou non, affectées aux aires de stationnement annexes de cet établissement de spectacles cinématographiques ne doit pas excéder une place de stationnement pour trois places de spectateur. » — *V. art. L. 212-7 préc., App., v° Commerce (organisation).*

Ces dispositions ne font pas obstacle aux travaux de réfection et d'amélioration ou à l'extension limitée des bâtiments commerciaux existant le 15 décembre 2000.

Les dispositions issues de la L. n° 2008-776 du 4 août 2008 sont entrées en vigueur le 25 nov. 2008. Les demandes d'autorisation présentées avant la date d'entrée en vigueur des dispositions précitées sont instruites et les autorisations accordées dans les conditions prévues par les dispositions en vigueur avant cette date (L. n° 2008-776 du 4 août 2008, art. 105-III ; Décr. n° 2008-1212 du 24 nov. 2008, art. 8). — V. C. com. Dalloz, éditions 2008 ou antérieures.

....

Art. L. 752-2 **I. —** *(L. n° 2008-776 du 4 août 2008, art. 102-XII, en vigueur le 25 nov. 2008)* **« Les regroupements de surface de vente de magasins voisins, sans création de surfaces supplémentaires, n'excédant pas 2 500 mètres carrés, ou 1 000 mètres carrés lorsque l'activité nouvelle est à prédominance alimentaire, ne sont pas soumis à une autorisation d'exploitation commerciale. »**

II. — *(L. n° 2008-776 du 4 août 2008, art. 102-XII, en vigueur le 25 nov. 2008)* **« Les pharmacies et les commerces de véhicules automobiles ou de motocycles ne sont pas soumis à l'autorisation d'exploitation commerciale prévue à l'article L. 752-1. »**

III. — Les halles et marchés d'approvisionnement au détail, couverts ou non, établis sur les dépendances du domaine public et dont la création est décidée par le conseil municipal, les magasins accessibles aux seuls voyageurs munis de billets et situés dans l'enceinte des aéroports ainsi que les parties du domaine public affecté aux gares ferroviaires *(L. n° 2008-776 du 4 août 2008, art. 102-XII, en vigueur le 25 nov. 2008)* **« situées en centre-ville » d'une surface maximum de** *(L. n° 2008-776 du 4 août 2008, art. 102-XII, en vigueur le 25 nov. 2008)* **« 2 500 mètres carrés », ne sont pas soumis à une autorisation d'exploitation commerciale.**

(Abrogé par L. n° 2008-776 du 4 août 2008, art. 102-XII, à compter du 25 nov. 2008) ***« IV. — La création ou l'extension de garages ou de commerces de véhicules automobiles disposant d'atelier d'entretien et de réparation n'est pas soumise à une autorisation d'exploitation commerciale, lorsqu'elle conduit à une surface totale de moins de 1 000 mètres carrés. »*** — *[C. com., art. L. 720-5, II à V.]*

Art. L. 752-3 **I. — Sont regardés comme faisant partie d'un même ensemble commercial, qu'ils soient ou non situés dans des bâtiments distincts et qu'une même personne en soit ou non le propriétaire ou l'exploitant, les magasins qui sont réunis sur un même site et qui :**

1° Soit ont été conçus dans le cadre d'une même opération d'aménagement foncier, que celle-ci soit réalisée en une ou en plusieurs tranches ;

2° Soit bénéficient d'aménagements conçus pour permettre à une même clientèle l'accès des divers établissements ;

3° Soit font l'objet d'une gestion commune de certains éléments de leur exploitation, notamment par la création de services collectifs ou l'utilisation habituelle de pratiques et de publicités commerciales communes ;

4° Soit sont réunis par une structure juridique commune, contrôlée directement ou indirectement par au moins un associé, exerçant sur elle une influence au sens de l'article L. 233-16 ou ayant un dirigeant de droit ou de fait commun.

II. — Toutefois, les dispositions du présent article ne sont pas applicables aux zones d'aménagement concerté créées dans un centre urbain, en vertu de l'article L. 311-1 du code de l'urbanisme. — *[C. com., art. L. 720-6.]*

V. Circ. 5 janv. 1991 (Defrénois 1991. 697).

BIBL. ► BOUYSSOU, *JCP 1991. I. 3494.* – FATÔME et CHEUVREUX, *Defrénois 1992. 146.*

1. Ensemble commercial. Considérant que des magasins ne peuvent être installés sur un même site, c'est-à-dire une même zone géographique, lorsque distants de 300 mètres environ, ils sont séparés par une voie de circulation impossible à traverser et que la communication entre les deux points de vente ne peut s'effectuer que par des carrefours giratoires, conduisant à un rallongement des trajets, V. • Com. 19 juin 2001 : *Bull. civ. IV, n° 123 ; D. 2001. AJ 2824, obs. Chevrier.* ♦ Il en va différemment de deux magasins dont les accès se font face, des deux côtés d'une voie publique d'une largeur de sept mètres, ce qui ne constituait pas un obstacle à la circulation des clients entre les deux bâtiments. • CE 3 oct. 2003 : *RJDA 2004, n° 236.*

Constituent une unité économique les commerces installés sur un même site, disposant d'une publicité, d'une enseigne et d'aménagements communs, et bénéficiant de certaines conditions communes d'exploitation. • CE 12 oct. 2006 : *AJDA 2006. 2195.* ♦ En statuant ainsi, la cour a porté sur ces éléments de fait une appréciation souveraine qui n'est pas susceptible d'être discutée devant le juge de cassation. • Même arrêt.

2. Règle de l'accessoire. L'annulation de la décision donnée par la CNEC de créer un équipement commercial entraîne l'annulation de l'autorisation donnée par la même commission le même jour de créer la station-service en annexe du magasin. • CE 20 mai 2005 : *Lettre distrib. nov. 2005, p. 4.*

3. Demandes fractionnées. Si, au cas d'espèce, la CNEC a examiné une demande pour chaque magasin formant un ensemble commercial et a pris deux décisions distinctes d'autorisation, il ressort des pièces du dossier qu'elle a analysé ces demandes lors d'une même séance, a pris en compte les données de la société pétitionnaire explicitant la simultanéité des deux projets et s'est prononcée, tant sur la demande d'autorisation du magasin de bricolage que sur celle du magasin de sports, sur la base d'éléments des services instructeurs qui prenaient en compte l'ensemble formé par les deux magasins. Dès lors, dans les circonstances particulières de l'espèce, la requérante n'est pas fondée à soutenir que le fractionnement des demandes aurait été de nature à vicier la procédure ou l'appréciation des faits par la commission. • CE 16 avr. 2010 : *RJDA 2010, n° 1113.*

4. ZAC d'un centre urbain. Compte tenu de sa localisation, de sa destination et de son effet prévisible sur les centres urbains existants, le projet litigieux ne peut être regardé comme situé dans une ZAC créée dans un centre urbain au sens des dispositions du II de l'art. L. 752-3 et devait être soumis à enquête publique. • CAA Versailles, 29 déc. 2011 : *AJDA 2012. 566.*

Art. L. 752-3-1 *(L. n° 2008-776 du 4 août 2008, art. 102-XIII, en vigueur le 25 nov. 2008)* Les projets d'aménagement cinématographique ne sont soumis à l'examen de la commission qu'à la condition d'être accompagnés de l'indication de la personne qui sera titulaire de l'autorisation d'exercice délivrée en application de l'article *(Ord. n° 2009-901 du 24 juill. 2009, art. 2)* « L. 212-2 du code du cinéma et de l'image animée ».

Art. L. 752-4 *(L. n° 2008-776 du 4 août 2008, art. 102-XIV, en vigueur le 25 nov. 2008)* Dans les communes de moins de 20 000 habitants, le maire ou le président de l'établissement public de coopération intercommunale compétent en matière d'urbanisme peut, lorsqu'il est saisi d'une demande de permis de construire un équipement commercial dont la surface est comprise entre 300 et 1 000 mètres carrés, proposer au conseil municipal ou à l'organe délibérant de cet établissement de saisir la commission départementale d'aménagement commercial afin qu'elle statue sur la conformité du projet aux critères énoncés à l'article L. 752-6.

Dans ces communes, lorsque le maire ou le président de l'établissement public compétent en matière d'urbanisme est saisi d'une demande de permis de construire un équipement commercial visé à l'alinéa précédent, il notifie cette demande dans les huit jours au président de l'établissement public de coopération intercommunale *(L. n° 2009-526 du 12 mai 2009, art. 47)* « ou du syndicat mixte visé » *(Ord. n° 2012-11 du 5 janv. 2012, art. 7)* « aux articles L. 122-4 et L. 122-4-1 » du code de l'urbanisme sur le territoire duquel est projetée l'implantation. Celui-ci peut proposer à l'organe délibérant de saisir la commission départementale d'aménagement commercial afin qu'elle statue sur la conformité du projet aux critères énoncés à l'article L. 752-6.

La délibération du conseil municipal ou de l'organe délibérant de l'établissement public de coopération intercommunale est motivée. Elle est transmise au pétitionnaire sous un délai de trois jours.

En cas d'avis défavorable de la commission départementale d'aménagement commercial, ou, le cas échéant, de la Commission nationale d'aménagement commercial, le permis de construire ne peut être délivré.

La commission départementale d'aménagement commercial se prononce dans un délai d'un mois.

En cas d'avis négatif, le promoteur peut saisir la Commission nationale d'aménagement commercial, qui se prononce dans un délai d'un mois. Le silence de la commission nationale vaut confirmation de l'avis de la commission départementale. — *V. art. R. 752-29 s.*

V. note rédactionnelle ss. art. L. 752-1.

Sur l'entrée en vigueur, fixée au plus tard le 1er janv. 2013, des dispositions issues de l'Ord. n° 2012-11 du 5 janv. 2012, V. Ord. préc., art. 19 (JO 6 janv.).

1. Avis de la CNAC. Les avis rendus par la Commission nationale d'aménagement commercial dans le cadre de la procédure de délivrance des permis de construire ont le caractère d'actes préparatoires et ne constituent pas, par eux-mêmes, des décisions susceptibles de faire l'objet d'un recours pour excès de pouvoir. • CE 15 déc. 2010 : *Dalloz actualité, 10 janv. 2010, obs. Vincent ; AJDA 2010. 2459 ; RJDA 2011, n° 189.*

2. Intérêt à agir. Sur l'interêt à agir d'un concurrent contre un permis de construire une surface commerciale, V. • CAA Lyon, 10 avr. 2012 : *AJDA 2012. 1424.*

Art. L. 752-5 *(L. n° 2008-776 du 4 août 2008, art. 102-XV)* **En cas d'exploitation abusive d'une position dominante ou d'un état de dépendance économique de la part d'une entreprise ou d'un groupe d'entreprises exploitant un ou plusieurs magasins de commerce de détail, le maire peut saisir** *(Ord. n° 2008-1161 du 13 nov. 2008, art. 4)* **« l'Autorité de la concurrence » afin que celle-ci procède aux injonctions et aux sanctions pécuniaires prévues à l'article L. 464-2.**

SECTION II DE LA DÉCISION DE LA COMMISSION DÉPARTEMENTALE

V. note en tête du livre VII.

Art. L. 752-6 *(L. n° 2008-776 du 4 août 2008, art. 102-XV, en vigueur le 25 nov. 2008)* **Lorsqu'elle statue sur l'autorisation d'exploitation commerciale visée à l'article L. 752-1, la commission départementale d'aménagement commercial se prononce sur les effets du projet en matière d'aménagement du territoire, de développement durable et de protection des consommateurs. Les critères d'évaluation sont :**

1° En matière d'aménagement du territoire :

***a)* L'effet sur l'animation de la vie urbaine, rurale et de montagne ;**

***b)* L'effet du projet sur les flux de transport ;**

***c)* Les effets découlant des procédures prévues aux articles L. 303-1 du code de la construction et de l'habitation et L. 123-11 du code de l'urbanisme ;**

2° En matière de développement durable :

***a)* La qualité environnementale du projet ;**

***b)* Son insertion dans les réseaux de transports collectifs.** — *V. art. R. 752-7.*

BIBL. ▶ BOUYSSOU, *AJDA 2011. 659* (nouveaux critères des autorisations d'urbanisme commercial : appréciation par le juge).

1. Densité commerciale. Il résulte de l'application combinée des dispositions modifiées du code de commerce et de la loi Royer que l'autorisation d'aménagement commercial ne peut être refusée que si, eu égard à ses effets, le projet contesté compromet la réalisation des objectifs énoncés par la loi. Il appartient alors aux commissions d'aménagement commercial, lorsqu'elles statuent sur les dossiers de demande d'autorisation, d'apprécier la conformité du projet à ces objectifs, au vu des critères d'évaluation mentionnés à l'art. L. 752-6, au nombre desquels ne figure plus, depuis l'entrée en vigueur de la loi du 4 août 2008, la densité d'équipement commercial de la zone de chalandise concernée. • CE 4 oct. 2010 : *Dalloz actualité, 14 oct. 2010, obs. Vincent ; RDI 2011. 185, note Gillig ; AJDA 2010. 1852, obs. Grand ;*

RFDA 2010. 1271 ; JCP E 2011, n° 1786, spéc. n° 42, obs. Trébulle ; RJDA 2010, n° 1190 ; Constr.-Urb. 2010, n° 140, obs. Renaux ; Dr. adm. 2011, n° 14, obs. Noguellou • CE 9 mai 2011 : *RTD com. 2011. 732, obs. Orsoni*.

2. Qualité environnementale. Concernant la qualité environnementale du projet, il convient de s'assurer que, par sa localisation, celui-ci ne contrevient pas de façon irréversible aux politiques menées en faveur de la biodiversité, des paysages et des sites, ainsi que pour la prévention des risques. Les qualités propres du projet en termes de production d'énergie ou de performance énergétique sont également à prendre en compte ; elles sont toutefois susceptibles d'évolution dans le temps et sont considérées comme moins décisives. Elles peuvent s'inscrire dans un faisceau d'indices conduisant la commission à porter une appréciation favorable ou défavorable sur le projet (Rép. min. n° 10275 : *JO Sénat 4 mars 2010, p. 526 ; JCP E 2010, n° 1307*). ♦ Eu égard à son ampleur, le projet ne répond pas au critère de qualité environnementale du fait d'une atteinte au paysage dans lequel il s'inscrit, ainsi qu'à son milieu naturel, atteinte ne pouvant pas être compensée par les mesures d'économie d'énergie et de traitement des déchets. • CE 27 juin 2011 : *Dalloz actualité, 1er juill. 2011, obs. Vincent ; AJDA 2011. 1352, obs. Grand ; RDI 2011. 520, obs. Soler-Couteaux ; JCP E 2011, n° 1786, spéc. n° 42, obs. Trébulle ; RJDA 2011, n° 845 ; Constr.-Urb. 2011, n° 128, obs. Renaux.* • CE 9 mai 2011 : *RTD com. 2011. 734, obs. Orsoni*.

3. Développement durable. Pour refuser d'accorder l'autorisation sollicitée, la CNAC a pu légalement tenir compte, au titre du critère de qualité environnementale énoncé par l'art. L. 752-6 et précisé à l'art. R. 752-7, de la méconnaissance de l'objectif de développement durable du fait de la présence de captages d'eau à proximité du terrain d'assiette du projet. • CE 30 mai 2011 : *AJDA 2011. 1117, obs. Grand ; JCP E 2011, n° 1786, spéc. n° 42, obs. Trébulle ; RJDA 2011, n° 845.* ♦ Retenant que le projet est doté d'un système de climatisation permettant d'optimiser la consommation d'énergie, de dispositifs permettant de limiter les différentes formes de pollution, d'assurer un traitement adéquat des déchets ainsi que des eaux de ruissellement et s'insérera de façon satisfaisante dans le paysage environnant, alors qu'il ne résulte d'aucune disposition législative ou réglementaire que des panneaux photovoltaïques doivent nécessairement être installés, V. • CE 12 déc. 2012 : *AJDA 2013. 416, note Bouyssou ; RDI 2013. 112, note Soler-Couteaux ; AJCT 2013. 211, obs. Strebler ; RJDA 2013, n° 168.*

4. Transports collectifs. Sur le refus de prendre en compte un projet de desserte par un transport collectif inscrit dans le schéma de cohérence territoriale (SCOT), le projet en cause étant jugé insuffisamment certain alors que l'ampleur du centre commercial rend la réalisation d'une telle liaison particulièrement nécessaire, V. • CE 27 juin 2011 : *préc. note 2.*

5. Insuffisance des informations fournies. Il appartient à la CNAC non de refuser d'emblée pour ce motif l'autorisation, mais d'inviter la société à compléter dans cette mesure le dossier afin de combler les insuffisances constatées, puis, le cas échéant, de rejeter la demande en raison de lacunes persistantes. • CE 30 mai 2011 : *JCP E 2011 n° 1786, obs. Trébulle ; RJDA 2011, n° 965.*

6. Schémas de cohérence territoriale. Sur le caractère non prescriptif des SCOT, jugeant qu'il appartient aux commissions d'aménagement commercial non de vérifier la conformité des projets d'exploitation commerciale qui leur sont soumis aux énonciations des schémas de cohérence territoriale mais d'apprécier la compatibilité de ces projets avec les orientations générales et les objectifs qu'ils définissent. • CE 12 déc. 2012 : *préc. note 3.* ♦ Il n'appartient pas à la CNAC d'apprécier la conformité du projet au schéma directeur, mais sa compatibilité avec ses objectifs, et il ne lui appartient pas davantage d'apprécier la légalité de sa décision au regard du plan local d'urbanisme. • CE 26 déc. 2012 : *AJDI 2013. 224*.

Ancien art. L. 752-6 (Ord. n° 2006-673 du 8 juin 2006, art. 2) *Dans le cadre des principes définis à l'article L. 750-1, la commission statue en prenant en considération :*

1° L'offre et la demande globales pour chaque secteur d'activité dans la zone de chalandise concernée ;

— l'impact global du projet sur les flux de voitures particulières et de véhicules de livraison ;

— la qualité de la desserte en transport public ou avec des modes alternatifs ;

— les capacités d'accueil pour le chargement et le déchargement des marchandises ;

2° La densité d'équipement en moyennes et grandes surfaces dans cette zone ;

3° L'effet potentiel du projet sur l'appareil commercial et artisanal de cette zone et des agglomérations concernées, ainsi que sur l'équilibre souhaitable entre les différentes formes de commerce. Lorsque le projet concerne la création ou l'extension d'un ensemble commercial,

majoritairement composé de magasins spécialisés dans la commercialisation d'articles de marques à prix réduit, l'effet potentiel dudit projet est également apprécié indépendamment de la spécificité de la politique commerciale de ce type de magasins ;

4° L'impact éventuel du projet en termes d'emplois salariés et non salariés ;

5° Les conditions d'exercice de la concurrence au sein du commerce et de l'artisanat ;

6° Les engagements des demandeurs de création de magasins de détail à prédominance alimentaire de créer dans les zones de dynamisation urbaine ou les territoires ruraux de développement prioritaire des magasins de même type, d'une surface de vente inférieure à 300 mètres carrés, pour au moins 10 % des surfaces demandées. – [C. com., art. L. 720-3, II.]

V. aussi la Circ. du 7 mars 2005 relative à l'application des dispositions du code de commerce sur l'équipement commercial, JCP E 2005, n° 37, p. 1499.

BIBL. ► POUILLE, *CCC 2006. Chron. 9* (les centres de marques).

Jurisprudence antérieure à la L. n° 2008-776 du 4 août 2008.

1. Étude d'impact. Sur l'irrégularité d'une procédure d'autorisation d'équipement commercial résultant de graves lacunes que comportait l'étude d'impact, même rectifiée par la CNEC, et sur l'annulation d'une telle autorisation, V. • CE 24 juin 1998 : *D. Affaires 1998. 1585, obs. E. C.* • 11 févr. 2004 : *RJDA 2004, n° 1166 ; Cah. dr. entr. 2004, n° 6, p. 14, obs. Destours.* – Comp. : • CE 4 févr. 2004 : *ibid.* • 11 févr. 2004 : *ibid.* ♦ Les commerces de gros n'ont pas à être mentionnés dans le dossier de la demande d'autorisation, ni à être pris en compte par la commission, dès lors que seuls les commerces de vente au détail entrent dans le champ d'application de l'art. L. 720-5 [L. 752-1] C. com. • CE 13 déc. 2005 : *cité note 4.*

2. Zone frontalière. La définition de la zone de chalandise décrite par le pétitionnaire doit tenir compte des conditions d'accès au site telles qu'elles peuvent être constatées de manière objective, sans que la circonstance qu'une partie de cette zone soit constituée de communes situées hors du territoire national ne justifie à elle seule leur exclusion, dès lors que la frontière qui les sépare ne constitue un obstacle ni géographique ni monétaire à l'accès au site prévu. • CE 3 févr. 2003 : *JCP E 2003, n° 11, p. 440 ; RTD com. 2003. 489, obs. Orsoni ; AJDA 2003. 1112, note Bouyssou ; Cah. dr. entr. 2003, n° 3, p. 29, obs. Destours ; RJDA 2004, n° 239 ; RFDA 2003. 417, obs. Terneyre.* ♦ Mais il peut être décidé que la zone de chalandise correspond à une durée de trajet de 90 minutes dans la partie française et de 75 minutes dans la partie allemande, cette différence étant justifiée par les difficultés de circulation sur le pont traversant le Rhin et par l'obstacle psychologique que peut constituer le franchissement d'une frontière. • CE 17 mai 2006 : *AJDA 2006. 1918 ; Gaz. Pal. 2006. 3277, note Claret ; RJDA 2007, n° 410 ; Constr.-Urb. 2006, n° 253, obs. Renaux.*

3. Conditions de circulation. Pour une application des critères introduits par la L. n° 2000-1208 du 13 déc. 2000 relatifs aux conditions de circulation et de stationnement aux abords du site, V. • CE 7 juin 2004 : *AJDA 2004. 1669 ; Defrénois 2004. 1567, obs. Meng (2e esp.) ; RJDA 2005, n° 201 (3e esp.) ; RFDA 2004. 864* • 17 mai 2006 : *JCP E 2006, n° 29, p. 1284 ; RJDA 2007, n° 410.* ♦ Et sur la hiérarchie entre les différents critères, V. • CE 7 juin 2004 : *cité note 2 ss. art. L. 750-1.* ♦ Jugeant que le dossier fourni par le pétitionnaire doit donner des précisions chiffrées sur le flux de voitures particulières et de véhicules de livraison. • CE 18 févr. 2005 : *JCP E 2005, n° 15-16, p. 672, note Masquart.* ♦ ... Notamment en période estivale, s'agissant d'une implantation à proximité immédiate du littoral méditerranéen • CE 2 nov. 2005 : *AJDA 2005. 2421 ; JCP E 2007, n° 12, p. 21, obs. Destours.* ♦ Satisfait aux prescriptions des art. L. 752-6 C. com. et 18-1 du Décr. du 9 mars 1993 [C. com., art. R. 752-9], le dossier du pétitionnaire qui comporte l'indication des dessertes routières et en transports publics de l'ensemble commercial, une prévision de l'augmentation du flux de véhicules généré par le nouvel équipement ainsi que des informations sur les modalités de chargement et de déchargement des marchandises. • CE 21 mai 2008 : *req. n° 304153.*

4. Zone de chalandise. **BIBL.** Bischoff, *JCP N 2005, n° 30-34, p. 1352* (la zone de chalandise selon le Conseil d'État). ♦ La zone de chalandise doit être délimitée en tenant compte des conditions de desserte et des temps de déplacement nécessaires pour y accéder. • CE 11 févr. 2004 : *AJDA 2004. 1651, concl. Schwartz.* ♦ L'inventaire des équipements commerciaux de la zone de chalandise ainsi délimitée est ensuite effectué en retenant l'ensemble de ceux qui relèvent du même secteur d'activité que celui du projet, y compris ceux qui sont exploités sous la même enseigne que celle sous laquelle le projet, objet de la demande d'autorisation, a été présenté. • CE 14 mars 2005 : *JCP E 2005, n° 25, p. 1074, note Masquart* • 8 juill. 2005 :

RJDA 2006, nº 465 (1re esp). ♦ Une zone de chalandise unique doit être déterminée pour l'ensemble du projet, cette zone correspondant à la zone d'attraction que cet équipement est susceptible, dans sa globalité, d'exercer sur la clientèle ; par suite, un dossier présenté à l'appui d'une demande d'autorisation d'un ensemble commercial ne peut valablement indiquer deux zones de chalandise distinctes, l'une pour la partie du projet devant être occupée par un magasin spécialisé dans la vente de produits culturels, l'autre, plus restreinte, pour celle occupée par deux commerces d'équipement de la personne. • CE 18 févr. 2005 : *AJDA 2005. 1022 ; RJDA 2005, nº 1159 ; Lettre distrib. mai 2005, p. 3.*

Dans le cas où, à l'appui de sa demande d'autorisation, le pétitionnaire délimite de façon inexacte les sous-zones incluses dans la zone de chalandise du projet, de telles inexactitudes n'ont pas pour effet d'entacher d'illégalité l'autorisation accordée. • CE 13 déc. 2005 : *RJDA 2006, nº 466 ; CCC mai 2006. 19, nº 15, obs. Marson.* ♦ Lorsqu'elle modifie de façon importante la délimitation de la zone de chalandise, ce qui peut la conduire à rejeter la demande d'implantation ou d'extension d'une surface commerciale, la commission nationale d'équipement commercial doit demander aux pétitionnaires de présenter leurs observations sur ce nouveau découpage. • CE 7 oct. 2009 : *AJDI 2010. 70, note Vincent ; AJDA 2009. 1867, obs. de Montecler ; Procédures 2009, nº 430, obs. Deygas.*

5. *Demande d'autorisation.* Se prononçant contre l'accès des tiers aux demandes de création, d'extension ou de transfert d'activité des moyennes et grandes surfaces, V. Rép. min. nº 44977 : *JOAN Q, 7 sept. 2004, p. 7032.*

6. *Centre de marques.* BIBL. Pouille, *CCC 2006. Chron. 9.* ♦ Jugeant implicitement que les dispositions ajoutées au 3º de l'art. L. 720-3 C. com. [L. 752-6, 3º] par la loi du 9 août 2004 concernant les ensembles commerciaux « majoritairement composés de magasins spécialisés dans la commercialisation d'articles de marques à prix réduits » sont applicables aux « villages de marques » comme aux magasins d'usine : • CE 17 mai 2006 : *préc. note 2.*

7. *Absence d'autorisation antérieure.* Une CDEC, saisie en 2001 d'une demande portant sur un projet d'extension d'un ensemble commercial existant, ne peut légalement estimer que l'absence d'autorisation des surfaces de vente ouvertes au cours de la période 1984-1986 était sans incidence sur la légalité de la demande d'autorisation dont elle était saisie en 2001. • CE 12 oct. 2006 : *cité note 1 ss. art. L. 752-3.*

Art. L. 752-6-1 *(L. nº 2012-1270 du 20 nov. 2012, art. 12)* Dans les collectivités relevant de l'article 73 de la Constitution et les collectivités d'outre-mer de Saint-Barthélemy, de Saint-Martin et de Saint-Pierre-et-Miquelon, et en conformité avec l'article 349 du traité sur le fonctionnement de l'Union européenne, la commission tient compte de la puissance économique déjà détenue dans la zone par l'entreprise qui sollicite une autorisation d'exploitation commerciale. Si sa part de marché, calculée en surface de vente, est susceptible de dépasser 50 % de la zone de chalandise après l'opération, la commission peut demander l'avis de l'Autorité de la concurrence.

Art. L. 752-7 *(L. nº 2008-776 du 4 août 2008, art. 102-XVII, en vigueur le 25 nov. 2008)* Lorsqu'elle statue sur l'autorisation prévue par l'article *(Ord. nº 2009-901 du 24 juill. 2009, art. 2)* « L. 212-7 du code du cinéma et de l'image animée », la commission se prononce au vu des critères énoncés à l'article *(Ord. nº 2009-901 du 24 juill. 2009, art. 2)* « L. 212-9 » du même code. — *V. ces art., App., vº Commerce (organisation).*

Art. L. 752-8 à L. 752-11 *Abrogés par L. nº 2008-776 du 4 août 2008, art. 102-XVIII, à compter du 25 nov. 2008. — V.* *ou au* ***C. com.****, éd. 2009 et antérieures.*

Art. L. 752-12 L'instruction des demandes d'autorisation est faite par les services déconcentrés de l'État. — *[C. com., art. L. 720-8, VI, al. 2.]*

Art. L. 752-13 *Abrogé par L. nº 2008-776 du 4 août 2008, art. 102-XVIII, à compter du 25 nov. 2008. — V.* *ou au* ***C. com.****, éd. 2009 et antérieures.*

Art. L. 752-14 *(L. nº 2008-776 du 4 août 2008, art. 102-XIX, en vigueur le 25 nov. 2008)* I. — La commission départementale d'aménagement commercial autorise les

projets par un vote à la majorité absolue des membres présents. Le procès-verbal indique le sens du vote émis par chacun de ces membres.

Le préfet qui préside la commission départementale ne prend pas part au vote.

Les autorisations sollicitées en matière d'aménagement cinématographique sont accordées par place de spectateur.

L'autorisation d'aménagement cinématographique requise n'est ni cessible, ni transmissible tant que la mise en exploitation de l'établissement de spectacles cinématographiques n'est pas intervenue.

II. — La commission départementale d'aménagement commercial se prononce dans un délai de deux mois à compter de sa saisine.

Passé ce délai, la décision est réputée favorable.

Les membres de la commission ont connaissance des demandes déposées au moins dix jours avant d'avoir à statuer.

Cette décision est notifiée dans les dix jours au maire et au pétitionnaire. Elle est également notifiée au médiateur du cinéma lorsqu'elle concerne l'aménagement cinématographique. — *V. art. R. 752-16 s.*

Art. L. 752-15 L'autorisation d'exploitation commerciale est délivrée préalablement à l'octroi du permis de construire s'il y a lieu, ou avant la réalisation du projet si le permis de construire n'est pas exigé. — *V. art. R. 752-27.*

L'autorisation est accordée par mètre carré de surface de vente *(Abrogé par L. n° 2008-776 du 4 août 2008, art. 102-XX, à compter du 25 nov. 2008)* ***« ou par chambre »*.**

Une nouvelle demande est nécessaire lorsque le projet, en cours d'instruction ou dans sa réalisation, subit des modifications substantielles dans la nature du commerce ou des surfaces de vente. Il en est de même en cas de modification de la ou des enseignes désignées par le pétitionnaire. — *V. art. R. 752-19.*

L'autorisation préalable requise pour la création de magasins de commerce de détail n'est ni cessible ni transmissible. — *[C. com., art. L. 720-5, VI.]*

1. Modifications substantielles. Il incombe au juge des référés, saisi d'une demande en vue de mettre fin sous astreinte à l'exploitation de surfaces prétendument mises en place d'une manière illégale, de surseoir à statuer dans l'attente de la décision du juge administratif sur le caractère substantiel ou non de la modification reprochée. • Com. 17 déc. 2002 : ⛫ *Bull. civ. IV, n° 199 ; JCP E 2003, n° 7-8, p. 296 ; Cah. dr. entr. 2003, n° 3, p. 27, obs. Destours ; RJDA 2003, n° 655.* ♦ V. aussi, jugeant que seul le juge administratif est compétent pour interpréter la portée d'une autorisation d'une commission départementale d'équipement commercial, de sorte *que la contestation d'un trouble manifestement* illicite est subordonnée à l'appréciation, par ce juge, de la modification apportée à la nature du commerce et à l'enseigne du magasin : • Com. 25 févr. 2003 : ⛫ *RJDA 2003, n° 886* (cassant • Orléans, 9 mars 2000 : *RJDA 2000, n° 1182).* ♦ Lorsque le projet subit des modifications substantielles dans la nature du commerce ou des surfaces de vente, le préfet saisit à nouveau la commission qui doit statuer dans un délai de deux mois. • CE 20 mai 2005 : ⛫ *JCP E 2007, n° 12, p. 19, obs. Destours ; Lettre distrib. oct. 2005, p. 4.*

La transformation d'un centre auto ayant fait l'objet d'une autorisation d'exploitation commerciale en magasin de bricolage nécessite une nouvelle autorisation dès lors qu'elle a été décidée dès avant l'ouverture au public, même si elle n'intervient qu'après cette ouverture. • CE 27 juill. 2005 : ⛫ *JCP E 2007, n° 12, p. 19, obs. Destours ; Defrénois 2006. 1692, obs. Meng ; Constr.-Urb. 2006, n° 160, obs. Renaux.* ♦ En revanche, la création d'un espace de vente de parapharmacie ne revêt, dans les circonstances de l'espèce, ni en ce qui concerne la nature du commerce, ni par sa surface (92 m², soit 6 % de l'extension autorisée et 0,8 % de la surface totale du magasin), le caractère d'une modification substantielle. • CE 3 sept. 2009 : ⛫ *JCP E 2009, n° 40, p. 42 ; LPA 27 oct. 2009, note Dutrieux ; RJDA 2010, n° 181 : RLDA oct. 2009. 55, obs. Anadon.*

2. Permis de construire. Dans le cas où le permis de construire accordé à une entreprise a pour objet, après démolition du bâtiment abritant un commerce de détail, la construction, sur les mêmes parcelles mais pas à la même place, d'un bâtiment destiné à recevoir un magasin sous la même enseigne et ce même surface, le juge des référés, saisi d'une demande de suspension de ce permis de construire, ne commet pas d'erreur de droit en estimant que le moyen tiré par les demandeurs du défaut de délivrance préalable d'une autorisation d'exploitation commerciale, n'était pas de nature à faire naître un doute sérieux sur la légalité de la décision contestée. • CE 3 juin 2002 : *RJDA 2002, n° 1328 ; Cah. dr. entr. 2003, n° 3, p. 27, obs. Destours ; Defrénois 2003. 920, obs. Meng.* ♦ Ayant relevé que la demande de permis de construire avait été déposée avant l'expiration du délai de deux ans prévu à l'art. 27-1 du Décr. du 28 janv. 1974 et qu'elle n'avait jamais été rejetée mais avait été régulièrement renouvelée jusqu'à ce qu'un permis de construire définitif soit enfin délivré, une cour d'appel en a justement déduit que l'autorisation d'urbanisme commercial n'avait pas été frappée de caducité. • Com. 3 mars 2004 : *RJ com. 2004. 519, note Bouyssou.*

Les dispositions législatives de la loi du 27 déc. 1973 modifiée [art. L. 750-1 s. C. com.] qui régissent les projets ayant pour effet d'entraîner la création ou l'augmentation d'une surface de vente supérieure aux seuils fixés, ont pour seul objet de favoriser la concurrence économique et, par suite, ne figurent pas, eu égard à leur objet, au nombre des « dispositions d'urbanisme » mentionnées à l'art. L. 600-2 C. urb. • CAA Marseille, 21 mars 2002 : *RDI 2003. 109, obs. Derepas*. ♦ Jugeant que le régime d'autorisation d'ouverture des grandes surfaces, qui tend à réguler la concurrence dans le secteur du commerce de détail et à régir une activité économique, ne constitue ni une prescription d'urbanisme ni une servitude administrative : • CE 5 nov. 2003 : *JCP E 2003, n° 48, p. 1891 ; AJDA 2003. 2260, obs. Donnat et Casas ; RJDA 2004, n° 234 ; LPA 26 nov. 2004, p. 10, note Mahinga ; RDI 2003. 596, obs. Soler-Couteaux*. (prorogation du permis de construire).

3. Régularisation d'une autorisation d'exploitation. Aucune disposition législative ou réglementaire ne fait obstacle à ce que le titulaire d'une autorisation d'équipement commercial qu'il estime entachée d'illégalité sollicite, au vu des dispositions législatives et réglementaires en vigueur, la délivrance d'une nouvelle autorisation destinée à se substituer pour l'avenir à l'autorisation précédemment accordée. • CAA Bordeaux, 23 juin 2011 : *Constr.-Urb. 2011, n° 180, obs. Renaux.*

Art. L. 752-16 *Abrogé par L. n° 2008-776 du 4 août 2008, art. 102-XVIII, à compter du 25 nov. 2008. – V.* *ou au* ***C. com.****, éd. 2009 et antérieures.*

SECTION III DU RECOURS CONTRE LA DÉCISION DE LA COMMISSION DÉPARTEMENTALE

V. note en tête du livre VII.

Pour les décisions de commissions départementales d'équipement commercial réunies avant l'entrée en vigueur du Décr. n° 2008-1212 du 24 nov. 2008 (JO 25 nov.), le préfet, le demandeur ou deux membres de la commission, dont l'un est élu, ou, le cas échéant, le médiateur du cinéma peuvent exercer, dans les conditions prévues par les lois et règlements en vigueur à la date où la commission a pris sa décision, un recours devant la Commission nationale d'aménagement commercial dans le délai de deux mois suivant, soit, dans le cas d'une décision expresse, la notification de la décision pour le demandeur, et la date de la réunion de la commission pour les membres et le préfet, soit, l'intervention implicite de la décision (Décr. préc., art. 4-II).

La Commission nationale d'aménagement commercial dispose d'un délai de quatre mois courant à compter de la publication du Décr. n° 2008-1212 du 24 nov. 2008 (JO 25 nov.) pour statuer sur les recours introduits devant la Commission nationale d'équipement commercial avant la publication du décret précité (Décr. préc., art. 5).

Lorsque la Commission nationale d'aménagement commercial statue sur un recours formé contre une décision d'autorisation prise par une commission départementale d'équipement commercial ou une commission départementale d'équipement cinématographique, elle fait application des dispositions relatives à la recevabilité des demandes et aux critères de délivrance des autorisations contenues dans les lois et règlements en vigueur à la date où la commission départementale a pris sa décision. Lorsqu'elle examine une décision de refus, la commission se prononce en fonction de la législation en vigueur à la date de sa décision (Décr. n° 2008-1212 du 24 nov. 2008, art. 6).

Art. L. 752-17 *(L. n° 2008-776 du 4 août 2008, art. 102-XXI, en vigueur le 25 nov. 2008)* **A l'initiative du préfet, du maire de la commune d'implantation, du président**

de l'établissement public de coopération intercommunale visé au *b* du 1° du II de l'article L. 751-2, de celui visé au *e* du même 1° du même article ou du président du syndicat mixte visé au même *e* et de toute personne ayant intérêt à agir, la décision de la commission départementale d'aménagement commercial peut, dans un délai d'un mois, faire l'objet d'un recours devant la commission nationale d'aménagement commercial. La commission nationale se prononce dans un délai de quatre mois à compter de sa saisine.

La saisine de la commission nationale est un préalable obligatoire à un recours contentieux à peine d'irrecevabilité de ce dernier.

Ce recours est également ouvert au médiateur du cinéma lorsque la commission départementale statue en matière d'aménagement cinématographique. — *V. art. R. 752-45 s.*

Ancien art. L. 752-17 (Ord. n° 2006-673 du 8 juin 2006, art. 2) *Sans préjudice du recours juridictionnel réservé aux tiers dans les conditions de droit commun, à la seule initiative du préfet, de deux membres de la commission, dont l'un est élu, ou du demandeur, la décision de la commission départementale peut, dans un délai de deux mois à compter de sa notification ou de son intervention implicite, faire l'objet d'un recours auprès de la commission nationale d'équipement commercial prévue à l'article L. 751-5, qui se prononce dans un délai de quatre mois, à l'exception des demandes relatives à des projets situés dans le périmètre des zones franches urbaines définies au B du 3 de l'article 42 de la loi n° 95-115 du 4 février 1995 d'orientation pour l'aménagement et le développement du territoire, pour lesquelles elle statue dans un délai de deux mois.* — [C. com., art. L. 720-10, al. 2.]

BIBL. ▶ MAILHÉ, *JCP E 2005, n° 51-52, p. 2230* (équipement commercial : que veut le Conseil d'État ?). – GRABOY-GROBESCO, *LPA 13 juill. 2007* (la question de l'application de l'arrêt *Louis* au contentieux de l'équipement commercial : une incertitude levée). – RENAUX, *Constr.-Urb. 2010, n° 99* (recours contentieux contre les décisions de la CNAC : la compétence du Conseil d'État disparaît au profit du tribunal administratif de Paris). – ROBBES, *Cah. dr. entr. 2012, n° 2, p. 37* (contentieux des autorisations d'exploitation commerciale).

Code de l'urbanisme

Art. L. 425-7 *(Ord. n° 2005-1527 du 8 déc. 2005, art. 15-II)* Conformément *(L. n° 2008-776 du 4 août 2008, art. 105-II, 4°, a)* « à l'article L. 752-1 » du code de commerce, lorsque le permis de construire porte sur un projet soumis à une autorisation d'exploitation commerciale, le permis ne peut être accordé avant *(L. n° 2008-776 du 4 août 2008, art. 105-II, 4°, b)* « la délivrance de cette autorisation. Sa mise en œuvre ne peut être entreprise avant l'expiration des recours entrepris contre elle. »

Recours et permis de construire. S'agissant des recours visés à l'art. L. 425-7 C. urb., le terme « recours » s'applique aux seuls recours administratifs préalables obligatoires exercés devant la CNAC. En revanche, comme tous les recours contentieux pour excès de pouvoir, les recours formés devant la juridiction administrative contre une décision de la CNAC ne sont pas suspensifs ; le porteur de projet pourra donc procéder, sans délai, à l'exécution des travaux, dès que la décision de la Commission nationale accordant le projet lui aura été notifiée. * Rép. min. n° 55841 : *JOAN Q, 27 oct. 2009, p 1079 ; RDI 2009. 615 ; JCP E 2009, n° 47, p. 9 ; Defrénois 2009. 2351 ; Constr.-Urb. 2009, Alerte 69, par Durand-Pasquier.*

Art. L. 425-8 *(L. n° 2008-776 du 4 août 2008, art. 105-II, 5°)* Conformément *(Ord. n° 2009-901 du 24 juill. 2009, art. 2)* « aux articles L. 212-7 et L. 212-8 du code du cinéma et de l'image animée », lorsque le permis de construire porte sur un projet de création, d'extension ou de réouverture au public d'un établissement de spectacles cinématographiques, le permis ne peut être accordé avant la délivrance de cette autorisation. Sa mise en œuvre ne peut être entreprise avant l'expiration des recours entrepris contre elle. — *V. art. L. 212-7 et L. 212-8 préc., App., v° Commerce (organisation).*

Les dispositions issues de la L. n° 2008-776 du 4 août 2008 sont entrées en vigueur le 25 nov. 2008. Les demandes d'autorisation présentées avant la date d'entrée en vigueur des dispositions précitées sont instruites et les autorisations accordées dans les conditions prévues par les dispositions en vigueur avant cette date (L. n° 2008-776 du 4 août 2008, art. 105-III ; Décr. n° 2008-1212 du 24 nov. 2008, art. 8). — V. ***C. com.****, éd. 2008 ou antérieures.*

1. Recours. Les dispositions du 2e al. de l'art. L. 720-10 [art. L. 752-17], ne font pas obstacle à ce que le recours ainsi institué soit formé par deux membres de la Commission départementale qui sont tous deux élus. • CE 26 mars 2003 : *RJDA 2004, n° 244.* ♦ Jugeant que le délai de recours de deux mois ouvert au préfet ou à deux membres de la Commission n'est pas un délai franc, V. • CE 11 févr. 2004 : *JCP E 2004, n° 11, p. 397 ; AJDA 2004. 1481, concl. Schwartz ; RJDA 2004, n° 1394 ; RFDA 2004. 421.*

2. Tiers. Les tiers, qui ne figurent pas au nombre des personnes visées par l'art. L. 720-10 [L. 752-17] qui institue le recours hiérarchique, sont donc recevables à contester la légalité des décisions des CDEC directement devant la juridiction administrative. • CE 10 mars 2006 : *D. 2006. 1237, note Gelas ; AJDA 2006. 796, note Landais et Lenica ; RFDA 2006. 550, concl. Struillou ; JCP E 2006, n° 13, p. 638, note Paloux et Masquart ; ibid., n° 24, p. 1081, note Carbonnel ; RJDA 2006, n° 712 ; RLDA avr. 2006. 45, obs. Méar ; RJ com. 2006. 352, note Bouyssou ; Procédures 2006, n° 119, obs. Deygas ; Constr.-Urb. 2006, n° 101, obs. Renaux* • TA Orléans, 17 janv. 2006 : *AJDA 2006. 706, concl. Francfort.* ♦ V. désormais la rédaction de l'art. L. 752-17 issue de la L. n° 2008-776 du 4 août 2008.

Une association, agissant exclusivement pour le compte d'un groupe commercial dans un but autre que celui de la défense du commerce local de la commune concernée, ne peut, par suite, légitimement se prévaloir de l'intérêt à agir que lui conférerait normalement son objet statutaire. • CAA Douai, 30 mars 2006 : *AJDA 2006. 1342, concl. Lepers.*

3. Retrait. Un recours dirigé contre une décision de la CDEC qui a fait l'objet d'un retrait devenu définitif devient sans objet. • CAA Bordeaux, 5 nov. 2007 : *AJDA 2008. 317.*

4. Recours en confirmation. La demande, qui tend à la confirmation de l'autorisation délivrée par la commission départementale, n'entre pas dans le champ d'application de l'art. L. 752-17. • CE 7 oct. 2009 : *AJDA 2009. 1862, obs. Pastor ; RDI 2010. 280, note Giudicelli et Sacksick ; RJDA 2010, n° 683 ; Constr.-Urb. 2009, n° 159, obs. Renaux.*

5. Recours contentieux. Il résulte de la nouvelle rédaction de l'art. L. 752-17 issue de la loi n° 2008-776 du 4 août 2008, qui rend obligatoire la saisine de la CNAC préalablement à tout recours contentieux dirigé contre une décision d'une commission départementale, que, en raison des pouvoirs ainsi conférés à la commission nationale, ses décisions se substituent à celles de la commission départementale. Dès lors, le moyen tiré de l'irrégularité de la décision de la commission départementale est inopérant. • CE 4 oct. 2010 : *cité note 1 ss. art. L. 752-6.*

6. Trouble manifestement illicite. Une cour administrative d'appel ayant annulé une décision autorisant la création d'un supermarché, son arrêt, exécutoire nonobstant le pourvoi en cassation formé contre lui, a eu pour conséquence de faire disparaître cette décision ; il s'ensuit que ledit supermarché était exploité sans autorisation, dont il se déduit l'existence d'un trouble manifestement illicite. • Civ. 1re, 6 oct. 2010 : *Bull. civ. I, n° 194 ; Dalloz actualité, 21 oct. 2010, obs. Tahri ; D. 2010. Actu. 2440 ; AJDI 2011. 391 ; AJDA 2010. 2389 ; RJDA 2010, n° 1199.*

7. Dessaisissement de la CNAC. En l'absence de dispositions législatives ou réglementaires spécifiques au recours ainsi prévu et qui organiseraient, notamment, une procédure d'autorisation tacite, le silence gardé par la CNAC au-delà du délai de quatre mois, prévu par l'art. L. 752-17, ne peut que faire naître une décision implicite de rejet de ce recours d'un tiers à l'encontre de l'autorisation initiale. • TA Châlons-en-Champagne, 22 juill. 2011 : *RDI 2011. 522, obs. Soler-Couteaux.* ♦ Ce délai de quatre mois fixé à la CNAC pour statuer sur un recours préalable obligatoire à un recours contentieux formé par un tiers à l'encontre d'une autorisation délivrée par la CDAC infère nécessairement, par l'effet du principe de sécurité juridique, que ladite commission nationale, ayant implicitement rejeté ce recours par une décision dont l'effet substitutif a pour portée de laisser subsister l'autorisation initiale, et qui n'est alors plus susceptible que d'un recours contentieux, ait épuisé sa compétence et se trouve dessaisie du dossier. • Même arrêt. ♦ Sur les conséquences du silence garder par la CNAC, V.

• CE 4 juill. 2012 : *AJDA 2012. 1374, obs. Grand* ; *RDI 2012. 52, obs. Soler-Couteaux* ; *RJDA 2012, nº 901 ; Constr.-Urb. 2012, nº 132, obs. Renaux ; Defrénois 2013. 115, obs. Daudré.* – V. aussi : • CE 29 oct. 2012 : *RJDA 2013, nº 69.*

Art. L. 752-18 **Avant l'expiration du délai de recours ou, en cas de recours, avant la décision** *(Abrogé par L. nº 2008-776 du 4 août 2008, art. 102-XXII, à compter du 25 nov. 2008)* ***« en appel »*** **de la commission nationale, le permis de construire ne peut être accordé ni la réalisation entreprise et aucune nouvelle demande ne peut être déposée pour le même terrain d'assiette auprès de la** *(L. nº 2008-776 du 4 août 2008, art. 102-XXVIII, en vigueur le 25 nov. 2008)* **« commission départementale d'aménagement commercial ».** – *[C. com., art. L. 720-10, al. 4.]*

Art. L. 752-19 **Le maire de la commune d'implantation membre de la commission départementale dont la décision fait l'objet du recours est entendu à sa demande par la commission nationale.**

Un commissaire du Gouvernement nommé par le ministre chargé du commerce *(L. nº 2008-776 du 4 août 2008, art. 102-XXIII, en vigueur le 25 nov. 2008)* **« ou par le ministre chargé de la culture lorsque la commission se prononce en matière d'aménagement cinématographique » assiste aux séances de la commission.** *(Abrogé par L. nº 2008-776 du 4 août 2008, art. 102-XXIII, à compter du 25 nov. 2008)* ***« Il rapporte les dossiers. »*** – *[C. com., art. L. 720-11, V et VI.]*

1. Audition du maire. Il ne résulte d'aucune disposition législative ou réglementaire que l'audition du maire de la commune d'implantation devrait être préalablement autorisée par le conseil municipal de ladite commune. • CE 18 févr. 2005 : *AJDA 2005. 910* ; *RJDA 2005, nº 1157* (équipement cinématographique). ♦ Le maire a pu, en l'espèce, exprimer un point de vue différent de celui exprimé par le conseil municipal, sans que cette circonstance soit, en tout état de cause, de nature à entacher la décision d'irrégularité. • Même arrêt.

2. Audition du président de la CCI. La commission nationale d'équipement commercial, comme toute autorité administrative, a la faculté de procéder à l'audition de toute personne qu'elle estime utile de consulter. • CE 24 nov. 2006 : *Gaz. Pal. 2007. 3348.* ♦ En décidant d'auditionner le président de la CCI, alors même que l'entreprise qu'exploite celui-ci serait fournisseur du pétitionnaire, la CNEC n'a entaché sa décision d'aucune irrégularité. • Même décision.

Art. L. 752-20 *(Abrogé par L. nº 2008-776 du 4 août 2008, art. 102-XXIV, à compter du 25 nov. 2008)* ***« Aucun membre de la commission nationale ne peut délibérer dans une affaire où il a un intérêt personnel et direct ou s'il représente ou a représenté une des parties intéressées. »***

Le président de la commission nationale a voix prépondérante en cas de partage égal des voix. – *[C. com., art. L. 720-11, II bis et IV.]*

Art. L. 752-21 **En cas de rejet pour un motif de fond de la demande d'autorisation par la commission nationale susmentionnée, il ne peut être déposé de nouvelle demande par le même pétitionnaire, pour un même projet, sur le même terrain pendant une période d'un an à compter de la date de la décision de la commission nationale.**

1. Nouvelle demande. La réduction de 1200 à 1000 m² de la surface de vente d'un supermarché projeté n'est pas de nature à faire regarder le second projet comme différent du premier au sens de l'art. L. 720-10 [L. 752-21]. • TA Orléans, 17 janv. 2006 : *AJDA 2006. 706, concl. Francfort* . ♦ Pour une illustration des modifications de fond pouvant être apportées à un projet afin d'éviter l'application du délai d'attente d'un an, V. • CE 15 juill. 2004 : *RJDA 2005, n° 201 (3e esp.).*

2. Nouveau recours. S'agissant d'une autorisation accordée par la CNEC, puis annulée par le Conseil d'État, la SA Intermarché ne peut utilement invoquer les dispositions de l'art. L. 752-21 qui interdisent, dans l'hypothèse d'un rejet par la CNEC de la demande pour un motif de fond, le dépôt d'une nouvelle demande par le même pétitionnaire pour un même projet pendant une période d'un an à compter de la date de la décision de rejet, pour soutenir que la SAS Groupe Casino ne pouvait demander qu'il soit statué à nouveau sur le recours du préfet des Pyrénées-Orientales à l'encontre de la décision de la CDEC. • CE 7 mars 2008 : *RJDA 2008, n° 1056.*

Art. L. 752-22 Les commissions autorisent ou refusent les projets dans leur totalité. — *[C. com., art. L. 720-10, al. 3.]*

(L. n° 2008-776 du 4 août 2008, art. 102-XXVI, en vigueur le 25 nov. 2008) « Lorsque les autorisations des commissions statuant en matière d'aménagement cinématographique s'appuient notamment sur le projet de programmation présenté par le demandeur, ce projet fait l'objet d'un engagement de programmation contracté en application de l'article » *(Ord. n° 2009-901 du 24 juill. 2009, art. 2)* « L. 212-19 du code du cinéma et de l'image animée ». — *V. cet art., App., v° Commerce (organisation).*

Art. L. 752-23 *(L. n° 2008-776 du 4 août 2008, art. 102-XXVII, en vigueur le 25 nov. 2008)* Les agents habilités à rechercher et constater les infractions aux articles L. 752-1 à L. 752-3 en vertu de l'article 9 de la loi n° 89-1008 du 31 décembre 1989 relative au développement des entreprises commerciales et artisanales et à l'amélioration de leur environnement économique, juridique et social, constatant l'exploitation illicite d'une surface de vente, au regard du présent titre, établissent un rapport qu'ils transmettent au préfet du département d'implantation du magasin.

Le préfet peut mettre en demeure l'exploitant concerné de ramener sa surface commerciale à l'autorisation d'exploitation commerciale accordée par la commission d'aménagement commercial compétente, dans un délai d'un mois. Sans préjudice de l'application de sanctions pénales, il peut à défaut prendre un arrêté ordonnant, dans le délai de quinze jours, la fermeture au public des surfaces de vente exploitées illicitement, jusqu'à régularisation effective. Ces mesures sont assorties d'une astreinte journalière de 150 € *(L. n° 2009-526 du 12 mai 2009, art. 47)* « par mètre carré exploité irrégulièrement ». — *L'art. 114 de la L. n° 2009-323 du 25 mars 2009, non abrogé, avait déjà complété cette dernière phrase par les mots « par mètres carrés exploités illicitement ».*

Est puni d'une amende de 15 000 € le fait de ne pas exécuter les mesures prises par le préfet et prévues au deuxième alinéa.

Les modalités d'application du présent article sont déterminées par décret en Conseil d'État. — *V. art. R. 752-33 et R. 752-34.*

Art. L. 752-24 *(L. n° 2008-776 du 4 août 2008, art. 102-XXVII, en vigueur le 25 nov. 2008)* Un décret en Conseil d'État fixe les modalités d'application du présent chapitre.

Art. L. 752-25 *(L. n° 2008-776 du 4 août 2008, art. 102-XXVII, en vigueur le 25 nov. 2008)* Tous les contrats d'un montant supérieur à un seuil défini par décret, passés par des personnes publiques ou privées à l'occasion de la réalisation d'un projet relevant du présent titre et dans une période de deux ans après l'achèvement dudit projet, sont communiqués, selon des modalités fixées par décret, par chaque partie contractante au préfet et à la chambre régionale des comptes. Cette obligation

s'étend également aux contrats antérieurs à l'autorisation ou à défaut au permis de construire et portant sur la maîtrise ou l'aménagement des terrains sur lesquels est réalisée l'implantation d'établissements ayant bénéficié de l'autorisation. – *V. art. D. 752-55.*

Elle concerne les contrats de tout type, y compris ceux prévoyant des cessions à titre gratuit, des prestations en nature et des contreparties immatérielles.

Cette communication intervient dans les deux mois suivant la conclusion des contrats ou, s'il s'agit de contrats antérieurs à l'autorisation ou, à défaut, au permis de construire, dans un délai de deux mois à compter de l'autorisation.

Toute infraction au présent article est punie d'une amende de 75 000 €.

SECTION IV DU CONTRÔLE DE L'AUTORITÉ DE LA CONCURRENCE EN CAS DE POSITION DOMINANTE

(L. n° 2012-1270 du 20 nov. 2012, art. 10-I)

Art. L. 752-26 *(L. n° 2008-776 du 4 août 2008, art. 102-XXVII, en vigueur le 25 nov. 2008)* **En cas d'exploitation abusive d'une position dominante ou d'un état de dépendance économique de la part d'une entreprise ou d'un groupe d'entreprises exploitant un ou plusieurs magasins de commerce de détail,** *(Ord. n° 2008-1161 du 13 nov. 2008, art. 4)* **« l'Autorité de la concurrence » peut procéder aux injonctions et aux sanctions pécuniaires prévues à l'article L. 464-2.**

Si les injonctions prononcées et les sanctions pécuniaires appliquées n'ont pas permis de mettre fin à l'abus de position dominante ou à l'état de dépendance économique, *(Ord. n° 2008-1161 du 13 nov. 2008, art. 4)* **« l'Autorité de la concurrence » peut, par une décision motivée prise après réception des observations de l'entreprise ou du groupe d'entreprises en cause, lui enjoindre de modifier, de compléter ou de résilier, dans un délai déterminé, tous accords et tous actes par lesquels s'est constituée la puissance économique qui a permis ces abus. Elle peut, dans les mêmes conditions, lui enjoindre de procéder à la cession** *(L. n° 2012-1270 du 20 nov. 2012, art. 10-III)* **« d'actifs », si cette cession constitue le seul moyen permettant de garantir une concurrence effective dans la zone de chalandise considérée.** – *Sur cette notion, V. art. R. 752-8.*

BIBL. ▶ Bosco, *CCC 2012. Repère 3* (dernière étape du dirigisme concurrentiel : l'injonction structurelle). – Malaurie-Vignal, *D. 2012. 691* (réflexions entre les liens existant entre urbanisme commercial, contrôle des structures et protection de la concurrence).

1. Position dominante. Sur la situation concurrentielle dans le secteur de la distribution alimentaire à Paris, V. • Aut. conc., avis, n° 12-A-01 du 11 janv. 2012 : *Dalloz actualité, 17 janv. 2012, obs. Constantin ; D. 2012. 488, obs. Arhel ; JCP E 2012. Actu. 72, note Talau ; CCC 2012, n° 63, obs. Malaurie-Vignal ; RLC oct.-déc. 2012. 85, note Deschamps ; Annonces de la Seine, 7 févr. 2012.*

2. Foncier commercial. Sur les modalités d'acquisition de foncier commercial dans le secteur de la distribution alimentaire, V. • Aut. conc. du 7 déc. 2010, avis n° 10-A-26 : *D. 2011. Pan. 544, obs. Ferrier ; ibid. 2963, obs. Gomy ; RTD com. 2011. 527, obs. Claudel ; JCP E 2010, n° 1941, note Albert ; ibid. 2011, n° 678, obs. Raud et Notté ; ibid. 2011, n° 1217, note Malaurie-Vignal , JCP 2011, n° 177, note Dissaux ; CCC 2011. Alerte 13, par Tessler ; ibid. Étude 3, par Malaurie-Vignal ; RLC avr.-juin 2011. 21, note Sélinsky ; RDC 2011. 1267, note Béhar-Touchais ; Journ. sociétés févr. 2011. 53, note Dantzikian et Pourcher.* – V. aussi Table ronde, *Cah. dr. entr. 2011, n° 2, p. 9* (pratiques de la grande distribution alimentaire). – Claudel, *RTD com. 2011. 515* (rapport annuel de l'Autorité : l'occasion d'un retour exhaustif sur les contrats de distribution). ♦ Sur la mise en œuvre de cet avis lors d'engagements pris par une enseigne de la grande distribution, V. • Aut. conc. n° 11-D-20 : du 16 déc. 2011 *D. 2012. Pan. 578, obs. Ferrier ; CCC 2012, n° 43, obs. Malaurie-*

Vignal ; RDLC 2012, n° 1, p. 113, obs. Wachsmann et Marty. ♦ Si, conformément à l'avis n° 10-A-26 du 7 déc. 2010, l'expression d'une préférence dans le droit des contrats commerciaux doit au moins être strictement limitée au regard des dispositions relatives à la libre concurrence et à la sanction des pratiques anticoncurrentielles, dans la mesure où seule la liberté de choisir son cocontractant est affectée par le pacte et dans la mesure où ce pacte n'oblige pas les parties à conclure le contrat pour lequel la préférence est donnée, le cédant n'étant pas obligé de céder son bien, le bénéficiaire n'étant pas obligé de l'acquérir, le pacte de préférence ne peut être considéré comme une pratique anticoncurrentielle, susceptible d'être annulé. • Paris, 13 juin 2012 : *RDLC 2012, n° 4, p. 93, obs. Eréséo ; RDC 2013. 183, obs. Béhar-Touchais.*

Art. L. 752-27 *(L. n° 2012-1270 du 20 nov. 2012, art. 10-I)* **Dans les collectivités relevant de l'article 73 de la Constitution et dans les collectivités d'outre-mer de Saint-Barthélemy, de Saint-Martin et de Saint-Pierre-et-Miquelon, en cas d'existence d'une position dominante, détenue par une entreprise ou un groupe d'entreprises exploitant un ou plusieurs magasins de commerce de détail, qui soulève des préoccupations de concurrence du fait de prix ou de marges élevés, que l'entreprise ou le groupe d'entreprises pratique, en comparaison des moyennes habituellement constatées dans le secteur économique concerné, l'Autorité de la concurrence peut, eu égard aux contraintes particulières de ces territoires découlant notamment de leurs caractéristiques géographiques et économiques, faire connaître ses préoccupations de concurrence à l'entreprise ou au groupe d'entreprises en cause, qui peut dans un délai de deux mois lui proposer des engagements dans les conditions prévues pour ceux de l'article L. 464-2.**

Si l'entreprise ou le groupe d'entreprises ne propose pas d'engagements ou si les engagements proposés ne lui paraissent pas de nature à mettre un terme à ses préoccupations de concurrence, l'Autorité de la concurrence peut, par une décision motivée prise après réception des observations de l'entreprise ou du groupe d'entreprises concernés et à l'issue d'une séance devant le collège, leur enjoindre de modifier, de compléter ou de résilier, dans un délai déterminé qui ne peut excéder deux mois, tous accords et tous actes par lesquels s'est constituée la puissance économique qui permet les pratiques constatées en matière de prix ou de marges. Elle peut, dans les mêmes conditions, leur enjoindre de procéder à la cession d'actifs si cette cession constitue le seul moyen permettant de garantir une concurrence effective. L'Autorité de la concurrence peut sanctionner l'inexécution de ces injonctions dans les conditions prévues à l'article L. 464-2.

Dans le cadre des procédures définies aux deux premiers alinéas du présent article, l'Autorité de la concurrence peut demander communication de toute information dans les conditions prévues aux articles L. 450-3, L. 450-7 et L. 450-8 et entendre tout tiers intéressé.

BIBL. ▸ ARHEL, *JCP E 2012. Actu. 733* (volet « prix et concurrence » de la L. n° 2012-1270 du 20 nov. 2012). – COMERT, *BRDA 2012, n° 23, p. 12* (même thème). – BOSCO, *CCC 2013. Repère 1* (nouvelle injonction structurelle). – COMERT et NASSER EL DINE-POMAR, *CCC 2013. Étude 4* (nouvelles dispositions procédurales en matière de concurrence). – MANNA, *RLC avr.-juin 2013. 125* (les bases d'un droit de la concurrence ultramarin). – MONTET et VENAYRE, *ibid. 131* (contre la vie chère en outre-mer : une construction difficile entre concurrence et administration des prix).

TITRE SIXIÈME DES MARCHÉS D'INTÉRÊT NATIONAL ET DES MANIFESTATIONS COMMERCIALES

(Ord. nº 2006-673 du 8 juin 2006, art. 2)

RÉP. COM. vº *Marchés et halles,* par COURIVAUD.

RÉP. PÉN. vº *Marchés (Police des),* par KECHICHIAN.

CHAPITRE PREMIER DES MARCHÉS D'INTÉRÊT NATIONAL

BIBL. GÉN. ▶ DISTEL, *AJDA 2006. 2263* (la réforme des marchés d'intérêt national).

Art. L. 761-1 *(L. nº 2010-853 du 23 juill. 2010, art. 20)* « Les marchés d'intérêt national sont des services publics de gestion de marchés offrant à des grossistes et à des producteurs des services de gestion collective adaptés aux caractéristiques de certains produits agricoles et alimentaires.

« Ils répondent à des objectifs d'aménagement du territoire, d'amélioration de la qualité environnementale et de sécurité alimentaire.

« L'accès à ces marchés est réservé aux producteurs et aux commerçants. »

Le classement de marchés de produits agricoles et alimentaires comme marchés d'intérêt national ou la création de tels marchés est prononcé sur proposition des conseils régionaux par décret.

Ces marchés peuvent être implantés sur le domaine public ou le domaine privé d'une ou plusieurs personnes morales de droit public ou sur des immeubles appartenant à des personnes privées.

Le déclassement d'un marché d'intérêt national peut être prononcé par arrêté du ministre chargé du commerce et du ministre chargé de l'agriculture sur proposition du conseil régional si l'activité du marché ne permet plus de répondre aux missions définies au premier alinéa ou à l'organisation générale déterminée dans les conditions fixées à l'article L. 761-10. – *[C. com., art. L. 730-1.]*

Sur le déclassement du marché-gare de Lyon comme marché d'intérêt national à compter du 1er août 2008, V. Arr. 7 déc. 2006 (JO 27 déc.).

Art. L. 761-2 La liste des marchés d'intérêt national dont l'État entend organiser l'aménagement et la gestion est fixée par décret. – *V. art. D. 761-2.*

Pour les autres marchés d'intérêt national, les communes sur le territoire desquelles ils sont implantés, ou les groupements de communes intéressés, en assurent l'aménagement et la gestion, en régie ou par la désignation d'une personne morale publique ou privée. Dans ce dernier cas, cette personne morale est désignée après mise en concurrence dans les conditions fixées par l'article L. 1411-1 du code général des collectivités territoriales.

Ces communes, ou leurs groupements, peuvent toutefois confier ce pouvoir de désignation à la région ou, en Corse, à la collectivité territoriale de Corse. – *[C com., art. L. 730-2.]*

Art. L. 761-3 Le tarif des redevances perçues auprès des titulaires d'autoris[ation] d'occupation ou des autres formes de contribution des usagers du marché [au] fonctionnement est établi par le gestionnaire et approuvé par le préfet.

Le gestionnaire du marché présente un compte de résultat prévisionnel permettant de faire face à l'ensemble de ses obligations sociales, financières et sanitaires établies ou prévisibles. – *V. art. R. 761-5.*

Si l'exploitation financière d'un marché présente ou laisse prévoir un déséquilibre grave, les ministres de tutelle peuvent, après avoir conseillé le gestionnaire et, le cas échéant, les collectivités publiques qui ont garanti les emprunts, relever d'office les redevances existantes, créer des recettes nouvelles, réduire les dépenses et, d'une manière générale, prendre toutes dispositions propres à rétablir l'équilibre. – *[C. com., art. L. 730-3.]*

Art. L. 761-4 Un périmètre de référence peut être institué autour du marché d'intérêt national par décret *(Abrogé par L. nº 2010-853 du 23 juill. 2010, art. 20)* ***« en Conseil d'État.*** – *V. art. R. 761-7.*

« Le périmètre de référence comporte l'application des interdictions prévues à l'article L. 761-5.

« Les interdictions prévues s'appliquent aux ventes et aux opérations accessoires à la vente de ceux des produits dont les listes sont fixées dans chaque cas par arrêté des ministres de tutelle. » – *V. art. R. 761-10.*

(L. nº 2010-853 du 23 juill. 2010, art. 20) « Ce décret » détermine l'implantation du marché d'intérêt national.

La suppression anticipée de tout ou partie du périmètre, l'extension de l'implantation du marché ou son transfert à l'intérieur du périmètre peuvent être déterminés par décision de l'autorité administrative compétente. – *[C. com., art. L. 730-4.]*

Art. L. 761-5 *(L. nº 2010-853 du 23 juill. 2010, art. 20)* Dans le périmètre mentionné à l'article L. 761-4, les projets d'implantation ou d'extension de locaux ou d'ensembles de locaux destinés à recevoir, aux fins de vente autre que de détail, des produits dont la liste est définie par arrêté des ministres de tutelle, sur une surface de vente consacrée à ces produits de plus de 1 000 mètres carrés, sont soumis à l'autorisation de l'autorité administrative dans les conditions définies à l'article L. 761-7.

L'autorisation prévue au premier alinéa est de droit lorsque le marché ne dispose pas des surfaces nécessaires pour permettre l'implantation ou l'extension envisagée.

Le régime d'autorisation prévu par le présent article ne s'applique pas aux locaux des producteurs et groupements de producteurs pour les produits qui proviennent d'exploitations sises à l'intérieur du périmètre de référence.

Au plus tard le 31 décembre 2012, un bilan de l'organisation des marchés d'intérêt national, portant en particulier sur la mise en œuvre et l'efficacité des périmètres de référence au regard des objectifs poursuivis, est présenté au Parlement par l'autorité administrative compétente afin de déterminer s'il y a lieu, ou non, de maintenir ce dispositif ou de le faire évoluer à compter du 1er janvier 2013. L'élaboration de ce bilan associe notamment les établissements publics et les organisations interprofessionnelles concernés.

Les conditions d'application du présent article sont fixées par décret en Conseil d'État. – *V. art. R. 761-10 s.*

Art. L. 761-6 *(L. nº 2010-853 du 23 juill. 2010, art. 20)* Lorsque le périmètre de référence d'un marché d'intérêt national englobe un port, le régime d'autorisation prévu au premier alinéa de l'article L. 761-5 ne s'applique pas aux installations incluses dans l'enceinte du port et accueillant des activités portuaires lorsque ces installations sont uniquement destinées à des produits importés dans ce port ou exportés à partir de lui par voie maritime.

Art. L. 761-7 *(L. nº 2010-853 du 23 juill. 2010, art. 20)* L'autorité administrative compétente statue sur les demandes d'autorisation qui lui sont présentées en vertu de l'article L. 761-5 en prenant en considération les effets du projet en matière d'aménagement du territoire et de développement durable.

Art. L. 761-8 Les infractions *(L. nº 2010-853 du 23 juill. 2010, art. 20)* « aux dispositions des articles L. 761-5 et L. 761-7 » ainsi qu'aux dispositions prises en application de ces articles sont constatées et poursuivies dans les conditions fixées par *(L. nº 2011-525 du 17 mai 2011, art. 177-III)* « les articles L. 450-1, L. 450-2 » et L. 450-3 et sanctionnées d'une peine d'amende de 15 000 euros. Les articles L. 470-1 et L. 470-4 sont applicables. – *[C. com., art. L. 730-10.]*

Art. L. 761-9 Le droit d'occupation privative d'emplacement dont dispose un commerçant établi dans l'enceinte d'un marché d'intérêt national est susceptible d'être compris dans le nantissement de son fonds de commerce. – *[C. com., art. L. 730-12.]*

Art. L. 761-10 Les dispositions législatives et réglementaires relatives à la tenue et à l'exploitation des marchés de produits agricoles et alimentaires ne sont pas applicables aux marchés d'intérêt national.

L'organisation générale des marchés d'intérêt national est déterminée par décret en Conseil d'État. – *V. art. R. 761-13 s.*

La modification de l'enceinte des marchés d'intérêt national dépourvus de périmètre de référence ainsi que leur transfert s'exercent librement. – *[C. com., art. L. 730-15.]*

Art. L. 761-11 Le préfet exerce les pouvoirs de police dans l'enceinte du marché d'intérêt national. Dans l'étendue du périmètre de référence, il veille à l'application des lois et règlements intéressant le marché et dénonce, à cet effet, au procureur de la République les infractions commises. Lorsque le marché avec son périmètre de référence s'étend sur plusieurs départements, les pouvoirs ci-dessus appartiennent au préfet désigné par le ministre de l'intérieur. – *[C. com., art. L 730-16.]*

CHAPITRE II DES MANIFESTATIONS COMMERCIALES

(Ord. nº 2004-274 du 25 mars 2004, art. 30)

RÉP. COM. vº *Manifestations commerciales*, par COURIVAUD.

Art. L. 762-1 Un parc d'exposition est un ensemble immobilier clos indépendant, doté d'installations et d'équipements appropriés ayant un caractère permanent et non soumis à l'autorisation prévue à l'article L. 752-1, qui accueille, pendant tout ou partie de l'année, des manifestations commerciales ou autres, à caractère temporaire.

Le parc d'exposition est enregistré auprès de l'autorité administrative compétente. Le programme des manifestations commerciales qu'il accueille fait chaque année l'objet d'une déclaration préalable auprès de l'autorité administrative compétente. – *[C. com., art. L. 740-1.] – V. art. R. 762-1 s. – Sur les sanctions, V. art. L. 310-5.*

Droit de la concurrence. Il n'y a aucune raison que les dispositions de l'art. L. 410-1 ne s'appliquent pas à l'organisation et à la gestion des foires commerciales dans les rapports de l'organisateur et des exposants. • Lyon, 8 mars 2007 : *BICC 1er juill. 2007, nº 1444.*

Art. L. 762-2 Un salon professionnel est une manifestation commerciale consacrée à la promotion d'un ensemble d'activités professionnelles réservée à des visiteurs

justifiant d'un titre d'accès *(L. n° 2009-526 du 12 mai 2009, art. 54)* **« payant ou gratuit ». Il ne propose à la vente sur place que des marchandises destinées à l'usage personnel de l'acquéreur, dont la valeur n'excède pas un plafond fixé par décret.** – *V. art. D. 762-13.*

Tout salon professionnel fait l'objet d'une déclaration préalable auprès de l'autorité administrative compétente. – *[C. com., art. L. 740-2.] – V. art. R. 762-1 s.*

Pour les sanctions pénales, V. art. L. 310-5 (6°). – Pour l'interdiction de toute publicité d'un salon non déclaré, V. art. L. 121-15 C. consom., App., v° Publicité commerciale.

Art. L. 762-3 Les conditions d'application du présent chapitre sont déterminées par un décret en Conseil d'État. – *[C. com., art. L. 740-3.] – V. art. R. 762-1 s.*

Sur la réglementation des ventes au déballage, V. art. L. 310-2.

Un décret en Conseil d'État détermine les conditions dans lesquelles, à titre exceptionnel, les personnes satisfaisant aux prescriptions de l'art. L. 2332-1 C. défense et des art. L. 313-2 et L. 313-3 CSI peuvent participer aux manifestations commerciales et aux salons professionnels déclarés en application des art. L. 762-1 et L. 762-2 C. com. (CSI, art. L. 313-4). – ***C. adm.***

LIVRE HUITIÈME DE QUELQUES PROFESSIONS RÉGLEMENTÉES

TITRE PREMIER DES ADMINISTRATEURS JUDICIAIRES, MANDATAIRES JUDICIAIRES ET EXPERTS EN DIAGNOSTIC D'ENTREPRISE

(L. n° 2005-845 du 26 juill. 2005, art. 165-V).

RÉP. COM. v° *Entreprises en difficulté (Procédure et organes)*, par CAGNOLI.

BIBL. GÉN. ▶ ADAM, *Gaz. Pal. 1986. 2. Doctr. 510.* – CROSIO, *LPA 16 oct. 1985.* – OLIVIER, *Gaz. Pal. 1986. 1. Doctr. 357 ; ibid. 1999. 1. Doctr. 406* (mesures de renforcement du contrôle administratif et financier issues du décret n° 98-1232 du 27 déc. 1998) ; *AJDI 1999. 1116* (même thème). – LYONNET, *RJ com. 1991. 241.* – RUELLAN, *Dr. pénal 2000. Chron. 25 et 28* (responsabilité pénale des administrateurs judiciaires). – BOULOC, *Mélanges Sortais, Bruylant, 2002, p. 21* (même thème). – SAINT-ALARY-HOUIN, *Mélanges Honorat, Frison-Roche, 2000, p. 193* (responsabilité des mandataires judiciaires). – F. AUBERT, *Rapport de la Cour de cassation pour 2002, p. 145* (même thème). – COLLOQUE ORGANISÉ PAR LE CONSEIL NATIONAL DES ADMINISTRATEURS ET MANDATAIRES JUDICIAIRES LE 7 NOV. 2000, *LPA 20 nov. 2001* (les professionnels du traitement des entreprises en difficulté dans l'Union européenne). – GÉNITEAU, *Rev. proc. coll. 2006. 1* (l'administrateur judiciaire et le nouveau livre VI C. com.). – Colloque des 19 et 20 juin 2008, *LPA 9 avr. 2009* (pratique et statut des mandataires de justice).

▶ Sur la loi n° 2003-7 du 3 janv. 2003 : PANSIER et CHARBONNEAU, *LPA 28 janv. 2003.* – FROEHLICH, *Bull. d'actualité Lamy droit commercial, févr. 2003.* – VALLANSAN, *Act. proc. coll. 2003, n° 26.* – CHAPUT, *JCP E 2003, n° 12, p. 485.* – ROLAND, *Procédures 2003. Chron. 4.* – SOINNE, *Rev. proc. coll. 2003. 1.* – ROUSSEL GALLE, *Dr. sociétés juin 2003.* – F.-X. LUCAS, *Dr. et patr. juill.-août 2003. 30.*

▶ Sur la loi n° 2004-130 du 11 févr. 2004 : SOINNE, *Rev. proc. coll. 2004. 17.*

▶ Sur la loi n° 2005-845 du 26 juill. 2005 : SOINNE, *Rev. proc. coll. 2008. Étude 18.*

CHAPITRE PREMIER DES ADMINISTRATEURS JUDICIAIRES

SECTION PREMIÈRE DE LA MISSION, DES CONDITIONS D'ACCÈS ET D'EXERCICE ET DES INCOMPATIBILITÉS

SOUS-SECTION 1 DES MISSIONS

Art. L. 811-1 **Les administrateurs judiciaires sont les mandataires** *(L. n° 2003-7 du 3 janv. 2003, art. 1er-I)* **« , personnes physiques ou morales, » chargés par décision de justice d'administrer les biens d'autrui ou d'exercer des fonctions d'assistance ou de surveillance dans la gestion de ces biens.** – *[L. n° 85-99 du 25 janv. 1985, art. 1er.]*

(L. n° 2003-7 du 3 janv. 2003, art. 1er-II) **« Les tâches que comporte l'exécution de leur mandat leur incombent personnellement. Ils peuvent toutefois, lorsque le bon**

déroulement de la procédure le requiert et sur autorisation motivée du président du tribunal, confier sous leur responsabilité à des tiers une partie de ces tâches.

« Lorsque les administrateurs judiciaires confient à des tiers des tâches qui relèvent de la mission que leur a confiée le tribunal, ils les rétribuent sur la rémunération qu'ils perçoivent *(Abrogé, à compter du 15 févr. 2009, par Ord. n° 2008-1345 du 18 déc. 2008, art. 160)* ***« en application du décret prévu à l'article*** *(L. n° 2005-845 du 26 juill. 2005, art. 158-V)* ***« L. 663-2 ».***

Les dispositions de la L. n° 2003-7 du 3 janv. 2003 sont applicables à Mayotte et, en tant qu'elles concernent les administrateurs judiciaires, à Wallis-et-Futuna (texte préc., art. 48, JO 4 janv.).

BIBL. ▶ DOLLEY, *Dr. et patr. juill.-août 2003. 39* (limitations au recours à la sous-traitance). – SOINNE, *Rev. proc. coll. 2003. 96* (intervention de tiers dans l'administration ou la gestion des procédures collectives).

Diffamation envers un mandataire judiciaire. En ce sens que les fonctions d'administrateur judiciaire et de mandataire judiciaire ne participent d'aucune prérogative de puissance publique et que ces mandataires ne sont donc pas des citoyens protégés par les dispositions de l'art. 31 de la loi du 29 juill. 1881 réprimant plus sévèrement le délit de diffamation, V. • Cass., ch. mixte, 4 nov. 2002 (3 arrêts) : *Bull. civ. n° 6 ; D. 2003. 1194, note Dreyer ; JCP 2003. II. 10006, note Derieux ; JCP E 2003, n° 27, p. 1141, obs. Pasqualini et Pasqualini-Salerno ; Rev. sociétés 2003. 370, note Bouloc ; Dr. pénal 2003, n° 18, note Véron ; LPA 16 sept. 2003, p. 6, note Gil ; Rev. proc. coll. 2004. 54, obs. Soinne* (V. l'arrêt cassé : • Paris, 14 janv. 2000 : *D. 2000. IR 52 ; Rev. proc. coll. 2000. 186, obs. Soinne*) • Civ. 2e, 27 mars 2003 : *Bull. civ. II, n° 85 ; D. 2003. IR 1009*. – V. déjà, en ce sens : • Crim. 19 juin 2001 : *Dr. pénal 2001, n° 128, note Véron.*

SOUS-SECTION 2 DES CONDITIONS D'ACCÈS À LA PROFESSION

Art. L. 811-2 *(L. n° 2003-7 du 3 janv. 2003, art. 2)* **Nul ne peut être désigné en justice pour exercer ces fonctions, sous réserve des dispositions particulières à certaines matières, notamment celles relatives aux mineurs et aux majeurs protégés, ou sous réserve des missions occasionnelles qui peuvent être confiées aux membres des professions judiciaires et juridiques en matière civile, s'il n'est inscrit sur la liste établie par une commission nationale instituée à cet effet.**

Toutefois, *(Abrogé par Ord. n° 2008-1345 du 18 déc. 2008, art. 161-I)* ***« à titre exceptionnel, »*** **le tribunal peut,** *(Abrogé par Ord. n° 2008-1345 du 18 déc. 2008, art. 161-I)* ***« par décision spécialement motivée et »*** **après avis du procureur de la République, désigner comme administrateur judiciaire une personne physique justifiant d'une expérience ou d'une qualification particulière au regard de la nature de l'affaire et remplissant les conditions définies aux 1° à 4° de l'article L. 811-5.** *(Ord. n° 2008-1345 du 18 déc. 2008, art. 161-II)* **« Il motive spécialement sa décision au regard de cette expérience ou de cette qualification particulière. »** *– L'Ord. n° 2008-1345 du 18 déc. 2008 entre en vigueur le 15 févr. 2009 (art. 173).*

Les personnes visées à l'alinéa précédent ne doivent pas, au cours des cinq années précédentes, avoir perçu à quelque titre que ce soit, directement ou indirectement, une rétribution ou un paiement de la part de la personne physique ou morale faisant l'objet d'une mesure d'administration, d'assistance ou de surveillance, d'une personne qui détient le contrôle de cette personne morale ou de l'une des sociétés contrôlées par elle au sens des II et III de l'article L. 233-16, ni s'être trouvées en situation de conseil de la personne physique ou morale concernée ou de subordination par rapport à elle. Elles doivent, en outre, n'avoir aucun intérêt dans le mandat qui leur est donné et n'être pas au nombre des anciens administrateurs ou mandataires judiciaires ayant fait l'objet d'une décision de radiation ou de retrait des listes en application des articles L. 811-6, L. 811-12 et L. 812-4. Elles sont

tenues d'exécuter les mandats qui leur sont confiés en se conformant, dans l'accomplissement de leurs diligences professionnelles, aux mêmes obligations que celles qui s'imposent aux administrateurs judiciaires inscrits sur la liste. Elles ne peuvent exercer les fonctions d'administrateur judiciaire à titre habituel.

Les personnes désignées en application du deuxième alinéa doivent, lors de l'acceptation de leur mandat, attester sur l'honneur qu'elles remplissent les conditions fixées aux 1° à 4° de l'article L. 811-5 *[,]* qu'elles se conforment aux obligations énumérées à l'alinéa précédent et qu'elles ne font pas l'objet d'une interdiction d'exercice en application de l'avant-dernier alinéa de l'article L. 814-10.

Lorsque le tribunal nomme une personne morale, il désigne en son sein une ou plusieurs personnes physiques pour la représenter dans l'accomplissement du mandat qui lui est confié.

Le mandat des membres de la commission nationale prévue à l'art. L. 811-2, en fonction à la date d'entrée en vigueur du Décr. n° 2011-1660 du 29 nov. 2011 [1er déc. 2011], prend fin à cette date (Décr. préc., art. 9).

Pour une application de l'art. L. 811-2, al. 2, V. • Bordeaux, 5 juill. 2000 : *Dr. sociétés 2001, n° 41, note Bonneau ; RTD com. 2001. 919, obs. Champaud et Danet* ✎.

Art. L. 811-3 La liste nationale est divisée en sections *(Abrogé par L. n° 2003-7 du 3 janv. 2003, art. 3)* « *régionales* » correspondant au ressort de chaque cour d'appel. – *[L. n° 85-99 du 25 janv. 1985, art. 3.]*

Art. L. 811-4 *(L. n° 2003-7 du 3 janv. 2003, art. 4)* La commission nationale prévue à l'article L. 811-2 est composée ainsi qu'il suit :

– un conseiller à la Cour de cassation, président, désigné par le premier président de la Cour de cassation ;

– un magistrat de la Cour des comptes, désigné par le premier président de la Cour des comptes ;

– un membre de l'inspection générale des finances, désigné par le ministre chargé de l'économie et des finances ;

– un magistrat du siège d'une cour d'appel, désigné par le premier président de la Cour de cassation ;

– un membre d'une juridiction commerciale du premier degré, désigné par le premier président de la Cour de cassation ;

(L. n° 2011-331 du 28 mars 2011, art. 20-1°, en vigueur le 1er déc. 2011) « – deux professeurs ou maîtres de conférences de droit, de sciences économiques ou de gestion, désignés par le ministre chargé des universités ; »

– un représentant du Conseil d'État, désigné par le vice-président du Conseil d'État ;

– deux personnes qualifiées en matière économique ou sociale, désignées par le garde des sceaux, ministre de la justice.

(L. n° 2011-331 du 28 mars 2011, art. 20-1°, en vigueur le 1er déc. 2011) « Lorsqu'elle est saisie en application de l'article L. 811-6 ou siège comme chambre de discipline, la commission comprend en outre trois administrateurs judiciaires inscrits sur la liste, élus par leurs pairs dans des conditions déterminées par décret en Conseil d'État. »

En cas d'égalité des voix, celle du président est prépondérante.

Le président et les membres de la commission ainsi que leurs suppléants, en nombre égal et choisis dans les mêmes catégories, sont désignés pour un mandat de trois ans renouvelable une fois.

Un magistrat du parquet et son suppléant sont désignés pour exercer les fonctions de commissaire du Gouvernement auprès de la commission nationale et assurer notamment l'instruction des demandes d'inscription.

Les frais de fonctionnement de la commission sont à la charge de l'État. – *[L. n° 85-99 du 25 janv. 1985, art. 4.] – V. art. R. 811-2.*

Les mandats des membres de la commission mentionnée à l'art. L. 811-4 C. com. en cours à la date de publication de la L. n° 2011-331 du 28 mars 2011 sont, en tant que de besoin, prorogés jusqu'à sa date d'entrée en vigueur [1er déc. 2011] (L. préc., art. 37, al. 3, JO 29 mars).

L'art. 20-1° de la L. n° 2011-331 du 28 mars 2011 est applicable dans les îles Wallis-et-Futuna (L. préc., art. 36-I).

V. note ss. art. R. 811-34.

Art. L. 811-5 *(L. n° 2003-7 du 3 janv. 2003, art. 5-I)* **« Nul ne peut être inscrit sur la liste par la commission s'il ne remplit les conditions suivantes :**

« 1° Être français ou ressortissant d'un État membre de la Communauté européenne ou d'un État partie à l'accord sur l'Espace économique européen ;

« 2° N'avoir pas été l'auteur de faits contraires à l'honneur ou à la probité ayant donné lieu à une condamnation pénale ;

« 3° N'avoir pas été l'auteur de faits de même nature ayant donné lieu à une sanction disciplinaire ou administrative de destitution, de radiation, de révocation, de retrait d'agrément ou de retrait d'autorisation ;

« 4° N'avoir pas été frappé de faillite personnelle ou d'une des mesures d'interdiction ou de déchéance prévues au chapitre V du titre II du livre VI du présent code, au titre VI de la loi n° 85-98 du 25 janvier 1985 relative au redressement et à la liquidation judiciaires des entreprises ou, dans le régime antérieur à cette loi, au titre II de la loi n° 67-563 du 13 juillet 1967 sur le règlement judiciaire, la liquidation des biens, la faillite personnelle et les banqueroutes ;

« 5° Avoir subi avec succès l'examen d'accès au stage professionnel, accompli ce stage et subi avec succès l'examen d'aptitude aux fonctions d'administrateur judiciaire.

« Ne peuvent être admises à se présenter à l'examen d'accès au stage professionnel que les personnes titulaires des titres ou diplômes déterminés par décret.

« Par dérogation aux dispositions qui précèdent, les personnes remplissant des conditions de compétence et d'expérience professionnelle fixées par décret en Conseil d'État sont dispensées de l'examen d'accès au stage professionnel. La commission peut, en outre, dispenser ces personnes, dans des conditions fixées par décret en Conseil d'État, d'une partie du stage professionnel et de tout ou partie de l'examen d'aptitude aux fonctions d'administrateur judiciaire.

« Les personnes morales inscrites ne peuvent exercer les fonctions d'administrateur judiciaire que par l'intermédiaire d'un de leurs membres lui-même inscrit sur la liste. » – *V. art. R. 811-7, R. 811-8, R. 811-19, R. 811-25 et R. 811-26.*

Sont dispensées de conditions de diplôme, de stage et d'examen professionnel prévues aux *(L. n° 2003-7 du 3 janv. 2003, art. 5-II)* **« sixième et septième » alinéas les personnes qui justifient avoir acquis, dans un État membre des Communautés européennes autre que la France ou un autre État partie à l'accord sur l'Espace économique européen, une qualification suffisante pour l'exercice de la profession d'administrateur judiciaire, sous réserve d'avoir subi, dans des conditions fixées par décret en Conseil d'État, un examen de contrôle des connaissances. La liste des candidats admis à se présenter à l'examen est arrêtée par la commission.** – *[L. n° 85-99 du 25 janv. 1985, art. 5.] – V. art. R. 811-27 et R. 811-28.*

Les dispositions de l'art. L. 811-5, en tant qu'elles instituent un examen d'accès au stage professionnel, ne sont applicables qu'aux personnes qui, à la date de promulgation de la L. n° 2003-7 du 3 janv. 2003, ne sont pas encore inscrites sur le registre de stage (texte préc., art. 39-I, JO 4 janv.).

Sur la dispense de stage dont peuvent bénéficier les greffiers de tribunal de commerce dont l'office est supprimé par suite d'une nouvelle délimitation de circonscriptions judiciaires, V. Décr. n° 99-1017 du 1er déc. 1999 (JO 7 déc).

Sur l'accès à la profession d'administrateur judiciaire des avoués près les cours d'appel qui renoncent à faire partie de la profession d'avocat et des personnes ayant travaillé en quality de collaborateur d'avoué, V. L. n° 2011-94 du 25 janv. 2011, art. 21 (JO 26 janv.) et Décr. n° 2011-451 du 22 avr. 2011 (JO 24 avr.).

SOUS-SECTION 3 DES CONDITIONS D'EXERCICE

Art. L. 811-6 *(L n° 2003-7 du 3 janv. 2003, art. 6)* **« La commission nationale, de sa propre initiative ou saisie sur requête du garde des sceaux, ministre de la justice, du président du Conseil national des administrateurs judiciaires et des mandataires judiciaires, du commissaire du Gouvernement ou du procureur de la République du ressort de la juridiction dans lequel est établi l'administrateur judiciaire, peut, par décision motivée et après avoir mis l'intéressé en demeure de présenter ses observations, retirer de la liste mentionnée à l'article L. 811-2 l'administrateur judiciaire qui, en raison de son état physique ou mental, est empêché d'assurer l'exercice normal de ses fonctions ou l'administrateur judiciaire qui a révélé son inaptitude à assurer l'exercice normal de ses fonctions. »**

Le retrait de la liste ne fait pas obstacle à l'exercice de poursuites disciplinaires contre l'administrateur judiciaire si les faits qui lui sont reprochés ont été commis pendant l'exercice de ses fonctions. — *[L. n° 85-99 du 25 janv. 1985, art. 6.]*

Pour un retrait motivé : par des manquements graves et répétés de l'administrateur à la probité et à ses obligations professionnelles, V. • Civ. 1re, 13 nov. 1996 : *Bull. civ. I, n° 387 ; D. 1996. IR 267 ; D. Affaires 1997. 130.* ♦ ... Par le fait que l'intéressé avait décidé de se consacrer, à titre exclusif, à l'exercice d'une activité de consultant auprès d'entreprises en difficulté et cédé à un mandataire-liquidateur la « structure de son cabinet », V. • Com. 24 juin 2003 : *Bull. civ. IV, n° 104 ; D. 2003. AJ 2175 ; Rev. proc. coll. 2004. 53, obs. Soinne.*

Art. L. 811-7 **Les administrateurs judiciaires peuvent constituer entre eux, pour l'exercice en commun de leur profession, des sociétés civiles professionnelles régies par la loi n° 66-879 du 29 novembre 1966 relative aux sociétés civiles professionnelles. Ils peuvent également exercer leur profession sous forme de sociétés d'exercice libéral telles que prévues par la loi n° 90-1258 du 31 décembre 1990 relative à l'exercice sous forme de sociétés des professions libérales soumises à un statut législatif ou réglementaire ou dont le titre est protégé. Ils peuvent aussi être membres d'un groupement d'intérêt économique ou d'un groupement européen d'intérêt économique ou associés d'une société en participation régie par le titre II de la loi n° 90-1258 du 31 décembre 1990 relative à l'exercice sous forme de sociétés des professions libérales soumises à un statut législatif ou réglementaire ou dont le titre est protégé.** — *[L. n° 85-99 du 25 janv. 1985, art. 8.] — V. art. R. 811-30. — Sur l'entrée en vigueur des dispositions relatives à l'exercice de la profession sous forme de sociétés d'exercice libéral, de groupements d'intérêt économique ou groupements européens d'intérêt économique, ou de sociétés en participation, V. L. n° 90-1259 du 31 déc. 1990, art. 67. — V. L. du 29 nov. 1966 et L. n° 90-1258 du 31 déc. 1990. —* ***C. sociétés****. — Sur les sociétés civiles professionnelles, V. art. R. 814-59 s. et R. 814-109 s. ; ... Les sociétés d'exercice libéral, V. art. R. 814-59 s. et R. 814-145 s.*

Art. L. 811-8 *(L. n° 2003-7 du 3 janv. 2003, art. 7)* **Les dossiers suivis par l'administrateur judiciaire qui quitte ses fonctions, pour quelque motif que ce soit, sont répartis par la juridiction entre les autres administrateurs dans un délai de trois mois à compter de la cessation de fonctions.**

Toutefois, dans l'intérêt d'une bonne administration de la justice, la juridiction peut autoriser l'ancien administrateur judiciaire à poursuivre le traitement d'un ou de plusieurs dossiers en cours, sauf si une radiation est la cause de l'abandon de ses

fonctions. Cet administrateur judiciaire demeure soumis aux dispositions des articles L. 811-10 à L. 811-16, L. 814-1 et L. 814-5.

Droit de présentation. L'administrateur judiciaire qui cesse ses fonctions ne saurait valablement recevoir le paiement d'un droit de présentation de son successeur. • Civ. 1re, 25 avr. 1990 : *D. 1990. IR 119.*

Art. L. 811-9 Les personnes inscrites sur la liste ont vocation à exercer leurs fonctions sur l'ensemble du territoire. – *[L. nº 85-99 du 25 janv. 1985, art. 10.]*

SOUS-SECTION 4 DES INCOMPATIBILITÉS

Art. L. 811-10 *(L. nº 2003-7 du 3 janv. 2003, art. 8)* La qualité d'administrateur judiciaire inscrit sur la liste est incompatible avec l'exercice de toute autre profession, à l'exception de celle d'avocat.

Elle est, par ailleurs, incompatible avec :

1º Toutes les activités à caractère commercial, qu'elles soient exercées directement ou par personne interposée ;

2º La qualité d'associé dans une société en nom collectif, d'associé commandité dans une société en commandite simple ou par actions, de gérant d'une société à responsabilité limitée, de président du conseil d'administration, membre du directoire, directeur général ou directeur général délégué d'une société anonyme, de président ou de dirigeant d'une société par actions simplifiée, de membre du conseil de surveillance ou d'administrateur d'une société commerciale, de gérant d'une société civile, à moins que ces sociétés n'aient pour objet l'exercice de la profession d'administrateur judiciaire ou l'acquisition de locaux pour cet exercice. Un administrateur judiciaire peut en outre exercer les fonctions de gérant d'une société civile dont l'objet exclusif est la gestion d'intérêts à caractère familial.

La qualité d'administrateur judiciaire inscrit sur la liste ne fait pas obstacle à l'exercice d'une activité de consultation dans les matières relevant de la qualification de l'intéressé, ni à l'accomplissement des mandats de mandataire *ad hoc* et de conciliateur prévus *(L. nº 2005-845 du 26 juill. 2005, art. 164-II)* « aux articles L. 611-3 et L. 611-6 » du présent code et par l'article L. 351-4 du code rural et de la pêche maritime, de commissaire à l'exécution du plan, d'administrateur ou de liquidateur amiable, d'expert judiciaire et de séquestre amiable ou judiciaire. Cette activité et ces mandats, à l'exception des mandats de mandataire *ad hoc*, de conciliateur et de commissaire à l'exécution du plan, ne peuvent être exercés qu'à titre accessoire.

Les conditions du présent article sont, à l'exception du quatrième alinéa, applicables aux personnes morales inscrites. – *[L. nº 85-99 du 25 janv. 1985, art. 4.]*

V. note 1 ss. art. L. 813-1.

SECTION II DE LA SURVEILLANCE, DE L'INSPECTION ET DE LA DISCIPLINE

SOUS-SECTION 1 DE LA SURVEILLANCE ET DE L'INSPECTION

Art. L. 811-11 *(L. nº 2003-7 du 3 janv. 2003, art. 9)* Les administrateurs judiciaires sont placés sous la surveillance du ministère public. Ils sont soumis, dans leur activité professionnelle, à des inspections confiées à l'autorité publique et à l'occasion desquelles ils sont tenus de fournir tous renseignements ou documents utiles sans pouvoir opposer le secret professionnel.

L'organisation et les modalités de ces inspections sont déterminées par décret en Conseil d'État. *— V. art. R. 811-40 s.*

Dans le cadre du contrôle dont est chargé le conseil national mentionné à l'article L. 814-2, les administrateurs judiciaires sont tenus, sans pouvoir opposer le secret professionnel, de déférer aux demandes des personnes chargées du contrôle tendant à la communication de tous renseignements ou documents utiles.

Le commissaire aux comptes de l'administrateur judiciaire soumis à un contrôle ou à une inspection est tenu, sans pouvoir opposer le secret professionnel, de déférer aux demandes des personnes chargées du contrôle ou de l'inspection tendant à la communication de tout renseignement recueilli ou de tout document établi dans le cadre de l'exécution de sa mission.

(L. nº 2005-845 du 26 juill. 2005, art. 155) « La Caisse des dépôts et consignations est tenue, sans pouvoir opposer le secret professionnel, de déférer aux demandes des personnes chargées de l'inspection ainsi qu'à celles du conseil national mentionné à l'article L. 814-2 pour l'exercice du contrôle dont il est chargé, tendant à la communication de tout renseignement ou document utiles à la connaissance des mouvements de fonds intervenus sur les comptes ouverts dans ses livres au nom de chaque administrateur judiciaire et de sommes qui y sont déposées au titre des mandats sur lesquels porte l'inspection ou le contrôle. » *— Cet al. est applicable aux procédures et situations en cours dès la publication de la L. nº 2005-845 du 26 juill. 2005 (L. préc., art. 190, JO 27 juill.).*

(L. nº 2011-331 du 28 mars 2011, art. 20-3º, en vigueur le 1er déc. 2011) « Les administrateurs judiciaires établissent, au terme de chaque exercice, une situation financière qu'ils communiquent au Conseil national des administrateurs judiciaires et des mandataires judiciaires, au plus tard dans les six mois de la clôture de l'exercice. Le contenu de cette situation financière, défini par décret, est adapté selon que l'administrateur tient une comptabilité d'encaissement ou d'engagement. » *— V. art. D. 811-40-1 et D. 814-3-1.*

V. note 1 ss. art. L. 812-9.

Art. L. 811-11-1 *(Ord. nº 2005-1126 du 8 sept. 2005, art. 2)* Les administrateurs judiciaires sont tenus de désigner un commissaire aux comptes qui assure le contrôle de leur comptabilité spéciale et exerce, à ce titre, une mission permanente de contrôle de l'ensemble des fonds, effets, titres et autres valeurs appartenant à autrui, dont les administrateurs judiciaires sont seuls détenteurs en vertu d'un mandat reçu dans l'exercice de leurs fonctions.

Ce contrôle porte également sur les comptes bancaires ou postaux ouverts pour les besoins de l'activité au nom des débiteurs faisant l'objet de l'une des procédures prévues au titre II du livre VI et qui fonctionnent sous la seule signature de l'administrateur ou de ses délégués dûment habilités.

Les commissaires aux comptes peuvent en outre, aux fins de contrôle, avoir accès à la comptabilité générale de l'étude, aux procédures confiées à l'administrateur et se faire communiquer par lui ou par les tiers détenteurs des fonds, nonobstant toute disposition contraire, tous renseignements utiles à leur mission de contrôle.

Art. L. 811-11-2 *(Ord. nº 2005-1126 du 8 sept. 2005, art. 2)* Les commissaires aux comptes informent, dans des conditions fixées par décret en Conseil d'État, les autorités auxquelles sont confiées la surveillance, les inspections et le contrôle des administrateurs judiciaires, des résultats de leur mission et signalent les anomalies ou irrégularités dont ils ont connaissance au cours de l'exécution de leur mission.

Art. L. 811-11-3 *(Ord. nº 2008-1345 du 18 déc. 2008, art. 162)* Le commissaire aux comptes du débiteur soumis à une procédure de sauvegarde, de redressement judiciaire ou de liquidation judiciaire ne peut opposer le secret professionnel aux demandes du commissaire aux comptes de l'administrateur judiciaire tendant à la communication de tous renseignements ou documents relatifs au fonctionnement, à compter de la désignation de cet administrateur, des comptes bancaires ou postaux ouverts au nom du débiteur.

L'Ord. nº 2008-1345 du 18 déc. 2008 entre en vigueur le 15 févr. 2009 (art. 173).

SOUS-SECTION 2 DE LA DISCIPLINE

Art. L. 811-12 A *(L. nº 2003-7 du 3 janv. 2003, art. 10)* Toute contravention aux lois et règlements, toute infraction aux règles professionnelles, tout manquement à la probité ou à l'honneur, même se rapportant à des faits commis en dehors de l'exercice professionnel, expose l'administrateur judiciaire qui en est l'auteur à des poursuites disciplinaires.

Art. L. 811-12 *(L. nº 2003-7 du 3 janv. 2003, art. 11)* « L'action disciplinaire est engagée par le garde des sceaux, ministre de la justice, le procureur général près la cour d'appel dans le ressort de laquelle ont été commis les faits, le commissaire du Gouvernement ou le président du Conseil national des administrateurs judiciaires et des mandataires judiciaires. L'acceptation de la démission d'une personne inscrite sur la liste des administrateurs judiciaires ne fait pas obstacle aux poursuites disciplinaires si les faits qui lui sont reprochés ont été commis pendant l'exercice de ses fonctions. »

La Commission nationale d'inscription siège comme chambre de discipline. Le commissaire du Gouvernement y exerce les fonctions du ministère public. Elle peut prononcer les peines disciplinaires suivantes :

1º L'avertissement ;

2º Le blâme ;

3º L'interdiction temporaire pour une durée n'excédant pas *(L. nº 2003-7 du 3 janv. 2003, art. 11)* « trois ans » ;

4º La radiation de la liste des administrateurs judiciaires.

II. – L'avertissement et le blâme peuvent être accompagnés, pendant un délai d'un an, de mesures de contrôle soumettant l'administrateur judiciaire à des obligations particulières déterminées par la commission. Ces obligations peuvent également être prescrites par la commission lorsque l'administrateur judiciaire interdit temporairement reprend ses fonctions.

III. – *(L. nº 2003-7 du 3 janv. 2003, art. 11)* « Lorsqu'elle prononce une peine disciplinaire, la commission peut décider, eu égard à la gravité des faits commis, de mettre à la charge de l'administrateur judiciaire tout ou partie des frais occasionnés par la présence d'un commissaire aux comptes ou d'un expert lors des contrôles ou des inspections ayant permis la constatation de ces faits. » – *[L. nº 85-99 du 25 janv. 1985, art. 13.]*

1. Recours. Est recevable le recours formé contre une décision de la Commission nationale d'inscription et de discipline, par le commissaire du Gouvernement auprès de cette commission, devant laquelle il occupe, aux termes de l'art. 13 [C. com., art. L. 811-12], les fonctions du ministère public, dans la plénitude des pouvoirs qu'il tire de la mission de surveillance qui lui a été confiée par la loi. • Civ. 1re, 26 nov. 1991 : *D. 1992. IR 12 ; Gaz. Pal. 1992. 2. 443, note Delafaye.*

2. V. note 2 ss. art. L. 812-9.

Art. L. 811-13 Tout administrateur judiciaire qui fait l'objet d'une poursuite pénale ou disciplinaire peut être suspendu provisoirement de l'exercice de ses fonctions par *(L. nº 2004-130 du 11 févr. 2004, art. 69)* « le tribunal de grande instance du lieu où il est établi ».

En cas d'urgence, la suspension provisoire peut être prononcée même avant l'exercice des poursuites pénales ou disciplinaires si des inspections ou vérifications ont laissé apparaître des risques pour les sommes perçues par l'administrateur judiciaire, à raison de ses fonctions.

(L. nº 2004-130 du 11 févr. 2004, art. 69) « Le tribunal » peut, à tout moment, à la requête soit du commissaire du Gouvernement, soit de l'administrateur judiciaire, mettre fin à la suspension provisoire.

La suspension cesse de plein droit dès que les actions pénales ou disciplinaires sont éteintes. Elle cesse également de plein droit, dans le cas prévu au deuxième alinéa, si, à l'expiration d'un délai d'un mois à compter de son prononcé, aucune poursuite pénale ou disciplinaire n'a été engagée. — *[L. nº 85-99 du 25 janv. 1985, art. 14.] — V. art. R. 811-50. — V. aussi art. R. 814-92.*

Sont applicables dans les îles Wallis-et-Futuna les modifications apportées à l'art. L. 811-13 par la L. nº 2004-130 du 11 févr. 2004 (Ord. nº 2006-639 du 1er juin 2006, art. 7-II).

Art. L. 811-14 L'action disciplinaire se prescrit par dix ans *(L. nº 2011-331 du 28 mars 2011, art. 20-5º)* « à compter de la commission des faits ou, lorsque les faits se rapportent à l'exercice professionnel, à compter de l'achèvement de la mission à l'occasion de laquelle ils ont été commis.

« Si l'administrateur judiciaire est l'auteur de faits ayant donné lieu à une condamnation pénale, l'action se prescrit par deux ans à compter de la date à laquelle cette condamnation est devenue définitive. » — *[L. nº 85-99 du 25 janv. 1985, art. 16.]*

L'art. 20-5º de la L. nº 2011-331 du 28 mars 2011 est applicable aux actions disciplinaires introduites à compter de la publication de cette loi [JO 29 mars] et aux manquements pour lesquels la prescription n'est pas encore acquise lors de cette publication. Il est applicable dans les îles Wallis-et-Futuna (L. préc., art. 36-I et 37, al. 4).

Sur le point de départ de la prescription, V. • Com. 30 oct. 2007 : *Bull. civ. IV, nº 228 ; D. 2007. AJ 2879, obs. Lienhard ; Act. proc. coll. 2007, nº 227, obs. Regnaut-Moutier ; Gaz. Pal. 23-24 janv. 2008, p. 40, obs. Gorrias.*

Art. L. 811-15 L'administrateur judiciaire interdit, radié ou suspendu doit s'abstenir de tout acte professionnel.

Les actes accomplis au mépris de cette prohibition peuvent être déclarés nuls, à la requête de tout intéressé ou du ministère public, par le tribunal statuant en chambre du conseil. La décision est exécutoire à l'égard de toute personne.

Toute infraction aux dispositions qui précèdent est punie des peines encourues pour le délit d'usurpation de titre prévu par l'article 433-17 du code pénal. — *[L. nº 85-99 du 25 janv. 1985, art. 17.]*

Art. L. 811-16 Nul ne peut faire état du titre d'administrateur judiciaire, en dehors de la mission qui lui a été confiée, en vertu du deuxième alinéa de l'article L. 811-2 *(L. nº 2003-7 du 3 janv. 2003, art. 12)* « ou du second alinéa de l'article L. 811-8, » s'il n'est inscrit sur la liste des administrateurs judiciaires.

Toute infraction à cette disposition est punie des peines encourues pour le délit d'usurpation de titre prévu par l'article 433-17 du code pénal.

Est puni des mêmes peines celui qui aura fait usage d'une dénomination présentant une ressemblance de nature à causer une méprise dans l'esprit du public avec le titre d'administrateur judiciaire. — *[L. nº 85-99 du 25 janv. 1985, art. 18.]*

CHAPITRE II DES MANDATAIRES JUDICIAIRES *(L. nº 2005-845 du 26 juill. 2005, art. 165-V).*

Dans tous les textes législatifs et réglementaires, les références faites au « mandataire judiciaire au redressement et à la liquidation des entreprises » sont remplacées par des références au « mandataire judiciaire » (L. nº 2005-845 du 26 juill. 2005, art. 165-V, entrant en vigueur le 1er janv. 2006).

BIBL. GÉN. ▶ BRUNET, *Rev. proc. coll. 1986, nº 3, p. 35.* – DUREUIL, *ibid. 1986, nº 2, p. 11.*

SECTION PREMIÈRE DES MISSIONS, DES CONDITIONS D'ACCÈS ET D'EXERCICE ET DES INCOMPATIBILITÉS

SOUS-SECTION 1 DES MISSIONS

Art. L. 812-1 **Les mandataires judiciaires sont les mandataires** *(L. nº 2003-7 du 3 janv. 2003, art. 14)* **« , personnes physiques ou morales, » chargés par décision de justice de représenter les créanciers et de procéder** *(Abrogé par L. nº 2004-130 du 11 févr. 2004, art. 69)* **«** ***éventuellement*** **» à la liquidation d'une entreprise dans les conditions définies par le titre II du livre VI.** – *[L. nº 85-99 du 25 janv. 1985, art. 19.]*

(L. nº 2003-7 du 3 janv. 2003, art. 14) **« Les tâches que comporte l'exécution de leur mandat leur incombent personnellement. Ils peuvent toutefois, lorsque le bon déroulement de la procédure le requiert et sur autorisation motivée du président du tribunal, confier sous leur responsabilité à des tiers une partie de ces tâches.**

« Lorsque les mandataires judiciaires confient à des tiers des tâches qui relèvent de la mission que leur a confiée le tribunal, ils les rétribuent sur la rémunération qu'ils perçoivent *(Abrogé, à compter du 15 févr. 2009, par Ord. nº 2008-1345 du 18 déc. 2008, art. 160)* **«** ***en application du décret prévu à l'article*** **»** *(L. nº 2005-845 du 26 juill. 2005, art. 158-V)* **«** ***L. 663-2*** **».**

Les dispositions de la L. nº 2003-7 du 3 janv. 2003 sont applicables à Mayotte (texte préc., art. 48, JO 4 janv.).

1. Choix du liquidateur. La victime d'un dommage subi en raison de sa qualité de collaborateur du service public peut, même en l'absence de faute, en demander réparation à l'État, dès lors que son préjudice est anormal, spécial et d'une certaine gravité. • Civ. 1re, 30 janv. 1996 : *Bull. civ. I, nº 51 ; D. 1997. 83, note Legrand ; JCP 1996. II. 22608, rapp. Sargos ; Rev. proc. coll. 1996. 337, obs. Soinne ; Gaz. Pal. 1997. 1. 256, concl. Sainte-Rose* (cassant l'arrêt qui avait jugé qu'en l'absence de toute disposition légale ou réglementaire fixant les modalités selon lesquelles les affaires sont réparties entre tous les mandataires-liquidateurs inscrits, le juge désigne librement le mandataire de son choix sur les listes établies près les cours d'appel ; qu'un mandataire ne peut invoquer un abus de droit dès lors qu'il ne rapporte pas la preuve d'un refus délibéré de le nommer révélateur d'une intention de nuire, ni que les missions confiées à ses confrères l'ont été pour des motifs autres que l'intérêt des parties et celui d'une bonne administration de la justice : • Paris, 20 sept. 1991 : *D. 1992. Somm. 283, obs. Honorat)*. ♦ V. l'arrêt rendu sur renvoi : • Paris, 3 déc. 1997 : *D. Affaires 1998. 160, obs. A.L.* ♦ Dans la même affaire, V. note ss. art. L. 814-3. – Comp. : • Civ. 2e, 14 déc. 1992 : *Bull. civ. II, nº 314 ; D. 1993. Somm. 192, obs. Honorat* • Com. 12 avr. 2005 : *cité par Soinne, Rev. proc. coll. 2005. 111* • Civ. 1re, 14 févr. 2006 : *Bull. civ. I, nº 72 ; D. 2006. AJ 1042, obs. Lienhard*. – V. Soinne, *Rev. proc. coll. 2006. 240.* ♦ Les mandataires judiciaires n'ayant aucun droit acquis à leur désignation par une juridiction, le préjudice lié à l'absence de mandat, lorsque celle-ci engage la responsabilité de l'État, doit être mesuré à la chance perdue et ne peut être égal à l'avantage qu'aurait procuré cette chance si elle s'était réalisée (cassation de l'arrêt qui avait fixé le montant du préjudice par référence aux bénéfices réalisés par l'activité de mandataire liquidateur de l'intéressé antérieure à la cessation de sa désignation). • Civ. 1re, 26 sept. 2007 : *Bull. civ. I, n° 305 ; D. 2007. AJ 2539, obs. Lienhard ; Gaz. Pal. 23-24 janv. 2008, p. 39, obs. Gorrias.* ♦ Sur la qualité de collaborateur du service public des mandataires de justice, V. Lemaire, *Rev. proc. coll. 1999. 10.* ♦ V. aussi note 12 ss. art. L. 621-4.

V. aussi, précisant que la désignation des mandataires de justice relève du pouvoir souverain des cours et tribunaux compétents dont les juges ne peuvent voir leur responsabilité engagée à raison de leur choix en ce domaine (Rép. min. n° 39326 : *JOAN Q, 29 juill. 1996, p. 4180*).

2. Tâches confiées à des tiers. En donnant à un avocat la mission de le représenter en justice, ès qualités, un mandataire judiciaire ne confie pas à un tiers une partie des tâches que comporte l'exécution de son mandat et qui lui incombent personnellement au sens de l'art. L. 812-1, al. 2. • Cass., avis, 27 févr. 2006 : *Bull. civ. n° 1 ; D. 2006. AJ 860, obs. Lienhard ; JCP E 2006, n° 37, p. 1531, obs. Pétel ; Rev. proc. coll. 2006. 273, obs. Staes.* ♦ L'avocat mandaté par le mandataire judiciaire aux fins de le représenter en justice, ès qualités, n'effectue pas au profit de l'entreprise une tâche technique non comprise dans la mission confiée au mandataire judiciaire de sorte que les art. L. 814-6 C. com. [abrogé] et 31 du Décr. n° 85-1390 du 27 déc. 1985 ne sont pas davantage applicables à sa désignation. • Même avis.

3. Diffamation envers un mandataire judiciaire. V. note 2 ss. art. L. 811-1.

SOUS-SECTION 2 DES CONDITIONS D'ACCÈS À LA PROFESSION

Art. L. 812-2 I. — Nul ne peut être désigné en justice pour exercer les fonctions de mandataire judiciaire *(Abrogé par L. n° 2004-130 du 11 févr. 2004, art. 69)* « , *dans une procédure de redressement judiciaire,* » s'il n'est inscrit sur la liste établie à cet effet par une commission *(L. n° 2003-7 du 3 janv. 2003, art. 15)* « nationale ».

(L. n° 2003-7 du 3 janv. 2003, art. 15) « II. — Toutefois, *(Abrogé par Ord. n° 2008-1345 du 18 déc. 2008, art. 160)* « *à titre exceptionnel,* » le tribunal peut, *(Abrogé par Ord. n° 2008-1345 du 18 déc. 2008, art. 160)* « *par décision spécialement motivée et* » après avis du procureur de la République, désigner comme mandataire judiciaire une personne physique justifiant d'une expérience ou d'une qualification particulière au regard de la nature de l'affaire et remplissant les conditions définies aux 1° à 4° de l'article L. 812-3. *(Ord. n° 2008-1345 du 18 déc. 2008, art. 161-II)* « Il motive spécialement sa décision au regard de cette expérience ou de cette qualification particulière. » — *L'Ord. n° 2008-1345 du 18 déc. 2008 entre en vigueur le 15 févr. 2009 (Ord. préc., art. 173).*

« Les personnes visées à l'alinéa précédent ne doivent pas, au cours des cinq années précédentes, avoir perçu à quelque titre que ce soit, directement ou indirectement, une rétribution ou un paiement de la part de la personne physique ou morale faisant l'objet d'une mesure de redressement ou de liquidation judiciaires, d'une personne qui détient le contrôle de cette personne morale ou de l'une des *sociétés contrôlées par elle au sens* des II et III de l'article L. 233-16, ni s'être trouvées en situation de conseil de la personne physique ou morale concernée ou de subordination par rapport à elle. Elles doivent, en outre, n'avoir aucun intérêt dans le mandat qui leur est donné et n'être pas au nombre des anciens administrateurs ou mandataires judiciaires ayant fait l'objet d'une décision de radiation ou de retrait des listes en application des articles L. 811-6, L. 811-12, L. 812-4 et L. 812-9. Elles sont tenues d'exécuter les mandats qui leur sont confiés en se conformant, dans l'accomplissement de leurs diligences professionnelles, aux mêmes obligations que celles qui s'imposent aux mandataires judiciaires inscrits sur la liste. Elles ne peuvent exercer les fonctions de mandataire judiciaire à titre habituel.

« Les personnes désignées en application du premier alinéa du présent II doivent, lors de l'acceptation de leur mandat, attester sur l'honneur qu'elles remplissent les conditions fixées aux 1° à 4° de l'article L. 812-3, qu'elles se conforment aux obligations énumérées à l'alinéa précédent et qu'elles ne font pas l'objet d'une interdiction d'exercice en application de l'avant-dernier alinéa de l'article L. 814-10.

« III. – Lorsque le tribunal nomme une personne morale, il désigne en son sein une ou plusieurs personnes physiques pour la représenter dans l'accomplissement du mandat qui lui est confié. » – *[L. n° 85-99 du 25 janv. 1985, art. 20.]*

Les mandataires judiciaires inscrits sur les listes régionales à la date de promulgation de la L. n° 2003-7 du 3 janv. 2003 sont inscrits d'office sur la liste nationale des mandataires judiciaires (L. préc., art. 39-II, JO 4 janv.).

Le mandat des membres de la commission nationale prévue à l'art. L. 812-2, en fonction à la date d'entrée en vigueur du Décr. n° 2011-1660 du 29 nov. 2011 [1er déc. 2011], prend fin à cette date (Décr. préc., art. 9).

Art. L. 812-2-1 *(L. n° 2003-7 du 3 janv. 2003, art. 16)* La liste mentionnée à l'article L. 812-2 est divisée en sections correspondant au ressort de chaque cour d'appel.

Art. L. 812-2-2 *(L. n° 2003-7 du 3 janv. 2003, art. 16)* La commission nationale prévue à l'article L. 812-2 est composée ainsi qu'il suit :

– un conseiller à la Cour de cassation, président, désigné par le premier président de la Cour de cassation ;

– un magistrat de la Cour des comptes, désigné par le premier président de la Cour des comptes ;

– un membre de l'inspection générale des finances, désigné par le ministre chargé de l'économie et des finances ;

– un magistrat du siège d'une cour d'appel, désigné par le premier président de la Cour de cassation ;

– un membre d'une juridiction commerciale du premier degré, désigné par le premier président de la Cour de cassation ;

(L. n° 2011-331 du 28 mars 2011, art. 20-2°, en vigueur le 1er déc. 2011) « – deux professeurs ou maîtres de conférences de droit, de sciences économiques ou de gestion, désignés par le ministre chargé des universités ; »

– un représentant du Conseil d'État, désigné par le vice-président du Conseil d'État ;

– deux personnes qualifiées en matière économique ou sociale, désignées par le garde des sceaux, ministre de la justice.

(L. n° 2011-331 du 28 mars 2011, art. 20-2°, en vigueur le 1er déc. 2011) « Lorsqu'elle est saisie en application de l'article L. 812-4 ou siège comme chambre de discipline, la commission comprend en outre trois mandataires judiciaires inscrits sur la liste, élus par leurs pairs dans des conditions déterminées par décret en Conseil d'État. »

En cas d'égalité des voix, celle du président est prépondérante.

Le président et les membres de la commission ainsi que leurs suppléants, en nombre égal et choisis dans les mêmes catégories, sont désignés pour un mandat de trois ans renouvelable une fois.

Un magistrat du parquet et son suppléant sont désignés pour exercer les fonctions de commissaire du Gouvernement auprès de la commission nationale et assurer notamment l'instruction des demandes d'inscription.

Les frais de fonctionnement de la commission sont à la charge de l'État.

Les mandats des membres de la commission mentionnée à l'art. L. 812-2-2 C. com. en cours à la date de publication de la L. n° 2011-331 du 28 mars 2011 sont, en tant que de besoin, prorogés jusqu'à sa date d'entrée en vigueur [1er déc. 2011] (L. préc., art. 37, al. 3, JO 29 mars).

Art. L. 812-3 *(L. n° 2003-7 du 3 janv. 2003, art. 17)* « Nul ne peut être inscrit sur la liste par la commission s'il ne remplit les conditions suivantes :

« 1° Être français ou ressortissant d'un État membre de la Communauté européenne ou d'un État partie à l'accord sur l'Espace économique européen ;

« 2° N'avoir pas été l'auteur de faits contraires à l'honneur ou à la probité ayant donné lieu à une condamnation pénale ;

« 3° N'avoir pas été l'auteur de faits de même nature ayant donné lieu à une sanction disciplinaire ou administrative de destitution, de radiation, de révocation, de retrait d'agrément ou de retrait d'autorisation ;

« 4° N'avoir pas été frappé de faillite personnelle ou d'une des mesures d'interdiction ou de déchéance prévues au chapitre V du titre II du livre VI du présent code, au titre VI de la loi n° 85-98 du 25 janvier 1985 précitée ou, dans le régime antérieur à cette loi, au titre II de la loi n° 67-563 du 13 juillet 1967 précitée ;

« 5° Avoir subi avec succès l'examen d'accès au stage professionnel, accompli ce stage et subi avec succès l'examen d'aptitude aux fonctions de mandataire judiciaire.

« Ne peuvent être admises à se présenter à l'examen d'accès au stage professionnel que les personnes titulaires des titres ou diplômes déterminés par décret.

« Par dérogation aux dispositions qui précèdent, les personnes remplissant des conditions de compétence et d'expérience professionnelle fixées par décret en Conseil d'État sont dispensées de l'examen d'accès au stage professionnel. La commission peut, en outre, dispenser ces personnes, dans des conditions fixées par décret en Conseil d'État, d'une partie du stage professionnel et de tout ou partie de l'examen d'aptitude aux fonctions de mandataire judiciaire. – *V. art. R. 812-4 s.*

« Les personnes morales inscrites ne peuvent exercer les fonctions de mandataire judiciaire que par l'intermédiaire d'un de leurs membres lui-même inscrit sur la liste. »

Sont dispensées des conditions de diplôme, de stage et d'examen professionnel prévues aux *(L. n° 2003-7 du 3 janv. 2003, art. 17)* « sixième et septième » alinéas les personnes qui justifient avoir acquis, dans un État membre des communautés européennes autre que la France ou un autre État partie à l'accord sur l'Espace économique européen, une qualification suffisante pour l'exercice de la profession de mandataire judiciaire, sous réserve d'avoir subi, dans des conditions fixées par décret en Conseil d'État, un examen de contrôle des connaissances. La liste des candidats admis à se présenter à l'examen est arrêtée par la commission *(Abrogé par L. n° 2003-7 du 3 janv. 2003, art. 17)* ***« instituée au siège de la cour d'appel de Paris. Le candidat qui a subi avec succès les épreuves de l'examen peut solliciter son inscription sur la liste établie par la commission instituée au siège de la cour d'appel dans le ressort de laquelle il envisage d'établir son domicile professionnel »***. – *[L. n° 85-99 du 25 janv. 1985, art. 21.] – V. art. R. 812-15 s.*

Les dispositions de l'art. L. 812-3, en tant qu'elles instituent un examen d'accès au stage professionnel, ne sont applicables qu'aux personnes qui, à la date de promulgation de la L. n° 2003-7 du 3 janv. 2003, ne sont pas encore inscrites sur le registre de stage (texte préc., art. 39-I, JO 4 janv.).

Sur la dispense de stage dont peuvent bénéficier les greffiers de tribunal de commerce dont l'office est supprimé par suite d'une nouvelle délimitation de circonscriptions judiciaires, V. Décr. n° 99-1017 du 1er déc. 1999 (JO 7 déc).

Sur l'accès à la profession de mandataire judiciaire des avoués près les cours d'appel qui renoncent à faire partie de la profession d'avocat et des personnes ayant travaillé en qualité de collaborateur d'avoué, V. L. n° 2011-94 du 25 janv. 2011, art. 21 (JO 26 janv.) et Décr. n° 2011-451 du 22 avr. 2011 (JO 24 avr.).

Recours. Sur l'irrecevabilité de l'appel élevé par un groupement professionnel en l'absence d'atteinte à l'intérêt collectif de la profession : V. • Amiens, 15 nov. 1990 : *JCP E 1991, Bloc-notes, 17 janv. 1991.*

• SOUS-SECTION 3 DES CONDITIONS D'EXERCICE

Art. L. 812-4 *(L. nº 2003-7 du 3 janv. 2003, art. 18)* « La commission nationale, de sa propre initiative ou saisie sur requête du garde des sceaux, ministre de la justice, du président du Conseil national des administrateurs judiciaires et des mandataires judiciaires, du commissaire du Gouvernement ou du procureur de la République du ressort de la juridiction dans lequel est établi le mandataire judiciaire, peut, par décision motivée et après avoir mis l'intéressé en demeure de présenter ses observations, retirer de la liste mentionnée à l'article L. 812-2 le mandataire judiciaire qui, en raison de son état physique ou mental, est empêché d'assurer l'exercice normal de ses fonctions ou le mandataire judiciaire qui a révélé son inaptitude à assurer l'exercice normal de ses fonctions. »

Le retrait de la liste ne fait pas obstacle à l'exercice de poursuites disciplinaires contre le mandataire judiciaire si les faits qui lui sont reprochés ont été commis pendant l'exercice de ses fonctions. – *[L. nº 85-99 du 25 janv. 1985, art. 22.]*

Art. L. 812-5 Les mandataires judiciaires peuvent constituer entre eux, pour l'exercice en commun de leur profession, des sociétés civiles professionnelles régies par la loi nº 66-879 du 29 novembre 1966 précitée. Ils peuvent également exercer leur profession sous forme de sociétés d'exercice libéral telles que prévues par la loi nº 90-1258 du 31 décembre 1990 relative à l'exercice sous forme de sociétés des professions libérales soumises à un statut législatif ou réglementaire ou dont le titre est protégé. Ils peuvent aussi être membres d'un groupement d'intérêt économique ou d'un groupement européen d'intérêt économique ou associés d'une société en participation régie par le titre II de la loi nº 90-1258 du 31 décembre 1990 relative à l'exercice sous forme de sociétés des professions libérales soumises à un statut législatif ou réglementaire ou dont le titre est protégé. – *[L. nº 85-99 du 25 janv. 1985, art. 23.] – V. art. R. 812-18. – Sur l'entrée en vigueur des dispositions relatives à l'exercice de la profession sous forme de sociétés d'exercice libéral, de groupements d'intérêt économique ou groupements européens d'intérêt économique, ou de sociétés en participation, V. L. nº 90-1259 du 31 déc. 1990, art. 67. – V. L. du 29 nov. 1966 et L. nº 90-1258 du 31 déc. 1990. –* ***C. sociétés.*** *– Sur les sociétés civiles professionnelles, V. art. R. 814-59 s. et R. 814-109 s. ; ... Les sociétés d'exercice libéral, V. art. R. 814-59 s. et R. 814-145 s.*

Art. L. 812-6 *(L. nº 2003-7 du 3 janv. 2003, art. 19)* Les dossiers suivis par le mandataire judiciaire qui quitte ses fonctions, pour quelque motif que ce soit, sont répartis par la juridiction entre les autres mandataires dans un délai de trois mois à compter de la cessation de fonctions.

Toutefois, dans l'intérêt d'une bonne administration de la justice, la juridiction peut autoriser l'ancien mandataire à poursuivre le traitement d'un ou de plusieurs dossiers en cours, sauf si une radiation est la cause de l'abandon de ses fonctions. Ce mandataire demeure soumis aux dispositions des articles L. 812-8 à L. 812-10, L. 814-1 et L. 814-5.

Art. L. 812-7 *(L. nº 2003-7 du 3 janv. 2003, art. 20)* Les personnes inscrites sur la liste ont vocation à exercer leurs fonctions sur l'ensemble du territoire.

• SOUS-SECTION 4 DES INCOMPATIBILITÉS

Art. L. 812-8 *(L. nº 2003-7 du 3 janv. 2003, art. 21)* La qualité de mandataire judiciaire inscrit sur la liste est incompatible avec l'exercice de toute autre profession.

Elle est, par ailleurs, incompatible avec :

1° Toutes les activités à caractère commercial, qu'elles soient exercées directement ou par personne interposée ;

2° La qualité d'associé dans une société en nom collectif, d'associé commandité dans une société en commandite simple ou par actions, de gérant d'une société à responsabilité limitée, de président du conseil d'administration, membre du directoire, directeur général ou directeur général délégué d'une société anonyme, de président ou de dirigeant d'une société par actions simplifiée, de membre du conseil de surveillance ou d'administrateur d'une société commerciale, de gérant d'une société civile, à moins que ces sociétés n'aient pour objet l'exercice de la profession de mandataire judiciaire ou l'acquisition de locaux pour cet exercice. Un mandataire peut en outre exercer les fonctions de gérant d'une société civile dont l'objet exclusif est la gestion d'intérêts à caractère familial.

La qualité de mandataire judiciaire inscrit sur la liste ne fait pas obstacle à l'exercice d'une activité de consultation dans les matières relevant de la qualification de l'intéressé, ni à l'accomplissement des mandats de mandataire *ad hoc* et de conciliateur prévus *(L. n° 2005-845 du 26 juill. 2005, art. 164-II)* **« aux articles L. 611-3 et L. 611-6 » du présent code et par l'article L. 351-4 du code rural et de la pêche maritime, de commissaire à l'exécution du plan ou de liquidateur amiable des biens d'une personne physique ou morale, d'expert judiciaire et de séquestre judiciaire. Cette activité et ces mandats, à l'exception des mandats de mandataire *ad hoc*, de conciliateur et de commissaire à l'exécution du plan, ne peuvent être exercés qu'à titre accessoire. La même personne ne peut exercer successivement les fonctions de conciliateur puis de mandataire judiciaire avant l'expiration d'un délai d'un an lorsqu'il s'agit d'une même entreprise.**

Les conditions du présent article sont, à l'exception du quatrième alinéa, applicables aux personnes morales inscrites.

SECTION II DE LA SURVEILLANCE, DE L'INSPECTION ET DE LA DISCIPLINE

Art. L. 812-9 Les dispositions relatives à la surveillance, à l'inspection et à la discipline des administrateurs judiciaires prévues par les articles L. 811-11 à L. 811-15 sont applicables aux mandataires judiciaires.

La commission *(L. n° 2003-7 du 3 janv. 2003, art. 13-II)* **« nationale » d'inscription siège comme chambre de discipline. Le commissaire du Gouvernement y exerce les fonctions du ministère public.** — *[L. n° 85-99 du 25 janv. 1985, art. 28.]*

1. Les art. 12 et 28 [C. com., art. L. 811-11 et L. 812-9] ne sauraient concerner les relations entre le mandataire-liquidateur et la juridiction qui l'a commis. • Crim. 28 févr. 1993 : *Rev. proc. coll. 1993. 587, obs. Soinne.*

2. L'administrateur et le représentant des créanciers peuvent être nommés commissaire à l'exécution du plan et répondent des manquements commis dans l'exécution de cette mission dans les conditions prévues par les art. 13 et 28, devenus les art. L. 811-12 et L. 812-9 C. com. • Com. 8 juill. 2003 : *Bull. civ. IV, n° 125 ; D. 2003. AJ 2175 ; RTD com. 2003. 812, obs. Saint-Alary-Houin ; Rev. proc. coll. 2004. 56, obs. Soinne.* ♦ Le professionnel désigné commissaire à l'exécution du plan en considération de ses fonctions de représentant des créanciers doit, sur le plan disciplinaire, répondre de ses manquements de mandataire-liquidateur dans l'exécution de sa mission. • Même arrêt.

Art. L. 812-10 *(L. n° 2003-7 du 3 janv. 2003, art. 23)* **« Nul ne peut faire état du titre de mandataire judiciaire, en dehors de la mission qui lui a été confiée en vertu du premier alinéa du II de l'article L. 812-2 et du second alinéa de l'article L. 812-6, s'il n'est inscrit sur la liste des mandataires judiciaires.**

« Toute infraction à cette disposition est punie des peines encourues pour le délit d'usurpation de titre prévu par l'article 433-17 du code pénal. »

Est puni des mêmes peines celui qui aura fait usage d'une dénomination présentant une ressemblance de nature à causer une méprise dans l'esprit du public avec le titre prévu au premier alinéa. – *[L. n° 85-99 du 25 janv. 1985, art. 29.]*

CHAPITRE III DES EXPERTS EN DIAGNOSTIC D'ENTREPRISE

BIBL. GÉN. ▶ GANDUR, *Gaz. Pal. 1985. 2. Doctr. 698.* – OLIVIER, *ibid. 1985. 1. Doctr. 191.*

Art. L. 813-1 **Les experts en diagnostic d'entreprise sont désignés en justice pour établir un rapport sur la situation économique et financière d'une entreprise en cas de règlement amiable ou de redressement judiciaire, ou concourir à l'élaboration d'un tel rapport en cas de redressement judiciaire.**

(L. n° 2003-7 du 3 janv. 2003, art. 24-I) **« Ces experts ne doivent pas, au cours des cinq années précédentes, avoir perçu à quelque titre que ce soit, directement ou indirectement, une rétribution ou un paiement de la part de la personne physique ou morale faisant l'objet d'une mesure d'administration, d'assistance ou de surveillance ou de la part d'une personne qui détient le contrôle de cette personne morale, ni s'être trouvés en situation de subordination par rapport à la personne physique ou morale concernée. Ils doivent, en outre, n'avoir aucun intérêt dans le mandat qui leur est donné.**

« Les experts ainsi désignés doivent attester sur l'honneur, lors de l'acceptation de leur mandat, qu'ils se conforment aux obligations énumérées à l'alinéa précédent. »

Ces experts peuvent être choisis parmi les experts de cette spécialité inscrits sur les listes dressées, pour l'information des juges, en application de l'article 2 de la loi n° 71-498 du 29 juin 1971 relative aux experts judiciaires.

(L. n° 2004-130 du 11 févr. 2004, art. 53-I) **« Chaque cour d'appel procède à l'inscription des experts de cette spécialité selon les dispositions de l'article 2 de la loi n° 71-498 du 29 juin 1971 relative aux experts judiciaires. »** *(Abrogé par L. n° 2011-331 du 28 mars 2011, art. 20-4°, à compter du 1er déc. 2011)* ***« Leur inscription sur la liste nationale des experts judiciaires est faite après avis de la commission nationale créée à l'article L. 812-2 ».*** – *[L. n° 85-99 du 25 janv. 1985, art. 30.] – V. L. n° 71-498 du 29 juin 1971. –* ***C. pr. civ.***

1. Inscription sur la liste. Annulation, pour violation des art. 11 et 30 [C. com., art. L. 811-10 et L. 813-1], de la décision d'une cour d'appel qui refuse l'inscription d'un administrateur judiciaire sur la liste des experts en diagnostic d'entreprise, non pas en raison d'une inopportunité propre à la candidature du demandeur, mais au motif qu'il « est inopportun qu'un administrateur judiciaire exerce également les fonctions d'expert en diagnostic d'entreprise ». • Civ. 1re, 7 juin 1988 : *Bull. civ. I, n° 177 ; D. 1989. Somm. 77, obs. Honorat.*

2. Nature de la mission. V. note 5 ss. art. R. 651-5.

Art. L. 813-2 *(Abrogé par L. n° 2004-130 du 11 févr. 2004, art. 53-I)* ***La radiation de l'expert inscrit sous la rubrique d'expert en diagnostic d'entreprise peut être prononcée avant l'expiration du délai de trois ans dans les conditions prévues au deuxième alinéa de l'article 5 de la loi n° 71-498 du 29 juin 1971 relative aux experts judiciaires, sur demande ou après avis de la commission*** (L. n° 2003-7 du 3 janv. 2003, art. 24-II) ***« nationale ».***

La cour d'appel peut également retirer de la liste, sur demande ou après avis de la commission (L. n° 2003-7 du 3 janv. 2003, art. 24-II) ***« nationale », les experts de cette spé-***

cialité dont les qualités professionnelles se seraient révélées insuffisantes ou qui ne seraient plus en mesure d'exercer normalement leurs activités. — [L. n° 85-99 du 25 janv. 1985, art. 31.]

CHAPITRE IV DISPOSITIONS COMMUNES

SECTION PREMIÈRE DES RECOURS CONTRE LES DÉCISIONS DES COMMISSIONS D'INSCRIPTION ET DE LA REPRÉSENTATION AUPRÈS DES POUVOIRS PUBLICS

SOUS-SECTION 1 DES RECOURS CONTRE LES DÉCISIONS DES COMMISSIONS D'INSCRIPTION

Art. L. 814-1 Les recours contre les décisions prises, tant en matière d'inscription ou de retrait que *(Abrogé par L. n° 2004-130 du 11 févr. 2004, art. 69)* ***« de suspension provisoire ou »*** de discipline, par *(L. n° 2003-7 du 3 janv. 2003, art. 25)* « les commissions nationales » sont portés devant la cour d'appel de Paris. *(Abrogé par L. n° 2003-7 du 3 janv. 2003, art. 25)* ***« Les recours contre les mêmes décisions prises par les commissions régionales sont portés devant la cour d'appel compétente. »***

Ces recours *(Abrogé par L. n° 2004-130 du 11 févr. 2004, art. 69)* ***« , à l'exception de ceux dirigés contre les décisions de suspension provisoire, »*** ont un caractère suspensif. — *[L. n° 85-99 du 25 janv. 1985, art. 32.]*

Sont applicables dans les îles Wallis-et-Futuna les modifications apportées à l'art. L. 814-1 par la L. n° 2004-130 du 11 févr. 2004 (Ord. n° 2006-639 du 1er juin 2006, art. 7-II).

SOUS-SECTION 2 DE LA REPRÉSENTATION DES PROFESSIONS AUPRÈS DES POUVOIRS PUBLICS

Art. L. 814-2 *(L. n° 2003-7 du 3 janv. 2003, art. 26)* Les professions d'administrateur judiciaire et de mandataire judiciaire sont représentées auprès des pouvoirs publics par un Conseil national des administrateurs judiciaires et des mandataires judiciaires, établissement d'utilité publique doté de la personnalité morale, chargé d'assurer la défense des intérêts collectifs de ces professions. *(L. n° 2011-331 du 28 mars 2011, art. 23)* « Le conseil national peut, devant toutes les juridictions, exercer tous les droits réservés à la partie civile relativement aux faits portant un préjudice direct ou indirect à l'intérêt collectif des deux professions. » Il incombe, en outre, au conseil national de veiller au respect de leurs obligations par les mandataires de justice, d'organiser leur formation professionnelle, de s'assurer qu'ils se conforment à leur obligation d'entretien et de perfectionnement des connaissances *(L. n° 2011-331 du 28 mars 2011, art. 20-7°)* « et de contrôler leurs études.

« Au plus tard le 1er janvier 2014, le conseil national met en place, sous sa responsabilité, un portail électronique offrant des services de communication électronique sécurisée en lien avec les activités des deux professions. Ce portail permet, dans des conditions fixées par décret en Conseil d'État, pris après avis de la Commission nationale de l'informatique et des libertés, l'envoi et la réception d'actes de procédure par les administrateurs judiciaires, les mandataires judiciaires et les personnes désignées en application du deuxième alinéa de l'article L. 811-2 ou du premier alinéa du II de l'article L. 812-2.

« Le conseil national rend compte de l'accomplissement de ces missions dans un rapport qu'il adresse chaque année au garde des sceaux, ministre de la justice. »

Les modes d'élection et de fonctionnement du conseil national, qui comprend en nombre égal un collège représentant les administrateurs judiciaires et un collège représentant les mandataires judiciaires, sont fixés par décret en Conseil d'État. – *[L. n° 85-99 du 25 janv. 1985, art. 33.] – V. art. R. 814-5 s.*

Les art. 20-7° et 23 de la L. n° 2011-331 du 28 mars 2011 sont applicables dans les îles Wallis-et-Futuna en tant qu'ils concernent les administrateurs judiciaires (L. préc., art. 36-I).

SECTION II DE LA GARANTIE DE LA REPRÉSENTATION DES FONDS, DE LA RESPONSABILITÉ CIVILE PROFESSIONNELLE ET DE LA RÉMUNÉRATION

SOUS-SECTION 1 DE LA GARANTIE DE LA REPRÉSENTATION DES FONDS ET DE LA RESPONSABILITÉ CIVILE PROFESSIONNELLE

Art. L. 814-3 *(L. n° 2003-7 du 3 janv. 2003, art. 27)* Une caisse dotée de la personnalité civile et gérée par les cotisants a pour objet de garantir le remboursement des fonds, effets ou valeurs reçus ou gérés par chaque administrateur judiciaire et par chaque mandataire judiciaire inscrits sur les listes, à l'occasion des opérations dont ils sont chargés à raison de leurs fonctions. Deux magistrats du parquet sont désignés pour exercer, l'un en qualité de titulaire, l'autre de suppléant, les fonctions de commissaire du Gouvernement auprès de la caisse.

L'adhésion à cette caisse est obligatoire pour chaque administrateur judiciaire et pour chaque mandataire judiciaire inscrits sur les listes.

Les ressources de la caisse sont constituées par le produit d'une cotisation spéciale annuelle payée par chaque administrateur judiciaire et par chaque mandataire judiciaire inscrits sur les listes.

Les cotisations payées par les administrateurs judiciaires et par les mandataires judiciaires sont affectées à la garantie des seuls administrateurs judiciaires et mandataires judiciaires inscrits sur les listes.

Au cas où les ressources de la caisse s'avèrent insuffisantes pour exécuter ses obligations, elle procède à un appel de fonds complémentaire auprès des professionnels inscrits sur les listes.

La garantie de la caisse joue sans que puisse être opposé aux créanciers le bénéfice de discussion prévu à l'article 2298 du code civil et sur la seule justification de l'exigibilité de la créance et de la non-représentation des fonds par l'administrateur judiciaire ou le mandataire judiciaire inscrits sur les listes.

La caisse est tenue de s'assurer contre les risques résultant pour elle de l'application du présent code.

Les recours contre les décisions de la caisse sont portés devant le tribunal de grande instance de Paris. – *[L. n° 85-99 du 25 janv. 1985, art. 34.] – V. art. R. 814-16 s.*

BIBL. ▶ BOLARD, *D. 1988. Chron. 263.* – GUYON, *Rev. proc. coll. 1988. 159.* – PERDRIAU, *JCP E 1989. II. 15547.* – SOINNE, *Rev. proc. coll. 1990. 261.*

1. Adhésion obligatoire. L'adhésion à une caisse de garantie est obligatoire pour les administrateurs judiciaires et les mandataires liquidateurs et chaque adhérent est tenu de payer le montant de la cotisation correspondant aux frais de fonctionnement et missions légales de la caisse, à savoir la garantie de la représentation des fonds et les assurances obligatoires tant de celle-ci que de chaque adhérent pour sa responsabilité civile professionnelle. • Civ. 1re, 30 janv. 1996 : *Bull. civ. I, n° 52 ; D. 1996. IR 62 ; JCP 1996. II. 22613, rapp. Sargos.* – V. aussi, sur renvoi, • Paris, 3 déc. 1997 : *JCP E 1998, n° 4, p. 102.* ♦ Dans la même affaire, V. notes ss. art. L. 812-

1. ♦ Pour un autre arrêt, dans le même sens, V. • Civ. 1re, 10 juin 1997 : *Rev. proc. coll. 1998. 199, obs. Soinne.*

2. Contrôle du juge administratif (jurisprudence antérieure à la loi du 3 janv. 2003). En raison de la mission exercée par la caisse de garantie, du contrôle auquel celle-ci est soumise pour la fixation de la cotisation et des prérogatives de puissance publique dont elle dispose pour imposer une cotisation et en fixer le montant, les décisions par lesquelles elle fixe les principes de calcul de la cotisation annuelle et son montant pour chaque affilié sont des actes administratifs dont la légalité relève de l'appréciation du juge administratif. • CE 29 déc. 1999 : *D. 2000. IR 30.* ♦ Jurisprudence infirmée par l'art. L. 814-3, dans sa réd. issue de la L. n° 2003-7 du 3 janv. 2003, qui donne compétence au tribunal de grande instance de Paris.

3. Cotisation complémentaire. Si l'art. 34 [C. com., art. L. 814-3] a prévu le principe d'une cotisation annuelle, il n'a ni pour objet ni pour effet d'interdire au conseil d'administration de la caisse de garantie de prévoir une cotisation complémentaire lorsque l'appel de cette cotisation est rendu nécessaire par des circonstances particulières. • CE 29 déc. 1999 : *préc. note 2.* – Dans le même sens, V. • Com. 13 mai 2003 : *Bull. civ. IV, n° 80 ; RJDA 2003, n° 1090.* ♦ Le fait de refuser le paiement de la cotisation exceptionnelle constitue une faute disciplinaire. • Com. 13 mai 2003 : *préc.* • Colmar, 19 mars 1998 : *Rev. proc. coll. 2000. 211, obs. Soinne* • Paris, 24 févr. 1999 : *ibid.* ♦ Jurisprudence confirmée par l'art. L. 814-3, al. 5, dans sa réd. issue de la L. n° 2003-7 du 3 janv. 2003. ♦ Si aucune des dispositions de la loi relatives aux cotisations n'interdit au conseil d'administration de la Caisse de garantie d'appeler, lorsque les circonstances le justifient, une cotisation supplémentaire auprès des professionnels qui lui sont obligatoirement affiliés, ces mêmes dispositions font, en revanche, obstacle à ce que cette cotisation soit unilatéralement étendue aux administrateurs et mandataires judiciaires non inscrits sur une liste et autorisés à titre exceptionnel à achever certaines de leurs missions. • CE 10 août 2005 : *JCP E 2005, n° 38, p. 1544, concl. Aguila ; Rev. proc. coll. 2005. 309, concl. Aguila.*

Art. L. 814-4 *(L. n° 2003-7 du 3 janv. 2003, art. 28)* **Il doit être justifié par chaque administrateur judiciaire ainsi que par chaque mandataire judiciaire inscrits sur les listes d'une assurance souscrite par l'intermédiaire de la caisse de garantie. Cette assurance couvre les conséquences pécuniaires de la responsabilité civile encourue par les administrateurs judiciaires et les mandataires judiciaires, du fait de leurs négligences ou de leurs fautes ou de celles de leurs préposés, commises dans l'exercice de leurs mandats.** – *[L. n° 85-99 du 25 janv. 1985, art. 35.] – V. art. R. 814-23 et R. 814-24.*

Art. L. 814-5 *(L. n° 2003-7 du 3 janv. 2003, art. 29)* **L'administrateur judiciaire non inscrit sur la liste nationale, désigné dans les conditions prévues par le deuxième alinéa de l'article L. 811-2, le mandataire judiciaire non inscrit sur la liste nationale, désigné dans les conditions prévues par le premier alinéa du II de l'article L. 812-2, doit justifier, lorsqu'il accepte sa mission, d'une garantie affectée au remboursement des fonds, effets ou valeurs ainsi que d'une assurance souscrite le cas échéant auprès de la caisse de garantie. Cette assurance couvre les conséquences pécuniaires de la responsabilité civile encourue par cet administrateur judiciaire ou ce mandataire judiciaire, du fait de ses négligences ou de ses fautes ou de celles de ses préposés, commises dans l'exercice de son mandat.** – *[L. n° 85-99 du 25 janv. 1985, art. 36.]*

SOUS-SECTION 2 *[ABROGÉE]* DE LA RÉMUNÉRATION

(Abrogée par L. n° 2005-845 du 26 juill. 2005, art. 158-IV)

Art. L. 814-6 et L. 814-7 *Abrogés par L. n° 2005-845 du 26 juill. 2005, art. 158-IV.*

La L. n° 2005-845 du 26 juill. 2005 entre en vigueur le 1er janv. 2006 (texte préc., art. 190). – Sur la rémunération des administrateurs judiciaires et mandataires judiciaires, V. désormais. art. L. 663-2 et L. 663-3.

SECTION III DISPOSITIONS DIVERSES

(L. nº 2003-7 du 3 janv. 2003, art. 30)

Art. L. 814-8 *(L. nº 2003-7 du 3 janv. 2003, art. 31)* **Lorsqu'un administrateur judiciaire ou un mandataire judiciaire inscrit sur les listes et désigné par une juridiction pour accomplir à l'égard d'une entreprise les missions prévues par les dispositions du livre VI est déjà intervenu pour le compte de celle-ci à titre de conseil ou au titre des missions prévues aux avant-derniers alinéas des articles L. 811-10 et L. 812-8, il informe la juridiction de la nature et de l'importance des diligences accomplies au cours des cinq années précédentes.**

Le non-respect des dispositions de l'alinéa précédent est passible de poursuites disciplinaires.

Art. L. 814-9 *(L. nº 2003-7 du 3 janv. 2003, art. 32)* **Les administrateurs judiciaires et les mandataires judiciaires inscrits sur les listes sont tenus de suivre une formation continue leur permettant d'entretenir et de perfectionner leurs connaissances. Cette formation est organisée par le conseil national mentionné à l'article L. 814-2.**

Art. L. 814-10 *(L. nº 2003-7 du 3 janv. 2003, art. 35)* **Les administrateurs judiciaires et les mandataires judiciaires non inscrits sur les listes nationales, désignés dans les conditions prévues au deuxième alinéa de l'article L. 811-2,** *(L. nº 2005-845 du 26 juill. 2005, art. 164-III)* **« ou au premier alinéa du II de l'article L. 812-2 », sont placés sous la surveillance du ministère public et sont soumis, dans leur activité professionnelle, à des inspections de l'autorité publique à l'occasion desquelles ils sont tenus de fournir tous renseignements ou documents utiles sans pouvoir opposer le secret professionnel.**

Les commissaires aux comptes des administrateurs ou mandataires judiciaires non inscrits et qui font l'objet d'une inspection sont tenus, sans pouvoir opposer le secret professionnel, de déférer aux demandes des personnes chargées de l'inspection tendant à la communication de tout renseignement recueilli ou de tout document établi dans le cadre de leur mission.

Le procureur de la République peut, dans le cas où ces mandataires de justice se verraient reprocher d'avoir commis un acte constitutif de la contravention, de l'infraction ou du manquement visés à l'article L. 811-12 A, demander au tribunal de grande instance de leur interdire d'exercer les fonctions d'administrateur ou de mandataire judiciaires.

Les mesures d'interdiction prononcées en application de l'alinéa précédent sont communiquées au garde des sceaux, ministre de la justice, pour être diffusées auprès des procureurs généraux.

Art. L. 814-11 *(L. nº 2003-7 du 3 janv. 2003, art. 36)* **Toute somme détenue par un administrateur judiciaire ou un mandataire judiciaire au titre d'un mandat amiable est versée, dès sa réception, en compte de dépôt à la Caisse des dépôts et consignations, sauf décision expresse du mandant de désigner un autre établissement financier. En cas de retard, l'administrateur judiciaire ou le mandataire judiciaire doit, pour les sommes qu'il n'a pas versées, un intérêt dont le taux est égal au taux de l'intérêt légal majoré de cinq points.**

Art. L. 814-12 *(L. nº 2011-331 du 28 mars 2011, art. 20-6º)* **Tout administrateur judiciaire ou mandataire judiciaire inscrit sur les listes qui, dans l'exercice de ses**

fonctions, acquiert la connaissance d'un crime ou d'un délit est tenu d'en donner avis sans délai au procureur de la République et de transmettre à ce magistrat tous les renseignements, procès-verbaux et actes qui y sont relatifs.

L'art. 20-6° de la L. n° 2011-331 du 28 mars 2011 est applicable dans les îles Wallis-et-Futuna en tant qu'il concerne les administrateurs judiciaires (L. préc., art. 36-I)

Art. L. 814-13 (*L. n° 2011-331 du 28 mars 2011, art. 20-6°*) **Un décret détermine la liste des actes de procédure envoyés ou reçus par les administrateurs judiciaires, les mandataires judiciaires et les personnes désignées en application du deuxième alinéa de l'article L. 811-2 ou du premier alinéa du II de l'article L. 812-2 qui peuvent faire l'objet d'une communication par voie électronique.**

Les administrateurs judiciaires et les mandataires judiciaires procèdent par voie électronique lorsque les tiers destinataires ou émetteurs des actes ont expressément demandé ou consenti à ce qu'il soit procédé selon cette voie. A cette fin, ils utilisent le portail mis à leur disposition par le conseil national en application de l'article L. 814-2. Un décret en Conseil d'État, pris après avis de la Commission nationale de l'informatique et des libertés, fixe les conditions d'application du présent alinéa.

Sur l'application à l'outre-mer de la L. n° 2011-331 du 28 mars 2011, V. note ss. art. L. 814-12.

TITRE DEUXIÈME DES COMMISSAIRES AUX COMPTES

(*L. n° 2001-420 du 15 mai 2001*)

RÉP. SOCIÉTÉS v° *Commissaire aux comptes*, par PORACCHIA, MERLAND et LAMOUREUX.

BIBL. GÉN. ▸ VIDAL, *Dr. sociétés août-sept. 2001, hors série, p. 24* (statut issu de la loi du 15 mai 2001). – CHAMPAUD et DANET, *RTD com. 2002. 101* (même thème). – R. SALOMON, *Dr. sociétés 2002. Chron. 5 et 6* (originalité de la responsabilité disciplinaire des commissaires aux comptes). – GRANIER, *Mélanges Guyon, Dalloz, 2003, p. 457* (commissaire aux comptes dans les sociétés qui font appel public à l'épargne). – F. SALOMON, *Dr. sociétés 2004. Chron. 4 et 5* (les commissaires aux comptes et le droit pénal). – PORACCHIA, *LPA 30 sept. 2004, p. 3* (évolution de la profession de commissaire aux comptes). – BARRIÈRE, *Bull. Joly 2006. 989* (nouvelles dispositions relatives au commissariat aux comptes et incohérences en matière de nullité).

▸ Sur le contrôle légal des comptes après la loi de sécurité financière du 1er août 2003 : COURET et TUDEL, *D. 2003. Chron. 2290*. – HOVASSE, *Dr. sociétés 2003, n° 169*. – GRANIER, *LPA 14 nov. 2003, p. 82*. – MATSOPOULOU, *Rev. sociétés 2003. 813* (renforcement de l'indépendance des commissaires aux comptes). – PORACCHIA, *Dr. et patr. janv. 2004. 62*. – NAVARRO, *JCP E 2004, n° 8-9, p. 317*. – MERLE et KLING, *in* Le droit des sociétés pour 2004, *Dalloz, 2004, p. 255*. – J.-F. BARBIÈRI, *LPA 8 juill. 2004, p. 6* (de la régulation interne à la réglementation professionnelle) ; *Bull. Joly 2006. 1183* (directive du 17 mai 2006). – VIDAL, *Mélanges C. Schmidt, Joly éditions, 2005, p. 475* (indépendance du commissaire aux comptes). – A. FOEERT, *Rev. sociétés 2007. 733* (directive du 17 mai 2006 : analyse et comparaison avec le droit français).

▸ Sur l'ordonnance du 8 sept. 2005 : J.-F. BARBIÈRI, *Bull. Joly 2005. 1239*.

▸ Sur la réforme du contrôle légal des comptes opérée par l'ordonnance du 8 déc. 2008 : HOVASSE, *Dr. sociétés 2009, n° 28*.

V. Dir. n° 2006/43/CE du 17 mai 2006 concernant les contrôles légaux des comptes annuels et des comptes consolidés (JOUE L 157 du 9 juin), mod. par Dir. n° 2008/30/CE du 11 mars 2008 (JOUE L 81 du 20 mars).

CHAPITRE PRÉLIMINAIRE DISPOSITIONS GÉNÉRALES

(L. n° 2003-706 du 1er août 2003).

Art. L. 820-1 Nonobstant toute disposition contraire, *(Abrogé par Ord. n° 2005-1126 du 8 sept. 2005, art. 3) « les articles L. 225-227 à L. 225-242 ainsi que » (L. n° 2003-706 du 1er août 2003)* « les dispositions du présent titre » sont applicables aux commissaires aux comptes nommés dans toutes les personnes *(Ord. n° 2005-1126 du 8 sept. 2005, art. 3)* « et entités » quelle que soit la nature de la certification prévue dans leur mission. *(Ord. n° 2005-1126 du 8 sept. 2005, art. 3)* « Elles » sont également applicables à ces personnes *(Ord. n° 2005-1126 du 8 sept. 2005, art. 3)* « et entités », sous réserve des règles propres à celles-ci, quel que soit leur statut juridique.

(Ord. n° 2005-1126 du 8 sept. 2005, art. 3) « Pour l'application du présent titre, le terme : « entité » désigne les fonds mentionnés aux articles *(Ord. n° 2011-915 du 1er août 2011, art. 26-4°)* « L. 214-8 » et L. 214-43 du code monétaire et financier. »

Art. L. 820-2 Nul ne peut se prévaloir du titre de commissaire aux comptes s'il ne remplit pas les conditions visées *(Abrogé par Ord. n° 2005-1126 du 8 sept. 2005, art. 4) « aux articles L. 225-227 à L. 225-242 et » (L. n° 2003-706 du 1er août 2003)* « aux dispositions du présent titre ».

Art. L. 820-3 *(L. n° 2003-706 du 1er août 2003)* En vue de sa désignation, le commissaire aux comptes informe par écrit la personne *(Ord. n° 2005-1126 du 8 sept. 2005, art. 5)* « ou l'entité » dont il se propose de certifier les comptes de son affiliation à un réseau, national ou international, qui n'a pas pour activité exclusive le contrôle légal des comptes et dont les membres ont un intérêt économique commun. Le cas échéant, il l'informe également du montant global des honoraires perçus par ce réseau au titre des prestations qui ne sont pas directement liées à la mission du commissaire aux comptes, fournies par ce réseau à une personne *(Ord. n° 2005-1126 du 8 sept. 2005, art. 5)* « ou entité » contrôlée ou qui contrôle, au sens des I et II de l'article L. 233-3, la personne *(Ord. n° 2005-1126 du 8 sept. 2005, art. 5)* « ou l'entité » dont ledit commissaire aux *(Ord. n° 2005-1126 du 8 sept. 2005, art. 5)* « comptes » se propose de certifier les comptes. Ces informations sont intégrées aux documents mis à la disposition des actionnaires en application de l'article L. 225-108. Actualisées chaque année par le commissaire aux comptes, elles sont mises à la disposition, au siège de la personne dont il certifie les comptes, des associés et actionnaires et, pour les associations, des adhérents et donateurs.

L'information sur le montant des honoraires versés à chacun des commissaires aux comptes est mise, au siège de la personne *(Ord. n° 2005-1126 du 8 sept. 2005, art. 5)* « ou de l'entité » contrôlée, à la disposition des associés et actionnaires et, pour les associations, des adhérents et donateurs.

Art. L. 820-3-1 *(Ord. n° 2005-1126 du 8 sept. 2005, art. 6)* Les délibérations de l'organe mentionné au premier alinéa de l'article L. 823-1 prises à défaut de désignation régulière de commissaires aux comptes ou sur le rapport de commissaires aux comptes nommés ou demeurés en fonctions contrairement aux dispositions du présent titre ou à d'autres dispositions applicables à la personne ou à l'entité en cause sont nulles.

L'action en nullité est éteinte si ces délibérations sont expressément confirmées par l'organe compétent sur le rapport de commissaires aux comptes régulièrement désignés.

Art. L. 820-4 Nonobstant toute disposition contraire :

1° Est puni d'un emprisonnement de deux ans et d'une amende de 30 000 € le fait, pour tout dirigeant de personne *(Ord. n° 2005-1126 du 8 sept. 2005, art. 7)* **« ou de l'entité » tenue d'avoir un commissaire aux comptes, de ne pas en provoquer la désignation.** *(L. n° 2011-525 du 17 mai 2011, art. 159-3°)* **« Est puni des mêmes peines le fait pour tout dirigeant d'une personne ou entité ayant un commissaire aux comptes de ne pas le convoquer à toute assemblée générale » ;**

2° Est puni d'un emprisonnement de cinq ans et d'une amende de 75 000 € le fait, pour les dirigeants d'une personne morale ou toute personne *(Ord. n° 2005-1126 du 8 sept. 2005, art. 7)* **« ou entité au service d'une personne ou entité »** *(L. n° 2011-525 du 17 mai 2011, art. 159-3°)* **« ayant » un commissaire aux comptes, de mettre obstacle aux vérifications ou contrôles des commissaires aux comptes ou des experts nommés en exécution des articles L. 223-37 et L. 225-231, ou de leur refuser la communication sur place de toutes les pièces utiles à l'exercice de leur mission et, notamment, de tous contrats, livres, documents comptables et registres de procès-verbaux.**

L'art. 159 de la L. n° 2011-525 du 17 mai 2011 est applicable en Polynésie française, en Nouvelle-Calédonie et dans les îles Wallis-et-Futuna (L. préc., art. 200).

Art. L. 820-5 **Est puni d'un an d'emprisonnement et de 15 000 € d'amende le fait, pour toute personne :**

1° De faire usage du titre de commissaire aux comptes ou de titres quelconques tendant à créer une similitude ou une confusion avec celui-ci, sans être régulièrement inscrite sur la liste prévue au I de l'article L. 225-219 et avoir prêté serment dans les conditions prévues à l'article L. 225-223 ;

2° D'exercer illégalement la profession de commissaire aux comptes, en violation des dispositions du I de l'article L. 225-219 et de l'article L. 225-223 ou d'une mesure d'interdiction ou de suspension temporaire ;

Les articles 226-13 et 226-14 du code pénal relatifs au secret professionnel sont applicables aux commissaires aux comptes.

Dans tous les textes législatifs et réglementaires, les références aux art. L. 225-219, L. 225-220, L. 225-222, L. 225-223, L. 225-225, L. 225-226 et au dernier al. de l'art. L. 225-240 sont remplacées respectivement par des références aux art. L. 822-1, L. 822-2, L. 822-3 [L. 822-10], L. 822-10 [L. 822-3], L. 822-12, L. 822-13 et L. 822-15. Les références à l'art. L. 225-221 sont remplacées par des références aux art. L. 822-6 et L. 822-7 (L. n° 2003-706 du 1er août 2003, art. 116).

Art. L. 820-6 **Est puni d'un emprisonnement de six mois et d'une amende de 7 500 € le fait, pour toute personne d'accepter, d'exercer ou de conserver les fonctions de commissaire aux comptes, nonobstant les incompatibilités légales, soit en son nom personnel, soit au titre d'associé dans une société de commissaires aux comptes.**

Art. L. 820-7 **Est puni d'un emprisonnement de cinq ans et d'une amende de 75 000 € le fait, pour toute personne** *(L. n° 2011-525 du 17 mai 2011, art. 159-4°)* **« exerçant les fonctions de commissaire aux comptes », de donner ou confirmer** *(Abrogé par L. n° 2011-525 du 17 mai 2011, art. 159-4°)* ***« soit en son nom personnel, soit au titre d'associé dans une société de commissaires aux comptes »*** **des informations mensongères sur la situation de la personne morale ou de ne pas révéler au procureur de la République les faits délictueux dont** *(L. n° 2011-525 du 17 mai 2011, art. 159-4°)* **« elle » a eu connaissance.**

L'art. 159 de la L. n° 2011-525 du 17 mai 2011 est applicable en Polynésie française, en Nouvelle-Calédonie et dans les îles Wallis-et-Futuna (L. préc., art. 200).

Les commissaires aux comptes et les personnes morales doivent se mettre en conformité avec les dispositions des art. L. 820-1 à L. 820-7 dans un délai de dix-huit mois à compter de la publication de la L. n° 2001-420 du 15 mai 2001 (texte préc., art. 113 (II), publié au JO du 16 mai).

CHAPITRE PREMIER DE L'ORGANISATION ET DU CONTRÔLE DE LA PROFESSION

(L. n° 2003-706 du 1er août 2003)

Art. L. 821-1 *(L. n° 2007-1822 du 24 déc. 2007, art. 86-II)* **« Il est institué auprès du garde des sceaux, ministre de la justice, une autorité publique indépendante dotée de la personnalité morale, dénommée Haut Conseil du commissariat aux comptes, ayant pour mission : »**

(L. n° 2003-706 du 1er août 2003) **« – d'assurer la surveillance de la profession avec le concours de la Compagnie nationale des commissaires aux comptes instituée par l'article L. 821-6 ;**

« – de veiller au respect de la déontologie et de l'indépendance des commissaires aux comptes.

« Pour l'accomplissement de cette mission, le Haut Conseil du commissariat aux comptes est en particulier chargé :

« – d'identifier et de promouvoir les bonnes pratiques professionnelles ;

« – d'émettre un avis sur les normes d'exercice professionnel élaborées par la Compagnie nationale des commissaires aux comptes avant leur homologation par arrêté du garde des sceaux, ministre de la justice ;

« – d'assurer, comme instance d'appel des décisions des commissions régionales mentionnées à l'article L. 822-2, l'inscription des commissaires aux comptes ;

(Abrogé par Ord. n° 2008-1278 du 8 déc. 2008, art. 2) ***« – de définir les orientations et le cadre des contrôles périodiques prévus à l'article L. 821-7 et d'en superviser la mise en œuvre et le suivi dans les conditions définies par l'article L. 821-9 ; »***

« – d'assurer, comme instance d'appel des décisions prises par les chambres régionales mentionnées à l'article L. 822-6, la discipline des commissaires aux comptes. »

(Ord. n° 2008-1278 du 8 déc. 2008, art. 2) **« – de définir le cadre et les orientations des contrôles périodiques prévus au *b* de l'article L. 821-7 qu'il met en œuvre soit directement, soit en en déléguant l'exercice à la Compagnie nationale des commissaires aux comptes et aux compagnies régionales, ou qui sont réalisés par la Compagnie nationale et les compagnies régionales, selon les modalités prévues à l'article L. 821-9 ;**

« – de superviser les contrôles prévus au *b* et au *c* de l'article L. 821-7 et d'émettre des recommandations dans le cadre de leur suivi ;

« – de veiller à la bonne exécution des contrôles prévus au *b* de l'article L. 821-7 et, lorsqu'ils sont effectués à sa demande, au *c* du même article ; »

(Ord. n° 2005-1126 du 8 sept. 2005, art. 8) **« – d'établir des relations avec les autorités d'autres États exerçant des compétences analogues. »**

(Ord. n° 2008-1278 du 8 déc. 2008, art. 2) **« Les missions définies aux dixième et onzième alinéas du présent article sont exercées dans des conditions fixées par décret en Conseil d'État garantissant l'indépendance des fonctions de contrôle et de sanction. »**

V. art. R. 821-1 s.

Les membres de la commission nationale d'inscription des commissaires aux comptes et de la chambre nationale de discipline des commissaires aux comptes sont maintenus en fonction jusqu'à la nomination des membres du Haut Conseil du commissariat aux comptes. Jusqu'à cette date, la commission nationale et la chambre nationale exercent les compétences qui leur étaient dévolues avant l'entrée en vigueur de la loi du 1er août 2003. Le Haut Conseil du commissariat aux comptes sera saisi de plein droit des dossiers pendants devant la commission nationale d'inscription et la chambre nationale de discipline à compter du jour de la nomination de ses membres. De même, les membres des commissions régionales d'inscription et des chambres régionales de discipline sont maintenus en fonction jusqu'à la nomination des nouveaux membres et statuent jusqu'à cette date (L. n° 2003-706 du 1er août 2003, art. 114-I, JO 2 août).

Art. L. 821-2 **L'avis mentionné au sixième alinéa de l'article L. 821-1 est recueilli par le garde des sceaux, ministre de la justice, après consultation de l'Autorité des marchés financiers** *(Ord. n° 2010-76 du 21 janv. 2010, art. 15-I)* **« et de l'Autorité de contrôle prudentiel » dès lors qu'il intéresse leurs compétences respectives.**

Art. L. 821-3 **Le Haut Conseil du commissariat aux comptes comprend :**

(Ord. n° 2008-1278 du 8 déc. 2008, art. 3) **« 1° Trois magistrats, dont un membre ou ancien membre de la Cour de cassation, président, un second magistrat de l'ordre judiciaire et un magistrat de la Cour des comptes ; »**

2° Le président de l'Autorité des marchés financiers ou son représentant, *(L. n° 2010-1249 du 22 oct. 2010, art. 35)* **« le directeur général du Trésor ou son représentant » et un professeur des universités spécialisé en matière juridique, économique ou financière ;**

3° Trois personnes qualifiées dans les matières économique et financière ; deux de celles-ci sont choisies pour leurs compétences dans les domaines *(Ord. n° 2009-80 du 22 janv. 2009, art. 10-I)* **« des offres au public et des sociétés dont les titres financiers sont admis aux négociations sur un marché réglementé » ; la troisième est choisie pour ses compétences dans le domaine des petites et moyennes entreprises, des personnes morales de droit privé ayant une activité économique ou des associations ;**

4° Trois commissaires aux comptes, dont deux ayant une expérience du contrôle des comptes *(Ord. n° 2009-80 du 22 janv. 2009, art. 10-I)* **« des personnes ou des entités qui procèdent à des offres au public ou qui font appel » à la générosité publique.**

(Ord. n° 2008-1278 du 8 déc. 2008, art. 3) **« Le président exerce ses fonctions à plein temps. En cas d'empêchement, il est suppléé par le second magistrat de l'ordre judiciaire. »**

Les décisions sont prises à la majorité des voix. En cas de partage égal des voix, la voix du président est prépondérante.

Le président et les membres du Haut Conseil du commissariat aux comptes sont nommés par décret pour six ans renouvelables. Le Haut Conseil du commissariat aux comptes est renouvelé par moitié tous les trois ans.

Le Haut Conseil constitue des commissions consultatives spécialisées en son sein pour préparer ses décisions et avis. Celles-ci peuvent s'adjoindre, le cas échéant, des experts.

Les dispositions de l'Ord. n° 2009-80 du 22 janv. 2009 entrent en vigueur le 1er avr. 2009 (art. 31).

Art. L. 821-3-1 *(L. n° 2007-1822 du 24 déc. 2007, art. 86-IV)* **« Le personnel des services du Haut Conseil du commissariat aux comptes est composé d'agents publics détachés ou mis à sa disposition dans des conditions fixées par décret en Conseil d'État, d'agents contractuels de droit public et de salariés de droit privé.**

« Ces personnes sont soumises au secret professionnel dans l'exercice de leurs missions. »

(Ord. n° 2005-1126 du 8 sept. 2005, art. 10) **« Le secret professionnel n'est pas opposable au Haut Conseil et à ses services dans l'exercice de leurs missions, sauf par les auxiliaires de justice. »**

Art. L. 821-4 Un commissaire du Gouvernement auprès du Haut Conseil du commissariat aux comptes est désigné par le garde des sceaux, ministre de la justice. Il siège avec voix consultative. En matière disciplinaire, le commissaire du Gouvernement n'assiste pas aux délibérations. Il peut, sauf en matière disciplinaire, demander une seconde délibération dans des conditions fixées par décret en Conseil d'État. – *V. art. R. 821-10.*

Art. L. 821-5 *(L. nº 2007-1822 du 24 déc. 2007, art. 86-I)* I. – Le Haut Conseil du commissariat aux comptes dispose de l'autonomie financière. Il arrête son budget sur proposition du secrétaire général. Le Haut conseil n'est pas soumis au contrôle financier exercé au sein des administrations de l'État.

II. – Le Haut conseil perçoit le produit des contribution et droit mentionnés aux III et IV *(L. nº 2009-1674 du 30 déc. 2009, art. 99-II, en vigueur le 1er janv. 2011)* « , ainsi qu'à l'article L. 821-6-1 ».

III. – Les personnes inscrites sur la liste de l'article L. 822-1 sont assujetties à une contribution annuelle, dont le montant est fixé à 10 €.

IV. – Il est institué un droit fixe sur chaque rapport de certification des comptes signé par les personnes inscrites sur la liste de l'article L. 822-1 dont le montant est fixé à :

1 000 € pour les rapports de certification signés dans le cadre de missions conduites auprès de personnes ou d'entités admises à la négociation sur un marché réglementé ;

500 € pour les rapports de certification signés dans le cadre de missions conduites auprès de personnes ou d'entités *(Ord. nº 2009-80 du 22 janv. 2009, art. 10-II)* « dont les titres financiers sont offerts au public sur un système multilatéral de négociation autre qu'un marché réglementé » ; – *Les dispositions de l'Ord. nº 2009-80 du 22 janv. 2009 entrent en vigueur le 1er avr. 2009 (art. 31).*

20 € pour les autres rapports de certification.

V. – Les droit et contribution mentionnés aux III et IV sont recouvrés par la Compagnie nationale des commissaires aux comptes dans les mêmes formes que la cotisation mentionnée à l'article L. 821-6 et reversés au Haut conseil avant le 31 mars de chaque année. Les conditions d'application du présent V sont déterminées par décret en Conseil d'État.

VI. – Les biens immobiliers appartenant au Haut conseil sont soumis aux dispositions du code général de la propriété des personnes publiques applicables aux établissements publics de l'État.

VII. – Un décret en Conseil d'État fixe le régime comptable du Haut conseil, ainsi que le régime indemnitaire de ses membres, de son président, de son secrétaire général et de son secrétaire général adjoint.

La contribution mentionnée au III de l'art. L. 821-5 due pour l'année 2008 est appelée pour les personnes inscrites sur la liste de l'art. L. 822-1 au 1er janv. 2008, le droit fixe mentionné au IV de l'art. L. 821-5 étant assis sur les rapports signés en 2007. La date de reversement mentionnée au V de l'art. L. 821-5 peut être modifiée par décret pour l'année 2008 (L. nº 2007-1822 du 24 déc. 2007, art. 86-V).

Les droits et contributions institués par les III et IV de l'art. L. 821-5 C. com. et recouvrés par la Compagnie nationale des commissaires aux comptes au titre de l'année 2008 sur les personnes et les actes mentionnés au V de l'art. 86 de la L. nº 2007-1822 du 24 déc. 2007 sont reversés au Haut Conseil du commissariat aux comptes selon les modalités suivantes :

a) Une somme égale à 40 % du montant total de ces droits et contributions est reversée avant le 28 févr. 2009 ;

b) Le solde de ces droits et contributions est reversé par tranche annuelle de 20 % du montant total dû, avant le 31 oct. 2009 pour la première tranche, le 31 oct. 2010 pour la deuxième et le 31 oct. 2011 pour la troisième.

La Compagnie nationale adresse au secrétaire général du Haut Conseil du commissariat aux comptes, avant le dernier jour du mois qui suit celui de la publication du décret précité un document de synthèse exposant :

a) Le nombre de personnes inscrites sur la liste de l'art. L. 822-1 C. com. au 1er janv. 2008 ;

b) Le nombre de rapports de certification signés en 2007 par les personnes inscrites sur la liste de l'art. L. 822-1, en indiquant ceux relatifs à des missions exercées auprès de personnes ou d'entités admises à la négociation sur un marché réglementé, ceux relatifs à des missions exercées auprès de personnes ou d'entités faisant appel public à l'épargne et ceux relatifs à des missions exercées auprès de personnes ou d'entités n'entrant dans aucune de ces deux catégories.

Le budget de l'exercice 2008 du Haut Conseil du commissariat aux comptes est adopté dans le deuxième mois qui suit celui de la publication du Décr. n° 2008-876 du 29 août 2008 (Décr. préc., art. 9, JO 31 août, mod. par Décr. n° 2009-172 du 13 févr. 2009, art. 1er).

Art. L. 821-5-1 *(Ord. n° 2008-1278 du 8 déc. 2008, art. 4-II)* **Aux fins mentionnées à l'avant-dernier alinéa de l'article L. 821-1, le Haut Conseil du commissariat aux comptes communique, à leur demande, les informations ou les documents qu'il détient ou qu'il recueille aux autorités des États membres de la Communauté européenne exerçant des compétences analogues aux siennes.**

Il peut demander au garde des sceaux, ministre de la justice, de faire diligenter une inspection, conformément aux dispositions de l'article L. 821-8, ou faire diligenter par les contrôleurs mentionnés à l'article L. 821-9 les opérations de contrôle qu'il détermine, afin de répondre aux demandes d'assistance des autorités mentionnées au premier alinéa.

Lorsque l'une de ces autorités le demande, le garde des sceaux, ministre de la justice, peut autoriser les agents de cette autorité à assister aux opérations de contrôle mentionnées au deuxième alinéa.

Un décret en Conseil d'État détermine les conditions d'application du présent article.

Art. L. 821-5-2 *(Ord. n° 2008-1278 du 8 déc. 2008, art. 4-II)* **Aux fins mentionnées à l'avant-dernier alinéa de l'article L. 821-1, le Haut Conseil du commissariat aux comptes peut communiquer des informations ou des documents qu'il détient ou qu'il recueille aux autorités d'États non membres de la Communauté européenne exerçant des compétences analogues aux siennes sous réserve de réciprocité et à la condition que l'autorité concernée soit soumise au secret professionnel avec les mêmes garanties qu'en France.**

Il peut, sous les mêmes réserve et condition, demander au garde des sceaux, ministre de la justice, de faire diligenter une inspection, conformément aux dispositions de l'article L. 821-8, ou faire diligenter par les contrôleurs mentionnés à l'article L. 821-9 les opérations de contrôle qu'il détermine afin de répondre aux demandes d'assistance des autorités mentionnées au premier alinéa.

Un décret en Conseil d'État détermine les conditions d'application du présent article, notamment les modalités de la coopération du Haut Conseil avec ces autorités et les conditions dans lesquelles ces modalités sont précisées par des conventions passées par le Haut Conseil avec ces autorités.

Art. L. 821-5-3 *(Ord. n° 2005-1126 du 8 sept. 2005, art. 11)* **Aux fins mentionnées** *(Ord. n° 2008-1278 du 8 déc. 2008, art. 4-I)* **« aux deux articles précédents », le Haut conseil est dispensé de l'application des dispositions de la loi n° 68-678 du 26 juillet 1968 relative à la communication de documents et renseignements d'ordre économique, commercial, industriel, financier ou technique à des personnes physiques ou morales étrangères.**

L'ancien art. L. 821-5-2 est devenu l'art. L. 821-5-3 (Ord. n° 2008-1278 du 8 déc. 2008, art. 4-I).

Art. L. 821-6 Il est institué auprès du garde des sceaux, ministre de la justice, une Compagnie nationale des commissaires aux comptes, établissement d'utilité publique doté de la personnalité morale, chargée de représenter la profession de commissaire aux comptes auprès des pouvoirs publics.

Elle concourt au bon exercice de la profession, à sa surveillance ainsi qu'à la défense de l'honneur et de l'indépendance de ses membres.

Il est institué une compagnie régionale des commissaires aux comptes, dotée de la personnalité morale, par ressort de cour d'appel. Toutefois, le garde des sceaux, ministre de la justice, peut procéder à des regroupements, sur proposition de la compagnie nationale et après consultation, par cette dernière, des compagnies régionales intéressées.

Les ressources de la compagnie nationale et des compagnies régionales sont constituées notamment par une cotisation annuelle à la charge des commissaires aux comptes.

Art. L. 821-6-1 *(L. n° 2009-1674 du 30 déc. 2009, art. 99-I, en vigueur le 1er janv. 2011)* Il est institué une cotisation à la charge de la Compagnie nationale des commissaires aux comptes dont le taux, déterminé par décret, est supérieur ou égal à 0,65 % et inférieur ou égal à 1 % du montant total des honoraires facturés au cours de l'année précédente par ses membres dans l'exercice de leurs fonctions de contrôle légal des comptes auprès de personnes ou d'entités dont les titres financiers sont admis aux négociations sur un marché réglementé ou faisant appel à la générosité publique, d'organismes de sécurité sociale mentionnés à l'article L. 114-8 du code de la sécurité sociale, d'établissements de crédits, d'entreprises régies par le code des assurances, d'institutions de prévoyance régies par le titre III du livre IX du code de la sécurité sociale, de mutuelles ou d'unions de mutuelles régies par le livre II du code de la mutualité.

Cette cotisation est liquidée, ordonnancée et recouvrée selon les modalités prévues pour les recettes des établissements administratifs de l'État.

La cotisation est versée au haut conseil, à raison de 50 % de son montant avant le 30 avril de chaque année, le solde étant dû au 30 septembre de la même année.

Les conditions d'application du présent article sont déterminées par décret en Conseil d'État. – *V. art. R. 821-14-7-1.*

Le taux de la cotisation prévue à l'art. L. 821-6-1 est fixé à 0,65 % (Décr. n° 2011-96 du 24 janv. 2011, applicable à compter du 1er janv. 2011).

Art. L. 821-7 Les commissaires aux comptes sont soumis, dans leur activité professionnelle :

a) Aux inspections mentionnées à l'article L. 821-8 ;

b) A des contrôles périodiques organisés selon des modalités définies par le Haut Conseil ;

c) A des contrôles occasionnels décidés par la compagnie nationale ou les compagnies régionales *(Ord. n° 2008-1278 du 8 déc. 2008, art. 5)* « , ou effectués à la demande du Haut Conseil.

« Les personnes participant aux contrôles et inspections mentionnés au présent article sont soumises au secret professionnel. »

Art. L. 821-8 Le garde des sceaux, ministre de la justice, peut faire diligenter des inspections et demander, à cet effet, le concours de l'Autorité des marchés financiers, de la Compagnie nationale des commissaires aux comptes *(Ord. n° 2010-76 du 21 janv. 2010, art. 15-II)* « et de l'Autorité de contrôle prudentiel ».

L'Autorité des marchés financiers peut faire diligenter toute inspection d'un commissaire aux comptes d'une personne *(Ord. n° 2009-80 du 22 janv. 2009, art. 10-III)* « dont les titres financiers sont admis aux négociations sur un marché réglementé ou offerts au public sur un système multilatéral de négociation qui se soumet aux dispositions législatives ou réglementaires visant à protéger les investisseurs contre les opérations d'initiés, les manipulations de cours et la diffusion de fausses informations » ou d'un organisme de placements collectifs et demander, à cet effet, le concours de la Compagnie nationale des commissaires aux comptes et, le cas échéant, des personnes et autorités énumérées au 2° de l'article L. 621-9-2 du code monétaire et financier. Le président de l'Autorité des marchés financiers ou son représentant ne siège pas au Haut Conseil lors de l'instance disciplinaire faisant, le cas échéant, suite à une telle inspection. — *Les dispositions de l'Ord. nº 2009-80 du 22 janv. 2009 entrent en vigueur le 1er avr. 2009 (art. 31).*

Art. L. 821-9 *(Ord. nº 2008-1278 du 8 déc. 2008, art. 6)* Les contrôles prévus au *b* de l'article L. 821-7 sont effectués, dans les conditions et selon les modalités définies par le Haut Conseil du commissariat aux comptes, par des contrôleurs n'exerçant pas de fonctions de contrôle légal des comptes ou par la Compagnie nationale des commissaires aux comptes ou les compagnies régionales. *(L. nº 2012-387 du 22 mars 2012, art. 88-I)* « Les contrôleurs du Haut Conseil et leur directeur sont employés dans les conditions prévues à l'article L. 821-3-1. »

Lorsque ces contrôles sont relatifs à des commissaires aux comptes nommés auprès de personnes *(Ord. nº 2009-80 du 22 janv. 2009, art. 10-III)* « dont les titres financiers sont admis aux négociations sur un marché réglementé ou offerts au public sur un système multilatéral de négociation qui se soumet aux dispositions législatives ou réglementaires visant à protéger les investisseurs contre les opérations d'initiés, les manipulations de cours et la diffusion de fausses informations » ou d'organismes de placements collectifs, ils sont effectués avec le concours de l'Autorité des marchés financiers. — *Les dispositions de l'Ord. nº 2009-80 du 22 janv. 2009 entrent en vigueur le 1er avr. 2009 (art. 31).*

Les contrôles prévus au *c* de l'article L. 821-7 sont effectués par la Compagnie nationale ou les compagnies régionales, à leur initiative ou à la demande du Haut Conseil.

Art. L. 821-10 Lorsque des faits d'une particulière gravité apparaissent de nature à justifier des sanctions pénales ou disciplinaires, le garde des sceaux, ministre de la justice, peut, dès l'engagement des poursuites, lorsque l'urgence et l'intérêt public le justifient, et après que l'intéressé a été mis en mesure de présenter ses observations, prononcer la suspension provisoire d'un commissaire aux comptes, personne physique. Le président de l'Autorité des marchés financiers et le président de la Compagnie nationale des commissaires aux comptes peuvent le saisir à cet effet.

Le garde des sceaux, ministre de la justice, peut à tout moment mettre fin à la suspension provisoire de sa propre initiative, à la demande de l'intéressé ou des autorités mentionnées au premier alinéa.

La suspension provisoire cesse de plein droit dès que les actions pénale et disciplinaire sont éteintes.

Art. L. 821-11 Les conditions d'application des articles L. 821-3 et L. 821-6 à L. 821-10 sont fixées par décret en Conseil d'État. — *V. art. R. 821-1 s.*

Art. L. 821-12 Les commissaires aux comptes sont tenus de fournir tous les renseignements et documents qui leur sont demandés à l'occasion des inspections et contrôles, sans pouvoir opposer le secret professionnel.

Art. L. 821-12-1 *(Ord. nº 2009-104 du 30 janv. 2009, art. 10 ; L. nº 2009-526 du 12 mai 2009, art. 140-II)* Lorsqu'elles constatent des faits susceptibles d'être liés au blanchiment de capitaux ou au financement du terrorisme, les personnes réalisant les contrôles et inspections prévus aux articles L. 821-7 et L. 821-8 en informent le service mentionné à l'article L. 561-23 du code monétaire et financier. — *V. ces dispositions au* ***C. mon. fin.***

Art. L. 821-13 *(Ord. n° 2008-1278 du 8 déc. 2008, art. 7)* Les commissaires aux comptes exercent leur mission conformément aux normes internationales d'audit adoptées par la Commission européenne dans les conditions définies par la directive 2006/43/CE du 17 mai 2006. En l'absence de norme internationale d'audit adoptée par la Commission, ils se conforment aux normes d'exercice professionnel élaborées par la Compagnie nationale des commissaires aux comptes et homologuées par le garde des sceaux, ministre de la justice, après avis du Haut Conseil du commissariat aux comptes.

Lorsqu'une norme internationale d'audit a été adoptée par la Commission européenne dans les conditions définies à l'alinéa précédent, le garde des sceaux, ministre de la justice, peut, d'office, après avis de la Compagnie nationale des commissaires aux comptes et du Haut Conseil du commissariat aux comptes, ou sur proposition de la Compagnie nationale et après avis du Haut Conseil, imposer des diligences ou des procédures complémentaires ou, à titre exceptionnel, écarter certains éléments de la norme afin de tenir compte de spécificités de la loi française. Les procédures et diligences complémentaires sont communiquées à la Commission européenne et aux autres États membres préalablement à la publication. Lorsqu'il écarte certains éléments d'une norme internationale, le garde des sceaux, ministre de la justice, en informe la Commission européenne et les autres États membres, en précisant les motifs de sa décision, six mois au moins avant la publication de l'acte qui le décide ou, lorsque ces spécificités existent déjà au moment de l'adoption de la norme internationale par la Commission européenne, trois mois au moins à compter de sa publication au *Journal officiel* des Communautés européennes.

CHAPITRE II DU STATUT DES COMMISSAIRES AUX COMPTES

(L. n° 2003-706 du 1er août 2003)

SECTION PREMIÈRE DE L'INSCRIPTION ET DE LA DISCIPLINE

SOUS-SECTION 1 DE L'INSCRIPTION

V. note ss. art. L. 821-1.

Art. L. 822-1 Nul ne peut exercer les fonctions de commissaire aux comptes s'il n'est préalablement inscrit sur une liste établie à cet effet.

Art. L. 822-1-1 *(Ord. n° 2005-1126 du 8 sept. 2005, art. 12)* Nul ne peut être inscrit sur la liste des commissaires aux comptes s'il ne remplit les conditions suivantes :

1° Être français, ressortissant d'un État membre de la Communauté européenne, d'un État partie à l'accord sur l'Espace économique européen ou d'un autre État étranger lorsque celui-ci admet les nationaux français à exercer le contrôle légal des comptes ;

2° N'avoir pas été l'auteur de faits contraires à l'honneur ou à la probité ayant donné lieu à condamnation pénale ;

3° N'avoir pas été l'auteur de faits de même nature ayant donné lieu à une sanction disciplinaire de radiation ;

4° N'avoir pas été frappé de faillite personnelle ou de l'une des mesures d'interdiction ou de déchéance prévues au livre VI ;

5° Avoir accompli un stage professionnel, jugé satisfaisant, d'une durée fixée par voie réglementaire, chez une personne agréée par un État membre de la Communauté européenne pour exercer le contrôle légal des comptes ;

6° Avoir subi avec succès les épreuves du certificat d'aptitude aux fonctions de commissaire aux comptes ou être titulaire du diplôme d'expertise comptable.

Les conditions d'accomplissement du stage professionnel prévu au 5°, ainsi que les diplômes et conditions de formation permettant de se présenter aux épreuves du certificat d'aptitude aux fonctions de commissaire aux comptes mentionné au 6° sont déterminés par décret en Conseil d'État. – *V. art. R. 822-2 s.*

Art. L. 822-1-2 *(Ord. n° 2005-1126 du 8 sept. 2005, art. 12)* Par dérogation aux dispositions de l'article L. 822-1-1, les personnes remplissant des conditions de compétence et d'expérience professionnelle fixées par décret en Conseil d'État peuvent être dispensées de tout ou partie du stage professionnel visé au 5° du même article, sur décision du garde des sceaux, ministre de la justice.

Sont dispensées, dans des conditions déterminées par décret en Conseil d'État, des conditions de diplôme, de stage et d'examen prévues aux 5° et 6° de l'article L. 822-1-1, les personnes qui justifient avoir acquis, dans un État membre de la Communauté européenne ou dans un autre État admettant les nationaux français à exercer le contrôle légal des comptes, une qualification suffisante pour l'exercice du contrôle légal des comptes, sous réserve de subir un examen d'aptitude. – *V. art. R. 822-5 s.*

Art. L. 822-1-3 *(Ord. n° 2008-1278 du 8 déc. 2008, art. 8)* Sauf lorsqu'ils interviennent auprès de personnes ou d'entités qui émettent uniquement des titres de créances admis à la négociation sur un marché réglementé en France dont la valeur nominale unitaire est au moins égale à 50 000 € ou, pour des titres de créances libellés dans une devise autre que l'euro, dont la valeur nominale unitaire est équivalente à 50 000 € au moins à la date d'émission, les commissaires aux comptes et sociétés de commissaires aux comptes agréés dans un État non membre de la Communauté européenne ou non partie à l'accord sur l'Espace économique européen qui certifient les comptes annuels ou les comptes consolidés de personnes ou d'entités n'ayant pas leur siège dans un État membre de la Communauté européenne ou dans un autre État partie à l'accord sur l'Espace économique européen mais émettant des titres admis à la négociation sur un marché réglementé en France s'inscrivent sur la liste prévue à l'article L. 822-1.

Sous réserve de réciprocité, peuvent être exemptés de l'obligation d'inscription les commissaires aux comptes et sociétés de commissaires aux comptes agréés dans un État non membre de la Communauté européenne ou non partie à l'Espace économique européen qui bénéficient d'une dispense délivrée par arrêté du garde des sceaux, ministre de la justice.

La dispense d'inscription peut être délivrée lorsque :

a) Les commissaires aux comptes et sociétés de commissaires aux comptes sont agréés par les autorités compétentes d'un État au sujet duquel la Commission européenne, sur le fondement de l'article 46 de la directive 2006/43/CE du Parlement européen et du Conseil du 17 mai 2006, a pris une décision par laquelle elle reconnaît qu'est satisfaite l'exigence d'équivalence que pose cet article en ce qui concerne le système de supervision publique, d'assurance qualité, d'enquête et de sanctions ;

b) En l'absence de décision de la Commission européenne, le système de supervision publique, d'assurance qualité, d'enquête et de sanctions de l'État dans lequel les commissaires aux comptes et sociétés de commissaires aux comptes sont agréés répond à des exigences équivalentes à celles requises par les articles L. 820-1 et suivants ou ce système a été précédemment évalué par un autre État membre et reconnu équivalent.

Les commissaires aux comptes et sociétés de commissaires aux comptes inscrits sur la liste prévue à l'article L. 822-1 en application du présent article sont soumis aux dispositions du chapitre Ier et de la section I du chapitre II du présent livre, pour ce qui concerne les missions mentionnées au premier alinéa.

L'inscription ou la dispense d'inscription conditionne la validité en France des rapports de certification signés par ces professionnels, sans conférer à leur titulaire le droit de conduire des missions de contrôle légal des comptes auprès de personnes ou d'entités dont le siège est situé sur le territoire français.

Les conditions d'application du présent article sont déterminées par décret en Conseil d'État. — *V. art. R. 822-21-1.*

Au cours de la période mentionnée dans la décision 2008/627/CE de la Commission du 29 juill. 2008 susvisée [concernant une période transitoire pour les activités d'audit exercées par les contrôleurs et les entités d'audit de certains pays tiers] et pour l'application de cette décision, les commissaires aux comptes et sociétés de commissaires aux comptes agréés par les autorités compétentes des États mentionnés dans l'annexe de cette décision, qui certifient les comptes annuels ou les comptes consolidés de personnes ou d'entités n'ayant pas leur siège social dans un État membre de la Communauté européenne ou dans un autre État partie à l'accord sur l'Espace économique européen mais dont les titres sont admis à la négociation sur un marché réglementé en France, sont dispensés de l'inscription prévue à l'art. L. 822-1-3 C. com.

Ils sont soumis à une obligation d'inscription dans les conditions et selon les modalités fixées par décret en Conseil d'État (Ord. nº 2008-1278 du 8 déc. 2008, art. 19). — V. Décr. nº 2008-1487 du 30 déc. 2008, art. 6 (JO 31 déc.).

Art. L. 822-2 Une commission régionale d'inscription est établie au siège de chaque cour d'appel. Elle dresse et révise la liste mentionnée à l'article L. 822-1.

Chaque commission régionale d'inscription est composée de :

1º Un magistrat de l'ordre judiciaire qui en assure la présidence ;

2º Un magistrat de la chambre régionale des comptes ;

3º Un professeur des universités spécialisé en matière juridique, économique ou financière ;

4º Deux personnes qualifiées en matière juridique, économique ou financière ;

5º Un représentant du ministre chargé de l'économie ;

6º Un membre de la compagnie régionale des commissaires aux comptes.

Le président et les membres de la commission régionale d'inscription et leurs suppléants sont nommés par arrêté du garde des sceaux, ministre de la justice, pour une durée de trois ans renouvelable.

Les décisions sont prises à la majorité des voix. En cas de partage égal des voix, la voix du président est prépondérante.

Les recours contre les décisions des commissions régionales d'inscription sont portés devant le Haut Conseil du commissariat aux comptes.

Art. L. 822-3 Tout commissaire aux comptes doit prêter, devant la cour d'appel dont il relève, le serment de remplir les devoirs de sa profession avec honneur, probité et indépendance, respecter et faire respecter les lois.

Art. L. 822-4 Toute personne inscrite sur la liste de l'article L. 822-1 qui n'a pas exercé des fonctions de commissaire aux comptes pendant trois ans est tenue de suivre une formation continue particulière avant d'accepter une mission de certification. — *V. art. R. 822-61-1 et R. 822-61-2.*

Art. L. 822-5 Les conditions d'application de la présente sous-section sont déterminées par décret en Conseil d'État. — *V. art. R. 822-1 s.*

SOUS-SECTION 2 DE LA DISCIPLINE

Art. L. 822-6 La commission régionale d'inscription, constituée en chambre régionale de discipline, connaît de l'action disciplinaire intentée contre un commissaire aux comptes membre d'une compagnie régionale, quel que soit le lieu où les faits qui lui sont reprochés ont été commis.

Art. L. 822-7 La chambre régionale de discipline peut être saisie par le garde des sceaux, ministre de la justice, le procureur de la République, le président de la Compagnie nationale des commissaires aux comptes ou le président de la compagnie régionale.

Outre les personnes déterminées par décret en Conseil d'État, le président de l'Autorité des marchés financiers peut saisir le procureur général aux fins d'exercice de l'action disciplinaire. Lorsqu'il a exercé cette faculté, il ne peut siéger dans la formation disciplinaire du Haut Conseil saisi de la même procédure.

Les décisions de la chambre régionale de discipline sont susceptibles de recours devant le Haut Conseil du commissariat aux comptes, à l'initiative des autorités mentionnées au présent article ainsi que du professionnel intéressé.

Un magistrat de l'ordre judiciaire, désigné par le garde des sceaux, ministre de la justice, appartenant au parquet général ou au parquet, exerce les fonctions de ministère public auprès de chaque chambre régionale et auprès du Haut Conseil statuant en matière disciplinaire.

Les conditions d'application du présent article sont déterminées par décret en Conseil d'État. – *V. art. R. 822-32 s.*

Art. L. 822-8 Les sanctions disciplinaires sont :

1° L'avertissement ;

2° Le blâme ;

3° L'interdiction temporaire pour une durée n'excédant pas cinq ans ;

4° La radiation de la liste.

Il peut être aussi procédé au retrait de l'honorariat.

L'avertissement, le blâme ainsi que l'interdiction temporaire peuvent être assortis de la sanction complémentaire de l'inéligibilité aux organismes professionnels pendant dix ans au plus.

La sanction de l'interdiction temporaire peut être assortie du sursis. La suspension de la peine ne s'étend pas à la sanction complémentaire prise en application de l'alinéa précédent. Si, dans le délai de cinq ans à compter du prononcé de la sanction, le commissaire aux comptes a commis une infraction ou une faute ayant entraîné le prononcé d'une nouvelle sanction disciplinaire, celle-ci entraîne, sauf décision motivée, l'exécution de la première sanction sans confusion possible avec la seconde.

Lorsqu'ils prononcent une sanction disciplinaire, le Haut Conseil et les chambres régionales peuvent décider de mettre à la charge du commissaire aux comptes tout ou partie des frais occasionnés par les inspections ou contrôles ayant permis la constatation des faits sanctionnés.

SECTION II DE LA DÉONTOLOGIE ET DE L'INDÉPENDANCE DES COMMISSAIRES AUX COMPTES

Art. L. 822-9 *(L. nº 2003-706 du 1er août 2003)* Les fonctions de commissaire aux comptes sont exercées par des personnes physiques ou des sociétés constituées entre elles sous quelque forme que ce soit.

(Ord. nº 2008-1278 du 8 déc. 2008, art. 9) « Les trois quarts des droits de vote des sociétés de commissaires aux comptes sont détenus par des commissaires aux comptes ou des sociétés de commissaires aux comptes inscrits sur la liste prévue à l'article L. 822-1 ou des professionnels régulièrement agréés dans un autre État membre de la Communauté européenne pour l'exercice du contrôle légal des comptes. Lorsqu'une société de commissaires aux comptes a une participation dans le capital d'une autre société de commissaires aux comptes, les actionnaires ou associés non commissaires aux comptes ne peuvent détenir plus d'un quart de l'ensemble des droits de vote des deux sociétés.

« Les fonctions de gérant, de président du conseil d'administration ou du directoire, de président du conseil de surveillance et de directeur général sont assurées par des commissaires aux comptes inscrits sur la liste prévue à l'article L. 822-1 ou régulièrement agréés dans un autre État membre de la Communauté européenne pour l'exercice du contrôle légal des comptes. Les trois quarts au moins des membres des organes de gestion, d'administration, de direction ou de surveillance doivent être des commissaires aux comptes inscrits sur la liste prévue à l'article L. 822-1 ou régulièrement agréés dans un autre État membre de la Communauté européenne pour l'exercice du contrôle légal des comptes. Les représentants permanents des sociétés de commissaires aux comptes associés ou actionnaires doivent être des commissaires aux comptes inscrits sur la liste prévue à l'article L. 822-1 ou régulièrement agréés dans un autre État membre de la Communauté européenne pour l'exercice du contrôle légal des comptes. »

Dans les sociétés de commissaires aux comptes inscrites, les fonctions de commissaire aux comptes sont exercées, au nom de la société, par des commissaires aux comptes personnes physiques associés, actionnaires ou dirigeants de cette société. Ces personnes ne peuvent exercer les fonctions de commissaire aux comptes qu'au sein d'une seule société de commissaires aux comptes. Les membres du conseil d'administration ou du conseil de surveillance peuvent être salariés de la société sans limitation de nombre ni condition d'ancienneté au titre de la qualité de salarié.

En cas de décès d'un actionnaire ou associé commissaire aux comptes, ses ayants droit disposent d'un délai de deux ans pour céder leurs actions ou parts à un commissaire aux comptes.

L'admission de tout nouvel actionnaire ou associé est subordonnée à un agrément préalable qui, dans les conditions prévues par les statuts, peut être donné soit par l'assemblée des actionnaires ou des porteurs de parts, soit par le conseil d'administration ou le conseil de surveillance ou les gérants selon le cas.

Par dérogation à ces dispositions, l'exercice de ces fonctions est possible simultanément au sein d'une société de commissaires aux comptes et d'une autre société de commissaires aux comptes dont la première détient plus de la moitié du capital social ou dans le cas où les associés des deux entités sont communs pour au moins la moitié d'entre eux.

Sur les sociétés de commissaires aux comptes, V. art. R. 822-72 s.

Art. L. 822-10 *(L. nº 2003-706 du 1er août 2003)* Les fonctions de commissaire aux comptes sont incompatibles :

1° Avec toute activité ou tout acte de nature à porter atteinte à son indépendance ;

2° Avec tout emploi salarié ; toutefois, un commissaire aux comptes peut dispenser un enseignement se rattachant à l'exercice de sa profession ou occuper un emploi rémunéré chez un commissaire aux comptes ou chez un expert-comptable ;

3° Avec toute activité commerciale, qu'elle soit exercée directement ou par personne interposée.

Art. L. 822-11 *(L. nº 2003-706 du 1er août 2003)* I. – Le commissaire aux comptes ne peut prendre, recevoir ou conserver, directement ou indirectement, un intérêt

auprès de la personne *(Ord. n° 2005-1126 du 8 sept. 2005, art. 13)* **« ou de l'entité » dont il est chargé de certifier les comptes, ou auprès d'une personne qui la contrôle ou qui est contrôlée par elle, au sens des I et II de l'article L. 233-3.**

Sans préjudice des dispositions contenues dans le présent livre ou dans le livre II, le code de déontologie prévu à l'article L. 822-16 définit les liens personnels, financiers et professionnels, concomitants ou antérieurs à la mission du commissaire aux comptes, incompatibles avec l'exercice de celle-ci. Il précise en particulier les situations dans lesquelles l'indépendance du commissaire aux comptes est affectée, lorsqu'il appartient à un réseau pluridisciplinaire, national ou international, dont les membres ont un intérêt économique commun, par la fourniture de prestations de services à une personne *(Ord. n° 2005-1126 du 8 sept. 2005, art. 13)* **« ou à une entité » contrôlée ou qui contrôle, au sens des I et II de l'article L. 233-3, la personne** *(Ord. n° 2005-1126 du 8 sept. 2005, art. 13)* **« ou l'entité » dont les comptes sont certifiés par ledit commissaire aux comptes. Le code de déontologie précise également les restrictions à apporter à la détention d'intérêts financiers par les salariés et collaborateurs du commissaire aux comptes dans les sociétés dont les comptes sont certifiés par lui.**

II. — Il est interdit au commissaire aux comptes de fournir à la personne *(Ord. n° 2005-1126 du 8 sept. 2005, art. 13)* **« ou à l'entité » qui l'a chargé de certifier ses comptes, ou aux personnes** *(Ord. n° 2005-1126 du 8 sept. 2005, art. 13)* **« ou entités » qui la contrôlent ou qui sont contrôlées par celle-ci au sens des I et II du même article, tout conseil ou toute autre prestation de services n'entrant pas dans les diligences directement liées à la mission de commissaire aux comptes, telles qu'elles sont définies par les normes d'exercice professionnel mentionnées au sixième alinéa de l'article L. 821-1.**

Lorsqu'un commissaire aux comptes est affilié à un réseau national ou international, dont les membres ont un intérêt économique commun et qui n'a pas pour activité exclusive le contrôle légal des comptes, il ne peut certifier les comptes d'une personne *(Ord. n° 2005-1126 du 8 sept. 2005, art. 13)* **« ou d'une entité » qui, en vertu d'un contrat conclu avec ce réseau ou un membre de ce réseau, bénéficie d'une prestation de services, qui n'est pas directement liée à la mission du commissaire aux comptes selon l'appréciation faite par le Haut Conseil du commissariat aux comptes en application du troisième alinéa de l'article L. 821-1.**

BIBL. ▶ VIDAL, *Dr. sociétés janv. 2004. 3* (interdiction de certifier pour appartenance à certains réseaux).

Art. L. 822-12 *(L. n° 2003-706 du 1er août 2003)* **Les commissaires aux comptes et les membres signataires d'une société de commissaires aux comptes ne peuvent être nommés dirigeants ou salariés des personnes** *(Ord. n° 2005-1126 du 8 sept. 2005, art. 14)* **« ou entités » qu'ils contrôlent, moins de cinq années après la cessation de leurs fonctions.**

Pendant ce même délai, ils ne peuvent exercer les mêmes fonctions dans une personne *(Ord. n° 2005-1126 du 8 sept. 2005, art. 14)* **« ou entité » contrôlée ou qui contrôle au sens des I et II de l'article L. 233-3 la personne morale dont ils ont certifié les comptes.**

Art. L. 822-13 *(L. n° 2003-706 du 1er août 2003)* **Les personnes ayant été dirigeants ou salariés d'une personne** *(Ord. n° 2005-1126 du 8 sept. 2005, art. 15)* **« ou entité » ne peuvent être nommées commissaires aux comptes de cette personne morale moins de cinq années après la cessation de leurs fonctions.**

Pendant le même délai, elles ne peuvent être nommées commissaires aux comptes des personnes *(Ord. n° 2005-1126 du 8 sept. 2005, art. 15)* **« ou entités » possédant au moins 10 % du capital de la personne** *(Ord. n° 2005-1126 du 8 sept. 2005,* *art. 15)* « ou de l'entité » dans laquelle elles exerçaient leurs fonctions, ou dont celle-ci possédait au moins 10 % du capital lors de la cessation de leurs fonctions.

Les interdictions prévues au présent article pour les personnes *(Ord. n° 2005-1126 du 8 sept. 2005, art. 15)* « ou entités » mentionnées au premier alinéa sont applicables aux sociétés de commissaires aux comptes dont lesdites personnes *(Ord. n° 2005-1126 du 8 sept. 2005, art. 15)* « ou entités » sont associées, actionnaires ou dirigeantes.

Art. L. 822-14 *(L. n° 2009-526 du 12 mai 2009, art. 138-IX, 4°)* « Le commissaire aux comptes, personne physique, et, dans les sociétés de commissaires aux comptes, le ou les associés signataires ainsi que, le cas échéant, tout autre associé principal au sens du 16 de l'article 2 de la directive 2006/43/CE du Parlement européen et du Conseil, du 17 mai 2006, concernant les contrôles légaux des comptes annuels et des comptes consolidés et modifiant les directives 78/660/CEE et 83/349/CEE, et abrogeant la directive 84/253/CEE du Conseil, ne peuvent certifier durant plus de six exercices consécutifs les comptes des personnes et entités dont les titres financiers sont admis à la négociation sur un marché réglementé.

« Ils ne peuvent à nouveau participer à une mission de contrôle légal des comptes de ces personnes ou entités avant l'expiration d'un délai de deux ans à compter de la date de clôture du sixième exercice qu'ils ont certifié. »

(L. n° 2003-706 du 1er août 2003, art. 104-II) « Cette disposition est également applicable aux personnes morales visées à l'article L. 612-1 et aux associations visées à l'article L. 612-4 dès lors que ces personnes font appel à la générosité publique » *(Ord. n° 2008-1278 du 8 déc. 2008, art. 10)* « au sens de l'article 3 de la loi n° 91-772 du 7 août 1991 ».

Dernier al. abrogé par L. n° 2009-526 du 12 mai 2009, art. 138-IX, 4°.

Les dispositions de l'art. L. 822-14 sont applicables trois ans après la promulgation de la L. n° 2003-706 du 1er août 2003. Elles ne remettent pas en cause les mandats des commissaires aux comptes qui seront alors en cours dans la limite de six ans à compter de la promulgation de cette loi (L. n° 2003-706 du 1er août 2003, art. 114-III, JO 2 août).

Art. L. 822-15 *(L. n° 2003-706 du 1er août 2003)* Sous réserve des dispositions de l'article *(Ord. n° 2005-1126 du 8 sept. 2005, art. 22)* « L. 823-12 » et des dispositions législatives particulières, les commissaires aux comptes, ainsi que leurs collaborateurs et experts, sont astreints au secret professionnel pour les faits, actes et renseignements dont ils ont pu avoir connaissance à raison de leurs fonctions. *(L. n° 2005-845 du 26 juill. 2005, art. 162-V)* « Toutefois, ils sont déliés du secret professionnel à l'égard du président du tribunal de commerce ou du tribunal de grande instance lorsqu'ils font application des dispositions du chapitre IV du titre III du livre II ou du chapitre II du titre Ier du livre VI. » — *Pour la sanction pénale, V. art. L. 820-5. — La L. n° 2005-845 du 26 juill. 2005 entre en vigueur le 1er janv. 2006 (art. 190).*

Lorsqu'une personne morale établit des comptes consolidés, les commissaires aux comptes de la personne morale consolidante et les commissaires aux comptes des personnes consolidées sont, les uns à l'égard des autres, libérés du secret professionnel. Ces dispositions s'appliquent également lorsqu'une personne établit des comptes combinés.

(Ord. n° 2008-1278 du 8 déc. 2008, art. 11) « Les commissaires aux comptes procédant à une revue indépendante ou contribuant au dispositif de contrôle de qualité interne sont astreints au secret professionnel. »

BIBL. ▶ BOULOC, *Rev. sociétés 2008. 291* .

Art. L. 822-16 *(L. n° 2003-706 du 1er août 2003)* Un décret en Conseil d'État approuve un code de déontologie de la profession, après avis du Haut Conseil du commissariat aux comptes et, pour les dispositions s'appliquant aux commissaires

aux comptes intervenant auprès des personnes *(Ord. n° 2005-1126 du 8 sept. 2005, art. 17)* **« et entités »** *(Ord. n° 2009-80 du 22 janv. 2009, art. 10-V, en vigueur le 1er avr. 2009)* **« dont les titres financiers sont admis aux négociations sur un marché réglementé ou offerts au public sur un système multilatéral de négociation qui se soumet aux dispositions législatives ou réglementaires visant à proteger les investisseurs contre les opérations d'initiés, les manipulations de cours et la diffusion de fausses informations », de l'Autorité des marchés financiers.** – *V. ledit code de déontologie, Annexe 8-1,* 🏛.

V. art. R. 822-60 s.

SECTION III DE LA RESPONSABILITÉ CIVILE

(Ord. n° 2005-1126 du 8 sept. 2005, art. 18)

Art. L. 822-17 Les commissaires aux comptes sont responsables, tant à l'égard de la personne ou de l'entité que des tiers, des conséquences dommageables des fautes et négligences par eux commises dans l'exercice de leurs fonctions.

Leur responsabilité ne peut toutefois être engagée à raison des informations ou divulgations de faits auxquelles ils procèdent en exécution de leur mission.

Ils ne sont pas civilement responsables des infractions commises par les dirigeants et mandataires sociaux, sauf si, en ayant eu connaissance, ils ne les ont pas signalées dans leur rapport à l'assemblée générale ou à l'organe compétent mentionnés à l'article L. 823-1. – *V. art. R. 822-70 et R. 822-71.*

Art. L. 822-18 Les actions en responsabilité contre les commissaires aux comptes se prescrivent dans les conditions prévues à l'article L. 225-254.

CHAPITRE III DE L'EXERCICE DU CONTRÔLE LÉGAL

(Ord. n° 2005-1126 du 8 sept. 2005, art. 19)

SECTION PREMIÈRE DE LA NOMINATION, DE LA RÉCUSATION ET DE LA RÉVOCATION DES COMMISSAIRES AUX COMPTES

Art. L. 823-1 En dehors des cas de nomination statutaire, les commissaires aux comptes sont désignés par l'assemblée générale ordinaire dans les personnes morales qui sont dotées de cette instance ou par l'organe exerçant une fonction analogue compétent en vertu des règles qui s'appliquent aux autres personnes ou entités.

Un ou plusieurs commissaires aux comptes suppléants, appelés à remplacer les titulaires en cas de refus, d'empêchement, de démission ou de décès sont désignés dans les mêmes conditions.

Les fonctions du commissaire aux comptes suppléant appelé à remplacer le titulaire prennent fin à la date d'expiration du mandat confié à ce dernier, sauf si l'empêchement n'a qu'un caractère temporaire. Dans ce dernier cas, lorsque l'empêchement a cessé, le titulaire reprend ses fonctions après l'approbation des comptes par l'assemblée générale ou l'organe compétent.

Lorsque le commissaire aux comptes a vérifié, au cours des deux derniers exercices, les opérations d'apports ou de fusion de la société ou des sociétés que celle-ci contrôle au sens des I et II de l'article L. 233-16, le projet de résolution le désignant en fait état.

V. art. R. 823-1 s.

Pour les sanctions, V. art. L. 820-3-1 et L. 820-4.

Art. L. 823-2 Les personnes et entités astreintes à publier des comptes consolidés désignent au moins deux commissaires aux comptes.

Art. L. 823-3 Les commissaires aux comptes sont nommés pour six exercices. Leurs fonctions expirent après la délibération de l'assemblée générale ou de l'organe compétent qui statue sur les comptes du sixième exercice.

Le commissaire aux comptes nommé en remplacement d'un autre ne demeure en fonction que jusqu'à l'expiration du mandat de son prédécesseur.

(Ord. n° 2008-1278 du 8 déc. 2008, art. 12) « Le commissaire aux comptes dont la mission est expirée, qui a été révoqué, relevé de ses fonctions, suspendu, interdit temporairement d'exercer, radié, omis ou a donné sa démission permet au commissaire aux comptes lui succédant d'accéder à toutes les informations et à tous les documents pertinents concernant la personne ou l'entité dont les comptes sont certifiés. »

Art. L. 823-4 Si l'assemblée ou l'organe compétent omet de désigner un commissaire aux comptes, tout membre de l'assemblée ou de l'organe compétent peut demander en justice la désignation d'un commissaire aux comptes, le représentant légal de la personne ou de l'entité dûment appelé. Le mandat ainsi conféré prend fin lorsqu'il a été pourvu par l'assemblée ou l'organe compétent à la nomination du ou des commissaires. – *V. art. R. 823-3.*

Art. L. 823-5 Lorsqu'une société de commissaires aux comptes est absorbée par une autre société de commissaires aux comptes, la société absorbante poursuit le mandat confié à la société absorbée jusqu'à la date d'expiration de ce dernier.

Toutefois, par dérogation aux dispositions de l'article L. 823-3, l'assemblée générale ou l'organe compétent de la personne ou de l'entité contrôlée peut, lors de sa première réunion postérieure à l'absorption, délibérer sur le maintien du mandat, après avoir entendu le commissaire aux comptes.

Art. L. 823-6 Un ou plusieurs actionnaires ou associés représentant au moins 5 % du capital social, le comité d'entreprise, le ministère public, l'Autorité des marchés financiers pour les personnes *(Ord. n° 2009-80 du 22 janv. 2009, art. 10-VI)* « dont les titres financiers sont admis aux négociations sur un marché réglementé » et entités peuvent, dans le délai et les conditions fixées par décret en Conseil d'État, demander en justice la récusation pour juste motif d'un ou plusieurs commissaires aux comptes. – *Les dispositions de l'Ord. n° 2009-80 du 22 janv. 2009 entrent en vigueur le 1er avr. 2009 (art. 31).*

Les dispositions de l'alinéa précédent sont applicables, en ce qui concerne les personnes autres que les sociétés commerciales, sur demande du cinquième des membres de l'assemblée générale ou de l'organe compétent.

S'il est fait droit à la demande, un nouveau commissaire aux comptes est désigné en justice. Il demeure en fonctions jusqu'à l'entrée en fonctions du commissaire aux comptes désigné par l'assemblée ou l'organe compétent. – *V. art. R. 823-5 et R. 823-6.*

Art. L. 823-7 En cas de faute ou d'empêchement, les commissaires aux comptes peuvent, dans les conditions fixées par décret en Conseil d'État, être relevés de leurs fonctions avant l'expiration normale de celles-ci, sur décision de justice, à la demande de l'organe collégial chargé de l'administration, de l'organe chargé de la direction, d'un ou plusieurs actionnaires ou associés représentant au moins 5 % du capital social, du comité d'entreprise, du ministère public ou de l'Autorité des marchés financiers pour les personnes *(Ord. n° 2009-80 du 22 janv. 2009, art. 10-VI)* « dont les titres financiers sont admis aux négociations sur un marché réglementé » et entités. — *Les dispositions de l'Ord. n° 2009-80 du 22 janv. 2009 entrent en vigueur le 1er avr. 2009 (art. 31).*

Les dispositions de l'alinéa précédent sont applicables, en ce qui concerne les personnes autres que les sociétés commerciales, sur demande du cinquième des membres de l'assemblée générale ou de l'organe compétent. — *V. art. R. 823-5 et R. 823-6.*

Art. L. 823-8 Lorsque, à l'expiration des fonctions d'un commissaire aux comptes, il est proposé à l'assemblée ou à l'organe compétent de ne pas le renouveler, le commissaire aux comptes doit, sous réserve des dispositions de l'article L. 822-14 et s'il le demande, être entendu par l'assemblée ou l'organe compétent.

Art. L. 823-8-1 *(L. n° 2012-387 du 22 mars 2012, art. 30)* L'assemblée générale ordinaire, dans les sociétés commerciales qui sont dotées de cette instance, ou l'organe exerçant une fonction analogue compétent en vertu des règles qui s'appliquent peut autoriser, sur proposition de l'organe collégial chargé de l'administration ou de l'organe chargé de la direction de la société, les commissaires aux comptes à adresser directement au greffe du tribunal, dans les délais qui s'imposent à la société, les rapports devant faire l'objet d'un dépôt et les documents qui y sont joints, ainsi que la copie des documents afférents à leur acceptation de mission ou à leur démission. Il peut être mis un terme à cette autorisation selon les mêmes formes.

SECTION II DE LA MISSION DU COMMISSAIRE AUX COMPTES

Art. L. 823-9 Les commissaires aux comptes certifient, en justifiant de leurs appréciations, que les comptes annuels sont réguliers et sincères et donnent une image fidèle du résultat des opérations de l'exercice écoulé ainsi que de la situation financière et du patrimoine de la personne ou de l'entité à la fin de cet exercice.

Lorsqu'une personne ou une entité établit des comptes consolidés, les commissaires aux comptes certifient, en justifiant de leurs appréciations, que les comptes consolidés sont réguliers et sincères et donnent une image fidèle du patrimoine, de la situation financière ainsi que du résultat de l'ensemble constitué par les personnes et entités comprises dans la consolidation. — *V. art. A. 823-2-1.*

Sans préjudice des dispositions de l'article L. 823-14, la certification des comptes consolidés est délivrée notamment après examen des travaux des commissaires aux comptes des personnes et entités comprises dans la consolidation ou, s'il n'en est point, des professionnels chargés du contrôle des comptes desdites personnes et entités.

V. art. R. 823-7 s.

Art. L. 823-10 Les commissaires aux comptes ont pour mission permanente, à l'exclusion de toute immixtion dans la gestion, de vérifier les valeurs et les documents comptables de la personne ou de l'entité dont ils sont chargés de certifier les comptes et de contrôler la conformité de sa comptabilité aux règles en vigueur.

Ils vérifient également la sincérité et la concordance avec les comptes annuels des informations données dans le rapport de gestion du conseil d'administration, du directoire ou de tout organe de direction, et dans les documents adressés aux actionnaires ou associés sur la situation financière et les comptes annuels. *(L. n° 2007-1223 du 21 août 2007, art. 17-V)* « Ils attestent spécialement l'exactitude et la sincérité des informations relatives aux rémunérations et aux avantages de toute nature versés à chaque mandataire social. »

Ils vérifient, le cas échéant, la sincérité et la concordance avec les comptes consolidés des informations données dans le rapport sur la gestion du groupe.

V. art. R. 823-7 et A. 823-29-1.

Art. L. 823-11 Les commissaires aux comptes s'assurent que l'égalité a été respectée entre les actionnaires, associés ou membres de l'organe compétent.

Art. L. 823-12 Les commissaires aux comptes signalent à la plus prochaine assemblée générale ou réunion de l'organe compétent les irrégularités et inexactitudes relevées par eux au cours de l'accomplissement de leur mission.

Ils révèlent au procureur de la République les faits délictueux dont ils ont eu connaissance, sans que leur responsabilité puisse être engagée par cette révélation.

(Ord. n° 2009-104 du 30 janv. 2009, art. 10) « Sans préjudice de l'obligation de révélation des faits délictueux mentionnée à l'alinéa précédent, ils mettent en œuvre les obligations relatives à la lutte contre le blanchiment des capitaux et le financement du terrorisme définies au chapitre Ier du titre VI du livre V du code monétaire et financier. » — *V. ces dispositions au* ***C. mon. fin.***

SECTION III DES MODALITÉS D'EXERCICE DE LA MISSION

Art. L. 823-12-1 *(L. n° 2008-776 du 4 août 2008, art. 59-I, 9°, en vigueur le 1er janv. 2009)* Les commissaires aux comptes exercent leurs diligences selon une norme d'exercice professionnel spécifique dans les sociétés en nom collectif, les sociétés en commandite simple, les sociétés à responsabilité limitée et les sociétés par actions simplifiées qui ne dépassent pas, à la clôture d'un exercice social, deux des seuils suivants, fixés par décret en Conseil d'État : le total de leur bilan, le montant hors taxes de leur chiffre d'affaires, ou le nombre moyen de leurs salariés. Cette norme est homologuée par arrêté du garde des sceaux, ministre de la justice. — *V. art. R. 823-22 et A. 823-27-1.*

Art. L. 823-13 A toute époque de l'année, les commissaires aux comptes, ensemble ou séparément, opèrent toutes vérifications et tous contrôles qu'ils jugent opportuns et peuvent se faire communiquer sur place toutes les pièces qu'ils estiment utiles à l'exercice de leur mission et notamment tous contrats, livres, documents comptables et registres des procès-verbaux.

Pour l'accomplissement de leurs contrôles, les commissaires aux comptes peuvent, sous leur responsabilité, se faire assister ou représenter par tels experts ou collaborateurs de leur choix, qu'ils font connaître nommément à la personne ou à l'entité dont ils sont chargés de certifier les comptes. Ces experts ou collaborateurs ont les mêmes droits d'investigation que les commissaires aux comptes.

V. art. R. 823-8 s.

Art. L. 823-14 Les investigations prévues à l'article L. 823-13 peuvent être faites tant auprès de la personne ou de l'entité dont les commissaires aux comptes sont chargés de certifier les comptes que des personnes ou entités qui la contrôlent ou qui sont contrôlées par elle au sens de l'article L. 233-3. Elles peuvent également être faites, pour l'application du deuxième alinéa de l'article L. 823-9, auprès de l'ensemble des personnes ou entités comprises dans la consolidation.

Les commissaires aux comptes peuvent également recueillir toutes informations utiles à l'exercice de leur mission auprès des tiers qui ont accompli des opérations pour le compte de la personne ou de l'entité. Toutefois, ce droit d'information ne peut s'étendre à la communication des pièces, contrats et documents quelconques détenus par des tiers, à moins qu'ils n'y soient autorisés par une décision de justice.

Le secret professionnel ne peut être opposé aux commissaires aux comptes dans le cadre de leur mission, sauf par les auxiliaires de justice. — *V. art. R. 823-4.*

Art. L. 823-15 Lorsque la personne ou l'entité est astreinte à désigner deux commissaires aux comptes, ceux-ci se livrent ensemble à un examen contradictoire des conditions et des modalités d'établissement des comptes, selon les prescriptions énoncées par une norme d'exercice professionnel établie conformément au sixième alinéa de l'article L. 821-1. Une norme d'exercice professionnel détermine les principes de répartition des diligences à mettre en œuvre par chacun des commissaires aux comptes pour l'accomplissement de leur mission. — *V. art. A. 823-3.*

Art. L. 823-16 *(Ord. nº 2008-1278 du 8 déc. 2008, art. 13)* « Les commissaires aux comptes portent à la connaissance, selon le cas, de l'organe collégial chargé de l'administration ou de l'organe chargé de la direction et de l'organe de surveillance, ainsi que, le cas échéant, du comité spécialisé agissant sous la responsabilité exclusive et collective de ces organes : »

(Ord. nº 2005-1126 du 8 sept. 2005, art. 19) « 1º Leur programme général de travail mis en œuvre ainsi que les différents sondages auxquels ils ont procédé ;

« 2º Les modifications qui leur paraissent devoir être apportées aux comptes devant être arrêtés ou aux autres documents comptables, en faisant toutes observations utiles sur les méthodes d'évaluation utilisées pour leur établissement ;

« 3º Les irrégularités et les inexactitudes qu'ils auraient découvertes ;

« 4º Les conclusions auxquelles conduisent les observations et rectifications ci-dessus sur les résultats de la période comparés à ceux de la période précédente. »

(Ord. nº 2008-1278 du 8 déc. 2008, art. 13) « Lorsqu'ils interviennent auprès de personnes ou d'entités soumises aux dispositions de l'article L. 823-19 ou qui se sont volontairement dotées d'un comité spécialisé au sens dudit article, ils examinent en outre avec le comité spécialisé mentionné à cet article les risques pesant sur leur indépendance et les mesures de sauvegarde prises pour atténuer ces risques. Ils portent à la connaissance de ce comité les faiblesses significatives du contrôle interne, pour ce qui concerne les procédures relatives à l'élaboration et au traitement de l'information comptable et financière, et lui communiquent chaque année :

« *a)* Une déclaration d'indépendance ;

« *b)* Une actualisation des informations mentionnées à l'article L. 820-3 détaillant les prestations fournies par les membres du réseau auquel les commissaires aux comptes sont affiliés ainsi que les prestations accomplies au titre des diligences directement liées à la mission. »

Les dispositions du 2º de l'art. L. 823-16 C. com. entrent en vigueur à l'expiration d'un délai de huit mois qui suit la clôture du premier exercice ouvert à compter du 1er janv. 2008 au cours duquel un mandat au sein de l'organe d'administration ou de surveillance vient à échéance (Ord. nº 2008-1278 du 8 déc. 2008, art. 21).

Art. L. 823-16-1 *(L. nº 2011-900 du 29 juill. 2011, art. 63-II)* Les commissaires aux comptes sont déliés du secret professionnel à l'égard du comptable public d'un organisme public lorsqu'ils sont chargés de la certification des comptes dudit organisme. Les commissaires aux comptes adressent copie de leurs rapports de certification des comptes des organismes publics dotés d'un comptable public à ce dernier.

Art. L. 823-17 Les commissaires aux comptes sont convoqués à toutes les réunions du conseil d'administration ou du directoire et du conseil de surveillance, ou de l'organe collégial d'administration ou de direction et de l'organe de surveillance qui examinent ou arrêtent des comptes annuels ou intermédiaires, ainsi qu'à toutes les assemblées d'actionnaires ou d'associés ou à toutes les réunions de l'organe compétent mentionné à l'article L. 823-1.

Art. L. 823-18 Les honoraires des commissaires aux comptes sont supportés par la personne ou l'entité dont ils sont chargés de certifier les comptes. Ces honoraires sont fixés selon des modalités déterminées par décret en Conseil d'État. – *V. art. R. 823-12 s.*

La chambre régionale de discipline et, en appel, le Haut Conseil du commissariat aux comptes sont compétents pour connaître de tout litige tenant à la rémunération des commissaires aux comptes.

Art. L. 823-19 *(Ord. nº 2008-1278 du 8 déc. 2008, art. 14)* Au sein des personnes et entités dont les titres sont admis à la négociation sur un marché réglementé, ainsi que dans les établissements de crédit mentionnés à l'article L. 511-1 du code monétaire et financier, les entreprises d'assurances et de réassurances, les mutuelles régies par le livre II du code de la mutualité et les institutions de prévoyance régies par le titre III du livre IX du code de la sécurité sociale, un comité spécialisé agissant sous la responsabilité *(Abrogé par L. nº 2010-1249 du 22 oct. 2010, art. 31) « exclusive et collective des membres »*, selon le cas, de l'organe chargé de l'administration ou de l'organe de surveillance assure le suivi des questions relatives à l'élaboration et au contrôle des informations comptables et financières.

La composition de ce comité est fixée, selon le cas, par l'organe chargé de l'administration ou de la surveillance. Le comité ne peut comprendre que des membres de l'organe chargé de l'administration ou de la surveillance en fonctions dans la société, à l'exclusion de ceux exerçant des fonctions de direction. Un membre au moins du comité doit présenter des compétences particulières en matière financière ou comptable et être indépendant au regard de critères précisés et rendus publics par l'organe chargé de l'administration ou de la surveillance.

Sans préjudice des compétences des organes chargés de l'administration, de la direction et de la surveillance, ce comité est notamment chargé d'assurer le suivi :

a) Du processus d'élaboration de l'information financière ;

b) De l'efficacité des systèmes de contrôle interne et de gestion des risques ;

c) Du contrôle légal des comptes annuels et, le cas échéant, des comptes consolidés par les commissaires aux comptes ;

d) De l'indépendance des commissaires aux comptes.

Il émet une recommandation sur les commissaires aux comptes proposés à la désignation par l'assemblée générale ou l'organe exerçant une fonction analogue.

Il rend compte régulièrement à l'organe collégial chargé de l'administration ou à l'organe de surveillance de l'exercice de ses missions et l'informe sans délai de toute difficulté rencontrée.

Les dispositions des art. L. 823-19 et L. 823-20 C. com. entrent en vigueur à l'expiration d'un délai de huit mois qui suit la clôture du premier exercice ouvert à compter du 1er janv. 2008 au cours duquel un mandat au sein de l'organe d'administration ou de surveillance vient à échéance (Ord. nº 2008-1278 du 8 déc. 2008, art. 21).

Les dispositions de la L. nº 2010-1249 du 22 oct. 2010 sont applicables en Nouvelle-Calédonie et dans les îles Wallis-et-Futuna (L. préc., art. 85-II).

Art. L. 823-20 *(Ord. nº 2008-1278 du 8 déc. 2008, art. 14)* Sont exemptés des obligations mentionnées à l'article L. 823-19 :

1° Les personnes et entités contrôlées au sens de l'article L. 233-16, lorsque la personne ou l'entité qui les contrôle est elle-même soumise aux dispositions de l'article L. 823-19 ;

2° Les organismes de placement collectif mentionnés à l'article L. 214-1 du code monétaire et financier ;

3° Les établissements de crédit dont les titres ne sont pas admis à la négociation sur un marché réglementé et qui n'ont émis, de manière continue ou répétée, que des titres obligataires, à condition que le montant total nominal de ces titres reste inférieur à 100 millions d'euros et qu'ils n'aient pas publié de prospectus ;

4° Les personnes et entités disposant d'un organe remplissant les fonctions du comité spécialisé mentionné à l'article L. 823-19, sous réserve d'identifier cet organe, qui peut être l'organe chargé de l'administration ou l'organe de surveillance, et de rendre publique sa composition.

Pour l'entrée en vigueur, V. note ss. art. L. 823-19.

LIVRE NEUVIÈME DISPOSITIONS RELATIVES À L'OUTRE-MER

RÉP. COM. v[is] *Départements d'outre-mer,* par LUCHAIRE ; *Collectivités territoriales d'outre-mer,* par PANSIER.

BIBL. ▶ SEUBE, *Mélanges Tricot, Dalloz/Litec, 2011, p. 279* (les dispositions relatives à l'outre-mer du code de commerce).

TITRE PREMIER A OBSERVATOIRES DES PRIX, DES MARGES ET DES REVENUS DANS LES OUTRE-MER

(L. n° 2012-1270 du 20 nov. 2012, art. 23-I)

Le titre Ier A tel qu'il résulte de la L. n° 2012-1270 du 20 nov. 2012 entre en vigueur à la date de publication du décret prévu à l'art. L. 910-1 J (L. préc., art. 23-IV).

Art. L. 910-1 A **En Guadeloupe, en Guyane, en Martinique, à La Réunion, à Mayotte, à Saint-Pierre-et-Miquelon et à Wallis-et-Futuna, un observatoire des prix, des marges et des revenus analyse le niveau et la structure des prix, des marges et des revenus et fournit aux pouvoirs publics une information régulière sur leur évolution.** *V. aussi art. L. 410-3 à L. 410-5.*

Jusqu'à la date de publication du décret prévu à l'art. L. 910-1 J, l'observatoire des prix et des revenus prévu à l'art. L. 910-1 A dans sa rédaction issue de la L. n° 2012-260 du 22 févr. 2012 ou, à Wallis-et-Futuna, l'observatoire des prix, exerce les compétences attribuées à l'observatoire des prix, des marges et des revenus par la L. n° 2012-1270 du 20 nov. 2012 (L. préc., art. 23-IV). — V. Décr. n° 2012-1459 du 26 déc. 2012, ss. art. L. 410-5.

Ancien art. L. 910-1 A (L. n° 2012-260 du 22 févr. 2012, art. 3) ***En Guadeloupe, en Guyane, en Martinique, à La Réunion, à Mayotte et à Saint-Pierre-et-Miquelon, un observatoire des prix et des revenus a pour mission d'analyser le niveau et la structure des prix et des revenus et de fournir aux pouvoirs publics une information régulière sur leur évolution.***

Chaque observatoire publie annuellement des relevés portant sur le niveau et la structure des coûts de passage portuaire.

Les modalités de désignation du président, la composition et les conditions de fonctionnement de chaque observatoire sont définies par décret.

Art. L. 910-1 B **Le président de chaque observatoire est nommé, pour un mandat de cinq ans renouvelable, par arrêté du premier président de la Cour des comptes, parmi les membres du corps des magistrats des chambres régionales des comptes ou parmi les magistrats honoraires de ce corps.**

Art. L. 910-1 C **I. — En Guadeloupe, en Guyane, en Martinique, à La Réunion, à Mayotte et à Saint-Pierre-et-Miquelon, chaque observatoire comprend, outre son président, les députés et sénateurs élus dans la collectivité concernée, des représentants des collectivités territoriales concernées, de l'État, des associations de consommateurs, des syndicats d'employeurs et de salariés, du conseil économique et social régional, des chambres consulaires, de l'institut mentionné à la section II du chapitre Ier du titre Ier du livre VII du code monétaire et financier et des personnalités qualifiées à raison de leur compétence ou de leurs connaissances en matière de for-**

mation des prix, des marges et des revenus. Les modalités de désignation des membres de chaque observatoire sont fixées par décret.

A Wallis-et-Futuna, l'observatoire comprend, outre son président, les parlementaires élus dans les îles Wallis-et-Futuna, des élus locaux, des représentants de l'État, de la chefferie, des associations de consommateurs, des chambres consulaires, des syndicats d'employeurs et de salariés, de l'établissement visé à l'article L. 712-4 du code monétaire et financier et des personnalités qualifiées à raison de leur compétence ou de leurs connaissances en matière de formation des prix, des marges et des revenus. Les modalités de désignation des membres de l'observatoire sont fixées par décret.

II. — Les membres de chaque observatoire sont tenus à une obligation de discrétion à l'égard des informations présentant un caractère confidentiel dont ils ont connaissance dans le cadre de l'exercice de leurs missions.

III. — Les membres de chaque observatoire exercent leurs fonctions à titre gratuit.

Art. L. 910-1 D Chaque observatoire se réunit au moins une fois par an. Il se réunit également à la demande d'un tiers au moins de ses membres. Il peut constituer en son sein des commissions spécialisées.

Le secrétariat de chaque observatoire est assuré par les services de l'État présents dans la collectivité concernée.

Art. L. 910-1 E Chaque observatoire peut émettre un avis afin d'éclairer les pouvoirs publics sur la conduite de la politique économique et de cohésion sociale menée dans la collectivité sur le territoire de laquelle il est établi.

Art. L. 910-1 F Chaque observatoire publie annuellement des données portant sur le niveau et la structure des coûts de passage portuaire.

Art. L. 910-1 G Chaque observatoire est informé de toute mesure relative à la réglementation des marchés et à l'encadrement des prix qui concerne le département ou la collectivité d'outre-mer pour lequel il est compétent.

Art. L. 910-1 H Sauf disposition législative contraire, les administrations de l'État et les établissements publics de l'État sont tenus de communiquer à chaque observatoire qui en fait la demande les éléments d'information et les études dont ils disposent et qui lui apparaissent nécessaires pour l'exercice de sa mission. Chaque observatoire fait connaître aux administrations de l'État et aux établissements publics de l'État ses besoins afin qu'ils en tiennent compte dans l'élaboration de leurs programmes de travaux statistiques et d'études.

Les observatoires recueillent les données nécessaires à l'exercice de leurs missions auprès de l'établissement mentionné à l'article L. 621-1 du code rural et de la pêche maritime et du service statistique public.

Art. L. 910-1 I Chaque observatoire rend un rapport annuel, qui peut être assorti d'avis et de propositions. Ce rapport est adressé au Parlement et aux ministres chargés des outre-mer, de l'économie, des finances et de l'emploi.

Il peut également, à la demande de son président ou du tiers de ses membres, rendre des rapports sur des sujets particuliers.

Art. L. 910-1 J Les modalités d'application du présent titre sont déterminées par décret. — *V. Décr. n° 2012-1459 du 26 déc. 2012, ss. art. L. 410-5.*

TITRE PREMIER DISPOSITIONS SPÉCIFIQUES À SAINT-PIERRE-ET-MIQUELON

Art. L. 910-1 Ne sont pas applicables à Saint-Pierre-et-Miquelon les articles :

1° L. 125-3, L. 126-1 ;

2° *(L. n° 2005-842 du 26 juill. 2005, art. 11-III)* « L. 225-245-1, L. 229-1 à L. 229-15, L. 238-6, L. 244-5 et » L. 252-1 à L. 252-13 ;

3° L. 470-6 ;

4° L. 522-1 à L. 522-40 et L. 524-20 ;

5° *(Ord. n° 2011-821 du 8 juill. 2011, art. 1er)* « L. 711-2 (deuxième et dernier alinéas), L. 721-1, L. 721-2, L. 722-1 à L. 724-7, L. 741-1 à L. 743-11 et L. 750-1 à L. 761-11 ainsi que les dispositions relatives aux chambres de commerce et d'industrie de région des chapitres Ier, II et III du titre Ier du livre VII. »

Art. L. 910-2 Pour l'application du présent code à Saint-Pierre-et-Miquelon, les termes énumérés ci-après sont remplacés comme suit :

1° "Tribunal de grande instance" ou "tribunal d'instance" par "tribunal de première instance" ;

2° "Tribunal de commerce" ou "justice consulaire" par "tribunal de première instance statuant en matière commerciale" ;

3° "Département" ou "arrondissement" par "collectivité territoriale" ;

4° "*Bulletin officiel des annonces civiles et commerciales*" par "Recueil des actes administratifs de la collectivité territoriale".

Art. L. 910-3 Les références faites, par des dispositions du présent code applicables à Saint-Pierre-et-Miquelon, à d'autres articles du présent code, ne concernent que les articles rendus applicables dans la collectivité avec les adaptations prévues dans les chapitres ci-dessous.

Art. L. 910-4 En l'absence d'adaptation, les références faites par des dispositions du présent code applicables à Saint-Pierre-et-Miquelon, à des dispositions qui n'y sont pas applicables, sont remplacées par les références aux dispositions ayant le même objet applicables localement.

Art. L. 910-5 Les articles faisant référence à la Communauté européenne sont applicables dans le respect de la décision d'association prévue à l'article 136 du traité instituant la Communauté européenne *[art. 203 TFUE]*. Les références à l'accord sur l'Espace économique européen ne sont pas applicables.

CHAPITRE PREMIER DISPOSITIONS D'ADAPTATION DU LIVRE Ier

Art. L. 911-1 *(Ord. n° 2004-279 du 25 mars 2004, art. 6)* A l'article L. 122-1, les *mots :* "par le *[au]* préfet du département dans lequel il envisage d'exercer pour la première fois son activité" sont remplacés par les mots : "par le *[au]* préfet de la collectivité dans le cas où l'étranger doit y exercer pour la première fois son activité".

Il convient de tenir compte de la nouvelle rédaction de l'art. L. 122-1 issue de la L. n° 2006-911 du 24 juill. 2006 (art. 22). — V. art. L. 122-1.

Art. L. 911-2 Les dérogations prévues par les articles L. 123-25 à L. 123-27 sont applicables aux personnes physiques soumises à un régime simplifié d'imposition par la réglementation en vigueur à Saint-Pierre-et-Miquelon.

Art. L. 911-3 A l'article L. 133-7, les mots : "les droits, taxes, frais et amendes de douane liés à une opération de transport" sont supprimés.

Art. L. 911-4 L'inscription au greffe du tribunal de première instance statuant en matière commerciale dispense de la formalité de l'enregistrement les actes et déclarations qui y sont soumis en application de l'article L. 141-5.

Art. L. 911-5 Pour l'application des articles L. 141-15, L. 143-7 et L. 145-28, un magistrat du tribunal de première instance peut être délégué par le président.

Art. L. 911-6 A l'article L. 141-13, les mots : "par les articles 638 et 653 du code général des impôts" sont remplacés par les mots : "par les dispositions de droit fiscal applicables localement".

Art. L. 911-7 A l'article L. 144-5, les mots : "les articles L. 3211-2 et L. 3212-1 à L. 3212-12 du code de la santé publique" sont remplacés par les mots : "les articles du code de la santé publique applicable localement relatifs à l'hospitalisation et à l'internement avec ou sans le consentement de l'intéressé".

Art. L. 911-8 L'article L. 145-2 est modifié ainsi qu'il suit :

I. – Au 4°, les mots : "à l'État, aux départements, aux communes, aux établissements publics" sont remplacés par les mots : "à l'État, aux collectivités territoriales et aux établissements publics" ;

II. – Au 6°, les mots : "à la caisse de sécurité sociale de la maison des artistes et reconnus auteurs d'œuvres graphiques et plastiques, tels que définis par l'article 71 de l'annexe III du code général des impôts" sont remplacés par les mots : "à la caisse locale d'assurance sociale et reconnus auteurs d'œuvres graphiques et plastiques au sens du code des impôts applicable localement".

Art. L. 911-9 Pour l'application de l'article L. 145-6, les mots : "l'évacuation des lieux compris dans un secteur ou périmètre prévu aux articles *(Ord. n° 2005-1527 du 8 déc. 2005, art. 29)* « L. 313-4 à L. 313-4-2 » du code de l'urbanisme" sont remplacés par les mots : "l'évacuation des lieux prévue à l'article L. 145-18".

Art. L. 911-10 A l'article L. 145-13, les mots : "sous réserve des dispositions de la loi du 28 mai 1943 relative à l'application aux étrangers des lois en matière de baux à loyer et de baux à ferme" sont supprimés.

Art. L. 911-11 Le deuxième alinéa de l'article L. 145-18 est ainsi rédigé :

Art. L. 145-18, al. 2 Il en est de même pour effectuer des opérations de restauration immobilière comportant des travaux de remise en état, de conservation, de modernisation ou de démolition ayant pour conséquence la transformation des conditions d'habitabilité d'un ensemble d'immeubles nécessitant l'évacuation des lieux. Ces opérations peuvent être décidées et exécutées dans le respect de la réglementation locale, soit par les autorités publiques localement compétentes, soit à l'initiative d'un ou de plusieurs propriétaires, groupés ou non en association syndicale. Dans ce dernier cas, ce ou ces propriétaires y sont spécialement autorisés dans des conditions fixées par le représentant de l'État, qui précisent notamment les engagements exigés des propriétaires quant à la nature et à l'importance des travaux. Les immeubles acquis par un organisme de rénovation ne peuvent, après restauration, être cédés de gré à gré qu'aux conditions d'un cahier des charges type approuvé par le représentant de l'État.

Art. L. 911-12 A l'article L. 145-26, après les mots : "à l'État, aux départements, aux communes", sont ajoutés les mots : "à la collectivité territoriale".

Art. L. 911-13 Le premier alinéa de l'article L. 145-34 est ainsi rédigé :

Art. L. 145-34, al. 1er A moins d'une modification notable des éléments déterminant la valeur locative, le taux de variation du loyer applicable lors de la prise d'effet du bail à renouveler, si sa durée n'est pas supérieure à neuf ans, ne peut excéder la variation d'un indice local trimestriel mesurant le coût de la construction intervenue depuis la fixation initiale du loyer du bail expiré. Cet indice est calculé dans des conditions déterminées par arrêté du représentant de l'État. A défaut de clause contractuelle fixant le trimestre de référence de cet indice, il y a lieu de prendre en compte une variation de l'indice local trimestriel mesurant le coût de la construction fixé à cet effet par l'arrêté précité.

Art. L. 911-14 L'article L. 145-35 est modifié ainsi qu'il suit :

I. — Au premier alinéa, le mot : "départementale" est supprimé ;

II. — Le dernier alinéa est ainsi rédigé :

"La composition de la commission, le mode de désignation de ses membres et ses règles de fonctionnement sont fixés par arrêté du représentant de l'État."

CHAPITRE II DISPOSITIONS D'ADAPTATION DU LIVRE II

Art. L. 912-1 Aux articles *(Ord. no 2004-274 du 25 mars 2004, art. 46-II)* « L. 223-18, » L. 225-36 et L. 225-65, les mots : "dans le même département ou un département limitrophe" sont remplacés par les mots : "dans la collectivité".

Art. L. 912-1-1 *(Ord. no 2008-697 du 11 juill. 2008, art. 1er)* Les mots : "la loi no 2005-882 du 2 août 2005 en faveur des petites et moyennes entreprises" et les mots : "la loi no 2005-882 du 2 août 2005 précitée" figurant au troisième et au quatrième alinéa de l'article L. 223-30 sont remplacés respectivement par les mots : "l'ordonnance no 2008-697 du 11 juillet 2008 relative à l'application à Saint-Pierre-et-Miquelon de la loi no 2005-882 du 2 août 2005 en faveur des petites et moyennes entreprises et réformant la chambre interprofessionnelle de Saint-Pierre-et-Miquelon" et par les mots : "l'ordonnance no 2008-697 du 11 juillet 2008 précitée".

Art. L. 912-2 Le dernier alinéa de l'article L. 225-43 et celui de l'article L. 225-91 sont supprimés.

Art. L. 912-3 Au deuxième alinéa de l'article L. 225-102, les mots : "ainsi que par les salariés d'une société coopérative ouvrière de production au sens de la loi no 78-763 du 19 juillet 1978 portant statut de sociétés coopératives ouvrières de production" sont supprimés.

Art. L. 912-4 *(Ord. no 2004-604 du 24 juin 2004, art. 59)* Au 5o de l'article L. 225-115, les mots : "versements effectués en application des 1 et 4 de l'article 238 *bis* du code général des impôts" sont remplacés par les mots : "déductions fiscales prévues par les dispositions du code des impôts applicables localement relatives au total des déductions du montant des bénéfices imposables des sociétés qui procèdent à des versements au profit d'œuvres d'organismes d'intérêt général, ou de sociétés agréées ou à des donations d'œuvre d'art à l'État".

Art. L. 912-5 *Abrogé par Ord. no 2004-604 du 24 juin 2004, art. 55.*

Art. L. 912-6 Au VI de l'article L. 225-270, les mots : "les dispositions de l'article 94 A du code général des impôts" sont remplacés par les mots : "les dispositions du code des impôts applicable localement relatives aux gains nets en capital réalisés à l'occasion de la cession à titre onéreux de valeurs mobilières et de droits sociaux".

Art. L. 912-7 *(Ord. n° 2008-697 du 11 juill. 2008, art. 1er)* Au cinquième alinéa (2°) de l'article L. 239-1, les mots : "à l'article 208 D du code général des impôts" sont remplacés par les mots : "au code général des impôts applicable localement".

CHAPITRE III DISPOSITIONS D'ADAPTATION DU LIVRE III

Art. L. 913-1 *(L. n° 2011-850 du 20 juill. 2011, art. 49-III, en vigueur le 1er sept. 2011)* L'article L. 322-9 est ainsi rédigé :

Art. L. 322-9 Les courtiers de marchandises assermentés se conforment aux dispositions prescrites par le code des impôts applicable localement relatives aux ventes publiques et par enchères.

CHAPITRE IV DISPOSITIONS D'ADAPTATION DU LIVRE IV

Art. L. 914-1 Au second alinéa de l'article L. 442-2, avant les mots : "taxes sur le chiffre d'affaires", est ajouté le mot : "éventuelles".

(Ord. n° 2008-697 du 11 juill. 2008, art. 1er) « Au deuxième et au troisième alinéa de l'article L. 442-2, les dates : "1er janvier 2006" et "1er janvier 2007" sont respectivement remplacées par les dates : "1er janvier 2009" et "1er janvier 2010". »

Art. L. 914-2 L'article L. 443-1 est modifié ainsi qu'il suit :

I. – Au 3°, les mots : "à l'article 403 du code général des impôts" sont remplacés par les mots : "par les dispositions du code des impôts applicable localement".

II. – Le 4° est ainsi rédigé :

"4° A soixante-quinze jours après le jour de livraison pour les achats de boissons alcooliques passibles des droits de circulation prévus par le code des impôts applicable localement."

CHAPITRE V DISPOSITIONS D'ADAPTATION DU LIVRE V

Art. L. 915-1 Le deuxième alinéa de l'article L. 511-62 est ainsi rédigé :

Art. L. 511-62, al. 2 La retraite comprend les sommes indiquees dans les articles L. 511-45 et L. 511-46, outre les droits de courtage et de timbre éventuellement prévus par les dispositions du code des impôts applicable localement

Art. L. 915-2 Le premier alinéa de l'article L. 524-19 est ainsi rédigé :

Art. L. 524-19, al. 1er Le montant des droits à percevoir par le greffier du tribunal de première instance statuant en matière commerciale est fixé par décret.

Art. L. 915-3 Au premier alinéa de l'article L. 525-2, après les mots "au droit fixe", sont ajoutés les mots : "selon les modalités en vigueur localement".

Art. L. 915-4 Au II de l'article L. 525-9, les mots : "au privilège visé à l'article L. 243-4 du code *[de]* la sécurité sociale" sont remplacés par les mots : "au privilège organisé en faveur de la caisse de prévoyance sociale de la collectivité territoriale".

Art. L. 915-5 L'article L. 525-18 est modifié ainsi qu'il suit :

I. – Au 1°, la référence au décret n° 53-968 du 30 septembre 1953 est remplacée par la référence au décret n° 55-639 du 20 mai 1955 ; – *V. note ss. art. L. 525-18.*

II. – Le 2° est ainsi rédigé :

"2° Les navires de mer."

Art. L. 915-6 *(Ord. n° 2011-322 du 24 mars 2011, art. 4)* Au 4° de l'article L. 526-7, les mots : "auprès de la chambre d'agriculture compétente" sont remplacés par les mots : "au registre mentionné au 3°".

CHAPITRE VI DISPOSITIONS D'ADAPTATION DU LIVRE VI

Art. L. 916-1 *(L. n° 2005-845 du 26 juill. 2005, art. 193-I)* Le 4° du III de l'article L. 643-11 ne s'applique pas à Saint-Pierre-et-Miquelon.

CHAPITRE VII DISPOSITIONS D'ADAPTATION DU LIVRE VII

Les dispositions du titre Ier du livre VII, telles qu'adaptées à Saint-Pierre-et-Miquelon par le titre Ier du livre IX, sont applicables à la chambre d'agriculture, de commerce, d'industrie, de métiers et de l'artisanat sous réserve des adaptations suivantes :

1° Les dispositions relatives aux catégories professionnelles et aux sous-catégories professionnelles prévues à la section III du chapitre III ne sont pas applicables ;

2° Les électeurs de la chambre d'agriculture, de commerce, d'industrie, de métiers et de l'artisanat sont répartis en trois collèges représentant :

– les activités du secteur de l'agriculture ;

– les activités du secteur de l'artisanat et des métiers ;

– les activités du secteur de l'industrie, du commerce et des services ;

3° Les dispositions du II de l'art. L. 713-1 et des art. L. 713-2 à L. 713-4 s'appliquent au collège représentant les activités du secteur de l'industrie, du commerce et des services.

Toutefois, la condition d'âge prévue au premier alinéa de l'art. L. 713-4 s'applique à tous les éligibles de la chambre d'agriculture, de commerce, d'industrie, de métiers et de l'artisanat ;

4° Par dérogation aux dispositions du deuxième alinéa de l'art. L. 713-12, le nombre des sièges de la chambre d'agriculture, de commerce, d'industrie, de métiers et de l'artisanat est fixé à dix-huit ;

5° Pour l'application de l'art. L. 713-13 : a) Au premier alinéa, les mots : "entre catégories et sous-catégories professionnelles" sont remplacés par les mots : "entre les collèges mentionnés au 2 de l'art. 18 de l'Ord. n° 77-1106 du 26 sept. 1977 portant extension et adaptation à la collectivité territoriale de Saint-Pierre-et-Miquelon de diverses dispositions législatives relatives au domaine industriel, agricole et commercial" ; b) Au deuxième alinéa, les mots : "Aucune des catégories professionnelles" sont remplacés par les mots : "Aucun des collèges mentionnés au 2 de l'art. 18 de l'art. 18 de l'Ord. n° 77-1106 du 26 sept. 1977 précitée" ;

6° Au premier alinéa de l'art. L. 713-15, les mots : "Pour l'élection des membres des chambres de commerce et d'industrie" sont remplacés par les mots : "Pour l'élection des membres du collège représentant les activités du secteur de l'industrie, du commerce et des services" ;

7° Les dispositions relatives aux électeurs et aux éligibles du collège représentant les activités de l'agriculture et du collège représentant les activités de l'artisanat et des métiers sont fixées par décret en Conseil d'État. (Ord. n° 77-1106 du 26 sept. 1977, art. 18, dans sa rédaction issue de l'Ord. n° 2008-697 du 11 juill. 2008, art. 2-II).

Dans les textes législatifs et réglementaires applicables à Saint-Pierre-et-Miquelon, les références aux chambres départementales d'agriculture, aux chambres de commerce et d'industrie (y compris lorsqu'elles sont qualifiées d'établissements du réseau des chambres de commerce et d'industrie), aux chambres de métiers et de l'artisanat et aux chambres consulaires sont remplacées par une référence à la chambre d'agriculture, de commerce, d'industrie, de métiers et de l'artisanat (Ord n° 77-1106 du 26 sept. 1977, art. 19, dans sa rédaction issue de l'Ord. n° 2008-697 du 11 juill. 2008, art. 2-III).

Art. L. 917-1 *Abrogé par Ord. n° 2008-697 du 11 juill. 2008, art. 1er.*

Art. L. 917-2 *(Ord. n° 2011-821 du 8 juill. 2011, art. 1er)* **La chambre d'agriculture, de commerce, d'industrie, de métiers et de l'artisanat recrute et gère les personnels de droit privé et les personnels de droit public, dont ceux soumis au statut prévu par la loi n° 52-1311 du 10 décembre 1952 relative à l'établissement obligatoire d'un statut du personnel administratif des chambres d'agriculture, des chambres de commerce et des chambres de métiers.**

Art. L. 917-3 *(Ord. n° 2011-821 du 8 juill. 2011, art. 1er)* **L'assemblée de la chambre d'agriculture, de commerce, d'industrie, de métiers et de l'artisanat élit son président parmi ses membres.**

Art. L. 917-4 *(Ord. n° 2011-821 du 8 juill. 2011, art. 1er)* **Pour l'application de l'article L. 712-2, les mots : "du réseau au moyen des impositions de toute nature affectées aux chambres de commerce et d'industrie de région" sont remplacés par les mots : "de la chambre d'agriculture, de commerce, d'industrie, de métiers et de l'artisanat comme il est dit dans les dispositions du code des impôts applicable dans la collectivité".**

Art. L. 917-5 *(Ord. n° 2008-697 du 11 juill. 2008, art. 1er)* **Pour l'application de l'article L. 712-7, les mots : ", notamment celles mentionnées au 2° de l'article L. 711-8," sont supprimés.**

CHAPITRE VIII DISPOSITIONS D'ADAPTATION DU LIVRE VIII

Le livre VIII ne nécessite aucune mesure d'adaptation.

TITRE DEUXIÈME DISPOSITIONS SPÉCIFIQUES AU DÉPARTEMENT DE MAYOTTE *(Ord. n° 2012-578 du 26 avr. 2012, art. 1er).*

BIBL. ▶ SEUBE, *Mélanges Tricot, Dalloz/Litec, 2011, p. 279* (les dispositions relatives à l'outre-mer du code de commerce : l'exemple de Mayotte).

Art. L. 920-1 *(Ord. n° 2012-578 du 26 avr. 2012, art. 2)* **Ne sont pas applicables au Département de Mayotte les dispositions suivantes :**

1° Au livre II, l'article L. 225-245-1, le chapitre IX du titre II, le chapitre IV *bis* du titre IV et le chapitre II du titre V ;

2° Au livre IV, l'article L. 470-6 ;

3° Au livre VI, les articles L. 622-19 et L. 625-9 ;

4° Au livre VII, les articles L. 712-2, L. 712-4 ainsi que les dispositions relatives aux chambres de commerce et d'industrie de région du titre Ier et le titre V, à l'exception de l'article L. 750-1-1.

Art. L. 920-1-1 *(L. n° 2011-850 du 20 juill. 2011, art. 49-II, en vigueur le 1er sept. 2011)* Les notaires et les huissiers de justice organisant et réalisant des ventes volontaires de meubles aux enchères publiques à Mayotte sont réputés remplir les conditions de formation définies au deuxième alinéa de l'article L. 321-2.

Art. L. 920-2 Pour l'application du présent code dans la collectivité, les termes énumérés ci-après sont remplacés comme suit :

(Abrogé par Ord. n° 2011-337 du 29 mars 2011, art. 7, à compter du 1er avr. 2011) ***« 1° "Tribunal de grande instance" ou "tribunal d'instance" par "tribunal de première instance" ;***

« 2° "Tribunal de commerce" ou "justice consulaire" par "tribunal de première instance statuant en matière commerciale" ; »

(Abrogé par Ord. n° 2011-337 du 29 mars 2011, art. 7, au plus tard à compter du 31 déc. 2015) ***« 3° "Conseil des prud'hommes" par "tribunal du travail" ; »***

(Ord. n° 2011-821 du 8 juill. 2011, art. 3) « 4° "Chambre de commerce et d'industrie territoriale" par "Chambre de commerce et d'industrie de Mayotte" ; »

(Abrogé par Ord. n° 2011-337 du 29 mars 2011, art. 7, à compter du 1er avr. 2011) ***« 5° "Bulletin officiel des annonces civiles et commerciales" par "Recueil des actes administratifs de la collectivité territoriale" ; »***

(Ord. n° 2011-322 du 24 mars 2011, art. 4) « 6° "Bureau des hypothèques" par "service de la conservation de la propriété immobilière". »

Art. L. 920-3 *Abrogé par Ord. n° 2012-578 du 26 avr. 2012, art. 9.*

Art. L. 920-4 En l'absence d'adaptation, les références faites, par des dispositions du présent code applicables à Mayotte, à des dispositions qui n'y sont pas applicables sont remplacées par les références aux dispositions ayant le même objet applicables localement.

Art. L. 920-5 Les références faites, par des dispositions du présent code applicables à Mayotte, à des dispositions du code du travail n'y sont applicables que s'il existe une disposition applicable localement ayant le même objet.

Art. L. 920-6 *Abrogé par Ord. n° 2005-43 du 20 janv. 2005, art. 3-II.*

Art. L. 920-7 Les articles faisant référence à la Communauté européenne sont applicables dans le respect de la décision d'association prévue à l'article 136 du traité instituant la Communauté européenne *[art. 203 TFUE]*. Les références à l'accord sur l'Espace économique européen ne sont pas applicables.

CHAPITRE PREMIER DISPOSITIONS D'ADAPTATION DU LIVRE Ier

Art. L. 921-1 *Abrogé par Ord. n° 2012-578 du 26 avr. 2012, art. 9.*

Art. L. 921-2 Les dérogations prévues par les articles L. 123-25 à L. 123-27 sont applicables aux personnes physiques soumises à un régime simplifié d'imposition par la réglementation en vigueur à Mayotte.

Art. L. 921-3 *Abrogé par Ord. n° 2012-578 du 26 avr. 2012, art. 9.*

Art. L. 921-4 **A l'article L. 133-7, les mots : "les droits, taxes, frais et amendes de douane liés à une opération de transport" sont supprimés.**

Art. L. 921-5 *Abrogé par Ord. n° 2012-578 du 26 avr. 2012, art. 9.*

Art. L. 921-6 **A l'article L. 141-13, les mots : "de la déclaration prescrite par les articles 638 et 653 du code général des impôts" sont remplacés par les mots : "de la déclaration prescrite dans les conditions prescrites par les dispositions du code des impôts applicable dans la collectivité".**

Art. L. 921-7 *Abrogé par Ord. n° 2012-578 du 26 avr. 2012, art. 9.*

Art. L. 921-8 *(Ord. n° 2012-578 du 26 avr. 2012, art. 3)* **Au 6° de l'article L. 145-2, les mots : "à la caisse de sécurité sociale de la maison des artistes et reconnus auteurs d'œuvres graphiques et plastiques, tels que définis par l'article 71 de l'annexe III du code général des impôts" sont remplacés par les mots : "à la caisse de sécurité sociale de Mayotte et reconnus auteurs d'œuvres graphiques et plastiques au sens du code des impôts applicable localement".**

Art. L. 921-9 *(Abrogé par Ord. n° 2012-578 du 26 avr. 2012, art. 9, à compter du 1er janv. 2013)* ***Pour l'application de l'article L. 145-6, les mots : "l'évacuation des lieux compris dans un secteur ou périmètre prévu aux articles*** (Ord. n° 2005-1527 du 8 déc. 2005, art. 29) ***« L. 313-4 à L. 313-4-2 » du code de l'urbanisme" sont remplacés par les mots : "l'évacuation des lieux prévue à l'article L. 145-18".***

Art. L. 921-10 **A l'article L. 145-13, les mots : "sous réserve des dispositions de la loi du 28 mai 1943 relative à l'application aux étrangers des lois en matière de baux à loyer et de baux à ferme" sont supprimés.**

Art. L. 921-11 **Le deuxième alinéa de l'article L. 145-18 est ainsi rédigé :**

Art. L. 145-18, al. 2 Il en est de même pour effectuer des opérations de restauration immobilière comportant des travaux de remise en état, de conservation, de modernisation ou de démolition ayant pour conséquence la transformation des conditions d'habitabilité d'un ensemble d'immeubles nécessitant l'évacuation des lieux. Ces opérations peuvent être décidées et exécutées dans le respect de la réglementation locale, soit par les autorités publiques localement compétentes, soit à l'initiative d'un ou de plusieurs propriétaires, groupés ou non en association syndicale. Dans ce dernier cas, ce ou ces propriétaires y sont spécialement autorisés dans des conditions fixées par le représentant de l'État, qui précisent notamment les engagements exigés des propriétaires quant à la nature et à l'importance des travaux. Les *immeubles acquis par un organisme de rénovation ne peuvent, après restauration, être cédés de gré à gré qu'aux conditions d'un cahier des charges type approuvé par le représentant de l'État.*

Art. L. 921-12 *Abrogé par Ord. n° 2012-578 du 26 avr. 2012, art. 9.*

Art. L. 921-13 **Le premier alinéa de l'article L. 145-34 est ainsi rédigé :**

Art. L. 145-34, al. 1er A moins d'une modification notable des éléments déterminant la valeur locative, le taux de variation du loyer applicable lors de la prise d'effet du bail à renouveler, si sa durée n'est pas supérieure à neuf ans, ne peut excéder la variation d'un indice local trimestriel mesurant le coût de la construction intervenue depuis la fixation initiale du loyer du bail expiré. Cet indice est calculé dans des conditions déterminées par arrêté du représentant de l'État. A défaut de clause contractuelle fixant le trimestre de référence de cet indice, il y a lieu de prendre en compte une variation de l'indice local trimestriel mesurant le coût de la construction fixé à cet effet par l'arrêté précité.

Art. L. 921-14 *(Ord. nº 2012-578 du 26 avr. 2012, art. 4)* Le dernier alinéa de l'article L. 145-35 est ainsi rédigé :
"La composition de la commission, le mode de désignation de ses membres et ses règles de fonctionnement sont fixés par arrêté du représentant de l'État."

CHAPITRE II DISPOSITIONS D'ADAPTATION DU LIVRE II

Art. L. 922-1 *(Ord. nº 2004-604 du 24 juin 2004, art. 56-II)* Aux articles L. 225-177, L. 225-179 et L. 233-11, les mots : "la date de publication de la loi nº 2001-420 du 15 mai 2001" sont remplacés par les mots : "la date de publication de l'ordonnance nº 2004-604 du 24 juin 2004 portant réforme du régime des valeurs mobilières émises par les sociétés commerciales et extension à l'outre-mer de dispositions ayant modifié la législation commerciale".

Art. L. 922-2 et L. 922-3 *Abrogés par Ord. nº 2012-578 du 26 avr. 2012, art. 9.*

Art. L. 922-4 *(Ord. nº 2004-604 du 24 juin 2004, art. 60-II)* Au 5º de l'article L. 225-115, les mots : "versements effectués en application des 1 et 4 de l'article 238 *bis* du code général des impôts" sont remplacés par les mots : "déductions fiscales prévues par les dispositions de droit fiscal applicables dans la collectivité et relatives au total des déductions du montant des bénéfices imposables des sociétés qui procèdent à des versements au profit d'œuvres d'organismes d'intérêt général, ou de sociétés agréées ou à des donations d'œuvre d'art à l'État".

Art. L. 922-5 et L. 922-6 *Abrogés par Ord. nº 2012-578 du 26 avr. 2012, art. 9.*

Art. L. 922-7 Au VI de l'article L. 225-270, les mots : "les dispositions de l'article 94 A du code général des impôts" sont remplacés par les mots : "les dispositions du code des impôts applicable dans la collectivité relatives aux gains nets en capital réalisés à l'occasion de la cession à titre onéreux de valeurs mobilières et de droits sociaux".

Art. L. 922-8 Le dernier alinéa de l'article L. 228-36 est supprimé.

Art. L. 922-9 et L. 922-10 *Abrogés par Ord. nº 2012-578 du 26 avr. 2012, art. 9.*

CHAPITRE III DISPOSITIONS D'ADAPTATION DU LIVRE III

Art. L. 923-1 *Abrogé par Ord. nº 2012-578 du 26 avr. 2012, art. 9.*

Art. L. 923-2 *(L. nº 2011-850 du 20 juill. 2011, art. 49-III, en vigueur le 1er sept. 2011)* L'article L. 322-9 est ainsi rédigé :

Art. L. 322-9 Les courtiers de marchandises assermentés se conforment aux dispositions prescrites par le code des impôts applicable dans la collectivité relatives aux ventes publiques et par enchères.

CHAPITRE IV DISPOSITIONS D'ADAPTATION DU LIVRE IV

Les modifications et adjonctions apportées au code de commerce en ses art L. 430-1 à L. 430-10 par les art. 86 à 93 de la L. n° 2001-420 du 15 mai 2001 sont applicables à Mayotte, sous réserve des adaptations suivantes (Ord. n° 2004-823 du 19 août 2004, art. 3-I).

Art. L. 924-1 *et* L. 924-2 *Abrogés par Ord. n° 2012-578 du 26 avr. 2012, art. 9.*

Art. L. 924-3 **Le** *(L. n° 2010-874 du 27 juill. 2010, art. 13)* **« dernier alinéa du I » de l'article L. 441-2 est remplacé par quatre alinéas ainsi rédigés :**

Art. L. 441-2 [...] La cessation de la publicité, réalisée dans des conditions non conformes aux dispositions de l'alinéa 1, peut être ordonnée par le juge d'instruction ou par le tribunal saisi des poursuites, soit sur réquisition du ministère public, soit d'office. La mesure ainsi prise est exécutoire nonobstant toutes voies de recours.

Mainlevée peut en être donnée par la juridiction qui l'a ordonnée ou qui est saisie du dossier. La mesure cesse d'avoir effet en cas de décision de non-lieu ou de relaxe.

Les décisions statuant sur les demandes de mainlevée peuvent faire l'objet d'un recours devant *(Ord. n° 2011-337 du 29 mars 2011, art. 12, en vigueur le 1er avr. 2011)* « la chambre d'appel de Mamoudzou » selon qu'elles ont été prononcées par un juge d'instruction ou par le tribunal saisi des poursuites.

(Ord. n° 2011-337 du 29 mars 2011, art. 12, en vigueur le 1er avr. 2011) « La chambre d'appel de Mamoudzou » statue dans un délai de dix jours à compter de la réception des pièces.

Art. L. 924-4 **Au second alinéa de l'article L. 442-2, avant les mots : "taxes sur le chiffre d'affaires", est ajouté le mot : "éventuelles" ;**

Art. L. 924-5 **Le dernier alinéa de l'article L. 442-3 est remplacé par quatre alinéas ainsi rédigés :**

Art. L. 442-3 [...] La cessation de l'annonce publicitaire peut être ordonnée par le juge d'instruction ou par le tribunal saisi des poursuites, soit sur réquisition du ministère public, soit d'office. La mesure ainsi prise est exécutoire nonobstant toutes voies de recours.

Mainlevée peut en être donnée par la juridiction qui l'a ordonnée ou qui est saisie du dossier. La mesure cesse d'avoir effet en cas de décision de non-lieu ou de relaxe.

Les décisions statuant sur les demandes de mainlevée peuvent faire l'objet d'un recours devant *(Ord. n° 2011-337 du 29 mars 2011, art. 12, en vigueur le 1er avr. 2011)* « la chambre d'appel de Mamoudzou.

« La chambre d'appel de Mamoudzou » statue dans un délai de dix jours à compter de la réception des pièces.

Art. L. 924-6 **L'article L. 443-1 est modifié ainsi qu'il suit :**

(Abrogé par Ord. n° 2012-578 du 26 avr. 2012, art. 5) ***« I. — Au 1°, les mots : "visés aux articles L. 326-1 à L. 326-3 du code rural et de la pêche maritime" sont remplacés par les mots : "prévus par les dispositions du code rural et de la pêche maritime applicable dans la collectivité" ; »***

I. — Au 3°, les mots : "à l'article 403 du code général des impôts" sont remplacés par les mots : "par les dispositions du code des impôts applicable dans la collectivité" ;

II. – Le 4° est ainsi rédigé :

"4° A soixante-quinze jours après le jour de livraison pour les achats de boissons alcooliques passibles des droits de circulation prévus par le code des impôts applicable dans la collectivité."

En abrogeant le I de l'art. L. 924-6, l'Ord. n° 2012-578 du 26 avr. 2012 a renuméroté les II et III en I et II.

CHAPITRE V DISPOSITIONS D'ADAPTATION DU LIVRE V

Art. L. 925-1 Le deuxième alinéa de l'article L. 511-62 est ainsi rédigé :

Art. L. 511-62, al. 2 La retraite comprend les sommes indiquées dans les articles L. 511-45 et L. 511-46, outre les droits de courtage et de timbre éventuellement prévus par les dispositions applicables dans la collectivité.

Art. L. 925-2 et L. 925-3 *Abrogés par Ord. n° 2012-578 du 26 avr. 2012, art. 9.*

Art. L. 925-4 Au premier alinéa de l'article L. 525-2, après les mots : "au droit fixe" sont ajoutés les mots : "selon les modalités en vigueur dans la collectivité".

Art. L. 925-5 Au II de l'article L. 525-9, les mots : "au privilège visé à l'article L. 243-4 du code de la sécurité sociale" sont remplacés par les mots : "au privilège organisé en faveur de la *(Ord. n° 2012-578 du 26 avr. 2012, art. 6)* « caisse de sécurité sociale de Mayotte »".

Art. L. 925-6 *(Ord. n° 2012-578 du 26 avr. 2012, art. 7)* Au 1° de l'article L. 525-18, la référence au décret n° 53-968 du 30 septembre 1953 est remplacée par la référence au décret n° 55-639 du 20 mai 1955. *— V. note ss. art. L. 525-18.*

Art. L. 925-7 *(Ord. n° 2011-322 du 24 mars 2011, art. 4)* Au 4° de l'article L. 526-7, les mots : "auprès de la chambre d'agriculture compétente" sont remplacés par les mots : "au registre de l'agriculture, de la pêche et de l'aquaculture de Mayotte tenu par la chambre de l'agriculture, de la pêche et de l'aquaculture".

CHAPITRE VI DISPOSITIONS D'ADAPTATION DU LIVRE VI

(L. n° 2005-845 du 26 juill. 2005, art. 194)

Art. L. 926-1 A l'article L. 625-2 les mots : "mentionnée à l'article L. 432-7 *[L. 2143-21 et L. 2325-5 nouv.]* du code du travail" sont remplacés par les mots : "à l'égard des informations présentant un caractère confidentiel et données comme telles".

Art. L. 926-2 Pour l'application de l'article L. 622-24, les organismes visés à l'article L. 351-21 *[L. 5427-1 à L. 5427-6 nouv.]* du code du travail sont les organismes locaux ayant en charge le service de l'allocation d'assurance chômage et le recouvrement des contributions.

Art. L. 926-3 Pour l'application des articles L. 622-24, *(L. n° 2005-845 du 26 juill. 2005, art. 194-II)* « L. 622-26, » *(Ord. n° 2008-1345 du 18 déc. 2008, art. 170-II, en vigueur le 15 févr. 2009)* « L. 625-4, L. 626-5, L. 626-20, L. 631-18, L. 641-14 » et

L. 662-4, les institutions mentionnées à l'article L. 143-11-4 *[L. 3253-14 nouv.]* du code du travail sont les institutions locales chargées de la mise en œuvre du régime d'assurance contre le risque de non-paiement des salaires, en cas de procédure de redressement ou de liquidation judiciaires.

Art. L. 926-4 Pour l'application de l'article *[des articles] (Ord. n° 2008-1345 du 18 déc. 2008, art. 170-II, en vigueur le 15 févr. 2009)* « L. 611-7, L. 626-6 et L. 643-3 », les institutions régies par le livre IX du code de la sécurité sociale sont les institutions locales de retraite complémentaire ou supplémentaire ou de prévoyance, prévues par les dispositions applicables dans la collectivité et relatives aux régimes de sécurité et de protection sociales.

Art. L. 926-5 *Abrogé par Ord. n° 2008-1345 du 18 déc. 2008, art. 170-II, à compter du 15 févr. 2009.*

Art. L. 926-6 A l'article *(L. n° 2005-845 du 26 juill. 2005, art. 194-II)* « L. 642-1 », l'obligation faite au tribunal de tenir compte des dispositions contenues aux 1°, 2°, 3° et 4° de l'article *(L. n° 2005-845 du 26 juill. 2005, art. 194-II)* « L. 331-3 » du code rural et de la pêche maritime s'entend des prescriptions suivantes :

"Observer l'ordre des priorités établi entre l'installation des jeunes agriculteurs et l'agrandissement des exploitations, en tenant compte de l'intérêt économique et social du maintien de l'autonomie de l'exploitation faisant l'objet de la demande ;

"Tenir compte, en cas d'agrandissement ou de réunion d'exploitations, des possibilités d'installation sur une exploitation viable, de la situation des terres concernées par rapport au siège de l'exploitation du ou des demandeurs, de la superficie des biens faisant l'objet de la demande et des superficies déjà mises en valeur par le ou les demandeurs, ainsi que par le preneur en place ;

"Prendre en considération la situation personnelle du ou des demandeurs : âge, situation familiale et professionnelle et, le cas échéant, celle du preneur en place, ainsi que le nombre et la nature des emplois salariés en cause ;

"Tenir compte de la structure parcellaire des exploitations concernées, soit par rapport au siège de l'exploitation, soit pour éviter que des mutations en jouissance en remettent en cause des aménagements obtenus à l'aide de fonds publics."

Art. L. 926-7 *(L. n° 2005-845 du 26 juill. 2005, art. 194-II)* Le 4° du III de l'article L. 643-11 ne s'applique pas.

CHAPITRE VII DISPOSITIONS D'ADAPTATION DU LIVRE VII

Art. L. 927-1 *(L. n° 2007-224 du 21 févr. 2007, art. 20-I)* Pour l'application à Mayotte :

1° *(Ord. n° 2011-821 du 8 juill. 2011, art. 3)* « De l'article L. 711-2, le deuxième alinéa est ainsi rédigé :

« "La chambre de commerce et d'industrie de Mayotte est associée à l'élaboration du plan d'aménagement et de développement durable et des plans locaux d'urbanisme." ; »

2° *(Ord. n° 2011-821 du 8 juill. 2011, art. 3)* « De l'article L. 711-4, les mots : "dans le cadre des schémas sectoriels mentionnés au 3° de l'article L. 711-8" et » les mots : "dans les conditions prévues aux articles L. 443-1 et L. 753-1 du code de l'éducation" sont supprimés ;

3° De l'article L. 712-7, les mots : ", notamment celles mentionnées au *(Ord. n° 2012-578 du 26 avr. 2012, art. 8)* « 1° » de l'article L. 711-8," sont supprimés.

Art. L. 927-2 *(Ord. nº 2011-821 du 8 juill. 2011, art. 3)* **La chambre de commerce et d'industrie de Mayotte recrute et gère les personnels de droit privé et les personnels de droit public, dont ceux soumis au statut prévu par la loi nº 52-1311 du 10 décembre 1952 relative à l'établissement obligatoire d'un statut du personnel administratif des chambres d'agriculture, des chambres de commerce et des chambres de métiers.**

Art. L. 927-3 *(Ord. nº 2011-821 du 8 juill. 2011, art. 3)* **L'assemblée de la chambre de commerce et d'industrie de Mayotte élit son président parmi ses membres.**

CHAPITRE VIII DISPOSITIONS D'ADAPTATION DU LIVRE VIII

Le livre VIII ne nécessite pas de mesure d'adaptation.

V. toutefois, art. L. 922-5.

TITRE TROISIÈME DISPOSITIONS APPLICABLES EN NOUVELLE-CALÉDONIE

Dans les conditions prévues au présent titre, sont applicables en Nouvelle-Calédonie les art. 10 à 20, 22 et 23 de l'Ord. nº 2004-274 du 25 mars 2004, JO 27 mars (art. 48-I). Est également applicable en Nouvelle-Calédonie le I de l'art. 21 de l'ordonnance précitée. — V. table chronologique en fin d'ouvrage.

Pour l'actualisation de la législation commerciale applicable en Nouvelle-Calédonie par rapport aux modifications, adjonctions et abrogations issues des lois nºs 2001-152 du 19 févr. 2001, 2001-420 du 15 mai 2001, 2001-624 du 17 juill. 2001, 2001-1168 du 11 déc. 2001, 2002-73 du 17 janv. 2002, 2002-1303 du 29 oct. 2002, 2003-7 du 3 janv. 2003, 2003-706 et 2003-721 du 1er août 2003, 2003-775 du 21 août 2003, V. Ord. nº 2004-604 du 24 juin 2004, art. 57-II (JO 26 juin).

Art. L. 930-1 **Sous réserve des adaptations prévues dans les chapitres ci-après, les dispositions suivantes du présent code sont applicables en Nouvelle-Calédonie :**

1º Le livre Ier, à l'exception des articles *(Ord. nº 2009-896 du 24 juill. 2009, art. 6-I)* **« L. 123-1-1, L. 123-29 à L. 123-31, » L. 124-1 à L. 126-1, L. 131-1 à L. 131-6, L. 131-9, L. 134-1 à** *(Ord. nº 2009-896 du 24 juill. 2009, art. 6-I)* **« L. 135-3 », L. 134-17, L. 145-34 à L. 145-36, L. 145-38 et L. 145-39 ;**

2º Le livre II, à l'exception des articles *(Abrogé par Ord. nº 2004-604 du 24 juin 2004, art. 57-III)* *« L. 225-219 à L. 225-223 [abrogés et remplacés par les art. L. 822-1, L. 822-2, L. 822-3, L. 822-6, L. 822-7 et L. 822-10], »* *(L. nº 2005-842 du 26 juill. 2005, art. 11-III)* **« L. 225-245-1, L. 229-1 à L. 229-15, L. 238-6, L. 244-5 et » L. 252-1 à L. 252-13 ;**

3º Le livre III, à l'exception des articles L. 310-4, L. 321-1 à L. 321-38, L. 322-7 et L. 322-10 ;

(Ord. nº 2009-537 du 14 mai 2009, art. 10) **« 4º Le livre IV, à l'exception des articles L. 410-1 à L. 450-1, L. 450-5 à L. 450-6, L. 461-1 à L. 464-9, L. 470-2 à L. 470-4 et des articles L. 470-6 à L. 470-8 ; »**

5º Le livre V, à l'exception des articles L. 522-1 à L. 522-40, L. 524-12, L. 524-20 et L. 524-21 ;

6º *(L. nº 2005-845 du 26 juill. 2005, art. 195-II)* **« Le livre VI, à l'exception des articles L. 622-19, L. 625-9 et L. 670-1 à L. 670-8 » ;**

7° *(Ord. n° 2006-673 du 8 juin 2006, art. 9)* « Le titre II du livre VII, à l'exception des articles L. 722-3, L. 722-11 à L. 722-13, de l'article L. 723-6, de l'alinéa 2 de l'article L. 723-7, de l'alinéa 2 de l'article L. 723-10 et de l'article L. 723-11 ; »

8° *(Ord. n° 2004-604 du 24 juin 2004, art. 57-III)* « Le titre II du livre VIII » *[.]*

En insérant un nouveau 4°, l'Ord. n° 2009-537 du 14 mai 2009 a renuméroté les anciens 4°, 5°, 6° et 7° en nouveaux 5°, 6°, 7°, 8° (Ord. préc., art. 10, 2°).

Art. L. 930-2 Pour l'application du présent code dans le territoire, les termes énumérés ci-après sont remplacés ainsi qu'il suit :

1° "Tribunal de grande instance" ou "tribunal d'instance" par "tribunal de première instance" ;

2° "Tribunal de commerce" ou "justice consulaire" par "tribunal mixte de commerce" ;

3° "Conseil de prud'hommes" par "tribunal du travail" ;

4° *"Bulletin officiel des annonces civiles et commerciales"* par *"Journal officiel de la Nouvelle-Calédonie"* ;

5° "Département" ou "arrondissement" par "Nouvelle-Calédonie" ou par "province" ;

6° "Préfet" ou "sous-préfet" par "représentant de l'État en Nouvelle-Calédonie" ;

(Ord. n° 2011-322 du 24 mars 2011, art. 4) « 7° "Bureau des hypothèques" par "service de la conservation des hypothèques". »

Art. L. 930-3 Les références faites, par des dispositions du présent code applicables en Nouvelle-Calédonie, à d'autres articles du présent code, ne concernent que les articles rendus applicables en Nouvelle-Calédonie avec les adaptations prévues dans les chapitres ci-dessous.

Art. L. 930-4 En l'absence d'adaptation, les références faites par des dispositions du présent code applicables en Nouvelle-Calédonie, à des dispositions qui n'y sont pas applicables, sont remplacées par les références aux dispositions ayant le même objet applicables localement.

Art. L. 930-5 Les références faites par des dispositions du présent code applicables en Nouvelle-Calédonie à des dispositions du code du travail, n'y sont applicables que s'il existe une disposition applicable localement ayant le même objet.

Art. L. 930-6 Les références à l'immatriculation au répertoire des métiers sont remplacées par les références à l'immatriculation faite conformément à la réglementation applicable en Nouvelle-Calédonie.

Art. L. 930-7 Les articles faisant référence à la Communauté européenne sont applicables dans le respect de la décision d'association prévue à l'article 136 du traité instituant la Communauté européenne *[art. 203 TFUE]*. Les références à l'accord sur l'Espace économique européen ne sont pas applicables.

CHAPITRE PREMIER DISPOSITIONS D'ADAPTATION DU LIVRE Ier

Art. L. 931-1 A l'article L. 122-1, les mots : "le *[au]* préfet du département où l'étranger doit exercer son activité" sont remplacés par les mots : "*[à]* l'autorité de Nouvelle-Calédonie compétente".

Il convient de tenir compte de la nouvelle rédaction de l'art. L. 122-1 issue de la L. n° 2006-911 du 24 juill. 2006 (art. 22). — V. art. L. 122-1.

Art. L. 931-1-1 *(Ord. nº 2009-865 du 15 juill. 2009)* A l'article L. 123-11-3, les références au code de la consommation et au code du travail sont remplacées par des références aux dispositions applicables localement ayant le même objet.

Art. L. 931-1-2 *(Ord. nº 2009-865 du 15 juill. 2009)* Pour son application en Nouvelle-Calédonie, l'article L. 123-11-6 est rédigé comme suit :

Art. L. 123-11-6 Les agents des douanes sont qualifiés pour procéder à la recherche et à la constatation des infractions aux dispositions des articles de la présente sous-section et des règlements pris pour leur application. A cet effet, ils agissent, conformément aux règles de recherche et de constatation des infractions déterminées par le code des douanes. Les infractions sont constatées par des procès-verbaux faisant foi jusqu'à preuve du contraire et transmis directement au parquet.

Art. L. 931-2 Les dérogations prévues par les articles L. 123-25 à L. 123-27 sont applicables aux personnes physiques soumises à un régime simplifié d'imposition par la réglementation en vigueur en Nouvelle-Calédonie.

Art. L. 931-3 A l'article L. 131-11, *(L. nº 2012-387 du 22 mars 2012, art. 119-II)* « la deuxième phrase est supprimée. »

Art. L. 931-4 Pour l'application de l'article L. 133-6 :

1° Les mots : "celles qui naissent des dispositions de l'article 1269 du code de procédure civile" sont remplacés par les mots : "les demandes en révision de compte et en liquidation des fruits présentées en vue d'un redressement en cas d'erreur, d'omission ou de présentation inexacte" ;

2° Les dispositions du dernier alinéa sont applicables dans le cas de transport fait pour le compte de la Nouvelle-Calédonie.

Art. L. 931-5 A l'article L. 133-7, les mots : "les droits, taxes, frais et amendes de douane liés à une opération de transport" sont supprimés.

Art. L. 931-6 Pour l'application des articles L. 141-15, L. 143-7, L. 144-1 à L. 144-13 et L. 145-28, un magistrat du tribunal de première instance peut être délégué par le président.

Art. L. 931-7 A l'article L. 141-13, les mots : "par les articles 638 et 653 du code général des impôts" sont remplacés par les mots : "par les dispositions du code des impôts applicable en Nouvelle-Calédonie relatives aux déclarations de mutation verbales".

Art. L. 931-8 A l'article L. 144-5, les mots : "les articles L. 3211-2 et L. 3212-1 à L. 3212-12 du code de la santé publique" sont remplacés par les mots : "les articles du code de la santé publique applicable en Nouvelle-Calédonie relatifs à l'hospitalisation ou à l'internement avec ou sans le consentement de l'intéressé".

Art. L. 931-9 L'article L. 144-11 est ainsi rédigé :

Art. L. 144-11 Si, conformément à la réglementation locale, le contrat de location-gérance est assorti d'une clause d'échelle mobile, la révision du loyer peut, nonobstant toute convention contraire, être demandée selon les conditions fixées par une délibération de l'autorité locale compétente lorsque, par le jeu de cette clause, ce loyer se trouve augmenté ou diminué de plus du quart par rapport au prix précédemment fixé, contractuellement ou judiciairement.

Art. L. 931-10 L'article L. 144-12 est ainsi rédigé :

Art. L. 144-12 A défaut d'accord amiable entre les parties sur la révision du loyer, l'instance est introduite et jugée conformément aux dispositions prévues en matière de révision du prix des baux à loyer d'immeubles ou de locaux à usage commercial ou industriel.

Le juge doit, en tenant compte de tous les éléments d'appréciation, adapter le jeu de l'échelle mobile à la valeur locative équitable au jour de la notification. Le nouveau prix est applicable à partir de cette même date, à moins que les parties ne se soient mises d'accord avant ou pendant l'instance sur une date plus ancienne ou plus récente.

Art. L. 931-11 *(Abrogé par Ord. nº 2009-896 du 24 juill. 2009, art. 6-II)* ***« L'article L. 145-2 est modifié ainsi qu'il suit :***

"I. — Au 4º, les mots : "à l'État, aux départements, aux communes, aux établissements publics" sont remplacés par les mots : "à l'État, aux collectivités territoriales et aux établissements publics" ; »

(Ord. nº 2009-896 du 24 juill. 2009, art. 6-II) **« Pour l'application de l'article L. 145-2, la Nouvelle-Calédonie est considérée comme une collectivité territoriale et » au 6º, les mots :"à la caisse de sécurité sociale de la maison des artistes et reconnus auteurs d'œuvres graphiques et plastiques, tels que définis par l'article 71 de l'annexe III du code général des impôts" sont remplacés par les mots : "à la caisse locale d'assurance sociale et reconnus auteurs d'œuvres graphiques et plastiques au sens du code des impôts applicable en Nouvelle-Calédonie".**

Art. L. 931-12 **Pour l'application de l'article L. 145-6, les mots : "l'évacuation des lieux compris dans un secteur ou périmètre prévu aux articles** *(Ord. nº 2005-1527 du 8 déc. 2005, art. 29)* **« L. 313-4 à L. 313-4-2 » du code de l'urbanisme" sont remplacés par les mots : "l'évacuation des lieux prévue à l'article L. 145-18".**

Art. L. 931-13 **A l'article L. 145-13, les mots : "sous réserve des dispositions de la loi du 28 mai 1943 relative à l'application aux étrangers des lois en matière de baux à loyer et de baux à ferme" sont supprimés.**

Art. L. 931-14 **Le deuxième alinéa de l'article L. 145-18 est ainsi rédigé :**

Art. L. 145-18, al. 2 Il en est de même pour effectuer des opérations de restauration immobilière comportant des travaux de remise en état, de conservation, de modernisation ou de démolition ayant pour conséquence la transformation des conditions d'habitabilité d'un ensemble d'immeubles nécessitant l'évacuation des lieux. Ces opérations peuvent être décidées et exécutées dans le respect de la réglementation locale, soit par les autorités publiques localement compétentes, soit à l'initiative d'un ou de plusieurs propriétaires, groupés ou non en association syndicale. Dans ce dernier cas, ce ou ces propriétaires y sont spécialement autorisés dans des conditions fixées par les autorités locales compétentes, qui précisent notamment les engagements exigés des propriétaires quant à la nature et à l'importance des travaux. Les immeubles acquis par un organisme de rénovation ne peuvent, après restauration, être cédés de gré à gré qu'aux conditions d'un cahier des charges type approuvé par lesdites autorités.

Art. L. 931-15 *(Ord. nº 2009-896 du 24 juill. 2009, art. 6-III)* **Pour l'application de l'article L. 145-26, la Nouvelle-Calédonie est considérée comme une collectivité territoriale.**

Art. L. 931-16 **L'article L. 145-37 est ainsi rédigé :**

Art. L. 145-37 Les loyers des baux d'immeubles ou de locaux régis par le présent chapitre, renouvelés ou non, peuvent être révisés à la demande de l'une ou de l'autre des parties, dans les conditions prévues par les délibérations de l'autorité de Nouvelle-Calédonie compétente.

Art. L. 931-17 L'article L. 145-43 est ainsi rédigé :

Art. L. 145-43 Sont dispensés de l'obligation d'exploiter pendant la durée de leur stage les commerçants et artisans, locataires du local dans lequel est situé leur fonds, qui sont admis à suivre un stage de conversion ou un stage de promotion conformément aux dispositions du code du travail applicable en Nouvelle-Calédonie.

Art. L. 931-18 Le troisième alinéa de l'article L. 145-47 est supprimé.

Art. L. 931-19 A l'article L. 145-56, les mots : "et de procédure" sont supprimés.

CHAPITRE II DISPOSITIONS D'ADAPTATION DU LIVRE II

Sont applicables à la Nouvelle-Calédonie les modifications apportées aux art. L. 225-23 et L. 225-71 ainsi qu'aux art. L. 225-197-1 et L. 225-197-3, respectivement par le I de l'art. 32 et le I de l'art. 39 de la L. n° 2006-1770 du 30 déc. 2006 (L. préc., art. 72-II).

Art. L. 932-1 à L. 932-5 *Abrogés par Ord. n° 2004-604 du 24 juin 2004, art. 57-III.*

Art. L. 932-6 *(Ord. n° 2004-604 du 24 juin 2004, art. 57-III)* Aux articles L. 225-177, L. 225-179 et L. 233-11, les mots : "la date de publication de la loi n° 2001-420 du 15 mai 2001 relative aux nouvelles régulations économiques" sont remplacés par les mots : "la date de publication de l'ordonnance n° 2004-604 du 24 juin 2004 portant réforme du régime des valeurs mobilières émises par les sociétés commerciales et extension à l'outre-mer de dispositions ayant modifié la législation commerciale".

Art. L. 932-7 Aux articles *(Ord. n° 2004-274 du 25 mars 2004, art. 48-V)* « L. 223-18, » L. 225-36 et L. 225-65, les mots : "dans le même département ou un département limitrophe" sont remplacés par les mots : "en Nouvelle-Calédonie".

Art. L. 932-8 Le dernier alinéa de l'article L. 225-43 et celui de l'article L. 225-91 sont supprimés.

Art. L. 932-9 *Abrogé par Ord. n° 2004-604 du 24 juin 2004, art. 57-III.*

Art. L. 932-10 Le 5° de l'article L. 225-115 est ainsi rédigé :

Art. L. 225-115 5° Du montant global, certifié par les commissaires aux comptes, des déductions du montant des bénéfices imposables de sociétés qui procèdent à des versements à des œuvres d'organismes d'intérêt général ou de sociétés agréées ou à des donations d'œuvres d'art à l'État ou à la Nouvelle-Calédonie, telles que prévues par les dispositions de droit fiscal applicables en Nouvelle-Calédonie, ainsi que la liste des actions nominatives de parrainage, de mécénat.

Art. L. 932-11 *(Ord. n° 2004-604 du 24 juin 2004, art. 57-III)* « Aux articles L. 225-105, *(Ord. n° 2005-1126 du 8 sept. 2005, art. 22)* « L. 823-6 » et L. 225-231 », après les mots : "le comité d'entreprise" sont ajoutés les mots : "ou à défaut les délégués du personnel".

Art. L. 932-12 Aux articles L. 225-231, L. 232-3, L. 232-4, L. 234-1 et L. 234-2, aux mots : "au comité d'entreprise" sont ajoutés les mots : "ou à défaut aux délégués du personnel".

Art. L. 932-13 *Abrogé par Ord. n° 2004-604 du 24 juin 2004, art. 57-III.*

Art. L. 932-14 Au VI de l'article L. 225-270, les mots : "les dispositions de l'article 94 A du code général des impôts" sont remplacés par les mots : "les dispositions du code des impôts applicable en Nouvelle-Calédonie relatives aux gains nets en capital réalisés à l'occasion de la cession à titre onéreux de valeurs mobilières et de droits sociaux".

Art. L. 932-15 Le dernier alinéa de l'article L. 228-36 est supprimé.

Art. L. 932-16 A l'article L. 233-24, les mots "ou du VII de l'article 97" sont supprimés.

Art. L. 932-17 Le deuxième alinéa de l'article L. 251-7 est supprimé.

CHAPITRE III DISPOSITIONS D'ADAPTATION DU LIVRE III

Art. L. 933-1 Les deuxième et troisième alinéas de l'article L. 310-1 sont supprimés.

Art. L. 933-2 *(L. nº 2008-776 du 4 août 2008, art. 54-III)* « Le deuxième alinéa du I » et le II de l'article L. 310-2 sont supprimés.

Art. L. 933-3 Le deuxième alinéa du I de l'article L. 310-3 est supprimé.

Art. L. 933-4 Les 1º, 2º et 3º de l'article L. 310-5 sont supprimés.

Art. L. 933-5 A l'article L. 322-1, les mots : "aux articles *(Ord. nº 2011-1895 du 19 déc. 2011, art. 2, en vigueur le 1er juin 2012)* « L. 221-4 du code des procédures civiles d'exécution » et 945 du code de procédure civile" sont remplacés par les mots : "aux dispositions de procédure civile applicables en Nouvelle-Calédonie et relatives à la vente de meubles dépendant d'une succession".

Art. L. 933-6 L'article L. 322-11 est ainsi rédigé :

Art. L. 322-11 Les contestations relatives aux ventes réalisées en application des délibérations en vigueur localement relatives à la vente volontaire, aux enchères, en gros, des marchandises par les courtiers assermentés sont portées devant le tribunal mixte de commerce.

Art. L. 933-7 L'article L. 322-15 est ainsi rédigé :

Art. L. 322-15 Il appartient toujours au tribunal ou au juge qui autorise ou ordonne la vente en vertu de l'article précédent, de désigner éventuellement, pour y procéder, une autre classe d'officiers publics que les courtiers assermentés.

Art. L. 933-8 L'article L. 322-16 est ainsi rédigé :

Art. L. 322-16 Les dispositions de l'article L. 322-11 sont applicables aux ventes visées aux articles L. 322-14 et L. 322-15.

CHAPITRE IV DISPOSITIONS D'ADAPTATION DU LIVRE IV

Art. L. 934-1 *(Ord. nº 2009-537 du 14 mai 2009, art. 10)* Pour l'application de l'article L. 450-4 :

1º Au premier alinéa, les mots : "la Commission européenne, le ministre chargé de l'économie ou le rapporteur général de l'Autorité de la concurrence sur proposition du rapporteur" sont remplacés par les mots : "l'autorité compétente de la Nouvelle-Calédonie" ;

2° Au deuxième alinéa, les mots : "du livre IV du présent code" sont remplacés par les mots : "applicables en Nouvelle-Calédonie en matière de liberté des prix et de concurrence" ;

3° Au septième alinéa, les mots : "de celle de l'administration de la direction générale de la concurrence, de la consommation et de la répression des fraudes ou de celle de l'Autorité de la concurrence" sont remplacés par les mots : "ou de celle de l'administration compétente de la Nouvelle-Calédonie." ;

4° Au huitième alinéa, les mots : "et, le cas échéant, les agents et autres personnes mandatés par la Commission européenne" sont supprimés ;

5° Au onzième alinéa, les mots : "de l'Autorité de la concurrence" sont remplacés par les mots : "de l'administration compétente de la Nouvelle-Calédonie" ;

6° Au douzième alinéa, les mots : "et au plus tard à compter de la notification de griefs prévue à l'article L. 463-2" sont supprimés.

Art. L. 934-2 *(Ord. n° 2009-537 du 14 mai 2009, art. 10)* Pour l'application de l'article L. 450-8, les mots : "mentionnés à l'article L. 450-1" sont remplacés par les mots : "assermentés".

Art. L. 934-3 *(Ord. n° 2009-537 du 14 mai 2009, art. 10)* Pour son application en Nouvelle-Calédonie, l'article *[L.]* 470-4-1 est ainsi rédigé :

Art. [L.] 470-4-1 L'acte par lequel le procureur de la République donne son accord à la proposition de transaction émise par l'autorité administrative chargée des prix et de la concurrence est interruptif de la prescription de l'action publique.

L'action publique est éteinte lorsque l'auteur de l'infraction a exécuté dans le délai imparti les obligations résultant pour lui de l'acceptation de la transaction.

Art. L. 934-4 *(Ord. n° 2009-537 du 14 mai 2009, art. 10)* Pour l'application de l'article L. 470-5, les mots : "le ministre chargé de l'économie ou son représentant" sont remplacés par les mots : "l'autorité compétente de la Nouvelle-Calédonie".

Art. L. 934-5 *(Ord. n° 2009-537 du 14 mai 2009, art. 10)* Pour l'application des articles L. 450-3, L. 450-4, L. 450-7, L. 450-8, L. 470-4-2 et L. 470-4-3 en Nouvelle-Calédonie, les mots : "les agents mentionnés à l'article L. 450-1" sont remplacés par les mots : "les agents assermentés de la Nouvelle-Calédonie mentionnés à l'article 86 de la loi organique n° 99-209 du 19 mars 1999 relative à la Nouvelle-Calédonie intervenant dans les matières énumérées aux 19° et 20° de l'article 22 de la même loi".

CHAPITRE V DISPOSITIONS D'ADAPTATION DU LIVRE V

Art. L. 935-1 A l'article L. 511-55, le mot : "destitution" est supprimé.

Art. L. 935-2 L'article L. 511-60 est ainsi rédigé :

Art. L. 511-60 Un décret en Conseil d'État détermine les modalités d'application des dispositions de la présente sous-section, hormis le montant des rémunérations dues aux *notaires* ou huissiers ayant dressé les protêts pour les différentes formalités dont ils sont chargés.

Art. L. 935-3 A l'article L. 511-61, les mots : "ou des collectivités territoriales" sont remplacés par les mots : "des communes, des provinces ou de la Nouvelle-Calédonie".

Art. L. 935-4 Le deuxième alinéa de l'article L. 511-62 est ainsi rédigé :

Art. L. 511-62, al. 2 La retraite comprend les sommes indiquées dans les articles L. 511-45 et L. 511-46, outre les droits de courtage et de timbre éventuellement prévus par les dispositions du code des impôts applicable en Nouvelle-Calédonie.

Art. L. 935-5 Aux articles L. 523-8 et L. 524-6, les mots : "articles 1426 à 1429 du code de procédure civile" sont remplacés par les mots : "dispositions de procédure civile applicables localement relatives aux offres de payement et à la consignation".

Art. L. 935-6 Le premier alinéa de l'article L. 524-19 est ainsi rédigé :

Art. L. 524-19, al. 1er Le montant des droits à percevoir par e greffier du tribunal mixte de commerce est fixé par décret.

Art. L. 935-7 Au premier alinéa de l'article L. 525-2, après les mots : "au droit fixe" sont ajoutés les mots : "selon les modalités en vigueur en Nouvelle-Calédonie".

Art. L. 935-8 Au II de l'article L. 525-9, les mots : "au privilège visé à l'article L. 243-4 du code de la sécurité sociale" sont remplacés par les mots : "au privilège organisé en faveur de la caisse de prévoyance sociale du territoire".

Art. L. 935-9 L'article L. 525-18 est modifié ainsi qu'il suit :

I. — Au 1°, la référence au décret n° 53-968 du 30 septembre 1953 est remplacée par la référence au décret n° 55-639 du 20 mai 1955. — *V. note ss. art. L. 525-18.*

II. — Le 2° est ainsi rédigé :

"2° Les navires de mer ainsi que les bateaux de navigation fluviale."

L'art. 43 de l'Ord. n° 2006-346 du 23 mars 2006, ajoutant un art. L. 525-5, n'est pas applicable en Nouvelle-Calédonie. — Les dispositions de l'art. 44 de l'Ord. préc., ajoutant les art. L. 527-1 à L. 527-11, sont applicables en Nouvelle-Calédonie dans les conditions prévues au présent titre III du livre IX (Ord. préc., art. 57-II).

Art. L. 935-10 *(Ord. n° 2011-322 du 24 mars 2011, art. 4)* Au 4° de l'article L. 526-7, les mots : "auprès de la chambre d'agriculture compétente" sont remplacés par les mots : "au registre mentionné au 3°".

CHAPITRE VI DISPOSITIONS D'ADAPTATION DU LIVRE VI

Art. L. 936-1 Les mesures d'application prévues aux articles *(L. n° 2005-845 du 26 juill. 2005, art. 195-II)* « L. 621-4 », L. 626-3, *(L. n° 2005-845 du 26 juill. 2005, art. 195-II)* « L. 626-6 », L. 626-14, *(L. n° 2005-845 du 26 juill. 2005, art. 195-II)* « L. 626-16 » et L. 625-1 sont fixées par l'autorité compétente de Nouvelle-Calédonie.

Art. L. 936-2 *(L. n° 2005-845 du 26 juill. 2005, art. 195-II)* Au premier alinéa de l'article L. 611-1, l'arrêté du représentant de l'État dans la région est remplacé par une décision du gouvernement de la Nouvelle-Calédonie.

Art. L. 936-3 Pour l'application de l'article L. 612-1, les commissaires aux comptes et leurs suppléants sont choisis et exercent leurs fonctions selon la réglementation en vigueur localement.

Art. L. 936-4 Le troisième alinéa de l'article L. 612-1 est supprimé.

Art. L. 936-5 *Abrogé par Ord. n° 2008-1345 du 18 déc. 2008, art. 171-II, à compter du 15 févr. 2009.*

Art. L. 936-6 **A l'article L. 625-2, les mots : "mentionnée à l'article L. 432-7** *[L. 2143-21 et L. 2325-5 nouv.]* **du code du travail" sont remplacés par les mots : "à l'égard des informations présentant un caractère confidentiel et données comme telles".**

Art. L. 936-7 **Pour l'application de l'article L. 622-24, les organismes visés à l'article L. 351-21** *[L. 5427-1 à L. 5427-6 nouv.]* **du code du travail sont les organismes de Nouvelle-Calédonie ayant en charge le service de l'allocation d'assurance chômage et le recouvrement des contributions.**

Art. L. 936-8 **Pour l'application des articles L. 622-24,** *(L. n° 2005-845 du 26 juill. 2005, art. 195-II)* **« L. 622-26, »** *(Ord. n° 2008-1345 du 18 déc. 2008, art. 171-II, en vigueur le 15 févr. 2009)* **« L. 625-4, L. 626-5, L. 626-20, L. 631-18, L. 641-14 » et L. 662-4, les institutions mentionnées à l'article L. 143-11-4** *[L. 3253-14 nouv.]* **du code du travail sont les institutions de Nouvelle-Calédonie chargées de la mise en œuvre du régime d'assurance contre le risque de non-paiement des salaires, en cas de procédure de redressement ou de liquidation judiciaires.**

Art. L. 936-9 **Pour l'application des articles** *(Ord. n° 2008-1345 du 18 déc. 2008, art. 171-II, en vigueur le 15 févr. 2009)* **« L. 611-7, L. 626-6 et L. 643-3 », les institutions régies par le livre IX du code de la sécurité sociale sont les institutions de retraite complémentaire ou supplémentaire ou de prévoyance, prévues par les dispositions applicables en Nouvelle-Calédonie et relatives aux régimes de sécurité et de protection sociales.**

Art. L. 936-10 *Abrogé par Ord. n° 2008-1345 du 18 déc. 2008, art. 171-II, à compter du 15 févr. 2009.*

Art. L. 936-11 **A l'article** *(L. n° 2005-845 du 26 juill. 2005, art. 195-II)* **« L. 642-1 », l'obligation faite au tribunal de tenir compte des dispositions contenues aux 1°, 2°, 3° et 4° de l'article** *(L. n° 2005-845 du 26 juill. 2005, art. 195-II)* **« L. 331-3 » du code rural et de la pêche maritime s'entend des prescriptions suivantes :**

"Observer l'ordre des priorités établi entre l'installation des jeunes agriculteurs et l'agrandissement des exploitations, en tenant compte de l'intérêt économique et social du maintien de l'autonomie de l'exploitation faisant l'objet de la demande ;

"Tenir compte, en cas d'agrandissement ou de réunion d'exploitations, des possibilités d'installation sur une exploitation viable, de la situation des terres concernées par rapport au siège de l'exploitation du ou des demandeurs, de la superficie des biens faisant l'objet de la demande et des superficies déjà mises en valeur par le ou les demandeurs, ainsi que par le preneur en place ;

"Prendre en considération la situation personnelle du ou des demandeurs : âge, situation familiale et professionnelle et, le cas échéant, celle du preneur en place, ainsi que le nombre et la nature des emplois salariés en cause ;

"Tenir compte de la structure parcellaire des exploitations concernées, soit par rapport au siège de l'exploitation, soit pour éviter que des mutations en jouissance ne remettent en cause des aménagements obtenus à l'aide de fonds publics."

Art. L. 936-12 *(L. n° 2005-845 du 26 juill. 2005, art. 195-II)* **Le 4° du III de l'article L. 643-11 ne s'applique pas.**

CHAPITRE VII DISPOSITIONS D'ADAPTATION DU LIVRE VII

Art. L. 937-1 *(Ord. nº 2006-673 du 8 juin 2006, art. 9)* **Le premier alinéa de l'article L. 721-1 est ainsi rédigé :**

Art. L. 721-1, al. 1er Le tribunal mixte de commerce est composé du président du tribunal de première instance, président, de juges élus, sous réserve des dispositions de l'article L. 937-13, et d'un greffier.

Ce tribunal exerce les compétences dévolues en métropole au tribunal de commerce.

Art. L. 937-2 *(Ord. nº 2006-673 du 8 juin 2006, art. 9)* **L'article L. 722-1 est ainsi rédigé :**

Art. L. 722-1 Les jugements des tribunaux mixtes de commerce sont rendus, sauf dispositions qui prévoient un juge unique, par une formation comprenant, outre le président, trois juges élus ou désignés dans les conditions prévues à l'article L. 937-13. En cas de partage égal des voix, celle du président est prépondérante.

Art. L. 937-3 *(Ord. nº 2006-673 du 8 juin 2006, art. 9)* **Le premier alinéa de l'article L. 722-9 est ainsi rédigé :**

Art. L. 722-9, al. 1er Les juges des tribunaux mixtes de commerce sont elus pour quatre ans. Ils sont rééligibles.

Art. L. 937-4 *(Ord. nº 2006-673 du 8 juin 2006, art. 9)* **L'article L. 723-1 est ainsi rédigé :**

Art. L. 723-1 I. — Les juges des tribunaux mixtes de commerce sont élus dans le ressort de chacune de ces juridictions par un collège composé :

1º D'électeurs à titre personnel :

a) Les commerçants immatriculés en Nouvelle-Calédonie au registre du commerce et des sociétés, sous réserve, pour les associés en nom collectif et les associés commandités, des dispositions du IV du présent article ;

b) Les chefs d'entreprise immatriculés en Nouvelle-Calédonie conformément à la réglementation applicable à la collectivité et au registre du commerce et des sociétés ;

c) Les conjoints des personnes énumérées au *a* ou au *b* ci-dessus ayant déclaré au registre du commerce et des sociétés qu'ils collaborent à l'activité de leur époux sans autre activité professionnelle ;

d) Les capitaines au long cours ou capitaines de la marine marchande exerçant le commandement d'un navire immatriculé en France dont le port d'attache est situé dans la circonscription, les pilotes maritimes exerçant leurs fonctions dans un port situé dans la circonscription, les pilotes de l'aéronautique civile domiciliés dans la circonscription et exerçant le commandement d'un aéronef immatriculé en France ;

e) Les membres en exercice des tribunaux mixtes de commerce, ainsi que les anciens membres de ces tribunaux ayant demandé à être inscrits sur la liste électorale ;

2º D'électeurs inscrits en qualité de représentant :

a) Les sociétés à caractère commercial au sens de l'article L. 210-1 et les établissements publics à caractère industriel et commercial dont le siège social est situé dans la circonscription ;

b) Au titre d'un établissement faisant l'objet dans la circonscription d'une inscription complémentaire ou d'une immatriculation secondaire, à moins qu'il en soit dispensé par les lois et règlements en vigueur, les personnes physiques mentionnées aux *a* et *b* du 1º et les personnes morales mentionnées au *a* du présent 2º, quelle que soit la circonscription où ces personnes exercent leur propre droit de vote ;

c) Les sociétés à caractère commercial dont le siège est situé hors du territoire national et qui disposent dans la circonscription d'un établissement immatriculé au registre du commerce et des sociétés ;

3° Les cadres qui, employés dans la circonscription par les électeurs mentionnés aux 1° ou 2°, exercent des fonctions impliquant des responsabilités de direction commerciale, technique ou administrative de l'entreprise ou de l'établissement.

II. — Au titre de leur siège social et de l'ensemble de leurs établissements situés dans la collectivité, les personnes physiques ou morales mentionnées aux 1° et 2° du I disposent :

1° D'un représentant supplémentaire, lorsqu'elles emploient dans la collectivité de dix à quarante-neuf salariés ;

2° De deux représentants supplémentaires, lorsqu'elles emploient dans la collectivité de cinquante à cent quatre-vingt-dix-neuf salariés ;

3° De trois représentants supplémentaires, lorsqu'elles emploient dans la collectivité de deux cents à quatre cent quatre-vingt-dix-neuf salariés ;

4° De quatre représentants supplémentaires, lorsqu'elles emploient dans la collectivité de cinq cents à mille neuf cent quatre-vingt-dix-neuf salariés ;

5° De cinq représentants supplémentaires, lorsqu'elles emploient dans la collectivité deux mille salariés ou plus.

III. — Toutefois, les personnes physiques énumérées aux *a* et *b* du 1° du I dont le conjoint bénéficie des dispositions du *c* du 1° du même paragraphe ne désignent aucun représentant supplémentaire si elles emploient moins de cinquante salariés dans la collectivité.

IV. — Les sociétés en nom collectif et les sociétés en commandite désignent par délibération expresse conformément aux dispositions statutaires un représentant unique au titre des associés et de la société, sans préjudice de la possibilité de désigner des représentants supplémentaires en application du II ci-dessus.

Art. L. 937-5 *(Ord. n° 2006-673 du 8 juin 2006, art. 9)* **L'article L. 723-2 est ainsi rédigé :**

Art. L. 723-2 I. — Les représentants mentionnés à l'article L. 723-1 applicable en Nouvelle-Calédonie doivent exercer dans l'entreprise soit des fonctions de président-directeur général, de président ou de membre du conseil d'administration, de directeur général, de président ou de membre du directoire, de président du conseil de surveillance, de gérant, de président ou de membre du conseil d'administration ou de directeur d'un établissement public à caractère industriel et commercial, soit, à défaut et pour les représenter à titre de mandataire, des fonctions impliquant des responsabilités de direction commerciale, technique ou administrative de l'entreprise ou de l'établissement.

II. — Les électeurs à titre personnel mentionnés au 1° du I du même article et les représentants des personnes physiques ou morales mentionnées au 2° du I de cet article doivent être ressortissants d'un État membre de la Communauté européenne.

Ils doivent, en outre, pour prendre part au vote :

1° Remplir les conditions fixées à l'article L. 2 du code électoral, à l'exception de la nationalité ;

2° Ne pas avoir fait l'objet de l'interdiction visée à l'article L. 6 du code électoral ;

3° N'avoir pas été frappés depuis moins de quinze ans à compter du jour où la décision les ayant prononcées est devenue définitive de faillite personnelle ou d'une des mesures d'interdiction ou de déchéance telles que prévues au livre VI du présent code ou à la loi n° 85-98 du 25 janvier 1985 relative au redressement et à la liquidation judiciaires des entreprises ou à la loi n° 67-563 du 13 juillet 1967 sur le règlement judiciaire, la liquidation des biens, la faillite personnelle et les banqueroutes ;

4° *(L. n° 2008-776 du 4 août 2008, art. 71-I, 3°)* « Ne pas être frappé d'une peine d'interdiction, suivant les modalités prévues par l'article 131-27 du code pénal, d'exercer une profession commerciale ou industrielle, de diriger, d'administrer, de gérer ou de contrôler à un titre quelconque, directement ou indirectement, pour son propre compte ou pour le compte d'autrui, une entreprise commerciale ou industrielle ou une société commerciale ; »

5° Ne pas avoir été condamnés à des peines, déchéances ou sanctions prononcées en vertu de législations en vigueur dans les États membres de la Communauté européenne équivalentes à celles visées aux 2°, 3° et 4°.

Art. L. 937-6 *(Ord. n° 2006-673 du 8 juin 2006, art. 9)* **Pour l'application de l'article L. 723-3, les mots : "le juge commis à la surveillance du registre du commerce et des sociétés. En cas de création d'un tribunal de commerce, le premier président de la cour d'appel désigne comme président de la commission un magistrat de l'ordre judiciaire" sont remplacés par les mots : "un magistrat de l'ordre judiciaire désigné par le premier président de la cour d'appel".**

Art. L. 937-7 *(Ord. n° 2006-673 du 8 juin 2006, art. 9)* **L'article L. 723-4 est ainsi rédigé :**

Art. L. 723-4 Sous réserve des dispositions de l'article L. 937-9, sont éligibles aux fonctions de juge d'un tribunal mixte de commerce les personnes âgées de trente ans au moins inscrites sur la liste électorale dressée en application de l'article L. 937-6 et justifiant soit d'une immatriculation en Nouvelle-Calédonie depuis cinq ans au moins au registre du commerce et des sociétés, soit, pendant le même délai, de l'exercice de l'une des qualités énumérées au I de l'article L. 723-2 applicable en Nouvelle-Calédonie.

Art. L. 937-8 *(Ord. n° 2006-673 du 8 juin 2006, art. 9)* **L'article L. 723-5 est ainsi rédigé :**

Art. L. 723-5 Est inéligible aux fonctions de juge d'un tribunal mixte de commerce tout candidat à l'égard duquel est ouverte une procédure de sauvegarde, redressement ou de liquidation judiciaires. La même disposition s'applique à tout candidat ayant une des qualités mentionnées au I de l'article L. 723-2 applicable en Nouvelle-Calédonie, lorsque la société ou l'établissement public auquel il appartient fait l'objet d'une procédure de sauvegarde, redressement ou de liquidation judiciaires.

Art. L. 937-9 *(Ord. n° 2006-673 du 8 juin 2006, art. 9)* **Le premier alinéa de l'article L. 723-7 est ainsi rédigé :**

Art. L. 723-7, al. 1er Après douze années de fonctions judiciaires ininterrompues dans un même tribunal mixte de commerce, les juges des tribunaux mixtes de commerce ne sont plus éligibles dans ce tribunal pendant un an.

Art. L. 937-10 *(Ord. n° 2006-673 du 8 juin 2006, art. 9)* **Pour l'application de l'article L. 723-8, les mots : "membre d'un conseil de prud'hommes" sont remplacés par les mots : "assesseur d'un tribunal du travail".**

Art. L. 937-11 *(Ord. n° 2006-673 du 8 juin 2006, art. 9)* **Pour l'application de l'article L. 723-9, les mots : "par correspondance ou par voie électronique." sont remplacés par les mots : "par procuration ou par correspondance dans des conditions fixées par décret en Conseil d'État. Chaque électeur ne peut disposer que d'une procuration".**

Art. L. 937-12 *(Ord. n° 2006-673 du 8 juin 2006, art. 9)* **Pour l'application du premier alinéa de l'article L. 723-10, les mots : "deux tours" sont remplacés par les mots : "un tour", et il est ajouté à la fin de l'alinéa la phrase suivante : "Si plusieurs candidats obtiennent le même nombre de voix, le plus âgé est proclamé élu."**

Art. L. 937-13 *(Ord. nº 2006-673 du 8 juin 2006, art. 9)* Pour l'application de la section III du chapitre III du titre II du livre VII, les dispositions suivantes sont ajoutées :

"I. – A la liste des candidats déclarés élus, la commission prévue par l'article L. 723-13 annexe une liste complémentaire comprenant les nom, qualité et domicile des candidats non élus. Ces candidats sont classés dans l'ordre décroissant du nombre de voix qu'ils ont obtenues. A égalité de voix, ils sont classés dans l'ordre décroissant de leur âge.

"Les candidats figurant sur la liste complémentaire dressée en application du premier alinéa du présent article sont appelés à remplacer les juges dont le siège deviendrait vacant pour quelque cause que ce soit. Ils sont désignés, en suivant l'ordre de la liste complémentaire, par le président du tribunal mixte de commerce. Avant d'entrer en fonctions, ils prêtent serment dans les conditions prévues pour les juges des tribunaux mixtes de commerce.

"II. – Si les sièges vacants ne peuvent être pourvus en application du I et si le nombre des vacances dépasse le tiers des effectifs du tribunal, il est procédé à des élections complémentaires.

"Il en est de même en cas d'augmentation des effectifs d'un tribunal mixte de commerce.

"Toutefois, il n'y a pas lieu de procéder à des élections complémentaires dans les douze mois précédant l'élection générale.

"III. – Le mandat des juges désignés ou élus en application des I et II prend fin en même temps que celui des autres juges des tribunaux mixtes de commerce."

CHAPITRE VIII DISPOSITIONS D'ADAPTATION DU LIVRE VIII

Art. L. 938-1 *(Ord. nº 2004-604 du 24 juin 2004, art. 57-III)* Pour l'application en Nouvelle-Calédonie des articles L. 822-2 à L. 822-7, les termes énumérés ci-après sont remplacés ainsi qu'il suit :

1° "commission régionale d'inscription" par "commission territoriale d'inscription" ;
2° "chambre régionale des comptes" par "chambre territoriale des comptes" ;
3° "chambre régionale de discipline" par "chambre territoriale de discipline".

V. aussi art. L. 932-11.

TITRE QUATRIÈME DISPOSITIONS APPLICABLES EN POLYNÉSIE FRANÇAISE

Art. L. 940-1 Sous réserve des adaptations prévues dans les chapitres ci-après, les dispositions suivantes du présent code sont applicables dans le territoire de la Polynésie française :

1° Le livre I, à l'exception des articles L. 124-1 à L. 126-1, L. 145-34 à L. 145-36, L. 145-38 et L. 145-39 ;

2° Le livre II, à l'exception des articles L. 225-219 à L. 225-223 *[abrogés et remplacés par les art. L. 822-1, L. 822-2, L. 822-3, L. 822-6, L. 822-7 et L. 822-10]*, L. 252-1 à L. 252-13 ;

3° Le livre III, à l'exception des articles L. 310-4, L. 321-1 à L. 321-38, L. 322-7 et L. 322-10 ;

4° Le livre V, à l'exception des articles L. 522-1 à L. 522-40, L. 524-12, L. 524-20 et L. 525-21 ;

5° Le livre VI, à l'exception des articles L. 621-38, L. 621-132 et L. 628-1 à *(L. n° 2003-710 du 1er août 2003, art. 38-II)* **« L. 628-8 » ;**

(Ord. n° 2006-673 du 8 juin 2006, art. 9) **« 6° Le titre II du livre VII, à l'exception des articles L. 722-3, L. 722-11 à L. 722-13, de l'article L. 723-6, du deuxième alinéa de l'article L. 723-7, du deuxième alinéa de l'article L. 723-10 et de l'article L. 723-11. »**

(Ord. n° 2004-604 du 24 juin 2004, art. 66) **« Les dispositions qui précèdent** *(Ord. n° 2006-673 du 8 juin 2006, art. 9)* **« , à l'exception de celles du 6° »** *(Ord. n° 2008-1345 du 18 déc. 2008, art. 169-II, en vigueur le 15 févr. 2009)* **« et de l'article L. 610-1 », sont celles en vigueur à la date de la publication de la loi organique n° 2004-192 du 27 février 2004 portant statut d'autonomie de la Polynésie française. Elles ne peuvent être modifiées que dans les conditions prévues à l'article 11 de cette loi organique. »**

Registre du commerce et des sociétés. L'obligation de déclaration résultant des dispositions, rendues applicables en Polynésie française par l'art. L. 940-1 C. com., de l'art. L. 123-9 du même code et des dispositions issues des art. 11 et 17 de la délibération de l'assemblée de la Polynésie française du 11 mars 2005 portant réglementation du registre du commerce et des sociétés ne pèse que sur la « personne assujettie à immatriculation », laquelle était en l'espèce la société. Par suite, l'absence de publication au RCS ne faisait pas obstacle à ce que l'ancien gérant de cette société, en sa qualité de représentant à l'assemblée de la Polynésie française, se prévale quant à lui de la cessation de ses fonctions de gérant, même en l'absence de publication de celle-ci au RCS, pour s'abstenir de déclarer cette activité en application des dispositions du II de l'art. 112 de la loi organique du 27 févr. 2004. • CE 30 juin 2010 : *AJDA 2010. 1896.*

Art. L. 940-2 **Pour l'application du présent code en Polynésie française, les termes énumérés ci-après sont remplacés comme suit :**

1° "Tribunal de grande instance" ou "tribunal d'instance" par "tribunal de première instance" ;

2° "Tribunal de commerce" ou "justice consulaire" par "tribunal mixte de commerce" ;

3° "Conseil de prud'hommes" par "tribunal du travail" ;

4° "*Bulletin officiel des annonces civiles et commerciales*" par "*Journal officiel* de la Polynésie française" ;

5° "Département" ou "arrondissement" par "territoire de la Polynésie française" ;

6° "Préfet" ou "sous-préfet" par "représentant de l'État dans le territoire".

Art. L. 940-3 **Les références faites, par des dispositions du présent code applicables en Polynésie française, à d'autres articles du présent code ne concernent que les articles rendus applicables en Polynésie française avec les adaptations prévues dans les chapitres ci-dessous.**

Art. L. 940-4 **En l'absence d'adaptation, les références faites, par des dispositions du présent code applicables en Polynésie française, à des dispositions qui n'y sont pas applicables sont remplacées par les références aux dispositions ayant le même objet applicables localement.**

Art. L. 940-5 **Les références faites, par des dispositions du présent code applicables en Polynésie française, à des dispositions du code du travail n'y sont applicables que s'il existe une disposition applicable localement ayant le même objet.**

Art. L. 940-6 **Les renvois faits, par des dispositions du présent code applicables en Polynésie française, à des dispositions de nature réglementaire sont remplacés par des renvois à des délibérations de l'autorité compétente de la Polynésie française, sous réserve des dispositions prévues dans les chapitres ci-après.**

Art. L. 940-7 Les références à l'immatriculation au répertoire des métiers sont remplacées par les références à l'immatriculation faite conformément à la réglementation applicable en Polynésie française.

Art. L. 940-8 Les articles faisant référence à la Communauté européenne sont applicables dans le respect de la décision d'association prévue à l'article 136 du traité instituant la Communauté européenne *[art. 203 TFUE]*. Les références à l'accord sur l'Espace économique européen ne sont pas applicables.

● CHAPITRE PREMIER DISPOSITIONS D'ADAPTATION DU LIVRE Ier

Art. L. 941-1 Par dérogation à l'article L. 940-6, le renvoi à des dispositions de nature réglementaire mentionné à l'article L. 143-23 est maintenu en ce qu'il concerne l'Institut national de la propriété industrielle.

Art. L. 941-2 A l'article L. 122-1, les mots : "le *[au]* préfet du département où l'étranger doit exercer son activité" sont remplacés par les mots : "le *[au]* conseil des ministres de la Polynésie française".

Il convient de tenir compte de la nouvelle rédaction de l'art. L. 122-1 issue de la L. nº 2006-911 du 24 juill. 2006 (art. 22). — V. art. L. 122-1.

Art. L. 941-2-1 *(Ord. nº 2009-865 du 15 juill. 2009)* Pour son application en Polynésie française, l'article L. 123-11-5 du code de commerce est complété par un alinéa ainsi rédigé :

***Art. L. 123-11-5** [...]*

Les agents des douanes sont qualifiés pour procéder à la recherche et à la constatation des infractions aux dispositions de ce dernier chapitre et des règlements pris pour son application par les personnes ou les organismes exerçant une activité de domiciliation, telle que définie par la réglementation applicable localement. A cet effet, ils agissent, conformément aux règles de recherche et de constatation des infractions déterminées par le code des douanes. Les infractions sont constatées par des procès-verbaux faisant foi jusqu'à preuve du contraire et transmis directement au parquet.

Art. L. 941-3 Les dérogations prévues par les articles L. 123-25 à L. 123-27 sont applicables aux personnes physiques soumises à un régime simplifié d'imposition par la réglementation en vigueur en Polynésie française.

Art. L. 941-4 Pour l'application de l'article L. 133-6 :

I. — Les mots : "celles qui naissent des dispositions de l'article 1269 du code de procédure civile" sont remplacés par les mots *[: "]* les demandes en révision de compte et en liquidation des fruits présentées en vue d'un redressement en cas d'erreur, d'omission ou de présentation inexacte".

II. — Les dispositions du dernier alinéa sont applicables dans le cas de transport fait pour le compte de la Polynésie française.

Art. L. 941-5 A l'article L. 133-7, les mots : "les droits, taxes, frais et amendes de douane liés à une opération de transport" sont supprimés.

Art. L. 941-6 Pour l'application des articles L. 141-15, L. 143-7, L. 144-1 à L. 144-13 et L. 145-28, un magistrat du tribunal de première instance peut être délégué par le président.

Art. L. 941-7 A l'article L. 141-13, les mots : "par les articles 638 et 653 du code général des impôts" sont remplacés par les mots : "par les dispositions du code des impôts applicable en Polynésie française".

Art. L. 941-8 A l'article L. 144-5, les mots : "les articles L. 3211-2 et L. 3212-1 à L. 3212-12 du code de la santé publique" sont remplacés par les mots : "les articles du code de la santé publique applicable dans le territoire relatifs à l'hospitalisation ou à l'internement avec ou sans le consentement de l'intéressé".

Art. L. 941-9 L'article L. 144-11 est ainsi rédigé :

Art. L. 144-11 Si, conformément à la réglementation territoriale, le contrat de location-gérance est assorti d'une clause d'échelle mobile, la révision du loyer peut, nonobstant toute convention contraire, être demandée selon les conditions fixées par une délibération de l'assemblée de la Polynésie française lorsque, par le jeu de cette clause, ce loyer se trouve augmenté ou diminué de plus du quart par rapport au prix précédemment fixé, contractuellement ou judiciairement.

Art. L. 941-10 L'article L. 144-12 est ainsi rédigé :

Art. L. 144-12 A défaut d'accord amiable entre les parties sur la révision du loyer, l'instance est introduite et jugée conformément aux dispositions prévues en matière de révision du prix des baux à loyer d'immeubles ou de locaux à usage commercial ou industriel.

Le juge doit, en tenant compte de tous les éléments d'appréciation, adapter le jeu de l'échelle mobile à la valeur locative équitable au jour de la notification. Le nouveau prix est applicable à partir de cette même date, à moins que les parties ne se soient mises d'accord avant ou pendant l'instance sur une date plus ancienne ou plus récente.

Art. L. 941-11 L'article L. 145-2 est modifié ainsi qu'il suit :

I. – Au 4°, les mots : "à l'État, aux départements, aux communes, aux établissements publics" sont remplacées *[remplacés]* par les mots : "à l'État, aux collectivités territoriales et aux établissements publics" ;

II. – Au 6°, les mots : "à la caisse de sécurité sociale de la maison des artistes et reconnus auteurs d'œuvres graphiques et plastiques, tels que définis par l'article 71 de l'annexe III du code général des impôts" sont remplacées *[remplacés]* par les mots : "à la caisse locale d'assurance sociale et reconnus auteurs d'œuvres graphiques et plastiques au sens du code des impôts applicable dans le territoire".

Art. L. 941-12 Pour l'application de l'article L. 145-6, les mots : "l'évacuation des lieux compris dans un secteur ou périmètre prévu aux articles *(Ord. n° 2005-1527 du 8 déc. 2005, art. 29)* « L. 313-4 à L. 313-4-2 » du code de l'urbanisme" sont remplacés par les mots : "l'évacuation des lieux prévue à l'article L. 145-18".

Art. L. 941-13 A l'article L. 145-13, les mots : "sous réserve des dispositions de la loi du 28 mai 1943 relative à l'application aux étrangers des lois en matière de baux à loyer et de baux à ferme" sont supprimés.

Art. L. 941-14 Le deuxième alinéa de l'article L. 145-18 est ainsi rédigé :

Art. L. 145-18, al. 2 Il en est de même pour effectuer des opérations de restauration immobilière comportant des travaux de remise en état, de conservation, de modernisation ou de démolition ayant pour conséquence la transformation des conditions d'habitabilité d'un ensemble d'immeubles nécessitant l'évacuation des lieux. Ces opérations peuvent être décidées et exécutées dans le respect de la réglementation locale, soit par les autorités publiques localement compétentes, soit à l'initiative d'un ou de plusieurs propriétaires, groupés ou non en association syndicale. Dans ce dernier cas, ce ou ces propriétaires y sont spécialement autorisés dans des conditions fixées par les autorités territoriales compétentes, qui précisent notamment les engagements exigés des propriétaires quant à la nature et à l'importance des travaux. Les immeubles acquis par un organisme de rénovation ne peuvent, après restauration, être cédés de gré à gré qu'aux conditions d'un cahier des charges type approuvé par lesdites autorités.

Art. L. 941-15 A l'article L. 145-26, les mots : "aux départements" sont remplacés par les mots : "à la Polynésie française".

Art. L. 941-16 L'article L. 145-37 est ainsi rédigé :

Art. L. 145-37 Les loyers des baux d'immeubles ou de locaux régis par le présent chapitre, renouvelés ou non, peuvent être révisés à la demande de l'une ou de l'autre des parties, dans les conditions prévues par délibération de l'assemblée de la Polynésie française.

Art. L. 941-17 L'article L. 145-43 est ainsi rédigé :

Art. L. 145-43 Sont dispensés de l'obligation d'exploiter pendant la durée de leur stage les commerçants et artisans, locataires du local dans lequel est situé leur fonds, qui sont admis à suivre un stage de conversion ou un stage de promotion conformément aux dispositions du code du travail applicable en Polynésie française.

Art. L. 941-18 Le troisième alinéa de l'article L. 145-47 est supprimé.

Art. L. 941-19 A l'article L. 145-56, les mots : "et de procédure" sont supprimés.

CHAPITRE II DISPOSITIONS D'ADAPTATION DU LIVRE II

Art. L. 942-1 Par dérogation à l'article L. 940-6, les renvois à des décrets mentionnés aux articles L. 225-35 et L. 225-68 sont maintenus.

Art. L. 942-2 Pour l'application du livre II, les commissaires aux comptes et leurs suppléants sont choisis et exercent leurs fonctions selon la réglementation en vigueur en Polynésie française.

Art. L. 942-3 Les 4° et 5° du III de l'article L. 225-21 sont supprimés.

Art. L. 942-4 Aux articles L. 225-25 et L. 225-72, la référence aux articles 20 et 21 de la loi n° 88-1201 du 23 décembre 1988 relative aux organismes de placement collectif en valeur mobilière et portant création des fonds communs de créance est supprimée.

Art. L. 942-5 Aux articles L. 225-36 et L. 225-65, les mots : "dans le même département ou un département limitrophe" sont remplacés par les mots : "en Polynésie française".

Art. L. 942-6 Le dernier alinéa de l'article L. 225-43 et celui de l'article L. 225-91 sont supprimés.

Art. L. 942-7 Le 4° du IV de l'article L. 225-67 et le 4° du III de l'article L. 225-77 sont supprimés.

Art. L. 942-8 Le 5° de l'article L. 225-115 est ainsi rédigé :

Art. L. 225-115 5° Du montant global, certifié par les commissaires aux comptes, des déductions du montant des bénéfices imposables de sociétés qui procèdent à des versements à des œuvres d'organismes d'intérêt général ou de sociétés agréées ou à des donations d'œuvres d'art à l'État ou à la Polynésie française, telles que prévues par les dispositions de droit fiscal applicables en Polynésie française, ainsi que la liste des actions nominatives de parrainage, de mécénat.

Art. L. 942-9 A l'article *(Ord. n° 2005-1126 du 8 sept. 2005, art. 22)* « L. 823-6 », après les mots : "le comité d'entreprise", sont ajoutés les mots : "ou à défaut les délégués du personnel".

Art. L. 942-10 Aux articles L. 225-231, L. 232-3, L. 232-4, L. 234-1 et L. 234-2, aux mots : "au comité d'entreprise", sont ajoutés les mots : "ou à défaut aux délégués du personnel".

Art. L. 942-11 Le deuxième alinéa de l'article *(Ord. n° 2005-1126 du 8 sept. 2005, art. 22)* « L. 823-18 » est supprimé.

Art. L. 942-12 Au VI de l'article L. 225-270, les mots : "les dispositions de l'article 94 A du code général des impôts" sont remplacés par les mots : "les dispositions du code des impôts applicable dans le territoire relatives aux gains nets en capital réalisés à l'occasion de la cession à titre onéreux de valeurs mobilières et de droits sociaux".

Art. L. 942-13 Le dernier alinéa de l'article L. 228-36 est supprimé.

Art. L. 942-14 A l'article L. 233-24, les mots : "ou du VII de l'article 97" sont supprimés.

Art. L. 942-15 Le deuxième alinéa de l'article L. 251-7 est supprimé.

CHAPITRE III DISPOSITIONS D'ADAPTATION DU LIVRE III

Art. L. 943-1 Les deuxième et troisième alinéas de l'article L. 310-1 sont supprimés.

Art. L. 943-2 *(L. n° 2008-776 du 4 août 2008, art. 54-III)* « Le deuxième alinéa du I » et le II de l'article L. 310-2 sont supprimés.

Art. L. 943-3 Le deuxième alinéa du I de l'article L. 310-3 est supprimé.

Art. L. 943-4 Les 1°, 2° et 3° de l'article L. 310-5 sont supprimés.

Art. L. 943-5 A l'article L. 322-1, les mots : "aux articles *(Ord. n° 2011-1895 du 19 déc. 2011, art. 2, en vigueur le 1er juin 2012)* « L. 221-4 du code des procédures civiles d'exécution » et 945 du code de procédure civile" sont remplacés par les mots : "aux dispositions de procédure civile applicables localement et relatives à la vente de meubles dépendant d'une succession".

Art. L. 943-6 L'article L. 322-11 est ainsi rédigé :

Art. L. 322-11 Les contestations relatives aux ventes réalisées en application des délibérations en vigueur localement relatives à la vente volontaire, aux enchères, en gros, des marchandises par les courtiers assermentés sont portées devant le tribunal mixte de commerce.

Art. L. 943-7 L'article L. 322-15 est ainsi rédigé :

Art. L. 322-15 Il appartient toujours au tribunal ou au juge qui autorise ou ordonne la vente en vertu de l'article précédent, de désigner éventuellement, pour y procéder, une autre classe d'officiers publics que les courtiers assermentés.

Art. L. 943-8 L'article L. 322-16 est ainsi rédigé :

Art. L. 322-16 Les dispositions de l'article L. 322-11 sont applicables aux ventes visées aux articles L. 322-14 et L. 322-15.

CHAPITRE IV DISPOSITIONS D'ADAPTATION DU LIVRE IV

Le livre IV n'est pas applicable.

V. toutefois le Décr. n° 2008-1022 du 3 oct. 2008 pris en application de l'art. 32 de la loi organique n° 2004-192 du 27 févr. 2004 modifiée portant statut d'autonomie de la Polynésie française et portant approbation d'un acte dénommé « loi du pays » relatif à la recherche et à la constatation des infractions en matière économique (JO 5 oct.).

CHAPITRE V DISPOSITIONS D'ADAPTATION DU LIVRE V

Art. L. 945-1 Par dérogation à l'article L. 940-6, les renvois à des dispositions de nature réglementaire mentionnés aux articles L. 523-14 et L. 524-19 sont maintenus.

Art. L. 945-2 A l'article L. 511-55, le mot : "destitution" est supprimé.

Art. L. 945-3 L'article L. 511-60 est ainsi rédigé :

Art. L. 511-60 Les modalités d'application des dispositions de la présente sous-section sont fixées par délibération de l'autorité territoriale compétente.

Art. L. 945-4 A l'article L. 511-61, les mots : "ou des collectivités territoriales" sont remplacés par les mots : "ou des communes ou de la Polynésie française".

Art. L. 945-5 Le deuxième alinéa de l'article L. 511-62 est ainsi rédigé :

Art. L. 511-62, al. 2 La retraite comprend les sommes indiquées dans les articles L. 511-45 et L. 511-46, outre les droits de courtage et de timbre éventuellement prévus par les dispositions applicables en Polynésie française.

Art. L. 945-6 Aux articles L. 523-8 et L. 524-6, les mots : "articles 1426 à 1429 du code de procédure civile" sont remplacés par les mots : "dispositions de procédure civile applicables localement relatives aux offres de payement et à la consignation".

Art. L. 945-7 Au premier alinéa de l'article L. 525-2, après les mots : "au droit fixe" sont ajoutés les mots : "selon les modalités en vigueur en Polynésie française".

Art. L. 945-8 Au II de l'article L. 525-9, les mots : "au privilège visé à l'article L. 243-4 du code de la sécurité sociale" sont remplacés par les mots : "au privilège organisé en faveur de la caisse de prévoyance sociale du territoire *["]*.

Art. L. 945-9 L'article L. 525-18 est modifié ainsi qu'il suit :

I. – Au 1°, la référence au décret n° 53-968 du 30 septembre 1953 est remplacée par la référence au décret n° 55-639 du 20 mai 1955 ; *– V. note ss. art. L. 525-18.*

II. – Le 2° est ainsi rédigé :

"2° Les navires de mer ainsi que les bateaux de navigation fluviale."

CHAPITRE VI DISPOSITIONS D'ADAPTATION DU LIVRE VI

Art. L. 946-1 Par dérogation à l'article L. 940-6, le renvoi à des dispositions de nature réglementaire mentionné à l'article L. 621-2 est maintenu.

Art. L. 946-2 L'article L. 611-1 est modifié ainsi qu'il suit :

I. – Au premier alinéa, l'arrêté du représentant de l'État dans la région est remplacé par une décision du gouvernement de Polynésie française.

II. – Au quatrième alinéa, les mots : "notamment en application des articles 5, 48 et 66 de la loi n° 82-213 du 2 mars 1982 modifiée relative aux droits et libertés des communes, des départements et des régions" sont supprimés.

Art. L. 946-3 Pour l'application de l'article L. 612-1, les commissaires aux comptes et leurs suppléants sont choisis et exercent leurs fonctions selon la réglementation en vigueur localement.

Art. L. 946-4 Le troisième alinéa de l'article L. 612-1 est supprimé.

Art. L. 946-5 A l'article L. 612-2, après les mots : "au comité d'entreprise" sont ajoutés les mots : "ou, à défaut, aux délégués du personnel".

Art. L. 946-6 A l'article L. 621-2, les mots : "dans chaque département" sont remplacés par les mots : "en Polynésie française".

Art. L. 946-7 A l'article L. 625-2, les mots : "mentionnée à l'article L. 432-7 *[L. 2143-21 et L. 2325-5 nouv.]* du code du travail" sont remplacés par les mots : "à l'égard des informations présentant un caractère confidentiel et données comme telles".

Art. L. 946-8 Pour l'application de l'article L. 622-24, les organismes visés à l'article L. 351-21 *[L. 5427-1 à L. 5427-6 nouv.]* du code du travail sont les organismes territoriaux ayant en charge le service de l'allocation d'assurance chômage et le recouvrement des contributions.

Art. L. 946-9 Pour l'application des articles L. 622-24, L. 625-3, L. 625-4, L. 626-20 et L. 662-4, les institutions mentionnées à l'article L. 143-11-4 *[L. 3253-14 nouv.]* du code du travail sont les institutions territoriales chargées de la mise en œuvre du régime d'assurance contre le risque de non-paiement des salaires, en cas de procédure de redressement ou de liquidation judiciaires.

Art. L. 946-10 Pour l'application de l'article L. 621-60, les institutions régies par le livre IX du code de la sécurité sociale sont les institutions territoriales de retraite complémentaire ou supplémentaire ou de prévoyance, prévues par les dispositions applicables dans la collectivité et relatives aux régimes de sécurité et de protection sociales.

Art. L. 946-11 A l'article L. 626-14, la référence à l'article 28 du décret n° 55-22 du 4 janvier 1955 portant réforme de la publicité foncière est remplacée par la référence aux dispositions applicables dans le territoire et relatives à la publicité des droits sur les immeubles autres que les privilèges et hypothèques.

Art. L. 946-12 A l'article L. 621-84, l'obligation faite au tribunal de tenir compte des dispositions contenues aux 1°, 2°, 3° et 4° de l'article L. 331-7 du code rural et de la pêche maritime s'entend des prescriptions suivantes :

"Observer l'ordre des priorités établi entre l'installation des jeunes agriculteurs et l'agrandissement des exploitations, en tenant compte de l'intérêt économique et social du maintien de l'autonomie de l'exploitation faisant l'objet de la demande ;

"Tenir compte, en cas d'agrandissement ou de réunion d'exploitations, des possibilités d'installation sur une exploitation viable, de la situation des terres concernées par rapport au siège de l'exploitation du ou des demandeurs, de la superficie des biens faisant l'objet de la demande et des superficies déjà mises en valeur par le ou les demandeurs, ainsi que par le preneur en place ;

"Prendre en considération la situation personnelle du ou des demandeurs : âge, situation familiale et professionnelle et, le cas échéant, celle du preneur en place, ainsi que le nombre et la nature des emplois salariés en cause ;

"Tenir compte de la structure parcellaire des exploitations concernées, soit par rapport au siège de l'exploitation, soit pour éviter que des mutations en jouissance en remettent en cause des aménagements obtenus à l'aide de fonds publics."

Art. L. 946-13 *(L. n° 2003-7 du 3 janv. 2003)* Le premier alinéa de l'article L. 622-2 est complété par une phrase ainsi rédigée :

Art. L. 622-2, al. 1er Il peut lui être adjoint dans les mêmes conditions un ou plusieurs liquidateurs.

CHAPITRE VII DISPOSITIONS D'ADAPTATION DU LIVRE VII

Art. L. 947-1 *(Ord. n° 2006-673 du 8 juin 2006, art. 9)* Le premier alinéa de l'article L. 721-1 est ainsi rédigé :

Art. L. 721-1, al. 1er Le tribunal mixte de commerce est composé du président du tribunal de première instance, président, de juges élus, sous réserve des dispositions de l'article L. 947-13, et d'un greffier.

Ce tribunal exerce les compétences dévolues en métropole au tribunal de commerce.

Art. L. 947-2 *(Ord. n° 2006-673 du 8 juin 2006, art. 9)* L'article L. 722-1 est ainsi rédigé :

Art. L. 722-1 Les jugements des tribunaux mixtes de commerce sont rendus, sauf dispositions qui prévoient un juge unique, par une formation comprenant, outre le président, trois juges élus ou désignés dans les conditions prévues à l'article L. 947-13. En cas de partage égal des voix, celle du président est prépondérante.

Art. L. 947-3 *(Ord. n° 2006-673 du 8 juin 2006, art. 9)* Le premier alinéa de l'article L. 722-7 est ainsi rédigé :

Art. L. 722-7, al. 1er Les juges des tribunaux mixtes de commerce sont élus pour quatre ans. Ils sont rééligibles.

Art. L. 947-4 *(Ord. n° 2006-673 du 8 juin 2006, art. 9)* L'article L. 723-1 est ainsi rédigé :

Art. L. 723-1 I. — Les juges des tribunaux mixtes de commerce sont élus dans le ressort de chacune de ces juridictions par un collège composé :

1° D'électeurs à titre personnel :

a) Les commerçants immatriculés en Polynésie française au registre du commerce et des sociétés, sous réserve, pour les associés en nom collectif et les associés commandités, des dispositions du IV du présent article ;

b) Les chefs d'entreprise immatriculés en Polynésie française conformément à la réglementation applicable à cette collectivité au registre du commerce et des sociétés ;

c) Les conjoints des personnes énumérées au *a* ou au *b* ci-dessus ayant déclaré au registre du commerce et des sociétés qu'ils collaborent à l'activité de leur époux sans autre activité professionnelle ;

d) Les capitaines au long cours ou capitaines de la marine marchande exerçant le commandement d'un navire immatriculé en France dont le port d'attache est situé dans la circonscription, les pilotes maritimes exerçant leurs fonctions dans un port situé dans la circonscription, les pilotes de l'aéronautique civile domiciliés dans la circonscription et exerçant le commandement d'un aéronef immatriculé en France ;

e) Les membres en exercice des tribunaux mixtes de commerce, ainsi que les anciens membres de ces tribunaux ayant demandé à être inscrits sur la liste électorale ;

2° D'électeurs inscrits en qualité de représentant :

a) Les sociétés à caractère commercial au sens de l'article L. 210-1 et les établissements publics à caractère industriel et commercial dont le siège social est situé dans la circonscription ;

b) Au titre d'un établissement faisant l'objet dans la circonscription d'une inscription complémentaire ou d'une immatriculation secondaire, à moins qu'il en soit dispensé par les lois et règlements en vigueur, les personnes physiques mentionnées aux *a* et *b* du 1° et les personnes morales mentionnées au *a* du présent 2°, quelle que soit la circonscription où ces personnes exercent leur propre droit de vote ;

c) Les sociétés à caractère commercial dont le siège est situé hors du territoire national et qui disposent dans la circonscription d'un établissement immatriculé au registre du commerce et des sociétés ;

3° Les cadres qui, employés dans la circonscription par les électeurs mentionnés aux 1° ou 2°, exercent des fonctions impliquant des responsabilités de direction commerciale, technique ou administrative de l'entreprise ou de l'établissement.

II. — Au titre de leur siège social et de l'ensemble de leurs établissements situés dans la collectivité, les personnes physiques ou morales mentionnées aux 1° et 2° du I disposent :

1° D'un représentant supplémentaire, lorsqu'elles emploient dans la collectivité de dix à quarante-neuf salariés ;

2° De deux représentants supplémentaires, lorsqu'elles emploient dans la collectivité de cinquante à cent quatre-vingt-dix-neuf salariés ;

3° De trois représentants supplémentaires, lorsqu'elles emploient dans la collectivité de deux cents à quatre cent quatre-vingt-dix-neuf salariés ;

4° De quatre représentants supplémentaires, lorsqu'elles emploient dans la collectivité de cinq cents à mille neuf cent quatre-vingt-dix-neuf salariés ;

5° De cinq représentants supplémentaires, lorsqu'elles emploient dans la collectivité deux mille salariés ou plus.

III. — Toutefois, les personnes physiques énumérées aux *a* et *b* du 1° du I dont le conjoint bénéficie des dispositions du *c* du 1° du même paragraphe ne désignent aucun représentant supplémentaire si elles emploient moins de cinquante salariés dans la collectivité.

IV. — Les sociétés en nom collectif et les sociétés en commandite désignent par délibération expresse conformément aux dispositions statutaires un représentant unique au titre des associés et de la société, sans préjudice de la possibilité de désigner des représentants supplémentaires en application du II ci-dessus.

Art. L. 947-5 *(Ord. nº 2006-673 du 8 juin 2006, art. 9)* **L'article L. 723-2 est ainsi rédigé :**

Art. L. 723-2 I. — Les représentants mentionnés à l'article L. 723-1 applicable en Polynésie française doivent exercer dans l'entreprise soit des fonctions de président-directeur général, de président ou de membre du conseil d'administration, de directeur général, de président ou de membre du directoire, de président du conseil de surveillance, de gérant, de président ou de membre du conseil d'administration ou de directeur d'un établissement public à caractère industriel et commercial, soit, à défaut et pour les représenter à titre de mandataire, des fonctions impliquant des responsabilités de direction commerciale, technique ou administrative de l'entreprise ou de l'établissement.

II. — Les électeurs à titre personnel mentionnés au I du même article et les représentants des personnes physiques ou morales mentionnées au 2° du I de cet article doivent être ressortissants d'un État membre de la Communauté européenne.

Ils doivent, en outre, pour prendre part au vote :

1° Remplir les conditions fixées à l'article L. 2 du code électoral, à l'exception de la nationalité ;

2° Ne pas avoir fait l'objet de l'interdiction visée à l'article L. 6 du code électoral ;

3° N'avoir pas été frappés de faillite personnelle ou d'une des mesures d'interdiction ou de déchéance telles que prévues au livre VI du présent code dans sa rédaction applicable conformément au dernier alinéa de l'article L. 940-1 ou à la loi n° 85-98 du 25 janvier 1985 relative au redressement et à la liquidation judiciaires des entreprises ou à la loi n° 67-563 du 13 juillet 1967 sur le règlement judiciaire, la liquidation des biens, la faillite personnelle et les banqueroutes ou d'une mesure d'interdiction d'exercer une activité commerciale ;

4° Ne pas avoir été condamnés à des peines, déchéances ou sanctions prononcées en vertu de législations en vigueur dans les États membres de la Communauté européenne équivalentes à celles visées aux 2° et 3°.

Art. L. 947-6 *(Ord. nº 2006-673 du 8 juin 2006, art. 9)* **Pour l'application de l'article L. 723-3, les mots : "le juge commis à la surveillance du registre du commerce et des sociétés. En cas de création d'un tribunal de commerce, le premier président de la cour d'appel désigne comme président de la commission un magistrat de l'ordre judiciaire" sont remplacés par les mots : "un magistrat de l'ordre judiciaire désigné par le premier président de la cour d'appel".**

Art. L. 947-7 *(Ord. nº 2006-673 du 8 juin 2006, art. 9)* **L'article L. 723-4 est ainsi rédigé :**

Art. L. 723-4 Sous réserve des dispositions de l'article L. 947-9, sont éligibles aux fonctions de juge d'un tribunal mixte de commerce les personnes âgées de trente ans au moins inscrites sur la liste électorale dressée en application de l'article L. 947-6 et justifiant soit d'une immatriculation depuis cinq ans au moins au registre du commerce et des sociétés, soit, pendant le même délai, de l'exercice de l'une des qualités énumérées au I de l'article L. 723-2 dans sa rédaction applicable en Polynésie française.

Art. L. 947-8 *(Ord. nº 2006-673 du 8 juin 2006, art. 9)* **L'article L. 723-5 est ainsi rédigé :**

Art. L. 723-5 Est inéligible aux fonctions de juge d'un tribunal mixte de commerce tout candidat à l'égard duquel est ouverte une procédure de redressement ou de liquidation judiciaires. La même disposition s'applique à tout candidat ayant une des qualités mentionnées au I de l'article L. 723-2 dans sa rédaction applicable en Polynésie française, lorsque la société ou l'établissement public auquel il appartient fait l'objet d'une procédure de redressement ou de liquidation judiciaires.

Art. L. 947-9 *(Ord. nº 2006-673 du 8 juin 2006, art. 9)* **Le premier alinéa de l'article L. 723-7 est ainsi rédigé :**

Art. L. 723-7, al. 1er Après douze années de fonctions judiciaires ininterrompues dans un même tribunal mixte de commerce, les juges des tribunaux mixtes de commerce ne sont plus éligibles dans ce tribunal pendant un an.

Art. L. 947-10 *(Ord. nº 2006-673 du 8 juin 2006, art. 9)* **Pour l'application de l'article L. 723-8, les mots : "membre d'un conseil de prud'hommes" sont remplacés par les mots : "assesseur d'un tribunal du travail".**

Art. L. 947-11 *(Ord. nº 2006-673 du 8 juin 2006, art. 9)* **Pour l'application de l'article L. 723-9, les mots : "par correspondance ou par voie électronique" sont remplacés par les mots : "par procuration ou par correspondance dans des conditions fixées par décret en Conseil d'État. Chaque électeur ne peut disposer que d'une procuration."**

Art. L. 947-12 *(Ord. nº 2006-673 du 8 juin 2006, art. 9)* **Pour l'application du premier alinéa de l'article L. 723-10, les mots : "deux tours" sont remplacés par les mots : "un tour", et il est ajouté à la fin de l'article la phrase suivante : "Si plusieurs candidats obtiennent le même nombre de voix, le plus âgé est proclamé élu".**

Art. L. 947-13 *(Ord. nº 2006-673 du 8 juin 2006, art. 9)* **Pour l'application de la section III du chapitre III du titre II du livre VII, les dispositions suivantes sont ajoutées :**

"I. – A la liste des candidats déclarés élus, la commission prévue par l'article L. 723-13 annexe une liste complémentaire comprenant les nom, qualité et domicile des candidats non élus. Ces candidats sont classés dans l'ordre décroissant du nombre de voix qu'ils ont obtenues. A égalité de voix, ils sont classés dans l'ordre décroissant de leur âge.

"Les candidats figurant sur la liste complémentaire dressée en application du premier alinéa du présent article sont appelés à remplacer les juges dont le siège deviendrait vacant pour quelque cause que ce soit. Ils sont désignés, en suivant l'ordre de la liste complémentaire, par le président du tribunal mixte de commerce. Avant d'entrer en fonctions, ils prêtent serment dans les conditions prévues pour les juges des tribunaux mixtes de commerce.

"II. – Si les sièges vacants ne peuvent être pourvus en application du I et si le nombre des vacances dépasse le tiers des effectifs du tribunal, il est procédé à des élections complémentaires. Il en est de même en cas d'augmentation des effectifs d'un tribunal mixte de commerce.

"Toutefois, il n'y a pas lieu de procéder à des élections complémentaires dans les douze mois précédant l'élection générale.

"III. – Le mandat des juges désignés ou élus en application des I et II prend fin en même temps que celui des autres juges des tribunaux mixtes de commerce."

CHAPITRE VIII DISPOSITIONS D'ADAPTATION DU LIVRE VIII

Le livre VIII n'est pas applicable.

V. toutefois, art. L. 942-9 et L. 942-11.

TITRE CINQUIÈME DISPOSITIONS APPLICABLES DANS LES ÎLES WALLIS-ET-FUTUNA

Dans les conditions prévues au présent titre, sont applicables aux îles Wallis-et-Futuna les art. 10 à 20, 22, 23 et 26 de l'Ord. nº 2004-274 du 25 mars 2004, JO 27 mars (art. 49-I). — V. table chronologique en fin d'ouvrage.

Pour l'actualisation de la législation commerciale applicable dans les îles Wallis-et-Futuna par rapport aux modifications, adjonctions et abrogations issues des lois nos 2001-152 du 19 févr. 2001, 2001-420 du 15 mai 2001, 2001-624 du 17 juill. 2001, 2001-1168 du 11 déc. 2001, 2002-73 du 17 janv. 2002, 2002-1303 du 29 oct. 2002, 2003-7 du 3 janv. 2003, 2003-706 et 2003-721 du 1er août 2003, 2003-775 du 21 août 2003, V. Ord. nº 2004-604 du 24 juin 2004, art. 57-II (JO 26 juin).

Art. L. 950-1 **Sous réserve des adaptations prévues dans les chapitres ci-après, les dispositions suivantes du présent code sont applicables dans les îles Wallis-et-Futuna :**

1° Le livre Ier, à l'exception des articles *(Ord. nº 2009-896 du 24 juill. 2009, art. 7-I)* **« L. 123-1-1, L. 123-29 à L. 123-31, L. 124-1 à L. 126-1, L. 135-1 à L. 135-3 » ;**

2° Le livre II, à l'exception des articles *(L. nº 2005-842 du 26 juill. 2005, art. 11-III)* **« L. 225-245-1, L. 229-1 à L. 229-15, L. 238-6, L. 244-5 et » L. 252-1 à L. 252-13 ;**

3° Le livre III, à l'exception des articles L. 321-1 à L. 321-38 ;

4° Le livre IV, à l'exception des articles L. 441-1, L. 442-1 et L. 470-6 ;

5° Le livre V, à l'exception des articles L. 522-1 à L. 522-40, L. 524-12, L. 524-20 et L. 524-21 ;

(L. nº 2005-845 du 26 juill. 2005, art. 196-II) **« 6° Le livre VI, à l'exception des articles L. 622-19, L. 625-9, L. 653-10 et L. 670-1 à L. 670-8 » ;**

7° *(Ord. nº 2006-673 du 8 juin 2006, art. 9)* **« Le titre Ier du livre VII, à l'exception des articles L. 711-5 et L. 711-9 ; les articles L. 721-3 à L. 721-6 ; »**

8° Le livre VIII, à l'exception des articles L. 812-1 à *(L. nº 2004-130 du 11 févr. 2004, art. 53)* **« L. 813-1 ».**

Art. L. 950-2 **Pour l'application du présent code dans les îles Wallis-et-Futuna, les termes énumérés ci-après sont remplacés comme suit :**

1° "Tribunal de grande instance" ou "tribunal d'instance" par "tribunal de première instance" ;

2° "Tribunal de commerce" ou "justice consulaire" par "tribunal de première instance statuant en matière commerciale" ;

3° "Conseil de prud'hommes" par "tribunal du travail" ;

4° "*Bulletin officiel des annonces civiles et commerciales*" par "*Journal officiel* du territoire" ;

5° "Département" ou "arrondissement" par "territoire" ;

6° "Préfet" ou "sous-préfet" par "représentant de l'État dans le territoire" *[;]*

(Ord. nº 2004-274 du 25 mars 2004, art. 49-VI) **« 7° "maire" par "chef de circonscription"** *[;]* **»**

(Ord. nº 2011-322 du 24 mars 2011, art. 4) **« 8° "Bureau des hypothèques" par "greffe du tribunal de première instance". »**

Art. L. 950-3 **Les références faites, par des dispositions du présent code applicables dans les îles Wallis-et-Futuna, à d'autres articles du présent code, ne concernent que les articles rendus applicables dans les îles Wallis-et-Futuna avec les adaptations prévues dans les chapitres ci-dessous.**

Art. L. 950-4 En l'absence d'adaptation, les références faites par des dispositions du présent code applicables dans les îles Wallis-et-Futuna, à des dispositions qui n'y sont pas applicables, sont remplacées par les références aux dispositions ayant le même objet applicables localement.

Art. L. 950-5 Les références faites par des dispositions du présent code applicables dans les îles Wallis-et-Futuna, à des dispositions du code du travail n'y sont applicables que s'il existe une disposition applicable localement ayant le même objet.

Art. L. 950-6 Les références à l'immatriculation au répertoire des métiers sont remplacées par les références à l'immatriculation faite conformément à la réglementation applicable dans les îles Wallis-et-Futuna.

Art. L. 950-7 Les articles faisant référence à la Communauté européenne sont applicables dans le respect de la décision d'association prévue à l'article 136 du traité instituant la Communauté européenne *[art. 203 TFUE]*. Les références à l'accord sur l'Espace économique européen ne sont pas applicables.

CHAPITRE PREMIER DISPOSITIONS D'ADAPTATION DU LIVRE Ier

Art. L. 951-1 A l'article L. 122-1, les mots : "par le *[au]* préfet du département où l'étranger doit exercer son activité" sont remplacés par les mots : "par le *[au]* représentant de l'État dans le territoire dans le cas où l'étranger doit y exercer son activité".

Il convient de tenir compte de la nouvelle rédaction de l'art. L. 122-1 issue de la L. nº 2006-911 du 24 juill. 2006 (art. 22). — V. art. L. 122-1.

Art. L. 951-1-1 *(Ord. nº 2009-865 du 15 juill. 2009)* A l'article L. 123-11-3, les références au code de la consommation et au code du travail sont remplacées par des références aux dispositions applicables localement ayant le même objet.

Art. L. 951-1-2 *(Ord. nº 2009-865 du 15 juill. 2009)* Pour son application dans les îles Wallis-et-Futuna, l'article L. 123-11-6 est rédigé comme suit :

Art. L. 123-11-6 Les agents des douanes sont qualifiés pour procéder à la recherche et à la constatation des infractions aux dispositions des articles de la présente sous-section et des règlements pris pour leur application. A cet effet, ils agissent, conformément aux règles de recherche et de constatation des infractions déterminées par le code des douanes. Les infractions sont constatées par des procès-verbaux faisant foi jusqu'à preuve du contraire et transmis directement au parquet.

Art. L. 951-2 Les dérogations prévues par les articles L. 123-25 à L. 123-27 sont applicables aux personnes physiques soumises à un régime simplifié d'imposition par la réglementation en vigueur localement.

Art. L. 951-3 A l'article L. 133-6, les mots : "celles qui naissent des dispositions de l'article 1269 du code de procédure civile" sont remplacés par les mots : "les demandes en révision de compte et en liquidation des fruits présentées en vue d'un redressement en cas d'erreur, d'omission ou de présentation inexacte".

Art. L. 951-4 Pour l'application des articles L. 141-15, L. 143-7, L. 144-1 à L. 144-13 et L. 145-28, un magistrat du tribunal de première instance peut être délégué par le président.

Art. L. 951-5 A l'article L. 141-13, les mots : "par les articles 638 et 653 du code général des impôts" sont remplacés par les mots : "par les dispositions du code des impôts applicable dans le territoire".

Art. L. 951-6 A l'article L. 144-5, les mots : "les articles L. 3211-2 et L. 3212-1 à L. 3212-12 du code de la santé publique" sont remplacés par les mots : "les articles du code de la santé publique applicable dans le territoire relatifs à l'hospitalisation et à l'internement avec ou sans le consentement de l'intéressé".

Art. L. 951-7 L'article L. 145-2 est modifié ainsi qu'il suit :

(Abrogé par Ord. nº 2009-896 du 24 juill. 2009, art. 7-II) « I. – Au 4º, les mots : "à l'État, aux départements, aux communes, aux établissements publics" sont remplacés par les mots : "à l'État, aux collectivités territoriales et aux établissements publics ;"

II. – Au 6°, les mots : "à la caisse de sécurité sociale de la maison des artistes et reconnus auteurs d'œuvres graphiques et plastiques, tels que définis par l'article 71 de l'annexe III du code général des impôts" sont remplacés par les mots : à la caisse locale d'assurance sociale et reconnus auteurs d'œuvres graphiques et plastiques au sens du code des impôts applicable dans le territoire".

Art. L. 951-8 Pour l'application de l'article L. 145-6, les mots : "l'évacuation des lieux compris dans un secteur ou périmètre prévu aux articles *(Ord. nº 2005-1527 du 8 déc. 2005, art. 29)* « L. 313-4 à L. 313-4-2 » du code de l'urbanisme" sont remplacés par les mots "l'évacuation des lieux prévue à l'article L. 145-18".

Art. L. 951-9 A l'article L. 145-13, les mots "sous réserve des dispositions de la loi du 28 mai 1943 relative à l'application aux étrangers des lois en matière de baux à loyer et de baux à ferme" sont supprimés.

Art. L. 951-10 Le deuxième alinéa de l'article L. 145-18 est ainsi rédigé :

Art. L. 145-18, al. 2 Il en est de même pour effectuer des opérations de restauration immobilière comportant des travaux de remise en état, de conservation, de modernisation ou de démolition ayant pour conséquence la transformation des conditions d'habitabilité d'un ensemble d'immeubles nécessitant l'évacuation des lieux. Ces opérations peuvent être décidées et exécutées dans le respect de la réglementation locale, soit par les autorités publiques localement compétentes, soit à l'initiative d'un ou de plusieurs propriétaires, groupés ou non en association syndicale. Dans ce dernier cas, ce ou ces propriétaires y sont spécialement autorisés dans des conditions fixées par le représentant de l'État, qui précisent notamment les engagements exigés des propriétaires quant à la nature et à l'importance des travaux. Les immeubles acquis par un organisme de rénovation ne peuvent, après restauration, être cédés de gré à gré qu'aux conditions d'un cahier des charges type approuvé par le représentant de l'État.

Art. L. 951-11 *Abrogé par Ord. nº 2009-896 du 24 juill. 2009, art. 7-III.*

Art. L. 951-12 Le premier alinéa de l'article L. 145-34 est ainsi rédigé :

Art. L. 145-34, al. 1er A moins d'une modification notable des éléments *(Ord. nº 2004-604 du 24 juin 2004, art. 58-III)* « mentionnés aux 1° à 4° de l'article L. 145-33 », le taux de variation du loyer applicable lors de la prise d'effet du bail à renouveler, si sa durée n'est pas supérieure à neuf ans, ne peut excéder la variation d'un indice *local* trimestriel mesurant le coût de la construction intervenue depuis la fixation initiale du loyer du bail expiré. Cet indice est calculé dans des conditions déterminées par arrêté du représentant de l'État. A défaut de clause contractuelle fixant le trimestre de référence de cet indice, il y a lieu de prendre en compte une variation de l'indice local trimestriel mesurant le coût de la construction fixé à cet effet par l'arrêté précité.

Art. L. 951-13 L'article L. 145-35 est modifié ainsi qu'il suit :

I. — Au premier alinéa, le mot : "départementale" est supprimé ;

II. — Le dernier alinéa est ainsi rédigé :

"La composition de la commission, le mode de désignation de ses membres et ses règles de fonctionnement sont fixés par arrêté du représentant de l'État."

Art. L. 951-14 L'article L. 145-43 est ainsi rédigé :

Art. L. 145-43 Sont dispensés de l'obligation d'exploiter pendant la durée de leur stage les commerçants et artisans, locataires du local dans lequel est situé leur fonds, qui sont admis à suivre un stage de conversion ou un stage de promotion conformément aux dispositions du code du travail applicable dans le territoire.

CHAPITRE II DISPOSITIONS D'ADAPTATION DU LIVRE II

Sont applicables dans les îles Wallis-et-Futuna les modifications apportées aux art. L. 225-23 et L. 225-71 ainsi qu'aux art. L. 225-197-1 et L. 225-197-3, respectivement par le I de l'art. 32 et le I de l'art. 39 de la L. n° 2006-1770 du 30 déc. 2006 (L. préc., art. 72-II).

Art. L. 952-1 *(Ord. n° 2004-604 du 24 juin 2004, art. 58-III)* Aux articles L. 225-177, L. 225-179 et L. 233-11, les mots : "la date de publication de la loi n° 2001-420 du 15 mai 2001 relative aux nouvelles régulations économiques" sont remplacés par les mots : "la date de publication de l'ordonnance n° 2004-604 du 24 juin 2004 portant réforme du régime des valeurs mobilières émises par les sociétés commerciales et extension à l'outre-mer de dispositions ayant modifié la législation commerciale".

Art. L. 952-2 Aux articles *(Ord. n° 2004-274 du 25 mars 2004, art. 49-VII)* « L. 223-18, » L. 225-36 et L. 225-65, les mots : "dans le même département ou un département limitrophe" sont remplacés par les mots : "dans le territoire".

Art. L. 952-3 *Abrogé par L. n° 2009-323 du 25 mars 2009, art. 8-IV.*

Art. L. 952-4 *(Ord. n° 2004-604 du 24 juin 2004, art. 62-II)* Au 5° de l'article L. 225-115, les mots : "versements effectués en application des 1 et 4 de l'article 238 *bis* du code général des impôts" sont remplacés par les mots : "déductions fiscales prévues par les dispositions de droit fiscal applicables dans le territoire et relatives au total des déductions du montant des bénéfices imposables des sociétés qui procèdent à des versements au profit d'œuvres d'organismes d'intérêt général, ou de sociétés agréées ou à des donations d'œuvre d'art à l'État".

Art. L. 952-5 *(Ord. n° 2004-604 du 24 juin 2004, art. 58-III)* « Aux articles L. 225-105, *(Ord. n° 2005-1126 du 8 sept. 2005, art. 22)* « L. 823-6 » et L. 225-131 », les mots : "le comité d'entreprise" sont remplacés par les mots : "les délégués du personnel".

Art. L. 952-6 Aux articles L. 225-231, L. 232-3, L. 232-4, L. 234-1 et L. 234-2, les mots : "au comité d'entreprise" sont remplacés par les mots : "aux délégués du personnel".

Art. L. 952-7 Au VI de l'article L. 225-270, les mots : "les dispositions de l'article 94 A du code général des impôts" sont remplacés par les mots : "les dispositions du code des impôts applicable dans le territoire relatives aux gains nets en capital réalisés à l'occasion de la cession à titre onéreux de valeurs mobilières et de droits sociaux".

Art. L. 952-8 **Le dernier alinéa de l'article L. 228-36 est supprimé.**

Art. L. 952-9 **A l'article L. 233-24, les mots : "ou du VII de l'article 97" sont supprimés.**

Art. L. 952-10 **Le deuxième alinéa de l'article L. 251-7 est supprimé.**

CHAPITRE III DISPOSITIONS D'ADAPTATION DU LIVRE III

(Ord. n° 2004-274 du 25 mars 2004)

Art. L. 953-1 *(Ord. n° 2004-274 du 25 mars 2004, art. 49-VIII)* **Le III de l'article L. 310-2 et le 6° de l'article L. 310-5 sont supprimés.**

Art. L. 953-2 **A l'article L. 322-1, les mots : "aux articles** *(Ord. n° 2011-1895 du 19 déc. 2011, art. 2, en vigueur le 1er juin 2012)* **« L. 221-4 du code des procédures civiles d'exécution » et 945 du code de procédure civile" sont remplacés par les mots : "aux dispositions de procédure civile applicables dans le territoire relatives à la vente de meubles dépendant d'une succession".**

Les art. L. 953-2 et L. 953-3 étaient respectivement, avant l'Ord. n° 2004-274 du 25 mars 2004 (JO 27 mars), les art. L. 953-1 et L. 953-2.

Art. L. 953-3 *(L. n° 2011-850 du 20 juill. 2011, art. 49-III, en vigueur le 1er sept. 2011)* **L'article L. 322-9 est ainsi rédigé :**

Art. L. 322-9 Les courtiers de marchandises assermentés se conforment aux dispositions prescrites par le code des impôts applicable dans le territoire relatives aux ventes publiques et par enchères.

V. note ss. art. L. 953-2.

CHAPITRE IV DISPOSITIONS D'ADAPTATION DU LIVRE IV

Dans les conditions prévues à l'art. 38 de la Constitution, le Gouvernement est autorisé à prendre par ordonnance, dans un délai de dix-huit mois à compter de la promulgation de la L. n° 2012-1270 du 20 nov. 2012, les mesures étendant à Wallis-et-Futuna, avec les adaptations nécessaires, les dispositions de nature législative introduites au livre IV du code de commerce depuis l'Ord. n° 2000-912 du 18 sept. 2000 relative à la partie législative du code de commerce, ou les dispositions de nature législative spécifiques à la lutte contre les marges abusives et les abus de position dominante (L. préc., art. 19).

Les modifications et adjonctions apportées au code de commerce en ses art. L. 430-1 à L. 430-10 par les art. 86 à 93 de la L. n° 2001-420 du 15 mai 2001 sont applicables dans les îles Wallis-et-Futuna, sous réserve des adaptations suivantes (Ord. n° 2004-823 du 19 août 2004, art. 3-I).

Art. L. 954-1 *(Ord. n° 2004-823 du 19 août 2004, art. 3-II)* **Au premier alinéa de l'article L. 430-2, le mot : "trois" est remplacé par le mot : "deux". Les quatrième et cinquième alinéas de cet article sont supprimés.**

Art. L. 954-2 *(Ord. n° 2004-823 du 19 août 2004, art. 3-II)* **A l'article L. 430-3, la dernière phrase du premier alinéa est supprimée. Au troisième alinéa du même article, les mots : ", ou le renvoi total ou partiel d'une opération de dimension communautaire," sont supprimés.**

Art. L. 954-3 Le *(L. nº 2010-874 du 27 juill. 2010, art. 13)* « dernier alinéa du I » de l'article L. 441-2 est remplacé par quatre alinéas ainsi rédigés :

Art. L. 441-2 [...] La cessation de la publicité, réalisée dans des conditions non conformes aux dispositions de l'alinéa 1, peut être ordonnée par le juge d'instruction ou par le tribunal saisi des poursuites, soit sur réquisition du ministère public, soit d'office. La mesure ainsi prise est exécutoire nonobstant toutes voies de recours.

Mainlevée peut en être donnée par la juridiction qui l'a ordonnée ou qui est saisie du dossier. La mesure cesse d'avoir effet en cas de décision de non-lieu ou de relaxe.

Les décisions statuant sur les demandes de mainlevée peuvent faire l'objet d'un recours devant la cour d'appel.

La cour d'appel statue dans un délai de dix jours à compter de la réception des pièces.

Art. L. 954-4 Au second alinéa de l'article L. 442-2, avant les mots : "taxes sur le chiffre d'affaires", est ajouté le mot : "éventuelles".

Art. L. 954-5 Le dernier alinéa de l'article L. 442-3 est remplacé par quatre alinéas ainsi rédigés :

Art. L. 442-3 [...] La cessation de l'annonce publicitaire peut être ordonnée par le juge d'instruction ou par le tribunal saisi des poursuites, soit sur réquisition du ministère public, soit d'office. La mesure ainsi prise est exécutoire nonobstant toutes voies de recours.

Mainlevée peut en être donnée par la juridiction qui l'a ordonnée ou qui est saisie du dossier. La mesure cesse d'avoir effet en cas de décision de non-lieu ou de relaxe.

Les décisions statuant sur les demandes de mainlevée peuvent faire l'objet d'un recours devant la cour d'appel.

La cour d'appel statue dans un délai de dix jours à compter de la réception des pièces.

Art. L. 954-6 A l'article L. 442-7, les mots : "ou coopérative d'entreprise ou d'administration" sont supprimés.

Art. L. 954-7 L'article L. 443-1 est modifié ainsi qu'il suit :

I. – Au 1°, les mots : "visés aux articles L. 326-1 à L. 326-3 du code rural et de la pêche maritime" sont remplacés par les mots : "prévus par les dispositions de droit rural applicables dans le territoire" ;

II. – Au 3°, les mots : "à l'article 403 du code général des impôts" sont remplacés par les mots : "par les dispositions du code des impôts applicable dans le territoire."

III. – Le 4° est ainsi rédigé :

"4° A soixante-quinze jours après le jour de livraison pour les achats de boissons alcooliques passibles des droits de circulation prévus par le code des impôts applicable dans le territoire".

CHAPITRE V DISPOSITIONS D'ADAPTATION DU LIVRE V

Art. L. 955-1 A l'article L. 511-61, les mots : "ou des collectivités territoriales" sont remplacés par les mots : "ou des îles Wallis-et-Futuna".

Art. L. 955-2 Le deuxième alinéa de l'article L. 511-62 est ainsi rédigé :

Art. L. 511-62, al. 2 La retraite comprend les sommes indiquées dans les articles L. 511-45 et L. 511-46, outre les droits de courtage et de timbre éventuellement prévus par les dispositions du code des impôts applicable dans les îles Wallis-et-Futuna.

Art. L. 955-3 Aux articles L. 523-8 et L. 524-6, les mots : "articles 1426 à 1429 du code de procédure civile" sont remplacés par les mots : "dispositions de procédure civile applicables localement relatives aux offres de payement et à la consignation".

Art. L. 955-4 Le premier alinéa de l'article L. 524-19 est ainsi rédigé :

Art. L. 524-19, al. 1er Le montant des droits à percevoir par le greffier du tribunal de première instance statuant en matière commerciale est fixé par décret.

Art. L. 955-5 Au premier alinéa de l'article L. 525-2, après les mots : "au droit fixe" sont ajoutés les mots : "selon les modalités en vigueur dans les îles Wallis-et-Futuna".

Art. L. 955-6 Au II de l'article L. 525-9, les mots : "au privilège visé à l'article L. 243-4 du code de la sécurité sociale" sont remplacés par les mots : "au privilège organisé en faveur de la caisse de prévoyance sociale du territoire".

Art. L. 955-7 L'article L. 525-18 est modifié ainsi qu'il suit :

I. — Au 1°, la référence au décret n° 53-968 du 30 septembre 1953 est remplacée par la référence au décret n° 55-639 du 20 mai 1955 ; — *V. note ss. art. L. 525-18.*

II. — Le 2° est ainsi rédigé :

"2° Les navires de mer ainsi que les bateaux de navigation fluviale."

L'art. 43 de l'Ord. n° 2006-346 du 23 mars 2006, ajoutant un art. L. 526-5, n'est pas applicable dans les îles Wallis-et-Futuna. — Les dispositions de l'art. 44 de l'Ord. préc., ajoutant les art. L. 527-1 à L. 527-11, sont applicables dans les îles Wallis-et-Futuna dans les conditions prévues au présent titre V du livre IX (Ord. préc., art. 57-III).

Art. L. 955-8 *(Ord. n° 2011-322 du 24 mars 2011, art. 4)* Au 4° de l'article L. 526-7, les mots : "auprès de la chambre d'agriculture compétente" sont remplacés par les mots : "au registre mentionné au 3°".

CHAPITRE VI DISPOSITIONS D'ADAPTATION DU LIVRE VI

Art. L. 956-1 Les mesures d'application prévues aux articles *(L. n° 2005-845 du 26 juill. 2005, art. 196-II)* « L. 621-4 », L. 626-3, *(L. n° 2005-845 du 26 juill. 2005, art. 196-II)* « L. 626-5 à L. 626-7 », L. 626-14, *(L. n° 2005-845 du 26 juill. 2005, art. 196-II)* « L. 626-16 » et L. 625-1 sont fixées par l'assemblée territoriale.

Art. L. 956-2 A l'article L. 625-2, les mots : "mentionnée à l'article L. 432-7 *[L. 2143-21 et L. 2325-5 nouv.]* du code du travail" sont remplacés par les mots : "à l'égard des informations présentant un caractère confidentiel et données comme telles".

Art. L. 956-3 Pour l'application de l'article L. 622-24, les organismes visés à l'article L. 351-21 *[L. 5427-1 à L. 5427-6 nouv.]* du code du travail sont les organismes locaux ayant en charge le service de l'allocation d'assurance chômage et le recouvrement des contributions.

Art. L. 956-4 Pour l'application des articles L. 622-24, *(L. n° 2005-845 du 26 juill. 2005, art. 196-II)* « L. 622-26, » *(Ord. n° 2008-1345 du 18 déc. 2008, art. 172-II, en* *vigueur le 15 févr. 2009)* « **L. 625-4, L. 626-5, L. 626-20, L. 631-18, L. 641-14** » et **L. 662-4**, les institutions mentionnées à l'article **L. 143-11-4** *[L. 3253-14 nouv.]* du code du travail sont les institutions locales chargées de la mise en œuvre du régime d'assurance contre le risque de non-paiement des salaires, en cas de procédure de redressement ou de liquidation judiciaires.

Art. L. 956-5 Pour l'application des articles *(Ord. n° 2008-1345 du 18 déc. 2008, art. 172-II, en vigueur le 15 févr. 2009)* « **L. 611-7, L. 626-6** et **L. 643-3** », les institutions régies par le livre IX du code de la sécurité sociale sont les institutions locales de retraite complémentaire ou supplémentaire ou de prévoyance, prévues par les dispositions applicables dans les îles Wallis-et-Futuna et relatives aux régimes de sécurité et de protection sociales.

Art. L. 956-6 *Abrogé par Ord. n° 2008-1345 du 18 déc. 2008, art. 172-II, à compter du 15 févr. 2009.*

Art. L. 956-7 A l'article *(L. n° 2005-845 du 26 juill. 2005, art. 196-II)* « **L. 642-2** », l'obligation faite au tribunal de tenir compte des dispositions contenues aux 1°, 2°, 3° et 4° de l'article *(L. n° 2005-845 du 26 juill. 2005, art. 196-II)* « **L. 331-3** » du code rural et de la pêche maritime s'entend des prescriptions suivantes :

"Observer l'ordre des priorités établi entre l'installation des jeunes agriculteurs et l'agrandissement des exploitations, en tenant compte de l'intérêt économique et social du maintien de l'autonomie de l'exploitation faisant l'objet de la demande ;

Tenir compte, en cas d'agrandissement ou de réunion d'exploitations, des possibilités d'installation sur une exploitation viable, de la situation des terres concernées par rapport au siège de l'exploitation du ou des demandeurs, de la superficie des biens faisant l'objet de la demande et des superficies déjà mises en valeur par le ou les demandeurs, ainsi que par le preneur en place ;

Prendre en considération la situation personnelle du ou des demandeurs : âge, situation familiale et professionnelle et, le cas échéant, celle du preneur en place, ainsi que le nombre et la nature des emplois salariés en cause ;

Tenir compte de la structure parcellaire des exploitations concernées, soit par rapport au siège de l'exploitation, soit pour éviter que des mutations en jouissance ne remettent en cause des aménagements obtenus à l'aide de fonds publics."

Art. L. 956-8 *Abrogé par Ord. n° 2008-1345 du 18 déc. 2008, art. 172-II, à compter du 15 févr. 2009.*

Art. L. 956-9 *(L. n° 2005-845 du 26 juill. 2005, art. 196-II)* Le 4° du III de l'article **L. 643-11** ne s'applique pas.

CHAPITRE VII DISPOSITIONS D'ADAPTATION DU LIVRE VII

Art. L. 957-1 Aux articles L. 711-2 et L. 711-4, le mot : "Gouvernement" est remplacé par les mots : "représentant de l'État dans le territoire".

Art. L. 957-2 Au troisième alinéa de l'article L. 711-6, les mots : "ou la commune" sont remplacés par les mots : "ou le territoire".

Art. L. 957-3 A l'article L. 712-1, les mots : "au moyen d'une taxe additionnelle à la taxe professionnelle" sont remplacés par les mots : "comme il est dit dans les dispositions du code des impôts applicable dans les îles Wallis-et-Futuna".

CHAPITRE VIII DISPOSITIONS D'ADAPTATION DU LIVRE VIII

Art. L. 958-1 *(L. nº 2005-845 du 26 juill. 2005, art. 196-II)* « Les articles L. 814-1 à L. 814-5 » *(L. nº 2011-331 du 28 mars 2011, art. 36-VI)* « et L. 814-8 à L. 814-13 » sont applicables en tant qu'ils concernent les administrateurs judiciaires.

Art. L. 958-2 *(Ord. nº 2004-604 du 24 juin 2004, art. 58-III)* Pour l'application dans les îles Wallis-et-Futuna des articles L. 822-2 à L. 822-7, les termes énumérés ci-après sont remplacés ainsi qu'il suit :

1º "commission régionale d'inscription" par "commission territoriale d'inscription" ;

2º "chambre régionale des comptes" par "chambre territoriale des comptes de Nouvelle-Calédonie" ;

3º "chambre régionale de discipline" par "chambre territoriale de discipline".

V. aussi art. L. 952-5.

TITRE SIXIÈME DISPOSITIONS DIVERSES APPLICABLES À SAINT-BARTHÉLEMY ET À SAINT-MARTIN

(Ord. nº 2011-322 du 24 mars 2011, art. 4)

Art. L. 960-1 Pour l'application à Saint-Barthélemy et à Saint-Martin du 4º de l'article L. 526-7, les mots : "auprès de la chambre d'agriculture compétente" sont remplacés par les mots : "au registre mentionné au 3º".

DEUXIÈME PARTIE : RÉGLEMENTAIRE

(Décr. n° 2007-431 du 25 mars 2007)

BIBL. GÉN. ▶ ARRIGHI DE CASANOVA et THÉRY-SCHULTZ, *D. 2007. 1221* (élaboration de la partie réglementaire du code de commerce). – NOTTÉ, *JCP E 2007, n° 14-15, p. 3* (partie réglementaire du code de commerce). – ARRIGHI DE CASANOVA, *RLDA avr. 2007. 65* (un code de commerce utile au service de ses utilisateurs). – MONÉGER, *Loyers et copr. 2007. Focus 24* (nouveau code de commerce, édition 2000 : publication de la partie réglementaire). – LEVENEUR, *CCC 2007. Repère 5.*

LIVRE PREMIER DU COMMERCE EN GÉNÉRAL

TITRE PREMIER DE L'ACTE DE COMMERCE

Le présent titre ne comprend pas de dispositions réglementaires.

TITRE DEUXIÈME DES COMMERÇANTS

RÉP. COM. v° *Commerçant*, par DUBAELE.

CHAPITRE PREMIER DE LA DÉFINITION ET DU STATUT

Art. R. 121-1 **Est considéré comme conjoint collaborateur le conjoint du chef d'une entreprise commerciale, artisanale ou libérale qui exerce une activité professionnelle régulière dans l'entreprise sans percevoir de rémunération et sans avoir la qualité d'associé au sens de l'article 1832 du code civil.** – *[Décr. n° 2006-966 du 1er août 2006, art. 1er.] – V. cet art., App., v° Sociétés commerciales.*

BIBL. ▶ STORK, *Banque et Droit sept.-oct. 2006. 79.* – ALVES, *RLDA oct. 2006. 16.* – LÉCUYER, *Dr. sociétés 2006. Étude 20.* – CASTAGNÉ, *JCP N 2006, n° 51-52, p. 2442* (le statut de conjoint collaborateur : presque une réalité !). – SAINTOURENS, *RTD com. 2006. 757* .

Art. R. 121-2 **En vue de l'application de l'article L. 121-4, les conjoints qui exercent à l'extérieur de l'entreprise une activité salariée d'une durée au moins égale à la moitié de la durée légale du travail, ou une activité non salariée, sont présumés ne pas exercer dans l'entreprise une activité professionnelle de manière régulière.** – *[Décr. n° 2006-966 du 1er août 2006, art. 2.]*

Art. R. 121-3 **Dans les sociétés mentionnées au II de l'article L. 121-4, le statut de conjoint collaborateur est ouvert au conjoint du chef d'une entreprise dont l'effectif n'excède pas vingt salariés. L'appréciation de l'effectif est effectuée conformément aux articles L. 117-11-1 et L. 620-10** *[L. 1111-2 et L. 1111-3 nouv.]* **du code du travail.** – *[Décr. n° 2006-966 du 1er août 2006, art. 3.]*

Art. R. 121-4 Lorsque, sur une période de vingt-quatre mois consécutifs, l'effectif salarié dépasse le seuil mentionné à l'article R. 121-3, le chef d'entreprise doit, dans les deux mois, demander la radiation de la mention du conjoint collaborateur dans les conditions fixées au 3° de l'article R. 121-5. – *[Décr. nº 2006-966 du 1er août 2006, art. 4.]*

Art. R. 121-5 Le centre de formalités des entreprises reçoit, dans les conditions prévues par le présent livre :

1° Dans le dossier unique de déclaration de création de l'entreprise, la déclaration de l'option choisie, le cas échéant, par le conjoint du chef d'entreprise en application du I de l'article L. 121-4 ;

2° La déclaration modificative portant mention que le conjoint exerce une activité professionnelle dans les conditions de l'article R. 121-1 dans les deux mois à compter du respect de ces conditions ;

3° La déclaration de radiation du conjoint collaborateur lorsque celui-ci cesse de remplir les conditions prévues à l'article R. 121-1 dans les deux mois à compter de la cessation du respect de ces conditions.

Le centre de formalités des entreprises notifie au conjoint la réception de la déclaration d'option du statut de conjoint collaborateur mentionnée au 1° et des déclarations de modification ou de radiation visées aux 2° et 3° par lettre recommandée avec demande d'avis de réception. – *[Décr. nº 2006-966 du 1er août 2006, art. 5.]*

Pour les conjoints collaborateurs de chefs d'entreprise non déclarés à la date de publication du Décr. nº 2006-966 du 1er août 2006 (JO 3 août), la déclaration prévue à l'art. R. 121-5 (1° et 2°) doit être faite au plus tard le premier jour du quatrième trimestre civil suivant cette date (Décr. préc., art. 9). — Pour l'application de l'art. 9 du Décr. nº 2006-966 du 1er août 2006 à Saint-Pierre-et-Miquelon, la déclaration prévue aux 1° et 2° de l'art. R. 121-5 doit être faite le premier jour du quatrième trimestre civil suivant la publication du Décr. nº 2009-1774 du 30 déc. 2009 (Décr. préc., art. 5, JO 31 déc.).

Art. R. 121-6 *(Décr. nº 2008-1488 du 30 déc. 2008, art. 2-I)* Les dispositions du présent chapitre sont également applicables à la personne qui est liée au chef d'entreprise par un pacte civil de solidarité.

CHAPITRE II DES COMMERÇANTS ÉTRANGERS

RÉP. COM. v° *Commerçant étranger*, par CHIRONNIER.

BIBL. GÉN. ► LEBOUCHÉ, *LPA 8 juin 1998 ; Dr. sociétés 1999. Chron. 1* (dirigeants étrangers de sociétés : quelles règles respecter pour exercer ?). – THEIMER, *JCP E 2002, nº 14, p. 604* (nomination des dirigeants étrangers après la loi sur la SAS et la loi NRE). – Inforeg, *Cah. dr. entr. 2007, nº 6, p. 69* (nouveau statut du dirigeant étranger). – KWIATKOWSKI-MAITRE, *JCP E 2008, nº 26, p. 33 ; Dr. sociétés 2008. Fiche pratique. 3* (dispositions concernant l'exercice d'un mandat social de dirigeant d'une société française par des étrangers).

V. CESEDA, art. R. 322-3, App., v° Étrangers.

Art. R. 122-1 à R. 122-17 *Abrogés par Décr. nº 2007-750 du 9 mai 2007, art. 40.*

Art. D. 122-1 *(Décr. nº 2007-1141 du 26 juill. 2007)* I. — L'étranger résidant hors de France tenu en application de l'article L. 122-1 à une obligation de déclaration pour l'exercice sur le territoire français d'une profession commerciale, industrielle ou artisanale dans des conditions rendant nécessaire son inscription ou sa mention au registre du commerce et des sociétés ou au répertoire des métiers adresse, préalablement à celles-ci, une déclaration au préfet du département dans lequel il envisage d'exercer pour la première fois son activité.

Lorsque plusieurs établissements sont ou doivent être implantés simultanément dans différents départements, la déclaration préalable doit être effectuée auprès du préfet du département d'installation de l'établissement principal.

II. — Lorsque cette activité est exercée en France par une personne morale, la déclaration préalable est effectuée par l'une des personnes suivantes :

1° L'associé tenu indéfiniment ou indéfiniment et solidairement des dettes sociales ;

2° L'associé ou le tiers ayant le pouvoir de diriger, gérer ou le pouvoir général d'engager à titre habituel la personne morale ;

3° Le représentant légal des associations régies par la loi du 1er juillet 1901 qui émettent des obligations et exercent une activité économique depuis au moins deux ans ;

4° Le représentant légal des associations de change manuel ;

5° L'administrateur ou le représentant permanent d'un groupement d'intérêt économique à objet commercial ;

6° La personne physique ayant le pouvoir d'engager une personne morale de droit étranger au titre :

— d'un établissement, d'une succursale ou d'une représentation commerciale implantée en France ;

— d'une agence commerciale d'un État, collectivité ou établissement public étranger établi en France et effectuant des actes de commerce.

Lorsque l'activité est exercée par une personne physique, la personne ayant le pouvoir d'engager, à titre habituel, un commerçant ou un artisan personne physique doit satisfaire à l'obligation de déclaration préalable.

Délégation de gestion (jurisprudence antérieure). Lorsque le pouvoir de diriger a été délégué à un tiers, le dirigeant légal de la personne morale présidente d'une SAS n'est pas tenu d'obtenir une carte d'identité de commerçant étranger, seul le délégataire ayant l'obligation d'être titulaire de la carte. • Paris, 28 juin 2002 : *JCP E 2003, n° 2, p. 78, obs Reinhard ; RTD com. 2002. 684, obs. Champaud et Danet ; RJDA 2002, n° 1284.*

Art. D. 122-2 *(Décr. n° 2007-1141 du 26 juill. 2007)* La déclaration préalable est déposée auprès de l'autorité compétente par l'étranger visé à l'article D. 122-1 ou par son mandataire ou est effectuée par voie de lettre recommandée avec demande d'avis de réception.

Cette déclaration est accompagnée :

1° Des indications relatives à l'état civil du déclarant ;

2° De la copie de l'extrait du casier judiciaire ou de toute autre pièce similaire du pays dont il est ressortissant ;

3° D'une copie des statuts de la société.

Le préfet remet sans délai un récépissé de déclaration sur présentation d'un dossier complet par l'étranger ou son mandataire. Lorsque la déclaration préalable est effectuée par voie postale, le préfet adresse le récépissé par la même voie dans un délai de quinze jours à compter de la date de réception d'un dossier complet.

Art. D. 122-3 *(Décr. n° 2007-1141 du 26 juill. 2007)* Le récépissé mentionne l'identité du déclarant et le statut sous couvert duquel il exerce son activité ainsi que la dénomination, l'adresse et l'activité de l'établissement.

Art. D. 122-4 *(Décr. n° 2007-1141 du 26 juill. 2007)* L'extension à une nouvelle activité commerciale *[,]* industrielle ou artisanale ou le changement d'activité est déclaré par l'étranger ou son mandataire au préfet compétent qui lui remet un nouveau récépissé dans les conditions de l'article D. 122-2.

Il est fourni à l'appui de ces déclarations un extrait du registre du commerce et des sociétés ou un extrait du répertoire des métiers.

CHAPITRE III DES OBLIGATIONS GÉNÉRALES DES COMMERÇANTS

SECTION PRÉLIMINAIRE DES CENTRES DE FORMALITÉS DES ENTREPRISES

RÉP. COM. v° *Centre de formalités des entreprises*, par BEDER.

BIBL. ▶ COUTANT, *Gaz. Pal. 1996. 2. Doctr. 1485*. – SAINTOURENS, *RTD com. 2007. 321* (décret n° 2006-679 du 9 juin 2006). ▶ Décr. n° 2010-210 du 1er mars 2010 : Note de la rédaction, *BRDA 2010, n° 5, p. 17* (obtention de l'autorisation d'exercer une activité réglementée).

Art. R. 123-1 *(Décr. n° 2010-210 du 1er mars 2010, art. 2)* **I. — Les centres de formalités des entreprises permettent aux entreprises de souscrire en un même lieu l'ensemble des formalités et procédures nécessaires à l'accès et à l'exercice de leur activité.**

Ils reçoivent à cet effet le dossier unique prévu à l'article 2 de la loi n° 94-126 du 11 février 1994 relative à l'initiative et à l'entreprise individuelle *[V. ce texte ci-dessous]*. **Ce dossier comporte :**

1° Les déclarations relatives à la création, aux modifications de la situation ou à la cessation d'activité, que les entreprises sont tenues de remettre aux administrations, personnes ou organismes mentionnés à l'annexe 1-1 à l'article R. 123-30 ;

2° Les demandes d'autorisation que les entreprises sont tenues de remettre aux autorités compétentes pour la délivrance de ces autorisations sauf si le déclarant souhaite déposer ces demandes directement auprès des autorités compétentes.

Les centres de formalités des entreprises reçoivent également les notifications effectuées par les greffes des tribunaux de commerce ou des tribunaux de grande instance statuant en matière commerciale, en application de l'article R. 123-83.

II. — Les centres de formalités des entreprises transmettent les renseignements ou pièces à chacun des organismes destinataires et, le cas échéant et selon leur compétence, à chacune des autorités habilitées à délivrer les autorisations.

Sous réserve des dispositions du dernier alinéa de l'article R. 123-3, il leur est interdit de communiquer à des tiers les renseignements contenus dans les déclarations.

Les organismes et les autorités compétents pour statuer sur les déclarations et les demandes d'autorisation dont ils sont saisis par les centres de formalités des entreprises informent ces derniers de leurs décisions.

III. — Les activités pour lesquelles le recours aux centres de formalités des entreprises est possible pour les démarches mentionnées au 2° du I sont fixées par arrêté du ministre chargé de l'économie. – *V. Arr. 1er mars 2010, ci-dessous.*

Les dispositions du Décr. n° 2010-210 du 1er mars 2010, modifiant les art. R. 123-1 s. et visant à intégrer les demandes d'autorisation dans le dossier unique présenté aux centres de formalités des entreprises pour les activités entrant dans le champ d'application de la Dir. 2006/123/CE du 12 déc. 2006 relative aux services dans le marché intérieur, entrent en vigueur selon des échéances fixées par arrêté du ministre chargé de l'économie et au plus tard le 31 déc. 2011 (Décr. préc., art. 25).

Pour les déclarations relatives au conjoint collaborateur, V. art. R. 121-5.

Loi n° 94-126 du 11 février 1994,

Relative à l'initiative et à l'entreprise individuelle.

Art. 1er Les dispositions du présent titre sont applicables aux relations entre, d'une part, les entreprises et, d'autre part, les administrations de l'État, les établissements publics de l'État à caractère administratif, les collectivités locales, leurs groupements et leurs établissements publics à caractère administratif, les personnes privées chargées d'un service public administratif, à l'exception des ordres professionnels *(L. n° 2010-853 du 23 juill. 2010, art. 37)* « , sauf pour l'application du dernier alinéa de l'article 2, » les organismes gérant des régimes de protection sociale relevant du code de la sécurité sociale et du code rural et de la pêche maritime ou visés aux articles L. 223-16 et L. 351-21 *[L. 3141-30, L. 5427-1 à L. 5427-6 nouv.]* du code du travail et les organismes chargés de la tenue d'un registre de publicité légale, y compris les greffes.

Art. 2 Sous réserve de l'application des dispositions relatives à l'exercice des professions ou activités réglementées, l'obligation pour une entreprise de déclarer sa création, la modification de sa situation ou la cessation de ses activités auprès d'une administration, personne ou organisme visés à l'article 1er est légalement satisfaite par le dépôt d'un seul dossier comportant les diverses déclarations que ladite entreprise est tenue de remettre aux administrations, personnes ou organismes visés à l'article 1er.

Ce dossier unique est déposé auprès d'un organisme désigné à cet effet, dans des conditions définies par décret en Conseil d'État, et vaut déclaration près du destinataire dès lors qu'il est régulier et complet à l'égard de celui-ci. — *V. art. R. 123-1 s.*

(L. n° 2008-776 du 4 août 2008, art. 8-V) « Tout prestataire de services entrant dans le champ d'application de la directive 2006/123/CE du Parlement européen et du Conseil, du 12 décembre 2006, relative aux services dans le marché intérieur peut accomplir l'ensemble des formalités et procédures nécessaires à l'accès et à l'exercice de son activité auprès des centres de formalités des entreprises, dans des conditions prévues par décret en Conseil d'État. »

Les dispositions issues de la L. n° 2008-776 du 4 août 2008 entrent en vigueur à la date de la publication du décret prévu au deuxième alinéa et au plus tard le 1er déc. 2009.

Art. 3 Dans ses relations avec les administrations, personnes ou organismes visés à l'article 1er, une entreprise ne peut être tenue d'indiquer un numéro d'identification autre que le numéro unique attribué dans des conditions fixées par décret. Un identifiant spécifique peut être utilisé à titre complémentaire, notamment pour certaines activités soumises à déclaration ou autorisation préalables, dans des conditions fixées par décret. — *V. art. D. 123-235 et D. 123-236.*

L'entreprise ne peut être tenue de mentionner un autre numéro dans ses papiers d'affaires tels que factures, notes de commandes, tarifs, documents publicitaires et récépissés concernant ses activités.

Art. 4 *(Ord. n° 2005-1516 du 8 déc. 2005, art. 13)* Lorsqu'elles sont transmises par voie électronique, les déclarations relatives à la création de l'entreprise, à la modification de sa situation ou à la cessation de son activité sont faites dans des conditions fixées par décret en Conseil d'État. Il en va de même des dépôts de documents comptables. — *V. art. R. 123-12 et R. 123-111.*

BIBL. ▸ Caprioli et Munoz, *RJ com. 1995. 10.*

Art. 4-1 *(Ord. n° 2005-43 du 20 janv. 2005, art. 11)* Le présent titre est applicable à Mayotte, sous réserve du remplacement, à l'article 1er, des mots : "les organismes gérant des régimes de protection sociale relevant du code de la sécurité sociale et du code rural et de la pêche maritime ou visés aux articles L. 223-16 et L. 351-21 *[L. 3141-30, L. 5427-1 à L. 5427-6 nouv.]* du code du travail" par les mots : "les organismes gérant des régimes de protection sociale à Mayotte ou visés par l'article L. 327-7 du code du travail applicable à Mayotte". — *Entrée en vigueur le 1er févr. 2005 (Ord. préc., art. 17).*

Arrêté du 1er mars 2010,

Pris en application du III de l'article R. 123-1 du code de commerce.

BIBL. ▶ DELPECH, *D. 2011. Actu. 2725* (CFE : allongement de la liste des activités).

Art. 1er *(Arr. 28 oct. 2011, art. 1er)* Les dossiers relatifs aux demandes d'autorisation visées au 2° du I de l'article R. 123-1 du code de commerce peuvent être déposés ou transmis sur support papier aux centres de formalités des entreprises pour les activités suivantes :

1° Agent immobilier ;
2° Boucherie ;
3° Boulangerie artisanale ;
4° Centre équestre ;
5° Charcuterie ;
6° Coiffure en salon ;
7° Activités commerciales et artisanales ambulantes ;
8° Contrôle technique de la construction ;
9° Expert-comptable ;
10° Géomètre expert ;
11° Architecte ;
12° Vétérinaire ;
13° Marchand de biens ;
14° Construction, entretien et réparation des bâtiments ;
15° Mise en place, entretien et réparation des réseaux et des équipements utilisant les fluides ainsi que des matériels et équipements destinés à l'alimentation en gaz, au chauffage des immeubles et aux installations électriques, à l'exception des opérations sur des équipements contenant des fluides frigorigènes ;
16° Artisans d'art ;
17° Coiffure à domicile ;
18° Soins esthétiques à la personne autres que médicaux et paramédicaux et modelages esthétiques de confort sans finalité médicale ;
19° Maréchal-ferrant ;
20° Pâtisserie ;
21° Préparation ou fabrication de glaces alimentaires artisanales ;
22° Poissonnerie ;
23° Ramonage ;
24° Commissaire aux comptes ;
25° Blanchisserie et teinturerie de détail, à l'exception des laveries automatiques en libre-service ;
26° Commissionnaire de transport ;
27° Entretien et réparation des véhicules et des machines, à l'exception des opérations sur des équipements contenant des fluides frigorigènes ;
28° Courtier de fret fluvial ;
29° Courtier en vins et spiritueux ;
30° Expert foncier et agricole ;
31° Expert forestier.

Art. 2 Les dossiers relatifs aux demandes d'autorisation visées au 2° du I de l'article R. 123-1 du code de commerce peuvent être transmis aux centres de formalités des entreprises par voie électronique en application des dispositions des articles R. 123-21 à *R. 123-27 du code* de commerce pour *(Arr. 28 oct. 2011, art. 2)* « les activités suivantes :

« 1° Marchand de biens ;
« 2° Activités commerciales ambulantes ;
« 3° Vétérinaire ;
« 4° Coiffure en salon ;
« 5° Plomberie ;

« 6° Construction, entretien et réparation des bâtiments ;
« 7° Soins esthétiques à la personne autres que médicaux et paramédicaux et modelages esthétiques de confort sans finalité médicale ;
« 8° Coiffure à domicile ;
« 9° Maréchal-ferrant ;
« 10° Ramonage. »

Art. R. 123-2 *(Décr. n° 2010-210 du 1er mars 2010, art. 3)* **Les centres de formalités des entreprises mettent à disposition des personnes intéressées une documentation précisant les obligations du centre ainsi que les éléments que doit contenir le dossier de déclaration et, le cas échéant, le dossier de demandes d'autorisation.**

V. 1re note rédactionnelle ss. art. R. 123-1. – V. la rédaction antérieure au **C. com.**, *éd. 2010.*

Art. R. 123-3 **1° Sous réserve des dispositions des 2° et 3°, les** *(Décr. n° 2010-1463 du 1er déc. 2010, art. 87)* **« chambres de commerce et d'industrie territoriales » créent et gèrent les centres de formalités des entreprises compétents pour :**

a) **Les commerçants ;**

b) **Les sociétés commerciales.**

2° *(Décr. n° 2008-1488 du 30 déc. 2008, art. 3-I)* **« Les** *(Décr. n° 2010-1356 du 11 nov. 2010, art. 25)* **« chambres de métiers et de l'artisanat de région » créent et gèrent les centres compétents pour les personnes physiques et les sociétés assujetties à l'immatriculation au répertoire des métiers et pour les personnes physiques bénéficiant de la dispense d'immatriculation prévue au V de l'article 19 de la loi n° 96-603 du 5 juillet 1996 relative au développement et à la promotion du commerce et de l'artisanat** *[V. cet art., App., v° Artisans]*, **à l'exclusion des personnes mentionnées au 3° du présent article** *[.]* **»**

3° La chambre nationale de la batellerie artisanale crée et gère le centre compétent pour les personnes physiques et les sociétés assujetties à l'immatriculation au registre des entreprises de la batellerie artisanale.

4° Les greffes des tribunaux de commerce ou des tribunaux de grande instance statuant commercialement créent et gèrent les centres compétents pour :

a) **Les sociétés civiles et autres que commerciales ;**

b) **Les sociétés d'exercice libéral ;**

c) **Les personnes morales assujetties à l'immatriculation au registre du commerce et des sociétés autres que celles mentionnées aux 1°, 2° et 3° ;**

d) **Les établissements publics industriels et commerciaux ;**

e) **Les agents commerciaux ;**

f) **Les groupements d'intérêt économique et les groupements européens d'intérêt économique.**

5° Les unions de recouvrement des cotisations de sécurité sociale et d'allocations familiales (URSSAF) ou les caisses générales de sécurité sociale créent et gèrent les centres compétents pour :

a) **Les personnes exerçant, à titre de profession habituelle, une activité indépendante réglementée ou non autre que commerciale, artisanale ou agricole ;**

b) **Les employeurs dont les entreprises ne sont pas immatriculées au registre du commerce et des sociétés, au répertoire des métiers ou au registre des entreprises de la batellerie artisanale, et qui ne relèvent pas des centres mentionnés au 6°.**

6° Les chambres d'agriculture créent et gèrent les centres compétents pour les personnes physiques et morales exerçant à titre principal des activités agricoles.

7° Les *(Décr. n° 2010-210 du 1er mars 2010, art. 4)* **« services des impôts » créent et gèrent les centres compétents pour les personnes suivantes dès lors qu'elles**

exercent leur activité à titre de profession habituelle, qu'elles ne relèvent pas des dispositions des 1° à 6° et qu'elles n'ont pas d'autres obligations déclaratives que statistiques et fiscales :

a) Les assujettis à la taxe sur la valeur ajoutée ;

b) Les assujettis à l'impôt sur le revenu au titre des bénéfices industriels et commerciaux ;

c) Les redevables de l'impôt sur le revenu au titre des bénéfices non commerciaux ;

d) Les redevables de l'impôt sur les sociétés.

(Décr. n° 2010-1706 du 29 déc. 2010, art. 2) « La compétence des centres de formalités des entreprises des services des impôts pour les activités exercées par les assujettis ou les redevables susmentionnés peut être transférée aux organismes mentionnés aux 1° à 6° par convention conclue entre le directeur général des finances publiques et le représentant de la personne morale placée à la tête du réseau des organismes destinataires de ce transfert. Cette convention est approuvée par arrêté conjoint du ministre chargé du budget et du ministre assurant la tutelle des organismes destinataires de ce transfert. » – *V. Arr. du 3 août 2012,* .

(Décr. n° 2010-210 du 1er mars 2010, art. 4) « Les déclarations des personnes bénéficiant de la dispense d'immatriculation au registre du commerce et des sociétés prévue à l'article L. 123-1-1 ainsi que les déclarations des personnes physiques exerçant une activité artisanale et ayant opté pour le régime prévu à l'article L. 133-6-8 du code de la sécurité sociale sont recueillies par les centres de formalités des entreprises mentionnés respectivement au 1° et au 2° du présent article. » *(Décr. n° 2008-1488 du 30 déc. 2008, art. 3-I)* « Lorsqu'elles sont effectuées par voie électronique, ces déclarations peuvent également être recueillies par les centres de formalités des entreprises mentionnés au 5. » *(Décr. n° 2010-210 du 1er mars 2010, art. 4)* « Elles sont alors transmises aux centres de formalités des entreprises compétents mentionnés aux 1° et 2° aux fins d'information ainsi que, le cas échéant, aux fins d'immatriculation au répertoire des métiers sans formalité additionnelle. » – *[Décr. n° 96-650 du 19 juill. 1996, art. 2, al. 1er à 21.]*

(Décr. n° 2010-210 du 1er mars 2010, art. 4) « Les personnes souhaitant exercer ou exerçant une activité de restauration à titre principal relèvent des centres de formalités des entreprises gérés par les *(Décr. n° 2010-1463 du 1er déc. 2010, art. 87)* « chambres de commerce et d'industrie territoriales » mentionnés au 1°. »

V. 1re note rédactionnelle ss. art. R. 123-1. – V. la rédaction antérieure au ***C. com.****, éd. 2010.*

Art. R. 123-4 Chaque centre de formalités des entreprises est compétent à l'égard des entreprises dont le siège social, l'établissement principal *(Décr. n° 2010-210 du 1er mars 2010, art. 5)* « , un établissement secondaire ou l'adresse » est situé dans le ressort territorial de l'administration, personne ou organisme qui le crée. – *[Décr. n° 96-650 du 19 juill. 1996, art. 2, al. 22.]*

Art. R. 123-5 Le dépôt des déclarations prévues à l'annexe 1-2 au présent livre est obligatoirement effectué dans les centres de formalités des entreprises au terme d'un délai d'un an à compter de la création du centre.

Toutefois, lorsque la déclaration comporte une demande d'immatriculation au registre du commerce et des sociétés, d'inscription modificative ou de radiation, le *déclarant* a la *faculté* de déposer le dossier de déclaration directement auprès du greffe du tribunal compétent pour y procéder *(Décr. n° 2010-210 du 1er mars 2010, art. 6)* « , soit sur support papier, soit par voie électronique. Il peut, lorsqu'il utilise le support papier, joindre également à sa déclaration le dossier des demandes d'autorisation. Le » greffe, qui conserve la demande d'inscription, transmet sans délai le dossier au centre de formalités des entreprises compétent.

Lorsque la déclaration est effectuée par voie électronique, il est fait application des dispositions particulières prévues aux articles R. 123-20 à R. 123-27. – *[Décr. n° 96-650 du 19 juill. 1996, art. 3.]*

V. 1re note rédactionnelle ss. art. R. 123-1.

1. Saisine du greffe (Décr. du 18 mars 1981). La demande d'inscription au RCS faite directement au greffe du tribunal de commerce suppose de justifier d'avoir préalablement saisi le centre de formalités des entreprises (CFE) par la production d'un récépissé ou un mode de preuve au moins équivalent. • Civ. 2e, 9 oct. 1991 : *Bull. civ. II, n° 250 ; Rev. sociétés 1992. 717, note Randoux ; JCP 1992. II. 21811, note Derruppé.* – V. déjà • T. com. Paris, 9 juin 1988 : *Gaz. Pal. 1988. 2. 497* • T. com. Valenciennes, 26 mai 1988 : *ibid.* ♦ Comp., pour une interprétation restrictive, exigeant l'urgence : Rép. min. n° 8642 : *JOAN Q, 17 avr. 1989, p. 1749 ;* n° 3349 : *JO Sénat Q, 1er juin 1989, p. 847.* ♦ Sur cette question, V. aussi Circ. 2 févr. 1988 : *D. et ALD 1988. 150 ;* Circ. 6 mai 1988, II, c : *D. et ALD 1988. 316.*

2. Obligations du greffe (Décr. du 19 juill. 1996). Sur les obligations pesant sur le greffier ayant accepté le dossier d'un déclarant dans le cadre de la procédure édictée à l'art. 3, V. Circ. 16 mars 1998 : *BOMJ, n° 69, p. 92.*

3. Rôle du greffe (Décr. du 9 juin 2006). Lorsque le déclarant dépose l'ensemble de son dossier d'entreprise au greffe, celui-ci a la responsabilité de transmettre au CFE le dossier qui lui revient : Rép. min. n° 21114 : *JO Sénat Q, 13 juill. 2006, p. 1908 : RLDA oct. 2006. 17 ;* Rép. min. n° 104513 : *JOAN Q, 7 nov 2006 : Bull. Joly 2006. 1510.* ♦ Les dispositions du Décr. n° 2006-679 du 9 juin 2006, qui ouvrent la faculté pour les entreprises dont le dossier comporte une demande d'immatriculation au RCS, d'inscription modificative ou de radiation, de déposer celui-ci au greffe du tribunal compétent, ne méconnaissent nullement l'objectif d'accessibilité et d'intelligibilité du droit, ni le principe d'un dossier unique pour l'ensemble des déclarations auxquelles les entreprises sont tenues. • CE 21 janv. 2008 : *AJDA 2008. 717 ; Bull. Joly 2008. 467, note Lecourt.*

Art. R. 123-6 Les déclarations *(Décr. n° 2010-210 du 1er mars 2010, art. 7)* **« , et le cas échéant les demandes d'autorisation, » sont présentées au centre compétent en application des articles R. 123-3 et R. 123-4. Si plusieurs centres se trouvent compétents, les déclarations sont présentées à l'un d'eux au choix du déclarant, le centre choisi étant tenu d'accepter le dossier.** – *[Décr. n° 96-650 du 19 juill. 1996, art. 4, al. 1er.]*

V. 1re note rédactionnelle ss. art. R. 123-1.

Art. R. 123-7 Le dossier unique comprend :

(Décr. n° 2010-210 du 1er mars 2010, art. 8) **« I. – Pour le dossier de déclarations mentionné au 1° du I de l'article R. 123-1 : »**

1° Les déclarations signées du déclarant ou de son mandataire, accompagnées, le cas échéant, du pouvoir du mandataire ;

2° Les pièces justificatives prescrites, *(Décr. n° 2010-210 du 1er mars 2010, art. 8)* **« selon les dispositions législatives ou réglementaires en vigueur » ;**

3° Les actes qui sont remis aux organismes destinataires, dans la forme dans laquelle ce dépôt doit être effectué ;

4° Le titre de paiement des frais, droits ou redevances prescrits par *(Décr. n° 2010-210 du 1er mars 2010, art. 8)* **« les dispositions législatives ou réglementaires en vigueur ».**

Les formulaires de déclaration et la liste des pièces justificatives font l'objet d'une homologation par *(Décr. n° 2008-1488 du 30 déc. 2008, art. 3-II)* **« l'autorité désignée à l'article 3 du décret n° 98-1083 du 2 décembre 1998 relatif aux simplifications administratives ».** – *[Décr. n° 96-650 du 19 juill. 1996, art. 4, al. 2 à 7.] – V. art. A. 123-1.*

(Décr. n° 2010-210 du 1er mars 2010, art. 8) **« II. – Pour le dossier de demandes d'autorisation mentionné au 2° du I de l'article R. 123-1 :**

« 1° Les demandes d'autorisation ou déclarations préalables ;

« 2° Les pièces justificatives prescrites, selon les dispositions législatives ou réglementaires en vigueur ;

« 3° Le titre de paiement des frais, droits ou redevances prescrits par les dispositions législatives ou réglementaires en vigueur. »

*V. 1re note rédactionnelle ss. art. R. 123-1. — V. la rédaction antérieure au **C. com.**, éd. 2010.*

Art. R. 123-8 *(Décr. no 2010-210 du 1er mars 2010, art. 9)* « Le centre de formalités des entreprises est réputé saisi du dossier visé à l'article R. 123-1 lorsque les déclarations et, le cas échéant, les demandes d'autorisation, qui lui sont remises directement ou adressées par voie postale ou électronique, répondent aux conditions suivantes :

« I. — Les déclarations visées au 1° du I de l'article R. 123-1 sont établies sur les formulaires homologués prévus à l'article R. 123-7, signées du déclarant ou de son mandataire. Elles comportent les énonciations indispensables pour identifier : »

1° Pour les créations d'entreprises :

a) Les nom, nom d'usage et prénoms du déclarant pour les personnes physiques, la dénomination ou la raison sociale pour les personnes morales ;

b) La forme juridique de l'entreprise ;

c) Le siège de l'entreprise, le domicile du déclarant ou l'adresse de l'établissement ;

d) L'objet de la formalité ;

e) Les activités générales de l'entreprise ou de l'établissement ;

f) L'existence de salariés dans l'entreprise ou dans l'établissement et, le cas échéant, leur nombre ;

g) La date d'effet de l'événement objet de la formalité ;

h) Les date et lieu de naissance des déclarants personnes physiques ;

2° Pour les modifications de la situation de l'entreprise ainsi que pour sa cessation d'activité :

a) Les nom, nom d'usage, prénoms et pseudonyme du déclarant pour les personnes physiques, la dénomination ou la raison sociale pour les personnes morales ;

b) Le numéro unique d'identification de l'entreprise et, le cas échéant, le nom de la ville où se trouve le greffe où elle est immatriculée, ou la *(Décr. no 2010-1356 du 11 nov. 2010, art. 25)* « chambre de métiers et de l'artisanat de région » où elle est inscrite au répertoire des métiers ;

c) L'objet de la formalité, ainsi que la date d'effet de l'événement la justifiant.

Le centre ne peut refuser les déclarations respectant les conditions ci-dessus énumérées, ni en apprécier le bien-fondé. — *[Décr. no 96-650 du 19 juill. 1996, art. 5.]*

(Décr. no 2010-210 du 1er mars 2010, art. 9) « II. — Les demandes d'autorisation visées au 2° du I de l'article R. 123-1 mentionnent l'identité du demandeur et l'objet de la demande.

« Le centre ne peut refuser les déclarations et demandes d'autorisation respectant les conditions ci-dessus énumérées ni en apprécier le bien-fondé. »

*V. 1re note rédactionnelle ss. art. R. 123-1. — V. la rédaction antérieure au **C. com.**, éd. 2010.*

Art. R. 123-9 *(Décr. no 2010-210 du 1er mars 2010, art. 10)* Le centre de formalités des entreprises compétent, saisi du dossier complet conformément aux dispositions de l'article R. 123-7, transmet le jour même aux organismes destinataires, et le cas échéant aux autorités habilitées à délivrer les autorisations, les informations et pièces les concernant. — *[Décr. no 96-650 du 19 juill. 1996, art. 6, al. 1er.]*

*V. 1re note rédactionnelle ss. art. R. 123-1. — V. la rédaction antérieure au **C. com.**, éd. 2010.*

Art. R. 123-10 *(Décr. no 2010-210 du 1er mars 2010, art. 11)* Le centre de formalités des entreprises saisi remet ou transmet, lors du dépôt, un récépissé au déclarant ou à son mandataire. Si le dépôt est effectué par voie postale, le récépissé est envoyé le jour même ou le premier jour ouvrable suivant.

1° Dans le cas d'une déclaration mentionnée au 1° du I de l'article R. 123-1 :

a) Lorsque le dossier est complet conformément aux dispositions de l'article R. 123-7, le récépissé indique les organismes auxquels il a été transmis le jour même. Ce récépissé prend le nom de récépissé de dossier de création d'entreprise en application de l'article R. 123-16 ;

b) Lorsque le dossier est incomplet, sous réserve des dispositions du *c* du 2°, ou lorsque la ou les autorisations mentionnées au 2° du I de l'article R. 123-1 doivent être obtenues préalablement à la déclaration mentionnée au 1° du I de l'article R. 123-1, le récépissé indique les compléments qui doivent être apportés par le déclarant dans un délai de quinze jours ouvrables à compter de la réception du récépissé ou de la délivrance de la ou des autorisations. Dans ce cas, le récépissé ne vaut pas récépissé de dossier de création d'entreprise.

2° Dans le cas d'une demande d'autorisation mentionnée au 2° du I de l'article R. 123-1 :

a) Lorsque le dossier contient toutes les pièces nécessaires à la délivrance de la ou des autorisations requises, conformément à l'article R. 123-7, le récépissé se substitue à l'accusé de réception des demandes présentées aux autorités. Il indique le ou les délais prévus par les textes législatifs ou réglementaires en vigueur pour la délivrance de la ou des autorisations requises pour exercer l'activité qui fait l'objet de la demande ainsi que les délais et voies de recours pour contester la ou les décisions d'octroi des autorisations *[;]*.

b) Lorsque le dossier est incomplet, sous réserve des dispositions du *c* ci-dessous, le récépissé indique les compléments qui doivent être apportés par le déclarant dans un délai de quinze jours ouvrables à compter de la réception du récépissé *[;]*.

c) Lorsqu'un document attestant de l'accomplissement de la formalité de création prévue au 1° du I de l'article R. 123-1 est nécessaire préalablement à la délivrance de la ou des autorisations requises ou à la délivrance de pièces elles-mêmes nécessaires à la délivrance de la ou des autorisations requises, le dossier de demande d'autorisation fait l'objet d'un récépissé provisoire attestant la réception des pièces remises par le déclarant et la date de la remise.

Un second récépissé est adressé au déclarant lorsque le centre de formalités des entreprises reçoit directement de l'autorité compétente le document attestant de l'accomplissement de la formalité prévue au 1° du I de l'article R. 123-1. Ce récépissé vaut accusé de réception des demandes présentées aux autorités administratives dans les conditions prévues au *a*.

Si le demandeur doit accomplir des démarches personnelles pour compléter son dossier de demande d'autorisation, le centre de formalités des entreprises l'informe qu'il dispose d'un délai de quinze jours ouvrables, le cas échéant renouvelable une fois, à compter de la remise du document attestant de l'accomplissement de la formalité prévue au 1° du I de l'article R. 123-1 pour déposer les pièces résultant de ses démarches. Au vu de ces pièces, il lui est délivré un récépissé qui vaut accusé de réception des demandes présentées aux autorités administratives dans les conditions prévues au *a*.

3° Lorsque le centre s'estime incompétent, le récépissé indique le centre auquel le dossier est transmis le jour même.

V. 1re note rédactionnelle ss. art. R. 123-1. — V. la rédaction antérieure au ***C. com.****, éd. 2010.*

Art. R. 123-11 *(Décr. n° 2010-210 du 1er mars 2010, art. 12)* I. — Si les éléments demandés ont été transmis par le déclarant avant l'expiration des délais mentionnés à l'article R. 123-10, le centre transmet le jour même :

1° Aux organismes destinataires la déclaration ainsi que, le cas échéant, les pièces annexées qui leur sont destinées ;

2° Aux organismes habilités à délivrer les autorisations, qui en accusent réception, les demandes d'autorisation ainsi que, le cas échéant, les pièces annexées qui leur sont destinées.

II. – Si, à l'expiration des délais mentionnés à l'article R. 123-10, les éléments demandés n'ont pas été transmis, le centre de formalités des entreprises procède de la manière suivante :

1° Pour les déclarations visées au 1° du I de l'article R. 123-1, il avise le déclarant des organismes destinataires auxquels le dossier est transmis en l'état ;

2° Pour les demandes d'autorisation visées au 2° du I de l'article R. 123-1, il renvoie le dossier au déclarant et informe ce dernier qu'il lui appartient de saisir directement les autorités habilitées à délivrer ces autorisations.

V. 1re note rédactionnelle ss. art. R. 123-1. – V. la rédaction antérieure au ***C. com.****, éd. 2010.*

Art. R. 123-12 A défaut de transmission par le centre de formalités des entreprises à l'expiration des délais prévus aux articles R. 123-10 et R. 123-11, le déclarant peut obtenir la restitution immédiate de son dossier afin d'en saisir directement les organismes destinataires *(Décr. no 2010-210 du 1er mars 2010, art. 13)* « ou, le cas échéant, les autorités habilitées à délivrer les autorisations ». – *[Décr. no 96-650 du 19 juill. 1996, art. 6, al. 11.]*

V. 1re note rédactionnelle ss. art. R. 123-1.

Art. R. 123-13 Le centre de formalités des entreprises transmet le jour même aux organismes destinataires compétents les notifications et les informations mentionnées *(Décr. no 2010-210 du 1er mars 2010, art. 14)* « à » l'article R. 123-1. – *[Décr. no 96-650 du 19 juill. 1996, art. 6, al. 12.]*

Art. R. 123-14 Le centre de formalités des entreprises peut transmettre par voie électronique aux organismes destinataires *(Décr. no 2010-210 du 1er mars 2010, art. 15)* « et aux autorités habilitées à délivrer les autorisations, » les informations et pièces les concernant. – *[Décr. no 96-650 du 19 juill. 1996, art. 6, al. 13.]*

V. 1re note rédactionnelle ss. art. R. 123-1.

Art. R. 123-15 La commission de coordination instituée par l'article R. 123-28 veille au respect de la confidentialité et de la sécurité des échanges, ainsi qu'à la compatibilité des systèmes de communication par voie électronique. – *[Décr. no 96-650 du 19 juill. 1996, art. 6, al. 14.]*

Art. R. 123-16 I. – Dans les cas prévus à l'article L. 123-9-1 et à l'article 19-1 de la loi no 96-603 du 5 juillet 1996 relative au développement et à la promotion du commerce et de l'artisanat *[V. App., vo Artisans]*, le récépissé *(Décr. no 2010-210 du 1er mars 2010, art. 16)* « prévu au *a* du 1° de l'article R. 123-10 » prend, lorsque le dossier est réputé complet par le centre compétent, le nom de récépissé de dépôt de dossier de création d'entreprise. Délivré gratuitement et sans délai, ce récépissé est valable jusqu'à la notification au déclarant de son immatriculation et, au plus tard, jusqu'à l'expiration d'une durée d'un mois à compter de sa délivrance. Il indique :

1° Le nom et l'adresse du centre ;

2° La date de saisine du centre ;

3° La date de délivrance du récépissé et la date d'expiration de sa validité ;

4° La mention : "en attente d'immatriculation" ;

5° Les mentions prévues aux *a*, *b* et *c* *(Décr. no 2010-210 du 1er mars 2010, art. 16)* « du 1° du I » de l'article R. 123-8 ;

6° Les organismes auxquels le dossier est transmis le jour même ;

(Décr. no 2010-210 du 1er mars 2010, art. 16) « 7° Le numéro unique d'identification de l'entreprise.

« Le » centre de formalités des entreprises indique sur le récépissé de dépôt de dossier de création d'entreprise le numéro unique d'identification que l'INSEE lui communique ainsi qu'au greffier du tribunal compétent, lorsque la déclaration comporte une demande d'immatriculation au registre du commerce et des sociétés.

Lorsque la déclaration comporte une demande d'immatriculation au registre du commerce et des sociétés, une copie du récépissé de dépôt de dossier de création d'entreprise est transmise au greffier compétent avec le dossier du déclarant.

(Décr. n° 2010-210 du 1er mars 2010, art. 16) « Dans le cas prévu au deuxième alinéa de l'article R. 123-5, le greffier adresse copie du récépissé de création d'entreprise au centre de formalités des entreprises. »

II. — Lorsqu'il est délivré en application de l'article L. 311-2-1 du code rural et de la pêche maritime, le récépissé de dépôt de dossier de création d'entreprise, délivré gratuitement et sans délai, indique :

1° Le nom et l'adresse du centre ;

2° La date de saisine du centre ;

3° La date de délivrance du récépissé ;

4° Les mentions prévues aux *a*, *b* et *c* *(Décr. n° 2010-210 du 1er mars 2010, art. 16)* « du 1° du I » de l'article R. 123-8 ;

5° Les organismes auxquels le dossier est transmis le jour même ;

(Décr. n° 2010-210 du 1er mars 2010, art. 16) « 6° La mention : "en attente d'immatriculation", lorsque la demande concerne une société. » — *[Décr. n° 96-650 du 19 juill. 1996, art. 6, al. 15 à 29.]*

V. 1re note rédactionnelle ss. art. R. 123-1. — V. la rédaction antérieure au **C. com.**, *éd. 2010.*

Art. R. 123-17 La déclaration présentée ou transmise au centre de formalités des entreprises compétent vaut déclaration auprès de l'organisme destinataire, dès lors qu'elle est régulière et complète à l'égard de ce dernier. Elle interrompt les délais à l'égard de cet organisme. — *[Décr. n° 96-650 du 19 juill. 1996, art. 7.]*

Art. R. 123-18 Les organismes destinataires des déclarations *(Décr. n° 2010-210 du 1er mars 2010, art. 17)* « et des demandes d'autorisation » sont seuls compétents pour en contrôler la régularité ou en apprécier la validité. Leur transmission à ces organismes dessaisit le centre en ce qui concerne les formalités à accomplir. — *[Décr. n° 96-650 du 19 juill. 1996, art. 8.]*

V. 1re note rédactionnelle ss. art. R. 123-1.

Art. R. 123-19 *(Décr. n° 2010-210 du 1er mars 2010, art. 18)* « Le centre ne peut conserver au-delà des délais nécessaires à la transmission prévue à l'article R. 123-18 le support de la déclaration, les renseignements qu'elle contient, les pièces relatives à celle-ci ainsi que, le cas échéant, les pièces relatives aux procédures d'autorisations requises. » Toutefois, les renseignements destinés à être portés sur un registre de publicité légale peuvent être conservés par le centre pendant un délai de trois ans. — *[Décr. n° 96-650 du 19 juill. 1996, art. 9.]*

V. 1re note rédactionnelle ss. art. R. 123-1. — V. la rédaction antérieure au **C. com.**, *éd. 2010.*

Art. R. 123-20 Les dispositions des articles R. 123-1 à R. 123-19 sont applicables à la déclaration d'entreprise par voie électronique, sous réserve des dispositions des articles R. 123-21 à R. 123-27. — *[Décr. n° 96-650 du 19 juill. 1996, art. 9-1, al. 1er.]*

BIBL. ▶ LÉCUYER, *CCE 2006, n° 130* (déclaration électronique de création d'entreprise).

Art. R. 123-21 *(Décr. n° 2010-210 du 1er mars 2010, art. 19)* « Les centres de formalités des entreprises, les services que les organismes gestionnaires de centres de formalités des entreprises mettent en commun et les greffes en application de l'article R. 123-5 fournissent au déclarant un service informatique accessible par l'internet, sécurisé et gratuit, lui permettant, selon son choix, de : »

1° Transmettre un dossier unique tel que défini à l'article R. 123-23 dès lors qu'il respecte les dispositions de l'article R. 123-24 ;

2° Préparer un tel dossier de manière interactive et le transmettre.

(Décr. n° 2010-210 du 1er mars 2010, art. 19) « La gestion de ce service informatique constitue une mission de service public. Elle peut être assurée par une personne morale publique ou privée regroupant les organismes mentionnés au premier alinéa. » — *[Décr. n° 96-650 du 19 juill. 1996, art. 9-1, al. 13 à 16.] — V. art. A. 123-4.*

Art. R. 123-22 *(Décr. n° 2010-210 du 1er mars 2010, art. 20)* « I. — » Lorsque la déclaration appelle inscription au registre du commerce et des sociétés en application de l'article L. 123-1, le service informatique mentionné à l'article R. 123-21 permet, conjointement :

1° Au déclarant de procéder à l'acquittement des frais légaux induits par cette inscription au registre du commerce et des sociétés auprès du greffe ;

2° Au greffe compétent de recevoir, par voie électronique, la partie du dossier unique qui lui est nécessaire pour procéder à cette inscription. Il en accuse réception, par voie électronique, au déclarant ;

3° Au centre de formalités des entreprises de recevoir, par voie électronique, le dossier unique. — *[Décr. n° 96-650 du 19 juill. 1996, art. 9-1, al. 17 à 20.]*

(Décr. n° 2010-210 du 1er mars 2010, art. 20) « II. — Lorsque le déclarant dépose des demandes d'autorisation en application de l'article R. 123-1, le service informatique mentionné à l'article R. 123-21 permet, conjointement :

« 1° Au déclarant de procéder à l'acquittement éventuel des frais légaux induits par ces demandes ;

« 2° A chaque autorité habilitée à délivrer une autorisation de recevoir, par voie électronique, la partie du dossier unique qui lui est nécessaire pour procéder à cette délivrance. Elle en accuse réception, par voie électronique, au demandeur ;

« 3° Au centre de formalités des entreprises de recevoir, par voie électronique, le dossier unique. »

V. 1re note rédactionnelle ss. art. R. 123-1.

Art. R. 123-23 *(Décr. n° 2010-210 du 1er mars 2010, art. 21)* Lorsqu'il est établi et transmis par voie électronique aux centres de formalités des entreprises, le dossier mentionné à l'article 2 de la loi n° 94-126 du 11 février 1994 relative à l'initiative et à l'entreprise individuelle comprend les documents suivants :

1° Le formulaire électronique contenant l'ensemble des données déclarées ;

2° Le cas échéant, les demandes d'autorisation mentionnées au 2° du I de l'article R. 123-1 nécessaires à l'exercice de l'activité ;

3° Les pièces numériques ou numérisées exigées, sauf s'il s'agit de pièces devant être fournies en original et établies sur support papier ;

4° Lorsque la déclaration de création ou de modification de situation et, le cas échéant, les demandes d'autorisation donnent lieu à la perception de frais légaux, le justificatif de règlement de ces frais, selon des moyens communiqués au déclarant.

Un arrêté ministériel fixe les caractéristiques électroniques des documents énumérés au présent article. — *[Décr. n° 96-650 du 19 juill. 1996, art. 9-1, al. 2 à 5 et 12.] — V. art. A. 123-3.*

V. 1re note rédactionnelle ss. art. R. 123-1. — V. la rédaction antérieure au ***C. com.****, éd. 2010.*

Art. R. 123-24 Lorsqu'une signature est requise, le recours à une signature électronique sécurisée est exigé dans les conditions prévues à l'article 1316-4 du code civil et au décret n° 2001-272 du 30 mars 2001 pris pour l'application de l'article 1316-4 du code civil et relatif à la signature électronique. Toutefois, pour la trans-

mission par voie électronique des dossiers de création d'entreprise *(Décr. n° 2010-1706 du 29 déc. 2010, art. 3)* **« ou des déclarations prévues à l'article L. 526-7 », est autorisé, y compris pour les demandes d'immatriculation au registre du commerce et des sociétés, le recours à une signature électronique présentant les caractéristiques prévues par la première phrase du second alinéa de l'article 1316-4 du code civil.** – *[Décr. n° 96-650 du 19 juill. 1996, art. 9-1, al. 6.]*

Art. R. 123-25 **Dès réception d'un dossier conforme aux dispositions des articles R. 123-23 et R. 123-24, le centre de formalités des entreprises compétent en accuse réception par voie électronique au déclarant ou à son mandataire.** – *V. art. A. 123-6.*

(Décr. n° 2010-210 du 1er mars 2010, art. 22) **« Lorsqu'il doit déposer des actes authentiques ou actes sous seing privé en original, le déclarant joint à ces pièces une édition de l'accusé de réception électronique prévu à l'alinéa premier. »**

Le centre de formalités des entreprises est responsable de la transmission aux organismes et administrations destinataires des éléments du dossier de déclaration d'entreprise qu'il a reçus par voie électronique. – *[Décr. n° 96-650 du 19 juill. 1996, art. 9-1, al. 7 à 9.]*

Art. R. 123-26 **Lorsque le dossier mentionné à l'article R. 123-21 est réputé complet, la transmission au déclarant ou à son mandataire des récépissés prévus aux articles R. 123-10 et R. 123-16 s'effectue par voie électronique, sauf si le déclarant ou son mandataire en demande la transmission par voie postale.**

En cas de transmission électronique, le récépissé prévu à l'article R. 123-16 comporte la signature électronique sécurisée de celui qui l'émet dans les conditions prévues par le décret n° 2001-272 du 30 mars 2001.

Un arrêté ministériel fixe les modalités de délivrance de l'accusé de réception électronique prévu au présent article. – *[Décr. n° 96-650 du 19 juill. 1996, art. 9-1, al. 10 à 12.] – V. art. A. 123-6.*

Art. R. 123-27 **Si le déclarant utilise un service de conservation provisoire des données proposé par le service de déclaration dans des conditions conformes à la loi n° 78-17 du 6 janvier 1978 relative à l'informatique, aux fichiers et aux libertés, il est procédé, à l'issue de la période de conservation provisoire d'une durée maximale** *(Décr. n° 2010-210 du 1er mars 2010, art. 23)* **« de douze mois », à l'effacement de toutes les données et de tous les fichiers concernant le déclarant sur les supports informatiques où ils figurent. Le déclarant en est avisé préalablement par voie électronique ou, à défaut, par lettre simple.** – *[Décr. n° 96-650 du 19 juill. 1996, art. 9-1, al. 21.]*

Art. R. 123-28 **La coordination des centres de formalités des entreprises est assurée par une commission qui veille à l'harmonisation de l'application des dispositions de la présente section.**

Cette commission donne son avis sur toutes questions relatives au fonctionnement des centres, dont elle est saisie par ceux-ci ou par les organismes destinataires des formalités. Elle peut se saisir d'office.

Elle fait rapport aux ministres compétents des difficultés ou anomalies dont elle a connaissance. Elle propose les modifications de textes et les réformes de procédure qui en découlent.

La commission comprend un représentant de chacun des ministres assurant la tutelle des centres de formalités des entreprises et des organismes destinataires. *(Décr. n° 2007-1851 du 26 déc. 2007, art. 2)* **« La direction chargée de la réforme de l'État » participe en tant que de besoin aux réunions de la commission de coordination des centres de formalités des entreprises.**

Un arrêté du Premier ministre fixe les conditions de fonctionnement de la commission, ainsi que les modalités de publication de ses avis. – *[Décr. n° 96-650 du 19 juill. 1996, art. 9-2.]* – *V. art. A. 123-7 s.*

Les modifications apportées par le Décr. n° 2007-1851 du 26 déc. 2007 sont applicables à Mayotte, en Nouvelle-Calédonie et dans les îles Wallis-et-Futuna (Décr. préc., art. 4-I).

Art. R. 123-29 **En cas de difficulté grave de fonctionnement d'un centre, le Premier ministre prend, par arrêté, toutes mesures de nature à assurer la continuité du service.** – *[Décr. n° 96-650 du 19 juill. 1996, art. 10.]*

Art. R. 123-30 **Les annexes 1-1 et 1-2 au présent livre précisent les déclarations** *(Décr. n° 2010-210 du 1er mars 2010, art. 24)* **« visées au 1° du I de l'article R. 123-1 » devant être déposées aux centres de formalités des entreprises et les administrations, personnes ou organismes destinataires de ces formalités selon leur compétence.**

Ces annexes peuvent être complétées par arrêté des ministres chargés de la justice, des transports, des affaires sociales, du travail, de l'économie, de l'industrie, de l'agriculture, du commerce et de l'artisanat, de la réforme administrative et du budget. – *[Décr. n° 96-650 du 19 juill. 1996, art. 11.]* – *V. ces annexes, ci-dessous.*

V. Circ. 30 mai 1997 relative au fonctionnement des centres de formalités des entreprises (JO 1er juin).

Exonération de cotisations sociales. Après avoir exactement rappelé qu'il résulte des dispositions combinées des art. R. 5141-1 et R. 5141-8 à R. 5141-12 C. trav. que le centre de formalités des entreprises a pour seule mission de recevoir la demande d'exonération de cotisations sociales, d'assurer la constitution du dossier et de le transmettre pour décision à l'URSSAF, une fois celui-ci complet, une cour d'appel en a justement déduit que le CFE n'avait pas qualité pour décider au lieu et place de l'URSSAF du rejet d'un dossier pour forclusion de la demande. • Civ. 2e, 10 nov. 2011 : *Bull. civ. II, n° 206 ; D. 2011. Actu. 2875.*

ANNEXE 1-1

ANNEXE À L'ARTICLE R. 123-30

Les principaux organismes destinataires des formalités des entreprises selon leur compétence sont :

1. Greffe du tribunal de commerce ou de grande instance statuant commercialement, lequel transmet à l'Institut national de la propriété industrielle (INPI).
2. Service des impôts.
3. Unions de recouvrement des cotisations de sécurité sociale et d'allocations familiales (URSSAF) ou caisses générales de sécurité sociale.
4. Organismes du régime général chargés de la gestion de l'assurance vieillesse ainsi que de la tarification et de la prévention des accidents du travail et des maladies professionnelles.
5. Organismes d'assurance maladie et d'assurance vieillesse des professions artisanales, industrielles, commerciales et libérales.
6. Caisses départementales ou pluridépartementales de mutualité sociale agricole.
7. Inspection du travail.
8. *(Décr. n° 2010-1356 du 11 nov. 2010, art. 25)* « Chambres de métiers et de l'artisanat de région » *(Abrogé par Décr. n° 2010-1706 du 29 déc. 2010, art. 17)* « *, lesquelles retransmettent à l'Institut national de la propriété industrielle (INPI)* ».
9. Institut national de la statistique et des études économiques (INSEE). Chambre nationale de la batellerie artisanale.

ANNEXE 1-2

ANNEXE AUX ARTICLES R. 123-5 ET R. 123-30

Formalités des entreprises déposées aux centres de formalités des entreprises.

Chaque centre est compétent pour recevoir les déclarations ci-dessous énumérées et les actes et pièces dont la remise est exigée par l'un des organismes destinataires.

I. PERSONNES PHYSIQUES EXERÇANT UNE ACTIVITÉ NON SALARIÉE ET ENTREPRISES INDIVIDUELLES

1. Création :

Immatriculation principale au registre du commerce et des sociétés.

Immatriculation au répertoire des métiers.

Immatriculation au registre des entreprises de la batellerie artisanale.

Immatriculation au registre des agents commerciaux.

Inscription au répertoire national des entreprises et des établissements.

Déclaration d'existence au service des impôts.

Affiliation aux URSSAF, aux caisses générales de sécurité sociale ou aux caisses de mutualité sociale agricole.

Déclaration à l'inspection du travail.

2. Transfert hors du ressort géographique de l'un des organismes ou administrations destinataires de la déclaration initiale.

3. Modifications :

Changement de nom lié ou non avec le mariage de la personne immatriculée ou du chef d'entreprise.

Changement de nom commercial.

Changement de l'enseigne.

Changement de l'adresse de correspondance.

Changement, extension ou cessation partielle de l'activité.

Cessation temporaire d'activité et reprise d'activité après cette cessation. Mise en location-gérance soit du fonds de commerce de l'établissement principal, soit de l'établissement artisanal.

Reprise du fonds ou de l'établissement par le loueur après une location-gérance.

Renouvellement du contrat de location-gérance.

Changement du mode d'exploitation du fonds de commerce de l'établissement principal.

Mention du conjoint collaborateur.

Transfert de l'établissement principal ou de l'entreprise à l'intérieur du ressort géographique de l'un des organismes ou administrations destinataires de la déclaration initiale.

4. Cessation définitive de l'activité, décès, radiation.

II. PERSONNES MORALES

1. Création :

Immatriculation principale au registre du commerce et des sociétés.

Immatriculation au répertoire des métiers.

Immatriculation au registre de la batellerie artisanale.

Inscription au répertoire national des entreprises et des établissements.

Déclaration d'existence au service des impôts.

Affiliation aux URSSAF, aux caisses générales de sécurité sociale ou aux caisses de mutualité sociale agricole.

Déclaration à l'inspection du travail.

2. Transfert du siège social hors du ressort géographique de l'un des organismes ou administrations destinataires de la déclaration initiale.

3. Modifications :

Changement de raison sociale ou de dénomination sociale.

Changement de l'enseigne.

Changement de l'adresse de correspondance.

Changement relatif à la forme juridique, au capital et à la durée de la personne morale.

Changement des dirigeants, gérants ou associés.

Changement, extension ou cessation partielle de l'activité de la personne morale.

Cessation temporaire d'activité et reprise d'activité après cette cessation. Mise en location-gérance ou reprise après location-gérance du fonds de commerce.

Renouvellement du contrat de location-gérance.

Changement du mode d'exploitation du fonds de commerce de la société.

Transfert du siège social à l'intérieur du ressort de l'un des organismes ou administrations destinataires de la déclaration initiale.

4. Cessation définitive d'activité, fin de la personne morale, radiation.

III. ÉTABLISSEMENTS

1. Ouverture :

Mention au répertoire des métiers.

Mention au registre de la batellerie artisanale.

Immatriculation secondaire ou inscription complémentaire au registre du commerce et des sociétés.

Déclaration d'ouverture : au service des impôts, aux URSSAF ou aux caisses générales de sécurité sociale et à l'inspection du travail.

2. Modifications :

Changement de l'enseigne.

Changement de l'adresse de correspondance.

Changement, extension ou cessation partielle de l'activité.

Cessation temporaire d'activité ou reprise d'activité après cessation.

Mise en location-gérance du fonds de commerce ou de l'établissement artisanal ou reprise après location-gérance.

Renouvellement du contrat de location-gérance.

Changement du mode d'exploitation de l'activité.

Transfert.

3. Cessation définitive d'activité, radiation.

Ne relèvent pas de la compétence des centres :

Les déclarations fiscales concernant l'assiette ou le renouvellement des droits ou taxes.

Les déclarations relatives aux modifications de l'effectif des salariés pour fixer notamment le montant des contributions sociales.

Les déclarations relatives à des mesures de publicité autres que celles figurant au registre du commerce et des sociétés et au registre des agents commerciaux.

Les formalités prévues dans le cadre de la déclaration unique d'embauche.

Les déclarations concernant une personne morale de droit public non soumise à immatriculation au registre du commerce et des sociétés.

● SECTION PREMIÈRE DU REGISTRE DU COMMERCE ET DES SOCIÉTÉS

Dans tous les textes réglementaires, la référence aux mentions visées aux 1° et 2° de l'art. R. 123-237 (anciens 1 et 2 de l'art. 72 du Décr. n° 84-406 du 30 mai 1984 relatif au registre du commerce et des sociétés) est substituée à la référence au numéro d'immatriculation au registre du commerce et des sociétés (Décr. n° 98-550 du 2 juill. 1998, art. 35).

RÉP. COM. v° *Registre du commerce et des sociétés*, par BEDER.

BIBL. ▸ DERRUPPÉ, *RTD com. 1985. 84*. – A.P.S., *Gaz. Pal. 1984. 2. Doctr. 482*. – AZZOUZ, *JCP N 1988. Prat., p. 117*. – BOULOC, *Gaz. Pal. 1985. 2. Doctr. 419*. – LE CANNU, *LPA 11 sept. 1984*. – DELEBECQUE, *Journ. not. 1986. 1031*. – ROTTY, *JCP E 1984. I. 13621*. – COUTANT, *Gaz. Pal. 1995. 2. Doctr. 1095* (Décr. du 10 avr. 1995) ; *ibid. 1998. 2. Doctr. 1747*. (Décr. du 2 juill. 1998) – Greffe du T. com. Paris, *Bull. Joly 2005. 801* (publicité au RCS du régime matrimonial des commerçants). – SAINTOURENS, *RTD com. 2005. 475* (Décr. du 1er févr. 2005) ; *ibid. 480* (Décr. du 24 mai 2005). – GUÉRIN, *Administrer janv. 2006. 30* (déclaration des associés d'une SCI). – Dossier, *Bull. Joly 2013. 75* (actualité 2012 du RCS).

● SOUS-SECTION 1 DES PERSONNES TENUES À L'IMMATRICULATION

● § 1er DE L'OBLIGATION D'IMMATRICULATION

Art. R. 123-31 L'immatriculation au registre du commerce et des sociétés a un caractère personnel. Nul ne peut être immatriculé plusieurs fois à un même registre. – *[Décr. n° 84-406 du 30 mai 1984, art. 9, al. 1er.]*

SOUS-§ 1er DE L'OBLIGATION D'IMMATRICULATION DES PERSONNES PHYSIQUES

Art. R. 123-32 Dans le mois qui précède la date déclarée du début de l'activité commerciale et, au plus tard, dans le délai de quinze jours à compter de la date du début de cette activité, toute personne physique ayant la qualité de commerçant demande son immatriculation au greffe du tribunal dans le ressort duquel est situé :

1° Soit son principal établissement ;

2° Soit, dans les cas prévus aux deuxième et troisième alinéas de l'article L. 123-10, son local d'habitation ;

3° Soit, à défaut d'établissement ou de local d'habitation déclaré dans les cas prévus à l'article L. 123-10, sa commune de rattachement au sens des articles 23 et suivants du décret n° 70-708 du 31 juillet 1970 portant application du titre Ier et de certaines dispositions du titre II de la loi n° 69-3 du 3 janvier 1969 relative à l'exercice des activités ambulantes et au régime applicable aux personnes circulant en France sans domicile ni résidence fixe, ou la commune mentionnée à la dernière phrase du premier alinéa de l'article 2 du même décret. – *[Décr. n° 84-406 du 30 mai 1984, art. 7, al. 1er à 4 et 6.]*

V. notes ss. art. L. 123-1.

Art. R. 123-32-1 *(Décr. n° 2008-1488 du 30 déc. 2008, art. 3-II)* Les personnes physiques dispensées, en application de l'article L. 123-1-1, de l'obligation d'immatriculation au registre du commerce et des sociétés peuvent néanmoins, à tout moment, demander à y être immatriculées.

Les personnes qui cessent de remplir les conditions de la dispense doivent demander leur immatriculation dans un délai de deux mois à compter de la date à laquelle elles ont perdu le bénéfice du régime prévu par l'article L. 133-6-8 du code de la sécurité sociale. – *V. art. R. 123-37, in fine.*

Art. R. 123-33 La demande d'immatriculation est faite par le notaire dans le cas prévu à l'article R. 123-89. – *[Décr. n° 84-406 du 30 mai 1984, art. 7, al 5.]*

Art. R. 123-34 Il n'y a pas lieu à immatriculation distincte de celle de la société en ce qui concerne les associés en nom. – *[Décr. n° 84-406 du 30 mai 1984, art. 7, al. 7.]*

SOUS-§ 2 DE L'OBLIGATION D'IMMATRICULATION DES PERSONNES MORALES

Art. R. 123-35 Toute personne morale tenue à immatriculation dont le siège est situé dans un département demande cette immatriculation au greffe du tribunal dans le ressort duquel est situé son siège.

Lorsque le siège est situé hors d'un département ou lorsqu'il est situé à l'étranger, l'immatriculation est demandée au greffe du tribunal dans le ressort duquel est ouvert le premier établissement ou dans le ressort duquel est située la commune mentionnée à la dernière phrase du premier alinéa de l'article 2 du décret n° 70-708 du 31 juillet 1970 portant application du titre Ier et de certaines dispositions du titre II de la loi n° 69-3 du 3 janvier 1969 relative à l'exercice des activités ambulantes et au régime applicable aux personnes circulant en France sans domicile ni résidence fixe. – *[Décr. n° 84-406 du 30 mai 1984, art. 14, al. 1er et 2.]*

V. notes ss. art. L. 123-1.

Art. R. 123-36 L'immatriculation des sociétés et des groupements d'intérêt économique est demandée sitôt accomplies les formalités de constitution, publicité comprise.

L'immatriculation des autres personnes morales est demandée dans les quinze jours de l'ouverture du siège ou de l'établissement. – *[Décr. n° 84-406 du 30 mai 1984, art. 14, al. 3.]*

• § 2 DES DÉCLARATIONS INCOMBANT AUX PERSONNES TENUES À L'IMMATRICULATION

SOUS-§ 1er DES DÉCLARATIONS INCOMBANT AUX PERSONNES PHYSIQUES

SOUS-SOUS-§ 1er *DES DÉCLARATIONS AUX FINS D'IMMATRICULATION*

Art. R. 123-37 Dans sa demande d'immatriculation, la personne physique déclare :

1° Ses nom, nom d'usage, pseudonyme, prénoms et domicile personnel ;

2° Ses date et lieu de naissance ;

3° Sa nationalité ;

(Abrogé par Décr. n° 2007-750 du 9 mai 2007, art. 2) « *4° La date et le lieu de son mariage ;*

« *5° Qu'elle a informé son conjoint commun en biens sur les conséquences des dettes contractées dans l'exercice de sa profession sur les biens communs ;* »

(Décr. n° 2007-750 du 9 mai 2007, art. 2) « 4° » Le cas échéant, qu'elle a effectué une déclaration d'insaisissabilité de ses droits sur l'immeuble où est fixée sa résidence principale *(Décr. n° 2008-1488 du 30 déc. 2008, art. 9-I)* « ou sur tout bien foncier non affecté à son usage professionnel », en application des articles L. 526-1 et suivants, en précisant le lieu de publication de cette déclaration ;

(Décr. n° 2010-1706 du 29 déc. 2010, art. 4) « 5° Le cas échéant, qu'elle affecte à son activité professionnelle, en application de l'article L. 526-6, un patrimoine séparé de son patrimoine personnel, en précisant la dénomination utilisée pour l'exercice de l'activité incorporant son nom ou nom d'usage, l'objet de l'activité professionnelle à laquelle le patrimoine est affecté, l'adresse de l'établissement principal où est exercée cette activité ou, à défaut d'établissement, l'adresse du local d'habitation où l'entreprise est fixée et la date de clôture de l'exercice comptable ;

« 6° Le cas échéant, qu'elle est immatriculée ou en cours d'immatriculation au répertoire des métiers à raison de l'activité professionnelle au titre de laquelle elle dépose au registre du commerce et des sociétés la déclaration d'affectation mentionnée au 5°, en indiquant le lieu et, si elle est déjà immatriculée, le numéro d'immatriculation au répertoire ;

« 7° » Le cas échéant, qu'elle est bénéficiaire d'un contrat d'appui au projet d'entreprise pour la création ou la reprise d'une activité économique conclu dans les conditions prévues au chapitre VII du titre II du présent livre, en précisant la dénomination sociale de la personne morale responsable de l'appui, l'adresse de son siège social ainsi que, si elle est immatriculée dans un registre public, le lieu d'immatriculation et le numéro unique d'identification ;

(Décr. n° 2010-1706 du 29 déc. 2010, art. 4) « 8° » *(Décr. n° 2008-1488 du 30 déc. 2008, art. 9-II)* « Les nom, nom d'usage, pseudonyme, prénoms, date et lieu de naissance, domicile, lorsqu'il est différent du sien, et nationalité de son conjoint, ou de la personne qui lui est liée par un pacte civil de solidarité, qui collabore effectivement à son activité commerciale dans les conditions définies par l'article R. 121-1 ; »

(Décr. n° 2010-1706 du 29 déc. 2010, art. 4) « 9° Le cas échéant, qu'elle est autorisée à être commerçant en application de l'article L. 121-2 ;

« 10° » Les références des immatriculations secondaires éventuellement souscrites et, le cas échéant, des établissements principaux ou secondaires situés et immatriculés dans un autre État membre de la Communauté européenne ou partie à l'accord sur l'Espace économique européen. En outre, la personne peut déclarer les mentions relatives à l'adresse et à l'activité principale de ces établissements sur présentation des justificatifs définis par l'arrêté prévu à l'article R. 123-166.

(Décr. n° 2008-1488 du 30 déc. 2008, art. 4-II) « La personne physique qui, bénéficiant auparavant de la dispense d'immatriculation prévue à l'article L. 123-1-1, demande son immatriculation en application de l'article R. 123-32-1, déclare, outre les éléments mentionnés aux *(Décr. n° 2010-1706 du 29 déc. 2010, art. 4)* « 1° à 10° » du présent article, le numéro unique d'identification mentionné à l'article D. 123-235 qui lui a été attribué lors de sa déclaration d'activité. » – *[Décr. n° 84-406 du 30 mai 1984, art. 8, A.]*

Sur la présomption de mandat au bénéfice du conjoint collaborateur mentionné au RCS, V. art. L. 121-6.

Sur l'information donnée au conjoint commun en bien en cas de mariage d'un commerçant, V. 1re note ss. art. L. 526-4.

Les greffiers des tribunaux de commerce procèdent, dans un délai de dix-huit mois à compter de la publication du Décr. n° 2007-750 du 9 mai 2007, à la suppression de l'ensemble des mentions relatives à la situation matrimoniale, au conjoint et au régime matrimonial sur le RCS, en application, notamment, des art. R. 123-37, R. 123-46, R. 123-54 et R. 123-60 dans leur rédaction issue du décret précité (Décr. préc., art. 42-II).

BIBL. ▶ LEPROVAUX et F. PETIT, *JCP E 2008, n° 26, p. 12* (l'indication de la situation matrimoniale du commerçant au RCS après le décret du 9 mai 2007).

Commerçant ambulant. Un commerçant ambulant, qu'il exploite ou non un établissement, peut déclarer au RCS une personne ayant le pouvoir d'engager à titre habituel par sa signature la responsabilité de l'assujetti (Avis CCRCS n° 05-50 du 2 déc. 2005 : *Bull. RCS 2005, n° 30-32, p. 43*).

Art. R. 123-38 La personne physique déclare, en outre, en ce qui concerne son activité et son établissement :

1° La ou les activités exercées correspondant à la nomenclature d'activités définie par décret, éventuellement précisée par le déclarant ;

2° L'adresse de l'établissement ;

3° A défaut d'établissement, l'adresse de l'entreprise fixée au local d'habitation déclaré au titre de l'article L. 123-10 et, pour les ressortissants de la Communauté européenne ou d'un État partie à l'accord sur l'Espace économique européen non domiciliés en France qui exercent une activité ambulante, la commune où s'exerce le principal de l'activité ;

4° La date de commencement d'activité ;

5° S'il en est utilisé, le nom commercial et l'enseigne ;

6° Qu'il s'agit soit de la création d'un fonds de commerce, soit de l'acquisition d'un fonds existant, soit d'une modification du régime juridique sous lequel il était exploité, ou, à défaut, l'origine de l'activité. Sont indiqués : en cas de reprise, les nom, nom d'usage, pseudonyme et prénoms du précédent exploitant et son numéro unique d'identification ; en cas d'achat, de licitation ou de partage d'un fonds de commerce, le titre et la date du journal d'annonces légales dans lequel a été publiée l'insertion prescrite par l'article L. 141-12 ;

7° En cas de propriété indivise des éléments d'exploitation, les nom, nom d'usage, pseudonyme, prénoms et domicile des personnes physiques ou dénomination sociale et adresse des personnes morales indivisaires ;

8° En cas de location-gérance, les nom, nom d'usage, pseudonyme, prénoms et domicile ou dénomination sociale et adresse du siège du loueur de fonds ; les dates

du début et du terme de la location-gérance avec, le cas échéant, l'indication que le contrat est renouvelable par tacite reconduction ; – *Pour les mesures de publicité afférentes à la location-gérance d'un fonds, V. art. R. 144-1.*

9° Les nom, nom d'usage, pseudonyme, prénoms, date et lieu de naissance, domicile et nationalité des personnes ayant le pouvoir d'engager à titre habituel par leur signature sa responsabilité.

(Décr. n° 2007-750 du 9 mai 2007, art. 3) **« 10° En cas de gérance-mandat : les nom, nom d'usage, prénoms et domicile ou la dénomination sociale et l'adresse du siège social du gérant-mandataire de l'établissement ainsi que les mentions prévues aux 1° et 2° de l'article R. 123-237 ; les nom, nom d'usage, prénoms, domicile ou la dénomination sociale et l'adresse du siège social du mandant ainsi que les mentions prévues aux 1° et 2° de l'article R. 123-237 ; les dates du début et du terme du contrat de gérance-mandat avec, le cas échéant, l'indication que le contrat est renouvelable par tacite reconduction. »**

(Décr. n° 2012-928 du 31 juill. 2012, art. 2, en vigueur le 1er sept. 2012) **« Elle peut déclarer en outre le nom de domaine de son site internet. »** – *V. note 2 ss. art. R. 123-53. – [Décr. n° 84-406 du 30 mai 1984, art. 8, B.]*

Les gérants-mandataires et leurs mandants disposent d'un délai de douze mois à compter de la publication du Décr. n° 2007-750 du 9 mai 2007 pour procéder aux déclarations prévues par le 10° de l'art. R. 123-38, dans sa rédaction issue du décret précité (Décr. préc., art. 42-I).

Les dispositions du Décr. n° 2012-928 du 31 juill. 2012 sont applicables en Nouvelle-Calédonie et à Wallis-et-Futuna (Décr. préc., art. 24).

1. Plan de cession. Dans l'attente de la rédaction de l'acte de cession, l'acquéreur d'un fonds de commerce doit déclarer au RCS comme « origine du fonds » que l'activité est exercée dans l'attente de l'accomplissement des actes du plan de cession autorisé, puis, une fois la cession régularisée, il doit déclarer l'acquisition du fonds en produisant pour justificatif l'acte de cession (Avis CCRCS nos 02-95 et 02-96 : *BRDA 2006, n° 22, p. 4*).

2. Reprise par le conjoint. En cas de reprise de l'exploitation par un époux du fonds de commerce de son conjoint, doivent être portés à la rubrique « origine du fonds » une mention telle que « fonds précédemment exploité par le conjoint » ainsi que les nom, nom d'usage, pseudonyme et prénoms du précédent exploitant et son numéro unique d'identification. L'avis de l'immatriculation de l'époux nouvel exploitant est publié au BODACC, dans la rubrique « création » (Avis CCRCS n° 2012-040 du 25 oct. 2012).

Art. R. 123-39 *(Décr. n° 2007-750 du 9 mai 2007, art. 4)* **S'il a été arrêté un plan de cession, le cessionnaire déclare que la gestion de l'entreprise cédée lui a été confiée dans l'attente de l'accomplissement des actes nécessaires à la réalisation de la cession. La déclaration comporte la désignation du cédant.**

SOUS-SOUS-§ 2 *DES DÉCLARATIONS AUX FINS D'IMMATRICULATION SECONDAIRE HORS DU RESSORT DE L'ÉTABLISSEMENT PRINCIPAL*

Art. R. 123-40 Est un établissement secondaire au sens de la présente section tout établissement permanent, distinct du siège social ou de l'établissement principal et dirigé par la personne tenue à l'immatriculation, un préposé ou une personne ayant le pouvoir de lier des rapports juridiques avec les tiers. – *[Décr. n° 84-406 du 30 mai 1984, art. 9, al. 5.]*

Établissement secondaire. BIBL. A.P.S., *Gaz. Pal. 1985. 1. 140* (domiciliation). ♦ Le fait pour un commerçant de faire appel à une agence de domiciliation dans le seul but de lui faire recevoir et expédier son courrier ne crée pas obligation d'immatriculation secondaire (Rép. min. n° 38028 : JOAN Q, 10 sept. 1977 ; *RTD com. 1977. 479, obs. Derruppé*). ♦ Sur les éléments constitutifs de la notion d'établissement secondaire, V. • Douai, 11 sept. 1997 : *Gaz. Pal. 1999. 1. Somm. 343, obs. J. J. A.* • Paris, 3 juill. 2008 : *RJDA 2008, n° 1225.* ♦ Sur la distinction entre local accessoire et établissement secondaire, V. • Paris, 30 janv. 2008 : *AJDI 2008. 764* ♦ V. dans le cas d'un bureau de liaison d'une société étrangère, considérant que la requête en inscription doit être recueillie dès lors qu'il est permanent et que le dirigeant de la succursale a le pouvoir de lier des rapports juridiques avec des tiers concourant de ce fait à l'activité commerciale de la société. • Paris, 30 nov. 2001 : *JCP E 2003, n° 2, p. 77, obs. Reinhard ; Bull. Joly 2002. 406, note Bahans ; Banque et Droit mai-juin 2002. 38, note Urban.*

Art. R. 123-41 **Tout commerçant immatriculé qui ouvre un établissement secondaire dans le ressort d'un tribunal où il n'est pas immatriculé demande au greffe de ce tribunal, dans le délai d'un mois avant ou après cette ouverture, une immatriculation secondaire.** – *[Décr. n° 84-406 du 30 mai 1984, art. 9, al. 2 et 3.]*

1. Immatriculation secondaire. Sur l'exigence d'une immatriculation au RCS au titre des lieux loués indépendamment de l'immatriculation effectuée au titre du siège social, V. • Civ. 3e, 10 nov. 1999 : *Administrer févr. 2000. 35, obs. Boccara, Lipman-Boccara et Sainturat.* ♦ En ce sens que toute personne morale immatriculée qui ouvre un établissement secondaire doit, selon les cas, demander une inscription complémentaire ou une immatriculation secondaire, V. • Civ. 3e, 13 oct. 1999 : *LPA 19 avr. 2000, note Courtier.* ♦ Si le signataire d'un bail portant sur les locaux dans lesquels est exploité un fonds de commerce en cours d'acquisition se prévaut à juste titre de l'impossibilité de procéder à l'immatriculation de cet établissement secondaire avant la régularisation de l'acte de cession, il demeure que le délai d'un mois pour procéder à l'immatriculation court à compter de la date de régularisation de la cession. • Versailles, 15 janv. 2004 : *BJCC 2004, n° 1461 ; JCP E 2004, n° 18, p. 693.*

2. Bail commercial. L'inscription au RCS tant principale que complémentaire ou secondaire est une condition objective du droit au renouvellement du bail. • Paris, 29 nov. 2002 : *AJDI 2003. 267, obs. Porcheron* . – V. aussi **C. baux.**

Art. R. 123-42 **Sont déclarés dans la demande d'immatriculation secondaire les renseignements prévus à l'article R. 123-38.**

Cette demande rappelle en outre les nom, nom d'usage, pseudonyme et prénoms du commerçant, *(Abrogé par Décr. n° 2007-750 du 9 mai 2007, art. 5)* ***« le nom commercial s'il en est utilisé un, »*** **ainsi que le renseignements prévus aux 1° et 2° de l'article R. 123-237.**

(Décr. n° 2010-1706 du 29 déc. 2010, art. 5) **« La demande rappelle, le cas échéant, que l'intéressé a affecté à son activité professionnelle, en application de l'article L. 526-6, un patrimoine séparé de son patrimoine personnel en précisant la dénomination utilisée pour l'exercice de l'activité à laquelle le patrimoine est affecté et le lieu du dépôt de la déclaration d'affectation du patrimoine. »** – *[Décr. n° 84-406 du 30 mai 1984, art. 10.]*

☐ SOUS-SOUS-§ 3 *DES DÉCLARATIONS D'INSCRIPTION MODIFICATIVE OU COMPLÉMENTAIRE*

Art. R. 123-43 **Tout commerçant immatriculé qui ouvre un établissement secondaire dans le ressort d'un tribunal où il est déjà immatriculé demande au greffe de ce tribunal, dans le délai d'un mois avant ou après cette ouverture, une inscription complémentaire.** – *[Décr. n° 84-406 du 30 mai 1984, art. 9, al. 2 et 4.]*

Art. R. 123-44 **Sont déclarés dans la demande d'inscription complémentaire les renseignements prévus à l'article R. 123-38.** – *[Décr. n° 84-406 du 30 mai 1984, art. 10, al. 1er.]*

Art. R. 123-45 **Toute modification rendant nécessaire une rectification ou une adjonction aux énonciations prévues aux articles R. 123-37, R. 123-38, R. 123-42 et R. 123-44 fait, dans le délai d'un mois, l'objet d'une demande d'inscription modificative.**

Sous réserve des dispositions de l'article R. 123-89, cette demande est présentée par le commerçant ou, en cas de décès, par les personnes mentionnées au *(Décr. n° 2010-1706 du 29 déc. 2010, art. 6)* « 7° » de l'article R. 123-46.

(Décr. n° 2010-1706 du 29 déc. 2010, art. 6) « La demande relative à un patrimoine affecté à une activité professionnelle est présentée par la personne immatriculée au registre ou par les personnes mentionnées aux articles L. 526-15, L. 526-16, premier alinéa, et L. 526-17. Le dépôt de la déclaration de reprise mentionnée au second alinéa de l'article L. 526-16 est effectué par la personne reprenant le patrimoine affecté. La demande relative à la cession du patrimoine affecté à une personne morale ou à son apport en société est présentée par le cédant ou l'apporteur. » – *[Décr. n° 84-406 du 30 mai 1984, art. 11, al. 1er.]*

Art. R. 123-46 Sont soumises à l'obligation prévue à l'article R. 123-45 :

1° Les décisions définitives plaçant un majeur sous tutelle ou sous curatelle au sens *(Décr. n° 2007-750 du 9 mai 2007, art. 6, en vigueur le 1er janv. 2009)* « de l'article 440 » du code civil et celles qui en donnent mainlevée ou qui les rapportent ; lorsqu'il est fait application *(Décr. n° 2007-750 du 9 mai 2007, art. 6, en vigueur le 1er janv. 2009)* « de cet article », l'obligation de déclaration incombe au tuteur ou au curateur ;

(Abrogé par Décr. n° 2007-750 du 9 mai 2007, art. 6) « 1° bis Les modifications relatives à la situation matrimoniale des époux ; »

2° La déclaration d'insaisissabilité des droits de la personne physique immatriculée sur l'immeuble où est fixée sa résidence principale *(Décr. n° 2008-1488 du 30 déc. 2008, art. 9-II)* « ou sur tout bien foncier non affecté à son usage professionnel », lorsqu'il est fait application des articles L. 526-1 et suivants ; le cas échéant, la déclaration de remploi des fonds dans les conditions prévues à l'article L. 526-3 ou la renonciation à la déclaration d'insaisissabilité ou de remploi prévue au même article ;

(Abrogé par Décr. n° 2007-750 du 9 mai 2007, art. 6) « 3° Le décès du conjoint ; »

(Décr. n° 2010-1706 du 29 déc. 2010, art. 7) « 3° Les événements et décisions mentionnés par les articles L. 526-7, L. 526-8 (2°), L. 526-15, L. 526-16 et L. 526-17 ;

« 4° » La désignation et la cessation de fonctions de la personne ayant le pouvoir d'engager à titre habituel par sa signature la personne immatriculée ;

(Décr. n° 2010-1706 du 29 déc. 2010, art. 7) « 5° » La cessation partielle de l'activité exercée ;

(Décr. n° 2010-1706 du 29 déc. 2010, art. 7) « 6° » La cessation totale d'activité, qu'elle soit temporaire ou définitive, avec possibilité de déclarer le maintien de l'immatriculation pour une période qui, lorsque la cessation est définitive, ne peut dépasser un an ;

(Décr. n° 2010-1706 du 29 déc. 2010, art. 7) « 7° » Le décès de la personne immatriculée avec possibilité de déclarer le maintien provisoire, pendant un délai maximum d'un an, de l'immatriculation, et, si l'exploitation se poursuit, les conditions d'exploitation, nom, nom d'usage, pseudonyme, prénoms, domicile personnel et qualité des héritiers et ayants cause à titre universel, date et lieu de naissance, nationalité et qualité des personnes assurant l'exploitation ; dans ce dernier cas, la déclaration est faite par la ou les personnes poursuivant l'exploitation ;

(Décr. n° 2010-1706 du 29 déc. 2010, art. 7) « 8° » Le renouvellement, limité à une période supplémentaire d'un an, du maintien provisoire de l'immatriculation dans les cas prévus aux 6° et 7°. – *[Décr. n° 84-406 du 30 mai 1984, art. 12.]*

V. 3e note rédactionnelle ss. art. R. 123-37.

Jugement ouvrant une tutelle. V. • Com. 8 déc. 1998 : *cité note 2 ss. art. L. 624-1 ancien, cité ss. art. L. 651-1.* ♦ Sur les mentions devant figurer dans la déclaration d'inscription modificative prévues par les art. R. 123-46-1° et R. 123-69-4°, visant à déclarer les décisions de placement ou de mainlevée d'un majeur sous tutelle ou sous curatelle, V. : Avis CCRCS n° 2012-029 du 21 juin 2012 : *JCP E 2012. Actu. 475.*

Art. R. 123-47 Les dispositions de l'article R. 123-45 ne sont pas applicables :

1° A la mise à jour des références faites, dans l'immatriculation principale, aux immatriculations secondaires : la mention rectificative est dans ce cas effectuée d'office par le greffier de l'immatriculation principale sur notification du greffier de l'immatriculation secondaire ayant procédé à cette dernière ou à sa radiation ;

2° A la mise à jour des renseignements relatifs à la situation personnelle de l'assujetti figurant dans l'immatriculation secondaire : la mention rectificative ou complémentaire est dans ce cas effectuée par le greffier de l'immatriculation secondaire sur notification du greffier ayant procédé à l'inscription modificative correspondante. – *[Décr. n° 84-406 du 30 mai 1984, art. 11, al. 2 à 4.]*

Art. R. 123-48 En cas de transfert, dans le ressort d'un autre tribunal, de l'établissement principal ou secondaire, ou de changement, au profit d'une adresse située dans le ressort d'un autre tribunal, de l'adresse de l'entreprise fixée au local d'habitation, déclaré au titre de l'article L. 123-10, les personnes physiques immatriculées demandent, dans le délai d'un mois à compter du transfert ou du changement d'adresse :

1° Une nouvelle immatriculation dans le ressort de ce tribunal si elles n'y étaient pas déjà immatriculées à titre principal ou secondaire ;

2° Dans le cas contraire, la transformation de leur immatriculation, avec indication en tant que de besoin des renseignements prévus aux articles R. 123-37 et R. 123-38*[;]*

(Décr. n° 2012-122 du 30 janv. 2012, art. 1er-I) « 3° Dans tous les cas, lorsque, conformément à l'article L. 526-7, une déclaration d'affectation du patrimoine à l'activité professionnelle a été déposée au registre antérieurement au transfert d'établissement ou au changement d'adresse, la mention du lieu de dépôt de la déclaration d'affectation et des comptes ou documents mentionnés à l'article L. 526-14. » – *[Décr. n° 84-406 du 30 mai 1984, art. 12-1, al. 1er à 3.]*

BIBL. ▶ LEBEL, *JCP E 2012, n° 114* (Décr. n° 2012-122 du 30 janv. 2012).

Art. R. 123-49 Dans les quinze jours de la nouvelle immatriculation ou de la transformation, celle-ci est notifiée, par le greffier du tribunal dans le ressort duquel est situé le nouvel établissement ou la nouvelle adresse de l'entreprise fixée au local d'habitation, au greffier de l'ancien établissement ou de l'ancienne adresse. Ce dernier procède d'office, dans le dossier en sa possession, soit à la radiation, soit à la mention correspondante. Il notifie l'accomplissement de la formalité à la personne immatriculée et au greffier du nouvel établissement ou de la nouvelle adresse.

(Décr. n° 2007-750 du 9 mai 2007, art. 8) « En cas de transfert d'un établissement secondaire, le greffier du nouvel établissement ou de la nouvelle adresse procède à la notification prévue au 1° de l'article R. 123-47. » – *[Décr. n° 84-406 du 30 mai 1984, art. 12-1, al. 4.] – V. art. A. 123-46.*

Art. R. 123-50 Lorsque la cessation totale de l'activité commerciale dans le ressort d'un tribunal résulte du transfert de celle-ci dans le ressort d'un autre tribunal, la radiation est effectuée d'office sur notification du greffier ayant procédé à la nouvelle immatriculation. – *[Décr. n° 84-406 du 30 mai 1984, art. 13, al. 2.]*

SOUS-SOUS-§ 4 *DE LA DÉCLARATION AUX FINS DE RADIATION*

Art. R. 123-51 Tout commerçant immatriculé demande, dans le délai d'un mois avant la cessation totale de son activité commerciale dans le ressort d'un tribunal

ou dans le délai d'un mois à compter de celle-ci, sa radiation en indiquant la date de cessation, sauf lorsqu'il est fait usage de la possibilité prévue au *(Décr. n° 2007-750 du 9 mai 2007, art. 7)* **« 5° » de l'article R. 123-46.** – *[Décr. n° 84-406 du 30 mai 1984, art. 13, al. 1er, 1re phrase.]*

Date de cessation d'activité. Le commerçant qui a commis une erreur quant à la date réelle de sa cessation d'activité dans sa demande de radiation peut solliciter du greffier une rectification de celle-ci. Dans cette hypothèse, le commerçant doit justifier de la date de sa cessation d'activité par tout document établissant la réalité de celle-ci (Avis CCRCS n° 2012-017 du 13 avr. 2012).

Art. R. 123-52 En cas de décès du commerçant, la demande de radiation est présentée par les héritiers ou ayants cause à titre universel de celui-ci, sauf lorsqu'il est fait usage de la possibilité prévue au *(Décr. n° 2010-1706 du 29 déc. 2010, art. 8)* **« 7° » de l'article R. 123-46.** – *[Décr. n° 84-406 du 30 mai 1984, art. 13, al. 1er, 2e phrase.]*

SOUS-§ 2 DES DÉCLARATIONS INCOMBANT AUX PERSONNES MORALES

SOUS-SOUS-§ 1er *DES DÉCLARATIONS AUX FINS D'IMMATRICULATION*

Art. R. 123-53 Dans sa demande d'immatriculation, la société déclare, en ce qui concerne la personne morale :

1° Sa raison sociale ou sa dénomination suivie, le cas échéant, de son sigle ;

(Décr. n° 2007-750 du 9 mai 2007, art. 9) **« 2° Sa forme juridique en précisant, s'il y a lieu, le fait que la société est constituée d'un associé unique et, le cas échéant, l'indication du statut légal particulier auquel la société est soumise ; »**

3° Le montant de son capital social ; si le capital est variable, le montant au-dessous duquel il ne peut être réduit ;

4° L'adresse de son siège social ; – *Sur la domiciliation, V. art. L. 123-4 et L. 123-10.*

5° Le cas échéant, que la personne morale, dont le représentant légal a installé le siège social à son domicile, use de la faculté ouverte par les dispositions du deuxième alinéa de l'article L. 123-11-1 ;

6° Ses activités principales ;

7° Sa durée fixée par les statuts ;

8° S'il s'agit d'une société soumise à publicité de ses comptes et bilans annuels, la date de clôture de l'exercice social ;

9° Les références des immatriculations secondaires éventuellement souscrites et, le cas échéant, des établissements principaux ou secondaires situés et immatriculés dans un autre État membre de la Communauté européenne ou partie à l'accord sur l'Espace économique européen. En outre, la personne morale peut déclarer les mentions relatives à l'adresse et à l'activité principale de ces établissements sur présentation des justificatifs définis par l'arrêté prévu à l'article R. 123-166.

10° Le cas échéant, qu'elle est bénéficiaire d'un contrat d'appui au projet d'entreprise pour la création ou la reprise d'une activité économique conclu dans les conditions prévues au chapitre VII du titre II du présent livre, en précisant la dénomination sociale de la personne morale responsable de l'appui, l'adresse de son siège social, ainsi que, si elle est immatriculée dans un registre public, le lieu d'immatriculation et le numéro unique d'identification.

(Décr. n° 2012-928 du 31 juill. 2012, art. 3, en vigueur le 1er sept. 2012) **« Elle peut déclarer en outre le nom de domaine de son ou de ses sites internet. »** – *[Décr. n° 84-406 du 30 mai 1984, art. 15, al. 1er à 9, 16 et 17.]*

Les dispositions du Décr. n° 2012-928 du 31 juill. 2012 sont applicables en Nouvelle-Calédonie et à Wallis-et-Futuna (Décr. préc., art. 24).

1. Adresse de la société. Le code de commerce ne comporte aucune exigence concernant l'identification d'un bâtiment au sein d'un ensemble immobilier, de telle sorte qu'une cour d'appel a pu juger que la mention de l'adresse d'un établissement suffit à son identification (numéro de bâtiment erroné). • Civ. 3e, 4 juill. 2012 : *Bull. civ. III, n° 100 ; D. 2012. Actu. 1816, obs. Rouquet ; Gaz. Pal. 2012. 2907, note Barbier ; BRDA. 2012, n° 15-16, p. 10 ; JCP E 2012, n° 1541 ; Rev. loyers 2012. 352, note de Lacger ; Bull. Joly 2013. 99, note Oudenot.*

2. Site internet. Sur la faculté de déclarer les noms de domaine des sites internet et les modalités de cette déclaration et des inscriptions modificatives, V. * Avis CCRCS n° 2012-033 du 25 oct. 2012 : *BRDA 2012, n° 24, p. 10.*

Art. R. 123-54 La société déclare en outre :

1° Les nom, nom d'usage, pseudonyme, prénoms et domicile personnel des associés tenus indéfiniment ou tenus indéfiniment et solidairement des dettes sociales, leurs date et lieu de naissance, ainsi que *(Décr. n° 2007-750 du 9 mai 2007, art. 10)* « leur nationalité » ;

2° Les nom, nom d'usage, pseudonyme, prénoms, date et lieu de naissance, domicile personnel et nationalité des :

a) Directeurs généraux, directeurs généraux délégués, membres du directoire, *(Décr. n° 2007-750 du 9 mai 2007, art. 10)* « président du directoire ou, le cas échéant, directeur général unique, » associés et tiers ayant le pouvoir de diriger, gérer ou engager à titre habituel la société avec l'indication, pour chacun d'eux lorsqu'il s'agit d'une société commerciale, qu'ils engagent seuls ou conjointement la société vis-à-vis des tiers ;

b) Le cas échéant, administrateurs, président du conseil d'administration, *(Décr. n° 2007-750 du 9 mai 2007, art. 10)* « président du conseil de surveillance, » membres du conseil de surveillance et commissaire aux comptes. *(Décr. n° 2012-607 du 30 avr. 2012, art. 30)* « En ce qui concerne le commissaire aux comptes, l'adresse professionnelle peut être déclarée en lieu et place du domicile ; »

3° Lorsque les personnes mentionnées aux *a* et *b* ci-dessus sont des personnes morales, la dénomination sociale, la forme juridique, l'adresse du siège, le cas échéant leur représentant permanent ainsi que :

a) Pour les personnes morales de droit français immatriculées au registre, les renseignements mentionnés aux 1° et 2° de l'article R. 123-237 ;

b) Pour les sociétés relevant de la législation d'un autre État membre de la Communauté européenne ou partie à l'accord sur l'Espace économique européen, le numéro et le lieu d'immatriculation dans un registre public ;

c) Pour les personnes morales non immatriculées ou relevant de la législation d'un État non membre de la Communauté européenne ou partie à l'accord sur l'Espace économique européen, les nom, nom d'usage, pseudonyme, prénoms et domicile des personnes ayant le pouvoir de les diriger, gérer ou engager à titre habituel. — *[Décr. n° 84-406 du 30 mai 1984, art. 15, al. 10 à 14.]*

V. 3e note rédactionnelle ss. art. R. 123-37.

Le CCRCS est d'avis qu'à défaut d'avoir déclaré spontanément les noms des associés, les sociétés civiles déjà immatriculées au 1er févr. 2005 puissent régulariser à l'occasion d'inscriptions modificatives ou dépôt d'actes (Avis CCRCS n° 05-33 bis du 17 oct. 2005 : BRDA 2006, n° 1, p. 3).

1. Associés tenus indéfiniment et solidairement. Pour un arrêt se fondant sur l'art. 15 (A, 9°) pour décider que l'acte de cession de parts sociales d'une société civile immobilière qui n'a pas été déposé en annexe au RCS est inopposable au créancier nanti, V. • Paris, 13 mars 1997 : *Dr. sociétés 1997, n° 100, obs. crit. Bonneau.* ♦ Lorsqu'un mineur non émancipé est associé d'une société civile, la demande d'immatriculation ne doit pas faire référence à un administrateur légal (Avis CCRCS n° 05-26 du 12 sept. 2005 : *Bull. RCS 2005, n° 30-32, p. 67 ; BRDA 2006, n° 1, p. 3*). ♦ La révélation de la minorité ou de la majorité résulte de la publicité de leur date de naissance ; lorsqu'ils deviennent majeurs, aucune inscription modificative n'est à effectuer pour ce seul motif (Avis CCRCS n° 05-40 du 18 nov. 2005 : *Bull. RCS 2005, n° 30-32, p. 69*). ♦ En cas de démembrement de la propriété d'une part sociale, seul le nu-propriétaire à qui est reconnu la qualité d'associé doit être mentionné au RCS (Avis CCRCS n° 05-27 du 12 sept. 2005). ♦ Les associés de société civile tenus indéfiniment des dettes sociales doivent être déclarés au RCS (Avis CCRCS n° 05-15 du 6 avr. 2005 : *Bull. RCS 2005, n° 30-32, p. 71* ; Rép. min. n° 23813 : *JO Sénat 3 mai 2007, p. 910 ; BRDA 2007, n° 10, p. 4*). ♦ Les copropriétaires de parts sociales doivent être mentionnés au RCS, en revanche leur qualité d'indivisaire n'a pas à être précisée (Avis CCRCS n° 2012-023 du 30 mai 2012 : *JCP E 2012. Actu. 475 ; BRDA 2012, n° 13, p. 2*).

2. Adresse du dirigeant. Dès lors que l'administrateur, dont la famille figure parmi les premières fortunes mondiales, a été inquiété par des tentatives d'extorsion de fonds et de chantage, il y a lieu d'autoriser que l'adresse du siège social de la société soit mentionnée au RCS au lieu et place de son adresse personnelle, afin de protéger sa sécurité et celle de sa famille. • Paris, 21 mars 2000 : *Bull. Joly 2000. 732, note Bahans ; JCP E 2001, n° 19, p. 800, obs. Garaud.* ♦ Pour des arrêts ayant jugé qu'afin de protéger la sécurité d'un dirigeant, victime de menaces depuis de longues années à raison de ses fonctions au sein de sa société, et de garantir le respect de son domicile contre toute éventuelle atteinte violente, il convient d'autoriser que l'adresse du siège social de la société soit mentionnée au RCS au lieu et place de son adresse personnelle, V. • Paris, 23 janv. 1998 : *D. Affaires 1998. 344, obs. V. A.-R. ; Bull. Joly 1998. 551, note Gibirila ; Rev. sociétés 1998. 437, obs. Bouloc.*

2 bis. Directeur général de SAS. Lorsque les associés d'une société anonyme par actions simplifiées ont désigné un « directeur général » investi des mêmes pouvoirs que le président, celui-ci doit être déclaré au RCS non pas en cette qualité mais en tant qu'associé ou tiers ayant le pouvoir de diriger, de gérer ou d'engager à titre habituel la société en application de l'art. 15-A, 10°, du décret de 1984, le titre de directeur général pouvant éventuellement être mentionné en observation (Avis CCRCS n° 00.64 : *JCP 2001. I. 326, obs. Viandier et Caussain*). ♦ V. aussi, estimant que le vice-président du conseil de surveillance n'a pas à être déclaré en cette qualité ; il est déclaré comme membre du conseil (Avis CCRCS n° 05-93 du 15 déc. 2005 : *Bull. RCS 2005, n° 30-32, p. 65 ; Bull. Joly 2006. 662, obs. Baranger*).

2 ter. Personne morale dirigeante. Lorsqu'une personne morale est nommée dirigeante d'une société, seul son représentant permanent doit être mentionné. Le représentant légal de la personne morale dirigeante est déclaré au registre uniquement lorsque celle-ci n'est pas immatriculée au RCS ou lorsqu'elle est étrangère hors Union européenne (Avis CCRCS n° 05-64 *bis* du 17 oct. 2005 : *Bull. RCS 2005, n° 30-32, p. 47*).

3. Bail commercial. BIBL. Kéita, *Gaz. Pal. 4-6 juin 2000, p. 3.* ♦ Les prescriptions légales relatives à l'inscription d'une société au registre du commerce n'imposent pas, à peine d'irrecevabilité, l'existence d'un bail commercial dès lors qu'il est justifié d'un siège social en France, lequel peut être fixé, comme en l'espèce, dans un centre de domiciliation dans l'attente d'un développement des activités de la société en fonction de la nature de celles-ci. • Paris, 7 juill. 1995 : *JCP E 1995. Pan. 1178.*

4. Libération du capital. BIBL. Le Cannu, *Bull. Joly 1995. 1034.* – Bahans, *RJ com. 1999. 310.* ♦ L'art. 51 de la loi du 24 juill. 1867, relative aux sociétés à capital variable [C. com., art. L. 231-5], qui dispose que les statuts détermineront une somme en dessous de laquelle le capital ne pourra être réduit et que cette somme ne pourra être inférieure au dixième du capital social, dérogeant valablement à l'art. 38 de la loi du 24 juill. 1966 [C. com., art. L. 223-7], doit être infirmée l'ordonnance du juge commis à la surveillance du RCS qui s'est opposé à l'immatriculation d'une SARL à capital variable dont le capital social n'avait été libéré qu'à hauteur de 40 % du capital souscrit. • Paris, 1er juin 1995 : *D. 1995. 567, note Coutant* ; *RJDA 1995, n° 861 ; JCP E 1995. Pan. 911 ; Dr. sociétés 1995, n° 154, note Bonneau* • Bordeaux, 3 févr. 1998 : *Gaz. Pal. 4-5 juin 1999* • Montpellier, 23 juin 1998 : *ibid.* ♦ *Contra*, jugeant qu'il n'est possible de créer une SARL à capital variable qu'à la condition de respecter les dispositions combinées des deux lois : • Aix-en-Provence, 14 juin 1996 : *RJDA 1996, n° 1216 ; Rev. sociétés 1996. 849, obs. Guyon ; RJ com. 1997. 270, note Gonzales.* ♦ Selon le Comité de coordination du RCS, il résulte de la combinaison des art. 51 de la loi de 1867 [C. com., art. L. 231-5], 35 de la loi de 1966 [C. com., art. L. 223-2] et 15 du décret de 1984 que, lors de l'immatriculation au registre d'une SARL à capital variable, la demande doit mentionner, outre le montant du capital souscrit, l'indication du montant égal au dixième au-dessous duquel il ne peut être réduit ; le Comité recommande d'indiquer sur l'extrait du registre, en observation, le montant du capital libéré (Avis n° 98-15 : *RJ com. 1999. 321*). ♦ Considérant que le droit positif commande d'ordonner l'immatriculation de SARL à capital variable sans que soit exigée la libération totale du capital, V. • Douai, 23 sept. 1999 : *JCP 2000. IV. 1616.*

5. Autres mentions. Seules peuvent être portées sur le registre les inscriptions prévues par le Décr. du 30 mai 1984 et être déposés en annexe les actes et pièces désignés par ce texte (rejet d'une demande d'une personne tendant à mentionner qu'elle niait sa qualité d'associé, et à annexer aux statuts une plainte pour faux). • Paris, 21 mars 2000 : *Rev. sociétés 2000. 589, obs. Guyon ; Bull. Joly 2000. 818, note Bahans.* ♦ Si aucun texte n'impose la mention, sur l'extrait du RCS d'une société par actions simplifiée, du représentant permanent de la personne morale qui la préside, aucun texte ne prohibe une telle mention. • Poitiers, 20 sept. 2011 : *Dr. sociétés 2012, n° 211, obs. Gallois-Cochet.*

6. Commissaire aux comptes. Les mentions relatives au commissaire aux comptes personne physique, prévues par l'art. 15, A, 10°, *b*), doivent être déclarées au RCS et portées sur l'extrait du registre du commerce (Avis CCRCS n° 04-69 du 6 avr. 2005 : *Bull. RCS 2005, n° 30-32, p. 21*).

7. Siège social domiciliaire. Dans le cas où le siège social est installé au domicile du représentant légal, la personne morale est tenue de déclarer cette domiciliation au RCS lorsqu'elle use de la faculté prévue par l'art. L. 123-11-1, al. 2 C. com. Cette mention de domiciliation provisoire est portée sur l'extrait RCS de la personne morale sans qu'en soit indiquée la durée (Avis CCRCS n° 03-56 *bis* du 6 avr. 2005 : *Bull. RCS 2005, n° 30-32, p. 59*).

8. Conseil de surveillance de SAS. Sans remettre en cause les dispositions de l'art. L. 227-6 C. com. sur la représentation des SAS, celles relatives au RCS posées par l'art. R. 123-54 n'opèrent pas de distinction selon la forme sociale choisie ; les dispositions de cet article ne s'imposent donc pas seulement aux SA à directoire et à conseil de surveillance mais également à l'ensemble des sociétés commerciales ayant décidé de se doter d'un conseil de surveillance. • T. com. Paris, 2 oct. 2009 : *RJDA 2010, n° 762 ; Bull. Joly 2010. 45, note Le Cannu.* ♦ L'art. R. 123-54 vise « La société » sans distinguer entre les différentes formes de celle-ci ni selon que son organisation et son régime sont issus de la loi ou de ses statuts. L'inscription au registre du commerce est prévue dans le souci d'informer les tiers. Dès lors, qu'elles se dotent d'un directoire et/ou d'un conseil de surveillance, les SAS doivent révéler au RCS les présidents et membres de ces organes, quels que soient leurs pouvoirs aux termes des statuts. • Paris, 18 mai 2010 : *D. 2010. Actu. 1939, obs. Lienhard ; Rev. sociétés 2011. 172, note Godon ; JCP E 2010, n° 2083, note Schiller et Leprêtre ; RJDA 2010, n° 972 ; Dr. sociétés 2010, n° 182, obs. Gallois-Cochet ; Banque et Droit sept.-oct. 2010. 63, obs. Storck ; Bull. Joly 2010. 716, note Le Cannu.* – V. aussi * Rép. min. n° 12583 : *JO Sénat Q. 9 sept. 2010. 2367 ; D. 2010. Actu. 2061, obs. Lienhard ; JCP E 2010, n° 501 ; BRDA 2010, n° 18, p. 2 ; RLDA oct. 2010. 13, obs. Garcin-Caussé ; Bull. Joly 2010. 1031, note Dondero.*

9. Pouvoir d'engager la société. Une personne qui détient le pouvoir d'engager à titre habituel une société, sans pouvoir de direction, doit être mentionnée à ce titre au RCS, en application des dispositions de l'art. 15 (10° *a*) [art. R. 123-54, 2°], et être ainsi révélée sur l'extrait du registre (Avis CCRCS n° 02-95 : *Bull. RCS 2003, n° 21-22, p. 23*). ♦ Conformément à l'art. 15, 10° du Décr. du 30 mai 1984 relatif au RCS, doivent être déclarés, pour figurer à ce registre, notamment les nom et prénoms des associés et tiers ayant le pouvoir d'engager la société. • Paris, 10 déc. 2009 : *RJDA 2010, n° 535.*

10. Directeur général adjoint. L'identité d'un directeur général adjoint n'est pas susceptible de publication au RCS. • Douai, 24 juin 2010 : *Dr. sociétés 2011, n° 11, obs. D. G.-C.*

11. Comité de direction ou de gestion. Les membres du comité de direction d'une SAS dont les pouvoirs sont assimilables à ceux d'un conseil d'administration ou de surveillance ne peuvent pas être inscrits au RCS dans la mesure où les organes d'une société qui doivent être inscrits sont limitativement énumérés à l'art. R. 123-54, de sorte que les organes non compris dans cette liste ne peuvent faire l'objet d'une telle publicité. • T. com. Versailles, 23 nov. 2010 : *RJDA 2011, n° 327 ; Dr. sociétés 2011, n° 71, obs. Gallois-Cochet.* ♦ Les membres de ce comité ne pourraient être inscrits, le cas échéant, qu'en qualité d'associés ou de tiers ayant le pouvoir de diriger, gérer ou engager à titre habituel la société. • Même arrêt. ♦ Ainsi, dans une SAS, les membres d'un organe statutaire, quel que soit son intitulé, tel un « comité de gestion », auxquels les statuts confèrent individuellement ou collectivement le pouvoir de diriger, gérer ou engager à titre habituel la société, doivent être déclarés au RCS (Avis CCRCS n° 2012-031 du 25 oct. 2012 : *RTD com. 2013. 100, obs. Le Cannu et Dondero ; BRDA 2012, n° 24 p. 2*).

Art. R. 123-55 *(Décr. n° 2008-1488 du 30 déc. 2008, art. 2-III)* **Le conjoint du gérant associé unique ou du gérant associé majoritaire d'une société à responsabilité**

limitée ou d'une société d'exercice libéral à responsabilité limitée, ou la personne qui lui est liée par un pacte civil de solidarité, fait l'objet d'une mention au registre du commerce et des sociétés dans les conditions définies par le présent livre. – *[Décr. n° 84-406 du 30 mai 1984, art. 15, al. 18.] – V. art. R. 121-1 s.*

Art. R. 123-56 Sont en outre déclarés dans la demande d'immatriculation :

1° Pour les sociétés résultant d'une fusion ou d'une scission, les raison sociale ou dénomination, forme juridique et siège social de toutes les sociétés y ayant participé, ainsi que, en ce qui concerne chacune d'entre elles, les renseignements prévus aux 1° et 2° de l'article R. 123-237 ;

2° Pour les sociétés européennes issues d'une fusion, les dénomination sociale, forme juridique et siège social de toutes les sociétés y ayant participé, ainsi que, en ce qui concerne chacune d'entre elles, les renseignements prévus aux 1° et 2° de l'article R. 123-237, ou, en ce qui concerne celles ayant leur siège dans un autre État membre de la Communauté européenne ou partie à l'accord sur l'Espace économique européen, les lieu et numéro de leur immatriculation sur un registre public. – *[Décr. n° 84-406 du 30 mai 1984, art. 15, al. 15.]*

Art. R. 123-57 Lorsqu'une société commerciale dont le siège est situé à l'étranger est soumise à la législation d'un autre État membre de la Communauté européenne ou partie à l'accord sur l'Espace économique européen et revêt une des formes juridiques dont la liste figure en annexe 1-3 au présent livre *[reproduite ci-dessous]*, **sont seuls déclarés les renseignements prévus aux 1°, 2°, 8° et 9° de l'article R. 123-53 et à l'article R. 123-54, ainsi que le lieu et le numéro d'immatriculation de cette société sur un registre public.** – *[Décr. n° 84-406 du 30 mai 1984, art. 15, al. 19.]*

Art. R. 123-58 Lorsqu'une société commerciale dont le siège est à l'étranger n'est pas soumise à la législation d'un État membre de la Communauté européenne ou partie à l'accord sur l'Espace économique européen, mais revêt une forme juridique comparable à celles énoncées à l'annexe 1-3 au présent livre *[reproduite ci-dessous]*, **sont déclarés, outre les renseignements prévus aux articles R. 123-53 à R. 123-56, la législation qui lui est applicable, ainsi que le lieu et le numéro de son immatriculation sur un registre public si la loi étrangère à laquelle cette société est soumise le prévoit.** – *[Décr. n° 84-406 du 30 mai 1984, art. 15, al. 20.]*

ANNEXE 1-3

Annexe aux articles R. 123-57 et R. 123-58

1. Pour l'Allemagne :
die Aktiengesellschaft
die Kommanditgesellschaft auf Aktien
die Gesellschaft mit beschränkter Haftung

2. Pour l'Autriche :
die Aktiengesellschaft
die Gesellschaft mit beschraenkter Haftung

3. Pour la Belgique :
de naamloze vennootschap
de commanditaire vennootschap op aandelen
de personenvennootschap met beperkre aansprakelijkheid

4. Pour la Bulgarie :
акционерно дружество ;
дружество с ограничена отговорност ;
командитно дружество с акции ;

5. Pour Chypre :
Δημόσιες εταιρείες περιορισμένης ευθύνης με μετοχές ή με εγγύηση
ιδιωτικές εταιρείες περιορισμένης ευθύνης με μετοχές ή με εγγύηση

6. Pour le Danemark :
aktieselskab
kommanditaktieselskab
anpartsselskab

7. Pour l'Espagne :
la sociedad anónima
la sociedad comanditaria por acciones
la sociedad de responsabilidad limitada

8. Pour l'Estonie :
aktsiaselts
osaühing

9. Pour la Finlande :
yksityinen osakeyhtiö/privat aktiebolag
yulkinen osakeyhtiö/publikt aktiebolag

10. Pour la France :
la société anonyme
la société en commandite par actions
la société à responsabilité limitée
la société par actions simplifiée

11. Pour la Grèce :
ανώνυμη εταιρίο, εταιρία περιωρισμένης ευθύνης, ετερόρρυθμη κατά μετοχές ετcιρία

12. Pour la Hongrie :
részvénytársaság
korlátolt felelosségu társaság

13. Pour l'Irlande :
the public company limited by shares
the public company limited by guarantee and having a share capital
the public company limited by shares or by guarantee

14. Pour l'Italie :
società per azioni
società in accomandita per azioni
società a responsabilità limitata

15. Pour la Lettonie :
Akciju sabiedriba
sabiedriba ar ierobezotu atbildibu
komanditsabiedriba

16. Pour la Lituanie :
akcone bendrinve
uzdaroji akcine bendrove

17. Pour le Luxembourg :
la société anonyme
la société en commandite par actions
la société à responsabilité limitée

18. Pour Malte :
kumpanija pubblika
public limited liability company
kumpanija privata
private limited liability company

19. Pour les Pays-Bas :
de naamloze vennootschap
de besloten vennootschap met beperkte aansprakelijkheid

20. Pour la Pologne :
spólka z ograniczona odpowiedzialnoscia
spólka komandytowoakcyjna
spólka akcyjna

21. Pour le Portugal :
a sociedade anónima de responsabilidade limitada;
a sociedade em comandita por acçoes;
a sociedade por quotas de responsabilidade limitada.

22. Pour la Roumanie :
societate pe acțiuni
societate cu răspundere limitata
societate în comandită pe acțiuni

23. Pour le Royaume-Uni :
the public company limited by shares;
the public company limited by guarantee and having a share capital;
the private company limited by shares or by guarantee;

24. Pour la Slovaquie :
akciová spolecnost
spolecnost s rucením obmedzeným'

25. Pour la Slovénie :
delniska druzba
druzba z omejeno odgovornostjo

26. Pour la Suède :
aktiebolag
komaditna delniska druzba

27. Pour la République tchèque :
spolecnost s rucením omezeným
akciová spolecnost

Art. R. 123-59 Sont déclarés dans la demande d'immatriculation d'une société, en ce qui concerne son activité et son établissement, ou son siège si elle n'a pas d'établissement :

1° S'il s'agit d'une société commerciale, les renseignements prévus à l'article R. 123-38 ;

2° S'il s'agit d'une société commerciale dont le siège est à l'étranger au sens de l'article R. 123-57, les renseignements prévus à l'article R. 123-38, à l'exception de ceux prévus aux 4°, 6° et 8° ;

3° S'il s'agit d'une société non commerciale ou d'une société civile, les renseignements prévus à l'article R. 123-38, à l'exception de ceux prévus au 8°. – *[Décr. n° 84-406 du 30 mai 1984, art. 15, dernier al..]*

Art. R. 123-60 Dans sa demande d'immatriculation, le groupement d'intérêt économique déclare :

1° En ce qui concerne la personne :

a) La dénomination du groupement, suivie, le cas échéant, de son sigle ;

b) L'adresse du siège ;

c) Ses activités principales et si leur nature est civile ou commerciale ;

d) Sa durée ;

e) Pour chaque personne physique membre du groupement, les renseignements prévus aux *(Décr. n° 2007-750 du 9 mai 2007, art. 11)* « 1°, 2° et 3° » de l'article R. 123-37 et, le cas échéant, les numéros d'identification de ces personnes avec l'indication du nom du greffe ou de la *(Décr. n° 2010-1356 du 11 nov. 2010, art. 25)* « chambre de métiers et de l'artisanat de région » où elles sont immatriculées, ainsi que l'indication des personnes exonérées des dettes nées antérieurement à leur entrée dans le groupement ;

f) Pour chaque personne morale membre du groupement, les renseignements prévus aux 1°, 2° et 4° de l'article R. 123-53 et, le cas échéant, les numéros d'identification de ces personnes avec l'indication du nom du greffe ou de la *(Décr. n° 2010-1356 du 11 nov. 2010, art. 25)* « chambre de métiers et de l'artisanat de région » où elles sont immatriculées, ainsi que l'indication des personnes exonérées des dettes nées antérieurement à leur entrée dans le groupement ;

g) Pour les administrateurs et les personnes chargées du contrôle de la gestion et du contrôle des comptes, leurs nom, nom d'usage, pseudonyme, prénoms, date et lieu de naissance, domicile personnel et nationalité ;

h) Les références des immatriculations secondaires éventuellement souscrites et, le cas échéant, des établissements principaux ou secondaires situés et immatriculés dans un autre État membre de la Communauté européenne ou partie à l'accord sur l'Espace économique européen. En outre, la personne morale peut déclarer les mentions relatives à l'adresse et à l'activité principale de ces établissements sur présentation des justificatifs définis par l'arrêté prévu à l'article R. 123-166 ;

2° En ce qui concerne l'activité et l'établissement, les renseignements prévus à l'article R. 123-38, exception faite de son 8°, s'il s'agit d'un groupement à objet non commercial. – *[Décr. n° 84-406 du 30 mai 1984, art. 16.]*

V. 3e note rédactionnelle ss. art. R. 123-37.

Art. R. 123-61 Dans leur demande d'immatriculation, les établissements publics français à caractère industriel et commercial déclarent :

1° En ce qui concerne la personne :

a) Les renseignements prévus aux 1°, 4° et 6° de l'article R. 123-53 et au 2° de l'article R. 123-54 ;

b) La forme de l'entreprise et la collectivité par laquelle ou pour le compte de laquelle elle est exploitée ;

c) Le cas échéant, la date de publication au *Journal officiel* de l'acte qui a autorisé sa création, des actes qui ont modifié son organisation et des règlements ou des statuts qui déterminent les conditions de son fonctionnement ;

2° En ce qui concerne l'activité et l'établissement, les renseignements prévus à l'article R. 123-38. – *[Décr. n° 84-406 du 30 mai 1984, art. 17.]*

Art. R. 123-62 Les autres personnes morales dont l'immatriculation est prévue par les dispositions du 5° de l'article L. 123-1 déclarent les renseignements prévus aux articles R. 123-54 à R. 123-59. Les renseignements exigés peuvent faire l'objet d'adaptations par arrêté du garde des sceaux, ministre de la justice, du ministre chargé de la propriété industrielle et du ministre chargé du contrôle de la personne morale. – *[Décr. n° 84-406 du 30 mai 1984, art. 18.] – V. art. A. 123-12 s.*

SOUS-SOUS-§ 2 *DES DÉCLARATIONS AUX FINS D'IMMATRICULATION SECONDAIRE HORS DU RESSORT DE L'ÉTABLISSEMENT PRINCIPAL*

Art. R. 123-63 Toute personne morale immatriculée qui ouvre un établissement secondaire demande son immatriculation secondaire dans les conditions prévues à l'article R. 123-41.

Toutefois, cette obligation n'est pas applicable aux personnes morales mentionnées aux 4° et 5° de l'article L. 123-1 qui sont désignées par arrêté du garde des sceaux, ministre de la justice, du ministre chargé de la propriété industrielle et du ministre chargé du contrôle de la personne morale. – *[Décr. n° 84-406 du 30 mai 1984, art. 20.] – V. art. A. 123-20 et A. 123-21.*

Art. R. 123-64 Sont déclarés dans la demande d'immatriculation secondaire des personnes morales les renseignements relatifs à l'établissement prévus à l'article

R. 123-38, exception faite de ceux prévus au 8° pour les personnes morales à objet non commercial. – *[Décr. n° 84-406 du 30 mai 1984, art. 21, al. 1er.]*

Art. R. 123-65 La demande d'immatriculation secondaire rappelle les renseignements mentionnés aux 1° et 2° de l'article R. 123-237, ainsi que :

1° Pour les sociétés, les renseignements prévus aux 1°, 2° et 4° de l'article R. 123-53 ;

2° Pour les groupements d'intérêt économique, les renseignements prévus aux *b* et *c* du 1° de l'article R. 123-60 ;

3° Pour les autres personnes morales, les renseignements prévus aux 1° et 4° de l'article R. 123-53 et au *b* du 1° de l'article R. 123-61. – *[Décr. n° 84-406 du 30 mai 1984, art. 21, al. 2.]*

SOUS-SOUS-§ 3 *DES DÉCLARATIONS AUX FINS D'INSCRIPTIONS MODIFICATIVES ET COMPLÉMENTAIRES*

Art. R. 123-66 Toute personne morale immatriculée demande une inscription modificative dans le mois de tout fait ou acte rendant nécessaire la rectification ou le complément des énonciations prévues aux articles R. 123-53 et suivants. – *[Décr. n° 84-406 du 30 mai 1984, art. 22, al. 1er.] – V. art. A. 123-25 et A. 123-26.*

1. Délai d'un mois. Sur l'irrecevabilité d'une demande de radiation avec effet rétroactif, le délai d'un mois n'ayant pas été respecté, V. • Aix-en-Provence, 28 sept. 1995 : *RJDA 1996, n° 228.*

2. Liquidation judiciaire. Aux termes de l'art. 22 du Décr. n° 84-406 du 30 mai 1984, il appartient au liquidateur représentant de la personne morale de demander l'inscription modificative prévue à l'art. 15 de ce texte (domicile du gérant). • Douai, 31 oct. 1996 : *Gaz. Pal. 1997. 1. Somm. 157, obs. Vray ; Dr. sociétés 1998, n° 9 ; Rev. proc. coll. 1998. 229, obs. Cadiou.*

3. Transfert de siège. Le transfert de siège doit faire l'objet d'une rectification au RCS. • Douai, 6 nov. 1997 : *Gaz. Pal. 4-5 juin 1997, p. 16.* ♦ Le juge commis à la surveillance du RCS peut dès lors enjoindre à une société de procéder à une telle mention. • Même arrêt.

4. Changement d'associé. Le greffe du tribunal de commerce de Paris considère que le Décr. n° 2005-77 du 1er févr. 2005, qui a introduit l'obligation de déclarer l'identité des associés de société civile au RCS, est d'application immédiate et ne prévoit pas de dispositions spécifiques relatives à un délai d'application, ni ne distingue s'il s'applique aux personnes déjà immatriculées au non (*BRDA 2005, n° 19, p. 2*).

5. Achat d'un fonds de commerce. L'achat d'un fonds de commerce dont l'exploitation n'est pas poursuivie par l'acquéreur ne donne pas lieu à immatriculation au RCS (Avis CCRCS n° 03-10 du 18 nov. 2005 : *Bull. RCS 2005, n° 30-32, p. 9*).

6. Cogestion différée. En cas de désignation simultanée de deux cogérants dans un acte constitutif de société, avec décalage dans le temps de l'entrée en fonction de l'un d'eux, la mention de ce dernier doit faire l'objet d'une demande d'inscription modificative conformément à l'art. R. 123-66, dans le mois de son entrée en fonction, assortie des pièces requises pour la mention de tout nouveau gérant (Avis CCRCS n° 2012-010 du 23 mars 2012 : *Dr. sociétés 2012, n° 186, obs. Roussille*).

Art. R. 123-67 Toute personne morale immatriculée qui ouvre un établissement secondaire demande son inscription complémentaire dans les conditions prévues à l'article R. 123-41.

Toutefois, cette obligation n'est pas applicable aux personnes morales mentionnées aux 4° et 5° de l'article L. 123-1 qui sont désignées par arrêté du garde des sceaux, ministre de la justice, du ministre chargé de la propriété industrielle et du ministre chargé du contrôle de la personne morale. – *[Décr. n° 84-406 du 30 mai 1984, art. 20.] – V. art. A. 123-22 et A. 123-23.*

Art. R. 123-68 Sont déclarés dans la demande d'inscription complémentaire des personnes morales les renseignements relatifs à l'établissement prévus à l'article

R. 123-38, exception faite de ceux prévus au 8° pour les personnes morales à objet non commercial *(Décr. nº 2007-750 du 9 mai 2007, art. 4)* **« , et à l'article R. 123-39 ».** – *[Décr. nº 84-406 du 30 mai 1984, art. 21, al. 1er.]*

Art. R. 123-69 **L'obligation prévue à l'article R. 123-66 inclut :**

1° La cessation totale ou partielle d'activité dans le ressort du tribunal de l'immatriculation principale, même en l'absence de dissolution ;

2° La cessation totale ou partielle d'activité d'un établissement dans le ressort du tribunal d'une immatriculation secondaire ;

3° En cas de fusion ou de scission de société, l'indication de la cause de dissolution ou d'augmentation de capital, ainsi que celle de la raison sociale ou dénomination, de la forme juridique et du siège des personnes morales ayant participé à l'opération ;

4° Les décisions définitives plaçant l'une des personnes mentionnées aux 1° et 2° de l'article R. 123-54 sous tutelle ou sous curatelle au sens *(Décr. nº 2007-750 du 9 mai 2007, art. 12, en vigueur le 1er janv. 2009)* **« de l'article 440 » du code civil, et celles qui en donnent mainlevée ou qui les rapportent ; lorsqu'il est fait application** *(Décr. nº 2007-750 du 9 mai 2007, art. 12, en vigueur le 1er janv. 2009)* **« de cet article », l'obligation de déclaration incombe au tuteur ou au curateur.** – *[Décr. nº 84-406 du 30 mai 1984, art. 23, al. 1er à 3 et 5 et 6.]*

BIBL. ▶ GUYÉNOT, *Gaz. Pal. 1987. 1. Doctr. 312.*

Fusion-absorption. En cas de fusion-absorption, la dissolution d'une société n'est opposable aux tiers que par sa mention au RCS avec l'indication de sa cause ainsi que celle de la raison sociale ou dénomination, forme juridique et siège des personnes morales ayant participé à l'opération. • Com. 23 janv. 2007 : *Rev. sociétés 2007. 531, note Saintourens ; RJDA 2007, nº 361 ; Bull. Joly 2007. 616, note J.-F. Barbièri.*

Art. R. 123-70 **L'obligation prévue à l'article R. 123-66 inclut également la dissolution ou la décision prononçant la nullité de la personne morale pour quelque cause que ce soit avec indication des nom, nom d'usage, pseudonyme, prénoms et domicile des liquidateurs, de l'étendue des pouvoirs de ceux-ci s'il s'agit d'une des sociétés mentionnées aux articles R. 123-53 à R. 123-58, et de la référence du journal d'annonces légales dans lequel leur nomination a été publiée ainsi que de l'adresse de la liquidation.** – *[Décr. nº 84-406 du 30 mai 1984, art. 23, al. 4.]*

Art. R. 123-71 **Les dispositions de l'article R. 123-66 ne sont pas applicables :**

1° A la mise à jour des références faites, dans l'immatriculation principale, aux immatriculations secondaires : la mention rectificative est dans ce cas effectuée d'office par le greffier de l'immatriculation principale sur notification du greffier de l'immatriculation secondaire ayant procédé à cette dernière ou à sa radiation ;

2° A la mise à jour des renseignements relatifs à la situation personnelle de l'assujetti figurant dans l'immatriculation secondaire : la mention rectificative ou complémentaire est, dans ce cas, effectuée par le greffier de l'immatriculation secondaire sur notification du greffier ayant procédé à l'inscription modificative correspondante. – *[Décr. nº 84-406 du 30 mai 1984, art. 22, al. 2 à 4.]*

Art. R. 123-72 **En cas de transfert de leur siège, de leur établissement principal ou d'un établissement secondaire dans le ressort d'un autre tribunal, les personnes morales immatriculées demandent, dans le délai d'un mois à compter du transfert :**

1° Une nouvelle immatriculation dans le ressort de ce tribunal si elles n'y étaient pas déjà immatriculées à titre principal ou secondaire ;

2° Dans le cas contraire, la transformation de leur immatriculation, avec indication en tant que de besoin des renseignements prévus selon le cas aux articles R. 123-53 à R. 123-61. – *[Décr. nº 84-406 du 30 mai 1984, art. 19, al. 1er à 3.]*

Art. R. 123-73 Le greffier du nouveau siège ou du nouvel établissement notifie la nouvelle immatriculation ou la transformation prévue à l'article R. 123-72, dans les quinze jours de celle-ci, au greffier de l'ancien siège ou de l'ancien établissement.

Ce dernier procède d'office, dans le dossier en sa possession, soit à la radiation, soit à la mention correspondante selon le cas.

Il notifie l'accomplissement de la formalité à la personne concernée et au greffier du nouveau siège ou du nouvel établissement.

(Décr. nº 2007-750 du 9 mai 2007, art. 13) « En cas de transfert d'un établissement secondaire, le greffier du nouvel établissement procède à la notification prévue au 1º de l'article R. 123-71. » – *[Décr. nº 84-406 du 30 mai 1984, art. 19, al. 4.]*

Notification. V. note 8 ss. art. R. 600-1.

Art. R. 123-74 En cas de transfert en France du siège d'une société européenne immatriculée dans un autre État membre de la Communauté européenne ou partie à l'accord sur l'Espace économique européen, les dispositions de l'article R. 123-72 s'appliquent.

Le greffier dans le ressort duquel le siège a été transféré notifie la nouvelle immatriculation, dans les quinze jours de celle-ci, à l'autorité chargée de l'immatriculation dans l'État où elle avait son siège. – *[Décr. nº 84-406 du 30 mai 1984, art. 19-1.]*

Art. R. 123-74-1 *(Décr. nº 2009-11 du 5 janv. 2009, art. 4)* Le greffier du tribunal dans le ressort duquel est immatriculée la société issue de la fusion transfrontalière notifie sans délai la prise d'effet de la fusion au greffier ou à l'autorité compétente du siège de chaque société ayant participé à l'opération.

Le greffier de chaque tribunal dans le ressort duquel est immatriculée une société ayant participé à la fusion et dont le siège était situé en France procède à la radiation de son immatriculation dès réception de la notification de la prise d'effet de la fusion transfrontalière dans l'État membre considéré.

☐ SOUS-SOUS-§ 4 *DES DÉCLARATIONS AUX FINS DE RADIATION*

Art. R. 123-75 La radiation de l'immatriculation principale des personnes morales qui font l'objet d'une dissolution est requise par le liquidateur dans le délai d'un mois à compter de la publication de la clôture de la liquidation.

La radiation de l'immatriculation principale des autres personnes morales est demandée dans le mois de la cessation d'activité dans le ressort du tribunal.

La radiation de l'immatriculation secondaire de toute personne morale est demandée dans le mois de la cessation d'activité dans le ressort du tribunal.

En cas d'application des dispositions du troisième alinéa de l'article 1844-5 du code civil, la radiation de l'immatriculation est requise par l'associé unique dans le délai d'un mois à compter de la réalisation du transfert du patrimoine. A l'issue de ce délai, le greffier délivre sur demande un certificat de non-opposition constatant que le tribunal n'a pas été saisi dans ce délai d'une opposition enrôlée. – *[Décr. nº 84-406 du 30 mai 1984, art. 24.]*

1. *Liquidateur.* Sur l'obligation du liquidateur de demander la radiation dans le délai d'un mois à compter de la publication de la clôture de la liquidation, V. • Aix-en-Provence, 1er oct. 1986 : *Gaz. Pal. 1987. 1. 96 ; RF compt. sept. 1987. 23, obs. Mestre et Florès.*

2. *Associé unique.* Sur les conséquences de la radiation du RCS, suite à la réunion de toutes les parts entre les mains d'un associé devenu unique, V. • Com. 12 janv. 1999 : *Bull. Joly 1999. 504, note Coquelet ; Dr. sociétés 1999, nº 70, note Bonneau.*

3. *Certification de non-opposition.* A l'occasion d'une formalité de radiation d'une société dissoute avec transmission universelle de son patrimoine à l'associé unique autre que personne physique, le greffier ne doit pas exiger la production du certificat de non-opposition prévu par l'art. R. 123-75 (Avis CCRCS nº 2012-019 du 30 mai 2012 : *JCP E 2012. Actu. 475*).

SOUS-SOUS-§ 5 *DE LA LANGUE DES DÉCLARATIONS*

Art. R. 123-75-1 *(Décr. n° 2007-1851 du 26 déc. 2007, art. 1er)* Lorsque la société a son siège dans l'un des États membres de la Communauté européenne ou parties à l'accord sur l'Espace économique européen, les indications relatives :

1° A la nomination, la cessation des fonctions ainsi que l'identité des personnes qui ont le pouvoir d'engager la société à l'égard des tiers et de la représenter en justice ou qui participent à l'administration, à la surveillance ou au contrôle de la société ;

2° Au montant du capital souscrit ;

3° A tout transfert du siège social ;

4° A la dissolution de la société ;

5° A la décision judiciaire prononçant la nullité de la société ;

6° A la nomination et l'identité des liquidateurs ainsi qu'à leurs pouvoirs respectifs ;

7° A la clôture de la liquidation et la radiation du registre,

peuvent, à sa demande, être déclarées au registre dans toute langue officielle de la Communauté. Dans tous les cas, l'une de ces langues doit être le français. Lorsque les déclarations sont également faites dans une autre langue, leur traduction en langue française doit être certifiée conforme par les déclarants. Seule la publicité obligatoire en langue française fait foi. Les tiers peuvent toutefois se prévaloir de la traduction volontairement publiée, à moins que la société ne prouve qu'ils ont eu connaissance de la version publiée obligatoirement en français.

BIBL. ▶ Note de la rédaction, *Dr. sociétés 2008. Pratique 4* (publicité concernant la langue des déclarations et des dépôts incombant aux personnes morales).

SOUS-§ 3 DES DÉCLARATIONS INCOMBANT AUX REPRÉSENTATIONS OU AGENCES COMMERCIALES DES ÉTATS, COLLECTIVITÉS OU ÉTABLISSEMENTS PUBLICS ÉTRANGERS

Art. R. 123-76 Les déclarations incombant aux États, collectivités ou établissements publics étrangers qui établissent une représentation ou une agence commerciale dans un département français sont soumises aux dispositions des articles R. 123-61 et R. 123-63 à R. 123-75. – *[Décr. n° 84-406 du 30 mai 1984, art. 25.]*

SOUS-§ 4 DISPOSITIONS COMMUNES

Art. R. 123-77 Une demande d'inscription ou un dépôt d'acte ou de pièce au registre du commerce et des sociétés peut être effectué par la voie électronique dès lors qu'il peut être transmis et reçu par cette voie, à l'exception toutefois du dépôt des actes et pièces dont l'original doit être fourni et qui ont été établis sur support papier. *(Décr. n° 2007-750 du 9 mai 2007, art. 14)* « Il peut néanmoins être suppléé, lors de la première immatriculation, à la production de l'original d'actes ou pièces sous seing privé par la remise d'une copie. »

Pour toutes les transmissions par voie électronique mentionnées au premier alinéa, il est fait usage d'une signature électronique sécurisée dans les conditions prévues à l'article 1316-4 du code civil et par le décret n° 2001-272 du 30 mars 2001 pris pour son application. Toutefois, pour les demandes d'immatriculation *(Décr. n° 2010-1706 du 29 déc. 2010, art. 9)* « et les dépôts des déclarations prévues à l'article L. 526-7 », cette signature électronique peut résulter de l'usage d'un procédé répondant aux conditions définies à la première phrase du deuxième alinéa de l'article 1316-4 du code civil.

Le greffier accuse réception, selon les modalités fixées par l'arrêté prévu à l'article R. 123-166, de toute transmission qui lui est faite dès que celle-ci lui parvient. – *[Décr. nº 84-406 du 30 mai 1984, art. 1er.]*

Les dispositions de l'ancien art. 1er du Décr. nº 84-406 du 30 mai 1984 ont été abrogées et codifiées par l'Ord. nº 2000-912 du 18 sept. 2000, à l'art. L. 123-1.

Original des pièces. En cas de demande transmise par voie électronique dans les conditions de l'art. R. 123-77, le certificat du dépositaire des fonds peut être transmis sous forme de copie numérisée lors de la première immatriculation, et la procuration dont doit justifier le mandataire agissant au nom et pour le compte de la personne tenue aux formalités au RCS peut l'être sous la même forme en toute hypothèse (Avis CCRCS nº 2013-003 du 30 janv. 2013 : *JCP E 2013. Actu. 293 ; BRDA 2013, nº 8, p. 12*).

Art. R. 123-78 *(Abrogé par Décr. nº 2007-750 du 9 mai 2007, art. 15)* ***Lorsqu'il est fait usage de la faculté de transmission électronique prévue à l'article R. 123-77, la transmission peut être faite à un centre de dépôt électronique organisé en commun entre les greffes et l'Institut national de la propriété industrielle dans les conditions fixées par l'arrêté mentionné à l'article R. 123-166.*** – [Décr. nº 84-406 du 30 mai 1984, art. 83-2.]

SOUS-SECTION 2 DE LA TENUE DU REGISTRE ET DES EFFETS ATTACHÉS À L'IMMATRICULATION

§ 1er DISPOSITIONS GÉNÉRALES

Art. R. 123-79 Les attributions relatives à la surveillance du registre du commerce et des sociétés et aux contestations afférentes, prévues à l'article L. 123-6, sont exercées, pour les personnes morales n'ayant pas la qualité de commerçant au sens des 2º et 5º du I de l'article L. 123-1, par le président du tribunal de grande instance ou un juge commis à cet effet. – *[Décr. nº 84-406 du 30 mai 1984, art. 4.]*

L'ancien al. 1er de l'art. 4 du Décr. nº 84-406 du 30 mai 1984 a été abrogé et codifié par l'Ord. nº 2000-912 du 18 sept. 2000, à l'art. L. 123-6.

Art. R. 123-80 Un registre national tenu par l'Institut national de la propriété industrielle centralise *(Décr. nº 2012-928 du 31 juill. 2012, art. 4, en vigueur le 1er sept. 2012)* « les documents valant originaux des registres du commerce et des sociétés » tenus dans chaque greffe.

Le greffier lui transmet à cet effet *(Décr. nº 2012-928 du 31 juill. 2012, art. 4, en vigueur le 1er sept. 2012)* « , le cas échéant par voie électronique, » un exemplaire des inscriptions effectuées au greffe et des actes et pièces qui y ont été déposés dans les délais et conditions fixés par l'arrêté prévu à l'article R. 123-166. – *[Décr. nº 84-406 du 30 mai 1984, art. 5.] – V. art. A. 123-28.*

Les dispositions du Décr. nº 2012-928 du 31 juill. 2012 sont applicables en Nouvelle-Calédonie et à Wallis-et-Futuna (Décr. préc., art. 24).

Art. R. 123-81 Un comité de coordination veille à l'harmonisation de l'application des dispositions législatives et réglementaires applicables en matière de registre du commerce et des sociétés.

Il délivre des avis sur les questions dont il est saisi dans les conditions fixées par l'arrêté prévu à l'article R. 123-166. Il peut en outre, à la demande de l'un de ses membres, délibérer sur toute autre question relative au fonctionnement du registre et à l'application des dispositions législatives et réglementaires ayant des incidences sur ce fonctionnement. Le cas échéant, il peut faire appel à tout sachant sur une question particulière. Il fait rapport au ministre compétent des difficultés ou anomalies dont il a connaissance.

Ce comité est présidé par un magistrat de l'ordre judiciaire ; il comprend, outre le directeur des affaires civiles et du sceau et le directeur de l'Institut national de la propriété industrielle ou leurs représentants, deux personnes chargées de la tenue du registre conformément aux articles L. 123-6, R. 123-79 et R. 123-80, dont au moins un greffier de tribunal de commerce, *[nommées]* dans des conditions fixées par l'arrêté prévu à l'article R. 123-166. Le comité fixe son règlement intérieur. – *[Décr. n° 84-406 du 30 mai 1984, art. 6.]* – *V. art. A. 123-34.*

Décret n° 84-406 du 30 mai 1984,

Relatif au registre du commerce et des sociétés.

Ancien art. 81 (Abrogé par Décr. n° 2007-750 du 9 mai 2007, art. 41-I) (Décr. n° 2005-77 du 1er févr. 2005, art. 36) *Il est alloué aux membres du comité de coordination prévu à l'article 6 une indemnité forfaitaire pour les affaires dont ils ont à connaître. L'indemnité couvre le remboursement des frais divers de documentation, de secrétariat et de correspondance. Son taux et ses conditions d'attribution sont fixés par arrêté conjoint du garde des sceaux, ministre de la justice, du ministre chargé des finances et du ministre chargé de la propriété industrielle. Les dépenses occasionnées par les déplacements que les membres du comité peuvent être appelés à effectuer pour l'accomplissement de leur mission leur sont remboursées dans les conditions applicables aux fonctionnaires du groupe I.*

Les frais de déplacement des sachants appelés par le comité de coordination sont remboursés dans les conditions applicables aux fonctionnaires du groupe I.

L'indemnité et les frais de déplacement des membres et des sachants sont imputés sur le budget de l'Institut national de la propriété industrielle.

Art. R. 123-82 Le registre du commerce et des sociétés comprend :

1° Un fichier alphabétique des personnes immatriculées ;

2° Le dossier individuel constitué par la demande d'immatriculation, complétée, le cas échéant, par les inscriptions subséquentes ;

(Décr. n° 2007-750 du 9 mai 2007, art. 16) « 3° Un dossier annexe où figurent les actes et pièces qui doivent être déposés au registre du commerce et des sociétés, en vertu du présent code et de toutes autres dispositions législatives ou réglementaires. » – *[Décr. n° 84-406 du 30 mai 1984, art. 3.]* – *V. art. A. 123-37 à A. 123-40.*

1. Caractères alphanumériques. Le Comité de coordination du RCS (CCRCS) admet que la dénomination d'une société puisse être constituée à partir de caractères alphanumériques. * CCRCS, avis n° 00-27 du 26 sept. 2000 : *Bull. CCRS 9-10/2000, p. 29.*

2. Ordre alphabétique. En cas d'utilisation du signe @ dans une dénomination sociale, son inscription au registre est possible par assimilation à la lettre « a ». * CCRCS, avis n° 00-27 du 26 sept. 2000 : préc. note 1. – V. aussi : Rép. min. n° 5940 : *JOAN Q, 29 avr. 2008, p. 3663 ; D. 2008. 1335 ; JCP E 2008, n° 20, p. 8 ; BRDA 2008, n° 10, p. 4 ; Dr. sociétés 2008. Alerte 30 ; RLDA juill.-août 2008. 16, obs. Faussurier.* ♦ Jugeant, cependant, que cette assimilation ne devait pas conduire à une identification pure et simple, l'intégrité propre du signe @ devant être maintenue dans la dénomination publiée au RCS, cette assimilation permettant seulement à ce signe d'être classé, d'un point de vue alphabétique, comme s'il était un « a », V. • Caen, 6 mars 2003 : *RJDA 2003, n° 834 ; Bull. Joly 2003. 783, note Scholer.* ♦ Comp., jugeant que le signe € que la société fait figurer en tête de sa dénomination sociale constitue un symbole représentant la monnaie unique, sans qu'il corresponde à une graphie usuelle ou ancienne de la lettre E, de sorte qu'il ne peut être assimilé à celle-ci pour permettre le classement alphabétique prévu à l'art 3 [R. 123-82]. • Amiens, 9 sept. 2004 : *D. 2005. AJ 1355, obs. Lienhard ; RJDA 2005, n° 980.* ♦ S'agissant du symbole « € », il ne correspond pas à une graphie ancienne ou usuelle de la lettre « e » ; ne pouvant être assimilé à une lettre de l'alphabet, il ne peut donc être utilisé comme tel dans une dénomination sociale : Rép. min. n° 5940 : *préc.*

3. Légalité du décret du 9 mai 2007. Sous

l'empire de la réglementation applicable avant l'entrée en vigueur du Décr. n° 2007-750 du 9 mai 2007, l'obligation fixée à l'art. L. 526-4 C. com. était satisfaite par une déclaration de la personne physique demandant l'immatriculation, qui figurait dans le dossier individuel prévu au 2° de l'art. R. 123-82 du même code. L'art. 2 du décret attaqué a supprimé cette obligation déclarative et son art. 19 l'a remplacée par l'obligation de déposer, dans le dossier annexe prévu au 3° de l'art. R. 123-82, une attestation de délivrance de l'information en cause à son conjoint commun en biens, cette information n'étant ni publiée ni accessible aux tiers. Contrairement à ce que soutiennent les requérantes, cette modification ne soumet pas, par elle-même, les personnes physiques demandant leur immatriculation au RCS à une obligation nouvelle, et payante, de publicité de l'attestation en cause. Ainsi, le moyen tiré de ce que l'art. 19 du décret attaqué serait entaché d'illégalité doit, en tout état de cause, être écarté. • CE 5 mai 2008 : *D. 2008. AJ 1408*.

Art. R. 123-83 Hormis les mentions d'office intervenant au cours des procédures de sauvegarde ou de redressement ou liquidation judiciaires, le greffier qui procède à toute inscription, sur déclaration ou d'office, concernant le début ou la cessation d'activité, les modifications de la situation ou la radiation d'une personne physique ou morale en avise sans délai le centre de formalités des entreprises compétent. — *V. art. A. 123-41.*

Il avise le même centre de tout refus d'immatriculation ou d'enregistrement de déclarations modificatives.

(Décr. n° 2010-1706 du 29 déc. 2010, art. 10) **« Dans le cas prévu au 6° de l'article R. 123-37, le greffier qui procède à l'inscription au registre du commerce et des sociétés d'une déclaration d'affectation effectuée en application de l'article L. 526-7 en avise sans délai le président de la chambre de métiers et de l'artisanat compétente aux fins de mention au répertoire des métiers, dans des formes prévues par arrêté conjoint du garde des sceaux, ministre de la justice, et du ministre chargé de l'économie. »** — *[Décr. n° 84-406 du 30 mai 1984, art. 4-1.]* — *V. art. R. 123-1.*

§ 2 DES INSCRIPTIONS SUR DÉCLARATION

SOUS-§ 1er DE LA PRÉSENTATION DES DÉCLARATIONS

Art. R. 123-84 Sous réserve de la procédure prévue aux articles R. 123-1 et suivants, les demandes sont présentées *(Abrogé par Décr. n° 2012-928 du 31 juill. 2012, art. 5, à compter du 1er sept. 2012)* ***« en deux exemplaires »*** **au greffe du tribunal compétent sur des formulaires définis par l'arrêté prévu à l'article R. 123-166.** — *V. art. A. 123-42 et A. 123-44.*

Elles sont accompagnées des actes et pièces mentionnés aux articles R. 123-102 à R. 123-110 ainsi que des pièces répondant aux prescriptions de l'article L. 123-2.

La liste des pièces justificatives est fixée par l'arrêté mentionné au premier alinéa.

Toutefois, dispense d'une pièce peut être accordée par le juge, soit définitivement, soit provisoirement. Dans ce dernier cas, il est procédé à la radiation d'office si la pièce n'est pas produite dans le délai imparti. — *[Décr. n° 84-406 du 30 mai 1984, art. 26.]*

Les dispositions du Décr. n° 2012-928 du 31 juill. 2012 sont applicables en Nouvelle-Calédonie et à Wallis-et-Futuna (Décr. préc., art. 24).

Dispense de pièces. V., dispensant un ressortissant étranger de la production d'une des pièces exigées pour l'immatriculation au RCS : • Paris, 27 nov. 1998 : *JCP E 1999, n° 1, p. 7.*

Art. R. 123-85 Sous réserve des dispositions des articles R. 123-87 à R. 123-91, les demandes d'inscription sont revêtues de la signature de la personne tenue à

l'immatriculation ou de son mandataire qui justifie de son identité et, en ce qui concerne le mandataire, d'une procuration signée de la personne tenue à l'immatriculation. La procuration peut être fournie en copie lorsqu'il est recouru à une transmission par voie électronique dans les conditions de l'article R. 123-77.

Cette procuration n'est pas nécessaire lorsqu'il résulte des actes ou pièces déposés à l'appui de la demande que le mandataire dispose du pouvoir d'effectuer la déclaration. – *[Décr. n° 84-406 du 30 mai 1984, art. 27, al. 1er, 6 et 7.]*

Avocat. L'art. 27 du Décr. du 30 mai 1984 [devenu l'art. R. 123-85] s'applique aux avocats (Rép. min. n° 19090 : *JOAN Q, 30 janv. 1995, p. 594 ; Bull. Joly 1995. 253*).

Art. R. 123-86 Toute demande d'inscription complémentaire, d'inscription modificative et de radiation rappelle :

1° Pour les personnes physiques, leurs nom, nom d'usage, pseudonyme, prénoms et date et lieu de naissance, ainsi que les renseignements prévus aux 1° et 2° de l'article R. 123-237 ;

2° Pour les personnes morales, leur raison sociale ou dénomination, leur forme juridique et l'adresse de leur siège ainsi que les renseignements prévus aux 1° et 2° de l'article R. 123-237. – *[Décr. n° 84-406 du 30 mai 1984, art. 28.]*

Art. R. 123-87 Les demandes d'inscription modificative et de radiation peuvent être signées par toute personne justifiant y avoir intérêt.

Le greffier en informe la personne immatriculée. – *[Décr. n° 84-406 du 30 mai 1984, art. 27, al. 3, début.]*

Radiation d'un dirigeant démissionnaire. Jugé que, la société ne pouvant demeurer immatriculée sans indication de ses dirigeants, la radiation ne peut intervenir qu'après désignation de son remplaçant ou, à défaut d'accord entre les associés, après la nomination d'un administrateur chargé de représenter la société à l'égard des tiers. • Paris, 22 nov. 1996 : *Dr. sociétés 1997, n° 14, obs. Vidal.*

Art. R. 123-88 La demande d'inscription comme conjoint collaborateur est faite par la personne tenue à l'immatriculation dans les termes prévus au *(Décr. n° 2007-750 du 9 mai 2007, art. 2)* « 6° » de l'article R. 123-37. – *[Décr. n° 84-406 du 30 mai 1984, art. 27, al. 3, fin.]*

Art. R. 123-89 Le notaire qui rédige un acte comportant, pour les parties intéressées, une incidence quelconque en matière de registre est tenu de procéder aux formalités correspondantes à peine d'une amende civile de 15 à 750 € prononcée par le tribunal de grande instance, sans préjudice de l'application de sanctions disciplinaires et de l'engagement de sa responsabilité, garantie dans les conditions prévues au chapitre III du décret n° 55-604 du 20 mai 1955 relatif aux officiers publics ou ministériels et à certains auxiliaires de justice. – *[Décr. n° 84-406 du 30 mai 1984, art. 27, al. 4.]*

BIBL. ▶ DAGOT, *JCP N 2000, n° 42, p. 1507* (obligation pour le notaire de procéder aux formalités au registre du commerce et des sociétés).

Notaire. Le notaire qui rédige un acte comportant, pour les parties intéressées, une incidence quelconque en matière de registre est tenu de procéder aux formalités correspondantes dont le client se trouve alors déchargé. • Civ. 1re, 13 déc. 2005 : *Bull. civ. I, n° 497 ; D. 2006. AJ 231, obs. Chevrier ; RTD com. 2006. 46, obs. Monéger ; AJDI 2006. 226 ; JCP E 2006, n° 4, p. 190 ; Defrénois 2006. 616, obs. Libchaber ; RJDA 2006, n° 523 ; Administrer mars 2006. 37, obs. Boccara et Lipman-W. Boccara.* – V. aussi • Civ. 3e, 26 oct. 2011 : *RJDA 2012, n° 258.* ♦ Indépendamment de l'obligation pesant sur les gérants quant à la publicité des modifications apportées aux statuts de leur société, il incombe au notaire, tenu de s'assurer de l'efficacité de l'acte auquel il prête son concours, de procéder, sans même qu'il ait reçu mandat pour ce faire, aux formalités correspondantes dont le client se trouve alors déchargé, telles que, en l'occurrence, la publicité de la cession de parts sociales par le dépôt, en annexe au RCS, de deux copies authentiques de l'acte de cession. • Civ. 1re, 6 oct. 2011 : *Bull. civ. I, n° 158 ; D. 2011. Actu. 2471 ; AJDI 2011. 883 ; JCP N 2011, n° 792 ; RJDA 2012, n° 38 ; Dr. sociétés 2012, n° 12, obs. Gallois-Cochet ; Bull. Joly 2012. 147, note Allegaert.*

Le notaire qui reçoit une déclaration d'insaisissabilité de la résidence principale (V. art. L. 526-1) est tenu d'effectuer la formalité correspondante au RCS. A ce titre, il doit adresser au greffier compétent les mentions nécessaires à la publicité du registre (Avis CCRCS n° 04-21 du 15 déc. 2005 : *Bull. RCS 2005, n° 30-32, p. 13*).

Art. R. 123-90 **Les demandes formées sur le fondement des articles 1426 ou 1429 du code civil sont présentées au greffe par le conjoint demandeur dans le délai de trois jours. Le tribunal saisi de l'une de ces demandes ne peut statuer que s'il est justifié que cette mention a été portée au registre.** – *[Décr. n° 84-406 du 30 mai 1984, art. 27, al. 5.]*

Art. R. 123-91 **Les demandes d'inscription de la décision rendue par une juridiction d'un État membre de la Communauté européenne soumis à l'application du règlement n° 1346/2000 du 29 mai 2000 du Conseil relatif aux procédures d'insolvabilité, ouvrant une procédure d'insolvabilité en application de l'article 3, paragraphe 1, de ce règlement, à l'égard d'une personne physique ou morale, immatriculée au registre du commerce et des sociétés et dont le centre des intérêts principaux ou le domicile est situé dans cet État, sont présentées par la personne qui est désignée comme syndic, au sens de ce règlement, et qui justifie de ses pouvoirs.** – *[Décr. n° 84-406 du 30 mai 1984, art. 36-2.] – V.* ***C. pr. coll.***

SOUS-§ 2 DU CONTRÔLE ET DE L'ENREGISTREMENT DES DEMANDES

Art. R. 123-92 **Le dépôt de toute demande d'inscription, qu'elle concerne l'immatriculation, la modification ou la radiation, est mentionné par le greffier dans un registre d'arrivée indiquant la date d'arrivée ou de dépôt au greffe, la nature de la demande, les nom, nom d'usage, pseudonyme, prénoms et raison sociale ou dénomination du demandeur.**

Mention de la suite donnée y est faite ultérieurement par le greffier. – *[Décr. n° 84-406 du 30 mai 1984, art. 29.] – V. art. A. 123-52.*

Art. R. 123-93 **Lorsque le dossier de demande d'immatriculation est complet, le greffier, saisi en application du deuxième alinéa de l'article R. 123-5, délivre gratuitement le récépissé de dépôt de dossier de création d'entreprise institué par l'article L. 123-9-1, dans les conditions prévues aux articles R. 123-10 et R. 123-11.** – *[Décr. n° 84-406 du 30 mai 1984, art. 29-1.]*

Art. R. 123-94 **Le greffier, sous sa responsabilité, s'assure de la régularité de la demande.** – *[Décr. n° 84-406 du 30 mai 1984, art. 30, al. 1er.]*

Contrôle du greffier. Le juge commis à la surveillance du RCS n'est investi d'aucun pouvoir d'appréciation au fond quant à la validité des actes qui lui sont remis. • Com. 29 avr. 1997 : *cité note 2 ss. art. R. 123-139.* ♦ Comp., jugeant que, sans qu'il en résulte que les décisions du juge commis seraient revêtues de l'autorité de la chose jugé quant au fond, les al. 1er et 2 de l'art. 30 altèrent sérieusement la distinction entre contrôle de régularité formelle et contrôle au fond, le pouvoir de contrôle du greffier, et incidemment celui du juge commis, étant renforcé dans l'état actuel de l'organisation du registre. • Orléans, 11 juill. 2006 : *RJDA 2006, n° 1029.*

Art. R. 123-95 **Il** *[Le greffier]* **vérifie que les énonciations sont conformes aux dispositions législatives et réglementaires, correspondent aux pièces justificatives et**

actes déposés en annexe et sont compatibles, dans le cas d'une demande de modification ou de radiation, avec l'état du dossier. – *V. art. R. 123-143.*

Il vérifie en outre que la constitution ou les modifications statutaires des sociétés commerciales sont conformes aux dispositions législatives et réglementaires qui les régissent.

La vérification par le greffier de l'existence des déclaration, autorisation, titre ou diplôme requis par la réglementation applicable pour l'exercice de l'activité n'est effectuée que si les conditions d'exercice doivent être remplies personnellement par la personne tenue à l'immatriculation ou par l'une des personnes mentionnées au registre en application de la présente section. – *[Décr. n° 84-406 du 30 mai 1984, art. 30, al. 2 à 4.]*

BIBL. ▶ COUTANT, *Dr. sociétés 1996. Chron. 13* (contrôle du greffier en cas de constitutions ou de modifications statutaires des sociétés commerciales). – BARANGER, *Bull. Joly 1997. 103.*

1. Conformité à la loi. Le greffier peut exiger que les assujettis remplissent les conditions nécessaires à l'exercice de leur activité professionnelle. • Com. 11 févr. 1986 : *Rev. sociétés 1986. 432, note Chaput* • Montpellier, 27 mai 1997 : *Gaz. Pal. 4-5 juin 1999, p. 13, obs. J. J. A.* ♦ V. note 1 ss. art. R. 123-139.

Il résulte des art. 1er et 3 de la L. n° 91-1405 du 31 déc. 1990 (V. cette loi au **C. sociétés**), que le statut de société d'exercice libéral à responsabilité limitée n'est ouvert qu'aux professions dites réglementées dont l'exercice nécessite un agrément par les autorités compétentes ou une inscription sur la liste ou un tableau de l'ordre professionnel. L'exercice de la profession d'agent commercial, qui ne nécessite aucune de ces conditions, l'inscription sur le registre des agents commerciaux n'étant pas obligatoire, ne peut donc se faire sous la forme d'une SELARL. La décision de rejet prise par le juge commis à la surveillance du registre du commerce est en conséquence fondée. • Rouen, 13 mars 2008 : *JCP E 2009, n° 8-9, p. 45 ; Rev. sociétés 2008. 431, obs. Urbain-Parleani ; RJDA 2008, n° 1288 ; Dr. sociétés 2009, n° 10, obs. D. G.-C.* ♦ S'il ressort du procès-verbal de l'assemblée que la résolution relative à l'éviction d'un cogérant est contestée et non adoptée à la majorité requise, le greffier doit considérer que la demande tendant à la publicité de son départ ne correspond pas aux actes déposés (Avis CCRCS n° 2012-009 du 23 mars 2012).

2. Publicité dans un JAL. En matière de publicité dans un journal d'annonces légales, le contrôle du greffier prévu à l'art. R. 123-95 diffère selon la forme de la société. S'il s'agit d'une société en nom collectif ou en commandite simple, le greffier vérifie que les avis concernant la constitution des sociétés commerciales et la modification de leurs statuts comportent bien toutes les mentions exigées par les art. R. 210-3, R. 210-4, R. 210-8 et R. 210-9 C. com. S'il s'agit d'une société d'une autre forme, le greffier doit seulement s'assurer que la parution, reprenant l'identification de l'entreprise et l'objet de l'annonce, est attestée par le JAL. Le fait que les avis aient été signés par un notaire est sans incidence (Avis CCRCS n° 2012-028 du 21 juin 2012 : *JCP E 2012. Actu. 475*).

Art. R. 123-96 **Lorsque la réglementation particulière à l'activité exercée prévoit que la déclaration ou la demande d'autorisation est effectuée après l'immatriculation au registre, la pièce justificative est fournie au greffe dans les quinze jours de sa délivrance par l'autorité compétente. Faute pour la personne concernée de respecter ce délai, le greffier procède comme il est dit au deuxième alinéa de l'article R. 123-100.** – *[Décr. n° 84-406 du 30 mai 1984, art. 30, al. 5.]*

Art. R. 123-97 **Le greffier procède à l'inscription dans le délai franc d'un jour ouvrable après réception de la demande.**

Toutefois, lorsque le dossier est incomplet, il réclame dans ce délai les renseignements ou pièces manquants qui sont fournis dans un délai de quinze jours à compter de cette réclamation. A la réception de ces renseignements ou pièces, le greffier procède à l'immatriculation dans le délai mentionné au premier alinéa.

A défaut de régularisation de la demande dans les conditions indiquées ci-dessus ou lorsque le greffier estime que la demande n'est pas conforme aux dispositions applicables, le greffier prend une décision de refus d'inscription qu'il doit, dans le

délai mentionné au premier alinéa, soit remettre au demandeur contre récépissé, soit adresser à celui-ci par lettre recommandée avec demande d'avis de réception. La décision de refus est motivée. *(Décr. n° 2010-1042 du 1er sept. 2010, art. 1er)* **« Dans le même délai, le greffier informe, par voie électronique, l'Institut national de la statistique et des études économiques de ce refus d'inscription. »**

Lorsque la complexité du dossier exige un examen particulier de celui-ci, le greffier avise le déclarant, dans le délai prévu au premier alinéa et par lettre motivée, que l'inscription sera faite ou que la décision de refus d'inscription sera remise ou notifiée au demandeur dans le délai franc de cinq jours ouvrables après réception de la demande.

Les notifications adressées par le greffier mentionnent la possibilité pour le demandeur de former les recours prévus, selon les cas, par les articles R. 123-139 à R. 123-142 et R. 123-143 à R. 123-149 et en précisent les modalités.

Faute par le greffier de respecter les délais qui lui sont impartis par le présent article, le demandeur peut saisir le juge commis à la surveillance du registre. – *[Décr. n° 84-406 du 30 mai 1984, art. 31.]*

Art. R. 123-98 **Le greffier mentionne l'inscription dans un registre chronologique indiquant dans l'ordre ses date et numéro d'ordre, nom, prénom, et raison sociale ou dénomination de l'assujetti et la nature de la formalité ; il appose son visa** *(Décr. n° 2012-928 du 31 juill. 2012, art. 6, en vigueur le 1er sept. 2012)* **« sur chaque demande » et en délivre une copie au demandeur.** – *[Décr. n° 84-406 du 30 mai 1984, art. 32.] – V. art. A. 123-53.*

Les dispositions du Décr. n° 2012-928 du 31 juill. 2012 sont applicables en Nouvelle-Calédonie et à Wallis-et-Futuna (Décr. préc., art. 24).

Art. R. 123-99 **Le numéro d'identité de l'entreprise attribué par l'Institut national de la statistique et des études économiques en application de l'article R. 123-221 est notifié au requérant par le greffe, dans les conditions fixées par l'arrêté prévu à l'article R. 123-166.** – *[Décr. n° 84-406 du 30 mai 1984, art. 33.] – V. art. A. 123-54.*

Art. R. 123-100 **Le greffier peut, à tout moment, vérifier la permanence de la conformité des inscriptions effectuées aux dispositions mentionnées aux articles R. 123-95 et R. 123-96.**

En cas de non-conformité, invitation est faite à la personne immatriculée d'avoir à régulariser son dossier. Faute par celle-ci de déférer à cette invitation dans le délai d'un mois à compter de la date de cette dernière, le greffier saisit le juge commis à la surveillance du registre. – *[Décr. n° 84-406 du 30 mai 1984, art. 34, al. 1er et 2.]*

Contrôle permanent. Dans le cadre de son contrôle, le greffier, qui constate l'expiration de la durée d'une société, doit inviter cette dernière à solliciter la mention de sa dissolution au RCS. En l'absence de diligence de la société dans le mois suivant cette invitation, le greffier saisit le juge commis à la surveillance du registre qui enjoint à la société dissoute, le cas échéant sous astreinte, d'avoir à requérir la mention omise (Avis CCRCS n° 2012-032 du 25 oct. 2012).

Art. R. 123-101 **Toute inscription effectuée par le greffier et entachée d'erreur matérielle peut être rapportée par lui sur ordonnance du juge commis à la surveillance du registre.** – *[Décr. n° 84-406 du 30 mai 1984, art. 34, al. 3.]*

Art. R. 123-101-1 *(Décr. n° 2009-1150 du 25 sept. 2009, art. 2)* **Le greffier certifie l'identité des informations enregistrées sur support électronique pour la tenue du registre avec celles reçues conformément aux articles R. 123-92 à R. 123-98.**

Un arrêté du garde des sceaux, ministre de la justice, précise les modalités de cette certification. – *V. art. A. 123-53, al. 2.*

§ 3 DES DÉPÔTS EN ANNEXE AU REGISTRE

SOUS-§ 1er DES DÉPÔTS INCOMBANT AUX PERSONNES MORALES DONT LE SIÈGE EST SUR LE TERRITOIRE FRANÇAIS

Art. R. 123-102 **Tout dépôt d'acte ou pièce en annexe au registre du commerce et des sociétés pour le compte d'une personne morale dont le siège social est situé sur le territoire français est fait au greffe du tribunal dans le ressort duquel est situé le siège social***[.] (Décr. nº 2012-928 du 31 juill. 2012, art. 7, en vigueur le 1er sept. 2012)* **« Lorsque l'acte ou la pièce déposé est une copie, celle-ci est certifiée conforme » par le représentant légal ou par toute personne habilitée par les textes régissant la forme de société en cause à effectuer cette certification.**

Le dépôt est constaté par un procès-verbal établi par le greffier et donne lieu à la délivrance par celui-ci d'un récépissé indiquant la raison sociale ou la dénomination, l'adresse du siège, pour les sociétés, leur forme, le nombre et la nature des actes et pièces déposés ainsi que la date du dépôt. Si le dépôt est effectué par une personne déjà immatriculée, le procès-verbal mentionne les renseignements prévus aux 1º et 2º de l'article R. 123-237. *– [Décr. nº 84-406 du 30 mai 1984, art. 47.] – V. art. A. 123-40 et A. 123-55 s.*

Les dispositions du Décr. nº 2012-928 du 31 juill. 2012 sont applicables en Nouvelle-Calédonie et à Wallis-et-Futuna (Décr. préc., art. 24).

SOUS-SOUS-§ 1er *DU DÉPÔT DES ACTES CONSTITUTIFS*

Art. R. 123-103 **Les actes constitutifs des personnes morales dont le siège social est situé sur le territoire français sont déposés au plus tard en même temps que la demande d'immatriculation. Ces actes sont :**

1º Pour les sociétés ou groupements d'intérêt économique :

a) *(Décr. nº 2012-928 du 31 juill. 2012, art. 8, en vigueur le 1er sept. 2012)* **« Une expédition » des statuts ou du contrat de groupement, s'ils sont établis par acte authentique, ou** *(Décr. nº 2012-928 du 31 juill. 2012, art. 8, en vigueur le 1er sept. 2012)* **« un original », s'ils sont établis par acte sous seing privé ; celui-ci indique le cas échéant le nom et la résidence du notaire au rang des minutes duquel il a été déposé ;**

b) *(Décr. nº 2012-928 du 31 juill. 2012, art. 8, en vigueur le 1er sept. 2012)* **« Une copie » des actes de nomination des organes de gestion, d'administration, de direction, de surveillance et de contrôle ;**

2º En outre pour les sociétés :

a) **Le cas échéant,** *(Décr. nº 2012-928 du 31 juill. 2012, art. 8, en vigueur le 1er sept. 2012)* **« un exemplaire » du rapport du commissaire aux apports sur l'évaluation des apports en nature ;**

b) **S'il s'agit d'une société par actions,** *(Décr. nº 2012-928 du 31 juill. 2012, art. 8, en vigueur le 1er sept. 2012)* **« un exemplaire » du certificat du dépositaire des fonds auquel est jointe la liste des souscripteurs mentionnant le nombre d'actions souscrites et les sommes versées par chacun d'eux ;**

c) **S'il s'agit d'une société** *(Décr. nº 2009-557 du 19 mai 2009, art. 2-I)* **« constituée par offre au public »,** *(Décr. nº 2012-928 du 31 juill. 2012, art. 8, en vigueur le 1er sept. 2012)* **« une copie » du procès-verbal des délibérations de l'assemblée générale constitutive.**

(Abrogé par Décr. nº 2012-928 du 31 juill. 2012, art. 8, à compter du 1er sept. 2012) (Décr. nº 2007-750 du 9 mai 2007, art. 17) ***« Lors de la première immatriculation, les statuts établis sous seing privé peuvent être fournis en copie des originaux. »***

Pour les personnes morales mentionnées au 5° de l'article L. 123-1 qui, en vertu des textes qui les régissent, sont tenues au dépôt de certains actes, une adaptation des règles fixées au présent article est faite par arrêté du garde des sceaux, ministre de la justice, du ministre chargé de la propriété industrielle et du ministre chargé du contrôle de la personne morale. – *[Décr. n° 84-406 du 30 mai 1984, art. 48.] – V. art. A. 123-55 s.*

Les dispositions du Décr. n° 2012-928 du 31 juill. 2012 sont applicables en Nouvelle-Calédonie et à Wallis-et-Futuna (Décr. préc., art. 24).

1. Caractéristiques sociétaires. L'immatriculation de la société n'est pas subordonnée à la production du journal d'annonces légales dans lequel a dû être inséré l'avis prévu par l'art. 285 du Décr. n° 67-236 du 23 mars 1967 (devenu art. R. 210-3 et R. 210-4). Le greffier doit, de toute façon, dans les huit jours qui suivent l'immatriculation, faire paraître au BODACC une insertion contenant les caractéristiques de la société (Rép. min. n° 27802 : *JOAN Q, 23 juill. 1990, p. 3544*).

2. Certificat de dépôt des fonds. Seules les sociétés par actions qui se constituent sans offre au public sont astreintes au dépôt, en annexe au RCS, du certificat de dépôt des fonds correspondant à leur capital souscrit en numéraire ; ce certificat, et par voie de conséquence le versement des fonds, doit être préalable à la signature des statuts (Avis CCRCS n° 2012-041 du 25 oct. 2012 : *BRDA 2013, n° 8, p. 4*).

Art. R. 123-104 **Les actes constitutifs des personnes morales non immatriculées ou relevant de la législation d'un État non membre de la Communauté européenne ou non partie à l'accord sur l'Espace économique européen concernées par le dernier alinéa de l'article R. 123-54 sont déposés au plus tard en même temps que la demande d'immatriculation ou, le cas échéant, d'inscription modificative.**

(Décr. n° 2012-928 du 31 juill. 2012, art. 9, en vigueur le 1er sept. 2012) **« Est déposée pour satisfaire à la formalité prévue au premier alinéa une copie des statuts en vigueur au jour du dépôt, traduite le cas échéant en langue française et certifiée conforme par le représentant légal de la société ou par la personne ayant le pouvoir d'engager la société en France. »** – *[Décr. n° 84-406 du 30 mai 1984, art. 48-1.]*

Les dispositions du Décr. n° 2012-928 du 31 juill. 2012 sont applicables en Nouvelle-Calédonie et à Wallis-et-Futuna (Décr. préc., art. 24).

SOUS-SOUS-§ 2 *DU DÉPÔT DES ACTES MODIFICATIFS*

Art. R. 123-105 **Les actes, délibérations ou décisions modifiant les pièces déposées lors de la constitution sont déposées** *[déposés] (Abrogé par Décr. n° 2012-928 du 31 juill. 2012, art. 10, à compter du 1er sept. 2012)* ***« en double exemplaire »*** **dans le délai d'un mois à compter de leur date après, le cas échéant, publication de l'avis prévu à l'article R. 210-9 ou à l'article 24 du décret n° 78-704 du 3 juillet 1978 relatif à l'application de la loi n° 78-9 du 4 janvier 1978 modifiant le titre IX du livre III du code civil.**

(Décr. n° 2012-928 du 31 juill. 2012, art. 10, en vigueur le 1er sept. 2012) **« Y est joint un exemplaire mis à jour des statuts ou du contrat de groupement établi sur papier libre et certifié conforme » par le représentant légal ou par toute personne habilitée par les textes régissant la forme de la société en cause à effectuer cette certification.**

Le rapport du commissaire à la transformation, ou selon le cas du commissaire aux comptes, relatif à la transformation d'une société en société par actions est déposé huit jours au moins avant la date de l'assemblée appelée à statuer sur la transformation ou, en cas de consultation écrite, huit jours avant la date limite prévue pour la réponse des associés. – *[Décr. n° 84-406 du 30 mai 1984, art. 49.]*

Les dispositions du Décr. n° 2012-928 du 31 juill. 2012 sont applicables en Nouvelle-Calédonie et à Wallis-et-Futuna (Décr. préc., art. 24).

1. Transformation en SAS. Seul le rapport du commissaire aux comptes prévu à l'art. L. 225-244 doit être établi en cas de transformation d'une société anonyme en société par actions simplifiée, et en l'absence de toute référence à ce rapport dans l'art. 49 du Décr. n° 84-406 du 30 mai 1984, devenu l'art. R. 123-105, son dépôt au greffe du tribunal de commerce n'est pas prescrit. • Com. 8 avr. 2008 : *Bull. civ. IV, n° 86 ; D. 2008. AJ 1200, obs. Lienhard ; Rev. sociétés 2008. 606, note Saintourens ; JCP E 2008, n° 24, p. 36, note Hovasse ; Banque et Droit juill.-août 2008. 46, obs. Riassetto ; RJDA 2008, n° 817 ; Dr. sociétés 2008, n° 130, obs. Hovasse ; RLDA juin 2008. 10, note Velardocchio ; Dr. et proc. 2008. 288, obs. Gibirila ; Bull. Joly 2009. 21, note Michel-Cordier et Vamparys.* ♦ En application de l'art. R. 123-105, al. 3, le commissaire aux comptes d'une SNC doit déposer au RCS le rapport sur la valeur ces biens composant l'actif social et les avantages particuliers visé à l'art. L. 224-3 (Avis CCRCS n° 2012-038 du 25 oct. 2012 : *JCP E 2013. Actu. 293 ; ERDA 2013, n° 8, p. 3*).

2. Mise à jour des statuts. La mise à jour des statuts correspond à l'établissement d'un acte reproduisant l'ensemble ordonné des seules stipulations statutaires en vigueur. Pour l'établissement de cet acte, il n'est pas nécessaire de reproduire la copie des paraphes ou signatures présents sur l'acte constitutif ; il n'est pas non plus nécessaire d'indiquer en page de garde les dispositions qui ont été modifiées (Avis CCRCS n° 2012-002 du 16 févr. 2012).

Art. R. 123-106 Le dépôt prévu au premier alinéa de l'article R. 123-105 inclut pour les sociétés à responsabilité limitée :

1° En cas d'augmentation ou de réduction du capital social, la copie du procès-verbal de la délibération des associés ;

2° En cas d'augmentation du capital par apports en nature, le rapport des commissaires aux apports ; ce rapport est déposé au moins huit jours avant la date de l'assemblée des associés appelée à décider l'augmentation. — *[Décr. n° 84-406 du 30 mai 1984, art. 50.]*

Art. R. 123-107 Le dépôt prévu au premier alinéa de l'article R. 123-105 inclut pour les sociétés par actions et les sociétés civiles *(Décr. n° 2009-557 du 19 mai 2009, art. 2-II)* « constituées par offre au public » :

1° La copie du procès-verbal de l'assemblée générale des actionnaires ou des associés ayant décidé ou autorisé soit une augmentation, soit une réduction du capital ;

2° La copie de la décision du conseil d'administration, du directoire ou des gérants, selon le cas, de réaliser une augmentation ou une réduction du capital autorisée par l'assemblée générale des actionnaires ou des associés ;

3° En cas d'augmentation du capital par apports en nature, le rapport du commissaire aux apports ; ce rapport est déposé au moins huit jours avant la date de l'assemblée des actionnaires ou associés appelés à décider l'augmentation. — *[Décr. n° 84-406 du 30 mai 1984, art. 51.]*

Fusions. Le comité de coordination du RCS est d'avis qu'il y a augmentation de capital en cas de fusion-absorption d'une société par une autre et que, par conséquent, en application des art. 50 et 51 (devenus art. R. 123-106 et R. 123-107), le rapport du commissaire à la fusion doit être déposé au greffe (Avis CCRCS n° 98-02 *bis* : *Bull. RCS juin 1999. 7*). ♦ Toutefois, il n'y a pas d'augmentation de capital et la formalité du dépôt de rapport n'est pas requise : en cas de fusion par constitution d'une société nouvelle (même avis). ♦ ... En cas de fusion-absorption d'une filiale à 100 % (Avis CCRCS n° 98-02 : *Bull. RCS juin 1999. 5*).

Art. R. 123-108 Le dépôt prévu au premier alinéa de l'article R. 123-105 inclut également pour les seules sociétés par actions :

1° La copie du procès-verbal de l'assemblée générale des actionnaires ayant autorisé l'émission d'obligations avec bon de souscription d'actions, d'obligations convertibles en actions, d'obligations échangeables contre des actions ou de certificats d'investissement ;

2° La copie du procès-verbal de l'assemblée générale des actionnaires instituant un droit de vote double ;

3° La copie du procès-verbal de l'assemblée générale des actionnaires décidant le rachat des parts de fondateurs ou bénéficiaires ou leur conversion en actions et de l'assemblée générale des porteurs de ces parts ayant, le cas échéant, consenti à ce rachat ou à cette conversion. – *[Décr. n° 84-406 du 30 mai 1984, art. 52.]*

Art. R. 123-109 Pour les sociétés anonymes à conseil d'administration, l'extrait du procès-verbal contenant la décision du conseil d'administration relative au choix de l'une des deux modalités d'exercice de la direction générale prévues à l'article L. 225-51-1 fait l'objet d'un dépôt conformément aux dispositions de l'article R. 123-105. – *[Décr. n° 84-406 du 30 mai 1984, art. 52-1.]*

Art. R. 123-110 En cas de transfert du siège hors du ressort du tribunal au greffe duquel la personne morale a été immatriculée, *(Décr. n° 2012-928 du 31 juill. 2012, art. 11, en vigueur le 1er sept. 2012)* « un exemplaire » des statuts ou du contrat de groupement *(Décr. n° 2012-928 du 31 juill. 2012, art. 11, en vigueur le 1er sept. 2012)* « est déposé » au greffe du tribunal du nouveau siège dans les conditions et délais prévus aux deux premiers alinéas de l'article R. 123-105.

Mention est faite, dans une pièce annexée aux statuts ou au contrat, des sièges antérieurs et des greffes où sont classés, en annexe au registre, les actes mentionnés aux articles R. 123-102 à R. 123-105 avec l'indication de la date du dernier transfert du siège.

Notification du dépôt est faite dans les quinze jours par le greffier du nouveau siège au greffier de l'ancien siège, qui porte une mention correspondante au dossier. – *[Décr. n° 84-406 du 30 mai 1984, art. 53.] – V. art. A. 123-46.*

Les dispositions du Décr. n° 2012-928 du 31 juill. 2012 sont applicables en Nouvelle-Calédonie et à Wallis-et-Futuna (Décr. préc., art. 24).

SOUS-SOUS-§ 3 *DU DÉPÔT DES DOCUMENTS COMPTABLES*

Art. R. 123-111 Les sociétés commerciales sont tenues de déposer *(Abrogé par Décr. n° 2012-928 du 31 juill. 2012, art. 12, à compter du 1er sept. 2012)* *« en double exemplaire »*, dans le délai d'un mois à compter de leur approbation par l'assemblée ordinaire, les documents comptables prévus aux articles L. 232-21 à L. 232-23.

(Décr. n° 2012-928 du 31 juill. 2012, art. 12, en vigueur le 1er sept. 2012) « Le dépôt des documents comptables que les personnes morales sont tenues de publier en annexe au registre peut être effectué par voie électronique dans les conditions prévues à l'article R. 123-77 ». – *V. art. A. 123-61.*

(Abrogé par Décr. n° 2007-750 du 9 mai 2007, art. 18) ***« Par dérogation aux articles L. 232-21 à L. 232-23, lorsqu'il est fait usage de la faculté prévue à l'alinéa précédent, la transmission est faite à un centre de dépôt électronique organisé en commun entre les greffes et l'Institut national de la propriété industrielle dans les conditions fixées par l'arrêté mentionné à l'article R. 123-166. »*** – *[Décr. n° 84-406 du 30 mai 1984, art. 54.]*

Les dispositions du Décr. n° 2012-928 du 31 juill. 2012 sont applicables en Nouvelle-Calédonie et à Wallis-et-Futuna (Décr. préc., art. 24).

1. Sociétés cotées. Il appartient au greffier de s'assurer du respect de l'obligation de dépôt du rapport de gestion par les sociétés qui y sont tenues, à savoir les sociétés anonymes et les sociétés en commandite par actions dont les titres sont admis aux négociations sur un marché réglementé ou sur un système multilatéral de négociation. Dans l'attente d'une modification des textes destinée à informer les tiers, *via* le RCS, du caractère coté ou non d'une société, il est recommandé aux greffiers de consulter, sur les sites internet d'Euronext ou de l'AMF, la liste des sociétés cotées (Avis CCRCS n° 2012-034 du 25 oct. 2012). ♦ La condition de cotation s'apprécie à la date du dépôt des comptes annuels au greffe (Même avis).

2. Sociétés étrangères. L'obligation prévue à l'art. 54 (devenu art. R. 123-111) est applicable à une entreprise dont le siège social est situé à l'étranger dès lors qu'elle ouvre un établissement sur le territoire national ou qu'elle fait appel à l'épargne publique en France (Rép. min. n° 31127 : *JOAN Q, 13 déc. 1999, p. 7134*). ♦ V. aussi cette Rép. min. sur la mise en place, depuis le 1er janv. 1999, d'un registre européen du commerce.

SOUS-§ 2 DES DÉPÔTS INCOMBANT AUX SOCIÉTÉS DONT LE SIÈGE EST À L'ÉTRANGER

SOUS-SOUS-§ 1er *DES SOCIÉTÉS OUVRANT UN PREMIER ÉTABLISSEMENT EN FRANCE*

Art. R. 123-112 **Toute société commerciale dont le siège est situé à l'étranger et qui ouvre en France un premier établissement est tenue de déposer au greffe du tribunal de commerce dans le ressort duquel est situé cet établissement, au plus tard en même temps que la demande d'immatriculation,** *(Décr. n° 2012-928 du 31 juill. 2012, art. 13 en vigueur le 1er sept. 2012)* **« une copie de ses statuts en vigueur au jour du dépôt ; elle dépose en outre, chaque année, les documents comptables » qu'elle a établis, fait contrôler et publier dans l'État où elle a son siège.**

Le dépôt des documents comptables est effectué dans le délai prévu par la législation dont relève le siège de la société.

Tous actes ultérieurs modifiant les statuts sont déposés dans les conditions prévues à l'alinéa précédent.

Les pièces déposées sont le cas échéant traduites en langue française et les copies sont certifiées conformes par *(Décr. n° 2012-928 du 31 juill. 2012, art. 13 en vigueur le 1er sept. 2012)* **« le représentant légal de la société ou par la personne ayant le pouvoir d'engager la société en France ».** – *[Décr. n° 84-406 du 30 mai 1984, art. 55.]*

Les dispositions du Décr. n° 2012-928 du 31 juill. 2012 sont applicables en Nouvelle-Calédonie et à Wallis-et-Futuna (Décr. préc., art. 24).

Sur les conséquences de l'immatriculation d'une société étrangère au greffe du tribunal de commerce dans le ressort duquel est situé son établissement en France, V. • Soc. 2 juill. 2002 : *JCP 2002. IV. 2495.*

Art. R. 123-113 **Les actes constitutifs des personnes morales non immatriculées ou relevant de la législation d'un État non membre de la Communauté européenne ou non partie à l'accord sur l'Espace économique européen concernées par le dernier alinéa de l'article R. 123-54 sont déposés au plus tard en même temps que la demande d'immatriculation ou, le cas échéant, de l'inscription modificative.**

(Décr. n° 2012-928 du 31 juill. 2012, art. 14 en vigueur le 1er sept. 2012) **« Est déposée pour satisfaire à la formalité prévue au premier alinéa une copie des statuts en vigueur au jour du dépôt, traduite le cas échéant en langue française et certifiée conforme par le représentant légal de la société ou par la personne ayant le pouvoir d'engager la société en France. »** – *[Décr. n° 84-406 du 30 mai 1984, art. 55-1.]*

Les dispositions du Décr. n° 2012-928 du 31 juill. 2012 sont applicables en Nouvelle-Calédonie et à Wallis-et-Futuna (Décr. préc., art. 24).

Art. R. 123-114 **En cas de transfert du premier établissement dans le ressort d'un autre tribunal, les statuts mis à jour sont déposés dans les conditions prévues aux articles R. 123-112 et R. 123-113.** – *[Décr. n° 84-406 du 30 mai 1984, art. 56.]*

SOUS-SOUS-§ 2 *[ABROGÉ]* DES SOCIÉTÉS FAISANT APPEL PUBLIC À L'ÉPARGNE EN FRANCE

(Abrogé par Décr. n° 2009-557 du 19 mai 2009, art. 2-III)

Art. R. 123-115 *(Abrogé par Décr. n° 2009-557 du 19 mai 2009, art. 2-III)* ***Avant toute émission en territoire français, par appel public à l'épargne, d'actions, obligations ou autres titres négociables par une société étrangère n'ayant en territoire français ni succursale ni agence ou avant toute négociation sur un marché réglementé de titres émis par une telle société, la société émettrice est tenue de déposer au greffe du tribunal de commerce de Paris deux copies de ses statuts en vigueur au moment du dépôt.***

Ces copies peuvent être déposées par le représentant de la société ou l'introducteur des titres en France. Les statuts sont traduits s'il y a lieu en langue française.

Ces copies sont certifiées conformes par le déposant. — [Décr. n° 84-406 du 30 mai 1984, art. 57, al. 1er à 3.]

Art. R. 123-116 *(Abrogé par Décr. n° 2009-557 du 19 mai 2009, art. 2-III)* ***Aux actes déposés en application du premier alinéa de l'article R. 123-115, est jointe en double exemplaire une fiche de renseignements indiquant :***

1° La dénomination sociale suivie, le cas échéant, de son sigle ;

2° La forme de la société et la législation qui lui est applicable ;

3° Le montant du capital social ainsi que, le cas échéant, la valeur nominale des actions de chacune des catégories émises ;

4° L'adresse du siège social ;

5° L'objet social exercé à titre principal ;

6° Le cas échéant, si la loi étrangère à laquelle la société est soumise le prévoit, le lieu et le numéro d'immatriculation de cette société sur un registre public ;

7° La dénomination et le siège des établissements de crédit ou les nom, prénom usuel et domicile des prestataires de services d'investissement qui prêtent leur concours à l'opération. — [Décr. n° 84-406 du 30 mai 1984, art. 57, al. 1er à 11.]

Art. R. 123-117 *(Abrogé par Décr. n° 2009-557 du 19 mai 2009, art. 2-III)* ***Les prestataires de services d'investissement sont tenus au respect des obligations prévues au premier alinéa de l'article R. 123-102. Leur sont également applicables les dispositions de l'article R. 123-80, du deuxième alinéa de l'article R. 123-102 et des articles R. 123-150, R. 123-152 et R. 123-153.*** — [Décr. n° 84-406 du 30 mai 1984, art. 57, al. 12.]

SOUS-SOUS-§ 3 *DES SOCIÉTÉS EUROPÉENNES*

Art. R. 123-118 **Outre les obligations prévues par le présent titre, les sociétés européennes doivent déposer, au plus tard dans les quinze jours de leur demande d'immatriculation, les actes et pièces suivants :**

1° En cas de constitution par fusion, *(Décr. n° 2012-928 du 31 juill. 2012, art. 15, en vigueur le 1er sept. 2012)* **« un exemplaire » du certificat délivré par le notaire chargé du contrôle de légalité en application du deuxième alinéa de l'article L. 229-3 ;**

2° En cas de société européenne holding, la copie du projet de constitution et du rapport des commissaires à la constitution mentionnés aux deuxième et troisième alinéas de l'article L. 229-5. — *[Décr. n° 84-406 du 30 mai 1984, art. 57-1.]*

Les dispositions du Décr. n° 2012-928 du 31 juill. 2012 sont applicables en Nouvelle-Calédonie et à Wallis-et-Futuna (Décr. préc., art. 24).

Art. R. 123-119 **En cas de transfert en France du siège d'une société européenne immatriculée dans un autre État membre de la Communauté européenne ou partie**

à l'accord sur l'Espace économique européen, les dispositions de l'article R. 123-110 s'appliquent à l'exception du troisième alinéa.

En outre, est déposé au greffe du nouveau siège social, dans les conditions et délais prévus au premier alinéa de l'article R. 123-105, le certificat délivré par le notaire chargé du contrôle de légalité en application du septième alinéa de l'article L. 229-2.

Le greffier du nouveau siège social notifie le dépôt dans les quinze jours à l'autorité chargée du registre public des sociétés dans l'État où la société était immatriculée. – *[Décr. n° 84-406 du 30 mai 1984, art. 57-2.]*

Art. R. 123-120 En cas de transfert dans un autre État membre de la Communauté européenne ou partie à l'accord sur l'Espace économique européen du siège d'une société européenne immatriculée en France, l'article R. 123-110 n'est pas applicable. – *[Décr. n° 84-406 du 30 mai 1984, art. 57-3.]*

SOUS-SOUS-§ 4 *DE LA LANGUE DES DÉPÔTS*

Art. R. 123-120-1 *(Décr. n° 2007-1851 du 26 déc. 2007, art. 1er)* Lorsque la société a son siège dans l'un des États membres de la Communauté européenne ou parties à l'accord sur l'Espace économique européen, les actes et pièces peuvent, à sa demande, être déposés dans toute langue officielle de la Communauté. Dans tous les cas, l'une de ces langues doit être le français. Lorsque les actes et pièces sont également déposés dans une autre langue, leur traduction en langue française doit être certifiée conforme par les déclarants. Seul le dépôt obligatoire en langue française fait foi. Les tiers peuvent toutefois se prévaloir de la traduction volontairement déposée, à moins que la société ne prouve qu'ils ont eu connaissance de la version obligatoirement déposée en français.

BIBL. ▸ Note de la rédaction, *Dr. sociétés 2008. Pratique 4* (publicité concernant la langue des déclarations et des dépôts incombant aux personnes morales).

SOUS-§ 3 DISPOSITIONS COMMUNES

Art. R. 123-121 *(Décr. n° 2007-431 du 25 mars 2007)* Une copie du contrat d'appui au projet d'entreprise pour la création ou la reprise d'une activité économique conclu dans les conditions prévues au chapitre VII du titre II du présent livre est déposée dans les formes prévues à l'article R. 123-102.

SOUS-§ 4 DISPOSITIONS PROPRES AUX PERSONNES PHYSIQUES *(Décr. n° 2007-750 du 9 mai 2007, art. 19).*

SOUS-SOUS-§ 1er *DE L'INFORMATION DU CONJOINT COMMUN EN BIENS (Décr. n° 2010-1706 du 29 déc. 2010, art. 11).*

Art. R. 123-121-1 *(Décr. n° 2007-750 du 9 mai 2007, art. 19)* Sous sa responsabilité, la personne physique dépose dans les formes prévues à l'article R. 123-102, lors de sa demande d'immatriculation, une attestation de délivrance de l'information donnée à son conjoint commun en biens sur les conséquences des dettes contractées dans l'exercice de sa profession sur les biens communs, établie conformément à un modèle défini par arrêté du garde des sceaux, ministre de la justice. – *V. art. A. 123-40 et A. 123-63.*

SOUS-SOUS-§ 2 DES ENTREPRENEURS INDIVIDUELS À RESPONSABILITÉ LIMITÉE

(Décr. n° 2010-1706 du 29 déc. 2010, art. 11)

Art. R. 123-121-2 L'entrepreneur individuel à responsabilité limitée dépose, conformément à l'article R. 123-102, la déclaration d'affectation mentionnée à l'article L. 526-7 dans les formes prévues à l'article R. 526-3.

Art. R. 123-121-3 Les actes ou décisions modifiant la déclaration d'affectation sont déposés dans le délai d'un mois suivant leur date.

Les documents attestant de l'accomplissement des formalités prévues aux articles L. 526-9 à L. 526-11 en cas d'affectation de biens nouveaux postérieurement à la constitution du patrimoine affecté sont déposés dans le mois suivant l'affectation. Le greffier adresse au service des impôts dont relève l'entrepreneur une copie de ces documents dans les quinze jours suivant leur dépôt.

Art. R. 123-121-4 Lorsque l'entrepreneur individuel à responsabilité limitée a déposé la déclaration d'affectation mentionnée à l'article L. 526-7 au registre du commerce et des sociétés, il est également tenu d'y déposer, dans le délai de six mois suivant la clôture de l'exercice, les documents comptables mentionnés à l'article L. 526-14.

Le dépôt des documents comptables peut être effectué par voie électronique dans les conditions prévues à l'article 4 de la loi n° 94-126 du 11 février 1994. – *V. ce texte ss. art. R. 123-1.*

• § 4 DES INSCRIPTIONS D'OFFICE

SOUS-§ 1er DES INSCRIPTIONS MODIFICATIVES

Art. R. 123-122 Sont mentionnées d'office au registre les décisions, intervenues dans les procédures de sauvegarde ou de redressement ou liquidation judiciaires des entreprises ouvertes à compter du 1er janvier 2006 :

1° Ouvrant la procédure de sauvegarde ou de redressement judiciaire avec l'indication du nom des mandataires de justice désignés et, le cas échéant, des pouvoirs conférés à l'administrateur ;

2° Convertissant la procédure de sauvegarde en procédure de redressement judiciaire avec l'indication des pouvoirs conférés à l'administrateur ;

3° Prolongeant la période d'observation ;

4° Modifiant les pouvoirs de l'administrateur ;

5° Ordonnant la cessation partielle de l'activité en application des articles L. 622-10 ou L. 631-15 ;

6° Arrêtant le plan de sauvegarde ou de redressement, avec l'indication du nom du commissaire à l'exécution du plan ;

7° Modifiant le plan de sauvegarde ou de redressement ;

8° Prononçant la résolution du plan de sauvegarde ou de redressement ;

9° Mettant fin à la procédure de sauvegarde ou de redressement judiciaire ou clôturant l'une de ces procédures ;

10° Modifiant la date de cessation des paiements ;

11° Ouvrant ou prononçant la liquidation judiciaire, avec l'indication du nom du liquidateur ;

12° Autorisant une poursuite d'activité en liquidation judiciaire, avec, le cas échéant, le nom de l'administrateur désigné ;

13° Appliquant à la procédure les règles de la liquidation judiciaire simplifiée ;
14° Mettant fin à l'application des règles de la liquidation judiciaire simplifiée ;
15° Arrêtant le plan de cession de l'entreprise au cours d'une procédure de redressement ou de liquidation judiciaire ;
16° Modifiant le plan de cession ;
17° Prononçant la résolution du plan de cession ;
18° Prononçant la clôture de la procédure pour extinction du passif ou insuffisance d'actif *(Décr. n° 2007-750 du 9 mai 2007, art. 20)* **« avec, le cas échéant, l'indication de l'autorisation de la reprise des actions individuelles de tout créancier à l'encontre du débiteur » ;**
(Décr. n° 2007-750 du 9 mai 2007, art. 20) **« 19° Autorisant la reprise des actions individuelles de tout créancier à l'encontre du débiteur postérieurement au jugement prononçant la clôture de la procédure de liquidation judiciaire ; »**
(Décr. n° 2007-750 du 9 mai 2007, art. 20) **« 20° » Prononçant la faillite personnelle ou l'interdiction prévue à l'article L. 653-8 avec l'indication de la durée pour laquelle ces mesures ont été prononcées ;**
(Décr. n° 2007-750 du 9 mai 2007, art. 20) **« 21° » Remplaçant les mandataires de justice ;**
(Décr. n° 2007-750 du 9 mai 2007, art. 20) **« 22° » Décidant la reprise de la procédure de liquidation judiciaire.** — *[Décr. n° 84-406 du 30 mai 1984, art. 36-1-1.]*

Décret n° 84-406 du 30 mai 1984,

Relatif au registre du commerce et des sociétés.

Art. 35 Sont mentionnées d'office au registre les déclarations de cessation des paiements et les décisions intervenues dans les procédures de règlement judiciaire et de liquidation des biens en application de la loi n° 67-563 du 13 juillet 1967 :

1° Prononçant le règlement judiciaire ou la liquidation des biens ;

2° Autorisant la continuation de l'activité ou de l'exploitation ou révoquant cette autorisation ;

3° Modifiant la date de cessation des paiements ;

4° Statuant sur l'homologation du concordat ;

5° Prononçant l'annulation ou la résolution du concordat ;

6° Convertissant le règlement judiciaire en liquidation des biens ;

7° Prononçant la faillite personnelle ou autres sanctions prévues au chapitre Ier du titre II de la loi du 13 juillet 1967 susvisée ;

8° Prononçant la mise de tout ou partie du passif social à la charge des personnes mentionnées à l'article 99 de la loi précitée ;

9° Clôturant pour extinction du passif les opérations du règlement judiciaire et de la liquidation des biens, ou pour insuffisance d'actif celles de la liquidation des biens ; il en est de même du procès-verbal prévu à l'article 89 du décret du 22 décembre 1967 susvisé *[n° 67-1120]* ;

10° Rapportant un jugement déclaratif de règlement judiciaire ou de liquidation des biens ou rapportant un jugement de clôture ;

11° Prononçant la réhabilitation ;

12° Subordonnant l'homologation du concordat au remplacement d'un ou plusieurs dirigeants.

Sont également mentionnées d'office les décisions correspondantes intervenues dans les procédures relatives à la faillite et au règlement judiciaire antérieures au 1er janvier 1968.

Art. 36 Sont mentionnées d'office au registre les décisions intervenues dans les procédures ouvertes en application de l'ordonnance n° 67-820 du 23 septembre 1967 tendant à faciliter le redressement économique et financier de certaines entreprises et prononçant, sans préjudice des mesures mentionnées à l'article 35 ci-dessus :

1° La suspension provisoire des poursuites ;

2° Le dépôt du plan de redressement économique et financier et du plan d'apurement collectif du passif proposé par le débiteur ou le curateur avec, le cas échéant, l'indication de délais et remises accordés ainsi que le nom et l'adresse du commissaire à l'exécution du plan ;

3° Le rejet du plan de redressement économique et financier et du plan d'apurement du passif proposé par le débiteur ou le curateur avec, le cas échéant, le nom et l'adresse de l'administrateur provisoire nommé en application de l'article 29 de l'ordonnance du 23 septembre 1967 ;

4° La décision prise en application de l'article 31 de l'ordonnance du 23 septembre 1967 augmentant la durée de la période prévue à l'article 29 de la loi du 13 juillet 1967 ;

5° La modification du plan d'apurement du passif en vue d'en abréger ou d'en favoriser l'exécution, prévue à l'article 37 de l'ordonnance du 23 septembre 1967 ;

6° La résolution du plan d'apurement du passif et, le cas échéant, la mesure prévue à l'article 38 (alinéa 2) de l'ordonnance du 23 septembre 1967 ;

7° Les décisions subordonnant le plan au remplacement d'un ou plusieurs dirigeants.

Art. 36-1 Sont mentionnées d'office au registre les déclarations de cessation des paiements et les décisions suivantes intervenues dans les procédures de redressement ou de liquidation judiciaires des entreprises *(Décr. n° 2005-1677 du 28 déc. 2005, art. 353)* « ouvertes avant le 1er janvier 2006 » en application du livre VI du code de commerce :

(Décr. n° 85-1388 du 27 déc. 1985) 1° Ouvrant la procédure de redressement judiciaire avec l'indication des pouvoirs conférés à l'administrateur ;

2° Prolongeant la période d'observation ;

3° Modifiant la date de cessation des paiements ;

4° Modifiant les pouvoirs de l'administrateur ;

5° Décidant la poursuite d'activité en vue de l'élaboration d'un plan de redressement » en application de l'article L. 621-138 *[ancien]* du code de commerce ;

6° Autorisant la conclusion d'un contrat de location-gérance au cours de la période d'observation ;

7° Autorisant des prêts ou accordant des délais de paiement en application de l'article L. 622-17, III (3°) du code de commerce ;

8° Subordonnant l'adoption d'un plan de redressement au remplacement d'un ou de plusieurs dirigeants ;

9° Ordonnant la cessation totale ou partielle de l'activité ;

10° Arrêtant le plan de continuation ou de cession ;

11° Modifiant le jugement qui arrête le plan de continuation ou de cession ;

12° Prononçant la liquidation judiciaire ;

13° Prononçant la clôture de la procédure pour extinction du passif ou insuffisance d'actif ;

14° Prononçant la clôture de la procédure en cas de cession totale de l'entreprise en application de l'article L. 621-95 du code de commerce ;

15° Décidant que les dettes de la personne morale seront supportées en tout ou en partie par ses dirigeants ou certains d'entre eux ;

16° Prononçant la faillite personnelle ou l'interdiction prévue à l'article L. 653-8 du code de commerce *(Décr. n° 88-430 du 21 avr. 1988)* « avec l'indication de la durée pour laquelle ces mesures ont été prononcées » ;

17° Modifiant les organes de la procédure ;

18° Décidant la reprise de la procédure de liquidation ;

19° Prononçant la suspension provisoire des poursuites en application de l'article L. 611-4 du code de commerce. Cette mention est radiée d'office à l'expiration de la durée de la suspension.

(Décr. n° 2007-750 du 9 mai 2007, art. 41-I) « Sont radiées d'office les mentions des décisions énumérées ci-dessus, lorsqu'il a été constaté l'achèvement de l'exécution du plan de redressement *(Décr. n° 2011-1836 du 7 déc. 2011, art. 3)* « ou lorsque ce plan est toujours en cours à l'expiration d'un délai de cinq ans à compter de son arrêté. Dans le second de ces cas, la radiation fait obstacle à toute nouvelle mention intéressant l'exécution du plan de redressement, sauf si celle-ci est relative à une mesure d'inaliénabilité décidée par le tribunal ou à une décision prononçant la résolution du plan ».

« Sont en outre radiées d'office les mentions des décisions prévues au 16° lorsque, selon le cas :

« 1° Intervient une décision de réhabilitation, de relevé d'incapacité ou d'amnistie faisant disparaître l'incapacité ou l'interdiction ;

« 2° Arrive le terme de l'interdiction fixé par la juridiction en application de l'article L. 653-11 du code de commerce ;

« 3° Le dirigeant qui en fait l'objet n'exerce plus ses fonctions.

« Ces radiations sont également effectuées d'office aux lieux des immatriculations secondaires sur notification par le greffier de l'immatriculation principale ; cette notification doit être faite dans le délai de quinze jours à compter de la date de la radiation à titre principal. »

Les dispositions du Décr. n° 2011-1836 du 7 déc. 2011 sont applicables aux mentions figurant au RCS à la date de sa publication (JO 9 déc.). L'art. 36-1 est applicable à Mayotte dans sa rédaction issue du décret précité ; toutefois ses dix-huitième à vingtième alinéas ne s'appliquent qu'aux décisions intervenues postérieurement à la date de publication de ce même décret (Décr. préc., art. 4 et 5).

Cessation d'activité. Les dispositions de l'art. 36-1 (9°) font obstacle à l'initiative d'un assujetti à l'immatriculation au RCS qui, soumis à une procédure de redressement judiciaire, demanderait lui-même sa radiation à la suite de la cessation d'activité (Rép. min. n° 17663 : *JO Sénat Q, 19 déc. 1991, p. 2863*).

Art. R. 123-123 **Lorsque la juridiction qui a prononcé une des décisions mentionnées à l'article R. 123-122 n'est pas celle dans le ressort de laquelle est tenu le registre où figure l'immatriculation principale, le greffier de la juridiction qui a statué notifie la décision par lettre recommandée dans le délai de trois jours à compter de cette décision au greffier chargé de la tenue du registre. Celui-ci procède à la mention d'office.** — *[Décr. n° 84-406 du 30 mai 1984, art. 37.]*

L'ancien art. 37 du Décr. n° 84-406 du 30 mai 1984 (devenu l'art. R. 123-123) concernait aussi les art. 35, 36 et 36-1 reproduits ci-dessus.

Art. R. 123-124 **Sont mentionnés d'office au registre :**

1° Les mesures d'incapacité ou d'interdiction d'exercer une activité commerciale ou professionnelle, de gérer, d'administrer ou de diriger une personne morale résultant d'une décision juridictionnelle passée en force de chose jugée ou d'une décision administrative définitive ;

2° Les décisions judiciaires prononçant la dissolution ou la nullité de la personne morale ;

3° Le décès d'une personne immatriculée.

Le greffier est informé par le ministère public ou, le cas échéant, l'autorité administrative des décisions mentionnées aux 1° et 2° ci-dessus. En ce qui concerne le décès d'une personne immatriculée, il en reçoit la preuve par tous moyens. — *[Décr. n° 84-406 du 30 mai 1984, art. 38.]*

Art. R. 123-125 **Lorsque le greffier est informé qu'une personne immatriculée aurait cessé son activité à l'adresse déclarée, il lui rappelle par lettre recommandée avec demande d'avis de réception, transmise à cette même adresse, ses obligations déclaratives. Si la lettre est retournée avec une mention précisant que la personne**

ne se trouve plus à l'adresse indiquée, le greffier porte la mention de la cessation d'activité sur le registre.

(Décr. n° 2007-750 du 9 mai 2007, art. 21) **« Lorsque le greffier est informé, en application du 1° de l'article R. 123-168, que la personne domiciliée n'a pas pris connaissance de son courrier depuis trois mois, il envoie au domicile de celle-ci ou de son responsable légal et, le cas échéant, à l'adresse du siège ou de l'établissement une lettre indiquant que, sans nouvelle de sa part, il sera porté mention de sa cessation d'activité sur le registre. »** – *[Décr. n° 84-406 du 30 mai 1984, art. 40, al. 1er.]*

Cessation d'activité à l'adresse déclarée. Aucune des nouvelles mentions des avis accompagnant désormais les plis non distribués de La Poste ne correspond exactement à l'ancienne mention « N'habite pas à l'adresse indiquée ». Pour l'application du 1er al. de l'art. R. 123-125, le greffier peut porter d'office au RCS la mention d'une cessation d'activité de la personne immatriculée lorsque la lettre recommandée dans laquelle il a rappelé à l'intéressée ses obligations déclaratives est retournée avec un avis comprenant la mention boite ou destinataire « non identifiable » (Avis CCRCS n° 2012-004 du 16 févr. 2012).

Art. R. 123-126 **Lorsque le greffier est informé par une autorité administrative ou judiciaire du changement de l'une des adresses déclarées par la personne immatriculée, il mentionne d'office ces modifications et en avise la personne à la nouvelle adresse.**

Le greffier procède de même s'il est informé d'un changement, résultant d'une décision de l'autorité administrative compétente, dans le libellé de l'une des adresses déclarées ; toutefois, il n'est pas, dans ce cas, tenu d'en aviser la personne immatriculée. – *[Décr. n° 84-406 du 30 mai 1984, art. 40, al. 2 et 3.]*

Art. R. 123-126-1 *(Décr. n° 2010-1706 du 29 déc. 2010, art. 12)* **Lorsque le greffier est avisé par le président de la chambre de métiers et de l'artisanat du dépôt au répertoire des métiers, par une personne physique également immatriculée au registre du commerce et des sociétés, d'une déclaration d'affectation effectuée en application de l'article L. 526-7, il procède d'office à la mention de cette déclaration.**

SOUS-§ 2 DES RADIATIONS

Art. R. 123-127 **En cas de transfert dans un autre État membre de la Communauté européenne ou partie à l'accord sur l'Espace économique européen du siège d'une société européenne immatriculée en France, le greffier de l'ancien siège social procède d'office à la radiation, dès la notification de la nouvelle immatriculation par l'autorité chargée de la nouvelle immatriculation dans l'État où le siège a été transféré.**

Cette radiation est notifiée à l'autorité chargée de la nouvelle immatriculation dans l'État où le siège a été transféré. – *[Décr. n° 84-406 du 30 mai 1984, art. 40-1.]*

Art. R. 123-128 **Est radié d'office tout commerçant :**

1° Frappé d'une interdiction d'exercer une activité commerciale en vertu d'une décision judiciaire passée en force de chose jugée ou d'une décision administrative exécutoire ;

2° Décédé depuis plus d'un an, sauf déclaration faite dans les conditions prévues aux *(Décr. n° 2007-750 du 9 mai 2007, art. 7)* **« 6° et 7° » de l'article R. 123-46. Dans ce dernier cas, la radiation est faite dans le délai d'un an à compter de la mention de la déclaration ou de son renouvellement ; notification en est faite à l'exploitant avec invitation d'avoir à requérir son immatriculation.** – *[Décr. n° 84-406 du 30 mai 1984, art. 41.]*

Radiation. Il appartient au notaire d'attirer l'attention de l'héritier sur le caractère provisoire du maintien de l'immatriculation au RCS et sur la nécessité, le cas échéant, pour l'exploitant du fonds, de requérir, passé un certain délai, son immatriculation audit registre. • Civ. 1re, 14 juin 2007 : *RCA 2007, n° 278.* ♦ V. aussi note 2 ss. art. R. 123-139.

Art. R. 123-129 **Est radié d'office tout commerçant ou personne morale :**

1° A compter de la clôture d'une procédure, soit de faillite, soit de liquidation des biens pour insuffisance d'actif ou dissolution de l'union, soit de liquidation judiciaire pour insuffisance d'actif ;

2° Au terme du délai d'un an après la mention au registre de la cessation totale de son activité, sauf en ce qui concerne les personnes morales pouvant faire l'objet d'une dissolution. — *[Décr. n° 84-406 du 30 mai 1984, art. 42.]*

L'ancien art. 42 du Décr. n° 84-406 du 30 mai 1984 (devenu l'art. R. 123-129) concernait aussi le règlement judiciaire ; il reste applicable dans sa rédaction antérieure aux procédures en cours ouvertes sur le fondement de la L. n° 67-563 du 13 juill. 1967 sur le règlement judiciaire, la liquidation de biens, la faillite personnelle et les banqueroutes (Décr. n° 2007-431 du 25 mars 2007, art. 3-III).

Conséquence de la radiation d'office. Considérant que la radiation d'office d'une société du RCS n'a pas pour effet la perte de sa personnalité morale (radiation prononcée en application de l'art. 42 (4) du Décr. n° 84-406 du 30 mai 1984, abrogé par Décr. du 2 juill. 1998, qui sanctionnait le non-accomplissement des formalités de communication au greffe, du titre de jouissance des locaux affectés au siège de l'entreprise, en cas de domiciliation temporaire dans un local d'habitation). • Com. 20 févr. 2001 : *Bull. civ. IV, n° 44 ; D. 2001. AJ 1472 ; RTD com. 2001. 405, obs. Derruppé ; Dr. sociétés 2001, n° 93, obs. Bonneau.*

Art. R. 123-130 **Lorsque le greffier qui a procédé à l'immatriculation principale d'une personne morale pouvant faire l'objet d'une dissolution constate, au terme d'un délai de deux ans après la mention au registre de la cessation totale d'activité de cette personne, l'absence de toute inscription modificative relative à une reprise d'activité, il** *(Décr. n° 2012-928 du 31 juill. 2012, art. 16, en vigueur le 1er sept. 2012)* **« peut procéder », après en avoir informé la personne morale par lettre recommandée avec demande d'avis de réception adressée à son siège social,** *(Décr. n° 2012-928 du 31 juill. 2012, art. 16, en vigueur le 1er sept. 2012)* **« à la radiation d'office de l'intéressée**

« Toute radiation d'office effectuée en vertu du présent article » est portée à la connaissance du ministère public. — *[Décr. n° 84-406 du 30 mai 1984, art. 42-1.]*

Les dispositions du Décr. n° 2012-928 du 31 juill. 2012 sont applicables en Nouvelle-Calédonie et à Wallis-et-Futuna (Décr. préc., art. 24).

Art. R. 123-131 **Est radiée d'office toute personne morale, après mention au registre de sa dissolution, au terme du délai fixé par les statuts pour la durée de la liquidation ou, à défaut, au terme d'un délai de trois ans après la date de cette mention.**

Toutefois, le liquidateur peut demander la prorogation de l'immatriculation par voie d'inscription modificative pour les besoins de la liquidation ; cette prorogation est valable un an sauf renouvellement d'année en année. — *[Décr. n° 84-406 du 30 mai 1984, art. 43.]*

Sociétés commerciales. BIBL. Bouloc, *Rev. sociétés 1978. 419.* – Bonneau, *Dr. sociétés 1994. Chron. 12.* ♦ Une société conservant la personnalité morale malgré la mesure de radiation d'office dont elle a fait l'objet, ne peut être qualifiée de société de fait ; une procédure de redressement ou de liquidation judiciaire peut donc être ouverte à son encontre. • Paris, 13 sept. 1994 : *Dr. sociétés déc. 1994, p. 1 ; JCP E 1995. II. 655, note Bonneau.*

Radiée d'office du RCS, selon l'art. 43 du Décr. n° 84-406 du 30 mai 1984 (devenu l'art. R. 123-131), sans que les opérations de liquidation soient clôturées, une société garde sa personnalité morale pour les besoins de sa liquidation. Il en résulte que l'assignation en résolution de la vente d'immeubles pour non-paiement, ayant été valablement engagée et l'instance poursuivie par le liquidateur, la procédure ne saurait être annulée. • Com. 13 févr. 1996 : *Bull. civ.*

IV, n° 52 ; Bull. Joly 1996. 496, note Daigre ; Dr. sociétés 1996, n° 120, note Bonneau ; JCP 1996. IV. 814 ; Defrénois 1996. 670, obs. Hovasse • 20 févr. 2001 : *BRDA 2001, n° 5, p. 6.*

Sur la liquidation judiciaire des sociétés, V. art. 1844-7, 7°, C. civ., App., v° *Sociétés commerciales.* ♦ V. aussi Guyénot, *Gaz. Pal. 1987. 1. Doctr. 312.*

Art. R. 123-132 Le greffier qui procède à la radiation d'une immatriculation requiert sans délai :

1° S'il s'agit d'une immatriculation principale, la radiation des immatriculations secondaires correspondantes, sauf en cas de transfert du principal établissement pour les commerçants, du siège ou du premier établissement dans un département pour les personnes morales ;

2° S'il s'agit d'une immatriculation secondaire, la modification des mentions correspondantes portées à l'immatriculation principale. — *[Décr. n° 84-406 du 30 mai 1984, art. 44.]*

Art. R. 123-133 Les mentions prévues par le 1° de l'article R. 123-124 sont radiées d'office :

1° Lorsque intervient une décision de réhabilitation, de relevé d'incapacité ou d'amnistie faisant disparaître l'incapacité ou l'interdiction ;

2° Lorsque arrive le terme de l'interdiction fixé par la juridiction en application de l'article L. 653-11.

(Décr. n° 2007-750 du 9 mai 2007, art. 22) « 3° Lorsque le dirigeant qui fait l'objet d'une incapacité ou d'une interdiction n'exerce plus ses fonctions. » — *[Décr. n° 84-406 du 30 mai 1984, art. 44-1, al. 1er à 3.]*

Art. R. 123-134 Les radiations prévues *(Décr. n° 2007-750 du 9 mai 2007, art. 23)* « aux articles R. 123-132 et R. 123-133 » sont également effectuées d'office aux lieux des immatriculations secondaires sur notification par le greffier de l'immatriculation principale ; cette notification est faite dans le délai de quinze jours à compter de la date de la radiation à titre principal. — *[Décr. n° 84-406 du 30 mai 1984, art. 44-1, al. 4.]*

Art. R. 123-135 Sont radiées d'office les mentions relatives aux décisions mentionnées à l'article R. 123-122 lorsque :

1° Il a été mis fin à une procédure de sauvegarde en application de l'article L. 622-12 ;

2° Il a été mis fin à une procédure de redressement en application de l'article L. 631-16 ;

3° Il a été constaté l'achèvement de l'exécution du plan de sauvegarde ou de redressement en application de l'article L. 626-28 ;

(Décr. n° 2011-1836 du 7 déc. 2011, art. 1er) « 4° Le plan de sauvegarde est toujours en cours à l'expiration d'un délai de trois ans à compter de son arrêté ;

« 5° Le plan de redressement est toujours en cours à l'expiration d'un délai de cinq ans à compter de son arrêté.

« Les radiations prévues aux 4° et 5° font obstacle à toute nouvelle mention intéressant l'exécution du plan de sauvegarde ou de redressement, sauf si celle-ci est relative à une mesure d'inaliénabilité décidée par le tribunal ou à une décision prononçant la résolution du plan. » — *[Décr. n° 84-406 du 30 mai 1984, art. 44-1-1.]*

Les dispositions du Décr. n° 2011-1836 du 7 déc. 2011 sont applicables aux mentions figurant au RCS à la date de sa publication (JO 9 déc.). Elles sont applicables en Nouvelle-Calédonie et à Wallis-et-Futuna (Décr. préc., art. 4 et 5).

BIBL. ▶ TAGNACCIOLI, *Rev. proc. coll. 2012. Formule 4* (demande de radiation du RCS des mentions relatives à la procédure collective).

Art. R. 123-135-1 *(Abrogé par Décr. n° 2011-1836 du 7 déc. 2011, art. 2)* (Décr. n° 2007-750 du 9 mai 2007, art. 24) ***Sont radiées d'office les mentions relatives aux décisions mentionnées à l'article R. 123-122 lorsqu'il a été constaté l'achèvement de l'exécution du plan de sauvegarde ou de redressement judiciaire.*** — V. les 3 derniers al. de l'art. R. 123-135 et la note ss. cet art.

Art. R. 123-136 **Lorsque le greffier a porté au registre une mention de cessation d'activité en application de l'article R. 123-125, il radie d'office la personne qui n'a pas régularisé sa situation, à l'expiration d'un délai de trois mois à compter de l'inscription de cette mention.** — *[Décr. n° 84-406 du 30 mai 1984, art. 44-2.]*

Radiation d'office. Pour une application de l'art. R. 123-136 et ses conséquences en matière de mise en liquidation judiciaire de la société radiée, V. • Bordeaux, 6 janv. 2009 : *BRDA 2009, n° 4, p. 6 ; Dr. sociétés 2009, n° 100, obs. Legros.*

Art. R. 123-137 **Est rapportée par le greffier toute inscription d'office effectuée au vu de renseignements qui se révèlent erronés.** — *[Décr. n° 84-406 du 30 mai 1984, art. 45.]*

Art. R. 123-138 *(Décr. n° 2012-928 du 31 juill. 2012, art. 17, en vigueur le 1er sept. 2012)* **Lorsqu'une personne a été radiée d'office en application de la présente section, elle peut, dès lors qu'elle démontre qu'elle a régularisé sa situation, demander au greffier de rapporter cette radiation.**

Dans le délai de quinze jours à compter de la demande, il procède au rapport ou remet une décision motivée de refus au demandeur contre récépissé ou la lui adresse par lettre recommandée avec demande d'avis de réception.

Le demandeur peut saisir le juge commis à la surveillance du registre du refus ou de l'absence de réponse du greffier dans les quinze jours suivant la notification prévue à l'alinéa précédent. — *[Décr. n° 84-406 du 30 mai 1984, art. 46.]*

Les dispositions du Décr. n° 2012-928 du 31 juill. 2012 sont applicables en Nouvelle-Calédonie et à Wallis-et-Futuna (Décr. préc., art. 24).

Régularisation d'une radiation. L'assujetti qui souhaite rapporter la radiation d'office dont il a fait l'objet peut présenter sa demande à tout moment, sans que le délai de six mois, précédemment prévu par l'art. R. 123-138 et supprimé par le Décr. du 31 juill. 2012, puisse lui être opposé. Il présente sa demande de rapport sous la forme d'une demande d'inscription modificative en justifiant avoir régularisé sa situation (Avis CCRCS n° 2012-037 du 25 oct. 2012 : *JCP E 2013. Actu. 293*).

• § 5 DU CONTENTIEUX

Art. R. 123-139 **Sous réserve des dispositions des articles R. 123-143 à R. 123-149, toute contestation entre la personne tenue à l'immatriculation et le greffier est portée devant le juge commis à la surveillance du registre, qui statue par ordonnance.** — *[Décr. n° 84-406 du 30 mai 1984, art. 59.]*

1. Ordre public. Le juge commis à la surveillance du registre peut refuser une immatriculation au motif que le nom commercial adopté créerait une confusion avec un organisme officiel, en violation de l'ordre public. • Toulouse, 12 févr. 1987 : *JCP 1988. IV. 148 ; Gaz. Pal. 1988. 1. Somm. 94.* ♦ En revanche, il n'appartient pas au juge de juger de l'opportunité de l'immatriculation d'une société à partir du moment où ce juge ne relève pas le caractère incomplet du dossier d'immatriculation, ou une violation des règles impératives du droit des sociétés ou une violation d'une règle d'ordre public. • Douai, 8 févr. 1996 : *Gaz. Pal. 1996. 2. Somm. 509 ; RJDA 1996, n° 1476.*

2. Radiation. L'ordonnance de radiation d'un commerçant immatriculé au registre du commerce étant fondée sur un jugement du tribunal de commerce, par application des dispositions de l'art. 108 de la loi du 13 juill. 1967 (interdiction de diriger, gérer, administrer ou contrôler toute entreprise commerciale), le juge commis à la surveillance du registre du commerce n'est investi d'aucun pouvoir d'appréciation, sa compétence se bornant à contrôler la régularité des immatriculations. • Paris, 18 juin 1992 : *Gaz. Pal. 1993. 1. 157, note Marchi.*

Dès lors qu'un tribunal de commerce a été saisi du différend portant sur la qualification d'un contrat de location-gérance, une cour d'appel rappelle à bon droit, pour infirmer la décision du juge commis à la surveillance du RCS par laquelle il a retenu que le contrat de location-gérance présentait toutes les apparences de validité certaine, que ce magistrat, qui n'est investi d'aucun pouvoir d'appréciation au fond quant à la validité des actes qui lui sont remis, a excédé ses pouvoirs en enjoignant au locataire-gérant de demander sa radiation du registre. • Com. 29 avr. 1997 : *Bull. civ. IV, n° 115 ; D. 1997. IR 135 ; D. Affaires 1997. 753 ; RTD com. 1998. 132, obs. Derruppé ; RJ com. 1998. 273, note Vallasan.*

En matière de procédure de radiation d'office, dès lors qu'aucune irrégularité de saisine du premier juge n'est susceptible d'être encourue et que l'appelant a conclu au fond en invoquant la sévérité de la sanction prononcée, l'effet dévolutif de l'appel doit recevoir application. • Caen, 12 sept. 2002 : *BICC 2002, n° 1178.*

3. Nullité d'actes sociaux. Le juge n'a pas qualité pour prononcer la nullité des délibérations et des procès-verbaux d'assemblées générales des actionnaires et du conseil d'administration ; la régularisation des publications peut être effectuée à tout moment. • TI Strasbourg, 25 oct. 1985 : *Rev. sociétés 1986. 223, note J.-P. Storck.*

Art. R. 123-140 **Les ordonnances rendues par le juge commis à la surveillance du registre sont notifiées à l'assujetti par lettre recommandée avec demande d'avis de réception.**

La notification indique la forme et le délai du recours ainsi que les modalités suivant lesquelles il doit être exercé. Mention y est faite des pénalités prévues à l'article L. 123-4.

Le greffier informe en outre par lettre simple la personne tenue à l'immatriculation, à son adresse de correspondance, de la décision rendue et du délai de recours. — *[Décr. n° 84-406 du 30 mai 1984, art. 60.]*

Art. R. 123-141 **L'appel des ordonnances est formé, instruit et jugé comme en matière gracieuse selon les dispositions des articles 950 à 953 du** *(Décr. n° 2008-484 du 22 mai 2008, art. 22)* **« code de procédure civile ». Toutefois, la partie est dispensée du ministère d'avocat** *(Abrogé par Décr. n° 2012-634 du 3 mai 2012, art. 21)* ***« ou d'avoué ».***

Le greffier de la cour d'appel adresse une copie de l'arrêt au greffier chargé de la tenue du registre. — *[Décr. n° 84-406 du 30 mai 1984, art. 61.]*

1. Ministère public. L'appel d'une ordonnance rendue en matière de contentieux relatif aux inscriptions au RCS, par le juge chargé de surveiller ce registre, étant soumis aux règles de la procédure gracieuse, la présence du ministère public à l'audience est obligatoire s'il y a des débats. • Civ. 2e, 16 juill. 1992 : *Bull. civ. II, n° 211.*

2. Procédure orale. La procédure d'appel des ordonnances du juge chargé de la surveillance du RCS étant orale, en application de l'art. R. 123-141 C. com., les dispositions de l'art. 954, al. 2, C. pr. civ. ne s'appliquent pas. • Com. 18 oct. 2011 : *Bull. civ. IV, n° 168 ; D. 2011. Actu. 2655, obs. Lienhard ; JCP E 2012, n° 1019, note Barbièri ; RJDA 2012, n° 59 ; Dr. sociétés 2012, n° 9, obs. Roussille ; Bull. Joly 2012. 96, note Reygrobellet.*

3. Délai. Le délai d'appel est de 15 jours à compter de la notification de la décision, en application combinée des art. 528 et 538 C. pr. civ. • Poitiers, 20 sept. 2011 : *RG n° 11/02212.*

Art. R. 123-142 **Il est déféré à l'ordonnance du juge commis à la surveillance du registre du commerce et des sociétés ou à l'arrêt de la cour d'appel dans le délai de quinze jours à compter de la date à laquelle la décision est devenue définitive.**

Lorsque la personne tenue à l'immatriculation ne défère pas à une décision lui enjoignant de procéder à une formalité, le greffier en avise le procureur de la République et lui adresse une expédition de la décision.

La juridiction ayant rendu une décision de radiation peut enjoindre au greffier d'y procéder d'office à l'expiration du délai d'un mois à compter de l'envoi de la lettre recommandée notifiant l'ordonnance ou l'arrêt. – *[Décr. n° 84-406 du 30 mai 1984, art. 62.]*

Art. R. 123-143 La décision de refus d'immatriculation ou d'enregistrement de modifications statutaires prise par le greffier en application du deuxième alinéa de l'article R. 123-95 peut être contestée dans le délai de quinze jours à compter de sa notification.

La demande est adressée par lettre recommandée avec demande d'avis de réception au président de la juridiction à laquelle est attaché le greffier qui a refusé l'immatriculation ou l'enregistrement des modifications statutaires. Elle est formée, selon le cas, par les fondateurs et les premiers membres des organes de gestion, d'administration, de direction et de surveillance ou l'un d'entre eux, ou par la société ou son représentant.

Elle est motivée et accompagnée de toutes pièces utiles. – *[Décr. n° 84-406 du 30 mai 1984, art. 62-1.]*

Art. R. 123-144 Le président de la juridiction ou le magistrat délégué à cet effet statue en urgence par ordonnance, au vu de la décision et de tous autres documents utiles.

Toutefois, il a la faculté de renvoyer la demande à une audience du tribunal dont il fixe la date.

Lorsqu'il est fait usage de la faculté mentionnée à l'alinéa précédent, le tribunal statue en urgence après avoir recueilli les observations du demandeur à la contestation ou les lui avoir demandées. – *[Décr. n° 84-406 du 30 mai 1984, art. 62-2.]*

Art. R. 123-145 La décision juridictionnelle est revêtue sur l'expédition de la formule exécutoire.

Elle est notifiée au requérant par lettre recommandée avec demande d'avis de réception. – *[Décr. n° 84-406 du 30 mai 1984, art. 62-3.]*

Art. R. 123-146 La notification d'une décision juridictionnelle de refus d'immatriculation ou d'enregistrement de modifications statutaires indique la forme et le délai du recours ainsi que les modalités suivant lesquelles il doit être exercé. – *[Décr n° 84-406 du 30 mai 1984, art. 62-4, al. 1er.]*

Art. R. 123-147 La décision juridictionnelle autorisant l'immatriculation ou l'enregistrement est immédiatement portée à la connaissance du greffe compétent pour y procéder. – *[Décr. n° 84-406 du 30 mai 1984, art. 62-4, al. 2.]*

Art. R. 123-148 La décision de refus d'immatriculation ou d'enregistrement rendue en première instance est susceptible d'appel par la société, dans les quinze jours de sa notification.

L'appel est formé, instruit et jugé comme en matière gracieuse selon les dispositions des articles 950 à 953 du *(Décr. n° 2008-484 du 22 mai 2008, art. 22)* « code de procédure civile ». Toutefois, la société appelante est dispensée du ministère d'avocat *(Abrogé par Décr. n° 2012-634 du 3 mai 2012, art. 21)* *« ou d'avoué »*. – *[Décr. n° 84-406 du 30 mai 1984, art. 62-5.]*

Art. R. 123-149 Le greffier de la cour d'appel adresse une copie de l'arrêt au greffier chargé de la tenue du registre. – *[Décr. n° 84-406 du 30 mai 1984, art. 62-6.]*

§ 6 DE LA PUBLICITÉ DU REGISTRE

SOUS-§ 1er DE LA COMMUNICATION ET DE L'INSCRIPTION DES ACTES

Art. R. 123-150 Les greffiers et l'Institut national de la propriété industrielle sont astreints et seuls habilités à délivrer à toute personne qui en fait la demande des certificats, copies ou extraits des inscriptions portées au registre et actes déposés en annexe, sauf en ce qui concerne les inscriptions radiées et les documents comptables, qui sont communiqués dans des conditions fixées par l'arrêté prévu à l'article R. 123-166. – *[Décr. nº 84-406 du 30 mai 1984, art. 67.]* – *V. art. A. 123-65 s.*

Communication au tiers. Compte tenu du statut juridique du représentant permanent de la personne morale, défini par l'art. L. 227-7 C. com., l'insertion de cette mention dans l'extrait du RCS de la société par actions simplifiée, et donc la communication de cette information aux tiers au sens de l'art. R. 123-150, sont cumulativement protectrices des intérêts respectifs des tiers, notamment de ceux contractant avec la société par actions simplifiée, de la société elle-même et de la personne morale assurant sa présidence. • Poitiers, 20 sept. 2011 : *cité note 5 ss. art. R. 123-54.*

Art. R. 123-151 Les demandes présentées aux greffiers ou à l'Institut national de la propriété industrielle peuvent porter :

1° Sur des dossiers individuels ou un ensemble de dossiers ; elles correspondent dans le second cas aux critères de recherche définis par l'arrêté prévu à l'article R. 123-166 ; – *V. art. A. 123-69.*

2° Sur des inscriptions et des actes déposés, ou sur l'état futur des dossiers ; elles donnent lieu dans le second cas à délivrance de renseignements selon une périodicité définie par l'arrêté précité. – *[Décr. nº 84-406 du 30 mai 1984, art. 68.]*

Art. R. 123-152 Les greffiers satisfont aux demandes prévues à l'article R. 123-150 par la délivrance soit de la copie intégrale des inscriptions portées au registre concernant une même personne ou d'un ou plusieurs actes déposés, soit d'un extrait indiquant l'état de l'immatriculation à la date à laquelle cet extrait est délivré, soit d'un certificat attestant qu'une personne n'est pas immatriculée. La copie, l'extrait ou le certificat est établi aux frais du demandeur *(Décr. nº 2009-1150 du 25 sept. 2009, art. 3)* « et fait foi jusqu'à preuve contraire ». – *[Décr. nº 84-406 du 30 mai 1984, art. 69.]*

(Décr. nº 2009-1150 du 25 sept. 2009, art. 3) « Les extraits ou certificats portant la date de leur délivrance et revêtus du nom, de la signature et du sceau du greffier qui les a délivrés ainsi que de la mention du lieu dans lequel ce dernier exerce ses attributions font foi jusqu'à inscription de faux. Toute surcharge, interligne ou addition contenu dans le corps de ces documents est nul. »

BIBL. ▸ SAINTOURENS, *RTD com. 2010. 59* (la réforme des conditions de délivrance par le greffier de copies, extraits ou certificats du RCS).

Langue française. Les extraits du RCS délivrés par les greffiers en application des art. R. 123-150 et R. 123-152 doivent être délivrés en langue française. Tel est le cas de l'extrait K *bis* (Avis CCRCS nº 2012-030 du 21 juin 2012 : *JCP E 2012. Actu. 475*).

Art. R. 123-152-1 *(Décr. nº 2009-1150 du 25 sept. 2009)* Les copies, extraits ou certificats peuvent être délivrés par les greffiers par voie électronique dans les conditions prévues à l'article R. 741-5.

Art. R. 123-152-2 *(Décr. n° 2009-1150 du 25 sept. 2009)* Les extraits ou certificats mentionnés au dernier alinéa de l'article R. 123-152 sont délivrés par les greffiers sur support électronique dans les conditions suivantes :

1° Ils sont établis au moyen d'un système de traitement, de conservation et de transmission de l'information garantissant l'intégrité de leur contenu et agréé par le Conseil national des greffiers des tribunaux de commerce ;

2° Les systèmes de communication d'informations mis en œuvre par les greffiers doivent être interopérables entre eux ainsi qu'avec les organismes auxquels ils doivent transmettre ces données ;

3° Les extraits ou certificats sont revêtus de la signature électronique sécurisée du greffier qui les a dressés, telle que définie par le décret n° 2001-272 du 30 mars 2001 pris pour l'application de l'article 1316-4 du code civil et relatif à la signature électronique ;

4° Ils doivent être conservés dans des conditions de nature à en préserver l'intégrité et la lisibilité ;

5° Les greffiers conservent également l'ensemble des informations relatives aux extraits et certificats délivrés, telles que les données permettant de les identifier, de déterminer leurs propriétés et d'en assurer la traçabilité ;

6° Ils tiennent en outre, jour par jour, un répertoire sur support électronique de tous les extraits et certificats qu'ils établissent ;

7° Ce répertoire mentionne la date, la nature, le nom des destinataires des extraits et certificats, le support sur lequel ils ont été établis et toutes autres informations prescrites par les lois et règlements ;

8° L'image du sceau du greffier doit figurer sur les extraits ou certificats délivrés.

Un arrêté du garde des sceaux, ministre de la justice, précise, en tant que de besoin, les modalités d'application du présent article.

Art. R. 123-153 L'Institut national de la propriété industrielle satisfait moyennant le paiement de redevances aux demandes mentionnées à l'article R. 123-150 par certificat, copie ou communication des renseignements figurant au registre national.

Des copies telles que figurant au registre peuvent être diffusées à titre de renseignement par voie électronique.

L'Institut national de la propriété industrielle peut délivrer des certificats attestant qu'au jour de la demande une personne ne figure pas dans les immatriculations portées au registre national. — *[Décr. n° 84-406 du 30 mai 1984, art. 70.] — V. art. A. 123-66.*

Art. R. 123-154 Pour les procédures ouvertes à compter du 1er janvier 2006, ne peuvent être communiqués :

1° Les jugements rendus en matière de sauvegarde en cas de clôture de la procédure en application de l'article L. 622-12 et en cas d'exécution du plan constaté en application de l'article L. 626-28 ;

2° Les jugements rendus en matière de redressement judiciaire en cas de clôture de la procédure en application de l'article L. 631-16 et en cas d'exécution du plan constaté en application des articles L. 631-21 et L. 626-28 ;

3° Les jugements rendus en matière de liquidation judiciaire en cas de clôture pour extinction du passif ;

4° Les jugements ayant décidé que les dettes de la personne morale seront supportées en tout ou partie par les dirigeants de celle-ci ou certains d'entre eux en application des articles L. 651-2 ou L. 652-1, en cas de paiement par ceux-ci du passif mis à leur charge ;

5° Les jugements prononçant la faillite personnelle ou l'interdiction prévue à l'article L. 653-8 en cas de clôture pour extinction du passif, relèvement total des déchéances ou amnistie. – *[Décr. n° 84-406 du 30 mai 1984, art. 71, al. 1er à 7.]* – *V. art. A. 123-67.*

Décret n° 84-406 du 30 mai 1984,

Relatif au registre du commerce et des sociétés.

Art. 71 Ne peuvent être communiqués :

....

(Décr. n° 2005-1677 du 28 déc. 2005, art. 353) « 2° Pour les procédures ouvertes entre le 2 janvier 1986 et le 31 décembre 2005 : »

a) Les jugements rendus en matière de redressement et de liquidation judiciaires en cas de clôture pour extinction du passif ;

b) Les jugements rendus en matière de redressement judiciaire en cas d'exécution du plan de continuation et d'apurement collectif du passif et en cas de clôture de la procédure en application de l'article L. 621-95 *[abrogé]* du code de commerce ;

c) Les jugements ayant décidé que les dettes de la personne morale seront supportées en tout ou en partie par les dirigeants de celle-ci ou certains d'entre eux, en cas de paiement par ceux-ci du passif mis à leur charge ;

d) Les jugements prononçant la faillite personnelle ou l'interdiction prévue à l'article L. 653-8 du code de commerce en cas de clôture pour extinction du passif, relèvement total des déchéances ou amnistie. *[;]*

(Décr. n° 2005-1677 du 28 déc. 2005, art. 353) « 3° » Pour les procédures ouvertes entre le 1er janvier 1968 et le 1er janvier 1986 :

a) Les jugements rendus en matière de règlement judiciaire, liquidation des biens, ceux ayant prononcé la faillite personnelle ou d'autres sanctions prévues au chapitre premier du titre III de la loi n° 67-563 du 13 juillet 1967 en cas de clôture par extinction du passif, exécution du concordat, réhabilitation ou amnistie ;

b) Les jugements ayant mis tout ou partie du passif social à la charge des dirigeants sociaux, en cas de paiement par ceux-ci du passif mis à leur charge ;

c) Les jugements rendus en matière de suspension provisoire des poursuites en cas d'exécution du plan de redressement et d'apurement collectif du passif ;

(Décr. n° 2005-1677 du 28 déc. 2005, art. 353) « 4° » Pour les procédures antérieures au 1er janvier 1968 : les jugements rendus en matière de faillite, liquidation judiciaire, règlement judiciaire lorsqu'il y a eu clôture pour défaut d'intérêt de la masse, exécution du concordat, réhabilitation ou amnistie ;

(Décr. n° 2005-1677 du 28 déc. 2005, art. 353) « 5° » Les jugements autres que ceux prévus aux 1° *[C. com., art. R. 123-154]*, 2° et 3° ci-dessus et entraînant l'incapacité ou l'interdiction soit d'exercer une activité commerciale ou professionnelle, soit de gérer, d'administrer ou de diriger une personne morale lorsque l'intéressé a été relevé de cette incapacité ou a bénéficié d'une réhabilitation ou d'une amnistie ;

(Décr. n° 2005-1677 du 28 déc. 2005, art. 353) « 6° » Les jugements d'interdiction ou de nomination de conseil judiciaire lorsque ces mesures ont été rapportées ;

(Décr. n° 2005-1677 du 28 déc. 2005, art. 353) « 7° » *(Abrogé par Décr. n° 2005-530 du 24 mai 2005, art. 6)* *« Les demandes en séparation de biens ou de liquidation anticipée des acquêts ainsi que »* *[L]*es demandes formées sur le fondement de l'article 1426 ou de l'article 1429 du code civil lorsqu'elles ont été rejetées ainsi que les jugements de rejet de ces demandes.

Arrêté du 9 février 1988,

Relatif au registre du commerce et des sociétés

Art. 18 Pour l'application de l'article 71 du décret relatif au registre du commerce et des sociétés précité, l'assujetti doit produire :

1° En cas d'exécution du concordat, une attestation du commissaire à l'exécution du concordat, s'il en a été nommé un, ou, à défaut, une ordonnance du juge commis à la surveillance du registre ;

(Arr. 2 juill. 1998) « 2° En cas de paiement du passif mis à la charge des dirigeants d'une société, une attestation du syndic ou du liquidateur judiciaire :

« 3° En cas d'exécution *(L. n° 2005-845 du 26 juill. 2005, art. 165-II)* « du plan de sauvegarde ou de redressement » et d'apurement collectif du passif, une attestation du commissaire à l'exécution du plan, ou, lorsque la mission de ce dernier à pris fin, la preuve par tous moyens du règlement de tous les créanciers dans les conditions fixées au jugement arrêtant le plan. »

Sont abrogées les dispositions de l'Arr. du 9 févr. 1988 relatif au registre du commerce et des sociétés, à l'exception de l'art. 18 qui reste applicable aux procédures ouvertes avant le 1er janv. 2006 (Arr. 14 janv. 2009, art. 3-II).

SOUS-§ 2 DE LA PUBLICATION AU BULLETIN OFFICIEL DES ANNONCES CIVILES ET COMMERCIALES

Art. R. 123-155 **Toute immatriculation donne lieu à l'insertion d'un avis au *Bulletin officiel des annonces civiles et commerciales*.** — *V. art. A. 123-74 s.*

(Décr. n° 2008-1488 du 30 déc. 2008, art. 5-I) **« Toutefois, l'insertion d'un avis n'est pas requise en cas d'immatriculation d'une société à responsabilité limitée dont l'associé unique, personne physique, assume personnellement la gérance ou d'une société par actions simplifiées dont l'associé unique, personne physique, assume personnellement la présidence. »** — *[Décr. n° 84-406 du 30 mai 1984, art. 73, al. 1er.]*

Dispense de publicité. La dispense de publicité prévue aux art. R. 123-155 et R. 123-159, dern. al., s'applique aussi aux sociétés d'exercice libérale et aux sociétés de participations financières de profession libérale constituées par un seul associé qui assume la gérance ou la présidence (Avis CCRCS n° 2012-022 du 30 mai 2012 : *JCP E 2012. Actu. 475 ; BRDA 2012, n° 14, p. 3 ; Dr. sociétés 2012, n° 165, obs. Roussille*).

Art. R. 123-156 **L'avis au *Bulletin officiel des annonces civiles et commerciales* contient pour les personnes physiques :**

1° Les références de l'immatriculation ;

2° *Les nom, nom* d'usage, pseudonyme et prénoms de la personne immatriculée ;

3° La ou les activités effectivement exercées, le lieu d'exercice, la date du commencement d'exploitation ;

4° Le nom commercial. — *[Décr. n° 84-406 du 30 mai 1984, art. 73, al. 2 à 7.]*

Art. R. 123-157 **L'avis au *Bulletin officiel des annonces civiles et commerciales* contient pour les sociétés et les groupements d'intérêt économique :**

1° Les références de l'immatriculation ;

2° La raison sociale ou la dénomination suivie, le cas échéant, du sigle et du nom commercial ;

3° Le montant du capital et, pour les sociétés à capital variable, le montant au-dessous duquel le capital ne peut être réduit ;

4° L'adresse du siège ;

5° La ou les activités exercées et, le cas échéant, la date du commencement d'activité ;

6° S'il s'agit d'une société, la forme juridique, les nom, nom d'usage, pseudonyme et prénoms des associés *(Abrogé par Décr. n° 2007-750 du 9 mai 2007, art. 25-I) « tenus indéfiniment ou »* tenus indéfiniment et solidairement des dettes sociales, les nom, nom d'usage, pseudonyme et prénoms des associés ou des tiers ayant dans la société la qualité de gérant, administrateur, président du conseil d'administration, directeur général, membre du directoire, membre du conseil de surveillance ou commissaire aux comptes ; les nom, nom d'usage, pseudonyme et prénoms des autres personnes ayant le pouvoir d'engager à titre habituel la société envers les tiers ;

7° S'il s'agit d'un groupement d'intérêt économique, les noms, nom d'usage, pseudonyme et prénoms des administrateurs, des personnes chargées du contrôle de la gestion et de celles chargées du contrôle des comptes, ainsi que, le cas échéant, des membres exonérés des dettes nées antérieurement à leur entrée dans le groupement. — *[Décr. n° 84-406 du 30 mai 1984, art. 73, al. 8 à 15.]*

Art. R. 123-158 Pour les autres personnes morales, un arrêté du garde des sceaux, ministre de la justice, du ministre chargé de la propriété industrielle et du ministre chargé du contrôle de la personne morale adapte les indications prévues à l'article R. 123-157. — *[Décr. n° 84-406 du 30 mai 1984, art. 73, al. 16 et 17.] — V. art. A. 123-75.*

Art. R. 123-159 Si l'une des mentions prévues aux articles R. 123-156 à R. 123-158 est modifiée, un avis modificatif est inséré au *Bulletin officiel des annonces civiles et commerciales. — V. art. A. 123-78.*

L'avis contient :

1° Pour les personnes physiques :

a) Les références de l'immatriculation ;

b) Les nom, nom d'usage, pseudonyme et prénoms de la personne immatriculée ;

c) L'indication des modifications intervenues.

2° Pour les personnes morales :

a) Les références de l'immatriculation ;

b) La raison sociale ou la dénomination suivie, le cas échéant, de son sigle ;

c) S'il s'agit d'une société, la forme juridique ;

d) En cas de fusion ou de scission de société, l'indication de l'opération qui est à l'origine de ces modifications ainsi que celle des raison sociale, dénomination, forme juridique et siège des personnes morales ayant participé à cette opération ;

(Décr. n° 2007-750 du 9 mai 2007, art. 25-II) « *e)* L'indication des modifications intervenues. »

Le présent article est applicable à la dissolution et la nullité d'une personne morale. *(Décr. n° 2008-1488 du 30 déc. 2008, art. 5-II)* « Il n'est pas applicable aux sociétés mentionnées au second alinéa de l'article R. 123-155. » — *[Décr. n° 84-406 du 30 mai 1984, art. 74.]*

Transfert d'établissement. En ce qui concerne les sociétés, l'art. 73 du Décr. n° 84-406 du 30 mai 1984 (devenu l'art. R. 123-157) prévoit la publication de l'adresse du siège social mais ne vise pas l'adresse de l'établissement ; son transfert ne fait donc pas l'objet d'une publicité au BODACC en vertu de l'art. 74 du décret (devenu l'art. R. 123-159) (Avis CCRCS n° 05-04 du 15 nov. 2005 : *Bull. RCS 2005, n° 30-32, p. 31*).

Art. R. 123-160 Toute radiation donne lieu à l'insertion d'un avis au *Bulletin officiel des annonces civiles et commerciales.*

L'avis contient :

1° Pour les personnes physiques :

a) Les références de l'immatriculation ;

b) Les nom, nom d'usage, pseudonyme et prénoms de la personne immatriculée ;
c) Le lieu de l'exploitation ;
d) Le nom commercial ;
e) La date de la cessation de l'activité.
2° Pour les personnes morales :
a) Les références de l'immatriculation ;
b) La raison sociale ou la dénomination suivie, le cas échéant, de son sigle ;
c) S'il s'agit d'une société la forme juridique ;
d) L'adresse du siège. – *[Décr. n° 84-406 du 30 mai 1984, art. 75.]*

Art. R. 123-161 Les avis prévus aux articles R. 123-155 et suivants sont établis et adressés par le greffier au *Bulletin officiel des annonces civiles et commerciales* dans les huit jours de l'inscription correspondante ou, s'il s'agit d'une immatriculation principale, dès la notification du numéro d'identification par l'Institut national de la statistique et des études économiques.

Ces avis sont établis selon un modèle défini par arrêté du garde des sceaux, ministre de la justice. – *[Décr. n° 84-406 du 30 mai 1984, art. 76.]*

Art. R. 123-162 Le dépôt des documents comptables prévus au premier alinéa de l'article R. 123-111 donne lieu à l'insertion d'un avis au *Bulletin officiel des annonces civiles et commerciales* conformément aux dispositions des articles R. 232-19 à R. 232-21. – *[Décr. n° 84-406 du 30 mai 1984, art. 77.]*

• § 7 DISPOSITIONS DIVERSES

Art. R. 123-163 Les taxes, émoluments et dépens afférents aux formalités effectuées en application de la présente section sont à la charge des requérants.

En sus de leurs émoluments réglementés par les articles R. 743-140 et suivants, les greffiers perçoivent, pour le compte de l'Institut national de la propriété industrielle, les taxes instituées en faveur de cet établissement. Ils envoient à l'institut les fonds perçus par eux à ce titre dans les délais fixés par l'arrêté prévu à l'article R. 123-166. – *[Décr. n° 84-406 du 30 mai 1984, art. 78.] – V. art. A. 123-31. – Sur ces redevances, V. CPI, art. R. 411-17 et Arr. 24 avr. 2008, ci-dessous.*

Code de la propriété intellectuelle

(Décr. n° 95-385 du 10 avr. 1995)

Art. R. 411-17 *(Décr. n° 2004-199 du 25 févr. 2004, art. 6)* L'Institut national de la propriété industrielle perçoit des redevances, dont le montant et les modalités d'application sont fixés par arrêté conjoint du ministre chargé de la propriété industrielle et du ministre chargé du budget, à l'occasion des procédures et formalités suivantes : – *V. Arr. 24 avr. 2008 ci-dessous.*

....

8° S'agissant du registre national du commerce et des sociétés :
Déclaration ;
Dépôt d'un acte.

....

Arrêté du 24 avril 2008,

Relatif aux redevances de procédures perçues par l'Institut national de la propriété industrielle.

Art. 1er Le montant des redevances de procédures prévues à l'article R. 411-17 du code de la propriété intellectuelle susvisé est fixé conformément au tableau annexé au présent arrêté. — *V. tableau ci-dessous.*

....

Art. 5 L'arrêté du 2 août 2005 relatif aux redevances de procédures perçues par l'Institut national de la propriété industrielle est.

Toutefois, les taux prévus par l'arrêté du 2 août 2005 restent applicables si des avertissements ou notifications ont déjà été adressés, sauf si les taux du présent arrêté leur sont inférieurs.

TABLEAU ANNEXE
REDEVANCES DE PROCÉDURE

....

8. **Registre du commerce et des sociétés**

Immatriculation principale d'une personne physique requise pour cause de création d'établissement	Gratuit
Immatriculation d'une personne morale (constitution sans activité ou avec création d'établissement)	Gratuit
Immatriculation principale requise suite à la prise d'un fonds en location-gérance :	
– personne physique	5,90
– personne morale	11,60
Immatriculation principale requise suite à achat ou apport d'un fonds de commerce (mutation à titre onéreux) et pour toute autre cause (donation, transmission de patrimoine, héritage, transfert hors ressort), ou faisant suite à la caducité d'une inscription précédente :	
– personne physique	5,90
– personne morale	11,60
Immatriculation secondaire requise suite à création (personne physique ou morale)	Gratuit
Immatriculation secondaire requise suite à achat ou apport d'un fonds de commerce (mutation à titre onéreux) :	
– personne physique	5,90
– personne morale	11,60
Toute inscription complémentaire :	
– personne physique	5,90
– personne morale	5,90
Toute inscription modificative, y compris transfert autre que transfert hors ressort et prise d'activité d'une personne morale :	
– personne physique	5,90
– personne morale	5,90
Radiation au registre du commerce et des sociétés (personne physique ou morale)	Gratuit
Dépôt des comptes annuels pour les sociétés	5,45
Dépôt d'actes pour les personnes morales :	
– acte constitutif	Gratuit

– acte modificatif	5,90
Conversion du capital social d'une société à l'euro près :	
– inscription modificative	Gratuit
– acte modificatif	Gratuit

Art. R. 123-164 Lorsque les décisions et les notifications prévues dans les procédures définies aux articles L. 123-3 et R. 123-139 à R. 123-142 donnent lieu à des frais, ceux-ci sont avancés par le greffier.

Le montant en est remboursé par la personne tenue à l'immatriculation lors des opérations de régularisation de sa situation.

Si la personne tenue à l'immatriculation est insolvable, s'il est impossible de la joindre ou s'il n'a pas été déféré à l'injonction du juge commis à la surveillance du registre, le montant des frais avancés par le greffier est remboursé à ce dernier par le Trésor public sur ordonnance du juge commis à la surveillance du registre rendue à la requête du greffier. – *[Décr. n° 84-406 du 30 mai 1984, art. 79.]*

Art. R. 123-165 Les frais remboursés au greffier par le Trésor public en vertu du troisième alinéa de l'article R. 123-164 et ceux afférents aux procédures diligentées d'office par le procureur de la République ou le juge commis à la surveillance du registre sont assimilés à ceux qui résultent des poursuites d'office en matière civile au sens du 4° de l'article R. 93 du code de procédure pénale. – *[Décr. n° 84-406 du 30 mai 1984, art. 80.]*

Art. R. 123-166 Un arrêté conjoint du garde des sceaux, ministre de la justice, et du ministre chargé de la propriété industrielle détermine les modalités d'application de la présente section. Il précise notamment :

1° Les pièces à fournir à l'appui des demandes aux fins d'immatriculation, d'immatriculation secondaire, d'inscription modificative et de radiation ou de dépôt d'actes de sociétés ;

2° Les pièces justificatives habilitant à séjourner sur le territoire français les personnes qui doivent en justifier et, le cas échéant, les autorisant à exercer l'activité considérée. – *[Décr. n° 84-406 du 30 mai 1984, art. 88.]*

• SOUS-SECTION 3 DE LA DOMICILIATION DES PERSONNES PHYSIQUES ET MORALES IMMATRICULÉES *(Décr. n° 2008-1488 du 30 déc. 2008, art. 6-I).*

Art. R. 123-166-1 *(Décr. n° 2009-1695 du 30 déc. 2009, art. 1er)* L'agrément prévu à l'article L. 123-11-3 est délivré par le préfet du département où est situé le siège de l'entreprise de domiciliation. A Paris, cet agrément est délivré par le préfet de police.

Les art. R. 123-166-1 à R. 123-166-5 entrent en vigueur le 1er avr. 2010 (Décr. n° 2009-1695 du 30 déc. 2009, art. 3). – Indépendamment de leur application de plein droit en Nouvelle-Calédonie et en Polynésie française, les art. R. 123-166-1 à R. 123-166-5 sont applicables dans les îles Wallis-et-Futuna (Décr. préc., art. 2).

BIBL. ▶ PAULIN, *Dr. sociétés 2010. Alerte 11* (l'agrément des domiciliataires d'entreprises).

Art. R. 123-166-2 *(Décr. n° 2009-1695 du 30 déc. 2009, art. 1er)* Le dossier de la demande d'agrément comprend :

1° S'agissant d'une entreprise individuelle, une déclaration indiquant sa dénomination, son activité, son adresse, l'adresse de ses établissements secondaires ainsi que l'état civil, le domicile, la profession et la qualité de son exploitant, accompagnée de la copie d'une pièce d'identité en cours de validité de ce dernier ;

2° S'agissant d'une personne morale, une déclaration indiquant sa raison sociale ou sa dénomination, sa forme juridique, son activité, son siège social, l'adresse de ses établissements secondaires ainsi que l'état civil, le domicile, la profession et la qualité de ses *[représentants]* légaux ou statutaires, de ses dirigeants ainsi que des actionnaires ou associés détenant au moins 25 % des voix, des parts ou des droits de vote, accompagnée de la copie d'une pièce d'identité en cours de validité de ces personnes ;

3° Tous justificatifs de ce qu'il est satisfait par l'entreprise de domiciliation et, le cas échéant, par ses établissements secondaires, aux conditions prévues aux 1° et 2° du II de l'article L. 123-11-3 ;

4° Une attestation sur l'honneur de ce qu'il est satisfait aux conditions prévues aux 3°, 4° et 5° du II de l'article L. 123-11-3.

Art. R. 123-166-3 *(Décr. n° 2009-1695 du 30 déc. 2009, art. 1er)* Le préfet saisi d'une demande d'agrément dispose de deux mois pour l'instruire, à compter de sa réception.

Le défaut de réponse du préfet dans le délai mentionné à l'alinéa précédent vaut rejet de la demande.

Lorsque le domiciliataire satisfait aux conditions prévues aux articles L. 123-11-3, L. 123-11-4 et R. 123-166-2, l'agrément est accordé pour une durée de six ans.

Art. R. 123-166-4 *(Décr. n° 2009-1695 du 30 déc. 2009, art. 1er)* Tout changement substantiel dans les indications prévues à l'article R. 123-166-2 doit être déclaré dans un délai de deux mois au préfet qui a délivré l'agrément.

Lorsque l'entreprise de domiciliation crée un ou plusieurs établissements secondaires, elle justifie dans les deux mois auprès du préfet qui l'a agréée de ce que les conditions posées aux 1° et 2° de l'article L. 123-11-3 sont réalisées pour chacun des établissements exploités.

Le préfet délivre, le cas échéant, un nouvel agrément.

Art. R. 123-166-5 *(Décr. n° 2009-1695 du 30 déc. 2009, art. 1er)* L'agrément peut être suspendu pour une durée de six mois au plus ou retiré par le préfet lorsque l'entreprise de domiciliation ne remplit plus les conditions prévues au II de l'article L. 123-11-3 ou n'a pas effectué la déclaration prévue à l'article R. 123-166-4.

Lorsque l'entreprise de domiciliation fait l'objet d'une procédure devant la Commission nationale des sanctions instituée à l'article L. 561-38 du code monétaire et financier, son agrément peut être suspendu par le préfet, à titre conservatoire, pour une durée de six mois au plus, renouvelable par décision spécialement motivée. La décision de suspension ne peut être prise qu'après que le domiciliataire a été mis en mesure de présenter ses observations. Elle cesse de plein droit de produire des effets dès que la commission a rendu sa décision.

La décision de suspension ou de retrait peut être prise pour un seul établissement.

V. note ss. art. R. 123-166-1

Art. R. 123-167 *(Décr. n° 2008-1488 du 30 déc. 2008, art. 6-II)* Toute personne physique ou morale qui installe le siège de son entreprise dans des locaux qu'elle occupera en commun avec une ou plusieurs entreprises présente à l'appui de sa demande d'immatriculation le contrat de domiciliation conclu à cet effet avec le propriétaire ou le titulaire du bail de ces locaux.

Les dispositions du précédent alinéa sont également applicables à toute personne morale dont le siège est situé à l'étranger et qui installe son agence, sa succursale ou sa représentation en France dans des locaux qu'elle occupera en commun avec une ou plusieurs entreprises. – *[Décr. n° 84-406 du 30 mai 1984, art. 26-1, al. 1er.]*

Art. R. 123-168 Le contrat de domiciliation est rédigé par écrit. Il est conclu pour une durée d'au moins trois mois renouvelable par tacite reconduction, sauf préavis de résiliation. Les parties s'engagent à respecter les conditions suivantes :

(Décr. nº 2007-750 du 9 mai 2007, art. 26) « 1º Le domiciliataire doit, durant l'occupation des locaux, être immatriculé au registre du commerce et des sociétés *(Abrogé par Décr. nº 2012-928 du 31 juill. 2012, art. 18, à compter du 1er sept. 2012) « ou au répertoire des métiers »* ; toutefois, cette condition n'est pas requise si le domiciliataire est une personne morale française de droit public ou une association regroupant des personnes morales françaises de droit public. Le domiciliataire met à la disposition de la personne domiciliée des locaux dotés d'une pièce propre à assurer la confidentialité nécessaire et à permettre une réunion régulière des organes chargés de la direction, de l'administration ou de la surveillance de l'entreprise ainsi que la tenue, la conservation et la consultation des livres, registres et documents prescrits par les lois et règlements.

(Décr. nº 2008-1488 du 30 déc. 2008, art. 6-III) « Le domiciliataire détient, pour chaque personne domiciliée, un dossier contenant les pièces justificatives relatives, s'agissant des personnes physiques, à leur domicile personnel et à leurs coordonnées téléphoniques et, s'agissant des personnes morales, au domicile et aux coordonnées téléphoniques de leur représentant légal. Ce dossier contient également les justificatifs relatifs à chacun des lieux d'activité des entreprises domiciliées et au lieu de conservation des documents comptables lorsqu'ils ne sont pas conservés chez le domiciliataire. »

(Décr. nº 2007-750 du 9 mai 2007, art. 26) « Il informe le greffier du tribunal, à l'expiration du contrat ou en cas de résiliation anticipée de celui-ci, de la cessation de la domiciliation de l'entreprise dans ses locaux. Lorsque la personne domiciliée dans ses locaux n'a pas pris connaissance de son courrier depuis trois mois, il en informe également le greffier du tribunal de commerce ou la chambre des métiers. *— V. art. R. 123-171.*

« Il communique aux huissiers de justice munis d'un titre exécutoire les renseignements propres à permettre de joindre la personne domiciliée.

« Il fournit, chaque trimestre, au centre des impôts et aux organismes de recouvrement des cotisations et contributions de sécurité sociale compétents une liste des personnes qui se sont domiciliées dans ses locaux au cours de cette période ou qui ont mis fin à leur domiciliation ainsi que chaque année, avant le 15 janvier, une liste des personnes domiciliées au 1er janvier. »

2º La personne domiciliée prend l'engagement d'utiliser effectivement et exclusivement les locaux, soit comme siège de l'entreprise, soit, si le siège est situé à l'étranger, comme agence, succursale ou représentation. Elle se déclare tenue d'informer le domiciliataire de toute modification concernant son activité. *(Décr. nº 2008-1488 du 30 déc. 2008, art. 6-III)* « Elle prend en outre l'engagement de déclarer, s'agissant d'une personne physique, tout changement de son domicile personnel ou, s'agissant d'une personne morale, tout changement relatif à sa forme juridique et à son objet, ainsi qu'au nom et au domicile personnel des personnes ayant le pouvoir de l'engager à titre habituel. » La personne domiciliée donne mandat au domiciliataire qui l'accepte de recevoir en son nom toute notification.

(Décr. nº 2012-928 du 31 juill. 2012, art. 18, en vigueur le 1er sept. 2012) « Le contrat de domiciliation mentionne les références de l'agrément prévu par l'article **L. 123-11-3.** » *— [Décr. nº 84-406 du 30 mai 1984, art. 26-1, al. 2 à 4.]*

Les personnes domiciliataires se mettent en conformité avec les obligations énoncées à l'art. R. 123-168, dans sa rédaction issue du Décr. nº 2007-750 du 9 mai 2007, dans un délai de six mois à compter de la publication de celui-ci (JO 10 mai) (Décr. préc., art. 42-III).

Les dispositions du Décr. nº 2012-928 du 31 juill. 2012 sont applicables en Nouvelle-Calédonie et à Wallis-et-Futuna (Décr. préc., art. 24).

1. Entreprise de domiciliation. Une entreprise de domiciliation ne respecte pas les obligations légales dès lors qu'elle domicilie 58 sociétés dans des locaux ne comportant qu'une seule pièce de 40 m² environ, au sein de laquelle était aménagé un petit espace garni de mobilier de bureau, dont l'exiguïté était telle que ce mobilier suffisait à le remplir et que deux personnes ne pouvaient pas y prendre place sans se gêner mutuellement. • Paris, 25 oct. 2002 : *JCP E 2003, n° 13, p. 543 ; RJDA 2003, n° 493.* ♦ Comp., jugeant qu'une entreprise peut valablement domicilier des sociétés dans un local à usage de bureau de 38 m² dont elle est locataire. • Paris, 31 janv. 2003 : *JCP E 2003, n° 21-22, p. 883 ; RJDA 2003, n° 723 ; Bull. Joly 2003. 660, note Bahans.*

2. Taxe professionnelle. Jugeant que les locaux utilisables dans le cadre d'un contrat de domiciliation doivent être exclus de la base d'imposition de la société domiciliée, V. • CAA Paris, 19 déc. 2008 : *Dr. sociétés 2009, n° 106, obs. J.-L. Pierre.*

3. Différence avec la sous-location. La domiciliation d'entreprise excluant toute jouissance privative de bureaux et toute activité dans ces bureaux, simplement mis à disposition de façon temporaire quand l'entreprise domiciliée en a besoin pour réunir ses organes, permettre la tenue et la consultation des documents exigés par la réglementation, recevoir son courrier, et y trouver des services tels que l'accueil, la permanence téléphonique, l'usage d'équipements informatiques, voire un service de secrétariat, est distincte d'une sous-location. • Paris, 10 nov. 2010 : *RJDA 2011, n° 503.* ♦ Une domiciliation ne constitue pas une sous-location dès lors que le locataire ne perçoit aucun loyer et qu'aucune prestation réciproque n'est convenue entre lui et l'association qui n'était qu'une émanation de son activité. • Aix-en-Provence, 14 juin 2012 : *RJDA 2013, n° 13.*

Art. R. 123-169 Le contrat de domiciliation prévu aux articles R. 123-167 et R. 123-168 est mentionné au registre du commerce et des sociétés, avec l'indication du nom ou de la dénomination sociale et des références de l'immatriculation principale sur un registre public de l'entreprise domiciliataire. — *[Décr. n° 84-406 du 30 mai 1984, art. 26-1, al. 5.]*

Art. R. 123-169-1 *(Décr. n° 2007-750 du 9 mai 2007, art. 27)* Est puni de l'amende prévue pour les contraventions de la 5e classe le fait de ne pas respecter les obligations mentionnées au 1° de l'article R. 123-168.

Est puni de la même peine le fait pour une entreprise exerçant l'activité de domiciliataire de ne pas s'être assurée que la personne domiciliée respecte les obligations mentionnées au 2° de l'article R. 123-168.

Les personnes, physiques ou morales, coupables des contraventions prévues au présent article encourent la peine complémentaire de confiscation de la chose qui a servi ou était destinée à commettre l'infraction ou de la chose qui en est le produit, dans les conditions prévues aux articles 131-21 et 131-48 du code pénal.

Art. R. 123-170 Les sociétés et leurs filiales qui installent leur siège dans le même local dont l'une a la jouissance ne sont pas tenues de conclure entre elles un contrat de domiciliation. — *[Décr. n° 84-406 du 30 mai 1984, art. 26-1, al. 6.]*

Art. R. 123-171 Lorsque la personne morale immatriculée a installé son siège au domicile de son représentant légal en usant de la faculté ouverte par les dispositions des deuxième et quatrième alinéas de l'article L. 123-11-1, le greffier lui adresse trois mois avant l'expiration du délai de cinq ans prévu par cet article une lettre l'invitant à lui communiquer l'adresse de son nouveau siège.

Faute pour l'assujetti d'avoir régularisé sa situation au regard des deuxième et quatrième alinéas de l'article L. 123-11-1 dans le délai imparti, le greffier procède à la radiation. — *[Décr. n° 84-406 du 30 mai 1984, art. 42-2.]*

Avertissement du greffier. Le courrier précise en pratique les conséquences d'un défaut de réponse ou d'un non-respect du délai quinquennal, de sorte que son destinataire est informé des risques encourus (Rép. min. n° 6004 : *JO Sénat Q 30 avr. 2009, p. 1070 ; D. 2009. 1344 ; JCP E 2009, n° 20-21, p. 26 ; BRDA 2009, n° 11, p. 3*).

SOUS-SECTION 4 DE LA PUBLICATION D'AVIS RELATIFS À LA SOCIÉTÉ EUROPÉENNE

(Décr. n° 2007-750 du 9 mai 2007, art. 28)

Art. R. 123-171-1 L'avis prévu à l'article 14 du règlement (CE) n° 2157/2001 du Conseil relatif au statut de la société européenne (SE) du 8 octobre 2001, en cas d'immatriculation et de radiation d'une société européenne, est établi et adressé, par le greffier qui procède à celles-ci, à l'autorité chargée du *Journal officiel des Communautés européennes*, au plus tard dans le délai mentionné à l'article R. 123-161. – *V. texte préc. au* **C. sociétés.**

Cet avis qui comporte les mentions prévues à la deuxième phrase du 1° de l'article 14 de ce règlement est établi selon un modèle défini par arrêté du garde des sceaux, ministre de la justice.

Le cas échéant, le greffier indique que la radiation résulte d'un transfert dans un autre État membre du siège d'une société européenne immatriculée en France.

SECTION II DE LA COMPTABILITÉ DES COMMERÇANTS

RÉP. COM. v[is] *Comptabilité*, par CRUVELIER ; *Amortissement et dépréciation des actifs ; Inventaire et comptes annuels*, par ANDERNACK.

BIBL. GÉN. ▶ DANJOU, *RF compt. 1984. 406.* – KLING, *LPA 10 déc. 1999* (nouvelle méthodologie des comptes consolidés). – RICHARD, *ibid.* (approbation des comptes consolidés). – MULLENBACH, *ibid.* (même thème). – NAVARRO, *JCP E 2002, n° 50, p. 2011* (nouvelle simplification de tenue de comptabilité). – DELESALLE, *LPA 16 juin 2004* (suppression du décret comptable). – DELESALLE et ROSSIGNOL, *ibid. 5 sept. 2005* (les vingt-deux ans de la loi comptable).

SOUS-SECTION 1 DES OBLIGATIONS COMPTABLES APPLICABLES À TOUS LES COMMERÇANTS

§ 1er DES LIVRES, DOCUMENTS ET PIÈCES COMPTABLES OBLIGATOIRES

Art. R. 123-172 Un document décrivant les procédures et l'organisation comptables est établi par le commerçant dès lors que le document est nécessaire à la compréhension du système de traitement et à la réalisation des contrôles.

Ce document est conservé aussi longtemps qu'est exigée la présentation des documents comptables auxquels il se rapporte. – *[Décr. n° 83-1020 du 29 nov. 1983, art. 1er.]*

Art. R. 123-173 Tout commerçant tient obligatoirement un livre-journal, un grand livre et un livre d'inventaire.

Le livre-journal et le livre d'inventaire peuvent, à la demande du commerçant, être cotés et paraphés, dans la forme ordinaire et sans frais, par le greffier du tribunal dans le ressort duquel le commerçant est immatriculé. Chaque livre reçoit un numéro d'identification répertorié par le greffier sur un registre spécial.

Des documents sous forme électronique peuvent tenir lieu de livre-journal et de livre d'inventaire ; dans ce cas, ils sont identifiés, numérotés et datés dès leur établissement par des moyens offrant toute garantie en matière de preuve. – *[Décr. n° 83-1020 du 29 nov. 1983, art. 2.]*

Art. R. 123-174 Les mouvements affectant le patrimoine de l'entreprise sont enregistrés opération par opération et jour par jour pour le livre-journal.

Tout enregistrement comptable précise l'origine, le contenu et l'imputation de chaque donnée ainsi que les références de la pièce justificative qui l'appuie.

Les opérations de même nature, réalisées en un même lieu et au cours d'une même journée, peuvent être récapitulées sur une pièce justificative unique.

Les pièces justificatives sont classées dans un ordre défini au document mentionné à l'article R. 123-172. – *[Décr. nº 83-1020 du 29 nov. 1983, art. 3, al. 1er à 4.]*

Opération comptable. L'art. 3, al. 2 (devenu art. R. 123-174, al. 2), n'a pas pour objet de définir une opération comptable mais les règles à suivre dans la tenue du livre journal des commerçants, l'inobservation de ces règles ne pouvant avoir pour effet d'enlever à l'opération portée sur ce livre son caractère d'écriture comptable. • Crim. 3 mars 1993 : *Bull. crim. nº 99 ; D. 1993. IR 94.*

Art. R. 123-175 Les écritures du livre-journal sont portées sur le grand livre et ventilées selon le plan comptable. – *[Décr. nº 83-1020 du 29 nov. 1983, art. 4.]*

Art. R. 123-176 Le livre-journal et le grand livre sont détaillés en autant de journaux auxiliaires et de livres auxiliaires que les besoins du commerce l'exigent.

Les écritures portées sur les journaux et les livres auxiliaires sont centralisées une fois par mois au moins sur le livre-journal et le grand livre. – *[Décr. nº 83-1020 du 29 nov. 1983, art. 5, al. 1er et 2.]*

Art. R. 123-177 L'inventaire est un relevé de tous les éléments d'actif et de passif au regard desquels sont mentionnées la quantité et la valeur de chacun d'eux à la date d'inventaire.

Les données d'inventaire sont regroupées sur le livre d'inventaire et distinguées selon la nature et le mode d'évaluation des éléments qu'elles représentent. Le livre d'inventaire est suffisamment détaillé pour justifier le contenu de chacun des postes du bilan.

Les comptes annuels sont transcrits chaque année sur le livre d'inventaire, sauf lorsqu'ils sont publiés en annexe au registre du commerce et des sociétés conformément à l'article R. 123-111. – *[Décr. nº 83-1020 du 29 nov. 1983, art. 6.]*

• § 2 DES MÉTHODES D'ÉVALUATION DES ÉLÉMENTS CHIFFRÉS

Art. R. 123-178 Pour l'application de l'article L. 123-18 :

1° Le coût d'acquisition est égal au prix d'achat majoré des frais accessoires nécessaires à la mise en état d'utilisation du bien ;

2° Le coût de production est égal au coût d'acquisition des matières consommées augmenté des charges directes et d'une fraction des charges indirectes de production : les intérêts des capitaux empruntés pour financer la fabrication d'une immobilisation peuvent être inclus dans le coût de production lorsqu'ils concernent la période de fabrication. En ce qui concerne les éléments de l'actif circulant tel qu'il est défini au 2° de l'article R. 123-182, cette faculté est limitée à ceux dont le cycle de production dépasse nécessairement la durée de l'exercice. La justification et le montant de ces inclusions figurent à l'annexe ;

3° La valeur vénale d'un bien acquis à titre gratuit correspond au prix qui aurait été acquitté dans des conditions normales de marché ;

4° La valeur actuelle est une valeur d'estimation qui s'apprécie en fonction du marché et de l'utilité du bien pour l'entreprise ;

5° La valeur d'inventaire est égale à la valeur actuelle ; toutefois, lorsque la valeur d'inventaire d'une immobilisation non financière n'est pas jugée notablement inférieure à sa valeur comptable nette, celle-ci est retenue comme valeur d'inventaire. – *[Décr. nº 83-1020 du 29 nov. 1983, art. 7, al. 1er à 6.]*

§ 3 DES AMORTISSEMENTS ET PROVISIONS

Art. R. 123-179 La dépréciation d'une immobilisation est, sous réserve des dispositions du deuxième alinéa, constatée par l'amortissement. Celui-ci consiste à répartir le coût du bien sur sa durée probable d'utilisation selon un plan d'amortissement. Un règlement *(Ord. n° 2009-79 du 22 janv. 2009, art. 6)* « de l'Autorité des normes comptables » peut toutefois prévoir des modalités d'amortissement différentes pour ceux des commerçants qui ne dépassent pas, à la clôture de l'exercice, deux des trois critères fixés par le 2° de l'article R. 123-200.

Toute modification significative des conditions d'utilisation du bien justifie la révision du plan en cours d'exécution.

L'amoindrissement de la valeur d'un élément d'actif résultant de causes dont les effets ne sont pas jugés irréversibles est constaté par une dépréciation.

Les amortissements et les dépréciations sont inscrits distinctement à l'actif en diminution de la valeur des éléments correspondants.

Les risques et charges, nettement précisés quant à leur objet, que des événements survenus ou en cours rendent probables, entraînent la constitution de provisions.

Les dépréciations et provisions sont rapportées au résultat quand les raisons qui les ont motivées ont cessé d'exister. Il ne peut en être de même pour les amortissements que dans des cas exceptionnels exposés dans l'annexe. – *[Décr. n° 83-1020 du 29 nov. 1983, art. 8.]*

§ 4 DE LA CONSTITUTION DES COMPTES

Art. R. 123-180 Le classement des éléments du bilan et du compte de résultat ainsi que la liste des informations contenues dans l'annexe peuvent être adaptés par secteurs d'activité après avis *(Ord. n° 2009-79 du 22 janv. 2009, art. 6)* « de l'Autorité des normes comptables ».

Les comptes annuels peuvent être présentés en négligeant les centimes. – *[Décr. n° 83-1020 du 29 nov. 1983, art. 9.]*

SOUS-§ 1er DU BILAN

Art. R. 123-181 Les éléments du patrimoine de l'entreprise sont classés à l'actif et au passif du bilan suivant leur destination et leur provenance. Les éléments destinés à servir de façon durable à l'activité de l'entreprise constituent l'actif immobilisé. Lorsqu'un élément d'actif ou de passif relève de plusieurs postes du bilan, mention est faite dans l'annexe des postes dans lesquels il ne figure pas. – *[Décr. n° 83-1020 du 29 nov. 1983, art. 10.]*

Art. R. 123-182 L'actif du bilan fait apparaître successivement les éléments suivants :

1° Au titre de l'actif immobilisé : les immobilisations incorporelles, les immobilisations corporelles et les immobilisations financières ;

2° Au titre de l'actif circulant : les stocks et en-cours, les avances et acomptes versés sur commandes, les créances, les valeurs mobilières de placement et les disponibilités ;

3° Les comptes de régularisation ;

4° Les primes de remboursement des obligations et les écarts de conversion.

La contrepartie du capital souscrit non appelé figure distinctement comme premier poste de l'actif. – *[Décr. n° 83-1020 du 29 nov. 1983, art. 11.]*

Art. R. 123-183 Les postes de l'actif distinguent notamment :

1° Parmi les immobilisations incorporelles : les frais d'établissement, les frais de recherche et de développement, les concessions, brevets, licences, marques, procédés, droits et valeurs similaires, le fonds commercial ainsi que les avances et acomptes ;

2° Parmi les immobilisations corporelles : les terrains, les constructions, les installations techniques, matériels et outillages, les avances et acomptes ainsi que les immobilisations corporelles en cours ;

3° Parmi les immobilisations financières : les participations, les créances rattachées à des participations, les autres titres immobilisés et les prêts ;

4° Parmi les stocks et en-cours : les matières premières et autres approvisionnements, les en-cours de production, les produits intermédiaires et finis ainsi que les marchandises ;

5° Parmi les créances : les créances clients, le capital souscrit, appelé et non versé ;

6° Parmi les valeurs mobilières de placement : les actions que la société a émises et dont elle est propriétaire. – *[Décr. n° 83-1020 du 29 nov. 1983, art. 12.]*

Art. R. 123-184 Constituent des participations les droits dans le capital d'autres personnes morales, matérialisés ou non par des titres, qui, en créant un lien durable avec celles-ci, sont destinés à contribuer à l'activité de la société détentrice. – *[Décr. n° 83-1020 du 29 nov. 1983, art. 20.]*

Art. R. 123-185 Le montant des primes de remboursement d'emprunts est porté à l'actif du bilan au poste à intitulé correspondant. Il est amorti systématiquement sur la durée de l'emprunt selon des modalités indiquées à l'annexe. Les primes afférentes à la fraction d'emprunts remboursée ne peuvent en aucun cas y être maintenues. – *[Décr. n° 83-1020 du 29 nov. 1983, art. 21.]*

Art. R. 123-186 Les dépenses engagées à l'occasion d'opérations qui conditionnent l'existence ou le développement de l'entreprise mais dont le montant ne peut être rapporté à des productions de biens et de services déterminées peuvent figurer à l'actif du bilan au poste "frais d'établissement".

Les frais de recherche appliquée et de développement peuvent être inscrits à l'actif du bilan, au poste correspondant, à la condition de se rapporter à des projets nettement individualisés, ayant des sérieuses chances de rentabilité commerciale.

Les éléments acquis du fonds de commerce qui ne peuvent figurer à d'autres postes du bilan sont inscrits au poste "fonds commercial".

Les éléments constitutifs des postes ci-dessus mentionnés sont commentés à l'annexe. – *[Décr. n° 83-1020 du 29 nov. 1983, art. 19, al. 1er à 4.]*

Art. R. 123-187 Les frais d'établissement ainsi que les frais de recherche appliquée et de développement sont amortis selon un plan et dans un délai maximal de cinq ans. A titre exceptionnel et pour des projets particuliers, les frais de recherche appliquée et de développement peuvent être amortis sur une période plus longue qui n'excède pas la durée d'utilisation de ces actifs : il en est justifié à l'annexe.

Tant que ces postes ne sont pas apurés, il ne peut être procédé à aucune distribution de dividendes sauf si le montant des réserves libres est au moins égal à celui des frais non amortis. – *[Décr. n° 83-1020 du 29 nov. 1983, art. 19, al. 5 et 6.]*

Art. R. 123-188 Les frais d'exploration minière assimilés à des frais de recherche appliquée et de développement peuvent être inscrits à l'actif du bilan sous ce poste. Le point de départ du plan d'amortissement correspondant peut être différé jusqu'au terme des recherches sous réserve de l'application éventuelle des dispositions de l'article R. 123-179. Dans ce cas, par dérogation aux dispositions du deuxième alinéa de l'article R. 123-187, une société filiale au sens de l'article L. 233-1 peut procéder à une distribution anticipée de dividendes si la société mère gage cette distribution par la constitution des réserves nécessaires. – *[Décr. nº 83-1020 du 29 nov. 1983, art. 19, al. 7.]*

Art. R. 123-189 Les charges comptabilisées pendant l'exercice qui concernent un exercice ultérieur figurent à l'actif du bilan au poste "Comptes de régularisation".

Les produits comptabilisés pendant l'exercice qui concernent un exercice ultérieur figurent au passif du bilan au poste "Comptes de régularisation".

Ces postes font l'objet d'une information explicative à l'annexe.

Les produits à recevoir et les charges à payer, rattachés aux postes de créances et de dettes, sont détaillés à l'annexe. – *[Décr. nº 83-1020 du 29 nov. 1983 art. 23.]*

Art. R. 123-190 Le passif du bilan fait apparaître successivement les éléments suivants : les capitaux propres, les autres fonds propres, les provisions, les dettes, les comptes de régularisation et les écarts de conversion.

Les postes du passif distinguent notamment :

1° Parmi les capitaux propres : le capital, les primes d'émission et primes assimilées, les écarts de réévaluation, le résultat de l'exercice, les subventions d'investissement et les provisions réglementées, ainsi que les réserves en isolant la réserve légale, les réserves statutaires ou contractuelles et les réserves réglementées ;

2° Parmi les autres fonds propres : le produit des émissions de titres participatifs, les avances conditionnées ;

3° Les provisions ;

4° Parmi les dettes : les emprunts obligataires convertibles, les autres emprunts obligataires, les emprunts et dettes auprès des établissements de crédit, les emprunts et dettes financiers divers, les avances et acomptes reçus sur commandes en cours, les dettes fournisseurs, les dettes fiscales et sociales ainsi que les dettes sur immobilisation. – *[Décr. nº 83-1020 du 29 nov. 1983, art. 13.]*

Art. R. 123-191 Les capitaux propres correspondent à la somme algébrique des apports, des écarts de réévaluation, des bénéfices autres que ceux pour lesquels une décision de distribution est intervenue, des pertes, des subventions d'investissement et des provisions réglementées. – *[Décr. nº 83-1020 du 29 nov. 1983, art 22.]*

SOUS-§ 2 DU COMPTE DE RÉSULTAT

Art. R. 123-192 Les produits et les charges de l'exercice sont classés au compte de résultat de manière à faire apparaître par différence les éléments du résultat courant et le résultat exceptionnel dont la réalisation n'est pas liée à l'exploitation courante de l'entreprise. – *[Décr. nº 83-1020 du 29 nov. 1983, art. 14]*

Art. R. 123-193 Le compte de résultat fait apparaître successivement, outre les variations de stocks :

1° Au titre des charges : les charges d'exploitation, les charges financières, les charges exceptionnelles ainsi que la participation des salariés aux fruits de l'expansion et l'impôt sur le bénéfice ; les postes de charges distinguent notamment :

a) Au titre des charges d'exploitation : les achats de marchandises, les achats de matières premières et autres approvisionnements, les autres achats et charges externes, les impôts, taxes et versements assimilés, à l'exception de l'impôt sur le bénéfice, les rémunérations du personnel et des dirigeants, les charges sociales, les dotations aux amortissements et aux dépréciations et les dotations aux provisions qui se rapportent à l'exploitation ;

b) Au titre des charges financières : les dotations aux amortissements, aux dépréciations et aux provisions relatives aux éléments financiers, les intérêts et charges assimilées, les différences négatives de change et les moins-values de cession de valeurs mobilières de placement ;

c) Parmi les charges exceptionnelles, celles afférentes aux opérations de toute nature présentant ce caractère, qu'il s'agisse d'opérations de gestion, d'opérations en capital, d'amortissements, de dépréciations ou de provisions ;

2° Au titre des produits : les produits d'exploitation, les produits financiers et les produits exceptionnels ; les postes de produits permettent de distinguer notamment :

a) Au titre des produits d'exploitation : les ventes de marchandises et la production vendue de biens et de services, le montant net du chiffre d'affaires, la production immobilisée, les subventions d'exploitation et les reprises sur dépréciations et provisions qui se rapportent à l'exploitation ;

b) Au titre des produits financiers : les produits des participations, les produits des autres valeurs mobilières et créances de l'actif immobilisé, les autres intérêts et produits assimilés, les reprises sur provisions et dépréciations relatives aux éléments financiers, les différences positives de change et les plus-values de cessions de valeurs mobilières de placement ;

c) Parmi les produits exceptionnels, ceux afférents aux opérations de toute nature présentant ce caractère, qu'il s'agisse d'opérations de gestion, d'opérations en capital ou de dépréciations et de provisions ;

3° Le résultat de l'exercice. – *[Décr. n° 83-1020 du 29 nov. 1983, art. 15.]*

Art. R. 123-194 Le compte de résultat de l'exercice présenté sous forme de liste conformément aux dispositions du deuxième alinéa de l'article L. 123-13 permet également de dégager successivement le résultat d'exploitation, le résultat financier, le résultat courant avant impôt et le résultat exceptionnel. – *[Décr. n° 83-1020 du 29 nov. 1983, art. 16.]*

SOUS-§ 3 DE L'ANNEXE

Art. R. 123-195 Outre les informations obligatoires prévues aux articles L. 123-13 à L. 123-21, L. 232-1 à L. 232-23, R. 123-179 à R. 123-189 du présent code et à l'article R. 313-14 du code monétaire et financier *[V. cet art., App., v° Banque et financement de l'entreprise]*, l'annexe comporte toutes les informations d'importance significative sur la situation patrimoniale et financière et sur le résultat de l'entreprise. – *[Décr. n° 83-1020 du 29 nov. 1983, art. 24, al. 1er.]*

V. bibl. et notes ss. art. L. 123-14.

Art. R. 123-196 Les informations prévues à l'article R. 123-195 portent notamment sur les points suivants :

1° Les modes et méthodes d'évaluation appliqués aux divers postes du bilan et du compte de résultat ;

2° Les méthodes utilisées pour le calcul des amortissements, des dépréciations et des provisions, leur montant par catégories en distinguant ceux qui ont été pratiqués pour l'application de la législation fiscale ;

3° Les circonstances qui empêchent de comparer d'un exercice à l'autre certains postes du bilan et du compte de résultat, et les moyens qui permettent d'en assurer la comparaison ;

4° Les mouvements ayant affecté les divers postes de l'actif immobilisé ;

5° La nature, le montant et le traitement comptable des écarts de conversion en monnaie nationale d'éléments exprimés en monnaie étrangère ;

6° Les méthodes utilisées, en cas de réévaluation, pour le calcul des valeurs retenues, la liste des postes concernés au bilan et au compte de résultat et les montants correspondants, le traitement fiscal de l'écart de réévaluation, les mouvements ayant affecté pendant l'exercice les postes de passif concernés ;

7° Les créances et les dettes classées selon la durée restant à courir jusqu'à leur échéance en distinguant, d'une part, les créances à un an au plus et, d'autre part, les dettes à un an au plus, à plus d'un an et cinq ans au plus et à plus de cinq ans ;

8° L'indication pour chacun des postes relatifs aux dettes de celles garanties par des sûretés réelles ;

9° Le montant des engagements financiers classés par catégories, en distinguant ceux qui concernent les dirigeants, les filiales, les participations et les autres entreprises liées ; une entreprise est considérée comme liée à une autre lorsqu'elle est susceptible d'être incluse par intégration globale dans un même ensemble consolidable. — *[Décr. nº 83-1020 du 29 nov. 1983, art. 24, al. 2 à 10.]*

Art. R. 123-197 Les personnes morales mentionnent en outre dans l'annexe :

1° Pour chaque poste du bilan concernant les éléments fongibles de l'actif circulant, l'indication de la différence entre l'évaluation figurant au bilan et celle qui résulterait des derniers prix du marché connus à la clôture des comptes ;

2° La liste des filiales et participations, telles qu'elles sont prévues aux articles L. 233-1 et L. 233-2, avec l'indication pour chacune d'elles de la part de capital détenue directement ou par prête-nom, du montant des capitaux propres et du résultat du dernier exercice clos ; les titres d'une société émettrice représentant moins de 1 % du capital social d'une société détentrice peuvent être regroupés ; si certaines de ces indications sont omises en raison du préjudice grave qui pourrait résulter de leur divulgation, il est fait mention du caractère incomplet des informations figurant sur la liste ;

3° Le nombre et la valeur nominale des actions, parts sociales et autres titres composant le capital social, regroupés par catégorie selon les droits qu'ils confèrent, avec l'indication de ceux qui ont été créés ou remboursés pendant l'exercice ;

4° Les parts bénéficiaires avec l'indication de leur nombre, de leur valeur et des droits qu'elles confèrent ;

5° L'identité de toute société établissant des comptes consolidés dans lesquels les comptes annuels de la société concernée sont inclus suivant la méthode de l'intégration globale ;

6° L'indication de la fraction des immobilisations financières, des créances et des dettes ainsi que des charges et produits financiers concernant les entreprises liées ;

7° Le montant des engagements pris en matière de pensions, compléments de retraite et indemnités assimilées en distinguant, d'une part, ceux qui ont fait l'objet de provisions et, d'autre part, ceux qui ont été contractés au profit de dirigeants ;

8° Le montant des avances et des crédits alloués aux dirigeants sociaux avec l'indication des conditions consenties et des remboursements effectués pendant l'exercice ;

(Décr. nº 2009-267 du 9 mars 2009, art. 1er) « 9° La nature et l'objectif commercial des opérations non inscrites au bilan, à condition que les risques ou les avantages résultant de ces opérations soient significatifs et dans la mesure où la divulgation de ces risques ou avantages est nécessaire pour l'appréciation de la situation financière de la société. Un règlement *(Ord. nº 2009-79 du 22 janv. 2009, art. 6)* « de l'Autorité des normes comptables » en fixe les modalités. » — *[Décr. nº 83-1020 du 29 nov. 1983, art. 24, al. 11 à 18, et art. 26, al. 1er.]*

Les dispositions issues du Décr. nº 2009-267 du 9 mars 2009 sont applicables aux exercices ouverts postérieurement à sa publication au Journal officiel (JO 11 mars ; Décr. préc., art. 6).

Art. R. 123-197-1 *(Décr. nº 2009-267 du 9 mars 2009, art. 2)* Les sociétés anonymes qui adoptent une présentation simplifiée en application de l'article L. 123-16 mentionnent dans l'annexe la liste des transactions effectuées entre, d'une part, la société et ses principaux actionnaires et, d'autre part, la société et les membres de ses organes d'administration et de surveillance, si ces transactions présentent une importance significative et n'ont pas été conclues aux conditions normales du marché. Les modalités d'élaboration de cette liste sont précisées par un règlement *(Ord. nº 2009-79 du 22 janv. 2009, art. 6)* « de l'Autorité des normes comptables ».

V. note ss. art. R. 123-197.

Art. R. 123-198 Les personnes morales ne pouvant adopter une présentation simplifiée de leurs comptes dans les conditions de l'article L. 123-16 et R. 123-200 à R. 123-202 font également figurer dans l'annexe :

1º Le montant des rémunérations allouées au titre de l'exercice aux membres des organes d'administration, de direction et de surveillance à raison de leurs fonctions : ces informations sont données de façon globale pour chaque catégorie ; elles peuvent ne pas être fournies lorsqu'elles permettent d'identifier la situation d'un membre déterminé de ces organes ;

2º Les obligations convertibles, échangeables en titres similaires avec l'indication par catégorie de leur nombre, de leur valeur nominale et des droits qu'ils confèrent ;

3º La ventilation de l'impôt entre la partie imputable aux éléments exceptionnels du résultat et la partie imputable aux autres éléments, avec l'indication de la méthode utilisée ;

4º La ventilation du montant net du chiffre d'affaires par secteur d'activité et par marché géographique ; si certaines de ces indications sont omises en raison du préjudice grave qui pourrait résulter de leur divulgation, il est fait mention du caractère incomplet de cette information ;

5º La ventilation par catégorie de l'effectif moyen, salarié d'une part et mis à disposition de l'entreprise pendant l'exercice d'autre part ; l'effectif employé à temps partiel ou pour une durée inférieure à l'exercice est pris en compte en proportion du temps de travail effectif, par référence à la durée conventionnelle ou légale du travail ;

6º L'indication sommaire de la mesure dans laquelle le résultat de l'exercice a été affecté par l'application des dispositions fiscales énoncées au point 2 ci-dessus et des conséquences qui en résultent sur les postes de capitaux propres ;

7º L'indication des accroissements et des allégements de la dette future d'impôt provenant des décalages dans le temps entre le régime fiscal et le traitement comptable de produits ou de charges et, lorsqu'ils sont d'un montant exceptionnel, de ceux dont la réalisation est éventuelle;

8º Les éléments constitutifs du poste "frais d'établissement" énoncé au premier alinéa de l'article R. 123-186 ;

(Décr. nº 2008-1487 du 30 déc. 2008, art. 2) « 9º Le montant total des honoraires des commissaires aux comptes figurant au compte de résultat de l'exercice, en séparant les honoraires facturés au titre du contrôle légal des comptes de ceux facturés au titre des conseils et prestations de services entrant dans les diligences directement liées à la mission de contrôle légal des comptes, telles qu'elles sont définies par les normes d'exercice professionnel mentionnées au II de l'article L. 822-11. Ces informations ne sont pas fournies si la personne morale est incluse dans un périmètre de consolidation et si l'annexe des comptes consolidés les mentionne » ;

(Décr. nº 2009-267 du 9 mars 2009, art. 3) « 10º L'impact financier des opérations mentionnées au 9º de l'article R. 123-197 ;

« 11º La liste des transactions, au sens de l'article R. 123-199-1, effectuées par la société avec des parties liées lorsque ces transactions présentent une importance significative et n'ont pas été conclues aux conditions normales du marché. Cette information n'est pas requise pour les transactions effectuées par la société avec les filiales qu'elle détient en totalité ou entre ses filiales détenues en totalité. Les modalités d'élaboration de cette liste sont précisées par un règlement *(Ord. nº 2009-79 du*

22 janv. 2009, art. 6) « de l'Autorité des normes comptables ». » – *[Décr. n° 83-1020 du 29 nov. 1983, art. 24, al. 19 à 25, et art. 26, al. 2 et 3.]*

V. note ss. art. R. 123-197.

Art. R. 123-199 Les éléments chiffrés de l'annexe sont, sauf exception dûment justifiée, déterminés selon les mêmes principes et les mêmes méthodes que pour l'établissement du bilan et du compte de résultat.

Ils concernent l'ensemble des activités de l'entreprise quel que soit le lieu de leur exercice. Ils sont vérifiables par rapprochement avec des documents justificatifs.

Les éléments chiffrés qui figurent déjà au bilan ou au compte de résultat peuvent être omis dans l'annexe. – *[Décr. n° 83-1020 du 29 nov. 1983, art. 25.]*

Art. R. 123-199-1 *(Décr. n° 2009-267 du 9 mars 2009, art. 4)* Les mots : "partie liée" et "transactions entre parties liées" ont le même sens que celui défini par les normes comptables internationales adoptées par le règlement (CE) n° 2238/2004 de la Commission du 29 décembre 2004, notamment la partie de son annexe IAS 24 intitulée "objet des informations relatives aux parties liées", ainsi que par tout règlement communautaire qui viendrait le modifier.

V note ss. art. R. 123-197.

• § 5 DE LA PRÉSENTATION COMPTABLE SIMPLIFIÉE

Art. R. 123-200 Pour l'application de l'article L. 123-16 relatif à l'adoption d'une présentation simplifiée des comptes annuels :

1° En ce qui concerne le bilan et le compte de résultat établis par les personnes physiques et personnes morales ayant la qualité de commerçant, le total du bilan est fixé à 267 000 €, le montant net du chiffre d'affaires à 534 000 € et le nombre moyen de salariés permanents employés au cours de l'exercice à 10 ;

2° En ce qui concerne l'annexe établie par les personnes morales ayant la qualité de commerçant, le total du bilan est fixé à 3 650 000 €, le montant net du chiffre d'affaires à 7 300 000 € et le nombre moyen de salariés permanents employés au cours de l'exercice à 50.

Le total du bilan est égal à la somme des montants nets des éléments d'actif.

Le montant net du chiffre d'affaires est égal au montant des ventes de produits et services liés à l'activité courante, diminué des réductions sur ventes, de la taxe sur la valeur ajoutée et des taxes assimilées.

Le nombre moyen de salariés permanents employés au cours de l'exercice est égal à la moyenne arithmétique des effectifs à la fin de chaque trimestre de l'année civile, ou de l'exercice comptable lorsque celui-ci ne coïncide pas avec l'année civile, liés à l'entreprise par un contrat de travail à durée indéterminée. – *[Décr. n° 83-1020 du 29 nov. 1983, art. 17.]*

Art. R. 123-201 Le bilan simplifié prévu à l'article L. 123-16 fait apparaître successivement les éléments suivants :

1° Au titre de l'actif immobilisé : les immobilisations incorporelles en distinguant le fonds commercial, les immobilisations corporelles et les immobilisations financières ;

2° Au titre de l'actif circulant : les stocks et en-cours, les avances et acomptes versés sur commandes, les créances en distinguant les clients, les valeurs mobilières de placement et les disponibilités ;

3° Les charges constatées d'avance ;

4° Les capitaux propres détaillés comme il est indiqué à l'article R. 123-190, à l'exception des réserves qui peuvent être regroupées ;

5° Les provisions ;

6° Les dettes en distinguant : les emprunts et dettes assimilées, les avances et acomptes sur commandes en cours et les fournisseurs ;

7° Les produits constatés d'avance. – *[Décr. n° 83-1020 du 29 nov. 1983, art. 18, al. 1er à 9.]*

Art. R. 123-202 Le compte de résultat simplifié prévu à l'article L. 123-16 fait apparaître successivement, outre les variations de stocks, les éléments suivants :

1° Les charges d'exploitation en distinguant les achats, les autres charges externes, les impôts, taxes et versements assimilés, à l'exception de l'impôt sur le bénéfice, les rémunérations du personnel et des dirigeants, les charges sociales ainsi que les dotations aux amortissements, aux dépréciations et aux provisions qui se rapportent à l'exploitation ;

2° Les charges financières ;

3° Les charges exceptionnelles ;

4° L'impôt sur le bénéfice ;

5° Les produits d'exploitation en distinguant les ventes de marchandises, la production vendue et les subventions d'exploitation ;

6° Les produits financiers ;

7° Les produits exceptionnels. – *[Décr. n° 83-1020 du 29 nov. 1983, art. 18, al. 10 à 17.]*

• SOUS-SECTION 2 DES OBLIGATIONS COMPTABLES APPLICABLES À CERTAINS COMMERÇANTS, PERSONNES PHYSIQUES

Art. R. 123-203 Par dérogation à l'article R. 123-174, les personnes mentionnées aux articles L. 123-25 et L. 123-28 peuvent procéder à l'enregistrement comptable des encaissements et des paiements en retenant la date de l'opération figurant sur le relevé qui leur est adressé par un établissement de crédit. – *[Décr. n° 83-1020 du 29 nov. 1983, art. 3, al. 5.]*

Art. R. 123-204 Par dérogation à l'article R. 123-176, les personnes mentionnées aux articles L. 123-25 à L. 123-27 et au 1° de l'article R. 123-200 peuvent centraliser ces écritures tous les trois mois. – *[Décr. n° 83-1020 du 29 nov. 1983, art. 5, al. 3.]*

Art. R. 123-205 *(Abrogé par Décr. n° 2009-234 du 25 févr. 2009, art. 7)* ***Par dérogation aux articles R. 123-173 à R. 123-177, les personnes physiques mentionnées au premier alinéa de l'article L. 123-28 qui n'établissent pas de comptes annuels sont dispensées de tenir un livre-journal, un grand livre et un livre d'inventaire ; elles tiennent dans ce cas un journal d'établissement de crédit et un journal de caisse sur lesquels sont enregistrées au jour le jour les recettes encaissées et les dépenses payées, ainsi que les références des pièces justificatives.***

Les stocks figurant sur le relevé, établi en fin d'exercice, sont évalués selon la méthode fixée à l'article R. 123-208. – [Décr. n° 83-1020 du 29 nov. 1983, art. 6-1.]

Art. D. 123-205-1 *(Décr. n° 2008-1405 du 19 déc. 2008)* Le livre mentionné à l'article L. 123-28 distingue les règlements en espèce des autres règlements et indique les références des pièces justificatives.

Le registre mentionné à ce même article présente chronologiquement le détail des achats, en distinguant les règlements en espèces et en indiquant les références des pièces justificatives.

Art. R. 123-206 *(Abrogé par Décr. n° 2009-234 du 25 févr. 2009, art. 7)* ***Par dérogation aux articles R. 123-173 à R. 123-177, les personnes physiques mentionnées au***

deuxième alinéa de l'article L. 123-28 qui n'établissent pas de comptes annuels sont dispensées de tenir un livre-journal, un grand livre et un livre d'inventaire.

Ces personnes tiennent un livre aux pages numérotées sur lequel elles inscrivent, sans blanc ni rature, le montant de leurs recettes professionnelles suivant leur date d'encaissement, en distinguant les règlements en espèces des autres modes de règlement et en indiquant les références des pièces justificatives. — [Décr. n° 83-1020 du 29 nov. 1983, art. 6-2.]

Art. R. 123-207 *(Décr. n° 2002-312 du 26 févr. 2002)* **Les personnes mentionnées aux articles L. 123-25 à L. 123-28 sont dispensées de produire les justificatifs des frais généraux accessoires lorsqu'une telle dispense est accordée en matière fiscale. Elles peuvent, en outre, enregistrer forfaitairement, selon un barème publié chaque année par l'administration fiscale, les frais relatifs aux carburants consommés lors des déplacements professionnels.** — *[Décr. n° 83-1020 du 29 nov. 1983, art. 6-3.]*

Art. R. 123-208 **Par dérogation aux dispositions des 1° à 5° de l'article R. 123-178, les personnes physiques placées sur option ou de plein droit sous le régime réel simplifié d'imposition prévu à l'article 302 *septies* A *bis* du code général des impôts peuvent déterminer :**

1° La valeur d'inventaire des biens en stocks en pratiquant sur le prix de vente de ces biens à la date du bilan un abattement correspondant à la marge pratiquée par l'entreprise sur chaque catégorie de biens ;

2° La valeur d'inventaire des travaux en cours en retenant le montant des acomptes réclamés avant facturation. — *[Décr. n° 83-1020 du 29 nov. 1983, art. 7, al. 7 à 9.]*

SOUS-SECTION 3 DES ACTIVITÉS COMMERCIALES ET ARTISANALES AMBULANTES

(Décr. n° 2009-194 du 18 févr. 2009)

RÉP. COM. v° *Marchands ambulants et forains*, par VOINOT.

BIBL. GÉN. ▶ Note de la rédaction, *BRDA 2009, n° 6, p. 20* (décret du 18 févr. 2009).

Art. R. 123-208-1 **I. — Les professions ci-après énoncées demeurent soumises à la réglementation qui leur est applicable :**

1° Agents commerciaux mentionnés aux articles L. 134-1 et suivants ;

2° Personnes exerçant l'activité de vendeur-colporteur de presse mentionnée à l'article 22 de la loi n° 91-1 du 3 janvier 1991 tendant au développement de l'emploi par la formation dans les entreprises, l'aide à l'insertion sociale et professionnelle et l'aménagement du temps de travail, pour l'application du troisième plan pour l'emploi ;

3° Personnes qui exercent la profession d'exploitant de taxis prévue par la loi n° 95-66 du 20 janvier 1995 relative à l'accès à l'activité de conducteur ou au transport de marchandises ou de personnes prévues par la loi n° 82-1153 du 30 décembre 1982 d'orientation des transports intérieurs ; — *Ces lois ont été codifiées au code des transports par l'Ord. n° 2010-1307 du 28 oct. 2010 (JO 3 nov.).*

4° Personnes effectuant des opérations de démarchage réglementées par des textes particuliers, notamment par les articles L. 7311-1 et suivants du code du travail relatifs aux voyageurs, représentants et placiers *[V. ces art. ss. art. L. 134-17]* **, par les articles L. 341-1 et suivants du code monétaire et financier relatifs au démarchage bancaire ou financier et par les articles L. 135-1 et suivants du code de commerce relatifs aux vendeurs à domicile indépendants ;**

II. — Les dispositions de l'article L. 123-29 ne sont pas applicables aux autres professionnels effectuant à titre accessoire dans une ou plusieurs communes limi-

trophes des tournées de vente de leurs produits ou de prestations de services à partir d'établissements fixes.

Les art. R. 123-208-1 à R. 123-208-8 entrent en vigueur à la date de publication de l'arrêté prévu à l'art. R. 123-208-2 (Décr. n° 2009-194 du 18 févr. 2009, art. 3).

Art. R. 123-208-2 Toute personne assujettie à immatriculation au registre du commerce et des sociétés ou à la déclaration prévue à l'article L. 123-1-1 effectue la déclaration prévue à l'article L. 123-29 auprès de la *(Décr. n° 2010-1463 du 1er déc. 2010, art. 87)* « chambre de commerce et d'industrie territoriale » compétente.

Toute personne assujettie à immatriculation au répertoire des métiers ou à la déclaration prévue au V de l'article 19 de la loi n° 96-603 du 5 juillet 1996 relative au développement et à la promotion du commerce et de l'artisanat *[V. ce texte, App., v° Artisans]* effectue cette déclaration auprès de la *(Décr. n° 2010-1356 du 11 nov. 2010, art. 25)* « chambre de métiers et de l'artisanat de région » compétente alors même qu'elle serait immatriculée au registre du commerce et des sociétés.

Toute personne exerçant une activité commerciale ou artisanale et qui n'est pas assujettie à immatriculation à un registre de publicité légale ou à la déclaration prévue à l'article L. 123-1-1 ou au V de l'article 19 de la loi n° 96-603 du 5 juillet 1996 précitée effectue cette déclaration auprès de la *(Décr. n° 2010-1463 du 1er déc. 2010, art. 87)* « chambre de commerce et d'industrie territoriale » ou de la *(Décr. n° 2010-1356 du 11 nov. 2010, art. 25)* « chambre de métiers et de l'artisanat de région » compétente au titre de son activité principale.

Les personnes mentionnées aux trois premiers alinéas adressent leur déclaration au centre de formalités des entreprises de la *(Décr. n° 2010-1463 du 1er déc. 2010, art. 87)* « chambre de commerce et d'industrie territoriale » ou de la *(Décr. n° 2010-1356 du 11 nov. 2010, art. 25)* « chambre de métiers et de l'artisanat de région » dont dépend soit leur commune de rattachement, soit la commune où se trouve situé leur domicile ou leur résidence dans le cas d'une personne physique, ou leur siège social dans le cas d'une personne morale. Lorsque le domicile, la résidence ou le siège social sont situés dans l'un des États membres de la Communauté européenne autre que la France, la déclaration est adressée au centre de formalités des entreprises dont dépend la commune où la personne entend exercer, à titre principal, son activité ou sa profession ambulante. La déclaration peut être effectuée concomitamment au dépôt de la déclaration de création de l'entreprise.

La liste des pièces à produire à l'appui de la déclaration est fixée par arrêté du ministre chargé du commerce.

Art. R. 123-208-3 La déclaration prévue à l'article L. 123-29 est adressée par lettre recommandée avec demande d'avis de réception ou remise contre récépissé.

Si le dossier est incomplet, le centre de formalités des entreprises notifie à l'intéressé la liste des pièces manquantes dans un délai de quinze jours à compter de sa réception.

A compter de la réception du dossier complet de déclaration, une carte dénommée "carte permettant l'exercice d'une activité commerciale ou artisanale ambulante" est délivrée *(Décr. n° 2009-1700 du 30 déc. 2009)* « contre paiement d'une redevance » par la *(Décr. n° 2010-1463 du 1er déc. 2010, art. 87)* « chambre de commerce et d'industrie territoriale » ou la *(Décr. n° 2010-1356 du 11 nov. 2010, art. 25)* « chambre de métiers et de l'artisanat de région » à l'intéressé dans un délai maximum d'un mois, hors le cas où la déclaration est concomitante au dépôt d'une demande de création d'entreprise. Dans ce dernier cas, le délai d'un mois court à compter de l'inscription au registre de publicité légale ou de la délivrance du récépissé de la déclaration prévue à l'article L. 123-1-1 et au V de l'article 19 de la loi n° 96-603 du 5 juillet 1996 relative au développement et à la promotion du commerce et de l'artisanat. *[V. ce texte, App., v° Artisans.]*

(Décr. n° 2009-1700 du 30 déc. 2009) « Durant la période d'un mois mentionnée au troisième alinéa et jusqu'à la réception de sa carte par le déclarant, celui-ci peut présenter aux contrôles mentionnés à l'article R. 123-208-5 un certificat provisoire délivré, à sa demande, par la *(Décr. n° 2010-1463 du 1er déc. 2010, art. 87)* « chambre de commerce et d'industrie territoriale » ou par la *(Décr. n° 2010-1356 du 11 nov. 2010, art. 25)* « chambre de métiers et de l'artisanat de région ». – *V. art. A. 123-80-6 et A. 123-80-7.*

« Le montant de la redevance mentionnée au troisième alinéa ne peut excéder le coût moyen de réalisation et de transmission de la carte.

« Les mentions portées sur cette carte et le montant de la redevance sont fixés par arrêté du ministre chargé du commerce. » – *V. art. A. 123-80-3 et A. 123-80-5.*

Art. R. 123-208-4 La déclaration prévue à l'article L. 123-29 est renouvelée tous les quatre ans, selon la même procédure que celle prévue à l'article R. 123-208-2. Cependant, en cas de renouvellement de la carte, le délai de délivrance de la nouvelle carte est de quinze jours à compter de la réception du dossier complet de déclaration.

Le titulaire de la carte fait connaître au centre de formalités des entreprises toute déclaration modificative affectant son activité ou son mode d'exercice ou toute radiation d'un registre de publicité légale, aux fins de mise à jour ou de retrait de ladite carte.

Pour obtenir sa radiation du registre du commerce et des sociétés ou du répertoire des métiers, l'intéressé produit ladite carte. Mention de cette radiation, ainsi que de sa date, sont portées sur la carte qui est restituée à l'autorité l'ayant délivrée. En cas de cessation d'une activité soumise à la déclaration mentionnée à l'article L. 123-1-1 ou au V de l'article 19 de la loi n° 96-603 du 5 juillet 1996 relative au développement et à la promotion du commerce et de l'artisanat *[V. ce texte, App., v° Artisans]*, ou non assujettie à immatriculation à un registre de publicité légale, la mention de cette cessation, ainsi que de sa date, sont portées sur la carte qui est restituée à l'autorité l'ayant délivrée.

Art. R. 123-208-5 I. – Toute personne souhaitant exercer une activité commerciale ou artisanale ambulante présente à toute réquisition des agents mentionnés à l'article L. 123-30 la carte permettant l'exercice d'une activité commerciale ou artisanale ambulante en cours de validité ainsi qu'un document justifiant de son identité.

II. – Tout préposé, salarié ou personne mentionnés aux articles L. 121-4 ou L. 121-8, exerçant une activité commerciale ou artisanale ambulante pour le compte d'une personne souhaitant exercer ladite activité, présente, à toute réquisition des agents susmentionnés, une copie de la carte de la personne pour le compte de laquelle il exerce cette activité, un document établissant un lien avec le titulaire de ladite carte, ainsi qu'un document justifiant de son identité.

III. – Préalablement à l'occupation temporaire d'un emplacement situé sur un marché ou sous une halle créé en application de l'article L. 2224-18 du code général des collectivités territoriales, les personnes exerçant une activité commerciale ou artisanale ainsi que leurs préposés présentent, à toute réquisition, les documents visés au I ou au II aux agents mentionnés à l'article L. 123-30, ainsi qu'aux agents du gestionnaire délégué du marché, responsables du placement, missionnés à cet effet par le maire de la commune. – *Sur les sanctions, V. art. R. 123-208-8.*

Toute copie de la carte est établie et certifiée par son titulaire, sous sa responsabilité.

Art. R. 123-208-6 Les agents mentionnés au 2° de l'article L. 123-30 sont habilités, sur proposition du maire, par arrêté du préfet du département dans lequel se trouve la commune concernée ou, à Paris, par arrêté du préfet de police.

Ne peuvent être habilités que des fonctionnaires titulaires justifiant d'une expérience professionnelle d'au moins deux ans dans la gestion des marchés ou d'une expérience professionnelle d'au moins trois ans dans des fonctions requérant le niveau de formation et de compétence exigibles pour cette mission de police judiciaire et dont le préfet a vérifié l'honorabilité dans les conditions prévues à l'article 776 du code de procédure pénale.

L'habilitation porte sur le territoire de la commune qui a présenté la demande pour ses agents. Elle cesse en cas de changement de fonction du bénéficiaire.

Avant d'entrer en fonction, les fonctionnaires ainsi habilités prêtent devant le tribunal d'instance de leur commune d'exercice le serment suivant : "Je jure de bien et fidèlement remplir mes fonctions et de ne rien révéler ou utiliser de ce qui sera porté à ma connaissance à l'occasion de leur exercice".

Mention de la prestation de serment est portée sur l'acte d'habilitation par le greffier du tribunal d'instance.

Art. R. 123-208-7 En cas de perte ou de vol de la carte, son titulaire sollicite du centre de formalités des entreprises, sur présentation d'une attestation sur l'honneur de perte ou du récépissé de déclaration de vol, la délivrance d'un duplicata.

Art. R. 123-208-8 L'exercice d'une activité commerciale ou artisanale ambulante sans la déclaration préalable prévue à l'article L. 123-29 du code de commerce est puni de l'amende prévue pour les contraventions de 4e classe.

Le défaut de présentation des documents prévus aux I, II et III de l'article R. 123-208-5, ainsi que le défaut de mise à jour de la carte permettant l'exercice d'une activité commerciale ou artisanale ambulante sont punis de l'amende prévue pour les contraventions de 3e classe.

SECTION III DISPOSITIONS DIVERSES

SOUS-SECTION 1 DU BULLETIN OFFICIEL DES ANNONCES CIVILES ET COMMERCIALES

Art. R. 123-209 Il est institué un bulletin annexe au *Journal officiel* de la République française sous le titre de *Bulletin officiel des annonces civiles et commerciales.*

Sont insérés dans ce bulletin les avis prévus par le présent code et par tous autres textes législatifs ou réglementaires. — *[Décr. nº 67-238 du 23 mars 1967, art. 1er.]*

Sur l'adjonction d'une nouvelle rubrique au BODACC intitulée "Avis du jugement d'ouverture d'une procédure de rétablissement personnel", V. Décr. nº 2004-218 du 12 mars 2004 (JO 14 mars).

Sur les annonces judiciaires et légales, V. L. nº 55-4 du 4 janv. 1955. — ***C. pr. civ.*** *— Sur ce thème, V. Ducouloux-Favard,* ***Rép. com.****, vº Annonces judiciaires et légales, 2009 ; Terré, Gaz. Pal. 2008. 3101 (sécurité juridique et annonces légales). — A compter du 1er janv. 2013, l'impression des annonces relatives aux sociétés et fonds de commerce publiées dans les journaux remplissant les conditions prévues à l'art. 2 de la L. nº 55-4 du 4 janv. 1955 est complétée par une insertion dans une base de données numérique centrale (L. préc., art. 1er, al. 2). Cette base de données contient l'ensemble des annonces publiées dans les JAL relatives aux sociétés et fonds de commerce, notamment celles prévues par le code de commerce en matière de constitution, de fonctionnement, de modification ou de dissolution des sociétés, y compris celles prévues par son livre VI relatif aux difficultés des entreprises, à l'exclusion des mesures de publicité propres aux personnes physiques prévues par le chapitre III du titre V en matière de faillite personnelle et d'interdiction de diriger, gérer, administrer ou contrôler une entreprise. Cette base de données est accessible en ligne dans des conditions garantissant l'authenticité des annonces ainsi publiées (Décr. nº 2012-1547 du 28 déc. 2012, art. 1er).*

Art. R. 123-210 L'avis concernant l'immatriculation au registre du commerce et des sociétés contient les indications prévues aux articles R. 123-156 à R. 123-158. – *[Décr. n° 67-238 du 23 mars 1967, art. 2.]*

Art. R. 123-211 L'avis concernant une déclaration afférente à la vente, à la cession, à l'apport en société, à l'attribution par partage ou par licitation d'un fonds de commerce contient les indications suivantes :

1° Le nom de l'ancien propriétaire et les références de son immatriculation au registre du commerce et des sociétés ;

2° En ce qui concerne le nouveau propriétaire, les indications exigées aux articles R. 123-156 et suivants ;

3° Le prix stipulé, y compris les charges ou l'évaluation ayant servi de base à la perception des droits d'enregistrement ;

4° Le titre du journal habilité à recevoir les annonces légales dans lequel la première insertion a été effectuée ainsi que la date de cette insertion ;

5° Une élection de domicile dans le ressort du tribunal où est situé l'établissement.

(Décr. n° 2008-1488 du 30 déc. 2008, art. 7-I) « La vente, la cession, l'apport en société, l'attribution par partage ou par licitation d'un fonds de commerce détenu par une personne physique dispensée d'immatriculation font l'objet d'un avis. » – *[Décr. n° 67-238 du 23 mars 1967, art. 3, al. 1er à 6.]*

Art. R. 123-212 La publication de l'avis prévu à l'article R. 123-211 est requise du greffier par le nouveau propriétaire du fonds de commerce dans les trois jours de la première insertion dans un journal d'annonces légales prévue à l'article L. 141-12.

Lorsque cette publication est requise en même temps que celle de l'avis relatif à l'immatriculation du nouveau propriétaire du fonds de commerce au registre du commerce et des sociétés ou à des inscriptions modificatives de cette immatriculation consécutives à la vente ou à la cession du fonds de commerce, un avis unique est publié. Cet avis comprend l'ensemble des indications que contiennent les avis qu'il remplace.

Lorsque l'immatriculation au registre est faite postérieurement à la demande de publication de l'avis afférent à la vente ou cession du fonds de commerce, le greffier fait publier l'avis conformément aux articles R. 123-155 et suivants en mentionnant le premier avis. – *[Décr. n° 67-238 du 23 mars 1967, art. 3, al. 7.]*

Art. R. 123-213 L'avis relatif à la nouvelle immatriculation du donataire, du légataire, de l'héritier unique du titulaire d'un fonds de commerce comporte les indications exigées aux articles R. 123-155 et suivants et, en outre, le nom de l'ancien exploitant et son numéro d'immatriculation au registre du commerce et des sociétés. – *[Décr. n° 67-238 du 23 mars 1967, art. 4.]*

Art. R. 123-214 L'avis relatif à la nouvelle immatriculation, faisant suite à la mise d'un fonds de commerce ou d'un établissement artisanal en location-gérance comporte les mêmes indications concernant respectivement l'ancien et le nouvel exploitant. – *[Décr. n° 67-238 du 23 mars 1967, art. 5.]*

Art. R. 123-215 Dans le cas où l'immatriculation serait requise pour toute autre cause que la création de l'établissement ou le changement de l'exploitant, mention en est faite dans l'avis qui indique la raison de la nouvelle immatriculation ainsi que le numéro antérieur. – *[Décr. n° 67-238 du 23 mars 1967, art. 6.]*

Art. R. 123-216 L'avis relatif à une déclaration de radiation comporte les indications exigées à l'article R. 123-160. – *[Décr. n° 67-238 du 23 mars 1967, art. 7.]*

Art. R. 123-217 Les inscriptions modificatives ainsi que la dissolution et la décision prononçant la nullité de la personne morale sont publiées dans les conditions prévues à l'article R. 123-159. – *[Décr. n° 67-238 du 23 mars 1967, art. 8, al. 1er.]*

Décret n° 67-238 du 23 mars 1967,

Instituant un Bulletin officiel des annonces civiles et commerciales.

Art. 8 *Al. 2 (Décr. n° 78-705 du 3 juill. 1978)* Les inscriptions modificatives concernant les jugements relatifs à des procédures de règlement judiciaire et de liquidation des biens sont, dans tous les cas, publiées au bulletin par application des articles 13, 14, 100 et 104 du décret n° 67-1120 du 22 décembre 1967. Les inscriptions modificatives concernant les jugements relatifs à des procédures de suspension provisoire des poursuites et d'apurement collectif du passif sont, dans tous les cas, publiées par application des articles 12 et 13 du décret n° 67-1255 du 31 décembre 1967.

Art. R. 123-218 Les insertions sont faites aux frais du nouvel exploitant du fonds de commerce ou de l'entreprise artisanale, à la diligence et sous la responsabilité du greffier qui reçoit les déclarations. – *[Décr. n° 67-238 du 23 mars 1967, art. 9.]*

Sur les tarifs des insertions au BODACC, V. Décr. n° 2004-1431 du 23 déc. 2004 (JO 30 déc.).

Art. R. 123-219 Un service gratuit du *Bulletin officiel des annonces civiles et commerciales* est fait par l'administration des Journaux officiels aux greffes des tribunaux de commerce et des tribunaux de grande instance statuant en matière commerciale. – *[Décr. n° 67-238 du 23 mars 1967, art. 11.]*

V. Arr. 17 mai 1984 (D. et ALD 1984. 340) fixant les dispositions relatives à la constitution d'une banque de données télématique des informations contenues dans le BODACC.

• SOUS-SECTION 2 DU SYSTÈME NATIONAL D'IDENTIFICATION ET DU RÉPERTOIRE DES ENTREPRISES ET DE LEURS ÉTABLISSEMENTS

Art. R. 123-220 L'Institut national de la statistique et des études économiques est chargé de tenir un répertoire national des personnes physiques exerçant de manière indépendante une profession non salariée, des personnes morales de droit public ou de droit privé, des institutions et services de l'État et des collectivités territoriales, ainsi que de leurs établissements, lorsqu'ils relèvent du registre du commerce et des sociétés, du répertoire des métiers ou qu'ils emploient du personnel salarié, sont soumis à des obligations fiscales ou bénéficient de transferts financiers publics.

(Décr. n° 2010-1042 du 1er sept. 2010, art. 1er) « Les personnes morales en formation sont inscrites au répertoire national mentionné au premier alinéa *[.]* »

(Décr. n° 2008-1488 du 30 déc. 2008, art. 7-II) « Sont également répertoriées les personnes physiques exerçant de manière indépendante une profession non salariée et ayant effectué une déclaration d'activité en application de l'article L. 123-1-1 ou du V de l'article 19 de la loi n° 96-603 du 5 juillet 1996 relative au développement et à la promotion du commerce et de l'artisanat *[V. cet art., App., v° Artisans]*. »

Les modalités de leur inscription au répertoire et d'attribution d'un numéro d'identité unique sont définies par arrêté des ministres intéressés. – *[Décr. n° 73-314 du 14 mars 1973, art. 1er.] – V. art. A. 123-86 s.*

V. aussi Décr. n° 84-966 du 22 oct. 1984 (D. et ALD 1984. 571) instituant le répertoire des entreprises contrôlées majoritairement par l'État.

Décret n° 2009-1193 du 7 octobre 2009,

Relatif au livre foncier et à son informatisation dans les départements du Bas-Rhin, du Haut-Rhin et de la Moselle.

Art. 69 Lorsque la personne morale est inscrite au registre prévu par l article R. 123-220 du code de commerce, la requête *[en inscription]* mentionne le numéro d'identité qui lui a été attribué, complété, si celle-ci est assujettie à immatriculation au registre du commerce et des sociétés, par la mention de ce registre suivie du nom de a ville où est situé le greffe auprès duquel elle est immatriculée.

Art. R. 123-221 Le numéro d'identité attribué à chaque personne inscrite est un numéro d'ordre composé de neuf chiffres.

Le numéro d'identité attribué à chaque établissement est composé des neuf chiffres du numéro de la personne inscrite qui y exerce son activité, suivis d'un numéro complémentaire de deux à cinq chiffres propre à cet établissement. – *[Décr. n° 73-314 du 14 mars 1973, art. 3.]*

Sur le numéro unique d'identification des entreprises, V. art. D. 123-235 et D. 123-236.

Art. R. 123-222 Sont portés au répertoire les renseignements d'identification suivants :

1° Les nom, nom d'usage, prénoms, adresse légale, date et lieu de naissance des personnes physiques ainsi que leur éventuelle cessation d'activité ; les raison ou dénomination sociale, sigle le cas échéant, forme juridique et siège social des personnes morales de droit privé ; les dénomination, sigle le cas échéant, forme juridique et adresse du lieu principal d'activité des personnes morales de droit public et des institutions et services mentionnés à l'article R. 123-220 ;

2° Pour chaque établissement, sa dénomination usuelle, son adresse, et si nécessaire la date et l'origine de sa création ;

3° Dans tous les cas le numéro d'identité. – *[Décr. n° 73-314 du 14 mars 1973, art. 4.] – V. art. A. 123-88.*

Art. R. 123-223 *(Décr. n° 2008-551 du 11 juin 2008)* Sont également portés au répertoire les renseignements suivants :

1° Les numéros de la nomenclature d'activités française en vigueur caractérisant les activités exercées, approuvée par décret pris après avis de la Commission nationale des nomenclatures économiques et sociales ;

2° Les codes complémentaires précisant les formes particulières d'activités. Ces codes et leurs liens avec la nomenclature d'activités française en vigueur sont fixés par un arrêté du ministre chargé de l'économie ;

3° Le code complémentaire de la nomenclature française du secteur des métiers et de l'artisanat en vigueur, lorsque l'activité exercée en relève. Par dérogation à l'article R. 123-220, ce code est attribué par les *(Décr. n° 2010-1356 du 11 nov. 2010, art. 25)* « chambres de métiers et de l'artisanat de région » : – *V. Arr. du 10 juill. 2008, ss. Décr. n° 98-247 du 2 avr. 1998, art. 30, App., v° Artisans.*

4° Les catégories correspondant à l'importance de l'effectif salarié civil total et par établissement ;

5° La mention de la compétence territoriale des personnes morales de droit public et des institutions et services de l'État, ainsi que la mention de leurs rapports administratifs avec d'autres personnes ou services inscrits au répertoire. – *[Décr. n° 73-314 du 14 mars 1973, art. 5.] – V. art. A. 123-88.*

Art. R. 123-224 *(Décr. n° 2008-1488 du 30 déc. 2008, art. 7-III)* L'attribution des numéros d'identité, par l'Institut national de la statistique et des études économiques, aux personnes inscrites et à leurs établissements est effectuée :

1° Soit à l'occasion de la demande d'immatriculation au registre du commerce et des sociétés ou de la déclaration au répertoire des métiers ;

2° Soit à l'occasion de la déclaration d'activité effectuée en application de l'article L. 123-1-1 ou du V de l'article 19 de la loi n° 96-603 du 5 juillet 1996 relative au développement et à la promotion du commerce et de l'artisanat *[V. cet art., App., v° Artisans]* ;

3° Soit à la demande des administrations ou organismes dont la liste est fixée par arrêté du Premier ministre. – *[Décr. n° 73-314 du 14 mars 1973, art. 6.] – V. art. A. 123-81 et A. 123-82.*

Art. R. 123-225 La modification des renseignements d'identification mentionnés au répertoire concernant les personnes inscrites ou leurs établissements est effectuée soit à l'occasion de demandes d'inscription modificatives au registre du commerce et des sociétés ou au répertoire des métiers, soit à la demande des administrations ou organismes mentionnés à l'article R. 123-224, soit à la demande des personnes inscrites. – *[Décr. n° 73-314 du 14 mars 1973, art. 7.]*

Art. R. 123-226 Lorsque les renseignements d'identification énumérés à l'article R. 123-222 sont fournis, en vertu des articles R. 123-224 et R. 123-225, soit par les administrations ou organismes mentionnés à l'article R. 123-224, soit par les personnes inscrites elles-mêmes, l'Institut national de la statistique et des études économiques vérifie la concordance de ces renseignements avec ceux qui ressortent des demandes d'immatriculation ou d'inscription modificative au registre du commerce et des sociétés ou au répertoire des métiers ; en cas de non-concordance, seuls ces derniers renseignements sont pris en considération au répertoire institué par la présente section.

Lorsque la modification des renseignements d'identification énumérés à l'article R. 123-222 est demandée, en application de l'article R. 123-225, par la personne inscrite elle-même, et que celle-ci n'est pas assujettie à l'immatriculation au registre du commerce et des sociétés ou au répertoire des métiers, l'Institut national de la statistique et des études économiques procède à la modification en accord avec l'administration ou organisme ayant sollicité l'inscription de la personne concernée. – *[Décr. n° 73-314 du 14 mars 1973, art. 8.]*

L'INSEE est autorisé à utiliser le répertoire national d'identification des personnes physiques en vue de vérifier l'état civil des personnes physiques inscrites au répertoire national d'identification des entreprises et de leurs établissements (Décr. n° 84-394 du 23 mai 1984, art. 1er).

Art. R. 123-227 Sous réserve des articles R. 123-228 à R. 123-230, une personne inscrite est radiée du répertoire et son numéro d'identité est supprimé en cas de dissolution s'il s'agit d'une personne morale, et en cas de décès ou lors de la cessation de toute activité mentionnée à l'article R. 123-220 s'il s'agit d'une personne physique.

(Décr. n° 2010-1042 du 1er sept. 2010, art. 1er) « Une personne morale en formation est radiée et son numéro d'identification est supprimé lorsqu'elle fait l'objet d'une décision de refus d'inscription au registre du commerce et des sociétés *[.]* »

Un établissement est radié et son numéro d'identité est supprimé lors de la cessation définitive de l'activité de la personne inscrite dans cet établissement.

Lors de la radiation d'une personne inscrite, ses établissements sont également radiés et leurs numéros d'identité supprimés. – *[Décr. n° 73-314 du 14 mars 1973, art. 9.]*

Art. R. 123-228 La radiation des commerçants, personnes physiques ou morales, soumis à l'immatriculation au registre du commerce et des sociétés ne peut intervenir que lorsque la radiation du registre du commerce et des sociétés a été faite. – *[Décr. n° 73-314 du 14 mars 1973, art. 10.]*

Art. R. 123-229 Lorsqu'une entreprise au sens des textes qui régissent le répertoire des métiers est soumise à l'immatriculation à ce répertoire, la radiation du chef de l'entreprise ne peut intervenir que postérieurement, selon les cas, à la radiation de l'entreprise du répertoire des métiers ou à la radiation de la mention concernant le chef d'entreprise. – *[Décr. n° 73-314 du 14 mars 1973, art 11.]*

Art. R. 123-230 En cas de double immatriculation au registre du commerce et des sociétés et au répertoire des métiers, la radiation ne peut intervenir que postérieurement à la radiation du registre du commerce et des sociétés et du répertoire des métiers. – *[Décr. n° 73-314 du 14 mars 1973, art. 12.]*

Art. R. 123-231 Aucun effet juridique ne s'attache à l'identification ou à la non-identification d'une personne inscrite au répertoire. Celle-ci demeure soumise à toute obligation législative, réglementaire ou contractuelle afférente à l'exercice de son activité. – *[Décr. n° 73-314 du 14 mars 1973, art. 13.]*

Art. R. 123-232 Sous réserve des dispositions des articles L. 123-1 à L. 123-11-1 et R. 123-31 à R. 123-153, en ce qui concerne le registre du commerce et des sociétés, et de celles du décret n° 98-247 du 2 avril 1998 relatif à la qualification artisanale et au répertoire des métiers *[V. ce texte, App., v° Artisans]*, les numéros d'identité au répertoire sont communiqués aux personnes inscrites et à leurs établissements par l'Institut national de la statistique et des études économiques.

Les renseignements contenus dans le répertoire et énumérés aux articles R. 123-222 et R. 123-223 sont communiqués, sur leur demande, aux greffiers des tribunaux de commerce, des tribunaux de grande instance statuant commercialement et des tribunaux d'instance du ressort de la cour d'appel de Colmar chargés de la tenue du registre du commerce et des sociétés, à l'Institut national de la propriété industrielle chargé de la tenue du registre national du commerce et des sociétés, aux chambres de métiers, ainsi qu'aux administrations ou organismes prévus à l'article R. 123-224. Les mêmes renseignements sont communiqués aux personnes inscrites, en tant que ces renseignements les concernent.

Les dispositions des deux alinéas précédents sont applicables aux institutions et services définis à l'article R. 123-220 ainsi qu'à leurs établissements.

L'Institut national de la statistique et des études économiques peut communiquer aux personnes ou organismes qui en font la demande les renseignements prévus à l'alinéa précédent, à l'exception de ceux concernant la date et le lieu de naissance des personnes physiques. Un arrêté du Premier ministre précise en tant que de besoin les conditions et limites d'application de la présente disposition. – *[Décr. n° 73-314 du 14 mars 1973, art. 14.] – V. art. A. 123-91.*

Art. R. 123-233 Indépendamment des administrations ou organismes mentionnés à l'article R. 123-224, les administrations publiques sont tenues d'utiliser exclusivement le numéro d'identité au répertoire lors de toute correspondance, si l'objet de cette correspondance nécessite de désigner par des numéros d'immatriculation les personnes inscrites et leurs établissements tels qu'ils sont définis à l'article R. 123-220. – *[Décr. n° 73-314 du 14 mars 1973, art. 15.]*

Art. R. 123-234 Conformément à l'article R. 123-220 toute personne physique ou morale, toute institution ou service mentionne dans sa correspondance avec les administrations ou organismes énumérés à l'article R. 123-224, le numéro d'identité dès sa notification et, lorsque la correspondance concerne plus particulièrement un ou plusieurs de ses établissements, le ou les numéros de ces derniers. – *[Décr. nº 73-314 du 14 mars 1973, art. 16.]*

• SOUS-SECTION 3 DU NUMÉRO UNIQUE D'IDENTIFICATION DES ENTREPRISES

Art. D. 123-235 Le numéro unique d'identification qui seul peut être exigé d'une entreprise dans ses relations avec les administrations, personnes ou organismes énumérés à l'article 1er de la loi nº 94-126 du 11 février 1994 relative à l'initiative et à l'entreprise individuelle *[V. ce texte ss. art. R. 123-1]* est le numéro d'identité qui lui est attribué lors de son inscription au répertoire des entreprises et de leurs établissements en application de la sous-section 2. – *[Décr. nº 97-497 du 16 mai 1997, art. 1er.]*

Art. D. 123-236 Les dispositions de l'article D. 123-235 ne font pas obstacle à ce qu'une entreprise puisse être tenue de porter, en complément du numéro unique d'identification et à titre d'identifiant spécifique :

1º Pour les activités soumises à immatriculation au registre du commerce et des sociétés, les mentions prévues par les articles R. 123-237 et suivants ;

2º Pour les relations avec une administration, personne ou organisme concernant plus particulièrement un des établissements de l'entreprise, le numéro complémentaire attribué à cet établissement dans les conditions prévues à l'article R. 123-221 ;

3º Pour les activités soumises à l'article 256 A du code général des impôts l'indication du numéro de TVA intracommunautaire, selon les modalités arrêtées par le ministre chargé du budget et par le ministre chargé de la simplification des formalités incombant aux entreprises ;

4º Pour les activités soumises à une inscription à un autre registre ou répertoire que celui du commerce et des sociétés ou à une autorisation ou déclaration préalable, une mention afférente à l'accomplissement de la formalité dans les conditions prévues par un acte réglementaire conjoint du ministre concerné et du ministre chargé de la simplification des formalités incombant aux entreprises, imposant l'accomplissement et la mention de formalités nouvelles ;

5º Une mention afférente à l'accomplissement d'une formalité administrative, lorsque cette obligation résulte d'un arrêté conjoint du ministre concerné et du ministre chargé de la simplification des formalités incombant aux entreprises. – *[Décr. nº 97-497 du 16 mai 1997, art. 2.]*

• SOUS-SECTION 4 DES MENTIONS SUR LES PAPIERS D'AFFAIRES

Art. R. 123-237 *(Décr. nº 2007-550 du 9 mai 2007, art. 29)* Toute personne immatriculée indique sur ses factures, notes de commande, tarifs et documents publicitaires ainsi que sur toutes correspondances et tous récépissés concernant son activité et signés par elle ou en son nom :

1º Le numéro unique d'identification de l'entreprise délivré conformément à l'article *(Décr. nº 2007-1851 du 26 déc. 2007, art. 2)* « D. 123-235 » ;

2º La mention RCS suivie du nom de la ville où se trouve le greffe où elle est immatriculée ;

3º Le lieu de son siège social ;

4º Le cas échéant, qu'elle est en état de liquidation ;

5° Si elle est une société commerciale dont le siège est à l'étranger, outre les renseignements mentionnés aux 3° et 4°, sa dénomination, sa forme juridique et le numéro d'immatriculation dans l'État où elle a son siège, s'il en existe un ;

6° Le cas échéant, la qualité de locataire-gérant ou de gérant-mandataire ;

7° Si elle est bénéficiaire d'un contrat d'appui au projet d'entreprise pour la création ou la reprise d'une activité économique au sens du chapitre VII du titre II du livre Ier du code de commerce, la dénomination sociale de la personne morale responsable de l'appui, le lieu de son siège social, ainsi que son numéro unique d'identification ;

(Décr. n° 2010-1706 du 29 déc. 2010, art. 13) « 8° Si elle a constitué un patrimoine affecté en application de l'article L. 526-6, l'objet de l'activité professionnelle à laquelle le patrimoine est affecté et la dénomination utilisée pour l'exercice de l'activité professionnelle incorporant son nom ou nom d'usage précédé ou suivi immédiatement des mots : "entrepreneur individuel à responsabilité limitée" ou des initiales : "EIRL". »

Toute personne immatriculée indique en outre sur son site internet la mention RCS suivie du nom de la ville où se trouve le greffe où elle est immatriculée, ainsi que des renseignements mentionnés aux *(Décr. n° 2010-1706 du 29 déc. 2010, art. 13)* « 1°, 3°, 5° et 8° ».

Toute contravention aux dispositions des alinéas précédents est punie de l'amende prévue pour les contraventions de la 4e classe. — *[Décr. n° 84-406 du 5 mai 1984, art. 72, al. 1er à 5.] — V. art. A. 123-54.*

Dans tous les textes réglementaires, la référence aux mentions visées aux 1 et 2 de l'art. R. 123-237 (anciens 1° et 2° de l'art. 72 du Décr. n° 84-406 du 30 mai 1984 relatif au registre du commerce et des sociétés) est substituée à la référence au numéro d'immatriculation au registre du commerce et des sociétés (Décr. n° 98-550 du 2 juill. 1998, art. 35).

1. Énumération limitative. La liste des documents sur lesquels doit figurer le numéro du registre est limitative ; cette indication n'est donc pas exigée sur des enveloppes imprimées à en-tête ou sur des emballages, V. Rép. min. n° 38214 : *JOAN Q, 26 janv. 1981, p. 374.*

2. Courrier électronique. S'agissant des courriers électroniques émis par une société commerciale, V. Vendeuil, *JCP E 2003, n° 49, p. 1958.*

Art. R. 123-237-1 *(Décr. n° 2008-1488 du 30 déc. 2008, art. 8)* Toute personne qui a déclaré son activité en application de l'article L. 123-1-1 indique sur ses factures, notes de commande, tarifs et documents publicitaires ainsi que sur toutes correspondances et tous récépissés concernant son activité et signés par elle ou en son nom :

1° Le numéro unique d'identification de l'entreprise délivré conformément à l'article D. 123-235, suivi immédiatement et lisiblement des mots : "dispensé d'immatriculation en application de l'article L. 123-1-1 du code de commerce" ;

2° Son adresse ;

3° Si elle est bénéficiaire d'un contrat d'appui au projet d'entreprise pour la création ou la reprise d'une activité économique au sens de l'article L. 127-1 du code de commerce, la dénomination sociale de la personne morale responsable de l'appui, le lieu de son siège social, ainsi que son numéro unique d'identification ;

(Décr. n° 2010-1706 du 29 déc. 2010, art. 14) « 4° Si elle a constitué un patrimoine affecté en application de l'article L. 526-6, l'objet de l'activité commerciale à laquelle le patrimoine est affecté et sa dénomination incorporant son nom ou son nom d'usage précédé ou suivi immédiatement des mots : "entrepreneur individuel à responsabilité limitée" ou des initiales : "EIRL". »

Toute personne ayant déclaré son activité en application de l'article L. 123-1-1 et disposant d'un site internet y fait figurer les renseignements mentionnés aux *(Décr. n° 2010-1706 du 29 déc. 2010, art. 14)* « 1°, 2° et 4° ».

Art. R. 123-238 Les actes et documents émanant de la société et destinés aux tiers, notamment les lettres, factures, annonces et publications diverses, indiquent la dénomination sociale, précédée ou suivie immédiatement et lisiblement :

1° Pour les sociétés en nom collectif, des mots "société en nom collectif" ou des initiales "SNC" ;

2° Pour les sociétés en commandite simple, des mots "société en commandite simple" ou des initiales "SCS" ;

3° Pour les sociétés à responsabilité limitée, des mots "société à responsabilité limitée" ou des initiales "SARL" et de l'énonciation du montant du capital social ;

4° Pour les sociétés par action :

a) Selon le cas, des mots :

– "société anonyme" ou des initiales "SA". En outre, si la société anonyme est dotée d'un directoire et d'un conseil de surveillance, la forme sociale est indiquée par les mots : "société anonyme à directoire et conseil de surveillance" ;

– "société par actions simplifiées *[simplifiée]*" ou des initiales "SAS" ;

– "société en commandite par action" ou des initiales "SCA" ;

– "société européenne" ou des initiales "SE" ;

b) De l'énonciation du montant du capital social qui peut être arrondi à la valeur entière inférieure. Dans le cas d'augmentation de capital résultant de l'exercice, pouvant avoir lieu à tout moment, des droits attachés à des valeurs mobilières donnant accès au capital, de levées d'option de souscription d'actions possibles à tout moment ou du paiement de dividende en actions, et sauf si l'augmentation du capital dépasse 10 % de son montant antérieur, la société n'est tenue de mentionner le nouveau montant du capital dans les actes et documents énumérés à l'alinéa premier qu'à l'expiration d'un délai de trois ans à compter de la constatation de l'augmentation. – *[Décr. nº 67-236 du 23 mars 1967, art. 8, 28, 56 et 203-4.]*

CHAPITRE IV DES SOCIÉTÉS COOPÉRATIVES DE COMMERÇANTS DÉTAILLANTS

Le présent chapitre ne comprend pas de dispositions réglementaires.

CHAPITRE V DES MAGASINS COLLECTIFS DE COMMERÇANTS INDÉPENDANTS

Le présent chapitre ne comprend pas de dispositions réglementaires.

CHAPITRE VI DES SOCIÉTÉS DE CAUTION MUTUELLE

Le présent chapitre ne comprend pas de dispositions réglementaires.

CHAPITRE VII DU CONTRAT D'APPUI AU PROJET D'ENTREPRISE POUR LA CRÉATION OU LA REPRISE D'UNE ACTIVITÉ ÉCONOMIQUE

Art. R. 127-1 Le contrat d'appui au projet d'entreprise pour la création ou la reprise d'une activité économique défini à l'article L. 127-1 :

1° Fixe le programme de préparation à la création ou à la reprise et à la gestion d'une activité économique ainsi que les engagements respectifs des parties contractantes, en distinguant d'une part les stipulations prévues jusqu'au début d'une activité économique au sens de l'article L. 127-4 et, d'autre part, les stipulations applicables après le début de cette activité ;

2° Précise la nature, le montant et les conditions d'utilisation des moyens mis à la disposition du bénéficiaire par la personne morale responsable de l'appui ainsi que leur évolution éventuelle au cours de l'exécution du contrat ;

3° Prévoit, le cas échéant, les modalités de calcul ou le montant forfaitaire de la rétribution de la personne morale responsable de l'appui ainsi que leur évolution éventuelle au cours de l'exécution du contrat ;

4° Détermine la nature, le montant maximal et les conditions des engagements pris par le bénéficiaire à l'égard des tiers au cours de l'exécution du contrat ainsi que la partie qui en assume la charge financière à titre définitif ;

5° Détermine, après le début d'une activité économique, les modalités et la périodicité selon lesquelles la personne responsable de l'appui est informée des données comptables du bénéficiaire ;

6° Précise les modalités de rupture anticipée ;

7° Peut prévoir, avant le début d'une activité économique, une rémunération du bénéficiaire du contrat ainsi que, le cas échéant, ses modalités de calcul et de versement ainsi que son montant ;

8° Prévoit, après le début d'une activité économique, les conditions dans lesquelles le bénéficiaire du contrat s'acquitte auprès de la personne morale responsable de l'appui du règlement des sommes correspondant au montant des cotisations et contributions sociales versées par celle-ci pour son compte en application du deuxième alinéa de l'article L. 783-1 *[L. 5142-1 nouv.]* du code du travail. – *[Décr. n° 2005-505 du 19 mai 2005, art. 1er.]*

Art. R. 127-2 Le contrat d'appui est renouvelé par écrit. – *[Décr. n° 2005-505 du 19 mai 2005, art. 2.]*

Art. R. 127-3 Avant toute immatriculation ou inscription au registre du commerce et des sociétés, au répertoire des métiers, au registre spécial des agents commerciaux ou à tout autre registre de publicité légale, ou lorsque l'activité économique ne requiert pas d'immatriculation, le bénéficiaire du contrat indique sur les factures, notes de commande, documents publicitaires ainsi que sur toutes correspondances et tous récépissés concernant son activité et signés par lui en son nom et plus généralement sur ses papiers d'affaires qu'il bénéficie d'un contrat d'appui pour la création ou la reprise d'une activité économique. Il mentionne également sur ces documents la dénomination sociale, le lieu du siège social et le numéro d'identification de la personne morale responsable de l'appui, ainsi que le terme du contrat.

Lorsque la nature de l'activité requiert une immatriculation, les obligations du bénéficiaire et les modalités de publicité du contrat d'appui au projet d'entreprise pour la création ou la reprise d'une activité économique sont fixées pour les commerçants par les dispositions du présent code en matière de registre du commerce et des sociétés, pour les artisans par le décret n° 98-247 du 2 avril 1998 modifié relatif à la qualification artisanale et au répertoire des métiers *[V. ce texte, App., v° Artisans]* et pour les agents commerciaux par les dispositions du présent code. – *[Décr. n° 2005-505 du 19 mai 2005, art. 3.]*

V. relatif au RCS, art. R. 123-37, R. 123-53 et R. 123-237. – V. relatif au répertoire des métiers, Décr. n° 98-247 du 2 avr. 1998, art. 10 bis, App., v° Artisans.

V. aussi C. trav., art. R. 5142-1, R. 5142-2, R. 5142-6 et CSS, art. R. 312-5.

CHAPITRE VIII DES INCAPACITÉS D'EXERCER UNE PROFESSION COMMERCIALE OU INDUSTRIELLE

Le présent chapitre ne comprend pas de dispositions réglementaires.

CHAPITRE IX DU TUTORAT EN ENTREPRISE

Le présent chapitre ne comprend pas de dispositions réglementaires.

V. Décr. no 2007-478, ss. art. L. 129-1. — V. aussi Arr. 29 mars 2007 (JO 30 mars) et CSS, art. D. 412-99-3 s. et D. 634-13-2.

TITRE TROISIÈME DES COURTIERS, DES COMMISSIONNAIRES, DES TRANSPORTEURS ET DES AGENTS COMMERCIAUX

CHAPITRE PREMIER DES COURTIERS

SECTION PREMIÈRE DE L'INSCRIPTION DES COURTIERS DE MARCHANDISES ASSERMENTÉS SUR LA LISTE DE LA COUR D'APPEL

(Décr. no 2012-120 du 30 janv. 2012, art. 2)

Art. R. 131-1 La demande d'inscription sur la liste des courtiers de marchandises assermentés est présentée au procureur général près la cour d'appel dans le ressort de laquelle le requérant a sa résidence ou, s'il s'agit d'une personne morale, son siège social, une succursale ou un établissement en rapport avec sa spécialité.

La demande est assortie de toutes précisions utiles, notamment la ou les spécialités professionnelles pour lesquelles l'inscription est sollicitée, ainsi que des pièces suivantes :

I. — Pour les personnes physiques :

1° Un document justifiant de l'identité et de la nationalité du demandeur ;

2° Une attestation de l'absence de sanction disciplinaire ou administrative de destitution, radiation, révocation, de retrait d'agrément ou d'autorisation, dans la profession que le demandeur exerçait antérieurement. Cette attestation est établie selon le modèle fixé par arrêté du garde des sceaux, ministre de la justice ; *— V. art. A. 131-1.*

3° Un document justifiant de l'inscription au registre du commerce et des sociétés à titre personnel ;

4° Les documents justifiant de l'habilitation à diriger des ventes de meubles aux enchères publiques et de l'expérience professionnelle requise dans la ou les spécialités professionnelles pour lesquelles l'inscription est demandée ;

5° Les documents justifiant du passage avec succès depuis moins de trois ans de l'examen d'aptitude dans la ou les spécialités professionnelles pour lesquelles l'inscription est demandée ;

6° Les documents justifiant de la résidence dans le ressort de la cour d'appel sur la liste de laquelle l'inscription est demandée ;

7° Un document justifiant de l'ouverture dans un établissement de crédit d'un compte destiné exclusivement à recevoir les fonds détenus pour le compte d'autrui ;

8° Un document justifiant de la souscription d'une assurance de couverture de responsabilité professionnelle ;

9° Un document justifiant d'une assurance ou d'un cautionnement garantissant la représentation des fonds détenus pour le compte d'autrui.

II. — Pour les personnes morales :

1° Une copie des statuts de la société et de l'acte nommant son représentant légal ;

2° Une attestation pour les dirigeants de l'absence de sanction disciplinaire ou administrative, de destitution, radiation, révocation, de retrait d'agrément ou d'autorisation, dans la profession qu'ils exerçaient antérieurement, pour des faits contraires à l'honneur, à la probité ou aux bonnes mœurs. Cette attestation est établie selon le modèle fixé par arrêté du garde des sceaux, ministre de la justice ; — *V. art. A. 131-1.*

3° Tous documents justifiant de l'exercice par la personne morale d'une activité de courtage en marchandises depuis au moins deux ans dans la ou les spécialités professionnelles pour lesquelles l'inscription est demandée ;

4° La justification prévue au 3° de l'article L. 131-14 ;

5° Les documents justifiant qu'elle compte parmi ses dirigeants, associés ou salariés au moins une personne remplissant les conditions prévues aux articles 1°, 2°, 4° et 5° de l'article L. 131-13 ;

6° Les documents justifiant qu'elle a son siège social, une succursale ou un établissement en rapport avec sa ou ses spécialités dans le ressort de la cour d'appel ;

7° Un document justifiant de l'ouverture dans un établissement de crédit d'un compte destiné exclusivement à recevoir les fonds détenus pour le compte d'autrui ;

8° Un document justifiant de la souscription d'une assurance de couverture de responsabilité professionnelle ;

9° Un document justifiant d'une assurance ou d'un cautionnement garantissant la représentation des fonds détenus pour le compte d'autrui.

Les dispositions du 4° du I et du 5° du II de l'art. R. 131-1, tel que modifié par le Décr. n° 2012-120 du 30 janv. 2012 concernant l'habilitation à diriger des ventes volontaires de meubles aux enchères publiques, entrent en vigueur le 1er janv. 2015 (Décr. préc., art. 22).

Art. R. 131-2 Le procureur général instruit la demande d'inscription. Il vérifie que le candidat remplit les conditions requises et recueille tous renseignements sur les mérites de celle-ci.

Il transmet la demande pour avis au Conseil national des courtiers de marchandises assermentés par lettre recommandée avec demande d'avis de réception.

Si, quarante-cinq jours après sa saisine, le Conseil n'a pas adressé au procureur général son avis, celui-ci est tenu pour favorable.

Art. R. 131-3 La cour d'appel statue sur la demande d'inscription en assemblée générale des magistrats du siège.

Art. R. 131-4 Dans les quinze jours suivant l'inscription du candidat sur la liste des courtiers de marchandises assermentés, celui-ci est tenu de prêter serment, devant cette cour, en ces termes : "Je jure de loyalement remplir mes fonctions avec honneur et probité et d'observer en tout les devoirs qu'elles m'imposent."

Pour une personne morale, le serment est prêté par son représentant, désigné à cet effet.

Art. R. 131-5 La procédure prévue par les articles R. 131-1 à R. 131-4 est applicable en cas de modification ou d'adjonction d'une spécialité professionnelle ainsi qu'en cas de demande d'inscription sur la liste d'une autre cour d'appel.

Toute modification substantielle des données fournies lors de la demande d'inscription est portée à la connaissance du procureur général.

Art. R. 131-6 L'honorariat peut être conféré au courtier assermenté qui s'est retiré par démission après vingt ans d'exercice de la profession.

La décision est prise dans les formes et selon les modalités prévues par les articles R. 131-2 et R. 131-3.

SECTION II DE L'ASSURANCE ET DU CAUTIONNEMENT DES COURTIERS DE MARCHANDISES ASSERMENTÉS

(Décr. n° 2012-120 du 30 janv. 2012, art. 2)

Art. R. 131-7 Le cautionnement prévu au 3° de l'article L. 131-15 ne peut être consenti que par l'un des établissements de crédit habilités à cet effet ou l'une des institutions ou l'un des établissements mentionnés à l'article L. 518-1 du code monétaire et financier, une société d'assurances ou une société de caution mutuelle, habilités à donner caution.

Le cautionnement résulte d'une convention écrite qui, outre les conditions générales, précise notamment le montant de la garantie accordée, les conditions de rémunération, les modalités de contrôle comptable ainsi que les contre-garanties éventuellement exigées par la caution.

Art. R. 131-8 La caution ou l'assureur, selon le cas, délivre au courtier de marchandises assermenté une attestation de cautionnement ou d'assurance précisant la dénomination de l'établissement de crédit auprès duquel est ouvert le compte prévu au 1° de l'article L. 131-15 ainsi que le numéro de ce compte, le montant et la durée de la garantie accordée et les restrictions éventuelles apportées à celle-ci.

Art. R. 131-9 Le cautionnement ou l'assurance, selon le cas, s'applique sur les seules justifications que la créance est certaine, liquide et exigible et que le courtier de marchandises assermenté garanti est défaillant.

La caution ou l'assureur ne peut opposer au créancier le bénéfice de discussion.

Pour le garant, la défaillance du courtier de marchandises assermenté garanti résulte d'une sommation de payer ou de restituer, suivie de refus ou demeurée infructueuse pendant un délai d'un mois à compter de sa signification.

Art. R. 131-10 Le montant de la garantie accordée à un courtier de marchandises assermenté ne peut être inférieur à la plus élevée des deux sommes suivantes :

1° Le chiffre moyen mensuel des ventes, taxes comprises et net d'honoraires, réalisé par le courtier de marchandises assermenté au cours de l'exercice précédent ;

2° La moitié du montant maximal des fonds détenus par le courtier de marchandises assermenté pour le compte des tiers, à un moment quelconque, au cours des douze mois précédents.

Lorsque le courtier de marchandises assermenté exerce son activité depuis moins d'une année, le montant de la garantie ne peut être inférieur au montant prévisionnel moyen des ventes mensuelles, taxes comprises et net d'honoraires, pour l'exercice en cours. Ce montant prévisionnel fait l'objet d'une déclaration par le courtier à l'assureur ou à la société de cautionnement.

Art. R. 131-11 Tout courtier de marchandises assermenté adapte chaque année le montant de la garantie qu'il a souscrite. Il révise également ce montant lorsque des circonstances particulières sont susceptibles de modifier l'étendue du risque.

Art. R. 131-12 L'assurance de la personne morale garantit la responsabilité civile d'un dirigeant, d'un associé ou d'un salarié d'un courtier de marchandises assermenté, personne morale, remplissant les conditions prévues aux articles 1°, 2°, 4° et 5° de l'article L. 131-13.

Art. R. 131-13 Les contrats d'assurance ne doivent pas prévoir de franchise à la charge de l'assuré supérieure à 10 % des indemnités dues, dans la limite de 8 000 € par créancier. La franchise n'est pas opposable aux créanciers du courtier de marchandises assermenté.

SECTION III DE L'EXAMEN D'APTITUDE AUX FONCTIONS DE COURTIER DE MARCHANDISES ASSERMENTÉ

(Décr. n° 2012-120 du 30 janv. 2012, art. 2)

Art. D. 131-14 L'examen d'aptitude aux fonctions de courtier de marchandises assermenté comprend :

1° Une épreuve écrite et pratique d'une durée de trois heures, au cours de laquelle le candidat rédige un certificat, procès-verbal, rapport ou tout autre document écrit relevant de l'exercice des fonctions de courtier de marchandises assermenté ;

2° Une épreuve orale théorique d'une durée d'une heure concernant les connaissances nécessaires aux devoirs et à la fonction de courtier de marchandises assermenté ;

3° Une épreuve orale technologique d'une durée de deux heures portant sur la détermination, sur échantillons, des qualités spécifiques de marchandises pour lesquelles la spécialisation est demandée, l'appréciation des cours de celles-ci et les conditions de leur commercialisation.

Art. R. 131-15 L'examen d'aptitude a lieu au moins une fois par an. Il est subi devant un jury national qui choisit les sujets des épreuves.

Le jury est présidé par un magistrat judiciaire hors hiérarchie ou du premier grade. Il est composé de deux magistrats consulaires et de deux courtiers de marchandises assermentés.

Art. R. 131-16 Le président et les membres du jury sont désignés par arrêté du ministre chargé du commerce, sur proposition du garde des sceaux, ministre de la justice, en ce qui concerne le président, sur proposition de la commission nationale de discipline des magistrats consulaires, en ce qui concerne les juges consulaires, et sur proposition du Conseil national des courtiers de marchandises assermentés, en ce qui concerne les courtiers de marchandises assermentés.

Le président et les membres du jury ne peuvent siéger plus de trois années consécutives.

Le jury est assisté d'un ou plusieurs techniciens de la catégorie de marchandises pour laquelle le courtier demande à être assermenté. Ces techniciens, désignés comme courtiers membres du jury, ont voix consultative.

Art. R. 131-17 L'organisation matérielle de l'examen d'aptitude est confiée au Conseil national des courtiers de marchandises assermentés, qui reçoit les candidatures. Un arrêté conjoint du garde des sceaux, ministre de la justice, et du ministre chargé du commerce fixe, en tant que de besoin, les modalités d'application du présent article. Il pourra notamment prescrire que, dans des branches d'activité déterminées, le maintien de l'inscription sur la liste sera subordonné au renouvellement, à intervalles périodiques, de l'épreuve technologique subie avec succès par le courtier de marchandises assermenté.

Un arrêté conjoint du garde des sceaux, ministre de la justice, du ministre chargé de l'économie et du ministre chargé du commerce fixera les frais incombant aux candidats et les rémunérations des membres du jury et des techniciens correspondant à ces examens.

SECTION IV DE LA DISCIPLINE DES COURTIERS DE MARCHANDISES ASSERMENTÉS

(Décr. n° 2012-120 du 30 janv. 2012, art. 2)

Art. R. 131-18 Dès qu'il apparaît qu'un courtier de marchandises assermenté aurait commis l'un des manquements prévus à l'article L. 131-32, le procureur de la République, soit d'initiative, soit sur plainte de toute personne intéressée, fait procéder à toute enquête utile.

Le cas échéant, il engage les poursuites à l'encontre du courtier de marchandises assermenté devant le tribunal de grande instance statuant en formation disciplinaire. Il assure et surveille l'exécution des sanctions disciplinaires.

Art. R. 131-19 Le courtier de marchandises assermenté poursuivi est appelé à comparaître par le procureur de la République près le tribunal de grande instance.

La convocation est adressée par lettre recommandée avec demande d'avis de réception quinze jours au moins avant la date fixée pour la comparution. Elle énonce les faits reprochés au courtier de marchandises assermenté.

Le courtier de marchandises assermenté convoqué ou son avocat peut prendre connaissance de son dossier auprès du secrétariat du procureur de la République. Il peut se faire assister par un autre courtier de marchandises assermenté.

Le tribunal peut se faire communiquer tous renseignements ou documents utiles. Il peut procéder à toutes auditions et, le cas échéant, déléguer l'un de ses membres à cette fin.

Les débats sont publics. Toutefois, le tribunal peut décider qu'ils auront lieu ou se poursuivront en chambre du conseil à la demande de l'intéressé ou s'il doit résulter de leur publicité une atteinte à l'intimité de la vie privée ou s'il survient des désordres de nature à troubler leur bon déroulement ; mention en est faite dans la décision.

Art. R. 131-20 Le tribunal statue, par décision motivée, après avoir entendu le ministère public, le courtier de marchandises assermenté poursuivi et, le cas échéant, son avocat.

Art. R. 131-21 La décision est notifiée au courtier de marchandises assermenté poursuivi, par lettre recommandée avec demande d'avis de réception, et au ministère public. La notification indique le délai et les modalités du recours ouvert à l'encontre de la décision.

Ce recours est porté devant la cour d'appel.

Il est formé dans le délai d'un mois par déclaration au greffe ou par lettre recommandée avec demande d'avis de réception adressée au greffe.

Le délai court, à l'égard du procureur de la République, du jour du prononcé de la décision et, à l'égard du courtier de marchandises assermenté, du jour de la notification de la décision.

Art. R. 131-22 Lorsque l'urgence le justifie, le président du tribunal de grande instance peut, à la demande du procureur de la République, suspendre provisoirement un courtier de marchandises assermenté lorsque ce dernier fait l'objet de poursuites pénales ou disciplinaires, après avoir mis l'intéressé en mesure de fournir ses explications.

Le président du tribunal de grande instance peut, à la demande du procureur de la République, ou à la requête de l'intéressé, mettre fin à cette suspension.

La suspension provisoire cesse de plein droit dès que l'action pénale est éteinte ou la procédure disciplinaire achevée.

La mesure de suspension provisoire est notifiée au courtier de marchandises assermenté poursuivi par lettre recommandée avec demande d'avis de réception. La notification indique le délai et les modalités du recours ouvert à l'encontre de la décision.

Ce recours est porté devant la cour d'appel dans un délai de quinze jours par déclaration au greffe ou par lettre recommandée avec demande d'avis de réception. Le délai court, à l'égard du procureur de la République, du jour du prononcé de la décision et, à l'égard du courtier de marchandises assermenté, du jour de la notification de la décision.

Le recours est formé, instruit et jugé selon les règles applicables à la procédure sans représentation obligatoire.

Art. R. 131-23 A la diligence du procureur général près la cour d'appel sur la liste de laquelle le courtier de marchandises assermenté est inscrit, la sanction disciplinaire et la décision de suspension provisoire sont portées à la connaissance des magistrats judiciaires et des magistrats consulaires du ressort de cette cour.

La fin de la suspension provisoire est portée à la connaissance des magistrats judiciaires et magistrats consulaires dans les mêmes conditions.

● SECTION V DU CONSEIL NATIONAL DES COURTIERS DE MARCHANDISES ASSERMENTÉS

(Décr. nº 2012-120 du 30 janv. 2012, art. 2)

Art. R. 131-24 Le Conseil national des courtiers de marchandises assermentés est composé de membres élus par les courtiers de marchandises assermentés.

Dans chaque cour d'appel, les courtiers de marchandises assermentés élisent un membre du Conseil national des courtiers de marchandises assermentés lorsque le nombre de courtiers de marchandises assermentés exerçant dans le ressort de cette cour est compris entre neuf et quinze. Ils en élisent deux lorsque le nombre de courtiers de marchandises assermentés est compris entre seize et vingt-cinq. Au-delà de vingt-cinq, les courtiers de marchandises assermentés élisent trois membres du Conseil national des courtiers de marchandises assermentés.

Si, dans le ressort de la cour d'appel, le nombre de courtiers de marchandises assermentés est inférieur à neuf, les membres du Conseil national des courtiers de marchandises assermentés sont élus par un collège composé des courtiers de marchandises assermentés du ressort et de ceux exerçant dans une ou plusieurs cours d'appel voisines. Ce regroupement est déterminé par arrêté du garde des sceaux, ministre de la justice. Le nombre d'élus au Conseil national des courtiers de marchandises assermentés est alors déterminé dans les mêmes conditions qu'à l'alinéa précédent.

Les membres du Conseil national des courtiers de marchandises assermentés sont élus pour trois ans et leur mandat est renouvelable une fois ; ils ne sont rééligibles que trois ans après l'expiration de leur deuxième mandat.

Sauf pour les besoins de l'application de l'art. 42-VI de la L. nº 2011-850 du 20 juill. 2011 (V. note ss. art. L. 131-32), les documents, dossiers et archives professionnels détenus par les anciennes chambres syndicales de courtiers de marchandises assermentés sont transférés au Conseil national des courtiers de marchandises assermentés (Décr. nº 2012-120 du 30 janv. 2012, art. 20, al. 3).

Art. R. 131-25 Chaque personne physique exerçant la profession de courtier de marchandises assermenté en activité est électeur et éligible dès sa prestation de serment. Elle cesse de l'être en cas de radiation ou de démission.

Art. R. 131-26 L'organisation des élections est confiée au bureau du Conseil national des courtiers de marchandises assermentés qui, avant le 15 octobre précédant la date du renouvellement du Conseil, fixe la date d'ouverture du scrutin dans la première quinzaine du mois de décembre et en assure la publicité. Dès cette fixation, le président avise les électeurs de la date et des modalités des opérations électorales ainsi que de la date et du lieu des opérations de dépouillement.

L'assemblée permanente des présidents de chambres syndicales de courtiers de marchandises assermentés est chargée d'organiser les élections prévues aux art. R. 131-25 à R. 131-32 au plus tard dans les trois mois suivant la publication du Décr. nº 2012-120 du 30 janv. 2012 (Décr. préc., art. 19).

Art. R. 131-27 Les déclarations de candidature sont remises contre récépissé, ou adressées par lettre recommandée avec demande d'avis de réception, au plus tard un mois avant la date d'ouverture du scrutin, au président du Conseil national des courtiers de marchandises assermentés.

Quinze jours au plus tard avant la date d'ouverture du scrutin, le président du Conseil national des courtiers de marchandises assermentés adresse à chaque électeur et pour chaque candidat un bulletin de vote comprenant le nom et le prénom du candidat ainsi qu'un formulaire de vote par procuration.

Art. R. 131-28 L'élection des membres du Conseil national des courtiers de marchandises assermentés a lieu au scrutin uninominal majoritaire à un tour, à bulletin secret, au cours d'une assemblée générale.

Les résultats sont proclamés au terme du scrutin et le procès-verbal des opérations est établi par le président du Conseil national des courtiers de marchandises assermentés.

Art. R. 131-29 Les candidats ayant obtenu pour chaque siège le plus grand nombre de suffrages sont proclamés élus.

En cas d'égalité entre plusieurs candidats ayant obtenu le plus grand nombre de suffrages, le plus âgé est proclamé élu.

Art. R. 131-30 Tout courtier de marchandises assermenté peut déférer l'élection des membres du Conseil national des courtiers de marchandises assermentés à la cour d'appel de Paris dans un délai de dix jours à compter de la proclamation des résultats. Le recours est déposé contre récépissé ou adressé par lettre recommandée avec demande d'avis de réception, au greffier en chef de la cour d'appel ; il est instruit et jugé selon les règles applicables à la procédure sans représentation obligatoire.

Art. R. 131-31 Les membres du Conseil national des courtiers de marchandises assermentés élisent en leur sein, au scrutin uninominal majoritaire à un tour et pour une période de trois ans, un président, un vice-président et cinq membres, qui constituent le bureau. En cas d'égalité des voix, le plus âgé des candidats est proclamé élu.

Art. R. 131-32 Si un membre du Conseil national des courtiers de marchandises assermentés cesse ses fonctions avant l'expiration de son mandat, il est pourvu à son remplacement dans le délai de trois mois ; les fonctions du nouveau membre prennent fin lorsque auraient cessé celles du membre qu'il a remplacé.

Le mandat du président, du vice-président et des membres du bureau prend fin lorsque l'intéressé cesse de remplir les conditions pour être membre du Conseil national.

Art. R. 131-33 Les fonctions de membre du Conseil national des courtiers de marchandises assermentés sont gratuites. Elles ne peuvent donner lieu qu'au remboursement de frais de voyage et de séjour dans les conditions fixées chaque année par le Conseil national.

Le président, le vice-président et les membres du bureau peuvent percevoir, pour frais de représentation, une indemnité dont le montant est fixé par le Conseil national.

Art. R. 131-34 Le Conseil national des courtiers de marchandises assermentés ne peut délibérer et voter que si deux tiers au moins de ses membres sont présents. En cas de partage égal des voix, celle du président est prépondérante.

Art. R. 131-35 Le Conseil national des courtiers de marchandises assermentés établit son règlement intérieur régissant son mode de fonctionnement et celui du bureau ; il fixe les pouvoirs du président, du vice-président et du bureau.

Ce règlement ne devient exécutoire qu'après avoir été approuvé par arrêté du garde des sceaux, ministre de la justice.

Art. R. 131-36 Le Conseil national des courtiers de marchandises assermentés établit son budget. Il fixe le montant de la cotisation que doit lui verser annuellement chaque courtier de marchandises assermenté.

Art. R. 131-37 Le Conseil national des courtiers de marchandises assermentés désigne chaque année avant le 31 décembre un commissaire aux comptes et un commissaire aux comptes suppléant dans les conditions prévues par les articles L. 823-3 et suivants.

Art. R. 131-38 Lorsqu'il existe un différend entre courtiers de marchandises assermentés, chacun peut faire citer l'autre partie devant le bureau du Conseil national des courtiers de marchandises assermentés sur simple lettre, dont l'original est déposé au secrétariat et une copie, visée par le président du Conseil national, envoyée par le secrétaire au courtier de marchandises assermenté appelé.

Le délai pour comparaître est d'au moins huit jours.

Art. R. 131-39 En cas de conflit d'intérêts avec une partie, le courtier de marchandises assermenté s'abstient de prendre part à la délibération.

Art. R. 131-40 Le bureau du Conseil national des courtiers de marchandises assermentés connaît des plaintes et réclamations des tiers, après avoir entendu ou dûment appelé, dans la forme ci-dessus prescrite, les courtiers de marchandises assermentés intéressés ainsi que les plaignants. Ceux-ci peuvent être entendus et, dans tous les cas, peuvent se faire assister par un courtier de marchandises assermenté ou un avocat.

Les délibérations du bureau sont motivées et signées par le président et le secrétaire, à la séance même où elles sont prises. Chaque délibération contient les noms des membres présents.

Les délibérations du bureau sont notifiées, quand il y a lieu, dans la même forme que les citations, et il en est fait mention par le secrétaire, en marge desdites délibérations. Elles sont, le cas échéant, communiquées au procureur de la République territorialement compétent.

CHAPITRE II DES COMMISSIONNAIRES

Art. R. 132-1 *(Décr. n° 2007-431 du 25 mars 2007)* **Les règles relatives à l'activité de commissionnaire de transport sont fixées par le décret n° 90-200 du 5 mars 1990 relatif à l'exercice de la profession de commissionnaire de transport.**

RÉP. COM. v° *Commissionnaire de transport,* par MERCADAL.

V. aussi Arr. du 20 déc. 1993 relatif à la délivrance de l'attestation de capacité professionnelle permettant l'exercice de la profession de commissionnaire de transport ; Arr. du 4 oct. 2007 relatif à la composition du dossier de demande d'inscription au registre des commissionnaires de transport.

CHAPITRE III DES TRANSPORTEURS

RÉP. COM. v° *Transports routiers de marchandises (Organisation des),* par SCHMITTER.

Art. R. 133-1 *(Décr. n° 2007-431 du 25 mars 2007)* **Les règles relatives à l'activité des entreprises de transport public routier de marchandises ou de locations de véhicules industriels avec conducteur destinés au transport de marchandises sont fixées par le décret n° 99-752 du 30 août 1999 relatif aux transports routiers de marchandises** *[V. ce texte ss. art. L. 133-9].*

Art. R. 133-2 *(Décr. n° 2007-431 du 25 mars 2007)* **Les règles relatives aux opérations de transport impliquant plusieurs opérations successives de chargement et de déchargement sont fixées par le décret n° 95-541 du 2 mai 1995 relatif aux opérations de transport impliquant plusieurs opérations successives de chargement et de déchargement** *[V. ce texte ss. art. L. 133-9].*

CHAPITRE IV DES AGENTS COMMERCIAUX

RÉP. COM. v° *Agent commercial,* par LELOUP.

Art. R. 134-1 **L'agent commercial communique à son mandant toute information nécessaire à l'exécution de son contrat.** – *[Décr. n° 58-1345 du 23 déc. 1958, art. 1er.]*

Art. R. 134-2 **Le mandant met à la disposition de l'agent commercial toute documentation utile sur les produits ou services qui font l'objet du contrat d'agence. Il communique à l'agent commercial les informations nécessaires à l'exécution du contrat. Il l'avise dans un délai raisonnable, notamment s'il prévoit que le volume des opérations sera sensiblement inférieur à celui auquel l'agent commercial aurait pu normalement s'attendre.**

Il informe également l'agent commercial, dans un délai raisonnable, de son acceptation, de son refus ou de l'inexécution d'une opération que celui-ci lui a apportée. – *[Décr. n° 58-1345 du 23 déc. 1958, art. 2.]*

Art. R. 134-3 **Le mandant remet à l'agent commercial un relevé des commissions dues, au plus tard le dernier jour du mois suivant le trimestre au cours duquel elles sont acquises. Ce relevé mentionne tous les éléments sur la base desquels le montant des commissions a été calculé.**

L'agent commercial a le droit d'exiger de son mandant qu'il lui fournisse toutes les informations, en particulier un extrait des documents comptables nécessaires pour

vérifier le montant des commissions qui lui sont dues. – *[Décr. n° 58-1345 du 23 déc. 1958, art. 3.]*

Documents comptables. En application des art. L. 134-4 et R. 134-3, l'agent commercial est en droit d'obtenir du mandant les documents comptables nécessaires pour établir le montant des commissions qui lui resteraient dues. • Com. 31 janv. 2012 : *RJ com. mars-avr. 2012. 31, obs. Leloup.*

Art. R. 134-4 **Conformément à l'article L. 134-16, est réputée non écrite toute clause ou convention contraire aux dispositions des articles R. 134-1 et R. 134-2 ou dérogeant, au détriment de l'agent commercial, aux dispositions de l'article R. 134-3.** – *[Décr. n° 58-1345 du 23 déc. 1958, art. 3-1.]*

Art. R. 134-5 **Lors de sa demande d'immatriculation, la personne physique mariée sous un régime de communauté légale ou conventionnelle fournit un justificatif, conformément au modèle défini par arrêté du garde des sceaux, ministre de la justice, établissant que son conjoint a été informé des conséquences sur les biens communs des dettes contractées dans l'exercice de sa profession.**

(Décr. n° 2007-750 du 9 mai 2007, art. 31) **« L'agent commercial déclare, le cas échéant, qu'il a effectué une déclaration d'insaisissabilité de ses droits sur l'immeuble où est fixée sa résidence principale, en application de l'article L. 526-1, en précisant le lieu de publication de cette déclaration. »**

(Décr. n° 2010-1706 du 29 déc. 2010, art. 15) **« Il déclare également, le cas échéant, qu'il affecte à son activité professionnelle, en application de l'article L. 526-6, un patrimoine séparé de son patrimoine personnel, en précisant la dénomination utilisée pour l'exercice de l'activité incorporant son nom ou nom d'usage, l'objet de l'activité professionnelle à laquelle le patrimoine est affecté, l'adresse de l'établissement principal où est exercée cette activité ou, à défaut d'établissement, l'adresse du local d'habitation où l'entreprise est fixée et la date de clôture de l'exercice comptable. La déclaration, dans les formes prévues à l'article R. 526-3, est déposée en annexe au registre. »**

(Décr. n° 2007-750 du 9 mai 2007, art. 31) **« Il déclare, en outre, les nom, nom d'usage, prénoms, date et lieu de naissance, domicile, lorsqu'il est différent du sien, de son conjoint qui collabore effectivement à son activité professionnelle dans les conditions définies à l'article R. 121-1. »** – *[Décr. n° 58-1345 du 23 déc. 1958, art. 4-1.]*

BIBL. ▶ SAINTOURENS, *RTD com. 2007. 674* (nouvelles obligations déclaratives de l'agent commercial lors de sa demande d'immatriculation).

Art. R. 134-6 **Les agents commerciaux se font immatriculer, avant de commencer l'exercice de leurs activités, sur un registre spécial tenu au greffe du tribunal de commerce dans le ressort duquel ils sont domiciliés. Ils produisent à cet effet une déclaration dont récépissé leur est délivré.** – *V. art. A. 134-1 s.*

Par dérogation aux dispositions de l'alinéa précédent, dans les départements du Bas-Rhin, du Haut-Rhin et de la Moselle le registre spécial d'immatriculation des agents commerciaux est tenu pour l'étendue du ressort de chaque tribunal de grande instance au greffe des tribunaux d'instance de Colmar, Metz, Mulhouse, Sarreguemines, Saverne, Strasbourg et Thionville.

Tout fait de nature à modifier l'une des mentions figurant à la déclaration d'immatriculation fait l'objet d'une déclaration.

(Décr. n° 2010-1706 du 29 déc. 2010, art. 15) **« Les dispositions du 3° de l'article R. 123-46 sont applicables aux inscriptions modificatives effectuées sur le registre spécial mentionné au premier alinéa.**

« La demande d'inscription modificative relative à un patrimoine affecté à une activité professionnelle est présentée par l'agent commercial ou par les personnes mentionnées aux articles L. 526-15, L. 526-16, premier alinéa, et L. 526-17. Le

dépôt de la déclaration de reprise mentionnée au second alinéa de l'article L. 526-16 est effectué par la personne reprenant le patrimoine affecté. La demande relative à la cession du patrimoine affecté à une personne morale ou à son apport en société est présentée par le cédant ou l'apporteur.

« Les actes ou décisions modifiant la déclaration d'affectation sont déposés dans le délai d'un mois suivant leur date.

« Les documents attestant de l'accomplissement des formalités prévues aux articles L. 526-9 à L. 526-11 en cas d'affectation de biens nouveaux postérieurement à la constitution du patrimoine affecté sont déposés dans le mois suivant l'affectation. Le greffier adresse au service des impôts dont relève l'agent commercial une copie de ces documents dans les quinze jours suivant leur dépôt. »

(Décr. n° 2010-1310 du 2 nov. 2010, art. 1er) **« L'obligation de déclaration prévue au premier alinéa n'est pas applicable aux agents commerciaux qui, étant domiciliés à l'étranger et ne disposant en France d'aucun établissement, n'exercent que de façon temporaire et occasionnelle leur activité sur le territoire national. »** – *[Décr. n° 58-1345 du 23 déc. 1958, art. 4, al. 2 à 5.]*

BIBL. ▶ PUTMAN, *RJ com. 1993. 1* (obligation d'immatriculation après le Décr. du 10 juin 1992).

1. Étranger. Une société espagnole, ayant sur le territoire espagnol la représentation exclusive des produits d'une société française, pouvait, dans ses relations avec son mandant, bénéficier des dispositions du Décr. du 23 déc. 1958 [C. com., art. R. 134-1 s.], conformément aux stipulations contractuelles s'y référant expressément, sans que puisse lui être opposé le défaut d'immatriculation au greffe de la juridiction commerciale dans le ressort de laquelle elle est domiciliée, cette condition ne pouvant être appliquée à un agent ayant son siège et son activité à l'étranger. • Com. 9 oct. 1990 : *Bull. civ. IV, n° 232 ; Rev. crit. DIP 1990. 545, obs. Lagarde ; JCP E 1991. II. 211, note Hanine* • Paris, 15 déc. 1995 : *D. Affaires 1996. 203.* ♦ Le défaut d'immatriculation ne peut être opposé à une personne qui exerce son activité à l'étranger, peu important que l'indemnité compensatrice n'ait pas été stipulée dans la convention. • Com. 19 nov. 1996 : *Bull. civ. IV, n° 273 ; D. Affaires 1997. 77 ; Quot. jur. 10 déc. 1996, p. 5, note P.M.*

2. Portée de l'immatriculation. La Dir. du 18 déc. 1986 s'oppose à une réglementation nationale qui subordonne la validité d'un contrat d'agence à l'inscription de l'agent de commerce sur un registre prévu à cet effet. • CJCE 30 avr. 1998 : *D. 1998. IR 138.* ♦ Si la directive de 1986 ne s'oppose pas à ce que les États entretiennent des registres dans lesquels les agents commerciaux doivent ou peuvent s'inscrire, c'est à la condition que les conséquences de la non-inscription ne portent pas atteinte à la protection que la directive accorde aux agents commerciaux dans leurs relations avec leurs commettants. • CJCE 6 mars 2003 : *BEEI 2003, n° 83 ; Europe 2003, n° 173.* ♦ Comp., jugeant que l'art. L. 134-16 C. com. n'interdit pas aux parties de subordonner la prise d'effet du contrat d'agent commercial à l'immatriculation de l'agent sur le registre spécial : • Com. 8 juill. 2003 : *cité note 1 ss. art. L. 134-16.* ♦ Faute de démontrer que l'absence d'immatriculation au registre spécial, qui n'est qu'une simple mesure de police professionnelle, a eu une incidence sur les rapports de droit privé existant entre elle et son mandant, une société ne peut considérer que ce défaut d'immatriculation constitue une faute grave au sens de l'art. L. 134-13 C. com. • Com. 15 oct. 2002 : *cité note 1 ss. art. L. 134-13.* ♦ L'art. 1er de la L. n° 91-593 du 25 juin 1991 [C. com., art. L. 134-1], prise en application de la Dir. du 18 déc. 1986, qui s'oppose à toute réglementation nationale qui subordonnerait la validité d'un contrat d'agence commerciale à l'inscription du professionnel sur un registre prévu à cet effet, ne subordonne pas l'application du statut des agents commerciaux à l'inscription sur le registre spécial qui est une mesure de police professionnelle. • Com. 7 juill. 2004 : *Bull. civ. IV, n° 146 ; D. 2004. AJ 2228 ; JCP E 2005, n° 21, p. 850, note Rouquié ; RTD com. 2005. 409, obs. Bouloc ; RJDA 2004, n° 1314* • Versailles, 21 oct. 2010 : *CCC 2011, n° 33, obs. N. M.* ♦ Sur l'absence d'obligation de s'inscrire au registre des agents commerciaux et ses conséquences sur l'exercice de la profession sous la forme d'une société d'exercice libéral à responsabilité limitée, V. • Rouen, 13 mars 2008 : *cité ss. art. R. 123-95.*

Art. R. 134-7 *(Décr. n° 2010-1706 du 29 déc. 2010, art. 15)* **L'agent commercial qui a constitué un patrimoine affecté en application de l'article L. 526-6 dépose au**

registre spécial, dans le délai de six mois suivant la clôture de l'exercice, les documents comptables mentionnés à l'article L. 526-14.

Ancien art. R. 134-7 (Abrogé par Décr. n° 2010-1310 du 2 nov. 2010, art. 2) ***L'immatriculation au registre spécial des agents commerciaux et le récépissé de déclaration sont valables cinq ans à compter de la date d'immatriculation.*** – [Décr. n° 58-1345 du 23 déc. 1958, art. 5.]

Art. R. 134-8 Tout agent commercial qui cesse d'exercer son activité demande, dans un délai de deux mois, la radiation de son immatriculation en indiquant la date de cette cessation. La même obligation incombe à l'agent commercial qui ne remplit plus les conditions fixées par le présent chapitre. – *[Décr. n° 58-1345 du 23 déc. 1958, art. 6.]*

Art. R. 134-9 A défaut de demande de radiation dans le délai prescrit, le juge commis à la surveillance du registre du commerce et des sociétés du ressort rend soit d'office, soit à la requête du procureur de la République ou de toute personne justifiant y avoir intérêt une ordonnance enjoignant à l'intéressé de faire procéder à sa radiation.

L'ordonnance du juge est notifiée à l'intéressé dans les conditions prévues à l'article R. 123-140. Les voies de recours sont exercées conformément aux dispositions des articles R. 123-141 et R. 123-142.

L'ordonnance est exécutée dans le délai de quinze jours à compter du jour où elle est devenue définitive. A défaut, le greffier procède d'office à cette radiation à l'expiration de ce délai. – *[Décr. n° 58-1345 du 23 déc. 1958, art. 7.]*

Art. R. 134-10 En cas de décès d'un agent commercial, l'obligation de demander la radiation incombe à ses héritiers ou ayants cause à titre universel.

Lorsque le greffier a reçu la preuve du décès d'une personne immatriculée, et faute par les héritiers ou ayants cause à titre universel de se conformer aux dispositions de l'alinéa précédent, il procède d'office à la radiation de cette personne un an après la date du décès. – *[Décr. n° 58-1345 du 23 déc. 1958, art. 8.]*

Art. R. 134-11 La radiation d'un agent commercial inscrit est ordonnée d'office par toute juridiction de l'ordre judiciaire lorsque cette juridiction rend une décision entraînant pour l'intéressé l'incapacité ou l'interdiction d'exercer sa profession.

Cette radiation est faite par le greffier ou notifiée par lui au greffier compétent. – *[Décr. n° 58-1345 du 23 déc. 1958, art. 9.]*

Art. R. 134-12 Le lieu et le numéro de l'immatriculation au registre spécial figurent sur les documents et correspondances à usage professionnel de l'intéressé.

(Décr. n° 2010-1706 du 29 déc. 2010, art. 15) « Si l'agent commercial a constitué un patrimoine affecté en application de l'article L. 526-6, y figurent également l'objet de l'activité professionnelle à laquelle le patrimoine est affecté et la dénomination incorporant le nom ou nom d'usage précédé ou suivi immédiatement des mots : "entrepreneur individuel à responsabilité limitée" ou des initiales : "EIRL". » – *[Décr. n° 58-1345 du 23 déc. 1958, art. 10.]*

Art. R. 134-13 Les déclarations relatives à l'immatriculation des agents commerciaux, à la modification de leur situation ou à la cessation de leur activité peuvent être effectuées par voie électronique dès lors qu'elles peuvent être transmises et reçues par cette voie.

Pour toutes les transmissions par voie électronique mentionnées au premier alinéa, il est fait usage d'une signature électronique sécurisée dans les conditions prévues à l'article 1316-4 du code civil et par le décret n° 2001-272 du 30 mars 2001 pris pour son application. Toutefois, pour les déclarations relatives à l'immatriculation des agents commerciaux *(Décr. n° 2010-1706 du 29 déc. 2010, art. 15)* « ou mentionnées à l'article L. 526-7 », cette signature électronique peut résulter de l'usage d'un procédé répondant aux conditions définies à la première phrase du second alinéa de l'article 1316-4 du code civil.

Le greffier accuse réception, selon les modalités fixées par l'arrêté prévu à l'article R. 134-17, de toute transmission qui lui est faite dès que celle-ci lui parvient. – *[Décr. n° 58-1345 du 23 déc. 1958, art. 10-1.]*

Art. R. 134-14 Est puni de l'amende prévue par le 5° de l'article 131-13 du code pénal pour les contraventions de la cinquième classe le fait d'émettre des déclarations inexactes ou incomplètes en vue de l'immatriculation au registre spécial prévu à l'article R. 134-6 ou en vue de la modification ou du renouvellement de l'immatriculation. – *[Décr. n° 58-1345 du 23 déc. 1958, art. 11.]*

Art. R. 134-15 Est puni de l'amende prévue par le 5° de l'article 131-13 du code pénal pour les contraventions de la cinquième classe le fait, par toute personne exerçant les activités définies à l'article L. 134-1 :

1° De ne pas faire la déclaration prévue à l'article R. 134-6 dans les conditions prévues par cet article ou les textes pris pour son application en vue de l'immatriculation au registre spécial ;

2° De ne pas signaler les changements survenus dans les mentions figurant sur cette déclaration ;

(Abrogé par Décr. n° 2010-1310 du 2 nov. 2010, art. 2) *« 3° De ne pas demander le renouvellement de son immatriculation en application de l'article R. 134-7 ; »*

4° De ne pas demander la radiation de son immatriculation au registre spécial en dépit de la cessation d'exercice des activités définies à l'article L. 134-1. – *[Décr. n° 58-1345 du 23 déc. 1958, art. 12.]*

Art. R. 134-16 Est puni de l'amende prévue par le 3° de l'article 131-13 du code pénal pour les contraventions de la troisième classe le fait de ne pas faire figurer sur tous les documents et correspondances à usage professionnel le lieu et le numéro d'immatriculation au registre spécial en dépit de l'inscription à ce registre. – *[Décr. n° 58-1345 du 23 déc. 1958, art. 13.]*

Art. R. 134-17 Un arrêté du garde des sceaux, ministre de la justice, et du ministre de l'économie et des finances fixe la forme de la déclaration d'immatriculation. – *[Décr. n° 58-1345 du 23 déc. 1958, art. 14.] – V. art. A. 134-1 s.*

En ce qui concerne les dispositions applicables au registre des agents commerciaux en cas de modification de ressorts de juridictions commerciales, V. art. R. 743-167.

TITRE QUATRIÈME DU FONDS DE COMMERCE

RÉP. COM. v° *Fonds de commerce*, par DERRUPPÉ.

CHAPITRE PREMIER DE LA VENTE DU FONDS DE COMMERCE

Art. R. 141-1 La publication au *Bulletin officiel des annonces civiles et commerciales* prévue à l'article L. 141-12 contient les indications mentionnées à l'article R. 123-211. – *[L. du 17 mars 1909, art. 3, al. 3.]*

Art. R. 141-2 Dans le cas prévu par l'article L. 141-18, le délai de publication est de quinze jours en métropole et de deux mois dans les départements et collectivités d'outre-mer.

La publication contient élection de domicile dans le ressort du tribunal de la situation de l'établissement principal et dans le ressort où se trouve la succursale, si celle-ci forme l'objet unique de la cession. – *[L. du 17 mars 1909, art. 4.]*

CHAPITRE II DU NANTISSEMENT DU FONDS DE COMMERCE

Le présent chapitre ne comprend pas de dispositions réglementaires.

CHAPITRE III DISPOSITIONS COMMUNES À LA VENTE ET AU NANTISSEMENT DU FONDS DE COMMERCE

RÉP. COM. v^is^ *Fonds de commerce ; Nantissement de fonds de commerce,* par DERRUPPÉ.

SECTION PREMIÈRE DE LA RÉALISATION DU GAGE ET DE LA PURGE DES CRÉANCES INSCRITES

Art. R. 143-1 Lorsque la vente du fonds n'a pas eu lieu aux enchères publiques conformément aux articles L. 141-19, L. 143-3 à L. 143-8, L. 143-10 et L. 143-13 à L. 143-15, l'acquéreur qui veut se garantir des poursuites des créanciers inscrits est tenu, à peine de déchéance, avant la poursuite ou dans les quinze jours de la sommation de payer, de leur notifier, au domicile élu par eux dans leurs inscriptions :

1° Les nom, prénoms et domicile du vendeur ; la désignation précise du fonds ; le prix, non compris le matériel et les marchandises, ou l'évaluation du fonds en cas de transmission à titre gratuit, par voie d'échange ou de reprise, sans fixation de prix, par convention matrimoniale ; les charges, les frais et coûts justifiés exposés par l'acquéreur ;

2° Un tableau sur trois colonnes contenant :

a) La première, la date des ventes ou nantissements antérieurs et des inscriptions prises ;

b) La deuxième, les noms et domiciles des créanciers inscrits ;

c) La troisième, le montant des créances inscrites, avec déclaration que l'acquéreur est prêt à acquitter sans délai les dettes inscrites jusqu'à concurrence de son prix, sans distinction des dettes exigibles ou non exigibles. – *[L. du 17 mars 1909, art. 22, al. 1er à 3, sauf dernière phrase.]*

Régularité de la notification. La notification devant comporter l'indication du prix du fonds, la seule référence à un prix à fixer ultérieurement serait inopérante. • Paris, 10 déc. 1919 : *Gaz. Pal. 1919. 2. 391* • T. com. Seine, 21 déc. 1923 : *ibid. 1924. 2. 272.* ♦ L'offre de purge doit être pure et simple et ne porter aucune réserve ou terme, alors même que les créances seraient à terme. • T. com. Seine, 29 oct. 1912 : *Gaz. Pal. 1913. 1. 19* • Paris, 11 mars 1925 : *Journ. Trib. com. 1926. 248* • Lyon, 1er mars 1934 : *Mon. Jud. Lyon, 5 nov. 1935.*

Art. R. 143-2 La notification contient élection de domicile dans le ressort du tribunal de commerce de la situation du fonds. – *[L. du 17 mars 1909, art. 22, al. 3, dernière phrase.]*

Art. R. 143-3 Si le titre du nouveau propriétaire comprend divers éléments d'un fonds, les uns grevés d'inscriptions, les autres non grevés, situés ou non dans le même ressort, aliénés pour un seul et même prix ou pour des prix distincts, le prix de chaque élément est déclaré dans la notification, par ventilation du prix total exprimé dans le titre. – *[L. du 17 mars 1909, art. 22, al. 4.]*

Art. R. 143-4 L'officier public commis pour procéder à la vente d'un fonds de commerce peut se faire délivrer par le greffier copie des actes de vente sous seing privé déposés au greffe. Il peut également se faire délivrer expédition des actes authentiques de vente. – *[L. du 17 mars 1909, art. 32, al. 3.]*

Art. R. 143-5 Les frais et indemnités dus à l'administrateur provisoire nommé par application de l'article L. 143-4 sont taxés par le président du tribunal de commerce. – *[Décr. 28 août 1909, art. 22.]*

SECTION II DES FORMALITÉS D'INSCRIPTION ET DE RADIATION

SOUS-SECTION 1 DE L'INSCRIPTION

Art. R. 143-6 Le vendeur ou le créancier gagiste, pour inscrire leur privilège, présentent, soit eux-mêmes, soit par un tiers, au greffier du tribunal de commerce, l'un des originaux de l'acte de vente ou du titre constitutif du nantissement s'il est sous seing privé ou une expédition de l'acte s'il est authentique. L'acte de vente ou de nantissement sous seing privé reste déposé au greffe. – *[L. du 17 mars 1909, art. 24, al. 1er.]*

Art. R. 143-7 Le dépôt des actes sous seing privé de vente ou de nantissement de fonds de commerce, prescrit par l'article R. 143-6, est constaté sur un registre spécial tenu par le greffier.

Ce registre est divisé en deux colonnes :

1° La première contient le numéro d'ordre du registre ;

2° Dans la seconde est inscrit le procès-verbal de dépôt contenant la date de ce dernier ; la mention, la date, le coût de l'enregistrement de l'acte ; son numéro d'entrée ; sa nature ; l'indication du nom du créancier et du débiteur ou du vendeur et de l'acheteur, la nature et l'adresse du fonds de commerce.

Ce procès-verbal est signé par le greffier.

Le registre de dépôt, complété par un répertoire alphabétique des noms des débiteurs ou vendeurs, est signé, coté, paraphé et arrêté comme il est dit à l'article R. 143-9. – *[Décr. 28 août 1909, art. 3.]*

Art. R. 143-8 Il est joint à l'acte de vente ou de nantissement deux bordereaux sur papier non timbré dont la forme est déterminée par arrêté du garde des sceaux, ministre de la justice. Ils contiennent : – *Pour les modèles de bordereaux, V. Arr. 26 déc. 1955 (D. 1956. 27 ; BLD 1956. 49).*

1° Les nom, prénoms, domicile et profession du vendeur et de l'acquéreur, ou du créancier et du débiteur, ainsi que du propriétaire du fonds si c'est un tiers ;

2° La date et la nature du titre ;

3° Les prix de la vente, établis distinctement pour le matériel, les marchandises et les éléments incorporels du fonds, ainsi que les charges évaluées ou le montant de la créance exprimée dans le titre, les conditions relatives aux intérêts et à l'exigibilité ;

4° La désignation du fonds de commerce et de ses succursales avec l'indication précise des éléments qui les constituent et sont compris dans la vente ou le nantissement, la nature de leurs opérations et leur siège, sous réserve de tous autres renseignements propres à les faire connaître ; si la vente ou le nantissement s'étend à d'autres éléments du fonds de commerce que l'enseigne, le nom commercial, le droit au bail et la clientèle, ces éléments sont nommément désignés ;

5° Élection de domicile par le vendeur ou le créancier gagiste dans le ressort du tribunal de commerce de la situation du fonds. – *[L. du 17 mars 1909, art. 24, al. 2 à 7.]*

1. Désignation des parties. L'inscription au bordereau est nulle si elle désigne comme débiteurs les gérants d'une SARL au lieu de la société elle-même. • Paris, 14 mai 1929 : *Gaz. Pal. 1929. 2. 442.* ♦ Le fait, pour le créancier, d'identifier sur le bordereau d'inscription une SNC, non pas par sa dénomination sociale exacte, mais par la mention SNC suivie du nom des associés, entraîne l'inopposabilité du nantissement aux tiers, même s'il n'existait aucun doute sur l'identification du fonds grevé dont tous les éléments d'identification étaient exacts, une telle irrégularité interdisant aux tiers toute recherche utile au greffe du tribunal. • Orléans, 23 mars 2006 : *RJDA 2006, n° 675.*

2. Acquéreur étranger. Sur les titres à produire par un Algérien, V. : Rép. min. n° 31063 : *JOAN Q, 22 janv. 1996, p. 389.*

3. Date du titre. Il n'y a pas nullité si l'inexactitude de la date peut être rectifiée grâce à d'autres indications du bordereau et il suffit que le procès-verbal de dépôt contienne la date exacte. • Paris, 20 janv. 1932 : *Gaz. Pal. 1932. 2. 189, sous note.* ♦ Comp., exigeant une rectification résultant du bordereau lui-même : • T. civ. Montreuil, 30 déc. 1930 : *ibid. 1930. 1. 202.*

4. Nature de l'acte. Est nulle l'inscription portant qu'il s'agit du privilège du vendeur, alors qu'il y a en réalité nantissement. • T. com. Lille, 15 avr. 1929 : *Sem. Jur. 1929. 860* • Douai, 19 déc. 1929 : *DH 1930. Somm. 42.* ♦ V., sur l'inexactitude d'une inscription de nantissement non dommageable, note 8.

5. Prix. En ce qui concerne les prix de vente distincts, il a été jugé qu'une inscription est valable bien que le montant de la créance ne soit pas indiqué. • Amiens, 24 juin 1952 : *JCP 1953. II. 7770, note Cohen ; RTD com. 1953. 970, obs. Houin ; ibid. 1954. 77, obs. crit. Jauffret.* ♦ En ce sens qu'il suffit d'indiquer non le prix de vente, mais le solde restant dû, V. • Paris, 15 févr. 1935 : *S. 1935. 2. 191.* ♦ Il suffit d'inscrire le prix fixé au contrat et la clause d'échelle mobile stipulée. • T. civ. Pontoise, 25 mars 1953 : *Gaz. Pal. 1953. 1. 410 ; RTD com. 1953. 628, obs. Jauffret.* ♦ Est nulle une inscription qui ne comporte pas les conditions d'exigibilité. • T. com. Nantes, 16 juin 1923 : *Rec. Nantes 1923. 1. 251* • Paris, 25 janv. 1933 (motifs) : *Gaz. Pal. 1933. 1. 654.*

6. Désignation du fonds. Il est indispensable que le fonds soit exactement individualisé pour que les tiers soient certains de son identité. • T. com. Le Havre, 31 janv. 1934 : *Rev. fonds com. 1935. 98.* ♦ Si une succursale seule est vendue ou nantie, l'inscription doit être prise uniquement au greffe du tribunal de commerce dans le ressort duquel se trouve la succursale. • Civ. 20 juill. 1938 : *DF 1939. 1. 31 ; S. 1938. 1. 329, note H. Rousseau.* ♦ Sur une modification de l'inscription au cas de déplacement du fonds, V. • Paris, 29 mai 1934 : *DH 1934. 401.*

7. Élection de domicile. BIBL. J.-M. Fernandez, *D. Affaires 1998. 406.* ♦ Le domicile réel indiqué équivaut au domicile élu. • Paris, 25 janv. 1933 : *Gaz. Pal 1933. 1. 654.* ♦ Toutefois, cette élection de domicile est une formalité substantielle dont l'absence emporte nullité. • T. com. Rouen, 9 déc. 1957 : *RTD com. 1959. 76, obs. Jauffret.* ♦ Sur l'absence de préjudice, V. note 8. ♦ L'obligation d'élection du domicile est destinée à faciliter diverses notifications obligatoires, telles que celles relatives à l'exercice, par le vendeur, de l'action résolutoire du contrat de vente, à la résiliation du bail commercial par le propriétaire de l'immeuble ou à la vente en justice du fonds de commerce ou de certains de ses éléments. Elle protège tant les intérêts des créanciers gagistes, qui sont par ce moyen certains d'être avisé de tous les actes pouvant affecter leurs droits, que ceux des personnes tenues d'effectuer ces notifications, lesquelles ont la certitude que leurs actes seront opposables à tous les intéressés. * Rép. min. n° 39329 : *JOAN Q, 8 févr. 2011, p. 1317 ; D. 2011. Actu. 592 ; JCP E 2011. n° 116.*

8. Nécessité d'un préjudice. L'inexactitude d'une inscription de nantissement n'entraîne pas nullité si cette inexactitude, commise dans le contenu de l'inscription, n'a pas eu pour l'acquéreur du fonds de conséquences dommageables. • Com. 1er déc. 1992 : *Bull. civ. IV, n° 384 ; D. 1993. IR 17 ; RTD com. 1993. 286, obs. Derruppé* • Req. 16 mai 1938 : *Gaz. Pal. 1938. 2. 338* • Paris, 13 déc. 1934 : *Gaz. Trib. 12 mars 1935* • Amiens, 24 juin 1952 : *JCP 1953. II. 7770, note Cohen.* ♦ N'est pas nulle une inscription contenant élection de domicile hors du ressort, en l'absence de préjudice causé aux tiers. • Paris, 22 nov. 1934 : *Rev. fonds com. 1935. 269.* ♦ V. aussi, pour une élection de domicile au tribunal de commerce, • Com. 1er déc. 1992 : *préc.* ♦ Comp., considérant que l'erreur sur la désignation du débiteur dans l'inscription du nantissement entraîne l'inopposabilité aux tiers de ce privilège : • Com. 19 mai 1998 : *Bull. civ. IV, n° 159 ; D. 1998. Somm. 377, obs. Piedelièvre ; D. Affaires 1998. 1036, obs. A.-L. M.-D. et P. P. ; RJDA 1998, n° 1160 ; JCP 1999. I. 316, obs. Delebecque.* ♦ Sur le moment où il convient d'invoquer l'absence de préjudice, V. • Com. 10 déc. 2002 : *D. 2003. AJ 134, obs. Lienhard ; RJDA 2003, n° 524.*

Art. R. 143-9 Les pièces mentionnées aux articles R. 143-6 et R. 143-8 et toutes autres pièces produites aux greffes des tribunaux de commerce reçoivent un numéro d'entrée au moment de leur production.

Ces pièces sont enregistrées sur un registre à souches et il en est délivré un récépissé extrait de ce registre mentionnant :

1° Le numéro d'entrée apposé sur les pièces conformément à l'alinéa premier ;
2° La date du dépôt des pièces ;
3° Le nombre et la nature des pièces avec l'indication du motif du dépôt ;
4° Les noms des parties ;
5° La nature et le lieu d'établissement du fonds de commerce.

Le récépissé est daté et signé par le greffier auquel il est rendu contre remise de la pièce portant, conformément à l'article R. 143-14, la certification que l'inscription du privilège a été effectuée.

Le registre est signé par première et dernière feuille, coté et paraphé en tous ses feuillets par le président du tribunal. Il est arrêté chaque jour. – *[Décr. du 28 août 1909, art. 1er.]*

Art. R. 143-10 Les déclarations de créance faites aux greffiers en exécution des articles L. 141-21 et L. 141-22 sont inscrites sur un registre à souche tenu par le greffier.

Ce registre est divisé en quatre colonnes destinées à recevoir :

1° Le numéro d'ordre de la déclaration ;

2° Le procès-verbal de la déclaration indiquant la date à laquelle elle a été faite, le nom du déclarant, le nom et l'adresse du débiteur avec l'indication de la nature et du lieu d'établissement du fonds dont il est propriétaire, le montant de la créance, l'indication de l'apport du fonds dans une société dont la nature et le siège sont déterminés, la date et le numéro du dépôt au greffe de l'acte de constitution de ladite société. Ce procès-verbal est signé par le greffier ;

3° La reproduction du numéro d'ordre ;

4° Le certificat de la déclaration de créance qui reproduit succinctement les indications portées à la colonne de la déclaration. Ce certificat, composé des mentions des troisième et quatrième colonnes, est détaché et remis au déclarant. Il est daté et signé par le greffier.

Le registre de déclaration de créance, complété par un répertoire alphabétique des noms des débiteurs, est signé, coté et paraphé comme il est dit à l'article R. 143-12. Il est arrêté chaque jour. – *[Décr. du 28 août 1909, art. 4.]*

Art. R. 143-11 Lorsque les ventes ou cessions de fonds de commerce comprennent des marques de fabrique et de commerce et des dessins ou modèles industriels et lorsque les nantissements de ces fonds comprennent des brevets d'invention ou licences, des marques ou des dessins et modèles, le certificat d'inscription délivré par le greffier du tribunal de commerce, conformément à l'article L. 143-17, *mentionne :*

1° La nature, la date et le numéro de l'inscription effectuée au greffe ;
2° La forme et la date de l'acte de vente ou de l'acte constitutif du nantissement ;
3° L'identité et l'adresse du créancier gagiste et du débiteur ;
4° La désignation du fonds de commerce ainsi que la nature et les références des titres de propriété industrielle concernés. – *[Décr. du 28 août 1909, art. 7.]*

Art. R. 143-12 Les greffiers des tribunaux de commerce sont tenus, pour l'exécution des articles L. 141-5 à L. 141-11, L. 142-3 et L. 143-17 et conformément aux articles R. 143-6, R. 143-8 et R. 143-14, d'enliasser et de relier à leurs frais les bordereaux d'inscription du privilège de vendeur et les bordereaux d'inscription du privilège résultant du contrat de nantissement d'un fonds de commerce.

Ils tiennent un fichier alphabétique des noms des débiteurs avec l'indication des numéros des inscriptions les concernant.

Le papier sur lequel sont établis les bordereaux est fourni par les greffiers aux frais des requérants. Toutefois, les officiers publics ou ministériels peuvent se le procurer eux-mêmes. – *[Décr. du 28 août 1909, art. 2.]*

Art. R. 143-13 Chaque année au mois de décembre, le président du tribunal vérifie la tenue des registres prévus par les articles R. 143-9 et suivants. Il s'assure que les prescriptions de la présente section ont été respectées et en donne l'attestation au pied de la dernière inscription. – *[Décr. du 28 août 1909, art. 5.]*

Art. R. 143-14 Le greffier remet au requérant l'expédition du titre et l'un des bordereaux prévus à l'article R. 143-8, après l'avoir revêtu, dès sa réception, de la mention d'inscription qui comprend la date de celle-ci et le numéro sous lequel elle a été effectuée.

L'autre bordereau, portant les mêmes mentions, est conservé au greffe. – *[L. du 17 mars 1909, art. 25.]*

Art. R. 143-15 Le greffier mentionne en marge des inscriptions les antériorités, les subrogations et radiations totales ou partielles dont il lui est justifié. Les antériorités et les subrogations peuvent résulter d'actes sous seing privé enregistrés. – *[L. du 17 mars 1909, art. 26.]*

Mention de la subrogation. La loi ne fixe aucun délai pour faire mentionner la subrogation de l'inscription. • Riom, 20 déc. 1935 : *DH 1936. 61.* ♦ Il avait été jugé que le porteur de billets de fonds qui ne s'est fait subroger que postérieurement à la mention en marge de la subrogation accordée à un autre créancier est primé par celui-ci. • Rec. 15 janv. 1934 : *DP 1934. 1. 158, note Montier* • 25 nov. 1929 : *S. 1930. 1. 369, note Batiffol.* – *Contra* : • Lyon, 11 févr. 1932 : *DH 1932. 228* • Aix-en-Provence, 10 mai 1933 : *DP 1934. 2. 41, note Chéron* • Paris, 2 mars 1936 : *Gaz. Pal. 1936. 1. 780.* ♦ V. note ss. art. L. 143-18.

Art. R. 143-16 Les greffiers des tribunaux de commerce sont tenus de délivrer à tous ceux qui le requièrent soit l'état des inscriptions existantes, avec les mentions d'antériorité, de radiations partielles et de subrogations partielles ou totales, soit un certificat qu'il n'en existe aucune ou simplement que le fonds est grevé.

Un état des inscriptions ou mentions effectuées à l'Institut national de la propriété industrielle est *[devra]* de même être délivré à toute réquisition. – *[L. du 17 mars 1909, art. 32, al. 1er et 2.]*

Art. R. 143-17 Il est interdit aux greffiers de refuser ou de retarder les inscriptions ou la délivrance des états ou certificats requis.

Ils sont responsables de l'omission sur leurs registres des inscriptions requises en leur greffe et du défaut de mention dans leurs états ou certificats d'une ou plusieurs inscriptions existantes, à moins, dans ce dernier cas, que l'erreur ne provienne de désignations insuffisantes qui ne pourraient leur être imputées. – *[L. du 17 mars 1909, art. 33.]*

1. Opposabilité aux créanciers. Si le requérant n'a pas fait une notification aux créanciers inscrits en raison de la délivrance d'un certificat négatif par suite de l'inattention du greffier, cette faute ne peut avoir pour conséquence de rendre la procédure irrégulière par défaut de notification opposable au créancier inscrit. • Civ. 1er oct. 1941 : *DA 1942. Somm. 7 ; Gaz.*

Pal. 1942. 1. 28 • 12 janv. 1944 : *D. 1944. 55.*

2. Négligences du déclarant. Le greffier n'est pas responsable si l'erreur provient de désignations insuffisantes dans la réquisition. • Civ. 3e, 22 mai 1975 : *Bull. civ. III, n° 171* • TGI Saint-Nazaire, 13 oct. 1969 : *Gaz. Pal. 1970. 1. 61.* ♦ Il a été jugé qu'un greffier pouvait refuser une inscription à défaut d'acte véritable, et notamment d'enregistrement. • T. com. Seine, 9 nov. 1922 : *DP 1922. 5. 18* • T. civ. Seine, 16 janv. 1933 : *Gaz. trib. 1933. 1. 291.*

3. Société en formation. Sur l'impossibilité d'inscrire le nantissement au nom d'une société non immatriculée, V. • Civ. 1re, 5 juill. 1989 : *Gaz. Pal. 1989. 2. 634, note Hatoux ; RTD com. 1990. 26, obs. Derruppé ; ibid. 400, obs. Champaud*. ♦ Sur l'inscription au nom d'une personne agissant pour le compte de la société en formation, V. • Com. 29 mai 1980 : *Bull. civ. IV, n° 221.*

• SOUS-SECTION 2 DE LA RADIATION

Art. R. 143-18 Lorsque la radiation, non consentie par le créancier, est demandée par voie d'action principale, cette action est portée devant le tribunal de commerce du lieu de l'inscription.

Si l'action a pour objet la radiation d'inscriptions prises dans des ressorts différents sur un fonds et ses succursales, elle est portée pour le tout devant le tribunal de commerce dans le ressort duquel se trouve l'établissement principal. – *[L. du 17 mars 1909, art. 30.]*

Art. R. 143-19 La radiation est opérée au moyen d'une mention faite par le greffier en marge de l'inscription.

Il en est délivré certificat aux parties qui le demandent. – *[L. du 17 mars 1909, art. 31.]*

Art. R. 143-20 Le certificat de radiation, délivré par le greffier, en exécution de l'article L. 143-20, contient les mêmes indications que celles qui sont prévues pour le certificat d'inscription mentionné à l'article R. 143-11. – *[Décr. du 28 août 1909, art. 8.]*

• SOUS-SECTION 3 DISPOSITIONS PARTICULIÈRES

Art. R. 143-21 L'inscription et la radiation du privilège ou du nantissement à l'Institut national de la propriété industrielle s'effectuent par report du certificat du greffier selon la nature des titres concernés :

1° Au registre national des brevets ou au registre national des marques, dans les conditions prévues par les textes qui leur sont applicables ;

2° Dans un registre spécial aux dépôts de dessins et modèles, à la demande de l'une des parties à l'acte.

Les dispositions des alinéas précédents sont applicables à l'inscription des antériorités et subrogations. Toutefois, le certificat du greffier est, dans ce cas, remplacé par les justifications prévues à l'article R. 143-15. – *[Décr. du 28 août 1909, art. 9.]*

Art. R. 143-22 Le nantissement de fonds qui comprennent des droits d'exploitation de logiciels ainsi que les ventes ou cessions de fonds de commerce comprenant des droits d'exploitation de logiciels nantis sont inscrits à l'Institut national de la propriété industrielle sur la production du certificat d'inscription délivré par le greffier du tribunal de commerce.

Les formalités prévues aux articles R. 143-11, R. 143-20 et R. 143-21 sont applicables aux actes inscrits au registre national spécial des logiciels tenu par l'Institut

national de la propriété industrielle. – *[Décr. du 28 août 1909, art. 10.] – Sur l'application de cette disposition dans les territoires d'outre-mer et à Mayotte, V. Décr. n° 96-103 du 2 févr. 1996, art. 5 (D. 1996. 76).*

SECTION III DES INTERMÉDIAIRES ET DE LA RÉPARTITION DU PRIX

Art. R. 143-23 Pour l'application de l'article L. 143-21, il est procédé conformément aux articles 1281-2 et suivants du *(Décr. n° 2008-484 du 22 mai 2008, art. 22)* **« code de procédure civile ».** – *[Décr. n° 96-740 du 14 août 1996, art. 2-1.] – V.* **C. pr. civ.**

CHAPITRE IV DE LA LOCATION-GÉRANCE

RÉP. COM. v° *Location-gérance de fonds de commerce,* par KENFACK.

SECTION PREMIÈRE DES MESURES DE PUBLICITÉ

Art. R. 144-1 Les contrats de gérance définis à l'article L. 144-1 sont publiés dans la quinzaine de leur date sous forme d'extraits ou d'avis dans un journal habilité à recevoir les annonces légales. La fin de la location-gérance donne lieu aux mêmes mesures de publicité. – *[Décr. n° 86-465 du 14 mars 1986, art. 2.]*

Sur l'obligation, pour le locataire-gérant, de préciser sa qualité sur ses papiers d'affaires, V. art. R. 123-237.

Sur le consentement nécessaire du conjoint pour donner à bail un fonds de commerce ou une entreprise artisanale, V. art. L. 121-5, al. 1er.

FORM. PR. COM. vis *Publicité d'un contrat de location-gérance ; Publicité de la fin d'un contrat de location-gérance,* par PUECH.

BIBL. ▶ BACHASSON, *Gaz. Pal. 1990. 2. Doctr. 423.*

Défaut de publicité. Le défaut d'enregistrement et de publicité de la location-gérance, dont l'existence est néanmoins rapportée par les attestations de l'Administration fiscale, sont sans effet sur la validité du contrat et n'ont de conséquences que dans les rapports du locataire gérant et du bailleur de fonds avec les tiers. • Rouen, 20 oct. 1994 : *JCP 1995. IV. 1834.*

SECTION II DISPOSITIONS SPÉCIFIQUES POUR LES ENTREPRISES DE TRANSPORTS PUBLICS ET DE LOCATION DE VÉHICULES INDUSTRIELS

Art. D. 144-2 Les conditions particulières d'application aux entreprises de transports publics et de location de véhicules industriels des articles L. 144-1 et suivants relatifs à la location-gérance des fonds de commerce et des établissements artisanaux sont déterminées par la présente section. – *[Décr. n° 56-612 du 20 juin 1956, art. 1er.]*

Art. D. 144-3 Lorsque l'entrée en vigueur du contrat de location-gérance est subordonnée à une décision administrative en vertu des textes législatifs et réglementaires relatifs à la coordination des transports, le délai de quinzaine, fixé par l'article R. 144-1, court de la date de notification par le préfet de cette décision.

Cette notification est faite par lettre recommandée avec demande d'avis de réception ; elle fait également courir les délais impartis au locataire et au loueur par le présent code pour les inscriptions au registre du commerce. – *[Décr. nº 56-612 du 20 juin 1956, art. 2.]*

Art. D. 144-4 Le propriétaire d'un fonds de commerce de transport ou de location de véhicules industriels, qui met en location-gérance une partie de son fonds, est tenu de mentionner, lors de l'inscription qu'il effectue au registre du commerce et des sociétés, la mise en location-gérance partielle, sans être astreint à préciser les éléments loués.

Cette mention demeure valable, en cas de modification des éléments loués. Elle fait l'objet d'une inscription modificative si l'intéressé reprend l'exploitation de son fonds ou au contraire en loue la totalité. Elle fait l'objet d'une radiation si l'intéressé cède son fonds. – *[Décr. nº 56-612 du 20 juin 1956, art. 3.]*

Art. D. 144-5 Ne sont pas considérées comme location de fonds de commerce, au sens de l'article L. 144-1, les opérations ayant pour objet d'adapter les droits du locataire à la charge utile de son parc de véhicules lorsque le total des capacités de transport ainsi obtenues par le locataire n'excède pas cinq tonnes pour les transports publics de marchandises ou soixante places de voyageurs pour les services occasionnels de voyageurs et lorsque les locations, pour un même loueur, ne totalisent au maximum que dix tonnes ou soixante places de voyageurs et restent inférieures à la moitié du montant global des droits de ce loueur.

Ne sont pas davantage considérées comme location de fonds de commerce, les locations réciproques ayant pour objet de faciliter le fonctionnement des entreprises et consenties, pour chacune des parties, dans la limite de dix tonnes pour les transports publics de marchandises ou les locations de véhicules industriels ou de soixante places de voyageurs pour les services occasionnels de voyageurs.

Échappent de même à l'application des articles L. 144-1 à L. 144-13 les accords conclus à titre provisoire par des exploitants de services réguliers de voyageurs pour l'aménagement, avec l'accord de l'administration, de leurs services respectifs. – *[Décr. nº 56-612 du 20 juin 1956, art. 6.]*

CHAPITRE V DU BAIL COMMERCIAL

RÉP. COM. vº *Baux commerciaux*, par DUMONT-LEFRAND.

BIBL. ▶ MONÉGER, *Loyers et copr. 2007. Repère 4* (code de commerce, bail commercial et le 25 mars 2007). - AUQUE, *RJ com. 2007. 271*. - BLATTER, *AJDI 2007. 446* (la codification (quasiment) définitive du décret du 30 sept. 1953).

SECTION PREMIÈRE DU RENOUVELLEMENT

Art. R. 145-1 *(Décr. nº 2007-431 du 25 mars 2007)* Le bailleur qui n'a pas fait connaître le montant du loyer qu'il propose dans les conditions de l'article L. 145-11 peut demander une modification du prix du bail ultérieurement, par acte d'huissier de justice, par lettre recommandée avec demande d'avis de réception ou dans le mémoire prévu à l'article R. 145-23.

SECTION II DU LOYER

SOUS-SECTION 1 DE LA DÉTERMINATION DE LA VALEUR LOCATIVE

Art. R. 145-2 *(Décr. nº 2007-431 du 25 mars 2007)* Les éléments mentionnés aux 1° à 5° de l'article L. 145-33 s'apprécient dans les conditions fixées par la présente sous-section.

Art. R. 145-3 Les caractéristiques propres au local s'apprécient en considération :

1° De sa situation dans l'immeuble où il se trouve, de sa surface et de son volume, de la commodité de son accès pour le public ;

2° De l'importance des surfaces respectivement affectées à la réception du public, à l'exploitation ou à chacune des activités diverses qui sont exercées dans les lieux ;

3° De ses dimensions, de la conformation de chaque partie et de son adaptation à la forme d'activité qui y est exercée ;

4° De l'état d'entretien, de vétusté ou de salubrité et de la conformité aux normes exigées par la législation du travail ;

5° De la nature et de l'état des équipements et des moyens d'exploitation mis à la disposition du locataire. – *[Décr. nº 53-960 du 30 sept. 1953, art. 23-1, al. 1er à 6.]*

Art. R. 145-4 Les caractéristiques propres au local peuvent être affectées par des éléments extrinsèques constitués par des locaux accessoires, des locaux annexes ou des dépendances, donnés en location par le même bailleur et susceptibles d'une utilisation conjointe avec les locaux principaux.

Lorsque les lieux loués comportent une partie affectée à l'habitation, la valeur locative de celle-ci est déterminée par comparaison avec les prix pratiqués pour des locaux d'habitation analogues faisant l'objet d'une location nouvelle, majorés ou minorés, pour tenir compte des avantages ou des inconvénients présentés par leur intégration dans un tout commercial. – *[Décr. nº 53-960 du 30 sept. 1953, art. 23-1, al. 7 et 8.]*

Art. R. 145-5 La destination des lieux est celle autorisée par le bail et ses avenants ou par le tribunal dans les cas prévus aux articles L. 145-47 à L. 145-55. – *[Décr. nº 53-960 du 30 sept. 1953, art. 23-2.]*

Art. R. 145-6 Les facteurs locaux de commercialité dépendent principalement de l'intérêt que présente, pour le commerce considéré, l'importance de la ville, du quartier ou de la rue où il est situé, du lieu de son implantation, de la répartition des diverses activités dans le voisinage, des moyens de transport, de l'attrait particulier ou des sujétions que peut présenter l'emplacement pour l'activité considérée et des modifications que ces éléments subissent d'une manière durable ou provisoire. – *[Décr. nº 53-960 du 30 sept. 1953, art. 23-4.]*

Art. R. 145-7 Les prix couramment pratiqués dans le voisinage, par unité de surfaces, concernent des locaux équivalents eu égard à l'ensemble des éléments mentionnés aux articles R. 145-3 à R. 145-6.

A défaut d'équivalence, ils peuvent, à titre indicatif, être utilisés pour la détermination des prix de base, sauf à être corrigés en considération des différences constatées entre le local loué et les locaux de référence.

Les références proposées de part et d'autre portent sur plusieurs locaux et comportent, pour chaque local, son adresse et sa description succincte. Elles sont corrigées à raison des différences qui peuvent exister entre les dates de fixation des prix et les modalités de cette fixation. – *[Décr. n° 53-960 du 30 sept. 1953, art. 23-5.]*

Art. R. 145-8 Du point de vue des obligations respectives des parties, les restrictions à la jouissance des lieux et les obligations incombant normalement au bailleur dont celui-ci se serait déchargé sur le locataire sans contrepartie constituent un facteur de diminution de la valeur locative. Il en est de même des obligations imposées au locataire au-delà de celles qui découlent de la loi ou des usages. Les améliorations apportées aux lieux loués au cours du bail à renouveler ne sont prises en considération que si, directement ou indirectement, notamment par l'acceptation d'un loyer réduit, le bailleur en a assumé la charge.

Les obligations découlant de la loi et génératrices de charges pour l'une ou l'autre partie depuis la dernière fixation du prix peuvent être invoquées par celui qui est tenu de les assumer.

Il est aussi tenu compte des modalités selon lesquelles le prix antérieurement applicable a été originairement fixé. – *[Décr. n° 53-960 du 30 sept. 1953, art. 23-3.]*

V. L. n° 64-1278 du 23 déc. 1964, art. 8, et pour application Décr. n° 64-1357 du 30 déc. 1964, art. 1er. – ***C. baux****.*

Art. R. 145-9 Le prix du bail des terrains est fixé en considération de ceux des éléments qui leur sont particuliers, eu égard à la nature et aux modalités de l'exploitation effectivement autorisée. – *[Décr. n° 53-960 du 30 sept. 1953, art. 23-7.]*

Art. R. 145-10 Le prix du bail des locaux construits en vue d'une seule utilisation peut, par dérogation aux articles L. 145-33 et R. 145-3 et suivants, être déterminé selon les usages observés dans la branche d'activité considérée. – *[Décr. n° 53-960 du 30 sept. 1953, art. 23-8.]*

Sur les rapports entre bailleurs et locataires des immeubles affectés à l'hôtellerie, V. C. tourisme, art. L. 311-1 à L. 311-5, R. 311-1 à R. 311-3. – ***C. tourisme*** *ou* ***C. baux****.*

Art. R. 145-11 Le prix du bail des locaux à usage exclusif de bureaux est fixé par référence aux prix pratiqués pour des locaux équivalents, sauf à être corrigés en considération des différences constatées entre le local loué et les locaux de référence.

Les dispositions des deuxième et troisième alinéas de l'article R. 145-7 sont en ce cas applicables. – *[Décr. n° 53-960 du 30 sept. 1953, art. 23-9.]*

SOUS-SECTION 2 DE LA COMMISSION DÉPARTEMENTALE DE CONCILIATION EN MATIÈRE DE BAUX D'IMMEUBLES OU LOCAUX À USAGE COMMERCIAL, INDUSTRIEL OU ARTISANAL

Art. D. 145-12 La commission départementale de conciliation prévue par l'article L. 145-35 est composée de bailleurs et de locataires, d'une part, et de personnes qualifiées, d'autre part. Elle comporte une ou plusieurs sections composées chacune de deux bailleurs, deux locataires et une personne qualifiée. Le préfet fixe le nombre des sections et nomme les membres titulaires et suppléants de chaque section, pour une durée de trois ans renouvelable après consultation des organismes représentatifs des bailleurs et des locataires. – *[Décr. n° 88-694 du 9 mai 1988, art. 1er, al. 1er.]*

Art. D. 145-13 Les membres de la commission nommés au titre des personnes qualifiées ne peuvent être ni bailleurs ni locataires d'immeubles ou de locaux à usage commercial, industriel ou artisanal. – *[Décr. n° 88-694 du 9 mai 1988, art. 1er, al. 2.]*

Art. D. 145-14 Les personnes ne remplissant plus les conditions nécessaires pour être membres de la commission cessent d'appartenir à celle-ci. Le préfet peut, en outre, déclarer démissionnaires d'office les membres de la commission qui, sans motif légitime, n'ont pas assisté à trois séances consécutives de la commission. – *[Décr. n° 88-694 du 9 mai 1988, art. 1er, al. 3.]*

Art. D. 145-15 La présidence de chaque section est assurée par le membre désigné au titre des personnes qualifiées.

Le doyen d'âge des présidents de section assure en outre les fonctions de président de la commission départementale. – *[Décr. n° 88-694 du 9 mai 1988, art. 2.]*

Art. D. 145-16 La commission établit son règlement intérieur qui fixe notamment les conditions d'instruction et d'examen des affaires.

Chaque section se réunit à l'initiative de son président et, le cas échéant, sur convocation du préfet. – *[Décr. n° 88-694 du 9 mai 1988, art. 3.]*

Art. D. 145-17 La commission est saisie par lettre recommandée avec demande d'avis de réception adressée à son secrétariat, qui convoque les parties à la séance au cours de laquelle l'affaire est examinée par lettre recommandée avec demande d'avis de réception adressée au minimum quinze jours avant la date retenue.

La commission émet son avis même si les parties, dûment convoquées, ne sont ni présentes ni représentées. – *[Décr. n° 88-694 du 9 mai 1988, art. 4.]*

Art. D. 145-18 En cas de conciliation, il est dressé un acte signé des parties. A défaut de conciliation, la commission émet un avis faisant apparaître les points essentiels du désaccord des parties et la proposition motivée de la commission concernant la variation du loyer.

Cet avis est signé par le président et le secrétaire. Il est aussitôt notifié à chacune des parties par lettre recommandée avec demande d'avis de réception. – *[Décr. n° 88-694 du 9 mai 1988, art. 5.]*

Art. D. 145-19 Les membres de la commission sont rémunérés sous forme de vacations dans des conditions fixées par arrêté pris par le ministre chargé du budget et le ministre chargé du commerce, de l'artisanat et des services.

Les indemnités de déplacement des membres de la commission sont réglées dans les conditions prévues par le décret n° 90-437 du 28 mai 1990 fixant les conditions et les modalités de règlement des frais occasionnés par les déplacements des personnels civils sur le territoire métropolitain de la France lorsqu'ils sont à la charge des budgets de l'État, des établissements publics nationaux à caractère administratif et de certains organismes subventionnés. – *[Décr. n° 88-694 du 9 mai 1988, art. 6.]*

SOUS-SECTION 3 DE LA RÉVISION DES LOYERS

Art. R. 145-20 La demande de révision des loyers prévue à l'article L. 145-37 est formée par acte extrajudiciaire ou par lettre recommandée avec demande d'avis de réception. Elle précise, à peine de nullité, le montant du loyer demandé ou offert.

A défaut d'accord, la demande est jugée dans les conditions prévues aux articles L. 145-56 à L. 145-60.

Le nouveau prix est dû à dater du jour de la demande à moins que les parties ne se soient mises d'accord avant ou pendant l'instance sur une date plus ancienne ou plus récente. – *[Décr. n° 53-960 du 30 sept. 1953, art. 26.]*

Art. R. 145-21 Le prix fixé judiciairement ne peut, en aucun cas, excéder les limites de l'offre et de la demande faite, selon le cas, en application de l'article

L. 145-37 et conformément à l'article R. 145-20 ou en application de l'article L. 145-11, sauf si depuis lors les parties ont varié dans leurs prétentions.

En ce dernier cas, le prix ne peut prendre effet, dans la mesure où il excéderait les limites fixées par les prétentions originaires des parties, qu'à dater de la notification des nouvelles prétentions. – *[Décr. nº 53-960 du 30 sept. 1953, art. 30.]*

Art. R. 145-22 Le juge adapte le jeu de l'échelle mobile à la valeur locative au jour de la demande.

Si l'un des éléments retenus pour le calcul de la clause d'échelle mobile vient à disparaître, la révision ne peut être demandée et poursuivie que dans les conditions prévues à l'article L. 145-38. – *[Décr. nº 53-960 du 30 sept. 1953, art. 28.]*

SECTION III DE LA PROCÉDURE

Art. R. 145-23 Les contestations relatives à la fixation du prix du bail révisé ou renouvelé sont portées, quel que soit le montant du loyer, devant le président du tribunal de grande instance ou le juge qui le remplace. Il est statué sur mémoire.

Les autres contestations sont portées devant le tribunal de grande instance qui peut, accessoirement, se prononcer sur les demandes mentionnées à l'alinéa précédent.

La juridiction territorialement compétente est celle du lieu de la situation de l'immeuble. – *[Décr. nº 53-960 du 30 sept. 1953, art. 29.]*

Lorsque des textes législatifs ou réglementaires disposent que les contestations sont jugées conformément aux dispositions de l'art. 30 du Décr. nº 53-960 du 30 sept. 1953, devenu art. R. 145-21, il est statué conformément aux dispositions des art. 29 à 30-1 du décret, devenus art. R. 145-23 à R. 145-31 (Décr. nº 66-12 du 3 janv. 1966, art. 8).

Sont exclues de la compétence du tribunal d'instance toutes les contestations en matière de baux visés par les art. L. 145-1 et L. 145-2 du code de commerce (COJ, art. L. 321-2-1).

Décret nº 53-960 du 30 septembre 1953,

Réglant les rapports entre bailleurs et locataires en ce qui concerne le renouvellement des baux à loyer d'immeubles ou de locaux à usage commercial, industriel ou artisanal.

Art. 33 *Al. 1er abrogé par Ord. nº 2000-912 du 18 sept. 2000, codifié ss. C. com., art. L. 145-60.*

La notification du mémoire institué par l'article 29 ci-dessus, interrompt la prescription. Il en est de même de la demande de désignation d'expert formée en application de l'alinéa 2 de l'article 32. – *[C. com., art. L. 145-58, al. 2, abrogé.]*

Art. R. 145-24 Les mémoires indiquent l'adresse de l'immeuble donné à bail ainsi que :

1º Pour les personnes physiques, leurs nom, prénoms, profession, domicile, nationalité, date et lieu de naissance ;

2º Pour les personnes morales, leurs dénomination et siège social, ainsi que le titre et les nom et prénoms de leur représentant légal. – *[Décr. nº 53-960 du 30 sept. 1953, art. 29-1, al. 1er à 4.]*

Art. R. 145-25 Les mémoires contiennent :

1° Une copie de la demande en fixation de prix faite, selon le cas, en application de l'article L. 145-11 ou en application de l'article R. 145-20 ;

2° L'indication des autres prétentions ;

3° Les explications de droit et de fait de nature à justifier les prétentions de leur auteur ou à réfuter celles de l'autre partie.

Les mémoires en réplique ou ceux rédigés après l'exécution d'une mesure d'instruction peuvent ne comporter que les explications de droit ou de fait. – *[Décr. n° 53-960 du 30 sept. 1953, art. 29-1, al. 5 à 9.]*

Art. R. 145-26 Les mémoires sont signés des parties ou de leurs représentants. Les copies des pièces que les parties estiment devoir y annexer sont certifiées conformes à l'original par le signataire du mémoire. Les mémoires sont notifiés par chacune des parties à l'autre, par lettre recommandée avec demande d'avis de réception. La notification est valablement faite par le locataire au gérant de l'immeuble. – *[Décr. n° 53-960 du 30 sept. 1953, art. 29-1, al. 10.]*

Art. R. 145-27 Le juge ne peut, à peine d'irrecevabilité, être saisi avant l'expiration d'un délai d'un mois suivant la réception par son destinataire du premier mémoire établi.

La partie la plus diligente remet au greffe son mémoire aux fins de fixation de la date de l'audience. Elle y annexe les pièces sur lesquelles elle fonde sa demande et un plan des locaux. Elle y joint également le mémoire et les pièces reçus de l'autre partie.

La remise peut être faite par la partie elle-même ou par un avocat. Les mémoires et les pièces peuvent être remis en original ou en copie. – *[Décr. n° 53-960 du 30 sept. 1953, art. 29-2, al. 1er à 3.]*

Art. R. 145-28 Il est procédé pour le surplus comme il est dit, en matière de procédure à jour fixe, aux articles 788 à 792 du *(Décr. n° 2008-484 du 22 mai 2008, art. 22)* « code de procédure civile ». L'assignation n'a toutefois pas à reproduire ou à contenir les éléments déjà portés à la connaissance du défendeur. – *[Décr. n° 53-960 du 30 sept. 1953, art. 29-2, al. 4.]*

Art. R. 145-29 Les parties peuvent se faire assister ou représenter par un avocat. Elles ne peuvent, ainsi que leur conseil, développer oralement, à l'audience, que les moyens et conclusions de leurs mémoires. – *[Décr. n° 53-960 du 30 sept. 1953, art. 29-2, al. 5.]*

Art. R. 145-30 Lorsque le juge s'estime insuffisamment éclairé sur des points qui peuvent être élucidés par une visite des lieux ou s'il lui apparaît que les prétentions des parties divergent sur de tels points, il se rend sur les lieux aux jour et heure décidés par lui le cas échéant en présence d'un consultant.

Toutefois, s'il estime que des constatations purement matérielles sont suffisantes, *il peut commettre toute personne* de son choix pour y procéder.

Si les divergences portent sur des points de fait qui ne peuvent être tranchés sans recourir à une expertise, le juge désigne un expert dont la mission porte sur les éléments de fait permettant l'appréciation des critères définis, selon le cas, aux articles R. 145-3 à R. 145-7, L. 145-34, R. 145-9, R. 145-10 ou R. 145-11, et sur les questions complémentaires qui lui sont soumises par le juge.

Toutefois, si le juge estime devoir limiter la mission de l'expert à la recherche de l'incidence de certains éléments seulement, il indique ceux sur lesquels elle porte. – *[Décr. n° 53-960 du 30 sept. 1953, art. 30-1, al. 1er à 4.]*

Art. R. 145-31 Dès le dépôt du constat ou du rapport, le greffe avise les parties par lettre recommandée avec demande d'avis de réception ou, si elles sont représentées, leurs avocats, de la date à laquelle l'affaire sera reprise et de celle à laquelle les mémoires faits après l'exécution de la mesure d'instruction devront être échangés.

Le juge, en présence des parties ou celles-ci dûment convoquées, peut entendre l'expert ou l'auteur du constat pour lui demander les éclaircissements qu'il estime nécessaires.

En cas de conciliation intervenue au cours d'une mesure d'instruction, le technicien commis constate que sa mission est devenue sans objet et en fait rapport au juge. Mention en est faite au dossier de l'affaire et celle-ci est retirée du rôle. Les parties peuvent demander au juge de donner force exécutoire à l'acte exprimant leur accord. — *[Décr. n° 53-960 du 30 sept. 1953, art. 30-1, al. 5 à 7.]*

Art. R. 145-32 La rémunération définitive de l'expert est fixée en considération de sa mission. En aucun cas la rémunération de l'expert ne peut être fixée proportionnellement au montant du loyer demandé ou proposé. — *[Décr. n° 53-960 du 30 sept. 1953, art. 33-1.]*

Art. R. 145-33 En cas d'appel, les dispositions des articles R. 145-31 et R. 145-32 sont applicables. — *[Décr. n° 53-960 du 30 sept. 1953, art. 33-2.]*

SECTION IV ANNEXE ENVIRONNEMENTALE

(Décr. n° 2011-2058 du 30 déc. 2011, art. 3)

Art. D. 145-34 Le contenu de l'annexe environnementale mentionnée à l'article L. 125-9 du code de l'environnement est défini *(Décr. n° 2012-517 du 19 avr. 2012, art. 3)* « aux articles R. 137-1 à R. 137-3 » du code de la construction et de l'habitation.

Les dispositions de l'art. D. 145-34 s'appliquent, à compter du 1er janv. 2012, aux baux conclus ou renouvelés à partir de cette date et, à compter du 14 juill. 2013, aux baux en cours (Décr. préc., art. 4).

CHAPITRE VI DES GÉRANTS-MANDATAIRES

RÉP. COM. v° *Gérance de fonds de commerce*, par KENFACK.

BIBL. ► SAINTOURENS, *RTD com. 2006. 565* (Décr. n° 2006-259 du 3 mars 2006).

Art. D. 146-1 Les informations prévues à l'article L. 146-2 sont communiquées par écrit dans un document dit "document précontractuel", devant comporter :

1° L'identité du mandant s'il s'agit d'une personne physique ou des dirigeants s'il s'agit d'une personne morale, son adresse ou son siège social et son numéro unique d'identification ;

2° L'adresse du siège de l'entreprise dont le fonds est mis en gérance-mandat, la nature de ses activités, l'indication de sa forme juridique, le cas échéant le montant *du capital social ;*

3° Le cas échéant, le chiffre d'affaires annuel réalisé au cours des deux derniers exercices du fonds mis en gérance-mandat, ainsi que le bilan annuel pour ces mêmes périodes ;

4° La date de création de l'entreprise dont le fonds est mis en gérance-mandat, ainsi qu'un rappel des principales étapes de son évolution depuis sa création ;

5° Les affiliations éventuelles du mandant à un réseau d'exploitants ainsi que la nature des contrats régissant les affiliations à ce réseau ;

6° Les conditions générales de gestion du fonds ;

7° Les taux, mode de calcul et tous autres éléments entrant en compte pour la détermination de la commission versée au gérant-mandataire ;

8° L'indication de la durée, des conditions de renouvellement, de cession et de résiliation du contrat proposé. – *[Décr. n° 2006-259 du 3 mars 2006, art. 1er.]*

Art. D. 146-2 Ces informations doivent être communiquées au gérant-mandataire dix jours au moins avant la signature du contrat de gérance-mandat. – *[Décr. n° 2006-259 du 3 mars 2006, art. 2.]*

Aucune sanction n'est prévue en cas de défaut d'information. – Pour l'application des mêmes solutions que celles retenues en cas de non-respect de l'obligation précontractuelle d'information prévue par l'art. L. 330-3, V. BRDA 2006, n° 5, p. 6.

LIVRE DEUXIÈME DES SOCIÉTÉS COMMERCIALES ET DES GROUPEMENTS D'INTÉRÊT ÉCONOMIQUE

TITRE PREMIER DISPOSITIONS PRÉLIMINAIRES

SECTION PREMIÈRE DE LA CONSTITUTION DE LA SOCIÉTÉ ET DE LA MODIFICATION DE SES STATUTS

SOUS-SECTION 1 DE LA CONSTITUTION DE LA SOCIÉTÉ

Art. R. 210-1 Les sociétés commerciales sont immatriculées au registre du commerce et des sociétés dans les conditions définies par le livre Ier.

La demande d'immatriculation est présentée après accomplissement des formalités de constitution de la société. – *[Décr. no 67-236 du 23 mars 1967, art. 1er.]*

Art. R. 210-2 La durée de la société court à dater de l'immatriculation de celle-ci au registre du commerce et des sociétés.

Elle peut être prorogée une ou plusieurs fois, sans que chaque prorogation puisse excéder quatre-vingt-dix-neuf ans. – *[Décr. no 67-236 du 23 mars 1967, art. 2.]*

Art. R. 210-3 Lorsque les autres formalités de constitution de la société ont été accomplies, un avis est inséré dans un journal habilité à recevoir les annonces légales dans le département du siège social.

Cet avis est signé par le notaire qui a reçu l'acte de société ou au rang des minutes duquel il a été déposé ; dans les autres cas, il est signé par l'un des fondateurs ou des premiers associés ayant reçu un pouvoir spécial à cet effet. – *[Décr. no 67-236 du 23 mars 1967, art. 285, al. 1er et 2.]*

Art. R. 210-4 L'avis mentionné à l'article R. 210-3 contient les indications suivantes :

1° La dénomination sociale suivie, le cas échéant, de son sigle ;

2° La forme de la société ;

3° Le montant du capital social ;

4° L'adresse du siège social ;

5° L'objet social, indiqué sommairement ;

6° La durée pour laquelle la société a été constituée ;

7° Les nom, prénom usuel et domicile des associés tenus indéfiniment des dettes sociales ;

8° Les nom, prénom usuel et domicile des associés ou des tiers ayant, dans la société, la qualité de gérant, administrateur, président du conseil d'administration, directeur général, membre du directoire, membre du conseil de surveillance ou commissaire aux comptes ;

9° Les nom, prénom usuel et domicile des personnes ayant le pouvoir général d'engager la société envers les tiers ;

10° L'indication du greffe du tribunal où la société sera immatriculée au registre du commerce et des sociétés.

S'il s'agit d'une société par actions, l'avis contient en outre les indications suivantes :

1° Les conditions d'admission aux assemblées d'actionnaires et d'exercice du droit de vote, notamment les conditions d'attribution du droit de vote double ;

2° Le cas échéant, l'existence de clauses relatives à l'agrément des cessionnaires d'actions et la désignation de l'organe social habilité à statuer sur les demandes d'agrément.

Si la société est à capital variable, l'avis en fait mention et indique le montant au-dessous duquel le capital ne peut être réduit. – *[Décr. nº 67-236 du 23 mars 1967, art. 285, al. 3 à 16.]*

Art. R. 210-5 Lors de la constitution d'une société à responsabilité limitée, l'état des actes accomplis pour le compte de la société en formation, avec l'indication, pour chacun d'eux, de l'engagement qui en résulterait pour la société est présenté aux associés avant la signature des statuts.

Cet état est annexé aux statuts, dont la signature emporte reprise des engagements par la société, lorsque celle-ci a été immatriculée au registre du commerce et des sociétés.

En outre, les associés peuvent, dans les statuts ou par acte séparé, donner mandat à l'un ou plusieurs d'entre eux ou au gérant non associé qui a été désigné, de prendre des engagements pour le compte de la société. Sous réserve qu'ils soient déterminés et que les modalités en soient précisées par le mandat, l'immatriculation de la société au registre du commerce et des sociétés emporte reprise de ces engagements par la société. – *[Décr. nº 67-236 du 23 mars 1967, art. 26.]*

Art. R. 210-6 Lors de la constitution d'une société par actions *(Décr. nº 2009-557 du 19 mai 2009, art. 3-I)* « sans offre au public », l'état des actes accomplis pour le compte de la société en formation, avec l'indication, pour chacun d'eux, de l'engagement qui en résulterait pour la société, est tenu à la disposition des actionnaires dans les conditions prévues à l'article R. 225-14.

Cet état est annexé aux statuts, dont la signature emporte reprise des engagements par la société, lorsque celle-ci a été immatriculée au registre du commerce.

En outre, les actionnaires peuvent, dans les statuts, ou par acte séparé, donner mandat à l'un ou plusieurs d'entre eux de prendre des engagements pour le compte de la société. Sous réserve qu'ils soient déterminés et que leurs modalités soient précisées par le mandat, l'immatriculation de la société au registre du commerce et des sociétés emporte reprise de ces engagements par la société. – *[Décr. nº 67-236 du 23 mars 1967, art. 74.]*

Art. R. 210-7 Lors de la constitution d'une société par actions *(Décr. nº 2009-557 du 19 mai 2009, art. 3-II)* « avec offre au public », les actes accomplis pour le compte de la société en formation conformément au deuxième alinéa de l'article L. 210-6 sont soumis à l'assemblée générale constitutive, après qu'ont été désignés les premiers membres du conseil d'administration ou du conseil de surveillance et les premiers commissaires aux comptes.

Le rapport des fondateurs énumère chacun de ces actes et indique l'engagement qui en résulterait pour la société.

Si l'assemblée autorise la société à les reprendre à son compte, cette décision ne prend effet, dans les conditions prévues au deuxième alinéa de l'article L. 210-6, qu'après immatriculation de la société au registre du commerce et des sociétés.

L'assemblée peut également donner mandat à une ou plusieurs des personnes désignées en qualité de premiers membres du conseil d'administration ou du conseil de surveillance de prendre des engagements pour le compte de la société. Sous réserve qu'ils soient déterminés et que leurs modalités soient précisées par le mandat, l'immatriculation de la société au registre du commerce et des sociétés emporte reprise de ces engagements par la société. – *[Décr. n° 67-236 du 23 mars 1967, art. 67.]*

Art. R. 210-8 Après immatriculation au registre du commerce et des sociétés, la constitution de la société fait l'objet d'une publicité au *Bulletin officiel des annonces civiles et commerciales*, conformément à l'article R. 123-155. – *[Décr. n° 67-236 du 23 mars 1967, art. 286.]*

• SOUS-SECTION 2 DE LA MODIFICATION DES STATUTS

Art. R. 210-9 Si l'une des mentions de l'avis prévu à l'article R. 210-3 est frappée de caducité par suite de la modification des statuts ou d'un autre acte, délibération ou décision, la modification intervenue est publiée *(Décr. n° 2007-750 du 9 mai 2007, art. 32)* « dans les conditions prévues à l'article R. 210-3 » *[.]*

L'avis est signé par le notaire qui a reçu l'acte ou au rang des minutes duquel il a été déposé ; dans les autres cas, il est signé par les représentants légaux de la société.

Il contient les indications suivantes :

1° La raison sociale ou la dénomination sociale suivie, le cas échéant, de son sigle ;

2° La forme de la société ;

3° Le montant du capital social ;

4° L'adresse du siège social ;

5° Les mentions prévues aux 1° et 2° de l'article R. 123-237 et le numéro unique d'identification de la société à l'Institut national de la statistique et des études économiques ;

6° L'indication des modifications intervenues, reproduisant l'ancienne mention à côté de la nouvelle. – *[Décr. n° 67-236 du 23 mars 1967, art. 287.]*

Art. R. 210-10 Le nom des premiers gérants, administrateurs, membres du conseil de surveillance et commissaires aux comptes mentionnés dans les statuts peut être omis dans les statuts mis à jour et déposés en annexe au registre du commerce et des sociétés, sans qu'il y ait lieu, sauf dispositions statutaires contraires, de les remplacer par le nom des personnes qui leur ont succédé dans ces fonctions.

Les mentions prévues aux 4° et 8° de l'article R. 224-2 peuvent être également omises des statuts mis à jour, sous la condition que la société soit immatriculée au registre du commerce et des sociétés depuis plus de cinq ans. – *[Décr. n° 67-236 du 23 mars 1967, art. 288.]*

Art. R. 210-11 En cas de transfert du siège social hors du ressort du tribunal au greffe duquel la société a été immatriculée, l'avis, publié dans un journal habilité à recevoir des annonces légales du département du nouveau siège, indique que le siège social a été transféré et reproduit les mentions prévues aux 1°, 2°, 4° et 9° de l'article R. 210-4 et comporte en outre :

1° Les mentions prévues aux 1° et 2° de l'article R. 123-237, en ce qui concerne l'ancien siège social ;

2° L'indication du registre du commerce et des sociétés où la société sera immatriculée en raison de son nouveau siège social. – *[Décr. n° 67-236 du 23 mars 1967, art. 289.]*

SOUS-SECTION 3 DE L'ACTION EN RÉGULARISATION

Art. R. 210-12 L'action en régularisation de la constitution de la société ou de la modification des statuts, prévue à l'article L. 210-7, est portée devant le tribunal de commerce.

Le tribunal territorialement compétent est celui dans le ressort duquel est situé le siège de la société. – *[Décr. n° 67-236 du 23 mars 1967, art. 3.]*

Art. R. 210-13 Si une ou plusieurs énonciations exigées par la loi ou les règlements ne figurent pas dans les statuts, le tribunal ordonne que ceux-ci soient complétés dans les mêmes conditions que celles requises lors de la constitution de la société.

Si une formalité prescrite par la loi ou les règlements pour la constitution de la société ou la modification des statuts a été omise ou irrégulièrement accomplie, le tribunal ordonne qu'elle soit accomplie ou refaite. Il peut en outre ordonner que toutes les formalités qui ont suivi celle omise ou entachée d'un vice, ou certaines d'entre elles seulement, soient également refaites. – *[Décr. n° 67-236 du 23 mars 1967, art. 4.]*

SECTION II DE LA DISSOLUTION DE LA SOCIÉTÉ

Art. R. 210-14 L'associé ou l'actionnaire d'une société entre les mains duquel sont réunies toutes les parts ou actions peut dissoudre cette société à tout moment, par déclaration au greffe du tribunal de commerce, en vue de la mention de la dissolution au registre du commerce et des sociétés.

Le déclarant est liquidateur de la société, à moins qu'il ne désigne une autre personne pour exercer cette fonction. – *[Décr. n° 67-236 du 23 mars 1967, art. 5.]*

Art. R. 210-15 La dissolution judiciaire de la société, pour quelque cause que ce soit, est de la compétence du tribunal de commerce. – *[Décr. n° 67-236 du 23 mars 1967, art. 51 et 198.]*

SECTION III DES FORMALITÉS DE PUBLICITÉ

Art. R. 210-16 La publicité au moyen d'avis ou annonces est faite, selon le cas, par insertions au *Bulletin officiel des annonces civiles et commerciales* ou dans un journal habilité à recevoir les annonces légales dans le département du siège social ou au *Bulletin des annonces légales obligatoires*. – *[Décr. n° 67-236 du 23 mars 1967, art. 281.]*

Art. R. 210-17 La publicité par dépôt d'actes ou de pièces est faite au greffe du tribunal de commerce, en annexe au registre du commerce et des sociétés, dans les conditions prévues par la section I du chapitre III du titre II du livre Ier. – *[Décr. n° 67-236 du 23 mars 1967, art. 282.]*

Art. R. 210-18 Les formalités de publicité sont effectuées à la diligence et sous la responsabilité des représentants légaux des sociétés.

Lorsqu'une formalité de publicité ne portant ni sur la constitution de la société ni sur la modification de ses statuts a été omise ou irrégulièrement accomplie et si la société n'a pas régularisé la situation dans le délai d'un mois à compter de la mise en demeure qui lui a été adressée, tout intéressé peut demander au président du tribunal de commerce, statuant en référé, de désigner un mandataire chargé d'accomplir la formalité. – *[Décr. n° 67-236 du 23 mars 1967, art. 283.]*

Art. R. 210-19 Dans tous les cas où, en vertu du présent livre, il est statué par ordonnance du président du tribunal, soit sur requête, soit en référé, une copie de cette ordonnance est déposée par le greffier au dossier de la société, en annexe au registre du commerce et des sociétés. – *[Décr. n° 67-236 du 23 mars 1967, art. 284.]*

Art. R. 210-20 *(Décr. n° 2010-684 du 23 juin 2010, art. 2)* Les sociétés dont les actions sont admises aux négociations sur un marché réglementé sont tenues de disposer d'un site internet afin de satisfaire à leurs obligations d'information de leurs actionnaires.

TITRE DEUXIÈME DISPOSITIONS PARTICULIÈRES AUX DIVERSES SOCIÉTÉS COMMERCIALES

CHAPITRE PREMIER DES SOCIÉTÉS EN NOM COLLECTIF

Art. R. 221-1 Si les statuts sont établis par acte sous seing privé, il est dressé autant d'originaux qu'il est nécessaire pour le dépôt d'un exemplaire au siège social, l'exécution des diverses formalités requises et la remise d'un exemplaire à chaque associé. – *[Décr. n° 67-236 du 23 mars 1967, art. 6.]*

Art. R. 221-2 Toute délibération des associés est constatée par un procès-verbal qui indique la date et le lieu de réunion, les noms et prénoms des associés présents, les documents et rapports soumis à discussion, un résumé des débats, le texte des résolutions mises aux voix et le résultat des votes. Le procès-verbal est signé par chacun des associés présents.

Lorsque tous les associés sont gérants, seules les délibérations dont l'objet excède les pouvoirs reconnus aux gérants sont soumises aux dispositions de l'alinéa précédent.

En cas de consultation écrite, il en est fait mention dans le procès-verbal, auquel est annexée la réponse de chaque associé et qui est signé par les gérants. – *[Décr. n° 67-236 du 23 mars 1967, art. 9.]*

Art. R. 221-3 Les procès-verbaux prévus à l'article R. 221-2 sont établis sur un registre spécial tenu au siège social et coté et paraphé soit par un juge du tribunal de commerce, soit par un juge du tribunal d'instance, soit par le maire de la commune du siège social ou un adjoint au maire, dans la forme ordinaire et sans frais.

Toutefois, les procès-verbaux peuvent être établis sur des feuilles mobiles numérotées sans discontinuité, paraphées dans les conditions prévues à l'alinéa précédent et revêtues du sceau de l'autorité qui les a paraphées. Dès qu'une feuille a été remplie, même partiellement, elle est jointe à celles précédemment utilisées. Toute addition, suppression, substitution ou interversion de feuilles est interdite. – *[Décr. n° 67-236 du 23 mars 1967, art. 10.]*

Art. R. 221-4 Les copies ou extraits des procès-verbaux des délibérations des associés sont certifiés conformes par un seul gérant. Au cours de la liquidation de la société, leur certification est effectuée par un seul liquidateur. – *[Décr. n° 67-236 du 23 mars 1967, art. 11.]*

Art. R. 221-5 Pour l'application du deuxième alinéa de l'article L. 221-9 relatif à la désignation d'un commissaire aux comptes, le total du bilan est fixé à 1 550 000 €, le montant hors taxe du chiffre d'affaires à 3 100 000 € et le nombre moyen de salariés à cinquante. Le total du bilan, le montant hors taxe du chiffre d'affaires et le nombre moyen de salariés sont déterminés conformément aux quatrième, cinquième et sixième alinéas de l'article R. 123-200.

La société n'est plus tenue de désigner un commissaire aux comptes dès lors qu'elle n'a pas dépassé les chiffres fixés pour deux de ces trois critères pendant les deux exercices précédant l'expiration du mandat du commissaire aux comptes.

Dans le cas prévu au troisième alinéa de l'article L. 221-9, le commissaire aux comptes est désigné par ordonnance du président du tribunal de commerce statuant en la forme des référés. – *[Décr. nº 67-236 du 23 mars 1967, art. 12.]*

Art. R. 221-6 Les comptes annuels, le rapport de gestion ainsi que, le cas échéant, les comptes consolidés et le rapport sur la gestion du groupe sont tenus, au siège social, à la disposition des commissaires aux comptes un mois au moins avant la convocation de l'assemblée prévue à l'article L. 221-7. – *[Décr. nº 67-236 du 23 mars 1967, art. 12-1.]*

Art. R. 221-7 Les comptes annuels, le rapport de gestion, le texte des résolutions proposées ainsi que, le cas échéant, les comptes consolidés, le rapport sur la gestion du groupe et les rapports des commissaires aux comptes sur les comptes annuels et sur les comptes consolidés sont adressés aux associés quinze jours au moins avant la réunion de l'assemblée prévue à l'article L. 221-7.

Pendant le délai de quinze jours qui précède l'assemblée, l'inventaire est tenu, au siège social, à la disposition des associés, qui peuvent en prendre copie.

Les dispositions du présent article ne sont pas applicables lorsque tous les associés sont gérants. – *[Décr. nº 67-236 du 23 mars 1967, art. 12-2.]*

Art. R. 221-8 En application des dispositions de l'article L. 221-8, l'associé non gérant a le droit de prendre par lui-même, au siège social, connaissance des livres de commerce et de comptabilité, des contrats, factures, correspondances, procès-verbaux et plus généralement de tout document établi par la société ou reçu par elle.

Le droit de prendre connaissance emporte celui de prendre copie.

Dans l'exercice de ces droits, l'associé peut se faire assister d'un expert choisi sur une des listes établies par les cours et tribunaux. – *[Décr. nº 67-236 du 23 mars 1967, art. 13.]*

Art. R. 221-9 La publicité prescrite par l'article L. 221-14 est accomplie par le dépôt, en annexe au registre du commerce et des sociétés, de deux expéditions de l'acte de cession, s'il a été établi dans la forme authentique, ou de deux originaux, s'il est sous seing privé. – *[Décr. nº 67-236 du 23 mars 1967, art. 14.]*

Art. R. 221-10 Le créancier ne peut poursuivre un associé, à défaut de paiement ou de constitution de garanties par la société, que huit jours au moins après mise en demeure de celle-ci.

Ce délai peut être prolongé par ordonnance du président du tribunal de commerce statuant en référé. – *[Décr. nº 67-236 du 23 mars 1967, art. 15.]*

CHAPITRE II DES SOCIÉTÉS EN COMMANDITE SIMPLE

Art. R. 222-1 Les dispositions du chapitre Ier sont applicables aux sociétés en commandite simple. – *[Décr. nº 67-236 du 23 mars 1967, art. 17.]*

Art. R. 222-2 Les avis et conseils, les actes de contrôle et de surveillance de l'associé commanditaire ne constituent pas des actes de gestion externe au sens de l'article L. 222-6. – *[Décr. n° 67-236 du 23 mars 1967, art. 18.]*

Art. R. 222-3 L'associé commanditaire exerce le droit ouvert par l'article L. 222-7 dans les conditions prévues à l'article R. 221-8. – *[Décr. n° 67-236 du 23 mars 1967, art. 19.]*

CHAPITRE III DES SOCIÉTÉS À RESPONSABILITÉ LIMITÉE

Art. R. 223-1 Si les statuts sont établis par acte sous seing privé, il est dressé autant d'originaux qu'il est nécessaire pour le dépôt d'un exemplaire au siège social et l'exécution des diverses formalités requises.

En outre, un exemplaire des statuts établi sur papier libre est remis à chaque associé. – *[Décr. n° 67-236 du 23 mars 1967, art. 20.]*

Art. D. 223-2 *(Décr. n° 2008-1419 du 19 déc. 2008)* Un modèle de statuts types de la société à responsabilité limitée dont l'associé unique, personne physique, assume personnellement la gérance figure en annexe 2-1 au présent livre. – *V. cette annexe au* ***C. com.*** *ou au* ***C. sociétés.***

Le centre de formalités des entreprises ou, dans le cas prévu au deuxième alinéa de l'article R. 123-5, le greffe du tribunal de commerce remet gratuitement ce modèle de statuts types au fondateur de la société.

Il l'informe de ce que ces statuts types s'appliquent à moins qu'il n'ait été joint des statuts différents lors de la demande d'immatriculation de la société.

Art. R. 223-3 Dans les huit jours de leur réception, les fonds provenant de la libération des parts sociales sont déposés pour le compte de la société en formation et par les personnes qui les ont reçus à la Caisse des dépôts et consignations, chez un notaire ou dans un établissement de crédit.

Mention de la libération des parts et du dépôt des fonds est portée dans les statuts. – *[Décr. n° 67-236 du 23 mars 1967, art. 22.]*

Art. R. 223-4 Le retrait des fonds est accompli par le mandataire de la société sur présentation du certificat du greffier attestant l'immatriculation de la société au registre du commerce et des sociétés. – *[Décr. n° 67-236 du 23 mars 1967, art. 23.]*

Art. R. 223-5 Pour l'application du deuxième alinéa de l'article L. 223-8 :

1° L'autorisation de retirer les fonds individuellement est donnée par le président du tribunal de commerce du lieu du siège social, statuant sur requête ;

2° Le mandataire justifie, en vue du retrait collectif des fonds, de l'autorisation écrite de tous les apporteurs. – *[Décr. n° 67-236 du 23 mars 1967, art. 24.]*

Art. R. 223-6 Le commissaire aux apports est choisi parmi les commissaires aux comptes inscrits sur la liste prévue à l'article L. 822-1 ou parmi les experts inscrits sur l'une des listes établies par les cours et tribunaux.

Il est désigné, le cas échéant, par ordonnance du président du tribunal de commerce statuant sur requête, notamment dans le cas prévu à l'article L. 223-33. – *[Décr. n° 67-236 du 23 mars 1967, art. 25.]*

Art. D. 223-6-1 *(Décr. n° 2010-1669 du 29 déc. 2010, art. 1er)* Pour l'application du deuxième alinéa de l'article L. 223-9, le montant de la valeur qu'aucun apport en nature ne doit excéder est fixé à 30 000 euros.

Art. R. 223-7 Le document d'information mentionné à l'article L. 223-11 est établi préalablement à toute souscription. Il est remis ou envoyé à toute personne dont la souscription est sollicitée.

Il comprend toutes les mentions utiles à l'information des souscripteurs et au moins les renseignements suivants :

1° La dénomination sociale, précédée ou suivie immédiatement, conformément au deuxième alinéa de l'article L. 223-1, des mots "société à responsabilité limitée" ou des initiales "SARL" et suivie, le cas échéant, de son sigle, l'adresse du siège social, le montant du capital social ainsi que les mentions prévues aux 1° et 2° de l'article R. 123-237 ;

2° L'objet social, indiqué sommairement ;

3° La date d'expiration normale de la société ;

4° La description de son activité et de ses perspectives d'évolution ;

5° Le nom du ou des gérants ;

6° Le nom des commissaires aux comptes et de leurs suppléants ainsi que la date de leur nomination ;

7° Le montant des capitaux propres, le montant total et la ventilation par échéance des engagements autres que ceux résultant de l'émission et, le cas échéant, les sûretés constituées pour garantir le remboursement des titres précédemment émis ;

8° Les faits significatifs, notamment les affaires contentieuses, pouvant avoir une incidence sur l'activité ou la situation financière de la société. — *[Décr. n° 67-236 du 23 mars 1967, art. 27.]*

Art. R. 223-8 Sont annexés au document d'information mentionné à l'article R. 223-7 :

1° Une copie du dernier bilan approuvé par l'assemblée générale des associés, certifiée par le gérant ;

2° Si ce bilan a été arrêté à une date antérieure de plus de dix mois à celle du début de l'émission, un état de la situation active et passive de la société datant de dix mois au plus et établi sous la responsabilité du gérant ;

3° Des renseignements sur la marche des affaires sociales depuis le début de l'exercice en cours ainsi que sur le précédent exercice si l'assemblée appelée à statuer sur celui-ci n'a pas encore été réunie. — *[Décr. n° 67-236 du 23 mars 1967, art. 27-1.]*

Art. R. 223-9 La notice mentionnée à l'article L. 223-11 est établie préalablement à toute souscription. Elle est remise ou envoyée à toute personne dont la souscription est sollicitée.

Elle comprend les renseignements suivants :

1° Le but de l'émission ;

2° Le montant de l'émission ;

3° Le nombre d'obligations émises et leur valeur nominale, le produit brut et l'estimation du produit net de l'émission ;

4° Les conditions de l'émission, le taux, le mode de calcul et les modalités de paiement des intérêts, l'époque et les conditions de remboursement ;

5° Le cas échéant, les sûretés constituées pour garantir le remboursement des titres ainsi que les renseignements permettant d'identifier les garants et d'apprécier leur solvabilité ;

6° Les modalités de cession ainsi que, le cas échéant, de rachat des titres ;

7° L'existence et l'organisation de la masse des titulaires de titres ;

8° Le montant non amorti, au moment de l'émission, des obligations antérieurement émises ;

9° Le montant, au moment de l'émission, des emprunts obligataires garantis par la société et, le cas échéant, la fraction garantie de ces emprunts. – *[Décr. n° 67-236 du 23 mars 1967, art. 27-2.]*

Art. R. 223-10 L'article R. 228-60, sauf en tant qu'il détermine les conditions d'application du deuxième alinéa de l'article L. 228-51, et les articles R. 228-61 à R. 228-64 sont applicables aux représentants de la masse des obligataires.

Les articles R. 228-65 à R. 228-69 et R. 228-72 à R. 228-80 sont applicables aux assemblées d'obligataires.

Les articles R. 228-81 à R. 228-83 sont applicables aux sûretés constituées pour garantir le remboursement des obligations.

Les articles R. 228-84 à R. 228-86 sont applicables en cas de procédure de sauvegarde ou de redressement ou liquidation judiciaire. – *[Décr. n° 67-236 du 23 mars 1967, art. 27-3.]*

Art. R. 223-11 La notification du projet de cession ou de nantissement de parts sociales, prévue au deuxième alinéa de l'article L. 223-14 et à l'article L. 223-15, est faite par acte extrajudiciaire ou par lettre recommandée avec demande d'avis de réception.

La désignation de l'expert prévue à l'article 1843-4 du code civil est faite par le président du tribunal de commerce ; celui-ci statue par ordonnance sur requête dans le cas prévu au troisième alinéa de l'article L. 223-14 et par ordonnance de référé dans le cas prévu au quatrième alinéa du même article. Ces ordonnances ne sont pas susceptibles de recours. – *[Décr. n° 67-236 du 23 mars 1967, art. 29.]*

Art. R. 223-12 Dans le délai de huit jours à compter de la notification qui lui a été faite en application de l'article R. 223-11, le gérant convoque l'assemblée des associés pour qu'elle délibère sur le projet de cession des parts sociales ou, si les statuts le permettent, consulte les associés par écrit sur ce projet.

La décision de la société est notifiée au cédant par lettre recommandée avec demande d'avis de réception. – *[Décr. n° 67-236 du 23 mars 1967, art. 30.]*

Art. R. 223-13 La cession de parts sociales est soumise aux formalités de publicité prévue par l'article R. 221-9. – *[Décr. n° 67-236 du 23 mars 1967, art. 31.]*

Art. R. 223-14 Tout associé a le droit, à toute époque, d'obtenir, au siège social, la délivrance d'une copie certifiée conforme des statuts en vigueur au jour de la demande.

La société annexe à ce document la liste des gérants et, le cas échéant, des commissaires aux comptes en exercice et ne peut, pour cette délivrance, exiger le paiement d'une somme supérieure à 0,30 €. – *[Décr. n° 67-236 du 23 mars 1967, art. 32.]*

Art. R. 223-15 Tout associé a le droit, à toute époque, de prendre par lui-même connaissance des documents suivants au siège social : bilans, comptes de résultats, annexes, inventaires, rapports soumis aux assemblées et procès-verbaux de ces assemblées concernant les trois derniers exercices. Sauf en ce qui concerne l'inventaire, le droit de prendre connaissance emporte celui de prendre copie.

A cette fin, il peut se faire assister d'un expert inscrit sur une des listes établies par les cours et tribunaux. – *[Décr. n° 67-236 du 23 mars 1967, art. 33.]*

Art. R. 223-16 Le gérant avise le commissaire aux comptes, s'il en existe un, des conventions mentionnées à l'article L. 223-19, dans le délai d'un mois à compter de la conclusion de ces conventions.

Lorsque l'exécution de conventions conclues au cours d'exercices antérieurs a été poursuivie au cours du dernier exercice, le commissaire aux comptes est informé de cette situation dans le délai d'un mois à compter de la clôture de l'exercice. – *[Décr n° 67-236 du 23 mars 1967, art. 34.]*

Art. R. 223-17 Le rapport prévu au premier alinéa de l'article L. 223-19 contient :

1° L'énumération des conventions soumises à l'approbation de l'assemblée des associés ;

2° Le nom des gérants ou associés intéressés ;

3° La nature et l'objet de ces conventions ;

4° Les modalités essentielles de ces conventions, notamment l'indication des prix ou tarifs pratiqués, des ristournes et commissions consenties, des délais de paiement accordés, des intérêts stipulés, des sûretés conférées et, le cas échéant, de toutes autres indications permettant aux associés d'apprécier l'intérêt qui s'attachait à la conclusion des conventions analysées ;

5° L'importance des fournitures livrées ou des prestations de service fournies ainsi que le montant des sommes versées ou reçues au cours de l'exercice en exécution des conventions mentionnées au deuxième alinéa de l'article R. 223-16. – *[Décr. n° 67-236 du 23 mars 1967, art. 35.]*

Art. R. 223-18 Les comptes annuels, le rapport de gestion, le texte des résolutions proposées, ainsi que, le cas échéant, les comptes consolidés, le rapport sur la gestion du groupe et les rapports du commissaire aux comptes sur les comptes annuels et les comptes consolidés sont adressés aux associés quinze jours au moins avant la date de l'assemblée prévue par l'article L. 223-26.

Pendant le délai de quinze jours qui précède l'assemblée, l'inventaire est tenu, au siège social, à la disposition des associés, qui ne peuvent en prendre copie. – *[Décr. n° 67-236 du 23 mars 1967, art. 36.]*

Art. R. 223-19 En cas de convocation d'une assemblée autre que celle prévue au premier alinéa de l'article L. 223-26, le texte des résolutions proposées, le rapport des gérants ainsi que, le cas échéant, celui des commissaires aux comptes sont adressés aux associés quinze jours au moins avant la date de l'assemblée.

En outre, pendant le délai de quinze jours qui précède l'assemblée les mêmes documents sont tenus, au siège social, à la disposition des associés, qui peuvent en prendre connaissance ou copie. – *[Décr. n° 67-236 du 23 mars 1967, art. 37.]*

Art. R. 223-20 Les associés sont convoqués, quinze jours au moins avant la réunion de l'assemblée, par lettre recommandée. Celle-ci indique l'ordre du jour. Toutefois, lorsque l'assemblée est convoquée, en raison du décès du gérant unique, par le commissaire aux comptes ou un associé, conformément aux dispositions du cinquième alinéa de l'article L. 223-27, le délai est réduit à huit jours.

Sous réserve des questions diverses, qui ne doivent présenter qu'une minime importance, les questions inscrites à l'ordre du jour sont libellées de telle sorte que leur contenu et leur portée apparaissent clairement, sans qu'il y ait lieu de se reporter à d'autres documents.

Le mandataire chargé de convoquer l'assemblée dans le cas prévu par le quatrième alinéa de l'article L. 223-27 est désigné par ordonnance du président du tribunal de commerce statuant en référé. – *[Décr. n° 67-236 du 23 mars 1967, art. 38.]*

Art. R. 223-20-1 *(Décr. n° 2009-234 du 25 févr. 2009, art. 2)* Afin de garantir, en vue de l'application du troisième alinéa de l'article L. 223-27, l'identification et la participation effective à l'assemblée des associés y participant par des moyens de visioconférence ou de télécommunication, ces moyens transmettent au moins la voix des participants et satisfont à des caractéristiques techniques permettant la retransmission continue et simultanée des délibérations.

Les sociétés dont les statuts permettent aux associés de voter aux assemblées par des moyens électroniques de télécommunication aménagent un site exclusivement consacré à cette fin. Les associés ne peuvent accéder à ce site qu'après s'être identifiés au moyen d'un code fourni préalablement à la tenue de l'assemblée.

Les associés ne peuvent participer aux débats par conférence téléphonique et exercer leurs droits de vote qu'après s'être identifiés au moyen d'un code fourni préalablement à la tenue de l'assemblée.

Art. R. 223-21 Le mandat de représentation d'un associé est donné pour une seule assemblée. Il peut cependant être donné pour deux assemblées tenues le même jour ou dans un délai de sept jours.

Le mandat donné pour une assemblée vaut pour les assemblées successives convoquées avec le même ordre du jour. – *[Décr. n° 67-236 du 23 mars 1967, art. 39.]*

Art. R. 223-22 En cas de consultation écrite, le texte des résolutions proposées ainsi que les documents nécessaires à l'information des associés sont adressés à chacun de ceux-ci par lettre recommandée.

Les associés disposent d'un délai minimal de quinze jours, à compter de la date de réception des projets de résolution, pour émettre leur vote par écrit. – *[Décr. n° 67-236 du 23 mars 1967, art. 40.]*

Art. R. 223-23 L'assemblée des associés est présidée par le gérant ou par l'un des gérants. Si aucun des gérants n'est associé ou en cas de décès de l'associé-gérant unique », elle est présidée par l'associé présent et acceptant qui possède ou représente le plus grand nombre de parts sociales.

Si deux associés qui possèdent ou représentent le même nombre de parts sont acceptants, la présidence de l'assemblée est assurée par le plus âgé. – *[Décr. n° 67-236 du 23 mars 1967, art. 41.]*

Art. R. 223-24 Toute délibération de l'assemblée des associés est constatée par un procès-verbal qui indique la date et le lieu de réunion, les nom, prénoms et qualité du président, les nom et prénoms des associés présents *(Décr. n° 2009-234 du 25 févr. 2009, art. 3)* « , réputés présents au sens du troisième alinéa de l'article L. 223-27 » ou représentés avec l'indication du nombre de parts sociales détenues par chacun, les documents et rapports soumis à l'assemblée, un résumé des débats, le texte des résolutions mises au*[x]* voix et le résultat des votes. *(Décr. n° 2009-234 du 25 févr. 2009, art. 3)* « Ce procès-verbal fait état de la survenance éventuelle d'un incident technique relatif à la visioconférence ou à la télécommunication électronique lorsqu'il a perturbé le déroulement de l'assemblée. »

En cas de consultation écrite, il en est fait mention dans le procès-verbal, auquel est annexée la réponse de chaque associé.

Les procès-verbaux sont établis et signés par les gérants et, le cas échéant, par le président de séance. Les dispositions des articles R. 221-3 et R. 221-4 leur sont applicables. – *[Décr. n° 67-236 du 23 mars 1967, art. 42.]*

Art. R. 223-25 Dans les sociétés qui comportent une seule personne et dont l'associé unique n'est pas le seul gérant, et en ce qui concerne les décisions d'approbation des comptes prises par l'associé unique en lieu et place de l'assemblée, le rapport de gestion, les comptes et, le cas échéant, le rapport des commissaires aux comptes sont adressés par le gérant à l'associé unique un mois au moins avant l'expiration du délai prévu au deuxième alinéa de l'article L. 223-31. Pendant ce délai, l'inventaire est tenu au siège social à la disposition de l'associé unique. – *[Décr. n° 67-236 du 23 mars 1967, art. 42-1.]*

Art. R. 223-26 Chaque décision prise par l'associé unique en lieu et place de l'assemblée est consignée par lui sur le registre prévu au troisième alinéa de l'article

L. 223-31. Le registre est tenu au siège social. Il est coté et paraphé, soit par un juge du tribunal de commerce, soit par un juge du tribunal d'instance, soit par le maire de la commune du siège social ou un adjoint du maire, dans la forme ordinaire et sans frais. La certification des copies ou extraits du registre est faite conformément aux dispositions de l'article R. 221-4.

Les conventions mentionnées à l'article L. 223-19 sont portées au registre dans les mêmes conditions.

Pour l'application du deuxième alinéa de l'article L. 223-31, lorsque l'associé unique est seul gérant, il porte au registre, dans les mêmes conditions, le récépissé du dépôt au registre du commerce et des sociétés du rapport de gestion, de l'inventaire et des comptes annuels. – *[Décr. n° 67-236 du 23 mars 1967, art. 42-2.]*

Art. R. 223-27 Les dispositions de l'article R. 221-5 sont applicables à la désignation ou à la nomination d'un commissaire aux comptes dans les sociétés à responsabilité limitée. – *[Décr. n° 67-236 du 23 mars 1967, art. 43.]*

Art. R. 223-28 Les comptes annuels, le rapport de gestion et, le cas échéant, les comptes consolidés et le rapport sur la gestion du groupe sont tenus, au siège social, à la disposition des commissaires aux comptes un mois au moins avant, selon le cas :

1° La convocation de l'assemblée prévue à l'article L. 223-26 ;

2° La date limite prévue pour leur envoi à l'associé unique par l'article R. 223-25 ;

3° Le dépôt au registre du commerce et des sociétés, par l'associé unique seul gérant de la société, des documents mentionnés au deuxième alinéa de l'article L. 223-31. – *[Décr. n° 67-236 du 23 mars 1967, art. 44.]*

Art. R. 223-29 Le gérant répond par écrit dans le délai d'un mois aux questions qui lui sont posées en application de l'article L. 223-36. Dans le même délai, il transmet copie de la question et de sa réponse au commissaire aux comptes. – *[Décr. n° 67-236 du 23 mars 1967, art. 44-3.]*

Art. R. 223-30 L'expert chargé de présenter un rapport sur une ou plusieurs opérations de gestion dans les conditions prévues au premier alinéa de l'article L. 223-37 est désigné par le président du tribunal de commerce statuant en la forme des référés, après que le greffier a convoqué le gérant à l'audience par lettre recommandée avec demande d'avis de réception.

La demande d'expertise du procureur de la République est présentée par requête. Le greffier informe le procureur de la République de la date de l'audience.

Le rapport d'expertise est déposé au greffe. Le greffier en assure la communication. – *[Décr. n° 67-236 du 23 mars 1967, art. 44-4.]*

Art. R. 223-31 S'ils représentent au moins le dixième du capital social, des associés peuvent, dans un intérêt commun, charger à leurs frais un ou plusieurs d'entre eux de les représenter pour soutenir, tant en demande qu'en défense, l'action sociale contre les gérants.

Le retrait en cours d'instance d'un ou plusieurs des associés mentionnés à l'alinéa précédent, soit qu'ils aient perdu la qualité d'associé, soit qu'ils se soient volontairement désistés, est sans effet sur la poursuite de l'instance. – *[Décr. n° 67-236 du 23 mars 1967, art. 45.]*

Art. R. 223-32 Lorsque l'action sociale est intentée par un ou plusieurs associés, agissant soit individuellement, soit dans les conditions prévues à l'article R. 223-31, le tribunal ne peut statuer que si la société a été régulièrement mise en cause par l'intermédiaire de ses représentants légaux.

Le tribunal peut désigner un mandataire *ad hoc* pour représenter la société dans l'instance, lorsqu'il existe un conflit d'intérêt entre celle-ci et ses représentants légaux. – *[Décr. n° 67-236 du 23 mars 1967, art. 46.]*

Art. R. 223-33 Le projet de réduction du capital est communiqué aux commissaires aux comptes, s'il en existe, quarante-cinq jours au moins avant la date de réunion de l'assemblée des associés appelée à statuer sur ce projet. – *[Décr. n° 67-236 du 23 mars 1967, art. 47.]*

Art. R. 223-34 Lorsque la réduction du capital a été décidée dans les conditions prévues au quatrième alinéa de l'article L. 223-34, l'achat des parts sociales est réalisé dans le délai de trois mois à compter de l'expiration du délai d'opposition prévu à l'article R. 223-35. Cet achat emporte l'annulation des parts. – *[Décr. n° 67-236 du 23 mars 1967, art. 48.]*

Art. R. 223-35 Le délai d'opposition des créanciers à la réduction du capital est d'un mois à compter de la date du dépôt, au greffe du tribunal de commerce, du procès-verbal de la délibération qui a décidé la réduction.

L'opposition est signifiée à la société par acte extrajudiciaire et portée devant le tribunal de commerce. – *[Décr. n° 67-236 du 23 mars 1967, art. 49.]*

Art. R. 223-36 Dans le cas où, du fait de pertes constatées dans les documents comptables, les capitaux propres de la société deviennent inférieurs à la moitié du capital social, la décision des associés prévue à l'article L. 223-42 est publiée dans un journal habilité à recevoir les annonces légales dans le département du siège social, déposée au greffe du tribunal de commerce du lieu de ce siège et inscrite au registre du commerce et des sociétés. – *[Décr. n° 67-236 du 23 mars 1967, art. 50.]*

CHAPITRE IV DISPOSITIONS GÉNÉRALES APPLICABLES AUX SOCIÉTÉS PAR ACTIONS

Art. R. 224-1 Si les statuts sont établis par acte sous seing privé, il est dressé autant d'originaux qu'il est nécessaire pour le dépôt d'un exemplaire au siège social et l'exécution des diverses formalités requises. – *[Décr. n° 67-236 du 23 mars 1967, art. 54.]*

Art. R. 224-2 Outre les mentions énumérées à l'article L. 210-2, et sans préjudice de toutes autres dispositions utiles, les statuts de la société contiennent les indications suivantes :

1° Pour chaque catégorie d'actions émises, le nombre d'actions et la nature des droits particuliers attachés à celles-ci et, selon le cas, la part de capital social qu'elle représente ou la valeur nominale des actions qui la composent ;

2° La forme, soit exclusivement nominative, soit nominative ou au porteur, des actions ;

3° En cas de restriction à la libre négociation ou cession des actions, les conditions particulières auxquelles est soumis l'agrément des cessionnaires ;

4° L'identité des apporteurs en nature, l'évaluation de l'apport effectué par chacun de ceux-ci et le nombre d'actions remises en contrepartie de l'apport ;

5° L'identité des bénéficiaires d'avantages particuliers et la nature de ceux-ci ;

6° Les stipulations relatives à la composition, au fonctionnement et aux pouvoirs des organes de la société ;

7° Les dispositions relatives à la répartition du résultat, à la constitution de réserves et à la répartition du boni de liquidation ;

8° L'identité de toutes personnes physiques ou morales qui ont signé ou au nom de qui ont été signés les statuts ou le projet de statuts. – *[Décr. n° 67-236 du 23 mars 1967, art. 55.] – Les sociétés constituées avant l'entrée en vigueur du Décr. n° 82-460 du 2 juin 1982 ne sont pas tenues de modifier leurs statuts pour y faire figurer les mentions prévues à l'art. 55, 8°, devenu l'art. R. 224-2, 8° (art. 21 du décret).*

Art. R. 224-3 **Pour la mise en œuvre des dispositions de l'article L. 224-3, les commissaires à la transformation sont désignés et accomplissent leur mission dans les conditions prévues à l'article R. 225-7.**

Le rapport des commissaires à la transformation atteste que le montant des capitaux propres est au moins égal au capital social. Il est tenu au siège social à la disposition des associés huit jours au moins avant la date de l'assemblée appelée à statuer sur la transformation. En cas de consultation écrite, le texte du rapport est adressé à chacun des associés et joint au texte des résolutions proposées. – *[Décr. n° 67-236 du 23 mars 1967, art. 56-1.]*

CHAPITRE V DES SOCIÉTÉS ANONYMES

SECTION PREMIÈRE DE LA CONSTITUTION DES SOCIÉTÉS ANONYMES

SOUS-SECTION 1 DE LA CONSTITUTION AVEC OFFRE AU PUBLIC *(Décr. n° 2009-557 du 19 mai 2009, art. 3-III).*

Art. R. 225-1 La publicité prescrite par les lois et règlements ne constitue pas, par elle-même, *(Décr. n° 2009-557 du 19 mai 2009, art. 3-IV)* « une offre au public » au sens des articles L. 411-1 et L. 412-1 du code monétaire et financier. – *[Décr. n° 67-236 du 23 mars 1967, art. 57.] – V. ces art. au* **C. mon. fin.** *ou au* **C. sociétés***.*

Art. R. 225-2 **L'exemplaire du projet de statuts déposé au greffe du tribunal de commerce du lieu du siège social est établi sur papier libre et revêtu de la signature des fondateurs. Il est communiqué à tout requérant qui peut en prendre connaissance ou obtenir, à ses frais, la délivrance d'une copie.** – *[Décr. n° 67-236 du 23 mars 1967, art. 58.]*

Art. R. 225-3 **La notice prévue par l'alinéa deuxième de l'article L. 225-2 est publiée au *Bulletin des annonces légales obligatoires*, avant le début des opérations de souscription et préalablement à toute mesure de publicité.**

Elle contient les indications suivantes :

1° La dénomination sociale de la société à constituer, suivie le cas échéant de son sigle ;

2° La forme de la société ;

3° Le montant du capital social à souscrire ;

4° L'adresse prévue du siège social ;

5° L'objet social, indiqué sommairement ;

6° La durée prévue de la société ;

7° La date et le lieu du dépôt du projet de statuts ;

8° Le nombre des actions à souscrire contre numéraire et la somme immédiatement exigible comprenant, le cas échéant, la prime d'émission ;

9° La valeur nominale des actions à émettre, que cette valeur figure ou non dans les statuts, distinction étant faite entre chaque catégorie, ainsi que les droits particuliers attachés aux actions de préférence ;

10° La description sommaire des apports en nature, leur évaluation globale et leur mode de rémunération, avec indication du caractère provisoire de cette évaluation et de ce mode de rémunération ;

11° Les avantages particuliers stipulés dans le projet de statuts au profit de toute personne ;

12° Les conditions d'admission aux assemblées d'actionnaires et d'exercice du droit de vote, avec, le cas échéant, indication des dispositions relatives à l'attribution du droit de vote double ;

13° Les clauses relatives à l'agrément des cessionnaires d'actions ;

14° Les dispositions relatives à la répartition du résultat, à la constitution de réserves et à la répartition du boni de liquidation ;

15° Le nom et la résidence du notaire ou la dénomination sociale et le siège de l'établissement de crédit qui recevra les fonds provenant de la souscription ; le cas échéant, l'indication que les fonds seront déposés à la Caisse des dépôts et consignations ;

16° Le délai ouvert pour la souscription, avec l'indication de la possibilité de clôture anticipée, en cas de souscription intégrale avant l'expiration de ce délai ;

17° Les modalités de convocation de l'assemblée générale constitutive et le lieu de réunion.

La notice est signée par les fondateurs, qui indiquent soit leur nom, prénom usuel, domicile et nationalité, soit leur dénomination, leur forme, leur siège social et le montant de leur capital social. – *[Décr. n° 67-236 du 23 mars 1967, art. 59.]*

Art. R. 225-4 Les prospectus et documents informant le public de l'émission d'actions reproduisent les énonciations de la notice prévue à l'article R. 225-3 et contiennent la mention de l'insertion de cette notice au *Bulletin des annonces légales obligatoires* avec référence au numéro dans lequel elle a été publiée. Ils exposent en outre sommairement les projets des fondateurs quant à l'emploi des fonds provenant de la libération des actions souscrites.

Les annonces dans les journaux reproduisent les mêmes énonciations ou au moins un extrait de ces énonciations, avec référence à la notice et indication du numéro du *Bulletin des annonces légales obligatoires* dans lequel elle a été publiée. – *[Décr. n° 67-236 du 23 mars 1967, art. 59.]*

Art. R. 225-5 Le bulletin de souscription est daté et signé par le souscripteur ou son mandataire qui écrit en toutes lettres le nombre de titres souscrits. Une copie sur papier libre lui est remise.

Le bulletin de souscription énonce :

1° La dénomination sociale de la société à constituer, suivie le cas échéant de son sigle ;

2° La forme de la société ;

3° Le montant du capital social à souscrire ;

4° L'adresse prévue du siège social ;

5° L'objet social, indiqué sommairement ;

6° La date et le lieu du dépôt du projet de statuts ;

7° Le cas échéant, la portion de capital à souscrire en numéraire et celle représentée par les apports en nature ;

8° Les modalités d'émission des actions souscrites en numéraire ;

9° Le nom ou la dénomination sociale et l'adresse de la personne qui reçoit les fonds ;

10° Les nom, prénom usuel et domicile du souscripteur et le nombre des titres souscrits par lui ;

11° La mention de la remise au souscripteur d'une copie du bulletin de souscription ;

12° La date de la publication au *Bulletin des annonces légales obligatoires* de la notice prévue à l'article R. 225-3. – *[Décr. n° 67-236 du 23 mars 1967, art. 61.]*

Art. R. 225-6 Les fonds provenant des souscriptions en numéraire et la liste comportant les nom, prénom usuel et domicile des souscripteurs, avec l'indication des sommes versées par chacun d'eux, sont déposés, pour le compte de la société en formation et par les personnes qui ont reçus les fonds, soit à la Caisse des dépôts et consignations, soit chez un notaire, soit auprès d'un établissement de crédit ou d'un intermédiaire *(Décr. n° 2009-295 du 16 mars 2009, art. 4)* « mentionné aux 2° à 7° » de l'article L. 542-1 du code monétaire et financier, » selon les indications portées à la notice. – *V. art. préc. au* ***C. mon. fin.***

Ce dépôt est fait dans le délai de huit jours à compter de la réception des fonds, à moins que ceux-ci ne soient reçus par des établissements de crédit ou des intermédiaires *(Abrogé par Décr. n° 2009-295 du 16 mars 2009, art. 4) « **habilités** »* mentionnés à l'alinéa précédent.

Le dépositaire des fonds est tenu, jusqu'au retrait de ceux-ci, de communiquer la liste prévue au premier alinéa à tout souscripteur qui justifie de sa souscription. Le requérant peut en prendre connaissance et obtenir, à ses frais, la délivrance d'une copie. – *[Décr. n° 67-236 du 23 mars 1967, art. 62.]*

Art. R. 225-7 Les commissaires aux apports sont choisis parmi les commissaires aux comptes inscrits sur la liste prévue à l'article L. 822-1 ou parmi les experts inscrits sur une des listes établies par les cours et tribunaux.

Ils sont désignés par le président du tribunal de commerce, statuant sur requête.

Ils peuvent se faire assister, dans l'accomplissement de leur mission, par un ou plusieurs experts de leur choix. Les honoraires de ces experts sont à la charge de la société. – *[Décr. n° 67-236 du 23 mars 1967, art. 64.]*

Art. R. 225-8 Le rapport des commissaires aux apports décrit chacun des apports, indique quel mode d'évaluation a été adopté et pourquoi il a été retenu et affirme que la valeur des apports correspond au moins à la valeur nominale des actions à émettre, augmentée éventuellement de la prime d'émission. – *[Décr. n° 67-236 du 23 mars 1967, art. 64-1.]*

Art. R. 225-9 Le rapport des commissaires aux apports est déposé huit jours au moins avant la date de l'assemblée générale constitutive à l'adresse prévue du siège social indiqué dans le bulletin de souscription et au greffe du tribunal de commerce dans le ressort duquel est situé ce siège.

Il est tenu à la disposition des souscripteurs qui peuvent en prendre connaissance ou obtenir la délivrance d'une copie intégrale ou partielle. – *[Décr. n° 67-236 du 23 mars 1967, art. 65.]*

Art. R. 225-10 L'assemblée générale constitutive est convoquée au lieu indiqué par la notice prévue à l'article R. 225-3.

L'avis de convocation indique la dénomination sociale et la forme de la société, l'adresse prévue du siège social, le montant du capital social, les jour, heure, lieu et ordre du jour de l'assemblée.

Il est inséré au *Bulletin des annonces légales obligatoires* et dans un journal habilité à recevoir les annonces légales dans le département du siège social, huit jours au moins avant la date de l'assemblée. – *[Décr. n° 67-236 du 23 mars 1967, art. 66.]*

Art. R. 225-11 Le retrait des fonds provenant des souscriptions en numéraire est effectué par le mandataire de la société, sur présentation du certificat du greffier attestant l'immatriculation de la société au registre du commerce et des sociétés. – *[Décr. nº 67-236 du 23 mars 1967, art. 70.]*

Art. R. 225-12 La société est réputée n'avoir pas été constituée dans le délai fixé par le deuxième alinéa de l'article L. 225-11, lorsque les formalités prévues au deuxième alinéa de l'article L. 225-7 n'ont pas été accomplies avant l'expiration dudit délai.

Dans ce cas, le mandataire chargé de retirer les fonds pour les restituer aux souscripteurs est nommé par le président du tribunal de commerce du lieu du siège social, statuant en référé. – *[Décr. nº 67-236 du 23 mars 1967, art. 71.]*

SOUS-SECTION 2 DE LA CONSTITUTION SANS OFFRE AU PUBLIC *(Décr. nº 2009-557 du 19 mai 2009, art. 3-V).*

Art. R. 225-13 *(Décr. nº 2009-557 du 19 mai 2009, art. 3-VI)* « Lorsque la société est constituée sans offre au public, » sont seules applicables à la constitution de la société les dispositions des articles R. 225-6, R. 225-7, R. 225-8 et R. 225-11. – *[Décr. nº 67-236 du 23 mars 1967, art. 72.]*

Art. R. 225-14 Le rapport des commissaires aux apports est tenu, à l'adresse prévue du siège social, à la disposition des futurs actionnaires, qui peuvent en prendre copie, trois jours au moins avant la date de la signature des statuts. – *[Décr. nº 67-236 du 23 mars 1967, art. 73.]*

SECTION II DE LA DIRECTION ET DE L'ADMINISTRATION DES SOCIÉTÉS ANONYMES

SOUS-SECTION 1 DU CONSEIL D'ADMINISTRATION ET DE LA DIRECTION GÉNÉRALE

Art. R. 225-15 Les fonctions d'un administrateur prennent fin à l'issue de la réunion de l'assemblée générale ordinaire des actionnaires ayant statué sur les comptes de l'exercice écoulé et tenue dans l'année au cours de laquelle expire le mandat de cet administrateur. – *[Décr. nº 67-236 du 23 mars 1967, art. 77.]*

Art. R. 225-16 Le mandat du représentant permanent désigné par une personne morale nommée administrateur lui est donné pour la durée du mandat de cette dernière.

Si la personne morale révoque le mandat de son représentant permanent, elle notifie sans délai à la société, par lettre recommandée, cette révocation ainsi que l'identité de son nouveau représentant permanent. Il en est de même en cas de décès ou de démission du représentant permanent. – *[Décr. nº 67-236 du 23 mars 1967, art. 78.]*

Art. R. 225-17 La désignation du représentant permanent ainsi que la cessation de son mandat sont soumises aux mêmes formalités de publicité que s'il était administrateur en son nom propre. – *[Décr. nº 67-236 du 23 mars 1967, art. 79.]*

Art. R. 225-18 Le mandataire prévu à l'article L. 225-24 est désigné par le président du tribunal de commerce, statuant sur requête. – *[Décr. nº 67-236 du 23 mars 1967, art. 81.]*

Art. R. 225-19 Sauf clause contraire des statuts, un administrateur peut donner, par écrit, mandat à un autre administrateur de le représenter à une séance du conseil d'administration.

Chaque administrateur ne peut disposer, au cours d'une même séance, que d'une seule des procurations reçues par application de l'alinéa précédent.

Les dispositions des alinéas précédents sont applicables au représentant permanent d'une personne morale administrateur. – *[Décr. nº 67-236 du 23 mars 1967, art. 83-1.]*

Art. R. 225-20 Il est tenu un registre de présence qui est signé par les administrateurs participant à la séance du conseil d'administration et qui mentionne le nom des administrateurs réputés présents au sens du troisième alinéa de l'article L. 225-37. – *[Décr. nº 67-236 du 23 mars 1967, art. 84.]*

Art. R. 225-21 Afin de garantir, conformément aux dispositions du troisième alinéa de l'article L. 225-37, l'identification et la participation effective à la réunion du conseil des administrateurs y participant par des moyens de visioconférence ou de télécommunication, ces moyens transmettent au moins la voix des participants et satisfont à des caractéristiques techniques permettant la retransmission continue et simultanée des délibérations. – *[Décr. nº 67-236 du 23 mars 1967, art. 84-1.]*

Art. R. 225-22 Les délibérations du conseil d'administration sont constatées par des procès-verbaux établis sur un registre spécial tenu au siège social et coté et paraphé soit par un juge du tribunal de commerce, soit par un juge du tribunal d'instance, soit par le maire de la commune du siège social ou un adjoint au maire, dans la forme ordinaire et sans frais.

Toutefois, les procès-verbaux peuvent être établis sur des feuilles mobiles numérotées sans discontinuité, paraphées dans les conditions prévues à l'alinéa précédent et revêtues du sceau de l'autorité qui les a paraphées. Dès qu'une feuille a été remplie, même partiellement, elle est jointe à celles précédemment utilisées. Toute addition, suppression, substitution ou interversion de feuilles est interdite. – *[Décr. nº 67-236 du 23 mars 1967, art. 85.]*

Art. R. 225-23 Le procès-verbal de la séance indique le nom des administrateurs présents, réputés présents au sens de l'article L. 225-37, excusés ou absents. Il fait état de la présence ou de l'absence des personnes convoquées à la réunion du conseil d'administration en vertu d'une disposition légale et de la présence de toute autre personne ayant assisté à tout ou partie de la réunion. Il fait également état de la survenance éventuelle d'un incident technique relatif à un moyen de visioconférence ou de télécommunication lorsqu'il a perturbé le déroulement de la séance.

Le procès-verbal est revêtu de la signature du président de séance et d'au moins un administrateur. En cas d'empêchement du président de séance, il est signé par deux administrateurs au moins. – *[Décr. nº 67-236 du 23 mars 1967, art. 86.]*

Art. R. 225-24 Les copies ou extraits de procès-verbaux des délibérations sont certifiés par le président du conseil d'administration, le directeur général, les directeurs généraux délégués, l'administrateur délégué temporairement dans les fonctions de président ou un fondé de pouvoir habilité à cet effet.

Au cours de la liquidation de la société, ces copies ou extraits sont certifiés par un seul liquidateur. – *[Décr. nº 67-236 du 23 mars 1967, art. 87.]*

Art. R. 225-25 Il est suffisamment justifié du nombre des administrateurs en exercice ainsi que de leur présence ou de leur représentation à une séance du conseil d'administration par la production d'une copie ou d'un extrait du procès-verbal. – *[Décr. nº 67-236 du 23 mars 1967, art. 88.]*

Art. R. 225-26 Les personnes désignées pour être administrateurs sont habilitées, dès leur nomination, à choisir l'une des modalités d'exercice de la direction générale prévues à l'article L. 225-51-1 et à désigner le président du conseil d'administration, le directeur général et, le cas échéant, les directeurs généraux délégués. – *[Décr. n° 67-236 du 23 mars 1967, art. 68, al. 1er.]*

Art. R. 225-27 L'extrait du procès-verbal contenant la décision du conseil d'administration relative au choix de l'une des deux modalités d'exercice de la direction générale prévues à l'article L. 225-51-1 fait l'objet d'un avis inséré dans un journal habilité à recevoir les annonces légales dans le département du siège social. – *[Décr. n° 67-236 du 23 mars 1967, art. 299-3.]*

Art. R. 225-28 Le conseil d'administration peut, dans la limite d'un montant total qu'il fixe, autoriser le directeur général à donner des cautions, avals ou garanties au nom de la société. Cette autorisation peut également fixer, par engagement, un montant au-delà duquel la caution, l'aval ou la garantie de la société ne peut être donné. Lorsqu'un engagement dépasse l'un ou l'autre des montants ainsi fixés, l'autorisation du conseil d'administration est requise dans chaque cas.

La durée des autorisations prévues à l'alinéa précédent ne peut être supérieure à un an, quelle que soit la durée des engagements cautionnés, avalisés ou garantis.

Par dérogation aux dispositions du premier alinéa, le directeur général peut être autorisé à donner, à l'égard des administrations fiscales et douanières, des cautions, avals ou garanties au nom de la société, sans limite de montant.

Le directeur général peut déléguer le pouvoir qu'il a reçu en application des alinéas précédents.

Si les cautions, avals ou garanties ont été données pour un montant total supérieur à la limite fixée pour la période en cours, le dépassement ne peut être opposé aux tiers qui n'en ont pas eu connaissance, à moins que le montant de l'engagement invoqué n'excède, à lui seul, l'une des limites fixées par la décision du conseil d'administration prise en application du premier alinéa. – *[Décr. n° 67-236 du 23 mars 1967, art. 89.]*

Art. R. 225-29 Le conseil d'administration peut conférer à un ou plusieurs de ses membres ou à des tiers, actionnaires ou non, tous mandats spéciaux pour un ou plusieurs objets déterminés.

Il peut décider la création de comités chargés d'étudier les questions que lui-même ou son président soumet, pour avis, à leur examen. Il fixe la composition et les attributions des comités qui exercent leur activité sous sa responsabilité. – *[Décr. n° 67-236 du 23 mars 1967, art. 90.]*

Art. R. 225-30 Le président du conseil d'administration avise les commissaires aux comptes des conventions et engagements autorisés en application des articles L. 225-22-1, L. 225-38 ou L. 225-42-1, dans le délai d'un mois à compter de la conclusion de ces conventions et engagements.

Lorsque l'exécution de conventions et engagements conclus et autorisés au cours d'exercices antérieurs a été poursuivie au cours du dernier exercice, les commissaires aux comptes sont informés de cette situation dans le délai d'un mois à compter de la clôture de l'exercice. – *[Décr. n° 67-236 du 23 mars 1967, art. 91.]*

Art. R. 225-31 Le rapport des commissaires aux comptes prévu au troisième alinéa de l'article L. 225-40 contient :

1° L'énumération des conventions et engagements soumis à l'approbation de l'assemblée générale ;

2° Le nom des administrateurs intéressés ;

3° Le nom du directeur général ou des directeurs généraux délégués intéressés ;

4° La désignation du ou des actionnaires intéressés disposant d'une fraction des droits de vote supérieure à 10 % et, s'il s'agit d'une société actionnaire, de la société la contrôlant au sens de l'article L. 233-3 ;

5° La nature et l'objet de ces conventions et engagements ;

6° Les modalités essentielles de ces conventions et engagements, notamment l'indication des prix ou tarifs pratiqués, des ristournes et commissions consenties, des délais de paiement accordés, des intérêts stipulés, des sûretés conférées, de la nature, du montant et des modalités d'octroi de chacun des avantages ou indemnités mentionnés aux articles L. 225-22-1 et L. 225-42-1 et, le cas échéant, toutes autres indications permettant aux actionnaires d'apprécier l'intérêt qui s'attachait à la conclusion des conventions et engagements analysés ;

7° L'importance des fournitures livrées ou des prestations de service fournies ainsi que le montant des sommes versées ou reçues au cours de l'exercice, en exécution des conventions et engagements mentionnés au deuxième alinéa de l'article R. 225-30. – *[Décr. n° 67-236 du 23 mars 1967, art. 92.]*

Art. R. 225-32 Le président du conseil d'administration communique aux membres du conseil d'administration et aux commissaires aux comptes, au plus tard le jour du conseil arrêtant les comptes de l'exercice écoulé, la liste et l'objet des conventions mentionnées à l'article L. 225-39. – *[Décr. n° 67-236 du 23 mars 1967, art. 92-1.]*

Art. R. 225-33 Le conseil d'administration répartit librement entre ses membres les sommes globales allouées aux administrateurs sous forme de jetons de présence ; il peut notamment allouer aux administrateurs, membres des comités prévus par le deuxième alinéa de l'article R. 225-29, une part supérieure à celle des autres administrateurs.

Le conseil d'administration peut autoriser le remboursement des frais de voyage et de déplacement et des dépenses engagées par les administrateurs dans l'intérêt de la société. – *[Décr. n° 67-236 du 23 mars 1967, art. 93.]*

Art. R. 225-34 Le conseil d'administration détermine la rémunération de la personne déléguée temporairement dans les fonctions du président pendant la durée de la délégation et, le cas échéant, des membres non administrateurs des comités prévus par le deuxième alinéa de l'article R. 225-29. – *[Décr. n° 67-236 du 23 mars 1967, art. 94.]*

Art. R. 225-34-1 *(Décr. n° 2008-448 du 7 mai 2008, art. 1er)* L'autorisation mentionnée au troisième alinéa de l'article L. 225-42-1 est publiée sur le site internet de la société concernée dans un délai maximum de cinq jours suivant la réunion du conseil d'administration au cours de laquelle elle a été délivrée. Elle y est consultable pendant toute la durée des fonctions du bénéficiaire.

La décision mentionnée au cinquième alinéa de l'article L. 225-42-1 se prononçant sur le respect des conditions prévues au deuxième alinéa de ce même article et sur le versement est publiée sur le site internet de la société concernée dans un délai maximum de cinq jours suivant la réunion du conseil d'administration au cours de laquelle elle a été prise. Elle y est consultable au moins jusqu'à la prochaine assemblée générale ordinaire.

Les dispositions issues du Décr. n° 2008-448 du 7 mai 2008 sont applicables en Nouvelle-Calédonie et dans les îles Wallis-et-Futuna (Décr. préc., art. 3).

• SOUS-SECTION 2 DU DIRECTOIRE ET DU CONSEIL DE SURVEILLANCE

Art. R. 225-35 Le nombre des membres du directoire est fixé par les statuts ou, à défaut, par le conseil de surveillance. – *[Décr. nº 67-236 du 23 mars 1967, art. 96.]*

Art. R. 225-36 Si un siège de membre du directoire est vacant, le conseil de surveillance le pourvoit dans le délai de deux mois.

A défaut, tout intéressé peut demander au président du tribunal de commerce, statuant en référé, de procéder à cette nomination, à titre provisoire. La personne ainsi nommée peut, à tout moment, être remplacée par le conseil de surveillance. – *[Décr. nº 67-236 du 23 mars 1967, art. 97.]*

Art. R. 225-37 Si un membre du conseil de surveillance est nommé au directoire, son mandat au conseil prend fin dès son entrée en fonction. – *[Décr. nº 67-236 du 23 mars 1967, art. 98.]*

Art. R. 225-38 Les personnes désignées pour être membres du conseil de surveillance sont habilitées, dès leur nomination, à désigner les membres du directoire ou le directeur général unique. – *[Décr. nº 67-236 du 23 mars 1967, art. 68, al. 2.]*

Art. R. 225-39 Sauf clause contraire des statuts, les membres du directoire peuvent, avec l'autorisation du conseil de surveillance, répartir entre eux les tâches de la direction. Toutefois, cette répartition ne peut en aucun cas avoir pour effet de retirer au directoire son caractère d'organe assurant collégialement la direction de la société. – *[Décr. nº 67-236 du 23 mars 1967, art. 99.]*

Art. R. 225-40 Lorsqu'une opération exige l'autorisation du conseil de surveillance et que celui-ci la refuse, le directoire peut soumettre le différend à l'assemblée générale des actionnaires qui décide de la suite à donner au projet. – *[Décr. nº 67-236 du 23 mars 1967, art. 100.]*

Art. R. 225-41 Les fonctions d'un membre du conseil de surveillance prennent fin à l'issue de la réunion de l'assemblée générale ordinaire des actionnaires ayant statué sur les comptes de l'exercice écoulé et tenue dans l'année au cours de laquelle expire le mandat de ce membre. – *[Décr. nº 67-236 du 23 mars 1967, art. 101.]*

Art. R. 225-42 Le mandat de représentant permanent désigné par une personne morale nommée au conseil de surveillance lui est donné pour la durée du mandat de cette dernière.

Si la personne morale révoque le mandat de son représentant permanent, elle notifie sans délai à la société, par lettre recommandée, cette révocation ainsi que l'identité de son nouveau représentant permanent. Il en est de même en cas de décès ou de démission du représentant permanent. – *[Décr. nº 67-236 du 23 mars 1967, art. 102.]*

Art. R. 225-43 La désignation du représentant permanent ainsi que la cessation de son mandat sont soumises aux mêmes formalités de publicité que s'il était membre du conseil de surveillance en son nom propre. – *[Décr. nº 67-236 du 23 mars 1967, art. 103.]*

Art. R. 225-44 Le mandataire prévu à l'article L. 225-78 est désigné par le président du tribunal de commerce, statuant sur requête. – *[Décr. nº 67-236 du 23 mars 1967, art. 105.]*

Art. R. 225-45 Les statuts de la société déterminent les règles relatives à la convocation et aux délibérations du conseil de surveillance.

Toutefois, le président du conseil de surveillance convoque le conseil à une date qui ne peut être postérieure à quinze jours lorsqu'un membre au moins du directoire ou le tiers au moins des membres du conseil de surveillance lui présentent une demande motivée en ce sens.

Si la demande est restée sans suite, ses auteurs peuvent procéder eux-mêmes à la convocation, en indiquant l'ordre du jour de la séance. – *[Décr nº 67-236 du 23 mars 1967, art. 107.]*

Art. R. 225-46 Sauf clause contraire des statuts, un membre du conseil de surveillance peut donner, par écrit, mandat à un autre membre de le représenter à une séance du conseil.

Chaque membre du conseil de surveillance ne peut disposer, au cours d'une même séance, que d'une seule des procurations reçues par application de l'alinéa précédent.

Les dispositions des alinéas précédents sont applicables au représentant permanent d'une personne morale membre du conseil de surveillance. – *[Décr. nº 67-236 du 23 mars 1967, art. 107-1.]*

Art. R. 225-47 Il est tenu un registre de présence qui est signé par les membres du conseil de surveillance participant à la séance du conseil et qui mentionne le nom des membres du conseil de surveillance réputés présents au sens du troisième alinéa de l'article L. 225-82. – *[Décr. nº 67-236 du 23 mars 1967, art. 108.]*

Art. R. 225-48 Les dispositions de l'article R. 225-21 s'appliquent aux moyens de visioconférence ou de télécommunication mentionnés au troisième alinéa de l'article L. 225-82. – *[Décr. nº 67-236 du 23 mars 1967, art. 108-1.]*

Art. R. 225-49 Les délibérations du conseil de surveillance sont constatées par des procès-verbaux établis sur un registre spécial tenu au siège social et coté et paraphé soit par un juge du tribunal de commerce, soit par un juge du tribunal d'instance, soit par le maire de la commune du siège social ou un adjoint au maire, dans la forme ordinaire et sans frais.

Toutefois, les procès-verbaux peuvent être établis sur des feuilles mobiles numérotées sans discontinuité, paraphées dans les conditions prévues à l'alinéa précédent et revêtues du sceau de l'autorité qui les a paraphées. Dès qu'une feuille a été remplie, même partiellement, elle est jointe à celles précédemment utilisées. Toute addition, suppression, substitution ou interversion de feuilles est interdite. – *[Décr. nº 67-236 du 23 mars 1967, art. 109.]*

Art. R. 225-50 Le procès-verbal de la séance indique le nom des membres du conseil de surveillance présents, réputés présents au sens du troisième alinéa de l'article L. 225-82, excusés ou absents. Il fait état de la présence ou de l'absence des personnes convoquées à la réunion du conseil en vertu d'une disposition légale et de la présence de toute autre personne ayant assisté à tout ou partie de la réunion. Il fait également état de la survenance éventuelle d'un incident technique relatif à un moyen de visioconférence ou de télécommunication lorsqu'il a perturbé le déroulement de la séance.

Le procès-verbal est revêtu de la signature du président de séance et d'au moins un membre du conseil de surveillance. En cas d'empêchement du président de séance, il est signé par deux membres du conseil au moins. – *[Décr. nº 67-236 du 23 mars 1967, art. 110.]*

Art. R. 225-51 Les copies ou extraits de procès-verbaux des délibérations sont certifiés par le président du conseil de surveillance, le vice-président de ce conseil, un membre du directoire ou un fondé de pouvoir habilité à cet effet.

Au cours de la liquidation de la société, ces copies ou extraits sont certifiés par un seul liquidateur. – *[Décr. nº 67-236 du 23 mars 1967, art. 111.]*

Art. R. 225-52 Il est suffisamment justifié du nombre des membres du conseil de surveillance en exercice, ainsi que de leur présence ou de leur représentation à une séance du conseil, par la production d'une copie ou d'un extrait du procès-verbal. – *[Décr. nº 67-236 du 23 mars 1967, art. 112.]*

Art. R. 225-53 Le conseil de surveillance peut, dans la limite d'un montant total qu'il fixe, autoriser le directoire à donner des cautions, avals ou garanties au nom de la société. Cette autorisation peut également fixer, par engagement, un montant au-delà duquel la caution, l'aval ou la garantie de la société ne peut être donné. Lorsqu'un engagement dépasse l'un ou l'autre des montants ainsi fixés, l'autorisation du conseil de surveillance est requise dans chaque cas.

La durée des autorisations prévues à l'alinéa précédent ne peut être supérieure à un an, quelle que soit la durée des engagements cautionnés, avalisés ou garantis.

Par dérogation aux dispositions du premier alinéa, le directoire peut être autorisé à donner, à l'égard des administrations fiscales et douanières, des cautions, avals ou garanties au nom de la société, sans limite de montant.

Le directoire peut déléguer le pouvoir qu'il a reçu en application des alinéas précédents.

Si des cautions, avals ou garanties ont été donnés pour un montant total ou supérieur à la limite fixée pour la période en cours, le dépassement ne peut être opposé aux tiers qui n'en ont pas eu connaissance, à moins que le montant de l'engagement invoqué n'excède, à lui seul, l'une des limites fixées par la décision du conseil de surveillance prise en application du premier alinéa. – *[Décr. nº 67-236 du 23 mars 1967, art. 113.]*

La rédaction du dernier al. de l'art. 113 du Décr. nº 67-236 du 23 mars 1967 mentionnait « un montant total supérieur à la limite fixée ... », ce qui semble être la bonne rédaction.

Art. R. 225-54 Le conseil de surveillance peut, dans la limite d'un montant qu'il fixe pour chaque opération, autoriser le directoire à céder des immeubles par nature, à céder totalement ou partiellement des participations et à constituer des sûretés. Lorsqu'une opération dépasse le montant ainsi fixé, l'autorisation du conseil de surveillance est requise dans chaque cas.

Le directoire peut déléguer le pouvoir qu'il a reçu en application de l'alinéa précédent.

L'absence d'autorisation est inopposable aux tiers, à moins que la société ne prouve que ceux-ci en avaient eu connaissance ou ne pouvaient l'ignorer. – *[Décr. nº 67-236 du 23 mars 1967, art. 113-1.]*

Art. R. 225-55 Le délai mentionné au cinquième alinéa de l'article L. 225-68 est de trois mois à compter de la clôture de l'exercice. – *[Décr. nº 67-236 du 23 mars 1967, art. 114.]*

Art. R. 225-56 Le conseil de surveillance peut conférer à un ou plusieurs de ses membres tous mandats spéciaux pour un ou plusieurs objets déterminés.

Il peut décider la création en son sein de commissions dont il fixe la composition et les attributions et qui exercent leur activité sous sa responsabilité, sans que ces attributions puissent avoir pour objet de déléguer à une commission les pouvoirs qui sont attribués au conseil de surveillance lui-même par la loi ou les statuts ni pour effet de réduire ou de limiter les pouvoirs du directoire. – *[Décr. n° 67-236 du 23 mars 1967, art. 115.]*

Art. R. 225-57 Le président du conseil de surveillance avise les commissaires aux comptes des conventions et engagements autorisés en application des articles L. 225-79-1, L. 225-86 ou L. 225-90-1, dans le délai d'un mois à compter de la conclusion de ces conventions et engagements.

Lorsque l'exécution des conventions et engagements conclus et autorisés au cours d'exercices antérieurs a été poursuivie au cours du dernier exercice, les commissaires aux comptes sont informés de cette situation dans le délai d'un mois à compter de la clôture de l'exercice. – *[Décr. n° 67-236 du 23 mars 1967, art. 116.]*

Art. R. 225-58 Le rapport des commissaires aux comptes, prévu au troisième alinéa de l'article L. 225-88, contient :

1° L'énumération des conventions et engagements soumis à l'approbation de l'assemblée générale ;

2° Le nom des membres du conseil de surveillance ou du directoire intéressés ;

3° La désignation du ou des actionnaires intéressés disposant d'une fraction des droits de vote supérieure à 10 % et, s'il s'agit d'une société actionnaire, de la société la contrôlant au sens de l'article L. 233-3 ;

4° La nature et l'objet de ces conventions et engagements ;

5° Les modalités essentielles de ces conventions et engagements, notamment l'indication des prix ou tarifs pratiqués, des ristournes et commissions consenties, des délais de paiement accordés, des intérêts stipulés, des sûretés conférées, de la nature, du montant et des modalités d'octroi de chacun des avantages ou indemnités mentionnés aux articles L. 225-79-1 et L. 225-90-1 et, le cas échéant, toutes autres indications permettant aux actionnaires d'apprécier l'intérêt qui s'attachait à la conclusion des conventions et engagements analysés ;

6° L'importance des fournitures livrées ou des prestations de service fournies ainsi que le montant des sommes versées ou reçues au cours de l'exercice, en exécution des conventions et engagements mentionnés au deuxième alinéa de l'article R. 225-57. – *[Décr. n° 67-236 du 23 mars 1967, art. 117.]*

Art. R. 225-59 Le président du conseil de surveillance communique aux membres du conseil de surveillance et aux commissaires aux comptes, au plus tard le jour du conseil vérifiant et contrôlant les comptes de l'exercice écoulé, la liste et l'objet des conventions mentionnées à l'article L. 225-87. – *[Décr. n° 67-236 du 23 mars 1967, art. 117-1.]*

Art. R. 225-60 Le conseil de surveillance répartit librement entre ses membres les sommes globales allouées à ceux-ci sous forme de jetons de présence ; il peut notamment allouer aux membres du conseil qui font partie des commissions prévues par le deuxième alinéa de l'article R. 225-56 une part supérieure à celle des autres. – *[Décr. n° 67-236 du 23 mars 1967, art. 118.]*

(Décr. n° 2007-1851 du 26 déc. 2007, art. 2) « Le conseil de surveillance peut autoriser le remboursement des frais de voyage et de déplacement et des dépenses engagées par ses membres dans l'intérêt de la société. »

Les modifications apportées par le Décr. n° 2007-1851 du 26 déc. 2007 sont applicables à Mayotte, en Nouvelle-Calédonie et dans les îles Wallis-et-Futuna (Décr. préc., art. 4-I).

Art. R. 225-60-1 *(Décr. n° 2008-448 du 7 mai 2008, art. 2)* L'autorisation mentionnée au troisième alinéa de l'article L. 225-90-1 est publiée sur le site internet de la société concernée dans un délai maximum de cinq jours suivant la réunion du conseil de surveillance au cours de laquelle elle a été délivrée. Elle y est consultable pendant toute la durée des fonctions du bénéficiaire.

La décision mentionnée au cinquième alinéa de l'article L. 225-90-1 se prononçant sur le respect des conditions prévues au deuxième alinéa de ce même article et sur le versement est publiée sur le site internet de la société concernée dans un délai maximum de cinq jours suivant la réunion du conseil de surveillance au cours de laquelle elle a été prise. Elle y est consultable au moins jusqu'à la prochaine assemblée générale ordinaire.

Les dispositions issues du Décr. n° 2008-448 du 7 mai 2008 sont applicables en Nouvelle-Calédonie et dans les îles Wallis-et-Futuna (Décr. préc., art. 3).

SECTION III DES ASSEMBLÉES D'ACTIONNAIRES

Art. R. 225-61 Les sociétés dont les statuts permettent aux actionnaires de voter aux assemblées par des moyens électroniques de télécommunication aménagent un site exclusivement consacré à ces fins. – *[Décr. n° 67-236 du 23 mars 1967, art. 119.]*

Art. R. 225-62 Sous réserve des dispositions des articles R. 225-66 à R. 225-70, les statuts de la société fixent les règles de convocation des assemblées d'actionnaires. – *[Décr. n° 67-236 du 23 mars 1967, art. 120.]*

Art. R. 225-63 *(Décr. n° 2011-1473 du 9 nov. 2011, art. 2, en vigueur le 1er mars 2012)* Les sociétés qui entendent recourir à la communication électronique en lieu et place d'un envoi postal pour satisfaire aux formalités prévues aux articles R. 225-67, R. 225-68, R. 225-72, R. 225-74, R. 225-88 et R. 236-3 soumettent une proposition en ce sens aux actionnaires inscrits au nominatif, soit par voie postale, soit par voie électronique. Les actionnaires intéressés peuvent donner leur accord par voie postale ou électronique.

En l'absence d'accord de l'actionnaire, au plus tard trente*[-]*cinq jours avant la date de la prochaine assemblée générale, la société a recours à un envoi postal pour satisfaire aux formalités prévues aux articles R. 225-67, R. 225-68, R. 225-72, R. 225-74, R. 225-88 et R. 236-3.

Les actionnaires qui ont consenti à l'utilisation de la voie électronique peuvent demander le retour à un envoi postal trente*[-]*cinq jours au moins avant la date de l'insertion de l'avis de convocation mentionné à l'article R. 225-67, soit par voie postale, soit par voie électronique. – *[Décr. n° 67-236 du 23 mars 1967, art. 120-1.]*

Les dispositions issues du Décr. n° 2011-1473 du 9 nov. 2011 sont applicables en Nouvelle-Calédonie et dans les îles Wallis-et-Futuna (Décr. préc., art. 16).

Art. R. 225-64 Le délai de six mois prévu pour la réunion de l'assemblée générale ordinaire par l'article L. 225-100 peut être prolongé, à la demande du conseil d'administration ou du directoire, selon le cas, par ordonnance du président du tribunal de commerce, statuant sur requête. – *[Décr. n° 67-236 du 23 mars 1967, art. 121.]*

Art. R. 225-65 Les actionnaires peuvent à leurs frais charger l'un d'entre eux de demander au président du tribunal de commerce statuant en référé la désignation du mandataire mentionné à l'article L. 225-103.

L'ordonnance fixe l'ordre du jour de l'assemblée. – *[Décr. n° 67-236 du 23 mars 1967, art. 122.]*

Art. R. 225-66 L'avis de convocation comporte la dénomination sociale, éventuellement suivie de son sigle, la forme de la société, le montant du capital social, l'adresse du siège social, les mentions prévues aux 1° et 2° de l'article R. 123-237, les jour, heure et lieu de l'assemblée, ainsi que sa nature, extraordinaire, ordinaire ou spéciale, et son ordre du jour.

Sous réserve des questions diverses qui ne doivent présenter qu'une minime importance, les questions inscrites à l'ordre du jour sont libellées de telle sorte que leur contenu et leur portée apparaissent clairement, sans qu'il y ait lieu de se reporter à d'autres documents. L'avis de convocation indique les conditions dans lesquelles les actionnaires peuvent voter par correspondance et les lieux et les conditions dans lesquelles ils peuvent obtenir les formulaires nécessaires et les documents qui y sont annexés et, le cas échéant, l'adresse électronique où peuvent être adressées les questions écrites. – *[Décr. nº 67-236 du 23 mars 1967, art. 123.]*

Art. R. 225-67 L'avis de convocation est inséré dans un journal habilité à recevoir les annonces légales dans le département du siège social et, en outre, *(Décr. nº 2009-557 du 19 mai 2009, art. 3-VII)* « si les actions de la société sont admises aux négociations sur un marché réglementé » ou si toutes ses actions ne revêtent pas la forme nominative, au *Bulletin des annonces légales obligatoires.*

Si toutes les actions de la société sont nominatives, les insertions prévues à l'alinéa précédent peuvent être remplacées par une convocation faite, aux frais de la société, par lettre simple ou recommandée adressée à chaque actionnaire. Cette convocation peut également être transmise par un moyen électronique de télécommunication mis en œuvre dans les conditions mentionnées à l'article R. 225-63, à l'adresse indiquée par l'actionnaire. – *[Décr. nº 67-236 du 23 mars 1967, art. 124.]*

Art. R. 225-68 Les actionnaires titulaires de titres nominatifs depuis un mois au moins à la date de l'insertion de l'avis de convocation prévue au premier alinéa de l'article R. 225-67 sont convoqués à toute assemblée par lettre ordinaire. Sous la condition d'adresser à la société le montant des frais de recommandation, ils peuvent demander à être convoqués par lettre recommandée. Cette convocation peut également être transmise par un moyen électronique de télécommunication mis en œuvre dans les conditions mentionnées à l'article R. 225-63, à l'adresse indiquée par l'actionnaire.

Tous les copropriétaires d'actions indivises sont convoqués dans les mêmes formes lorsque leurs droits sont constatés, dans le délai prévu à l'alinéa précédent, par une inscription nominative.

Lorsque les actions sont grevées d'un usufruit ou font l'objet d'un contrat de bail, le titulaire du droit de vote est convoqué dans les mêmes formes et sous les mêmes conditions. – *[Décr. nº 67-236 du 23 mars 1967, art. 125.]*

Art. R. 225-69 Le délai entre la date soit de l'insertion ou de la dernière des insertions contenant un avis de convocation, soit de l'envoi des lettres, soit de la transmission de la convocation par télécommunication électronique, et la date de l'assemblée est au moins de quinze jours sur première convocation et de *(Décr. nº 2010-684 du 23 juin 2010, art. 3)* « dix » jours *[ancienne rédaction : six jours]* sur convocation suivante. Lorsque l'assemblée est convoquée en application des dispositions de l'article L. 233-32, ce délai est au moins de six jours sur première convocation et de quatre jours sur convocation suivante. En cas d'ajournement de l'assemblée par décision de justice, le juge peut fixer un délai différent. – *[Décr. nº 67-236 du 23 mars 1967, art. 126.]*

La modification issue du Décr. nº 2010-684 du 23 juin 2010 s'applique aux assemblées générales tenues à compter du 1er oct. 2010 (Décr. préc., art. 9).

Art. R. 225-70 Lorsqu'une assemblée n'a pu délibérer régulièrement, faute du quorum requis, la deuxième assemblée est convoquée dans les formes prévues à l'article R. 225-67 et l'avis de convocation rappelle la date de la première.

Il en est de même pour la convocation d'une assemblée générale extraordinaire ou d'une assemblée spéciale prorogée dans les conditions prévues au deuxième alinéa de l'article L. 225-96 et au troisième alinéa de l'article L. 225-99. – *[Décr. n° 67-236 du 23 mars 1967, art. 127.]*

Art. R. 225-71 La demande d'inscription *(Décr. n° 2010-1619 du 23 déc. 2010, art. 2)* « de points ou » de projets de résolution à l'ordre du jour de l'assemblée, par des actionnaires représentant au moins 5 % du capital social, est adressée au siège social par lettre recommandée avec demande d'avis de réception ou par télécommunication électronique.

Toutefois, lorsque le capital de la société est supérieur à 750 000 €, le montant du capital à représenter en application de l'alinéa précédent est, selon l'importance de ce capital, réduit ainsi qu'il suit :

a) 4 % pour les 750 000 premiers euros ;

b) 2,50 % pour la tranche de capital comprise entre 750 000 et 7 500 000 € ;

c) 1 % pour la tranche de capital comprise entre 7 500 000 et 15 000 000 € ;

d) 0,50 % pour le surplus du capital.

(Décr. n° 2010-1619 du 23 déc. 2010, art. 2) « La demande d'inscription d'un point à l'ordre du jour est motivée. »

La demande *(Décr. n° 2010-1619 du 23 déc. 2010, art. 2)* « d'inscription de projets de résolution » est accompagnée du texte des projets de résolution, qui peuvent être assortis d'un bref exposé des motifs.

Lorsque le projet de résolution porte sur la présentation d'un candidat au conseil d'administration ou de surveillance, il est accompagné des renseignements prévus au 5° de l'article R. 225-83.

Les auteurs de la demande justifient *(Décr. n° 2010-1619 du 23 déc. 2010, art. 2)* « , à la date de leur demande, » de la possession ou de la représentation de la fraction du capital exigée par l'inscription des titres correspondants soit dans les comptes de titres nominatifs tenus par la société, soit dans les comptes de titres au porteur tenus par *(Décr. n° 2009-295 du 16 mars 2009, art. 4)* « un intermédiaire mentionné à l'article L. 211-3 du code monétaire et financier ». Ils transmettent avec leur demande une attestation d'inscription en compte.

L'examen *(Décr. n° 2010-1619 du 23 déc. 2010, art. 2)* « du point ou » de la résolution est subordonné à la transmission, par les auteurs de la demande, d'une nouvelle attestation justifiant de l'enregistrement comptable des titres dans les mêmes comptes au troisième jour ouvré précédant l'assemblée à zéro heure, heure de Paris. – *[Décr. n° 67-236 du 23 mars 1967, art. 128.]*

Les dispositions issues du Décr. n° 2010-1619 du 23 déc. 2010 s'appliquent aux assemblées tenues à compter du 1er janv. 2011 (Décr. préc., art. 13).

Art. R. 225-72 Tout actionnaire d'une société *(Décr. n° 2009-557 du 19 mai 2009, art. 3-VIII)* « dont toutes les actions revêtent la forme nominative » qui veut user de la faculté de requérir l'inscription *(Décr. n° 2010-1619 du 23 déc. 2010, art. 3)* « de points ou » de projets de résolution à l'ordre du jour d'une assemblée peut demander à la société de l'aviser, par lettre recommandée ou par un moyen électronique de télécommunication mis en œuvre dans les conditions mentionnées à l'article R. 225-63, à l'adresse indiquée par lui, de la date prévue pour la réunion des assemblées ou de certaines d'entre elles. La société est tenue d'envoyer cet avis, si l'actionnaire lui a adressé le montant des frais d'envoi, ou de le lui adresser par un moyen électronique de télécommunication mis en œuvre dans les conditions mentionnées à l'article R. 225-63, à l'adresse indiquée par lui.

Les demandes d'inscription *(Décr. n° 2010-1619 du 23 déc. 2010, art. 3)* « de points ou » de projets de résolution à l'ordre du jour sont envoyées vingt-cinq jours au moins avant la date de l'assemblée réunie sur première convocation.

(Décr. n° 2009-557 du 19 mai 2009, art. 3-VIII) **« Les dispositions du présent article ne s'appliquent pas lorsque les actions de la société sont admises aux négociations sur un marché réglementé. »** – *[Décr. n° 67-236 du 23 mars 1967, art. 129.]*

Les dispositions issues du Décr. n° 2010-1619 du 23 déc. 2010 s'appliquent aux assemblées tenues à compter du 1er janv. 2011 (Décr. préc., art. 13).

Sur la sanction, V. art. L. 238-1.

Art. R. 225-73 *(Décr. n° 2010-684 du 23 juin 2010, art. 4)* **« I. – Lorsque les actions de la société sont admises aux négociations sur un marché réglementé ou ne revêtent pas toutes la forme nominative, la convocation mentionnée à l'article R. 225-66 est précédée d'un avis publié au *Bulletin des annonces légales obligatoires*, trente-cinq jours au moins avant la tenue de l'assemblée générale. Ce délai est ramené à quinze jours lorsque l'assemblée générale est convoquée en application des dispositions de l'article L. 233-32.**

« L'avis mentionné à l'alinéa précédent comporte, outre les mentions requises au premier alinéa de l'article R. 225-66, les informations suivantes :

« 1° Une description claire et précise des procédures que les actionnaires doivent suivre pour participer et voter à l'assemblée, en particulier des modalités de vote par procuration, par correspondance ou par voie électronique ;

« 2° Une description claire et précise des modalités d'exercice des facultés définies au deuxième alinéa de l'article L. 225-105 et au troisième alinéa de l'article L. 225-108, en particulier l'adresse postale et, le cas échéant, l'adresse électronique où peuvent être adressés les *(Décr. n° 2010-1619 du 23 déc. 2010, art. 4)* **« points ou » projets de résolutions et les questions écrites, le délai imparti pour leur transmission, la liste des pièces justificatives devant être adressées conformément aux dispositions de la présente section ;**

« 3° Sauf dans les cas où la société adresse à tous ses actionnaires un formulaire de vote par procuration ou par correspondance ou le document unique prévu par le troisième alinéa de l'article R. 225-76, les lieux et les conditions, notamment de délais, dans lesquels ceux-ci peuvent être obtenus et retournés ;

« 4° L'adresse du site internet prévu à l'article R. 210-20 sur lequel sont diffusées les informations mentionnées à l'article R. 225-73-1 et, le cas échéant, celle du site internet prévu à l'article R. 225-61 ;

« 5° La date d'enregistrement définie à l'article R. 225-85, en précisant que seuls pourront participer à l'assemblée les actionnaires remplissant à cette date les conditions prévues par cet article ;

« 6° Le texte des projets de résolution qui seront présentés à l'assemblée par le conseil d'administration ou le directoire, selon le cas ;

« 7° Le lieu et la date de mise à disposition du texte intégral :

« *a)* Des documents destinés à être présentés à l'assemblée, conformément notamment aux articles L. 225-115 et R. 225-83 ;

« *b)* *(Décr. n° 2010-1619 du 23 déc. 2010, art. 4)* **« Des projets de résolution présentés, le cas échéant, par les actionnaires, ainsi que de la liste des points ajoutés, le cas échéant, à l'ordre du jour à leur demande ; »**

« Lorsque la société a émis des actions à dividende prioritaire sans droit de vote ou des valeurs mobilières donnant accès au capital, les avis publiés mentionnent également l'obligation de soumettre les résolutions à l'avis, à l'accord ou à l'approbation, selon le cas, de l'assemblée spéciale des titulaires d'actions à dividende prioritaire sans droit de vote ou des assemblées des masses prévues à l'article L. 228-103. »

II. – *(Décr. n° 2010-1619 du 23 déc. 2010, art. 4)* **« Les demandes d'inscription de points ou de projets de résolution à l'ordre du jour doivent parvenir à la société au plus tard le vingt-cinquième jour qui précède la date de l'assemblée, sans pouvoir être adressées plus de vingt jours après la date de l'avis mentionné au I**

« Lorsque l'assemblée est convoquée en application des dispositions de l'article L. 233-32, ces demandes doivent parvenir à la société au plus tard le dixième jour avant l'assemblée.

« L'avis mentionne le délai imparti pour l'envoi des demandes. »

(Abrogé par Décr. n° 2010-684 du 23 juin 2010, art. 4) ***« III. — L'assemblée ne peut être tenue moins de trente-cinq jours après la publication de l'avis prévu au I. Toutefois, lorsque l'assemblée est convoquée en application des dispositions de l'article L. 233-32, ce délai est ramené à quinze jours. »*** *— [Décr. n° 67-236 du 23 mars 1967, art. 130.]*

Les modifications issues du Décr. n° 2010-684 du 23 juin 2010 s'appliquent aux assemblées générales tenues à compter du 1er oct. 2010 (Décr. préc., art. 9). Celles issues du Décr. n° 2010-1619 du 23 déc. 2010 s'appliquent aux assemblées tenues à compter du 1er janv. 2011 (Décr. préc., art. 13).

Art. R. 225-73-1 *(Décr. n° 2010-684 du 23 juin 2010, art. 5)* **Pendant une période ininterrompue commençant au plus tard le vingt et unième jour précédant l'assemblée, les sociétés dont les actions sont admises aux négociations sur un marché réglementé publient sur le site internet prévu à l'article R. 210-20 les informations et documents suivants :**

1° L'avis mentionné à l'article R. 225-73 ;

2° Le nombre total de droits de vote existant et le nombre d'actions composant le capital de la société à la date de la publication de l'avis mentionné à l'article R. 225-73, en précisant, le cas échéant, le nombre d'actions et de droits de vote existant à cette date pour chaque catégorie d'actions ;

3° Les documents destinés à être présentés à l'assemblée, au regard notamment des dispositions des articles L. 225-115 et R. 225-83 ;

4° Le texte des projets de résolution qui seront présentés à l'assemblée par le conseil d'administration ou le directoire, selon le cas ;

5° Les formulaires de vote par correspondance et de vote par procuration ou le document unique prévu par le troisième alinéa de l'article R. 225-76, sauf dans les cas où la société adresse ces formulaires à tous ses actionnaires.

Lorsque, pour des raisons techniques, ces formulaires ne peuvent être rendus accessibles sur son site internet, la société indique sur celui-ci les lieux et conditions dans lesquels ils peuvent être obtenus. Elle les envoie à ses frais à tout actionnaire qui en fait la demande.

(Décr. n° 2010-1619 du 23 déc. 2010, art. 5) **« La société publie sans délai sur son site internet le texte des projets de résolution présentés par les actionnaires et la liste des points ajoutés à l'ordre du jour à leur demande.**

« Pour chaque point inscrit à l'ordre du jour, la société peut également publier un commentaire du conseil d'administration ou du directoire, selon le cas. »

Lorsque l'assemblée est convoquée en application des dispositions de l'article L. 233-32, le délai fixé au premier alinéa du présent article est ramené au plus tard au quinzième jour précédant l'assemblée.

L'art. R. 225-73-1 s'applique aux assemblées générales tenues à compter du 1er oct. 2010 (Décr. n° 2010-684 du 23 juin 2010, art. 9). Celles issues du Décr. n° 2010-1619 du 23 déc. 2010 s'appliquent aux assemblées tenues à compter du 1er janv. 2011 (Décr. préc., art. 13).

Art. R. 225-74 *(Décr. n° 2010-1619 du 23 déc. 2010, art. 6)* **Le président du conseil d'administration ou le directoire accuse réception des demandes d'inscription à l'ordre du jour de points ou de projets de résolution, par lettre recommandée, dans le délai de cinq jours à compter de cette réception. Cet accusé de réception peut également être transmis par un moyen électronique de télécommunication mis en œuvre dans les conditions mentionnées à l'article R. 225-63, à l'adresse indiquée par l'actionnaire.**

Les points et les projets de résolution sont inscrits à l'ordre du jour.

Les projets de résolution sont soumis au vote de l'assemblée. – *[Décr. n° 67-236 du 23 mars 1967, art. 131.]*

L'art. R. 225-74, dans sa rédaction issue du Décr. n° 2010-1619 du 23 déc. 2010, s'applique aux assemblées tenues à compter du 1er janv. 2011 (Décr. préc., art. 13).

Art. R. 225-75 A compter de la convocation de l'assemblée, tout actionnaire peut demander par écrit à la société de lui adresser, le cas échéant par voie électronique, dans les conditions définies à l'article R. 225-61, un formulaire de vote à distance. Cette demande doit être déposée ou parvenue au siège social au plus tard six jours avant la date de la réunion. – *[Décr. n° 67-236 du 23 mars 1967, art. 131-1.]*

Art. R. 225-76 Le formulaire de vote par correspondance permet un vote sur chacune des résolutions, dans l'ordre de leur présentation à l'assemblée ; il offre à l'actionnaire la possibilité d'exprimer sur chaque résolution un vote favorable ou défavorable à son adoption ou sa volonté de s'abstenir de voter.

Il informe l'actionnaire de manière très apparente que toute abstention exprimée dans le formulaire ou résultant de l'absence d'indication de vote sera assimilée à un vote défavorable à l'adoption de la résolution.

Le formulaire peut, le cas échéant, figurer sur le même document que la formule de procuration ; dans ce cas l'article R. 225-78 est applicable.

Le formulaire comporte le rappel des dispositions du deuxième alinéa de l'article R. 225-77 et l'indication de la date avant laquelle, conformément aux statuts, il est reçu par la société pour qu'il en soit tenu compte ; lorsqu'il a été convenu entre la société et les intermédiaires habilités par elle que ces derniers n'accepteraient plus de transmettre à la société des formulaires de vote reçus par eux après une date antérieure à celle fixée par la société, il est fait mention de cette date.

Sont annexés au formulaire :

1° Le texte des résolutions proposées accompagné d'un exposé des motifs et de l'indication de leur auteur ;

2° Une demande d'envoi des documents et renseignements mentionnés à l'article R. 225-83 et informant l'actionnaire qu'il peut demander à bénéficier des dispositions du troisième alinéa de l'article R. 225-88 ;

3° S'il s'agit de l'assemblée générale ordinaire prévue à l'article L. 225-100, l'exposé et les documents prévus à l'article R. 225-81. – *[Décr. n° 67-236 du 23 mars 1967, art. 131-2.]*

Art. R. 225-77 La date après laquelle il ne sera plus tenu compte des formulaires de vote reçus par la société ne peut être antérieure de plus de trois jours à la date de la réunion de l'assemblée, sauf délai plus court prévu par les statuts. Toutefois, les formulaires électroniques de vote à distance peuvent être reçus par la société jusqu'à la veille de la réunion de l'assemblée générale, au plus tard à 15 heures, heure de Paris.

Les formulaires de vote par correspondance reçus par la société comportent :

1° Les nom, prénom usuel et domicile de l'actionnaire ;

2° L'indication de la forme, nominative ou au porteur, sous laquelle sont détenus les titres et du nombre de ces derniers, ainsi qu'une mention constatant l'inscription des titres soit dans les comptes de titres nominatifs tenus par la société, soit dans les comptes de titres au porteur tenus par *(Décr. n° 2009-295 du 16 mars 2009, art. 4)* « un intermédiaire mentionné à l'article L. 211-3 du code monétaire et financier ». L'attestation de participation prévue à l'article R. 225-85 est annexée au formulaire ;

3° *(Décr. n° 2011-1473 du 9 nov. 2011, art. 3, en vigueur le 1er mars 2012)* « La signature, le cas échéant électronique, de l'actionnaire ou de son représentant légal ou judiciaire. Lorsque la société décide, conformément aux statuts, de permettre la participation des actionnaires aux assemblées générales par des moyens de communication électronique, cette signature électronique peut résulter d'un procédé fiable d'identification de l'actionnaire, garantissant son lien avec le formulaire de vote à distance auquel elle s'attache. »

Le formulaire de vote par correspondance adressé à la société par une assemblée vaut pour les assemblées successives convoquées avec le même ordre du jour. – *[Décr. n° 67-236 du 23 mars 1967, art. 131-3.]*

Les dispositions issues du Décr. n° 2011-1473 du 9 nov. 2011 sont applicables en Nouvelle-Calédonie et dans les îles Wallis-et-Futuna (Décr. préc., art. 16).

Art. R. 225-78 Si la société utilise le document unique prévu au troisième alinéa de l'article R. 225-76, ce document comporte, outre les mentions prévues aux articles R. 225-76 et R. 225-77 et aux 5° et 6° de l'article R. 225-81, les indications suivantes :

1° Qu'il peut être utilisé pour chaque résolution soit pour un vote par correspondance, soit pour un vote par procuration ;

2° Qu'il peut être donné procuration pour voter au nom du signataire à un mandataire désigné dans les conditions de l'article L. 225-106 dont les dispositions sont reproduites sur ce document ;

3° Que, si des résolutions nouvelles étaient présentées à l'assemblée, le signataire a la faculté soit d'exprimer dans ce document sa volonté de s'abstenir, soit de donner mandat au président de l'assemblée générale ou à un mandataire désigné dans les conditions de l'article L. 225-106. – *[Décr. n° 67-236 du 23 mars 1967, art. 131-4.]*

Art. R. 225-79 La procuration donnée par un actionnaire pour se faire représenter à une assemblée est signée par celui-ci, le cas échéant par un procédé de signature électronique, et indique ses nom, prénom usuel et domicile. Elle peut désigner nommément un mandataire, qui n'a pas la faculté de se substituer une autre personne.

(Décr. n° 2011-1473 du 9 nov. 2011, art. 4, en vigueur le 1er mars 2012) « Pour l'application du premier alinéa, lorsque la société décide, conformément aux statuts, de permettre la participation des actionnaires aux assemblées générales par des moyens de communication électronique, la signature de l'actionnaire ou de son représentant légal ou judiciaire peut résulter d'un procédé fiable d'identification de l'actionnaire, garantissant son lien avec le formulaire de vote à distance auquel elle s'attache. »

Le mandat est donné pour une seule assemblée. Il peut cependant être donné pour deux assemblées, l'une ordinaire, l'autre extraordinaire, tenues le même jour ou dans un délai de quinze jours.

Le mandat donné pour une assemblée vaut pour les assemblées successives convoquées avec le même ordre du jour.

(Décr. n° 2010-684 du 23 juin 2010, art. 6) « Il est révocable dans les mêmes formes que celles requises pour la désignation du mandataire.

« Les sociétés dont les actions sont admises aux négociations sur un marché réglementé permettent la notification de la désignation et de la révocation du mandataire par voie électronique. » – *[Décr. n° 67-236 du 23 mars 1967, art. 132.]*

Les modifications issues du Décr. n° 2010-684 du 23 juin 2010 s'appliquent aux assemblées générales tenues à compter du 1er oct. 2010 (Décr. préc., art. 9). Celles issues du Décr. n° 2011-1473 du 9 nov. 2011 sont applicables en Nouvelle-Calédonie et dans les îles Wallis-et-Futuna (Décr. préc., art. 16).

Art. R. 225-80 Les instructions données par la voie électronique dans les conditions définies à l'article R. 225-61 comportant procuration ou pouvoir peuvent valablement parvenir à la société jusqu'à 15 heures, heure de Paris, la veille de la

réunion de l'assemblée générale. Dès la réception par la société de ces instructions, celles-ci sont irrévocables, hors le cas des cessions de titres qui font l'objet de la notification prévue au IV de l'article R. 225-85. – *[Décr. n° 67-236 du 23 mars 1967, art. 132-1.]*

Art. R. 225-81 **Sont joints à toute formule de procuration adressée aux actionnaires par la société ou par le mandataire qu'elle a désigné à cet effet, le cas échéant par voie électronique dans les conditions définies à l'article R. 225-61 :**

1° L'ordre du jour de l'assemblée ;

2° *(Décr. n° 2010-1619 du 23 déc. 2010, art. 7)* **« Le texte des projets de résolution présentés par le conseil d'administration ou le directoire, selon le cas, ainsi que le texte des projets de résolution présentés par des actionnaires et les points ajoutés le cas échéant à l'ordre du jour à leur demande dans les conditions prévues aux articles R. 225-71 à R. 225-74 ; »**

3° Un exposé sommaire de la situation de la société pendant l'exercice écoulé, accompagné d'un tableau, dont un modèle figure en annexe 2-2 au présent livre, faisant apparaître les résultats de la société au cours de chacun des cinq derniers exercices ou de chacun des exercices clos depuis la constitution de la société ou l'absorption par celle-ci d'une autre société, si leur nombre est inférieur à cinq ; – *V. annexe préc. au* ***C. com.*** *ou au* ***C. sociétés***.

4° Une formule de demande d'envoi des documents et renseignements mentionnés à l'article R. 225-83, informant l'actionnaire qu'il peut demander à bénéficier des dispositions du troisième alinéa de l'article R. 225-88 ;

5° Un formulaire de vote par correspondance comportant le rappel des dispositions de l'article L. 225-107 ;

6° Le rappel de manière très apparente des dispositions *(Décr. n° 2010-1619 du 23 déc. 2010, art. 7 ; Décr. n° 2011-1473 du 9 nov. 2011, art. 5)* **« des articles L. 225-106 à L. 225-106-3 » ;**

7° L'indication que l'actionnaire, à défaut d'assister personnellement à l'assemblée, peut choisir entre l'une des trois formules suivantes :

a) *(Décr. n° 2010-1619 du 23 déc. 2010, art. 7)* **« Donner une procuration dans les conditions de l'article L. 225-106 ; »**

b) **Voter par correspondance ;**

c) **Adresser une procuration à la société sans indication de mandat ;**

8° L'indication qu'en aucun cas l'actionnaire ne peut retourner à la société à la fois la formule de procuration et le formulaire de vote par correspondance.

En cas de retour de la formule de procuration et du formulaire de vote par correspondance en violation des dispositions du 8° du présent article, la formule de procuration est prise en considération, sous réserve des votes exprimés dans le formulaire de vote par correspondance. – *[Décr. n° 67-236 du 23 mars 1967, art. 133.]*

Les dispositions issues du Décr. n° 2010-1619 du 23 déc. 2010 s'appliquent aux assemblées tenues à compter du 1er janv. 2011 (Décr. préc., art. 13).

Art. R. 225-82 **Les formulaires de procuration et de vote à distance transmis par voie électronique dans les conditions définies à l'article R. 225-61 respectent les règles fixées aux articles R. 225-76 à R. 225-81 et R. 225-95 pour les formulaires de procuration et de vote par correspondance.** – *[Décr. n° 67-236 du 23 mars 1967, art. 134.]*

Art. R. 225-82-1 *(Décr. n° 2010-1619 du 23 déc. 2010, art. 8)* **Pour l'application de l'article L. 225-106-1, l'information incombant au mandataire est délivrée par celui-ci à l'actionnaire par lettre recommandée avec demande d'avis de réception ou, si le mandataire a préalablement recueilli l'accord de l'actionnaire, par un moyen de communication électronique.**

L'art. R. 225-82-1 s'applique aux assemblées tenues à compter du 1er janv. 2011 (Décr. n° 2010-1619 du 23 déc. 2010, art. 13).

Art. R. 225-82-2 *(Décr. n° 2010-1619 du 23 déc. 2010, art. 8)* La notification mentionnée au neuvième alinéa de l'article L. 225-106-1 est effectuée par le mandataire à la société par lettre recommandée avec demande d'avis de réception ou par un moyen de communication électronique.

L'art. R. 225-82-2 s'applique aux assemblées tenues à compter du 1er janv. 2011 (Décr. n° 2010-1619 du 23 déc. 2010, art. 13).

Art. R. 225-82-3 *(Décr. n° 2010-1619 du 23 déc. 2010, art. 8)* I. — Toute personne qui procède à une sollicitation active de mandats au sens de l'article L. 225-106-2 publie sur son site internet un document intitulé "politique de vote", régulièrement mis à jour. Ce document peut en outre être consulté à l'adresse du domicile ou du siège social qu'il mentionne.

II. — Il contient :

1° Pour une personne physique, ses nom, prénom, date et lieu de naissance, domicile ;

2° Pour une personne morale, sa forme juridique, sa raison ou dénomination sociale, le montant de son capital social, l'adresse de son siège social, son objet, ainsi que les organes chargés d'instruire et d'analyser les résolutions soumises et ceux chargés de décider des votes qui seront émis.

III. — Ce document décrit les principes auxquels le mandataire entend se référer à l'occasion de l'exercice des droits de vote correspondant à des procurations reçues sans instructions de vote.

Il présente la politique de vote de l'intéressé par rubrique correspondant aux différents types de résolutions soumises aux assemblées.

Les rubriques portent au moins sur :

1° Les décisions entraînant une modification des statuts ;

2° L'approbation des comptes et du résultat ;

3° La nomination et la révocation des organes sociaux ;

4° Les conventions mentionnées aux articles L. 225-38 et L. 225-40 à L. 225-42 et aux articles L. 225-86 et L. 225-88 à L. 225-90 ;

5° Les programmes d'émission et de rachat des titres de capital ;

6° La désignation des commissaires aux comptes.

Ce document décrit en outre les procédures destinées à déceler, prévenir et régler les conflits d'intérêts susceptibles d'affecter le libre exercice par l'intéressé des droits de vote.

IV. — La publicité des intentions de vote mentionnée au quatrième alinéa de l'article L. 225-106-2 est assurée sur le site internet de la personne qui procède à la sollicitation active de mandats.

L'art. R. 225-82-3 s'applique aux assemblées tenues à compter du 1er janv. 2011 (Décr. n° 2010-1619 du 23 déc. 2010, art. 13).

Art. R. 225-83 La société adresse aux actionnaires ou met à leur disposition, dans les conditions prévues aux articles R. 225-88 et R. 225-89, les renseignements suivants contenus dans un ou plusieurs documents :

1° Les nom et prénom usuel, soit des administrateurs et directeurs généraux, soit des membres du conseil de surveillance et du directoire, ainsi que, le cas échéant, l'indication des autres sociétés dans lesquelles ces personnes exercent des fonctions de gestion, de direction, d'administration ou de surveillance ;

2° Le texte des projets de résolution présentés par le conseil d'administration ou le directoire, selon le cas ;

3° Le cas échéant, le texte et l'exposé des motifs des projets de résolution présentés par des actionnaires *(Décr. n° 2010-1619 du 23 déc. 2010, art. 9)* « ainsi que la liste des points ajoutés à l'ordre du jour à leur demande » ;

4° Le rapport du conseil d'administration ou du directoire, selon le cas, qui sera présenté à l'assemblée ainsi que, le cas échéant, les observations du conseil de surveillance ;

5° Lorsque l'ordre du jour comporte la nomination d'administrateurs ou de membres du conseil de surveillance :

a) Les nom, prénom usuel et âge des candidats, leurs références professionnelles et leurs activités professionnelles au cours des cinq dernières années, notamment les fonctions qu'ils exercent ou ont exercées dans d'autres sociétés ;

b) Les emplois ou fonctions occupés dans la société par les candidats et le nombre d'actions de la société dont ils sont titulaires ou porteurs ;

6° S'il s'agit de l'assemblée générale ordinaire prévue à l'article L. 225-100 :

a) Les comptes annuels, les comptes consolidés, le rapport sur la gestion du groupe, un tableau des affectations de résultat précisant notamment l'origine des sommes dont la distribution est proposée ;

b) Un tableau, dont un modèle figure à l'annexe 2-2 au présent livre, faisant apparaître les résultats de la société au cours de chacun des cinq derniers exercices ou de chacun des exercices clos depuis la constitution de la société ou l'absorption par celle-ci d'une autre société, si leur nombre est inférieur à cinq ; *– V. annexe préc. au* ***C. com.*** *ou au* ***C. sociétés****.*

c) Les rapports des commissaires aux comptes prévus au troisième alinéa des articles L. 225-40 et L. 225-88 et aux articles L. 232-3, L. 234-1 et R. 823-7 ;

d) Les observations du conseil de surveillance, s'il y a lieu ;

(Abrogé par Décr. n° 2008-258 du 13 mars 2008, art. 3, à compter du 1er sept. 2008) ***« e) Les sociétés mentionnées aux articles R. 232-9 à R. 232-14 adressent également aux actionnaires l'inventaire des valeurs mobilières détenues en portefeuille à la clôture de l'exercice ; »***

7° S'il s'agit d'une assemblée générale ordinaire prévue à l'article L. 225-101, le rapport des commissaires mentionnés audit article ;

8° S'il s'agit d'une assemblée générale extraordinaire ou d'une assemblée spéciale prévue à l'article L. 225-99, le rapport des commissaires aux comptes, qui sera, le cas échéant, présenté à l'assemblée. *– [Décr. n° 67-236 du 23 mars 1967, art. 135.]*

Les dispositions issues du Décr. n° 2010-1619 du 23 déc. 2010 s'appliquent aux assemblées tenues à compter du 1er janv. 2011 (Décr. préc., art. 13).

Aux termes de l'art. L. 2323-74 C. trav., le dernier bilan social accompagné de l'avis du comité d'entreprise est adressé aux actionnaires ou mis à leur disposition dans les mêmes conditions que les documents prévus aux art. L. 225-108 à L. 225-115 C. com.

Art. R. 225-84 Les questions écrites mentionnées au troisième alinéa de l'article L. 225-108 sont envoyées, au siège social par lettre recommandée avec demande d'avis de réception adressée au président du conseil d'administration ou du directoire ou par voie de télécommunication électronique à l'adresse indiquée dans la convocation, au plus tard le quatrième jour ouvré précédant la date de l'assemblée générale.

Elles sont accompagnées d'une attestation d'inscription soit dans les comptes de titres nominatifs tenus par la société, soit dans les comptes de titres au porteur tenus par *(Décr. n° 2009-295 du 16 mars 2009, art. 4)* « un intermédiaire mentionné à l'article L. 211-3 du code monétaire et financier ». *– [Décr. n° 67-236 du 23 mars 1967, art. 135-1.]*

Art. R. 225-85 I. – Il est justifié du droit de participer aux assemblées générales des sociétés dont les titres sont admis aux négociations sur un marché réglementé ou aux opérations d'un dépositaire central par l'enregistrement comptable des titres au nom de l'actionnaire ou de l'intermédiaire inscrit pour son compte en application du septième alinéa de l'article L. 228-1, au troisième jour ouvré précédant l'assemblée à zéro heure, heure de Paris, soit dans les comptes de titres nominatifs tenus par la société, soit dans les comptes de titres au porteur tenus par *(Décr. n° 2009-295 du 16 mars 2009, art. 4)* « un intermédiaire mentionné à l'article L. 211-3 du code monétaire et financier ».

II. — L'inscription ou l'enregistrement comptable des titres dans les comptes de titres au porteur tenus par *(Décr. n° 2009-295 du 16 mars 2009, art. 4)* « un intermédiaire mentionné à l'article L. 211-3 du code monétaire et financier » est constaté par une attestation de participation délivrée par ce dernier, le cas échéant par voie électronique dans les conditions prévues à l'article R. 225-61, en annexe au formulaire de vote à distance ou de procuration ou à la demande de carte d'admission établis au nom de l'actionnaire ou pour le compte de l'actionnaire représenté par l'intermédiaire inscrit. Une attestation est également délivrée à l'actionnaire souhaitant participer physiquement à l'assemblée et qui n'a pas reçu sa carte d'admission le troisième jour ouvré précédant l'assemblée à zéro heure, heure de Paris.

III. — Lorsque l'actionnaire a déjà exprimé son vote à distance, envoyé un pouvoir ou demandé sa carte d'admission ou une attestation de participation dans les conditions prévues à la dernière phrase du II, il ne peut plus choisir un autre mode de participation à l'assemblée, sauf disposition contraire des statuts.

IV. — L'actionnaire qui a déjà exprimé son vote à distance, envoyé un pouvoir ou demandé sa carte d'admission ou une attestation de participation dans les conditions prévues à la dernière phrase du II peut à tout moment céder tout ou partie de ses actions.

Cependant, si la cession intervient avant le troisième jour ouvré précédant l'assemblée à zéro heure, heure de Paris, la société invalide ou modifie en conséquence, selon le cas, le vote exprimé à distance, le pouvoir, la carte d'admission ou l'attestation de participation. A cette fin, l'intermédiaire *(Décr. n° 2009-295 du 16 mars 2009, art. 4)* « mentionné à l'article L. 211-3 du code monétaire et financier » notifie la cession à la société ou à son mandataire et lui transmet les informations nécessaires.

Aucune cession ni aucune autre opération réalisée après le troisième jour ouvré précédant l'assemblée à zéro heure, heure de Paris, quel que soit le moyen utilisé, n'est notifiée par l'intermédiaire *(Décr. n° 2009-295 du 16 mars 2009, art. 4)* « mentionné à l'article L. 211-3 du code monétaire et financier » ou prise en considération par la société, nonobstant toute convention contraire. — *[Décr. n° 67-236 du 23 mars 1967, art. 136.]*

V. note ss. art. R. 228-71.

Art. R. 225-86 Il est justifié du droit de participer aux assemblées générales des sociétés dont les titres ne sont admis ni aux négociations sur un marché réglementé ni aux opérations d'un dépositaire central par l'inscription des titres au nom de l'actionnaire, au jour de l'assemblée générale, dans les comptes de titres nominatifs tenus par la société. La société peut cependant, par une disposition spéciale de ses statuts, décider qu'il sera justifié du droit de participer aux assemblées par l'inscription des titres dans les mêmes comptes au troisième jour ouvré précédant l'assemblée à zéro heure, heure de Paris.

L'actionnaire qui a déjà exprimé son vote à distance ou envoyé un pouvoir peut à tout moment céder tout ou partie de ses actions. En cas de cession intervenant avant le jour de la séance ou la date fixée par les statuts en application de la dernière phrase du premier alinéa, et sauf dispositions statutaires particulières, la société invalide ou modifie en conséquence, avant l'ouverture de la séance de l'assemblée, le vote exprimé à distance ou le pouvoir de cet actionnaire. – *[Décr. nº 67-236 du 23 mars 1967, art. 136-1.]*

Art. R. 225-87 Le mandataire chargé de représenter les copropriétaires d'actions indivises dans les conditions prévues au deuxième alinéa de l'article L. 225-110 est désigné par ordonnance du président du tribunal de commerce, statuant en référé. – *[Décr. nº 67-236 du 23 mars 1967, art. 137.]*

Art. R. 225-88 A compter de la convocation de l'assemblée et jusqu'au cinquième jour inclusivement avant la réunion, tout actionnaire titulaire de titres nominatifs peut demander à la société de lui envoyer, à l'adresse indiquée, les documents et renseignements mentionnés aux articles R. 225-81 et R. 225-83. La société est tenue de procéder à cet envoi avant la réunion et à ses frais. Cet envoi peut être effectué par un moyen électronique de télécommunication mis en œuvre dans les conditions mentionnées à l'article R. 225-63, à l'adresse indiquée par l'actionnaire.

Le même droit est ouvert à tout actionnaire propriétaire de titres au porteur, qui justifie de cette qualité par la transmission d'une attestation d'inscription dans les comptes de titres au porteur tenus par *(Décr. nº 2009-295 du 16 mars 2009, art. 4)* « un intermédiaire mentionné à l'article L. 211-3 du code monétaire et financier ».

Les actionnaires mentionnés au premier alinéa peuvent, par une demande unique, obtenir de la société l'envoi des documents et renseignements précités à l'occasion de chacune des assemblées d'actionnaires ultérieures. – *[Décr. nº 67-236 du 23 mars 1967, art. 138.]*

Art. R. 225-89 A compter de la convocation de l'assemblée générale ordinaire annuelle et au moins pendant le délai de quinze jours qui précède la date de la réunion, tout actionnaire a le droit de prendre connaissance, au siège social ou au lieu de la direction administrative, des documents et renseignements énumérés aux articles L. 225-115 et R. 225-83. Toutefois, il n'a le droit de prendre connaissance, aux mêmes lieux, du rapport des commissaires aux comptes, que pendant le même délai de quinze jours.

Il a également le droit, à compter de la convocation *(Décr. nº 2007-1851 du 26 déc. 2007, art. 2)* « de l'assemblée générale extraordinaire ou » de l'assemblée spéciale et au moins pendant le délai de quinze jours qui précède la date de la réunion, de prendre connaissance, aux mêmes lieux, du texte des résolutions présentées, du rapport du conseil d'administration ou du directoire, ainsi que, le cas échéant, du rapport des commissaires aux comptes.

Il peut aussi, à compter de la convocation de l'assemblée générale prévue à l'article L. 225-101, prendre connaissance dans les conditions prévues à l'alinéa précédent du texte des résolutions proposées, du rapport du conseil d'administration ou du directoire et du rapport des commissaires prévu à l'article L. 225-101.

(Décr. nº 2011-1473 du 9 nov. 2011, art. 6, en vigueur le 1er mars 2012) « Le » droit de prendre connaissance emporte celui de prendre copie. – *[Décr. nº 67-236 du 23 mars 1967, art. 139.]*

Les modifications apportées par le Décr. nº 2007-1851 du 26 déc. 2007 sont applicables à Mayotte, en Nouvelle-Calédonie et dans les îles Wallis-et-Futuna (Décr. préc., art. 4-I). Celles issues du Décr. nº 2011-1473 du 9 nov. 2011 sont applicables en Nouvelle-Calédonie et dans les îles Wallis-et-Futuna (Décr. préc., art. 16).

Art. R. 225-90 En application des dispositions de l'article L. 225-116, l'actionnaire a le droit, pendant le délai de quinze jours qui précède la réunion de l'assemblée générale de prendre connaissance ou copie, aux lieux prévus à l'article R. 225-89, de la liste des actionnaires.

A cette fin, la liste des actionnaires est arrêtée par la société le seizième jour qui précède la réunion de l'assemblée. Elle contient les nom, prénom usuel et domicile de chaque titulaire d'actions nominatives. Le nombre d'actions dont chaque actionnaire est titulaire au porteur est en outre mentionné. — *[Décr. nº 67-236 du 23 mars 1967, art. 140.]*

Art. R. 225-91 L'actionnaire exerce les droits reconnus par les articles R. 225-89 et R. 225-90 par lui-même ou par le mandataire qu'il a désigné pour le représenter à l'assemblée. — *[Décr. nº 67-236 du 23 mars 1967, art. 141.]*

Art. R. 225-92 En application des dispositions de l'article L. 225-117, l'actionnaire a le droit de prendre connaissance par lui-même ou par mandataire, au siège social ou au lieu de la direction administrative, des documents mentionnés par cet article.

(Décr. nº 2011-1473 du 9 nov. 2011, art. 7, en vigueur le 1er mars 2012) « Le droit de prendre connaissance emporte celui de prendre copie. » — *[Décr. nº 67-236 du 23 mars 1967, art. 142.]*

Les dispositions issues du Décr. nº 2011-1473 du 9 nov. 2011 sont applicables en Nouvelle-Calédonie et dans les îles Wallis-et-Futuna (Décr. préc., art. 16).

Art. R. 225-93 En application des dispositions du deuxième alinéa de l'article L. 225-51-1, l'actionnaire peut, par lui-même ou par mandataire, prendre connaissance, au siège social ou au lieu de la direction administrative, de l'extrait du procès-verbal contenant la décision du conseil d'administration relative au choix de l'une des deux modalités d'exercice de la direction générale. — *[Décr. nº 67-236 du 23 mars 1967, art. 142-1.]*

Art. R. 225-94 Tout actionnaire exerçant le droit d'obtenir communication de documents et renseignements auprès de la société peut se faire assister d'un expert inscrit sur une des listes établies par les cours et tribunaux. — *[Décr. nº 67-236 du 23 mars 1967, art. 144.]*

Art. R. 225-95 La feuille de présence aux assemblées d'actionnaires contient les mentions suivantes :

1º Les nom, prénom usuel et domicile de chaque actionnaire présent ou réputé présent au sens du II de l'article L. 225-107, le nombre d'actions dont il est titulaire, ainsi que le nombre de voix attaché à ces actions ;

2º Les nom, prénom usuel et domicile de chaque actionnaire représenté, le nombre d'actions dont il est titulaire, ainsi que le nombre de voix attaché à ces actions ;

3º Les nom, prénom usuel et domicile de chaque mandataire, le nombre d'actions de ses mandants, ainsi que le nombre de voix attaché à ces actions ;

4º Les nom, prénom usuel et domicile de chaque actionnaire ayant adressé à la société un formulaire de vote par correspondance, ainsi que le nombre d'actions dont il est titulaire et le nombre de voix attaché à ces actions.

Le bureau de l'assemblée peut annexer à la feuille de présence *(Décr. nº 2011-1473 du 9 nov. 2011, art. 8, en vigueur le 1er mars 2012)* « , le cas échéant, sous format électronique ou numérisé *[,]* » la procuration ou le formulaire de vote par correspondance portant les nom, prénom usuel et domicile de chaque actionnaire mandant ou votant par correspondance, le nombre d'actions dont il est titulaire et le nombre de voix attaché à ces actions. Dans ce cas, le bureau de l'assemblée indique le nombre des pouvoirs et des formulaires de vote par correspondance annexés à cette feuille ainsi que le nombre des actions et des droits de vote correspondant aux procurations et aux formulaires. *(Décr. nº 2011-1473 du 9 nov. 2011, art. 8, en vigueur le 1er mars 2012)* « La feuille de présence, les pouvoirs et les formulaires de vote à distance sont consultables sous format papier, ou, le cas échéant, numérisé ou électronique. »

La feuille de présence, dûment émargée par les actionnaires présents et les mandataires, est certifiée exacte par le bureau de l'assemblée. – *[Décr. n° 67-236 du 23 mars 1967, art. 145.]*

Les dispositions issues du Décr. n° 2011-1473 du 9 nov. 2011 sont applicables en Nouvelle-Calédonie et dans les îles Wallis-et-Futuna (Décr. préc., art. 16).

Art. R. 225-96 **L'assemblée générale ne peut délibérer qu'après la fin de l'assemblée spéciale des titulaires d'actions à dividende prioritaire sans droit de vote prévue aux articles R. 228-40 à R. 228-48 lorsque celle-ci peut adopter un avis sur une résolution soumise à l'assemblée générale.** – *[Décr. n° 67-236 du 23 mars 1967, art. 145-1.]*

Art. R. 225-97 **Afin de garantir, en vue de l'application du II de l'article L. 225-107, l'identification et la participation effective à l'assemblée des actionnaires y participant par des moyens de visioconférence ou de télécommunication, ces moyens transmettent au moins la voix des participants et satisfont à des caractéristiques techniques permettant la retransmission continue et simultanée des délibérations.** – *[Décr. n° 67-236 du 23 mars 1967, art. 145-2.]*

Art. R. 225-98 **Les actionnaires exerçant leurs droits de vote en séance par voie électronique dans les conditions de l'article** *(Décr. n° 2009-234 du 25 févr. 2009, art. 4)* **« R. 225-61 » ne peuvent accéder au site consacré à cet effet qu'après s'être identifiés au moyen d'un code fourni préalablement à la séance.** – *[Décr. n° 67-236 du 23 mars 1967, art. 145-3.]*

Art. R. 225-99 **Le procès-verbal des délibérations mentionné à l'article R. 225-106 fait état de la survenance éventuelle d'un incident technique relatif à la visioconférence ou à la télécommunication électronique lorsqu'il a perturbé le déroulement de l'assemblée.** – *[Décr. n° 67-236 du 23 mars 1967, art. 145-4.]*

Art. R. 225-100 **Les assemblées d'actionnaires sont présidées par le président du conseil d'administration ou du conseil de surveillance, selon le cas, ou, en son absence, par la personne prévue par les statuts. A défaut, l'assemblée élit elle-même son président.**

En cas de convocation par les commissaires aux comptes, par un mandataire de justice ou par les liquidateurs, l'assemblée est présidée par celui ou par l'un de ceux qui l'ont convoquée. – *[Décr. n° 67-236 du 23 mars 1967, art. 146.]*

Art. R. 225-101 **Sont scrutateurs de l'assemblée, les deux membres de l'assemblée disposant du plus grand nombre de voix et acceptant cette fonction.**

Le bureau de l'assemblée en désigne le secrétaire qui, sauf disposition contraire des statuts, peut être choisi en dehors des actionnaires. – *[Décr. n° 67-236 du 23 mars 1967, art. 147.]*

Art. R. 225-102 **Le conseil d'administration ou le directoire, selon le cas, expose de manière claire et précise, notamment dans le rapport prévu aux articles L. 225-100 et L. 225-100-2, l'activité de la société et, le cas échéant, de ses filiales au cours du dernier exercice écoulé, les résultats de cette activité, les progrès réalisés ou les difficultés rencontrées et les perspectives d'avenir. Le conseil d'administration indique le choix fait de l'une des deux modalités d'exercice de la direction générale prévues à l'article L. 225-51-1. Sauf modification, cette indication n'est pas reproduite dans les rapports ultérieurs.**

Au rapport mentionné à l'alinéa précédent est obligatoirement joint un tableau, dont un modèle figure en annexe 2-2 au présent livre, faisant apparaître les résultats de la société au cours de chacun des cinq derniers exercices ou de chacun des exercices clos depuis la constitution de la société ou l'absorption par celle-ci d'une

autre société, s'ils sont inférieurs à cinq. – *[Décr. n° 67-236 du 23 mars 1967, art. 148.] – V. l'annexe citée au* ***C. com.*** *ou au* ***C. sociétés****.*

Art. R. 225-103 **Les commissaires mentionnés à l'article L. 225-101 sont désignés et accomplissent leur mission dans les conditions prévues à l'article R. 225-7.**

Le rapport décrit les biens à acquérir, indique les critères retenus pour la fixation du prix et apprécie la pertinence de ces critères. – *[Décr. n° 67-236 du 23 mars 1967, art. 148-1.]*

Art. R. 225-104 *(Décr. n° 2012-557 du 24 avr. 2012)* **Les seuils prévus au sixième alinéa de l'article L. 225-102-1 sont fixés à 100 millions d'euros pour le total du bilan, à 100 millions d'euros pour le montant net du chiffre d'affaires et à 500 pour le nombre moyen de salariés permanents employés au cours de l'exercice.**

Le total du bilan, le montant net du chiffre d'affaires et le nombre moyen de salariés permanents employés au cours de l'exercice sont déterminés conformément aux quatrième, cinquième et sixième alinéas de l'article R. 123-200.

Les dispositions du 1er al. de l'art. R. 225-104 dans leur rédaction issue du Décr. n° 2012-557 du 24 avr. 2012 sont applicables aux exercices ouverts après le 31 déc. 2013. Pour les exercices ouverts après le 31 déc. 2011, les seuils prévus au 6e al. de l'art. L. 225-102-1 sont fixés à 1 milliard d'euros pour le total du bilan ou le montant net du chiffre d'affaires et à 5 000 pour le nombre moyen de salariés permanents employés au cours de l'exercice. Pour les exercices ouverts après le 31 déc. 2012, ces seuils sont fixés à 400 millions d'euros pour le total du bilan ou le montant net du chiffre d'affaires et à 2 000 pour le nombre moyen de salariés permanents employés au cours de l'exercice (Décr. préc., art. 2-I).

Art. R. 225-105 *(Décr. n° 2012-557 du 24 avr. 2012)* **Le rapport du conseil d'administration ou du directoire mentionné à l'article L. 225-102 expose, en application des dispositions du cinquième alinéa de l'article L. 225-102-1, les actions menées et les orientations prises par la société et, le cas échéant, par ses filiales au sens de l'article L. 233-1 ou par les sociétés qu'elle contrôle au sens de l'article L. 233-3, pour prendre en compte les conséquences sociales et environnementales de son activité et remplir ses engagements sociétaux en faveur du développement durable.**

Il présente les données observées au cours de l'exercice clos et, le cas échéant, au cours de l'exercice précédent, de façon à permettre une comparaison entre ces données.

Il indique, parmi les informations mentionnées à l'article R. 225-105-1, celles qui, eu égard à la nature des activités ou à l'organisation de la société, ne peuvent être produites ou ne paraissent pas pertinentes, en fournissant toutes explications utiles. *– V. art. A. 225-3*

Lorsqu'une société se conforme volontairement à un référentiel national ou international en matière sociale ou environnementale, le rapport peut le mentionner en indiquant les préconisations de ce référentiel qui ont été retenues et les modalités de consultation de ce dernier.

Pour les sociétés dont les titres sont admis aux négociations sur un marché réglementé, les dispositions des art. R. 225-105 et R. 225-105-1 sont applicables aux exercices ouverts après le 31 déc. 2011 (Décr. n° 2012-557 du 24 avr. 2012, art. 2-II).

Art. R. 225-105-1 *(Décr. n° 2012-557 du 24 avr. 2012)* **I. – Sous réserve des dispositions du troisième alinéa de l'article R. 225-105, le conseil d'administration ou le directoire de la société qui satisfait aux conditions prévues au premier alinéa de** *l'article R. 225-104* **mentionne dans son rapport, pour l'application des dispositions du cinquième alinéa de l'article L. 225-102-1, les informations suivantes :**

1° Informations sociales :

a) **Emploi :**

– l'effectif total et la répartition des salariés par sexe, par âge et par zone géographique ;

– les embauches et les licenciements ;
– les rémunérations et leur évolution ;
b) Organisation du travail :
– l'organisation du temps de travail ;
c) Relations sociales :
– l'organisation du dialogue social, notamment les procédures d'information et de consultation du personnel et de négociation avec celui-ci ;
– le bilan des accords collectifs ;
d) Santé et sécurité :
– les conditions de santé et de sécurité au travail ;
– le bilan des accords signés avec les organisations syndicales ou les représentants du personnel en matière de santé et de sécurité au travail ;
e) Formation :
– les politiques mises en œuvre en matière de formation ;
– le nombre total d'heures de formation ;
f) Égalité de traitement :
– les mesures prises en faveur de l'égalité entre les femmes et les hommes ;
– les mesures prises en faveur de l'emploi et de l'insertion des personnes handicapées ;
– la politique de lutte contre les discriminations ;
2° Informations environnementales :
a) Politique générale en matière environnementale :
– l'organisation de la société pour prendre en compte les questions environnementales et, le cas échéant, les démarches d'évaluation ou de certification en matière d'environnement ;
– les actions de formation et d'information des salariés menées en matière de protection de l'environnement ;
– les moyens consacrés à la prévention des risques environnementaux et des pollutions ;
b) Pollution et gestion des déchets :
– les mesures de prévention, de réduction ou de réparation de rejets dans l'air, l'eau et le sol affectant gravement l'environnement ;
– les mesures de prévention, de recyclage et d'élimination des déchets ;
– la prise en compte des nuisances sonores et de toute autre forme de pollution spécifique à une activité ;
c) Utilisation durable des ressources :
– la consommation d'eau et l'approvisionnement en eau en fonction des contraintes locales ;
– la consommation de matières premières et les mesures prises pour améliorer l'efficacité dans leur utilisation ;
– la consommation d'énergie, les mesures prises pour améliorer l'efficacité énergétique et le recours aux énergies renouvelables ;
d) Changement climatique :
– les rejets de gaz à effet de serre ;
e) Protection de la biodiversité :
– les mesures prises pour préserver ou développer la biodiversité ;
3° Informations relatives aux engagements sociétaux en faveur du développement durable :
a) Impact territorial, économique et social de l'activité de la société :
– en matière d'emploi et de développement régional ;
– sur les populations riveraines ou locales ;
b) Relations entretenues avec les personnes ou les organisations intéressées par l'activité de la société, notamment les associations d'insertion, les établissements

d'enseignement, les associations de défense de l'environnement, les associations de consommateurs et les populations riveraines :

– les conditions du dialogue avec ces personnes ou organisations ;

– les actions de partenariat ou de mécénat ;

c) Sous-traitance et fournisseurs :

– la prise en compte dans la politique d'achat des enjeux sociaux et environnementaux.

II. – Sous réserve des dispositions du troisième alinéa de l'article R. 225-105, et en complément des informations prévues au I, le conseil d'administration ou le directoire de la société dont les titres sont admis aux négociations sur un marché réglementé mentionne dans son rapport les informations suivantes :

1° Informations sociales :

b) Organisation du travail :

– l'absentéisme ;

d) Santé et sécurité :

– les accidents du travail, notamment leur fréquence et leur gravité, ainsi que les maladies professionnelles ;

g) Promotion et respect des stipulations des conventions fondamentales de l'Organisation internationale du travail relatives :

– au respect de la liberté d'association et du droit de négociation collective ;

– à l'élimination des discriminations en matière d'emploi et de profession ;

– à l'élimination du travail forcé ou obligatoire ;

– à l'abolition effective du travail des enfants ;

2° Informations environnementales :

a) Politique générale en matière environnementale :

– le montant des provisions et garanties pour risques en matière d'environnement, sous réserve que cette information ne soit pas de nature à causer un préjudice sérieux à la société dans un litige en cours ;

c) Utilisation durable des ressources :

– l'utilisation des sols ;

d) Changement climatique :

– l'adaptation aux conséquences du changement climatique ;

3° Informations relatives aux engagements sociétaux en faveur du développement durable :

c) Sous-traitance et fournisseurs :

– l'importance de la sous-traitance et la prise en compte dans les relations avec les fournisseurs et les sous-traitants de leur responsabilité sociale et environnementale ;

d) Loyauté des pratiques :

– les actions engagées pour prévenir la corruption ;

– les mesures prises en faveur de la santé et de la sécurité des consommateurs ;

e) Autres actions engagées, au titre du présent 3°, en faveur des droits de l'homme.

V. note ss. art. R. 225-105.

Pour l'exercice en cours à la date de publication du Décr. n° 2012-557 du 24 avr. 2012, la société doit justifier, le cas échéant, des raisons pour lesquelles elle s'est trouvée dans l'impossibilité de fournir certaines informations prévues par l'art. R. 225-105-1 (Décr. préc., art. 2-IV).

Art. R. 225-105-2 *(Décr. n° 2012-557 du 24 avr. 2012)* I. – L'organisme tiers indépendant appelé à vérifier, en application du septième alinéa de l'article L. 225-102-1, les informations devant figurer, en vertu de son cinquième alinéa, dans le rapport présenté par le conseil d'administration ou le directoire de la société est désigné, selon le cas, par le directeur général ou le président du directoire, pour une durée qui ne peut excéder six exercices, parmi les organismes accrédités à cet effet par le Comité français d'accréditation (COFRAC) ou par tout autre organisme

d'accréditation signataire de l'accord de reconnaissance multilatéral établi par la coordination européenne des organismes d'accréditation.

L'organisme tiers indépendant est soumis aux incompatibilités prévues à l'article L. 822-11.

II. — La vérification des informations devant figurer, en vertu du cinquième alinéa de l'article L. 225-102-1, dans le rapport de gestion donne lieu à un rapport de l'organisme tiers indépendant, qui doit comporter :

***a)* Une attestation relative à la présence dans le rapport de gestion de toutes les informations prévues par l'article R. 225-105-1 signalant, le cas échéant, les informations omises et non assorties des explications prévues au troisième alinéa de l'article R. 225-105 ;** — *V. art. A. 225-2.*

***b)* Un avis motivé sur :**

— la sincérité des informations figurant dans le rapport de gestion ;

— les explications relatives, le cas échéant, à l'absence de certaines informations en application du troisième alinéa de l'article R. 225-105 ;

***c)* Les diligences qu'il a mises en œuvre pour conduire sa mission de vérification.**

III. — Un arrêté conjoint du garde des sceaux, ministre de la justice et des ministres chargés de l'écologie, de l'économie et du travail détermine les modalités dans lesquelles l'organisme tiers indépendant conduit sa mission.

IV. — Lorsqu'une société se conforme volontairement au règlement (CE) nº 1221/2009 du Parlement européen et du Conseil du 25 novembre 2009 concernant la participation volontaire des organisations à un système communautaire de management environnemental et d'audit (EMAS), la déclaration signée par le vérificateur environnemental conformément aux dispositions des 8 et 9 de l'article 25 de ce règlement, annexée au rapport de gestion, vaut avis de l'organisme tiers indépendant sur les informations environnementales.

La vérification des informations relatives aux conséquences sociales de l'activité de la société ainsi qu'à ses engagements sociétaux en faveur du développement durable demeure en revanche du ressort de l'organisme tiers indépendant selon les modalités définies aux I, II et III du présent article.

Les dispositions de l'art. R. 225-105-2 issues du Décr. nº 2012-557 du 24 avr. 2012 sont applicables : 1º A partir de l'exercice ouvert après le 31 déc. 2011 pour les sociétés dont les titres sont admis aux négociations sur un marché réglementé ; 2º A partir de l'exercice clos au 31 déc. 2016 pour les autres sociétés. Toutefois, l'attestation mentionnée au a du II de l'art. R. 225-105-2 est due dès le premier exercice au titre duquel les entreprises sont soumises à l'obligation de produire les informations prévues à l'art. R. 225-105-1 (Décr. préc., art. 2-III).

Art. R. 225-106 **Le procès-verbal des délibérations de l'assemblée indique la date et le lieu de réunion, le mode de convocation, l'ordre du jour, la composition du bureau, le nombre d'actions participant au vote et le quorum atteint, les documents et rapports soumis à l'assemblée, un résumé des débats, le texte des résolutions mises aux voix et le résultat des votes. Il est signé par les membres du bureau.**

Les procès-verbaux sont établis sur un registre spécial tenu au siège social, dans les conditions prévues aux articles R. 225-22 et R. 225-49. — *[Décr. nº 67-236 du 23 mars 1967, art. 149.]*

Art. R. 225-106-1 *(Décr. nº 2010-684 du 23 juin 2010, art. 7)* **Les sociétés dont les actions sont admises aux négociations sur un marché réglementé publient sur le site internet prévu à l'article R. 210-20, dans les quinze jours suivant la réunion de l'assemblée, un résultat des votes comprenant au moins les indications suivantes :**

1º Le nombre d'actionnaires présents ou représentés à l'assemblée ;

2º Le nombre de voix des actionnaires présents ou représentés à l'assemblée ;

3º Pour chaque résolution, le nombre total de voix exprimées en détaillant le nombre d'actions et la proportion du capital social qu'elles représentent, le nombre

et le pourcentage de voix favorables à la résolution ainsi que le nombre et le pourcentage de voix défavorables à la résolution, y compris les abstentions.

L'art. R. 225-106-1 s'applique aux assemblées générales tenues à compter du 1er oct. 2010 (Décr. n° 2010-684 du 23 juin 2010, art. 9).

Art. R. 225-107 **Si, à défaut du quorum requis, une assemblée ne peut délibérer régulièrement, il en est dressé procès-verbal par le bureau de cette assemblée.** – *[Décr. n° 67-236 du 23 mars 1967, art. 150.]*

Art. R. 225-108 **Les copies ou extraits de procès-verbaux des assemblées d'actionnaires sont certifiés, soit par le président du conseil d'administration ou par un administrateur exerçant les fonctions de directeur général, soit, le cas échéant, par le président ou le vice-président du conseil de surveillance ou par un membre du directoire. Ils peuvent également être certifiés par le secrétaire de l'assemblée.**

En cas de liquidation de la société, ils sont certifiés par un seul liquidateur. – *[Décr. n° 67-236 du 23 mars 1967, art. 151.]*

Art. R. 225-109 **Toute personne a le droit, à toute époque, d'obtenir, au siège social, la délivrance d'une copie certifiée conforme des statuts en vigueur au jour de la demande.**

La société annexe à ce document la liste, comportant leur nom et prénom usuel, des administrateurs ou des membres du conseil de surveillance et du directoire, selon le cas, ainsi que des commissaires aux comptes en exercice.

Elle ne peut, pour cette délivrance, exiger le paiement d'une somme supérieure à 0,30 €. – *[Décr. n° 67-236 du 23 mars 1967, art. 153.]*

Art. R. 225-110 **Les personnes mentionnées à l'article L. 225-109 sont tenues, dans le délai d'un mois à compter de la date à laquelle elles acquièrent la qualité au titre de laquelle elles sont soumises à l'obligation prévue à cet article, de faire mettre sous la forme nominative ou de déposer dans les conditions fixées par l'article R. 225-112 les actions visées à l'article L. 225-109 dont elles sont propriétaires ou qui appartiennent à leurs enfants mineurs non émancipés.** – *[Décr. n° 67-236 du 23 mars 1967, art. 153-1.]*

Art. R. 225-111 **Les personnes mentionnées à l'article L. 225-109 sont tenues, lorsqu'elles acquièrent des actions visées à cet article, de faire mettre ces actions sous la forme nominative, ou de les déposer dans les conditions fixées par l'article R. 225-112 dans le délai de vingt jours à compter de l'entrée en possession des titres.** – *[Décr. n° 67-236 du 23 mars 1967, art. 153-2.]*

Art. R. 225-112 **Le dépôt prévu à l'article L. 225-109 est fait auprès d'un intermédiaire** *(Décr. n° 2009-295 du 16 mars 2009, art. 4)* **« mentionné à l'article L. 211-3 » du code monétaire et financier.** – *[Décr. n° 67-236 du 23 mars 1967, art. 153-3.] – V. art. préc., App., v^o Banque et financement de l'entreprise.*

SECTION IV **DES MODIFICATIONS DU CAPITAL SOCIAL ET DE L'ACTIONNARIAT DES SALARIÉS**

SOUS-SECTION 1 **DE L'AUGMENTATION DU CAPITAL**

Art. R. 225-113 **Le conseil d'administration ou le directoire donne, dans le rapport prévu à l'article L. 225-129, toutes indications utiles sur les motifs de l'aug-**

mentation du capital proposée ainsi que sur la marche des affaires sociales depuis le début de l'exercice en cours et, si l'assemblée générale ordinaire appelée à statuer sur les comptes n'a pas encore été tenue, pendant l'exercice précédent. Le cas échéant, le conseil d'administration ou le directoire indique le montant maximal de l'augmentation de capital. – *[Décr. n° 67-236 du 23 mars 1967, art. 154.]*

Art. R. 225-114 Le rapport du conseil d'administration ou du directoire prévu à l'article L. 225-135 indique le montant maximal et les motifs de l'augmentation de capital proposée, ainsi que les motifs de la proposition de suppression du droit préférentiel de souscription.

Il indique en outre :

1° Dans les cas prévus à l'article L. 225-136 et au II de l'article L. 225-138, les modalités de placement des nouveaux titres de capital ou des nouvelles valeurs mobilières donnant accès au capital et, avec leur justification, le prix d'émission ou les modalités de sa détermination ;

2° Dans le cas prévu au I de l'article L. 225-138, le nom des attributaires des nouveaux titres de capital ou des nouvelles valeurs mobilières donnant accès au capital, ou les caractéristiques des catégories de personnes concernées, et le nombre de titres attribués à chaque personne ou catégorie de personnes ou les modalités d'attribution des titres.

Le commissaire aux comptes donne son avis dans les cas prévus au 1° selon les modalités prévues au deuxième alinéa de l'article R. 225-115. – *[Décr. n° 67-236 du 23 mars 1967, art. 155.]*

Art. R. 225-115 Lorsque l'assemblée fixe elle-même toutes les modalités de l'augmentation de capital avec suppression du droit préférentiel de souscription, le rapport mentionné à l'article R. 225-114 indique également l'incidence de l'émission proposée sur la situation des titulaires de titres de capital et de valeurs mobilières donnant accès au capital, en particulier en ce qui concerne leur quote-part des capitaux propres à la clôture du dernier exercice. Si la clôture est antérieure de plus de six mois à l'opération envisagée, cette incidence est appréciée au vu d'une situation financière intermédiaire établie selon les mêmes méthodes et suivant la même présentation que le dernier bilan annuel. Dans les sociétés dont les titres sont admis aux négociations sur un marché réglementé, est en outre indiquée l'incidence théorique sur la valeur boursière actuelle de l'action telle qu'elle résulte de la moyenne des vingt séances de bourse précédentes. Ces informations sont également données en tenant compte de l'ensemble des titres émis susceptibles de donner accès au capital.

Le commissaire aux comptes donne son avis sur la proposition de suppression du droit préférentiel, sur le choix des éléments de calcul du prix d'émission et sur son montant, ainsi que sur l'incidence de l'émission sur la situation des titulaires de titres de capital et de valeurs mobilières donnant accès au capital appréciée par rapport aux capitaux propres et, le cas échéant, sur la valeur boursière de l'action. Il *vérifie et certifie la sincérité* des informations tirées des comptes de la société sur lesquelles il donne cet avis. – *[Décr. n° 67-236 du 23 mars 1967, art. 155-1.]*

Art. R. 225-116 Lorsque l'assemblée générale a délégué ses pouvoirs ou sa compétence dans les conditions prévues aux articles L. 225-129-1, L. 225-129-2, et L. 225-136 ou aux I et II de l'article L. 225-138, le conseil d'administration, ou le directoire, établit, au moment où il est fait usage de l'autorisation, un rapport complémentaire décrivant les conditions définitives de l'opération établies conformément à l'autorisation donnée par l'assemblée. Le rapport comporte, en outre, les informations prévues à l'article R. 225-115.

Le commissaire aux comptes vérifie notamment la conformité des modalités de l'opération au regard de l'autorisation donnée par l'assemblée et des indications fournies à celle-ci. Il donne également son avis sur le choix des éléments de calcul du prix d'émission et sur son montant définitif, ainsi que sur l'incidence de l'émission sur la situation des titulaires de titres de capital ou de valeurs mobilières donnant accès au capital telle que définie au deuxième alinéa de l'article R. 225-115.

Ces rapports complémentaires sont immédiatement mis à la disposition des actionnaires au siège social, au plus tard dans les quinze jours suivant la réunion du conseil d'administration ou du directoire, et portés à leur connaissance à la plus prochaine assemblée générale. – *[Décr. n° 67-236 du 23 mars 1967, art. 155-2.]*

Art. R. 225-117 Qu'il soit demandé ou non aux actionnaires et aux porteurs de certificats d'investissement de renoncer à leur droit préférentiel de souscription, le contenu des rapports du conseil d'administration ou du directoire et des commissaires aux comptes à l'assemblée générale appelée à autoriser une émission de valeurs mobilières mentionnées aux articles L. 228-91 et L. 228-93 est régi par les articles R. 225-113 et R. 225-114 ainsi que, selon les cas, par les articles R. 225-115 ou R. 225-116.

Sont en outre indiquées les caractéristiques des valeurs mobilières donnant droit à l'attribution de titres de créances ou donnant accès au capital, les modalités d'attribution des titres de créances ou de capital auxquels ces valeurs mobilières donnent droit, ainsi que les dates auxquelles peuvent être exercés les droits d'attribution. Dans le cas d'émission de valeurs mobilières donnant droit à l'attribution de titres de créances composées uniquement de titres de créances, le rapport du commissaire aux comptes porte sur la situation d'endettement de la société, à l'exclusion du choix des éléments de calcul du prix d'émission.

Lorsque l'augmentation de capital a lieu avec maintien du droit préférentiel de souscription, le commissaire aux comptes donne son avis sur l'émission proposée et sur le choix des éléments de calcul du prix d'émission et son montant. – *[Décr. n° 67-236 du 23 mars 1967, art. 155-3.]*

Art. R. 225-118 Pour l'application de l'article L. 225-135-1, l'assemblée peut prévoir que le nombre de titres pourra être augmenté dans les trente jours de la clôture de la souscription dans la limite de 15 % de l'émission initiale et au même prix que celui retenu pour l'émission initiale. – *[Décr. n° 67-236 du 23 mars 1967, art. 155-4.]*

Art. R. 225-119 Pour l'application du premier alinéa du 1° de l'article L. 225-136, le prix est au moins égal à la moyenne pondérée des cours des trois dernières séances de bourse précédant sa fixation, éventuellement diminuée d'une décote maximale de 5 %. – *[Décr. n° 67-236 du 23 mars 1967, art. 155-5.]*

Art. R. 225-120 Lorsqu'une émission d'actions nouvelles ou de valeurs mobilières donnant accès au capital est susceptible d'entraîner une augmentation de capital, les actionnaires sont informés de cette émission et de ses modalités par un avis contenant notamment les indications suivantes :

1° La dénomination sociale, suivie le cas échéant de son sigle ;

2° La forme de la société ;

3° Le montant du capital social ;

4° L'adresse du siège social ;

5° Les mentions prévues aux 1° et 2° de l'article R. 123-237 ;

6° Le montant de l'augmentation du capital et, le cas échéant, le montant supplémentaire de l'augmentation de capital sur le fondement de l'article L. 225-135-1 ;

7° Les dates d'ouverture et de clôture de la souscription ;

8° L'existence, au profit des actionnaires, du droit préférentiel de souscription des nouvelles actions ou valeurs mobilières donnant accès au capital ainsi que les conditions d'exercice de ce droit ;

9° La valeur nominale des actions ou valeurs mobilières donnant accès au capital à souscrire en numéraire, que cette valeur figure ou non dans les statuts, et, le cas échéant, le montant de la prime d'émission ;

10° La somme immédiatement exigible par action ou valeur mobilière donnant accès au capital souscrite ;

11° Le nom ou la dénomination sociale, l'adresse de la résidence ou du siège social du dépositaire ;

12° Le cas échéant, la description sommaire, l'évaluation et le mode de rémunération des apports en nature compris dans l'augmentation de capital avec l'indication du caractère provisoire de cette évaluation et de ce mode de rémunération ;

13° L'indication que si les actions non souscrites représentent plus de 3 % de l'augmentation de capital, la souscription sera soit ouverte au public, soit limitée au montant des souscriptions reçues.

En cas d'émission de valeurs mobilières donnant accès au capital susceptible d'entraîner une augmentation de capital, l'avis mentionne également les principales caractéristiques des valeurs mobilières, notamment les modalités d'attribution des titres de capital auxquels elles donnent droit, ainsi que les dates auxquelles les droits d'attribution peuvent être exercés.

Les indications prévues au présent article sont portées à la connaissance des actionnaires par lettre recommandée avec demande d'avis de réception quatorze jours au moins avant la date prévue de clôture de la souscription.

(Décr. nº 2008-258 du 13 mars 2008, art. 4, en vigueur le 1er sept. 2008) « Si toutes les actions de la société ne revêtent pas la forme nominative *(Décr. nº 2009-557 du 19 mai 2009, art. 3-X)* « ou si elles sont admises aux négociations sur un marché réglementé », l'avis contenant ces indications est inséré, dans le même délai, dans une notice publiée au *Bulletin des annonces légales obligatoires*.

« Toutefois, si cette société *(Décr. nº 2009-557 du 19 mai 2009, art. 3-X)* « procède à l'émission mentionnée au premier alinéa par une offre au public au sens de l'article L. 411-1 du code monétaire et financier », elle rend publiques ces indications au moins quatorze jours avant la clôture de la souscription selon les modalités prévues par l'article *(Décr. nº 2009-557 du 19 mai 2009, art. 3-X)* « L. 412-1 du même code » et est dispensée des formalités prévues aux alinéas précédents. » — *[Décr. nº 67-236 du 23 mars 1967, art. 156.]*

Art. R. 225-121 Lorsque l'assemblée générale a supprimé le droit préférentiel de souscription des actionnaires, les dispositions de l'article R. 225-120 ne sont pas applicables. — *[Décr. nº 67-236 du 23 mars 1967, art. 157.]*

Art. R. 225-122 L'actionnaire qui renonce à titre individuel à son droit préférentiel de souscription en avise la société par lettre recommandée.

Dans les sociétés dont les actions sont admises aux négociations sur un marché réglementé, la renonciation ne peut être faite au profit de bénéficiaires dénommés.

La renonciation sans indication de bénéficiaire est accompagnée pour les actions au porteur des coupons correspondants ou d'une attestation du dépositaire des titres ou de l'intermédiaire *(Abrogé par Décr. nº 2009-295 du 16 mars 2009, art. 4)* « *habilité* » prévu par l'article R. 211-4 du code monétaire et financier constatant la renonciation de l'actionnaire. — *V. cet art., App., vº Banque et financement de l'entreprise.*

La renonciation faite au profit de bénéficiaires dénommés est accompagnée de l'acceptation de ces derniers.

Pour l'application des dispositions des articles L. 225-133 et L. 225-134, il est tenu compte pour le calcul du nombre d'actions non souscrites de celles qui correspondent aux droits préférentiels auxquels les actionnaires ont renoncé à titre individuel sans indication du nom des bénéficiaires. Toutefois, lorsque cette renonciation a été notifiée à la société au plus tard à la date de la décision de réalisation de l'augmentation de capital, les actions correspondantes sont mises à la disposition des autres actionnaires pour l'exercice de leur droit préférentiel de souscription. – *[Décr. nº 67-236 du 23 mars 1967, art. 157-1.]*

Art. R. 225-123 Le nu-propriétaire d'actions est réputé, à l'égard de l'usufruitier, avoir négligé d'exercer le droit préférentiel de souscription aux actions nouvelles émises par la société lorsqu'il n'a ni souscrit d'actions nouvelles ni vendu les droits de souscription, huit jours avant l'expiration du délai de souscription accordé aux actionnaires.

Il est réputé, à l'égard de l'usufruitier, avoir négligé d'exercer le droit à l'attribution d'actions gratuites lorsqu'il n'a pas demandé cette attribution ni vendu les droits, trois mois après le début des opérations d'attribution. – *[Décr. nº 67-236 du 23 mars 1967, art. 158.]*

Art. R. 225-124 La notice prévue au dernier alinéa de l'article R. 225-120 contient les indications suivantes :

1° L'objet social, indiqué sommairement ;

2° La date d'expiration normale de la société ;

3° Les catégories d'actions émises et leurs caractéristiques ;

4° Les avantages particuliers stipulés par les statuts au profit de toute personne ;

5° Les conditions d'admission aux assemblées d'actionnaires et d'exercice du droit de vote ainsi que, le cas échéant, les dispositions relatives à l'attribution du droit de vote double ;

6° Le cas échéant, les clauses statutaires restreignant la libre cession des actions ;

7° Les dispositions relatives à la répartition des bénéfices, à la constitution des réserves et à la répartition du boni de liquidation ;

8° Le cas échéant, le montant des obligations convertibles en actions antérieurement émises, les délais d'exercice de l'option accordée aux porteurs ou l'indication que la conversion peut avoir lieu à tout moment et les bases de la conversion ;

9° Le montant non amorti des autres obligations antérieurement émises et les garanties dont elles sont assorties ;

10° Le montant, lors de l'émission, des emprunts obligataires garantis par la société ainsi que, le cas échéant, la fraction garantie de ces emprunts.

La notice est revêtue de la signature sociale. – *[Décr. nº 67-236 du 23 mars 1967, art. 159.]*

Art. R. 225-125 Une copie du dernier bilan, certifiée conforme par le représentant légal de la société, est publiée en annexe à la notice prévue à l'article R. 225-124.

Si le dernier bilan a déjà été publié au *Bulletin des annonces légales obligatoires*, la copie de ce bilan peut être remplacée par l'indication de la référence de la publication antérieure.

Si aucun bilan n'a encore été établi, la notice en fait mention. – *[Décr. nº 67-236 du 23 mars 1967, art. 160.]*

Art. R. 225-126 Les *(Abrogé par Décr. nº 2008-258 du 13 mars 2008, art. 5, à compter du 1er sept. 2008)* **« prospectus et »** documents informant le public de l'émission d'actions reproduisent les énonciations de la notice prévue à l'article R. 225-124 et contiennent la mention de l'insertion de cette notice au *Bulletin des annonces légales obligatoires* avec référence au numéro dans lequel elle a été publiée.

Les annonces dans les journaux reproduisent les mêmes énonciations ou au moins un extrait de ces énonciations avec référence à la notice et indication du numéro du *Bulletin des annonces légales obligatoires* dans lequel elle a été publiée. – *[Décr. nº 67-236 du 23 mars 1967, art. 161.]*

Art. R. 225-127 Les formalités prévues par les articles R. 225-120, R. 225-124 et R. 225-125 en cas d'augmentation du capital par émission d'actions nouvelles à souscrire en numéraire sont accomplies par le mandataire du conseil d'administration ou du directoire, selon le cas. – *[Décr. n° 67-236 du 23 mars 1967, art. 162.]*

Art. R. 225-128 Le bulletin de souscription est daté et signé par le souscripteur ou son mandataire qui écrit en toutes lettres le nombre de titres souscrits. Une copie de ce bulletin établie sur papier libre lui est remise.

Le bulletin de souscription comporte :

1° La dénomination sociale, suivie le cas échéant de son sigle ;

2° La forme de la société ;

3° Le montant du capital social ;

4° L'adresse du siège social ;

5° Les mentions prévues aux 1° et 2° de l'article R. 123-237 ;

6° Le montant et les modalités de l'augmentation du capital ;

7° Le cas échéant, le montant à souscrire en actions de numéraire et le montant libéré par les apports en nature ;

8° Le nom ou la désignation sociale et l'adresse de la personne qui reçoit les fonds ;

9° Les nom, prénom usuel et domicile du souscripteur et le nombre des titres souscrits par lui ;

10° La mention de la remise au souscripteur d'une copie du bulletin de souscription. – *[Décr. n° 67-236 du 23 mars 1967, art. 163.]*

Art. R. 225-129 Les fonds provenant des souscriptions en numéraire sont déposés dans les conditions prévues à l'article R. 225-6. – *[Décr. n° 67-236 du 23 mars 1967, art. 164.]*

Art. R. 225-130 Les sommes provenant de la vente prévue à l'article L. 225-130 sont allouées aux titulaires des droits au plus tard trente jours après la date d'inscription à leur compte du nombre entier de titres de capital attribués. – *[Décr. n° 67-236 du 23 mars 1967, art. 165, al. 1er.]*

Art. R. 225-131 La durée minimale du délai de priorité de souscription prévu à l'article L. 225-135 est de trois jours de bourse. – *[Décr. n° 67-236 du 23 mars 1967, art. 165, al. 2.]*

Art. R. 225-132 Le président du directoire ou le directeur général peut procéder aux opérations prévues au dernier alinéa de l'article L. 225-149 et au dernier alinéa de l'article L. 228-12 au plus tard dans le mois qui suit la clôture de l'exercice. – *[Décr. n° 67-236 du 23 mars 1967, art. 165, al. 3.]*

Art. R. 225-133 La durée maximale de suspension de la possibilité d'obtenir des titres de capital par l'exercice de droits attachés aux valeurs mobilières donnant accès au capital, prévue pour l'application de l'article L. 225-149-1, est de trois mois.

Les indications contenues dans l'avis par lequel le conseil d'administration, ou le directoire, suspend la possibilité d'obtenir des titres de capital sont portées à la connaissance des titulaires de valeurs mobilières donnant accès au capital par lettre recommandée avec demande d'avis de réception, sept jours au moins avant la date d'entrée en vigueur de la suspension. *(Décr. n° 2009-557 du 19 mai 2009, art. 3-XI)* « Si les valeurs mobilières de la société donnant accès au capital sont admises aux négociations sur un marché réglementé » ou si toutes ses valeurs mobilières donnant accès au capital ne revêtent pas la forme nominative, l'avis contenant ces indications est inséré, dans le même délai, dans une notice publiée au *Bulletin des annonces légales obligatoires.*

Cet avis mentionne :

1° La dénomination sociale et, le cas échéant, le sigle de la société ;

2° La forme de la société ;

3° Le montant du capital social ;

4° L'adresse du siège social ;

5° Les mentions prévues aux 1° et 2° de l'article R. 123-237 ;

6° Les dates d'entrée en vigueur et de cessation de la suspension. – *[Décr. n° 67-236 du 23 mars 1967, art. 165-1.]*

Art. R. 225-134 En cas de libération d'actions par compensation de créances sur la société, ces créances font l'objet d'un arrêté de compte établi par le conseil d'administration ou le directoire et certifié exact par le commissaire aux comptes. – *[Décr. n° 67-236 du 23 mars 1967, art. 166.]*

Art. R. 225-135 L'augmentation de capital par émission d'actions à souscrire en numéraire est réalisée, selon le cas, à la date du certificat du dépositaire ou à la date de la signature du contrat de garantie conclu dans les conditions prévues à l'article L. 225-145. – *[Décr. n° 67-236 du 23 mars 1967, art. 167.]*

Art. R. 225-136 En cas d'apports en nature ou de stipulation d'avantages particuliers, les commissaires aux apports sont désignés et accomplissent leur mission dans les conditions prévues à l'article R. 225-7. Les dispositions de l'article R. 225-8 sont applicables en cas d'apports en nature.

En cas d'émission d'actions de préférence au profit d'actionnaires désignés, les commissaires aux apports mentionnés à l'article L. 228-15 sont désignés et accomplissent leur mission dans les conditions prévues aux deuxième et troisième alinéas de l'article R. 225-7.

En cas de stipulation d'avantages particuliers ou d'émission d'actions de préférence donnant lieu à l'application de l'article L. 228-15, le rapport décrit et apprécie chacun des avantages particuliers ou des droits particuliers attachés aux actions de préférence. S'il y a lieu, il indique, pour ces droits particuliers, quel mode d'évaluation a été retenu et pourquoi il a été retenu, et justifie que la valeur des droits particuliers correspond au moins à la valeur nominale des actions de préférence à émettre augmentée éventuellement de la prime d'émission.

Le rapport des commissaires aux apports est tenu, au siège social, à la disposition des actionnaires, huit jours au moins avant la date de l'assemblée générale extraordinaire ou avant la date de la réunion du conseil d'administration ou du directoire, en cas de délégation conformément au sixième alinéa de l'article L. 225-147. Dans ce cas, le rapport est porté à la connaissance des actionnaires à la prochaine assemblée générale.

En cas d'émission d'actions de préférence donnant lieu à l'application de l'article L. 228-15, ce délai peut être réduit si tous les actionnaires y consentent, par écrit, préalablement à la désignation du commissaire aux apports. – *[Décr. n° 67-236 du 23 mars 1967, art. 169.]*

• SOUS-SECTION 2 DE LA SOUSCRIPTION ET DE L'ACHAT D'ACTIONS PAR LES SALARIÉS

Art. R. 225-137 Pour l'application, conformément à l'article L. 225-181, des dispositions du 3° de l'article L. 228-99 en vue de la protection des intérêts des bénéficiaires d'options de souscription ou d'achat d'actions, l'article R. 228-91 est applicable, sous réserve des dispositions de la présente sous-section. – *[Décr. n° 67-236 du 23 mars 1967, art. 174-8.]*

Art. R. 225-138 Lorsqu'il existe des options de souscription ou d'achat d'actions, la société qui procède à l'achat de ses actions admises aux négociations sur un marché réglementé procède, lorsque le prix d'acquisition est supérieur au cours de bourse, à un ajustement du nombre d'actions que ces titres permettent d'obtenir.

Cet ajustement garantit, au centième d'action près, que la valeur des actions qui sont obtenues en cas de levée d'option après la réalisation de l'opération est identique à la valeur de celles qui auraient été obtenues en cas de levée d'option avant cette opération.

A cet effet, les nouveaux droits de souscription ou d'achat d'actions sont calculés en tenant compte du rapport entre, d'une part, le produit du pourcentage du capital racheté par la différence entre le prix de rachat et une moyenne pondérée *(Décr. n° 2007-750 du 9 mai 2007, art. 34)* « des » cours des trois dernières séances de bourse au moins qui précèdent le rachat ou la faculté de rachat et, d'autre part, cette moyenne. Les éventuels ajustements successifs sont effectués à partir de la parité qui précède immédiatement, arrondie comme il est dit à l'alinéa précédent.

Le conseil d'administration ou le directoire rend compte des éléments de calcul et des résultats de l'ajustement dans le rapport annuel suivant. – *[Décr. n° 67-236 du 23 mars 1967, art. 174-9-A.]*

Art. R. 225-139 Sans préjudice des dispositions du premier alinéa de l'article R. 228-91, lorsqu'une société procède à une augmentation de capital par incorporation de réserves, bénéfices ou primes d'émission et distribution d'actions gratuites, le prix de souscription ou d'achat des actions sous option, tel qu'il était fixé avant cette opération, est ajusté en faisant le produit de ce prix par le rapport entre le nombre des actions anciennes et le nombre total des actions anciennes et nouvelles ; pour l'établissement de ce rapport, il est tenu compte, le cas échéant, de l'existence de plusieurs catégories d'actions anciennes et nouvelles. – *[Décr. n° 67-236 du 23 mars 1967, art. 174-10.]*

Art. R. 225-140 Dans tous les cas mentionnés aux articles R. 225-138, R. 225-139 et R. 228-91, il est procédé à un ajustement du nombre des actions sous option, de telle sorte que le total des prix de souscription ou d'achat reste constant. Toutefois le nombre ajusté est arrondi à l'unité supérieure. – *[Décr. n° 67-236 du 23 mars 1967, art. 174-13.]*

Art. R. 225-141 L'ajustement du prix de souscription ne peut jamais avoir pour effet de ramener ce prix au-dessous du montant du nominal de l'action. – *[Décr. n° 67-236 du 23 mars 1967, art. 174-15.]*

Art. R. 225-142 Dans le cas d'une réduction du capital motivée par des pertes, le prix de souscription ou d'achat des actions sous option, fixé avant cette opération, est ajusté en faisant le produit de ce prix par le rapport entre le nombre des actions anciennes et le nombre des actions subsistant après réduction ; pour l'établissement de ce rapport il est tenu compte, le cas échéant, de l'existence de plusieurs catégories d'actions anciennes ou nouvelles.

Il est procédé à un ajustement du nombre des actions offertes de telle sorte que le total des prix de souscription ou d'achat reste constant. Toutefois, le nombre ajusté est arrondi à l'unité supérieure.

Dans le cas d'une réduction du capital sans modification du nombre d'actions, il n'y a pas lieu à ajustement. – *[Décr. n° 67-236 du 23 mars 1967, art. 174-16.]*

Art. R. 225-143 Sans préjudice de l'incidence des ajustements prévus aux articles R. 225-137 à R. 225-142, le montant total des options ouvertes et non encore levées ne peut donner droit à souscrire un nombre d'actions excédant le tiers du capital social. – *[Décr. n° 67-236 du 23 mars 1967, art. 174-17.]*

Art. R. 225-144 Le conseil d'administration ou le directoire, selon le cas, indique dans le rapport prévu à l'article L. 225-177 les motifs de l'ouverture des options de souscription ou d'achat d'actions ainsi que les modalités proposées pour la fixation du prix de souscription ou d'achat. Les noms des bénéficiaires éventuels des options et le nombre des titres sur lesquels portent ces options peuvent ne pas être précisés.

Les commissaires aux comptes, dans le rapport prévu au même article, donnent leur avis sur les modalités proposées pour la fixation du prix de souscription ou d'achat. – *[Décr. n° 67-236 du 23 mars 1967, art. 174-19.]*

Art. R. 225-145 Les augmentations du capital rendues nécessaires par les levées d'options de souscription d'actions sont réalisées sans publication de l'avis prévu à l'article R. 225-120 et de la notice prévue à l'article R. 225-124 et sans que les mentions prévues aux 6° et 7° de l'article R. 225-128 figurent sur les bulletins de souscription. Les articles R. 225-129 à R. 225-135 ne sont pas applicables.

Les modifications statutaires apportées en application de l'article L. 225-178 sont publiées dans le délai d'un mois dans les conditions prévues à l'article R. 210-9. Dans le même délai, la modification statutaire est déclarée au greffe du tribunal de commerce et publiée conformément à l'article R. 123-99. – *[Décr. n° 67-236 du 23 mars 1967, art. 174-21.]*

● SOUS-SECTION 3 DE L'AMORTISSEMENT DU CAPITAL

Art. R. 225-146 Les sommes prélevées sur les profits sociaux en application du deuxième alinéa de l'article L. 225-200 sont inscrites à un compte de réserve.

Il en est de même des sommes versées par les actionnaires en application de l'article L. 225-201.

Lorsque les actions sont inégalement amorties, il est ouvert un compte de réserve pour chacune des catégories d'actions également amorties. – *[Décr. n° 67-236 du 23 mars 1967, art. 175.]*

Art. R. 225-147 Lorsque le montant d'un compte de réserve prévu au premier alinéa de l'article R. 225-146 est égal au montant amorti des actions ou de la catégorie d'actions correspondante, la conversion des actions amorties en actions de capital est réalisée et les statuts de la société sont modifiés conformément aux dispositions de l'article L. 225-203. – *[Décr. n° 67-236 du 23 mars 1967, art. 176.]*

Art. R. 225-148 Lorsque la conversion des actions amorties en actions de capital a été réalisée dans les conditions prévues à l'article L. 225-201, il est procédé, au plus tard lors de la clôture de chaque exercice, à la modification des statuts correspondant aux conversions d'actions réalisées au cours de cet exercice. – *[Décr. n° 67-236 du 23 mars 1967, art. 177.]*

Art. R. 225-149 Les actions intégralement ou partiellement amorties dont la conversion en actions de capital a été décidée ont droit, pour chaque exercice, et *jusqu'à réalisation* de cette conversion, au premier dividende ou à l'intérêt en tenant lieu calculé sur le montant, à la clôture de l'exercice précédent, du compte de réserve prévu au premier alinéa de l'article R. 225-146.

En outre, les actions partiellement amorties continuent à bénéficier du premier dividende ou de l'intérêt en tenant lieu calculé sur le montant non amorti de ces actions. – *[Décr. n° 67-236 du 23 mars 1967, art. 178.]*

• SOUS-SECTION 4 DE LA RÉDUCTION DU CAPITAL

Art. R. 225-150 Quinze jours au moins avant la réunion de l'assemblée générale appelée à statuer sur l'opération envisagée en application des articles L. 225-204 ou L. 225-209, la société adresse aux actionnaires ou met à leur disposition dans les conditions prévues aux articles R. 225-88 et R. 225-89 le rapport des commissaires aux comptes sur cette opération. – *[Décr. nº 67-236 du 23 mars 1967, art. 179.]*

Art. R. 225-151 Pour la détermination du plafond prévu à l'article L. 225-209, l'assemblée générale fixe le nombre maximal de titres qui pourront être acquis ainsi que le montant maximal de l'opération. – *[Décr. nº 67-236 du 23 mars 1967, art. 179-1.]*

Art. R. 225-152 Pour l'application du premier alinéa de l'article L. 225-205, le délai d'opposition des créanciers à la réduction du capital est de vingt jours à compter de la date du dépôt au greffe du procès-verbal de délibération de l'assemblée générale qui a décidé ou autorisé la réduction.

L'opposition est portée devant le tribunal de commerce. – *[Décr nº 67-236 du 23 mars 1967, art. 180.]*

Art. R. 225-153 Lorsque la société a décidé de procéder à l'achat de ses propres actions en vue de les annuler et de réduire son capital à due concurrence, elle fait cette offre d'achat à tous les actionnaires.

A cette fin, un avis d'achat est inséré dans un journal habilité à recevoir les annonces légales dans le département du siège social et, en outre, *(Décr. nº 2009-557 du 19 mai 2009, art. 3-XII)* « si les actions de la société sont admises aux négociations sur un marché réglementé » ou si toutes ses actions ne revêtent pas la forme nominative, au *Bulletin des annonces légales obligatoires*.

Toutefois, si toutes les actions de la société sont nominatives, les insertions prévues à l'alinéa précédent peuvent être remplacées par un avis adressé, par lettre recommandée et aux frais de la société, à chaque actionnaire. – *[Décr. nº 67-236 du 23 mars 1967, art. 181.]*

Art. R. 225-154 L'avis prévu à l'article R. 225-153 indique la dénomination sociale et la forme de la société, l'adresse du siège social, le montant du capital social, le nombre d'actions dont l'achat est envisagé, le prix offert par action, le mode de paiement, le délai pendant lequel l'offre sera maintenue et le lieu où elle peut être acceptée.

Le délai prévu à l'alinéa précédent ne peut être inférieur à vingt jours. – *[Décr. nº 67-236 du 23 mars 1967, art. 182.]*

Art. R. 225-155 Si les actions présentées à l'achat excèdent le nombre d'actions à acheter, il est procédé, pour chaque actionnaire vendeur, à une réduction proportionnelle au nombre d'actions dont il justifie être propriétaire ou titulaire.

Si les actions présentées à l'achat n'atteignent pas le nombre d'actions à acheter, le capital social est réduit à due concurrence des actions achetées. Toutefois, le conseil d'administration ou le directoire, selon le cas, peut décider de renouveler l'opération, dans les conditions prévues aux articles R. 225-153 et R. 225-154, jusqu'à complet achat du nombre d'actions initialement fixé sous réserve d'y procéder dans le délai indiqué par la délibération de l'assemblée générale ayant autorisé la réduction du capital. – *[Décr. nº 67-236 du 23 mars 1967, art. 183.]*

Art. R. 225-156 Les dispositions des articles R. 225-153 à R. 225-155 ne sont pas applicables lorsque l'assemblée générale, pour faciliter une augmentation du capital, une émission de valeurs mobilières donnant accès au capital, une fusion ou une scission, a autorisé le conseil d'administration ou le directoire, selon le cas, à acheter un petit nombre d'actions en vue de les annuler.

L'achat réalisé dans les conditions prévues à l'alinéa précédent ne peut porter, au cours d'un même exercice, que sur un nombre d'actions représentant au plus 0,25 % du montant du capital social.

Les commissaires aux comptes donnent, dans leur rapport sur l'opération projetée, leur avis sur l'opportunité et les modalités de l'achat d'actions envisagé. – *[Décr. n° 67-236 du 23 mars 1967, art. 184.]*

Art. R. 225-157 Les dispositions des articles R. 225-153 à R. 225-155 ne sont pas applicables aux opérations réalisées en application de l'article L. 225-209. – *[Décr. n° 67-236 du 23 mars 1967, art. 184-1.]*

Art. R. 225-158 Les actions achetées, en vue d'une réduction du capital social, par la société qui les a émises sont annulées, s'il s'agit de titres au nominatif, par apposition d'une mention sur le registre des actions nominatives de la société.

Lorsque les actions sont inscrites en compte conformément aux dispositions des articles R. 211-1 et suivants du code monétaire et financier, l'annulation des actions est constatée par un virement à un compte d'ordre ouvert au nom de la société, soit chez elle, soit chez un intermédiaire *(Décr. n° 2009-295 du 16 mars 2009, art. 4)* « mentionné à l'article L. 211-3 du même code ». – *V. les art. préc., App., v° Banque et financement de l'entreprise.*

Lorsque la réduction de capital est effectuée selon les modalités prévues à l'article L. 225-207, les actions achetées par la société qui les a émises sont annulées un mois au plus tard après l'expiration du délai fixé à l'article R. 225-154 ou après l'achat réalisé dans les conditions prévues à l'article R. 225-156. – *[Décr. n° 67-236 du 23 mars 1967, art. 185.]*

● SOUS-SECTION 5 DE LA SOUSCRIPTION, DE L'ACHAT OU DE LA PRISE EN GAGE PAR LES SOCIÉTÉS DE LEURS PROPRES ACTIONS

Art. R. 225-159 Le registre des achats tenu en application de l'article L. 225-211 pour relater les opérations effectuées en application de l'article L. 225-208 indique dans l'ordre des négociations réalisées :

1° La date de chaque opération ;
2° Le cours d'achat ;
3° Le nombre des actions achetées à chaque cours ;
4° Le coût total de l'achat, incluant le montant des frais.

Il indique également le nombre des actions détenues à la fin de chaque exercice et leur coût global ainsi que le nombre des actions attribuées aux salariés et la date de chaque attribution. – *[Décr. n° 67-236 du 23 mars 1967, art. 185-1.]*

Art. R. 225-160 Le registre des achats et des ventes tenu en application de l'article L. 225-211 pour relater les opérations effectuées en application de l'article *(Décr. n° 2007-750 du 9 mai 2007, art. 35)* « L. 225-209 » indique séparément les opérations d'achat et les opérations de vente.

Pour chacune de ces opérations, le registre indique, dans l'ordre des négociations réalisées :

1° La date de l'opération ;
2° Le cours d'achat ou de vente ;
3° Le nombre des actions achetées ou vendues à chaque cours ;

4° Le coût total de l'achat, incluant le montant des frais, ou le produit net de la vente ;

5° Le nombre total des actions achetées et leur coût global ;

6° Le nom du prestataire de services d'investissements ayant exécuté l'ordre d'achat ou de vente ou le nom de l'établissement de crédit ou de l'établissement financier ayant transmis l'ordre ;

7° Le cas échéant, le nom de la personne ayant agi en son nom mais pour le compte de la société.

Le nombre et le coût total de l'achat des actions vendues sont déduits, au moins chaque semestre, du nombre des actions achetées et de leur coût global. – *[Décr. n° 67-236 du 23 mars 1967, art. 185-2.]*

SECTION V DU CONTRÔLE DES SOCIÉTÉS ANONYMES

Art. R. 225-161 Les commissaires aux comptes établissent et déposent au siège social le rapport spécial prévu au troisième alinéa des articles L. 225-40 et L. 225-88 quinze jours au moins avant la réunion de l'assemblée générale ordinaire. – *[Décr. n° 67-236 du 23 mars 1967, art. 191.]*

Art. R. 225-162 Le commissaire aux comptes ne peut convoquer l'assemblée des actionnaires qu'après avoir vainement requis sa convocation du conseil d'administration ou du directoire, selon le cas, par lettre recommandée avec demande d'avis de réception.

Lorsqu'il procède à cette convocation, il fixe l'ordre du jour et peut, pour des motifs déterminants, choisir un lieu de réunion autre que celui éventuellement prévu par les statuts, mais situé dans le même département. Il expose les motifs de la convocation dans un rapport lu à l'assemblée.

En cas de pluralité de commissaire*[s]* aux comptes, ils agissent d'accord entre eux. S'ils sont en désaccord sur l'opportunité de convoquer l'assemblée, l'un d'eux peut demander au président du tribunal de commerce statuant en référé l'autorisation de procéder à cette convocation, les autres commissaires et le président du conseil d'administration ou du directoire dûment appelés. L'ordonnance du président, qui fixe l'ordre du jour, n'est susceptible d'aucune voie de recours.

Dans tous les cas, les frais entraînés par la réunion de l'assemblée sont à la charge de la société. – *[Décr. n° 67-236 du 23 mars 1967, art. 194.]*

Art. R. 225-163 L'expert chargé de présenter un rapport sur une ou plusieurs opérations de gestion, dans les conditions prévues à l'article L. 225-231, est désigné par le président du tribunal de commerce, statuant en la forme des référés, après que le greffier a convoqué le président du conseil d'administration ou du directoire à l'audience par lettre recommandée avec demande d'avis de réception.

Lorsque la demande d'expertise émane du procureur de la République, elle est présentée par requête ; lorsqu'elle émane de l'Autorité des marchés financiers, elle est faite par lettre recommandée avec demande d'avis de réception. Les parties autres que le procureur de la République sont convoquées à la diligence du greffier par lettre recommandée avec demande d'avis de réception.

Le rapport d'expertise est déposé au greffe. Le greffier en assure la communication. – *[Décr. n° 67-236 du 23 mars 1967, art. 195.]*

Art. R. 225-164 Le président du conseil d'administration ou le directoire répond par écrit dans le délai d'un mois aux questions qui lui sont posées en application de l'article L. 225-232. Dans le même délai, il adresse copie de la question et de sa réponse au commissaire aux comptes. – *[Décr. n° 67-236 du 23 mars 1967, art. 195-1.]*

SECTION VI DE LA TRANSFORMATION DES SOCIÉTÉS ANONYMES

Art. R. 225-165 La transformation de la société fait l'objet de la publicité prévue en cas de modification des statuts. – *[Décr. n° 67-236 du 23 mars 1967, art. 196.]*

SECTION VII DE LA DISSOLUTION DES SOCIÉTÉS ANONYMES

Art. R. 225-166 Dans le cas où, du fait de pertes constatées dans les documents comptables, les capitaux propres de la société deviennent inférieurs à la moitié du capital social, la décision de l'assemblée générale prévue au premier alinéa de l'article L. 225-248 est déposée au greffe du tribunal de commerce du lieu du siège social et inscrite au registre du commerce et des sociétés.

En outre, elle est publiée dans un journal habilité à recevoir des annonces légales conformément aux dispositions de l'article R. 210-11. – *[Décr. n° 67-236 du 23 mars 1967, art. 197.]*

SECTION VIII DE LA RESPONSABILITÉ CIVILE

Art. R. 225-167 Les actionnaires qui, sur le fondement des dispositions des articles L. 225-251 et L. 225-256, entendent demander aux administrateurs, au directeur général ou aux membres du directoire la réparation du préjudice qu'ils ont subi personnellement en raison de mêmes faits peuvent donner à un ou plusieurs d'entre eux le mandat d'agir en leur nom devant les juridictions civiles, sous les conditions suivantes :

1° Le mandat est écrit et mentionne expressément qu'il donne au ou aux mandataires le pouvoir d'accomplir au nom du mandant tous les actes de procédure ; il précise, s'il y a lieu, qu'il emporte le pouvoir d'exercer les voies de recours ;

2° La demande en justice indique les nom, prénoms et adresse de chacun des mandants ainsi que le nombre des actions qu'ils détiennent. Elle précise le montant de la réparation réclamée par chacun d'eux. – *[Décr. n° 67-236 du 23 mars 1967, art. 199.]*

Art. R. 225-168 Les actes de procédure et de notification sont réputés valablement accomplis à l'égard du ou des seuls mandataires. – *[Décr. n° 67-236 du 23 mars 1967, art. 199-1.]*

Art. R. 225-169 S'ils représentent au moins le vingtième du capital social, des actionnaires peuvent, dans un intérêt commun, charger à leurs frais, un ou plusieurs d'entre eux de les représenter, pour soutenir, tant en demande qu'en défense, l'action sociale soit contre les administrateurs, soit contre le directeur général, soit contre les membres du directoire.

Toutefois, lorsque le capital de la société est supérieur à 750 000 €, le montant du capital à représenter en application de l'alinéa précédent est, selon l'importance de ce capital, réduit ainsi qu'il suit :

a) 4 % pour les 750 000 premiers euros ;

b) 2,50 % pour la tranche de capital comprise entre 750 000 et 7 500 000 € ;

c) 1 % pour la tranche de capital comprise entre 7 500 000 et 15 000 000 € ;

d) 0,50 % pour le surplus du capital.

Le retrait en cours d'instance d'un ou plusieurs des actionnaires mentionnés à l'alinéa précédent, soit qu'ils aient perdu la qualité d'actionnaire, soit qu'ils se soient volontairement désistés, est sans effet sur la poursuite de l'instance. – *[Décr. nº 67-236 du 23 mars 1967, art. 200.]*

Art. R. 225-170 Lorsque l'action sociale est intentée par un ou plusieurs actionnaires, agissant soit individuellement, soit dans les conditions prévues à l'article R. 225-169, le tribunal ne peut statuer que si la société a été régulièrement mise en cause par l'intermédiaire de ses représentants légaux.

Le tribunal peut désigner un mandataire *ad hoc* pour représenter la société dans l'instance, lorsqu'il existe un conflit d'intérêt entre celle-ci et ses représentants légaux. – *[Décr. nº 67-236 du 23 mars 1967, art. 201.]*

SECTION IX DES SOCIÉTÉS ANONYMES À PARTICIPATION OUVRIÈRE

Art. R. 225-171 Le président du tribunal de commerce du ressort du siège social de la société, statuant sur requête du président du conseil d'administration ou du directoire de la société anonyme à participation ouvrière, désigne l'expert indépendant chargé de présenter à l'assemblée générale des actionnaires le rapport sur le montant de l'indemnisation proposée aux participants et anciens participants mentionnés au deuxième alinéa de l'article L. 225-269.

Cet expert est choisi parmi les commissaires aux comptes inscrits sur la liste prévue à l'article L. 822-1.

Il est soumis aux incompatibilités prévues aux articles L. 820-6 et L. 822-10 à L. 822-14 et au code de déontologie de la profession. – *[Décr. nº 94-815 du 14 sept. 1994, art. 1er.]*

Art. R. 225-172 La requête du président du conseil d'administration ou du directoire de la société anonyme à participation ouvrière intervient trois mois au moins avant la date de l'assemblée générale extraordinaire appelée à statuer sur l'indemnisation.

Le rapport de l'expert est déposé au siège social trente-cinq jours au moins avant la date de réunion de l'assemblée générale extraordinaire appelée à statuer sur l'indemnisation et est tenu à la disposition des actionnaires et des mandataires sociaux de la société coopérative de main-d'œuvre. – *[Décr. nº 94-815 du 14 sept. 1994, art. 2.]*

CHAPITRE VI DES SOCIÉTÉS EN COMMANDITE PAR ACTIONS

Art. R. 226-1 Dans la mesure où elles sont compatibles avec les dispositions particulières prévues par les articles L. 226-1 à L. 226-14, les règles édictées par le présent livre et concernant les sociétés en commandite simple et les sociétés anonymes, à l'exception des articles R. 225-15 à R. 225-60, sont applicables aux sociétés en commandite par actions. – *[Décr. nº 67-236 du 23 mars 1967, art. 202.]*

Art. R. 226-2 Les dispositions des articles R. 225-30 et R. 225-31 sont applicables aux conventions mentionnées à l'article L. 226-10.

L'avis prévu au premier alinéa de l'article R. 225-30 est donné par le président du conseil de surveillance. – *[Décr. nº 67-236 du 23 mars 1967, art. 203-1.]*

Art. R. 226-3 Les dispositions des articles R. 225-110 à R. 225-112 sont applicables aux gérants et membres du conseil de surveillance. – *[Décr. nº 67-236 du 23 mars 1967, art. 203-2.]*

CHAPITRE VII DES SOCIÉTÉS PAR ACTIONS SIMPLIFIÉES

Art. R. 227-1 *(Décr. nº 2009-234 du 25 févr. 2009, art. 5)* Pour l'application de l'article L. 227-9-1 relatif à la désignation d'un commissaire aux comptes, le total du bilan est fixé à 1 000 000 €, le montant hors taxe*[s]* du chiffre d'affaires à 2 000 000 € et le nombre moyen de salariés permanents employés au cours de l'exercice à vingt.

Le total du bilan, le montant hors taxe *[s]* du chiffre d'affaires et le nombre moyen de salariés sont déterminés conformément aux quatrième, cinquième et sixième alinéas de l'article R. 123-200.

La société n'est plus tenue de désigner un commissaire aux comptes dès lors qu'elle n'a pas dépassé les chiffres fixés pour deux de ces trois critères pendant les deux exercices précédant l'expiration du mandat du commissaire aux comptes.

Dans le cas prévu au quatrième alinéa de l'article L. 227-9-1, le commissaire aux comptes est désigné par ordonnance du président du tribunal de commerce statuant en la forme des référés.

CHAPITRE VIII DES VALEURS MOBILIÈRES ÉMISES PAR LES SOCIÉTÉS PAR ACTIONS

SECTION PREMIÈRE DISPOSITIONS COMMUNES

Art. R. 228-1 L'intermédiaire mentionné aux septième et huitième alinéas de l'article L. 228-1 déclare sa qualité d'intermédiaire inscrit pour le compte de tiers, dès l'ouverture du compte, auprès de la société émettrice *(Décr. nº 2009-295 du 16 mars 2009, art. 4)* « , auprès d'un intermédiaire mentionné à l'article L. 211-3 du code monétaire et financier ou auprès d'un dépositaire central » lorsque l'intermédiaire inscrit a ouvert un compte de titres dans les livres de ce dépositaire central. – *[Décr. nº 67-236 du 23 mars 1967, art. 151-1.]*

L'intermédiaire déjà inscrit pour le compte de propriétaires d'actions, à la date d'entrée en vigueur du Décr. nº 2002-803 du 3 mai 2002, doit, dans les trois mois de la publication de celui-ci [JO 5 mai], déclarer sa qualité dans les conditions de l'art. L. 228-1 (Décr. préc., art. 59).

Art. R. 228-2 Lorsque les titres revêtent la forme de titres nominatifs administrés, l'intermédiaire *(Décr. nº 2009-295 du 16 mars 2009, art. 4)* « mentionné à l'article L. 211-3 du code monétaire et financier » transmet immédiatement cette déclaration à la société émettrice. – *[Décr. nº 67-236 du 23 mars 1967, art. 151-2.]*

Art. R. 228-3 Lorsqu'en application des dispositions du II de l'article L. 228-2 et du I de l'article L. 228-3-1, la société émettrice demande directement des informations aux personnes figurant sur la liste transmise par le dépositaire central des titres ou par l'intermédiaire inscrit, ces personnes sont tenues de répondre soit directement à la société, soit au teneur de compte-conservateur habilité qui transmet à son tour la réponse à la société. – *[Décr. nº 67-236 du 23 mars 1967, art. 151-3.]*

Art. R. 228-4 Le délai donné aux teneurs de compte-conservateurs mentionnés au deuxième alinéa du I de l'article L. 228-2 est de dix jours ouvrables à compter de la demande. – *[Décr. nº 67-236 du 23 mars 1967, art. 151-4.]*

Art. R. 228-5 Le délai donné à l'intermédiaire inscrit en vertu du premier alinéa de l'article L. 228-3 est de dix jours ouvrables à compter de la demande. – *[Décr. nº 67-236 du 23 mars 1967, art. 151-5.]*

Art. R. 228-6 L'intermédiaire inscrit bénéficiaire d'un mandat mentionné à l'article L. 228-3-2 peut transmettre ou émettre sous sa signature les votes des propriétaires d'actions. Les mandats et procurations sont conservés durant un délai de trois ans à compter de l'assemblée générale au cours de laquelle ont été exercés les droits de vote. – *[Décr. nº 67-236 du 23 mars 1967, art. 151-6.]*

Art. R. 228-7 La société tient à jour la liste des personnes titulaires d'actions nominatives, avec l'indication du domicile déclaré par chacune d'elles. – *[Décr. nº 67-236 du 23 mars 1967, art. 152.]*

Art. R. 228-8 Les registres de titres nominatifs émis par une société sont établis par cette société ou par une personne qu'elle habilite à cet effet.

Ils peuvent être constitués par la réunion, dans l'ordre chronologique de leur établissement, de feuillets identiques utilisés sur une seule face. Chacun de ces feuillets est réservé à un titulaire de titres à raison de sa propriété ou à plusieurs titulaires à raison de leur copropriété, de leur bail, de leur nue-propriété ou de leur usufruit sur ces titres.

En outre, il peut être tenu des fichiers contenant, par ordre alphabétique, les noms et adresses des titulaires de titres, ainsi que l'indication du nombre, de la catégorie et, le cas échéant, des numéros des titres de chaque titulaire. Les mentions de ces fichiers ne peuvent faire preuve contre celles contenues dans les registres. – *[Décr. nº 67-236 du 23 mars 1967, art. 204.]*

Art. R. 228-9 Les registres mentionnés à l'article R. 228-8 contiennent les indications relatives aux opérations de transfert et de conversion des titres, et notamment :

1º La date de l'opération ;

2º Les nom, prénoms et domicile de l'ancien et du nouveau titulaire des titres, en cas de transfert ;

3º Les nom, prénoms et domicile du titulaire des titres, en cas de conversion de titres au porteur en titres nominatifs ;

4º La valeur nominale et le nombre de titres transférés ou convertis. Toutefois, lorsque ces titres sont des actions, le capital social et le nombre de titres représenté par l'ensemble des actions de la même catégorie peuvent être indiqués en lieu et place de leur valeur nominale ;

5º Le cas échéant, si la société a émis des actions de différentes catégories et s'il n'est tenu qu'un seul registre des actions nominatives, la catégorie et les caractéristiques des actions transférées ou converties ;

6º Un numéro d'ordre affecté à l'opération.

En cas de transfert, le nom de l'ancien titulaire des titres peut être remplacé par un numéro d'ordre permettant de retrouver ce nom dans les registres. – *[Décr. nº 67-236 du 23 mars 1967, art. 205.]*

Art. R. 228-10 Pour l'application de la dernière phrase du neuvième alinéa de l'article L. 228-1, l'inscription au compte de l'acheteur est faite à la date fixée par l'accord des parties et notifiée à la société émettrice. – *[Décr. nº 67-236 du 23 mars 1967, art. 205 bis.]*

Art. R. 228-11 La mise en vente par la société des titres non réclamés par les ayants droit, prévue à l'article L. 228-6, est précédée de la publication d'un avis dans deux journaux à diffusion nationale ; cet avis les met en demeure de faire valoir leurs droits dans un délai de deux ans et les informe que la société procédera à la vente à l'expiration de ce délai.

Ce même avis informe les ayants droit que la société tiendra le produit net de la vente des titres à leur disposition pendant dix ans à un compte bloqué dans un établissement de crédit. – *[Décr. n° 67-236 du 23 mars 1967, art. 205-1.]*

Art. R. 228-12 La vente des titres par la société a lieu sur le marché réglementé aux négociations duquel ils sont admis.

A défaut, la vente est faite aux enchères publiques dans les conditions prévues par l'article *(Décr. n° 2009-295 du 16 mars 2009, art. 4)* « L. 211-21 » du code monétaire et financier. – *[Décr. n° 67-236 du 23 mars 1967, art. 205-2.] – V. cet art., App., v° Banque et financement de l'entreprise.*

Art. R. 228-13 Pour l'application de l'article L. 228-6-1, la période à l'issue de laquelle a lieu la vente globale des actions non attribuées correspondant aux droits formant rompus ne peut excéder trente jours à compter de la plus tardive des dates d'inscription au compte des titulaires des droits du nombre entier d'actions attribuées. La vente est faite selon les modalités prévues à l'article R. 228-12. – *[Décr. n° 67-236 du 23 mars 1967, art. 205-3.]*

Art. R. 228-14 Pour l'application de l'article L. 228-6-3, la vente a lieu, selon les modalités prévues à l'article R. 228-12, à l'expiration d'un délai d'un an après publicité effectuée dans les conditions prévues à l'article R. 228-11 si, pendant cette période, les personnes au nom desquelles l'inscription a été faite ou leurs ayants droit n'ont pu être atteints par l'avis mentionné à l'article R. 228-11 adressé par lettre recommandée avec demande d'avis de réception. – *[Décr. n° 67-236 du 23 mars 1967, art. 205-4.]*

SECTION II DES ACTIONS

SOUS-SECTION 1 DE L'ÉMISSION, DU RACHAT ET DE LA CONVERSION DES ACTIONS DE PRÉFÉRENCE

Art. R. 228-15 En cas de conversion d'actions de préférence en actions aboutissant à une réduction de capital non motivée par des pertes, les dispositions de l'article R. 225-152 s'appliquent.

Une décision de justice rejette l'opposition ou ordonne soit le remboursement des créances, soit la constitution de garanties si la société en offre et si elles sont jugées suffisantes.

Si le juge de première instance accueille l'opposition, la procédure de conversion est immédiatement interrompue jusqu'à la constitution de garanties suffisantes ou jusqu'au remboursement des créances. S'il la rejette, les opérations de conversion peuvent commencer. – *[Décr. n° 67-236 du 23 mars 1967, art. 206.]*

Art. R. 228-16 L'assemblée spéciale, statuant dans les conditions prévues à l'article L. 225-99 sur les questions qui lui sont soumises pour approbation et composée des titulaires d'actions de préférence intéressés, est convoquée dans les mêmes formes et se tient au plus tard le même jour que l'assemblée générale. – *[Décr. n° 67-236 du 23 mars 1967, art. 206-1.]*

Art. R. 228-17 En cas d'émission d'actions de préférence dans les conditions prévues à l'article L. 228-12, le rapport du conseil d'administration ou du directoire indique les caractéristiques des actions de préférence et précise l'incidence de l'opération sur la situation des titulaires de titres de capital et de valeurs mobilières donnant accès au capital. Il est conforme aux règles posées par les articles R. 225-113 et R. 225-114, ainsi que, selon les cas, par les articles R. 225-115 ou R. 225-116.

Le commissaire aux comptes donne son avis sur l'augmentation de capital envisagée, les caractéristiques des actions de préférence et l'incidence de l'opération sur la situation des titulaires de titres de capital et de valeurs mobilières donnant accès au capital telle que définie au premier alinéa de l'article R. 225-115. Le cas échéant, ce rapport est conforme aux règles posées par l'article R. 225-114, ainsi que, selon les cas, par les articles R. 225-115 ou R. 225-116. – *[Décr. n° 67-236 du 23 mars 1967, art. 206-2.]*

Art. R. 228-18 Le rapport du conseil d'administration ou du directoire à l'assemblée générale extraordinaire appelée à se prononcer sur la conversion prévue aux articles L. 228-12, L. 228-14 et au second alinéa de l'article L. 228-15 indique les conditions de celle-ci, les modalités de calcul du rapport de conversion et les modalités de sa réalisation. Il précise l'incidence de l'opération sur la situation des titulaires de titres de capital et de valeurs mobilières donnant accès au capital telle que définie au premier alinéa de l'article R. 225-115. Le cas échéant, il indique les caractéristiques des actions de préférence issues de la conversion.

Le commissaire aux comptes donne son avis sur la conversion ainsi que sur l'incidence de l'opération sur la situation des titulaires de titres de capital et de valeurs mobilières donnant accès au capital telle que définie au premier alinéa de l'article R. 225-115 et indique si les modalités de calcul du rapport de conversion sont exactes et sincères. – *[Décr. n° 67-236 du 23 mars 1967, art. 206-3.]*

Art. R. 228-19 Pour l'application du premier alinéa de l'article L. 228-12 et de l'article L. 228-20, le rapport du conseil d'administration ou du directoire précise les conditions du rachat ou du remboursement, ainsi que les justifications et les modalités de calcul du prix proposé.

Il précise l'incidence de l'opération sur la situation des titulaires de titres de capital et de valeurs mobilières donnant accès au capital telle que définie au premier alinéa de l'article R. 225-115.

Le commissaire aux comptes donne son avis sur l'offre de rachat ou de remboursement ainsi que sur l'incidence de l'opération sur la situation des titulaires de titres de capital et de valeurs mobilières donnant accès au capital telle que définie au premier alinéa de l'article *(Décr. n° 2007-750 du 9 mai 2007, art. 36)* « R. 225-115 » et indique si les modalités de calcul du prix de rachat sont exactes et sincères. – *[Décr. n° 67-236 du 23 mars 1967, art. 206-4.]*

Art. R. 228-20 Lorsque l'assemblée générale extraordinaire se prononce sur l'inscription dans les statuts des modalités de conversion, de rachat ou de remboursement des actions de préférence, le rapport du conseil d'administration ou du directoire indique les modalités de conversion, de rachat ou de remboursement, ainsi que les modalités de mise à disposition des actionnaires des rapports du conseil d'administration ou du directoire et du commissaire aux comptes prévus aux articles R. 228-18 ou R. 228-19. Le cas échéant, il précise les critères d'appréciation de l'absence de liquidité du marché mentionnée à l'article L. 228-20. Ces indications sont portées dans les statuts.

Le commissaire aux comptes donne son avis sur ces modalités de conversion, de rachat ou de remboursement. – *[Décr. n° 67-236 du 23 mars 1967, art. 206-5.]*

Art. R. 228-21 Les rapports mentionnés aux articles R. 228-17 à R. 228-20 sont transmis aux assemblées spéciales des titulaires d'actions de préférence intéressés lorsqu'elles doivent approuver ces modifications. Ils sont tenus à la disposition de ces derniers au siège de la société à compter de la date de la convocation de l'assemblée spéciale dans les conditions prévues à l'article R. 225-88 et au deuxième alinéa de l'article R. 225-89. – *[Décr. nº 67-236 du 23 mars 1967, art. 206-6.]*

Art. R. 228-22 Le rapport spécial du commissaire aux comptes de la société établi en application de l'article L. 228-19 comprend son avis sur le respect par la société des droits particuliers attachés aux actions de préférence et indique, le cas échéant, la date à partir de laquelle ces droits ont été méconnus.

Les frais relatifs à l'établissement du rapport sont à la charge de la société.

Le rapport est tenu à la disposition des actionnaires, au siège social, quinze jours au moins avant la date de l'assemblée spéciale au cours de laquelle il est présenté. – *[Décr. nº 67-236 du 23 mars 1967, art. 206-7.]*

SOUS-SECTION 2 DES CLAUSES D'AGRÉMENT DE LA CESSION DE TITRES DE CAPITAL OU DE VALEURS MOBILIÈRES DONNANT ACCÈS AU CAPITAL

Art. R. 228-23 La demande d'agrément du cessionnaire prévue au premier alinéa de l'article L. 228-24 est notifiée à la société par acte extrajudiciaire ou par lettre recommandée avec demande d'avis de réception.

La désignation de l'expert prévue à l'article 1843-4 du code civil *[V. cet art., App., vº Sociétés commerciales]* est faite par le président du tribunal de commerce ; celui-ci accorde par ordonnance de référé, l'actionnaire cédant et le cessionnaire dûment appelés, la prolongation de délai prévue au troisième alinéa de l'article L. 228-24. Ces ordonnances ne sont pas susceptibles de recours. – *[Décr. nº 67-236 du 23 mars 1967, art. 207.]*

SOUS-SECTION 3 DE LA DÉFAILLANCE DE L'ACTIONNAIRE

Art. R. 228-24 Pour l'application de l'article L. 228-27, l'actionnaire défaillant est mis en demeure par lettre recommandée avec demande d'avis de réception.

La vente des actions non admises aux négociations sur un marché réglementé est effectuée aux enchères publiques par un prestataire de services d'investissement ou par un notaire dans les conditions prévues à l'article *(Décr. nº 2009-295 du 16 mars 2009, art. 4)* « L. 211-21 » du code monétaire et financier *[V. cet art., App., vº Banque et financement de l'entreprise]*. A cet effet, la société publie dans un journal habilité à recevoir les annonces légales dans le département du siège social, trente jours au moins après la mise en demeure prévue à l'alinéa précédent, le nombre d'actions mises en vente. Elle avise le débiteur et, le cas échéant, ses codébiteurs de la mise en vente, par lettre recommandée contenant l'indication de la date et du numéro du journal dans lequel la publication a été effectuée. Il ne peut être procédé à la mise en vente des actions moins de quinze jours après l'envoi de la lettre recommandée. – *[Décr. nº 67-236 du 23 mars 1967, art. 208.]*

Art. R. 228-25 L'inscription de l'actionnaire défaillant est rayée de plein droit dans le registre des actions nominatives de la société. Si les titres délivrés revêtent la forme nominative, l'acquéreur est inscrit et de nouveaux certificats indiquant la libération des versements appelés et portant la mention *"duplicatum"* sont délivrés.

Lorsque les actions étaient inscrites en compte chez l'émetteur conformément aux dispositions des articles R. 211-1 et R. 211-4 du code monétaire et financier, l'inscription en compte de l'actionnaire défaillant est annulée de plein droit. L'acquéreur est inscrit et de nouvelles attestations indiquant la libération des versements appelés et portant la mention *"duplicatum"* sont délivrées. – *V. les art. préc., App., v° Banque et financement de l'entreprise.*

Le produit net de la vente revient à la société à due concurrence et s'impute sur ce qui est dû en principal et intérêts par l'actionnaire défaillant et ensuite sur le remboursement des frais exposés par la société pour parvenir à la vente. L'actionnaire défaillant reste débiteur ou profite de la différence. – *[Décr. n° 67-236 du 23 mars 1967, art. 209.]*

Art. R. 228-26 Le délai mentionné au premier alinéa de l'article L. 228-29 est de trente jours à compter de la mise en demeure prévue par le premier alinéa de l'article L. 228-27. – *[Décr. n° 67-236 du 23 mars 1967, art. 210.]*

• SOUS-SECTION 4 DU REGROUPEMENT D'ACTIONS NON ADMISES AUX NÉGOCIATIONS SUR UN MARCHÉ RÉGLEMENTÉ

Art. R. 228-27 Le montant prévu à l'article L. 228-29-1 est de 3,81 €.

Le montant prévu au deuxième alinéa de l'article L. 228-29-2 est de 15,25 €.

Art. R. 228-28 Les décisions d'assemblées générales d'actionnaires, relatives au regroupement d'actions, prévues aux articles L. 228-29-1 et L. 228-29-2, sont prises, dans les conditions prévues pour la modification des statuts, sur la proposition d'un gérant ou du conseil d'administration ; cette proposition porte notamment sur le prix de négociation des rompus et les engagements relatifs à cette négociation prévus à l'article L. 228-29-2.

Le conseil de surveillance ou les commissaires aux comptes donnent, dans un rapport spécial à l'assemblée, leur avis sur les propositions du gérant ou du conseil d'administration ; ils indiquent si le prix proposé leur paraît réel et sérieux et si les engagements pris pour l'application de l'article L. 228-29-2 leur paraissent de nature à assurer en toute hypothèse la contrepartie prévue à cet article. L'assemblée générale fixe les bases du regroupement et arrête le prix prévu à l'article L. 228-29-2. – *[Décr. n° 65-268 du 5 avr. 1965, art. 1er.]*

Art. R. 228-29 Les engagements prévus à l'article L. 228-29-2 sont portés à la connaissance de l'assemblée générale par le gérant ou le conseil d'administration et reproduits dans le rapport du conseil de surveillance ou des commissaires aux comptes. – *[Décr. n° 65-268 du 5 avr. 1965, art. 2.]*

Art. R. 228-30 Le délai prévu à l'alinéa premier de l'article L. 228-29-3 est de deux ans à compter de la date initiale des opérations de regroupement.

Les actionnaires qui ont pris l'engagement prévu par l'article L. 228-29-2 disposent, pour procéder au regroupement de leurs actions, d'un délai supplémentaire d'un mois à compter de l'expiration du délai prévu au premier alinéa.

Les dispositions du premier alinéa de l'article L. 228-29-3 ne sont pas applicables pendant ce délai supplémentaire aux actions qui leur appartiennent. – *[Décr. n° 65-268 du 5 avr. 1965, art. 3 et 4.]*

Art. R. 228-31 Les décisions des assemblées générales d'actionnaires mentionnées à l'article R. 228-28 sont publiées au *Bulletin des annonces légales obligatoires.*

Cette publication indique la date à laquelle débuteront les opérations de regroupement ; cette date est postérieure de quinze jours au moins à celle de la publication.

Cette publication indique en outre :

1° La dénomination sociale et la forme de la société ;

2° Son siège social ;

3° Le montant de son capital social ;

4° Le nombre des actions soumises au regroupement et la valeur nominale de chacune d'elles ;

5° Le nombre des actions à provenir du regroupement et la valeur nominale de chacune d'elles ;

6° Les bases d'échange des actions soumises au regroupement contre les actions à provenir du regroupement ;

7° Le prix de négociation des actions anciennes formant rompus, arrêté par l'assemblée générale dans les conditions prévues à l'article R. 228-28 ;

8° Les noms et adresses du ou des actionnaires qui auront pris l'engagement prévu à l'article L. 228-29-2 ;

9° La date de l'assemblée générale ayant décidé le regroupement ;

10° La date à laquelle expire le délai prévu au premier alinéa de l'article R. 228-30 ;

11° Le ou les lieux où les actions anciennes devront être présentées aux fins de regroupement et où devront être déposées les demandes d'acquisition ou de cessions d'actions anciennes formant rompus. – *[Décr. n° 65-268 du 5 avr. 1965, art. 5.]*

Art. R. 228-32 Les actions en nullité prévues par le deuxième alinéa de l'article L. 228-29-6 se prescrivent par cinq ans à compter de l'expiration du délai prévu au premier alinéa de l'article R. 228-30. – *[Décr. n° 65-268 du 5 avr. 1965, art. 7.]*

SECTION III DISPOSITIONS APPLICABLES AUX CATÉGORIES DE TITRES EN VOIE D'EXTINCTION

SOUS-SECTION 1 DES CERTIFICATS D'INVESTISSEMENT

Art. R. 228-33 L'assemblée spéciale des titulaires de certificats d'investissement est convoquée en même temps et dans les mêmes formes que l'assemblée générale des actionnaires qui décide de l'augmentation de capital ou de l'émission de valeurs mobilières donnant accès au capital.

Les dispositions des articles R. 225-62, R. 225-63, R. 225-66 à R. 225-70, *(Décr. n° 2010-684 du 23 juin 2010, art. 8)* « du I de l'article R. 225-73 », et de l'article R. 225-87 sont applicables à la convocation des titulaires de certificats d'investissement en assemblée spéciale. – *[Décr. n° 67-236 du 23 mars 1967, art. 169-2.]*

Art. R. 228-34 L'assemblée spéciale des titulaires de certificats d'investissement appelée à statuer sur la proposition de suppression du droit préférentiel de souscription est réunie avant l'assemblée générale des actionnaires et, le cas échéant, avant l'assemblée spéciale des porteurs d'actions à dividende prioritaire sans droit de vote prévue à *l'article* R. 225-96 et avant les assemblées spéciales des porteurs d'actions de préférence.

Les dispositions des articles R. 225-95, R. 225-100, R. 225-101, R. 225-106 à R. 225-108, à l'exception de celles relatives à la visioconférence et au vote électronique, sont applicables aux assemblées spéciales des titulaires de certificats d'investissement. – *[Décr. n° 67-236 du 23 mars 1967, art. 169-3.]*

Art. R. 228-35 Le droit de participer à l'assemblée spéciale des titulaires de certificats d'investissement peut être subordonné aux mêmes conditions que celles qui peuvent être imposées par la société à ses actionnaires conformément à l'article R. 225-85, à l'exception des dispositions de cet article relatives au vote électronique. – *[Décr. nº 67-236 du 23 mars 1967, art. 169-4.]*

Art. R. 228-36 La représentation à l'assemblée spéciale d'un titulaire de certificats d'investissement est régie par les articles R. 225-79 et R. 225-81, à l'exception des dispositions de ces articles relatives au vote électronique. A toute formule de procuration adressée à un titulaire de certificats d'investissement par la société ou le mandataire qu'elle a désigné à cet effet sont joints l'ordre du jour de l'assemblée spéciale, le texte des résolutions qui y sont présentées et une formule de demande d'envoi des documents et renseignements prévus à l'article R. 225-83. – *[Décr. nº 67-236 du 23 mars 1967, art. 169-5.]*

Art. R. 228-37 Les titulaires de certificats d'investissement exercent leur droit de communication des documents sociaux dans les conditions prévues aux articles L. 225-115 à L. 225-118 et conformément aux dispositions des articles R. 225-88 à R. 225-94. – *[Décr. nº 67-236 du 23 mars 1967, art. 169-6.]*

Art. R. 228-38 Toute renonciation à une offre d'attribution d'action de préférence sans droit de vote et assortie des mêmes droits que les certificats d'investissement est effectuée dans le délai imparti à cet effet par la société et indiqué dans l'offre. A défaut de désignation des bénéficiaires, la renonciation est réputée faite au profit de l'ensemble des porteurs concernés par l'offre et les actions de préférence correspondantes sont attribuées aux porteurs qui n'ont pas renoncé à cette attribution complémentaire. Les rompus sont répartis selon les règles fixées par l'assemblée générale. – *[Décr. nº 67-236 du 23 mars 1967, art. 169-7.]*

Art. R. 228-39 La déclaration prévue au sixième alinéa de l'article L. 228-30 est faite par lettre simple ou recommandée. – *[Décr. nº 67-236 du 23 mars 1967, art. 169-8.]*

• SOUS-SECTION 2 LES ACTIONS À DIVIDENDE PRIORITAIRE SANS DROIT DE VOTE

Art. R. 228-40 L'assemblée spéciale des titulaires d'actions à dividende prioritaire sans droit de vote, lorsqu'elle est réunie pour donner son avis sur toute décision des assemblées générales ordinaire ou extraordinaire, est convoquée en même temps que chacune de ces assemblées. – *[Décr. nº 67-236 du 23 mars 1967, art. 153-4.]*

Art. R. 228-41 L'assemblée spéciale est convoquée dans les mêmes formes que l'assemblée générale et se tient le même jour. Le conseil ou le directoire lui présente un rapport sur les résolutions soumises à l'assemblée générale. – *[Décr. nº 67-236 du 23 mars 1967, art. 153-5.]*

Art. R. 228-42 L'assemblée spéciale statuant dans les conditions prévues à l'article L. 225-99 sur les questions qui lui sont soumises pour approbation ou accord et composée, le cas échéant, des seuls titulaires d'actions prioritaires sans droit de vote concernés est réunie au plus tard dans le mois de la date de l'assemblée générale. – *[Décr. nº 67-236 du 23 mars 1967, art. 153-6.]*

Art. R. 228-43 Le rapport du conseil d'administration ou du directoire à l'assemblée spéciale appelée à se prononcer sur la conversion prévue à l'article L. 228-35-3

indique les conditions de celle-ci, les modalités de calcul du rapport de conversion et les modalités de sa réalisation.

Le commissaire aux comptes donne son avis sur l'offre de conversion et indique si les modalités de calcul du rapport de conversion sont exactes et sincères. – *[Décr. n° 67-236 du 23 mars 1967, art. 153-6-1.]*

Art. R. 228-44 **Pour l'application du troisième alinéa de l'article L. 228-35-10, la société fournit aux actionnaires vendeurs, à l'appui de son offre de rachat, les justifications et les modalités de calcul du prix proposé.** – *[Décr. n° 67-236 du 23 mars 1967, art. 153-7.]*

Art. R. 228-45 **Les convocations aux assemblées d'actionnaires à dividende prioritaire sans droit de vote sont faites dans les conditions prévues aux articles R. 225-62, R. 225-63, R. 225-65 à R. 225-69 et, le cas échéant, R. 225-70.**

L'ordre du jour figurant sur l'avis de convocation comprend l'indication qu'il pourra être procédé à la désignation du ou des mandataires prévus au quatrième alinéa de l'article L. 228-35-6. – *[Décr. n° 67-236 du 23 mars 1967, art. 153-8.]*

Art. R. 228-46 **La représentation des actionnaires aux assemblées spéciales est régie par les articles R. 225-79 à R. 225-82.**

Cependant, le mandat prévu à l'article R. 225-79 peut être donné pour toutes les assemblées spéciales dont l'ordre du jour se rattache à celui de l'assemblée générale qui a nécessité leur convocation. – *[Décr. n° 67-236 du 23 mars 1967, art. 153-9.]*

Art. R. 228-47 **Les articles R. 225-83 à R. 225-94 sont applicables aux titulaires d'actions à dividende prioritaire sans droit de vote.** – *[Décr. n° 67-236 du 23 mars 1967, art. 153-10.]*

Art. R. 228-48 **Les assemblées des titulaires d'actions à dividende prioritaire sans droit de vote sont soumises en tant que de besoin aux dispositions des articles R. 225-95 à R. 225-101 et R. 225-106 à R. 225-108.** – *[Décr. n° 67-236 du 23 mars 1967, art. 153-11.]*

SECTION IV DES TITRES PARTICIPATIFS

Art. R. 228-49 **L'assiette de la partie variable de la rémunération des titres participatifs ne peut être supérieure à 40 % du montant nominal du titre.**

Les éléments retenus pour le calcul de la partie variable de la rémunération sont tirés des comptes annuels approuvés ou, s'il y a lieu, des comptes consolidés. – *[Décr. n° 67-236 du 23 mars 1967, art. 242-1.]*

Art. R. 228-50 **L'assemblée générale des porteurs de titres participatifs se réunit au moins une fois par an, le jour où se réunit l'assemblée générale des actionnaires ou, dans les entreprises publiques qui n'en sont pas pourvues, du conseil d'administration qui statue sur les comptes de l'exercice écoulé, ou dans les quinze jours qui précèdent.** – *[Décr. n° 67-236 du 23 mars 1967, art. 242-2.]*

Art. R. 228-51 *(Décr. n° 2008-258 du 13 mars 2008, art. 2, en vigueur le 1er sept. 2008)* **La société qui émet des titres participatifs rend publiques, avant l'ouverture de leur souscription par le public, les conditions de l'émission, selon les modalités prévues à l'article L. 412-1 du code monétaire et financier.** – *[Décr. n° 67-236 du 23 mars 1967, art. 242-3.] – V. cet art. au* ***C. mon. fin.*** *ou au* ***C. sociétés.***

Art. R. 228-52 Les titres participatifs remis aux souscripteurs contiennent les indications suivantes :

1° La dénomination sociale, suivie, le cas échéant, de son sigle ;

2° La forme de la société émettrice ;

3° Le montant du capital social ;

4° L'adresse du siège social ;

5° La date d'immatriculation de la société au registre du commerce et des sociétés et les mentions prévues aux 1° et 2° de l'article R. 123-237 ;

6° La date d'expiration normale de la société ;

7° Le montant, lors de l'émission, des titres garantis par la société ;

8° Le montant de l'émission ;

9° La valeur nominale du titre ;

10° Le taux et l'époque du paiement de l'intérêt et des autres produits ;

11° L'époque et les conditions de remboursement ainsi que les conditions de rachat du titre ;

12° Les garanties attachées aux titres, sauf lorsque les titres d'emprunt bénéficient de la garantie de l'État, de départements, de communes ou d'établissements publics, ou lorsqu'ils sont émis par le crédit foncier de France ou la société anonyme Natexis ou toute société qu'elle contrôle au sens de l'article L. 233-3 ;

13° Le montant non amorti, lors de l'émission, des titres d'emprunt antérieurement émis ;

14° S'il s'agit de titres convertibles en actions, le ou les délais d'exercice de l'option accordée aux porteurs pour convertir leurs titres ainsi que les bases de cette conversion ;

15° S'il s'agit de titres échangeables, les modalités et conditions fixées pour l'échange, avec l'indication des personnes qui se sont obligées à assurer cet échange ;

16° Le tableau d'amortissement de l'emprunt. — *[Décr. n° 67-236 du 23 mars 1967, art. 242-4.]*

Art. R. 228-53 Les articles R. 228-60 à R. 228-78 et R. 228-80 à R. 228-86 sont applicables en cas d'émission de titres participatifs. A cet effet, les règles prévues par ces articles et concernant la société débitrice de l'emprunt obligataire, l'émission des obligations et les obligataires sont applicables respectivement à la société émettrice des titres participatifs, à l'émission de tels titres et à leurs porteurs. — *[Décr. n° 67-236 du 23 mars 1967, art. 242-5.]*

Art. R. 228-54 Le droit des porteurs de titres participatifs d'obtenir la communication des documents sociaux s'exerce conformément aux articles R. 225-92 à R. 225-94. — *[Décr. n° 67-236 du 23 mars 1967, art. 242-6.]*

Art. R. 228-55 Une société peut racheter sur un marché réglementé les titres participatifs qu'elle a émis selon les modalités prévues aux articles R. 225-159 et R. 225-160. Ces titres sont cédés dans un délai d'un an. A l'expiration de ce délai, ils sont annulés. — *[Décr. n° 67-236 du 23 mars 1967, art. 242-7.]*

Art. D. 228-56 Lorsque la masse des porteurs prévue par l'article L. 228-37 est constituée de porteurs de titres émis par un établissement public de l'État à caractère industriel et commercial soumis *(Décr. n° 2012-1247 du 7 nov. 2012, art. 1er-2°, en vigueur le 1er janv. 2013)* « au décret n° 2012-1246 du 7 novembre 2012 relatif à la gestion budgétaire et comptable publique », le rapport sur les comptes de l'exercice et sur les éléments servant à la détermination de la rémunération des titres participatifs est établi par l'agent comptable de l'établissement. — *[Décr. n° 86-1253 du 4 déc. 1986, art. 1er.]*

SECTION V DES OBLIGATIONS

Art. R. 228-57 *(Décr. n° 2008-258 du 13 mars 2008, art. 2, en vigueur le 1er sept. 2008)* La société mentionnée à l'article L. 228-43 rend publiques, avant l'ouverture de la souscription des obligations par le public, les conditions d'émission selon les modalités prévues à l'article L. 412-1 du code monétaire et financier. – *[Décr. n° 67-236 du 23 mars 1967, art. 211.] – V. cet art. au* ***C. mon. fin.*** *ou au* ***C. sociétés.***

Art. R. 228-58 *et* R. 228-59 *Abrogés par Décr. n° 2008-258 du 13 mars 2008, art. 2, à compter du 1er sept. 2008.*

Art. R. 228-60 Dans les cas prévus par l'article L. 228-50 et par le deuxième alinéa de l'article L. 228-51, les représentants de la masse sont désignés par le président du tribunal de grande instance statuant en référé.

Les fonctions des représentants de la masse désignés en application de l'alinéa précédent prennent fin lors de la première réunion de l'assemblée générale ordinaire des obligataires. Celle-ci peut nommer les mêmes représentants. – *[Décr. n° 67-236 du 23 mars 1967, art. 215.]*

Art. R. 228-61 Toute décision de l'assemblée générale des obligataires relative à la désignation ou au remplacement des représentants de la masse est notifiée par ces derniers à la société débitrice et publiée, à la diligence de celle-ci, dans le délai d'un mois à compter de la délibération de l'assemblée, dans un journal habilité à recevoir des annonces légales du département du siège social et, en outre, *(Décr. n° 2009-557 du 19 mai 2009, art. 3-XIII)* « si les obligations de la société sont admises aux négociations sur un marché réglementé » ou si toutes ses obligations ne revêtent pas la forme nominative, au *Bulletin des annonces légales obligatoires.*

L'ordonnance du président du tribunal de grande instance nommant un représentant de la masse est publiée dans les mêmes conditions et délais.

Lorsque le mandat de représentant de la masse est confié à une association ou à une société, les nom, prénoms et domicile des personnes habilitées à agir au nom de l'association ou de la société sont indiqués dans la notification et la publication prévues aux alinéas précédents. – *[Décr. n° 67-236 du 23 mars 1967, art. 216.]*

Art. R. 228-62 Le représentant de la masse notifie sa démission à la société débitrice par lettre recommandée avec demande d'avis de réception. – *[Décr. n° 67-236 du 23 mars 1967, art. 217.]*

Art. R. 228-63 Lorsqu'elle n'a été déterminée ni par le contrat d'émission ni par l'assemblée générale des obligataires, la rémunération des représentants de la masse est fixée par le président du tribunal de grande instance, statuant sur requête, à la demande de la société ou du représentant de la masse intéressé.

Le montant de la rémunération allouée par l'assemblée générale des obligataires peut être réduit, à la demande de la société, par le président du tribunal de grande instance statuant en référé. – *[Décr. n° 67-236 du 23 mars 1967, art. 218.]*

Art. R. 228-64 Tout intéressé a le droit d'obtenir, au siège de la société débitrice, les noms et adresses des représentants de la masse. – *[Décr. n° 67-236 du 23 mars 1967, art. 219.]*

Art. R. 228-65 La demande tendant à la convocation de l'assemblée générale des obligataires, dans les conditions prévues au deuxième alinéa de l'article L. 228-58, est effectuée par acte extrajudiciaire ou par lettre recommandée avec demande d'avis de réception. Elle indique l'ordre du jour à soumettre à l'assemblée.

Le délai mentionné au troisième alinéa de l'article L. 228-58 est de deux mois à compter de la demande de convocation. Le mandataire prévu au même alinéa est désigné par le président du tribunal de grande instance statuant en référé, qui fixe l'ordre du jour de l'assemblée. – *[Décr. n° 67-236 du 23 mars 1967, art. 220.]*

Art. R. 228-66 Outre les mentions prévues à l'article R. 225-66, l'avis de convocation de l'assemblée générale des obligataires contient les indications suivantes :

1° L'indication de l'emprunt souscrit par les obligataires dont la masse est convoquée en assemblée ;

2° Le nom et le domicile de la personne qui a pris l'initiative de la convocation et la qualité en laquelle elle agit ;

3° Le cas échéant, la date de la décision de justice désignant le mandataire chargé de convoquer l'assemblée. – *[Décr. n° 67-236 du 23 mars 1967, art. 221.]*

Art. R. 228-67 L'avis de convocation est inséré dans un journal habilité à recevoir les annonces légales dans le département du siège social et, en outre, *(Décr. n° 2009-557 du 19 mai 2009, art. 3-XIII)* « si les obligations de la société sont admises aux négociations sur un marché réglementé » ou si toutes ses obligations ne revêtent pas la forme nominative, au *Bulletin des annonces légales obligatoires*.

Si toutes les obligations émises par la société sont nominatives, les insertions prévues à l'alinéa précédent peuvent être remplacées par une convocation faite aux frais de la société, par lettre simple ou recommandée adressée à chaque obligataire. Cette convocation peut également être transmise par un moyen électronique de télécommunication mis en œuvre dans les conditions mentionnées à l'article R. 225-63 à l'adresse indiquée par l'obligataire. Dans le cas d'obligations indivises, les convocations sont adressées à tous les coïndivisaires. Lorsque les obligations sont grevées d'un usufruit, la convocation est adressée au nu-propriétaire. – *[Décr. n° 67-236 du 23 mars 1967, art. 222.]*

Art. R. 228-68 Les dispositions de la section III du chapitre V du titre II du présent livre relatives à la visioconférence, aux moyens de télécommunication, au vote électronique et au vote par correspondance sont applicables à la présente section. – *[Décr. n° 67-236 du 23 mars 1967, art. 223.]*

Art. R. 228-69 Les dispositions des articles R. 225-69 et R. 225-70 sont applicables aux convocations des assemblées générales d'obligataires. – *[Décr. n° 67-236 du 23 mars 1967, art. 224.]*

Art. R. 228-70 Les dispositions des articles R. 225-72 à R. 225-74 ne sont pas applicables aux assemblées d'obligataires. – *[Décr. n° 67-236 du 23 mars 1967, art. 224-1.]*

Art. R. 228-71 Il est justifié du droit de participer aux assemblées d'obligataires par l'inscription des obligations, au jour de l'assemblée générale, soit dans les comptes de titres nominatifs tenus par la société, soit dans les comptes de titres au porteur tenus par *(Décr. n° 2009-295 du 16 mars 2009, art. 4)* « un intermédiaire mentionné à l'article L. 211-3 du code monétaire et financier » *[V. cet art., App., v° Banque et financement de l'entreprise]*. Toutefois, il peut être prévu, par une disposition spéciale du contrat d'émission, qu'il sera justifié du droit de participer aux assemblées d'obligataires par l'inscription des obligations dans les mêmes comptes au troisième jour ouvré précédant l'assemblée à zéro heure, heure de Paris.

L'obligataire qui a déjà exprimé son vote à distance ou envoyé un pouvoir peut à tout moment céder tout ou partie de ses obligations. En cas de cession intervenant avant le jour de la séance ou la date fixée par le contrat d'émission en application de la dernière phrase du premier alinéa, et sauf dispositions particulières du contrat

d'émission, la société invalide ou modifie en conséquence, avant l'ouverture de la séance de l'assemblée, le vote exprimé à distance ou le pouvoir de cet obligataire. Le cas échéant, l'intermédiaire *(Abrogé par Décr. nº 2009-295 du 16 mars 2009, art. 4)* **« *habilité* » teneur de compte notifie la cession à la société ou à son mandataire et lui transmet les informations nécessaires à cette fin.** – *[Décr. nº 67-236 du 23 mars 1967, art. 225.]*

L'art. R. 228-71 dans sa rédaction issue de l'art. 71 du Décr. nº 2006-1566 du 11 déc. 2006 est entré en vigueur le 1er juill. 2007. Jusqu'à cette date, le renvoi par l'ancien art. 225 du Décr. nº 67-236 du 23 mars 1967 à l'ancien art. 136 du même texte s'entendait de la rédaction de cet article antérieure à l'entrée en vigueur du décret du 11 déc. 2006 (Décr. préc., art. 96-II ; Décr. nº 2007-431 du 25 mars 2007, art. 3-II). – V. la rédaction des anciens art. 136 et 225 préc., respectivement ss. art. R. 225-85 et R. 228-71, au ***C. com.****, éd. 2011 ou antérieures.*

Art. R. 228-72 **Sauf clause contraire du contrat d'émission, l'assemblée générale des obligataires est réunie au siège de la société débitrice ou en tout autre lieu du même département.**

(Décr. nº 2012-1242 du 8 nov. 2012, art. 1er) **« Toutefois, l'assemblée générale des seuls obligataires détenteurs de titres dont la valeur nominale unitaire est au moins égale à 100 000 euros ou, pour les titres libellés dans une devise autre que l'euro, dont la valeur nominale unitaire est, à la date d'émission, au moins égale à 100 000 euros, peut être réunie dans tout État membre de l'Union européenne ou partie à l'accord sur l'Espace économique européen, à la condition que tous les moyens et toutes les informations nécessaires pour permettre à ces obligataires d'exercer leurs droits soient disponibles dans cet État. »** – *[Décr. nº 67-236 du 23 mars 1967, art. 226.]*

La modification apportée par le Décr. nº 2012-1242 du 8 nov. 2012 à l'art. R. 228-72 ne s'applique pas aux obligataires détenteurs de titres qui ont été admis à la négociation sur un marché réglementé de l'Union européenne avant le 31 déc. 2010 lorsque ces titres sont en cours (Décr. préc., art. 2).

Art. R. 228-73 **Les dispositions des articles R. 225-95, R. 225-101, R. 225-106 et R. 225-107 sont applicables aux assemblées d'obligataires.** – *[Décr. nº 67-236 du 23 mars 1967, art. 227.]*

Art. R. 228-74 **L'assemblée générale des obligataires fixe le lieu où sont déposés, avec la feuille de présence, les pouvoirs des obligataires représentés et les procès-verbaux.**

Les copies ou extraits de procès-verbaux sont certifiés par un représentant de la masse ou par le secrétaire de l'assemblée. – *[Décr. nº 67-236 du 23 mars 1967, art. 228.]*

Art. R. 228-75 **Les dispositions de l'article R. 225-79 sont applicables aux procurations données par les obligataires pour être représentés aux assemblées.** – *[Décr. nº 67-236 du 23 mars 1967, art. 229.]*

Art. R. 228-76 **En application des dispositions du premier alinéa de l'article L. 228-69, l'obligataire a le droit, pendant le délai de quinze jours qui précède la réunion de l'assemblée générale de la masse à laquelle il appartient, de prendre par lui-même ou par mandataire, au siège de la société débitrice, au lieu de la direction administrative ou, le cas échéant, en tout autre lieu fixé par la convocation, connaissance ou copie du texte des résolutions qui sont proposées et des rapports qui sont présentés à l'assemblée générale.**

Le droit pour tout obligataire de prendre connaissance ou copie des procès-verbaux et feuilles de présence des assemblées générales de la masse à laquelle il appartient s'exerce au lieu de dépôt choisi par l'assemblée. L'obligataire exerce ce droit par lui-même ou par mandataire. – *[Décr. nº 67-236 du 23 mars 1967, art. 231.]*

Art. R. 228-77 Tout intéressé a le droit, à toute époque, d'obtenir de la société débitrice, l'indication du nombre des obligations émises et de celui des titres non encore remboursés. – *[Décr. nº 67-236 du 23 mars 1967, art. 232.]*

Art. R. 228-78 Dans le cas prévu par la deuxième phrase du premier alinéa de l'article L. 228-71, il est statué par ordonnance sur requête, non susceptible de recours, du président du tribunal de grande instance. – *[Décr. nº 67-236 du 23 mars 1967, art. 233.]*

Art. R. 228-79 Dans le cas prévu à l'article L. 228-72, la décision du conseil d'administration, du directoire ou des gérants de passer outre au refus d'approbation par l'assemblée générale des obligataires est publiée dans le journal habilité à recevoir des annonces légales dans lequel a été inséré l'avis de convocation de l'assemblée et, *(Décr. nº 2009-557 du 19 mai 2009, art. 3-XIII)* « si les obligations de la société sont admises aux négociations sur un marché réglementé » ou si toutes ses obligations ne revêtent pas la forme nominative, au *Bulletin des annonces légales obligatoires*. Cette dernière insertion mentionne le titre et le lieu de publication du journal habilité à recevoir des annonces légales dans lequel a été effectuée la première insertion, ainsi que la date de celle-ci.

Le remboursement est demandé par l'obligataire dans le délai de trois mois à compter de l'insertion ou de la dernière des insertions prévues à l'alinéa précédent.

La société rembourse les obligations dans le délai de trente jours à compter de la demande de chaque obligataire. – *[Décr. nº 67-236 du 23 mars 1967, art. 234.]*

Art. R. 228-80 Dans les cas prévus à l'article L. 228-73, la décision du conseil d'administration, du directoire ou des gérants de passer outre est publiée dans les conditions prévues au premier alinéa de l'article R. 228-79. – *[Décr. nº 67-236 du 23 mars 1967, art. 234-1.]*

Art. R. 228-81 A la diligence de la société, et dans le délai de trente jours à compter de la date de l'acte authentique mentionné au deuxième alinéa de l'article L. 228-79, il est fait mention en marge de l'inscription de la sûreté soit de la souscription intégrale, soit de la souscription partielle des obligations émises et de la réduction des effets de la sûreté au montant effectivement souscrit, soit de la non-réalisation de l'émission pour défaut ou insuffisance de souscription. Cette dernière mention fait cesser les effets de l'inscription et entraîne sa radiation définitive. – *[Décr. nº 67-236 du 23 mars 1967, art. 235.]*

Art. R. 228-82 Le renouvellement de l'inscription prise est effectué aux frais de la société, sous la responsabilité du président du conseil d'administration, du directoire ou des gérants, selon le cas. – *[Décr. nº 67-236 du 23 mars 1967, art. 236.]*

Art. R. 228-83 Hors les cas de réduction ou de radiation définitive prévue à l'article R. 228-81, la mainlevée des inscriptions émane des représentants de la masse intéressée.

Les représentants de la masse peuvent donner mainlevée des inscriptions, même sans constatation du remboursement de l'emprunt, s'ils ont été habilités à cet effet par une décision dûment homologuée de l'assemblée générale extraordinaire des obligataires.

Hors le cas prévu à l'alinéa précédent, la mainlevée totale ou partielle des inscriptions ne peut être donnée par les représentants de la masse, qu'au cas de remboursement ou de versement entre leurs mains de l'intégralité du prix d'aliénation des biens à dégrever.

Les représentants de la masse ne sont pas tenus de donner mainlevée partielle des garanties en cas d'amortissement normal par tirage au sort ou rachat des obligations. – *[Décr. nº 67-236 du 23 mars 1967, art. 237.]*

Art. R. 228-84 En cas de sauvegarde, de redressement ou de liquidation judiciaire de la société débitrice, les avis et convocations destinés aux obligataires sont adressés aux représentants de la masse, selon le cas, par le représentant légal de la société ou l'administrateur ou le mandataire judiciaire. – *[Décr. nº 67-236 du 23 mars 1967, art. 238.]*

Art. R. 228-85 Le mandataire chargé d'assurer la représentation de la masse dans le cas prévu à l'article L. 228-85 est désigné par le président du tribunal de commerce statuant sur requête.

Il produit la créance de la masse, dans le délai de quinze jours à compter de sa désignation. – *[Décr. nº 67-236 du 23 mars 1967, art. 239.]*

Art. R. 228-86 En cas de liquidation judiciaire, les attestations d'inscription en compte des obligations au porteur ou, le cas échéant, les documents matérialisant ces obligations sont déposés entre les mains du liquidateur dans le délai imparti par le juge-commissaire. – *[Décr. nº 67-236 du 23 mars 1967, art. 240.]*

SECTION VI DES VALEURS MOBILIÈRES DONNANT ACCÈS AU CAPITAL OU DONNANT DROIT À L'ATTRIBUTION DE TITRES DE CRÉANCES

Art. R. 228-87 Pour l'application du 1° de l'article L. 228-99, lorsqu'il existe des valeurs mobilières donnant accès au capital, la société qui émet de nouveaux titres de capital avec droit préférentiel de souscription réservé à ses actionnaires, si les droits attachés aux valeurs mobilières donnant accès au capital ne peuvent s'exercer qu'à certaines dates, ouvre une période exceptionnelle pour permettre aux titulaires des droits attachés à des valeurs mobilières donnant accès au capital qui exerceraient ces droits de souscrire des titres nouveaux.

Elle prend, si l'exercice des droits attachés aux valeurs mobilières donnant accès au capital peut être exercé à tout moment, les dispositions nécessaires pour permettre aux titulaires qui exerceraient ces droits de souscrire des titres nouveaux. – *[Décr. nº 67-236 du 23 mars 1967, art. 242-8.]*

Art. R. 228-88 Pour l'application du 2° de l'article L. 228-99, lorsqu'il existe des valeurs mobilières donnant accès au capital, la société qui procède à l'attribution d'actions gratuites vire à un compte de réserve indisponible la somme nécessaire pour attribuer les actions gratuites aux titulaires des droits attachés aux valeurs mobilières donnant accès au capital qui exerceraient leur droit ultérieurement en nombre égal à celui qu'ils auraient reçu s'ils avaient été actionnaires au moment de l'attribution principale. – *[Décr. nº 67-236 du 23 mars 1967, art. 242-9.]*

Art. R. 228-89 Pour l'application du 2° de l'article L. 228-99, lorsqu'il existe des valeurs mobilières donnant accès au capital, la société qui procède à la distribution de réserves, en espèces ou en nature, ou de primes d'émission, vire à un compte de réserve indisponible la somme et, le cas échéant, conserve les biens en nature nécessaires pour remettre aux titulaires des droits attachés aux valeurs mobilières donnant accès au capital qui exerceraient leur droit ultérieurement la somme ou les biens qu'ils auraient reçus s'ils avaient été actionnaires au moment de la distribution. – *[Décr. nº 67-236 du 23 mars 1967, art. 242-10.]*

Art. R. 228-90 Lorsqu'il existe des valeurs mobilières donnant accès au capital, la société qui procède à l'achat de ses actions admises aux négociations sur un marché réglementé procède, lorsque le prix d'acquisition est supérieur au cours de bourse, à un ajustement du nombre d'actions que ces titres permettent d'obtenir.

Cet ajustement garantit, au centième d'action près, que la valeur des actions qui sont obtenues en cas d'exercice des droits attachés aux valeurs mobilières donnant accès au capital après la réalisation de l'opération est identique à la valeur de celles qui auraient été obtenues en cas d'exercice des droits avant cette opération.

A cet effet, les nouvelles bases d'exercice des droits sont calculées en tenant compte du rapport entre, d'une part, le produit du pourcentage du capital racheté par la différence entre le prix de rachat et une moyenne pondérée des cours des trois dernières séances de bourse au moins qui précèdent le rachat ou la faculté de rachat et, d'autre part, cette moyenne. Les éventuels ajustements successifs sont effectués à partir de la parité qui précède immédiatement, arrondie comme il est dit à l'alinéa précédent.

Le conseil d'administration ou le directoire rend compte des éléments de calcul et des résultats de l'ajustement dans le rapport annuel suivant *[.] — [Décr. n° 67-236 du 23 mars 1967, art. 242-11.]*

Art. R. 228-91 Pour l'application du 3° de l'article L. 228-99, l'ajustement égalise, au centième d'action près, la valeur des titres qui sont obtenus en cas d'exercice des droits attachés aux valeurs mobilières donnant accès au capital après la réalisation de l'opération et la valeur des titres qui auraient été obtenus en cas d'exercice de ces droits avant la réalisation de l'opération.

A cet effet, les nouvelles bases d'exercice des droits attachés aux valeurs mobilières donnant accès au capital sont calculées en tenant compte :

1° En cas d'opération comportant un droit préférentiel de souscription et selon les stipulations du contrat d'émission :

a) Soit du rapport entre, d'une part, la valeur du droit préférentiel de souscription et, d'autre part, la valeur de l'action après détachement de ce droit telles qu'elles ressortent de la moyenne des premiers cours cotés pendant toutes les séances de bourse incluses dans la période de souscription ;

b) Soit du nombre de titres émis auxquels donne droit une action ancienne, du prix d'émission de ces titres et de la valeur des actions avant détachement du droit de souscription. Cette valeur est égale à la moyenne pondérée des cours des trois dernières séances de bourse au moins qui précèdent le jour du début de l'émission ;

2° En cas d'attribution d'actions gratuites, du nombre d'actions auquel donne droit une action ancienne ;

3° En cas de distribution de réserves, en espèces ou en nature, ou de primes d'émission, du rapport entre le montant par action de la distribution et la valeur de l'action avant la distribution. Cette valeur est égale à la moyenne pondérée des cours des trois dernières séances de bourse au moins qui précèdent le jour de la distribution ;

4° En cas de modification de la répartition des bénéfices, du rapport entre la réduction par action du droit aux bénéfices et la valeur de l'action avant cette modification. Cette valeur est égale à la moyenne pondérée des cours des trois dernières séances de bourse au moins qui précèdent le jour de la modification ;

5° En cas d'amortissement du capital, du rapport entre le montant par action de l'amortissement et la valeur de l'action avant l'amortissement. Cette valeur est égale à la moyenne pondérée des cours des trois dernières séances de bourse au moins qui précèdent le jour de l'amortissement.

Lorsque les actions de la société ne sont pas admises aux négociations sur un marché réglementé, le contrat d'émission prévoit les modalités d'ajustement, et notamment les modalités de détermination de la valeur de l'action à prendre en compte pour l'application des alinéas ci-dessus.

Le conseil d'administration ou le directoire rend compte des éléments de calcul et des résultats de l'ajustement dans le rapport annuel suivant. — *[Décr. n° 67-236 du 23 mars 1967, art. 242-12.]*

Art. R. 228-92 Si une société procède à une opération nécessitant l'application de l'article L. 228-99, elle en informe les titulaires des droits attachés aux valeurs mobilières donnant accès au capital intéressées par un avis.

Cet avis mentionne :

1° La dénomination sociale et, le cas échéant, le sigle de la société ;

2° La forme de la société ;

3° Le montant du capital social ;

4° L'adresse du siège social ;

5° Les mentions prévues aux 1° et 2° de l'article R. 123-237 ;

6° La nature de l'opération et, le cas échéant, de la catégorie des titres à émettre, le prix de souscription, la quotité du droit de souscription et les conditions de son exercice, les dates d'ouverture et de clôture de la souscription ;

7° Les dispositions prises par la société en application des articles R. 228-87 à R. 228-91.

Les indications prévues au présent article sont portées à la connaissance des titulaires des droits attachés à ces valeurs mobilières donnant accès au capital, par lettre recommandée avec demande d'avis de réception, quatorze jours au moins avant la date prévue de clôture de la souscription, en cas d'émission de titres, ou dans les quinze jours suivant la décision relative à l'opération envisagée, dans les autres cas.

(Décr. n° 2009-557 du 19 mai 2009, art. 3-XIV) « Si les valeurs mobilières de la société donnant accès au capital sont admises aux négociations sur un marché réglementé » ou si toutes ses valeurs mobilières donnant accès au capital ne revêtent pas la forme nominative, l'avis contenant ces indications est inséré, dans le même délai, dans une notice publiée au *Bulletin des annonces légales obligatoires*. – *[Décr. n° 67-236 du 23 mars 1967, art. 242-13.]*

Art. R. 228-93 Les augmentations de capital rendues nécessaires par l'exercice de droits attachés à des valeurs mobilières donnant accès au capital ne donnent pas lieu à la publicité prévue à l'article R. 225-120. Les bulletins de souscription sont établis selon les modalités de l'article R. 225-128, à l'exception des mentions prévues aux 6° et 7°. Les articles R. 225-129 à R. 225-135 ne sont pas applicables aux augmentations de capital réalisées par exercice de droits attachés à des valeurs mobilières donnant accès au capital.

La publication prévue à l'article R. 210-9 intervient dans le délai d'un mois. – *[Décr. n° 67-236 du 23 mars 1967, art. 242-14.]*

Art. R. 228-94 Lorsque, conformément à l'article L. 225-149, l'exercice des droits attachés aux valeurs mobilières donnant accès au capital fait apparaître un rompu, celui-ci est versé en espèces. Ce versement est égal au produit de la fraction d'action formant rompu par la valeur de l'action.

Dans les sociétés dont les actions sont admises aux négociations sur un marché réglementé, cette valeur est celle du cours coté lors de la séance de bourse du jour qui précède celui du dépôt de la demande d'exercice des droits.

Dans les autres sociétés, cette valeur est fixée conformément aux stipulations du contrat d'émission, soit sur la base des cours figurant au relevé quotidien des valeurs non admises aux négociations sur un marché réglementé, soit sur la base des capitaux propres de la société.

Le contrat d'émission peut prévoir que le titulaire des droits attachés aux valeurs mobilières donnant accès au capital a le droit de demander la délivrance du nombre entier d'actions à condition de verser à la société la valeur de la fraction d'action supplémentaire demandée, fixée conformément aux règles posées dans les deux alinéas précédents *[.]* – *[Décr. n° 67-236 du 23 mars 1967, art. 242-15.]*

Art. R. 228-95 Le droit de communication prévu à l'article L. 228-105 s'exerce dans les mêmes conditions que celles prévues par les articles R. 225-92 à R. 225-94. – *[Décr. nº 67-236 du 23 mars 1967, art. 242-16.]*

Art. R. 228-96 Les cours de bourse à retenir pour l'application du présent titre sont les derniers cours cotés. – *[Décr. nº 67-236 du 23 mars 1967, art. 300.]*

CHAPITRE IX DE LA SOCIÉTÉ EUROPÉENNE

SECTION PREMIÈRE DISPOSITIONS GÉNÉRALES

Art. R. 229-1 Les sociétés européennes immatriculées en France sont régies par les dispositions du présent chapitre et par celles applicables aux sociétés anonymes qui ne leur sont pas contraires. – *[Décr. nº 67-236 du 23 mars 1967, art. 203-3.]*

Art. R. 229-2 Le notaire qui procède aux contrôles prévus au dernier alinéa de l'article L. 229-2 et au deuxième alinéa de l'article L. 229-3 ne peut avoir ni instrumenté, ni rédigé d'actes sous seing privé, ni donné des consultations juridiques à l'occasion de l'opération pour laquelle le contrôle est effectué. *(Décr. nº 2009-11 du 5 janv. 2009, art. 5)* « Il ne peut davantage exercer dans une société ou dans un office qui aurait instrumenté, rédigé des actes sous seing privé ou donné des consultations juridiques à l'occasion de cette opération. » – *[Décr. nº 67-236 du 23 mars 1967, art. 203-5.]*

SECTION II DU TRANSFERT DU SIÈGE SOCIAL

SOUS-SECTION 1 DE LA PUBLICITÉ ET DE LA PROTECTION DES DROITS DES TIERS

Art. R. 229-3 Le projet de transfert dans un autre État membre de la Communauté européenne du siège social d'une société européenne immatriculée en France, prévu au premier alinéa de l'article L. 229-2, fait l'objet d'un avis inséré dans un journal habilité à recevoir des annonces légales dans le département du siège social ainsi qu'au *Bulletin des annonces légales obligatoires* *(Décr. nº 2009-557 du 19 mai 2009, art. 3-XV)* « lorsque les actions de la société sont admises aux négociations sur un marché réglementé » ou lorsque ses actions ne revêtent pas toutes la forme nominative.

Cet avis comporte, outre les mentions prévues pour la modification des statuts, les indications suivantes :

1° La dénomination sociale suivie, le cas échéant, de son sigle, l'adresse du siège social, le montant du capital social ainsi que les mentions prévues aux 1° et 2° de l'article R. 123-237 ;

2° L'État dans lequel le transfert est envisagé ainsi que l'adresse prévisible du siège social ;

3° Le calendrier prévisible du transfert ;

4° Les modalités d'exercice des droits relatifs au rachat d'actions et à l'opposition des créanciers ;

5° La date du projet ainsi que la date et le lieu de son dépôt au greffe du tribunal dans le ressort duquel la société est immatriculée.

Il est procédé à ce dépôt et à la publicité prévue par le présent article au moins deux mois avant la date de la première assemblée générale appelée à statuer sur le transfert. – *[Décr. n° 67-236 du 23 mars 1967, art. 203-6.]*

Art. R. 229-4 Les dispositions de l'article R. 210-11 ne sont pas applicables au transfert du siège d'une société européenne immatriculée en France dans un autre État membre de la Communauté européenne. – *[Décr. n° 67-236 du 23 mars 1967, art. 203-7.]*

Art. R. 229-5 La décision de l'assemblée générale extraordinaire prise en application du deuxième alinéa de l'article L. 229-2 fait l'objet d'un avis inséré dans un journal habilité à recevoir des annonces légales dans le département du siège social ainsi qu'au *Bulletin des annonces légales obligatoires* *(Décr. n° 2009-557 du 19 mai 2009, art. 3-XVI)* « lorsque les actions de la société sont admises aux négociations sur un marché réglementé » ou lorsque ses actions ne revêtent pas toutes la forme nominative.

Cet avis comporte la date de l'assemblée générale extraordinaire et l'adresse du siège social. – *[Décr. n° 67-236 du 23 mars 1967, art. 203-8.]*

Art. R. 229-6 L'opposition des actionnaires et leur demande de rachat, prévues au troisième alinéa de l'article L. 229-2, sont formées dans un délai d'un mois à compter de la dernière en date des publications prescrites par l'article R. 229-5.

Elles sont portées à la connaissance de la société par lettre recommandée avec demande d'avis de réception. – *[Décr. n° 67-236 du 23 mars 1967, art. 203-9.]*

Art. R. 229-7 La société adresse à chacun des actionnaires mentionnés à l'article précédent, dans un délai de quinze jours suivant la réception de sa demande, une offre de rachat par lettre recommandée avec demande d'avis de réception.

Le prix proposé par la société aux actionnaires détenant des actions d'une même catégorie doit être identique.

Cette offre comporte le prix offert par action et le mode de paiement proposé ainsi que le délai pendant lequel l'offre est maintenue et le lieu où elle peut être acceptée.

Le délai mentionné à l'alinéa précédent ne peut être inférieur à vingt jours.

Lorsque les titres de la société européenne sont admis aux négociations sur un marché réglementé, leur évaluation est faite conformément au II de l'article L. 433-4 du code monétaire et financier. – *[Décr. n° 67-236 du 23 mars 1967, art. 203-10.] – V. cet art. au* ***C. mon. fin.*** *ou au* ***C. sociétés.***

Art. R. 229-8 Toute contestation sur le prix offert est portée devant le tribunal dans le ressort duquel est situé le siège de la société, dans le délai mentionné au troisième alinéa de l'article R. 229-7.

Tous les actionnaires intéressés par le rachat des actions sont mis en cause par la société dans les conditions prévues à l'article 331 du *(Décr. n° 2008-484 du 22 mai 2008, art. 22)* « code de procédure civile » ; ils procèdent alors conformément à l'article 333 de ce code.

Le prix est fixé selon les modalités prévues aux articles 1843-4 du code civil et 17 du décret n° 78-704 du 3 juillet 1978 relatif à l'application de la loi n° 78-9 du 4 janvier 1978 modifiant le titre IX du livre III du code civil. – *[Décr. n° 67-236 du 23 mars 1967, art. 203-11.] – V. ces textes au* ***C. sociétés.***

Art. R. 229-9 L'offre d'acquisition des certificats d'investissement, prévue au quatrième alinéa de l'article L. 229-2, fait l'objet d'un avis inséré dans un journal habilité à recevoir des annonces légales dans le département du siège social ainsi qu'au *Bulletin des annonces légales obligatoires* *(Décr. n° 2009-557 du 19 mai 2009, art. 3-*

XVI) « lorsque les actions de la société sont admises aux négociations sur un marché réglementé » ou lorsque ses actions ne revêtent pas toutes la forme nominative.

Cet avis comporte :

1° La dénomination sociale et la forme de la société, l'adresse du siège social et le montant du capital social ;

2° Le nombre de certificats d'investissement dont l'acquisition est envisagée ;

3° Le prix offert par certificat d'investissement et accepté par l'assemblée spéciale des porteurs de certificats d'investissement ;

4° Le délai pendant lequel l'offre d'acquisition est maintenue ainsi que le lieu où elle peut être acceptée. Ce délai ne peut être inférieur à vingt jours.

La publicité prévue au premier alinéa est remplacée pour les porteurs de certificats d'investissement nominatifs par l'envoi à chacun d'eux d'une lettre recommandée avec demande d'avis de réception, aux frais de la société. Cette lettre comporte les mêmes mentions que celles de l'avis.

Le délai dans lequel les porteurs de certificats d'investissement peuvent céder leurs titres est de trente jours à compter de la dernière en date des formalités de publicité. – *[Décr. n° 67-236 du 23 mars 1967, art. 203-12.]*

Art. R. 229-10 L'offre de remboursement des obligataires, prévue au cinquième alinéa de l'article L. 229-2, fait l'objet d'un avis donnant lieu à deux insertions successives, espacées d'au moins dix jours, dans deux journaux d'annonces légales du département du siège social ainsi qu'au *Bulletin des annonces légales obligatoires* (*Décr. n° 2009-557 du 19 mai 2009, art. 3-XVII)* « lorsque les obligations de la société sont admises aux négociations sur un marché réglementé ou lorsque ses obligations » ne revêtent pas toutes la forme nominative.

La publicité prévue à l'alinéa précédent est remplacée, pour les titulaires d'obligations nominatives, par l'envoi à chacun d'eux d'une lettre recommandée avec demande d'avis de réception, aux frais de la société.

Le délai dans lequel les obligataires peuvent demander le remboursement de leurs titres est de trois mois à compter, selon le cas, de la dernière en date des formalités de publicité ou de la réception de la dernière lettre recommandée.

Ce délai est indiqué dans l'avis et dans la lettre mentionnés aux premier et deuxième alinéas. – *[Décr. n° 67-236 du 23 mars 1967, art. 203-13.]*

Art. R. 229-11 L'opposition d'un créancier non obligataire, prévue au sixième alinéa de l'article L. 229-2, est formée dans un délai de trente jours à compter de la dernière en date des publications de l'insertion mentionnée à l'article R. 229-3. – *[Décr. n° 67-236 du 23 mars 1967, art. 203-14.]*

● SOUS-SECTION 2 DU CONTRÔLE DE LÉGALITÉ DU TRANSFERT DE SIÈGE SOCIAL

Art. R. 229-12 Aux fins de délivrance du certificat mentionné au septième alinéa de l'article L. 229-2, la société européenne produit au notaire chargé d'effectuer le contrôle de légalité un dossier contenant au moins les éléments suivants :

1° Les statuts de la société ;

2° Le projet de transfert du siège social ;

3° Une copie des avis relatifs aux publicités prévues par la présente section ;

4° Une copie du procès-verbal des assemblées mentionnées au quatrième alinéa de l'article L. 229-2 ;

5° Des indications relatives aux conséquences du transfert sur l'implication des travailleurs au sens des articles L. 439-25 à L. 439-50 *[L. 2351-1 à L. 2354-4 nouv.]* du code du travail. – *[Décr. n° 67-236 du 23 mars 1967, art. 203-15]*

SECTION III DE LA CONSTITUTION DE LA SOCIÉTÉ EUROPÉENNE

SOUS-SECTION 1 DE LA CONSTITUTION PAR FUSION

Art. D. 229-13 *(Décr. nº 2009-1559 du 14 déc. 2009, art. 2)* **Le greffier dispose d'un délai de huit jours à compter du dépôt de la déclaration de conformité pour délivrer l'attestation de conformité des actes et formalités préalables à la fusion prévue à l'article L. 229-3.**

Art. D. 229-13-1 *(Décr. nº 2009-1559 du 14 déc. 2009, art. 3)* **Aux fins d'immatriculation de la société européenne constituée par voie de fusion, chaque société qui participe à l'opération remet au notaire ou au greffier du tribunal dans le ressort duquel la société issue de la fusion sera immatriculée, qui a été chargé du contrôle de la légalité, outre le certificat mentionné au troisième alinéa de l'article L. 229-3 datant de moins de six mois, un dossier contenant au moins les documents suivants :**

1° Les statuts de la société européenne ;

2° Le projet commun de fusion ;

3° Une copie des avis relatifs aux publicités prévues par le présent livre ;

4° Une copie du procès-verbal des assemblées mentionnées aux articles L. 236-9 et L. 236-13 ;

5° Un document attestant que les sociétés qui fusionnent ont approuvé le projet de fusion dans les mêmes termes et qu'ont été fixées les modalités relatives à l'implication des travailleurs conformément aux articles L. 2351-1 à L. 2354-4 du code du travail.

Art. D. 229-13-2 *(Décr. nº 2009-1559 du 14 déc. 2009, art. 3)* **Le contrôle de légalité mentionné à l'article L. 229-3 est accompli dans un délai de quinze jours à compter de la réception de l'ensemble des documents mentionnés à l'article D. 229-13-1.**

Art. R. 229-14 **La dissolution de la société européenne pour l'un des motifs mentionnés au sixième alinéa de l'article L. 229-3 peut être demandée en justice par tout intéressé.**

La publicité de la décision judiciaire qui prononce la dissolution de la société européenne est faite par insertion au *Bulletin officiel des annonces civiles et commerciales* et dans un journal habilité à recevoir des annonces légales dans le département du siège social ainsi qu'au *Bulletin des annonces légales obligatoires* *(Décr. nº 2009-557 du 19 mai 2009, art. 3-XVI)* **« lorsque les actions de la société sont admises aux négociations sur un marché réglementé » ou lorsque ses actions ne revêtent pas toutes la forme nominative.** – *[Décr. nº 67-236 du 23 mars 1967, art. 203-17.]*

SOUS-SECTION 2 DE LA CONSTITUTION D'UNE SOCIÉTÉ EUROPÉENNE HOLDING

Art. R. 229-15 **Le projet de constitution d'une société européenne holding fait l'objet, par chaque société immatriculée en France qui participe à l'opération, d'un avis inséré dans un journal habilité à recevoir des annonces légales dans le département du siège social ainsi qu'au *Bulletin des annonces légales obligatoires*** *(Décr. nº 2009-557 du 19 mai 2009, art. 3-XVIII)* **« lorsque les actions de l'une au moins de**

ces sociétés sont admises aux négociations sur un marché réglementé ou lorsque les actions de l'une au moins de ces sociétés » ne revêtent pas toutes la forme nominative.

Cet avis comporte les indications suivantes :

1° La dénomination de la société promotrice suivie, le cas échéant, de son sigle, l'adresse de son siège social, le montant de son capital social, les mentions prévues aux 1° et 2° de l'article R. 123-237 et, le cas échéant, son numéro d'immatriculation dans l'État où elle a son siège ;

2° La dénomination sociale suivie, le cas échéant, de son sigle, l'adresse du siège social et le montant du capital envisagés de la société européenne holding ;

3° La mention du pourcentage minimal des actions ou parts de chacune des sociétés promouvant l'opération que les actionnaires ou porteurs devront apporter pour que la société soit constituée ;

4° Le rapport d'échange de parts sociales ou d'actions et, le cas échéant, le montant de la soulte due ;

5° La date du projet ainsi que la date et le lieu de son dépôt au greffe du tribunal dans le ressort duquel chaque société promotrice est immatriculée.

Il est procédé à ce dépôt et à la publicité prévue au premier alinéa un mois au moins avant la date de la première assemblée appelée à statuer sur l'opération. — *[Décr. n° 67-236 du 23 mars 1967, art. 203-18.]*

Art. R. 229-16 Les commissaires à la constitution de la société européenne holding sont désignés et accomplissent leur mission dans les conditions prévues par l'article R. 225-7. — *[Décr. n° 67-236 du 23 mars 1967, art. 203-19.]*

Art. R. 229-17 Outre les mentions du paragraphe 5 de l'article 32 du règlement (CE) n° 2157/2001 du Conseil du 8 octobre 2001 relatif au statut de la société européenne, les commissaires à la constitution précisent, dans le rapport mentionné au troisième alinéa de l'article L. 229-5, la date à laquelle ont été arrêtés les comptes qui ont servi à l'évaluation des parts ou actions concourant à la formation de la société européenne holding. — *[Décr. n° 67-236 du 23 mars 1967, art. 203-20.] — V. le Règl. préc. au* ***C. sociétés.***

Art. R. 229-18 La décision de l'assemblée générale de chaque société immatriculée en France qui participe à la constitution de la société européenne holding fait l'objet d'un avis inséré, par chacune d'entre elles, dans un journal habilité à recevoir des annonces légales dans le département de leur siège respectif ainsi qu'au *Bulletin des annonces légales obligatoires (Décr. n° 2009-557 du 19 mai 2009, art. 3-XIX)* « lorsque les actions de la société sont admises aux négociations sur un marché réglementé » ou lorsque ses actions ne revêtent pas toutes la forme nominative.

Cet avis comporte les indications suivantes :

1° La date de l'assemblée générale extraordinaire ;

2° L'adresse du siège social ;

3° Les modalités suivant lesquelles les actionnaires et porteurs de parts communiquent aux sociétés promotrices leur intention d'apporter leurs actions ou parts en vue de la constitution de la société européenne et le délai de trois mois qui leur est conféré à compter de la publication de l'avis pour y procéder. — *[Décr. n° 67-236 du 23 mars 1967, art. 203-21.]*

Art. R. 229-19 Lorsque les conditions de constitution de la société européenne holding sont réunies, chaque société immatriculée en France qui participe à l'opération fait insérer un avis le constatant dans un journal habilité à recevoir des annonces légales au niveau national ainsi qu'au *Bulletin officiel des annonces civiles et commerciales.*

Cet avis comporte, pour la société promotrice, les indications suivantes :

1° La date du projet et de sa publication ;

2° La date de l'assemblée générale ayant approuvé le projet de constitution ;

3° La date à laquelle les actionnaires ou associés ont apporté le pourcentage de parts ou d'actions en vue de la constitution de la société européenne. – *[Décr. nº 67-236 du 23 mars 1967, art. 203-22.]*

SOUS-SECTION 3 DE LA CONSTITUTION PAR TRANSFORMATION D'UNE SOCIÉTÉ ANONYME

Art. R. 229-20 Le projet de transformation de la société anonyme, prévu au deuxième alinéa de l'article L. 225-245-1, fait l'objet d'un avis inséré dans un journal habilité à recevoir des annonces légales dans le département du siège social ainsi qu'au *Bulletin des annonces légales obligatoires* *(Décr. nº 2009-557 du 19 mai 2009, art. 3-XIX)* « lorsque les actions de la société sont admises aux négociations sur un marché réglementé » ou lorsque ses actions ne revêtent pas toutes la forme nominative.

Cet avis comporte les indications suivantes :

1° La dénomination sociale suivie, le cas échéant, de son sigle, l'adresse du siège social, le montant du capital social et les mentions prévues aux 1° et 2° de l'article R. 123-237 ;

2° La mention que la société anonyme envisage de se transformer en société européenne ;

3° La date du projet ainsi que la date et le lieu de son dépôt au greffe du tribunal dans le ressort duquel la société est immatriculée.

Il est procédé à ce dépôt et à la publicité prévue au premier alinéa un mois au moins avant la date de la première assemblée appelée à statuer sur l'opération. – *[Décr. nº 67-236 du 23 mars 1967, art. 203-23.]*

Art. R. 229-21 Les commissaires à la transformation sont désignés et accomplissent leur mission dans les conditions prévues par l'article R. 225-7. – *[Décr. nº 67-236 du 23 mars 1967, art. 203-24.]*

Art. R. 229-22 La transformation d'une société anonyme en société européenne immatriculée en France est publiée dans les conditions prévues par l'article R. 225-165. – *[Décr. nº 67-236 du 23 mars 1967, art. 203-25.]*

SECTION IV DE L'ADMINISTRATION DE LA SOCIÉTÉ EUROPÉENNE

Art. R. 229-23 Le membre du conseil de surveillance, qui assure, en application du deuxième alinéa de l'article L. 229-7, les fonctions de membre du directoire en cas de vacance au sein de celui-ci, est nommé pour le temps restant à courir jusqu'au renouvellement du directoire, sans que ce délai puisse excéder six mois. – *[Décr. nº 67-236 du 23 mars 1967, art. 203-26.]*

SECTION V DE LA TRANSFORMATION DE LA SOCIÉTÉ EUROPÉENNE EN SOCIÉTÉ ANONYME

Art. R. 229-24 Le projet de transformation de la société européenne, prévu au deuxième alinéa de l'article L. 229-10, fait l'objet d'un avis inséré dans un journal habilité à recevoir des annonces légales dans le département du siège social ainsi qu'au *Bulletin des annonces légales obligatoires* *(Décr. n° 2009-557 du 19 mai 2009, art. 3-XX)* « lorsque les actions de la société sont admises aux négociations sur un marché réglementé » ou lorsque ses actions ne revêtent pas toutes la forme nominative.

Cet avis comporte les indications suivantes :

1° La dénomination sociale suivie, le cas échéant, de son sigle, l'adresse du siège social, le montant du capital social et les mentions prévues aux 1° et 2° de l'article R. 123-237 ;

2° La mention que la société européenne envisage de se transformer en société anonyme ;

3° La date du projet ainsi que la date et le lieu de son dépôt au greffe du tribunal dans le ressort duquel la société est immatriculée.

Il est procédé à ce dépôt et à la publicité prévue au premier alinéa un mois au moins avant la date de la première assemblée appelée à statuer sur l'opération. – *[Décr. n° 67-236 du 23 mars 1967, art. 203-27.]*

Art. R. 229-25 Les commissaires à la transformation sont désignés et accomplissent leur mission dans les conditions prévues par l'article R. 225-7. – *[Décr. n° 67-236 du 23 mars 1967, art. 203-28.]*

Art. R. 229-26 La transformation d'une société européenne immatriculée en France en société anonyme est publiée dans les conditions prévues à l'article R. 225-165. – *[Décr. n° 67-236 du 23 mars 1967, art. 203-29.]*

TITRE TROISIÈME DISPOSITIONS COMMUNES AUX DIVERSES SOCIÉTÉS COMMERCIALES

CHAPITRE PREMIER DU CAPITAL VARIABLE

Le présent chapitre ne comprend pas de dispositions réglementaires.

CHAPITRE II DES COMPTES SOCIAUX

SECTION PREMIÈRE DES DOCUMENTS COMPTABLES

Art. R. 232-1 Les comptes annuels, le rapport de gestion ainsi que, le cas échéant, les comptes consolidés et le rapport sur la gestion du groupe sont tenus, au siège social, à la disposition des commissaires aux comptes un mois au moins avant la convocation de l'assemblée des associés ou des actionnaires appelés à statuer sur les comptes annuels de la société.

Les documents mentionnés à l'alinéa précédent sont délivrés, en copie, aux commissaires aux comptes qui en font la demande. – *[Décr. n° 67-236 du 23 mars 1967, art. 243.]*

Art. R. 232-1-1 *(Décr. n° 2011-55 du 13 janv. 2011, art. 1er)* Pour l'application du IV de l'article L. 232-1 relatif à l'établissement du rapport de gestion, le total du bilan est fixé à 1 000 000 €, le montant hors taxe du chiffre d'affaires à 2 000 000 € et le nombre moyen de salariés permanents employés au cours de l'exercice à vingt.

Le total du bilan, le montant hors taxe du chiffre d'affaires et le nombre moyen de salariés sont déterminés conformément aux quatrième, cinquième et sixième alinéas de l'article R. 123-200.

Art. R. 232-2 Les sociétés commerciales qui, à la clôture d'un exercice social, comptent trois cents salariés ou plus ou dont le montant net du chiffre d'affaires, à la même époque, est égal ou supérieur à 18 000 000 €, sont tenues d'établir les documents mentionnés à l'article L. 232-2.

Elles cessent d'être assujetties à cette obligation lorsqu'elles ne remplissent aucune de ces conditions pendant deux exercices successifs.

Les salariés pris en compte sont ceux qui, par un contrat de travail à durée indéterminée, sont liés à la société et aux sociétés dont cette dernière détient directement ou indirectement plus de la moitié du capital. Le nombre de salariés est égal à la moyenne arithmétique des effectifs à la fin de chaque trimestre de l'année civile ou de l'exercice comptable lorsque celui-ci ne coïncide pas avec l'année civile.

Le montant net du chiffre d'affaires est égal au montant des ventes de produits et services liés à l'activité courante diminué des réductions sur ventes, de la taxe sur la valeur ajoutée et des taxes assimilées. – *[Décr. n° 67-236 du 23 mars 1967, art. 244.]*

Art. R. 232-3 Le conseil d'administration, le directoire ou les gérants des sociétés mentionnées à l'article R. 232-2, selon le cas, établissent :

1° Semestriellement, dans les quatre mois qui suivent la clôture de chacun des semestres de l'exercice, la situation de l'actif réalisable et disponible, valeurs d'exploitation exclues, et du passif exigible ;

2° Annuellement :

a) Le tableau de financement en même temps que les comptes annuels dans les quatre mois qui suivent la clôture de l'exercice écoulé ;

b) Le plan de financement prévisionnel ;

c) Le compte de résultat prévisionnel.

Le plan de financement et le compte de résultat prévisionnels sont établis au plus tard à l'expiration du quatrième mois qui suit l'ouverture de l'exercice en cours ; le compte de résultat prévisionnel est, en outre, révisé dans les quatre mois qui suivent l'ouverture du second semestre de l'exercice. – *[Décr. n° 67-236 du 23 mars 1967, art. 244-1.]*

Art. R. 232-4 Les rapports prévus aux articles L. 232-3 et L. 232-4 sont joints aux documents mentionnés à l'article R. 232-3.

Ces rapports complètent et commentent l'information donnée par ces documents. Ils décrivent les conventions comptables, les méthodes utilisées et les hypothèses retenues et en justifient la pertinence et la cohérence. – *[Décr. n° 67-236 du 23 mars 1967, art. 244-2.]*

Art. R. 232-5 Les règles de présentation et les méthodes utilisées pour l'élaboration des documents mentionnés à l'article R. 232-3 ne peuvent être modifiées d'une période à l'autre sans qu'il en soit justifié dans les rapports mentionnés à l'article R. 232-4. Ces derniers décrivent l'incidence de ces modifications.

Les postes du tableau de financement, du plan de financement prévisionnel et du compte de résultat prévisionnel comportent l'indication du chiffre relatif au poste correspondant de l'exercice précédent.

Les postes de la situation de l'actif réalisable et disponible, valeurs d'exploitation exclues, et du passif exigible comportent l'indication des chiffres relatifs aux postes correspondants des deux semestres précédents.

Les documents mentionnés à l'article R. 232-3 font apparaître, chacun en ce qui le concerne, la situation de trésorerie de la société, ses résultats prévisionnels ainsi que ses moyens et prévisions de financement. S'il y a lieu, des informations complémentaires sont fournies en vue de permettre le rapprochement des données qu'ils contiennent de celles des comptes annuels.

Le compte de résultat prévisionnel peut comporter une ou plusieurs variantes lorsque des circonstances particulières le justifient. – *[Décr. nº 67-236 du 23 mars 1967, art. 244-3.]*

Art. R. 232-6 Dans les huit jours de leur établissement, les documents et rapports mentionnés aux articles R. 232-3 et R. 232-4 sont communiqués au commissaire aux comptes, au comité d'entreprise et au conseil de surveillance. – *[Décr. nº 67-236 du 23 mars 1967, art. 244-4.]*

Art. R. 232-7 Lorsqu'en application des articles L. 232-3 et L. 232-4, le commissaire aux comptes formule des observations, il les consigne dans un rapport écrit adressé au conseil d'administration, au directoire ou aux gérants ainsi qu'au comité d'entreprise dans le mois qui suit l'expiration des délais prévus à l'article R. 232-3.

Lorsqu'en application de l'article L. 232-4, le commissaire aux comptes demande que son rapport soit communiqué aux associés, les gérants procèdent à cette communication dans le délai de huit jours à compter de la réception du rapport. – *[Décr. nº 67-236 du 23 mars 1967, art. 244-5.]*

Art. R. 232-8 Une société consolidante au sens du premier alinéa de l'article L. 232-5 effectue, lorsqu'elle exerce l'option prévue à cet article, les retraitements conformes aux règles de la consolidation sur les éléments des comptes des sociétés qu'elle contrôle directement ou indirectement.

Ces retraitements peuvent être effectués, pour l'application du troisième alinéa de l'article L. 232-5, sous la responsabilité de la société consolidante par les sociétés contrôlées.

Pour l'application de cette méthode, la société inscrit distinctement, à l'actif du bilan, la somme des quote-parts des capitaux propres avant répartition du résultat, qu'elles soient positives ou négatives, et du montant net de l'écart non affecté de première consolidation.

La différence entre cette somme et le prix d'acquisition des titres est portée dans les capitaux propres à un poste d'écart d'équivalence.

Lors de la première application de cette méthode d'évaluation, les provisions portées en déduction des valeurs des titres sont transférées au poste d'écart d'équivalence.

Si l'écart d'équivalence devient négatif, une dépréciation globale du portefeuille est dotée par le débit du compte de résultat. – *[Décr. nº 67-236 du 23 mars 1967, art. 245.]*

SECTION II DISPOSITIONS PARTICULIÈRES AUX SOCIÉTÉS DONT LES ACTIONS SONT ADMISES À LA NÉGOCIATION SUR UN MARCHÉ RÉGLEMENTÉ ET À CERTAINES DE LEURS FILIALES

Art. R. 232-9 *et* R. 232-10 *Abrogés par Décr. nº 2008-258 du 13 mars 2008, art. 6, à compter du 1er sept. 2008.*

Art. R. 232-11 Les sociétés *(Décr. nº 2008-258 du 13 mars 2008, art. 6, en vigueur le 1er sept. 2008)* « dont les actions sont admises, en tout ou partie, aux négociations sur un marché réglementé » publient au *Bulletin des annonces légales obligatoires* dans les quarante-cinq jours qui suivent l'approbation des comptes par l'assemblée générale ordinaire des actionnaires les documents suivants :

1° Les comptes annuels approuvés, revêtus de l'attestation des commissaires aux comptes ;

2° La décision d'affectation des résultats ;

3° Les comptes consolidés revêtus de l'attestation des commissaires aux comptes. Les informations prévues aux 5°, 6°, 7° et 8° de l'article R. 233-14 peuvent être omises si elles figurent dans les comptes consolidés déposés au greffe du tribunal *(Décr. n° 2008-258 du 13 mars 2008, art. 6, en vigueur le 1er sept. 2008)* « à la clôture de l'exercice ».

Lorsque la publicité des comptes consolidés, effectuée soit en application des dispositions *(Décr. n° 2008-258 du 13 mars 2008, art. 6, en vigueur le 1er sept. 2008)* « du I de l'article L. 451-1-2 du code monétaire et financier », soit en application du présent article, n'inclut pas les 5°, 6°, 7° et 8° de l'article R. 233-14, il est fait mention du dépôt au greffe du tribunal des comptes consolidés comprenant ces informations.

Les sociétés intéressées sont dispensées de la publication des documents mentionnés à l'alinéa précédent si les projets correspondants ont été approuvés sans modification par l'assemblée générale ordinaire des actionnaires, et si elles font insérer dans le même délai au *Bulletin des annonces légales obligatoires* un avis mentionnant la référence de la publication effectuée en application des dispositions *(Décr. n° 2008-258 du 13 mars 2008, art. 6, en vigueur le 1er sept. 2008)* « du I de l'article L. 451-1-2 du code monétaire et financier » et contenant l'attestation des commissaires aux comptes. – *[Décr. n° 67-236 du 23 mars 1967, art. 296.] – V. art. préc. au* ***C. mon. fin.***

Art. R. 232-12 *Abrogé par Décr. n° 2008-258 du 13 mars 2008, art. 6, à compter du 1er sept. 2008.*

Art. R. 232-13 *(Décr. n° 2008-258 du 13 mars 2008, art. 6, en vigueur le 1er sept. 2008)* Dans les quatre mois qui suivent la fin du premier semestre de leur exercice, les sociétés dont les actions sont admises, en tout ou partie, aux négociations sur un marché réglementé, annexent et déposent auprès de l'Autorité des marchés financiers le rapport semestriel prévu au troisième alinéa de l'article L. 232-7. Ce rapport contient les mêmes informations que celles prévues au III de l'article L. 451-1-2 du code monétaire et financier. – *[Décr. n° 67-236 du 23 mars 1967, art. 297-1.]*

Art. R. 232-14 à R. 232-16 *Abrogés par Décr. n° 2008-258 du 13 mars 2008, art. 3 et 6, à compter du 1er sept. 2008.*

SECTION III DES BÉNÉFICES

Art. R. 232-17 Dans le cas prévu au deuxième alinéa de l'article L. 232-12, le conseil d'administration, le directoire ou les gérants, selon le cas, ont qualité pour décider de répartir un acompte à valoir sur le dividende et pour fixer le montant et la date de la répartition. – *[Décr. n° 67-236 du 23 mars 1967, art. 245-1.]*

Art. R. 232-18 Le délai de neuf mois à compter de la clôture de l'exercice, prévu à l'article L. 232-13, peut être prolongé par ordonnance du président du tribunal de commerce statuant sur requête, à la demande des gérants, du conseil d'administration ou du directoire, selon le cas. – *[Décr. n° 67-236 du 23 mars 1967, art. 246.]*

SECTION IV DE LA PUBLICITÉ DES COMPTES

Art. R. 232-19 Dès le dépôt prévu à l'article L. 232-21, le greffier du tribunal de commerce fait insérer au *Bulletin officiel des annonces civiles et commerciales* un avis ainsi rédigé :

"La SNC ..... ayant son siège à ...., dont le numéro unique d'identification est ...., a déposé au greffe du tribunal de commerce de ...., où elle est immatriculée au registre du commerce et des sociétés, les comptes annuels (les comptes consolidés) et les rapports de l'exercice clos le .... en application des dispositions de l'article L. 232-21." – *[Décr. n° 67-236 du 23 mars 1967, art. 13-2.]*

Art. R. 232-20 Dès le dépôt prévu à l'article L. 232-22, le greffier du tribunal de commerce fait insérer au *Bulletin officiel des annonces civiles et commerciales* un avis ainsi rédigé :

"La SARL. .. ayant son siège à ..., dont le numéro unique d'identification est ...., a déposé au greffe du tribunal de commerce de ..., où elle est immatriculée au registre du commerce et des sociétés, les comptes annuels (les comptes consolidés) et les rapports de l'exercice clos le ... en application des dispositions de l'article L. 232-22." – *[Décr. n° 67-236 du 23 mars 1967, art. 44-2.]*

Art. R. 232-21 Dès le dépôt prévu à l'article L. 232-23 et à l'article R. 232-15, le greffier du tribunal de commerce, fait insérer au *Bulletin officiel des annonces civiles et commerciales* un avis ainsi rédigé :

"La SA (ou la SCA ou la SAS ou la SE) .... ayant son siège social à ..., dont le numéro unique d'identification est ...., a déposé au greffe du tribunal de commerce de ..., où elle est immatriculée au registre du commerce et des sociétés, les comptes annuels (les comptes consolidés) (l'inventaire des valeurs mobilières détenues en portefeuille) et les rapports de l'exercice clos le... en application des dispositions des articles L. 232-23 et R. 232-15." – *[Décr. n° 67-236 du 23 mars 1967, art. 293-1.]*

CHAPITRE III DES FILIALES, DES PARTICIPATIONS ET DES SOCIÉTÉS CONTRÔLÉES

SECTION PREMIÈRE DES NOTIFICATIONS ET DES INFORMATIONS

Art. R. 233-1 *(Décr. n° 2009-557 du 19 mai 2009, art. 3-XXI)* Pour l'application du I de l'article L. 233-7, l'information est adressée à la société au plus tard avant la clôture des négociations du quatrième jour de bourse suivant le jour du franchissement du seuil de participation. – *[Décr. n° 67-236 du 23 mars 1967, art. 247-1.]*

Art. R. 233-1-1 *(Décr. n° 2009-557 du 19 mai 2009, art. 3-XXII, en vigueur le 1er août 2009)* Pour l'application du VII de l'article L. 233-7, l'information est adressée à la société et doit parvenir à l'Autorité des marchés financiers au plus tard avant la clôture des négociations du cinquième jour de bourse suivant le jour du franchissement du seuil de participation donnant lieu à l'application de cet article.

Art. R. 233-2 L'information des actionnaires prévue au I de l'article L. 233-8 prend la forme d'un avis publié dans un journal habilité à recevoir les annonces

légales dans le département où la société a son siège avant l'expiration d'un délai de quinze jours à compter de la date de l'assemblée générale ordinaire annuelle ou de la date à laquelle la société a eu connaissance, entre deux assemblées générales, d'une variation du nombre total des droits de vote au moins égale au pourcentage fixé par l'arrêté ministériel mentionné au I du même article. – *[Décr. nº 67-236 du 23 mars 1967, art. 247.] – V. Annexe 2-2 au* ***C. com.*** *ou au* ***C. sociétés****.*

SECTION II DES COMPTES CONSOLIDÉS

Art. R. 233-3 **L'établissement des comptes consolidés prévu par le présent livre s'effectue par intégration globale, par intégration proportionnelle ou par mise en équivalence.**

Dans l'intégration globale, le bilan consolidé reprend les éléments du patrimoine de la société consolidante, à l'exception des titres des sociétés consolidées à la valeur comptable desquels est substitué l'ensemble des éléments actifs et passifs constitutifs des capitaux propres de ces sociétés déterminés d'après les règles de consolidation.

Dans l'intégration proportionnelle est substituée à la valeur comptable de ces titres la fraction représentative des intérêts de la société ou des sociétés détentrices dans les éléments actifs et passifs constitutifs des capitaux propres de ces sociétés déterminés d'après les règles de consolidation.

Dans la mise en équivalence est substituée à la valeur comptable de ces titres la part des capitaux propres de ces sociétés déterminés d'après les règles de consolidation. – *[Décr. nº 67-236 du 23 mars 1967, art. 248.]*

Art. R. 233-4 **Le compte de résultat consolidé reprend :**

1º Les éléments constitutifs :

a) **Du résultat de la société consolidante ;**

b) **Du résultat des sociétés consolidées par intégration globale ;**

c) **De la fraction du résultat des sociétés consolidées par intégration proportionnelle représentative des intérêts de la société ou des sociétés détentrices ;**

2º La fraction du résultat des sociétés consolidées par mise en équivalence, représentative soit des intérêts directs ou indirects de la société consolidante, soit des intérêts de la société ou des sociétés détentrices. – *[Décr. nº 67-236 du 23 mars 1967, art. 248-1.]*

Art. R. 233-5 **L'écart de première consolidation d'une société est réparti dans les postes appropriés du bilan consolidé ; la partie non affectée de cet écart est inscrite à un poste particulier d'actif ou de passif du bilan consolidé.**

L'écart non affecté est rapporté au compte de résultat, conformément à un plan d'amortissement, ou de reprise de provisions.

Dans des cas exceptionnels dûment justifiés à l'annexe, l'écart de première consolidation non affecté d'une entreprise peut être inscrit dans les capitaux propres ou imputé sur ceux-ci. – *[Décr. nº 67-236 du 23 mars 1967, art. 248-3.]*

Art. R. 233-6 **Les titres représentatifs du capital de la société consolidante détenus par les sociétés consolidées sont classés selon la destination qui leur est donnée dans ces sociétés.**

Les titres immobilisés sont portés distinctement en diminution des capitaux propres consolidés.

Les titres de placement sont maintenus dans l'actif consolidé. – *[Décr. nº 67-236 du 23 mars 1967, art. 248-4.]*

Art. R. 233-7 Le chiffre d'affaires consolidé est égal au montant des ventes de produits et services liés aux activités courantes de l'ensemble constitué par les sociétés consolidées par intégration. Il comprend, après élimination des opérations internes :

1° Le montant net, après retraitements éventuels, du chiffre d'affaires réalisé par les sociétés consolidées par intégration globale ;

2° La quote-part de la société ou des sociétés détentrices dans le montant net, après retraitements éventuels, du chiffre d'affaires réalisé par les sociétés consolidées par intégration proportionnelle. – *[Décr. n° 67-236 du 23 mars 1967, art. 248-5.]*

Art. R. 233-8 La consolidation impose :

1° Le classement des éléments d'actif et de passif ainsi que des éléments de charge et de produit des entreprises consolidées par intégration selon le plan de classement retenu pour la consolidation ;

2° L'évaluation au moyen des retraitements nécessaires des éléments d'actif et de passif ainsi que des éléments de charge et de produit des entreprises consolidées selon les méthodes d'évaluation retenues pour la consolidation ;

3° L'élimination de l'incidence sur les comptes des écritures passées pour la seule application des législations fiscales et notamment pour ce qui concerne les subventions d'investissement, les provisions réglementées et l'amortissement des immobilisations ;

4° L'élimination des résultats internes à l'ensemble consolidé, y compris les dividendes ;

5° La constatation de charges lorsque les impositions afférentes à certaines distributions prévues entre des entreprises consolidées par intégration ne sont pas récupérables ainsi que la prise en compte de réductions d'impôt lorsque des distributions prévues en font bénéficier des entreprises consolidées par intégration ;

6° L'élimination des comptes réciproques des entreprises consolidées par intégration.

Toutefois, par dérogation au 6° ci-dessus et sous réserve d'en justifier dans l'annexe, un actif immobilisé peut être maintenu à la nouvelle valeur résultant d'une opération entre les sociétés consolidées par intégration lorsque cette opération a été conclue conformément aux conditions normales du marché et que l'élimination du supplément de valeur d'actif entraînerait des frais disproportionnés ; dans ce cas, l'écart qui en résulte est inscrit directement dans les réserves.

La société consolidante peut omettre d'effectuer certaines des opérations décrites au présent article, lorsqu'elles sont d'incidence négligeable sur le patrimoine, la situation financière et le résultat de l'ensemble constitué par les entreprises comprises dans la consolidation. – *[Décr. n° 67-236 du 23 mars 1967, art. 248-6.]*

Art. R. 233-9 L'écart constaté d'un exercice à l'autre et qui résulte de la conversion en euros des comptes d'entreprises libellés dans une autre monnaie est inscrit distinctement soit dans les capitaux propres consolidés, soit au compte de résultat consolidé, selon la méthode de conversion retenue. – *[Décr. n° 67-236 du 23 mars 1967, art. 248-7.]*

Art. R. 233-10 L'établissement des comptes consolidés peut s'effectuer en utilisant, outre les méthodes d'évaluation prévues aux articles L. 123-18 à L. 123-21, les méthodes d'évaluation suivantes :

1° Les comptes consolidés peuvent être établis sur la base de l'euro avec son pouvoir d'achat à la clôture de l'exercice ; tous les éléments initialement libellés soit dans une autre monnaie, soit en euros de pouvoir d'achat différent, sont convertis dans l'unité commune ; les incidences de cette méthode d'évaluation sur les actifs, sur les passifs et sur les capitaux propres apparaissent distinctement dans les capitaux propres consolidés ;

2° Les immobilisations corporelles amortissables et les stocks peuvent être inscrits à leur valeur de remplacement à la clôture de l'exercice ; les contreparties de ces retraitements sont isolées dans des postes appropriés ;

3° Les éléments fongibles de l'actif circulant peuvent être évalués en considérant que, pour chaque catégorie, le premier bien sorti est le dernier bien entré ; l'application de cette méthode d'évaluation peut être limitée à certaines branches d'activité ou à certaines zones géographiques ; les modalités de regroupement de ces éléments en catégories sont indiquées et justifiées dans l'annexe ;

4° Les intérêts des capitaux empruntés pour financer la fabrication d'un élément de l'actif circulant peuvent être inclus dans son coût lorsqu'ils concernent la période de fabrication ;

5° Les biens dont les entreprises consolidées ont la disposition par contrat de crédit-bail ou selon des modalités analogues peuvent être traités au bilan et au compte de résultat consolidés comme s'ils avaient été acquis à crédit ;

6° Les biens mis, par les entreprises consolidées, à la disposition de clients par contrat de crédit-bail ou selon des modalités analogues peuvent être traités comme s'ils avaient été vendus à crédit, si la réalisation de la vente future peut être considérée comme raisonnablement assurée ;

7° Les écarts d'actif ou de passif provenant de la conversion, dans la monnaie d'établissement des comptes annuels d'une entreprise consolidée, de dettes et de créances libellées dans une autre monnaie peuvent être inscrits au compte de résultat consolidé ;

8° Lorsque des capitaux sont reçus en application de contrats d'émission ne prévoyant ni de remboursement à l'initiative du prêteur, ni de rémunération obligatoire en cas d'absence ou d'insuffisance de bénéfice, ceux-ci peuvent être inscrits au bilan consolidé à un poste de capitaux propres ;

9° Les biens détenus par des organismes qui sont soumis à des règles d'évaluation fixées par des lois particulières peuvent être maintenus dans les comptes consolidés à la valeur qui résulte de l'application de ces règles. – *[Décr. n° 67-236 du 23 mars 1967, art. 248-8.]*

Art. R. 233-11 Le bilan consolidé est présenté soit sous forme de tableau, soit sous forme de liste. Il fait au moins apparaître de façon distincte :

1° Les immobilisations incorporelles, les immobilisations corporelles, les immobilisations financières, les stocks, les créances, les valeurs mobilières de placement et les disponibilités ;

2° Les capitaux propres, les provisions et les dettes ;

3° La part des actionnaires ou associés minoritaires. – *[Décr. n° 67-236 du 23 mars 1967, art. 248-9.]*

Art. R. 233-12 Le compte de résultat consolidé fait au moins apparaître le montant net du chiffre d'affaires consolidé, le résultat après impôts de l'ensemble des entreprises consolidées par intégration, la quote-part des résultats des entreprises consolidées par mise en équivalence. La part des actionnaires ou associés minoritaires et la part de l'entreprise consolidante apparaissent distinctement.

Les produits et les charges sont classés selon leur nature ou leur destination. Ils sont présentés soit sous forme de tableau, soit sous forme de liste. – *[Décr. n° 67-236 du 23 mars 1967, art. 248-10.]*

Art. R. 233-13 Sont enregistrées au bilan et au compte de résultat consolidés les impositions différées résultant :

1° Du décalage temporaire entre la constatation comptable d'un produit ou d'une charge et son inclusion dans le résultat fiscal d'un exercice ultérieur ;

2° Des aménagements et éliminations imposés à l'article R. 233-8, des retraitements prévus au c [2°] de cet article et notamment de ceux induits par l'utilisation des règles d'évaluation de l'article R. 233-10 ;

3° De déficits fiscaux reportables des entreprises comprises dans la consolidation dans la mesure où leur imputation sur des bénéfices fiscaux futurs est probable. – *[Décr. n° 67-236 du 23 mars 1967, art. 248-11.]*

Art. R. 233-14 Outre les informations prévues par les articles L. 233-19, L. 233-23, L. 233-25 et par les articles R. 233-5, R. 233-8 et R. 233-10, l'annexe comporte toutes les informations d'importance significative permettant aux lecteurs d'avoir une juste appréciation du patrimoine, de la situation financière et du résultat de l'ensemble constitué par les entreprises comprises dans la consolidation. Ces informations portent sur les points suivants :

1° Les principes comptables et les méthodes d'évaluation appliqués aux divers postes du bilan et du compte de résultat consolidés, en précisant celles de ces méthodes qui ont été retenues en application de l'article R. 233-10 ;

2° Les principes et les modalités de consolidation retenues ;

3° Les méthodes de conversion utilisées pour la consolidation d'entreprises étrangères ;

4° Les circonstances qui empêchent de comparer, d'un exercice à l'autre, certains postes du bilan et du compte de résultat consolidés ainsi que, le cas échéant, les moyens qui permettent d'en assurer la comparaison, en précisant les effets des variations du périmètre de consolidation ;

5° Le nom, le siège et, pour les entreprises françaises, le numéro unique d'identification des entreprises consolidées par intégration globale ainsi que la fraction du capital détenue directement ou indirectement ;

6° Le nom, le siège et, pour les entreprises françaises, le numéro unique d'identification des entreprises consolidées par mise en équivalence ainsi que la fraction du capital détenue directement ou indirectement ;

7° Le nom, le siège et, pour les entreprises françaises, le numéro unique d'identification des entreprises consolidées par intégration proportionnelle ainsi que la fraction de capital détenue directement ou indirectement ;

8° La liste des principales entreprises composant le poste "titres de participations" au bilan consolidé, en précisant leur nom et leur siège, la fraction de leur capital détenue directement ou indirectement, le montant de leurs capitaux propres, celui du résultat du dernier exercice ainsi que la valeur nette comptable des titres concernés ;

9° Le montant global de celles des dettes figurant au bilan consolidé dont la durée résiduelle est supérieure à cinq ans et celui des dettes couvertes par des sûretés réelles données par des entreprises comprises dans la consolidation, avec l'indication de leur nature et de leur forme ;

10° Le montant global des engagements financiers qui ne figurent pas au bilan consolidé, pris envers les tiers par l'ensemble des entreprises consolidées par intégration, le montant des engagements en matière de pensions et indemnités assimilées d'une part, le montant des engagements financiers à l'égard des entreprises liées au sens du 9° de l'article R. 123-196 mais non consolidées par intégration d'autre part, sont mentionnés distinctement ;

11° Le montant des rémunérations allouées au titre de l'exercice aux membres des organes d'administration, de direction et de surveillance de la société consolidante, à raison de leurs fonctions dans les entreprises contrôlées au sens de l'article L. 233-16. Ces informations sont données de façon globale pour les membres de chacun de ces organes ; il en est de même du montant des engagements en matière de pensions et indemnités assimilées dont bénéficient les anciens membres de ces organes ;

12° Le montant des avances et des crédits accordés aux membres des organes d'administration, de direction et de surveillance de la société consolidante par cette société et par les entreprises placées sous son contrôle avec l'indication des conditions consenties ; ce montant est indiqué de façon globale pour les membres de chacun de ces organes ;

13° La ventilation du chiffre d'affaires consolidé par secteurs d'activité et par zones géographiques ;

14° L'effectif moyen employé, au cours de l'exercice, dans les entreprises consolidées par intégration ainsi que les charges de personnel correspondantes si elles n'apparaissent pas distinctement au compte de résultat consolidé ; il est procédé à la ventilation par catégories de cet effectif ;

15° Les montants d'impositions différés et la variation de ces montants au cours de l'exercice si ces informations n'apparaissent pas distinctement au bilan et au compte de résultat consolidés ;

16° Le montant net des éléments du compte de résultat qui présentent un caractère exceptionnel pour l'ensemble consolidé s'ils n'apparaissent pas distinctement au compte de résultat consolidé ;

(Décr. n° 2008-1487 du 30 déc. 2008, art. 3) « 17° Le montant total des honoraires des commissaires aux comptes figurant au compte de résultat consolidé de l'exercice, en séparant les honoraires facturés au titre du contrôle légal des comptes consolidés de ceux facturés au titre des conseils et prestations de services entrant dans les diligences directement liées à la mission de contrôle légal des comptes consolidés, telles qu'elles sont définies par les normes d'exercice professionnel mentionnées au II de l'article L. 822-11 » ;

(Décr. n° 2009-267 du 9 mars 2009, art. 5) « 18° La nature, l'objectif commercial et l'impact financier des opérations non inscrites au bilan consolidé à condition, d'une part, que les risques ou les avantages en résultant soient significatifs et, d'autre part, que les informations concernant ces risques ou avantages soient nécessaires à l'appréciation de la situation financière des sociétés ou entités incluses dans le périmètre consolidé. Un règlement *(Ord. n° 2009-79 du 22 janv. 2009, art. 6)* « de l'Autorité des normes comptables » précise les modalités d'application du présent alinéa ;

« 19° La liste des transactions effectuées avec des parties liées, au sens de l'article R. 123-199-l, par la société consolidante, une société ou une entité incluse dans le périmètre de consolidation. Cette liste est établie pour les transactions qui ne sont pas internes au groupe consolidé, qui présentent une importance significative et n'ont pas été conclues aux conditions normales du marché. Les modalités d'élaboration de cette liste sont précisées par un règlement *(Ord. n° 2009-79 du 22 janv. 2009, art. 6)* « de l'Autorité des normes comptables ». »

Si certaines des indications prévues aux 5°, 6°, 7°, 8° ou 13° ci-dessus sont omises en raison du préjudice grave qui pourrait résulter de leur divulgation, il est fait mention du caractère incomplet des informations données. — *[Décr. n° 67-236 du 23 mars 1967, art. 248-12, sauf partie 6°.] — L'art. 248-12, 6°, en ce qui concerne la référence à l'art. L. 233-18, a été abrogé par le Décr. n° 2007-431 du 25 mars 2007.*

V. note ss. art. R. 123-197.

Art. R. 233-15 Sous réserve d'en justifier dans l'annexe prévue à l'article L. 123-12, les sociétés mentionnées au 1° de l'article L. 233-17 sont exemptées de l'obligation d'établir des comptes consolidés et un rapport sur la gestion du groupe lorsque sont réunies les conditions suivantes :

1° Les comptes consolidés de l'ensemble plus grand d'entreprises, dans lequel ces sociétés sont incluses, sont établis en conformité avec les articles L. 233-16 à L. 233-28 *(Décr. n° 2007-1851 du 26 déc. 2007, art. 2)* « ou, pour les entreprises relevant de la législation nationale d'un autre État *(Abrogé par Décr. n° 2008-876 du*

29 août 2008, art. 8) **« membre de la Communauté européenne »**, avec les dispositions prises par cet État pour l'application de la directive n° 83-349 du 13 juin 1983 du Conseil des communautés européennes » *(Décr. n° 2008-876 du 29 août 2008, art. 8)* « ou, lorsque cet État n'est pas tenu de se conformer à cette directive, avec des principes et des règles offrant un niveau d'exigence équivalant aux dispositions des articles L. 233-16 à L. 233-28 ou à celles de ladite directive » ;

2° Ils sont, selon la législation applicable à la société qui les établit, certifiés par les professionnels indépendants chargés du contrôle des comptes et publiés ;

3° Ils sont mis à la disposition des actionnaires ou des associés de la société exemptée dans les conditions et dans les délais prévus aux articles R. 225-88 et R. 225-89 ; s'ils sont établis dans une langue autre que le français, ils sont accompagnés de leur traduction en langue française.

Lorsque les comptes consolidés sont établis par une entreprise qui a son siège en dehors d'un État membre de la Communauté européenne ou partie à l'accord sur l'Espace économique européen, ceux-ci sont complétés de toutes les informations d'importance significative concernant la situation patrimoniale et financière ainsi que le résultat de l'ensemble constitué par la société exemptée, ses filiales et ses participations ; ces informations portent notamment sur le montant de l'actif immobilisé, le montant net du chiffre d'affaires, le résultat de l'exercice, le montant des capitaux propres et le nombre des membres du personnel employés en moyenne au cours de l'exercice ; ces informations sont données soit dans l'annexe des comptes consolidés mentionnés au 1°, soit dans l'annexe des comptes annuels de la société exemptée. Dans ce dernier cas, elles sont établies selon les principes et les méthodes prévues par les articles L. 233-16 à L. 233-25. – *[Décr. n° 67-236 du 23 mars 1967, art. 248-13.]*

Art. R. 233-16 Pour l'application du 2° de l'article L. 233-17, les seuils que ne doit pas dépasser, dans les conditions fixées à cet article, l'ensemble constitué par une société et les entreprises qu'elle contrôle sont fixées ainsi qu'il suit :

1° Total du bilan : 15 000 000 € ;

2° Montant net du chiffre d'affaires : 30 000 000 € ;

3° Nombre moyen de salariés permanents : 250.

Ces chiffres sont calculés globalement pour l'ensemble des entreprises concernées selon la méthode définie aux quatrième, cinquième et sixième alinéas de l'article R. 123-200. – *[Décr. n° 67-236 du 23 mars 1967, art. 248-14.]*

SECTION III DES PARTICIPATIONS RÉCIPROQUES

Art. R. 233-17 Le délai prévu au dernier alinéa de l'article L. 233-29 est d'un an à compter de l'information faite en application du I de l'article L. 233-7. – *[Décr. n° 67-236 du 23 mars 1967, art. 249.]*

Art. R. 233-18 Les délais prévus aux deuxième et quatrième alinéas de l'article L. 233-30 sont d'un an à compter de la date à laquelle les actions que la société est tenue d'aliéner sont entrées dans son patrimoine. – *[Décr. n° 67-236 du 23 mars 1967, art. 250.]*

Art. R. 233-19 L'avis adressé à une société, en application de l'article R. 233-17, est porté à la connaissance des actionnaires par le rapport du conseil d'administration, du directoire ou des gérants, selon le cas, et par celui des commissaires aux comptes, lors de l'assemblée générale ordinaire suivante.

Toute aliénation d'actions, effectuée par une société en application des articles L. 233-29 et L. 233-30, est portée à la connaissance des associés ou des actionnaires, par les rapports mentionnés à l'alinéa précédent, lors de l'assemblée suivante. – *[Décr. n° 67-236 du 23 mars 1967, art. 251.]*

CHAPITRE IV DE LA PROCÉDURE D'ALERTE

Art. R. 234-1 Dans les sociétés anonymes, l'information prévue au premier alinéa de l'article L. 234-1 porte sur tout fait que le commissaire aux comptes relève lors de l'examen des documents qui lui sont communiqués ou sur tout fait dont il a connaissance à l'occasion de l'exercice de sa mission. Cette information est faite sans délai, par lettre recommandée avec demande d'avis de réception.

Le président du conseil d'administration ou le directoire répond par lettre recommandée avec demande d'avis de réception dans les quinze jours qui suivent la réception de l'information mentionnée ci-dessus. – *[Décr. n° 67-236 du 23 mars 1967, art. 251-1, al. 1er et 2.]*

Art. R. 234-2 L'invitation du commissaire aux comptes à faire délibérer le conseil d'administration ou le conseil de surveillance prévue au deuxième alinéa de l'article L. 234-1 est formulée par lettre recommandée avec demande d'avis de réception dans les huit jours qui suivent la réponse du président du conseil d'administration ou du directoire, ou la constatation de l'absence de réponse dans les délais prévus au deuxième alinéa de l'article R. 234-1. Une copie de cette invitation est adressée sans délai par le commissaire aux comptes au président du tribunal par lettre recommandée avec demande d'avis de réception.

Le président du conseil d'administration ou le directoire convoque, dans les huit jours qui suivent la réception de la lettre du commissaire aux comptes, le conseil d'administration ou le conseil de surveillance, en vue de le faire délibérer sur les faits relevés. Le commissaire aux comptes est convoqué à cette séance dans les mêmes conditions. La délibération intervient dans les quinze jours qui suivent la réception de cette lettre.

Un extrait du procès-verbal des délibérations du conseil d'administration ou du conseil de surveillance est adressé au président du tribunal, au commissaire aux comptes, au comité d'entreprise ou, à défaut, aux délégués du personnel, par lettre recommandée avec demande d'avis de réception, dans les huit jours qui suivent la réunion du conseil. – *[Décr. n° 67-236 du 23 mars 1967, art. 251-1, al. 3 à 5.]*

Art. R. 234-3 A défaut de réponse par le président du conseil d'administration ou du directoire ou lorsque la continuité de l'exploitation demeure compromise en dépit des décisions arrêtées, le commissaire aux comptes les invite à faire délibérer une assemblée générale sur les faits relevés. Cette invitation est faite par lettre recommandée avec demande d'avis de réception dans le délai de quinze jours à compter de la réception de la délibération du conseil ou de l'expiration du délai imparti pour celle-ci. Elle est accompagnée du rapport spécial du commissaire aux comptes, qui est communiqué au comité d'entreprise ou, à défaut, aux délégués du personnel, par le président du conseil d'administration ou du directoire, dans les huit jours qui suivent sa réception.

Le conseil d'administration ou le directoire procède à la convocation de l'assemblée générale dans les huit jours suivant l'invitation faite par le commissaire aux comptes, dans les conditions prévues par les articles R. 225-62 et suivants. L'assemblée générale doit, en tout état de cause, être réunie au plus tard dans le mois suivant la date de notification faite par le commissaire aux comptes.

En cas de carence du conseil d'administration ou du directoire, le commissaire aux comptes convoque l'assemblée générale dans un délai de huit jours à compter de l'expiration du délai imparti au conseil d'administration ou au directoire et en fixe l'ordre du jour. Il peut, en cas de nécessité, choisir un lieu de réunion autre que celui éventuellement prévu par les statuts, mais situé dans le même département. Dans tous les cas, les frais entraînés par la réunion de l'assemblée sont à la charge de la société. – *[Décr. n° 67-236 du 23 mars 1967, art. 251-1, al. 6 à 8.]*

Art. R. 234-4 Lorsque, en application du dernier alinéa de l'article L. 234-1, le commissaire aux comptes informe de ses démarches le président du tribunal, cette information est faite sans délai par lettre recommandée avec demande d'avis de réception. Elle comporte la copie de tous les documents utiles à l'information du président du tribunal ainsi que l'exposé des raisons qui l'ont conduit à constater l'insuffisance des décisions prises. – *[Décr. n° 67-236 du 23 mars 1967, art. 251-1, al. 9.]*

Art. R. 234-5 Dans les sociétés autres que les sociétés anonymes, la demande d'explications prévue à l'article L. 234-2 porte sur tout fait que le commissaire aux comptes relève lors de l'examen des documents qui lui sont communiqués ou sur tout fait dont il a connaissance à l'occasion de l'exercice de sa mission. Cette demande est adressée sans délai par lettre recommandée avec demande d'avis de réception.

Le dirigeant répond par lettre recommandée avec demande d'avis de réception dans les quinze jours qui suivent la réception de la demande d'explication et adresse copie de la demande et de sa réponse, dans les mêmes formes et les mêmes délais, au comité d'entreprise ou, à défaut, aux délégués du personnel et au conseil de surveillance, s'il en existe. Dans sa réponse, il donne une analyse de la situation et précise, le cas échéant, les mesures envisagées. Le commissaire aux comptes informe sans délai le président du tribunal de l'existence de cette procédure par lettre recommandée avec demande d'avis de réception. – *[Décr. n° 67-236 du 23 mars 1967, art. 251-2, al. 1er et 2.]*

Art. R. 234-6 L'invitation à faire délibérer l'assemblée sur les faits relevés prévue au deuxième alinéa de l'article L. 234-2 est adressée par le commissaire aux comptes au dirigeant, par lettre recommandée avec demande d'avis de réception, dans les quinze jours qui suivent la réception de la réponse du dirigeant ou la date d'expiration du délai imparti pour celle-ci. Elle est accompagnée du rapport spécial du commissaire aux comptes. Une copie de cette invitation est adressée sans délai au président du tribunal, par lettre recommandée avec demande d'avis de réception. – *[Décr. n° 67-236 du 23 mars 1967, art. 251-2, al. 3 à 5.]*

Dans les huit jours de leur réception, le dirigeant communique l'invitation et le rapport du commissaire aux comptes au comité d'entreprise ou, à défaut, aux délégués du personnel et procède à la convocation de l'assemblée générale. Celle-ci doit, en tout état de cause, être réunie au plus tard dans le mois suivant la date de l'invitation faite par le commissaire aux comptes.

En cas de carence du dirigeant, le commissaire aux comptes convoque l'assemblée générale dans un délai de huit jours à compter de l'expiration du délai imparti au dirigeant. Il fixe l'ordre du jour de l'assemblée et peut, en cas de nécessité, choisir un lieu de réunion autre que celui éventuellement prévu par les statuts, mais situé dans le même département. Dans tous les cas, les frais entraînés par la réunion de l'assemblée sont à la charge de la société.

Art. R. 234-7 Lorsque, dans les conditions prévues au dernier alinéa de l'article L. 234-2, le commissaire aux comptes informe de ses démarches le président du tribunal, cette information est faite sans délai par lettre recommandée avec demande d'avis de réception. Elle comporte la copie de tous les documents utiles à l'information du président du tribunal ainsi que l'exposé des raisons qui l'ont conduit à constater l'insuffisance des décisions prises. – *[Décr. nº 67-236 du 23 mars 1967, art. 251-2, al. 6.]*

CHAPITRE V DES NULLITÉS

Art. R. 235-1 Les mises en demeure prévues par le premier alinéa de l'article L. 235-6 et par l'article L. 235-7 sont faites par acte extrajudiciaire ou par lettre recommandée avec demande d'avis de réception. – *[Décr. nº 67-236 du 23 mars 1967, art. 252.]*

Art. R. 235-2 Le délai prévu à l'article L. 235-7 est de trente jours à compter de la mise en demeure.

Le mandataire chargé d'accomplir la formalité de publicité dans les conditions prévues à l'article L. 235-7 est désigné par le président du tribunal de commerce, statuant en référé. – *[Décr. nº 67-236 du 23 mars 1967, art. 253.]*

Art. R. 235-3 La tierce opposition contre les décisions prononçant la nullité d'une société n'est recevable que pendant un délai de six mois à compter de la publication de la décision judiciaire au *Bulletin officiel des annonces civiles et commerciales*. – *[Décr. nº 67-236 du 23 mars 1967, art. 253-1.]*

CHAPITRE VI DE LA FUSION ET DE LA SCISSION

SECTION PREMIÈRE DISPOSITIONS GÉNÉRALES *(Décr. nº 2009-11 du 5 janv. 2009, art. 2).*

Art. R. 236-1 Le projet de fusion ou de scission est arrêté par le conseil d'administration, le directoire, le ou les gérants de chacune des sociétés participant à l'opération de fusion ou de scission projetée.

Il contient les indications suivantes :

1º La forme, la dénomination et le siège social de toutes les sociétés participantes ;

2º Les motifs, buts et conditions de la fusion ou de la scission ;

3º La désignation et l'évaluation de l'actif et du passif dont la transmission aux sociétés absorbantes ou nouvelles est prévue ;

4º Les modalités de remise des parts ou actions et la date à partir de laquelle ces parts ou actions donnent droit aux bénéfices, ainsi que toute modalité particulière relative à ce droit, et la date à partir de laquelle les opérations de la société absorbée ou scindée seront, du point de vue comptable, considérées comme accomplies par la ou les sociétés bénéficiaires des apports ;

5º Les dates auxquelles ont été arrêtés les comptes des sociétés intéressées utilisés pour établir les conditions de l'opération ;

6º Le rapport d'échange des droits sociaux et, le cas échéant, le montant de la soulte ;

7º Le montant prévu de la prime de fusion ou de scission ;

8º Les droits accordés aux associés ayant des droits spéciaux et aux porteurs de titres autres que des actions ainsi que, le cas échéant, tous avantages particuliers. – *[Décr. nº 67-236 du 23 mars 1967, art. 254.]*

(Décr. nº 2011-1473 du 9 nov. 2011, art. 9) « Pour les opérations mentionnées à l'article L. 236-11, le projet de fusion ne mentionne ni les modalités de remise des

parts ou actions, ni la date à partir de laquelle ces parts ou actions donnent droit aux bénéfices, ni aucune modalité particulière relative à ce droit, ni aucune des indications prévues *[aux]* 6° et 7° du présent article. »

Les dispositions issues du Décr. n° 2011-1473 du 9 nov. 2011 sont applicables en Nouvelle-Calédonie et dans les îles Wallis-et-Futuna (Décr. préc., art. 16).

Art. R. 236-2 **Le projet de fusion ou de scission fait l'objet d'un avis inséré, par chacune des sociétés participant à l'opération,** *(Décr. n° 2011-1473 du 9 nov. 2011, art. 10)* **« au *Bulletin officiel des annonces civiles et commerciales* ». Au cas où** *(Décr. n° 2009-557 du 19 mai 2009, art. 3-XXIII)* **« les actions de l'une au moins de ces sociétés sont admises aux négociations sur un marché réglementé » ou si toutes les actions de l'une d'entre elles au moins ne revêtent pas la forme nominative, un avis est en outre inséré au *Bulletin des annonces légales obligatoires*.**

Cet avis contient les indications suivantes :

1° La raison sociale ou la dénomination sociale suivie, le cas échéant, de son sigle, la forme, l'adresse du siège, le montant du capital et les mentions prévues aux 1° et 2° de l'article R. 123-237 pour chacune des sociétés participant à l'opération ;

2° La raison sociale ou la dénomination sociale suivie, le cas échéant, de son sigle, la forme, l'adresse du siège et le montant du capital des sociétés nouvelles qui résultent de l'opération ou le montant de l'augmentation du capital des sociétés existantes ;

3° L'évaluation de l'actif et du passif dont la transmission aux sociétés absorbantes ou nouvelles est prévue ;

4° Le rapport d'échange des droits sociaux ;

5° Le montant prévu de la prime de fusion ou de scission ;

6° La date du projet ainsi que les date et lieu des dépôts prescrits par le premier alinéa de l'article L. 236-6.

(Décr. n° 2011-1473 du 9 nov. 2011, art. 10) **« Le dépôt au greffe prévu à l'article L. 236-6 et la publicité prévue au présent article ont lieu trente jours au moins avant la date de la première assemblée générale appelée à statuer sur l'opération ou, le cas échéant, pour les opérations mentionnées à l'article L. 236-11, trente jours au moins avant que l'opération ne prenne effet. »** – *[Décr. n° 67-236 du 23 mars 1967, art. 255.]*

Les dispositions issues du Décr. n° 2011-1473 du 9 nov. 2011 sont applicables en Nouvelle-Calédonie et dans les îles Wallis-et-Futuna (Décr. préc., art. 16).

Art. R. 236-2-1 *(Décr. n° 2011-1473 du 9 nov. 2011, art. 11)* **L'insertion prévue à l'article R. 236-2 n'est pas requise lorsque, pendant une période ininterrompue commençant au plus tard trente jours avant la date fixée pour l'assemblée générale appelée à se prononcer sur le projet de fusion ou de scission, la société publie sur son site internet le projet de fusion ou de scission, dans des conditions de nature à garantir la sécurité et l'authenticité des documents.**

Cet avis contient les mêmes mentions que pour celui prévu à l'article R. 236-2 et peut être consulté sans frais.

Lorsque le site internet n'est plus accessible pendant une période ininterrompue d'au moins vingt-quatre heures, le projet de fusion ou de scission fait l'objet d'un avis publié, sans délai, selon les modalités de l'article R. 236-2. Dans ce cas, le délai mentionné au neuvième alinéa de l'article L. 236-2 est suspendu jusqu'à cette publication.

Les dispositions issues du Décr. n° 2011-1473 du 9 nov. 2011 sont applicables en Nouvelle-Calédonie et dans les îles Wallis-et-Futuna (Décr. préc., art. 16).

Art. R. 236-3 **Toute société par actions participant à une opération de fusion ou de scission met à la disposition de ses actionnaires, au siège social,** *(Décr. n° 2011-*

1473 du 9 nov. 2011, art. 12) « trente jours *[ancienne rédaction : un mois]* » au moins avant la date de l'assemblée générale appelée à se prononcer sur le projet, les documents suivants :

1° Le projet de fusion ou de scission ;

2° *(Décr. n° 2011-1473 du 9 nov. 2011, art. 12)* « Le cas échéant, les rapports mentionnés aux articles L. 236-9 et L. 236-10 lorsque l'opération est réalisée entre sociétés anonymes ; »

3° Les comptes annuels approuvés par les assemblées générales ainsi que les rapports de gestion des trois derniers exercices des sociétés participant à l'opération ;

4° Un état comptable établi selon les mêmes méthodes et suivant la même présentation que le dernier bilan annuel, arrêté à une date qui, si les derniers comptes annuels se rapportent à un exercice dont la fin est antérieure de plus de six mois à la date du projet de fusion ou de scission, doit être antérieure de moins de trois mois à la date de ce projet *(Décr. n° 2011-1473 du 9 nov. 2011, art. 12)* « *[,]* ou, le cas échéant, le rapport financier semestriel prévu à l'article L. 451-1-2 du code monétaire et financier, lorsque celui-ci est publié ». – *V.* **C. *sociétés*** *ou* **C. *mon. fin.***

Pour l'application du 3°, si l'opération est décidée avant que les comptes annuels du dernier exercice clos aient été approuvés, ou moins *(Décr. n° 2011-1473 du 9 nov. 2011, art. 12)* « *[de]* trente jours *[ancienne rédaction : d'un mois]* » après leur approbation, sont mis à la disposition des actionnaires les comptes arrêtés et certifiés relatifs à cet exercice et les comptes annuels approuvés des deux exercices précédents ainsi que les rapports de gestion. Dans le cas où le conseil d'administration ne les a pas encore arrêtés, l'état comptable mentionné au 4° et les comptes annuels approuvés des deux exercices précédents ainsi que les rapports de gestion sont mis à la disposition des actionnaires.

Tout actionnaire peut obtenir sur simple demande et sans frais copie totale ou partielle des documents susmentionnés.

En outre, toute société à responsabilité limitée à laquelle l'article L. 236-10 est applicable met à la disposition de ses associés, dans les conditions prévues ci-dessus, le rapport prévu à cet article. En cas de consultation par écrit, ce rapport est adressé aux associés avec le projet de résolution qui leur est soumis. – *[Décr. n° 67-236 du 23 mars 1967, art. 258.] – Cette disposition n'est applicable qu'aux fusions ou scissions dont le projet a été déposé au greffe postérieurement à l'entrée en vigueur du Décr. n° 88-418 du 22 avr. 1988 (art. 33 du décret).*

Les dispositions issues du Décr. n° 2011-1473 du 9 nov. 2011 sont applicables en Nouvelle-Calédonie et dans les îles Wallis-et-Futuna (Décr. préc., art. 16).

Art. R. 236-3-1 *(Décr. n° 2011-1473 du 9 nov. 2011, art. 13)* La mise à disposition au siège social des documents prévue à l'article R. 236-3 n'est pas requise lorsque, pendant une période ininterrompue commençant au plus tard trente jours avant la date fixée pour l'assemblée générale appelée à se prononcer sur le projet de fusion ou de scission et ne s'achevant pas avant la fin de cette assemblée, la société les publie sur son site internet, dans des conditions de nature à garantir la sécurité et l'authenticité des documents.

Lorsque le site internet n'est plus accessible pendant une durée ininterrompue d'au moins vingt-quatre heures, les dispositions de l'article R. 236-3 sont applicables. Dans ce cas, le délai mentionné au premier alinéa de l'article L. 236-3 est suspendu jusqu'à cette mise à disposition.

Aucune copie des documents mentionnés à l'article R. 236-3 ne peut être obtenue lorsque le site internet des sociétés participant à l'opération de fusion ou de scission permet sans frais aux actionnaires de les télécharger et de les imprimer.

Les dispositions issues du Décr. n° 2011-1473 du 9 nov. 2011 sont applicables en Nouvelle-Calédonie et dans les îles Wallis-et-Futuna (Décr. préc., art. 16).

Art. R. 236-4 La déclaration prévue à l'article L. 236-6 est déposée avec la demande d'inscription modificative au registre du commerce et des sociétés du siège de l'une des sociétés bénéficiaires.

Elle est signée par au moins un membre du directoire, administrateur ou gérant de chacune des sociétés participantes ayant reçu mandat à cet effet.

Une copie est déposée au greffe du siège social de chaque société participante qui fait l'objet d'une inscription modificative. – *[Décr. n° 67-236 du 23 mars 1967, art. 265.]*

Art. R. 236-5 Le rapport du conseil d'administration ou du directoire prévu à l'article L. 236-9 explique et justifie le projet de manière détaillée, du point de vue juridique et économique, notamment en ce qui concerne le rapport d'échange des actions et les méthodes d'évaluation utilisées, qui doivent être concordantes pour les sociétés concernées ainsi que, le cas échéant, les difficultés particulières d'évaluation.

En cas de scission, pour les sociétés bénéficiaires du transfert de patrimoine, il mentionne également l'établissement du rapport prévu à l'article L 225-147 et indique qu'il sera déposé au greffe du tribunal de commerce du siège de ces sociétés.

La publicité de l'offre d'acquisition des certificats d'investissement est faite conformément aux dispositions de l'article R. 225-153.

Le porteur de certificats d'investissement conserve cette qualité dans la société absorbante s'il n'a pas cédé ses titres dans les trente jours de la dernière mesure de publicité. – *[Décr. n° 67-236 du 23 mars 1967, art. 256.]*

Art. R. 236-5-1 *(Décr. n° 2011-1473 du 9 nov. 2011, art. 14)* Sauf si les actionnaires de chacune des sociétés participant à l'opération de fusion en décident autrement dans les conditions prévues au II de l'article L. 236-10, l'information des actionnaires prévue au cinquième alinéa de l'article L. 236-9 leur est communiquée selon les formes prévues à l'article R. 236-2 ou, le cas échéant, à l'article R. 236-2-1, à compter du jour où les conseils d'administration ou les directoires des sociétés participant à l'opération en ont eu connaissance.

Cette information est en outre transmise, sans délai, aux conseils d'administration ou aux directoires des autres sociétés participant à l'opération, par tous moyens contre accusé de réception. Ceux-ci en informent leurs actionnaires selon les formes prévues à l'alinéa premier.

Cette modification fait également l'objet d'une information lors des assemblées générales de chacune des sociétés participant à l'opération.

Les dispositions issues du Décr. n° 2011-1473 du 9 nov. 2011 sont applicables en Nouvelle-Calédonie et dans les îles Wallis-et-Futuna (Décr. préc., art. 16).

Art. R. 236-6 Les commissaires à la fusion ou à la scission sont désignés et accomplissent leur mission dans les conditions prévues à l'article R. 225-7.

S'il n'est établi qu'un seul rapport pour l'ensemble de l'opération, la désignation a lieu sur requête conjointe de toutes les sociétés participantes. – *[Décr. n° 67-236 du 23 mars 1967, art. 257.]*

Art. R. 236-7 Les commissaires aux apports vérifient notamment que le montant de l'actif net apporté par les sociétés absorbées est au moins égal au montant de l'augmentation du capital de la société absorbante ou au montant du capital de la société nouvelle issue de la fusion.

La même vérification est faite en ce qui concerne le capital des sociétés bénéficiaires de la scission. – *[Décr. n° 67-236 du 23 mars 1967, art. 260.]*

Art. R. 236-8 L'opposition d'un créancier à la fusion ou à la scission, dans les conditions prévues par les articles L. 236-14 et L. 236-21, est formée dans le délai de trente jours à compter de la dernière insertion *(Décr. n° 2011-1473 du 9 nov. 2011, art. 15)* « ou de la mise à disposition du public du projet de fusion ou de scission sur le site internet de chacune des sociétés prescrites » par l'article *(Décr. n° 2007-750 du 9 mai 2007, art. 38)* « R. 236-2 » *(Décr. n° 2011-1473 du 9 nov. 2011, art. 15)* « ou, le cas échéant, par l'article R. 236-2-1 ».

L'opposition des représentants de la masse des obligataires à la fusion, prévue à l'article L. 236-15, est formée dans le même délai.

Dans tous les cas, l'opposition est portée devant le tribunal de commerce. – *[Décr. n° 67-236 du 23 mars 1967, art. 261.]*

Les dispositions issues du Décr. n° 2011-1473 du 9 nov. 2011 sont applicables en Nouvelle-Calédonie et dans les îles Wallis-et-Futuna (Décr. préc., art. 16).

Art. R. 236-9 Dans le cas prévu au troisième alinéa de l'article L. 228-73, l'opposition des représentants de la masse des obligataires à la fusion ou à la scission est formée dans le délai de trente jours à compter de la publication prévue à l'article R. 228-80.

L'opposition est portée devant le tribunal de commerce. – *[Décr. n° 67-236 du 23 mars 1967, art. 261-1.]*

Art. R. 236-10 Les bailleurs de locaux loués aux sociétés absorbées ou scindées peuvent également former opposition à la fusion ou à la scission, dans les conditions prévues au premier alinéa de l'article R. 236-8. – *[Décr. n° 67-236 du 23 mars 1967, art. 262.] – V. art. L. 145-16.*

Art. R. 236-11 L'offre de remboursement des titres sur simple demande des obligataires prévue au premier alinéa des articles L. 236-13 et L. 236-18, est publiée au *Bulletin des annonces légales obligatoires* et, à deux reprises, dans deux journaux habilités à recevoir des annonces légales du département du siège social. Le délai entre les deux insertions est de dix jours au moins.

Les titulaires d'obligations nominatives sont informés de l'offre de remboursement, par lettre simple ou recommandée. Si toutes les obligations sont nominatives, la publicité prévue à l'alinéa précédent est facultative. – *[Décr. n° 67-236 du 23 mars 1967, art. 263.]*

Art. R. 236-12 Le délai prévu au troisième alinéa de l'article L. 236-13 est de trois mois à compter de la dernière formalité de publicité ou de l'envoi de la lettre simple ou recommandée prévue à l'article R. 236-11. – *[Décr. n° 67-236 du 23 mars 1967, art. 264.]*

SECTION II DISPOSITIONS PARTICULIÈRES AUX FUSIONS TRANSFRONTALIÈRES

(Décr. n° 2009-11 du 5 janv. 2009, art. 3)

Art. R. 236-13 Les opérations de fusions transfrontalières sont régies par les dispositions de la présente section, ainsi que par celles non contraires de la section I du présent chapitre.

Art. R. 236-14 Un projet commun de fusion est arrêté par l'organe de gestion, d'administration ou de direction de chacune des sociétés participant à l'opération de fusion transfrontalière.

Il contient les indications suivantes :

1° La forme, la dénomination et le siège social des sociétés participantes, ainsi que ceux de la société issue de la fusion transfrontalière ;

2° Le rapport d'échange des titres, parts ou actions représentatifs du capital social et, le cas échéant, le montant de la soulte ;

3° Les modalités de remise des titres, parts ou actions de la société issue de la fusion transfrontalière, la date à partir de laquelle ces titres, parts ou actions donnent droit aux bénéfices ainsi que toute modalité particulière relative à ce droit ;

4° La date à partir de laquelle les opérations des sociétés qui fusionnent seront, du point de vue comptable, considérées comme accomplies pour le compte de la société issue de la fusion transfrontalière ;

5° Les droits accordés par la société issue de la fusion transfrontalière aux associés ayant des droits spéciaux et aux porteurs de titres autres que des actions ou des parts représentatifs du capital social ou les mesures proposées à leur égard ;

6° Tous avantages particuliers attribués aux experts qui examinent le projet de fusion transfrontalière ainsi qu'aux membres des organes d'administration, de direction, de surveillance ou de contrôle des sociétés qui fusionnent ;

7° Des informations concernant l'évaluation du patrimoine actif et passif transféré à la société issue de la fusion transfrontalière ;

8° Les dates des comptes des sociétés qui fusionnent utilisés pour définir les conditions de la fusion transfrontalière ;

9° Les statuts de la société issue de la fusion transfrontalière ;

10° Le cas échéant, des informations sur les procédures selon lesquelles sont fixées les modalités relatives à l'implication des travailleurs dans la définition de leurs droits de participation dans la société issue de la fusion transfrontalière ;

11° Les effets probables de la fusion transfrontalière sur l'emploi.

Art. R. 236-15 Les sociétés participant à l'opération de fusion qui sont immatriculées en France publient, dans un journal habilité à recevoir des annonces légales du département de leur siège social ainsi qu'au *Bulletin officiel des annonces civiles et commerciales*, un avis relatif au projet de fusion transfrontalière.

L'avis contient les indications suivantes :

1° La raison sociale ou la dénomination sociale de chaque société participante suivie, le cas échéant, de son sigle, sa forme, l'adresse de son siège où peut être consulté le projet de fusion, du montant de son capital ainsi que, pour les sociétés participantes immatriculées en France, des mentions prévues aux 1° et 2° de l'article R. 123-237 ;

2° Le registre auprès duquel chaque société participante a procédé à la publicité requise par l'article L. 236-6 ou les dispositions équivalentes de sa loi nationale, ainsi que le numéro d'inscription de la société dans ce registre ;

3° La raison sociale ou la dénomination sociale de la société nouvelle qui résulte de l'opération de fusion transfrontalière suivie, le cas échéant, de son sigle, de sa forme, de l'adresse de son siège, du montant de son capital ou du montant de l'augmentation du capital des sociétés existantes ;

4° L'évaluation de l'actif et du passif de chaque société participante dont la transmission à la société nouvelle ou absorbante est prévue ;

5° Le rapport d'échange des droits sociaux dans chaque société participante ;

6° Le montant prévu de la prime de fusion pour chaque société participante ;

7° La date du projet commun de fusion transfrontalière ainsi que, pour les sociétés participantes immatriculées en France, la date et le lieu du dépôt au registre du commerce et des sociétés prévu au deuxième alinéa de l'article L. 236-6 ;

8° L'indication, pour chaque société participante, des modalités d'exercice des droits des créanciers et, le cas échéant, des associés minoritaires ainsi que l'adresse à laquelle peut être obtenue sans frais une information exhaustive sur ces modalités.

Le dépôt au greffe du projet commun de fusion transfrontalière prévu à l'article L. 236-6 et la publicité prévue au présent article sont réalisés au moins un mois avant la date de l'assemblée générale appelée à statuer sur l'opération.

Art. R. 236-16 Le rapport de l'organe de direction ou d'administration établi en application du premier alinéa de l'article L. 236-27 par chaque société participante explique et justifie le projet de fusion transfrontalière de manière détaillée, en ses aspects juridiques et économiques, notamment en ce qui concerne le rapport d'échange des actions et les méthodes d'évaluation utilisées, qui doivent être concordantes pour les sociétés concernées, ainsi que les conséquences du projet de fusion pour les associés, les salariés et les créanciers.

La mise à la disposition des associés ainsi que des délégués du personnel ou des salariés du rapport mentionné au premier alinéa est opéré un mois au moins avant la date de l'assemblée générale appelée à se prononcer sur le projet de fusion transfrontalière.

Lorsqu'il est transmis un mois au moins avant l'assemblée générale mentionnée à l'alinéa précédent, l'avis du comité d'entreprise ou, à défaut, des délégués du personnel est annexé au rapport.

Art. R. 236-17 Le greffier dispose d'un délai de huit jours à compter du dépôt de la déclaration de conformité pour délivrer l'attestation de conformité des actes et formalités préalables à la fusion prévue à l'article L. 236-29.

Art. R. 236-18 Le notaire qui procède au contrôle prévu à l'article L. 236-30 ne doit avoir ni instrumenté, ni rédigé d'actes sous seing privé, ni donné des consultations juridiques à l'occasion de l'opération pour laquelle le contrôle est effectué. Il ne doit pas exercer dans une société ou dans un office qui aurait instrumenté, rédigé des actes sous seing privé ou donné des consultations juridiques à l'occasion de cette opération.

Art. R. 236-19 Chaque société participant à la fusion transfrontalière remet au notaire ou au greffier chargé du contrôle de légalité un dossier contenant, outre l'attestation de conformité délivrée par le greffier et datant de moins de six mois, les documents suivants :

– le projet commun de fusion transfrontalière ;
– les statuts de la société issue de la fusion transfrontalière ;
– une copie des avis relatifs aux publicités prévues par la présente section ;
– une copie du procès-verbal des assemblées mentionnées aux articles L. 236-9 et L. 236-13 ;
– un document attestant que les sociétés qui fusionnent ont approuvé le projet de fusion dans les mêmes termes et que les modalités relatives à la participation des salariés ont été fixées conformément au titre VII du livre III de la deuxième partie du code du travail.

Art. R. 236-20 Le contrôle de légalité mentionné à l'article L. 236-30 est accompli dans un délai de quinze jours à compter de la réception de l'ensemble des documents mentionnés à l'article R. 236-19.

CHAPITRE VII DE LA LIQUIDATION

SECTION PREMIÈRE DISPOSITIONS GÉNÉRALES

Art. R. 237-1 La mention "société en liquidation" ainsi que le nom du ou des liquidateurs doivent figurer sur tous les actes et documents émanant de la société et destinés aux tiers, notamment sur toutes lettres, factures, annonces et publications diverses. – *[Décr. nº 67-236 du 23 mars 1967, art. 266, al. 1er.]*

Art. R. 237-2 L'acte de nomination des liquidateurs, quelle que soit sa forme, est publié, dans le délai d'un mois, dans un journal habilité à recevoir les annonces légales dans le département du siège social et, *(Décr. nº 2009-557 du 19 mai 2009, art. 3-XXIV)* « si les actions de la société sont admises aux négociations sur un marché réglementé » ou si toutes ses actions ne revêtent pas la forme nominative, au *Bulletin des annonces légales obligatoires*.

Il contient les indications suivantes :

1° La dénomination sociale suivie, le cas échéant, de son sigle ;

2° La forme de la société, suivie de la mention "en liquidation" ;

3° Le montant du capital social ;

4° L'adresse du siège social ;

5° Les mentions prévues aux 1° et 2° de l'article R. 123-237 ;

6° La cause de la liquidation ;

7° Les nom, prénom usuel et domicile des liquidateurs ;

8° Le cas échéant, les limitations apportées à leurs pouvoirs.

Sont en outre indiqués dans la même insertion :

1° Le lieu où la correspondance est adressée et celui où les actes et documents concernant la liquidation sont notifiés ;

2° Le tribunal de commerce au greffe duquel est effectué, en annexe au registre du commerce et des sociétés, le dépôt des actes et pièces relatifs à la liquidation.

A la diligence du liquidateur, les mêmes indications sont portées, par simple lettre, à la connaissance des porteurs d'actions et d'obligations nominatives. – *[Décr. nº 67-236 du 23 mars 1967, art. 290.]*

Art. R. 237-3 Au cours de la liquidation de la société, le liquidateur accomplit, sous sa responsabilité, les formalités de publicité incombant aux représentants légaux de la société.

Notamment, toute décision entraînant modification des mentions publiées en application de l'article R. 237-2 est publiée dans les conditions prévues par cet article. – *[Décr. nº 67-236 du 23 mars 1967, art. 291.]*

Art. R. 237-4 Dans le cas prévu par le deuxième alinéa de l'article L. 237-5, il est statué, en référé, par le président du tribunal de grande instance du lieu de la situation de l'immeuble. – *[Décr. nº 67-236 du 23 mars 1967, art. 267.]*

Art. R. 237-5 Le mandataire prévu par le deuxième alinéa de l'article L. 237-9 est désigné par le président du tribunal de commerce, statuant en référé. – *[Décr. nº 67-236 du 23 mars 1967, art. 268.]*

Art. R. 237-6 Dans le cas prévu à l'article L. 237-10, le liquidateur dépose ses comptes au greffe du tribunal de commerce où tout intéressé peut en prendre connaissance et obtenir à ses frais délivrance d'une copie.

Le tribunal de commerce statue sur ces comptes et, le cas échéant, sur la clôture de la liquidation aux lieu et place de l'assemblée des associés ou des actionnaires. – *[Décr. nº 67-236 du 23 mars 1967, art. 269.]*

Art. R. 237-7 Les comptes définitifs établis par le liquidateur sont déposés au greffe du tribunal de commerce en annexe au registre du commerce et des sociétés. Il y est joint la décision de l'assemblée des associés statuant sur ces comptes, sur le quitus de la gestion et la décharge de son mandat, ou, à défaut, la décision de justice prévue à l'article R. 237-6. – *[Décr. nº 67-236 du 23 mars 1967, art. 270.]*

Art. R. 237-8 L'avis de clôture de la liquidation, signé par le liquidateur, est publié, à la diligence de celui-ci, dans le journal habilité à recevoir des annonces légales ayant reçu la publicité prescrite par le premier alinéa de l'article R. 237-2 et,

(Décr. n° 2009-557 du 19 mai 2009, art. 3-XXIV) « si les actions de la société sont admises aux négociations sur un marché réglementé » ou si toutes ses actions ne revêtent pas la forme nominative, au *Bulletin des annonces légales obligatoires*.

Il contient les indications suivantes :

1° La dénomination sociale suivie, le cas échéant, de son sigle ;

2° La forme de la société, suivie de la mention "en liquidation" ;

3° Le montant du capital social ;

4° L'adresse du siège social ;

5° Les mentions prévues aux 1° et 2° de l'article R. 123-237 ;

6° Les nom, prénom usuel et domicile des liquidateurs ;

7° La date et le lieu de réunion de l'assemblée de clôture, si les comptes des liquidateurs ont été approuvés par elle, ou, à défaut, la date de la décision de justice prévue par l'article R. 237-6, ainsi que l'indication du tribunal qui l'a prononcée ;

8° L'indication du greffe du tribunal où sont déposés les comptes des liquidateurs. – *[Décr. n° 67-236 du 23 mars 1967, art. 292.]*

Art. R. 237-9 La société est radiée du registre du commerce et des sociétés sur justification de l'accomplissement des formalités prévues par les articles R. 237-7 et R. 237-8. – *[Décr. n° 67-236 du 23 mars 1967, art. 271.]*

● SECTION II **DISPOSITIONS APPLICABLES SUR DÉCISION JUDICIAIRE**

Art. R. 237-10 La liquidation de la société dans les conditions prévues aux articles L. 237-15 à L. 237-31 est ordonnée par le président du tribunal de commerce, statuant en référé, à la demande des personnes mentionnées au deuxième alinéa de l'article L. 237-14. – *[Décr. n° 67-236 du 23 mars 1967, art. 272.]*

Art. R. 237-11 Les contrôleurs de la liquidation sont désignés par le président du tribunal de commerce, statuant sur requête, à la demande du liquidateur, ou en référé, à la demande de tout intéressé, le liquidateur dûment appelé.

Les contrôleurs peuvent être choisis parmi les commissaires aux comptes inscrits sur la liste prévue à l'article L. 822-1.

Dans tous les cas, l'acte de nomination des contrôleurs est publié dans les mêmes conditions et délais, prévus à l'article R. 237-2, que celui des liquidateurs. – *[Décr. n° 67-236 du 23 mars 1967, art. 273.]*

Art. R. 237-12 Dans le cas prévu à l'article L. 237-19, le liquidateur est désigné par ordonnance du président du tribunal de commerce, statuant sur requête.

Tout intéressé peut former opposition à l'ordonnance dans le délai de quinze jours à dater de sa publication dans les conditions prévues à l'article R. 237-2. Cette opposition est portée devant le tribunal de commerce qui peut désigner un autre liquidateur. – *[Décr. n° 67-236 du 23 mars 1967, art. 274.]*

Art. R. 237-13 Sauf disposition contraire de l'acte de nomination, si plusieurs liquidateurs ont été nommés, ils peuvent exercer leurs fonctions séparément. Toutefois, ils établissent et présentent un rapport commun. – *[Décr. n° 67-236 du 23 mars 1967, art. 275.]*

Art. R. 237-14 La rémunération des liquidateurs est fixée par la décision qui les nomme. A défaut, elle l'est postérieurement, par le président du tribunal de commerce, statuant sur requête, à la demande du liquidateur intéressé. – *[Décr. n° 67-236 du 23 mars 1967, art. 276.]*

Art. R. 237-15 Le président du tribunal de commerce, statuant sur requête, est compétent pour prendre les décisions prévues au deuxième alinéa de l'article L. 237-21, à l'article L. 237-23, au troisième alinéa de l'article L. 237-24, au deuxième alinéa de l'article L. 237-25, ainsi qu'au II de l'article L. 237-27.

Le président du tribunal de commerce, statuant en référé, est compétent pour prendre les décisions prévues par l'article L. 237-28 et par le deuxième alinéa de l'article L. 237-31. – *[Décr. n° 67-236 du 23 mars 1967, art. 277.]*

Art. R. 237-16 Toute décision de répartition de fonds est publiée dans le journal habilité à recevoir des annonces légales dans lequel a été effectuée la publicité prévue à l'article R. 237-2 et, *(Décr. n° 2009-557 du 19 mai 2009, art. 3-XXIV)* « si les actions de la société sont admises aux négociations sur un marché réglementé » ou si toutes ses actions ne revêtent pas la forme nominative, au *Bulletin des annonces légales obligatoires*.

La décision est notifiée individuellement aux titulaires de titres nominatifs. – *[Décr. n° 67-236 du 23 mars 1967, art. 278.]*

Art. R. 237-17 Les sommes affectées aux répartitions entre les associés et les créanciers sont déposées, dans le délai de quinze jours à compter de la décision de répartition, à un compte ouvert dans un établissement de crédit au nom de la société en liquidation. Elles peuvent être retirées sur la signature d'un seul liquidateur et sous sa responsabilité. – *[Décr. n° 67-236 du 23 mars 1967, art. 279.]*

Art. R. 237-18 Si les sommes attribuées à des créanciers ou à des associés n'ont pu leur être versées, elles sont déposées, à l'expiration du délai d'un an à compter de la clôture de la liquidation, à la Caisse des dépôts et consignations. – *[Décr. n° 67-236 du 23 mars 1967, art. 280.]*

CHAPITRE VIII DES INJONCTIONS DE FAIRE

Le présent chapitre ne comprend pas de dispositions réglementaires.

CHAPITRE IX DE LA LOCATION D'ACTIONS ET DE PARTS SOCIALES

Art. R. 239-1 En application de l'article L. 239-2, le contrat de bail d'actions ou de parts sociales comporte, à peine de nullité, les mentions suivantes :

1° La nature, le nombre et l'identification des actions ou des parts sociales louées ;

2° La durée du contrat et du préavis de résiliation ;

3° Le montant, la périodicité et, le cas échéant, les modalités de révision du loyer ;

4° Si les actions ou parts sociales louées sont cessibles par le bailleur en cours de contrat, les modalités de cette cession ;

5° Les conditions de répartition du boni de liquidation, dans le respect des règles légales applicables à l'usufruit.

En l'absence de mentions relatives à la révision du loyer et à la cession des titres en cours de bail, le loyer est réputé fixe et les titres incessibles pendant la durée du contrat. – *[Décr. n° 67-236 du 23 mars 1967, art. 280-1.]*

TITRE QUATRIÈME DISPOSITIONS PÉNALES

CHAPITRE PREMIER DES INFRACTIONS CONCERNANT LES SOCIÉTÉS À RESPONSABILITÉ LIMITÉE

Le présent chapitre ne comprend pas de dispositions réglementaires.

CHAPITRE II DES INFRACTIONS CONCERNANT LES SOCIÉTÉS ANONYMES

Le présent chapitre ne comprend pas de dispositions réglementaires.

CHAPITRE III DES INFRACTIONS CONCERNANT LES SOCIÉTÉS EN COMMANDITE PAR ACTIONS

Le présent chapitre ne comprend pas de dispositions réglementaires.

CHAPITRE IV DES INFRACTIONS CONCERNANT LES SOCIÉTÉS PAR ACTIONS SIMPLIFIÉES

Le présent chapitre ne comprend pas de dispositions réglementaires.

CHAPITRE V DES INFRACTIONS RELATIVES AUX VALEURS MOBILIÈRES ÉMISES PAR LES SOCIÉTÉS PAR ACTIONS

Le présent chapitre ne comprend pas de dispositions réglementaires.

CHAPITRE VI INFRACTIONS COMMUNES AUX DIVERSES FORMES DE SOCIÉTÉS PAR ACTIONS

Le présent chapitre ne comprend pas de dispositions réglementaires.

CHAPITRE VII DES INFRACTIONS COMMUNES AUX DIVERSES FORMES DE SOCIÉTÉS COMMERCIALES

Art. R. 247-1 *(Décr. n° 2008-258 du 13 mars 2008, art. 7, en vigueur le 1er sept. 2008)* **« Est puni de l'amende prévue par le 5° de l'article 131-13 du code pénal pour les contraventions de la cinquième classe le fait, pour le président, l'administrateur, le directeur général ou le gérant d'une société dont les actions sont admises,**

en tout ou partie, à la négociation sur un marché réglementé de n'avoir pas procédé aux publications prévues aux articles R. 232-11 et R. 232-13 »

En cas de récidive, l'amende applicable est celle prévue par le 5° de l'article 131-13 du code pénal pour la récidive des contraventions de la cinquième classe. – *[Décr. n° 67-236 du 23 mars 1967, art. 299-1.]*

Art. R. 247-2 Est puni de l'amende prévue par le 5° de l'article 131-13 du code pénal pour les contraventions de la cinquième classe le fait, pour le président, l'administrateur, le directeur général ou le gérant d'une société, d'émettre des valeurs mobilières offertes au public :

1° Sans que soit insérée au *Bulletin des annonces légales obligatoires*, préalablement à toute mesure de publicité, une notice établie conformément à l'article R. 225-3 concernant l'émission d'actions lors de la constitution de la société *(Décr. n° 2008-258 du 13 mars 2008, art. 7, en vigueur le 1er sept. 2008)* « ou », au troisième alinéa de l'article R. 225-120 concernant les augmentations de capital *(Abrogé par Décr. n° 2008-258 du 13 mars 2008, art. 7, à compter du 1er sept. 2008)* *« ou aux articles R. 228-51, R. 228-57 et R. 228-58 concernant l'émission d'obligations ou de titres participatifs »* ;

2° Sans que les *(Abrogé par Décr. n° 2008-258 du 13 mars 2008, art. 7, à compter du 1er sept. 2008)* *« prospectus et »* documents reproduisent les énonciations de la notice prévue au 1° ci-dessus et contiennent la mention de l'insertion de cette notice au *Bulletin des annonces légales obligatoires* avec référence au numéro dans lequel elle a été publiée ;

3° Sans que les annonces dans les journaux reproduisent les mêmes énonciations, ou tout au moins un extrait de ces énonciations avec référence à cette notice, et indication du numéro du *Bulletin des annonces légales obligatoires* dans lequel elle a été publiée ;

4° Sans que les prospectus et documents mentionnent la signature de la personne ou du représentant de la société dont l'offre émane et précisent si les valeurs offertes sont admises ou non à la négociation sur un marché réglementé, et dans l'affirmative, sur quel marché.

Le fait de servir d'intermédiaire à l'occasion de la cession de valeurs mobilières sans respecter les prescriptions mentionnées aux 1° à 4° est puni de la même amende.

En cas de récidive, l'amende applicable est celle prévue par le 5° de l'article 131-13 du code pénal pour la récidive des contraventions de la cinquième classe. – *[Décr. n° 67-236 du 23 mars 1967, art. 299-2.]*

Art. R. 247-3 Le fait de ne pas satisfaire aux obligations de dépôt prévues aux articles L. 232-21 à L. 232-23 est puni de l'amende prévue par le 5e de l'article 131-13 du code pénal pour les contraventions de la cinquième classe. En cas de récidive, la peine applicable est celle prévue par le 5e de l'article 131-13 du code pénal pour les contraventions de la cinquième classe commises en récidive. – *[Décr. n° 67-236 du 23 mars 1967, art. 246-1.]*

Art. R. 247-4 Toute infraction aux dispositions de l'article R. 237-1 est punie de l'amende prévue par le 5° de l'article 131-13 du code pénal pour les contraventions de la cinquième classe. – *[Décr. n° 67-236 du 23 mars 1967, art. 256, al. 2.]*

CHAPITRE VIII DISPOSITIONS CONCERNANT LES DIRECTEURS GÉNÉRAUX DÉLÉGUÉS DES SOCIÉTÉS ANONYMES OU DES SOCIÉTÉS EUROPÉENNES

Le présent chapitre ne comprend pas de dispositions réglementaires.

TITRE CINQUIÈME DES GROUPEMENTS D'INTÉRÊT ÉCONOMIQUE

CHAPITRE PREMIER DES GROUPEMENTS D'INTÉRÊT ÉCONOMIQUE DE DROIT FRANÇAIS

Art. R. 251-1 Le groupement d'intérêt économique cesse d'être assujetti à l'obligation de désigner un commissaire aux comptes en application des dispositions du troisième alinéa de l'article L. 251-12 dès lors qu'il compte moins de cent salariés pendant les deux exercices précédant l'expiration de son mandat. – *[Décr. n° 85-295 du 1er mars 1985, art. 19.]*

Art. R. 251-2 Les dispositions des articles R. 232-2 à R. 232-7 sont applicables au groupement d'intérêt économique. Toutefois, les documents mentionnés à l'article R. 232-3 ainsi que les rapports mentionnés à l'article R. 232-4 sont établis par les administrateurs auxquels le commissaire aux comptes communique, le cas échéant, ses observations.

Lorsque le commissaire aux comptes demande par lettre recommandée avec demande d'avis de réception que son rapport prévu à l'article R. 232-7 soit communiqué aux membres du groupement, les administrateurs procèdent à cette communication dans les huit jours de la réception de la demande. Le rapport est communiqué au comité d'entreprise dans le même délai. – *[Décr. n° 85-295 du 1er mars 1985, art. 20.]*

Art. R. 251-3 L'information prévue à l'article L. 251-15 que le commissaire aux comptes adresse aux administrateurs porte sur tout fait qu'il relève lors de l'examen des documents qui lui sont communiqués ou sur tout fait dont il a connaissance à l'occasion de l'exercice de sa mission.

Les administrateurs répondent par lettre recommandée avec demande d'avis de réception dans les quinze jours qui suivent la réception de l'information mentionnée ci-dessus et adressent copie de la demande et de sa réponse, dans les mêmes formes et les mêmes délais, au comité d'entreprise. Dans leur réponse, ils donnent une analyse de la situation et précisent, le cas échéant, les mesures envisagées. Le commissaire aux comptes informe immédiatement le président du tribunal compétent de l'existence de cette procédure par lettre remise en mains propres contre récépissé au président ou à son délégataire, ou par lettre recommandée avec demande d'avis de réception.

La demande du commissaire aux comptes de communication du rapport qu'il a rédigé conformément au deuxième alinéa de l'article L. 251-15 est formulée par lettre recommandée avec demande d'avis de réception dans les quinze jours qui suivent la réception de la réponse des administrateurs. La demande du commissaire aux comptes et son rapport sont communiqués par les administrateurs au comité d'entreprise dans les quinze jours qui suivent la réception de cette demande.

Lorsque, dans les conditions prévues au dernier alinéa de l'article L. 251-15, le commissaire aux comptes informe de ses démarches le président du tribunal compétent, cette information est faite immédiatement par lettre recommandée avec demande d'avis de réception. Cette information comporte la copie de tous les documents utiles à l'information du président du tribunal ainsi que l'exposé des raisons qui l'ont conduit à constater l'insuffisance des décisions prises. – *[Décr. n° 85-295 du 1er mars 1985, art. 21.]*

CHAPITRE II DU GROUPEMENT EUROPÉEN D'INTÉRÊT ÉCONOMIQUE

Art. R. 252-1 Le procureur de la République est compétent pour saisir le tribunal de grande instance ou le tribunal de commerce, selon le cas, en application de l'article 32-1 du règlement (CEE) n° 2137/85 du Conseil des Communautés européennes du 25 juillet 1985 relatif à l'institution d'un groupement européen d'intérêt économique. – *[Décr. n° 90-72 du 17 janv. 1990, art. 1er.] – V* ce *Règl. au* **C. *sociétés*.**

LIVRE TROISIÈME DE CERTAINES FORMES DE VENTES ET DES CLAUSES D'EXCLUSIVITÉ

TITRE PREMIER DES LIQUIDATIONS, DES VENTES AU DÉBALLAGE, DES SOLDES ET DES VENTES EN MAGASINS D'USINE

Sur les modalités d'application de la réglementation des ventes en liquidation, au déballage ou en solde, V. Circ. 16 janv. 1997 (D. Affaires 1997. 1046).

SECTION PREMIÈRE DES LIQUIDATIONS

Art. R. 310-1 L'autorité administrative compétente en vertu du deuxième alinéa de l'article L. 310-1 pour recevoir les déclarations préalables aux liquidations est le préfet du département où ces opérations sont prévues. – *[Décr. n° 2004-275 du 25 mars 2004, art. 1er, al. 1er.]*

Art. R. 310-2 Une déclaration préalable de la vente en liquidation est adressée par lettre recommandée avec demande d'avis de réception ou remise, au préfet du département où les opérations de vente sont prévues, deux mois au moins avant la date prévue pour le début de la vente.

Toutefois, ce délai est réduit à cinq jours lorsque le motif invoqué à l'appui est consécutif à un fait imprévisible de nature à interrompre le fonctionnement de l'établissement.

Un arrêté du ministre chargé du commerce fixe la liste des informations relatives, notamment, à l'identité du vendeur, à la cause et à la durée de la vente et à l'inventaire des marchandises liquidées, ainsi que des pièces qui sont annexées à cette déclaration. – *[Décr. n° 96-1097 du 16 déc. 1996, art. 1er.] – V. art. A. 310-1 et A. 310-2.*

Art. R. 310-3 Le préfet délivre un récépissé de déclaration de la vente en liquidation dans un délai maximum de quinze jours à compter de la réception du dossier complet de ladite déclaration ; si le dossier est incomplet, le préfet notifie à l'intéressé la liste des pièces manquantes dans un délai de sept jours à compter de sa réception ; à défaut de production des pièces complémentaires dans un délai de sept jours à compter de la réception de la notification des pièces manquantes, la déclaration mentionnée à l'article R. 310-2 ne peut faire l'objet d'un récépissé de déclaration. – *V. art. A. 310-3.*

Dans le cas de survenance du fait imprévisible mentionné au deuxième alinéa de l'article R. 310-2, le préfet délivre le récépissé de déclaration dès réception du dossier complet.

Aucune vente en liquidation ne peut intervenir tant que le récépissé de déclaration n'a pas été délivré par le préfet.

Le préfet informe la *(Décr. n° 2010-1463 du 1er déc. 2010, art. 87)* « chambre de commerce et d'industrie territoriale » de la vente en liquidation ainsi déclarée. – *[Décr. n° 96-1097 du 16 déc. 1996, art. 2.]*

Art. R. 310-4 Le récépissé de déclaration est affiché sur les lieux de la vente en liquidation par le déclarant, pendant toute sa durée ; l'arrêté mentionné à l'article

R. 310-2 fixe les conditions et les modalités de cet affichage. – *[Décr. n° 96-1097 du 16 déc. 1996, art. 3.] – V. art. A. 310-4. – Sur la sanction, V. art. R. 310-19 (1°).*

Art. R. 310-5 La durée maximale de la vente en liquidation fixée à deux mois par l'article L. 310-1 est réduite à quinze jours en cas de suspension saisonnière de l'activité du déclarant. – *[Décr. n° 96-1097 du 16 déc. 1996, art. 4.]*

Art. R. 310-6 Le report de la date de la vente en liquidation indiquée dans la déclaration mentionnée à l'article R. 310-2 fait l'objet d'une information préalable du préfet par lettre recommandée avec demande d'avis de réception comportant justification de ce changement. – *V. art. A. 310-5.*

Tout report de cette date supérieur à deux mois donne lieu à une nouvelle déclaration dans les conditions prévues à l'article R. 310-2.

Dès qu'il en a connaissance, le déclarant est tenu d'informer le préfet par lettre recommandée avec demande d'avis de réception de toute modification de l'événement motivant la liquidation mentionné au deuxième alinéa de l'article L. 310-1. – *[Décr. n° 96-1097 du 16 déc. 1996, art. 5.]*

Art. R. 310-7 La publicité relative à une vente en liquidation ne peut porter que sur les produits inscrits à l'inventaire fourni en annexe à la déclaration préalable mentionnée à l'article R. 310-2.

L'arrêté mentionné à l'article R. 310-2 précise également les informations qui doivent figurer dans cette publicité et les modalités de son organisation. – *[Décr. n° 96-1097 du 16 déc. 1996, art. 6.] – V. art. A. 310-6. – Sur la sanction, V. art. R. 310-19 (2°).*

SECTION II DES VENTES AU DÉBALLAGE

Art. R. 310-8 *(Décr. n° 2009-16 du 7 janv. 2009, art. 1er-I)* I. – Une déclaration préalable de vente au déballage est adressée par l'organisateur par lettre recommandée avec demande d'avis de réception ou remise contre récépissé au maire de la commune dans laquelle l'opération de vente est prévue, dans les délais suivants :

1° Dans les mêmes délais que la demande d'autorisation d'occupation temporaire du domaine public et concomitamment à celle-ci lorsque la vente est prévue sur le domaine public et que le maire est l'autorité compétente pour délivrer l'autorisation ;

2° Dans les autres cas, dans les quinze jours au moins avant la date prévue pour le début de cette vente.

Dans les huit jours au moins avant le début de la vente, le maire informe le déclarant que, du fait du dépassement de la durée de la vente autorisée par le deuxième alinéa du I de l'article L. 310-2, il s'expose à la sanction prévue au 3° de l'article R. 310-19.

II. – Ces délais ne sont pas applicables aux ventes au déballage de fruits et légumes frais effectuées en période de crise conjoncturelle constatée en application de l'article L. 611-4 du code rural et de la pêche maritime *[V. cet art. ss. art. L. 442-9]*, ou en prévision de celle-ci, dans le but de favoriser, par un déstockage rapide, la régularisation des cours du marché ; ces ventes peuvent être réalisées sans délai, par décision conjointe du ministre chargé du commerce et du ministre chargé de l'agriculture et ce après consultation par le ministre chargé de l'agriculture de l'organisation interprofessionnelle compétente.

III. – Un arrêté du ministre chargé du commerce fixe la liste des informations contenues dans cette déclaration. – *V. Arr. 9 janv. 2009 ci-dessous.*

Ancien art. R. 310-8 *L'autorité administrative compétente pour autoriser les ventes au déballage est le préfet du département où ces ventes sont prévues lorsque, prises dans leur ensemble, les sur-*

faces de vente utilisées par le demandeur en un même lieu, y compris l'extension de surface consacrée à l'opération de vente au déballage, sont supérieures à 300 mètres carrés. A Paris, l'autorisation est délivrée par le préfet de police.

Dans le cas contraire, l'autorisation est délivrée par le maire de la commune où se tient la vente. – [Décr. n° 2004-275 du 25 mars 2004, art. 2.]

Arrêté du 9 janvier 2009,

Relatif à la déclaration préalable des ventes au déballage.

Art. 1er La déclaration préalable de vente au déballage prévue à l'article R. 310-8 du code de commerce est établie conformément au modèle figurant en annexe.

Elle est signée par le vendeur ou l'organisateur ou par une personne ayant qualité pour le représenter.

Art. 2 La déclaration est accompagnée d'un justificatif de l'identité du déclarant.

ANNEXE

MODÈLE DE DÉCLARATION PRÉALABLE D'UNE VENTE AU DÉBALLAGE
(ARTICLES L. 310-2, L. 310-5, R. 310-8, R. 310-9 ET R. 310-19 DU CODE DE COMMERCE ET ARTICLES R. 321-1 ET R. 321-9 DU CODE PÉNAL)

1. Déclarant :

Nom, prénoms ou, pour les personnes morales, dénomination sociale : ....

Nom du représentant légal ou statutaire (pour les personnes morales) : ....

N° SIRET : ....

Adresse : n° .... Voie : ....

Complément d'adresse : ....

Code postal : .... Localité : ....

Téléphone (fixe ou portable) : ....

2. Caractéristiques de la vente au déballage :

Adresse détaillée du lieu de la vente (terrain privé, galerie marchande, parking d'un magasin de commerce de détail...) : ....

Marchandises vendues : neuves occasion

Nature des marchandises vendues : ....

Date de la décision ministérielle (en cas d'application des dispositions du II de l'article R. 310-8 du code de commerce) : ....

Date de début de la vente : ... Date de fin de la vente : ... Durée de la vente (en jours) : ...

3. Engagement du déclarant :

Je soussigné, auteur de la présente déclaration (nom, prénom) ...., certifie exacts les renseignements qui y sont contenus et m'engage à respecter les dispositions prévues aux articles L. 310-2, R. 310-8 et R. 310-9 du code de commerce.

Date et signature : ....

Toute fausse déclaration préalable de vente au déballage constitue un faux et usage de faux passible des peines d'amende et d'emprisonnement prévues à l'article 441-1 du code pénal. Par ailleurs, le fait de procéder à une vente au déballage sans la déclaration préalable ou en méconnaissance de cette déclaration est puni d'une amende de 15 000 € (art. L. 310-5 du code de commerce).

4. Cadre réservé à l'administration :

Date d'arrivée : .... N° d'enregistrement : ....

Recommandé avec demande d'avis de réception

Remise contre récépissé

Observations : ....

Art. R. 310-9 *(Décr. n° 2009-16 du 7 janv. 2009, art. 1er-I)* **Les ventes au déballage autorisées aux particuliers en application du troisième alinéa du I de l'article L. 310-2 sont contrôlées au moyen du registre mentionné au deuxième alinéa de l'article 321-7 du code pénal.** — *V. cet art., App., v° Ventes commerciales (VIII Objets mobiliers usagés [vente ou échange d']).*

Ancien art. R. 310-9 *La demande d'autorisation de vente au déballage est adressée par le vendeur à l'autorité compétente telle qu'elle est mentionnée à l'article R. 310-8 cinq mois au plus et trois mois au moins avant la date prévue pour le début de la vente.*

Lorsqu'une même opération de vente au déballage concerne plusieurs vendeurs, la demande est, dans le même délai, adressée à l'autorité compétente par l'organisateur de cette opération pour la surface totale de vente envisagée. — [Décr. n° 96-1097 du 16 déc. 1996, art. 7, al. 1er et 2.]

Sur la nécessité de procéder à plusieurs autorisations, en cas de vente au déballage fractionnée dans le temps, V. note 6 ss. ancien art. L. 310-2.

1. Autorisation du maire [ancien régime]. Si le maire peut apprécier l'opportunité d'une vente au déballage et accorder ou refuser l'autorisation de procéder à cette vente, dans les formes précisées par les art. 5 et 6 du Décr. du 26 nov. 1962 [abrogés], en prenant en compte le maintien de l'ordre public, ainsi que les intérêts du commerce local et des consommateurs, il ne peut, par une interdiction générale et absolue, porter atteinte à la liberté du commerce et de l'industrie en refusant d'autoriser toute vente au déballage sur le territoire de sa commune. • TA Grenoble, 9 déc. 1992 : *JCP 1993. IV. 2482 ; CCC 1993, n° 185.*

A suffisamment motivé sa décision sans édicter une mesure générale et absolue d'interdiction, le maire d'une ville qui, pour refuser à une société l'autorisation d'organiser une vente au déballage, retient notamment que l'octroi d'une telle autorisation engendrerait une concurrence déloyale au regard des commerçants locaux qui acquittent une taxe professionnelle sur la ville. • CE 8 déc. 1995 : *RJDA 1996, n° 488.*

Est motivée la décision qui, pour refuser à un commerçant la possibilité d'organiser pendant plus d'une journée une exposition-vente de bijoux, a invoqué le déroulement récent d'une liquidation effectuée par un bijoutier désirant cesser son activité commerciale et le fait que la période de fin d'année concernée était une période favorable pour la vente des articles de bijouterie dont tous les bijoutiers aspiraient légitimement à bénéficier. • CE 17 juin 1996 : *BRDA 1996, n° 18, p. 13.*

2. Autorisation du maire. Sur le caractère nécessairement préalable de l'autorisation, V. • T. corr. Seine, 7 nov. 1961 : *D. 1962. Somm. 67.* – V. aussi note Fourgoux, ss. • Crim. 12 mai 1966 : *D. 1967. 111.* ♦ V. également • Crim. 21 juill. 1998 : *BID 1998, n° 12, p. 40.*

3. Maintien de l'autorisation. L'autorisation peut être rapportée sans engager la responsabilité de la commune, le demandeur ne disposant d'aucun droit au maintien d'une mesure de police. • CE 29 nov. 1961 : *JCP 1962. II. 12731.*

4. Relaxe. Pour la relaxe, pour erreur de droit invincible, d'un prévenu ayant sollicité une autorisation auprès de la mairie qui lui avait répondu que cette autorisation n'était pas nécessaire, V. • Chambéry, 30 juin 1994 : *BID 1995, n° 10, p. 23.*

Art. R. 310-10 *(Abrogé par Décr. n° 2009-16 du 7 janv. 2009, art. 1er-II) **La demande d'autorisation de vente au déballage, signée par une personne ayant qualité pour représenter le vendeur ou l'organisateur, mentionne l'identité ou la dénomination sociale de ce dernier, le cas échéant de son nom commercial, la date de début et la durée de l'opération projetée, la localisation, les caractéristiques et la surface de l'emplacement concerné ainsi que la nature des marchandises proposées à la vente.***

Elle est accompagnée des documents suivants :

— un justificatif de l'identité et le cas échéant de l'immatriculation au registre du commerce et des sociétés du demandeur ;

— toutes pièces justifiant du titre d'occupation de l'emplacement où la vente est envisagée ;

— lorsque la surface de vente envisagée est à proximité immédiate d'un magasin de commerce de détail d'une surface de vente supérieure à 300 mètres carrés ou d'un ensemble commercial tel que défini par l'article L. 752-3, un extrait du plan cadastral portant identification des parcelles adjacentes aux lieux de vente ;

— lorsque le demandeur exploite déjà une surface de vente au lieu de l'opération projetée, une attestation en précisant l'importance ou, si elle est supérieure à 300 mètres carrés,

une copie de sa déclaration annuelle, prévue à l'article 4 de la loi n° 72-657 du 13 juillet 1972 instituant des mesures en faveur de certaines catégories de commerçants et artisans âgés, à la Caisse nationale de l'organisation autonome d'assurance vieillesse des professions industrielles et commerciales. – [Décr. n° 96-1097 du 16 déc. 1996, art. 7, al. 3 à 8.]

Art. R. 310-11 *(Abrogé par Décr. n° 2009-16 du 7 janv. 2009, art. 1er-II)* ***Il est délivré un accusé de réception de la demande qui mentionne la date de réception du dossier complet par l'autorité compétente. Lorsque l'autorité saisie est incompétente, elle transmet la demande et les pièces qui l'accompagnent à l'autorité compétente, et en informe le demandeur.***

La chambre de commerce et d'industrie et la chambre de métiers et de l'artisanat sont informées de l'opération projetée et disposent d'un délai de quinze jours pour faire connaître leurs observations. – [Décr. n° 96-1097 du 16 déc. 1996, art. 8, al. 1er et 2.]

Art. R. 310-12 *(Abrogé par Décr. n° 2009-16 du 7 janv. 2009, art. 1er-II)* ***L'autorité compétente fixe la date de début et la durée, la surface et la nature de marchandises pour lesquelles la vente au déballage est autorisée. Sa décision mentionne le lieu de la vente, l'identité ou la dénomination sociale du vendeur ou de l'organisateur et le cas échéant, son nom commercial.*** – [Décr. n° 96-1097 du 16 déc. 1996, art. 8, al. 3.]

Art. R. 310-13 *(Abrogé par Décr. n° 2009-16 du 7 janv. 2009, art. 1er-II)* ***Le maire et le préfet se tiennent mutuellement informés de leurs décisions afin que, conformément aux dispositions du deuxième alinéa du I de l'article L. 310-2, les ventes au déballage autorisées dans un même local ou sur un même emplacement n'excèdent pas deux mois par année civile.*** – [Décr. n° 96-1097 du 16 déc. 1996, art. 9.]

Art. R. 310-14 *(Abrogé par Décr. n° 2009-16 du 7 janv. 2009, art. 1er-II)* ***Toute publicité relative à une vente au déballage mentionne la date et l'auteur de l'autorisation, la période pour laquelle elle a été délivrée ainsi que l'identité et la qualité du bénéficiaire.*** – [Décr. n° 96-1097 du 16 déc. 1996, art. 10.] – Sur la sanction, V. art. R. 310-19 (3°).

SECTION III DES SOLDES

Art. R. 310-15 *(Décr. n° 2008-1342 du 18 déc. 2008, art. 1er)* **La déclaration préalable mentionnée au troisième alinéa de l'article L. 310-3 est faite par établissement.**

Elle est adressée par le commerçant au préfet du département, par lettre recommandée avec demande d'avis de réception, un mois au moins avant la date prévue pour le début de la vente ; ce délai commence à courir à compter de la date de son envoi.

La transmission de cette déclaration peut être effectuée par voie électronique. Dans ce cas, la déclaration donne lieu à la délivrance d'un avis de réception électronique. Le préfet veille à ce que cette transmission soit assurée de manière sécurisée, conformément à l'article 1316-1 du code civil.

Un arrêté du ministre chargé du commerce fixe la liste des informations contenues dans la déclaration et les modalités de la déclaration par voie électronique. – *V. Arr. du 8 janv. 2009 et Arr. du 31 mai 2012, ci-dessous.*

Ancien art. R. 310-15 *Pour fixer les périodes au cours desquelles ont lieu des soldes, l'autorité administrative compétente en vertu du deuxième alinéa de l'article L. 310-3 est le préfet du département où les ventes sont réalisées.* – [Décr. n° 2004-275 du 25 mars 2004, art. 1er, al. 2.]

L'arrêté préfectoral fixant ou modifiant les deux périodes de soldes par année civile prévues au I de l'article L. 310-3 est pris après consultation des organisations professionnelles concernées représentées dans le département, des chambres de commerce et d'industrie et des chambres de métiers et de l'artisanat du département, ainsi que des associations de consommateurs du département agréées, au titre de l'article L. 411-1 du code de la consommation, soit par arrêté du préfet de département, soit par leur affiliation à une association nationale elle-même agréée. Ces consultations sont renouvelées chaque année. – [Décr. n° 96-1097 du 16 déc. 1996, art. 11.]

Arrêté du 8 janvier 2009,

Relatif à la déclaration préalable des périodes complémentaires de soldes.

Art. 1er La déclaration préalable des périodes complémentaires de soldes prévue à l'article R. 310-15 du code de commerce est établie conformément au modèle figurant en annexe.

Elle est signée par le représentant légal de l'établissement.

Art. 2 Après s'être préalablement inscrit, le représentant légal de l'établissement peut effectuer la déclaration par voie électronique par l'intermédiaire du site internet public du ministère chargé du commerce auquel a accès le préfet du département d'implantation de cet établissement. — *http ://telesoldes.dgccrf.bercy.gouv.fr.*

Il est accusé réception de cette déclaration par la même voie.

ANNEXE

MODÈLE DE DÉCLARATION PRÉALABLE DES PÉRIODES COMPLÉMENTAIRES DE SOLDES (ART. L. 310-3, L. 310-5, R. 310-15 ET R. 310-15-1 DU CODE DE COMMERCE)*(Arr. du 1er févr. 2012, art. 1er)*

Extrait de l'article L. 310-3 du code de commerce : « 2° *Une période d'une durée maximale de deux semaines ou deux périodes d'une durée maximale d'une semaine, dont les dates sont librement choisies par le commerçant ; ces périodes complémentaires s'achèvent toutefois au plus tard un mois avant le début des périodes visées au 1° (soldes nationaux); elles sont soumises à déclaration préalable auprès de l'autorité administrative compétente du département du lieu des soldes ou du département du siège de l'entreprise pour les entreprises de vente à distance.* »

1 - Déclarant

Nom, prénoms ou, pour les personnes morales, dénomination sociale :

Nom du représentant légal ou statutaire (pour les personnes morales) :

N° SIRET :

Adresse : n° Voie :

Complément d'adresse :

Code postal : Localité :

Téléphone : Adresse électronique :

Nom du site ou des sites électroniques marchands concernés par la déclaration :

2 – Caractéristiques de la vente en soldes

La présente déclaration concerne :

Une 1ère période complémentaire dans l'année civile : du au (1)

Une 2ème période complémentaire dans l'année civile : du au (1)

Si 2eme période, rappeler les dates de la première période complémentaire :
du : *au* (1)

(1) Format JJ/MM/AAAA

3 – Engagement du déclarant

Je soussigné, auteur de la présente déclaration : (Nom, prénom)………………………………………, certifie exacts les renseignements qui y sont contenus et m'engage à respecter les dispositions prévues aux articles L. 310-3, R. 310-15 et R. 310-15-1 du code de commerce.

Date et signature :

Toute fausse déclaration préalable de vente en soldes constitue un faux et usage de faux passible des peines d'amende et d'emprisonnement prévues à l'article 441-1 du code pénal.

4 – Cadre réservé à l'administration

Date d'arrivée : N° d'enregistrement :

Observations :

Les informations recueillies font l'objet d'un traitement informatique effectué pour le compte de l'Etat et destiné à la gestion des déclarations visées au présent formulaire. Les destinataires des données sont les agents des Directions Départementales de la Protection des Populations (DDPP) et les agents des Directions Départementales de la Cohésion Sociale et de la Protection des Populations (DDCSPP) habilités à instruire votre dossier. Les réponses sont obligatoires aux termes de la réglementation précitée.
Conformément aux articles 39 et 40 de la loi n° 78-17 du 6 janvier 1978 relative à l'informatique, aux fichiers et aux libertés, toute personne concernée bénéficie d'un droit d'accès et de rectification à ses informations à caractère personnel. Ce droit s'exerce auprès du service dont l'adresse est consultable sur le site http://www.economie.gouv.fr/dgccrf/Liste-des-directions-départementales-de-la-protect . Vous pouvez également, pour des motifs légitimes, vous opposer au traitement des données vous concernant.

Arrêté du 31 mai 2012,

Relatif à la création d'un service de la déclaration des périodes complémentaires de soldes.

Art. 1er La direction générale de la concurrence, de la consommation et de la répression des fraudes (DGCCRF) est autorisée à créer un traitement automatisé de données à caractère personnel, accessible par internet, dénommé "déclaration des périodes complémentaires de soldes", composé de deux modules Télésoldes et Téléintrasoldes.

Art. 2 Ce traitement a pour finalité la collecte, la saisie et l'enregistrement des déclarations préalables de périodes complémentaires de soldes.

Le module Télésoldes permet au professionnel de déclarer des périodes complémentaires de soldes pour un établissement ou pour plusieurs établissements appartenant à un même groupe dans le cas où les périodes complémentaires de soldes déclarées sont identiques.

Le module Téléintrasoldes permet à l'administration la saisie électronique des formulaires papier des déclarations de périodes complémentaires de soldes pour un établissement.

Art. 3 Les informations à caractère personnel enregistrées dans le traitement prévu à l'article 1er sont les suivantes : nom et prénoms ou pour les personnes morales dénomination sociale, nom du représentant légal ou statutaire, numéro de téléphone, numéro de télécopie, adresse complète, adresse de messagerie, date [dates] de périodes complémentaires de soldes, numéro de SIRET et mot de passe pour la connexion. Si un ou plusieurs sites marchands sont concernés par la déclaration, le déclarant précisera le nom de domaine et l'adresse du site.

Art. 4 Les informations mentionnées à l'article 3 sont conservées pendant une durée maximale de deux ans après la date de la dernière déclaration d'une période complémentaire de soldes.

Art. 5 1. Accèdent au traitement en raison de leurs attributions respectives :

— les professionnels pour leurs propres déclarations ;

— les agents de la DGCCRF, des directions départementales de la protection des populations (DDPP), des directions départementales de la cohésion sociale et de la protection des populations (DDCSPP), des directions des entreprises, de la concurrence, de la consommation, du travail et de l'emploi (DIECCTE), des directions régionales des entreprises, de la concurrence, de la consommation, du travail et de l'emploi (DIRECCTE) et des services à compétence nationale de la DGCCRF.

2. Le préfet du département d'implantation de l'établissement du professionnel est destinataire des informations contenues dans le formulaire de déclaration des professionnels dans le cadre de l'accomplissement de ses missions.

Art. 6 Les droits d'opposition, d'accès et de rectification, prévus aux articles 38 à 40 de la loi du 6 janvier 1978 susvisée, s'exercent auprès des directeurs des DDPP, DDCSPP, DIRECCTE et DIECCTE, de la DGCCRF et de ses services à compétence nationale.

Art. R. 310-15-1 *(Décr. no 2008-1342 du 18 déc. 2008, art. 2)* **Le commerçant tient à la disposition des services chargés du contrôle des ventes en périodes de soldes l'avis de réception de sa déclaration.**

Art. D. 310-15-2 *(Décr. no 2008-1343 du 18 déc. 2008, art. 1er)* **En application du 1° de l'article L. 310-3 du code de commerce :**

— les soldes d'hiver débutent le deuxième mercredi du mois de janvier à 8 heures du matin ; cette date est avancée au premier mercredi du mois de janvier lorsque le deuxième mercredi intervient après le 12 du mois ;

– *(Décr. nº 2010-1203 du 11 oct. 2010)* « les soldes d'été débutent le dernier mercredi du mois de juin à 8 heures du matin ; cette date est avancée à l'avant-dernier mercredi du mois de juin lorsque le dernier mercredi intervient après le 28 du mois. »

Art. D. 310-15-3 *(Décr. nº 2008-1343 du 18 déc. 2008, art. 1er)* **Par dérogation aux dispositions de l'article D. 310-15-2 et en application du 1º de l'article L. 310-3, les soldes sont fixés à des dates différentes dans certaines zones. Ces zones, ainsi que les dates qui y sont applicables, sont fixées en annexe.**

ANNEXE

Liste des zones mentionnées à l'article D. 310-15-3

(Décr. nº 2012-1311 du 27 nov. 2012)

DÉPARTEMENTS	APPLICATION TERRITORIALE	DATES DE DÉBUT DES PÉRIODES DE SOLDES
Alpes-Maritimes (06)	Tout le département	Soldes d'été : premier mercredi du mois de juillet
Corse-du-Sud (2A)	Tout le département	Soldes d'été : deuxième mercredi du mois de juillet
Haute-Corse (2B)	Tout le département	Soldes d'été : deuxième mercredi du mois de juillet
Meurthe-et-Moselle (54)	Tout le département	Soldes d'hiver : premier jour ouvré du mois de janvier
Meuse (55)	Tout le département	Soldes d'hiver : premier jour ouvré du mois de janvier
Moselle (57)	Tout le département	Soldes d'hiver : premier jour ouvré du mois de janvier
Pyrénées-Orientales (66)	Tout le département	Soldes d'été : premier mercredi du mois de juillet
Vosges (88)	Tout le département	Soldes d'hiver : premier jour ouvré du mois de janvier
Guadeloupe (971)	Tout le département	Soldes d'hiver : premier samedi de janvier Soldes d'été : dernier samedi de septembre
Martinique (972)	Tout le département	Soldes d'été : premier jeudi d'octobre
Guyane (973)	Tout le département	Soldes d'hiver : premier mercredi du mois de janvier Soldes d'été : premier jeudi du mois d'octobre
La Réunion (974)	Tout le département	Soldes d'hiver : premier samedi du mois de septembre Soldes d'été : premier samedi du mois de février.

COLLECTIVITÉ D'OUTRE-MER (COM)	APPLICATION TERRITORIALE	DATES DE DÉBUT DES PÉRIODES DE SOLDES
Saint-Pierre-et-Miquelon (975)	Toute la collectivité	Soldes d'été : premier mercredi après le 14 juillet Soldes d'hiver : premier mercredi après le 15 janvier
Saint-Barthélemy (977)	Toute la collectivité	Soldes d'hiver : premier samedi de mai Soldes d'été : deuxième samedi d'octobre
Saint-Martin (978)	Toute la collectivité	Soldes d'hiver : premier samedi de mai Soldes d'été : deuxième samedi d'octobre

Art. R. 310-16 Toute personne se livrant à des ventes en soldes tient à la disposition des agents habilités à opérer des contrôles les documents justifiant que les marchandises vendues en soldes avaient été proposées à la vente, et lorsque le vendeur n'est ni le producteur ni son mandataire que leur prix d'achat avait été payé, depuis au moins un mois à la date de début de la période de soldes considérée. – *[Décr. n° 96-1097 du 16 déc. 1996, art. 12.]*

Art. R. 310-17 Toute publicité relative à une opération de soldes mentionne la date de début de l'opération et la nature des marchandises sur lesquelles porte l'opération, si celle-ci ne concerne pas la totalité des produits de l'établissement. – *[Décr. n° 96-1097 du 16 déc. 1996, art. 13.] – V. art. A. 310-7 s. – Sur la sanction, V. art. R. 310-19 (4°).*

SECTION IV DES VENTES EN MAGASINS OU DÉPÔTS D'USINE

Art. R. 310-18 Tout producteur, vendant directement au public une partie de sa production sous l'une des dénominations mentionnées à l'article L. 310-4, tient à la disposition des agents habilités à opérer des contrôles toute pièce justifiant de l'origine et de la date de fabrication des produits faisant l'objet de ces ventes directes au public. – *[Décr. n° 96-1097 du 16 déc. 1996, art. 14.]*

V. Circ. 16 janv. 1997 (titre quatrième), D. Affaires 1997. 1046.

SECTION V DES SANCTIONS

Art. R. 310-19 Est puni de l'amende prévue par le 5° de l'article 131-13 du code pénal pour les contraventions de la cinquième classe :

1° Le fait de ne pas afficher le récépissé de déclaration de la vente en liquidation dans les conditions prévues à l'article R. 310-4 ;

2° Le fait de ne pas mentionner dans toute publicité relative à une opération de liquidation les indications exigées à l'article R. 310-7 ;

3° *(Décr. n° 2009-16 du 7 janv. 2009, art. 2)* « Le fait de réaliser une vente au déballage en méconnaissance de la durée de la vente autorisée par le deuxième alinéa du I de l'article L. 310-2 et dont le déclarant a été informé par le maire en application de l'article R. 310-8 » ;

4° Le fait de ne pas mentionner dans toute publicité relative à une opération de soldes les indications exigées à l'article R. 310-17. – *[Décr. n° 96-1097 du 16 déc. 1996, art. 15, al. 1er à 5.]*

TITRE DEUXIÈME DES VENTES AUX ENCHÈRES PUBLIQUES

CHAPITRE PREMIER DES VENTES VOLONTAIRES DE MEUBLES AUX ENCHÈRES PUBLIQUES

RÉP. COM. v° *Ventes volontaires de meubles aux enchères publiques,* par MALGER-VIEILPEAU.

BIBL. ▶ BROUSSOLLE, *LPA 19 avr. 2012* (principales dispositions du Décr. du 30 janv. 2012).

SECTION PREMIÈRE DISPOSITIONS GÉNÉRALES

SOUS-SECTION 1 LES OPÉRATEURS DE VENTES VOLONTAIRES DE MEUBLES AUX ENCHÈRES PUBLIQUES *(Décr. n° 2012-120 du 30 janv. 2012, art. 3).*

§ 1er DE LA DÉCLARATION

(Décr. n° 2012-120 du 30 janv. 2012, art. 4)

Art. R. 321-1 Les opérateurs, personnes morales ou physiques, organisant et réalisant des ventes volontaires de meubles aux enchères publiques, y compris par voie électronique, déclarent leurs activités auprès du Conseil des ventes volontaires de meubles aux enchères publiques par lettre recommandée avec demande d'avis de réception ou par tout moyen dématérialisé, sous réserve que puisse être dûment identifiée la personne qui effectue la déclaration.

La déclaration est accompagnée des pièces justificatives suivantes :

I. — Pour les personnes physiques :

1° Un document justifiant de l'identité et de la nationalité du déclarant ;

2° Une attestation de ne pas avoir été l'auteur de faits mentionnés au 2° du I de l'article L. 321-4. Cette attestation est établie selon le modèle fixé par arrêté du garde des sceaux, ministre de la justice ; — *V. art. A. 321-1.*

3° Les documents justifiant que les personnes chargées de diriger des ventes ont la qualification requise ou sont titulaires d'un titre, d'un diplôme ou d'une habilitation reconnus équivalents en la matière ;

4° Une copie du bail ou du titre de propriété du local où s'exerce l'activité ainsi que le dernier bilan établi ou à défaut le bilan prévisionnel ;

5° Un document justifiant de l'ouverture dans un établissement de crédit d'un compte destiné exclusivement à recevoir les fonds détenus pour le compte d'autrui ;

6° Un document justifiant de la souscription d'une assurance de couverture de responsabilité professionnelle ;

7° Un document justifiant d'une assurance ou d'un cautionnement garantissant la représentation des fonds détenus pour le compte d'autrui ;

II. — Pour les personnes morales :

1° Une copie des statuts de la société et de l'acte nommant son représentant légal ;

2° Les documents justifiant qu'elle dispose d'au moins un établissement en France ;

3° Les documents justifiant qu'elle compte parmi ses dirigeants, associés ou salariés au moins une personne remplissant les conditions prévues aux articles 1° à 3° du I de l'article L. 321-4 ;

4° Une attestation des dirigeants de ne pas avoir été les auteurs de faits mentionnés au 4° du II de l'article L. 321-4. Cette attestation est établie selon le modèle fixé par arrêté du garde des sceaux, ministre de la justice ; — *V. art. A. 321-1.*

5° Un document justifiant de l'identité des personnes chargées de diriger les ventes et, s'il s'agit de salariés d'une personne morale, la copie de leur contrat de travail ou une attestation de leur employeur précisant la nature de leurs attributions ;

6° Une copie du bail ou du titre de propriété du local où s'exerce l'activité ainsi que le dernier bilan établi ou à défaut le bilan prévisionnel ;

7° Un document justifiant de l'ouverture dans un établissement de crédit d'un compte destiné exclusivement à recevoir les fonds détenus pour le compte d'autrui ;

8° Un document justifiant de la souscription d'une assurance de couverture de responsabilité professionnelle ;

9° Un document justifiant d'une assurance ou d'un cautionnement garantissant la représentation des fonds détenus pour le compte d'autrui.

Art. R. 321-2 Les opérateurs de ventes volontaires aux enchères publiques déclarent au Conseil des ventes volontaires de meubles aux enchères publiques, dans un délai de trente jours à compter de la date à laquelle elles se produisent, les modifications de fait ou de droit susceptibles d'affecter leur capacité d'exercer l'activité de ventes volontaires de meubles aux enchères publiques, notamment leur cessation temporaire ou définitive d'activité ainsi que tout changement dans la situation déclarée en application de l'article R. 321-1. Ces déclarations sont accompagnées des justificatifs nécessaires.

Modification. La procédure, instituée par l'art. 6 du Décr. du 19 juill. 2001 [C. com., anc. art. R. 321-6, repris à l'art. R. 321-2], est exclusive d'une demande d'habilitation présentée individuellement par la personne concernée. • Civ. 1re, 30 janv. 2007 : *Bull. civ. I, n° 48 ; D. 2007. AJ 578, obs. Delpech ; JCP E 2007, n° 11, p. 28.*

Art. R. 321-3 Chaque année, à la demande du Conseil des ventes volontaires de meubles aux enchères publiques, dans un délai de trente jours à compter de l'expiration de la précédente garantie, les opérateurs de ventes volontaires de meubles aux enchères publiques transmettent au Conseil des ventes volontaires de meubles aux enchères publiques les justificatifs du renouvellement de l'assurance couvrant leur responsabilité professionnelle et de l'assurance ou du cautionnement garantissant la représentation des fonds détenus pour le compte d'autrui.

La caution ou l'assureur informe le Conseil des ventes volontaires de meubles aux enchères publiques, dans les trente jours, de la suspension de la garantie ou de la résiliation du contrat.

Art. R. 321-4 Le greffier chargé de la tenue du registre du commerce et des sociétés avise le Conseil des ventes volontaires de meubles aux enchères publiques de la radiation d'un dirigeant de l'opérateur lorsque celle-ci a été ordonnée après que la mise à jour du casier judiciaire a révélé l'existence d'une interdiction d'exercer le commerce ou de gérer.

Les art. R. 321-5 à R. 321-9 ont disparu à la suite du remplacement du § 1er par le Décr. n° 2012-120 du 30 janv. 2012 (art. 4).

§ 2 DE L'ASSURANCE ET DU CAUTIONNEMENT

Art. R. 321-10 Le cautionnement prévu au 3° de l'article L. 321-6 ne peut être consenti que par l'un des établissements de crédit habilités à cet effet ou l'une des institutions ou l'un des établissements mentionnés à l'article L. 518-1 du code monétaire et financier, une société d'assurances ou une société de caution mutuelle, habilités à donner caution. – *[Décr. n° 2001-650 du 19 juill. 2001, art. 9, al. 1er.]* – *V. cet art. au* ***C. mon. fin.***

Art. R. 321-11 Le cautionnement résulte d'une convention écrite qui, outre les conditions générales, précise le montant de la garantie accordée, les conditions de rémunération, les modalités de contrôle comptable ainsi que les contre-garanties éventuellement exigées par la caution. – *[Décr. n° 2001-650 du 19 juill. 2001, art. 9, al. 2.]*

Art. R. 321-12 La caution ou l'assureur délivre à *(Décr. n° 2012-120 du 30 janv. 2012, art. 5-I)* « l'opérateur » de ventes volontaires de meubles aux enchères publiques une attestation de cautionnement ou d'assurance précisant la dénomination de l'établissement de crédit auprès duquel est ouvert le compte prévu au 1° de l'article L. 321-6, ainsi que le numéro de ce compte, le montant et la durée de la garantie accordée et les restrictions éventuelles apportées à celle-ci. – *[Décr. n° 2001-650 du 19 juill. 2001, art. 10.]*

Art. R. 321-13 La caution ou l'assureur n'est tenu que s'il est justifié d'une créance certaine, liquide et exigible et de la défaillance de *(Décr. n° 2012-120 du 30 janv. 2012, art. 5-II)* « l'opérateur garanti ».

La caution ne peut opposer au créancier le bénéfice de discussion.

Pour le garant, la défaillance de *(Décr. n° 2012-120 du 30 janv. 2012, art. 5-II)* « l'opérateur garanti » résulte d'une sommation de payer ou de restituer suivie de refus ou demeurée infructueuse un mois après sa signification. – *[Décr. n° 2001-650 du 19 juill. 2001, art. 11.]*

Art. R. 321-14 Le montant de la garantie accordée à *(Décr. n° 2012-120 du 30 janv. 2012, art. 5-III)* « un opérateur » ne peut être inférieur à la plus élevée des deux sommes suivantes :

1° Le chiffre moyen mensuel des ventes, taxes comprises et net d'honoraires, réalisé par *(Décr. n° 2012-120 du 30 janv. 2012, art. 5-III)* « l'opérateur » au cours de l'exercice précédent ;

2° La moitié du montant maximal des fonds détenus par *(Décr. n° 2012-120 du 30 janv. 2012, art. 5-III)* « l'opérateur » pour le compte des tiers, à un moment quelconque, au cours des douze mois précédents. – *[Décr. n° 2001-650 du 19 juill. 2001, art. 12.]*

Art. R. 321-15 Lorsqu'*(Décr. n° 2012-120 du 30 janv. 2012, art. 5-IV)* « un opérateur » de ventes volontaires de meubles aux enchères publiques exerce son activité depuis moins d'une année, le montant de la garantie ne peut être inférieur au montant prévisionnel moyen des ventes mensuelles, taxes comprises et net d'honoraires, pour l'exercice en cours. Ce montant prévisionnel fait l'objet d'une déclaration *(Décr. n° 2012-120 du 30 janv. 2012, art. 5-IV)* « par l'opérateur » à l'assureur ou à la société de cautionnement. – *[Décr. n° 2001-650 du 19 juill. 2001, art. 13.]*

Art. R. 321-16 *(Décr. n° 2012-120 du 30 janv. 2012, art. 5-V)* « Tout opérateur » de ventes volontaires de meubles aux enchères publiques adapte chaque année le montant de la garantie qu' *(Décr. n° 2012-120 du 30 janv. 2012, art. 5-V)* « il » a

souscrite. *(Décr. n° 2012-120 du 30 janv. 2012, art. 5-V)* **« Il » révise également ce montant lorsque des circonstances particulières sont susceptibles de modifier l'étendue du risque.** – *[Décr. n° 2001-650 du 19 juill. 2001, art. 14.]*

Art. R. 321-17 Les contrats d'assurance ne doivent pas prévoir de franchise à la charge de l'assuré supérieure à 10 % des indemnités dues, dans la limite de 8 000 € par créancier. La franchise n'est pas opposable aux créanciers de *(Décr. n° 2012-120 du 30 janv. 2012, art. 5-III)* **« l'opérateur ».** – *[Décr. n° 2001-650 du 19 juill. 2001, art. 15.]*

§ 3 DES QUALIFICATIONS REQUISES

Art. R. 321-18 *(Décr. n° 2009-143 du 9 févr. 2009, art. 1er)* **« Sous réserve des dispositions de l'article R. 321-65, » nul ne peut diriger des ventes volontaires de meubles aux enchères publiques s'il ne remplit les conditions suivantes :**

1° Être Français ou ressortissant d'un État autre que la France membre de la Communauté européenne ou partie à l'accord sur l'Espace économique européen ;

2° N'avoir fait l'objet ni d'une condamnation pénale pour des faits contraires à l'honneur ou à la probité ni, dans la profession qu'il exerçait antérieurement, d'une sanction disciplinaire ou administrative de destitution, radiation, révocation, de retrait d'agrément ou d'autorisation pour des faits de même nature ;

3° Sous réserve des dispenses prévues aux articles R. 321-19 et R. 321-21, être soit titulaire d'un diplôme national en droit et d'un diplôme national d'histoire de l'art, d'arts appliqués, d'archéologie ou d'arts plastiques, l'un de ces diplômes étant au moins une licence et l'autre sanctionnant au moins un niveau de formation correspondant à deux années d'études supérieures, soit titulaire de titres ou diplômes, admis en dispense, dont la liste est fixée par arrêté conjoint du garde des sceaux, ministre de la justice, et du ministre chargé de l'enseignement supérieur ; – *V. art. A. 321-2 à A. 321-4.*

4° Avoir subi avec succès l'examen d'accès au stage prévu aux articles R. 321-20 à R. 321-25 ; – *V. art. A. 321-10 s.*

5° Avoir accompli le stage mentionné au 4° dans les conditions prévues aux articles R. 321-26 à R. 321-31.

Les personnes mentionnées à l'article 54 de la loi n° 2000-642 du 10 juillet 2000 portant réglementation des ventes volontaires de meubles aux enchères publiques sont dispensées des conditions prévues aux 1°, 3°, 4° et 5°. – *[Décr. n° 2001-650 du 19 juill. 2001, art. 16.]*

Honorabilité. Il importe peu que la condamnation pénale prononcée à l'encontre du prévenu fût non avenue dès lors que les faits qui avaient été sanctionnés étaient non seulement pénalement répréhensibles mais encore contraires à l'honneur et à la probité, de sorte qu'il ne remplissait pas les conditions d'honorabilité nécessaires. • Civ. 1re, 3 mars 2011 : *cité ss. art. L. 321-5.*

Art. R. 321-19 Les clercs justifiant d'une pratique professionnelle d'au moins sept ans dans un ou plusieurs offices de commissaire-priseur ou de commissaire-priseur judiciaire, les *(Décr. n° 2009-143 du 9 févr. 2009, art. 3)* **« personnes » ayant exercé pendant la même durée des responsabilités équivalentes au sein d'une ou plusieurs sociétés de ventes volontaires de meubles aux enchères publiques ainsi que les personnes ayant exercé successivement ces responsabilités dans un office de commissaire-priseur et une société de ventes volontaires de meubles aux enchères publiques pendant une durée totale d'au moins sept ans sont dispensés des conditions prévues aux 3°, 4° et 5° de l'article R. 321-18, par décision du Conseil des**

ventes volontaires de meubles aux enchères publiques, s'ils subissent avec succès un examen d'aptitude devant le jury prévu aux articles R. 321-23 et suivants.

La durée de pratique professionnelle prévue à l'alinéa précédent doit avoir été acquise au cours des dix dernières années.

Le programme et les modalités de l'examen d'aptitude sont fixés par arrêté du garde des sceaux, ministre de la justice. – *V. art. A. 321-5 s.*

Nul ne peut se présenter plus de trois fois à l'examen. – *[Décr. n° 2001-650 du 19 juill. 2001, art. 17.]*

SOUS-§ 1er DE L'EXAMEN D'ACCÈS AU STAGE

Art. R. 321-20 **Sont admises à se présenter à l'examen d'accès au stage mentionné au 4° de l'article R. 321-18 les personnes qui remplissent les conditions prévues au 3° dudit article.** – *[Décr. n° 2001-650 du 19 juill. 2001, art. 18, al. 1er.]*

Art. R. 321-21 **Sont dispensés de la possession du diplôme national en droit prévue au 3° de l'article R. 321-18 :**

1° Les membres et anciens membres du Conseil d'État et les membres et anciens membres des tribunaux administratifs et des cours administratives d'appel ;

2° Les magistrats et anciens magistrats de l'ordre judiciaire ;

3° Les magistrats et anciens magistrats de la Cour des comptes, des chambres régionales des comptes et des chambres territoriales des comptes de la Polynésie française et de la Nouvelle-Calédonie ;

4° Les professeurs des universités et maîtres de conférence titulaires d'un doctorat en droit ;

5° Les avocats au Conseil d'État et à la Cour de cassation ;

6° Les avocats inscrits à un barreau français et les anciens conseils juridiques ;

7° Les *(Décis. n° 2011-451 du 22 avr. 2011, art. 8)* **« anciens » avoués près les cours d'appel ;**

8° Les huissiers de justice ;

9° Les notaires ;

10° Les administrateurs judiciaires, les mandataires judiciaires au redressement et à la liquidation des entreprises, les anciens syndics et administrateurs judiciaires ;

11° Les greffiers et anciens greffiers des tribunaux de commerce ;

12° Les fonctionnaires et anciens fonctionnaires de catégorie A, ou les personnes assimilées aux fonctionnaires de cette catégorie, ayant exercé en cette qualité des activités juridiques pendant cinq ans au moins, dans une administration, un service public ou une organisation internationale. – *[Décr. n° 2001-650 du 19 juill. 2001, art. 18, al. 2 à 14.]*

Les avoués près les cours d'appel qui renoncent à faire partie de la profession d'avocat ou qui renoncent à y demeurer ainsi que les personnes ayant travaillé en qualité de collaborateur d'avoué postérieurement au 31 déc. 2008 et justifiant, au plus tard à la date d'entrée en vigueur du chapitre Ier de la L. n° 2011-94 du 25 janv. 2011 (fixée au 1er janv. 2012), de la réussite à l'examen d'aptitude à la profession d'avoué peuvent, sur leur demande présentée dans le délai de cinq ans à compter de la date de publication de cette même loi (JO 26 janv. 2011), accéder aux professions (...) de commissaire-priseur judiciaire (L. préc., art. 21, al. 1er). Ces personnes peuvent alors accéder à la profession de commissaire-priseur judiciaire sans être titulaires des titres ou diplômes exigés au 3° de l'art. R. 321-18, ni avoir accompli le stage prévu au 5° du même article, ni avoir subi les examens mentionnés au 4° du même article et au 2° de l'art. 2 du Décr. n° 73-541 du 19 juin 1973, sous réserve d'une pratique professionnelle de six mois dans un office de commissaire-priseur judiciaire dont une partie peut être effectuée, dans la limite de trois mois, dans une société de ventes volontaires de meubles aux enchères publiques (Décr. n° 2011-451 du 22 avr. 2011, art. 1er).

Les collaborateurs d'avoué non titulaires du diplôme d'aptitude à la profession d'avoué peuvent, sur leur demande présentée dans le même délai, être dispensés de certaines des conditions d'accès aux pro-

fessions susmentionnées (L. préc., art. 21, al. 2). Ils peuvent accéder à la profession de commissaire-priseur judiciaire sans avoir subi l'examen d'accès au stage prévu au 4° de l'art. R. 321-18 (Décr. préc., art. 3). S'il justifient de dix années de pratique professionnelle en qualité de collaborateur d'avoué ou sont titulaires d'un master de droit et pratique de la procédure d'appel ou de droit et pratique du procès en appel, ils peuvent bénéficier d'une dispense partielle du stage prévu à l'art. R. 321-18, dans la limite de la moitié de sa durée. La dispense est accordée par décision du procureur général près la cour d'appel dans le ressort de laquelle est établi leur domicile, prise après avis de la Chambre nationale des commissaires-priseurs judiciaires (Décr. préc., art. 4-I).

Décret nº 2001-650 du 19 juillet 2001,

Pris en application des articles L. 321-1 à L. 321-38 du code de commerce et relatif aux ventes volontaires de meubles aux enchères publiques.

Art. 18 II. — Sont en outre dispensées des conditions prévues au 3°, 4° et 5° de l'article 16 *[C. com., art. R. 321-18]* les personnes ayant exercé, avant l'entrée en vigueur du présent décret, l'activité de commissaire-priseur ou, depuis cette date, la profession de commissaire-priseur judiciaire.

Le Décr. nº 2001-650 du 19 juill. 2001 est abrogé à l'exception du II de son art. 18 (Décr. nº 2007-431 du 25 mars 2007, art. 3-II (3°)).

Art. R. 321-22 L'examen d'accès au stage a lieu au moins une fois par an.

Les conditions d'organisation, le programme et les modalités de l'examen, qui comporte des épreuves écrites et orales portant sur des matières artistiques, juridiques, économiques et comptables ainsi que sur une langue vivante étrangère, sont fixés par arrêté du garde des sceaux, ministre de la justice, après avis du Conseil des ventes volontaires de meubles aux enchères publiques et de la Chambre nationale des commissaires-priseurs judiciaires. — *V. art. A. 321-10 s.*

Nul ne peut se présenter plus de trois fois à l'examen d'accès au stage. — *[Décr. nº 2001-650 du 19 juill. 2001, art. 19.]*

L'art. R. 321-22 entre en vigueur le 1er août 2007 (Décr. nº 2007-431 du 25 mars 2007, art. 5-II). — V. Décr. nº 2001-650 du 19 juill. 2011, art. 19, au ***C. com.****, éd. 2011 ou antérieures.*

Art. R. 321-23 L'examen d'accès au stage est subi devant un jury présidé par un magistrat de l'ordre judiciaire. Ce jury est composé en outre d'un professeur d'histoire de l'art de l'enseignement supérieur en activité, d'un conservateur du patrimoine (spécialité musées), d'un commissaire-priseur judiciaire et de deux personnes habilitées à diriger des ventes volontaires de meubles aux enchères publiques. — *[Décr. nº 2001-650 du 19 juill. 2001, art. 20, al. 1er.]*

Art. R. 321-24 Le président et les membres du jury sont nommés par arrêté du garde des sceaux, ministre de la justice. Le professeur d'histoire de l'art est désigné sur proposition du ministre chargé des universités, le conservateur du patrimoine sur proposition du ministre chargé de la culture, le commissaire-priseur judiciaire sur proposition du bureau de la Chambre nationale des commissaires-priseurs judiciaires et les deux personnes habilitées sur proposition du Conseil des ventes volontaires de meubles aux enchères publiques.

Des suppléants sont nommés en nombre égal et dans les mêmes conditions. Des examinateurs spécialisés peuvent être désignés par arrêté du garde des sceaux, ministre de la justice. — *[Décr. nº 2001-650 du 19 juill. 2001, art. 20, al. 2 et 3.]*

Art. R. 321-25 Le président, les membres du jury et les examinateurs spécialisés ne peuvent siéger plus de trois années consécutives.

En cas de partage égal des voix, celle du président est prépondérante. – *[Décr. n° 2001-650 du 19 juill. 2001, art. 20, al. 4 et 5.]*

SOUS-§ 2 DU STAGE

Art. R. 321-26 La durée du stage est de deux ans, dont un an au moins en France.

Le stage comprend un enseignement théorique portant sur un approfondissement des connaissances en matière artistique, économique, comptable et juridique et un enseignement pratique, dispensés sous le contrôle du Conseil des ventes volontaires de meubles aux enchères publiques et selon des modalités qu'il détermine conjointement avec la Chambre nationale des commissaires-priseurs judiciaires. – *[Décr. n° 2001-650 du 19 juill. 2001, art. 21.]*

L'art. R. 321-26 entre en vigueur le 1er août 2007 (Décr. n° 2007-431 du 25 mars 2007, art. 5-II). – V. Décr. n° 2001-650 du 19 juill. 2011, art. 21, au ***C. com.****, éd. 2011 ou antérieures.*

Art. R. 321-27 Les travaux de pratique professionnelle sont effectués auprès d'une société de ventes volontaires de meubles aux enchères publiques, d'un commissaire-priseur judiciaire ou, à la demande du stagiaire et pour six mois au maximum, auprès d'un notaire, d'un huissier de justice, d'un administrateur judiciaire ou d'un mandataire judiciaire dont le stagiaire indique le nom au conseil. – *[Décr. n° 2001-650 du 19 juill. 2001, art. 22, al. 1er.]*

Art. R. 321-28 Le conseil procède à l'affectation des stagiaires dans les offices de commissaire-priseur judiciaire, sur avis de la Chambre nationale des commissaires-priseurs judiciaires, ou dans les sociétés de ventes volontaires.

Le stagiaire effectue six mois de stage au moins dans un office de commissaire-priseur judiciaire. – *[Décr. n° 2001-650 du 19 juill. 2001, art. 22, al. 2 et 3.]*

Art. R. 321-29 A l'issue de la première année de stage, le conseil s'assure, au vu d'un dossier communiqué par le maître de stage, de l'aptitude du stagiaire à poursuivre la formation professionnelle.

A cet effet, le conseil organise un entretien destiné à évaluer les connaissances pratiques du stagiaire.

Le conseil peut, s'il l'estime nécessaire, autoriser le stagiaire à recommencer les travaux de la première année de formation professionnelle. Cette autorisation ne peut être accordée qu'une seule fois. – *[Décr. n° 2001-650 du 19 juill. 2001, art. 23.]*

Art. R. 321-30 Au terme du stage, le conseil délivre au stagiaire, qui a démontré son aptitude à l'exercice de la profession, un certificat de bon accomplissement du stage.

Dans le cas contraire, le conseil, selon la gravité des insuffisances constatées, autorise le stagiaire à recommencer les travaux de deuxième année de formation professionnelle, ou refuse de délivrer le certificat. L'autorisation de recommencer les travaux de deuxième année ne peut être accordée qu'une seule fois. – *[Décr. n° 2001-650 du 19 juill. 2001, art. 24.]*

Art. R. 321-31 L'exclusion du stage peut être prononcée par le conseil pour des motifs disciplinaires après que l'intéressé a été mis en mesure de présenter sa défense. – *[Décr. n° 2001-650 du 19 juill. 2001, art. 25.]*

• § 4 DES MESURES D'INFORMATION ET DE PUBLICITÉ

Art. R. 321-32 Il est procédé à l'information du Conseil des ventes volontaires de meubles aux enchères publiques prévue à l'article L. 321-7 par lettre recommandée avec demande d'avis de réception, huit jours au moins avant la date d'exposition des meubles offerts à la vente ou de réalisation de la vente projetée.

Lorsque la vente a lieu à distance par voie électronique, l'information prévue à l'article L. 321-7 peut être adressée au conseil sur support électronique. – *[Décr. nº 2001-650 du 19 juill. 2001, art. 26.]*

Art. R. 321-33 La publicité prévue au premier alinéa de l'article L. 321-11 précise au moins la date et le lieu de la vente projetée, la dénomination de *(Décr. nº 2012-120 du 30 janv. 2012, art. 6)* « l'opérateur de vente*[s]* volontaires ainsi que la date de sa déclaration auprès du Conseil des ventes volontaires de meubles aux enchères publiques », le nom de la personne habilitée qui dirige la vente et, le cas échéant, le numéro de la déclaration faite en application de l'article L. 321-24.

(Décr. nº 2012-120 du 30 janv. 2012, art. 6) « Elle doit également mentionner :

« 1° La qualité de commerçant ou d'artisan du vendeur lorsque les biens neufs mis en vente sont produits par lui ;

« 2° Le caractère neuf du bien ;

« 3° Le cas échéant, la qualité de propriétaire du bien mis en vente lorsque celui-ci est l'opérateur de ventes volontaires aux enchères publiques organisateur ou son salarié, dirigeant ou associé ainsi que lorsqu'il est un expert intervenant dans l'organisation de la vente ;

« 4° L'intervention d'un expert dans l'organisation de la vente ;

« 5° La mention du délai de prescription prévu à l'article L. 321-17. » – *[Décr. nº 2001-650 du 19 juill. 2001, art. 27.]*

Art. R. 321-34 A la clôture d'une vente aux enchères publiques effectuée à distance par voie électronique, la société organisatrice assure l'information en ligne du public sur la désignation des biens adjugés, leur prix d'adjudication ainsi que sur le jour et l'heure de la clôture de la vente de chacun de ceux-ci. – *[Décr. nº 2001-650 du 19 juill. 2001, art. 28.]*

Art. R. 321-35 En cas de courtage aux enchères réalisé à distance par voie électronique, le courtier assure l'information en ligne du public *(Décr. nº 2012-120 du 30 janv. 2012, art. 7)* « conformément aux dispositions de l'article L. 321-3 ». – *[Décr. nº 2001-650 du 19 juill. 2001, art. 67.]*

SOUS-SECTION 2 LE CONSEIL DES VENTES VOLONTAIRES DE MEUBLES AUX ENCHÈRES PUBLIQUES

§ 1er DU FONCTIONNEMENT

Art. R. 321-36 Le Conseil des ventes volontaires de meubles aux enchères publiques se réunit sur convocation de son président. La convocation est de droit lorsque le commissaire du Gouvernement ou quatre membres du conseil en font la demande.

L'ordre du jour est fixé par le président. Le commissaire du Gouvernement ou quatre membres du conseil peuvent faire inscrire à l'ordre du jour toute question relevant de la compétence du conseil. – *[Décr. nº 2001-650 du 19 juill. 2001, art. 29, al. 1er et 2.]*

Art. R. 321-37 Le Conseil des ventes volontaires de meubles aux enchères publiques ne peut valablement délibérer que si au moins six membres sont présents.

Lorsque le quorum n'est pas atteint sur un ordre du jour donné, le conseil délibère valablement quel que soit le nombre de ses membres après une nouvelle convocation portant sur le même ordre du jour et précisant qu'aucun quorum n'est exigé.

Les décisions sont prises à la majorité des membres présents. En cas de partage égal des voix, la voix du président est prépondérante. — *[Décr. n° 2001-650 du 19 juill. 2001, art. 29, al. 3 et 4.]*

Art. R. 321-38 Le Conseil des ventes volontaires de meubles aux enchères publiques établit son règlement intérieur, qui fixe notamment ses conditions de fonctionnement et l'organisation de ses services. Ce règlement définit également les conditions dans lesquelles le conseil peut désigner certains de ses membres pour procéder aux auditions et entretiens prévus *(Décr. n° 2012-120 du 30 janv. 2012, art. 8)* « à l'article » R. 321-29. *(Décr. n° 2012-120 du 30 janv. 2012, art. 8)* « Le règlement intérieur du conseil est communiqué au garde des sceaux, ministre de la justice. » — *[Décr. n° 2001-650 du 19 juill. 2001, art. 30.]*

V. Décis. n° 2012-803 du 21 nov. 2012 établissant le règlement intérieur du conseil des ventes volontaires de meubles aux enchères publiques (JO 14 déc.).

Art. R. 321-39 *(Décr. n° 2012-120 du 30 janv. 2012, art. 9)* « En cas d'empêchement ou de démission d'un membre du Conseil des ventes volontaires de meubles aux enchères publiques, celui-ci est remplacé dans un délai de trois mois.

« Les membres du Conseil des ventes volontaires de meubles aux enchères publiques nommés en remplacement de ceux dont les fonctions ont pris fin avant leur terme normal achèvent le mandat de ceux qu'ils remplacent. »

Les fonctions de membre du conseil sont gratuites.

Toutefois, les membres du conseil et le commissaire du Gouvernement ont droit à l'indemnisation des frais et sujétions auxquels les expose l'exercice de leurs fonctions. — *[Décr. n° 2001-650 du 19 juill. 2001, art. 31.]*

Art. R. 321-40 Le commissaire du Gouvernement est nommé par arrêté du garde des sceaux, ministre de la justice.

Il exerce ses attributions en matière disciplinaire dans les conditions prévues aux articles R. 321-45 à R. 321-49.

Il participe aux séances du conseil avec voix consultative, sous réserve des dispositions particulières prévues en matière disciplinaire au deuxième alinéa de l'article R. 321-48.

Il peut former, à l'encontre des décisions du conseil, le recours prévu à l'article L. 321-23. — *[Décr. n° 2001-650 du 19 juill. 2001, art. 32.]*

Art. R. 321-40-1 *(Décr. n° 2010-9 du 6 janv. 2010, art. 1er)* Sur simple demande, le commissaire du Gouvernement se fait communiquer, pour le compte du Conseil des ventes volontaires de meubles aux enchères publiques, les documents dont la conservation est prévue par l'article L. 561-12 du code monétaire et financier. — *V. ce texte au **C. mon. fin.***

Art. R. 321-41 *(Décr. n° 2012-120 du 30 janv. 2012, art. 10)* Pour l'application de l'avant-dernier alinéa de l'article L. 321-21, les opérateurs de ventes volontaires de meubles aux enchères publiques déclarent au Conseil des ventes volontaires de meubles aux enchères publiques, chaque année avant le 31 mars, les honoraires bruts perçus l'année précédente à l'occasion des ventes organisées sur le territoire national. Ces déclarations sont assorties des pièces justificatives.

Lorsqu'un opérateur de ventes volontaires aux enchères publiques exerce son activité depuis moins d'une année, la cotisation est calculée en fonction des honoraires bruts qu'il prévoit de réaliser ou de percevoir au cours de la première année d'exercice. Le montant des honoraires bruts prévisionnels est déclaré dans les conditions prévues à l'alinéa précédent. – *[Décr. n° 2001-650 du 19 juill. 2001, art. 33, al. 1er.]*

Art. R. 321-42 Le Conseil des ventes volontaires de meubles aux enchères publiques détermine le taux et les modalités de calcul de la cotisation annuelle *(Décr. n° 2012-120 du 30 janv. 2012, art. 11)* « des opérateurs de ventes volontaires ». – *V. Décis. n° 2010-724 du 7 janv. 2010 (JO 20 janv.).*

(Abrogé par Décr. n° 2012-120 du 30 janv. 2012, art. 11) ***« Lorsqu'une société de ventes volontaires de meubles aux enchères publiques ou un expert agréé exercent leur activité depuis moins d'une année, la cotisation est calculée en fonction du chiffre d'affaires ou des honoraires bruts qu'ils prévoient de réaliser ou de percevoir au cours de la première année d'exercice. Le montant du chiffre d'affaires ou des honoraires bruts prévisionnels est déclaré dans les conditions prévues à l'article R. 321-41 ».*** – *[Décr. n° 2001-650 du 19 juill. 2001, art. 33, al. 2 et 3.]*

Art. R. 321-43 Le Conseil des ventes volontaires de meubles aux enchères publiques arrête son budget, chaque année, avant le 31 décembre, sur proposition du président.

Le président exécute le budget.

(Décr. n° 2012-120 du 30 janv. 2012, art. 12) « Le Conseil des ventes volontaires de meubles aux enchères publiques désigne un commissaire aux comptes titulaire et un commissaire aux comptes suppléant dans les conditions de l'article L. 823-3 et suivants du code de commerce.

« Le Conseil des ventes volontaires de meubles aux enchères publiques délibère sur le budget annuel et ses modifications en cours d'année ainsi que sur les comptes financiers et l'affectation des résultats. Ces délibérations sont transmises au garde des sceaux, ministre de la justice, dans un délai de quinze jours à compter de leur approbation. »– *[Décr. n° 2001-650 du 19 juill. 2001, art. 33, al. 4 et 5.]*

Art. R. 321-43-1 *(Décr. n° 2012-120 du 30 janv. 2012, art. 13)* Il est institué un comité d'audit au sein du Conseil des ventes volontaires de meubles aux enchères publiques aux fins de veiller à la bonne exécution du budget.

Le comité d'audit est composé de trois membres du Conseil élus par celui-ci. Sur proposition du président, le Conseil désigne le président du comité d'audit à la majorité de ses membres.

Le commissaire du Gouvernement est avisé des réunions du comité d'audit. A sa demande, il peut y assister.

Le comité d'audit se réunit au moins une fois par an, sur proposition de son président ou du commissaire du Gouvernement.

Il examine les documents de préparation et d'exécution du budget et des comptes financiers. Il émet un avis écrit sur le budget proposé et les comptes financiers lors de leur soumission au Conseil des ventes volontaires de meubles aux enchères publiques.

Il émet des avis relatifs aux projets informatiques, à la prise de bail de locaux et à leur aménagement.

Le comité d'audit émet *[,]* à l'intention du Conseil des ventes volontaires de meubles aux enchères publiques, un avis annuel sur l'exécution du budget.

Art. R. 321-43-2 *(Décr. n° 2012-120 du 30 janv. 2012, art. 13)* Pour l'application de l'article L. 321-18, le Conseil des ventes volontaires de meubles aux enchères publiques adresse annuellement un questionnaire économique aux opérateurs de ventes volontaires.

Art. R. 321-44 Le Conseil des ventes volontaires de meubles aux enchères publiques rend compte de son activité dans un rapport annuel, qui comporte un bilan de l'application de l'article L. 321-3 et des articles R. 321-10 à R. 321-17 *(Décr. nº 2009-143 du 9 févr. 2009, art. 4)* « , ainsi qu'un relevé statistique des différentes catégories de déclarations reçues et des décisions prises en matière de reconnaissance des qualifications professionnelles des ressortissants des États membres de *(Décr. nº 2012-120 du 30 janv. 2012, art. 14)* « l'Union » européenne ou parties à l'accord sur l'Espace économique européen ». Ce rapport est adressé au garde des sceaux, ministre de la justice, au ministre chargé de l'économie et des finances et au ministre chargé de la culture. Il est communiqué à la Chambre nationale des commissaires-priseurs judiciaires, au Conseil supérieur du notariat, à la Chambre nationale des huissiers de justice ainsi qu'aux instances départementales de ces professions *(Décr. nº 2012-120 du 30 janv. 2012, art. 14)* « et au Conseil national des courtiers de marchandises assermentés ». Le cas échéant, les observations du commissaire du Gouvernement sont annexées à ce rapport. – *[Décr. nº 2001-650 du 19 juill. 2001, art. 34.]*

• § 2 DE LA PROCÉDURE DISCIPLINAIRE

Art. R. 321-45 Le Conseil des ventes volontaires de meubles aux enchères publiques statuant en matière disciplinaire, dans les cas prévus aux articles L. 321-22 et L. 321-28, est saisi par le commissaire du Gouvernement.

Le commissaire du Gouvernement peut engager simultanément des poursuites à l'encontre de *(Décr. nº 2012-120 du 30 janv. 2012, art. 15)* « l'opérateur de ventes volontaires aux enchères publiques » et de la personne habilitée à diriger les ventes. Il procède à l'instruction préalable du dossier et peut se faire communiquer tous renseignements ou documents et procéder à toutes auditions utiles.

(Décr. nº 2012-120 du 30 janv. 2012, art. 15) « Le Conseil des ventes volontaires de meubles aux enchères publiques statue valablement en matière disciplinaire si au moins quatre membres sont présents. » – *[Décr. nº 2001-650 du 19 juill. 2001, art. 35.]*

Art. R. 321-46 La personne poursuivie est appelée à comparaître devant le conseil par le commissaire du Gouvernement.

La convocation est adressée par lettre recommandée avec demande d'avis de réception, un mois au moins à l'avance. Elle énonce les faits reprochés.

La personne convoquée peut prendre connaissance de son dossier auprès du conseil. – *[Décr. nº 2001-650 du 19 juill. 2001, art. 36.]*

Art. R. 321-47 Le Conseil des ventes volontaires de meubles aux enchères publiques peut se faire communiquer tout renseignement ou document et procéder à toute audition utile.

Les débats sont publics. Toutefois, le conseil peut décider que les débats ne seront pas publics si la personne poursuivie en fait expressément la demande ou s'il doit résulter de leur publicité une atteinte à un secret protégé par la loi ou à l'intimité de la vie privée ; mention en est faite dans la décision.

La personne poursuivie est entendue et peut se faire assister d'un avocat. – *[Décr. nº 2001-650 du 19 juill. 2001, art. 37.]*

Art. R. 321-48 Le Conseil des ventes volontaires de meubles aux enchères publiques statue, par décision motivée, après avoir entendu le commissaire du Gouvernement, la personne poursuivie et son avocat.

Le commissaire du Gouvernement n'assiste pas au délibéré. – *[Décr. nº 2001-650 du 19 juill. 2001, art. 38.]*

Art. R. 321-49 La décision est notifiée à la personne poursuivie, par lettre recommandée avec demande d'avis de réception, et au commissaire du Gouvernement. La notification indique le délai et les modalités du recours ouvert à l'encontre de la décision. — *[Décr. nº 2001-650 du 19 juill. 2001, art. 39.]*

Art. R. 321-49-1 *(Décr. nº 2012-120 du 30 janv. 2012, art. 16)* Lorsque le président du Conseil des ventes volontaires de meubles aux enchères publiques suspend provisoirement et à titre conservatoire l'exercice de tout ou partie de l'activité de ventes volontaires d'un opérateur ou d'une personne habilitée à diriger la vente, la décision est notifiée à l'intéressé par lettre recommandée avec demande d'avis de réception.

La notification indique le délai et les modalités du recours ouvert à l'encontre de la décision.

• § 3 DU RECOURS CONTRE LES DÉCISIONS DU CONSEIL OU DE SON PRÉSIDENT

Art. R. 321-50 Le recours contre les décisions du Conseil des ventes volontaires de meubles aux enchères publiques ou de son président est formé par déclaration remise contre récépissé ou adressée par lettre recommandée avec demande d'avis de réception au greffe de la cour d'appel de Paris. — *[Décr. nº 2001-650 du 19 juill. 2001, art. 40, al. 1er.]*

Art. R. 321-51 Le délai de recours est d'un mois à compter de la notification de la décision. Toutefois, ce délai court à compter de la date de la décision pour les recours formés par le commissaire du Gouvernement.

Le délai de recours est interrompu par un recours gracieux. — *[Décr. nº 2001-650 du 19 juill. 2001, art. 40, al. 2 et 3.]*

Art. R. 321-52 Le recours n'est pas suspensif d'exécution. Toutefois, le premier président de la cour d'appel de Paris, statuant en référé, peut suspendre l'exécution de la décision ou de certains de ses effets, lorsque celle-ci risque d'entraîner des conséquences manifestement excessives ou qu'il est fait état d'un moyen propre à créer, en l'état de l'instruction, un doute sérieux quant à la légalité de la décision. — *[Décr. nº 2001-650 du 19 juill. 2001, art. 40, al. 4.]*

Art. R. 321-53 Le recours est instruit et jugé selon les règles applicables à la procédure sans représentation obligatoire, le ministère public entendu. Il est notifié au Conseil des ventes volontaires de meubles aux enchères publiques et, le cas échéant, à l'auteur de la demande faisant l'objet de la décision contestée.

Le Conseil des ventes volontaires de meubles aux enchères publiques est partie à l'instance.

Les parties ont la faculté de se faire assister ou représenter par un avocat *(Abrogé par Décr. nº 2012-634 du 3 mai 2012, art. 21) « ou un avoué ».* — *[Décr. nº 2001-650 du 19 juill. 2001, art. 41.]*

Art. R. 321-54 Les débats devant la cour d'appel sont publics. Toutefois, la cour peut décider que les débats ne seront pas publics si la personne poursuivie en fait expressément la demande ou s'il doit résulter de leur publicité une atteinte à un secret protégé par la loi ou à l'intimité de la vie privée ; mention en est faite dans la décision. — *[Décr. nº 2001-650 du 19 juill. 2001, art. 42.]*

Art. R. 321-55 La décision de la cour d'appel est notifiée, à la diligence du greffe, par lettre recommandée avec demande d'avis de réception aux parties, au commissaire du Gouvernement et au procureur général. — *[Décr. nº 2001-650 du 19 juill. 2001, art. 43.]*

SECTION II DE LA LIBRE PRESTATION DE SERVICES DE L'ACTIVITÉ DE VENTES VOLONTAIRES DE MEUBLES AUX ENCHÈRES PUBLIQUES PAR LES RESSORTISSANTS DES ÉTATS MEMBRES DE L'UNION EUROPÉENNE ET DES ÉTATS PARTIES À L'ACCORD SUR L'ESPACE ÉCONOMIQUE EUROPÉEN *(Décr. n° 2012-120 du 30 janv. 2012, art. 17-I).*

Art. R. 321-56 Les ressortissants d'un État autre que la France, membre de *(Décr. n° 2012-120 du 30 janv. 2012, art. 17-II)* « l'Union » européenne ou partie à l'accord sur l'Espace économique européen, qui exercent à titre permanent ou occasionnel l'activité de ventes volontaires de meubles aux enchères publiques, sont tenus de souscrire les garanties mentionnées aux 2° et 3° de l'article L. 321-6.

Ils sont réputés satisfaire à ces obligations s'ils justifient avoir contracté, selon les règles de l'État où ils les ont souscrites, des assurances et garanties équivalentes quant aux modalités et à l'étendue de la couverture. A défaut d'équivalence complète, ils sont tenus de souscrire une assurance ou une garantie complémentaire. – *[Décr. n° 2001-650 du 19 juill. 2001, art. 44.]*

Art. R. 321-57 *(Décr. n° 2009-143 du 9 févr. 2009, art. 6)* La déclaration prévue à l'article L. 321-24 est écrite. Elle est adressée, dans le délai prévu au même article, au conseil des ventes volontaires de meubles aux enchères publiques par lettre recommandée avec demande d'avis de réception ou par tout autre moyen. – *[Décr. n° 2001-650 du 19 juill. 2001, art. 50, al. 1er.]*

Les intitulés de la sous-section 1 ainsi que des deux paragraphes composant cette sous-section ont été supprimés par le Décr. n° 2009-143 du 9 févr. 2009 (art. 5 du décret).

Art. R. 321-58 La déclaration prévue à l'article L. 321-24 est accompagnée des pièces suivantes :

1° Les documents justifiant l'identité et la nationalité de l'auteur de la déclaration ou, s'il s'agit d'une personne morale relevant de la législation d'un État membre de *(Décr. n° 2012-120 du 30 janv. 2012, art. 17-II)* « l'Union » européenne ou d'un État partie à l'accord sur l'Espace économique européen, une copie de ses statuts et la justification de son immatriculation dans un registre public ;

2° Les documents justifiant *(Décr. n° 2009-143 du 9 févr. 2009, art. 7)* « de la légalité de l'exercice, par le déclarant, » de l'activité de ventes volontaires de meubles aux enchères publiques dans l'État d'établissement, de la qualité professionnelle du déclarant et, s'il y a lieu, du nom de l'organisme professionnel dont il relève ;

3° *(Décr. n° 2009-143 du 9 févr. 2009, art. 7)* « La preuve par tout moyen de l'exercice de l'activité de ventes volontaires de meubles aux enchères publiques pendant au moins deux années au cours des dix années précédant la première vente en France lorsque ni cette activité ni la formation y conduisant ne sont réglementées dans l'État d'établissement ; »

4° *(Décr. n° 2009-143 du 9 févr. 2009, art. 7)* « Une attestation délivrée par l'autorité compétente ou, à défaut, une attestation sur l'honneur du déclarant, certifiant qu'il n'encourt aucune interdiction, même temporaire, d'exercer l'activité de ventes volontaires de meubles aux enchères publiques dans son État d'établissement ; »

5° *(Abrogé par Décr. n° 2009-143 du 9 févr. 2009, art. 7) « Une attestation délivrée par l'organisme professionnel dont relève l'auteur de la déclaration ou, à défaut, une attestation sur l'honneur précisant qu'il n'a pas fait l'objet, dans le cadre de son activité, d'une sanction disciplinaire ou administrative de destitution, radiation, révocation, de retrait d'agrément ou d'autorisation pour des faits contraires à l'honneur ou à la probité ; »*

6° L'indication de la date et du lieu de réalisation de la vente projetée ainsi que l'identité et la qualification de la personne chargée de diriger celle-ci ;

7° La justification d'une assurance couvrant la responsabilité professionnelle encourue à l'occasion de cette vente et d'une assurance ou d'un cautionnement garantissant la représentation des fonds détenus pour le compte d'autrui.

Les pièces en langue étrangère doivent être assorties d'une traduction en langue française *(Décr. n° 2009-143 du 9 févr. 2009, art. 7)* « , à l'exception de celles justifiant l'identité et la nationalité de l'auteur de la déclaration.

« Les pièces mentionnées aux 4° et 7° ne peuvent dater de plus de trois mois lors de leur production. » – *[Décr. n° 2001-650 du 19 juill. 2001, art. 50, al. 2 s.]*

Art. R. 321-59 *(Décr. n° 2009-143 du 9 févr. 2009, art. 8)* Le renouvellement de la déclaration prévue à l'article L. 321-24 est accompagné des pièces mentionnées aux 6° et 7° de l'article R. 321-58 et, en cas de changement matériel relatif à la situation établie par les autres pièces mentionnées à cet article, des documents justifiant de ces changements.

Art. R. 321-60 *(Décr. n° 2009-143 du 9 févr. 2009, art. 9)* Dans un délai de quinze jours à compter de la réception de la déclaration prévue à l'article L. 321-24, le conseil informe le cas échéant le demandeur de tout document manquant.

Art. R. 321-61 *(Décr. n° 2009-143 du 9 févr. 2009, art. 10)* Le Conseil des ventes volontaires de meubles aux enchères publiques assure l'échange avec les autorités compétentes des autres États membres de *(Décr. n° 2012-120 du 30 janv. 2012, art. 17-II)* « l'Union » européenne ou parties à l'accord sur l'Espace économique européen des informations nécessaires au traitement de la plainte d'un destinataire de services fournis dans le cadre d'une vente volontaire de meubles aux enchères publiques assurée dans le cadre d'une prestation de services par un ressortissant de l'un de ces États. Il informe le destinataire de la suite donnée à sa plainte.

V. note ss. art. R. 321-57.

Art. R. 321-62 à R. 321-64 *Abrogés par Décr. n° 2009-143 du 9 févr. 2009, art. 11 et 12.*

SECTION III DE L'ÉTABLISSEMENT EN FRANCE DES PERSONNES HABILITÉES À DIRIGER DES VENTES VOLONTAIRES DE MEUBLES AUX ENCHÈRES PUBLIQUES DANS UN AUTRE ÉTAT MEMBRE DE L'UNION EUROPÉENNE OU PARTIE À L'ACCORD SUR L'ESPACE ÉCONOMIQUE EUROPÉEN *(Décr. n° 2012-120 du 30 janv. 2012, art. 17-I).*

Art. R. 321-65 *(Décr. n° 2009-143 du 9 févr. 2009, art. 13)* Sont réputés avoir la qualification requise pour diriger les ventes volontaires de meubles aux enchères publiques, sans avoir à remplir les conditions prévues aux 3°, 4° et 5° de l'article R. 321-18, les ressortissants d'un État membre de *(Décr. n° 2012-120 du 30 janv. 2012, art. 17-II)* « l'Union » européenne ou d'un État partie à l'accord sur l'Espace économique européen, titulaires d'un ou plusieurs diplômes ou titres de formation assimilés sanctionnant un cycle d'études postsecondaires, d'une durée d'au moins un an ou d'une durée équivalente en cas d'études à temps partiel et dont l'une des conditions d'accès est l'accomplissement du cycle d'études secondaires exigé pour accéder à l'enseignement universitaire ou supérieur, ou l'accomplissement d'une formation de niveau secondaire équivalente, ainsi que la formation professionnelle éventuellement requise en plus de ce cycle d'études postsecondaires, à condition :

1° Soit que ces diplômes ou titres permettent l'exercice de l'activité professionnelle de ventes volontaires de meubles aux enchères publiques dans un État membre ou un État partie à l'accord sur l'Espace économique européen qui réglemente l'accès à la profession ou son exercice ;

2° Soit que ces diplômes ou titres sanctionnent une formation réglementée visant spécifiquement l'exercice de l'activité professionnelle de ventes volontaires de meubles aux enchères publiques et attestent la préparation du titulaire à cet exercice, dans un État membre ou un État partie à l'accord sur l'Espace économique européen qui ne réglemente pas l'accès à cette profession ou son exercice ;

3° Soit que ces diplômes ou titres attestent la préparation de leur titulaire à l'exercice de l'activité professionnelle de ventes volontaires de meubles aux enchères publiques et que le titulaire justifie en outre, dans un État membre ou un État partie à l'accord sur l'Espace économique européen qui ne réglemente pas l'accès à cette profession ou son exercice, d'un exercice à plein temps de la profession pendant deux ans au moins au cours des dix années précédentes ou pendant une période équivalente en cas d'exercice à temps partiel, sous réserve que cet exercice soit attesté par l'autorité compétente de cet État.

Les diplômes ou titres mentionnés au présent article doivent avoir été délivrés soit par l'autorité compétente d'un État membre ou d'un État partie à l'accord sur l'Espace économique européen en sanctionnant une formation acquise de façon prépondérante dans un État membre ou un État partie ou dans un État tiers dans des établissements d'enseignement qui dispensent une formation conforme aux dispositions législatives, réglementaires ou administratives de cet État membre ou partie, soit par un État tiers, à condition que soit fournie une attestation, émanant de l'autorité compétente de l'État membre ou de l'État partie qui a reconnu le ou les diplômes ou titres, certifiant que le titulaire de ce ou ces diplômes ou titres a une expérience professionnelle de trois ans au moins dans cet État.

Art. R. 321-66 *(Décr. n° 2009-143 du 9 févr. 2009, art. 14)* « Les personnes satisfaisant aux conditions prévues aux articles R. 321-56 et R. 321-65 et souhaitant s'établir en France adressent au conseil des ventes volontaires de meubles aux enchères publiques leur demande de reconnaissance de qualification professionnelle par lettre recommandée avec demande d'avis de réception ou par tout autre moyen équivalent. La demande est accompagnée d'un dossier dont la composition est fixée par arrêté du garde des sceaux, ministre de la justice. — *V. art. A 321-27.*

« Le conseil accuse réception du dossier du demandeur dans un délai d'un mois et l'informe, le cas échéant, de tout document manquant. Il se prononce par décision motivée au plus tard dans un délai de trois mois à compter de la présentation du dossier complet de l'intéressé. » — *V. art. A. 321-28.*

La décision du conseil est notifiée par lettre recommandée avec demande d'avis de réception. La notification indique le délai et les modalités du recours ouvert à l'encontre de cette décision.

La décision du conseil peut faire l'objet d'un recours dans les conditions prévues aux articles R. 321-50 à R. 321-55. — *[Décr. n° 2001-650 du 19 juil. 2001, art. 48.]*

Art. R. 321-67 *(Décr. n° 2009-143 du 9 févr. 2009, art. 15)* Lorsque la formation reçue par le demandeur porte sur des matières substantiellement différentes de celles qui figurent aux programmes des diplômes mentionnés au 3° de l'article R. 321-18 et de l'examen professionnel mentionné à l'article R. 321-22, ou lorsque la durée de la formation dont se prévaut le demandeur est inférieure d'au moins un an à celle requise par les dispositions de l'article R. 321-18, l'intéressé subit, à son choix, une épreuve d'aptitude devant le jury prévu à l'article R. 321-23 ou un stage d'adaptation dont la durée ne peut excéder trois ans.

Le programme et les modalités d'organisation de l'épreuve d'aptitude et du stage d'adaptation sont fixés par arrêté du garde des sceaux, ministre de la justice. — *V. art. A. 321-29 s.*

Le conseil précise celles des matières du programme mentionné à l'alinéa précédent sur lesquelles le demandeur est interrogé ou la durée de son stage, compte tenu de sa formation et de son expérience professionnelle. Il peut dispenser le demandeur de ces mesures s'il estime que les connaissances que celui-ci a acquises au cours de son expérience professionnelle sont de nature à couvrir, en tout ou partie, la différence substantielle de formation constatée.

Le conseil notifie aux candidats les résultats de l'épreuve d'aptitude ou de l'évaluation du stage.

Droit communautaire. V., précisant à quelles conditions un État membre peut soumettre à des stages ou épreuves d'aptitude la reconnaissance des diplômes de candidats aux fonctions de directeur de ventes aux enchères : • CJCE 7 sept. 2006 : *Europe 2006, n° 313, obs. Driguez.*

SECTION IV *[ABROGÉE]* DES EXPERTS AGRÉÉS PAR LE CONSEIL DES VENTES VOLONTAIRES DE MEUBLES AUX ENCHÈRES PUBLIQUES

(Abrogée par Décr. n° 2012-120 du 30 janv. 2012, art. 18)

Art. R. 321-68 à R. 321-73 *Abrogés par Décr. n° 2012-120 du 30 janv. 2012, art. 18. – V.* ***C. com.****, éd. 2012 et antérieures.*

SECTION V DISPOSITIONS DIVERSES

Art. R. 321-74 *(Décr. n° 2007-431 du 25 mars 2007)* **Le droit de préemption de l'État en cas de vente volontaire de meubles aux enchères publiques est régi par les articles** *(Décr. n° 2011-574 du 24 mai 2011, art. 2)* **« R. 123-2 à R. 123-8 du code du patrimoine ».**

Code du patrimoine

Préemption des œuvres d'art

Art. R. 123-1 *(Décr. n° 2011-574 du 24 mai 2011)* Le ministre chargé de la culture est l'autorité compétente pour exercer le droit de préemption prévu à l'article L. 123-1.

Art. R. 123-2 *(Décr. n° 2011-574 du 24 mai 2011)* Sont considérés comme œuvres d'art pour l'application des articles L. 123-1 et L. 123-2 relatifs au droit de préemption les biens appartenant à l'une des catégories suivantes :

1° Objets archéologiques ayant plus de cent ans d'âge provenant de fouilles et découvertes terrestres et sous-marines, de sites archéologiques ou de collections archéologiques ;

2° Éléments de décor provenant du démembrement d'immeubles par nature ou par destination ;

3° Peintures, aquarelles, gouaches, pastels, dessins, collages, estampes, affiches et leurs matrices respectives ;

4° Photographies positives ou négatives quels que soient leur support et le nombre d'images sur ce support ;

5° Œuvres cinématographiques et audiovisuelles ;

6° Productions originales de l'art statuaire ou copies obtenues par le même procédé et fontes dont les tirages ont été exécutés sous le contrôle de l'artiste ou de ses ayants droit et limités à un nombre inférieur ou égal à huit épreuves, plus quatre épreuves d'artistes, numérotées ;

7° Œuvres d'art contemporain non comprises dans les catégories citées aux 3° à 6° ;
8° Meubles et objets d'art décoratif ;
9° Manuscrits, incunables, livres et autres documents imprimés ;
10° Collections et spécimens provenant de collections de zoologie, de botanique, de minéralogie, d'anatomie, collections et biens présentant un intérêt historique, paléontologique, ethnographique ou numismatique ;
11° Moyens de transport ;
12° Tout autre objet d'antiquité non compris dans les catégories citées aux 1° à 11°. – *[Décr. n° 2001-650 du 19 juill. 2001, art. 61.]*

Art. R. 123-3 *(Décr. n° 2011-574 du 24 mai 2011)* En cas de vente judiciaire, si le délai de quinze jours prévu au troisième alinéa de l'article L. 123-1 ne peut être observé, l'officier public ou ministériel, aussitôt qu'il est désigné pour procéder à la vente, fait parvenir au ministre chargé de la culture les indications relatives à la vente mentionnées au troisième alinéa de l'article précité. – *[Décr. n° 2001-650 du 19 juill. 2001, art. 62.]*

Art. R. 123-4 *(Décr. n° 2011-574 du 24 mai 2011)* En cas de vente aux enchères publiques à distance par voie électronique, l'avis mentionné au troisième alinéa de l'article L. 123-1 peut être adressé au ministre chargé de la culture sur support électronique. – *[Décr. n° 2001-650 du 19 juill. 2001, art. 63.]*

Art. R. 123-5 *(Décr. n° 2011-574 du 24 mai 2011)* L'avis mentionné à l'article R. 123-4 comporte les renseignements relatifs à l'auteur, la nature, la composition, les dimensions, l'origine et l'ancienneté des biens mis en vente. Il mentionne également le jour et l'heure de la vente aux enchères, la date et l'heure prévues pour la clôture des enchères ainsi que la possibilité de modification de la durée initialement fixée pour les enchères. – *[Décr. n° 2001-650 du 19 juill. 2001, art. 64.]*

Art. R. 123-6 *(Décr. n° 2011-574 du 24 mai 2011)* Si le ministre chargé de la culture entend se réserver la faculté d'user du droit de préemption prévu aux articles L. 123-1 et L. 123-2, son représentant doit, aussitôt prononcée l'adjudication de l'objet mis en vente, en faire la déclaration à l'officier public ou ministériel chargé de procéder à la vente publique des biens ou à la société habilitée à organiser une telle vente. – *[Décr. n° 2001-650 du 19 juill. 2001, art. 65, al. 1er.]*

Art. R. 123-7 *(Décr. n° 2011-574 du 24 mai 2011)* En cas de vente aux enchères publiques à distance par voie électronique, la société organisatrice procède, à la clôture de la vente, à l'information du ministre chargé de la culture sur la désignation des biens adjugés, leur prix d'adjudication, le jour et l'heure de la clôture de la vente. Le représentant du ministre chargé de la culture doit, dans un délai de quatre heures à compter de la réception du résultat de l'adjudication, faire par tous moyens appropriés la déclaration prévue à l'article R. 123-6 à la société organisatrice. – *[Décr. n° 2001-650 du 19 juill. 2001, art. 65, al. 2.]*

Art. R. 123-8 *(Décr. n° 2011-574 du 24 mai 2011)* Dans les cas prévus aux articles R. 123-6 et R. 123-7, il est fait mention de cette déclaration au procès-verbal de la vente. – *[Décr. n° 2001-650 du 19 juill. 2001, art. 65, al. 2, dern. phrase.]*

Décret n° 2001-650 du 19 juillet 2001

Pris en application des articles L. 321-1 à L. 321-38 du code de commerce et relatif aux ventes volontaires de meubles aux enchères publiques.

Art. 78 I. — Le présent décret, à l'exception de son titre Ier, entrera en vigueur le premier jour du troisième mois suivant sa publication.

Le titre Ier s'applique sans délai. Toutefois, les sociétés de ventes volontaires de meubles aux enchères publiques et les experts ne pourront solliciter l'agrément du Conseil des ventes volontaires de meubles aux enchères publiques qu'à compter du premier jour du troisième mois suivant la publication du présent décret ou, si elle intervient antérieurement, à compter de la publication de l'arrêté du garde des sceaux, ministre de la justice, prévu à l'article L. 321-21 du code de commerce, nommant les membres de cette instance. Dans ce second cas, le délai d'examen des demandes prévu à l'article 3 ne commencera à courir qu'à compter du premier jour du troisième mois suivant la publication du présent décret.

II. — Les personnes ayant commencé le stage de formation à la profession de commisssaire-priseur avant la date d'entrée en vigueur du présent décret poursuivent ce stage dans les conditions prévues au titre II du décret du 19 juin 1973 précité dans sa rédaction alors applicable.

A l'issue de ce stage, elles sont réputées remplir les conditions prévues aux 4° et 5° de l'article 16 du présent décret *[C. com., art. R. 321-18.]*

Le Décr. n° 2001-650 du 19 juill. 2001 est abrogé à l'exception de ses art. 61 à 65 [C. patr., art. R. 123-2 à R. 123-8] et 78 (Décr. n° 2007-431 du 25 mars 2007, art. 3-II-3°).

CHAPITRE II DES AUTRES VENTES AUX ENCHÈRES

RÉP. COM. v° *Ventes aux enchères publiques de marchandises neuves*, par MAUGER-VIELPEAU.

Art. R. 322-1 Les salles de ventes publiques de marchandises aux enchères et en gros, prévues par l'article L. 322-12, peuvent être ouvertes par une personne physique, par une société commerciale ou industrielle, ou par un établissement de crédit, en vertu d'une autorisation donnée par un arrêté du préfet, après avis de la *(Décr. n° 2010-1463 du 1er déc. 2010, art. 87)* « chambre de commerce et d'industrie territoriale » et du tribunal du commerce.

Les salles de ventes peuvent être formées spécialement pour une ou plusieurs espèces de marchandises. — *[Décr. du 12 mars 1859, art. 1er, al. 3 et 4.]*

Art. R. 322-2 Toute personne qui demande l'autorisation d'ouvrir une salle de ventes publiques justifie de ressources en rapport avec l'importance de l'établissement projeté. — *[Décr. du 12 mars 1859, art. 2, al. 1er.]*

Art. R. 322-3 Les propriétaires ou exploitants sont responsables de la garde et de la conservation des marchandises qui leur sont confiées, sauf les avaries et déchets naturels provenant de la nature et du conditionnement des marchandises ou de cas de force majeure. — *[Décr. du 12 mars 1859, art. 3.]*

Art. R. 322-4 Les exploitants de salles de ventes peuvent se charger de toute opération ayant pour objet l'acheminement des marchandises dans la salle de vente.

Ils peuvent également se charger de faire assurer les marchandises dont ils sont détenteurs, au moyen, soit de polices collectives, soit de polices spéciales, suivant les ordres des intéressés.

Ils peuvent, en outre, être autorisés à se charger de toutes opérations ayant pour objet de faciliter les relations de l'établissement avec tout intervenant, qu'il soit négociant ou transporteur. — *[Décr. du 12 mars 1859, art. 4, 2e à 4e phrases.]*

Art. R. 322-5 Il est interdit aux exploitants de salles de ventes de se livrer directement ou indirectement, pour leur propre compte ou pour le compte d'autrui, à aucun commerce ou spéculation ayant pour objet les marchandises. — *[Décr. du 12 mars 1859, art. 4, 1re phrase.]*

Art. R. 322-6 Les exploitants des salles de ventes sont tenus de mettre les salles de ventes, sans préférence ni faveur, à la disposition de toute personne qui veut opérer le magasinage ou la vente de ses marchandises, dans les termes des articles L. 322-8 et suivants. – *[Décr. du 12 mars 1859, art. 6.]*

Art. R. 322-7 Les salles de ventes publiques sont soumises aux mesures générales de police concernant les lieux publics affectés au commerce, sans préjudice des droits du service des douanes, lorsqu'ils sont établis dans des locaux placés sous les régimes des entrepôts douaniers prévus par le règlement (CEE) n° 2913/92 du Conseil du 12 octobre 1992 établissant le code des douanes communautaire, ensemble le règlement (CEE) n° 2454/93 de la Commission du 2 juillet 1993 fixant certaines de ses dispositions d'application, et le régime de l'entrepôt fiscal prévu par le code général des impôts. – *[Décr. du 12 mars 1859, art. 7.]*

Art. R. 322-8 Les tarifs établis par les exploitants des salles de ventes, afin de fixer la rétribution due pour le magasinage, la manutention, la location de la salle, la vente et généralement pour les divers services qui peuvent être rendus au public, sont transmis avant l'ouverture des établissements, au préfet et à la *(Décr. n° 2010-1463 du 1er déc. 2010, art. 87)* « chambre de commerce et d'industrie territoriale » et au tribunal de commerce consultés sur la demande d'autorisation.

Tous les changements apportés aux tarifs doivent être d'avance annoncés par des affiches et communiqués aux préfets et à la *(Décr. n° 2010-1463 du 1er déc. 2010, art. 87)* « chambre de commerce et d'industrie territoriale » et au tribunal de commerce consultés sur la demande d'autorisation. Si ces changements ont pour objet de relever les tarifs, ils ne deviennent exécutoires que trois mois après leur annonce et leur communication. – *[Décr. du 12 mars 1859, art. 8.]*

Art. R. 322-9 Chaque établissement adopte un règlement intérieur qui est communiqué à l'avance, ainsi que tous les changements qui y seraient apportés, conformément aux dispositions de l'article R. 322-8. – *[Décr. du 12 mars 1859, art. 9.]*

Art. R. 322-10 Les dispositions législatives et réglementaires, le tarif et le règlement intérieur sont et demeurent affichés à la principale porte et dans l'endroit le plus apparent de chaque établissement. – *[Décr. du 12 mars 1859, art. 10.]*

Art. R. 322-11 En cas de contravention ou d'abus commis par les exploitants des salles de ventes de nature à porter un grave préjudice à l'intérêt du commerce, l'autorisation accordée peut être révoquée par un acte rendu dans la même forme que cette autorisation, et les parties entendues. – *[Décr. du 12 mars 1859, art. 11.]*

Art. R. 322-12 Les propriétaires ou exploitants de salles de ventes publiques ne peuvent céder leur établissement sans une autorisation délivrée dans les formes et par la même autorité que pour l'autorisation d'origine. – *[Décr. du 12 mars 1859, art. 12.]*

Art. R. 322-13 Les dispositions des articles R. 322-3 et R. 322-6 sont applicables aux ventes prévues par les articles L. 322-14 et L. 322-15. – *[Décr. du 6 juin 1863, art. 1er.]*

Art. R. 322-14 La décision judiciaire qui a autorisé ou ordonné la vente en vertu des articles L. 322-14 et L. 322-15 est insérée au procès-verbal de la vente. – *[Décr. du 6 juin 1863, art. 2, al. 1er.]*

Art. R. 322-15 Le minimum de la valeur des lots est fixé à 15 € pour les ventes de marchandises de toute espèce, ordonnées ou autorisées dans les cas prévus par les articles L. 322-14 et L. 322-15.

Ce minimum peut être abaissé par le tribunal ou le juge qui ordonne ou autorise la vente. – *[Décr. du 6 juin 1863, art. 3.]*

TITRE TROISIÈME DES CLAUSES D'EXCLUSIVITÉ

RÉP. COM. v° *Franchise,* par FERRIER.

Art. R. 330-1 Le document prévu au premier alinéa de l'article L. 330-3 contient les informations suivantes :

1° L'adresse du siège de l'entreprise et la nature de ses activités avec l'indication de sa forme juridique et de l'identité du chef d'entreprise s'il s'agit d'une personne physique ou des dirigeants s'il s'agit d'une personne morale ; le cas échéant, le montant du capital ;

2° Les mentions visées aux 1° et 2° de l'article R. 123-237 ou le numéro d'inscription au répertoire des métiers ainsi que la date et le numéro d'enregistrement ou du dépôt de la marque et, dans le cas où la marque qui doit faire l'objet du contrat a été acquise à la suite d'une cession ou d'une licence, la date et le numéro de l'inscription correspondante au registre national des marques avec, pour les contrats de licence, l'indication de la durée pour laquelle la licence a été consentie ;

3° La ou les domiciliations bancaires de l'entreprise. Cette information peut être limitée aux cinq principales domiciliations bancaires ;

4° La date de la création de l'entreprise avec un rappel des principales étapes de son évolution, y compris celle du réseau d'exploitants, s'il y a lieu, ainsi que toutes indications permettant d'apprécier l'expérience professionnelle acquise par l'exploitant ou par les dirigeants.

Les informations mentionnées à l'alinéa précédent peuvent ne porter que sur les cinq dernières années qui précèdent celle de la remise du document. Elles doivent être complétées par une présentation de l'état général et local du marché des produits ou services devant faire l'objet du contrat et des perspectives de développement de ce marché.

(Décr. n° 2009-557 du 19 mai 2009, art. 4) « Doivent être annexés à cette partie du document les comptes annuels des deux derniers exercices ou, pour les sociétés dont les titres financiers sont admis aux négociations sur un marché réglementé, les rapports établis au titre des deux derniers exercices en application du III de l'article L. 451-1-2 du code monétaire et financier ; »

5° Une présentation du réseau d'exploitants qui comporte :

a) La liste des entreprises qui en font partie avec l'indication pour chacune d'elles du mode d'exploitation convenu ;

b) L'adresse des entreprises établies en France avec lesquelles la personne qui propose le contrat est liée par des contrats de même nature que celui dont la conclusion est envisagée ; la date de conclusion ou de renouvellement de ces contrats est précisée ;

Lorsque le réseau compte plus de cinquante exploitants, les informations mentionnées à l'alinéa précédent ne sont exigées que pour les cinquante entreprises les plus proches du lieu de l'exploitation envisagée ;

c) Le nombre d'entreprises qui, étant liées au réseau par des contrats de même nature que celui dont la conclusion est envisagée, ont cessé de faire partie du réseau au cours de l'année précédant celle de la délivrance du document. Le document précise si le contrat est venu à expiration ou s'il a été résilié ou annulé ;

d) S'il y a lieu, la présence, dans la zone d'activité de l'implantation prévue par le contrat proposé, de tout établissement dans lequel sont offerts, avec l'accord exprès de la personne qui propose le contrat, les produits ou services faisant l'objet de celui-ci ;

6° L'indication de la durée du contrat proposé, des conditions de renouvellement, de résiliation et de cession, ainsi que le champ des exclusivités.

Le document précise, en outre, la nature et le montant des dépenses et investissements spécifiques à l'enseigne ou à la marque que la personne destinataire du projet de contrat engage avant de commencer l'exploitation. – *[Décr. n° 91-337 du 4 avr. 1991, art. 1er.]*

BIBL. ► DURAND, *Cah. dr. entr. 1991, n° 3.* – AMÉDÉE-MANESME, *JCP E 1991. I. 65.*

Application dans le temps. Le Décr. n° 91-337 du 4 avr. 1991 [C. com., art. R. 330-1 et R. 330-2] est d'application immédiate. • Paris, 24 mars 1995 : *D. 1995. IR 138 ; Gaz. Pal. 1996. 1. 69.*

Art. R. 330-2 Est puni des peines d'amende prévues par le 5° de l'article 131-13 du code pénal pour les contraventions de la cinquième classe le fait de mettre à la disposition d'une personne un nom commercial, une marque ou une enseigne en exigeant d'elle un engagement d'exclusivité ou de quasi-exclusivité pour l'exercice de son activité sans lui avoir communiqué, vingt jours au moins avant la signature du contrat, le document d'information et le projet de contrat mentionnés à l'article L. 330-3.

En cas de récidive, les peines d'amende prévues le 5° de l'article 131-13 du code pénal pour les contraventions de la cinquième classe commises en récidive sont applicables. – *[Décr. n° 91-337 du 4 avr. 1991, art. 2.]*

V. aussi art. A. 441-1, codification de l'art. 1er de l'Arr. du 21 févr. 1991, relatif à l'information du consommateur dans le secteur de la franchise.

LIVRE QUATRIÈME DE LA LIBERTÉ DES PRIX ET DE LA CONCURRENCE

BIBL. GÉN. ▸ Décr. n° 2002-689 du 30 avr. 2002 : ARHEL, *CCC 2002. Chron. 13.* – CLAUDEL, *RTD com. 2002. 462*. – CHEVRIER, *D. 2002. 1646*. – DESTOURS, *Cah. dr. entr. 2002, n° 5, p. 35, n° 14.* ▸ Décr. n° 2005-1668 du 27 déc. 2005 : CHEYNEL, *RLC 2006, n° 6, p. 73 s.* – CLAUDEL, *RTD com. 2006. 315*. ▸ Codification : CHEYNEL, *RLDA mai 2007. 44.*

TITRE PREMIER DISPOSITIONS GÉNÉRALES

Le présent titre ne comprend pas de dispositions réglementaires.

TITRE DEUXIÈME DES PRATIQUES ANTICONCURRENTIELLES

Art. R. 420-1 Les accords présentés au ministre chargé de l'économie, en application du II de l'article L. 420-4, sont accompagnés des informations suivantes :

1° L'identification détaillée des entreprises parties à l'accord ;

2° Les objectifs fixés par l'accord ;

3° La délimitation du marché concerné par l'accord ;

4° Les produits, biens ou services concernés ;

5° Les produits, biens ou services substituables ;

6° Les parts de marché détenues par chaque partie à l'accord (en volume et en chiffre d'affaires) ;

7° L'impact sur la concurrence.

Si les entreprises estiment que certains des documents inclus dans ce dossier présentent un caractère confidentiel, elles peuvent porter sur ce document la mention : "secret des affaires". Dans ce cas, le ministre chargé de l'économie leur demande de lui indiquer les informations dont elles souhaitent qu'il ne soit pas fait mention dans le décret et dans l'avis *(Ord. n° 2008-1161 du 13 nov. 2008, art. 4)* « de l'Autorité de la concurrence ». – *[Décr. n° 2002-689 du 30 avr. 2002, art. 1er, al. 1er à 9.]*

RÉP. COM. v° *Entente*, par ARHEL.

Art. R. 420-2 Un mois avant leur transmission *(Ord. n° 2008-1161 du 13 nov. 2008, art. 4)* « à l'Autorité de la concurrence », les projets de décret prévus au II de l'article L. 420-4 doivent faire l'objet d'une publication au *Bulletin officiel de la concurrence, de la consommation et de la répression des fraudes*. Les observations éventuelles des personnes intéressées, recueillies dans ce délai, sont communiquées *(Ord. n° 2008-1161 du 13 nov. 2008, art. 4)* « à l'Autorité de la concurrence ». – *[Décr. n° 2002-689 du 30 avr. 2002, art. 1er, al. 10.]*

Art. R. 420-3 Pour l'application de l'article L. 420-7, le siège et le ressort des juridictions commerciales compétentes en métropole et dans les départements d'outre-mer sont fixés conformément aux tableaux de l'annexe 4-2 du présent livre. – *[COJ, art. R. 411-1, al. 3, et art. R. 921-6, al. 3.]* – *V. annexe 4-2.*

Pour l'application de l'art. L. 420-7, la liste des TGI compétents, ainsi que le siège et le ressort des juridictions commerciales compétentes sont fixés conformément aux tableaux des annexes 4-1 et 4-2 du livre IV de la partie réglementaire du code de commerce (JO 27 mars). — Ces tableaux fixent de manière identique, pour les commerçants ou non commerçants et pour les artisans ou non artisans, les juridictions compétentes ; il s'agit de : Marseille, Bordeaux, Lille, Fort-de-France, Lyon, Nancy, Paris et Rennes. — V. les annexes 4-1 et 4-2 pour connaître en détail le ressort des cours d'appel.

Le Décr. n° 2005-1756 du 30 déc. 2005 est entré en vigueur le 1er janv. 2006 (art. 23 du décret). La juridiction compétente primitivement saisie demeure compétente pour statuer sur les procédures introduites antérieurement à la date d'entrée en vigueur du décret précité (art. 22 du décret). — V. note 2 ss. art. R. 420-5.

ANNEXE 4-2

JURIDICTIONS COMPÉTENTES POUR CONNAÎTRE, EN APPLICATION DE L'ARTICLE L. 420-7, DES PROCÉDURES APPLICABLES AUX PERSONNES QUI SONT COMMERÇANTS OU ARTISANS

(mod. par Décr. n° 2011-1877 du 14 déc. 2011, art. 6, en vigueur le 1er janv. 2012)

SIÈGE DES TRIBUNAUX DE COMMERCE ET DES TRIBUNAUX MIXTES DE COMMERCE	RESSORT
Marseille	Le ressort des cours d'appel d'Aix-en-Provence, Bastia, Montpellier et Nîmes.
Bordeaux	Le ressort des cours d'appel d'Agen, Bordeaux, Limoges, Pau et Toulouse.
Lille	Le ressort des cours d'appel d'Amiens, Douai, Reims et Rouen.
Fort-de-France	Le ressort des cours d'appel de Basse-Terre, Cayenne et Fort-de-France.
Lyon	Le ressort des cours d'appel de Chambéry, Grenoble, Lyon et Riom.
Nancy	Le ressort des cours d'appel de Besançon, Colmar, Dijon, Metz et Nancy.
Paris	Le ressort des cours d'appel de Bourges, Paris, Orléans, Saint-Denis de La Réunion et Versailles.
Rennes	Le ressort des cours d'appel d'Angers, Caen, Poitiers et Rennes.

Spécialisation des juridictions. En application de l'art. L. 420-7 C. com. et du Décr. n° 2005-1756 du 30 déc. 2005, les litiges relatifs à l'application des règles contenues dans les art. L. 420-1 à L. 420-5 du même code, ont été attribués au *tribunal de commerce de Lille* et non au TGI de Béthune. En revanche, pour les autres demandes ne portant pas spécifiquement sur ces articles, ce TGI est compétent. • TGI Béthune, 4 avr. 2007 : *RDLC 2007, n° 3, p. 136, obs. Lemaire ; Europe 2007, n° 316, obs. Idot.* ♦ Les fondements juridiques et les faits en cause étant totalement distincts, il ne peut être fait application de l'art. 101 NCPC [renommé C. pr. civ.]. • Même décision. ♦ Saisie d'un contredit, la cour d'appel de Douai a estimé au contraire qu'il convenait de faire jouer l'art. 101 C. pr. civ. • Douai, 2 févr. 2008 : *Europe 2008, n° 209, obs. L. I.*

Les litiges relatifs à des comportements visés par l'art. L. 442-6 C. com. relèvent de la compétence de droit commun, dès lors qu'ils n'ont pas pour effet de restreindre ou d'affecter la concurrence sur le marché (abandon de l'art. L. 420-2 C. com. comme fondement explicite de la demande qui aurait justifié, en application des art. L. 420-7 et R. 420-3, la compétence du tribunal de Paris). • T. com. Nanterre, 22 juin 2007 : *Gaz. Pal. 2008. 436, et les obs. ; RLC oct.-déc. 2007. 76, obs. Nourissat ; Lettre distrib. oct. 2007, p. 2.*

Si l'action engagée ne tend pas à faire juger que le concurrent est l'auteur d'un abus de position dominante, l'assignation introductive d'instance invoque l'art. L. 420-2 C. com. ; cette invocation entre dans les prévisions de l'art. L. 420-7 du même code et induit la compétence de la juridiction spécialisée instituée par ce texte.

• Poitiers, 27 oct. 2009 : *cité note 3 ss. art. L. 420-7.* ♦ En défense, il est invoqué la théorie économique selon laquelle la connaissance exhaustive des prix pratiqués par les concurrents, obtenue par la pratique des relevés de prix, induit, dans un marché oligopolistique, une fixation des prix qui ne relève pas du libre jeu de la concurrence, une telle pratique s'analysant alors en une pratique anticoncurrentielle relevant, là encore, de la compétence de la juridiction visée par l'art. L. 420-7 préc. • Même décision.

Art. R. 420-4 Pour l'application de l'article L. 420-7, la liste des tribunaux de grande instance compétents en métropole et dans les départements d'outre-mer est fixée conformément aux tableaux de l'annexe 4-1 du présent livre. – *[COJ, art. R. 311-7, al. 3, et art. R. 921-5-1, al. 2.] – V. annexe 4.1.*

V. notes ss. art. R. 420-3.

ANNEXE 4-1

JURIDICTIONS COMPÉTENTES POUR CONNAÎTRE, EN APPLICATION DE L'ARTICLE L. 420-7, DES PROCÉDURES APPLICABLES AUX PERSONNES QUI NE SONT NI COMMERÇANTS NI ARTISANS

(mod. par Décr. n° 2011-1877 du 14 déc. 2011, art. 6, en vigueur le 1er janv. 2012)

SIÈGE DES TRIBUNAUX DE GRANDE INSTANCE	RESSORT
Marseille	Le ressort des cours d'appel d'Aix-en-Provence, Bastia, Montpellier et Nîmes.
Bordeaux	Le ressort des cours d'appel d'Agen, Bordeaux, Limoges, Pau et Toulouse.
Lille	Le ressort des cours d'appel d'Amiens, Douai, Reims et Rouen.
Fort-de-France	Le ressort des cours d'appel de Basse-Terre, Cayenne et Fort-de-France.
Lyon	Le ressort des cours d'appel de Chambéry, Grenoble, Lyon et Riom.
Nancy	Le ressort des cours d'appel de Besançon, Colmar, Dijon, Metz et Nancy.
Paris	Le ressort des cours d'appel de Bourges, Paris, Orléans, Saint-Denis de La Réunion et Versailles.
Rennes	Le ressort des cours d'appel d'Angers, Caen, Poitiers et Rennes.

Art. R. 420-5 Pour l'application de la deuxième phrase de l'article L. 420-7, la cour d'appel de Paris est compétente. – *[COJ, art. R. 212-1, al. 3, art. R. 921-5-1, al. 2, et art. R. 921-6, al. 3.]*

BIBL. ► VILMART, *JCP E 2007, n° 46, p. 23* (de la difficulté d'appliquer la règle de compétence exclusive de la cour de Paris en droit communautaire de la concurrence, quand ce droit s'oppose à des droits de propriété intellectuelle).

1. Compétence exclusive. L'art. L. 420-7 C. com. doit, comme toute exception, être interprété de manière restrictive. • Versailles, 24 mai 2007 : *Europe 2007, n° 316, obs. Idot.* ♦ La cour d'appel de Paris n'est compétente que dans la mesure où les règles des art. L. 420-1 à L. 420-5 C. com. et les art. 81 et 82 CE sont invoqués à l'appui d'une demande en justice, qu'elle soit principale ou reconventionnelle, et non simplement comme un moyen de défense à une demande. • Même arrêt. – Comp., toutefois, le texte de l'art. L. 420-7 qui englobe les litiges « dans lesquels ces dispositions sont invoquées ».

2. Application dans le temps. Le Décr. n° 2005-1756 du 30 déc. 2005, entré en vigueur le 1er janv. 2006, donne, dans son art. 2, compétence à la cour d'appel de Paris, tandis que son art. 22 prévoit, à titre transitoire, que la juridiction compétente primitivement saisie demeure compétente pour statuer sur les procédures introduites antérieurement à la date d'entrée en vigueur du décret. La présente procédure ayant bien été introduite devant le tribunal de Mont-de-Marsan antérieurement à cette date, il en résulte que cette juridiction restant compétente pour statuer, l'appel devait dès lors être porté devant la cour d'appel de Pau, la cour de Paris n'ayant été désignée, par le décret précité, comme juridiction d'appel que des seules juridictions de première instance spécialisées au nombre desquelles ne figure pas le TGI de Mont-de-Marsan. • Paris, ord., 20 juin 2006 : *JCP E 2006, n° 10, p. 13, note Desmazières de Séchelles.*

TITRE TROISIÈME DE LA CONCENTRATION ÉCONOMIQUE

RÉP. COM. v° *Concentration*, par ARHEL.

BIBL. ▸ CARAMALLI, *LPA 16 mai 2002.*

Art. R. 430-1 *(Abrogé par Décr. n° 2009-139 du 10 févr. 2009, art. 1er)* ***Pour l'application de l'article L. 430-2, le chiffre d'affaires est calculé selon les modalités définies par l'article 5 du règlement du Conseil (CE) n° 139/2004 du 20 janvier 2004 relatif au contrôle des concentrations entre entreprises.*** — [Décr. n° 2002-689 du 30 avr. 2002, art. 2.] — V. ce texte, App., v° Concurrence (II — Droit communautaire). — V. désormais le V de l'art. L. 430-2.

V. note ss. art. R. 430-6.

Art. R. 430-2 **Le dossier de notification mentionné à l'article L. 430-3 comprend les éléments énumérés aux annexes 4-3 à 4-5 du présent livre. Il est adressé en quatre exemplaires.** — *V. ces annexes, ci-dessous.*

Lorsque *(Décr. n° 2009-139 du 10 févr. 2009, art. 1er)* **« l'Autorité de la concurrence » constate que le dossier est incomplet ou que certains de ses éléments ne sont pas conformes aux définitions retenues dans les annexes susmentionnées, notamment en ce qui concerne la délimitation des marchés concernés, elle demande que le dossier soit complété ou rectifié.**

La notification complète fait l'objet d'un accusé de réception. — *[Décr. n° 2002-689 du 30 avr. 2002, art. 3.]*

V. note ss. art. R. 430-6.

ANNEXE 4-3

DOSSIER DE NOTIFICATION D'UNE OPÉRATION DE CONCENTRATION

1. Description de l'opération, comprenant :

a) Une copie des actes soumis à notification et des comptes rendus des organes délibérants relatifs à la concentration accompagnée, si nécessaire, d'une traduction en langue française de ces documents ;

b) Une présentation des aspects juridiques et financiers de l'opération, mentionnant, le cas échéant, le montant de l'acquisition ;

c) Une présentation des objectifs économiques de l'opération, comportant notamment une évaluation des avantages attendus ;

d) La liste des États dans lesquels l'opération a été ou sera notifiée et les dates des différentes notifications ;

e) Le cas échéant, le mandat des conseils ou personnes chargées de la notification ;

f) Un résumé de l'opération ne contenant ni information confidentielle ni secret d'affaires, destiné à être publié sur le site internet du ministre chargé de l'économie en application de l'article L. 430-3.

2. Présentation des entreprises concernées et des groupes auxquels elles appartiennent, comprenant, pour chacune des entreprises ou groupes :

a) Les comptes sociaux et, lorsqu'ils existent, les comptes consolidés et le dernier rapport annuel ;

b) La liste des principaux actionnaires, les pactes d'actionnaire, ainsi que la liste et le montant des participations détenues par l'entreprise ou ses actionnaires dans d'autres entreprises, si cette participation confère directement ou indirectement au moins une minorité de blocage ou la faculté de nommer au moins un membre du conseil d'administration ;

c) Un tableau récapitulatif de données financières pour les trois derniers exercices clos, selon le modèle figurant en annexe 4-4, et, pour la ou les activités sur lesquelles porte l'opération qui ne disposaient pas, avant ladite opération, de la personnalité juridique, un tableau récapitulatif selon le modèle figurant en annexe 4-5 ;

d) La liste des opérations de concentration réalisées au cours des trois dernières années ;

e) La liste et la description de l'activité des entreprises avec lesquelles les entreprises ou groupes concernés et les groupes auxquels elles appartiennent entretiennent des liens contractuels significatifs et durables sur les marchés concernés par l'opération, la nature et la description de ces liens.

3. Marchés concernés.

Un marché concerné se définit comme un marché pertinent, défini en termes de produits et en termes géographiques, sur lequel l'opération notifiée a une incidence directe ou indirecte.

Un marché pertinent de produits comprend tous les produits ou services que le consommateur considère comme interchangeables ou substituables en raison de leurs caractéristiques, de leur prix et de l'usage auquel ils sont destinés. Des produits, sans être substituables au sens de la phrase précédente, peuvent être regardés comme relevant d'un même marché, dès lors qu'ils requièrent la même technologie pour leur fabrication et qu'ils font partie d'une gamme de produits de nature à caractériser ce marché.

Un marché pertinent géographique est un territoire sur lequel sont offerts et demandés des biens et des services, sur lequel les conditions de concurrence sont suffisamment homogènes et qui peut être distingué de zones géographiques voisines, parce que, en particulier, les conditions de concurrence y diffèrent de manière appréciable.

La notification comprend une définition de chaque marché concerné ainsi qu'une description précise des arguments ayant conduit à la délimitation proposée et, pour chaque marché concerné, les informations suivantes :

a) Part de marché des entreprises concernées et des groupes auxquels elles appartiennent ;

b) Part de marché des principaux opérateurs concurrents.

4. Marchés affectés.

Un marché concerné est considéré comme affecté :

— si deux ou plusieurs entreprises ou groupes visés au point 2 du présent formulaire exercent des activités sur ce marché et que leurs parts cumulées atteignent 25 % ou plus ;

— ou si une entreprise au moins visée au point 2 exerce des activités sur ce marché et qu'une autre de ces entreprises ou groupe exerce des activités sur un marché situé en amont ou en aval ou connexe, qu'il y ait ou non des relations de fournisseur à client entre ces entreprises, dès lors que, sur l'un ou l'autre de ces marchés, l'ensemble des entreprises ou groupes visés au point 2 atteignent 25 % ou plus.

Un marché peut également être affecté du fait de la disparition d'un concurrent potentiel due à l'opération.

Pour chaque marché affecté, les entreprises notifiantes fournissent les informations suivantes :

a) Une estimation de l'importance du marché en valeur et en volume ;

b) La part de marché des entreprises concernées et des groupes auxquels elles appartiennent ;

c) La part de marché, l'identité, l'adresse, les numéros de télécopieur et de téléphone, et l'adresse électronique des responsables compétents des principaux opérateurs concurrents ;

d) L'identité, l'adresse, les numéros de télécopieur et de téléphone des principaux clients, et l'adresse électronique des responsables compétents des principaux clients, ainsi que la part que représente chacun de ces clients dans le chiffre d'affaires de chacune des entreprises ou groupes visés au point 2 ;

e) L'identité, l'adresse, les numéros de télécopieur et de téléphone, et l'adresse électronique des responsables compétents des principaux fournisseurs ainsi que la part que représente chacun de ces fournisseurs dans le total des achats de chacune des entreprises ou groupes visés au point 2 ;

f) Les accords de coopération (horizontaux et verticaux) conclus par les entreprises ou groupes visés au point 2 sur les marchés affectés, tels que les accords de recherche et développement, les accords de licence, de fabrication en commun, de spécialisation, de distribution, d'approvisionnement à long terme et d'échanges d'information ;

g) Les facteurs susceptibles d'avoir une incidence sur l'accès aux marchés concernés (dispositions réglementaires, conditions d'accès aux matières premières, importance des dépenses de recherche et développement et de publicité, existence de normes, de licences, de brevets ou d'autres droits, importance des économies d'échelle, caractère spécifique de la technologie mise en œuvre...) ;

h) Une description des canaux de distribution et des réseaux de service après-vente existant sur le marché ;

i) Les principaux facteurs contribuant à la détermination des prix et l'évolution de ceux-ci sur les cinq dernières années ;

j) Une estimation des capacités de production existant sur le marché et de leur taux moyen d'utilisation, ainsi qu'une évaluation de leur taux d'utilisation par les entreprises ou groupes visés au point 2 ;

k) Une analyse de la structure de la demande (degré de concentration de la demande, typologie des demandeurs, poids des collectivités et entreprises publiques, importance de la marque pour le consommateur, importance de la capacité à fournir une gamme complète de produits ou services...) ;

l) La liste et les coordonnées des principales organisations professionnelles.

5. Déclaration concluant la notification.

La notification se conclut par la déclaration suivante, signée par ou au nom de toutes les entreprises notifiantes, au sens de l'article L. 430-3 du présent code :

« Les soussignés déclarent que les informations fournies dans la présente notification sont, à leur connaissance, sincères, exactes et complètes, que toutes les estimations sont présentées comme telles et constituent les estimations les plus précises des faits en cause, et que tous les avis exprimés sont sincères.

« Ils connaissent les dispositions de l'article L. 430-8 du code de commerce, notamment du III de cet article. »

ANNEXE 4-4

TABLEAU RÉCAPITULATIF DES DONNÉES FINANCIÈRES POUR LES TROIS DERNIERS EXERCICES À JOINDRE AU DOSSIER DE NOTIFICATION D'UNE OPÉRATION DE CONCENTRATION

Nom de l'entité : .... N° SIREN (dans le cas d'une société française) : ....
Données consolidées : oui non (rayer la mention inutile).

	Exercice N clos le :	Exercice N – 1 clos le :	Exercice N – 2 clos le :
Comptes de résultat			
Chiffres d'affaires total hors taxes			
Chiffres d'affaires hors taxes réalisé auprès des clients situés dans l'Union européenne			
Chiffre d'affaire*[s]* hors taxes réalisé auprès des clients situés en France			
Valeur ajoutée brute			
Excédent brut d'exploitation			
Résultat d'exploitation			
Intérêts et charges assimilées sur dette financière			
Produits financiers des placements			
Produits financiers des immobilisations financières			
Résultat financier			
Résultat net (1)			
Part des actionnaires ou des associés minoritaires			

Bilan	Brut	Net	Brut	Net	Brut	Net
Total du bilan Immobilisations incorporelles Immobilisations corporelles Immobilisations financières Créances de l'actif circulant Disponibilités et valeurs mobilières de placement						
	Exercice N clos le :		Exercice N – 1 clos le :		Exercice N – 2 clos le :	
Fonds propres (2) Part des actionnaires ou des associés minoritaires Provisions pour risques et charges Dettes financières Autres dettes Ensemble des dettes à plus d'un an de la clôture						
Investissements et cessions Acquisitions d'immobilisations corporelles et incorporelles Acquisitions ou augmentations d'immobilisations financières Prix de cession des immobilisations cédées et valeur des autres diminutions d'immobilisations financières						
Autres renseignements Dépenses de recherche et développement Dépenses de publicité Capitalisation boursière à la clôture (3) Effectifs moyens						

(1) Dans le cas de données consolidées, il s'agit du résultat de l'ensemble consolidé.
(2) Non compris la part des actionnaires ou associés minoritaires dans le cas de données consolidées.
(3) Dans le cas d'un groupe, donner le nom de la société cotée.

ANNEXE 4-5

TABLEAU RÉCAPITULATIF DES DONNÉES FINANCIÈRES CONCERNANT UNE ACTIVITÉ SANS PERSONNALITÉ JURIDIQUE À JOINDRE AU DOSSIER DE NOTIFICATION D'UNE OPÉRATION DE CONCENTRATION

	Exercice N clos le :	Exercice N – 1 clos le :	Exercice N – 2 clos le :
Comptes de résultat Chiffres d'affaires total hors taxes Chiffres d'affaires hors taxes réalisé auprès des clients situés dans l'Union européenne Chiffre d'affaire*[s]* hors taxes réalisé auprès des clients situés en France Valeur ajoutée brute Exédent brut d'exploitation			

	Exercice N clos le :		Exercice N – 1 clos le :		Exercice N – 2 clos le :	
Éléments du bilan	Brut	Net	Brut	Net	Brut	Net
Immobilisations incorporelles utilisées pour l'activité Immobilisations corporelles utilisées pour l'activité						
Créances de l'actif circulant pour l'activité Disponibilités relatives à l'activité Dettes financières relatives à l'activité Autres dettes relatives à l'activité						
Investissement et cessions						
Acquisition d'immobilisations corporelles et incorporelles Prix de cessions des immobilisations corporelles et incorporelles cédées						
Autres renseignements						
Dépenses de recherche et développement Dépenses de publicité Effectifs moyens						

Art. R. 430-3 **Si la Commission européenne décide, en application de l'article 9 du règlement (CE) n° 139/2004 du Conseil du 20 janvier 2004 relatif au contrôle des concentrations entre entreprises, de renvoyer aux autorités françaises tout ou partie d'une concentration de dimension communautaire, les entreprises concernées communiquent sans délai** *(Décr. n° 2009-139 du 10 févr. 2009, art. 1er)* **« à l'Autorité de la concurrence » trois exemplaires du dossier de notification de l'opération qu'elles ont adressé à la Commission.** – *[Décr. n° 2002-689 du 30 avr. 2002, art. 4.] – V. le Règl. préc., App., v° Concurrence (II – Droit communautaire).*

V. note ss. art. R. 430-6.

Décret n° 2002-689 du 30 avril 2002,

Fixant les conditions d'application du livre IV du code de commerce relatif à la liberté des prix et de la concurrence.

Ancien art. 12 *Lorsque des entreprises concernées ont notifié, avant la date de publication du présent décret, un projet de concentration et qu'après la date de publication du présent décret elles ont signé des accords définitifs, elles adressent copie de ceux-ci à la direction générale de la concurrence, de la consommation et de la répression des fraudes par envoi recommandé avec accusé de réception. Si la direction générale de la concurrence, de la consommation et de la répression des fraudes constate que les accords définitifs modifient substantiellement le projet qui lui a été notifié, elle informe les entreprises concernées, dans un délai d'un mois à compter de la réception des accords définitifs, qu'elles doivent procéder à une notification de l'opération de concentration. A défaut d'une telle information dans le délai susmentionné, les entreprises concernées peuvent engager la réalisation effective de l'opération en cause.* – Publication au JO du 3 mai 2002.

Cet art. a été abrogé par le Décr. n° 2007-431 du 25 mars 2007 (JO 27 mars) relatif à la partie réglementaire du code de commerce.

Art. R. 430-4 Le communiqué prévu au troisième alinéa de l'article L. 430-3 contient notamment les éléments suivants :

1° Les noms des entreprises concernées et des groupes auxquels elles appartiennent ;

2° La nature de l'opération ;

3° Les secteurs économiques concernés ;

4° Les éléments renvoyés, dans le cas d'un renvoi partiel d'une opération de dimension communautaire par la Commission européenne ;

5° Le délai dans lequel les tiers intéressés sont invités à faire connaître leurs observations ;

6° Le résumé non confidentiel de l'opération fourni par les parties.

Ce communiqué est rendu public dans les cinq jours ouvrables suivant la date de réception du dossier de notification ou la date à laquelle *(Décr. nº 2009-139 du 10 févr. 2009, art. 1er)* « l'Autorité de la concurrence est informée » de la décision de renvoi de la Commission européenne. – *[Décr. nº 2002-689 du 30 avr. 2002, art. 5.]*

V. note ss. art. R. 430-6.

Art. R. 430-5 Lorsqu'une concentration est réalisée par achat ou échange de titres sur un marché réglementé, sa réalisation effective, au sens de l'article L. 430-4, intervient lorsque sont exercés les droits attachés aux titres. L'absence de décision *(Décr. nº 2009-139 du 10 févr. 2009, art. 1er)* « de l'Autorité de la concurrence » ne fait pas obstacle au transfert desdits titres. – *[Décr. nº 2002-689 du 30 avr. 2002, art. 6.]*

V. note ss. art. R. 430-6.

Art. R. 430-6 *(Décr. nº 2009-139 du 10 févr. 2009, art. 1er)* Lorsqu'une décision a été prise en application des articles L. 430-5, L. 430-7, L. 430-7-1, L. 430-8 ou L. 430-9, l'Autorité de la concurrence ou, le cas échéant, le ministre chargé de l'économie en rendent public le sens dans les cinq jours ouvrables suivant la décision.

L'art. R. 430-6, dans sa rédaction issue du Décr. nº 2009-139 du 10 févr. 2009, entre en vigueur à la date d'entrée en vigueur de la L. nº 2008-776 du 4 août 2008 et de l'Ord. nº 2008-1161 du 13 nov. 2008 (Décr. préc., art. 4).

Art. R. 430-7 *(Décr. nº 2009-139 du 10 févr. 2009, art. 1er)* Les décisions mentionnées à l'article L. 430-5 sont notifiées à l'auteur ou aux auteurs de la notification de l'opération de concentration mentionnée à l'article L. 430-3, ainsi qu'au ministre chargé de l'économie.

Lorsqu'elles reçoivent notification des décisions prises en application des articles L. 430-5, L. 430-7, L. 430-7-1, L. 430-8 et L. 430-9, les entreprises concernées disposent d'un délai de quinze jours pour indiquer à l'Autorité de la concurrence ou, le cas échéant, au ministre chargé de l'économie les mentions qu'elles considèrent comme relevant du secret des affaires.

V. note ss. art. R. 430-6.

Art. D. 430-8 *(Décr. nº 2009-186 du 17 févr. 2009, art. 1er ; rect. JO 21 févr.)* Les décisions de l'Autorité de la concurrence et du ministre chargé de l'économie relatives aux opérations de concentration sont rendues publiques.

L'Autorité de la concurrence assure la publicité de ses décisions par une diffusion sur son site internet. La liste des opérations réputées avoir fait l'objet d'une décision d'autorisation est également diffusée sur ce site internet. – *V. www.autoritedelaconcurrence.fr.*

La publicité des décisions motivées du ministre chargé de l'économie est assurée par une publication dans l'édition électronique du *Bulletin officiel de la concurrence, de la consommation et de la répression des fraudes*.

Les décisions de l'Autorité de la concurrence et du ministre sont publiées dans le respect de l'intérêt légitime des parties qui procèdent à la notification et de celui des personnes citées à ce que leurs secrets d'affaires ne soient pas divulgués.

L'art. D. 430-8 entre en vigueur à la date d'entrée en vigueur de la L. n° 2008-776 du 4 août 2008 et de l'ord. n° 2008-1161 du 13 nov. 2008 (Décr. préc., art. 2).

Art. R. 430-9 *(Décr. n° 2009-139 du 10 févr. 2009, art. 1er)* En cas d'annulation totale ou partielle d'une décision prise par l'Autorité de la concurrence ou par le ministre chargé de l'économie sur le fondement des articles L. 430-5, L. 430-7, L. 430-7-1, L. 430-8 ou L. 430-9 et s'il y a lieu à réexamen du dossier, les entreprises concernées qui ont procédé à la notification soumettent une notification actualisée dans un délai de deux mois à compter de la date de notification de la décision du Conseil d'État.

V. note ss. art. R. 430-6.

Art. R. 430-10 Les sanctions pécuniaires prononcées en application de l'article L. 430-8 sont recouvrées comme les créances de l'État étrangères à l'impôt et au domaine.

Les astreintes prononcées par *(Décr. n° 2009-139 du 10 févr. 2009, art. 1er)* « l'Autorité de la concurrence » en application du même article sont recouvrées dans les mêmes conditions. *(Abrogé par Décr. n° 2009-139 du 10 févr. 2009, art. 1er)* *« Elles ne peuvent excéder un montant de vingt mille euros par jour de retard. »* — *[Décr. n° 2002-689 du 30 avr. 2002, art. 11.]*

V. note ss. art. R. 430-6.

TITRE QUATRIÈME DE LA TRANSPARENCE, DES PRATIQUES RESTRICTIVES DE CONCURRENCE ET D'AUTRES PRATIQUES PROHIBÉES

RÉP. COM. v^is *Transparence tarifaire et pratiques restrictives ; Accords de distribution (Droit de la concurrence)*, par ARHEL.

Art. D. 440-1 La commission d'examen des pratiques commerciales instituée par l'article L. 440-1 est placée auprès du ministre chargé de l'économie. — *[Décr. n° 2001-1370 du 31 déc. 2001, art. 1er.]*

Art. D. 440-2 *(Décr. n° 2009-559 du 19 mai 2009, art. 1er et 2)* « La commission d'examen des pratiques commerciales est composée d'un député et d'un sénateur ainsi que de *(Décr. n° 2012-52 du 17 janv. 2012, art. 1er, en vigueur le 1er mars 2012)* « vingt-quatre » membres titulaires et *(Décr. n° 2012-52 du 17 janv. 2012, art. 1er, en vigueur le 1er mars 2012)* « seize » membres suppléants répartis de la manière suivante :

« 1° Trois membres issus des juridictions de l'ordre administratif ou judiciaire, parmi lesquels est nommé le vice-président de la commission si le président n'est pas magistrat. Le vice-président supplée le président dans toutes ses fonctions ; »

2° *(Décr. n° 2012-52 du 17 janv. 2012, art. 1er, en vigueur le 1er mars 2012)* « Huit » membres représentant des secteurs de la production et de la transformation agricole et halieutique ainsi qu'industrielle et artisanale et des transformateurs, ou leurs suppléants ;

3° *(Décr. n° 2012-52 du 17 janv. 2012, art. 1er, en vigueur le 1er mars 2012)* « Huit » membres représentant les grossistes et distributeurs, choisis au sein des organisations professionnelles ou des entreprises, ou leurs suppléants ;

4° Deux personnalités qualifiées en matière de problèmes relatifs aux relations industrie-commerce ;

5° *(Décr. n° 2009-559 du 19 mai 2009, art. 3)* « Trois représentants de l'administration : le directeur général de la concurrence, de la consommation et de la répression des fraudes, le directeur général de la compétitivité, de l'industrie et des services, ou leurs représentants, et le directeur général des politiques agricole, agroalimentaire et des territoires, ou son représentant. »

(Abrogé par Décr. n° 2009-559 du 19 mai 2009, art. 4) ***« Les membres suppléants ne siègent qu'en l'absence des membres titulaires. »***

(Décr. n° 2009-559 du 19 mai 2009, art. 5) « Les membres mentionnés aux 1° à 4° sont nommés pour trois ans par arrêté conjoint du ministre chargé de l'économie et du ministre chargé du commerce. » – *[Décr. n° 2001-1370 du 31 déc. 2001, art. 2, al. 1er à 8.]*

Le mandat des nouveaux membres nommés en application du Décr. n° 2012-52 du 17 janv. 2012 expire à l'échéance prévue pour les mandats des autres membres nommés dans les conditions prévues au dernier al. de l'art. D. 440-2 (Décr. préc., art. 2).

Art. D. 440-3 La nomination de magistrats de l'ordre administratif et judiciaire, au sein de la commission d'examen des pratiques commerciales, est respectivement faite sur proposition du vice-président du Conseil d'État et du garde des sceaux, ministre de la justice. – *[Décr. n° 2001-1370 du 31 déc. 2001, art. 2, al. 9.]*

Art. D. 440-4 La commission d'examen des pratiques commerciales lorsqu'elle examine un domaine d'activité particulier peut appeler à siéger avec voix consultative un représentant des fournisseurs et un représentant des distributeurs du domaine d'activité considéré. – *[Décr. n° 2001-1370 du 31 déc. 2001, art. 2, al. 10.]*

Art. D. 440-5 Les chambres d'examen mises en place au sein de la commission d'examen des pratiques commerciales sont présidées par un magistrat et comprennent un nombre égal de représentants des producteurs et des distributeurs. – *[Décr. n° 2001-1370 du 31 déc. 2001, art. 3.]*

Art. D. 440-6 Le président de la commission d'examen des pratiques commerciales peut désigner un ou plusieurs rapporteurs en raison de leur compétence.

Le secrétariat de la commission est assuré par la direction générale de la concurrence, de la consommation et de la répression des fraudes. – *[Décr. n° 2001-1370 du 31 déc. 2001, art. 4.]*

Art. D. 440-7 La commission d'examen des pratiques commerciales établit un règlement intérieur qui fixe ses modalités de fonctionnement.

Ce règlement est approuvé par le ministre chargé de l'économie. – *[Décr. n° 2001-1370 du 31 déc. 2001, art. 5.]*

Art. D. 440-8 La commission d'examen des pratiques commerciales peut décider de publier des avis avec l'accord de l'auteur de la demande. – *[Décr. n° 2001-1370 du 31 déc. 2001, art. 6.]* – *V. ces avis publiés sur le site internet de la CEPC.*

Art. D. 440-9 Les séances de la commission d'examen des pratiques commerciales ne sont pas publiques.

Les enquêteurs mentionnés au sixième alinéa de l'article L. 440-1 peuvent assister aux séances de la commission lorsque sont examinées les questions à l'instruction desquelles ils ont, à la demande de la commission, apporté leur concours. – *[Décr. n° 2001-1370 du 31 déc. 2001, art. 7.]*

Art. D. 440-10 La commission d'examen des pratiques commerciales ne peut valablement délibérer qu'en présence de la moitié de ses membres plus un. – *[Décr. n° 2001-1370 du 31 déc. 2001, art. 8.]*

Art. D. 440-11 *(Décr. n° 2009-559 du 19 mai 2009, art. 6)* « Le président et le vice-président veillent à assurer l'anonymat de tous documents, rapports d'enquête et informations recueillis avant leur communication à la commission d'examen des pratiques commerciales. »

A cette fin, le secrétariat de la commission supprime toute mention nominative ou, le cas échéant, retire les pièces rendant identifiable une personne ou une entreprise. – *[Décr. n° 2001-1370 du 31 déc. 2001, art. 9.]*

Art. D. 440-12 Les avis et recommandations de la commission d'examen des pratiques commerciales et des chambres appelées à se prononcer sont adoptés à la majorité de leurs membres présents ; en cas de partage des voix, le président a voix prépondérante. – *[Décr. n° 2001-1370 du 31 déc. 2001, art. 10.]*

Art. D. 440-13 *(Décr. n° 2009-559 du 19 mai 2009, art. 7)* Les crédits nécessaires à la commission d'examen des pratiques commerciales pour l'accomplissement de sa mission sont inscrits au budget du ministère chargé de l'économie. – *[Décr. n° 2001-1370 du 31 déc. 2001, art. 11.]*

CHAPITRE PREMIER DE LA TRANSPARENCE

Art. R. 441-1 Les infractions aux dispositions des arrêtés pris en application du deuxième alinéa de l'article L. 441-2 sont punies de l'amende prévue par le 5° de l'article 131-13 du code pénal pour les contraventions de la cinquième classe.

La contravention commise en cas de récidive est punie de l'amende prévue par le 5° de l'article 131-13 du code pénal pour les contraventions de la cinquième classe commises en récidive. – *[Décr. n° 2002-689 du 30 avr. 2002, art. 14.]*

V. art. A. 441-1, codification de l'art. 1er de l'Arr. du 21 févr. 1991, relatif à l'information du consommateur dans le secteur de la franchise.

Art. D. 441-2 Les produits agricoles auxquels s'appliquent les dispositions de l'article L. 441-2-1 sont les suivants :

Fruits et légumes, à l'exception des pommes de terre de conservation, destinés à être vendus à l'état frais au consommateur ;

Viandes fraîches, congelées ou surgelées de volailles et de lapins ;

Œufs ;

Miels. – *[Décr. n° 2005-524 du 20 mai 2005, art. 1er.]*

Art. R. 441-3 Pour l'application du deuxième alinéa de l'article L. 441-3, les originaux ou les copies des factures sont conservés pendant un délai de trois ans à compter de la vente ou de la prestation de service. – *[Décr. n° 2002-689 du 30 avr. 2002, art. 13.]*

Art. D. 441-4 *(Décr. n° 2008-1492 du 30 déc. 2008, art. 1er)* Pour l'application de l'article L. 441-6-1, les sociétés publient dans le rapport de gestion mentionné à

l'article L. 232-1 la décomposition à la clôture des deux derniers exercices du solde des dettes à l'égard des fournisseurs par date d'échéance. – *V. aussi art. D. 823-7-1.*

BIBL. ▸ Note de la rédaction, *BRDA 2009, n° 1, p. 2* (information par les sociétés sur les délais de paiement).

1. Entrée en vigueur. Dans le rapport de gestion établi en 2010 relatif à l'exercice 2009, il y a lieu de faire apparaître le solde des dettes du seul exercice 2009 et non celui des exercices de 2008 et 2009, dans la mesure où l'entrée en vigueur du dispositif a été fixée au 1er janv. 2009 (CNCC EJ 2009-152 : *Bull. CNCC déc. 2009, p. 697 ; BRDA 2010, n° 1, p. 3*).

2. Solde des dettes. Le mot « solde » (des dettes) laisse à penser que l'information doit être globale ; il n'y a donc pas lieu de distinguer obligatoirement les dettes à échoir et les dettes échues à la date de clôture (Communication ANSA n° 10-007, mars 2010 : *BRDA 2010, n° 6, p. 3*).

3. Délais pratiqués. L'art. D. 441-4 ne prévoit pas d'information générale sur les pratiques suivies par la société sur les délais de paiement, qu'il s'agisse des retards de paiement à l'égard des fournisseurs ou des délais de paiement pratiqués à l'égard des clients (Communication ANSA n° 10-007, mars 2010 : *préc. note 2*).

Art. D. 441-5 *(Décr. n° 2012-1115 du 2 oct. 2012, art. 1er, en vigueur le 1er janv. 2013)* **Le montant de l'indemnité forfaitaire pour frais de recouvrement prévue au douzième alinéa du I de l'article L. 441-6 est fixé à 40 euros.**

BIBL. ▸ Inforeg, *Cah. dr. entr. nov. 2012. Prat. 28* (gestion amiable des impayés à l'aune du décret du 2 oct. 2012).

Indemnité forfaitaire. L'indemnité doit être versée en cas de retard de paiement de toute créance dont le délai commence à courir après le 1er janv. 2013, même si cette créance est due en application d'un contrat conclu antérieurement (Note d'information DGCCRF n° 2012-164 du 29 nov. 2012 : *BRDA 2013, n° 1, p. 10*).

CHAPITRE II DES PRATIQUES RESTRICTIVES DE CONCURRENCE

Art. R. 442-1 Lorsque le ministre chargé de l'économie ou le président *(Ord. n° 2008-1161 du 13 nov. 2008, art. 4)* **« de l'Autorité de la concurrence » exerce l'action prévue par l'article L. 442-6 et les voies de recours y afférentes, il est dispensé de représentation par un avocat** *(Abrogé par Décr. n° 2012-634 du 3 mai 2012, art. 21)* ***« ou un avoué ».*** – *[Décr. n° 2002-689 du 30 avr. 2002, art. 48.]*

Les actions en justice engagées par le président du Conseil de la concurrence sur le fondement du III de l'art. L. 442-6 sont poursuivies par le président de l'Autorité de la concurrence (Décr. n° 2009-141 du 10 févr. 2009, art. 4).

Art. R. 442-2 Les infractions aux dispositions des articles L. 442-7 et L. 442-8 sont punies de l'amende prévue par le 5° de l'article 131-13 du code pénal pour les contraventions de la cinquième classe.

La contravention commise en cas de récidive est punie de l'amende prévue par le 5° de l'article 131-13 du code pénal pour les contraventions de la cinquième classe commises en récidive. – *[Décr. n° 2002-689 du 30 avr. 2002, art. 14.]*

Art. D. 442-3 *(Décr. n° 2009-1384 du 11 nov. 2009, art. 2)* **Pour l'application de l'article L. 442-6, le siège et le ressort des juridictions commerciales compétentes en métropole et dans les départements d'outre-mer sont fixés conformément au tableau de l'annexe 4-2-1 du présent livre.** – *V. cette annexe ci-dessous.*

La cour d'appel compétente pour connaître des décisions rendues par ces juridictions est celle de Paris.

L'art. D. 442-3 et l'annexe 4-2-1 sont entrés en vigueur le 1er déc. 2009. La juridiction primitivement saisie demeure compétente pour statuer sur les procédures introduites antérieurement à cette date (Décr. n° 2009-1384 du 11 nov. 2009, art. 8).

BIBL. ▶ RUY, *JCP E 2009, n° 50, p. 3* (regroupement du contentieux de l'art. L. 442-6 C. com.). – LEROY et RUY, *JCP 2010, n° 3, p. 70* (juridictions spécialisées dans le contentieux des pratiques restrictives de concurrence : questions en suspens, risques encourus). – NOURISSAT, *Procédures 2010. Alerte 6* (les juges lyonnais sont-ils bêtes ?). – BOSCO, *RDLC 2011, n° 1, p. 236* (la spécialisation judiciaire française en matière de concurrence dans l'impasse). – CHAGNY, *Procédures 2011. Dossier 10* (restriction de compétence matérielle et droit de la concurrence). – LE GOFF, *LPA 6 oct. 2011* (le contentieux de l'art. L. 442-6 : premier bilan).

ANNEXE 4-2-1

JURIDICTIONS COMMERCIALES COMPÉTENTES *[POUR CONNAÎTRE]* EN APPLICATION DE L'ARTICLE L. 442-6 DES PROCÉDURES QUI SONT APPLICABLES AUX PERSONNES, COMMERÇANTS OU ARTISANS

(Décr. n° 2012-1444 du 24 déc. 2012, art. 1er, en vigueur le 1er janv. 2013).

SIÈGE DES TRIBUNAUX DE COMMERCE et des tribunaux mixtes de commerce	RESSORT
Marseille	Le ressort des cours d'appel d'Aix-en-Provence, Bastia, Montpellier et Nîmes.
Bordeaux	Le ressort des cours d'appel d'Agen, Bordeaux, Limoges, Pau et Toulouse.
Tourcoing	Le ressort des cours d'appel d'Amiens, Douai, Reims et Rouen.
Fort-de-France	Le ressort des cours d'appel de Basse-Terre, Cayenne et Fort-de-France.
Lyon	Le ressort des cours d'appel de Chambéry, Grenoble, Lyon et Riom.
Nancy	Le ressort des cours d'appel de Besançon, Colmar, Dijon, Metz et Nancy.
Paris	Le ressort des cours d'appel de Bourges, Paris, Orléans, Saint-Denis de La Réunion et Versailles.
Rennes	Le ressort des cours d'appel d'Angers, Caen, Poitiers et Rennes.

1. Entrée en vigueur. V. la note rédactionnelle ss. art. D. 442-3. ♦ C'est la date du jugement rendu par la juridiction de première instance qui fixe sa compétence en qualité de juridiction spécialisée au regard de la loi nouvelle et, partant, la compétence exclusive de la cour d'appel de Paris pour en connaître en cas de recours. • Paris, 13 déc. 2012 : *JCP E 2013, n° 1035, note Temple-Boyer.* – V. aussi : • Paris, 27 juin 2012 : ⚖ *RDLC 2012, n° 4, p. 97, obs. Fourgoux.* ♦ *Contra*, jugeant que la cour d'appel de Paris n'est la juridiction d'appel que des juridictions spécialisées au sens du Décr. du 11 nov. 2009 [C. com., art. D. 442-3 et D. 442-4], de sorte que la cour d'appel de Lyon, dans le ressort de laquelle siège le tribunal de commerce de Lyon saisi avant le 1er déc. 2009, continue à connaître des litiges en appel, même lorsque le jugement a été prononcé postérieurement à l'entrée en vigueur du décret. • Lyon, 8 juin 2010 : *RJDA 2010, n° 1112.* ♦ Sur l'application dans le temps de la spécialisation des juridictions, V. aussi : • Paris, 18 nov. 2010 : *RDLC 2011, n° 1, p. 135, obs. Chagny* • Rennes, 28 juin 2011 : *CCC 2012, n° 45, obs. N. M.*

2. QPC. Sur la constitutionnalité et la légalité de la spécialisation des juridictions en matière de pratiques restrictives de concurrence, V. • CE 10 juin 2011 : *RJDA 2012, nº 339 ; RDLC 2011, nº 3, p. 132, obs. Fourgoux.*

3. Contredit de compétence. Le juge doit, en application de l'art. 92, al. 1er, C. pr. civ., relever d'office son incompétence et renvoyer devant le juge compétent ; il doit, par ailleurs, laisser inapplicable la clause attributive de compétence contenue dans la convention des parties en raison du caractère d'ordre public de l'art. D. 442-3. • Rennes, 13 déc. 2011 : *JCP E 2012, nº 1164, note Bléry et Alleaume ; CCC 2012, nº 45, obs. N. M.* – V. aussi • Lyon, 18 nov. 2011 : *eod. loc.* ♦ Il faut et il suffit que le droit des pratiques anticoncurrentielles soit invoqué comme moyen de défense, même de manière superfétatoire, pour que la compétence spéciale s'applique, écartant d'emblée la clause attributive de compétence. • Douai, 4 avr. 2012 : *JCP 2012, nº 1149, obs. Dannenberger.* ♦ Au regard de l'art. L. 442-6, la détermination du tribunal compétent n'est pas subordonnée à l'examen du bien-fondé des demandes. • Com. 26 mars 2013 : *D. 2013. Actu. 900, obs. Chevrier ; JCP E 2013, nº 1250 ; CCC 2013, nº 132, obs. Mathey ; RJDA 2013, nº 550.*

4. Relation internationale. Validant une clause attributive de compétence au regard de l'art. 23 du Règl. nº 44/2001 du 22 déc. 2000, peu important, d'une part, que la responsabilité recherchée, fondée sur les conditions dans lesquelles est intervenue la rupture, ait un caractère contractuel ou délictuel et, d'autre part, qu'elle mette en jeu des règles relevant de l'ordre public économique : • Montpellier, 22 mars 2012 : *D. 2012. Pan. 2765, obs. Dorandeu.*

Art. D. 442-4 *(Décr. nº 2009-1384 du 11 nov. 2009, art. 3)* **Pour l'application de l'article L. 442-6, le siège et le ressort des tribunaux de grande instance compétents en métropole et dans les départements d'outre-mer sont fixés conformément au tableau de l'annexe 4-2-2 du présent livre.** — *V. cette annexe ci-dessous.*

La cour d'appel compétente pour connaître des décisions rendues par ces juridictions est celle de Paris.

L'art. D. 442-4 et l'annexe 4-2-2 sont entrés en vigueur le 1er déc. 2009. La juridiction primitivement saisie demeure compétente pour statuer sur les procédures introduites antérieurement à cette date (Décr. nº 2009-1384 du 11 nov. 2009, art. 8).

ANNEXE 4-2-2

JURIDICTIONS COMPÉTENTES POUR CONNAÎTRE, EN APPLICATION DE L'ARTICLE L. 442-6, DES PROCÉDURES APPLICABLES AUX PERSONNES QUI NE SONT NI COMMERÇANTS NI ARTISANS

(mod. par Décr. nº 2011-1878 du 14 déc. 2011, art. 4, en vigueur le 1er janv. 2012)

SIÈGE DES TRIBUNAUX DE GRANDE INSTANCE	RESSORT
Marseille.	Le ressort des cours d'appel d'Aix-en-Provence, Bastia, Montpellier et Nîmes.
Bordeaux.	Le ressort des cours d'appel d'Agen, Bordeaux, Limoges, Pau et Toulouse.
Lille.	Le ressort des cours d'appel d'Amiens, Douai, Reims et Rouen.
Fort-de-France.	Le ressort des cours d'appel de Basse-Terre, Cayenne et Fort-de-France.
Lyon.	Le ressort des cours d'appel de Chambéry, Grenoble, Lyon et Riom.
Nancy.	Le ressort des cours d'appel de Besançon, Colmar, Dijon, Metz et Nancy.

SIÈGE DES TRIBUNAUX DE GRANDE INSTANCE	RESSORT
Paris.	Le ressort des cours d'appel de Bourges, Paris, Orléans, Saint-Denis de La Réunion et Versailles.
Rennes.	Le ressort des cours d'appel d'Angers, Caen, Poitiers et Rennes.

CHAPITRE III AUTRES PRATIQUES PROHIBÉES

Le présent chapitre ne comprend pas de dispositions réglementaires.

TITRE CINQUIÈME DES POUVOIRS D'ENQUÊTE

RÉP. COM. v° *Concurrence (règles de procédure)*, par ARHEL.

Art. R. 450-1 **Les procès-verbaux prévus à l'article L. 450-2 énoncent la nature, la date et le lieu des constatations ou des contrôles effectués. Ils sont signés** *(Décr. n° 2009-139 du 10 févr. 2009, art. 2)* **« d'un agent mentionné à l'article L. 450-1 » et de la personne concernée par les investigations. En cas de refus de celle-ci, mention en est faite au procès-verbal.**

Dans le cas prévu à l'article L. 450-1 où *(Décr. n° 2009-139 du 10 févr. 2009, art. 2)* **« les agents des services d'instruction de l'Autorité de la concurrence » sont assistés d'un agent d'une autorité de concurrence d'un autre État membre de la Communauté européenne, les procès-verbaux en font mention. Ils indiquent l'identité de cet agent et la date de la décision l'autorisant à assister** *(Décr. n° 2009-139 du 10 févr. 2009, art. 2)* **« les agents des services d'instruction de l'Autorité ».** – *[Décr. n° 2002-689 du 30 avr. 2002, art. 15.]*

Les dispositions issues du Décr. n° 2009-139 du 10 févr. 2009 entrent en vigueur à la date d'entrée en vigueur de la L. n° 2008-776 du 4 août 2008 et de l'Ord. n° 2008-1161 du 13 nov. 2008 (Décr. préc., art. 4).

1. Domaine d'application. Échappent aux prescriptions de l'art. 31 du Décr. de 1986 [abrogé] les procès-verbaux constatant des faits de publicité de nature à induire en erreur qui n'ont, conformément au droit commun, à être signés que de leur seul rédacteur. • Crim. 25 sept. 1995 : *D. Affaires 1996. 12.*

2. Rédaction dans le plus court délai. L'art. 15 du Décr. [C. com., art. R. 450-1] ne fait plus mention d'une rédaction dans les plus brefs délais tel que le prévoyait l'art. 31 du Décr. de 1986. ♦ En ce sens que le point de départ de ce délai devait être fixé à la date de l'accomplissement de la dernière diligence utile à l'enquête, V. • Paris, 13 déc. 1994 : *BID 1995, n° 7-8, p. 31.*

3. Nullité. La procédure pénale relevant, selon l'art. 34 de la Constitution, du domaine de la loi, la méconnaissance éventuelle des dispositions des art. 31 et 32 du Décr. du 29 déc. 1986 [abrogés], pris pour l'application de l'Ord. du 1er déc. 1986 [C. com., art. L. 450-2 s.], ne saurait conduire à l'annulation de la procédure. • Crim. 5 mai 1997 : *Bull. crim. n° 166 ; D. Affaires 1997. 1244* (V., sur renvoi, • Angers, 26 févr. 1998 : *BID 1999, n° 2, p. 20*). ♦ Comp., sur la nullité en cas d'inobservation de la prescription de l'art. 31 du Décr. de 1986 [abrogé], sous réserve du respect de l'art. 385 C. pr. pén. (présentation des exceptions de nullité avant toute défense au fond) : • Crim. 13 nov. 1991 (2 esp.) : *Bull. crim. n° 407 ; RJDA 1992, n° 175.* ♦ … Sur l'application, toutefois, de l'art. 802 C. pr. pén. (subordination de la nullité à une atteinte aux intérêts de la partie concernée : • Chambéry, 24 févr. 1993 : *BID 1994, n° 9, p. 33.* – V. aussi • Paris, 12 nov. 1991 : *BRCC 1992, n° 646* • TGI Lyon, 5 mars 1995 : *BID 1998, n° 1, p. 18* • T. pol. Pau, 23 mai 1997 : *ibid., n° 5, p. 27.* ♦ Pour d'autres décisions, V. *BID 1995, n° 2, p. 12.* ♦ V.

aussi, note ss. art. L. 450-2.

4. Mention des contrôles. Pour un cas de nullité du procès-verbal motivée par l'absence d'indications de la nature et de l'étendue des contrôles effectués, V. • Paris, 2 avr. 1996 : *BOCC 15 mai 1996 ; D. Affaires 1996. 643.*

5. Nature, date et lieu des constatations. La mention de la nature, de la date et du lieu des constatations effectuées n'étant pas requise à peine de nullité, sont réguliers les procès-verbaux qui indiquent que les intéressés ont été entendus en leurs bureaux, dont l'adresse est précisée. • Paris, 27 sept. 1996 : *D. Affaires 1997. 17.* ♦ En ce sens que la preuve que les personnes ont eu connaissance de l'objet de l'enquête peut résulter d'une mention sur le procès-verbal ou d'éléments extrinsèques à celui-ci, V. • Cons. conc. n° 97-D-11 du 25 févr. 1997 : *BOCC 17 mai 1997 ; CCC 1997, n° 119, obs. Vogel.*

6. Droits de la défense. V. notes 2 s. ss. art. L. 450-1.

7. Signature de l'enquêteur. Lorsqu'un procès-verbal est dressé par plusieurs enquêteurs [désormais agents mentionnés à l'art. L. 450-1], le défaut de signature de l'un d'eux prive de force probante les constatations auxquelles il a seul procédé, mais n'entraîne pas la nullité du procès-verbal. • Crim. 26 sept. 1994 : *RJDA 1995, n° 43.* ♦ *Contra,* prononçant la nullité : • Paris, 10 juill. 1990 : *Gaz. Pal. 1990. 2. 661, note Marchi.* ♦ La simple mention d'empêchement pour raison de service d'une partie des agents enquêteurs ne saurait faire écarter les dispositions de l'art. 31. • TGI Strasbourg, 17 sept. 1992 : *BICC 1993, n° 90.*

8. Signature de la personne concernée par les investigations. Les signatures requises doivent émaner des témoins et auteurs des investigations et déclarations qui y sont relatées sans que soit requise la signature de toutes les personnes éventuellement présentes. • Com. 9 mai 2001 : *Bull. civ. IV, n° 85.* ♦ « La personne concernée par les investigations » est celle ayant effectivement participé auxdites investigations et non le représentant légal de la société pris en cette qualité, s'il n'a pas lui-même été témoin des opérations menées par les enquêteurs. • Paris, 2 avr. 1996 : *préc. note 4.* ♦ La signature requise est celle de la personne qui a assisté aux opérations « relatées dans le procès-verbal ». Dès lors que le procès-verbal critiqué, signé par le seul P-DG, dresse l'inventaire des documents spontanément remis par celui-ci, seules investigations relatées, sa seule signature suffit sans qu'il y ait lieu de requérir la signature de la personne seule présente sur les lieux au moment de l'arrivée des enquêteurs. • Com. 20 nov. 2001 : *Bull. civ. IV, n° 182.*

Retenant que la personne concernée qui doit signer le procès-verbal est la personne pénalement responsable, la disposition prévoyant cette signature [arrêt rendu sur le fondement de l'art. R. 141-1 C. consom.] ayant pour finalité de permettre à la personne mise en cause de présenter ses observations et non de valider les constatations des agents verbalisateurs, V. • Crim. 28 sept. 2001 : *Dr. pénal. 2002, n° 33, obs. Robert.*

La signature d'un procès-verbal établi en vertu de l'art. 47 de l'Ord. de 1986, [C. com., art. L. 450-3] a pour objet de donner foi, jusqu'à preuve contraire, aux énonciations qui y sont consignées, soit qu'elles concernent le déroulement des opérations auxquelles procèdent les enquêteurs, soit qu'elles relatent les propos d'une personne faisant l'objet d'une audition ; le défaut de signature de l'un des témoins des investigations ou de l'une des personnes entendues n'est pas en lui-même de nature à entacher le procès-verbal d'irrégularité. • Com. 19 juin 2001 : *Bull. civ. IV, n° 120.* ♦ *Contra,* pour une nullité en raison du défaut de signature de la personne entendue, V. • Paris, 17 mai 1994 : *CCC 1994, n° 138, obs. Vogel.* ♦ Il n'est pas nécessaire qu'il y ait un paraphe à chaque page. • Paris, 16 déc. 1994 : *BOCC 28 déc. 1994.*

9. Contestation. La signature sans réserve sur le procès-verbal ne prive pas du droit d'en contester la teneur au moyen de toute voie de droit. • Paris, 9 sept. 1997 : *BOCC 7 oct. 1997.*

10. Mode de preuve. Il ne résulte pas des dispositions de l'art. R. 450-1 que la preuve des faits prévus à l'art. L. 446-2 ne pourrait être rapportée par le ministre chargé de l'économie que par des procès-verbaux, à l'exclusion de tout autre mode de preuve. • Nîmes, 10 mars 2011 : *cité note 7 ss. art. L. 450-2.*

Art. R. 450-2 *(Décr. n° 2009-139 du 10 févr. 2009, art. 2)* **« L'ordonnance mentionnée à l'article L. 450-4 indique les voies et délais de recours dont dispose l'occupant des lieux ou son représentant** *[.]* **»**

Les procès-verbaux prévus à l'article L. 450-4 relatent le déroulement de la visite et consignent les constatations effectuées. Ils sont dressés sur-le-champ. Ils comportent l'inventaire des pièces et documents saisis.

Ces procès-verbaux sont signés par les *(Décr. n° 2009-139 du 10 févr. 2009, art. 2)* **« agents mentionnés à l'article L. 450-1 », par l'officier de police judiciaire chargé**

d'assister aux opérations ainsi que, selon le cas, par l'occupant des lieux ou son représentant ou les deux témoins requis conformément au septième alinéa de l'article L. 450-4.

Une copie du procès-verbal est remise à l'occupant des lieux ou à son représentant. En l'absence de l'occupant des lieux ou de son représentant, la copie du procès-verbal est adressée après la visite au responsable de l'entreprise ou de l'organisme concerné par lettre recommandée avec demande d'avis de réception. Les pièces et documents saisis ne peuvent être opposés aux intéressés qu'après qu'ils ont été mis en mesure d'en prendre connaissance. — *[Décr. nº 2002-689 du 30 avr. 2002, art. 16.]*

V note ss. art. R. 450-1.

Inventaire. Sur la mise en œuvre de l'obligation d'inventaire, V. • Crim. 14 nov. 2007 : *cité note 10 ss. art. L. 450-4.* ♦ Un inventaire ne saurait se réduire à l'énoncé du nom et de la place d'un fichier, alors même que ce fichier, constitué du courrier électronique était relatif à des sujets très différents et dont un seul était de nature à légitimer la saisie operée. • TGI Nanterre, 9 avr. 2008 : *Lettre distrib juill.-août 2008, p. 3.*

Art. D. 450-3 *(Décr. nº 2009-311 du 20 mars 2009)* I. — Le ministre chargé de l'économie informe le rapporteur général de l'Autorité de la concurrence des investigations qu'il souhaite entreprendre sur des faits susceptibles de relever des articles L. 420-1, L. 420-2 et L. 420-5. Il lui transmet les documents en sa possession justifiant le déclenchement d'une enquête. — *V. art. L. 450-5.*

Le rapporteur général peut prendre la direction de ces investigations dans le délai d'un mois à compter de la réception des documents susmentionnés, auquel cas il en informe le ministre. Dans l'hypothèse où le rapporteur général écarte cette possibilité ou n'a pas informé, dans un délai de trente-cinq jours suivant la réception des documents, le ministre des suites données, le ministre chargé de l'économie peut faire réaliser les investigations par ses services.

II. — Le ministre chargé de l'économie informe le rapporteur général de l'Autorité de la concurrence du résultat des investigations auxquelles il aura fait procéder et lui transmet l'ensemble des pièces de la procédure.

Le rapporteur général peut proposer à l'Autorité de la concurrence de se saisir d'office des résultats de l'enquête ; l'Autorité dispose d'un délai de deux mois pour se prononcer à compter de la réception par le rapporteur général des pièces de la procédure. Dans l'hypothèse où le rapporteur général écarte cette possibilité ou si l'Autorité ne donne pas suite à sa proposition dans le délai mentionné ci-dessus, le rapporteur général en informe le ministre. A défaut de notification par le rapporteur général de la décision de l'Autorité dans un délai de soixante-cinq jours suivant la transmission des pièces de la procédure, le ministre chargé de l'économie peut prendre les mesures prévues aux articles L. 462-5 et L. 464-9, ou classer l'affaire.

BIBL. ▶ CLAUDEL, *RTD com. 2009. 563* (direction des investigations).

TITRE SIXIÈME DE L'AUTORITÉ DE LA CONCURRENCE

(Ord. nº 2008-1161 du 13 nov. 2008, art. 4).

CHAPITRE PREMIER DE L'ORGANISATION

Art. R. 461-1 *(Décr. nº 2009-141 du 10 févr. 2009, art. 1er)* « Le président de l'Autorité de la concurrence la représente en justice et dans tous les actes de la vie civile. Dans ce cadre, il signe les actes et pièces au nom de l'Autorité.

« Le président de l'Autorité de la concurrence a qualité pour agir en demande et en défense et présenter des observations devant toute juridiction au nom de cette Autorité. »

Le président *(Ord. n° 2008-1161 du 13 nov. 2008, art. 4)* « de l'Autorité de la concurrence » peut, dans les cas prévus par le livre IV, déléguer certaines de ses attributions à un vice-président.

Le président *(Ord. n° 2008-1161 du 13 nov. 2008, art. 4)* « de l'Autorité de la concurrence » est suppléé, en cas d'absence ou d'empêchement, par un vice-président. En cas de vacance du poste de président, le vice-président dont la nomination dans cette fonction est la plus ancienne assure l'intérim.

(Abrogé par Décr. n° 2009-141 du 10 févr. 2009, art. 1er) ***« A l'occasion de la procédure de recours devant la cour d'appel de Paris contre ses décisions, le Conseil de la concurrence est représenté par son président ou la personne que ce dernier désigne à cet effet. »*** *— [Décr. n° 2002-689 du 30 avr. 2002, art. 19.] — Sur la procédure de recours, V. art. R. 464-10 s.*

Les modifications apportées par le Décr. n° 2009-141 du 10 févr. 2009 entrent en vigueur à la date d'entrée en vigueur de la L. n° 2008-776 du 4 août 2008 et de l'Ord. n° 2008-1161 du 13 nov. 2008 (Décr. préc., art. 5). — Les actions en justice engagées par le président du Conseil de la concurrence sur le fondement du III de l'art. L. 442-6 sont poursuivies par le président de l'Autorité de la concurrence (Décr. préc., art. 4).

Substitution des présidents. Le président de l'Autorité de la concurrence se substitue naturellement au président du Conseil de la concurrence et reprend donc à son compte les actions engagées. • T. com. Créteil, 13 oct. 2009 : *Dalloz actualité, 2 déc. 2009, obs. Chevrier ; CCC 2010, n° 6, obs. Malaurie-Vignal ; RLC janv.-mars 2010. 40, obs. Béhar-Touchais ; Lettre distrib. déc. 2009, p. 4.*

Art. R. 461-2 *(Décr. n° 2009-141 du 10 févr. 2009, art. 3)* « A l'exception des dépenses relatives aux services d'instruction dont l'ordonnancement est délégué au rapporteur général, le président de l'Autorité de la concurrence peut déléguer sa signature à tout agent d'encadrement pour engager les dépenses et signer les marchés et les contrats. Il peut également déléguer le soin de représenter l'Autorité devant toute juridiction. »

Des régies de recettes et de dépenses peuvent être créées auprès de l'Autorité par arrêté du ministre chargé de l'économie, des finances et de l'industrie dans les conditions prévues par les articles R. 1617-1 et suivants du code général des collectivités territoriales. — *[Décr. n° 2002-689 du 30 avr. 2002, art. 27.]*

Les modifications issues du Décr. n° 2009-141 du 10 févr. 2009 entrent en vigueur à la date d'entrée en vigueur de la L. n° 2008-776 du 4 août 2008 et de l'Ord. n° 2008-1161 du 13 nov. 2008 (Décr. préc., art. 5).

Art. R. 461-3 Le rapporteur général ainsi que le ou les rapporteurs généraux adjoints sont nommés pour quatre ans, parmi les membres du conseil d'État, les magistrats, les fonctionnaires de catégorie A et les personnes pouvant justifier d'une expérience d'au moins cinq ans dans le domaine du droit de la concurrence et titulaires d'un des diplômes permettant d'accéder à un corps de catégorie A. Ils peuvent être renouvelés une fois dans leurs fonctions.

Le rapporteur général anime et contrôle l'activité des rapporteurs. Il veille, notamment :

— à ce que les rapporteurs effectuent des actes tendant à la recherche, à la constatation ou à la sanction des faits concernés par l'instruction des affaires dont il leur a confié l'examen ;

— à la qualité des notifications de griefs, des rapports et autres actes d'instruction effectués par les rapporteurs.

Il peut déléguer à un ou des rapporteurs généraux adjoints tout ou partie des attributions qu'il détient conformément au présent titre.

(Décr. n° 2009-139 du 10 févr. 2009, art. 3) « **Il peut aussi déléguer sa signature à un rapporteur général adjoint ou à un agent d'encadrement.**

« **En cas de vacance du poste de rapporteur général, un intérim est assuré par le rapporteur général adjoint le plus ancien dans la fonction.** » — *[Décr. n° 2002-689 du 30 avr. 2002, art. 20.]*

Les modifications issues du Décr. n° 2009-139 du 10 févr. 2009 entrent en vigueur à la date d'entrée en vigueur de la L. n° 2008-776 du 4 août 2008 et de l'Ord. n° 2008-1161 du 13 nov. 2008 (Décr. préc., art. 4).

Art. R. 461-4 **Les rapporteurs permanents sont nommés parmi les membres du conseil d'État, les magistrats, les fonctionnaires de catégorie A, les agents contractuels de l'État de niveau équivalent ou les personnalités ayant une compétence économique ou juridique et titulaires d'un des diplômes permettant d'accéder à un corps de catégorie A.** — *[Décr. n° 2002-689 du 30 avr. 2002, art. 21.]*

Art. R. 461-5 **Le** *(Décr. n° 2009-139 du 10 févr. 2009, art. 3)* « **rapporteur général** » **peut faire appel à des rapporteurs extérieurs choisis parmi les membres du Conseil d'État, les magistrats, les fonctionnaires de catégorie A ou les agents contractuels de l'État de niveau équivalent en activité ou ayant fait valoir leurs droits à la retraite.** — *[Décr. n° 2002-689 du 30 avr. 2002, art. 22.]*

V. note ss. art. R. 461-3.

Art. R. 461-6 **Le président** *(Ord. n° 2008-1161 du 13 nov. 2008, art. 4)* « **de l'Autorité de la concurrence** » **fixe le nombre et la composition des sections ; il affecte les membres** *(Ord. n° 2008-1161 du 13 nov. 2008, art. 4)* « **de l'Autorité de la concurrence** » **à chacune d'entre elles.**

Chaque section est présidée par le président *(Ord. n° 2008-1161 du 13 nov. 2008, art. 4)* « **de l'Autorité de la concurrence** » **ou par l'un des vice-présidents ou, lorsque cela est nécessaire pour permettre un nouvel examen d'une affaire dans une formation différente, par le membre le plus ancien de la section. Elle comprend au moins deux autres membres. Les vice-présidents peuvent se suppléer en cas d'absence ou d'empêchement de l'un d'entre eux.** — *[Décr. n° 2002-689 du 30 avr. 2002, art. 23.]*

Art. R. 461-7 *(Abrogé par Décr. n° 2009-139 du 10 févr. 2009, art. 3)* « ***Le Conseil ne peut valablement délibérer que s'il comprend au moins huit membres en formation plénière et au moins trois membres en section, dont un membre de la catégorie mentionnée au 1° du II de l'article L. 461-1.*** » **Une section peut à tout moment décider le renvoi d'une affaire en formation plénière.**

(Abrogé par Décr. n° 2009-139 du 10 févr. 2009, art. 3) « ***La commission permanente ne peut délibérer que si trois de ses membres sont présents. En cas d'empêchement d'un de ses membres, la commission est complétée par un membre du Conseil désigné par le président.*** » — *[Décr. n° 2002-689 du 30 avr. 2002, art. 24.]*

V. note ss. art. R. 461-3.

Art. R. 461-8 *(Ord. n° 2008-1161 du 13 nov. 2008, art. 4)* « **L'Autorité de la concurrence** » **établit son règlement intérieur, qui fixe notamment les conditions de son fonctionnement administratif.** *(Décr. n° 2009-139 du 10 févr. 2009, art. 3)* « **Ce règlement intérieur est publié au *Journal officiel* de la République française.** »

L'organisation *(Ord. n° 2008-1161 du 13 nov. 2008, art. 4)* « **de l'Autorité de la concurrence** » **est fixée par décision de son président.** — *[Décr. n° 2002-689 du 30 avr. 2002, art. 26.]*

V. note ss. art. R. 461-3.

L'Autorité de la concurrence a adopté son règlement intérieur par une décision du 30 mars 2009 (disponible sur www.autoritedelaconcurrence.fr) qui entre en vigueur le jour suivant celui de sa publication au Journal officiel (JO 4 avr.).

Sur la rémunération de certains services rendus par l'Autorité de la concurrence, V. Décr. n° 2012-822 du 26 juin 2012 (JO 28 juin).

Art. R. 461-9 *(Décr. n° 2009-335 du 26 mars 2009)* **I. — Le conseiller auditeur exerce ses fonctions pour une durée de cinq ans. Son mandat est renouvelable une fois.**

II. — Le conseiller auditeur peut intervenir à la demande d'une partie. Il peut également appeler l'attention du rapporteur général sur le bon déroulement de la procédure, s'il estime qu'une affaire soulève une question relative au respect des droits des parties.

Les parties mises en cause et saisissantes peuvent présenter des observations au conseiller auditeur sur le déroulement de la procédure d'instruction les concernant dans les affaires donnant lieu à une notification de griefs, pour des faits ou des actes intervenus à compter de la réception de la notification de griefs et jusqu'à la réception de la convocation à la séance de l'Autorité.

Le conseiller auditeur recueille, le cas échéant, les observations complémentaires des parties ainsi que celles du rapporteur général sur le déroulement de la procédure. Il peut proposer des mesures destinées à améliorer l'exercice de leurs droits par les parties.

Il conclut ses interventions en rédigeant un rapport remis au président de l'Autorité au plus tard dix jours ouvrés avant la séance. Une copie est adressée au rapporteur général et aux parties concernées.

Le président de l'Autorité de la concurrence peut inviter le conseiller auditeur à assister à la séance et à y présenter son rapport.

Lorsque le conseiller auditeur décide d'appeler l'attention du rapporteur général sur le bon déroulement de la procédure dans une affaire, conformément au premier alinéa ci-dessus, il verse ses observations au dossier.

III. — Pour l'exercice de ses fonctions, le conseiller auditeur bénéficie du concours des services d'instruction de l'Autorité. Il est habilité à demander la communication des pièces du dossier dont il est saisi auprès du rapporteur général de l'Autorité. La confidentialité des documents et le secret des affaires ne lui sont pas opposables.

IV. — Le conseiller auditeur remet chaque année au président de l'Autorité un rapport sur son activité. Ce rapport est joint au rapport public de l'Autorité.

BIBL. ▶ Conseiller auditeur : BOSCO, *CCC 2009, n° 138* (conseiller auditeur « à la française »). – DANY et LE MOULLEC, *RLDA juin 2009. 37* (fin et début d'un suspens). – BARBIER DE LA SERRE et MACÉ DE GASTINES, *RLC juill.-sept. 2009. 66* (un homonyme plus qu'un homologue du conseiller auditeur communautaire). – CLAUDEL, *RTD com. 2009. 564* (un personnage bienvenu aux attributions modestes). – SAINT-ESTEBEN, *RLC oct.-déc. 2009. 125* (quel rôle au sein de l'Autorité de la concurrence ?). – VOILLEMOT, *RDLC 2010, n° 1, p. 218* (même thème). – VOILLEMOT-TRANIÉ, *JCP E 2012, n° 1005* (Conseiller auditeur de l'Autorité de la concurrence française).

Conseiller auditeur. Sur la nomination prétendument tardive du conseiller auditeur : estimant que cette nomination n'a pas, concrètement, porté atteinte aux droits de la défense de la société dans la mesure où elle ne l'a pas privée de la possibilité de bénéficier des garanties offertes par l'art. R. 461-9 et qu'elle n'a pas constitué un dysfonctionnement du service permettant de proroger le délai énoncé à l'art. L. 463-2 pour présenter les observations à la notification de griefs : • Aut. conc. n° 10-D-13 du 15 avr. 2010.

CHAPITRE II DES ATTRIBUTIONS

Art. R. 462-1 **Les avis rendus en application des articles L. 410-2 et L. 462-2 sont publiés avec les textes auxquels ils se rapportent.**

Les avis rendus en application de l'article L. 462-1 et destinés à une commission parlementaire ou au Gouvernement peuvent être publiés par leur destinataire ou, avec l'accord de ce dernier, par *(Ord. nº 2008-1161 du 13 nov. 2008, art. 4)* « l'Autorité de la concurrence ». *(Ord. nº 2008-1161 du 13 nov. 2008, art. 4)* « L'Autorité de la concurrence » peut publier les avis demandés par d'autres personnes. – *[Décr. nº 2002-689 du 30 avr. 2002, art. 28.]*

Art. R. 462-2 Délégation permanente est donnée au ministre chargé de l'économie pour consulter, au nom du Gouvernement, *(Ord. nº 2008-1161 du 13 nov. 2008, art. 4)* « l'Autorité de la concurrence » de sa propre initiative ou à la demande du ministre dont relève le secteur économique concerné, en application des articles L. 410-2, L. 462-1 et L. 462-2. – *[Décr. nº 2002-689 du 30 avr. 2002, art. 29.]*

Art. R. 462-3 La procédure contradictoire prévue à l'article L. 462-3 comporte la notification d'un rapport effectuée par le rapporteur général aux parties en cause devant la juridiction, au commissaire du Gouvernement auprès *(Ord. nº 2008-1161 du 13 nov. 2008, art. 4)* « de l'Autorité de la concurrence » et, le cas échéant, aux autres personnes dont les agissements ont été examinés dans le rapport au regard des articles 81 et 82 du traité instituant la Communauté européenne *[art. 101 et 102 TFUE]* et des articles L. 420-1, L. 420-2 et L. 420-5. Le rapporteur général fixe aux destinataires un délai de réponse, qui ne peut être inférieur à un mois à compter de la notification du rapport, pour consulter le dossier et présenter des observations écrites.

L'avis *(Ord. nº 2008-1161 du 13 nov. 2008, art. 4)* « de l'Autorité de la concurrence » rendu à la juridiction qui l'a consultée est communiqué aux personnes mentionnées au premier alinéa. – *[Décr. nº 2002-689 du 30 avr. 2002, art. 40]*

Art. R. 462-4 *(Décr. nº 2009-139 du 10 févr. 2009, art. 3)* Les décisions de l'Autorité prévues à l'article L. 464-8 sont annexées au rapport d'activité prévu à l'article L. 461-5.

V. note ss. art. R. 461-3.

CHAPITRE III DE LA PROCÉDURE

RÉP. COM. vº *Concurrence (règles de procédure)*, par ARHEL.

SECTION PREMIÈRE DE LA SAISINE

Art. R. 463-1 La saisine *(Ord. nº 2008-1161 du 13 nov. 2008, art. 4)* « de l'Autorité de la concurrence » fait l'objet d'une lettre recommandée avec demande d'avis de réception ou d'un dépôt au bureau de la procédure, en quatre exemplaires. Elle peut être accompagnée de pièces annexes.

La saisine précise :

– son objet et les dispositions du droit national ou du droit communautaire de la concurrence sur lesquelles la partie saisissante fonde sa demande ;

– les nom, prénoms, dénomination ou forme sociale, profession ou activité, et adresse du domicile ou du siège social du demandeur, ainsi que, le cas échéant, ses statuts et le mandat donné à son représentant. *(Ord. nº 2008-1161 du 13 nov. 2008, art. 4)* « L' Autorité de la concurrence » est informée sans délai de tout changement d'adresse par lettre recommandée avec demande d'avis de réception.

Si la saisine n'est pas accompagnée de ces éléments, une demande de régularisation est adressée au demandeur ou à son représentant mandaté, qui doivent y répondre et apporter les compléments dans un délai de deux mois.

Le commissaire du Gouvernement est destinataire d'une copie de toutes les saisines autres que celles émanant du ministre chargé de l'économie. – *[Décr. n° 2002-689 du 30 avr. 2002, art. 30.]*

FORM. PR. COM. v[is] *Saisine de l'Autorité par lettre recommandée AR ; Saisine de l'Autorité par dépôt au bureau de la procédure*, par CASANOVA.

Art. R. 463-2 La production de mémoires, pièces justificatives ou observations effectuée devant *(Ord. n° 2008-1161 du 13 nov. 2008, art. 4)* « l'Autorité de la concurrence » sous la signature et sous le timbre d'un avocat emporte élection de domicile au cabinet de l'avocat ou au siège de la société d'avocats. – *[Décr. n° 2002-689 du 30 avr. 2002, art. 30-1.]*

SECTION II DE L'INSTRUCTION

Art. R. 463-3 Le rapporteur général ou un rapporteur général adjoint peut, à son initiative ou à la demande des parties ou du commissaire du Gouvernement, procéder à la jonction de l'instruction de plusieurs affaires. A l'issue de leur instruction, *(Ord. n° 2008-1161 du 13 nov. 2008, art. 4)* « l'Autorité de la concurrence » peut se prononcer par une décision commune. Le rapporteur général ou un rapporteur général adjoint peut également procéder à la disjonction de l'instruction d'une saisine en plusieurs affaires. – *[Décr. n° 2002-689 du 30 avr. 2002, art. 31.]*

1. Motivation. Une décision de jonction est un acte interne au Conseil réalisé « pour une bonne administration de la justice », non motivé et non susceptible de recours. • Cons. conc. n° 07-D-15 du 9 mai 2007 : *cité note 6 ss. art. L. 463-5.*

2. Recours. Aucun texte ne prévoit un droit de recours à l'encontre des mesures prises en application de l'art. 31 du Décr. n° 2002-689 du 30 avr. 2002 [C. com., art. R. 463-3]. • Paris, 12 déc. 2006 : *cité note 37 ss. art. L. 420-1* (jonction de saisines). ♦ La disjonction de la saisine initiale du Conseil de la concurrence en trois dossiers distincts ne constitue pas une décision susceptible de recours par application des art. L. 464-2 et L. 464-8 C. com., les moyens visant à contester cette répartition de la saisine étant irrecevables. • Paris, 29 juin 2004 : *BOCC 30 sept. 2004 ; LPA 28 févr. 2005, obs. Arhel* • 21 sept. 2004 : *BOCC 8 nov. 2004 ; D. 2004. AJ 2789.*

Art. R. 463-4 En application de l'article L. 450-6, le rapporteur général confie l'instruction d'une affaire à un ou plusieurs rapporteurs qu'il désigne. Il peut, en cours d'instruction, modifier cette désignation et confier l'affaire à un nouveau rapporteur. – *[Décr. n° 2002-689 du 30 avr. 2002, art. 17.]*

Art. R. 463-5 Lorsque le rapporteur juge utile, pour l'instruction des saisines mentionnées à l'article L. 462-5 et des demandes de mesures conservatoires prévues à l'article L. 464-1 dont il a la charge, et notamment en cas d'urgence, de demander à la direction générale de la concurrence, de la consommation et de la répression des fraudes communication des éléments dont elle dispose déjà, sa demande est transmise par le rapporteur général, selon les mêmes modalités que celles qui sont prévues au premier alinéa de l'article L. 450-6. – *[Décr. n° 2002-689 du 30 avr. 2002, art. 18.]*

Communication des pièces. L'art. 18 du Décr. n° 2002-689 du 30 avr. 2002 [C. com., art. R. 463-5]. ne limite pas le champ de la communication, dès lors que les documents (rapports d'enquête, procès-verbaux...) présentent un lien avec la saisine du Conseil et ont été recueillis loyalement. • Cons. conc. n° 06-D-18 du 28 juin 2006 : *cité note 1 ss. art. R. 464-2.*

Art. R. 463-6 **Les auditions auxquelles procède le rapporteur donnent lieu à un procès-verbal, signé par les personnes entendues. En cas de refus de signer, il en est fait mention par le rapporteur. Les personnes entendues peuvent être assistées d'un conseil.** — *[Décr. n° 2002-689 du 30 avr. 2002, art. 32.]*

1. Signature de la personne entendue. Hors le cas prévu par l'art. 20 du Décr. du 29 déc. 1986, qui prévoyait la signature des procès-verbaux par les personnes entendues par le rapporteur en cours de procédure devant le Conseil de la concurrence, il ne pouvait être tiré aucun moyen de nullité d'une telle absence de signature ; ainsi en était-il du compte rendu d'une audition à laquelle avait procédé le rapporteur au cours de l'enquête préparatoire, non signé par la personne entendue. • Com. 14 janv. 1992 : *Bull. civ. IV, n° 15 ; D. 1994. Somm. 173, obs. Gavalda et Lucas de Leyssac.*

2. Dossier. L'art. 20 du Décr. de 1986 ne prévoyait pas la mise à la disposition des personnes entendues du dossier, formalité seulement requise, aux termes de l'art. 21 de l'ordonnance [C. com., art. L. 463-2], au stade ultérieur de la procédure. • Paris, 14 déc. 1989 : *D. 1990. IR 37 ; Gaz. Pal. 1990. 1. 195, concl. Jobard.*

3. Assistance d'un conseil. L'exercice effectif de cette garantie essentielle de la défense impose que les intéressés en soient informés. • Paris, 6 déc. 1990 : *Gaz. Pal. 1991. 1. 325, concl. Jobard.* ♦ V. note 3 ss. art. L. 450-1.

4. Témoignages. Des témoignages peuvent être valablement utilisés pour démontrer l'existence d'une pratique anticoncurrentielle dès lors qu'ils ont été obtenus de façon loyale, qu'ils permettent d'identifier les personnes les ayant déposés, qu'ils sont crédibles et, enfin, qu'ils ont été soumis au débat contradictoire afin que les mis en cause soient en mesure de faire valoir leurs observations. • Aut. conc. n° 13-D-11 du 14 mai 2013 : *citée note 12 bis ss. art. L. 420-2.*

Art. R. 463-7 **Lorsqu'elle estime que l'instruction est incomplète,** *(Ord. n° 2008-1161 du 13 nov. 2008, art. 4)* **« l'Autorité de la concurrence » peut décider de renvoyer l'affaire en tout ou partie à l'instruction. Cette décision n'est pas susceptible de recours.** — *[Décr. n° 2002-689 du 30 avr. 2002, art. 33.]*

Renvoi à l'instruction. Ni la loi, ni le règlement ne limitent les situations dans lesquelles le renvoi à l'instruction est possible. • Cons. conc. n° 07-D-09 du 14 mars 2007 : *cité note 7 ss. art. L. 463-2.* ♦ En vertu de l'art. 33 du Décr. n° 2002-689 du 30 avr. 2002 [C. com., art. R. 463-7], le Conseil dispose de la faculté de renvoyer à l'instruction une partie seulement de l'affaire, ce qui signifie qu'il dispose aussi de la faculté de se prononcer sur l'autre partie de l'affaire renvoyée à l'instruction. • Cons. conc. n° 07-D-03 du 24 janv. 2007 : *BOCC 18 avr. 2007.* ♦ Dès lors qu'il est constaté que l'Autorité de la concurrence, après avoir examiné l'argumentation des sociétés tant sur la procédure suivie que sur la définition provisoire des marchés, n'a tranché définitivement aucun point et n'a pris qu'une mesure interne concernant l'instruction d'une affaire estimée incomplète, la cour d'appel a légalement justifié sa décision déclarant irrecevable les recours contre cette décision renvoyant le dossier à l'instruction. • Com. 7 juin 2011 : *Bull. civ. IV, n° 90 ; D. 2011. Actu. 1676, obs. Chevrier ; JCP E 2011, n° 1558 ; RJDA 2011, n° 842 ; RLDA sept. 2011. 43.* ♦ L'art. R. 463-7 ne fixe aucune condition pour décider du renvoi à l'instruction. • Paris, 8 avr. 2008 : *cité note 3 ss. art. R. 463-11.* ♦ L'Autorité, dont la décision, qui n'est pas susceptible de recours, constitue une mesure d'ordre interne non susceptible de faire grief aux parties, n'est pas tenue de recueillir les observations orales des parties sur le principe d'un renvoi à l'instruction. • Aut. conc n° 10-D-28 du 20 sept. 2010.

Art. R. 463-8 **Pour l'application de l'article L. 464-1 et des premier et deuxième alinéas de l'article L. 462-8, le rapporteur général peut fixer des délais pour la production de mémoires, pièces justificatives ou observations et pour leur consultation par les intéressés ou par le commissaire du Gouvernement.** — *[Décr. n° 2002-689 du 30 avr. 2002, art. 34.]*

Délais. Lorsque le rapporteur général, usant de la faculté qu'il tient de l'art. 34 du Décr. n° 2002-689 du 30 avr. 2002 [C. com., art. R. 463-8], décide, pour une meilleure organisation des débats, de fixer des délais aux parties, le dépôt de pièces après l'expiration du temps imparti ne saurait justifier, sur ce seul fondement, leur rejet de la procédure dès lors que la partie adverse a bénéficié d'un temps suffisant pour assurer sa défense au regard des pièces ainsi produites. • Cons. conc. n° 03-MC-03 du 4 août 2003 : *D. 2003. AJ 2569.*

Art. R. 463-9 Le rapporteur général communique aux autorités administratives énumérées à l'annexe 4-6 du présent livre toute saisine relative à des secteurs entrant dans leur champ de compétence. Ces autorités administratives disposent pour faire part de leurs observations éventuelles d'un délai de deux mois, qui peut être réduit par le rapporteur général si l'urgence le nécessite. Ces observations sont jointes au dossier. – *[Décr. nº 2002-689 du 30 avr. 2002, art. 35.] — V. annexe 4-6, ci-dessous.*

L'Autorité de la concurrence communique à l'Autorité de régulation des activités ferroviaires toute saisine entrant dans le champ des compétences de celle-ci. Elle peut également saisir l'autorité, pour avis, de toute question relative au secteur du transport ferroviaire. Lorsqu'elle est consultée, en application du présent alinéa, par l'Autorité de la concurrence sur des pratiques dont cette dernière est saisie dans le secteur du transport ferroviaire, l'autorité joint à son avis, dans le délai imparti, tous les éléments utiles à l'instruction de l'affaire qui sont en sa possession (C. transp., art. L. 2135-13).

BIBL. ► Théophile et Renaudeau, *RDLC 2008, nº 3, p. 67* (les relations entre le Conseil de la concurrence, l'ARCEP, la CRE et le CSA : coopération ou concurrence ?).

ANNEXE 4-6

Liste des autorités administratives mentionnées à l'article R. 463-9

Autorité des marchés financiers.
Commission nationale de l'informatique et des libertés.
Médiateur du cinéma.
(Ord. nº 2010-76 du 21 janv. 2010, art. 18) « Autorité de contrôle prudentiel ».
Conseil supérieur de l'audiovisuel.
Autorité de régulation des communications électroniques et des postes.
Commission de régulation de l'électricité.

1. Communication de la saisine. L'art. 16 du Décr. nº 86-1309 du 29 déc. 1986 [solution transposable à l'art. R. 463-9] ne précise pas le moment auquel la saisine doit être communiquée à l'autorité administrative concernée et n'impose pas que l'avis de cette dernière soit sollicité dès le stade de la saisine du Conseil ; il suffit que cette disposition soit mise en œuvre dans des conditions compatibles avec le respect du caractère contradictoire de la procédure devant le Conseil. • Com. 23 juin 2004 : *Bull. civ. IV, nº 132 ; D. 2004. AJ 2439 ; JCP E 2004, nº 37, p. 1371.* – V. aussi note 4 ss. art. L. 450-6. ♦ Sur la notification des griefs à l'autorité à laquelle a été communiquée la saisine, V. note 2 ss. art. L. 463-2. ♦ Sur la communication de la seule saisine initiale dans le cas où cette saisine a été complétée ultérieurement par d'autres pratiques, V. • Paris, 24 août 2007 : *RDLC 2007, nº 4, p. 133, obs. Michel-Amsellem.*

2. Communication automatique. Aucun texte n'impose l'accord écrit préalable des parties avant la communication d'une saisine aux autorités sectorielles, dès lors que cette communication résulte d'une obligation légale, qui s'impose à l'Autorité de la concurrence en vertu des dispositions de l'art. R. 463-9. • Aut. conc. nº 10-D-32 du 16 nov. 2010.

3. Notification des griefs. Le fait de joindre à la communication de la saisine l'éventuelle notification des griefs intervenue à la suite de la saisine de l'Autorité de la concurrence est laissé à la discrétion de cette dernière. • Aut. conc. nº 12-D-25 du 18 déc. 2012 : *cité note 13 ss. art. L. 420-2.*

Art. R. 463-10 Le rapporteur général peut à tout moment de la procédure demander aux entreprises mises en cause de communiquer au rapporteur dans le délai de deux mois leur numéro unique d'identification et les chiffres d'affaires nécessaires au calcul du plafond d'une éventuelle sanction, conformément aux dispositions du I de l'article L. 464-2. La lettre de transmission mentionne que ces informations sont communiquées par le rapporteur général au commissaire du Gouvernement. – *[Décr. nº 2002-689 du 30 avr. 2002, art. 37.]*

Application. Jugeant que les dispositions de l'art. 37 du Décr. nº 2002-689 du 30 avr. 2002 [C. com., art. R. 463-10] ne peuvent être invoquées que lorsque l'art. L. 464-2 C. com. dans sa rédaction issue de la loi NRE du 15 mai 2001 est applicable à la cause : • Cons. conc. nº 04-D-49 du 28 oct. 2004 : *BOCC 21 janv. 2005 ; D. 2004. AJ 3066.*

SECTION III DE LA NOTIFICATION DES GRIEFS ET DU RAPPORT

Art. R. 463-11 Pour l'application de l'article L. 463-2, la notification des griefs retenus par le rapporteur et la notification du rapport sont faites par le rapporteur général à l'auteur de la saisine, aux ministres intéressés, aux autres parties intéressées et au commissaire du Gouvernement. Ces notifications font l'objet d'envois recommandés avec demande d'avis de réception.

Le rapport soumet à la décision *(Ord. n° 2008-1161 du 13 nov. 2008, art. 4)* « de l'Autorité de la concurrence » une analyse des faits et de l'ensemble des griefs notifiés. Le commissaire du Gouvernement dispose d'un délai de deux mois pour faire valoir ses observations écrites sur le rapport. Les avis éventuels des ministres intéressés sont transmis par écrit *(Ord. n° 2008-1161 du 13 nov. 2008, art. 4)* « à l'Autorité de la concurrence » dans un délai de deux mois par l'intermédiaire du commissaire du Gouvernement. – *[Décr. n° 2002-689 du 30 avr. 2002, art. 36.]*

1. Notification de griefs. Il appartient au Conseil de la concurrence d'examiner le bien-fondé des griefs notifiés, nonobstant la proposition d'abandon de ces griefs ultérieurement formulée. • Cons. conc. n° 03-D-44 du 17 sept. 2003 : *BOCC 17 déc. 2003 ; D. 2004. AJ 135*. ♦ La modification du texte (par rapport à l'art. 18 du Décr. n° 86-1309 du 29 déc. 1986) montre bien qu'elle a eu pour objet de permettre au Conseil de se prononcer sur tous les griefs notifiés, y compris ceux que le rapporteur proposait éventuellement d'abandonner dans son rapport, et ce, sans avoir à surseoir à sa décision en renvoyant le dossier à l'instruction, faculté qui est ouverte au Conseil lorsque l'instruction lui paraît incomplète. • Cons. conc. n° 05-D-69 du 15 déc. 2005 : *cité note 1 ss. art. L. 463-5.* ♦ Le Conseil n'est pas lié par les appréciations du rapporteur et doit statuer sur la totalité des griefs notifiés. • Paris, 19 juin 2007 : *cité note 3 ss. art. R. 464-17.* ♦ Ni le rapporteur ni le rapporteur général ne sont compétents pour annuler un grief notifié. • Cons. conc. n° 04-D-48 du 14 oct. 2004 : *BOCC 21 janv. 2005 ; D. 2004. AJ 2995*.

La notification des griefs est un document synthétique qui contient une description précise des faits reprochés, leur date, leur imputabilité et leur qualification, puis reprend, *in fine*, en les résumant, la rédaction des griefs eux-mêmes dans une formule concise ; elle constitue l'acte d'accusation et doit donc être précise, cette exigence n'excluant pas que les juges d'appel et de cassation recherchent, dans le corps même de la notification des griefs, la portée de ces derniers. • Cons. conc. n° 09-D-06 du 5 févr. 2009 : *BOCC 18 févr. 2009.*

2. Discussion. Les dispositions de l'art. R. 463-11 ne font nullement obstacle au débat contradictoire qui s'ouvre dès la communication des griefs aux parties et qui se poursuit tout au long de la procédure, non seulement sur la matérialité des faits, mais aussi sur leur analyse par les services d'instruction. • Cons. conc. n° 08-D-12 du 21 mai 2008 : *cité note 2 ss. art. L. 463-7.* ♦ Il résulte du caractère contradictoire de la procédure que l'analyse faite dans le rapport peut évoluer par rapport à celle développée dans la notification des griefs. • Cons. conc. n° 07-D-23 du 12 juill. 2007 : *BOCC 25 mars 2008.* ♦ Aucune obligation légale ou réglementaire ne fait obligation au rapporteur de répondre dans le détail à l'argumentation des parties, dès lors que son rapport contient l'essentiel des considérations résultant de l'analyse contradictoire des griefs notifiés de façon précise et motivée. En particulier, aucune disposition légale ou réglementaire ne fait obligation au rapporteur de revenir sur l'analyse des faits dénoncés dans la saisine mais qui n'ont fait l'objet d'aucun grief. • Même décision. ♦ Sur le débat contradictoire, V. aussi : • Paris, 29 janv. 2008 : *cité note 7 ss. art. L. 464-8.*

Ayant relevé qu'un débat contradictoire avait été offert aux parties, dès la notification des griefs, sur l'ensemble des faits et que les sociétés avaient ainsi pu présenter leurs observations sur les griefs notifiés, puis sur le rapport établi en réponse, et exactement énoncé que le rapport soumet à la décision du Conseil une analyse des faits et de l'ensemble des griefs notifiés, c'est sans violer le principe de la contradiction, que la cour d'appel a décidé que le Conseil n'était pas tenu de rouvrir les débats sur les griefs dont le rapporteur proposait l'abandon. • Com. 6 nov. 2007 : *BOCC 15 sept. 2008 ; CCC 2008, n° 17, obs. Decocq ; LPA 28 oct. 2008, obs. AG.*

3. Absence de notification. Seul l'auteur de la saisine (qui s'est, en l'espèce désisté par la suite) a la qualité pour se prévaloir d'une irrégularité au titre de la non-application des dispositions de l'art. R. 463-11, sur la notification à l'auteur de la saisine des griefs retenus et du rapport. • Paris, 8 avr. 2008 : *JCP 2008. II. 10209, note Duloum (sur la prédation) ; CCC 2008, n° 166, obs. Bosco (idem) ; RJDA 2008, n° 714 (idem) ; RDLC 2008, n° 2, p. 118, obs. Prieto (idem) ; ibid., p. 157, obs. Momège.*

Art. R. 463-12 Lorsque *(Décr. n° 2009-139 du 10 févr. 2009, art. 3)* « le rapporteur général » décide, en application de l'article L. 463-3, que l'affaire sera *(Décr. n° 2009-139 du 10 févr. 2009, art. 3)* « examiné *[e]* » par *(Ord. n° 2008-1161 du 13 nov. 2008, art. 4)* « l'Autorité de la concurrence » sans établissement préalable d'un rapport, les parties et le commissaire du Gouvernement disposent d'un délai de deux mois à compter de la notification de cette décision pour présenter leurs observations. – *[Décr. n° 2002-689 du 30 avr. 2002, art. 38.]*

Les modifications issues du Décr. n° 2009-139 du 10 févr. 2009 entrent en vigueur à la date d'entrée en vigueur de la L. n° 2008-776 du 4 août 2008 et de l'Ord. n° 2008-1161 du 13 nov. 2008 (Décr. préc., art. 4).

SECTION IV DU SECRET DES AFFAIRES

Art. R. 463-13 *(Décr. n° 2009-142 du 10 févr. 2009, art. 1er)* Pour l'application de l'article L. 463-4, lorsqu'une personne demande la protection du secret des affaires à l'égard d'éléments communiqués par elle à l'Autorité de la concurrence ou saisis auprès d'elle par cette dernière, elle indique par lettre recommandée avec demande d'avis de réception, pour chaque information, document ou partie de document en cause, l'objet et les motifs de sa demande. Elle fournit séparément une version non confidentielle et un résumé de chacun de ces éléments. Cette demande doit parvenir à l'Autorité dans un délai d'un mois à compter de la date à laquelle lesdits éléments ont été obtenus par l'Autorité. En cas d'urgence, ce délai peut être réduit par le rapporteur général, notamment afin de permettre l'examen d'une demande de mesures conservatoires par l'Autorité, sans pouvoir être inférieur à quarante-huit heures. Dans ce cas, la demande de protection peut être présentée par tout moyen.

Lorsqu'une personne communique des éléments au ministre chargé de l'économie ou que ce dernier saisit des éléments auprès d'elle dans le cadre d'une enquête relative aux articles L. 420-1, L. 420-2 et L. 420-5, cette personne est invitée à signaler par lettre, dans un délai d'un mois à compter de la date à laquelle lesdits éléments ont été obtenus par le ministre, qu'elle demande la protection du secret des affaires, sans préjudice de son droit à invoquer les dispositions de l'article L. 463-4 devant l'Autorité de la concurrence. Cette lettre est jointe à la saisine éventuelle de l'Autorité de la concurrence.

Lorsque l'instruction de l'affaire par l'Autorité de la concurrence fait apparaître que des informations, documents ou parties de documents pouvant mettre en jeu le secret des affaires n'ont pas pu faire l'objet d'une demande de protection par une personne susceptible de se prévaloir de ce secret, le rapporteur général invite cette personne à présenter, si elle le souhaite, une demande dans les conditions de forme et de délai mentionnées au premier alinéa pour bénéficier de la protection du secret des affaires.

Les art. R. 463-13 à R. 463-15-1 dans leur rédaction issue du Décr. n° 2009-142 du 10 févr. 2009 entrent en vigueur à la date d'entrée en vigueur de la L. n° 2008-776 du 4 août 2008 et de l'Ord. n° 2008-1161 du 13 nov. 2008 (Décr. préc., art. 5).

V. les questions-réponses relatives à la protection du secret des affaires (www.autoritedelaconcurrence.fr), D. 2010. 493, obs. Chevrier ; JCP 2010. Actu. 144 ; CCC 2010. Fiche pratique 1.

BIBL. ▶ Boursier-Mauderly, *LPA 7 avr. 2009* (renforcement du secret des affaires : une réalité ?). – Cheynel, *RLC avr.-juin 2009. 79* (protection du secret des affaires – nouvelle mouture). – Claudel, *RTD com. 2009. 559* (une procédure de secret des affaires simplifiée et visant à l'efficacité).

Ancien art. R. 463-13 *Pour l'application de l'article L. 463-4, lorsqu'une personne se prévaut du secret des affaires, elle signale par lettre, à l'occasion de leur communication au Conseil de la concurrence, les informations, documents ou parties de documents regardés par elle comme mettant en jeu le secret des affaires et demande, pour des motifs qu'elle précise pour chacun d'entre eux, leur classement en annexe confidentielle. Elle fournit séparément une version non confidentielle de ces documents ainsi qu'un résumé des éléments dont elle demande le classement. Le cas échéant, elle désigne les entreprises à l'égard desquelles le secret des affaires serait susceptible de s'appliquer.*

Lorsque les informations, documents ou parties de documents susceptibles de mettre en jeu le secret des affaires ne sont pas communiqués au Conseil de la concurrence par la personne susceptible de se prévaloir de ce secret et que celle-ci n'a pas formé de demande de classement, le rapporteur général l'invite à présenter, si elle le souhaite, dans un délai qu'il fixe, une demande de classement en annexe confidentielle conformément aux prescriptions du premier alinéa. — [Décr. n° 2002-689 du 30 avr. 2002, art. 36-1, al. 1er et 2.]

Les dispositions des art. R. 463-13 à R. 463-15 anciens sont applicables aux affaires pour lesquelles la consultation du dossier dans les conditions prévues par les dispositions des art. L. 464-6, R. 462-3, R. 463-8 et R. 463-11 intervient postérieurement à la date d'entrée en vigueur (JO 29 déc.) du Décr. n° 2005-1668 du 27 déc. 2005 (art. 13 du décret).

Art. R. 463-14 *(Décr. n° 2009-142 du 10 févr. 2009, art. 2)* Les informations, documents ou parties de documents pour lesquels une demande de protection au titre du secret des affaires n'a pas été présentée sont réputés ne pas mettre en jeu le secret des affaires. Il en est de même des éléments portant sur les ventes, parts de marché, offres ou données similaires de plus de cinq ans au moment où il est statué sur la demande, sauf si, dans des cas exceptionnels, le rapporteur général en décide autrement.

Dans le cadre de l'instruction par l'Autorité de la concurrence le rapporteur examine, avant que les éléments concernés du dossier soient rendus accessibles ou communiqués aux parties, les demandes de protection de secrets d'affaires qui ont été formulées. Le rapporteur général notifie au demandeur une décision de traitement confidentiel des informations, documents ou parties de documents en cause. Les actes de procédure sont établis en fonction de cette décision. Le rapporteur général peut aussi rejeter la demande en tout ou en partie si elle n'a pas été présentée conformément aux dispositions du premier alinéa de l'article R. 463-13, si elle l'a été au-delà du délai imparti ou si elle est manifestement infondée.

V. note ss. art. R. 463-13.

Ancien art. R. 463-14 *Les informations, documents ou parties de documents pour lesquels une demande de classement n'a pas été présentée sont réputés ne pas mettre en jeu le secret des affaires.*

Le président du Conseil de la concurrence ou le vice-président délégué donne acte à la personne concernée du classement en annexe confidentielle des informations, documents ou partie de documents regardés par elle comme mettant en jeu le secret des affaires. Il peut refuser le classement en tout ou en partie si la demande n'a pas été présentée conformément aux dispositions du premier alinéa de l'article R. 463-13, ou l'a été au-delà des délais impartis par le rapporteur général, ou si elle est manifestement infondée. La version non confidentielle des documents et leur résumé sont versés au dossier. — [Décr. n° 2002-689 du 30 avr. 2002, art. 36-1, al. 3 et 4.]

V. note ss. art. R. 463-13 ancien.

Art. R. 463-15 *(Décr. n° 2009-142 du 10 févr. 2009, art. 3)* Lorsque le rapporteur considère qu'une ou plusieurs pièces dans leur version confidentielle sont nécessaires à l'exercice des droits de la défense d'une ou plusieurs parties ou que celles-ci doivent en prendre connaissance pour les besoins du débat devant l'Autorité, il en informe par lettre recommandée avec demande d'avis de réception la personne qui a fait la demande de protection du secret des affaires contenu dans ces pièces et lui

fixe un délai pour présenter ses observations avant que le rapporteur général ne statue. La décision du rapporteur général est notifiée aux intéressés.

Lorsqu'une partie mise en cause n'a pas eu accès à la version confidentielle d'une pièce qu'elle estime nécessaire à l'exercice de ses droits, elle peut en demander au rapporteur la communication ou la consultation en lui présentant une requête motivée dès sa prise de connaissance de la version non confidentielle et du résumé de cette pièce. Il est alors procédé comme à l'alinéa précédent.

Le rapporteur général fixe, le cas échéant, un délai permettant un débat sur les informations, documents ou parties de document nouvellement communiqués.

V. note ss. art. R. 463-13.

BIBL. ▶ Grall et Touret, *RLDA févr. 2011. 37* (remise en question de la méthode de saisie globale des messageries électroniques dans le cadre des opérations de visites et de saisies). – G. Fabre, *RLC janv.-mars 2012. 60* (saisies globales de messageries et respect du secret professionnel de l'avocat).

Ancien art. R. 463-15 ***Lorsque le rapporteur considère qu'une pièce classée en annexe confidentielle est nécessaire à la procédure, il en informe par lettre recommandée avec demande d'avis de réception la personne qui en a demandé le classement. Si cette personne s'oppose, dans le délai qui lui a été imparti par le rapporteur, à ce que la pièce soit utilisée dans la procédure, elle saisit le président du Conseil de la concurrence. Si celui-ci ou le vice-président délégué donne suite à son opposition, la pièce est maintenue dans l'annexe confidentielle. Dans le cas contraire, il autorise l'utilisation de la pièce par le rapporteur et sa communication à la ou aux parties mises en cause, ainsi qu'au commissaire du Gouvernement.***

Lorsqu'une partie mise en cause considère qu'une pièce classée en annexe confidentielle est nécessaire à l'exercice de ses droits, elle peut en demander la communication ou la consultation en présentant une requête motivée au rapporteur. Le rapporteur informe la personne qui a demandé le classement de cette pièce par lettre recommandée avec demande d'avis de réception. Si cette dernière s'oppose, dans le délai qui lui a été imparti par le rapporteur, à ce que la pièce soit communiquée à la partie qui en fait la demande, elle saisit le président du Conseil de la concurrence ». Si celui-ci ou le vice-président délégué donne suite à son opposition, la pièce est maintenue dans l'annexe confidentielle. Dans le cas contraire, il autorise la communication ou la consultation de la pièce à la partie qui en a fait la demande ainsi que, le cas échéant, aux autres parties mises en cause pour lesquelles la pièce est nécessaire à l'exercice de leurs droits, ainsi qu'au commissaire du Gouvernement. — [Décr. n° 2002-689 du 30 avr. 2002, art. 36-1, al. 5 et 6.]

V. note ss. art. R. 463-13 ancien.

1. Demande de déclassement. Il résulte de l'art. R. 463-15 que seuls peuvent demander le déclassement de pièces classées en annexe confidentielle, le rapporteur pour les besoins de son instruction, ou une entreprise mise en cause pour les besoins de l'exercice des droits de la défense. Il n'est donc pas prévu que le saisissant puisse demander le déclassement d'une pièce dont le classement a été demandé par une partie mise en cause, quelle que soit l'origine de la pièce. • Cons. conc, n° 08-D-31 du 10 déc. 2008 : *cité note 31 bis ss. art. L. 420-2.*

Les requérantes ne sont pas fondées à soutenir qu'une demande de communication visant l'ensemble des messageries (qui doivent être classées globalement dès lors qu'elles sont assimilées à des pièces uniques) est nécessairement vouée à l'échec en raison de la protection apportée par le secret des affaires, puisque la procédure prévue par le second al. de l'art. R. 463-15 ancien avait précisément pour objet de permettre au président du Conseil de la concurrence d'apprécier, en cas d'opposition de la partie bénéficiant du classement en annexe confidentielle, si une autorisation de consultation ou de communication de la pièce doit être accordée ponctuellement. • Paris, 26 janv. 2010 : *BOCC 23 févr. 2010 ; CCC 2010, n° 80, obs. Decocq ; RDLC 2010, n° 2, p. 133, obs. Lemaire ; RLC avr.-juin 2010. 75, obs. Lavedan ; Gaz. Pal. 2010. 3044, et les obs.* ♦ Le déclassement de certains éléments des messageries peut être ordonné, bien qu'elles constituent chacune une pièce unique. • Com. 29 mars 2011 : *BOCC 21 avr. 2011 ; CCC 2011, n° 145, obs. Decocq ; Gaz. Pal. 2011. 2933, et les obs. ; RJDA 2011,* n° 841 ; RDLC 2011, n° 3, p. 185, obs. Lemaire et *Naudin ; RLC juill.-sept. 2011. 66, obs. Lavedan.*

2. Délai. Le déclassement des pièces prévu par l'art. R. 463-15 n'est soumis à aucun délai. • Paris, 4 févr. 2009 : *cité note 37 ss. art. L. 420-1.*

3. Procédure de déclassement. Les procédures de déclassement doivent être proportionnées aux nécessités de l'instruction d'une procédure d'urgence. • Aut. conc. n° 11-D-05 du 23 févr. 2011.

Art. R. 463-15-1 *(Décr. n° 2009-142 du 10 févr. 2009, art. 4)* Pour l'application de l'article L. 463-4 dans le cadre de l'examen des projets d'opérations de concentration prévu au titre III, les personnes apportant des informations à l'Autorité de la concurrence lui précisent en même temps celles qui constituent des secrets d'affaires. Le rapporteur général veille à ce que ces informations soient réservées à l'Autorité et au commissaire du Gouvernement et à ce que soient constituées, si nécessaire, des versions non confidentielles des documents les contenant.

Les dispositions des articles R. 463-13 à R. 463-15 ne sont pas applicables.

V. note ss. art. R. 463-13.

SECTION V DE L'EXPERTISE

Art. R. 463-16 Lorsqu'en application de l'article L. 463-8 le rapporteur général décide de faire appel à un ou des experts, sa décision définit l'objet de l'expertise, fixe le délai de sa réalisation et évalue les honoraires prévisibles correspondants.

Lorsque l'expertise est demandée par une partie et acceptée par le rapporteur général, ce dernier lui demande de consigner le montant d'une provision égale aux honoraires prévus de l'expert. Si plusieurs parties doivent procéder à une telle consignation, le rapporteur général indique dans quelle proportion chacune doit consigner.

Le rapporteur général peut décider d'accorder aux experts qui le demandent une avance forfaitaire, qui ne peut excéder 25 % des honoraires prévus.

Le ou les experts informent le rapporteur chargé de l'instruction de l'affaire de l'avancement des opérations d'expertise. Le ou les experts doivent prendre en considération les observations des parties, qui peuvent être adressées par écrit ou être recueillies oralement, et doivent les joindre à leur rapport si elles sont écrites et si la partie concernée le demande. Ils doivent faire mention, dans leur rapport, de la suite qu'ils leur ont donnée.

Le rapport d'expertise est remis au rapporteur chargé de l'instruction de l'affaire. Ce dernier le joint en annexe à sa notification de griefs, à son rapport ou à sa proposition de non-lieu ou, s'il est remis après l'envoi de son propre rapport, l'adresse aux parties et au commissaire du Gouvernement afin qu'ils puissent faire part de leurs observations éventuelles. Ces observations sont faites dans la réponse à la notification de griefs, au rapport du rapporteur ou à la proposition de non-lieu, ou bien en séance.

Même si plusieurs experts ont été désignés, un seul rapport est rédigé, qui fait apparaître les points d'accord et les points de divergence éventuels.

A la remise du rapport d'expertise, le rapporteur général arrête définitivement le montant des honoraires d'expertise et fait procéder à leur paiement. — [*Décr. n° 2002-689 du 30 avr. 2002, art. 41.*]

CHAPITRE IV DES DÉCISIONS ET DES VOIES DE RECOURS

SECTION PREMIÈRE DES DÉCISIONS

Art. R. 464-1 La demande de mesures conservatoires mentionnée à l'article L. 464-1 ne peut être formée qu'accessoirement à une saisine au fond *(Ord.*

n° 2008-1161 du 13 nov. 2008, art. 4) **« de l'Autorité de la concurrence ». Elle peut être présentée à tout moment de la procédure et doit être motivée.** – *[Décr. n° 2002-689 du 30 avr. 2002, art. 42.]*

FORM. PR. COM. v^is *Saisine par lettre recommandée AR avec demande de mesures conservatoires ; Saisine par dépôt au bureau de la procédure avec demande de mesures conservatoires,* par CASANOVA.

Caractère accessoire. L'examen des mesures conservatoires étant devenu sans objet, en raison de l'annulation de la procédure d'appel d'offres qui a retiré tout caractère d'urgence à la situation examinée, les pratiques mises en œuvre n'étant en effet plus susceptibles de porter une atteinte grave et immédiate au sens de l'art. L. 464-1, il n'en résulte pas pour autant que la saisine au fond soit, elle-même, devenue sans objet. • Cons. conc. n° 09-D-10 du 27 févr. 2009 : *cité note 22 ss. art. L. 420-1.* ♦ S'il est exact que l'annulation de l'appel d'offres a rejailli sur l'offre du soumissionnaire qui se trouve en conséquence anéantie (n'ayant plus de cause et ne pouvant plus produire aucun effet), elle n'a pas fait disparaître le comportement du soumissionnaire qui s'était matérialisé dans son offre, et ne constitue pas un obstacle au contrôle de ce comportement au regard des règles de la concurrence. • Paris, 9 mars 2010 : *BOCC 22 juill. 2011 ; D. 2010. 1920, note Malaurie-Vignal ; AJDA 2010. 1246, note Nicinski ; JCP E 2010, n° 1386, note Bazex ; ibid. 2011, n° 1325, spéc. n° 72, obs. Laquièze ; CCC 2010, n° 129, obs. Decocq ; RJDA 2010. 665, note Grynfogel ; RDLC 2010, n° 2, p. 81, obs. Wachsmann ; RLC juill.-sept. 2010. 37, obs. Destours ; ibid. 52, obs. Winckler ; RDC 2010. 866, note Prieto* (conf. par • Com. 21 juin 2011 : *BOCC 22 juill. 2011 ; CCC 2011, n° 222, obs. Decocq ; RJDA 2012, n° 91 ; RLC oct.-déc. 2011. 54, obs. Destours*).

Art. R. 464-2 **Lorsque** *(Ord. n° 2008-1161 du 13 nov. 2008, art. 4)* **« l'Autorité de la concurrence » envisage de faire application du I de l'article L. 464-2 relatif à l'acceptation d'engagements proposés par les entreprises, le rapporteur fait connaître aux entreprises ou organismes concernés son évaluation préliminaire des pratiques en cause. Cette évaluation peut être faite par courrier, par procès-verbal ou, lorsque l'Autorité est saisie d'une demande de mesures conservatoires, par la présentation d'un rapport oral en séance. Une copie de l'évaluation est adressée à l'auteur de la saisine et au commissaire du Gouvernement, sauf lorsqu'elle est présentée oralement lors d'une séance en présence des parties.**

Le délai imparti aux entreprises ou organismes pour formaliser leurs engagements à l'issue de l'évaluation préliminaire est fixé, soit par le rapporteur dans le cas où l'évaluation a été faite par courrier ou par procès-verbal, soit par *(Ord. n° 2008-1161 du 13 nov. 2008, art. 4)* **« l'Autorité de la concurrence » dans le cas où cette évaluation a été présentée oralement en séance. Ce délai ne peut, sauf accord des entreprises ou organismes concernés, être inférieur à un mois.**

A réception des engagements proposés par les entreprises ou organismes concernés à l'issue du délai mentionné au deuxième alinéa, le rapporteur général communique leur contenu à l'auteur ou aux auteurs de la saisine ainsi qu'au commissaire du Gouvernement. Il publie également, par tout moyen, un résumé de l'affaire et des engagements pour permettre aux tiers intéressés de présenter leurs observations. Il fixe un délai, qui ne peut être inférieur à un mois à compter de la date de communication ou de publication du contenu des engagements, pour la production des observations des parties, du commissaire du Gouvernement et, le cas échéant, des tiers intéressés. Ces observations sont versées au dossier.

Les parties et le commissaire du Gouvernement sont convoqués à la séance par l'envoi d'une lettre du rapporteur général accompagnée de la proposition d'engagements trois semaines au moins avant le jour de la séance. Ils peuvent présenter des observations orales lors de la séance. – *[Décr. n° 2002-689 du 30 avr. 2002, art. 42-1.]*

V. le communiqué de procédure de l'Autorité de la concurrence du 2 mars 2009 relatif aux engagements en matière de concurrence : www.autoritedelaconcurrence.fr.

BIBL. ► CHEYNEL, *RLC 2006, n° 6, p. 74* (formalisation de la procédure d'acceptation des engagements). – MOMÈGE, *RDLC 2006, n° 1, p. 183* (modalités d'application de la procédure d'engagements). – Grandvuillemin, *JCP E 2009, n° 22, p. 16* (procédure d'engagements : état des lieux après le communiqué de procédure du 2 mars 2009).

1. Moment des engagements. Des sociétés ne sont pas fondées à demander, après la notification du rapport, le bénéfice de la procédure d'engagement, qui, conformément à la pratique du Conseil consacrée par le Décr. du 27 déc. 2005, a pour objet de répondre à des préoccupations de concurrence résultant d'une « évaluation préliminaire » nécessairement antérieure à la notification des griefs. • Cons. conc. n° 06-D-18 du 28 juin 2006 : *BOCC 26 janv. 2007 ; D. 2006. AJ 2098, obs. Chevrier ; JCP E 2006, n° 43-44, p. 1831, note Dieny ; RDLC 2006, n° 3, p. 92, obs. Claudel ; ibid., p. 141, obs. Momège.* ♦ La pratique décisionnelle de l'Autorité ne tient compte de la mise en place de programmes de conformité que lorsque l'entreprise recourt à la procédure de non-contestation des griefs et prend des engagements. • Aut. conc. n° 12-D-27 du 20 déc. 2012 : *Dalloz actualité, 24 janv. 2013, obs. Chevrier ; CCC 2013, n° 62, obs. Bosco ; CCE 2013, n° 56, obs. Pironon ; RLC avr.-juin 2013. 34, obs. Sélinsky.*

2. Évaluation préliminaire. L'évaluation préliminaire de concurrence sur laquelle se fonde la procédure ne saurait se confondre avec une qualification des pratiques telle que cette qualification peut être retenue dans une décision du Conseil, ni même avec la qualification proposée par les services d'instruction dans une notification de griefs. Dans ces conditions, l'acceptation par une entreprise d'entrer dans une procédure d'engagements afin de répondre à une préoccupation de concurrence exprimée par le Conseil n'est en rien assimilable à une reconnaissance de pratique anticoncurrentielle de la part de l'entreprise proposant des engagements ; de même, la décision du Conseil conduisant, le cas échéant, à accepter ces engagements, ne peut être assimilée à une décision qualifiant une pratique au regard du titre III du code de commerce. • Cons. conc. n° 06-D-20 du 13 juill. 2006 : *BOCC 26 janv. 2007 ; CCC 2006, n° 199, obs. Decocq ; RLC oct.-déc. 2006. 32, obs. Sélinsky.*

La procédure d'engagement présente des spécificités, et en particulier des mesures d'instruction allégées par rapport à la procédure habituelle, comportant une simple évaluation préliminaire des pratiques en cause en vue d'identifier des préoccupations de concurrence, sans qu'il soit nécessaire de procéder à la qualification de comportements au sens des art. L. 420-1 ou L. 420-2 C. com., ni *a fortiori* à la constatation d'une infraction à ces dispositions, et ne nécessitant dès lors pas la détermination exacte du marché pertinent. • Paris, 16 oct. 2007 : *BOCC 15 sept. 2008 ; D. 2007. AJ 2729, obs. Chevrier ; CCC 2007. n° 297, obs. Malaurie-Vignal ; Gaz. Pal. 2008. 2692, et les obs. ; RJDA 2007, n° 1282 ; CCE 2007, n° 152, obs. Chagny ; RLC janv.-mars 2008. 85, note Cheynel ; Lettre distrib. nov. 2007, p. 2.*

3. Négociation des engagements. Le fait que le Conseil a pris une part active dans le débat entre les parties sur les engagements proposés, qui tient au caractere consensuel de cette phase de la procédure et à ce qu'il apprécie, en définitive, la pertinence des engagements et leur donne force exécutoire, ne caractérise nulle immixtion de sa part dans l'instruction de l'affaire. • Paris 6 nov. 2007 : *cité ss. art. R. 464-8.* ♦ Les prévisions de l'art. R. 464-2 s'inscrivent dans le cadre bien déterminé d'une procédure souple et rapide qui vise, non point à emporter l'adhésion du plaignant dont les demandes pourraient excéder ce qui est strictement nécessaire ou règlement ces préoccupations de concurrence, mais uniquement à apporter une réponse satisfaisante de l'autorité publique à ces dernières. Il s'agit donc d'un outil de pure régulation et non d'une procédure de sanction ; l'esprit des textes réglementant cette dernière procédure étant d'ailleurs bien de donner au principe d'égalité des armes un autre relief que dans la procédure d'engagements. • Paris, 6 oct. 2009 : *BOCC 13 nov. 2009 ; RLC janv.-mars 2010. 72 et 73, obs. Cheynel ; Gaz. Pal. 2010. 1697, et les obs. ; Lettre distrib. oct. 2009, p. 2.* ♦ La mission de défense de l'ordre public économique de l'Autorité l'habilite à rendre des décisions d'engagements, non pas pour satisfaire la demande d'une partie plaignante, mais pour mettre fin à des situations susceptibles d'être préjudiciables à la concurrence. • Aut. conc. n° 12-D-18 du 20 sept. 2012 : *RDLC 2012, n° 4, p. 159, obs. Tran Thiet et Berg ; RLC janv.-mars 2013. 33, obs. Sélinsky.* ♦ Il appartient à l'Autorité de vérifier que les engagements proposés sont de nature à mettre un terme au risque identifié ; l'Autorité devant par ailleurs s'assurer que les conditions de mise en œuvre de ces engagements les rendent effectifs et garantissent à court terme un bénéfice réel pour le fonctionnement de la concurrence sur le marché (difficultés engendrées par une mise en œuvre progressive des engagements). • Aut. conc. n° 09-D-32 du 26 oct. 2009 : *RDLC 2010, n° 1, p. 105, obs. Wachsmann et Thomas ; RDC 2010. 635, obs. Prieto.*

4. Contradictoire. Lorsque la procédure d'engagements est mise en œuvre, les parties à la procédure doivent, sous réserve des dispositions de l'art. L. 463-4 C. com., avoir accès à l'intégralité des documents sur lesquels s'est fondé le rapporteur pour établir l'évaluation préliminaire et à l'intégralité de ceux soumis au Conseil pour statuer sur les engagements. • Com. 4 nov. 2008 : *Bull. civ. IV, n° 188 ; BICC 15 mars 2009, n° 360, et les obs. ; D. 2008. AJ 2863, obs. Chevrier* ; *JCP E 2008, n° 49, p. 27 ; CCC 2008, n° 274, obs. Bazex ; RJDA 2009, n° 272 ; CCE 2009, n° 27, obs. Chagny ; RLDA déc. 2008. 44, obs. Anadon ; RLC janv.-mars 2009. 66, note Cheynel ; RDLC 2009, n° 1, p. 189, obs. Lemaire.* – Et pour une application intransigeante : • Paris, 26 nov. 2008 : *BOCC 18 févr. 2009 ; Dalloz actualité, 2 déc. 2008, obs. Chevrier ; CCC 2009, n° 15, obs. Bosco ; Lettre distrib. déc. 2008, p. 3 ; RDC 2009. 122, obs. Prieto* (cassée par • Com. 2 févr. 2010 : *BOCC 23 févr. 2010 ; CCC 2010, n° 106, obs. Bosco ; RDLC 2010, n° 2, p. 135, obs. Lemaire et Naudin*). ♦ Il appartient à la cour d'appel, saisie par une partie d'une demande tendant à l'annulation de la décision du Conseil faute pour elle d'avoir eu accès à l'intégralité du dossier, de vérifier, au besoin d'office, si le défaut de communication de certaines pièces a porté atteinte à ses intérêts. • Com. 4 nov. 2008 : *préc.* – V. aussi • Com. 2 févr. 2010 : *Bull. civ. IV, n° 26 ; D. 2010. AJ 437, obs. Chevrier* ; *JCP E 2010, n° 1266 ; CCC 2010, n° 106, obs. Bosco ; RJDA 2010, n° 560 ; RDLC 2010, n° 2, p. 135, obs. Lemaire et Naudin ; RLC avr.-juin 2010. 78, obs. Barbier de la Serre.* ♦ Il convient d'écarter les arguments soutenant que le principe du contradictoire n'a pas été violé au motif que les parties ont reçu communication des mêmes pièces, le complet respect de la contradiction commandant que toutes les parties à la procédure aient accès à l'intégralité des documents visés par la décision d'engagements. • Paris, 1er juin 2010 : *BOCC 25 juin 2010 ; Dalloz actualité, 7 juin 2010, obs. Chevrier ; JCP E 2010, n° 1580 ; CCC 2010, n° 217, obs. Decocq ; Gaz. Pal. 2011. 426, et les obs. ; RDLC 2010, n° 3, p. 161, obs. Lemaire ; RLC oct.-déc. 2010. 62, obs. Christol.* ♦ Comp. : la cour ne peut pas s'arrêter à la faculté qui aurait été offerte au requérant d'obtenir communication des documents mais doit bien au contraire vérifier, au besoin d'office, si le défaut de communication de certaines pièces a concerné également la partie mise en cause et porté concrètement atteinte au principe de la contradiction. • Paris, 6 oct. 2009 : *préc. note 3.* ♦ S'il ne convient pas, à ce stade du raisonnement consistant à déterminer si l'accès aux documents a été intégral, d'apprécier l'utilité des pièces au regard des actes adoptés, la considération que l'intégralité des pièces n'a pas été communiquée ne suffit en revanche pas à la cour si elle ne peut s'assurer en outre de ce que le défaut de communication de certaines pièces a porté concrètement atteinte aux intérêts d'une des parties. • Paris, 1er juin 2010 : *préc.* ♦ Le défaut de communication de pièces en violation du principe du contradictoire n'est susceptible de constituer une atteinte concrète à l'intérêt des parties que s'il est établi qu'en l'absence de cette irrégularité les engagements n'auraient pas été adoptés ou auraient eu un contenu différent. • Même arrêt.

Contra, jugeant que lorsque est mise en œuvre la procédure d'engagements, au cours de laquelle il n'est pas procédé à la qualification des comportements au sens de l'art. L. 420-1 ou L. 420-2, ni *a fortiori* à la constatation d'une infraction aux mêmes dispositions, le contradictoire est assuré dès lors que les parties ont accès aux pièces qui renseignent sur la teneur des pratiques en cause, c'est-à-dire aux éléments qui fondent les préoccupations de concurrence qui leur sont adressées ; il s'agit, outre la saisine et ses annexes, de l'évaluation préliminaire et de l'ensemble des observations versées au dossier. • Cons. conc. n° 07-D-45 du 13 déc. 2007 : *BOCC 23 avr. 2008 ; RDLC 2008, n° 1, p. 112, obs. Debroux* (annulée par • Paris, 26 nov. 2008 : *BOCC 18 févr. 2009 ; Dalloz actualité, 2 déc. 2008, obs. Chevrier ; CCC 2009, n° 15, obs. Bosco ; Lettre distrib. déc. 2008, p. 3 ; RDC 2009. 122, obs. Prieto* ; cassée par • Com. 2 févr. 2010 : *préc.*).

5. Réexamen des engagements. En matière d'engagements, le Conseil raisonne dans une situation de marché donnée ; si des changements significatifs interviennent sur le marché, comme par exemple un développement très rapide des ventes directes, il peut être amené à réexaminer la pertinence des engagements acceptés au vu des nouvelles circonstances de fait. • Cons. conc. n° 07-D-46 du 13 déc. 2007 : *BOCC 23 avr. 2008 ; RDLC 2008, n° 1, p. 112, obs. Debroux* (annulée par • Paris, 26 nov. 2008 : *BOCC 18 févr. 2009 ; Dalloz actualité, 2 déc. 2008, obs. Chevrier ; CCC 2009, n° 15, obs. Bosco ; Lettre distrib. déc. 2008, p. 3 ; RDC 2009. 122, obs. Prieto*). ♦ L'entreprise peut, conformément au point 46 du communiqué de procédure du 2 mars 2009 relatif aux engagements en matière de concurrence, apporter à tout moment à l'Autorité des éléments tendant à démontrer la nécessité d'une révision des engagements avant le terme fixé, au regard des changements intervenus sur le marché en cause, tels par exemple qu'un changement important des éléments de fait ou de droit sur lesquels repose la décision. • Aut. conc. n° 10-D-30 du 28 oct. 2010 : *Dalloz actualité, 5 nov. 2010, obs. Constantin ; RLC janv.-févr. 2011. 33, obs. Cholet ; ibid. 81, obs. Barbier de la Serre.*

6. ***Suivi des engagements.*** La procédure prévue au I de l'art. L. 464-2 C. com. met fin à la procédure et aucune disposition ne prévoit la participation du saisissant au suivi des engagements pris vis-à-vis de l'Autorité de la concurrence. • Aut. conc. n° 09-D-11 du 18 mars 2009. ♦ Si l'une des parties à la procédure ne respecte pas un ou plusieurs de ses engagements, ce non-respect d'engagements pourra être sanctionné mais en aucun cas, il ne pourra délier l'autre partie de ses propres engagements. • Aut. conc. n° 10-D-01 du 11 janv. 2010 : *cité note 7.* ♦ Le principe d'interprétation stricte des injonctions s'étend aux engagements. • Aut. conc. n° 10-D-21 du 30 juin 2010 : *Dalloz actualité, 20 juill. 2010, obs. Chevrier ; RDLC 2010, n° 4, p. 207, obs. Lemaire et Cousin.* ♦ L'appréciation de la gravité des pratiques de non-respect des engagements peut s'analyser à la lumière de la jurisprudence applicable au non-respect d'injonctions. Au même titre que le non-respect d'injonctions, le non-respect d'engagements constitue donc une pratique grave en elle-même ; une telle pratique est d'autant plus grave que la prise d'engagements a lieu à l'initiative des parties mises en cause qui les proposent, et qu'en contrepartie de ceux-ci elles peuvent bénéficier d'une réduction de sanction importante. • Même décision.

7. ***Domaine des engagements.*** La procédure d'engagement ne doit résoudre que les préoccupations de concurrence identifiées dans l'évaluation préliminaire. • Aut. conc. n° 12-D-17 du 5 juill. 2012 : *cité note 6 ss. art. L. 464-2.* ♦ La délimitation, par le rapporteur, du champ des préoccupations de concurrence relève des pouvoirs d'appréciation des services d'instruction. La décision par laquelle l'Autorité rend obligatoires les engagements proposés par les parties atteste que ceux-ci ont été considérés comme mettant un terme aux préoccupations de concurrence identifiées, et clôt la saisine au fond. Mais aucun effet juridique supplémentaire ne saurait être conféré à cette décision ; en particulier, cette décision ne préjuge en rien de l'appréciation que l'Autorité pourrait éventuellement porter sur les autres aspects des contrats de distribution en cause, que ceux-ci aient été ou non évoqués dans la saisine ou lors de la séance. • Aut. conc. n° 10-D-01 du 11 janv. 2010 : *Dalloz actualité, 15 janv. 2010, obs. Chevrier ; CCE 2010, n° 24, obs. Chagny ; Gaz. Pal. 2010. 3041, et les obs.* ♦ En principe, l'Autorité de la concurrence ne rend pas obligatoires des engagements qui excèdent la résolution des préoccupations de concurrence, bien qu'elle puisse, au besoin, donner acte de mesures complémentaires proposées par l'entreprise concernée, par exemple pour faciliter la mise en œuvre des engagements acceptés. • Aut. conc. n° 10-D-30 du 28 oct. 2010 : *préc. note 5.*

8. ***Tiers certificateur.*** Il n'existe *a priori* aucun obstacle juridique à ce que soit prévu un tiers certificateur dans des engagements acceptés par l'Autorité de la concurrence. Toutefois, les demandes concernant l'intervention d'un tiers certificateur excèdent, en l'espèce, ce qui est nécessaire pour dissiper les préoccupations de concurrence exprimées sur ce point et il n'est donc pas utile de modifier les engagements à cet égard. • Aut. conc. n° 10-D-20 du 25 juin 2010.

9. ***Valeur d'exemple.*** La nature particulière de la publicité s'appliquant en matière d'engagements et le terme rapide de la procédure qui peut résulter de leur adoption sont de nature à favoriser un audit des pratiques dans les entreprises placées dans une situation comparable et le cas échéant l'application de remèdes dans l'esprit des engagements qui auront été publiés. • Aut. conc. n° 12-D-29 du 21 déc. 2012.

Art. R. 464-3 **Pour l'application des dispositions relatives à la liquidation de l'astreinte prévues au II de l'article L. 464-2,** *(Ord. n° 2008-1161 du 13 nov. 2008, art. 4)* **« l'Autorité de la concurrence » se prononce après sa saisine dans les conditions prévues à l'article L. 462-5. Sa décision est précédée de l'établissement d'un rapport évaluant le montant définitif de l'astreinte. Ce rapport est adressé aux parties et au commissaire du Gouvernement, qui disposent d'un délai d'un mois pour présenter leurs observations écrites. Les parties et le commissaire du Gouvernement peuvent également présenter des observations orales lors de la séance.** – *[Décr. n° 2002-689 du 30 avr. 2002, art. 42-2.]*

Art. R. 464-4 **Lorsque le rapporteur général propose** *(Ord. n° 2008-1161 du 13 nov. 2008, art. 4)* **« à l'Autorité de la concurrence » de faire application des dispositions du III de l'article L. 464-2, les parties et le commissaire du Gouvernement en sont informés par l'envoi d'une lettre du rapporteur général trois semaines au moins avant le jour de la séance.** – *[Décr. n° 2002-689 du 30 avr. 2002, art. 43.]*

Art. R. 464-5 L'entreprise ou l'organisme qui effectue la démarche mentionnée au IV de l'article L. 464-2 s'adresse soit au directeur général de la concurrence, de la consommation et de la répression des fraudes, soit au rapporteur général *(Ord. n° 2008-1161 du 13 nov. 2008, art. 4)* « de l'Autorité de la concurrence ». La démarche est effectuée par courrier adressé en recommandé avec demande d'avis de réception ou oralement. Dans ce dernier cas, le directeur général de la concurrence, de la consommation et de la répression des fraudes ou le rapporteur général *(Ord. n° 2008-1161 du 13 nov. 2008, art. 4)* « de l'Autorité de la concurrence » constate par écrit la date de la démarche. La déclaration du représentant de l'entreprise ou de l'organisme est recueillie dans les délais les plus brefs par procès-verbal de déclaration par un enquêteur de la direction générale de la concurrence, de la consommation et de la répression des fraudes ou un rapporteur *(Ord. n° 2008-1161 du 13 nov. 2008, art. 4)* « de l'Autorité de la concurrence ».

Le directeur général de la concurrence, de la consommation et de la répression des fraudes et le rapporteur général s'informent réciproquement de toute démarche faite auprès d'eux en application du premier alinéa du présent article ainsi que de l'existence d'une éventuelle enquête ou instruction se rapportant aux pratiques en cause et déjà en cours avant cette démarche.

Un rapporteur *(Ord. n° 2008-1161 du 13 nov. 2008, art. 4)* « de l'Autorité de la concurrence » élabore des propositions d'exonération de sanctions et précise les conditions auxquelles *(Ord. n° 2008-1161 du 13 nov. 2008, art. 4)* « l'Autorité de la concurrence » pourrait soumettre cette exonération dans son avis de clémence. Son rapport est adressé, au moins trois semaines avant la séance, à l'entreprise ou organisme concerné et au commissaire du Gouvernement.

Lorsque le bénéfice des dispositions du IV de l'article L. 464-2 a été demandé, le rapport d'enquête ou la notification de griefs et le rapport du rapporteur peuvent comporter une appréciation sur le respect par l'entreprise ou l'organisme bénéficiaire de l'avis de clémence des conditions prévues par celui-ci. – *[Décr. n° 2002-689 du 30 avr. 2002, art. 44.]*

V. le communiqué de procédure de l'Autorité de la concurrence du 2 mars 2009 relatif au programme de clémence français : www.autoritedelaconcurrence.fr.

1. Demande de clémence. Le Décr. n° 2002-689 du 30 avr. 2002, notamment son art. 44, d'une part, et le communiqué de procédure du 11 avr. 2006, d'autre part, ne soumettent la représentation de l'entreprise ou de l'organisme effectuant une demande de clémence à aucun formalisme. • Aut. conc. n° 13-D-12 du 28 mai 2013. ♦ Il n'appartient pas au demandeur de clémence mais à l'Autorité, sous le contrôle juridictionnel de la cour d'appel de Paris, elle-même placée sous celui de la Cour de cassation, de qualifier des pratiques d'anticoncurrentielles. • Même décision. ♦ La coopération attendue du demandeur n'est pas épuisée par le seul fait de présenter sa demande de clémence ; elle reste nécessaire tout au long de la période séparant le dépôt de cette demande de la tenue de la séance du collège, en passant par les différentes étapes de la phase préliminaire d'enquête et de la procédure d'instruction. • Même décision.

2. Avis de clémence. Si l'avis de clémence, qui est le seul acte par lequel ont été définies les conditions auxquelles est subordonnée l'exonération de sanction, doit être versé au dossier au stade de la notification de griefs afin que toutes les parties puissent en avoir connaissance, le rapport préalable, qui se borne à élaborer des propositions d'exonération de sanctions en les soumettant au Conseil de la concurrence, ne doit être adressé qu'à l'entreprise demanderesse à l'octroi du bénéfice de la clémence sans être communiqué aux parties destinataires de la notification de griefs, selon les dispositions de l'art. 44 du Décr. n° 2002-689 du 30 avr. 2002 [C. com., art. R. 464-5]. • Cons. conc. n° 06-D-09 du 11 avr. 2006 : *cité note 14 ss. art. L. 464-2* (conf. par • Paris, 24 avr. 2007 : *cité note 8 ss. art. L. 464-2*). ♦ Le point 27 du communiqué de procédure du 11 avr. 2006, en précisant que l'entreprise transmet aux autorités de concurrence françaises les informations et preuves relatives à l'entente présumée nécessaires à l'examen de sa demande de clémence, n'empêche pas la communication de documents postérieurement au délai de marqueur, mais seulement avant l'avis de clémence. • Aut. conc. n° 13-D-12 du 28 mai 2013.

Art. R. 464-6 Les convocations aux séances *(Ord. n° 2008-1161 du 13 nov. 2008, art. 4)* « de l'Autorité de la concurrence » sont adressées par envois recommandés avec demande d'avis de réception trois semaines au moins avant le jour de la séance. Ce délai peut être réduit par le rapporteur général lorsque *(Ord. n° 2008-1161 du 13 nov. 2008, art. 4)* « l'Autorité de la concurrence » se réunit pour statuer en application de l'article L. 464-1.

Le rapporteur qui a instruit une affaire peut présenter des observations orales lors de la séance au cours de laquelle elle est examinée.

Les parties qui souhaitent l'audition d'une personne lors de la séance doivent en faire la demande au président *(Ord. n° 2008-1161 du 13 nov. 2008, art. 4)* « de l'Autorité de la concurrence » quinze jours au moins avant cette séance. — *[Décr. n° 2002-689 du 30 avr. 2002, art. 39.]*

Convocation. Le non-respect du délai de « trois semaines au moins » prescrit par l'art. 39 du Décr. n° 2002-689 du 30 avr. 2002 [C. com., art. R. 464-6] ne peut être invoqué que si la requérante démontre à l'appui de son recours avoir, de ce fait, subi un grief, notamment en raison de l'impossibilité de présenter des observations en temps utile. • Paris, 17 mai 2005 : *BOCC 20 sept. 2005 ; RLC 2005, n° 4, p. 80, obs. Cheynel.*

Art. R. 464-7 Pour l'application de l'article L. 464-6, l'auteur de la saisine et le commissaire du Gouvernement disposent d'un délai de deux mois pour faire valoir leurs observations écrites. Ils peuvent présenter des observations orales lors de la séance. — *[Décr. n° 2002-689 du 30 avr. 2002, art. 45.]*

Art. R. 464-8 *(Décr. n° 2009-185 du 17 févr. 2009, art. 1er)* « I. — » Les décisions *(Ord. n° 2008-1161 du 13 nov. 2008, art. 4)* « de l'Autorité de la concurrence » sont notifiées :

1° Pour les décisions mentionnées à l'article L. 464-1, à l'auteur de la demande de mesures conservatoires, aux personnes contre lesquelles la demande est dirigée et au commissaire du Gouvernement ;

2° Pour les décisions mentionnées à l'article L. 462-8, à l'auteur de la saisine et au ministre chargé de l'économie ;

3° Pour les décisions mentionnées à l'article L. 464-6, à l'auteur de la saisine, aux personnes dont les agissements ont été examinés par le rapporteur au regard des articles L. 420-1, L. 420-2 et L. 420-5 ainsi que, le cas échéant, des articles 81 et 82 du traité instituant la Communauté européenne *[art. 101 et 102 TFUE]* et au ministre chargé de l'économie ;

4° Pour les décisions prises suivant les modalités prévues par les articles L. 463-2, L. 463-3, L. 464-2, L. 464-3 et L. 464-5, aux personnes destinataires de la notification de griefs ou du rapport ainsi qu'aux entreprises ou organismes ayant souscrit des engagements et au ministre chargé de l'économie ; — *[Décr. n° 2002-689 du 30 avr. 2002, art. 46.]*

(Décr. n° 2009-139 du 10 févr. 2009, art. 3) « 5° Pour les décisions mentionnées au dernier alinéa de l'article L. 461-3 prises à la suite d'une saisine du ministre chargé de l'économie en application du quatrième alinéa de l'article L. 464-9, aux parties concernées et au ministre chargé de l'économie. »

(Abrogé par Décr. n° 2009-312 du 20 mars 2009, art. 1er) (Décr. n° 2009-185 du 17 févr. 2009, art. 1er) ***« II. — Les décisions de l'Autorité de la concurrence mentionnées à l'article L. 470-7-1 sont publiées sur le site internet de l'Autorité. Leur publicité peut être limitée pour tenir compte de l'intérêt légitime des parties et des personnes citées à ce que leurs secrets d'affaires ne soient pas divulgués. »*** — *V. art. D. 464-8-1.*

Les dispositions issues des Décr. nos 2009-139 du 10 févr. 2009 et 2009-185 du 17 févr. 2009 entrent en vigueur à la date d'entrée en vigueur de la L. n° 2008-776 du 4 août 2008 et de l'Ord. n° 2008-1161 du 13 nov. 2008 (Décr. préc., art. 4 et 2).

Engagements. Il s'évince de la combinaison des art. L. 464-2 et L. 464-8 C. com., nonobstant la rédaction plus limitée de l'art. R. 464-8 qui restreint la notification de la décision d'acceptation des engagements aux entreprises ou organismes ayant souscrit des engagements, qu'une société, qui est en cause devant le Conseil en qualité de partie saisissante, et qui justifie d'un intérêt dès lors que les engagements contenus dans la décision sont susceptibles de produire des effets juridiques sur sa situation personnelle, est recevable à exercer un recours contre la décision d'acceptation des engagements. • Paris, 6 nov. 2007 : *BOCC 26 juin 2008 ; CCC 2008, n° 18, obs. Decocq ; Gaz. Pal. 2008. 2690, et les obs. ; RJDA 2008, n° 86 ; RLC janv.-mars 2008. 85, note Cheynel ; RDLC 2008, n° 1, p. 127, obs. Prieto ; ibid., p. 170, obs. Lemaire ; Lettre distrib. nov. 2007, p. 3* (décision cassée par : • Com. 4 nov. 2008 : *cité note 4 ss. art. R. 464-2*).

Art. D. 464-8-1 *(Décr. n° 2009-312 du 20 mars 2009, art. 2)* **Les décisions de l'Autorité de la concurrence mentionnées à l'article L. 470-7-1 sont publiées sur le site internet de l'Autorité. Leur publicité peut être limitée pour tenir compte de l'intérêt légitime des parties et des personnes citées à ce que leurs secrets d'affaires ne soient pas divulgués.** – *V. www.autoritedelaconcurrence.fr.*

BIBL. ▸ Cheynel, *RLC avr.-juin 2009. 90* (publicité des décisions en matière de pratiques anticoncurrentielles et de contrôle des concentrations). – Faure-Mossmann, *LPA 23 avr. 2012* (les peines complémentaires de publicité, publication-sanction, en droit boursier et en droit de la concurrence).

Diffusion électronique. Même affectée d'erreurs, une diffusion électronique ne saurait produire de quelconques effets de droit, notamment pas ceux d'une violation du secret du délibéré, dès lors qu'elle n'a pas été antérieure à la date à laquelle la décision a été rendue, soit le jour de la fin du délibéré et dès lors que cette version électronique mentionnait expressément « vous voudrez bien () noter que l'envoi, pour information, d'une décision par courriel ne revêt pas un caractère de notification faisant courir les délais de recours contentieux. Cette dernière interviendra, en effet, ultérieurement et sera effectuée par voie postale en recommandé avec AR. En cas de recours devant la cour d'appel, seule l'ampliation certifiée conforme accompagnée de la notification revêt un caractère officiel ». • Paris, 24 nov. 2009 : *BOCC 30 déc. 2009 ; Dalloz actualité, 30 nov. 2009, obs. Chevrier.*

Art. R. 464-9 **Pour l'application de l'article L. 464-3,** *(Ord. n° 2008-1161 du 13 nov. 2008, art. 4)* **« l'Autorité de la concurrence » se prononce après avoir été saisie dans les conditions prévues par l'article L. 462-5. Sa décision est précédée de l'établissement d'un rapport qui est adressé aux parties et au commissaire du Gouvernement, qui disposent d'un délai de deux mois pour présenter leurs observations écrites. En cas d'urgence, ce délai peut être ramené à un mois par le rapporteur général. Les parties et le commissaire du Gouvernement peuvent également présenter des observations orales lors de la séance.** – *[Décr. n° 2002-689 du 30 avr. 2002, art. 47.]*

Examen du respect d'injonction. Lorsqu'elle n'a pas été saisie d'une demande spécifique en ce sens dans les conditions prévues à l'art. L. 462-5 C. com., aucune disposition législative ou réglementaire, ni aucun principe jurisprudentiel, ne permettent à l'Autorité de la concurrence de mettre en œuvre, sans avoir à se saisir d'office, la procédure prévue à l'art. L. 464-3. Il en est notamment ainsi lorsque l'Autorité est saisie de pratiques anticoncurrentielles sur le seul fondement des dispositions des art. L. 420-1 ou L. 420-2 C. com. • Aut. conc. n° 10-D-12 du 15 avr. 2010 : *Dalloz actualité, 3 mai 2010, obs. Chevrier ; RDLC 2010, n° 3, p. 81, obs. Debroux ; RLC juill.-sept. 2010. 52, obs. Lavedan.* ♦ En effet, si l'Autorité peut, sans avoir à se saisir d'office, retenir les pratiques révélées par les investigations auxquelles elle a procédé à la suite de sa saisine qui, quoique non visées expressément dans celle-ci, ont le même objet ou le même effet, il n'en est pas de même lorsqu'une infraction révélée au cours des investigations est sanctionnée selon des règles de procédure distinctes de celles qui répriment les pratiques visées par la saisine. Tel est le cas de l'inexécution d'une injonction, réprimée par les dispositions de l'art. L. 464-3 C. com. alors que la sanction des pratiques anticoncurrentielles est régie par les dispositions de l'art. L. 464-2 du même code. Dans ce cas de figure, il appartient alors au rapporteur général de proposer à l'Autorité de se saisir d'office de l'examen du respect de l'injonction prononcée. • Même décision.

Art. R. 464-9-1 *(Décr. nº 2009-140 du 10 févr. 2009, art. 1er)* **Le ministre chargé de l'économie communique, par lettre recommandée avec demande d'avis de réception, aux entreprises qu'il soupçonne de pratiques mentionnées aux articles L. 420-1, L. 420-2 et L. 420-5 et qui répondent aux conditions de chiffres d'affaires spécifiées au premier alinéa de l'article L. 464-9 les faits constatés de nature à constituer les infractions qui leur sont imputées. Cette communication est accompagnée d'un rapport administratif d'enquête. Ce rapport met en évidence les faits constatés, leur qualification juridique et leur imputabilité. Les entreprises concernées sont informées des mesures envisagées à leur égard, à savoir une injonction et une somme à verser au Trésor public à titre de transaction, ou l'une de ces deux mesures seulement. Les entreprises destinataires peuvent consulter le dossier sous réserve de la protection du secret des affaires.**

Les entreprises destinataires sont invitées à formuler des observations écrites et disposent pour ce faire d'un délai de deux mois à compter de la réception du courrier. Ce délai peut être prorogé à leur demande d'une nouvelle période ne pouvant excéder deux mois. Les entreprises peuvent également présenter dans le délai imparti des observations orales au signataire du courrier. Elles peuvent se faire assister d'un conseil.

Les art. R. 464-9-1 à R. 464-9-3 entrent en vigueur à la date d'entrée en vigueur de la L. nº 2008-776 du 4 août 2008 et de l'Ord. nº 2008-1161 du 13 nov. 2008 (Décr. nº 2009-140 du 10 févr. 2009, art. 2).

BIBL. ▶ CLAUDEL, *RDLC 2008, nº 4, p. 133* (avant-projet de décret sur les micro-PAC). – NOURISSAT, *RLC avr.-juin 2009. 94* (décret de procédure pour les micro-PAC : de sous-garanties pour un droit de seconde zone ?). – CLAUDEL, *RTD com. 2009. 558* (une ébauche de procédure contradictoire pour les micro-PAC).

Art. R. 464-9-2 *(Décr. nº 2009-140 du 10 févr. 2009, art. 1er)* **Après examen des observations reçues, le ministre chargé de l'économie informe, par lettre recommandée avec demande d'avis de réception, chaque entreprise concernée de sa décision. Il peut classer l'affaire ou enjoindre aux entreprises de prendre les mesures de nature à mettre fin aux pratiques anticoncurrentielles constatées et leur indiquer la somme proposée à titre de transaction, ou l'une de ces deux dernières mesures seulement.**

Pour chaque entreprise concernée, la décision indique les délais dans lesquels l'entreprise doit exécuter l'injonction et payer la somme proposée à titre de transaction au Trésor public.

L'entreprise destinataire de la décision dispose d'un délai d'un mois à compter de la notification de celle-ci pour l'accepter en la contresignant. A défaut de réponse dans ce délai, l'entreprise est réputée avoir refusé de transiger et d'exécuter l'injonction.

L'Autorité de la concurrence est informée de chaque injonction prononcée et de chaque transaction conclue.

V. note ss. art. R. 464-9-1.

Art. R. 464-9-3 *(Décr. nº 2009-140 du 10 févr. 2009, art. 1er)* **Dans le cas où l'entreprise a refusé les mesures notifiées ou n'a pas exécuté l'injonction ou encore n'a pas versé la somme prévue par la transaction, le ministre chargé de l'économie saisit l'Autorité de la concurrence. Les observations formulées par les entreprises destinataires de l'injonction ou de la transaction dans le cadre de la procédure ne sont pas transmises à l'Autorité de la concurrence.**

Le refus ou l'acceptation d'une ou de plusieurs entreprises concernées est sans effet sur la situation des autres entreprises ayant fait l'objet de la même procédure.

V. note ss. art. R. 464-9-1.

SECTION II DES RECOURS EXERCÉS DEVANT LA COUR D'APPEL DE PARIS CONTRE LES DÉCISIONS DE L'AUTORITÉ DE LA CONCURRENCE *(Ord. nº 2008-1161 du 13 nov. 2008, art. 4).*

BIBL. GÉN. ▸ CANIVET, *RJ com. 1992. 185* (le juge et l'autorité de marché). – TRUCHET, *Mélanges Jeanneau, Dalloz, 2002, p. 539* (le mythe de l'unification du contentieux de la concurrence). ▸ Décr. nº 2005-1667 du 27 déc. 2005 : CHEYNEL, *RLC 2006, nº 6, p. 73.*

Art. R. 464-10 **Par dérogation aux dispositions du titre VI du livre II du** *(Décr. nº 2008-484 du 22 mai 2008, art. 22)* **« code de procédure civile », les recours exercés devant la cour d'appel de Paris contre les décisions** *(Ord. nº 2008-1161 du 13 nov. 2008, art. 4)* **« de l'Autorité de la concurrence » sont formés, instruits et jugés conformément aux dispositions de la présente section.** – *[Décr. nº 87-849 du 19 oct. 1987, art. 1er.]*

1. Dérogation au NCPC. Le Décr. nº 87-849 du 19 oct. 1987 [C. com., art. R. 464-10 s.] ne comportant aucune disposition relative à la tenue de l'audience, et dès lors que les dispositions du NCPC [renommé C. pr. civ.] ne cèdent que devant les dispositions expressément contraires de ce décret ou aménageant des modalités propres à l'exercice des recours contre les décisions du Conseil de la concurrence, la cour d'appel [de Paris] a pu statuer dans les conditions prévues à l'art. 786 NCPC [renommé C. pr. civ.]. • Com. 9 juin 2004 : *Bull. civ. IV, nº 117 ; D. 2004. AJ 2227 ; JCP E 2004, nº 32-35, p. 1273 ; CCC 2004, nº 141, obs. Malaurie-Vignal ; RJDA 2004, nº 1393.* – V. aussi • Paris, 22 sept. 2004 : *D. 2004. AJ 2788* • 22 févr. 2005 (art. 328 à 330 NCPC [renommé C. pr. civ.]).

2. Dérogation expresse. Aux termes de l'art. R. 464-10, il n'est expressément dérogé qu'au titre VI du livre II du code de procédure civile. • Com. 3 mars 2009 : *cité note 5 ss. art. R. 464-12* • 3 mars 2009 : *eod. loc.*

Art. R. 464-11 *(Décr. nº 2012-840 du 29 juin 2012, art. 1er)* **L'Autorité de la concurrence est partie à l'instance selon les modalités prévues au présent chapitre.**

Sur l'arrêt de la CJUE ayant entraîné la réécriture de l'art. R. 464-11 par le Décr. nº 2012-840 du 29 juin 2012, V. note ss. art. 35 du Règl. CE nº 1-2003 du 16 déc. 2002, App., vº Concurrence.

BIBL. ▸ BOSCO, *CCC 2012, nº 260* (mise en conformité du code de commerce avec la jurisprudence *VEBIC*, une réforme en trompe-l'œil ?). – LEMAIRE et NAUDIN, *RDLC 2012, nº 4, p. 148* (qualité de partie à l'instance devant la cour d'appel). – CLAUDEL, *RTD com. 2012. 736* (qualité de partie à l'instance officiellement reconnue à l'Autorité de la concurrence).

SOUS-SECTION 1 DES RECOURS PRÉVUS À L'ARTICLE L. 464-8

Art. R. 464-12 **Les recours prévus à l'article L. 464-8 sont formés par une déclaration écrite en triple exemplaire déposée contre récépissé au greffe de la cour d'appel de Paris contenant, à peine de nullité :**

1º Si le demandeur est une personne physique, ses nom, prénoms, profession et domicile ; si le demandeur est une personne morale, sa dénomination, sa forme, son siège social et l'organe qui la représente ; dans le cas où la déclaration est faite au nom du ministre chargé de l'économie, elle indique la dénomination et l'adresse du service mentionné au deuxième alinéa de l'article R. 464-26 ;

2º L'objet du recours.

Lorsque la déclaration ne contient pas l'exposé des moyens invoqués, le demandeur doit, à peine d'irrecevabilité prononcée d'office, déposer cet exposé au greffe dans les deux mois qui suivent la notification de la décision *(Ord. n° 2008-1161 du 13 nov. 2008, art. 4)* **« de l'Autorité de la concurrence ».** – *[Décr. n° 87-849 du 19 oct. 1987, art. 2.]*

FORM. PR. COM. v° *Déclaration de recours devant la cour d'appel de Paris*, par CASANOVA.

1. Dépôt d'une déclaration écrite. Les recours formés par lettres simples ou recommandées reçues ou transmises au greffe de la cour doivent être déclarées d'office irrecevables. • Paris, 18 oct. 1991 : *Gaz. Pal. 1992. 1. 60, note Marchi.* ♦ Même solution, pour une lettre recommandée avec avis de réception, • Paris, 26 juin 2001 : *BOCC 31 janv. 2002.* ♦ ... Pour une assignation, prévue, elle, par l'art. R. 464-20 : • Paris, 1er juin 2010 : *cité note 1 ss. art. L. 464-7.*

2. Objet du recours. Il est satisfait à l'exigence de préciser l'objet du recours, dès lors que la décision attaquée est exactement spécifiée dans l'acte de recours et que la finalité du recours – réformation ou annulation, selon les termes de l'art. 15 de l'Ord. du 1er déc. 1986 [C. com., art. L. 464-8] – se déduit suffisamment de la nature du dispositif de la décision. • Paris, 28 juin 1994 : *Gaz. Pal. 1994. 2. 654, concl. Jobard.* ♦ Lorsque la saisine du ministre de l'Économie ne formule aucune critique à l'encontre de la décision du conseil qu'elle vise et se borne à se référer à l'arrêt de la Cour d'appel de Paris dont elle sollicite la confirmation alors que par l'effet de la cassation prononcée celui-ci n'existe plus, la déclaration de saisine ne contient pas l'objet du recours. • Com. 26 mars 2002 : *Bull. civ. IV, n° 59 ; D. 2002. AJ 1830, obs. Chevrier.*

3. Exposé des moyens invoqués. L'art. 2 (3°) [désormais C. com., art. R. 464-12, al. 4] s'applique aux moyens nouveaux qui pourraient être contenus dans un mémoire en réplique et qui sont donc irrecevables passé le délai de deux mois. • Com. 8 nov. 1994 : *Bull. civ. IV, n° 329.* ♦ Le recours non motivé, tendant seulement à l'annulation et, en cas de besoin, à la réformation de la décision, doit être déclaré irrecevable pour défaut d'énoncé des moyens dans les deux mois suivant la décision. • Com. 10 janv. 1995 : *Bull. civ. IV, n° 14.* ♦ V. aussi, déclarant irrecevable un recours au motif que l'exposé des moyens n'avait été développé que dans des mémoires communiqués par l'appelant plus de deux mois après notification de la décision du Conseil, • Paris, 20 oct. 1998 : *JCP E 1998, n° 47, p. 1808* • 29 avr. 2003 : *BOCC 11 juill. 2003.* ♦ V. également note 8 ss. art. L. 464-8.

En ce sens que le moyen d'annulation tiré de la présence du rapporteur au délibéré ne peut être soulevé pour la première fois devant la Cour de cassation et que la Cour de Paris n'est pas tenue de le soulever d'office, V. • Com. 27 mars 2001 : *D. 2001. AJ 1537, obs. Chevrier ; RTD com. 2001. 875, obs. Claudel* • 9 mai 2001 : *Bull. civ. IV, n° 85 ; CCC 2001, n° 138, obs. Malaurie-Vignal ; RJDA 2001, n° 1264* • 19 juin 2001 : *BOCC 31 janv. 2002* • 9 oct. 2001 : *JCP E 2001, n° 47, p. 1840* • 20 nov. 2001 : *Bull. civ. IV, n° 182.*

4. Sanction. Il résulte de la combinaison des art. 1032, 1033 NCPC [renommé C. pr. civ.] (saisine de la juridiction de renvoi après cassation) et de l'art. 2 du Décr. du 19 oct. 1987 [dans sa rédaction antérieure, devenue C. com., art. R. 464-12] que la sanction du défaut des mentions requises est une fin de non-recevoir et non une nullité. • Com. 26 mars 2002 : *D. 2002. AJ 1830, obs. Chevrier.* ♦ V. désormais la nouvelle rédaction de l'art. 2 [C. com., art. R. 464-12] issue du Décr. n° 2005-1667 du 27 déc. 2005.

5. Moyens invoqués devant la juridiction de renvoi. La cour, saisie comme juridiction de renvoi par les déclarations prévues par l'art. 1034 C. pr. civ., n'est pas pour autant saisie d'un nouveau recours contre la décision du Conseil de la concurrence. • Paris, 2 avr. 2008 : *BOCC 15 sept. 2008 ; D. 2008. AJ 1273, obs. Chevrier ; CCC 2008, n° 167, obs. Decocq.* ♦ Les dispositions spéciales de l'art. R. 464-12 C. com., qui dérogent à la procédure civile de droit commun, font obstacle à l'application de l'art. 632 C. pr. civ. qui autorise les parties à invoquer de nouveaux moyens à l'appui de leurs prétentions devant la juridiction de renvoi ; il en résulte que la cour, saisie sur renvoi après cassation, doit prononcer l'irrecevabilité des moyens qui n'ont pas été exposés dans les conditions de délai prévues par l'art. R. 464-12 précité. • Même arrêt. ♦ Il convient, en effet, de ne pas confondre la déclaration par laquelle la juridiction de renvoi est saisie, prévue par l'art. 1034 C. pr. civ., avec la déclaration de recours définie par l'art. R. 464-12 C. com. • Même arrêt. ♦ En statuant ainsi alors que la procédure de renvoi après cassation est régie par le titre XVI du livre premier du code de procédure civile et non par le titre VI de son livre II, la cour d'appel a violé l'art. 632 C. pr. civ., ensemble les art. R. 464-10 et R. 464-12 C. com. • Com. 3 mars 2009 : *Bull. civ. IV, n° 29 ; D. 2009.*

AJ 805, obs. Chevrier ; JCP E 2009, n° 12, p. 7 ; CCC 2009, n° 140, obs. Decocq ; Gaz. Pal. 2010. 485, et les obs. ; RJDA 2009, n° 894 ; RLDA avr. 2009. 43, obs. Anadon ; RDLC 2009, n° 2, p. 183, obs. Momege ; Lettre distrib. mars 2009, p. 3 ; Procédures 2009, n° 163, obs. H. C. ; Procédures 2010. Chron. 1, spéc. n° 13, par Leroy et Ruy. ♦ Mais aux termes de l'art. 631 C. pr. civ., devant la cour de renvoi, l'instruction est reprise en l'état de la procédure atteinte par la cassation ; or, en l'espèce, la cassation n'étant que partielle, l'arrêt est devenu irrévocable en ce qu'il a déclaré irrecevable le recours incident de l'association UFC-Que choisir qui ne peut alors former un nouveau recours devant la juridiction de renvoi. • Paris, 11 mars 2009 : *BOCC 17 juill. 2009 ; Dalloz actualité, 24 mars 2009, obs. Chevrier ; RTD com. 2010. 75, obs. Claudel ; CCC 2009, n° 140, obs. Decocq ; Gaz. Pal. 2010. 481, et les obs.*

Art. R. 464-13 **La déclaration de recours mentionne la liste des pièces et documents justificatifs produits. Les pièces et documents mentionnés dans la déclaration sont remis au greffe de la cour d'appel en même temps que la déclaration. Le demandeur au recours joint à la déclaration une copie de la décision attaquée.**

Lorsque le demandeur au recours n'est pas représenté, il informe sans délai le greffe de la cour de tout changement de domicile. – *[Décr. n° 87-849 du 19 oct. 1987, art. 3.]*

Liste des pièces et documents produits. S'il résulte des dispositions des art. R. 464-12 et R. 464-13 que les pièces et documents justificatifs non mentionnés dans la déclaration de recours et non remis au greffe en même temps que la déclaration sont d'office irrecevables, c'est à la condition que leur production ne soit pas justifiée par le respect des droits de la défense. • Paris, 11 mars 2009 : *cité note 5 ss. art. R. 464-12.*

Art. R. 464-14 **Dans les cinq jours qui suivent le dépôt de la déclaration, le demandeur au recours doit, à peine d'irrecevabilité de ce dernier, prononcée d'office, en adresser par lettre recommandée avec demande d'avis de réception une copie aux parties auxquelles la décision** *(Ord. n° 2008-1161 du 13 nov. 2008, art. 4)* **« de l'Autorité de la concurrence » a été notifiée, ainsi qu'il ressort de la lettre de notification prévue au deuxième alinéa de l'article R. 464-30.** – *[Décr. n° 87-849 du 19 oct. 1987, art. 4.]*

FORM. PR. COM. v° *Lettre recommandée AR informant les parties qu'un recours au fond a été introduit contre une décision de l'Autorité de la concurrence,* par CASANOVA.

1. Notification du recours. L'art. 5 du Décr. n° 87-849 du 19 août 1987 [C. com., art. R. 464-15] précisant que le greffe de la cour d'appel notifie au ministre de l'Économie, dès l'enregistrement d'un recours formé contre la décision du Conseil de la concurrence, un exemplaire de la déclaration de la partie requérante si le ministre n'est pas demandeur au recours, l'omission de la formalité prévue par l'art. 4 du même décret [C. com., art. R. 464-14] ne saurait faire grief au ministre, qu'il fût ou non auteur de la saisine du Conseil de la concurrence, puisque cette notification lui permet, s'il n'a pas introduit de recours principal, de faire, le cas échéant, un recours incident. • Com. 8 juill. 1997 : *Bull. civ. IV, n° 220 ; D. Affaires 1997. 1070 ; Procédures 1997, n° 236, note Croze.*

2. Copie de la notification. L'envoi d'une copie de la déclaration de recours aux parties auxquelles la décision du Conseil de la concurrence a été notifiée a pour seule finalité de faire courir le délai d'un éventuel recours incident ou d'une jonction volontaire à l'instance, ainsi que le prévoient les art. R. 464-16 et R. 464-17, et n'a pas pour effet de les rendre partie à la procédure. • Paris, 20 nov. 2007 : *BOCC 4 mars 2008 ; CCC 2008, n° 19, obs. Decocq ; RDLC 2008, n° 1, p. 111, obs. Claudel.*

Art. R. 464-15 **Dès l'enregistrement du recours, le greffe de la cour d'appel notifie une copie de la déclaration mentionnée à l'article R. 464-12 et des pièces qui y sont jointes** *(Ord. n° 2008-1161 du 13 nov. 2008, art. 4)* **« à l'Autorité de la concurrence », ainsi qu'au ministre chargé de l'économie s'il n'est pas demandeur au recours.**

(Ord. n° 2008-1161 du 13 nov. 2008, art. 4) « L'Autorité de la concurrence » **transmet au greffe de la cour le dossier de l'affaire qui comporte les procès-verbaux et rapports d'enquête, les griefs, les observations, le rapport, les documents et les mémoires mentionnés à l'article L. 463-2.**

Le greffe transmet *(Ord. n° 2008-1161 du 13 nov. 2008, art. 4)* « **à l'Autorité de la concurrence** » **et au ministre de l'économie une copie des pièces de procédure ultérieures, y compris celles qui résultent de l'application des articles R. 464-16, R. 464-17 et R. 464-19.** – *[Décr. n° 87-849 du 19 oct. 1987, art. 5.]*

Procès-verbal de séance. Le procès-verbal de séance du Conseil de la concurrence, qui est une pièce de la procédure, doit être transmis au greffe de la cour afin que celle-ci soit en mesure, par la demande qui peut lui en être faite par les parties, d'apprécier la régularité formelle de la séance, eu égard à sa composition, aux interventions, et à l'existence d'éventuels incidents. • Paris, 9 mai 2000 : *Gaz. Pal. 21-22 juill. 2000, p. 13.*

V. note ss. art. R. 464-14.

Art. R. 464-16 **Un recours incident peut être formé alors même que son auteur serait forclos pour exercer un recours à titre principal. Dans ce dernier cas, le recours n'est toutefois pas recevable s'il est formé plus d'un mois après la réception de la lettre prévue à l'article R. 464-14 ou si le recours principal n'est pas lui-même recevable.**

Le recours incident est formé selon les modalités prévues à l'article R. 464-12. Il est dénoncé, dans les conditions prévues à l'article R. 464-14, aux demandeurs au recours à titre principal. – *[Décr. n° 87-849 du 19 oct. 1987, art. 6.]*

1. Dénonciation du recours incident. Jugeant que la dénonciation, à peine d'irrecevabilité, du recours incident dans les cinq jours qui suivent le dépôt de la déclaration, ne vaut qu'à l'égard des demandeurs au recours à titre principal et non des demandeurs au recours incident : • Paris, 9 nov. 2004 : *BOCC 21 janv. 2005 ; D. 2005. AJ 74, obs. Chevrier.*

2. Portée du recours incident. La combinaison des art. R. 464-14, R. 464-15 et R. 464-16 n'établit aucun lien nécessaire entre les modalités de la notification du recours incident et sa portée ; dès lors rien n'interdit, spécialement au ministre chargé de l'économie, de réclamer par cette voie l'aggravation des sanctions prononcées contre toutes les entreprises, même celles n'ayant pas formé de recours à titre principal. • Paris, 8 avr. 2008 : *RG n° 2008/01092.*

3. Recevabilité du recours incident. Les textes ne font pas de distinction selon que le recours est principal ou incident ; ni selon qu'il émane d'une entreprise qui avait saisi l'Autorité de la concurrence ou d'une entreprise qui avait été mise en cause. • Paris, 23 sept. 2010 : *BOCC 22 oct. 2010.*

Art. R. 464-17 **Lorsque le recours risque d'affecter les droits ou les charges d'autres personnes qui étaient parties en cause devant** *(Ord. n° 2008-1161 du 13 nov. 2008, art. 4)* « **l'Autorité de la concurrence** », **ces personnes peuvent se joindre à l'instance devant la cour d'appel par déclaration écrite et motivée déposée au greffe dans les conditions prévues à l'article R. 464-12 dans le délai d'un mois après la réception de la lettre prévue à l'article R. 464-14. Elle est notifiée aux demandeurs au recours.**

A tout moment, le premier président ou son délégué ou la cour peut mettre d'office en cause ces mêmes personnes. Le greffe notifie la décision de mise en cause par lettre recommandée avec demande d'avis de réception. – *[Décr. n° 87-849 du 19 oct. 1987, art. 7.]*

1. Droits de la défense. La cour d'appel, lorsqu'elle statue sur le recours contre une décision d'irrecevabilité du conseil, ne saurait se prononcer sur la recevabilité de la saisine sans entendre ou appeler en la cause les personnes ou entreprises visées par la plainte, le droit au double degré de juridiction ne pouvant en pareil cas être utilement opposé. • Paris, 25 janv. 1994 : *CCC 1994, n° 53.*

2. Mise en cause d'office. En ce sens que la cour d'appel de Paris ne saurait mettre en cause d'office des sociétés qui n'ont jamais été destinataires de la notification de la décision du Conseil et du recours exercé contre cette décision, V. • Paris, 26 sept. 2000 : *CCC 2001, n° 10, obs. Malaurie-Vignal.* ♦ Dès lors que les organes des procédures collectives n'ont pas été appelés dans la cause, il convient de les mettre d'office en cause, selon les modalités prévues par l'art. R. 464-17, l'affaire devant dès lors être renvoyée. • Paris, 11 mars 2009 : *BOCC 17 juill. 2009 ; Dalloz actualité, 16 mars 2009, obs. Chevrier ; CCC 2009, n° 145, obs. G. D.* – V. aussi note 10 ss. art. L. 463-1.

3. Intervention. La demande d'intervention déposée au greffe au-delà du délai d'un mois prévu par l'art. 7 du Décr. du 19 oct. 1987 [C. com., art. R. 464-17] est irrecevable, le demandeur ne pouvant se prévaloir du défaut de communication spéciale et préalable, à son endroit, des pièces produites par les requérants au soutien de leurs recours, qu'aucun texte ne prévoit à ce stade de la procédure. • Paris, 19 juin 2007 : *BOCC 16 nov. 2007 ; CCC 2007, n° 208, obs. Decocq ; ibid., n° 244, obs. Malaurie-Vignal ; RLC oct.-déc. 2007. 20, obs. Sélinsky, et 79, obs. Cheynel ; RDLC 2007, n° 3, p. 137, obs. Michel-Amsellem.*

Il résulte des dispositions des art. L. 462-5 et R. 464-2 C. com., que la procédure suivie devant le Conseil est, sous certaines conditions, accessible aux acteurs du secteur et aux tiers intéressés et qu'ainsi l'intervention de tiers devant la cour n'est pas incompatible avec la nature propre de ce contentieux ; il suit de là que les art. 330 s. C. pr. civ. sont applicables en la cause. • Paris, 4 févr. 2009 : *cité note 37 ss. art. L. 420-1.* ♦ L'intervention volontaire s'apprécie au regard des art. 329 et 330 C. pr. civ., auxquelles il n'est pas dérogé par les art. R. 464-10 s. C. com., et qui sont donc applicables devant la cour de Paris statuant sur les recours formés contre les décisions du Conseil de la concurrence. • Paris, 29 avr. 2009 : *cité note 7 ss. art. L. 463-1.*

4. Motivation. Il résulte de la combinaison des art. R. 464-12 et R. 464-17 que, lorsque la déclaration ne comporte pas les motifs de l'intervention, ceux-ci peuvent être déposés dans les deux mois qui suivent la notification de la décision de l'Autorité de la concurrence, sous peine d'irrecevabilité relevée d'office. • Com. 1er mars 2011 : *Bull. civ. IV, n° 29 ; D. 2011. Actu. 813, obs. Chevrier ; RJDA 2011, n° 579 ; RLC juill.-sept. 2011. 74, obs. Barbier de la Serre.* ♦ Cassation de l'arrêt jugeant que le renvoi de l'art. R. 464-17 à l'art. R. 464-12 ne peut concerner que l'al. 1er (1° et 2°) dudit article, relatif à la forme de la déclaration, dans la mesure où l'al. 2, qui autorise le déclarant à déposer son acte au greffe sans en exposer les moyens et à exprimer ceux-ci plus tardivement, ne bénéficie nécessairement qu'à l'auteur d'un recours, principal ou incident, puisque l'art. R. 464-17, quant à lui, impose à l'intervenant de fixer sa motivation dès sa déclaration. • Paris, 24 nov. 2009 : *BOCC 30 déc. 2009 ; Dalloz actualité, 30 nov. 2009, obs. Chevrier ; CCC 2010, n° 16, obs. Decocq.* ♦ Et sur renvoi après la cassation, jugeant que la réserve de l'intervenant relative à la précision ultérieure de « moyens à l'appui de son intervention » ne peut être interprétée comme une référence à l'art. R. 464-12, 2° qui ne trouve application que lorsque la déclaration ne comporte pas les motifs de l'intervention ; cette réserve ne pouvant être comprise que comme l'indication que l'intervenant entendait conclure à nouveau. • Paris, 28 mars 2013 : *BOCC 29 avr. 2013 ; CCC 2013, n° 138, obs. Decocq.* ♦ La brièveté d'une motivation, ou la référence qu'elle fait à une autre motivation connue des autres parties au procès, satisfait aux exigences de la loi si elle ne porte pas atteinte aux droits de la défense. • Paris, 24 nov. 2009 : *préc.*

Art. R. 464-18 **Le premier président de la cour d'appel ou son délégué fixe les délais dans lesquels les parties à l'instance doivent se communiquer leurs observations écrites et en déposer copie au greffe de la cour. Il fixe les délais dans lesquels** *(Ord. n° 2008-1161 du 13 nov. 2008, art. 4)* **« l'Autorité de la concurrence » et le ministre chargé de l'économie, lorsqu'il n'est pas partie à l'instance, peuvent produire des observations écrites. Il fixe également la date des débats.**

Le greffe notifie ces délais aux parties, *(Ord. n° 2008-1161 du 13 nov. 2008, art. 4)* **« à l'Autorité de la concurrence » et au ministre chargé de l'économie lorsqu'il n'est pas partie à l'instance, et les convoque à l'audience prévue pour les débats par lettre recommandée avec demande d'avis de réception.**

Les observations présentées par *(Ord. n° 2008-1161 du 13 nov. 2008, art. 4)* **« l'Autorité de la concurrence » et le ministre chargé de l'économie, lorsqu'il n'est**

pas partie à l'instance, sont portées par le greffe à la connaissance des parties à l'instance. – *[Décr. n° 87-849 du 19 oct. 1987, art. 8.]*

1. Observations écrites. La faculté offerte au Conseil par l'art. R. 464-18 de présenter, dans la procédure du recours, des observations écrites, portées à la connaissance des parties, ne porte pas atteinte par elle-même aux droits de l'entreprise poursuivie à un procès équitable, dès lors que cette dernière dispose de la faculté de répliquer par écrit et oralement à ces observations. • Paris, 24 juin 2008 : ♧ *cité note 4 ss. art. L. 463-5.* ♦ *Contra* : viole l'art. 6 de la Conv. EDH, le Conseil de la concurrence qui adresse à la Cour d'appel de Paris des observations écrites qui modifient, en les aggravant, les données qu'il avait retenues contre les entreprises dans sa décision déférée, alors même que les entreprises en cause avaient eu connaissance d'observations et y avaient répliqué. • Paris, 9 avr. 2002 : *BOCC 24 juin 2002 ; JCP E 2003, n° 13, p. 559, obs. Raynaud ; CCC 2002, n° 177, obs. Malaurie-Vignal ; RSC 2003. 578, obs. Fourgoux* ✎. ♦ Comp., jugeant que les dispositions de l'art. 9, al. 1er du Décr. n° 87-849 du 19 oct. 1987, [désormais art. 8, al. 1er devenu C. com., art. R. 464-18, al. 1er] prévoyant que le Conseil de la Concurrence, qui n'est pas partie à l'instance, a la faculté de présenter des observations écrites, ne sont pas de nature à fausser le débat dans la mesure où les parties ont la possibilité de répliquer aux observations. • Com. 27 janv. 1998 : ♧ *Bull. civ. IV, n° 42 ; D. Affaires 1998. 836, obs. A. M. ; JCP 1998. IV. 1580* • 20 févr. 2007 : ♧ *CCC 2007, n° 153, obs. Decocq* • Paris, 9 nov. 2004 : *cité note 1 ss. art. R. 464-16.* ♦ Encore faut-il qu'ils puissent effectivement le faire. • Com. 6 oct. 1992 : *Bull. civ. IV, n° 294.* ♦ … Et qu'il en soit tenu compte, ce qui n'est pas le cas lorsque la cour se prononce au visa du premier mémoire sans viser le mémoire déposé ultérieurement en réponse aux observations écrites formulées par le Conseil ou faire état des répliques à ces observations apportées par le mémoire récapitulatif. • Com. 13 oct. 2009 : *cité note 3 bis ss. art. L. 463-5.*

L'Autorité de la concurrence tient, en vertu de ses caractéristiques *sui generis* dont il découle qu'elle ne peut être partie à une procédure puisqu'elle inflige des sanctions, des dispositions cumulées des art. L. 461-4, al. 7 et R. 461-1, al. 2, C. com., le droit de présenter, dans la procédure de recours, des observations écrites portées à la connaissance des parties. Il ne s'agit alors pas d'un mémoire en défense d'une administration devant son juge, mais d'une prérogative expressément affirmée par la loi par exception au code de procédure civile applicable devant la juridiction judiciaire ; ces dispositions, dont la constitutionnalité pour la première et la légalité pour la seconde n'ont fait l'objet d'aucun recours approprié, ne méconnaissent pas en elles-mêmes l'exigence d'un procès équitable, dès lors que les parties disposent de la faculté de répliquer par écrit et oralement à ces observations. • Paris, 23 sept. 2010 : *BOCC 22 oct. 2010 ; Dalloz actualité, 5 oct. 2010, obs. Chevrier.* ♦ Il n'est pas interdit à l'Autorité d'expliciter son argumentation devant la cour d'appel, dès lors qu'il n'apparaît pas que ces observations comportent un élément nouveau de nature à aggraver la culpabilité ou la condamnation des parties en cause. • Com. 31 janv. 2012 : *pourvoi n° 10-25.772.*

2. Principe d'impartialité. Le principe d'impartialité ne fait pas obstacle à ce qu'un membre de la formation qui a rendu la décision déférée participe à l'élaboration des observations écrites présentées à la cour d'appel en application de l'art. R. 464-18. • Paris 24 juin 2008 : ♧ *préc. note 1.* ♦ En ce qu'elle soutient que l'art. L. 464-8 a pour effet de permettre à l'Autorité de la concurrence de participer à l'instance devant la cour d'appel de Paris, la question prioritaire de constitutionnalité ne tend, sous le couvert de la critique de cette disposition législative, qu'à contester la conformité à la Constitution des dispositions réglementaires contenues à l'art. R. 464-18. • Cass., QPC, 30 nov. 2010 : *Dalloz jurisprudence.*

3. Demande nouvelle. L'Autorité étant seulement habilitée en vertu des dispositions de l'art. R. 464-18 à présenter des observations à la cour, une demande de révocation du sursis à exécution ne peut qu'être déclarée irrecevable. • Paris, 29 oct. 2009 : *RG n° 2008/23812.*

Art. R. 464-19 *(Décr. n° 2012-840 du 29 juin 2012, art. 1er)* **Le ministre chargé de l'économie, lorsqu'il n'est pas partie à l'instance, et l'Autorité de la concurrence peuvent présenter des observations orales à l'audience à leur demande ou à la demande du premier président ou de la cour.**

V. la note et la Bibl. ss. art. R. 464-11.

Ancien art. R. 464-19 (Décr. n° 2009-141 du 10 févr. 2009, art. 2) ***Le ministre chargé de l'économie, lorsqu'il n'est pas partie à l'instance, peut présenter des observations orales à l'audience à sa demande ou à la demande du premier président ou de la Cour.***

1. Observations orales du ministre. Est irrecevable le moyen de nullité tiré de l'inobservation des dispositions de l'art. 9 du Décr. n° 87-849 du 19 oct. 1987 [C. com., art. R. 464-19] le président de la cour d'appel saisie d'un recours contre une décision du Conseil de la concurrence ayant permis au représentant du ministre de l'Économie, des Finances et du Budget de présenter des observations orales à l'audience, dès lors que ce moyen n'a pas été invoqué avant la clôture des débats. • Com. 12 janv. 1993 : *Bull. civ. IV, n° 8.*

2. Observations orales de l'Autorité. En l'absence de toute précision contraire relative à l'entrée en vigueur du Décr. n° 2009-141 du 10 févr. 2009, les règles qu'il édicte sont d'application immédiate y compris aux instances en cours. Nonobstant la disparition de toute référence à l'Autorité de la concurrence dans la rédaction de l'art. R. 464-19 [ancien] qui ne concerne plus que le ministre chargé de l'économie, rien ne s'oppose à ce que le représentant de l'Autorité de la concurrence formule des observations orales lors des débats devant la cour d'appel de Paris saisie d'un recours contre sa décision. • Paris, 16 juin 2009 : *BOCC 3 août 2009 ; Dalloz actualité, 22 juin 2009, obs. Chevrier ; RLC oct.-déc. 2009. 83, obs. Cheynel* (conf. par • Com. 21 juin 2011 : *cité note 14 ss. art. L. 450-4).* ♦ ... En effet, il résulte des dispositions combinées des art. R. 451-1, al. 2, R. 461-2, al. 1er, R. 464-11, R. 464-15 et R. 464-18 C. com., que le président de l'Autorité de la concurrence ou son délégué a qualité pour représenter l'Autorité en justice et présenter des observations en son nom devant toute juridiction. Devant la cour de Paris statuant sur les recours prévus par les art. L. 464-7 et L. 464-8 du même code, sans être partie à l'instance, l'Autorité doit être présente à la procédure dont tous les actes lui sont notifiés ; elle a la faculté de présenter des observations écrites et elle est « convoquée » à l'audience. Dès lors son représentant doit être admis à présenter oralement des observations à l'audience. • Même arrêt. ♦ V. désormais la rédaction de l'art. R. 464-19 issue du Décr. n° 2012-840 du 29 juin 2012.

● SOUS-SECTION 2 DES RECOURS PRÉVUS À L'ARTICLE L. 464-7

Art. R. 464-20 Les recours prévus à l'article L. 464-7 sont portés devant la cour d'appel par voie d'assignation à une audience préalablement indiquée par le premier président ou son délégué.

A peine de nullité, l'assignation contient, outre les mentions prescrites pour les actes d'huissier de justice, l'objet du recours avec un exposé des moyens.

Sous la même sanction :

1° Une copie de la décision attaquée est jointe à l'assignation ;

2° Une copie de l'assignation est déposée en triple exemplaire au greffe de la cour d'appel au plus tard dans les cinq jours qui suivent celui de sa signification.

A peine d'irrecevabilité du recours prononcée d'office, l'assignation est délivrée à toutes les parties en cause devant *(Ord. n° 2008-1161 du 13 nov. 2008, art. 4)* « l'Autorité de la concurrence » ainsi qu'au ministre chargé de l'économie.

Une copie de l'assignation est immédiatement notifiée à la diligence de l'huissier de justice *(Ord. n° 2008-1161 du 13 nov. 2008, art. 4)* « à l'Autorité de la concurrence » par lettre recommandée avec demande d'avis de réception. – *[Décr. n° 87-849 du 19 oct. 1987, art. 10.]*

FORM. PR. COM. v° *Assignation devant la cour d'appel de Paris suite à une décision de l'Autorité de la concurrence ordonnant des mesures conservatoires*, par CASANOVA.

Recours contre des mesures conservatoires. Ayant été formalisé, en méconnaissance des prescriptions de l'art. 10 du Décr. n° 87-849 du 19 oct. 1987 [C. com., art. R. 464-10], par une déclaration au greffe, le recours formé par une société contre la décision rejetant sa demande de mesures conservatoires est irrecevable. • Paris, 6 nov. 1991 : *Gaz. Pal. 1992. 1. 359, concl. Jo-*

bard et note Marchi ; JCP 1992. II. 21886, note Suzanne. ♦ Réservant la voie de l'assignation à l'art. R. 464-20, pour la refuser au recours de l'art. R. 464-12, V. • Paris, 1er juin 2010 : *cité note 1 ss. art. L. 464-7.* ♦ S'il résulte de la combinaison des art. 1033 NCPC [renommé C. pr. civ.] et 10 du Décr. du 19 oct. 1987 [C. com., art. R. 464-10] que la déclaration de saisine de la cour d'appel de Paris après cassation d'un arrêt ayant statué sur le recours formé à l'encontre d'une décision du Conseil de la concurrence rendue en matière de mesures conservatoires doit contenir la mention de l'objet du recours, avec un exposé des moyens, le défaut d'indication de celui-ci constitue un vice de forme, lequel ne peut entraîner la nullité de l'acte qu'à charge pour celui qui l'invoque de prouver le grief que lui cause l'irrégularité. • Paris, 14 janv. 2003 : *BOCC 27 févr. 2003.*

Art. R. 464-21 *(Décr. no 2012-840 du 29 juin 2012, art. 1er)* **Le ministre chargé de l'économie, lorsqu'il n'est pas partie à l'instance, et l'Autorité de la concurrence ont la faculté de présenter des observations écrites et orales. Ces dernières sont présentées à leur demande ou à la demande du premier président ou de la cour.**

Ancien art. R. 464-21 (Décr. n° 2009-141 du 10 févr. 2009, art. 2) ***Le ministre chargé de l'économie, lorsqu'il n'est pas partie à l'instance, a la faculté de présenter des observations écrites ou orales. Ces dernières sont présentées à sa demande ou à la demande du premier président ou de la Cour.***

SOUS-SECTION 3 DES DEMANDES DE SURSIS À EXÉCUTION

Art. R. 464-22 **Les demandes de sursis à exécution prévues à l'article L. 464-8 sont portées par voie d'assignation devant le premier président de la cour d'appel de Paris, selon les modalités du deuxième alinéa de l'article 485 du** *(Décr. no 2008-484 du 22 mai 2008, art. 22)* **« code de procédure civile ».** – *[Décr. no 87-849 du 19 oct. 1987, art. 12.]*

FORM. PR. COM. vis *Assignation devant le premier président de la cour d'appel de Paris à fin de sursis à exécution d'une décision au fond ; Requête afin d'assigner à jour fixe dans une procédure de sursis à exécution d'une décision au fond*, par CASANOVA.

Art. R. 464-23 **A peine de nullité, l'assignation contient, outre les mentions prescrites pour les actes d'huissier de justice, l'exposé des moyens invoqués à l'appui de la demande de sursis.**

Sous la même sanction, elle précise la date à laquelle a été formé le recours contre la décision dont le sursis à exécution est demandé. – *[Décr. no 87-849 du 19 oct. 1987, art. 13.]*

Art. R. 464-24 **A peine d'irrecevabilité de la demande prononcée d'office, l'assignation est délivrée à toutes les parties en cause devant** *(Ord. no 2008-1161 du 13 nov. 2008, art. 4)* **« l'Autorité de la concurrence » et au ministre chargé de l'économie. Une copie de l'assignation est immédiatement notifiée à la diligence de l'huissier de justice** *(Ord. no 2008-1161 du 13 nov. 2008, art. 4)* **« à l'Autorité de la concurrence » par lettre recommandée avec demande d'avis de réception.** – *[Décr. no 87-849 du 19 oct. 1987, art. 14.]*

SOUS-SECTION 4 DISPOSITIONS COMMUNES AUX DIFFÉRENTES DEMANDES

Art. R. 464-25 **Les notifications entre parties ont lieu par lettre recommandée avec demande d'avis de réception ou par notification directe entre les avocats** *(Abrogé par Décr. no 2012-634 du 3 mai 2012, art. 21)* ***« ou les avoués »*** **des parties.**

Les pièces de procédure doivent être déposées au greffe en triple exemplaire. – *[Décr. nº 87-849 du 19 oct. 1987, art. 15.]*

Désignation d'un avoué. Dès lors que les parties à l'instance ont désigné un avoué pour les y représenter, c'est à lui et non aux avocats que doivent être notifiées les écritures et productions. • Com. 16 mai 2000 : *Bull. civ. IV, nº 101.*

Art. R. 464-26 **Devant la cour d'appel ou son premier président, la représentation et l'assistance des parties et** *(Ord. nº 2008-1161 du 13 nov. 2008, art. 4)* **« de l'Autorité de la concurrence » s'exercent dans les conditions prévues par l'article 931 du** *(Décr. nº 2008-484 du 22 mai 2008, art. 22)* **« code de procédure civile »**

Le ministre chargé de l'économie est représenté par le directeur général de la concurrence, de la consommation et de la répression des fraudes ou son délégué. – *[Décr. nº 87-849 du 19 oct. 1987, art. 16.]*

Art. R. 464-27 **Le ministère public peut prendre communication des affaires dans lesquelles il estime devoir intervenir. –** *[Décr. nº 87-849 du 19 oct. 1987, art. 17.]*

Ministère public. S'agissant de l'examen d'un pourvoi contre un arrêt de la cour d'appel de Paris statuant sur recours contre une décision du Conseil de la concurrence, le ministère public agit comme partie jointe ce qui exclut qu'il puisse se pourvoir en cassation. • Com. 25 janv. 2005 : *Bull. civ. IV, nº 14 ; D. 2005. Pan. 1434, obs. Claudel ; ibid. AJ 430, obs. Chevrier ; CCC 2005, nº 86, obs. Malaurie-Vignal ; RDLC 2005, nº 2, p. 91, obs. Michel-Amsellem ; RJDA 2005, nº 626 ; RLC 2005, nº 3, p. 74, note Nourissat.*

Art. R. 464-28 **Les décisions de la cour d'appel de Paris ou de son premier président sont notifiées par lettre recommandée avec demande d'avis de réception par le greffe de la cour aux parties à l'instance** *(Décr. nº 2012-840 du 29 juin 2012, art. 1er)* **« , à l'Autorité de la concurrence » et au ministre de l'économie lorsqu'il n'est pas partie à l'instance.**

(Abrogé par Décr. nº 2012-840 du 29 juin 2012, art. 1er) ***« Elles sont portées à la connaissance*** *(Ord. nº 2008-1161 du 13 nov. 2008, art. 4)* ***« de l'Autorité de la concurrence » par lettre simple à l'initiative du greffe. »***

(Décr. nº 2009-139 du 10 févr. 2009, art. 3) **« L'Autorité de la concurrence veille à l'exécution de ses décisions et les publie sur son site internet. Cette publication fait courir le délai de recours à l'égard des tiers. » –** *[Décr. nº 87-849 du 19 oct. 1987, art. 18.]*

Les modifications issues du Décr. nº 2009-139 du 10 févr. 2009 entrent en vigueur à la date d'entrée en vigueur de la L. nº 2008-776 du 4 août 2008 et de l'Ord. nº 2008-1161 du 13 nov. 2008 (Décr. préc., art. 4).

Art. R. 464-29 **Les décisions prises par le** *(Décr. nº 2009-139 du 10 févr. 2009, art. 3)* **« rapporteur général »** *(Ord. nº 2008-1161 du 13 nov. 2008, art. 4)* **« de l'Autorité de la concurrence » en application de l'article L. 463-4 ne peuvent faire l'objet d'un recours qu'avec la décision de l'Autorité sur le fond. –** *[Décr. nº 87-849 du 19 oct. 1987, art. 19.]*

V. note ss. art. R. 464-28.

Art. R. 464-30 **Les décisions** *(Ord. nº 2008-1161 du 13 nov. 2008, art. 4)* **« de l'Autorité de la concurrence » sont notifiées par lettre recommandée avec demande d'avis de réception.**

A peine de nullité, la lettre de notification indique le délai de recours ainsi que les modalités selon lesquelles celui-ci peut être exercé. Elle comporte en annexe les noms, qualités et adresses des parties auxquelles la décision *(Ord. nº 2008-1161 du 13 nov. 2008, art. 4)* **« de l'Autorité de la concurrence » a été notifiée. –** *[Décr. nº 87-849 du 19 oct. 1987, art. 20.]*

Art. R. 464-31 Les augmentations de délais prévues à l'article 643 du *(Décr. n° 2008-484 du 22 mai 2008, art. 22)* « code de procédure civile » ne s'appliquent pas aux recours présentés en vertu des dispositions du présent chapitre. — *[Décr. n° 87-849 du 19 oct. 1987, art. 21.]*

TITRE SEPTIÈME DISPOSITIONS DIVERSES

Art. R. 470-1 Lorsque le ministre chargé de l'économie intervient sur le fondement de l'article L. 470-5, il est dispensé de représentation par un avocat *(Abrogé par Décr. n° 2012-634 du 3 mai 2012, art. 21) « ou un avoué »*. — *[Décr. n° 2002-689 du 30 avr. 2002, art. 48.]*

Art. R. 470-1-1 *(Décr. n° 2010-1010 du 30 août 2010, art. 5)* Sont désignés comme représentants du ministre chargé de l'économie devant les juridictions civiles et pénales de première instance et d'appel, pour l'application de l'article L. 470-5 du code de commerce et dans l'exercice de leurs attributions respectives :

1° Le directeur général de la concurrence, de la consommation et de la répression des fraudes et, pour ce qui concerne les affaires dont ont été saisies les juridictions du ressort territorial dans lequel ils exercent leurs fonctions, les directeurs régionaux des entreprises, de la concurrence, de la consommation, du travail et de l'emploi *(Décr. n° 2012-839 du 29 juin 2012, art. 4)* « , les directeurs des directions départementales chargées de la protection des populations et les directeurs des entreprises, de la concurrence, de la consommation, du travail et de l'emploi » ;

2° Par exception au 1°, lorsque l'action est fondée sur les dispositions de l'article L. 442-6 du code de commerce et quelle que soit la juridiction devant laquelle elle est portée, le directeur général de la concurrence, de la consommation et de la répression des fraudes *(Décr. n° 2012-839 du 29 juin 2012, art. 4)* « *[,]* les directeurs régionaux des entreprises, de la concurrence, de la consommation, du travail et de l'emploi ainsi que les directeurs des entreprises, de la concurrence, de la consommation, du travail et de l'emploi », pour les affaires qu'ils ont instruites ;

3° Pour les affaires instruites par le service national des enquêtes, le chef de ce service.

V. note ss. art. R. 470-5.

Arrêté du 24 septembre 2010,

Organisant la suppléance des représentants du ministre chargé de l'économie désignés en application de l'article L. 470-5 du code de commerce.

Art. 1er En cas d'empêchement du directeur général de la concurrence, de la consommation et de la répression des fraudes, le chef de service chargé de la régulation et de la sécurité, le sous-directeur chargé de la politique de la concurrence et le sous-directeur chargé de la politique de la consommation le suppléent pour les attributions conférées aux articles R. 470-1-1 et R. 470-1-2 du code de commerce.

Pour développer oralement à l'audience les conclusions déposées, et pour les seules attributions conférées à l'article R. 470-1-1 du code de commerce, les suppléants désignés à l'alinéa précédent, eux-mêmes empêchés, sont suppléés :

— soit par un agent chargé du contentieux civil des pratiques restrictives de concurrence au sein de la direction générale de la concurrence de la consommation et de la répression des fraudes ;

— soit par un agent chargé du contentieux civil relevant des livres Ier et III du code de la consommation ou un agent chargé du contentieux intracommunautaire au sein du bureau de la protection économique du consommateur de la direction générale de la concurrence, de la consommation et de la répression des fraudes désigné en application des articles 4 et 5 du règlement n° 2006-2004 du Parlement européen et du Conseil du 27 octobre 2004 relatif à la coopération entre les autorités nationales chargées de veiller à l'application de la législation en matière de protection des consommateurs.

Art. 2 En cas d'empêchement du chef du service national des enquêtes pour développer oralement à l'audience les conclusions déposées dans le cadre des attributions conférées à l'article R. 470-1-1 du code de commerce, des fonctionnaires de catégorie A désignés par lui pourront le suppléer.

Art. 3 En cas d'empêchement des directeurs régionaux des entreprises, de la concurrence, de la consommation, du travail et de l'emploi *(Arr. du 7 août 2012)* « ou des directeurs des entreprises, de la concurrence, de la consommation, du travail et de l'emploi », les chefs des pôles "concurrence, consommation, répression des fraudes et métrologie" des directions régionales des entreprises, de la concurrence, de la consommation, du travail et de l'emploi *(Arr. du 7 août 2012)* « ou des directions des entreprises, de la concurrence, de la consommation, du travail et de l'emploi » les suppléent pour les attributions conférées à l'article R. 470-1-1 du code de commerce.

Pour développer oralement à l'audience les conclusions déposées, les suppléants désignés à l'alinéa précédent, eux-mêmes empêchés, sont suppléés par des fonctionnaires de catégorie A désignés par eux.

Art. 4 En cas d'empêchement des directeurs des directions départementales chargées de la protection des populations *(Arr. du 7 août 2012)* « ou du directeur de la direction de la cohésion sociale, du travail, de l'emploi et de la population », les directeurs adjoints *(Arr. du 7 août 2012)* « de ces directions » les suppléent pour les attributions conférées à l'article R. 470-1-1 du code de commerce.

Pour développer oralement à l'audience les conclusions déposées, les suppléants désignés à l'alinéa précédent, eux-mêmes empêchés, sont suppléés par des fonctionnaires de catégorie A désignés par eux.

Art. 5 L'arrêté du 12 mars 1987 portant délégation de pouvoirs est abrogé.

Art. R. 470-1-2 *(Décr. n° 2010-1010 du 30 août 2010, art. 5)* **Devant la Cour de cassation, le ministre chargé de l'économie est, pour l'application de l'article L. 470-5 du code de commerce, représenté par le directeur général de la concurrence, de la consommation et de la répression des fraudes.**

V. note ss. art. R. 470-5.

Art. R. 470-1-3 *(Décr. n° 2010-1010 du 30 août 2010, art. 5)* **Un arrêté du ministre chargé de l'économie désigne les agents des services chargés de la concurrence et de la consommation appelés à remplacer les représentants mentionnés aux articles R. 470-1-1 et R. 470-1-2 en cas d'empêchement de ces derniers.**

Art. R. 470-2 **Pour l'application du 2 de l'article 15 du règlement (CE) n° 1/2003 du Conseil du 16 décembre 2002 relatif à la mise en œuvre des règles de concurrence prévues aux articles 81 et 82 du traité instituant la Communauté européenne** *[art. 101 et 102 TFUE]*, **les décisions de justice qui statuent sur le fondement des articles 81 et 82 de ce traité** *[art. 101 et 102 TFUE]* **sont notifiées par le greffe de la juridiction à la Commission européenne,** *(Ord. n° 2008-1161 du 13 nov. 2008, art. 4)* **« à l'Autorité de la concurrence » et au ministre chargé de l'économie, par lettre recommandée avec accusé de réception. Il est fait mention de cette notification dans le dispositif de la décision.** – *[Décr. n° 2002-689 du 30 avr. 2002, art. 48-1.] – V. Règl. préc., App., v° Concurrence (II – Droit communautaire).*

Art. R. 470-3 Lorsque le juge envisage de solliciter l'avis de la Commission européenne en application des dispositions du 1 de l'article 15 du règlement (CE) n° 1/2003 du Conseil du 16 décembre 2002 relatif à la mise en œuvre des règles de concurrence prévues aux articles 81 et 82 du traité instituant la Communauté européenne *[art. 101 et 102 TFUE]*, il en avise les parties. A moins qu'elles n'aient déjà conclu sur ce point, il les invite à produire des observations dans un délai qu'il fixe. – *V. Règl. préc., App., v° Concurrence (II – Droit communautaire).*

Dès réception des observations ou à l'expiration du délai, le juge peut solliciter l'avis de la Commission européenne par une décision non susceptible de recours. Il surseoit à statuer jusqu'à la réception de l'avis ou jusqu'à l'expiration d'un délai qu'il fixe.

La décision sollicitant l'avis, ainsi que les observations éventuelles, est adressée à la Commission européenne par le greffe de la juridiction. Cette décision, ainsi que la date de transmission du dossier, est notifiée aux parties par lettre recommandée avec demande d'avis de réception.

Dès la réception de l'avis par la juridiction, celui-ci est notifié par le greffe aux parties qui peuvent présenter des observations. – *[Décr. n° 2002-689 du 30 avr. 2002, art. 48-2.]*

Art. R. 470-4 Lorsque le juge envisage de demander à la Commission européenne des informations en application des dispositions du 1 de l'article 15 du règlement (CE) n° 1/2003 du Conseil du 16 décembre 2002 relatif à la mise en œuvre des règles de concurrence prévues aux articles 81 et 82 du traité instituant la Communauté européenne *[art. 101 et 102 TFUE]*, il en avise les parties. – *V. Règl. préc., App., v° Concurrence (II – Droit communautaire).*

Il notifie la réponse de la Commission européenne aux parties qui peuvent présenter des observations. – *[Décr. n° 2002-689 du 30 avr. 2002, art. 48-3.]*

Art. R. 470-5 *(Décr. n° 2010-1010 du 30 août 2010, art. 4-1)* L'autorité administrative mentionnée à l'article L. 470-4-1 est, dans le cadre de leurs compétences respectives, le chef du service national des enquêtes au sein de la direction générale de la concurrence, de la consommation et de la répression des fraudes, le directeur régional des entreprises, de la concurrence, de la consommation, du travail et de l'emploi ou le directeur de la direction départementale chargée de la protection des populations.

(Décr. n° 2012-839 du 29 juin 2012, art. 5) « Pour l'application du présent article dans les départements et régions d'outre-mer, les références au "directeur régional des entreprises, de la concurrence, de la consommation, du travail et de l'emploi" et au "directeur de la direction départementale chargée de la protection des populations" sont remplacées par la référence au "directeur des entreprises, de la concurrence, de la consommation, du travail et de l'emploi". » – *[Décr. n° 2006-513 du 4 mai 2006, art. 1er, al. 1er.]*

Jusqu'à l'entrée en vigueur des textes spécifiques à l'organisation et aux missions des services déconcentrés chargés de la concurrence et de la consommation dans les régions et départements d'outre-mer, les mesures réglementaires prises pour l'application des art. L. 470-4-1 et L. 470-5 en vigueur antérieurement au Décr. n° 2010-1010 du 30 août 2010 (JO 1er sept.) demeurent applicables (Décr. préc., art. 6). – Ancienne rédaction de l'art. R. 470-5 : « L'autorité administrative, au sens de l'article L. 470-4-1, est, au sein de la direction générale de la concurrence, de la consommation et de la répression des fraudes, le directeur régional ou le chef d'unité départementale territorialement compétents. »

Art. R. 470-6 L'autorité administrative mentionnée à l'article R. 470-5 transmet la proposition de transaction au procureur de la République dans un délai de trois mois à compter de la clôture du procès-verbal de constatation de l'infraction. Cette proposition précise la somme que l'auteur de l'infraction sera invité à payer au Tré-

sor public, le délai imparti pour son paiement et, s'il y a lieu, les autres obligations résultant pour lui de l'acceptation de la transaction. – *[Décr. n° 2006-513 du 4 mai 2006, art. 1er, al. 2.]*

Art. R. 470-7 **Lorsque le procureur de la République a donné son accord sur la proposition de transaction,** *(Décr. n° 2010-1010 du 30 août 2010, art. 4-II)* **« l'autorité administrative mentionnée à l'article R. 470-5** *[ancienne rédaction : le chef de service]* **» notifie cette dernière en double exemplaire à l'auteur de l'infraction. Cette notification comporte une mention précisant que si la personne ne paie pas, dans le délai imparti, la somme indiquée dans la proposition ou qu'elle ne satisfait pas aux autres obligations le cas échéant souscrites par elle, le procureur de la République décidera, sauf élément nouveau, d'engager les poursuites à son égard.**

L'auteur de l'infraction dispose d'un mois, à compter de cette notification, pour y répondre. En cas d'acceptation, l'auteur de l'infraction retourne à l'autorité administrative un exemplaire signé de la proposition.

Dans l'hypothèse où, au terme du délai mentionné à l'alinéa ci-dessus, l'auteur de l'infraction a refusé la proposition ou n'y a pas répondu, l'autorité administrative en informe sans délai le procureur de la République. Ce dernier est également informé par l'autorité administrative du cas où l'auteur de l'infraction n'aurait pas acquitté la somme indiquée dans la proposition, au terme du délai imparti, ou n'aurait pas satisfait aux autres obligations le cas échéant souscrites par lui. – *[Décr. n° 2006-513 du 4 mai 2006, art. 1er, al. 3 à 5.]*

V. note ss. art. R. 470-5.

LIVRE CINQUIÈME DES EFFETS DE COMMERCE ET DES GARANTIES

TITRE PREMIER DES EFFETS DE COMMERCE

CHAPITRE PREMIER DE LA LETTRE DE CHANGE

RÉP. COM. v[is] *Lettre de change ; Effets de commerce,* par GIBIRILA.

SECTION PREMIÈRE DU PAIEMENT

Art. R. 511-1 L'acte constatant le dépôt prévu à l'article L. 511-30 contient la date de la lettre de change, celle de l'échéance et le nom de celui au bénéfice duquel elle a été originairement faite.

En cas de présentation de la lettre postérieurement au dépôt prévu à l'article L. 511-30, le débiteur remet l'acte de dépôt en échange de la lettre de change.

La somme déposée est remise par la Caisse des dépôts et consignations en contrepartie de l'acte de dépôt à celui qui le présente. – *[L. du 24 juill 1795, art. 2 à 4.]*

SECTION II DES PROTÊTS

RÉP. COM. v° *Protêt,* par MASSOT-DURIN.

Art. R. 511-2 Les notaires et les huissiers de justice remettent, conformément à l'article L. 511-55 du code de commerce et à l'article L. 131-64 du code monétaire et financier *[V. cet art., App., v° Banque et financement de l'entreprise]*, deux copies des protêts, faute de paiement de lettres de change acceptées ou de billet à ordre, et trois copies des protêts, faute de paiement de chèques, ou envoient par lettre recommandée, sous pli distinct pour chacun d'eux, une copie des protêts, faute de paiement de lettres de change acceptées ou de billet à ordre, et deux copies des protêts, faute de paiement des chèques, au greffier du tribunal de commerce dans le ressort duquel est situé le domicile de l'accepteur de la lettre de change, du souscripteur du billet à ordre ou du tireur du chèque. – *[Décr. n° 50-737 du 24 juin 1950, art. 1er, al. 1er.]*

Art. R. 511-3 Sur les copies des protêts, le nom de famille de l'accepteur de la lettre de change, du souscripteur du billet à ordre ou du tireur du chèque est porté en lettres capitales.

L'huissier ou le notaire porte également sur ces copies, d'après les renseignements qu'il a pu obtenir, s'ils n'y figurent pas déjà, le domicile de la personne mentionnée à l'alinéa précédent et, le cas échéant, son nom d'usage. – *[Décr. n° 50-737 du 24 juin 1950, art. 1er, al. 2 et 3.]*

Art. R. 511-4 Il est ouvert par chaque greffier un registre dans lequel sont inscrits, par ordre de date et sous un numéro d'ordre, les protêts reçus.

Ce registre est divisé en neuf colonnes destinées à recevoir :

Colonne 1 : le numéro d'ordre, lequel est également porté par le greffier sur les copies du protêt ;

Colonne 2 : la date du protêt ;

Colonne 3 : les nom, prénoms, dénomination sociale ou commerciale, le cas échéant enseigne, profession et domicile du souscripteur du billet à ordre, du tireur du chèque ou de l'accepteur de la lettre de change ;

Colonne 4 : les nom, prénoms, dénomination sociale ou commerciale, le cas échéant enseigne, profession et domicile de celui au profit de qui l'effet ou le chèque a été créé, ou du tireur de la lettre de change ;

Colonne 5 : la date de l'échéance, s'il y a lieu ;

Colonne 6 : le montant de l'effet ;

Colonne 7 : la réponse donnée au protêt ;

Colonne 8 : les nom, qualité et adresse de l'officier public ou ministériel ayant établi le protêt ;

Colonne 9 : la date à laquelle il est procédé à la radiation, la nature des pièces en vertu desquelles il y est procédé et la date du retrait de ces pièces.

Si l'une de ces insertions ne figure pas sur la copie du protêt, le greffier indique dans la colonne correspondante que le renseignement n'est pas en sa possession. – *[Décr. n° 50-737 du 24 juin 1950, art. 2.]*

Art. R. 511-5 Le registre mentionné à l'article R. 511-4 est, avant son ouverture, daté et signé par première et dernière feuille, coté et paraphé en tous ses feuillets par le président du tribunal de commerce. – *[Décr. n° 50-737 du 24 juin 1950, art. 4.]*

Art. R. 511-6 Pour chaque protêt dont il a été reçu copie, le greffier établit en outre une fiche comportant les mentions suivantes : les nom en lettres capitales, prénoms, dénomination sociale ou commerciale, le cas échéant enseigne, profession et domicile de l'accepteur de la lettre de change, du souscripteur du billet à ordre ou du tireur du chèque, la date du protêt, et le numéro d'ordre de l'inscription au registre chronologique mentionné à l'article R. 511-4.

Lorsque la copie du protêt transmise au greffier porte mention du nom d'usage, une fiche est établie au nom de famille et au nom d'usage.

Chaque fiche est classée par le greffier dans un fichier alphabétique qui constitue l'état nominatif des protêts, prévu à l'article L. 511-56. – *[Décr. n° 50-737 du 24 juin 1950, art. 3.]*

Art. R. 511-7 Chaque fiche mentionnée à l'article R. 511-6 énonce :

1° La date du protêt ;

2° Les nom, prénoms, profession et domicile de celui au profit de qui l'effet ou le chèque a été créé, ou le tireur de la lettre de change ;

3° Les nom, prénoms, ou dénomination sociale ou commerciale, profession et domicile du souscripteur du billet à ordre ou du tiré, pour le chèque, ou de l'accepteur de la lettre de change ;

4° La date de l'échéance, s'il y a lieu ;

5° Le montant de l'effet ;

6° La réponse donnée au protêt. – *[L. n° 49-1093 du 2 août 1949, art. 3, al. 2.]*

Art. R. 511-8 Le greffier remet à l'huissier ou au notaire qui a déposé les copies du protêt une de ces copies, après l'avoir datée et signée. Cette copie vaut récépissé. – *[Décr. n° 50-737 du 24 juin 1950, art. 5, al. 1er.]*

Art. R. 511-9 Les extraits du registre mentionné à l'article R. 511-4 sont délivrés sur demande écrite, datée et signée par le requérant, précisant, en lettres capitales pour les noms de famille, les nom, prénoms, dénomination sociale ou commerciale,

profession et domicile de celui-ci, ainsi que les nom, prénoms, dénomination sociale ou commerciale, le cas échéant, enseigne, profession et domicile de la personne pouvant faire l'objet de l'inscription. Le nom et l'adresse de celle-ci peuvent toutefois être seuls indiqués par le requérant, s'il atteste qu'il ignore les autres mentions la concernant. Dans ce dernier cas, le greffier ne délivre l'extrait sollicité que si les indications fournies sont suffisantes pour permettre l'identification du débiteur faisant l'objet de la recherche.

Les extraits délivrés comportent les indications mentionnées aux colonnes 1, 2, 3, 4, 5, 6 et 7 du registre mentionné à l'article R. 511-4. – *[Décr. nº 50-737 du 24 juin 1950, art. 6, al. 1er et 2.]*

Art. R. 511-10 S'il n'existe aucune inscription correspondant à l'identité du débiteur signalé ou si l'inscription portée au nom de ce dernier concerne un protêt dont la date est antérieure de plus d'un an ou de moins d'un mois au jour où le greffier est saisi de la demande ou au jour pour lequel l'extrait a été spécialement demandé, le greffier délivre au requérant une attestation reproduisant les indications fournies par celui-ci et indiquant qu'il n'a pas été trouvé d'inscription au registre des protêts.

Si plusieurs inscriptions sont susceptibles de correspondre à l'identité de la personne pour laquelle la recherche est demandée, le greffier délivre tous les extraits pouvant se rapporter à cette personne. – *[Décr. nº 50-737 du 24 juin 1950, art. 6, al. 3 et 4.]*

Art. R. 511-11 Sur dépôt des pièces mentionnées à l'article L. 511-58, le greffier procède à la radiation de l'inscription sur la fiche et porte à la colonne 9 du registre chronologique la mention de radiation prévue à l'article R. 511-4. – *[Décr. nº 50-737 du 24 juin 1950, art. 7.]*

CHAPITRE II DU BILLET À ORDRE

RÉP. COM. vº *Billet à ordre*, par GIBIRILA.

Art. R. 512-1 *(Décr. nº 2007-431 du 25 mars 2007)* **Sont applicables au billet à ordre, en tant qu'elles ne sont pas incompatibles avec la nature de ce titre, les dispositions des articles R. 511-1 à R. 511-11.**

TITRE DEUXIÈME DES GARANTIES

CHAPITRE PREMIER DISPOSITIONS GÉNÉRALES SUR LE GAGE COMMERCIAL

Art. R. 521-1 Les dispositions des articles R. 322-3 et R. 322-6 sont applicables aux ventes prévues par l'article L. 521-3, sous réserve des dispositions de l'article R. 521-2. – *[Décr. du 29 août 1863, art. 1er.]*

Art. R. 521-2 Le minimum de la valeur des lots est fixé à 15 € pour les ventes de marchandises de toute espèce faites dans les cas prévus par l'article L. 521-3. – *[Décr. du 29 août 1863, art. 3.]*

CHAPITRE II DES DÉPÔTS EN MAGASINS GÉNÉRAUX

SECTION PREMIÈRE DE L'AGRÉMENT, DE LA CESSION ET DE LA CESSATION D'EXPLOITATION

RÉP. COM. v° *Magasins généraux,* par CABRILLAC.

RÉP. PÉN. v° *Magasins généraux,* par PASCHOUD.

Art. R. 522-1 Les demandes d'agrément prévues à l'article L. 522-1 sont déposées à la préfecture par l'exploitant de l'entrepôt intéressé. – *[Décr. n° 45-1754 du 6 août 1945, art. 1er, al. 1er.]*

Art. R. 522-2 Les demandes d'agrément sont accompagnées des pièces suivantes :

1° Un extrait du registre du commerce et des sociétés sur lequel il est inscrit ;

2° S'il s'agit d'une société, un exemplaire des statuts et la liste des associés possédant plus de 10 % du capital social ;

3° Un plan des locaux affectés à l'exploitation, avec l'indication de la nature des droits de l'exploitant sur ces locaux ;

4° Un mémoire indiquant l'emplacement de l'établissement, son équipement, ses moyens d'accès ainsi que la nature et le volume du trafic escompté ;

5° Un projet de règlement particulier de l'établissement.

Si le demandeur est une société en formation, les demandes d'agrément sont accompagnées, en substitution des pièces prévues aux 1° et 2°, d'un projet des statuts et de la liste des associés devant souscrire plus de 10 % du capital social. – *[Décr. n° 45-1754 du 6 août 1945, art. 1er, al. 2 à 12.]*

Art. R. 522-3 Le préfet peut exiger toutes pièces propres à établir l'identité, la moralité et la situation financière de l'exploitant. – *[Décr. n° 45-1754 du 6 août 1945, art. 1er, al. 13.]*

Art. R. 522-4 et R. 522-5 *Abrogés par Décr. n° 2011-1772 du 5 déc. 2011, art. 2.*

Art. R. 522-6 Les demandes d'agrément déposées par les entreprises mentionnées à l'article L. 522-11 font l'objet, *(Abrogé par Décr. n° 2011-1772 du 5 déc. 2011, art. 3) « avant leur transmission aux organismes mentionnés à l'article* R. 522-4, *et »* pendant la période de trois mois qui suit le dépôt, d'un affichage à la préfecture ainsi qu'à la mairie et au greffe du tribunal de commerce du lieu de l'entrepôt. Elles font également l'objet, au cours du premier mois, d'une insertion dans un ou plusieurs journaux habilités à recevoir les annonces légales.

(Abrogé par Décr. n° 2011-1772 du 5 déc. 2011, art. 3) « A l'expiration de ce délai de trois mois, les demandes de dérogation sont transmises aux organismes prévus à l'article R. 522-4. *»* – *[Décr. n° 45-1754 du 6 août 1945, art. 4, al. 1er et 2.]*

Art. R. 522-7 *Abrogé par Décr. n° 2011-1772 du 5 déc. 2011, art. 2.*

Art. R. 522-8 En statuant sur la demande d'agrément, le préfet vérifie la conformité du projet de règlement particulier qui est présenté avec les dispositions des règlements types. – *[Décr. n° 45-1754 du 6 août 1945, art. 5.]*

Art. R. 522-9 Lorsque l'agrément d'un entrepôt comme magasin général fait l'objet d'un décret ou d'un arrêté ministériel, un exemplaire de ce décret ou de cet arrêté ministériel est notifié par les soins du préfet à la Fédération nationale des prestataires logistiques et des magasins généraux agréés par l'État et à la *(Décr. n° 2010-1463 du 1er déc. 2010, art. 87)* « chambre de commerce et d'industrie territoriale » dans la circonscription de laquelle est situé l'entrepôt intéressé. – *[Décr. n° 45-1754 du 6 août 1945, art. 21.]*

Art. R. 522-10 Le cautionnement imposé par l'arrêté du préfet est fixé à 3,18 € par mètre carré de plancher du magasin et 1,06 € par mètre carré de chantier, avec un minimum de 212 € et un maximum de 2 120 €, applicable à l'ensemble des établissements exploités dans une même commune. – *[Décr. n° 45-1754 du 6 août 1945, art. 7, al. 1er.]*

Art. R. 522-11 Le cautionnement peut être fourni en totalité ou en partie en argent, en rentes, en valeurs admises à la négociation sur un marché réglementé, ou par une première hypothèque sur des immeubles d'une valeur double de la somme garantie. Il peut également être fourni en totalité par l'un des établissements de crédit habilité à cet effet ou l'une des institutions ou l'un des établissements mentionnés à l'article L. 518-1 du code monétaire et financier *(Abrogé par Décr. n° 2011-1772 du 5 déc. 2011, art. 4)* « *, avec l'agrément du tribunal de commerce dans le ressort duquel est situé le magasin. – V. **C. mon. fin.*** »

« *Le cautionnement fourni en argent ou en valeurs résulte d'une consignation ou d'une inscription à un compte ouvert à la Caisse des dépôts et consignations au nom de la personne de l'exploitant.* » Si le cautionnement est représenté par une hypothèque, la valeur des immeubles est estimée par le directeur des services fiscaux sur les bases établies pour la perception des droits de mutation en cas de décès.

Pour la conservation de cette garantie, une inscription est prise, dans l'intérêt des tiers, à la diligence et au nom du directeur des services fiscaux. – *[Décr. n° 45-1754 du 6 août 1945, art. 7, al. 2 à 4.]*

Art. R. 522-12 Les droits de l'exploitant pour le compte duquel l'établissement est vendu ainsi que ceux de ses créanciers se règlent conformément aux dispositions du titre IV du livre Ier relatives à la vente et au nantissement du fonds de commerce. – *[Décr. n° 45-1754 du 6 août 1945, art. 19.]*

SECTION II DES OBLIGATIONS, DES RESPONSABILITÉS ET DES GARANTIES

Art. R. 522-13 Le ou les règlements types prévus à l'article L. 522-13 sont élaborés et modifiés par la Fédération nationale des prestataires logistiques et des magasins généraux agrées *[agréés]* par l'État et soumis à l'homologation du ministre chargé de l'industrie.

Ces règlements comportent pour l'exploitant l'obligation de mettre par priorité et sans préférence ni faveur les emplacements de l'entrepôt disponibles à la présentation de la marchandise à la disposition des personnes voulant opérer le magasinage dans les conditions fixées par les articles L. 522-14 à L. 522-19.

Toutefois, ils peuvent prévoir l'affectation des magasins exclusivement à certaines catégories de marchandises, notamment au regard de leur classement dans les tarifs généraux des compagnies d'assurances contre l'incendie. Ils peuvent également laisser la faculté au magasinier de refuser l'entrée ou le maintien en entrepôt de marchandises qui, par leur état ou leur nature, sont susceptibles de nuire à la bonne conservation des autres marchandises. – *[Décr. n° 45-1754 du 6 août 1945, art. 8.]*

Art. R. 522-14 Si les frais de magasinage et débours afférents aux marchandises prises en magasin général n'ont pas été payés pendant une durée que fixe le règlement type professionnel selon la nature de la marchandise, la vente aux enchères publiques peut, après sommation au déposant, être ordonnée par le président du tribunal de commerce par ordonnance sur requête, sans préjudice des mesures rendues nécessaires par l'état des marchandises. Le juge attribue le produit de la vente au magasin général à concurrence des frais qui lui sont dus. Le surplus est consigné à l'administration du magasin général à la disposition des tiers porteurs du warrant et du récépissé. – *[Décr. n° 45-1754 du 6 août 1945, art. 9.]*

Art. R. 522-15 Les tarifs annexés au règlement particulier de l'établissement comprennent le coût de l'assurance incendie, qui s'ajoute au coût du magasinage.

Les polices souscrites par l'exploitant doivent comporter de la part des compagnies d'assurances la renonciation à tout recours contre les déposants. – *[Décr. n° 45-1754 du 6 août 1945, art. 10.]*

SECTION III DU FONCTIONNEMENT ET DU CONTRÔLE

Art. R. 522-16 Les magasins généraux sont soumis aux mesures générales de police concernant les lieux publics affectés au commerce, sans préjudice des droits du service des douanes lorsqu'ils sont établis dans des locaux placés sous les régimes des entrepôts douaniers prévu par le règlement (CEE) n° 2913/92 du Conseil du 12 octobre 1992 établissant le code des douanes communautaire, et du règlement (CEE) n° 2454/93 de la Commission du 2 juillet 1993 fixant certaines de ses dispositions d'application, et le régime de l'entrepôt fiscal prévu par le code général des impôts. – *[Décr. n° 45-1754 du 6 août 1945, art. 17, al. 1er.]*

Art. R. 522-17 Le préfet surveille l'activité des magasins généraux et contrôle la régularité de leur fonctionnement.

Il a libre accès aux établissements placés sous son contrôle et peut procéder ou faire procéder à toutes les vérifications et enquêtes nécessaires à l'accomplissement de sa mission.

Lorsque l'exploitant est une société, le préfet reçoit communication de toutes modifications intervenues dans la présidence ou la gérance, dans le mois qui suit l'entrée en fonction du nouveau président ou gérant. – *[Décr. n° 45-1754 du 6 août 1945, art. 17, al. 2 à 4.]*

Art. R. 522-18 Les exploitants de magasins généraux sont tenus d'adresser dans le premier mois de chaque année, à l'inspecteur général de l'industrie et du commerce *[au contrôleur budgétaire]* dans la circonscription duquel sont situés leurs établissements, un compte rendu général de leur activité au cours de l'année écoulée.

A ce compte rendu est joint un état indiquant :

1° Le niveau maximum atteint par les stocks des principales marchandises entreposées, suivant une liste qui est fixée pour la région par l'inspection générale de l'industrie et du commerce sur la proposition de la Fédération nationale des prestataires logistiques et des magasins généraux agréés par l'État ;

2° Le montant des avances transcrites sur les warrants. – *[Décr. n° 45-1754 du 6 août 1945, art. 20.]*

Art. R. 522-19 L'inspection générale de l'industrie et du commerce a délégation permanente pour exercer la surveillance et le contrôle des magasins généraux agréés incombant au préfet, dans les conditions prévues à l'article R. 522-17.

L'inspection générale de l'industrie et du commerce informe le préfet des infractions constatées. Le préfet en rend compte à l'autorité qui a contresigné le décret ou pris l'arrêté d'agrément en lui proposant, le cas échéant, le retrait de l'agrément dans les cas et formes prévus à l'article L. 522-39. – *[Décr. n° 45-1754 du 6 août 1945, art. 17, al. 5 et art. 22.]*

SECTION IV DES RÉCÉPISSÉS ET DES WARRANTS

RÉP. COM. v° *Warrant,* par REDON.

Art. R. 522-20 Les récépissés et warrants délivrés par l'exploitant comportent au recto la mention de l'assurance de la marchandise contre l'incendie par les polices générales du magasin. – *[Décr. n° 45-1754 du 6 août 1945, art. 11.]*

Art. R. 522-21 A toute réquisition du porteur du récépissé et du warrant réunis, la marchandise déposée est fractionnée en autant de fois qu'il lui convient, et le titre d'origine remplacé par autant de récépissés et de warrants qu'il y a de lots. – *[Décr. n° 45-1754 du 6 août 1945, art. 13.]*

Art. R. 522-22 L'administration du magasin général liquide sur la demande du porteur du récépissé ou du warrant les dettes et les frais énumérés à l'article L. 522-32 et dont le privilège prime celui de la créance garantie sur le warrant. Le bordereau de liquidation délivré par l'administration du magasin général porte les numéros du récépissé et du warrant auxquels il se réfère. – *[Décr. n° 45-1754 du 6 août 1945, art. 14.]*

Art. R. 522-23 Sur la présentation du warrant protesté, l'administration du magasin général donne au courtier désigné pour la vente par le porteur du warrant toutes facilités pour y procéder.

Elle ne délivre la marchandise à l'acheteur que sur présentation du procès-verbal de la vente et moyennant :

1° La justification du paiement des droits et frais privilégiés, ainsi que le montant de la somme revenant au porteur du warrant dans la limite de la somme prêtée ;

2° La consignation de l'excédent, s'il en existe, revenant au porteur du récépissé, dans le cas prévu au dernier paragraphe de l'article L. 522-32. – *[Décr n° 45-1754 du 6 août 1945, art. 15.]*

Art. R. 522-24 Outre les livres ordinaires du commerce et le livre des récépissés et warrants, l'administration du magasin général tient un livret à souches destiné à constater les consignations qui peuvent lui être faites en vertu des articles L. 522-30 et L. 522-32.

Tous ces livres sont cotés et paraphés, par première et dernière feuilles. – *[Décr. n° 45-1754 du 6 août 1945, art. 16.]*

SECTION V DES SANCTIONS

Art. R. 522-25 La procédure d'aliénation du magasin général prévue au troisième alinéa de l'article L. 522-39 est engagée dans les trois mois de la décision du retrait d'agrément à titre définitif prise par le préfet. Cette aliénation peut être opérée soit par adjudication, soit par voie de cession amiable. Toutefois, il ne peut être procédé à l'amiable lorsque le chiffre d'affaires réalisé dans le magasin général au cours de l'exercice précédent dépasse une somme fixée par le ministre chargé de l'industrie.

Seules peuvent se présenter à l'adjudication ou acquérir l'établissement à l'amiable les personnes qui y sont autorisées par le préfet. – *[Décr. n° 45-1754 du 6 août 1945, art. 18.]*

CHAPITRE III DU WARRANT HÔTELIER

RÉP. COM. v° *Warrant hôtelier,* par CABRILLAC.

Art. R. 523-1 Le volant et la souche du registre prévu à l'article L. 523-3 portent chacun les mentions suivantes :

1° Les nom, profession et domicile des parties ;

2° La nature des objets mis en gage, les indications propres à les identifier et à déterminer leur valeur, ainsi que le lieu de leur situation ;

3° L'inexistence d'aucun privilège de vendeur, de nantissement ou de gage sur lesdits objets ;

4° Le nom de la compagnie à laquelle ils sont assurés, ainsi que l'immeuble, pendant toute la durée du prêt, contre l'incendie ;

5° Le montant de la créance garantie et la date de son échéance, ainsi que toutes les clauses et conditions particulières convenues entre les parties ;

6° La date de la notification de l'acte extrajudiciaire adressé au propriétaire, à l'usufruitier ou à leur mandataire légal, et celle de leur réponse ;

7° Le montant du loyer annuel de l'hôtel et la justification que les loyers énumérés à l'article L. 523-2 ont été acquittés. – *[L. du 8 août 1913, art. 3, al. 2.]*

CHAPITRE IV DU WARRANT PÉTROLIER

RÉP. COM. v° *Warrant pétrolier,* par CABRILLAC.

Art. R. 524-1 Le greffier du tribunal de commerce transcrit sur un registre spécial le warrant pétrolier et mentionne sur ce warrant pétrolier le volume et le numéro de la transcription, avec la mention des warrants préexistant*[s]* sur les mêmes stocks de produits. – *[L. du 21 avr. 1932, art. 2, al. 2.]*

CHAPITRE V DU NANTISSEMENT DE L'OUTILLAGE ET DU MATÉRIEL D'ÉQUIPEMENT

RÉP. COM. v° *Nantissement de l'outillage et du matériel d'équipement,* par PICOD.

Art. R. 525-1 L'inscription du privilège prévue à l'article L. 525-1 est, lorsque l'acquéreur n'a pas la qualité de commerçant, soumise aux formalités fixées aux articles R. 525-2 à R. 525-7. – *[Décr. n° 51-194 du 17 févr. 1951, art. 1er.]*

Art. R. 525-2 Pour inscrire son privilège, le créancier nanti présente lui-même ou fait présenter par un tiers au greffier du tribunal de commerce dans le ressort duquel est domicilié l'acquéreur du bien grevé l'un des originaux de l'acte de vente ou de prêt, constitutif du nantissement, s'il est sous seing privé, ou d'une expédition s'il existe en minute. L'acte sous seing privé reste déposé au greffe.

Il est joint par le créancier nanti deux bordereaux sur papier non timbré, dont la forme est déterminée par arrêté du garde des sceaux, ministre de la justice. – *[Décr. n° 51-194 du 17 févr. 1951, art. 2, al. 1er et 2.] – V. Arr. 26 déc. 1955 (D. 1956. 27 ; BLD 1956. 49).*

Art. R. 525-3 Le papier sur lequel sont établis les bordereaux est fourni par les greffiers aux frais des requérants. Toutefois, les officiers publics ou ministériels peuvent se le procurer eux-mêmes. Ces bordereaux contiennent :

1° Les nom, prénoms et domicile du créancier et du débiteur, leur profession s'ils en ont une ;

2° La date et la nature du titre ;

3° Le montant de la créance exprimée dans le titre, les conditions relatives aux intérêts et à l'exigibilité ;

4° Le lieu où le matériel est placé et éventuellement la mention que ledit matériel est susceptible d'être déplacé ;

5° Élection du domicile par le créancier nanti dans le ressort du tribunal au greffe duquel l'inscription est requise. – *[Décr. n° 51-194 du 17 févr. 1951, art. 2, al. 3 à 8.]*

Descriptif du matériel. L'absence de descriptif du matériel nanti dans le bordereau d'inscription de nantissement ne permet pas de connaître la nature exacte de ce matériel et rend, par conséquent, le nantissement inopposable aux tiers. • Grenoble, 19 janv. 1997 : *JCP 1998. I. 103, n° 28, obs. Delebecque.*

Art. R. 525-4 Le greffier remet au requérant tant l'expédition du titre que l'un des bordereaux prévus à l'article R. 525-2, après l'avoir revêtu, dès sa reception, de la mention d'inscription, qui comprend la date de celle-ci et le numéro sous lequel elle a été effectuée.

L'autre bordereau, portant les mêmes mentions, est conservé au greffe. – *[Décr. n° 51-194 du 17 févr. 1951, art. 3.]*

Art. R. 525-5 Les greffiers sont tenus d'enliasser et de relier à leurs frais les bordereaux qu'ils conservent en application de l'article R. 525-4.

Ils tiennent un fichier alphabétique des noms des débiteurs avec l'indication des numéros des inscriptions les concernant. – *[Décr. n° 51-194 du 17 févr. 1951, art. 4.]*

Art. R. 525-6 Les pièces mentionnées à l'article R. 525-2 reçoivent un numéro d'entrée au moment de leur production.

Ces pièces sont enregistrées sur le registre à souches prévu à l'article R. 143-9 ; il en est délivré un récépissé extrait dudit registre et mentionnant :

1° Le numéro d'entrée apposé sur les pièces ;

2° La date du dépôt des pièces ;

3° Le nombre et la nature de ces pièces avec l'indication du but de ce dépôt ;

4° Le nom des parties ;

5° La nature et la situation du bien grevé et, éventuellement, la mention qu'il est susceptible d'être déplacé.

Le récépissé est daté et signé par le greffier, auquel il est rendu contre remise de la pièce portant, conformément à l'article R. 525-4, la certification que l'inscription du privilège a été effectuée. – *[Décr. n° 51-194 du 17 févr. 1951, art. 5.]*

Art. R. 525-7 Le dépôt des actes sous seing privé prévu à l'article R. 525-2 est constaté sur le registre mentionné à l'article R. 143-7.

Dans la seconde colonne de ce registre est inscrit le procès-verbal du dépôt contenant la date à laquelle ce dernier a été fait, la mention, la date et le coût de l'enregistrement de l'acte, son numéro d'entrée, sa nature, l'indication du nom du créancier et du débiteur, la nature et la situation du bien grevé et, s'il y a lieu, la mention qu'il est susceptible d'être déplacé.

Ce procès-verbal est signé par le greffier. – *[Décr. n° 51-194 du 17 févr. 1951, art. 6.]*

Art. R. 525-8 Lorsque l'acquéreur du bien grevé est commerçant, les bordereaux prévus à l'article R. 143-8 doivent indiquer, avec la situation du fonds, le lieu où le matériel grevé est placé et, éventuellement, la mention que le matériel est susceptible d'être déplacé.

Les pièces désignées audit article sont enregistrées sur le registre mentionné à l'article R. 143-9.

Le greffier procède comme il est dit à l'article R. 525-4.

Le dépôt des actes sous seing privé est constaté sur le registre prévu à l'article R. 143-7. – *[Décr. n° 51-194 du 17 févr. 1951, art. 7.]*

CHAPITRE VI DE LA PROTECTION DE L'ENTREPRENEUR INDIVIDUEL ET DU CONJOINT

SECTION PREMIÈRE DE LA DÉCLARATION D'INSAISISSABILITÉ *(Décr. n° 2010-1706 du 29 déc. 2010, art. 16).*

Art. R. 526-1 *(Décr. n° 2007-431 du 25 mars 2007)* Conformément à l'article R. 123-37, la déclaration d'insaisissabilité des droits de la personne physique demandant l'immatriculation au registre du commerce et des sociétés sur l'immeuble où est fixée sa résidence principale *(Décr. n° 2008-1488 du 30 déc. 2008, art. 9-III)* « ou sur tout bien foncier non affecté à son usage professionnel », prévue par les articles L. 526-1 et suivants ainsi que la mention du lieu de la publication de cette déclaration sont indiquées dans la demande d'immatriculation.

Art. R. 526-2 *(Décr. n° 2008-1488 du 30 déc. 2008, art. 9-IV)* Conformément aux dispositions de l'article R. 123-45 et du 2° de l'article R. 123-46, doivent, dans un délai d'un mois, faire l'objet d'une demande d'inscription modificative au registre du commerce et des sociétés :

1° La déclaration d'insaisissabilité des droits de la personne physique immatriculée, sur l'immeuble où est fixée sa résidence principale ou sur tout bien foncier non affecté à son usage professionnel, prévue à l'article L. 526-1 ;

2° La déclaration de remploi des fonds prévue à l'article L. 526-3 ;

3° La renonciation à la déclaration d'insaisissabilité ou de remploi prévue au quatrième alinéa de l'article L. 526-3.

SECTION II DE L'ENTREPRENEUR INDIVIDUEL À RESPONSABILITÉ LIMITÉE

(Décr. n° 2010-1706 du 29 déc. 2010, art. 16)

BIBL. ▸ Lebel, *JCP E 2011, n° 56* (entrée en application de l'EIRL : les mesures réglementaires de la loi du 15 juin 2010). – Note de la rédaction, *BRDA 2011, n° 2, p. 22* (EIRL : décret d'application et arrêté).

SOUS-SECTION 1 DISPOSITIONS COMMUNES

Art. R. 526-3 La déclaration d'affectation mentionnée à l'article L. 526-7 contient les informations suivantes :

1° Les nom, nom d'usage, prénoms, date, lieu de naissance et domicile de l'entrepreneur individuel ;

2° La dénomination utilisée pour l'exercice de l'activité professionnelle à laquelle le patrimoine est affecté, comprenant au moins son nom ou son nom d'usage ; lorsque l'entrepreneur a procédé à plusieurs déclarations d'affectation, les dénominations utilisées pour chaque affectation de patrimoine doivent être distinctes ;

3° L'adresse de l'établissement principal où est exercée l'activité professionnelle à laquelle le patrimoine est affecté ou à défaut d'établissement l'adresse du local d'habitation où l'entreprise est fixée ;

4° L'objet de l'activité professionnelle à laquelle le patrimoine est affecté ;

5° La date de clôture de l'exercice comptable ;

6° Le cas échéant, la mention de l'opposabilité de la déclaration d'affectation aux créanciers dont les droits sont nés antérieurement à son dépôt ;

7° Un état descriptif des biens, droits, obligations ou sûretés affectés à l'activité professionnelle en nature, qualité, quantité et valeur. La valeur déclarée est la valeur vénale ou, en l'absence de marché pour le bien considéré, la *(Décr. n° 2012-122 du 30 janv. 2012, art. 2)* « valeur d'utilité. Lorsque l'entrepreneur individuel relevant d'un régime réel d'imposition et exerçant une activité professionnelle antérieurement à la constitution du patrimoine affecté n'a pas opté pour l'assimilation à une entreprise unipersonnelle à responsabilité limitée ou à une exploitation agricole à responsabilité limitée au sens de l'article 1655 *sexies* du code général des impôts, il déclare en outre soit la valeur nette comptable des éléments constitutifs du patrimoine affecté telle qu'elle figure dans les comptes du dernier exercice clos à la date de constitution du patrimoine affecté s'il est tenu à une comptabilité commerciale, soit la valeur d'origine de ces éléments telle qu'elle figure au registre des immobilisations du dernier exercice clos diminuée des amortissements déjà pratiqués s'il n'est pas tenu à une telle comptabilité. »

8° Le numéro unique d'identification de l'entreprise délivré conformément à l'article D. 123-235 si la personne est déjà immatriculée *[;]*

(Décr. n° 2012-122 du 30 janv. 2012, art. 2) « 9° les documents attestant de l'accomplissement des formalités mentionnées aux articles L. 526-9 à L. 526-11.

« La déclaration mentionnée au premier alinéa est accompagnée des pièces justifiant de l'identité de l'entrepreneur individuel et de l'obtention des autorisations prévues à l'article 389-8 du code civil. » – *V. cet art. ss. art. L. 121-2.*

Art. R. 526-3-1 *(Décr. n° 2012-122 du 30 janv. 2012, art. 3)* Pour l'application du deuxième alinéa de l'article L. 526-6, les biens, droits, obligations et sûretés nécessaires à l'exercice de l'activité professionnelle s'entendent de ceux qui, par nature, ne peuvent être utilisés que dans le cadre de cette activité.

BIBL. ▶ Lebel, *JCP E 2012, n° 114* (Décr. n° 2012-122 du 30 janv. 2012). – Firley, *Bull. Joly Entrep. diff. 2012. 196* (EIRL et affectation des « biens nécessaires » : les précisions déceptives du Décr. du 30 janv. 2012).

Art. R. 526-4 Un modèle type facultatif de déclaration d'affectation est approuvé par arrêté conjoint du garde des sceaux, ministre de la justice, et du ministre chargé de l'économie. – *V. art. A. 526-1.*

Le centre de formalités des entreprises ou, dans le cas prévu au deuxième alinéa de l'article R. 123-5, le greffe du tribunal de commerce remet gratuitement ce modèle de déclaration type à l'entrepreneur individuel.

Art. D. 526-5 Pour l'application de l'article L. 526-10, le montant de la valeur déclarée est fixé à 30 000 euros.

Art. R. 526-6 La personne chargée de procéder à l'évaluation mentionnée à l'article L. 526-10 décrit et justifie dans son rapport le mode d'évaluation qu'elle a retenu.

Art. R. 526-7 Un modèle type facultatif d'accord du conjoint commun en biens ou des coïndivisaires donné en application de l'article L. 526-11 est approuvé par arrêté conjoint du garde des sceaux, ministre de la justice, et du ministre chargé de l'économie. *— V. art. A. 526-2.*

Le centre de formalités des entreprises ou, dans les cas prévus au deuxième alinéa de l'article R. 123-5, le greffe du tribunal de commerce remet gratuitement ce modèle à l'entrepreneur individuel.

Art. R. 526-8 Pour l'application du deuxième alinéa de l'article L. 526-12, l'entrepreneur porte à la connaissance de chacun des créanciers dont les droits sont nés antérieurement au dépôt de la déclaration d'affectation les informations mentionnées aux 1° à 8° de l'article R. 526-3. Il les informe également de leur droit de faire opposition à cette déclaration d'affectation et du délai dont ils disposent pour agir en justice devant le tribunal compétent selon les règles de droit commun.

Art. D. 526-9 L'information mentionnée à l'article précédent est effectuée par lettre recommandée avec accusé de réception dans le mois suivant le dépôt de la déclaration d'affectation.

Art. R. 526-10 L'opposition mentionnée au troisième alinéa de l'article L. 526-12 est formée dans le délai d'un mois à compter de la date de première présentation de l'information individuelle prévue à l'article R. 526-8.

Art. R. 526-10-1 Les personnes ayant effectué une déclaration d'affectation en application de l'article L. 526-7 et bénéficiant des régimes prévus aux articles 50-0, 64 et 102 *ter* du code général des impôts tiennent :

1° Un livre des recettes et, lorsque la nature de leur activité le requiert, un registre des achats, tels que prévus à l'article L. 123-28 ;

2° En date du 31 décembre de chaque année, un relevé actualisant la déclaration d'affectation, selon un modèle type approuvé par arrêté conjoint du garde des sceaux, ministre de la justice, et du ministre chargé de l'économie. Ce relevé fait l'objet d'un dépôt annuel au registre, dans les conditions prévues à l'article L. 526-14, dans le délai de six mois à compter de son établissement. *— V. art. A. 526-3.*

Art. R. 526-10-2 *(Décr. n° 2012-122 du 30 janv. 2012, art. 4)* Lorsque l'entrepreneur individuel entre dans les prévisions de la dernière phrase du 7° de l'article R. 526-3, la valeur qu'il déclare en application de cette disposition est retenue pour les besoins des obligations comptables prévues aux articles L. 526-13 et L. 526-14.

Art. R. 526-11 Chaque compte bancaire ouvert par l'entrepreneur pour les besoins de l'activité professionnelle à laquelle un patrimoine a été affecté doit contenir dans son intitulé la dénomination prévue au 2° de l'article R. 526-3 ainsi que les mots : "entrepreneur individuel à responsabilité limitée" ou les initiales : "EIRL".

Art. R. 526-12 Dans le mois suivant la renonciation à l'affectation prévue à l'article L. 526-15, l'entrepreneur individuel en fait porter la mention au registre auquel a été effectuée la déclaration mentionnée à l'article L. 526-7. Dans les deux mois suivant la renonciation, il dépose audit registre un état descriptif actualisé des biens, droits, obligations ou sûretés affectés à l'activité professionnelle en nature, qualité, quantité et valeur.

Art. R. 526-13 La cession à titre onéreux à une personne physique ou la transmission à titre gratuit entre vifs du patrimoine affecté *[,]* la cession de ce patrimoine à une personne morale ou son apport en société sont publiés dans le mois de leur date à la diligence du cédant, du donateur ou de l'apporteur, sous forme d'avis au *Bulletin officiel des annonces civiles et commerciales.*

Cet avis contient les indications suivantes :

1° S'agissant du cédant, du donateur ou de l'apporteur ainsi que du cessionnaire ou du donataire, personnes physiques : les nom, nom d'usage, prénoms, le cas échéant nom commercial ou professionnel, l'objet de l'activité professionnelle à laquelle le patrimoine est affecté, l'adresse de l'établissement principal où est exercée cette activité ou à défaut d'établissement l'adresse du local d'habitation où l'entreprise est fixée, le registre auquel a été déposée la déclaration d'affectation mentionnée à l'article L. 526-7 et le numéro unique d'identification de l'entreprise délivré conformément à l'article D. 123-235 ;

2° S'agissant du cessionnaire ou du bénéficiaire de l'apport, personnes morales : la raison sociale ou la dénomination sociale suivie, le cas échéant, du sigle, de la forme, de l'adresse du siège, du montant du capital et du numéro unique d'identification de l'entreprise délivré conformément à l'article D. 123-235, ainsi qu'un état descriptif indiquant la valeur de l'actif, du passif et des sûretés composant le patrimoine affecté, actualisé à la date de la clôture du dernier exercice comptable, établi dans des formes prévues par arrêté conjoint du garde des sceaux, ministre de la justice, et du ministre chargé de l'économie ; *– V. art. A. 526-4.*

3° La date et le lieu du dépôt des déclarations mentionnées au II de l'article L. 526-17.

Art. R. 526-14 Les créanciers mentionnés au quatrième alinéa du III de l'article L. 526-17 saisissent le tribunal compétent selon les règles de droit commun de leur opposition dans le mois suivant la publication mentionnée à l'article R. 526-13.

• SOUS-SECTION 2 DU REGISTRE SPÉCIAL DES ENTREPRENEURS INDIVIDUELS À RESPONSABILITÉ LIMITÉE

Art. R. 526-15 Les entrepreneurs individuels à responsabilité limitée qui ne sont pas tenus de s'immatriculer à un registre de publicité légale déposent la déclaration d'affectation mentionnée à l'article L. 526-7 au registre spécial tenu au greffe du tribunal de commerce ou du tribunal de grande instance statuant commercialement dans le ressort duquel se trouve l'adresse de leur établissement principal ou à défaut d'établissement l'adresse du local d'habitation où l'entreprise est fixée.

Dans les départements du Bas-Rhin, du Haut-Rhin et de la Moselle, le registre spécial mentionné à l'alinéa précédent est tenu pour l'étendue du ressort de chaque tribunal de grande instance au greffe des tribunaux d'instance de Colmar, Metz, Mulhouse, Sarreguemines, Saverne, Strasbourg et Thionville.

Art. R. 526-16 Lors de l'immatriculation de l'entrepreneur individuel à responsabilité limitée au registre spécial mentionné à l'article R. 526-15, le greffier indique au registre les informations prévues aux 1° à 5° et 8° de l'article R. 526-3.

Sont également mentionnés dans ce registre les événements et décisions prévus par les articles L. 526-8 (2°), L. 526-15, L. 526-16 et L. 526-17.

Une demande d'inscription modificative est présentée dans le délai d'un mois suivant l'événement rendant nécessaire une rectification ou une adjonction aux énonciations prévues aux deux alinéas précédents. La demande est présentée par la personne immatriculée au registre ou par les personnes mentionnées aux articles L. 526-15, L. 526-16, premier alinéa, et L. 526-17. Le dépôt de la déclaration de reprise mentionnée au second alinéa de l'article L. 526-16 est effectué par la personne reprenant le patrimoine affecté. La demande relative à la cession du patrimoine affecté à une personne morale ou à son apport en société est présentée par le cédant ou l'apporteur.

Mention d'un nom commercial. Le commerçant auto-entrepreneur, immatriculé au registre spécial des entrepreneurs individuels à responsabilité limitée, ne peut prétendre y faire figurer, du moins en tant que tels, un nom commercial ou une enseigne, fût-ce à titre de simple observation. En revanche, rien ne fait obstacle à ce que son nom commercial ou son enseigne entrent dans la composition de la dénomination incorporant son nom, précédé ou suivi immédiatement des mots « Entrepreneur individuel à responsabilité limitée » ou des initiales « EIRL » qu'il est tenu d'utiliser pour l'exercice de l'activité professionnelle à laquelle le patrimoine est affecté et de le déclarer (Avis CCRCS n° 2012-020 du 30 mai 2012 : *JCP E 2012. Actu. 475*).

Art. R. 526-17 **Le lieu et le numéro d'immatriculation au registre spécial, définis dans des conditions prévues par arrêté conjoint du garde des sceaux, ministre de la justice, et du ministre chargé de l'économie, ainsi que l'objet de l'activité professionnelle à laquelle le patrimoine est affecté et la dénomination incorporant le nom ou nom d'usage précédé ou suivi immédiatement des mots : "entrepreneur individuel à responsabilité limitée" ou des initiales : "EIRL" figurent sur les documents et correspondances à usage professionnel de l'intéressé.** — *V. art. A. 526-5.*

Art. R. 526-18 **Le dépôt au registre spécial mentionné à l'article R. 526-15 de la déclaration d'affectation dans les formes prévues à l'article R. 526-3, des actes ou décisions modifiant cette déclaration ainsi que des documents attestant de l'accomplissement des formalités prévues aux articles L. 526-9 à L. 526-11 en cas d'affectation de biens nouveaux postérieurement à la constitution du patrimoine affecté est régi par les dispositions des articles R. 123-121-2 et R. 123-121-3.**

Art. R. 526-19 **L'entrepreneur individuel à responsabilité limitée dépose au registre spécial mentionné à l'article R. 526-15, dans le délai de six mois suivant la clôture de l'exercice, les documents comptables mentionnés à l'article L. 526-14.**

Art. R. 526-20 **Les déclarations et dépôts au registre spécial mentionné à l'article R. 526-15 peuvent être effectués par voie électronique sous réserve qu'ils puissent être transmis et reçus par cette voie.**

Pour toutes les transmissions par voie électronique mentionnées à l'alinéa précédent, il est fait usage d'une signature électronique sécurisée dans les conditions prévues à l'article 1316-4 du code civil et par le décret n° 2001-272 du 30 mars 2001 pris pour son application. Toutefois, pour les déclarations relatives à l'immatriculation des intéressés, cette signature électronique peut résulter de l'usage d'un procédé répondant aux conditions définies à la première phrase du second alinéa de l'article 1316-4 du code civil.

Le greffier accuse réception de toute transmission qui lui est faite dès que celle-ci lui parvient.

Art. R. 526-21 **En cas de décès de la personne immatriculée, il incombe à ses héritiers ou ayants cause à titre universel de demander sa radiation du registre spécial s'ils n'entendent pas poursuivre l'activité professionnelle à laquelle le patrimoine est affecté dans les conditions prévues à l'article L. 526-16.**

Lorsque le greffier a reçu la preuve du décès d'une personne immatriculée, et faute par les héritiers ou ayants cause à titre universel de se conformer aux dispositions de l'alinéa précédent, il procède d'office à la radiation de cette personne un an après la date du décès.

Art. R. 526-22 **Dans le délai d'un mois avant la cessation totale de son activité professionnelle ou dans le délai d'un mois à compter de celle-ci, l'entrepreneur individuel à responsabilité limitée demande sa radiation du registre spécial mentionné à l'article R. 526-15 en indiquant la date de cessation.**

Art. R. 526-23 **Lorsque la mention de la renonciation de l'entrepreneur individuel à responsabilité limitée à l'affectation, de la cession à titre onéreux ou de la trans-**

mission à titre gratuit entre vifs du patrimoine affecté à une personne physique, de la cession de ce patrimoine à une personne morale ou de son apport en société a été portée au registre spécial prévu à l'article R. 526-15, le greffier procède d'office et sans délai à la radiation de la personne immatriculée.

Art. R. 526-24 En cas de non-respect des dispositions du troisième alinéa de l'article R. 526-16, le juge commis à la surveillance du registre du commerce et des sociétés du ressort rend soit d'office, soit à la requête du procureur de la République ou de toute personne justifiant y avoir intérêt une ordonnance enjoignant à l'intéressé de faire procéder à la mention et, s'il y a lieu, à sa radiation.

L'ordonnance du juge est notifiée à l'intéressé dans les conditions prévues à l'article R. 123-40. Les voies de recours sont exercées conformément aux dispositions des articles R. 123-141 et R. 123-142.

L'ordonnance est exécutée dans le délai de quinze jours à compter du jour où elle est devenue définitive. A défaut, le greffier procède d'office à la mention et s'il y a lieu à la radiation à l'expiration de ce délai.

CHAPITRE VII DU GAGE DES STOCKS

BIBL. ▶ Delpech, *D. 2007. 71.* – Bouteiller, *JCP E 2007, n° 4, p. 15* (publicité des gages sans dépossession).

SECTION PREMIÈRE DES FORMALITÉS D'INSCRIPTION

Art. R. 527-1 Pour inscrire son gage, le créancier remet ou adresse au greffier du tribunal de commerce dans le ressort duquel le constituant a son siège ou son domicile l'un des originaux de l'acte constitutif du gage ou une expédition s'il est établi sous forme authentique. – *[Décr. n° 2006-1803 du 23 déc. 2006, art. 2, al. 1er.]*

Art. R. 527-2 Le bordereau en deux exemplaires est joint à l'acte mentionné à l'article R. 527-1.

Il comporte :

1° La désignation des parties :

a) Pour l'établissement de crédit créancier : sa forme, sa dénomination sociale, l'adresse de son siège social et son numéro unique d'identification complété par la mention RCS suivie du nom de la ville où se trouve le greffe où il est immatriculé ;

b) Pour le constituant :

– s'il s'agit d'une personne physique : ses nom, prénoms, date et lieu de naissance, domicile et l'indication du lieu d'exercice de son activité ou de son exploitation principale, ainsi que, le cas échéant, son numéro unique d'identification complété, s'il y a lieu, par la mention RCS suivie du nom de la ville où se trouve le greffe où elle est immatriculée ;

– s'il s'agit d'une personne morale : sa forme, sa dénomination sociale, l'adresse de son siège social et son numéro unique d'identification complété, le cas échéant, par la mention RCS suivie du nom de la ville où se trouve le greffe où elle est immatriculée ;

2° La date de l'acte constitutif du gage et l'indication qu'il porte sur des stocks ;

3° Le montant de la créance garantie en principal, la date de son exigibilité et l'indication du taux des intérêts ; pour les créances futures, le bordereau mentionne les éléments permettant de les déterminer ;

4° Une description des stocks présents ou futurs engagés, en nature, qualité, quantité et valeur, ainsi que, le cas échéant, la mention que la part des stocks engagés diminue à proportion du désintéressement du créancier ;

5° Le lieu de conservation des stocks engagés et, le cas échéant, la désignation du gardien. – *[Décr. nº 2006-1803 du 23 déc. 2006, art. 2, al. 2 à 12.]*

Art. R. 527-3 Le dépôt de l'acte constitutif du gage est constaté sur un registre spécial tenu par le greffier, qui attribue à l'acte un numéro d'ordre.

Ce registre peut être tenu sous forme électronique. Dans ce cas, il est fait usage d'une signature électronique sécurisée dans les conditions prévues par l'article 1316-4 du code civil et le décret du 30 mars 2001 pris pour son application. – *[Décr. nº 2006-1803 du 23 déc. 2006, art. 3.]*

Art. R. 527-4 L'inscription du gage est mentionnée sur les bordereaux. La mention comprend la date de l'inscription et le numéro sous lequel elle a été faite.

Le greffier remet ou adresse au requérant l'un des bordereaux, au bas duquel il certifie que l'inscription a été faite.

L'autre bordereau, portant les mêmes mentions, est conservé au greffe, aux frais du greffier, avec l'acte constitutif du gage si celui-ci est rédigé sous seing privé. – *[Décr. nº 2006-1803 du 23 déc. 2006, art. 4.]*

Art. R. 527-5 Le greffier tient un fichier alphabétique des noms des débiteurs avec l'indication des numéros des inscriptions les concernant. Ce fichier peut être tenu sous forme informatique. – *[Décr. nº 2006-1803 du 23 déc. 2006, art. 5.]*

SECTION II DES FORMALITÉS MODIFICATIVES

Art. R. 527-6 La demande d'inscription modificative ou de radiation est portée devant le greffier du tribunal de commerce auprès duquel le gage est inscrit.

Le bordereau d'inscription modificative est établi par le requérant en deux exemplaires et est déposé ou adressé au greffe par ses soins.

Dès leur réception, le greffier complète les exemplaires par la mention de la date à laquelle l'inscription modificative est faite et du numéro sous lequel cette inscription est portée au registre.

L'un de ces bordereaux est remis ou adressé au requérant, l'autre est conservé au greffe, aux frais du greffier, avec l'acte modificatif si celui-ci est rédigé sous seing privé.

Le greffier porte la référence de la modification en marge du bordereau d'inscription initiale. – *[Décr. nº 2006-1803 du 23 déc. 2006, art. 6.]*

Art. R. 527-7 Les modifications affectant les renseignements mentionnés à l'article R. 527-2 sont publiées en marge de l'inscription existante. – *[Décr. nº 2006-1803 du 23 déc. 2006, art. 7.]*

Art. R. 527-8 Lorsque la modification intervenue implique la compétence du greffe d'un tribunal autre que celui mentionné à l'article R. 527-1, le débiteur fait reporter l'inscription modifiée sur le registre du greffe de ce tribunal. Cette inscription est subordonnée à la justification que le débiteur a informé le créancier de ce changement par lettre recommandée avec demande d'avis de réception.

L'inscription initiale est reportée sur le registre du greffe du tribunal nouvellement compétent et radiée du registre initial. – *[Décr. nº 2006-1803 du 23 déc. 2006, art. 8.]*

SECTION III DES EFFETS DE L'INSCRIPTION

Art. R. 527-9 Les inscriptions régulièrement faites en application des articles R. 527-1 à R. 527-8 prennent effet à leur date. – *[Décr. nº 2006-1803 du 23 déc. 2006, art. 9.]*

Art. R. 527-10 L'inscription conserve le gage pendant cinq ans à compter du jour de sa date. Son effet cesse si l'inscription n'a pas été renouvelée avant l'expiration de ce délai. Dans ce cas, le greffier procède d'office à la radiation de l'inscription. – *[Décr. nº 2006-1803 du 23 déc. 2006, art. 10.]*

SECTION IV DE LA RADIATION DE L'INSCRIPTION

Art. R. 527-11 La radiation de l'inscription peut être requise par le créancier ou le constituant sur justification de l'accord des parties ou d'un acte donnant mainlevée de l'inscription. Elle peut également intervenir en vertu d'une décision passée en force de chose jugée.

La radiation est faite au moyen d'une mention faite par le greffier en marge de l'inscription.

Le greffier délivre à la personne qui le requiert, à ses frais, un certificat de radiation.

L'inscription radiée ou périmée n'est plus portée sur les états d'inscription. – *[Décr. nº 2006-1803 du 23 déc. 2006, art. 11.]*

SECTION V DES OBLIGATIONS DES GREFFIERS

Art. R. 527-12 Le greffier chargé de la tenue du registre délivre à tous ceux qui le requièrent l'état des inscriptions existant sur les stocks engagés ou un état mentionnant qu'il n'en existe aucune.

Les requérants doivent former autant de demandes qu'il y a de débiteurs et de stocks engagés.

L'état est établi sous forme de copies ou extraits, aux frais du requérant. – *[Décr. nº 2006-1803 du 23 déc. 2006, art. 12.]*

Art. R. 527-13 Le greffier ne peut refuser les inscriptions et la délivrance des états requis. Il ne peut davantage retarder ces formalités.

Toutefois le greffier est tenu de rejeter les demandes d'inscription, de modification ou de radiation qui ne répondent pas aux conditions prévues par les articles R. 527-1, R. 527-2, R. 527-6, R. 527-8 et R. 527-11. Le rejet précise le motif du refus. Il est notifié au requérant par lettre recommandée avec demande d'avis de réception ou remis contre récépissé à ce dernier. Il mentionne la possibilité pour le requérant de former un recours contre le rejet de la demande dans un délai de quinze jours à compter de sa notification. – *[Décr. nº 2006-1803 du 23 déc. 2006, art. 13.]*

SECTION VI DES RECOURS

Art. R. 527-14 Les recours contre les décisions de refus d'inscription ou d'enregistrement des modifications ou de radiation sont portés devant le président du tribunal dont dépend le greffier qui a opposé le refus. Ils sont formés par lettre recommandée avec demande d'avis de réception adressée au greffe.

Ils sont motivés et accompagnés de toutes pièces utiles.

Le président de la juridiction ou le juge délégué à cet effet statue par ordonnance, au vu de la décision et des éléments produits. – *[Décr. n° 2006-1803 du 23 déc. 2006, art. 14.]*

Art. R. 527-15 Les ordonnances rendues par le président de la juridiction ou le juge délégué sont notifiées par lettre recommandée avec demande d'avis de réception au requérant.

Elles sont susceptibles d'appel dans un délai de quinze jours.

La notification indique la forme et le délai du recours. – *[Décr. n° 2006-1803 du 23 déc. 2006, art. 15.]*

Art. R. 527-16 L'appel des ordonnances est formé, instruit et jugé comme en matière gracieuse selon les dispositions des articles 950 à 953 du *(Décr. n° 2008-484 du 22 mai 2008, art. 22)* « code de procédure civile ». Toutefois, la partie est dispensée du ministère d'avocat *(Abrogé par Décr. n° 2012-634 du 3 mai 2012, art. 21)* « *ou d'avoué* ».

Le greffier de la cour d'appel adresse une copie de l'arrêt au greffier chargé de la tenue du registre. – *[Décr. n° 2006-1803 du 23 déc. 2006, art. 16.]*

● SECTION VII DISPOSITIONS DIVERSES

Art. R. 527-17 La mise en demeure prévue au troisième alinéa de l'article L. 527-7 est faite par lettre recommandée avec demande d'avis de réception adressée par le créancier au constituant. Celui-ci dispose d'un délai de quinze jours pour y satisfaire. – *[Décr. n° 2006-1803 du 23 déc. 2006, art. 18.]*

LIVRE SIXIÈME DES DIFFICULTÉS DES ENTREPRISES

Le Décr. n° 2005-1677 du 28 déc. 2005, dont les dispositions sont codifiées au livre VI de la partie réglementaire du code de commerce, est entré en vigueur le 1er janv. 2006 (art. 360). Aux termes de son art. 361, ce texte n'est pas applicable aux procédures en cours, à l'exception des dispositions suivantes :

1° Le chapitre IV du titre IV (codifié aux art. R. 644-1 à R. 644-4) ;

2° Les art. 158 et 159 (codifiés aux art. R. 626-47 et R. 626-48) en ce qu'ils s'appliquent au redressement judiciaire ;

3° Les art. 226 et 306 (codifiés aux art. R. 641-13 et R. 643-19) ;

4° L'art. 309 (codifié à l'art. R. 643-20) ;

5° Les chapitres I et II du titre V (codifiés aux art. R. 651-1 à R. 651-6, R. 652-1 et R. 652-2), à l'exception de l'art. 316 (codifié à l'art. R. 651-1) ;

6° L'art. 324 (codifié à l'art. R. 653-2).

Le titre Ier du Décr. n° 2009-160 du 12 févr. 2009 et son art. 154, à l'exception du 2° du I de cet art., entrent en vigueur le 15 févr. 2009. Leurs dispositions sont applicables aux seules procédures ouvertes à compter de cette date, sauf en ce qui concerne :

1° Les dispositions de l'art. 38 (V. art. R. 626-48), qui sont applicables aux plans de sauvegarde en cours d'exécution à cette date ;

2° Les dispositions de l'art. 34 (V. art. R. 626-20), qui sont applicables aux plans de sauvegarde en cours d'exécution à la date d'entrée en vigueur du Décr. n° 2009-1661 du 28 déc. 2009 relatif aux frais de justice en matière commerciale et aux auxiliaires de justice [JO 30 déc.] (Décr. n° 2009-160 du 12 févr. 2009, art. 155-I, mod. par Décr. n° 2009-1661 du 28 déc. 2009, art. 8).

Sur les dispositions du Décr. n° 2009-160 du 12 févr. 2009 relatives à l'outre-mer, V. ce texte, art. 154 (JO 13 févr.).

BIBL. GÉN. ▶ Sur le décret n° 2005-1677 du 28 déc. 2005 : LIENHARD, *D. 2006. Chron. 150*. – ROUSSEL GALLE et GIRARDIN, *JCP E 2006, n° 3, p. 111*. – VALLANSAN, *Act. proc. coll. 2006, n° 2 ; Rev. proc. coll. 2006. 5*. – MONTÉRAN et LE CORRE, *Gaz. Pal. 22-24 janv. 2006 ; BRDA 2006, n° 2, p. 15*. – TEXIER, *RLDA 2006, n° 1, p. 21*. – VATINET, *JCP S 2006, n° 11 p. 9* (volet social). – CROZE, *Procédures 2006. Étude 4*. – CHAPUT, *JCP 2006. I. 130*. – MACORIG-VENIER, *RTD com. 2006. 189* (prévention des difficultés). – LEGROS, *Dr. sociétés 2006. Étude 9*. ▶ Sur le décret modificatif du 23 déc. 2006 : ROUSSEL GALLE, *JCP E 2007. 48 ; Rev. proc. coll. 2007. 26*. – MONTÉRAN, *Gaz. Pal. 2007. Doctr. 78*. – VALLENS, *RLDA 2007, n° 13, p. 21*. ▶ Sur le décret modificatif du 12 févr. 2009 : LIENHARD, *D. 2009. 420*. – ROUSSEL GALLE, *JCP E 2009. Actu. 125*. – TEBOUL, *LPA 24 mars 2009* (aspects procéduraux). – VALLANSAN, *Rev. proc. coll. 2009. Étude 5*

Art. R. 600-1 Sans préjudice des dispositions de l'article R. 662-7, le tribunal territorialement compétent pour connaître des procédures prévues par le livre VI de la partie législative du présent code est celui dans le ressort duquel le débiteur, personne morale, a son siège ou le débiteur, personne physique, a déclaré l'adresse de son entreprise ou de son activité. A défaut de siège en territoire français, le tribunal compétent est celui dans le ressort duquel le débiteur a le centre principal de ses intérêts en France.

Toutefois, en cas de changement de siège de la personne morale dans les six mois ayant précédé la saisine du tribunal, le tribunal dans le ressort duquel se trouvait le siège initial demeure seul compétent. Ce délai court à compter de l'inscription modificative au registre du commerce et des sociétés du siège initial. – *[Décr. n° 2005-1677 du 28 déc. 2005, art. 1er.]*

1. Siège de l'entreprise. Est incompétent le tribunal dans le ressort duquel se trouvent des établissements secondaires d'une société dont le siège est fixé dans le ressort d'un autre tribunal.

• Paris, 12 mai 1987 : *D. 1989. Somm. 5, obs. Derrida.* – V. aussi • Com. 14 déc. 1993 : *RJDA 1994, n° 577.*

En cas d'extension de la procédure à d'autres sociétés du même groupe, V. note 2 *bis* ss. art. L. 621-2.

S'agissant d'une personne physique (un agriculteur), le siège de l'entreprise correspond au lieu de son domicile professionnel qui peut être distinct du lieu de son habitation. • Com. 17 févr. 1998 : *Bull. civ. IV, n° 79 ; D. 1998. IR 82 ; D. Affaires 1998. 429.*

2. Entité économique. Pour une bonne administration de la justice, le tribunal, considérant que trois sociétés incriminées constituent une même entité économique, du fait de la même marque, de l'identité de leur activité, des relations et liens financiers très étroits existant entre elles, dira qu'il y a lieu d'ouvrir une procédure unique de redressement judiciaire. • T. com. Paris, 13 févr. 1986 : *Gaz. Pal. 1986. 1. Somm. 220.* – V. aussi • Paris, 12 mai 1987 : *préc. note 1.*

3. Transfert du siège social. Lorsqu'il apparaît qu'un transfert effectif de siège social a eu lieu depuis près de sept ans, et que c'est par la négligence d'un greffe ou d'un autre qu'une inscription modificative n'a pas été portée au RCS mentionnant le transfert du siège social et la fermeture de l'établissement secondaire, le tribunal compétent est exclusivement celui du nouveau siège social. • Basse-Terre, 3 mai 1999 : *Dr. sociétés 2000, n° 29, obs. Chaput.*

Sur l'inopposabilité du transfert du siège social, à défaut des mesures de publicité prévues par l'art. 289 du Décr. n° 67-236 du 23 mars 1967 [devenu C. com., art. R. 210-11], V. • Paris, 13 juin 1989 : *D. 1989. IR 219.*

4. Siège social fictif. Dans le cas où il s'avère que le siège social est fictif et que le véritable centre des intérêts de la personne morale est situé dans un autre lieu, il est conforme à l'intérêt des créanciers et à la réalité économique de retenir la compétence du tribunal de commerce où la personne morale a le centre principal de ses intérêts. • Versailles, 1er avr. 1996 : *BICC 1996, n° 854.* ♦ En ce sens, pour un arrêt ayant écarté la compétence du tribunal du siège social au motif que le débiteur n'était propriétaire d'aucun bien dans ce ressort et n'y disposait d'aucun bureau ni infrastructure justifiant l'exercice d'une activité réelle, V. • Com. 5 janv. 1999 : *RJDA 1999, n° 440.*

5. Il appartient au ministère public qui invoque la fictivité du siège social de la démontrer, l'indication donnée dans les statuts s'imposant s'il ne ressort ni des documents ni des circonstances de la cause que le siège social ne correspond pas à la réalité. • Amiens, 15 déc. 1989 : *Gaz. Pal. 1990. 1. Somm. 315.*

V. aussi • Paris, 26 juill. 1991 : *JCP 1991. IV. 422* (Rép. min. n° 28199 : *JOAN Q, 13 nov. 1995, p. 4821*).

5 bis. Siège social à l'étranger (Décr. du 21 oct. 1994). S'il n'existe aucune convention internationale donnant compétence au tribunal du lieu du siège d'une société étrangère pour ouvrir une procédure collective, les règles d'ordre public de la loi du 25 janv. 1985 doivent recevoir application. Or, aux termes de l'art. 1er [R. 600-1], al. 1er, à défaut de siège en France, le tribunal territorialement compétent est celui dans le ressort duquel l'entreprise a le centre principal de ses intérêts. • Com. 26 oct. 1999 : *Act. proc. coll. 1999, n° 279, obs. Regnaut-Moutier ; Bull. Joly 2000. 385, note Menjucq ; RJDA 2000, n° 418.* ♦ Le centre principal des intérêts en France d'une société anglaise se trouve au lieu de situation de locaux que celle-ci a pris en crédit-bail et dans lesquels est exploitée une maison de retraite, dès lors que la prise en crédit-bail des locaux est une forme d'exploitation de ces locaux, même si la gestion de la maison de retraite est confiée à un sous-locataire, et que la seule activité en France de la société est liée au contrat de crédit-bail. • Même arrêt. – Rappr. : • Com. 1er oct. 2002 : *RJDA 2003, n° 152 ; Dr. sociétés 2003, n° 89, note Legros.*

Pour la compétence des juridictions françaises pour ouvrir une procédure de liquidation judiciaire à l'égard d'une société algérienne ayant un établissement situé en France, V. • Com. 21 mars 2006 : *cité note 22 ss. art. L. 620-2.*

5 ter. Siège social à l'étranger (jurisprudence antérieure au Décr. du 21 oct. 1994). L'art. 1er donne compétence à un tribunal français pour ouvrir une procédure collective de redressement judiciaire à l'encontre de sociétés ayant leur siège à l'étranger lorsque celles-ci ont une présence commerciale réelle et une activité en France. • T. com. Paris, 23 juill. 1991 : *D. 1992. 232, note Rémery*, conf. par • Paris, 8 juill. 1992 : *D. 1992. 476, note Vasseur ; RJ com. 1993. 7, note Vallens,* puis par • Com. 11 avr. 1995 : *Bull. civ. IV, n° 126 ; D. 1995. 640, note Vasseur ; Bull. Joly 1995. 697, note Martin-Serf ; JCP E 1995. I. 487, n° 1, obs. Pétel* (précisant que le principal établissement, au sens de l'art. 1er, dans son ancienne rédaction, désigne le principal des établissements secondaires situés en France). ♦ Le principal établissement d'une banque internationale qui exploite des agences de banque à Paris, Marseille et Cannes étant situé à Paris, il s'ensuit que le tribunal de Paris est normalement compétent pour connaître d'une procédure collective ouverte à l'encontre de cette banque, en sa succursale de Paris, comme aussi à celle de Monaco en vertu de l'art. 2, 2°, de la Convention franco-monégasque du 13 sept. 1950. • Mêmes décisions. – V. aussi • Paris, 29 mars 1994 : *D. 1995. Somm. 385, obs. Vasseur*, conf. par • Com. 14 mai 1996 : *Bull. civ. IV, n° 131 ; D. 1996. 586, note Vasseur ; D. Affaires 1996. 810 ; Bull. Joly 1996. 838, note Martin-Serf* • Paris, 15 juin 1994 : *D. 1995. Somm. 391, obs. Vasseur*.

L'art. 8, al. 1er, du traité franco-belge du 8 juill. 1899, selon lequel le tribunal du lieu du domicile d'un commerçant français ou belge en Belgique est seul compétent pour déclarer la faillite de ce commerçant, ne s'applique pas lorsque la personne en cause n'est pas commerçante. • Civ. 1re, 24 mars 1993 : *Bull. civ. I, n° 122 ; Dr. sociétés 1993, n° 119, obs. Chaput.* ♦ Par application de ce texte, les tribunaux français sont incompétents pour se prononcer sur l'ouverture d'une procédure collective à l'égard d'une société ayant son siège en Belgique ou de son établissement situé en France qui ne peut faire l'objet d'une procédure autonome. • Com. 16 mars 1999 : *Bull. Joly 1999. 637, note Menjucq ; RJDA 1999, n° 690.* ♦ De même, cette règle ne permet-elle pas au tribunal du siège d'une société de retenir sa compétence pour se prononcer sur la faillite d'un associé commerçant, fût-il associé commandité d'une société en commandite simple, ayant son domicile dans l'autre État contractant, dès lors que n'a pas été constatée une confusion entre le patrimoine de la personne morale et celui de l'associé commandité, d'où pourrait résulter une unité de fait de la faillite. • Nîmes, 14 sept. 1993 : *Dr. sociétés 1994, n° 113, obs. Chaput.*

Les juridictions françaises n'ont pas compétence pour ouvrir une procédure collective à l'égard d'une société suisse qui a en Suisse son siège, donc sa résidence au sens de l'art. 6, al. 1er, de la convention franco-suisse du 15 juin 1869 [applicable jusqu'au 1er janv. 1992], quand bien même cette société a participé en France à des actes constitutifs d'une société de droit français par l'intermédiaire d'un mandataire. • Com. 8 mars 1994 : *Bull. civ. IV, n° 103 ; Bull. Joly 1994. 537, note Ramackers ; D. 1994. IR 157*.

6. Changement de siège dans les six mois avant la saisine. Le Décr. du 29 mai 1989, modifiant l'art. 1er et entré en vigueur le 1er juin 1989, est d'application immédiate et s'impose au juge comme comprenant des dispositions d'ordre public. • Versailles, 1er mars 1990 : *Gaz. Pal. 1990. 2. Somm. 455.*

7. Pour des exemples d'application de l'art. 1er, al. 2 [R. 600-1, al. 2], V. • Paris, 21 sept. 2004 : *RTD com. 2005. 176, obs. Vallens* • 4 avr. 2006 : *Dr. sociétés 2006. n° 180, note Legros.* ♦ Pour le refus d'appliquer cette disposition au cas de transfert ayant pour effet de ramener le siège social au lieu réel des activités de la société, V. • Paris, 21 mars 1990 : *JCP E 1991. I. 44, n° 3, obs. Pételn.*

8. L'inscription modificative visée à l'art. 1er, al. 2 [R. 600-1, al. 2], est celle de la radiation de la société au RCS tenu par le greffier du tribunal de l'ancien siège social. Il résulte, en effet, de l'art. 19 du Décr. n° 84-406 du 30 mai 1984 [désormais codifié aux art. R. 123-72 et R. 123-73 C. com.] qu'en cas de transfert de son siège dans le ressort d'un autre tribunal, la personne morale immatriculée doit, dans le mois, demander une nouvelle immatriculation dans le ressort de ce tribunal et que le greffier du nouveau siège notifie dans les quinze jours la nouvelle immatriculation au greffier de l'ancien siège, qui procède d'office à la radiation et notifie l'accomplissement de la formalité à l'assujetti et au greffier du nouveau siège. • Com. 6 janv. 1998 : *Bull. civ. IV, n° 11 ; D. Affaires 1998. 205, obs. V. A.-R. ; Bull. Joly 1998. 393, note Pétel ; Defrénois 1998. 950, obs. Le Cannu.* ♦ V. aussi, note 3.

8 bis. En ce sens qu'il convient de se référer à la date de saisine initiale du tribunal pour déterminer le tribunal compétent en cas de transfert du siège social (dans l'hypothèse d'une saisine d'office de la cour d'appel intervenue après l'écoulement du délai de six mois), V. • Com. 6 févr. 2001 : *Act. proc. coll 2001, n° 95.*

9. Privilège de juridiction. Les règles de compétence édictées par l'art R. 600-1 C. com. ne dérogent pas à l'application des dispositions de l'art. 47 C. pr. civ. (reconnaissant à l'avocat partie à un litige la possibilité de saisir une juridiction limitrophe en vertu du privilège de juridiction). • Com. 28 oct. 2008 : *Bull. civ. IV, n° 177 ; D. 2008. AJ 2791, obs. Lienhard ; Act. proc. coll. 2008, n° 320, obs. Rétif ; JCP E 2009. 1008, n° 2, obs. Pétel ; Procédures 2009, n° 20, obs. Croze ; Rev. proc. coll. 2009, n° 75, obs. Soinne ; Dr. et patr. sept. 2009. 108, obs. Monsèrié-Bon ; Dr. et proc. 2009. 335, obs. Gibirila* • 31 janv. 2012 : *Bull. civ. IV, n° 15 ; D. 2012. Chron. C. cass. 1222, obs. Arbellot ; ibid. Actu. 433, obs. Lienhard ; Rev. sociétés 2012. 191, obs. Roussel Galle ; JCP E 2012. 1227, n° 9, obs. Pétel ; Procédures 2012, n° 121, note Rolland ; LEDEN avr. 2012, p. 6, obs. F. Legrand ; Act. proc. coll. 2012, n° 65, obs. Vallansan ; Bull. Joly Entrep. diff. 2012. 172, note Favario ; Rev. proc. coll. 2012, n° 60, obs. Cagnoli ; LPA 15 juin*

2012, p. 7, obs. Gerbay ; RJDA 2012, nº 874. ♦ Dans le même sens, à propos de la compétence territoriale du juge-commissaire, V. • Com. 12 oct. 2010 : *D. 2010. Actu. 2510, obs. Lienhard ; RTD com. 2011. 180, obs. Vallens ; JCP 2010. 1086, obs. Roussel Galle ; LEDEN déc. 2010, p. 4, obs. Berthelot ; Gaz. Pal. 7-8 janv. 2011, p. 27, obs. Fricero.* ♦ Sur cette question, V. encore Roussel Galle, *Rev. proc. coll. 2013. Étude 7.*

Art. R. 600-2 Les mesures prévues à l'article L. 611-2 relèvent de la compétence du président du tribunal du lieu du siège du débiteur, personne morale, ou, le cas échéant, du lieu où le débiteur, personne physique, a déclaré l'adresse de son entreprise ou de son activité.

La compétence territoriale du président du tribunal pour désigner un mandataire *ad hoc* est déterminée par l'article R. 600-1. – *[Décr. nº 2005-1677 du 28 déc. 2005, art. 2.]*

Art. R. 600-3 Pour l'application de l'article L. 610-1, le siège et le ressort des juridictions commerciales et des tribunaux de grande instance compétents en métropole sont fixés conformément aux tableaux des annexes 6-1 et 6-2 du présent livre. – *[COJ, art. R. 411-1, al. 2.] – V. Annexes 6-1 et 6-2*, .

Art. R. 600-4 Pour l'application de l'article L. 610-1, le siège et le ressort des juridictions commerciales et des tribunaux de grande instance compétents dans les départements d'outre-mer sont fixés conformément aux tableaux de l'annexe 6-3 et 6-4 du présent livre. – *[COJ, art. R. 921-6, al. 2.] – V. Annexes 6-3 et 6-4*, .

TITRE PREMIER DE LA PRÉVENTION DES DIFFICULTÉS DES ENTREPRISES

CHAPITRE PREMIER DE LA PRÉVENTION DES DIFFICULTÉS DES ENTREPRISES, DU MANDAT *AD HOC* ET DE LA PROCÉDURE DE CONCILIATION

SECTION PREMIÈRE DES GROUPEMENTS DE PRÉVENTION AGRÉÉS

Art. D. 611-1 Pour bénéficier de l'agrément prévu à l'article L. 611-1, les groupements de prévention agréés doivent remplir les conditions prévues aux articles D. 611-2 à D. 611-8. – *[Décr. nº 85-910 du 27 août 1985, art. 1er.]*

Art. D. 611-2 Les groupements de prévention agréés sont constitués sous toute forme juridique qui leur confère une personnalité morale de droit privé. – *[Décr. nº 85-910 du 27 août 1985, art. 2.]*

Art. D. 611-3 Les demandes d'agrément sont déposées auprès du préfet de la région dans laquelle le groupement a son siège ; il en accuse réception après s'être assuré que le dossier est complet.

Les demandes indiquent :

1º L'objet du groupement qui correspond à la mission définie à l'article L. 611-1 ;

2º Le ressort dans lequel il assure son activité, qui ne dépasse pas le cadre de la région dans laquelle il a son siège ;

3° Les personnes morales appelées à adhérer au groupement ;

4° Les moyens dont dispose le groupement, et les personnes intervenant en son nom avec l'indication de leurs qualifications professionnelles ;

5° Les méthodes d'analyse des informations comptables et financières ainsi que leur fréquence. – *[Décr. n° 85-910 du 27 août 1985, art. 3.]*

Art. D. 611-4 Toute demande d'agrément est accompagnée des documents suivants :

1° Un exemplaire des statuts et, le cas échéant, du règlement intérieur du groupement ;

2° La justification de l'exécution des formalités prévues par la législation en vigueur pour la création et la régularité du fonctionnement du groupement selon la forme juridique choisie ;

3° La liste des personnes qui dirigent, gèrent ou administrent le groupement avec, pour chacune d'elles, l'indication de leurs nom, prénoms, date et lieu de naissance, nationalité, domicile, profession et nature de l'activité exercée dans le groupement ;

4° Pour chacun des dirigeants, gérants, administrateurs, une attestation selon laquelle il n'a fait l'objet d'aucune incapacité d'exercer le commerce ou une profession, d'aucune interdiction de diriger, gérer, administrer, contrôler une personne morale ou une entreprise individuelle ou artisanale ;

5° Une copie certifiée conforme du contrat d'assurance mentionné à l'article D. 611-5 ;

6° L'engagement prévu à l'article D. 611-5. – *[Décr. n° 85-910 du 27 août 1985, art. 4.]*

Art. D. 611-5 Les groupements s'engagent :

A ne faire aucune publicité, sauf dans les journaux et bulletins professionnels ;

A faire figurer sur leur correspondance et sur tous les documents établis par leurs soins leur qualité de groupements de prévention agréé et les références de la décision d'agrément ;

A informer le préfet des modifications apportées à leur statut et des changements intervenus en ce qui concerne les personnes qui dirigent, gèrent ou administrent les groupements dans le délai d'un mois à compter de la réalisation de ces modifications et changements ;

A exiger de toute personne collaborant à leurs travaux le respect du secret professionnel ;

A souscrire un contrat auprès d'une société d'assurances ou d'un assureur agréé les garantissant contre les conséquences pécuniaires de la responsabilité civile professionnelle qu'ils peuvent encourir en raison des négligences et fautes commises dans l'exercice de leurs activités ;

Au cas où l'agrément leur serait retiré, à en informer leurs adhérents dès réception de la notification de la décision de retrait. – *[Décr. n° 85-910 du 27 août 1985, art. 5.]*

Art. D. 611-6 Le préfet de région dispose d'un délai de trois mois pour accorder ou refuser son agrément.

Le point de départ de ce délai est fixé au jour de la délivrance de l'accusé de réception précisant le caractère complet du dossier de demande déposé par le groupement.

Si le préfet de région n'a pas notifié sa réponse dans le délai qui lui est imparti, le groupement est réputé agréé.

Le retrait de l'agrément, prononcé par le préfet de région, est notifié par lettre au groupement et à toutes les administrations. – *[Décr. n° 85-910 du 27 août 1985, art. 6.]*

Art. D. 611-7 L'agrément est accordé pour une durée maximale de trois ans renouvelable par arrêté du préfet de la région où est situé le siège du groupement.

La décision tient compte notamment :

De la conformité des objectifs du groupement à ceux définis par l'article L. 611-1 ;

De l'adéquation des moyens mis en œuvre aux objectifs poursuivis ;

Des engagements souscrits en application de l'article D. 611-5, de leur respect en cas de demande de renouvellement ;

Des garanties de bonne moralité offertes par les dirigeants, gérants, administrateurs et toutes personnes intervenant au nom du groupement et de leur expérience dans l'analyse des informations comptables et financières ainsi que dans la gestion des entreprises.

L'agrément peut être retiré, selon une procédure identique à celle de son octroi dès lors que les conditions fixées à l'article D. 611-5 ne sont plus respectées. – *[Décr. nº 85-910 du 27 août 1985, art. 7.]*

Art. D. 611-8 Le groupement adresse au préfet de région un exemplaire des conventions conclues avec les établissements de crédit et les entreprises d'assurance en application du cinquième alinéa de l'article L. 611-1. – *[Décr. nº 85-910 du 27 août 1985, art. 8.]*

Art. D. 611-9 Le concours que l'État et ses établissements publics peuvent prêter aux groupements est sollicité par ces derniers après accord écrit et formulé au cas par cas des entreprises adhérentes en cause.

Les renseignements nominatifs éventuellement délivrés conservent leur caractère confidentiel. L'inobservation de cette règle entraîne de plein droit le retrait de l'agrément dans les formes prévues pour son octroi. – *[Décr. nº 85-910 du 27 août 1985, art. 9.]*

SECTION II DE LA DÉTECTION DES DIFFICULTÉS DES ENTREPRISES PAR LE PRÉSIDENT DU TRIBUNAL DE COMMERCE

Art. R. 611-10 Dans le cas prévu au premier alinéa de l'article L. 611-2, le président du tribunal fait convoquer par le greffier le représentant légal de la personne morale débitrice ou le débiteur personne physique par lettre recommandée avec demande d'avis de réception et par lettre simple, reproduisant les termes du I de l'article L. 611-2 ainsi que des articles R. 611-11 et R. 611-12. La convocation est envoyée un mois au moins à l'avance. Il est joint une note par laquelle le président du tribunal expose les faits qui ont motivé son initiative. – *[Décr. nº 2005-1677 du 28 déc. 2005, art. 3.]*

Art. R. 611-11 L'entretien prévu au premier alinéa de l'article L. 611-2 *(Décr. nº 2009-160 du 12 févr. 2009, art. 2)* « , qui se tient hors la présence du greffier, » donne lieu à l'établissement par le président du tribunal d'un procès-verbal qui ne mentionne que la date et le lieu de l'entretien ainsi que l'identité des personnes présentes. Ce procès-verbal est signé par ces dernières et le président du tribunal.

Si la personne convoquée ne se rend pas à la convocation, un procès-verbal de carence est dressé le jour même par le greffier aux fins d'application des dispositions du second alinéa du I de l'article L. 611-2. A ce procès-verbal est joint l'avis de réception de la convocation. Une copie de ce procès-verbal est notifiée sans délai par le greffier à la personne convoquée par lettre recommandée avec demande d'avis de réception reproduisant les termes du second alinéa du I de l'article L. 611-2.

Le procès-verbal établi en application des deux alinéas ci-dessus est déposé au greffe. – *[Décr. nº 2005-1677 du 28 déc. 2005, art. 4.]*

Art. R. 611-12 La demande de renseignements prévue au deuxième alinéa de l'article L. 611-2 est adressée dans le délai d'un mois à compter de la date de l'entretien ou du procès-verbal de carence. Elle est accompagnée de la copie du procès-verbal d'entretien ou de carence établi en application de l'article R. 611-11.

Si la demande a été présentée dans les formes et délai prescrits au premier alinéa, les personnes et organismes interrogés communiquent les renseignements réclamés dans le délai d'un mois. Dans le cas contraire, ils ne sont pas tenus d'y répondre. – *[Décr. n° 2005-1677 du 28 déc. 2005, art. 5.]*

Art. R. 611-13 Pour l'application du II de l'article L. 611-2, le président du tribunal rend une ordonnance faisant injonction au représentant légal de la personne morale de déposer les comptes annuels dans un délai d'un mois à compter de la notification ou de la signification de l'ordonnance, sous peine d'astreinte.

Cette ordonnance fixe le taux de l'astreinte et mentionne, en outre, les lieu, jour et heure de l'audience à laquelle l'affaire sera examinée.

Elle n'est pas susceptible de recours. – *[Décr. n° 2005-1677 du 28 déc. 2005, art. 6.]*

Art. R. 611-14 Le greffier notifie l'ordonnance au représentant légal de la personne morale. La lettre de notification reproduit les dispositions du second alinéa du II de l'article L. 611-2 ainsi que l'article R. 611-15 et le premier alinéa de l'article R. 611-16.

Si la lettre est retournée avec une mention précisant qu'elle n'a pas été réclamée par son destinataire, le greffier fait signifier l'ordonnance. La signification reproduit les dispositions mentionnées à l'alinéa premier.

Si la lettre est retournée avec une mention précisant que le destinataire ne se trouve plus à l'adresse indiquée, l'affaire est retirée du rôle par le président du tribunal et le greffier porte la mention de la cessation d'activité sur le registre du commerce et des sociétés.

L'ordonnance portant injonction de faire est conservée à titre de minute au greffe. – *[Décr. n° 2005-1677 du 28 déc. 2005, art. 7.]*

Art. R. 611-15 Lorsque l'injonction de faire a été exécutée dans les délais impartis, l'affaire est retirée du rôle par le président du tribunal.

Dans le cas contraire, le greffier constate le non-dépôt des comptes par procès-verbal. – *[Décr. n° 2005-1677 du 28 déc. 2005, art. 8.]*

Art. R. 611-16 En cas d'inexécution de l'injonction de faire qu'il a délivrée, le président du tribunal statue sur la liquidation de l'astreinte.

Il statue en dernier ressort lorsque le montant de l'astreinte n'excède pas le taux de compétence en dernier ressort du tribunal de commerce.

Le montant de la condamnation prononcée à l'encontre du représentant légal de la personne morale est versé au Trésor public et recouvré comme en matière de créances étrangères à l'impôt.

La décision est communiquée au Trésor public et signifiée à la diligence du greffier au représentant légal de la personne morale. L'appel est formé, instruit et jugé selon les règles applicables à la procédure sans représentation obligatoire. – *[Décr. n° 2005-1677 du 28 déc. 2005, art. 9.]*

Art. R. 611-17 La demande de renseignements prévue au dernier alinéa de l'article L. 611-2 est adressée à compter de l'expiration du délai prévu au premier alinéa de l'article R. 611-13. Elle est écrite et accompagnée de la copie de l'ordonnance mentionnée à l'article R. 611-13 ainsi que du procès-verbal mentionné à l'article R. 611-15.

Si la demande a été présentée dans les formes et délai prescrits au premier alinéa, les personnes et organismes interrogés communiquent les renseignements réclamés dans le délai d'un mois. Dans le cas contraire, ils ne sont pas tenus d'y répondre. – *[Décr. n° 2005-1677 du 28 déc. 2005, art. 10.]*

SECTION III DU MANDAT *AD HOC*

Art. R. 611-18 La demande de désignation d'un mandataire *ad hoc* prévue à l'article L. 611-3 est présentée par écrit. Elle est adressée ou remise au président du tribunal de commerce ou du tribunal de grande instance selon le cas par le représentant légal de la personne morale ou par le débiteur personne physique et déposée au greffe.

Cette demande expose les raisons qui la motivent. – *[Décr. n° 2005-1677 du 28 déc. 2005, art. 11.]*

(Décr. n° 2009-160 du 12 févr. 2009, art. 3) « Lorsque le débiteur propose un mandataire *ad hoc* à la désignation du président du tribunal, il précise son identité et son adresse. »

Art. R. 611-19 Dès réception de la demande, le président du tribunal fait convoquer, par le greffier, le représentant légal de la personne morale ou le débiteur personne physique pour recueillir ses observations.

(Abrogé par Décr. n° 2009-160 du 12 févr. 2009, art. 4) ***« Si la nomination du mandataire ad hoc n'intervient pas dans le délai d'un mois à compter de l'entretien prévu au premier alinéa, la demande est réputée non admise. »***

L'ordonnance qui désigne le mandataire *ad hoc* définit l'objet de sa mission et fixe les conditions de sa rémunération conformément aux dispositions de la section V du présent chapitre. – *[Décr. n° 2005-1677 du 28 déc. 2005, art. 12.]*

Art. R. 611-20 La décision statuant sur la désignation du mandataire *ad hoc* est notifiée au demandeur. *(Décr. n° 2009-160 du 12 févr. 2009, art. 5)* « En cas de refus de désignation, celui-ci peut interjeter appel. L'appel est formé, instruit et jugé conformément aux dispositions de l'article R. 611-26. »

La décision nommant le mandataire *ad hoc* est notifiée à ce dernier par le greffier. La lettre de notification reproduit les dispositions de l'article L. 611-13.

Le mandataire *ad hoc* fait connaître sans délai au président du tribunal son acceptation ou son refus. En cas d'acceptation, il lui adresse l'attestation sur l'honneur prévue à l'article L. 611-13. – *[Décr. n° 2005-1677 du 28 déc. 2005, art. 13.]*

Art. R. 611-21 Lorsque le débiteur en fait la demande, le président du tribunal met fin sans délai à la mission du mandataire *ad hoc*. – *[Décr. n° 2005-1677 du 28 déc. 2005, art. 14.]*

SECTION IV DE LA PROCÉDURE DE CONCILIATION

Art. R. 611-22 La requête aux fins d'ouverture d'une procédure de conciliation adressée ou remise au président du tribunal en application de l'article L. 611-6 est accompagnée, sous réserve des dispositions particulières applicables au débiteur, des pièces suivantes :

1° Un extrait d'immatriculation aux registres et répertoires mentionnés à l'article R. 621-8 ou, le cas échéant, le numéro unique d'identification ;

2° L'état des créances et des dettes accompagné d'un échéancier ainsi que la liste des principaux créanciers ;

3° L'état actif et passif des sûretés ainsi que celui des engagements hors bilan ;

4° Les comptes annuels, le tableau de financement ainsi que la situation de l'actif réalisable et disponible, valeurs d'exploitation exclues, et du passif exigible des trois derniers exercices, si ces documents ont été établis.

(Décr. nº 2009-160 du 12 févr. 2009, art. 6) « 5° Une attestation sur l'honneur certifiant l'absence de procédure de conciliation dans les trois mois précédant la date de la demande. »

Le cas échéant, la requête précise la date de cessation des paiements.

Lorsque le débiteur exerce une profession libérale soumise à un statut législatif ou réglementaire ou dont le titre est protégé, elle précise l'ordre professionnel ou l'autorité dont il relève.

Lorsque le débiteur propose un conciliateur à la désignation du président du tribunal, il précise son identité et son adresse. – *[Décr. nº 2005-1677 du 28 déc. 2005, art. 15.]*

Art. R. 611-23 Dès réception de la demande, le président du tribunal fait convoquer, par le greffier, le représentant légal de la personne morale débitrice ou le débiteur personne physique pour recueillir ses explications.

L'ordonnance qui désigne le conciliateur définit l'objet de sa mission et fixe les conditions de sa rémunération conformément aux dispositions de la section V du présent chapitre ainsi que la durée de la procédure conformément à l'article L. 611-6. – *[Décr. nº 2005-1677 du 28 déc. 2005, art. 16.]*

Art. R. 611-24 Le président du tribunal peut faire usage des dispositions du *(Décr. nº 2009-160 du 12 févr. 2009, art. 7)* « cinquième » alinéa de l'article L. 611-6 à tout moment de la procédure de conciliation. – *[Décr. nº 2005-1677 du 28 déc. 2005, art. 17.]*

Art. R. 611-25 L'ordonnance statuant sur la demande est notifiée par le greffier au requérant. En cas de désignation d'un conciliateur, la notification reproduit les dispositions des articles R. 611-27 et R. 611-28.

La décision ouvrant la procédure de conciliation est communiquée sans délai par le greffier au ministère public et, le cas échéant, à l'ordre professionnel ou à l'autorité dont relève le débiteur.

Elle est notifiée au conciliateur. La lettre de notification reproduit les dispositions de l'article L. 611-13 et des articles R. 611-27 et R. 611-28.

Le conciliateur fait connaître sans délai au président du tribunal son acceptation ou son refus. En cas d'acceptation, il lui adresse l'attestation sur l'honneur prévue à l'article L. 611-13. – *[Décr. nº 2005-1677 du 28 déc. 2005, art. 18.]*

Art. R. 611-26 S'il n'est pas fait droit à la demande de désignation d'un conciliateur ou de prorogation de la mission de celui-ci, appel peut être interjeté par le débiteur *(Décr. nº 2009-160 du 12 févr. 2009, art. 8)* « par une déclaration faite ou adressée par lettre recommandée avec demande d'avis de réception au greffe du tribunal. Toutefois, le débiteur est dispensé du ministère de l'avocat *(Abrogé par Décr. nº 2012-634 du 3 mai 2012, art. 21-5°)* ***« ou de l'avoué »***.

Al. abrogé par Décr. nº 2009-160 du 12 févr. 2009, art. 8.

Le président du tribunal peut, dans un délai de cinq jours à compter de la déclaration d'appel, modifier ou rétracter sa décision.

En cas de modification ou de rétractation, le greffier notifie la décision au débiteur.

Dans le cas contraire, le greffier du tribunal transmet sans délai au greffe de la cour le dossier de l'affaire avec la déclaration d'appel et une copie de la décision. Il avise le débiteur de cette transmission.

L'appel est instruit et jugé selon les règles applicables en matière gracieuse devant le tribunal de grande instance. – *[Décr. nº 2005-1677 du 28 déc. 2005, art. 19.]*

Art. R. 611-26-1 *(Décr. n° 2009-160 du 12 févr. 2009, art. 9)* L'appel interjeté par le ministère public à l'encontre de l'ordonnance qui ouvre la procédure de conciliation est instruit et jugé selon la procédure sans représentation obligatoire.

Art. R. 611-27 En application de l'article L. 611-6, le débiteur peut demander la récusation du conciliateur si ce dernier se trouve dans l'une des situations suivantes :

1° Il a directement ou indirectement un intérêt personnel à la procédure ;

2° Il existe un lien direct ou indirect, quelle qu'en soit la nature, entre le conciliateur et l'un des créanciers ou l'un des dirigeants ou préposés de celui-ci ;

3° Il existe une cause de défiance entre le conciliateur et le débiteur ;

4° Il est dans l'une des situations d'incompatibilité visées à l'article L. 611-13 ;

5° Il a été définitivement radié ou destitué d'une profession réglementée. – *[Décr. n° 2005-1677 du 28 déc. 2005, art. 20.]*

Art. R. 611-28 La demande de récusation est formée dans les quinze jours de la notification de la décision désignant le conciliateur, par acte remis au greffe ou par une déclaration consignée par le greffier dans un procès-verbal.

Elle est motivée et, le cas échéant, accompagnée des pièces propres à la justifier.

Elle suspend la procédure jusqu'à ce qu'une décision définitive statue sur la récusation. – *[Décr. n° 2005-1677 du 28 déc. 2005, art. 21.]*

Art. R. 611-29 Le greffier notifie la demande de récusation au conciliateur, par lettre recommandée avec demande d'avis de réception. La lettre de notification reproduit les deuxième et troisième alinéas du présent article.

Dès réception de la notification de la demande, le conciliateur s'abstient jusqu'à ce qu'il ait été statué sur la récusation.

Dans les huit jours de cette réception, il fait connaître par écrit au président du tribunal soit son acquiescement à la récusation, soit les motifs pour lesquels il s'y oppose. – *[Décr. n° 2005-1677 du 28 déc. 2005, art. 22.]*

Art. R. 611-30 Si le conciliateur acquiesce, il est remplacé sans délai. – *[Décr. n° 2005-1677 du 28 déc. 2005, art. 23.]*

Art. R. 611-31 Si le conciliateur s'oppose à la récusation ou ne répond pas, la demande est examinée par le président du tribunal, le débiteur et le conciliateur entendus ou dûment appelés.

L'ordonnance statuant sur la demande de récusation est notifiée par le greffier au débiteur.

Copie de cette décision est également remise ou adressée au conciliateur. – *[Décr. n° 2005-1677 du 28 déc. 2005, art. 24.]*

Art. R. 611-32 Si la récusation est admise, il est procédé au remplacement du conciliateur sans délai. – *[Décr. n° 2005-1677 du 28 déc. 2005, art. 25.]*

Art. R. 611-33 La décision qui rejette la demande de récusation peut être frappée de recours par le débiteur devant le premier président de la cour d'appel dans un délai de dix jours à compter de la notification.

Le recours est formé par la remise ou l'envoi au greffe de la cour d'appel d'une note en exposant les motifs. – *[Décr. n° 2005-1677 du 28 déc. 2005, art. 26.]*

Art. R. 611-34 Le greffier de la cour d'appel convoque le débiteur et le conciliateur par lettre recommandée avec demande d'avis de réception adressée quinze jours au moins à l'avance. La note mentionnée au second alinéa de l'article R. 611-33 est jointe à la convocation adressée au conciliateur.

Le premier président ou son délégué les entend contradictoirement.

La décision est notifiée par le greffier au débiteur. Le conciliateur en est avisé. – *[Décr. n° 2005-1677 du 28 déc. 2005, art. 27.]*

Art. R. 611-35 Pour l'application de l'avant-dernier alinéa de l'article L. 611-7, le débiteur assigne le créancier poursuivant *(Décr. n° 2009-160 du 12 févr. 2009, art. 10)* « ou l'ayant mis en demeure » devant le président du tribunal qui a ouvert la procédure de conciliation. Celui-ci statue sur les délais en la forme des référés après avoir recueilli les observations du conciliateur.

La demande est *(Décr. n° 2009-160 du 12 févr. 2009, art. 10)* « , le cas échéant, » portée à la connaissance de la juridiction saisie de la poursuite, qui surseoit à statuer jusqu'à la décision se prononçant sur les délais.

La décision rendue par le président du tribunal est communiquée à cette juridiction par le greffier. – *[Décr. n° 2005-1677 du 28 déc. 2005, art. 28.]*

Le créancier poursuivant ne peut, pour s'opposer au sursis à statuer, soutenir qu'il n'est pas applicable si les poursuites ont été engagées antérieurement au jugement d'ouverture. • Versailles, 19 oct. 2006 : *BICC 2007, n° 479 ; Rev. proc. coll. 2007. 37, obs. Roussel Galle ; RTD com. 2007. 830, obs. Macorig-Venier ; Rev. proc. coll. 2008, n° 102, obs. Delattre.*

Art. R. 611-36 Le conciliateur peut demander au président du tribunal de mettre fin à sa mission lorsqu'il estime indispensables les propositions faites par lui au débiteur en application du premier alinéa de l'article L. 611-7 et que celui-ci les a rejetées. – *[Décr. n° 2005-1677 du 28 déc. 2005, art. 29.]*

Art. R. 611-37 Lorsque le débiteur en fait la demande, le président du tribunal met fin sans délai à la procédure de conciliation. – *[Décr. n° 2005-1677 du 28 déc. 2005, art. 30.]*

Art. R. 611-38 La décision mettant fin à la procédure de conciliation n'est pas susceptible de recours. – *[Décr. n° 2005-1677 du 28 déc. 2005, art 31.]*

Art. R. 611-38-1 *(Décr. n° 2011-236 du 3 mars 2011, art. 9-I)* L'ouverture d'une procédure de sauvegarde, de redressement judiciaire ou de liquidation judiciaire met fin de plein droit à la procédure de conciliation.

Le Décr. n° 2011-236 du 3 mars 2011 est applicable dans les îles Wallis-et-Futuna (Décr. préc., art. 10).

Art. R. 611-39 En application du I de l'article L. 611-8, l'accord des parties est constaté par une ordonnance du président du tribunal qui y fait apposer la formule exécutoire par le greffier. La déclaration certifiée du débiteur lui est annexée.

L'accord et ses annexes sont déposés au greffe. Des copies ne peuvent être délivrées qu'aux parties et aux personnes qui peuvent se prévaloir des dispositions de l'accord. Elles valent titre exécutoire. – *[Décr. n° 2005-1677 du 28 déc. 2005, art. 32.]*

Art. R. 611-40 *(Abrogé par Décr. n° 2009-160 du 12 févr. 2009, art. 11) « Le tribunal statue sur l'homologation prévue au II de l'article L. 611-8 avant le terme de la procédure de conciliation. »*

Les personnes appelées à l'audience d'homologation en application du premier alinéa de l'article L. 611-9 peuvent prendre connaissance de l'accord au greffe du tribunal.

Le jugement ne reprend pas les termes de l'accord. Il mentionne les garanties et privilèges constitués pour en assurer l'exécution. Il précise les montants garantis par le privilège institué par l'article L. 611-11. – *[Décr. n° 2005-1677 du 28 déc. 2005, art. 33.]*

Art. R. 611-41 Le jugement statuant sur l'homologation de l'accord est notifié par le greffier au débiteur et aux créanciers signataires de l'accord. Il est communiqué au conciliateur et au ministère public. – *[Décr. nº 2005-1677 du 28 déc. 2005, art. 34.]*

Art. R. 611-42 L'appel du jugement rejetant l'homologation est formé, instruit et jugé selon les règles propres à la procédure en matière gracieuse. Toutefois, les parties sont dispensées du ministère de l'avocat *(Abrogé par Décr. nº 2012-634 du 3 mai 2012, art. 21-5º)* ***« ou de l'avoué »***. – *[Décr. nº 2005-1677 du 28 déc. 2005, art. 35.]*

(Décr. nº 2009-160 du 12 févr. 2009, art. 12) « Dans les autres cas, l'appel est formé, instruit et jugé selon les règles propres à la procédure sans représentation obligatoire. »

Art. R. 611-43 Un avis du jugement d'homologation est adressé pour insertion au *Bulletin officiel des annonces civiles et commerciales*. Cette insertion contient l'indication du nom du débiteur, de son siège ou, lorsqu'il est une personne physique, de l'adresse de son entreprise ou de son activité. Il est également mentionné son numéro unique d'identification ainsi que, le cas échéant, le nom de la ville où se trouve le greffe ou la *(Décr. nº 2010-1356 du 11 nov. 2010, art. 25)* « chambre de métiers et de l'artisanat de région » où il est immatriculé.

Le même avis est publié dans un journal d'annonces légales du lieu où le débiteur a son siège ou, lorsqu'il est une personne physique, l'adresse de son entreprise ou de son activité.

Il mentionne que le jugement est déposé au greffe où tout intéressé peut en prendre connaissance.

Ces publicités sont faites d'office par le greffier dans les huit jours de la date du jugement. – *[Décr. nº 2005-1677 du 28 déc. 2005, art. 36.]*

Art. R. 611-44 Sous réserve de l'instance ouverte par la tierce opposition mentionnée à l'article L. 611-10, et en dehors de l'autorité judiciaire, à qui l'accord homologué et le rapport d'expertise peuvent être communiqués en application de l'article L. 621-1, l'accord ne peut être communiqué qu'aux parties et aux personnes qui peuvent s'en prévaloir et le rapport d'expertise qu'au débiteur et au conciliateur.

L'accord homologué est transmis par le greffier au commissaire aux comptes du débiteur. – *[Décr. nº 2005-1677 du 28 déc. 2005, art. 37.]*

Art. R. 611-45 *(Décr. nº 2009-160 du 12 févr. 2009, art. 13)* « Pour l'application du deuxième alinéa de l'article L. 611-10-2 », le débiteur justifie de la levée de l'interdiction d'émettre des chèques auprès de l'établissement de crédit qui est à l'origine de cette mesure par la remise d'une copie du jugement homologuant l'accord, à laquelle il joint un relevé des incidents de paiement.

L'établissement de crédit qui est à l'origine de l'interdiction informe la Banque de France de la levée de cette interdiction aux fins de régularisation. – *[Décr. nº 2005-1677 du 28 déc. 2005, art. 38.]*

Art. R. 611-46 *(Décr. nº 2009-160 du 12 févr. 2009, art. 14)* La demande de résolution de l'accord constaté ou homologué présentée en application de l'article L. 611-10-3 est formée par assignation. Toutes les parties à l'accord ainsi que les créanciers auxquels des délais de paiement ont été imposés en application du cinquième alinéa de l'article L. 611-7 sont mis en cause par le demandeur, le cas échéant sur injonction du tribunal.

Le jugement rendu est communiqué au ministère public et notifié par le greffier aux créanciers mentionnés à l'alinéa précédent.

La décision prononçant la résolution de l'accord homologué fait l'objet des publicités prévues à l'article R. 611-43. – *[Décr. nº 2005-1677 du 28 déc. 2005, art. 39.]*

SECTION V DE LA RÉMUNÉRATION DU MANDATAIRE *AD HOC*, DU CONCILIATEUR ET DE L'EXPERT

Art. R. 611-47 Les conditions de rémunération du mandataire *ad hoc*, du conciliateur et de l'expert mentionnées à l'article L. 611-14 comprennent les critères sur la base desquels elle sera arrêtée, son montant maximal et le montant des provisions. – *[Décr. n° 2005-1677 du 28 déc. 2005, art. 40.]*

Art. R. 611-48 L'accord du débiteur sur les conditions de rémunération du mandataire *ad hoc*, du conciliateur ou de l'expert est consigné par écrit préalablement à leur désignation. Il est annexé à l'ordonnance de désignation. – *[Décr. n° 2005-1677 du 28 déc. 2005, art. 41.]*

Art. R. 611-49 Si le mandataire *ad hoc*, le conciliateur ou l'expert estime au cours de sa mission que le montant maximal de la rémunération fixé par l'ordonnance qui l'a désigné est insuffisant, il en informe le président du tribunal.

Le président du tribunal fixe les nouvelles conditions de la rémunération en accord avec le débiteur. L'accord est consigné par écrit.

A défaut d'accord, il est mis fin à sa mission. – *[Décr. n° 2005-1677 du 28 déc. 2005, art. 42.]*

Art. R. 611-50 Le greffier notifie l'ordonnance arrêtant la rémunération au mandataire *ad hoc*, au conciliateur et à l'expert, ainsi qu'au débiteur.

Elle peut être frappée d'un recours par le débiteur, le mandataire *ad hoc*, le conciliateur ou l'expert devant le premier président de la cour d'appel.

Le recours est formé, instruit et jugé dans les délais et conditions prévus par les articles 714 à 718 du code de procédure civile. – *[Décr. n° 2005-1677 du 28 déc. 2005, art. 43.]*

CHAPITRE II DES DISPOSITIONS APPLICABLES AUX PERSONNES MORALES DE DROIT PRIVÉ NON COMMERÇANTES AYANT UNE ACTIVITÉ ÉCONOMIQUE

Art. R. 612-1 Les personnes morales de droit privé non commerçantes ayant une activité économique, mentionnées à l'article L. 612-1, sont tenues d'établir des comptes annuels et de désigner au moins un commissaire aux comptes et un suppléant lorsqu'elles dépassent, à la fin de l'année civile ou à la clôture de l'exercice, *les chiffres ci-dessous* fixés pour deux des trois critères suivants :

1° Cinquante pour le nombre de salariés ; les salariés pris en compte sont ceux qui sont liés à la personne morale par un contrat de travail à durée indéterminée ; le nombre de salariés est égal à la moyenne arithmétique des effectifs à la fin de chaque trimestre de l'année civile ou de l'exercice comptable lorsque celui-ci ne coïncide pas avec l'année civile ;

2° 3 100 000 € pour le montant hors taxes du chiffre d'affaires ou des ressources ; le montant hors taxes du chiffre d'affaires est égal au montant des ventes de produits et services liés à l'activité courante ; le montant des ressources est égal au montant des cotisations, subventions et produits de toute nature liés à l'activité courante ; *(Abrogé par Décr. n° 2012-721 du 9 mai 2012, art. 6-1°)* ***« toutefois, pour les associations professionnelles ou interprofessionnelles collectant la participation des*** *employeurs à l'effort de construction, le montant des ressources, qui s'entendent des sommes recueillies au sens de l'article R. 313-25 du code de la construction et de l'habitation, est fixé à 750 000 € ; »*

3° 1 550 000 € pour le total du bilan ; celui-ci est égal à la somme des montants nets des éléments d'actif.

Les personnes morales mentionnées au premier alinéa ne sont plus tenues à l'obligation d'établir des comptes annuels lorsqu'elles ne dépassent pas les chiffres fixés pour deux des trois critères définis ci-dessus pendant deux exercices successifs. Il est mis fin dans les mêmes conditions au mandat du commissaire aux comptes par l'organe délibérant appelé à statuer sur les comptes annuels.

Les dispositions du présent article relatives à l'établissement de comptes annuels ou à la désignation d'un commissaire aux comptes s'appliquent sans préjudice des dispositions réglementaires propres à certaines formes de personnes morales entrant dans l'une des catégories mentionnées à l'article L. 612-1. – *[Décr. n° 2005-1677 du 28 déc. 2005, art. 44.]*

Art. R. 612-2 Les comptes annuels comprennent un bilan, un compte de résultat et une annexe. Ils sont établis selon les principes et méthodes comptables définis aux articles L. 123-12 et suivants et aux articles R. 123-172 à R. 123-208 pris pour leur application, sous réserve des adaptations que rend nécessaires la forme juridique ou la nature de l'activité de ces personnes morales. Les plans comptables applicables à ces personnes morales sont fixés par règlement *(Ord. n° 2009-79 du 22 janv. 2009, art. 6)* « de l'Autorité des normes comptables ». Si des particularités d'activité, de structure ou d'opérations le justifient, des adaptations peuvent être apportées, dans les mêmes formes, aux dispositions de ces plans comptables.

Les comptes annuels sont soumis, en même temps qu'un rapport de gestion, à l'approbation de l'organe délibérant au plus tard dans les six mois de la clôture de l'exercice et transmis aux commissaires aux comptes quarante-cinq jours au moins avant la réunion à laquelle ils doivent être approuvés. Le délai de six mois peut être prolongé à la demande du représentant légal de la personne morale, par ordonnance du président du tribunal de grande instance, statuant sur requête. – *[Décr. n° 2005-1677 du 28 déc. 2005, art. 45.]*

Art. R. 612-3 Les personnes morales de droit privé non commerçantes ayant une activité économique qui, à la fin de l'année civile ou à la clôture de l'exercice, comptent trois cents salariés ou plus ou dont le montant du chiffre d'affaires hors taxes ou des ressources est supérieur ou égal à 18 000 000 €, sont tenues d'établir les documents mentionnés à l'article L. 612-2. Ces critères sont définis selon les dispositions prévues à l'article R. 612-1.

Elles ne sont plus tenues à cette obligation lorsqu'elles ne dépassent aucun des chiffres fixés pour ces critères pendant deux exercices successifs.

Les dispositions des articles R. 232-3 à R. 232-7 sont applicables, sous réserve des adaptations que rend nécessaires la forme juridique de ces personnes morales. – *[Décr. n° 2005-1677 du 28 déc. 2005, art. 46.]*

Art. R. 612-4 Lorsque le commissaire aux comptes met en œuvre la procédure d'alerte prévue à l'article L. 612-3, il est fait application soit des dispositions des articles R. 234-1 et suivants si la personne morale a un organe collégial chargé de l'administration distinct de l'organe chargé de la direction, soit des articles *(Décr. n° 2007-812 du 10 mai 2007, art. 6)* « R. 234-5 » et suivants dans les autres cas.

Pour l'application de ces deux dispositions, le président du tribunal compétent est celui du tribunal de grande instance. – *[Décr. n° 2005-1677 du 28 déc. 2005, art. 47.]*

Art. D. 612-5 Le montant visé au premier alinéa de l'article L. 612-4 est fixé à 153 000 €. – *[Décr. n° 2006-335 du 21 mars 2006, art. 1er.] – Le Décr. n° 2006-335 du*

21 mars 2006 [dont l'art. 1er est codifié à l'art. D. 612-5 C. com.] est applicable aux exercices comptables des associations ouverts à compter du 1er janv. 2006 (Décr. préc., art. 4).

Art. R. 612-6 Le rapport mentionné au premier alinéa de l'article L. 612-5 contient :

1° L'énumération des conventions soumises à l'approbation de l'organe délibérant ou jointes aux documents communiqués aux adhérents en l'absence d'organe délibérant ;

2° Le nom des administrateurs intéressés ou des personnes intéressées assurant un rôle de mandataire social ;

3° La désignation de la personne ayant passé une convention dans les conditions du deuxième alinéa de l'article L. 612-5 ;

4° La nature et l'objet desdites conventions ;

5° Les modalités essentielles de ces conventions notamment l'indication des prix ou tarifs pratiqués, des ristournes et commissions consenties, des délais de paiement accordés, des intérêts stipulés, des sûretés conférées et, le cas échéant, toutes autres indications permettant à l'organe délibérant ou aux adhérents d'apprécier l'intérêt qui s'attachait à la conclusion des conventions analysées. – *[Décr. n° 2005-1677 du 28 déc. 2005, art. 48.]*

Art. R. 612-7 Lorsque le rapport est établi par le commissaire aux comptes, le représentant légal de la personne morale avise ce dernier des conventions mentionnées à l'article L. 612-5 dans le délai d'un mois à compter de la conclusion desdites conventions. – *[Décr. n° 2005-1677 du 28 déc. 2005, art. 49.]*

TITRE DEUXIÈME DE LA SAUVEGARDE

CHAPITRE PREMIER DE L'OUVERTURE DE LA PROCÉDURE

SECTION PREMIÈRE DE LA SAISINE ET DE LA DÉCISION DU TRIBUNAL

Art. R. 621-1 La demande d'ouverture de la procédure de sauvegarde est déposée par le représentant légal de la personne morale ou par le débiteur personne physique au greffe du tribunal compétent. Elle expose la nature des difficultés qu'il rencontre et les raisons pour lesquelles il n'est pas en mesure de les surmonter. *(Décr. n° 2009-160 du 12 févr. 2009, art. 15)* « Elle précise s'il s'engage à établir l'inventaire dans les conditions prévues à l'article L. 622-6-1 ainsi que le délai nécessaire à l'établissement de celui-ci ou s'il demande la désignation par le tribunal d'une personne chargée de réaliser l'inventaire en application du sixième alinéa de l'article L. 621-4. »

A cette demande sont jointes, outre les comptes annuels du dernier exercice, les pièces ci-après :

1° Un extrait d'immatriculation aux registres et répertoires mentionnés à l'article R. 621-8 ou, le cas échéant, le numéro unique d'identification ;

2° Une situation de trésorerie *(Abrogé par Décr. n° 2009-160 du 12 févr. 2009, art. 15) « datant de moins de huit jours »* ;

3° Un compte de résultat prévisionnel ;

4° Le nombre des salariés employés à la date de la demande et le montant du chiffre d'affaires, défini conformément aux dispositions du cinquième alinéa de l'article R. 123-200, apprécié à la date de clôture du dernier exercice comptable ;

5° L'état chiffré des créances et des dettes avec l'indication *(Décr. n° 2011-236 du 3 mars 2011, art. 9-II)* « [,] selon le cas, du nom ou de la dénomination et du domicile ou siège » des créanciers ainsi que, par créancier ou débiteur, le montant total des sommes à payer et à recouvrer au cours d'une période de trente jours à compter de la demande ; *— Le Décr. n° 2011-236 du 3 mars 2011 est applicable dans les îles Wallis-et-Futuna (Décr. préc., art. 10).*

6° L'état actif et passif des sûretés ainsi que celui des engagements hors bilan ;

7° L'inventaire sommaire des biens du débiteur ;

8° Le nom et l'adresse des représentants du comité d'entreprise ou des délégués du personnel habilités à être entendus par le tribunal s'ils ont déjà été désignés ;

9° Une attestation sur l'honneur certifiant l'absence de mandat *ad hoc* ou de procédure de conciliation dans les dix-huit mois précédant la date de la demande ou, dans le cas contraire, mentionnant la date de la désignation du mandataire *ad hoc* ou de l'ouverture de la procédure de conciliation ainsi que l'autorité qui y a procédé ;

10° Lorsque le débiteur exerce une profession libérale soumise à un statut législatif ou réglementaire ou dont le titre est protégé, la désignation de l'ordre professionnel ou de l'autorité dont il relève ;

11° Lorsque le débiteur exploite une ou des installations classées au sens du titre Ier du livre V du code de l'environnement, la copie de la décision d'autorisation *(Décr. n° 2010-368 du 13 avr. 2010, art. 43-I)* « ou d'enregistrement » ou la déclaration.

(Décr. n° 2009-160 du 12 févr. 2009, art. 15) « 12° Lorsque le débiteur propose un administrateur à la désignation du tribunal, l'indication de l'identité et de l'adresse de la personne concernée. »

Ces documents doivent être datés, signés et certifiés sincères et véritables par le débiteur. Ceux qui sont mentionnés aux *(Décr. n° 2009-160 du 12 févr. 2009, art. 15)* « 1° à 7°, à l'exception du 4°, sont établis à la date de la demande ou dans les sept jours qui précèdent ».

Dans le cas où l'un ou l'autre de ces documents ne peut être fourni ou ne peut l'être qu'incomplètement, la demande indique les motifs qui empêchent cette production. — *[Décr. n° 2005-1677 du 28 déc. 2005, art. 50.]*

Art. R. 621-2 Avant qu'il ne soit statué sur l'ouverture de la procédure, le greffier, à la demande du président du tribunal, avise le représentant légal de la personne morale débitrice ou le débiteur personne physique qu'il doit réunir le comité d'entreprise ou, à défaut, les délégués du personnel, pour que soient désignées les personnes habilitées à être entendues par le tribunal et à exercer les voies de recours conformément à l'article L. 661-10. Une copie de cet avis est adressée par le greffier au secrétaire du comité d'entreprise ou, à défaut, aux délégués du personnel. Le procès-verbal de désignation est déposé au greffe. — *[Décr. n° 2005-1677 du 28 déc. 2005, art. 51.]*

V. notes 1 *ter* s. ss. art. L. 621-1.

Art. R. 621-3 La décision du tribunal de commettre un juge, avant de statuer, en application de l'article L. 621-1, pour recueillir tous les renseignements sur la situation financière, économique et sociale de l'entreprise, est rendue dans les mêmes conditions que celles prévues aux deux premiers alinéas du même article, pour l'ouverture de la procédure.

Le rapport de ce juge, auquel est annexé le rapport de l'expert, lorsqu'il en a été désigné, est déposé au greffe et communiqué par le greffier au débiteur et au ministère public.

Le greffier informe le comité d'entreprise ou, à défaut, les délégués du personnel que leurs représentants peuvent prendre connaissance du rapport au greffe et les avise en même temps de la date de l'audience. – *[Décr. n° 2005-1677 du 28 déc. 2005, art. 52.]*

Jurisprudence relative à l'ancien art. 13 du Décr. n° 85-1388 du 27 déc. 1985

1. Désignation d'un juge. Sur le caractère, obligatoire ou non, de cette désignation, V. • Paris, 24 oct. 1989 : *Rev. dr. bancaire 1990. 86, obs. Campana et Calendini.*

La décision de désigner un juge commis, n'étant pas un jugement au sens de l'art. 455 NCPC [C. pr. civ.], n'a pas a être motivée. • Paris, 15 mai 1998 : *D. Affaires 1998. 1048, obs. A. L. ; RJ com. 1999. 426, obs. Legrand.*

Les dispositions de l'art. 13 n'interdisent pas au président de se désigner pour exécuter la mesure d'information préalable. Les pouvoirs du juge commis étant circonscrits à la collecte de renseignements limitativement énumérés par ce texte, ce juge ne dispose, en tant que tel, contrairement au juge-commissaire, d'aucun pouvoir propre en cas d'ouverture d'une éventuelle procédure, de sorte que le moyen relevé de la violation des dispositions de l'art. 6, § 1, Conv. EDH (devoir d'impartialité) est sans fondement. • Paris, 15 mai 1998 : *préc.*

2. Rapport. Le magistrat commis par le tribunal saisi d'une assignation en redressement judiciaire pour recueillir tous renseignements sur la situation financière, économique et sociale d'une entreprise, ne peut, à l'audience du jugement d'ouverture de la procédure de redressement judiciaire qui le désigne en qualité de juge-commissaire, présenter un rapport qu'en qualite de juge commis et non de juge-commissaire. • Com. 3 avr. 1990 : *Bull. civ. IV, n° 112 ; D. 1990. IR 109.*

2 bis. Aucune disposition réglementaire ne fait obligation au juge commis par le tribunal de convoquer les représentants de l'entreprise avant de déposer son rapport au greffe. • Com. 28 janv. 1997 : *Rev. proc. coll 1997. 408, obs Cadiou.*

3. Procédure d'appel. Sur l'impossibilité pour une cour d'appel, de mettre en œuvre directement les dispositions relatives à l'enquête préalable, V. • Paris, 5 févr. 1986 : *Gaz. Pal. 1988. 2. Somm. 302.*

4. Juge des référés. En ce sens qu'il n'appartient pas au juge des référés d'appliquer l'art. 13, cette attribution étant reservée au président du tribunal ou au tribuna ; qu'en tout état de cause, l'art. 13 ne lui permet pas de désigner un enquêteur ou un expert, mais seulement de commettre un juge, V. • Versailles, 26 janv. 1995 : *Gaz. Pal. 1995. 1. Somm. 71.*

5. Mesure d'expertise de droit commun. En ce sens que l'art. 13 n'exclut pas le recours à une mesure d'expertise du droit commun, dans les conditions des art. 265 s., NCPC [C. pr. civ.], V. • Com. 31 mars 1992 : *Bull. civ. IV, n° 141 ; D. 1992. Somm. 376, obs. Honorat.*

Art. R. 621-4 **Le tribunal statue, le cas échéant, sur le rapport du juge commis. Si le jugement ne peut être rendu sur-le-champ, le prononcé en est renvoyé à une prochaine audience dont la date est communiquée, lors de l'audience, au débiteur.**

Le jugement d'ouverture de la procédure prend effet à compter de sa date. – *[Décr. n° 2005-1677 du 28 déc. 2005, art. 55.]*

1. L'art. 14 [R. 621-4] ci-dessus déroge aux dispositions de l'art. 66 du Décr. du 30 mai 1984 [C. com., art. L. 123-9] (selon lequel les personnes assujetties à l'immatriculation au RCS ne peuvent opposer aux tiers les faits ou actes sujets à mention que si ces derniers ont été publiés au registre). • Com. 11 mars 1997 : *Rev. proc. coll. 1998. 43, obs. Cadiou.*

1 bis. Les débats l'ayant précédé ayant eu lieu à une date où l'ouverture de la procédure de redressement judiciaire du défendeur n'était pas encore intervenue, un jugement (prononçant la résolution d'un contrat) est opposable aux organes de son redressement judiciaire, peu important qu'il ait été rendu le jour même du jugement prononçant l'ouverture de cette procédure. • Com. 9 juil. 1996 : *Bull. civ. IV, n° 210 ; RJDA 1996, n° 1535.*

1 ter. En ce sens que les dispositions de l'art. 21 [R. 621-8] qui organisent la publicité du jugement avec insertion au BODACC ne dérogent pas à celles de l'art. 14 [R. 621-4], qui sont d'ordre public, et n'ont donc pas pour effet de reporter au jour de la publication la date d'effet du jugement d'ouverture vis-a-vis des tiers. V. • Rennes, 19 nov. 1999 : *JCP E 2000, n° 46,* *p. 1812, note Humann* • Grenoble, 13 nov. 2001 : *Rev. huiss. 2002. 121, obs. Putman.*

2. Tous les effets du jugement d'ouverture devant s'appliquer à compter de sa date, laquelle est réputée se situer entre zéro et vingt-quatre heures le jour de la décision, est donc nul le virement effectué le jour du jugement, la loi interdisant à compter de ce jour le paiement de toute créance antérieure. • Limoges, 29 oct. 1991 : *Dr. sociétés oct. 1992, n° 204, obs. Chaput.* ♦ Comp., jugeant, au regard de l'art. 43 de la loi du 9 juill. 1991 (devenu l'art. L. 211-2 C. pr. exéc. ; V. note 33 ss. art. L. 622-21), que la « survenance » du jugement d'ouverture, qui se situe nécessairement au moment de son prononcé et non à la date de sa prise d'effet éventuellement rétroactive, ne saurait remettre en cause l'attribution immédiate qu'emporte l'acte de saisie lorsque celui-ci est antérieur : • Caen, 29 avr. 1997 : *Rev. proc. coll. 1997. 417, obs. crit. Cadiou* • 10 oct. 1995 : *ibid. 1998. 91, obs. crit. Canet.*

V. aussi note 1 *ter* ss. art. L. 631-17.

Art. R. 621-5 **Lorsqu'il apparaît que le débiteur ne remplit pas les conditions requises pour l'ouverture d'une procédure de sauvegarde, le tribunal rejette la demande.**

S'il estime devoir se saisir d'office en vue de l'ouverture d'une procédure de redressement judiciaire ou de liquidation judiciaire, il est fait application des dispositions de l'article R. 631-3. – *[Décr. n° 2005-1677 du 28 déc. 2005, art. 56.]*

Art. R. 621-6 **Le jugement qui ouvre la procédure de sauvegarde est notifié au débiteur par le greffier dans les huit jours de la date du jugement.** – *[Décr. n° 2005-1677 du 28 déc. 2005, art. 60.]*

Art. R. 621-7 **Le greffier adresse sans délai une copie du jugement ouvrant la procédure :**

1° Aux mandataires de justice désignés ;

2° Au procureur de la République ;

3° Au trésorier-payeur général du département dans lequel le débiteur a son siège et à celui du département où se trouve le principal établissement. – *[Décr. n° 2005-1677 du 28 déc. 2005, art. 61.]*

Art. R. 621-8 **Le jugement d'ouverture de la procédure de sauvegarde est mentionné avec l'indication des pouvoirs conférés à l'administrateur, lorsqu'il en a été désigné, au registre du commerce et des sociétés s'il s'agit d'un commerçant ou d'une personne morale immatriculée à ce registre.**

A la demande du greffier du tribunal qui a ouvert la procédure, les mêmes mentions sont portées sur le répertoire des métiers ou sur le répertoire des entreprises dans les départements du Bas-Rhin, du Haut-Rhin et de la Moselle, s'il s'agit d'une entreprise artisanale.

S'il s'agit d'une personne non immatriculée au registre du commerce et des sociétés ou aux répertoires mentionnés au deuxième alinéa, les mentions sont portées sur un registre ouvert à cet effet au greffe du tribunal de grande instance. Dans ce cas, le greffier indique, selon le cas, le siège ou l'adresse du débiteur, les nom, prénoms et adresse du représentant légal de la personne morale débitrice ou du débiteur personne physique.

Un avis du jugement est adressé pour insertion au *Bulletin officiel des annonces civiles et commerciales.* Cette insertion contient l'indication du nom du débiteur, selon le cas de son siège ou de son adresse professionnelle, de son numéro unique d'identification ainsi que, s'il y a lieu, du nom de la ville du greffe ou de la *(Décr. n° 2010-1356 du 11 nov. 2010, art. 25-2°)* **« chambre de métiers et de l'artisanat de région » où il est immatriculé, de l'activité exercée et de la date du jugement qui a ouvert la procédure. Elle précise également le nom et l'adresse du mandataire judiciaire et de l'administrateur s'il en a été désigné avec, dans ce cas, l'indication des pouvoirs qui lui sont conférés. Elle comporte enfin l'avis aux créanciers d'avoir à déclarer leurs créances entre les mains du mandataire judiciaire et le délai imparti pour cette déclaration.**

Le même avis est publié dans un journal d'annonces légales du lieu où le débiteur a son siège ou son adresse professionnelle et, le cas échéant, ses établissements secondaires.

Le greffier procède d'office à ces publicités dans les quinze jours de la date du jugement. – *[Décr. n° 2005-1677 du 28 déc. 2005, art. 63.]*

1. Publicité foncière. Le jugement d'ouverture est soumis aux seules formalités de publicité édictées à l'art. 21 [R. 621-8] ci-dessus, à l'exclusion de celles prévues à l'art. 28-2° du Décr. n° 55-22 du 4 janv. 1955. • Com. 7 juill. 1992 : *Bull. civ. IV, n° 264 ; D. 1992. 433, note Derrida*.

2. Publicité irrégulière. Dès lors que l'avis relatif au jugement d'ouverture permet l'identification de la société mise en redressement judiciaire malgré l'absence d'indication du numéro d'immatriculation, il y a lieu de rejeter la demande tendant à faire constater la nullité de la publication. • Com. 5 févr. 2002 : *RJDA 2002, n° 522*. – V. aussi • Com 9 nov. 2004 : *RJDA 2005, n° 424*. ♦ Sur la sanction de la publicité irrégulière, V. • Com. 6 juill. 1993 : *Rev. huiss. 1994. 1125, note Lièvremont*. ♦ V. aussi note 3 ss. ancien art. 66 du Décr n° 85-1388 du 27 déc. 1985, ss. art. R. 622-21 C. com.

3. Jugement d'extension de la procédure. V. note 3 ss. art. R. 661-2.

Art. R. 621-8-1 *(Décr. n° 2009-160 du 12 févr. 2009, art. 16)* Pour l'application du deuxième alinéa de l'article L. 621-2, le tribunal est saisi par voie d'assignation aux fins d'extension de la procédure ou, le cas échéant, dans les formes et selon la procédure prévues à l'article R. 631-3 ou R. 631-4.

Le jugement est signifié au débiteur soumis à la procédure et au débiteur visé par l'extension, à la diligence du greffier, dans les huit jours de son prononcé. Il est communiqué, dans le même délai, aux personnes citées à l'article R. 621-7.

Le jugement qui prononce l'extension fait l'objet des publicités prévues à l'article R. 621-8.

Art. R. 621-8-2 *(Décr. n° 2012-1190 du 25 oct. 2012, art. 2)* Pour l'application du quatrième alinéa de l'article L. 621-2, le juge détermine le montant des sommes pour la garantie desquelles la mesure conservatoire est ordonnée au vu du passif déclaré dans la procédure collective ouverte ou, si le délai mentionné au premier alinéa de l'article R. 622-24 n'est pas expiré, au vu des relevés mentionnés à l'article R. 625-1.

Le Décr. n° 2012-1190 du 25 oct. 2012 est applicable dans les îles Wallis-et-Futuna (Décr. préc., art. 12).

Art. R. 621-9 La période d'observation ouverte par le jugement peut être exceptionnellement prolongée, en application de l'article L. 621-3, pour une durée maximale de six mois.

Le président fixe l'affaire au rôle du tribunal au plus tard dix jours avant l'expiration de chaque période d'observation. Le greffier convoque à cette audience le débiteur, les mandataires de justice, les contrôleurs et en avise le ministère public.

Le tribunal statue sur la prolongation de la période d'observation après avis du ministère public. Il recueille préalablement les observations du débiteur, de l'administrateur, du mandataire judiciaire et des contrôleurs.

La décision prolongeant la période d'observation est communiquée aux personnes mentionnées à l'article R. 621-7 et aux contrôleurs. Elle est mentionnée aux registres ou répertoires prévus à l'article R. 621-8. – *[Décr. n° 2005-1677 du 28 déc. 2005, art. 64.]*

Art. R. 621-10 Dans le jugement d'ouverture ou à tout moment de la procédure, le tribunal peut désigner un juge-commissaire suppléant qui exerce les attributions du juge-commissaire momentanément empêché. – *[Décr. n° 2005-1677 du 28 déc. 2005, art. 65.]*

Aucune disposition légale ou réglementaire ne prévoit la suppléance automatique d'un juge-commissaire (suppléant) empêché par le président de la juridiction consulaire. • Besançon, 19 févr. 1993 : *Rev. proc. coll. 1994. 25, obs. Dureuil.*

Art. R. 621-11 Les seuils fixés en application du quatrième alinéa de l'article L. 621-4 sont pour le chiffre d'affaires hors taxes de 3 000 000 € et pour le nombre de salariés de vingt.

Le montant du chiffre d'affaires est défini conformément aux dispositions du cinquième alinéa de l'article R. 123-200. Il est apprécié à la date de clôture du dernier exercice comptable.

Le nombre de salariés à prendre en compte est le nombre des salariés employés par le débiteur à la date de la demande d'ouverture de la procédure. – *[Décr. n° 2005-1677 du 28 déc. 2005, art. 53.]*

Art. R. 621-12 Lorsque, en application des articles L. 811-2 ou L. 812-2, le tribunal désigne pour exercer les fonctions d'administrateur judiciaire ou de mandataire judiciaire une personne physique qui n'est pas inscrite sur l'une des listes prévues par ces articles, celle-ci lui adresse sans délai l'attestation sur l'honneur prévue au quatrième alinéa de l'article L. 811-2 ou au troisième alinéa du II de l'article L. 812-2, la justification de la garantie et de l'assurance prévues à l'article L. 814-5 ainsi que le nom du commissaire aux comptes assurant, en application de l'article L. 811-11-1, le contrôle de sa comptabilité spéciale. – *[Décr. n° 2005-1677 du 28 déc. 2005, art. 54.]*

Art. R. 621-13 Lorsque l'administrateur judiciaire ou le mandataire judiciaire désigné n'est pas inscrit sur l'une des listes prévues aux articles L. 811-2 ou L. 812-2, il est joint, par le greffier, à la copie du jugement mentionnée à l'article R. 621-7, un document reproduisant les termes selon le cas de l'article L. 811-2 ou de l'article L. 812-2, de l'article L. 811-11-1, de l'article L. 814-5, des articles L. 622-18, L. 626-25 et L. 641-8, de l'article R. 621-12 ainsi que des articles R. 814-24 et R. 814-38. – *[Décr. n° 2005-1677 du 28 déc. 2005, art. 62.]*

Art. R. 621-14 Dans les dix jours du prononcé du jugement d'ouverture, le représentant légal de la personne morale débitrice ou le débiteur personne physique, assisté de l'administrateur s'il en a été désigné, réunit le comité d'entreprise, les délégués du personnel ou, à défaut, les salariés. Les salariés élisent alors leur représentant par vote secret au scrutin uninominal à un tour.

Le procès-verbal de désignation du représentant des salariés, ou le procès-verbal de carence établi dans les conditions du deuxième alinéa de l'article L. 621-4, est immédiatement déposé au greffe du tribunal. – *[Décr. n° 2005-1677 du 28 déc. 2005, art. 57.]*

En raison des fonctions et prérogatives attribuées au représentant des salariés, la méconnaissance des règles régissant leur désignation ou leur remplacement porte atteinte à l'intérêt collectif de la profession (cassation du jugement ayant déclarée irrecevable l'intervention volontaire du syndicat au soutien de l'action du salarié). • Soc. 15 juin 2011 : *Bull. civ. V, n° 156 ; D. 2011. Actu. 1752* ; *Act. proc. coll. 2011, n° 196, obs. Fin-Langer ; LEDEN sept. 2011, p. 7, obs. G. Dedessus-Le-Moustier ; Gaz. Pal. 7-8 oct. 2011, p. 32, obs. Gailhbaud ; Bull. Joly Entrep. diff. 2011. 344, note Donnette ; LPA 3 janv. 2012, obs. Jacotot.*

Art. R. 621-15 Le tribunal d'instance est saisi des contestations relatives à la désignation du représentant des salariés par déclaration au greffe.

Cette déclaration n'est recevable que si elle est faite dans les deux jours suivant la désignation du représentant des salariés.

Dans les cinq jours de sa saisine, le tribunal d'instance statue en dernier ressort, sans frais ni forme de procédure et sur simple avertissement qu'il donne deux jours à l'avance à toutes les parties intéressées.

La décision du tribunal d'instance est notifiée par le greffier dans les deux jours.

Le délai du pourvoi en cassation est de cinq jours. Le pourvoi est formé, instruit et jugé dans les conditions fixées par les articles 999 à 1008 du code de procédure civile. – *[Décr. n° 2005-1677 du 28 déc. 2005, art. 58.]*

1. *Compétence.* L'art. 16 [R. 621-15] ne prévoit la compétence du tribunal d'instance, qui statue en dernier ressort, qu'en ce qui concerne les contestations relatives à l'élection, prévue par l'art. 10 de la loi du 25 janv. 1985 [C. com., art. L. 621-4], du représentant des salariés dans les dix jours du prononcé du jugement d'ouverture de la procédure de redressement judiciaire ; la contestation d'une élection antérieure à l'ouverture de la procédure collective, non prévue par un texte légal, relève des règles de procédure de droit commun et le jugement rendu est susceptible d'appel. • Soc. 12 nov. 1996 : *D. 1996. IR 267*.

2. *Délai de contestation.* La contestation de la désignation du représentant des salariés doit intervenir, à peine de forclusion, dans les deux jours de celle-ci ; ce délai ne court qu'à compter de la proclamation nominative des résultats de l'élection ou, à défaut, de l'accomplissement de la formalité de dépôt du procès-verbal au greffe ; il en va de même en cas de remplacement du représentant des salariés. • Soc. 15 juin 2011 : *cité ss. art. R. 621-14.*

Art. R. 621-16 Le licenciement du représentant des salariés désigné en application de l'article L. 621-4 est régi par les dispositions des articles R. 436-1 à R. 436-8 et de l'article R. 436-10 du code du travail. – *[Décr. n° 2005-1677 du 28 déc. 2005, art. 59.]*

SECTION II DES ORGANES DE LA PROCÉDURE ET DES CONTRÔLEURS

Art. R. 621-17 Lorsqu'une demande de remplacement de l'administrateur, de l'expert ou du mandataire judiciaire est portée devant le tribunal par le ministère public ou par le juge-commissaire ou lorsque le tribunal se saisit d'office aux mêmes fins, la convocation de la personne dont le remplacement ou la révocation est en cause est faite dans les formes et selon la procédure prévue à l'article R. 631-3 ou R. 631-4, selon le cas. Il en va de même lorsqu'une demande de révocation de l'un des contrôleurs est portée devant le tribunal par le ministère public.

Le tribunal statue après avis du ministère public, si celui-ci n'est pas demandeur.

Les dispositions qui précèdent s'appliquent pour l'adjonction d'un ou de plusieurs administrateurs ou d'un ou de plusieurs mandataires judiciaires. – *[Décr. n° 2005-1677 du 28 déc. 2005, art. 72.]*

(Décr. n° 2009-160 du 12 févr. 2009, art. 17) « Lorsque l'administrateur ou le mandataire judiciaire demande son remplacement en application du cinquième alinéa de l'article L. 621-7, la demande est formée par lettre simple adressée au juge-*commissaire. L'ordonnance* rendue par le président du tribunal est communiquée au ministère public par le greffier, qui en avise, par lettre simple, l'administrateur ou le mandataire judiciaire qui est remplacé, l'administrateur ou le mandataire judiciaire désigné pour le remplacer ainsi que le débiteur. »

1. *Respect des droits de la défense.* Doit être annulée la mesure de remplacement décidée par un tribunal sans avoir observé toutes les formalités qui sont destinées à éviter que soit prononcée, au mépris des droits de la défense, une décision qui s'apparente à une sanction disciplinaire. • Montpellier, 10 août 1994 : *Rev. proc. coll. 1995. 289, obs. Dureuil.*

2. Le rapport du juge-commissaire étant une formalité substantielle dont l'omission entraîne la nullité du jugement relatif à la nomination ou au remplacement du liquidateur, l'appel-nullité d'un liquidateur est à la fois recevable et bien fondé. • Paris, 17 janv. 1991 : *D. 1992. Somm. 7, obs. Derrida*.

Art. R. 621-18 Le mandataire de justice qui cesse ses fonctions rend ses comptes à celui qui le remplace, en présence du juge-commissaire, le débiteur entendu ou appelé à la diligence du greffier du tribunal. – *[Décr. n° 2005-1677 du 28 déc. 2005, art. 73.]*

Art. R. 621-19 Le mandataire judiciaire prend toute mesure pour informer et consulter les créanciers.

Les créanciers qui en font la demande par lettre recommandée avec demande d'avis de réception au mandataire judiciaire sont tenus informés par celui-ci des étapes essentielles de la procédure au fur et à mesure du déroulement de celle-ci. – *[Décr. n° 2005-1677 du 28 déc. 2005, art. 70.]*

Art. R. 621-20 Dans le délai de deux mois après le jugement d'ouverture, le mandataire judiciaire et l'administrateur, lorsqu'il en a été désigné, adressent un rapport au juge-commissaire et au ministère public sur le déroulement de la procédure et la situation économique et financière dans laquelle se trouve le débiteur. Ce rapport est déposé au greffe. – *[Décr. n° 2005-1677 du 28 déc. 2005, art. 71.]*

Art. R. 621-21 Le juge-commissaire statue par ordonnance sur les demandes, contestations et revendications relevant de sa compétence ainsi que sur les réclamations formulées contre les actes de l'administrateur, du mandataire judiciaire et du commissaire à l'exécution du plan.

Si le juge-commissaire n'a pas statué dans un délai raisonnable, le tribunal peut être saisi à la demande d'une partie ou du ministère public.

Les ordonnances du juge-commissaire sont déposées sans délai au greffe qui les communique aux mandataires de justice et les notifie aux parties et aux personnes dont les droits et obligations sont affectés. Sur sa demande, elles sont communiquées au ministère public.

Ces ordonnances peuvent faire l'objet d'un recours devant le tribunal dans les dix jours de la communication ou de la notification, par déclaration faite contre récépissé ou adressée par lettre recommandée avec demande d'avis de réception au greffe.

Le ministère public peut également saisir le tribunal par requête motivée, dans les dix jours de la communication qui lui est faite de l'ordonnance.

L'examen du recours est fixé à la première audience utile du tribunal, les intéressés et les mandataires de justice étant avisés. – *[Décr. n° 2005-1677 du 28 déc. 2005, art. 67.]*

BIBL. ▸ ROLLAND, *Rev. proc. coll. 2012. Étude 23* (voies de recours contre les ordonnances du juge-commissaire : droit commun et droit spécial).

Décret n° 85-1388 du 27 décembre 1985. Ancien art. 25 (Abrogé par Décr. n° 2005-1677 du 28 déc. 2005, art. 354) *Le juge-commissaire statue par ordonnance sur les demandes, contestations et revendications relevant de sa compétence ainsi que sur les réclamations formulées contre les actes de l'administrateur, du représentant des créanciers, du commissaire à l'exécution du plan, du liquidateur et du représentant des salariés.*

Si le juge-commissaire n'a pas statué dans un délai raisonnable, le tribunal peut se saisir d'office ou être saisi à la demande d'une partie.

(Décr. n° 94-910 du 21 oct. 1994) « *Les ordonnances du juge-commissaire sont immédiatement déposées au greffe et notifiées par le greffier aux mandataires de justice, aux parties et, le cas échéant, aux personnes désignées dans l'ordonnance, par lettre recommandée avec demande d'avis de réception. Sur sa demande, ces ordonnances sont communiquées au procureur de la République. Elles peuvent faire l'objet de recours dans les huit jours de la notification par décla-*

ration faite contre récépissé ou adressée par lettre recommandée avec demande d'avis de réception au greffe. »

(Décr. n° 2004-518 du 10 juin 2004, art. 3-I) *« Dans les quinze jours du dépôt au greffe de l'ordonnance, le tribunal peut se saisir d'office, aux fins d'annulation ou de réformation de celle-ci, dans les formes prévues à l'article 8. Il peut être saisi aux mêmes fins, par le procureur de la République, dans les quinze jours de la communication qui lui est faite de l'ordonnance, dans les formes prévues à l'article 9. »*

(Décr. n° 94-910 du 21 oct. 1994) *« L'examen du recours est fixé à la première audience utile du tribunal, les intéressés et les mandataires étant avisés. »*

1. Compétence du tribunal. Les ordonnances rendues par le juge-commissaire lorsqu'il ordonne la continuation des contrats en cours ne sont susceptibles que d'un recours devant le tribunal de commerce. • Civ. 2e, 5 mai 1993 : *Bull. civ. II, n° 162 ; RJDA 1993, n° 949.*

2. Selon l'art. 25, le recours contre les ordonnances du juge-commissaire est porté devant le tribunal à l'exception du recours contre les ordonnances statuant sur l'admission des créances au passif qui, conformément à l'art. 102 de la loi, est porté devant la cour d'appel. • Paris, 26 oct. 1993 : *D. 1994. IR 7 ; LPA 27 juill. 1994, p. 49, note Dadouche.*

3. Pour un arrêt ouvrant la voie du contredit, V. • Dijon, 4 juill. 1995 : *Rev. proc. coll. 1996. 330, obs. crit. Soinne.*

4. Tribunal statuant à la place du juge-commissaire. Pour des applications de l'art. 25, al. 2, V. • Com. 5 juill. 2005 : *cité note 2 ss. art. L. 624-17 C. com.* (créancier exerçant une action en restitution) • T. com. Paris, 12 juill. 1994 : *Gaz. Pal. 1994. 2. Somm. 784* (créancier sollicitant sa nomination aux fonctions de contrôleur).

4 bis. L'art. 25, al. 2, ne s'applique pas à la procédure de vérification des créances, qui échappe à la compétence du tribunal. • Com. 19 mars 2002 : *Rev. proc. coll. 2003. 23, obs. Legrand.*

4 ter. Viole les art. 25, al. 2, et 70, al. 1er, le tribunal qui, dans un jugement rendu en dernier ressort, se prononce sur la demande en relevé de forclusion soumise au juge-commissaire sans constater soit que celui-ci n'avait pas statué dans un délai raisonnable, soit qu'il n'était plus en fonctions. • Com. 5 déc. 1995 : *D. 1996. 125, note Derrida.*

5. Irrecevabilité des actions en nullité. Le tribunal qui accueille une action principale en nullité dirigée contre une décision du juge-commissaire commet un excès de pouvoir. • Com. 27 avr. 1993 : *Bull. civ. IV, n° 150 ; D. 1993. IR 131.* – V. aussi • Com. 1er oct. 1997 : *Bull. civ. IV, n° 236 ; D. 1997. IR 231.* ♦ Les ordonnances du juge-commissaire, même lorsque celui-ci excède ses pouvoirs, ne peuvent faire l'objet que d'un recours, conformément aux dispositions de l'art. 25, al. 3. • Com. 2 févr. 1999 : *Act. proc. coll. 1999, n° 128.*

6. Respect du contradictoire. BIBL. Soinne, *LPA 27 mars 1996.* ♦ L'exigence du respect du principe du contradictoire s'impose même dans le cadre d'une procédure orale et même devant le tribunal de commerce statuant sur le recours contre une ordonnance du juge commissaire exercé conformément à l'art. 25. • Paris, 4 juill. 1997 : *RJ com. 1998. 202, obs. Legrand.* ♦ Sur le caractère contradictoire de la procédure de revendication, V. • Grenoble, 3 févr. 1988 : *Gaz. Pal. 1988. 2. 477, note Benezera.*

7. Délai de recours (jurisprudence antérieure au Décr. du 21 oct. 1994). L'art. 669 NCPC [C. pr. civ.], selon lequel la date de l'expédition de la notification est celle qui figure sur le cachet du bureau d'émission, s'applique. • Paris, 27 janv. 1995 : *Rev. proc. coll. 1995. 484, obs. Soinne* • 19 mai 1995 : *ibid.*

Sur la sanction d'une computation erronée, V. • Paris, 21 févr. 1989 : *D. 1989. IR 91.*

7 bis. Aucune disposition de la loi du 25 janv. 1985 et du Décr. du 27 déc. 1985 n'excluant l'application des règles générales de l'art. 643 NCPC [C. pr. civ.], le délai est augmenté de deux mois pour les personnes qui demeurent à l'étranger. • Civ. 2e, 25 févr. 1997 : *Bull. civ. I, n° 60 ; D. 1997. IR 77 ; Dr. sociétés 1997, n° 62, obs. Chaput.*

7 ter. Le délai fixé par l'art. 25, lorsque la notification aux parties intéressées est faite par lettre recommandée avec avis de réception, court à partir du premier acte permettant la remise, soit à partir de la première présentation au destinataire. • T. com. Paris, 11 sept. 1998 : *Gaz. Pal. 1999. 2. Somm. 616 ; Rev. proc. coll. 2000. 202, obs. Soinne.*

8. Les dispositions de l'art. 25, al. 3, relatives au point de départ des recours, de portée générale, doivent recevoir application même au cas particulier où la voie de l'appel est encore ouverte. • Paris, 2 févr. 1990 : *D. 1991. Somm. 239, obs. Honorat ; Gaz. Pal. 1991. 2. Somm. 428.*

9. Dès lors que l'ordonnance n'a pas été rendue à la requête de l'auteur du recours, et qu'elle ne renfermait aucune disposition quant aux destinataires et à la forme de sa notification, le délai prévu à l'art. 25 n'a pu courir, à l'égard de l'auteur du recours, qu'à compter de la formalité du dépôt au greffe de l'ordonnance, non assimilable à son prononcé. • Com. 16 mars 1993 : *Bull. civ. IV, n° 104.*

10. Les ordonnances du juge-commissaire n'ayant pas, avant l'intervention du Décr. du 21 oct. 1994, à être notifiées aux mandataires de justice de la procédure collective, lesquels en recevaient communication lors de leur dépôt au greffe, il en résultait qu'à l'égard de ces derniers le délai du recours dont ces ordonnances pouvaient faire l'objet courait à compter du dépôt qui en avait été fait au greffe. Il en était ainsi même lorsque le juge-commissaire avait, de manière erronée, ordonné la notification de sa décision aux mandataires de justice et quelle que fût la qualité en laquelle ceux-ci avaient figuré à l'instance. • Com. 30 mars 1993 : *Bull. civ. IV, n° 129 ; D. 1993. IR 102.* – Comp. : • Douai, 12 sept. 1991 : *Gaz. Pal. 1993. 2. 340.* ♦ Comp., désormais : art. 25, al. 3, dans sa rédaction issue du Décr. n° 94-910 du 21 oct. 1994.

11. Sous l'empire de l'ancien art. 25, al. 3, lorsque le juge ne s'était pas prononcé sur la forme de la notification, cette omission ne pouvait entraîner la modification du point de départ du recours par substitution de la date de dépôt au greffe de l'ordonnance à la date de notification. • Com. 2 nov. 1993 : *Bull. civ. IV, n° 374 ; D. 1994. IR 8.* ♦ V. aussi • Com. 16 mars 1999 : *Bull. civ. IV, n° 63 ; D. 1999. IR 104 ; JCP E 1999, n° 39, p. 1531, obs. Pétel.* ♦ Comp., désormais : art. 25, al. 3, dans sa rédaction issue du Décr. n° 94-910 du 21 oct. 1994, qui prévoit la forme de la notification.

11 bis. Il résulte de l'art. 6, § 1, de la Conv. EDH que, lorsqu'une ordonnance du juge-commissaire n'a pas été notifiée au débiteur, le dépôt au greffe de l'ordonnance ne peut avoir pour effet de priver ce dernier de l'exercice du recours prévu par l'art. 25, et que son opposition à l'ordonnance est recevable. • Paris, 19 mai 1995 : *D. 1996. Somm. 87, obs. Honorat* • Dijon, 23 mai 1995 : *Gaz. Pal. 6-7 mai 1996.* ♦ V. déjà, sous l'empire de la loi de 1967, • Com. 17 mai 1994 : *Bull. civ. IV, n° 182 ; D. 1994. 510, note Derrida ; LPA 3 févr. 1995, p. 21, note Courtier.*

De même, ne donne pas de base légale à sa décision, au regard dudit art. 6, la cour d'appel qui, pour confirmer le jugement ayant déclaré irrecevable l'opposition d'un crédit-bailleur à l'encontre d'une ordonnance du juge-commissaire ayant autorisé le liquidateur à vendre le matériel loué en crédit-bail à la société mise en liquidation judiciaire et ce, sans prévoir la notification de l'ordonnance au crédit-bailleur, retient que le recours a été formé plus de huit jours après le dépôt au greffe de l'ordonnance du juge-commissaire, sans rechercher – dès lors qu'il était soutenu par le crédit-bailleur que les dispositions de l'art. 115 de la loi du 25 janv. 1985 [C. com., ancien art. L. 621-115] ne pouvaient lui être opposées en raison de la continuation du contrat de crédit-bail par l'administrateur – si le crédit-bailleur pouvait se voir privé d'exercer un recours contre une décision rendue à son insu et concernant directement ses droits et obligations. • Com. 11 mars 1997 : *Bull. civ. IV, n° 68 ; D. 1997. IR 87 ; D. Affaires 1997. 483 ; JCP E 1997. I. 681, n° 6, obs. Cabrillac.* ♦ En l'absence de notification au crédit-bailleur de l'ordonnance donnant acte au vendeur sous réserve de propriété de sa revendication de matériel et de sa propriété, le délai de recours prévu par l'art. 25 n'a pu courir à son égard. • Com. 30 mars 1999 : *Act. proc. coll. 1999, n° 126.* ♦ V. notes 4 s. ss. art. L. 624-9 C. com.

En ce sens que lorsque les cautions, engagées par contrat accessoire, n'ont pas été désignées dans l'ordonnance ayant relevé les créanciers de leur forclusion, pour recevoir notification de celle-ci, leur recours, formé plus de huit jours après le dépôt au greffe de l'ordonnance, doit être déclaré tardif par application de l'art. 25, V. • Com. 26 mai 1999 : *Bull. civ. IV, n° 111 ; JCP E 1999, n° 39, p. 1531, obs. Pétel ; Act. proc. coll. 1999, n° 177, obs. Regnaut-Moutier ; Rev. proc. coll. 2000. 201, obs. Soinne.* ♦ *Contra,* • T. com. Nanterre, 18 déc. 1998 : *Act. proc. coll. 1999, n° 110, obs. Regnaut-Moutier.*

Comp., décidant qu'il importe peu que l'ordonnance du juge-commissaire autorisant le licenciement pour motif économique d'un salarié d'une société faisant l'objet d'une procédure simplifiée de redressement judiciaire ait été ou non notifiée personnellement audit salarié, dès lors qu'elle a été régulièrement transmise à la société en redressement judiciaire, au représentant des salariés et à celui des créanciers conformément à l'art. 25 [ancienne rédaction] ; et que, l'ordonnance n'ayant pas été frappée de recours par le salarié, ce dernier est irrecevable à contester la cause économique du licenciement, lequel se trouve définitivement acquis : • Soc. 5 mars 1997 : *D. 1997. 522, note Bailly .* – V. aussi • Versailles, 20 févr. 2001 : *Gaz. Pal. 2001. Somm. 1728.*

12. Forme du recours (jurisprudence antérieure au Décr. du 21 oct. 1994). Une lettre missive ne répondait pas aux exigences de l'ancien art. 25, al. 3, suivant lequel les ordonnances du juge-commissaire pouvaient faire l'objet d'un recours par simple déclaration au greffe. • Com. 27 mars 1990 : *Bull. civ. IV, n° 91 ; D. 1990. IR 102* • 5 oct. 1993 : *Rev. proc. coll. 1994. 27, obs. Dureuil* • 6 févr. 2001 : *Act. proc. coll. 2001, n° 146.* – *Contra* : • T. com. Senlis, 6 nov. 1992 : *RJDA 1993, n° 63.* ♦ Conformément à l'art. 74 NCPC [C. pr. civ.], cette exception devait, à peine d'irrecevabilité, être soulevée avant toute défense au fond ou fin de non-recevoir. • Paris, 3 févr. 1995 : *Rev. proc. coll. 1995. 485, obs. Soinne.* ♦ Mais en l'absence de registre tenu au greffe du tribunal de la procédure collective pour inscrire les recours formés à l'encontre des ordonnances du juge-commissaire, et en raison du dysfonctionnement du greffe qui en résultait, le dépôt au rang des minutes du greffe d'une lettre missive pouvait valoir déclaration au greffe du recours, au sens de l'art. 25, al. 3. • Com. 13 avr. 1999 : *Bull. civ. IV, n° 86.* ♦ Comp., désormais : art. 25, al. 3, dans sa rédaction issue du Décr. n° 94-910 du 21 oct. 1994.

En ce sens que le nouvel al. 3 de l'art. 25 n'est pas applicable aux procédures collectives ouvertes avant la date d'entrée en vigueur du Décr. du 21 oct. 1994, V. • Com. 22 avr. 1997 : *Rev. proc. coll. 1998. 63, obs. Soinne* • Orléans, 14 déc. 1994 : *JCP 1995. IV. 1221* • Amiens, 27 mars 1998 : *Gaz. Pal. 2000. Somm. 2208, obs. Canet.*

Sur la validité des déclarations déposées au greffe par les avocats et sur lesquelles le greffe a apposé un cachet précisant la date, V. • Com. 28 janv. 1997 : *Bull. civ. IV, n° 34 ; D. 1997. IR 72.*

13. Signature du greffier. En ce sens que les ordonnances du juge-commissaire doivent être signées par le greffier à peine de nullité, V. • Com. 18 mars 2003 : *Bull. civ. IV, n° 48 ; Act. proc. coll. 2003, n° 135, obs. Cagnoli.*

14. Notifications aux personnes désignées. Dans le cadre de la liquidation, la désignation par le juge-commissaire des personnes auxquelles son ordonnance doit être notifiée va au-delà de la simple information et a pour objet de mettre en mouvement d'éventuels recours de la part des offrants écartés qui, en améliorant leur proposition, permettent un meilleur apurement du passif. • Paris, 22 févr. 1991 : *D. 1991. IR 96.* ♦ Est donc recevable l'opposition faite par un acquéreur potentiel ainsi désigné. • Même arrêt.

15. Cession d'actifs dans le cadre de la liquidation judiciaire. V. note 3 ss. art. L. 661-5 C. com.

15 bis. Pouvoirs du tribunal. Le tribunal est saisi de l'entier litige par le recours exercé en vertu de l'art. 25. • Com 27 mai 2003 : *Bull. civ. IV, n° 85 ; D. 2003. AJ 1693 ; JCP E 2003, n° 40, p. 1570, obs. Pétel.* ♦ Ainsi, en ordonnant la vente aux enchères publiques de l'actif du débiteur en liquidation judiciaire comme étant le mode de réalisation des actifs le plus adapté aux circonstances de l'espèce, le tribunal ne commet aucun excès de pouvoir. • Même arrêt.

15 ter. Notification des jugements rendus sur recours. Les art. 25 et 161 disposent que tant les ordonnances du juge-commissaire que les arrêts rendus par la cour d'appel, en matière de redressement ou liquidation judiciaires, sont notifiés aux parties par les soins du greffier ; il en va de même pour les jugements rendus sur recours des ordonnances du juge-commissaire. • Com. 3 déc. 2003 : *Bull. civ. IV, n° 195 ; D. 2004. 1079, note Cagnoli et Le Bars ; RTD com. 2004. 160, obs. Vallens.*

16. Recours contre les jugements du tribunal. V. ancien art. L. 623-4 (2) C. com., ss. art. L. 661-4 C. com. ♦ Sur la recevabilité de l'appel contre un jugement statuant sur le recours formé contre une ordonnance rendue par le juge-commissaire, ayant fait une inexacte application de l'art. 25, V. note 6 ss. ancien art. L. 623-4 C. com., ss. art. L. 661-4 C. com. ♦ V. aussi, en cas d'excès de pouvoir du tribunal, • Com. 27 avr. 1993 : *préc. note 5.*

Art. R. 621-22 Le juge-commissaire ne peut siéger, à peine de nullité du jugement, lorsque le tribunal statue sur un recours formé contre une de ses ordonnances. — *[Décr. n° 2005-1677 du 28 déc. 2005, art. 68.]*

Est entaché de nullité le jugement rendu par le tribunal présidé par le juge-commissaire, qui a rejeté l'opposition formée contre l'ordonnance, même si la décision ne mentionne pas le juge-commissaire parmi les trois juges qui ont délibéré, le terme « siéger » s'appliquant à l'évidence à toute participation à la formation de jugement. • Paris, 9 avr. 1991 : *D. 1992. Somm. 8, obs. Derrida ; Gaz. Pal. 1992. 2. 519, note Marchi.* ♦ Cette irrégularité exceptionnelle, spécialement sanctionnée par le législateur, est d'une gravité telle qu'elle rend recevable l'appel-nullité interjeté par le débiteur. Dans ce cas, jugé qu'il convient de renvoyer la cause devant le tribunal afin qu'il soit statué dans les formes prévues aux art. 25 et 26 [R. 621-21 et R. 621-22]. • Même arrêt. ♦ Dans le même sens : • Basse-Terre, 2 déc. 1996 : *Gaz. Pal. 1997. 1. Somm. 154, obs. Vray.*

Art. R. 621-23 Avant de désigner un technicien en application de l'article L. 621-9, le juge-commissaire recueille les observations du débiteur.

Dès l'achèvement de la mission du technicien, le juge-commissaire arrête sa rémunération en fonction notamment des diligences accomplies, de la qualité du travail fourni et du respect des délais impartis.

Lorsque le juge-commissaire envisage de fixer cette rémunération à un montant inférieur au montant demandé, il doit au préalable inviter le technicien à formuler des observations.

Le juge-commissaire délivre au technicien, sur sa demande, un titre exécutoire. – *[Décr. n° 2005-1677 du 28 déc. 2005, art. 69.]*

Art. R. 621-24 Le créancier demandant à être nommé contrôleur en application du premier alinéa de l'article L. 621-10 doit en faire la déclaration au greffe. Il indique le montant de sa ou de ses créances, ainsi que, le cas échéant, la nature des sûretés dont il est titulaire.

Aucun contrôleur ne peut être désigné par le juge-commissaire avant l'expiration d'un délai de vingt jours à compter du prononcé du jugement d'ouverture de la procédure.

Le cas échéant, l'ordre professionnel ou l'autorité compétente dont relève le débiteur déclare au greffe le nom de la personne qu'il a désignée pour le représenter dans sa fonction de contrôleur. En l'absence de cette déclaration, son représentant légal exerce cette fonction.

Le créancier qui demande à être désigné contrôleur atteste sur l'honneur qu'il remplit les conditions prévues au deuxième alinéa de l'article L. 621-10. – *[Décr. n° 2005-1677 du 28 déc. 2005, art. 74.]*

Art. R. 621-25 Les fonctions du juge-commissaire et des contrôleurs prennent fin au jour où le compte rendu de fin de mission de l'administrateur judiciaire, du mandataire judiciaire et, le cas échéant, du commissaire à l'exécution du plan, a été approuvé. – *[Décr. n° 2005-1677 du 28 déc. 2005, art. 75.]*

Art. R. 621-26 Pour l'application de l'article L. 621-12, le tribunal est saisi par voie de requête ou, le cas échéant, dans les formes et selon la procédure prévue à l'article R. 631-3 ou R. 631-4.

Il statue après avoir entendu ou dûment appelé le mandataire judiciaire, l'administrateur lorsqu'il en a été désigné, les contrôleurs et les représentants du comité d'entreprise ou, à défaut, les délégués du personnel, et après avoir recueilli l'avis du ministère public.

Le jugement par lequel le tribunal convertit la procédure de sauvegarde en une procédure de redressement judiciaire est signifié à la diligence du greffier dans les huit jours de son prononcé aux personnes qui ont qualité pour interjeter appel, à l'exception du ministère public.

Il est communiqué aux personnes citées à l'article R. 621-7 et fait l'objet des publicités prévues à l'article R. 621-8. – *[Décr. n° 2005-1677 du 28 déc. 2005, art. 76.]*

CHAPITRE II DE L'ENTREPRISE AU COURS DE LA PÉRIODE D'OBSERVATION

Art. R. 622-1 La demande de modification de la mission de l'administrateur est adressée par requête au tribunal qui statue après avoir recueilli les observations du débiteur ainsi que celles de l'administrateur, du mandataire judiciaire et du ministère public lorsqu'ils ne sont pas demandeurs.

Toute décision modifiant la mission de l'administrateur est notifiée au débiteur. Elle est communiquée aux personnes citées à l'article R. 621-7 et mentionnée aux registres ou répertoires prévus à l'article R. 621-8. – *[Décr. n° 2005-1677 du 28 déc. 2005, art. 77.]*

SECTION PREMIÈRE DES MESURES CONSERVATOIRES

Art. R. 622-2 Dès le jugement d'ouverture, le débiteur est tenu de signaler à l'administrateur ou, à défaut, au mandataire judiciaire, tous ses établissements et d'en faciliter l'accès, de communiquer la liste du personnel ainsi que tous éléments permettant de déterminer les salaires et indemnités à payer. – *[Décr. n° 2005-1677 du 28 déc. 2005, art. 78.]*

Art. R. 622-3 Dans le cas où des comptes annuels n'ont pas été établis ou mis à sa disposition, l'administrateur, lorsqu'il en a été désigné, dresse à l'aide de tout document ou renseignement disponible un état de la situation. – *[Décr. n° 2005-1677 du 28 déc. 2005, art. 79.]*

Art. R. 622-4 L'inventaire prévu à l'article L. 622-6 est réalisé, le débiteur ou ses ayants droit connus, présents ou appelés.

(Abrogé par Décr. n° 2009-160 du 12 févr. 2009, art. 18) « L'officier public ou ministériel qui y procède est désigné selon les règles statutaires régissant son intervention. »

Le débiteur remet à la personne désignée pour dresser l'inventaire la liste des biens gagés, nantis ou placés sous sujétion douanière ainsi que celle des biens qu'il détient en dépôt, location ou crédit-bail, ou sous réserve de propriété ou, plus généralement, qui sont susceptibles d'être revendiqués par des tiers. Cette liste est annexée à l'inventaire.

Le cas échéant, lorsqu'il n'est pas immatriculé au registre du commerce et des sociétés ou au répertoire des métiers, il informe le mandataire judiciaire de la déclaration d'insaisissabilité à laquelle il a procédé en application de l'article L. 526-1.

L'inventaire est déposé au greffe du tribunal par celui qui l'a réalisé. Celui-ci en remet une copie au débiteur, à l'administrateur, lorsqu'il en a été désigné, et au mandataire judiciaire.

Le président du tribunal ou son délégué arrête la rémunération de la personne désignée pour dresser l'inventaire *(Abrogé par Décr. n° 2009-160 du 12 févr. 2009, art. 18) « et réaliser la prisée »*, au vu d'un compte détaillé, le cas échéant selon le tarif qui lui est applicable.

En l'absence de tarif réglementé, les dispositions des deuxième et troisième alinéas de l'article R. 621-23 sont applicables. – *[Décr. n° 2005-1677 du 28 déc. 2005, art. 80.]*

Art. R. 622-4-1 *(Décr. n° 2009-160 du 12 févr. 2009, art. 19)* Lorsque l'inventaire est établi par le débiteur en application de l'article L. 622-6-1, celui-ci tient informés l'administrateur, lorsqu'il en a été désigné, et le mandataire judiciaire du déroulement des opérations. Ces mandataires de justice ainsi que le juge-commissaire et le ministère public peuvent requérir communication de tous actes ou documents relatifs à l'inventaire.

Le débiteur annexe à l'inventaire la liste mentionnée au deuxième alinéa de l'article R. 622-4 et procède à l'information prévue au troisième alinéa du même article.

L'inventaire est déposé au greffe du tribunal par le débiteur qui en remet une copie à l'administrateur, lorsqu'il en a été désigné, et au mandataire judiciaire.

Pour l'application du deuxième alinéa de l'article L. 622-6-1, la demande est formée par requête déposée ou adressée au greffe. Le greffier convoque le débiteur par lettre recommandée avec demande d'avis de réception et avise de la date de l'audience l'administrateur, lorsqu'il en a été désigné, le mandataire judiciaire et le ministère public. En cas de saisine d'office, une note par laquelle le juge-commissaire expose les faits de nature à motiver sa saisine est jointe à la convocation et aux avis.

Art. R. 622-5 La liste des créanciers établie par le débiteur conformément à l'article L. 622-6 comporte les nom ou dénomination, siège ou domicile de chaque créancier avec l'indication du montant des sommes dues au jour du jugement d'ouverture, des sommes à échoir et de leur date d'échéance, de la nature de la créance, des sûretés et privilèges dont chaque créance est assortie. Elle comporte l'objet des principaux contrats en cours.

Dans les huit jours qui suivent le jugement d'ouverture, le débiteur remet la liste à l'administrateur et au mandataire judiciaire. Celui-ci la dépose au greffe. — *[Décr. n° 2005-1677 du 28 déc. 2005, art. 81.]*

SECTION II DE LA GESTION DE L'ENTREPRISE

Art. R. 622-6 *(Décr. n° 2009-160 du 12 févr. 2009, art. 20)* Lorsque le juge-commissaire statue sur une demande d'autorisation présentée par le débiteur en application du II de l'article L. 622-7, le greffier convoque le débiteur, l'administrateur, lorsqu'il en a été désigné, le mandataire judiciaire et, s'il y a lieu, les créanciers titulaires de sûretés spéciales sur les biens dont la vente est envisagée. — *[Décr. n° 2005-1677 du 28 déc. 2005, art. 82.]*

La convocation du représentant des créanciers [mandataire judiciaire] constitue une formalité substantielle. • TGI Annecy, 28 mai 1999 : *Rev. proc. coll. 2000. 204, obs. Soinne.*

Art. R. 622-7 En cas de vente d'un bien visé au premier alinéa de l'article L. 622-8, le prix est remis à l'administrateur ou, à défaut, au mandataire judiciaire en vue de son versement à la Caisse des dépôts et consignations. Les fonds sont indisponibles pendant la période d'observation.

Toutefois, des paiements provisionnels peuvent être effectués dans les conditions définies au deuxième alinéa de l'article L. 622-8. *(Décr. n° 2009-160 du 12 févr. 2009, art. 21)* « Sur avis du débiteur et de l'administrateur s'il en a été désigné ou, à défaut, du mandataire judiciaire », le juge-commissaire saisi d'une demande d'un des créanciers statue au vu de la déclaration de créance, des documents justificatifs de la déclaration de créance et, le cas échéant, de la garantie prévue au même article. La provision est allouée à hauteur d'un montant non sérieusement contestable en fonction de ces éléments et du rang de collocation de la créance.

Sur ordonnance du juge-commissaire, les fonds indûment versés sont restitués sur première demande du mandataire de justice habilité. — *[Décr. n° 2005-1677 du 28 déc. 2005, art. 83.]*

Art. R. 622-8 Le juge-commissaire statue sur la requête aux fins de substitution formée conformément au troisième alinéa de l'article L. 622-8 après avoir entendu le débiteur, l'administrateur, le créancier en cause et le mandataire judiciaire, ou ceux-ci convoqués par le greffier.

Les radiations et inscriptions de sûretés sont requises par le demandeur ou le bénéficiaire sur injonction faite par le juge-commissaire dans son ordonnance. Les frais y afférents sont à la charge du débiteur. La radiation ne peut intervenir qu'après constitution de la garantie substituée. — *[Décr. n° 2005-1677 du 28 déc. 2005, art. 84.]*

SECTION III DE LA POURSUITE DE L'ACTIVITÉ

Art. R. 622-9 A la fin de chaque période d'observation fixée par le tribunal et, à tout moment, à la demande du ministère public ou du juge-commissaire, le débiteur informe ces derniers, l'administrateur s'il en a été désigné, le mandataire judiciaire et les contrôleurs des résultats de l'exploitation, de la situation de trésorerie et de sa capacité à faire face aux dettes mentionnées au I de l'article L. 622-17. – *[Décr. nº 2005-1677 du 28 déc. 2005, art. 85.]*

Art. R. 622-10 *(Décr. nº 2009-160 du 12 févr. 2009, art. 22)* Pour l'application du premier alinéa de l'article L. 622-10, le tribunal est saisi par voie de requête. Le jugement qui ordonne la cessation partielle de l'activité est communiqué aux personnes citées à l'article R. 621-7 et mentionné aux registres ou répertoires prévus à l'article R. 621-8.

Art. R. 622-11 *(Décr. nº 2009-160 du 12 févr. 2009, art. 23)* « Pour l'application des deuxième et troisième alinéas de l'article L. 622-10, le tribunal est saisi par voie de requête ou, le cas échéant, dans les formes et selon la procédure prévues à l'article R. 631-3 ou R. 631-4. »

Le jugement qui convertit la procédure en redressement judiciaire ou prononce la liquidation judiciaire est notifié au débiteur dans les huit jours de son prononcé. Lorsqu'il n'est pas demandeur, il lui est signifié dans le même délai.

Ce jugement est, en outre, signifié à la diligence du greffier, dans le même délai, aux personnes qui ont qualité pour interjeter appel, à l'exception du ministère public.

Il est communiqué aux personnes citées à l'article R. 621-7 et fait l'objet des publicités prévues à l'article R. 621-8. – *[Décr. nº 2005-1677 du 28 déc. 2005, art. 86, al. 2 à 5.]*

Art. R. 622-12 La décision par laquelle le tribunal met fin à la procédure en application de l'article L. 622-12 est sans délai suivie d'un compte rendu de fin de mission déposé par les mandataires de justice dans les conditions des articles R. 626-39 et R. 626-40. Elle est communiquée aux personnes citées à l'article R. 621-7 et fait l'objet des publicités prévues à l'article R. 621-8. L'article R. 626-41 est applicable. – *[Décr. nº 2005-1677 du 28 déc. 2005, art. 87.]*

Sur la radiation d'office du registre du commerce et des sociétés des mentions relatives à la procédure de sauvegarde lorsqu'il est mis fin à cette procédure en application de l'art. L. 622-12 C. com., V. art. R. 123-135 (1º).

Art. R. 622-13 Le greffier avise le cocontractant de la décision du juge-commissaire accordant à l'administrateur la prolongation prévue au *(Décr. nº 2009-160 du 12 févr. 2009, art. 24)* « *1º du III* » *de l'article* L. 622-13.

Le juge-commissaire constate, sur la demande de tout intéressé, la résiliation de plein droit des contrats dans les cas prévus *(Décr. nº 2009-160 du 12 févr. 2009, art. 24)* « au III » de l'article L. 622-13 et à l'article L. 622-14, ainsi que la date de cette résiliation. – *[Décr. nº 2005-1677 du 28 déc. 2005, art. 88.]*

(Décr. nº 2009-160 du 12 févr. 2009, art. 24) « La demande de résiliation présentée par l'administrateur en application du IV de l'article L. 622-13 est formée par requête adressée ou déposée au greffe. Le greffier convoque le débiteur et le cocontractant par lettre recommandée avec demande d'avis de réception et avise l'administrateur de la date de l'audience. »

BIBL. ► R. MARTIN, *Ann. loyers 1997. 1163 et 1165.*

1. Juridiction des référés. La compétence donnée au juge-commissaire par l'art. 61-1 [R. 622-13] ci-dessus, introduit par le Décr. du 21 oct. 1994, pour constater la résiliation de plein droit des contrats poursuivis après l'ouverture de la procédure collective n'exclut pas la compétence du juge des référés, appelé à statuer en application de la clause résolutoire insérée au bail et de l'art. 25 du Décr. du 30 sept. 1953 [C. com., art. L. 145-41], indépendamment du déroulement de la procédure collective. • Com. 10 juill. 2001 : *Bull. civ. IV, n° 133 ; D. 2001. AJ 2830, obs. Lienhard ; Act. proc. coll. 2001, n° 177, obs. Regnaut-Moutier ; Procédures 2001, n° 215, note Laporte ; Loyers et copr. 2001, n° 260, obs. Brault et Pereira ; JCP E 2002. 175, n° 14, obs. Pétel ; Gaz. Pal. 2002. 74, note Brault.* ♦ V. aussi note 3.

1 bis. Résiliation judiciaire. L'art. 61-1 [R. 622-13] ne vise que le cas où le bailleur demande la résiliation de plein droit du bail, et non pas le cas où il demande la résiliation judiciaire. • Pau, 26 juin 2000 : *Act. proc. coll. 2000, n° 216* • TGI Bobigny, 7 nov. 1995 : *Gaz. Pal. 1996. 1. 82.* ♦ V. aussi, jugeant qu'aucun texte relatif aux procédures collectives n'exclut la compétence du juge de droit commun (tribunal d'instance) pour prononcer, à la suite d'un manquement du preneur, la résiliation judiciaire d'un bail conclu entre un commerçant et un non commerçant, • Dijon, 4 juill. 1995 : *Rev. proc. coll. 1998. 68, obs. crit. Soinne.*

1 ter. Caractère facultatif. V. note 23 *ter* ss. art. L. 622-13.

2. Notification aux créanciers inscrits. En ce sens que la demande doit être notifiée aux créanciers inscrits sur le fonds, en application de l'art. 14 de la loi du 17 mars 1909 [devenu C. com., art. L. 143-2], V., par analogie, • Civ. 3e, 22 janv. 1997 : *Rev. loyers 1997. 254, note Gallet.*

3. Expulsion. L'art. 61-1 [R. 622-13] ne fait nullement échec aux dispositions du code de procédure civile donnant compétence au président du TGI, statuant en référé, notamment en matière de locations commerciales, pour allouer au bailleur une provision et ordonner l'expulsion du preneur, mesures qui sont le corrolaire de la constatation de la résiliation du bail et échappent totalement à l'appréciation du magistrat consulaire. • Paris, 28 juin 1996 : *JCP E 1996. Pan. 1009 ; Gaz. Pal. 1997. 1. Somm. 141, obs. Brault* • 26 nov. 2003 : *Loyers et copr. 2004, n° 112, note Brault.* – V. aussi • Aix-en-Provence, 6 mai 1997 : *JCP E 1998, n° 10, p. 380, obs. Brault* (compétence du juge des référés du TGI pour constater la résiliation et ordonner l'expulsion, sur le fondement de l'art. 25 du Décr. du 30 sept. 1953, devenu l'art. L. 145-41 C. com.). – *Contra* : • TGI La Roche-sur-Yon, réf., 28 oct. 1996 : *Rev. loyers 1999. 24, obs. Gallet.*

Art. R. 622-14 **La décision du juge-commissaire qui autorise les prêts et accorde des délais de paiement conformément au** *(Décr. n° 2009-160 du 12 févr. 2009, art. 25)* **« 2° » du III de l'article L. 622-17 est transcrite sur le registre tenu à cet effet au greffe du tribunal avec l'indication de l'identité du débiteur, du montant des prêts, de l'identification du prêteur et de l'échéance des prêts ou des délais de paiement.** – *[Décr. n° 2005-1677 du 28 déc. 2005, art. 89.]*

Art. R. 622-15 *(Décr. n° 2009-160 du 12 févr. 2009, art. 26)* **« L'administrateur, lorsqu'il en a été désigné, tient le mandataire judiciaire informé des créances mentionnées au I de l'article L. 622-17 qui ont été portées à sa connaissance en application du IV du même article.**

« La liste de ces créances est transmise par l'administrateur ou, à défaut, le mandataire judiciaire, dès la cessation de leurs fonctions, au commissaire à l'exécution du plan, ou au liquidateur, selon le cas, qui la complète. »

Le commissaire à l'exécution du plan ou le liquidateur dépose cette liste au greffe du tribunal à l'issue du délai d'un an qui suit la fin de la période d'observation, où tout intéressé peut en prendre connaissance. Le greffier fait publier au *Bulletin officiel des annonces civiles et commerciales* une insertion indiquant ce dépôt *(Décr. n° 2009-160 du 12 févr. 2009, art. 26)* **« et le délai pour présenter une contestation ».**

Tout intéressé peut contester cette liste devant le juge-commissaire dans un délai d'un mois à compter de la publication.

Les créances rejetées de cette liste par le juge-commissaire sont réputées avoir été déclarées dans les conditions de l'article L. 622-24. Dans ce cas, le créancier adresse

au mandataire judiciaire les informations prévues à l'article L. 622-25 et à l'article R. 622-23. – *[Décr. n° 2005-1677 du 28 déc. 2005, art. 90.]*

Les créances [liées à la poursuite d'un contrat de crédit-bail], nées et à naître postérieurement au jugement d'ouverture, ne peuvent être admises au passif de la société crédit-preneur mais doivent être inscrites sur la liste des créances prévue à l'art. R. 622-15, a . 1er ; cette inscription est cependant sans effet sur l'obligation du crédit-preneur de payer les loyers à leur échéance et le droit du crédit-bailleur de l'y contraindre. • Versailles, 21 févr. 2008 : *D. 2008. AJ 1054*.

Art. R. 622-16 Le débiteur, l'administrateur s'il en a été désigné et, le cas échéant, le mandataire judiciaire indiquent au juge-commissaire et au ministère public, lorsqu'ils en font la demande, le solde des comptes bancaires de l'entreprise ainsi que celui des comptes ouverts à la Caisse des dépôts et consignations.

Si la poursuite de l'activité l'exige, le juge-commissaire peut modifier la répartition des sommes entre, d'une part, les comptes de l'entreprise et, d'autre part, les comptes ouverts à la Caisse des dépôts et consignations. – *[Décr. n° 2005-1677 du 28 déc. 2005, art. 91.]*

Art. R. 622-17 La déclaration à l'administration fiscale faite en application de l'article L. 622-19 incombe au débiteur. – *[Décr. n° 2005-1677 du 28 déc. 2005, art. 92.]*

Art. R. 622-18 En application du premier alinéa de l'article L. 622-20, l'action d'un créancier nommé contrôleur, dans l'intérêt collectif des créanciers, n'est recevable qu'après une mise en demeure adressée au mandataire judiciaire par lettre recommandée avec demande d'avis de réception restée infructueuse pendant deux mois à compter de la réception de celle-ci. – *[Décr. n° 2005-1677 du 28 déc. 2005, art. 93.]*

Art. R. 622-19 Conformément au II de l'article L. 622-21, les procédures de distribution du prix de vente d'un immeuble et les procédures de distribution du prix de vente d'un meuble ne faisant pas suite à une procédure d'exécution ayant produit un effet attributif avant le jugement d'ouverture, en cours au jour de ce jugement, sont caduques. Les fonds sont remis au mandataire judiciaire, le cas échéant par le séquestre qui par cette remise est libéré à l'égard des parties.

Si le tribunal arrête un plan, le mandataire judiciaire remet ces fonds au commissaire à l'exécution du plan aux fins de répartition.

Lorsque la procédure de distribution du prix de vente d'un immeuble mentionnée au premier alinéa a été ouverte dans les conditions prévues au premier alinéa de l'article *(Décr. n° 2012-783 du 30 mai 2012, art. 2, en vigueur le 1er juin 2012)* « R. 331-3 du code des procédures civiles d'exécution » et que l'acquéreur a accompli les formalités de purge ou a été dispensé d'y procéder, celui-ci peut saisir le tribunal de grande instance aux fins de faire prononcer la radiation des inscriptions.

L'acquéreur joint à sa demande un justificatif du paiement du prix, un état des inscriptions sur formalité, la justification de l'accomplissement des formalités de purge ou de l'obtention de l'accord des créanciers inscrits pour l'en dispenser et la justification du paiement des frais préalables de vente mentionnés à l'article 2209 du code civil.

Le greffier convoque les créanciers qui n'ont pas donné mainlevée de leurs inscriptions, à domicile élu, par lettre recommandée avec demande d'avis de réception. La convocation comporte l'indication qu'ils disposent d'un délai de trente jours à compter de la réception de la lettre recommandée pour faire opposition au paiement du prix par déclaration au greffe ou par lettre recommandée avec demande d'avis de réception.

Le juge statue sur les oppositions et ordonne la radiation des inscriptions. – *[Décr. n° 2005-1677 du 28 déc. 2005, art. 94.]*

Le Décr. n° 2006-936 du 27 juill. 2006 n'est pas applicable aux procédures collectives ouvertes avant le 1er janv. 2006, ni aux ventes d'immeubles et aux procédures subséquentes de distribution de prix, lorsque ces ventes ont été ordonnées avant son entrée en vigueur [1er janv. 2007] au cours d'une procédure collective ouverte après le 1er janv. 2006 (Décr. préc., art. 168).

BIBL. ▸ STAES, *Rev. proc. coll. 2012. Étude 18* (critère de la caducité des procédures de distribution en cours : effet attributif des voies d'exécution ou de la distribution ?). – FABRIÈS-LECEA, *ibid. Étude 19* (application dans le temps et légalité du texte).

1. La procédure de distribution du prix de cession d'un fonds de commerce ayant fait l'objet, avant le jugement d'ouverture, d'un séquestre conventionnel en cours à la date de ce jugement constitue une procédure de distribution du prix de vente d'un meuble ne faisant pas suite à une procédure d'exécution ayant produit un effet attributif avant le jugement d'ouverture au sens des dispositions de l'art. R. 622-19 dans sa rédaction issue du décret du 27 juill. 2006. • Com. 8 juin 2010 : *Bull. civ. IV, n° 109 ; D. 2010. Actu. 1478, obs. Lienhard* ; *Rev. sociétés 2010. 411, obs. Roussel Galle* ; *JCP E 2010. 1742, n° 4, obs. Pétel ; Procédures 2010, n° 318, obs. Rolland ; LEDEN sept. 2010, p. 1, obs. F.-X. Lucas et M. Sénéchal ; Act. proc. coll. 2010, n° 194, obs. Lebel ; RJDA 2010, n° 1168 ; JCP N 2010. 1297, obs. Garçon ; RJ com. 2011. 58, note Sortais ; Dr. et patr. sept. 2011. 73, obs. Monsèrié-Bon* (V. l'arrêt d'appel : • Paris, pôle 5, ch. 8, 2 juin 2009 : *D. 2009. AJ 1691* ; *Gaz. Pal. 26-28 juill. 2009, p. 28, obs. Roussel Galle*). – V. aussi • Cass., avis, 25 juin 2010 : *Bull. civ. n° 3 ; BICC 1er oct. 2010, rapp. Espel et obs. Bonhomme ; JCP E 2010. 1837, note Lebel.* ♦ V. désormais, art. L. 622-21, dans sa réd. issue de l'Ord. n° 2008-1345 du 18 déc. 2008, visant, sans distinction, les « procédures de distribution ».

2. Le liquidateur ne peut pas se prévaloir des dispositions de l'art. R. 622-19, al. 1er, dès lors que la procédure de saisie-vente a produit son effet attributif antérieurement au jugement d'ouverture de sorte que les biens vendus étaient sortis du patrimoine du débiteur à cette date. • Com. 27 mars 2012 : *cité note 38 ss. art. L. 622-21.*

3. Dès lors que c'est sur la déclaration de l'état de cessation des paiements du débiteur en date du 28 déc. 2006, en cours d'exécution de son plan de continuation, que le tribunal a prononcé la résolution du plan et ouvert concomitamment une procédure de liquidation judiciaire par jugement du 18 janv. 2007, cette nouvelle procédure est soumise aux dispositions de l'art. R. 622-19 applicable aux procédures ouvertes à compter du 1er janv. 2006. • Com. 13 sept. 2011 : *Bull. civ. IV, n° 130 ; D. 2011. Actu. 2271, obs. Lienhard* ; *Act. proc. coll. 2011, n° 250, obs. Fin-Langer ; LEDEN nov. 2011, p. 3, obs. Rubellin ; RJDA 2012, n° 74 ; Gaz. Pal. 20-21 janv. 2012, p. 31, obs. Roussel Galle.*

Art. R. 622-20 L'instance interrompue en application de l'article L. 622-22 est reprise à l'initiative du créancier demandeur, dès que celui-ci a produit à la juridiction saisie de l'instance une copie de la déclaration de sa créance et mis en cause le mandataire judiciaire ainsi que, le cas échéant, l'administrateur lorsqu'il a pour mission d'assister le débiteur ou le commissaire à l'exécution du plan.

Les décisions passées en force de chose jugée rendues après reprise d'instance sont à la demande du mandataire judiciaire portées sur l'état des créances par le greffier du tribunal ayant ouvert la procédure. – *[Décr. n° 2005-1677 du 28 déc. 2005, art. 95.]*

1. Aucune disposition de la loi n'impose au créancier bénéficiaire d'une décision passée en force de chose jugée rendue après reprise d'une instance en cours, de faire porter sa créance par le greffier sur l'état des créances, dans un certain délai, à peine de forclusion. • Com. 21 févr. 2006 : *Bull. civ. IV, n° 44 ; D. 2006. AJ 719, obs. Lienhard* ; *JCP E 2006, n° 14-15, p. 671, obs. Pétel ; Act. proc. coll. 2006, n° 58, obs. Regnaut-Moutier ; RD banc. fin. 2006, n° 70, obs. F.-X. Lucas ; Gaz. Pal. 30 avr.-4 mai 2006, p. 46, obs. Le Corre ; Rev. proc. coll. 2006. 273, obs. Staes ; RTD. com. 2006. 666, obs. Martin-Serf.*

2. Il résulte de l'art. 65 [R. 622-20], al. 2, ci-dessus que les créances ayant fait l'objet des décisions visées par ce texte échappent au contrôle du juge-commissaire, qui n'a pas à se prononcer sur leur admission, non plus que sur leur caractère privilégié ou chirographaire ; c'est à la juridiction saisie de l'instance qu'il appartient de se prononcer sur le caractère privilégié ou chirographaire de la créance, malgré les termes de l'art. 48 de la loi. • Lyon, 7 mai 1992 : *BICC 1993, n° 79.*

V. également note 9 ss. art. L. 622-22.

SECTION IV DE LA DÉCLARATION DE CRÉANCES

Art. R. 622-21 Le mandataire judiciaire, dans le délai de quinze jours à compter du jugement d'ouverture, avertit les créanciers connus d'avoir à lui déclarer leurs créances dans le délai mentionné à l'article R. 622-24.

Les cocontractants mentionnés aux articles L. 622-13 et L. 622-14 bénéficient d'un délai d'un mois à compter de la date de la résiliation de plein droit ou de la notification de la décision prononçant la résiliation pour déclarer au passif la créance résultant de cette résiliation. Il en est de même des créanciers d'indemnités et pénalités mentionnées au *(Décr. nº 2009-160 du 12 févr. 2009, art. 27)* « 2º » du III de l'article L. 622-17 en cas de résiliation d'un contrat régulièrement poursuivi.

L'avertissement du mandataire judiciaire reproduit les dispositions légales et réglementaires relatives aux délais et formalités à observer pour la déclaration des créances, pour la demande en relevé de forclusion et pour les actions en revendication et en restitution. Cet avertissement reproduit également les articles L. 621-10, R. 621-19 et R. 621-24. Les créanciers titulaires d'une sûreté publiée ou liés au débiteur par un contrat publié sont avertis personnellement ou, s'il y a lieu, à domicile élu, par lettre recommandée avec demande d'avis de réception.

Les institutions mentionnées à l'article L. 143-11-4 du code du travail déclarent les créances figurant sur les relevés prévus à l'article L. 625-1, y compris celles qu'elles refusent de régler pour quelque cause que ce soit. Le délai de déclaration prend fin quinze jours après l'expiration des délais de règlement prévus au troisième alinéa de l'article L. 143-11-7 du code du travail. – *[Décr. nº 2005-1677 du 28 déc. 2005, art. 96.]*

BIBL. ▶ ROUSSEL GALLE, *Rev. proc. coll. 2006. 266* (délai de déclaration des créances nées de la résiliation d'un contrat en cours).

Défaut d'avertissement : relevé de forclusion. Le défaut d'envoi de l'avertissement prévu à l'art. R. 622-21 C. com. au créancier lui-même ou, s'il est en liquidation judiciaire, à son liquidateur, n'a pas pour effet de dispenser le créancier retardataire ou son liquidateur, ès qualités, d'établir qu'avant l'expiration du délai de déclaration des créances, sa défaillance n'était pas due à son fait. • Com. 8 juin 2010 : *Bull. civ. IV, nº 110 ; D. 2010. Actu. 1549 ; Rev. sociétés 2010. 410, obs. Roussel Galle ; LEDEN juill. 2010, p. 2, obs. Rubellin : RJDA 2010, nº 1171.* ♦ V. déjà, dans le régime antérieur : note 2 ss. ancien art. 66 du Décr. nº 85-1388 du 27 déc. 1985.

Décret nº 85-1388 du 27 décembre 1985, Ancien art. 66 (Abrogé par Décr. nº 2005-1677 du 28 déc. 2005, art. 354) *Le représentant des créanciers, dans le délai de* (Décr. nº 94-910 du 21 oct. 1994) *« quinze jours » à compter du jugement d'ouverture, avertit les créanciers connus d'avoir à lui déclarer leurs créances dans un délai de* (Décr. nº 88-130 du 21 avr. 1988) *« deux mois » à compter de la publication du jugement d'ouverture au BODACC. Ce dernier délai est augmenté de* (Décr. nº 88-430 du 21 avr. 1988) *« deux mois » pour les créanciers domiciliés hors de la France métropolitaine.*

(Décr. nº 94-910 du 21 oct. 1994) *« Les cocontractants mentionnés aux articles L. 621-28 [désormais L. 622-13] et L. 621-29 du code de commerce bénéficient d'un délai supplémentaire d'un mois à compter de la date de la résiliation de plein droit ou de la notification de la date de la décision prononçant la résiliation pour déclarer au passif la créance éventuelle résultant de ladite résiliation. Il en est de même des créanciers d'indemnités et pénalités mentionnées au 3º* [du III] *de l'article L. 621-32 du code de commerce en cas de résiliation d'un contrat régulièrement poursuivi.*

« L'avertissement du représentant des créanciers reproduit les dispositions légales et réglementaires relatives aux délais et formalités à observer pour la déclaration des créances, pour la

demande en relevé de forclusion et pour les actions en revendication et en restitution. Cet avertissement reproduit également les dispositions des articles L. 621-13 du code de commerce et 31-1 du présent décret. Les créanciers titulaires d'une sûreté ayant fait l'objet d'une publication ou d'un contrat de bail [crédit-bail] *publié sont avertis par lettre recommandée avec demande d'avis de réception. »*

Les institutions mentionnées à l'article L. 143-11-4 du code du travail [devenu C. trav., art. R. 3253-4] *déclarent les créances figurant sur les relevés prévus à l'article L. 621-125 du code de commerce* [devenu C. com., art. L. 625-1] *y compris celles qu'elles refusent de régler pour quelque cause que ce soit. Le délai de déclaration prend fin quinze jours après l'expiration des délais de règlement prévus au troisième alinéa de l'article L. 143-11-7 du code du travail.*

(Abrogé par Décr. n° 94-910 du 21 oct. 1994) *« Pour le cocontractant mentionné à l'article 37 de la loi du 25 janvier 1985, le délai de déclaration expire quinze jours après la date à laquelle la renonciation à continuer le contrat est acquise si cette date est postérieure à celle de la publication prévue au premier alinéa ci-dessus. »*

BIBL. ▶ Chaput, *Rev. proc. coll. 1988. 149* (responsabilité du représentant des créanciers). – Le Corre-Broly, *Banque et Droit janv.-févr. 1998. 3* (contenu de la déclaration de créance du crédit-bailleur) ; *ibid. mars-avr. 1998. 20* (avertissement du créancier par le représentant des créanciers). – Deleneuville, *Rev. proc. coll. 2002. 34* (délai de déclaration).

1. Caractère obligatoire. L'avis au créancier d'avoir à déclarer la créance s'impose au représentant des créanciers, même si le créancier a connaissance de la procédure et si celui-ci a déjà manifesté son intention de produire sa créance. • T. com. Roubaix-Tourcoing, 2 oct. 1986 : *Gaz. Pal. 1987. 1. 27. – Contra,* • T. com. Paris, 15 oct. 1987 : *Gaz. Pal. 1987. 2. 780, note Marchi.*

1 bis. Créanciers connus. Il ne résulte d'aucune disposition de la loi ou de son décret d'application que le mandataire judiciaire aurait l'obligation de pallier la carence du débiteur dans l'établissement de la liste des créanciers en recherchant lui-même ceux des créanciers qui bénéficient d'une sûreté ayant fait l'objet d'une publication ; pas plus, il n'a l'obligation, dans le but de découvrir ou afin de rechercher d'éventuels créanciers titulaires de sûretés réelles, de vérifier la consistance passive et active du patrimoine du débiteur. • Paris, 28 nov. 1997 : *D. 1998. IR 22.* ♦ Les créanciers connus visés par l'art. 66 sont ceux qui figurent sur la liste déposée par le débiteur à l'appui de sa déclaration de cessation de paiement (art. 6, (4°)), ceux qui figurent sur la liste officielle établie par le débiteur en application de l'art. 69, ceux dont l'existence est révélée par l'examen des livres et documents comptables remis par le débiteur en application de l'art. 46, et ceux dont l'existence s'évince de la connaissance d'un bien immobilier ou mobilier révélé à l'ouverture de la procédure. • Bordeaux, 27 nov. 1995 : *Rev. proc. coll. 1996. 57, obs. Dureuil.* ♦ S'agissant d'un bien immobilier, l'obligation d'avertir les créanciers inscrits pèse sur le représentant des créanciers dès l'instant où il connaît l'existence de ce bien, car il a alors l'obligation professionnelle d'identifier ces créanciers par tous moyens utiles, et notamment par la levée immédiate de copies, extraits, actes ou états en application des art. 38-1 s. du Décr. du 14 oct. 1955. Ne saurait constituer un obstacle sérieux à l'accomplissement de cette diligence le fait que l'inscription serait prise en une conservation des hypothèques éloignée du lieu d'ouverture de la procédure collective. • Même arrêt. ♦ V. Décr. n° 55-1350 du 14 oct. 1955. – C. civ.

1 ter. Forme de l'avertissement. L'art. 66 n'imposant pas la forme du mode d'envoi, la production de la liste des créanciers avertis par le représentant des créanciers est un justificatif suffisant de l'accomplissement de cette formalité. • Versailles, 13 nov. 1997 : *BICC 1998, n° 851.* ♦ Comp., pour les créanciers titulaires d'une sûreté publiée, note 4 *quater* ss. ancien art. L. 621-46 C. com., ss. art. L. 622-26 C. com.

1 quater. Reproduction des dispositions légales et réglementaires. Il ne résulte d'aucun texte que l'absence de reproduction des dispositions légales et réglementaires visées à l'art. 66, al. 3, affecterait la validité de l'avertissement en ce qui concerne l'opposabilité de la forclusion. • Paris, 6 févr. 1998 : *Gaz. Pal. 1998. I. Somm. 216.*

2. Défaut d'avertissement (jurisprudence partiellement antérieure à la loi du 10 juin 1994). Avant l'intervention de la loi du 10 juin 1994, le défaut de l'avertissement prévu à l'art. 66 n'avait, en aucun cas, pour effet de dispenser le créancier retardataire d'établir que sa défaillance n'était pas due à son fait. • Com. 11 oct. 1988 : *D. 1989. Somm. 13, obs. Derrida ; Bull. civ. IV, n° 267* • 29 janv. 1991 : *ibid. IV, n° 44 ; D. 1991. Somm. 239, obs. Honorat* • 19 déc. 2006 : *Bull. civ. IV, n° 257 ; D. 2007. AJ 228, obs. Lienhard ; Gaz. Pal. 13-14 avr. 2007, p. 47, obs. Le Corre-Broly.* – V. aussi • Com. 11 oct. 1994 : *Bull. civ. IV, n° 288 ; Defrénois 1995. 977, obs. Sénéchal* • Caen, 11 févr. 1999 :

Rev. proc. coll. 1999. 213, obs. Larrieu (avertissement envoyé à une adresse erronée). – Comp. : • Douai, 19 oct. 1989 : *RTD com. 1990. 262, obs. Martin-Serf* • T. com. Saumur, 24 janv. 1995 : *RJ com. 1995. 341, obs. Gallet.* ♦ V. aussi, relevant de forclusion le créancier en cas de fraude du débiteur, • T. com. Paris, 12 mai 1989 : *Rev. dr. bancaire 1990. 141, obs. Campana et Calendini* • T. com. Marseille, 12 déc. 1991 : *Rev. proc. coll. 1992. 82, obs. Dureuil.* ♦ Comp., après la L. n° 94-475 du 10 juin 1994 : ancien art. L. 621-46, al. 2, C. com. (ss. art. L. 622-26), selon lequel la forclusion n'est pas opposable aux créanciers titulaires d'une sûreté ayant fait l'objet d'une publication ou d'un contrat de crédit-bail publié, à défaut d'avertissement personnel. ♦ Sur la date d'application de cette nouvelle disposition, V. notes 2 s. ss. ancien art. L. 621-46 C. com., ss. art. L. 622-26 C. com. ♦ Cette jurisprudence demeure, bien sûr, applicable en cas de défaut d'avertissement d'un créancier non visé par le nouvel art. 53, al. 2 [C. com., ancien art. L. 621-46, al. 2] : V. • Com. 7 déc. 1999 : *D. 2000. AJ 33 ; Act. proc. coll. 2000, n° 4, obs. Vallansan*

V. aussi note 47 ss. ancien art. L. 621-46 C. com., ss. art. L. 622-26 C. com.

2 bis. Mais le représentant des créanciers pouvait être responsable à titre personnel du préjudice subi par un créancier hypothécaire, résultant de la non-déclaration de sa créance, en raison de l'absence d'avertissement. • Grenoble, 14 déc. 1992 : *Banque 1993. 94, obs. Guillot.* ♦ V. aussi, pour un liquidateur judiciaire, • Paris, 18 févr. 1994 : *D. 1994. IR 95.* ♦ Comp., pour un partage de responsabilité entre le créancier et le mandataire : • Com. 3 juin 1997 : *Bull. civ. IV, n° 164 ; RJDA 1997, n° 1402.* ♦ V. aussi note 5 ss. art. L. 622-6 C. com.

Le dirigeant d'une société débitrice n'a pas d'obligation d'informer le créancier (une entreprise d'affacturage subrogée) du prononcé du redressement judiciaire de sa société. • Com. 20 janv. 1998 : *D. Affaires 1998. 336, obs. X. D. ; JCP 1998. II. 10121, note Dagorne-Labbe ; Defrénois 1998. 952, obs. Le Cannu ; RTD com. 2000. 172, obs. Martin-Serf*. – V. aussi Pérochon, *Mélanges Alfandari, Dalloz, p. 149.* ♦ S'agissant de la mise en liquidation judiciaire d'une caution, V. • Com. 23 juin 1998 : *D. Affaires 1998. 1363, obs. J. F. ; RTD com. 2000. 172, obs. Martin-Serf*.

Sur les conséquences du défaut d'avertissement, au regard de la possibilité des créanciers de recouvrer le droit de poursuite individuelle après clôture de la liquidation judiciaire pour insuffisance d'actif, en cas de fraude du débiteur, V. note 3 ss. ancien art. L. 622-32 C. com., ss. L. 643-11 C. com.

3. Délai de deux mois. En vertu des dispositions de l'art. 668 NCPC [C. pr. civ.], la date de notification de la déclaration de créance effectuée par voie postale est, à l'égard du créancier qui y procède, celle de l'expédition ; on ne peut donc soutenir que la date de la déclaration est celle de la réception par le représentant des créanciers. • Com. 28 janv. 1997 : *Bull. civ. IV, n° 30 ; D. 1997. Somm. 214, obs. Honorat ; JCP E 1997. I. 651, n° 13, obs. Cabrillac ; Rev. dr. bancaire 1997. 78, obs. Campana et Calendini* • 9 juill. 2002 : *Rev. proc. coll. 2003. 318, obs. Legrand* • Versailles, 30 oct. 1991 : *JCP E 1992. I. 168, n° 12, obs. Cabrillac.* ♦ Selon l'art. 669, al. 3°, NCPC [C. pr. civ.], la date de réception d'une notification faite par lettre recommandée avec demande d'avis de réception est celle qui est apposée par l'Administration des postes lors de la remise de la lettre à son destinataire. • Com. 28 avr. 1998 : *Bull. civ. IV, n° 136 ; D. 1998. IR 141 ; D. Affaires 1998. 1004, obs. V. A.-R.* ♦ V. C. pr. civ., art. 668 et 669. – **C. pr. civ.**

Le délai de deux mois est un délai préfix. • Paris, 6 déc. 1991 : *Rev. proc coll. 1992. 83, obs. Dureuil* • 25 juin 1993 : *D. 1993. IR 223.* ♦ En cas d'irrégularité de la publication (erreurs portant sur le nom et le sigle, omission du numéro d'immatriculation au RCS) prévue par l'art. 21, formalité d'ordre public, l'insertion n'a pu faire courir le délai de déclaration des créances, applicable à tous les créanciers. • Com. 14 févr. 1995 : *Bull. civ. IV, n° 47 ; D. 1996. Somm. 85, obs. A. Honorat ; Defrénois 1995. 1301, obs. J. Honorat* (V. l'arrêt confirmé : • Aix-en-Provence, 29 oct. 1992 : *RJ com. 1993. 285, note Auque et Lemistre*) • Com. 5 févr. 2002 : *Act. proc. coll. 2002, n° 84* (erreur portant sur la date du jugement d'ouverture) • 4 mars 2003 : *Bull. civ. IV, n° 36 ; D. 2003. AJ 831, obs. Lienhard ; RD banc. fin. 2003, n° 231, obs. F.-X. Lucas* • 12 avr. 2005 : *Bull. civ. IV, n° 84 ; D. 2005. AJ 1227, obs. Lienhard ; Gaz. Pal. 6-7 juill. 2005, p. 26, obs. Le Corre ; RTD com. 2005. 601, obs. Martin-Serf* (erreur portant sur la date du jugement d'ouverture). ♦ *A fortiori*, en l'absence de publication du jugement d'ouverture au BODACC, le délai ne court pas et le créancier n'a pas à être relevé d'une forclusion inexistante. • Com. 20 juin 1995 : *Bull. civ. IV, n° 185 ; D. 1995. IR 176.* – Rappr. : • Com. 17 mars 1998 : *Bull. civ. IV, n° 106 ; D. 1998. IR 109 ; D. Affaires 1998. 626 ; JCP E 1998, n° 37, p. 1397, obs. Cabrillac.* ♦ ... La publication du jugement de conversion en liquidation judiciaire étant sans influence sur le délai de déclaration des créances. • Com. 9 janv. 2001 : *Bull. civ. IV, n° 5 ; D. 2001. AJ 548, obs. Lienhard ; JCP E 2001, n° 18, p. 753, obs. Pétel ; RD banc. fin. 2001, n° 68, obs. F.-X. Lucas ; RJ com. 2001. 320, note Courtier ; RTD com. 2002. 365, obs. Martin-Serf*.

Le défaut de publication du jugement d'ouverture dans un journal d'annonces légales du lieu de l'établissement secondaire du débiteur ne fait pas obstacle à l'écoulement du délai de déclaration des créances. • Com. 16 oct. 2001 : *Rev. proc. coll. 2002. 97, obs. Legrand.*

Sur le point de départ en cas d'annulation du jugement d'ouverture, V. note 4 *bis* ss. art. R. 631-6 C. com.

La déclaration de créance peut être effectuée avant la publication au BODACC du jugement ouvrant la procédure collective. • Com. 9 déc. 1997 : *RJDA 1998, n° 468.*

3 bis. Computation du délai. La disposition de l'art. 642 NCPC (désormais art. 642 C. pr. civ., selon lequel, notamment, le délai qui expirerait normalement un samedi, un dimanche ou un jour férié ou chômé, est prorogé jusqu'au premier jour ouvrable suivant) n'est que l'expression en matière procédurale d'une règle de portée générale applicable à la notification de tous les actes juridiques ou judiciaires. Il en est ainsi quelle que soit la qualification du délai et quand bien même il s'agirait d'un délai préfix, comme le délai de déclaration. • Com. 17 févr. 1998 : *Bull. civ. IV, n° 76 ; D. 1998. IR 78 ; D. Affaires 1998. 429 ; Procédures 1998, n° 91, obs. Croze ; JCP E 1998, n° 37, p. 1398, obs. Pétel.*

3 ter. Prolongation de deux mois. Le délai de déclaration des créances ne constitue pas un délai de comparution au sens de l'art. 644 NCPC [C. pr. civ.] et la prolongation prévue par l'art. 66, al. 1er, du décret ne bénéficie qu'aux seuls créanciers domiciliés hors de la France métropolitaine (et non pas aux créanciers domiciliés en France métropolitaine lorsque la procédure collective est ouverte hors de la France métropolitaine). • Com. 23 nov. 1999 : *Bull. civ. IV, n° 207 ; D. 2000. AJ 31, obs. A.L. ; Act. proc. coll. 2000, n° 5, obs. Vallansan ; JCP E 2000, nos 18-19, p. 752, obs. Pétel ; Procédures 2000, n° 66, obs. Laporte ; RTD com. 2000. 185, obs. Vallens .* ♦ L'allongement du délai de déclaration de créance prévu par l'art. 66, al. 1er, du décret ne peut être étendu aux créanciers domiciliés dans un département ou territoire d'outre-mer ayant à déclarer leurs créances dans une procédure ouverte dans le même département ou territoire. • Com. 13 juill. 2010 : *Bull. civ. IV, n° 125 ; D. 2010. Actu. 1865, obs. Lienhard ; JCP E 2010. 1744, note Roussel Galle ; LEDEN sept. 2010, p. 2, obs. Parachkévova ; Gaz. Pal. 15-16 oct. 2010, p. 32, obs. Le Corre-Broly ; RJDA 2010, n° 1170 ; LPA 20 déc. 2010, obs. Zattara-Gros ; RJ com. 2011. 62, note Sortais ; Rev. proc. coll. 2011, n° 37, obs. F. Legrand et M.-N. Legrand.* ♦ Si la convention conclue entre le créancier, domicilié à l'étranger, et le débiteur prévoit l'élection de domicile des parties à Marseille pour attribuer aux juridictions de cette ville la compétence pour toutes les contestations à naître de l'exécution du contrat, cette élection n'est pas opposable au créancier tenu de déclarer sa créance dans la procédure collective ouverte devant une autre juridiction, et celui-ci bénéficie, dès lors, d'un délai supplémentaire pour déclarer sa créance. • Com. 19 févr. 2002 : *Bull. civ. IV, n° 36 ; D. 2002. AJ 1141 ; RTD com. 2002. 546, obs. Vallens .*

Pour l'inapplicabilité de la prorogation de délai prévue par l'art. 66 au délai de l'action en relevé de forclusion, V. note 39 *bis* ss. ancien art. L. 621-46 C. com., ss. art. L. 622-26 C. com.

3 quater. Délai supplémentaire d'un mois. Doivent être déclarées dans les deux mois à compter de la publication du jugement d'ouverture du redressement judiciaire toutes les créances, même éventuelles, dont l'origine est antérieure à ce jugement, et la faculté ouverte par l'art. 66, al. 2, n'a pour effet que d'allonger la période de déclaration de certaines créances. • Com. 24 oct. 1995 : *Rev. dr. bancaire 1996. 130, obs. Campana et Calendini.* ♦ Le délai supplémentaire, prévu par l'art. 66, pour déclarer la créance résultant de la résiliation court à compter de la réception de la réponse de l'administrateur. • Com. 18 mars 2003 : *cité note 23 ter ss. art. L. 622-13 C. com.* ♦ Lorsque l'administrateur judiciaire décide de ne pas poursuivre un contrat en cours sans avoir au préalable été mis en demeure, le délai supplémentaire d'un mois pour déclarer la créance résultant de la résiliation court à compter de la date de notification de la décision prononçant cette résiliation. • Com. 16 juin 2004 : *Bull. civ. IV, n° 129 ; D. 2004. AJ 1974 ; Rev. proc. coll. 2004. 228, obs. Roussel Galle ; RTD com. 2004. 807, obs. Martin-Serf .* ♦ Pour l'application de l'art. 644 NCPC (désormais, art. 644 C. pr. civ., prévoyant un allongement du délai au profit des personnes résidant à l'étranger), V. • Lyon, 27 nov. 2003 : *Rev. proc. coll. 2005. 42, obs. Roussel Galle.* – Comp. : note 3 *ter*.

Ancien art. 119 (Abrogé par Décr. n° 2005-1677 du 28 déc. 2005, art. 354) *Le jugement prononçant la liquidation judiciaire est rendu en audience publique. Il est signifié à la diligence du greffier aux personnes autres que le procureur de la République qui ont qualité pour en interjeter appel. Il fait l'objet des publicités prévues à l'article 21. Une copie de ce jugement est adressée immédiatement par le greffier aux autorités citées à l'article 19.*

(Décr. n° 94-910 du 21 oct. 1994) « *Le tribunal ordonne, dans les limites compatibles avec le délai d'un an prévu à l'article L. 621-46 du code de commerce et le délai fixé par le tribunal dans les conditions de l'article L. 621-103 du même code, l'allongement du délai de déclaration des créances qui court à compter de la publication du jugement d'ouverture au BODACC.* » *L'insertion mentionne, dans ce cas, l'allongement du délai de déclaration des créances.*

BIBL. ▶ DELENEUVILLE, *Rev. proc. coll. 2002. 34* (délai de déclaration). – LE CORRE, *D. 2004. 1002* (conséquences de l'absence d'allongement du délai de déclaration des créances).

1. Le créancier qui n'a pas déclaré sa créance dans le délai légal à la suite de l'ouverture du redressement judiciaire peut déclarer sa créance dans le délai imparti par le tribunal, lors du prononcé de la liquidation judiciaire, dès lors que sa créance n'est pas éteinte au jour de cette déclaration faite avant l'expiration du délai d'un an prévu à l'art. 53 de la loi du 25 janv. 1985 [C. com., ancien art. L. 621-46]. • Com. 19 févr. 2002 : *Bull. civ. IV, n° 35 ; D. 2002. AJ 1068, obs. Lienhard ; Act. proc. coll. 2002, n° 76, obs. Regnaut-Moutier ; JCP E 2002, n° 39, p. 1524, obs. Cabrillac et Pétel ; JCP 2003. II. 10048, note Ayissi Manga ; RJ com. 2002. 279, note Courtier ; RTD com. 2002. 366, obs. Martin-Serf* • Paris, 30 mars 2004 : *D. 2004. AJ 1165*.

2. Faute par le tribunal d'ordonner l'allongement du délai de déclaration des créances, le prononcé du jugement de liquidation judiciaire après une période d'observation est sans influence sur ce délai qui court à compter de la publication du jugement de redressement judiciaire. • Com. 29 oct. 2002 : *Bull. civ IV, n° 155 ; D. 2002. AJ 3078, obs. Lienhard ; Act. proc. coll. 2002, n° 246, obs. Vallansan ; JCP E 2003, n° 5, p. 219, obs. Pétel ; RTD com. 2003. 162, obs. Martin-Serf ; Dr. et patr. mars 2003. 93, obs. Monsèrié-Bon* (V. l'arrêt cassé : • Paris, 11 juin 1999 : *Act. proc. coll. 1999, n° 216, obs. Regnaut-Moutier ; RTD com. 2001. 229, obs. Martin-Serf*).

Art. R. 622-22 En application du cinquième alinéa de l'article L. 622-24, les créanciers dont les créances, nées régulièrement après le jugement d'ouverture autres que celles mentionnées au I de l'article L. 622-17, résultent d'un contrat à exécution successive déclarent leurs créances, pour la totalité des sommes échues et à échoir, sur la base d'une évaluation, dans un délai de deux mois à compter de la publication du jugement d'ouverture au *Bulletin officiel des annonces civiles et commerciales*.

Lorsque le contrat est conclu postérieurement à ce jugement, les créanciers déclarent leurs créances pour la totalité des sommes échues et à échoir, sur la base d'une évaluation, dans un délai de deux mois à compter de la première échéance impayée, qu'elle ait été ou non régularisée. – *[Décr. n° 2005-1677 du 28 déc. 2005, art. 97.]*

Art. R. 622-23 Outre les indications prévues à l'article L. 622-25, la déclaration de créance contient :

1° Les éléments de nature à prouver l'existence et le montant de la créance si elle ne résulte pas d'un titre ; à défaut, une évaluation de la créance si son montant n'a pas encore été fixé ;

2° Les modalités de calcul des intérêts dont le cours n'est pas arrêté, cette indication valant déclaration pour le montant ultérieurement arrêté ;

3° L'indication de la juridiction saisie si la créance fait l'objet d'un litige.

A cette déclaration sont joints sous bordereau les documents justificatifs ; ceux-ci peuvent être produits en copie. A tout moment, le mandataire judiciaire peut demander la production de documents qui n'auraient pas été joints. – *[Décr. n° 2005-1677 du 28 déc. 2005, art. 98.]*

1. Portée de l'art. R. 622-23. V. note 7 ci-dessous et note 5 ss. art. L. 622-25.

1 bis. Évaluation de la créance. En application de l'art. 50 de la loi du 25 janv. 1985 [C.

com., art. L. 622-24] et de l'art. 67 du Décr. du 27 déc. 1985 [C. com., art. R. 622-23], une créance dont le montant n'est pas encore fixé doit être déclarée sur la base d'une évaluation effectuée au moment de la déclaration, ce qui est distinct d'une déclaration faite à titre « provisionnel ». • Com. 15 févr. 2000 : *RJDA 2000, n° 563* • 21 janv. 2003 : *RJDA 2003, n° 620 ; Procédures 2003, n° 148, note Laporte.*

Ne contient pas l'évaluation provisoire exigée à défaut de titre, la lettre, adressée en copie au représentant des créanciers, par laquelle le locataire commercial de la société en redressement judiciaire demande des informations sur le sort du bail et sur les intentions de l'administrateur de maintenir les effets d'un congé avec offre de payer une indemnité d'éviction. • Com. 19 mars 1996 : *Bull. civ. IV, n° 90 ; D. 1996. IR 101 ; D. Affaires 1996. 557.*

1 ter. L'art. 67 [R. 622-23], 1°, n'impartissant aucun délai au déclarant pour confirmer son évaluation ou pour la réduire, celui-ci a le droit de le faire jusqu'à ce que le juge statue. • Com. 27 mai 2003 : *Bull. civ. IV, n° 87 ; D. 2003. AJ 1631, obs. Lienhard ; Act. proc. coll. 2003, n° 157, obs. Regnaut-Moutier ; RD banc. fin. 2003, n° 232, obs. F.-X. Lucas ; JCP 2004. II. 10020, note Galliard (2e arrêt) ; RTD com. 2003. 817, obs. Martin-Serf .*

1 quater. Il résulte des art. L. 622-24, al. 3 [réd. issue de L. n° 2005-845 du 26 juill. 2005], et R. 622-23, 1°, C. com. que le juge qui statue sur l'admission d'une créance au passif doit se prononcer dans les limites du montant indiqué dans la déclaration de cette créance, y compris lorsque, non encore définitivement fixé, il l'a été sur la base d'une évaluation ; celle-ci ne peut être augmentée après l'expiration du délai légal de déclaration. • Com. 3 nov. 2010 : *Bull. civ. IV, n° 166 ; D. 2010. Actu. 2701, obs. Lienhard ; RTD com. 2011. 414, obs. Martin-Serf ; RJDA 2011, n° 63 ; Gaz. Pal. 7-8 janv. 2011, p. 40, obs. Le Corre-Broly ; LPA 29 avr. 2011, obs. Zattara-Gros ; Bull. Joly Entrep. diff. 2011. 133, note Brignon.*

2. Modalités de calcul des intérêts. Si les modalités de calcul des intérêts, dont le cours n'est pas arrêté, doivent être indiqués dans la déclaration de créance, cette obligation n'existe pas à l'égard des intérêts échus. • Com. 23 nov. 1999 : *D. 2000. AJ 15 ; Procédures 2000, n° 98, obs. Laporte.*

En ce sens que l'art. 67 [R. 622-23] n'exige l'indication des modalités de calcul des intérêts dont le cours n'est pas interrompu que dans le cas où le montant des intérêts ne peut être calculé au jour de la déclaration de la créance : • Com. 2 mars 1993 : *Bull. civ. IV, n° 89 ; D. 1993. IR 77.* ♦ Comp. : • Com. 22 nov. 1994 : *cité note 1 ss. art. L. 622-25 C. com.*

La déclaration de créances relatives à des prêts hypothécaires qui renvoie, pour les intérêts reportés capitalisés et pour les intérêts en cours, aux modalités de calcul fixées par les contrats, satisfait aux exigences de l'art. 67 [R. 622-23], al. 2, dès lors que les contrats de prêts annexés à la déclaration contiennent la mention précise des modalités de calcul des intérêts. • Com. 14 oct. 1997 : *RJDA 1998, n° 188.* ♦ En revanche, une banque ne satisfait pas au formalisme exigé par l'art. 67 [R. 622-23], en mentionnant sur sa déclaration de créance les intérêts postérieurs « pour mémoire », cette seule mention ne pouvant être considérée comme suffisante et la carence de la banque ne pouvant être suppléée par le fait que les modalités de calcul figuraient dans l'acte de prêt notarié et étaient rappelées de manière sibylline en tête du décompte certifié sincère. • Com. 21 janv. 2003 : *RJDA 2003, n° 619.* – Dans le même sens, V. • Com. 15 mars 2005 : *cité note 4 sexies ss. art. L. 622-25.* ♦ V. aussi note 5 ss. art. L. 624-2. ♦ En ce sens que le juge ne peut retenir le mode de calcul des intérêts échus, figurant dans la déclaration, pour le calcul des intérêts à échoir, V. • Com. 24 nov. 1998 : *D. Affaires 1999. 34, obs. V. A.-R.* ♦ V. aussi note 1 ss. art. L. 622-25.

3. Documents justificatifs. Les documents justificatifs de la créance pouvant être produits en copie, la créance ne peut être rejetée d'office pour défaut de production de l'original. • Com. 9 juill. 1996 : *Bull. civ. IV, n° 206 ; D. 1996. IR 211 ; RTD com. 1997. 121, obs. Cabrillac .*

4. Il ne peut être fait grief au représentant des créanciers de n'avoir pas fait usage de la faculté, prévue à l'art. 67 [R. 622-23], de demander la production de documents qui n'auraient pas été joints à la déclaration de créance. • Com. 26 mai 1999 : *Procédures 1999, n° 203, obs. Laporte.*

5. Pour la possibilité de produire les justificatifs de la créance après le délai de déclaration, en réponse à la lettre de contestation du mandataire, V. • Com. 15 févr. 2005 : *Act. proc. coll. 2005, n° 53, obs. Vallansan ; Gaz. Pal. 29-30 avr. 2005, p. 37, obs. Le Corre.*

6. Sur la sanction du défaut de production des justificatifs, V. note 5 ss. art. L. 622-25.

7. Litige en cours. Si, par application des dispositions de l'art. R. 622-23, 3°, C. com., la déclaration de créance doit indiquer la juridiction saisie lorsque la créance fait l'objet d'un litige, cette mention, dont l'omission n'est pas sanctionnée par la nullité de la déclaration, ne concerne que les instances en cours à l'ouverture de la procédure collective. • Com. 26 mars 2013 : *D. 2013. Actu. 904, obs. Lienhard* ; *Act. proc. coll. 2013, n° 105, obs. Vallansan.*

Art. R. 622-24 Le délai de déclaration fixé en application de l'article L. 622-26 est de deux mois à compter de la publication du jugement d'ouverture au *Bulletin officiel des annonces civiles et commerciales.*

Lorsque la procédure est ouverte par une juridiction qui a son siège sur le territoire de la France métropolitaine, le délai est augmenté de deux mois pour les créanciers qui ne demeurent pas sur ce territoire.

Lorsque la procédure est ouverte par une juridiction qui a son siège dans un département ou une collectivité d'outre-mer, le délai est augmenté de deux mois pour les créanciers qui ne demeurent pas dans ce département ou cette collectivité. – *[Décr. n° 2005-1677 du 28 déc. 2005, art. 99.]*

Sur le régime antérieur au Décr. du 28 déc. 2005, V. la jurisprudence reproduite ss. l'ancien art. 66 du Décr. du 27 déc. 1985, ss. art. R. 622-21 C. com.

Art. R. 622-25 Lorsque le juge-commissaire a relevé le créancier de sa forclusion après le dépôt de la liste des créances prévu à l'article L. 624-1 et que sa décision est devenue définitive, il statue sur la créance dans les conditions de l'article L. 624-2. Une mention est portée par le greffier sur l'état des créances.

Les frais de l'instance en relevé de forclusion sont supportés par le créancier défaillant. – *[Décr. n° 2005-1677 du 28 déc. 2005, art. 100.]*

Frais de l'instance. Les frais de l'instance doivent être entièrement supportés par les créanciers défaillants lorsque ceux-ci sont relevés de leur forclusion, sans qu'il y ait à distinguer entre les dépens relatifs aux deux degrés de juridiction. • Com. 29 mai 1990 : *Bull. civ. IV, n° 155 ; D. 1990. IR 162* . ♦ Ainsi, les dépens d'appel ne peuvent être mis à la charge du débiteur, même lorsque celui-ci a été débouté de son recours contre l'ordonnance ayant relevé un créancier de la forclusion. • Même arrêt. – Dans le même sens : • Com. 2 févr. 1993 : *Bull. civ. IV, n° 37* • 12 juin 2001 : *Act. proc. coll. 2001, n° 189.* ♦ ... Ou lorsque le retard dans la déclaration de créance résulte de la fraude du débiteur. • Com. 14 mai 2002 : *Rev. proc. coll. 2003. 141, obs. Legrand*

Art. R. 622-26 Les instances et les procédures civiles d'exécution suspendues en application du deuxième alinéa de l'article L. 622-28 sont poursuivies à l'initiative des créanciers bénéficiaires de garanties mentionnés au dernier alinéa de cet article sur justification du jugement arrêtant le plan, selon les dispositions applicables à l'opposabilité de ce plan à l'égard des garants.

En application du troisième alinéa de l'article L. 622-28, ces créanciers peuvent pratiquer des mesures conservatoires dans les conditions prévues aux articles *(Décr. n° 2012-783 du 30 mai 2012, art. 2, en vigueur le 1er juin 2012)* « R. 511-1 et suivants du code des procédures civiles d'exécution ». – *[Décr. n° 2005-1677 du 28 déc. 2005, art. 101.] – V. lesdits art. au* ***C. pr. civ.***

V. note 1 *septies* ss. art. L. 626-11.

CHAPITRE III DE L'ÉLABORATION DU BILAN ÉCONOMIQUE, SOCIAL ET ENVIRONNEMENTAL

Art. R. 623-1 *(Décr. n° 2009-160 du 12 févr. 2009, art. 28)* L'administrateur dépose au greffe et communique aux autorités et personnes mentionnées à l'article L. 626-8, par lettre recommandée avec demande d'avis de réception, le bilan établi conformément à l'article L. 623-1.

Art. R. 623-2 Le bilan environnemental prévu à l'article L. 623-1 est réalisé à la demande de l'administrateur par le débiteur ou par un technicien désigné par le juge-commissaire, si ce dernier estime nécessaire une telle intervention.

Ce bilan porte sur l'identification et la description du ou des sites où sont exploités la ou les installations classées et de leur environnement, l'existence de pollutions potentielles, les mesures d'urgence de mise en sécurité déjà prises, prévues ou à prendre et les mesures réalisées afin de surveiller l'impact de l'exploitation sur l'environnement.

Il est établi selon les rubriques fixées par un arrêté pris par le garde des sceaux, ministre de la justice, et par le ministre chargé des installations classées. — *[Décr. nº 2005-1677 du 28 déc. 2005, art. 102, al. 2 à 4.] — V. art. A. 623-1.*

CHAPITRE IV DE LA DÉTERMINATION DU PATRIMOINE DU DÉBITEUR

SECTION PREMIÈRE DE LA VÉRIFICATION ET DE L'ADMISSION DES CRÉANCES

SOUS-SECTION 1 DE LA VÉRIFICATION DES CRÉANCES

Art. R. 624-1 La vérification des créances est faite par le mandataire judiciaire, le débiteur et, le cas échéant, les contrôleurs désignés, présents ou dûment appelés.

Si une créance autre que celle mentionnée à l'article L. 625-1 est discutée, le mandataire judiciaire en avise le créancier ou son mandataire par lettre recommandée avec demande d'avis de réception. Le délai de trente jours prévu à l'article L. 622-27 court à partir de la réception de la lettre. Cette lettre précise l'objet de la discussion, indique le montant de la créance dont l'inscription est proposée et rappelle les dispositions de l'article L. 622-27. — *[Décr. nº 2005-1677 du 28 déc. 2005, art. 103.]*

1. Participation du débiteur. Seul le débiteur a qualité pour se prévaloir de l'irrégularité de la procédure de vérification des créances, née du fait que le liquidateur n'a pas recueilli ses observations. • Com. 19 nov. 2003 : *Bull. civ. IV, nº 173 ; D. 2003. AJ 3050 ; LPA 17 févr. 2004, p. 12, note F.-X. Lucas ; Bull. Joly 2004. 214, note Pétel; RTD com. 2004. 593, obs. Martin-Serf.* ♦ Une société en liquidation judiciaire qui, par la personne de son ancien dirigeant, a participé à la procédure de vérification des créances sans invoquer le défaut de pouvoir de celui-ci, n'est pas recevable à contester l'état des créances établi à l'issue de ladite procédure en se prévalant de l'éventuelle irrégularité de cette dernière. • Com. 3 juin 2009 : *Bull. civ. IV, nº 73 ; D. 2009. AJ 1604 ; RTD com. 2010. 197, obs. Martin-Serf ; LEDEN, sept. 2009, p. 3, obs. F.-X. Lucas ; Act. proc. coll. 2009, nº 214, obs. Pagnucco ; Rev. sociétés 2009. 662, note Le Corre.* ♦ La caution n'a pas qualité pour se prévaloir de l'irrégularité de la procédure de vérification des créances résultant du défaut de pouvoir du gérant de la société en liquidation judiciaire. • Com. 13 févr. 2007 : *cité note 2 ss. art. R. 624-3.*

1 bis. Lettre du représentant des créanciers. La lettre visée par les art. 54 de la loi du 25 janv. 1985 [C. com., art. L. 622-27] et 72 du Décr. du 27 déc. 1985 [C. com., art. R. 624-1] doit indiquer l'objet de la contestation de la créance afin que le créancier puisse faire connaître ses explications sur les points contestés. • Com. 20 juin 2000 : *RD banc. fin. 2000, nº 158, obs. F.-X. Lucas ; Act. proc. coll. 2000, nº 180, obs. Vallansan* • 27 juin 2006 : *Bull. civ. IV, nº 150 ; D. 2006. AJ 1893, obs. Lienhard ; Gaz. Pal. 6-7 oct. 2006, p. 26, obs. Le Corre ; RTD com. 2006. 915, obs. Martin-Serf ; RD banc. fin. 2007, nº 24, obs. F.-X. Lucas.* ♦ La lettre du représentant des créanciers, non conforme aux prescriptions de l'art. 72 [R. 624-1], al. 2 ci-dessus, ne peut faire courir à l'encontre du créancier le délai prévu par l'art. 54 de la loi [C. com., art. L. 622-27]. • Com. 5 déc. 1995 : *Bull. civ. IV, n° 282 ; D. Affaires 1996. 182 ; Dr. sociétés 1996, n° 35, obs. Chaput ; JCP E 1996. I. 554, n° 16, obs. Pétel.*

2. Dès lors que la lettre se borne, conformément aux dispositions de l'art. 67 [R. 622-23], à demander à la banque créancière de joindre à sa déclaration des documents justificatifs, sans lui faire connaître si la créance est discutée et, dans l'affirmative, sur quoi porte la discussion, l'absence de réponse n'empêche pas la banque d'interjeter appel de l'ordonnance du juge-commissaire de rejet de la créance. • Com. 14 mai 1996 : *Bull. civ. IV, n° 130 ; D. 1996. IR 143 ; D. Affaires 1996. 809 ; JCP 1996. II. 22657, rapp. Rémery.*

3. Sur la portée d'une lettre adressée à l'avocat du créancier, V. note 2 *quater* ss. art. L. 622-27.

Art. R. 624-2 **La liste des créances contenant les indications prévues à l'article L. 622-25 et à l'article R. 622-23 ainsi que les propositions du mandataire judiciaire et les observations du débiteur est déposée au greffe pour être sans délai remise au juge-commissaire. Elle est communiquée à l'administrateur, s'il en a été désigné, et, le cas échéant, au commissaire à l'exécution du plan.**

Les créanciers dont la créance n'a pas été portée définitivement sur la liste des créances, dans le délai prévu par l'article L. 624-1, peuvent demander à être relevés de la forclusion prévue par le troisième alinéa de l'article L. 622-24 selon les modalités prévues par l'article L. 622-26.

Après le dépôt au greffe de cette liste, celle-ci est complétée par le greffier agissant à la demande du mandataire judiciaire ou du créancier intéressé, par l'inscription des créances définitivement fixées à l'issue d'une instance judiciaire ou administrative et de celles admises à la suite d'un relevé de forclusion intervenu après le dépôt de l'état des créances. – *[Décr. n° 2005-1677 du 28 déc. 2005, art. 104.]*

• SOUS-SECTION 2 DE L'ADMISSION DES CRÉANCES

Art. R. 624-3 *(Décr. n° 2009-160 du 12 févr. 2009, art. 29)* **« Les décisions d'admission sans contestation sont matérialisées par l'apposition de la signature du juge-commissaire sur la liste des créances établie par le mandataire judiciaire.**

« Le greffier avise par lettre simple les créanciers ou leur mandataire de cette admission. Ces avis précisent le montant pour lequel la créance est admise ainsi que les sûretés et privilèges dont elle est assortie et reproduisent les dispositions des articles L. 622-27 et L. 624-3. »

Le mandataire judiciaire et l'administrateur, lorsqu'il en a été désigné, sont avisés contre récépissé des décisions rendues. – *[Décr. n° 2005-1677 du 28 déc. 2005, art. 105.]*

1. Erreur matérielle. BIBL. Rouger, *Rev. proc. coll. 2001. 182.* ♦ Viole les art. 1351 C. civ. (autorité de la chose jugée) et 462 NCPC (désormais, art. 462 C. pr. civ., relatif à la rectification) le juge-commissaire qui, sur requête du représentant des créanciers, rectifie une ordonnance passée en force de chose jugée et admettant un créancier à titre privilégié en ajoutant au dispositif de celle-ci les mots « sous réserve de la validité du nantissement ». • Com. 17 déc. 1996 : *D. 1997. 177, rapp. Rémery.*

2. Décision d'admission complémentaire. L'absence de mention, dans l'état publié au BODACC, d'une créance déclarée, qui fait obstacle à ce que la décision du juge-commissaire ait l'autorité de la chose jugée à l'égard du créancier, autorise l'admission de la créance par une décision ultérieure résultant d'un état complémentaire (irrecevabilité du recours de la caution contre la décision d'admission). • Com. 1er févr. 2000 : *RJDA 2000, n° 565 ; JCP E 2000, n° 45, p. 1764, note Le Corre.* – Dans le même sens, V. • Com. 5 févr. 2002 : *Bull. civ. IV, n° 26 ; JCP E 2002, n° 12, p. 499 ; RD banc. fin. 2002, n° 189, obs. F.-X. Lucas ; Rev. proc. coll. 2003. 24, obs. Legrand* • 13 févr. 2007 : *Bull. civ. IV, n° 37 ; D. 2007. AJ 803, obs. Lienhard ; RD banc. fin. 2007, n° 73, obs. F.-X. Lucas.*

2 bis. Preuve de la créance. C'est au créancier qu'il incombe de prouver l'existence et le montant d'une créance contestée par la caution et dont il n'est pas justifié, si elle a été déclarée à la liquidation judiciaire du débiteur, qu'elle ait été admise. • Com. 11 oct. 1994 : *Bull. civ. IV, n° 284 ; Dr. sociétés 1995, n° 8, obs. Chaput.*

2 ter. Montant à admettre. Le montant de la créance à admettre doit être celui existant au jour de l'ouverture de la procédure collective. • Com. 20 juin 2001 : *cité note 2 ss. art. L. 624-2* • 8 juin 2010 : *Bull. civ. IV, n° 108 ; D. 2010. Actu. 1622 ; RTD com. 2011. 417, obs. Martin-Serf ; JCP E 2010. 1742, n° 9, obs. Cabrillac ; RJDA 2010, n° 1174.* ♦ Les paiements effectués par les cautions de la société débitrice entre les mains d'une banque créancière, postérieurement au jugement d'ouverture de la procédure collective, n'affectent pas le montant de la créance à admettre, peu important que les cautions aient conventionnellement accepté de ne faire valoir leurs droits contre le débiteur principal qu'après que le créancier eut été intégralement désintéressé. • Com. 2 févr. 1999 : *Bull. civ. IV, n° 34 ; D. 1999. IR 63 ; D. Affaires 1999. 636, obs. J. F. ; JCP E 1999, n° 18-19, p. 810, obs. Cabrillac ; Banque et Droit juill.-août 1999. 47, obs. Guillot.*

3. Prescription de la créance. Dès lors qu'un créancier est admis au passif, la prescription trentenaire [dans le régime antérieur à la L. n° 2008-561 du 17 juin 2008] découlant de l'ordonnance du juge-commissaire portant admission de la créance se substitue à la prescription décennale [dans le régime antérieur à la L. n° 2008-561 du 17 juin 2008] édictée par l'art. 189 *bis* [L. 110-4] C. com. ou à toute autre prescription relative à la nature de la créance. • Com. 12 mai 1998 : *Bull. civ. IV, n° 154 ; D. 1999. Somm. 71, obs. Honorat ; D. Affaires 1998. 1006 ; Quot. jur. 25 juin 1998, p. 4, note P. M.* ♦ La décision d'admission de la créance au passif de la procédure collective du débiteur principal est opposable à la caution en ce qui concerne la substitution de la prescription trentenaire à la prescription décennale. • Com. 13 avr. 1999 : *RJDA 1999, n° 700 ; Rev. proc. coll. 2000. 57, obs. Kerckhove* • 15 oct. 2002 : *RD banc. fin. 2003, n° 33, obs. F.-X. Lucas* • 5 déc. 2006 : *Bull. civ. IV, n° 238 ; D. 2007. AJ 229 ; Rev. proc. coll. 2008. 83, obs. Perot-Reboul et Patureau.* ♦ Dans le même sens, pour l'opposabilité au codébiteur solidaire, V. • Com. 30 oct. 2007 : *Bull. civ. IV, n° 229 ; D. 2007. AJ 2952, obs. Lienhard ; Gaz. Pal. 23-24 janv. 2008, p. 65, obs. Le Corre.* ♦ ... Au tiers constituant d'une sûreté réelle en garantie de la dette du débiteur, V. • Com. 17 nov. 2009 : *cité note 38 ss. anc. art. L. 621-43, ss. art. L. 622-24.* ♦ ... A l'associé en nom, obligé au paiement de la dette sociale, V. • Com. 29 sept. 2009 : *Bull. civ. IV, n° 115 ; D. 2009. AJ 2422, obs. Lienhard ; Act. proc. coll. 2009, n° 276, obs. Pagnucco ; Dr. sociétés 2009, n° 225, note Gallois-Cochet ; RJ com. 2009. 334, note Sortais ; JCP E 2010. 1011, n° 10, obs. Cabrillac ; Bull. Joly 2010. 64, note Rubellin.* ♦ De même, lorsqu'à l'obligation contractuelle, soumise à la prescription quinquennale édictée par l'art. 2277 [ancien] C. civ., s'est substituée celle découlant de l'ordonnance rendue par le juge-commissaire portant admission de la créance d'un crédit-bailleur, dans les droits duquel une banque caution est subrogée, le bénéfice de cette ordonnance, comme celui de toute autre décision de justice opposable à l'une et l'autre des cautions engagées au profit du crédit-bailleur, se prescrit suivant le droit commun (loi de 1967). • Com. 16 avr. 1996 : *D. Affaires 1996. 686.* – V., sur renvoi, • Dijon, 18 nov. 1997 : *Gaz. Pal. 1998. 1. Somm. 289, obs. Vray.* ♦ Mais si, à défaut de réclamation, la décision d'admission de la créance est opposable à la caution tant en ce qui concerne l'existence et le montant de la créance que la substitution de la prescription trentenaire à la prescription originaire, cette opposabilité est tenue en échec lorsque l'action du créancier contre la caution, fût-elle solidaire, se trouve atteinte par la forclusion à la date de la déclaration de créance (à propos de la forclusion prévue par l'art. L. 311-37 C. consom.). • Com. 19 nov. 1996 : *Bull. civ. IV, n° 276 ; D. 1997. Somm. 165, obs. Aynès ; D. Affaires 1997. 158 ; Quot. jur. 5 déc. 1996, p. 6, note P. M.* ♦ Comp., jugeant, pour les créances fiscales, que la production par le receveur des impôts de ses créances a eu pour effet d'interrompre la prescription sans pour autant que l'admission de celles-ci par la décision du juge-commissaire ait eu pour effet, eu égard à la nature de l'avis de mise en recouvrement, qui vaut par lui-même titre exécutoire au profit du Trésor public, et aux dispositions particulières de l'art. 1975 CGI, de substituer à la prescription décennale une prescription trentenaire : • CE 3 juin 1992 : *Dr. sociétés 1992, n° 223, obs. Chaput ; RTD com. 1993. 181, obs. Martin-Serf.*

4. Sur la recevabilité d'un appel formé contre une décision rejetant sa créance, par un créancier auquel n'avait pas été notifiée l'ordonnance par laquelle le juge-commissaire avait mis fin aux fonctions du représentant des créanciers, V. • Com. 16 oct. 1990 : *Bull. civ. IV, n° 238 ; D. 1991. Somm. 333, obs. Honorat.*

4 bis. Autorité de la chose jugée de la décision d'admission. BIBL. Lebois, *Rev. proc. coll. 2002. 234.* ♦ Le commissaire à l'exécution du plan d'une société, dont les actions ont été achetées grâce à un prêt garanti par le nantissement des titres du cédant, ne peut demander la nullité des sûretés dès lors que la créance des prêteurs, déclarée au passif, a été portée à l'état des créances contre lequel il n'a élevé aucune réclamation dans le délai de quinze jours suivant la publication au BODACC et qui a donc acquis autorité de chose jugée. • Com. 5 déc. 1995 : *Bull. civ. IV, n° 281 ; Rev. huiss. 1997. 446, note Courtier.* ♦ De même, l'action en nullité, qui vise à mettre à néant rétroactivement un contrat de crédit-bail ayant donné naissance à des créances, dont la décision d'admission à un caractère irrévocable, est incompatible avec le caractère définitif de la chose jugée concernant l'existence, la nature et le montant de la créance du crédit-bailleur. • Com. 14 oct. 1997 : *Bull. civ. IV, n° 256 ; D. 1998. Somm. 96, obs. Honorat ; D. Affaires 1998. 31, obs. O. B. ; Rev. dr. bancaire 1998. 71, obs. Campana et Calendini.*

Sur la recevabilité de l'action en nullité de la période suspecte, V. note 1 ss. art. L. 632-1.

Une créance ayant été irrévocablement admise au passif d'une société, faute de réclamation dans le délai légal, la chose ainsi jugée s'impose à la caution qui ne peut pas contester l'existence de la créance dans son principe, ni en faire modifier le montant, et ne peut davantage faire prononcer la nullité de la convention principale. • Com. 11 juin 1996 : *Bull. civ. IV, n° 167 ; D. 1996. IR 174* • 9 janv. 2001 : *RJDA 2001, n° 611.* – V. aussi • Com. 12 nov. 1997 : *RJDA 1998, n° 313.* ♦ Le jugement, devenu irrévocable, qui arrête le montant de la créance d'un créancier sur le débiteur est opposable de ce chef à tout codébiteur solidaire, et donc, à la caution solidaire. • Com. 22 avr. 1997 : *Bull. civ. IV, n° 96 ; RJDA 1997, n° 1110.* ♦ Mais la décision d'admission n'est pas opposable à la caution, qui demeure fondée à faire valoir les exceptions qu'aurait pu faire valoir le débiteur, lorsque le dépôt au greffe de l'état des créances n'a pas fait l'objet de la publicité prévue par l'art. 83 du Décr. du 27 déc. 1985. • Com. 20 juin 2000 : *RD banc. fin. 2000, n° 160, obs. F.-X. Lucas.* ♦ Par ailleurs, il résulte de la combinaison des art. 1208, 1351, 2021 [2298] C. civ. et 48 de la L. n° 84-148 du 1er mars 1984 *[C. mon. fin., art. L. 313-22, App. v° Banque et financement de l'entreprise]* que, nonobstant la chose jugée par l'admission définitive d'une créance à la procédure collective d'un débiteur, la caution solidaire du paiement de cette créance peut opposer au créancier toutes les exceptions qui lui sont personnelles (en l'occurrence, la déchéance du droit aux intérêts en raison de l'inexécution de l'obligation d'information annuelle de la caution, par la banque, prévue audit art. 48). • Com. 22 avr. 1997 : *D. 1997. IR 121 ; D. Affaires 1997. 671.* ♦ V. art. L. 313-22 C. mon. fin., App., v° *Banque et financement de l'entreprise.*

Pour l'autorité de la chose jugée de la décision d'admission de la créance du bailleur à l'égard du colocataire solidaire du débiteur en liquidation judiciaire, V. • Com. 24 juin 2003 : *Bull. civ. IV, n° 106 ; D. 2003. AJ 2011* .

S'il est vrai que la décision du juge de la procédure collective rendue dans les rapports entre le créancier et le débiteur principal s'impose à la caution, il n'en demeure pas moins que le créancier peut poursuivre et obtenir la condamnation de la caution devant le juge du cautionnement avant toute déclaration de créance ou, si la déclaration a été faite, avant toute admission, en établissant l'existence et le montant de sa créance selon les règles du droit commun. • Com. 18 janv. 2000 : *Bull. civ. IV, n° 12 ; D. 2000. AJ 97, obs. Lienhard ; Act. proc. coll. 2000, n° 28, obs. Vallansan ; JCP E 2000, nos 18-19, p. 754, obs. Cabrillac ; RD banc. fin. 2000, n° 11, obs. Legeais ; Banque et Droit mai-juin 2000. 39, obs. Rontchevsky ; Rev. proc. coll. 2000. 133, obs. Kerckhove ; RTD com. 2001. 514, obs. Martin-Serf* • 11 févr. 2004 : *Rev. contrats 2004. 745, obs. Houtcieff.* ♦ En raison du caractère accessoire du cautionnement, le juge du cautionnement, saisi d'une action en paiement par le créancier contre la caution, est tenu de respecter la décision passée en force de chose jugée par le juge compétent de la procédure collective dans les rapports entre le créancier et le débiteur principal, et concernant l'existence ainsi que le montant de la créance. • Com. 18 janv. 2000 : *Bull. civ. IV, n° 11 ; D. 2001. Somm. 695, obs. Aynès ; D. 2000. AJ 97, obs. Lienhard ; Act. proc. coll. 2000, n° 28, obs. Vallansan ; JCP E 2000, nos 18-19, p. 754, obs. Cabrillac ; RD banc. fin. 2000, n° 11, obs. Legeais ; Banque et Droit mai-juin 2000. 39, obs. Rontchevsky ; Rev. proc. coll. 2000. 133, obs. Kerckhove ; RTD com. 2001. 514, obs. Martin-Serf* • 17 sept. 2002 : *cité note 19 bis ss. ancien art. L. 621-46 ss. art. L. 622-26.* ♦ En revanche, tant qu'une telle décision n'est pas intervenue, et sauf la faculté discrétionnaire qu'il conserve de surseoir à statuer dans l'intérêt d'une bonne administration de la justice, le juge du cautionnement est juge de l'exception par application de l'art. 49 NCPC [C. pr. civ.] et, par suite, tenu de statuer sur toutes les exceptions inhérentes à la dette invoquées par la caution, sa décision ne s'imposant que dans les rapports entre le créancier et la caution. • Mêmes arrêts.

L'autorité de la chose jugée attachée à la décision admettant la créance d'une caution porte uniquement sur l'existence et le montant de la créance (et non sur le concours entre un créancier du débiteur et la caution de celui-ci exerçant son recours personnel). • Com. 23 juin

1998 : *D. Affaires 1998. 1365, obs. V. A.-R. ; Quot. jur. 28 juill. 1998, p. 5 ; JCP E 1998, n° 52, p. 2066, obs. Cabrillac et Pétel ; RTD com. 1999. 501, obs. Martin-Serf*. – V. aussi note 3 et note 1 ss. art. L. 632-4.

L'admission de la créance de la caution au passif du débiteur principal s'impose aux sous-cautions. • Com. 29 mai 2001 : *Bull. civ. IV, n° 104 ; D. 2001. AJ 1948, obs. Lienhard ; Act. proc. coll. 2001, n° 153, obs. Regnault-Moutier ; Banque et Droit juill.-août 2001. 56, obs. Jacob ; JCP E 2001, n° 38, p. 1471, obs. Cabrillac ; Dr. et patr. nov. 2001. 111, obs. Monsèrié-Bon ; RJ com. 2002. 370, note Nemedeu.*

Si la décision d'admission des créances, devenue irrévocable, est opposable au codébiteur solidaire en ce qui concerne l'existence et le montant des créances, elle n'a pas d'effet sur l'exigibilité de la dette à l'égard des coobligés. • Com. 15 juin 2011 : *cité note 1 bis ss. art. L. 643-1 ; RTD com. 2012. 612, obs. Martin-Serf*.

L'autorité de la chose jugée attachée à la décision d'admission de la créance du cessionnaire au passif de la procédure collective du cédant ne fait pas obstacle à ce que le débiteur cédé puisse opposer au cessionnaire l'exception d'inexécution de son obligation par le cédant (dans le cadre d'une cession « Dailly »). • Com. 1er avr. 2008 : *Bull. civ. IV, n° 73 ; D. 2008. AJ 1138 ; Banque et Droit juill.-août 2008. 16, obs. Bonneau ; Gaz. Pal. 27-29 juill. 2008, p. 49, obs. Bonhomme ; ibid., p. 58, obs. Le Corre ; JCP E 2008. 2062, n° 10, obs. Cabrillac ; RTD com. 2009. 208, obs. Martin-Serf*.

Sur la possibilité de compensation pour connexité d'une créance définitivement admise, V. note 20 ss. art. L. 622-7.

Sur l'effet de l'autorité de la chose jugée à l'égard des poursuites du créancier dans le cadre du droit du crédit, V. note 24 ss. art. L. 311-52 C. consom., App., v° *Ventes commerciales, V – Crédit (ventes à).*

5. Annulation de l'ordonnance d'admission. La cassation d'un arrêt qui prononce une condamnation entraîne, par application de l'art. 625, al. 2, NCPC [C. pr. civ.], l'annulation de l'ordonnance du juge-commissaire qui a admis au passif d'une procédure collective la créance née de cette condamnation. • Com. 13 mai 2003 : *Bull. civ. IV, n° 74 ; JCP E 2003, n° 40, p. 1572, obs. Pétel.*

6. Notification d'une décision d'admission. Les notifications adressées aux créanciers par le greffier mentionnant leur admission au passif, au vu des décisions prises par le juge-commissaire, font foi jusqu'à inscription de faux. • Com. 19 mars 2002 : *Rev. proc. coll. 2003. 23, obs. Legrand.* ♦ Si les notifications faites en application de l'art. 73 [R. 624-3] contiennent des indications erronées quant aux voies de recours susceptibles d'être exercées et aux formalités consécutives à l'insertion au BODACC du dépôt de l'état des créances, ces erreurs n'affectent en rien la validité de ces notifications au reçu desquelles les créanciers ne pouvaient pas douter de leur admission au passif. • Même arrêt.

7. Lorsque plusieurs décisions sont notifiées par la voie postale par un même envoi, l'enveloppe doit contenir, outre chacune des notifications, un document récapitulatif permettant l'identification de chacune de ces décisions. • Civ. 2e, 21 juin 1995 : *Bull. civ. II, n° 193 ; D. 1995. IR 173.*

8. Appel des décisions du juge-commissaire. V. art. R. 624-7.

Art. R. 624-4 Lorsque la compétence du juge-commissaire est contestée ou que ce juge soulève d'office son incompétence, le greffier convoque par lettre recommandée avec demande d'avis de réception le débiteur, le créancier, le mandataire judiciaire et l'administrateur, lorsqu'il en a été désigné.

Ces dispositions sont applicables lorsque le juge-commissaire est appelé à statuer sur une contestation de créance. *(Décr. n° 2009-160 du 12 févr. 2009, art. 30)* « Toutefois, il n'y a pas lieu à convocation du créancier lorsque celui-ci n'a pas contesté la proposition du mandataire judiciaire dans le délai prévu à l'article L. 622-27. – *[Décr. n° 2005-1677 du 28 déc. 2005, art. 106.]*

« Les décisions statuant sur la compétence ou sur la contestation d'une créance sont notifiées au débiteur et au créancier ou à son mandataire par le greffier, dans les huit jours.

« Ces notifications précisent le montant pour lequel la créance est admise ainsi que les sûretés et privilèges dont elle est assortie et reproduisent les dispositions des articles L. 622-27 et L. 624-3.

« Le mandataire judiciaire et l'administrateur, lorsqu'il en a été désigné, sont avisés contre récépissé des décisions rendues. »

1. Contestation de créances. Le délai de notification de huit jours prévu à l'art. 73, al. 4 [R. 624-4, al. 3], n'est pas prescrit à peine de nullité de celle-ci. • Com. 17 mars 1992 : *Bull. civ. IV, n° 117 ; D. 1992. Somm. 254, obs. Derrida*.

2. Appel des décisions du juge-commissaire. V. art. R. 624-7.

Art. R. 624-5 **La décision d'incompétence ouvre au créancier, au débiteur et au mandataire judiciaire un délai d'un mois à compter de la notification ou de la réception de l'avis délivré pour saisir la juridiction compétente à peine de forclusion, à moins de contredit.**

Les tiers intéressés ne peuvent former tierce opposition contre la décision rendue par la juridiction compétente que dans le délai d'un mois à compter de sa transcription sur l'état des créances. – *[Décr. n° 2005-1677 du 28 déc. 2005, art. 107.]*

Art. R. 624-6 **A la requête du Trésor public, le juge-commissaire, après avoir recueilli l'avis du mandataire judiciaire, prononce l'admission définitive des créances admises à titre provisionnel en application du troisième alinéa de l'article L. 622-24 et qui ont fait l'objet d'un titre exécutoire ou ne sont plus contestées. Lorsque le juge-commissaire n'est plus en fonctions, le président du tribunal, saisi par requête du représentant du Trésor public, prononce l'admission définitive. Les décisions sont portées sur l'état des créances.**

Les décisions rendues en méconnaissance des dispositions du troisième alinéa de l'article L. 622-24 sont susceptibles d'appel. – *[Décr. n° 85-1388 du 27 déc. 1985, art. 74.]*

Art. R. 624-7 **Le recours contre les décisions du juge-commissaire statuant sur l'admission des créances est formé devant la cour d'appel.** – *[Décr. n° 2005-1677 du 28 déc. 2005, art. 108.]*

1. Le délai d'appel de dix jours dont le mandataire judiciaire dispose à l'encontre de la décision rendue par le juge-commissaire statuant sur la contestation d'une créance court à compter de la date du récépissé de l'avis qui lui est donné de cette décision en application de l'art. R. 624-4, al. 5. • Com. 10 juill. 2012 : *Bull. civ. IV, n° 151 ; D. 2012. Actu. 1953 ; JCP E 2012. 1757, n° 15, obs. Pétel ; LEDEN sept. 2012, p. 6, obs. Staes ; ibid. oct. 2012, p. 6, obs. F. Legrand ; Act. proc. coll. 2012, n° 229, obs. Cagnoli ; Procédures 2012, n° 289, note Rolland ; Gaz. Pal. 12-13 oct. 2012, p. 17, obs. Le Corre.* ♦ Comp., auparavant : • Com. 17 oct. 2000 : *Bull. civ. IV, n° 157 ; D. 2000. AJ 412, obs. Lienhard ; ibid. 2001. Somm. 3428, obs. Honorat ; JCP E 2001, n° 5, p. 220, obs. Pétel.*

2. Il résulte des art. L. 624-3 C. com., 366 du décret du 28 déc. 2005 [C. com., art. R. 662-1] et 899 NCPC [C. pr. civ.] que l'appel des ordonnances du juge-commissaire en matière de contestation de créance doit être interjeté par déclaration au greffe de la cour par un avoué à la cour ; l'appel interjeté par le débiteur directement au greffe de la cour est irrecevable. • Paris, 12 juin 2007 : *D. 2007. AJ 1789*.

Décret n° 2007-431 du 25 mars 2007,

Relatif à la partie réglementaire du code de commerce.

Art. 4 Les dispositions suivantes sont applicables aux procédures de redressement et de liquidation judiciaires ouvertes avant le 1er janvier 2006 :

1° Le juge-commissaire ne peut rejeter en tout ou en partie une créance ou se déclarer incompétent qu'après avoir entendu ou dûment appelé le créancier, le débiteur, l'administrateur lorsqu'il a pour mission d'assurer l'administration et le représentant des créanciers ;

2° Lorsque la matière est de la compétence du tribunal qui a ouvert le redressement ou la liquidation judiciaire, le recours contre les décisions du juge-commissaire qui décide de l'admission ou du rejet des créances ou constate soit qu'une instance est en cours, soit que la contestation ne relève pas de sa compétence est porté devant la cour d'appel.

Lorsque la matière est de la compétence d'une autre juridiction, la notification de la décision d'incompétence prononcée par le juge-commissaire fait courir un délai de deux mois, au cours duquel le demandeur doit saisir la juridiction compétente à peine de forclusion.

3° Les décisions d'admission ou de rejet des créances ou d'incompétence prononcées par le juge-commissaire sont portées sur un état qui est déposé au greffe du tribunal. Toute personne intéressée, à l'exclusion de celles mentionnées à l'article L. 621-105 peut en prendre connaissance et former réclamation dans le délai fixé à l'article 83 du décret n° 85-1388 du 27 décembre 1985 relatif au redressement et à la liquidation judiciaire des entreprises. — *V. lesdits art. aux éd. 2007 et antérieures du* ***C. com.***

Le juge-commissaire statue sur la réclamation, après avoir entendu ou dûment appelé le représentant des créanciers et les parties intéressées.

Le recours contre la décision du juge-commissaire statuant sur la réclamation est porté devant la cour d'appel.

4° La décision rendue par la juridiction saisie dans les conditions prévues au deuxième alinéa du 2° ci-dessus est portée sur l'état mentionné au 3° ci-dessus. Les tiers intéressés ne peuvent former tierce opposition contre cette décision que dans le délai d'un mois à compter de sa transcription sur l'état au greffe du tribunal.

L'art. 4 ci-dessus reprend les dispositions des art. 101 à 104 de la L. n° 85-98 du 25 janv. 1985, qui avaient été abrogés par l'Ord. n° 2000-912 du 18 sept. 2000 à compter de l'entrée en vigueur de la partie réglementaire du code de commerce.

1. Rejet d'une créance (art. 4, 1°). V. notes 1, 4 et 10 ss. art. L. 624-2 C. com.

2. Délai de deux mois (art. 4, 2°). L'obligation imposée au demandeur par l'art. 102, al. 3 [art. 4, 2°], de saisir la juridiction compétente dans le délai de deux mois à compter de la décision d'incompétence du juge-commissaire, si elle est sanctionnée par la forclusion, n'est pas une condition de recevabilité du recours que le demandeur peut exercer, à ses risques et périls, contre cette décision. • Com. 10 oct. 1995 : *cité note 2 ss. art. L. 624-3 C. com.*

3. Réclamations des créanciers. Si un créancier autre que celui dont la créance est en cause a la faculté, comme toute personne intéressée au sens de l'art. 103 [art. 4, 3°], de former une réclamation contre les décisions du juge-commissaire portées sur l'état des créances, c'est à la condition d'invoquer un intérêt personnel et distinct de celui des autres créanciers pour discuter de l'existence, du montant ou de la nature de la créance. • Com. 13 mai 2003 : *Bull. civ. IV, n° 75 ; D. 2003. AJ 1761, obs. Lienhard ; Act. proc. coll. 2003, n° 160, obs. Regnaut-Moutier ; JCP E 2003, n° 40, p. 1572, obs. Pétel ; RTD com. 2003. 820, obs. Martin-Serf.* ♦ ... Que le représentant des créanciers soit ou non toujours en fonction. • Com. 30 janv. 2007 : *RTD com. 2007. 457, obs. Vallens.*

4. Réclamations du débiteur ou du dirigeant social. Le débiteur ne peut relever appel des décisions d'admission portées sur l'état des créances, l'indication par le greffe de l'existence d'une voie de recours inexistante ne pouvant avoir pour effet d'ouvrir un recours au débiteur. • Com. 9 nov. 2004 : *RJDA 2005, n° 297 ; RTD com. 2005. 173, obs. Vallens.* ♦ Le président du conseil d'administration de la société débitrice, agissant en sa qualité de représentant légal de cette société, qui aurait dû former un recours contre la décision d'admission du créancier conformément aux dispositions de l'art. 102 [ancien art. L. 621-105], est irrecevable à former une réclamation en application de l'art. 103 [art. 4, 3°], laquelle n'est pas ouverte au débiteur, mais seulement aux tiers. • Com. 28 nov. 2000 : *Act. proc. coll. 2001, n° 3.* ♦ Si le dirigeant de la société débitrice, à titre personnel, peut, en sa qualité de tiers, former une réclamation contre la décision d'admission d'un créancier, son recours, lorsqu'il n'a pas été fait par déclaration au greffe, mais porté sur l'état des créances, est irrecevable. • Même arrêt. ♦ Le dirigeant de société poursuivi en paiement des dettes sociales, qui est une personne intéressée au sens de l'art. 103 [art. 4, 3°], est recevable à former une réclamation contre l'état des créances. • Com. 28 sept. 2004 : *D. 2005. Pan. 299, obs. Le Corre ; RJDA 2005, n° 428. – Contra :* • Com. 18 févr.

2003 : *RTD com. 2003. 383, obs. Vallens*.

5. Réclamations de l'administrateur. En ce sens que, lorsqu'il n'est pas chargé de l'administration de l'entreprise du débiteur, l'administrateur ne peut se voir reconnaître la qualité de « personne intéressée » visée par l'art. 103, al. 1er [art. 4, 3°], V. • Com. 28 févr. 1995 : *Rev. proc. coll. 1995. 291, obs. Dureuil.* ♦ V. aussi note 18 ss. art. L. 624-2 C. com.

6. Réclamations du commissaire à l'exécution du plan. Le commissaire à l'exécution qui, dans la procédure de vérification des créances, succède à l'administrateur, n'est pas une personne intéressée au sens de l'art. 103 [art. 4, 3°] et n'a pas qualité pour former une réclamation contre l'état des créances. • Com. 13 oct. 1998 : *Bull. civ. IV, n° 236 ; D. Affaires 1998. 1863 ; JCP E 1998, n° 52, p. 2067, obs. Cabrillac ; RTD com. 1999. 970, obs. Martin-Serf*.

7. Réclamations des cautions. En application de l'art. 103 de la loi, [art. 4, 3°] la caution solidaire du débiteur peut, comme toute personne intéressée, à l'exclusion de celles mentionnées à l'art. 102 de la loi [ancien art. L. 621-105], contester l'état des créances déposé au greffe dans les conditions prévues par les art. 103 *préc.* et 83 du Décr. du 27 déc. 1985. • Com. 3 mai 1994 : *Bull. civ. IV, n° 161 ; D. 1994. IR 156 ; JCP E 1994. II. 627, note Wagner* • 16 mars 1999 : *Bull. civ. IV, n° 62 ; D. 1999. IR 103 ; D. Affaires 1999. 674, obs. P. P. ; RTD com. 1999. 971, obs. Martin-Serf ; Act. proc. coll. 1999, n° 94, obs. Vallansan ; Rev. proc. coll. 2000. 57, obs. Kerckhove.* – V. aussi • Com. 24 oct. 1995 : *Bull. civ. IV, n° 251.* ♦ V. note 24 ss. art. L. 624-2 C. com.

8. La caution a la possibilité, dans sa réclamation fondée sur l'art. 103 [art. 4, 3°], de contester la validité des déclarations de créance. • Com. 16 oct. 2001 : *Bull. civ. IV, n° 168 ; D. 2001. AJ 3275, obs. Lienhard ; Act. proc. coll. 2001, n° 247, obs. Vallansan ; RD banc. fin. 2001, n° 236, obs. F.-X. Lucas.*

9. En revanche, si, en application de l'art. 103 [art. 4, 3°], la caution, qu'elle soit simple ou solidaire, a la faculté, comme toute personne intéressée, à l'exclusion de celles mentionnées à l'art. 102 [C. com., ancien art. L. 621-105], de contester les décisions du juge-commissaire, et si elle peut, à l'appui de ce recours, discuter de l'existence, du montant ou de la nature de la créance en cause, peu important que le moyen invoqué ne soit pas propre à la caution, celle-ci n'est pas recevable à se prévaloir de l'extinction de la créance, pour défaut de déclaration dans le délai légal après que le créancier a été irrévocablement relevé de la forclusion encourue. • Com. 20 mai 1997 : *Bull. civ. IV, n° 146 ; D. 1997. Somm. 313, obs. Honorat ; D. Affaires 1997. 764.*

10. Réclamations des tiers constituants d'une sûreté réelle. Le tiers constituant d'une sûreté réelle est une personne intéressée au sens de l'art. 103 [art. 4, 3°] ; faute d'avoir exercé le recours qui lui est ouvert en application de ce texte, la décision passée en force de chose jugée rendue par le juge compétent de la procédure collective dans les rapports entre le créancier et le débiteur s'impose au tiers constituant, quant à l'existence et au montant de la créance assortie de la sûreté. • Com. 7 mars 2006 : *Bull. civ. IV, n° 59 ; D. 2006. AJ 782, obs. Lienhard ; RTD com. 2006. 660, obs. Martin-Serf*.

11. Réclamations de coïndivisaires. L'art. 815-17, al. 3, C. civ. reconnaissant aux créanciers personnels d'un indivisaire la faculté de provoquer le partage au nom de leur débiteur et, aux coïndivisaires, celle d'arrêter le cours de l'action en partage en acquittant l'obligation au nom et en l'acquit du débiteur, une cour d'appel estime justement qu'en l'absence d'une décision définitive d'admission de créances au passif de la liquidation judiciaire de l'indivisaire, l'épouse, coïndivisaire, n'était pas en mesure de connaître le montant de la dette qu'elle devrait payer pour arrêter le cours de l'action et, en conséquence, que le partage ne pouvait être ordonné. • Civ. 1re, 20 déc. 1993 : *Bull. civ. I, n° 378 ; D. 1994. 358, note Derrida et Honorat ; RTD civ. 1994. 393, obs. Patarin ; ibid. 1994. 895, obs. Zénati*. – V. aussi • Versailles, 30 janv. 1997 : *D. Affaires 1997. 575.*

12. Réclamations du cessionnaire de l'actif. V. note 8 ss. art. L. 624-3 C. com.

13. Recours devant la cour d'appel. Pour l'irrecevabilité de l'appel de l'ancien dirigeant de la société en liquidation judiciaire contre la décision du juge-commissaire statuant sur une réclamation au sens de l'art. 103 [art. 4, 3°], faute d'avoir été partie en première instance, V. • Com. 19 nov. 2003 : *Bull. civ. IV, n° 173 ; D. 2003. AJ 3050*. ♦ V. aussi note 6 ss. art. L. 661-4.

SOUS-SECTION 3 DE L'ÉTAT DES CRÉANCES

Art. R. 624-8 Les décisions prononcées par le juge-commissaire sont portées par le greffier sur la liste des créances mentionnée au premier alinéa de l'article R. 624-2. Cette liste ainsi complétée et les relevés des créances résultant du contrat de travail constituent l'état des créances.

Cet état est déposé au greffe du tribunal, où toute personne peut en prendre connaissance.

Le greffier fait publier au *Bulletin officiel des annonces civiles et commerciales* une insertion indiquant ce dépôt et le délai pour présenter une réclamation.

Tout intéressé peut présenter une réclamation devant le juge-commissaire dans le délai d'un mois à compter de la publication. – *[Décr. n° 2005-1677 du 28 déc. 2005, art. 109.]*

1. État des créances. L'état des créances, même visé par le juge-commissaire, ne confère pas à ce relevé le caractère d'un titre exécutoire au sens de l'art. R. 145-1 [R. 3252-1] C. trav., qui permettrait au liquidateur judiciaire de faire procéder à la saisie des rémunérations dues au débiteur par son employeur, à concurrence du passif de sa procédure collective. • Com. 2 mai 2001 : *Bull. civ. IV, n° 82 ; D. 2001. IR 1671 ; Act. proc. coll. 2001, n° 143, obs. Salvat ; Procédures 2001, n° 151, note Laporte ; RD banc. fin. 2001, n° 157, obs. Delleci ; RTD com. 2001. 773, obs. Vallens.*

2. Le dépôt d'un document ne comportant aucune décision du juge-commissaire statuant sur les créances ne peut constituer le dépôt de l'état des créances. • Com. 7 déc. 1999 : *Bull. civ. IV, n° 220 ; D. 2000. AJ 58, obs. Lienhard ; JCP E 2000, n° 17, p. 699, obs. Cabrillac ; RTD com. 2000. 186, obs. Vallens.*

3. Réclamations des tiers. L'art. 83 du décret du 27 déc. 1985 [C. com., art. R. 624-8] et l'art. 4, 3°, du décret du 25 mars 2007 [V. ss. art. R. 624-7] n'interdisent pas que le recours ouvert à toute personne intéressée autre que le créancier, le débiteur, l'administrateur ou le représentant des créanciers puisse être formé dès que le réclamant a connaissance de l'état des créances qu'il conteste. • Com. 21 févr. 2012 : *Bull. civ. IV, n° 41 ; D. 2012. Actu. 679, obs. Lienhard ; RJDA 2012, n° 519.*

4. Les cautions du débiteur pouvant former réclamation contre l'état des créances déposé au greffe du tribunal de commerce par le juge-commissaire, en qualité de tiers intéressés conformément aux dispositions de l'art. R. 624-8 C. com., la tierce opposition contre l'arrêt confirmant l'ordonnance d'admission de la créance ne leur est pas ouverte. • Com. 6 déc. 2011 : *Bull. civ. IV, n° 203 ; D. 2012. Actu. 7 ; Banque et Droit janv.-févr. 2012. 58, obs. Rontchevsky ; RJDA 2012, n° 313 ; Bull. Joly Entrep. diff. 2012. 88, note Brena ; Gaz. Pal. 27-28 avr. 2012, p. 39, obs. Le Corre-Broly.*

5. Sur les personnes ayant qualité pour former une réclamation, V., à titre indicatif, notes 3 s. ss. art. 4 du Décr. n° 2007-431 du 25 mars 2007, ss. art. R. 624-7.

Art. R. 624-9 L'état des créances mentionné à l'article R. 624-8 est complété par :

1° Lorsque la matière est de la compétence d'une autre juridiction, les décisions rendues par la juridiction compétente ;

2° Les décisions mentionnées au premier alinéa de l'article R. 624-11 ;

3° Les décisions rendues par la cour d'appel statuant sur les recours formés contre les décisions du juge-commissaire. – *[Décr. n° 2005-1677 du 28 déc. 2005, art. 110.]*

Art. R. 624-10 Les réclamations des tiers mentionnées au dernier alinéa de l'article R. 624-8 sont formées par déclaration faite au greffe ou remise contre récépissé ou adressée par lettre recommandée avec demande d'avis de réception. Elles sont mentionnées sur l'état des créances par le greffier.

Le greffier convoque les parties intéressées ou leur mandataire par lettre recommandée avec demande d'avis de réception et avise le mandataire judiciaire et l'administrateur, lorsqu'il en a été désigné.

Le recours contre les décisions du juge-commissaire statuant sur une réclamation est formé devant la cour d'appel. – *[Décr. n° 2005-1677 du 28 déc. 2005, art. 111.]*

Art. R. 624-11 Le créancier dont les droits ont été reconnus par une décision d'une autre juridiction passée en force de chose jugée adresse au greffier du tribunal qui a ouvert la procédure une expédition de cette décision.

Le greffier avise le mandataire judiciaire ainsi que l'administrateur et le commissaire à l'exécution du plan, s'il y a lieu, de toute modification ainsi apportée à l'état des créances. – *[Décr. n° 2005-1677 du 28 déc. 2005, art. 112.]*

SECTION II DES DROITS DU CONJOINT

Art. R. 624-12 Le conjoint du débiteur doit être entendu ou dûment convoqué avant toute décision autorisant la vente des biens de la communauté.

Lorsque, au cours de la procédure, la dissolution de la communauté existant entre le débiteur et son conjoint devient opposable aux tiers, ce conjoint est entendu ou dûment convoqué avant toute décision autorisant la vente des biens de l'indivision. – *[Décr. n° 2005-1677 du 28 déc. 2005, art. 113.]*

SECTION III DES DROITS DU VENDEUR DE MEUBLES, DES REVENDICATIONS ET DES RESTITUTIONS

Art. R. 624-13 La demande en revendication d'un bien est adressée dans le délai prévu à l'article L. 624-9 par lettre recommandée avec demande d'avis de réception à l'administrateur s'il en a été désigné ou, à défaut, au débiteur. Le demandeur en adresse une copie au mandataire judiciaire.

A défaut d'acquiescement dans le délai d'un mois à compter de la réception de la demande, le demandeur doit, sous peine de forclusion, saisir le juge-commissaire au plus tard dans un délai d'un mois à compter de l'expiration du délai de réponse.

Avant de statuer, le juge-commissaire recueille les observations des parties intéressées.

La demande en revendication emporte de plein droit demande en restitution. – *[Décr. n° 2005-1677 du 28 déc. 2005, art. 114.]*

BIBL. ▶ Diesbecq et Laverrière, *JCP E 2005, n° 25, p. 1053* (prorogation des délais de revendication à raison de la distance et computation).

1. Portée de la procédure préalable. V. note 1 ss. art. L. 624-17.

2. Nature de la demande en revendication adressée au mandataire. La demande en revendication d'un bien visée à l'art. 85-1 [R. 624-13], al. 1er, ne constitue pas une demande en justice. • Com. 6 mars 2001 : *Bull. civ. IV, n° 50 ; D. 2001. AJ 1099, obs. Lienhard ; Act. proc. coll. 2001, n° 91, obs. Vallansan ; Procédures 2001, n° 128, obs. Laporte ; RTD com. 2001. 524, obs. Vallens ; JCP E 2001, n° 38, p. 1472, obs. Cabrillac et Pétel.* ♦ Dès lors, une demande en revendication ne peut être déclarée irrecevable aux motifs qu'elle est signée par un préposé pour le compte du chef du contentieux, que la société requérante n'a ni prouvé ni offert de prouver l'existence d'une délégation de pouvoir consentie à ce signataire et qu'un acte irrégulier ne peut produire effet. • Même arrêt. – Dans le même sens, V. • Com. 5 nov. 2003 : *RJDA 2004, n° 346 ; Rev. proc. coll. 2004. 379, obs. Monsèrié-Bon.*

3. Forme de la demande en revendication. Une lettre qui n'invite pas son destinataire à se prononcer sur le droit de propriété du bailleur sur le bien ne vaut pas demande en revendication. • Com. 12 mars 2013 : *D. 2013. 1249, note Pailler ; ibid. Actu. 768, obs. Lienhard ; LEDEN avr. 2013, p. 4, obs. Rubellin ; Act. proc. coll. 2013, n° 98, obs. Voinot ; Gaz. Pal. 1er-4 mai 2013, p. 33, obs. Le Corre-Broly.*

4. Saisine du juge-commissaire. Seule la demande en revendication faite dans les formes prescrites par les dispositions de l'art. 85-1 [R. 624-13] permet de saisir le juge-commissaire. • Com. 10 mai 2000 : *RJDA 2000, n° 893.*

5. Le délai d'un mois pour saisir le juge-commissaire, prévu par l'art. 85-1 [R. 624-13], court à compter de l'expiration du délai imparti au mandataire de justice pour répondre à la demande en revendication qu'il a reçue. • Com. 28 sept. 2004 : *Bull. civ. IV, n° 171 ; D. 2004. AJ 2715 ; Act. proc. coll. 2004, n° 210, obs. Le Corre ; JCP E 2005, n° 1-2, p. 31, obs. Cabrillac et Pétel ; Rev. proc. coll. 2005. 376, obs. Monsérié-Bon.* ♦ La décision expresse de l'administrateur judiciaire de rejeter la demande en revendication s'analyse en un défaut d'acquiescement au sens de l'art. 85-1 [R. 624-13], al. 2, et le délai de forclusion prévu par ce texte pour saisir le juge-commissaire, qui court à compter de l'expiration du délai imparti au mandataire de justice pour répondre à la demande en revendication qu'il a reçue, est applicable. • Com. 2 nov. 2005 : *Bull. civ. IV, n° 213 ; D. 2005. AJ 2874, obs. Lienhard ; Act. proc. coll. 2005, n° 242, obs. Vallansan.* ♦ La lettre de l'administrateur judiciaire sollicitant du revendiquant des justificatifs n'a pas pour conséquence de différer le point de départ du délai de saisine du juge-commissaire au-delà de l'expiration du délai ouvert par la lettre initiale de revendication. • Orléans, 19 sept. 2002 : *RJDA 2002, n° 1302.* ♦ L'augmentation de délai prévue par l'art. 643 NCPC [désormais art. 643 C. pr. civ., prévoyant une augmentation des délais pour les personnes demeurant à l'étranger] ne s'applique pas à l'action en revendication portée devant le juge-commissaire. • Com. 28 sept. 2004 : *préc.* ♦ Conformément à l'art. 668 NCPC [C. pr. civ.], la date de notification par voie postale est, à l'égard de celui qui y procède, notamment un créancier à une procédure collective, la date de l'expédition. • Poitiers, 7 sept. 2004 : *D. 2004. AJ 2572 .* ♦ V. aussi, sur la forclusion résultant de la saisine du juge-commissaire après l'expiration du délai d'un mois visé à l'art. 85-1 [R. 624-13], al. 2, • Com. 3 avr. 2001 : *cité note 18 bis ss. art. L. 624-9.*

5 bis. Dès lors que la demande en revendication a été adressée au liquidateur judiciaire dans le délai prévu par l'art. L. 621-115 C. com. [dans sa réd. antérieure à L. 26 juill. 2005] et que l'acquiescement de ce dernier a été porté à la connaissance du revendiquant dans le délai qui lui était imparti pour saisir le juge-commissaire, la forclusion attachée à l'absence de saisine de ce dernier ne peut plus être opposée au revendiquant. • Com. 7 févr. 2006 : *Bull. civ. IV, n° 31 ; D. 2006. AJ 576, obs. Lienhard (1re esp.) ; JCP E 2006, n° 14-15, p. 671, obs. Cabrillac ; Act. proc. coll. 2006, n° 51, obs. Vallansan ; Gaz. Pal. 30 avr.-4 mai 2006, p. 50, obs. Le Corre-Broly ; RJ com. 2006. 398, note Sortais ; Rev. proc. coll. 2006. 362, obs. Monsèrié-Bon ; RTD com. 2007. 232, obs. Martin-Serf .*

6. Il résulte des art. 853 NCPC [C. pr. civ.] et 85-1, al. 2, du Décr. du 27 déc. 1985 [C. com., art. R. 624-13] que la personne qui saisit, pour le compte d'un tiers, le juge-commissaire d'une demande en revendication doit, si elle n'est pas avocat, être munie d'un pouvoir spécial donné par écrit (nullité de la requête en revendication présentée par un huissier de justice non investi d'un pouvoir spécial et écrit). • Com. 5 juill. 2005 : *Bull. civ. IV, n° 153 ; D. 2005. AJ 1998, obs. Lienhard ; Act. proc. coll. 2005, n° 205, obs. Fricero ; Gaz. Pal. 4-5 nov. 2005, p. 55, obs. Pérochon ; Dr. et proc. 2005. 339, obs. Crocq ; RD banc. fin. 2005, n° 180, obs. F.-X. Lucas ; Rev. proc. coll. 2005. 375, obs. Monsèrié-Bon ; JCP E 2006, n° 2, p. 76, obs. Pétel.* ♦ Ce pouvoir doit accompagner la requête engageant l'action en revendication devant le juge-commissaire ou être produit dans le délai légal de celle-ci. • Même arrêt. ♦ V. aussi, pour l'irrecevabilité de la requête en revendication formée par un préposé du revendiquant dont le pouvoir d'agir en revendication n'était pas établi, • Orléans, 19 janv. 2006 : *RJDA 2006, n° 439.*

Art. R. 624-14 **Pour l'application de l'article L. 624-10, la demande en restitution est faite par le propriétaire du bien par lettre recommandée avec demande d'avis de réception à l'administrateur, s'il en a été désigné, ou, à défaut, au débiteur. Une copie de cette demande est adressée au mandataire judiciaire.**

A défaut d'accord dans le délai d'un mois à compter de la réception de la demande ou en cas de contestation, le juge-commissaire peut être saisi à la diligence du propriétaire afin qu'il soit statué sur les droits de ce dernier. Même en l'absence de demande préalable en restitution, le juge-commissaire peut également être saisi à cette même fin par l'administrateur ou par le débiteur. — *[Décr. n° 2005-1677 du 28 déc. 2005, art. 116.]*

1. L'action en restitution n'est qu'une simple faculté ouverte au propriétaire dispensé de faire reconnaître son droit de propriété et n'est soumise à aucun délai. • Com. 18 sept. 2012 : *cité note 3 ss. art. L. 624-10.*

2. V. notes ss. art. L. 624-17 et note 7 *bis* ss. ancien art. L. 623-4, ss. art. L. 661-4.

Art. R. 624-15 Pour bénéficier des dispositions de l'article L. 624-10, les contrats qui y sont mentionnés doivent avoir été publiés avant le jugement d'ouverture selon les modalités qui leur sont applicables.

Aux mêmes fins, en l'absence de réglementation particulière, le propriétaire du bien doit avoir fait publier le contrat avant le jugement d'ouverture, selon le cas, au registre mentionné à l'article R. 313-4 du code monétaire et financier ou au registre prévu au troisième alinéa de l'article R. 621-8 du présent code. – *[Décr. n° 2005-1677 du 28 déc. 2005, art. 117.]*

V. notes ss. art. L. 624-10.

Art. R. 624-16 En cas de revendication du prix des biens en application de l'article L. 624-18, les sommes correspondantes payées par le sous-acquéreur postérieurement à l'ouverture de la procédure doivent être versées par le débiteur *(Décr. n° 2009-160 du 12 févr. 2009, art. 31)* « ou l'administrateur » entre les mains du mandataire judiciaire. Celui-ci les remet au créancier revendiquant à concurrence de sa créance. – *[Décr. n° 2005-1677 du 28 déc. 2005, art. 115.]*

Les sous-acquéreurs des biens vendus sous réserve de propriété, auxquels les biens ont été directement livrés et qui ne se sont pas acquittés du prix auprès de l'acquéreur à la date d'ouverture de la procédure collective de celui-ci, peuvent se libérer valablement entre les mains du liquidateur de la société revendiquante. • Com. 20 sept. 2005 : *Bull. civ. IV, n° 177 ; D. 2005. AJ 2445, obs. Lienhard ; Act. proc. coll. 2005, n° 215, obs. Vallansan ; RD banc. fin. 2005, n° 211, obs. Legeais ; JCP E 2006, n° 2, p. 77, obs. Cabrillac.* ♦ Solution confirmée par l'art. R. 624-16.

CHAPITRE V DU RÈGLEMENT DES CRÉANCES RÉSULTANT DU CONTRAT DE TRAVAIL

Art. R. 625-1 Au vu des documents ou à partir des informations fournies par les salariés, par le débiteur, par l'administrateur ainsi que par le représentant des salariés, le mandataire judiciaire vérifie les créances résultant d'un contrat de travail et en établit des relevés. Cette vérification a lieu même en l'absence de la vérification des créances chirographaires.

Le débiteur tient à la disposition du représentant des salariés les éléments à partir desquels le mandataire judiciaire a établi les relevés et notamment le livre de paye et le registre du personnel. Le représentant des salariés appose sa signature sur les relevés en formulant au besoin des réserves ou observations. En l'absence de signature, le juge-commissaire entend le représentant des salariés.

Les relevés sont, à la diligence du mandataire judiciaire, visés par le juge-commissaire. Ils sont remis par le mandataire judiciaire aux institutions mentionnées à l'article L. 143-11-4 du code du travail avant l'expiration des délais prévus, pour chaque catégorie de créances, à l'article L. 143-11-7 du même code. – *[Décr. n° 2005-1677 du 28 déc. 2005, art. 118.]*

Art. R. 625-2 Les relevés des créances résultant du contrat de travail mentionnent l'identité de chaque salarié, la nature de son contrat de travail, la date de son entrée dans l'entreprise, l'emploi occupé et sa qualification, l'exercice ou non d'un mandat social, la date de rupture du contrat de travail, les sommes déjà versées et celles qui restent à payer. Le montant de ces sommes est calculé déduction faite des prélèvements légaux et conventionnels, y compris lorsque ces sommes correspondent à des créances définitivement établies par décision de justice. – *[Décr. n° 2005-1677 du 28 déc. 2005, art. 119.]*

Il appartient au représentant des créanciers de porter sur le relevé des créances déposé au greffe du tribunal de commerce, les créances résultant du contrat de travail, déduction faite des prélèvements légaux et conventionnels, y compris lorsque les créances ont été définitivement établies par décision de justice sans tenir compte de ces déductions. • Soc. 4 mars 1997 : *Bull. civ. V, n° 90.*

Art. R. 625-3 **Le mandataire judiciaire informe par tout moyen chaque salarié de la nature et du montant des créances admises ou rejetées et lui indique la date du dépôt au greffe du relevé des créances. Il rappelle que le délai de forclusion prévu à l'article L. 625-1 court à compter de la publication prévue au troisième alinéa ci-après. Les salariés dont les créances sont admises sont informés au moment du paiement.**

Le salarié dont la créance a été omise peut être relevé de la forclusion par le conseil de prud'hommes dans le délai prévu au *(Décr. n° 2009-160 du 12 févr. 2009, art. 32)* **« troisième » alinéa de l'article L. 622-26. Le relevé de forclusion bénéficie aux institutions mentionnées à l'article L. 143-11-4 du code du travail.**

La publicité mentionnée à l'article L. 625-1 est faite à la diligence du mandataire judiciaire par la publication, dans un journal habilité à recevoir les annonces légales dans le département du siège de la personne morale ou du lieu où le débiteur personne physique a déclaré l'adresse de son entreprise ou de son activité et, le cas échéant, dans le département de chacun de ses établissements secondaires, d'un avis indiquant que l'ensemble des relevés des créances est déposé au greffe du tribunal. Cette publication intervient au plus tard trois mois après l'expiration de la dernière période de garantie prévue par l'article L. 143-11-1 du code du travail.

L'avis signé par le mandataire judiciaire est daté du jour de la publication prévue au troisième alinéa ci-dessus. Cette date fait courir le délai de forclusion prévu à l'article L. 625-1. – *[Décr. n° 2005-1677 du 28 déc. 2005, art. 120.]*

Art. R. 625-4 **Le mandataire judiciaire ou le commissaire à l'exécution du plan restitue aux institutions mentionnées à l'article L. 143-11-4 du code du travail les sommes avancées par elles qui n'ont pas été perçues par les salariés lorsque le délai de validité du titre de paiement est expiré. Ces institutions versent les sommes dues aux salariés qui en font la demande.** – *[Décr. n° 2005-1677 du 28 déc. 2005, art. 122.]*

Art. R. 625-5 **Le débiteur donne toutes les informations utiles au mandataire judiciaire et à l'administrateur, s'il en a été désigné, sur les instances en cours devant la juridiction prud'homale à la date du jugement d'ouverture.** – *[Décr. n° 2005-1677 du 28 déc. 2005, art. 123.]*

Art. R. 625-6 **Les institutions mentionnées à l'article L. 143-11-4 du code du travail font connaître au mandataire judiciaire leur refus de régler une créance figurant sur un relevé, dans les mêmes délais que ceux qui sont prévus à l'article L. 143-11-7 du même code, pour le versement des sommes impayées. Ces institutions indiquent la nature et le montant de la créance refusée ainsi que les motifs de leur refus.**

Le mandataire judiciaire avertit le salarié du refus par les institutions mentionnées ci-dessus de régler la créance et en avise le représentant des salariés. – *[Décr. n° 2005-1677 du 28 déc. 2005, art. 121.]*

Art. R. 625-7 **Les recours prévus à l'article L. 625-6 sont exercés dans le délai d'un mois.** – *[Décr. n° 2005-1677 du 28 déc. 2005, art. 124.]*

CHAPITRE VI DU PLAN DE SAUVEGARDE

SECTION PREMIÈRE DE L'ÉLABORATION DU PROJET DE PLAN

SOUS-SECTION 1 DE LA CONVOCATION DES ASSEMBLÉES

Art. R. 626-1 Pour l'application de l'article L. 626-3, les assemblées sont convoquées conformément aux dispositions du livre II, sous réserve des dispositions de la présente section. – *[Décr. n° 2005-1677 du 28 déc. 2005, art. 125.]*

Art. R. 626-2 Pour les sociétés anonymes et les sociétés en commandite par actions, outre les indications mentionnées aux articles R. 225-66 et R. 225-73, l'avis de convocation doit comporter :

1° La date à laquelle se réunira éventuellement la deuxième assemblée, à défaut pour la première d'avoir atteint le quorum requis ;

2° Le rappel du délai prévu au premier alinéa de l'article R. 626-3.

Le délai entre les deux assemblées est de six jours au moins. – *[Décr. n° 2005-1677 du 28 déc. 2005, art. 126.]*

Art. R. 626-3 Par dérogation à l'article R. 225-72, la demande d'inscription *(Décr. n° 2010-1619 du 23 déc. 2010)* « d'un point ou » d'un projet de résolution par les actionnaires à l'ordre du jour de l'assemblée est envoyée au siège social quinze jours au moins avant la date de l'assemblée réunie sur première convocation. – *[Décr. n° 2005-1677 du 28 déc. 2005, art. 127.]*

Les dispositions du Décr. n° 2010-1619 du 23 déc. 2010 s'appliquent aux assemblées tenues à compter du 1er janv. 2011. Elles sont applicables en Nouvelle-Calédonie et dans les îles Wallis-et-Futuna (Décr. préc., art. 12-II et 13).

SOUS-SECTION 2 *[ABROGÉE]* DU REMPLACEMENT DE DIRIGEANTS DE L'ENTREPRISE

(Abrogée par Décr. n° 2009-160 du 12 févr. 2009, art. 33)

Art. R. 626-4 *Lorsque le ministère public demande, en application de l'article L. 626-4, que l'adoption du plan soit subordonnée au remplacement d'un ou plusieurs dirigeants, il saisit le tribunal par une requête indiquant les faits de nature à motiver cette demande.*

Le président du tribunal fait convoquer, à la diligence du greffier, le ou les dirigeants de la personne morale dont le remplacement est demandé, quinze jours au moins avant l'audience, par acte d'huissier de justice. A cette convocation est jointe la requête du ministère public.

Le tribunal statue après avoir entendu ou dûment appelé, le cas échéant, le débiteur, l'administrateur s'il en a été désigné, le mandataire judiciaire ainsi que les représentants du comité d'entreprise ou, à défaut, des délégués du personnel.

Le jugement est signifié à la diligence du greffier à chaque dirigeant en cause et au représentant légal de la personne morale. Les personnes citées à l'article R. 621-7 ainsi que les représentants du comité d'entreprise ou, à défaut, des délégués du personnel sont avisés de ce jugement. – [Décr. n° 2005-1677 du 28 déc. 2005, art. 128.]

Art. R. 626-5 *L'administrateur s'il en a été désigné ou le mandataire judiciaire convoque les organes sociaux compétents aux fins de délibérer sur la demande de remplacement.*

Le tribunal statue sur le plan au vu de cette délibération. – [Décr. n° 2005-1677 du 28 déc. 2005, art. 129.]

Art. R. 626-6 *Le mandataire prévu au deuxième alinéa de l'article L. 626-4 peut être l'administrateur judiciaire.* – [Décr. n° 2005-1677 du 28 déc. 2005, art. 130.]

SOUS-SECTION 3 DE LA CONSULTATION DES CRÉANCIERS

Art. R. 626-7 *(Décr. n° 2011-236 du 3 mars 2011)* I. – Pour l'application des deuxième et troisième alinéas de l'article L. 626-5, les propositions pour le règlement des dettes sont communiquées par lettre recommandée avec demande d'avis de réception, par le mandataire judiciaire, à chaque créancier consulté ayant déclaré sa créance.

II. – La lettre adressée aux créanciers auxquels sont proposés des délais et remises précise la forme choisie pour la consultation. En cas de consultation individuelle, elle contient la reproduction des dispositions des deux premières phrases du deuxième alinéa de l'article L. 626-5. En cas de consultation collective, elle comporte la convocation prévue à l'article R. 626-8.

Sont joints à cette lettre :

1° Un état de la situation active et passive avec ventilation du passif privilégié et du passif chirographaire ;

2° L'ensemble des propositions relatives au règlement des dettes et l'indication des garanties offertes ;

3° L'avis du mandataire judiciaire ainsi que des contrôleurs s'il en a été nommé.

III. – La lettre adressée aux créanciers auxquels est proposée une conversion de créances en titres donnant ou pouvant donner accès au capital contient la reproduction des dispositions du troisième alinéa de l'article L. 626-5.

Sont joints à cette lettre, outre les éléments d'information mentionnés aux 1°,2° et 3° ci-dessus :

1° Un document établi par l'administrateur ou, s'il n'en a pas été nommé, par le débiteur, exposant l'origine, l'importance et la nature des difficultés de l'entreprise ;

2° Un compte de résultat prévisionnel ;

3° La liste des créanciers destinataires d'une proposition de conversion.

Le Décr. n° 2011-236 du 3 mars 2011 est applicable dans les îles Wallis-et-Futuna (Décr. préc., art. 10).

Art. R. 626-8 Lorsque le mandataire judiciaire décide de recueillir collectivement l'accord des créanciers *(Décr. n° 2011-236 du 3 mars 2011, art. 3-1°)* « auxquels sont proposés des délais de paiement et des remises de dette », ceux-ci sont convoqués à une réunion tenue sous sa présidence, aux lieu, jour et heure fixés dans la lettre mentionnée à l'article R. 626-7. Un avis de convocation peut en outre être inséré dans un journal d'annonces légales du lieu du siège de la personne morale ou de l'adresse de l'entreprise ou de l'activité du débiteur personne physique.

Les créanciers peuvent se faire représenter par une personne munie d'un pouvoir spécial.

Le mandataire judiciaire fait aux créanciers un rapport sur l'état de la procédure ainsi que sur les conditions de la poursuite de l'activité du débiteur depuis son ouverture.

L'accord de chaque créancier présent ou représenté sur les propositions *(Décr. n° 2011-236 du 3 mars 2011, art. 3-2°)* « portant sur des délais et remises » est recueilli par écrit. – *[Décr. n° 2005-1677 du 28 déc. 2005, art. 132.]*

Le Décr. n° 2011-236 du 3 mars 2011 est applicable dans les îles Wallis-et-Futuna (Décr. préc., art. 10).

SOUS-SECTION 4 DU RÈGLEMENT DES CRÉANCES PUBLIQUES

BIBL. GÉN. ▶ Sur le décret du 6 avr. 2009 : TEBOUL, *LPA 20 avr. 2009*. – ROUSSEL GALLE, *Dict. perm. diff. entrep., Bull. n° 303, avr. 2009*. – SERLOOTEN, *Rev. proc. coll. 2009. Étude 10*. ▶ Régime antérieur : LAGARDE, *Gaz. Pal. 2007. Doctr. 853*. – MILSAN, *JCP E 2007. 1901*. – DRIGUEZ, *LPA 3 août 2007* (critère de la concomitance des remises de dettes publiques et privées). – GOURDAIN, *D. 2007. 2546* (remise des créances publiques : le frein de l'art. R. 626-13). – COCHETEUX, *LPA 21 déc. 2007*. – MACORIG-VENIER, *RTD com. 2007. 827*. – RÉTIF, *Dr. et patr. févr. 2008. 30*. – TOGNACCIOLI, *Rev. proc. coll. 2008. 14*.

Art. D. 626-9 *(Décr. n° 2009-385 du 6 avr. 2009)* **Les remises de dettes consenties, pour l'application de l'article L. 626-6, par les administrations financières, les organismes de sécurité sociale, l'institution mentionnée à l'article L. 5312-1 du code du travail pour le compte de l'organisme gestionnaire du régime d'assurance chômage, les institutions régies par le livre IX du code de la sécurité sociale et les institutions régies par le livre VII du code rural et de la pêche maritime sont opérées dans les conditions et selon les modalités définies par les articles D. 626-10 à D. 626-15.**

Les dispositions des art. D. 626-9 à D. 626-15 sont applicables aux demandes en cours d'instruction à la date de publication du Décr. n° 2009-385 du 6 avr. 2009 [JO 8 avr.] (Décr. préc., art. 2).

Art. D. 626-10 *(Décr. n° 2009-385 du 6 avr. 2009)* **Les dettes susceptibles d'être remises correspondent :**

1° Aux pénalités, intérêts de retard, intérêts moratoires, amendes fiscales ou douanières, majorations, frais de poursuite, quel que soit l'impôt ou le produit divers du budget de l'État auquel ces pénalités ou frais s'appliquent ;

2° Aux majorations de retard, frais de poursuite, pénalités et amendes attachés aux cotisations et contributions sociales recouvrées par les organismes de sécurité sociale et par les institutions régies par le livre IX du code de la sécurité sociale et par les institutions régies par le livre VII du code rural et de la pêche maritime ;

3° Aux majorations de retard, frais de poursuite et pénalités attachés aux contributions et cotisations recouvrées par l'institution mentionnée à l'article L. 5312-1 du code du travail pour le compte de l'organisme gestionnaire du régime d'assurance chômage ;

4° Aux cotisations et contributions sociales patronales d'origine légale ou conventionnelle qu'un employeur est tenu de verser au titre de l'emploi de personnel salarié ;

5° Aux droits au principal afférents aux seuls impôts directs perçus au profit de l'État et des collectivités territoriales ;

6° Aux créances de l'État étrangères à l'impôt et au domaine, aux redevances domaniales, aux redevances pour services rendus et aux autres produits divers du budget de l'État.

Les remises de dettes sont consenties par priorité sur les frais de poursuite, les majorations et amendes, puis sur les intérêts de retard et les intérêts moratoires, et enfin sur les droits et les sommes dus au principal. Les dettes dues au principal ne peuvent pas faire l'objet d'une remise totale.

Pour l'entrée en vigueur, V. ss. art. D. 626-9.

Art. D. 626-11 *(Décr. n° 2009-385 du 6 avr. 2009)* **Peuvent être remises les dettes exigibles à la date de réception de la demande de remise, valant saisine de la commission mentionnée à l'article D. 626-14, et dues aux administrations, organismes et institutions mentionnés à l'article D. 626-9.**

Pour l'entrée en vigueur, V. ss. art. D. 626-9.

Art. D. 626-12 *(Décr. n° 2009-385 du 6 avr. 2009)* En cas d'ouverture d'une procédure de conciliation, le débiteur ou le conciliateur saisit, y compris par voie dématérialisée, la commission mentionnée à l'article D. 626-14 de la demande de remise de dettes. Cette saisine a lieu, sous peine de forclusion, dans un délai de deux mois à compter de la date d'ouverture de la procédure.

A. – Cette demande est accompagnée :

1° De l'état actif et passif des sûretés ainsi que de celui des engagements hors bilan ;

2° Des comptes annuels et des tableaux de financement des trois derniers exercices, si ces documents ont été établis, ainsi que de la situation de l'actif réalisable et disponible et du passif exigible ;

3° Du montant des dettes privées. Les dettes privées correspondent à l'ensemble des concours consentis par les créanciers autres que ceux mentionnés à l'article D. 626-9.

B. – Elle peut être utilement complétée par tous documents, notamment :

1° Un plan de trésorerie prévisionnel ;

2° Un état prévisionnel des commandes ;

3° Le montant des remises sollicitées ou obtenues auprès des créanciers privés.

Pour l'entrée en vigueur, V. ss. art. D. 626-9.

Art. D. 626-13 *(Décr. n° 2009-385 du 6 avr. 2009)* En cas d'ouverture d'une procédure de sauvegarde ou de redressement judiciaire, l'administrateur judiciaire ou le mandataire judiciaire saisit, y compris par voie dématérialisée, la commission mentionnée à l'article D. 626-14 de la demande de remise de dettes. Cette saisine a lieu, sous peine de forclusion, dans un délai de deux mois à compter de la date d'ouverture de la procédure.

A. – Cette demande est accompagnée :

1° De l'état actif et passif des sûretés ainsi que de celui des engagements hors bilan ;

2° Des comptes annuels et des tableaux de financement des trois derniers exercices, si ces documents ont été établis, ainsi que de la situation de l'actif réalisable et disponible et du passif exigible ;

3° Du montant des dettes privées. Les dettes privées correspondent à l'ensemble des concours consentis par les créanciers autres que ceux mentionnés à l'article D. 626-9.

B. – Elle peut être utilement complétée par tous documents, notamment :

1° Un plan de trésorerie prévisionnel ;

2° Un état prévisionnel des commandes ;

3° Le montant des remises sollicitées ou obtenues auprès des créanciers privés.

La commission peut également être saisie d'une demande de remise de dettes présentée dans le cadre d'une saisine du tribunal aux fins d'une modification substantielle du plan.

Pour l'entrée en vigueur, V. ss. art. D. 626-9.

Art. D. 626-14 *(Décr. n° 2009-385 du 6 avr. 2009)* Les demandes de remise de dettes sont examinées au sein d'une commission réunissant les chefs des services financiers et les représentants des organismes et institutions intéressés.

La composition et les conditions de fonctionnement de cette commission sont fixées par le décret n° 2007-686 du 4 mai 2007 instituant dans chaque département une commission des chefs des services financiers et des représentants des organismes de sécurité sociale et de l'assurance chômage pour l'examen de la situation des débiteurs retardataires.

Le président de la commission recueille les décisions des administrations, organismes et institutions représentés et en assure la notification. Lorsqu'elle est favo-

rable, la notification précise les montants d'abandon de créances publiques ainsi que les conditions qui y sont attachées vis-à-vis des créanciers privés. Le président peut déléguer sa signature à l'un des membres de la commission.

Le défaut de réponse dans un délai de deux mois à partir de la date de réception de l'ensemble des éléments mentionnés aux articles D. 626-12 et D. 626-13 vaut décision de rejet.

Pour l'entrée en vigueur, V. ss. art. D. 626-9.

Art. D. 626-15 *(Décr. n° 2009-385 du 6 avr. 2009)* **Les remises de dettes ont pour objet de faciliter la restructuration financière de l'entreprise en difficulté, la poursuite de son activité économique et le maintien de l'emploi. La remise de dettes n'est pas justifiée dès lors que l'entreprise n'est plus viable. Elle ne doit pas représenter un avantage économique injustifié pour l'entreprise bénéficiaire. Les efforts des créanciers publics sont coordonnés avec ceux des autres créanciers en vue de faciliter le redressement durable de l'entreprise et permettre le recouvrement de recettes publiques futures.**

La recevabilité de la demande de remise est subordonnée à la constatation que le débiteur, ou, s'il est une personne morale, ses organes ou ses représentants, n'a pas fait l'objet depuis au moins dix ans d'une condamnation définitive pour l'une des infractions sanctionnées par les articles L. 8224-1, L. 8224-2, L. 8224-3 et L. 8224-5 du code du travail.

L'examen de la demande est effectué en tenant compte :

– des efforts consentis par les créanciers autres que ceux mentionnés à l'article D. 626-9 ;

– des efforts financiers consentis par les actionnaires et les dirigeants ;

– de la situation financière du débiteur et des perspectives de son rétablissement pérenne ;

– du comportement habituel du débiteur vis-à-vis des créanciers mentionnés à l'article D. 626-9 ;

– des éventuels autres efforts consentis par ces créanciers portant sur les cessions de rang de privilège ou d'hypothèque ou l'abandon de ces sûretés ou les délais de paiement déjà accordés.

Pour l'entrée en vigueur, V. ss. art. D. 626-9.

Décret n° 2007-154 du 5 février 2007,

Désignant les autorités compétentes au sein des administrations financières pour statuer sur les demandes de remise présentées en application de l'article L. 626-6 du code de commerce.

Art. 1er En ce qui concerne les administrations financières, le pouvoir de statuer sur les demandes de remise présentées dans le cadre de la procédure définie par le décret *[n° 2007-153]* du 5 février 2007 susvisé *[art. D. 626-9 à D. 626-15 C. com.]*, pris en application de l'article L. 626-6 du code de commerce, appartient :

1° S'agissant des impôts directs et des pénalités fiscales, d'une part, et des frais de poursuites afférents aux impôts recouvrés par les comptables des impôts, d'autre part, au directeur chargé d'une direction des services fiscaux ou au directeur chargé d'un service à compétence nationale ou d'une direction spécialisée pour les créances établies à l'initiative de ces services ;

2° S'agissant des frais de poursuites, intérêts moratoires et majorations afférents aux impôts recouvrés par les comptables du Trésor, au trésorier-payeur général, au receveur des finances ou aux comptables du Trésor ;

3° S'agissant des créances recouvrées par les services de la direction générale des douanes et droits indirects, au directeur régional des douanes et droits indirects ;

4° S'agissant des produits divers du budget de l'État, majorations, frais de poursuites et intérêts y afférents, au trésorier-payeur général ou au comptable qui a pris en charge les ordres de recettes ;

5° S'agissant des frais de poursuites afférents aux produits et redevances du domaine de l'État recouvrés par les comptables du Trésor, au trésorier-payeur général ou au comptable spécialisé du Domaine.

Les responsables mentionnés aux alinéas précédents peuvent déléguer leur signature aux agents placés sous leur autorité.

SECTION II DU JUGEMENT ARRÊTANT LE PLAN ET DE L'EXÉCUTION DU PLAN

SOUS-SECTION 1 DE L'ARRÊTÉ DU PLAN

Art. R. 626-17 Dès le dépôt au greffe du projet de plan par le débiteur, le greffier convoque, par lettre recommandée avec demande d'avis de réception, le débiteur, les représentants du comité d'entreprise ou, à défaut, des délégués du personnel et les contrôleurs.

Le ministère public ainsi que l'administrateur et le mandataire judiciaire sont avisés de la date de l'audience. – *[Décr. n° 2005-1677 du 28 déc. 2005, art. 133.]*

Art. R. 626-18 Le tribunal statue avant l'expiration des délais prévus à l'article L. 621-3.

Lorsqu'il n'est pas présenté de projet de plan en temps utile, le tribunal peut être saisi aux fins de clôture de la procédure par le ministère public, par tout créancier ou par les mandataires de justice. Il statue, le débiteur ayant été entendu ou appelé.

Le jugement de clôture est notifié au débiteur et fait l'objet des publicités prévues à l'article R. 621-8.

La clôture de la procédure est prononcée dans les conditions de l'article L. 626-9.

Les mandataires de justice déposent sans délai un compte rendu de fin de mission dans les conditions des articles R. 626-39 et R. 626-40. L'article R. 626-41 est applicable. – *[Décr. n° 2005-1677 du 28 déc. 2005, art. 134.]*

Art. R. 626-19 Les seuils fixés en application de l'article L. 626-9 au-delà desquels les débats relatifs à l'arrêté du plan doivent avoir lieu en présence du ministère public sont ceux fixés à l'article R. 621-11. – *[Décr. n° 2005-1677 du 28 déc. 2005, art. 135.]*

Art. R. 626-20 Le jugement arrêtant le plan est communiqué par le greffier aux personnes mentionnées au 3° de l'article R. 621-7 et fait l'objet des publicités prévues à l'article R. 621-8. – *[Décr. n° 2005-1677 du 28 déc. 2005, art. 136.]*

(Décr. n° 2009-160 du 12 févr. 2009, art. 34) « Si le plan est toujours en cours à l'expiration d'un délai de deux ans à compter de son arrêté, les mentions relatives à la procédure et à l'exécution du plan sont, à l'initiative du débiteur, radiées des registres ou répertoires sur lesquels elles ont été portées. Cette radiation fait obstacle à toute nouvelle mention relative à l'exécution du plan.

« Les dispositions de l'alinéa qui précède ne sont pas applicables aux mentions relatives aux mesures d'inaliénabilité décidées par le tribunal et aux décisions prononçant la résolution du plan. »

Les dispositions de l'art. 34 du Décr. n° 2009-160 du 12 févr. 2009 sont applicables aux plans de sauvegarde en cours d'exécution à la date d'entrée en vigueur du Décr. n° 2009-1661 du 28 déc. 2009 relatif aux frais de justice en matière commerciale et aux auxiliaires de justice [JO 30 déc.] (Décr. n° 2009-160 du 12 févr. 2009, art. 155-I, mod. par Décr. n° 2009-1661 du 28 déc. 2009, art. 8).

Sur la radiation d'office du registre du commerce et des sociétés des mentions relatives à la procédure de sauvegarde lorsque le plan de sauvegarde est toujours en cours à l'expiration d'un délai de trois ans à compter de son arrêté, V. C. com., art. R. 123-135 (4°).

Art. R. 626-21 Le jugement arrêtant ou rejetant le plan est notifié au débiteur et aux représentants du comité d'entreprise ou, à défaut, des délégués du personnel et porté à la connaissance du ministère public et des mandataires de justice par le greffier, dans les huit jours de la date du jugement. Il est en outre notifié par le greffier à toute personne tenue de l'exécuter, conformément à l'article L. 626-10. – *[Décr. n° 2005-1677 du 28 déc. 2005, art. 137.]*

Art. R. 626-22 Lorsque la décision rejetant le plan est devenue définitive et qu'il n'a pas été fait application des dispositions du deuxième *(Décr. n° 2009-160 du 12 févr. 2009, art. 35)* « ou du troisième » alinéa de l'article L. 622-10, le tribunal se saisit d'office aux fins de clôture de la procédure. Il statue dans les conditions de l'article L. 626-9.

Le jugement de clôture est notifié au débiteur et fait l'objet des publicités prévues à l'article R. 621-8.

Les mandataires de justice déposent sans délai un compte rendu de fin de mission dans les conditions des articles R. 626-39 et R. 626-40. L'article R. 626-41 est applicable. – *[Décr. n° 2005-1677 du 28 déc. 2005, art. 138.]*

SOUS-SECTION 2 DE L'EXÉCUTION DU PLAN

Art. R. 626-23 Le tribunal qui a arrêté le plan demeure compétent pour connaître des conditions de son exécution nonobstant le changement du lieu du siège social de la personne morale ou de l'adresse de l'entreprise ou de l'activité du débiteur personne physique. – *[Décr. n° 2005-1677 du 28 déc. 2005, art. 139.]*

Art. R. 626-24 Pour l'application de l'article L. 626-13, le débiteur justifie de la levée de l'interdiction d'émettre des chèques auprès de l'établissement de crédit qui est à l'origine de cette mesure par la remise d'une copie du jugement arrêtant le plan, à laquelle il joint un relevé des incidents de paiement.

L'établissement de crédit qui est à l'origine de l'interdiction informe la Banque de France de la levée de cette interdiction aux fins de régularisation. – *[Décr. n° 2005-1677 du 28 déc. 2005, art. 140.]*

Art. R. 626-25 La mesure d'inaliénabilité prévue à l'article L. 626-14 est, à la diligence du commissaire à l'exécution du plan, mentionnée aux registres publics sur lesquels les biens déclarés inaliénables et les droits qui les grèvent sont inscrits ou, à défaut, aux registres mentionnés à l'article R. 621-8.

La publicité mentionne la durée de l'inaliénabilité. – *[Décr. n° 2005-1677 du 28 déc. 2005, art. 141.]*

Art. R. 626-26 Lorsqu'en application de l'article L. 626-14, la décision arrêtant ou modifiant le plan prononce l'inaliénabilité temporaire de biens mobiliers d'équipement du débiteur, et est passée en force de chose jugée, le commissaire à l'exécution du plan demande l'inscription de la mesure d'inaliénabilité sur le registre prévu à l'article R. 143-9. – *[Décr. n° 51-194 du 17 févr. 1951, art. 8.]*

Art. R. 626-27 Le commissaire à l'exécution du plan présente une copie de la décision rendue au greffier du tribunal de commerce dans le ressort duquel le débiteur, personne morale, a son siège ou le débiteur, personne physique, a déclaré l'adresse de son entreprise ou de son activité. Y sont joints les bordereaux d'inscription qui contiennent :

1° Les nom, prénoms et l'adresse de l'entreprise ou de l'activité du débiteur s'il s'agit d'une personne physique, la dénomination sociale ou commerciale et l'adresse du siège du débiteur s'il s'agit d'une personne morale, les mentions prévues aux 1° et 2° de l'article R. 123-237 ou le numéro d'immatriculation au répertoire des métiers ;

2° La date de la décision rendue ;

3° La désignation sommaire des biens d'équipement frappés d'inaliénabilité temporaire, le lieu où ils se trouvent entreposés, l'indication, le cas échéant, qu'ils peuvent être déplacés ;

4° La durée de la mesure d'inaliénabilité. – *[Décr. n° 51-194 du 17 févr. 1951, art. 9, al. 1er à 5.]*

Art. R. 626-28 Le greffier porte sur les bordereaux la mention de la date à laquelle l'inscription est effectuée et le numéro sous lequel elle est portée au registre mentionné à l'article R. 626-26.

Les bordereaux sont établis, conservés et l'un d'eux remis au débiteur dans les conditions prévues aux articles R. 525-2, R. 525-3 et R. 525-5.

Le greffier tient un fichier alphabétique des débiteurs avec l'indication des numéros des inscriptions les concernant. – *[Décr. n° 51-194 du 17 févr. 1951, art. 9, al. 6 à 8.]*

Art. R. 626-29 Les bordereaux reçoivent un numéro d'entrée au moment où ils sont produits.

Ces pièces sont enregistrées sur le registre mentionné à l'article R. 626-26 ; il est délivré un récépissé extrait dudit registre mentionnant :

1° Le numéro d'entrée apposé sur les pièces comme il est dit au premier alinéa ;

2° La date du dépôt des pièces ;

3° Le nombre et la nature des pièces avec l'indication du but de ce dépôt ;

4° Le nom ou la dénomination du débiteur ;

5° La nature et la situation des biens inaliénables et, éventuellement, la mention qu'ils peuvent être déplacés. – *[Décr. n° 51-194 du 17 févr. 1951, art. 10.]*

Art. R. 626-30 Le greffier mentionne, en marge du bordereau d'inscription, la radiation totale ou partielle de la mesure d'inaliénabilité portant sur des biens dont le tribunal a autorisé l'aliénation en application du premier alinéa de l'article L. 626-14.

Lorsque le délai fixé pour la mesure d'inaliénabilité temporaire décidée par le jugement est expiré, le greffier mentionne d'office en marge de l'inscription, la radiation de celle-ci. Il délivre un certificat de radiation au débiteur qui le demande.

Il est tenu de délivrer à tous ceux qui le requièrent l'état des inscriptions existantes avec la mention, le cas échéant, des radiations partielles.

Les frais de radiation sont inclus dans le coût de l'inscription. – *[Décr. n° 51-194 du 17 févr. 1951, art. 11.]*

Art. R. 626-31 Le tribunal statue sur l'autorisation prévue à l'article L. 626-14 sur requête du débiteur au vu du rapport du commissaire à l'exécution du plan.

Sa décision est notifiée au débiteur et communiquée au ministère public et au commissaire à l'exécution du plan. Elle est soumise aux recours prévus à l'encontre des décisions modifiant le plan. – *[Décr. n° 2005-1677 du 28 déc. 2005, art. 142.]*

Art. R. 626-32 Pour l'application de l'article L. 626-16, les assemblées compétentes sont convoquées dans les formes et délais prévus aux articles R. 626-1 à R. 626-3. – *[Décr. nº 2005-1677 du 28 déc. 2005, art. 143.]*

Art. R. 626-33 Le délai d'un an prévu au *(Décr. nº 2011-236 du 3 mars 2011, art. 4)* « quatrième » alinéa de l'article L. 626-18 court à compter du jour du jugement arrêtant le plan. – *[Décr. nº 2005-1677 du 28 déc. 2005, art. 144.]*

Le Décr. nº 2011-236 du 3 mars 2011 est applicable dans les îles Wallis-et-Futuna (Décr. préc., art. 10).

Art. R. 626-34 Le montant maximal de chaque créance remboursable sans remise ni délai en application du II de l'article L. 626-20 est de 300 €. – *[Décr. nº 2005-1677 du 28 déc. 2005, art. 145.]*

Art. R. 626-35 La demande de substitution de garanties prévue à l'article L. 626-22 est faite par le débiteur au créancier en cause. A défaut d'accord de celui-ci, elle peut être demandée au tribunal par requête.

Le tribunal statue, le débiteur, le créancier et le commissaire à l'exécution du plan entendus ou dûment appelés.

Le débiteur procède à ses frais à la radiation et à l'inscription des sûretés. La radiation ne peut intervenir qu'après constitution de la garantie substituée. – *[Décr. nº 2005-1677 du 28 déc. 2005, art. 146.]*

Art. R. 626-36 Après le versement à la Caisse des dépôts et consignations fait en application de l'article L. 626-22, des paiements provisionnels peuvent être effectués dans les conditions définies au deuxième alinéa de l'article L. 622-8. Le commissaire à l'exécution du plan répartit le prix entre les créanciers, effectue le paiement et procède à la radiation des inscriptions.

En cas de vente d'un immeuble, le prix est versé après l'accomplissement par l'acquéreur des formalités de purge des hypothèques prescrites par les articles 2476 et suivants du code civil et suivant la procédure d'ordre définie aux articles R. 643-3 à R. 643-14.

Les créanciers inscrits du chef d'un précédent propriétaire et titulaires d'un droit de suite sont avertis par le commissaire à l'exécution du plan par lettre recommandée avec demande d'avis de réception qu'ils ont l'obligation de produire leur créance à la procédure d'ordre dans le délai d'un mois à compter de l'avertissement.

La production de la créance mentionne la sûreté inscrite sur le bien. Un décompte des sommes dues en principal, intérêts et accessoires et les documents justificatifs sont joints à la production.

A défaut de production dans le délai mentionné au troisième alinéa, le créancier est déchu des droits de participer à la distribution.

En cas de réduction des dividendes, en application du deuxième alinéa de l'article L. 626-22, l'état de collocation dressé par le commissaire à l'exécution du plan mentionne les modalités de calcul de cette réduction. – *[Décr. nº 2005-1677 du 28 déc. 2005, art. 147.]*

Art. R. 626-37 Le recours prévu à l'article R. 643-11 est ouvert au débiteur. Le greffier adresse à celui-ci une copie de l'état de collocation. Cet avis précise le délai et les modalités du recours. – *[Décr. nº 2005-1677 du 28 déc. 2005, art. 148.]*

Art. R. 626-38 L'administrateur rend compte au juge-commissaire de l'exécution des actes permettant la mise en œuvre du plan conformément à l'article L. 626-24.

Le mandataire judiciaire rend compte de sa mission au juge-commissaire qui met fin à celle-ci, après avoir constaté l'achèvement de la vérification des créances et le versement des sommes dues aux salariés en application de l'article L. 143-11-7 du code du travail. – *[Décr. n° 2005-1677 du 28 déc. 2005, art. 150.]*

Art. R. 626-39 Lorsque l'administrateur ou le mandataire judiciaire a accompli sa mission, il dépose au greffe un compte rendu de fin de mission. Tout intéressé peut en prendre connaissance.

Ce compte rendu est communiqué par le greffier au ministère public et notifié par le mandataire de justice au débiteur et aux contrôleurs par lettre recommandée avec demande d'avis de réception. Cette notification précise qu'ils peuvent former des observations devant le juge-commissaire dans un délai de quinze jours.

Le juge-commissaire approuve le compte rendu de fin de mission, le cas échéant au vu des observations présentées. Il peut demander au mandataire de justice de lui produire tout justificatif. Sa décision est déposée au greffe. Elle n'est pas susceptible de recours. – *[Décr. n° 2005-1677 du 28 déc. 2005, art. 151.]*

Art. R. 626-40 Le compte rendu de fin de mission comporte :

1° La reddition des comptes telle qu'elle ressort de l'édition analytique du mandat dans la comptabilité spéciale de l'administrateur ou du mandataire judiciaire. Le classement analytique distingue, par nature, les opérations de recettes et dépenses ;

2° Le détail des débours et des émoluments perçus tels qu'ils ont été arrêtés, avec la référence au tarif prévu par les textes ;

3° Les rétributions que le mandataire de justice a prélevées sur sa rémunération au profit d'un intervenant extérieur au titre du mandat, en application des articles L. 811-1 et L. 812-1 ;

(Décr. n° 2009-160 du 12 févr. 2009, art. 36) « 4° La rémunération des experts désignés par le tribunal et des techniciens désignés par le juge-commissaire, y compris les officiers publics ou ministériels. » – *[Décr. n° 2005-1677 du 28 déc. 2005, art. 152.]*

Art. R. 626-41 Dès le dépôt au greffe du compte rendu de fin de mission des mandataires de justice, le greffier adresse au débiteur, aux contrôleurs ainsi qu'au ministère public le compte détaillé de ses émoluments, de ses frais et de ses débours établi selon les dispositions des articles R. 743-140 à R. 743-157. Ce compte est déposé au greffe et annexé à celui des mandataires de justice. Il est complété si le greffier est appelé à régler postérieurement d'autres frais. – *[Décr. n° 2005-1677 du 28 déc. 2005, art. 153.]*

Art. R. 626-42 Lorsque le compte rendu de fin de mission de l'administrateur et du mandataire judiciaire a été approuvé, la procédure fait l'objet d'une ordonnance de clôture rendue par le président du tribunal.

Cette décision est une mesure d'administration judiciaire non susceptible de recours.

Elle est communiquée aux personnes citées à l'article R. 621-7 et mentionnée aux registres et répertoires prévus à l'article R. 621-8. – *[Décr. n° 2005-1677 du 28 déc. 2005, art. 154.]*

Art. R. 626-43 Sans préjudice des dispositions de l'article R. 626-51, le commissaire à l'exécution du plan fait un rapport annuel sur l'exécution des engagements du débiteur et sur les paiements et répartitions auxquels il a procédé. Ce rapport est déposé au greffe, communiqué au ministère public et tenu à la disposition de tout créancier. – *[Décr. n° 2005-1677 du 28 déc. 2005, art. 149.]*

Art. R. 626-44 Lorsque le remplacement du commissaire à l'exécution du plan est demandé par le ministère public ou que le tribunal se saisit d'office aux mêmes fins, la convocation de l'intéressé est faite selon le cas dans les formes et selon la procédure prévues à l'article R. 631-3 ou R. 631-4. – *[Décr. nº 2005-1677 du 28 déc. 2005, art. 155.]*

(Décr. nº 2009-160 du 12 févr. 2009, art. 37) « La demande de remplacement présentée par le commissaire à l'exécution du plan est formée par lettre simple. L'ordonnance rendue par le président du tribunal est communiquée au ministère public par le greffier, qui en avise, par lettre simple, le commissaire à l'exécution du plan qui est remplacé, celui désigné pour le remplacer ainsi que le débiteur. »

Art. R. 626-45 La demande présentée par le débiteur en application de l'article L. 626-26 est faite par déclaration au greffe.

Le greffier convoque, par lettre recommandée avec demande d'avis de réception, le débiteur, les contrôleurs, les représentants du comité d'entreprise ou, à défaut, des délégués du personnel qui sont désignés conformément à l'article R. 621-2. Il avise de la date de l'audience le ministère public ainsi que le commissaire à l'exécution du plan.

Lorsque la modification porte sur les modalités d'apurement du passif, le greffier en informe les créanciers intéressés par lettre recommandée avec demande d'avis de réception. Ceux-ci disposent alors d'un délai de quinze jours pour faire valoir leurs observations par lettre recommandée avec demande d'avis de réception au commissaire à l'exécution du plan.

Le jugement est notifié conformément aux dispositions de l'article R. 626-21. – *[Décr. nº 2005-1677 du 28 déc. 2005, art. 156.]*

Sur la notion de « créanciers intéressés », V. *obs. Soinne.*
• Paris, 21 juin 1996 : *Rev. proc. coll. 1996. 452,*

Art. R. 626-46 Une copie du jugement modifiant le plan est adressée par le greffier aux personnes mentionnées au 3° de l'article R. 621-7. Le jugement fait l'objet des publicités prévues à l'article R. 621-8. – *[Décr. nº 2005-1677 du 28 déc. 2005, art. 157.]*

Art. R. 626-47 Le commissaire à l'exécution du plan signale, dans un rapport adressé au président du tribunal et au ministère public, l'inexécution du plan de la part du débiteur ou de toute autre personne.

Le rapport fait état des observations du débiteur et propose éventuellement les solutions qui seraient de nature à permettre l'exécution du plan.

Le commissaire à l'exécution du plan rend compte de sa mission au président du tribunal. – *[Décr. nº 2005-1677 du 28 déc. 2005, art. 158.]*

Les art. 158 et 159 du Décr. nº 2005-1677 du 28 déc. 2005 [C. com., art. R. 626-47 et R. 626-48] sont applicables aux procédures en cours au 1er janv. 2006 en ce qu'ils s'appliquent au redressement judiciaire (Décr. préc., art. 361).

Art. R. 626-48 En application du I de l'article L. 626-27, le tribunal est saisi aux fins de résolution du plan par voie de requête ou, le cas échéant, dans les formes et selon la procédure prévue à l'article R. 631-3 ou R. 631-4. Il statue dans les conditions de l'article L. 626-9, le commissaire à l'exécution du plan étant entendu ou dûment appelé et présentant son rapport en lieu et place de celui de l'administrateur.

Lorsque le tribunal décide la résolution du plan en application du *(Décr. nº 2009-160 du 12 févr. 2009, art. 38)* « troisième » alinéa du I de l'article L. 626-27, il *(Décr. nº 2009-160 du 12 févr. 2009, art. 38)* « ouvre, dans le même jugement, une procédure, selon le cas, de redressement judiciaire ou de » liquidation judiciaire du

débiteur. — *Les dispositions du Décr. nº 2009-160 du 12 févr. 2009 sont applicables aux plans de sauvegarde en cours d'exécution au 15 févr. 2009 (art. 155-I).*

Le jugement est signifié à la diligence du greffier dans les huit jours de son prononcé aux personnes qui ont qualité pour interjeter appel, à l'exception du ministère public.

Il est communiqué aux personnes mentionnées à l'article R. 621-7.

Le jugement qui décide la résolution du plan fait l'objet des publicités prévues à l'article R. 621-8. — *[Décr. nº 2005-1677 du 28 déc. 2005, art. 159.]*

V. note ss. art. R. 626-47.

Art. R. 626-49 **Pour l'application du III de l'article L. 626-27, le commissaire à l'exécution du plan transmet au greffier la liste des créances admises à ce plan en déduisant, pour chacune d'elles, les sommes déjà perçues. Le greffier porte cette liste sur l'état des créances de la nouvelle procédure.** — *[Décr. nº 2005-1677 du 28 déc. 2005, art. 159-1.]*

Art. R. 626-50 **Lorsqu'il est saisi en application de l'article L. 626-28, le tribunal statue au vu d'un rapport établi par le commissaire à l'exécution du plan.**

La décision du tribunal est communiquée au ministère public.

A l'initiative du débiteur, les décisions relatives à la procédure sont radiées des registres sur lesquels elles ont été portées. — *[Décr. nº 2005-1677 du 28 déc. 2005, art. 160.] — Sur la radiation d'office du registre du commerce et des sociétés, V. art. R. 123-135 (3º).*

Art. R. 626-51 **Dans les deux mois qui suivent l'achèvement de sa mission, le commissaire à l'exécution du plan dépose un compte rendu de fin de mission dans les conditions des articles R. 626-39 et R. 626-40. L'article R. 626-41 est applicable.** — *[Décr. nº 2005-1677 du 28 déc. 2005, art. 161.]*

SECTION III DES COMITÉS DE CRÉANCIERS

Art. R. 626-52 **Les seuils fixés en application de l'article L. 626-29 sont de 150 salariés et de 20 millions d'euros de chiffre d'affaires.**

Ils sont définis conformément aux dispositions du deuxième et du troisième alinéa de l'article R. 621-11. — *[Décr. nº 2005-1677 du 28 déc. 2005, art. 162.]*

Art. R. 626-53 **Lorsque le tribunal n'a pas désigné d'administrateur et que le juge-commissaire autorise qu'il soit fait application des dispositions des articles L. 626-29 à L. 626-35, le juge-commissaire désigne un administrateur aux fins d'exercer les missions qui lui sont dévolues par les articles L. 626-30** *(Décr. nº 2009-160 du 12 févr. 2009, art. 39)* **« à » L. 626-33.** — *[Décr. nº 2005-1677 du 28 déc. 2005, art. 163.]*

Art. R. 626-54 **La décision par laquelle le juge-commissaire autorise qu'il soit fait application des dispositions des articles L. 626-29 à L. 626-35 est une mesure d'administration judiciaire non susceptible de recours.** — *[Décr. nº 2005-1677 du 28 déc. 2005, art. 163-1.]*

Art. R. 626-55 *(Décr. nº 2009-160 du 12 févr. 2009, art. 40)* **L'administrateur avise chacun des créanciers mentionné***[s]* **au deuxième alinéa de l'article L. 626-30 qu'il est membre de droit du comité des établissements de crédit.**

Les établissements de crédit et assimilés sont ceux mentionnés à l'article L. 511-1 du code monétaire et financier, les institutions mentionnées à l'article L. 518-1 du même code, les établissements intervenant en libre établissement ou en libre presta-

tion de services sur le territoire des États parties à l'accord sur l'Espace économique européen mentionnés au livre V du même code et toute autre entité auprès de laquelle le débiteur a conclu une opération de crédit.

Art. R. 626-56 Pour déterminer la composition du comité des principaux fournisseurs, est pris en compte le montant des créances *(Décr. nº 2009-160 du 12 févr. 2009, art. 41)* « toutes taxes comprises » existant à la date du jugement d'ouverture.

A cette fin, le débiteur remet sans délai à l'administrateur la liste des créances de ses fournisseurs ainsi que le montant de chacune d'entre elles, certifié par son ou ses commissaires aux comptes ou, lorsqu'il n'en a pas été désigné, établi par son expert-comptable.

(Décr. nº 2009-160 du 12 févr. 2009, art. 41) « L'administrateur avise chaque fournisseur dont les créances représentent plus de 3 % du total des créances toutes taxes comprises des fournisseurs qu'il est membre de droit du comité des principaux fournisseurs. » – *[Décr. nº 2005-1677 du 28 déc. 2005, art. 165.]*

Art. R. 626-57 *(Décr. nº 2009-160 du 12 févr. 2009, art. 42)* « Au plus tard quinze jours avant la présentation au comité des principaux fournisseurs des propositions du débiteur, l'administrateur peut demander à tout fournisseur dont les créances ne représentent pas plus de 3 % du total des créances toutes taxes comprises des fournisseurs d'être membre de ce comité. »

A défaut d'une acceptation écrite adressée à l'administrateur dans un délai de huit jours à compter de la réception de l'avis, le fournisseur sollicité est réputé avoir refusé. – *[Décr. nº 2005-1677 du 28 déc. 2005, art. 166.]*

Art. R. 626-57-1 *(Décr. nº 2009-160 du 12 févr. 2009, art. 43)* Pour l'application du troisième alinéa de l'article L. 626-30-1, le transfert d'une créance née antérieurement au jugement d'ouverture est porté à la connaissance de l'administrateur par lettre recommandée avec demande d'avis de réception.

Art. R. 626-57-2 *(Décr. nº 2009-160 du 12 févr. 2009, art. 43)* Le créancier membre d'un comité qui entend soumettre des propositions en application de l'article L. 626-30-2 transmet celles-ci, par tout moyen, au débiteur et à l'administrateur. Le débiteur, avec le concours de l'administrateur, apprécie s'il y a lieu de les soumettre au comité de créanciers.

Art. R. 626-58 *(Décr. nº 2011-236 du 3 mars 2011, art. 5)* Huit jours avant la date du vote, l'administrateur arrête le montant, calculé toutes taxes comprises, des créances détenues par les membres du comité appelés à se prononcer. A la même date, il dresse la liste des créances qui, en application du cinquième alinéa de l'article L. 626-30-2, n'ouvrent pas droit à participer au vote. Cette liste est portée à la connaissance des créanciers présents ou représentés le jour du vote.

En présence d'une clause d'indexation du taux d'intérêt, le montant des intérêts restant à échoir au jour du jugement d'ouverture de la procédure est calculé au taux applicable à la date de ce jugement. Les créances en monnaie étrangère sont converties en euros selon le cours du change à la date du même jugement.

Le Décr. nº 2011-236 du 3 mars 2011 est applicable dans les îles Wallis-et-Futuna (Décr. préc., art. 10).

Art. R. 626-59 L'administrateur invite le mandataire judiciaire et les représentants du comité d'entreprise ou, à défaut, des délégués du personnel à présenter leurs observations à chacun des comités avant que ceux-ci ne se prononcent sur le projet de plan. – *[Décr. nº 2005-1677 du 28 déc. 2005, art. 168.]*

Art. R. 626-60 *(Décr. n° 2009-160 du 12 févr. 2009, art. 45)* Pour l'application de l'article L. 626-32, un avis de convocation de l'assemblée générale des obligataires est inséré à l'initiative de l'administrateur dans un journal habilité à recevoir les annonces légales dans le département du siège social du débiteur et, en outre, si le débiteur a fait publiquement appel à l'épargne ou si toutes ses obligations ne revêtent pas la forme nominative, au *Bulletin des annonces légales obligatoires*. Cet avis contient les indications prévues à l'article R. 228-66 et l'indication du lieu mentionné à l'article R 626-61.

Si toutes les obligations émises par le débiteur sont nominatives, les insertions prévues à l'alinéa précédent peuvent être remplacées par une convocation adressée à chaque obligataire par lettre simple ou recommandée. Dans le cas d'obligations indivises, les convocations sont adressées à tous les co-indivisaires. Lorsque les obligations sont grevées d'un usufruit, la convocation est adressée au nu-propriétaire.

Le délai entre la date soit de l'insertion contenant l'avis de convocation, soit de l'envoi des lettres de convocation et la date du vote par l'assemblée générale des obligataires est au moins de quinze jours.

Art. R. 626-61 *(Décr. n° 2009-160 du 12 févr. 2009, art. 45)* Chaque obligataire a le droit, pendant le délai de quinze jours qui précède la réunion de l'assemblée générale, de prendre par lui-même ou par mandataire, en tout lieu fixé par la convocation, connaissance du projet de plan *(Abrogé par Décr. n° 2011-236 du 3 mars 2011, art. 6) « adopté par les comités de créanciers »*.

Le débiteur, avec le concours de l'administrateur, présente à l'assemblée générale des obligataires le projet de plan adopté par les comités de créanciers.

Le Décr. n° 2011-236 du 3 mars 2011 est applicable dans les îles Wallis-et-Futuna (Décr. préc., art. 10).

Art. R. 626-61-1 *(Décr. n° 2011-236 du 3 mars 2011, art. 7)* Huit jours avant la date de réunion de l'assemblée générale, l'administrateur arrête le montant des créances qui ouvrent droit à participer au vote. Il est fait application du second alinéa de l'article R. 626-58.

Le Décr. n° 2011-236 du 3 mars 2011 est applicable dans les îles Wallis-et-Futuna (Décr. préc., art. 10).

Art. R. 626-62 *(Décr. n° 2009-160 du 12 févr. 2009, art. 45)* L'administrateur est seul compétent pour décider des modalités de déroulement du vote par les comités et l'assemblée générale des obligataires. S'il décide que le vote a lieu à bulletin secret, sa décision ne peut faire l'objet d'aucune contestation. Sont scrutateurs de l'assemblée ou du comité les deux obligataires ou créanciers titulaires des créances les plus importantes et acceptant cette fonction.

Art. R. 626-63 *(Décr. n° 2009-160 du 12 févr. 2009, art. 45)* Le délai pour former les contestations relatives à l'application des articles L. 626-30 à L. 626-32 est de dix jours à compter du vote du comité de créanciers ou de l'assemblée générale des obligataires dont est membre l'auteur de la contestation. A peine d'irrecevabilité, les contestations sont formées par déclaration déposée au greffe contre récépissé. Une copie de la déclaration est adressée par lettre simple au débiteur et à l'administrateur par le greffier.

Le greffier convoque l'auteur de la contestation, par lettre simple, à l'audience au cours de laquelle il sera débattu de l'arrêté ou de la modification du plan.

L'audience ne peut avoir lieu moins de cinq jours après l'expiration du délai imparti pour former les contestations.

Le jugement est notifié, par le greffier, à l'auteur de la contestation.

CHAPITRE VII DISPOSITIONS PARTICULIÈRES EN L'ABSENCE D'ADMINISTRATEUR JUDICIAIRE

Art. R. 627-1 En l'absence d'administrateur, le cocontractant adresse au débiteur la mise en demeure prévue à l'article L. 622-13, par lettre recommandée avec demande d'avis de réception. Il en informe simultanément le mandataire judiciaire en lui adressant copie de cette mise en demeure par lettre recommandée avec demande d'avis de réception.

Le mandataire judiciaire doit, sans délai, faire part de son avis au débiteur et au cocontractant.

A défaut de réponse du mandataire dans le délai de quinze jours à compter de la réception par le débiteur de la mise en demeure, ce dernier peut saisir le juge-commissaire.

(Décr. n° 2009-160 du 12 févr. 2009, art. 46) « La saisine du juge-commissaire suspend le délai de réponse prévu au 1° du III de l'article L. 622-13. Le greffier avise le cocontractant de cette saisine et de son effet suspensif.

« Les dispositions de l'article R. 622-13 sont applicables lorsque le débiteur exerce la faculté ouverte à l'administrateur de demander la résiliation des contrats en cours. Le débiteur joint à sa requête l'avis conforme du mandataire judiciaire s'il l'a obtenu. Le greffier avise le mandataire judiciaire, aux lieu et place de l'administrateur, de la date de l'audience. » – *[Décr. n° 2005-1677 du 28 déc. 2005, art. 169.]*

CHAPITRE VIII DE LA SAUVEGARDE FINANCIÈRE ACCÉLÉRÉE

(Décr. n° 2011-236 du 3 mars 2011, art. 8)

Le Décr. n° 2011-236 du 3 mars 2011, dont sont issus les art. R. 628-1 à R. 628-14 ci-dessous, est applicable dans les îles Wallis-et-Futuna (Décr. préc., art. 10).

Art. R. 628-1 La procédure de sauvegarde financière accélérée est soumise aux dispositions réglementaires applicables à la procédure de sauvegarde, à l'exception des articles R. 621-20, R. 626-17, R. 626-18 et R. 626-22, et sous réserve des dispositions du présent chapitre.

SECTION PREMIÈRE DE L'OUVERTURE DE LA PROCÉDURE

Art. R. 628-2 La demande d'ouverture de la procédure est régie par les dispositions de l'article R. 621-1.

Pour l'application du premier alinéa du même article, elle expose également les éléments démontrant que le projet de plan remplit les conditions prévues par le deuxième alinéa de l'article L. 628-1. Pour l'application du 5° du même article, l'état chiffré des dettes distingue les dettes qui ne seront pas soumises aux effets de la procédure en cas d'ouverture et, parmi les autres, celles ayant fait l'objet d'une négociation dans le cadre de la procédure de conciliation en cours.

Sont également joints :

1° Une copie de la décision d'ouverture de la procédure de conciliation ;

2° Un tableau de financement et, lorsque le débiteur établit des comptes consolidés, un tableau des flux de trésorerie ;

3° Un budget de trésorerie pour les trois mois à venir ;

4° Un plan de financement prévisionnel ;

5° Le projet de plan mentionné au deuxième alinéa de l'article L. 628-1.

Les documents prévus aux 2° à 4° sont datés, signés et certifiés sincères et véritables par le débiteur. Ils sont établis à la date de la demande ou dans les sept jours qui précèdent.

Si l'un des documents ne peut être fourni ou ne peut l'être qu'incomplètement, la demande indique les motifs qui empêchent cette production.

Le débiteur remet au conciliateur une copie de la demande et des pièces qui y sont jointes.

Art. D. 628-2-1 *(Décr. n° 2012-1071 du 20 sept. 2012, art. 1er)* Pour l'application de l'article L. 628-1, est réputé remplir la condition de seuil mentionnée au premier alinéa de l'article L. 626-29 le débiteur dont le total de bilan est supérieur à :

1° 25 millions d'euros ;

2° 10 millions d'euros, lorsque ce débiteur contrôle, au sens du 1° du I de l'article L. 233-3, une société dont le nombre de salariés ou le chiffre d'affaires sont supérieurs aux seuils fixés par l'article R. 626-52 ou dont le total de bilan est supérieur à 25 millions d'euros.

Le total de bilan est défini conformément aux dispositions du quatrième alinéa de l'article R. 123-200.

Le Décr. n° 2012-1071 du 20 sept. 2012 est applicable dans les îles Wallis-et-Futuna (Décr. préc., art. 2).

BIBL. ▶ ROSSI, *Bull. Joly Entrep. diff. 2013. 8.*

Art. R. 628-3 Le rapport du conciliateur prévu par l'article L. 628-2 est déposé au greffe et communiqué par le greffier au débiteur et au ministère public. Il est complété par tout élément permettant d'apprécier la pertinence du projet du plan, notamment au regard des conditions économiques et financières de la poursuite de l'activité énoncées par ce projet, et l'ampleur du soutien des créanciers exigé par l'article L. 628-1. Il comporte également un avis sur l'exactitude de la liste des créances ayant fait l'objet d'une négociation dans le cadre de la procédure de conciliation telle qu'elle résulte de l'état chiffré joint à la demande d'ouverture.

Le tribunal statue sur l'ouverture de la procédure après avoir entendu le conciliateur.

Art. R. 628-4 L'avis du jugement d'ouverture adressé pour insertion au *Bulletin officiel des annonces civiles et commerciales* et dans un journal d'annonces légales contient, outre les informations prévues par les quatrième et cinquième alinéas de l'article R. 621-8, la reproduction des dispositions du troisième alinéa de l'article L. 628-1.

Art. R. 628-5 Le délai de vingt jours prévu à l'article R. 621-24 avant l'expiration duquel le juge-commissaire ne peut désigner aucun contrôleur est réduit à huit jours.

● SECTION II DE LA DÉCLARATION DES CRÉANCES

Art. R. 628-6 Dans les dix jours du jugement d'ouverture, le débiteur dépose au greffe deux exemplaires de la liste des créances prévue par l'article L. 628-5. Le greffier en remet un exemplaire au mandataire judiciaire.

La liste mentionne, pour chacun des créanciers concernés, leur nom ou dénomination et leur domicile ou siège, le montant de la créance due au jour du jugement d'ouverture avec l'indication des sommes à échoir et de la date de leurs échéances, ainsi que la nature du privilège ou de la sûreté dont la créance est éventuellement assortie. Lorsqu'il s'agit de créances en monnaie étrangère, la conversion en euros a lieu selon le cours du change à la date du jugement d'ouverture.

Art. R. 628-7 Dans les huit jours suivant la remise de la liste par le greffier, le mandataire judiciaire communique à chaque créancier concerné les informations relatives aux créances dont il est titulaire telles qu'elles résultent de la liste et porte à sa connaissance les dispositions de l'article L. 628-5 et du présent article.

S'ils n'ont pas encore procédé à une telle déclaration, les créanciers qui contestent l'exactitude des informations reçues en application du premier alinéa déclarent leurs créances auprès du mandataire judiciaire dans le délai imparti par l'article R. 622-24 et dans les conditions prévues par l'article R. 622-23. La déclaration faite conformément aux dispositions du présent alinéa vaut actualisation des créances réputées déclarées en application du deuxième alinéa de l'article L. 628-5.

SECTION III DU COMITÉ DES ÉTABLISSEMENTS DE CRÉDIT, DE L'ASSEMBLÉE GÉNÉRALE DES OBLIGATAIRES ET DES ASSEMBLÉES D'ACTIONNAIRES

Art. R. 628-8 Lorsque le juge-commissaire a réduit le délai prévu au troisième alinéa de l'article L. 626-30-2 en deçà de quinze jours, l'administrateur accomplit les diligences prévues aux articles R. 626-58 et R. 626-61-1 trois jours avant la date du vote du comité. Le délai minimum prévu par l'article R. 626-60 entre la convocation de l'assemblée générale des obligataires et le vote est alors réduit à dix jours et le droit conféré à chaque obligataire par l'article R. 626-61 de prendre connaissance du projet de plan s'exerce dans les dix jours qui précèdent la réunion de cette assemblée.

Art. R. 628-9 Par dérogation à l'article R. 225-69, le délai entre la date soit de l'insertion ou de la dernière des insertions contenant un avis de convocation, soit de l'envoi des lettres, soit de la transmission de la convocation par voie de communication électronique, et la date de l'assemblée des actionnaires est au moins de dix jours sur première convocation.

Art. R. 628-10 L'avis prévu par le I de l'article R. 225-73 est publié au *Bulletin des annonces légales obligatoires* au plus tard vingt et un jours avant la tenue de l'assemblée des actionnaires.

Par dérogation au II de l'article R. 225-73, la demande d'inscription d'un point ou d'un projet de résolution par les actionnaires à l'ordre du jour de l'assemblée est envoyée au siège social quinze jours au moins avant la date de l'assemblée réunie sur première convocation.

Art. R. 628-11 Le délai prévu au deuxième alinéa de l'article R. 225-89 et au premier alinéa de l'article R. 225-90 est réduit à dix jours. La liste des actionnaires mentionnée au second alinéa de l'article R. 225-90 est arrêtée le onzième jour qui précède la réunion de l'assemblée.

SECTION IV DE L'ARRÊTÉ DU PLAN ET DE LA CLÔTURE DE LA PROCÉDURE

Art. R. 628-12 Dans le jugement qui ouvre la procédure, le tribunal fixe la date de l'audience à l'issue de laquelle il sera statué sur le projet de plan ou sur la prolongation du délai d'un mois prévu par l'article L. 628-6. Dans les huit jours, le greffier avise le ministère public, l'administrateur et le mandataire judiciaire de la date de cette audience et convoque, par lettre recommandée avec demande d'avis de réception, le débiteur, les représentants du comité d'entreprise ou, à défaut, les délégués du personnel et les contrôleurs.

Art. R. 628-13 A défaut d'arrêté du plan dans le délai, le cas échéant prolongé, prévu par l'article L. 628-6, le tribunal se saisit d'office aux fins de clôture de la procédure. Il peut également être saisi aux mêmes fins par requête du ministère public, de l'administrateur ou du mandataire judiciaire ou par assignation d'un créancier. En cas de saisine d'office ou par voie de requête, le président du tribunal fait convoquer le débiteur par le greffier par lettre recommandée avec demande d'avis de réception.

Le ministère public, l'administrateur et le mandataire judiciaire sont avisés de la date de l'audience par le greffier.

Art. R. 628-14 Le jugement de clôture est notifié au débiteur, communiqué aux personnes citées à l'article R. 621-7 et fait l'objet des publicités prévues à l'article R. 621-8. L'administrateur et le mandataire judiciaire déposent sans délai un compte rendu de fin de mission dans les conditions des articles R. 626-39 et R. 626-40. L'article R. 626-41 est applicable.

TITRE TROISIÈME DU REDRESSEMENT JUDICIAIRE

CHAPITRE PREMIER DE L'OUVERTURE ET DU DÉROULEMENT DE LA PROCÉDURE

SECTION PREMIÈRE DE L'OUVERTURE DE LA PROCÉDURE

SOUS-SECTION 1 DE LA SAISINE ET DE LA DÉCISION DU TRIBUNAL

Art. R. 631-1 La demande d'ouverture de la procédure de redressement judiciaire est déposée par le représentant légal de la personne morale ou par le débiteur personne physique au greffe du tribunal compétent.

A cette demande sont jointes, outre les comptes annuels du dernier exercice, les pièces ci-après :

1° L'état du passif exigible et de l'actif disponible ainsi qu'une déclaration de cessation des paiements ;

2° Un extrait d'immatriculation aux registres et répertoires mentionnés à l'article R. 621-8 ;

3° Une situation de trésorerie datant de moins d'un mois ;

4° Le nombre des salariés employés à la date de la demande, le nom et l'adresse de chacun d'entre eux et le montant du chiffre d'affaires, défini conformément aux dispositions du cinquième alinéa de l'article R. 123-200, apprécié à la date de clôture du dernier exercice comptable ;

5° L'état chiffré des créances et des dettes avec l'indication *(Décr. n° 2011-236 du 3 mars 2011, art. 9-II)* « *[,]* selon le cas, du nom ou de la dénomination et du domicile ou siège » des créanciers et, pour les salariés, le montant global des sommes impayées ; *– Le Décr. n° 2011-236 du 3 mars 2011 est applicable dans les îles Wallis-et-Futuna (Décr. préc., art. 10).*

6° L'état actif et passif des sûretés ainsi que celui des engagements hors bilan ;

7° L'inventaire sommaire des biens du débiteur ;

8° S'il s'agit d'une personne morale comportant des membres responsables solidairement des dettes sociales, la liste de ceux-ci avec l'indication de leur nom et domicile ;

9° Le nom et l'adresse des représentants du comité d'entreprise ou des délégués du personnel habilités à être entendus par le tribunal s'ils ont déjà été désignés ;

10° Une attestation sur l'honneur certifiant l'absence de mandat *ad hoc* ou de procédure de conciliation dans les dix-huit mois précédant la date de la demande ou, dans le cas contraire, mentionnant la date de la désignation du mandataire *ad hoc* ou de l'ouverture de la procédure de conciliation ainsi que l'autorité qui y a procédé ;

11° Lorsque le débiteur exerce une profession libérale soumise à un statut législatif ou réglementaire ou dont le titre est protégé, la désignation de l'ordre professionnel ou de l'autorité dont il relève ;

12° Lorsque le débiteur exploite une ou des installations classées au sens du titre Ier du livre V du code de l'environnement, la copie de la décision d'autorisation *(Décr. n° 2010-368 du 13 avr. 2010, art. 43-I)* « ou d'enregistrement » ou la déclaration.

Ces documents sont datés, signés et certifiés sincères et véritables par le demandeur. Ceux qui sont mentionnés aux 1°, 2°, 5°, 6°, 7° et 8° sont établis à la date de la demande *(Décr. n° 2009-160 du 12 févr. 2009, art. 47)* « ou dans les sept jours qui précèdent ».

Dans le cas où l'un ou l'autre de ces documents ne peut être fourni ou ne peut l'être qu'incomplètement, la demande indique les motifs qui empêchent cette production. *– [Décr. n° 2005-1677 du 28 déc. 2005, art. 170.]*

1. Qualité pour déclarer la cessation des paiements. La déclaration de cessation des paiements, qui doit être considérée comme un acte de gestion effectué dans l'intérêt de la société, peut être accomplie par un seul gérant de SARL, sans que son cogérant ait à être appelé en la cause. • Orléans, 5 nov. 1998 : *Dr. sociétés 1999, n° 97.* ♦ Pour une déclaration de cessation des paiements déposée par un administrateur de société anonyme délégué à cet effet par le conseil d'administration, V. • Paris, 31 janv. 2002 : *Dr. sociétés 2003, n° 9, note Legros.*

N'étant personnellement créancier ni de la société, ni même de ses deux autres associés, un associé d'une société civile de moyens n'a aucune qualité à demander le redressement judiciaire de la société, l'action ne pouvant pas davantage être analysée comme une déclaration de cessation des paiements, le demandeur ayant perdu sa qualité de cogérant par suite de sa démission. • Paris, 20 oct. 1995 : *Dr. sociétés 1996, n° 31, obs. Chaput.*

2. Déclaration par avocat. La déclaration de cessation des paiements, lorsqu'elle n'émane pas du débiteur lui-même, ne peut être reçue qu'en vertu d'un pouvoir special, qui n'est pas inclus dans la mission de représentation et d'assistance des avocats. • Com. 19 juill. 1988 (loi de 1967) : *D. 1989. Somm. 5, obs. Derrida.*

3. Liquidation amiable. Le liquidateur amiable, comme le dirigeant de la personne morale, est visé par l'obligation de déclarer l'état de cessation des paiements. • Paris, 6 mars 2008 : *Gaz. Pal. 27-29 juill. 2008, p. 27, obs. Lebel.*

4. Mandat ad hoc. V. note ss. art. L. 611-3.

5. Déclaration abusive. En ce sens que le débiteur, en déposant son bilan alors que sa situation ne le justifie pas, engage sa responsabilité à l'égard du mandataire judiciaire qui a exposé inutilement des frais, V. • Grenoble, 23 oct. 2002 : *RD banc. fin. 2003, n° 155, obs. F.-X. Lucas.*

Art. R. 631-2 L'assignation d'un créancier précise la nature et le montant de la créance et contient tout élément de preuve de nature à caractériser la cessation des paiements du débiteur. Lorsqu'il s'agit d'une exploitation agricole, le créancier joint à sa demande une attestation, délivrée par le greffier, de la saisine du président du tribunal de grande instance aux fins de désignation d'un conciliateur.

La demande d'ouverture d'une procédure de redressement judiciaire est à peine d'irrecevabilité, qui doit être soulevée d'office, exclusive de toute autre demande *(Décr. nº 2009-160 du 12 févr. 2009, art. 48)* **« , à l'exception d'une demande d'ouverture d'une procédure de liquidation judiciaire formée à titre subsidiaire ».** – *[Décr. nº 2005-1677 du 28 déc. 2005, art. 171.]*

Selon l'art. R. 631-2, auquel renvoie l'art. R. 640-1, l'assignation du créancier doit préciser la nature et le montant de la créance et contenir tout élément de preuve de nature à caractériser la cessation des paiements du débiteur, sans qu'il soit requis d'y faire figurer l'indication des procédures ou voies d'exécution engagées pour le recouvrement de la créance. • Com. 16 mars 2010 : *cité note 18 bis ss. art. L. 620-2.*

Décret nº 85-1388 du 27 décembre 1985. Ancien art. 7 (Abrogé par Décr. nº 2005-1677 du 28 déc. 2005, art. 354) *L'assignation d'un créancier doit préciser la nature et le montant de la créance et contenir l'indication des procédures ou voies d'exécution* (Abrogé par Décr. nº 94-910 du 21 oct. 1994) *« éventuellement » engagées pour le recouvrement de la créance.* (Décr. nº 89-339 du 29 mai 1989) *« Lorsqu'il s'agit d'une exploitation agricole, le créancier joint à sa demande une attestation, délivrée par le greffier, de la saisine du président du tribunal de grande instance aux fins de désignation d'un conciliateur ».* – Le Décr. du 29 mai 1989 entre en vigueur le 1er juin 1989 (art. 17).

(Décr. nº 94-910 du 21 oct. 1994) *« La demande tendant à la liquidation judiciaire doit être accompagnée des éléments de nature à établir que l'entreprise a cessé toute activité ou que le redressement est manifestement impossible. »*

(Abrogé par Décr. nº 94-910 du 21 oct. 1994) *« Sauf dans le cas d'inexécution d'un règlement amiable, » la demande d'ouverture d'une procédure de redressement judiciaire* (Décr. nº 94-910 du 21 oct. 1994) *« ou de liquidation judiciaire » est à peine d'irrecevabilité qui doit être soulevée d'office, exclusive de toute autre demande.*

BIBL. ▶ CALMELS, *Gaz. Pal. 1986. 1. Doctr. 304.* – LAPORTE, *Procédures 2002, Chron. 1.*

1. Qualité de créancier. V. note 1 ss. art. R. 631-1 C. com.

1 bis. Nature et montant de la créance. En ce sens qu'est recevable une demande d'ouverture de procédure collective d'un créancier n'ayant qu'une créance à recouvrer, dès lors que l'actif disponible du débiteur ne lui permet pas de faire face à sa dette exigible envers le créancier, V. • Com. 8 mars 1994 : *Bull. civ. IV, nº 102 ; D. 1994. IR 80 ; Dr. sociétés 1994, nº 90, obs. Chaput.*

2. Preuve à la charge du créancier. Le créancier n'a pas à prouver que le débiteur ne l'a pas payé parce qu'il ne pouvait pas le faire et pas seulement par mauvaise volonté. • Com. 8 mars 1994 : *préc. note 1 bis.*

3. Voies d'exécution engagées. L'assignation d'un créancier contient, à peine d'irrecevabilité de la demande qui doit être relevée d'office, l'indication des procédures ou voies d'exécution engagées pour le recouvrement de la créance. • Com. 1er mars 2005 : *Bull. civ. IV, nº 41 ; D. 2005. AJ 712, obs. Lienhard ; ibid. Pan. 2012, obs. F.-X. Lucas ; Act. proc. coll. 2005, nº 63, obs. Regnaut-Moutier ; JCP E 2005, nº 24, p. 1024, note Legros ; ibid., nº 29, p. 1223, note Roussel Galle ; ibid., nº 36, p. 1422, obs. Cabrillac ; Procédures 2005, nº 157, obs. Laporte ; Dr. et proc. 2005. 219, obs. Crocq ; RTD com. 2005. 419, obs. Vallens ; Gaz. Pal. 5-7 juill. 2005, p. 13, obs. Le Corre ; ibid. 21-22 juin 2006, p. 40, obs. Robine ; Defrénois 2005. 1916, obs. Gibirila.* ♦ Viole l'art. 7, al. 1er, dans sa rédaction issue du Décr. du 21 oct. 1994, la cour d'appel qui retient que l'indication, dans l'assignation du créancier, des procédures ou voies d'exécution engagées pour le recouvrement de la créance, à la supposer requise par ce texte, ne constitue qu'une condition de pure forme, de sorte que la nullité n'est encourue qu'en cas de démonstration d'un grief. • Même arrêt. ♦ Au contraire, l'art. 7, al. 1er, exigeant seulement, dans sa rédaction antérieure au Décr. du 21 oct. 1994, l'indication, dans l'assignation du créancier, des procédures ou voies d'exécution éventuellement engagées pour le recouvrement de la créance, il n'était pas nécessaire qu'un créancier entreprenne des poursuites ou voies d'exécution avant d'assigner une société en ouverture de redressement judiciaire. • Com. 13 mars 1990 : *Bull. civ. IV, nº 79 ; D. 1990. IR 86*

4. Exclusivité de la demande. Est irrecevable la demande alternative portant à la fois sur l'ouverture d'une procédure collective et le paiement de la créance. • Paris, 3 oct. 1989 : *Rev. dr. bancaire 1990. 86, obs. Campana et Calendini.* ♦ En revanche, viole l'art. 7, l'arrêt qui déclare irrecevable la demande d'un organisme de sécurité sociale en vue de l'ouverture d'une procédure de redressement judiciaire faute de paiement à l'audience d'une créance de cotisations, alors que l'assignation ne contenait aucune prétention ayant pour objet la condamnation du débiteur au paiement desdites cotisations et ne tendait qu'au redressement judiciaire. • Com. 26 mai 1992 : *Bull. civ. IV, n° 206.*

5. Est irrecevable l'assignation tendant à titre principal à ce que la procédure de redressement judiciaire ouverte à l'égard d'une société, et qui avait déjà abouti au prononcé de la liquidation judiciaire, soit étendue à d'autres débiteurs ayant encore la maîtrise de leurs biens, en raison de la confusion des patrimoines relevée, et, à titre subsidiaire, à la condamnation des défendeurs au paiement d'une certaine somme. • Com. 1er déc. 1992 : *Bull. civ. IV, n° 383 ; Dr. sociétés 1993, n° 31, obs. Chaput* • 17 févr. 1998 : *Bull. civ. IV, n° 74 ; D. Affaires 1998. 427, obs. A. L. ; Bull. Joly 1998. 656, note Le Cannu* (extension d'une SARL à une SCI).

6. Toutefois, l'art. 7 n'interdit pas les demandes reconventionnelles qui ne sont qu'une réponse à la demande principale. • Paris, 23 févr. 1988 : *Gaz. Pal. 1988. 2. Somm. 302.*

6 bis. Il n'est pas interdit au créancier qui a agi en paiement contre le débiteur de former contre celui-ci une demande distincte aux fins d'ouverture d'une procédure de redressement judiciaire. • Com. 5 déc. 1995 : *Dr. sociétés 1996, n° 32, obs. Chaput.*

6 ter. La demande d'ouverture d'une procédure de redressement judiciaire formée subsidiairement à une demande de liquidation judiciaire n'est pas une autre demande au sens de l'art. 7, dès lors qu'elle tend aussi à l'ouverture d'une procédure collective. • Com. 29 mai 2001 : *RJDA 2001, n° 1126 ; Rev. proc. coll. 2002. 58, obs. Deleneuville.*

6 quater. Les dispositions de l'art. 7, al. 3, du décret de 1985 ne s'appliquent pas lorsque le tribunal est saisi par l'administrateur, le représentant des créanciers, le commissaire à l'exécution du plan, le liquidateur ou le procureur de la République, en vertu des pouvoirs attribués à chacun d'eux par l'art. 183 de la loi du 25 janv. 1985 [C. com., ancien art. L. 624-6], d'une demande tendant à l'ouverture du redressement judiciaire du dirigeant d'une personne morale en redressement ou en liquidation judiciaires. • Com. 14 oct. 1997 : *Bull. civ. IV, n° 262 ; D. Affaires 1997. 1292 ; JCP E 1998, n° 1-2, p. 34, obs. Pétel* • 26 mai 1999 : *Dr. sociétés 1999, n° 145, obs. Chaput.* – Dans le même sens, V. • Paris, 21 sept. 2004 : *Dr. sociétés 2005, n° 47, note Legros.*

6 quinquies. Sur l'impossibilité, pour le créancier qui assigne son débiteur en redressement judiciaire, de demander en outre une indemnité au titre des frais non recouvrables (art. 700 C. pr. civ.), V. • Paris, 31 janv. 2006 : *RTD com. 2006. 486, obs. Vallens.*

7. Demande abusive. Commet une faute et doit être condamné au paiement des frais de procédure, le créancier qui demande l'ouverture d'une procédure de redressement judiciaire à l'égard de son débiteur, dès lors qu'il ne pouvait déduire d'une lettre de ce dernier lui faisant une offre de règlement, même faible, un état de cessation des paiements caractérisé, et que, en délivrant successivement deux assignations en redressement judiciaire, il entendait exercer sur lui un moyen de pression, contrairement aux art. 3 de la loi [C. com., ancien art. L. 621-1] et 7, al. 2, du décret. • Com. 5 déc. 1989 : *Bull. civ. IV, n° 305 ; D. 1990. IR 8 ; RTD com. 1990. 108, obs. Haehl.* ♦ De même, doit être condamnée, pour procédure abusive, une URSSAF ayant assigné en redressement judiciaire, dès lors, d'une part, que la demande de mise en redressement judiciaire ne peut être utilisée comme moyen de pression pour obtenir le règlement de dettes et qu'il existe des procédures amiables ou judiciaires adaptées à une demande de règlement, et, d'autre part, que le débiteur a établi de manière incontestable qu'il disposait et dispose d'une trésorerie suffisante pour régler immédiatement sa dette. • Com. 1er oct. 1997 : *Bull. civ. IV, n° 233 ; D. 1997. IR 231 ; D. Affaires 1997. 1258 ; RD bancaire et bourse 1998. 20, obs. Campana et Calendini ; JCP E 1998, n° 12, p. 469, obs. F.-X. Lucas.* – V. aussi • Com. 15 mars 1993 : *Dr. sociétés 1993, n° 115, obs. Chaput* • Versailles, 13 avr. 1995 : *Rev. proc. coll. 2002. 57, obs. Deleneuville* • Paris, 18 févr. 1997 : *Rev. proc. coll. 1999. 21, obs. Cadiou* • Metz, 25 nov. 1999 : *ibid. 2002. 52, obs. Deleneuville.*

En revanche, un créancier ne détourne pas la procédure de redressement judiciaire de sa finalité pour contraindre son débiteur à accélérer son paiement dès lors qu'il pouvait avoir une légitime croyance en l'état de cessation des paiements de son débiteur, qui ne s'était pas spontanément acquitté de sa dette après une première condamnation, était resté sans réaction après le commandement de payer qui lui avait été délivré et n'avait pas respecté le protocole relatif au rééchelonnement de sa dette. • Pau, 23 mars

2000 : *Rev. proc. coll. 2002. 57, obs. Deleneuville.*

8. Mode de saisine. La pratique consistant à saisir le tribunal de commerce par voie de requête est irrégulière. • Versailles, 6 mars 1997 : *Gaz. Pal. 1997. 2. Somm. 352 ; Rev. proc. coll. 1998. 226, obs. Cadiou.*

9. Représentation. S'agissant d'une demande de redressement judiciaire, la représentation n'est pas obligatoire. • Paris, 14 mars 1997 : *JCP E 1997. Pan. 637.* ♦ V. art. 853 C. pr. civ.

Art. R. 631-3 **En cas de saisine d'office, le président du tribunal fait convoquer le débiteur à la diligence du greffier, par acte d'huissier de justice, à comparaître dans le délai qu'il fixe.**

A la convocation est jointe une note par laquelle le président expose les faits de nature à motiver la saisine d'office.

Le greffier adresse copie de cette note au ministère public. – *[Décr. n° 2005-1677 du 28 déc. 2005, art. 172.]*

1. Domaine d'application. L'art. 8 [R. 631-3] n'est pas applicable à la procédure sur saisine d'un créancier. • Montpellier, 3 juin 1997 : *Rev. proc. coll. 1998. 42, obs. Cadiou.*

1 bis. Convocation. N'a pas excédé ses pouvoirs, un tribunal de commerce qui, après avoir mis en redressement judiciaire une société, s'est ultérieurement saisi d'office en vue d'ordonner une expertise ayant pour objet la recherche des conditions contestables de l'acquisition par la société de parts d'une autre société et, éventuellement, la mise en redressement judiciaire des vendeurs de ces parts, ceux-ci ayant été dûment convoqués par le président du tribunal conformément aux dispositions de l'art. 8 [R. 631-3]. • Com. 31 mars 1992 : *Bull. civ. IV, n° 141 ; D. 1992. Somm. 376, obs. Derrida.*

2. Sur le caractère substantiel de la convocation par acte d'huissier de justice, V. • Limoges, 1er sept. 1987 : *Gaz. Pal. 1988. 2. Somm. 381.*

2 bis. La mention figurant sur la citation, invitant le débiteur à « prendre connaissance personnellement ou par son mandataire du rapport déposé à l'appui de la présente ordonnance » ne répond pas aux exigences de l'art. 8 [R. 631-3], dès lors qu'il n'est même pas précisé à l'intéressé à quel endroit est déposé ce rapport et que la citation ne lui permet pas de savoir ni sur quels faits ni sur quels fondements juridiques repose la poursuite. • Rouen, 25 févr. 1993 : *JCP 1993. IV. 1987.*

2 ter. La signification destinée à une personne morale doit être faite au lieu de son siège social. • Com. 20 janv. 1998 : *Rev. proc. coll. 1999. 21, obs. Cadiou.*

2 quater. Le pouvoir du président de convoquer le débiteur ne peut être délégué : • Com. 23 nov. 2004 : *Act. proc. coll. 2005, n° 37, obs. Cagnoli ; RJDA 2005, n° 604 ; Rev. proc. coll. 2005. 135, obs. Gorrias* (2 arrêts).

3. Note du président. Il résulte de la combinaison des art. R. 631-3 et R. 631-24, al. 1er, que, lorsque le tribunal se saisit d'office, pendant la période d'observation, en vue de convertir le redressement judiciaire en liquidation judiciaire en application de l'art. L. 631-15, II, le président du tribunal fait convoquer le débiteur à la diligence du greffier, par acte d'huissier de justice, et qu'à la convocation doit être jointe une note par laquelle le président expose les faits de nature à motiver cette saisine d'office (cassation pour violation de l'art. 16 C. pr. civ. [respect du contradictoire] et des art. R. 631-3 et R. 631-24, al. 1er, préc.). • Com. 9 févr. 2010 : *Bull. civ. IV, n° 37 ; D. 2010. AJ 500 ; RTD com. 2010. 431, obs. Vallens ; JCP E 2010. 1324, note Rolland ; LEDEN avr. 2010, p. 5, obs. Staes ; Dr. sociétés 2010, n° 122, note Legros ; RJDA 2010, n° 658 ; Rev. proc. coll. 2010, n° 93, obs. Cagnoli ; Gaz. Pal. 2-3 juill. 2010, p. 28, obs. Voinot.* ♦ En l'absence de la note prévue par l'art. 8 [R. 631-3], al. 2, il ne peut suffire, pour satisfaire à ce texte, que la personne citée ait eu connaissance des faits de nature à motiver la saisine d'office. • Com. 25 juin 1996 : *Bull. civ. IV, n° 194.*

Une ordonnance du président constitue la note visée à l'art. 8 [R. 631-3], al. 2. • Riom, 13 mars 1991 : *Gaz. Pal. 1992. 2. Somm. 537.*

L'art. 8 [R. 631-3] n'exige pas que les faits soient relatés dans l'acte de citation, et si ce texte prévoit que les faits doivent être exposés dans une note du président, jointe à la convocation, rien n'interdit au président de s'approprier le rapport adressé par le mandataire-liquidateur au juge-commissaire, d'y renvoyer comme étant la note exposant les faits justifiant la saisine et de le joindre à son ordonnance. • Lyon, 11 janv. 2001 : *D. 2002. Somm. 204, obs. Derrida ; Procédures 2001, n° 59, obs. Laporte.* – V. aussi • Versailles, 12 déc. 1996 : *Rev. proc. coll. 2003. 162, obs. Martin-Serf.*

Sur le contenu de la note, V. • Com. 20 janv. 1998 : *D. Affaires 1999. 716, obs. A. L.*

Art. R. 631-4 **Lorsque le ministère public demande l'ouverture de la procédure, il présente au tribunal une requête indiquant les faits de nature à motiver cette demande. Le président du tribunal, par les soins du greffier, fait convoquer le débiteur par acte d'huissier de justice à comparaître dans le délai qu'il fixe.**

A cette convocation est jointe la requête du ministère public. — *[Décr. n° 2005-1677 du 28 déc. 2005, art. 173.]*

Art. R. 631-5 **Lorsque, dans le cas prévu au deuxième alinéa de l'article L. 631-3, le tribunal décide de se saisir d'office ou est saisi sur la requête du ministère public, les articles R. 631-3 et R. 631-4 sont applicables aux héritiers du débiteur dont l'adresse est connue. S'il existe des héritiers dont l'adresse est inconnue, le président du tribunal de grande instance se saisissant d'office, ou saisi sur la requête du ministère public, de l'administrateur ou du mandataire judiciaire désigne un mandataire chargé de les représenter.** — *[Décr. n° 2005-1677 du 28 déc. 2005, art. 174.]*

Art. R. 631-6 *(Décr. n° 2009-160 du 12 févr. 2009, art. 49)* **La cour d'appel qui annule ou infirme un jugement statuant sur l'ouverture de la procédure de redressement judiciaire peut, d'office, ouvrir la procédure de redressement judiciaire ou de liquidation judiciaire.**

Jurisprudence relative à l'ancien art. 11 du Décr. n° 85-1388 du 27 déc. 1985

1. *Domaine d'application.* Il résulte de la combinaison des art. 562 NCPC [C. pr. civ.], 6 (1) Conv. EDH et 11 du Décr. du 27 déc. 1985 que lorsque l'appel tend à l'annulation du jugement pour irrégularité de la saisine de la juridiction de première instance, la cour d'appel qui annule l'acte introductif et le jugement, n'a pas le pouvoir de prononcer d'office le redressement ou la liquidation judiciaires d'un dirigeant d'une personne morale. • Com. 4 janv. 2005 : *Bull. civ. IV, n° 2 ; D. 2005. AJ 280, obs. Lienhard ; ibid. Pan. 2012, obs. F.-X. Lucas ; JCP E 2005, n° 13, p. 583, note Cagnoli ; ibid., n° 17, p. 706, obs. Pétel ; Gaz. Pal. 2005. 1101, note Gerbay ; Dr. sociétés 2005, n° 89, note Legros ; Rev. proc. coll. 2005. 134, obs. Gorrias ; Dr. et proc. 2005. 217, obs. Gibirila* • 24 mai 2005 : *RJDA 2005, n° 1253 ; Dr. sociétés 2006, n° 22, note Legros.* ♦ *Contra,* auparavant : • Com. 13 juin 1989 : *Bull. civ. IV, n° 185 ; RTD com. 1989. 732, obs. Haehl* • 9 mai 1990 : *Bull. civ. IV, n° 135 ; D. 1990. IR 149* • 19 janv. 1993 : *Bull. civ. IV, n° 19* • 26 mai 1998 : *Bull. civ. IV, n° 163 ; D. Affaires 1998. 1176 ; Quot. jur. 7 juill. 1998, p. 5, note P. M.* ♦ V. aussi, dans le régime issu du décret du 28 déc. 2005, note ss. art. R. 640-2.

1 bis. Les dispositions de l'art. 11 sont applicables en cas de rétractation par la cour d'appel d'un jugement de redressement judiciaire frappé de tierce opposition. • Com. 14 déc. 1993 : *Bull. civ. IV, n° 475 ; D. 1994. IR 43.*

2. En revanche, une cour d'appel ne peut user de la faculté ouverte par l'art. 11 du décret d'ouvrir elle-même d'office une procédure collective lorsque le délai préfix prévu à l'art. 17 de la loi [C. com., ancien art. L. 621-15] pour la mise en redressement judiciaire d'un commerçant radié du RCS est expiré au jour de sa saisine. • Com. 10 oct. 1995 : *Bull. civ. IV, n° 228 ; D. 1996. Somm. 86, obs. Honorat ; D. Affaires 1995. 180.*

3. *Absence d'effet rétroactif.* L'annulation du jugement qui a ouvert la procédure de redressement judiciaire et qui est exécutoire par provision, ne fait pas disparaître rétroactivement les actes accomplis en vertu de cette procédure. • Paris, 30 sept. 1991 : *D. 1992. Somm. 5, obs. Derrida.* ♦ L'annulation par la cour d'appel du jugement d'ouverture ne s'étend pas aux déclarations de créances régulièrement effectuées avant cette annulation, dès lors que la cour d'appel ouvre elle-même le redressement judiciaire du débiteur. • Com. 25 mai 1993 : *Bull. civ. IV, n° 208* • 8 mars 1994 : *ibid. IV, n° 99 ; D. 1994. IR 80.*

4. Lorsque la cour d'appel prononce le redressement judiciaire en usant des pouvoirs qu'elle tient de l'art. 11, l'annulation du jugement ayant prononcé le redressement judiciaire ne s'étend pas au plan de cession arrêté en suite de ce jugement. • Com. 14 déc. 1993 : *préc. note 1 bis.*

En revanche, l'annulation par la cour d'appel du jugement d'ouverture du redressement judiciaire d'une société prive de tout fondement juridique le jugement, rendu postérieurement à cette annulation, ayant arrêté le plan de cession des actifs de cette société. • Com. 29 févr. 2000 : *Bull. civ. IV, n° 43 ; D. 2000. AJ 189.*

4 bis. L'annulation du jugement d'ouverture ouvre de nouveaux délais de déclaration et de forclusion aux créanciers n'ayant pas déclaré leurs créances. • Com. 1er juill. 1997 : *Bull. civ.*

IV, n° 211 ; D. 1998. Somm. 98, obs. Honorat ; D. Affaires 1997. 1009 ; JCP E 1998, n° 1-2, p. 31, obs. Cabrillac ; RD bancaire et bourse 1998. 21, obs. Campana et Calendini. (V. l'arrêt cassé : • Paris, 20 sept. 1994 : *Rev. dr. bancaire 1995. 82, obs. Campana et Calendini*).

4 ter. Organes de la procédure. La cour d'appel n'a pas l'obligation de désigner elle-même les organes de la procédure et peut charger le tribunal de procéder lui-même à cette désignation. • Com. 26 mai 1998 : *préc. note 1.*

5. Frais de procédure collective. Les frais de procédure collective peuvent être laissés à la charge de la société débitrice, après annulation du jugement qui avait ouvert à son encontre, sur assignation de l'URSSAF, une procédure de redressement judiciaire, dès lors que ladite société n'avait consigné les sommes réclamées que postérieurement au jugement d'ouverture, tandis qu'elle avait été régulièrement convoquée, ainsi que sa gérante, dix mois auparavant en chambre du conseil, qu'elle n'avait pas mis à profit ce délai pour s'acquitter d'une dette modique et que seule l'ouverture de la procédure collective avait mis fin à ses atermoiements. • Com. 14 mai 1996 : *D. 1996. IR 162.* ♦ Comp. note 7 ss. art. R. 631-2.

Art. R. 631-7 **Les articles R. 621-2 à R. 621-4, R. 621-7 à R. 621-9 et R. 621-14 à R. 621-16 sont applicables à la procédure de redressement judiciaire sous réserve des dispositions de la présente section.** – *[Décr. n° 2005-1677 du 28 déc. 2005, art. 176.]*

Art. R. 631-7-1 *(Décr. n° 2012-1190 du 25 oct. 2012, art. 3)* **La mesure conservatoire prise en application du quatrième alinéa de l'article L. 621-2, dès sa signification au défendeur mentionné à ce texte, est portée sans délai à la connaissance des personnes désignées conformément à l'article R. 621-2.**

Le Décr. n° 2012-1190 du 25 oct. 2012 est applicable dans les îles Wallis-et-Futuna (Décr. préc., art. 12).

Art. R. 631-8 **Le cas échéant, le greffier avertit les créanciers poursuivants qu'ils peuvent prendre connaissance au greffe du rapport mentionné au deuxième alinéa de l'article R. 621-3 et les avise en même temps de la date de l'audience.** – *[Décr. n° 2005-1677 du 28 déc. 2005, art. 177.]*

Art. R. 631-9 **Pour l'application de l'article R. 621-11, le nombre des salariés à prendre en compte est apprécié à la date de la demande ou, en cas de saisine d'office, à la date de la convocation du débiteur.** – *[Décr. n° 2005-1677 du 28 déc. 2005, art. 178.]*

Art. R. 631-10 **Pour l'application de l'article R. 621-4, si le jugement ne peut être rendu sur-le-champ, la date de son prononcé est communiquée au débiteur et, le cas échéant, au créancier poursuivant.** – *[Décr. n° 2005-1677 du 28 déc. 2005, art. 179.]*

Art. R. 631-11 **Lorsqu'il apparaît que le débiteur ne remplit pas les conditions requises pour l'ouverture d'une procédure de redressement judiciaire, le tribunal rejette la demande.**

(Décr. n° 2009-160 du 12 févr. 2009, art. 50) **« A défaut d'avoir été saisi d'une demande aux fins d'ouverture d'une procédure de liquidation judiciaire, formée à titre subsidiaire dans l'acte introductif d'instance ou à l'audience en présence du débiteur ou de son représentant, et si le tribunal estime devoir se saisir d'office en vue de l'ouverture d'une telle procédure, il est fait application des dispositions de l'article R. 631-3. »** – *[Décr. n° 2005-1677 du 28 déc. 2005, art. 180.]*

Art. R. 631-12 **Le jugement qui statue sur l'ouverture de la procédure est notifié au débiteur ou au créancier, lorsqu'il est demandeur, par le greffier dans les huit jours de son prononcé. Lorsque le débiteur n'est pas demandeur, le jugement lui est signifié dans le même délai.** – *[Décr. n° 2005-1677 du 28 déc. 2005, art. 181.]*

1. Lorsque le jugement de redressement judiciaire a été signifié par le demandeur, le délai d'appel court contre le débiteur, qui ne peut invoquer la signification ultérieure du jugement par le greffier pour prétendre que le délai d'appel ne court que de cette dernière. • Paris, 22 janv. 1988 : *D. 1989. Somm. 11, obs. Derrida ; Gaz. Pal. 1988. 2. Somm. 301.*

2. La signification prévue par l'art. 18 [R. 631-12] concerne le débiteur et non les tiers, qui peuvent, aux termes de l'art. 156 [R. 661-2], former un recours dans les dix jours suivant la publication de la décision au BODACC. • Com. 13 nov. 2001 : *Rev. proc. coll. 2003. 109, obs. Gorrias.*

Art. R. 631-13 **La décision par laquelle le tribunal modifie la date de cessation des paiements est notifiée au débiteur, communiquée aux personnes mentionnées à l'article R. 621-7 et fait l'objet des publicités prévues à l'article R. 621-8.** – *[Décr. n° 2005-1677 du 28 déc. 2005, art. 182.]*

Art. R. 631-14 **A leur demande, l'administrateur délivre** *(Décr. n° 2009-160 du 12 févr. 2009, art. 51)* **« aux personnes » dont les parts représentatives de leurs droits sociaux sont virées au compte spécial prévu à l'article L. 631-10 un certificat leur permettant de participer aux assemblées de la société.**

Sauf décision contraire du tribunal, il est mis fin à ce compte spécial, à la demande de la personne intéressée la plus diligente après l'adoption du plan de redressement ou après la clôture des opérations.

En cas d'incessibilité ou de cession de parts sociales, *(Décr. n° 2009-160 du 12 févr. 2009, art. 51)* **« titres de capital ou valeurs mobilières donnant accès au capital prononcée en application de l'article L. 631-19-1 », il est mis fin au compte spécial après que la décision ordonnant la cession ou levant la mesure d'incessibilité est passée en force de chose jugée.** – *[Décr. n° 2005-1677 du 28 déc. 2005, art. 183.]*

Art. R. 631-14-1 *(Décr. n° 2012-1190 du 25 oct. 2012, art. 4)* **Le montant des sommes pour la garantie desquelles la mesure conservatoire est ordonnée ne peut excéder le montant des dommages et intérêts demandés en réparation du préjudice causé par la faute invoquée.**

Le Décr. n° 2012-1190 du 25 oct. 2012 est applicable dans les îles Wallis-et-Futuna (Décr. préc., art. 12).

Art. R. 631-15 *(Décr. n° 2009-160 du 12 févr. 2009, art. 52)* **Les rémunérations ou subsides prévus à l'article L. 631-11 sont fixés par le juge-commissaire par décision spécialement motivée, l'administrateur, le mandataire judiciaire et le débiteur personne physique ou le dirigeant entendus ou dûment appelés.**

SOUS-SECTION 2 DES ORGANES DE LA PROCÉDURE ET DES CONTRÔLEURS

Art. R. 631-16 **Les articles R. 621-10 à R. 621-25, à l'exclusion du premier alinéa de l'article R. 621-23 et de l'article R. 621-20, sont applicables à la procédure de redressement judiciaire.** – *[Décr. n° 2005-1677 du 28 déc. 2005, art. 185.]*

SECTION II DU DÉROULEMENT DE LA PROCÉDURE

SOUS-SECTION 1 DE LA MODIFICATION DE LA MISSION DE L'ADMINISTRATEUR

Art. R. 631-17 **L'article R. 622-1 est applicable à la procédure de redressement judiciaire.** – *[Décr. n° 2005-1677 du 28 déc. 2005, art. 186.]*

SOUS-SECTION 2 DES MESURES CONSERVATOIRES AU COURS DE LA PÉRIODE D'OBSERVATION

Art. R. 631-18 Les articles R. 622-2 à R. 622-5 *(Décr. n° 2009-160 du 12 févr. 2009, art. 53)* « , à l'exclusion de l'article R. 622-4-1, » sont applicables à la procédure de redressement judiciaire. – *[Décr. n° 2005-1677 du 28 déc. 2005, art. 187.]*

(Décr. n° 2009-160 du 12 févr. 2009, art. 53) « Les règles prévues aux quatrième à sixième alinéas de l'article R. 622-4 sont applicables à la prisée des actifs du débiteur effectuée en cas d'ouverture d'une procédure de redressement judiciaire ou de conversion d'une procédure de sauvegarde en un redressement judiciaire. »

SOUS-SECTION 3 DE LA GESTION DE L'ENTREPRISE AU COURS DE LA PÉRIODE D'OBSERVATION

Art. R. 631-19 Les articles R. 622-6 à R. 622-8 sont applicables à la procédure de redressement judiciaire. – *[Décr. n° 2005-1677 du 28 déc. 2005, art. 188.]*

(Décr. n° 2009-160 du 12 févr. 2009, art. 54) « L'article R. 622-6 est également applicable lorsque la demande d'autorisation présentée sur le fondement du II de l'article L. 622-7 émane de l'administrateur.

« Pour l'application du deuxième alinéa de l'article R. 622-7, le juge-commissaire saisi d'une demande de paiement provisionnel statue sur avis de l'administrateur s'il en a été désigné ou, à défaut, du débiteur et du mandataire judiciaire. »

SOUS-SECTION 4 DE LA POURSUITE DE L'ACTIVITÉ DE L'ENTREPRISE AU COURS DE LA PÉRIODE D'OBSERVATION

Art. R. 631-20 Les articles R. 622-9 et R. 622-13 à R. 622-20 sont applicables à la procédure de redressement judiciaire, sous réserve des dispositions de la présente sous-section. – *[Décr. n° 2005-1677 du 28 déc. 2005, art. 189.]*

Art. R. 631-21 L'administrateur, lorsqu'il en a été désigné, est tenu des obligations d'information qui incombent au débiteur en application des articles R. 622-9 et R. 622-16. – *[Décr. n° 2005-1677 du 28 déc. 2005, art. 190.]*

Art. R. 631-22 Pour l'application de l'article R. 622-17, l'obligation de déclaration incombe à l'administrateur, lorsqu'il a pour mission d'administrer seul l'entreprise.

Pour l'application de l'article R. 622-20, l'administrateur est mis en cause quelle que soit sa mission. – *[Décr. n° 2005-1677 du 28 déc. 2005, art. 191.]*

Art. R. 631-23 *(Décr. n° 2009-160 du 12 févr. 2009, art. 55)* Aux fins de prononcé de la cessation partielle de l'activité en application du II de l'article L. 631-15, le tribunal est saisi par voie de requête ou, le cas échéant, dans les formes et selon la procédure prévues aux articles R. 631-3 ou R. 631-4.

Le jugement qui ordonne la cessation partielle de l'activité est communiqué aux personnes citées à l'article R. 621-7 et mentionné aux registres ou répertoires prévus à l'article R. 621-8. – *[Décr. n° 2005-1677 du 28 déc. 2005, art. 192, al. 1er.]*

Art. R. 631-24 Aux fins de prononcé de la liquidation judiciaire, le tribunal est saisi par voie de requête ou, le cas échéant, dans les formes et selon la procédure prévues aux articles R. 631-3 ou R. 631-4.

Le jugement qui prononce la liquidation judiciaire est notifié au débiteur dans les huit jours de son prononcé. Lorsque le débiteur n'est pas demandeur, le jugement lui est signifié dans le même délai.

Ce jugement est, en outre, signifié à la diligence du greffier, dans le même délai, aux personnes qui ont qualité pour interjeter appel, à l'exception du ministère public.

Il est communiqué aux personnes citées à l'article R. 621-7 et fait l'objet des publicités prévues à l'article R. 621-8. – *[Décr. nº 2005-1677 du 28 déc. 2005, art. 192, al. 2 à 5.]*

V. notes ss. art. R. 631-3.

Art. R. 631-25 **La décision par laquelle le tribunal met fin à la procédure en application de l'article L. 631-16 est suivie sans délai d'un compte rendu de fin de mission déposé par les mandataires de justice dans les conditions des articles R. 626-39 et R. 626-40. Elle est communiquée aux personnes mentionnées à l'article R. 621-7 et fait l'objet des publicités prévues à l'article R. 621-8. L'article R. 626-41 est applicable.** – *[Décr. nº 2005-1677 du 28 déc. 2005, art. 193.]*

Sur la radiation d'office du registre du commerce et des sociétés des mentions relatives à la procédure de redressement judiciaire lorsqu'il est mis fin à cette procédure en application de l'art. L. 631-16 C. com., V. art. R. 123-135 (2º).

SOUS-SECTION 5 DE LA SITUATION DES SALARIÉS AU COURS DE LA PÉRIODE D'OBSERVATION

Art. R. 631-26 **L'ordonnance rendue par le juge-commissaire en application de l'article L. 631-17 indique le nombre des salariés dont le licenciement est autorisé ainsi que les activités et catégories professionnelles concernées.**

L'ordonnance est notifiée au comité d'entreprise ou, à défaut, aux délégués du personnel ou, le cas échéant, au représentant des salariés. Elle est transmise au ministère public, à l'administrateur et au mandataire judiciaire. – *[Décr. nº 2005-1677 du 28 déc. 2005, art. 194.]*

1. Juge-commissaire. Il appartient à l'administrateur judiciaire sous le contrôle prud'homal, de désigner les salariés à licencier. L'ordonnance rendue par le juge-commissaire n'a donc pas à dresser la liste nominative des salariés licenciés. • Soc. 18 juin 1997 : *Bull. civ. V, nº 226 ; Rev. proc. coll. 1997. 357, obs. Taquet.* ♦ Une liste nominative des salariés licenciés n'a pas à être dressée et serait en toute hypothèse dépourvue d'effet. • Soc. 27 oct. 1998 : *D. 1998. IR 247 ; JCP E 1999, nº 44-45, p. 1773, obs. Coursier* • 5 oct. 2004 : *Bull. civ. V, nº 244 ; D. 2005. 293, obs. Le Corre ; Act. proc. coll. 2004, nº 220, obs. Masquefa-Neau-Leduc.*

2. Conseil de prud'hommes. Il résulte des dispositions de l'art. L. 511-1, al. 3 [abrogé], C. trav. et de l'art. 45 de la loi du 25 janv. 1985 [C. com., ancien art. L. 621-37, abrogé par L. nº 2005-845 du 26 juill. 2005 ; V., désormais, C. com., art. L. 631-17] que le conseil de prud'hommes demeure compétent pour statuer, dans le cadre de l'ordonnance rendue par le juge-commissaire tel qu'il est délimité par l'art. 63 [R. 631-26] ci-dessus et au regard de la situation individuelle des salariés licenciés, sur les demandes formées par ces derniers contre leur employeur. • Soc. 6 mars 1990 : *D. 1990. Somm. 218, obs. Honorat ; Bull. civ. V, nº 92.* – V. aussi • Versailles, 20 févr. 2001 : *Gaz. Pal. 2001. Somm. 1728.*

3. Il résulte de l'art. 45 de la loi [C. com., art. L. 631-17] que l'autorité d'une ordonnance du juge-commissaire qui autorise les licenciements n'est attachée, par l'effet de l'art. 63 [R. 631-26] du décret, qui en précise le contenu, outre l'indication du nombre de salariés dont le licenciement est autorisé ainsi que des activités professionnelles concernées, qu'à l'existence d'une suppression ou transformation d'emploi ou d'une modification du contrat de travail consécutive à des difficultés économiques, à une mutation technologique ou à une réorganisation nécessaire à la sauvegarde de la compétitivité de l'entreprise. Par contre, cette autorité ne saurait s'étendre à la question de la situation individuelle des salariés au regard de l'obligation de reclassement qui pèse sur l'employeur et qui relève de la compétence du juge prud'homal. • Soc. 3 mars 1998 : *Bull. civ. V, nº 112 ; D. 1998. 418, note Bailly* ; *JCP E 1998, nº 36, p. 1363, note Serret* • 8 juin 1999 : *Bull. civ. V, nº 268 ; D. 2000. Somm. 6, obs. Derrida* • 1er mars 2000 : *Rev. proc. coll. 2000. 109, obs. Taquet.* ♦ ... Ni au droit individuel du salarié inclus dans un licenciement collectif de contester la régularité de la procédure prévue à l'art. L. 321-1 [L. 1233-1 s.] C. trav. et de demander, conformément à l'art. L. 122-14-4, dernier al. [L. 1235-13], du même code, l'allocation d'une indemnité calculée en fonction de son préjudice. • Soc. 12 janv. 1999 : *Bull. civ. V, nº 11 ; JCP E 1999, nos 18-19, p. 812, obs. Pétel; ibid., nos 44-45, p. 1773, obs. Coursier.*

4. Toutefois, la régularité de l'ordonnance ne saurait être remise en cause devant le juge prud'homal dès lors que cette décision n'a pas fait l'objet d'un recours et ce même si les salariés prétendent qu'ils n'ont eu connaissance de sa teneur qu'en cours d'instance. • Toulouse, 15 sept. 1995 : *BICC 1996, nº 341.*

SOUS-SECTION 6 DE LA DÉCLARATION DE CRÉANCES

Art. R. 631-27 Les articles R. 622-21 à R. 622-26 sont applicables à la procédure de redressement judiciaire. — *[Décr. nº 2005-1677 du 28 déc. 2005, art. 195.]*

SOUS-SECTION 7 DE L'ÉLABORATION DU PLAN *[BILAN]* ÉCONOMIQUE, SOCIAL ET ENVIRONNEMENTAL

Art. R. 631-28 Les articles R. 623-1 et R. 623-2 sont applicables à la procédure de redressement judiciaire. *(Abrogé par Décr. nº 2009-160 du 12 févr. 2009, art. 56)* ***« Toutefois, l'administrateur, lorsqu'il en a été désigné, est tenu des obligations d'information qui incombent au débiteur en application de ces articles. »*** — *[Décr. nº 2005-1677 du 28 déc. 2005, art. 196.]*

SOUS-SECTION 8 DE LA VÉRIFICATION ET DE L'ADMISSION DES CRÉANCES

Art. R. 631-29 Les articles R. 624-1, à l'exclusion du premier alinéa, et R. 624-2 à R. 624-11 sont applicables à la procédure de redressement judiciaire.

La vérification des créances est faite par le mandataire judiciaire en présence du débiteur ou celui-ci appelé, de l'administrateur s'il a pour mission d'assurer l'administration de l'entreprise et, le cas échéant, des contrôleurs désignés, présents ou dûment appelés. — *[Décr. nº 2005-1677 du 28 déc. 2005, art. 197.]*

SOUS-SECTION 9 DES DROITS DU CONJOINT DU DÉBITEUR

Art. R. 631-30 Le conjoint du débiteur est entendu ou dûment convoqué avant toute décision ordonnant ou autorisant la vente des biens de la communauté.

Lorsque, au cours de la procédure, la dissolution de la communauté existant entre le débiteur et son conjoint devient opposable aux tiers, ce conjoint est entendu ou dûment convoqué avant toute décision ordonnant ou autorisant la vente des biens de l'indivision. — *[Décr. nº 2005-1677 du 28 déc. 2005, art. 198.]*

• SOUS-SECTION 10 DES DROITS DU VENDEUR DE MEUBLES, DES REVENDICATIONS ET DES RESTITUTIONS

Art. R. 631-31 Les articles R. 624-13 à *(Décr. nº 2007-1851 du 26 déc. 2007)* « R. 624-16 » sont applicables à la procédure de redressement judiciaire. – *[Décr. nº 2005-1677 du 28 déc. 2005, art. 199.]*

• SOUS-SECTION 11 DU RÈGLEMENT DES CRÉANCES RÉSULTANT D'UN CONTRAT DE TRAVAIL

Art. R. 631-32 Les articles R. 625-1 à R. 625-7 sont applicables à la procédure de redressement judiciaire. – *[Décr. nº 2005-1677 du 28 déc. 2005, art. 200.]*

Art. R. 631-33 Lorsque des instances sont en cours devant la juridiction prud'homale à la date du jugement d'ouverture du redressement judiciaire, les informations relatives à l'objet et aux circonstances du litige ainsi que les éléments justificatifs sont transmis par le mandataire judiciaire aux institutions mentionnées à l'article L. 143-11-4 du code du travail, mises en cause devant la juridiction prud'homale conformément à l'article L. 631-18 du présent code. – *[Décr. nº 2005-1677 du 28 déc. 2005, art. 201.]*

• SOUS-SECTION 12 DU PROJET DE PLAN

Art. R. 631-34 Les articles R. 626-1 à *(Décr. nº 2009-160 du 12 févr. 2009, art. 57)* « R. 626-3, relatifs à la convocation des assemblées, » sont applicables à la procédure de redressement judiciaire.

Toutefois, pour l'application de l'article L. 626-3, l'administrateur convoque les assemblées si les dirigeants n'y procèdent pas. – *[Décr. nº 2005-1677 du 28 déc. 2005, art. 202.]*

Art. R. 631-34-1 *(Décr. nº 2009-160 du 12 févr. 2009, art. 58)* Lorsque le ministère public demande, en application de l'article L. 631-19-1, que l'adoption du plan soit subordonnée au remplacement d'un ou plusieurs dirigeants, il saisit le tribunal par une requête indiquant les faits de nature à motiver cette demande.

Le président du tribunal fait convoquer, à la diligence du greffier, le ou les dirigeants de la personne morale dont le remplacement est demandé, quinze jours au moins avant l'audience, par acte d'huissier de justice. A cette convocation est jointe la requête du ministère public.

Le tribunal statue après avoir entendu ou dûment appelé, le cas échéant, le débiteur, l'administrateur s'il en a été désigné, le mandataire judiciaire ainsi que les représentants du comité d'entreprise ou, à défaut, des délégués du personnel.

Le jugement est signifié à la diligence du greffier à chaque dirigeant en cause et au représentant légal de la personne morale. Les personnes citées à l'article R. 621-7 ainsi que les représentants du comité d'entreprise ou, à défaut, des délégués du personnel sont avisés de ce jugement.

La demande du ministère public tendant à la cession forcée des parts sociales du dirigeant doit être faite dans les formes et délais prescrits par l'art. R. 631-34-1. • Com. 22 mai 2013 : *Dalloz actualité, 3 juin 2013, obs. Lienhard.*

Art. R. 631-34-2 *(Décr. n° 2009-160 du 12 févr. 2009, art. 58)* **L'administrateur s'il en a été désigné ou le mandataire judiciaire convoque les organes sociaux compétents aux fins de délibérer sur la demande de remplacement.**

Le tribunal statue sur le plan au vu de cette délibération.

Art. R. 631-34-3 *(Décr. n° 2009-160 du 12 févr. 2009, art. 58)* **Le mandataire prévu au deuxième alinéa de l'article L. 631-19-1 peut être l'administrateur judiciaire.**

Art. R. 631-34-4 *(Décr. n° 2009-160 du 12 févr. 2009, art. 58)* **Les articles R. 626-7 et R. 626-8, relatifs à la consultation des créanciers, et la sous-section 4 de la section 1 du chapitre VI du titre II du présent livre, relative au règlement des créances publiques, sont applicables à la procédure de redressement judiciaire.**

● SOUS-SECTION 13 DU JUGEMENT ARRÊTANT LE PLAN

Art. R. 631-35 **Les articles R. 626-17 à R. 626-51,** *(Décr. n° 2009-160 du 12 févr. 2009, art. 59)* **« à l'exclusion de l'article R. 626-18, des deuxième et troisième alinéas de l'article R. 626-20, et de l'article R. 626-22 », sont applicables à la procédure de redressement judiciaire.** – *[Décr. n° 2005-1677 du 28 déc. 2005, art. 203.]*

(Décr. n° 2009-160 du 12 févr. 2009, art. 59) **« Le greffier procède aux convocations et avis mentionnés à l'article R. 626-17 dès le dépôt au greffe du projet de plan par l'administrateur.**

« Pour l'application de l'article R. 626-48, lorsque le tribunal décide la résolution du plan en application du troisième alinéa du I de l'article L. 626-27, il ouvre, dans le même jugement, la liquidation judiciaire du débiteur. »

Sur la radiation d'office du registre du commerce et des sociétés des mentions relatives à la procédure de redressement judiciaire lorsque le plan de redressement est toujours en cours à l'expiration d'un délai de cinq ans à compter de son arrêté, V. art. R. 123-135 (5°).

Art. R. 631-36 **Lorsqu'en application du II de l'article L. 631-19 l'administrateur ou le débiteur prévoit dans son projet de plan des licenciements pour motif économique, il joint au rapport déposé au greffe ou il produit à l'audience les documents suivants :**

1° Le procès-verbal des délibérations du comité d'entreprise ou des délégués du personnel consultés en application de l'article L. 321-9 du code du travail ;

2° La copie de la lettre informant l'autorité administrative, en application de l'article L. 321-8 du code du travail, du projet de licenciement.

Le jugement arrêtant le plan indique le nombre de salariés dont le licenciement est autorisé ainsi que les activités et catégories professionnelles concernées. – *[Décr. n° 2005-1677 du 28 déc. 2005, art. 204.]*

L'autorité du jugement arrêtant un plan qui prévoit des licenciements pour motif économique n'est attachée par l'effet de l'art. 64 [R. 631-36] qu'à l'existence d'une suppression ou transformation d'emploi ou d'une modification du contrat de travail consécutives à des difficultés économiques, à une mutation technologique ou à une réorganisation nécessaire à la sauvegarde de la compétitivité de l'entreprise et ne saurait s'étendre à la question de la situation individuelle des salariés au regard de l'obligation de reclassement qui pèse sur l'employeur. • Soc. 10 mai 1999 : *D. 1999. IR 148 ; RTD com. 1999. 965, obs. Saint-Alary-Houin* • 20 oct. 1999 : *Act. proc. coll. 2000, n° 39.*

V. aussi notes ss. art. L. 631-19.

SOUS-SECTION 14 DES COMITÉS DE CRÉANCIERS

Art. R. 631-37 Les articles R. 626-52 à *(Décr. n° 2009-160 du 12 févr. 2009, art. 60)* « R. 626-63 » sont applicables à la procédure de redressement judiciaire. *(Décr. n° 2009-160 du 12 févr. 2009, art. 60)* « L'administrateur, avec le concours du débiteur, exerce les prérogatives dévolues à ce dernier par les articles R. 626-57-2 et R. 626-61. » – *[Décr. n° 2005-1677 du 28 déc. 2005, art. 205.]*

SOUS-SECTION 15 DISPOSITIONS PARTICULIÈRES EN L'ABSENCE D'ADMINISTRATEUR JUDICIAIRE

Art. R. 631-38 L'article R. 627-1 est applicable à la procédure de redressement judiciaire. Le mandataire judiciaire exerce les fonctions dévolues à l'administrateur par l'article R. 631-14. – *[Décr. n° 2005-1677 du 28 déc. 2005, art. 206.]*

SOUS-SECTION 16 DE LA CESSION PARTIELLE OU TOTALE DE L'ENTREPRISE

Art. R. 631-39 Sans préjudice de l'application des deux premiers alinéas de l'article R. 642-40, l'administrateur *(Abrogé par Décr. n° 2009-160 du 12 févr. 2009, art. 61) « s'il en a été désigné, »* communique au greffe les caractéristiques essentielles de l'entreprise ou de la ou des branches d'activité susceptibles d'être cédées en application de l'article L. 631-22. Il fixe le délai dans lequel les offres peuvent lui être soumises en application de l'article L. 631-13. Tout intéressé peut prendre connaissance de ces informations au greffe.

L'administrateur porte le délai fixé pour le dépôt des offres à la connaissance du mandataire judiciaire et des contrôleurs.

Toute offre doit être communiquée à l'administrateur dans le délai qu'il a fixé. Sauf accord entre le débiteur, le représentant des salariés, le mandataire judiciaire et les contrôleurs, le délai entre la réception d'une offre par l'administrateur et l'audience au cours de laquelle le tribunal examine cette offre est de quinze jours au moins. – *[Décr. n° 2005-1677 du 28 déc. 2005, art. 207.]*

Art. R. 631-40 Les articles R. 642-1 à R. 642-21 *(Décr. n° 2009-160 du 12 févr. 2009, art. 62)* « , à l'exclusion du premier alinéa de l'article R. 642-10, » sont applicables à la cession mentionnée à l'article L. 631-22. – *[Décr. n° 2005-1677 du 28 déc. 2005, art. 208.]*

(Décr. n° 2009-160 du 12 févr. 2009, art. 62) « Le mandataire judiciaire exerce les missions dévolues au liquidateur par les articles R. 642-8, R. 642-18, R. 642-20 et R. 642-21. »

Art. R. 631-41 *(Abrogé par Décr. n° 2009-160 du 12 févr. 2009, art. 63)* ***Lorsque la cession totale ou partielle de l'entreprise a été ordonnée, la procédure est poursuivie dans les limites prévues par l'article L. 621-3 aux fins, selon le cas, de l'arrêté d'un plan de redressement ou de la liquidation judiciaire du débiteur.*** – [Décr. n° 2005-1677 du 28 déc. 2005, art. 209.]

Art. R. 631-42 Lorsque la cession totale ou partielle de l'entreprise a été ordonnée par le tribunal en application de l'article L. 631-22, le mandataire judiciaire reçoit le prix de cession nonobstant la passation des actes par l'administrateur.

Lorsque le débiteur bénéficie d'un plan de redressement, le mandataire judiciaire remet le prix au commissaire à l'exécution du plan.

Lorsque le débiteur est soumis à une liquidation judiciaire, le mandataire judiciaire conserve le prix en sa qualité de liquidateur ou le remet au liquidateur désigné par le tribunal. – *[Décr. nº 2005-1677 du 28 déc. 2005, art. 210.]*

SOUS-SECTION 17 DE LA CLÔTURE DE LA PROCÉDURE

Art. R. 631-43 Lorsque le compte rendu de fin de mission de l'administrateur et du mandataire judiciaire ont été approuvés *[a été approuvé]* par le juge-commissaire, la procédure fait l'objet d'une ordonnance de clôture rendue par le président du tribunal.

Cette décision est une mesure d'administration judiciaire non susceptible de recours.

Elle est communiquée aux personnes citées à l'article R. 621-7 et mentionnée aux registres et répertoires prévus à l'article R. 621-8. – *[Décr. nº 2005-1677 du 28 déc. 2005, art. 211.]*

CHAPITRE II DE LA NULLITÉ DE CERTAINS ACTES

Le présent chapitre ne comprend pas de dispositions réglementaires.

TITRE QUATRIÈME DE LA LIQUIDATION JUDICIAIRE

CHAPITRE PRÉLIMINAIRE DE L'OUVERTURE ET DU DÉROULEMENT DE LA LIQUIDATION JUDICIAIRE

Art. R. 640-1 La demande d'ouverture de la procédure de liquidation judiciaire est présentée selon les modalités prévues aux articles R. 631-1 *(Décr. nº 2009-160 du 12 févr. 2009, art. 64)* « , R. 631-2, à l'exception du deuxième alinéa, et R. 631-3 » à R. 631-5.

(Décr. nº 2009-160 du 12 févr. 2009, art. 64) « La demande d'ouverture d'une procédure de liquidation judiciaire présentée par un créancier est à peine d'irrecevabilité, qui doit être soulevée d'office, exclusive de toute autre demande, à l'exception d'une demande d'ouverture d'une procédure de redressement judiciaire formée à titre subsidiaire. »

Les éléments de nature à établir que le redressement est manifestement impossible doivent être joints à la demande du débiteur, à l'assignation d'un créancier, à la requête du ministère public, à la note du président du tribunal en cas de saisine d'office ou au rapport du juge commis par le tribunal. – *[Décr. nº 2005-1677 du 28 déc. 2005, art. 212.]*

V. note ss. art. R. 631-2.

Art. R. 640-2 **La cour d'appel qui annule un jugement statuant sur l'ouverture de la procédure de liquidation judiciaire ou son prononcé peut, d'office, ouvrir la procédure de liquidation judiciaire ou la prononcer.** *(Décr. nº 2009-160 du 12 févr. 2009, art. 65)* **« En cas d'infirmation d'un jugement ouvrant la procédure de liquidation judiciaire, elle peut, d'office, ouvrir la procédure de redressement judiciaire. »** – *[Décr. nº 2005-1677 du 28 déc. 2005, art. 213.]*

Il résulte de la combinaison des art. 562 C. pr. civ. et R. 640-2 C. com., dans sa rédaction antérieure au décr. du 12 févr. 2009, que lorsque l'appel tend à l'annulation du jugement pour irrégularité de la saisine de la juridiction de première instance, la cour d'appel qui annule l'acte introductif et le jugement n'a pas le pouvoir de prononcer d'office la liquidation judiciaire du débiteur (cassation pour violation de l'art. 6, § 1, de la Conv. EDH et des art. préc.). • Com. 17 nov. 2009 : *D. 2009. AJ 2930, obs. Lienhard ; Procédures 2010, nº 2, obs. Perrot ; ibid., nº 14, obs. Rolland ; Gaz. Pal. 8-9 janv. 2010, p. 16, obs. Reille ; Dr. sociétés 2010, nº 57, note Legros.*

CHAPITRE PREMIER **DU JUGEMENT DE LIQUIDATION JUDICIAIRE**

SECTION PREMIÈRE **DE LA SAISINE ET DE LA DÉCISION DU TRIBUNAL**

Art. R. 641-1 **Les dispositions des articles R. 621-2 à R. 621-4, R. 621-7** *(Décr. nº 2009-160 du 12 févr. 2009, art. 66)* **«, R. 621-8-1, à l'exception du dernier alinéa,** *(Décr. nº 2012-1190 du 25 oct. 2012, art. 5)* **« R. 621-8-2, » R. 621-10 » et R. 621-12 à R. 621-16** *(Décr. nº 2012-1190 du 25 oct. 2012, art. 5)* **« , ainsi que l'article R. 631-7-1, » sont applicables à la procédure de liquidation judiciaire sous réserve des dispositions de la présente section.** – *[Décr. nº 2005-1677 du 28 déc. 2005, art. 214.]*

Le Décr. nº 2012-1190 du 25 oct. 2012 est applicable dans les îles Wallis-et-Futuna (Décr. préc., art. 12).

Art. R. 641-2 **Le cas échéant, le greffier avertit les créanciers poursuivants qu'ils peuvent prendre connaissance au greffe du rapport mentionné au second alinéa de l'article R. 621-3 et les avise en même temps de la date de l'audience.** – *[Décr. nº 2005-1677 du 28 déc. 2005, art. 215.]*

Art. R. 641-3 *(Abrogé par Décr. nº 2009-160 du 12 févr. 2009, art. 67)* ***Les dispositions de l'article R. 621-12 applicables au mandataire judiciaire le sont au liquidateur désigné par le tribunal lorsque celui-ci n'est pas inscrit sur la liste prévue par l'article L. 812-2.*** – [Décr. nº 2005-1677 du 28 déc. 2005, art. 216.]

Art. R. 641-4 **Pour l'application de l'article R. 621-4, si le jugement ne peut être rendu sur-le-champ, la date de son prononcé est communiquée au débiteur et, le cas échéant, au créancier poursuivant.** – *[Décr. nº 2005-1677 du 28 déc. 2005, art. 217.]*

Art. R. 641-5 **Lorsqu'il apparaît que le débiteur ne remplit pas les conditions requises pour l'ouverture d'une procédure de liquidation judiciaire, le tribunal rejette la demande.**

(Décr. nº 2009-160 du 12 févr. 2009, art. 68) **« A défaut d'avoir été saisi d'une demande aux fins d'ouverture d'une procédure de redressement judiciaire, formée à titre subsidiaire dans l'acte introductif d'instance ou à l'audience en présence du**

débiteur ou de son représentant et si le tribunal estime devoir se saisir d'office en vue de l'ouverture d'une telle procédure, il est fait application des dispositions de l'article R. 631-3. » – *[Décr. n° 2005-1677 du 28 déc. 2005, art. 218.]*

Jurisprudence antérieure au décret du 12 févr. 2009.

1. Pouvoirs du tribunal. Il appartient au tribunal qui décide que les conditions ne sont pas remplies pour ouvrir une liquidation judiciaire et qui souhaite ouvrir un redressement judiciaire de rejeter la demande du créancier concernant la première procédure et de se saisir d'office pour ouvrir la seconde, en appliquant les dispositions de l'art. R. 631-3 C. com. • Besançon, 8 août 2007 : *Act. proc. coll. 2008, n° 155, obs. Vallansan.* ♦ Il n'appartient pas au tribunal de faire injonction au débiteur de faire lui-même une demande d'ouverture de procédure de redressement judiciaire. • Même arrêt. ♦ Comp., désormais : art. R. 641-5, al. 2, dans sa réd. issue du Décr. n° 2009-160 du 12 févr. 2009.

2. Pouvoirs de la cour d'appel. Il n'est pas au pouvoir de la cour, qui infirme un jugement statuant sur l'ouverture de la procédure de liquidation judiciaire sur l'assignation d'un créancier, d'ouvrir elle-même une procédure de redressement judiciaire. • Paris, 26 févr. 2008 : *Act. proc. coll. 2008, n° 142, obs. Cagnoli ; Gaz. Pal. 27-29 juill. 2008, p. 32, obs. Lebel.* ♦ Solution infirmée par l'art. R. 640-2 dans sa réd. issue du Décr. n° 2009-160 du 12 févr. 2009.

Art. R. 641-6 Le jugement statuant sur l'ouverture de la procédure de liquidation judiciaire est notifié au débiteur ou au créancier par le greffier dans les huit jours de son prononcé. Lorsque le débiteur n'est pas demandeur, le jugement lui est signifié dans le même délai.

Il est communiqué aux personnes mentionnées à l'article R. 621-7. – *[Décr. n° 2005-1677 du 28 déc. 2005, art. 219.]*

Art. R. 641-7 Le jugement ouvrant la procédure de liquidation judiciaire *(Décr. n° 2009-160 du 12 févr. 2009, art. 69)* **« ou prononçant son extension » fait l'objet des mesures de publicité prévues à l'article R. 621-8.**

Toutefois, en cas d'appel du ministère public en application de l'article L. 661-1 ou en cas d'arrêt de l'exécution provisoire ordonnée en vertu du troisième alinéa de l'article R. 661-1, ces publicités ne sont effectuées par le greffier du tribunal qu'au vu de l'arrêt de la cour d'appel qui lui est transmis par le greffier de la cour d'appel dans les huit jours de son prononcé. – *[Décr. n° 2005-1677 du 28 déc. 2005, art. 220.]*

Art. R. 641-8 Les dispositions *(Décr. n° 2009-160 du 12 févr. 2009, art. 70)* **« des articles R. 621-12 et » R. 621-13 applicables au mandataire judiciaire le sont au liquidateur désigné par le tribunal lorsque celui-ci n'est pas inscrit sur la liste prévue par l'article L. 812-2.** – *[Décr. n° 2005-1677 du 28 déc. 2005, art. 221.]*

Art. R. 641-9 La décision par laquelle le tribunal modifie la date de cessation des paiements est notifiée au débiteur par le greffier, communiquée aux personnes mentionnées à l'article R. 621-7 et fait l'objet des publicités prévues à l'article R. 621-8. – *[Décr. n° 2005-1677 du 28 déc. 2005, art. 222.]*

V. note 1 *quinquies* ss. art. R. 661-3.

SECTION II DES CONDITIONS D'APPLICATION DE LA LIQUIDATION JUDICIAIRE SIMPLIFIÉE

Art. D. 641-10 *(Décr. n° 2009-160 du 12 févr. 2009, art. 71)* **Les seuils prévus par l'article L. 641-2, pour l'application obligatoire de la procédure de liquidation judiciaire simplifiée, sont fixés pour le chiffre d'affaires hors taxes à 300 000 € et pour le nombre de salariés à 1.**

Les seuils prévus par l'article L. 641-2-1, pour l'application facultative de la procédure de liquidation judiciaire simplifiée, sont fixés pour le chiffre d'affaires hors taxes à 750 000 € et pour le nombre de salariés à 5.

Le montant du chiffre d'affaires est défini conformément aux dispositions du cinquième alinéa de l'article R. 123-200. Il est apprécié à la date de clôture du dernier exercice comptable.

Le nombre de salariés mentionné au premier ou au deuxième alinéa ne doit pas avoir été dépassé au cours des six mois précédant l'ouverture de la procédure.

SECTION III DES ORGANES DE LA PROCÉDURE ET DES CONTRÔLEURS

Art. R. 641-11 *(Décr. nº 2009-160 du 12 févr. 2009, art. 72)* « A l'exception de l'article R. 621-20 et du premier alinéa de l'article R. 621-23, les dispositions des articles R. 621-17 à R. 621-24 et R. 622-18 sont applicables aux organes de la procédure et aux contrôleurs. »

Le juge-commissaire statue dans les conditions de l'article R. 621-21 sur les réclamations formulées contre les actes du liquidateur.

Les obligations d'information incombant au mandataire judiciaire en application des articles R. 621-18 et R. 621-19 incombent au liquidateur. – *[Décr. nº 2005-1677 du 28 déc. 2005, art. 224.]*

Art. R. 641-12 Lorsqu'une demande de remplacement du liquidateur est formée devant le tribunal, en application *(Décr. nº 2009-160 du 12 févr. 2009, art. 73)* « de l'article L. 641-1-1 », les dispositions de l'article R. 621-17 sont applicables. Il en est de même pour une demande d'adjonction d'un ou de plusieurs liquidateurs *(Décr. nº 2009-160 du 12 févr. 2009, art. 73)* « ou lorsque le liquidateur demande son remplacement ». – *[Décr. nº 2005-1677 du 28 déc. 2005, art. 225.]*

Art. R. 641-13 Les fonctions du juge-commissaire et des contrôleurs prennent fin au jour où le compte rendu de fin de mission du liquidateur a été approuvé. – *[Décr. nº 2005-1677 du 28 déc. 2005, art. 226.]*

L'art. 226 du Décr. nº 2005-1677 du 28 déc. 2005 [C. com., art. R. 641-13] est applicable aux procédures en cours au 1er janv. 2006 (Décr. préc., art. 361).

SECTION IV DES MESURES CONSERVATOIRES

Art. R. 641-14 Les articles R. 622-2 à R. 622-5 *(Décr. nº 2009-160 du 12 févr. 2009, art. 74)* « , à l'exclusion de l'article R. 622-4-1, » sont applicables à la procédure de liquidation judiciaire. Le liquidateur exerce les fonctions dévolues au mandataire judiciaire par ces dispositions. – *[Décr. nº 2005-1677 du 28 déc. 2005, art. 227.]*

(Décr. nº 2009-160 du 12 févr. 2009, art. 74) « Les règles prévues aux quatrième à sixième alinéas de l'article R. 622-4 sont applicables à la prisée des actifs du débiteur effectuée en cas d'ouverture d'une procédure de liquidation judiciaire ou de prononcé d'une telle procédure au cours d'une procédure de sauvegarde. »

Art. R. 641-15 Le juge-commissaire peut ordonner l'apposition des scellés sur tout ou partie des biens du débiteur. Dans ce cas, il est procédé selon les règles prévues pour les scellés après décès.

Il est donné avis de l'apposition des scellés au juge-commissaire qui l'a ordonnée.

Lorsque le débiteur exerce une profession libérale soumise à un statut législatif ou réglementaire ou dont le titre est protégé, l'apposition des scellés a lieu en présence d'un représentant de l'ordre professionnel ou de l'autorité dont il relève. – *[Décr. n° 2005-1677 du 28 déc. 2005, art. 228.]*

Art. R. 641-16 Les biens, documents et effets dispensés ou extraits de scellés par décision du juge-commissaire sont inventoriés sans délai avec estimation de leur valeur par la personne chargée de réaliser l'inventaire. Leur état est décrit sommairement dans le procès-verbal d'apposition des scellés. – *[Décr. n° 2005-1677 du 28 déc. 2005, art. 229.]*

Art. R. 641-17 Le liquidateur ou l'administrateur, s'il en a été désigné un, requiert la levée des scellés en vue des opérations d'inventaire. – *[Décr. n° 2005-1677 du 28 déc. 2005, art. 230.]*

SECTION V DU MAINTIEN DE L'ACTIVITÉ

Art. R. 641-18 Le maintien de l'activité peut être autorisé dans les conditions prévues à l'article L. 641-10 pour une période qui ne peut excéder trois mois, sous réserve des dispositions applicables aux exploitations agricoles.

Cette autorisation peut être prolongée une fois, pour la même période, à la demande du ministère public. – *[Décr. n° 2005-1677 du 28 déc. 2005, art. 231.]*

Art. R. 641-19 Les seuils au-delà desquels le tribunal désigne un administrateur pour administrer l'entreprise sont identiques aux seuils fixés par l'article R. 621-11. – *[Décr. n° 2005-1677 du 28 déc. 2005, art. 232.]*

Art. R. 641-20 Le liquidateur ou l'administrateur qui assure l'administration de l'entreprise après l'ouverture ou le prononcé de la liquidation judiciaire tient informés le juge-commissaire et le ministère public des résultats de l'activité à l'issue de la période pendant laquelle elle a été poursuivie. – *[Décr. n° 2005-1677 du 28 déc. 2005, art. 233.]*

Art. R. 641-21 *(Décr. n° 2009-160 du 12 févr. 2009, art. 75)* Le greffier avise le cocontractant de la décision du juge-commissaire accordant au liquidateur, ou à l'administrateur lorsqu'il en a été désigné, la prolongation prévue au 1° du III de l'article L. 641-11-1.

Le juge-commissaire constate, sur la demande de tout intéressé, la résiliation de plein droit des contrats dans les cas prévus au III de l'article L. 641-11-1 et à l'article L. 641-12 ainsi que la date de cette résiliation.

La demande de résiliation présentée par l'administrateur ou, à défaut, le liquidateur en application du IV de l'article L. 641-11-1 est formée par requête adressée ou déposée au greffe. Le greffier convoque le débiteur et le cocontractant par lettre recommandée avec demande d'avis de réception et avise l'administrateur ou, à défaut, le liquidateur de la date de l'audience.

Les dispositions du présent article sont également applicables lorsque le maintien de l'activité n'a pas été autorisé.

Art. R. 641-22 La décision du juge-commissaire qui autorise les prêts et accorde les délais de paiement conformément au *(Décr. n° 2009-160 du 12 févr. 2009, art. 76)* « 2° du III de l'article L. 641-13 » est transcrite sur le registre tenu à cet effet au greffe du tribunal avec l'indication de l'identité du débiteur, du montant des prêts, de l'identification du prêteur et de l'échéance des prêts ou des délais de paiement. – *[Décr. n° 2005-1677 du 28 déc. 2005, art. 233-2.]*

SECTION VI DES INSTANCES INTERROMPUES ET DES PROCÉDURES D'ORDRE EN COURS

Art. R. 641-23 Les articles R. 622-19 et R. 622-20 sont applicables à la procédure de liquidation judiciaire. – *[Décr. n° 2005-1677 du 28 déc. 2005, art. 234.]*

Art. R. 641-24 Pour l'application de l'article R. 622-19, les fonds sont remis au liquidateur aux fins de répartition.

En cas de prononcé de la liquidation judiciaire pendant le cours d'une période d'observation, le mandataire judiciaire les remet au liquidateur à cette fin. – *[Décr. n° 2005-1677 du 28 déc. 2005, art. 235.]*

SECTION VII DE LA DÉCLARATION DES CRÉANCES

Art. R. 641-25 Les articles R. 622-21 à R. 622-25 sont applicables à la procédure de liquidation judiciaire. Le liquidateur exerce les fonctions dévolues au mandataire judiciaire par ces dispositions. – *[Décr. n° 2005-1677 du 28 déc. 2005, art. 236.]*

Art. R. 641-26 Les instances et les procédures civiles d'exécution suspendues en application du deuxième alinéa de l'article L. 622-28 sont poursuivies à l'initiative des créanciers bénéficiaires de garanties mentionnés au dernier alinéa de cet article sur justification du jugement prononçant la liquidation judiciaire.

En application du troisième alinéa de l'article L. 622-28, ces créanciers peuvent pratiquer des mesures conservatoires dans les conditions prévues aux articles *(Décr. n° 2012-783 du 30 mai 2012, art. 2, en vigueur le 1er juin 2012)* « R. 511-1 et suivants du code des procédures civiles d'exécution ». – *[Décr. n° 2005-1677 du 28 déc. 2005, art. 237.] – V. lesdits art. au* ***C. pr. civ.***

SECTION VIII DE LA VÉRIFICATION ET DE L'ADMISSION DES CRÉANCES

Art. R. 641-27 Le liquidateur, dans les deux mois de son entrée en fonctions, remet au juge-commissaire un état mentionnant l'évaluation des actifs et du passif privilégié et chirographaire.

Au vu de cet état et après avoir recueilli les observations du liquidateur, le juge-commissaire décide s'il y a lieu ou non, conformément à l'article L. 641-4, d'engager ou de poursuivre la vérification des créances chirographaires. – *[Décr. n° 2005-1677 du 28 déc. 2005, art. 238.]*

Art. R. 641-28 Les articles R. 624-1 à R. 624-11 sont applicables à la procédure de liquidation judiciaire. Le liquidateur exerce les fonctions dévolues au mandataire judiciaire par ces dispositions. – *[Décr. n° 2005-1677 du 28 déc. 2005, art. 239.]*

Art. R. 641-29 Lorsque la liquidation judiciaire est prononcée au cours d'une procédure de sauvegarde ou de redressement judiciaire, le liquidateur complète la liste des créances mentionnées à l'article R. 624-2. Il dépose la liste ainsi complétée au greffe. Tout créancier peut en prendre connaissance. – *[Décr. n° 2005-1677 du 28 déc. 2005, art. 240.]*

SECTION IX DES DROITS DU CONJOINT DU DÉBITEUR

Art. R. 641-30 Le conjoint du débiteur doit être entendu ou dûment convoqué avant toute décision ordonnant ou autorisant la vente des biens de la communauté.

Lorsque, au cours de la procédure, la dissolution de la communauté existant entre le débiteur et son conjoint devient opposable aux tiers, ce conjoint est entendu ou dûment convoqué avant toute décision ordonnant ou autorisant la vente des biens de l'indivision. — *[Décr. n° 2005-1677 du 28 déc. 2005, art. 241.]*

SECTION X DES DROITS DU VENDEUR DE MEUBLES, DES REVENDICATIONS ET DES RESTITUTIONS

Art. R. 641-31 Les articles R. 624-13 à *(Décr. n° 2007-1851 du 26 déc. 2007)* « R. 624-16 » sont applicables à la procédure de liquidation judiciaire. Le liquidateur exerce les fonctions dévolues par ces dispositions au mandataire judiciaire. Lorsqu'il n'a pas été désigné d'administrateur, le liquidateur exerce également les fonctions dévolues à l'administrateur par ces dispositions. — *[Décr. n° 2005-1677 du 28 déc. 2005, art. 242.]*

Art. R. 641-32 Le bien qui ne fait pas l'objet d'une demande en restitution peut être vendu selon les formes prévues au titre IV du livre VI de la partie législative du présent code à l'expiration d'un délai d'un mois après l'envoi d'une mise en demeure au propriétaire. Cette mise en demeure, qui peut être envoyée dès l'ouverture de la procédure, est adressée par le liquidateur au dernier domicile connu du propriétaire par lettre recommandée avec demande d'avis de réception.

Le prix de vente est consigné par le liquidateur à la Caisse des dépôts et consignations et, sous déduction des frais, est tenu à la disposition du créancier, qui en est averti par le liquidateur par lettre recommandée avec demande d'avis de réception. Après clôture de la procédure, le montant ainsi consigné est restitué au créancier ou à ses ayants droit par la Caisse des dépôts et consignations sur ordonnance du président. — *[Décr. n° 2005-1677 du 28 déc. 2005, art. 243.]*

SECTION XI DU RÈGLEMENT DES CRÉANCES RÉSULTANT DU CONTRAT DE TRAVAIL

Art. R. 641-33 Les articles R. 625-1 à R. 625-7 sont applicables à la procédure de liquidation judiciaire. Le liquidateur exerce les fonctions dévolues par ces dispositions au mandataire judiciaire. Il remplit l'obligation mise à la charge du débiteur par le deuxième alinéa de l'article R. 625-1. — *[Décr. n° 2005-1677 du 28 déc. 2005, art. 244.]*

Art. R. 641-34 Lorsque des instances sont en cours devant la juridiction prud'homale à la date du jugement d'ouverture de la liquidation judiciaire, les informations relatives à l'objet et aux circonstances du litige ainsi que les éléments justificatifs sont transmis par le liquidateur aux institutions mentionnées à l'article L. 143-11-4 du code du travail, mises en cause devant la juridiction prud'homale conformément à l'article L. 641-14 du présent code. — *[Décr. n° 2005-1677 du 28 déc. 2005, art. 245.]*

Art. R. 641-35 *(Abrogé par Décr. n° 2009-160 du 12 févr. 2009, art. 77) Le liquidateur judiciaire déclare à l'administration fiscale toute somme versée par les institutions*

mentionnées à l'article L. 143-11-4 du code du travail en application des articles L. 143-11-1 à L. 143-11-3 du même code. – [Décr. n° 2005-1677 du 28 déc. 2005, art. 246.]

SECTION XII DISPOSITIONS DIVERSES

Art. R. 641-36 Lorsque le débiteur exerce une profession libérale soumise à un statut législatif ou réglementaire ou dont le titre est protégé, le tribunal désigne, lors de l'ouverture de la procédure, le représentant de l'ordre professionnel ou de l'autorité compétente dont, le cas échéant, il relève, aux fins d'exercer les actes de la profession.

Ce représentant peut déléguer cette mission à l'un des membres de la profession, en activité ou retraité.

Les rémunérations ou subsides prévus à l'article L. 631-11 sont fixés par le juge-commissaire après avis du liquidateur et de l'administrateur, lorsqu'il en a été désigné.

Pour l'application du premier alinéa, le juge-commissaire fixe la rémunération de la personne chargée d'exercer les actes de la profession. – *[Décr. n° 2005-1677 du 28 déc. 2005, art. 247.]*

Art. R. 641-37 Le liquidateur peut faire fonctionner sous sa signature les comptes bancaires du débiteur pendant un délai de six mois à compter du jugement prononçant la liquidation ou, au-delà, pendant la durée du maintien de l'activité autorisée par le tribunal en application de l'article L. 641-10. L'utilisation ultérieure de ces comptes est subordonnée à l'autorisation du juge-commissaire délivrée après avis du ministère public.

En cas de maintien de l'activité, cette disposition bénéficie à l'administrateur, lorsqu'il en a été désigné. – *[Décr. n° 2005-1677 du 28 déc. 2005, art. 248.]*

Art. R. 641-38 Outre les informations trimestrielles mentionnées à l'article L. 641-7, le liquidateur remet à tout moment, à leur demande, et au moins le 31 décembre de chaque année, au juge-commissaire et au procureur de la République un rapport de liquidation indiquant :

1° Le montant du passif admis ou, à défaut, l'état de la vérification des créances ;
2° L'état des opérations de réalisation d'actif ;
3° L'état de répartition aux créanciers ;
4° L'état des sommes détenues à la Caisse des dépôts et consignations ;
5° Les perspectives d'évolution et de clôture de la procédure.

Le débiteur et tout créancier peuvent prendre connaissance de ce rapport au greffe. – *[Décr. n° 2005-1677 du 28 déc. 2005, art. 249.]*

Art. R. 641-39 La liste des créances mentionnées au I de l'article L. 641-13, portées à la connaissance de l'administrateur lorsqu'il en a été désigné ou du liquidateur, en application du IV du même article, est déposée, par le liquidateur, au greffe à l'issue du délai de six mois à compter de la publication du jugement ouvrant ou prononçant la liquidation ou, le cas échéant, à l'issue du délai d'un an à compter de celle du jugement arrêtant le plan de cession de l'entreprise. Tout intéressé peut en prendre connaissance. Le greffier fait publier au *Bulletin officiel des annonces civiles et commerciales* une insertion indiquant ce dépôt.

Tout intéressé peut contester cette liste devant le juge-commissaire dans un délai d'un mois à compter de la publication.

Les créances rejetées par le juge-commissaire sont réputées avoir été déclarées dans les conditions prévues par l'article L. 622-24.

Dans ce cas, le créancier adresse au *(Décr. n° 2009-160 du 12 févr. 2009, art. 78)* « liquidateur » les informations prévues à l'article L. 622-25 et à l'article R. 622-23. – *[Décr. n° 2005-1677 du 28 déc. 2005, art. 250.]*

Art. R. 641-40 En application de l'article L. 641-15, le liquidateur peut, sur ordonnance du juge-commissaire, demander au représentant légal de la personne morale ou au débiteur personne physique ou à tout autre salarié du débiteur pouvant recevoir des informations utiles de transférer de façon automatique le courrier électronique de leurs messageries professionnelles vers l'adresse électronique qu'il leur désigne.

(Décr. n° 2009-160 du 12 févr. 2009, art. 79) « A cette fin, le liquidateur et, le cas échéant, l'administrateur peuvent également requérir l'assistance de tout salarié du débiteur.

« L'ordonnance du juge-commissaire désigne les personnes physiques dont le courrier électronique est transféré au liquidateur et, le cas échéant, à l'administrateur.

« Le liquidateur et l'administrateur détruisent sans délai les messages transférés dépourvus de caractère professionnel.

« Dès l'achèvement de sa mission, l'administrateur transfère au liquidateur les messages encore en sa possession. A la clôture de la liquidation, le liquidateur détruit les messages transférés qu'il a pu conserver. » – *[Décr. n° 2005-1677 du 28 déc. 2005, art. 251.]*

CHAPITRE II DE LA RÉALISATION DE L'ACTIF

SECTION PREMIÈRE DE LA CESSION DE L'ENTREPRISE

Art. R. 642-1 L'auteur de l'offre atteste qu'il ne tombe pas sous le coup des incapacités prévues au premier alinéa de l'article L. 642-3 et joint, lorsqu'il est tenu de les établir, ses comptes annuels relatifs aux trois derniers exercices et ses comptes prévisionnels. Sans préjudice du IV de l'article L. 642-2, les offres et documents qui y sont joints ne sont communiqués qu'au juge-commissaire et au procureur de la République.

Les modifications des offres effectuées dans les conditions du V de l'article L. 642-2 sont communiquées par le liquidateur ou l'administrateur s'il en a été désigné, aux personnes mentionnées au IV de l'article L. 642-2.

A peine d'irrecevabilité, aucune modification ne peut être apportée à une offre *(Décr. n° 2009-160 du 12 févr. 2009, art. 80)* « moins de deux jours ouvrés avant la date fixée pour l'audience d'examen des offres par le tribunal ».

En cas de renvoi de l'affaire à une audience ultérieure, le tribunal peut fixer un nouveau délai pour la présentation de nouvelles offres *(Décr. n° 2009-160 du 12 févr. 2009, art. 80)* « ou l'amélioration des offres préalablement déposées ». – *[Décr. n° 2005-1677 du 28 déc. 2005, art. 252.]*

BIBL. ▶ GOURDAIN, *JCP E 2007. 2584* (amélioration de l'offre de cession d'entreprise : jusqu'à quand ?).

Art. R. 642-2 Les seuils prévus par le deuxième alinéa de l'article L. 642-5 au-delà desquels les débats relatifs à l'arrêté du plan de cession doivent avoir lieu en présence du ministère public sont identiques aux seuils fixés par l'article R. 621-11. – *[Décr. n° 2005-1677 du 28 déc. 2005, art. 253.]*

Art. R. 642-3 Les personnes appelées à l'audience au cours de laquelle il est débattu de l'arrêté du plan de cession sont convoquées selon les modalités prévues à l'article R. 626-17.

Lorsque le plan de cession prévoit des licenciements pour motif économique, le liquidateur, ou l'administrateur lorsqu'il en a été désigné, produit à l'audience les documents mentionnés à l'article R. 631-36. Le jugement arrêtant le plan indique le nombre de salariés dont le licenciement est autorisé ainsi que les activités et catégories professionnelles concernées. — *[Décr. n° 2005-1677 du 28 déc. 2005, art. 254.]*

Art. R. 642-4 Le jugement arrêtant le plan de cession de l'entreprise est communiqué par le greffier aux personnes mentionnées à l'article R. 621-7 et fait l'objet des publicités prévues à l'article R. 621-8.

Il est signifié à la diligence du greffier dans les huit jours de la date du jugement aux personnes, autres que le procureur de la République, le cocontractant ou le bailleur, qui ont qualité pour interjeter appel. — *[Décr. n° 2005-1677 du 28 déc. 2005, art. 255.]*

Art. R. 642-5 La demande présentée en application de l'article L. 642-6 est faite par déclaration au greffe du cessionnaire.

Le jugement modifiant le plan de cession est communiqué par le greffier aux personnes citées à l'article R. 621-7 et mentionné aux registres ou répertoires prévus à l'article R. 621-8.

Il est signifié à la diligence du greffier dans les huit jours de la date du jugement aux personnes, autres que le procureur de la République, qui ont qualité pour interjeter appel. — *[Décr. n° 2005-1677 du 28 déc. 2005, art. 258.]*

Art. R. 642-6 Les personnes appelées à l'audience au cours de laquelle il est débattu de la modification du plan de cession sont convoquées selon les modalités prévues à l'article R. 626-17. — *[Décr. n° 2005-1677 du 28 déc. 2005, art. 259.]*

Art. R. 642-7 Lorsque le tribunal est appelé à se prononcer sur la cession des contrats mentionnés à l'article L. 642-7, ou à constater le transfert d'une sûreté mentionnée à son article L. 642-12, le ou les cocontractants ou le ou les titulaires de la sûreté sont convoqués à l'audience, quinze jours au moins avant la date d'audience, par lettre recommandée avec demande d'avis de réception, par le greffier sur les indications de l'administrateur, lorsqu'il en a été désigné, ou du liquidateur. — *[Décr. n° 2005-1677 du 28 déc. 2005, art. 260.]*

1. Convocation du cocontractant. L'art. 105 [R. 642-7] ne requiert que la convocation du ou des cocontractants sans prévoir celle du cessionnaire. • Paris, 26 janv. 1996 : *D. 1997. Somm. 7, obs. Derrida* .

2. Jugé que le cocontractant ne saurait prétendre à la nullité du jugement qui emporte cession du contrat du fait qu'il n'a pas été convoqué conformément à l'art. 105 [R. 642-7], cette formalité n'étant pas prescrite à peine de nullité et son inobservation n'ayant entraîné aucun grief. • Limoges, 13 août 1986 : *D. 1987. 44, note Derrida ; JCP 1986. II. 20693, note Cabrillac ; Gaz. Pal. 1986. 2. 722, note Martin.* – Dans le même sens : • Paris, 17 mars 2000 : *D. 2000. AJ 249, obs. Pisoni* . – *Contra* : • Agen, 15 janv. 1990 : *Rev. huiss. 1990. 115, note D. M.* – V. aussi • Com. 28 mars 1995 : *Bull. civ. IV, n° 109 ; D. 1995. IR 208 ; Quot. jur. 13 juin 1995, p. 4, note P. B.*

3. Convocation du titulaire de la sûreté. L'art. 105 [R. 642-7] prévoit la convocation des titulaires d'une sûreté uniquement lorsque le tribunal est appelé à se prononcer sur « le transfert d'un nantissement » [transfert d'une sûreté] dans les conditions de l'art. 93 de la loi [C. com., art. L. 642-12]. Dès lors, il ne peut être imputé à faute à une banque, non partie à la procédure d'affectation d'une quote-part aux biens grevés et de répartition des fonds, de ne pas être intervenue auprès du tribunal. • Com. 26 mai 1999 : *Bull. civ. IV, n° 112 ; D. 1999. IR 161* .

Art. R. 642-8 Lorsqu'en application du *(Décr. n° 2009-160 du 12 févr. 2009, art. 81)* « quatrième » alinéa de l'article L. 642-7 il y a désaccord entre les parties sur la valeur du bien objet du contrat de crédit-bail, le tribunal fixe cette valeur, au besoin après expertise, dans le plan de cession ou, à défaut, à la requête de l'une ou l'autre des parties.

Les sommes qui restent dues au sens de l'article L. 642-7 sont, à peine de nullité du paiement, versées par le cessionnaire au liquidateur, qui les remet sans délai au crédit-bailleur. Ces sommes viennent en déduction de la créance admise du crédit-bailleur lorsqu'elles sont relatives à des loyers impayés au jour du jugement d'ouverture. — *[Décr. n° 2005-1677 du 28 déc. 2005, art. 261.]*

Art. R. 642-9 Dès l'accomplissement des actes de cession, le liquidateur ou l'administrateur, lorsqu'il en a été désigné, en fait rapport. Ce rapport est déposé au greffe du tribunal. — *[Décr. n° 2005-1677 du 28 déc. 2005, art. 256.]*

Art. R. 642-10 Le prix de cession de l'entreprise est réparti par le liquidateur conformément aux dispositions de la première section du chapitre III du présent titre.

Lorsque la cession porte sur un fonds de commerce, le cessionnaire peut, après avoir payé le prix, saisir le juge-commissaire pour faire prononcer la radiation des inscriptions grevant le fonds ; les dispositions de l'article R. 642-38 sont applicables. Toutefois aucune justification de la purge n'est nécessaire. — *[Décr. n° 2005-1677 du 28 déc. 2005, art. 257.]*

Art. R. 642-11 L'administrateur *(Décr. n° 2009-160 du 12 févr. 2009, art. 82)* « ou, à défaut, le liquidateur » rend compte au juge-commissaire de l'exécution des actes permettant la mise en œuvre du plan conformément à l'article L. 642-8.

Lorsqu'il a accompli sa mission, il dépose au greffe un compte rendu de fin de mission dans les conditions des articles R. 626-39 et R. 626-40. L'article R. 626-41 est applicable. — *[Décr. n° 2005-1677 du 28 déc. 2005, art. 262.]*

Art. R. 642-12 La mesure d'inaliénabilité prévue à l'article L. 642-10 est, à la diligence *(Décr. n° 2009-160 du 12 févr. 2009, art. 83)* « de l'administrateur ou, à défaut, » du liquidateur, mentionnée aux registres publics sur lesquels les biens déclarés inaliénables et les droits qui les grèvent sont inscrits ou, à défaut, aux registres mentionnés à l'article R. 621-8.

La publicité mentionne la durée de l'inaliénabilité. — *[Décr. n° 2005-1677 du 28 déc. 2005, art. 263.]*

Art. R. 642-13 Lorsque, en application de l'article L. 642-10, la décision arrêtant ou modifiant le plan prononce l'inaliénabilité temporaire de biens mobiliers d'équipement du cessionnaire et est passée en force de chose jugée, l'administrateur judiciaire, ou, à défaut, le *(Décr. n° 2009-160 du 12 févr. 2009, art. 84)* « liquidateur », demande l'inscription de la mesure d'inaliénabilité sur le registre prévu à l'article R. 143-9. — *[Décr. n° 51-194 du 17 févr. 1951, art. 8.]*

Art. R. 642-14 L'administrateur judiciaire, ou à défaut le *(Décr. n° 2009-160 du 12 févr. 2009, art. 84)* « liquidateur », présente une copie de la décision rendue au greffier du tribunal de commerce dans le ressort duquel le cessionnaire, personne morale, a son siège ou le cessionnaire, personne physique, a déclaré l'adresse de son entreprise ou de son activité. Y sont joints les bordereaux d'inscription, qui contiennent :

1° Les nom, prénoms et l'adresse de l'entreprise ou de l'activité du cessionnaire s'il s'agit d'une personne physique, la dénomination sociale ou commerciale et l'adresse du siège du débiteur s'il s'agit d'une personne morale, les mentions pré-

vues aux 1° et 2° de l'article R. 123-237 ou le numéro d'immatriculation au répertoire des métiers ;

2° La date de la décision rendue ;

3° La désignation sommaire des biens d'équipement frappés d'inaliénabilité temporaire, le lieu où ils se trouvent entreposés, l'indication, le cas échéant, qu'ils peuvent être déplacés ;

4° La durée de la mesure d'inaliénabilité. – *[Décr. n° 51-194 du 17 févr. 1951, art. 9, al. 1er à 5.]*

Art. R. 642-15 **Le greffier porte sur les bordereaux la mention de la date à laquelle l'inscription est effectuée et le numéro sous lequel elle est portée au registre mentionné à l'article R. 642-13.**

Les bordereaux sont établis, conservés et l'un d'eux remis au cessionnaire dans les conditions prévues aux articles R. 525-2, R. 525-3 et R. 525-5.

Le greffier tient un fichier alphabétique des cessionnaires avec l'indication des numéros des inscriptions les concernant. – *[Décr. n° 51-194 du 17 févr. 1951, art. 9, al. 6 à 8.]*

Art. R. 642-16 **Les bordereaux reçoivent un numéro d'entrée au moment où ils sont produits.**

Ces pièces sont enregistrées sur le registre mentionné à l'article R. 642-13 ; il est délivré un récépissé extrait dudit registre mentionnant :

1° Le numéro d'entrée apposé sur les pièces comme il est dit au premier alinéa ;

2° La date du dépôt des pièces ;

3° Le nombre et la nature des pièces avec l'indication du but de ce dépôt ;

4° Le nom ou la dénomination du cessionnaire ;

5° La nature et la situation des biens inaliénables et, éventuellement, la mention qu'ils peuvent être déplacés. – *[Décr. n° 51-194 du 17 févr. 1951, art. 10.]*

Art. R. 642-17 **Lorsque le délai fixé pour la mesure d'inaliénabilité temporaire décidée par le jugement est expiré, le greffier mentionne d'office en marge de l'inscription, la radiation de celle-ci. Il délivre un certificat de radiation au cessionnaire qui le demande.**

Il est tenu de délivrer à tous ceux qui le requièrent l'état des inscriptions existantes.

Les frais de radiation sont inclus dans le coût de l'inscription. – *[Décr. n° 51-194 du 17 févr. 1951, art. 11.]*

Art. R. 642-17-1 *(Décr. n° 2009-160 du 12 févr. 2009, art. 85)* **Le tribunal statue sur l'autorisation prévue à l'article L. 642-10 sur requête du cessionnaire.**

La décision est notifiée au cessionnaire et communiquée au ministère public par le greffier. Elle est soumise aux recours prévus à l'encontre des décisions modifiant le plan de cession.

Art. R. 642-18 **Le liquidateur signale, dans un rapport adressé au juge-commissaire et au procureur de la République et déposé au greffe, l'inexécution du plan par le cessionnaire.**

Pour l'application du deuxième alinéa de l'article L. 642-11, le cessionnaire est convoqué par le greffier par lettre recommandée avec demande d'avis de réception pour être entendu par le tribunal.

Les autres personnes appelées à l'audience sont convoquées selon les modalités prévues à l'article R. 626-17.

Le tribunal se prononce sur la résolution du plan de cession dans les conditions des deux premiers alinéas de l'article L. 642-5.

Le jugement prononçant la résolution du plan de cession est communiqué par le greffier aux personnes mentionnées à l'article R. 621-7 et fait l'objet des mesures de publicité prévues à l'article R. 621-8.

Il est signifié à la diligence du greffier dans les huit jours de la date de son prononcé aux personnes, autres que le procureur de la République, qui ont qualité pour interjeter appel. – *[Décr. n° 2005-1677 du 28 déc. 2005, art. 264.]*

Art. R. 642-19 Le tribunal vérifie que les conditions requises par l'article L. 642-12 sont remplies et constate dans le jugement arrêtant le plan les sûretés dont la charge est transmise.

Un extrait du jugement est adressé par le greffier aux personnes mentionnées à l'article R. 642-7. – *[Décr. n° 2005-1677 du 28 déc. 2005, art. 265.]*

Art. R. 642-20 Dans le cas prévu au troisième alinéa de l'article L. 642-12, le cessionnaire informe préalablement le liquidateur de tout projet d'aliénation d'un bien cédé. Il est également tenu d'en informer le tribunal si l'aliénation n'était pas envisagée lors du dépôt de son offre dans les conditions du 7° du II de l'article L. 642-2.

Le liquidateur, informé par le cessionnaire dans les conditions du premier alinéa ou d'office, avertit sans délai le juge-commissaire et les créanciers bénéficiant d'un droit de suite s'il y en a. – *[Décr. n° 2005-1677 du 28 déc. 2005, art. 266.]*

Art. R. 642-21 Le liquidateur signale, dans un rapport adressé au juge-commissaire et au procureur de la République et déposé au greffe, toute atteinte aux éléments pris en location-gérance ainsi que le défaut d'exécution par le locataire-gérant de ses obligations. Ce rapport fait état des observations du locataire-gérant et propose éventuellement les solutions qui seraient de nature à permettre l'exécution du plan. – *[Décr. n° 2005-1677 du 28 déc. 2005, art. 267.]*

SECTION II DE LA CESSION DES ACTIFS DU DÉBITEUR

SOUS-SECTION 1 DES VENTES DES IMMEUBLES

§ 1er DISPOSITIONS COMMUNES AUX VENTES PAR VOIE D'ADJUDICATION JUDICIAIRE ET PAR VOIE D' ADJUDICATION AMIABLE *(Décr. n° 2009-160 du 12 févr. 2009, art. 86).*

Art. R. 642-22 Le juge-commissaire qui ordonne, en application de l'article L. 642-18, la vente des immeubles par voie d'adjudication judiciaire ou amiable détermine :

1° La mise à prix de chacun des biens à vendre et les conditions essentielles de la vente ;

2° Les modalités de la publicité compte tenu de la valeur, de la nature et de la situation des biens ;

(Décr. n° 2009-160 du 12 févr. 2009, art. 87) « 3° Les modalités de visite des biens. »

Lorsque la vente est poursuivie par un créancier, en application de l'article L. 643-2, la mise à prix est déterminée en accord avec le créancier poursuivant.

Le juge-commissaire peut préciser qu'à défaut d'enchères atteignant cette mise à prix la vente pourra se faire sur une mise à prix inférieure qu'il fixe. – *[Décr. n° 2005-1677 du 28 déc. 2005, art. 268.]*

Art. R. 642-23 L'ordonnance est notifiée à la diligence du greffier par lettre recommandée avec demande d'avis de réception au débiteur et aux créanciers inscrits à domicile élu dont les noms sont indiqués dans l'ordonnance *(Abrogé par Décr. n° 2009-160 du 12 févr. 2009, art. 88)* *« ainsi qu'aux créanciers bénéficiant du privilège général immobilier »*. *(Décr. n° 2009-160 du 12 févr. 2009, art. 88)* « Les contrôleurs en sont avisés par le greffier. »

L'ordonnance produit les effets du commandement prévu à l'article *(Décr. n° 2012-783 du 30 mai 2012, art. 2, en vigueur le 1er juin 2012)* « R. 321-1 du code des procédures civiles d'exécution » ; *(Décr. n° 2012-1462 du 26 déc. 2012, art. 35, en vigueur le 1er janv. 2013)* « elle est publiée au fichier immobilier à la diligence du liquidateur ou du créancier poursuivant », dans les conditions prévues pour ledit commandement.

(Décr. n° 2012-1462 du 26 déc. 2012, art. 35, en vigueur le 1er janv. 2013) « Le service de la publicité foncière » procède à la formalité de publicité de l'ordonnance même si des commandements ont été antérieurement publiés. Ces commandements cessent de produire effet à compter de la publication de l'ordonnance. – *[Décr. n° 2005-1677 du 28 déc. 2005, art. 269.]*

Art. R. 642-24 *(Décr. n° 2009-160 du 12 févr. 2009, art. 89)* « Lorsque le juge-commissaire, en application du deuxième alinéa de l'article L. 642-18, autorise le liquidateur à reprendre la procédure de saisie immobilière suspendue par le jugement d'ouverture de la procédure de liquidation judiciaire, il fixe la mise à prix, les modalités de la publicité et les modalités de visite du bien. Il statue dans les conditions prévues à l'article R. 642-36-1. »

L'ordonnance du juge-commissaire est, à la requête du liquidateur, mentionnée en marge de la copie du commandement *(Décr. n° 2012-1462 du 26 déc. 2012, art. 35, en vigueur le 1er janv. 2013)* « publié au fichier immobilier ».

Le créancier qui avait engagé la procédure de saisie immobilière remet au liquidateur, contre récépissé, les pièces de la poursuite. Ses frais de procédure lui sont restitués dans l'ordre. – *[Décr. n° 2005-1677 du 28 déc. 2005, art. 270.]*

Art. R. 642-25 *(Décr. n° 2009-160 du 12 févr. 2009, art. 90)* Le poursuivant ou le notaire commis établit un cahier des conditions de vente.

Par exception à l'article *(Décr. n° 2012-783 du 30 mai 2012, art. 2, en vigueur le 1er juin 2012)* « R. 322-10 du code des procédures civiles d'exécution », le cahier des conditions de vente contient :

1° L'énonciation de l'ordonnance qui a ordonné la vente avec la mention de sa publication ;

2° La désignation de l'immeuble à vendre, l'origine de propriété, les servitudes grevant l'immeuble, les baux consentis sur celui-ci et le procès-verbal de description ;

3° La mention de la mise à prix, des conditions de la vente et des modalités de paiement du prix selon les règles prévues au deuxième alinéa de l'article R. 643-3.

Art. R. 642-26 Le liquidateur ne peut, en qualité de mandataire, être déclaré adjudicataire des immeubles du débiteur. – *[Décr. n° 2005-1677 du 28 déc. 2005, art. 272.]*

• § 2 DISPOSITIONS PARTICULIÈRES À LA VENTE PAR VOIE D'ADJUDICATION JUDICIAIRE *(Décr. n° 2009-160 du 12 févr. 2009, art. 91)*.

Art. R. 642-27 La vente par voie d'adjudication judiciaire est soumise aux dispositions *(Décr. n° 2012-783 du 30 mai 2012, art. 5-I-1°, en vigueur le 1er juin 2012)* « des titres Ier et II du livre III du code des procédures civiles d'exécution » et dans la mesure où il n'y est pas dérogé par les dispositions du présent livre. – *[Décr. n° 2005-1677 du 28 déc. 2005, art. 273.]*

Pour l'application à Wallis-et-Futuna des dispositions du Décr. n° 2012-783 du 30 mai 2012, V. ce texte, art. 11.

Art. R. 642-28 L'ordonnance qui ordonne la vente par voie d'adjudication judiciaire » rendue à la demande du liquidateur ou d'un créancier poursuivant comporte, outre les indications mentionnées à l'article R. 642-22, les énonciations exigées aux 1°, 5°, 10° de l'article *(Décr. n° 2012-783 du 30 mai 2012, art. 2, en vigueur le 1er juin 2012)* « R. 321-3 du code des procédures civiles d'exécution ». – *[Décr. n° 2005-1677 du 28 déc. 2005, art. 274.]*

Art. R. 642-29 Le juge-commissaire peut autoriser le liquidateur ou le créancier à poursuivre simultanément la vente de plusieurs immeubles, même s'ils sont situés dans des ressorts de tribunaux de grande instance différents.

Il décide si la vente de ces biens sera poursuivie devant le juge de l'exécution du tribunal de grande instance dans le ressort duquel chaque immeuble se trouve ou devant celui dans le ressort duquel est situé *(Décr. n° 2009-160 du 12 févr. 2009, art. 92)* « l'adresse de l'entreprise ou de l'activité déclarée par le débiteur personne physique ou le siège du débiteur personne morale ». – *[Décr. n° 2005-1677 du 28 déc. 2005, art. 275.]*

Art. R. 642-29-1 *(Décr. n° 2009-160 du 12 févr. 2009, art. 93)* Le cahier des conditions de vente est déposé par le poursuivant au greffe du juge de l'exécution du tribunal de grande instance compétent dans un délai de deux mois à compter de la publication de l'ordonnance du juge-commissaire.

Par exception *(Décr. n° 2012-783 du 30 mai 2012, art. 5-I-2°, en vigueur le 1er juin 2012)* « aux sous-sections 2 et 4 de la section I et aux sections II et III du chapitre II du titre II du livre III du code des procédures civiles d'exécution », au plus tard le cinquième jour ouvrable suivant le dépôt du cahier des conditions de vente, le poursuivant avise, par acte d'huissier de justice, les créanciers inscrits à domicile élu et, si la vente porte sur un bien de la communauté, le conjoint du débiteur, de la date de l'audience d'adjudication. La date est fixée, à sa diligence, dans un délai compris entre deux et quatre mois suivant celle de l'avis.

Outre les mentions prescrites pour les actes d'huissier de justice, l'avis contient, à peine de nullité :

1° L'indication des lieu, jour et heure de l'audience d'adjudication du juge de l'exécution ;

2° La sommation de prendre connaissance du cahier des conditions de vente et l'indication du greffe du juge de l'exécution ainsi que du cabinet de l'avocat du poursuivant où celui-ci peut être consulté ;

3° L'indication, en caractères très apparents, qu'à peine d'irrecevabilité, seules les contestations relatives à un acte de procédure postérieur à l'ordonnance du juge-commissaire peuvent être soulevées, dans les quinze jours de l'acte ou, le cas échéant, de sa notification, par conclusions d'avocat déposées au greffe du juge de l'exécution.

Aux fins du 3°, l'avis vaut notification du cahier des conditions de vente.

En cas de contestation formée en application du 3°, les parties sont convoquées à une audience par le greffe du juge de l'exécution, conformément *(Décr. n° 2012-783 du 30 mai 2012, art. 2, en vigueur le 1er juin 2012)* « au troisième alinéa de l'article R. 311-6 du code des procédures civiles d'exécution ».

Lorsque les délais mentionnés au premier et au deuxième alinéas ont été dépassés, le juge de l'exécution déclare l'ordonnance du juge-commissaire non avenue, à moins qu'il ne soit justifié d'un motif légitime.

Pour l'application à Wallis-et-Futuna des dispositions du Décr. n° 2012-783 du 30 mai 2012, V. ce texte, art. 11.

Art. R. 642-29-2 *(Décr. nº 2009-160 du 12 févr. 2009, art. 93)* Seules sont applicables à la cession des actifs du débiteur par voie d'adjudication judiciaire celles des dispositions *(Décr. nº 2012-783 du 30 mai 2012, art. 5-I-3º, en vigueur le 1er juin 2012)* « de la section IV du chapitre II du titre II du livre III du code des procédures civiles d'exécution » qui sont mentionnées ci-après.

A l'audience d'adjudication, il est procédé comme il est dit à la *(Décr. nº 2012-783 du 30 mai 2012, art. 5-I-3º, en vigueur le 1er juin 2012)* « sous-section 3 de la section IV susmentionnée ».

L'article *(Décr. nº 2012-783 du 30 mai 2012, art. 2, en vigueur le 1er juin 2012)* « R. 322-58 du même code » est applicable au paiement des frais taxés.

Outre les mentions prescrites pour tout jugement, le jugement d'adjudication vise l'ordonnance du juge-commissaire ayant ordonné la vente, les jugements tranchant les contestations et le cahier des conditions de vente. Il désigne le poursuivant. Il mentionne les éléments énumérés aux troisième et quatrième phrases de l'article *(Décr. nº 2012-783 du 30 mai 2012, art. 2, en vigueur le 1er juin 2012)* « R. 322-59 du même code ».

Le jugement d'adjudication est notifié par le poursuivant au débiteur, aux créanciers inscrits, à l'adjudicataire, ainsi qu'à toute personne ayant élevé une contestation tranchée par la décision.

Les modalités de recours à l'encontre de ce jugement sont fixées par les dispositions du deuxième alinéa de l'article *(Décr. nº 2012-783 du 30 mai 2012, art. 2, en vigueur le 1er juin 2012)* « R. 322-60 du même code ».

Les dispositions des articles *(Décr. nº 2012-783 du 30 mai 2012, art. 2, en vigueur le 1er juin 2012)* « R. 322-61 à R. 322-63 du même code » sont applicables au titre de vente.

La vente par adjudication judiciaire produit les effets prévus par l'article *(Décr. nº 2012-783 du 30 mai 2012, art. 2, en vigueur le 1er juin 2012)* « R. 322-64 du même code ».

La surenchère est régie par les articles *(Décr. nº 2012-783 du 30 mai 2012, art. 2, en vigueur le 1er juin 2012)* « R. 322-50 à R. 322-55 du même code ».

La réitération des enchères est régie par les articles *(Décr. nº 2012-783 du 30 mai 2012, art. 2, en vigueur le 1er juin 2012)* « R. 322-66 à R. 322-72 du même code ».

Pour l'application à Wallis-et-Futuna des dispositions du Décr. nº 2012-783 du 30 mai 2012, V. ce texte, art. 11.

• § 3 DISPOSITIONS PARTICULIÈRES À LA VENTE PAR VOIE D'ADJUDICATION AMIABLE *(Décr. nº 2009-160 du 12 févr. 2009, art. 94).*

Art. R. 642-30 L'ordonnance qui ordonne la vente par voie d'adjudication amiable comporte, outre les indications mentionnées à l'article R. 642-22, les énonciations exigées au 5º de l'article *(Décr. nº 2012-783 du 30 mai 2012, art. 2, en vigueur le 1er juin 2012)* « R. 321-3 du code des procédures civiles d'exécution ». Elle désigne le notaire qui procédera à l'adjudication. — *[Décr. nº 2005-1677 du 28 déc. 2005, art. 276.]*

Art. R. 642-31 Le notaire informe par lettre recommandée avec demande d'avis de réception les créanciers inscrits portés sur l'état délivré après publication de l'ordonnance d'avoir à prendre communication du cahier des *(Décr. nº 2009-160 du 12 févr. 2009, art. 95)* « conditions de ventes » déposé en son étude deux mois au moins avant la date fixée pour l'adjudication et d'y faire inscrire leurs dires et observations un mois au moins avant cette date. Par la même lettre, le notaire convoque les créanciers à la vente.

Si un créancier formule un dire, il saisit le juge de l'exécution du » tribunal de grande instance dans les huit jours à peine de déchéance, par assignation du liquidateur à comparaître à la première audience éventuelle utile. Il en informe immédiatement le notaire qui invite les autres personnes sommées à contester le dire. Le jugement est communiqué par le liquidateur au notaire qui modifie s'il y a lieu le cahier des *(Décr. n° 2009-160 du 12 févr. 2009, art. 95)* « conditions de vente ».

Le liquidateur, le débiteur et les créanciers inscrits sont convoqués à la vente par le notaire au moins un mois à l'avance. – *[Décr. n° 2005-1677 du 28 déc. 2005, art. 277.]*

Art. R. 642-32 Avant l'ouverture des enchères *[,]* le notaire se fait remettre par les enchérisseurs une caution bancaire irrévocable ou un chèque de banque conformément à l'article *(Décr. n° 2012-783 du 30 mai 2012, art. 2, en vigueur le 1er juin 2012)* « R. 322-41 du code des procédures civiles d'exécution ». Lorsque l'adjudicataire est défaillant, la somme versée ou la caution apportée est acquise pour être distribuée avec l'actif réalisé.

Le notaire rappelle que les enchères partiront du montant de la mise à prix fixé conformément à l'article R. 642-22.

Les enchères peuvent être faites sans ministère d'avocat. Elles sont pures et simples. Si aucune enchère n'atteint le montant de la mise à prix, le notaire constate l'offre la plus élevée et peut adjuger le bien à titre provisoire pour le montant de cette offre. Le juge-commissaire qui a fixé la mise à prix, saisi à la requête du notaire ou de tout intéressé, peut soit déclarer l'adjudication définitive et la vente réalisée, soit ordonner qu'une nouvelle vente aura lieu suivant l'une des formes prescrites par l'article L. 642-18. Si la nouvelle vente est une vente aux enchères, il fixe le délai de la nouvelle vente sans que ce délai puisse être inférieur à quinze jours, la mise à prix ainsi que les modalités de publicité.

Le titre de vente consiste dans l'expédition du cahier des conditions de vente revêtue de la formule exécutoire, à la suite de laquelle est transcrit un procès-verbal d'adjudication dressé par le notaire. – *[Décr. n° 2005-1677 du 28 déc. 2005, art. 278.]*

Art. R. 642-33 Dans les quinze jours qui suivent l'adjudication, toute personne peut faire surenchère du dixième par déclaration au greffe du juge de l'exécution du » tribunal de grande instance dans le ressort duquel réside le notaire qui a procédé à la vente.

Le surenchérisseur dénonce cette déclaration par acte d'huissier de justice à la personne ou au domicile de l'adjudicataire dans le délai de l'article *(Décr. n° 2012-783 du 30 mai 2012, art. 2, en vigueur le 1er juin 2012)* « R. 322-52 du code des procédures civiles d'exécution » et informe le notaire de cette déclaration. Le tribunal, par le jugement qui valide la surenchère, renvoie la nouvelle adjudication devant le même notaire qui procède selon le cahier des *(Décr. n° 2009-160 du 12 févr. 2009, art. 95)* « conditions de vente » précédemment dressé.

Lorsqu'une seconde adjudication a lieu après surenchère, aucune autre surenchère des mêmes biens ne peut avoir lieu. – *[Décr. n° 2005-1677 du 28 déc. 2005, art. 279.]*

1. Délai. Le point de départ du délai de surenchère est fixé au jour où l'adjudication provisoire est déclarée définitive par le juge-commissaire, même si l'ordonnance de ce dernier a fait l'objet d'un recours en vertu de l'art. 25 [R. 621-21]. • Grenoble, 30 juin 1992 : *D. 1992. Somm. 374, obs. Honorat*.

2. Compétence territoriale. La règle énoncée par l'art. 135 [R. 642-33], al. 1er, étant une règle de fond d'ordre public, il s'ensuit que la surenchère formée devant le greffe d'un tribunal territorialement incompétent doit être frappée d'une nullité absolue relevée d'office. • TGI Guéret, 11 févr. 1992 : *D. 1993. Somm. 280, obs. Julien*.

Art. R. 642-34 S'il y a lieu à *(Décr. n° 2009-160 du 12 févr. 2009, art. 96)* « réitération des enchères », la procédure est poursuivie devant le juge de l'exécution du tribunal de grande instance dans le ressort duquel réside le notaire qui a procédé à la vente. Une copie authentique du procès-verbal d'adjudication est déposée au greffe du juge de l'exécution du tribunal de grande instance. – *[Décr. n° 2005-1677 du 28 déc. 2005, art. 280.]*

Art. R. 642-35 La vente par voie d'adjudication amiable est soumise aux dispositions des articles *(Décr. n° 2012-783 du 30 mai 2012, art. 2, en vigueur le 1er juin 2012)* « R. 322-39, R. 322-41, troisième alinéa, R. 322-42, R. 322-44, R. 322-45, R. 322-46, R. 322-48, deuxième et troisième alinéas, R. 322-62, troisième et quatrième alinéas *[,]* et R. 322-66 à R. 322-72 du code des procédures civiles d'exécution ». – *[Décr. n° 2005-1677 du 28 déc. 2005, art. 281.] – V.* **C. pr. civ.**

§ 4 DISPOSITIONS PARTICULIÈRES À LA VENTE DE GRÉ À GRÉ *(Décr. n° 2009-160 du 12 févr. 2009, art. 97).*

Art. R. 642-36 L'autorisation de vente de gré à gré d'un ou plusieurs immeubles, délivrée en application de l'article L. 642-18, détermine le prix de chaque immeuble et les conditions essentielles de la vente.

L'ordonnance est notifiée conformément au premier alinéa de l'article R. 642-23.

Le liquidateur passe les actes nécessaires à la réalisation de la vente. Il ne peut, en qualité de mandataire, se porter acquéreur des immeubles du débiteur. – *[Décr. n° 2005-1677 du 28 déc. 2005, art. 282.]*

§ 5 DISPOSITIONS COMMUNES À TOUTES LES VENTES *(Décr n° 2009-160 du 12 févr. 2009, art. 98).*

Art. R. 642-36-1 *(Décr. n° 2009-160 du 12 févr. 2009, art. 98)* Le juge-commissaire statue sur la vente après avoir recueilli les observations des contrôleurs et entendu ou dûment appelé le débiteur et son conjoint lorsque celui-ci se trouve dans l'une des situations prévues à l'article R. 641-30, ainsi que le liquidateur.

Art. R. 642-37 La décision qui, soit dans le jugement prononçant la liquidation judiciaire, soit ultérieurement, accorde les délais mentionnés à l'avant-dernier alinéa de l'article L. 642-18, fixe l'indemnité d'occupation due par le débiteur. – *[Décr. n° 2005-1677 du 28 déc. 2005, art. 283.]*

Art. R. 642-37-1 *(Décr. n° 2009-160 du 12 févr. 2009, art. 99)* Le recours contre les ordonnances du juge-commissaire rendues en application de l'article L. 642-18 est formé devant la cour d'appel.

SOUS-SECTION 2 DE LA VENTE DES AUTRES BIENS

Art. R. 642-37-2 *(Décr. n° 2009-160 du 12 févr. 2009, art. 100)* Le juge-commissaire statue sur la vente après avoir recueilli les observations des contrôleurs et entendu ou dûment appelé le débiteur et son conjoint, lorsque celui-ci se trouve dans l'une des situations prévues à l'article R. 641-30, ainsi que le liquidateur.

Art. R. 642-37-3 *(Décr. n° 2009-160 du 12 févr. 2009, art. 100)* Les ordonnances rendues en application de l'article L. 642-19 sont, à la diligence du greffier, notifiées au débiteur et communiquées par lettre simple aux contrôleurs.

Les recours contre ces décisions sont formés devant la cour d'appel.

Art. R. 642-38 En cas de cession d'un fonds de commerce, le cessionnaire peut saisir le juge-commissaire pour faire prononcer la radiation des inscriptions. Il joint à sa demande un état des inscriptions, la justification de l'accomplissement des formalités de purge ou de l'accord des créanciers inscrits pour l'en dispenser, et la justification du paiement des frais préalables de vente.

Le greffier du tribunal avise par lettre recommandée avec demande d'avis de réception les créanciers qui n'ont pas donné mainlevée de leurs inscriptions qu'ils disposent d'un délai de trente jours à compter de l'envoi de la lettre pour contester, par déclaration au greffe ou par lettre recommandée avec demande d'avis de réception, la demande de radiation pour tout motif tiré du non-paiement du prix. – *[Décr. n° 2005-1677 du 28 déc. 2005, art. 284.]*

Art. R. 642-39 *(Abrogé par Décr. n° 2009-160 du 12 févr. 2009, art. 101) Les ordonnances rendues en application des articles L. 642-18 et L. 642-19 sont notifiées par le greffier au débiteur et aux contrôleurs.* – [Décr. n° 2005-1677 du 28 déc. 2005, art. 285.]

SECTION III DISPOSITIONS COMMUNES

Art. R. 642-40 En application de l'article L. 642-22, la publicité des cessions d'entreprises et des réalisations d'actifs est faite par les mandataires de justice au moyen d'un service informatique accessible par l'internet.

Toute cession d'entreprise fait l'objet d'une publicité par voie de presse. Son étendue est définie par le juge-commissaire. Le juge-commissaire détermine s'il y a lieu d'effectuer une publicité par voie de presse pour les actifs de faible valeur.

Le liquidateur, ou l'administrateur lorsqu'il en a été désigné, communique au greffe les caractéristiques essentielles de l'entreprise ou de la ou des branches d'activité susceptibles d'être cédées. Tout intéressé peut prendre connaissance de ces informations au greffe. – *[Décr. n° 2005-1677 du 28 déc. 2005, art. 286.]*

Art. R. 642-41 Lorsqu'en application de l'article L. 642-24, il y a lieu, pour le juge-commissaire, d'autoriser le liquidateur à compromettre ou à transiger, le greffier convoque le débiteur à l'audience quinze jours avant celle-ci en joignant à cette convocation la copie de la requête du liquidateur.

Si le compromis ou la transaction doit être soumis à l'homologation du tribunal, le débiteur est convoqué dans les mêmes conditions. – *[Décr. n° 2005-1677 du 28 déc. 2005, art. 287.]*

CHAPITRE III DE L'APUREMENT DU PASSIF

SECTION PREMIÈRE DU RÈGLEMENT DES CRÉANCIERS

Art. R. 643-1 Lorsque la vente est poursuivie par un créancier en application de l'article L. 643-2, la mise à prix est fixée par le juge-commissaire en accord avec le créancier poursuivant. – *[Décr. n° 2005-1677 du 28 déc. 2005, art. 288.]*

Art. R. 643-2 Le juge-commissaire, saisi de la demande d'un créancier sur le fondement de l'article L. 643-3, statue après avis du liquidateur au vu des documents

justificatifs de l'admission définitive de la créance dont il est demandé un paiement provisionnel et, le cas échéant, de la garantie prévue au second alinéa de l'article susmentionné.

La provision est allouée à hauteur d'un montant déterminé en fonction de l'existence, du montant et du rang des autres créances, dues ou susceptibles d'être ultérieurement dues.

Sur ordonnance du juge-commissaire, les fonds indûment versés sont restitués sur première demande du liquidateur. – *[Décr. n° 2005-1677 du 28 déc. 2005, art. 289.]*

Art. R. 643-3 **L'adjudicataire fait publier** *(Décr. n° 2012-1462 du 26 déc. 2012, art. 35, en vigueur le 1er janv. 2013)* **« au service de la publicité foncière » l'acte ou le jugement d'adjudication dans les deux mois de sa date et en cas d'appel dans les deux mois de l'arrêt confirmatif, sous peine de** *(Décr. n° 2009-160 du 12 févr. 2009, art. 102)* **« réitération des enchères » à la diligence du liquidateur.**

Dans les trois mois de l'adjudication, l'adjudicataire verse au compte de dépôt ouvert par le liquidateur à la Caisse des dépôts et consignations la totalité du prix de l'adjudication y compris les intérêts au taux légal à compter du jour où la vente est devenue définitive jusqu'au jour du paiement. Passé ce délai, le liquidateur lui enjoint par lettre recommandée avec demande d'avis de réception de faire le versement sous peine de *(Décr. n° 2009-160 du 12 févr. 2009, art. 102)* **« réitération des enchères ».**

En cas de vente de gré à gré, le notaire chargé de la vente remet le prix, dès sa perception, au liquidateur.

Le prix de vente ne peut faire l'objet d'aucun prélèvement par le liquidateur jusqu'à ce que soit justifié par l'acquéreur qu'il a conduit à son terme la procédure de purge ou qu'il a obtenu des créanciers inscrits la dispense d'y procéder.

En cas de surenchère, le prix est restitué sans délai à l'acquéreur par le liquidateur, par l'intermédiaire du notaire. – *[Décr. n° 2005-1677 du 28 déc. 2005, art. 290.]*

Compétence. Sur le régime antérieur à la réforme de 1994, V. note 4 ss. art. L. 641-4.

Art. R. 643-4 **Dès la publication de la vente, le liquidateur requiert** *(Décr. n° 2012-1462 du 26 déc. 2012, art. 35, en vigueur le 1er janv. 2013)* **« du service de la publicité foncière l'état des inscriptions subsistantes conformément à l'article 2449 du code civil », en vue de régler l'ordre entre les créanciers et procéder à la distribution du prix.**

En cas de vente de gré à gré, le liquidateur soit d'office, soit requis par l'acquéreur ou par tout intéressé procède à l'ouverture de l'ordre, après accomplissement, par l'acquéreur, des formalités de purge prescrites par les articles 2476 et suivants du code civil et versement du prix à la Caisse des dépôts et consignations. – *[Décr. n° 2005-1677 du 28 déc. 2005, art. 291.]*

Art. R. 643-5 **Les créanciers inscrits du chef d'un précédent propriétaire et titulaires d'un droit de suite sont avertis par le liquidateur par lettre recommandée avec demande d'avis de réception qu'ils ont l'obligation de produire leur créance à la procédure d'ordre dans le délai de deux mois à compter de l'avertissement. Cet avis reproduit les deuxième et troisième alinéas du présent article.**

La production mentionne la sûreté inscrite sur le bien. Un décompte des sommes dues en principal, intérêts et accessoires et les documents justificatifs sont joints à la production.

A défaut de production dans le délai mentionné au premier alinéa, le créancier est déchu du droit de participer à la distribution. – *[Décr. n° 2005-1677 du 28 déc. 2005, art. 292.]*

Art. R. 643-6 Après le versement du prix de vente en cas d'adjudication ou l'accomplissement, par l'acquéreur, des formalités de purge en cas de vente de gré à gré, le liquidateur dresse l'état de collocation au vu des inscriptions, des créances admises et de la liste des créances mentionnées à l'article L. 641-13. Il peut, s'il l'estime utile, convoquer les créanciers inscrits, l'adjudicataire ou l'acquéreur. L'état est déposé par ses soins au greffe du tribunal devant lequel s'est déroulée la procédure. Toute personne peut prendre connaissance de cet état.

Le greffier avertit les créanciers et l'adjudicataire ou l'acquéreur du dépôt de l'état de collocation par une insertion dans un ou plusieurs journaux d'annonces légales et par une insertion au *Bulletin officiel des annonces civiles et commerciales* contenant l'indication du journal d'annonces légales dans lequel a été faite la première insertion et la mention du délai de recours prévu à l'article R. 643-11.

Le greffier adresse en outre, sauf dispense du juge-commissaire, à chaque créancier colloqué et à chaque créancier inscrit sur l'immeuble à domicile élu, une copie de l'état de collocation et indique le délai et les modalités du recours prévu à l'article R. 643-11.

L'état de collocation est adressé aux institutions mentionnées à l'article L. 143-11-4 *[L. 3253-14]* du code du travail lorsqu'elles en auront fait la demande préalable. — *[Décr. n° 2005-1677 du 28 déc. 2005, art. 293.]*

1. Le créancier hypothécaire exerçant son droit de suite et de préférence doit être colloqué sans avoir à déclarer sa créance au passif de la procédure collective ouverte à l'encontre de l'adjudicataire du bien grevé. • Com. 11 juin 2002 : *Bull. civ. IV, n° 103 ; D. 2002. AJ 2470 ; JCP E 2002, n° 38, p. 1484, note Rémery ; ibid. 2003, n° 5, p. 221, obs. Cabrillac ; RTD com. 2003. 364, obs. Martin-Serf ; LPA 29 janv. 2003, p. 15, note M. Sénéchal ; Defrénois 2003. 417, obs. Théry.* – Dans le même sens, V. • Com. 10 mars 2004 : *Bull. civ. IV, n° 47 ; D. 2004. Somm. 2146, obs. Le Corre ; ibid. 2710, obs. Aynès ; Banque et Droit mai-juin 2004. 45, obs. Jacob.* ♦ Comp., désormais : art. R. 643-5, dans sa réd. issue du Décr. n° 2005-1677 du 28 déc. 2005.

2. Sur la loi applicable à la répartition entre créanciers hypothécaires et privilégiés du prix d'adjudication d'un immeuble en cas de procédure collective ouverte à l'étranger, V. • Com. 12 mars 2013 : *D. 2013. Actu. 768 ; LEDEN avr. 2013, p. 7, obs. Mélin ; RJDA 2013, n° 441 ; Bull. Joly Entrep. diff. 2013. 177, note Henry.*

Art. R. 643-7 S'il ne s'élève aucune contestation, le liquidateur est tenu dans les quinze jours qui suivent l'expiration du délai prévu au premier alinéa de l'article R. 643-11 de procéder à la clôture de l'ordre. Il dépose le procès-verbal de clôture de l'ordre au greffe du tribunal devant lequel s'est déroulée la procédure de liquidation judiciaire.

A compter du dépôt du procès-verbal de clôture de l'ordre, la collocation des créanciers est définitivement arrêtée en capital et intérêts. Toutefois, les intérêts de la somme ainsi liquidée continuent de courir au bénéfice des créanciers au taux servi par la Caisse des dépôts et consignations. — *[Décr. n° 2005-1677 du 28 déc. 2005, art. 294.]*

Sur le droit des créanciers inscrits aux intérêts servis par la Caisse des dépôts et consignations, V. • Com. 3 déc. 2003 : *Bull. civ. IV, n° 192 ; JCP E 2004, n° 22, p. 857, obs. Cabrillac ; Act. proc. coll. 2004, n° 51, obs. Salvat.*

Art. R. 643-8 Lorsque le prix de vente a été payé selon les modalités prévues à l'article R. 643-3 et que des créanciers n'ont pas donné mainlevée de leurs inscriptions, le liquidateur fait prononcer la radiation des inscriptions. A cette fin, il saisit le juge de l'exécution du tribunal de grande instance devant lequel s'est déroulée la procédure de liquidation judiciaire ou dans le ressort duquel cette procédure s'est déroulée. Il joint à sa demande l'état des inscriptions, l'état de collocation et la justification du paiement des frais préalables de vente mentionnés à l'article 2209 du code civil. Il transmet le procès-verbal de clôture de l'ordre lorsque celui-ci est établi.

Après l'accomplissement des formalités de purge et le versement du prix de vente, l'acquéreur peut également saisir le juge de l'exécution du tribunal prévu à l'alinéa précédent pour faire prononcer la radiation des inscriptions. Il joint à sa demande un état des inscriptions, la justification de l'accomplissement des formalités de purge ou de l'obtention de l'accord des créanciers inscrits pour en dispenser, et la justification du paiement des frais préalables de vente mentionnés ci-dessus.

Le greffier de cette juridiction avise les créanciers qui n'ont pas donné mainlevée de leurs inscriptions, à domicile élu, par lettre recommandée avec demande d'avis de réception qu'ils disposent d'un délai de trente jours à compter de l'envoi de la lettre recommandée pour faire opposition au paiement du prix par déclaration au greffe ou par lettre recommandée avec demande d'avis de réception.

Le juge de l'exécution statue sur les oppositions et ordonne la radiation des inscriptions. – *[Décr. n° 2005-1677 du 28 déc. 2005, art. 295.]*

Art. R. 643-9 Le liquidateur remet *(Décr. n° 2012-1462 du 26 déc. 2012, art. 35, en vigueur le 1er janv. 2013)* « au service de la publicité foncière » une expédition du procès-verbal de clôture de l'ordre, de l'ordonnance du juge des ordres prononçant la radiation des inscriptions ou l'acte par lequel les créanciers ont donné mainlevée de leurs inscriptions.

(Décr. n° 2012-1462 du 26 déc. 2012, art. 35, en vigueur le 1er janv. 2013) « Le service de la publicité foncière » procède à la radiation des inscriptions mais reste tenu de procéder à l'inscription définitive prévue aux articles *(Décr. n° 2012-783 du 30 mai 2012, art. 2, en vigueur le 1er juin 2012)* « R. 533-1 et suivants du code des procédures civiles d'exécution ». – *[Décr. n° 2005-1677 du 28 déc. 2005, art. 296.] – V. lesdits art. au* ***C. pr. civ.***

Art. R. 643-10 Le liquidateur fixe les frais de radiation et de poursuite de l'ordre qui sont colloqués suivant les règles prévues à l'article L. 641-13. Il liquide en outre les frais de chaque créancier colloqué en rang utile, détermine les sommes qui leur sont dues et en effectue le paiement. – *[Décr. n° 2005-1677 du 28 déc. 2005, art. 297.]*

Art. R. 643-11 Les contestations sont formées dans le délai de trente jours à compter de l'insertion au *Bulletin officiel des annonces civiles et commerciales* avisant du dépôt de l'état de collocation. Elles sont faites par déclaration au greffe du juge de l'exécution du tribunal de grande instance devant lequel s'est déroulée la procédure de liquidation judiciaire ou dans le ressort duquel la procédure s'est déroulée.

La contestation est, à peine d'irrecevabilité, dénoncée, dans les dix jours de son dépôt au greffe, aux créanciers en cause et au liquidateur par acte d'huissier de justice. Cet acte indique que les créanciers et le liquidateur doivent constituer avocat dans le délai de quinze jours à compter de la dénonciation.

Il est statué sur les contestations selon la procédure applicable devant le juge de l'exécution. Les articles *(Décr. n° 2012-783 du 30 mai 2012, art. 2, en vigueur le 1er juin 2012)* « R. 311-4, R. 311-6 premier alinéa et R. 311-7 du code des procédures civiles d'exécution » sont applicables. – *[Décr. n° 2005-1677 du 28 déc. 2005, art. 298.]*

1. Le délai de trente jours pour former une contestation à l'état de collocation est un délai uniforme dont le point de départ ne peut varier en fonction des notifications individuelles dont le juge-commissaire peut discrétionnairement dispenser le greffier. • Com. 13 févr. 2007 : *Bull. civ. IV, n° 35 ; D. 2007. AJ 731 ; JCP E 2007. 1450, n° 5, obs. Cabrillac ; Gaz. Pal. 13-14 avr. 2007, p. 37, obs. M. Sénéchal.*

1 bis. La dénonciation de la contestation à l'état de collocation prévue à l'art. 148 du décr. du 27 déc. 1985 [C. com., art. R. 643-11] doit être faite, à peine d'irrecevabilité, outre au liquidateur, au créancier dont la créance est contestée et à ceux qui lui sont postérieurs. • Com. 16 sept. 2008 : *Bull. civ. IV, n° 153 ; D. 2008. AJ 2425 ; Act. proc. coll. 2008, n° 273, obs. Salvat ; JCP E 2009. 1008, n° 10, obs. Cabrillac ; RJ com. 2009. 64, obs. Sortais.*

2. Les contestations à l'état de collocation,

dressé en matière de distribution par voie d'ordre du prix de vente d'un immeuble, doivent, lorsqu'elles sont soumises à la cour d'appel, être jugées sur les conclusions du ministère public, cette communication étant d'ordre public. • Com. 30 mars 2005 : *Bull. civ. IV, n° 74 ; D. 2005. AJ 1227, obs. Lienhard ; Act. proc. coll. 2005, n° 134, obs. Salvat.*

Art. R. 643-12 **En cas de contestation, le liquidateur peut néanmoins régler l'ordre et délivrer les titres de paiement pour les créances antérieures à celles qui sont contestées. Il peut même régler l'ordre pour les créances postérieures, en réservant une somme suffisante pour les créances contestées.** – *[Décr. n° 2005-1677 du 28 déc. 2005, art. 299.]*

Art. R. 643-13 **Dans les huit jours qui suivent l'expiration du délai d'appel et en cas d'appel dans les huit jours de la signification de l'arrêt, le liquidateur règle définitivement l'ordre des créances contestées et des créances postérieures conformément aux articles R. 643-7 à R. 643-10.** – *[Décr. n° 2005-1677 du 28 déc. 2005, art. 300.]*

Art. R. 643-14 **En cas d'adjudication sur** *(Décr. n° 2009-160 du 12 févr. 2009, art. 96)* **« réitération des enchères » intervenant dans le cours de l'ordre et même après le règlement définitif, le liquidateur modifie l'état de collocation, le montant des sommes dues aux créanciers inscrits au procès-verbal de l'ordre suivant les résultats de l'adjudication et effectue les paiements correspondants.** – *[Décr. n° 2005-1677 du 28 déc. 2005, art. 301.]*

Art. R. 643-15 **Pour l'application de la présente section, en cas de retour au liquidateur d'une lettre de notification qui n'a pu être remise à son destinataire, le liquidateur procède par voie de signification.** – *[Décr. n° 2005-1677 du 28 déc. 2005, art. 302.]*

SECTION II DE LA CLÔTURE DES OPÉRATIONS DE LIQUIDATION JUDICIAIRE

Art. R. 643-16 **L'insuffisance d'actif est caractérisée lorsque le produit de la réalisation des actifs du débiteur et des actions et procédures engagées dans l'intérêt de l'entreprise ou des créanciers ne permet plus de désintéresser, même partiellement, les créanciers.** – *[Décr. n° 2005-1677 du 28 déc. 2005, art. 303.]*

En ce sens que l'insuffisance d'actif n'est pas caractérisée lorsque, compte tenu de la rémunération du débiteur, il reste une quotité saisissable permettant de désintéresser partiellement les créanciers, V. • Com. 5 mars 2002 : *Bull. civ. IV, n° 47 ; D. 2002. AJ 1422* .

Art. R. 643-17 **Le greffier, au plus tard deux mois avant l'expiration du délai fixé par le tribunal, en application du premier alinéa de l'article L. 643-9, pour l'examen de la clôture de la procédure, fait convoquer à cette fin le débiteur par acte d'huissier de justice. Il avise le liquidateur et les contrôleurs de la date de l'audience.**

Lorsqu'il est fait application du troisième alinéa du même article, il est procédé aux convocations et avis mentionnés à l'alinéa précédent. Toutefois, le débiteur ou le créancier, lorsqu'il est demandeur, est convoqué à la diligence du greffier par lettre recommandée avec demande d'avis de réception. – *[Décr. n° 2005-1677 du 28 déc. 2005, art. 304.]*

Art. R. 643-18 **Le tribunal statue sur la clôture de la procédure sur le rapport du liquidateur.**

Le jugement prononçant la clôture de la procédure pour extinction du passif ou pour insuffisance d'actif fait l'objet des publicités prévues à l'article R. 621-8. Le jugement est notifié par le greffier au débiteur.

Lorsque le tribunal autorise, par ce jugement, la reprise des actions individuelles de tout créancier à l'encontre du débiteur, il en est fait mention dans ces publicités. Dans ce cas, le jugement est signifié au débiteur à la diligence du greffier dans les huit jours de son prononcé.

Lorsque cette autorisation est postérieure au jugement prononcant la clôture de la procédure, la décision du tribunal fait l'objet des mêmes publicités et est signifiée au débiteur dans les mêmes conditions. – *[Décr. n° 2005-1677 du 28 déc. 2005, art. 305.]*

Art. R. 643-19 Dans les deux mois qui suivent l'achèvement de sa mission, le liquidateur dépose un compte rendu de fin de mission dans les conditions prévues par les articles R. 626-39 et R. 626-40. L'article R. 626-41 est applicable. – *[Décr. n° 2005-1677 du 28 déc. 2005, art. 306.]*

L'art. 306 du Décr. n° 2005-1677 du 28 déc. 2005 [C. com., art. R. 643-19] est applicable aux procédures en cours au 1er janv. 2006 (Décr. préc., art. 361).

Art. R. 643-20 Le créancier dont la créance a été admise et qui recouvre son droit de poursuite individuelle conformément à l'article L. 643-11 peut obtenir, par ordonnance du président du tribunal rendue sur requête, le titre prévu au V du même article. La caution ou le co-obligé mentionné au II du même article peut, dans les mêmes conditions, obtenir un titre exécutoire sur justification du paiement effectué. *(Décr. n° 2009-160 du 12 févr. 2009, art. 103)* « La procédure de l'injonction de payer prévue aux articles 1405 et suivants du code de procédure civile n'est pas applicable. »

Lorsque la créance a été admise lors de la procédure, le président du tribunal qui a ouvert celle-ci est compétent. Lorsque la créance n'a pas été vérifiée, la compétence du tribunal est déterminée selon les règles du droit commun.

L'ordonnance vise l'admission définitive du créancier et le jugement de clôture pour insuffisance d'actif. Elle contient l'injonction de payer et est revêtue par le greffier de la formule exécutoire.

Dans le cas prévu aux I, II et III de l'article L. 643-11, l'ordonnance est rendue, le débiteur entendu ou appelé. – *[Décr. n° 2005-1677 du 28 déc. 2005, art. 309.]*

L'art. 309 du Décr. n° 2005-1677 du 28 déc. 2005 [C. com., art. R. 643-19] est applicable aux procédures en cours au 1er janv. 2006 (Décr. préc., art. 361).

Art. R. 643-21 Si le débiteur fait l'objet d'une mesure d'interdiction d'émettre des chèques prise en application de l'article L. 131-73 du code monétaire et financier, le liquidateur se fait remettre par la Banque de France un relevé des incidents de paiement de chèques enregistrés au nom de l'intéressé et le dépose au greffe. Le greffier conserve ce relevé pendant cinq ans à compter du jugement d'ouverture de la procédure. – *[Décr. n° 2005-1677 du 28 déc. 2005, art. 307.]*

Art. R. 643-22 Pour l'application de l'article L. 643-12, le débiteur justifie de la suspension de l'interdiction d'émettre des chèques auprès de l'établissement de crédit qui est à l'origine de cette mesure par la remise d'une copie du jugement de clôture, à laquelle il joint un relevé des incidents de paiement.

L'établissement de crédit qui est à l'origine de l'interdiction informe la Banque de France de la suspension de cette interdiction aux fins de régularisation. – *[Décr. n° 2005-1677 du 28 déc. 2005, art. 308.]*

Art. R. 643-23 Si la mesure d'interdiction d'émettre des chèques ayant fait l'objet d'une suspension en application de l'article L. 643-12 reprend ses effets à la suite du recouvrement par les créanciers de leur droit de poursuite individuelle, l'ordonnance revêtue de la formule exécutoire visée au *(Décr. n° 2009-160 du 12 févr. 2009, art. 104)* « V » de l'article L. 643-11 est notifiée par le greffier, aux frais du créancier poursuivant, à la Banque de France, accompagnée du relevé des incidents de paiement de chèques mentionné à l'article R. 643-22. – *[Décr. n° 2005-1677 du 28 déc. 2005, art. 310.]*

Art. R. 643-24 Le tribunal statue sur la reprise de la procédure de liquidation judiciaire prévue à l'article L. 643-13 après avoir entendu ou dûment appelé le débiteur. La décision de reprise de la procédure fait l'objet des avis et publicités prévus aux articles R. 621-7 et R. 621-8. Elle est signifiée au débiteur et, le cas échéant, notifiée au créancier demandeur. – *[Décr. n° 2005-1677 du 28 déc. 2005, art. 311.]*

CHAPITRE IV DE LA LIQUIDATION JUDICIAIRE SIMPLIFIÉE

Le chapitre IV est applicable aux procédures en cours au 1er janv. 2006 (Décr. n° 2005-1677 du 28 déc. 2005, art. 361).

Art. R. 644-1 *(Décr. n° 2009-160 du 12 févr. 2009, art. 105)* « Lorsque la décision sur l'application à la procédure des règles de la liquidation judiciaire simplifiée, prévue au chapitre IV du titre IV du livre VI, relève de la compétence du président du tribunal, celui-ci statue d'office au vu du rapport du liquidateur. »

Cette décision est une mesure d'administration judiciaire non susceptible de recours. Elle est communiquée au débiteur et au liquidateur et est mentionnée aux registres ou répertoires prévus à l'article R. 621-8. – *[Décr. n° 2005-1677 du 28 déc. 2005, art. 312.]*

BIBL. ▶ VALLANSAN, *Act. proc. coll. 2007, n° 7.*

Si la décision qui statue sur l'ouverture de la procédure de liquidation judiciaire est susceptible d'appel ou de pourvoi en cassation en application de l'art. L. 661-1 C. com., l'exercice de la faculté par le tribunal ou la cour d'appel d'appliquer à la procédure les règles de la liquidation judiciaire simplifiée est une mesure d'administration judiciaire non susceptible de recours. • Com. 4 mars 2008 : *Bull. civ. IV, n° 51 ; D. 2008. AJ 847, obs. Lienhard ; ibid. Chron. C. cass. 1233, obs. Orsini ; Act. proc. coll. 2008, n° 105, obs. Staes ; Procédures 2008, n° 147, obs. Rolland ; Dr. sociétés 2008, n° 127, note Legros ; Gaz. Pal. 27-29 juill. 2008, p. 39, obs. Voinot ; Rev. proc. coll. 2008, n° 53, obs. Gorrias ; JCP E 2008. 2062, n° 7, obs. Cabrillac ; RTD com. 2008. 631, obs. Vallens ; RJ com. 2008. 378, obs. Sortais.*

Art. R. 644-2 *(Décr. n° 2009-160 du 12 févr. 2009, art. 106)* « L'état des créances complété par le » projet de répartition établi par le liquidateur à l'issue de la procédure de vérification et d'admission des créances et de la réalisation des biens est déposé au greffe où tout intéressé peut en prendre connaissance. Un avis de ce dépôt est publié au *Bulletin officiel des annonces civiles et commerciales* ainsi que dans un journal d'annonces légales.

Le délai dans lequel *(Décr. n° 2009-160 du 12 févr. 2009, art. 106)* « il peut être formé réclamation » devant le juge-commissaire, en application de l'article L. 644-4, est d'un mois à compter de la publication de cet avis. – *[Décr. n° 2005-1677 du 28 déc. 2005, art. 313.]*

Art. R. 644-3 La décision par laquelle le juge-commissaire statue sur les contestations formées contre *(Décr. n° 2009-160 du 12 févr. 2009, art. 107)* « l'état des créances complété par » le projet de répartition fait l'objet des mesures de publicité prévues à l'article R. 644-2. Elle est notifiée par le greffier aux créanciers intéressés. Ceux-ci peuvent former un recours dans les délais et selon les formes prévus à l'article R. 621-21. – *[Décr. n° 2005-1677 du 28 déc. 2005, art. 314.]*

Art. R. 644-4 Lorsque le tribunal envisage, en application de l'article L. 644-6, de ne plus faire application des règles de la liquidation judiciaire simplifiée, il fait convoquer le débiteur à l'audience par le greffier par lettre recommandée avec demande d'avis de réception.

Il statue au vu d'un rapport du liquidateur.

Cette décision est une mesure d'administration judiciaire non susceptible de recours. Elle est communiquée au débiteur et au liquidateur et est mentionné*[e]* aux registres ou répertoires prévus à l'article R. 621-8. – *[Décr. n° 2005-1677 du 28 déc. 2005, art. 315.]*

TITRE CINQUIÈME DES RESPONSABILITÉS ET DES SANCTIONS

CHAPITRE PREMIER DE LA RESPONSABILITÉ POUR INSUFFISANCE D'ACTIF

Le chapitre Ier est applicable aux procédures en cours au 1er janv. 2006, à l exception de l'art. 316 [C. com., art. R. 651-1] (Décr. n° 2005-1677 du 28 déc. 2005, art. 361).

Art. R. 651-1 Le tribunal compétent pour statuer dans le cas prévu à l'article L. 651-2 est celui qui a ouvert ou prononcé *(Décr. n° 2009-160 du 12 févr. 2009, art. 108)* « la liquidation judiciaire » de la personne morale. – *[Décr. n° 2005-1677 du 28 déc. 2005, art. 316.]*

1. Seul le tribunal de la procédure collective a compétence pour déterminer si la personne poursuivie en comblement du passif a ou non dirigé en fait la personne morale en redressement ou en liquidation judiciaires. • Orléans, 8 mars 2001 : *RJDA 2001, n° 589 ; Rev. proc. coll. 2001. 262, obs. Martin-Serf.* ♦ Par conséquent, même si les différents contrats passés entre cette personne morale et la ou les personnes poursuivies en paiement de ses dettes contiennent une clause d'arbitrage, les arbitres n'ont pas compétence, fût-ce à titre préjudiciel, pour se prononcer sur la qualité de dirigeant de fait. • Même arrêt.

1 bis. L'action en comblement de passif relève de la compétence du tribunal qui a ouvert la procédure collective, même à l'égard du dirigeant de nationalité étrangère et dont le domicile est à l'étranger. • Com. 5 mai 2004 : *Bull. civ. IV, n° 82 ; D. 2004. 1796, note Vallens ; ibid. Somm. 2145, obs. Henry ; JCP E 2004, n° 36, p. 1350, note Reifegerste ; Act. proc. coll. 2004, n° 156, obs. Dom ; RTD com. 2004. 601, obs. Mascala ; Rev. sociétés 2004. 715, note Le Corre ; Bull. Joly 2004. 1349, note Monsèrié-Bon ; Dr. sociétés 2004, n° 211, note Legros ; Rev. proc. coll. 2005. 149, obs. Martin-Serf ; ibid. 233, obs. Dumont, et 243, obs. Menjucq.*

2. Pour l'application des dispositions de l'art. 47 NCPC [désormais, art. 47 C. pr. civ., qui permet à un auxiliaire de justice partie à un litige relevant de la compétence de la juridiction dans le ressort de laquelle il exerce ses fonctions de demander un renvoi devant une juridiction limitrophe], V. • Com. 26 juin 2001 : *Bull. civ. IV, n° 126 ; D. 2001. AJ 2593, obs. Lienhard ; D. 2002. Somm. 82, obs. Sortais ; ibid. 1481, obs. Honorat ; RTD com. 2001. 777, obs. Vallens ; Procédures 2001. n° 217, note Laporte ; Dr. sociétés 2001. n° 159, note Legros ; Rev. proc. coll. 2003. 161, obs. Martin-Serf.*

Art. R. 651-2 *(Décr. n° 2009-160 du 12 févr. 2009, art. 109)* **Pour l'application de l'article L. 651-2, le tribunal est saisi, selon le cas, par voie d'assignation ou dans les formes et selon la procédure prévues à l'article R. 631-4.**

BIBL. ▶ LE CORRE, *Gaz. Pal. 26-28 avr. 2009, p. 3.*

1. Il résulte de l'art. 361 du Décr. du 28 déc. 2005 [V. note précédant l'art. R. 651-1] que les dispositions des art. 318, al. 2, et 324 de ce décret [désormais, C. com., art. R. 651-2 et R. 653-2], applicables aux procédures en cours, régissent à compter du 1er janv. 2006 les actions en paiement de l'insuffisance d'actif engagées sur le fondement de l'art. L. 624-3 C. com. dans sa rédaction antérieure à la loi du 26 juill. 2005 et celles tendant au prononcé de la faillite personnelle ou d'autres mesures d'interdiction introduites sur le fondement des art. L. 625-3 à L. 625-6 de ce code. • Com. 30 sept. 2008 : *Bull. civ. IV, n° 164 ; D. 2008. Chron. C. cass. 2750, obs. Bélaval ; ibid. AJ 2500, obs. Lienhard ; Act. proc. coll. 2008, n° 276, obs. Saintourens ; Dr. sociétés 2008, n° 250, note Legros ; Gaz. Pal. 21-22 janv. 2009, p. 57, obs. Montéran ; Bull. Joly 2009. 271, note Rolland ; Rev. proc. coll. 2009, n° 95, obs. Martin-Serf.* ♦ Dès lors, s'agissant d'une convocation adressée après le 1er janv. 2006, le dirigeant doit être convoqué un mois au moins avant son audition en chambre du conseil. • Même arrêt.

2. Il résulte des dispositions de l'art. R. 651-2, dans sa rédaction antérieure au décret du 12 févr. 2009, que la convocation du dirigeant de la personne morale, poursuivi en paiement des dettes sociales, pour être entendu personnellement par le tribunal, est un préalable obligatoire aux débats et que l'omission de cet acte qui fait obstacle à toute condamnation constitue une fin de non-recevoir. • Com. 22 mai 2012 : *Bull. civ. IV, n° 107 ; D. 2012. Actu. 1397, obs. Lienhard ; Rev. sociétés 2012. 533, obs. Roussel Galle ; LEDEN juill. 2012, p. 4, obs. Parachkévova ; Gaz. Pal. 3-4 août 2012, p. 36, obs. Montéran ; Dr. sociétés 2012, n° 169, note Legros ; LPA 1er-2 nov. 2012, note Sortais ; RLDA sept. 2012. 25, obs. Montéran et Simonnot ; Rev. proc. coll. 2012, n° 213, obs. Martin-Serf.*

3. V. notes 1 *ter* s. ss. art. R. 651-5.

Art. R. 651-3 **Les jugements rendus en application de l'article L. 651-2 sont communiqués par le greffier au procureur de la République.** – *[Décr. n° 2005-1677 du 28 déc. 2005, art. 320.]*

Art. R. 651-4 **Pour l'application de l'article L. 651-3, la mise en demeure faite au mandataire de justice d'engager l'action en responsabilité est délivrée par au moins deux créanciers contrôleurs. Leur action n'est recevable que si cette mise en demeure, adressée au mandataire de justice par lettre recommandée avec demande d'avis de réception, est restée infructueuse pendant deux mois à compter de la réception de la mise en demeure.** – *[Décr. n° 2005-1677 du 28 déc. 2005, art. 317.]*

Art. R. 651-5 **Pour l'application de l'article L. 651-4, le juge désigné par le président du tribunal peut se faire assister de toute personne de son choix dont les constatations sont consignées dans son rapport. Ce rapport est déposé au greffe et communiqué par le greffier au ministère public. Le ou les dirigeants mis en cause sont avertis par le greffier, au moins un mois avant la date de l'audience, qu'ils peuvent en prendre connaissance.**

Le tribunal statue sur le rapport du juge désigné après avoir entendu ou dûment appelé les contrôleurs. – *[Décr. n° 2005-1677 du 28 déc. 2005, art. 318.]*

(Décr. n° 2012-1190 du 25 oct. 2012, art. 6) **« Le montant des sommes pour la garantie desquelles la mesure conservatoire est ordonnée conformément au deuxième alinéa de l'article L. 651-4 ne peut excéder le montant de la demande formée à l'encontre du dirigeant. »**

Le Décr. n° 2012-1190 du 25 oct. 2012 est applicable dans les îles Wallis-et-Futuna (Décr. préc., art. 12).

Décret n° 85-1388 du 27 décembre 1985. Ancien art. 164 (Abrogé par Décr. n° 2005-1677 du 28 déc. 2005, art. 354) (Décr. n° 94-910 du 21 oct. 1994) *Pour l'application des articles L. 624-3 à L. 624-7 du code de commerce, le juge désigné par le tribunal peut se faire assister de toute personne de son choix dont les constatations sont consignées dans son rapport. Ce rapport est déposé au greffe et communiqué par le greffier au procureur de la République.*

Le ou les dirigeants mis en cause sont avertis par le greffier qu'ils peuvent prendre connaissance du rapport et sont convoqués huit jours au moins avant leur audition en chambre du conseil, par acte d'huissier de justice ou dans les formes prévues aux articles 8 et 9.

Le tribunal statue, sur rapport du juge désigné, par jugement prononcé en audience publique.

1. Dépôt du rapport au greffe. L'art. 164, tel que modifié par le Décr. du 21 oct. 1994 [désormais, l'art. R. 651-5], doit être compris comme exigeant désormais : que le juge-commissaire dépose au greffe un rapport ; que le dirigeant soit avisé par le greffier qu'il peut prendre connaissance de ce rapport. • Versailles, 30 sept. 1999 : *D. 1999. AJ 95 ; RJDA 2000, n° 75.*

La faculté de consultation du dossier au greffe, prévue par l'art. 164 dans sa rédaction issue du décret du 21 oct. 1994, ne dispense pas le greffe de communiquer à la partie qui le demande le rapport communiqué au ministère public (application de l'art. 6, § 1, de la Conv. EDH, disposant que « toute personne a droit à ce que sa cause soit entendue équitablement »). • Com. 10 janv. 2012 : *Bull. civ. IV, n° 3 ; D. 2012. Chron. C. cass. 1223, obs. Arbellot ; ibid. Actu. 216, obs. Lienhard ; JCP E 2012. 1227, n° 12, obs. Pétel; LEDEN févr. 2012, p. 5, obs. Mouial-Bassilana ; Procédures 2012, n° 78, note Rolland ; Act. proc. coll. 2012, n° 35, obs. Delattre ; Gaz. Pal. 27-28 avr. 2012, p. 44, obs. Montéran ; Dr. sociétés 2012, n° 107, note Legros ; Bull. Joly Entrep. diff. 2012. 174, note Favario ; RJ com. mai-juin 2012. 63, note Sortais ; RJDA 2012, n° 790 ; Rev. proc. coll. 2012, n° 212, obs. Martin-Serf.*

La nécessité de porter le rapport à la connaissance des dirigeants préalablement à l'audience et celle de procéder à l'audition des intéressés en chambre du conseil s'imposent dans tous les cas où le tribunal est appelé à faire application des dispositions de l'art. L. 624-3 [ancien] C. com., l'art. 164 du décret n'opérant aucune distinction selon que la procédure est mise en œuvre d'office par le juge ou à la demande du liquidateur par voie d'assignation. • Paris, 2 avr. 2002 : *BICC 2003, n° 300.*

1 bis. Absence de rapport. L'art. 164 [R. 651-5], al. 3, ne trouve à s'appliquer qu'en cas d'usage de la faculté ouverte au tribunal par l'art. 184 de la loi du 25 janv. 1985, devenu l'art. L. 624-7 [L. 651-4] C. com., de charger un juge aux fins d'enquête sur la situation patrimoniale des dirigeants de l'entreprise débitrice. • Com. 24 sept. 2003 : *Bull. civ. IV, n° 144 ; D. 2003. 2440, obs. Lienhard ; JCP E 2004, n° 6, p. 230, obs. Pétel ; Dr. sociétés 2004, n° 9, note Legros (1re esp.) ; RTD com. 2004. 603, obs. Mascala ; Rev. proc. coll. 2004. 270, obs. Dumont.* ♦ Dans le même sens, à propos d'une mesure de faillite personnelle, V. • Com. 27 mars 2012 : *Bull. civ. IV, n° 67 ; D. 2012. Actu. 943, obs. Lienhard ; Dr. sociétés 2012, n° 128, note Legros.*

1 ter. Convocation et comparution du dirigeant. La convocation du dirigeant de la personne morale, poursuivi en paiement des dettes sociales, en vue de son audition personnelle par le tribunal est un préalable obligatoire ; l'omission de cet acte, qui fait obstacle à toute condamnation, constitue une fin de non-recevoir. • Com. 28 oct. 2008 : *Bull. civ. IV, n° 182 ; D. 2008. AJ 2865, obs. Lienhard ; Act. proc. coll. 2008, n° 305, obs. Vallansan ; JCP E 2009. 1141, note Legros ; Procédures 2009, n° 55, obs. Croze ; Gaz. Pal. 21-22 janv. 2009, p. 56, obs. Montéran ; Bull. Joly 2009. 272, note Rolland ; Rev. proc. coll. 2009, n° 95, obs. Martin-Serf* • 10 mars 2009 : *Bull. civ. IV, n° 34 ; D 2009. AJ 871, obs. Lienhard ; Procédures 2009, n° 158, obs. Rolland ; Dr. sociétés 2009, n° 144, note Legros ; Bull. Joly 2009. 696, note Le Corre ; Gaz. Pal. 26-28 juill. 2009, p. 51, obs. Montéran ; Rev. proc. coll. 2009, n° 95, obs. Martin-Serf.* ♦ Les dirigeants, qui n'ont pas invoqué devant les juges du fond leur absence de convocation en chambre du conseil, sont irrecevables à présenter cette fin de non-recevoir mélangée de fait et de droit, fût-elle d'ordre public, pour la première fois, devant la Cour de cassation. • Com. 10 mars 2009 : *préc.*

La nullité d'un acte de procédure ne peut être prononcée pour vice de forme qu'à la charge pour celui qui l'invoque de prouver le grief que lui cause l'irrégularité commise. • Com. 24 avr. 2007 : *Bull. civ. IV, n° 112 ; D. 2007. AJ 1267, obs. Lienhard ; ibid. Chron. C. cass. 2766, obs. Orsini ; Act. proc. coll. 2007, n° 108, obs. Cagnoli ; Gaz. Pal. 27-31 mai 2007, p. 11, note Jullien ; ibid. 20-21 juill. 2007, p. 56, obs. Montéran ; JCP E 2007. 1931, note Pétell-Teyssié ; Dr. sociétés 2007, n° 156, note Legros ; Procé-*

dures 2007, n° 195, note Croze ; Dr. et proc. 2007. 274, obs. Salati ; Bull. Joly 2007. 1157, note Staes ; Rev. proc. coll. 2007. 235, obs. Martin-Serf. – V. aussi Laroche, *RLDA 2007, n° 21, p. 58.* ♦ Dès lors que le dirigeant, qui a été, au préalable, régulièrement assigné en paiement des dettes sociales et a reçu une convocation mentionnant sans équivoque l'obligation d'avoir à se présenter en personne pour être entendu en chambre du conseil, n'invoque aucun grief découlant du fait que cette convocation a été faite par voie de notification et non par acte d'huissier de justice, le moyen tiré de la nullité de la procédure doit être écarté. • Même arrêt. ♦ Dès lors que le dirigeant a été cité pour être entendu personnellement par le tribunal par acte d'huissier délivré selon les modalités de l'art. 659 C. pr. civ. et qu'il a été convoqué par le greffe à la suite du renvoi de l'affaire pour être entendu personnellement, puis qu'il a comparu à l'audience à laquelle l'affaire avait été retenue et a pu s'expliquer et faire valoir ses observations, l'irrégularité invoquée [convocation comportant une adresse erronée] ne constitue qu'un vice de forme et il n'est pas démontré que cette irrégularité a causé un grief. • Com. 19 juin 2012 : *Bull. civ. IV, n° 126 ; D. 2012. Actu. 1671 ; Rev. sociétés 2012. 533, obs. Roussel Galle ; Bull. Joly 2012. 733, note Mouial-Bassilana ; RJDA 2012, n° 887 ; RLDA sept. 2012. 25, obs. Montéran et Simonnot.*

La convocation des dirigeants ne doit pas être faite nécessairement dans l'acte introductif d'instance. • Com. 6 févr. 2001 : *Bull. civ. IV, n° 33 ; D. 2001. AJ 861 ; D. 2002. Somm. 81, obs. Sortais ; Procédures 2001, n° 150, note Laporte* • 25 févr. 2004 : *RTD com. 2004. 377, obs. Vallens.*

1 quater. Mentions de l'assignation. Pour introduire à l'égard du dirigeant une action fondée sur les art. 180 s. de la loi du 25 janv. 1985 [C. com., art. L. 651-2 s.], le liquidateur doit agir par voie d'assignation aux formes et avec les mentions prévues par les art. 56 et 855 NCPC [C. pr. civ.]. • Amiens, 19 févr. 1998 : *Gaz. Pal. 1998. 2. Somm. 705.* ♦ Dans le même sens, à propos d'une action tendant au prononcé d'une interdiction de gérer, V. • Com. 24 nov. 1998 : *RTD com. 1999. 206, obs. Vallens ; JCP E 2000, n° 10, p. 419, note Legros* • 4 oct. 2005 : *Dr. sociétés 2006, n° 4, note Legros.* ♦ V. aussi • Rennes, 26 oct. 2004 : *BICC 2005, n° 1229.*

1 quinquies. Délai. L'art. 643 NCPC [C. pr. civ.], relatif à l'augmentation d'un mois des délais de comparution pour les personnes demeurant outre-mer, est applicable au délai de huit jours. • Paris, 19 févr. 1991 : *D. 1991. IR 108 ; Gaz. Pal. 1991. 1. 363, note Marchi* • 13 janv. 1995 : *D. 1995. IR 66* • Douai, 13 mars 1997 : *Rev. proc. coll. 1997. 413, obs. Cadiou.*

Sur le non-respect du délai de huit jours comme motif d'annulation de la procédure, V. les arrêts cités par F. Bach, *Rev. proc. coll. 2000. 66.* ♦ Comp., en l'absence de grief causé au dirigeant : • T. com. Bobigny, 11 mai 1998 : *Rev. proc. coll. 2000. 114, obs. Barret.*

1 sexies. Audition en chambre du conseil (jurisprudence antérieure à L. 26 juill. 2005). V. note 1. ♦ Les art. 164 et 169 du Décr. du 27 déc. 1985 n'étant pas incompatibles avec l'art. 6 (1) de la Conv. EDH, aucun dirigeant ne peut être admis à réclamer, pour lui-même, la publicité des débats devant un tribunal, puisque cette publicité serait contraire, notamment, aux intérêts des codirigeants mis en cause. • Paris, 26 janv. 1996 : *D. 1997. 52, note Bernard.*

En ce sens qu'est mal fondé l'appel-nullité interjeté par des dirigeants contre le jugement ayant refusé qu'il soit procédé à l'audition de chacun en présence des autres, dès lors que chacun des dirigeants poursuivis a été entendu en présence de son conseil, par le tribunal en chambre du conseil, conformément aux dispositions de l'art. 164 et que les intéressés, qui ne sont pas recevables à élever une prétention contre un codirigeant, peuvent librement discuter les procès-verbaux d'audition lors des débats, V. • Com. 14 mars 2000 : *Bull. civ. IV, n° 60 ; D. 2000. AJ 212 ; JCP E 2000, n° 25, p. 996, note Cagnoli ; RJDA 2000, n° 787 ; LPA 21 nov. 2000, p. 15, note Gibirila.*

Sur la nécessité d'invoquer la nullité fondée sur l'inobservation des dispositions relatives à la publicité des débats devant la cour d'appel avant leur clôture, V. • Com. 27 oct. 1998 : *RTD com. 1999. 205, obs. Vallens.*

2. Il résulte de l'art. 164 du Décr. du 27 déc. 1985 que le dirigeant n'a pas la faculté de se faire représenter lors de son audition en chambre du conseil et des art. 853 et 855 NCPC [C. pr. civ.] que l'acte introductif d'instance mentionne les conditions dans lesquelles le défendeur peut se faire assister ou représenter devant le tribunal hors cette audition. • Com. 19 févr. 2002 : *Bull. civ. IV, n° 38 ; D. 2002. AJ 1485, obs. Lienhard ; Act. proc. coll. 2002, n° 133, obs. Regnaut-Moutier ; Procédures 2002, n° 119, note Laporte ; ibid., n° 139, note Croze ; Dr. sociétés 2002, n° 152, note Legros ; Rev. proc. coll. 2003. 163, obs. Martin-Serf.* ♦ L'assignation n'est pas entachée de nullité pour avoir mentionné la faculté de se faire représenter hors l'audience des plaidoiries. • Même arrêt.

3. Présence du juge-commissaire (jurisprudence antérieure au Décr. du 21 oct. 1994). La présence, conformément aux art. 24, 164 [ancien] et 169 du Décr. du 27 déc. 1985, du juge-commissaire dans la juridiction qui statue sur l'ouverture d'une procédure de redressement judiciaire ou sur le prononcé de l'interdiction prévue à l'art. 192 de la loi du 25 janv. 1985 [C. com., ancien art. L. 625-8] à l'encontre du dirigeant d'une personne morale en redressement ou en liquidation judiciaires, n'est pas contraire aux dispositions de l'art. 6 (1) de la Conv. EDH • Com. 3 nov. 1992 : *Bull. civ. IV, n° 345 ; D. 1993. 538, note Vallens* • 16 mars 1993 : *ibid.* • 23 janv. 1996 : *Bull. civ. IV, n° 23 ; D. 1996. IR 51* • Versailles, 18 nov. 1999 : *D. 2000. AJ 49 ; RJDA 2000, n° 198 ; JCP E 2000, n° 25, p. 988, obs. Garaud* • Amiens, 23 janv. 2003 : *JCP 2003. IV. 2612 ; RJDA 2004, n° 208.* – V. aussi • CEDH 24 janv. 2002 : *RJDA 2002, n° 586.* ♦ Le dirigeant condamné au comblement du passif social n'ayant pas précisé en quoi la présidence, par le juge-commissaire, de la formation de jugement, justifiait objectivement ses appréhensions sur le défaut d'impartialité de la juridiction, l'arrêt d'appel n'encourt pas les griefs de la violation de l'art. 6 (1) de la Conv. EDH. • Com. 16 oct. 2001 : *Bull. civ. IV, n° 167 ; D. 2001. AJ 3273, obs. Lienhard ; D. 2002. Somm. 80, obs. Derrida ; JCP E 2002, n° 3, p. 126, obs. Pétel ; ibid., n°s 18-19, p. 759, obs. Garaud ; Procédures 2002, n° 8, note Laporte ; Dr. sociétés 2002, n° 89, note Legros ; Rev. proc. coll. 2002. 113, obs. Martin-Serf.* ♦ Comp., désormais : art. L. 651-3, al. 3, et L. 653-7, al. 3, C. com.

3 bis. Impartialité du juge. Sur la nullité d'une citation à comparaître délivrée à un dirigeant pour le voir « condamner à supporter le passif de la société, prononcer son redressement judiciaire personnel et sa faillite personnelle, en fixer la durée et en ordonner l'exécution provisoire », au motif que le libellé de la citation et le contenu de la note jointe prévue à l'art. 8, al. 2, du Décr. du 27 déc. 1985 dans laquelle le président du tribunal de grande instance tenait pour établi le comportement fautif à ses yeux de la personne visée, pouvaient apparemment laisser penser que le président de la juridiction de jugement ne disposait pas de l'impartialité objective du juge, V. • Com. 3 nov. 1992 : *préc. note 3* • 16 mars 1993 : *préc. note 3.* – V. Eudier, *Mélanges Mercadal, Francis Lefebvre, 2002, spéc. p. 36.* ♦ De même, doit être annulée, sur le fondement de l'art. 6 (1) de la Conv. EDH (impartialité du tribunal), l'ordonnance de saisine d'office par laquelle le président du tribunal convoque le dirigeant « en vue d'une mesure de faillite personnelle ou d'interdiction de gérer ». • Metz, 9 sept. 1997 : *LPA 15 déc. 1997, p. 21, note Vallens.* ♦ V. aussi • Grenoble, 11 sept. 1997 : *préc. note 3* • Dijon, 26 janv. 1999 : *RTD com. 1999. 989, obs. Vallens ; JCP E 2000, n° 25, p. 988, obs. Garaud* • 25 avr. 2000 : *Dr. sociétés 2000, n° 157, obs. Chaput.*

3 ter. Délai raisonnable. Pour une annulation d'une décision, sur le fondement de l'art. 6 de la Conv. EDH en raison de la durée manifestement anormale (6 ans) du délibéré, V. • Paris, 7 nov. 1997 : *D. Affaires 1998. 80, obs. J. F. ; JCP E 1997. Pan. 1388 ; RJDA 1998, n° 633.*

4. Procédure devant la cour d'appel. Les dispositions de l'art. 164 du Décr. du 27 déc. 1985, relatives à l'audition du dirigeant en chambre du conseil, ne s'appliquent qu'à la procédure de première instance et ne concernent pas la procédure devant la cour d'appel. • Com. 9 mai 1995 : *Bull. civ. IV, n° 133 ; D. 1996. Somm. 83, obs. Honorat* • 20 juin 2000 : *RJDA 2000, n° 1148.*

5. Mesure d'instruction. BIBL. Rosenfeld et Sexer, *D. Affaires 1995. 145.* ♦ La mission confiée par le juge-commissaire à un expert en diagnostic d'entreprise ne constitue pas une mesure d'expertise au sens des art. 263 s. NCPC [C. pr. civ.], mais une mission d'investigation dans le cadre d'une procédure collective. • Com. 23 juin 1998 : *Bull. civ. IV, n° 206 ; D. 1999. Somm. 71, obs. Honorat ; D. Affaires 1998. 1324, obs. A. L.* ♦ Dès lors qu'il n'est pas contesté que le rapport a été soumis à la libre discussion des parties, que ce technicien avait organisé une réunion contradictoire et qu'il s'était adjoint un expert-comptable de son choix avec l'autorisation du juge, tout motif de nullité de ces opérations doit être écarté. • Même arrêt. – V. aussi • Com. 25 juin 2002 : *Dr. sociétés 2003, n° 6, note Legros (1re esp.)* • 30 oct. 2000 : *Bull. civ. IV, n° 172 ; D. 2000. AJ 438* • 26 avr. 2000 : *RJDA 2000, n° 785* • 24 nov. 1993 : *D. Affaires 1999. 177* • 9 juill. 1996 : *Rev. proc. coll. 1996 325, obs. Soinne* • Paris, 25 janv. 2002 : *RTD com 2002. 687, obs. Champaud et Danet.* ♦ Sur le défaut d'intérêt légitime des dirigeants de la société en redressement judiciaire à discuter le bien-fondé de l'ordonnance du juge-commissaire désignant un « expert », V. • Com. 11 mai 1999 : *Bull. civ. IV, n° 97 ; D. 1999. IR 153 ; D. Affaires 1999. 1043, obs. P. P. ; RJ com. 1999. 410, note Saintourens ; RTD com. 1999. 762, obs Vallens ; JCP E 1999, n° 47, p. 1878, note Courtier ; Rev. proc. coll. 2000. 198, obs. Soinne* ♦ V. aussi note 5 ss. art. L. 661-4 C. com.

6. Les juges du fond sont souverains pour estimer que le liquidateur a un intérêt légitime à solliciter, en référé, une expertise *in futurum*, sur le fondement de l'art. 145 NCPC [C. pr. civ.], pour rechercher la responsabilité des dirigeants de sociétés dans leur mise en liquidation judiciaire • Com. 1er oct. 1997 : *Bull. civ. IV, n° 238 ; D. 1997. IR 250 ; D. Affaires 1997. 1330 ; Bull. Joly 1998. 58, note Daigre ; RJ com. 1998. 201,* *obs. Legrand.* ♦ Le juge des référés peut, en vertu d'un pouvoir concurrent de celui du juge-commissaire, ordonner une expertise préventive, telle que prévue par l'art. 145 NCPC [C. pr. civ.]. • Com. 27 oct. 1998 : *Procédures 1999, n° 36, obs. Laporte.*

7. Sur la possibilité, pour les experts commis par le tribunal, d'accéder aux informations tirées d'une procédure pénale en cours à l'encontre des dirigeants, V. note ss. art. L. 621-8.

V. notes 4 *quater* ss. art. L. 621-4 et 6 ss. art. 621-9.

Art. R. 651-6 **Lorsqu'un dirigeant d'une personne morale est déjà soumis à une procédure de sauvegarde, de redressement ou de liquidation judiciaires, le montant du passif mis à sa charge est déterminé après mise en cause du mandataire judiciaire ou du liquidateur désigné dans la procédure à laquelle il est soumis. La décision de condamnation est portée par le greffier sur l'état des créances de la procédure à laquelle le dirigeant est soumis ou transmise au greffier compétent pour y procéder.** — *[Décr. n° 2005-1677 du 28 déc. 2005, art. 319.]*

Le législateur n'a pas entendu exclure que l'action en comblement de passif intentée sur le fondement de l'art. L. 624-3 anc. C. com., dont le contenu est désormais repris à l'art. L. 651-2, à l'encontre du dirigeant d'une entreprise soumise à une procédure collective puisse l'être à l'encontre d'un dirigeant étant lui-même soumis à une telle procédure, y compris après l'expiration du délai de déclaration des créances dans le cadre de la procédure de redressement ou de liquidation judiciaire de ce dirigeant ; dans cette hypothèse, une telle action déroge nécessairement à l'interdiction du paiement de toute créance posée par l'art. L. 622-7, à l'interdiction des poursuites des créanciers individuels tendant à la condamnation du débiteur au paiement d'une somme d'argent posée par l'art. L. 622-21 et à l'obligation de déclaration des créances posée par l'art. L. 621-43 anc., repris en substance par l'art. L. 622-24. • CE 20 mai 2011 : *D. 2011. Actu. 1552, obs. Lienhard ; JCP E 2011. 1498, note Lebel ; Bull. Joly 2011. 812, note Parachkévova ; Bull. Joly Entrep. diff. 2011. 334, note Sortais ; Rev. proc. coll. 2011, n° 200, obs. Martin-Serf.* ♦ L'art. R. 651-6 ci-dessus, qui institue une exception à l'obligation de déclaration des créances détenues sur ce dirigeant, n'a pas pour effet de méconnaître les dispositions de l'art. L. 621-43 anc. et n'est pas entaché d'illégalité. • Même arrêt. – V. déjà • Com. 14 mai 2002 : *Bull. civ. IV, n° 85 ; D. 2002. AJ 1904 ; Act. proc. coll. 2002, n° 145, obs. Vallansan ; Procédures 2002, n° 232, note Laporte* • 22 janv. 2002 : *Bull. civ. IV, n° 19 ; D. 2002. AJ 724 ; JCP E 2002, n° 21, p. 855, obs. Pétel ; Dr. sociétés 2002, n° 194, note Legros.*

CHAPITRE II *[ABROGÉ]* DE L'OBLIGATION AUX DETTES SOCIALES

(Abrogé par Décr. n° 2009-160 du 12 févr. 2009, art. 110)

Le chapitre II était applicable aux procédures en cours au 1er janv. 2006 (Décr. n° 2005-1677 du 28 déc. 2005, art. 361).

Art. R. 652-1 ***Le tribunal compétent pour statuer dans le cas prévu à l'article L. 652-1 est celui qui a ouvert ou prononcé la sauvegarde, le redressement ou la liquidation judiciaires de la personne morale.***

Les dispositions des articles (Décr. n° 2007-1851 du 26 déc. 2007) ***« R. 651-2 et R. 651-4 à R. 651-6 » sont applicables.*** — [Décr. n° 2005-1677 du 28 déc. 2005, art. 321.]

V. notes ss. art. R. 651-1.

Art. R. 652-2 ***Les jugements rendus en application de l'article L. 652-1 sont communiqués par le greffier au procureur de la République.*** — [Décr. n° 2005-1677 du 28 déc. 2005, art. 322.]

CHAPITRE III DE LA FAILLITE PERSONNELLE ET DES AUTRES MESURES D'INTERDICTION

Art. R. 653-1 Lorsque les mandataires de justice mentionnés à l'article L. 653-7 ont connaissance de faits prévus aux articles L. 653-3 à L. 653-6 *(Décr. nº 2009-160 du 12 févr. 2009, art. 111)* « et L. 653-8 », ils en informent le procureur de la République et le juge-commissaire.

Pour l'application de l'article L. 653-8, la date retenue pour la cessation des paiements ne peut être différente de celle retenue en application de l'article L. 631-8. – *[Décr. nº 2005-1677 du 28 déc. 2005, art. 323.]*

Art. R. 653-2 *(Décr. nº 2009-160 du 12 févr. 2009, art. 112)* « Pour l'application de l'article L. 653-7, le tribunal est saisi, selon le cas, par voie d'assignation ou dans les formes et selon la procédure prévues à l'article R. 631-4. La mise en demeure faite au mandataire de justice d'engager l'action en sanction est délivrée par au moins deux créanciers contrôleurs. » Leur action n'est recevable que si cette mise en demeure, adressée au mandataire de justice par lettre recommandée avec demande d'avis de réception, est restée infructueuse pendant deux mois à compter de la réception de la mise en demeure. – *[Décr. nº 2005-1677 du 28 déc. 2005, art. 324.]*

L'art. 324 du Décr. nº 2005-1677 du 28 déc. 2005 [C. com., art. R. 653-2] est applicable aux procédures en cours au 1er janv. 2006 (Décr. préc., art. 361).

BIBL. ▸ GOURDAIN, *D. 2008. 1357* (comment assigner en responsabilité pour insuffisance d'actif et/ou en sanction ?).

V. note 1 ss. art. R. 651-2.

Art. R. 653-3 Indépendamment des mentions portées au casier judiciaire en application du 5e de l'article 768 du code de procédure pénale, les jugements prononçant la faillite personnelle ou l'interdiction prévue à l'article L. 653-8 font l'objet des publicités prévues à l'article R. 621-8 et sont adressés par le greffier aux personnes mentionnées à l'article R. 621-7.

Ces décisions sont signifiées dans les quinze jours de leur date à la diligence, selon le cas, du greffier du tribunal ou de la cour d'appel aux personnes sanctionnées. – *[Décr. nº 2005-1677 du 28 déc. 2005, art. 325.]*

Art. R. 653-4 Toute demande en relevé des déchéances, interdictions et incapacités est adressée par requête à la juridiction qui les a prononcées. Sont joints à la requête tous documents justifiant de la contribution au paiement du passif ou, lorsque l'intéressé a fait l'objet de l'interdiction prévue à l'article L. 653-8, des garanties démontrant sa capacité à diriger ou contrôler l'une ou plusieurs des entreprises ou personnes visées par cet article. Ces garanties peuvent consister en une formation professionnelle.

La juridiction statue après avoir entendu le demandeur et recueilli l'avis du ministère public. – *[Décr. nº 2005-1677 du 28 déc. 2005, art. 326.]*

CHAPITRE IV DE LA BANQUEROUTE ET DES AUTRES INFRACTIONS

Art. R. 654-1 Pour l'application de l'article L. 654-17, la mise en demeure faite au mandataire de justice de se constituer partie civile est délivrée par au moins deux créanciers contrôleurs. Leur action n'est recevable que si cette mise en

demeure, adressée au mandataire de justice par lettre recommandée avec demande d'avis de réception, est restée infructueuse pendant deux mois à compter de la réception de la mise en demeure. – *[Décr. nº 2005-1677 du 28 déc. 2005, art. 327.]*

TITRE SIXIÈME DES DISPOSITIONS GÉNÉRALES DE PROCÉDURE

CHAPITRE PREMIER DES VOIES DE RECOURS

Art. R. 661-1 Les jugements et ordonnances rendus en matière de *(Décr. nº 2009-160 du 12 févr. 2009, art. 113)* **« mandat *ad hoc*, de conciliation, de » sauvegarde, de redressement et de liquidation judiciaires sont exécutoires de plein droit à titre provisoire.**

Toutefois, ne sont pas exécutoires de plein droit à titre provisoire les jugements et ordonnances rendus en application des articles *(Décr. nº 2009-160 du 12 févr. 2009, art. 113)* **« L. 622-8, L. 626-22, du premier alinéa de l'article L. 642-20-1, de l'article L. 651-2, » des articles L. 663-1 à L. 663-4 ainsi que** *(Décr. nº 2012-1190 du 25 oct. 2012, art. 7)* **« les décisions prises sur le fondement de l'article L. 663-1-1 et » les jugements qui prononcent la faillite personnelle ou l'interdiction prévue à l'article L. 653-8.**

(Décr. nº 2009-1661 du 28 déc. 2009, art. 7) **« Par dérogation aux dispositions de l'article 524 du code de procédure civile, le premier président de la cour d'appel, statuant en référé, ne peut arrêter l'exécution provisoire que des décisions mentionnées aux 1º, 2º, 3º, 5º, 6º et 8º du I de l'article L. 661-1, et lorsque les moyens invoqués à l'appui de l'appel paraissent sérieux. Dans les mêmes conditions, le premier président de la cour d'appel peut arrêter l'exécution provisoire des décisions qui ne sont pas exécutoires de plein droit. »** *(Décr. nº 2012-1190 du 25 oct. 2012, art. 7)* **« L'exécution provisoire des décisions prises sur le fondement de l'article L. 663-1-1 peut être arrêtée, en outre, lorsque l'exécution risque d'entraîner des conséquences manifestement excessives. » Dès le prononcé de la décision du premier président arrêtant l'exécution provisoire, le greffier de la cour d'appel en informe le greffier du tribunal.** – *Les dispositions du Décr. nº 2009-1661 du 28 déc. 2009 sont applicables aux procédures ouvertes à compter de son entrée en vigueur (texte préc., art. 11-I, JO 30 déc.). Elles sont applicables dans les îles Wallis-et-Futuna (art. 10).*

En cas d'appel du ministère public d'un jugement mentionné aux articles L. 661-1, à l'exception du jugement statuant sur l'ouverture de la procédure de sauvegarde ou de redressement judiciaire, L. 661-6 et L. 661-11, l'exécution provisoire est arrêtée de plein droit à compter du jour de cet appel. Le premier président de la cour d'appel peut, sur requête du procureur général, prendre toute mesure conservatoire pour la durée de l'instance d'appel. – *[Décr. nº 2005-1677 du 28 déc. 2005, art. 328.]*

Le Décr. nº 2012-1190 du 25 oct. 2012 est applicable dans les îles Wallis-et-Futuna (Décr. préc., art. 12).

BIBL. ▸ HOONAKKER, *D. 2006. Chron. 754*.

1. Il résulte des art. L. 626-27, al. 2, et L. 631-19 C. com. et 159 du décret du 28 déc. 2005 [C. com., art. R. 626-48] que lorsque la cessation des paiements du débiteur est constatée au cours de l'exécution du plan, le tribunal décide sa résolution et prononce, par un même jugement, la liquidation judiciaire ; il s'ensuit que l'arrêt de l'exécution provisoire d'un tel jugement, autorisé dans les conditions prévues à l'art. 328 du décret du 28 déc. 2005 [C. com., art. R. 661-1], en ce qu'il statue sur l'ouverture d'une procédure de liquidation judiciaire emporte nécessairement arrêt de l'exécution provisoire du jugement en ce qu'il décide la résolution du plan. • Com. 18 sept. 2007 : *Bull. civ. IV, n° 202 ; D. 2007. AJ 2386, obs. Lienhard ; Act. proc. coll. 2007, n° 194, obs. Vallansan ; Gaz. Pal. 26-27 oct. 2007, p. 42, obs. Voinot ; JCP E 2007. 2585, note Lebel ; ibid. 2008. 1207, n° 7, obs. Cabrillac ; Rev. proc. coll. 2008, n° 115, obs. Saintourens.*

2. V. note 3 ss. art. L 652-1.

Décret n° 85-1388 du 27 décembre 1985. Ancien art. 155 (Abrogé par Décr. n° 2005-1677 du 28 déc. 2005, art. 354) *Les jugements et ordonnances rendus en matière de redressement et de liquidation judiciaires sont exécutoires de plein droit à titre provisoire, à l'exception de ceux qui sont mentionnés aux articles L. 621-25, L. 621-80 et au deuxième alinéa de l'article L. 622-21 du code de commerce ainsi que de ceux qui prononcent la faillite personnelle ou l'interdiction prévue à l'article L. 625-8 dudit code.*

L'exécution provisoire des jugements mentionnés au deuxième alinéa de l'article L. 623-9 (Décr. n° 94-910 du 21 oct. 1994) *« et aux articles L. 624-3 et L. 624-5 » de ce même code ne peut être arrêtée en cas d'appel que par le premier président de la cour d'appel, statuant en référé, si les moyens invoqués à l'appui de l'appel apparaissent sérieux.* (Décr. n° 88-430 du 21 avr. 1988) *« Dès le prononcé de la décision du premier président arrêtant l'exécution provisoire, le greffier de la cour d'appel en informe le greffier du tribunal ».*

(Décr. n° 94-910 du 21 oct. 1994) *« En cas d'appel du ministère public d'un jugement mentionné aux articles L. 623-1 et L. 623-6 du code de commerce, l'exécution provisoire est arrêtée de plein droit à compter du jour de cet appel. Le premier président de la cour d'appel peut, sur requête du procureur général, prendre toute mesure conservatoire pour la durée de l'instance d'appel. »*

BIBL. ▶ VALLENS, *D. 1997. Chron. 111* ; *RTD com. 2004. 815* (sur l'application de l'art. 524 C. pr. civ., dans sa réd. issue du décret n° 2004-836 du 20 août 2004). – DELENEUVILLE, *Rev. proc. coll. 1999. 1.*

1. Décisions exécutoires. Le jugement qui reporte la date de la cessation des paiements du débiteur, n'entrant dans aucune des exceptions énumérées par l'art. 155, est exécutoire de plein droit à titre provisoire. • Com. 3 janv. 1989 : *Bull. civ. IV, n° 6.*

2. Arrêt d'exécution provisoire. C'est par dérogation aux dispositions de l'art. 524, dernier al., NCPC [dans sa réd. antérieure au Décr. n° 2004-836 du 20 août 2004, devenu art. 524 C. pr. civ.], qui autorise l'aménagement mais non l'arrêt de l'exécution provisoire de droit, que l'art. 155, al. 2, ci-dessus permet au premier président de la cour d'appel d'arrêter l'exécution provisoire de certains jugements rendus en matière de redressement ou de liquidation judiciaires, dont ceux arrêtant le plan de cession de l'entreprise. • Com. 22 févr. 1994 : *Bull. civ. IV, n° 74 ; JCP E 1994. I. 394, n° 2, obs. Pétel.*

3. Il suffit qu'un appel ait été formé contre un jugement visé à l'art. 155, al. 2, pour que la demande d'arrêt de l'exécution provisoire soit recevable, le premier président n'ayant pas à juger de la régularité ou de la recevabilité de l'appel, questions qui échappent manifestement à sa compétence. • Limoges, 2 juill. 1986 : *D. 1986. IR 380.* ♦ Le pouvoir reconnu au premier président par l'art. 155 doit le conduire, par l'examen de la décision attaquée, à dire si cette décision n'est pas entachée d'irrégularités formelles tellement manifestes ou grossières ou si elle a apprécié les faits de la cause d'une manière tellement erronée que, les moyens proposés apparaissant sérieux, l'arrêt de l'exécution provisoire s'impose. • Même arrêt.

4. L'exécution provisoire du jugement d'ouverture ne peut être arrêtée. • Paris, 30 oct. 1990 : *Rev. huiss. 1991. 238.* ♦ ... Pas plus que celle du jugement qui a étendu le redressement judiciaire à une autre société. • Paris, 27 avr. 1993 : *Dr. sociétés 1993, n° 139, obs. Chaput* • Chambéry, 14 oct. 1994 : *Gaz. Pal. 1995. 1. Somm. 214* • T. com. Saint-Gaudens, 25 avr. 1997 : *Dr. sociétés 1997, n° 105, obs. Chaput.*

5. En vertu des art. 177 de la loi [C. com., ancien art. L. 623-9] et 155 du décret, l'exécution provisoire de plein droit des jugements rendus en matière de redressement et de liquidation judiciaires ne peut être arrêtée qu'en cas d'appel du jugement statuant sur la liquidation judiciaire ou arrêtant ou rejetant le plan de continuation ou de cession de l'entreprise. • Com. 23 juin 1998 : *Bull. civ. IV, n° 205 ; D. 1999. Somm. 71, obs. Honorat ; D. Affaires 1998. 1535, obs. A. L. ; JCP*

E 1998, n° 52, p. 2063, obs. Pétel ; Quot. jur. 28 juill. 1998, p. 7, note P. M. ♦ Le premier président d'une cour d'appel ne peut, pour arrêter l'exécution provisoire du jugement prononçant la résolution du plan de continuation et ouvrant une procédure de redressement judiciaire, considérer que ce jugement participait de la nature même des jugements ayant arrêté un plan de redressement. • Même arrêt. – Dans le même sens, V. • Paris, 12 déc. 2000 : *RJ com. 2001. 139, obs. Neveu.*

6. L'art. 177, al. 2, de la loi [C. com., ancien art. L. 623-9, al. 2] auquel se réfère l'art. 155, al. 2, ci-dessus vise notamment les appels des jugements statuant sur la liquidation judiciaire, sans distinguer selon que cette liquidation est prononcée ou non après une période d'observation. • Paris, 27 janv. 1995 : *Gaz. Pal. 1995. 2. 503, note Vray.* ♦ Le jugement étendant à une personne la procédure de liquidation judiciaire d'une autre personne est un jugement statuant sur la liquidation judiciaire, peu important l'absence de période d'observation. • Com. 11 mai 1999 : *Bull. civ. IV, n° 99 ; D. 2000. Somm. 98, obs. Honorat ; JCP E 1999, n° 39, p. 1530, obs. Pétel ; LPA 1er juin 1999, p. 9, note P. M. ; ibid., 28 déc. 1999, p. 15, note Courtier ; RTD com. 1999. 760, obs. Vallens* • Versailles, 21 mars 1996 : *Dr. sociétés 1996, n° 194, obs. Chaput.*

7. Sur l'application de l'art. 155, V. aussi • Paris, 25 août 1987 : *Gaz. Pal. 1987. 2. 735* • 1er sept. 1987 : *ibid.* • Grenoble, 13 mai 1987 : *ibid.* • Lyon, 23 sept. 1988 : *D. 1989. Somm. 13, obs. Derrida* • Angers, 17 nov. 1988 : *Gaz. Pal. 1989. 2. Somm. 305* • Paris, 27 mai 1991 : *D. 1992. Somm. 89, obs. Derrida* • Aix-en-Provence, 10 juill. 1991 : *ibid.* • Paris, 11 juin 1993 : *Dr. sociétés 1993, n° 223, obs. Chaput* • Dijon, 19 janv. 1999 : *Banque et Droit nov.-déc. 1999. 61, obs. Guillot* • Angers, 30 mars 2001 : *Act. proc. coll. 2002, n° 43* • 18 avr. 2001 : *ibid.*

8. Prolongation de la période d'observation. En dehors de circonstances exceptionnelles, il n'est pas opportun que, par le biais d'un appel et d'un arrêt de l'exécution provisoire d'un jugement de liquidation judiciaire, soit prolongée la période d'observation au-delà des limites fixées par l'art. 8 de la loi du 25 janv. 1985 [C. com., ancien art. L. 621-6]. • Lyon, 24 juill. 1987 : *JCP 1987. II. 20911, note Haehl.*

9. Pourvoi en cassation. L'ordonnance du premier président, statuant conformément à l'art. 155, al. 2, sur une demande tendant à l'arrêt de l'exécution provisoire d'un jugement ayant prononcé la liquidation judiciaire, décision qui statue sur un incident d'exécution provisoire sans mettre fin à l'instance, ne peut être frappée de pourvoi en cassation indépendamment du jugement sur le fond. • Com. 20 juin 1989 : *Gaz. Pal. 1989. 2. 602.*

10. Décisions non exécutoires de droit. V. C. pr. civ., art. 524. – **C. pr. civ.** ♦ Lorsque, en application de l'art. 195 de la loi [C. com., ancien art. L. 625-10], le tribunal de commerce ordonne l'exécution provisoire de la disposition de son jugement prononçant la faillite personnelle, le premier président est valablement saisi d'une demande d'arrêt de l'exécution provisoire de ce chef formée en application de l'art. 524 NCPC [C. pr. civ.], s'agissant d'une exécution provisoire facultative. • Agen, 15 déc. 1994 : *BICC 1995, n° 254.* ♦ Compte tenu des conséquences d'une telle décision sur l'étendue des droits civils et civiques susceptibles de ne pouvoir être réparées, en cas de réformation, l'arrêt de l'exécution provisoire peut être ordonné, les conséquences personnelles liées à la faillite ne devant résulter que d'une décision définitive. • Même arrêt. ♦ De même, il y a lieu de suspendre l'exécution provisoire de la sanction personnelle prononcée à l'encontre d'un dirigeant social, dès lors qu'une infirmation est possible et que l'exécution provisoire aurait des conséquences manifestement excessives en raison de l'activité actuelle de mandataire social d'une petite société. • Paris, 28 sept. 1993 : *Dr. sociétés 1994, n° 8, obs. Chaput.*

11. Réformation d'une décision exécutoire. La réformation d'un jugement arrêtant un plan de continuation assorti d'une cession partielle d'actifs ne porte pas en elle-même atteinte aux actes accomplis au titre de l'exécution provisoire de ce jugement, lesquels demeurent valables dans la mesure où ils sont conformes à la disposition qui les avait autorisés et où ils ne sont pas affectés d'une cause d'invalidation procédant d'un vice du consentement ou du défaut de capacité de ceux qui y ont concouru et qui justifierait leur annulation par le juge compétent. • Aix-en-Provence, 21 juill. 1993 : *Rev. proc. coll. 1996. 438, obs. Soinne.*

12. Responsabilité du mandataire. Il ne peut être reproché au liquidateur judiciaire d'avoir exécuté les jugements et ordonnances rendus en matière de redressement et de liquidation, exécutoires de plein droit à titre provisoire par application des dispositions de l'art. 155. • Douai, 30 mai 1996 : *Rev. proc. coll. 1997. 329, obs. Soinne.* ♦ De même, l'exécution par l'administrateur d'une décision exécutoire de plein droit à titre provisoire n'entraîne, sauf gestion dolosive ou action intempestive, aucune responsabilité à son encontre si la mesure qui frappe le débiteur est annulée ou rapportée en appel. • Paris, 16 déc. 1997 : *Rev. proc. coll. 2000. 82, obs. Soinne.*

Art. R. 661-2 *(Décr. n° 2009-160 du 12 févr. 2009, art. 114)* « Sauf dispositions contraires, l'opposition et la tierce opposition sont formées contre les décisions rendues en matière de mandat *ad hoc*, de conciliation, de sauvegarde, de redressement et de liquidation judiciaires, de responsabilité pour insuffisance d'actif, de faillite personnelle ou d'interdiction prévue à l'article L. 653-8, par déclaration au greffe dans le délai de dix jours à compter du prononcé de la décision. »

(Abrogé par Décr. n° 2009-160 du 12 févr. 2009, art. 114) « La tierce opposition est formée contre les décisions rendues en matière de sauvegarde, de redressement et de liquidation judiciaires selon la même modalité et dans le même délai. »

Toutefois, pour les décisions soumises aux formalités d'insertion dans un journal d'annonces légales et au *Bulletin officiel des annonces civiles et commerciales*, le délai ne court que du jour de la publication au *Bulletin officiel des annonces civiles et commerciales*. Pour les décisions soumises à la formalité d'insertion dans un journal d'annonces légales, le délai ne court que du jour de la publication de l'insertion. – *[Décr. n° 2005-1677 du 28 déc. 2005, art. 329.]*

1. Exclusion du droit commun. Le jugement qui statue sur le report de la date de cessation des paiements ressort des dispositions de l'art. 156 [R. 661-2], qui excluent la possibilité de former tierce opposition contre les décisions rendues en matière de redressement et de liquidation judiciaires selon les règles du droit commun, que la tierce opposition soit principale ou incidente. • Com. 14 mai 2002 : *Bull. civ. IV, n° 86 ; D. 2002. AJ 1981 ; Act. proc. coll. 2002, n° 146, obs. Cagnoli.* ♦ L'ordonnance relevant le créancier de la forclusion est une décision rendue en matière de redressement et de liquidation judiciaires et la tierce opposition contre cette ordonnance, qui ne concerne pas directement les droits et obligations de la caution, doit être formée par celle-ci dans les dix jours à compter de son prononcé (inapplicabilité de l'art. 586, al. 2, C. pr. civ.). • Com. 11 juill. 2006 : *Bull. civ. IV, n° 175 ; D. 2006. AJ 2100, obs. Lienhard ; D. 2007. Pan. 46, obs. Le Corre ; RJ com. 2007. 67, obs. Sortais.*

1 bis. Conditions de recevabilité. L'art. 156 [R. 661-2] prévoit, en matière de redressement et liquidation judiciaires, une forme particulière de tierce opposition dérogatoire au droit commun, dont les conditions de forme s'imposent au tiers qui désire l'utiliser. • Com. 6 juill. 1999 : *Bull. civ. IV, n° 154 ; D. 2000. Somm. 329, obs. Honorat ; RJDA 1999, n° 1113 ; RTD com. 1999. 990, obs. Vallens ; JCP E 2000, n° 4, p. 124, obs. Cabrillac.* ♦ La tierce opposition faite autrement que par déclaration au greffe (en l'espèce, par des conclusions) est irrecevable et celui qui invoque l'irrecevabilité n'a pas à justifier d'un grief. • Même arrêt. – Dans le même sens, V. • Paris, 27 mars 2001 : *Rev. proc. coll. 2002. 173, obs. Gorrias.* ♦ V. aussi, pour l'irrecevabilité de tierces oppositions formées par voie d'assignation, • Com. 26 avr. 2000 : *Procédures 2000, n° 167, obs. Laporte.*

1 ter. Conformité à la Conv. EDH. V. • Com. 27 oct. 1998 : *RTD com. 1999. 204, obs. Vallens.*

2. Point de départ du délai. En application de l'art. 156 [R. 661-2], le délai d'opposition et de tierce opposition est même en cas d'excès de pouvoir les rendant recevables, de dix jours à compter du prononcé de la décision. • Com. 6 janv. 1998 : *Rev. proc. coll. 1999. 30, obs. Cadiou.*

Si le délai de dix jours pour former le recours prévu par l'art. 156 [R. 661-2] s'ouvre à compter du prononcé de la décision, il n'en est pas ainsi, en l'absence de notification, lorsque la décision rendue à l'insu de l'auteur de la tierce opposition concerne directement ses droits et obligations (à propos d'un jugement désignant un mandataire à l'effet de rechercher la responsabilité des tiers opposants). • Com. 7 févr. 2006 : *Gaz. Pal. 30 avr.-4 mai 2006, p. 23, obs. Rohart-Messager.* ♦ V. aussi • Com. 19 mai 2004 : *RD banc. fin. 2004, n° 247, obs. F.-X. Lucas.*

Viole les art. 21, 22 et 156, al. 2, [désormais, art. R. 621-8, R. 631-13 et R. 661-2, al. 3] du décret, l'arrêt qui, pour déclarer irrecevable la tierce opposition formée par une banque contre une décision modifiant la date de cessation des paiements, retient que les décisions de cette sorte n'étaient pas soumises à une publicité par voie d'un avis au BODACC, et que, dès lors, la tierce opposition dont elles pouvaient faire l'objet devait, conformément à l'art. 156 [R. 661-2], al. 1er, être formée dans le délai de dix jours à compter de leur prononcé. • Com. 15 mai 1990 : *D. 1990. IR 149 ; Bull. civ. IV, n° 149.*

3. Au regard de la publicité prévue par l'art. 21 [C. com., art. R. 621-8] du décret un jugement prononçant une extension de procédure collective ou décidant la poursuite sous procédure unique de plusieurs procédures collectives, doit être assimilé à un jugement ouvrant le redressement judiciaire d'un débiteur ; il s'ensuit que le délai pour former tierce opposition contre ce jugement ne court que du jour de sa publication au *BODACC*. • Com. 16 mai 2006 : *Bull. civ. IV, n° 122 ; D. 2006. AJ 1530, obs. Lienhard ; Gaz. Pal. 14-18 juill. 2006, p. 15, obs. Lebel*. – V. déjà. • Com. 8 oct. 2003 : *D. 2003. 2817, note Le Corre ; LPA 16 févr. 2004, p. 9, obs. Lécuyer*.

3 bis. En ce sens que le délai pour former tierce opposition ne court pas en cas d'erreur sur les éléments d'identification du débiteur dans la publication au BODACC, V. • Com. 17 mars 1998 : *Rev. proc. coll. 1999. 30, obs. Cadiou*. – V. aussi • Rennes, 29 mars 1995 : *ibid.*

4. Sanction. A défaut d'avoir été exercée suivant la forme prévue par l'art. 156 [R. 661-2], la tierce opposition est irrecevable et cette fin de non-recevoir peut, conformément à l'art. 123 NCPC [C. pr. civ.], être proposée en tout état de cause, l'art. 112 de ce même code étant dès lors inapplicable. • Com. 9 avr. 1991 : *Bull. civ. IV, n° 129 ; D. 1991. IR 165*.

Art. R. 661-3 Sauf dispositions contraires, le délai d'appel des parties est de dix jours à compter de la notification qui leur est faite des décisions rendues en *(Décr. n° 2009-160 du 12 févr. 2009, art. 115)* « matière de mandat *ad hoc*, de conciliation, de sauvegarde, de redressement et de liquidation judiciaires, de responsabilité pour insuffisance d'actif, de faillite personnelle ou d'interdiction prévue à l'article L. 653-8. »

Toutefois, le délai dans lequel le débiteur peut interjeter appel du jugement arrêtant ou rejetant le plan de cession de l'entreprise est de dix jours à compter du prononcé du jugement.

Dans les cas prévus au troisième alinéa de l'article L. 642-1 et à l'article L. 642-7, le greffier notifie la décision, dans les quarante-huit heures de son prononcé, au cocontractant, au cessionnaire ou au bailleur. Le délai d'appel est de dix jours à compter de la notification.

(Décr. n° 2009-160 du 12 févr. 2009, art. 115) « Le délai d'appel du procureur de la République et du procureur général est de dix jours. Ces délais sont comptés à partir de la réception par le procureur de la République de l'avis qui lui est donné de la décision dans les formes prévues, selon le cas, aux articles R. 611-25, R. 611-41 ou R. 621-7. » – *[Décr. n° 2005-1677 du 28 déc. 2005, art. 330.]*

1. Domaine d'application. Le jugement ayant condamné le créancier saisissant à rapporter à la liquidation les sommes reçues postérieurement au prononcé de la liquidation judiciaire, au titre de la saisie-attribution pratiquée antérieurement, n'est pas rendu en matière de redressement et de liquidation judiciaires ; dès lors, l'appel de ce jugement est soumis au droit commun. • Com. 5 nov. 2003 : *Bull. civ. IV, n° 165 ; D. 2003. AJ 2964*.

1 bis. Délai de dix jours. Lorsque le jugement de redressement judiciaire a été signifié par le demandeur, le délai d'appel court contre le débiteur qui ne peut invoquer la signification ultérieure par le greffier pour prétendre que le délai d'appel ne court que de cette dernière. • Paris, 22 janv. 1988 : *D. 1989. Somm. 11, obs. Derrida*.

1 ter. Jugement arrêtant le plan de cession (jurispr. relative à l'art. 157 du décret du 27 déc. 1985). Pour les procédures collectives ouvertes après l'entrée en vigueur de la loi du 10 juin 1994 et sous réserve des dispositions applicables au ministère public, l'appel-nullité formé contre un jugement arrêtant un plan de cession est soumis au délai d'appel applicable au cessionnaire prévu par l'art. 157, al. 1er, du décret du 27 déc. 1985, modifié par le décret du 21 oct. 1994 ; dès lors, les appelants disposent d'un délai de dix jours à compter du prononcé du jugement pour former un appel-nullité et, à défaut d'avoir relevé appel dans ce délai, leur recours est irrecevable comme tardif. • Com. 2 oct. 2007 : *Bull. civ. IV, n° 211 ; D. 2007. AJ 2610, obs. Lienhard ; Act. proc. coll. 2007, n° 209, obs. Rétif ; JCP E 2008. 1207, n° 8, obs. Cabrillac*.

1 quater. Jugement statuant sur la résolution du plan de cession (jurispr. relative à l'art. 157 du décret du 27 déc. 1985). A l'exception des décisions mentionnées à l'art. L. 623-6 II et III [ancien] C. com., le délai d'appel des décisions, tel le jugement statuant sur une demande de résolution du plan de cession, est de dix jours à compter de la notification qui en est faite aux parties. • Com. 13 avr. 2010 : *Bull. civ. IV, n° 79 ; D. 2010. Actu. 1071, obs. Lienhard ; LEDEN juin 2010, p. 3, obs. Staes ; RJDA 2010, n° 987*. ♦ Le délai de dix jours ouvert au cessionnaire pour interjeter appel à l'encontre du jugement prononçant la résolution du plan de cession court à compter de la notification qui lui est faite. • Même arrêt. ♦ Solution confirmée par l'art. R. 661-3 C. com.

1 quinquies. Jugement de report de la date de cessation des paiements. Il résulte des art. R. 641-9 et R. 661-3 que le liquidateur judiciaire peut interjeter appel du jugement statuant sur sa demande de report de la date de la cessation des paiements dans les dix jours de la communication qui lui est faite de la décision. • Com. 5 oct. 2010 : *cité note 3 quater ss. art. L. 653-8.*

2. Représentant des créanciers. Est recevable l'appel du représentant des créanciers à qui le jugement prononçant le redressement judiciaire n'a jamais été signifié. • Versailles, 3 mars 1988 : *D. 1988. IR 103.* – V. aussi • Douai, 19 nov. 1987 : *D. 1989. Somm. 13, obs. Derrida* • Paris, 25 sept. 1998 : *D. Affaires 1998. 1746, obs. A. L.*

3. Exclusion du droit commun. En matière de redressement judiciaire ou de liquidation judiciaire, les voies de recours restent soumises aux conditions de forme et de délai qui leur sont propres, sans qu'il y ait lieu de distinguer selon qu'elles tendent à la réformation, à l'annulation ou à la rétractation de la décision attaquée. • Com. 15 janv. 1991 : *Bull. civ. IV, n° 26 ; D. 1992. Somm. 91, obs. Derrida ; JCP E 1991. II. 165, note Barret ; Gaz. Pal. 1992. 1. 85, note Marchi* • 26 avr. 1994 : *Bull. civ. IV, n° 154 ; D. 1994. 542, note Derrida* (confirmant • Montpellier, 29 juill. 1992 : *D. 1992. Somm. 357, obs. Vasseur*) • 14 mars 1995 : *préc. note 1* • 3 juin 1997 : *Bull. civ. IV, n° 166* • 13 avr. 2010 : *préc. note 1 quater.*

En application de l'art. 157 [R. 661-3], al. 3, l'appel du procureur de la République doit être interjeté dans le délai de dix jours à compter de la réception de l'avis qui lui est donné du jugement, même s'il déclare agir comme partie principale sur le fondement de l'art. 423 NCPC [C. pr. civ.]. • Com. 8 juill. 2003 : *Bull. civ. IV, n° 127 ; D. 2003. AJ 2173 ; Act. proc. coll. 2003, n° 204, obs. Cagnoli ; RTD com. 2003. 827, obs. Vallens ; Rev. proc. coll. 2005. 162, obs. O. Barret.*

4. Omission de l'indication du délai et des modalités d'appel dans la notification. Est nulle, conformément à l'art. 680 NCPC [C. pr. civ.], la signification n'indiquant pas la possibilité d'appel ni le délai de cette voie de recours. • Paris, 9 mai 1997 : *RJ com. 1998. 203, obs. Legrand* • Com. 13 oct 1998 *RJDA 1998, n° 1392 ; Procédures 1999, n° 34, obs. Laporte ; Act. proc. coll. 1998, n° 148* (ordonnance de rejet d'une créance). ♦ Dans le même sens, pour un délai erroné, V. • Civ. 2e, 16 déc. 1999 : *RTD com. 2000. 462, obs. Vallens* • Com. 29 mai 2001 : *Bull. civ. IV, n° 107 ; Act. proc. coll. 2001, n° 160, obs. Regnaut-Moutier* • Paris, 28 mars 1997 : *Rev. proc. coll. 1998. 242, obs. Cadiou.*

5. En ce sens que la notification de l'ordonnance de rejet d'une créance doit indiquer devant quelle juridiction doit être formalisé l'acte d'appel, V. • Civ. 2e, 3 mai 2001 : *Bull. civ. II, n° 85 ; D. 2001. AJ 1797, obs. Lienhard.*

6. La notification du jugement rejetant le recours, exercé contre une ordonnance du juge-commissaire, qui avait ordonné la cession globale d'une unité de production d'un débiteur en liquidation judiciaire n'étant lui-même, susceptible d'aucun recours, ne peut être considérée comme irrégulière du fait qu'elle ne mentionne pas qu'un appel-nullité pourrait être exceptionnellement ouvert contre le jugement, en cas d'excès de pouvoir ou de violation d'un principe fondamental de procédure. • Com. 9 juin 1998 : *Bull. civ. IV, n° 188 ; D. 1999. Somm. 70, obs. Honorat ; D. Affaires 1998. 1449, obs. A. L. ; JCP 1998. II. 10140, rapp. Rémery ; Procédures 1998, n° 262, obs. Croze ; RTD com. 1998. 951, obs. Vallens.* – Dans le même sens, V. • Com. 17 juill. 2001 : *RTD com. 2001. 981, obs. Vallens.*

7. Fin de non-recevoir d'ordre public. Selon l'art. 125 C. pr. civ. les juges doivent relever d'office les fins de non-recevoir d'ordre public lorsqu'elles résultent de l'inobservation des délais dans lesquels doivent être exercées les voies de recours. • Com. 17 mai 2011 : *Bull. civ. IV, n° 79 ; D. 2011. Actu. 1550 ; Bull. Joly Entrep. diff. 2011. 263, note De Lajarte ; Gaz. Pal. 7-8 oct. 2011, p. 29, obs. Le Corre-Broly ; RJDA 2011, n° 952.*

Art. R. 661-4 L'appel du procureur de la République et du procureur général est fait par une déclaration d'appel remise ou adressée au greffe de la cour d'appel.

Lorsque cette déclaration est faite par voie postale, la date de l'acte d'appel est celle de l'expédition.

Lorsque l'appel du procureur de la République ou du procureur général est interjeté à l'encontre d'un jugement mentionné aux articles L. 661-6, L. 661-9 ou rendu en application des chapitres Ier *(Abrogé par Décr. n° 2009-160 du 12 févr. 2009, art. 116)* « , *II* » et III du titre V du livre VI de la partie législative du présent code, l'appelant en informe immédiatement, par tout moyen, le greffier du tribunal et les

mandataires de justice. Le greffier de la cour d'appel notifie par lettre simple cet appel au débiteur et aux personnes mentionnées au 4° de l'article R. 661-6. – *[Décr. nº 2005-1677 du 28 déc. 2005, art. 331.]*

Forme de l'appel. Le procureur de la République est autorisé à faire appel par voie postale, notamment par télécopie, en respectant les dispositions de l'art. 158 [R. 661-4]. • Amiens, 15 déc. 1989 : *Gaz. Pal. 1990. 1. Somm. 315* • Versailles, 9 juill. 1993 : *ibid. 1994. 2. Somm. 445.*

Art. R. 661-5 **La personne exerçant une voie de recours au nom du comité d'entreprise ou des délégués du personnel ou, le cas échéant, le représentant des salariés doit, à peine d'irrecevabilité, justifier de son habilitation.** – *[Décr. nº 2005-1677 du 28 déc. 2005, art. 332.]*

En l'absence dans les textes de précisions à ce sujet, l'habilitation est donnée dans les conditions prévues pour la désignation même du représentant des salariés. • Paris, 4 juill. 1997 : *JCP E 1997. Pan. 909.* ♦ V., art. R. 621-14.

Art. R. 661-6 **L'appel des jugements rendus en application des articles L. 661-1, L. 661-6 et des chapitres Ier** *(Abrogé par Décr. nº 2009-160 du 12 févr. 2009, art. 116)* **«** *, II* **» et III du titre V du livre VI de la partie législative du présent code, est formé, instruit et jugé suivant les modalités de la procédure avec représentation obligatoire prévue par les articles 901 à 925 du code de procédure civile, sous réserve des dispositions qui suivent :**

1° Les mandataires de justice qui ne sont pas appelants doivent être intimés.

Dans tous les cas, le procureur général est avisé de la date de l'audience ;

2° L'appel des jugements arrêtant ou rejetant le plan de cession est soumis à la procédure à jour fixe ;

3° Dans les cas autres que ceux qui sont mentionnés au 2° ci-dessus et sauf s'il est recouru à la procédure à jour fixe, l'affaire est instruite conformément aux dispositions *(Décr. nº 2009-1524 du 9 déc. 2009, art. 13)* **« de l'article 905 » du code de procédure civile. Le président de la chambre peut toutefois décider que l'affaire sera instruite** *(Décr. nº 2012-1451 du 24 déc. 2012, art. 13, en vigueur le 1er févr. 2013)* **« sous le contrôle d'un magistrat de la chambre dans les conditions prévues par les articles 763 à 787 du même code ».** – *Les dispositions du Décr. nº 2009-1524 du 9 déc. 2009 s'appliquent aux appels formés à compter du 1er janv. 2011 (art. 15).*

4° Lorsqu'ils ne sont pas parties à l'instance d'appel, les représentants du comité d'entreprise ou des délégués du personnel et, le cas échéant, le représentant des salariés ainsi que, le cas échéant, le cessionnaire, le cocontractant mentionné à l'article L. 642-7, les titulaires des sûretés mentionnées à l'article L. 642-12 ou le bénéficiaire de la location-gérance sont convoqués pour être entendus par la cour. La convocation est faite par lettre simple du greffier ;

5° Aucune intervention n'est recevable dans les dix jours qui précèdent la date de l'audience ;

6° La cour d'appel statue au fond dans les quatre mois suivant le prononcé des jugements mentionnés à l'article L. 661-6. – *[Décr. nº 2005-1677 du 28 déc. 2005, art. 333.]*

1. Représentation obligatoire. L'appel du débiteur contre le jugement prononçant sa liquidation judiciaire est irrecevable dans la mesure où il a été formé par simple lettre déposée au greffe du tribunal sans mention de la constitution d'avoué, cette procédure, en vertu de l'art. 899, al. 1er, NCPC [C. pr. civ.], étant obligatoire et ne pouvant être considérée comme contraire à l'art. 6 Conv. EDH. • Pau, 30 mars 2004 : *JCP E 2004, nº 41, p. 1568.* ♦ Comp. • Nancy, 1er oct. 1991 : *JCP 1992. II. 21902, note crit. Giverdon et Lecharny* • 25 oct. 1991 : *ibid.*

1 bis. Appel à l'instance de l'administrateur judiciaire. L'appel contre un jugement ouvrant une procédure de redressement judiciaire est irrecevable faute d'appel à l'instance de l'administrateur judiciaire désigné. • Com. 3 déc. 2003 : *Bull. civ. IV, n° 194 ; D. 2003. AJ 139*. ♦ Mais à défaut d'avoir été appelé à l'instance, l'administrateur judiciaire, par son intervention volontaire, permet la régularisation de la procédure. • Même arrêt.

1 ter. Liquidateur intimé en cas d'extension de la procédure. En raison de l'unicité de la procédure de liquidation judiciaire découlant d'une décision d'extension fondée sur la confusion du patrimoine des débiteurs, ceux-ci ont un liquidateur judiciaire unique de sorte qu'il importe peu que le débiteur appelant d'une telle décision n'ait pas précisé en intimant ce liquidateur que celui-ci était aussi intimé en qualité de liquidateur de sa propre liquidation judiciaire. • Com. 6 déc. 2011 : *Bull. civ. IV, n° 202 ; D. 2012. Chron. C. cass. 1226, obs. Arbellot ; ibid. Actu. 6, obs. Lienhard ; LEDEN févr. 2012, p. 4, obs. Favario ; Rev. proc. coll. 2012, n° 6, obs. Cagnoli ; RJDA 2012, n° 321 ; Gaz. Pal. 27-28 avr. 2012, p. 14, obs. Reille ; Bull. Joly Entrep. diff. 2012. 170, note Staes ; Dr. sociétés 2012, n° 170, note Legros.*

2. Procédure à jour fixe. L'art. 160-II [R. 661-6, 2°] s'impose également au ministère public. • Poitiers, 25 mars 1992 : *JCP 1992. IV. 2951.*

Aucune disposition légale ne dispense le ministère public de présenter au premier président, au plus tard dans les huit jours de la déclaration d'appel, la requête exigée par les art. 917 à 919 NCPC [C. pr. civ.], imposée par le législateur pour limiter les retards procéduraux et favoriser la survie des entreprises. Si une telle requête n'a pas été déposée dans le délai imparti, la déclaration d'appel du ministère public devient caduque sans que puissent être invoquées les dispositions de l'art. 114 NCPC [C. pr. civ.], la sanction de l'inobservation des délais de procédure ne relevant pas du régime des nullités pour vice de forme. • Poitiers, 2 févr. 1994 : *JCP 1994. IV. 1689.*

2 bis. Toutefois, l'emploi par le ministère public de la procédure ordinaire au lieu et place de la procédure à jour fixe n'affecte pas le lieu d'instance régulièrement formé par la déclaration, de sorte que l'appel est recevable. • Com. 14 mai 1996 : *Bull. civ. IV, n° 137 ; D. 1998. Somm. 1, obs. Derrida ; D. Affaires 1996. 751 ; Rev. huiss. 1997. 781, note Courtier.* ♦ L'irrégularité de la requête en fixation de la date d'audience présentée plus de huit jours après la déclaration d'appel par le ministère public au premier président n'a pas pour effet de vicier la déclaration d'appel elle-même et, par voie de conséquence, d'entraîner l'irrecevabilité du recours formé par déclaration au greffe de la cour d'appel dans les dix jours du prononcé du jugement arrêtant le plan de cession. L'irrégularité de la requête ne peut être sanctionnée que par le refus du premier président d'autoriser l'assignation à jour fixe et non par la cour d'appel à qui l'ordonnance de fixation s'impose, sauf rétractation. • Com. 20 janv. 1998 : *D. Affaires 1998. 340, obs. V. A.-R. ; JCP 1998. II. 10021, rapp. Rémery.* – V. aussi • Besançon, 13 févr. 2001 : *Rev. proc. coll. 2002. 166, obs. Gorrias.*

3. Convocation du cocontractant. La convocation du cocontractant devant la cour d'appel ne s'impose que lorsque la cession du contrat, dans le cadre d'un plan de cession d'entreprise, est envisagée. • Com. 23 janv. 1996 : *Bull. civ. IV, n° 23 ; D. 1997. Somm. 6, obs. Derrida ; D. Affaires 1996. 328.*

4. Principe du contradictoire. Sur l'obligation de respecter le principe du contradictoire, V. • Com. 15 oct. 1991 : *D. 1991. IR 280.*

5. Intervention d'un candidat repreneur évincé. V. note 12 ss. ancien art. L. 661-6.

Art. R. 661-7 Le greffier de la cour d'appel transmet dans les huit jours du prononcé de l'arrêt une copie de celui-ci au greffier du tribunal pour l'accomplissement des mesures de publicité prévues à l'article R. 621-8 lorsque l'arrêt infirme une décision soumise à la publicité.

Il notifie l'arrêt aux parties et, par remise contre récépissé, au procureur général. Il informe les personnes mentionnées au 4° de l'article R. 661-6 du prononcé de l'arrêt. – *[Décr. n° 2005-1677 du 28 déc. 2005, art. 334.]*

La notification faite au représentant des créanciers [mandataire judiciaire] par le greffier de la cour d'appel, en la forme ordinaire prévue par l'art. 161 [R. 661-7], al. 2, de l'arrêt retenant le plan de continuation [de redressement] d'une entreprise en redressement judiciaire est régulière, car il n'incombe pas au greffier de notifier au préalable l'arrêt à l'avoué du représentant des créanciers, bien que la procédure soit avec représentation obligatoire. Dès lors, la société débitrice ayant, dans le délai de deux mois pour former pourvoi (art. 612 C. pr. civ.) ouvert par cette notification, fait signifier l'arrêt au représentant des créanciers, après notification à son avoué, cette seconde notification par voie de signification faite dans le délai ouvert par la première a eu pour effet d'ouvrir un nouveau délai de deux mois à compter de sa date, rendant ainsi recevable le pourvoi dudit représentant formé après l'expiration du premier délai de deux mois. • Com. 6 févr. 1996 : *Bull. civ. IV, n° 38 ; RJDA 1996, n° 695.* – V. aussi • Com. 2 avr. 1996 : *Quot. jur. 2 juill. 1996, p. 6, note P. M.*

Art. R. 661-8 **Le pourvoi en cassation du ministère public est fait par une déclaration au greffe de la Cour de cassation selon les règles prévues au premier alinéa de l'article R. 661-4.** – *[Décr. n° 2005-1677 du 28 déc. 2005, art. 335.]*

CHAPITRE II AUTRES DISPOSITIONS

Art. R. 662-1 **A moins qu'il n'en soit disposé autrement par le présent livre :**

1° Les règles du code de procédure civile sont applicables dans les matières régies par le livre VI de la partie législative du présent code ;

2° Les notifications des décisions auxquelles procède le greffier sont faites par lettre recommandée avec demande d'avis de réception, conformément aux dispositions de la section IV du chapitre III du titre XVII du livre Ier du code de procédure civile. – *[Décr. n° 2005-1677 du 28 déc. 2005, art. 336.]*

Les jugements statuant sur les recours formés contre les ordonnances rendues par le juge-commissaire, qui ne sont pas visés par les dispositions spéciales de la loi du 26 juill. 2005 réglementant les voies de recours, sont susceptibles de recours dans les termes du droit commun. • Com. 7 févr. 2012 : *Bull. civ. IV, n° 29 ; D. 2012. Actu. 430, obs. Lienhard ; LEDEN mars 2012, p. 5, obs. Favario ; Procédures 2012, n° 122, note Rolland ; RJDA 2012, n° 425 ; RLDA avr. 2012. 16, obs. Lebel ; Rev. proc. coll. 2012, n° 62, obs. Cagnoli ; RJ com. mai-juin 2012. 62, note Sortais.*

Art. R. 662-1-1 *(Décr. n° 2012-1190 du 25 oct. 2012, art. 8)* **Les mesures conservatoires prévues aux articles L. 621-2, L. 631-10-1 et L. 651-4 sont soumises aux dispositions de la partie réglementaire du code des procédures civiles d'exécution sous réserve des dispositions du présent livre.**

Le Décr. n° 2012-1190 du 25 oct. 2012 est applicable dans les îles Wallis-et-Futuna (Décr. préc., art. 12).

Art. R. 662-1-2 *(Décr. n° 2012-1190 du 25 oct. 2012, art. 8)* **Les mesures conservatoires mentionnées aux articles L. 621-2, L. 631-10-1 et L. 651-4 sont mises en œuvre à l'initiative de l'administrateur judiciaire, du mandataire judiciaire ou, le cas échéant, du liquidateur.**

Le Décr. n° 2012-1190 du 25 oct. 2012 est applicable dans les îles Wallis-et-Futuna (Décr. préc., art. 12).

Art. R. 662-2 **Les formes de procéder applicables devant le tribunal de grande instance dans les matières prévues par le livre VI de la partie législative du présent code sont déterminées par les articles 853 et suivants du code de procédure civile pour tout ce qui n'est pas réglé par ce livre et par le présent livre.**

Toute partie qui ne se présente pas personnellement ne peut être représentée que par un avocat. – *[Décr. n° 2005-1677 du 28 déc. 2005, art. 337.]*

V. note 25 s. ss. ancien art. L. 641-43, ss. art. L. 622-24, et note 24 *bis* ss. art. L. 624-9.

Art. R. 662-3 **Sans préjudice des pouvoirs attribués en premier ressort au juge-commissaire, le tribunal saisi d'une procédure de sauvegarde, de redressement judi-**

ciaire ou de liquidation judiciaire connaît de tout ce qui concerne la sauvegarde, le redressement et la liquidation judiciaires, *(Décr. n° 2009-160 du 12 févr. 2009, art. 117)* **« l'action en responsabilité pour insuffisance d'actif » la faillite personnelle ou l'interdiction prévue à l'article L. 653-8, à l'exception des actions en responsabilité civile exercées à l'encontre de l'administrateur, du mandataire judiciaire, du commissaire à l'exécution du plan ou du liquidateur qui sont de la compétence du tribunal de grande instance.** — *[Décr. n° 2005-1677 du 28 déc. 2005, art. 339.]*

1. Tribunal de la procédure. Il résulte de l'art. 174 [R. 662-3] que le tribunal saisi d'une procédure de redressement judiciaire n'est compétent que pour connaître des contestations nées de la procédure collective ou sur lesquelles cette procédure exerce une influence juridique. • Com. 8 juin 1993 : *Bull. civ. IV, n° 233 ; Rev. huiss. 1994. 72, note Vidal.*

Le tribunal de la procédure est compétent pour ordonner les mesures conservatoires ou de remise en état qui s'imposent, soit pour prévenir un dommage imminent, soit pour faire cesser un trouble manifestement illicite. • Com. 6 févr. 1996 : *RJDA 1996, n° 828.*

1 bis. Relève de la compétence du tribunal saisi de la procédure collective l'action en nullité, exercée par le liquidateur, de l'acquisition d'un fonds par une personne dessaisie en vertu de l'art. 152 [L. 641-9]. • Paris, 6 mars 1991 : *D. 1991. IR 127.*

1 ter. Le tribunal de la procédure collective est seul compétent pour connaître des contestations nées du redressement ou de la liquidation judiciaires, même si les créances dont il s'agit sont de nature fiscale et concernent un impôt dont le contentieux relève de la compétence de la juridiction administrative. • T. confl. 26 mai 2003 : *Bull. civ. n° 16 ; D. 2003. AJ 2010 ; LPA 7 nov. 2003, p. 10, note Brandeau ; RTD com. 2004. 153, obs. Martin-Serf .* ♦ Il en résulte que la contestation soulevée par les débiteurs auxquels le trésorier a fait délivrer un commandement, invoquant la suspension des poursuites en se prévalant de l'absence de déclaration de créance, qui se rattache au déroulement de la procédure de redressement judiciaire, ressortit à la compétence de la juridiction de l'ordre judiciaire. • Même jugement. ♦ De même, la juridiction saisie du redressement judiciaire est seule compétente pour statuer sur une demande fondée sur le principe de la suspension des poursuites individuelles dirigées contre le débiteur en ce qui concerne les effets d'un avis à tiers détenteur, qu'il ait ou non acquis un caractère définitif avant le jugement d'ouverture de la procédure collective, une telle contestation n'entrant pas dans les prévisions de l'art. L. 281 LPF. • Com. 2 oct. 1990 : *Bull. civ. IV, n° 224.* ♦ En revanche, la juridiction administrative est compétente pour connaître de la responsabilité des services fiscaux en cas de déclaration prématurée d'une créance fiscale au passif d'un redevable en redressement judiciaire. • T. confl. 15 oct. 2012 : *Bull. civ. n° 28 ; Bull. Joly Entrep. diff. 2013. 41, note Dedeurwaerder.*

1 quater. Le tribunal de la procédure collective est compétent pour connaître de la demande du liquidateur en mainlevée des saisies conservatoires, fondée sur la règle de l'arrêt des poursuites individuelles, propre à cette procédure collective et faite en vue de réaliser les actifs de la société en liquidation. • Com. 1er févr. 2000 : *RJDA 2000, n° 554.*

2. En application de l'art. R. 662-3 C. com., l'action visée par les art. L. 632-1, 7°, et L. 632-4 C. com. relève du tribunal chargé de la procédure collective (s'agissant de l'action en nullité d'une saisie-revendication pratiquée pendant la période suspecte). • Paris, 20 déc. 2007 : *D. 2008. AJ 222 ; RTD com. 2008. 421, obs. Martin-Serf .* ♦ Lorsque deux litiges connexes sont pendants, l'un devant le tribunal de grande instance, juridiction de droit commun compétente pour en connaître en application de l'art. L. 211-3 COJ, et l'autre devant le tribunal de commerce, juridiction d'exception dotée, s'agissant d'une action en nullité d'un acte conclu en période suspecte, née de la procédure collective et soumise à son influence juridique, d'une compétence exclusive d'ordre public, par application de l'art. R. 662-3 C. com., chacune des deux juridictions saisies doit conserver la connaissance de l'affaire qui lui est soumise. • Com. 7 avr. 2009 : *Bull. civ. IV, n° 51 ; D. 2009. AJ 1138 ; Act. proc. coll. 2009, n° 150, obs. Rolland ; LEDEN, juin 2009, p. 2, obs. Staes ; Gaz. Pal. 26-28 juill. 2009, p. 31, obs. Roussel Galle ; RJDA 2009, n° 982.*

2 bis. L'action de l'administrateur judiciaire consistant en une demande de restitution du solde de comptes bancaires de ses administrées n'est diligentée qu'à raison et dans le cadre de la procédure collective, et comme telle relève bien de la compétence spéciale édictée par l'art. 174. • Versailles, 17 févr. 1995 : *Gaz. Pal. 1996. 1. Somm. 181.*

3. La résiliation du bail ayant été constatée par une ordonnance du juge-commissaire, la demande tendant à faire restituer les lieux par un occupant sans droit ni titre n'est pas une contestation née de la procédure collective et n'est pas soumise à l'influence directe de cette procédure, de sorte que la règle de compétence édictée par l'art. 174 [R. 662-3] n'est pas applicable. • Com. 6 mars 2001 : *Bull. civ. IV, n° 51 ; D. 2001. AJ 1469 ; RTD com. 2001. 523, obs. Vallens ; Gaz. Pal. 8-9 août 2001, p. 16, note Brault.* ♦ Le juge des référés commerciaux est compétent pour connaître de la demande d'expulsion de l'immeuble commun, préalablement à sa réalisation, dirigée par le liquidateur contre l'épouse du débiteur à laquelle la jouissance du domicile conjugal avait été attribuée par ordonnance de non-conciliation postérieure au jugement d'ouverture. • Paris, 9 févr. 1990 : *Gaz. Pal. 1991. 1. Somm. 58.* ♦ V. aussi, sur la compétence du juge des référés pour statuer sur la demande d'un crédit-bailleur tendant à la constatation de l'acquisition d'une clause résolutoire pour défaut de règlement des loyers échus postérieurement au prononcé du redressement judiciaire du crédit-preneur et au paiement de ces loyers, note 35 ss. art. L. 622-13.

3 bis. Sur l'incompétence du tribunal saisi de la procédure collective pour connaître de la question préalable de la validité d'un contrat de sous-traitance conclu et partiellement exécuté avant l'ouverture du redressement judiciaire du sous-traitant, V. • Com. 21 janv. 2003 : *RJDA 2003, n° 611.*

3 ter. Le tribunal saisi de la procédure collective ne peut connaître du litige opposant des particuliers à une banque nonobstant la transaction conclue entre celle-ci et le liquidateur judiciaire d'une société liée aux deux parties en litige. • Paris, 20 nov. 2002 : *D. 2003. 1560, note Sortais.*

4. L'action en remboursement de prix, intentée avant l'ouverture de la procédure collective, par un acheteur de marchandises antérieurement payées par lui et reçues avariées, ne trouve pas sa cause juridique dans la liquidation judiciaire de cet acheteur, laquelle n'exerce aucune influence sur le procès et ne met en jeu aucune règle de la procédure collective. • Com. 14 avr. 1992 : *Bull. civ. IV, n° 157 ; D. 1992. Somm. 377, obs. Honorat.* ♦ De même, le tribunal de commerce saisi de la procédure de redressement judiciaire ouverte à l'égard d'une société n'est pas compétent pour connaître de la demande dirigée par cette société contre un non-commerçant, alors que le litige, portant sur des faits antérieurs à l'ouverture du redressement judiciaire, se serait présenté de la même manière si ladite société n'avait pas été soumise à une procédure collective. • Com. 8 juin 1993 : *préc. note 1.* ♦ Dans le même sens : pour des actions en réparation résultant de la résiliation d'un contrat de concession, intervenue avant l'ouverture du redressement judiciaire, intentées par le liquidateur, au nom collectif des créanciers, et par ceux-ci à titre individuel, V. • Com. 17 janv. 1995 : *Bull. civ. IV, n° 15 ; D. 1995. IR 66 ; Rev. huiss. 1995. 585, note Vidal.* ♦ ... Pour une demande d'attribution judiciaire d'un gage, détenu par un tiers, V. • Com. 28 janv. 1997 : *Bull. civ. IV, n° 32 ; Quot. jur. 6 mars 1997, p. 3.* ♦ ... Pour une action en recouvrement de créances impayées, V. • Lyon, 19 févr. 2004 : *BICC 2005, n° 1638.*

V. aussi, sur le critère de l'antériorité des faits invoqués par rapport à la procédure collective, • Com. 19 nov. 1996 : *Rev. proc. coll. 1997. 409, obs. Cadiou* • 28 janv. 1997 : *ibid.*

4 bis. L'action principale introduite par un créancier contre la caution est radicalement indépendante de la procédure collective ouverte à l'encontre du débiteur principal en liquidation, la procédure collective étant par nature sans effet sur le cautionnement, à défaut de quoi cette garantie perdrait sa raison d'être. • Versailles, 1er févr. 1996 : *D. Affaires 1996. 585.* ♦ En ce sens que l'action contre la caution n'est pas soumise à l'influence juridique de la procédure collective ouverte à l'égard du créancier garanti, dans le cas d'un cautionnement pris après l'ouverture de cette procédure, au cours de l'élaboration du plan de redressement, V. • Com. 12 juin 2001 : *RJDA 2001, n° 1227 ; Rev. proc. coll. 2003. 106, obs. Gorrias.*

4 ter. S'agissant de déterminer si, à la suite de la résiliation du bail commercial par l'administrateur du bailleur, le preneur remplit ou non les conditions pour pouvoir bénéficier d'une indemnité d'éviction, la règle d'ordre public de l'art. 29 du Décr. du 30 sept. 1953 [C. com., art. R. 145-23], qui donne compétence au tribunal de grande instance du lieu de situation de l'immeuble, doit s'appliquer. • Paris, 5 mai 1999 : *Loyers et copr. 2000, n° 15, obs. Brault.* ♦ Sur la compétence d'attribution du tribunal de grande instance en matière de baux commerciaux, V. aussi • Versailles, 20 mars 1997 : *RJDA 1997, n° 1178.* ♦ En revanche, la demande tendant à ce que l'administrateur soit déclaré tenu de verser au preneur une somme d'argent à valoir sur l'indemnité d'éviction, sur les fonds qu'il détient issus du plan de cession, ne peut relever que de la compétence du tribunal de commerce qui a arrêté le plan, car elle est susceptible d'avoir une incidence sur l'exécution de ce plan. • Paris, 5 mai 1999 : *préc.*

4 quater. L'action en annulation d'un plan social formé par un syndicat étant fondée sur l'inexécution d'obligations résultant de l'art. L. 321-4-1 [L. 1233-61 s.] C. trav. et, par suite, pouvant être engagée en l'absence du redressement judiciaire qui en a été seulement l'occasion, c'est à bon droit qu'une cour d'appel, sans méconnaître l'autorité de la chose jugée attachée à l'ordonnance du juge-commissaire autorisant l'administrateur à procéder à des licenciements pour motif économique pendant la période d'observation, décide que le tribunal de commerce ne peut en connaître et qu'elle relève de la compétence du juge civil de droit commun. • Soc. 14 oct. 1997 : *Bull. civ. V, n° 312 ; D. 1997. IR 229 ; JCP E 1998, n° 1-2, p. 32, obs. Pétel ; ibid. 1998, n° 11, p. 424, note Duquesne* (confirmant • Versailles, 20 juin 1996 : *D. 1996. IR 216*).

Sur la compétence territoriale du tribunal qui a ouvert la procédure pour connaître d'une action en responsabilité pour rupture abusive de crédit, V. note 5 *ter* ss. art. L. 622-20.

4 quinquies. Juge de l'exécution. **BIBL.** Liénard, *Rev. proc. coll. 1995. 15.* ♦ Échappent, par exception, à la compétence générale du juge de l'exécution en matière de contestations dans le cadre d'une saisie vente, les incidents issus de la procédure collective et notamment la demande en distraction faite par l'ancien gérant d'une société en liquidation de biens, objets d'une vente aux enchères, autorisée par le juge-commissaire statuant en application des articles 156 de la loi du 25 janv. 1985 [C. com., ancien art. L. 622-18] et du Décr. du 27 déc. 1985, demande directement liée à la procédure collective sans laquelle le litige n'aurait pu prendre naissance. • Dijon, 4 oct. 1994 : *JCP 1995. IV. 35.* ♦ V. aussi note 3 ss. art. L. 621-9.

4 sexies. Seul le juge de l'exécution, en application de l'art. L. 311-12-1 [L. 213-6] COJ, est compétent pour apprécier la régularité de la signification de l'arrêt de liquidation judiciaire, laquelle obéit, comme n'importe quelle autre décision judiciaire, aux règles de droit commun posées par le nouveau code de procédure civile : • Versailles, 5 févr. 1998 : *D. 1998. IR 103.*

5. Conseil de prud'hommes. **BIBL.** Maggi-Germain, *LPA 12 août 1998* ♦ Le conseil des prud'hommes est incompétent pour fixer l'ordre des paiements des sommes dues aux créanciers d'une société en redressement ou en liquidation judiciaire. • Soc. 3 oct. 1989 : *Bull. civ. V, n° 557 ; D. 1990. Somm. 216, obs. Honorat*.

6. V. aussi note 9.

7. Tribunal des affaires de sécurité sociale. S'agissant de statuer, non sur le sort de la procédure de redressement judiciaire, mais sur celui des cotisations sociales afférentes aux sommes versées aux salariés licenciés, à l'effet de déterminer si une telle créance est née antérieurement ou postérieurement à l'ouverture du redressement judiciaire, le tribunal des affaires de sécurité sociale est compétent pour connaître du litige. • Com. 2 mai 1990 : *Bull. civ. IV, n° 130 ; D. 1991. 241, note crit. Pagès* • 9 juill. 1991 : *Bull. civ. IV, n° 255 ; D. 1992. Somm. 282, obs. Honorat ; JCP E 1991. I. 100, n° 1, obs. Pétel.*

8. Le tribunal des affaires de sécurité sociale est seul compétent pour connaître de l'opposition à une contrainte décernée par un organisme de sécurité sociale et, en cas d'ouverture d'une procédure de redressement judiciaire à l'égard du débiteur prétendu de cotisations, la juridiction de la sécurité sociale demeure saisie de l'opposition, sauf à constater, s'il y a lieu, la suspension de l'instance. • Soc. 14 juin 1990 : *Bull. civ. V, n° 288 ; D. 1990. IR 194*.

9. Actions en responsabilité civile. Une action en responsabilité engagée par un salarié à l'encontre du liquidateur relève, non de la compétence du conseil de prud'hommes, mais de la compétence du tribunal de grande instance, par application de l'art. 174 [R. 662-3] ci-dessus. • Soc. 12 févr. 1992 : *RJDA 1992, n° 519.* ♦ V. aussi • Paris, 2 juill. 1996 : *Rev. proc. coll. 1998. 43, obs. Cadiou.*

La compétence du tribunal de grande instance pour connaître des actions en responsabilité civile exercées à l'encontre du représentant des créanciers n'est pas exclusive de celle du juge des référés statuant sur demande d'extension d'expertise ordonnée dans le cadre des art. 808 et 809 ou de l'art. 145 NCPC [C. pr. civ.]. • Paris, 24 sept. 1997 : *D. Affaires 1997. 1472.*

Le tribunal de la procédure collective n'est pas compétent pour connaître de l'action intentée par le liquidateur judiciaire contre une société pour des faits de concurrence déloyale, commis après l'ouverture du redressement judiciaire, en violation d'un contrat de concession. • Com. 3 mars 1998 : *JCP E 1998, n° 19, p. 729 ; RJDA 1998, n° 881.* ♦ ... De l'action en responsabilité civile intentée par le liquidateur contre le commissaire aux comptes de la société en liquidation judiciaire. • Toulouse, 22 févr. 2001 : *Rev. proc. coll. 2003. 104, obs. Gorrias.*

9 bis. Action en responsabilité d'une collectivité publique. La prorogation de compétence instituée par l'art. R. 662-3 C. com. au profit du tribunal saisi de la procédure collective ne permet pas de déroger à la compétence d'attribution exclusive des juridictions administratives ; il en résulte que l'ordre de juridiction compétent pour connaître d'une action en responsabilité engagée par une collectivité publique dont le préjudice serait né d'un défaut de déclaration de sa créance par une personne privée doit être déterminé selon les règles habituellement applicables en la matière, peu important que la personne privée en cause soit en liquidation judiciaire (Rép. min. n° 3174 : *JO Sénat Q, 24 juill. 2008, p. 1518*).

9 ter. Fraude du représentant des créanciers. L'appréciation d'un tel comportement relève de la compétence du tribunal de grande instance. • Com. 14 janv. 1997 : *D. 1997. IR 39*.

9 quater. Clause d'arbitrage. Dès lors que le liquidateur, qui n'était pas partie au contrat stipulant la clause compromissoire, agit en responsabilité dans l'intérêt des créanciers contre le franchiseur pour soutien abusif apporté à la société franchisée, ce dont il résulte que ladite clause est étrangère au litige, il y a lieu de rejeter l'exception d'incompétence du tribunal de la procédure au profit du tribunal arbitral. • Com. 14 janv. 2004 : *Bull. civ. IV, n° 10 ; D. 2004. AJ 278, obs. Lienhard ; JCP 2004. I. 119, n° 1, obs. Béguin ; Act. proc. coll. 2004, n° 77, obs. Fricero.* – Comp. : • Com. 4 mars 2003 : *JCP 2003. I. 164, n° 6, obs. Seraglini.*

10. Clause d'attribution de compétence. L'action exercée par le liquidateur judiciaire d'une société, qui n'est pas née de la procédure collective mais de l'exécution, ou de l'inexécution, d'engagements antérieurs aurait pu exister même s'il n'y avait pas eu ouverture d'une procédure collective. Dès lors, le juge compétent est celui de droit commun ou celui désigné par une clause d'attribution de compétence. • Bourges, 24 oct. 1990 : *Bull. Joly 1991. 504, note Sorensen* • Com. 14 avr. 1992 : *préc. note 4.*

10 bis. Dès lors que la contestation dont le tribunal est saisi et qui est relative à des fautes contractuelles commises après le jugement d'ouverture et la résiliation de la convention de franchise par le juge-commissaire n'est pas née de la procédure collective de la société franchisée, qu'elle n'est pas soumise à l'influence juridique de cette procédure, la juridiction désignée par la clause attributive de compétence du contrat de franchise est compétente. • Com. 7 févr. 2012 : *Bull. civ. IV, n° 28 ; D. 2012. Actu. 495, obs. Lienhard ; LEDEN mars 2012, p. 6, obs. Parachkévova ; Dict. perm. diff. entrep., Bull. n° 335, obs. Roussel Galle ; Act. proc. coll. 2012, n° 80, obs. Fin-Langer ; Rev. proc. coll. 2012, n° 59, obs. Cagnoli ; RJDA 2012, n° 694.*

10 ter. Sur la mise à l'écart d'une clause attributive de compétence territoriale dans le cadre d'un litige opposant un concessionnaire automobile en redressement judiciaire et son administrateur judiciaire au constructeur automobile à propos de la résolution, sur le fondement de l'art. 37 de la loi du 25 janv. 1985 [C. com., art. L. 622-13], du contrat de concession et portant sur des griefs nés postérieurement à l'ouverture de la procédure collective, V. • Com. 20 févr. 1996 : *D. 1996. IR 102 ; D. Affaires 1996. 490.*

11. Renvoi après cassation. Pour des arrêts ayant écarté l'application de l'art. 174 [R. 662-3], V. • Com. 5 déc. 1995 : *D. 1996. 125, note Derrida* • 14 mai 1996 : *D. 1997. 160, note Perdriau et Derrida*.

12. Renvoi devant une juridiction limitrophe. V. note 2 ss. art. R. 651-1.

Art. R. 662-4 Les exceptions d'incompétence sont réglées par les articles 75 à 99 du code de procédure civile sous réserve des dispositions des articles R. 662-5, R. 662-6 et R. 662-7. – *[Décr. n° 2005-1677 du 28 déc. 2005, art. 340.]*

Art. R. 662-5 Le tribunal, lorsqu'il se déclare incompétent, peut ordonner les mesures conservatoires ou provisoires mentionnées au dernier alinéa de l'article R. 662-7. – *[Décr. n° 2005-1677 du 28 déc. 2005, art. 341.]*

Art. R. 662-6 Lorsque sa compétence est contestée, le tribunal, s'il se déclare compétent, statue au fond dans le même jugement. – *[Décr. n° 2005-1677 du 28 déc. 2005, art. 342.]*

Art. R. 662-7 Lorsque les intérêts en présence justifient le renvoi de l'une des procédures prévues par le livre VI de la partie législative du présent code devant une autre juridiction en application de l'article L. 662-2, ce renvoi peut être décidé d'office par le président du tribunal saisi, qui transmet sans délai le dossier par ordonnance motivée au premier président de la cour d'appel ou, s'il estime que l'affaire relève d'une juridiction du ressort d'une autre cour d'appel, au premier président de la Cour de cassation.

Ce renvoi peut également être demandé, par requête motivée du ministère public près le tribunal saisi ou près du tribunal qu'il estime devoir être compétent, au premier président de la cour d'appel ou de la Cour de cassation.

En ce cas, le greffier du tribunal saisi notifie la requête aux parties sans délai et transmet le dossier à la cour d'appel ou à la Cour de cassation. S'il n'a pas été statué sur l'ouverture de la procédure, le tribunal sursoit à statuer dans l'attente de la décision du premier président de la cour d'appel ou du premier président de la Cour de cassation.

Le premier président de la cour d'appel ou le premier président de la Cour de cassation désigne dans les dix jours de la réception du dossier, après avis du ministère public, la juridiction qui sera saisie de l'affaire. Dans les mêmes conditions, le premier président de la cour d'appel peut, s'il estime que les intérêts en présence justifient le renvoi de l'affaire devant une juridiction du ressort d'une autre cour d'appel, ordonner la transmission du dossier au premier président de la Cour de cassation.

Les décisions du président du tribunal et du premier président de la cour d'appel ou de la Cour de cassation sont notifiées aux parties sans délai par le greffier du tribunal ou de la cour.

Les décisions prises en application du présent article sont des mesures d'administration judiciaire non susceptibles de recours. Ces décisions s'imposent aux parties et à la juridiction de renvoi désignée.

Dans l'attente de la décision du premier président, le tribunal peut désigner un administrateur judiciaire, sous l'autorité d'un juge commis temporairement à cet effet, pour accomplir, notamment, les diligences prévues à l'article L. 622-4. Le tribunal peut également ordonner, à titre de mesures provisoires, l'inventaire des biens et, en cas de procédure de liquidation judiciaire, l'apposition des scellés. – *[Décr. n° 2005-1677 du 28 déc. 2005, art. 343.]*

1. Interdiction des recours. Si les décisions rendues en application de l'art. 3 [R. 662-7] peuvent, en fonction d'informations nouvelles portées à sa connaissance, être librement modifiées par le premier président de la Cour de cassation, en vue d'une meilleure sauvegarde des intérêts en présence, sans qu'il en résulte que ce magistrat aurait ainsi accueilli une demande de rétractation en référé, leur nature exclut que les parties puissent exercer à leur encontre un pourvoi en cassation fût-ce en invoquant l'excès de pouvoir (application de l'art. 3, al. 4, du Décr. du 27 déc. 1985, devenu l'art. R. 662-7, al. 6, C. com., et de l'art. 537 C. pr. civ.) • Com. 17 févr. 1998 : *Bull. civ. IV, n° 80 ; D. 1998. 274, note Perdriau et Derrida ; D. Affaires 1998. 675, obs. V. A.-R. ; Quot. jur. 14 avr. 1998, p. 5 note P. M. ; JCP 1998. II. 10171, note Voinot ; Rev. proc. coll. 1999. 25, obs. Cadiou.*

2. Effet de la décision. La décision s'imposant aux parties et à la juridiction de renvoi désignée, il en résulte qu'elle met fin, par elle-même, à la contrariété existant entre les différents jugements d'ouverture en emportant caducité de plein droit des décisions prononçant le redressement ou la liquidation judiciaires du même débiteur rendues par toutes juridictions autres que celle désignée par le premier président. • Com. 17 févr. 1998 : *préc. note 1.*

Art. R. 662-8 Le président du tribunal, saisi aux fins de désignation d'un mandataire *ad hoc* en application de l'article L. 611-3, peut faire application, avec l'accord du débiteur, des dispositions du premier alinéa de l'article R. 662-7. Il le peut également pendant le cours de la mission du mandataire *ad hoc*.

Le débiteur peut également demander ce renvoi en saisissant par voie de requête le premier président de la cour d'appel ou le premier président de la Cour de cassation.

Les dispositions des troisième à sixième alinéas de l'article R. 662-7 sont alors applicables. – *[Décr. n° 2005-1677 du 28 déc. 2005, art. 344.]*

Art. R. 662-9 *(Décr. n° 2009-160 du 12 févr. 2009, art. 118)* « La demande, faite par l'une des personnes poursuivies au président du tribunal en application du second alinéa de l'article L. 662-3 tendant à ce que les débats relatifs aux mesures prises en application des chapitres Ier et III du titre V du livre VI de la partie législative du présent code aient lieu en chambre du conseil, est consignée par le greffier. »

La décision rendue par le président est une mesure d'administration judiciaire non susceptible de recours. – *[Décr. n° 2005-1677 du 28 déc. 2005, art. 345.]*

Art. R. 662-10 Le ministère public est avisé de la date de l'audience par le greffier dans toute affaire qui doit lui être communiquée.

Lorsque les débats doivent avoir lieu en présence du ministère public, le greffier en fait mention dans cet avis. – *[Décr. n° 2005-1677 du 28 déc. 2005, art. 346.]*

Art. R. 662-11 Lorsque le débiteur relève d'un ordre professionnel ou d'une autorité, cet ordre ou cette autorité fait connaître au greffe et aux organes de la procédure la personne habilitée à le représenter. En l'absence d'une telle déclaration, son représentant légal exerce cette fonction. – *[Décr. n° 2005-1677 du 28 déc. 2005, art. 347.]*

Art. R. 662-12 Le tribunal statue sur rapport du juge-commissaire sur tout ce qui concerne la sauvegarde, le redressement et la liquidation judiciaires, *(Décr. n° 2009-160 du 12 févr. 2009, art. 119)* « l'action en responsabilité pour insuffisance d'actif, » la faillite personnelle ou l'interdiction prévue à l'article L. 653-8.

Toutefois, il n'est pas fait de rapport lorsque le tribunal statue sur un recours formé contre une ordonnance de ce juge. – *[Décr. n° 2005-1677 du 28 déc. 2005, art. 348.]*

Art. R. 662-13 Les jugements rendus par le tribunal sont prononcés en audience publique, à l'exception de ceux rejetant la demande d'ouverture de l'une des procédures prévues au livre VI de la partie législative du présent code et de ceux rejetant l'homologation de l'accord amiable à l'issue d'une procédure de conciliation. – *[Décr. n° 2005-1677 du 28 déc. 2005, art. 349.]*

Art. R. 662-14 Si des fonds dus au débiteur ont été consignés à la Caisse des dépôts et consignations par des tiers, la caisse transfère ces fonds avec les droits, charges et inscriptions qui les grèvent sur le compte de dépôt ouvert par le mandataire de justice qui exerce les fonctions d'administrateur, de commissaire à l'exécution du plan ou de liquidateur. Le mandataire de justice est tenu vis-à-vis de l'acquéreur et des créanciers des obligations qui découlent de ces sûretés. – *[Décr. n° 2005-1677 du 28 déc. 2005, art. 338.]*

Art. R. 662-15 La liste des dossiers qui ont été attribués à chacune des personnes auxquelles un mandat afférent aux procédures régies par le livre VI de la partie législative du présent code a été confié, établie en application de l'article L. 662-6, mentionne, pour chacun des débiteurs concernés, son chiffre d'affaires et le nombre de ses salariés tels qu'ils sont définis par l'article R. 621-11.

(Abrogé par Décr. n° 2009-160 du 12 févr. 2009, art. 120) ***« Ces personnes transmettent au greffier, avant le terme de chaque semestre, le montant du chiffre d'affaires qu'elles ont réalisé au cours du semestre précédent, au titre de l'ensemble des mandats prévus par le livre VI de la partie législative du présent code. Ce montant est annexé par le greffier à la liste qu'il établit. »*** – *[Décr. n° 2005-1677 du 28 déc. 2005, art. 350.]*

Art. R. 662-16 Les informations prévues par l'article L. 662-6 sont portées, par le greffe, à la connaissance du garde des sceaux, ministre de la justice, du procureur de la République près les tribunaux qui ont désigné les personnes concernées, du magistrat inspecteur régional, du magistrat coordonnateur mentionné à l'article R. 811-40 ainsi qu'au Conseil national des administrateurs judiciaires et des mandataires judiciaires, dans les deux mois qui suivent le terme de chaque semestre. – *[Décr. n° 2005-1677 du 28 déc. 2005, art. 351.]*

Art. R. 662-17 *(Décr. nº 2012-1190 du 25 oct. 2012, art. 9)* Le juge-commissaire statue sur la requête par laquelle l'administrateur judiciaire, le mandataire judiciaire ou le liquidateur sollicite l'autorisation prévue au premier alinéa de l'article L. 663-1-1 ou sur l'affectation des sommes mentionnées au second alinéa de cet article après avoir entendu ou dûment appelé le propriétaire des biens qui font l'objet de la saisie conservatoire et le débiteur.

La demande est examinée en présence du ministère public.

Le Décr. nº 2012-1190 du 25 oct. 2012 est applicable dans les îles Wallis-et-Futuna (Décr. préc., art. 12).

CHAPITRE III DES FRAIS DE PROCÉDURE

Art. R. 663-1 Il ne peut être demandé par le greffier aucune provision au débiteur qui demande l'ouverture d'une procédure de redressement ou de liquidation judiciaire. – *[Décr. nº 2005-1677 du 28 déc. 2005, art. 351-1.]*

Art. R. 663-1-1 *(Décr. nº 2011-1202 du 28 sept. 2011, art. 9)* La contribution pour l'aide juridique prévue par l'article 1635 *bis* Q du code général des impôts n'est pas due pour les procédures prévues par le livre VI du présent code ni pour celles prévues par les articles L. 351-1 à L. 351-7 du code rural et de la pêche maritime.

SECTION PREMIÈRE DE LA PRISE EN CHARGE DE CERTAINS FRAIS DE JUSTICE PAR LE TRÉSOR PUBLIC

Art. R. 663-2 Les ordonnances du juge-commissaire, rendues en application de l'article L. 663-1, sont notifiées par le greffier aux mandataires de justice, au débiteur, au Trésor public ainsi qu'au procureur de la République. Elles peuvent faire l'objet d'un recours dans le mois suivant leur notification, par déclaration au greffe faite contre récépissé ou adressée par lettre recommandée avec demande d'avis de réception. Le recours est porté devant la cour d'appel. L'appel est formé, instruit et jugé suivant la procédure sans représentation obligatoire. *(Décr. nº 2009-160 du 12 févr. 2009, art. 121)* « Les mandataires de justice, le débiteur, le Trésor public et le ministère public qui ne sont pas appelants sont intimés. » – *[Décr. nº 85-1388 du 27 déc. 1985, art. 25-1.]*

SECTION II DE LA RÉMUNÉRATION DE L'ADMINISTRATEUR JUDICIAIRE, DU COMMISSAIRE À L'EXÉCUTION DU PLAN, DU MANDATAIRE JUDICIAIRE ET DU LIQUIDATEUR

BIBL.GÉN. ▶ DEHARVENG, *JCP E 2007. 1688.* – FROEHLICH, *Gaz. Pal. 2007. Doctr. 67.* – SOINNE, *Rev. proc. coll. 2008. Étude 23.*

V. aussi Circ. nº 2007-09 du 6 avr. 2007 (BOMJ nº 2007-03 du 30 juin 2007).

SOUS-SECTION 1 DE LA RÉMUNÉRATION DE L'ADMINISTRATEUR JUDICIAIRE

Art. R. 663-3 I. – Les émoluments de l'administrateur judiciaire sont, pour l'accomplissement des diligences résultant de l'application des titres II à IV du livre

VI de la partie législative du présent code, fixés comme il est dit aux articles suivants.

II. – Pour l'application de la présente section :

a) Le montant du chiffre d'affaires est défini hors taxes conformément aux dispositions du cinquième alinéa de l'article R. 123-200. Il est apprécié à la date de clôture du dernier exercice comptable. Pour l'application des articles R. 663-5 à R. 663-8 et R. 663-28, le chiffre d'affaires est celui réalisé pendant la période d'observation ou de maintien de l'activité. Lorsque le débiteur est une personne morale de droit privé non commerçante, la référence au chiffre d'affaires est, le cas échéant, remplacée par la référence aux ressources hors taxes ou produits hors taxes ;

b) Le total du bilan est défini conformément aux dispositions du quatrième alinéa de l'article R. 123-200 et apprécié à la date de clôture du dernier exercice comptable ;

c) Le nombre des salariés est celui des salariés employés par le débiteur à la date de la demande d'ouverture de la procédure.

III. – Pour l'application des articles R. 663-4 et R. 663-9, la rémunération des administrateurs judiciaires est exprimée en taux de base dont le montant est fixé à 100 *(Décr. n° 2007-812 du 10 mai 2007, art. 7)* « € ». – *[Décr. n° 85-1390 du 27 déc. 1985, art. 1er.]*

Les dispositions du Décr. n° 2006-1709 du 23 déc. 2006 [dont sont issus les art. R. 663-3 s.] sont applicables aux procédures ouvertes à compter du 1er janv. 2006 et qui ne sont pas encore clôturées à la date de publication de ce décret. Les émoluments déjà perçus sont réputés l'avoir été à titre de provision ou d'acompte. Toutefois, ceux qui ont été définitivement arrêtés demeurent acquis.

Les procédures ouvertes avant le 1er janv. 2006 demeurent régies par les dispositions du Décr. n° 85-1390 du 27 déc. 1985 dans sa rédaction antérieure à celle résultant du Décr. n° 2006-1709 du 23 déc. 2006. Toutefois, les art. 7 et 18 du Décr. n° 85-1390 du 27 déc. 1985 tels qu'ils résultent du Décr. n° 2006-1709 du 23 déc. 2006 [C. com., art. R. 663-13 et R. 663-31] sont applicables à ces procédures, lorsqu'elles ne sont pas clôturées, dès la date de publication de celui-ci. Les demandes d'arrêté de rémunération présentées en application des art. 7 et 18 susmentionnés qui n'ont pas donné lieu à une décision sont transmises à la cour d'appel.

L'art. 18 susmentionné tel qu'il résulte du Décr. n° 2006-1709 du 23 déc. 2006 [C. com., art. R. 663-31] est applicable dès la publication de celui-ci à la rémunération du commissaire au plan de cession désigné dans le cours d'une procédure de redressement judiciaire ouverte avant le 1er janv. 2006. Les demandes d'arrêté de rémunération présentées en application de cet art. qui n'ont pas donné lieu à une décision sont transmises à la cour d'appel (Décr. n° 2006-1709 du 23 déc. 2006, art. 76, JO 29 déc.).

Pour la légalité des dispositions transitoires précitées, V. CE 18 juill. 2008 : D. 2008. AJ 2073.

Art. R. 663-4 Il est alloué à l'administrateur judiciaire, pour les diligences relatives au diagnostic de la procédure de sauvegarde ou de redressement judiciaire au titre de laquelle il a été désigné, une rémunération fixée, en fonction du nombre de salariés employés par le débiteur ou de son chiffre d'affaires, selon le barème suivant :

1° 10 taux de base lorsque le nombre de salariés est compris entre 0 et 5 ou que le chiffre d'affaires est compris entre 0 et 750 000 € ;

2° 20 taux de base lorsque le nombre de salariés est compris entre 6 et 19 ou que le chiffre d'affaires est compris entre 750 001 € et 3 000 000 € ;

3° 40 taux de base lorsque le nombre de salariés est compris entre 20 et 49 ou que le chiffre d'affaires est compris entre 3 000 001 € et 7 000 000 € ;

4° 80 taux de base lorsque le nombre de salariés est compris entre 50 et 149 ou que le chiffre d'affaires est compris entre 7 000 001 € et 20 000 000 € ;

5° 100 taux de base lorsque le nombre de salariés est supérieur à 150 ou que le chiffre d'affaires est supérieur à 20 000 000 €.

Lorsque le débiteur relève de deux tranches de rémunération différentes au titre respectivement du nombre de salariés employés et du chiffre d'affaires, il y a lieu de se référer à la tranche la plus élevée.

La rémunération est, quel que soit le nombre de salariés du débiteur et son chiffre d'affaires, égale à 80 taux de base lorsque le total du bilan du débiteur est compris entre 3 650 000 € et 10 000 000 € et de 100 taux de base lorsqu'il est supérieur à 10 000 000 €.

Cette rémunération est versée par le débiteur à l'administrateur judiciaire sans délai dès l'ouverture de la procédure. – *[Décr. n° 85-1390 du 27 déc. 1985, art. 2.]*

La rémunération allouée à l'administrateur pour les diligences relatives au diagnostic de la procédure au titre de laquelle il a été désigné est versée par le débiteur sans délai dès l'ouverture de la procédure, et n'est pas conditionnée à l'établissement d'un diagnostic sous forme d'un rapport écrit et distinct du bilan économique, social et environnemental. • Com. 8 juin 2010 : *Bull. civ. IV, n° 107 ; D. 2010. Actu. 1551, obs. Lienhard ; Act. proc. coll. 2010, n° 181, obs. Cagnoli ; Gaz. Pal. 15-16 oct. 2010, p. 25, obs. Bidan ; RJDA 2010, n° 1167 ; Rev. proc. coll. 2011, n° 2, obs. Lebel.*

Art. R. 663-5 Il est alloué à l'administrateur judiciaire, au titre d'une mission d'assistance du débiteur au cours d'une procédure de sauvegarde ou de redressement judiciaire, un droit proportionnel calculé sur le chiffre d'affaires fixé selon le barème suivant :

1° De 0 à 150 000 € : 2 % ;

2° De 150 001 € à 750 000 € : 1 % ;

3° De 750 001 € à 3 000 000 € : 0,60 % ;

4° De 3 000 001 € à 7 000 000 € : 0,40 % ;

5° De 7 000 001 € à 20 000 000 € : 0,30 %.

Au-delà de 20 000 000 €, les dispositions de l'article R. 663-13 sont applicables. – *[Décr. n° 85-1390 du 27 déc. 1985, art. 3.]*

Sur le contrôle exercé par la Cour de cassation, V. • Com. 8 juin 2010 : *cité ss. art. R. 663-4.*

Art. R. 663-6 Il est alloué à l'administrateur judiciaire au titre d'une mission de surveillance au cours d'une procédure de sauvegarde le droit proportionnel prévu à l'article R. 663-5 diminué de 25 %. – *[Décr. n° 85-1390 du 27 déc. 1985, art. 3-1.]*

Art. R. 663-7 Il est alloué à l'administrateur judiciaire au titre d'une mission d'administration de l'entreprise au cours d'une procédure de redressement ou de liquidation judiciaire le droit proportionnel prévu à l'article R. 663-5 majoré de 50 %.

Si, en application de l'article L. 631-12, l'administrateur judiciaire est assisté, pour la gestion de l'entreprise, d'un ou de plusieurs experts, la majoration prévue au premier alinéa n'est pas due. – *[Décr. n° 85-1390 du 27 déc. 1985, art. 3-2.]*

Art. R. 663-8 Le droit proportionnel prévu aux articles R. 663-5, R. 663-6 et R. 663-7 est acquis lorsque le tribunal soit a mis fin à la procédure de sauvegarde ou de redressement en application des articles L. 622-12 ou L. 631-16, soit a statué sur le plan de sauvegarde ou de redressement, soit a prononcé la liquidation judiciaire du débiteur au cours d'une procédure de sauvegarde ou de redressement judiciaire. Il est également acquis, dans une procédure de liquidation judiciaire, lorsque le tribunal a arrêté la cession de l'entreprise ou mis fin au maintien de son activité. – *[Décr. n° 85-1390 du 27 déc. 1985, art. 3-3.]*

Art. R. 663-9 Il est alloué à l'administrateur judiciaire pour l'élaboration du bilan économique, social et environnemental et l'assistance apportée au débiteur pour la préparation d'un plan de sauvegarde ou de redressement une rémunération fixée, en fonction du nombre de salariés employés par le débiteur ou de son chiffre d'affaires, selon le barème suivant :

1° 15 taux de base lorsque le nombre de salariés est compris entre 0 et 5 ou que le chiffre d'affaires est compris entre 0 et 750 000 € ;

2° 20 taux de base lorsque le nombre de salariés est compris entre 6 et 19 ou que le chiffre d'affaires est compris entre 750 001 € et 3 000 000 € ;

3° 60 taux de base lorsque le nombre de salariés est compris entre 20 et 49 ou que le chiffre d'affaires est compris entre 3 000 001 € et 7 000 000 € ;

4° 100 taux de base lorsque le nombre de salariés est compris entre 50 et 149 ou que le chiffre d'affaires est compris entre 7 000 001 € et 20 000 000 € ;

5° 150 taux de base lorsque le nombre de salariés est supérieur à 150 ou que le chiffre d'affaires hors taxes est supérieur à 20 000 000 €.

Lorsque le débiteur relève de deux tranches de rémunération différentes au titre respectivement du nombre de salariés employés et du chiffre d'affaires, il y a lieu de se référer à la tranche la plus élevée.

La rémunération est, quel que soit le nombre de salariés du débiteur et son chiffre d'affaires, égale à 100 taux de base lorsque le total du bilan du débiteur est compris entre 3 650 000 € et 10 000 000 € et de 150 taux de base lorsqu'il est supérieur à 10 000 000 €.

Cette rémunération est acquise lorsque le tribunal a statué sur le plan de sauvegarde ou de redressement ou a prononcé la liquidation judiciaire du débiteur au cours d'une procédure de sauvegarde ou de redressement judiciaire. Elle est majorée de 50 % en cas d'arrêté du plan.

En cas de nécessité, le président du tribunal fixe, sur proposition du juge-commissaire, le montant d'une provision à valoir sur ce droit. Cette provision ne peut excéder la moitié de ce droit ni les deux tiers du montant mentionné au premier alinéa de l'article R. 663-13. — *[Décr. nº 85-1390 du 27 déc. 1985, art. 4.]*

L'art. R. 663-9 ne subordonne pas l'octroi de la majoration de rémunération de 50 % en cas d'arrêté du plan à la circonstance que le plan ait été établi et adopté à l'initiative de l'administrateur judiciaire. • Com. 8 juin 2010 : ☎ *cité ss. art. R. 663-4.*

Art. R. 663-10 Il est alloué à l'administrateur judiciaire, lorsque des comités de créanciers sont réunis, un droit de 150 € par créancier membre d'un comité et, lorsque le plan a été arrêté conformément au projet adopté par les comités, un droit proportionnel fixé à 0,1 % du montant des créances prises en compte en application de l'article R. 626-58. — *[Décr. nº 85-1390 du 27 déc. 1985, art. 5.]*

Art. R. 663-11 Il est alloué à l'administrateur judiciaire, en cas d'arrêté d'un plan de cession au cours d'une procédure de redressement ou de liquidation judiciaire, un droit proportionnel, calculé sur le montant total hors taxe du prix de cession de l'ensemble des actifs compris dans le plan, fixé selon le barème suivant :

1° De 0 à 15 000 € : 5 % ;

2° De 15 001 à 50 000 € : 4 % ;

3° De 50 001 à 150 000 € : 3 % ;

4° De 150 001 à 300 000 € : 1,5 % ;

5° Au-delà de 300 000 € : 1 %.

Ce droit n'est acquis que sur la justification de la passation de la totalité des actes de cession. — *[Décr. nº 85-1390 du 27 déc. 1985, art. 6.]*

Art. R. 663-12 Il est alloué à l'administrateur judiciaire un droit proportionnel calculé sur le montant de l'augmentation des fonds propres prévue par un plan de sauvegarde ou de redressement et fixé selon le barème prévu à l'article R. 663-11.

Ce droit n'est acquis que sur la justification du versement de ces fonds. – *[Décr. n° 85-1390 du 27 déc. 1985, art. 6-1.]*

Art. R. 663-13 Par dérogation aux dispositions *(Décr. n° 2007-1851 du 26 déc. 2007)* « de la présente sous-section », l'entière rémunération de l'administrateur judiciaire est arrêtée en considération des frais engagés et des diligences accomplies par lui et sans qu'il puisse être fait référence au tarif prévu *(Décr. n° 2007-1851 du 26 déc. 2007)* « par la présente sous-section » lorsque le total de la rémunération calculée en application de ce tarif excède 100 000 € hors taxes.

Dans le cas prévu au premier alinéa, la rémunération de l'administrateur, qui ne peut être inférieure à 100 000 € hors taxes, est arrêtée par le magistrat de la cour d'appel délégué à cette fin par le premier président, sur proposition du juge-commissaire, au vu d'un état de frais et d'un état descriptif des diligences accomplies. Le magistrat délégué recueille au préalable l'avis du ministère public et demande celui du débiteur. Sa décision peut être frappée de recours devant le premier président de la cour d'appel par l'administrateur, le débiteur ou le ministère public.

Le droit prévu à l'article R. 663-4 ainsi que les provisions perçues restent acquis à l'administrateur judiciaire, en tant qu'acomptes sur la rémunération, dans la limite du montant arrêté en application des alinéas qui précèdent. – *[Décr. n° 85-1390 du 27 déc. 1985, art. 7.]*

V. note ss. art. R. 663-39.

SOUS-SECTION 2 DE LA RÉMUNÉRATION DU COMMISSAIRE À L'EXÉCUTION DU PLAN

Art. R. 663-14 Au terme de chacune des années de l'exécution du plan, il est alloué au commissaire à l'exécution du plan, au titre de sa mission de surveillance de l'exécution du plan, des actions qu'il engage ou qu'il poursuit dans l'intérêt collectif des créanciers et de l'exécution des actes permettant la mise en œuvre du plan et de son rapport annuel prévu à l'article R. 626-43, une rémunération égale à la moitié de la rémunération fixée en application du barème prévu à l'article R. 663-4.

Ce droit n'est acquis que sur justification du dépôt de ce rapport. – *[Décr. n° 85-1390 du 27 déc. 1985, art. 8.]*

Art. R. 663-15 Il peut être alloué, par le président du tribunal ou son délégué, une rémunération au commissaire à l'exécution du plan lorsqu'il a assisté le débiteur dans la préparation d'un projet ayant pour objet une modification substantielle dans les objectifs ou les moyens du plan. Cette rémunération ne peut être supérieure à la moitié de celle fixée en application du barème prévu à l'article R. 663-9. La situation du débiteur est appréciée à la date de la demande au tribunal de la modification du plan.

Il est alloué au commissaire à l'exécution du plan, dans les mêmes conditions, la rémunération prévue au premier alinéa lorsqu'il a présenté au tribunal une demande en résolution du plan. – *[Décr. n° 85-1390 du 27 déc. 1985, art. 9.]*

Art. R. 663-16 Il est alloué au commissaire à l'exécution du plan, au titre d'une mission de perception et de répartition des dividendes arrêtés par le plan, un droit proportionnel calculé sur le montant cumulé des sommes encaissées par l'ensemble des créanciers ou, à défaut d'encaissement par les créanciers, consignées à la Caisse des dépôts et consignations au cours de chacune des années d'exécution du plan. Ce droit est fixé selon le barème suivant :

1° De 0 à 15 000 € : 3,5 % ;

2° De 15 001 à 50 000 € : 2,5 % ;
3° De 50 001 à 150 000 € : 1,5 % ;
4° De 150 001 et jusqu'à 300 000 € : 0,5 % ;
5° Au-delà de 300 000 € : 0,25 %.

Lorsqu'il n'est pas fait de répartition entre plusieurs créanciers, un seul d'entre eux étant en mesure de percevoir le dividende, ce droit est réduit de moitié.

Les émoluments prévus au présent article sont arrêtés conformément aux règles de l'article R. 663-13 lorsque le montant du droit proportionnel calculé selon le barème ci-dessus dépasse 15 000 € au titre d'une année. Dans ce cas, les émoluments ne peuvent être inférieurs à 15 000 €. – *[Décr. n° 85-1390 du 27 déc. 1985, art. 10.]*

Art. R. 663-17 Le droit prévu à l'article R. 663-22 est alloué au commissaire à l'exécution du plan au titre des créances qu'il porte sur la liste prévue à l'article R. 622-15. – *[Décr. n° 85-1390 du 27 déc. 1985, art. 11.]*

● SOUS-SECTION 3 DE LA RÉMUNÉRATION DU MANDATAIRE JUDICIAIRE ET DU LIQUIDATEUR

Art. R. 663-18 Le mandataire judiciaire reçoit pour l'ensemble de la procédure de sauvegarde ou de redressement judiciaire un droit fixe de 2 500 €. S'il est ensuite désigné comme liquidateur, il ne peut, à ce titre, prétendre au droit fixe.

Si, dans une même procédure, un mandataire judiciaire et un liquidateur distinct sont désignés par le tribunal, le mandataire judiciaire reçoit l'intégralité du droit fixe prévu au premier alinéa et le liquidateur en reçoit la moitié.

Lorsqu'un liquidateur est désigné dans une procédure secondaire d'insolvabilité au sens du règlement (CE) n° 1346/2000 du Conseil du 29 mai 2000 relatif aux procédures d'insolvabilité, il perçoit un second droit fixe au titre du devoir d'information auquel il est tenu à l'égard du syndic de la procédure principale. Il en va de même lorsqu'une procédure principale dans laquelle il est désigné est suivie d'une ou de plusieurs procédures secondaires. Dans ce dernier cas, il perçoit autant de droits fixes qu'il existe de procédures secondaires.

Le droit fixe est versé, sans délai, par le débiteur, au liquidateur dès que la décision d'ouverture d'une procédure secondaire est portée à sa connaissance. – *[Décr. n° 85-1390 du 27 déc. 1985, art. 12.]*

En ce sens que lorsque le mandataire judiciaire désigné comme représentant des créanciers à un redressement judiciaire au cours duquel est adopté un plan est, par la suite, désigné comme liquidateur au titre d'une procédure de liquidation judiciaire immédiate, ouverte consécutivement à la résolution du plan, il ne peut prétendre au droit fixe au titre de cette dernière mission, V. • Com. 15 févr. 2011 : *Bull. civ. IV, n° 22 ; D. 2011. Actu. 672, obs. Lienhard ; Gaz. Pal. 1er-2 avr. 2011, p. 21, obs. Gorrias ; LEDEN avr. 2011, p. 5, obs. F. Legrand ; Bull. Joly Entrep. diff. 2011. 184, note Berthelot* (arrêt rendu au visa des art. 12 et 12-1 du Décr. n° 85-1390 du 27 déc. 1390, dans sa réd. antérieure au Décr. n° 2006-1709 du 23 déc. 2006).

Art. R. 663-19 *(Décr. n° 2009-1661 du 28 déc. 2009, art. 1er)* « Le liquidateur désigné en application des dispositions de l'article L. 641-1 perçoit pour l'ensemble de la procédure de liquidation judiciaire le droit fixe prévu à l'article R. 663-18, dès que la décision le désignant est portée à sa connaissance et sous réserve du versement au greffier de la somme prévue au dernier alinéa de la note introduisant le tableau n° 7 de l'annexe 7-5 du livre VII. » – *V. cette annexe ss. art. R. 743-140.*

Les dispositions des articles R. 663-22 à R. 663-25 et R. 663-27 lui sont applicables.

Pour l'application de l'article R. 663-22, la liste des créances est celle de l'article R. 641-39. – *[Décr. nº 85-1390 du 27 déc. 1985, art. 12-1.]*

Les dispositions du Décr. nº 2009-1661 du 28 déc. 2009 sont applicables aux procédures ouvertes à compter de son entrée en vigueur (texte préc., art. 11-I, JO 30 déc.). Elles sont applicables dans les îles Wallis-et-Futuna (art. 10).

BIBL. ▸ LE CORRE, *D. 2010. 2168* (légalité de l'art. 1er du décret du 28 déc. 2009).

V. note ss. art. R. 663-18.

Art. R. 663-20 En cas de désignation de plusieurs mandataires judiciaires ou de plusieurs liquidateurs, chacun d'entre eux perçoit le droit fixe prévu à l'article R. 663-18 selon les modalités, le cas échéant, prévues par le deuxième alinéa de l'article R. 663-18. – *[Décr. nº 85-1390 du 27 déc. 1985, art. 12-2.]*

Art. R. 663-21 Pour l'application de la présente section, constitue une créance :

1° Le total des sommes déclarées par chaque fournisseur créancier ;

2° Le total des sommes déclarées par chaque prestataire de service créancier au titre de chacun des contrats qu'il a conclu avec le débiteur ;

3° Le total des sommes déclarées par chaque établissement de crédit créancier au titre de chacun des contrats qu'il a conclu avec le débiteur ;

4° Le total des sommes déclarées par chaque organisme social créancier pour chacun des rangs de privilège dont ses créances sont assorties ;

5° Le total des sommes déclarées par le Trésor public par catégorie de créances. – *[Décr. nº 85-1390 du 27 déc. 1985, art. 12-3.]*

Art. R. 663-22 Il est alloué au mandataire judiciaire, pour l'enregistrement des créances déclarées et non vérifiées ainsi que des créances portées sur la liste prévue à l'article R. 622-15, un droit fixe de :

1° 5 € par créance dont le montant est inférieur à 150 € ;

2° 10 € par créance dont le montant est égal ou supérieur à 150 €. – *[Décr. nº 85-1390 du 27 déc. 1985, art. 12-4.]*

Art. R. 663-23 Il est alloué au mandataire judiciaire, pour la vérification des créances, un droit fixe par créance, autre que salariale, inscrite sur l'état des créances mentionné à l'article R. 624-8 de :

30 € par créance dont le montant est compris entre 40 € et 150 € ;

50 € par créance dont le montant est supérieur à 150 €. – *[Décr. nº 85-1390 du 27 déc. 1985, art. 13.]*

Art. R. 663-24 Pour l'établissement des relevés des créances salariales, il est alloué au mandataire judiciaire un droit de 120 € par salarié. – *[Décr. nº 85-1390 du 27 déc. 1985, art. 14.]*

Art. R. 663-25 Il est alloué au mandataire judiciaire un droit fixe de 100 € :

1° Pour la contestation des créances autres que salariales, par créance dont l'admission ou le rejet a donné lieu à une décision du juge-commissaire inscrite sur l'état des créances mentionné à l'article R. 624-8 ;

2° Pour tout contentieux portant sur une demande en revendication ou en restitution ayant donné lieu à une décision du juge-commissaire ;

3° Pour toute instance introduite ou reprise devant la juridiction prud'homale en application des articles L. 625-1 et L. 625-3 et à laquelle il a été mis fin soit par une décision judiciaire au terme d'une instance dans laquelle il a été présent ou représenté, soit par la conclusion d'un accord amiable visé par le juge-commissaire auquel le mandataire judiciaire a été partie. – *[Décr. nº 85-1390 du 27 déc. 1985, art. 14-1.]*

Art. R. 663-26 Lorsqu'il est fait application de l'article L. 631-16 et que le mandataire judiciaire est désigné par le tribunal pour répartir des fonds entre les créanciers, il lui est alloué le droit proportionnel prévu à l'article R. 663-16. *[Décr. nº 85-1390 du 27 déc. 1985, art. 14-2.]*

Art. R. 663-27 Il est alloué au liquidateur un droit fixe au titre de l'ensemble des obligations résultant de la cessation d'activité d'une ou de plusieurs installations classées au sens du titre Ier du livre V du code de l'environnement. Ce droit est fixé selon le barème suivant :

1º 500 € lorsque la ou les installations classées sont soumises à déclaration ;

2º 1 500 € lorsque l'une au moins des installations classées est soumise à autorisation *(Décr. nº 2010-368 du 13 avr. 2010, art. 43-II)* « ou à enregistrement » ;

3º 4 500 € lorsque l'une au moins des installations classées figure sur une liste prévue au IV de l'article L. 515-8 du code de l'environnement *(Abrogé par Décr. nº 2010-368 du 13 avr. 2010, art. 43-II) « ou est soumise aux dispositions du décret nº 77-1133 du 21 septembre 1977 et de ses textes d'application ».*

Ce droit est doublé lorsque l'une au moins des installations classées soumises à autorisation *(Décr. nº 2010-368 du 13 avr. 2010, art. 43-II)* « ou à enregistrement » a fait l'objet d'un arrêté de l'autorité administrative prescrivant des mesures d'urgence et de mise en sécurité du site. – *[Décr. nº 85-1390 du 27 déc. 1985, art. 15.]*

Art. R. 663-28 Il est alloué au liquidateur, au titre d'une mission d'administration de l'entreprise lorsque le maintien de l'activité a été autorisé en application de l'article L. 641-10, un droit proportionnel calculé sur le chiffre d'affaires fixé selon le barème suivant :

1º De 0 à 150 000 € : 3 % ;

2º De 150 001 à 750 000 € : 1,5 % ;

3º De 750 001 à 3 000 000 € : 0,90 %. – *[Décr. nº 85-1390 du 27 déc. 1985, art. 16.]*

Art. R. 663-29 I. – Il est alloué au liquidateur :

1º Au titre des cessions d'actifs mobiliers corporels, un droit proportionnel, calculé sur le montant total toutes taxes comprises du prix des actifs cédés, déduction faite de la rémunération toutes taxes comprises des intervenants, autres que le liquidateur, ayant participé aux opérations de cession ;

2º Pour tout encaissement de créance ou recouvrement de créance, un droit proportionnel calculé sur le montant total toutes taxes comprises des sommes encaissées ou recouvrées, déduction faite de la rémunération toutes taxes comprises des intervenants, autres que le liquidateur, ayant participé aux recouvrements ;

3º Au titre de la réalisation d'actifs immobiliers et mobiliers incorporels, un droit proportionnel, calculé sur le montant du prix, le cas échéant toutes taxes comprises, de chacun des actifs cédés.

II. – Les droits prévus au présent article sont calculés selon les tranches prévues par le barème suivant :

1º De 0 à 15 000 € : 5 % ;

2º De 15 001 à 50 000 € : 4 % ;

3º De 50 001 à 150 000 € : 3 % ;

4º De 150 001 à 300 000 € : 1,5 % ;

5º Au-delà de 300 000 € : 1 %.

Pour l'application de ce barème, l'assiette des montants pris en compte est nette des intérêts servis au liquidateur par la Caisse des dépôts et consignations.

III. – La rémunération prévue au présent article n'est pas due au liquidateur au titre de la cession des actifs compris dans un plan de cession. Lorsqu'il n'a pas été désigné d'administrateur judiciaire, il lui est alloué à ce titre le droit prévu à l'article R. 663-11. – *[Décr. nº 85-1390 du 27 déc. 1985, art. 17.]*

(Décr. nº 2012-1190 du 25 oct. 2012, art. 10) « IV. – La rémunération prévue au présent article n'est pas due au titre de la cession autorisée en application du premier alinéa de l'article L. 663-1-1 tant que la saisie conservatoire n'a pas fait l'objet d'un acte de conversion. »

Le Décr. nº 2012-1190 du 25 oct. 2012 est applicable dans les îles Wallis-et-Futuna (Décr. préc., art. 12).

Art. R. 663-30 Il est alloué au liquidateur, au terme des répartitions aux créanciers mentionnés à l'article L. 622-24 et des paiements des créances mentionnées au I de l'article L. 641-13, un droit proportionnel calculé sur le montant cumulé des sommes encaissées par l'ensemble des créanciers ou consignées à la Caisse des dépôts et consignations et fixé selon le barème suivant :

1° De 0 à 15 000 € : 4,5 % ;
2° De 15 001 à 50 000 € : 3,5 % ;
3° De 50 001 à 150 000 € : 2,5 % ;
4° De 150 001 à 300 000 € : 1,5 % ;
5° Au-delà de 300 000 € : 0,75 %.

Lorsqu'il n'est pas fait de répartition entre plusieurs de ces créanciers, un seul d'entre eux étant en mesure de percevoir un versement, ce droit proportionnel est réduit de moitié. – *[Décr. nº 85-1390 du 27 déc. 1985, art. 17-1.]*

Art. R. 663-31 Par dérogation aux dispositions *(Décr. nº 2007-1851 du 26 déc. 2007)* « de la présente sous-section », l'entière rémunération du liquidateur est arrêtée en considération des frais engagés et des diligences accomplies par lui et sans qu'il puisse être fait référence au tarif prévu *(Décr. nº 2007-1851 du 26 déc. 2007)* « par la présente sous-section » lorsque le total de la rémunération calculée en application de ce tarif excède 75 000 € hors taxes.

Dans le cas prévu au premier alinéa, la rémunération du liquidateur, qui ne peut être inférieure à 75 000 € hors taxes, est arrêtée par le magistrat de la cour d'appel délégué à cette fin par le premier président, sur proposition du juge-commissaire, au vu d'un état de frais et d'un état descriptif des diligences accomplies. Le magistrat délégué recueille au préalable l'avis du ministère public et demande celui du débiteur. Sa décision peut être frappée de recours devant le premier président de la cour d'appel *(Décr. nº 2007-812 du 10 mai 2007, art. 8)* « par le liquidateur », le débiteur et le ministère public.

Le droit prévu à l'article R. 663-18 ainsi que les acomptes perçus restent acquis en tant qu'acomptes sur la rémunération dans la limite du montant arrêté en application des alinéas précédents. – *[Décr. nº 85-1390 du 27 déc. 1985, art. 18.]*

SOUS-SECTION 4 DISPOSITIONS COMMUNES À LA RÉMUNÉRATION DE L'ADMINISTRATEUR JUDICIAIRE, DU COMMISSAIRE À L'EXÉCUTION DU PLAN, DU MANDATAIRE JUDICIAIRE ET DU LIQUIDATEUR

Art. R. 663-32 Les administrateurs judiciaires, commissaires à l'exécution du plan, mandataires judiciaires et liquidateurs ont droit au remboursement des débours exposés au titre de leur mandat ainsi que des droits de toute nature payés au Trésor, arrêtés par le président du tribunal ou par son délégué, sur justificatif de leur compte détaillé. Ce remboursement peut être trimestriel. – *[Décr. nº 85-1390 du 27 déc. 1985, art. 19.]*

Art. R. 663-33 Les administrateurs judiciaires, commissaires à l'exécution du plan, mandataires judiciaires, liquidateurs, ont droit au remboursement des taxes et droits fiscaux payés par eux pour le compte de l'entreprise. – *[Décr. nº 85-1390 du 27 déc. 1985, art. 20.]*

Art. R. 663-34 Les émoluments dus au titre de la procédure de sauvegarde, de redressement judiciaire ou de liquidation judiciaire sont arrêtés avant la clôture de la procédure. Sous réserve des dispositions des articles R. 663-13 et R. 663-31, le président du tribunal ou son délégué statue au vu d'un compte détaillé. Lorsque la procédure est de la compétence du tribunal de grande instance, le président du tribunal délègue un magistrat à cette fin.

A l'exception des droits prévus aux articles R. 663-4 et R. 663-18 à R. 663-20 et des provisions et acomptes autorisés, ils ne sont perçus qu'après avoir été arrêtés.

Les émoluments dus au titre de la procédure de liquidation judiciaire sont arrêtés au vu du rapport de clôture déposé par le liquidateur. Ils ne sont définitivement acquis qu'après leur arrêté définitif par le président du tribunal ou son délégué. Aucun émolument ne peut être perçu par le liquidateur après l'approbation de son compte rendu de fin de mission, sans préjudice de la perception de l'indemnité prévue par l'article L. 663-3. – *[Décr. nº 85-1390 du 27 déc. 1985, art. 22.]*

Art. R. 663-35 Lorsque plusieurs administrateurs judiciaires, commissaires à l'exécution du plan, mandataires judiciaires ou liquidateurs sont désignés dans une même procédure, chacun des émoluments auxquels cette procédure donne droit, à l'exception du droit fixe prévu, à l'article R. 663-18, est majoré de 30 %. Chacun des mandataires de justice désignés en perçoit une part convenue entre eux. A défaut d'accord, le président du tribunal ou son délégué détermine la part de la rémunération qui revient à chacun après avoir entendu le débiteur et recueilli l'avis du ministère public.

En cas de remplacement de l'un des mandataires de justice et à défaut d'accord entre eux, le président du tribunal ou son délégué partage ces émoluments entre chacun des mandataires successivement désignés en fonction des diligences qu'il a effectuées, après avoir entendu le débiteur et recueilli l'avis du ministère public. – *[Décr. nº 85-1390 du 27 déc. 1985, art. 23.]*

Art. R. 663-36 En cas de nécessité, par dérogation aux dispositions de l'article R. 663-34, le président du tribunal fixe, sur proposition du juge commissaire, le montant d'acomptes à valoir sur la rémunération du mandataire judiciaire et du liquidateur.

Ces acomptes sont fixés sur justification de l'accomplissement des diligences au titre desquelles leur droit à rémunération est acquis et au vu d'un compte provisoire détaillé de leurs émoluments.

Le montant total des acomptes, qui comprennent le droit prévu aux articles R. 663-18 à R. 663-20, ne peut excéder les deux tiers de la rémunération due au mandataire judiciaire et au liquidateur ni les deux tiers de la somme mentionnée au premier alinéa de l'article R. 663-31. Il ne peut être autorisé plus d'un acompte par semestre. – *[Décr. nº 85-1390 du 27 déc. 1985, art. 24.]*

Art. R. 663-37 S'il advient que des sommes ont été perçues à titre de provision ou d'acomptes et qu'elles se révèlent excéder les montants fixés au dernier alinéa de l'article R. 663-9 et à l'article R. 663-36, elles sont immédiatement restituées. – *[Décr. nº 85-1390 du 27 déc. 1985, art. 24.]*

Art. R. 663-38 La décision autorisant le versement d'une provision ou d'un acompte ou arrêtant les émoluments des administrateurs judiciaires, commissaires à l'exécution du plan, mandataires judiciaires et liquidateurs peut être contestée par le mandataire de justice concerné, le débiteur ou le ministère public. Elle est, dans les quinze jours de sa date, communiquée au ministère public et, selon le cas, à l'admi-

nistrateur judiciaire ou au mandataire judiciaire concerné, par le greffier de la juridiction et notifiée par lui au débiteur par lettre recommandée avec demande d'avis de réception. La lettre de notification indique le délai et les modalités selon lesquelles la contestation peut être portée devant le président du tribunal de grande instance ou le premier président de la cour d'appel territorialement compétent. – *[Décr. nº 85-1390 du 27 déc. 1985, art. 28.]*

La notification par le greffier au débiteur de la décision arrêtant les émoluments du représentant des créanciers, conformément aux dispositions de l'art. 27 du Décr. nº 85-1390 du 27 déc. 1985 dans sa rédaction antérieure au Décr. nº 2006-1709 du 23 déc. 2006, plus de quinze jours après sa date, n'est assortie d'aucune sanction et n'entraîne pas la caducité de cette décision. • Com. 11 mai 2010 : *Bull. civ. IV, nº 86 ; D. 2010. Actu. 1276.*

Art. R. 663-39 **La demande de taxe peut être faite dans le délai d'un mois à compter de la communication ou de la notification prévue à l'article précédent, oralement ou par écrit au greffe du tribunal de grande instance ou de la cour d'appel. Elle est motivée.**

Le président du tribunal de grande instance ou le magistrat délégué par lui à cet effet, statue sur la demande dans les conditions prévues par les articles 709 et 711 à 718 du code de procédure civile. – *[Décr. nº 85-1390 du 27 déc. 1985, art. 29.]*

Le recours contre l'ordonnance du magistrat délégué par le premier président de la cour d'appel fixant la rémunération de l'administrateur judiciaire en application de l'art. R. 663-13 C. com. peut être formé au greffe de la cour d'appel oralement ou par écrit dans le délai d'un mois à compter de sa notification ; en l'absence d'autres formalités prévues par l'art. R. 663-39, un tel recours peut être formé, dans ce délai, par voie de télécopie. • Com. 27 nov. 2012 : *Bull. civ. IV, nº 215 ; D. 2012. Actu. 2887 ; Dict. perm. diff. entrep., Bull. nº 343, obs. Rémery ; Bull. Joly Entrep. diff. 2013. 102, note Rohart-Messager ; Rev. proc. coll. 2013, nº 35, obs. Étienne-Martin.*

Art. R. 663-40 **Les actions des administrateurs judiciaires, commissaires à l'exécution du plan, mandataires judiciaires, liquidateurs, en matière de rémunération, se prescrivent par six mois à compter de la notification prévue à l'article R. 663-38.** – *[Décr. nº 85-1390 du 27 déc. 1985, art. 30.]*

SECTION III DE L'INDEMNISATION DES DOSSIERS IMPÉCUNIEUX

Art. R. 663-41 **Le seuil mentionné à l'article L. 663-3 est fixé à la somme de 1 500 € (HT).** – *[Décr. nº 85-1390 du 27 déc. 1985, art. 18-1.]*

Art. R. 663-42 **Le comité d'administration du fonds institué par l'article L. 663-3 est présidé par un magistrat de la Cour des comptes désigné par le premier président de cette juridiction. Il comprend un représentant du garde des sceaux, ministre de la justice et un membre du Conseil national des administrateurs judiciaires et des mandataires judiciaires, désignés, sur proposition de ce conseil, par le garde des sceaux, ministre de la justice. Un représentant de la Caisse des dépôts et consignations est entendu en tant que de besoin par le comité.** – *[Décr nº 85-1390 du 27 déc. 1985, art. 18-2.]*

Art. R. 663-43 **La Caisse des dépôts et consignations assure la gestion administrative, comptable et financière du fonds.**

A ce titre, elle est chargée :

1º D'effectuer les opérations de prélèvement sur les intérêts servis sur les dépôts mentionnés au troisième alinéa de l'article L. 663-3 ;

2° De verser aux mandataires judiciaires et aux liquidateurs les sommes qui leur sont attribuées en application du deuxième alinéa de l'article L. 663-3 ;
3° De gérer la trésorerie excédentaire du fonds ;
4° D'assurer la surveillance de son équilibre financier ;
5° De tenir sa comptabilité ;
6° De rendre compte de sa gestion. – *[Décr. n° 85-1390 du 27 déc. 1985, art. 18-3.]*

Art. R. 663-44 La Caisse des dépôts et consignations ouvre dans ses livres un compte bancaire spécifique au nom du fonds. – *[Décr. n° 85-1390 du 27 déc. 1985, art. 18-4.]*

Art. R. 663-45 La Caisse des dépôts et consignations précise la nomenclature des comptes bancaires rémunérés à vue et à terme ouverts dans ses livres, destinés à recevoir les fonds déposés en application des articles L. 622-18, L. 626-25 et L. 641-8 *(Décr. n° 2012-1190 du 25 oct. 2012, art. 11)* « , ainsi que les fonds déposés en application de l'article L. 663-1-1 ».

Les intérêts des comptes bancaires *(Décr. n° 2012-1190 du 25 oct. 2012, art. 11)* « , à l'exception de ceux dus au titre de sommes déposées en application de l'article L. 663-1-1, » sont imputés au crédit du compte ouvert au nom du fonds dans les livres de la Caisse des dépôts et consignations.

Le garde des sceaux, ministre de la justice, fixe par arrêté le taux du prélèvement sur les intérêts, sur proposition du comité d'administration du fonds. En cas de modification de ce taux, celui-ci s'applique à tous les intérêts servis à compter de la date d'effet de cette modification, quelle que soit la période au titre de laquelle ces intérêts ont été produits. – *[Décr. n° 85-1390 du 27 déc. 1985, art. 18-5.]*

Le Décr. n° 2012-1190 du 25 oct. 2012 est applicable dans les îles Wallis-et-Futuna (Décr. préc., art. 12).

Art. R. 663-46 Le versement des sommes aux mandataires judiciaires et aux liquidateurs est effectué par la Caisse des dépôts et consignations sur un compte bancaire ouvert au nom du bénéficiaire au vu d'un extrait de la décision qui les accorde et, sauf si cette décision bénéficie de l'exécution provisoire, d'un certificat de non-appel. – *[Décr. n° 85-1390 du 27 déc. 1985, art. 18-6.]*

Art. R. 663-47 Une convention entre le garde des sceaux, ministre de la justice, agissant au nom de l'État et la Caisse des dépôts et consignations précise les modalités selon lesquelles les missions mentionnées aux articles R. 663-43 et R. 663-46 sont assurées par la caisse, ainsi que les modalités de calcul des frais de gestion du fonds, qui sont imputés au débit du compte ouvert au nom de celui-ci. – *[Décr. n° 85-1390 du 27 déc. 1985, art. 18-7.]*

Art. R. 663-48 Lorsqu'il a approuvé le compte rendu de fin de mission du mandataire judiciaire ou du liquidateur, le juge-commissaire propose au tribunal de faire application de l'article L. 663-3 si les conditions prévues par cet article sont réunies. Cette proposition, qu'il joint, dans ce cas, à sa décision d'approbation, mentionne le montant des émoluments perçus par le mandataire de justice et est accompagnée des pièces du compte rendu de fin de mission en justifiant.

Le tribunal se saisit d'office. La décision par laquelle il statue sur l'impécuniosité et fixe le montant de l'indemnité qui sera versée au mandataire judiciaire ou au liquidateur est susceptible d'appel de la part du ministère public, du mandataire judiciaire et du liquidateur. – *[Décr. n° 85-1390 du 27 déc. 1985, art. 18-8.]*

Art. R. 663-49 Lorsque la procédure de liquidation judiciaire est reprise après avoir été clôturée et que le liquidateur a bénéficié de l'indemnisation prévue à l'article L. 663-3, toute demande d'émolument au titre de cette reprise de procédure est transmise pour avis au ministère public. Ce droit à rémunération est réduit du montant de l'indemnisation perçue avant de pouvoir être acquis. – *[Décr. nº 85-1390 du 27 déc. 1985, art. 18-9.]*

TITRE SEPTIÈME DISPOSITIONS DÉROGATOIRES PARTICULIÈRES AUX DÉPARTEMENTS DE LA MOSELLE, DU BAS-RHIN ET DU HAUT-RHIN

Art. R. 670-1 Les formes de procéder applicables devant les tribunaux de grande instance des départements du Bas-Rhin, du Haut-Rhin et de la Moselle dans les matières prévues par le présent code sont déterminées par l'article 31 de la loi du 1er juin 1924 portant introduction des lois commerciales françaises dans ces départements et par les articles 37 à 39 de l'annexe du code de procédure civile relative à l'application de ce code dans ces mêmes départements. – *[Décr. nº 85-1388 du 27 déc. 1985, art. 176.]*

Représentation par avocat obligatoire. V. note 41 ss. ancien art. L. 621-46, ss. art. L. 622-26, et note 24 *ter* ss. art. L. 624-9.

Art. R. 670-2 Dans les départements du Bas-Rhin, du Haut-Rhin et de la Moselle, le tribunal de l'exécution connaît :

1° Des difficultés d'exécution des décisions prises par le juge commissaire en application de l'article L. 642-18 ;

2° Des contestations relatives au règlement de l'ordre par le liquidateur.

Le tribunal d'exécution exerce les attributions conférées par le présent livre au juge des ordres du tribunal de grande instance.

Le liquidateur ne peut, ni en son nom personnel, ni en qualité de mandataire judiciaire, être déclaré adjudicataire des immeubles du débiteur. – *[Décr nº 85-1388 du 27 déc. 1985, art. 177.]*

Art. R. 670-3 Dans les départements du Bas-Rhin, du Haut-Rhin et de la Moselle :

1° L'ordonnance prévue à l'article R. 642-28 comporte, outre les indications mentionnées à l'article R. 642-22, les énonciations figurant à l'article 144 de la loi du 1er juin 1924 mettant en vigueur la législation civile française dans les départements du Bas-Rhin, du Haut-Rhin et de la Moselle ;

2° L'ordonnance prévue à l'article R. 642-30 comporte, outre les indications mentionnées à l'article R. 642-22, les énonciations figurant au deuxième alinéa de l'article 261 de la même loi ;

3° La vente par voie d'adjudication amiable est soumise aux dispositions des articles 249 à 254 de la même loi. – *[Décr. nº 85-1388 du 27 déc. 1985, art. 177-1.]*

Art. R. 670-4 Dans les départements du Bas-Rhin, du Haut-Rhin et de la Moselle, la répartition du produit des ventes et le règlement de l'ordre des créanciers par le liquidateur mentionnés au *(Décr. nº 2009-160 du 12 févr. 2009, art. 122)* « cinquième » alinéa de l'article L. 642-18 sont exclusivement soumis aux dispositions prévues par le présent livre. – *[Décr. nº 85-1388 du 27 déc. 1985, art. 177-2.]*

Art. R. 670-5 Pour l'application des dispositions du présent livre dans les départements du Bas-Rhin, du Haut-Rhin et de la Moselle, les mots : *(Décr. nº 2012-1462 du 26 déc. 2012, art. 35, en vigueur le 1er janv. 2013)* « "service de la publicité fon-

cière" ou "fichier immobilier" » doivent s'entendre comme signifiant "bureau foncier" *(Décr. nº 2012-1462 du 26 déc. 2012, art. 35 en vigueur le 1er janv. 2013)* **« ou "livre foncier" ».** – *[Décr. nº 85-1388 du 27 déc. 1985, art. 178.]*

Art. R. 670-6 *(Abrogé par Décr. nº 2009-1193 du 7 oct. 2009, art. 101)* ***Les jugements ouvrant une procédure de sauvegarde ou de redressement judiciaire, ou prononçant une liquidation judiciaire, font l'objet d'une simple mention au livre foncier à la diligence de l'administrateur judiciaire et du mandataire judiciaire. Le décret du 18 novembre 1924 relatif à la tenue du livre foncier dans les départements du Bas-Rhin, du Haut-Rhin et de la Moselle précise les conditions de radiation de cette mention.*** – [L. 1er juin 1924, art. 38-1.]

LIVRE SEPTIÈME DES JURIDICTIONS COMMERCIALES ET DE L'ORGANISATION DU COMMERCE

TITRE PREMIER DU RÉSEAU DES CHAMBRES DE COMMERCE ET D'INDUSTRIE

V. note au-dessus de l'art. R. 712-2.

CHAPITRE PREMIER DE L'ORGANISATION ET DES MISSIONS DU RÉSEAU DES CHAMBRES DE COMMERCE ET D'INDUSTRIE

SECTION PREMIÈRE DES CHAMBRES DE COMMERCE ET D'INDUSTRIE TERRITORIALES ET DÉPARTEMENTALES D'ÎLE-DE-FRANCE *(Décr. n° 2010-1463 du 1er déc. 2010, art. 2).*

RÉP. COM. v° *Chambres de commerce et d'industrie,* par NOUVION.

SOUS-SECTION 1 DISPOSITIONS GÉNÉRALES

Art. R. 711-1 *(Décr. n° 2010-1463 du 1er déc. 2010, art. 3)* Les circonscriptions des chambres de commerce et d'industrie territoriales couvrent l'ensemble du territoire métropolitain et de celui des départements d'outre-mer. La même portion de territoire ne peut pas figurer dans la circonscription de plus d'une chambre de commerce et d'industrie territoriale ou chambre de commerce et d'industrie départementale d'Île-de-France.

Il y a au moins une chambre territoriale ou départementale d'Île-de-France dans chaque département.

Toutefois le schéma directeur prévu à l'article L. 711-8 peut prévoir que la circonscription d'une chambre de commerce et d'industrie territoriale peut s'étendre sur plusieurs départements. – *[L. du 9 avr. 1898, art. 1er, al. 3.]* – *V. art. R. 711-10.*

BIBL. ▸ G. DURAND, *JCP 1995. I. 3877* (établissement public économique).

Art. R. 711-2 Les *(Décr. n° 2010-1463 du 1er déc. 2010, art. 87)* « chambres de commerce et d'industrie territoriales » sont instituées *(Décr. n° 2010-1463 du 1er déc. 2010, art. 4)* « par décret » sur la proposition du ministre chargé de leur tutelle. L'avis du conseil municipal de la commune désignée pour être le siège de la nouvelle chambre ainsi que celui du conseil général et des *(Décr. n° 2010-1463 du 1er déc. 2010, art. 87)* « chambres de commerce et d'industrie territoriales » du ou des départements sur le territoire desquels s'étend sa circonscription sont préalablement demandés. – *[L. du 9 avr. 1898, art. 2.]*

Art. R. 711-3 Les *(Décr. nº 2010-1463 du 1er déc. 2010, art. 87)* « chambres de commerce et d'industrie territoriales » peuvent s'adjoindre des membres associés en nombre au plus égal à la moitié des membres élus. Les membres associés sont désignés par la chambre après chaque renouvellement parmi des personnalités qualifiées détenant des compétences *(Décr. nº 2010-924 du 3 août 2010, art. 3)* « en matière économique » utiles à l'établissement public *(Abrogé par Décr. nº 2010-924 du 3 août 2010, art. 3)* « ***, notamment parmi les pilotes maritimes dans les chambres dont la circonscription comporte des ports maritimes*** ». – *[Décr. nº 91-739 du 18 juill. 1991, art. 8, al. 1er, 1re phrase, et al. 2.]*

Art. R. 711-4 Les membres associés prennent part aux délibérations avec voix consultative et peuvent représenter les chambres dans toutes les instances auxquelles celles-ci participent *(Décr. nº 2010-1463 du 1er déc. 2010, art. 5)* « , sans pouvoir les engager sur le plan financier ou contractuel ». – *[Décr. nº 91-739 du 18 juill. 1991, art. 8, al. 1er, 2e phrase.]*

Art. D. 711-5 *(Décr. nº 2010-1463 du 1er déc. 2010, art. 6)* En application des articles L. 2211-1, L. 2233-1 et L. 2233-2 du code du travail, les chambres de commerce et d'industrie territoriales ou de région sont autorisées à conclure des accords collectifs de travail, conformément aux dispositions des articles L. 2211-1, L. 3311-1, L. 3312-2, L. 3312-3, L. 3312-5 et L. 3312-6 du même code et sous réserve des accords nationaux conclus par l'assemblée des chambres françaises de commerce et d'industrie en application de l'article L. 711-16 du présent code, au bénéfice des seuls personnels qu'elles emploient sous contrat relevant du droit du travail. – *[Décr. nº 2005-684 du 21 juin 2005, art. 1er.]*

Art. R. 711-6 Les *(Décr. nº 2010-1463 du 1er déc. 2010, art. 87)* « chambres de commerce et d'industrie territoriales » peuvent délivrer des certificats pour attester de l'origine prévue par le règlement (CEE) nº 2454/93 de la Commission du 2 juillet 1993 fixant certaines dispositions d'application du règlement (CEE) nº 2913/92 du Conseil du 12 octobre 1992 établissant le code des douanes communautaire, par la convention de Genève pour la simplification des formalités douanières du 3 novembre 1923 et par la convention internationale de Kyoto pour la simplification et l'harmonisation des régimes douaniers du 18 juin 1974.

Chaque année les *(Décr. nº 2010-1463 du 1er déc. 2010, art. 87)* « chambres de commerce et d'industrie territoriales » sont appelées à présenter au ministre chargé de leur tutelle des propositions en vue de la désignation d'adjoints aux commissaires experts pour les affaires de douane. – *[L. du 9 avr. 1898, art. 16, al. 2 et 3.]*

Art. R. 711-7 Les *(Décr. nº 2010-1463 du 1er déc. 2010, art. 7)* « établissements publics du réseau des chambres de commerce et d'industrie » peuvent saisir *(Décr. nº 2010-1463 du 1er déc. 2010, art. 7)* « leur autorité de tutelle » de toutes les questions intéressant le fonctionnement des services qui leur sont confiés, et lui transmettent chaque année un compte rendu général de leurs travaux. – *[L. du 9 avr. 1898, art. 17, al. 2 et 3.]*

Art. R. 711-8 *(Décr. nº 2010-1463 du 1er déc. 2010, art. 8)* Les établissements du réseau des chambres de commerce et d'industrie peuvent correspondre directement entre eux et avec les pouvoirs publics de leur circonscription pour toutes les questions relatives aux intérêts de l'industrie, du commerce et des services. – *[L. du 9 avr. 1898, art. 18, al. 1er.]*

Art. R. 711-9 et R. 711-10 *Abrogés par Décr. nº 2007-574 du 19 avr. 2007, art. 8-I.*

Art. D. 711-9 *(Décr. nº 2007-987 du 15 mai 2007, art. 1er, en vigueur le 1er juill. 2007)* Les *(Décr. nº 2010-1463 du 1er déc. 2010, art. 87)* « chambres de commerce et d'industrie territoriales » établissent annuellement, dans le cadre de leur rapport d'activité, un relevé des indicateurs d'activité, de qualité et de performance, prévus à l'article D. 711-56-1, qu'elles transmettent à la *(Décr. nº 2010-1463 du 1er déc. 2010, art. 87)* « chambre de commerce et d'industrie de région » et à l'assemblée des chambres françaises de commerce et d'industrie.

Art. D. 711-10 *(Décr. nº 2007-987 du 15 mai 2007, art. 1er, en vigueur le 1er juill. 2007)* Les *(Décr. nº 2010-1463 du 1er déc. 2010, art. 9 et 87)* « chambres de commerce et d'industrie territoriales, les chambres de commerce et d'industrie départementales d'Île-de-France et les chambres de commerce et d'industrie de région » ont notamment une mission de service aux *(Décr. nº 2010-1463 du 1er déc. 2010, art. 9)* « créateurs et repreneurs d'entreprises et aux » entreprises industrielles, commerciales et de services de leur circonscription.

Pour l'exercice de cette mission, elles créent et gèrent des centres de formalités des entreprises et apportent à celles-ci toutes informations et tous conseils utiles pour leur développement.

Elles peuvent également créer et assurer directement d'autres dispositifs de conseil et d'assistance aux entreprises, dans le respect du droit de la concurrence et sous réserve de la tenue d'une comptabilité analytique.

Art. D. 711-10-1 *(Décr. nº 2010-1463 du 1er déc. 2010, art. 10)* Dans le cadre de leurs attributions, les chambres de commerce et d'industrie territoriales et les chambres de commerce et d'industrie de région sont autorités compétentes en application de l'article 32 de la loi nº 2010-853 du 23 juillet 2010 relative aux réseaux consulaires, au commerce, à l'artisanat et aux services et du décret nº 51-372 du 27 mars 1951 portant application de la loi nº 49-1652 du 31 décembre 1949 réglementant la profession de courtiers en vins dits "courtiers de campagne", et de coopérer à ce titre avec les autorités compétentes des autres États membres de l'Union européenne ou des États parties à l'accord sur l'Espace économique européen.

Art. R. 711-11 Les *(Décr. nº 2010-1463 du 1er déc. 2010, art. 11 et 87)* « chambres de commerce et d'industrie territoriales et les chambres de commerce et d'industrie de région » peuvent publier le compte rendu de leurs séances. – *[L. du 9 avr. 1898, art. 19.]*

Art. R. 711-11-1 *(Décr. nº 2010-1463 du 1er déc. 2010, art. 12)* Les expérimentations mentionnées au quatrième alinéa de l'article L. 711-1 sont cohérentes avec les schémas sectoriels.

Les chambres de commerce et d'industrie territoriales souhaitant procéder à ces expérimentations doivent présenter à leur assemblée et à la chambre de commerce et d'industrie de région une étude présentant le projet, ses objectifs, son financement, l'impact économique attendu, la durée prévue de cette expérimentation qui ne peut dépasser cinq ans renouvelables. L'étude est transmise à l'autorité de tutelle. Les expérimentations font l'objet d'un vote des assemblées générales des chambres concernées.

Les chambres de commerce et d'industrie départementales d'Île-de-France peuvent procéder à ces expérimentations dans les mêmes conditions et selon les modalités fixées dans le règlement intérieur de la chambre de commerce et d'industrie de la région Paris-Île-de-France.

Ces expérimentations donnent lieu tous les deux ans à un bilan relatif à l'impact de la mesure récapitulant les points évoqués dans l'étude mentionnée ci dessus *[ci-dessus]*.

• SOUS-SECTION 2 DU FONCTIONNEMENT

Art. R. 711-12 *(Décr. nº 2010-924 du 3 août 2010, art. 4)* Dans les trois semaines qui suivent le dernier jour du scrutin, les membres élus de la chambre de commerce et d'industrie territoriale sont installés par le préfet du département du siège de la chambre. Le préfet dresse procès-verbal de la séance. – *[Décr. nº 91-739 du 18 juill. 1991, art. 9.]*

Protection fonctionnelle. Aucune disposition législative ou réglementaire ni aucune principe général du droit ne fait obligation à une chambre de commerce et d'industrie d'accorder sa protection à un élu lorsque celui-ci fait l'objet de poursuites pénales, que les faits incriminés aient ou non un caractère détachable de l'exercice de ses fonctions électives. • CAA Bordeaux, 27 nov. 2007 : *AJDA 2008. 264*.

Art. R. 711-13 *(Décr. nº 2010-1463 du 1er déc. 2010, art. 13)* Après chaque renouvellement, les chambres de commerce et d'industrie territoriales et les chambres départementales d'Île-de-France élisent un bureau composé d'un président, de deux vice-présidents, d'un trésorier, d'un trésorier adjoint et d'un ou deux secrétaires. Après son élection, le trésorier d'une chambre de commerce et d'industrie départementale d'Ile-de-France, appelé trésorier départemental, reçoit, dans les conditions fixées par le règlement intérieur de la chambre de commerce et d'industrie de région Paris-Île-de-France, délégation du trésorier de cette chambre.

Le président et les deux vice-présidents élus en application de l'alinéa précédent représentent les trois catégories professionnelles mentionnées à l'article L. 713-11. *(Décr. nº 2013-381 du 3 mai 2013, art. 2)* « Le président et les vice-présidents ne peuvent cumuler leur fonction avec celle de trésorier ou de trésorier adjoint, conformément aux dispositions de l'article R. 712-13. »

L'autorité de tutelle peut autoriser l'augmentation du nombre de membres du bureau *(Décr. nº 2013-381 du 3 mai 2013, art. 2)* « dans la limite de trois membres au plus, pour tenir compte des particularités locales ». Cette augmentation est de droit pour l'application de l'article R. 711-21. – *[Décr. nº 91-739 du 18 juill. 1991, art. 10, al. 1er à 3.]*

Les dispositions introduites au 3e al. de l'art. R. 711-13 par le Décr. nº 2013-381 du 3 mai 2013 sont applicables à compter du renouvellement général suivant sa publication (Décr. préc., art. 25).

Art. R. 711-14 *(Décr. nº 2010-1463 du 1er déc. 2010, art. 14)* « Entre deux renouvellements, il est pourvu, lors de l'assemblée générale la plus proche et au plus tard dans les deux mois suivant la démission du membre du bureau, au remplacement de tout membre du bureau dont le siège est devenu vacant, même si ce point n'a pas été inscrit à l'ordre du jour de cette assemblée, sous réserve d'une information préalable des membres de l'assemblée générale au plus tard cinq jours avant la tenue de la réunion de cette assemblée. » En cas de vacance de la moitié des postes, le bureau est réélu dans sa totalité.

Si l'ensemble du bureau de la *(Décr. nº 2010-1463 du 1er déc. 2010, art. 14 et 87)* « chambre de commerce et d'industrie territoriale ou de la chambre de commerce et d'industrie départementale d'Ile-de-France » a démissionné, *(Décr. nº 2010-1463 du 1er déc. 2010, art. 14)* « l'autorité de tutelle » assure l'expédition des affaires courantes jusqu'à l'élection d'un nouveau bureau. – *[Décr. nº 91-739 du 18 juill. 1991, art. 10, al. 4 et 5.]*

Art. R. 711-15 Les candidats aux fonctions de membre du bureau attestent auprès du préfet qu'ils remplissent les conditions prévues à l'article L. 713-4 et qu'ils ne sont frappés d'aucune des incapacités mentionnées à l'article L. 713-3.

Nul ne peut être simultanément membre du bureau d'une *(Décr. n° 2010-1463 du 1er déc. 2010, art. 15 et 87)* « chambre de commerce et d'industrie territoriale ou départementale d'Île-de-France » et membre du bureau d'une *(Décr. n° 2010-1356 du 11 nov. 2010, art. 25)* « chambre de métiers et de l'artisanat de région » *(Décr. n° 2010-1463 du 1er déc. 2010, art. 15)* « ou chambre régionale de métiers et de l'artisanat ». En cas de cumul, l'intéressé fait connaître au préfet, dans les dix jours qui suivent la survenance du cumul, celle des deux fonctions qu'il choisit d'exercer. A défaut, il est considéré comme ayant choisi la dernière fonction à laquelle il a été élu. – *[Décr. n° 91-739 du 18 juill. 1991, art. 10, al. 6 et 7.]*

Art. R. 711-16 *et* R. 711-17 *Abrogés par Décr. n° 2007-574 du 19 avr. 2007, art. 8-I.*

SOUS-SECTION 3 DE LA DÉLÉGATION DES CHAMBRES DE COMMERCE ET D'INDUSTRIE

Art. R. 711-18 Lorsque, dans la circonscription d'une *(Décr. n° 2010-1463 du 1er déc. 2010, art. 87)* « chambre de commerce et d'industrie territoriale », l'existence de bassins d'activités économiques le rend nécessaire, des délégations correspondant à des limites administratives peuvent y être créées *(Décr. n° 2010-924 du 3 août 2010, art. 5)* « par arrêté du préfet du département du siège de la chambre, le cas échéant après avis du ou des préfets du ou des départements où est situé le territoire représenté par la délégation ». Toutefois, aucune délégation ne peut être créée *(Décr. n° 2010-924 du 3 août 2010, art. 5)* « au-delà du 15 avril » de l'année au cours de laquelle il est procédé au renouvellement de la *(Décr. n° 2010-1463 du 1er déc. 2010, art. 87)* « chambre de commerce et d'industrie territoriale ». – *[Décr. n° 91-739 du 18 juill. 1991, art. 5, al. 1er.]*

Art. R. 711-19 *(Décr. n° 2010-924 du 3 août 2010, art. 6)* La délégation est constituée de membres de la chambre de commerce et d'industrie territoriale, qui ont été identifiés sur les bulletins de vote parmi les candidats aux élections de cette chambre. *(Décr. n° 2010-1463 du 1er déc. 2010, art. 16)* « Ces membres de la délégation sont élus au niveau de la circonscription de la chambre de commerce et d'industrie territoriale.

« Sur proposition de l'assemblée générale de la chambre de commerce et d'industrie territoriale, l'autorité de tutelle peut décider que chaque délégation comprend au minimum un élu par catégorie ou sous-catégorie indépendamment du poids économique de la délégation. » Le nombre de membres de la délégation et leur répartition entre catégories et, le cas échéant, entre sous-catégories professionnelles sont arrêtés par le préfet du département du siège de la chambre dans les conditions prévues aux articles R. 711-47-1 et R. 713-66. – *[Décr. n° 91-739 du 18 juill. 1991, art. 5, al. 2 et 3.]*

Art. R. 711-20 La délégation, qui ne peut se réunir par catégorie professionnelle, soumet à la chambre ses propositions et ses vœux. Elle peut être consultée directement par l'administration sur les problèmes particuliers de sa circonscription.

La délégation soumet à l'approbation de la *(Décr. n° 2010-1463 du 1er déc. 2010, art. 87)* « chambre de commerce et d'industrie territoriale » ses règles de fonctionnement, qui sont intégrées au règlement intérieur de la chambre. – *[Décr. n° 91-739 du 18 juill. 1991, art. 6.]*

Art. R. 711-21 La délégation élit son président *(Décr. n° 2010-924 du 3 août 2010, art. 7)* « qui est de droit membre du bureau de la chambre de commerce et d'industrie territoriale.

« La même personne ne peut pas être simultanément président de la délégation et de la chambre. En cas de cumul, l'intéressé fait connaître au préfet du département du siège de la chambre, dans les cinq jours qui suivent la survenance du cumul, celle des deux fonctions qu'il choisit d'exercer. A défaut, il est réputé avoir renoncé à la présidence de la délégation. »

La délégation se réunit sur convocation de son président ou à la demande du tiers au moins de ses membres. Elle peut s'adjoindre des membres associés dans les conditions prévues aux articles R. 711-3 et R. 711-4. – *[Décr. n° 91-739 du 18 juill. 1991, art. 7.]*

SOUS-SECTION 4 DES GROUPEMENTS INTERCONSULAIRES

Art. R. 711-22 Peuvent être érigés en établissements publics les groupements que les *(Décr. n° 2010-1463 du 1er déc. 2010, art. 17 et 87)* « chambres de commerce et d'industrie territoriales et les chambres de commerce et d'industrie de région » sont autorisées à former entre elles pour la défense d'intérêts spéciaux et communs.

Ces établissements publics, dénommés "groupements interconsulaires", sont créés par *(Décr. n° 2007-574 du 19 avr. 2007, art. 8-I)* « décret » pris sur le rapport du ministre chargé de la tutelle des chambres de commerce et d'industrie, sur proposition des *(Décr. n° 2010-1463 du 1er déc. 2010, art. 17 et 87)* « chambres de commerce et d'industrie territoriales ou de région » intéressées, après avis du ou des préfets de département et du ou des préfets de région intéressés. – *[Décr. n° 72-950 du 3 oct. 1972, art. 1er.]*

Art. R. 711-23 Les groupements interconsulaires sont autorisés à fonder et à administrer tous établissements à usage de commerce et d'industrie dans les conditions énoncées à l'article *(Décr. n° 2007-574 du 19 avr. 2007, art. 8-I)* « R. 712-28 » et dans la limite des attributions définies par le *(Décr. n° 2010-1463 du 1er déc. 2010, art. 18)* « décret » prévu à l'article R. 711-22. Dans la même limite, ils peuvent participer à toute opération propre à assurer le développement économique de la circonscription des chambres qui les constituent. – *[Décr. n° 72-950 du 3 oct. 1972, art. 2.]*

Art. R. 711-24 Les groupements interconsulaires peuvent être déclarés concessionnaires de travaux publics ou chargés de services publics dans les mêmes conditions que les *(Décr. n° 2010-1463 du 1er déc. 2010, art. 87)* « chambres de commerce et d'industrie territoriales ». La concession peut se rapporter non seulement à des travaux entrepris par l'État, mais aussi à ceux qui sont à la charge des collectivités locales, de leurs établissements publics ou d'associations syndicales. – *[Décr. n° 72-950 du 3 oct. 1972, art. 3.]*

Art. R. 711-25 Le décret prévu à l'article R. 711-22 fixe le nombre de sièges de l'assemblée générale du groupement interconsulaire réservés à chacune des *(Décr. n° 2010-1463 du 1er déc. 2010, art. 19)* « chambres » constituant le groupement ; ce nombre ne peut être inférieur à deux. Le total des sièges ne peut être inférieur à dix ou supérieur à trente, toutefois il peut être dérogé à cette règle lorsque le nombre des chambres participantes est supérieur à dix.

Les présidents des chambres constituant un groupement interconsulaire sont membres de droit de l'assemblée générale de celui-ci. Ils peuvent se faire suppléer par un membre du bureau de leur chambre.

Les autres membres de l'assemblée générale du groupement sont élus dans chaque *(Décr. n° 2010-1463 du 1er déc. 2010, art. 19 et 87)* « chambre de commerce et d'industrie territoriale ou de région » participante par l'ensemble des membres titulaires de celle-ci.

L'élection a lieu dans les quinze jours qui suivent l'installation de la chambre, au scrutin uninominal à un tour. – *[Décr. n° 72-950 du 3 oct. 1972, art. 4.]*

Art. R. 711-26 *(Décr. n° 2010-1463 du 1er déc. 2010, art. 20)* « Les autorités de tutelle des chambres de commerce et d'industrie territoriales ou le cas échéant de région participant au groupement vérifient que la désignation des représentants a été faite dans les conditions prévues à l'article R. 711-25 et communiquent le procès-verbal des opérations au préfet de la région où est situé le siège du groupement. »

Le préfet du département où est situé le siège du groupement procède à l'installation, dans leurs fonctions, des membres du groupement. – *[Décr. n° 72-950 du 3 oct. 1972, art. 5.]*

Art. R. 711-27 Les représentants des *(Décr. n° 2010-1463 du 1er déc. 2010, art. 21 et 87)* « chambres de commerce et d'industrie territoriales ou de région » autres que les présidents, membres de droit, sont élus pour cinq ans. Toutefois, si leur *(Décr. n° 2010-1463 du 1er déc. 2010, art. 21)* « chambre » est mise en renouvellement une année autre que celle du renouvellement quinquennal, leur mandat vient automatiquement à expiration et la chambre de commerce et d'industrie *(Décr. n° 2010-1463 du 1er déc. 2010, art. 21)* « territoriale ou de région » procède dans les conditions prévues à l'article R. 711-25 à de nouvelles désignations. Si un groupement interconsulaire est créé dans la période qui sépare deux élections quinquennales consulaires, les membres de son assemblée générale sont renouvelés lors du prochain renouvellement quinquennal.

Entre deux renouvellements quinquennaux, des désignations peuvent intervenir dans les conditions fixées à l'article R. 711-25 pour combler les vacances éventuelles.

A partir du jour du renouvellement quinquennal jusqu'au jour de l'installation des nouveaux membres de l'assemblée générale du groupement, celle-ci ne peut se réunir que pour procéder aux actes d'administration conservatoires et urgents. En aucun cas, il ne lui est permis d'engager des dépenses excédant les ressources disponibles de l'exercice courant. – *[Décr. n° 72-950 du 3 oct. 1972, art. 6.]*

Art. R. 711-28 Le bureau du groupement comprend un président, un secrétaire et un trésorier.

(Décr. n° 2013-381 du 3 mai 2013, art. 3) « Pour tenir compte des particularités locales, des missions du groupement interconsulaire et du nombre de chambres le constituant, l'autorité de tutelle peut autoriser l'augmentation du nombre de membres du bureau. »

En cas de vacance, le bureau est complété.

Le bureau prépare, pour les soumettre à l'assemblée générale, les projets de budgets et les comptes du groupement interconsulaire.

Le président représente le groupement interconsulaire auprès des pouvoirs publics et dans tous les actes de la vie civile. Il peut déléguer cette mission pour une période et un objet déterminés par un mandat révocable à tout instant. – *[Décr. n° 72-950 du 3 oct. 1972, art. 8.]*

Art. R. 711-29 L'assemblée se réunit chaque fois qu'elle est convoquée par son président, de sa propre initiative ou sur la demande du ministre chargé de la tutelle des chambres de commerce et d'industrie.

Le président réunit également l'assemblée générale toutes les fois qu'il est saisi d'une demande émanant du tiers de ses membres.

Dans l'intervalle des sessions, le groupement est représenté par le bureau. L'assemblée générale peut déléguer ses pouvoirs au bureau pour une période et un objet déterminés. Cette délégation est révocable à tout instant. — *[Décr. n° 72-950 du 3 oct. 1972, art. 9.]*

Art. R. 711-30 *Abrogé par Décr. n° 2007-574 du 19 avr. 2007, art. 8-I.*

Art. R. 711-31 Le groupement interconsulaire peut être dissous par *(Décr. n° 2007-574 du 19 avr. 2007, art. 8-I)* « décret » pris sur le rapport du ministre chargé de la tutelle des chambres de commerce et d'industrie, sur proposition des chambres intéressées *(Abrogé par Décr. n° 2010-1463 du 1er déc. 2010, art. 22) « ou d'office ».*

L'admission de nouvelles *(Décr. n° 2010-1463 du 1er déc. 2010, art. 22 et 87)* « chambres de commerce et d'industrie territoriales ou de région » à un groupement et le retrait de *(Décr. n° 2010-1463 du 1er déc. 2010, art. 22 et 87)* « chambres de commerce et d'industrie territoriales ou de région » parties à un groupement sont autorisés par *(Décr. n° 2007-574 du 19 avr. 2007, art. 8-I)* « décret ». — *[Décr. n° 72-950 du 3 oct. 1972, art. 14.]*

SECTION II DES CHAMBRES DE COMMERCE ET D'INDUSTRIE DE RÉGION *(Décr. n° 2010-924 du 3 août 2010, art. 2).*

Art. R. 711-32 *(Décr. n° 2010-1463 du 1er déc. 2010, art. 23)* I. — Conformément au 5° de l'article L. 711-8, les chambres de commerce et d'industrie de région recrutent les personnels de droit public sous statut prévu par la loi n° 52-1311 du 10 décembre 1952 relative à l'établissement obligatoire d'un statut du personnel administratif des chambres d'agriculture, des chambres de commerce et des chambres de métiers et les personnels de droit public hors statut pour les agents ressortissants d'un État non membre de l'Union européenne ou pour le personnel à temps partiel inférieur à 50 %.

Elles mettent ces personnels à disposition, après les avoir consultées, des chambres de commerce et d'industrie territoriales qui leur sont rattachées, dans le respect, au regard des grilles des emplois applicables, de la masse salariale prévue dans le budget voté par ces dernières pour l'exercice en cours.

Il peut être mis fin à une mise à disposition par une décision de la chambre de commerce et d'industrie de région prise après avis du président de la chambre de commerce et d'industrie concernée et, en cas de contestation, après avis de la commission paritaire régionale.

La convention passée avec un agent sous statut ne peut comprendre des dispositions contraires au statut mentionné à l'alinéa précédent. Lorsque de telles dispositions figurent dans une convention, elles sont réputées être nulles et non avenues. La convention, qui peut prévoir une éventuelle clause de mobilité, précise l'établissement dans lequel l'agent sera d'abord affecté.

II. — L'ancienneté acquise sans interruption au titre du ou des emplois occupés dans un établissement du réseau des chambres de commerce et d'industrie est considérée maintenue en cas de mobilité dans un autre établissement du réseau au sein de la même région. — *Lors du transfert des agents de droit public sous statut prévu au III de l'art. 40 de la L. n° 2010-853 du 23 juill. 2010, la convention mentionnée au II de l'art. R. 711-32 dans la rédaction issue du Décr. n° 2010-1463 du 1er déc. 2010 et l'ancienneté acquise sans interruption au titre du ou des emplois occupés dans un établissement de la circonscription régionale sont maintenues (Décr. préc., art. 80).*

III. — En application du 4° de l'article L. 711-3, après y avoir été autorisé par délibération de l'assemblée générale de la chambre de commerce et d'industrie de région, pour une durée qui n'excède pas celle de la mandature, le président de cette

dernière peut donner délégation au président d'une chambre de commerce et d'industrie territoriale ou d'une chambre de commerce et d'industrie départementale d'Île-de-France qui lui est rattachée pour procéder aux recrutements et à la gestion personnelle des agents de droit public sous statut nécessaires au bon accomplissement de leurs missions opérationnelles, sous réserve de respecter le plafond d'emploi fixé par la chambre de commerce et d'industrie de région et la masse salariale prévue dans le budget voté par cet établissement.

L'acte de délégation précise sa durée et son périmètre et la nature des missions opérationnelles concernées.

La chambre de commerce et d'industrie de région est tenue préalablement informée par la chambre de commerce et d'industrie territoriale ou départementale d'Île-de-France des recrutements effectués. Le personnel ainsi recruté relève de la commission paritaire régionale.

IV. – La gestion de la situation personnelle des personnels de droit public affectés à une chambre rattachée porte sur les domaines suivants :

***a)* Gestion de leurs droits à congés ;**

***b)* Agrément des demandes d'adaptation du temps de travail ;**

***c)* Suspension de fonctions à titre conservatoire ;**

***d)* Exclusion temporaire sans rémunération de moins de quinze jours ;**

***e)* Sanctions disciplinaires : avertissement et blâme ;**

***f)* Entretiens professionnels ;**

***g)* Formation continue, dans le cadre du plan de formation établi par la commission paritaire régionale ;**

***h)* Organisation, aménagement et amélioration des conditions de travail et de l'emploi ;**

***i)* Actions en faveur de la transmission des savoirs et des savoir-faire ;**

***j)* Mesures de prévention, telles l'instruction des collaborateurs aux premiers secours dans les services où sont effectués des travaux dangereux.**

Les décisions relatives à la rémunération de ces personnels restent toutefois signées par la chambre de commerce et d'industrie de région qui centralise la paie. Il en va de même pour les notifications des sanctions les plus graves.

SOUS-SECTION 1 DES COMPÉTENCES

(Décr. n° 2010-1463 du 1er déc. 2010, art. 24)

Art. R. 711-33 **I. – Les chambres de commerce et d'industrie de région fournissent l'avis demandé par le conseil régional sur tout dispositif d'assistance aux créateurs et repreneurs d'entreprises et aux entreprises dont la région envisage la création.**

Elles peuvent être consultées par l'État, la région et leurs établissements publics sur toute question relative à l'activité et au développement économique, à la formation professionnelle, à l'aménagement du territoire et à l'environnement de la circonscription régionale.

Elles peuvent, de leur propre initiative, émettre des avis et des vœux sur ces mêmes questions.

Les chambres de commerce et d'industrie territoriales sont informées des avis rendus en application des alinéas qui précèdent par la chambre de commerce et d'industrie de région de rattachement de leur circonscription.

II. – Conformément au 6° de l'article L. 711-8, les chambres de commerce et d'industrie de région assurent des fonctions d'appui et de soutien pour le compte

des chambres de leur circonscription. Parmi ces missions figurent au moins les suivantes :

1° Service de paie des agents administratifs ;

2° Services de comptabilité, informatique, juridique ;

3° Outils ou contrats portant sur les frais téléphoniques, l'assurance, la maintenance, l'informatique ;

4° Services de formation mutualisés ;

5° Mise en place d'une politique régionale de communication ;

6° Pôles régionaux spécialisés dans l'action économique, l'intelligence économique, l'innovation, l'environnement et le développement international ;

7° Catégories d'achats définis par l'assemblée générale de la chambre de commerce et d'industrie de région ;

8° Missions d'audit sur un sujet d'intérêt commun à tout ou partie des chambres de la circonscription.

Le champ de ces missions ne couvre pas obligatoirement les services publics industriels et commerciaux gérés par les établissements publics du réseau.

Conformément au I de l'article L. 711-10, elles peuvent déléguer une partie de ces fonctions de soutien, à l'exception de la paie qui est centralisée à leur niveau, à l'une des chambres qui leur sont rattachées, mais sans qu'une fonction de soutien puisse être fractionnée, ou déléguée à plusieurs chambres rattachées. *(Annulé par CE 9 mai 2012, n° 346339)* ***« Ce transfert de charge à une chambre de commerce et d'industrie territoriale ou départementale d'Île-de-France peut faire l'objet de contreparties budgétaires. »***

Les chambres de commerce et d'industrie de région peuvent n'exercer jusqu'au 1er janv. 2013 que certaines des fonctions d'appui et de soutien prévues au II de l'art. R. 711-33 dans la rédaction issue du Décr. n° 2010-1463 du 1er déc. 2010 (Décr. préc., art. 85).

Transfert de charges. En se limitant à prévoir que le transfert de charges pouvait faire l'objet de contreparties budgétaires, le Décr. n° 2010-1463 du 1er déc. 2010 a méconnu l'obligation de compensation prévue par le III de l'art. L. 711-10 C. com. Dès lors, la dernière phrase du II de l'art. R. 711-33, laquelle est divisible du reste du décret, doit être annulée. • CE 9 mai 2012 : *cité ss. art. D. 711-34-1.*

Art. R. 711-34 I. — Lorsque l'importance d'un établissement, ouvrage ou service géré par une chambre de commerce et d'industrie territoriale excède ses moyens financiers, la gestion ou l'exploitation peut en être confiée à la chambre de commerce et d'industrie de région à laquelle cet établissement gestionnaire est rattaché.

Cette décision est prise, suivant le cas :

1° Par l'autorité de tutelle, dans le cadre de la tutelle renforcée des articles R. 712-10 et R. 712-11, avec l'accord du concédant si celui-ci n'est pas l'État.

Les modalités du transfert sont alors inscrites en annexe d'un arrêté préfectoral.

Le schéma sectoriel, s'il n'a pas été préalablement modifié pour prendre en compte ce transfert, mentionne le changement de concessionnaire à titre d'information ;

2° Ou par décisions des chambres concernées adoptées dans les mêmes termes, avec l'accord du concédant.

Les modalités du transfert sont alors précisées par une convention soumise à l'approbation de l'autorité de tutelle dans les conditions du 7° de l'article R. 712-7.

La prochaine assemblée générale de la chambre de commerce et d'industrie de région est informée de la modification du schéma sectoriel pour prendre acte de ce transfert, sans que cette modification ne soit soumise à délibération.

En cas de transfert à une autre chambre rattachée à la même chambre de commerce et d'industrie de région, le schéma sectoriel doit être préalablement modifié dans les conditions prévues à l'article D. 711-41.

II. – La chambre de commerce et d'industrie de région peut déléguer à une chambre de commerce et d'industrie territoriale justifiant d'une expertise particulière certaines de ses missions en application de l'article L. 711-10-1.

La chambre de commerce et d'industrie de région Paris-Île-de-France peut de même confier à une chambre de commerce et d'industrie départementale d'Île-de-France justifiant d'une expertise particulière, qui agira alors en son nom, l'exercice d'une ou plusieurs des missions précitées.

Le schéma sectoriel mentionné à l'article L. 711-8 peut prévoir le transfert de certaines fonctions de mutualisation au profit d'une chambre de commerce et d'industrie territoriale ou d'une chambre de commerce et d'industrie départementale d'Île-de-France, justifiant d'une expertise particulière, pour une durée qui n'excède pas le terme de la mandature. Ce transfert peut être reconduit au cours des mandatures suivantes.

Art. D. 711-34-1 Les chambres de commerce et d'industrie de région veillent à ce que les chambres qui leur sont rattachées ou les groupements consulaires de leur circonscription mettent à disposition des ressortissants les services et prestations dont la charge leur a été confiées par la loi ou le règlement. Lorsqu'une chambre de commerce et d'industrie de région constate qu'un service ou une prestation obligatoires au titre de l'article D. 711-67-2 ne sont pas rendus par une chambre de commerce et d'industrie territoriale, une chambre de commerce et d'industrie départementale d'Île-de-France ou un groupement interconsulaire de sa circonscription, elle élabore avec cet établissement des propositions tendant à remédier à cette situation. Ces propositions sont alors transmises pour information à l'autorité de tutelle.

(Annulé par CE 9 mai 2012, n° 346339) « En cas de carence prolongée, et après information de l'autorité de tutelle, elle peut remplir en lieu et place de l'établissement concerné cette mission obligatoire. Elle déduit alors de la taxe pour frais de chambre à verser à la chambre ou aux chambres partie au groupement au prochain exercice la part des dépenses correspondantes dont elle justifie la nature et le montant auprès de l'autorité de tutelle. »

Pouvoir de substitution. En instaurant au profit de la CCIR, sans fondement législatif, un pouvoir de substitution d'action en cas de carence prolongée d'une CCIT dans l'accomplissement de ses missions obligatoires, le Décr. n° 2010-1463 du 1er déc. 2010 a violé les règles de répartition de compétence entre la loi et le règlement. Dès lors, le 2e al. de l'art. D. 711-34-1, qui est divisible du reste du texte, est entaché d'incompétence et doit être annulé en tant qu'il s'applique aux chambres de commerce et d'industrie territoriales. • CE 9 mai 2012 : *AJDA 2012. 977, obs. R. G.*

Art. D. 711-34-2 En application du premier alinéa de l'article L. 711-8, les chambres de commerce et d'industrie de région favorisent la mutualisation des actions des chambres de commerce et d'industrie territoriales de leur circonscription, notamment par le biais des conventions prévues à l'article D. 711-67-5.

Elles peuvent à ce titre développer des actions de coopération et proposer la création de services communs au sein de leur circonscription, le cas échéant en concertation avec les établissements du réseau des chambres de métiers et de l'artisanat et des chambres d'agriculture.

Art. D. 711-34-3 Les chambres de commerce et d'industrie de région établissent annuellement, dans le cadre de leur rapport d'activité, un relevé des indicateurs prévus à l'article D. 711-56-1 les concernant, ainsi qu'un relevé consolidant ceux fournis par les chambres de commerce et d'industrie territoriales et départementales d'Île-de-France, qu'elles transmettent à l'assemblée des chambres françaises de commerce et d'industrie.

SOUS-SECTION 2 DES SCHÉMAS DIRECTEURS

Art. R. 711-35 Le schéma directeur mentionné au 2° de l'article L. 711-8 détermine, pour les *(Décr. n° 2010-1463 du 1er déc. 2010, art. 87)* « chambres de commerce et d'industrie territoriales » qui y sont inscrites, leur commune ou secteur géographique d'implantation et leur circonscription territoriale, ainsi que, le cas échéant, la commune ou le secteur géographique d'implantation et les limites administratives des délégations mentionnées aux articles R. 711-18 et R. 711-20.

Il est établi par les *(Décr. n° 2010-1463 du 1er déc. 2010, art. 87)* « chambres de commerce et d'industrie de région » dans les conditions définies à l'article R. 711-36.

Le schéma directeur est accompagné d'un rapport justifiant les choix effectués au regard de ces critères et du schéma régional d'aménagement et de développement du territoire, lorsque ce dernier a été adopté. – *[Décr. n° 2006-309 du 16 mars 2006, art. 1er.]*

Art. R. 711-36 Ne peuvent figurer dans le schéma directeur que des *(Décr. n° 2010-1463 du 1er déc. 2010, art. 87)* « chambres de commerce et d'industrie territoriales » dont le nombre de ressortissants est égal ou supérieur à 4 500.

Toutefois, parmi celles dont le nombre de ressortissants est inférieur à 4 500, peuvent être inscrites au schéma :

1° Les *(Décr. n° 2010-1463 du 1er déc. 2010, art. 87)* « chambres de commerce et d'industrie territoriales » dont les dernières bases d'imposition connues sont supérieures à 350 millions d'euros ;

2° Les *(Décr. n° 2010-1463 du 1er déc. 2010, art. 87)* « chambres de commerce et d'industrie territoriales » concessionnaires, dans leur circonscription territoriale, d'un ou plusieurs ports ou aéroports dont le développement est prévu dans le schéma régional d'aménagement et de développement du territoire ;

3° Les *(Décr. n° 2010-1463 du 1er déc. 2010, art. 87)* « chambres de commerce et d'industrie territoriales » dont la circonscription territoriale correspond au département.

Une *(Décr. n° 2010-1463 du 1er déc. 2010, art. 87)* « chambre de commerce et d'industrie territoriale » dont la circonscription territoriale correspond au moins à un département ne peut être retirée du schéma directeur que sur l'avis conforme de son assemblée générale. – *[Décr. n° 2006-309 du 16 mars 2006, art. 2.]*

Art. R. 711-37 Le schéma directeur peut prévoir, dans le respect des conditions définies à l'article R. 711-36, la fusion de *(Décr. n° 2010-1463 du 1er déc. 2010, art. 87)* « chambres de commerce et d'industrie territoriales » dont les circonscriptions sont limitrophes mais qui appartiennent à des régions différentes.

La fusion est inscrite dans les schémas directeurs établis et adoptés par les *(Décr. n° 2010-1463 du 1er déc. 2010, art. 87)* « chambres de région » intéressées.

(Décr. n° 2010-1463 du 1er déc. 2010, art. 25) « Lorsque la chambre dont la circonscription excède la circonscription d'une chambre de commerce et d'industrie de région a été créée avant la publication de la loi n° 2010-853 du 23 juillet 2010 relative aux réseaux consulaires, au commerce, à l'artisanat et aux services *[JO 24 juill.]*, elle délibère dans les quatre mois suivant l'entrée en vigueur *(Décr. n° 2013-320 du 15 avr. 2013, art. 2)* « du décret n° 2010-1463 du 1er décembre 2010 mettant en œuvre la réforme du réseau des chambres de commerce et d'industrie » pour proposer au ministre chargé de la tutelle de déterminer la chambre de région à laquelle elle souhaite être rattachée. Le décret de création de cette chambre est modifié pour tenir compte du choix proposé. En l'absence de proposition dans les deux mois suivant l'expiration de ce délai, un décret précise la chambre de rattachement. » – *[Décr. n° 2006-309 du 16 mars 2006, art. 3.]*

Art. R. 711-38 Le projet de schéma directeur est adopté par l'assemblée générale de la *(Décr. n° 2010-1463 du 1er déc. 2010, art. 87)* « chambre de commerce et d'industrie de région », à la majorité des deux tiers de ses membres.

(Décr. n° 2010-1463 du 1er déc. 2010, art. 26) « Si aucun schéma directeur n'a pu être adopté par l'assemblée générale de la chambre de commerce et d'industrie de région à la majorité requise ou si aucun schéma directeur adopté dans ces conditions n'a pu être approuvé par le ministre chargé de la tutelle du réseau des chambres de commerce et d'industrie à l'issue d'une deuxième délibération en application du troisième alinéa de l'article R. 711-39, la chambre, qui ne répondrait pas aux critères fixés à l'article R. 711-36, peut être fusionnée avec une chambre limitrophe, par décret pris sur proposition du ministre chargé de la tutelle du réseau des chambres de commerce et d'industrie. » – *[Décr. n° 2006-309 du 16 mars 2006, art. 4.]*

Art. R. 711-39 *(Abrogé par Décr. n° 2010-1463 du 1er déc. 2010, art. 27)* « *Pour l'application du II de l'article 1600 du code général des impôts,* » [L]le projet de schéma directeur, adopté dans les conditions prévues à l'article R. 711-38, est transmis, avec le rapport mentionné au troisième alinéa de l'article R. 711-35, au préfet de région.

Le préfet de région transmet le projet de schéma directeur et le rapport y afférent au ministre chargé de la tutelle des chambres de commerce et d'industrie, accompagné de son avis motivé au vu des critères prévus dans le décret.

Dans le cas où le ministre chargé de la tutelle des chambres de commerce et d'industrie estime que le schéma directeur ne satisfait pas aux conditions mentionnées aux articles R. 711-35 et R. 711-36, il fait part au préfet de région de son refus d'approuver le schéma en l'état pour que ce dernier demande à la *(Décr n° 2010-924 du 3 août 2010, art. 2)* « chambre de commerce et d'industrie de région » d'en délibérer à nouveau dans un délai de quatre mois

Le schéma directeur entre en vigueur à compter de la publication au *Journal officiel* de la République française de l'arrêté du ministre portant décision d'approbation. – *[Décr. n° 2006-309 du 16 mars 2006, art. 5.]*

Art. R. 711-40 La révision du schéma directeur s'opère dans les mêmes conditions que celles prévues pour son adoption. – *[Décr. n° 2006-309 du 16 mars 2006, art. 6.]*

Art. D. 711-41 *(Décr. n° 2010-1463 du 1er déc. 2010, art. 28)* « I. – » Les schémas sectoriels mentionnés au 3° de l'article L. 711-8 indiquent l'implantation de tous les établissements, infrastructures, équipements et services gérés par une ou plusieurs *(Décr. n° 2010-1463 du 1er déc. 2010, art. 28 et 87)* « chambres de commerce et d'industrie territoriales, chambres de commerce et d'industrie départementales d'Île-de-France et par la chambre de région » dans chaque *(Décr. n° 2010-1463 du 1er déc. 2010, art. 28)* « circonscription de la chambre de région concernée » dans les domaines suivants :

1° *Gestion* des équipements aéroportuaires et portuaires ;

2° Formation et enseignement ;

3° Aide à la création, à la transmission et au développement d'entreprises ;

(Décr. n° 2010-1463 du 1er déc. 2010, art. 28) « 4° Développement durable. »

Ils peuvent également concerner d'autres secteurs, et en particulier les secteurs du développement international, de l'intelligence économique, de la recherche et de l'innovation.

Ils sont élaborés par les *(Décr. n° 2010-924 du 3 août 2010, art. 2)* « chambres de commerce et d'industrie de région » dans le respect *(Décr. n° 2010-1463 du 1er déc. 2010, art. 28)* « des normes d'intervention prévues au 2° de l'article L. 711-16 » et en cohérence avec le schéma régional de développement économique, s'il a été adopté.

Chaque schéma sectoriel est accompagné d'un rapport justifiant les choix effectués au regard du schéma régional de développement économique. Ce rapport fait également apparaître les objectifs poursuivis dans les domaines susmentionnés ainsi que les moyens mis en œuvre.

(Décr. n° 2010-1463 du 1er déc. 2010, art. 28) « II. – Un schéma sectoriel peut porter sur la mise en œuvre d'actions communes ou la mutualisation des moyens mis en commun avec la chambre régionale de métiers et de l'artisanat et avec la chambre régionale d'agriculture pour le compte des chambres consulaires relevant des circonscriptions de ces chambres de région. De même, les chambres de commerce et d'industrie territoriales peuvent mettre en œuvre des actions communes avec les chambres départementales de métiers et de l'artisanat et les chambres d'agriculture dans le respect, le cas échéant, des schémas sectoriels. » – *[Décr. n° 2006-309 du 16 mars 2006, art. 7.]*

Art. D. 711-41-1 *(Décr. n° 2007-987 du 15 mai 2007, art. 3)* Les *(Décr. n° 2010-1463 du 1er déc. 2010, art. 29 et 87)* « chambres de commerce et d'industrie de région vérifient », lors de l'élaboration et de la révision des schémas sectoriels, *(Décr. n° 2010-1463 du 1er déc. 2010, art. 29)* « le » respect des normes d'intervention et des indicateurs définis par l'assemblée des chambres françaises de commerce et d'industrie en application de l'article D. 711-56-1.

Les schémas sectoriels peuvent définir des indicateurs supplémentaires au vu des particularités de la zone concernée.

Art. D. 711-42 Les projets de schémas sectoriels sont transmis pour information par le président de la *(Décr. n° 2010-924 du 3 août 2010, art. 2)* « chambre de commerce et d'industrie de région » aux présidents des *(Décr. n° 2010-1463 du 1er déc. 2010, art. 30 et 87)* « chambres de commerce et d'industrie territoriales ou des chambres de commerce et d'industrie départementales d'Île-de-France » situées dans sa circonscription territoriale ainsi qu'à l'assemblée des chambres françaises de commerce et d'industrie.

Dans un délai qui ne peut pas être inférieur à quinze jours après cette transmission, les schémas sectoriels sont adoptés par l'assemblée générale de la *(Décr. n° 2010-924 du 3 août 2010, art. 2)* « chambre de commerce et d'industrie de région », dans les conditions fixées par le règlement intérieur de la chambre.

(Décr. n° 2010-1463 du 1er déc. 2010, art. 30) « La chambre de commerce et d'industrie de région transmet pour information au préfet de région les schémas sectoriels, dont l'adoption est rendue obligatoire en application du I et du II de l'article D. 711-41, dans le délai d'un mois après leur adoption. » – *[Décr. n° 2006-309 du 16 mars 2006, art. 8.]*

Art. D. 711-43 Les schémas sectoriels sont révisés dans les mêmes conditions :

1° A la demande du ministre chargé de la tutelle des chambres de commerce et d'industrie ou du préfet de région ;

2° A la demande de la majorité des membres des *(Décr. n° 2010-1463 du 1er déc. 2010, art. 31 et 87)* « chambres de commerce et d'industrie territoriales et des chambres de commerce et d'industrie départementales d'Île-de-France » composant la *(Décr. n° 2010-1463 du 1er déc. 2010, art. 31 et 87)* « chambre de commerce et d'industrie de région à laquelle elles sont rattachées » ;

3° *A l'occasion* de la création d'un nouveau secteur d'activités ou de la modification des conditions de la gestion d'un équipement portuaire ou aéroportuaire ;

4° *(Décr. n° 2010-1463 du 1er déc. 2010, art. 31)* « A l'occasion de la modification par l'assemblée des chambres françaises de commerce et d'industrie des normes d'intervention prévues au 2° de l'article L. 711-16, si le schéma sectoriel n'est pas conforme à ces nouvelles normes. » – *[Décr. n° 2006-309 du 16 mars 2006, art. 9.]*

Art. D. 711-44 et R. 711-45 *Abrogés par Décr. n° 2010-1463 du 1er déc. 2010, art. 90. – V. édition 2012* ***C. com.***

• SOUS-SECTION 3 DE L'ORGANISATION ET DU FONCTIONNEMENT

Art. R. 711-46 Toute *(Décr. n° 2010-924 du 3 août 2010, art. 2)* « chambre de commerce et d'industrie territoriale » *(Décr. n° 2013-381 du 3 mai 2013, art. 4)* « ou de région » peut faire partie d'une *(Décr. n° 2010-924 du 3 août 2010, art. 2)* « chambre de commerce et d'industrie de région » dont la circonscription est limitrophe de la sienne, pour participer à une de ses activités spécifiques sous réserve de lui verser une cotisation à cet effet et d'y être autorisée par *(Décr. n° 2010-1463 du 1er déc. 2010, art. 32)* « son autorité de tutelle ».

Cette *(Décr. n° 2010-924 du 3 août 2010, art. 2)* « chambre de commerce et d'industrie territoriale » *(Décr. n° 2013-381 du 3 mai 2013, art. 4)* « ou de région », qui est représentée par un de ses membres élus, n'a toutefois pas voix délibérative pour l'élection du bureau de la *(Décr. n° 2010-924 du 3 août 2010, art. 2)* « chambre de commerce et d'industrie de région » ni pour le vote de son budget.

(Décr. n° 2010-1463 du 1er déc. 2010, art. 32) « En application du III de l'article L. 713-12, une chambre de commerce et d'industrie territoriale assise sur deux régions peut être représentée à l'assemblée générale de la chambre de région à laquelle cette chambre n'est pas rattachée par son président, ou le représentant de ce dernier, et un nombre d'élus, ayant qualité de membres associés, correspondant au prorata des représentations des différentes composantes géographiques de cette chambre de commerce et d'industrie territoriale, pour participer à ses activités spécifiques, sous réserve de lui verser une cotisation à cet effet et d'en informer son autorité de tutelle et leur chambre de commerce et d'industrie de région de rattachement.

« Le nombre de ces représentants n'entre pas dans le calcul mentionné au II de l'article L. 713-5 pour déterminer la nécessité de nouvelles élections, non plus que dans le calcul du quorum prévu au deuxième alinéa de l'article R. 711-71.

« Seuls les membres élus comme titulaires lors des élections de la chambre de commerce et d'industrie de région, conformément au dernier alinéa de l'article L. 713-1, siègent à l'assemblée générale de cette chambre. » – *[Décr n° 91-739 du 18 juill. 1991, art. 40.]*

Art. R. 711-47 *(Décr. n° 2010-924 du 3 août 2010, art. 8)* I. – Avant le 20 avril de l'année du renouvellement des chambres, un arrêté du préfet de la région où est situé le siège de la chambre de commerce et d'industrie de région détermine le nombre des membres de cette chambre et le nombre des sièges attribués en son sein aux élus de chacune des chambres de commerce et d'industrie territoriales qui *lui sont rattachées (Décr. n° 2010-1463 du 1er déc. 2010, art. 33)* « ainsi *[que]*, le cas échéant, des élus des chambres de commerce et d'industrie territoriales qui sont représentées à son assemblée générale en application des dispositions de l'article R. 711-46 ».

Le nombre des membres de la chambre de commerce et d'industrie de région est de 30 au minimum et de 100 au maximum. Ce nombre est déterminé sur proposition de la chambre de commerce et d'industrie de région en tenant compte des éléments économiques issus de l'étude prévue à l'article R. 713-66.

II. – Au sein de la chambre de commerce et d'industrie de région, la répartition des sièges attribués à chaque chambre de commerce et d'industrie territoriale est établie à la moyenne, arrondie à l'unité la plus proche, des proportions représentées par chacune d'elles au sein de l'ensemble, mesurées par le nombre des ressortissants, leurs bases de cotisation foncière des entreprises et leurs effectifs salariés. Ces proportions sont fondées sur l'étude économique de pondération régie par l'article R. 713-66.

Toutefois, aucune chambre de commerce et d'industrie territoriale ne peut disposer de moins de trois sièges, qui doivent être attribués à des représentants de chacune des catégories.

En outre, aucune chambre de commerce et d'industrie territoriale ne peut disposer de plus de 40 % des sièges, sauf lorsque la chambre de commerce et d'industrie de région ne comporte que deux chambres territoriales.

Les effets des dispositions des deux alinéas précédents sont répercutés sur la représentation des autres chambres au sein de la chambre de commerce et d'industrie de région, en suivant la règle de proportionnalité énoncée au premier alinéa.

III. — Pour tenir compte des particularités locales, le préfet de région peut s'écarter, en ce qui concerne le nombre des sièges attribués aux différentes catégories, de la moyenne des proportions définie au II ci-dessus, dans la limite du dixième des sièges à pourvoir.

Lorsqu'il fait application de l'alinéa précédent, le préfet de région en informe les préfets de département intéressés.

(Décr. n° 2010-1175 du 5 oct. 2010, art. 1er) « IV. — Au sein de la chambre de commerce et d'industrie de région de Corse, le même nombre de sièges est attribué à chacune des deux chambres de commerce et d'industrie territoriales. »

Le IV de l'art. R. 711-47 entre en vigueur à la date d'entrée en vigueur du décret créant la chambre de commerce et d'industrie de région de Corse (Décr. n° 2010-1175 du 5 oct. 2010, art. 4). — V. Décr. n° 2010-1184 du 8 oct. 2010 (JO 9 oct.) créant, à compter du 1er janv. 2011, une chambre de commerce et d'industrie de région en Corse.

Art. R. 711-47-1 *(Décr. n° 2010-924 du 3 août 2010, art. 9)* Avant le 20 avril de l'année du renouvellement des chambres, un arrêté du préfet du département où est situé le siège de la chambre de commerce et d'industrie territoriale détermine le nombre des membres de cette chambre et leur répartition entre catégories professionnelles et entre sous-catégories.

Pour tenir compte de particularités locales, il peut s'écarter, dans cette répartition, de la moyenne des proportions définie au II de l'article R. 711-47, dans la limite du dixième des sièges à pourvoir.

Art. R. 711-47-2 *(Décr. n° 2010-924 du 3 août 2010, art. 9)* Des arrêtés répondant aux prescriptions des articles R. 711-47 et R. 711-47-1 sont pris, selon le cas, par les préfets de région et de département territorialement compétents à la suite des fusions de chambres nécessitant une élection hors de l'année du renouvellement général.

Art. R. 711-48 *(Décr. n° 2010-1463 du 1er déc. 2010, art. 34)* La chambre de commerce et d'industrie de région élit, après chaque renouvellement, un bureau composé d'un président, d'un trésorier, d'un trésorier adjoint et d'un ou deux secrétaires. Les présidents des chambres de commerce et d'industrie territoriales rattachées à la chambre de commerce et d'industrie de région sont de droit vice-présidents de la chambre de région et, à ce titre, membres de droit du bureau. Il en est de même des présidents des chambres de commerce et d'industrie départementales d'Île-de-France.

(Décr. n° 2013-381 du 3 mai 2013, art. 5) « Pour tenir compte de particularités locales, l'autorité de tutelle peut autoriser l'augmentation du nombre de membres du bureau dans la limite de trois membres au plus. »

Tous les membres élus de la chambre peuvent présenter leur candidature au poste de président. Le président et les vice-présidents représentent les trois catégories pro-

fessionnelles mentionnées à l'article L. 713-11. Si cette condition n'est pas satisfaite, l'assemblée générale élit un ou plusieurs autres vice-présidents.

L'un des vice-présidents est élu premier vice-président de la chambre de commerce et d'industrie de région.

(Décr. n° 2013-381 du 3 mai 2013, art. 5) **« La fonction de président et de vice-président ne peut être cumulée avec celle de trésorier, ou de trésorier adjoint, conformément aux dispositions de l'article R. 712-13, ou de secrétaire. »**

Le suppléant à la chambre de commerce et d'industrie de région dont le titulaire est membre du bureau ne le remplace pas de droit au bureau lorsque le siège devient vacant. Le siège est pourvu par l'assemblée générale dans les conditions de l'article R. 711-49.

Ces membres sont élus pour cinq ans et rééligibles sous réserve de l'application du deuxième alinéa de l'article L. 713-1. – *[Décr. du 28 sept. 1938, art. 3.]*

Art. R. 711-49 *(Décr. n° 2010-1463 du 1er déc. 2010, art. 35)* **Entre deux renouvellements, il est pourvu, lors de l'assemblée générale la plus proche et au plus tard dans les deux mois suivant la démission du membre du bureau, au remplacement de tout membre du bureau dont le siège est devenu vacant, même si ce point n'a pas été inscrit à l'ordre du jour de cette assemblée, sous réserve d'une information préalable des membres de l'assemblée générale au plus tard cinq jours avant la tenue de la réunion de cette assemblée.**

En cas de vacance de la moitié des postes, le bureau est réélu dans sa totalité.

Si l'ensemble du bureau de la chambre de commerce et d'industrie de région a démissionné, l'autorité de tutelle assure l'expédition des affaires courantes jusqu'à l'élection du nouveau bureau. – *[Décr. n° 91-739 du 18 juill. 1991, art. 39, al. 8 et 9.]*

Art. R. 711-50 **Les** *(Décr. n° 2010-924 du 3 août 2010, art. 2 et 12)* **« chambres de commerce et d'industrie de région peuvent s'adjoindre » des membres associés, qui ont voix consultative et dont le nombre ne peut dépasser la moitié de celui des membres élus.**

(Décr. n° 2010-924 du 3 août 2010, art. 12) **« Les membres associés sont désignés par la chambre de commerce et d'industrie de région après chaque renouvellement parmi les personnalités qualifiées détenant des compétences en matière économique utiles à l'établissement.**

« Les membres associés prennent part aux délibérations avec voix consultative et peuvent représenter la chambre dans toutes les instances auxquelles celle-ci participe *(Décr. n° 2010-1463 du 1er déc. 2010, art. 36)* **« , sans pouvoir les engager sur le plan financier ou contractuel ».**

« La chambre de commerce et d'industrie territoriale dont la circonscription s'étend sur deux régions peut désigner, auprès de la chambre de commerce et d'industrie de région à laquelle elle n'est pas rattachée, des élus qui y siègent en qualité de membre associé. » – *[Décr. n° 91-739 du 18 juill. 1991, art. 41.]*

Art. R. 711-51 *(Décr. n° 2010-924 du 3 août 2010, art. 13)* **Le préfet de la région où se trouve le siège de la chambre de commerce et d'industrie de région procède à l'installation des nouveaux membres de cette chambre dans les cinq semaines qui suivent le dernier jour du scrutin prévu à l'article R. 713-6.**

Art. R. 711-52 **La** *(Décr. n° 2010-924 du 3 août 2010, art. 2)* **« chambre de région » se réunit au moins tous les trois mois et, en outre, chaque fois qu'elle est convoquée par son président de sa propre initiative ou sur la demande du** *(Décr. n° 2007-574 du 19 avr. 2007, art. 8-I)* **« préfet de région ».** *(Décr. n° 2010-1463 du 1er déc. 2010, art. 37)* **« Chaque membre de l'assemblée générale de la chambre de commerce et d'industrie de région peut disposer d'un pouvoir confié par un autre membre de l'assemblée générale. »**

Le président réunit également la *(Décr. n° 2010-924 du 3 août 2010, art. 2)* « chambre de région » toutes les fois qu'il est saisi d'une demande émanant du tiers de ses membres.

(Décr. n° 2010-1463 du 1er déc. 2010, art. 37) « Les réunions de la chambre de commerce et d'industrie de région peuvent se tenir au siège de toute chambre de commerce et d'industrie territoriale ou départementale d'Ile-de-France de sa circonscription. » – *[Décr. du 28 sept. 1938, art. 4, al. 2, et art. 5.]*

Art. R. 711-53 *Abrogé par Décr. n° 2010-1175 du 5 oct. 2010, art. 2.*

L'abrogation de l'art. R. 711-53 entre en vigueur à la date d'entrée en vigueur du décret créant la chambre de commerce et d'industrie de région de Corse (Décr. n° 2010-1175 du 5 oct. 2010, art. 4). – V. Décr. n° 2010-1184 du 8 oct. 2010 (JO 9 oct.) créant, à compter du 1er janv. 2011, une chambre de commerce et d'industrie de région en Corse.

SECTION III DE L'ASSEMBLÉE DES CHAMBRES FRANÇAISES DE COMMERCE ET D'INDUSTRIE

Art. R. 711-54 *Abrogé par Décr. n° 2010-924 du 3 août 2010, art. 2.*

Art. R. 711-55 *(Décr. n° 2010-1463 du 1er déc. 2010, art. 38)* L'assemblée des chambres françaises de commerce et d'industrie élabore la stratégie nationale du réseau des chambres de commerce et d'industrie et effectue sur le plan national la synthèse des positions adoptées par les chambres de commerce et d'industrie territoriales, départementales d'Île-de-France et de région.

Elle peut se voir confier la gestion de service à l'usage du commerce et de l'industrie lorsque cette gestion ne peut être convenablement assumée au plan régional ou local.

L'assemblée des chambres françaises de commerce et d'industrie peut confier la maîtrise d'ouvrage de la gestion des projets de portée nationale décidés par son assemblée à un autre établissement du réseau, sans délibération de son assemblée générale, mais après avis conforme de son comité directeur. Ce transfert donne alors lieu à établissement d'une convention avec cet établissement, renouvelable de manière expresse tous les trois ans.

L'assemblée des chambres françaises de commerce et d'industrie coordonne l'action des établissements du réseau en tant qu'autorités compétentes dans le cadre des procédures de coopération administrative mentionnées à l'article D. 711-10-1 ; les ministères concernés sont, le cas échéant, associés à cette coordination.

L'assemblée des chambres françaises de commerce et d'industrie constitue une centrale d'achat au sens du code des marchés publics. – *[Décr. n° 64-1200 du 4 déc. 1964, art. 2.]*

Art. R. 711-55-1 *(Décr. n° 2010-1463 du 1er déc. 2010, art. 38)* L'agrément par l'autorité de tutelle, mentionné au 6° de l'article L. 711-16, de ceux des accords de portée nationale en matière sociale susceptibles d'avoir un impact sur les rémunérations résulte de leur inscription sur le relevé de décision de la Commission paritaire nationale. En cas de désaccord, l'autorité de tutelle peut demander à l'assemblée des chambres françaises de commerce et d'industrie de reprendre les négociations sur l'ensemble ou une partie des points sur lesquels porte l'accord. Les décisions non agréées ne sont pas inscrites sur ce relevé de décisions même si elles ont fait l'objet d'un vote favorable des partenaires sociaux.

Art. R. 711-55-2 *(Décr. n° 2012-1247 du 7 nov. 2012, art. 25, en vigueur le 1er janv. 2013)* L'assemblée permanente n'est pas soumise aux dispositions du décret nº 2012-1246 du 7 novembre 2012 relatif à la gestion budgétaire et comptable publique.

Art. D. 711-56 L'assemblée des chambres françaises de commerce et d'industrie établit chaque année le tableau récapitulatif des schémas sectoriels mentionnés au 3º de l'article L. 711-8 et adoptés en les distinguant selon leur domaine d'application. Elle transmet ce document au ministre chargé de la tutelle des chambres de commerce et d'industrie. – *[Décr. nº 2006-309 du 16 mars 2006, art. 10.]*

Art. D. 711-56-1 *(Décr. nº 2007-987 du 15 mai 2007, art. 4)* Les missions mentionnées à l'article D. 711-67-2 font l'objet de *(Décr. nº 2010-1463 du 1er déc. 2010, art. 39)* « normes d'intervention élaborées » par l'assemblée des chambres françaises de commerce et d'industrie en application du *(Décr. nº 2010-1463 du 1er déc. 2010, art. 39)* « 2º de l'article L. 711-16.

« Ces normes d'intervention assorties d'indicateurs d'activité, de qualité et de performance font l'objet d'un vote en assemblée générale de l'assemblée des chambres françaises de commerce et d'industrie.

« L'assemblée des chambres françaises de commerce et d'industrie peut consolider les informations et données recueillies et gérées par les chambres de commerce et d'industrie territoriales et de région dans le cadre de ses missions définies à l'article L. 711-16. »

Art. D. 711-56-2 *(Décr. nº 2007-987 du 15 mai 2007, art. 4)* L'assemblée des chambres françaises de commerce et d'industrie peut également élaborer des guides de bonnes pratiques et proposer des indicateurs concernant les autres missions remplies par les établissements du réseau, notamment les missions consultatives, de formation initiale et continue ou les missions de gestion d'infrastructures, d'équipements ou de services.

Ces guides de bonnes pratiques font l'objet d'un vote en assemblée générale de l'assemblée des chambres françaises de commerce et d'industrie.

Art. D. 711-56-3 *(Décr. nº 2007-987 du 15 mai 2007, art. 4)* L'assemblée des chambres françaises de commerce et d'industrie s'assure du respect des normes d'intervention sur la base des relevés transmis par les *(Décr. nº 2010-924 du 3 août 2010, art. 2)* « chambres de commerce et d'industrie territoriales et les chambres de région » concernant leurs propres indicateurs, ainsi que des consolidations transmises par les *(Décr. nº 2010-924 du 3 août 2010, art. 2)* « chambres de région ».

Elle élabore à partir de ces relevés une synthèse nationale annuelle relative à l'application de ces normes par les établissements du réseau, qu'elle transmet au ministre chargé de la tutelle du réseau des chambres de commerce et d'industrie.

Elle examine chaque année en assemblée générale les résultats de cette synthèse.

Elle est en outre chargée, dans le cadre du respect de ces normes, de conseiller les établissements du réseau et peut diligenter, à cet effet, des missions d'expertise.

Art. R. 711-56-4 *(Décr. nº 2010-1463 du 1er déc. 2010, art. 40)* En application du 7º de l'article L. 711-16, l'assemblée des chambres françaises de commerce et d'industrie diligente et mène des audits relatifs au fonctionnement des établissements publics du réseau de sa propre initiative ou à la demande de l'établissement concerné ou de sa chambre de région.

Chaque rapport d'audit est communiqué à l'établissement concerné et le cas échéant à sa chambre de région pour observations dans les deux mois à compter de sa réception.

Dans un délai d'un mois à compter de la réception de ces observations par l'assemblée des chambres françaises de commerce et d'industrie ou à l'expiration du délai mentionné au deuxième alinéa, celle-ci transmet le rapport d'audit, accompagné le cas échéant des observations émises par l'établissement, à l'autorité de tutelle de ce dernier et au ministre chargé de la tutelle des chambres de commerce et d'industrie. Ce rapport peut être communiqué à la chambre de région à sa demande.

Si l'audit concerne plusieurs établissements ou un sujet d'intérêt commun, les conclusions de l'audit sont communiquées à toutes les parties concernées. Si l'audit a été demandé à l'assemblée des chambres françaises de commerce et d'industrie par un établissement du réseau, une convention peut déterminer les conditions de son financement et le remboursement des frais qu'elle a avancés pour sa réalisation.

Art. R. 711-57 *(Décr. n° 2010-924 du 3 août 2010, art. 15)* Les chambres représentées à l'assemblée des chambres françaises de commerce et d'industrie en application du deuxième alinéa de l'article L. 711-15 désignent parmi leurs membres un suppléant appelé à remplacer leur représentant titulaire en cas d'empêchement. – *[Décr. n° 64-1200 du 4 déc. 1964, art. 3.]*

Art. R. 711-58 Dans le mois qui suit l'expiration du délai prévu pour l'installation des *(Décr. n° 2010-924 du 3 août 2010, art. 2)* « chambres de région » à la suite du renouvellement quinquennal, le président en exercice de l'assemblée convoque une première assemblée constitutive. Celle-ci se tient sous la présidence du doyen d'âge.

(Décr. n° 2010-1463 du 1er déc. 2010, art. 41) « Elle procède en premier lieu à l'élection du président. Elle procède ensuite à l'élection individuellement de chaque membre du bureau prévu à l'article R. 711-59, puis à la constitution du comité directeur prévu à l'article R. 711-60. Pour ces élections, chaque membre de l'assemblée générale dispose d'une voix. »

Tout membre titulaire ou suppléant empêché d'assister à la séance peut donner à un collègue de son choix pouvoir écrit de voter en son nom. Chaque mandataire ne peut recevoir plus d'une procuration. – *[Décr. n° 64-1200 du 4 déc. 1964, art. 4.]*

Art. R. 711-59 *(Décr. n° 2010-1463 du 1er déc. 2010, art. 42)* Le bureau de l'assemblée des chambres françaises de commerce et d'industrie se compose de dix à *(Décr. n° 2011-644 du 9 juin 2011, art. 29)* « quinze » membres, chacun de ses membres disposant d'une voix, à savoir :

Un président et *(Décr. n° 2011-644 du 9 juin 2011, art. 29)* « trois vice-présidents » ;

Un secrétaire ;

Un trésorier ;

Un trésorier adjoint.

Chaque titulaire de l'un des postes précités est élu par l'assemblée générale, séparément à cette qualité par un vote distinct ;

(Décr. n° 2013-381 du 3 mai 2013, art. 6) « Trois » à huit autres membres, élus à l'occasion de l'assemblée générale suivante, convoquée à une date qui ne peut être postérieure au 31 mars de l'année considérée, sur une liste proposée par le président, tenant compte, dans des conditions définies par le règlement intérieur de l'assemblée des chambres françaises de commerce et d'industrie, de la taille et de la diversité des établissements du réseau. Le bureau ainsi complété doit au moins comprendre un président de chambre de commerce et d'industrie métropolitaine telle que définie au deuxième alinéa de l'article L. 711-1, un président de chambre de commerce et d'industrie territoriale comportant moins de 10 000 ressortissants, un président de chambre de commerce et d'industrie territoriale comportant un nombre de ressortissants compris entre 10 000 et 30 000 et le président de la chambre de commerce et d'industrie de région Paris-Île-de-France et le président d'une chambre de commerce et d'industrie territoriale ou départementale d'Île-de-France. – *[Décr. n° 64-1200 du 4 déc. 1964, art. 5.]*

Art. R. 711-60 *(Décr. nº 2010-1463 du 1er déc. 2010, art. 42)* Le comité directeur se compose :

1° Du président de l'assemblée des chambres françaises de commerce et d'industrie ;

2° Des présidents des chambres de commerce et d'industrie de région ;

3° Des membres du bureau non présidents des chambres de commerce et d'industrie de région ;

4° Des présidents des commissions de l'assemblée désignés par le règlement intérieur, lorsqu'ils ne sont pas déjà membres du comité directeur au titre de l'une des dispositions précédentes ;

5° D'un président d'une chambre des collectivités d'outre-mer régies par l'article 74 de la Constitution et de la Nouvelle-Calédonie représentant ces dernières. – *[Décr. nº 64-1200 du 4 déc. 1964, art. 6.]*

Art. R. 711-61 Le président préside les assemblées générales, le comité directeur et le bureau. *(Décr. nº 2013-381 du 3 mai 2013, art. 7)* « En cas d'empêchement, il est suppléé par l'un des vice-présidents choisi dans l'ordre de leur désignation. »

Il représente l'assemblée auprès des pouvoirs publics et dans tous les actes de la vie civile. – *[Décr. nº 64-1200 du 4 déc. 1964, art. 7.]*

Art. R. 711-62 L'assemblée se réunit en assemblée générale trois fois par an, aux dates fixées par décision du comité directeur.

L'assemblée se réunit en outre en assemblée générale extraordinaire soit à l'initiative du président, soit à la demande du ministre chargé de la tutelle des chambres de commerce et d'industrie ou du tiers des membres composant l'assemblée. – *[Décr. nº 64-1200 du 4 déc. 1964, art. 8, al. 1er et 2.]*

Art. R. 711-63 *(Décr. nº 2010-1463 du 1er déc. 2010, art. 44)* I. – Les droits de vote à l'assemblée générale se définissent comme suit :

1° Le total des droits de vote des présidents de chambres de commerce et d'industrie territoriales et départementales d'Île-de-France ainsi que des chambres des collectivités d'outre-mer régies par l'article 74 de la Constitution et de la Nouvelle-Calédonie est égal au total des droits de vote des présidents des chambres de commerce et d'industrie de région ;

2° Chaque président de chambre de commerce et d'industrie territoriale et départementale d'Île-de-France ainsi que des chambres des collectivités d'outre-mer régies par l'article 74 de la Constitution et de la Nouvelle-Calédonie dispose d'une voix ;

3° Les présidents des chambres de commerce et d'industrie de région disposent, dans des conditions définies par arrêté du ministre en charge de la tutelle des chambres de commerce et d'industrie, d'un nombre de voix établi au prorata du poids économique de leur chambre de commerce et d'industrie de région, déterminé en fonction de l'étude économique mentionnée à l'article R. 713-66 ; – *V. Arr. du 17 mars 2011 ci-dessous.*

4° Dans les régions où il n'existe qu'une seule chambre de commerce et d'industrie territoriale, dénommée chambre de commerce et d'industrie de région, son président dispose du cumul des voix mentionnées aux 2° et 3° du présent article.

II. – Tout membre, président d'une chambre territoriale ou départementale d'Île-de-France ou d'une chambre des collectivités d'outre-mer régies par l'article 74 de la Constitution et de la Nouvelle-Calédonie, empêché d'assister à la séance, peut donner à un collègue de son choix pouvoir écrit de voter en son nom. Chaque mandataire ne peut disposer que de pouvoirs émanant de représentants des chambres relevant du ressort de la chambre de région de rattachement ou, pour les présidents de chambres d'outre-mer, d'un président d'une autre chambre d'outre-mer.

En cas d'empêchement du président d'une chambre de région, il est remplacé par le suppléant désigné en début de mandature par l'assemblée générale de la chambre de région. En cas d'empêchement du président de la chambre de région et de son suppléant, le président de la chambre de commerce et d'industrie de région peut donner pouvoir à un président d'une chambre de sa circonscription de voter au nom de la chambre de région.

Par exception aux dispositions précédentes, lorsqu'il est procédé à des votes concernant des personnes, chaque membre de l'assemblée des chambres françaises de commerce et d'industrie ne dispose que d'une voix, qu'il peut confier par procuration à un autre élu de la même circonscription régionale, ou, pour un président d'une chambre d'outre-mer, à un autre président d'une chambre d'outre-mer. — *[Décr. n° 64-1200 du 4 déc. 1964, art. 8, al. 3.]*

Arrêté du 17 mars 2011,

Relatif à la détermination du nombre de voix des présidents des chambres de commerce et d'industrie de région à l'assemblée générale de l'assemblée des chambres françaises de commerce et d'industrie.

Art. 1er En application de l'article R. 711-63, le total des droits de vote des présidents de chambres de commerce et d'industrie de région à l'assemblée générale de l'assemblée des chambres françaises de commerce et d'industrie est de *(Arr. du 24 janv. 2013, art. 1er)* « 135 ».

Art. 2 Le nombre de voix dont disposent les présidents de chambre de commerce et d'industrie de région à l'assemblée générale des chambres françaises de commerce et d'industrie, établi au prorata du poids économique de leur chambre, déterminé en fonction de l'étude économique mentionnée à l'article R. 713-66, est déterminé comme suit : — *Tableau issu de l'Arr. du 24 janv. 2013, art. 2.*

PRÉSIDENT DE LA CHAMBRE de commerce et d'industrie de région	NOMBRE DE VOIX
Alsace	4,27
Aquitaine	6,02
Auvergne	2,41
Basse-Normandie	2,96
Bourgogne	3,14
Bretagne	5,54
Centre	4,88
Champagne-Ardenne	2,42
Corse	0,63
Franche-Comté	2,27
Guadeloupe	0,84
Guyane	0,27
Haute-Normandie	4,13

PRÉSIDENT DE LA CHAMBRE de commerce et d'industrie de région	NOMBRE DE VOIX
Paris – Île-de-France	31,95
Languedoc-Roussillon	4,73
Limousin	1,16
Lorraine	4,35
Martinique	0,69
Midi-Pyrénées	5,35
Nord de France	7,80
Provence-Alpes-Côte d'Azur	10,39
Pays de la Loire	6,72
Picardie	3,38
Poitou-Charentes	2,89
Réunion	1,13
Rhône-Alpes	14,68

Art. R. 711-64 *(Décr. n° 2010-1463 du 1er déc. 2010, art. 44)* L'assemblée générale ne peut délibérer valablement que si le nombre de membres présents ou représentés est au moins égal aux deux tiers des membres en exercice ou si les membres présents représentent les deux tiers des droits de vote.

Dans l'hypothèse où ce quorum ne serait pas atteint, le président de l'assemblée convoque dans les quinze jours qui suivent une nouvelle assemblée générale, qui peut valablement délibérer sans condition de quorum.

L'assemblée générale ne peut délibérer que sur les questions inscrites à l'ordre du jour. Les décisions sont prises à la majorité des membres présents ou représentés, à l'exception des décisions prises à la majorité qualifiée en application des articles R. 711-58, R. 712-14 et R. 712-26, ou de dispositions du règlement intérieur de l'assemblée des chambres françaises de commerce et d'industrie prises en application du *(Décr. n° 2013-381 du 3 mai 2013, art. 8)* « septième » alinéa de l'article R. 711-68. – *[Décr. n° 64-1200 du 4 déc. 1964, art. 8, al. 4 à 6.]*

Art. R. 711-65 Le comité directeur se réunit sur convocation du président au moins *(Décr. n° 2013-381 du 3 mai 2013, art. 9)* « sept » fois par an.

Il se saisit de toutes les questions entrant dans la compétence de l'assemblée.

Il prépare, pour les soumettre à l'assemblée générale, les projets de budget et les comptes de l'assemblée.

Il établit aux mêmes fins un projet de règlement intérieur.

Il fixe l'ordre du jour et la date des assemblées générales. – *[Décr. n° 64-1200 du 4 déc. 1964, art. 9, al. 1er à 5.]*

Art. R. 711-66 Le comité directeur ne peut délibérer valablement que si le nombre des membres présents ou représentés est au moins égal à la moitié des membres en exercice.

Les décisions sont prises à la majorité des membres présents ou représentés.

Tout membre titulaire ou suppléant empêché d'assister à la séance peut donner à un collègue de son choix pouvoir écrit de voter en son nom. Chaque mandataire ne peut recevoir plus d'une procuration. – *[Décr. n° 64-1200 du 4 déc. 1964, art. 9, al. 6 à 8.]*

Art. R. 711-67 *Abrogé par Décr. n° 2007-574 du 19 avr. 2007, art. 8-I.*

SECTION IV DISPOSITIONS COMMUNES

Art. D. 711-67 *(Décr. n° 2007-987 du 15 mai 2007, art. 5, en vigueur le 1er juill. 2007)* Les établissements du réseau des chambres de commerce et d'industrie exercent leurs missions notamment de consultation, de représentation et de services aux entreprises, dans le respect de leurs compétences respectives conformément aux articles L. 710-1 et suivants.

Art. D. 711-67-1 *(Décr. n° 2007-987 du 15 mai 2007, art. 5, en vigueur le 1er juill. 2007)* Les missions de représentation des intérêts de l'industrie, du commerce et des services et de consultation exercées par les établissements du réseau des chambres de commerce et d'industrie relèvent de l'intérêt général.

(Abrogé par Décr. n° 2010-1463 du 1er déc. 2010, art. 45) ***« Pour ce qui concerne les avis rendus au sein des commissions départementales d'équipement commercial, les représentants des établissements consulaires sont tenus au respect des conditions posées à l'article R. 751-7. »***

Art. D. 711-67-2 *(Décr. n° 2007-987 du 15 mai 2007, art. 5, en vigueur le 1er juill. 2007)* Les missions obligatoires remplies par les établissements du réseau des chambres de commerce et d'industrie en vertu de dispositions législatives ou réglementaires et donnant lieu à des prestations et services rendus aux usagers sont exercées dans des conditions qui assurent notamment la continuité du service et sa qualité sur l'ensemble du territoire national, telles que définies par les normes d'intervention mentionnées à l'article D. 711-56-1.

Art. D. 711-67-3 *(Décr. n° 2007-987 du 15 mai 2007, art. 5, en vigueur le 1er juill. 2007)* Sauf disposition législative ou réglementaire contraire, les missions visées à l'article D. 711-67-2 et qui constituent des missions de service public administratif sont exercées à titre gratuit.

Toutefois, les prestations supplémentaires excédant l'exécution normale de ces services obligatoires peuvent faire l'objet d'une rémunération, dans les conditions suivantes :

– la redevance est la contrepartie directe de la prestation ;

– elle ne doit pas dépasser le coût du service ;

– le contenu et la tarification de la prestation doivent être portés à la connaissance des usagers.

Art. D. 711-67-4 *(Décr. n° 2007-987 du 15 mai 2007, art. 5, en vigueur le 1er juill. 2007)* Sous réserve de l'application de la loi n° 78-17 du 6 janvier 1978 relative à l'informatique, aux fichiers et aux libertés, et en liaison, le cas échéant, avec l'Institut national de la statistique et des études économiques, les *(Décr. n° 2010-924 du 3 août 2010, art. 2)* « chambres de commerce et d'industrie territoriales » créent et tiennent à jour un fichier des entreprises de leur circonscription.

(Abrogé par Décr. n° 2010-1463 du 1er déc. 2010, art. 45) ***« Les*** *(Décr. n° 2010-924 du 3 août 2010, art. 2)* ***« chambres de commerce et d'industrie territoriales » peuvent constituer des bases de données et d'informations économiques dans le cadre de leurs missions. »***

Ces fichiers et bases de données sont alimentés par les informations que les chambres recueillent, produisent, reproduisent, détiennent ou diffusent dans le cadre de leurs missions, notamment celle relative à la création et à la gestion des centres de formalités des entreprises.

Les autres établissements du réseau peuvent créer et tenir à jour de tels fichiers et constituer des bases de données et d'informations économiques.

Les *(Décr. n° 2010-924 du 3 août 2010, art. 2)* « chambres de région » assurent, en tant que de besoin, la coordination des fichiers d'entreprises, des bases de données et des informations économiques collectés par les *(Décr. n° 2010-924 du 3 août 2010, art. 2)* « chambres de commerce et d'industrie territoriales », notamment en vue de répondre, dans des délais raisonnables, aux questions des pouvoirs publics en application de l'article L. 711-7.

En application des articles L. 711-11 et L. 711-12, la coordination, en tant que de besoin, des fichiers d'entreprises, des bases de données et des informations économiques collectés par les établissements du réseau, en vue de synthèses nationales, est assurée sous la responsabilité de l'assemblée des chambres françaises de commerce et d'industrie, qui peut en déléguer la réalisation à un organisme émanant du réseau.

L'assemblée des chambres françaises de commerce et d'industrie tient ces synthèses à la disposition du ministre chargé de la tutelle du réseau des chambres de commerce et d'industrie.

Art. D. 711-67-5 *(Décr. n° 2007-987 du 15 mai 2007, art. 5, en vigueur le 1er juill. 2007)* Les établissements du réseau des chambres de commerce et d'industrie peuvent être à l'initiative d'actions de mutualisation et conclure des conventions entre eux à l'effet notamment de partager des compétences ou de créer ou conserver à frais communs des services ou des ouvrages.

Dans l'hypothèse de conclusion d'une convention entre une *(Décr. n° 2010-924 du 3 août 2010, art. 2)* « chambre de commerce et d'industrie de région et une chambre de commerce et d'industrie territoriale » qui ne relève pas de sa circonscription, la *(Décr. n° 2010-924 du 3 août 2010, art. 2)* « chambre de commerce et d'industrie de région » dans le ressort de laquelle se trouve la *(Décr. n° 2010-924 du 3 août 2010, art. 2)* « chambre de commerce et d'industrie territoriale » intéressée est informée.

Ces conventions peuvent, le cas échéant, associer des établissements du réseau des chambres de métiers et de l'artisanat et des chambres d'agriculture.

Art. D. 711-67-6 *(Décr. n° 2007-987 du 15 mai 2007, art. 5, en vigueur le 1er juill. 2007)* Les établissements du réseau des chambres de commerce et d'industrie élaborent chaque année un rapport d'activité, qu'ils transmettent à l'autorité de tutelle.

Art. D. 711-67-7 et D. 711-67-8 *Abrogés par Décr. n° 2010-1463 du 1er déc. 2010, art. 90. — V. **C. com.**, éd. 2013 et antérieures.*

Art. R. 711-68 Les établissements *(Décr. n° 2010-924 du 3 août 2010, art. 17)* « publics » du réseau des chambres de commerce et d'industrie adoptent un règlement intérieur relatif à leur organisation et à leur fonctionnement, qui fixe, entre autres dispositions :

1° Les conditions de fonctionnement de leurs différentes instances, en particulier l'assemblée générale, le comité directeur, le bureau, les délégations et les commissions, la périodicité de leurs réunions, les rapports avec *(Abrogé par Décr. n° 2010-924 du 3 août 2010, art. 17)* « *les délégués consulaires,* » les membres associés et les conseillers techniques ainsi que l'organisation administrative des services ;

(Abrogé par Décr. nº 2010-924 du 3 août 2010, art. 17) ***« 2º Le nombre maximal de mandats que peut exercer un membre ;***

« 3º La durée minimale du mandat que doit avoir exercé un membre pour être président ou membre du bureau ; »

(Décr. nº 2010-924 du 3 août 2010, art. 17) **« 2° La limite d'âge pour l'élection au bureau, qui ne peut excéder l'âge de soixante-dix ans révolus à la date du dernier jour du scrutin pour l'élection de la chambre ;**

« 3° » Les conditions dans lesquelles le président et le trésorier peuvent déléguer leur signature à d'autres membres élus et, le cas échéant, au directeur général ou, sur sa proposition, à d'autres agents permanents de la chambre ;

(Décr. nº 2013-381 du 3 mai 2013, art. 10) **« 4° Les conditions dans lesquelles les membres élus, le directeur général ou, sur sa proposition, les autres agents permanents de l'établissement sont habilités à représenter le président. »**

Les dispositions prévues *(Décr. nº 2010-924 du 3 août 2010, art. 17)* **« au 2° » ci-dessus ne peuvent pas être modifiées dans l'année d'un renouvellement.** – *[Décr. nº 91-739 du 18 juill. 1991, art. 45.]*

(Décr. nº 2007-1308 du 5 sept. 2007, art. 2) **« Les règlements intérieurs peuvent prévoir l'adoption de certaines délibérations par des majorités qualifiées »** *(Décr. nº 2010-1463 du 1er déc. 2010, art. 46)* **« sous réserve des dispositions du présent code précisant les conditions de majorité requises pour certaines matières. »**

(Décr. nº 2010-924 du 3 août 2010, art. 17) **« Ils ne peuvent ni limiter le nombre de mandats que peut exercer un membre ni subordonner l'élection d'un membre au bureau à une durée antérieure de mandat. »**

(Décr. nº 2010-1463 du 1er déc. 2010, art. 46) **« Les règlements intérieurs des chambres de commerce et d'industrie de région prévoient les conditions dans lesquelles une mission peut être confiée au président d'une délégation d'une chambre de la circonscription, lui-même non membre de la chambre régionale. »**

(Décr. nº 2013-381 du 3 mai 2013, art. 10) **« Le règlement intérieur est adopté par l'assemblée générale de chaque établissement de réseau dans les conditions prévues à l'article R. 711-71. »**

Art. D. 711-69 *(Abrogé par Décr. nº 2013-320 du 15 avr. 2013, art. 1er)* (Décr. nº 2010-1463 du 1er déc. 2010, art. 47) ***Dans le respect du statut des agents publics des chambres de commerce et d'industrie, chaque chambre de commerce et d'industrie de région dispose d'un règlement intérieur relatif au personnel sous statut affecté dans sa chambre et dans les chambres de commerce et d'industrie territoriales ou chambres de commerce et d'industrie départementales qui lui sont rattachées, établi après avis de la commission paritaire régionale, suivant un modèle type élaboré par l'assemblée des chambres françaises de commerce et d'industrie.***

Toute disposition contraire au statut du personnel administratif des chambres de commerce et d'industrie est réputée nulle et non avenue et ne peut donner lieu à mandatement.

Tout règlement intérieur mentionné au premier alinéa du présent article, ainsi que ses modifications, doit faire l'objet d'une transmission à l'assemblée des chambres françaises de commerce et d'industrie dans les dix jours suivant son adoption.

Art. R. 711-70 *(Décr. nº 2010-1463 du 1er déc. 2010, art. 48)* **Les services des chambres de commerce et d'industrie de région ou de l'assemblée des chambres françaises de commerce et d'industrie sont dirigés par un directeur général nommé, après consultation du bureau, par le président et placé sous son autorité.**

Les services des chambres de commerce et d'industrie territoriales sont dirigés par un directeur général, nommé par le président de la chambre territoriale après consultation du bureau de la chambre concernée et avis conforme du président de la chambre de région à laquelle cette chambre est rattachée. Il est placé sous l'autorité du président de la chambre territoriale.

Les services des groupements interconsulaires sont dirigés par un directeur général, nommé par le président du groupement interconsulaire après consultation du bureau du groupement interconsulaire et placé sous l'autorité du président du groupement.

Les services des chambres de commerce et d'industrie départementales d'Île-de-France sont chacun dirigés par un directeur général délégué départemental, nommé après avis du président de la chambre intéressée par le président de la chambre de région. Il est placé sous l'autorité du directeur général de la chambre de commerce et d'industrie de région Paris-Île-de-France, en liaison fonctionnelle avec le président de la chambre départementale concernée.

Le directeur général assure, notamment, le secrétariat général de l'assemblée générale, du bureau, des commissions et, en ce qui concerne l'assemblée des chambres françaises de commerce et d'industrie, du comité directeur.

Après chaque élection, le président informe l'assemblée générale des attributions du directeur général, telles qu'elles sont définies au présent article et au règlement intérieur de la chambre.

Sous l'autorité du président, dans le cadre des orientations définies par l'établissement consulaire et dans le respect du règlement intérieur, le directeur général est seul chargé de l'animation de l'ensemble des services ainsi que du suivi de leurs activités, de la réalisation de leurs objectifs et du contrôle de leurs résultats dont il rend compte au président.

Le directeur général assiste les membres élus dans l'exercice de leurs fonctions. A ce titre, il informe les élus des conditions de régularité dans lesquelles les décisions doivent être prises. Il a la charge de leur mise en œuvre et contrôle la régularité de toutes les opérations correspondantes.

Le personnel mis à disposition de la chambre de commerce et d'industrie territoriale ou affecté à la chambre de commerce et d'industrie départementale d'Île-de-France est placé sous l'autorité hiérarchique du directeur général de l'établissement. Ce dernier en assure la gestion opérationnelle dans le cadre de la politique de ressources humaines de la chambre de région et des ressources allouées à la chambre territoriale. Il propose au président de sa chambre les mesures individuelles ou collectives relatives à l'emploi et à la gestion du personnel.

Le directeur général est astreint au devoir de réserve et, dans l'exercice de ses fonctions, au respect du principe de neutralité. – *[Décr. nº 91-739 du 18 juill. 1991, art. 47.]*

Directeur général. La décision de licenciement d'un directeur général d'une CCI doit être motivée en droit et en fait au sens de la loi du 11 juill. 1979, quand bien même ce licenciement est prononcé à la discrétion du président de la chambre. • TA Châlons-en-Champagne, 8 févr. 2007 : *AJDA 2007. 847, obs. Raymundie*. ♦ Le directeur général d'une chambre de commerce ne peut pas, lors de son licenciement, se prévaloir de dispositions de sa convention de recrutement méconnaissant le statut du personnel des chambres de commerce. • CE 10 févr. 2010 : *AJDA 2010. 297, obs. M.-C. M.*

Art. R. 711-71 Les *(Décr. nº 2010-1463 du 1er déc. 2010, art. 49 et 87)* « chambres de commerce et d'industrie territoriales et de région et les chambres de commerce et d'industrie départementales d'Île-de-France » ne peuvent se réunir en assemblée générale que toutes catégories et sous-catégories professionnelles confondues *(Décr. nº 2010-1463 du 1er déc. 2010, art. 49)* « , lorsque ces dernières sont constituées ».

Les *(Décr. nº 2010-924 du 3 août 2010, art. 2)* « chambres de commerce et d'industrie de région, les chambres de commerce et d'industrie territoriales », et les groupements interconsulaires ne peuvent valablement délibérer que si le nombre des membres présents *(Décr. nº 2010-1463 du 1er déc. 2010, art. 49)* « , ou, s'agissant des chambres de régions, des membres présents et représentés, » dépasse la moitié du nombre des membres en exercice.

Lorsque ce nombre n'est pas atteint, il est procédé à une nouvelle convocation de l'assemblée générale. Lors de la deuxième réunion, la délibération est valable si le nombre des membres atteint le tiers du nombre des membres en exercice.

Les délibérations sont prises à la majorité absolue des votants. En cas de partage égal des voix, celle du président est prépondérante. – *[Décr. n° 91-739 du 18 juill. 1991, art. 48, al. 1er à 4.]*

Art. D. 711-71-1 *(Décr. n° 2010-1463 du 1er déc. 2010, art. 50)* En cas d'urgence, le président d'un établissement public du réseau des chambres de commerce et d'industrie, si cela est prévu par son règlement intérieur, peut consulter par voie électronique les membres de son bureau, de son assemblée générale, et, pour l'assemblée des chambres françaises de commerce et d'industrie, de son comité directeur. L'autorité de tutelle est informée simultanément de la consultation de l'assemblée générale et du comité directeur. Le vote est effectué électroniquement dans les conditions applicables en matière de quorum et de majorité.

Art. R. 711-72 L'élection du bureau a lieu au premier et au deuxième tour à la majorité absolue des membres en exercice. Au troisième tour, la majorité relative suffit. En cas de partage égal des voix, le candidat le plus âgé est élu. Le vote par procuration est admis mais chaque membre ne peut disposer que d'une procuration. – *[Décr. n° 91-739 du 18 juill. 1991, art. 48, al. 5.]*

Art. R. 711-73 Les membres sortants siègent jusqu'à l'installation de leurs successeurs.

Toutefois, à compter du jour de l'élection et jusqu'à celui de l'installation des nouveaux membres, la chambre ne peut se réunir que pour expédier les affaires courantes. – *[Décr. n° 91-739 du 18 juill. 1991, art. 49.]*

Art. R. 711-74 *(Décr. n° 2008-12 du 3 janv. 2008)* Les établissements du réseau des chambres de commerce et d'industrie peuvent transiger dans les conditions prévues aux articles 2044 à 2058 du code civil.

Les transactions sont conclues par l'autorité compétente pour conclure les contrats aux termes du règlement intérieur mentionné à l'article R. 711-68. Ce règlement précise les cas où, notamment du fait de leur faible montant ou de la confidentialité des matières sur lesquelles elles portent, ces transactions sont autorisées par le bureau de l'établissement.

Art. R. 711-74-1 *(Décr. n° 2008-12 du 3 janv. 2008)* Le projet de transaction est soumis à l'approbation de l'autorité de tutelle compétente en application de l'article R. 712-2 au-delà d'un seuil fixé par le ministre chargé de la tutelle des chambres de commerce et d'industrie. – *V. art. A. 711-4.*

Il est réputé approuvé si une décision contraire motivée de l'autorité de tutelle mentionnée au premier alinéa n'a pas été notifiée au président dans le délai de trente jours courant à compter de sa réception.

Art. D. 711-75 *(Décr. n° 2008-12 du 3 janv. 2008)* Les établissements du réseau des chambres de commerce et d'industrie peuvent par clause compromissoire ou par compromis soumettre à arbitrage tout litige né d'un contrat qu'ils ont conclu et les opposant à l'un de leurs cocontractants.

Art. R. 711-75-1 *(Décr. n° 2008-12 du 3 janv. 2008)* La clause compromissoire et le compromis sont conclus par écrit par l'autorité de l'établissement compétente pour passer le contrat qui en fait l'objet en application du règlement intérieur de l'établissement. Ce règlement définit l'autorité compétente pour prendre les mesures d'exécution de la sentence arbitrale.

Art. D. 711-75-2 *(Décr. nº 2008-12 du 3 janv. 2008)* **La clause compromissoire ou le compromis désigne le ou les arbitres ou définit les modalités de choix du ou des arbitres, qui doivent garantir l'impartialité de ceux-ci, les modalités de leur rémunération, les délais dans lesquels le tribunal arbitral doit statuer et les conditions de publication de la sentence arbitrale.**

Art. R. 711-75-3 *(Décr. nº 2008-12 du 3 janv. 2008)* **Les contrats comprenant des clauses compromissoires et les compromis conclus par les établissements du réseau sont communiqués à l'autorité de tutelle compétente en application de l'article R. 712-2. Le cas échéant, cette autorité est informée des résultats de leur mise en œuvre dans les deux mois de l'adoption de la sentence arbitrale.**

CHAPITRE II DE L'ADMINISTRATION DES ÉTABLISSEMENTS DU RÉSEAU DES CHAMBRES DE COMMERCE ET D'INDUSTRIE

Art. R. 712-1 **Les fonctions des membres des établissements du réseau des chambres de commerce et d'industrie sont gratuites.**

Toutefois, cette gratuité ne fait pas obstacle à l'attribution d'indemnités ou de remboursements de frais dont la liste et le montant sont fixés par arrêté du ministre chargé de la tutelle des chambres de commerce et d'industrie. — *V. art. A. 712-1.*

Une indemnité globale pour frais de mandat peut, en outre, être attribuée au bureau par l'assemblée générale, selon un barème fixé par arrêté du ministre chargé de la tutelle des chambres de commerce et d'industrie. Ce barème tient compte de l'importance des établissements du réseau, déterminée selon le nombre de leurs ressortissants, et de la valeur du point d'indice prévu par le statut du personnel administratif des chambres de commerce et d'industrie. — *[Décr. nº 91-739 du 18 juill. 1991, art. 54.] — V. art. A. 712-2.*

Art. R. 712-1-1 *(Décr. nº 2010-1463 du 1er déc. 2010, art. 51)* **Les modalités du décompte des votes à l'assemblée des chambres françaises de commerce et d'industrie sont prévues à l'article R. 711-63.**

SECTION PREMIÈRE DES MODALITÉS DE LA TUTELLE

(Décr. nº 2007-574 du 19 avr. 2007, art. 3)

Les dispositions issues du Décr. nº 2007-574 du 19 avr. 2007 entrent en vigueur le 1er juill. 2007 (Décr. préc., art. 12). — Toutes les demandes d'autorisation et d'approbation reçues par le ministre chargé de la tutelle des chambres de commerce et d'industrie à la date d'entrée en vigueur du décret précité restent de sa compétence (Décr. préc., art. 13).

Art. R. 712-2 **1º La tutelle administrative et financière de l'État sur l'Assemblée des chambres françaises de commerce et d'industrie est exercée par le ministre chargé de la tutelle des chambres de commerce et d'industrie ;**

2º *(Décr. nº 2010-1463 du 1er déc. 2010, art. 52)* **« La tutelle des chambres de commerce et d'industrie de région et des chambres de commerce et d'industrie territoriales est assurée par le préfet de région, assisté par le responsable régional des finances publiques.**

« Lorsque le ressort territorial de la chambre régionale de commerce et d'industrie excède les limites de la circonscription administrative régionale, le préfet de région compétent est celui du siège de l'établissement public.

« Lorsque le ressort territorial de la chambre de commerce et d'industrie territoriale dépasse le cadre de la circonscription d'une seule chambre de commerce et d'industrie de région, le préfet de région compétent est celui du siège de la chambre de région à laquelle cette chambre est rattachée.

« 3° La tutelle des groupements interconsulaires est assurée par le préfet de la région où se situe le siège du groupement, assisté du responsable régional des finances publiques correspondant. »

(Abrogé par Décr. n° 2010-1463 du 1er déc. 2010, art. 52) ***« 4° La tutelle des chambres de commerce et d'industrie est exercée par le préfet assisté par le trésorier-payeur général.***

« Le préfet compétent est celui du siège de l'établissement public.

« Lorsque le ressort territorial de la chambre de commerce et d'industrie dépasse le cadre de la circonscription administrative départementale, le préfet compétent est celui du siège de l'établissement public.

« Par dérogation aux dispositions qui précèdent, la tutelle de la chambre de commerce et d'industrie de Paris est exercée par le préfet de la région d'Île-de-France, assisté par le receveur général des finances, trésorier-payeur général de la région Île-de-France. »

Décret n° 2007-574 du 19 avril 2007,

Relatif aux modalités de la tutelle exercée par l'État sur les établissements du réseau des chambres de commerce et d'industrie.

Art. 1er La tutelle administrative et financière de l'État sur les établissements du réseau des chambres de commerce et d'industrie s'exerce dans le respect de leur autonomie, en tenant compte du caractère électif de la désignation des dirigeants des établissements du réseau consulaire et de la libre représentation des intérêts du commerce et de l'industrie et des services.

Les dispositions issues du Décr. n° 2007-574 du 19 avr. 2007 entrent en vigueur le 1er juill. 2007 (Décr. préc., art. 12). — Toutes les demandes d'autorisation et d'approbation reçues par le ministre chargé de la tutelle des chambres de commerce et d'industrie à la date d'entrée en vigueur du décret précité restent de sa compétence (Décr. préc., art. 13).

Art. R. 712-3 L'autorité de tutelle a accès de droit à toutes les séances des assemblées générales des établissements du réseau des chambres de commerce et d'industrie et du comité directeur de l'Assemblée des chambres françaises de commerce et d'industrie. Elle peut se faire représenter. *(Décr. n° 2010-1463 du 1er déc. 2010, art. 53)* « Il en est de même pour les séances de la commission provisoire prévue à l'article L. 712-9. »

Ces établissements informent l'autorité de tutelle des séances de leurs assemblées générales et du comité directeur dans les mêmes conditions et délais que ceux fixés pour les membres par le règlement intérieur de l'établissement.

L'autorité de tutelle peut faire ajouter un ou plusieurs sujets à l'ordre du jour de ces instances.

Art. R. 712-4 1° Lorsqu'un membre d'un établissement du réseau refuse d'exercer tout ou partie des fonctions liées à son mandat ou fixées par le règlement intérieur de l'établissement, ou s'abstient, sans motif légitime, d'assister aux assemblées de l'établissement pendant douze mois consécutifs, l'autorité de tutelle lui adresse une mise en demeure de se conformer à ses obligations.

Si l'intéressé ne défère pas à cette demande dans les deux mois suivant sa notification, cette autorité peut, en application de l'article L. 712-9, prononcer sa suspension ou le démettre d'office de ses fonctions, après l'avoir mis à même de faire valoir ses observations ;

2° La décision de suspension ou de démission d'un membre d'un établissement du réseau pour faute grave est prononcée, en application de l'article L. 712-9, par l'autorité de tutelle après que celle-ci a avisé l'intéressé de la possibilité de se faire assister d'un conseil et l'a mis à même de faire valoir ses observations dans le délai d'un mois.

Art. R. 712-4-1 *(Décr. n° 2010-1463 du 1er déc. 2010, art. 54)* En cas de faute grave du directeur d'un établissement du réseau, excédant la simple faute de service, l'autorité de tutelle peut demander au président de l'établissement de prendre les mesures disciplinaires nécessaires. Si, à l'issue de cette procédure, le président de la chambre de région, sur proposition le cas échéant du président de la chambre territoriale, décide de ne pas prononcer une sanction disciplinaire, il doit en exposer les motifs dans un rapport qui sera communiqué au préfet de région et au ministre en charge de la tutelle des chambres de commerce et d'industrie.

Art. R. 712-5 *(Décr. n° 2010-1463 du 1er déc. 2010, art. 55)* I. — La décision de suspension ou de dissolution de l'assemblée générale et du bureau d'un établissement public du réseau prévue par l'article L. 712-9 est prise par arrêté de l'autorité de tutelle. Cet arrêté désigne le président et fixe la composition de la commission provisoire chargée, jusqu'à la fin de la suspension ou, en cas de dissolution, dans l'attente de nouvelles élections, d'expédier les affaires courantes et de prendre, sous réserve de l'accord exprès de l'autorité de tutelle, les mesures tendant à remédier à la situation ayant justifié la suspension ou la dissolution.

II. — Cette commission se compose de trois à onze membres, désignés comme suit :

1° Pour une chambre de commerce et d'industrie territoriale, parmi les membres ou anciens membres de la chambre ou membres de la chambre de région de rattachement ;

2° Pour une chambre de commerce et d'industrie de région, parmi des présidents ou anciens présidents d'une ou plusieurs chambres de son ressort ou membres ou anciens membres de son assemblée ;

3° Pour l'assemblée des chambres françaises de commerce et d'industrie, parmi les présidents ou anciens présidents de chambre de commerce et d'industrie de région et de chambre de commerce et d'industrie ;

4° Pour un groupement interconsulaire, parmi les membres des chambres participant au groupement et, si ce n'est le cas au titre de leur participation à ce groupement, les membres de ou des chambres de commerce et d'industrie de région auxquelles sont rattachées les chambres de commerce et d'industrie territoriales participant au groupement.

L'arrêté du préfet, ou l'arrêté ministériel en ce qui concerne l'assemblée des chambres françaises de commerce et d'industrie, nomme au moins un membre ou ancien membre de l'établissement au sein de la commission.

III. — Le président de la commission est tenu de fournir à l'autorité de tutelle selon une fréquence définie par cette dernière des informations sur le fonctionnement de l'établissement public et les conditions dans lesquelles sont expédiées les affaires courantes.

Art. R. 712-6 Le règlement intérieur des établissements du réseau est exécutoire lorsqu'il a été homologué par l'autorité de tutelle.

Le refus d'homologation opposé à certaines dispositions du règlement intérieur ne fait pas obstacle à l'entrée en vigueur des autres dispositions de ce règlement.

Art. R. 712-7 Les délibérations relatives aux actes mentionnés ci-après sont exécutoires dès qu'elles ont été approuvées par l'autorité de tutelle :

1° Le budget primitif, les budgets rectificatifs et le budget exécuté, dans les conditions prévues à l'article R. 712-16 ;

2° Le recours à l'emprunt, au crédit-bail immobilier et à l'émission d'obligations, dans les conditions prévues à la section III ;

3° L'octroi de garanties à des tiers, dans les conditions prévues à l'article R. 712-34 ;

4° Les projets de conventions, d'avenants et de renouvellement de conventions par lesquelles l'établissement reçoit délégation de la gestion de services ou d'équipements publics ;

5° *(Décr. nº 2010-1463 du 1er déc. 2010, art. 56)* « Les cessions, prises ou extensions de participation financière dans des sociétés civiles ou commerciales, ainsi que dans des syndicats mixtes ou groupements d'intérêt public ou privé, ainsi que dans toute personne de droit public ; les participations ou créations d'associations ou tout autre structure distincte dès lors que les comptes de ces associations ou structures sont consolidés avec ceux de la chambre, en application des dispositions prévues à l'article L. 233-16 *[;]* »

6° Les délibérations relatives aux aides ou projets d'aides à une ou plusieurs entreprises soumises au contrôle des aides en application de la législation communautaire ;

7° Les conventions définissant les modalités de transfert de la gestion ou de l'exploitation d'un établissement, ouvrage ou service géré par une *(Décr. nº 2010-1463 du 1er déc. 2010, art. 87)* « chambre de commerce et d'industrie territoriale » à une *(Décr. nº 2010-1463 du 1er déc. 2010, art. 87)* « chambre de commerce et d'industrie de région » lorsque son importance excède les moyens financiers de l'établissement gestionnaire.

Toutefois, les délibérations relatives aux 2° et 3° portant sur un montant inférieur à un seuil fixé par arrêté du ministre chargé de la tutelle des chambres de commerce et d'industrie et du ministre des finances ne sont pas soumises à approbation. — *V. art. A. 712-7 s.*

(Abrogé par Décr. nº 2013-381 du 3 mai 2013, art. 11) (Décr. nº 2010-1463 du 1er déc. 2010, art. 56) ***« L'approbation des actes mentionnés au 2° est valable pour un délai d'un an à compter de la date de réponse implicite ou explicite. A l'expiration de ce délai, si l'emprunt, le crédit-bail ou l'émission d'obligation n'ont pas été contractés, l'autorisation doit être renouvelée. Exceptionnellement, l'autorisation peut prévoir la mobilisation échelonnée sur plus d'un an, d'un emprunt, par tranches successives, pour financer une opération d'investissement sur plusieurs années. »***

(Décr. nº 2010-1463 du 1er déc. 2010, art. 56) « Les établissements publics du réseau communiquent sans délai à l'autorité de tutelle toutes les pièces constitutives d'actes de gestion qu'elle demande. »

Art. R.* 712-8 *(Décr. nº 2010-1463 du 1er déc. 2010, art. 57)* Les décisions mentionnées aux articles R. 712-6 et R. 712-7 sont approuvées par l'autorité de tutelle tacitement à l'expiration d'un délai de deux mois à compter de la date de réception par l'autorité de tutelle de la délibération les adoptant et des documents correspondants, à défaut d'approbation expresse ou d'opposition notifiée à l'établissement pendant ce délai. Les décisions de refus sont motivées.

Lorsque l'autorité de tutelle demande par écrit à l'établissement des informations ou documents complémentaires, ou saisit la mission économique et financière d'une demande d'expertise, le délai mentionné à l'alinéa précédent est suspendu jusqu'à la production de ces informations ou documents ou de cette expertise. Dans le cas des conventions de délégation de service public en matière aéroportuaire ou portuaire, ce délai est également suspendu, lorsque l'avis du délégant *(Abrogé par Décr. nº 2013-*

420 du 23 mai 2013, art. 10-II) ***« ou du comité des investissements à caractère économique et social »*** **est requis, jusqu'à ce que cet avis soit rendu.**

En ce qui concerne les délibérations décidant des aides ou régimes d'aides aux entreprises, dans le cas où le régime d'aides ou le projet d'aide doit être notifié à l'Union européenne, le délai d'approbation de la délibération est suspendu jusqu'à la date de réception par l'autorité de tutelle de la décision des autorités de l'Union européenne.

Art. R. 712-8-1 **La chambre ayant accordé une aide à une entreprise est tenue de procéder sans délai à sa récupération si une décision de la Commission européenne ou un arrêt de la Cour de justice des Communautés européennes l'y enjoint, à titre provisoire ou définitif. A défaut, après une mise en demeure restée sans effet dans un délai d'un mois à compter de sa notification, le préfet y procède d'office par tout moyen auprès du bénéficiaire de l'aide.**

Art. R. 712-9 **L'autorité de tutelle procède aux constats prévus à l'article L. 712-4** *(Abrogé par Décr. n° 2010-1463 du 1er déc. 2010, art. 58, à compter du 1er janv. 2011)* ***« et au II de l'article 1600 du code général des impôts ».***

Art. R. 712-10 **Dans les cas mentionnés aux alinéas ci-dessous, l'autorité de tutelle peut mettre en place une tutelle renforcée, après avoir demandé préalablement à l'établissement de prendre, dans un délai qu'elle fixe, les mesures correctrices nécessaires :**

1° Lorsqu'il est constaté au cours de deux exercices budgétaires consécutifs que le résultat net ou le résultat d'exploitation ou le fonds de roulement sont négatifs, ou que les ratios mesurant la rentabilité ou la capacité d'autofinancement sont insuffisants ;

2° Lorsque les risques supportés par l'établissement sont excessifs ;

3° Lorsqu'il ressort des résultats d'un audit que l'insuffisante évaluation des charges nécessite de prendre des mesures de gestion correctrices ;

4° Lorsque le ou les commissaires aux comptes ont refusé de certifier les comptes ;

5° Lorsque est constaté un dysfonctionnement grave dans l'exercice d'une mission de service public de l'établissement ;

(Décr. n° 2010-1463 du 1er déc. 2010, art. 59) **« 6° Lorsqu'il apparaît que la gestion de la chambre territoriale risque d'entraîner l'obligation de solidarité financière de la chambre de région en application du 7° de l'article L. 711-8 ;**

« 7° Lorsque le budget de la chambre n'a pas été adopté au 1er février ou n'a pas été approuvé par l'autorité de tutelle au 1er avril de l'exercice concerné.

« Quand l'autorité de tutelle met en œuvre une tutelle renforcée de la gestion d'une chambre de commerce et d'industrie territoriale, elle informe la chambre de commerce et d'industrie de région de l'évolution de la situation et l'informe de sa décision de mettre fin à la tutelle renforcée, lorsqu'elle estime remplies les conditions du retour à l'équilibre. »

Art. R. 712-11 **Dans le cadre de la tutelle renforcée et sans préjudice des dispositions des articles R. 712-6, R. 712-7 et R. 712-8, les décisions suivantes ne sont exécutoires que lorsqu'elles sont approuvées par l'autorité de tutelle :**

(Abrogé par Décr. n° 2013-381 du 3 mai 2013, art. 12) ***« 1° La décision définissant le mandat du ou des commissaires aux comptes et de leurs suppléants ; »*** *— Du fait de l'abrogation du 1° le Décr. n° 2013-381 du 3 mai 2013 a renuméroté les 2° à 6° en 1° à 5°.*

1° Les délibérations portant acquisition, construction, aliénation ou échange d'immeubles ou décidant d'un bail de plus de dix-huit ans ;

2° La délibération d'abondement du budget d'une *(Décr. n° 2010-1463 du 1er déc. 2010, art. 87)* **« chambre de commerce et d'industrie territoriale » prévue** *(Décr. n° 2013-381 du 3 mai 2013, art. 12)* **« au 7° de l'article L. 711–8 » par une** *(Décr.*

n° 2010-1463 du 1er déc. 2010, art. 87) « chambre de commerce et d'industrie de région » ;

3° Les délibérations relatives aux marchés publics passés selon les procédures du code des marchés publics ;

4° Les décisions relatives aux recrutements et aux licenciements ;

(Décr. n° 2010-1463 du 1er déc. 2010, art. 60) « 5° Les transactions. La condition de seuil prévue à l'article R. 711-74-1 ne s'applique pas. »

Les délibérations mentionnées *(Décr. n° 2013-381 du 3 mai 2013, art. 12)* « au 2° et 3° de l'article » R. 712-7 sont soumises à approbation quel que soit le montant sur lequel elles portent.

(Abrogé par Décr. n° 2013-381 du 3 mai 2013, art. 12) ***« Dans le cadre de la tutelle renforcée, l'avis rendu, en application de l'article 2 du décret n° 2003-1156 du 28 novembre 2003 sur les transactions avec l'État sur les engagements financiers des chambres en matière de services aéroportuaires, est un avis conforme. »***

Art. R. 712-11-1 *(Décr. n° 2010-1463 du 1er déc. 2010, art. 61)* Pour établir la mesure d'audience mentionnée au II de l'article L. 712-11 permettant d'estimer la représentativité des organisations syndicales appelées à siéger à la Commission paritaire nationale des établissements du réseau des chambres de commerce et d'industrie, en application de l'article 2 de la loi n° 52-1311 du 10 décembre 1952 relative à l'établissement obligatoire d'un statut du personnel administratif des chambres d'agriculture, des chambres de commerce et des chambres de métiers, sont pris en compte les suffrages exprimés lors du premier tour des élections des commissions paritaires régionales.

Ces élections sont organisées selon un scrutin de liste à deux tours et à la représentation proportionnelle avec répartition des restes selon la règle de la plus forte moyenne, avec monopole des candidatures syndicales au premier tour et listes sans étiquette au deuxième tour.

Jusqu'aux premières élections suivant le 1er janv. 2013, la mesure d'audience prévue à l'art. R. 712-11-1 dans sa rédaction issue du Décr. n° 2010-1463 du 1er déc. 2010 est établie, par dérogation à cet article, sur le fondement des suffrages exprimés lors du premier tour des élections aux commissions paritaires locales en 2011. A compter des premières élections suivant le 1er janv. 2013 sont pris en compte, pour cette mesure d'audience, les suffrages exprimés lors du premier tour des élections aux commissions paritaires régionales. Ces élections se déroulent dans le cadre de trois collèges : cadres, agents de maîtrise et employés (Décr. préc., art. 81).

SECTION II DES RÈGLES BUDGÉTAIRES *(Décr. n° 2007-574 du 19 avr. 2007, art. 2).*

SOUS-SECTION 1 DISPOSITIONS COMMUNES

Art. R. 712-12 *(Décr. n° 2007-574 du 19 avr. 2007, art. 2)* Les règles essentielles de l'organisation et des procédures financières, budgétaires et comptables applicables aux établissements du réseau des chambres de commerce et d'industrie sont conformes aux prescriptions *(Décr. n° 2013-381 du 3 mai 2013, art. 13)* « précisées » par arrêté du ministre chargé de la tutelle des chambres de commerce et d'industrie. – *[Décr. n° 91-739 du 18 juill. 1991, art. 53, al. 1er.] — V. art. A. 712-19 s.*

Art. R. 712-13 *(Décr. n° 2010-1463 du 1er déc. 2010, art. 62)* « Le président de l'établissement public est chargé, dans le respect de la séparation de ses fonctions et de celles de trésorier, de l'exécution du budget. Il émet, à destination du trésorier les factures et titres de recettes, ainsi que les mandats des dépenses et des charges, préalablement à leur encaissement ou à leur paiement. »

(Décr. n° 2007-574 du 19 avr. 2007, art. 2) « Le trésorier est chargé *(Décr. n° 2010-1463 du 1er déc. 2010, art. 62)* « *[,]* dans le respect de la séparation de ses fonctions et de celles du président*[,]* » de la tenue de la comptabilité, de l'exécution des opérations de dépenses et de recettes, ainsi que de la gestion de la trésorerie. Il est assisté en tant que de besoin par les services comptables et les régies mentionnées au dernier alinéa.

« Les délégations de signature du président et du trésorier respectent la règle de séparation de leurs compétences respectives.

« Des régies, limitées dans leur objet et leur montant, peuvent être instituées par le président, avec l'accord du trésorier, en ce qui concerne les recettes et les dépenses de faible importance, urgentes ou répétitives. » — *[Décr. n° 91-739 du 18 juill. 1991, art. 53, al. 2 à 5.]*

Art. R. 712-14 *(Décr. n° 2007-574 du 19 avr. 2007, art. 2)* L'assemblée générale de chaque établissement vote chaque année *(Décr. n° 2010-1463 du 1er déc. 2010, art. 63)* « , au plus tard le 30 novembre de l'année précédant celle pour laquelle il est établi, » un budget primitif qui satisfait aux principes généraux applicables aux budgets des établissements publics à caractère administratif, sous réserve des adaptations prévues par le présent titre pour tenir compte des caractères spécifiques des établissements du réseau des chambres de commerce et d'industrie.

(Décr. n° 2010-1463 du 1er déc. 2010, art. 63) « Un arrêté conjoint des ministres en charge de la tutelle des chambres de commerce et d'industrie et du budget peut prévoir le report de cette date jusqu'au 31 mars suivant. » — *[Décr. n° 91-739 du 18 juill. 1991, art. 50, al. 1er.]*

Art. D. 712-14-1 *(Décr. n° 2010-1463 du 1er déc. 2010, art. 64)* Sont considérées comme des dépenses exceptionnelles au sens du 7° de l'article L. 711-8 des dépenses exposées par la chambre dans l'exercice de ses missions et qui :

1° Soit du fait d'événements imprévisibles et indépendants de sa volonté excèdent ses capacités propres de financement au titre de l'exercice budgétaire en cours ;

2° Soit correspondent à un investissement présentant un caractère de nécessité absolue pour l'exercice de ses missions, mais qui ne peuvent, du fait de leur ampleur, être assurées par la chambre seule.

Art. D. 712-14-2 *(Décr. n° 2010-1463 du 1er déc. 2010, art. 64)* Sont considérées comme des circonstances particulières au sens du 7° de l'article L. 711-8 :

1° L'intervention de la chambre au soutien de l'activité économique de sa circonscription en cas de mutation économique affectant gravement cette activité ;

2° Une tâche confiée à une ou plusieurs chambres de la circonscription, en raison de particularités locales ou à titre expérimental soit par le préfet, soit par les collectivités territoriales ou leurs établissements, dont ces chambres ne peuvent assurer par elles-mêmes la totalité du financement ;

3° Les mesures de rétablissement de la situation financière d'une chambre gravement affectée par une forte réduction ou par la disparition d'une de ses activités ;

4° la situation dans laquelle une chambre de commerce et d'industrie territoriale ne peut faire face au paiement des dépenses obligatoires qui lui incombent.

Art. D. 712-14-3 *(Décr. n° 2010-1463 du 1er déc. 2010, art. 64)* Les chambres de commerce et d'industrie territoriales qui souhaitent que leur budget soit abondé, au-delà du budget voté, dans les conditions prévues aux articles D. 712-14-1 à D. 712-14-2 en présentent la demande à la chambre de commerce et d'industrie de région à laquelle elles sont rattachées. Cette demande justifie des dépenses exceptionnelles ou des circonstances particulières nécessitant l'abondement. Elle est approuvée par l'assemblée générale de la chambre de commerce et d'industrie territoriale puis transmise à la chambre de commerce et d'industrie de région et, pour information, à l'autorité de tutelle.

La chambre de commerce et d'industrie de région soumet la demande qui lui est présentée à la délibération de son assemblée générale. Sous la réserve du cas mentionné à l'article D. 712-14-4, elle n'est pas tenue de satisfaire à cette demande. Elle notifie sa décision motivée à la chambre de commerce et d'industrie territoriale et transmet cette décision pour information à l'autorité de tutelle dans le délai d'un mois à compter de la date de l'assemblée générale.

Art. D. 712-14-4 *(Décr. nº 2010-1463 du 1er déc. 2010, art. 64)* Dans le cas où une chambre de commerce et d'industrie territoriale se trouve dans la situation prévue au 4° de l'article D. 712-14-2 et est, de plus, placée sous tutelle renforcée en application de l'article R. 712-10, la chambre de commerce et d'industrie de région est tenue de satisfaire à la demande d'abondement qui lui est transmise par l'autorité de tutelle.

L'assemblée générale de la chambre de commerce et d'industrie de région vote, au plus tard au semestre calendaire suivant un nouveau schéma directeur régional assurant la viabilité économique des chambres de commerce et d'industrie qui lui sont rattachées. La chambre territoriale mentionnée au précédent alinéa ne peut pas s'opposer à sa fusion avec une autre chambre de la circonscription alors décidée par la chambre de région. Le quorum relatif à la majorité qualifiée requise pour voter le schéma directeur est calculé en retranchant le nombre de membres représentant la chambre sous tutelle renforcée et les élus de région également membres de cette chambre territoriale ne participent pas au vote.

Art. R. 712-15 *(Décr. nº 2007-574 du 19 avr. 2007, art. 2)* Le budget est un document unique comprenant l'ensemble des comptes retraçant les activités exercées directement par l'établissement et celles dont il contrôle l'exercice par l'intermédiaire de personnes dépendant de lui. Ce caractère unique ne fait pas obstacle à ce que le budget comprenne, dans les conditions fixées par arrêté du ministre chargé de la tutelle des chambres de commerce et d'industrie, des regroupements ou des subdivisions, sous forme de sections comptables ou autres, destinées à individualiser certaines activités, notamment économiques. – *V. art. A. 712-25 à A. 712-27.*

Le budget primitif peut faire l'objet, en cas de nécessité, de budgets rectificatifs.

A l'issue de chaque exercice, l'assemblée générale vote, d'une part, un budget exécuté, qui retrace les conditions dans lesquelles le budget primitif et les budgets rectificatifs ont été exécutés, et, d'autre part, un bilan, un compte de résultat et une annexe *(Abrogé par Décr. nº 2013-381 du 3 mai 2013, art. 14)* ***« établis dans les conditions prévues à l'article R. 612-2 applicable aux personnes morales de droit privé non commerçantes ayant une activité économique ».*** *(Décr. nº 2010-1463 du 1er déc. 2010, art. 65)* « Lorsque plusieurs chambres de commerce et d'industrie territoriales s'unissent en une seule chambre, l'assemblée générale de la nouvelle chambre vote le budget exécuté du dernier exercice clos de chacune des chambres qui ont fusionné. »

(Abrogé par Décr. nº 2013-381 du 3 mai 2013, art. 14) ***« Le plan comptable applicable aux documents mentionnés ci-dessus est fixé par arrêté conjoint du ministre chargé de la tutelle des chambres de commerce et d'industrie, du garde des sceaux, ministre de la justice, et du ministre chargé du budget. »*** – *[Décr. nº 91-739 du 18 juill. 1991, art. 50, al. 2 à 5.] – V. art. A. 712-41.*

Art. R. 712-15-1 *(Décr. nº 2010-1463 du 1er déc. 2010, art. 66)* La publication des comptes des établissements du réseau prévue à l'article L. 712-6 est assurée par l'établissement dans le mois qui suit son approbation par l'autorité de tutelle. Le support retenu pour la publication est le site internet de l'établissement ou pour les groupements interconsulaires ou établissements ne disposant pas d'un site internet

celui de la chambre de région de rattachement ou du siège du groupement interconsulaire.

Les dispositions de l'art. R. 712-15-1 dans sa rédaction issue du Décr. n° 2010-1463 du 1er déc. 2010 sont applicables à compter de l'exercice comptable 2011 (Décr. préc., art. 86).

Art. R. 712-16 *(Décr. n° 2007-574 du 19 avr. 2007, art. 4-II)* **1° La transmission de la délibération adoptant le budget primitif, les budgets rectificatifs et le budget exécuté est accompagnée du rapport transmis à l'assemblée générale par le ou les commissaires aux comptes** *(Décr. n° 2013-381 du 3 mai 2013, art. 15)* **« dans le cadre de la certification des comptes »** *(Décr. n° 2010-1463 du 1er déc. 2010, art. 67)* **« pour ce qui concerne le budget exécuté », d'un rapport portant sur l'évolution de la masse salariale, des informations relatives à l'emploi de la taxe** *(Décr. n° 2010-1463 du 1er déc. 2010, art. 67)* **« pour frais de chambre », du tableau d'amortissement des emprunts contractés par l'établissement, d'un état prévisionnel des contributions au fonctionnement des organismes autres que les sociétés civiles ou commerciales pour les budgets primitifs ou rectificatifs, d'un bilan de ces mêmes contributions pour le budget exécuté, ainsi que des décisions juridictionnelles rendues à l'encontre de l'établissement et des réponses des établissements aux demandes des chambres régionales des comptes suite à leur inspection, et, le cas échéant, du programme pluriannuel d'investissement. Ces documents sont complétés en tant que de besoin par la transmission d'éléments complémentaires dans les conditions prévues par arrêté du ministre chargé de la tutelle des chambres de commerce et d'industrie ;** *– V. art. A. 712-21.*

2° Lorsque l'établissement gère une délégation de service public en matière portuaire ou aéroportuaire, l'autorité de tutelle sollicite l'avis préalable du délégant sur la partie du budget concernant le service aéroportuaire ou portuaire.

Art. R. 712-17 *(Décr. n° 2007-574 du 19 avr. 2007, art. 4-II)* **En cas de refus du budget primitif, l'établissement délibère dans les deux mois sur un nouveau budget, en tenant compte des observations de l'autorité de tutelle.**

Art. R. 712-18 *(Décr. n° 2010-1463 du 1er déc. 2010, art. 68)* **« Si, avant le 1er janvier, l'établissement n'a pas voté un budget primitif à la majorité requise, ou si le budget primitif n'a pas été approuvé par l'autorité de tutelle, le président peut, en prenant pour référence le budget primitif ou le dernier budget rectificatif approuvé par l'autorité de tutelle de l'année précédente, déduction faite d'un pourcentage du montant de recettes et de dépenses s'élevant à 5 %, mettre en recouvrement les recettes et mandater les dépenses dans les conditions suivantes : »**

(Décr. n° 2007-574 du 19 avr. 2007, art. 4-III) **« 1° Jusqu'à l'approbation du budget de l'établissement, mettre en recouvrement les recettes et engager, liquider et mandater les dépenses de la section de fonctionnement dans la limite de celles inscrites au budget primitif ou, le cas échéant, dans les budgets rectificatifs de l'année** *précédente* **;**

« 2° Mandater les dépenses afférentes au remboursement en capital des annuités de la dette venant à échéance avant l'approbation du budget ;

« 3° Jusqu'à l'approbation du budget, si celle-ci intervient avant le 31 mars, et après délibération de l'assemblée générale, engager, liquider et mandater les dépenses d'investissement, dans la limite du quart des crédits ouverts au budget de l'exercice précédent, non compris les crédits afférents au remboursement de la dette ;

« 4° Au-delà du 31 mars et jusqu'à l'approbation du budget, si l'autorité de tutelle l'autorise et par délibération de l'assemblée générale, engager, liquider et mandater les dépenses d'investissement, non compris les crédits afférents au remboursement de la dette. L'autorisation mentionnée ci-dessus précise le montant et l'affectation des crédits.

« Les crédits mentionnés aux 1°, 2°, 3° et 4° sont inscrits au budget lors de son adoption. Le trésorier paye les mandats et *(Décr. n° 2010-1463 du 1er déc. 2010, art. 68)* « met en recouvrement les recettes » dans les conditions ci-dessus. »

Art. R. 712-18-1 *(Décr. n° 2010-1463 du 1er déc. 2010, art. 69)* Lorsque plusieurs chambres de commerce et d'industrie territoriales s'unissent en une seule chambre, le président de la nouvelle chambre peut mettre en recouvrement les recettes et mandater les dépenses dans les conditions mentionnées aux 1° à 4° de l'article R. 712-18 en prenant pour référence l'agrégation des budgets primitifs ou des derniers budgets rectificatifs approuvés par l'autorité de tutelle de l'année précédente des chambres ayant fusionné, déduction faite d'un pourcentage du montant de recettes et de dépenses s'élevant à 5 %, jusqu'à la présentation du budget primitif du premier exercice de la nouvelle chambre à l'assemblée générale qui doit se réunir au plus tard trois mois après la création de la nouvelle chambre.

Art. R. 712-19 *(Décr. n° 2007-574 du 19 avr. 2007, art. 4-III)* Les comptes des établissements du réseau des chambres de commerce et d'industrie sont établis en application des règlements *(Décr. n° 2013-381 du 3 mai 2013, art. 16)* « de l'Autorité des normes comptables ».

Ces établissements présentent une comptabilité analytique dans des conditions fixées par *(Décr. n° 2010-1463 du 1er déc. 2010, art. 70)* « les normes d'intervention adoptées par l'assemblée des chambres françaises de commerce et d'industrie, approuvées par l'autorité de tutelle et le ministre chargé du budget ».

Art. R. 712-20 *(Décr. n° 2007-574 du 19 avr. 2007, art. 4-I)* Les crédits inscrits au budget des établissements ont un caractère limitatif, sous réserve des aménagements à cette règle résultant d'un arrêté du ministre chargé de la tutelle des chambres de commerce et d'industrie pour tenir compte de leurs besoins spécifiques, notamment en matière industrielle et commerciale, ou pour faire face à des dépenses obligatoires. – *[Décr. n° 91-739 du 18 juill. 1991, art. 51.]*

Art. R. 712-20-1 *(Décr. n° 2010-1463 du 1er déc. 2010, art. 71)* Les projets de délibérations relatifs aux investissements pluriannuels d'une chambre de commerce et d'industrie territoriale sont transmis, un mois avant l'assemblée générale de la chambre de commerce et d'industrie territoriale qui doit les adopter, à la chambre de région. Les observations éventuelles de la chambre de commerce et d'industrie de région sont portées à la connaissance de l'assemblée générale de la chambre de commerce et d'industrie territoriale.

SOUS-SECTION 2 DISPOSITIONS APPLICABLES AUX CHAMBRES RÉGIONALES

Art. R. 712-21 *(Décr. n° 2007-574 du 19 avr. 2007, art. 2)* Les dépenses nécessaires au fonctionnement de la *(Décr. n° 2010-1463 du 1er déc. 2010, art. 87)* « chambre de commerce et d'industrie de région » et à l'exploitation des divers établissements et services qu'elle administre peuvent être inscrites d'office à son budget général ou à ses budgets spéciaux par le *(Décr. n° 2007-574 du 19 avr. 2007, art. 5)* « préfet de région ».

(Décr. n° 2010-1463 du 1er déc. 2010, art. 72) « Les impositions affectées et ressources mentionnées à l'article L. 710-1 financent les dépenses générales annuelles de la chambre de commerce et d'industrie de région. » – *[Décr. du 28 sept. 1938, art. 7, al. 1er à 3.]*

Art. R. 712-22 *(Décr. n° 2010-1463 du 1er déc. 2010, art. 73)* Les projets de budgets, ainsi que les comptes de la chambre de commerce et d'industrie de région sont

votés à la majorité des membres présents ou représentés *(Décr. n° 2013-381 du 3 mai 2013, art. 17)* **« à » l'assemblée générale, puis soumis à l'approbation de l'autorité de tutelle.**

Par dérogation aux dispositions prévues à l'art. R. 712-22, les chambres du réseau pourront voter leur budget primitif 2011 sur la seule base du produit prévisionnel de la taxe additionnelle à la taxe professionnelle des entreprises 2009, tel qu'il figure dans le dernier budget rectificatif 2010 des chambres concernées, auquel sera appliquée une réfaction de 2,4 %. Si des ajustements sont nécessaires en cours d'année, ils seront fixés dans les budgets rectificatifs des chambres, conformément à la procédure de concertation prévue à l'art. R. 712-22 (Décr. n° 2010-1463 du 1er déc. 2010, art. 82).

Art. R. 712-22-1 *(Décr. n° 2010-1463 du 1er déc. 2010, art. 73)* **La chambre de commerce et d'industrie de région répartit entre elle et les chambres de sa circonscription le produit des impositions de toute nature qui lui sont affectées par la loi.**

Dans des conditions précisées dans le règlement intérieur de la chambre de commerce et d'industrie de région, le bureau de la chambre de commerce et d'industrie de région propose une répartition de ce produit, dans des délais permettant notamment aux chambres territoriales rattachées de soumettre au vote de leur assemblée générale un budget primitif avant la date fixée à l'article R. 712-14. Cette répartition prend notamment en compte la rémunération des fonctions assurées au bénéfice des chambres territoriales en application du *(Décr. n° 2013-381 du 3 mai 2013, art. 18)* **« 6° de l'article L. 711-8 », sur le fondement d'un tableau récapitulant les dépenses engagées par grandes catégories.**

Elle est portée, pour avis à la commission des finances de la chambre de région, puis à la connaissance des chambres de sa circonscription par le président de la chambre de commerce et d'industrie de région. Le bureau de la chambre de commerce et d'industrie de région peut modifier sa proposition initiale pour tenir compte des observations émises dans l'intervalle par les chambres rattachées ; dans ce cas, le bureau sollicite à nouveau l'avis de la commission des finances de la chambre régionale.

Dans un délai qui ne peut être inférieur à quinze jours après cette transmission, l'assemblée générale de la chambre de commerce et d'industrie de région vote cette répartition sous la forme d'une annexe à son budget.

Art. R. 712-22-2 *(Décr. n° 2010-1463 du 1er déc. 2010, art. 73)* **Les projets de budgets primitifs ou rectificatifs des chambres de commerce et d'industrie territoriales sont transmis à la chambre de commerce et d'industrie de région à laquelle elles sont rattachées. Cette dernière vérifie la cohérence de ces projets de budgets avec les ressources qu'elle leur a allouées, son propre budget et les orientations de la stratégie régionale commune.**

S'il lui apparaît que le budget d'une chambre de sa circonscription est susceptible d'engager à court ou moyen terme sa solidarité financière en application du 7° de l'article L. 711-8, la chambre de région lui adresse des observations, lui propose des mesures de redressement et en informe l'autorité de tutelle.

Si la chambre de commerce et d'industrie de région doit assurer les besoins en trésorerie nécessaires au paiement des dépenses obligatoires de la chambre de commerce et d'industrie territoriale qui lui est rattachée en application de l'article D. 712-14-4, la répartition des ressources affectées prévue dans le budget primitif de cette chambre de commerce et d'industrie de région peut, en tant que de besoin, être modifiée dans le cadre d'un budget rectificatif. Les éventuels ajustements sont également pris en compte dans les budgets rectificatifs des chambres rattachées.

Art. R. 712-23 *(Décr. n° 2013-381 du 3 mai 2013, art. 19)* **Il est produit à l'appui du budget de l'Assemblée des chambres françaises de commerce et d'industrie un état certifié par le président de cet établissement indiquant par chambre de com-**

merce et d'industrie de région le montant total des sommes dues, au prorata de leur poids économique déterminé par l'étude mentionnée à l'article R. 713-66.

SOUS-SECTION 3 DISPOSITIONS APPLICABLES AUX GROUPEMENTS INTERCONSULAIRES

Art. R. 712-24 *(Décr. n° 2007-574 du 19 avr. 2007, art. 2)* **Les ressources du groupement interconsulaire proviennent des contributions des chambres de commerce et d'industrie** *(Décr. n° 2010-1463 du 1er déc. 2010, art. 74)* **« territoriales et de région » participantes, de subventions et de recettes diverses. Les modalités de calcul et de répartition des contributions des** *(Décr. n° 2010-1463 du 1er déc. 2010, art. 87)* **« chambres de commerce et d'industrie territoriales »** *(Décr. n° 2013-381 du 3 mai 2013, art. 20)* **« et de région » sont arrêtées par le** *(Décr. n° 2007-574 du 19 avr. 2007, art. 5)* **« préfet », sur proposition du groupement.**

(Décr. n° 2007-574 du 19 avr. 2007, art. 8-II) **« Les** *(Décr. n° 2010-1463 du 1er déc. 2010, art. 87)* **« chambres de commerce et d'industrie territoriales et les chambres de commerce et d'industrie de région » constituant le groupement interconsulaire inscrivent dans leur budget annuel un montant représentant leur part contributive aux dépenses du groupement. Cette dépense constitue pour ces établissements une dépense obligatoire.**

« Cette inscription est approuvée par l'autorité de tutelle, soit lors de l'approbation du budget des chambres intéressées, soit lors de l'approbation du budget du groupement interconsulaire.

« Les dépenses nécessaires au fonctionnement du groupement et à l'exploitation des établissements et services que le groupement interconsulaire administre peuvent être inscrites d'office à son budget par l'autorité de tutelle. » – *[Décr. n° 72-950 du 3 oct. 1972, art. 11.]*

SOUS-SECTION 4 DISPOSITIONS APPLICABLES À L'ASSEMBLÉE DES CHAMBRES FRANÇAISES DE COMMERCE ET D'INDUSTRIE

Art. R. 712-25 *(Décr. n° 2010-1463 du 1er déc. 2010, art. 75)* **Les ressources de l'assemblée proviennent des contributions des chambres de commerce et d'industrie de région, de celles des chambres de commerce et d'industrie territoriales collectées par les chambres de commerce et d'industrie de région de subventions et de recettes diverses. Ces contributions constituent une dépense obligatoire pour les chambres de commerce et d'industrie de région.**

La répartition de cette charge est effectuée au prorata du poids économique des chambres de commerce et d'industrie de région au regard de l'étude économique mentionnée à l'article R. 713-66 pour les chambres de commerce et d'industrie de région lors du dernier renouvellement général. – *[Décr. n° 64-1200 du 4 déc. 1964, art. 11.]*

Art. R. 712-26 *(Décr. n° 2010-1463 du 1er déc. 2010, art. 76)* **Les projets de budgets, ainsi que les comptes, sont arrêtés par l'assemblée générale, selon les modalités prévues à l'article R. 711-63, et à la majorité des deux tiers** *(Décr. n° 2013-381 du 3 mai 2013, art. 21)* **« des suffrages exprimés », puis soumis à l'approbation du ministre chargé de la tutelle des chambres de commerce et d'industrie.** – *[Décr. n° 64-1200 du 4 déc. 1964, art. 12.]*

SECTION III DES EMPRUNTS SOUSCRITS ET DES GARANTIES ACCORDÉES PAR LES ÉTABLISSEMENTS DU RÉSEAU

(Décr. n° 2007-574 du 19 avr. 2007, art. 6)

V. note au-dessus de l'art. R. 712-2.

Art. R. 712-27 Les établissements du réseau peuvent être autorisés à contracter des emprunts pour subvenir ou concourir aux dépenses résultant de leurs actions dans tous les domaines où s'exercent leurs attributions, à l'exception de leurs dépenses de fonctionnement. Ils font face au service des emprunts au moyen de l'ensemble des ressources dont ils disposent en vertu de l'article L. 710-1 du code de commerce.

La transmission à l'autorité de tutelle de la délibération adoptant un projet d'emprunt est accompagnée des documents et informations prévus par un arrêté du ministre chargé de la tutelle des chambres de commerce et d'industrie.

Art. R. 712-28 Les établissements du réseau peuvent, sous réserve de l'approbation de l'autorité de tutelle, se concerter en vue de créer, subventionner et faire fonctionner des établissements, services ou travaux d'intérêt commun.

Ils peuvent, à cet effet, dans les conditions prévues à l'article R. 712-27, contracter des emprunts collectifs dont la charge est répartie entre les établissements participants.

Les décisions relatives à la création, au fonctionnement et au financement de ces établissements ou services communs ne sont exécutoires qu'après décision de l'ensemble des établissements participants et autorisation de l'autorité de tutelle.

Art. R. 712-29 Pour les emprunts concernant les services ou les équipements aéroportuaires et portuaires délégués aux établissements du réseau, l'autorisation est accordée après avis du délégant *(Décr. n° 2013-381 du 3 mai 2013, art. 22)* « demandé par l'établissement délégataire » *(Abrogé par Décr. n° 2013-420 du 23 mai 2013, art. 10-II)* *« et, dans les cas prévus par le décret n° 96-1022 du 27 novembre 1996, dans la limite du montant autorisé par le comité des investissements à caractère économique et social ».*

Art. R. 712-30 Sous réserve des emprunts dont le montant est inférieur au seuil mentionné au dernier alinéa de l'article R. 712-7, l'autorisation d'emprunt est donnée dans les formes prévues à l'article R. 712-8. La simple inscription au budget de l'établissement du produit d'un emprunt n'autorise pas la compagnie consulaire à contracter cet emprunt, même après approbation explicite ou implicite de ce budget par l'autorité compétente. – *V. art. A. 712-7.*

Art. R. 712-31 *(Décr. n° 2013-381 du 3 mai 2013, art. 23)* « L'autorisation des actes mentionnés au 2° de l'article R. 712-7 est valable pour une durée d'un an à compter de la date d'approbation des délibérations relatives à ces actes. A l'issue de ce délai, si l'emprunt, le crédit-bail ou l'émission d'obligation n'ont pas été contractés ou si l'emprunt n'a pas été mobilisé, l'autorisation doit être renouvelée. » *(Décr. n° 2007-574 du 19 avr. 2007, art. 6)* « Toutefois, lorsque l'emprunt concerne une concession portuaire ou aéroportuaire, le délai est porté au 31 décembre de la deuxième année suivant celle de l'approbation.

« L'autorisation peut prévoir la mobilisation échelonnée de l'emprunt sur plus d'un an, par tranches successives, lorsque les travaux doivent être réalisés par étapes. »

Art. R. 712-32 Les emprunts sont réalisés dans les conditions du marché et dans le respect des règles de la commande publique en vigueur ou sous forme de souscription publique avec faculté d'émettre des obligations au porteur ou des obligations transmissibles par endossement.

Les contrats d'emprunts doivent toujours stipuler la faculté de rembourser par anticipation ou de renégocier l'emprunt.

Art. R. 712-33 Les règles prévues aux articles R. 712-27 et R. 712-29 sont applicables aux émissions par un établissement du réseau d'obligations ou à la conclusion d'un contrat de crédit-bail immobilier.

Art. R. 712-34 L'octroi par un établissement du réseau des garanties mentionnées au 3° de l'article R. 712-7 est soumis aux règles suivantes :

1° L'octroi de garantie s'entend de l'octroi de garanties d'emprunts ou de cautionnements accordés à des personnes physiques ou morales de droit privé ou public ;

2° La transmission de la délibération adoptant un projet d'octroi de garantie à un tiers est accompagnée des documents et informations précisant l'objet de la garantie, le statut du tiers bénéficiaire, son objet social et, le cas échéant, les éventuelles autres garanties dont il a pu faire l'objet de la part de l'établissement du réseau au cours des cinq dernières années ;

3° Dans le cas où l'octroi de la garantie entre dans le champ du contrôle des aides publiques par la législation communautaire, le projet est notifié à la Commission européenne à l'initiative de l'autorité de tutelle. Dans ce cas, le délai d'approbation fixé à l'article R. 712-8 est suspendu jusqu'à la réception de la décision des autorités communautaires. En cas de décision négative, le refus d'approbation notifié au président de l'établissement est accompagné de la décision de la Commission européenne.

SECTION IV DES ÉQUIPEMENTS ET SERVICES GÉRÉS PAR DES ÉTABLISSEMENTS DU RÉSEAU DANS LE CADRE DE DÉLÉGATIONS DE SERVICE PUBLIC

(Décr. n° 2007-574 du 19 avr. 2007, art. 7)

V. note au-dessus de l'art. R. 712-2.

Art. R. 712-35 La transmission à l'autorité de tutelle des délibérations relatives aux conventions de délégation est accompagnée :

1° Des perspectives pluriannuelles d'exploitation faisant notamment apparaître les conditions de l'équilibre de cette exploitation ;

2° Du programme pluriannuel d'investissement ;

3° D'indicateurs en matière de ratios prudentiels d'endettement et de niveau du fond de roulement du délégataire permettant d'évaluer sa capacité à assurer le fonctionnement régulier de l'exploitation.

Art. R. 712-36 *(Décr. n° 2010-1463 du 1er déc. 2010, art. 77)* « 1° Les établissements du réseau ne peuvent pas utiliser le produit des impositions de toute nature qui leur sont affectées ou des ressources provenant de leurs autres activités pour assurer l'équilibre d'une convention de délégation de service public leur confiant la gestion d'un service ou d'un équipement public. » *(Décr. n° 2013-381 du 3 mai 2013, art. 24)* « Toutefois, cette interdiction ne s'applique pas :

« — aux flux de trésorerie intervenant à l'intérieur d'un même exercice budgétaire dès lors que le solde de ces flux en fin d'année est nul ;

« — aux avances consenties par l'établissement délégataire dans le cadre d'une convention avec l'autorité concédante.

« Cette convention fixe le plafond des avances, qui ne peuvent excéder une durée de deux ans, et prévoit l'ensemble des mesures à prendre par l'établissement et l'autorité concédante pour rétablir l'équilibre de l'exploitation déléguée d'un service ou d'un équipement public devenu déficitaire. La convention peut être renouvelée pour une période maximale de deux ans. Les délibérations relatives à la convention et à son renouvellement éventuel sont votées en assemblée générale, après avis de la commission des finances. Elles sont exécutoires dès qu'elles ont été approuvées de façon expresse par l'autorité de tutelle ; »

(Décr. nº 2007-574 du 19 avr. 2007, art. 7) « 2° Lorsque l'exploitation déléguée d'un service ou d'un équipement public devient déficitaire du fait de l'établissement concessionnaire, les mesures correctrices sont prises dans le cadre de la tutelle renforcée ;

« 3° L'établissement transmet annuellement à l'autorité de tutelle un état de l'ensemble des transferts financiers réalisés entre les ressources propres de l'établissement et la concession. »

Art. R. 712-37 L'autorité de tutelle consulte, en tant que de besoin, les collectivités territoriales ou leurs groupements concédants, les services déconcentrés compétents, la *(Décr. nº 2010-1463 du 1er déc. 2010, art. 87)* « chambre de commerce et d'industrie de région et les chambres de commerce et d'industrie territoriales » concernées ainsi que des experts indépendants sur les risques financiers consécutifs à ces investissements encourus par les établissements du réseau des chambres de commerce et d'industrie du fait des délégations de service public qui leur sont confiées ou des participations qu'ils détiennent dans des sociétés qui ont pour objet l'exploitation et la gestion de tout ou partie de l'équipement concerné.

CHAPITRE III DE L'ÉLECTION DES MEMBRES DES CHAMBRES DE COMMERCE ET D'INDUSTRIE ET DES DÉLÉGUÉS CONSULAIRES

SECTION PREMIÈRE DE L'ÉLECTION DES MEMBRES DES CHAMBRES DE COMMERCE ET D'INDUSTRIE TERRITORIALES ET DES CHAMBRES DE COMMERCE ET D'INDUSTRIE DE RÉGION *(Décr. nº 2010-924 du 3 août 2010, art. 18-I).*

Art. R. 713-1 *(Décr. nº 2010-924 du 3 août 2010, art. 18-II)* Les membres de la chambre de commerce et d'industrie de région Paris Île-de-France et ceux des chambres de commerce et d'industrie départementales d'Île-de-France sont élus respectivement dans les mêmes conditions que les membres des chambres de commerce et d'industrie de région et que ceux des chambres de commerce et d'industrie territoriales.

SOUS-SECTION 1 DE L'ÉTABLISSEMENT DES LISTES ÉLECTORALES

Art. R. 713-1-1 *(Décr. nº 2010-924 du 3 août 2010, art. 19-I)* I. – La liste électorale destinée à l'élection des membres de chambre de commerce et d'industrie de région, de chambre de commerce et d'industrie territoriale et, s'il y a lieu, de délégation est dressée au sein de la circonscription de la chambre de commerce et d'industrie territoriale par la commission régie par l'article R. 713-70.

La commission prend en compte les informations détenues par les juridictions de première instance compétentes en matière commerciale dont les ressorts sont totalement ou partiellement compris dans la circonscription de la chambre.

II. — Dans le ou les ressorts inclus dans la circonscription de la chambre, le juge commis à la surveillance du registre du commerce et des sociétés, assisté du greffier de la juridiction, fournit à la commission et à la chambre de commerce et d'industrie territoriale, au plus tard le 31 janvier de l'année du renouvellement, la liste des personnes physiques et morales immatriculées au registre du commerce et des sociétés relevant de la circonscription et remplissant les conditions fixées au II de l'article L. 713-1.

La chambre de commerce et d'industrie territoriale envoie à l'ensemble de ces personnes, avant le dernier jour du mois de février de la même année, par courrier ou par voie électronique, un questionnaire les invitant à identifier ou à désigner les électeurs investis de cette qualité en vertu des articles L. 713-1 à L. 713-3.

Les questionnaires sont renvoyés par courrier ou par voie électronique à la chambre de commerce et d'industrie territoriale au plus tard le 30 avril de la même année. La chambre les transmet sans délai à la commission d'établissement des listes électorales.

Les capitaines et pilotes mentionnés au *d* du 1° du II de l'article L. 713-1 demandent leur inscription sur la liste auprès de la commission avant le 30 avril de la même année.

III. — La commission d'établissement des listes électorales procède à la constitution de la liste électorale, établie par catégorie et, le cas échéant, sous-catégorie professionnelle, au plus tard le 30 juin de la même année.

La liste électorale est transmise au préfet au plus tard le 15 juillet de la même année. — *[Décr. n° 91-739 du 18 juill. 1991, art. 14.] — V. art. A. 713-1.*

Art. R. 713-2 *(Décr. n° 2010-924 du 3 août 2010, art. 20)* Le préfet du département du siège de la chambre met à la disposition du public, du 16 juillet au 25 août inclus, dans chaque greffe de juridiction de première instance compétente en matière commerciale dans la circonscription de la chambre de commerce et d'industrie territoriale, au siège de la chambre de commerce et d'industrie territoriale et dans chacune des préfectures territorialement compétentes, un exemplaire des listes électorales sur support papier, sur support physique électronique ou par accès à un fichier numérique.

Le ou les préfets de la circonscription informent les électeurs du dépôt des listes électorales et des lieux et modalités de leur consultation, par voie d'affiches apposées dans les préfectures territorialement compétentes, aux sièges de la chambre de commerce et d'industrie territoriale et de la chambre de commerce et d'industrie de région et, le cas échéant, par tout autre moyen.

Lorsque la consultation des listes électorales est prévue par accès à un fichier numérique, elle s'effectue dans des conditions de sécurité et de confidentialité assurant le respect des dispositions du code électoral.

Tout électeur est autorisé à prendre communication des listes électorales et à en prendre copie à ses frais, sur support papier ou, le cas échéant, sur support physique électronique, auprès de la chambre de commerce et d'industrie territoriale. — *[Décr. n° 91-739 du 18 juill. 1991, art. 15.] — V. art. A. 713-1.*

Art. R. 713-3 Les modalités de paiement au greffier de la prestation prévue *(Décr. n° 2010-924 du 3 août 2010, art. 21)* « au premier alinéa du II de l'article R. 713-1-1 » sont fixées par arrêté du ministre chargé de la tutelle des chambres de commerce et d'industrie. — *[Décr. n° 91-739 du 18 juill. 1991, art. 16.] — V. art. A. 713-2.*

Art. R. 713-4 Tout électeur peut présenter, pendant la période de publicité des listes électorales prévue à l'article R. 713-2, une réclamation à la commission d'établissement des listes électorales.

Les réclamations sont déposées au secrétariat de la commission.

(Décr. nº 2010-924 du 3 août 2010, art. 22) « La commission d'établissement des listes électorales statue, au plus tard dans les huit jours suivant la fin de la mise à disposition du public des listes électorales, sur les réclamations.

« Dans le même délai, elle modifie ou complète la liste en considération des éléments nouveaux, apparus entre la date prévue au premier alinéa du III de l'article R. 713-1-1 et la date de fin de la période de publicité prévue au premier alinéa de l'article R. 713-2, qui lui sont communiqués par le préfet, par le juge commis à la surveillance du registre du commerce et des sociétés, par la chambre de commerce et d'industrie territoriale et par le greffier de la juridiction de première instance compétente en matière commerciale. » – *[Décr. nº 91-739 du 18 juill. 1991, art. 17.]*

Art. R. 713-5 Les décisions de la commission peuvent faire l'objet d'une contestation formée dans les conditions prévues aux articles L. 25, L. 27 et R. 13 à R. 15-6 du code électoral. – *V. art. A. 713-3.*

(Décr. nº 2010-924 du 3 août 2010, art. 23) « Les recours prévus aux premier et deuxième alinéas de l'article L. 25 sont formés dans les dix jours à compter de la notification de la décision de la commission. »

Le tribunal d'instance territorialement compétent est celui dans le ressort duquel la *(Décr. nº 2010-924 du 3 août 2010, art. 2)* « chambre de commerce et d'industrie territoriale » a son siège. – *[Décr. nº 91-739 du 18 juill. 1991, art. 18.]*

Contestation des listes électorales. Jugeant que la contestation des listes électorales aux élections des CCI devant le tribunal d'instance territorialement compétent (art. R. 713-5) n'est pas subordonnée à une réclamation préalable devant la commission d'établissement des listes électorales (art. R. 713-4), V. • Civ. 2e, 21 oct. 2004 : *Bull. civ. II, nº 466 ; JCP 2004. IV. 3306.*

SOUS-SECTION 2 DES CANDIDATURES

Art. R. 713-6 *(Décr. nº 2010-924 du 3 août 2010, art. 24)* I. – Le 1er septembre au plus tard, un arrêté conjoint du ministre de la justice et du ministre chargé de la tutelle des chambres de commerce et d'industrie fixe la période de dépôt des candidatures, la composition des dossiers de candidature et la date de clôture du scrutin, qui ne peut être postérieure au premier mercredi de novembre, à minuit. *(Décr. nº 2010-1463 du 1er déc. 2010, art. 78)* « Les dates de début de scrutin sont identiques pour le vote par correspondance et pour le vote électronique. »

En cas de circonstances particulières, les dates fixées dans l'arrêté mentionné à l'alinéa précédent peuvent être modifiées après le 1er septembre par arrêté conjoint du ministre de la justice, du ministre chargé de la tutelle des chambres de commerce et d'industrie et du ministre de l'intérieur.

II. – Lorsqu'une fusion entre chambres rend nécessaire une élection avant le prochain renouvellement général, le déroulement de l'ensemble des opérations prévues aux articles R. 713-1 à R. 713-6 est fixé par arrêté du ministre chargé de la tutelle des chambres de commerce et d'industrie. – *[Décr. nº 91-739 du 18 juill. 1991, art. 23.]*

Art. R. 713-7 Pour les personnes physiques exerçant l'activité commerciale de pêche prévue à l'article *(Ord. nº 2010-462 du 6 mai 2010, art. 7)* « L. 931-1 du code rural et de la pêche maritime », la durée d'ancienneté de deux ans prévue à l'article L. 713-4 commence à courir à compter de la date à laquelle l'intéressé a exploité son premier navire. – *[Décr. n° 91-739 du 18 juill. 1991, art. 56.]*

Art. R. 713-8 *(Décr. n° 2010-924 du 3 août 2010, art. 25)* I. – Tout électeur qui remplit les conditions fixées à l'article L. 713-4 peut se porter candidat dans sa sous-catégorie ou, à défaut, dans sa catégorie professionnelle. Nul ne peut être candidat dans plus d'une sous-catégorie ou catégorie.

II. – Les candidatures sont présentées soit pour un mandat de membre de chambre de commerce et d'industrie de région qui va de pair avec celui de membre de chambre de commerce et d'industrie territoriale, soit pour un mandat de membre de chambre de commerce et d'industrie territoriale seulement.

A ces candidatures peut être jointe une candidature pour participer à une délégation régie par les articles R. 711-18 et suivants.

Tout candidat à l'élection de membre d'une chambre de commerce et d'industrie de région se présente avec un suppléant.

(Décr. n° 2010-1463 du 1er déc. 2010, art. 78) « Lorsque le nombre de sièges attribués, au sein d'une chambre de commerce et d'industrie de région, à une chambre de commerce et d'industrie territoriale ne permet pas à celle-ci d'avoir un représentant au sein de toutes les sous-catégories retenues pour cette élection, peuvent être candidats l'ensemble des électeurs de la catégorie concernée. Les candidats titulaires sont tenus de se présenter avec un suppléant appartenant à une autre sous-catégorie que la leur. Les électeurs relevant d'une catégorie peuvent voter pour l'ensemble des candidats de cette catégorie. Le résultat de l'élection permet l'affectation du représentant titulaire à une sous-catégorie de la chambre de commerce et d'industrie de région *[.]* »

III. – Nul ne peut être candidat dans plus d'une circonscription de chambre de commerce et d'industrie territoriale.

Nul ne peut être à la fois candidat à l'élection de membre titulaire d'une chambre de commerce et d'industrie de région et suppléant d'un autre candidat.

Nul ne peut figurer en qualité de suppléant sur plusieurs déclarations de candidature.

IV. – L'âge d'éligibilité s'apprécie à la date du dernier jour du scrutin.

Les conditions de durée prévues aux 1° et 2° du I de l'article L. 713-4 s'apprécient à la date de dépôt des candidatures. – *[Décr. n° 91-739 du 18 juill. 1991, art. 19, al. 1er et 2.]*

Art. R. 713-9 *(Décr. n° 2010-924 du 3 août 2010, art. 26)* I. – Les candidatures sont déclarées par écrit à la préfecture du département où est situé le siège de la chambre de commerce et d'industrie territoriale.

Le préfet de département transmet au préfet de la région où est situé le siège de la chambre de commerce et d'industrie de région une copie des candidatures à cette chambre.

II. – Les déclarations de candidature sont recevables à compter du jour fixé par l'arrêté de convocation des électeurs prévu à l'article R. 713-6 et jusqu'au quarantième jour précédant le dernier jour du scrutin, à 12 heures.

La déclaration de candidature indique le nom, les prénoms, le sexe, la date et le lieu de naissance du candidat, sa nationalité, la dénomination sociale et l'adresse de l'entreprise dans laquelle il exerce ses fonctions, la sous-catégorie ou catégorie professionnelle dans laquelle il se présente et son numéro d'inscription sur la liste électorale.

La déclaration fait apparaître clairement si l'intéressé est candidat aux deux mandats associés de membre de la chambre de commerce et d'industrie de région et de membre de la chambre de commerce et d'industrie territoriale, ou s'il se présente comme membre de la seule chambre de commerce et d'industrie territoriale.

La candidature en qualité de membre d'une délégation de la chambre de commerce et d'industrie territoriale est signalée en complément de l'une ou l'autre des candidatures mentionnées à l'alinéa précédent.

Chaque candidat titulaire ou suppléant atteste auprès du préfet, sous forme d'une déclaration sur l'honneur, qu'il remplit les conditions d'éligibilité énumérées à l'article L. 713-4 et qu'il n'est frappé d'aucune des incapacités prévues à l'article L. 713-3.

III. — La déclaration du candidat à l'élection de membre titulaire de la chambre de commerce et d'industrie de région est accompagnée de la déclaration de candidature de son suppléant, qui en est indissociable. Cette déclaration comporte les mêmes informations et déclarations que celles requises du candidat titulaire et est accompagnée d'une acceptation écrite de la qualité de suppléant.

IV. — Les candidatures peuvent être présentées dans le cadre d'un groupement. *(Décr. n° 2010-1463 du 1er déc. 2010, art. 78)* « Celles-ci sont assorties » d'une déclaration commune signée des candidats qui y adhèrent, et publiée avec les candidatures en application du deuxième alinéa de l'article R. 713-10. Le nombre de membres du groupement ne peut être supérieur au nombre des sièges à pourvoir dans les sous-catégories ou catégories dans lesquelles ils se présentent.L'adhésion au groupement comporte l'engagement de présenter des documents de campagne communs pour l'application des dispositions de l'article R. 713-12. — *V. art. A. 713-4 et A. 713-5.*

Les candidatures d'un groupement peuvent être présentées de manière collective par un représentant disposant d'un mandat signé de tous les candidats y adhérant. — *[Décr. n° 91-739 du 18 juill. 1991, art. 19, al. 3 à 6.]*

Art. R. 713-10 Les déclarations de candidature qui remplissent les conditions prévues par l'article L. 713-4 *(Décr. n° 2010-924 du 3 août 2010, art. 27)* « et par la présente sous-section » sont enregistrées et donnent lieu à la délivrance d'un récépissé.

(Décr. n° 2010-924 du 3 août 2010, art. 27) « Le préfet du département du siège de la chambre assure la publication de la liste des candidats par affichage, au greffe de la juridiction mentionnée au premier alinéa de l'article R. 713-2, dans les préfectures de la circonscription et aux chambres de commerce et d'industrie territoriales et de région, dans les quatre jours ouvrés suivant la date limite de dépôt des candidatures prévue à l'article R. 713-9. Il peut compléter cette publication par tout autre moyen.

« La campagne électorale débute le cinquième jour ouvré suivant la date limite de dépôt des candidatures et prend fin la veille du dernier jour du scrutin, à zéro heure. » — *[Décr. n° 91-739 du 18 juill. 1991, art. 19, al. 7 à 9.]*

Art. R. 713-11 Aucun retrait ou remplacement d'une candidature n'est accepté après son enregistrement.

Le refus d'enregistrement d'une candidature peut être contesté par le candidat ou son mandataire dans les conditions prévues à l'avant-dernier alinéa de l'article L. 265 du code électoral.

La candidature est enregistrée si le tribunal administratif n'a pas statué dans les trois jours du dépôt de la requête. — *[Décr. n° 91-739 du 18 juill. 1991, art. 20.]*

Art. R. 713-12 *(Décr. n° 2010-924 du 3 août 2010, art. 28)* « Les candidats à une chambre de commerce et d'industrie territoriale qui ont recueilli au moins 5 % des suffrages exprimés à cette élection peuvent obtenir le remboursement de leurs frais de campagne par la chambre de commerce et d'industrie territoriale. Pour les chambres d'Île-de-France, le seuil de 5 % des suffrages s'apprécie par département.

« En cas de regroupement de candidatures, tous les candidats de ce regroupement sont considérés comme ayant obtenu 5 % des suffrages exprimés dès lors qu'un d'entre eux au moins a atteint ce pourcentage. »

Un arrêté *(Décr. n° 2010-924 du 3 août 2010, art. 28)* « conjoint du ministre de la justice et » du ministre chargé de la tutelle des chambres de commerce et d'industrie définit les *(Décr. n° 2010-1463 du 1er déc. 2010, art. 78)* « frais de campagne » et fixe le nombre et les caractéristiques des documents admis à remboursement ainsi que les conditions de celui-ci. — *V. art. A. 713-6.*

Le préfet fixe, par référence aux tarifs fixés en application de l'article L. 52-11-1 du code électoral, les tarifs maximaux d'impression et d'affichage dans les limites desquels le remboursement intervient. — *[Décr. n° 91-739 du 18 juill. 1991, art. 22.] — V. art. A. 713-7.*

• SOUS-SECTION 3 DE LA PRÉPARATION DU SCRUTIN

Art. R. 713-13 *(Décr. n° 2010-924 du 3 août 2010, art. 29)* La commission prévue à l'article L. 713-17, dénommée "commission d'organisation des élections", compétente pour organiser, dans la circonscription de la chambre de commerce et d'industrie territoriale, les élections des membres de la chambre de commerce et d'industrie de région, de la chambre de commerce et d'industrie territoriale et, s'il y a lieu, des délégations de cette dernière chambre, est présidée par le préfet du département où est situé le siège de la chambre de commerce et d'industrie territoriale ou son représentant et comprend :

1° Le président de la juridiction de première instance compétente en matière commerciale dans le ressort de laquelle est situé le siège de la chambre de commerce et d'industrie territoriale ou son représentant ;

2° Le président de la chambre de commerce et d'industrie territoriale ou un membre désigné par ses soins ;

3° Un membre de la chambre de commerce et d'industrie de région désigné par le président de celle-ci.

La commission peut s'adjoindre, sur décision de son président, autant de collaborateurs que nécessaire.

Le secrétariat de la commission est assuré par le directeur général de la chambre de commerce et d'industrie territoriale ou un représentant désigné par ses soins au sein du personnel administratif de cette chambre. Il peut être assisté d'un représentant de la chambre de commerce et d'industrie de région désigné par le directeur général de celle-ci.

La commission est assistée, pour les tâches mentionnées aux 2° et 3° de l'article R. 713-14, d'un représentant de chaque entreprise chargée de l'acheminement du courrier.

Le préfet installe la commission au plus tard le 15 septembre précédant le scrutin. — *[Décr. n° 91-739 du 18 juill. 1991, art. 21, al. 1er à 7.]*

Art. R. 713-14 *(Décr. n° 2010-924 du 3 août 2010, art. 30)* « I. — » La commission prévue à l'article L. 713-17 est chargée :

1° De vérifier la conformité des bulletins de vote et des circulaires aux dispositions de l'arrêté prévu à l'article R. 713-15 ;

2° D'expédier aux électeurs, *(Décr. n° 2010-924 du 3 août 2010, art. 30)* « au plus tard treize jours avant le dernier jour du scrutin », les circulaires et bulletins de vote des candidats de leur catégorie, ainsi que les instruments nécessaires au vote ;

3° D'organiser la réception des votes ;

4° D'organiser le dépouillement et le recensement des votes ;

5° De proclamer les résultats.

(Décr. n° 2010-924 du 3 août 2010, art. 30) « II. – » Pour assurer ces opérations, le président de la commission peut solliciter le concours de la *(Décr. n° 2010-924 du 3 août 2010, art. 2)* « chambre de commerce et d'industrie territoriale ».

Les envois mentionnés au 2° qui ne sont pas parvenus à leur destinataire sont retournés par les entreprises chargées de l'acheminement du courrier à la préfecture, qui les conserve jusqu'à l'expiration des délais du recours contre les élections ou, le cas échéant, jusqu'à l'intervention d'un jugement définitif sur les contestations. – *[Décr. n° 91-739 du 18 juill. 1991, art. 21, al. 8 à 15.] – V. art. A. 713-10.*

Art. R. 713-15 Un arrêté du ministre chargé de la tutelle des chambres de commerce et d'industrie fixe le format, le libellé et les modalités d'impression des bulletins et des circulaires, ainsi que les modalités de présentation des candidatures sur les bulletins de vote. – *[Décr. n° 91-739 du 18 juill. 1991, art. 21, al. 16.] – V. art. A. 713-7.*

• SOUS-SECTION 4 DU VOTE PAR CORRESPONDANCE

Art. R. 713-16 *(Abrogé par Décr. n° 2010-924 du 3 août 2010, art. 31) « Les plis contenant les votes par correspondance sont admis en franchise. »*

Pour le vote par correspondance, le cachet de la poste fait foi.

Les modalités du vote par correspondance sont fixées par arrêté du ministre chargé de la tutelle des chambres de commerce et d'industrie. – *[Décr. n° 91-739 du 18 juill. 1991, art. 24.] – V. art. A. 713-11 s.*

Art. R. 713-17 I. – Les enveloppes d'acheminement des votes sont adressées à la préfecture, qui en dresse un état récapitulatif. – *V. art. A. 713-13.*

Sous peine de nullité du vote, les enveloppes d'acheminement des votes comportent les mentions suivantes :

1° La dénomination de la chambre *[de commerce et d'industrie]* *(Décr. n° 2010-924 du 3 août 2010, art. 32)* « de région et de la chambre de commerce et d'industrie territoriale » ;

2° La mention "Élection des membres" ;

3° Le nom de l'électeur ;

4° Ses prénoms ;

5° Sa signature ;

(Décr. n° 2010-924 du 3 août 2010, art. 32) « 6° Son numéro d'inscription sur la liste électorale *[;]*

« 7° » La désignation de la catégorie et, le cas échéant, de la sous-catégorie à laquelle il appartient.

Les enveloppes d'acheminement des votes peuvent comporter un dispositif permettant une lecture automatisée, dans les conditions de sécurité et selon des modalités définies par arrêté du ministre chargé de la tutelle des chambres de commerce et d'industrie pris après avis de la Commission nationale de l'informatique et des libertés. – *V. art. A. 713-11.*

II. – Sous peine de nullité du vote, les enveloppes de scrutin comportent exclusivement les mentions suivantes :

1° La dénomination de la chambre de commerce et d'industrie *(Décr. n° 2010-924 du 3 août 2010, art. 32)* « de région et de la chambre de commerce et d'industrie territoriale » ;

2° La mention "Élection des membres" ;

3° La désignation de la catégorie et, le cas échéant, de la sous-catégorie à laquelle appartient l'électeur. – *[Décr. n° 91-739 du 18 juill. 1991, art. 25.]*

Art. R. 713-18 *(Décr. n° 2010-924 du 3 août 2010, art. 33)* « Le lundi suivant le dernier jour du scrutin », la commission d'organisation des élections, composée le cas échéant en sections, procède aux opérations de dépouillement des votes par correspondance en séance publique et en présence de scrutateurs désignés par le président de la commission et par les candidats ou *(Décr. n° 2010-924 du 3 août 2010, art. 33)* « leurs mandataires ».

Le jour du dépouillement, autant d'urnes qu'il y a de *(Décr. n° 2010-924 du 3 août 2010, art. 33)* « catégories ou » sous-catégories sont mises en place.

La commission vérifie que le nombre des enveloppes d'acheminement des votes correspond à celui qui est porté sur l'état récapitulatif mentionné à l'article R. 713-17. Si une différence est constatée, mention en est faite sur le procès-verbal paraphé par chaque membre de la commission.

La commission procède à l'ouverture des enveloppes d'acheminement des votes.

Le président ou un membre de la commission désigné par lui au sein d'une section vérifie que le vote émis correspond à la catégorie et à la sous-catégorie dont relève l'électeur et, dans le cas contraire, écarte ce vote du dépouillement.

Le président, ou un membre de la commission désigné par lui au sein d'une section, constate le vote de chaque électeur en apposant sa signature, éventuellement avec l'assistance de moyens électroniques, en face du nom de l'électeur, sur la copie de la liste électorale qui constitue la liste d'émargement, dans les conditions de sécurité et d'authentification et selon des modalités définies par arrêté du ministre chargé de la tutelle des chambres de commerce et d'industrie pris après avis de la Commission nationale de l'informatique et des libertés.

Un membre de la commission introduit ensuite chaque enveloppe de scrutin dans l'urne correspondante.

Le recensement des votes est effectué dans les formes décrites aux deuxième et troisième alinéas de l'article L. 65 du code électoral et suivant les règles fixées à l'article L. 66 du même code. – *[Décr. n° 91-739 du 18 juill. 1991, art. 26, al. 1er à 8.]*

Art. R. 713-19 La commission totalise le nombre de suffrages obtenus par chaque candidat de chaque catégorie ou sous-catégorie et attribue les sièges conformément à l'article L. 713-16.

Est considéré comme nul tout bulletin présenté sous une forme autre que celle qui a été validée par la commission, tout bulletin comportant un nombre de noms supérieur à celui des sièges à pourvoir dans la catégorie, la sous-catégorie professionnelle ou la délégation et tout bulletin entaché d'une des irrégularités mentionnées à l'article L. 66 du code électoral.

Est considéré comme nul tout suffrage désignant une personne qui n'est pas candidate.

Les bulletins et les enveloppes entachés de nullité sont conservés, paraphés par les membres de la commission et annexés au procès-verbal dans les conditions prévues par les articles L. 66 et R. 68 du code électoral. – *[Décr. n° 91-739 du 18 juill. 1991, art. 26, al. 9 à 12.]*

Art. R. 713-20 Toutes les opérations manuelles de dépouillement prévues à l'article R. 713-18 peuvent être effectuées avec l'assistance de moyens électroniques, dans des conditions fixées par arrêté du ministre chargé de la tutelle des chambres de commerce et d'industrie après avis de la Commission nationale de l'informatique et des libertés. – *[Décr. n° 91-739 du 18 juill. 1991, art. 26, al. 13.]*

SOUS-SECTION 5 DU VOTE ÉLECTRONIQUE

Art. R. 713-21 La commission d'organisation des élections adresse à tous les électeurs, en même temps que les documents prévus au 2° de l'article R 713-14, une circulaire relative aux modalités d'accès au système de vote électronique auquel l'électeur se relie pour voter ainsi que, selon des modalités garantissant leur confidentialité, les instruments permettant l'expression du vote.

Ces instruments permettent l'authentification de l'électeur et la vérification de l'unicité de son vote selon des exigences de sécurité et des modalités définies par arrêté du ministre chargé de la tutelle des chambres de commerce et d'industrie pris après avis de la Commission nationale de l'informatique et des libertés. – *[Décr. n° 91-739 du 18 juill. 1991, art. 27.]*

Art. R. 713-22 Pour voter par voie électronique, l'électeur, après connexion au site internet ou à tout autre réseau accessible à tous les électeurs, s'identifie, exprime son vote et le valide au moyen des instruments d'authentification qui lui ont été attribués. Il vérifie l'inscription sécurisée de son vote par le système de vote électronique. La transmission du vote et l'émargement de l'électeur doivent pouvoir faire l'objet d'une date certaine de réception et d'un accusé de réception électronique. – *[Décr. n° 91-739 du 18 juill. 1991, art. 28.]*

Art. R. 713-23 Les données relatives aux électeurs inscrits sur les listes électorales ainsi que celles relatives à l'expression de leur vote font l'objet, selon les modalités techniques fixées par arrêté du ministre chargé de la tutelle des chambres de commerce et d'industrie pris après avis de la Commission nationale de l'informatique et des libertés, de traitements automatisés d'information effectués sur des systèmes informatiques distincts, dédiés et isolés, respectivement dénommés "fichier des électeurs" et "contenu de l'urne électronique".

Le traitement "fichier des électeurs" est établi à partir des listes électorales dressées par la commission d'établissement des listes électorales. Ce traitement permet à la commission d'organisation des élections, d'adresser à chaque électeur les instruments d'authentification mentionnés à l'article R. 713-21, d'identifier les électeurs ayant pris part au vote électronique et d'éditer la liste d'émargement. L'émargement indique l'heure du vote. Les listes d'émargement sont enregistrées sur un support distinct de celui de l'urne électronique, scellé, non réinscriptible, rendant son contenu inaltérable et probant.

Le fichier dénommé "contenu de l'urne électronique" recense les votes exprimés par voie électronique. Les données de ce fichier font l'objet d'un chiffrement et ne doivent pas comporter de lien permettant l'identification des électeurs. – *[Décr. n° 91-739 du 18 juill. 1991, art. 29.]*

Art. R. 713-24 *(Décr. n° 2010-924 du 3 août 2010, art. 34)* « Le jour du dépouillement du vote, la liste d'émargement établie à partir du traitement "fichier des électeurs" constitue la liste d'émargement pour le vote par correspondance *[.]* »

Le président de la commission et l'un *(Décr. n° 2010-924 du 3 août 2010, art. 34)* « au moins » des assesseurs reçoivent chacun une clef de dépouillement distincte, selon des modalités en garantissant la confidentialité, permettant d'accéder aux données du fichier dénommé "contenu de l'urne électronique". Le président reçoit également les éléments permettant la vérification de l'intégrité du système de vote électronique.

Après la clôture des opérations de vote et vérification de l'intégrité du fichier dénommé "contenu de l'urne électronique", le président de la commission d'organisation des élections et l'assesseur mentionné à l'alinéa précédent procèdent publiquement au dépouillement.

Les décomptes des voix par candidat apparaissent lisiblement à l'écran et font l'objet d'une édition sécurisée afin d'être portés au procès-verbal de l'élection.

Le système de vote électronique est verrouillé après le dépouillement de sorte qu'il soit impossible de reprendre ou de modifier le résultat après la décision de clôture du dépouillement prise par la commission.

La commission d'organisation des élections contrôle que le nombre total de votes exprimés par voie électronique correspond au nombre de votants figurant sur la liste d'émargement.

Le nombre total de suffrages exprimés par voie électronique ainsi que le nombre de voix obtenues par chaque candidat sont portés au procès-verbal. – *[Décr. n° 91-739 du 18 juill. 1991, art. 30.]*

Art. R. 713-25 Jusqu'à l'expiration des délais de recours contentieux, les fichiers supports comprenant la copie des programmes sources et des programmes exécutables, les matériels de vote, les fichiers d'émargement, de résultats et de sauvegarde sont conservés sous scellés sous le contrôle de la commission d'organisation des élections. La procédure de décompte des votes enregistrés doit, si nécessaire, pouvoir être exécutée de nouveau.

A l'expiration des délais de recours, et si aucun recours n'a été exercé, il est procédé à la destruction des fichiers supports sous le contrôle de la commission d'organisation des élections. – *[Décr. n° 91-739 du 18 juill. 1991, art. 31.]*

Art. R. 713-26 Les modalités d'application de la présente sous-section et d'expertise du système de vote sont fixées par arrêté du ministre chargé de la tutelle des chambres de commerce et d'industrie pris après avis de la Commission nationale de l'informatique et des libertés. – *[Décr. n° 91-739 du 18 juill. 1991, art. 32.]*

● SOUS-SECTION 6 DE LA PROCLAMATION DES RÉSULTATS ET DU CONTENTIEUX DES ÉLECTIONS

Art. R. 713-27 *(Décr. n° 2010-924 du 3 août 2010, art. 35)* Les candidats ayant obtenu le plus grand nombre de voix à l'élection de la chambre de commerce et d'industrie de région sont élus à la chambre de commerce et d'industrie de région ainsi qu'à la chambre de commerce et d'industrie territoriale et, le cas échéant, dans une délégation. Leur suppléant est élu à la chambre de commerce et d'industrie territoriale et, le cas échéant, dans la même délégation.

Après attribution des sièges pourvus en application de l'alinéa précédent, les candidats ayant obtenu le plus grand nombre de voix à l'élection de la chambre de commerce et d'industrie territoriale sont élus à la chambre de commerce et d'industrie territoriale et, le cas échéant, dans une délégation.

Art. R. 713-27-1 *(Décr. n° 2010-924 du 3 août 2010, art. 36)* A l'issue du dépouillement, la commission d'organisation des élections dresse, pour chaque élection, un procès-verbal signé par son président et ses membres et proclame les résultats des élections en public.

Ces proclamations interviennent au plus tard soixante-douze heures après le début du dépouillement.

Les procès-verbaux sont transmis au préfet de département du siège de la chambre *territoriale qui en* adresse une copie au ministre chargé de la tutelle des chambres de commerce et d'industrie, à la chambre de commerce et d'industrie territoriale et à la chambre de commerce et d'industrie de région.

Les listes d'émargement sont transmises au même préfet. Elles peuvent être consultées à la préfecture de département dans les conditions fixées par l'article L. 68 du code électoral. – *[Décr. n° 91-739 du 18 juill. 1991, art. 33.]*

Art. R. 713-27-2 *(Décr. n° 2010-924 du 3 août 2010, art. 36)* A l'issue du dépouillement des élections des membres des chambres de commerce et d'industrie de région, se réunit au niveau régional une commission composée du préfet de région ou de son représentant, du président de la chambre de commerce et d'industrie de région ou de son représentant et d'un représentant élu de chaque chambre de commerce et d'industrie territoriale.

La commission est régulièrement réunie si elle comporte au moins la moitié de ses membres.

Elle recueille les procès-verbaux des élections à la chambre de région, constate l'élection des candidats à la chambre de commerce et d'industrie de région et en dresse le procès-verbal dont elle adresse une copie au ministre chargé de la tutelle des chambres de commerce et d'industrie, à la chambre de commerce et d'industrie de région et aux chambres de commerce et d'industrie territoriales.

Le secrétariat de la commission est assuré par le directeur général de la chambre de commerce et d'industrie de région ou un agent désigné par ses soins au sein de la chambre de commerce et d'industrie de région.

Art. R. 713-28 Les recours en annulation des élections aux chambres de commerce et d'industrie *(Décr. n° 2010-924 du 3 août 2010, art. 37)* « territoriales et de région » peuvent être formés par tout électeur et par le préfet dans les conditions prévues aux articles L. 248, et R. 119 à R. 122 du code électoral.

Toutefois, le délai de cinq jours prévu au premier alinéa de l'article R. 119 de ce code court à compter de la proclamation des résultats.

L'appel est formé dans un délai d'un mois devant la cour administrative d'appel dans les conditions fixées aux articles R. 811-1 à R. 811-4 du code de justice administrative. Il est jugé comme affaire urgente.

Les membres élus restent en fonction jusqu'à ce qu'il ait été définitivement statué sur les réclamations. – *[Décr. n° 91-739 du 18 juill. 1991, art. 34.]*

Art. R. 713-29 En cas d'annulation partielle ou totale devenue définitive des élections des membres d'une chambre de commerce et d'industrie *(Décr. n° 2010-924 du 3 août 2010, art. 38)* « territoriale ou de région » et sauf si cette annulation est prononcée moins d'un an avant un renouvellement général, il est procédé, dans le délai de deux mois, à un nouveau scrutin pour pourvoir les sièges vacants.

Dans le cas prévu à l'alinéa précédent ainsi que dans les cas prévus au I et au II de l'article L. 713-5, le préfet arrête les dates et les délais des différentes opérations électorales. – *[Décr. n° 91-739 du 18 juill. 1991, art. 35.]*

Art. R. 713-30 Lorsque les dates fixées par la présente section ou le dernier jour des délais impartis tombent un jour férié ou un samedi, ils sont reportés jusqu'au premier jour ouvrable qui suit. Il en est de même pour l'application de l'arrêté préfectoral prévu au deuxième alinéa de l'article R. 713-29. – *[Décr. n° 91-739 du 18 juill. 1991, art. 36.]*

SECTION II DE L'ÉLECTION DES DÉLÉGUÉS CONSULAIRES

SOUS-SECTION 1 DISPOSITIONS GÉNÉRALES

Art. R. 713-31 Les délégués consulaires sont élus dans la circonscription définie à l'article L. 713-6. – *[Décr. n° 2004-799 du 29 juill. 2004, art. 1er.]*

Art. R. 713-32 Le nombre des délégués consulaires est fixé, dans les conditions prévues à l'article L. 713-12, par arrêté préfectoral.

La répartition des délégués entre les catégories correspondant respectivement aux activités commerciales, industrielles ou de services et éventuellement les sous-catégories prévues par l'article L. 713-11 se fait dans les mêmes conditions que celles qui sont fixées pour les membres des *(Décr. n° 2010-924 du 3 août 2010, art. 2)* « chambres de commerce et d'industrie territoiriales » *(Décr. n° 2010-924 du 3 août 2010, art. 39)* « par les articles R. 711-47 et R. 713-66 ». – *[Décr. n° 2004-799 du 29 juill. 2004, art. 2.]*

Art. R. 713-33 Le délégué consulaire qui souhaite démissionner ou qui perd la qualité au titre de laquelle il a été élu adresse sa démission au préfet. Toutefois, conservent leur mandat jusqu'aux prochaines élections les délégués consulaires qui changent de catégorie ou de sous-catégorie professionnelle et les délégués consulaires qui remplissent les conditions d'éligibilité dans une autre circonscription. – *[Décr. n° 2004-799 du 29 juill. 2004, art. 3.]*

Art. R. 713-34 *(Décr. n° 2010-924 du 3 août 2010, art. 40)* La commission d'organisation des élections prévue à l'article L. 713-17 et régie par les dispositions de l'article R. 713-13 est également compétente pour organiser l'élection des délégués consulaires.

Toutefois, pour cette mission, le secrétariat est assuré conjointement par le greffier de la juridiction mentionnée au deuxième alinéa de l'article R. 713-13 et par le directeur général de la chambre de commerce et d'industrie territoriale ou son représentant.

Art. R. 713-35 *(Décr. n° 2010-924 du 3 août 2010, art. 41)* « I. – La commission mentionnée à l'article R. 713-34 » est chargée :

1° De vérifier la conformité des bulletins de vote et des circulaires aux dispositions de l'arrêté prévu à l'article R. 713-36 ;

2° D'expédier aux électeurs, *(Décr. n° 2010-924 du 3 août 2010, art. 41)* « au plus tard treize jours avant le dernier jour du scrutin », les circulaires et bulletins de vote des candidats de chaque catégorie ou sous-catégorie ainsi que les instruments nécessaires au vote ;

3° D'organiser la réception des votes ;

4° D'organiser le dépouillement et le recensement des votes ;

5° De proclamer les résultats.

(Décr. n° 2010-924 du 3 août 2010, art. 41) « II. – Les dispositions du II de l'article R. 713-14 sont applicables à l'élection des délégués consulaires. » – *[Décr. n° 2004-799 du 29 juill. 2004, art. 16.]*

Art. R. 713-36 Un arrêté du garde des sceaux, ministre de la justice, fixe le format, le libellé et les modalités d'impression des bulletins et des circulaires, ainsi que les modalités de présentation des candidatures sur les bulletins de vote. – *[Décr. n° 2004-799 du 29 juill. 2004, art. 17.] – V. art. A. 713-14 s.*

SOUS-SECTION 2 DE L'ÉTABLISSEMENT DES LISTES ÉLECTORALES

Art. R. 713-37 *(Décr. n° 2010-924 du 3 août 2010, art. 42)* « I. – » Pour l'application de l'article L. 713-7, la *(Décr. n° 2010-924 du 3 août 2010, art. 2)* « chambre de commerce et d'industrie territoriale » demande aux entreprises inscrites au registre du commerce et des sociétés de lui communiquer la liste des personnes mentionnées aux 2° et 3° de cet article.

Les *(Décr. n° 2010-924 du 3 août 2010, art. 42)* « capitaines et pilotes désignés » au *d* du 1° du même article demandent à s'inscrire sur la liste auprès de la commission d'établissement des listes électorales prévue à l'article L. 713-14 *(Décr. n° 2010-924 du 3 août 2010, art. 42)* « avant la date du 30 avril de l'année du renouvellement des délégués consulaires ». Il en est de même des anciens membres des tribunaux de commerce mentionnés au *e* de la même disposition.

(Décr. n° 2010-924 du 3 août 2010, art. 42) « II. — Le III de l'article R. 713-1-1 est applicable à l'établissement de la liste électorale pour l'élection des délégués consulaires. » — *[Décr. n° 2004-799 du 29 juill. 2004, art. 5.]* — *V. art. A. 713-18.*

Art. R. 713-38 *(Décr. n° 2010-924 du 3 août 2010, art. 43)* Les dispositions de l'article R. 713-2 sont applicables à l'élection des délégués consulaires. — *V. art. A. 713-18.*

Art. R. 713-39 *(Décr. n° 2010-924 du 3 août 2010, art. 44)* Les dispositions de l'article R. 713-4 sont applicables à l'élection des délégués consulaires.

Art. R. 713-40 *(Décr. n° 2010-924 du 3 août 2010, art. 45)* Les dispositions de l'article R. 713-5 sont applicables à l'élection des délégués consulaires. — *V. art. A. 713-19.*

Art. R. 713-41 *(Décr. n° 2010-924 du 3 août 2010, art. 46)* « La commission d'établissement des listes électorales est appelée à compléter la liste des personnes remplissant la condition fixée par l'article L. 723-4 pour être éligibles aux fonctions de juge de tribunal de commerce lors d'élections organisées en application des dispositions de l'article L. 723-11.

« Elle se réunit sur convocation de son président pour examiner les demandes d'inscription sur la liste électorale des délégués consulaires présentées par les personnes justifiant qu'elles remplissent les conditions d'éligibilité aux fonctions de délégué consulaire fixées à l'article L. 713-10. »

Cette demande est présentée au plus tard sept jours après la date de l'arrêté préfectoral convoquant le collège électoral des juges consulaires.

La commission d'établissement des listes électorales statue au plus tard quinze jours après la date de l'arrêté préfectoral convoquant le collège électoral des juges consulaires.

Les décisions de la commission peuvent faire l'objet d'un recours dans un délai de quinze jours. Ce recours et le pourvoi en cassation sont formés dans les conditions prévues aux articles R. 13 à R. 15-6 du code électoral. — *[Décr. n° 2004-799 du 29 juill. 2004, art. 9.]*

SOUS-SECTION 3 DES CANDIDATURES

Art. R. 713-42 *(Décr. n° 2010-924 du 3 août 2010, art. 47)* Les dispositions du I de l'article R. 713-6 sont applicables à l'élection des délégués consulaires.

Art. R. 713-43 Tout électeur qui remplit les conditions fixées à l'article L. 713-10 peut se porter candidat dans sa sous-catégorie ou, à défaut, dans sa catégorie professionnelle. Nul ne peut être candidat dans plus d'une catégorie et sous-catégorie *(Décr. n° 2010-924 du 3 août 2010, art. 48)* « , ni dans plus d'une circonscription ».

L'âge d'éligibilité s'apprécie à la date de clôture du scrutin. – *[Décr. nº 2004-799 du 29 juill. 2004, art. 10.]*

Art. R. 713-44 *(Décr. nº 2010-1463 du 1er déc. 2010, art. 78)* **I. – Les dispositions du I, des premier et deuxième alinéas du II et du IV de l'article R. 713-9 sont applicables à l'élection des délégués consulaires.**

II. – Chaque candidat atteste auprès du préfet, sous forme d'une déclaration sur l'honneur, qu'il remplit les conditions d'éligibilité énumérées à l'article L. 713-10 et qu'il n'est frappé d'aucune des incapacités prévues à l'article L. 713-9. – *[Décr. nº 2004-799 du 29 juill. 2004, art. 11.]*

Art. R. 713-45 **Les déclarations de candidature qui remplissent les conditions fixées par l'article L. 713-10 et par la présente section sont enregistrées et donnent lieu à la délivrance d'un récépissé.**

Art. R. 713-46 *(Décr. nº 2010-924 du 3 août 2010, art. 50)* **Les dispositions des deuxième et troisième alinéas de l'article R. 713-10 sont applicables à l'élection des délégués consulaires.**

Art. R. 713-47 *(Décr. nº 2010-924 du 3 août 2010, art. 51)* **Les dispositions de l'article R. 713-11 sont applicables à l'élection des délégués consulaires.**

Art. R. 713-48 *(Décr. nº 2010-924 du 3 août 2010, art. 52)* **Les dispositions de l'article R. 713-12 sont applicables à l'élection des délégués consulaires.** – *V. art. A. 713-21 et A. 713-22.*

SOUS-SECTION 4 DU VOTE PAR CORRESPONDANCE

Art. R. 713-49 *(Abrogé par Décr. nº 2010-924 du 3 août 2010, art. 53) « Les plis contenant les votes par correspondance sont admis en franchise. »*

Pour la prise en compte du vote, le cachet de la poste fait foi. – *[Décr. nº 2004-799 du 29 juill. 2004, art. 20.]*

Art. R. 713-50 **Les enveloppes d'acheminement des votes sont adressées à la préfecture** *(Décr. nº 2010-924 du 3 août 2010, art. 54)* **« de département du siège de la chambre de commerce et d'industrie territoriale », qui en dresse un état récapitulatif.** – *V. art. A. 713-25.*

Sous peine de nullité du vote, les enveloppes d'acheminement des votes comportent les mentions suivantes :

1° La dénomination de la juridiction intéressée par l'élection ;

2° La mention : "Élection des délégués consulaires" ;

3° Le nom de l'électeur ;

4° Ses prénoms ;

5° Sa signature ;

(Décr. nº 2010-924 du 3 août 2010, art. 54) **« 6° Son numéro d'inscription sur la liste électorale ;**

« 7° » La désignation de la catégorie professionnelle et, le cas échéant, de la sous-catégorie à laquelle il appartient.

Les enveloppes d'acheminement des votes peuvent comporter un dispositif permettant une lecture automatisée, dans les conditions de sécurité et selon des modalités définies par arrêté conjoint du garde des sceaux, ministre de la justice, et du ministre de l'intérieur pris après avis de la Commission nationale de l'informatique et des libertés.

Les autres modalités du vote par correspondance sont fixées par arrêté conjoint des mêmes autorités. – *[Décr. n° 2004-799 du 29 juill. 2004, art. 21.] – V. art. A. 713-23 s.*

Art. R. 713-51 Le lundi suivant la date de clôture du scrutin *(Décr. n° 2010-924 du 3 août 2010, art. 55)* « ou, si ce lundi est un jour férié, le premier jour ouvrable suivant », la commission d'organisation des élections procède aux opérations de dépouillement des votes par correspondance en public et en présence de scrutateurs désignés par le président de la commission et par les candidats ou leurs mandataires.

Autant d'urnes qu'il y a de *(Décr. n° 2010-924 du 3 août 2010, art. 55)* « catégories ou » sous-catégories sont mises en place. – *[Décr. n° 2004-799 du 29 juill. 2004, art. 22.]*

Art. R. 713-52 La commission vérifie que le nombre des enveloppes d'acheminement des votes correspond à celui qui est porté sur l'état récapitulatif mentionné à l'article R. 713-50. Si une différence est constatée, mention en est faite sur le procès-verbal paraphé par chaque membre de la commission.

La commission procède à l'ouverture des enveloppes d'acheminement des votes.

Le président ou un membre de la commission désigné par lui vérifie que le vote émis correspond à la catégorie et à la sous-catégorie et au ressort de la juridiction dont relève l'électeur et, dans le cas contraire, écarte ce vote du dépouillement.

Le président ou un membre de la commission désigné par lui constate le vote de chaque électeur en apposant sa signature, éventuellement avec l'assistance de moyens électroniques, en face du nom de l'électeur, sur la copie de la liste électorale qui constitue la liste d'émargement, dans des conditions de sécurité et d'authentification et selon des modalités définies par arrêté conjoint du garde des sceaux, ministre de la justice, et du ministre chargé de la tutelle des chambres de commerce et d'industrie pris après avis de la Commission nationale de l'informatique et des libertés.

Un membre de la commission introduit ensuite chaque enveloppe de scrutin dans l'urne correspondante.

Le recensement des votes est effectué dans les formes prévues aux deuxième et troisième alinéas de l'article L. 65 du code électoral et suivant les règles fixées à l'article L. 66 de ce code. – *[Décr. n° 2004-799 du 29 juill. 2004, art. 23.]*

Art. R. 713-53 La commission totalise, dans chaque ressort, le nombre de suffrages obtenus par chaque candidat de chaque catégorie ou sous-catégorie professionnelles et attribue les sièges conformément à l'article L. 713-16.

Est considéré comme nul tout bulletin présenté sous une forme autre que celle qui a été validée par la commission, tout bulletin comportant un nombre de noms supérieur à celui des sièges à pourvoir dans la catégorie et, le cas échéant, la sous-catégorie professionnelle et tout bulletin entaché d'une des irrégularités mentionnées à l'article L. 66 du code électoral.

Est considéré comme nul tout suffrage désignant une personne qui n'est pas candidate.

Les bulletins et les enveloppes entachés de nullité sont conservés, paraphés par les membres de la commission et annexés au procès-verbal dans les conditions prévues par les articles L. 66 et R. 68 du code électoral. – *[Décr. n° 2004-799 du 29 juill. 2004, art. 24.]*

SOUS-SECTION 5 DU VOTE ÉLECTRONIQUE

Art. R. 713-54 La commission d'organisation des élections adresse à tous les électeurs, en même temps que les documents prévus au 2° de l'article R. 713-35, une instruction relative aux modalités d'accès au système de vote électronique auquel l'électeur se relie pour voter ainsi que les instruments permettant l'expression du vote selon des modalités garantissant sa confidentialité.

Ces instruments permettent l'authentification de l'électeur et la vérification de l'unicité de son vote selon des exigences de sécurité et des modalités définies par arrêté conjoint du garde des sceaux, ministre de la justice, et du ministre chargé de la tutelle des chambres de commerce et d'industrie pris après avis de la Commission nationale de l'informatique et des libertés. – *[Décr. nº 2004-799 du 29 juill. 2004, art. 25.]*

Art. R. 713-55 Pour voter par voie électronique, l'électeur, après connexion au site internet ou à tout autre réseau accessible à tous les électeurs, s'identifie, exprime son vote et le valide au moyen des instruments d'authentification qui lui ont été attribués. Il vérifie l'inscription sécurisée de son vote par le système de vote électronique. La transmission du vote et l'émargement de l'électeur font l'objet d'un accusé de réception électronique sur lequel figure la date de ladite réception. – *[Décr. nº 2004-799 du 29 juill. 2004, art. 26.]*

Art. R. 713-56 *(Décr. nº 2010-924 du 3 août 2010, art. 56)* « Le jour du dépouillement du vote, la liste d'émargement établie à partir du traitement "fichier des électeurs" constitue la liste d'émargement pour le vote par correspondance. »

Le président et l'un des membres de la commission *(Décr. nº 2010-924 du 3 août 2010, art. 56)* « au moins » reçoivent chacun une clef de dépouillement distincte, selon des modalités en garantissant la confidentialité, permettant d'accéder aux données du fichier dénommé "contenu de l'urne électronique". Le président reçoit également les éléments permettant la vérification de l'intégrité du système de vote électronique.

Après clôture des opérations de vote et vérification de l'intégrité du fichier dénommé "contenu de l'urne électronique", le président de la commission d'organisation des élections et le membre de celle-ci mentionné à l'alinéa précédent procèdent publiquement au dépouillement.

Les décomptes des voix par candidat apparaissent lisiblement à l'écran et font l'objet d'une édition sécurisée qui est portée au procès-verbal de l'élection.

Le système de vote électronique est verrouillé après le dépouillement de sorte qu'il soit impossible de reprendre ou de modifier le résultat après la décision de clôture du dépouillement prise par la commission.

La commission d'organisation des élections contrôle que le nombre total de votes exprimés par voie électronique correspond au nombre de votants figurant sur la liste d'émargement.

Le nombre total de suffrages exprimés par voie électronique ainsi que le nombre de voix obtenues par chaque candidat sont portés au procès-verbal. – *[Décr. nº 2004-799 du 29 juill. 2004, art. 27.]*

Art. R. 713-57 Les données relatives aux électeurs inscrits sur les listes électorales ainsi que celles relatives à l'expression du vote font l'objet, selon des modalités fixées par arrêté conjoint du garde des sceaux, ministre de la justice, et du ministre chargé de la tutelle des chambres de commerce et d'industrie pris après avis de la Commission nationale de l'informatique et des libertés, de traitements automatisés d'information effectués sur des systèmes informatiques distincts dénommés "fichier des électeurs" et "contenu de l'urne électronique".

Le traitement "fichier des électeurs" est établi à partir des listes électorales dressées par la commission d'établissement des listes électorales. Le fichier des électeurs permet à la commission d'organisation des élections d'adresser à chaque électeur les instruments d'authentification mentionnés à l'article R. 713-54, d'identifier les électeurs ayant pris part au vote électronique et d'éditer la liste d'émargement. L'émargement indique l'heure du vote. Les listes d'émargement sont enregistrées sur un support distinct de celui de l'urne électronique, scellé, non réinscriptible, rendant son contenu inaltérable et probant.

Le fichier dénommé "contenu de l'urne électronique" recense les votes exprimés par voie électronique. Les données de ce fichier font l'objet d'un chiffrement et ne doivent pas comporter de lien permettant l'identification des électeurs. – *[Décr. n° 2004-799 du 29 juill. 2004, art. 28.]*

Art. R. 713-58 *(Décr. n° 2010-924 du 3 août 2010, art. 57)* Les fichiers supports sont conservés dans les conditions fixées par l'article R. 713-25.

SOUS-SECTION 6 DE LA PROCLAMATION DES RÉSULTATS ET DU CONTENTIEUX

Art. R. 713-59 A l'issue du dépouillement, la commission d'organisation des élections dresse un procès-verbal signé par son président et ses membres et proclame publiquement les résultats des élections. Cette proclamation intervient au plus tard soixante-douze heures après le début du dépouillement.

Le procès-verbal est transmis au préfet.

Les listes d'émargement sont transmises au préfet. Elles peuvent être consultées à la préfecture par tout électeur requérant durant un délai de dix jours suivant la proclamation des résultats. – *[Décr. n° 2004-799 du 29 juill. 2004, art. 30.]*

Art. R. 713-60 L'élection des délégués consulaires peut faire l'objet d'une contestation formée par tout électeur et par le préfet dans les conditions prévues aux articles L. 248, R. 119 à R. 122 du code électoral.

Toutefois, le délai de cinq jours prévu au premier alinéa de l'article R. 119 de ce code court à compter de la proclamation des résultats.

L'appel est formé dans un délai d'un mois devant la cour administrative d'appel dans les conditions fixées aux articles R. 811-1 à R. 811-4 du code de justice administrative.

Les délégués élus restent en fonction jusqu'à ce qu'il ait été définitivement statué sur les réclamations. – *[Décr. n° 2004-799 du 29 juill. 2004, art. 31.]*

Art. R. 713-61 En cas d'annulation partielle ou totale devenue définitive des élections des délégués consulaires et sauf si cette annulation est prononcée moins d'un an avant un renouvellement général, il est procédé, dans le délai de deux mois, à un nouveau scrutin pour pourvoir les sièges vacants.

Dans le cas prévu à l'alinéa précédent, le préfet arrête les dates et les délais des différentes opérations électorales. Il organise ces opérations dans les conditions fixées dans la présente section. – *[Décr. n° 2004-799 du 29 juill. 2004, art. 32.]*

Art. R. 713-62 Lorsque les dates fixées par la présente section ou le dernier jour des délais qu'il impartit tombent un jour férié ou un samedi, ils sont reportés jusqu'au premier jour ouvrable qui suit. Il en est de même pour l'application de l'arrêté prévu au deuxième alinéa de l'article R. 713-61. – *[Décr. n° 2004-799 du 29 juill. 2004, art. 33.]*

SECTION III DISPOSITIONS COMMUNES

Art. R. 713-63 Le fait de se livrer à un usage commercial des listes électorales établies pour les élections des délégués consulaires *(Décr. n° 2010-924 du 3 août 2010,* *art. 58)* « et des membres des chambres de commerce et d'industrie territoriales et de région » est puni de l'amende prévue par le 5° de l'article 131-13 du code pénal pour les contraventions de la cinquième classe. – *[Décr. n° 2004-799 du 29 juill. 2004, art. 34.]*

Art. R. 713-64 En cas d'utilisation par un même électeur au titre de la même qualité des votes par correspondance ou par voie électronique, seul le vote électronique est considéré comme valide. – *[C. com., art. L. 713-15, al. 3, 2e phrase.]*

Art. R. 713-65 Un arrêté du ministre chargé de la tutelle des chambres de commerce et d'industrie fixe, par référence aux nomenclatures d'activités et de produits de l'Institut national de la statistique et des études économiques, la composition des catégories professionnelles prévues au premier alinéa de l'article L. 713-11. – *[Décr. n° 91-739 du 18 juill. 1991, art. 1er.] – V. art. A. 713-26.*

Art. R. 713-66 *(Décr. n° 2010-924 du 3 août 2010, art. 59)* I. – Lors de chaque renouvellement général, ainsi qu'en cas de fusion entre chambres, la chambre de commerce et d'industrie de région et la chambre de commerce et d'industrie territoriale réalisent, chacune pour ce qui la concerne et suivant les critères fixés par les articles L. 713-11, L. 713-12 et L. 713-13, une étude économique de pondération.

Cette étude détermine, d'une part l'importance économique des catégories et, le cas échéant, des sous-catégories professionnelles au sein de la chambre de commerce et d'industrie de région et de la chambre de commerce et d'industrie territoriale, d'autre part l'importance économique des circonscriptions des chambres de commerce et d'industrie territoriales au sein de la chambre de commerce et d'industrie de région à laquelle elles sont rattachées.

II. – L'étude économique de pondération recueille les données statistiques permettant d'établir, par catégorie, par sous-catégorie et par circonscription de chambre de commerce et d'industrie territoriale, les données suivantes :

1° Le nombre de ressortissants de la chambre territoriale ;

2° La somme des bases d'imposition de la cotisation foncière des entreprises due par ses ressortissants ;

3° Le nombre de salariés qu'ils emploient.

Si la circonscription d'une chambre de commerce et d'industrie territoriale s'étend sur deux régions, ces données sont établies séparément dans le territoire relevant de chaque région.

Ces données statistiques sont collectées par la chambre de commerce et d'industrie territoriale auprès des services fiscaux en ce qui concerne les bases d'imposition, lesquelles sont fournies par établissement, et auprès des unions pour le recouvrement des cotisations de la sécurité sociale et d'allocations familiales en ce qui concerne le nombre de salariés des établissements. – *V. art. A. 713-29.*

III. – L'étude calcule la proportion que représente au sein de la chambre territoriale chaque catégorie professionnelle et, le cas échéant, chaque sous-catégorie pour chacun des trois indicateurs économiques énumérés au II du présent article.

Le même calcul est fait, au sein de la chambre de commerce et d'industrie de région, pour établir les proportions représentées, d'une part par les catégories et sous-catégories, d'autre part par les circonscriptions des chambres de commerce et d'industrie territoriales.

IV. – Lorsqu'il est fait application du deuxième alinéa de l'article L. 713-11, la chambre de commerce et d'industrie de région et les chambres de commerce et d'industrie territoriales qui lui sont rattachées définissent des sous-catégories professionnelles communes. La répartition est décidée par la chambre de commerce et d'industrie de région après consultation des chambres de commerce et d'industrie territoriales.

V. – Les études économiques de pondération sont remises au préfet et au préfet de région au plus tard le 31 mars de l'année du renouvellement. Copie en est transmise à l'assemblée des chambres françaises de commerce et d'industrie.

Si l'étude économique de pondération n'a pas été communiquée à la date requise, ou si les données statistiques ou les calculs qu'elle présente sont inexacts ou défectueux, le préfet de département ou de région du siège de la chambre fait réaliser l'étude nécessaire dans les meilleurs délais aux frais de la chambre défaillante. – *[Décr. nº 91-739 du 18 juill. 1991, art. 2, al. 1er à 6.]*

Art. R. 713-67 Les informations nominatives collectées et exploitées par les chambres de commerce et d'industrie *(Décr. nº 2010-924 du 3 août 2010, art. 60)* « territoriales et de région » à l'occasion de la préparation de l'étude prévue à l'article R. 713-66 ne font l'objet d'aucune interconnexion avec d'autres fichiers. Elles sont conservées le temps strictement nécessaire à la réalisation de l'étude pour laquelle elles sont collectées et ne sont pas utilisées à d'autres fins. – *[Décr. nº 91-739 du 18 juill. 1991, art. 2, al. 7.] – V. art. A. 713-28.*

Art. R. 713-68 et R. 713-69 *Abrogés par Décr. nº 2010-924 du 3 août 2010, art. 61 et 62.*

Art. R. 713-70 *(Décr. nº 2010-924 du 3 août 2010, art. 63)* La commission mentionnée à l'article L. 713-14, dénommée "commission d'établissement des listes électorales", est présidée par le juge commis à la surveillance du registre du commerce et des sociétés dans le ressort duquel est situé le siège de la chambre de commerce et d'industrie territoriale ou son représentant. Elle est composée, outre son président, d'un représentant du préfet du département où se trouve le siège de la chambre de commerce et d'industrie territoriale et du président de cette chambre ou d'un membre désigné par ses soins.

La commission se réunit, sur convocation de son président, à compter du 1er janvier de l'année de chaque renouvellement.

Le secrétariat de la commission est assuré conjointement par le greffier de la juridiction de première instance compétente en matière commerciale et par le directeur général de la chambre de commerce et d'industrie territoriale ou un agent désigné par ses soins au sein de la chambre.

Lorsque la circonscription s'étend sur le ressort de plusieurs tribunaux de commerce, le juge commis à la surveillance du registre du commerce et des sociétés et le greffier de ces juridictions ou leurs représentants participent aux travaux de la commission d'établissement des listes électorales.

La commission peut associer à ses tâches la chambre de commerce et d'industrie territoriale.

Les services de la chambre de commerce et d'industrie territoriale fournissent toute assistance technique au secrétariat de la commission. – *[Décr. nº 91-739 du 18 juill. 1991, art. 13 ; Décr. nº 2004-799 du 29 juill. 2004, art. 4.]*

Art. R. 713-71 *(Décr. nº 2010-1463 du 1er déc. 2010, art. 78)* L'étude mentionnée à l'article R. 713-66 est communiquée par les chambres de commerce et d'industrie territoriales, les chambres de commerce et d'industrie départementales d'Île-de-France et les chambres de commerce et d'industrie de région à l'assemblée des chambres françaises de commerce et d'industrie avant le 31 décembre de l'année du renouvellement. Elle est adressée également au ministre en charge de la tutelle dans les mêmes conditions de délai.

TITRE DEUXIÈME DU TRIBUNAL DE COMMERCE

RÉP. COM. ET RÉP. PR. CIV. v^is *Compétence commerciale,* par PIERRE-MAURICE ; *Procédure commerciale,* par BRUSCHI ; *Tribunaux de commerce,* par A. BERNARD.

CHAPITRE PREMIER DE L'INSTITUTION ET DE LA COMPÉTENCE

SECTION PREMIÈRE DISPOSITIONS GÉNÉRALES

Art. R. 721-1 *(Décr. nº 2007-431 du 25 mars 2007)* **Les tribunaux de commerce appliquent les principes directeurs du procès civil.**

Art. D. 721-2 Le siège et le ressort des tribunaux de commerce sont fixés conformément au tableau de l'annexe 7-1 du présent livre. – *[COJ, art. R. 411-1, al. 1er.] – A compter du 1er janv. 2011, l'annexe 7-1 est remplacée par le tableau de l'annexe C du Décr. nº 2008-146 du 15 févr. 2008 (JO 17 févr., rect. JO 22 mars), et modifiée conformément aux indications de l'annexe II du Décr. nº 2009-1629 du 23 déc. 2009 (JO 26 déc.). – A compter du 1er janv. 2013, l'annexe 7-1 est modifiée conformément aux indications de l'annexe A du Décr. nº 2012-1047 du 13 sept. 2012 (JO 14 sept.) et de l'annexe B du Décr. nº 2012-1444 du 24 déc. 2012 (JO 26 déc.).*

L'art. D. 721-2 est l'ancien art. R. 721-2 (Décr. nº 2008-522, 2 juin 2008, art. 3).

Annulation du Décr. du 15 févr. 2008. Le décret nº 2008-146 du 15 févr. 2008 fixant le siège et le ressort des tribunaux de commerce est annulé à compter de l'expiration d'un délai de six mois courant de la date de la présente décision en tant qu'il a pour effet, en procédant à l'extension du ressort de certains tribunaux de commerce ou en créant de nouveaux tribunaux, de supprimer la compétence commerciale de vingt-trois tribunaux de grande instance. Sous réserve des actions contentieuses engagées à la date de la présente décision, dans lesquelles aurait été soulevée l'illégalité de ce décret, les effets produits par ce dernier antérieurement à la présente annulation sont regardés comme définitifs. • CE 8 juill. 2009 : *AJDA 2009. 1396 ; AJDA 2010. 398, note Touzeil-Divina ; JCP 2009, nº 37, p. 47 ; Gaz. Pal. 2009. 2566, concl. Guyomar.* – V., vu cette décision, le Décr. nº 2009-1629 du 23 déc. 2009 (*JO 26 déc.*), modifiant l'annexe 7-1, à compter du 8 janv. 2010.

Art. D. 721-3 Le nombre des juges et le nombre des chambres de chaque tribunal de commerce sont fixés conformément aux tableaux de l'annexe 7-2 du présent livre. – *[COJ, art. R. 411-2 ; Décr. nº 91-692 du 18 juill. 1991, art. 1er.] – V. annexe 7-2 au* ***C. com.***

L'art. D. 721-3 est l'ancien art. R. 721-3 (Décr. nº 2008-522, 2 juin 2008, art. 3).

Art. R. 721-4 Les costumes des membres du tribunal de commerce sont définis ainsi qu'il suit :

a) **Robe : noire à grandes manches avec revers de velours (pour le président du tribunal de commerce de Paris, lors des audiences solennelles et cérémonies publiques : robe rouge avec des parements de velours noir) ;**

b) **Simarre : de soie noire ;**

c) **Toque : noire avec un galon d'argent (deux galons pour le président) ;**

d) **Cravate : blanche plissée.** – *[COJ, art. R. 741-6.]*

SECTION II DE LA COMPÉTENCE

Art. R. 721-5 **Lorsqu'une juridiction commerciale est créée ou lorsque le ressort d'un tribunal de commerce ou d'un tribunal de grande instance statuant en matière commerciale est modifié par suite d'une nouvelle délimitation des circonscriptions administratives ou judiciaires, le tribunal compétent primitivement saisi demeure compétent pour statuer sur les procédures introduites antérieurement à la date de création du tribunal ou de modification du ressort ainsi que sur toutes les procédures qui découlent d'une sauvegarde, d'un redressement judiciaire, d'une liquidation judiciaire, d'un règlement judiciaire, d'une liquidation de biens, ainsi que d'une faillite personnelle ou d'autres sanctions.** – *[COJ, art. R. 411-3.]*

Par dérogation aux art. R. 721-5, R. 741-7, R. 743-159 et R. 743-160, toutes les procédures en cours devant les tribunaux de commerce supprimés en application de l'art. 1er du Décr. n° 2008-146 du 15 févr. 2008 (JO 17 févr.) ou devant les tribunaux de grande instance compétents en application de l'art. L. 721-2 dans les matières attribuées aux tribunaux de commerce sont transférées en l'état aux tribunaux de commerce désormais compétents, sans qu'il y ait lieu de renouveler les actes, formalités et jugements intervenus antérieurement au 1er janv. 2009, à l'exception des assignations données aux parties et aux témoins à fin de comparution personnelle. Les archives et les minutes du greffe des tribunaux de commerce supprimés sont transférées au greffe des tribunaux de commerce désormais compétents. Les frais de transfert de ces archives et minutes sont pris sur le crédit ouvert à cet effet au budget du ministère de la justice (Décr. n° 2008-146, 15 févr. 2008, art. 5).

Sur l'annulation de ce décret, V. • CE 8 juill. 2009 : *cité ss. art. D. 721-2 et D. 732-1.*

Art. R. 721-6 **Le tribunal de commerce connaît en dernier ressort des demandes jusqu'à la valeur de 4 000 €.** – *[COJ, art. R. 411-4.] – L'art. R. 411-4 COJ (devenu C. com., art. R. 721-6) est applicable aux instances introduites à compter du 1er janv. 2003 (Décr. n° 2002-1436 du 3 déc. 2002, art. 30).*

Sur le tribunal mixte de commerce dans les départements d'outre-mer, V. art. R. 732-1 s.

BIBL. ▸ Décr. n° 2002-1436 du 3 déc. 2002 : CHEVALIER, *Procédures 2003. Chron. 1.* – CHEVALIER et MOUSSA, *JCP 2003, n° 4, Actualité, 39.* – JULIEN, *Mélanges Normand, Litec, 2003, p. 241, n° 15.*

Abrogation de l'art. 639 C. com. Jugeant que l'ancien taux de compétence en dernier ressort, qui était fixé par l'art. 639 de l'ancien code de commerce, n'était plus applicable au jour de l'ouverture de la procédure (30 janv. 2001), dès lors que ce texte avait été abrogé par l'Ord. n° 2000-912 du 18 sept. 2000 et qu'aucune disposition similaire n'a été reprise jusqu'au Décr. du 3 déc. 2002. • Paris, 1er oct. 2004 : *D. 2004. AJ 2717* • 9 oct. 2001 : *D. 2001. AJ 3196, obs. Lienhard ; Dr. et proc. 2002. 100, obs. Douchy.* ♦ Conf. par • Com. 1er févr. 2005 : *Bull. civ. IV, n° 19 ; D. 2005. AJ 492, obs. Lienhard ; RJDA 2005, n° 641* • Civ. 3e, 13 sept. 2005 : *Bull. civ. III, n° 163 ; D. 2005. AJ 2381, obs. Lienhard ; JCP 2005. I. 3179.* ♦ Jugeant au contraire qu'à la date du jugement entrepris, 28 févr. 2000, le taux posé par l'art. 639 de l'ancien code de commerce existait encore, V. • Com. 3 oct. 2006 : *Bull. civ. IV, n° 202 ; D. 2006. AJ 2602, obs. Lienhard ; RTD civ. 2007. 629, obs. Théry ; JCP E 2006, n° 47, p. 1985 ; RJDA 2007, n° 216 ; Dr. et patr. févr. 2007. 116, obs. Amrani-Mekki ; RLDA déc. 2006. 24, obs. Lefèvre.* ♦ V. aussi note ss. art. L. 624-4.

SECTION III DU CONSEIL NATIONAL DES TRIBUNAUX DE COMMERCE

Art. R. 721-7 **Un Conseil national des tribunaux de commerce est institué auprès du garde des sceaux, ministre de la justice.** – *[Décr. n° 2005-1201 du 23 sept. 2005, art. 1er.]*

Art. R. 721-8 Le Conseil national des tribunaux de commerce est présidé par le garde des sceaux, ministre de la justice.

Il comprend en outre :

1° *(Décr. nº 2010-821 du 14 juill. 2010, art. 1er)* « Cinq » membres de droit :

a) Le directeur des services judiciaires ;

b) Le directeur des affaires civiles et du sceau ;

c) Le directeur des affaires criminelles et des grâces ;

(Décr. nº 2010-821 du 14 juill. 2010, art. 1er) « *d)* Le président de la conférence générale des juges consulaires de France ;

« *e)* Le président du Conseil national des greffiers des tribunaux de commerce. »

Le garde des sceaux, ministre de la justice, et les *(Décr. nº 2010-821 du 14 juill. 2010, art. 1er)* « cinq autres membres de droit du conseil peuvent se faire représenter » ;

2° *(Décr. nº 2010-821 du 14 juill. 2010, art. 1er)* « Quatorze » membres désignés par le garde des sceaux :

a) Un premier président de cour d'appel ;

b) Un procureur général près une cour d'appel ;

c) Un membre du Conseil d'État désigné sur proposition du vice-président du Conseil d'État ;

d) *(Décr. nº 2010-821 du 14 juill. 2010, art. 1er)* « Neuf juges consulaires, dont deux au plus ayant la qualité de juge honoraire, ayant exercé leur mandat dans un tribunal de commerce pendant au moins deux ans. Les juges consulaires honoraires doivent avoir cessé leur activité juridictionnelle depuis moins de trois ans lors de leur désignation *[;]* »

e) Deux personnalités qualifiées, dont l'une est désignée sur proposition du président du *(Décr. nº 2010-886 du 29 juill. 2010, art. 6)* « Conseil économique, social et environnemental ».

(Décr. nº 2010-821 du 14 juill. 2010, art. 1er) « Les membres mentionnés au 2° accomplissent un mandat de quatre ans renouvelable une fois. »

Un membre suppléant est désigné dans les mêmes conditions pour chaque membre titulaire.

Toute vacance ou perte de la qualité au titre de laquelle ils ont été désignés donne lieu à remplacement pour la durée du mandat restant à courir, si elle survient plus de trois mois avant le terme normal de celui-ci. – *[Décr. nº 2005-1201 du 23 sept. 2005, art. 2.]*

Les modifications issues du Décr. nº 2010-821 du 14 juill. 2010 sont entrées en vigueur le 1er févr. 2011 (Décr. préc., art. 3).

Art. R. 721-9 Les membres du Conseil national des tribunaux de commerce ayant la qualité de juge consulaire sont désignés parmi ceux qui ont fait acte de candidature au plus tard trois mois avant l'expiration du mandat des membres en fonction. – *[Décr. nº 2005-1201 du 23 sept. 2005, art. 3.] – V. art. A. 721-1 et A. 721-2.*

Art. R. 721-10 Lors de sa première réunion et de chaque renouvellement, le conseil élit un vice-président parmi ceux de ses membres qui ont la qualité de juge consulaire en activité ou honoraire. – *[Décr. nº 2005-1201 du 23 sept. 2005, art. 4.]*

Art. R. 721-11 Le garde des sceaux, ministre de la justice, peut consulter le conseil dans les domaines suivants :

1° La formation et la déontologie des juges des tribunaux de commerce ;

2° L'organisation, le fonctionnement et l'activité des tribunaux de commerce ;

3° La compétence et l'implantation des tribunaux de commerce.

Le conseil peut émettre des propositions dans les mêmes domaines. – *[Décr. nº 2005-1201 du 23 sept. 2005, art. 5.]*

Art. R. 721-12 Le conseil peut, à la demande des chefs de cour d'appel ou avec leur accord, procéder à des visites d'information dans les tribunaux de commerce. – *[Décr. n° 2005-1201 du 23 sept. 2005, art. 6.]*

Art. R. 721-13 Le conseil rend compte de son activité dans un rapport annuel remis au garde des sceaux, ministre de la justice. – *[Décr. n° 2005-1201 du 23 sept. 2005, art. 7.] – V. art. A. 721-9.*

Art. R. 721-14 Le garde des sceaux, ministre de la justice, désigne un secrétaire général et définit ses attributions. – *[Décr. n° 2005-1201 du 23 sept. 2005, art. 8.] – V. art. A. 721-8.*

Art. R. 721-15 *(Décr. n° 2010-821 du 14 juill. 2010, art. 2)* « Le conseil se réunit au moins une fois par an en assemblée générale, sur convocation de son président qui en fixe l'ordre du jour. Il se réunit également hors la présence du garde des sceaux, sur convocation et sous la présidence de son vice-président, afin notamment d'adopter les résolutions qui seront présentées au garde des sceaux. »

La convocation à une *(Décr. n° 2010-821 du 14 juill. 2010, art. 2)* « assemblée générale » du conseil est adressée à ses membres au moins quinze jours avant la date de cette *(Décr. n° 2010-821 du 14 juill. 2010, art. 2)* « assemblée générale ». L'ordre du jour figure dans la convocation.

(Abrogé par Décr. n° 2010-821 du 14 juill. 2010, art. 2) ***« Le suppléant du garde des sceaux, ministre de la justice, préside en l'absence de celui-ci les séances du conseil. »***

Le vice-président organise et coordonne les travaux réalisés à la demande *(Décr. n° 2010-821 du 14 juill. 2010, art. 2)* « du président du conseil ». – *[Décr. n° 2005-1201 du 23 sept. 2005, art. 9.]*

Les modifications issues du Décr. n° 2010-821 du 14 juill. 2010 sont entrées en vigueur le 1er févr. 2011 (Décr. préc., art. 3).

Art. R. 721-16 Le conseil ne peut se réunir que si la majorité de ses membres est présente. Il ne peut valablement adopter une délibération qu'à la majorité de quatorze de ses membres. – *[Décr. n° 2005-1201 du 23 sept. 2005, art. 10.]*

Art. R. 721-17 Le conseil arrête son règlement intérieur. – *[Décr. n° 2005-1201 du 23 sept. 2005, art. 11.]*

Art. R. 721-18 Les membres du conseil ont droit à la prise en charge de leurs frais de déplacement dans les conditions fixées par la réglementation applicable aux fonctionnaires de l'État. – *[Décr. n° 2005-1201 du 23 sept. 2005, art 12.]*

CHAPITRE II DE L'ORGANISATION ET DU FONCTIONNEMENT

SECTION PREMIÈRE DE L'ORGANISATION ET DU FONCTIONNEMENT DU TRIBUNAL DE COMMERCE

Art. R. 722-1 L'assemblée générale du tribunal de commerce est composée des juges en exercice du tribunal de commerce. Elle est présidée par le président du tribunal de commerce.

La date et l'ordre du jour de l'assemblée générale sont fixés par ordonnance du président du tribunal de commerce prise quinze jours au moins avant la date de l'assemblée générale.

L'assemblée générale ne peut délibérer que sur les questions inscrites à l'ordre du jour. – *[COJ, art. R. 412-12.]*

Art. R. 722-2 Un bureau est constitué pour chaque réunion de l'assemblée générale. Il est composé du président du tribunal, du vice-président et du premier dans l'ordre du tableau des présidents de chambre présents à l'assemblée générale. En cas d'absence du vice-président, celui-ci est remplacé par le premier dans l'ordre du tableau des présidents de chambre présents et ce dernier est lui-même remplacé par le président de chambre suivant dans l'ordre du tableau. A défaut de président de chambre, il est fait appel au juge le plus ancien présent à l'assemblée générale.

Le bureau veille au bon fonctionnement de l'assemblée, tient les feuilles de présence et de vote, statue sur les quorums, fait procéder au vote et surveille le déroulement des scrutins dont les résultats sont proclamés par le président.

Le greffier du tribunal de commerce assiste à l'assemblée générale et rédige le procès-verbal. Il signe le procès-verbal avec le président qui en transmet une copie aux chefs de la cour d'appel. – *[COJ, art. R. 412-13.]*

Art. R. 722-3 L'assemblée générale ne peut valablement délibérer que si la moitié au moins de ses membres est présente ou représentée.

Si le quorum prévu à l'alinéa précédent n'est pas atteint, l'assemblée est à nouveau convoquée dans le délai d'un mois, sur le même ordre du jour. Elle peut alors valablement délibérer si un quart au moins de ses membres est présent ou représenté. – *[COJ, art. R. 412-14.]*

Art. R. 722-4 Les juges en exercice du tribunal de commerce peuvent se faire représenter à l'assemblée générale par un mandataire choisi parmi les autres juges du tribunal de commerce.

Chaque mandataire ne dispose que d'une seule procuration.

La procuration doit être donnée par écrit ; elle est annexée au procès-verbal. – *[COJ, art. R. 412-15.]*

Art. R. 722-5 Le ministère public est représenté devant le tribunal de commerce dans les conditions fixées aux articles L. 122-2 et *(Décr. n° 2008-522 du 2 juin 2008, art. 1er et 2)* « R. 212-12 à R. 212-15 » du code de l'organisation judiciaire. – *[COJ, art. R. 412-12.]*

Art. R. 722-6 Le président du tribunal de commerce prend par ordonnance les mesures d'administration judiciaire. – *[COJ, art. R. 412-5.]*

SECTION II DU MANDAT DES JUGES DES TRIBUNAUX DE COMMERCE

Art. R. 722-7 Au cours de la semaine suivant celle de l'élection des juges nouvellement élus, le procureur général invite les juges du tribunal de commerce établi au siège de la cour d'appel qui n'ont pas encore exercé de fonctions judiciaires dans un tribunal de commerce à se présenter à l'audience de la cour d'appel pour prêter serment.

Lorsque le siège du tribunal de commerce n'est pas établi au siège de la cour d'appel, le procureur de la République près le tribunal de grande instance dans le ressort duquel siège le tribunal de commerce invite les juges qui n'ont pas encore exercé de fonctions judiciaires dans un tribunal de commerce à se présenter à l'audience du tribunal de grande instance pour prêter serment.

Il est dressé procès-verbal de la réception du serment. – *[COJ, art. R. 412-1.]*

Art. R. 722-8 Lorsqu'il y a lieu de procéder à l'élection du président du tribunal de commerce, l'assemblée générale du tribunal est convoquée dans les conditions et les délais prévus au deuxième alinéa de l'article R. 722-1. Sauf dans le cas prévu au premier alinéa de l'article L. 722-12, l'élection doit avoir lieu entre le 20 octobre et le 10 novembre précédant la fin du mandat du président en exercice.

L'ordonnance portant convocation de l'assemblée générale précise que le dépôt des candidatures aux fonctions de président doit être effectué au greffe du tribunal huit jours avant la date de l'assemblée générale. A l'expiration de ce délai, le président procède à la clôture de la liste des candidats et fait aussitôt afficher cette liste au greffe du tribunal.

Par dérogation aux dispositions de l'article R. 722-2, le bureau de l'assemblée générale au cours de laquelle il est procédé à l'élection du président du tribunal est présidé par le doyen d'âge à défaut du président sortant et est composé des deux premiers dans l'ordre du tableau des présidents de chambre présents à l'assemblée générale ou, en l'absence de présidents de chambre, des deux juges les plus anciens présents à l'assemblée générale. – *[COJ, art. R. 412-2.]*

Art. R. 722-9 Les recours relatifs à l'élection du président du tribunal de commerce sont formés par déclaration écrite déposée ou remise au greffe de la cour d'appel dans les dix jours du scrutin. Le recours n'est ouvert qu'aux juges consulaires en exercice du tribunal de commerce et au procureur de la République. Le président dont l'élection est contestée peut valablement être installé et remplir ses fonctions tant qu'il n'a pas été définitivement statué sur le recours.

La cour d'appel statue dans les dix jours de sa saisine après avoir convoqué le requérant et le président dont l'élection est contestée pour les entendre en leurs explications.

Le pourvoi en cassation est formé dans les conditions fixées aux articles 999 à 1008 du *(Décr. n° 2008-484 du 22 mai 2008, art. 22)* « code de procédure civile ». Le délai de pourvoi court à compter de la date de l'arrêt rendu par la cour d'appel ; il est compté dans les conditions fixées aux articles 641 et 642 du *(Décr. n° 2008-484 du 22 mai 2008, art. 22)* « code de procédure civile ». – *[COJ, art. R. 412-3.]*

Art. R. 722-10 L'installation publique du président et des juges nouvellement élus a lieu dans la première quinzaine du mois de janvier. En cas d'élections complémentaires organisées conformément au deuxième alinéa de l'article L. 723-11, l'installation des juges élus a lieu dans un délai de quinze jours à compter de la réception par le procureur général du procès-verbal des opérations électorales.

En cas de création d'un tribunal de commerce, le premier président de la cour d'appel dans le ressort duquel la juridiction consulaire a son siege procède à l'installation publique des juges élus. – *[COJ, art. R. 412-4.]*

Art. R. 722-11 Le président du tribunal de commerce est suppléé dans ses fonctions par un vice-président. Celui-ci est désigné dans les mêmes conditions que celles prévues pour la suppléance en cas d'empêchement à l'article R. 722-12. Il est choisi parmi les juges ayant exercé des fonctions dans un tribunal de commerce pendant trois ans au moins.

L'ordonnance désignant le vice-président peut être modifiée en cours d'année judiciaire, en cas de cessation des fonctions du juge initialement désigné. – *[COJ, art. R. 412-6.]*

Art. R. 722-12 Le président désigne par ordonnance prise dans la première quinzaine du mois de janvier le juge devant le suppléer dans ses fonctions en cas d'empêchement prévu au deuxième alinéa de l'article L. 722-12. – *[COJ, art. R. 412-12, al. 2, 1re phrase.]*

Art. R. 722-13 Chaque chambre du tribunal de commerce est présidée par le président du tribunal ou par un président de chambre désigné dans les conditions fixées aux articles R. 722-14 et R. 722-16.

Le président du tribunal de commerce peut toujours présider une chambre quand il l'estime convenable. – *[COJ, art. R. 412-7.]*

Art. R. 722-14 Les présidents de chambre sont choisis parmi les juges ayant exercé des fonctions dans un tribunal de commerce pendant trois ans au moins et sont désignés chaque année dans la quinzaine de l'installation des juges nouvellement élus par ordonnance du président du tribunal de commerce prise après avis de l'assemblée générale. Cette ordonnance peut être modifiée en cours d'année judiciaire, en cas de cessation des fonctions des juges initialement désignés. – *[COJ, art. R. 412-8.]*

Art. R. 722-15 Chaque année, dans la quinzaine de l'installation des juges nouvellement élus, le président du tribunal fixe, par ordonnance prise après avis de l'assemblée générale, le tableau des juges du tribunal de commerce. Ceux-ci sont inscrits sur le tableau dans l'ordre suivant :

1° Le président du tribunal ;
2° Le vice-président ;
3° Les présidents de chambre ;
4° Les juges.

Le rang des présidents de chambre est fixé par l'ancienneté dans les fonctions de président de chambre exercées dans le tribunal de commerce ; en cas d'égalité dans l'ancienneté, la priorité appartient au plus âgé.

Le rang des juges est fixé par l'ancienneté dans les fonctions judiciaires exercées dans le tribunal de commerce et, entre les juges élus par le même scrutin, par le nombre de voix que chacun d'entre eux a obtenu dans l'élection ; en cas d'égalité de suffrages, la priorité appartient au plus âgé. – *[COJ, art. R. 412-9.]*

Art. R. 722-16 Chaque année, dans la quinzaine de l'installation des juges nouvellement élus, le président du tribunal de commerce fixe, par ordonnance prise après avis de l'assemblée générale, la répartition dans les chambres et services du tribunal des présidents de chambre et juges composant le tribunal. Cette ordonnance précise le nombre, le jour et la nature des audiences. Elle peut être modifiée dans les mêmes formes en cas de cessation des fonctions d'un ou plusieurs des juges composant la juridiction.

Un juge peut être affecté à plusieurs chambres.

En cas d'empêchement du président de chambre ou d'un ou plusieurs des juges composant une chambre d'un tribunal de commerce, celle-ci peut, sous réserve des dispositions des articles L. 722-2 et L. 722-3, être complétée par un ou plusieurs des présidents de chambre ou juges affectés dans les autres chambres du tribunal. En cas d'empêchement du président de chambre, celle-ci est présidée par le premier dans l'ordre du tableau des juges la composant. – *[COJ, art. R. 412-10.]*

Art. R. 722-17 Une expédition des ordonnances rendues par le président du tribunal de commerce en application des articles R. 722-8 et R. 722-11 à R. 722-16 est transmise aux chefs de la cour d'appel. – *[COJ, art. R. 412-11.]*

Art. R. 722-18 Les juges des tribunaux de commerce désireux de résilier leur mandat adressent leur démission au président du tribunal de commerce qui la transmet sans délai au préfet et au procureur de la République. La démission devient définitive à la date où le préfet en accuse réception ou, à défaut, un mois après un nouvel envoi par lettre recommandée avec demande d'avis de réception. – *[COJ, art. R. 412-17.]*

Art. R. 722-19 Sous réserve des dispositions de l'article R. 724-20, les présidents, vice-présidents, présidents de chambre et juges des tribunaux de commerce ayant exercé des fonctions dans une juridiction commerciale pendant douze ans au moins sont autorisés à se prévaloir de l'honorariat des fonctions qu'ils ont exercées. – *[COJ, art. R. 412-18.] – Pour une dérogation à ces dispositions, V. Décr. n° 88-38 du 13 janv. 1988, art. 11 (D. et ALD 1988. 120).*

Art. R. 722-20 Les juges honoraires d'un tribunal de commerce peuvent assister aux audiences d'installation et, avec voix consultative, aux assemblées générales de ce tribunal. Ils peuvent revêtir aux audiences, aux assemblées générales, et, s'il y a lieu, dans les cérémonies publiques le costume porté par les juges en exercice. – *[COJ, art. R. 412-19.]*

Art. R. 722-21 Le président, le vice-président, les présidents de chambre et les juges en exercice ou honoraires des tribunaux de commerce ne peuvent faire état de leur qualité sans préciser le tribunal de commerce où ils exercent ou ont exercé leurs fonctions ; ils ne peuvent en faire mention dans la publicité et la correspondance commerciale. – *[COJ, art. R. 412-20.]*

CHAPITRE III DE L'ÉLECTION DES JUGES DES TRIBUNAUX DE COMMERCE

SECTION PREMIÈRE DE L'ÉLECTORAT

Art. R. 723-1 Dans le mois qui suit l'élection des délégués consulaires, la commission mentionnée à l'article L. 723-3 établit la liste des membres du collège électoral du tribunal de commerce. Cette commission comprend, outre son président, un juge du tribunal de commerce désigné au début de l'année judiciaire par ordonnance du président du tribunal de commerce prise après avis de l'assemblée générale du tribunal de commerce et un représentant du préfet.

La commission se réunit à l'initiative de son président.

Le secrétariat de la commission est assuré par le greffier du tribunal de commerce. – *[COJ, art. R. 413-1.]*

Art. R. 723-2 Pour établir la liste des membres du collège électoral, la commission se fait remettre une copie, certifiée par le préfet, du procès-verbal de l'élection des délégués consulaires et, par le président du tribunal de commerce, une expédition de l'ordonnance fixant le tableau des juges composant la juridiction.

La commission procède à la radiation des membres du collège électoral qui sont décédés, qui ont démissionné, qui ont été déclarés déchus de leurs fonctions ou qui ont été condamnés à l'une des peines, déchéances ou sanctions prévues aux 1° à 4° de l'article L. 723-2. La commission procède en outre à l'inscription des juges dont l'élection est intervenue postérieurement à celle des délégués consulaires ainsi qu'à celle des anciens juges des tribunaux de commerce qui demandent à être inscrits en application de l'article L. 723-1. – *[COJ, art. R. 413-2.]*

V. note ss. art. L. 723-3.

Art. R. 723-3 Au plus tard le 15 juillet de chaque année, la commission arrête la liste électorale qui sera utilisée lors de l'élection prévue à l'article L. 723-11. Cette liste est aussitôt affichée au greffe du tribunal de commerce et le demeure jusqu'au dépouillement du scrutin. Une copie est transmise au préfet. La liste est rectifiée à la diligence du greffier du tribunal de commerce en cas de notification par tout intéressé d'un jugement intervenu dans les conditions fixées par les articles L. 25 et L. 34 du code électoral. Ces rectifications sont aussitôt portées à la connaissance du préfet et, avant le commencement des opérations de dépouillement et de recensement des votes, du président de la commission prévue à l'article L. 723-13. – *[COJ, art. R. 413-3.]*

Art. R. 723-4 En cas de modification du ressort de deux ou plusieurs juridictions commerciales, la liste des membres du collège électoral de chacun des tribunaux de commerce concernés par cette modification est rectifiée dans les conditions prévues à l'article R. 723-2. Les greffiers desdites juridictions procèdent entre eux à toutes les communications utiles en vue des inscriptions ou radiations qu'implique cette mise à jour. – *[COJ, art. R. 413-4.]*

SECTION II DU SCRUTIN ET DES OPÉRATIONS ÉLECTORALES

Art. R. 723-5 Les élections prévues au premier alinéa de l'article L. 723-11 ont lieu dans la première quinzaine du mois d'octobre. – *[COJ, art. R. 413-8, al. 1er.]*

SOUS-SECTION 1 DES CANDIDATURES ET DES OPÉRATIONS PRÉALABLES AU SCRUTIN

Art. R. 723-6 Les candidatures aux fonctions de juge d'un tribunal de commerce sont déclarées au préfet. Nul ne peut se porter simultanément candidat dans plusieurs tribunaux de commerce.

Les déclarations de candidature sont recevables jusqu'à 18 heures le vingtième jour précédant celui du dépouillement du premier tour de scrutin. Les déclarations doivent être faites par écrit et signées par les candidats. Elles peuvent être individuelles ou collectives.

Chaque candidat accompagne sa déclaration de candidature de la copie d'un titre d'identité et d'une déclaration écrite sur l'honneur qu'il remplit les conditions d'éligibilité fixées à l'article L. 723-4, qu'il n'est pas frappé de l'une des incapacités, incompatibilités, déchéances ou inéligibilités prévues aux 1° à 4° de l'article L. 723-2 et aux articles L. 723-5 à L. 723-8, qu'il ne fait pas l'objet d'une mesure de suspension prise en application de l'article L. 724-4 et qu'il n'est pas candidat dans un autre tribunal de commerce.

Le préfet enregistre les candidatures et en donne récépissé. Il refuse celles qui ne sont pas assorties de la déclaration exigée à l'alinéa précédent et en avise les intéressés par écrit.

Aucun retrait ou remplacement d'une candidature n'est accepté après son enregistrement.

Les candidatures enregistrées sont affichées à la préfecture le lendemain de la date limite de dépôt des candidatures et portées à la connaissance du procureur général près la cour d'appel. – *[COJ, art. R. 413-5.]*

Déclaration sur l'honneur. Si le préfet doit refuser d'enregistrer les candidatures aux élections des juges des tribunaux de commerce qui ne sont pas assorties de la déclaration sur l'honneur, il ne peut, en revanche, légalement fonder un refus d'enregistrement sur la circonstance que le contenu de la déclaration sur l'honneur ne serait pas exact. • CE 19 févr. 2007 : *AJDA 2007. 990 ; Gaz. Pal. 2007. 2815.*

Art. R. 723-7 Le collège électoral est informé, par un arrêté du préfet pris un mois avant la date du dépouillement du premier tour de scrutin, de la date, de l'heure et du lieu fixés pour les opérations de dépouillement et de recensement des votes des premier et deuxième tours de scrutin. Une copie de cet arrêté est adressée à chaque électeur.

Un délai de dix jours ouvrables sépare les dates de dépouillement des deux tours de scrutin. – *[COJ, art. R. 413-6.]*

Art. R. 723-8 La commission prévue à l'article L. 723-13 comprend, outre son président, deux juges d'instance. Ces trois magistrats sont désignés par le premier président après avis de l'assemblée générale de la cour d'appel.

Le secrétariat de la commission est assuré par le greffier du tribunal de commerce. – *[COJ, art. R. 413-7.]*

SOUS-SECTION 2 DU VOTE PAR CORRESPONDANCE

Art. R. 723-9 Les plis contenant les votes par correspondance sont admis en franchise. – *[COJ, art. R. 413-8.]*

Art. R. 723-10 Le préfet adresse aux électeurs, douze jours au moins avant la date du dépouillement du premier tour de scrutin, deux enveloppes électorales destinées, pour chaque tour de scrutin, à recevoir le bulletin de vote et deux enveloppes d'envoi portant les mentions "Élection des juges du tribunal de commerce. – Vote par correspondance", "Juridiction :"et "Nom, prénoms et signature de l'électeur :". L'une des deux enveloppes d'envoi porte en outre la mention "Premier tour de scrutin", la seconde enveloppe porte la mention "Second tour de scrutin". – *[COJ, art. R. 413-9, al. 1er.]*

Art. R. 723-11 Chaque électeur vote à l'aide d'un bulletin qu'il rédige lui-même. Il peut aussi utiliser l'un des bulletins imprimés envoyés par certains candidats après l'avis de la commission prévue à l'article L. 723-13. Ce bulletin imprimé peut être modifié de façon manuscrite. Chaque électeur ne met sous enveloppe qu'un seul bulletin. Le nombre des candidats désignés par chaque électeur sur son bulletin doit être égal ou inférieur à celui des juges à élire. Les suffrages exprimés en faveur des personnes dont la candidature n'a pas été enregistrée et affichée conformément aux dispositions de l'article R. 723-6 ne sont pas comptés lors du recensement des votes.

Un arrêté du garde des sceaux, ministre de la justice, fixe le format, le libellé et les modalités d'impression des bulletins ainsi que les modalités de présentation des candidatures sur les bulletins de vote. – *V. Arr. 24 mai 2011 (JO 2 juin).*

Pour chaque tour de scrutin, l'électeur place son bulletin de vote dans l'enveloppe électorale et place cette enveloppe dans l'enveloppe d'envoi prévue pour le tour de scrutin considéré. Il adresse cette deuxième enveloppe au préfet sous pli fermé. – *[COJ, art. R. 413-9, al. 2 à 4.]*

Art. R. 723-12 Le préfet dresse une liste des électeurs dont il a reçu l'enveloppe d'acheminement des votes. La liste est close la veille du dépouillement du premier tour de scrutin à dix-huit heures. Les plis parvenant ultérieurement portent la mention de la date et l'heure auxquelles ils sont parvenus à la préfecture et sont conservés par le préfet. La liste est remise avec les enveloppes cachetées contenant les enveloppes électorales au président de la commission prévue à l'article L. 723-13 avant le début des opérations de dépouillement.

Entre le premier et le second tour de scrutin, le préfet dresse la liste des électeurs dont il a reçu l'enveloppe d'acheminement des votes pour le second tour. Il clôt la liste la veille du dépouillement du second tour de scrutin à dix-huit heures et procède ensuite conformément au premier alinéa. – *[COJ, art. R. 413-9, al. 5 et 6.]*

Art. R. 723-13 La liste d'émargement du vote par correspondance est constituée par la liste d'émargement prévue à l'article R. 723-19. A défaut, une copie de la liste des électeurs prévue au présent article tient lieu de liste d'émargement.

A la clôture du scrutin, le secrétaire de la commission prévue à l'article L. 723-13 porte sur la liste d'émargement, en face du nom de chaque électeur, la mention "vote par correspondance". Le président de la commission ouvre ensuite chaque pli, énonce publiquement le nom de l'électeur, émarge et place dans une urne l'enveloppe contenant le bulletin de vote pour être dépouillé avec les autres. – *[COJ, art. R. 413-9, al. 7 et 8.]*

Art. R. 723-14 Les membres de la commission prévue à l'article L. 723-13 procèdent au dépouillement des bulletins contenus dans l'urne. Les enveloppes d'acheminement des votes et la liste des électeurs ayant voté par correspondance sont annexées à la liste d'émargement et conservées dans les conditions fixées par l'article R. 723-23. – *[COJ, art. R. 413-9, al. 9.]*

Art. R. 723-15 Les dispositions des articles R. 49, R. 52, de l'alinéa premier des articles R. 54 et R. 59, de l'article R. 62, de l'alinéa premier de l'article R. 63, et de l'article R. 68 du code électoral s'appliquent aux opérations électorales organisées en vue de la désignation des juges des tribunaux de commerce. Pour l'application de ces dispositions, la commission prévue à l'article L. 723-13 est substituée au bureau de vote. – *[COJ, art. R. 413-10.]*

SOUS-SECTION 3 DU VOTE ÉLECTRONIQUE

Art. R. 723-16 Le préfet adresse aux électeurs, en même temps que les documents prévus à l'article R. 723-10, une instruction relative aux modalités d'accès au système de vote électronique auquel l'électeur doit se relier pour voter ainsi que les instruments permettant l'expression du vote selon des modalités garantissant sa confidentialité.

Ces instruments permettent l'authentification de l'électeur et la vérification de l'unicité de son vote selon des exigences de sécurité et des modalités définies par arrêté conjoint du garde des sceaux, ministre de la justice, et du ministre de l'intérieur, pris après avis de la Commission nationale de l'informatique et des libertés. – *[COJ, art. R. 413-11.]*

Art. R. 723-17 Pour voter par voie électronique, l'électeur, après connexion au site internet ou à tout autre réseau accessible à tous les électeurs, s'identifie, exprime son vote et le valide au moyen des instruments d'authentification qui lui ont été attribués. Il vérifie l'inscription sécurisée de son vote par le système de vote électronique. La transmission du vote et l'émargement de l'électeur font l'objet d'un accusé de réception électronique sur lequel figure la date de ladite réception. – *[COJ, art. R. 413-12.]*

Art. R. 723-18 En cas d'utilisation par un même électeur au titre de la même qualité des deux modes de vote, seul le vote électronique est considéré comme valide. – *[COJ, art. R. 413-6, al. 2, 2e phrase.]*

Art. R. 723-19 Le jour du dépouillement des votes, le président de la commission prévue à l'article L. 723-13 imprime la liste d'émargement à partir du traitement "fichier des électeurs".

Le président et l'un des membres de la commission reçoivent du préfet chacun une clé de dépouillement distincte, selon des modalités en garantissant la confidentialité, permettant d'accéder aux données du fichier dénommé "contenu de l'urne électronique". Le président reçoit également les éléments permettant la vérification de l'intégrité du système de vote électronique.

Après clôture des opérations de vote et vérification de l'intégrité du fichier dénommé "contenu de l'urne électronique", le président de la commission prévue à l'article L. 723-13 et le membre de celle-ci mentionné à l'alinéa précédent procèdent publiquement au dépouillement.

Les décomptes des voix par candidat doivent apparaître lisiblement à l'écran et faire l'objet d'une édition sécurisée qui est portée au procès-verbal de l'élection.

Le système de vote électronique est verrouillé après le dépouillement de sorte qu'il soit impossible de reprendre ou de modifier le résultat après la décision de clôture du dépouillement prise par la commission.

La commission prévue à l'article L. 723-13 vérifie que le nombre total de votes exprimés par voie électronique correspond au nombre de votants figurant sur la liste d'émargement. Mention des difficultés est portée au procès-verbal.

Le nombre total des suffrages exprimés par voie électronique ainsi que le nombre de voix obtenues par chaque candidat sont portés au procès-verbal. – *[COJ, art. R. 413-13.]*

Art. R. 723-20 Les données relatives aux électeurs inscrits sur les listes électorales ainsi que celles relatives à l'expression du vote font l'objet, selon des modalités fixées par arrêté conjoint du garde des sceaux, ministre de la justice, et du ministre de l'intérieur, pris après avis de la Commission nationale de l'informatique et des libertés, de traitements automatisés d'information effectués sur des systèmes informatiques distincts dénommés "fichier des électeurs" et "contenu de l'urne électronique".

Le traitement "fichier des électeurs" est établi à partir des listes électorales dressées par la commission mentionnée à l'article L. 723-3. Le fichier des électeurs permet au préfet d'adresser à chaque électeur les instruments d'authentification mentionnés à l'article R. 723-16, d'identifier les électeurs ayant pris part au vote électronique et d'éditer la liste d'émargement. L'émargement indique l'heure du vote. Les listes d'émargement doivent être enregistrées sur un support distinct de celui de l'urne électronique, scellé, non réinscriptible, rendant son contenu inaltérable et probant.

Le fichier dénommé "contenu de l'urne électronique" recense les votes exprimés par voie électronique. Les données de ce fichier font l'objet d'un chiffrement et ne doivent pas comporter de lien permettant l'identification des électeurs. – *[COJ, art. R. 413-14.]*

Art. R. 723-21 Jusqu'à l'expiration des délais de recours contentieux, les fichiers supports comprenant la copie des programmes sources et des programmes exécutables, les matériels de vote, les fichiers d'émargement, de résultats et de sauvegarde doivent être conservés sous scellés sous le contrôle de la commission prévue à l'article L. 723-13. La procédure de décompte des votes enregistrés doit, si nécessaire, pouvoir être exécutée de nouveau.

A l'expiration des délais de recours, et si aucun recours n'a été exercé, il est procédé à la destruction des fichiers supports sous le contrôle de la commission prévue à l'article L. 723-13. – *[COJ, art. R. 413-15.]*

SOUS-SECTION 4 DE LA PROCLAMATION DES RÉSULTATS ET DU CONTENTIEUX DE L'ÉLECTION DES JUGES CONSULAIRES

Art. R. 723-22 Les votes sont recensés par la commission prévue à l'article L. 723-13. Les résultats sont proclamés publiquement par le président de cette commission. La liste des candidats élus, établie dans l'ordre décroissant du nombre de voix obtenu par chacun d'entre eux, est immédiatement affichée au greffe du tribunal de commerce.

Le procès-verbal des opérations électorales est dressé en trois exemplaires revêtus de la signature des membres de la commission. Le premier exemplaire est adressé au procureur général, le deuxième au préfet et le troisième est conservé au greffe du tribunal de commerce. – *[COJ, art. R. 413-16.]*

Art. R. 723-23 La liste d'émargement signée par le président de la commission prévue à l'article L. 723-13 demeure déposée pendant huit jours au greffe du tribunal de commerce où elle est communiquée à tout électeur qui en fait la demande. – *[COJ, art. R. 413-17.]*

Art. R. 723-24 Les contestations relatives à l'électorat, à l'éligibilité et aux opérations électorales organisées en vue de la désignation des juges des tribunaux de commerce sont de la compétence du tribunal d'instance dans le ressort duquel se trouve situé le siège du tribunal de commerce.

Le tribunal d'instance statue en dernier ressort. – *[COJ, art. R. 413-11.]*

Art. R. 723-25 Les recours mentionnés à l'article R. 723-24 sont ouverts à tout électeur dans un délai de huit jours à compter de la proclamation des résultats.

Le recours est également ouvert au préfet et au procureur de la République qui peuvent l'exercer dans un délai de quinze jours à compter de la réception du procès-verbal mentionné à l'article R. 723-22. – *[COJ, art. R. 413-18.]*

Art. R. 723-26 Le recours est formé par déclaration orale ou écrite faite, remise ou adressée au greffe du tribunal d'instance. La déclaration indique les nom, prénoms et adresse du requérant, la qualité en laquelle il agit et l'objet du recours. La déclaration mentionne les nom, prénoms et adresse de la ou des personnes dont l'élection est contestée.

Le recours est porté à la connaissance du président du tribunal de commerce et du procureur de la République par le greffe du tribunal d'instance. – *[COJ, art. R. 413-19.]*

Art. R. 723-27 Dans les dix jours du recours, le tribunal d'instance statue sans formalité, sans frais et sur simple avertissement donné trois jours à l'avance à toutes les parties en cause. – *[COJ, art. R. 413-20.]*

Art. R. 723-28 La décision du tribunal d'instance est notifiée dans les trois jours par le greffe aux parties par lettre recommandée avec demande d'avis de réception. Le greffe en donne avis au préfet et au procureur de la République dans le même délai.

La décision du tribunal n'est pas susceptible d'opposition. – *[COJ, art. R. 413-21.]*

Art. R. 723-29 Le pourvoi en cassation est formé et instruit dans les conditions fixées aux articles 999 à 1008 du *(Décr. n° 2008-484 du 22 mai 2008, art. 22)* « code de procédure civile ». Le délai de pourvoi court à compter de la notification prévue à l'article R. 723-28. – *[COJ, art. R. 413-22.]*

Art. R. 723-30 Les juges dont l'élection est contestée peuvent valablement prêter serment, être installés et siéger tant qu'il n'a pas été définitivement statué sur le recours. – *[COJ, art. R. 413-23.]*

Art. R. 723-31 Les délais mentionnés au présent chapitre sont calculés et prorogés dans les conditions fixées aux articles 640 à 647-1 du *(Décr. n° 2008-484 du 22 mai 2008, art. 22)* « code de procédure civile ». – *[COJ, art. R. 413-24.]*

CHAPITRE IV DE LA DISCIPLINE DES JUGES DES TRIBUNAUX DE COMMERCE

SECTION PREMIÈRE DE LA COMMISSION NATIONALE DE DISCIPLINE

Art. R. 724-1 La Commission nationale de discipline prévue à l'article L. 724-2 siège à la Cour de cassation. Elle est dénommée Commission nationale de discipline des juges des tribunaux de commerce. – *[COJ, art. R. 414-1.]*

Art. R. 724-2 Les membres titulaires et suppléants de la commission sont désignés tous les quatre ans entre le 21 février et le 31 mars. – *[COJ, art. R. 414-3.]*

Art. R. 724-3 L'année où il est procédé au renouvellement des membres de la commission, les premiers présidents des cours d'appel font connaître, le 15 février au plus tard, au premier président de la Cour de cassation le nom du président de chambre ou du conseiller appartenant à leur cour qu'ils proposent de désigner en application du 2° de l'article L. 724-2. – *[COJ, art. R. 414-4.]*

Art. R. 724-4 L'année où il est procédé au renouvellement des membres de la commission, les présidents des tribunaux de commerce font connaître par écrit, le 15 février au plus tard, au secrétaire de la commission les noms, prénoms, adresses, dates et lieux de naissance des juges appartenant à leur juridiction se portant candidats en application du 3° de l'article L. 724-2.

Le secrétaire de la commission établit la liste des candidatures le 20 février au plus tard et en adresse aussitôt une copie à tous les présidents des tribunaux de commerce. – *[COJ, art. R. 414-5.]*

Art. R. 724-5 L'élection des membres de la commission mentionnés au 3° de l'article L. 724-2 a lieu à la majorité des bulletins exprimés. En cas d'égalité de suffrages, le plus âgé est proclamé élu.

Le vote a lieu par correspondance. Chaque président de tribunal de commerce doit rédiger son bulletin de vote en y portant le nom de quatre des candidats. Chaque président de tribunal de commerce place ensuite son bulletin dans une enveloppe sur laquelle il porte la mention "Élection des membres de la Commission nationale de discipline des juges des tribunaux de commerce". Il revêt cette enveloppe de sa signature après y avoir indiqué ses nom et prénoms et y avoir apposé le timbre de sa juridiction, puis il la place, après l'avoir cachetée, dans une seconde enveloppe qu'il adresse, le 10 mars au plus tard, au secrétaire de la commission. – *[COJ, art. R. 414-6.]*

Art. R. 724-6 Le bureau de la Cour de cassation se réunit entre le 15 et le 31 mars sur convocation du premier président. Il procède au dépouillement du scrutin et classe les candidats dans l'ordre dégressif du nombre de voix obtenu par chacun d'eux. Le premier président proclame élus en qualité de titulaires les quatre candidats en tête de la liste et en qualité de suppléants les quatre candidats qui viennent ensuite.

Le bureau de la Cour de cassation règle les difficultés et les contestations relatives à la préparation et au déroulement du scrutin. – *[COJ, art. R. 414-7.]*

Art. R. 724-7 La liste des membres de la Commission nationale de discipline des membres des tribunaux de commerce est publiée au *Journal officiel* de la République française à la diligence du premier président de la Cour de cassation.

Les membres de la commission sont installés dans leurs fonctions par le premier président de la Cour de cassation entre le 10 et le 20 avril suivant leur désignation ou leur élection. – *[COJ, art. R. 414-8.]*

Art. R. 724-8 Le membre de la commission qui désire résilier son mandat adresse sa démission au garde des sceaux, ministre de la justice. La démission n'est définitive qu'après acceptation par le ministre. – *[COJ, art. R. 414-9.]*

Art. R. 724-9 Le secrétariat de la commission est assuré par le secrétaire général de la première présidence de la Cour de cassation. – *[COJ, art. R. 414-2.]*

Art. R. 724-10 La date et l'ordre du jour des séances de la commission sont fixés par ordonnance du président de la commission. Une copie de l'ordonnance est adressée au garde des sceaux, ministre de la justice, et est jointe à la convocation adressée par le secrétaire de la commission.

Le procès-verbal des séances est signé du président et du secrétaire de la commission. – *[COJ, art. R. 414-10.]*

SECTION II DE LA PROCÉDURE DISCIPLINAIRE

Art. R. 724-11 Lorsqu'il saisit la commission en application des articles L. 724-3, L. 724-4 ou R. 724-20, le garde des sceaux, ministre de la justice, transmet au président de la commission toutes les pièces afférentes à la poursuite. – *[COJ, art. R. 414-11.]*

Art. R. 724-12 Dès la saisine de la commission, le juge poursuivi en est informé par lettre recommandée avec demande d'avis de réception du secrétaire de la commission, qui lui précise qu'il peut prendre connaissance, au secrétariat de la commission, des pièces afférentes à la poursuite.

Le président de la commission désigne parmi les membres de la commission un rapporteur, qui procède à toutes investigations utiles. Le rapporteur entend l'intéressé et, s'il y a lieu, le plaignant et les témoins. Il peut les faire entendre par un magistrat du siège de la cour d'appel auquel il donne délégation. – *[COJ, art. R. 414-12.]*

Art. R. 724-13 Le juge poursuivi peut se faire assister par l'un de ses pairs, par un avocat au Conseil d'État et à la Cour de cassation ou par un avocat inscrit à un barreau.

Le dossier de la procédure doit être mis à la disposition de l'intéressé et de son conseil quarante-huit heures au moins avant chaque séance de la commission ou chaque audition par le rapporteur ou son délégué du juge poursuivi. Celui-ci peut à tout moment de la procédure verser aux débats les pièces qu'il estime utiles et déposer des mémoires en défense. – *[COJ, art. R. 414-13.]*

Art. R. 724-14 Le juge poursuivi est cité à comparaître devant la commission par lettre recommandée avec demande d'avis de réception par le secrétaire de la commission. – *[COJ, art. R. 414-14.]*

Art. R. 724-15 Le juge poursuivi est tenu de comparaître en personne. Toutefois, il peut être autorisé en cas de maladie ou d'empêchement reconnu justifié à se faire représenter par le conseil qu'il a choisi en application de l'article R. 724-13. – *[COJ, art. R. 414-15.]*

Art. R. 724-16 Après lecture du rapport et après audition du représentant du garde des sceaux, ministre de la justice, le juge poursuivi est invité à fournir ses explications et moyens de défense sur les faits qui lui sont reprochés. – *[COJ, art. R. 414-16.]*

Art. R. 724-17 Les débats devant la commission sont publics. Toutefois, celle-ci peut décider que les débats ne seront pas publics si le juge poursuivi en fait expressément la demande ou s'il doit résulter de leur publicité une atteinte à un secret protégé par la loi ou à l'intimité de la vie privée. – *[COJ, art. R. 414-17.]*

Art. R. 724-18 Lorsqu'il est saisi en application de l'article L. 724-4, le président de la commission statue par ordonnance rendue dans les dix jours de sa saisine. La décision du président est immédiatement exécutoire. – *[COJ, art. R. 414-18.]*

Art. R. 724-19 Les décisions de la commission rendues en application des articles L. 724-1, L. 724-3 et R. 724-20, et les ordonnances de son président rendues en application de l'article L. 724-4 sont notifiées par lettre recommandée avec demande d'avis de réception du secrétaire de la commission.

Le délai de pourvoi est de dix jours à compter de la date de réception de la lettre de la notification. Le pourvoi est formé et instruit conformément aux dispositions des articles 974 à 982 du *(Décr. n° 2008-484 du 22 mai 2008, art. 22)* « code de procédure civile ». Il est porté devant l'assemblée plénière de la Cour de cassation. – *[COJ, art. R. 414-19.]*

Art. R. 724-20 La commission peut, sur proposition du garde des sceaux, ministre de la justice, retirer l'honorariat à un ancien juge d'un tribunal de commerce dans les conditions fixées aux articles L. 724-1, L. 724-3, L. 724-5, L. 724-6, R. 724-11 à R. 724-17 et R. 724-19.

Le président de la commission peut aussi, dans les conditions fixées aux articles L. 724-4, R. 724-18 et R. 724-19, interdire temporairement à un ancien membre d'un tribunal de commerce de se prévaloir de l'honorariat.

Les dispositions des deux alinéas qui précèdent ne sont pas applicables lorsque l'intéressé renonce définitivement à se prévaloir de l'honorariat par une déclaration écrite qu'il adresse au garde des sceaux, ministre de la justice, ou au président de la Commission nationale de discipline des juges des tribunaux de commerce si celle-ci est déjà saisie. – *[COJ, art. R. 414-20.]*

Art. R. 724-21 Les délais mentionnés au présent chapitre sont comptés dans les conditions fixées aux articles 641 à 647-1 du *(Décr. n° 2008-484 du 22 mai 2008, art. 22)* « code de procédure civile ». – *[COJ, art. R. 414-21.]*

TITRE TROISIÈME DES JURIDICTIONS COMMERCIALES PARTICULIÈRES

CHAPITRE PREMIER DES DISPOSITIONS APPLICABLES AUX DÉPARTEMENTS DU BAS-RHIN, DU HAUT-RHIN ET DE LA MOSELLE

Art. D. 731-1 Les tribunaux de grande instance de Colmar, Metz, Mulhouse, Sarreguemines, Saverne, Strasbourg et Thionville ont des chambres commerciales. – *[COJ, art. R. 913-1.] – Anc. art. R. 731-1 (Décr. n° 2008-522, 2 juin 2008, art. 3).*

Art. R. 731-2 Le président de la chambre commerciale du tribunal de grande instance est désigné conformément aux règles qui régissent la répartition des magistrats du siège dans les chambres du tribunal. – *[COJ, art. R. 913-2.]*

Art. D. 731-3 *(Décr. n° 2008-1162 du 12 nov. 2008)* Le nombre des assesseurs de chambre commerciale des tribunaux de grande instance des départements du Bas-Rhin, du Haut-Rhin et de la Moselle est fixé conformément au tableau de l'annexe 7-4 du présent livre. – *[COJ, art. R. 913-3.] – Anc. art. R. 731-3. – V. annexe 7-4 au* ***C. com.***

Art. R. 731-4 Les assesseurs des chambres commerciales sont élus dans les conditions fixées aux articles R. 723-1 à R. 723-31. – *[COJ, art. R. 913-4 ; Décr. n° 91-692 du 18 juill. 1991, art. 1er.]*

Art. R. 731-5 Les dispositions des articles R. 722-7, R. 722-10, R. 722-18 à R. 722-20 et R. 724-1 à R. 724-21 sont applicables aux assesseurs des chambres commerciales. – *[COJ, art. R. 913-4.]*

CHAPITRE II DES DISPOSITIONS APPLICABLES AUX DÉPARTEMENTS ET RÉGIONS D'OUTRE-MER

Art. D. 732-1 Le siège et le ressort des tribunaux mixtes de commerce sont fixés conformément au tableau de l'annexe 7-3 du présent livre. – *[COJ, art. R. 921-6, al. 1er.] – Anc. art. R. 732-1 (Décr. n° 2008-522, 2 juin 2008, art. 3). – V. annexe 7-3 au* ***C. com.***

Annulation du Décr. du 15 févr. 2008. Le décret n° 2008-146 du 15 févr. 2008 fixant le siège et le ressort des tribunaux de commerce est annulé à compter de l'expiration d'un délai de six mois courant de la date de la présente décision en tant qu'il a pour effet, en procédant à l'extension du ressort de certains tribunaux de commerce ou en créant de nouveaux tribunaux, de créer un tribunal mixte de commerce à Saint-Pierre de la Réunion. • CE 8 juill. 2009 : *cité ss. art. D. 721-2.* – V., cette décision, le Décr. n° 2009-1629 du 23 déc. 2009 (*JO 26 déc.*), modifiant l'annexe 7-3.

Art. D. 732-2 *(Décr. n° 2008-1162 du 12 nov. 2008)* Le nombre des juges élus des tribunaux mixtes de commerce des départements et régions d'outre-mer est fixé

conformément au tableau de l'annexe 7-4 du présent livre. – *[COJ, art. R. 921-7 ; Décr. n° 91-692 du 18 juill. 1991, art. 1er.] – Anc. art. R. 732-2. – V. annexe 7-4 au* **C. com.**

Art. R. 732-3 Les juges des tribunaux mixtes de commerce sont élus dans les conditions fixées aux articles R. 723-1 à R. 723-31. – *[COJ, art. R. 921-8.]*

Art. R. 732-4 Les dispositions des articles R. 722-7, R. 722-10, R. 722-18 à R. 722-20 et R. 724-1 à R. 724-21 sont applicables aux juges élus des tribunaux mixtes de commerce. – *[COJ, art. R. 921-9.]*

Art. R. 732-5 Les dispositions de l'article R. 721-6 sont applicables au tribunal mixte de commerce. – *[COJ, art. R. 921-10.] – Disposition applicable aux instances introduites à compter du 1er janv. 2003 (Décr. du 3 déc. 2002, art. 30).*

Art. R. 732-6 *(Décr. n° 2012-439 du 30 mars 2012, art. 2)* **La liste des tribunaux mixtes de commerce dont le greffe est assuré par un greffier de tribunal de commerce correspond à celle fixée au tableau de l'annexe 7-3 du présent livre.** – *V. cette annexe ss. art. D. 732-1.*

Art. R. 732-7 *(Décr. n° 2012-439 du 30 mars 2012, art. 3)* **Pour l'application du titre IV du présent livre aux greffes des tribunaux mixtes de commerce assurés par un greffier de tribunal de commerce, les mots : "tribunal de commerce" sont remplacés par les mots : "tribunal mixte de commerce".**

Art. *[R.]* 732-8 *(Décr. n° 2012-439 du 30 mars 2012, art. 3)* **Pour la première nomination du greffier d'un tribunal mixte de commerce inscrit sur la liste prévue à l'article L. 732-3, il y a lieu de recourir à la procédure prévue aux articles R. 742-18 à R. 742-23.**

Pour les tribunaux mixtes de commerce qui figurent sur la liste prévue à l'art. L. 732-3, le secrétariat reste assuré par un greffier en chef ou un greffier du ressort du tribunal de grande instance jusqu'à l'entrée en fonctions du greffier de tribunal de commerce (Décr. n° 2012-439 du 30 mars 2012, art. 8).

TITRE QUATRIÈME DU GREFFE DU TRIBUNAL DE COMMERCE

CHAPITRE PREMIER DE L'INSTITUTION ET DES MISSIONS

SECTION PREMIÈRE DISPOSITIONS GÉNÉRALES

Art. R. 741-1 Le greffier assiste les juges du tribunal de commerce à l'audience et dans tous les cas prévus par la loi.

Il assiste le président du tribunal de commerce dans l'ensemble des tâches administratives qui lui sont propres. Il assure son secrétariat.

Il l'assiste dans l'établissement et l'application du règlement intérieur de la juridiction, dans l'organisation des rôles d'audiences et la répartition des juges, dans la préparation du budget et la gestion des crédits alloués à la juridiction. Il procède au classement des archives du président.

Dans les tribunaux de commerce dont la liste est fixée par arrêté du garde des sceaux, ministre de la justice, le greffier, en accord avec le président, affecte en permanence aux tâches prévues aux deuxième et troisième alinéas du présent article un ou plusieurs agents du greffe. Leur nombre, dans chaque juridiction, est fixé par le même arrêté. – *V. art. A. 741-1 et A. 741-2.*

Le ou les agents du greffe ainsi désignés sont placés sous la seule autorité fonctionnelle du président ; ils sont soumis aux règles applicables au personnel des greffes. – *[COJ, art. R. 821-1.]*

Art. R. 741-2 Le greffier dirige, sous l'autorité du président du tribunal et sous la surveillance du ministère public, l'ensemble des services du greffe.

Il assure la tenue des différents registres prévus par les textes en vigueur et tient à jour les dossiers du tribunal. Il met en forme les décisions prises et motivées par les juges.

Il est dépositaire des minutes et archives dont il assure la conservation. Il délivre les expéditions et copies et a la garde des scellés et de toutes sommes déposées au greffe.

Il dresse les actes de greffe et procède aux formalités pour lesquelles compétence lui est attribuée.

Il prépare les réunions du tribunal, dont il rédige et archive les procès-verbaux.

Il tient à jour la documentation générale du tribunal.

Il assure l'accueil du public. – *[COJ, art. R. 821-2.]*

BIBL. ▶ Bahans, *RLDA juill. 2009. 94* (l'authenticité des actes des greffiers des tribunaux de commerce et l'exigence de sécurité juridique en Europe).

Art. R. 741-3 Le greffier assure la tenue du répertoire général des affaires de la juridiction.

Il applique les instructions de tenue du répertoire général élaborées par le ministère de la justice. – *[COJ, art. R. 821-3.] – Dispositions applicables au 1er janv. 2006.*

(Décr. no 2008-786 du 18 août 2008, art. 1er) « Il transmet les informations statistiques demandées par le ministre de la justice selon les modalités déterminées par celui-ci. »

Art. R. 741-4 Lorsqu'un centre de formalités des entreprises a été créé par une *(Décr. no 2010-1463 du 1er déc. 2010, art. 87)* « chambre de commerce et d'industrie territoriale » ou une *(Décr. no 2010-1356 du 11 nov. 2010, art. 25)* « chambre de métiers et de l'artisanat de région », le greffier peut, à la demande de la *(Décr. no 2010-1463 du 1er déc. 2010, art. 87)* « chambre de commerce et d'industrie territoriale » ou de la *(Décr. no 2010-1356 du 11 nov. 2010, art. 25)* « chambre de métiers et de l'artisanat de région », être autorisé par arrêté du garde des sceaux, ministre de la justice, à exercer tout ou partie des activités dévolues aux centres de formalités des entreprises par les articles R. 123-1 et suivants lorsque, dans l'intérêt des usagers, l'ouverture d'une annexe de ces centres apparaît nécessaire dans la ville où la juridiction commerciale a son siège.

En vue de cette autorisation, le greffier soumet au garde des sceaux, ministre de la justice, une convention conclue avec la chambre de commerce ou *(Décr. no 2010-1356 du 11 nov. 2010, art. 25)* « de métiers et de l'artisanat de région » déterminant les droits et obligations de chacune des parties. Cette convention doit être approuvée par arrêté conjoint des ministres chargés de l'industrie, du commerce et de l'artisanat.

L'autorisation peut être révoquée par le garde des sceaux, ministre de la justice, notamment lorsque l'exercice de ces activités nuit à l'accomplissement par le greffier de ses obligations ou donne lieu à des réclamations justifiées. – *[COJ, art. R. 821-9.]*

Art. R. 741-5 Les copies délivrées par les greffiers *(Abrogé par Décr. n° 2009-1150 du 25 sept. 2009) « à titre de simple renseignement et »* relatives aux inscriptions portées aux registres de publicité légale dont ils ont la charge peuvent être diffusées par voie électronique dans les conditions prévues au présent article :

a) Les informations sont diffusées directement par le greffe compétent. Toutefois, les greffiers peuvent s'associer au sein d'un groupement ayant soit l'une des formes autorisées par l'article L. 743-12, soit une forme associative. Ce groupement est chargé de centraliser les appels et de les orienter vers le greffe concerné. Les greffiers peuvent, dans les mêmes conditions, conclure aux mêmes fins des accords avec l'Institut national de la propriété industrielle pour les attributions de celui-ci ;

b) Les informations ne portent que sur les inscriptions figurant, en application des textes législatifs et réglementaires, aux registres dont les greffiers assurent la tenue ;

c) Les informations sont délivrées telles qu'inscrites aux registres ou sur les actes annexés, sans subir de traitement quelconque, sous réserve des dispositions prévues par l'acte réglementaire pris en application de la loi n° 78-17 du 6 janvier 1978 relative à l'informatique, aux fichiers et aux libertés. – *[COJ, art. R. 821-2-1.]*

Art. R. 741-6 Les costumes des greffiers en chef et greffiers sont définis ainsi qu'il suit :

a) Greffier : même costume que les juges consulaires, sans galon à la toque ;

b) Commis-greffier assermenté : robe noire sans simarre et toque noire. – *[COJ, art. R. 741-6.]*

SECTION II DE LA MODIFICATION DU RESSORT DES JURIDICTIONS COMMERCIALES

Art. R. 741-7 En cas de modification du ressort de deux ou plusieurs juridictions commerciales et sous réserve des dispositions des articles R. 743-162 à R. 743-177, le greffier du tribunal antérieurement compétent conserve les minutes, registres, actes, pièces et documents déposés à son greffe avant la modification du ressort. Il a seul qualité pour en délivrer expédition, copie ou extrait en mentionnant toutefois la date de modification du ressort et le tribunal désormais compétent. – *[COJ, art. R. 821-10.]*

V. note ss. art. R. 721-5.

Art. R. 741-8 Jusqu'à l'expiration du délai légal de communication aux tiers, lorsque le greffier du tribunal désormais compétent délivre des expéditions, copies ou extraits de minutes, registres, actes, pièces et documents concernant des personnes physiques ou morales dont le domicile ou dont le siège est situé dans les cantons, communes ou sections de communes précédemment compris dans le ressort d'un autre tribunal, il mentionne sur ces expéditions, copies ou extraits le tribunal antérieurement compétent et la date de modification du ressort. – *[COJ, art. R. 821-11.]*

Art. R. 741-9 En cas de suppression d'une juridiction commerciale, les minutes, registres, actes, pièces et documents déposés au greffe de la juridiction supprimée sont transférés au greffe de la ou des juridictions commerciales désormais compétentes.

Les frais de transfert sont pris en charge par l'État. – *[COJ, art. R. 821-12.]*

SECTION III DU CONSEIL NATIONAL DES GREFFIERS DES TRIBUNAUX DE COMMERCE

Art. R. 741-10 Le Conseil national des greffiers des tribunaux de commerce est composé de membres élus par les greffiers des tribunaux de commerce.

Dans chaque cour d'appel, les greffiers des tribunaux de commerce élisent un membre du Conseil national lorsque le nombre de greffiers exerçant dans le ressort de cette cour excède cinq. Dans le cas contraire, le membre du Conseil national est élu par un collège composé des greffiers du ressort de la cour d'appel et de ceux exerçant dans un ressort de cour d'appel voisin, désigné par arrêté du garde des sceaux, ministre de la justice, après avis du Conseil national.

(Décr. n° 2012-439 du 30 mars 2012, art. 4) « Un membre du Conseil national est élu par un collège composé des greffiers des tribunaux mixtes de commerce figurant sur la liste prévue à l'article L. 732-3. »

Les membres du Conseil national sont élus par moitié tous les deux ans pour quatre ans et renouvelables une fois ; ils ne sont rééligibles que quatre ans après l'expiration de leur deuxième mandat.

Après chaque renouvellement partiel, le Conseil national désigne en son sein, pour deux ans, les membres de sa formation disciplinaire, lesquels élisent leur président. – *[COJ, art. R. 821-13.]*

BIBL. ▶ SOINNE, *Rev. proc. coll. 2007. 106* (Conseil national des greffiers des tribunaux de commerce).

Art. R. 741-11 Chaque personne physique exerçant la profession de greffier de tribunal de commerce en activité est électeur et éligible dès sa prestation de serment. Elle cesse de l'être en cas de destitution ou de démission. – *[COJ, art. R. 821-14.]*

Art. R. 741-12 L'organisation des élections est confiée au bureau du Conseil national qui, avant le 15 septembre, fixe la date d'ouverture du scrutin dans la deuxième quinzaine du mois de novembre précédant la date du renouvellement partiel du Conseil national et en assure la publicité. Dès cette fixation, le président avise les électeurs de la date et des modalités des opérations électorales, ainsi que de la date et du lieu des opérations de dépouillement. – *[COJ, art. R. 821-15.]*

Art. R. 741-13 Les déclarations de candidature sont remises contre récépissé, ou adressées par lettre recommandée avec demande d'avis de réception, au plus tard un mois avant la date d'ouverture du scrutin, au président du Conseil national.

Quinze jours au plus tard avant la date d'ouverture du scrutin, le président adresse à chaque électeur et pour chaque candidat un bulletin de vote comprenant le nom et le prénom du candidat, le nom du greffe dont il est titulaire *(Décr. n° 2011-1270 du 11 oct. 2011, art. 2)* « ou salarié », et éventuellement la mention "investi par" suivie du nom ou des initiales de l'organisation professionnelle ou du syndicat auquel il appartient à condition qu'il justifie lors de sa déclaration de candidature de l'autorisation expresse de cette organisation ou de ce syndicat. – *[COJ, art. R. 821-16.]*

Art. R. 741-14 L'élection des membres du Conseil national a lieu au scrutin uni*nominal majoritaire* à un tour.

Le vote a lieu par correspondance. Les bulletins doivent parvenir au président du Conseil national dans les dix jours à compter de la date d'ouverture du scrutin ; à l'issue de cette période, le scrutin est clos.

Chaque bulletin est envoyé sous double enveloppe ; l'enveloppe intérieure, qui contient le bulletin de vote, doit être fermée et ne porter aucune marque distinctive ; l'enveloppe extérieure comportant la mention "élections" porte le nom et la signature de l'électeur et contient l'enveloppe intérieure et une copie d'une pièce d'identité ; les bulletins contenus dans des enveloppes irrégulières sont nuls ; il en est de même de tout bulletin raturé, modifié ou surchargé.

Au fur et à mesure de leur arrivée, les enveloppes extérieures sont placées dans une urne ; après la clôture du scrutin, le bureau du Conseil national procède aux opérations de dépouillement en présence de tout greffier de tribunal de commerce désirant y assister. Après leur retrait de l'urne, les enveloppes extérieures sont ouvertes, le nom de l'électeur est pointé sur la liste des électeurs et l'enveloppe intérieure réintroduite dans l'urne ; lorsque toutes les enveloppes intérieures ont été replacées, les bulletins sont dépouillés et décomptés.

Les résultats sont aussitôt proclamés et un procès-verbal des opérations est établi par le président du Conseil national. – *[COJ, art. R. 821-17.]*

Art. R. 741-15 Les candidats ayant obtenu pour chaque siège le plus grand nombre de suffrages sont proclamés élus.

En cas d'égalité entre plusieurs candidats ayant obtenu le plus grand nombre de suffrages, le plus âgé est proclamé élu. – *[COJ, art. R. 821-18.]*

Art. R. 741-16 Tout greffier de tribunal de commerce peut déférer l'élection des membres du Conseil national à la cour d'appel de Paris dans un délai de dix jours à compter de la proclamation des résultats. Le recours est déposé contre récépissé ou adressé par lettre recommandée avec demande d'avis de réception, au greffier en chef de la cour d'appel ; il est instruit et jugé selon les règles applicables à la procédure sans représentation obligatoire. – *[COJ, art. R. 821-19.]*

Art. R. 741-17 Les membres du Conseil national élisent en leur sein, au scrutin uninominal majoritaire à un tour et pour une période de deux ans, un président, un vice-président et cinq membres, qui constituent le bureau. En cas d'égalité des voix, le plus âgé des candidats est proclamé élu. – *[COJ, art. R. 821-20.]*

Art. R. 741-18 Si un membre du Conseil national cesse ses fonctions avant l'expiration de son mandat, il est pourvu à son remplacement dans le délai de trois mois ; les fonctions du nouveau membre prennent fin lorsque auraient cessé celles du membre qu'il a remplacé.

Le mandat du président, du vice-président et des membres du bureau prend fin lorsque l'intéressé cesse de remplir les conditions pour être membre du Conseil national. – *[COJ, art. R. 821-21.]*

Art. R. 741-19 Les fonctions de membre du Conseil national sont gratuites. Elles ne peuvent donner lieu qu'au remboursement de frais de voyage et de séjour dans les conditions fixées chaque année par le Conseil national.

Le président, le vice-président et les membres du bureau peuvent percevoir, pour frais de représentation, une indemnité dont le montant est fixé par le Conseil national. – *[COJ, art. R. 821-22.]*

Art. R. 741-20 Le Conseil national ne peut délibérer et voter que si deux tiers au moins de ses membres sont présents. En cas de partage égal des voix, celle du président est prépondérante. – *[COJ, art. R. 821-23.]*

Art. R. 741-21 Le Conseil national établit son règlement intérieur régissant son mode de fonctionnement et celui du bureau ; il fixe les pouvoirs du président, du vice-président et du bureau. – *[COJ, art. R. 821-24.]*

Art. R. 741-22 Le Conseil national établit son budget. Il fixe le montant de la cotisation que doit lui verser annuellement chaque greffier de tribunal de com-

merce. Le non-paiement des cotisations constitue une faute disciplinaire. – *[COJ, art. R. 821-25.]*

Art. R. 741-23 **Le Conseil national est chargé notamment d'organiser la formation initiale, les examens professionnels et la formation permanente des greffiers des tribunaux de commerce ainsi que, le cas échéant, la formation de leur personnel.**

Il a également pour mission d'aider les candidats stagiaires à se mettre en relation avec les greffiers des tribunaux de commerce et de faciliter l'obtention et la mise en œuvre des stages et d'en assurer le suivi. – *[COJ, art. R. 821-26.]*

Art. D. 741-24 *(Décr. nº 2007-862 du 14 mai 2007, art. 1er)* **Le Conseil national pourvoit par le biais d'une bourse commune au financement de services d'intérêts collectifs dans les domaines suivants :**

– formation et documentation de la profession ;
– fonctionnement des services communs ;
– archivage ;
– informatique et télématique de la profession ;
– fichiers centraux
– communication ;
– recherche et développement.

Le montant de la participation au financement des services d'intérêts collectifs est calculé selon une formule et un nombre de parts déterminés respectivement au tableau nº 1 et au tableau nº 2 figurant à l'annexe 7-4-1 du présent livre. – *V. annexe 7-4-1 ci-dessous, mod. par Décr. nº 2008-21 du 3 janv. 2008.*

Un arrêté détermine chaque année le taux de référence (tr %) en fonction du budget appelé par le Conseil national des greffiers des tribunaux de commerce. – *Le taux de référence est fixé pour l'année 2013 à 0,80 % du total des produits hors taxes comptabilisés pour l'ensemble des offices au titre de l'année 2012 (Arr. du 8 nov. 2012, JO 15 nov.).*

ANNEXE 7-4-1

PARTICIPATION AU FINANCEMENT DE LA BOURSE COMMUNE

PRODUIT HORS TAXES	COEFFICIENT	CALCUL
De 0 à 100 000 € (a)	0	A = 0
De 100 000 à 200 000 € (b)	1	B = (b) x coefficient x (tr %) : nombre de parts
De 200 000 à 500 000 € (c)	1,5	C = (c) x coefficient x (tr %) : nombre de parts
De 500 000 à 1 000 000 € (d)	2	D = (d) x coefficient x (tr %) : nombre de parts
Supérieur à 1 000 000 € (e)	2,5	E = (e) x coefficient x (tr %) : nombre de parts

NOMBRE DE GREFFIERS	NOMBRE DE PARTS
1	1
2	3
3	4,5
4	5,5
5	6,5
+ de 5	Une part par associé supplémentaire

CHAPITRE II DES CONDITIONS D'ACCÈS À LA PROFESSION ET AUX AUTRES PROFESSIONS JUDICIAIRES ET JURIDIQUES

SECTION PREMIÈRE DES CONDITIONS D'ACCÈS À LA PROFESSION DE GREFFIER DE TRIBUNAL DE COMMERCE

SOUS-SECTION 1 DES CONDITIONS D'APTITUDE

§ 1er DES CONDITIONS GÉNÉRALES

Art. R. 742-1 Nul ne peut avoir vocation à exercer la profession de greffier de tribunal de commerce s'il ne remplit les conditions suivantes :

1° Être français ;

2° Avoir satisfait aux obligations du service national ;

3° N'avoir pas fait l'objet d'une condamnation pénale pour des agissements contraires à l'honneur, à la probité ou aux bonnes mœurs ;

4° N'avoir pas fait l'objet d'une sanction disciplinaire ou administrative de destitution, radiation, révocation, mise à la retraite d'office, de retrait d'agrément ou d'autorisation ;

5° N'avoir pas été frappé de faillite personnelle ou de l'interdiction prévue à l'article L. 653-8 ;

6° Être titulaire, sous réserve des dispenses prévues aux articles R. 742-2, R. 742-3, R. 742-4 et R. 742-6 de la maîtrise en droit ou de l'un des titres ou diplômes reconnus équivalents pour l'exercice de la profession de greffier de tribunal de commerce par arrêté du garde des sceaux, ministre de la justice ; *— V. art. A. 742-1.*

7° Avoir accompli un stage dans les conditions prévues aux articles R. 742-7 à R. 742-15, sous réserve des dispenses prévues aux articles R. 742-2, R. 742-3, R. 742-4, et R. 742-6 ;

8° Avoir subi avec succès l'examen d'aptitude prévu à l'article R. 742-16, sous réserve des dispenses prévues aux articles R. 742-2, R. 742-3, R. 742-4 et R. 742-6. *— [Décr. n° 87-601 du 29 juill. 1987, art. 1er.]*

Art. R. 742-2 Sont dispensées des conditions de diplôme et de stage prévues aux 6° et 7° de l'article R. 742-1 les personnes ayant exercé dans un greffe de tribunal de commerce, pendant dix ans au moins, des fonctions de responsabilité impliquant délégation de tout ou partie des pouvoirs du titulaire de l'office.

Sont dispensées de la condition de stage prévue au 7° de l'article R. 742-1 et peuvent être dispensées de la condition d'examen d'aptitude prévue au 8° de l'article R. 742-1, par décision du procureur général près la cour d'appel dans le ressort de laquelle est établi leur domicile, prise après avis du bureau du Conseil national des greffiers des tribunaux de commerce, les personnes pouvant justifier de dix ans d'expérience professionnelle, dont cinq ans au moins à des fonctions de responsabilité au sein d'un greffe de tribunal de commerce impliquant délégation de tout ou partie des pouvoirs du titulaire de l'office. *(Décr. n° 2012-423 du 28 mars 2012, art. 7, en vigueur le 31 mars 2012)* « Ces personnes doivent être titulaires du diplôme prévu au 6° de l'article R. 742-1 ou de l'un des titres ou diplômes reconnus équivalents. » *— [Décr. n° 87-601 du 29 juill. 1987, art. 2.]*

Dispense de l'examen d'aptitude. Les personnes non titulaires du diplôme exigé par le 6° de l'art. R. 742-1 C. com. sont dispensées de plein droit des conditions de diplôme et de stage à condition d'avoir exercé dans un greffe de tribunal de commerce, pendant dix ans au moins, des fonctions de responsabilité impliquant délégation de tout ou partie des pouvoirs du titulaire de l'office ; elles ne peuvent en revanche prétendre être dispensées de la condition d'examen d'aptitude, sur le fondement du second alinéa de l'art. R. 742-2 par cela seul qu'elles ne sont pas titulaires du diplôme exigé par le 6° de l'art. R. 742-1 et en dépit de ce qu'elles satisfont nécessairement à la condition d'expérience professionnelle exigée par ces dispositions du second alinéa de l'art. R. 742-2. • TA Besançon, 22 oct. 2009 : *AJDA 2010. 175*.

Art. R. 742-3 I. – Sont dispensés de la condition de diplôme prévue au 6° de l'article R. 742-1 et peuvent être dispensés par décision du procureur général près la cour d'appel dans le ressort de laquelle est établi leur domicile, prise après avis du bureau du Conseil national des greffiers des tribunaux de commerce, de l'examen prévu au 8° de l'article R. 742-1 :

1° Les anciens magistrats de l'ordre judiciaire régis par l'ordonnance n° 58-1270 du 22 décembre 1958 portant loi organique relative au statut de la magistrature ;

2° Les anciens avocats précédemment inscrits au tableau, les anciens avoués près les cours d'appel et les anciens avocats à la Cour de cassation et au Conseil d'État ayant exercé leurs fonctions pendant cinq ans au moins ;

3° Les anciens notaires, les anciens huissiers de justice, les anciens commissaires-priseurs judiciaires ayant exercé leurs fonctions pendant cinq ans au moins ;

4° Les personnes ayant été inscrites pendant cinq ans au moins sur une liste de conseils juridiques ;

5° Les anciens syndics et administrateurs judiciaires, les anciens administrateurs judiciaires et mandataires liquidateurs ayant exercé leurs fonctions pendant trois ans au moins ;

6° Les anciens fonctionnaires de la catégorie A ou les personnes assimilées aux fonctionnaires de cette catégorie ayant exercé pendant cinq ans au moins des activités juridiques ou fiscales dans une administration ou un service public.

II. – Peuvent également être dispensées de l'examen prévu au 8° de l'article R. 742-1, par décision du procureur général près la cour d'appel dans le ressort de laquelle est établi leur domicile, prise après avis du bureau du Conseil national des greffiers des tribunaux de commerce, les personnes ayant accompli huit années au moins d'exercice professionnel dans le service juridique d'une entreprise publique ou privée employant au moins trois juristes. – *[Décr. n° 87-601 du 29 juill. 1987, art. 3.]*

Les avoués près les cours d'appel qui renoncent à faire partie de la profession d'avocat ou qui renoncent à y demeurer ainsi que les personnes ayant travaillé en qualité de collaborateur d'avoué postérieurement au 31 déc. 2008 et justifiant, au plus tard à la date d'entrée en vigueur du chapitre Ier de la L. n° 2011-94 du 25 janv. 2011 (fixée au 1er janv. 2012), de la réussite à l'examen d'aptitude à la profession d'avoué peuvent, sur leur demande présentée dans le délai de cinq ans à compter de la date de publication de cette même loi (JO 26 janv. 2011), accéder aux professions (…) de greffier de tribunal de commerce (L. préc., art. 21, al. 1er). Ces personnes peuvent alors accéder à la profession de greffier de tribunal de commerce sans être titulaires des titres ou diplômes exigés au 6° de l'art. R. 742-1, ni avoir accompli le stage et subi l'examen d'aptitude respectivement mentionnés aux 7° et 8° du même article, sous réserve d'une pratique professionnelle de six mois dans un office de greffier de tribunal de commerce (Décr. n° 2011-451 du 22 avr. 2011, art. 1er).

Les collaborateurs d'avoué non titulaires du diplôme d'aptitude à la profession d'avoué peuvent, sur leur demande présentée dans le même délai, être dispensés de certaines des conditions d'accès aux professions susmentionnées (L. préc., art. 21, al. 2). S'ils justifient de dix années de pratique professionnelle en qualité de collaborateur d'avoué ou sont titulaires d'un master de droit et pratique de la procédure d'appel ou de droit et pratique du procès en appel, ils peuvent bénéficier d'une dispense partielle du stage prévu à l'art. R. 742-1, dans la limite de la moitié de sa durée. Cette dispense est accordée par décision du procureur général près la cour d'appel dans le ressort de laquelle est établi leur domicile, prise après avis du bureau du Conseil national des greffiers des tribunaux de commerce (Décr. préc., art. 4-I).

Art. R. 742-4 Peuvent être nommées greffiers de tribunal de commerce sans remplir les conditions de diplômes, de stage ou d'examen professionnel prévues à l'article R. 742-1 les personnes qui ont suivi avec succès un cycle d'études postsecondaires d'une durée minimale de trois ans, ou d'une durée équivalente à temps partiel dans une université ou un établissement d'enseignement supérieur ou dans un autre établissement d'un niveau équivalent de formation et, le cas échéant, la formation professionnelle requise en plus de ce cycle d'études postsecondaires et qui justifient :

1° De diplômes, certificats ou autres titres permettant l'exercice de la profession dans un État membre de la Communauté européenne ou dans un autre État partie à l'accord sur l'Espace économique européen délivrés :

a) Soit par l'autorité compétente de cet État et sanctionnant une formation acquise de façon prépondérante dans l'Espace économique européen ;

b) Soit par un pays tiers, à condition que soit fournie une attestation émanant de l'autorité compétente de l'État membre ou partie qui a reconnu les diplômes, certificats ou autres titres certifiant que leur titulaire a une expérience professionnelle de trois ans au moins dans cet État ;

2° Ou de l'exercice à plein temps de la profession pendant deux ans au moins au cours des dix années précédentes dans un État membre ou partie qui ne réglemente pas l'accès ou l'exercice de cette profession à condition que cet exercice soit attesté par l'autorité compétente de cet État. Toutefois, la condition d'une expérience professionnelle de deux ans n'est pas exigée lorsque le ou les titres de formation détenus par le demandeur sanctionnent une formation réglementée directement orientée vers l'exercice de la profession. – *[Décr. n° 87-601 du 29 juill. 1987, art. 3-1, al. 1er à 5.]*

Art. R. 742-5 Sauf si les connaissances qu'il a acquises au cours de son expérience professionnelle sont de nature à rendre cette vérification inutile, la personne concernée par les dispositions de l'article R. 742-4 subit devant le jury prévu à l'article R. 742-17 un examen d'aptitude dont le programme et les modalités sont fixés par arrêté du garde des sceaux, ministre de la justice, après avis du Conseil national des greffiers des tribunaux de commerce : – *V. art. A. 742-2 s.*

1° Lorsque sa formation porte sur des matières substantiellement différentes de celles qui figurent aux programmes des diplômes et des examens professionnels mentionnés à l'article R. 742-1 ;

2° Ou lorsqu'une ou plusieurs des activités professionnelles dont l'exercice est subordonné à la possession de ces diplômes et de cet examen ne sont pas réglementées dans l'État membre d'origine ou de provenance ou sont réglementées de manière différente et que cette différence est caractérisée par une formation spécifique requise dans l'État membre d'accueil portant sur des matières substantiellement différentes de celles couvertes par le diplôme dont le demandeur fait état.

La liste des candidats admis à se présenter à cet examen est, après avis du bureau du Conseil national des greffiers des tribunaux de commerce, arrêtée par le garde des sceaux, ministre de la justice. Sa décision précise, le cas échéant, les matières sur lesquelles les candidats doivent être interrogés compte tenu de leur formation initiale et de leur expérience professionnelle.

Nul ne peut se présenter plus de trois fois à l'examen d'aptitude. – *[Décr. n° 87-601 du 29 juill. 1987, art. 3-1, al. 6 à 10.]*

Art. R. 742-6 Les courtiers, interprètes et conducteurs de navires bénéficiant des dispositions prévues à l'article 5 de la loi n° 2001-43 du 16 janvier 2001 portant diverses dispositions d'adaptation au droit communautaire dans le domaine des transports *[V. ce texte ss. art. L. 131-11]* peuvent être dispensés, par décision du procureur général près la cour d'appel dans le ressort de laquelle est établi leur domicile, après avis du Conseil national des greffiers des tribunaux de commerce, d'une partie du stage prévu au 7° de l'article R. 742-1, dans la limite de la moitié de sa durée, et de certaines épreuves de l'examen d'aptitude prévu au 8° de l'article R. 742-1. – *[Décr. n° 87-601 du 29 juill. 1987, art. 3-2, 2e phrase.]*

• § 2 DU STAGE

Art. R. 742-7 Le stage de formation à la profession de greffier de tribunal de commerce est réservé aux personnes titulaires de l'un des titres ou diplômes prévus au 6° de l'article R. 742-1 et à celles mentionnées à l'article R. 742-3. – *[Décr. n° 87-601 du 29 juill. 1987, art. 4.]*

Art. R. 742-8 La durée du stage est d'un an. Elle est réduite à six mois pour les personnes mentionnées à l'article R. 742-3. – *[Décr. n° 87-601 du 29 juill. 1987, art. 5.]*

Art. R. 742-9 Le stage est accompli auprès du greffier d'un tribunal de commerce ou d'un tribunal de grande instance à compétence commerciale.

Lorsque la durée du stage est d'un an, celui-ci peut être accompli pour une période d'au moins neuf mois selon les modalités prévues au premier alinéa du présent article et pour une période n'excédant pas trois mois soit auprès d'un avocat, d'un avoué, d'un conseil juridique, d'un expert-comptable, d'un administrateur judiciaire, d'un mandataire liquidateur, d'un notaire, d'un huissier de justice ou d'un commissaire-priseur judiciaire, soit auprès d'une administration publique ou dans le service juridique ou fiscal d'une entreprise. – *[Décr. n° 87-601 du 29 juill. 1987, art. 6.]*

Art. R. 742-10 Le stagiaire participe à l'activité professionnelle du maître de stage sous la direction et la responsabilité de celui-ci, sans pouvoir se substituer à lui dans les actes de sa fonction.

Le stage doit correspondre à la durée normale du travail telle qu'elle résulte des règlements, conventions collectives, accords ou usages en vigueur pour la catégorie professionnelle considérée. La rémunération du stagiaire est fixée conformément à ces mêmes règlements, conventions collectives, accords ou usages, sous réserve des dispositions du code du travail relatives à la promotion individuelle et au congé de formation des salariés.

Le stage peut être accompli à mi-temps. La période ainsi accomplie ne compte que pour la moitié de sa durée. – *[Décr. n° 87-601 du 29 juill. 1987, art. 7.]*

Art. R. 742-11 Le Conseil national des greffiers des tribunaux de commerce tient un registre sur lequel est inscrit le nom du stagiaire, le nom du ou des maîtres de stage, les dates de commencement et de fin de stage.

Le Conseil national peut refuser l'inscription du stagiaire sur le registre du stage s'il estime que l'activité professionnelle du maître de stage ne permet pas au stagiaire d'acquérir l'expérience professionnelle définie à l'article R. 742-9. Ce refus peut être déféré à la cour d'appel de Paris dans le délai d'un mois à compter de sa notification à l'intéressé par lettre recommandée avec demande d'avis de réception. – *[Décr. n° 87-601 du 29 juill. 1987, art. 7-1.]*

Art. R. 742-12 Les procureurs généraux peuvent à tout moment se faire communiquer copie du registre du stage.

Le stagiaire avise le Conseil national de tout changement dans les conditions d'accomplissement du stage. – *[Décr. n° 87-601 du 29 juill. 1987, art. 7-2.]*

Art. R. 742-13 Le stagiaire cesse d'être inscrit sur le registre du stage soit à sa demande, soit après avoir subi avec succès l'examen d'aptitude aux fonctions de greffier de tribunal de commerce. – *[Décr. n° 87-601 du 29 juill. 1987, art. 7-3.]*

Art. R. 742-14 Le stagiaire est radié du registre du stage par décision du Conseil national des greffiers des tribunaux de commerce :

1° S'il fait l'objet d'une condamnation pénale pour des faits contraires à l'honneur ou à la probité ;

2° S'il interrompt son stage pendant plus d'un an sans motif valable ;

3° S'il a subi trois échecs à l'examen d'aptitude prévu à l'article R. 742-16.

Le stagiaire peut être radié :

1° S'il méconnaît gravement les obligations du stage ou s'il commet des faits contraires à l'honneur ou à la probité ;

2° S'il s'abstient, sans motif valable, pendant plus de deux ans après l'accomplissement du temps de stage requis, de subir les épreuves de l'examen d'aptitude prévu à l'article R. 742-16 ;

3° S'il s'abstient, sans motif valable, pendant plus de deux ans, de subir à nouveau ces épreuves après un échec à l'examen d'aptitude.

Les décisions de radiation, prises après que l'intéressé a été mis en mesure de présenter ses observations, peuvent être déférées dans les deux mois à la cour d'appel de Paris par l'intéressé par lettre recommandée avec demande d'avis de réception. – *[Décr. n° 87-601 du 29 juill. 1987, art. 7-4.]*

Art. R. 742-15 Le stage qui a été régulièrement accompli donne lieu à la délivrance d'une attestation établie par le maître de stage, y compris dans le cas prévu au second alinéa de l'article R. 742-9. Ce document précise la durée de la formation, la nature des tâches effectuées par le stagiaire ainsi que les modalités de sa rémunération, et comporte les appréciations du maître de stage sur le stagiaire et sur la qualité de son travail ; il est communiqué au stagiaire, qui certifie en avoir pris connaissance et peut, le cas échéant, apporter ses observations. Il est ensuite transmis par le maître de stage au Conseil national, qui délivre le certificat de fin de stage.

Le refus de délivrance du certificat peut être déféré à la cour d'appel de Paris dans le délai de deux mois à compter de sa notification à l'intéressé par lettre recommandée avec demande d'avis de réception. – *[Décr. n° 87-601 du 29 juill. 1987, art. 8.]*

• § 3 DE L'EXAMEN D'APTITUDE

Art. R. 742-16 L'examen d'aptitude à la profession de greffier de tribunal de commerce a lieu au moins une fois par an.

Le programme et les modalités de l'examen, qui comporte des épreuves écrites et orales, théoriques et pratiques, sont fixés par arrêté du garde des sceaux, ministre de la justice après avis du Conseil national des greffiers des tribunaux de commerce. – *V. art. A. 742-8 s.*

La liste des personnes admises à subir les épreuves de l'examen est arrêtée par le garde des sceaux, ministre de la justice. Seuls peuvent se présenter à l'examen les candidats qui sont titulaires de l'un des diplômes mentionnés au 6° de l'article R. 742-1 et qui ont en outre accompli le temps de stage requis attesté par un certificat ; toutefois, le stagiaire peut être autorisé par le garde des sceaux, ministre de la justice, à subir les épreuves au cours des trois derniers mois de stage.

Nul ne peut se présenter plus de trois fois à l'examen d'aptitude. – *[Décr. n° 87-601 du 29 juill. 1987, art. 9.]*

Art. R. 742-17 L'examen d'aptitude est subi devant un jury national qui choisit les sujets des épreuves.

Le jury est composé de deux magistrats de l'ordre judiciaire et de deux greffiers de tribunal de commerce en activité ou honoraires. La présidence est assurée par le magistrat le plus ancien dans le grade le plus élevé.

En cas de partage égal des voix, celle du président est prépondérante.

Le président et les membres du jury sont désignés par arrêté du garde des sceaux, ministre de la justice, pour une période de trois ans renouvelable une fois après avis, en ce qui concerne les deux greffiers de tribunal de commerce, du bureau du Conseil national des greffiers des tribunaux de commerce. Des suppléants sont désignés en nombre égal, dans les mêmes conditions.

Des examinateurs spécialisés peuvent être désignés par arrêté du garde des sceaux, ministre de la justice, pour assister le jury. – *[Décr. n° 87-601 du 29 juill. 1987, art. 10.]*

● SOUS-SECTION 2 DE LA NOMINATION

Art. R. 742-18 Lorsqu'il est créé un tribunal de commerce, le greffier de ce tribunal est nommé par le garde des sceaux, ministre de la justice, sur proposition d'une commission dont la composition est fixée à l'article R. 742-19. – *[Décr. n° 77-828 du 20 juill. 1977, art. 1er.]*

Art. R. 742-19 La commission instituée à l'article R. 742-18 est composée ainsi qu'il suit :

1° Un magistrat du premier grade de la hiérarchie judiciaire, président ;

2° Un autre magistrat de l'ordre judiciaire ;

3° Un membre des tribunaux de commerce ;

4° Deux greffiers de tribunaux de commerce ;

5° Une personne remplissant les conditions d'aptitude pour être nommée greffier de tribunal de commerce.

Les membres de la commission sont désignés par arrêté du garde des sceaux, ministre de la justice, sur la proposition, en ce qui concerne les greffiers des tribunaux de commerce, du Conseil national des greffiers des tribunaux de commerce.

Des suppléants sont désignés en nombre égal dans les mêmes conditions.

Le secrétariat de la commission est assuré par un magistrat ou un fonctionnaire de la catégorie A.

En cas de partage égal des voix, celle du président est prépondérante. – *[Décr. n° 77-828 du 20 juill. 1977, art. 4.]*

Art. R. 742-20 Le garde des sceaux, ministre de la justice, fixe par arrêté la date limite du dépôt des candidatures à l'office. Le délai imparti aux candidats ne peut être inférieur à trente jours à compter de la publication de l'arrêté au *Journal officiel*. – *[Décr. n° 77-828 du 20 juill. 1977, art. 2.]*

Art. R. 742-21 Chaque candidature est adressée, par lettre recommandée avec demande d'avis de réception, au procureur *(Décr. n° 2009-452 du 22 avr. 2009, art. 14)* « général près la cour d'appel dans le ressort de laquelle » est situé le tribunal de commerce créé.

(Décr. n° 2009-452 du 22 avr. 2009, art. 14) « Le procureur général fait procéder à une enquête sur la moralité et les capacités professionnelles des candidats ainsi que sur leurs capacités financières au regard des obligations qui leur incombent. Après avoir recueilli l'avis motivé du bureau du Conseil national des greffiers des tribunaux de commerce dans les conditions prévues à l'article R. 742-28, il transmet le

dossier au garde des sceaux, ministre de la justice, avec son avis motivé. » – *[Décr. n° 77-828 du 20 juill. 1977, art. 3.]*

Les dispositions issues du Décr. n° 2009-452 du 22 avr. 2009 entrent en vigueur le premier jour du mois suivant le mois de sa publication (JO 23 avr.). Les procédures engagées avant cette date et relatives aux conditions d'accès aux professions, aux créations, transferts et suppressions d'offices, aux sociétés civiles professionnelles et aux sociétés des professions libérales soumises à un statut législatif ou réglementaire ou dont le titre est protégé, restent régies par les dispositions antérieurement applicables (Décr. n° 2009-452 du 22 avr. 2009, art. 18).

Art. R. 742-22 Pour chaque office à pourvoir, la commission propose les candidats au choix du garde des sceaux, ministre de la justice, en établissant un ordre de préférence. – *[Décr. n° 77-828 du 20 juill. 1977, art. 5.]*

Art. R. 742-23 En l'absence de candidature, ou si aucun candidat n'est proposé par la commission, le garde des sceaux, ministre de la justice, peut, dans les conditions prévues à l'article R. 742-20, ouvrir un nouveau délai pour le dépôt des candidatures. Celles-ci sont présentées et instruites, conformément aux dispositions des articles R. 742-21 et R. 742-22.

Ces dispositions sont également applicables si le garde des sceaux, ministre de la justice, ne retient aucun des candidats proposés par la commission.

Lorsque le candidat nommé est déclaré démissionnaire en application de l'article R. 742-31, le garde des sceaux, ministre de la justice, peut nommer un autre candidat proposé par la commission prévue à l'article R. 742-18. A défaut d'acceptation, de l'intéressé, ou s'il ne nomme aucun des candidats proposés, le garde des sceaux, ministre de la justice, peut ouvrir une nouvelle procédure dans les conditions définies aux articles R. 742-21 et R. 742-22. – *[Décr. n° 77-828 du 20 juill. 1977, art. 6.]*

Art. R. 742-24 Lorsqu'un office de greffier de tribunal de commerce ne peut être pourvu par l'exercice du droit de présentation, cet office est déclaré vacant par décision du garde des sceaux, ministre de la justice, et il y est pourvu dans les conditions prévues aux articles R. 742-20 à R. 742-23.

Les candidats doivent s'engager à payer l'indemnité fixée par le garde des sceaux, ministre de la justice. – *[Décr. n° 77-828 du 20 juill. 1977, art. 7.]*

Vacance. Le garde des sceaux peut, pour des raisons d'intérêt général, déclarer vacant un office de greffier de tribunal de commerce sans porter atteinte au droit de présentation des ayants droit du dernier titulaire décédé, après cinq années de vacance durant lesquelles des suppléants ont été désignés et des dysfonctionnements sérieux constatés. • CAA Nancy, 18 févr. 2013 : *AJDA 2013. 928, note Wiernasz.*

Art. R. 742-25 Le greffier d'un tribunal de commerce supprimé est nommé greffier d'un tribunal de commerce créé sans qu'il y ait lieu de recourir à la procédure prévue aux articles R. 742-18 à R. 742-23, dans les hypothèses suivantes :

1° Lorsque le tribunal de commerce créé a le même ressort que le tribunal supprimé, la modification affectant seulement la commune siège du tribunal ;

2° Lorsque le ressort du tribunal de commerce créé couvre en partie le ressort du tribunal de commerce supprimé et que son siège se situe dans le ressort du tribunal supprimé ;

3° Lorsque le ressort d'un tribunal de commerce couvre l'intégralité du ressort du tribunal de commerce supprimé ainsi que tout ou partie du ressort d'un tribunal de grande instance compétent en application de l'article L. 721-2, dans les matières attribuées aux tribunaux de commerce ;

4° Lorsque le ressort d'un tribunal de commerce créé couvre l'intégralité du ressort d'un tribunal de commerce supprimé ainsi qu'une partie du ressort d'un ou plusieurs tribunaux de commerce maintenus.

Cette dérogation ne bénéficie au greffier intéressé que pour sa nomination dans un seul office. – *[Décr. n° 77-828 du 20 juill. 1977, art. 8.]*

Art. R. 742-26 Il n'y a pas lieu de recourir à la procédure prévue aux articles R. 742-18 à R. 742-23 pour nommer greffier du nouveau tribunal une personne physique ou morale qui, en application de l'article R. 742-29, est greffier de chacun des tribunaux supprimés. – *[Décr. n° 77-828 du 20 juill. 1977, art. 8-1, al. 2.]*

Art. R. 742-27 Il n'y a pas lieu d'attendre l'expiration du délai prévu au premier alinéa de l'article R. 743-169 lorsque des indemnités sont dues, en vertu des dispositions des articles R. 743-169 et R. 743-176, à la suite du regroupement de deux ou plusieurs tribunaux de commerce. – *[Décr. n° 77-828 du 20 juill. 1977, art. 8-2, al. 1er et 2.]*

Art. R. 742-28 Le candidat à la succession d'un greffier de tribunal de commerce sollicite l'agrément du garde des sceaux, ministre de la justice, dans les formes prévues au présent article.

La demande de nomination est présentée au procureur *(Décr. n° 2009-452 du 22 avr. 2009, art. 14)* « général près la cour d'appel dans le ressort de laquelle » est situé l'office. Elle est accompagnée de toute pièce justificative, et notamment des conventions intervenues entre le titulaire de l'office ou ses ayants droit et le candidat.

Le procureur *(Décr. n° 2009-452 du 22 avr. 2009, art. 14)* « général » recueille l'avis motivé du bureau du Conseil national des greffiers des tribunaux de commerce sur la moralité et sur les capacités professionnelles de l'intéressé ainsi que sur ses possibilités financières au regard des engagements contractés. Si, quarante-cinq jours après sa saisine par lettre recommandée avec demande d'avis de réception, le bureau du Conseil national n'a pas adressé au procureur *(Décr. n° 2009-452 du 22 avr. 2009, art. 14)* « général » l'avis qui lui a été demandé, il est réputé avoir émis un avis favorable et il est passé outre.

Le procureur *(Décr. n° 2009-452 du 22 avr. 2009, art. 14)* « général » transmet le dossier au garde des sceaux, ministre de la justice, avec son avis motivé. La nomination est prononcée par le garde des sceaux, ministre de la justice. – *[Décr. 87-601 du 29 juill. 1987, art. 10-1.]*

V. note ss. art. R. 742-21.

Art. R. 742-29 Une même personne peut être nommée greffier de plusieurs tribunaux de commerce dont le siège est situé dans le même ressort de cour d'appel. – *[COJ, art. R. 821-4.]*

Art. R. 742-30 Le garde des sceaux peut décider, dans les limites du ressort d'un tribunal de commerce et avec l'accord du greffier ou sur sa demande, la création d'un ou plusieurs greffes annexes. La décision fixe les conditions d'ouverture de ces greffes au public.

Préalablement à sa décision, le garde des sceaux consulte le Conseil national des greffiers des tribunaux de commerce par lettre recommandée avec demande d'avis de réception. Celui-ci doit faire parvenir ses observations dans les deux mois de sa saisine. Faute de réponse dans ce délai, l'avis est réputé favorable.

Le garde des sceaux peut décider la fermeture du ou des greffes annexes, soit à la demande du greffier, soit d'office, après consultation du Conseil national effectuée dans les formes prévues à l'alinéa précédent. – *[COJ, art. R. 821-4-1.]*

SOUS-SECTION 3 DE L'ENTRÉE EN FONCTIONS ET DE L'HONORARIAT

Art. R. 742-31 Dans le mois de leur nomination, les greffiers des tribunaux de commerce prêtent serment devant le tribunal de commerce, en ces termes :

"Je jure de loyalement remplir mes fonctions avec exactitude et probité et d'observer en tout les devoirs qu'elles m'imposent."

Ils ne peuvent exercer leurs fonctions qu'à compter du jour de leur prestation de serment.

Tout greffier de tribunal de commerce qui ne prête pas le serment professionnel dans le mois de la publication de sa nomination au *Journal officiel* est déclaré démissionnaire de ses fonctions, sauf s'il peut justifier d'un motif valable. – *[Décr. n° 87-601 du 29 juill. 1987, art. 11.]*

Art. R. 742-32 Le titre de greffier honoraire de tribunal de commerce peut être conféré par le procureur général près la cour d'appel aux greffiers des tribunaux de commerce qui ont exercé leurs fonctions pendant au moins vingt ans. – *[Décr. n° 87-601 du 29 juill. 1987, art. 12.]*

SECTION II DES CONDITIONS D'ACCÈS AUX PROFESSIONS JUDICIAIRES ET JURIDIQUES DE CERTAINS GREFFIERS DE TRIBUNAL DE COMMERCE

Art. R. 742-33 Le greffier d'un tribunal de commerce dont au moins l'un des offices est supprimé par suite d'une nouvelle délimitation de circonscriptions judiciaires et qui a exercé ses fonctions pendant *(Décr. n° 2008-786 du 18 août 2008, art. 2)* « trois » ans *[ancienne rédaction : dix ans]* au moins peut, sur demande présentée dans le délai *(Décr. n° 2008-786 du 18 août 2008, art. 2)* « de deux ans *[ancienne rédaction : d'un an]* » à compter de la suppression de son office, accéder aux professions d'administrateur judiciaire, d'avocat, *(Abrogé par Décr. n° 2012-634 du 3 mai 2012, art. 21)* « *d'avoué,* » de commissaire-priseur judiciaire, d'huissier de justice, de mandataire judiciaire et de notaire, dans les conditions prévues à la présente section. – *[Décr. n° 99-1017 du 1er déc. 1999, art. 1er.]*

Art. R. 742-34 Le greffier mentionné à l'article R. 742-33 bénéficie d'une dispense de diplôme et d'examen d'aptitude pour l'accès aux professions mentionnées à cet article. – *[Décr. n° 99-1017 du 1er déc. 1999, art. 2.]*

Art. R. 742-35 Le garde des sceaux, ministre de la justice peut, sur proposition de la commission prévue à l'article R. 742-36, faire bénéficier le greffier mentionné à l'article R. 742-33 d'une dispense partielle du stage prévu aux articles L. 811-5 et L. 812-3, *(Abrogé par Décr. n° 2012-634 du 3 mai 2012, art. 21)* « *au 6° de l'article 4-1 du décret du 19 décembre 1945 pris pour l'application du statut des avoués,* » à l'article 2 du décret du 19 juin 1973 relatif à la formation professionnelle des commissaires priseurs et aux conditions d'accès à cette profession, à l'article 3 du décret du 5 juillet 1973 relatif à la formation professionnelle dans le notariat et aux conditions d'accès aux fonctions de notaire et au 6° de l'article 1er du décret du 14 août 1975 relatif aux conditions d'accès à la profession d'huissier de justice.

La dispense accordée en application de l'alinéa précédent ne peut aboutir à réduire la durée du stage à moins *(Décr. n° 2008-786 du 18 août 2008, art. 4)* « de six mois *[ancienne rédaction : d'un an]* ».

La commission peut en outre proposer au garde des sceaux, ministre de la justice d'imposer au greffier demandeur de suivre, pendant la durée de son stage, une formation complémentaire liée au caractère particulier de la profession à laquelle il souhaite accéder. – *[Décr. n° 99-1017 du 1er déc. 1999, art. 3.]*

Art. R. 742-36 Il est institué une commission compétente pour émettre les propositions de dispense de stage prévues à l'article R. 742-35 ; elle est composée ainsi qu'il suit :

1° Un magistrat de l'ordre judiciaire, en activité ou honoraire, président ;

2° Deux greffiers des tribunaux de commerce nommés sur proposition du Conseil national des greffiers des tribunaux de commerce ; ils ne peuvent siéger lorsqu'ils sont personnellement intéressés ;

3° Deux membres de la profession à laquelle souhaite accéder le candidat, en activité ou honoraires, nommés sur proposition de leur instance représentative nationale.

Le président et les membres de la commission sont nommés pour trois ans, par arrêté du ministre de la justice. Des membres suppléants sont nommés en nombre égal dans les mêmes conditions. Si l'un des membres cesse d'exercer ses fonctions pour quelque cause que ce soit, il est remplacé pour la durée du mandat restant à courir.

Le secrétariat de la commission est assuré par un magistrat ou un fonctionnaire du ministère de la justice. La commission siège au ministère de la justice.

La commission se réunit sur convocation de son président. Elle ne délibère valablement que si au moins un greffier de tribunal de commerce est présent ainsi qu'un représentant de la profession concernée par la demande de dispense. Elle se prononce à la majorité des voix. En cas de partage égal des voix, celle du président est prépondérante. – *[Décr. n° 99-1017 du 1er déc. 1999, art. 4.]*

Art. R. 742-37 Le greffier d'un tribunal de commerce qui souhaite bénéficier des dispositions de l'article R. 742-35 adresse sa demande par lettre recommandée avec demande d'avis de réception, ou la remet contre récépissé, au secrétariat de la commission. La demande est accompagnée de tous renseignements et documents utiles, notamment ceux relatifs à l'expérience professionnelle du demandeur et à ses travaux, diplômes et publications. Le demandeur précise, en outre, la profession qu'il entend choisir et son mode d'exercice, en adressant tous actes ou documents justificatifs.

Le président de la commission peut désigner au sein de celle-ci un ou plusieurs rapporteurs. La commission peut recueillir toute information qu'elle estime utile à l'instruction de la demande, notamment tout renseignement relatif à l'exercice par le greffier demandeur de sa profession et au fonctionnement de son greffe. Elle peut procéder à l'audition du candidat.

La proposition motivée de la commission est formulée dans les trois mois de la réception de la demande ; dans les quinze jours de sa formulation, elle est adressée au garde des sceaux, ministre de la justice. La proposition de la commission est réputée conforme à la demande présentée par le greffier si elle n'est pas émise dans le délai précité.

Le garde des sceaux, ministre de la justice, notifie sa décision au demandeur, par lettre recommandée avec demande d'avis de réception. – *[Décr. n° 99-1017 du 1er déc. 1999, art. 5.]*

Art. R. 742-38 Dans le délai de six mois qui suit l'accomplissement du stage prévu à l'article R. 742-35, le greffier saisit à nouveau la commission afin que celle-ci examine, au vu des appréciations du maître de stage ainsi que de la nature et de la qualité du travail qu'il a effectué, s'il peut accéder à la profession souhaitée. La procédure suivie devant la commission est la même que celle prévue aux trois premiers alinéas de l'article R. 742-37.

Le garde des sceaux, ministre de la justice, notifie sa décision dans les mêmes formes que celles prévues au quatrième alinéa de l'article R. 742-37. Cette décision est caduque si son bénéficiaire n'a pas, dans les cinq ans de la date à laquelle elle lui a été notifiée, sollicité sa nomination aux fonctions pour lesquelles il avait demandé le bénéfice d'une dispense. – *[Décr. n° 99-1017 du 1er déc. 1999, art. 6.]*

SECTION III DE LA FORMATION PROFESSIONNELLE CONTINUE DES GREFFIERS DES TRIBUNAUX DE COMMERCE

(Décr. n° 2011-1230 du 3 oct. 2011, art. 3, en vigueur le 1er janv. 2012)

Art. R. 742-39 La formation continue prévue par l'article L. 743-15 assure la mise à jour et le perfectionnement des connaissances nécessaires à l'exercice de sa profession par le greffier de tribunal de commerce.

La durée de la formation continue est de vingt heures au cours d'une année civile ou de quarante heures au cours de deux années consécutives.

L'obligation de formation continue est satisfaite :

1° Par la participation à des actions de formation à caractère juridique ou professionnel dispensées par le Conseil national des greffiers des tribunaux de commerce ou par des établissements universitaires ;

2° Par la participation à des formations, habilitées par le Conseil national des greffiers des tribunaux de commerce, dispensées par des greffiers des tribunaux de commerce ou des établissements d'enseignement ;

3° Par l'assistance à des colloques ou à des conférences à caractère juridique ayant un lien avec l'activité professionnelle de greffier de tribunal de commerce ;

4° Par le fait de dispenser des enseignements à caractère juridique ayant un lien avec l'activité professionnelle de greffier de tribunal de commerce, dans un cadre universitaire ou professionnel ;

5° Par la publication de travaux à caractère juridique.

Au cours des deux premières années d'exercice professionnel, cette formation inclut dix heures au moins portant sur la gestion d'un office, la déontologie et le statut professionnel. Toutefois, au cours de cette même période, les personnes mentionnées à l'article R. 742-3 consacrent la totalité de leur obligation de formation à ces matières.

Les décisions déterminant les modalités de mise en œuvre des dispositions du présent article par le Conseil national des greffiers des tribunaux de commerce sont notifiées au garde des sceaux, ministre de la justice, dans le délai de trente jours.

Art. R. 742-40 Les greffiers des tribunaux de commerce déclarent, au plus tard le 31 janvier de chaque année civile, au Conseil national des greffiers des tribunaux de commerce les conditions dans lesquelles ils ont satisfait à leur obligation de formation continue au cours de l'année écoulée. Les justificatifs utiles à la vérification du respect de cette obligation sont joints à cette déclaration.

Le Conseil national contrôle l'accomplissement effectif de l'obligation de formation continue des greffiers des tribunaux de commerce en vérifiant les critères des formations suivies ainsi que leur lien nécessaire avec l'activité de greffier de tribunal de commerce.

CHAPITRE III DES CONDITIONS D'EXERCICE

SECTION PREMIÈRE DE L'INSPECTION ET DE LA DISCIPLINE

SOUS-SECTION 1 DE L'INSPECTION

Art. R. 743-1 Sans préjudice des dispositions de l'article *(Décr. nº 2008-522 du 2 juin 2008, art. 1er et 2)* « R. 312-68 » du code de l'organisation judiciaire, chaque greffe de tribunal de commerce fait l'objet d'une inspection au moins une fois tous les quatre ans. Il peut, en outre, être soumis à des inspections occasionnelles inopinées portant sur un domaine particulier de l'activité professionnelle du greffier ou sur l'ensemble de celle-ci.

Chaque inspection est prescrite par le garde des sceaux, ministre de la justice, soit d'office, soit à la demande du président du tribunal de commerce ou du président du Conseil national des greffiers des tribunaux de commerce. Elle est conduite par le procureur de la République. Elle est réalisée par un ou plusieurs inspecteurs désignés par le garde des sceaux, ministre de la justice, parmi les greffiers des tribunaux de commerce en activité ou parmi les greffiers honoraires ayant cessé leur activité depuis moins de trois ans.

Les greffiers ainsi désignés sont choisis sur une liste comprenant quarante noms au moins, établie avant le début de chaque année par le bureau du Conseil national des greffiers des tribunaux de commerce.

Avant le début de chaque année, le bureau du Conseil national adresse également au garde des sceaux, ministre de la justice, la liste des greffiers proposés pour faire l'objet d'une inspection périodique au cours de l'année suivante. – *[COJ, art. R. 821-5.]*

Art. R. 743-2 L'inspecteur général des services judiciaires peut également, à la demande du garde des sceaux, ministre de la justice, procéder à des inspections occasionnelles inopinées portant sur l'ensemble de l'activité du greffier. Il peut à cette fin demander le concours des inspecteurs mentionnés à l'article R. 743-1 ou leur avis technique sur la comptabilité du greffe. – *[COJ, art. R. 821-6.]*

Art. R. 743-3 L'inspecteur général des services judiciaires ainsi que les inspecteurs mentionnés à l'article R. 743-1 disposent, dans l'exécution de leur mission, d'un pouvoir général d'investigation et de contrôle.

Ils peuvent se faire assister d'un expert-comptable et d'un commissaire aux comptes. Les frais occasionnés par cette assistance sont avancés par le Conseil national des greffiers des tribunaux de commerce ; ils sont recouvrés sur le greffier du tribunal de commerce inspecté si celui-ci est l'objet d'une sanction disciplinaire.

Le personnel du greffe inspecté doit répondre aux questions qui lui sont posées par les inspecteurs et doit leur fournir toutes informations utiles à l'accomplissement de leur mission. – *[COJ, art. R. 821-7.] – Les al. 2 et 3 sont entrés en vigueur le 1er janv. 1992 (Décr. nº 91-743 du 31 juill. 1991, art. 10 du décret).*

Art. R. 743-4 Sauf dans les cas prévus à l'article R. 743-2, les inspecteurs mentionnés à l'article R. 743-1 adressent un compte rendu de leur mission au procureur de la République. Les inspections occasionnelles donnent lieu à l'établissement d'un rapport détaillé.

Ces documents sont transmis au garde des sceaux, ministre de la justice, à l'issue de chaque inspection. Copie en est communiquée au président du Conseil national des greffiers des tribunaux de commerce et au président du tribunal de commerce lorsque l'inspection a été prescrite à la demande de ce dernier. – *[COJ, art. R. 821-8.]*

• SOUS-SECTION 2 DE LA DISCIPLINE

Art. R. 743-5 Les dispositions du *(Décr. nº 2008-484 du 22 mai 2008, art. 22)* « code de procédure civile » s'appliquent pour tout ce qui n'est pas réglé par les dispositions de procédure contenues dans le présent chapitre. – *[COJ, art. R. 822-19.]*

• § 1er DE L'ENQUÊTE DISCIPLINAIRE

Art. R. 743-6 Le président du Conseil national des greffiers des tribunaux de commerce peut, soit de sa propre initiative, soit à la demande du procureur de la République ou sur la plainte de toute personne intéressée, procéder à une enquête sur le comportement d'un greffier du tribunal de commerce.

Il peut désigner à cette fin un rapporteur parmi les membres ou anciens membres du Conseil national des greffiers des tribunaux de commerce. Le rapporteur ainsi désigné ne peut pas siéger dans la formation disciplinaire de ce Conseil appelée à délibérer sur l'affaire.

Il peut être procédé à l'audition de toute personne susceptible d'éclairer l'enquête. Il est dressé un procès-verbal de cette audition, signé par la personne entendue et annexé au rapport d'enquête.

Lorsque la personne entendue est le greffier du tribunal de commerce dont le comportement est mis en cause, une convocation lui est adressée par lettre recommandée avec demande d'avis de réception. Il peut se faire assister d'un avocat ou d'un autre greffier de tribunal de commerce. – *[COJ, art. R. 822-1.]*

Art. R. 743-7 Au vu des éléments recueillis au cours de l'enquête disciplinaire, le président du Conseil national des greffiers des tribunaux de commerce classe l'affaire ou exerce l'action disciplinaire.

Il en avise le procureur de la République, auquel il communique le rapport d'enquête. Le cas échéant, il informe le plaignant de sa décision.

Lorsque le président du Conseil national des greffiers des tribunaux de commerce, saisi d'une demande d'enquête par le procureur de la République ou sur la plainte d'une personne intéressée, décide de ne pas y donner suite, il en avise l'auteur de la demande. – *[COJ, art. R. 822-1-1.]*

• § 2 DE LA PROCÉDURE DEVANT LA FORMATION DISCIPLINAIRE DU CONSEIL NATIONAL DES GREFFIERS DES TRIBUNAUX DE COMMERCE

Art. R. 743-8 La formation disciplinaire du Conseil national des greffiers des tribunaux de commerce est saisie par la dénonciation des faits motivant les poursuites que lui adresse soit le président du Conseil national des greffiers des tribunaux de commerce, soit le procureur de la République.

Lorsque l'action disciplinaire est exercée par le président du Conseil national des greffiers des tribunaux de commerce, ce dernier adresse une copie de l'acte de poursuite, par lettre recommandée avec demande d'avis de réception, au procureur de la République ou, si le greffier est titulaire de plusieurs greffes établis dans le ressort de plusieurs tribunaux de grande instance, à chacun des procureurs de la République compétents.

A compter de la réception de l'acte de poursuite, le procureur de la République près le tribunal de grande instance, désigné le cas échéant conformément au deuxième alinéa de l'article R. 743-12, dispose d'un délai d'un mois pour citer le greffier intéressé devant le tribunal de grande instance statuant disciplinairement. S'il use de cette faculté, il notifie une copie de la citation au président du Conseil national des greffiers des tribunaux de commerce et au président de sa formation disciplinaire. A défaut, l'instance se poursuit devant la formation disciplinaire du Conseil national des greffiers des tribunaux de commerce. – *[COJ, art. R. 822-2.]*

Art. R. 743-9 Le greffier du tribunal de commerce appelé à comparaître devant la formation disciplinaire du Conseil national des greffiers des tribunaux de commerce est convoqué au moins quinze jours à l'avance, par lettre recommandée avec demande d'avis de réception, à la diligence de l'autorité qui exerce l'action disciplinaire.

La convocation comporte, à peine de nullité, l'indication précise des faits qui fondent les poursuites et la référence des dispositions législatives ou réglementaires énonçant les obligations auxquelles il est reproché au greffier poursuivi d'avoir contrevenu.

Les pièces du dossier de la procédure disciplinaire, et notamment le rapport d'enquête disciplinaire et ses annexes, sont cotées et numérotées. Le greffier du tribunal de commerce poursuivi ou son conseil peut en prendre connaissance auprès du secrétariat de la formation disciplinaire du Conseil national. – *[COJ, art. R. 822-3.]*

Art. R. 743-10 La formation disciplinaire du Conseil national des greffiers des tribunaux de commerce ne peut valablement délibérer que si tous ses membres titulaires ou suppléants sont présents.

Les débats sont publics. Toutefois, la formation disciplinaire du Conseil national des greffiers des tribunaux de commerce peut, à la demande du procureur de la République, du président du Conseil national des greffiers des tribunaux de commerce ou du greffier poursuivi, ou s'il doit résulter de la publicité de ces débats une atteinte à l'intimité de la vie privée, décider qu'ils auront lieu ou se poursuivront en chambre du conseil. – *[COJ, art. R. 822-4.]*

Art. R. 743-11 Le greffier du tribunal de commerce comparaît en personne. Il peut se faire assister par un avocat et, s'il le désire, par un autre greffier de tribunal de commerce.

Le président du Conseil national des greffiers des tribunaux de commerce est entendu, ainsi que le procureur de la République s'il a exercé l'action disciplinaire.

Le dispositif de la décision disciplinaire est lu en audience publique.

Cette décision est notifiée à l'intéressé, au procureur de la République et au président du Conseil national des greffiers des tribunaux de commerce. La notification est faite dans les quinze jours du prononcé de la décision, par lettre recommandée avec demande d'avis de réception.

Le cas échéant, le plaignant est avisé lorsque la décision est passée en force de chose jugée. – *[COJ, art. R. 822-5.]*

• § 3 DE LA PROCÉDURE DEVANT LE TRIBUNAL DE GRANDE INSTANCE STATUANT DISCIPLINAIREMENT

Art. R. 743-12 Le tribunal de grande instance est saisi, en matière disciplinaire, par la citation délivrée au greffier du tribunal de commerce poursuivi à la requête du procureur de la République ou du président du Conseil national des greffiers des tribunaux de commerce, quinze jours au moins avant l'audience.

Si le greffier du tribunal de commerce est titulaire de plusieurs greffes établis dans le ressort de plusieurs tribunaux de grande instance, l'autorité qui prend l'initiative de l'action disciplinaire saisit par requête le premier président de la cour d'appel, aux fins de désignation de la juridiction compétente. La décision du premier président de la cour d'appel est une mesure d'administration judiciaire.

La citation devant le tribunal de grande instance statuant en matière disciplinaire comporte, à peine de nullité, l'indication précise des faits qui fondent les poursuites et la référence des dispositions législatives ou réglementaires énonçant les obligations auxquelles il est reproché au greffier poursuivi d'avoir contrevenu.

Toute personne qui se prétend lésée peut demander des dommages-intérêts au tribunal de grande instance saisi. – *[COJ, art. R. 822-6.]*

Rapport d'inspection. L'assignation délivrée au greffier comportant en annexe 110 pages du rapport d'inspection détaillant les manquements reprochés, la cour d'appel qui, par motifs propres et adoptés, a constaté que celui-ci avait eu connaissance du rapport intégral de l'inspection et qu'il le versait lui-même aux débats, en a exactement déduit qu'il ne subissait aucun grief. • Civ. 1re, 25 févr. 2010 : ☎ *cité ss. art. L. 743-4.*

Art. R. 743-13 Le greffier du tribunal de commerce cité à comparaître ou son conseil peut prendre connaissance de son dossier auprès du greffe du tribunal de grande instance. – *[COJ, art. R. 822-6-1.]*

Art. R. 743-14 Le greffier du tribunal de commerce comparaît en personne. Il peut se faire assister par un avocat et, s'il le désire, par un autre greffier de tribunal de commerce.

Les débats sont publics, le ministère public entendu. Toutefois, le tribunal de grande instance peut, à la demande du procureur de la République, du président du Conseil national des greffiers des tribunaux de commerce ou du greffier poursuivi, ou s'il doit résulter de la publicité de ces débats une atteinte à l'intimité de la vie privée, décider qu'ils auront lieu ou se poursuivront en chambre du conseil.

Le tribunal peut entendre la personne qui se prétend lésée par les faits reprochés au greffier du tribunal de commerce poursuivi.

Il peut ordonner toutes mesures d'instruction et faire procéder à toutes auditions.

Le président du Conseil national des greffiers des tribunaux de commerce est entendu s'il a exercé l'action disciplinaire. – *[COJ, art. R. 822-6-2.]*

Art. R. 743-15 Le dispositif du jugement est lu en audience publique.

Le jugement est signifié à l'intéressé. Il est exécutoire à titre provisoire lorsqu'il prononce l'interdiction temporaire ou la destitution d'un greffier suspendu provisoirement de l'exercice de ses fonctions. – *[COJ, art. R. 822-6-3.]*

• § 4 DE L'ADMINISTRATION PROVISOIRE

Art. R. 743-16 Les peines disciplinaires du rappel à l'ordre, de l'avertissement, du blâme et du retrait de l'honorariat sont réputées exécutées par la signification qui en est faite.

Le greffier de tribunal de commerce interdit temporairement ou destitué doit, dès lors que la décision est devenue exécutoire, s'abstenir de tout acte professionnel. Il met immédiatement à la disposition de l'administrateur provisoire l'ensemble des documents et archives du greffe, et notamment les répertoires et livres de comptabilité relatifs à l'année courante et aux années antérieures. – *[COJ, art. R. 822-7.]*

Art. R. 743-17 En cas d'interdiction temporaire ou de destitution, l'administrateur provisoire nommé en application de l'article L. 743-10 est choisi parmi les greffiers en activité des tribunaux de commerce situés dans le ressort de la cour d'appel ou parmi les employés du greffe visés par l'article R. 742-2. Il peut aussi être choisi parmi les greffiers honoraires des tribunaux de commerce ou parmi les personnes remplissant les conditions générales d'aptitude aux fonctions de greffier de tribunal de commerce.

L'administrateur perçoit à son profit les émoluments ou honoraires particuliers relatifs aux actes qu'il accomplit. Il paie, à concurrence des produits du greffe, les charges afférentes au fonctionnement de cet office.

Lorsque plusieurs administrateurs provisoires ont été nommés, les émoluments et honoraires perçus sont répartis entre eux à parts égales. Ils peuvent toutefois stipuler une autre répartition, sans que la part de l'un d'eux dans les produits nets de l'office puisse excéder le double de la part revenant à chacun des autres. – *[COJ, art. R. 822-8.]*

Art. R. 743-18 Le procureur de la République notifie sans délai à l'administrateur la décision qui l'a nommé. Si l'administrateur n'est pas greffier de tribunal de commerce en exercice, il prête serment devant le tribunal de commerce auprès duquel il exercera sa mission.

L'administrateur prend ses fonctions à compter, selon le cas, soit de la notification qui lui est faite de la décision l'ayant nommé, soit de sa prestation de serment. – *[COJ, art. R. 822-9.]*

Art. R. 743-19 Dans un délai de huit jours, l'administrateur arrête les comptes de l'office à la date de son entrée en fonctions. Un état de ces comptes est remis au procureur de la République.

Dans le même délai, l'administrateur avise les administrations concernées et les établissements bancaires qui ont ouvert un compte professionnel au nom du greffier destitué. Ces comptes fonctionnent désormais exclusivement sur l'ordre de l'administrateur. – *[COJ, art. R. 822-10.]*

Art. R. 743-20 L'administrateur assume l'activité du greffe et en assure la gestion. Il fait mention de sa qualité dans les actes et documents professionnels qu'il établit pour le compte de l'office. – *[COJ, art. R. 822-11.]*

Art. R. 743-21 Le greffier interdit temporairement ou destitué ne peut faire état de son ancienne qualité de greffier du tribunal de commerce. – *[COJ, art. R. 822-12.]*

• § 5 DE LA SUSPENSION PROVISOIRE

Art. R. 743-22 Le tribunal de grande instance est saisi de la demande de suspension provisoire par l'assignation à jour fixe délivrée au greffier du tribunal de commerce à la requête du procureur de la République.

L'audience a lieu en chambre du conseil.

Le tribunal statue après conclusion du ministère public, le greffier entendu ou appelé. Ce dernier peut se faire assister par un avocat et, s'il le désire, par un autre greffier de tribunal de commerce.

Le jugement prononçant la suspension provisoire est exécutoire à titre provisoire sur minute. – *[COJ, art. R. 822-13.]*

Art. R. 743-23 Les dispositions du deuxième alinéa de l'article R. 743-16 et celles des articles R. 743-17 à R. 743-20 sont applicables à la suspension provisoire.

Cependant, l'administrateur ou les administrateurs nommés ne perçoivent à leur profit que la moitié des émoluments ou honoraires particuliers relatifs aux actes qu'ils accomplissent. – *[COJ, art. R. 822-14.]*

Suspension provisoire. Il résulte de l'art. R. 822-14 COJ [C. com., art. R. 743-23] que le greffier suspendu provisoirement est créancier d'une fraction des résultats de l'office à raison des actes accomplis par l'administrateur provisoire. • Civ. 2e, 3 juill 2001 : *Bull. civ. II, no 204.*

Art. R. 743-24 La cessation de plein droit de la suspension provisoire pour l'une des causes prévues au quatrième alinéa de l'article L. 743-7 ou la décision du tribunal de grande instance mettant fin à cette mesure sont notifiées sans délai par le procureur de la République au greffier intéressé et à l'administrateur provisoire.

La mission de l'administrateur prend fin dès réception de cette notification.

Dans un délai de huit jours, le greffier et l'administrateur provisoire arrêtent en commun les comptes de l'office. Un état de ces comptes est remis au procureur de la République. – *[COJ, art. R. 822-15.]*

§ 6 DES VOIES DE RECOURS

Art. R. 743-25 L'appel interjeté contre une décision du tribunal de grande instance statuant en matière disciplinaire est formé par simple déclaration au greffe du tribunal.

L'appel n'est ouvert à la personne qui se prétend lésée qu'en ce qui concerne ses intérêts civils. – *[COJ, art. R. 822-16.]*

Art. R. 743-26 L'appel interjeté contre une décision de la formation disciplinaire du Conseil national des greffiers des tribunaux de commerce est formé par simple déclaration au greffe de la cour d'appel de Paris. – *[COJ, art. R. 822-16-1.]*

Art. R. 743-27 Le délai d'appel est d'un mois ; il est réduit à quinze jours en matière de suspension provisoire. – *[COJ, art. R. 822-17.]*

Art. R. 743-28 La procédure suivie devant le tribunal de grande instance statuant disciplinairement est applicable devant la cour d'appel. – *[COJ, art. R. 822-18.]*

SECTION II DES MODES D'EXERCICE

SOUS-SECTION 1 DISPOSITIONS COMMUNES AUX DIVERSES SOCIÉTÉS

Art. R. 743-29 La société est titulaire d'un office de greffier de tribunal de commerce. Son siège est celui de l'office.

La société reçoit l'appellation de "société titulaire d'un office de greffier de tribunal de commerce". – *[Décr. no 71-688 du 11 août 1971, art. 2 ; Décr no 93-86 du 21 janv. 1993, art. 2.]*

§ 1er DE LA CONSTITUTION, DE L'IMMATRICULATION ET DE L'ENTRÉE EN FONCTIONS DE LA SOCIÉTÉ

Art. R. 743-30 La société est constituée sous la condition suspensive de sa nomination par le garde des sceaux, ministre de la justice ; la condition est réputée acquise à la date de la publication de l'arrêté prévu à l'article R. 743-31. – *[Décr. nº 71-688 du 11 août 1971, art. 6 ; Décr. nº 93-86 du 21 janv. 1993, art. 6.]*

Art. R. 743-31 La nomination d'une société dans un office de greffier de tribunal de commerce, la nomination de chacun des associés qui exerceront au sein de la société et l'acceptation de leur démission sont prononcées par arrêté du garde des sceaux, ministre de la justice. – *[Décr. nº 71-688 du 11 août 1971, art. 5 ; Décr. nº 93-86 du 21 janv. 1993, art. 5.]*

Art. R. 743-32 Toute demande de nomination d'une société régie par la présente section est présentée collectivement par les associés qui exerceront au sein de la société au garde des sceaux, ministre de la justice.

La demande est adressée au procureur *(Décr. nº 2009-452 du 22 avr. 2009, art. 14)* « général près la cour d'appel dans le ressort de laquelle » est ou doit être fixé le siège de l'office dont la société sera titulaire. Elle est accompagnée de toutes pièces justificatives, notamment d'une attestation du greffier du tribunal de commerce du lieu du siège social, constatant le dépôt au greffe de la demande et des pièces nécessaires à l'immatriculation ultérieure de la société au registre du commerce et des sociétés ainsi que, lorsqu'un ou plusieurs des futurs associés exerçant au sein de la société doit contracter un emprunt, du plan de financement prévoyant de manière détaillée les conditions dans lesquelles chacun d'eux entend faire face à ses échéances, d'un budget prévisionnel et, le cas échéant, de la liste des associés mentionnés au deuxième alinéa de l'article 5 de la loi nº 90-1258 du 31 décembre 1990 relative à l'exercice sous forme de sociétés des professions libérales soumises à un statut législatif ou réglementaire ou dont le titre est protégé, avec leur profession et la part de capital qu'ils détiennent.

(Décr. nº 2011-1541 du 15 nov. 2011, art. 2) « Le procureur général saisit le Conseil national des greffiers des tribunaux de commerce par lettre recommandée avec demande d'avis de réception et l'invite à lui faire parvenir son avis motivé sur la demande.

« Huit jours au moins avant la date fixée pour sa délibération, le conseil national informe les intéressés qu'ils doivent, soit par eux-mêmes, soit par un mandataire de leur choix, présenter lors de cette délibération toutes explications orales ou écrites relatives à la constitution de la société dont il s'agit.

« Si, quarante-cinq jours après sa saisine, le conseil n'a pas adressé au procureur général l'avis qui lui a été demandé, l'avis est tenu pour favorable.

« Après réception de l'avis demandé au conseil ou après expiration du délai fixé par l'alinéa précédent, le procureur général transmet, avec son rapport, le dossier au garde des sceaux, ministre de la justice. » – *[Décr. nº 71-688 du 11 août 1971, art. 7 ; Décr. nº 93-86 du 21 janv. 1993, art. 7.]*

V. note ss. art. R. 742-21.

Art. R. 743-33 *(Décr. nº 2009-452 du 22 avr. 2009, art. 14)* Le procureur général transmet au garde des sceaux, ministre de la justice, avec son rapport, l'ensemble des documents et pièces justificatives. – *[Décr. nº 71-688 du 11 août 1971, art. 8 ; Décr. nº 93-86 du 21 janv. 1993, art. 8.]*

V. note ss. art. R. 742-21.

Art. R. 743-34 Lorsqu'il est constitué une société entre des greffiers de tribunaux de commerce supprimés et remplacés par un tribunal dont le ressort comprend l'ensemble des ressorts des tribunaux supprimés, cette société peut être nommée greffier du nouveau tribunal de commerce sans qu'il y ait lieu de recourir à la procédure prévue aux articles R. 742-18 à R. 742-23. – *[Décr. nº 77-828 du 20 juill. 1977, art. 8-1, al. 1er.]*

Art. R. 743-35 Chacun des arrêtés pris pour l'application des articles R. 743-42, R. 743-47, R. 743-69, R. 743-100, R. 743-101, R. 743-123, R. 743-126 et R. 743-127 modifie ou complète l'arrêté prévu à l'article R. 743-31. Il fixe la liste des greffiers de tribunal de commerce associés en tenant compte du retrait ou de la nomination de certains d'entre eux.

A la diligence de la société, une copie de chacun de ces arrêtés et des décisions du garde des sceaux, ministre de la justice, prises en application de l'article R. 743-130 est adressée au greffier du tribunal de commerce du lieu du siège social pour être versée au dossier ouvert au nom de la société au registre du commerce et des sociétés. – *[Décr. n° 71-688 du 11 août 1971, art. 39 et 44-1 ; Décr. n° 93-86 du 21 janv. 1993, art. 24.]*

Art. R. 743-36 Si les statuts sont établis par acte sous seing privé, il est établi autant d'originaux qu'il est nécessaire pour la remise d'un exemplaire à chaque associé et pour satisfaire aux dispositions des articles R. 743-32 et R. 743-41. – *[Décr. n° 71-688 du 11 août 1971, art. 9.]*

Art. R. 743-37 Peuvent faire l'objet d'apports à une société :

1° L'exercice par un greffier de tribunal de commerce démissionnaire, un gérant d'une société civile professionnelle ou un représentant légal d'une société d'exercice libéral en voie de dissolution ou par un liquidateur d'une société dissoute, du droit de présenter la société pour successeur à l'agrément du garde des sceaux, ministre de la justice ;

2° L'exercice, par un ou plusieurs ayants droit d'un greffier de tribunal de commerce décédé, de leur droit de présenter la société pour successeur de leur auteur à l'agrément du garde des sceaux, ministre de la justice ;

3° Le bénéfice résultant pour la société de la suppression d'un tribunal de commerce limitrophe et de son greffe lorsque la circonscription de ladite juridiction est rattachée au ressort du tribunal de commerce dont la société est titulaire du greffe ;

4° Tous droits incorporels et tous meubles utiles à l'exercice de la profession de greffier de tribunal de commerce ;

5° Les immeubles devant servir à l'établissement du siège de l'office ;

6° Toutes sommes en numéraire. – *[Décr. n° 71-688 du 11 août 1971, art. 11, al. 1er à 6 ; Décr. n° 93-86 du 21 janv. 1993, art. 10.]*

Art. R. 743-38 Sous réserve de la condition suspensive prévue à l'article R. 743-30, les titres de capital ou parts sociales attribués en contrepartie des apports en nature sont réputés libérés par l'engagement pris dans l'acte de société par l'apporteur soit d'exercer son droit de présentation en faveur de la société dans les cas visés aux 1° et 2° de l'article R. 743-37, soit, dans le cas visé au 3° du même article, de renoncer à toute indemnisation du fait de la suppression du greffe du tribunal de commerce limitrophe dont il était titulaire. – *[Décr. n° 71-688 du 11 août 1971, art. 13 ; Décr. n° 93-86 du 21 janv. 1993, art. 11, al. 1er.]*

Art. R. 743-39 Les titres de capital ou parts sociales d'une société titulaire d'un office de greffier de tribunal de commerce ne peuvent être ni donnés en nantissement ni vendus aux enchères publiques. – *[Décr. n° 71-688 du 11 août 1971, art. 12, al. 1er ; Décr. n° 93-86 du 21 janv. 1993, art. 11, al. 2, 1re phrase.]*

Art. R. 743-40 Le retrait des fonds provenant des souscriptions en numéraire est effectué par un mandataire de la société sur la seule justification de la nomination de celle-ci dans les fonctions de greffier de tribunal de commerce. – *[Décr. n° 71-688 du 11 août 1971, art. 15, al. 2 ; Décr. n° 93-86 du 21 janv. 1993, art. 11, al. 2, 2e phrase.]*

Art. R. 743-41 L'immatriculation de la société au registre du commerce et des sociétés est régie par les articles R. 123-31 et suivants, sous réserve des dispositions ci-après :

Une ampliation de l'arrêté de nomination prévu à l'article R. 743-31 est adressée par les associés au greffe du tribunal où a été déposée la demande d'immatriculation au registre du commerce et des sociétés ; au reçu de cette ampliation, le greffier procède à l'immatriculation et en informe le procureur *(Décr. n° 2009-452 du 22 avr. 2009, art. 14)* « général près la cour d'appel dans le ressort de laquelle » est fixé le siège de la société. – *[Décr. n° 71-688 du 11 août 1971, art. 16, al. 1er et 2 ; Décr. n° 93-86 du 21 janv. 1993, art. 12, al. 1er et 2.]*

V. note ss. art. R. 742-21.

Art. R. 743-42 Les dispositions législatives ou réglementaires relatives à la prestation de serment et au dépôt de la signature et du paraphe des personnes physiques nommées dans les fonctions de greffier de tribunal de commerce sont applicables aux membres d'une société titulaire d'un office de greffier de tribunal de commerce exerçant au sein de la société et aux greffiers de tribunal de commerce associés.

La société ne peut entrer en fonction qu'après la prestation de serment de tous ses membres exerçant en son sein. Ceux-ci n'ont le droit d'accomplir les actes de la profession qu'à compter du jour où ils ont prêté serment.

L'associé, précédemment titulaire d'un office de greffier de tribunal de commerce, qui a fait apport de son droit de présentation à la société, n'a pas à renouveler son serment.

Tout associé qui, exerçant ses fonctions au sein de la société, n'a pas prêté serment dans le mois suivant la publication de l'arrêté prévu à l'article R. 743-31 peut, sauf cas de force majeure, être déchu par arrêté du garde des sceaux, ministre de la justice, de sa qualité d'associé, et ses titres de capital ou parts sociales sont cédés dans les conditions fixées aux articles R. 743-102 et R. 743-128. – *[Décr. n° 71-688 du 11 août 1971, art. 17 ; Décr. n° 93-86 du 21 janv. 1993, art. 13.]*

• § 2 DU FONCTIONNEMENT DE LA SOCIÉTÉ

Art. R. 743-43 Toute délibération fait l'objet d'un procès-verbal signé par les associés présents et contenant notamment la date et le lieu de la réunion, son ordre du jour détaillé, l'identité des associés présents et représentés, un résumé des débats, le texte des résolutions mises aux voix et le résultat des votes.

Les procès-verbaux des délibérations des associés, ainsi que, le cas échéant, ceux des délibérations du conseil d'administration ou du conseil de surveillance et du directoire, sont établis sur un registre spécial préalablement coté et paraphé par le président du tribunal de commerce ou l'un des membres du tribunal qu'il désigne à cet effet. Le registre est conservé au siège de la société.

Toutefois, les procès-verbaux peuvent être établis sur des feuilles mobiles numérotées sans discontinuité, paraphées dans les conditions prévues au premier alinéa. Dès qu'une feuille a été remplie, même partiellement, elle doit être jointe à celles précédemment utilisées. Toute addition, suppression, substitution ou inversion de feuilles est interdite. – *[Décr. n° 71-688 du 11 août 1971, art. 20 ; Décr. n° 93-86 du 21 janv. 1993, art. 41.]*

Art. R. 743-44 Toute convention par laquelle l'un des associés cède la totalité ou une fraction de ses titres de capital ou parts sociales à un tiers est passée sous la condition suspensive de l'agrément du cessionnaire et, s'il y a lieu, de l'approbation du retrait du cédant.

Lorsque le consentement de la société est acquis dans les conditions prévues par les articles R. 743-99 et R. 743-125, le cessionnaire adresse au garde des sceaux, ministre de la justice, une requête tendant à sa nomination en qualité de greffier de tribunal de commerce associé exerçant au sein de la société.

Cette requête est remise au procureur *(Décr. n° 2009-452 du 22 avr. 2009, art. 14)* « général près la cour d'appel dans le ressort de laquelle » la société a son siège.

Elle est accompagnée de l'expédition de l'acte de cession des titres de capital ou des parts sociales, si celui-ci a été établi dans la forme authentique, ou de l'un des originaux de cet acte dans le cas contraire, ainsi que de toutes pièces justificatives, notamment de celles établissant le consentement exprès ou tacite donné par la société à la cession, et de celles exigées de tout candidat aux fonctions de greffier de tribunal de commerce. Lorsque le futur associé doit contracter un emprunt, un plan de financement prévoit de manière détaillée les conditions dans lesquelles il entend faire face à ses échéances en fonction de l'ensemble de ses revenus et d'un budget prévisionnel.

Le prix de cession et ses modalités de paiement sont fixés par les parties.

(Décr. n° 2011-1541 du 15 nov. 2011, art. 3) « Le procureur général saisit le Conseil national des greffiers des tribunaux de commerce par lettre recommandée avec demande d'avis de réception et l'invite à lui faire parvenir son avis motivé sur la demande.

« Si, quarante-cinq jours après sa saisine, le conseil n'a pas adressé au procureur général l'avis qui lui a été demandé, l'avis est tenu pour favorable.

« Après réception de l'avis demandé au conseil ou après expiration du délai fixé par l'alinéa précédent, le procureur général transmet, avec son rapport, le dossier au garde des sceaux, ministre de la justice. » – *[Décr. n° 71-688 du 11 août 1971, art. 27, al. 1er, 4 à 7 ; Décr. n° 93-86 du 21 janv. 1993, art. 14, al. 1er, 3 à 5.]*

V. note ss. art. R. 742-21.

Art. R. 743-45 Toute modification de la répartition ou du nombre des titres de capital ou parts sociales détenus par les associés, qu'ils exercent ou non au sein de la société, est portée, par lettre recommandée avec demande d'avis de réception, à la diligence de la société et des associés concernés, à la connaissance du *(Décr. n° 2011-1541 du 15 nov. 2011, art. 4)* « Conseil national des greffiers des tribunaux de commerce et du » procureur *(Décr. n° 2009-452 du 22 avr. 2009, art. 14)* « général près la cour d'appel dans le ressort de laquelle » la société a son siège. Le procureur *(Décr. n° 2009-452 du 22 avr. 2009, art. 14)* « général » en informe le garde des sceaux, ministre de la justice.

Il en est de même lorsqu'un des associés d'une société civile professionnelle cède la totalité de ses parts sociales à la société, aux autres associés ou à l'un ou plusieurs d'entre eux et s'il demeure dans la société, étant attributaire de parts d'intérêts. – *[Décr. n° 71-688 du 11 août 1971, art. 29 ; Décr. n° 93-86 du 21 janv. 1993, art. 16.]*

V. note ss. art. R. 742-21.

Art. R. 743-46 Les articles R. 743-44, R. 743-45, R. 743-100 et R. 743-126 sont également applicables à la cession à titre gratuit de tout ou partie de ses titres de capital ou parts sociales consentie par l'un des associés. – *[Décr. n° 71-688 du 11 août 1971, art. 30 ; Décr. n° 93-86 du 21 janv. 1993, art. 17.]*

Art. R. 743-47 Le nombre des associés peut être augmenté au cours de l'existence de la société, avec ou sans augmentation du capital social.

Tout nouvel associé doit remplir les conditions requises pour exercer la profession de greffier de tribunal de commerce et être agréé par le garde des sceaux, ministre de la justice, qui le nomme en qualité de greffier de tribunal de commerce associé. – *[Décr. n° 71-688 du 11 août 1971, art. 40 ; Décr. n° 93-86 du 21 janv. 1993, art. 25.]*

Art. R. 743-48 Si la nomination du nouvel associé intervient à l'occasion d'une augmentation du capital social, les dispositions des articles R. 743-31, R. 743-32, R. 743-33, R. 743-36 et R. 743-42 sont applicables.

La décision d'augmenter le capital social est prise sous la condition suspensive de l'agrément du nouvel associé par le garde des sceaux, ministre de la justice. – *[Décr. nº 71-688 du 11 août 1971, art. 42 ; Décr. nº 93-86 du 21 janv. 1993, art. 26.]*

Art. R. 743-49 La décision de proroger la société doit être immédiatement portée à la connaissance du garde des sceaux, ministre de la justice, par le représentant légal de la société. – *[Décr. nº 71-688 du 11 août 1971, art. 44 ; Décr. nº 93-86 du 21 janv. 1993, art. 27.]*

§ 3 DE L'EXERCICE DES FONCTIONS DE GREFFIER DE TRIBUNAL DE COMMERCE PAR LA SOCIÉTÉ ET LES ASSOCIÉS

Art. R. 743-50 Sous réserve de l'application des dispositions de la présente section, toutes dispositions législatives et réglementaires relatives à l'exercice des fonctions de greffier de tribunal de commerce par les personnes physiques et spécialement à la déontologie ou à la discipline sont applicables aux sociétés titulaires d'un office de greffier de tribunal de commerce et aux greffiers de tribunal de commerce associés exerçant en son sein. – *[Décr. nº 71-688 du 11 août 1971, art. 48 ; Décr. nº 93-86 du 21 janv. 1993, art. 31.]*

Art. R. 743-51 Dans tous les actes professionnels qu'il accomplit et dans toutes ses correspondances, le greffier de tribunal de commerce indique son titre de greffier de tribunal de commerce, sa qualité d'associé d'une société titulaire d'un office de greffier de tribunal de commerce et l'adresse du siège de cette société. – *[Décr. nº 71-688 du 11 août 1971, art. 45, al. 2 ; Décr. nº 93-86 du 21 janv. 1993, art. 28, al. 2.]*

Art. R. 743-52 Un greffier de tribunal de commerce associé, exerçant au sein d'une société, ne peut exercer la profession de greffier de tribunal de commerce à titre individuel ou en qualité de membre d'une autre société, quelle qu'en soit la forme. – *[Décr. nº 71-688 du 11 août 1971, art. 46 ; Décr. nº 93-86 du 21 janv. 1993, art. 29.]*

Art. R. 743-53 Chaque associé exerce les fonctions de greffier de tribunal de commerce au nom de la société. Les associés doivent consacrer à la société toute leur activité professionnelle et s'informer mutuellement de cette activité.

Le greffier de tribunal de commerce associé exerce à titre exclusif la profession de greffier de tribunal de commerce ainsi que toutes les activités qui s'y rattachent. – *[Décr. nº 71-688 du 11 août 1971, art. 47 ; Décr. nº 93-86 du 21 janv. 1993, art. 30.]*

Art. R. 743-54 Les règles concernant la tenue de la comptabilité des greffiers de tribunal de commerce sont applicables à la société. Tous les registres et documents sont ouverts ou établis au nom de la société. – *[Décr. nº 71-688 du 11 août 1971, art. 51 ; Décr. nº 93-86 du 21 janv. 1993, art. 33.]*

Art. R. 743-55 Chaque société régie par le présent titre est tenue de contracter une assurance de responsabilité professionnelle. – *[Décr. nº 71-688 du 11 août 1971, art. 52 ; Décr. nº 93-86 du 21 janv. 1993, art. 34.]*

Art. R. 743-56 La société ne peut faire l'objet de poursuites disciplinaires indépendamment de celles qui seraient intentées contre les associés. – *[Décr. nº 71-688 du 11 août 1971, art. 53, al. 2 ; Décr. nº 93-86 du 21 janv. 1993, art. 35, al. 2.]*

Art. R. 743-57 L'associé provisoirement suspendu de ses fonctions ne peut exercer aucune activité professionnelle ; il conserve, pendant la durée de sa suspension, sa qualité d'associé, avec tous droits et obligations qui en découlent.

La décision qui prononce la suspension provisoire d'un ou de plusieurs associés exerçant leurs fonctions au sein de la société, mais non de la totalité d'entre eux, ne commet pas d'administrateur.

La décision qui prononce la suspension provisoire soit de la société, soit de tous les associés exerçant leurs fonctions au sein de la société, commet un ou plusieurs administrateurs provisoires pour accomplir tous les actes professionnels relevant à titre obligatoire du ministère de la société ou de greffier de tribunal de commerce.

En outre, peuvent être désignées en qualité d'administrateurs provisoires les personnes mentionnées au premier alinéa de l'article R. 743-17.

L'administrateur provisoire, qui n'est pas greffier de tribunal de commerce en exercice, prête avant son entrée en fonctions le serment exigé d'un greffier de tribunal de commerce ; de plus, il est tenu d'avoir un cachet portant son nom et sa qualité d'administrateur provisoire.

L'administrateur provisoire procède, au siège de la société, aux actes professionnels qu'il a mission d'accomplir. – *[Décr. nº 71-688 du 11 août 1971, art. 55 ; Décr. nº 93-86 du 21 janv. 1993, art. 37.]*

Art. R. 743-58 L'associé destitué est déchu de sa qualité de greffier de tribunal de commerce associé et cesse l'exercice de son activité professionnelle à compter du jour où la décision prononçant sa destitution est passée en force de chose jugée. Il perd, à compter de la même date, le droit d'assister et de voter aux assemblées de la société.

Ses titres de capital ou parts sociales sont cédés dans les conditions fixées aux articles R. 743-102 et R. 743-128.

Les dispositions de l'article R. 743-57 sont applicables en cas de destitution.

Les effets de la destitution de la société ou de tous les associés exerçant au sein de la société sont régis par l'article R. 743-66. – *[Décr. nº 71-688 du 11 août 1971, art. 56 ; Décr. nº 93-86 du 21 janv. 1993, art. 38.]*

Art. R. 743-59 A la diligence du ministère public, une expédition de la décision prononçant la destitution de la société ou de tous les associés exerçant en son sein est versée au dossier ouvert au nom de la société au greffe chargé de la tenue du registre du commerce et des sociétés. – *[Décr. nº 71-688 du 11 août 1971, art. 76 ; Décr. nº 93-86 du 21 janv. 1993, art. 52.]*

Art. R. 743-60 Si l'un des associés est temporairement empêché, par cas de force majeure, d'exercer ses fonctions, sa suppléance est assurée par les autres associés exerçant au sein de la société.

Si tous les associés sont simultanément empêchés, par cas de force majeure, *d'exercer leurs fonctions*, la gestion de l'office est assurée conformément aux dispositions réglementaires en vigueur.

Toutefois, le ou les suppléants sont choisis parmi les personnes énumérées au premier alinéa de l'article R. 743-17, et les dispositions des cinquième et sixième alinéas de l'article R. 743-57 leur sont applicables. – *[Décr. nº 71-688 du 11 août 1971, art. 58 ; Décr. nº 93-86 du 21 janv. 1993, art. 39.]*

Art. R. 743-61 Les fonctions de greffier de tribunal de commerce associé *(Décr. nº 2011-1270 du 11 oct. 2011, art. 3)* « ou salarié » sont assimilées à celles de greffiers de tribunal de commerce pour la collation de titre de greffier de tribunal de commerce honoraire. – *[Décr. nº 71-688 du 11 août 1971, art. 59 ; Décr. nº 93-86 du 21 janv. 1993, art. 40.]*

Art. R. 743-62 L'ancienneté des greffiers de tribunal de commerce associés est déterminée compte tenu, s'il y a lieu, du temps de service effectué en qualité de greffier de commerce.

L'ancienneté des sociétés est déterminée par la date d'entrée dans la société du plus ancien de ses membres exerçant en son sein. – *[Décr. n° 71-688 du 11 août 1971, art. 50 ; Décr. n° 93-86 du 21 janv. 1993, art. 32.]*

• § 4 DE LA NULLITÉ, DE LA DISSOLUTION ET DE LA LIQUIDATION DE LA SOCIÉTÉ

Art. R. 743-63 A la diligence du procureur de la République, toute décision judiciaire définitive prononçant la nullité de la société fait l'objet d'une insertion au *Journal officiel* de la République française et d'un dépôt d'une de ces expéditions au dossier ouvert au nom de la société au greffe chargé de la tenue du registre du commerce et des sociétés. – *[Décr. n° 71-688 du 11 août 1971, art. 70 ; Décr. n° 93-86 du 21 janv. 1993, art. 47.]*

Art. R. 743-64 La nullité de la société ne porte pas atteinte à la validité des actes de leur profession effectués par les greffiers de tribunal de commerce associés exerçant au sein de la société avant la date où cette nullité est devenue définitive. – *[Décr. n° 71-688 du 11 août 1971, art. 71 ; Décr. n° 93-86 du 21 janv. 1993, art. 48.]*

Art. R. 743-65 La nullité de la société n'est opposable aux tiers qu'à compter de l'accomplissement de formalités de publicité prévues par l'article R. 743-63, le deuxième alinéa de l'article R. 743-75 et l'article R. 743-76. – *[Décr. n° 71-688 du 11 août 1971, art. 60 ; Décr. n° 93-86 du 21 janv. 1993, art. 42.]*

Art. R. 743-66 La destitution de tous les associés exerçant au sein de la société ou de la société entraîne de plein droit la dissolution de celle-ci par extinction de son objet.

La décision qui prononce ces destitutions constate la dissolution de la société et ordonne sa liquidation.

Le liquidateur désigné remplit les fonctions de l'administrateur dont la nomination est prévue par l'article R. 743-17.

Les associés destitués ne peuvent être choisis comme liquidateurs. – *[Décr. n° 71-688 du 11 août 1971, art. 75 ; Décr. n° 93-86 du 21 janv. 1993, art. 51.]*

Art. R. 743-67 La société est dissoute de plein droit par le décès simultané de tous les associés ou par le décès du dernier survivant, si tous sont décédés successivement sans qu'à la date du dernier d'entre eux les titres de capital ou parts sociales des autres aient été cédés à des tiers. – *[Décr. n° 71-688 du 11 août 1971, art. 77.]*

Art. R. 743-68 La société est dissoute de plein droit si tous les associés demandent simultanément leur retrait dans les conditions prévues à l'article 21 de la loi n° 66-879 du 29 novembre 1966 relative aux sociétés civiles professionnelles et aux articles R. 743-101 et R. 743-127, ou s'ils ont demandé successivement ce retrait, sans qu'à la date de la dernière demande les parts sociales ou titres de capital des autres associés aient été cédés à des tiers.

La dissolution a lieu à la date de la notification à la société des demandes simultanées de retrait ou de la dernière de ces demandes.

Les dispositions des articles R. 743-69, R. 743-75 et R. 743-114 reçoivent application. – *[Décr. n° 71-688 du 11 août 1971, art. 81.]*

Art. R. 743-69 La société est réputée démissionnaire de son office à la date de sa dissolution.

La dissolution de la société prend effet, quelle qu'en soit la cause, à la date à laquelle elle est constatée par arrêté du garde des sceaux, ministre de la justice. – *[Décr. nº 71-688 du 11 août 1971, art. 74 ; Décr. nº 93-86 du 21 janv. 1993, art. 49.]*

Art. R. 743-70 La dissolution de la société n'est opposable aux tiers qu'à compter de l'accomplissement de formalités de publicité prévues par les articles R. 743-59, R. 743-63, par le deuxième alinéa de l'article R. 743-75, et par l'article R. 743-76. – *[Décr. nº 71-688 du 11 août 1971, art. 60 ; Décr. nº 93-86 du 21 janv. 1993, art. 42.]*

Art. R. 743-71 Lorsqu'une société est en état de liquidation, sa personnalité morale subsiste pour les besoins de la liquidation jusqu'à la clôture de celle-ci.

La raison sociale ou dénomination sociale est obligatoirement suivie de la mention "Société en liquidation". – *[Décr. nº 71-688 du 11 août 1971, art. 61.]*

Art. R. 743-72 La liquidation est régie par les statuts, sous réserve des dispositions du livre II et de la présente section, sauf dans les cas de nullité et de dissolution par suite de la destitution de la société. – *[Décr. nº 71-688 du 11 août 1971, art. 62 ; Décr. nº 93-86 du 21 janv. 1993, art. 43.]*

Art. R. 743-73 Le liquidateur est désigné conformément aux statuts, sauf dans les deux cas prévus à l'article R. 743-72, ainsi que dans le cas prévu à l'article R. 743-74. A défaut, il est désigné soit par la décision judiciaire qui prononce la nullité et la dissolution de la société, soit par la délibération des associés qui constate ou décide cette dissolution.

Sous réserve des dispositions du quatrième alinéa de l'article R. 743-66, le liquidateur peut être choisi soit parmi les associés eux-mêmes, soit parmi les personnes mentionnées à l'article R. 743-17.

Il peut être remplacé pour cause d'empêchement ou pour tout autre motif grave par le président du tribunal de grande instance statuant en référé à la demande soit du liquidateur lui-même, soit des associés ou de leurs ayants droit, soit du ministère public.

Plusieurs liquidateurs peuvent être désignés. – *[Décr. nº 71-688 du 11 août 1971, art. 63 ; Décr. nº 93-86 du 21 janv. 1993, art. 44.]*

Art. R. 743-74 En cas de dissolution de la société par suite du décès des associés, le liquidateur est désigné conformément aux dispositions réglementaires applicables à la suppléance des offices publics et ministériels et remplit les fonctions attribuées au suppléant par ces textes, par dérogation aux dispositions de l'article R. 743-73. – *[Décr. nº 71-688 du 11 août 1971, art. 78.]*

Art. R. 743-75 À moins qu'il n'ait été désigné à la requête du procureur de la République, le liquidateur informe celui-ci de sa désignation en lui faisant parvenir copie ou expédition de la délibération des associés, ou de la décision de justice qui l'a nommé dans ses fonctions.

Le liquidateur dépose au greffe chargé de la tenue du registre du commerce et des sociétés où la société est inscrite, pour être versée au dossier ouvert au nom de la société, la copie de l'expédition prévue au premier alinéa dont tout intéressé peut obtenir communication.

Il ne peut entrer en fonctions avant l'accomplissement des formalités précitées. – *[Décr. nº 71-688 du 11 août 1971, art. 73 ; Décr. nº 93-86 du 21 janv. 1993, art. 50.]*

Art. R. 743-76 Le dépôt prévu à l'article R. 743-75 est effectué à la diligence du procureur de la République si celui-ci a provoqué la nomination du liquidateur. – *[Décr. nº 71-688 du 11 août 1971, art. 79, al. 2.]*

Art. R. 743-77 Le liquidateur représente la société pendant la durée de la liquidation de celle-ci et remplit en remplacement des associés tous actes relevant de la profession de greffier de tribunal de commerce.

Les dispositions des deux derniers alinéas de l'article R. 743-57 sont applicables.

A compter de la date de prestation de serment du successeur de la société, le liquidateur cesse d'avoir qualité pour accomplir, au nom de celle-ci, les actes relevant de la profession de greffier de tribunal de commerce. – *[Décr. n° 71-688 du 11 août 1971, art. 64 ; Décr. n° 93-86 du 21 janv. 1993, art. 45.]*

Art. R. 743-78 Le liquidateur dispose des pouvoirs les plus étendus pour procéder à la liquidation de la société. Il est chargé notamment de gérer celle-ci pendant sa liquidation, de réaliser son actif, d'apurer son passif, et, après remboursement du capital social aux associés ou à leurs ayants droit, de répartir entre ceux-ci, conformément aux dispositions des statuts, l'actif provenant de la liquidation.

Les pouvoirs du liquidateur peuvent être précisés par la décision judiciaire ou par la décision des associés, qui lui a conféré ses fonctions. – *[Décr. n° 71-688 du 11 août 1971, art. 65.]*

Art. R. 743-79 Sauf dans le cas où la société est dissoute par l'effet de sa destitution, le liquidateur exerce au nom de la société le droit de présentation prévu par l'article 91 de la loi du 28 avril 1816 sur les finances.

Si, dans le délai d'un an à compter de sa désignation, le liquidateur n'a pas exercé le droit de présentation dont la société est titulaire, l'office est pourvu dans les conditions fixées par les dispositions réglementaires relatives aux offices vacants. Ce délai peut être exceptionnellement prorogé par le garde des sceaux, ministre de la justice. – *[Décr. n° 71-688 du 11 août 1971, art. 66 ; Décr. n° 93-86 du 21 janv. 1993, art. 46.]*

Art. R. 743-80 La décision judiciaire ou la décision de l'assemblée des associés qui nomme le liquidateur fixe sa rémunération.

Celle-ci peut être constituée par une quote-part des produits nets de l'office dont la société est titulaire. – *[Décr. n° 71-688 du 11 août 1971, art. 69 ; Décr. n° 93-86 du 21 janv. 1993, art. 8.]*

SOUS-SECTION 2 DISPOSITIONS APPLICABLES AUX SOCIÉTÉS CIVILES PROFESSIONNELLES

§ 1er DE LA CONSTITUTION DE LA SOCIÉTÉ

Art. R. 743-81 Une personne physique titulaire d'un office de greffier de tribunal de commerce peut constituer une société civile professionnelle qui peut être nommée dans cet office avec :

Une ou plusieurs personnes physiques remplissant les conditions requises pour exercer la profession de greffier de tribunal de commerce ;

Une ou plusieurs personnes physiques titulaires de greffes de tribunaux de commerce limitrophes en cas de suppression de ces juridictions et de rattachement de leur ressort à la circonscription du tribunal de commerce dans le greffe duquel demande à être nommée la société. – *[Décr. n° 71-688 du 11 août 1971, art. 3, al. 1er à 3.]*

Art. R. 743-82 Des personnes physiques remplissant les conditions requises pour exercer la profession de greffier de tribunal de commerce peuvent constituer entre elles une société civile professionnelle qui peut être nommée greffier de tribunal de commerce :

1° Soit en remplacement du titulaire d'un office existant, qui exerce en sa faveur le droit de présentation ;

2° Soit dans un office vacant ;

3° Soit, en cas de création d'un tribunal de commerce, dans l'office de greffier de cette juridiction. – *[Décr. nº 71-688 du 11 août 1971, art. 3, al. 4 à 7.]*

Art. R. 743-83 Dans les cas prévus par le 2° et le 3° de l'article R. 743-82, une société civile professionnelle de greffier de tribunal de commerce peut être nommée titulaire de l'office vacant si l'un des associés remplit les conditions particulières pour être nommé titulaire de l'office en cause. – *[Décr. nº 71-688 du 11 août 1971, art. 4.]*

Art. R. 743-84 Sans préjudice de toutes autres mentions utiles et notamment de celles qui sont prévues par les articles 8, 10, 11, 14, 15, 19 et 20 de la loi nº 66-879 du 29 novembre 1966 relative aux sociétés civiles professionnelles, concernant respectivement la *(Décr. nº 2012-403 du 23 mars 2012, art. 1er)* « dénomination sociale », la répartition des parts, les gérants, la répartition des bénéfices, les dettes sociales, les cessions de parts ou de celles qui sont prévues par le présent titre, les statuts doivent indiquer :

1° Les nom, prénoms et domicile des associés ;

2° Le tribunal de commerce au siège duquel est fixé le siège social de la société ;

3° La durée pour laquelle la société est constituée ;

4° La nature et l'évaluation distincte de chacun des apports effectués par les associés ;

5° Le montant du capital social, le nombre et le montant nominal des parts sociales représentatives de ce capital ;

6° Le nombre des parts d'intérêts attribuées à chaque apporteur en industrie ;

7° L'affirmation de la libération totale ou partielle, suivant le cas, des apports concourant à la formation du capital social. – *[Décr. nº 71-688 du 11 août 1971, art. 10.]*

Art. R. 743-85 L'industrie des associés, laquelle, en vertu de l'article 10 de la loi nº 66-879 du 29 novembre 1966, ne concourt pas à la formation du capital mais peut donner lieu à l'attribution de parts d'intérêts, peut faire l'objet d'apports à une société civile professionnelle titulaire d'un office de greffier de tribunal de commerce. – *[Décr. nº 71-688 du 11 août 1971, art. 11, al. 7.]*

Art. R. 743-86 Le montant nominal des parts sociales ne peut être inférieur à 150 €.

Les parts d'intérêts correspondant aux apports en industrie sont incessibles et doivent être annulées lorsque leur titulaire quitte la société pour quelque cause que ce soit, y compris la dissolution de celle-ci. – *[Décr. nº 71-688 du 11 août 1971, art. 12, al. 2 et 3.]*

Art. R. 743-87 Les parts sociales correspondant à des apports en numéraire doivent être libérées, lors de la souscription, du quart au moins de leur valeur nominale.

La libération du surplus doit intervenir en une ou plusieurs fois, soit aux dates prévues par les statuts, soit sur décision de l'assemblée des associés et au plus tard dans un délai de cinq ans à compter de la nomination de la société. – *[Décr. nº 71-688 du 11 août 1971, art. 14.]*

Art. R. 743-88 Dans les huit jours de leur réception, les fonds provenant des souscriptions en numéraire sont déposés soit à la Caisse des dépôts et consigna-

tions, soit chez un notaire ou dans un établissement de crédit. – *[Décr. n° 71-688 du 11 août 1971, art. 15, al. 1er.]*

Art. R. 743-89 **La société est dispensée d'insérer dans un journal d'annonces légales les avis prévus aux articles 22, 24 et 26 du décret n° 78-704 du 3 juillet 1978 relatif à l'application de la loi n° 78-9 du 4 janvier 1978 modifiant le titre IX du livre III du code civil.** – *[Décr. n° 71-688 du 11 août 1971, art. 16, al. 3.]*

§ 2 DU FONCTIONNEMENT DE LA SOCIÉTÉ

Art. R. 743-90 **Par application de l'article 11 de la loi n° 66-879 du 29 novembre 1966, les dispositions relatives aux gérants sont fixées par les statuts.** – *[Décr. n° 71-688 du 11 août 1971, art. 18.]*

Art. R. 743-91 **Les décisions qui excèdent les pouvoirs des gérants sont prises par les associés réunis en assemblée. Les associés tiennent au moins une assemblée générale annuelle.**

D'autres assemblées peuvent avoir lieu sur la demande d'un ou plusieurs associés, représentant au moins la moitié en nombre de ceux-ci ou le quart du capital.

La demande doit préciser les questions à mettre à l'ordre du jour.

Les statuts déterminent les modalités de convocation de l'assemblée. – *[Décr. n° 71-688 du 11 août 1971, art. 19.]*

Art. R. 743-92 **Chaque associé dispose d'une seule voix.**

Un associé peut se faire représenter à une assemblée par un autre associé porteur d'un mandat écrit.

L'assemblée ne peut délibérer valablement que si les trois quarts au moins des associés sont présents ou représentés.

Si ce quorum n'est pas atteint, les associés peuvent être convoqués une seconde fois et l'assemblée peut être tenue si le nombre des associés présents ou représentés est au moins de deux. – *[Décr. n° 71-688 du 11 août 1971, art. 21.]*

Art. R. 743-93 **En dehors des cas prévus par les dispositions de la loi n° 66-879 du 29 novembre 1966 concernant les cessions de parts et par les articles R. 743-94 et R. 743-95, du deuxième alinéa de l'article R. 743-104, et de l'article R. 743-114, les décisions sociales sont prises à la majorité des voix dont disposent les associés présents ou représentés et, sauf dispositions contraires des statuts, détenant au moins la moitié du capital social.** – *[Décr. n° 71-688 du 11 août 1971, art. 22.]*

Art. R. 743-94 **La modification des statuts, sauf dans les cas de prorogation de la société ou d'augmentation des engagements des associés, est décidée à la majorité des trois quarts des voix de l'ensemble des associés, représentant au moins les trois quarts du capital social.**

La prorogation de la société peut être décidée à la majorité des associés détenant les trois quarts au moins du capital social et, sauf dispositions contraires des statuts, la moitié des parts d'industrie.

L'augmentation des engagements des associés ne peut être décidée qu'à l'unanimité. – *[Décr. n° 71-688 du 11 août 1971, art. 23.]*

Art. R. 743-95 **Le droit de présentation dont la société est titulaire ne peut être exercé que du consentement unanime des associés.** – *[Décr. n° 71-688 du 11 août 1971, art. 24.]*

Art. R. 743-96 **Après clôture de chaque exercice, le gérant ou l'un des gérants établit, dans les conditions fixées par les statuts, les comptes annuels de la société et un rapport sur les résultats de la société.**

Dans les deux mois qui suivent la clôture de l'exercice, les documents visés à l'alinéa précédent sont soumis à l'approbation de l'assemblée des associés.

A cette fin, ils sont adressés à chaque associé, avec le texte des résolutions proposées, quinze jours au moins avant la réunion de l'assemblée et, au plus tard, avec la convocation de cette assemblée. – *[Décr. n° 71-688 du 11 août 1971, art. 25.]*

Art. R. 743-97 Chaque associé peut, à toute époque, prendre connaissance par lui-même des documents visés à l'article R. 743-96, ainsi que de tous registres et documents comptables dont la tenue est prescrite par les dispositions législatives ou réglementaires relatives à la profession de greffier de tribunal de commerce. – *[Décr. n° 71-688 du 11 août 1971, art. 26.]*

Art. R. 743-98 L'associé unique peut céder, conformément aux dispositions des articles R. 743-44 et R. 743-99, une partie de ses parts sociales à un tiers qui remplit les conditions prescrites par l'article R. 743-81. – *[Décr. n° 71-688 du 11 août 1971, art. 82, al. 1er.]*

Art. R. 743-99 Le projet de cession de parts sociales est notifié à la société et à chacun des associés par lettre recommandée avec demande d'avis de réception.

La société notifie son consentement exprès à la cession dans la même forme. Si elle n'a pas fait connaître sa décision dans le délai de deux mois à compter de la dernière des notifications prévues au premier alinéa, son consentement est implicitement donné. – *[Décr. n° 71-688 du 11 août 1971, art. 27, al. 2 et 3.]*

Art. R. 743-100 Dans le cas où la société refuse de consentir à la cession, elle dispose d'un délai de six mois à compter de la notification de son refus par lettre recommandée avec demande d'avis de réception pour notifier, dans la même forme, à l'associé qui persiste dans son intention de céder ses parts sociales un projet de cession ou d'achat de celles-ci, conformément aux dispositions au*[du]* troisième alinéa de l'article 19 de la loi n° 66-879 du 29 novembre 1966. Ce délai peut être renouvelé par le garde des sceaux, ministre de la justice, à la demande de tous les associés, y compris le cédant.

Si l'acquéreur est un tiers, les dispositions des articles R. 743-44 et R. 743-99 sont applicables, à l'exception de celles concernant la notification à la société elle-même et de celles du deuxième alinéa de l'article R. 743-99. La requête du cessionnaire doit être remise au procureur *(Décr. n° 2009-452 du 22 avr. 2009, art. 14)* « général » avant l'expiration du délai mentionné au premier alinéa.

A défaut d'accord entre les parties, le prix de cession est fixé par un expert désigné dans les conditions prévues à l'article 1843-4 du code civil. Toute clause contraire est réputée non écrite.

Le cessionnaire prend, par écrit, l'engagement de payer le prix ainsi fixé ; son engagement est joint à sa requête et une copie du projet d'acte de cession tient lieu de l'expédition ou de l'un des originaux visés au troisième alinéa de l'article R. 743-44.

Si les parts sociales sont acquises par la société, par les associés ou par l'un ou plusieurs d'entre eux, il est procédé conformément à l'article R. 743-45 ; en ce cas, l'expédition ou l'un des originaux de l'acte de cession est adressé au procureur *(Décr. n° 2009-452 du 22 avr. 2009, art. 14)* « général » avant l'expiration du délai mentionné au premier alinéa.

Lorsque l'associé cédant refuse de signer l'acte portant cession de ses parts à la société, à ses coassociés, à l'un ou plusieurs d'entre eux ou à un tiers, il est passé outre à son refus deux mois après la sommation par lettre recommandée avec demande d'avis de réception qui lui est faite par la société et demeurée infructueuse ; son retrait de la société est prononcé par arrêté du garde des sceaux, ministre de la justice, et le prix de cession des parts est consigné à la diligence du cessionnaire. – *[Décr. n° 71-688 du 11 août 1971, art. 28.]*

V. note ss. art. R. 742-21.

Art. R. 743-101 Lorsqu'un des associés demande son retrait de la société en cédant la totalité de ses parts sociales, il est procédé conformément aux dispositions des articles R. 743-44, R. 743-99 et R. 743-100.

L'associé titulaire de parts sociales ou de parts d'intérêt informe la société et ses associés par lettre recommandée avec demande d'avis de réception de sa demande de retrait de la société. Il doit, en outre, le cas échéant, respecter le délai de retrait fixé par les statuts sans que ce délai puisse excéder six mois. L'associé titulaire de parts sociales perd, à compter de la publication de l'arrêté constatant son retrait, les droits attachés à sa qualité d'associé, à l'exception toutefois des rémunérations afférentes à ses apports en capital.

Tout retrait d'un associé est prononcé par arrêté du garde des sceaux, ministre de la justice, l'associé étant réputé démissionnaire. – *[Décr. n° 71-688 du 11 août 1971, art. 31.]*

Art. R. 743-102 L'associé destitué dispose d'un délai de six mois à compter du jour où sa destitution est devenue définitive pour céder ses parts sociales à un tiers dans les conditions prévues aux articles R. 743-44 et R. 743-99.

Si, à l'expiration de ce délai, aucune cession n'est intervenue, il est procédé conformément aux dispositions de l'article R. 743-100 dans la mesure où celles-ci sont de nature à recevoir application.

L'associé destitué peut également, avant l'expiration du délai précité, céder ses parts sociales à la société, aux autres associés ou à l'un ou plusieurs de ceux-ci, dans les conditions prévues à l'article R. 743-45. – *[Décr. n° 71-688 du 11 août 1971, art. 32.]*

Art. R. 743-103 Sous réserve des règles de protection et de représentation des incapables, les dispositions de l'article R. 743-102 sont applicables à la cession des parts sociales de l'associé frappé d'interdiction légale ou placé sous le régime de tutelle des majeurs.

Le délai imparti à l'associé exclu pour céder ses parts à un tiers court à compter du jour où la décision des autres associés prononçant son exclusion lui a été notifiée dans l'une des formes prévues à l'article R. 743-99. – *[Décr. n° 71-688 du 11 août 1971, art. 33.]*

Art. R. 743-104 Le délai prévu au deuxième alinéa de l'article 24 de la loi n° 66-879 du 29 novembre 1966 est fixé à un an à compter du décès de l'associé.

Il peut être renouvelé par le garde des sceaux, ministre de la justice, à la demande des ayants droit de l'associé décédé et avec le consentement de la société donné dans les conditions prévues pour la cession des parts sociales par l'alinéa premier de l'article 19 de la loi précitée. – *[Décr. n° 71-688 du 11 août 1971, art. 34.]*

Art. R. 743-105 Si, pendant le délai prévu à l'article R. 743-104, le ou les ayants droit décident de céder à un tiers étranger à la société les parts sociales de leur auteur, il est procédé conformément aux dispositions des articles R. 743-44, R. 743-99 et R. 743-100.

Pendant le même délai, si la société, les associés survivants ou un ou plusieurs de ceux-ci acceptent, en accord avec le ou les ayants droit de l'associé décédé, d'acquérir les parts sociales de celui-ci, il est procédé conformément aux dispositions de l'article R. 743-45. – *[Décr. n° 71-688 du 11 août 1971, art. 35.]*

Art. R. 743-106 Toute demande d'un ou de plusieurs ayants droit d'un associé décédé tendant à l'attribution préférentielle à leur profit des parts sociales de leur auteur est notifiée à la société et à chacun des associés dans l'une des formes prévues à l'article R. 743-99.

Les modalités de cette attribution sont régies pour le surplus par les dispositions des articles R. 743-44 et R. 743-99 et, le cas échéant, par celles de l'article R. 743-100. – *[Décr. n° 71-688 du 11 août 1971, art. 36.]*

Art. R. 743-107 Lorsque, à l'expiration du délai prévu à l'article R. 743-104, le ou les ayants droit de l'associé décédé n'ont pas exercé la faculté de céder les parts sociales de leur auteur et si aucun consentement préalable à l'attribution préférentielle n'a été donné par la société, celle-ci dispose d'une année pour acquérir ou faire acquérir les parts sociales de l'associé décédé. Ce délai peut être prorogé de trois mois par le garde des sceaux.

Si les parts sociales sont cédées à un tiers, les dispositions des articles R. 743-44, R. 743-99 et R. 743-100 sont applicables.

Si elles sont acquises par la société, les associés ou certains d'entre eux, il est procédé conformément aux dispositions de l'article R. 743-45 et du cinquième alinéa de l'article R. 743-100. – *[Décr. n° 71-688 du 11 août 1971, art. 37.]*

Art. R. 743-108 La publicité de la cession de parts, accompagnée, le cas échéant, d'une réduction du capital social en application de l'article 21 de la loi n° 66-879 du 29 novembre 1966, est accomplie selon les règles fixées par l'article 52 du décret n° 78-704 du 3 juillet 1978 relatif à l'application de la loi n° 78-9 du 4 janvier 1978 modifiant le titre IX du livre III du code civil.

Dans le cas prévu au sixième alinéa de l'article R. 743-100, cette publicité résulte du dépôt de deux copies certifiées conformes de la sommation adressée au cédant et des pièces justifiant de la signification de cette sommation. – *[Décr. n° 71-688 du 11 août 1971, art. 38.]*

Art. R. 743-109 Si le nouvel associé entre dans la société en acquérant des parts sociales dont les associés ou l'un ou certains de ceux-ci sont titulaires, il est procédé conformément aux articles R. 743-44 et R. 743-99.

Si le nouvel associé entre dans la société en apportant sa seule industrie, les dispositions du premier alinéa de l'article R. 743-31 sont applicables. – *[Décr. n° 71-688 du 11 août 1971, art. 41.]*

Art. R. 743-110 Si la constitution de réserves au moyen de bénéfices non distribués ou le dégagement de plus-values d'actif dues à l'industrie des associés le permet, il est procédé périodiquement à l'augmentation du capital social et les parts sociales ainsi créées doivent être attribuées à tous les associés, y compris à ceux qui n'ont apporté que leur industrie.

Les statuts fixent les conditions d'application des dispositions de l'alinéa précédent.

Cette augmentation du capital ne peut intervenir avant la libération totale des parts sociales correspondant à des apports en numéraire. – *[Décr. n° 71-688 du 11 août 1971, art. 43.]*

§ 3 DE L'EXERCICE DES FONCTIONS DE GREFFIER DE TRIBUNAL DE COMMERCE PAR LA SOCIÉTÉ ET LES ASSOCIÉS

Art. R. 743-111 L'appellation de "société titulaire d'un office de greffier de tribunal de commerce", à l'exclusion de toute autre, doit accompagner la *(Décr. n° 2012-403 du 23 mars 2012, art. 1er)* « dénomination sociale » dans tous documents et toutes correspondances émanant de la société. – *[Décr. n° 71-688 du 11 août 1971, art. 45, al. 1er.]*

Art. R. 743-112 Les associés s'informant mutuellement de leur activité conformément aux dispositions de l'article R. 743-53 ne peuvent se voir reprocher une violation du secret professionnel. – *[Décr. n° 71-688 du 11 août 1971, art. 47.]*

Art. R. 743-113 Par dérogation aux dispositions de l'article R. 743-57, la participation dans les bénéfices de l'associé provisoirement suspendu est réduite de moitié, l'autre moitié étant attribuée par parts égales aux administrateurs, ou, s'il n'est pas commis d'administrateur, à ceux des associés qui n'ont pas fait l'objet d'une suspension provisoire de l'exercice de leurs fonctions. – *[Décr. n° 71-688 du 11 août 1971, art. 55, al. 1er.]*

• § 4 DE LA DISSOLUTION ET DE LA LIQUIDATION DE LA SOCIÉTÉ

Art. R. 743-114 La société prend fin à l'expiration du temps pour lequel elle a été constituée. Toutefois, la dissolution anticipée de la société peut être décidée, à la majorité des associés disposant des trois quarts au moins du capital social et détenant la moitié au moins des parts d'industrie.

Le liquidateur est désigné à la majorité en nombre des associés détenant la moitié au moins des parts sociales et la moitié des parts d'industrie.

A défaut, il est désigné par ordonnance du président du tribunal de grande instance statuant en référé à la demande d'un associé ou du ministère public. – *[Décr. n° 71-688 du 11 août 1971, art. 72.]*

Art. R. 743-115 L'associé unique peut exercer en faveur d'un tiers le droit de présentation dont la société est titulaire. La société se trouve alors dissoute de plein droit à compter de la date de prestation de serment du nouveau titulaire de l'office.

Il peut demander à être nommé lui-même greffier du tribunal de commerce, en remplacement de la société. Il adresse dans ce cas une requête motivée et accompagnée de toutes justifications au garde des sceaux, ministre de la justice, par l'intermédiaire du procureur *(Décr. n° 2009-452 du 22 avr. 2009, art. 14)* « général ». La société est dissoute à compter de la nomination de l'associé en qualité de greffier de tribunal de commerce en remplacement de la société. – *[Décr. n° 71-688 du 11 août 1971, art. 82, al. 2 et 3.]*

V. note ss. art. R. 742-21.

Art. R. 743-116 Dans le cas de la dissolution de la société par suite du décès des associés, le liquidateur exerce le droit de présentation dont la société est titulaire.

Si les ayants droit des associés décédés dans le cas prévu au premier alinéa, ou les associés dans les autres cas de dissolution de la société à l'exception de celui résultant de sa destitution, ont choisi à l'unanimité un candidat à l'office, le liquidateur exerce le droit de présentation en sa faveur. – *[Décr. n° 71-688 du 11 août 1971, art. 66, al. 1er, 2e phrase, et 80.]*

Art. R. 743-117 Le liquidateur convoque les associés ou leurs ayants droit dans les trois mois suivant la clôture de chaque exercice et leur rend compte de sa gestion des affaires sociales.

Il les convoque également en fin de liquidation pour statuer sur le compte définitif, se faire délivrer quitus et constater la clôture de la liquidation. – *[Décr. n° 71-688 du 11 août 1971, art. 67.]*

Art. R. 743-118 L'assemblée de clôture statue dans les conditions de quorum et de majorité prévues pour l'approbation des comptes annuels de la société.

Si elle ne peut délibérer ou refuse d'approuver les comptes du liquidateur, le tribunal de grande instance dans le ressort duquel la société a son siège statue à la demande du liquidateur ou de tout intéressé. – *[Décr. n° 71-688 du 11 août 1971, art. 68.]*

Art. R. 743-119 **Dans le cas prévu par le deuxième alinéa de l'article 37 de la loi n° 66-879 du 29 novembre 1966, concernant les sociétés adoptant le statut de sociétés coopératives, l'actif net de la société, subsistant après extinction du passif et remboursement du capital, est réparti entre les associés au prorata des parts détenues par chacun d'eux, y compris les parts d'intérêt correspondant aux apports en industrie.** – *[Décr. n° 71-688 du 11 août 1971, art. 84.]*

• SOUS-SECTION 3 DISPOSITIONS APPLICABLES AUX SOCIÉTÉS D'EXERCICE LIBÉRAL

Art. R. 743-120 **Les sociétés d'exercice libéral de greffiers de tribunaux de commerce à responsabilité limitée, à forme anonyme** *(Décr. n° 2011-1541 du 15 nov. 2011, art. 5)* **« , en commandite par actions et par actions simplifiées », sont régies par les dispositions du livre II, sous réserve des dispositions de la présente section.** – *[Décr. n° 93-86 du 21 janv. 1993, art. 1er.]*

• § 1er DE LA CONSTITUTION DE LA SOCIÉTÉ

Art. R. 743-121 **Des personnes physiques remplissant les conditions requises pour exercer la profession de greffier de tribunal de commerce, mais qui ne sont pas titulaires d'un office de greffier de tribunal de commerce, peuvent constituer entre elles et, dans les conditions prévues à l'article 5 de la loi n° 90-1258 du 31 décembre 1990 relative à l'exercice sous forme de sociétés des professions libérales soumises à un statut législatif ou réglementaire ou dont le titre est protégé et aux sociétés de participations financières de professions libérales, avec les personnes mentionnées à cet article,** *(Décr. n° 2012-536 du 20 avr. 2012, art. 2)* **« à l'exception des personnes exerçant la profession d'administrateur judiciaire ou celle de mandataire judiciaire et des sociétés dont ces personnes détiennent, directement ou indirectement, tout ou partie du capital, » une société d'exercice libéral qui peut être nommée greffier de tribunal de commerce en remplacement du titulaire d'un office existant ou titulaire d'un office créé ou vacant.**

Une ou plusieurs de ces personnes peuvent également constituer avec une personne physique titulaire d'un office de greffier de tribunal de commerce une société d'exercice libéral qui peut être nommée :

1° Dans cet office ;

2° En cas de création d'un tribunal de commerce, dans l'office de greffier de cette juridiction. – *[Décr. n° 93-86 du 21 janv. 1993, art. 3.]*

Art. R. 743-122 **Lorsqu'une société régie par les dispositions de l'article R. 743-121 est nommée titulaire d'un office créé ou vacant, la nomination est faite dans les conditions prévues par les articles R. 742-18 et suivants.** – *[Décr. n° 93-86 du 21 janv. 1993, art. 4.]*

Art. R. 743-123 **Une société d'exercice libéral constituée par transformation d'une société civile professionnelle titulaire d'un office doit être agréée par arrêté du garde des sceaux, ministre de la justice.** – *[Décr. n° 93-86 du 21 janv. 1993, art. 9.]*

Art. R. 743-124 La société est dispensée de procéder aux formalités de publicité prévues aux articles R. 210-16 et suivants du présent code. – *[Décr. n° 93-86 du 21 janv. 1993, art. 12, al. 3.]*

• § 2 DU FONCTIONNEMENT DE LA SOCIÉTÉ

Art. R. 743-125 Le consentement de la société à la cession de la totalité ou d'une fraction de titres de capital ou parts sociales est acquis dans les conditions prévues par les articles L. 223-14 et L. 228-24 et par l'article 10 de la loi n° 90-1258 du 31 décembre 1990. – *[Décr. n° 93-86 du 21 janv. 1993, art. 14, al. 2.]*

Art. R. 743-126 Si la société n'agrée pas le cessionnaire proposé, il est procédé conformément aux dispositions des articles L. 223-14 et L. 228-24.

Si l'acquéreur est un tiers à la société, les dispositions des articles R. 743-44 et R. 743-125 sont applicables.

Si les titres de capital ou parts sociales sont acquis par la société ou par un ou plusieurs associés exerçant en son sein, il est procédé conformément à l'article R. 743-45. En ce cas, l'expédition ou l'un des originaux de l'acte de cession est adressé au procureur *(Décr. n° 2009-452 du 22 avr. 2009, art. 14)* « général ».

Le cessionnaire prend, par écrit, l'engagement de payer le prix fixé ; son engagement est joint à sa requête et une copie du projet d'acte de cession tient lieu de l'expédition ou de l'un des originaux visés au deuxième alinéa de l'article R. 743-44.

Lorsque l'associé cédant refuse de signer l'acte portant cession de ses titres de capital ou parts sociales à la société, à ses coassociés, à l'un ou plusieurs d'entre eux ou à un tiers, il est passé outre à son refus deux mois après la sommation par lettre recommandée avec demande d'avis de réception à lui faite par la société et demeurée infructueuse. Son retrait de la société est prononcé par arrêté du garde des sceaux, ministre de la justice, et le prix de cession des parts est consigné à la diligence du cessionnaire. – *[Décr. n° 93-86 du 21 janv. 1993, art. 15.]*

V. note ss. art. R. 742-21.

Art. R. 743-127 Lorsqu'un associé demande son retrait de la société en cédant la totalité de ses titres de capital ou parts sociales, il est procédé conformément aux dispositions des articles R. 743-44, R. 743-125 et R. 743-126.

Toutefois, un associé qui entend cesser d'exercer au sein de la société tout en conservant ses titres de capital ou parts sociales dans les conditions prévues par le 2° du deuxième alinéa de l'article 5 de la loi n° 90-1258 du 31 décembre 1990 peut demander son retrait en qualité d'associé exerçant au sein de la société, après en avoir informé la société et ses associés par lettre recommandée avec demande d'avis de réception. Il perd, à compter de la publication de l'arrêté constatant son retrait, les droits attachés à cette qualité.

Tout retrait d'une société par un associé est prononcé par arrêté du garde des sceaux, ministre de la justice. – *[Décr. n° 93-86 du 21 janv. 1993, art. 18.]*

Art. R. 743-128 L'associé destitué exerçant au sein de la société dispose d'un délai de six mois à compter du jour où la décision de destitution est passée en force de chose jugée pour céder ses titres de capital ou parts sociales à un tiers à la société dans les conditions prévues aux articles R. 743-44 et R. 743-125.

Si, à l'expiration de ce délai, aucune cession n'est intervenue, il est procédé conformément aux dispositions de l'article R. 743-126.

L'associé destitué peut également, avant l'expiration du délai précité, céder ses titres de capital ou parts sociales à la société, aux autres associés exerçant au sein de la société ou à l'un ou plusieurs de ceux-ci, dans les conditions prévues à l'article

R. 743-45, ou à une personne remplissant les conditions prévues au deuxième alinéa de l'article 5 de la loi n° 90-1258 du 31 décembre 1990. – *[Décr. n° 93-86 du 21 janv. 1993, art. 19.]*

Art. R. 743-129 Sous réserve des règles de protection et de représentation des incapables, les dispositions de l'article R. 743-128 sont applicables à la cession de titres de capital ou de parts sociales de l'associé placé sous le régime de la tutelle des incapables majeurs, s'il ne veut ou ne peut bénéficier des dispositions du 2° du deuxième alinéa de l'article 5 de la loi n° 90-1258 du 31 décembre 1990, ou de l'associé frappé d'interdiction légale.

Elles sont également applicables à la cession de titres de capital ou de parts sociales de l'associé dont l'exclusion de la société a été décidée dans les cas mentionnés à l'article R. 743-134. – *[Décr. n° 93-86 du 21 janv. 1993, art. 20.]*

Art. R. 743-130 Sans préjudice des dispositions des articles L. 223-14 et L. 228-24 et de l'article 10 de la loi n° 90-1258 du 31 décembre 1990, toute cession de titres de capital ou de parts sociales aux personnes mentionnées aux 1°, 4° et 5° du deuxième alinéa de l'article 5 de la loi du 31 décembre 1990 précitée est effectuée sous la condition suspensive de l'agrément du garde des sceaux, ministre de la justice. Elle est portée à la connaissance du procureur *(Décr. n° 2009-452 du 22 avr. 2009, art. 14)* « général près la cour d'appel dans le ressort de laquelle » la société a son siège.

(Décr. n° 2011-1541 du 15 nov. 2011, art. 6) « Le procureur général saisit le Conseil national des greffiers des tribunaux de commerce par lettre recommandée avec demande d'avis de réception et l'invite à lui faire parvenir son avis motivé sur la convention.

« Si, un mois après sa saisine, le conseil n'a pas adressé au procureur général l'avis qui lui a été demandé, l'avis est tenu pour favorable.

« Après réception de l'avis demandé au conseil ou après expiration du délai fixé par l'alinéa précédent, le procureur général transmet, avec son rapport, le dossier au garde des sceaux, ministre de la justice. »

Le garde des sceaux, ministre de la justice, donne son agrément à la convention par décision notifiée aux intéressés par le procureur *(Décr. n° 2009-452 du 22 avr. 2009, art. 14)* « général ». En cas de refus d'agrément, la décision est motivée. – *[Décr. n° 93-86 du 21 janv. 1993, art. 21.]*

V. note ss. art. R. 742-21.

Art. R. 743-131 Dans *(Décr. n° 2011-1541 du 15 nov. 2011, art. 7)* « les cas visés » au 4° du deuxième alinéa de l'article 5 de la loi n° 90-1258 du 31 décembre 1990, les statuts de la société doivent être joints à la convention transmise au procureur *(Décr. n° 2009-452 du 22 avr. 2009, art. 14)* « général ».

(Décr. n° 2011-1541 du 15 nov. 2011, art. 7) « Lorsque la cession de titres ou de parts sociales est effectuée au profit d'une société de participations financières ayant pour objet la prise de participation dans le capital de sociétés d'exercice libéral situées dans le ressort de plusieurs cours d'appel, les associés transmettent une copie du dossier pour information au procureur général près la cour d'appel dans le ressort de laquelle la société de participations financières a son siège. » – *[Décr. n° 93-86 du 21 janv. 1993, art. 22.]*

V. note ss. art. R. 742-21.

Art. R. 743-132 Dans le cas prévu au cinquième alinéa de l'article R. 743-126, la publicité de la cession de titres de capital et de parts sociales résulte du dépôt au greffe du tribunal chargé de la tenue du registre du commerce et des sociétés du lieu du siège social de la société de deux copies certifiées conformes de la sommation adressée au cédant et des pièces justificatives de la signification de cette sommation. – *[Décr. n° 93-86 du 21 janv. 1993, art. 23.]*

§ 3 DE L'EXERCICE DES FONCTIONS DE GREFFIER DE TRIBUNAL DE COMMERCE PAR LA SOCIÉTÉ ET LES ASSOCIÉS

Art. R. 743-133 Outre les mentions prévues à l'article 2 de la loi n° 90-1258 du 31 décembre 1990, toutes correspondances et tous documents émanant de la société doivent indiquer sa qualité de société titulaire d'un office de greffier de tribunal de commerce. – *[Décr. n° 93-86 du 21 janv. 1993, art. 28, al. 1er.]*

Art. R. 743-134 Tout associé exerçant au sein de la société qui a fait l'objet d'une condamnation disciplinaire passée en force de chose jugée à une peine égale ou supérieure à trois mois d'interdiction dans l'exercice de sa profession, ou d'une condamnation pénale définitive à une peine d'emprisonnement égale ou supérieure à trois mois peut être contraint, à l'unanimité des autres associés exerçant au sein de la société, de se retirer de celle-ci.

Ses titres de capital ou parts sociales sont cédés dans les conditions prévues à l'article R. 743-128. – *[Décr. n° 93-86 du 21 janv. 1993, art. 36.]*

SOUS-SECTION 4 DISPOSITIONS APPLICABLES AUX SOCIÉTÉS EN PARTICIPATION DE GREFFIERS DE TRIBUNAL DE COMMERCE

Art. R. 743-135 Les sociétés en participation prévues à l'article 22 de la loi n° 90-1258 du 31 décembre 1990 reçoivent l'appellation de sociétés en participation de greffiers de tribunal de commerce.

La société n'est pas titulaire d'un office de greffier de tribunal de commerce et chacun des associés exerce ses fonctions au sein de l'office dont il est titulaire.

L'appartenance à la société avec la dénomination de celle-ci doit être indiquée dans les actes professionnels et les correspondances de chaque associé. – *[Décr. n° 93-86 du 21 janv. 1993, art. 53.]*

Art. R. 743-136 La société est constituée sous la condition suspensive de la publicité prévue au troisième alinéa de l'article R. 743-138 entre greffiers de tribunal de commerce personnes physiques. – *[Décr. n° 93-86 du 21 janv. 1993, art. 54.]*

Art. R. 743-137 En vue d'assurer la publicité de la constitution d'une société en participation, les associés adressent les statuts de la société au procureur *(Décr. n° 2009-452 du 22 avr. 2009, art. 14)* « général près la cour d'appel dans le ressort de laquelle » est fixé le siège de la société.

Si les associés exercent leurs fonctions dans des offices situés dans des ressorts de *(Décr. n° 2009-452 du 22 avr. 2009, art. 14)* « cours d'appel » différents, ils informent de cette constitution le procureur *(Décr. n° 2009-452 du 22 avr. 2009, art. 14)* « général » du lieu de situation de chacun des offices. – *[Décr. n° 93-86 du 21 janv. 1993, art. 55.]*

V. note ss. art. R. 742-21.

Art. R. 743-138 *(Décr. n° 2009-452 du 22 avr. 2009, art. 14)* « Le procureur général mentionné au premier alinéa de l'article R. 743-137 sollicite l'avis des procureurs généraux concernés. »

Il transmet au garde des sceaux, ministre de la justice, avec son rapport, le dossier et les avis recueillis.

La constitution de la société en participation est publiée au *Journal officiel* de la République française, à l'initiative du garde des sceaux, ministre de la justice. – *[Décr. nº 93-86 du 21 janv. 1993, art. 56.]*

V. note ss. art. R. 742-21.

Art. R. 743-139 *(Décr. nº 2009-452 du 22 avr. 2009, art. 14)* « En cas de dissolution de la société, la notification de cette dissolution est portée à la connaissance du procureur général près la cour d'appel dans le ressort de laquelle est situé le siège de la société par l'associé ou les associés ayant demandé la dissolution, qui en informent, suivant le cas, tout autre procureur général concerné. »

Le procureur *(Décr. nº 2009-452 du 22 avr. 2009, art. 14)* « général » du lieu de situation du siège de la société transmet au garde des sceaux, ministre de la justice, la notification de la dissolution en vue de sa publication au *Journal officiel* de la République française.

Chaque associé reprend l'exercice individuel de ses fonctions à compter de la publication mentionnée au deuxième alinéa. – *[Décr. nº 93-86 du 21 janv. 1993, art. 57.]*

V. note ss. art. R. 742-21.

SOUS-SECTION 5 DU SALARIAT

(Décr. nº 2011-1270 du 11 oct. 2011, art. 4)

§ 1er DISPOSITIONS GÉNÉRALES

Art. R. 743-139-1 Les greffiers des tribunaux de commerce salariés sont soumis aux dispositions législatives et réglementaires relatives à l'exercice des fonctions de greffier des tribunaux de commerce par des personnes physiques, à la déontologie et à la discipline des greffiers des tribunaux de commerce ainsi qu'aux dispositions de la présente sous-section.

Art. R. 743-139-2 Sauf lorsqu'il est employé par un greffier de plusieurs tribunaux de commerce, le greffier de tribunal de commerce salarié ne peut exercer ses fonctions qu'au sein d'un seul office.

Il peut accomplir les missions dévolues aux greffiers des tribunaux de commerce à l'exception de celles relatives à l'assistance du président du tribunal de commerce dans les tâches d'administration, d'organisation et de gestion du tribunal.

Art. R. 743-139-3 Le greffier de tribunal de commerce salarié investi d'un mandat au Conseil national des greffiers des tribunaux de commerce ne peut pas participer aux délibérations ni aux votes sur des questions disciplinaires concernant le greffier titulaire de l'office ou les greffiers associés exerçant leurs fonctions au sein de la société titulaire de l'office dans lequel il est employé.

Ceux-ci ne peuvent, lorsqu'ils sont investis d'un tel mandat, participer aux délibérations et aux votes sur des questions disciplinaires concernant un greffier salarié de l'office.

Art. R. 743-139-4 Le titulaire de l'office est civilement responsable du fait de l'activité professionnelle exercée pour son compte par le greffier salarié.

Art. R. 743-139-5 Le contrat de travail est établi par écrit, sous la condition suspensive de la nomination du salarié en qualité de greffier de tribunal de commerce et de sa prestation de serment. La condition est réputée acquise à la date de la prestation de serment.

Il ne peut comporter aucune clause susceptible de limiter la liberté d'établissement ultérieur du salarié ou de porter atteinte à son indépendance. Il précise les conditions de sa rémunération.

Une copie du contrat de travail est adressée, dès sa signature, au président du Conseil national des greffiers des tribunaux de commerce ; il en est de même pour toute modification à ce contrat.

Art. R. 743-139-6 Lorsque le nombre de greffiers de tribunal de commerce en exercice au sein de l'office devient inférieur au nombre de greffiers salariés, le titulaire de l'office a un délai d'un an pour se mettre en conformité avec les dispositions du premier alinéa de l'article L. 743-12-1.

• § 2 NOMINATION DU GREFFIER DE TRIBUNAL DE COMMERCE SALARIÉ

Art. R. 743-139-7 Le greffier de tribunal de commerce salarié est nommé par arrêté du garde des sceaux, ministre de la justice. L'arrêté précise le nom ou la dénomination sociale du titulaire de l'office au sein duquel le greffier salarié exerce ses fonctions.

Art. R. 743-139-8 La demande est présentée conjointement par le titulaire de l'office et le candidat à la nomination aux fonctions de greffier salarié au procureur général près la cour d'appel dans le ressort de laquelle est situé l'office.

Elle est accompagnée d'une copie du contrat de travail et de toutes pièces et documents justificatifs nécessaires.

Art. R. 743-139-9 Le procureur général recueille l'avis motivé du bureau du Conseil national des greffiers des tribunaux de commerce, notamment sur la moralité, les capacités professionnelles du candidat et sur la conformité du contrat de travail avec les règles professionnelles.

Si, quarante-cinq jours après sa saisine, par lettre recommandée avec demande d'avis de réception, le Conseil national n'a pas adressé au procureur général l'avis qui lui a été demandé, il est réputé avoir émis un avis favorable.

Art. R. 743-139-10 Le procureur général transmet le dossier au garde des sceaux, ministre de la justice, avec son avis motivé.

• § 3 ENTRÉE EN FONCTIONS

Art. R. 743-139-11 Dans le mois de sa nomination, le greffier salarié prête le serment prévu à l'article R. 742-31. Il ne peut exercer ses fonctions qu'à compter du jour de sa prestation de serment.

Tout greffier salarié qui n'a pas prêté serment dans le mois suivant la publication de l'arrêté prévu à l'article R. 743-139-7 est réputé, sauf cas de force majeure, avoir renoncé à sa nomination.

Le greffier salarié qui devient titulaire de l'office où il exerçait ou associé de la personne morale titulaire de cet office est nommé en sa nouvelle qualité par un arrêté du garde des sceaux, ministre de la justice, qui met fin également à ses fonctions de greffier de tribunal de commerce salarié. Cet arrêté prend effet à la date de sa publication au *Journal officiel*. Le greffier ainsi nommé n'a pas à prêter à nouveau serment.

• § 4 LITIGES NÉS À L'OCCASION DE L'EXÉCUTION D'UN CONTRAT DE TRAVAIL

Art. R. 743-139-12 Le président du Conseil national des greffiers des tribunaux de commerce est saisi en qualité de médiateur de tout litige né à l'occasion de l'exécution du contrat de travail soit par requête déposée contre récépissé au secrétariat du conseil, soit par lettre recommandée avec demande d'avis de réception.

L'acte de saisine précise, à peine d'irrecevabilité, l'identité des parties, l'objet du litige et les prétentions du requérant.

Art. R. 743-139-13 Le président du Conseil national ou, en cas d'absence ou d'empêchement, le vice-président convoque les parties par lettre recommandée avec demande d'avis de réception dans les quinze jours de sa saisine et huit jours au moins avant la date de la séance de médiation.

Une copie de l'acte de saisine est jointe à la convocation de la partie qui n'a pas pris l'initiative de la médiation.

La convocation précise que les intéressés doivent se présenter en personne. Ils peuvent se faire assister d'un conseil.

Art. R. 743-139-14 Le président ou le vice-président du Conseil national, après avoir entendu les intéressés et recueilli toutes informations utiles, propose, si les parties n'ont pu se rapprocher, une solution au litige.

En cas d'accord, total ou partiel, celui-ci est constaté par écrit, signé par les intéressés et le président ou le vice-président. L'original est conservé par le président ; une copie est remise à chacune des parties.

Si aucun accord n'est intervenu, ou en cas d'accord partiel, le président ou le vice-président dresse un procès-verbal mentionnant la solution qu'il propose et les points demeurant en litige. Il en donne une copie à chacune des parties.

Le conseil de prud'hommes ne peut être saisi, à peine d'irrecevabilité, que si le demandeur justifie de la tentative de médiation préalable par une remise d'une copie du procès-verbal prévu au troisième alinéa.

• § 5 CESSATION DES FONCTIONS DE GREFFIER DE TRIBUNAL DE COMMERCE SALARIÉ EN CAS DE RUPTURE DU CONTRAT DE TRAVAIL

Art. R. 743-139-15 L'exercice de ses fonctions d'officier public par le greffier de tribunal de commerce salarié, ainsi que celui de ses mandats professionnels, sont suspendus à compter du jour de la rupture du contrat de travail quelle qu'en soit la cause. Pendant cette suspension, il ne peut plus se prévaloir de la qualité d'officier public ou du titre de greffier de tribunal de commerce.

Pendant une période d'un an, l'intéressé peut reprendre, sans attendre qu'intervienne l'arrêté prévu au troisième alinéa et sans nouvelle nomination, des fonctions de greffier de tribunal de commerce salarié en déposant une simple déclaration, accompagnée d'une copie de son contrat de travail, auprès du procureur général qui en informe le garde des sceaux, ministre de la justice. L'intéressé adresse une copie de cette déclaration au Conseil national des greffiers des tribunaux de commerce.

Le procureur général peut, dans le délai d'un mois, faire opposition, par décision motivée, à l'effet de cette déclaration. Dans ce cas, l'intéressé doit, pour exercer ses fonctions, solliciter une nouvelle nomination dans les conditions prévues aux articles R. 749-139-7 à R. 749-139-10. Il peut être dispensé de cette procédure par le garde des sceaux, ministre de la justice. En l'absence d'opposition du procureur général ou en cas de dispense de suivre la procédure de nomination, le garde des sceaux, ministre de la justice, constate par arrêté que le greffier de tribunal de commerce salarié a repris l'exercice de ses fonctions. L'arrêté mentionne le nom ou la dénomination sociale du titulaire de l'office au sein duquel celles-ci sont désormais exercées.

Le greffier salarié qui reprend des fonctions doit prêter le serment prévu à l'article R. 742-31.

Art. R. 743-139-16 La retraite du greffier de tribunal de commerce salarié, la rupture conventionnelle de son contrat de travail ou sa démission est portée par l'intéressé ou par la personne titulaire de l'office au sein duquel il exerçait à la connaissance du procureur général qui transmet le dossier au garde des sceaux, ministre de la justice, avec son avis motivé et à celle du Conseil national des greffiers des tribunaux de commerce.

Art. R. 743-139-17 Tout licenciement, envisagé par le titulaire de l'office, d'un greffier de tribunal de commerce salarié est soumis à l'avis d'une commission nationale composée comme suit :

1° Un magistrat, président ;

2° Deux greffiers titulaires d'office ou associés, désignés sur proposition du Conseil national des greffiers des tribunaux de commerce ;

3° Deux greffiers salariés, désignés sur proposition des organisations syndicales les plus représentatives des greffiers des tribunaux de commerce salariés ou, à défaut, du Conseil national des greffiers des tribunaux de commerce ;

Les membres de la commission sont nommés pour quatre ans par arrêté du garde des sceaux, ministre de la justice.

Chacun d'eux a un suppléant nommé dans les mêmes conditions.

Art. R. 743-139-18 Le titulaire de l'office saisit le président de la commission par lettre recommandée avec demande d'avis de réception. La lettre de saisine précise les motifs invoqués au soutien du licenciement envisagé. Une copie de la lettre est adressée au président du Conseil national des greffiers des tribunaux de commerce et au procureur général près la cour d'appel dans le ressort de laquelle l'office a son siège.

Les parties sont convoquées au moins huit jours avant la date fixée pour la réunion de la commission. Une copie de la lettre de saisine est annexée à la convocation adressée au greffier salarié.

Les parties comparaissent en personne devant la commission. Elles peuvent se faire assister d'un conseil.

Art. R. 743-139-19 Après avoir entendu contradictoirement les parties et le président du Conseil national des greffiers des tribunaux de commerce et provoqué toutes explications ou communication de documents utiles, la commission rend un avis motivé.

Une copie de cet avis est adressée, dans les quinze jours, à chacune d'entre elles, ainsi qu'au président du Conseil national et au procureur général.

Art. R. 743-139-20 Lorsque le titulaire de l'office maintient son intention de licencier le greffier salarié, il lui notifie son licenciement soit par lettre recommandée avec demande d'avis de réception, soit par lettre remise contre émargement.

En cas de faute grave, le titulaire de l'office peut, avant de saisir pour avis la commission prévue à l'article R. 743-139-17, notifier au greffier salarié sa mise à pied *immédiate,* dans les mêmes formes que celles prévues au premier alinéa. Si la commission n'est pas saisie dans les huit jours de la notification, la mise à pied est de plein droit caduque.

La mise à pied entraîne, dès la notification qui lui en a été faite, la suspension de l'exercice des fonctions d'officier public et des mandats professionnels du greffier salarié.

Dans les cinq jours de la notification du licenciement ou de la mise à pied, le titulaire de l'office en informe, par lettre recommandée avec demande d'avis de réception, le président du Conseil national des greffiers des tribunaux de commerce, le président de la commission de l'article R. 743-139-17 et le procureur général qui transmet le dossier au garde des sceaux, ministre de la justice, avec son avis motivé.

SECTION II *BIS* DES SOCIÉTÉS DE PARTICIPATIONS FINANCIÈRES DE PROFESSION LIBÉRALE DE GREFFIERS DES TRIBUNAUX DE COMMERCE

(Décr. n° 2011-1541 du 15 nov. 2011, art. 8)

Art. R. 743-139-21 Les sociétés de participations financières de profession libérale de greffiers des tribunaux de commerce sont régies par les dispositions du livre II, sous réserve des dispositions de la présente section.

§ 1er DE LA CONSTITUTION DE LA SOCIÉTÉ

Art. R. 743-139-22 Des greffiers des tribunaux de commerce, titulaires ou non d'un office, ou des sociétés titulaires d'un office peuvent, dans les conditions prévues à l'article 31-1 de la loi n° 90-1258 du 31 décembre 1990 relative à l'exercice sous forme de sociétés des professions libérales soumises à un statut législatif ou réglementaire ou dont le titre est protégé, constituer une société de participations financières de profession libérale de greffiers des tribunaux de commerce.

Peuvent également être associés, à l'exclusion de toute autre personne :

1° Pendant un délai de dix ans, des personnes physiques qui, ayant cessé toute activité professionnelle, ont exercé la profession de greffier de tribunal de commerce ;

2° Les ayants droit des personnes physiques mentionnées aux alinéas qui précèdent, pendant un délai de cinq ans suivant leur décès ;

3° Des personnes exerçant une profession libérale judiciaire ou juridique soumise à un statut législatif ou réglementaire ou dont le titre est protégé, à l'exception des administrateurs judiciaires et des mandataires judiciaires.

Art. R. 743-139-23 La constitution de la société fait l'objet d'une déclaration adressée par un mandataire commun des associés au procureur général près la cour d'appel dans le ressort de laquelle est établi son siège ainsi qu'au Conseil national des greffiers des tribunaux de commerce. Une copie des statuts de la société est jointe à la déclaration qui comprend la liste des associés avec indication, selon le cas, de leur profession ou de leur qualité au regard de l'article R. 743-139-22, suivie, pour chacun, de la mention de la part de capital qu'il détient dans la société.

Le procureur général transmet une copie de la déclaration au garde des sceaux, ministre de la justice, qui dresse la liste des sociétés de participations financières de profession libérale de greffiers des tribunaux de commerce. Un arrêté du garde des sceaux, ministre de la justice, fixe les conditions dans lesquelles cette liste est dressée et mise à jour et les conditions de sa diffusion aux autorités et aux professionnels intéressés. – *V. art. A. 743-7.*

Art. R. 743-139-24 L'immatriculation de la société au registre du commerce et des sociétés est régie par les articles R. 123-31 et suivants, sous réserve des dispositions ci-après.

Une copie de la déclaration prévue à l'article R. 743-139-23 est adressée par les associés au greffe du tribunal où a été déposée la demande d'immatriculation au registre du commerce et des sociétés ; au reçu de ce document, le greffier procède à l'immatriculation et en informe le procureur général près la cour d'appel dans le ressort de laquelle est fixé le siège de la société.

La société est dispensée de procéder aux formalités de publicité prévues aux articles R. 210-16 et suivants.

§ 2 DU FONCTIONNEMENT DE LA SOCIÉTÉ

Art. R. 743-139-25 La société de participations financières de profession libérale de greffiers des tribunaux de commerce fait connaître au Conseil national des greffiers des tribunaux de commerce et au procureur général près la cour d'appel dans le ressort de laquelle est situé son siège, dans un délai de trente jours à compter de la date à laquelle il se produit, tout changement dans la situation déclarée en application de l'article R. 743-139-23.

Art. R. 743-139-26 Si la société de participations financières de profession libérale de greffiers des tribunaux de commerce ne se conforme pas aux dispositions législatives et réglementaires régissant la constitution et le fonctionnement des sociétés de participations financières de profession libérale par les greffiers des tribunaux de commerce, la société est invitée par le procureur général à régulariser la situation.

Si la société n'est pas en mesure de régulariser la situation, le procureur général peut inviter les associés, par lettre recommandée avec demande d'accusé de réception, à prononcer la dissolution anticipée de la société selon les formes prévues par les statuts. Il adresse une copie de ce courrier au procureur de la République près le tribunal de grande instance dans le ressort duquel est situé le siège de la société et au Conseil national des greffiers des tribunaux de commerce.

§ 3 DU CONTRÔLE DE LA SOCIÉTÉ

Art. R. 743-139-27 Chaque société de participations financières de profession libérale de greffiers des tribunaux de commerce fait l'objet, au moins une fois tous les quatre ans, d'un contrôle portant sur le respect des dispositions législatives et réglementaires qui régissent la composition de son capital et l'étendue de ses activités. Ce contrôle se déroule dans les conditions prévues aux articles R. 743-1, R. 743-3 et R. 743-4, à l'occasion de l'inspection d'un greffe tenu par une société d'exercice dans laquelle elle détient des participations.

Chaque société de participations peut, en outre, être soumise à des contrôles occasionnels prescrits par le garde des sceaux, soit d'office, soit à la demande du président du Conseil national des greffiers des tribunaux de commerce.

La liste prévue au dernier alinéa de l'article R. 743-1 mentionne les sociétés de participations financières de profession libérale de greffiers des tribunaux de commerce proposées pour faire l'objet d'un contrôle périodique au cours de l'année suivante.

Art. R. 743-139-28 Le non-respect des dispositions régissant la constitution et le fonctionnement des sociétés de participations financières de profession libérale par les greffiers des tribunaux de commerce et les personnes mentionnées au 3° de l'article R. 743-139-22 associés d'une telle société ou de sociétés titulaires d'un office faisant l'objet de prises de participations peut donner lieu à des poursuites disciplinaires.

§ 4 DE LA DISSOLUTION-LIQUIDATION DE LA SOCIÉTÉ

Art. R. 743-139-29 En cas de dissolution de la société, le liquidateur est choisi parmi les associés de la société de participations financières de profession libérale de greffiers des tribunaux de commerce, des sociétés titulaires d'un office ou des greffiers des tribunaux de commerce, des anciens greffiers des tribunaux de commerce ou anciens greffiers des tribunaux de commerce associés. En aucun cas les fonctions de liquidateur ne peuvent être confiées à un associé ayant fait l'objet d'une peine disciplinaire.

Plusieurs liquidateurs peuvent être désignés.

Le liquidateur peut être remplacé pour cause d'empêchement, ou pour tout autre motif grave, par le président du tribunal de grande instance du lieu du siège social de la société, statuant sur requête à la demande du liquidateur, des associés ou de leurs ayants droit, ou du procureur de la République.

Art. R. 743-139-30 Le liquidateur procède à la cession des parts ou actions que la société de participations financières de profession libérale de greffiers des tribunaux de commerce détient dans la ou les sociétés d'exercice libéral dans les conditions prévues par l'article R. 743-128.

Art. R. 743-139-31 La dissolution de la société est portée à la connaissance du procureur de la République et du Conseil national des greffiers des tribunaux de commerce à la diligence du liquidateur. Ce dernier leur fait alors parvenir une expédition de la délibération des associés ou de la décision de justice qui l'a nommé dans ses fonctions.

Le liquidateur dépose au greffe chargé de la tenue du registre du commerce et des sociétés où la société est inscrite, pour être versée au dossier ouvert au nom de la société, la copie de l'expédition prévue au premier alinéa dont tout intéressé peut obtenir communication.

Il ne peut entrer en fonctions avant l'accomplissement des formalités précitées.

Le liquidateur informe le procureur de la République et le Conseil national des greffiers des tribunaux de commerce de la clôture des opérations de liquidation.

SECTION III DE LA TARIFICATION DES GREFFIERS DES TRIBUNAUX DE COMMERCE

Art. R. 743-140 *(Décr. n° 2007-812 du 10 mai 2007, art. 1er)* Les émoluments dus aux greffiers des tribunaux de commerce pour l'établissement et le contrôle de conformité des actes de leur ministère sont déterminés et fixés conformément aux dispositions qui suivent et aux tableaux de l'annexe 7-5 du présent livre.

Ils comprennent la rémunération de tous travaux, soins, diligences et formalités afférents à l'acte ou à la procédure considérée.

La rémunération des diligences de chaque transmission d'acte, décision ou document, par remise en main propre contre récépissé ou par voie électronique sécurisée s'élève à un taux de base et demi. Lorsque la transmission se fait sous une autre forme, les débours, y compris les frais de poste et de téléphone, sont remboursés au greffier pour leur montant réel, sauf si un forfait de transmission a été prévu dans

les tableaux de l'annexe 7-5 précitée. – *[Décr. n° 80-307 du 29 avr. 1980, art. 2.] – V. annexe 7-5, ci-dessous.*

V. note rédactionnelle ss. art. L. 721-2.

BIBL ▸ Bravard, *Rev. proc. coll. 2009. Dossier 19* (les greffiers des tribunaux de commerce au centre du dispositif légal des sûretés mobilières – publicité et prévention).

Annulation du Décr. du 10 mai 2007. Le décret du 10 mai 2007, relatif au tarif des greffiers des tribunaux de commerce, ne porte pas atteinte aux droits que les avocats à la cour d'appel de Paris tiennent de leur statut. • CE 14 nov. 2008 : *JCP 2008. Actu. 683, obs. M.-C. R.*

Décret n° 80-307 du 29 avril 1980,

Portant règlement d'administration publique fixant le tarif général des greffiers des tribunaux de commerce.

Art. 18 Les dispositions du présent décret *[C. com., art. R. 743-140 à R. 743-157]* sont applicables aux redevances perçues par les secrétariats-greffes des tribunaux de grande instance statuant en matière commerciale.

ANNEXE 7-5

Tableau 1 : Actes judiciaires (1)

NUMÉROS	NATURE DES ACTES	ÉMOLUMENTS taux de base (2)
101	Acte de greffe.	1
102	Certificat.	1
103	Commission rogatoire : envoi et exécution.	5
104	Contredit sur la compétence.	7
105	Copie.	1
106	Vérification de dépens.	2
	Copie certifiée conforme (en dehors de toute procédure)	
107	Jugement.	2
108	Ordonnance.	2
109	Seconde copie certifiée conforme revêtue de la formule exécutoire.	3
	Injonction de payer (procédure d')	
110	Ordonnance d'injonction de payer.	9
111	Forfait de transmission des ordonnances d'injonction de payer	7
112	Diligences relatives à l'ordonnance, y compris l'extrait d'immatriculation (K *bis* ou L *bis*) ou un certificat de non inscription, réception et conservation de la requête.	9
113	Opposition à injonction de payer.	9

NUMÉROS	NATURE DES ACTES	ÉMOLUMENTS taux de base (2)
	Jugements	
114	Jugement (enrôlement, tenue des audiences, mise en forme, avis aux parties), quel que soit le nombre de renvois, pour deux parties.	25
115	Par partie supplémentaire.	5
116	Jugement : forfait de transmission par partie.	10
	Instruction avant jugement	
117	Procédure devant un juge rapporteur.	7
118	Contrat ou calendrier de procédure.	7
119	Ordonnances autres que référés et injonctions de payer.	6
120	Prestation de serment.	3
	Référés	
121	Ordonnance de référé (enrôlement, tenue des audiences, mise en forme, avis aux parties), quel que soit le nombre de renvois pour deux parties.	15
122	Par partie supplémentaire.	5
123	Ordonnance de référé : forfait de transmission par partie.	7,70
124	Registres de commerce (saisine en matière de contentieux des).	8
125	Diligences liées à l'expertise.	15
126	Convocation ou avis.	1
127	Visa, cote et paraphe des livres.	2
	Procédures ouvertes après le 1er janvier 2006 en application du livre VI du code de commerce	
160	Diligences en matière d'enquête en application des articles L. 621-1, alinéa 3, et L. 651-4 du code de commerce, non compris le coût de la délivrance des copies ou extraits et des avis, notifications, convocations et communications.	10
161	Réception de la demande de mandat *ad hoc*, de conciliation, de sauvegarde, de redressement judiciaire et de liquidations judiciaires, conformément aux articles R. 611-18, R. 611-22, R. 621-1, R. 631-1 et R. 640-1, non compris le coût de la délivrance des copies ou extraits.	6
162	Diligences en cas de saisine d'office ou à la requête du procureur de la République, non compris le coût de la délivrance des copies ou extraits.	3
163	Convocation devant le juge-commissaire.	3
164	*(Décr. n° 2007-1851 du 26 déc. 2007, art. 2)* « Convocation devant le président du tribunal (mandat *ad hoc*, conciliation : art. R. 611-9, R. 611-23 du code de commerce) ou le tribunal. »	3
165	*(Décr. n° 2009-1661 du 28 déc. 2009, art. 4)* « Avis au créancier en matière d'admission de créances sans débat contradictoire. »	1
166	Ordonnances du juge-commissaire après débat contradictoire.	6

NUMÉROS	NATURE DES ACTES	ÉMOLUMENTS taux de base (2)
167	Diligences relatives à la notification des jugements et des requêtes, aux significations et aux convocations par voie d'huissier.	6
168	Mention sur l'état des créances.	1
169	Dépôt et conservation des documents, actes ou pièces, y inclus procès-verbal et certificat de dépôt ou reçus de déclaration.	2
170	Extrait établi en vue des mesures de publicité.	1

(1) *a)* Les émoluments ainsi alloués comprennent le coût d'une copie certifiée conforme, revêtue de la formule exécutoire, et d'une copie délivrée à chaque partie.

b) En cas de radiation avant le prononcé d'un jugement ou d'une ordonnance, les deux tiers de l'émolument sont alloués au greffier, sauf dans le cas où un émolument a été spécialement perçu pour la saisine du tribunal.

c) Les redevances perçues en matière commerciale au profit du Trésor par les greffiers en chef des tribunaux de grande instance sont calculées conformément aux dispositions ci-dessus.

(2) Voir l'article R. 743-142.

TABLEAU 2 : REGISTRE DU COMMERCE ET DES SOCIÉTÉS, REGISTRE DES AGENTS COMMERCIAUX

NUMÉROS	NATURE DES ACTES	ÉMOLUMENTS (taux de base)
	A. – *Registre du commerce et des sociétés* (1) Immatriculation principale, immatriculation secondaire, inscription complémentaire (2) :	
201	Personne physique.	36
202	Personne morale : groupements d'intérêt économique, sociétés commerciales, sociétés non commerciales, établissements publics.	44
203	Inscriptions modificatives (3) : personne physique.	32
204	Inscriptions modificatives et mentions d'office sous réserve des cas prévus par l'article R. 143-145 (3) : personne morale (groupements d'intérêt économique, sociétés commerciales, sociétés non commerciales, établissements publics).	42
205	Diligences spécifiques en cas de transformation de sociétés.	15
206	Mise à jour des renseignements figurant dans les immatriculations principales aux immatriculations secondaires et dans les immatriculations secondaires aux immatriculations principales de personnes physiques.	18
207	Mise à jour des renseignements figurant dans les immatriculations principales aux immatriculations secondaires et dans les immatriculations secondaires aux immatriculations principales des personnes morales.	25

NUMÉROS	NATURE DES ACTES	ÉMOLUMENTS (taux de base)
208	Notification des mises à jour des immatriculations principales et secondaires concernant les personnes physiques.	6
209	Notification des mises à jour des immatriculations principales et secondaires concernant les personnes morales.	6
210	Dépôt des comptes annuels.	5
211	Dépôt d'actes ou de pièces pour la publicité des sociétés (4), y inclus le certificat de dépôt.	6
212	Certificat négatif d'immatriculation, communication d'actes ou de pièces déposées.	1
213	Extrait du registre du commerce et des sociétés (5).	2
214	Relevé historique des événements au registre du commerce et des sociétés.	5
215	Copie des comptes et rapports annuels (forfait, quel que soit le nombre de page).	6
216	Copie certifiée conforme (par page).	0,33
217	Copie de statuts, actes ou de pièces déposées (forfait).	6
218	Diligences de transmission de la formalité à l'INPI.	2
	B. – *Registre des agents commerciaux*	
221	Immatriculation (6) comprenant les émoluments de radiation.	6
222	Inscription modificative (6).	2
223	Extrait d'inscription de la déclaration.	2
	C. – *Registre du commerce et des sociétés* Dépôt effectué par les entrepreneurs individuels à responsabilité limitée *(Décr. n° 2011-172 du 11 févr. 2011)*	
230	Dépôt de la déclaration d'affectation du patrimoine, de reprise ou de transfert (7) et mentions RCS (8) (9) (art. L. 526-7, L. 526-16 et L. 526-17-II)	32
231	Dépôt de la déclaration modificative ou complémentaire de la déclaration d'affectation du patrimoine, entraînant mentions au RCS (10)	28
232	Dépôt de la déclaration complémentaire d'affectation du patrimoine (art. L. 526-9, L. 526-10 et L. 526-11) ou des actes ou décisions de modification sans mentions RCS	14
233	Dépôt des comptes annuels au RCS ou du document comptable simplifié (art. L. 526-14)	5

NUMÉROS	NATURE DES ACTES	ÉMOLUMENTS (taux de base)
234	Notification à un autre registre en cas de double immatriculation ou d'immatriculation secondaire	6
235	Mise à jour des renseignements figurant dans les immatriculations principales aux immatriculations secondaires ou reçus d'un autre registre ou répertoire aux fins de mentions	18
236	Avis au BODACC relatif à la cession, y compris la délivrance du certificat (art. L. 526-17)	7
237	Copie des comptes annuels ou du document comptable simplifié ou de la déclaration d'affectation	6
	D. – *Registre des agents commerciaux* Dépôt effectué par les entrepreneurs individuels à responsabilité limitée *(Décr. n° 2011-172 du 11 févr. 2011)*	
240	Dépôt de la déclaration d'affectation du patrimoine, de reprise ou de transfert (7) et mentions au RSAC (8) (art. L. 526-7, L. 526-16 et L. 526-17-II)	32
241	Dépôt de la déclaration modificative ou complémentaire de la déclaration d'affectation du patrimoine entraînant mentions au RSAC (11)	28
242	Dépôt de la déclaration complémentaire d'affectation du patrimoine (art. L. 526-9, L. 526-10 et L. 526-11) ou des actes ou décisions de modification sans mentions au RSAC (11)	14
243	Dépôt des comptes annuels ou du document comptable simplifié (art. L. 526-14)	5
244	Avis au *BODACC* relatif à la cession, y compris la délivrance du certificat (art. L. 526-17)	7
245	Copie des comptes annuels ou du document comptable simplifié ou de la déclaration d'affectation	6
	E. – *Registre des entrepreneurs individuels à responsabilité limitée visés au 3° de l'article L. 526-7* *(Décr. n° 2011-172 du 11 févr. 2011)*	
250	Immatriculation y compris après reprise ou transfert (7) (art. L. 526-7, L. 526-16 et L. 526-17-II) comprenant le dépôt de la déclaration d'affectation du patrimoine et les émoluments de radiation	36
251	Dépôt de la déclaration modificative ou complémentaire de la déclaration d'affectation du patrimoine, entraînant mentions au registre (11)	28
252	Dépôt de la déclaration complémentaire d'affectation du patrimoine (art. L. 526-9, L. 526-10 et L. 526-11) ou des actes ou décisions de modification sans mentions au registre (11)	14

NUMÉROS	NATURE DES ACTES	ÉMOLUMENTS (taux de base)
253	Dépôt des comptes annuels ou du document comptable simplifié (art. L. 526-14)	5
254	Avis au *BODACC* relatif à la cession, y compris la délivrance du certificat (art. L. 526-17)	7
255	Copie des comptes annuels ou du document comptable simplifié ou de la déclaration d'affectation	6
256	Extrait du registre des entrepreneurs individuels à responsabilité limitée	2

(1) Le greffier réclame distinctement le montant des taxes perçues pour le compte de l'Institut national de la propriété industrielle et des frais d'insertion au *BODACC*.
(2) Cet émolument rémunère forfaitairement l'ensemble des formalités liées à l'immatriculation principale, l'immatriculation secondaire ou l'inscription complémentaire et inclut le coût de la radiation. Il inclut également le coût de la délivrance au requérant de cinq extraits, en ce qui concerne l'immatriculation principale, l'immatriculation secondaire ou l'inscription complémentaire, et de quatre extraits, en ce qui concerne la radiation, ainsi que celui des frais postaux. Lorsque l'immatriculation est effectuée en application des articles R. 743-162 et R. 743-168 du code de commerce, les émoluments ainsi prévus sont fixés à neuf taux de base, en ce qui concerne l'immatriculation principale et l'immatriculation secondaire, y compris les frais postaux.
(3) Cet émolument rémunère forfaitairement l'ensemble des formalités liées à l'inscription modificative. Il inclut le coût de la délivrance au requérant de quatre extraits et celui des frais postaux.
(4) Pour la publicité des sociétés, il n'est perçu qu'un émolument, quel que soit le nombre des actes et des pièces déposés simultanément par un même intéressé.
(5) Il s'agit des extraits K *bis et L bis délivrés aux tiers ou des extraits à délivrer, en plus des extraits compris dans le forfait, à la personne assujettie, sur leur demande écrite. L'ensemble de ces demandes est répertorié au greffe.*
(6) Lorsque l'immatriculation ou la radiation est effectuée en application des articles R. 743-162 et R. 743-168 du code de commerce, les émoluments ainsi prévus sont réduits de moitié.
(7) Hors coût de l'insertion au BODACC.
(8) Il n'est perçu aucun émolument pour le dépôt de la déclaration d'affectation du patrimoine lorsqu'il intervient simultanément à la demande d'immatriculation (art. L. 526-19).
(9) Y compris la transmission à l'INPI.
(10) Y compris la transmission des documents visés à l'article R. 123-121-3 au service des impôts et la transmission à l'INPI.
(11) Y compris la transmission des documents visés à l'article R. 123-121-3 au service des impôts.

TABLEAU 3 : PRIVILÈGES ET SÛRETÉS

NUMÉROS	NATURE DES ACTES	ÉMOLUMENTS (taux de base)
	A. - *Privilège du Trésor en matière fiscale*	
301	Première inscription, radiation totale ou partielle d'une inscription non périmée.	1,5
302	Inscription suivante, renouvellement d'une inscription ou subrogation.	2
303	Délivrance d'un état d'inscription positif ou négatif, quel que soit le nombre d'inscriptions révélées.	2

NUMÉROS	NATURE DES ACTES	ÉMOLUMENTS (taux de base)
304	Mention d'une contestation en marge d'une inscription.	1
	B. - *Privilège de la sécurité sociale et des régimes complémentaires* Inscription, radiation totale d'une inscription non périmée	
310	Montant des sommes privilégiées inférieur à 16 000 taux de base.	7
311	Montant des sommes privilégiées supérieur ou égal à 16 000 taux de base.	31
	Radiation partielle d'une inscription non périmée	
312	Montant des sommes privilégiées inférieur à 16 000 taux de base.	7
313	Montant des sommes privilégiées supérieur ou égal à 16 000 taux de base.	31
	Renouvellement d'une inscription, subrogation	
314	Montant des sommes privilégiées inférieur à 16 000 taux de base.	5
315	Montant des sommes privilégiées supérieur ou égal à 16 000 taux de base.	16
316	Mention d'une saisie en marge des différentes inscriptions concernant un même débiteur, radiation partielle ou totale de ces inscriptions.	1
317	Délivrance d'un état d'inscription positif ou négatif, quel que soit le nombre d'inscriptions révélées.	2
318	Délivrance d'un certificat de subrogation, de mention de saisie, de radiation de cette mention, de radiation d'inscription.	1
	C. - *Vente et nantissement des fonds de commerce* Inscription, y compris radiation totale d'une inscription non périmée (montant de la somme garantie)	
320	Montant inférieur à 16 000 taux de base.	14
321	Montant supérieur ou égal à 16 000 et inférieur à 32 000 taux de base.	62
322	Montant supérieur ou égal à 32 000 taux de base.	93
	Radiation partielle d'une inscription non périmée	
323	Montant inférieur à 16 000 taux de base.	7

NUMÉROS	NATURE DES ACTES	ÉMOLUMENTS (taux de base)
324	Montant supérieur ou égal à 16 000 taux de base.	31
	Mention d'antériorité ou de subrogation, renouvellement d'inscription	
325	Montant inférieur à 16 000 taux de base.	5
326	Montant supérieur ou égal à 16 000 taux de base.	16
327	Procès-verbal de dépôt, certificat de dépôt et certificat constatant une transcription, une cession d'antériorité ou de radiation. Pour l'ensemble de ces formalités.	3
328	État d'inscription positif ou négatif (quel que soit le nombre des inscriptions).	2
329	Rédaction de la déclaration de créance et certificat constatant cette déclaration.	2
330	Mention de changement de siège de fonds, certificat d'inscription des ventes, cessions ou nantissements en ce qu'ils appliquent aux brevets d'invention et aux licences, aux marques de fabrique et de commerce, aux dessins et modèles industriels.	1
331	Délivrance des copies de bordereaux d'inscription et des actes de vente sous seing privé déposés au greffe.	1
332	Copie certifiée conforme.	2
	D. - *Nantissement d'un fonds agricole ou d'un fonds artisanal*	
340	Les émoluments alloués aux greffiers sont égaux à ceux prévus pour des actes ou formalités analogues en cas de nantissement de fonds de commerce.	
	F. - *Nantissement judiciaire*	
350	Les émoluments alloués aux greffiers sont égaux à ceux prévus pour des actes ou formalités analogues en cas de nantissement de fonds de commerce.	
	G. - *Gage des stocks*	
360	Les émoluments alloués aux greffiers sont égaux à ceux prévus pour des actes ou formalités analogues en cas de nantissement de fonds de commerce.	
	H. - *Nantissement de l'outillage et du matériel*	
370	Les émoluments alloués aux greffiers sont égaux à ceux prévus pour des actes ou formalités analogues en cas de nantissement de fonds de commerce.	

NUMÉROS	NATURE DES ACTES	ÉMOLUMENTS (taux de base)
	I. - *Gage sur meubles corporels (article 2338 du code civil)* Inscription, y compris radiation totale d'une inscription (montant de la somme garantie)	
380	Montant inférieur à 6 000 taux de base.	7
381	Montant supérieur ou égal à 6 000 taux de base et inférieur à 16 000 taux de base.	15
382	Montant supérieur ou égal à 16 000 taux de base.	45
	Radiation partielle d'une inscription non périmée (montant de la somme garantie)	
383	Montant inférieur à 6 000 taux de base.	4
384	Montant supérieur ou égal à 6 000 taux de base et inférieur à 16 000 taux de base.	8
385	Montant supérieur ou égal à 16 000 taux de base.	23
	Mention d'antériorité ou de subrogation, renouvellement d'inscription (montant de la somme garantie)	
386	Montant inférieur à 6 000 taux de base.	4
387	Montant supérieur ou égal à 6 000 taux de base et inférieur à 16 000 taux de base.	8
388	Montant supérieur ou égal à 16 000 taux de base.	23
389	Procès-verbal de dépôt, certificat de dépôt et certificat constatant une transcription, une cession d'antériorité ou de radiation. Pour l'ensemble de ces formalités.	1
390	État d'inscription positif ou négatif (quel que soit le nombre des inscriptions).	2
391	Délivrance des copies de bordereaux d'inscription et des actes sous seing privé déposés au greffe.	3
392	Copie certifiée conforme.	2
	J. - *Warrants* (1) (2) Établissement du warrant, y compris radiation (ensemble le volant, la souche et la transcription du premier endossement) (montant de la somme prévue dans l'acte)	
390	Montant inférieur à 16 000 taux de base.	14
391	Montant supérieur ou égal à 16 000 taux de base.	62

NUMÉROS	NATURE DES ACTES	ÉMOLUMENTS (taux de base)
	Radiation partielle	
392	Montant inférieur à 16 000 taux de base.	14
393	Montant supérieur ou égal à 16 000 taux de base.	62
	Renouvellement du warrant, inscription d'avis d'escompte	
394	Montant inférieur à 16 000 taux de base.	7
395	Montant supérieur ou égal à 16 000 taux de base.	31
396	Délivrance d'un état de transcription, d'un état négatif.	2
397	Certificat de radiation.	1
398	Rédaction de lettre recommandée (en cas de formalité obligatoire).	0,25
	K. - *Nantissement de parts sociales ou de meubles incorporels*	
399	Les émoluments alloués aux greffiers sont égaux à ceux qui sont prévus pour des actes ou formalités analogues en cas de nantissement de fonds de commerce.	
(1) A l'exclusion des warrants agricoles. (2) Il n'est rien dû pour les mentions portées sur le registre des avis et oppositions.		

Tableau 4 : Publicités diverses

NUMÉROS	NATURE DES ACTES	ÉMOLUMENTS (taux de base)
	A. - *Crédit-bail en matière mobilière*	
401	Inscription principale y compris radiation de cette inscription.	14
402	Modification de cette inscription.	7
403	Report d'inscription (1) (par greffier).	3
404	Délivrance de tout état d'inscription (quel que soit le nombre d'inscriptions) positif ou négatif.	2
405	Certificat de radiation.	1

NUMÉROS	NATURE DES ACTES	ÉMOLUMENTS (taux de base)
	B. - *Contrat de location*	
410	Inscription principale y compris radiation de cette inscription.	14
411	Modification de cette inscription.	7
412	Report d'inscription (1) (par greffier).	3
413	Délivrance de tout état d'inscription (quel que soit le nombre d'inscriptions) positif ou négatif.	2
414	Certificat de radiation.	1
	C. - *Inscription sur le registre spécial des prêts et délais*	
420	Inscription principale y compris radiation de cette inscription.	6
421	Modification de cette inscription.	3
422	Report d'inscription (1) (par greffier).	3
423	Délivrance de tout état d'inscription (quel que soit le nombre d'inscriptions) positif ou négatif.	2
424	Certificat de radiation.	1
	D. - *Clause de réserve de propriété*	
430	Inscription principale y compris radiation de cette inscription.	6
431	Modification de cette inscription.	3
432	Report d'inscription (1) (par greffier).	3
433	Délivrance de tout état d'inscription (quel que soit le nombre d'inscriptions) positif ou négatif.	2
434	Certificat de radiation.	1
	E. - *Clause d'inaliénabilité*	
440	Inscription principale y compris radiation de cette inscription.	15
441	Modification de cette inscription.	8
442	Report d'inscription (1) (par greffier).	3
443	Délivrance de tout état d'inscription (quel que soit le nombre d'inscriptions) positif ou négatif.	2
444	Certificat de radiation.	2

NUMÉROS	NATURE DES ACTES	ÉMOLUMENTS (taux de base)
	F. - *Publicité des protêts et des certificats de non-paiement des chèques postaux* Inscription d'un protêt y compris radiation (2) (montant de la somme inscrit dans l'acte)	
450	Montant inférieur à 16 000 taux de base.	7
451	Montant supérieur ou égal à 16 000 taux de base.	31
452	Délivrance d'un extrait de registre des protêts positif ou négatif.	2
	G. - *Immatriculation des bateaux de rivière* Inscription et radiation d'un acte ou jugement translatif, constitutif ou déclaratif de propriété ou de droit réel (3) (montant de la somme inscrit dans l'acte)	
460	Montant inférieur à 16 000 taux de base.	7
461	Montant supérieur ou égal à 16 000 taux de base.	31
	Mention de radiation totale ou partielle d'une inscription hypothécaire (montant de la somme inscrit dans l'acte)	
462	Montant inférieur à 16 000 taux de base.	
463	Montant supérieur ou égal à 16 000 taux de base.	31
	Mention d'antériorité ou de subrogation, renouvellement d'inscription (sur la valeur de la plus faible inscription faisant l'objet de la subrogation ou du renouvellement) (montant de la somme inscrit dans l'acte)	
465	Montant inférieur à 16 000 taux de base.	5
466	Montant supérieur ou égal à 16 000 taux de base.	16
467	Déclarations prévues au troisième alinéa de l'article 34 du décret de 3 avril 1919 modifié, mention des changements de domicile élu.	1
468	Acte de déclaration de propriété faite sous serment devant le tribunal de commerce (art. 101 du code du domaine public fluvial et de la navigation intérieure).	4
469	Dépôt de procès-verbal de saisie.	1
470	Délivrance de tout état d'inscription positif ou négatif (décret du 3 avril 1919).	2
471	Délivrance de tout certificat.	1
472	Délivrance des copies de tous actes déposés au greffe (code du domaine public fluvial et de la navigation intérieure).	2

NUMÉROS	NATURE DES ACTES	ÉMOLUMENTS (taux de base)
473	Formalités consécutives au transfert d'immatriculation au greffier du lieu de l'inscription et au greffier de la nouvelle immatriculation.	1

(1) Il n'est rien perçu, en sus de l'émolument ainsi fixé, pour toute radiation consécutive à un report d'inscription.
(2) Pour l'ensemble des formalités (réception de la copie du protêt, délivrance d'un récépissé, inscription sur le registre et fichiers, etc.) ainsi que, en ce qui concerne les protêts de chèques, pour la réception et la transmission de la copie destinée au procureur de la République.
(3) Lorsque l'inscription est requise sur plusieurs bateaux et porte, pour chacun d'eux, sur la totalité de la créance, le droit proportionnel est réduit :
- de moitié pour les deuxièmes, troisième, quatrième et cinquième bateaux ;
- des deux tiers pour les sixième, septième, huitième, neuvième et dixième bateaux ;
- des trois quarts au-delà du dixième bateau.

Tableau 5 : Propriétés industrielles

NUMÉROS	NATURE DES ACTES	ÉMOLUMENTS
501	Dépôt de dessins et modèles (1).	6

(1) Pour l'ensemble des formalités y compris le récépissé de dépôt.

Tableau 6 : Opérations diverses

NUMÉROS	NATURE DES ACTES	ÉMOLUMENTS DACS
	Séquestre judiciaire (montant de la somme inscrit dans l'acte)	
601	Montant inférieur à 16 000 taux de base.	14
602	Montant supérieur ou égal à 16 000 taux de base.	62
603	Rapport de mer.	3
604	Avis concernant une déclaration afférente à la vente, à la cession, à l'apport en société, à l'attribution par partage ou par licitation d'un fonds de commerce prévus par l'article R. 123-211, y inclus la délivrance du certificat.	7
605	Rédaction des avis d'insertion au *Bulletin officiel des annonces civiles et commerciales* des certificats de dépôt au greffe de comptes annuels et rapport de l'exercice clos.	4

Tableau 7 : Tarification forfaitaire

Par exception au principe de la facturation des actes des procédures de sauvegarde et de redressement judiciaire, dont le tarif est fixé par le tableau I, les émoluments et les frais de transmission des procédures de liquidation judiciaire ouvertes hors du cours d'une procédure de sauvegarde ou de redressement judiciaire ou prononcées dans les deux mois de l'ouverture d'une procédure de redressement judiciaire font l'objet d'une tarification forfaitaire fixée dans ce tableau.

Cette tarification forfaitaire ne comprend pas les émoluments, les frais et les débours résultant des actions prévues au titre V du livre VI du code de commerce, dont le tarif est fixé par le tableau I, ainsi que les frais de copies d'actes ou de pièces délivrées aux parties.

Pour l'application des droits forfaitaires, le nombre de salariés et le chiffre d'affaires de l'entreprise concernée sont déterminés conformément aux dispositions de l'article R. 621-11 du code de commerce.

A défaut, ils sont déterminés au vu des données disponibles dans le dossier de la procédure.

(Décr. n° 2009-1661 du 28 déc. 2009, art. 4) « Une somme fixée à 200 euros hors taxe *[taxes]* à valoir sur les émoluments et frais de transmission est versée dès l'ouverture ou le prononcé des procédures de liquidation judiciaire ci-dessus mentionnées. Le solde est exigible à la date de leur clôture. »

Émoluments du greffe par débiteur et forfait de transmission

(hors frais d'huissiers, frais relatifs aux journaux d'annonces légales, *BODACC*)

(Exprimés en taux de base)

NUMÉROS	701	702	703	704	705	706	707	708	709
Nombre de salariés	Aucun salarié	De 1 à 5 salariés	De 6 à 19 salariés		De 20 à 150 salariés		Plus de 150 salariés		
Seuil de CA			CA inférieur à 750 k€	CA supérieur à 750 k€	CA inférieur à 3 000 k€	CA supérieur à 3 000 k€	CA inférieur à 20 000 k€	CA de 20 000 k€ à 50 000 k€	CA supérieur à 50 000 k€
Droit principal. - Nombre de taux de base	480	525	1 100	1 240	2 090	2 580	5 294	7 468	12 520
Frais de transmission. - Nombre de taux de base	60	65	120	230	300	380	596	682	760
Total	702 €	767 €	1 586 €	1 911 €	3 107 €	3 848 €	7 657 €	10 595 €	17 264 €
719 : Droit accessoire par établissement secondaire (à charge pour le greffier de la procédure principale de reverser la moitié du droit au greffe de l'établissement)							150 taux de base.		
720 : Droit accessoire par créancier supplémentaire au-delà de 25 créanciers							10 taux de base plafonné à 100 taux de base.		

Art. R. 743-141 *(Décr. n° 2007-812 du 10 mai 2007, art. 1er)* **Lorsque le greffier accomplit les opérations prévues au dernier alinéa de l'article L. 143-11-7** *[L. 3253-15, L. 3253-19 à L. 3253-21 nouv.]* **du code du travail, il perçoit la rémunération fixée pour celles-ci par le tarif des administrateurs judiciaires en matière commerciale et des mandataires judiciaires au redressement et à la liquidation des entreprises.**

Art. R. 743-142 *(Décr. n° 2007-812 du 10 mai 2007, art. 1er)* **Le droit prévu pour chaque acte, formalité ou procédure est égal soit au montant du taux de base soit à un multiple ou sous-multiple de ce taux.**

Ce taux est fixé à 1,30 €. – *[Décr. n° 80-307 du 29 avr. 1980, art. 3.]*

Art. R. 743-143 *(Décr. n° 2009-1661 du 28 déc. 2009, art. 2)* **Il n'est dû aucune rémunération pour l'établissement et la délivrance des copies, certificats et extraits de toute nature demandés par les autorités judiciaires ou par le ministère de la justice aux greffiers des tribunaux de commerce.**

Art. R. 743-144 *(Décr. n° 2007-812 du 10 mai 2007, art. 1er)* **Le greffier d'un tribunal de commerce peut délivrer, à titre de simple renseignement, des copies collationnées qui ne sont ni signées ni revêtues du sceau, ni certifiées conformes, des documents de toute nature déposés au greffe dont il peut être légalement donné communication à celui qui en requiert la copie.** – *[Décr. n° 80-307 du 29 avr. 1980, art. 6.] – En ce qui concerne les copies délivrées, à titre de simple renseignement, par les greffiers des juridictions des départements du Bas-Rhin, du Haut-Rhin et de la Moselle, V. Décr. n° 62-843 du 19 juill. 1962 (D. 1962. 243 ; BLD 1962. 478).*

Art. R. 743-145 *(Décr. n° 2007-812 du 10 mai 2007, art. 1er)* **Il n'est dû aucun émolument :**

1° Pour les mentions manuscrites portées à titre d'information interne au greffe, sur les actes ou sur les documents conservés au greffe ou établis par celui-ci ou sur les pièces produites ;

2° Pour les mentions d'office prévues au titre :

***a)* Des procédures de redressement ou de liquidation judiciaire des entreprises ouvertes à compter du 1er janvier 2006 ;**

***b)* Des informations transmises par le ministère public ou l'autorité administrative, s'agissant d'une décision juridictionnelle passée en force de chose jugée ou d'une décision administrative définitive portant sur un changement dans le libellé des adresses déclarées ;**

3° Pour l'inscription au registre du commerce et des sociétés de la décision, rendue par une juridiction d'un État membre de l'Union européenne soumis à l'application du règlement n° 1346-2000 du 29 mai 2000 du Conseil relatif aux procédures d'insolvabilité, ouvrant une procédure d'insolvabilité en application de l'article 3, paragraphe 1, de ce règlement à l'égard d'une personne physique ou morale, immatriculée au registre précité, dont le centre des intérêts principaux ou le domicile est situé dans cet État ; – *V. le Règl. préc. au* ***C. pr. coll.***

4° Lorsque le domiciliataire informe le greffier de la cessation de la domiciliation de l'entreprise dans ses locaux en application des dispositions du 1° de l'article R. 123-168 ;

5° Pour l'accomplissement des obligations imposées aux greffiers par le service du greffe dans un intérêt d'ordre public ou d'administration judiciaire. – *[Décr. n° 80-307 du 29 avr. 1980, art. 7.]*

Décret n° 2007-812 du 10 mai 2007,

Relatif au tarif des greffiers des tribunaux de commerce et modifiant le code de commerce (partie réglementaire).

Art. 4 Il n'est dû aucun émolument pour les mentions d'office prévues au titre :

a) Des procédures relatives à la faillite antérieures au 1er janvier 1968 ;

b) Des procédures de règlement judiciaire et de liquidation de biens en application de la loi n° 67-563 du 13 juillet 1967 ;

c) Des procédures ouvertes en application de l'ordonnance n° 67-820 du 23 septembre 1967 tendant à faciliter le redressement économique et financier de certaines entreprises.

Art. R. 743-146 *(Décr. n° 2007-812 du 10 mai 2007, art. 1er)* **La consultation par voie télématique des inscriptions portées aux registres de publicité légale est facturée aux utilisateurs au tarif du palier 3617 le plus élevé de consultation des services**

Minitel lorsque cette facturation est établie au cas par cas selon des modalités exclusives de toute formule de forfaitisation ou d'abonnement.

Dans les autres cas, la consultation s'effectue au palier 3614 et est facturée aux conditions du contrat d'abonnement souscrit par l'utilisateur.

Lorsque la consultation donne lieu à délivrance d'une copie, cette dernière est par ailleurs facturée selon les modalités prévues à l'article R. 743-142. – *[Décr. n° 80-307 du 29 avr. 1980, art. 7-1.]*

(Décr. n° 2009-1661 du 28 déc. 2009, art. 3) « Lorsqu'elle est effectuée par les autorités judiciaires ou par le ministère de la justice, la consultation par voie électronique des inscriptions portées aux registres de publicité légale tenus par les greffes ne peut faire l'objet d'aucune facturation, qu'elle ait donné lieu ou non à la délivrance d'une copie, d'un extrait ou d'un certificat. »

Les dispositions issues du Décr. n° 2009-1661 du 28 déc. 2009 sont applicables aux consultations effectuées par voie électronique trois mois après l'entrée en vigueur du décret précité (Décr. préc., art. 11-II, JO 30 déc.).

Art. R. 743-147 *(Décr. n° 2007-812 du 10 mai 2007, art. 1er)* Avant tout règlement, les greffiers sont tenus de remettre aux parties, même si celles-ci ne le requièrent pas, le ou les comptes détaillés relatifs aux sommes dont elles sont redevables à quelque titre que ce soit. La facture distingue : les émoluments hors taxe, les diligences et forfaits de transmission hors taxe, les déboursés, la taxe sur la valeur ajoutée et le montant total taxes incluses.

En outre, lorsque le greffier a effectué des travaux, formalités, diligences ou missions en application de l'article R. 743-155, il indique le montant des honoraires correspondants sur une ligne spéciale en distinguant leur montant hors taxe et la taxe sur la valeur ajoutée.

Ce compte doit mentionner pour chaque opération tarifée la référence au numéro figurant dans le tableau annexé correspondant. – *[Décr. n° 80-307 du 29 avr. 1980, art. 9.]*

Art. R. 743-148 *(Décr. n° 2007-812 du 10 mai 2007, art. 1er)* Une comptabilité conforme au plan comptable général est tenue dans chaque greffe de tribunal de commerce.

Art. R. 743-149 *(Décr. n° 2007-812 du 10 mai 2007, art. 1er)* Les greffiers des tribunaux de commerce sont également tenus d'établir un ou des registres chronologiques de facturation de tous les actes de greffe et formalités qu'ils accomplissent. Sur ce ou ces registres figurent le détail des sommes réclamées au titre des émoluments, forfaits et débours. Sur un autre registre tenu chronologiquement sont portés le détail des sommes perçues ainsi que l'acte ou la formalité correspondante.

Art. R. 743-150 *(Décr. n° 2007-812 du 10 mai 2007, art. 1er)* Tout versement en espèces fait à la caisse du greffe donne lieu à la délivrance d'un reçu.

Il n'est toutefois pas délivré de reçu pour les versements faits par l'intermédiaire du compte en banque du greffier.

Il est enjoint aux greffiers de recevoir les chèques de toute nature qui leur sont donnés en paiement, sauf, s'ils le jugent opportun, à ne délivrer les pièces ou à ne procéder à la formalité demandée qu'après encaissement.

Tout papier à en-tête du greffe du tribunal de commerce comporte l'indication du numéro du compte bancaire du greffier. – *[Décr. n° 80-307 du 29 avr. 1980, art. 12.]*

Art. R. 743-151 *(Décr. n° 2007-812 du 10 mai 2007, art. 1er)* Les greffiers des tribunaux de commerce peuvent, avant de procéder aux actes de leur ministère, exiger de la partie qui requiert les actes ou les formalités, une provision suffisante pour le paiement des frais, droits, déboursés et émoluments afférents à ces actes ou formalités. – *[Décr. n° 80-307 du 29 avr. 1980, art. 13.]*

Art. R. 743-152 *(Décr. n° 2007-812 du 10 mai 2007, art. 1er)* Le procureur général ou le procureur de la République vérifient, chaque fois qu'ils le jugent utile, les registres et documents de toute nature des greffes de leur ressort. En cas d'infraction, ils font rapport au garde des sceaux, ministre de la justice, et en informent le président du Conseil national des greffiers pour être prise à l'égard du contrevenant telle mesure qu'il appartiendra.

Le président du tribunal de commerce en est avisé. Il peut procéder à la même vérification. – *[Décr. n° 80-307 du 29 avr. 1980, art. 14.]*

Art. R. 743-153 *(Décr. n° 2007-812 du 10 mai 2007, art. 1er)* Les greffiers des tribunaux de commerce qui, en raison de leurs fonctions, et comme officiers publics, sont obligés de se transporter à plus de deux kilomètres de la commune où siège le tribunal de commerce perçoivent pour la distance parcourue tant à l'aller qu'au retour :

1° Si le déplacement pouvait avoir lieu par chemin de fer ou par un autre service de transport en commun, le prix du transport en 1re classe ;

2° A défaut de moyens de transport en commun, le prix du transport en 1re classe d'après le nombre de kilomètres parcourus.

En outre, si le déplacement exige plus d'une journée, il est alloué par journée une indemnité égale à vingt taux de base. – *[Décr. n° 80-307 du 29 avr. 1980, art. 15.]*

Art. R. 743-154 *(Décr. n° 2007-812 du 10 mai 2007, art. 1er)* Il est interdit aux greffiers des tribunaux de commerce de réclamer ou de percevoir des émoluments plus élevés que ceux qui sont prévus, sous peine de restitution de la somme indûment perçue et de poursuites disciplinaires.

Art. R. 743-155 *(Décr. n° 2007-812 du 10 mai 2007, art. 1er)* Les greffiers peuvent percevoir des honoraires particuliers pour les travaux, formalités, diligences ou missions relevant de leurs fonctions qui ne sont pas prévus par les articles R. 743-140 à R. 743-155 lors de la délivrance, conformément aux dispositions légales et réglementaires, notamment celles de l'article R. 123-151, de renseignements et de statistiques sous une autre forme que les certificats, copies ou extraits des inscriptions portées sur les registres tenus dans les greffes et actes déposés en annexe, du registre du commerce et des sociétés.

Lorsque les travaux, formalités, diligences ou missions mentionnés à l'alinéa précédent sont accomplis dans son intérêt exclusif, le représentant de la partie intéressée ne peut réclamer à celle-ci le remboursement des honoraires particuliers perçus par le greffier.

Les honoraires particuliers sont, à défaut d'accord entre le greffier et celui qui doit en supporter définitivement la charge, fixés judiciairement dans les formes du droit commun. – *[Décr. n° 80-307 du 29 avr. 1980, art. 17.]*

Art. R. 743-156 *(Décr. n° 2007-812 du 10 mai 2007, art. 1er)* Une affiche, apposée de façon apparente dans chaque local du greffe accessible au public, doit faire connaître que le présent tarif est à la disposition de toute personne qui en fait la demande. – *[Décr. n° 80-307 du 29 avr. 1980, art. 19.]*

Art. R. 743-157 *(Décr. n° 2007-812 du 10 mai 2007, art. 1er)* Toute méconnaissance d'une obligation prévue à la présente section constitue une faute disciplinaire.

SECTION IV DE LA MODIFICATION DU RESSORT DES JURIDICTIONS COMMERCIALES PAR SUITE D'UNE NOUVELLE DÉLIMITATION DE CIRCONSCRIPTIONS ADMINISTRATIVES OU JUDICIAIRES ET DU TRANSFERT DU GREFFE DES TRIBUNAUX MIXTES DE COMMERCE *(Décr. n° 2012-439 du 30 mars 2012, art. 5).*

Art. R. 743-158 Lorsque le ressort d'un tribunal de commerce ou d'un tribunal de grande instance statuant en matière commerciale est modifié par suite d'une nouvelle délimitation de circonscriptions administratives ou judiciaires, il est procédé conformément aux dispositions des articles R. 743-159 à R. 743-177. *(Décr. n° 2008-786 du 18 août 2008, art. 5)* « Il en est de même lorsqu'un tribunal est créé » *(Décr. n° 2012-439 du 30 mars 2012, art. 6)* « ou lorsque le greffe d'un tribunal mixte de commerce est confié à un greffier de tribunal de commerce ». – *[Décr. n° 69-389 du 18 avr. 1969, art. 1er.]*

Art. R. 743-159 Conformément à l'article R. 721-5, le tribunal primitivement saisi demeure compétent pour statuer sur les procédures introduites antérieurement à la date de modification du ressort ainsi que sur toutes celles qui découlent d'une sauvegarde, d'un redressement judiciaire, d'une liquidation judiciaire, d'un règlement judiciaire, d'une liquidation de biens, ainsi que d'une faillite personnelle ou d'autres sanctions. – *[Décr. n° 69-389 du 18 avr. 1969, art. 2.]*

V. note ss. art. R. 721-5.

Art. R. 743-160 Le greffier du tribunal antérieurement compétent conserve les minutes, registres, actes, pièces et documents déposés avant la modification du ressort, sous réserve des dispositions des articles R. 743-162 à R. 743-168. Il a seul qualité pour en délivrer expédition, copie ou extrait, en mentionnant toutefois la date de modification du ressort et le tribunal désormais compétent. – *[Décr. n° 69-389 du 18 avr. 1969, art. 3.]*

V. note ss. art. R. 721-5.

Art. R. 743-161 Jusqu'à l'expiration du délai légal de communication aux tiers, lorsque le greffier du tribunal désormais compétent délivre des expéditions, copies ou extraits de minutes, registres, actes, pièces et documents concernant des personnes physiques ou morales dont le domicile ou dont le siège est situé dans les cantons, communes ou sections de communes précédemment compris dans le ressort d'un autre tribunal, il mentionne sur ces expéditions, copies ou extraits, le tribunal antérieurement compétent et la date de modification du ressort. – *[Décr. n° 69-389 du 18 avr. 1969, art. 4.]*

Art. R. 743-162 Lorsqu'un établissement commercial, appartenant à une personne physique ou morale, est situé dans un canton, une commune ou une section de commune transférés dans un autre ressort, le greffier du tribunal antérieurement compétent adresse au greffier du tribunal désormais compétent le dossier complet d'immatriculation relatif à cet établissement, sous réserve que l'immatriculation n'ait pas été radiée avant la date de modification du ressort. – *[Décr. n° 69-389 du 18 avr. 1969, art. 5.]*

Art. R. 743-163 *(Décr. n° 2008-786 du 18 août 2008, art. 6)* Si le dossier concerne une immatriculation à titre principal, le greffier du tribunal désormais compétent modifie la mention prévue au 2° de l'article R. 123-237.

Si le dossier concerne une personne physique ou morale déjà titulaire à un titre quelconque des mentions prévues aux 1° et 2° de l'article R. 123-237 au greffe du tribunal désormais compétent, le greffier de ce tribunal classe sous ces mentions le dossier transféré.

Le greffier fait publier dans au moins deux titres de la presse régionale paraissant dans le ressort du tribunal antérieurement compétent une insertion en caractères gras et encadrée, à un emplacement et d'une taille de nature à appeler l'attention du lecteur, mentionnant le transfert des immatriculations par suite de la suppression du tribunal antérieurement compétent.

Il avise l'Institut national de la propriété industrielle des modifications intervenues par l'envoi d'une liste récapitulative.

Art. R. 743-164 Jusqu'à transmission du dossier au greffier du tribunal désormais compétent, les inscriptions modificatives qui devraient être apportées à l'immatriculation sont reçues par le greffier du tribunal antérieurement compétent, qui doit également délivrer toutes copies ou extraits d'immatriculation au registre du commerce. – *[Décr. n° 69-389 du 18 avr. 1969, art. 7.]*

Art. R. 743-165 Sauf dérogation particulière prévue par le décret modifiant le ressort d'un tribunal de commerce ou d'un tribunal de grande instance statuant en matière commerciale, le transfert des dossiers prévus à l'article R. 743-162 doit être effectué dans le délai de trois mois à compter de la date de l'entrée en vigueur du décret modifiant la circonscription administrative ou judiciaire intéressée. – *[Décr. n° 69-389 du 18 avr. 1969, art. 8.]*

Art. R. 743-166 Sauf dérogation particulière prévue par le décret modifiant le ressort d'un tribunal de commerce, les diligences imparties par l'article R. 743-163 au greffier du tribunal désormais compétent doivent être accomplies dans le délai de six mois à compter de la réception des pièces prévues à l'article R. 743-162. – *[Décr. n° 69-389 du 18 avr. 1969, art. 9.]*

Art. R. 743-167 Les dispositions des articles R. 743-162 à R. 743-166 sont applicables, en tant que de besoin, au registre des agents commerciaux. – *[Décr. n° 69-389 du 18 avr. 1969, art. 10.]*

Art. R. 743-168 *(Décr. n° 2008-786 du 18 août 2008, art. 7)* Il n'est dû aux greffiers aucun émolument pour les radiations, les réimmatriculations et les inscriptions modificatives rendues nécessaires, en matière de registre du commerce et des sociétés et de registre des agents commerciaux, par la modification du ressort des juridictions commerciales consécutive à une nouvelle délimitation de circonscriptions administratives ou judiciaires.

Ancien art. R. 743-168 *Le montant des émoluments dus aux greffiers pour les radiations et réimmatriculations en matière de registre du commerce et des sociétés et du registre des agents commerciaux est imputé sur les crédits ouverts au ministère de la justice en matière commerciale. –* [Décr. n° 69-389 du 18 avr. 1969, art. 11.]

Art. R. 743-169 Les indemnités qui peuvent être dues, par suite des modifications de ressorts prévues à l'article R. 743-158, entre les greffiers des tribunaux de commerce et les anciens greffiers des tribunaux de commerce non remplacés ou leurs ayants droit sont évaluées et réparties après la deuxième année civile suivant celle au cours de laquelle sont intervenues ces modifications.

Le montant et la répartition de ces indemnités sont fixés par le garde des sceaux, ministre de la justice, soit après accord des parties qui en avisent le procureur général près la cour d'appel, soit sur proposition d'une commission dont la composition est fixée à l'article R. 743-170.

A défaut d'accord amiable, la partie la plus diligente ou le procureur général près la cour d'appel saisit la commission par lettre recommandée avec demande d'avis de réception. La commission doit se prononcer dans le délai de trois mois à compter du dépôt de la demande accompagnée de l'ensemble des pièces nécessaires à l'instruction du dossier. Le président de la commission transmet la proposition de celle-ci, qui est motivée, au garde des sceaux, ministre de la justice, dans le délai de quinze jours à compter de son adoption.

Il la notifie également, dans le même délai, à chacun des créanciers et débiteurs d'indemnité, par lettre recommandée avec demande d'avis de réception. Ceux-ci peuvent, dans le délai de quinze jours à compter de la notification et dans la même forme, faire connaître au garde des sceaux, ministre de la justice, que la proposition de la commission ne reçoit pas leur agrément.

Lorsque le garde des sceaux, ministre de la justice, refuse d'approuver l'accord des parties intervenu dans les conditions définies au deuxième alinéa, il saisit la commission et fixe le montant et la répartition des indemnités sur la proposition de celle-ci ; la commission procède comme il est dit au troisième alinéa. — *[Décr. n° 69-389 du 18 avr. 1969, art. 12.]*

Art. R. 743-170 La commission prévue à l'article R. 743-169 comprend :

1° Un magistrat du premier grade désigné par le garde des sceaux, ministre de la justice, président ;

2° Deux greffiers de tribunaux de commerce désignés, sur proposition du Conseil national des greffiers des tribunaux de commerce, par le garde des sceaux, ministre de la justice ; ils ne peuvent siéger lorsqu'ils sont personnellement intéressés.

Pour chaque siège, un suppléant est désigné dans les mêmes conditions.

Le secrétariat de la commission est assuré par un magistrat ou un fonctionnaire de l'administration centrale du ministère de la justice.

La commission peut entendre les intéressés et exiger la communication de tout document qu'elle estime utile.

Les fonctions de membre de la commission sont gratuites. — *[Décr. n° 69-389 du 18 avr. 1969, art. 12-1.]*

Art. R. 743-171 Pour déterminer le montant de l'indemnité, la commission apprécie la valeur de l'office en tenant compte de la recette nette moyenne au cours des cinq derniers exercices connus précédant le dépôt de la demande d'indemnisation et du solde moyen d'exploitation de l'office au cours de la même période.

La recette nette est égale à la recette encaissée par l'office, telle que retenue pour le calcul de l'imposition des bénéfices, diminuée des débours payés pour le compte des clients et des honoraires rétrocédés.

Le solde d'exploitation est égal à la recette nette augmentée des frais financiers et des pertes diverses et diminuée du montant des produits financiers, des gains divers et de l'ensemble des dépenses nécessitées pour l'exercice de la profession, telles que retenues pour le calcul de l'imposition des bénéfices en application des articles 93 et 93 A du code général des impôts.

Les données utilisées sont celles qui figurent sur la déclaration fiscale annuelle et dans la comptabilité de l'office.

La commission tient également compte, dans son appréciation, des éléments propres à la situation de l'office et de son titulaire. — *[Décr. n° 69-389 du 18 avr. 1969, art. 12-2, al. 1er à 5.]*

Art. R. 743-172 Lorsque les activités d'un greffe supprimé sont reprises par plusieurs greffes, la charge de l'indemnité, dont le montant est déterminé dans les conditions prévues à l'article R. 743-171, est répartie entre ceux-ci en fonction de l'avantage résultant pour chacun d'eux de cette suppression, en prenant en compte notamment le nombre moyen d'immatriculations au registre du commerce et des sociétés et de modifications apportées à ce registre au cours des cinq années précédant la demande d'indemnisation. — *[Décr. n° 69-389 du 18 avr. 1969, art. 12-2, al. 6.]*

Art. R. 743-173 Lorsque la modification prévue à l'article R. 743-158 affecte le ressort d'un tribunal de grande instance statuant en matière commerciale *(Décr. n° 2012-439 du 30 mars 2012, art. 7)* « ou le greffe d'un tribunal mixte de commerce », elle donne lieu à indemnisation dans les conditions suivantes :

1° En cas d'augmentation du ressort du tribunal de grande instance, les greffiers des tribunaux de commerce sont indemnisés par l'État à raison de la suppression de leur office ou de la diminution de leur compétence territoriale ;

2° *(Décr. n° 2012-439 du 30 mars 2012, art. 7)* « En cas de réduction du ressort du tribunal de grande instance, de suppression de sa compétence commerciale ou lorsque le greffe est confié à un greffier de tribunal de commerce, les greffiers des tribunaux de commerce qui sont créés ou dont le ressort est agrandi ou les greffiers dont l'office est créé versent une indemnité à l'État. »

Dans tous les cas, le montant des indemnités est fixé par arrêté conjoint du garde des sceaux, ministre de la justice, et du ministre chargé du budget, sur proposition de la commission dont la composition est fixée à l'article R. 743-174 et selon la procédure définie à l'article R. 743-175. – *[Décr. n° 69-389 du 18 avr. 1969, art. 12-3.]*

Art. R. 743-174 La commission prévue à l'article R. 743-173 comprend :

1° Un magistrat hors hiérarchie du siège désigné par le garde des sceaux, ministre de la justice, président ;

2° Deux représentants du ministre chargé du budget ;

3° Deux greffiers des tribunaux de commerce désignés, sur proposition du Conseil national des greffiers des tribunaux de commerce, par le garde des sceaux, ministre de la justice ; ils ne peuvent siéger lorsqu'ils sont personnellement intéressés.

Pour chaque siège, un suppléant est désigné dans les mêmes conditions.

Le secrétariat de la commission est assuré par un magistrat ou un fonctionnaire de l'administration centrale du ministère de la justice.

Les fonctions de membre de la commission sont gratuites. – *[Décr. n° 69-389 du 18 avr. 1969, art. 12-4.]*

Art. R. 743-175 Le greffier, dans le cas prévu au 1° de l'article R. 743-173, ou l'*(Décr. n° 2012-985 du 23 août 2012, art. 4)* « agent judiciaire de l'État », dans le cas prévu au 2° du même article, saisit la commission par lettre recommandée avec demande d'avis de réception.

Le secrétariat de la commission avise les intéressés de la date à laquelle la demande sera examinée. La commission peut entendre les intéressés, en personne ou par mandataire, le cas échéant à leur demande, et exiger la communication de tout document qu'elle estime utile.

La commission doit se prononcer dans le délai de trois mois à compter du dépôt de la demande accompagnée de l'ensemble des pièces nécessaires à l'instruction du dossier. Le président de la commission transmet la proposition de celle-ci, qui est motivée, au garde des sceaux, ministre de la justice, et au ministre chargé du budget, dans le délai de quinze jours à compter de son adoption. Il la notifie également, dans le même délai, au greffier et à l'*(Décr. n° 2012-985 du 23 août 2012, art. 4)* « agent judiciaire de l'État », par lettre recommandée avec demande d'avis de réception. Le procès-verbal de notification est joint au dossier de la commission.

Le greffier peut, dans le délai de quinze jours à compter de la notification et dans la même forme, faire connaître au garde des sceaux, ministre de la justice, et au ministre chargé du budget que la proposition de la commission ne reçoit pas son agrément. – *[Décr. n° 69-389 du 18 avr. 1969, art. 12-5.]*

Art. R. 743-176 Les indemnités qui peuvent être dues entre les officiers publics ou ministériels, les anciens officiers publics ou ministériels non encore remplacés ou leurs ayants droit, autres que ceux qui sont mentionnés à l'article R. 743-169, en raison des modifications de compétence territoriale, sont, en l'absence de conventions intervenues entre les intéressés sous le contrôle du garde des sceaux, ministre de la justice, fixées et réparties suivant la procédure suivie en cas de suppression d'offices publics et ministériels. – *[Décr. n° 69-389 du 18 avr. 1969, art. 13.]*

Art. R. 743-177 Des arrêtés conjoints peuvent être pris par le garde des sceaux, ministre de la justice, les ministres chargés de l'économie et de l'industrie pour déterminer les modalités d'application de la présente sous-section. – *[Décr. n° 69-389 du 18 avr. 1969, art. 16.]*

SECTION V COMPTE AFFECTÉ AUX FONDS DÉTENUS POUR LE COMPTE DE TIERS

(Décr. n° 2009-768 du 23 juin 2009)

Art. R. 743-178 Sont déposés sur un compte de dépôt, spécialement affecté, ouvert auprès de la Caisse des dépôts et consignations, les fonds suivants détenus par les greffiers des tribunaux de commerce pour le compte de tiers, pour l'exercice de leurs missions ou des mandats reçus :

1° Les provisions pour expertises judiciaires ;

2° Les séquestres attribués aux greffiers des tribunaux de commerce ;

3° Les sommes reçues en application de l'article L. 3253-15 du code du travail.

Chacune de ces catégories de fonds fait l'objet de l'ouverture d'un compte de dépôt distinct auprès de la Caisse des dépôts et consignations. – *V. Arr. du 26 juin 2012, ss. art. A. 743-4.*

Art. R. 743-179 Les seuls mouvements autorisés sur les comptes de dépôt mentionnés à l'article R. 743-178 sont :

– en entrée, les sommes reçues par les greffiers des tribunaux de commerce pour le compte de tiers, en application de l'article R. 743-178, ainsi que, le cas échéant, les sommes reçues de la liquidation des placements financiers opérés au titre des missions de séquestre qui leur sont confiées ;

– en sortie, les sommes prélevées et versées en exécution des missions confiées et des mandats reçus et, le cas échéant, les sommes destinées à constituer les placements financiers opérés au titre des missions de séquestre qui leur sont confiées. Un compte de placement identifié est ouvert pour chaque mission de séquestre.

Art. R. 743-180 A tout moment, le total des sommes dont le greffier des tribunaux de commerce est comptable au titre des missions exercées et des mandats reçus en application de l'article R. 743-178 doit être couvert par les fonds, effets ou valeurs appartenant à autrui ayant fait l'objet soit d'un dépôt sur les comptes mentionnés à l'article R. 743-178, soit d'un placement financier tel que prévu à l'article R. 743-179.

La compensation ne peut intervenir, sauf convention contraire, qu'entre les fonds de tiers encaissés et les frais exposés dans un même dossier.

Art. R. 743-181 Dans le cadre d'une comptabilité spéciale tenue dans leurs livres, les greffiers des tribunaux de commerce ouvrent, pour les mandats reçus, un compte qui enregistre l'ensemble des mouvements concernant ces mandats ainsi que les opérations liées à ces mouvements.

Ils tiennent à cet effet au moins un journal général, un grand livre, une balance générale et un répertoire des actes, lesquels doivent pouvoir faire l'objet d'une édition à première demande.

Ils tiennent également un tableau de bord et une liste journalière de chacun des comptes mouvementés.

Une balance générale annuelle et une balance détaillée des dossiers sont arrêtées et sauvegardées le dernier jour ouvré de l'année civile.

Art. R. 743-182 Un arrêté conjoint du ministre chargé de l'économie et du garde des sceaux, ministre de la justice, précise les modalités selon lesquelles sont opérés les mouvements sur les comptes de dépôt visés à l'article R. 743-178, les conditions de la rémunération des sommes déposées sur ces comptes ainsi que le contenu d'une convention type qui définit les rapports entre la Caisse des dépôts et consignations et les greffiers des tribunaux de commerce. — *V. art. A. 743-1 s.*

TITRE CINQUIÈME DE L'AMÉNAGEMENT COMMERCIAL

(Décr. n° 2008-1212 du 24 nov. 2008, art. 1er)

En vigueur à compter du 25 nov. 2008 (Décr. n° 2008-1212 du 24 nov. 2008, art. 8). — Pour les dispositions antérieures, V. le titre V ancien, 🏛 *ou au* ***C. com.****, éd. 2009 et antérieures.*

BIBL. ▸ Décr. n° 2008-1212 du 24 nov. 2008 : Note de la rédaction, *BRDA 2008, n° 23, p. 12* (entrée en vigueur de la réforme de l'urbanisme commercial). – GRABOY-GROBESCO, *RDI 2009. 144* (aménagement commercial : les suites réglementaires de la réforme LME).

CHAPITRE PREMIER DES COMMISSIONS D'AMÉNAGEMENT COMMERCIAL ET DES OBSERVATOIRES DÉPARTEMENTAUX D'ÉQUIPEMENT *[D'AMÉNAGEMENT]* COMMERCIAL

SECTION PREMIÈRE DES COMMISSIONS DÉPARTEMENTALES D'AMÉNAGEMENT COMMERCIAL

Art. R. 751-1 La commission départementale d'aménagement commercial est constituée par arrêté préfectoral, publié au recueil des actes administratifs. — *V. art. R. 751-1 ancien,* 🏛 *ou au* ***C. com.****, éd. 2009 et antérieures.*

V. note en tête du titre V.

V. Circ. 18 févr. 2009 relative à la commission départementale d'aménagement commercial (www.circulaires.gouv.fr).

Publication. L'art. R. 751-1 ne prévoit de publication au recueil des actes administratifs de la préfecture que du seul arrêté instituant la CDAC ; il ne résulte ni des dispositions de cet article ni d'aucune autre disposition législative ou réglementaire que le ou les arrêtés fixant la composition de la CDAC appelée à examiner une demande d'autorisation doivent être publiés audit recueil. • CAA Bordeaux, 25 janv. 2010 : *Constr.-urb. 2010, n° 54, obs. Renaux.*

Art. R. 751-2 Lorsqu'un projet est envisagé sur le territoire de plusieurs communes ou de plusieurs cantons, sont considérés comme la commune ou le canton d'implantation celle ou celui dont le territoire accueille la plus grande partie des surfaces de vente demandées pour le ou les établissements projetés, ou, dans le cadre d'un projet d'aménagement cinématographique, la plus grande partie des sur-

faces de l'ensemble de salles de spectacles cinématographiques faisant l'objet de la demande d'autorisation.

Le maire de la commune d'implantation ne peut pas siéger à la commission en une autre qualité que celle de représentant de sa commune. Il en est de même du maire de la commune la plus peuplée de l'arrondissement ou de l'agglomération multicommunale lorsque celle-ci n'est pas la commune d'implantation.

Lorsque la commune d'implantation fait partie d'un établissement public de coopération intercommunale compétent en matière d'aménagement de l'espace et de développement, cet établissement est représenté par son président ou par un membre du conseil communautaire désigné par le président. Le président de cet établissement ne peut pas être représenté par un élu de la commune d'implantation ni par un élu de la commune la plus peuplée de l'arrondissement ou de l'agglomération multicommunale lorsque celle-ci n'est pas la commune d'implantation.

Lorsque la commune d'implantation fait partie d'un établissement public compétent en matière de schéma de cohérence territoriale, cet établissement est représenté par son président ou par un membre du conseil communautaire désigné par le président. Le président de cet établissement ne peut pas être représenté par un élu de la commune d'implantation ni par un élu de la commune la plus peuplée de l'arrondissement ou de l'agglomération multicommunale lorsque celle-ci n'est pas la commune d'implantation.

Le président du conseil général ne peut pas être représenté par un élu de la commune d'implantation ni par un élu de la commune la plus peuplée de l'arrondissement ou de l'agglomération multicommunale lorsque celle-ci n'est pas la commune d'implantation.

Lorsque le maire de la commune d'implantation, le maire de la commune la plus peuplée de l'arrondissement ou de l'agglomération multicommunale lorsque celle-ci n'est pas la commune d'implantation, le président du conseil général ou le président de l'établissement public compétent en matière de schéma de cohérence territoriale est en même temps conseiller général du canton d'implantation, le préfet désigne pour remplacer ce dernier le maire d'une commune située dans la zone de chalandise ou dans la zone d'influence cinématographique dans le cadre d'un projet d'aménagement cinématographique. — *V. art. R. 751-2 ancien, ou au* **C. com.**, *éd. 2009 et antérieures.*

V. note en tête du titre V.

1. Représentant d'un EPIC. Lorsqu'en application de l'art. R. 751-2 le président de l'établissement public de coopération intercommunale auquel appartient la commune où se situe le projet d'équipement commercial désigne nominativement un élu local pour le représenter à la réunion de la commission départementale qui doit se prononcer sur l'autorisation du projet, il n'y a pas d'obligation de faire publier cette décision, qui présente un caractère individuel. • CAA Nancy, 20 janv. 2011 : *AJDA 2011. 777, note Wiernasz.*

2. Non-cumul des mandats. Si l'art. R. 751-2 a prévu des modalités de représentation des élus au sein de la CDAC, cette représentation, qui n'induit pas le remplacement de ces élus, ne fait pas échec à l'interdiction du cumul des mandats prévue par l'art. L. 751-2. La circulaire du 18 févr. 2009 tire les conséquences nécessaires de la loi en indiquant que, lorsque le maire de la commune d'implantation du projet est aussi président de EPIC compétent en matière d'aménagement de l'espace et d'élaboration du SCOT et que la zone de chalandise ne comporte qu'une seule commune, le nombre d'élus siégeant dans la commission doit être abaissé du fait de la règle de non-cumul, aucun autre maire de la zone en cause ne pouvant, dans cette hypothèse, être désigné par le préfet. • CE 3 oct. 2011 : *citée note 5 ss. art. L. 751-2.*

Art. R. 751-3 **Pour assurer la présidence de la commission départementale d'aménagement commercial, le préfet peut se faire représenter par un fonctionnaire du corps préfectoral affecté dans le département.**

Un arrêté préfectoral désigne des personnalités qualifiées en les répartissant au sein de trois collèges établis à raison d'un collège par domaine visé au 2° du II et au III de l'article L. 751-2 du présent code.

Ces personnalités exercent un mandat de trois ans et ne peuvent, sauf en ce qui concerne les membres du comité consultatif de diffusion cinématographique mentionnés au IV de l'article précité, effectuer plus de deux mandats consécutifs.

Pour chaque demande d'autorisation, le préfet nomme pour siéger à la commission une personnalité qualifiée au sein de chacun des collèges.

Si elles perdent la qualité en vertu de laquelle elles ont été désignées ou en cas de démission, de décès ou de déménagement hors des frontières du département, les personnalités qualifiées sont immédiatement remplacées pour la durée du mandat restant à courir.

V. note en tête du titre V.

Préfet. Si, en application du décret du 29 avr. 2004, en cas d'absence ou d'empêchement du préfet, sa suppléance peut être exercée de plein droit par le secrétaire général de la préfecture, aucune disposition ne confère ce même droit de suppléance au secrétaire général adjoint. • CAA Douai, 20 mai 2009 : *AJDA 2009. 1454*.

Art. R. 751-4 Lorsque la zone de chalandise ou la zone d'influence cinématographique du projet, telle qu'elle figure au dossier du demandeur, dépasse les limites du département, le représentant de l'État dans le département d'implantation détermine, pour chacun des autres départements concernés, le nombre d'élus et de personnalités qualifiées appelés à compléter la composition de la commission.

Le nombre d'élus ne peut être supérieur à cinq pour chacun des autres départements concernés. Ces membres sont des élus de communes appartenant à la zone de chalandise ou à la zone d'influence cinématographique.

Le nombre de personnalités qualifiées ne peut excéder trois pour chaque autre département concerné.

Sur proposition du préfet de chacun des autres départements concernés, le préfet du département d'implantation désigne les membres visés au premier alinéa.

V. note en tête du titre V.

Art. R. 751-5 Pour la commission départementale d'aménagement commercial de Paris, le conseil de Paris établit une liste composée de quatre conseillers d'arrondissement au sein de laquelle est choisi le conseiller d'arrondissement appelé à siéger à la commission. En cas d'empêchement du conseiller d'arrondissement appelé à siéger, son remplaçant est choisi sur la même liste.

Le conseil régional d'Île-de-France établit une liste composée de quatre conseillers régionaux au sein de laquelle est choisi le conseiller régional appelé à siéger à la commission. En cas d'empêchement du conseiller régional appelé à siéger, son remplaçant est choisi sur la même liste. – *V. art. R. 751-5 ancien,* *ou au* **C. com.**, *éd. 2009 et antérieures.*

V. note en tête du titre V.

Art. R. 751-6 Pour chaque demande d'autorisation, un arrêté préfectoral fixe la composition de la commission.

Les élus locaux sont désignés en la qualité en vertu de laquelle ils sont appelés à siéger. – *V. art. R. 751-6 ancien,* *ou au* **C. com.**, *éd. 2009 et antérieures.*

V. note en tête du titre V.

Sont validées, sous réserve des décisions de justice passées en force de chose jugée, les autorisations d'exploitation d'équipements commerciaux délivrées jusqu'au 1er janv. 2009, en tant qu'elles seraient contestées par le moyen tiré du caractère non nominatif de l'arrêté préfectoral fixant la composition de la commission départementale d'équipement commercial ayant délivré l'autorisation (L. n° 2008-

776 du 4 août 2008, art. 102-IV). Ces dispositions entrent en vigueur dès la publication de la loi précitée (L. nº 2008-776 du 4 août 2008, art. 102-XXIX, al. 2).

1. Composition de la CDEC (jurispr. antérieure à la L. nº 2008-776 du 4 août 2008). Eu égard à la finalité des dispositions légales, l'arrêté préfectoral doit permettre de connaître à l'avance l'identité des personnes susceptibles de siéger par la désignation des membres qui la composent, soit, en vertu de la qualité au nom de laquelle elles sont appelées à siéger, lorsque cette mention suffit à les identifier, soit, dans l'hypothèse où un membre peut se faire représenter par l'indication nominative de la personne qui pourra le représenter. • CE 16 janv. 2008 : *RTD com. 2008. 277, obs. Orsoni ; AJDA 2008. 119 ; RFDA 2008. 408 ; JCP E 2008, nº 7-8, p. 37 ; RJDA 2008, nº 460 ; Constr.-Urb. 2008, nº 54, obs. Renaux.* ♦ L'arrêté par lequel le préfet du département fixe la composition de chaque commission appelée à statuer sur une demande d'autorisation commerciale doit, sous peine de méconnaître une formalité substantielle, soit préciser le mandat ou la fonction de chaque élu ou autorité appelé à siéger, soit, lorsque cet élu ou cette autorité n'envisage pas de siéger personnellement, l'identité de son représentant. • CAA Nantes, 19 déc. 2006 : *AJDA 2007. 683, obs. Artus ; Gaz. Pal. 2007. 3348.* ♦ L'arrêté préfectoral qui, pour fixer la composition de la CDEC, a assorti chacune de ces désignations de la mention « ou son représentant », sans indiquer l'identité de ces éventuels représentants, a entaché sa décision d'autorisation d'irrégularité. • CAA Bordeaux, 21 mai 2007 : *AJDA 2007. 1615.*

Contra, jugeant que l'arrêté préfectoral qui fixe la composition de chaque commission appelée à examiner les demandes d'autorisation adressées à la commission départementale doit permettre d'identifier sans ambiguïté, au sein de la commission, les membres titulaires siégeant au titre des collectivités territoriales, des compagnies consulaires et des associations de consommateurs ; ces dispositions n'imposent, toutefois, pas la désignation nominative, dans ledit arrêté préfectoral de l'ensemble de ces membres titulaires, ni davantage celle des personnes susceptibles de les suppléer dans les conditions prévues par les dispositions législatives ou réglementaires, notamment les art. L. 2122-17, L. 2122-18 et L. 2122-25 CGCT en ce qui concerne les maires. • CAA Douai, 5 juill. 2007 : *RTD com. 2008. 277, obs. Orsoni ; AJDA 2008. 154, concl. Lepers* • CAA Lyon, 24 mai 2007 : *Constr.-Urb. 2007, nº 173, obs. Rousseau.*

2. Mesure de validation de la loi du 4 août 2008. La mesure de validation prévue par les dispositions du IV de l'art. 102 de la L. du 4 août 2008 (V. ci-dessus, 2e note rédactionnelle) est justifiée par d'impérieux motifs d'intérêt général. • CE 18 nov. 2009 : *AJDA 2009. 2201, obs. de Montecler ; RJDA 2010, nº 130 ; Procédures 2010, nº 23, obs. Deygas ; Lettre distrib. déc. 2009, p. 4.* ♦ ... Et ne justifie donc pas le renvoi au Conseil constitutionnel d'une question prioritaire de constitutionnalité. • CE 26 janv. 2011 : *AJDA 2011. 192, obs. de Montecler ; RJDA 2011, nº 353.* ♦ *Contra*, jugeant que cette mesure ne saurait faire obstacle à ce que le motif d'annulation tiré de ce que la décision contestée de la CDEC a été adoptée au terme d'une procédure irrégulière soit maintenu : • CAA Nantes, 29 déc. 2008 : *AJDA 2009. 831, concl. Degommier ; RJDA 2009, nº 898 ; Constr.-Urb. 2009, nº 69, obs. Diot.* – V. aussi : • CAA Versailles, 25 juin 2009 : *AJDA 2009. 1789.*

Art. R. 751-7 **Les membres de la commission remplissent un formulaire destiné à la déclaration des intérêts qu'ils détiennent et des fonctions qu'ils exercent dans une activité économique. Aucun membre ne peut siéger s'il n'a remis au président de la commission ce formulaire dûment rempli.**

Est déclaré démissionnaire d'office par le président de la commission tout membre qui ne remplit pas les obligations prévues à l'article L. 751-7. — *V. art. R. 751-7 ancien, ou au **C. com.**, éd. 2009 et antérieures.*

V. note en tête du titre V.

SECTION II **DE LA COMMISSION NATIONALE D'AMÉNAGEMENT COMMERCIAL**

Art. R. 751-8 **Le président de la Commission nationale d'aménagement commercial est suppléé, en cas d'absence ou d'empêchement, par le membre de la Cour des**

comptes et, en cas d'absence ou d'empêchement de celui-ci, par le membre de l'inspection générale des finances.

Le président a qualité pour signer tout mémoire dans les recours contre les décisions de la Commission nationale d'aménagement commercial. — *V. art. R. 751-8 ancien, ou au* **C. com.**, *éd. 2009 et antérieures.*

V. note en tête du titre V.

Art. R. 751-9 **Le mandat des membres de la Commission nationale d'aménagement commercial n'est pas interrompu par les règles concernant la limite d'âge éventuellement applicable aux intéressés.**

En cas d'empêchement d'une durée supérieure à six mois, constaté par son président, de démission ou de décès de l'un des membres de la Commission nationale d'aménagement commercial, il est procédé, dans les mêmes conditions, à la désignation d'un remplaçant pour la durée du mandat restant à courir.

Si cette nomination intervient moins d'un an avant l'expiration de ce mandat, le remplaçant peut accomplir un autre mandat.

Est déclaré démissionnaire d'office par le président de la commission tout membre qui ne remplit pas les obligations prévues à l'article L. 751-7.

Pour chacun des membres hormis le président, un suppléant est nommé dans les mêmes conditions que celles de désignation du membre titulaire. — *V. art. R. 751-9 ancien, ou au* **C. com.**, *éd. 2009 et antérieures.*

V. note en tête du titre V.

Les membres de la Commission nationale d'équipement commercial deviennent, à la date de publication du Décr. n° 2008-1212 du 24 nov. 2008 (JO 25 nov.), membres de la Commission nationale d'aménagement commercial ; ils sont maintenus dans leurs fonctions pour la durée de leur mandat restant à courir (Décr. préc., art. 7).

Art. R. 751-10 **I. — Le secrétariat de la Commission nationale d'aménagement commercial siégeant en matière d'équipements commerciaux est assuré par les services du ministre chargé du commerce.**

Dans ce cas, le commissaire du Gouvernement auprès de la commission est le directeur chargé du commerce ou son représentant.

II. — Le secrétariat de la Commission nationale d'aménagement commercial statuant en matière cinématographique est assuré par le Centre national de la cinématographie *[Centre national du cinéma et de l'image animée.]*

Dans ce cas, le commissaire du Gouvernement auprès de la commission est le directeur général du Centre national de la cinématographie *[président du Centre national du cinéma et de l'image animée]* **ou son représentant.** — *V. art. R. 751-10 ancien, ou au* **C. com.**, *éd. 2009 et antérieures.*

V. note en tête du titre V.

L'établissement public dénommé « Centre national de la cinématographie » prend la dénomination de « Centre national du cinéma et de l'image animée ». La référence, dans des dispositions de nature législative, au Centre national de la cinématographie est remplacée par la référence au Centre national du cinéma et de l'image animée (Ord. n° 2009-901 du 24 juill. 2009, art. 2).

Art. R. 751-11 **La Commission nationale d'aménagement commercial élabore son règlement intérieur.** — *V. art. R. 751-11 ancien, ou au* **C. com.**, *éd. 2009 et antérieures.*

V. note en tête du titre V.

SECTION III DES OBSERVATOIRES DÉPARTEMENTAUX D'AMÉNAGEMENT COMMERCIAL

Art. R. 751-12 **Un observatoire départemental d'aménagement commercial est constitué par arrêté préfectoral.**

Il a pour mission :

1° D'établir, par commune et par grandes catégories de commerces, un inventaire des équipements commerciaux :

a) D'une surface de vente égale ou supérieure à 300 mètres carrés et inférieure à 1 000 mètres carrés ;

b) D'une surface de vente égale ou supérieure à 1 000 mètres carrés ;

2° D'établir, par commune, la liste des magasins de commerce de détail et des prestataires de services à caractère artisanal d'une surface de vente inférieure à 300 mètres carrés ;

3° D'analyser l'évolution de la répartition géographique de l'appareil commercial du département.

Il établit chaque année un rapport, rendu public.

Le secrétariat de l'observatoire est assuré par le secrétaire de la commission départementale d'aménagement commercial. – *V. art. R. 751-12 ancien, ou au* ***C. com.****, éd. 2009 et antérieures.*

V. note en tête du titre V.

Art. R. 751-13 L'observatoire départemental d'aménagement commercial est présidé par le préfet ou son représentant.

Il est composé, suivant des modalités fixées par arrêté du ministre chargé du commerce :

1° D'élus locaux ; – *V. art. A. 751-1.*

2° De représentants des activités commerciales et artisanales ; – *V. art. A. 751-2.*

3° De représentants des *(Décr. n° 2010-1463 du 1er déc. 2010, art. 87)* « chambres de commerce et d'industrie territoriales » et des *(Décr. n° 2010-1356 du 11 nov. 2010, art. 25)* « chambres de métiers et de l'artisanat de région » ; – *V. art. A. 751-3.*

4° De représentants des consommateurs ;

5° De personnalités qualifiées ; – *V. art. A. 751-4.*

6° De représentants des administrations. – *V. art. A. 751-5. – V. art. R. 751-13 ancien, ou au* ***C. com.****, éd. 2009 et antérieures.*

V. note en tête du titre V.

Art. R. 751-14 Le mandat des membres est de trois ans. Il est renouvelable. – *V. art. R. 751-14 ancien, ou au* ***C. com.****, éd. 2009 et antérieures.*

V. note en tête du titre V.

Art. R. 751-15 Les dispositions de la présente section ne s'appliquent pas aux départements de la région Île-de-France.

V. note en tête du titre V.

SECTION IV DE L'OBSERVATOIRE D'AMÉNAGEMENT COMMERCIAL D'ÎLE-DE-FRANCE

Art. R. 751-16 Un observatoire d'aménagement commercial d'Île-de-France est constitué par arrêté du préfet de région. Il a pour mission :

1° D'établir, par commune et par grandes catégories de commerces, un inventaire des équipements commerciaux :

a) D'une surface de vente égale ou supérieure à 300 mètres carrés et inférieure à 1 000 mètres carrés ;

b) D'une surface de vente égale ou supérieure à 1 000 mètres carrés ;

2° D'établir, par commune, la liste des magasins de commerce de détail et des prestataires de services à caractère artisanal d'une surface de vente inférieure à 300 mètres carrés ;

3° D'analyser l'évolution de la répartition géographique de l'appareil commercial de la région.

Il établit chaque année un rapport rendu public.

Le secrétariat de l'observatoire d'aménagement commercial d'Île-de-France est assuré par le secrétaire général pour les affaires régionales. — *V. art. R. 751-16 ancien,* 🏛 *ou au* **C. com.**, *éd. 2009 et antérieures.*

V. note en tête du titre V.

Art. R. 751-17 L'observatoire d'aménagement commercial d'Île-de-France est présidé par le préfet de région.

Il est composé, selon des modalités fixées par arrêté du ministre chargé du commerce, des catégories de personnes mentionnées à l'article R. 751-13. — *V. art. A. 751-7 s.*

Le mandat de ses membres est de trois ans. Il est renouvelable. — *V. art. R. 751-17 ancien,* 🏛 *ou au* **C. com.**, *éd. 2009 et antérieures.*

V. note en tête du titre V.

SECTION V DES SCHÉMAS DE DÉVELOPPEMENT COMMERCIAL

Art. R. 751-18 Le schéma de développement commercial est un document qui rassemble des informations disponibles sur l'activité commerciale et son environnement économique.

Il comporte, dans le respect des dispositions du *(Décr. n° 2013-142 du 14 févr. 2013, art. 13-I)* « premier » alinéa de l'article *(Décr. n° 2012-290 du 29 févr. 2012, art. 51)* « L. 122-1-15 » du code de l'urbanisme, une analyse prospective qui indique les orientations en matière de développement commercial et les secteurs d'activité commerciale à privilégier. — *V. art. R. 751-19 ancien,* 🏛 *ou au* **C. com.**, *éd. 2009 et antérieures.*

V. note en tête du titre V.

Art. R. 751-19 La commune ou, s'il existe, l'établissement public chargé du schéma de cohérence territoriale ou, à défaut, l'établissement public de coopération intercommunale peut élaborer pour son territoire et en fonction des caractéristiques de celui-ci un schéma de développement commercial couvrant l'ensemble de l'activité commerciale.

Le département peut, le cas échéant, également élaborer un schéma de développement commercial.

V. note en tête du titre V.

Art. R. 751-20 Le schéma de développement commercial est établi pour une durée déterminée par la collectivité territoriale ou le groupement en charge de son élaboration. — *V. art. R. 751-24 ancien,* 🏛 *ou au* **C. com.**, *éd. 2009 et antérieures.*

V. note en tête du titre V.

Décret n° 2002-1369 du 20 novembre 2002,

Relatif aux schémas de développement commercial.

Art. 6 Les observatoires départementaux d'équipement commercial établissent le ou les schémas de développement commercial de leur département en vue de leur approbation dans un délai de dix-huit mois à compter de la publication du présent décret.

Le schéma récapitulatif de développement commercial de la région Île-de-France est approuvé dans un délai de six mois à compter de la date à laquelle l'ensemble des schémas de développement commercial prévus dans les départements de la région Île-de-France auront été publiés ou auront fait l'objet du constat de carence prévu à l'article 7.

Art. 7 A défaut d'approbation des schémas de développement commercial à l'expiration des délais fixés à l'article 6, le préfet en ce qui concerne le département et le préfet de région en ce qui concerne la région Île-de-France publient au recueil des actes administratifs de l'État un constat de carence. Le préfet ou le préfet de région dresse un inventaire de tous les équipements commerciaux mentionnés à l'article 1er *[C. com., art. R. 751-12]* existant dans le département ou le cas échéant dans la partie du département non couverte par un schéma approuvé ou dans la région Île-de-France, qui comporte l'indication des densités commerciales par secteur d'activité, rapprochées de celles constatées au niveau national. Cet inventaire tient lieu de schéma de développement commercial.

CHAPITRE II DE L'AUTORISATION COMMERCIALE

SECTION PREMIÈRE DES PROJETS SOUMIS À AUTORISATION OU À AVIS DES COMMISSIONS D'AMÉNAGEMENT COMMERCIAL

Art. R. 752-1 **Dans le cas où des commerces soumis à autorisation sont équipés de stations de distribution de carburants, les surfaces de vente correspondant à cette activité ne sont pas prises en compte pour la détermination de la surface autorisée.**

V. note en tête du titre V.

Art. R. 752-2 **Pour déterminer la surface de vente des établissements exploités par des pépiniéristes ou des horticulteurs, seules sont prises en compte les surfaces destinées à la vente de produits ne provenant pas de l'exploitation.**

Ces produits ne doivent pas être présentés sur plus de cinq espaces distincts et clairement délimités. — *V. art. D. 752-6 ancien,* 🏛 *ou au* **C. com.**, *éd. 2009 et antérieures.*

V. note en tête du titre V.

Art. R. 752-3 **Les secteurs d'activité mentionnés au 3° du I de l'article L. 752-1 sont les suivants :**

1° Le commerce de détail à prédominance alimentaire ;

2° Les autres commerces de détail et les activités de prestation de services à caractère artisanal. — *V. art. A. 752-3.*

Les activités constituant ces deux secteurs sont définies par arrêté du ministre chargé du commerce, par référence à la nomenclature d'activités française annexée au décret n° 2007-1888 du 26 décembre 2007 portant approbation des nomenclatures d'activités et de produits françaises. — *V. art. R. 752-5 ancien,* 🏛 *ou au* **C. com.**, *éd. 2009 et antérieures.*

V. note en tête du titre V.

Art. R. 752-4 **Pour l'application des dispositions prévues aux 4° et 5° du I de l'article L. 752-1, il n'est pas tenu compte de la surface des pharmacies, des commerces de véhicules automobiles et de motocycles et des installations de distribution de carburants.**

V. note en tête du titre V.

SECTION II DE LA DÉCISION DE LA COMMISSION DÉPARTEMENTALE

SOUS-SECTION 1 DE LA DEMANDE D'AUTORISATION

Les demandes d'autorisation en cours d'instruction à la date d'entrée en vigueur du Décr. nº 2008-1212 du 24 nov. 2008 (JO 25 nov.) sont réputées avoir été déposées à cette même date. Le demandeur peut présenter des éléments complémentaires, afin de satisfaire aux dispositions des art. R. 752-7 à R. 752-10 (Décr. préc., art. 4-I).

Art. R. 752-6 **La demande d'autorisation prévue à l'article L. 752-1 et à l'article 30-2 du code de l'industrie cinématographique** *[art. L. 212-7 du code du cinéma et de l'image animée]* **est présentée soit par le propriétaire de l'immeuble, soit par une personne justifiant d'un titre l'habilitant à construire sur le terrain ou à exploiter commercialement l'immeuble.** — *V. art. R. 752-7 ancien,* ou au **C. com.**, *éd. 2009 et antérieures.*

V. notes en tête du titre V et de la présente sous-section.

1. Titre autorisant l'exploitation. La production, d'une part, d'une délibération du conseil municipal de la commune approuvant le projet d'urbanisme de la zone prévoyant notamment la cession en faveur du demandeur de terrains d'une superficie d'environ un hectare et, d'autre part, d'un accord-cadre en vertu duquel, pour ce qui concerne le terrain d'assiette appartenant au domaine public de la commune, celle-ci s'est engagée à céder un terrain, est suffisante pour regarder le demandeur comme justifiant d'un titre l'autorisant à construire ou à exploiter commercialement l'immeuble au sens de l'art. R. 752-7 [ancien]. • CE 26 janv. 2007 : *Gaz. Pal. 2008. 3348* (jurisprudence transposable au nouvel art. R. 752-6).

2. Condition suspensive. Ayant retenu qu'il appartenait à l'acquéreur d'un local commercial de faire les démarches afin d'obtenir l'autorisation administrative d'exploitation d'un fonds de commerce délivrée par la CDEC (devenu CDAC), à défaut pour le futur exploitant de le faire, et constaté que la SCI ne justifiait pas avoir accompli les démarches nécessaires à la réalisation de cette condition, la cour d'appel a pu en déduire que la condition suspensive était réputée accomplie du fait que la SCI, débitrice de l'obligation, avait empêché la réalisation de cette condition (C. civ., art. 1178). • Civ. 3e, 10 sept. 2008 : *Bull. civ. III, nº 132 ; D. 2008. AJ 2285 ; CCC 2009, nº 2, obs. Leveneur ; RJDA 2009, nº 196 ; Administrer juill. 2009. 61, obs. Zalewski.*

Art. R. 752-7 I. — La demande est accompagnée :

1º D'un plan indicatif faisant apparaître la surface de vente des commerces ;

2º Des renseignements suivants :

a) Délimitation de la zone de chalandise du projet, telle que définie à l'article R. 752-8, et mention de la population de chaque commune comprise dans cette zone ainsi que de son évolution entre les deux derniers recensements authentifiés par décret ;

b) Desserte en transports collectifs et accès pédestres et cyclistes ;

c) Capacités d'accueil pour le chargement et le déchargement des marchandises.

II. — La demande est également accompagnée d'une étude destinée à permettre à la commission d'apprécier les effets prévisibles du projet au regard des critères prévus par l'article L. 752-6. Celle-ci comporte les éléments permettant d'apprécier les effets du projet sur :

1º L'accessibilité de l'offre commerciale ;

2º Les flux de voitures particulières et de véhicules de livraison ainsi que sur les accès sécurisés à la voie publique ;

3º La gestion de l'espace ;

4° Les consommations énergétiques et la pollution ;

5° Les paysages et les écosystèmes.

III. — La demande portant sur les projets d'aménagement cinématographique est accompagnée de renseignements et documents dont la liste est fixée par un arrêté du ministre chargé de la culture. Pour les projets ayant pour objet l'extension d'un établissement de spectacles cinématographiques, le délai de cinq ans prévu au 2° du I de l'article 30-2 du code de l'industrie cinématographique *[art. L. 212-7, 2° du code du cinéma et de l'image animée]* court à compter de la date d'enregistrement par le Centre national de la cinématographie *[Centre national du cinéma et de l'image animée]* du premier bordereau de déclarations de recettes de la dernière salle de l'établissement mise en exploitation. — *V. Arr. 5 déc. 2008 (JO 12 déc.).*

IV. — Un arrêté du ministre compétent précise en tant que de besoin les modalités de présentation de la demande. — *V. art. A. 752-1. — V. art. R. 752-8 et R. 752-9 anciens, ou au **C. com.**, éd. 2009 et antérieures.*

V. notes en tête du titre V et de la présente sous-section.

L'établissement public dénommé « Centre national de la cinématographie » prend la dénomination de « Centre national du cinéma et de l'image animée ». La référence, dans des dispositions de nature législative, au Centre national de la cinématographie est remplacée par la référence au Centre national du cinéma et de l'image animée (Ord. n° 2009-901 du 24 juill. 2009, art 2).

1. Présentation de la demande. Les dispositions de l'arrêté ministériel qui, en application de l'art. 18-1, dernier alinéa, du décret du 9 mars 1993 [C. com., art. R. 752-9, dern. al., ancien], précisent les modalités selon lesquelles doivent être présentées les demandes d'autorisation d'exploitation commerciale ne peuvent avoir pour objet, ni légalement avoir pour effet, d'imposer des formalités autres que celles résultant du décret ou qui sont nécessairement impliquées par lui (carte faisant apparaître la localisation des commerces de la zone de chalandise). • CE 26 janv. 2007 : *RJDA 2007, n° 1287 ; Gaz. Pal. 2007. 3348 ; Constr.-Urb. 2007, n° 86, obs. Renaux.*

2. Contenu de la demande. En accordant l'autorisation litigieuse sans disposer d'éléments suffisants lui permettant d'apprécier l'impact prévisible du projet au regard d'un certain nombre de critères, en particulier en ce qui concerne les consommations d'énergie la pollution et l'impact sur les paysages et les écosystèmes visés par les 4° et 5° du I de l'art. R. 752-7, la commission a entaché sa décision d'illégalité. • CE 26 mai 2010 : *AJDA 2010. 1668 ; RJDA 2011, n° 188.*

Art. R. 752-8 I. — Pour l'application de l'article L. 751-2, la zone de chalandise d'un équipement faisant l'objet d'une demande d'autorisation d'exploitation commerciale correspond à l'aire géographique au sein de laquelle cet équipement exerce une attraction sur la clientèle.

Cette zone est délimitée en tenant compte notamment de la nature et de la taille de l'équipement envisagé, des temps de déplacement nécessaires pour y accéder, de la présence d'éventuelles barrières géographiques ou psychologiques, de la localisation et du pouvoir d'attraction des équipements commerciaux existants ainsi que de la localisation des magasins exploités sous la même enseigne que celle de l'établissement concerné.

II. — Pour l'application de l'article 30-3 du code de l'industrie cinématographique *[art. L. 212-9 du code du cinéma et de l'image animée]*, la zone d'influence cinématographique d'un établissement de spectacles cinématographiques faisant l'objet d'une demande d'autorisation d'exploitation commerciale correspond à l'aire géographique au sein de laquelle cet établissement exerce une attraction sur les spectateurs.

Cette zone est délimitée en tenant compte notamment de la nature et de la taille de l'établissement envisagé, des temps de déplacement nécessaires pour y accéder, de la présence d'éventuelles barrières géographiques ou psychologiques, de la localisation et du pouvoir d'attraction des établissements de spectacles cinématographiques

existants ainsi que de la localisation des établissements exploités sous la même enseigne que celle de l'établissement concerné.

V. notes en tête du titre V et de la présente sous-section.

Art. R. 752-9 **Pour les projets de magasins de commerce de détail, la demande précise :**

1° En cas de création, la surface de vente et le secteur d'activité, tel que défini à l'article R. 752-4, de chacun des magasins de plus de 1 000 mètres carrés, ainsi que, le cas échéant, la surface de vente globale du projet ;

2° En cas d'extension, la surface de vente actuellement exploitée et la surface projetée de chacun des magasins. — *V. art. R. 752-10 ancien, ou au* ***C. com.****, éd. 2009 et antérieures.*

V. notes en tête du titre V et de la présente sous-section.

Art. R. 752-10 *(Décr. n° 2010-1026 du 31 août 2010, art. 2)* **En cas d'extension, la demande est accompagnée, le cas échéant, d'une attestation délivrée par le service des impôts des entreprises dont dépend l'établissement, reprenant les éléments contenus dans la plus récente déclaration annuelle établie au titre de l'article 4 de la loi du 13 juillet 1972 instituant des mesures en faveur de certaines catégories de commerçants et artisans âgés et, si l'établissement est redevable de la taxe sur les surfaces commerciales, indiquant s'il est à jour de ses paiements.** — *V. art. R. 752-11 ancien, ou au* ***C. com.****, éd. 2009 et antérieures.*

V. notes en tête du titre V et de la présente sous-section.

Art. R. 752-11 **La demande de changement de secteur d'activité d'un commerce de détail prévue au 3° du I de l'article L. 752-1 est accompagnée de tout document justifiant du droit du demandeur à exploiter son établissement dans le nouveau secteur d'activité.** — *V. art. R. 752-15 ancien, ou au* ***C. com.****, éd. 2009 et antérieures.*

V. notes en tête du titre V et de la présente sous-section.

Art. R. 752-12 **La demande d'autorisation est soit adressée au préfet sous pli recommandé avec demande d'avis de réception, soit déposée contre décharge au secrétariat de la commission, soit adressée par voie électronique. Dans ce dernier cas, l'accusé de réception électronique est adressé sans délai.** — *V. art. R. 752-17 ancien, ou au* ***C. com.****, éd. 2009 et antérieures.*

V. notes en tête du titre V et de la présente sous-section.

Art. R. 752-13 **Dès réception de la demande, si le dossier est complet, le préfet fait connaître au demandeur son numéro d'enregistrement et la date avant laquelle la décision doit lui être notifiée. Le délai d'instruction court, sous réserve des dispositions prévues à l'article R. 752-14, à compter du jour de la décharge ou de l'avis de réception ou de l'accusé de réception électronique prévus à l'article R. 752-12.**

La lettre du préfet avise en outre le demandeur que, si aucune décision ne lui a été adressée avant la date mentionnée à l'alinéa précédent, l'autorisation est réputée accordée. — *V. art. R. 752-18 ancien, ou au* ***C. com.****, éd. 2009 et antérieures.*

V. notes en tête du titre V et de la présente sous-section.

Décision tacite. Dans le cas où la CDEC a examiné, au cours de sa séance du 9 mai 2003, la demande d'autorisation d'exploitation commerciale, déposée le 16 janv. 2003 par le pétitionnaire, et où la décision du 9 mai 2003 accordant à l'intéressé l'autorisation demandée ne lui a été notifiée que le 20 mai suivant, soit postérieurement à la date à laquelle est née, à l'expiration du délai de quatre mois courant à compter du dépôt de la demande complète du pétitionnaire (C. com., art. L. 752-16 ancien), une décision implicite d'acceptation, la décision explicite intervenue le 9 mai 2003, qui est purement confirmative de la décision explicite du 16 mai 2003, ne s'est pas substituée à celle-ci. • CE 29 oct. 2007 : *RJDA 2008, n° 331.*

Art. R. 752-14 **Si le dossier est incomplet, le préfet, dans les quinze jours de la réception de la demande, invite l'intéressé, par lettre recommandée avec demande d'avis de réception, à fournir les pièces complémentaires.**

Lorsque toutes ces pièces ont été produites, il est fait application de l'article R. 752-13 et le délai d'instruction court à compter de la réception de la dernière pièce complétant le dossier. – *V. art. R. 752-21 ancien, ou au* ***C. com.****, éd. 2009 et antérieures.*

V. notes en tête du titre V et de la présente sous-section.

Art. R. 752-15 **Dans le cas où le demandeur n'a pas reçu, dans les quinze jours suivant la réception de sa demande par le secrétariat de la commission départementale d'aménagement commercial, la lettre prévue à l'article R. 752-13 ou R. 752-14, le délai d'instruction court à compter du jour de la décharge ou de l'avis de réception prévu à l'article R. 752-12.**

V. notes en tête du titre V et de la présente sous-section.

• SOUS-SECTION 2 DE LA PROCÉDURE D'AUTORISATION

Art. R. 752-16 **Le secrétariat de la commission départementale d'aménagement commercial est assuré par les services de la préfecture, qui examinent la recevabilité des demandes.**

Pour les projets d'aménagement commercial, l'instruction des demandes est effectuée conjointement par les services territorialement compétents chargés du commerce ainsi que ceux chargés de l'urbanisme et de l'environnement.

Le directeur des services chargés de l'urbanisme et de l'environnement, qui peut se faire représenter, rapporte les dossiers.

Pour les projets d'aménagement cinématographique, l'instruction des demandes est effectuée par la direction régionale des affaires culturelles. Le directeur régional des affaires culturelles, qui peut se faire représenter, rapporte les dossiers. – *V. art. R. 752-22 ancien, ou au* ***C. com.****, éd. 2009 et antérieures.*

V. notes en tête du titre V et de la sous-section 1.

Art. R. 752-17 **Dans le délai d'un mois à compter de la date d'enregistrement d'une demande d'autorisation, les membres de la commission départementale d'aménagement commercial reçoivent, par lettre recommandée avec demande d'avis de réception, communication de cette demande accompagnée :**

1° *De l'arrêté préfectoral* fixant la composition de la commission ;

2° De la lettre d'enregistrement de la demande prévue à l'article R. 752-13 ;

3° Du formulaire prévu à l'article R. 751-7.

Sur leur demande, les membres de la commission peuvent recevoir l'ensemble de ces documents par voie électronique. – *V. art. R. 752-23 ancien, ou au* ***C. com.****, éd. 2009 et antérieures.*

V. notes en tête du titre V et de la sous-section 1.

Délai indicatif. Le fait que l'arrêté désignant nominativement l'ensemble des membres de la commission soit intervenu au-delà du délai d'un mois est sans incidence sur la régularité de la procédure dès lors que ce délai ne présente qu'un caractère indicatif. • CAA Bordeaux, 25 janv. 2010 : *cité ss. R. 751-1.*

Art. R. 752-18 Cinq jours au moins avant la réunion, les membres titulaires de la commission départementale d'aménagement commercial reçoivent, par lettre recommandée avec demande d'avis de réception, communication de l'ordre du jour, accompagné des rapports d'instruction élaborés par les services visés aux deuxième et quatrième alinéas de l'article R. 752-16.

La communication de ces documents aux élus locaux appelés à siéger à la commission départementale d'aménagement commercial vaut transmission à leurs représentants. — *V. art. R. 752-24 ancien,* ou au **C. com.**, *éd. 2009 et antérieures.*

V. notes en tête du titre V et de la sous-section 1.

Délai de communication. La méconnaissance du délai de huit jours (désormais cinq jours) prévu par l'art. 23 du Décr. 9 mars 1993 [C. com., art. R. 752-24 ancien, et R. 752-18 nouveau] pour la communication aux membres de la CDEC des rapports d'instruction de la DDCCRF n'est pas, à elle seule, de nature à entacher d'irrégularité la procédure suivie, dès lors que les membres de la CDEC ont été en mesure de prendre connaissance en temps utile des rapports afin de pouvoir émettre un avis en pleine connaissance de cause sur le projet qui leur est soumis. • CE 14 nov. 2008 : *AJDA 2009. 221* ; *RJDA 2009, n° 388* ; *Constr.-Urb. 2009, n° 24, obs. Renaux (2e esp.).* ♦ Tel n'est pas le cas lorsque seuls les membres suppléants ont siégé à la commission alors que la convocation, accompagnée de l'ordre du jour et des différents rapports n'ont été communiqués qu'aux membres titulaires. • CAA Nantes, 28 oct. 2011 : *AJDA 2011. 2542.* ♦ V. aussi sur l'accusé de réception des courriers de convocation : • CE 24 sept. 2008 : *Constr.-Urb. 2009, n° 24, obs. Renaux (1re esp.).*

Art. R. 752-19 Lorsqu'une nouvelle demande est présentée, en application de l'article L. 752-15, à la suite de modifications substantielles du projet ou d'un changement d'enseigne, les renseignements fournis à l'appui de cette demande décrivent les modifications envisagées et leurs conséquences sur les éléments d'information contenus dans la demande initiale. — *V. art. R. 752-25 ancien,* *ou au* **C. com.**, *éd. 2009 et antérieures.*

V. notes en tête du titre V et de la sous-section 1.

Observations de la CCI. Dès lors qu'il n'est pas établi ni même allégué que le document non signé ait été transmis par une instance compétente de l'établissement consulaire, la grande surface est fondée à soutenir que ces observations ont été irrégulièrement présentées, ce qui, alors même que leur présentation n'avait pas de caractère obligatoire, a vicié la décision de la commission départementale d'urbanisme commercial. • CAA Lyon, 17 août 2010 : *AJDA 2010. 2278.*

Art. R. 752-20 La commission entend le demandeur à sa requête.

Elle peut entendre toute personne dont l'avis présente un intérêt pour la commission.

Toute autre personne souhaitant être entendue par la commission peut en faire la demande. Cette demande, formulée par écrit et notifiée au secrétariat de la commission au moins cinq jours avant la réunion de celle-ci, doit comporter les éléments justifiant, d'une part, de l'intérêt de la personne concernée à être entendue et, d'autre part, des motifs qui justifient son audition. — *V. art. R. 752-26 ancien,* *ou au* **C. com.**, *éd. 2009 et antérieures.*

V. notes en tête du titre V et de la sous-section 1.

Art. R. 752-21 La commission départementale d'aménagement commercial ne peut délibérer que si au moins cinq de ses membres sont présents. Si ce quorum n'est pas atteint, il est procédé, sur le même ordre du jour, à une nouvelle convocation de la commission. Celle-ci ne peut valablement délibérer, à l'expiration d'un délai de trois jours après cette convocation, que si au moins quatre de ses membres sont présents.

Lorsqu'elle statue sur un projet dont la zone de chalandise ou la zone d'influence cinématographique dépasse les limites du département, la commission ne peut déli-

bérer que si au moins la majorité de ses membres sont présents. Si ce quorum n'est pas atteint, il est procédé, sur le même ordre du jour, à une nouvelle convocation de la commission. Celle-ci ne peut valablement délibérer, à l'expiration d'un délai de cinq jours après cette convocation, qu'en présence, au moins de quatre membres du département d'implantation et d'un tiers des membres de la commission. — *V. art. R. 752-27 ancien, ou au* ***C. com.****, éd. 2009 et antérieures.*

V. notes en tête du titre V et de la sous-section 1.

Art. R. 752-22 **Les membres de la commission gardent le secret tant sur les délibérations que sur les documents dont ils ont eu connaissance à l'occasion de leurs fonctions.** — *V. art. R. 752-28 ancien, ou au* ***C. com.****, éd. 2009 et antérieures.*

V. notes en tête du titre V et de la sous-section 1.

Art. R. 752-23 **Un exemplaire du procès-verbal de la réunion de la commission est adressé par courrier simple dans le délai d'un mois à chaque membre de la commission ainsi qu'aux services de l'État, auteurs du rapport d'instruction du projet et, pour les projets d'aménagement cinématographique, au médiateur du cinéma.** — *V. art. R. 752-29 ancien, ou au* ***C. com.****, éd. 2009 et antérieures.*

V. notes en tête du titre V et de la sous-section 1.

Art. R. 752-24 **La commission se prononce par un vote à bulletins nominatifs. Sa décision motivée, signée par le président, indique le sens du vote émis par chacun des membres.**

Lorsqu'elle concerne l'aménagement commercial, la décision décrit le projet autorisé et mentionne la surface de vente totale autorisée et, le cas échéant, la surface de vente et le secteur d'activité de chacun des magasins de plus de 1 000 mètres carrés ainsi que la ou les enseignes désignées.

Lorsqu'elle concerne l'aménagement cinématographique, la décision décrit le projet autorisé et mentionne le nombre de places autorisées. — *V. art. R. 752-30 ancien, ou au* ***C. com.****, éd. 2009 et antérieures.*

V. notes en tête du titre V et de la sous-section 1.

Art. R. 752-25 **La décision de la commission est :**

1° Notifiée au demandeur dans le délai de dix jours à compter de la date de la réunion de la commission soit par la voie administrative contre décharge, soit par lettre recommandée avec demande d'avis de réception, soit par courrier électronique dans les conditions prévues au quatrième alinéa du présent article.

Lorsque les courriers sont adressés au demandeur par lettre recommandée avec demande d'avis de réception, l'intéressé est réputé en avoir reçu notification à la date de présentation du courrier.

Lorsque la demande précise que le demandeur accepte de recevoir à une adresse électronique les réponses de l'autorité compétente, les notifications peuvent lui être adressées par courrier électronique. Dans ce cas, le demandeur est réputé avoir reçu ces notifications à la date à laquelle il les consulte à l'aide de la procédure électronique. Un accusé de réception électronique est adressé à l'autorité compétente au moment de la consultation du document. A défaut de consultation à l'issue d'un délai de trois jours après leur envoi, le demandeur est réputé avoir reçu ces notifications.

2° Affichée, à l'initiative du préfet, pendant un mois à la porte de la mairie de la commune d'implantation. En cas d'autorisation tacite, une attestation du préfet est affichée dans les mêmes conditions.

L'exécution de la formalité prévue au 2° fait l'objet d'une mention au recueil des actes administratifs de la préfecture.

Lorsqu'elle concerne l'aménagement cinématographique, la décision de la commission, ou le cas échéant l'attestation mentionnée au 2°, est notifiée par le préfet au

médiateur du cinéma dans le délai de dix jours. – *V. art. R. 752-31 ancien,* 🏛 *ou au* ***C. com.****, éd. 2009 et antérieures.*

V. notes en tête du titre V et de la sous-section 1.

● SOUS-SECTION 3 DISPOSITIONS DIVERSES

Art. R. 752-26 **Lorsque la décision accorde l'autorisation demandée, le préfet fait publier, aux frais du bénéficiaire, un extrait de cette décision dans deux journaux régionaux ou locaux diffusés dans le département.**

Il en est de même de l'attestation préfectorale en cas d'autorisation tacite.

En outre, une copie en est adressée à la Caisse nationale du régime social des indépendants. – *V. art. R. 752-32 ancien,* 🏛 *ou au* ***C. com.****, éd. 2009 et antérieures.*

V. note en tête du titre V.

Art. R. 752-27 **Lorsque la réalisation d'un projet autorisé ne nécessite pas de permis de construire, l'autorisation est périmée pour les surfaces de vente qui n'ont pas été ouvertes au public ou, en ce qui concerne les projets d'aménagement cinématographique, pour les places de spectateurs qui n'ont pas été mises en exploitation, dans un délai de trois ans à compter de la notification prévue à l'article R. 752-25 ou de la date à laquelle l'autorisation est réputée accordée en vertu de l'article L. 752-14.**

Lorsque la réalisation d'un projet autorisé est subordonnée à l'obtention d'un permis de construire, l'autorisation est périmée si un dossier de demande de permis de construire considéré comme complet au regard des articles R. 423-19 à R. 423-22 du code de l'urbanisme n'est pas déposé dans un délai de deux ans à compter de la date fixée au premier alinéa.

Si la faculté de recours prévue à l'article L. 752-17 a été exercée, ces délais courent à compter de la date de la notification de la décision de la Commission nationale d'aménagement commercial.

En cas de suspension de l'exécution d'une autorisation, ces délais sont suspendus pendant la durée de la suspension.

Lorsqu'une demande de permis de construire a été déposée dans le délai et les conditions prévus au deuxième alinéa, l'autorisation est périmée pour les surfaces de vente qui n'ont pas été ouvertes au public ou, en ce qui concerne les projets d'aménagement cinématographique, pour les places de spectateurs qui n'ont pas été mises en exploitation, dans un délai de trois ans à compter de la date à laquelle le permis de construire est devenu définitif. Ce délai est prolongé de deux ans pour les projets qui portent sur la réalisation de plus de 6 000 mètres carrés de surface de vente. – *V. art. R. 752-33 ancien,* 🏛 *ou au* ***C. com.****, éd. 2009 et antérieures.*

V. note en tête du titre V.

Par dérogation aux dispositions du 1er al. de l'art. R. 752-27 et de la première phrase du dernier al. de ce même article, le délai de trois ans mentionné dans ces dispositions est porté à six ans en cas d'autorisations en cours de validité à la date de publication du Décr. n° 2010-403 du 23 avr. 2010 (JO 25 avr.) ou d'autorisations notifiées au demandeur, ou accordées tacitement à celui-ci, entre la date de la publication du décret précité et le 31 déc. 2011 (Décr. préc., art. 2).

Délai d'ouverture au public. Même en cas de délivrance d'un permis de construire modificatif, le délai de trois ans court à compter de la date à laquelle le permis de construire initial est devenu définitif, et il ne peut être prorogé par une nouvelle demande d'autorisation d'utilisation des sols. Cette interprétation est formulée sous réserve de l'appréciation souveraine des tribunaux, aucune jurisprudence n'étant connue sur ce point de droit (Rép. min. n° 15175 : *JOAN Q, 25 mars 2007, p. 2647 ; BRDA 2008, n° 7, p. 12 ; JCP N 2008, n° 15, p. 9*).

Art. R. 752-28 Pour les magasins de commerce de détail, un plan coté des surfaces de vente réalisées est déposé auprès des services de l'État chargés du commerce et de la consommation, par le titulaire de l'autorisation, huit jours au moins avant leur ouverture au public. – *V. art. R. 752-34 ancien,* 🏛 *ou au* **C. com.**, *éd. 2009 et antérieures.*

V. note en tête du titre V.

SECTION III DE L'AVIS DES COMMISSIONS D'AMÉNAGEMENT COMMERCIAL

Art. R. 752-29 La procédure de consultation prévue par l'article L. 752-4 est applicable pour les demandes de permis de construire portant sur des projets qui ne sont pas soumis à une autorisation d'exploitation commerciale et à condition :

– s'il s'agit de la création d'un magasin ou d'un ensemble commercial, que la surface de vente de ce magasin ou de cet ensemble commercial soit supérieure à 300 mètres carrés et inférieure ou égale à 1 000 mètres carrés ;

– s'il s'agit de l'extension d'un magasin ou d'un ensemble commercial, que la surface de vente du magasin ou de l'ensemble commercial après réalisation de l'extension soit supérieure à 300 mètres carrés et inférieure ou égale à 1 000 mètres carrés.

V. note en tête du titre V.

Art. R. 752-30 Pour la mise en œuvre de la procédure prévue à l'article L. 752-4, si la délibération du conseil municipal n'est pas transmise au pétitionnaire dans un délai d'un mois à compter de la date de la réception de la demande de permis de construire par le maire, le conseil municipal ne peut plus saisir la commission départementale d'aménagement commercial afin qu'elle statue sur la conformité du projet aux critères énoncés à l'article L. 752-6.

Si la délibération de l'organe délibérant de l'établissement public de coopération intercommunale compétent en matière d'urbanisme n'est pas transmise au pétitionnaire dans un délai d'un mois à compter de la date de la réception de la demande de permis de construire par le président de cet établissement, l'organe délibérant de cet établissement ne peut plus saisir la commission départementale d'aménagement commercial afin qu'elle statue sur la conformité du projet aux critères énoncés à l'article L. 752-6.

Si la délibération de l'organe délibérant de l'établissement public de coopération intercommunale *(Décr. n° 2010-403 du 23 avr. 2010, art. 1er)* « ou de l'organe délibérant du syndicat mixte » visé *(Décr. n° 2013-142 du 14 févr. 2013, art. 13-II)* « aux articles L. 122-4 et L. 122-4-1 » du code de l'urbanisme n'est pas transmise au pétitionnaire dans un délai d'un mois à compter de la date de la notification prévue au deuxième alinéa de l'article L. 752-4, l'organe délibérant de cet établissement ne peut plus saisir la commission départementale d'aménagement commercial afin qu'elle statue sur la conformité du projet aux critères énoncés à l'article L. 752-6.

La délibération mentionnée au troisième alinéa de l'article L. 752-4 est transmise au pétitionnaire et au préfet par pli recommandé avec demande d'avis de réception.

V. note en tête du titre V.

Art. R. 752-31 Lorsque le maire n'est pas l'autorité compétente pour délivrer le permis de construire, il ne dispose pas de la faculté de proposer au conseil municipal de saisir la commission départementale d'aménagement commercial.

(Abrogé par Décr. n° 2010-403 du 23 avr. 2010, art. 1er) ***« Lorsque l'établissement public chargé du schéma de cohérence territoriale est un syndicat mixte, son président ne peut pas faire usage de la procédure prévue à l'article L. 752-4. »***

V. note en tête du titre V.

Art. R. 752-32 La demande de l'avis prévu à l'article L. 752-4 est présentée par l'autorité compétente pour délivrer le permis de construire ou par le président de l'établissement public de coopération intercommunale *(Décr. n° 2010-403 du 23 avr. 2010, art. 1er)* « ou par le président du syndicat mixte » visé *(Décr. n° 2013-142 du 14 févr. 2013, art. 13-III)* « aux articles L. 122-4 et L. 122-4-1 » du code de l'urbanisme. Cette demande est motivée et est accompagnée de la délibération mentionnée au troisième alinéa de l'article L. 752-4.

La demande d'avis est soit adressée au préfet sous pli recommandé avec demande d'avis de réception, soit déposée contre décharge au secrétariat de la commission.

V. note en tête du titre V.

Art. R. 752-33 Le demandeur du permis de construire transmet à la commission d'aménagement commercial toutes pièces qu'il souhaite soumettre à l'examen de cette commission.

Pour l'examen de la demande d'avis prévue à l'article L. 752-4, la commission ne rassemble que des élus et des personnalités qualifiées du département d'implantation du projet.

V. note en tête du titre V.

Art. R. 752-34 Dès réception de la demande de l'avis prévu à l'article L. 752-4, le préfet fait connaître au demandeur du permis de construire son numéro d'enregistrement et le délai imparti à la commission pour statuer.

Le délai d'instruction court à compter du jour de la décharge ou de l'avis de réception prévu au deuxième alinéa de l'article R. 752-32.

La lettre du préfet informe en outre le demandeur que, si aucun avis ne lui a été adressé avant la date visée à l'alinéa précédent, l'avis est réputé favorable.

V. note en tête du titre V.

Art. R. 752-35 Dans le délai de quinze jours à compter de la date d'enregistrement de la demande de l'avis prévu à l'article L. 752-4, les membres de la commission départementale d'aménagement commercial reçoivent, par lettre recommandée avec demande d'avis de réception, communication :

1° De l'arrêté préfectoral fixant la composition de la commission ;

2° De la lettre d'enregistrement prévue à l'article R. 752-34 ;

3° Du formulaire prévu à l'article R. 751-7 ;

4° Des pièces transmises, le cas échéant, par le pétitionnaire.

V. note en tête du titre V.

Art. R. 752-36 Trois jours au moins avant la réunion, les membres titulaires de la commission départementale d'aménagement commercial reçoivent, par lettre recommandée avec demande d'avis de réception, communication de l'ordre du jour, accompagné des rapports d'instruction élaborés par les services visés au deuxième alinéa de l'article R. 752-16.

En ce qui concerne les élus locaux appelés à siéger à la commission départementale d'aménagement commercial, la communication de ces documents à ces derniers vaut transmission à leurs représentants.

V. note en tête du titre V.

Art. R. 752-37 La commission entend le demandeur à sa requête.

Elle peut entendre toute personne dont l'avis présente un intérêt pour la commission et à condition que cet avis soit formulé par écrit et notifié au secrétariat de la commission avant la réunion de celle-ci.

V. note en tête du titre V.

Art. R. 752-38 La commission départementale d'aménagement commercial ne peut délibérer que si au moins cinq de ses membres sont présents. Si ce quorum n'est pas atteint, il est procédé, sur le même ordre du jour, à une nouvelle convocation de la commission dans un délai de vingt-quatre heures.

V. note en tête du titre V.

Art. R. 752-39 Les membres de la commission gardent le secret tant sur les délibérations que sur les documents dont ils ont eu connaissance à l'occasion de leurs fonctions.

V. note en tête du titre V.

Art. R. 752-40 Un exemplaire du procès-verbal de la réunion de la commission est adressé par courrier simple à chaque membre de la commission.

V. note en tête du titre V.

Art. R. 752-41 La commission se prononce par un vote à bulletins nominatifs. Le sens de son avis est adopté à la majorité absolue des membres présents. Son avis motivé, signé par le président, indique le sens du vote émis par chacun des membres.

V. note en tête du titre V.

Art. R. 752-42 L'avis de la commission est notifié, dans le délai de dix jours, au demandeur et à l'autorité compétente à l'origine de la saisine soit par la voie administrative contre décharge, soit par lettre recommandée avec demande d'avis de réception, soit par courrier électronique dans les conditions prévues au troisième alinéa du présent article.

Lorsque les courriers sont adressés au demandeur par lettre recommandée avec demande d'avis de réception, l'intéressé est réputé en avoir reçu notification à la date de première présentation du courrier.

Lorsque la demande précise que le demandeur accepte de recevoir à une adresse électronique l'avis de la commission départementale d'aménagement commercial, la notification de cet avis peut lui être adressée par courrier électronique. Dans ce cas, le demandeur est réputé avoir reçu cette notification à la date à laquelle il la consulte à l'aide de la procédure électronique. Un accusé de réception électronique est adressé à l'autorité compétente au moment de la consultation du document. A défaut de consultation à l'issue d'un délai de trois jours après son envoi, le demandeur est réputé avoir reçu cette notification.

V. note en tête du titre V.

Art. R. 752-43 A défaut d'avis rendu par la commission avant l'expiration du délai prévu par le cinquième alinéa de l'article L. 752-4, l'avis de la commission départementale d'aménagement commercial est réputé favorable.

V. note en tête du titre V.

Art. R. 752-44 L'avis de la commission départementale d'aménagement commercial, ou, le cas échéant, de la Commission nationale d'aménagement commercial, doit être motivé.

A l'initiative du demandeur, seul un avis défavorable de la commission départementale d'aménagement commercial peut, dans un délai d'un mois, faire l'objet d'un recours devant la Commission nationale d'aménagement commercial.

V. note en tête du titre V.

SECTION IV DES RECOURS CONTRE LA DÉCISION OU L'AVIS DE LA COMMISSION DÉPARTEMENTALE

Pour les décisions de commissions départementales d'équipement commercial réunies avant l'entrée en vigueur du Décr. n° 2008-1212 du 24 nov. 2008 (JO 25 nov.), le préfet, le demandeur ou deux membres de la commission, dont l'un est élu, ou, le cas échéant, le médiateur du cinéma peuvent exercer, dans les conditions prévues par les lois et règlements en vigueur à la date où la commission a pris sa décision, un recours devant la Commission nationale d'aménagement commercial dans le délai de deux mois suivant, soit, dans le cas d'une décision expresse, la notification de la décision pour le demandeur, et la date de la réunion de la commission pour les membres et le préfet, soit, l'intervention implicite de la décision (Décr. préc., art. 4-II).

La Commission nationale d'aménagement commercial dispose d'un délai de quatre mois courant à compter de la publication du Décr. n° 2008-1212 du 24 nov. 2008 (JO 25 nov.) pour statuer sur les recours introduits devant la Commission nationale d'équipement commercial avant la publication du décret précité (Décr. préc., art. 5).

Lorsque la Commission nationale d'aménagement commercial statue sur un recours formé contre une décision d'autorisation prise par une commission départementale d'équipement commercial ou une commission départementale d'équipement cinématographique, elle fait application des dispositions relatives à la recevabilité des demandes et aux critères de délivrance des autorisations contenues dans les lois et règlements en vigueur à la date où la commission départementale a pris sa décision. Lorsqu'elle examine une décision de refus, la commission se prononce en fonction de la législation en vigueur à la date de sa décision (Décr. n° 2008-1212 du 24 nov. 2008, art. 6). – Jugeant implicitement que le demandeur peut modifier son dossier en conséquence quand le décret n'était pas encore intervenu lors du dépôt de la demande initiale, et que la commission peut l'inviter à le faire, s'il n'y procède pas spontanément (CE 26 mai 2010 : JCP N 2010. Actu 495, obs. Erstein).

Art. R. 752-45 **Lorsqu'il est exercé par le préfet ou par le médiateur du cinéma, le recours devant la Commission nationale d'aménagement commercial prévu à l'article L. 752-17 est fait en la forme administrative ordinaire.** *– V. art. R. 752-35 ancien, 🏛 ou au* ***C. com.****, éd. 2009 et antérieures.*

V. notes en tête du titre V et de la présente section.

Art. R. 752-46 **Le recours prévu à l'article L. 752-17, lorsqu'il est introduit par des personnes autres que le préfet ou le médiateur du cinéma, est adressé, par lettre recommandée avec demande d'avis de réception, au président de la Commission nationale d'aménagement commercial.**

Sous peine d'irrecevabilité, chaque recours est accompagné de motivations et de la justification de l'intérêt à agir de chaque requérant.

Lorsque le recours est exercé par plusieurs personnes, ses auteurs font élection de domicile en un seul lieu ; à défaut, les notifications, convocations ou autres actes sont valablement adressés au domicile du premier signataire. *– V. art. R. 752-36 ancien, 🏛 ou au* ***C. com.****, éd. 2009 et antérieures.*

V. notes en tête du titre V et de la présente section.

Art. R. 752-47 **Pour chaque recours exercé, le président de la Commission nationale d'aménagement commercial informe le préfet du dépôt du recours.**

V. notes en tête du titre V et de la présente section.

Art. R. 752-48 **Le délai de recours d'un mois prévu à l'article L. 752-17 court :**

***a)* Pour le demandeur, à compter de la date de notification de la décision de la commission départementale d'aménagement commercial ;**

***b)* Pour le préfet et les membres de la commission, à compter de la date de la réunion de la commission ou de la date à laquelle l'autorisation est réputée accordée ;**

c) Pour le médiateur du cinéma, à compter de la date de notification de la décision de la commission départementale d'aménagement commercial statuant en matière cinématographique ou de la date de notification de l'attestation du préfet lorsque l'autorisation est réputée accordée ;

d) Pour toute autre personne ayant intérêt à agir : — si le recours est exercé contre une décision de refus, à compter du premier jour de la période d'affichage en mairie ; — si le recours est exercé contre une décision d'autorisation, à compter de la plus tardive des mesures de publicité prévues aux articles R. 752-25 et R. 752-26. — *V. art. R. 752-37 ancien, ou au* **C. com.**, *éd. 2009 et antérieures.*

V. notes en tête du titre V et de la présente section.

Art. R. 752-49 La Commission nationale d'aménagement commercial se réunit sur convocation de son président.

Les membres de la Commission nationale d'aménagement commercial reçoivent l'ordre du jour, accompagné des procès-verbaux des réunions des commissions départementales d'aménagement commercial, des décisions de ces commissions, des recours et des rapports des services instructeurs départementaux.

La commission ne peut valablement délibérer qu'en présence de cinq membres au moins.

Le secrétaire de la Commission nationale d'aménagement commercial rapporte les dossiers. — *V. art. R. 752-38 ancien, ou au* **C. com.**, *éd. 2009 et antérieures.*

V. notes en tête du titre V et de la présente section.

Art. R. 752-50 Les membres de la Commission nationale d'aménagement commercial gardent le secret tant sur les délibérations que sur les documents dont ils ont eu connaissance à l'occasion de leurs fonctions. — *V. art. R. 752-39 ancien, ou au* **C. com.**, *éd. 2009 et antérieures.*

V. notes en tête du titre V et de la présente section.

Art. R. 752-51 La Commission nationale d'aménagement commercial entend, à leur requête, le maire de la commune d'implantation, l'auteur de la demande d'autorisation ainsi que l'auteur ou l'un des auteurs du recours.

Elle peut entendre toute personne qu'elle juge utile de consulter.

Toute autre personne souhaitant être entendue par la commission peut en faire la demande. Cette demande, formulée par écrit et notifiée au secrétariat de la commission au moins cinq jours avant la réunion de celle-ci, doit comporter les éléments justifiant, d'une part, de l'intérêt de la personne concernée à être entendue et, d'autre part, des motifs qui justifient son audition.

Le commissaire du Gouvernement recueille les avis des ministres intéressés, qu'il présente à la commission. Il donne son avis sur les demandes examinées par la Commission nationale d'aménagement commercial au regard des auditions effectuées. — *V. art. R. 752-40 ancien, ou au* **C. com.**, *éd. 2009 et antérieures.*

V. notes en tête du titre V et de la présente section.

1. Avis des ministres intéressés. Il résulte des dispositions des art. L. 752-6, R. 752-16 et R. 752-51 qu'il incombe au rapporteur public de recueillir et de présenter à la CNAC les avis de l'ensemble des ministres intéressés avant d'exprimer son propre avis. Le ministre chargé du commerce est au nombre des ministres intéressés, et la circonstance que le rapporteur public appartienne, en vertu de l'art. R. 751-10, à ses services ne dispense pas ce dernier de recueillir et présenter l'avis de ce ministre avant de donner son propre avis sur les demandes examinées par la commission. • CE 16 mai 2011 : *AJDA 2011. 1053, obs. Biget ; RJDA 2011, n° 846 ; Constr.-Urb. 2011, n° 109, obs. Renaux.* ♦ Il résulte de la combinaison des dispositions des art. R. 752-51 et R. 752-16 que les ministres intéressés, dont l'avis doit être recueilli puis présenté à la commission par le rapporteur public, sont ceux qui ont autorité sur les services chargés d'instruire les demandes, soit les ministres en charge du commerce, de l'urbanisme et de l'environnement. • CE 13 févr. 2012 : *AJDA 2012. 351, obs. R. G.* ; *RJDA 2012, n° 623 ; Constr.-Urb. 2012, n° 85, obs. Renaux.* ♦ La circonstance que le signataire de l'avis rendu par le ministre chargé du commerce exerce les fonctions de secrétaire général de la CNAC ne l'empêche pas, en sa qualité de chef du bureau de l'aménagement commercial, de signer valablement l'avis exprimé par ce ministre. • Même décision. ♦ Sur la procédure de re-saisine de la CNAC mise en œuvre pour régulariser les autorisations délivrées sans consultation des ministres intéressés, V. • CE 2 mai 2012 : *Constr.-Urb. 2012, n° 131, obs. Renaux.*

2. Délégation de signature. Cet avis est au nombre des actes dont la validité est subordonnée à la signature par une personne habilitée à engager le ministre concerné (irrégularité de la procédure en raison d'un avis donné par un adjoint à un chef de bureau du ministère de l'écologie ne disposant pas de la délégation de signature du ministre). • CE 15 déc. 2010 : *Dalloz actualité, 7 janv. 2011, obs. Vincent ; AJDA 2010. 2454* ; *RTD com. 2011. 321, obs. Orsoni* ; *RFDA 2011. 198.*

Art. R. 752-52 **La décision de la Commission nationale d'aménagement commercial, signée du président, est notifiée, dans un délai de deux mois, au ministre chargé du commerce ou, lorsqu'elle concerne un projet d'aménagement cinématographique, au ministre chargé de la culture, aux requérants et à l'auteur de la demande d'autorisation s'il n'est pas requérant.**

Le délai de quatre mois prévu à l'article L. 752-17 court à compter de la date de réception du recours.

La décision de la Commission nationale est notifiée au préfet pour être affichée et publiée dans les conditions prévues aux articles R. 752-25 et R. 752-26. En cas d'autorisation, il en adresse également une copie à la Caisse nationale du régime social des indépendants.

La décision de la Commission nationale est portée à la connaissance du public par voie électronique. — *V. art. R. 752-42 ancien, ou au* **C. com.**, *éd. 2009 et antérieures.*

V. notes en tête du titre V et de la présente section.

1. Décision de la CNEC. Il ne résulte d'aucune disposition législative ou réglementaire, ni d'aucun principe que les décisions de la Commission nationale d'équipement commercial devraient comporter les mentions attestant le contenu du dossier adressé aux membres de la commission, le caractère régulier de sa composition, l'identité des personnes présentes, le respect de la règle du quorum prévue par l'art. 30 du Décr. du 9 mars 1993 [C. com., art. R. 752-38 ancien et R. 752-49 nouveau] et le sens du vote émis par chacun de ses membres. • CE 21 mai 2008 : *req. n° 301973.*

2. Recours. S'agissant des personnes pour lesquelles les dispositions de l'art. R. 752-52 prévoient une notification, le délai de recours contentieux contre la décision de la CNAC court à compter de cette notification ; pour les tiers, le délai de recours contentieux court à compter de la plus tardive des deux dates correspondant, l'une au premier jour d'une période d'affichage en mairie d'une durée de deux mois, l'autre à la seconde des deux insertions effectuées dans la presse régionale ou locale. • CE 16 mai 2011 : *AJDA 2011. 1053, obs. Grand* ; *RJDA 2011, n° 847.* ♦ Jugeant que seuls les commerçants qui exploitent une surface commerciale dans la zone de chalandise du projet autorisé justifient d'un intérêt à agir à l'encontre des décisions prises par la CNAC, V. • CE 4 avr. 2012 : *Constr.-Urb. 2012, n° 114, obs. Renaux.*

SECTION V DES SANCTIONS

Art. R. 752-53 **Sans préjudice de l'application des sanctions prévues par le code de l'urbanisme, est puni de l'amende prévue pour les contraventions de la 5e classe le fait pour quiconque, sans être titulaire de l'autorisation requise ou en méconnaissance de ses prescriptions, soit d'entreprendre ou de faire entreprendre des travaux aux fins de réaliser un des projets prévus à l'article 30-2 du code de l'industrie**

cinématographique, soit d'exploiter ou de faire exploiter un établissement de spectacles cinématographiques *[art. L. 212-7 du code du cinéma et de l'image animée]*, **soumis aux obligations édictées par cet article.**

En cas d'exploitation irrégulière d'un établissement de spectacles cinématographiques, l'infraction est constituée par jour d'exploitation et par place de spectateur exploitée irrégulièrement.

S'il y a récidive, la peine d'amende prévue pour la récidive des contraventions de la 5e classe est applicable. – *V. art. R. 752-44 et R. 752-45 anciens,* 🏛 *ou au* ***C. com.****, éd. 2009 et antérieures.*

V. notes en tête du titre V.

Art. R. 752-54 Outre l'amende prévue à l'article L. 752-23, le tribunal peut ordonner la confiscation totale ou partielle des meubles meublants garnissant la surface litigieuse et des marchandises qui sont offertes à la vente sur cette surface. – *V. art. R. 752-46 ancien,* 🏛 *ou au* ***C. com.****, éd. 2009 et antérieures.*

V. note en tête du titre V.

SECTION VI DES CONTRATS PASSÉS À L'OCCASION DE LA RÉALISATION D'UN PROJET AUTORISÉ

Art. D. 752-55 *(Décr. n° 2008-1467 du 22 déc. 2008)* **Lorsqu'une autorisation a été délivrée en application des articles L. 752-1 à L. 752-3, la ou les personnes physiques ou morales bénéficiaires de cette autorisation communiquent au préfet et au président de la chambre régionale des comptes, dans le ressort desquels le projet est réalisé dans les délais fixés à l'article L. 752-25, une liste récapitulative des contrats, d'un montant supérieur à 10 000 euros, conclus à l'occasion de la réalisation du projet autorisé.**

Cette liste mentionne, pour chacun de ces contrats :

1° L'identité des parties contractantes ;

2° L'objet du contrat ;

3° Les conditions financières de réalisation du contrat.

Chacune des parties contractantes paraphe, pour ce qui la concerne, la liste établie par le ou les bénéficiaires de l'autorisation.

TITRE SIXIÈME DES MARCHÉS D'INTÉRÊT NATIONAL ET DES MANIFESTATIONS COMMERCIALES

RÉP. COM. v° *Marchés et halles*, par COURIVAUD.
RÉP. PÉN. v° *Marchés (Police des)*, par KECHICHIAN.

CHAPITRE PREMIER DES MARCHÉS D'INTÉRÊT NATIONAL

SECTION PREMIÈRE DISPOSITIONS GÉNÉRALES

Art. R. 761-1 Le conseil régional délibère sur la demande de classement ou de déclassement d'un marché d'intérêt national après avoir recueilli, dans les condi-

tions prévues à l'article R. 761-3, l'avis de la ou des communes ou du ou des établissements publics de coopération intercommunale sur lesquels le marché est implanté.

L'autorité compétente en application de l'article L. 761-1 se prononce dans un délai de six mois à compter de la date de réception du dossier de demande.

Le contenu des dossiers types de demande ainsi que les modalités de leur transmission et de leur instruction sont définis par arrêté des ministres chargés du commerce et de l'agriculture. – *[Décr. n° 2005-1595 du 19 déc. 2005, art. 1er.] – V. art. A. 761-1 et A. 761-2.*

Art. D. 761-2 En application du premier alinéa de l'article L. 761-2, l'aménagement et la gestion du marché d'intérêt national de Paris-Rungis sont organisés par l'État. – *[Décr. n° 2004-1483 du 23 déc. 2004, art. 1er.]*

Art. R. 761-3 Les communes ou les établissements publics de coopération intercommunale sur le territoire desquels le marché est implanté déterminent eux-mêmes, ou délèguent à la région le pouvoir de déterminer les modalités d'aménagement et de gestion du marché. Chacune de ces missions peut être assurée en régie ou déléguée. – *[Décr. n° 2005-1595 du 19 déc. 2005, art. 2.]*

Art. R. 761-4 Le tarif des redevances ou contributions de toute nature perçues par le gestionnaire est établi soit par le conseil d'administration, soit par l'organe délibérant qui en tient lieu.

Le gestionnaire porte ce tarif à la connaissance des usagers. – *[Décr. n° 2005-1595 du 19 déc. 2005, art. 20.]*

Art. R. 761-5 Le gestionnaire du marché établit un rapport annuel dans les conditions prévues à l'article L. 1411-3 du code général des collectivités territoriales et le transmet aux communes et aux établissements publics de coopération intercommunale sur le territoire desquels est implanté le marché, au conseil régional et au préfet.

Le compte de résultat prévisionnel, prévu à l'article L. 761-3, est produit selon les mêmes modalités.

Lorsque le gestionnaire exerce d'autres activités que l'exploitation du marché d'intérêt national, il tient des comptes séparés relatifs, d'une part, à ladite exploitation, d'autre part, à ses autres activités.

Le ministre chargé de l'agriculture fixe par arrêté les conditions dans lesquelles les producteurs, les opérateurs du marché et, le cas échéant, les gestionnaires lui fournissent des informations économiques et statistiques relatives aux transactions sur les produits commercialisés sur le marché. – *[Décr. n° 2005-1595 du 19 déc. 2005, art. 3.] – V. art. A. 761-3 et A. 761-4.*

Art. R. 761-6 Si l'exploitation financière du marché présente ou laisse prévoir un déséquilibre grave, le préfet chargé de la police du marché peut mettre le gestionnaire en demeure de prendre les mesures nécessaires au rétablissement de l'équilibre. Il en informe les collectivités publiques délégantes ou leurs groupements et, le cas échéant, les collectivités ayant garanti les emprunts contractés par le gestionnaire, ainsi que le conseil régional.

Lorsque, à l'expiration d'un délai de trois mois à compter de la date de réception de la mise en demeure, le gestionnaire n'a pas pris les mesures nécessaires au rétablissement de l'équilibre financier du marché, les ministres chargés du commerce et de l'agriculture peuvent faire usage des pouvoirs prévus au troisième alinéa de l'article L. 761-3. – *[Décr. n° 2005-1595 du 19 déc. 2005, art. 4.]*

SECTION II DU PÉRIMÈTRE DE RÉFÉRENCE ET DE L'AUTORISATION D'INSTALLATION DANS CE PÉRIMÈTRE *(Décr. n° 2011-286 du 18 mars 2011, art. 1er).*

SOUS-SECTION 1 DU PÉRIMÈTRE DE RÉFÉRENCE

Art. R. 761-7 Le projet de création d'un périmètre de référence est arrêté par le préfet de région ou par le préfet de département lorsque toutes les communes du périmètre sont dans le même département. Il est ensuite soumis pour avis au gestionnaire, aux communes ou établissements publics de coopération intercommunale, aux chambres de commerce et d'industrie, aux *(Décr. n° 2010-1356 du 11 nov. 2010, art. 25)* « chambres de métiers et de l'artisanat de région » et aux chambres d'agriculture sur le territoire ou dans le ressort desquels il est situé, selon des modalités qui sont fixées par arrêté des ministres chargés du commerce et de l'agriculture. — *V. art. A. 761-9.*

Le décret mentionné au premier alinéa de l'article L. 761-4 fixe les limites et la durée du périmètre de référence. Cette durée est au maximum de trente ans. — *[Décr. n° 2005-1595 du 19 déc. 2005, art. 5.]*

Art. R. 761-8 Le périmètre de référence peut être étendu au territoire de nouvelles communes selon les modalités prévues à l'article R. 761-7. Seuls sont alors recueillis les avis du gestionnaire et des communes ou établissements publics de coopération intercommunale faisant l'objet de l'extension, ainsi que des organismes consulaires dans le ressort desquels le territoire adjoint au périmètre de référence est situé. — *[Décr. n° 2005-1595 du 19 déc. 2005, art. 6.]*

Art. R. 761-9 La réduction du périmètre de référence excluant certaines communes et la suppression anticipée de celui-ci sont prononcées par arrêté des ministres chargés du commerce et de l'agriculture. — *[Décr. n° 2005-1595 du 19 déc. 2005, art. 7.] — V. art. A. 761-10.*

SOUS-SECTION 2 DE L'AUTORISATION D'INSTALLATION DANS UN PÉRIMÈTRE DE RÉFÉRENCE

(Décr. n° 2011-286 du 18 mars 2011, art. 2)

Art. R. 761-10 Les autorisations mentionnées à l'article L. 761-5 sont délivrées par l'autorité compétente mentionnée à l'article R. 761-7.

Art. R. 761-11 Pour l'application de l'article L. 761-5, les projets d'implantation ou d'extension de locaux ou d'ensembles de locaux destinés à recevoir, aux fins de vente autre que de détail, des produits inscrits sur la liste mentionnée à cet article s'entendent :

1° Des projets de constructions nouvelles, d'extension de constructions existantes et de transformation de locaux lorsque ces projets ont pour objet ou pour effet de créer une surface de vente de ces produits dépassant le seuil mentionné au même article, de porter une surface de vente existante au-delà de ce seuil ou d'augmenter une surface de vente existante déjà supérieure à ce seuil ;

2° Des mêmes projets lorsqu'ils portent sur des ensembles de locaux distincts partageant le même accès routier ou la même aire de stationnement offerte à leurs clients.

La surface de vente mentionnée au premier alinéa de l'article L. 761-5 comprend les surfaces consacrées aux produits inscrits sur la liste mentionnée à cet article ainsi que celles des allées qui leur sont exclusivement dédiées.

Art. R. 761-12 Toute personne qui souhaite réaliser un projet soumis à autorisation en application de l'article L. 761-5 adresse sa demande au préfet sous pli recommandé avec demande d'avis de réception, en la déposant contre décharge ou par voie électronique. Dans ce dernier cas, l'accusé de réception électronique est adressé sans délai. – *V. art. A. 761-13.*

Art. R. 761-12-1 La demande d'autorisation comprend deux parties.

La première partie mentionne les éléments permettant l'identification du demandeur, les produits dont la vente en gros est envisagée, les surfaces prévues par le projet ainsi que, le cas échéant, les surfaces actuellement exploitées par le demandeur et les contraintes techniques spécifiques de son projet. A cette partie de la demande d'autorisation sont jointes les pièces attestant de l'immatriculation du demandeur au registre du commerce et des sociétés ou d'une inscription équivalente dans un pays étranger.

La seconde partie précise les conditions de réalisation et d'exploitation des locaux projetés. Sont à ce titre précisés, de façon à permettre à l'autorité compétente d'apprécier les effets prévisibles du projet en matière d'aménagement du territoire et de développement durable :

1° La compatibilité des modes et des flux de transports induits par l'activité de l'installation avec les voies de transport existantes et les flux de véhicules ;

2° Les capacités d'accueil pour le chargement et le déchargement des marchandises ;

3° Les conditions de traitement des déchets et des eaux usées ;

4° La consommation énergétique du grossiste et des acheteurs potentiels ;

5° L'impact sur les paysages et les écosystèmes.

Cette seconde partie est accompagnée d'un plan indicatif faisant apparaître :

1° En cas de construction nouvelle ou de transformation de locaux, la surface de vente projetée et sa localisation ;

2° En cas d'extension, la surface de vente actuellement exploitée et la surface de vente projetée ainsi que leur localisation.

Un arrêté des ministres chargés du commerce et de l'agriculture précise les modalités de présentation de la demande d'autorisation et les pièces justificatives qu'elle doit comporter. – *V. art. A. 761-11 s.*

Art. R. 761-12-2 Si le dossier contient toutes les pièces nécessaires à l'instruction de la demande d'autorisation, le préfet adresse au demandeur dans les quinze jours de réception de la demande un récépissé de dépôt, qui mentionne la date avant laquelle la décision doit lui être notifiée et qui l'avise du fait que, si aucune décision ne lui a été adressée avant cette date, l'autorisation sera réputée accordée.

Si le dossier est incomplet, le préfet, dans les quinze jours de la réception de la demande, indique au demandeur, par lettre recommandée avec demande d'avis de réception, les pièces complémentaires qui doivent être fournies dans un délai de deux mois à compter de l'avis de réception. En l'absence de réponse du demandeur dans ce délai, la procédure est close et le dossier initial est renvoyé au demandeur. Lorsque toutes les pièces ont été produites, il est fait application du premier alinéa.

Art. R. 761-12-3 Le délai d'instruction de la demande d'autorisation est de trois mois. Il court à compter du jour de la décharge ou de l'avis de réception ou de l'accusé de réception électronique prévu à l'article R. 761-12 ou, en cas de mise en œuvre des dispositions du second alinéa de l'article R. 761-12-2, à compter de la réception de la dernière pièce complétant le dossier.

Le délai peut être prorogé d'un mois si la complexité du dossier le justifie ou si le demandeur a fait application des dispositions de l'article R. 761-12-5. Dans ce cas, le préfet en avise le demandeur par lettre motivée avant l'expiration du délai d'instruction initial.

Art. R. 761-12-4 Dès réception de la demande, le préfet transmet une copie de la première partie de celle-ci, telle que définie à l'article R. 761-12-1, au gestionnaire du marché d'intérêt national, en vue de savoir s'il dispose des surfaces nécessaires à la réalisation du projet. Le gestionnaire du marché d'intérêt national dispose d'un délai de six semaines pour répondre. A défaut de réponse dans ce délai, il est réputé ne pas disposer des surfaces nécessaires.

Si le gestionnaire du marché d'intérêt national a indiqué ne pas disposer des surfaces nécessaires pour permettre l'implantation ou l'extension envisagée ou n'a pas répondu dans le délai de six semaines, le préfet informe le demandeur qu'il bénéficie d'une autorisation de droit pour réaliser son projet.

Si le gestionnaire du marché d'intérêt national dispose des surfaces nécessaires pour permettre l'implantation ou l'extension envisagée, il transmet au préfet, qui l'adresse sans délai au demandeur, une proposition d'installation dans l'enceinte du marché comprenant le règlement intérieur du marché, un plan de localisation des surfaces de vente, les caractéristiques des terrains ou des installations immobilières susceptibles d'être mises à la disposition du demandeur, les conditions financières de cette mise à disposition ainsi que les conditions de mise à disposition des fluides et de traitement des déchets et des eaux usées. Dans le cas où le demandeur refuse cette proposition ou s'abstient d'y répondre dans un délai de quinze jours, le préfet poursuit l'instruction de la demande d'autorisation.

Art. R. 761-12-5 Le dossier initialement transmis par le demandeur peut ne comprendre que la première partie de la demande telle que définie à l'article R. 761-12-1. En ce cas, les dispositions de l'article R. 761-12-2 ne s'appliquent qu'à la première partie de la demande et le préfet, lorsqu'il adresse la proposition d'installation présentée par le gestionnaire du marché au demandeur, signale à celui-ci qu'il doit, s'il refuse cette proposition, transmettre la seconde partie du dossier de demande dans un délai d'un mois.

En l'absence de réponse du demandeur dans ce délai ou, si le préfet a indiqué au demandeur, par lettre recommandée avec demande d'avis de réception, que la seconde partie de la demande transmise est incomplète, en l'absence de transmission des pièces complémentaires dans les quinze jours de l'avis de réception, la procédure est close et le dossier est renvoyé au demandeur.

Art. R. 761-12-6 La décision du préfet est motivée et mentionne les délais et voies de recours.

Elle est notifiée au demandeur soit par la voie administrative contre décharge, soit par lettre recommandée avec demande d'avis de réception, soit par courrier électronique dans les conditions prévues au quatrième alinéa du présent article. Elle est publiée au recueil des actes administratifs de la préfecture.

Lorsque les courriers sont adressés au demandeur par lettre recommandée avec demande d'avis de réception, l'intéressé est réputé en avoir reçu notification à la date de présentation du courrier.

Lorsque la demande précise que le demandeur accepte de recevoir à une adresse électronique les réponses de l'autorité compétente, les notifications lui sont adressées par courrier électronique. Le demandeur adresse un accusé de réception électronique à l'autorité compétente au moment de la consultation du document. A défaut de consultation à l'issue d'un délai de trois jours après leur envoi, le demandeur est réputé avoir reçu ces notifications.

Art. R. 761-12-7 A défaut de décision expresse notifiée par le préfet avant l'expiration du délai d'instruction, l'autorisation est réputée accordée. Mention en est faite au recueil des actes administratifs de la préfecture.

SECTION III DE L'ORGANISATION GÉNÉRALE DES MARCHÉS D'INTÉRÊT NATIONAL

SOUS-SECTION 1 DISPOSITIONS COMMUNES À TOUS LES MARCHÉS D'INTÉRÊT NATIONAL

Art. R. 761-13 Le marché est clos. – *[Décr. nº 2005-1595 du 19 déc. 2005, art. 11.]*

Art. R. 761-14 Les usagers du marché d'intérêt national ou de ses établissements annexes sont :

1° Les vendeurs professionnels et courtiers ;

2° Les producteurs, leurs groupements et leurs organisations, qui ne peuvent vendre que leur propre production ;

3° Les acheteurs professionnels ;

4° Les autres usagers admis par le gestionnaire, notamment les exploitants et utilisateurs des services, aménagements, installations appartenant au marché ou établis dans son enceinte. – *[Décr. nº 2005-1595 du 19 déc. 2005, art. 13.]*

Art. R. 761-15 Les usagers mentionnés au 1° de l'article R. 761-14 font la preuve de leur immatriculation en France au registre du commerce et des sociétés ou d'une inscription équivalente dans un pays étranger garantissant la licéité de leur activité.

Les usagers mentionnés au 2° de l'article R. 761-14 justifient par tout moyen de leur qualité auprès du gestionnaire du marché.

(Décr. nº 2008-1488 du 30 déc. 2008, art. 10) « Les acheteurs sur le marché font la preuve soit de leur immatriculation en France au registre du commerce et des sociétés ou au répertoire des métiers, soit de la dispense d'immatriculation prévue à l'article L. 123-1-1 ou au V de l'article 19 de la loi nº 96-603 du 5 juillet 1996 relative au développement et à la promotion du commerce et de l'artisanat *[V. cet art., App., vº Artisans]*, soit d'une inscription équivalente dans un pays étranger garantissant la licéité de leur activité. »

Le demandeur fournit une traduction en français des documents établis dans une langue étrangère. – *[Décr. nº 2005-1595 du 19 déc. 2005, art. 14.]*

Immatriculation au RCS. Lors de leur demande d'immatriculation au RCS, les personnes physiques et les sociétés installant leur établissement, pour les premiers, leur siège, pour les secondes, à l'intérieur d'un MIN, n'ont à justifier, du chef de cet établissement ou siège, que de la réalité de l'adresse déclarée. Cette justification peut résulter de la production de l'autorisation d'occupation d'un emplacement aménagé ou non, ou d'un contrat de bail si le MIN est installé sur une dépendance du domaine privé d'une collectivité territoriale (Avis CCRCS nº 2012-012 du 23 mars 2012).

Art. R. 761-16 Les usagers du marché sont notamment tenus aux obligations suivantes :

1° Se conformer aux dispositions du règlement intérieur du marché ainsi qu'aux textes législatifs et réglementaires applicables à leurs activités ;

2° Ne pas nuire à l'image et à la notoriété du marché ;

3° Respecter leurs obligations contractuelles envers le gestionnaire ;

4° Acquitter les redevances et contributions de toute nature perçues par le gestionnaire. – *[Décr. n° 2005-1595 du 19 déc. 2005, art. 15.]*

Art. R. 761-17 Chaque marché dispose d'un règlement intérieur établi par le gestionnaire et approuvé par le préfet chargé de la police du marché.

Le règlement intérieur prévoit notamment :

1° Les heures de vente pour chaque produit et selon chaque pratique de vente ainsi que les heures d'accès aux installations et activités accessoires du marché ;

2° Les modalités d'accès des usagers au marché et celles selon lesquelles le gestionnaire peut autoriser d'autres personnes à y pénétrer ;

3° Les obligations des usagers, et notamment, pour les vendeurs, l'obligation de déclarer au gestionnaire du marché les tonnages reçus, le volume des ventes, les entrées en entrepôt, les mouvements de stocks et de tenir une comptabilité appropriée aux activités autorisées sur le marché ;

4° Les conditions d'utilisation des services, installations ou moyens communs mis à la disposition des usagers par le gestionnaire du marché ;

5° Les modalités de contrôle, par le gestionnaire, des installations et des opérations faites sur le marché ;

6° Les conditions dans lesquelles les autorisations et titres d'occupation sont attribués et, le cas échéant, retirés ou abrogés ;

7° Les conditions dans lesquelles le gestionnaire peut soit à la demande du titulaire du titre d'occupation, soit de sa propre initiative, dans l'intérêt de l'hygiène ou de la salubrité du marché ou du bon fonctionnement du service, modifier l'emplacement donnant lieu au titre d'occupation ; les frais afférents au transfert sont mis à la charge du titulaire, si le transfert est opéré à sa demande, et à la charge du gestionnaire, s'il est accompli à l'initiative de ce dernier.

Toute modification du règlement intérieur est approuvée par le préfet chargé de la police du marché. – *[Décr. n° 2005-1595 du 19 déc. 2005, art. 16.]*

Art. R. 761-18 Un conseil de discipline est institué dans chaque marché. Sauf en cas d'avertissement, il est saisi par l'autorité compétente, en application de l'article R. 761-19, pour infliger la sanction envisagée.

Sa composition et son fonctionnement sont fixés par arrêté des ministres chargés du commerce et de l'agriculture. – *[Décr. n° 2005-1595 du 19 déc. 2005, art. 17.] – V. art. A. 761-15.*

Art. R. 761-19 Les usagers peuvent faire l'objet de sanctions disciplinaires pour infraction aux règles qui régissent le marché. L'intéressé doit être mis à même de présenter ses observations, dans les conditions prévues à l'article 24 de la loi n° 2000-321 du 12 avril 2000 relative aux droits des citoyens dans leurs relations avec les administrations.

Ces sanctions sont :

1° L'avertissement ;

2° L'avertissement comportant une sanction pécuniaire d'un montant égal à l'amende pour contravention de la troisième classe ;

3° Le blâme comportant une sanction pécuniaire d'un montant égal à l'amende pour contravention de la quatrième classe ;

4° La suspension pour une durée qui ne peut dépasser trois mois ;

5° L'exclusion comportant, s'il y a lieu, retrait du contrat d'occupation.

L'avertissement et le blâme sont prononcés par le gestionnaire.

La suspension et l'exclusion sont prononcées par le préfet chargé de la police du marché, après avis du conseil de discipline. – *[Décr. n° 2005-1595 du 19 déc. 2005, art. 18.]*

Art. R. 761-20 Un comité technique consultatif est institué auprès du gestionnaire du marché.

Il débat de toutes questions relatives au fonctionnement du marché.

Sa composition et son fonctionnement sont fixés par arrêté des ministres chargés du commerce et de l'agriculture. – *[Décr. n° 2005-1595 du 19 déc. 2005, art. 19.] – V. art. A. 761-16.*

Art. R. 761-21 En l'absence de périmètre de référence, l'extension ou la réduction de l'enceinte du marché ainsi que son transfert à l'intérieur d'un même département sont décidés par le gestionnaire.

Si un tel périmètre a été créé :

1° L'extension ou la réduction de l'enceinte du marché est approuvée par arrêté du préfet chargé de la police du marché ;

2° A la demande du gestionnaire, de la collectivité délégante ou, de sa propre initiative, pour des raisons d'ordre public, le préfet chargé de la police du marché peut décider du transfert de celui-ci à l'intérieur du périmètre de référence. Les frais de déménagement des vendeurs professionnels et courtiers sont pris en charge par l'autorité qui a demandé le transfert. – *[Décr. n° 2005-1595 du 19 déc. 2005, art. 12.]*

● SOUS-SECTION 2 DISPOSITIONS APPLICABLES AUX MARCHÉS D'INTÉRÊT NATIONAL INSTALLÉS SUR LE DOMAINE PUBLIC

Art. R. 761-22 L'autorisation de s'établir sur le marché d'intérêt national est donnée par son gestionnaire. Elle est précédée d'une publicité appropriée.

Il peut s'agir :

1° Soit d'une autorisation d'occupation exclusive d'un emplacement aménagé ou d'un terrain ;

2° Soit d'une autorisation d'occupation non exclusive d'un emplacement dans une installation aménagée : carreau, salle, surface couverte ou quai affectés à l'utilisation commune de certaines catégories ou de l'ensemble des vendeurs, conformément aux conditions spéciales définies par le règlement intérieur.

L'autorisation d'occupation impose au bénéficiaire l'obligation d'exploiter sous sa responsabilité personnelle.

La décision d'autorisation d'occupation est notifiée à l'intéressé par le gestionnaire. Elle fixe la nature et les caractéristiques des installations autorisées et des activités que le titulaire s'engage à y exercer, la date de son entrée en vigueur et sa durée, qui ne peut excéder la date de mise à disposition du terrain par la personne publique propriétaire. – *[Décr. n° 2005-1595 du 19 déc. 2005, art. 21.]*

Art. R. 761-23 L'attribution d'une autorisation d'occupation exclusive peut être subordonnée à l'acquittement, par le demandeur, d'un droit de première accession fixé dans les conditions prévues à l'article L. 761-3.

Sans préjudice de l'application de l'article R. 761-24, le titulaire de cette autorisation ne peut disposer de tout ou partie de son emplacement au profit d'un tiers.

Le gestionnaire peut, sur demande individuelle, autoriser le titulaire d'une autorisation d'occupation exclusive à opérer, dans son emplacement, des aménagements conformes à la destination de celui-ci. Il ne peut refuser cette autorisation si les services généraux ou les moyens communs du marché ne satisfont pas le besoin invoqué. – *[Décr. n° 2005-1595 du 19 déc. 2005, art. 22.]*

Art. R. 761-24 Le titulaire d'une autorisation d'occupation exclusive peut, lorsqu'il exerce son activité sur le marché depuis trois ans au moins, présenter au gestionnaire un successeur qui sera subrogé dans ses droits et ses obligations. Lorsque le

titulaire vient à décéder, le même droit de présentation appartient à ses ayants droit qui peuvent en faire usage au bénéfice de l'un d'eux.

Le gestionnaire ne peut refuser à la personne présentée comme successeur l'autorisation de s'établir à titre exclusif dans un emplacement du marché si elle remplit les conditions prévues à l'article R. 761-15 et si elle exerce les mêmes activités que son prédécesseur. – *[Décr. n° 2005-1595 du 19 déc. 2005, art. 23.]*

SOUS-SECTION 3 DISPOSITIONS APPLICABLES AUX MARCHÉS D'INTÉRÊT NATIONAL INSTALLÉS SUR LE DOMAINE PRIVÉ D'UNE COLLECTIVITÉ TERRITORIALE ET À CEUX INSTALLÉS SUR DES IMMEUBLES APPARTENANT À DES PERSONNES PRIVÉES

Art. R. 761-25 **Les occupants des marchés d'intérêt national installés sur une dépendance du domaine privé d'une collectivité territoriale ne peuvent être que des preneurs à bail.**

En cas de gestion déléguée du marché d'intérêt national, la ou les collectivités délégantes habilitent, dans le contrat de délégation de service public, le gestionnaire à conclure des baux avec les occupants du marché.

L'occupant, quelle que soit la nature de son bail, ne peut exercer sous forme de location-gérance, ni sous-louer son emplacement à un tiers. – *[Décr. n° 2005-1595 du 19 déc. 2005, art. 24.]*

Art. R. 761-26 **Lorsqu'un marché d'intérêt national est installé pour tout ou partie sur des immeubles privés, l'organisme gestionnaire est soit propriétaire desdits immeubles, soit preneur à bail pendant toute la durée de sa mission d'exploitation du marché.** – *[Décr. n° 2005-1595 du 19 déc. 2005, art. 25.]*

CHAPITRE II DES MANIFESTATIONS COMMERCIALES

RÉP. COM. v° *Manifestations commerciales*, par COURIVAUD.

Art. R. 762-1 **La demande d'enregistrement d'un parc d'exposition est adressée par son exploitant, par lettre recommandée avec demande d'avis de réception, ou remise au préfet du département où se trouvent ses installations. Si l'emprise du parc d'exposition et de ses dépendances s'étend sur plusieurs départements, l'enregistrement est réalisé auprès du département où est situé l'accès principal de ce parc d'exposition. Une demande est faite pour chaque parc qui constitue un ensemble clos sans accès direct et privatif vers un autre parc d'exposition.**

Le dossier de demande d'enregistrement comporte une déclaration et des pièces justificatives définies par un arrêté du ministre chargé du commerce. – *[Décr. n° 2006-85 du 27 janv. 2006, art. 1er, al. 1er et 2.] – V. art. A. 762-2.*

Art. R. 762-2 **Si le dossier de demande d'enregistrement est complet, le préfet adresse à l'exploitant du parc d'exposition, par voie postale, un récépissé d'enregistrement de chaque parc dans le délai d'un mois à compter de la réception de ce dossier. Si le dossier est incomplet, le préfet notifie à l'intéressé la liste des pièces manquantes dans un délai de quinze jours à compter de sa réception. A défaut de production des éléments complémentaires manquants, la demande d'enregistrement ne peut faire l'objet d'un récépissé d'enregistrement.** – *[Décr. n° 2006-85 du 27 janv. 2006, art. 1er, al. 3.]*

Art. R. 762-3 **Tout changement dans les éléments figurant dans la demande d'enregistrement initiale d'un parc d'exposition fait l'objet d'une déclaration modifi-**

cative au préfet dans des conditions identiques à la procédure initiale. – *[Décr. n° 2006-85 du 27 janv. 2006, art. 1er, al. 4.]*

Art. R. 762-4 Les manifestations commerciales devant faire l'objet d'une déclaration au titre du programme annuel par un parc d'exposition sont :

1° Les salons professionnels tels que définis par l'article L. 762-2 ;

2° Les manifestations commerciales, usuellement dénommées "salons", ouvertes au public et dans lesquelles un ensemble de personnes physiques ou morales relevant d'une branche professionnelle ou d'un ensemble de branches professionnelles expose d'une façon collective et temporaire des biens ou offre des services relevant d'une liste limitative de produits ou services déterminés par l'organisateur, qui peuvent faire l'objet d'une vente directe avec enlèvement de la marchandise ou exécution du contrat de services ;

3° Les manifestations commerciales, usuellement dénommées "foires", dans lesquelles un ensemble de personnes physiques ou morales expose d'une façon collective et temporaire des biens ou offre des services qui peuvent faire l'objet d'une vente directe avec enlèvement de la marchandise ou exécution du contrat de services.

Les manifestations mentionnées au 3° du III de l'article L. 310-2 n'ont pas à faire l'objet d'une déclaration au titre du programme annuel. – *[Décr. n° 2006-85 du 27 janv. 2006, art. 2.]*

Art. R. 762-5 L'exploitant d'un parc d'exposition enregistré adresse, pour chaque année civile, la déclaration du programme annuel des manifestations commerciales telles que définies à l'article R. 762-4 se tenant dans son parc, au préfet du département d'implantation de ce parc, avant le 1er octobre de l'année précédant la tenue des manifestations commerciales inscrites dans ce programme. – *V. art. A. 762-3.*

L'exploitant du parc déclare les principales caractéristiques de chaque manifestation commerciale, qu'il recueille auprès de son organisateur. La liste de ces caractéristiques est définie par un arrêté du ministre chargé du commerce. Lorsque la manifestation s'est tenue précédemment, ses caractéristiques chiffrées sont certifiées dans des conditions fixées par arrêté du ministre chargé du commerce.

La déclaration du programme annuel est écrite, déposée ou transmise par l'exploitant du parc d'exposition par tout moyen reconnu comme faisant preuve. Elle peut être effectuée par voie électronique dans des conditions fixées par arrêté du ministre chargé du commerce.

Elle donne lieu à la délivrance d'un accusé de réception, par voie postale ou électronique. Dans ce dernier cas, le préfet veille à ce que la transmission soit assurée de manière sécurisée, conformément à l'article 1316-1 du code civil. L'exploitant du parc adresse par voie postale ou électronique une copie de ce récépissé aux organisateurs des manifestations faisant l'objet de la déclaration annuelle. – *[Décr. n° 2006-85 du 27 janv. 2006, art. 3, al. 1er et 2.] – V. art. A. 762-7 et A. 762-8.*

Art. R. 762-6 Si le dossier de déclaration de programme annuel est complet, le préfet adresse, par voie postale, un récépissé de déclaration à l'exploitant du parc d'exposition dans le délai d'un mois à compter de la réception de ce dossier. Si le dossier est incomplet, le préfet notifie à l'intéressé la liste des éléments manquants dans un délai de quinze jours à compter de la réception du dossier. A défaut de production des éléments complémentaires manquants, la déclaration ne peut faire l'objet d'un récépissé de déclaration que pour les manifestations dont le dossier est complet. – *[Décr. n° 2006-85 du 27 janv. 2006, art. 3, al. 3.] – V. art. A. 762-5.*

Art. R. 762-7 Toute modification du programme annuel ou des principales caractéristiques des manifestations qui y figurent fait l'objet d'une déclaration modificative immédiate au préfet dans des conditions identiques à la procédure initiale de déclaration du programme annuel. – *[Décr. nº 2006-85 du 27 janv. 2006, art. 3, al. 4.]*

Art. R. 762-8 La première déclaration de programme annuel peut être effectuée en même temps que la demande d'enregistrement du parc d'exposition. – *[Décr. nº 2006-85 du 27 janv. 2006, art. 3, al. 5.]*

Art. R. 762-9 En cas d'absence de dépôt de la déclaration complète dans les délais prévus à l'article R. 762-5, les manifestations commerciales qui se tiennent dans le parc sont assujetties, suivant le cas, au régime de déclaration prévu aux articles R. 762-10 à R. 762-12, ou aux demandes d'autorisation prévues au I de l'article L. 310-2. Dans ce cas, l'exploitant du parc d'exposition informe par voie postale avant le 1er novembre de l'année précédant la tenue des manifestations commerciales les organisateurs de celles pour lesquelles il n'a pas obtenu de récépissé de déclaration. – *[Décr. nº 2006-85 du 27 janv. 2006, art. 3, al. 6.]*

Art. R. 762-10 L'organisateur d'un salon professionnel tel que défini à l'article L. 762-2 qui ne se tient pas dans un parc d'exposition enregistré adresse une déclaration préalable par lettre recommandée avec demande d'avis de réception, ou la remet au préfet du département où se tient la manifestation deux mois au moins avant le début de celle-ci.

Le déclarant fournit les principales caractéristiques de la manifestation. La liste de ces caractéristiques est définie par un arrêté du ministre chargé du commerce. Lorsque la manifestation s'est tenue précédemment, ses caractéristiques chiffrées sont certifiées dans des conditions fixées par arrêté du ministre chargé du commerce. – *V. art. A. 762-4.*

Le préfet délivre un récépissé de déclaration dans un délai maximum de quinze jours à compter de la réception du dossier complet de cette déclaration. Si la déclaration est incomplète, il notifie à l'intéressé la liste des éléments manquants dans un délai de quinze jours à compter de sa réception.

A défaut de production des éléments complémentaires manquants dans les dix jours à compter de cette notification, la déclaration ne peut faire l'objet d'un récépissé de déclaration. – *[Décr. nº 2006-85 du 27 janv. 2006, art. 4, al. 1er à 4.]*

Art. R. 762-11 Lorsqu'un des éléments de la déclaration initiale est modifié avant ou pendant la tenue de la manifestation, déclaration en est faite immédiatement au préfet du département dans les conditions fixées par arrêté du ministre chargé du commerce. – *[Décr. nº 2006-85 du 27 janv. 2006, art. 4, al. 5.]*

Art. R. 762-12 Les déclarations initiales et modificatives peuvent être effectuées par voie électronique dans des conditions fixées par arrêté du ministre chargé du commerce. – *[Décr. nº 2006-85 du 27 janv. 2006, art. 4, al. 6.] – V. art. A. 762-8.*

Art. D. 762-13 La valeur maximale des marchandises pouvant être proposées à la vente sur place, pour l'usage personnel de l'acquéreur, à l'occasion d'un salon professionnel tel que défini par l'article L. 762-2, est fixée à 80 € toutes taxes comprises. – *[Décr. nº 2006-768 du 29 juin 2006, art. 1er.]*

Art. R. 762-14 Les manifestations commerciales déclarées dans les conditions prévues aux articles R. 762-5 à R. 762-12 font l'objet d'une publicité, le cas échéant par voie électronique, dans des conditions fixées par arrêté du ministre chargé du commerce. – *[Décr. nº 2006-85 du 27 janv. 2006, art. 5.] – V. Arr. 12 juin 2006 (JO 5 juill.).*

Sur le traitement automatisé relatif aux manifestations commerciales, V. art. A. 762-10 s.

LIVRE HUITIÈME DE QUELQUES PROFESSIONS RÉGLEMENTÉES

TITRE PREMIER DES ADMINISTRATEURS JUDICIAIRES, DES MANDATAIRES JUDICIAIRES ET DES EXPERTS EN DIAGNOSTIC D'ENTREPRISE

CHAPITRE PREMIER DES ADMINISTRATEURS JUDICIAIRES

SECTION PREMIÈRE DE L'ACCÈS À LA PROFESSION

SOUS-SECTION 1 DE LA COMMISSION NATIONALE D'INSCRIPTION ET DE DISCIPLINE DES ADMINISTRATEURS JUDICIAIRES

Art. R. 811-1 La liste des administrateurs judiciaires est établie par la commission nationale instituée par l'article L. 811-2. – *[Décr. nº 85-1389 du 27 déc. 1985, art. 1er.]*

Art. R. 811-2 Le magistrat du parquet, commissaire du gouvernement auprès de la commission nationale d'inscription et de discipline des administrateurs judiciaires, et son suppléant sont désignés par le garde des sceaux, ministre de la justice.

Le mandat du président et des membres de la commission prend effet à la date de la première réunion qui suit leur désignation. Pour cette première réunion, la commission se réunit sur convocation de son secrétaire.

Lorsqu'un membre est définitivement empêché en cours de mandat, il est procédé à son remplacement. Les fonctions du nouveau membre expirent à la date à laquelle auraient cessé celles du membre qu'il remplace.

Le secrétariat de la commission est assuré par un fonctionnaire du ministère de la justice. – *[Décr. nº 85-1389 du 27 déc. 1985, art. 2.]*

Art. R. 811-3 L'élection des administrateurs judiciaires et de leurs suppléants, membres de la commission nationale, est organisée par le Conseil national des administrateurs judiciaires et des mandataires judiciaires. Elle a lieu au scrutin majoritaire plurinominal à un tour.

Ne peuvent prendre part aux opérations électorales les administrateurs judiciaires qui, depuis la date à laquelle a été arrêtée la liste, ont fait l'objet d'une suspension provisoire, d'une interdiction temporaire, d'une radiation ou d'un retrait de la liste.

L'électeur vote pour trois candidats titulaires et leurs suppléants. Il barre sur le bulletin qui lui a été adressé le nom de ceux qu'il ne retient pas. Les bulletins sont valables même s'ils portent moins de noms qu'il y a de membres à élire. Lorsque les bulletins comportent plus de noms qu'il y a de membres à élire, seuls sont comptés les trois premiers noms inscrits, dans l'ordre de préférence indiqué par l'électeur. Tout bulletin surchargé est nul.

Sont élus les trois candidats titulaires et leurs suppléants qui ont obtenu le plus grand nombre de voix. En cas d'égalité des voix, le plus âgé des candidats titulaires l'emporte. – *[Décr. nº 85-1389 du 27 déc. 1985, art. 3.]*

Art. R. 811-4 Tout administrateur judiciaire peut déférer les élections à la cour d'appel de Paris dans le délai de cinq jours à compter de la proclamation des résultats. La réclamation est adressée par lettre recommandée avec demande d'avis de réception au greffier en chef de la cour d'appel, qui en avise le commissaire du gouvernement.

Le recours peut aussi être exercé par le commissaire du gouvernement. – *[Décr. nº 85-1389 du 27 déc. 1985, art. 3-1.]*

Art. R. 811-5 En cas de vacance du siège d'un titulaire et de son suppléant, il est pourvu à leur remplacement par le premier candidat et son suppléant non élus. S'il n'y a plus de candidat non élu, il est procédé à une élection au scrutin majoritaire à un tour selon les modalités prévues à l'article R. 811-3. – *[Décr nº 85-1389 du 27 déc. 1985, art. 3-2.]*

Art. R. 811-6 Les autres modalités de l'élection des administrateurs judiciaires à la commission nationale et notamment celles du vote par correspondance sont déterminées par le bureau du Conseil national des administrateurs judiciaires et des mandataires judiciaires selon des règles soumises à l'approbation du garde des sceaux, ministre de la justice. – *[Décr. nº 85-1389 du 27 déc. 1985, art. 3-3.] – V. art. A. 811-1.*

● SOUS-SECTION 2 DES CONDITIONS D'INSCRIPTION SUR LA LISTE DES ADMINISTRATEURS JUDICIAIRES

Art. R. 811-7 Ne peuvent être admises à se présenter à l'examen d'accès au stage professionnel prévu à l'article L. 811-5 que les personnes titulaires de l'un des titres ou diplômes ci-après :

1º Maîtrise en droit ;

2º Maîtrise en sciences économiques ou maîtrise de sciences de gestion ;

3º Diplôme revêtu du visa du ministre chargé de l'éducation nationale, délivré par un établissement d'enseignement supérieur de commerce et de gestion reconnu par l'État et autorisé à délivrer un tel diplôme ;

4º Autres titres et diplômes sanctionnant un deuxième cycle d'enseignement supérieur ou d'un niveau équivalent et figurant sur une liste fixée par arrêté conjoint du garde des sceaux, ministre de la justice, et du ministre chargé de l'éducation nationale ; – *V. art. A. 811-2.*

5º Certificat d'aptitude aux fonctions de commissaire aux comptes ou diplôme d'expertise comptable ;

6º Diplôme d'études supérieures comptables et financières régi par le décret nº 88-80 du 22 janvier 1988 relatif au diplôme préparatoire aux études comptables et financières, au diplôme d'études comptables et financières, au diplôme d'études supérieures comptables et financières et abrogeant le décret nº 81-537 du 12 mai 1981 relatif au diplôme d'études comptables supérieures ;

7º Diplôme d'études approfondies en droit ou en gestion des entreprises ;

8º Diplôme d'études supérieures spécialisées en droit ou diplôme d'études supérieures spécialisées en administration des entreprises (ancien certificat d'aptitude à l'administration des entreprises). – *[Décr. nº 85-1389 du 27 déc. 1985, art. 4, al. 1 à 10.]*

Art. R. 811-8 Les titulaires du diplôme d'études comptables supérieures régi antérieurement par le décret nº 81-537 du 12 mai 1981 relatif au diplôme d'études comptables supérieures sont considérés pour l'application du présent chapitre comme titulaires du diplôme d'études supérieures comptables et financières. – *[Décr. n° 85-1389 du 27 déc. 1985, art. 4, al. 11.]*

Art. R. 811-9 L'examen d'accès au stage est organisé par le Conseil national des administrateurs judiciaires et des mandataires judiciaires selon un programme et des modalités fixés par arrêté du garde des sceaux, ministre de la justice. – *V. art. A. 811-3 s.*

Nul ne peut se présenter plus de trois fois à l'examen. – *[Décr. n° 85-1389 du 27 déc. 1985, art. 4-1.]*

Art. R. 811-10 Le jury de l'examen d'accès au stage est composé ainsi qu'il suit :

1° Un magistrat de l'ordre judiciaire, président ;

2° Un magistrat de l'ordre judiciaire ;

3° Un professeur ou un maître de conférences de droit ;

4° Un professeur ou un maître de conférences de sciences économiques ou de gestion ;

5° Deux administrateurs judiciaires.

En cas de partage égal des voix, celle du président est prépondérante. – *[Décr. n° 85-1389 du 27 déc. 1985, art. 4-2.]*

Art. R. 811-11 Les membres du jury sont nommés par arrêté du garde des sceaux, ministre de la justice, après avis, en ce qui concerne les administrateurs judiciaires, du Conseil national des administrateurs judiciaires et des mandataires judiciaires.

Des suppléants sont nommés en nombre égal dans les mêmes conditions.

Le président et les membres du jury sont nommés pour une période de deux ans, renouvelable une fois. – *[Décr. n° 85-1389 du 27 déc. 1985, art. 4-3.]*

Art. R. 811-12 Lorsqu'un membre est définitivement empêché en cours de mandat, il est remplacé par une personne appartenant à la même catégorie pour la durée du mandat restant à courir. – *[Décr. n° 85-1389 du 27 déc. 1985, art. 4-4.]*

Art. R. 811-13 En application des dispositions de l'article L. 811-5, sont dispensés de l'examen d'accès au stage professionnel :

1° Les mandataires judiciaires ayant exercé leur profession pendant trois ans au moins ;

2° Les avocats, les notaires, les huissiers de justice, les greffiers des tribunaux de commerce, les experts-comptables et les commissaires aux comptes, ayant exercé leur profession pendant cinq ans au moins ;

3° Les juristes d'entreprise titulaires de l'un des titres ou diplômes mentionnés à l'article R. 811-7, justifiant de quinze ans au moins de pratique professionnelle. – *[Décr. n° 85-1389 du 27 déc. 1985, art. 4-5.]*

Art. R. 811-14 Le secrétaire de la commission tient un registre sur lequel est inscrit le nom du stagiaire, le nom du ou des maîtres de stage, les dates de commencement et de fin de stage.

Toute inscription sur le registre de stage est portée à la connaissance du Conseil national dans le délai de huit jours. – *[Décr. n° 85-1389 du 27 déc. 1985, art. 5.]*

Art. R. 811-15 La durée du stage est de trois ans au moins et de six ans au plus.

Le stage consiste dans la pratique d'activités permettant d'acquérir une expérience suffisante dans le domaine professionnel des administrateurs judiciaires, en qualité de collaborateur d'un administrateur judiciaire et sous son contrôle direct.

Le stage peut être accompli pour une période n'excédant pas le tiers de sa durée auprès d'une personne exerçant une autre profession juridique réglementée ou auprès d'un expert-comptable ou d'un commissaire aux comptes dans les conditions prévues à l'article R. 811-16, ou dans les services juridiques ou financiers d'un établissement de crédit régi par le code monétaire et financier. — *[Décr. n° 85-1389 du 27 déc. 1985, art. 6.]*

Art. R. 811-16 Il est passé entre le candidat stagiaire et le maître de stage une convention qui précise la durée du stage et la nature des tâches demandées au stagiaire, ainsi que les modalités de sa rémunération. Une copie en est adressée par le stagiaire au secrétariat de la commission. — *[Décr. n° 85-1389 du 27 déc. 1985, art. 7.]*

Art. R. 811-17 Le stage correspond à la durée normale du travail telle qu'elle résulte des règlements, conventions collectives, accords ou usages en vigueur pour la catégorie professionnelle considérée ; il est rémunéré conformément à ces mêmes règlements, conventions collectives, accords ou usages. Il ne doit pas avoir été interrompu pendant plus d'un an sauf motif légitime.

La commission peut prendre en compte pour la moitié de la durée du stage les stages ou services antérieurs effectués en qualité de collaborateur d'une personne physique ou morale exerçant l'une des professions ou activités mentionnées à l'article R. 811-15. Pour être pris en compte, ces stages ou services antérieurs doivent être d'au moins un an s'ils ont été effectués auprès d'un administrateur judiciaire ou d'un mandataire judiciaire, et d'au moins deux ans s'ils ont été effectués auprès d'une autre personne mentionnée à l'article R. 811-15. — *[Décr. n° 85-1389 du 27 déc. 1985, art. 8.]*

Art. R. 811-18 Le stage qui a été régulièrement accompli donne lieu à la délivrance d'une attestation établie par le maître de stage ; ce document précise les appréciations de ce dernier, la nature des tâches et la qualité du travail effectués par le stagiaire ; il est communiqué au stagiaire qui certifie en avoir pris connaissance et peut apporter ses observations manuscrites. Il est ensuite transmis par le maître de stage au secrétaire de la commission. Le commissaire du gouvernement, le cas échéant après enquête, délivre le certificat de fin de stage. Le refus de délivrance du certificat, qui est motivé, est notifié à l'intéressé par lettre recommandée avec demande d'avis de réception. L'intéressé peut le déférer dans les mêmes formes à la commission dans le délai d'un mois à compter de la notification qui lui en a été faite. La commission statue alors dans les conditions prévues aux articles R. 811-33 à R. 811-35. — *[Décr. n° 85-1389 du 27 déc. 1985, art. 9.]*

Art. R. 811-19 Le jury de l'examen d'aptitude prévu à l'article L. 811-5 est composé ainsi qu'il suit :

1° Un magistrat de l'ordre judiciaire, président ;
2° Un magistrat de l'ordre judiciaire ;
3° Un membre d'une juridiction commerciale du premier degré ;
4° Une personne qualifiée en matière économique et sociale ;
5° Deux administrateurs judiciaires.

En cas de partage égal des voix, celle du président est prépondérante. — *[Décr. n° 85-1389 du 27 déc. 1985, art. 10.]*

Art. R. 811-20 Les membres du jury sont nommés par arrêté du garde des sceaux, ministre de la justice, après avis, en ce qui concerne les administrateurs judiciaires, du Conseil national des administrateurs judiciaires et des mandataires judiciaires.

Des suppléants sont nommés en nombre égal dans les mêmes conditions.

Le président et les membres du jury sont nommés pour une période de deux ans, renouvelable une fois. – *[Décr. n° 85-1389 du 27 déc. 1985, art. 10-1.]*

Art. R. 811-21 Lorsqu'un membre est définitivement empêché en cours de mandat, il est remplacé par une personne appartenant à la même catégorie pour la durée du mandat restant à courir. – *[Décr. n° 85-1389 du 27 déc. 1985, art. 10-2.]*

Art. R. 811-22 L'examen d'aptitude est organisé par le Conseil national des administrateurs judiciaires et des mandataires judiciaires. Ne peuvent être admises à s'y présenter que les personnes titulaires du certificat de fin de stage délivré dans les conditions fixées à l'article R. 811-18. – *[Décr. n° 85-1389 du 27 déc. 1985, art. 11.]*

Art. R. 811-23 Le programme et les modalités de l'examen, comprenant des épreuves à caractère théorique et pratique et un rapport de stage, sont fixés par arrêté du garde des sceaux, ministre de la justice. – *V. art. A. 811-13 s.*

L'examen peut comprendre des épreuves à option permettant, le cas échéant, d'obtenir un certificat de spécialisation. La liste des certificats de spécialisation est fixée par arrêté du garde des sceaux, ministre de la justice. – *[Décr. n° 85-1389 du 27 déc. 1985, art. 11-1.]*

Les administrateurs judiciaires inscrits sur la liste nationale à la date de publication du Décr. n° 2004-518 du 10 juin 2004 peuvent obtenir, sur décision de la commission nationale, le certificat de spécialisation mentionné au deuxième al. de l'art. R. 811-23 ci-dessus (texte préc., art. 108-IV, JO 11 juin).

L'examen d'aptitude subi par les personnes inscrites sur le registre de stage à la date de promulgation de la L. n° 2003-7 du 3 janv. 2003 ou ayant obtenu un certificat de fin de stage à la date de publication du Décr. n° 2004-518 du 10 juin 2004 comprend, outre les épreuves mentionnées à l'art. R. 811-23 ci-dessus, des épreuves d'admissibilité à caractère théorique, dont le programme et les modalités sont fixés par arrêté du garde des sceaux, ministre de la justice.

Le jury chargé des épreuves d'admissibilité est celui prévu à l'art. R. 811-19 C. com. Toutefois, en ce qui concerne les administrateurs judiciaires, le membre d'une juridiction commerciale du premier degré et la personne qualifiée en matière économique et sociale sont remplacés par un professeur ou un maître de conférences de sciences économiques ou de gestion. En ce qui concerne les mandataires judiciaires, le membre d'une juridiction commerciale du premier degré et la personne qualifiée en matière économique et sociale sont remplacés par deux professeurs ou maîtres de conférences de droit.

L'admissibilité obtenue au titre d'une session de l'examen d'aptitude reste acquise au titre d'une session ultérieure de l'examen d'aptitude (Décr. n° 2004-518 du 10 juin 2004, art. 108-V, JO 11 juin, mod., à compter du 1er janv. 2006, par Décr. n° 2005-1677 du 28 déc. 2005, art. 356 et par Décr. n° 2006-1709 du 23 déc. 2006, art. 42).

Les personnes mentionnées au premier al. du V de l'art. 108 du Décr. n° 2004-518 du 10 juin 2004 [V. ci-dessus] sont dispensées du rapport de stage prévu par le premier al. de l'art. R. 811-23 ci-dessus (Décr. n° 2004-518 du 10 juin 2004, art. 108-VI, mod. par Décr. n° 2006-1709 du 23 déc. 2006, art. 42).

Art. R. 811-24 En cas de premier échec à l'examen d'aptitude, le candidat peut poursuivre son stage. Le certificat de fin de stage initial demeure valide. Après un second échec, le candidat ne peut plus se présenter à l'examen d'aptitude. – *[Décr. n° 85-1389 du 27 déc. 1985, art. 11-2.]*

Les dispositions de l'art. 14 du Décr. n° 2004-518 du 10 juin 2004 [dont est issu l'art. R. 811-24 ci-dessus] relatives à l'examen d'aptitude n'entreront en vigueur qu'à compter de la date du renouvellement du jury chargé de cet examen. Par dérogation à l'art. 14, les personnes mentionnées au premier al. du V [personnes inscrites sur le registre de stage à la date de promulgation de la L. n° 2003-7 du 3 janv. 2003 ou ayant obtenu un certificat de fin de stage à la date de publication du décret précité du 10 juin 2004] peuvent se présenter trois fois à l'examen d'aptitude. Les examens subis antérieurement à la date du renouvellement du jury sont pris en compte au titre de ces trois sessions (Décr. n° 2004-518 du 10 juin 2004, art. 108-III, JO 11 juin, mod. par Décr. n° 2006-1709 du 23 déc. 2006, art. 42).

Art. R. 811-25 Les demandes de dispense d'une partie du stage fondées sur les dispositions du huitième alinéa de l'article L. 811-5 sont examinées par la commission, qui statue dans les conditions prévues aux articles R. 811-33 à R. 811-35. – *[Décr. nº 85-1389 du 27 déc. 1985, art. 12.]*

Art. R. 811-26 En application des dispositions de l'article L. 811-5, les avocats, les notaires, les huissiers de justice, les greffiers des tribunaux de commerce, ayant exercé leur profession pendant cinq ans au moins, ainsi que les juristes d'entreprise, titulaires de l'un des titres ou diplômes mentionnés à l'article R. 811-7 et justifiant de quinze ans au moins de pratique professionnelle, peuvent être dispensés par la commission d'une partie du stage professionnel et de tout ou partie des épreuves à caractère juridique de l'examen d'aptitude, à l'exception de celle portant sur le statut et la déontologie de la profession d'administrateur judiciaire.

Les experts-comptables et les commissaires aux comptes ayant exercé leur profession pendant cinq ans au moins peuvent être dispensés par la commission d'une partie du stage professionnel et de tout ou partie des épreuves à caractère économique, comptable ou de gestion.

Les mandataires judiciaires peuvent être dispensés par la commission d'une partie du stage professionnel et sont dispensés de l'examen d'aptitude. Ils peuvent être inscrits sur la liste des administrateurs judiciaires sous condition suspensive d'avoir été retirés de la liste des mandataires judiciaires dans les conditions prévues aux articles R. 811-36 et R. 812-20.

La commission statue dans les conditions prévues aux articles R. 811-33 à R. 811-35. – *[Décr. nº 85-1389 du 27 déc. 1985, art. 13.]*

Art. R. 811-27 Peuvent être inscrites sur la liste des administrateurs judiciaires, en application du dernier alinéa de l'article L. 811-5, les personnes qui ont suivi avec succès un cycle d'études post-secondaires d'une durée minimale de trois ans ou d'une durée équivalente à temps partiel dans une université ou un établissement d'enseignement supérieur ou dans un autre établissement d'un niveau équivalent de formation, et, le cas échéant, la formation professionnelle requise en plus de ce cycle d'études et qui justifient :

1º De diplômes, certificats ou autres titres permettant l'exercice de la profession dans un État membre de la Communauté européenne ou dans un État partie à l'accord sur l'Espace économique européen délivrés :

a) Soit par l'autorité compétente de cet État et sanctionnant une formation acquise de façon prépondérante dans l'un de ces États ;

b) Soit par un pays tiers, à condition que soit fournie une attestation émanant de l'autorité compétente de l'État membre ou partie qui a reconnu les diplômes, certificats ou autres titres certifiant que leur titulaire a une expérience professionnelle de trois ans au moins dans cet État ;

2º Ou de l'exercice à plein temps de la profession pendant deux ans au moins au cours des dix années précédentes dans un État membre ou partie qui ne réglemente pas l'accès ou l'exercice de cette profession, à condition que cet exercice soit attesté par l'autorité compétente de cet État. Toutefois, la condition d'une expérience professionnelle de deux ans n'est pas exigée lorsque le ou les titres détenus par le demandeur sanctionnent une formation réglementée directement orientée vers l'exercice de la profession. – *[Décr. nº 85-1389 du 27 déc. 1985, art. 13-1, al. 1er à 6.]*

Art. R. 811-28 Sauf si les connaissances qu'elles ont acquises au cours de leur expérience professionnelle sont de nature à rendre cette vérification inutile, les personnes mentionnées à l'article R. 811-27 subissent devant le jury prévu à l'article R. 811-10 un examen de contrôle des connaissances, organisé par le Conseil national, dont le programme et les modalités sont fixés par arrêté du garde des sceaux, ministre de la justice :

1° Lorsque leur formation porte sur des matières substantiellement différentes de celles qui figurent au programme des titres et diplômes mentionnés aux articles R. 811-7 et R. 811-8 et de l'examen de stage professionnel mentionné au R. 811-9 ;

2° Ou lorsqu'une ou plusieurs des activités professionnelles dont l'exercice est subordonné à la possession de ces diplômes et de cet examen ne sont pas réglementées dans l'État membre d'origine ou de provenance ou sont réglementées de manière différente et que cette différence est caractérisée par une formation spécifique requise dans l'État membre d'accueil portant sur des matières substantiellement différentes de celles couvertes par le diplôme dont le demandeur fait état. – *[Décr. n° 85-1389 du 27 déc. 1985, art. 13-1, al. 7 à 9.]*

SOUS-SECTION 3 DE LA PROCÉDURE D'INSCRIPTION SUR LA LISTE DES ADMINISTRATEURS JUDICIAIRES ET DE LA RÉVISION DE LA LISTE

Art. R. 811-29 A la réception du dossier complet d'une personne mentionnée à l'article R. 811-27, un récépissé lui est délivré. La commission nationale se prononce par décision motivée dans un délai de quatre mois à compter de la délivrance du récépissé.

La décision par laquelle la commission nationale arrête la liste des candidats soumis à l'examen de contrôle des connaissances précise, le cas échéant, les matières sur lesquelles chacun des candidats est interrogé compte tenu de sa formation initiale et de son expérience professionnelle.

La commission statue dans les conditions prévues aux articles R. 811-33 à R. 811-35.

Nul ne peut se présenter plus de trois fois à l'examen. – *[Décr. n° 85-1389 du 27 déc. 1985, art. 13-1, al. 10 à 13.]*

Art. R. 811-30 La commission nationale inscrit les sociétés civiles professionnelles et les sociétés d'exercice libéral d'administrateurs judiciaires prévues par l'article L. 811-7 sur la liste ainsi que chacun des associés. Le nom de chacun de ceux-ci est suivi de la mention de la raison ou dénomination sociale.

L'appartenance aux autres groupements ou sociétés prévus par l'article L. 811-7 est immédiatement portée à la connaissance de la commission. – *[Décr. n° 85-1389 du 27 déc. 1985, art. 14.]*

Art. R. 811-31 La demande d'inscription sur la liste des administrateurs judiciaires est adressée par lettre recommandée avec demande d'avis de réception au secrétaire de la commission. Elle est accompagnée des pièces justificatives suivantes :

1° Les documents établissant l'état civil et la nationalité du candidat ;

2° Une copie des titres et diplômes dont il entend se prévaloir ou à défaut une attestation des autorités habilitées à les délivrer ;

3° Le cas échéant, l'attestation de réussite à l'examen d'aptitude.

Le candidat indique en outre ses activités professionnelles antérieures et le lieu où il envisage d'établir son domicile professionnel.

Le commissaire du Gouvernement demande le bulletin n° 2 du casier judiciaire de l'intéressé et fait diligenter une enquête de moralité.

Lorsque le dossier est complet, le président de la commission désigne un rapporteur parmi les membres titulaires ou suppléants de celle-ci. – *[Décr. n° 85-1389 du 27 déc. 1985, art. 15.]*

Art. R. 811-32 La demande d'inscription d'une société civile professionnelle ou d'une société d'exercice libéral est accompagnée des pièces mentionnées à l'article R. 814-60. – *[Décr. nº 85-1389 du 27 déc. 1985, art. 16, al. 1er.]*

Art. R. 811-33 Avant de statuer, la commission demande l'avis *(Décr. nº 2011-1660 du 29 nov. 2011, art. 2-1º, en vigueur le 1er déc. 2011)* « motivé » du Conseil national par lettre recommandée avec demande d'avis de réception. Le conseil dispose d'un mois pour donner cet avis.

La commission prend, après avoir entendu le commissaire du Gouvernement, une décision d'inscription ou de refus d'inscription ; elle peut aussi ordonner un complément d'information. Les décisions de refus doivent être motivées. – *[Décr. nº 85-1389 du 27 déc. 1985, art. 17.]*

(Décr. nº 2011-1660 du 29 nov. 2011, art. 2-2º, en vigueur le 1er déc. 2011) « La commission peut entendre toute personne dont l'audition lui paraît utile. »

Les dispositions du Décr. nº 2011-1660 du 29 nov. 2011 sont applicables dans les îles Wallis-et-Futuna en tant qu'elles concernent les administrateurs judiciaires (Décr. préc., art. 10).

Art. R. 811-34 La commission ne peut statuer, en matière d'inscription, qu'en présence du président et de *(Décr. nº 2011-1660 du 29 nov. 2011, art. 3, en vigueur le 1er déc. 2011)* « quatre » au moins de ses membres. Lorsque l'un des membres ou le président de la commission a autorité sur le demandeur ou a des liens de parenté ou d'alliance avec lui jusqu'au quatrième degré inclusivement, il s'abstient de siéger. Aucun refus d'inscription ne peut être prononcé par la commission sans que l'intéressé ait été entendu ou appelé quinze jours au moins à l'avance par lettre recommandée avec demande d'avis de réception. – *[Décr. nº 85-1389 du 27 déc. 1985, art. 18.]*

Pour l'application des dispositions du Décr. nº 2011-1660 du 29 nov. 2011 dans les îles Wallis-et-Futuna, V. note ss. art. R. 811-33.

Il n'est pas exigé que toutes les catégories auxquelles appartiennent les membres de la commission soient représentées lors de l'examen des candidatures. • Civ. 1re, 28 janv 1992 : *Bull. civ. I, nº 25 ; D. 1992. Somm. 375, obs. Honorat.*

Art. R. 811-35 La décision de la commission est notifiée à l'intéressé, au président du Conseil national, au garde des sceaux, ministre de la justice, et au commissaire du Gouvernement par lettre recommandée avec demande d'avis de réception. Lorsqu'une décision d'inscription est prise, une copie en est adressée au président de la caisse de garantie.

La lettre de notification fait mention, à peine de nullité, du délai de recours et des modalités suivant lesquelles ce recours peut être exercé. – *[Décr. nº 85-1389 du 27 déc. 1985, art. 19.]*

Art. R. 811-36 La commission procède à la mise à jour de la liste des administrateurs judiciaires au moins une fois par an. Elle tient compte des transferts de domicile professionnel, des changements d'adresse des locaux professionnels et de la création ou de la suppression des bureaux annexes. Elle supprime le nom de ceux qui sont décédés, ont démissionné, ont fait l'objet d'une mesure de radiation ou de retrait. Les modifications sont adressées par la commission au procureur général près la cour d'appel dans le ressort de laquelle l'administrateur judiciaire concerné a son domicile professionnel, ainsi qu'à celui ou à ceux près les cours d'appel dans le ressort desquelles l'administrateur judiciaire a un ou plusieurs bureaux annexes.

L'administrateur judiciaire dont le nom a été retiré de la liste peut solliciter à nouveau son inscription lorsque la cause du retrait a disparu.

(Décr. nº 2011-1660 du 29 nov. 2011, art. 4, en vigueur le 1er déc. 2011) « Lorsqu'elle est saisie de cette demande ou en application de l'article L. 811-6, la commission statue dans les conditions mentionnées à l'article R. 811-43. » – *Pour*

l'application des dispositions du Décr. n° 2011-1660 du 29 nov. 2011 dans les îles Wallis-et-Futuna, V. note ss. art. R. 811-33.

La commission ne supprime de la liste le nom de l'administrateur judiciaire qui a démissionné qu'après avoir vérifié que ses dossiers ont été répartis entre les autres administrateurs judiciaires et ont donné lieu à une reddition des comptes et que l'administrateur judiciaire démissionnaire ne détient plus de fonds de tiers. – *[Décr. n° 85-1389 du 27 déc. 1985, art. 21.]*

Art. R. 811-37 La demande de retrait de la liste des administrateurs judiciaires *(Décr. n° 2011-1660 du 29 nov. 2011, art. 5, en vigueur le 1er déc. 2011)* « présentée par un administrateur judiciaire » est adressée par lettre recommandée avec demande d'avis de réception au secrétaire de la commission. Elle est accompagnée :

1° D'une attestation du commissaire aux comptes qui assure le contrôle de la comptabilité spéciale de l'administrateur judiciaire certifiant que l'ensemble des comptes de tiers ouverts au nom du professionnel à la Caisse des dépôts et consignations présente un solde nul en comptabilité et que les états de rapprochement bancaire ne font apparaître aucun chèque ou autre moyen de paiement en circulation ;

2° D'une attestation de la Caisse des dépôts et consignations certifiant que l'ensemble des comptes de tiers en numéraire, effets, valeurs et titres ouverts au nom du professionnel sont clôturés. – *[Décr. n° 85-1389 du 27 déc. 1985, art. 21-A.]*

Pour l'application des dispositions du Décr. n° 2011-1660 du 29 nov. 2011 dans les îles Wallis-et-Futuna, V. note ss. art. R. 811-33.

Art. R. 811-38 Si l'administrateur judiciaire a été autorisé à poursuivre le traitement d'un ou de plusieurs dossiers, la commission s'assure qu'une décision motivée a été rendue pour chacun d'entre eux et que l'intéressé respecte et est en mesure de respecter les dispositions des articles L. 811-10, L. 811-16 et L. 814-5. – *[Décr. n° 85-1389 du 27 déc. 1985, art. 21-1.]*

Art. R. 811-39 Chaque année, et au plus tard le 31 décembre, les administrateurs judiciaires retirés de la liste et autorisés à poursuivre le traitement d'un ou plusieurs dossiers en font la déclaration auprès du procureur de la République du lieu de leur domicile, du Conseil national des administrateurs judiciaires et des mandataires judiciaires, de la Caisse de garantie, du magistrat inspecteur régional compétent pour le ressort de la cour d'appel du lieu de leur domicile ainsi que du magistrat chargé de coordonner l'activité des magistrats inspecteurs régionaux. – *[Décr. n° 85-1389 du 27 déc. 1985, art. 21-2.]*

SECTION II DE LA SURVEILLANCE, DE L'INSPECTION ET DE LA DISCIPLINE

SOUS-SECTION 1 DE LA SURVEILLANCE ET DE L'INSPECTION

Art. R. 811-40 Un magistrat désigné par le garde des sceaux, ministre de la justice, parmi les magistrats des parquets généraux est chargé, pour le ressort d'une ou plusieurs cours d'appel, de l'inspection des administrateurs judiciaires, y compris de ceux qui sont désignés dans les conditions du deuxième alinéa de l'article L. 811-2. Un magistrat suppléant est désigné dans les mêmes conditions.

Un magistrat désigné par le ministre et placé auprès du directeur des affaires civiles et du sceau coordonne l'activité des magistrats inspecteurs régionaux. – *[Décr. n° 85-1389 du 27 déc. 1985, art. 55.]*

Art. D. 811-40-1 *(Décr. n° 2011-1908 du 20 déc. 2011, art. 1er)* **La situation financière prévue à l'article L. 811-11 est adressée par le conseil national au magistrat coordonnateur mentionné à l'article R. 811-40.**

Les dispositions du Décr. n° 2011-1908 du 20 déc. 2011 sont applicables aux exercices ouverts à compter du 1er janv. 2012 (Décr. préc., art. 3).

Art. R. 811-41 **Les magistrats inspecteurs régionaux effectuent des inspections à la demande du commissaire du Gouvernement compétent ou du magistrat coordonnateur. Ils peuvent également en effectuer d'office. Le magistrat coordonnateur peut, d'office, effectuer toute inspection.**

Le magistrat qui procède à une inspection peut demander à un ou plusieurs administrateurs judiciaires de l'assister pendant l'inspection. Il peut aussi solliciter le concours des inspections générales de l'État.

Le professionnel inspecté peut demander à un confrère de son choix de l'assister lors de l'inspection. Il peut également demander au commissaire aux comptes ayant procédé à la vérification de sa comptabilité en application de l'article R. 814-29 ou à un expert-comptable de son choix d'assister à l'inspection. – *[Décr. n° 85-1389 du 27 déc. 1985, art. 56.]*

Art. R. 811-42 **Pour l'exercice de leurs attributions, ces magistrats disposent d'un pouvoir général d'investigation, de vérification et de contrôle.**

Ils peuvent se faire assister pour procéder aux inspections de toutes personnes inscrites sur la liste des commissaires aux comptes établie en application de l'article L. 822-1 ainsi que de tout expert ou toute personne de leur choix. Les frais occasionnés par cette assistance sont avancés par le Conseil national. Ils sont recouvrés sur le professionnel inspecté si celui-ci est l'objet d'une sanction disciplinaire.

L'audition d'un administrateur judiciaire par un magistrat inspecteur donne lieu à l'établissement d'un procès-verbal signé par l'intéressé et le magistrat. – *[Décr. n° 85-1389 du 27 déc. 1985, art. 57.]*

SOUS-SECTION 2 DE LA DISCIPLINE

§ 1er DE LA PROCÉDURE DISCIPLINAIRE

Art. R. 811-43 **La commission ne peut statuer en matière disciplinaire qu'en présence du président et de sept au moins de ses membres.** – *[Décr. n° 85-1389 du 27 déc. 1985, art. 22.]*

Art. R. 811-44 **Le président du Conseil national est tenu de signaler au commissaire du Gouvernement les faits dont il a connaissance et qui pourraient justifier une poursuite disciplinaire.** – *[Décr. n° 85-1389 du 27 déc. 1985, art. 23.]*

Art. R. 811-45 **L'administrateur judiciaire poursuivi disciplinairement est cité à comparaître par lettre recommandée avec demande d'avis de réception quinze jours au moins à l'avance. La citation précise, à peine de nullité, les faits qui la motivent.** – *[Décr. n° 85-1389 du 27 déc. 1985, art. 24.]*

Art. R. 811-46 **L'administrateur judiciaire cité à comparaître devant la commission peut prendre connaissance de son dossier auprès du secrétariat. Il comparaît en personne ; il peut se faire assister par un avocat de son choix et, s'il le désire, par un administrateur judiciaire inscrit.** – *[Décr. n° 85-1389 du 27 déc. 1985, art. 25.]*

Art. R. 811-47 La commission peut entendre l'auteur de la plainte. Elle peut faire recueillir tous renseignements et faire procéder à toutes auditions. – *[Décr. n° 85-1389 du 27 déc. 1985, art. 26.]*

Art. R. 811-48 Le président de la commission désigne pour chaque affaire en qualité de rapporteur l'un de ses membres. Les débats devant la commission sont publics. Toutefois, celle-ci peut décider que les débats ne seront pas publics si l'administrateur judiciaire poursuivi en fait expressément la demande ou s'il doit résulter de leur publicité une atteinte à l'ordre public, à un secret protégé par la loi ou au secret des affaires. Il en est fait mention dans la décision.

La commission statue publiquement après avoir entendu le rapporteur, le commissaire du Gouvernement et, s'il y a lieu, l'autorité qui a engagé l'action disciplinaire ainsi que l'administrateur judiciaire poursuivi, son conseil et, le cas échéant, le professionnel qui l'assiste.

Le commissaire du Gouvernement n'assiste pas au délibéré.

Le président du Conseil national peut présenter ses observations, le cas échéant, par l'intermédiaire d'un membre du conseil. – *[Décr. n° 85-1389 du 27 déc. 1985, art. 27.]*

Art. R. 811-49 Le secrétaire de la commission notifie par lettre recommandée, avec demande d'avis de réception, la décision à l'intéressé, au garde des sceaux, ministre de la justice, au président du Conseil national, à la Caisse de garantie, au commissaire du Gouvernement et au procureur général lorsqu'il a engagé l'action disciplinaire.

La notification indique le délai et les modalités du recours ouvert à l'encontre de la décision.

La décision est également portée à la connaissance du procureur général près la cour d'appel dans le ressort de laquelle l'administrateur judiciaire a son domicile professionnel et, le cas échéant, un bureau annexe.

Si l'action disciplinaire est consécutive à une plainte, l'auteur de celle-ci est informé par le commissaire du Gouvernement. – *[Décr. n° 85-1389 du 27 déc. 1985, art. 28.]*

• § 2 DE LA SUSPENSION PROVISOIRE

Art. R. 811-50 Dans les cas prévus à l'article L. 811-13 la suspension provisoire est prononcée par le tribunal de grande instance saisi soit par le procureur de la République, soit par le président du Conseil national des administrateurs judiciaires et des mandataires judiciaires, par assignation à jour fixe.

Lorsque l'action est engagée par le procureur de la République, celui-ci en informe le président du Conseil national. Lorsque l'action est engagée par le président du Conseil national, celui-ci notifie au ministère public une copie de l'assignation qu'il a fait délivrer. – *[Décr. n° 85-1389 du 27 déc. 1985, art. 29.]*

Art. R. 811-51 Les débats devant le tribunal de grande instance sont publics. Toutefois, celui-ci peut décider que les débats ne seront pas publics si l'administrateur judiciaire poursuivi en fait expressément la demande ou s'il doit résulter de leur publicité une atteinte à l'ordre public, à un secret protégé par la loi ou au secret des affaires. Il en est fait mention dans la décision. La juridiction statue publiquement, après que le ministère public a prononcé ses conclusions et que l'administrateur judiciaire a été entendu ou appelé.

Le président du Conseil national peut présenter ses observations, le cas échéant, par l'intermédiaire d'un membre du conseil. – *[Décr. n° 85-1389 du 27 déc. 1985, art. 29-1.]*

Art. R. 811-52 La décision est notifiée par le greffe, par lettre recommandée avec demande d'avis de réception, à l'intéressé et au président du Conseil national. Elle indique le délai et les modalités du recours ouvert à l'encontre de la décision. – *[Décr. n° 85-1389 du 27 déc. 1985, art. 29-2.]*

Art. R. 811-53 La cessation de plein droit de la suspension provisoire en application de l'article L. 811-13 et les décisions mettant fin à la suspension provisoire sont immédiatement notifiées par le procureur de la République à l'administrateur judiciaire et à l'administrateur provisoire désigné.

La mission de l'administrateur provisoire prend fin dès réception de cette notification. – *[Décr. n° 85-1389 du 27 déc. 1985, art. 29-3.]*

Art. R. 811-54 L'appel en matière de suspension provisoire est formé par déclaration au greffe de la cour d'appel. L'appelant notifie son appel aux autres parties par lettre recommandée avec demande d'avis de réception. – *[Décr. n° 85-1389 du 27 déc. 1985, art. 29-4.]*

Art. R. 811-55 L'appel est formé dans un délai de quinze jours qui court, à l'égard du ministère public, du jour de la décision. Il en est de même pour l'administrateur judiciaire si la décision a été rendue en sa présence ou en présence de son défenseur. Dans les autres cas, le délai court à compter de la notification de la décision, et notamment lorsque le président du Conseil national a été à l'origine de la saisine du tribunal.

En cas d'appel d'une partie, un délai supplémentaire de huit jours est accordé à l'autre partie pour former un appel incident. – *[Décr. n° 85-1389 du 27 déc. 1985, art. 29-5.]*

Art. R. 811-56 Le recours est instruit et jugé selon les règles applicables à la procédure sans représentation obligatoire. Le président du conseil national ou son représentant peut être entendu, s'il en fait la demande, par la cour d'appel.

La décision de la cour d'appel est notifiée, par lettre recommandée avec demande d'avis de réception, aux personnes mentionnées à l'article R. 811-50. – *[Décr. n° 85-1389 du 27 déc. 1985, art. 29-6.]*

Art. R. 811-57 La décision suspendant provisoirement de ses fonctions l'administrateur judiciaire est exécutoire par provision.

Le commissaire du Gouvernement assure l'exécution des sanctions disciplinaires *(Abrogé par Décr. n° 2011-1660 du 29 nov. 2011, art. 6, à compter du 1er déc. 2011)* ***« et des mesures de suspension provisoire »***. Il informe les procureurs généraux près les cours d'appel des décisions passées en force de chose jugée prononçant l'interdiction temporaire ou la radiation ou ordonnant une mesure de suspension provisoire ; ceux-ci portent ces décisions à la connaissance des juridictions de leur ressort. – *Pour l'application des dispositions du Décr. n° 2011-1660 du 29 nov. 2011 dans les îles Wallis-et-Futuna, V. note ss. art. R. 811-33.*

En outre, le commissaire du Gouvernement requiert, le cas échéant, l'administrateur provisoire désigné dans les conditions prévues à l'article R. 811-58 de procéder à l'information des présidents des juridictions ayant décerné des mandats à l'administrateur judiciaire. – *[Décr. n° 85-1389 du 27 déc. 1985, art. 30.]*

SECTION III DE LA DÉSIGNATION D'UN ADMINISTRATEUR PROVISOIRE

Art. R. 811-58 Lorsque, pour quelque cause que ce soit, un administrateur judiciaire se trouve dans l'impossibilité d'exercer ses fonctions, le procureur de la République près le tribunal de grande instance dans le ressort duquel l'administrateur judiciaire a son domicile professionnel requiert le président du tribunal de grande instance, statuant sur requête, de désigner sans délai, pour accomplir les actes nécessaires à la gestion du cabinet, un administrateur provisoire choisi parmi les personnes inscrites sur la liste des administrateurs judiciaires ou parmi celles qui remplissent les conditions pour y être inscrites.

L'administrateur provisoire est habilité à exercer les mandats de justice confiés à l'administrateur judiciaire empêché.

Aucun mandat de justice ne peut être confié à l'administrateur judiciaire qui se trouve dans l'impossibilité d'exercer ses fonctions par l'effet d'une peine d'interdiction temporaire. – *[Décr. n° 85-1389 du 27 déc. 1985, art. 31.]*

Art. R. 811-59 L'administrateur provisoire désigné dans les conditions prévues à l'article précédent a droit à une rémunération fixée par le président du tribunal de grande instance qui a procédé à sa désignation.

Cette décision est susceptible de recours selon les dispositions des articles 714 à 718 du code de procédure civile. – *[Décr. n° 85-1389 du 27 déc. 1985, art. 32.]*

CHAPITRE II DES MANDATAIRES JUDICIAIRES

SECTION PREMIÈRE DE L'ACCÈS À LA PROFESSION

SOUS-SECTION 1 DE LA COMMISSION NATIONALE D'INSCRIPTION ET DE DISCIPLINE DES MANDATAIRES JUDICIAIRES

Art. R. 812-1 La liste des mandataires judiciaires est établie par la commission nationale instituée par l'article L. 812-2. – *[Décr. n° 85-1389 du 27 déc. 1985, art. 33.]*

Art. R. 812-2 Le magistrat du parquet, commissaire du Gouvernement auprès de la commission nationale instituée par l'article L. 812-2, et son suppléant sont désignés par le garde des sceaux, ministre de la justice.

La personne inscrite sur la liste des experts en diagnostic d'entreprise membre de la commission et son suppléant sont désignés par le garde des sceaux, ministre de la justice. Elle remplace le mandataire judiciaire dont l'inscription sur la liste est la plus récente. En cas d'égalité d'ancienneté, elle remplace le mandataire judiciaire le moins âgé.

Le mandat du président et des membres de la commission prend effet à la date de la première réunion qui suit leur désignation. Pour cette première réunion, la commission se réunit sur convocation de son secrétaire.

Lorsqu'un membre est définitivement empêché en cours de mandat, il est procédé à son remplacement. Les fonctions du nouveau membre expirent à la date à laquelle auraient cessé celles du membre qu'il remplace.

Le secrétariat de la commission est assuré par un fonctionnaire du ministère de la justice. – *[Décr. n° 85-1389 du 27 déc. 1985, art. 34.]*

Art. R. 812-3 Les dispositions prévues aux articles R. 811-3, R. 811-4, R. 811-5 et R. 811-6 relatives à l'élection à la commission nationale des administrateurs judiciaires et de leurs suppléants sont applicables à l'élection à la commission nationale des mandataires judiciaires et de leurs suppléants. – *[Décr. n° 85-1389 du 27 déc. 1985, art. 35.]*

SOUS-SECTION 2 DES CONDITIONS D'INSCRIPTION SUR LES LISTES DE MANDATAIRES JUDICIAIRES

Art. R. 812-4 Ne peuvent être admises à se présenter à l'examen d'accès au stage professionnel prévu à l'article L. 812-3 que les personnes titulaires des titres ou diplômes mentionnés *(Décr. n° 2007-1851 du 26 déc. 2007)* « aux articles R. 811-7 et R. 811-8 ». – *[Décr. n° 85-1389 du 27 déc. 1985, art. 36.]*

Art. R. 812-5 Les règles relatives au stage professionnel définies aux articles R. 811-9, R. 811-10, R. 811-11, R. 811-12, R. 811-14 et R. 811-16 sont applicables aux mandataires judiciaires. – *[Décr. n° 85-1389 du 27 déc. 1985, art. 36-1.] – Sur le programme et les modalités de l'examen d'accès au stage professionnel, V. art. A. 812-3 s.*

Art. R. 812-6 Le jury de l'examen d'accès au stage est celui prévu à l'article R. 811-10. Toutefois, le professeur ou le maître de conférences de sciences économiques ou de gestion est remplacé par un professeur ou un maître de conférences de droit et les deux administrateurs judiciaires sont remplacés par deux mandataires judiciaires désignés dans les mêmes conditions. – *[Décr. n° 85-1389 du 27 déc. 1985, art. 36-2.]*

Art. R. 812-7 En application des dispositions de l'article L. 812-3, bénéficient de la dispense de l'examen d'accès au stage :

1° Les administrateurs judiciaires ayant exercé leur profession pendant trois ans au moins ;

2° Les avocats, notaires, commissaires-priseurs judiciaires, huissiers de justice, greffiers des tribunaux de commerce, experts-comptables, commissaires aux comptes ayant exercé leur profession pendant cinq ans au moins. – *[Décr. n° 85-1389 du 27 déc. 1985, art. 37, al. 1er à 3.]*

Art. R. 812-8 La durée du stage est de trois ans au moins et de six ans au plus.

Le stage consiste dans la pratique d'activités permettant d'acquérir une expérience suffisante dans le domaine des procédures collectives, en qualité de collaborateur d'un mandataire judiciaire et sous son contrôle direct.

Le stage peut être accompli pour une période n'excédant pas le tiers de sa durée auprès d'une personne exerçant une profession juridique réglementée ou auprès d'un expert-comptable ou d'un commissaire aux comptes ou dans les services juridiques et financiers d'un établissement de crédit. – *[Décr. n° 85-1389 du 27 déc. 1985, art. 38.]*

Art. R. 812-9 Les dispositions du premier alinéa de l'article R. 811-17 relatives au stage sont applicables aux personnes inscrites sur le registre de stage. Le commissaire du Gouvernement adresse au garde des sceaux, ministre de la justice, dans les quinze jours de leur notification, les décisions de dispense fondées sur le deuxième alinéa de l'article R. 811-17. – *[Décr. n° 85-1389 du 27 déc. 1985, art. 40.]*

Art. R. 812-10 Les dispositions de l'article R. 811-18 relatives au certificat de stage ainsi qu'au refus de délivrance de ce certificat sont applicables aux personnes inscrites sur le registre de stage. – *[Décr. n° 85-1389 du 27 déc. 1985, art. 41.]*

Art. R. 812-11 Le jury chargé de procéder à l'examen professionnel des mandataires judiciaires est celui prévu à l'article R. 811-19. Toutefois, les deux administrateurs judiciaires sont remplacés par deux mandataires judiciaires nommés après avis du Conseil national des administrateurs judiciaires et des mandataires judiciaires. Les articles R. 811-20 et R. 811-21 sont applicables. – *[Décr. n° 85-1389 du 27 déc. 1985, art. 42.]*

Art. R. 812-12 Les dispositions des articles R. 811-22 à R. 811-24 relatives à l'examen d'aptitude sont applicables aux candidats à la profession de mandataire judiciaire.

L'examen est organisé dans les conditions définies à l'article R. 811-22. – *[Décr. n° 85-1389 du 27 déc. 1985, art. 43.] – Art. A. 812-13 s.*

Art. R. 812-13 Les dispositions de l'article R. 811-25 relatives aux demandes de dispense d'une partie du stage sont applicables aux demandes de dispense fondées sur les dispositions du huitième alinéa de l'article L. 812-3. – *[Décr. n° 85-1389 du 27 déc. 1985, art. 44.]*

Art. R. 812-14 En application des dispositions du huitième alinéa de l'article L. 812-3, les avocats, les notaires, les commissaires-priseurs judiciaires, les huissiers de justice ainsi que les greffiers des tribunaux de commerce, ayant exercé leur profession pendant cinq ans au moins, peuvent être dispensés par la commission d'une partie du stage professionnel et de tout ou partie des épreuves à caractère juridique de l'examen d'aptitude, à l'exception de celle relative au statut et à la déontologie de la profession de mandataire judiciaire.

Les experts-comptables et les commissaires aux comptes ayant exercé leur profession pendant cinq ans au moins peuvent être dispensés par la commission d'une partie du stage professionnel et de tout ou partie des épreuves à caractère économique, comptable ou de gestion.

Les administrateurs judiciaires peuvent être dispensés par la commission d'une partie du stage professionnel et sont dispensés de l'examen d'aptitude. Ils peuvent être inscrits sur la liste des mandataires judiciaires sous la condition suspensive d'avoir été retirés de la liste des administrateurs judiciaires dans les conditions de l'article R. 811-36.

La commission statue dans les conditions prévues aux articles R. 811-33 à R. 811-35. – *[Décr. n° 85-1389 du 27 déc. 1985, art. 1er à 3 et 5.]*

Art. R. 812-15 Peuvent être inscrites sur la liste des mandataires judiciaires, en application du dernier alinéa de l'article L. 812-3, les personnes qui ont suivi avec succès un cycle d'études d'une durée minimale de trois ans ou d'une durée équivalente à temps partiel dans une université ou un établissement d'enseignement supérieur ou dans un autre établissement de même niveau de formation et, le cas échéant, la formation professionnelle requise en plus de ce cycle d'études et qui justifient :

1° De diplômes, certificats ou autres titres permettant l'exercice de la profession dans un État membre de la Communauté européenne ou dans un État partie à l'accord sur l'Espace économique européen délivrés :

a) Soit par l'autorité compétente de cet État et sanctionnant une formation acquise de façon prépondérante dans la Communauté européenne ou dans un État partie à l'accord sur l'Espace économique européen ;

b) Soit par un pays tiers, à condition que soit fournie une attestation émanant de l'autorité compétente de l'État membre qui a reconnu les diplômes, certificats ou autres titres certifiant que leur titulaire a une expérience professionnelle de trois ans au moins dans cet État ;

2° Ou de l'exercice à plein temps de la profession pendant deux ans au moins au cours des dix années précédentes dans un État membre qui ne réglemente pas l'accès ou l'exercice de cette profession, à condition que cet exercice soit attesté par l'autorité compétente de cet État. – *[Décr. n° 85-1389 du 27 déc. 1985, art. 45-1, al. 1er à 5.]*

Art. R. 812-16 Sauf si les connaissances qu'elles ont acquises au cours de leur expérience professionnelle sont de nature à rendre cette vérification inutile, les personnes mentionnées à l'article R. 812-15 subissent devant le jury chargé de l'examen d'accès au stage un examen de contrôle des connaissances, organisé par le Conseil national des administrateurs judiciaires et des mandataires judiciaires, dont le programme et les modalités sont fixés par arrêté du garde des sceaux, ministre de la justice :

1° Lorsque leur formation porte sur des matières substantiellement différentes de celles qui figurent au programme des titres et diplômes mentionnés à l'article R. 811-7 et de l'examen de stage professionnel mentionné à l'article R. 811-9 ;

2° Ou lorsqu'une ou plusieurs des activités professionnelles dont l'exercice est subordonné à la possession de ces diplômes et de cet examen ne sont pas réglementées dans l'État membre d'origine ou de provenance ou sont réglementées de manière différente et que cette différence est caractérisée par une formation spécifique requise dans l'État membre d'accueil portant sur des matières substantiellement différentes de celles couvertes par le diplôme dont le demandeur fait état. – *[Décr. n° 85-1389 du 27 déc. 1985, art. 45-1, al. 6 à 8.]*

Art. R. 812-17 A la réception du dossier complet d'une personne mentionnée à l'article R. 812-15, un récépissé lui est délivré. La commission nationale se prononce par décision motivée dans un délai de quatre mois à compter de la délivrance du récépissé.

La décision par laquelle la commission nationale arrête la liste des candidats soumis à l'examen de contrôle des connaissances précise, le cas échéant, les matières sur lesquelles chacun des candidats est interrogé compte tenu de sa formation initiale.

La commission statue dans les conditions prévues aux articles R. 811-33 à R. 811-35.

Nul ne peut se présenter plus de trois fois à l'examen. – *[Décr. n° 85-1389 du 27 déc. 1985, art. 45-1, al. 9 à 12.]*

Art. R. 812-18 La commission nationale inscrit les sociétés civiles professionnelles et les sociétés d'exercice libéral de mandataires judiciaires prévues par l'article L. 812-5 sur la liste ainsi que chacun des associés. Le nom de chacun de ceux-ci est suivi de la mention de la raison ou dénomination sociale de la société.

L'appartenance aux autres groupements ou sociétés prévus par l'article L. 812-5 est immédiatement portée à la connaissance de la commission. – *[Décr. n° 85-1389 du 27 déc. 1985, art. 46.]*

● SOUS-SECTION 3 DE LA PROCÉDURE D'INSCRIPTION SUR LES LISTES DE MANDATAIRES JUDICIAIRES

Art. R. 812-19 Les dispositions relatives à la procédure d'inscription des administrateurs judiciaires prévues aux articles R. 811-31 à R. 811-35 sont applicables aux mandataires judiciaires. – *[Décr. n° 85-1389 du 27 déc. 1985, art. 47.]*

Art. R. 812-20 Les dispositions des articles R. 811-36 à R. 811-39 relatives à la tenue et à la mise à jour de la liste des administrateurs judiciaires sont applicables *(Décr. n° 2011-1660 du 29 nov. 2011, art. 7, en vigueur le 1er déc. 2011)* « aux mandataires judiciaires ». – *[Décr. n° 85-1389 du 27 déc. 1985, art. 51.]*

SECTION II DE LA SURVEILLANCE, DE L'INSPECTION ET DE LA DISCIPLINE

Art. R. 812-21 Les dispositions des articles R. 811-40 à R. 811-42 relatives à la surveillance et à l'inspection des administrateurs judiciaires sont applicables aux mandataires judiciaires.

Art. R. 812-22 Les dispositions des articles R. 811-43 à R. 811-56 relatives à la procédure disciplinaire devant la commission nationale et à la procédure de suspension provisoire devant le tribunal de grande instance des administrateurs judiciaires sont applicables aux mandataires judiciaires. — *[Décr. n° 85-1389 du 27 déc. 1985, art. 53.]*

Art. R. 812-23 Les dispositions des articles R. 811-57 à R. 811-59 relatives à l'exécution des sanctions disciplinaires et des mesures de suspension provisoire et relatives à l'administration provisoire sont applicables aux mandataires judiciaires.

Toutefois, pour l'application de l'article R. 811-58, l'administrateur provisoire est choisi parmi les personnes inscrites sur la liste des mandataires judiciaires ou parmi celles qui remplissent les conditions pour y être inscrites. — *[Décr. n° 85-1389 du 27 déc. 1985, art. 54.]*

CHAPITRE III DES EXPERTS EN DIAGNOSTIC D'ENTREPRISE

Le présent chapitre ne comprend pas de dispositions réglementaires.

CHAPITRE IV DISPOSITIONS COMMUNES

SECTION PREMIÈRE DES RECOURS CONTRE LES DÉCISIONS DES COMMISSIONS D'INSCRIPTION ET DE DISCIPLINE

Art. R. 814-1 Un recours contre la décision de la commission statuant en matière d'inscription peut être exercé devant la cour d'appel de Paris par l'intéressé, le garde des sceaux, ministre de la justice, le commissaire du Gouvernement et le président du Conseil national, dans le délai d'un mois à compter de la date de réception de la lettre de notification de la décision.

Le recours est formé soit par déclaration au greffe de la cour d'appel, soit par lettre recommandée avec demande d'avis de réception adressée au greffier en chef.

Le greffier en chef en avise, selon le cas, l'intéressé, le garde des sceaux, ministre de la justice, le commissaire du Gouvernement ou le président du Conseil national.

Le recours est instruit et jugé selon les règles applicables à la procédure sans représentation obligatoire. — *[Décr. n° 85-1389 du 27 déc. 1985, art. 20.]*

Art. R. 814-2 Un recours peut être exercé devant la cour d'appel de Paris, dans le délai d'un mois à compter de la notification de la décision de la commission statuant en matière disciplinaire *(Décr. n° 2011-1660 du 29 nov. 2011, art. 8-1°, en vigueur le 1er déc. 2011)* « ou sur le fondement du premier alinéa de l'article L. 811-6 », par l'intéressé, le garde des sceaux, ministre de la justice, et le commissaire du

Gouvernement. Il peut également être exercé, dans le même délai, par *(Décr. n° 2011-1660 du 29 nov. 2011, art. 8-2°, en vigueur le 1er déc. 2011)* **« le ministère public » et par le président du Conseil national lorsqu'ils ont engagé l'action** *(Abrogé par Décr. n° 2011-1660 du 29 nov. 2011, art. 8-2°, à compter du 1er déc. 2011)* **« *disciplinaire* ». Il est formé soit par déclaration remise contre récépissé au greffe de la cour d'appel de Paris, soit par lettre recommandée avec demande d'avis de réception adressée au greffier en chef.** – *Les dispositions du Décr. n° 2011-1660 du 29 nov. 2011 sont applicables dans les îles Wallis-et-Futuna en tant qu'elles concernent les administrateurs judiciaires (Décr. préc., art. 10).*

Le recours est instruit et jugé selon les règles applicables à la procédure sans représentation obligatoire.

La décision de la cour d'appel est notifiée, par le greffe, par lettre recommandée avec demande d'avis de réception, aux personnes mentionnées à l'alinéa premier. – *[Décr. n° 85-1389 du 27 déc. 1985, art. 28-1.]*

SECTION II DE LA REPRÉSENTATION DES PROFESSIONS AUPRÈS DES POUVOIRS PUBLICS

Art. R. 814-3 Le Conseil national établit un ensemble de règles professionnelles soumis à l'approbation du garde des sceaux, ministre de la justice. – *V. art. A. 814-1.*

Le garde des sceaux, ministre de la justice peut demander au Conseil national d'actualiser ou de réviser ces règles dans un délai qu'il lui impartit.

Ces règles prévoient notamment :

1° Les modalités d'organisation et de financement de la formation professionnelle ;

2° L'harmonisation des méthodes comptables utilisées par chaque professionnel, la tenue quotidienne obligatoire d'une comptabilité permettant de s'assurer de la représentation des fonds, effets, titres et autres valeurs appartenant à autrui, et l'agrément des systèmes informatiques de tenue de la comptabilité ;

3° Les conditions de délégation de signature au sein de l'étude et de conservation des pièces justificatives ainsi que les autres mesures propres à assurer la sécurité dans la gestion des dossiers et la gestion des fonds de tiers ;

4° Les conditions dans lesquelles l'administrateur judiciaire ou le mandataire judiciaire fait connaître à l'autorité mandante les intérêts économiques et financiers qu'il détient, directement ou indirectement, et qui peuvent faire obstacle à l'attribution d'un mandat dans une affaire déterminée ;

5° Les modalités de présentation des demandes des administrateurs judiciaires et des mandataires judiciaires aux fins d'arrêté de leurs émoluments ainsi que les autres mesures propres à permettre le contrôle du respect des règles relatives à leur tarif ;

6° L'harmonisation de la présentation de leur compte rendu de fin de mission par les administrateurs judiciaires et les mandataires judiciaires ;

7° Les conditions dans lesquelles les administrateurs judiciaires et les mandataires judiciaires portent à la connaissance du Conseil national les informations économiques et sociales issues des procédures au titre desquelles ils interviennent ;

8° Les conditions dans lesquelles l'administrateur judiciaire ou le mandataire judiciaire qui demande son retrait de la liste ou qui cesse l'exercice individuel de sa profession organise le transfert des dossiers qui lui ont été confiés et des fonds qu'il détient.

Ces règles sont portées à la connaissance des professionnels par lettre recommandée avec demande d'avis de réception. Leur non-respect peut entraîner des poursuites disciplinaires.

Si ces règles n'ont pas été actualisées ou révisées par le Conseil national dans le délai imparti, elles le sont par le garde des sceaux, ministre de la justice. – *[Décr. nº 85-1389 du 27 déc. 1985, art. 54-1, al. 2 à 10.]*

Art. D. 814-3-1 *(Décr. nº 2011-1908 du 20 déc. 2011, art. 2)* Lorsqu'elles établissent ou sont tenues d'établir des comptes annuels dans les conditions définies aux articles L. 123-12 à L. 123-22, les personnes exerçant la profession d'administrateur judiciaire ou de mandataire judiciaire communiquent ces comptes au conseil national dans le délai mentionné au dernier alinéa de l'article L. 811-11.

Dans les autres cas, elles communiquent au conseil national, dans le même délai, les éléments suivants :

1° Une situation de trésorerie établie à l'ouverture de l'exercice comptable de l'étude ;

2° Une situation de trésorerie établie à la clôture de l'exercice comptable de l'étude ;

3° Le chiffre d'affaires hors taxes avant rétrocessions ;

4° Le montant des honoraires versés et rétrocédés ;

5° Les salaires et charges de personnel ;

6° Les dotations aux amortissements ;

7° Les redevances de crédit-bail ;

8° Les locations mobilières et immobilières ;

9° Le résultat net réalisé avant impôt ;

10° Le montant des investissements réalisés ;

11° Le montant détaillé des emprunts restant à rembourser et des concours bancaires courants ;

12° Le montant des loyers non échus sur les contrats de crédit-bail.

Les dispositions du Décr. nº 2011-1908 du 20 déc. 2011 sont applicables aux exercices ouverts à compter du 1er janv. 2012 (Décr. préc., art. 3).

Art. R. 814-4 Pour l'exercice de ses attributions en matière de formation professionnelle, le Conseil national constitue une commission de formation professionnelle, composée des membres suivants :

1° Le président et le vice-président du Conseil national ;

2° Un administrateur judiciaire et un mandataire judiciaire désignés par Conseil national ;

3° Un administrateur judiciaire et un mandataire judiciaire désignés par la caisse de garantie ;

4° Un magistrat de l'ordre judiciaire désigné par le garde des sceaux, ministre de la justice ;

5° Un juge consulaire désigné par la conférence des juges consulaires de France ;

6° Trois professeurs, maîtres de conférences ou chargés d'enseignement choisis par le Conseil national.

Cette commission assiste le Conseil national dans l'organisation de l'enseignement professionnel en vue de la préparation à l'examen d'aptitude aux fonctions d'administrateur judiciaire et de mandataire judiciaire. Elle met les candidats stagiaires en relation avec les professionnels, facilite la réalisation des stages et en assure le suivi. Elle recommande notamment l'affectation dans une étude des stagiaires qui n'ont pas trouvé de stage. Elle assiste le Conseil national dans l'organisation de la formation continue des professionnels en activité. Le Conseil national valide, après avis de la commission, les formations autres que celles qu'il organise. – *[Décr. nº 85-1389 du 27 déc. 1985, art. 54-1, al. 11 à 18.]*

Art. R. 814-5 Le Conseil national des administrateurs judiciaires et des mandataires judiciaires est composé de seize membres, huit membres représentant les administrateurs judiciaires et huit membres représentant les mandataires judiciaires.

Les membres sont élus au scrutin de liste à la représentation proportionnelle par deux collèges, l'un composé des personnes physiques inscrites sur la liste nationale des administrateurs judiciaires, l'autre composé des personnes physiques inscrites sur la liste nationale des mandataires judiciaires. Chaque collège élit huit membres. Le vote a lieu sans panachage ni vote préférentiel.

Les membres du Conseil national sont élus pour une période de quatre ans, renouvelable une fois. Ils ne sont rééligibles pour un mandat supplémentaire qu'après un intervalle de quatre ans, après l'expiration, le cas échéant, de leur second mandat. – *[Décr. n° 85-1389 du 27 déc. 1985, art. 54-2.]*

Art. R. 814-6 Le bureau du Conseil national organise l'élection. Il détermine les modalités applicables, notamment celles du vote par correspondance, autres que celles prévues par le présent titre, selon des règles soumises à l'approbation du garde des sceaux, ministre de la justice.

Chaque déclaration de candidature indique le titre de la liste présentée. Elle comporte les nom et prénoms du candidat, son domicile professionnel, sa signature, la date à laquelle il a été inscrit sur la liste nationale, ou, lorsqu'il s'agit d'un mandataire judiciaire, la liste régionale si son inscription sur celle-ci est antérieure à l'établissement de la liste nationale.

Chaque liste comprend au moins quatre candidats. Nul ne peut être candidat sur plus d'une liste. – *[Décr. n° 85-1389 du 27 déc. 1985, art. 54-3.]*

Art. R. 814-7 Il est attribué à chaque liste autant d'élus que le nombre de suffrages lui revenant contient de fois le quotient électoral. Le quotient électoral est égal au nombre total des suffrages obtenus par les différentes listes divisé par le nombre de délégués à élire.

Au cas où aucun siège ne peut être pourvu ou s'il reste des sièges à pourvoir, les sièges restants sont attribués sur la base de la plus forte moyenne.

A cet effet, le nombre de voix obtenues par chaque liste est divisé par le nombre, augmenté d'une unité, des sièges attribués à la liste. Les différentes listes sont placées dans l'ordre décroissant des moyennes ainsi obtenues. Le premier siège non pourvu est attribué à la liste ayant la plus forte moyenne.

Il est procédé successivement à la même opération pour chacun des sièges non pourvus, jusqu'au dernier.

Dans le cas où deux listes ont la même moyenne et où il ne reste qu'un siège à pourvoir, il est attribué à la liste qui a obtenu le plus grand nombre de voix.

Si deux listes ont obtenu le même nombre de voix, le candidat le plus âgé est proclamé élu. – *[Décr. n° 85-1389 du 27 déc. 1985, art. 54-6.]*

Art. R. 814-8 Si un membre du Conseil national vient à cesser ses fonctions pour quelque cause que ce soit avant l'expiration de leur durée normale, il est pourvu à son remplacement, dans les trois mois, par le premier candidat non élu de la liste. S'il n'y a plus de candidat non élu sur la liste, il est procédé à une élection au scrutin majoritaire uninominal à un tour par le collège auquel appartenait l'intéressé.

Dans tous les cas, les fonctions du nouveau membre expirent à la date à laquelle auraient pris fin celles du membre qu'il remplace. Si la durée de son mandat est inférieure à deux ans, l'intéressé est éligible pour une période de quatre ans immédiatement renouvelable pour une durée égale. – *[Décr. n° 85-1389 du 27 déc. 1985, art. 54-8.]*

Art. R. 814-9 Tout administrateur judiciaire ou tout mandataire judiciaire peut déférer l'élection des membres du Conseil national à la cour d'appel de Paris dans un délai de dix jours à compter de la proclamation des résultats. La réclamation est remise contre récépissé ou adressée par lettre recommandée avec demande d'avis de réception au greffier en chef de la cour d'appel. Le recours est instruit et jugé selon les règles applicables à la procédure sans représentation obligatoire. – *[Décr. n° 85-1389 du 27 déc. 1985, art. 54-9.]*

Art. R. 814-10 Les membres du Conseil national élisent en leur sein, de manière paritaire, un président, un vice-président et quatre membres, qui constituent le bureau.

Le bureau est élu au scrutin uninominal majoritaire à un tour pour une période de deux ans.

En cas d'égalité des voix, le plus âgé des candidats est proclamé élu.

Le président et le vice-président appartiennent, en alternance, l'un à la profession des administrateurs judiciaires, l'autre à la profession des mandataires judiciaires.

Le président sortant n'est rééligible à cette fonction et à celle de vice-président qu'après un intervalle de quatre années au moins. – *[Décr. n° 85-1389 du 27 déc. 1985, art. 54-10.]*

Art. R. 814-11 Le mandat du président, du vice-président et des membres du bureau prend fin lorsqu'ils cessent de remplir les conditions pour être membres du Conseil national. Il est alors pourvu à leur remplacement dans le délai de trois mois. En ce cas, les fonctions du nouveau membre expirent à l'époque où auraient cessé celles du membre qu'il a remplacé. – *[Décr. n° 85-1389 du 27 déc. 1985, art. 54-11.]*

Art. R. 814-12 Les fonctions de membre du Conseil national et celles de membre du bureau de ce conseil sont gratuites et ne peuvent donner lieu qu'au remboursement de frais de voyage et de séjour, dans les conditions fixées par le Conseil national.

Le président peut percevoir, pour frais de représentation, une indemnité dont le montant est fixé par le Conseil national. – *[Décr. n° 85-1389 du 27 déc. 1985, art. 54-12.]*

Art. R. 814-13 Le Conseil national ne peut valablement délibérer qu'en présence de cinq membres au moins de chaque collège, le bureau de deux membres au moins de chaque profession.

En cas de partage égal des voix, le président a voix prépondérante. – *[Décr. n° 85-1389 du 27 déc. 1985, art. 54-13.]*

Art. R. 814-14 Le Conseil national des administrateurs judiciaires et des mandataires judiciaires établit son budget. Il dresse, le 1er mars de chaque année, son bilan pour les opérations de l'année précédente. Ce bilan est certifié par un commissaire aux comptes choisi par le bureau.

Il fixe le montant de la cotisation que verse annuellement au conseil national chaque administrateur judiciaire et chaque mandataire judiciaire ainsi que la fraction de cette cotisation affectée à la formation professionnelle. – *[Décr. n° 85-1389 du 27 déc. 1985, art. 54-14.]*

Art. R. 814-15 Le Conseil national élabore un règlement intérieur qui régit son mode de fonctionnement et celui du bureau et fixe les prérogatives des organes du Conseil. Ce règlement et ses modifications ultérieures doivent être adoptées par une majorité des deux tiers du Conseil.

Le président du Conseil national convoque celui-ci au moins une fois par trimestre et chaque fois qu'il le juge utile. Il le convoque également sur un ordre du jour déterminé à la demande de quatre membres du Conseil ou du garde des sceaux, ministre de la justice. – *[Décr. n° 85-1389 du 27 déc. 1985, art. 54-15.]*

SECTION III DE LA GARANTIE DE LA REPRÉSENTATION DES FONDS, DE LA RESPONSABILITÉ CIVILE PROFESSIONNELLE ET DE LA RÉMUNÉRATION

SOUS-SECTION 1 DE LA GARANTIE DE LA REPRÉSENTATION DES FONDS ET DE LA RESPONSABILITÉ CIVILE PROFESSIONNELLE

Art. R. 814-16 La caisse de garantie instituée à l'article L. 814-3 a son siège à Paris. – *[Décr. nº 85-1389 du 27 déc. 1985, art. 71.]*

Art. R. 814-17 La caisse de garantie est gérée par un conseil d'administration composé de douze membres, dont six administrateurs judiciaires et six mandataires judiciaires, inscrits sur les listes nationales.

Ces membres sont élus pour cinq ans. Les six administrateurs judiciaires sont élus par les personnes physiques inscrites sur la liste nationale des administrateurs judiciaires et les six mandataires judiciaires par celles inscrites sur la liste nationale des mandataires judiciaires.

En cas de vacance d'un siège pour quelque cause que ce soit, notamment lorsque le professionnel concerné a obtenu son transfert d'inscription de la liste nationale des administrateurs judiciaires sur la liste nationale des mandataires judiciaires ou réciproquement, le siège est pourvu par le premier candidat non élu dans la catégorie professionnelle concernée.

S'il n'y a plus de candidat non élu, il est procédé à une élection au scrutin uninominal majoritaire à un tour.

Dans tous les cas, les fonctions des nouveaux membres expirent à la date à laquelle auraient cessé celles des membres qu'ils remplacent. – *[Décr. nº 85-1389 du 27 déc. 1985, art. 72, al. 1er à 5.]*

Art. R. 814-18 Les élections sont organisées par le conseil d'administration de la caisse de garantie qui détermine les modalités qui leur sont applicables selon des règles soumises à l'approbation du garde des sceaux, ministre de la justice. Le bureau chargé du dépouillement des votes comprend le président, le vice-président, le secrétaire et le trésorier du conseil d'administration de la caisse.

Les candidats qui, dans chaque collège, ont obtenu le plus grand nombre de voix sont élus.

Les réclamations sont portées devant la cour d'appel de Paris.

Les membres de la caisse ne sont rééligibles qu'une fois.

Sous réserve des dispositions du présent article, les règles de l'article R. 811-3 sont applicables à l'élection des membres du conseil d'administration. – *[Décr. nº 85-1389 du 27 déc. 1985, art. 72, al. 6 à 10.]*

V. art. A. 814-3.

Art. R. 814-19 Le conseil d'administration élit parmi ses membres un président, un vice-président, un secrétaire et un trésorier.

Les décisions sont prises à la majorité des voix. En cas de partage égal des voix, celle du président est prépondérante.

Le magistrat du parquet chargé des fonctions de commissaire du Gouvernement auprès de la caisse de garantie et son suppléant sont désignés par le garde des sceaux, ministre de la justice.

Le président et le vice-président du Conseil national des administrateurs judiciaires et des mandataires judiciaires ou leur représentant désigné parmi les membres du

Conseil national siègent au sein du conseil d'administration de la caisse avec voix consultative. – *[Décr. nº 85-1389 du 27 déc. 1985, art. 73.]*

Art. R. 814-20 Le conseil d'administration fixe les dépenses de gestion de la caisse de garantie et gère son actif.

Il établit, avant le 31 mars de chaque année, le bilan de la caisse pour les opérations de l'année précédente. Ce bilan est certifié par un commissaire aux comptes choisi par le conseil d'administration de la caisse de garantie.

Le conseil d'administration réunit une assemblée générale des cotisants pour lui présenter ce bilan. – *[Décr. nº 85-1389 du 27 déc. 1985, art. 74.]*

Art. R. 814-21 Le montant des cotisations des administrateurs judiciaires et des mandataires judiciaires inscrits est fixé chaque année par le conseil d'administration de la caisse de garantie sur la base du montant des fonds non distribués par le professionnel au 31 décembre de l'année précédente pour la garantie en matière de représentation des fonds et sur celle du chiffre d'affaires de l'étude pour la garantie concernant la responsabilité civile professionnelle.

En cas de désaccord du commissaire du Gouvernement sur le montant des cotisations, celui-ci est fixé par arrêté conjoint du ministre chargé de l'économie et du garde des sceaux, ministre de la justice. – *[Décr. nº 85-1389 du 27 déc. 1985, art. 75.]*

V. notes ss. art. L. 814-3.

Art. R. 814-22 Les fonds disponibles de la caisse de garantie sont obligatoirement déposés à la Caisse des dépôts et consignations. Ils peuvent être placés en obligations et autres valeurs émises ou garanties par un État membre de la Communauté européenne. – *[Décr. nº 85-1389 du 27 déc. 1985, art. 76.]*

Art. R. 814-23 Les contrats d'assurance de responsabilité civile professionnelle doivent prévoir une garantie minimale de 800 000 € par sinistre et par an pour chaque personne assurée. – *[Décr. nº 85-1389 du 27 déc. 1985, art. 78.]*

Art. R. 814-24 Les garanties dont doivent justifier l'administrateur judiciaire non inscrit sur la liste nationale, désigné dans les conditions prévues par le deuxième alinéa de l'article L. 811-2 et le mandataire judiciaire non inscrit sur la liste nationale, désigné dans les conditions prévues par le premier alinéa du II de l'article L. 812-2, doivent être au moins équivalentes à celles prévues à l'article R. 814-23.

Lorsque l'assurance a été souscrite par l'intermédiaire de la caisse de garantie, ses modalités en sont fixées, après avis du commissaire du Gouvernement, par accord entre le professionnel non inscrit et la caisse. – *[Décr. nº 85-1389 du 27 déc. 1985, art. 79.]*

Art. R. 814-25 Le président du conseil d'administration de la caisse de garantie informe le procureur général près la cour d'appel dans le ressort de laquelle l'intéressé a son domicile professionnel, le commissaire du Gouvernement près la commission d'inscription et de discipline, le magistrat coordonnateur mentionné à l'article R. 811-40, ainsi que le président du Conseil national, de toute action en responsabilité civile professionnelle exercée contre un administrateur judiciaire ou *un mandataire judiciaire*. – *[Décr. nº 85-1389 du 27 déc. 1985, art. 79-1.]*

Art. R. 814-26 La caisse de garantie peut souscrire des contrats d'assurance groupe permettant le service, au profit de ses adhérents qui souhaitent en bénéficier, de prestations en matière de retraite complémentaire et de prévoyance sociale. – *[Décr. nº 85-1389 du 27 déc. 1985, art. 80.]*

● SOUS-SECTION 2 DE LA RÉMUNÉRATION

Art. R. 814-27 La rémunération des administrateurs judiciaires au titre des mandats qui leur sont confiés en matière civile est fixée sur justification de l'accomplissement de leur mission par le président de la juridiction les ayant désignés.

Cette décision est susceptible de recours selon les règles des articles 714 à 718 du code de procédure civile. – *[Décr. nº 85-1389 du 27 déc. 1985, art. 104.]*

Art. R. 814-28 Le président de la juridiction qui confie une mission à un administrateur judiciaire, en matière civile, peut fixer le montant d'une provision à valoir sur la rémunération de ce professionnel. – *[Décr. nº 85-1389 du 27 déc. 1985, art. 105.]*

● SECTION IV DE LA COMPTABILITÉ, DU DÉPÔT DE FONDS, DES CONTRÔLES ET DISPOSITIONS DIVERSES

● SOUS-SECTION 1 DE LA TENUE DE LA COMPTABILITÉ ET DU DÉPÔT DES FONDS

Art. R. 814-29 Les administrateurs judiciaires et les mandataires judiciaires ouvrent, pour chaque mandat reçu, dans le cadre d'une comptabilité spéciale, un compte qui enregistre l'ensemble des mouvements concernant ce mandat ainsi que les opérations liées à ces mouvements.

La comptabilité spéciale de chaque administrateur judiciaire et de chaque mandataire judiciaire, arrêtée au 30 juin et au 31 décembre, fait l'objet d'un contrôle effectué par un commissaire aux comptes. Le mandataire de justice avise par lettre recommandée avec demande d'avis de réception le commissaire aux comptes choisi qui donne sa réponse dans les mêmes formes.

L'administrateur judiciaire et le mandataire judiciaire désignent un commissaire aux comptes suppléant dont les fonctions sont exercées dans les conditions prévues à l'article L. 823-1.

Le magistrat inspecteur régional et le magistrat coordonnateur mentionné à l'article R. 811-40 sont informés, dans les quinze jours, de toutes les décisions de nomination et de cessation de fonctions du commissaire aux comptes et de son suppléant. – *[Décr. nº 85-1389 du 27 déc. 1985, art. 58.]*

Art. R. 814-30 Le commissaire aux comptes informe le magistrat inspecteur régional, le magistrat coordonnateur mentionné à l'article R. 811-40 et le président du Conseil national des anomalies ou irrégularités, affectant ou non la représentation des fonds, dont il a connaissance au cours de l'exécution de sa mission. Il révèle les *faits délictueux dont il a connaissance* aux procureurs de la République près les tribunaux de grande instance dans le ressort desquels le mandataire de justice a son domicile professionnel et, le cas échéant, son ou ses bureaux annexes.

Le commissaire aux comptes fait parvenir, avant le 15 mars et le 15 septembre de chaque année, au magistrat inspecteur régional, au magistrat coordonnateur, au procureur de la République près le tribunal de grande instance dans le ressort duquel le mandataire de justice a son domicile professionnel ou un bureau annexe et au président du conseil national, une attestation de vérification de la comptabilité spéciale du mandataire de justice intéressé.

Cette attestation indique le montant des fonds, effets, titres et autres valeurs détenus par catégorie de mission et par établissement de crédit et mentionne toute anomalie ou irrégularité constatée.

Tout professionnel faisant l'objet d'une décision de retrait de la liste professionnelle, pour quelque motif que ce soit, en avise sans délai le commissaire aux comptes qu'il a désigné conformément à l'article R. 814-29. Celui-ci, dans le délai d'un mois à compter de la réception de cet avis, remet aux autorités mentionnées au deuxième alinéa une attestation de vérification de la comptabilité spéciale, établie au jour de la cessation des fonctions. – *[Décr. nº 85-1389 du 27 déc. 1985, art. 58-2.]*

Art. R. 814-31 Chaque mandat, judiciaire ou amiable, reçu par l'administrateur judiciaire ou le mandataire judiciaire est inscrit par ordre chronologique d'arrivée à l'étude sur un répertoire mentionnant notamment le numéro d'ordre, le nom de la juridiction mandante ou la qualité du mandant, la date de la décision de désignation, le nom de l'affaire, la nature de la mission, l'identification des établissements financiers auprès desquels les fonds sont déposés, la date et les modalités de l'achèvement de la mission. – *[Décr. nº 85-1389 du 27 déc. 1985, art. 59.]*

Art. R. 814-32 La comptabilité spéciale des administrateurs judiciaires et des mandataires judiciaires est tenue en partie double. Elle comprend obligatoirement un livre journal, des journaux auxiliaires, un grand livre, des grands livres auxiliaires des comptes individuels ouverts pour chaque mandat, une balance, un recueil des états périodiques et des reçus pour les versements d'espèces.

Elle respecte les règles professionnelles prévues à l'article R. 814-3. – *[Décr. nº 85-1389 du 27 déc. 1985, art. 60.]*

Art. R. 814-33 Les journaux auxiliaires mentionnent par ordre chronologique l'ensemble des opérations mentionnées à l'article R. 814-29.

Ils indiquent pour chaque opération la date, le nom de l'affaire, le libellé de l'opération et son montant. S'il s'agit d'une recette en espèces, le numéro du reçu est indiqué au regard de celle-ci dans une colonne du livre journal réservée à cet effet. – *[Décr. nº 85-1389 du 27 déc. 1985, art. 61.]*

Art. R. 814-34 Des états sont établis chaque trimestre par les administrateurs judiciaires et les mandataires judiciaires pour tous les mandats n'ayant pas fait l'objet d'une reddition des comptes.

Ces états mentionnent pour chaque mandat : le numéro de l'affaire au répertoire, le nom de celle-ci, le nom de la juridiction mandante ou la qualité du mandant, la date de la décision de désignation, la nature de la mission concernée, les mouvements comptables enregistrés pour l'affaire depuis l'origine, les mouvements et le solde par compte ouvert à la Caisse des dépôts et consignations et dans d'autres établissements financiers, ainsi que l'ensemble des fonds, effets, titres ou valeurs appartenant à autrui et, le cas échéant, les espèces disponibles aux mains du professionnel. – *[Décr. nº 85-1389 du 27 déc. 1985, art. 63.]*

Art. R. 814-35 L'administrateur judiciaire ou le mandataire judiciaire adresse les états prévus à l'article précédent dans les quinze jours qui suivent l'achèvement du trimestre au greffe du tribunal de commerce et, s'il y a lieu, du tribunal de grande instance, ainsi qu'au procureur de la République près le tribunal de grande instance dans le ressort duquel il a son domicile professionnel, pour l'ensemble de ses mandats. Il adresse ces mêmes états au greffe du tribunal de commerce et, s'il y a lieu, du tribunal de grande instance, ainsi qu'aux procureurs de la République près les tribunaux de grande instance dans le ressort desquels il a son ou ses bureaux annexes, pour ses mandats concernant ces bureaux annexes. – *[Décr. nº 85-1389 du 27 déc. 1985, art. 64.]*

Art. R. 814-36 Un reçu numéroté est délivré pour toute remise du fonds en espèces. La série des numéros est ininterrompue, les reçus doivent être utilisés dans l'ordre numérique. Chaque reçu mentionne le nom et l'adresse du mandataire de justice, la date de la recette, son montant en lettres et en chiffres, le nom et l'adresse de la partie versante, le nom de l'affaire à laquelle ce règlement s'applique et la cause de celui-ci. – *[Décr. nº 85-1389 du 27 déc. 1985, art. 65.]*

Art. R. 814-37 A tout moment, le total des sommes dont l'administrateur judiciaire ou le mandataire judiciaire est comptable au titre d'un mandat doit être couvert par les fonds, effets, titres et autres valeurs appartenant à autrui déposés sur les comptes ouverts à la Caisse des dépôts et consignations et dans d'autres établissements financiers, et par les espèces en caisse.

Les fonds détenus au titre d'un mandat ne peuvent en aucun cas être utilisés au bénéfice d'un autre mandat. – *[Décr. nº 85-1389 du 27 déc. 1985, art. 66.]*

Art. R. 814-38 Les dispositions des articles R. 814-29 à R. 814-41 s'appliquent également aux mandataires de justice autorisés à poursuivre un ou plusieurs dossiers en cours après leur retrait de la liste professionnelle, dans les conditions prévues aux articles L. 811-8 et L. 812-6, ainsi qu'aux personnes physiques désignées par les tribunaux dans les conditions prévues par le deuxième alinéa de l'article L. 811-2 et par le premier alinéa du II de l'article L. 812-2. – *[Décr. nº 85-1389 du 27 déc. 1985, art. 66-1.]*

Art. R. 814-39 Les sommes disponibles déposées sur les comptes bancaires ouverts au nom du débiteur ayant fait l'objet d'un jugement arrêtant un plan de cession doivent être versées à la Caisse des dépôts et consignations dans les quinze jours du prononcé de ce jugement. Ces comptes bancaires peuvent néanmoins continuer à fonctionner, pour la couverture des effets ou moyens de paiement émis avant la date du jugement. – *[Décr. nº 85-1389 du 27 déc. 1985, art. 68.]*

Art. R. 814-40 Lorsqu'un administrateur judiciaire ou un mandataire judiciaire dépose des fonds à la Caisse des dépôts et consignations sur un compte global rémunéré, il fait apparaître une fois par trimestre et à la fin de sa mission, en comptabilité spéciale ainsi que sur les états prévus à l'article R. 814-34, les sommes provenant des intérêts produits au profit de chaque entreprise. Ces sommes sont calculées au prorata des soldes moyens de chaque entreprise tels qu'ils apparaissent dans la comptabilité spéciale. – *[Décr. nº 85-1389 du 27 déc. 1985, art. 68-1.]*

Art. R. 814-41 Les administrateurs judiciaires dans l'exercice des mandats qui leur sont confiés en matière civile sont tenus de déposer à un compte ouvert à leur nom à la Caisse des dépôts et consignations, dès leur réception, tous les fonds qu'ils ont reçus dans le cadre des missions de justice, y compris les provisions pour frais et honoraires.

Ces sommes ne peuvent faire l'objet d'un retrait à leur profit qu'après fixation de leurs honoraires ou provisions par le juge. De même, tous les titres dont ils assurent la gestion sont remis pendant la durée de leur mission à la Caisse des dépôts et consignations. – *[Décr. nº 85-1389 du 27 déc. 1985, art. 69.]*

● SOUS-SECTION 2 DES CONTRÔLES

Art. R. 814-42 Chaque professionnel est soumis tous les trois ans à un contrôle qui porte sur l'ensemble de son activité. Il peut en outre, à tout moment, être soumis à un contrôle occasionnel qui porte soit sur une question particulière, soit sur l'ensemble de son activité. Peuvent également être soumis à un contrôle occasionnel les mandataires de justice retirés des listes professionnelles, qui sont autorisés à poursuivre un ou plusieurs dossiers en cours en vertu des articles L. 811-8 et L. 812-6.

Le contrôle occasionnel est prescrit par le président du Conseil national, le procureur de la République, le procureur général, le garde des sceaux, ministre de la justice, les commissaires du Gouvernement près les commissions d'inscription et de discipline, les magistrats inspecteurs régionaux ou le magistrat coordonnateur mentionné à l'article R. 811-40.

Les contrôleurs peuvent recueillir les observations des présidents des juridictions civiles et commerciales du premier degré dans le ressort desquelles le mandataire de justice contrôlé a son domicile professionnel, le cas échéant un bureau annexe, et dans le ressort desquelles il s'est vu confier une mission. Ils peuvent recueillir les observations du procureur de la République près ces juridictions, du commissaire aux comptes chargé du contrôle de la comptabilité spéciale de l'intéressé, du trésorier-payeur général, ainsi que de l'association pour la gestion du régime d'assurance des créances des salariés. – *[Décr. n° 85-1389 du 27 déc. 1985, art. 54-16.]*

Art. R. 814-43 Avant la fin de chaque année, le président du Conseil national adresse au garde des sceaux, ministre de la justice, la liste des membres de l'une et de l'autre professions que le bureau du conseil a désignés comme devant faire l'objet du contrôle périodique au cours de l'année suivante. Cette liste est également adressée au commissaire du Gouvernement près de la commission d'inscription et de discipline qui a procédé à leur inscription, ainsi qu'au magistrat coordonnateur mentionné à l'article R. 811-40. – *[Décr. n° 85-1389 du 27 déc. 1985, art. 54-17.]*

Art. R. 814-44 Avant la fin du troisième trimestre de chaque année, le président du Conseil national soumet à l'agrément du garde des sceaux, ministre de la justice, une liste des membres de l'une et de l'autre des professions susceptibles de procéder aux contrôles au cours de l'année suivante. Cette liste comprend au moins vingt administrateurs judiciaires et au moins trente mandataires judiciaires.

Le garde des sceaux, ministre de la justice, peut refuser son agrément à l'un ou plusieurs des professionnels figurant sur la liste. Le président du Conseil national dispose d'un délai de quinze jours à compter de la notification de la décision de refus d'agrément pour proposer une liste complémentaire.

En outre, le garde des sceaux, ministre de la justice, agrée par arrêté les autres personnes spécialement habilitées à procéder à des contrôles occasionnels, dont les noms lui sont soumis par le conseil national. Cet agrément est donné pour une année. – *[Décr. n° 85-1389 du 27 déc. 1985, art. 54-18.]*

Art. R. 814-45 Le contrôle est effectué par trois contrôleurs :

1° Deux administrateurs judiciaires ou mandataires judiciaires figurant sur la liste prévue à l'article R. 814-44 et n'exerçant pas leur activité dans le même ressort de cour d'appel que le professionnel contrôlé, dont l'un peut être remplacé, dans le cas d'un contrôle occasionnel, par l'une des personnes spécialement habilitées à cette fin ;

2° Un commissaire aux comptes figurant sur une liste établie pour six ans par le garde des sceaux, ministre de la justice, sur proposition du Conseil national des administrateurs judiciaires et des mandataires judiciaires après avis de la Compagnie nationale des commissaires aux comptes, qui ne peut être celui habituellement chargé du contrôle de la comptabilité du professionnel.

Ces contrôleurs sont désignés dans le cas d'un contrôle triennal par le président du Conseil national et dans le cas d'un contrôle occasionnel par l'autorité qui a prescrit celui-ci.

Un arrêté du garde des sceaux, ministre de la justice, fixe l'étendue minimale des vérifications auxquelles les contrôleurs doivent procéder. – *V. art. A. 814-4 s.*

Les frais occasionnés par la présence lors des contrôles du commissaire aux comptes prévu au 2° sont avancés par le Conseil national. – *[Décr. n° 85-1389 du 27 déc. 1985, art. 54-19.]*

Art. R. 814-46 Les contrôles occasionnels peuvent être effectués de manière inopinée. – *[Décr. n° 85-1389 du 27 déc. 1985, art. 54-20.]*

Art. R. 814-47 Le professionnel contrôlé peut demander à un confrère de son choix de l'assister lors du contrôle. Il peut également demander au commissaire aux comptes ayant procédé à la vérification de sa comptabilité en application de l'article R. 814-29 ou à un expert-comptable de son choix d'assister au contrôle. – *[Décr. n° 85-1389 du 27 déc. 1985, art. 54-21.]*

Art. R. 814-48 Si les contrôleurs découvrent des irrégularités ayant trait à la gestion et à la représentation des fonds, titres, effets et autres valeurs détenus pour le compte de tiers, ils en avisent immédiatement le procureur général, le magistrat inspecteur régional, le commissaire du Gouvernement près la commission compétente, le magistrat coordonnateur mentionné à l'article R. 811-40 et le président du Conseil national.

Dans un délai de deux mois à compter de l'achèvement des opérations de contrôle, les contrôleurs établissent un projet de rapport et l'adressent par lettre recommandée avec demande d'avis de réception au professionnel contrôlé. Celui-ci dispose d'un délai d'un mois à compter de la réception pour formuler ses observations.

A l'issue de ce délai, un rapport définitif est établi par les contrôleurs, auquel sont annexées les éventuelles observations du professionnel contrôlé. Ce rapport est adressé au président du Conseil national et aux autorités mentionnées au premier alinéa. – *[Décr. n° 85-1389 du 27 déc. 1985, art. 54-22.]*

Art. R. 814-49 Lorsque les contrôleurs font preuve de négligence ou d'incapacité dans l'accomplissement de leur mission, ils sont passibles de retrait d'agrément sans préjudice, le cas échéant, de poursuites disciplinaires. – *[Décr. n° 85-1389 du 27 déc. 1985, art. 54-23.]*

SOUS-SECTION 3 DE L'HONORARIAT, DU COSTUME D'AUDIENCE ET DU SERMENT

Art. R. 814-50 Le titre d'administrateur judiciaire honoraire ou de mandataire judiciaire honoraire peut être conféré par la commission ayant procédé à l'inscription du professionnel qui sollicite l'attribution de ce titre.

L'honorariat ne peut être conféré qu'aux personnes ayant exercé leur activité pendant vingt ans au moins. Sont prises en compte les périodes pendant lesquelles l'intéressé a exercé en qualité de syndic administrateur judiciaire, d'administrateur judiciaire et liquidateur de sociétés, d'administrateur judiciaire séquestre près le tribunal de grande instance de Paris, d'administrateur judiciaire, ou de mandataire judiciaire.

La demande est adressée par lettre recommandée avec demande d'avis de réception au commissaire du Gouvernement près la commission compétente.

Le commissaire du Gouvernement fait procéder à une enquête par les procureurs généraux près les cours d'appel dans le ressort desquelles l'intéressé a eu ses domiciles professionnels. La commission se prononce comme en matière disciplinaire.

La décision est notifiée à l'intéressé par lettre recommandée avec demande d'avis de réception.

La décision de la commission qui rejette la demande tendant à l'attribution de l'honorariat est susceptible de recours dans les conditions prévues à l'article R. 814-1.

Le retrait de l'honorariat peut être prononcé par la commission sur la demande du commissaire du Gouvernement, selon les modalités prévues aux quatrième et sixième alinéas. – *[Décr. n° 85-1389 du 27 déc. 1985, art. 91.]*

Art. R. 814-51 Dans l'exercice de leurs fonctions, les administrateurs judiciaires et les mandataires judiciaires inscrits sur les listes dressées par les commissions nationales portent la toge, fermée par devant, à manches larges, la toque noire, et la cravate pareille à celle des juges. – *[Décr. n° 85-1389 du 27 déc. 1985, art. 92.]*

Art. R. 814-52 Dans le mois de leur inscription, les administrateurs judiciaires et les mandataires judiciaires prêtent serment devant la cour d'appel dans le ressort de laquelle est situé leur domicile professionnel, en ces termes : "Je jure d'exercer mes fonctions avec honneur, dignité, indépendance et probité, et de me conformer en toute occasion aux lois et règlements de ma profession".

Ils ne peuvent exercer leurs fonctions qu'à compter du jour de leur prestation de serment.

Tout administrateur judiciaire ou mandataire judiciaire qui ne prête pas serment dans le mois de son inscription est déclaré démissionnaire de ses fonctions et retiré des listes par la commission qui a procédé à son inscription, sauf s'il peut justifier d'un motif valable. – *[Décr. n° 85-1389 du 27 déc. 1985, art. 92-1.]*

SOUS-SECTION 4 DU LIEU D'EXERCICE DE LA PROFESSION

Art. R. 814-53 L'administrateur judiciaire ou le mandataire judiciaire, personne physique ou personne morale, déjà inscrit et titulaire d'une étude déclare toute ouverture d'un bureau annexe au commissaire du Gouvernement près la commission qui a procédé à son inscription ainsi qu'au président du Conseil national.

Est considéré comme un bureau annexe tout local dans lequel l'administrateur judiciaire ou le mandataire judiciaire, personne physique ou personne morale, reçoit à titre professionnel des tiers et exerce ses missions légales, lorsqu'il est situé dans le ressort d'un tribunal de grande instance autre que celui dans lequel est situé son domicile professionnel ou son siège social. – *[Décr. n° 85-1389 du 27 déc. 1985, art. 82-1.]*

Art. R. 814-54 La déclaration est adressée quatre mois au moins avant la date prévue pour l'ouverture du bureau, par lettre recommandée avec demande d'avis de réception. Elle indique :

1° Le lieu du domicile professionnel ou du siège social de l'intéressé et le lieu où il envisage d'ouvrir un bureau annexe ;

2° Les dispositions prises par l'intéressé pour assurer ses missions à son domicile professionnel ou à son siège social et dans le bureau annexe, les conditions de fonctionnement de celui-ci ainsi que les mesures adoptées pour assurer toute liaison avec le bureau principal. – *[Décr. n° 85-1389 du 27 déc. 1985, art. 82-2.]*

Art. R. 814-55 Le commissaire du Gouvernement fait diligenter une enquête. Il demande l'avis des procureurs de la République près les tribunaux dans le ressort desquels sont situés le domicile professionnel ou le siège social de l'intéressé et, le cas échéant, son ou ses bureaux annexes. Il demande également l'avis du Conseil national par lettre recommandée avec demande d'avis de réception.

Il peut refuser l'ouverture du bureau annexe si celle-ci ne permet pas au professionnel d'exercer ses mandats conformément aux règles de la profession. La décision du commissaire du Gouvernement, qui doit intervenir dans les trois mois à compter de la réception de la déclaration et qui doit être motivée en cas de refus, est notifiée à l'intéressé, aux procureurs de la République dont l'avis a été sollicité et au président du Conseil national par lettre recommandée avec demande d'avis de réception.

La décision du commissaire du Gouvernement peut être déferée à la commission par l'intéressé, les procureurs de la République dont l'avis a été sollicité et le président du Conseil national, dans le délai d'un mois à compter de la notification, par lettre recommandée avec demande d'avis de réception. La commission statue alors dans les conditions prévues aux articles R. 811-33 à R. 811-35 et R. 814-1. – *[Décr. n° 85-1389 du 27 déc. 1985, art. 82-3.]*

Art. R. 814-56 L'administrateur judiciaire ou le mandataire judiciaire, personne physique ou personne morale, qui transfère son domicile professionnel ou son siège doit déclarer ce transfert au commissaire du Gouvernement près la commission qui a procédé à son inscription ainsi qu'au président du Conseil national. La procédure prévue aux articles R. 814-54 et R. 814-55 est applicable. – *[Décr. n° 85-1389 du 27 déc. 1985, art. 82-5.]*

Art. R. 814-57 L'administrateur judiciaire ou le mandataire judiciaire, exerçant au sein d'une société, qui quitte cette société pour exercer sa profession à titre individuel doit déclarer son installation au commissaire du Gouvernement près la commission qui a procédé à son inscription ainsi qu'au président du Conseil national. La procédure prévue aux articles R. 814-54 et R. 814-55 est applicable. – *[Décr. n° 85-1389 du 27 déc. 1985, art. 82-6.]*

Art. R. 814-58 Il est procédé comme en matière civile pour tout ce qui n'est pas réglé par le présent titre. – *[Décr. n° 85-1389 du 27 déc. 1985, art. 113-4.]*

SECTION V DES SOCIÉTÉS D'ADMINISTRATEURS JUDICIAIRES ET DE MANDATAIRES JUDICIAIRES

SOUS-SECTION 1 DISPOSITIONS COMMUNES AUX DIVERSES SOCIÉTÉS

§ 1er DE LA CONSTITUTION, DE L'INSCRIPTION SUR LA LISTE, DES STATUTS ET DE L'IMMATRICULATION

Art. R. 814-59 La société est constituée sous la condition suspensive de son inscription sur la liste nationale des administrateurs judiciaires prévue par l'article L. 811-2 ou sur la liste nationale des mandataires judiciaires prévue par l'article L. 812-2. – *[Décr. n° 86-1176 du 5 nov. 1986, art. 3, al. 1er et 2 ; Décr. n° 93-892 du 6 juill. 1993, art. 3 ; Décr. n° 93-1112 du 20 sept. 1993, art. 3.]*

Art. R. 814-60 La demande d'inscription d'une société est présentée collectivement par les associés exerçant en son sein ou par le représentant légal de la société. Elle est adressée à la commission nationale d'inscription et de discipline des administrateurs judiciaires ou à celle des mandataires judiciaires par lettre recommandée avec demande d'avis de réception ou remise contre récépissé.

Elle est accompagnée d'un dossier qui comprend à peine d'irrecevabilité de la demande :

1° Un exemplaire des statuts de la société ;

2° Une copie de la décision d'inscription sur la liste nationale de chaque associé exerçant en son sein ;

3° Une attestation du greffier du tribunal de commerce du lieu du siège social, constatant le dépôt au greffe de la demande et des pièces nécessaires à l'immatriculation ultérieure de la société au registre du commerce et des sociétés ;

4° La liste des associés exerçant la profession d'administrateur judiciaire ou de mandataire judiciaire au sein de la société avec leurs nom, prénoms, domicile et, dans le cas d'une demande d'inscription d'une société d'exercice libéral, de manière distincte avec les mêmes mentions, celle des associés mentionnés au deuxième alinéa de l'article 5 de la loi n° 90-1258 du 31 décembre 1990 relative à l'exercice sous forme de sociétés des professions libérales soumises à un statut législatif ou réglementaire ou dont le titre est protégé, avec leur profession, la part de capital qu'ils détiennent et, s'il s'agit d'une personne morale, la raison ou dénomination sociale et le siège social ;

5° Le cas échéant, un exemplaire de la délibération de l'assemblée des associés habilitant le représentant légal à demander l'inscription.

Le commissaire du Gouvernement demande le bulletin n° 2 du casier judiciaire des membres des organes de gestion, de direction, d'administration ou de surveillance qui ne sont pas administrateur ou mandataire judiciaire. – *[Décr. n° 85-1389 du 27 déc. 1985, art. 16, al. 2 à 4 ; Décr. n° 93-892 du 6 juill. 1993, art. 4 ; Décr. n° 93-1112 du 20 sept. 1993, art. 4.]*

Art. R. 814-61 La commission nationale d'inscription et de discipline des administrateurs judiciaires statue sur la demande d'inscription dans les conditions prévues aux articles R. 811-33 à R. 811-35.

La commission nationale d'inscription et de discipline des mandataires judiciaires statue sur la demande d'inscription dans les conditions prévues aux articles R. 812-19 et R. 812-20. – *[Décr. n° 93-892 du 6 juill. 1993, art. 5 ; Décr. n° 93-1112 du 20 sept. 1993, art. 5.]*

Art. R. 814-62 La commission nationale d'inscription et de discipline des administrateurs judiciaires ou celle des mandataires judiciaires peut refuser l'inscription de la société si sa création a pour effet de limiter le choix des juridictions dans des conditions contraires à une bonne administration de la justice. – *[Décr. n° 86-1176 du 5 nov. 1986, art. 4.]*

Art. R. 814-63 L'un des originaux de l'acte modificatif des statuts, si celui-ci est sous seing privé, ou une expédition de cet acte s'il a été établi en la forme authentique, est adressé par le ou les gérants, dans un délai d'un mois à compter de sa date, par lettre recommandée avec demande d'avis de réception, à la commission ayant établi la liste sur laquelle la société est inscrite. Il est accompagné de toutes pièces justificatives, notamment, si la modification des statuts résulte d'une cession de parts sociales ou de titres de capital, de celles qui établissent le prix de cette cession. – *[Décr. n° 86-1176 du 5 nov. 1986, art. 39, al. 1er.]*

Art. R. 814-64 La commission nationale d'inscription et de discipline des administrateurs judiciaires se prononce sur les modifications des statuts dans les conditions prévues aux articles R. 811-33 à R. 811-35.

La commission nationale d'inscription et de discipline des mandataires judiciaires se prononce sur les modifications des statuts dans les conditions prévues aux articles R. 812-19 et R. 812-20.

Si les nouvelles dispositions des statuts ne sont pas conformes aux dispositions législatives ou réglementaires, la commission concernée peut imposer un délai de régularisation ; s'il n'a pas été procédé à la régularisation dans le délai imparti, la commission prononce, même d'office, la radiation de la liste dans les formes prévues pour l'inscription. – *[Décr. n° 86-1176 du 5 nov. 1986, art. 39, al. 3 ; Décr. n° 93-892 du 6 juill. 1993, art. 7, al. 1er ; Décr. n° 93-1112 du 20 sept. 1993, art. 7, al. 1er.]*

Art. R. 814-65 La commission d'inscription et de discipline des administrateurs judiciaires ou la commission d'inscription et de discipline des mandataires judiciaires procède aux modifications de la liste qui résultent de celles des statuts. – *[Décr. n° 86-1176 du 5 nov. 1986, art. 39, al. 2.]*

Art. R. 814-66 La commission nationale d'inscription et de discipline des administrateurs judiciaires ou celle des mandataires judiciaires est saisie de toute difficulté. Ses décisions sont susceptibles de recours, dans les conditions prévues à l'article R. 814-1. – *[Décr. n° 93-892 du 6 juill. 1993, art. 8 et 45 ; Décr. n° 93-1112 du 20 sept. 1993, art. 8 et 45.]*

Art. R. 814-67 Si les statuts sont établis par acte sous seing privé, il en est dressé autant d'originaux qu'il est nécessaire pour la remise d'un exemplaire au siège social et à chaque associé et pour satisfaire aux dispositions de la présente section. – *[Décr. n° 86-1176 du 5 nov. 1986, art. 6.]*

Art. R. 814-68 Peuvent faire l'objet d'apports à une société d'administrateurs judiciaires et de mandataires judiciaires, en propriété ou en jouissance :

1° Tous droits incorporels, à l'exclusion de ceux qui, d'une manière directe ou indirecte, auraient pour objet ou effet de conférer une valeur patrimoniale à l'activité de mandataire de justice, tous meubles et immeubles utiles à l'exercice de la profession ;

2° Toutes sommes en numéraire. – *[Décr. n° 86-1176 du 5 nov 1986, art. 8, al. 1er à 3]*

Art. R. 814-69 L'immatriculation de la société et les formalités de publicité au registre du commerce et des sociétés sont régies par la section I du chapitre III du titre II du livre Ier relative au registre du commerce et des sociétés, sous réserve des dispositions des articles R. 814-70 et R. 814-127. – *[Décr. n° 86-1176 du 5 nov. 1986, art. 14 ; Décr. n° 93-892 du 6 juill. 1993, art. 9, al. 1er ; Décr. n° 93-1112 du 20 sept. 1993, art. 9, al. 1er.]*

Art. R. 814-70 Une ampliation de la décision d'inscription de la société sur la liste des administrateurs judiciaires ou sur celle des mandataires judiciaires est adressée par les associés de la société au greffe du tribunal où a été déposée la demande d'immatriculation au registre du commerce et des sociétés.

Au reçu de l'ampliation, le greffier procède à l'immatriculation de la société.

En cas de refus d'immatriculation, il en informe la commission nationale des administrateurs judiciaires ou celle des mandataires judiciaires. – *[Décr. n° 86-1176 du 5 nov. 1986, art. 15 ; Décr. n° 93-892 du 6 juill. 1993, art. 9, al. 2 ; Décr. n° 93-1112 du 20 sept. 1993, art. 9, al. 2.]*

Art. R. 814-71 En cas de constitution de sociétés par voie de fusion ou de scission, les articles R. 814-59 à R. 814-62, R. 814-69, R. 814-70, R. 814-117 et R. 814-148 sont applicables. – *[Décr. n° 86-1176 du 5 nov. 1986, art. 57 ; Décr. n° 93-892 du 6 juill. 1993, art. 6 ; Décr. n° 93-1112 du 20 sept. 1993, art. 6.]*

§ 2 DE L'ORGANISATION ET DU FONCTIONNEMENT DE LA SOCIÉTÉ

Art. R. 814-72 En aucun cas une valeur représentative d'une clientèle ne peut être inscrite à l'actif du bilan de la société. – *[Décr. n° 86-1176 du 5 nov. 1986, art. 9.]*

Art. R. 814-73 Si l'acte portant cession de titres de capital ou de parts sociales est établi sous seing privé, il en est dressé autant d'originaux qu'il est nécessaire pour la

remise d'un exemplaire à chaque partie et pour satisfaire aux formalités requises. – *[Décr. n° 86-1176 du 5 nov. 1986, art. 24.]*

Art. R. 814-74 **Toute convention par laquelle un des associés cède en vue de l'exercice de la profession au sein de la société la totalité ou une fraction de ses titres de capital ou parts sociales à un tiers est passée sous la condition suspensive de l'inscription de ce tiers sur la liste.** – *[Décr. n° 86-1176 du 5 nov. 1986, art. 22, al. 2 ; Décr. n° 93-892 du 5 nov. 1993, art. 10, al. 1er ; Décr. n° 93-1112 du 20 sept. 1993, art. 10, al. 1er.]*

Art. R. 814-75 **Tout nouvel associé qui entend exercer au sein de la société produit le certificat d'inscription sur la liste.** – *[Décr. n° 93-892 du 6 juill. 1993, art. 16 ; Décr. n° 93-1112 du 20 sept. 1993, art. 16.]*

Art. R. 814-76 **Toute décision de la société de racheter, dans les conditions particulières à chaque société, tout ou partie des titres ou parts d'un associé et toute convention par laquelle un des associés cède, dans les conditions déterminées par les statuts, tout ou partie de ses titres de capital ou parts sociales aux autres associés exerçant au sein de la société ou à l'un ou plusieurs d'entre eux, sont portées à la connaissance de la commission nationale d'inscription et de discipline des administrateurs judiciaires ou de celle des mandataires judiciaires par la société ou par le ou les associés cessionnaires, selon le cas.** – *[Décr. n° 93-892 du 6 juill. 1993, art. 11 ; Décr. n° 93-1112 du 20 sept. 1993, art. 11.]*

Art. R. 814-77 **Les articles R. 814-76 et R. 814-80 sont également applicables à la transmission à titre gratuit de tout ou partie de ses titres de capital ou parts sociales consentie par l'un des associés.** – *[Décr. n° 93-892 du 6 juill. 1993, art. 12 ; Décr. n° 93-1112 du 20 sept. 1993, art. 12.]*

Art. R. 814-78 **Le commissaire du Gouvernement près la Commission nationale compétente peut solliciter du commissaire aux comptes mentionné à l'article R. 814-29 un rapport spécial sur les conditions financières de la cession des parts sociales ou titres de capital afin de permettre à la commission d'examiner, en application de l'article R. 814-64, leur conformité avec les dispositions législatives ou réglementaires.** – *[Décr. n° 86-1176 du 5 nov. 1986, art. 23, al. 1er.]*

Art. R. 814-79 **En aucun cas, une valeur représentative d'une clientèle ne peut être prise en compte dans le calcul de la valeur des parts sociales ou des titres de capital.** – *[Décr. n° 86-1176 du 5 nov. 1986, art. 23, al. 2.]*

Art. R. 814-80 **L'associé qui a été radié de la liste en application de l'article L. 811-12 ou L. 812-9, qui a fait l'objet d'un retrait en application de l'article L. 811-6 ou L. 812-4, ou qui a été contraint de se retirer de la société en application de l'article R. 814-93 ou R. 814-140, dispose d'un délai de six mois à compter, selon le cas, du jour de l'acceptation de sa démission, du jour où la décision de radiation ou de retrait est devenue définitive, ou de celui où la décision des autres associés de l'exclure de la société lui a été notifiée par lettre recommandée avec demande d'avis de réception, pour céder ses parts sociales ou titres de capital à un ou plusieurs associés, à la société ou à un tiers.** – *[Décr. n° 86-1176 du 5 nov. 1986, art. 28, al. 1er ; Décr. n° 93-892 du 6 juill. 1993, art. 13 et 14 ; Décr. n° 93-1112 du 20 sept. 1993, art. 13 et 14.]*

Art. R. 814-81 **Toute décision de proroger la société est immédiatement portée à la connaissance de la commission nationale d'inscription et de discipline des administrateurs judiciaires ou de celle des mandataires judiciaires.** – *[Décr. n° 93-892 du 6 juill. 1993, art. 17 ; Décr. n° 93-1112 du 20 sept. 1993, art. 17.]*

§ 3 DE L'EXERCICE DE LA PROFESSION SOUS LA FORME D'UNE SOCIÉTÉ

Art. R. 814-82 **Sous réserve de l'application de la présente section, les dispositions législatives et réglementaires relatives à l'exercice de la profession d'administrateur judiciaire ou de mandataire judiciaire sont applicables aux associés et, lorsqu'elles peuvent être appliquées à des personnes morales, à la société elle-même.** – *[Décr. n° 86-1176 du 5 nov. 1986, art. 40 ; Décr. n° 93-892 du 6 juill. 1993 art. 18 ; Décr. n° 93-1112 du 20 sept. 1993, art. 18.]*

Art. R. 814-83 **Le mandat de justice est exercé par la société d'administrateurs judiciaires ou de mandataires judiciaires. Le juge désigne celui ou ceux des associés qui conduiront la mission au sein de la société et en son nom.** – *[Décr. n° 86-1176 du 5 nov. 1986, art. 5.]*

Il résulte des art. L. 812-2, III, et R. 814-83 C. com. qu'une société de mandataires judiciaires désignée en qualité de liquidateur est représentée, pour l'accomplissement de cette mission, par le ou les mandataires judiciaires associés nommés par le tribunal en application de ces textes. • Com. 22 janv. 2013 : *D. 2013. Actu. 302 ; JCP E 2013. 1216, n° 3, obs. Pétel ; Bull. Joly 2013. 216, note Saintourens ; LEDEN mars 2013, p. 5, obs. Rubellin ; Act. proc. coll. 2013, n° 62, obs. Le Bars ; Rev. proc. coll. 2013, n° 39, obs. Cagnoli ; Bull. Joly Entrep. diff. 2013. 164, note Favario.*

Art. R. 814-84 **Un administrateur judiciaire ou un mandataire judiciaire associé exerçant au sein d'une société ne peut exercer sa profession à titre individuel ou en qualité de membre d'une autre société, quelle qu'en soit la forme.** – *[Décr. n° 93-892 du 6 juill. 1993, art. 20 ; Décr. n° 93-1112 du 20 sept. 1993, art. 20.]*

Art. R. 814-85 **Chaque administrateur judiciaire associé exerçant au sein d'une société exerce les fonctions d'administrateur judiciaire au nom de la société.**

Chaque mandataire judiciaire associé exerçant au sein d'une société exerce les fonctions de mandataire judiciaire au nom de la société. – *[Décr. n° 93-892 du 6 juill. 1993, art. 21 ; Décr. n° 93-1112 du 20 sept. 1993, art. 21.]*

Lorsque le mandat de justice est exercé par une société de mandataires judiciaires, le juge désigne celui ou ceux des associés qui conduiront la mission au sein de la société et en son nom, de sorte qu'un mandataire judiciaire associé exerçant au sein d'une société ne peut exercer sa profession à titre individuel et exerce nécessairement ses fonctions au nom de la société. • Com. 27 nov. 2012 : *Bull. civ. IV, n° 214 ; D. 2012. Actu. 2887, obs. Lienhard ; JCP E 2013. 1216, n° 2, obs. Pétel ; LEDEN janv. 2013, p. 4, obs. Berthelot ; Act. proc. coll. 2013, n° 14, obs. Cagnoli ; Gaz. Pal. 18-19 janv. 2013, p. 24, obs. Gorrias ; RJDA 2013, n° 246 ; Bull. Joly 2013. 216, note Saintourens ; Bull. Joly Entrep. diff. 2013. 162, note Favario.*

Art. R. 814-86 **Les associés exerçant au sein de la société doivent lui consacrer toute leur activité professionnelle, l'informer et s'informer mutuellement de cette activité.** – *[Décr. n° 93-892 du 6 juill. 1993, art. 22 ; Décr. n° 93-1112 du 20 sept. 1993, art. 22.]*

Art. R. 814-87 **Le nom de chacun des associés sur la liste nationale des administrateurs judiciaires ou sur la liste nationale des mandataires judiciaires est suivi de la mention de la raison ou dénomination sociale de la société au sein de laquelle il exerce.**

En annexe de la liste nationale est dressée la liste des sociétés d'administrateurs judiciaires ou de mandataires judiciaires avec les indications suivantes :

1° Dénomination sociale ou raison sociale ;

2° Lieu du siège social ;

3° Noms de tous les associés exerçant en son sein. – *[Décr. n° 93-892 du 6 juill. 1993, art. 23 ; Décr. n° 93-1112 du 20 sept. 1993, art. 23.]*

Art. R. 814-88 Tous les registres et documents prévus par les textes législatifs ou réglementaires sont ouverts et établis au nom de la société. – *[Décr. n° 86-1176 du 5 nov. 1986, art. 43 ; Décr. n° 93-892 du 6 juill. 1993, art. 24 ; Décr. n° 93-1112 du 20 sept. 1993, art. 24.]*

Art. R. 814-89 La dénomination ou la raison sociale d'une société d'administrateurs judiciaires ou de mandataires judiciaires figure dans tous documents et correspondances émanant de la société. Elle est complétée par les mentions prévues aux 1° et 2° de l'article R. 123-237.

Dans les actes professionnels, chaque associé exerçant au sein de la société indique la dénomination ou la raison sociale de la société d'administrateurs judiciaires ou de mandataires judiciaires dont il fait partie. – *[Décr. n° 86-1176 du 5 nov. 1986, art. 41 ; Décr. n° 93-892 du 6 juill. 1993, art. 19 et 43 ; Décr. n° 93-1112 du 20 sept. 1993, art. 19 et 43.]*

Art. R. 814-90 Les procès-verbaux des délibérations des associés ainsi que ceux des délibérations du conseil d'administration et du conseil de surveillance sont établis sur un registre spécial préalablement coté et paraphé par le secrétaire de la commission nationale d'inscription et de discipline des administrateurs judiciaires ou de la commission nationale d'inscription et de discipline des mandataires judiciaires. Le registre est conservé au siège de la société.

Toutefois, les procès-verbaux peuvent être établis sur des feuilles mobiles numérotées sans discontinuité, paraphées dans les conditions prévues au premier alinéa. Dès qu'une feuille a été remplie, même partiellement, elle est jointe à celles précédemment utilisées. Toute addition, suppression, substitution ou inversion de feuilles est interdite. – *[Décr. n° 93-892 du 6 juill. 1993, art. 32 ; Décr. n° 93-1112 du 20 sept. 1993, art. 32.]*

Art. R. 814-91 La société adhère à la caisse de garantie prévue à l'article L. 814-3. Il lui appartient de justifier des assurances prévues par l'article L. 814-4, répondant aux conditions de l'article R. 814-23, notamment pour l'application du deuxième alinéa de l'article 16 de la loi n° 66-879 du 29 novembre 1966 relative aux sociétés civiles professionnelles ou du deuxième alinéa de l'article 16 de la loi n° 90-1258 du 31 décembre 1990. – *[Décr. n° 86-1176 du 5 nov. 1986, art. 44 ; Décr. n° 93-892 du 6 juill. 1993, art. 25 ; Décr. n° 93-1112 du 20 sept. 1993, art. 25.] – V. les lois préc. au* ***C. sociétés.***

Art. R. 814-92 En cas d'interdiction temporaire ou de suspension provisoire d'un ou de plusieurs associés, mais non de la totalité d'entre eux, ou de la société, il n'y a pas lieu de commettre d'administrateur provisoire.

En cas d'interdiction temporaire ou de suspension provisoire de la société ou de tous les associés, le procureur de la République près le tribunal de grande instance dans le ressort duquel la société a son siège requiert le président du tribunal de grande instance, statuant sur requête, de désigner sans délai, pour accomplir les actes nécessaires à la gestion de la société, un administrateur provisoire choisi parmi les personnes mentionnées, suivant la profession concernée, soit à l'article R. 811-58, soit à l'article R. 812-23. Les dispositions du deuxième alinéa de l'article R. 811-58, des articles R. 811-59 et R. 812-23 sont applicables selon que la société exerce l'une ou l'autre des professions. – *[Décr. n° 86-1176 du 5 nov. 1986, art. 47-1 et 47-2 ; Décr. n° 93-892 du 6 juill. 1993, art. 28, al. 2 à 4 et art. 30, al. 1er ; Décr. n° 93-1112 du 20 sept. 1993, art. 28, al. 2 à 4 et art. 30, al. 1er.]*

Art. R. 814-93 L'associé qui a été radié de la liste ou qui a été retiré de celle-ci en application de l'article L. 811-6, de l'article L. 811-12, de l'article L. 812-4 ou de l'article L. 812-9 perd sa qualité d'associé et cesse d'exercer son activité professionnelle dès que la décision prononçant la radiation ou le retrait est définitive.

Ses titres de capital ou parts sociales sont cédés dans les conditions fixées aux articles R. 814-80 et R. 814-128.

Les dispositions des articles R. 814-92 et R. 814-153 sont applicables en cas de radiation ou de retrait de la liste.

Les effets de la radiation de la société ou de tous les associés ou du retrait de tous les associés sont régis par les dispositions des articles R. 814-100 à R. 814-108. – *[Décr. n° 86-1176 du 5 nov. 1986, art. 48 ; Décr. n° 93-892 du 6 juill. 1993, art. 29 ; Décr. n° 93-1112 du 20 sept. 1993, art. 29.]*

Art. R. 814-94 A la diligence de la Commission nationale d'inscription et de discipline des administrateurs judiciaires ou de la Commission nationale d'inscription et de discipline des mandataires judiciaires, une expédition de la décision passée en force de chose jugée prononçant la radiation ou le retrait de la liste de la société ou de tous les associés exerçant en son sein est versée au dossier ouvert au nom de la société au greffe chargé de la tenue du registre du commerce et des sociétés. – *[Décr. n° 93-892 du 6 juill. 1993, art. 41 ; Décr. n° 93-1112 du 20 sept 1993, art. 41.]*

Art. R. 814-95 Les fonctions d'administrateur judiciaire associé sont assimilées à celles d'administrateur judiciaire pour la collation du titre d'administrateur judiciaire honoraire.

Les fonctions de mandataire judiciaire associé sont assimilées à celles de mandataire judiciaire pour la collation du titre de mandataire judiciaire honoraire. – *[Décr. n° 93-892 du 6 juill. 1993, art. 31 ; Décr. n° 93-1112 du 20 sept. 1993, art. 31.]*

• § 4 DE LA NULLITÉ, DE LA DISSOLUTION ET DE LA LIQUIDATION DE LA SOCIÉTÉ

Art. R. 814-96 La nullité de la société ne porte pas atteinte à la validité des actes professionnels accomplis par les administrateurs judiciaires ou les mandataires judiciaires associés avant la date où cette nullité est devenue définitive. – *[Décr. n° 93-892 du 6 juill. 1993, art. 39 ; Décr. n° 93-1112 du 20 sept. 1993, art. 39.]*

Art. R. 814-97 A la diligence de la Commission nationale d'inscription et de discipline des administrateurs judiciaires ou de la Commission nationale d inscription et de discipline des mandataires judiciaires, toute décision judiciaire passée en force de chose jugée prononçant la nullité de la société fait l'objet d'un dépôt d'une de ses expéditions au dossier ouvert au nom de la société au greffe chargé de la tenue du registre du commerce et des sociétés. – *[Décr. n° 93-892 du 6 juill. 1993, art. 38 ; Décr. n° 93-1112 du 20 sept. 1993, art. 38.]*

Art. R. 814-98 La nullité de la société n'est opposable aux tiers qu'à compter de l'accomplissement des formalités de publicité prévues par la section I du chapitre III du titre II du livre I relative au registre du commerce et des sociétés. – *[Décr. n° 93-892 du 6 juill. 1993, art. 33 ; Décr. n° 93-1112 du 20 sept. 1993, art. 33.]*

Art. R. 814-99 La société prend fin dans les cas prévus à l'article 1844-7 du code civil. La dissolution anticipée prévue au 4° de cet article est décidée dans les conditions de majorité requises pour les modifications des statuts.

En outre, la société est dissoute de plein droit :

1° Par le décès du dernier survivant des associés, sans qu'à cette date les parts sociales ou les titres de capital des autres associés aient été cédés à des tiers ;

2° Par la décision devenue définitive qui prononce la radiation ou le retrait de la liste de la société ou de tous les associés en application de l'article L. 811-6, de l'article L. 811-12, de l'article L. 812-4 ou de l'article L. 812-9. La décision qui prononce la radiation ou le retrait de la liste constate la dissolution de la société et ordonne sa liquidation. – *[Décr. n° 86-1176 du 5 nov. 1986, art. 49, al. 1er à 3 et 5 ; Décr. n° 93-892 du 6 juill. 1993, art. 40, al. 1er et 2 ; Décr. n° 93-1112 du 20 sept. 1993, art. 40, al. 1er et 2.]*

Art. R. 814-100 La dissolution de la société entraîne sa liquidation, hormis les cas prévus à l'article 1844-4 du code civil et au premier alinéa de l'article L. 236-3. – *[Décr. n° 86-1176 du 5 nov. 1986, art. 50.]*

Art. R. 814-101 La dissolution de la société n'est opposable aux tiers qu'à compter de l'accomplissement des formalités de publicité prévues par la section I du chapitre III du titre II du livre I relative au registre du commerce et des sociétés. – *[Décr. n° 86-1176 du 5 nov. 1986, art. 50 ; Décr. n° 93-892 du 6 juill. 1993, art. 33 ; Décr. n° 93-1112 du 20 sept. 1993, art. 33.] – V. art. R. 123-66 s.*

Art. R. 814-102 La liquidation est régie par les statuts, sous réserve des dispositions du code civil et de celles du livre II du présent code et du présent paragraphe. – *[Décr. n° 93-892 du 6 juill. 1993, art. 34 ; Décr. n° 93-1112 du 20 sept. 1993, art. 34.]*

Art. R. 814-103 Le liquidateur est choisi parmi les associés ou, à défaut, parmi les administrateurs judiciaires ou les mandataires judiciaires inscrits, selon que la société exerce l'une ou l'autre de ces professions.

En aucun cas, les fonctions de liquidateur ne peuvent être confiées à une personne contre laquelle a été prononcée une sanction disciplinaire, une mesure de retrait ou de suspension provisoire.

Plusieurs liquidateurs peuvent être désignés.

Le liquidateur désigné remplit les fonctions de l'administrateur provisoire. – *[Décr. n° 86-1176 du 5 nov. 1986, art. 51 ; Décr. n° 93-892 du 6 juill. 1993, art. 35, al. 1er et 3 et art. 40, al. 3 et 4 ; Décr. n° 93-1112 du 20 sept. 1993, art. 35, al. 1er et 3 et art. 40, al. 3 et 4.]*

Art. R. 814-104 La décision judiciaire ou la décision de l'assemblée des associés qui nomme le liquidateur fixe sa rémunération. – *[Décr. n° 93-892 du 6 juill. 1993, art. 36 ; Décr. n° 93-1112 du 20 sept. 1993, art. 36.]*

Art. R. 814-105 Le liquidateur peut être remplacé pour cause d'empêchement ou tout motif grave, à la demande soit du liquidateur lui-même, soit des associés ou de leurs ayants droit, par ordonnance du président du tribunal de grande instance dans le ressort duquel est situé le siège social.

Le président statue en la forme des référés. – *[Décr. n° 86-1176 du 5 nov. 1986, art. 53 ; Décr. n° 93-892 du 6 juill. 1993, art. 35, al. 2 ; Décr. n° 93-1112 du 20 sept. 1993, art. 35, al. 2.]*

Art. R. 814-106 Le liquidateur ne peut entrer en fonctions avant d'avoir accompli les formalités de publicité au registre du commerce et des sociétés et informé de la dissolution de la société la commission qui a procédé à l'inscription de celle-ci, en joignant copie de l'acte qui l'a nommé. – *[Décr. n° 86-1176 du 5 nov. 1986, art. 52.]*

Art. R. 814-107 Le liquidateur ne peut exercer les mandats de justice confiés à la société que s'il y est habilité par la juridiction qui les a décernés. – *[Décr. n° 86-1176 du 5 nov. 1986, art. 54.]*

Art. R. 814-108 Le liquidateur informe la Commission nationale des administrateurs judiciaires ou la Commission nationale des mandataires judiciaires de la clôture de la liquidation. – *[Décr. n° 86-1176 du 5 nov. 1986, art. 55 ; Décr. n° 93-892 du 6 juill. 1993, art. 37 ; Décr. n° 93-1112 du 20 sept. 1993, art. 37.]*

• SOUS-SECTION 2 DISPOSITIONS APPLICABLES AUX SOCIÉTÉS CIVILES PROFESSIONNELLES

• § 1er DE LA CONSTITUTION

Art. R. 814-109 Deux ou plusieurs personnes physiques inscrites sur la liste nationale prévue à l'article L. 811-2 ou sur la liste nationale prévue à l'article L. 812-2 peuvent constituer entre elles une société civile professionnelle pour l'exercice en commun de leur profession d'administrateur judiciaire ou de mandataire judiciaire.

La même faculté appartient aux personnes remplissant les conditions pour être inscrites sur cette liste, sous réserve que chacune d'elles obtienne son inscription au plus tard en même temps que celle de la société.

Ces sociétés reçoivent l'appellation de sociétés civiles professionnelles d'administrateurs judiciaires ou de mandataires judiciaires.

Chaque associé a la qualité d'administrateur judiciaire associé, ou de mandataire judiciaire associé. – *[Décr. n° 86-1176 du 5 nov. 1986, art. 1er et 2.]*

Art. R. 814-110 Les sociétés civiles professionnelles d'administrateurs judiciaires et sociétés civiles professionnelles de mandataires judiciaires sont régies par les dispositions du décret n° 78-704 du 3 juillet 1978 relatif à l'application de la loi n° 78-9 du 4 janvier 1978 modifiant le titre IX du livre III du code civil, sous réserve des dispositions de la présente section. – *[Décr. n° 86-1176 du 5 nov. 1986, art. 56.] – V. le Décr. préc. au* ***C. sociétés.***

Art. R. 814-111 Les statuts satisfont aux prescriptions des articles 8, 11, 14, 15, 19, 20 et 24 de la loi n° 66-879 du 29 novembre 1966. Ils indiquent en outre :

1° Les nom, prénoms et domicile de chaque associé ;

2° La durée pour laquelle la société est constituée ;

3° L'adresse du siège social ;

4° La nature et l'évaluation distincte de chacun des apports faits par les associés ;

5° Le montant du capital social, le montant, le nombre et la répartition des parts sociales représentatives de ce capital ;

6° Le nombre des parts d'intérêts attribuées à chaque apporteur en industrie ;

7° L'affirmation de la libération totale ou partielle, selon le cas, des apports concourant à la formation du capital social. – *[Décr. n° 86-1176 du 5 nov. 1986, art. 7.] – V. la L. n° 66-879 du 29 nov. 1966 au* ***C. sociétés.***

Art. R. 814-112 Le siège social de la société civile professionnelle est fixé au domicile professionnel commun à plusieurs ou à tous les associés ou au domicile professionnel de l'un d'eux. – *[Décr. n° 86-1176 du 5 nov. 1986, art. 42.]*

Art. R. 814-113 La Commission nationale des administrateurs judiciaires ou la Commission nationale des mandataires judiciaires peut solliciter d'un commissaire aux comptes mentionné à l'article R. 814-29 un avis sur la valeur des apports en nature. – *[Décr. n° 86-1176 du 5 nov. 1986, art. 8, al. 4.]*

Art. R. 814-114 Les parts sociales ne peuvent être données en nantissement.

Leur montant nominal ne peut être inférieur à 150 €. – *[Décr. n° 86-1176 du 5 nov. 1986, art. 10.]*

Art. R. 814-115 Les parts d'intérêts attribuées aux apporteurs en industrie sont incessibles. Elles sont annulées lorsque leur titulaire perd la qualité d'associé pour quelque cause que ce soit. – *[Décr. n° 86-1176 du 5 nov. 1986, art. 11.]*

Art. R. 814-116 Les parts sociales correspondant à des apports en numéraire doivent être libérées, lors de la souscription, de la moitié au moins de leur valeur nominale.

La libération du surplus intervient, en une ou plusieurs fois, soit aux dates prévues par les statuts, soit par décision de l'assemblée des associés et au plus tard dans le délai de deux ans à compter de l'inscription de la société sur la liste.

Dans les huit jours de leur réception, les fonds provenant de la libération des apports en numéraire sont déposés, pour le compte de la société, à la Caisse des dépôts et consignations, chez un notaire ou dans un établissement de crédit.

Le retrait de ces fonds est effectué par le mandataire de la société sur la justification de l'inscription de celle-ci sur la liste des administrateurs judiciaires ou la liste des mandataires judiciaires. – *[Décr. n° 86-1176 du 5 nov. 1986, art. 12.]*

Art. R. 814-117 La société ou son liquidateur est dispensé d'insérer dans un journal habilité à recevoir des annonces légales les avis et actes prévus aux articles 22, 24, 26, 27 et 29 du décret n° 78-704 du 3 juillet 1978. – *[Décr. n° 86-1176 du 5 nov. 1986, art. 13.] – V. le Décr. préc. au **C. sociétés.***

• § 2 DE L'ORGANISATION ET DU FONCTIONNEMENT

Art. R. 814-118 Les décisions qui excèdent les pouvoirs du ou des gérants sont prises par les associés réunis en assemblée générale.

L'assemblée est réunie au moins une fois par an. Elle est également réunie lorsqu'un ou plusieurs associés, représentant au moins la moitié en nombre de ceux-ci ou le quart du capital, en font la demande au gérant en indiquant l'ordre du jour.

A défaut de dispositions contraires des statuts, les convocations sont effectuées conformément à l'article 40 du décret n° 78-704 du 3 juillet 1978. – *[Décr. n° 86-1176 du 5 nov. 1986, art. 16.]*

Art. R. 814-119 Les procès-verbaux des délibérations des associés sont établis sur un registre spécial préalablement coté et paraphé par le greffier chargé de la tenue du registre du commerce et des sociétés où est immatriculée la société. Le registre est conservé au siège social. Il peut être consulté par tout associé. – *[Décr. n° 86-1176 du 5 nov. 1986, art. 17.]*

Art. R. 814-120 Chaque associé dispose d'un nombre de voix égal quel que soit le nombre de parts qu'il possède.

Un associé peut donner mandat écrit à un autre associé de le représenter à l'assemblée. Toutefois, un associé ne peut être porteur de plus de deux mandats.

L'assemblée ne délibère valablement que si les trois quarts au moins des associés sont présents ou représentés. Si ce quorum n'est pas atteint, les associés sont convoqués une nouvelle fois et l'assemblée délibère valablement si le tiers des associés au moins est présent ou représenté. – *[Décr. n° 86-1176 du 5 nov. 1986, art. 18.]*

Art. R. 814-121 Sous réserve des dispositions de l'article 19 de la loi n° 66-879 du 29 novembre 1966 et de celles des articles R. 814-99, R. 814-122, R. 814-124, R. 814-130, R. 814-131, R. 814-140, les décisions sont prises à la majorité des voix des associés présents ou représentés.

Dans tous les cas, les statuts peuvent prévoir, pour certaines décisions, une majorité qualifiée ou l'unanimité des associés. – *[Décr. nº 86-1176 du 5 nov. 1986, art. 19.]* – *V. L. nº 66-879 du 29 nov. 1966 au **C. sociétés**.*

Art. R. 814-122 La modification des statuts, y compris la prorogation de la société, est décidée à la majorité des trois quarts des voix de l'ensemble des associés.

L'augmentation des engagements des associés ne peut être décidée qu'à l'unanimité. – *[Décr. nº 86-1176 du 5 nov. 1986, art. 20.]*

Art. R. 814-123 La répartition des bénéfices a lieu conformément aux statuts.

Toutefois, la rémunération des apports en capital ne peut excéder les deux tiers des bénéfices. – *[Décr. nº 86-1176 du 5 nov. 1986, art. 21.]*

Art. R. 814-124 Sauf stipulation contraire des statuts, les parts sociales peuvent être librement cédées à un associé. – *[Décr. nº 86-1176 du 5 nov. 1986, art. 22, al. 1er.]*

Art. R. 814-125 Lorsqu'un associé décide de céder tout ou partie de ses parts à un tiers, le projet de cession est notifié à la société et à chaque associé par lettre recommandée avec demande d'avis de réception.

Dans les deux mois de la notification qui lui est faite du projet de cession, la société fait connaître, dans les mêmes formes, son consentement ou son refus. Le silence gardé par la société pendant ce délai vaut consentement implicite à la cession. – *[Décr. nº 86-1176 du 5 nov. 1986, art. 25.]*

Art. R. 814-126 Si la société refuse de consentir à la cession, elle est tenue, dans les six mois de la notification de son refus, de notifier à l'associé par lettre recommandée avec demande d'avis de réception un projet de cession ou de rachat de ses parts qui implique engagement du cessionnaire ou de la société de se porter acquéreur.

Si le prix proposé pour la cession ou le rachat n'est pas accepté par le cédant, il est fixé conformément aux dispositions de l'article 1843-4 du code civil.

Si l'associé cédant refuse de signer l'acte portant cession de ses parts au prix ainsi fixé, il est passé outre à ce refus deux mois après la sommation qui lui est adressée par lettre recommandée avec demande d'avis de réception par la société et qui est demeurée infructueuse.

Si la cession porte sur la totalité des parts sociales détenues par l'associé, celui-ci perd sa qualité d'associé à l'expiration du délai prévu à l'alinéa précédent.

Le prix de cession des parts est consigné à la diligence du cessionnaire à la Caisse des dépôts et consignations. – *[Décr. nº 86-1176 du 5 nov. 1986, art. 26.]*

Art. R. 814-127 Dans le cas prévu au troisième alinéa de l'article R. 814-126, la publicité de la cession des parts sociales est accomplie par le dépôt au registre du commerce et des sociétés de deux copies certifiées conformes de la sommation adressée au cédant accompagnées de la justification de la notification ou de la signification de cette sommation. – *[Décr. nº 86-1176 du 5 nov. 1986, art. 34.]*

Art. R. 814-128 Si à l'expiration du délai prévu à l'article R. 814-80 aucune cession n'est intervenue, la société procède à la cession ou au rachat des parts dans les conditions prévues aux deuxième et troisième alinéas de l'article R. 814-135. – *[Décr. nº 86-1176 du 5 nov. 1986, art. 28, al. 2.]*

Art. R. 814-129 Sous réserve des règles de protection et de représentation des incapables, les dispositions des articles R. 814-80 et R. 814-128 sont applicables à la cession des parts sociales de l'associé frappé d'interdiction légale ou placé sous le régime de la tutelle. – *[Décr. nº 86-1176 du 5 nov. 1986, art. 29.]*

Art. R. 814-130 Le délai prévu au deuxième alinéa de l'article 24 de la loi n° 66-879 du 29 novembre 1966 pour la cession des parts de l'associé décédé est fixé à un an à compter de la date du décès.

Il peut être prorogé une fois pour une durée d'un an par accord intervenu entre les ayants droit de l'associé décédé et la société, donné dans les conditions prévues pour la cession des parts sociales par le premier alinéa de l'article 19 de la même loi. – *[Décr. n° 86-1176 du 5 nov. 1986, art. 30.] – V. L. n° 66-879 du 29 nov. 1966 au* **C. *sociétés*.**

Art. R. 814-131 Toute demande d'un ou plusieurs ayants droit d'un associé décédé tendant, par application du deuxième alinéa de l'article 24 de la loi n° 66-879 du 29 novembre 1966, à l'attribution préférentielle à leur profit des parts sociales de leur auteur est notifiée à la société et à chacun des associés par lettre recommandée avec demande d'avis de réception. En cas de désaccord, la valeur des droits sociaux est fixée dans les conditions prévues par l'article 1843-4 du code civil. – *[Décr. n° 86-1176 du 5 nov. 1986, art. 31.] – V. L. n° 66-879 du 29 nov. 1966 au* **C. *sociétés*.**

Art. R. 814-132 Si, à l'expiration du délai prévu à l'article R. 814-130, les ayants droit de l'associé décédé n'ont pas exercé la faculté de céder les parts sociales de leur auteur et si aucun consentement préalable à l'attribution préférentielle n'a été donné par la société, celle-ci dispose d'une année pour acquérir elle-même, ou faire acquérir par un ou plusieurs associés ou par un tiers, les parts sociales de l'associé décédé.

Le cas échéant, la procédure prévue par les deuxième, troisième et cinquième alinéas de l'article R. 814-126 est applicable. – *[Décr. n° 86-1176 du 5 nov. 1986, art. 32.]*

Art. R. 814-133 La cession de parts sociales est rendue opposable à la société et aux tiers dans les conditions prévues par l'article 1865 du code civil. – *[Décr. n° 86-1176 du 5 nov. 1986, art. 33.]*

Art. R. 814-134 Si les réserves constituées au moyen de bénéfices non distribués ou de plus-values d'actif dues à l'industrie des associés le permettent, il est procédé périodiquement, dans les conditions prévues aux statuts, à l'augmentation du capital social. Les parts sociales ainsi créées sont attribuées aux associés, y compris à ceux qui n'ont apporté que leur industrie, selon les critères de répartition des bénéfices fixés par l'article R. 814-123.

L'augmentation du capital social ne peut intervenir avant la libération totale des parts sociales correspondant à des apports en numéraire. – *[Décr. n° 86-1176 du 5 nov. 1986, art. 35.]*

Art. R. 814-135 Lorsqu'un associé entend se retirer de la société en application de l'article 21 de la loi n° 66-879 du 29 novembre 1966, il notifie sa décision à la société par lettre recommandée avec demande d'avis de réception.

Dans les six mois de cette notification, la société est tenue de notifier à l'associé, dans les mêmes formes, soit un projet de cession de ses parts à un ou plusieurs associés ou à un tiers inscrit, selon le cas, sur la liste des administrateurs judiciaires ou sur la liste des mandataires judiciaires sur laquelle la société est inscrite ou remplissant les conditions pour y être inscrit, soit un projet de rachat de ces parts par la société. Cette notification implique un engagement du cessionnaire ou de la société de se porter acquéreur.

Le cas échéant, il est fait application des deuxième, troisième, quatrième et cinquième alinéas de l'article R. 814-126. – *[Décr. n° 86-1176 du 5 nov. 1986, art. 27.] – V. L. n° 66-879 du 29 nov. 1966 au* **C. *sociétés*.**

Art. R. 814-136 Le retrait d'un associé qui a apporté exclusivement son industrie est notifié à la société par lettre recommandée avec demande d'avis de réception. Il prend effet à la date que l'associé indique ou, à défaut, à celle de cette notification.

Toutefois, les statuts peuvent prévoir que le retrait ne prendra effet qu'à l'expiration d'un délai, sans que celui-ci puisse excéder six mois à compter de la notification faite par l'associé. – *[Décr. nº 86-1176 du 5 nov. 1986, art. 36]*

Art. R. 814-137 L'associé titulaire de parts sociales peut, à la condition d'en informer la société par lettre recommandée avec demande d'avis de réception, cesser l'activité professionnelle qu'il exerce au sein de cette société avant la fin de la procédure de cession ou de rachat de ses parts. Il respecte, le cas échéant, le délai fixé par les statuts, sans que celui-ci puisse excéder six mois à compter de la notification de la cessation d'activité. – *[Décr. nº 86-1176 du 5 nov. 1986, art. 37.]*

Art. R. 814-138 L'associé perd, à compter de sa cessation d'activité, les droits attachés à sa qualité d'associé, à l'exception toutefois des rémunérations afférentes aux apports en capital et de sa part éventuelle dans le capital, les réserves et les plus-values d'actif ; il cesse à la même date d'être soumis aux incompatibilités et interdictions attachées à sa qualité d'associé. – *[Décr. nº 86-1176 du 5 nov. 1986, art. 38.]*

Art. R. 814-139 La société peut faire l'objet de poursuites disciplinaires indépendamment de celles qui seraient intentées contre les associés. – *[Décr. nº 86-1176 du 5 nov. 1986, art. 45.]*

Art. R. 814-140 Tout associé qui fait l'objet d'une mesure disciplinaire définitive comportant une sanction égale ou supérieure à trois mois d'interdiction peut être contraint, à l'unanimité des autres associés, de se retirer de la société.

L'associé qui fait l'objet d'une suspension provisoire en application de l'article L. 811-13 ou L. 814-4 peut, à l'expiration d'un délai d'un an à compter de la date de la décision de suspension, s'il n'a pas été mis fin à celle-ci, être contraint de se retirer de la société suivant les modalités mentionnées à l'alinéa précédent.

Les associés exclus perdent du jour où la décision d'exclusion leur a été notifiée les droits attachés à la qualité d'associé, à l'exception des rémunérations afférentes à leurs apports en capital.

Ses parts sociales sont cédées dans les conditions prévues aux articles R. 814-80 et R. 814-128. – *[Décr. nº 86-1176 du 5 nov. 1986, art. 46.]*

Art. R. 814-141 L'associé interdit temporairement ou suspendu provisoirement ne peut exercer aucune activité professionnelle pendant la durée de la mesure d'interdiction ou de suspension, mais conserve pendant le même temps sa qualité d'associé avec tous les droits et obligations qui en découlent, à l'exclusion de sa vocation aux bénéfices professionnels. – *[Décr. nº 86-1176 du 5 nov. 1986, art. 47.]*

§ 3 DE LA NULLITÉ, DE LA DISSOLUTION ET DE LA LIQUIDATION

Art. R. 814-142 La dissolution anticipée prévue au 4° de l'article 1844-7 du code civil est décidée à la majorité des trois quarts des voix de l'ensemble des associés.

Art. R. 814-143 En dehors des cas prévus au troisième alinéa de l'article R. 814-99, la société civile professionnelle est dissoute de plein droit par la notification à la société des demandes simultanées de retrait des associés faites en application de l'article 21 de la loi nº 66-879 du 29 novembre 1966 ou, en cas de demandes suc-

cessives, par la dernière d'entre elles, sans qu'à cette date les parts sociales des autres associés aient été cédées à des tiers. – *[Décr. n° 86-1176 du 5 nov. 1986, art. 49, al. 4.] – V. L. n° 66-879 du 29 nov. 1966 au* ***C. sociétés.***

Art. R. 814-144 Dans le cas prévu par le second alinéa de l'article 37 de la loi n° 66-879 du 29 novembre 1966, l'actif net de la société subsistant après extinction du passif et remboursement du capital est réparti entre les associés au prorata des parts détenues par chacun d'eux, y compris les parts correspondant aux apports en industrie. – *[Décr. n° 86-1176 du 5 nov. 1986, art. 58.] – V. L. n° 66-879 du 29 nov. 1966 au* ***C. sociétés.***

SOUS-SECTION 3 DISPOSITIONS APPLICABLES AUX SOCIÉTÉS D'EXERCICE LIBÉRAL

Art. R. 814-145 *(Décr. n° 2012-536 du 20 avr. 2012, art. 3)* **I. – Des administrateurs judiciaires peuvent constituer entre eux, et dans les conditions prévues à l'article 5 de la loi n° 90-1258 du 31 décembre 1990, avec les personnes mentionnées à cet article, à l'exception des personnes exerçant la profession de greffier des tribunaux de commerce ou celle de mandataire judiciaire et des sociétés dont ces personnes détiennent, directement ou indirectement, tout ou partie du capital, une société d'exercice libéral.**

II. – Des mandataires judiciaires peuvent constituer entre eux, et dans les conditions prévues à l'article 5 de la loi n° 90-1258 du 31 décembre 1990, avec les personnes mentionnées à cet article, à l'exception des personnes exerçant la profession de greffier des tribunaux de commerce ou celle d'administrateur judiciaire et des sociétés dont ces personnes détiennent, directement ou indirectement, tout ou partie du capital, une société d'exercice libéral. – *V. L. n° 90-1258 du 31 déc. 1990 au* ***C. sociétés.***

L'art. 3 du Décr. n° 2012-536 du 20 avr. 2012 est applicable dans les îles Wallis-et-Futuna en tant qu'il concerne les administrateurs judiciaires (Décr. préc., art. 7).

Art. R. 814-146 Les sociétés d'exercice libéral d'administrateurs judiciaires ou de mandataires judiciaires à responsabilité limitée, à forme anonyme *(Décr. n° 2012-536 du 20 avr. 2012, art. 4)* **« , par actions simplifiées » et en commandite par actions sont régies par les dispositions du livre II, sous réserve des dispositions de la présente section.** – *[Décr. n° 93-892 du 6 juill. 1993, art. 1er ; Décr. n° 93-1112 du 20 sept. 1993, art. 1er.]*

L'art. 4 du Décr. n° 2012-536 du 20 avr. 2012 est applicable dans les îles Wallis-et-Futuna en tant qu'il concerne les administrateurs judiciaires (Décr. préc., art. 7).

Art. R. 814-147 La commission nationale d'inscription et de discipline des administrateurs judiciaires ou la commission nationale d'inscription et de discipline des mandataires judiciaires est informée des modifications apportées à la liste des associés mentionnés au deuxième alinéa de l'article 5 de la loi n° 90-1258 du 31 décembre 1990 et au montant de leur participation au capital. – *[Décr. n° 93-892 du 6 juill. 1993, art. 7, al. 2 ; Décr. n° 93-1112 du 20 sept. 1993, art. 7, al. 2.]*

Art. R. 814-148 **La** ***société*** **est dispensée de procéder aux formalités de publicité prévues aux articles R. 210-16 et suivants.** – *[Décr. n° 93-892 du 6 juill. 1993, art. 9, al. 3 ; Décr. n° 93-1112 du 20 sept. 1993, art. 9, al. 3.]*

Art. R. 814-149 Lorsque le consentement de la société est acquis dans les conditions prévues par les articles L. 223-14 et L. 228-24 et 10 de la loi n° 90-1258 du

31 décembre 1990, le cessionnaire demande à la commission nationale d'inscription et de discipline des administrateurs judiciaires ou à la commission nationale d'inscription et de discipline des mandataires judiciaires, par lettre recommandée avec demande d'avis de réception ou par remise contre récépissé, son inscription sur la liste mentionnée au deuxième alinéa de l'article R. 814-87.

Sa demande est accompagnée, à peine d'irrecevabilité, d'une attestation du transfert sur les registres de titres de la société ou de l'acte de cession des titres de capital ou des parts sociales ainsi que de toutes pièces justificatives, notamment de celles qui sont exigées des personnes demandant leur inscription sur la liste. – *[Décr. nº 93-892 du 6 juill. 1993, art. 10, al. 2 et 3 ; Décr. nº 93-1112 du 20 sept. 1993, art. 10, al. 2 et 3.] – V. L. nº 90-1258 du 31 déc. 1990 au* ***C. sociétés.***

Art. R. 814-150 Sous réserve des règles de protection et de représentation des incapables, les dispositions de l'article R. 814-80 sont applicables à la cession des titres de capital ou parts sociales de l'associé placé sous le régime de la tutelle, s'il ne veut ou ne peut bénéficier des dispositions du 2º du deuxième alinéa de l'article 5 de la loi nº 90-1258 du 31 décembre 1990, ou de l'associé frappé d'interdiction légale. – *[Décr. nº 93-892 du 6 juill. 1993, art. 15 ; Décr. nº 93-1112 du 20 sept. 1993, art. 15.] – V. L. nº 90-1258 du 31 déc. 1990 au* ***C. sociétés.***

Art. R. 814-151 La société ne peut faire l'objet de poursuites disciplinaires indépendamment de celles qui seraient intentées contre les associés exerçant en son sein. – *[Décr. nº 93-892 du 6 juill. 1993, art. 26, al. 2 ; Décr. nº 93-1112 du 20 sept. 1993, art. 26, al. 2.]*

Art. R. 814-152 Tout associé exerçant au sein de la société, qui a fait l'objet d'une sanction disciplinaire définitive égale ou supérieure à trois mois d'interdiction d'exercice de sa profession ou d'une condamnation pénale définitive à une peine d'emprisonnement égale ou supérieure à trois mois peut être contraint, à l'unanimité des autres associés exerçant au sein de la société, de se retirer de celle-ci.

Ses titres de capital ou parts sociales sont cédés dans les conditions prévues aux articles R. 814-74, R. 814-76 et R. 814-149. – *[Décr. nº 93-892 du 6 juill. 1993, art. 27 ; Décr. nº 93-1112 du 20 sept. 1993, art. 27.]*

Art. R. 814-153 L'associé interdit de ses fonctions n'est pas de ce seul fait privé de sa qualité d'associé. Il conserve tous les droits et obligations qui en découlent. – *[Décr. nº 93-892 du 6 juill. 1993, art. 28, al. 1er ; Décr. nº 93-1112 du 20 sept. 1993, art. 28, al. 1er.]*

Art. R. 814-154 L'associé provisoirement suspendu exerçant au sein de la société conserve, pendant la durée de sa suspension, sa qualité d'associé avec tous les droits et obligations qui en découlent. Toutefois, ses revenus liés à l'exercice professionnel sont réduits de moitié, l'autre moitié étant attribuée par parts égales aux administrateurs provisoires associés ou non ou, s'il n'est pas commis d'administrateur provisoire, à ceux des associés exerçant au sein de la société qui n'ont pas fait l'objet d'une suspension provisoire de leurs fonctions. – *[Décr. nº 93-892 du 6 juill. 1993, art. 30, al. 2 ; Décr. nº 93-1112 du 20 sept. 1993, art. 30, al. 2.]*

SOUS-SECTION 4 DISPOSITIONS APPLICABLES AUX SOCIÉTÉS EN PARTICIPATION

Art. R. 814-155 Les sociétés en participation prévues par l'article 22 de la loi nº 90-1258 du 31 décembre 1990 reçoivent l'appellation de sociétés en participation d'administrateurs judiciaires ou de mandataires judiciaires.

Leur constitution fait l'objet de l'insertion d'un avis dans le *Bulletin officiel des annonces civiles et commerciales*.

L'avis contient la dénomination sociale et la liste des associés. – *[Décr. nº 93-892 du 6 juill. 1993, art. 42 ; Décr. nº 93-1112 du 20 sept. 1993, art. 42.] – V. L. nº 90-1258 du 31 déc. 1990 au* **C. sociétés**.

Art. R. 814-156 Dans la quinzaine de la publication, une copie de cet avis et un exemplaire de la convention qui fonde la société en participation sont remis contre récépissé ou expédiés par lettre recommandée avec demande d'avis de réception à la commission nationale d'inscription et de discipline des administrateurs judiciaires ou à la commission nationale d'inscription et de discipline des mandataires judiciaires qui peut, dans un délai d'un mois, mettre en demeure les associés, par lettre recommandée avec demande d'avis de réception, de modifier la convention pour la mettre en conformité avec les règles applicables à la profession. – *[Décr. nº 93-892 du 6 juill. 1993, art. 44 ; Décr. nº 93-1112 du 20 sept. 1993, art. 44.]*

Art. R. 814-157 Le retrait ou l'admission d'un associé donne lieu à la publication mentionnée aux deuxième et troisième alinéas de l'article R. 814-155 et, pour le nouvel associé, les dispositions des articles R. 814-66 et R. 814-156 sont applicables. – *[Décr. nº 93-892 du 6 juill. 1993, art. 46 ; Décr. nº 93-1112 du 20 sept. 1993, art. 46.]*

SECTION VI DES SOCIÉTÉS DE PARTICIPATIONS FINANCIÈRES DE PROFESSIONS LIBÉRALES D'ADMINISTRATEURS JUDICIAIRES OU DE MANDATAIRES JUDICIAIRES

(Décr. nº 2012-536 du 20 avr. 2012, art. 5)

Art. R. 814-158 Les sociétés de participations financières de professions libérales d'administrateurs judiciaires ou de mandataires judiciaires sont régies par les dispositions du livre II, à l'exception de celles qui attribuent compétence au tribunal de commerce, sous réserve des dispositions de la présente section.

SOUS-SECTION 1 DE LA CONSTITUTION DE LA SOCIÉTÉ

Art. R. 814-159 I. – Des personnes exerçant la profession d'administrateur judiciaire peuvent, dans les conditions prévues à l'article 31-1 de la loi nº 90-1258 du 31 décembre 1990, constituer une société de participations financières de profession libérale d'administrateurs judiciaires.

Peuvent également être associés, à l'exclusion de toute autre personne :

1º Pendant un délai de dix ans, des personnes physiques qui, ayant cessé toute activité professionnelle, ont exercé la profession d'administrateur judiciaire ;

2º Les ayants droit des personnes physiques mentionnées à l'alinéa précédent, pendant un délai de cinq ans suivant leur décès ;

3º Des personnes exerçant une profession libérale judiciaire ou juridique soumise à un statut législatif ou réglementaire ou dont le titre est protégé, à l'exception de celles exerçant la profession de greffier des tribunaux de commerce ou de mandataire judiciaire.

II. – Des personnes exerçant la profession de mandataire judiciaire peuvent, dans les conditions prévues à l'article 31-1 de la loi nº 90-1258 du 31 décembre 1990, constituer une société de participations financières de profession libérale de mandataires judiciaires.

Peuvent également être associés, à l'exclusion de toute autre personne :

1° Pendant un délai de dix ans, des personnes physiques qui, ayant cessé toute activité professionnelle, ont exercé la profession de mandataire judiciaire ;

2° Les ayants droit des personnes physiques mentionnées à l'alinéa précédent, pendant un délai de cinq ans suivant leur décès ;

3° Des personnes exerçant une profession libérale judiciaire ou juridique soumise à un statut législatif ou réglementaire ou dont le titre est protégé, à l'exception de celles exerçant la profession de greffier des tribunaux de commerce ou d'administrateur judiciaire. — *V. L. n° 90-1258 du 31 déc. 1990, art. 31-1.* — **C. sociétés.**

Art. R. 814-160 La constitution de la société fait l'objet d'une déclaration adressée par lettre recommandée avec avis de réception par un mandataire commun désigné par les associés à la commission nationale d'inscription et de discipline compétente.

Une copie des statuts de la société est jointe à la déclaration qui comprend la liste des associés avec indication, selon le cas, de leur profession ou de leur qualité, suivie, pour chacun, de la mention de la part de capital qu'il détient dans la société.

Art. R. 814-161 Le secrétaire de la commission nationale d'inscription et de discipline compétente adresse une copie de la déclaration et des statuts au procureur général près la cour d'appel dans le ressort de laquelle la société a son siège ainsi qu'au Conseil national des administrateurs judiciaires et des mandataires judiciaires.

Il dresse la liste des sociétés de participations financières de professions libérales d'administrateurs judiciaires ou de mandataires judiciaires dont les conditions de tenue et mise à jour sont fixées par arrêté du garde des sceaux. — *V. art. A. 814-7.*

Art. R. 814-162 L'immatriculation de la société au registre du commerce et des sociétés est régie par les articles R. 123-31 et suivants, sous réserve des dispositions ci-après.

Une copie de la déclaration mentionnée à l'article R. 814-160 est adressée par le mandataire des associés au greffe du tribunal où a été déposée la demande d'immatriculation au registre du commerce et des sociétés ; à la réception de ce document, le greffier procède à l'immatriculation et en informe la commission nationale d'inscription et de discipline compétente.

La société est dispensée de procéder aux formalités de publicité prévues aux articles R. 210-16 et suivants.

SOUS-SECTION 2 DU FONCTIONNEMENT DE LA SOCIÉTÉ ET DE SON CONTRÔLE

Art. R. 814-163 La société de participations financières de professions libérales d'administrateurs judiciaires ou de mandataires judiciaires fait connaître à la commission nationale compétente ainsi qu'au procureur général près la cour d'appel dans le ressort de laquelle est situé son siège et au Conseil national des administrateurs judiciaires et mandataires judiciaires, dans un délai de trente jours à compter de la date à laquelle il se produit, tout changement dans la situation déclarée en application de l'article R. 814-160.

Art. R. 814-164 Si la société de participations financières de professions libérales d'administrateurs judiciaires ou de mandataires judiciaires ne se conforme pas aux dispositions législatives et réglementaires en vigueur, elle peut être invitée à régulariser la situation par le procureur général près la cour d'appel dans le ressort de laquelle est situé son siège ou le commissaire du Gouvernement près la commission nationale d'inscription et de discipline compétente. L'invitation est faite par lettre recommandée avec demande d'accusé de réception, dont copie est adressée au magistrat coordonnateur mentionné à l'article R. 811-40.

Si la société ne régularise pas la situation dans le délai indiqué, le procureur général ou le commissaire du Gouvernement peuvent inviter les associés, selon les mêmes modalités, à prononcer la dissolution anticipée de la société.

Art. R. 814-165 Lorsque plusieurs personnes désignées dans le cadre de la procédure collective détiennent, directement ou indirectement, des participations dans une même société, elles en informent sans délai la juridiction.

Art. R. 814-166 Chaque société de participations financières de professions libérales d'administrateurs judiciaires ou de mandataires judiciaires fait l'objet, au moins une fois tous les trois ans, d'un contrôle portant sur le respect des dispositions législatives et réglementaires qui régissent la composition de son capital et l'étendue de ses activités.

Avant la fin de chaque année, le président du conseil national adresse au garde des sceaux, ministre de la justice, la liste des sociétés que le bureau du conseil a désignées comme devant faire l'objet du contrôle périodique au cours de l'année suivante. Cette liste est également adressée au commissaire du Gouvernement près de la commission d'inscription et de discipline qui a procédé à leur inscription ainsi qu'au magistrat coordonnateur mentionné à l'article R. 811-40.

Chaque société de participations financières peut, en outre, être soumise à des contrôles occasionnels, prescrits conformément au deuxième alinéa de l'article R. 814-42.

Les dispositions des articles R. 814-44 à R. 814-46, à l'exception du cinquième alinéa de l'article R. 814-45, et du deuxième alinéa de l'article R. 814-48 sont applicables à ces contrôles.

Art. R. 814-167 Le non-respect des dispositions régissant la constitution et le fonctionnement des sociétés de participations financières de professions libérales par les administrateurs judiciaires ou les mandataires judiciaires et par les personnes visées au 5° de l'article 5 de la loi n° 90-1258 du 31 décembre 1990 peut donner lieu à des poursuites disciplinaires.

• SOUS-SECTION 3 DE LA DISSOLUTION ET DE LA LIQUIDATION DE LA SOCIÉTÉ

Art. R. 814-168 En cas de dissolution de la société de participations financières, le liquidateur est choisi parmi les associés ou, à défaut, par le président du tribunal de grande instance du lieu du siège social de la société.

Le liquidateur peut être remplacé pour cause d'empêchement, ou pour tout autre motif grave, sur décision du président du tribunal de grande instance du lieu du siège social de la société statuant sur requête, à la demande du liquidateur, des associés ou de leurs ayants droit, ou du procureur de la République.

En aucun cas les fonctions de liquidateur ne peuvent être confiées à un associé ayant fait l'objet d'une peine disciplinaire. Elles ne peuvent être confiées, pour une société de participations financières de professions libérales d'administrateurs judiciaires à un mandataire judiciaire et, pour une société de participations financières de professions libérales de mandataires judiciaires, à un administrateur judiciaire.

Art. R. 814-169 La dissolution de la société est portée à la connaissance de la commission nationale d'inscription et de discipline compétente, du procureur général et du Conseil national des administrateurs judiciaires et des mandataires judicaires. Le liquidateur fait parvenir à chacun d'eux une expédition de la délibération des associés ou de la décision de justice qui l'a nommé dans ses fonctions.

Le liquidateur dépose au greffe chargé de la tenue du registre du commerce et des sociétés où la société est inscrite, pour être versée au dossier ouvert au nom de la société, la copie de l'expédition prévue au premier alinéa dont tout intéressé peut obtenir communication.

Il ne peut entrer en fonctions avant l'accomplissement des formalités précitées.

Le liquidateur informe les personnes et organes mentionnés au premier alinéa de la clôture des opérations de liquidation.

TITRE DEUXIÈME DES COMMISSAIRES AUX COMPTES

CHAPITRE PREMIER DE L'ORGANISATION ET DU CONTRÔLE DE LA PROFESSION

SECTION PREMIÈRE DU HAUT CONSEIL DU COMMISSARIAT AUX COMPTES

SOUS-SECTION 1 DE L'ORGANISATION

Art. R. 821-1 *(Décr. nº 2008-1487 du 30 déc. 2008)* « Le secrétaire général du Haut Conseil et le secrétaire général adjoint sont nommés par le garde des sceaux, ministre de la justice.

« Le secrétaire général est chargé, sous l'autorité du président, de la gestion administrative du Haut Conseil, de la préparation et du suivi de ses travaux ainsi que de toute question qui pourrait lui être confiée. Il assure la direction des contrôleurs. A cette fin, il est assisté d'un directeur placé sous son autorité et recruté par le Haut Conseil après avis conforme de son collège.

« Il est chargé de l'examen des documents retraçant les opérations de contrôle auxquelles la Compagnie nationale des commissaires aux comptes et les compagnies régionales ont procédé en application du *b* de l'article L. 821-7 et, lorsqu'elles ont été effectuées à la demande du Haut Conseil, du *c* du même article. Il peut participer à la mise en œuvre de ces contrôles et émettre des recommandations.

« Il est en outre chargé de l'examen de toute question portant sur des cas individuels dont le Haut Conseil serait saisi.

« Lorsque l'examen des documents ou des cas individuels mentionnés aux alinéas précédents fait apparaître une question de principe justifiant un avis du Haut Conseil, ou lorsque sa participation aux opérations de contrôle mentionnées au troisième alinéa fait apparaître une question de cette nature, le secrétaire général saisit le Haut Conseil après avoir instruit le dossier qu'il présente sous une forme anonyme. »

Chaque année, le secrétaire général présente au Haut Conseil un rapport sur les contrôles auxquels il a été procédé en application du *b* de l'article L. 821-7. Il rend compte de ces contrôles en garantissant l'anonymat des situations évoquées.

Il peut saisir à toutes fins le procureur général compétent. Il peut saisir la Compagnie nationale des commissaires aux comptes de toute demande d'information complémentaire.

(Décr. n° 2008-876 du 29 août 2008, art. 2) « Hors le cas de la représentation en justice, qui appartient au président du Haut Conseil, il représente le Haut Conseil dans tous les actes de la vie civile. » – *[Décr. n° 69-810 du 12 août 1969, art. 1er-1, al. 1er à 6.]*

Art. R. 821-1-1 *(Décr. n° 2008-876 du 29 août 2008, art. 3)* Dans l'exercice de ses missions, le secrétaire général est assisté d'un secrétaire général adjoint, nommé par arrêté du garde des sceaux, ministre de la justice, et de services placés sous sa direction. Il peut faire appel à tout sachant ou expert.

Le secrétaire général a autorité sur le personnel. Pour l'application du code du travail, il exerce les compétences du chef d'entreprise.

Il peut déléguer sa signature au secrétaire général adjoint en toute matière. Il peut également déléguer sa signature à tout autre agent des services du Haut Conseil, dans des matières et des limites qu'il détermine.

Art. R. 821-1-2 *(Décr. n° 2008-876 du 29 août 2008, art. 3)* Les emplois civils permanents du Haut Conseil sont occupés par :

– des magistrats, des fonctionnaires, détachés ou mis à disposition contre remboursement, dans les conditions prévues par leurs statuts respectifs ;

– des militaires affectés, en position d'activité dans les conditions prévues au 2° de l'article L. 4138-2 du code de la défense ;

– des agents non titulaires de droit public recrutés par contrat soumis aux dispositions de la loi n° 84-16 du 11 janvier 1984 portant dispositions statutaires relatives à la fonction publique de l'État et à celles du décret n° 86-83 du 17 janvier 1986 relatif aux dispositions générales applicables aux agents non titulaires de l'État pris pour l'application de l'article 7 de la même loi, à l'exception de ses articles 1er, 1-2, 4 à 8, 28, 28-1 et 29.

Les magistrats et les fonctionnaires sont détachés ou mis à disposition pour une durée de trois ans renouvelable. Les militaires sont affectés pour cette même durée renouvelable dans les mêmes conditions.

Le règlement des services précise les conditions d'emploi des personnels du Haut Conseil.

Le Haut Conseil peut mettre à disposition des agents contractuels de droit public et des salariés de droit privé auprès d'un autre employeur public, d'un organisme communautaire ou international, ou se voir mettre à disposition du personnel par un autre employeur public. Ces mises à disposition font l'objet d'une convention conclue entre le Haut Conseil et l'autre employeur.

Art. R. 821-1-3 *(Décr. n° 2012-607 du 30 avr. 2012, art. 31)* Les agents contractuels de droit public, les salariés de droit privé ainsi que les agents publics détachés ou mis à disposition auprès du Haut Conseil du commissariat aux comptes, qui composent le personnel de ses services, sont électeurs et éligibles aux institutions représentatives du personnel dans les conditions prévues par le code du travail.

Ces institutions représentatives exercent leurs compétences à l'égard de l'ensemble de ces personnels.

Art. R. 821-2 Des rapporteurs et des secrétaires sont nommés par arrêté du garde des sceaux, ministre de la justice, auprès du Haut Conseil lorsque celui-ci connaît des décisions des commissions régionales d'inscription ou siège en appel des décisions des chambres régionales de discipline. – *[Décr. n° 69-810 du 12 août 1969, art. 1er-1, al. 7.]*

Art. R. 821-3 Les fonctions de commissaire du Gouvernement sont assurées par le directeur des affaires civiles et du sceau ou son représentant. – *[Décr. n° 69-810 du 12 août 1969, art. 1er-1, al. 8.]*

Art. R. 821-4 Tout membre du Haut Conseil du commissariat aux comptes informe le président :

1° Des fonctions économiques ou financières qu'il a exercées au cours des deux années précédant sa nomination, qu'il exerce ou qu'il s'apprête à exercer ;

2° De tout mandat de direction, d'administration, de surveillance ou de contrôle qu'il a détenu au sein d'une personne morale au cours des deux années précédant sa nomination, qu'il détient ou qu'il s'apprête à détenir.

Aucun membre ne peut délibérer dans une affaire en lien avec les fonctions ou mandats mentionnés aux 1° et 2°.

Les fonctions de membres sont incompatibles avec toute fonction au sein de la Compagnie nationale des commissaires aux comptes ou d'une compagnie régionale.

En cas de manquement grave manifestement incompatible avec l'exercice de ses fonctions commis par un membre du Haut Conseil, l'intéressé, après avoir été invité à présenter ses observations, est mis en demeure de régulariser sa situation, faute de quoi il est déclaré démissionnaire d'office par le Haut Conseil statuant, à bulletin secret, à la majorité des membres le composant. – *[Décr. n° 69-810 du 12 août 1969, art. 1er-2.]*

Art. R. 821-5 Le Haut Conseil du commissariat aux comptes adopte son règlement intérieur, qui fixe notamment les conditions de création et de fonctionnement des commissions consultatives spécialisées prévues à l'article L. 821-3 *(Abrogé par Décr. n° 2009-557 du 19 mai 2009, art. 5-I)* ***« , dont au moins deux relatives respectivement à l'appel public à l'épargne et aux associations »***. Ce règlement arrête en outre les modalités de règlement des conflits d'intérêt ponctuels qui peuvent affecter ses membres et précise les conditions dans lesquelles le Haut Conseil sollicite le concours de la Compagnie nationale des commissaires aux comptes.

Le règlement intérieur est homologué par arrêté du garde des sceaux, ministre de la justice, et publié au *Journal officiel* de la République française. – *[Décr. n° 69-810 du 12 août 1969, art. 1er-3.] – V. art. A. 821-1.*

SOUS-SECTION 2 DU FONCTIONNEMENT

Art. R. 821-6 Sous réserve des règles particulières relatives à l'inscription et à la discipline et à l'exclusion des projets de normes d'exercice professionnel élaborés par la Compagnie nationale des commissaires aux comptes, à l'égard desquels il ne peut donner son avis que sur saisine du garde des sceaux, ministre de la justice, conformément aux dispositions de l'article L. 821-2, le Haut Conseil du commissariat aux comptes peut être saisi de toute question entrant dans ses compétences définies à l'article L. 821-1, par le garde des sceaux, ministre de la justice, le ministre chargé de l'économie, le procureur général près la Cour des comptes, le président de la Compagnie nationale des commissaires aux comptes ou l'Autorité des marchés financiers. Il peut également se saisir d'office des mêmes questions.

Sous réserve de ce qui est dit à l'alinéa précédent concernant les projets de normes d'exercice professionnel élaborés par la Compagnie nationale des commissaires aux comptes, il peut être saisi des questions mentionnées aux deuxième, troisième et cinquième alinéas dudit article L. 821-1 par les présidents des compagnies régionales des commissaires aux comptes *(Décr. n° 2010-131 du 10 févr. 2010)* **« , par tout commissaire aux comptes ou par la personne qu'il contrôle »**.

Les saisines et demandes d'avis adressées au Haut Conseil sont communiquées sans délai au commissaire du Gouvernement. – *[Décr. n° 69-810 du 12 août 1969, art. 1er-5.]*

Art. R. 821-7 Le Haut Conseil du commissariat aux comptes se réunit sur convocation de son président, à l'initiative de celui-ci ou à la demande de trois de ses membres ou du commissaire du Gouvernement.

Il se réunit au moins une fois par trimestre.

Sous réserve des règles relatives à l'inscription et à la discipline, le délai de convocation est de quinze jours et peut être ramené à huit jours en cas d'urgence. – *[Décr. n° 69-810 du 12 août 1969, art. 1er-6.]*

Art. R. 821-8 L'ordre du jour du Haut Conseil est fixé par le président, en tenant compte, le cas échéant, de toute demande d'inscription à l'ordre du jour d'une question présentée par le commissaire du Gouvernement ou trois des membres. – *[Décr. n° 69-810 du 12 août 1969, art. 1er-7.]*

Art. R. 821-9 Le Haut Conseil ne peut valablement délibérer que si au moins huit de ses membres sont présents.

Lorsque le quorum n'est pas atteint, le Haut Conseil délibère valablement dans un délai minimal de huit jours quel que soit le nombre des membres présents après une nouvelle convocation portant le même ordre du jour. – *[Décr. n° 69-810 du 12 août 1969, art. 1er-8.]*

Art. R. 821-10 Les délibérations du Haut Conseil sont notifiées au commissaire du Gouvernement.

Celui-ci peut, en application de l'article L. 821-4, demander une seconde délibération, par décision motivée, dans un délai de cinq jours ouvrables à compter de la notification. – *[Décr. n° 69-810 du 12 août 1969, art. 1er-9.]*

Art. R. 821-11 Lorsque, en application du sixième alinéa de l'article L. 821-1, le Haut Conseil du commissariat aux comptes est saisi par le garde des sceaux, ministre de la justice, d'une demande d'avis portant sur les normes d'exercice professionnel, cette demande est accompagnée, le cas échéant, de l'avis recueilli préalablement auprès des institutions et organismes mentionnés à l'article L. 821-2. Le Haut Conseil rend son avis dans un délai de deux mois. En cas d'urgence, à la demande du ministre, ce délai peut être ramené à quinze jours.

Afin de promouvoir les bonnes pratiques professionnelles qu'il a identifiées, le Haut Conseil publie, notamment par voie électronique, les avis relatifs à celles-ci.

Il publie dans les mêmes conditions les orientations et le cadre des contrôles périodiques qu'il définit, ainsi que les appréciations qui lui incombent en application du dernier alinéa de l'article L. 822-11. – *[Décr. n° 69-810 du 12 août 1969, art. 1er-10.]*

Art. R. 821-12 Le Haut Conseil du commissariat aux comptes se prononce sur les inscriptions sur la liste des commissaires aux comptes dans les conditions prévues à la section I du chapitre II du présent titre.

Il statue en matière disciplinaire dans les conditions prévues à la sous-section 2 de la section I du chapitre II du présent titre. – *[Décr. n° 69-810 du 12 août 1969, art. 1er-11.]*

Art. R. 821-13 Le Haut Conseil rend compte de son activité dans un rapport annuel, qui retrace notamment le résultat des contrôles des commissaires aux comptes réalisés dans l'année. Le cas échéant, les observations du commissaire du Gouvernement sont annexées à ce rapport.

Le rapport est adressé au garde des sceaux, ministre de la justice. *(Décr. n° 2008-876 du 29 août 2008, art. 4)* « Il est publié sur le site internet du Haut Conseil. » – *[Décr. n° 69-810 du 12 août 1969, art. 1er-12.]*

Art. R. 821-14 *(Décr. n° 2009-159 du 11 févr. 2009)* I. – Le président du Haut Conseil reçoit une indemnité forfaitaire de fonction cumulable avec sa rémunération de membre de la Cour de cassation ou, lorsqu'il s'agit d'un ancien membre de la Cour de cassation, avec les droits et pensions auxquels il peut prétendre.

Les membres du Haut Conseil autres que le président reçoivent une indemnité forfaitaire de fonction.

Le secrétaire général et le secrétaire général adjoint reçoivent, en sus de leur rémunération fixée contractuellement avec le Haut Conseil, une indemnité forfaitaire de fonction.

Les montants des indemnités mentionnées au I du présent article sont fixés par arrêté du garde des sceaux, ministre de la justice. Ces montants sont publiés au *Journal officiel* de la République française.

II. – Les membres du Haut Conseil, le secrétaire général, le secrétaire général adjoint, les experts ainsi que les rapporteurs et les secrétaires chargés des dossiers d'inscription et de discipline ont droit à l'indemnisation des frais et sujétions auxquels les expose l'exercice de leurs fonctions, dans les conditions prévues par le règlement intérieur.

Le Haut Conseil peut fixer pour les membres du collège autres que le président une indemnité complémentaire au titre de leur participation aux travaux des commissions spécialisées. – *[Décr. n° 69-810 du 12 août 1969, art. 1er-13.]*

Art. R. 821-14-1 *(Décr. n° 2008-876 du 29 août 2008, art. 6)* Le Haut Conseil délibère sur :

1° Le budget annuel et ses modifications en cours d'année ;

2° Le compte financier et l'affectation des résultats ;

3° Le règlement comptable et financier, qui est transmis au garde des sceaux, ministre de la justice, et au ministre chargé du budget ;

4° Les conditions générales de recrutement, d'emploi et de rémunération du personnel ;

5° Les conditions générales de passation des conventions et marchés ;

6° Les conditions générales d'emploi des fonds disponibles, de placement des réserves ;

7° Les acquisitions, échanges et aliénations de biens immobiliers ;

8° Les emprunts ;

9° Les transactions au-delà d'un montant qu'il fixe, sur proposition du secrétaire général ;

10° Les dons et legs ;

11° Le règlement intérieur prévu à l'article R. 821-5.

Art. R. 821-14-2 *(Décr. n° 2008-876 du 29 août 2008, art. 6)* Le secrétaire général est ordonnateur des recettes et des dépenses du Haut Conseil.

Dans le cadre des règles générales fixées par le Haut Conseil, il a qualité pour :

1° Liquider et ordonnancer les recettes et les dépenses ;

2° Tenir la comptabilité des engagements de dépenses, dans les conditions définies par le règlement comptable et financier ;

3° Gérer les disponibilités et décider des placements ;

4° Passer au nom du Haut Conseil tous conventions et marchés et décider des prises ou cessions à bail de biens immobiliers ;

5° Engager, gérer et licencier le personnel à l'égard duquel il exerce la compétence de l'employeur et fixer les rémunérations et les indemnités ;

6° Fixer le régime des indemnités de mission et de déplacement des personnels du Haut Conseil.

Dans les limites fixées au 9° de l'article R. 821-14-1, le secrétaire général est autorisé à transiger au nom du Haut Conseil dans les conditions fixées par les articles 2044 à 2058 du code civil.

Art. R. 821-14-3 *(Décr. n° 2008-876 du 29 août 2008, art. 6)* L'exercice budgétaire et comptable débute le 1er janvier et s'achève le 31 décembre.

Le Haut Conseil arrête le budget chaque année avant le début de l'exercice. Le budget comporte la prévision des recettes attendues et des dépenses nécessitées par l'exercice des missions confiées au Haut Conseil. Il peut être modifié en cours d'année. Les crédits inscrits au budget n'ont pas un caractère limitatif.

Les délibérations du Haut Conseil relatives au budget et à ses modifications sont exécutoires de plein droit à l'issue du délai dont dispose le commissaire du Gouvernement pour demander une seconde délibération.

Art. R. 821-14-4 *(Décr. n° 2008-876 du 29 août 2008, art. 6)* Le Haut Conseil est doté d'un agent comptable nommé par arrêté conjoint du garde des sceaux, ministre de la justice, et du ministre chargé du budget.

L'agent comptable est responsable personnellement et pécuniairement dans les conditions de l'article 60 de la loi n° 63-156 du 23 février 1963 de finances pour 1963 et du décret n° 2008-228 du 5 mars 2008 relatif à la constatation et à l'apurement des débets des comptables publics et assimilés.

Il est chargé :

a) De la tenue de la comptabilité du Haut Conseil ;

b) Du recouvrement, auprès de la Compagnie nationale des commissaires aux comptes, du reversement des droits et contributions institué à l'article L. 821-5 *(Décr. n° 2010-1270 du 25 oct. 2010, art. 2, en vigueur le 1er janv. 2011)* « , ainsi que de la cotisation instituée par l'article L. 821-6-1 » ;

c) Du recouvrement de toutes les autres recettes du Haut Conseil ;

d) Du paiement des dépenses et du maniement des fonds et des mouvements de comptes de disponibilités.

Avec l'accord du secrétaire général, l'agent comptable peut confier sous son contrôle la comptabilité analytique et la comptabilité matière aux services du Haut Conseil.

L'agent comptable peut nommer des mandataires qui sont agréés par le secrétaire général.

Art. R. 821-14-5 *(Décr. n° 2008-876 du 29 août 2008, art. 6)* Les comptes du Haut Conseil sont établis selon les règles du plan comptable général. Celui-ci peut faire l'objet d'adaptations proposées par le secrétaire général après avis du Haut Conseil et approuvées par le ministre chargé du budget et par le garde des sceaux, ministre de la justice.

L'agent comptable établit un compte financier au terme de chaque exercice. Le compte financier comprend le compte de résultat, le bilan, l'annexe, la balance générale des comptes à la clôture de l'exercice, le tableau de rapprochement des prévisions et des réalisations effectives et, le cas échéant, la balance des comptes spéciaux.

Le compte financier du Haut Conseil est préparé par l'agent comptable et soumis par le secrétaire général au Haut Conseil qui entend l'agent comptable. Le compte financier arrêté par le Haut Conseil est transmis à la Cour des comptes par le secrétaire général du Haut Conseil, accompagné des délibérations du Haut Conseil relatives au budget, à ses modifications et au compte financier, et de tous les autres documents demandés par les ministres ou par la cour, dans les quatre mois qui suivent la clôture de l'exercice.

Le rapport annuel fait une présentation du compte financier et reproduit le compte de résultat et le bilan.

Art. R. 821-14-6 *(Décr. n° 2008-876 du 29 août 2008, art. 6)* Avant le 31 octobre de chaque année, la Compagnie nationale des commissaires aux comptes informe le secrétaire général du montant prévisionnel des droits et contributions à recouvrer en application de l'article L. 821-5, pour l'année qui suit.

Elle adresse à cette fin au secrétaire général un document de synthèse faisant apparaître, outre le montant prévisionnel mentionné à l'alinéa précédent :

a) Le nombre de personnes inscrites à cette date sur la liste de l'article L. 822-1 ;

b) Le nombre prévisionnel de missions exercées pendant l'année en cours par les personnes inscrites sur la liste de l'article L. 822-1, en indiquant celles qui sont exercées *(Décr. n° 2009-557 du 19 mai 2009, art. 5-II)* « auprès de personnes ou d'entités dont les titres financiers sont admis aux négociations sur un marché réglementé, celles qui sont exercées auprès de personnes ou d'entités dont les titres financiers sont offerts au public sur un système multilatéral de négociation » et celles qui sont exercées auprès de personnes ou d'entités n'entrant dans aucune de ces deux catégories ;

c) Le nombre prévisionnel de rapports de certification signés par les mêmes personnes pendant l'année en cours, ventilé selon les trois catégories mentionnées au *b*.

La Compagnie nationale des commissaires aux comptes communique au secrétaire général, sur sa demande et avant le 30 novembre de chaque année, les éléments justificatifs des informations contenues dans le document de synthèse.

Art. R. 821-14-7 *(Décr. n° 2008-876 du 29 août 2008, art. 6)* Avant le 30 janvier de chaque année, la Compagnie nationale des commissaires aux comptes reverse au Haut Conseil, à titre de provision, une somme égale au tiers du montant inscrit sur le budget arrêté par le Haut Conseil.

Elle reverse avant le 31 mars le solde des droits et *(Décr. n° 2010-1270 du 25 oct. 2010, art. 3, en vigueur le 1er janv. 2011)* « contributions » dus, en justifiant du nombre de personnes inscrites au 1er janvier de l'année en cours sur la liste de l'article L. 822-1 et du montant définitif des droits dus au titre des rapports de certification signés l'année précédente.

Art. R. 821-14-7-1 *(Décr. n° 2010-1270 du 25 oct. 2010, art. 4, en vigueur le 1er janv. 2011)* Pour l'application de l'article L. 821-6-1, la Compagnie nationale des commissaires aux comptes informe le secrétaire général :

1° Avant le 31 octobre de chaque année, du montant prévisionnel des honoraires facturés pendant l'année en cours par ses membres dans l'exercice de leurs fonctions de contrôle légal des comptes auprès des personnes et entités mentionnées au premier alinéa de l'article L. 821-6-1 ;

2° Avant le 31 mars de chaque année, du montant définitif des honoraires facturés pendant l'année précédente par chacun de ses membres dans l'exercice de leurs fonctions de contrôle légal des comptes auprès des personnes et entités mentionnées au premier alinéa de l'article L. 821-6-1. Elle communique au secrétaire général, sur sa demande, les éléments justificatifs de cette information.

Sur la base de l'information mentionnée au 2°, le secrétaire général liquide la cotisation et établit un ordre de recette qu'il remet accompagné des pièces justificatives à l'agent comptable.

L'agent comptable notifie à la Compagnie nationale un premier avis appelant un versement avant le 30 avril d'un acompte égal à la moitié du montant dû au titre de la cotisation instituée par l'article L. 821-6-1. Il notifie à la Compagnie nationale un second avis appelant le versement du solde de la cotisation exigible au titre de l'année en cours, au plus tard le 30 septembre.

Pour le versement au titre de l'année 2011 de la cotisation instituée par l'art. L. 821-6-1 C. com., les dispositions de l'art. R. 821-14-7-1 dudit code s'appliquent, à l'exception de l'al. 2 (Décr. n° 2010-1270 du 25 oct. 2010, art. 9-II).

Art. R. 821-14-8 *(Décr. n° 2008-876 du 29 août 2008, art. 6)* **L'agent comptable est tenu de faire diligence pour assurer le recouvrement de toutes les ressources du Haut Conseil. Les recettes sont recouvrées par l'agent comptable soit spontanément, soit en exécution des instructions du secrétaire général. Sauf pour le reversement par la Compagnie nationale des commissaires aux comptes des droits et contributions mentionnés à l'article L. 821-5** *(Décr. n° 2010-1270 du 25 oct. 2010, art. 5, en vigueur le 1er janv. 2011)* **« ainsi que pour le versement de la cotisation instituée à l'article L. 821-6-1 », l'agent comptable adresse aux débiteurs les factures correspondantes et reçoit leurs règlements. Tous les droits acquis au cours d'un exercice doivent être pris en compte au titre de cet exercice.**

Art. R. 821-14-9 *(Décr. n° 2008-876 du 29 août 2008, art. 6)* **Lorsque les créances du Haut Conseil n'ont pu être recouvrées à l'amiable, les poursuites sont conduites conformément aux usages du commerce ou peuvent faire l'objet d'états rendus exécutoires par le secrétaire général. Les états exécutoires peuvent être notifiés aux débiteurs par lettre recommandée avec accusé de réception. Leur recouvrement est poursuivi jusqu'à opposition devant la juridiction compétente.**

Art. R. 821-14-10 *(Décr. n° 2008-876 du 29 août 2008, art. 6)* **L'agent comptable procède aux poursuites. Celles-ci peuvent, à tout moment, être suspendues sur ordre écrit du secrétaire général si la créance est l'objet d'un litige. Le secrétaire général suspend également les poursuites si, en accord avec l'agent comptable, il estime que la créance est irrécouvrable ou que l'octroi d'un délai par l'agent comptable est conforme à l'intérêt du Haut Conseil.**

Art. R. 821-14-11 *(Décr. n° 2008-876 du 29 août 2008, art. 6)* **Le secrétaire général peut décider, après l'avis conforme de l'agent comptable :**

1° En cas de gêne des débiteurs, d'accorder une remise gracieuse des créances du Haut Conseil, sauf pour le reversement des droits et contributions institué à l'article L. 821-5 *(Décr. n° 2010-1270 du 25 oct. 2010, art. 6, en vigueur le 1er janv. 2011)* **« et pour le versement de la cotisation instituée à l'article L. 821-6-1 » ;**

2° Une admission en non-valeur des créances du Haut Conseil, en cas d'irrécouvrabilité avérée ou d'insolvabilité des débiteurs.

Le Haut Conseil fixe le montant au-delà duquel la remise mentionnée au 1° est soumise à son approbation.

Lorsque la remise gracieuse, totale ou partielle, concerne une dette de l'agent comptable, l'avis prévu par l'article 9 du décret n° 2008-228 du 5 mars 2008 relatif à la constatation et à l'apurement des débets des comptables publics et assimilés est rendu par le Haut Conseil.

Art. R. 821-14-12 *(Décr. n° 2008-876 du 29 août 2008, art. 6)* **L'agent comptable est tenu d'exercer :**

1° En matière de recettes, le contrôle :

— de l'autorisation de percevoir les recettes ;

— de la mise en recouvrement des créances et de la régularité des réductions et des annulations des ordres de recettes, dans la limite des éléments dont il dispose ;

2° En matière de dépenses, le contrôle :

— de la qualité de l'ordonnateur ou de son délégué ;

— de la disponibilité des crédits ;

— de l'exacte imputation des dépenses aux chapitres qu'elles concernent selon leur nature ou leur objet ;

— de la validité de la créance dans les conditions prévues au 4° ;
— du caractère libératoire du règlement ;
3° En matière de patrimoine, le contrôle :
— de la conservation des droits, privilèges et hypothèques ;
— de la conservation des biens dont il tient la comptabilité matière ;
4° En ce qui concerne la validité de la créance, le contrôle :
— de la justification du service fait et de l'exactitude des calculs de liquidation ;
— de l'application des règles de prescription et de déchéance.

Art. R. 821-14-13 *(Décr. n° 2008-876 du 29 août 2008, art. 6)* L'agent comptable suspend le paiement des dépenses lorsqu'il constate, à l'occasion de l'exercice de ses contrôles, des irrégularités ou que les certifications délivrées par le secrétaire général sont inexactes. Il en informe le secrétaire général.

Lorsque l'agent comptable a suspendu le paiement des dépenses, le secrétaire général peut, par écrit et sous sa responsabilité, requérir l'agent comptable de payer.L'agent comptable défère à la réquisition et rend compte au ministre chargé du budget, qui transmet l'ordre de réquisition à la Cour des comptes.

Par dérogation aux dispositions du deuxième alinéa, l'agent comptable doit refuser de déférer à l'ordre de réquisition lorsque la suspension du paiement est motivée par :

1° L'absence de justification du service fait ;
2° Le caractère non libératoire du règlement ;
3° Le manque de fonds disponibles.

Dans les cas de refus de la réquisition, l'agent comptable rend immédiatement compte au ministre chargé du budget.

Art. R. 821-14-14 *(Décr. n° 2008-876 du 29 août 2008, art. 6)* Toutes les dépenses doivent être liquidées et ordonnancées au cours de l'exercice auquel elles se rattachent. Les dépenses du Haut Conseil sont réglées par l'agent comptable sur l'ordre donné par le secrétaire général ou après avoir été acceptées par ce dernier. Les ordres de dépenses sont appuyés des pièces justificatives nécessaires, et notamment des factures, mémoires, marchés, baux ou conventions. L'acceptation de la dépense revêt la forme soit d'une mention datée et signée apposée sur le mémoire, la facture ou toute autre pièce en tenant lieu, soit d'un certificat separé d'exécution de service, l'une ou l'autre précisant que le règlement peut être valablement opéré pour la somme indiquée.

L'agent comptable peut payer sans ordonnancement préalable certaines catégories de dépenses dans les conditions prévues par le règlement comptable et financier.

Art. R. 821-14-15 *(Décr. n° 2008-876 du 29 août 2008, art. 6)* La liste des pièces justificatives de recettes et de dépenses est préparée par l'agent comptable et proposée par le secrétaire général à l'agrément du ministre chargé du budget. En cas de perte, destruction ou vol des justifications remises à l'agent comptable, le ministre chargé du budget peut autoriser ce dernier à pourvoir à leur remplacement. Les pièces justificatives sont conservées dans les archives de l'agent comptable pendant dix ans au moins à partir de la date de clôture de l'exercice auquel elles se rapportent.

Art. R. 821-14-16 *(Décr. n° 2008-876 du 29 août 2008, art. 6)* Des régies de recettes et de dépenses peuvent être créées auprès du Haut Conseil par décision du secrétaire général sur avis conforme de l'agent comptable dans les conditions fixées par le décret n° 92-681 du 20 juillet 1992 relatif aux régies de recettes et aux régies d'avances des organismes publics et par le règlement comptable et financier.

Art. R. 821-14-17 *(Décr. n° 2008-876 du 29 août 2008, art. 6)* Le Haut Conseil dépose ses fonds au Trésor. Il peut également ouvrir des comptes auprès d'un éta-

blissement de crédit ou d'un établissement mentionné au titre Ier du livre V du code monétaire et financier. Les fonds du Haut Conseil peuvent donner lieu à rémunération et faire l'objet de placements selon les conditions générales définies par le Haut Conseil.

Art. R. 821-14-18 *(Décr. n° 2008-876 du 29 août 2008, art. 6)* **Les comptes de l'agent comptable du Haut Conseil sont jugés directement par la Cour des comptes. Le contrôle de la gestion de l'agent comptable est également assuré par le receveur général des finances.**

Art. R. 821-14-19 *(Décr. n° 2010-406 du 26 avr. 2010, art. 38-I)* **Le Haut Conseil est soumis aux dispositions de l'ordonnance n° 2005-649 du 6 juin 2005 relative aux marchés passés par certaines personnes publiques ou privées non soumises au code des marchés publics.**

● SOUS-SECTION 3 DES RELATIONS DU HAUT CONSEIL AVEC SES HOMOLOGUES ÉTRANGERS

Art. R. 821-15 **Le Haut Conseil du commissariat aux comptes entretient des relations régulières, au plan communautaire et international, avec ses homologues étrangers.** — *[Décr. n° 69-810 du 12 août 1969, art. 1er-4.]*

Art. R. 821-16 **Lorsque, dans le cadre de la coopération avec les autorités des autres États membres de la Communauté européenne exerçant des compétences analogues aux siennes, le Haut Conseil est saisi par l'une de ces autorités d'une demande d'information, de documents ou d'assistance, son président prend sans délai les mesures nécessaires à la collecte des informations et documents ou à la réalisation des opérations de contrôle ou d'inspection qui sont l'objet de la demande.**

Sous réserve des dispositions de l'article R. 821-17, les éléments recueillis sont communiqués sans délai à l'autorité requérante.

En cas d'empêchement, le président du Haut Conseil en informe sans délai l'autorité requérante, en précisant la nature des difficultés rencontrées. — *[Décr. n° 69-810 du 12 août 1969, art. 1er-4-1.]*

Art. R. 821-17 **Le président du Haut Conseil refuse de donner suite à une demande d'information, de documents ou d'assistance mentionnée à l'article R. 821-16 lorsque :**

a) **Des personnes employées ou ayant été employées par l'autorité requérante ne sont pas soumises au secret professionnel ;**

b) **La demande est motivée par des fins étrangères à l'accomplissement des missions de l'autorité requérante, à la surveillance et au contrôle des personnes en charge du contrôle légal des comptes ou à la mise en œuvre de procédures se rapportant à l'exercice du commissariat aux comptes ;**

c) **Il existe un risque sérieux que les informations ou documents requis soient divulgués à d'autres personnes ou autorités qu'à l'autorité requérante, à moins que cette divulgation ne soit autorisée dans le cadre de procédures établies par des dispositions législatives, réglementaires ou administratives se rapportant à l'exercice du contrôle légal des comptes ;**

d) **La communication des éléments demandés serait de nature à porter atteinte à la souveraineté, à la sécurité ou à l'ordre public français ;**

e) **Une procédure pénale a déjà été engagée en France sur la base des mêmes faits et contre les mêmes personnes ;**

f) Les personnes visées par la requête ont déjà été sanctionnées pour les mêmes faits par une décision définitive.

Le président du Haut Conseil peut aussi refuser de donner suite à une demande d'information, de documents ou d'assistance lorsqu'une procédure civile ou disciplinaire a déjà été engagée en France sur la base des mêmes faits et contre les mêmes personnes. – *[Décr. n° 69-810 du 12 août 1969, art. 1er-4-2.]*

Art. R. 821-18 Les informations et documents reçus par le Haut Conseil dans le cadre de la coopération avec les autorités compétentes d'autres États membres de la Communauté européenne exerçant des compétences analogues aux siennes ne peuvent être utilisés qu'aux fins de l'exercice de ses missions ou dans le cadre de procédures se rapportant à l'exercice du commissariat aux comptes. – *[Décr. n° 69-810 du 12 août 1969, art. 1er-4-3.]*

Art. R. 821-19 Lorsque le Haut Conseil conclut que des actes contraires au statut régissant les commissaires aux comptes ou aux règles gouvernant l'exercice du commissariat aux comptes ont été commis sur le territoire d'un autre État membre de la Communauté européenne, son président en informe l'autorité compétente de cet État en précisant les motifs qui l'ont conduit à cette conclusion et les éléments de fait qui en sont à l'origine. – *[Décr. n° 69-810 du 12 août 1969, art. 1er-4-4.]*

Art. R. 821-20 Le Haut Conseil peut, dans les conditions prévues à l'article L. 821-5-1, conclure des conventions de coopération avec des autorités d'États non membres de la Communauté européenne exerçant des compétences analogues aux siennes et qui ont été reconnues par la Commission comme répondant aux critères d'adéquation mentionnés au 3 de l'article 47 de la directive 2006/48/CE du 17 mai 2006 du Parlement européen et du Conseil.

Ces conventions ne peuvent porter que sur des échanges d'informations et de documents relatifs au contrôle légal des comptes de personnes ou d'entités émettant des valeurs mobilières sur les marchés de capitaux de l'État concerné ou entrant dans le périmètre de consolidation de ces personnes ou entités.

Ces conventions comportent des stipulations assurant le respect, dans les échanges avec les autorités des États tiers, des prescriptions fixées par les articles R. 821-17 et R. 821-18. Elles précisent les modalités de la coopération envisagée. Elles garantissent notamment :

a) La communication des informations et documents d'autorité compétente à autorité compétente ;

b) L'exposé par l'autorité requérante des motifs de sa demande de coopération ;

c) Le respect des dispositions relatives à la protection des données personnelles ;

d) L'utilisation des informations et documents communiqués aux seules fins de la supervision publique des personnes en charge de fonctions de contrôle légal des comptes. – *[Décr. n° 69-810 du 12 août 1969, art. 1er-4-5.]*

Art. R. 821-21 Le projet de convention est communiqué aux membres du Haut Conseil ainsi qu'au commissaire du Gouvernement un mois au moins avant la séance au cours de laquelle il sera examiné.

La délibération du Haut Conseil approuvant le projet de convention est notifiée au garde des sceaux, ministre de la justice, et au commissaire du Gouvernement.

Le garde des sceaux, ministre de la justice, peut former un recours contre cette délibération devant le Conseil d'État dans le délai d'un mois à compter de sa notification.

Une fois la délibération définitive, la convention est signée par le président du Haut Conseil.

Sans préjudice des dispositions du deuxième alinéa de l'article L. 821-5-1, elle est publiée par le Haut Conseil, notamment par voie électronique. – *[Décr. n° 69-810 du 12 août 1969, art. 1er-4-6.]*

Art. R. 821-22 Les modalités selon lesquelles le président du Haut Conseil ou, par délégation, le secrétaire général, exerce les compétences prévues aux articles R. 821-16 à R. 821-19 et celles résultant des conventions prévues à l'article R. 821-20 sont précisées par le Haut Conseil dans son règlement intérieur. – *[Décr. n° 69-810 du 12 août 1969, art. 1er-4-7.]*

SECTION II DES CONTRÔLES ET INSPECTIONS DES COMMISSAIRES AUX COMPTES

Art. R. 821-23 Les dossiers et documents établis par le commissaire aux comptes en application de l'article R. 823-10 sont conservés pendant dix ans, même après la cessation des fonctions. Ils sont, pour les besoins des contrôles, inspections et procédures disciplinaires, tenus à la disposition des autorités de contrôle, qui peuvent requérir du commissaire aux comptes les explications et les justifications qu'elles estiment nécessaires concernant ces pièces et les opérations qui doivent y être mentionnées. – *[Décr. n° 69-810 du 12 août 1969, art. 66, al. 5.]*

Art. R. 821-24 Les contrôles et inspections prévus à l'article L. 821-7 sont effectués sur pièces ou sur place.

(Décr. n° 2012-607 du 30 avr. 2012, art. 2) « Les personnes en charge des contrôles peuvent se faire communiquer par le commissaire aux comptes, vérifier sur pièces ou sur place, quel qu'en soit le support, tous documents ou pièces et obtenir toutes explications sur les dossiers et documents établis en application de l'article R. 823-10, sur les conditions d'exécution par le commissaire aux comptes de sa mission au sein des personnes et entités contrôlées, et sur l'organisation et l'activité globale de la structure d'exercice professionnel du réseau auquel elle appartient et des personnes ou groupements qui lui sont liés.

« Le commissaire aux comptes justifie en outre des diligences accomplies en vue de garantir le respect des règles relatives à son indépendance et aux incompatibilités prévues par les dispositions de l'article L. 822-11 et du code de déontologie, et fournit tous renseignements permettant d'apprécier le respect des prescriptions de l'article L. 822-11, notamment à raison des prestations réalisées par un membre du réseau auquel il appartient. Les personnes en charge des contrôles peuvent également se faire communiquer tous les documents ou pièces et obtenir toutes explications permettant d'apprécier le respect de ces règles.

« A l'issue des opérations de contrôle, les pièces et documents communiqués à ces personnes sont restitués. » – *[Décr. n° 69-810 du 12 août 1969, art. 66-1, al. 1er, 2 et 6.]*

Art. R. 821-25 *(Décr. n° 2012-607 du 30 avr. 2012, art. 3)* Les personnes en charge des contrôles peuvent obtenir copie des pièces et documents mentionnés à l'article R. 821-24, quel qu'en soit le support.

Un bordereau des copies des pièces et documents qui leur sont remis est établi.

Lorsque les contrôles ont été mis en œuvre par le Haut Conseil du commissariat aux comptes, en application du *b* de l'article L. 821-7, ou à sa demande, en application du *c* du même article, le secrétaire général peut en conserver copie pendant une durée de dix ans dans des conditions permettant d'assurer le maintien de leur confidentialité. A l'issue de ce délai, il est procédé à leur destruction.

Dans les autres cas, le président de la compagnie régionale des commissaires aux comptes du lieu d'inscription du commissaire aux comptes contrôlé peut en conserver copie pendant une durée de dix ans dans des conditions permettant d'assurer le maintien de leur confidentialité. A l'issue de ce délai, il est procédé à leur destruction.

Art. R. 821-26 Les contrôles périodiques mentionnés au *b* de l'article L. 821-7 sont réalisés au moins tous les six ans, selon les orientations, le cadre et les modalités définis par le Haut Conseil du commissariat aux comptes. Ce délai est ramené à trois ans pour les commissaires aux comptes exerçant des fonctions de contrôle légal des comptes auprès de personnes ou d'entités *(Décr. n° 2009-557 du 19 mai 2009, art. 5-VI)* « dont les titres financiers sont admis aux négociations sur un marché réglementé » ou appel à la générosité publique, d'organismes de sécurité sociale mentionnés à l'article L. 114-8 du code de la sécurité sociale, d'établissements de crédits, d'entreprises régies par le code des assurances, d'institutions de prévoyance régies par le titre III du livre IX du code de la sécurité sociale, de mutuelles ou d'unions de mutuelles régies par le livre II du code de la mutualité.

Les contrôles occasionnels mentionnés au *c* du même article, décidés par la Compagnie nationale ou les compagnies régionales, sont réalisés selon les règles décidées par la Compagnie nationale. – *[Décr. nº 69-810 du 12 août 1969, art. 66-1, al. 3 et 4.]*

Art. R. 821-27 En cas de contrôle de comptes consolidés, les commissaires aux comptes examinent les travaux effectués par les professionnels inscrits dans les États non membres de la Communauté européenne en charge du contrôle légal des comptes des personnes ou entités entrant dans le périmètre de consolidation. Ils constituent une documentation appropriée sur la manière dont ils ont satisfait à cette obligation.

Lorsqu'un professionnel inscrit dans un État pour lequel aucun accord de coopération n'a été conclu par le Haut Conseil a certifié les comptes de l'une des personnes ou entités entrant dans le périmètre de consolidation, les commissaires aux comptes veillent à ce que les documents de travail établis par ce professionnel soient dûment fournis, sur leur demande, aux personnes en charge des contrôles et inspections mentionnés à l'article L. 821-7.

Ils conservent à cet effet une copie de ces documents ou conviennent avec le contrôleur légal de la personne ou de l'entité concernée qu'ils y auront accès, ou prennent toute autre mesure appropriée pour les obtenir sans restriction et sur demande.

En cas d'empêchement, les commissaires aux comptes joignent à leur dossier tous les éléments de nature à établir les démarches et procédures engagées pour y accéder, ainsi que la réalité des difficultés rencontrées. – *[Décr. nº 69-810 du 12 août 1969, art. 66-2.]*

L'art. R. 821-27 entre en vigueur le 1er juin 2008 (Décr. nº 2007-431 du 25 mars 2007, art. 5-III).

SECTION III DE L'ORGANISATION PROFESSIONNELLE

SOUS-SECTION 1 DE LA COMPAGNIE NATIONALE ET DES COMPAGNIES RÉGIONALES

Art. R. 821-28 La Compagnie nationale des commissaires aux comptes instituée par l'article L. 821-6 regroupe tous les commissaires aux comptes ainsi que toutes les sociétés de commissaires aux comptes inscrits sur la liste conformément à la section I du chapitre II du présent titre. – *[Décr. nº 69-810 du 12 août 1969, art. 25.]*

Art. R. 821-29 Les compagnies régionales de commissaires aux comptes instituées par l'article L. 821-6 regroupent les commissaires aux comptes et les sociétés de commissaires aux comptes figurant sur la liste dressée par la commission régionale dans les conditions définies par la section I du chapitre II du présent titre pour le ressort de la cour d'appel. – *[Décr. nº 69-810 du 12 août 1969, art. 26.]*

Art. R. 821-30 La Compagnie nationale et les compagnies régionales, dans la limite de leur ressort, concourent à la réalisation des objectifs fixés par l'article L. 821-6 pour le bon exercice de la profession par ses membres.

La Compagnie nationale et les compagnies régionales représentent la profession et défendent ses intérêts moraux et matériels.

Elles contribuent à la formation et au perfectionnement professionnel de leurs membres, ainsi qu'à la formation des candidats aux fonctions de commissaires aux comptes.

Elles mettent en œuvre les contrôles prévus aux articles L. 821-7 et L. 821-9, selon les orientations, le cadre et les modalités arrêtés par le Haut Conseil du commissariat aux comptes en application de l'article L. 821-1. – *[Décr. nº 69-810 du 12 août 1969, art. 28, al. 1er à 4.]*

Art. R. 821-31 *(Décr. nº 2008-876 du 29 août 2008, art. 7)* « La Compagnie nationale communique chaque année au Haut Conseil, avant le 31 octobre, les déclarations d'activité qui lui sont transmises par les compagnies régionales en application de l'article R. 823-10. En cas de non-respect de cette obligation, le Haut Conseil peut, après mise en demeure infructueuse de la Compagnie nationale, demander aux commissaires aux comptes et sociétés de commissaires aux comptes de lui adresser directement leurs déclarations d'activité selon les formes et modalités qu'il détermine. »

Aux fins mentionnées à l'article R. 821-1, *(Décr. nº 2008-876 du 29 août 2008, art. 7)* « la compagnie nationale » transmet au secrétaire général du Haut Conseil, à sa demande, les documents retraçant les opérations des contrôles diligentés en application du *b* de l'article L. 821-7.

Elle adresse chaque année au Haut Conseil un rapport sur les contrôles réalisés en application des articles L. 821-7 et L. 821-9. Ce rapport comprend deux sections. La première rend compte de l'exécution des contrôles périodiques diligentés conformément au cadre, aux orientations et aux modalités arrêtés par le Haut Conseil. La seconde rend compte des contrôles occasionnels décidés par la Compagnie nationale et les compagnies régionales en application du *c* de l'article L. 821-7. Chacune de ces deux sections détaille la nature, l'objet et les résultats des contrôles effectués, ainsi que les suites auxquelles ils ont donné lieu.

La Compagnie nationale peut présenter aux ministres intéressés toute proposition relative aux intérêts de ses membres. – *[Décr. nº 69-810 du 12 août 1969, art. 28, al. 5 à 9.]*

Art. R. 821-32 *(Décr. nº 2009-557 du 19 mai 2009, art. 5-III)* « La Compagnie nationale des commissaires aux comptes comprend un département institué pour concourir à l'exercice de ses missions, qui regroupe les commissaires aux comptes et les représentants des sociétés de commissaires aux comptes exerçant des fonctions de contrôle légal des comptes dans le cadre d'opérations d'offres au public ou auprès de personnes ou d'entités dont les titres financiers sont admis aux négociations sur un marché réglementé. »

Le président et le vice-président de ce département siègent au bureau avec voix consultative.

Il adopte son règlement intérieur. – *[Décr. nº 69-810 du 12 août 1969, art. 54-2.]*

Art. R. 821-33 Les membres de la compagnie régionale se réunissent une fois par an en assemblée, sur la convocation du président de la compagnie. L'accès de l'assemblée est interdit à ceux qui ne sont pas à jour du paiement de leurs cotisations professionnelles un mois avant la date de ladite assemblée. – *[Décr. nº 69-810 du 12 août 1969, art. 42.]*

Art. R. 821-34 Lorsqu'il exerce en société, chaque commissaire aux comptes associé, actionnaire, membre des organes de gestion, de direction, d'administration ou de surveillance de la société participe à l'assemblée de la compagnie régionale à laquelle il appartient personnellement. – *[Décr. nº 69-810 du 12 août 1969, art. 173, al. 1er.]*

Art. R. 821-35 L'assemblée de la compagnie régionale est présidée par le président de la compagnie, assisté des autres membres du bureau du conseil régional.

Elle délibère à la majorité des membres présents. En cas de partage égal des voix, celle du président est prépondérante. – *[Décr. nº 69-810 du 12 août 1969, art. 43.]*

Art. R. 821-36 L'assemblée élit pour deux ans deux censeurs choisis parmi les personnes physiques membres de la compagnie et chargés de lui faire ultérieurement rapport sur la gestion financière du conseil régional au cours des exercices pendant lesquels ils auront été en fonction.

Les membres du conseil régional ne peuvent être censeurs. Les fonctions de censeur sont gratuites, mais leurs titulaires peuvent prétendre au remboursement des frais de déplacement et de séjour. – *[Décr. nº 69-810 du 12 août 1969, art. 44.]*

Art. R. 821-37 L'assemblée entend le rapport moral et financier du conseil régional pour l'exercice écoulé et le rapport des censeurs sur la gestion financière du conseil régional. Elle statue sur ces rapports. – *[Décr. nº 69-810 du 12 août 1969, art. 45.]*

Art. R. 821-38 L'assemblée ne peut débattre que des questions inscrites à son ordre du jour par le conseil régional.

Celui-ci est tenu d'inscrire à l'ordre du jour les questions qui lui sont soumises à cet effet quinze jours au moins avant la date fixée pour la réunion, soit par le quart au moins des membres de la compagnie ayant droit de vote, soit par le procureur général près la cour d'appel. – *[Décr. nº 69-810 du 12 août 1969, art. 46.]*

Art. R. 821-39 Le vote a lieu, à la date fixée par le conseil avant la date d'expiration des fonctions des membres sortants. Les votes par correspondance et par voie électronique sont admis.

Sont proclamés élus au premier tour de scrutin, dans l'ordre déterminé par le nombre de suffrages obtenu et dans la limite du nombre de sièges à pourvoir, les candidats ayant obtenu la majorité absolue des suffrages.

Si un second tour de scrutin est nécessaire, les candidats qui ont obtenu le plus grand nombre de suffrages sont élus.

A égalité de voix entre deux personnes, la plus âgée est élue. – *[Décr. nº 69-810 du 12 août 1969, art. 48.]*

Art. R. 821-40 Le règlement intérieur de chaque compagnie fixe les modalités de la publicité à donner aux candidatures, de l'organisation des élections, du dépouillement du scrutin, du règlement des contestations et de la publication des résultats. – *[Décr. nº 69-810 du 12 août 1969, art. 49.]*

● SOUS-SECTION 2 DU CONSEIL NATIONAL

Art. R. 821-41 Le Conseil national des commissaires aux comptes siège à Paris. – *[Décr. n° 69-810 du 12 août 1969, art. 50.]*

Art. R. 821-42 Le Conseil national est composé de commissaires aux comptes délégués par les compagnies régionales.

Les délégués sont élus dans son sein par le conseil régional, au scrutin secret, pour une durée de quatre ans, à raison d'un délégué par deux cents membres, personnes physiques ou fraction de deux cents membres, personnes physiques, sans pouvoir excéder quinze élus. Sont seules éligibles les personnes physiques à jour de leurs cotisations professionnelles, exerçant des fonctions de commissaire aux comptes à la date du scrutin.

Le Conseil national est renouvelé par moitié tous les deux ans. – *[Décr. n° 69-810 du 12 août 1969, art. 51.]*

Art. R. 821-43 Si un siège du Conseil national devient vacant avant la date normale du renouvellement, il est pourvu dans le délai de trois mois. Les fonctions du nouveau délégué expirent à la même date que celles de son prédécesseur.

Les dispositions de l'article R. 821-72 sont applicables aux membres du Conseil national. – *[Décr. n° 69-810 du 12 août 1969, art. 52.]*

Art. R. 821-44 En même temps que les délégués titulaires, les conseils régionaux élisent dans les mêmes conditions et pour la même durée, un nombre égal de délégués suppléants qui siègent au Conseil national en cas d'absence ou d'empêchement des titulaires.

Les deuxième, troisième et quatrième alinéas de l'article R. 821-39 sont applicables à l'élection des délégués titulaires et suppléants. – *[Décr. n° 69-810 du 12 août 1969, art. 53.]*

Art. R. 821-45 Le Conseil national élit en son sein, selon les modalités fixées à l'article R. 821-63 et pour deux ans, un président, trois vice-présidents et six membres qui constituent le bureau. Quatre au moins des personnes siégeant au bureau doivent exercer effectivement des fonctions de contrôle légal des comptes *(Décr. n° 2009-557 du 19 mai 2009, art. 5-IV)* « dans le cadre d'opérations d'offres au public ou auprès de personnes dont les titres financiers sont admis aux négociations sur un marché réglementé ».

Sont seules éligibles en qualité de président les personnes qui ont exercé les fonctions de délégué au Conseil national pendant une durée d'au moins deux ans ou qui ont été membres du bureau national pendant une durée d'au moins un an.

Si un siège du bureau du Conseil national devient vacant, il est pourvu par le conseil dans le délai de trois mois. Les fonctions du nouveau membre expirent à la même date que celles de son prédécesseur. – *[Décr. n° 69-810 du 12 août 1969, art. 54.]*

Art. R. 821-46 Le Conseil national crée en son sein des commissions spécialisées qui lui rendent compte et ne peuvent représenter la Compagnie nationale.

Il en fixe la compétence, la composition et le fonctionnement. – *[Décr. n° 69-810 du 12 août 1969, art. 54-1.]*

Art. R. 821-47 Le Conseil national se réunit au moins une fois par semestre.

Il peut être convoqué aussi souvent qu'il est nécessaire, par le président, après avis du bureau.

Il doit être convoqué, à la demande du garde des sceaux, ministre de la justice. – *[Décr. n° 69-810 du 12 août 1969, art. 55.]*

Art. R. 821-48 Le bureau du Conseil national se réunit sur la convocation du président, d'un vice-président ou de la moitié de ses membres. – *[Décr. n° 69-810 du 12 août 1969, art. 56.]*

Art. R. 821-49 Le Conseil national et le bureau du Conseil national ne délibèrent valablement que si la moitié au moins de leurs membres sont présents.

Les membres peuvent se faire représenter.

Un membre ne peut disposer de plus de deux mandats.

Les décisions sont prises à la majorité des membres présents ou représentés.

En cas de partage égal des voix, la voix du président est prépondérante. – *[Décr. n° 69-810 du 12 août 1969, art. 57.]*

Art. R. 821-50 Le Conseil national et le bureau tiennent un registre de leurs délibérations.

Le procès-verbal de chaque séance est signé par le président et le secrétaire. – *[Décr. n° 69-810 du 12 août 1969, art. 58.]*

Art. R. 821-51 Le Conseil national est chargé de l'administration de la Compagnie nationale et de la gestion de ses biens.

Il donne son avis, lorsqu'il y est invité par le garde des sceaux, ministre de la justice, sur les projets de loi et de décret qui lui sont soumis, ainsi que sur les questions entrant dans ses attributions.

Il soumet aux pouvoirs publics toutes propositions utiles relatives à l'organisation professionnelle et à la mission des commissaires aux comptes.

Il prend les décisions qui sont de la compétence de la Compagnie nationale en vertu du présent titre, et notamment de ses articles R. 821-30 et R. 821-31.

Sur proposition du bureau, il adopte le budget de la Compagnie nationale, en répartit la charge entre les compagnies régionales et adopte son règlement intérieur. – *[Décr. n° 69-810 du 12 août 1969, art. 59.]*

Art. R. 821-52 Sur délégation du Conseil national auquel il rend compte semestriellement, le bureau assure l'administration courante de la Compagnie nationale.

Dans les mêmes conditions :

1° Il coordonne l'action des conseils régionaux, notamment en ce qui concerne la défense des intérêts moraux et matériels de la profession et la discipline générale des commissaires aux comptes ;

2° Il examine les suggestions des conseils régionaux, en leur donnant la suite qu'elles comportent ;

3° Il prévient et concilie les différends d'ordre professionnel entre les conseils régionaux ou entre les commissaires aux comptes n'appartenant pas à une même compagnie régionale. – *[Décr. n° 69-810 du 12 août 1969, art. 60.]*

Art. R. 821-53 Le bureau prépare les délibérations du Conseil national dont le président fixe l'ordre du jour.

Il soumet au garde des sceaux, ministre de la justice, les projets de normes d'exercice professionnel, adoptés préalablement sur sa proposition par le Conseil national.

Il centralise les indications des fichiers des compagnies régionales prévus au 2° de l'article R. 821-68 dans un fichier national indiquant, pour chaque membre de la Compagnie nationale, les personnes dont il est commissaire aux comptes.

Il publie l'annuaire prévu à l'article R. 822-19, y compris par voie électronique.

Il transmet au Haut Conseil les informations relatives à l'inscription et aux mandats exercés, mentionnées au 2° de l'article R. 821-68. – *[Décr. n° 69-810 du 12 août 1969, art. 61.]*

Art. R. 821-54 Le Conseil national peut conférer au bureau les pouvoirs qu'il juge convenables pour l'exécution de ses décisions. – *[Décr. nº 69-810 du 12 août 1969, art. 62.]*

Art. R. 821-55 Le président élu par le Conseil national représente la Compagnie nationale dans tous les actes de la vie civile et este en justice en son nom. Il porte le titre de président de la Compagnie nationale des commissaires aux comptes.

Il représente la Compagnie nationale auprès des pouvoirs publics.

Il ne peut être membre d'aucune chambre de discipline.

Il cesse d'être délégué du conseil régional qui pourvoit à son remplacement. – *[Décr. nº 69-810 du 12 août 1969, art. 63.]*

● SOUS-SECTION 3 DES CONSEILS RÉGIONAUX

Art. R. 821-56 Le conseil régional des commissaires aux comptes siège au chef-lieu de la cour d'appel et est désigné par le nom de ce chef-lieu.

Il peut, à titre exceptionnel, siéger dans un autre lieu du ressort de la cour d'appel dont il dépend, avec l'accord des chefs de cour. – *[Décr. nº 69-810 du 12 août 1969, art. 29.]*

Art. R. 821-57 Le conseil régional est composé de :

1º Six membres si la compagnie régionale comprend moins de cent membres personnes physiques ;

2º Douze membres si la compagnie régionale comprend de cent à deux cent quarante-neuf membres personnes physiques ;

3º Quatorze membres si la compagnie régionale comprend de deux cent cinquante à quatre cent quatre-vingt-dix-neuf membres personnes physiques ;

4º Seize membres si la compagnie régionale comprend de cinq cents à sept cent quarante-neuf membres personnes physiques ;

5º Dix-huit membres si la compagnie régionale comprend de sept cent cinquante à neuf cent quatre-vingt-dix-neuf membres personnes physiques ;

6º Vingt-deux membres si la compagnie régionale comprend de mille à mille neuf cent quatre-vingt-dix-neuf membres personnes physiques ;

7º Vingt-six membres si la compagnie régionale comprend au moins deux mille membres personnes physiques.

Cette composition est définie sur la base de l'effectif de la liste arrêté au 1er janvier de l'année des élections. – *[Décr. nº 69-810 du 12 août 1969, art. 30.]*

Art. R. 821-58 Le conseil régional ne peut comprendre plus de la moitié de membres appartenant à une même société. – *[Décr. nº 69-810 du 12 août 1969, art. 173, al. 2.]*

Art. R. 821-59 Les membres du conseil régional sont élus au scrutin secret, pour une durée de quatre ans.

Le conseil régional est renouvelé par moitié tous les deux ans.

Sont électeurs les personnes physiques membres de la compagnie régionale, à jour de leurs cotisations professionnelles.

Sont éligibles les personnes physiques, à jour de leurs cotisations professionnelles, exerçant des fonctions de commissaire aux comptes à la date du scrutin. – *[Décr. nº 69-810 du 12 août 1969, art. 31.]*

Art. R. 821-60 Si l'effectif du conseil régional est réduit de plus de moitié, il est procédé, dans le délai de deux mois, à une élection partielle pour pourvoir les sièges vacants. Le mandat des membres ainsi élus expire à la même date que celui de leurs prédécesseurs.

Il n'y a pas lieu à élection partielle, si la prochaine élection biennale doit intervenir dans le délai de six mois.

Les sièges vacants, non soumis à renouvellement, sont pourvus à cette occasion et le mandat des membres élus expire à la même date que celui de leurs prédécesseurs. – *[Décr. n° 69-810 du 12 août 1969, art. 32.]*

Art. R. 821-61 Tout candidat à une élection de membre d'un conseil régional adresse sa candidature au siège du conseil, par lettre recommandée avec demande d'avis de réception, un mois au moins avant la date fixée pour cette élection.

Les membres sortants d'un conseil ne sont immédiatement rééligibles qu'une seule fois. – *[Décr. n° 69-810 du 12 août 1969, art. 32-1.]*

Art. R. 821-62 Si plusieurs sièges pourvus lors d'une élection partielle comportent pour leur titulaire des mandats de durée différente ou si des sièges vacants, pourvus lors d'une élection biennale, sont soumis à renouvellement avant l'expiration de la durée normale du mandat, il est procédé, au cours de la première séance du conseil suivant les élections, à l'affectation de chacun des membres nouvellement élus à l'un de ces sièges, par voie de tirage au sort.

Il en est de même après l'élection du premier conseil régional pour désigner les membres soumis à réélection après deux années de mandat seulement. – *[Décr. n° 69-810 du 12 août 1969, art. 33.]*

Art. R. 821-63 Le conseil régional élit parmi ses membres au scrutin secret, pour un mandat de deux ans, un président, un ou deux vice-présidents, un secrétaire et un trésorier, qui constituent le bureau. Le nombre de membres du bureau peut être porté à sept ou neuf si l'effectif de la compagnie régionale est supérieur respectivement à cinq cents ou à mille.

Le mandat du président est renouvelable une fois.

Les désignations ont lieu à la majorité absolue des voix au premier tour, à la majorité relative au second. – *[Décr. n° 69-810 du 12 août 1969, art. 34.]*

Art. R. 821-64 Le conseil régional ne délibère valablement que si la moitié au moins de ses membres sont présents.

En cas d'absence ou d'empêchement d'un ou plusieurs membres et dans la mesure nécessaire pour atteindre le quorum, le conseil régional peut appeler à siéger les membres de la compagnie les plus anciens dans l'ordre d'inscription sur la liste et, à égalité de date d'inscription, les plus âgés.

Les décisions sont prises à la majorité des membres présents. En cas de partage, la voix du président est prépondérante. – *[Décr. n° 69-810 du 12 août 1969, art. 35.]*

Art. R. 821-65 Le conseil régional tient un registre de ses délibérations. Le procès-verbal de chaque séance est signé par le président et le secrétaire. – *[Décr. n° 69-810 du 12 août 1969, art. 36.]*

Art. R. 821-66 Le conseil régional est convoqué par le président lorsque cela est nécessaire et au moins une fois par semestre.

Il est obligatoirement convoqué par le président à la demande du procureur général près la cour d'appel ou de la moitié au moins des membres du conseil. La réunion intervient dans les quinze jours de la réception de la demande par le président. – *[Décr. n° 69-810 du 12 août 1969, art. 37.]*

Art. R. 821-67 Le conseil régional agit dans le cadre des délibérations de l'assemblée de compagnie régionale conformément aux articles R. 821-33 à R. 821-40. – *[Décr. n° 69-810 du 12 août 1969, art. 38, al. 1er.]*

Art. R. 821-68 Le conseil régional a pour mission, outre l'administration de la compagnie régionale et la gestion de son patrimoine :

1° De prendre les décisions qui sont de la compétence de la compagnie régionale en vertu du présent titre, et notamment de l'article R. 821-30 ;

2° D'établir et de tenir à jour un fichier indiquant pour chaque membre de la compagnie :

a) Les personnes et entités dont il est commissaire aux comptes ;

b) Le total du bilan, des produits d'exploitation et des produits financiers de ces personnes et entités, ainsi que le nombre d'heures de travail correspondant ;

c) La liste de ses salariés, leurs mandats, les missions auxquelles ils participent, ainsi que le nombre d'heures qu'ils ont effectuées et, s'agissant des personnes morales, la liste de leurs associés ;

3° De surveiller l'exercice de la profession de commissaire aux comptes dans la circonscription, et notamment de saisir le syndic de la chambre de discipline des fautes professionnelles relevées à l'encontre des membres de la compagnie ;

4° D'adopter le règlement intérieur de la compagnie régionale ;

5° D'examiner toutes réclamations de la part des tiers contre les commissaires aux comptes membres de la compagnie régionale, à l'occasion de l'exercice de la profession ;

6° De donner son avis, s'il y est invité par l'une des parties ou par le ministère public, sur l'action en responsabilité intentée contre un commissaire aux comptes en raison d'actes professionnels ;

7° De fixer et de recouvrer le montant des cotisations dues par les membres de la compagnie régionale pour couvrir les frais de ladite compagnie, y compris les sommes dues à la Compagnie nationale conformément à l'article R. 821-51 ;

8° De saisir le Conseil national de toutes requêtes ou suggestions concernant la profession ;

9° De mettre à la disposition de ses membres les services d'intérêt commun qui apparaîtraient nécessaires au bon exercice de la profession. – *[Décr. n° 69-810 du 12 août 1969, art. 38, al. 2 à 14.]*

Art. R. 821-69 Le conseil régional transmet au Conseil national les informations mentionnées au 2° de l'article R. 821-68. – *[Décr. n° 69-810 du 12 août 1969, art. 38, al. 15.]*

Art. R. 821-70 Le président élu par le conseil régional porte le titre de président de la compagnie régionale des commissaires aux comptes.

Il représente la compagnie régionale dans tous les actes de la vie civile et pour ester en justice. Il assure l'exécution des décisions du conseil régional ainsi que le respect des décisions du Conseil national dans le ressort de la compagnie régionale et veille au fonctionnement régulier de la compagnie régionale.

Il réunit périodiquement le bureau du conseil régional et le tient informé des décisions et mesures prises dans l'accomplissement de ses fonctions.

Il prévient et concilie, si possible, tout conflit ou toute contestation d'ordre professionnel entre commissaires aux comptes membres de la compagnie régionale.

Il saisit le Haut Conseil du commissariat aux comptes conformément au deuxième alinéa de l'article R. 821-6. Il en avise immédiatement le président de la Compagnie nationale des commissaires aux comptes. – *[Décr. n° 69-810 du 12 août 1969, art. 39.]*

Art. R. 821-71 Les vice-présidents assistent le président et le remplacent en cas de démission, d'absence ou d'empêchement. A défaut du président ou des vice-présidents, les fonctions du président sont exercées par le doyen d'âge du conseil régional. – *[Décr. n° 69-810 du 12 août 1969, art. 40.]*

Art. R. 821-72 Tout membre d'un conseil qui cesse de remplir les conditions requises pour être éligible cesse de plein droit de faire partie dudit conseil. – *[Décr. nº 69-810 du 12 août 1969, art. 41.]*

CHAPITRE II DU STATUT DES COMMISSAIRES AUX COMPTES

SECTION PREMIÈRE DE L'INSCRIPTION ET DE LA DISCIPLINE

SOUS-SECTION 1 DE L'INSCRIPTION

Art. R. 822-1 La liste des commissaires aux comptes mentionnée à l'article L. 822-1 est dressée par les commissions régionales instituées à l'article L. 822-2.

(Décr. nº 2012-607 du 30 avr. 2012, art. 4) « Les commissaires aux comptes sont inscrits par la commission régionale de la cour d'appel dans le ressort de laquelle se trouve leur domicile ou l'établissement dans lequel ils exercent leur activité. Les sociétés de commissaires aux comptes sont inscrites par la commission régionale dans le ressort de laquelle se trouve leur siège ou, lorsque celui-ci est à l'étranger, le premier établissement ouvert sur le territoire national. »

Les commissaires aux comptes exerçant dans une société informent la commission régionale de cette appartenance lors de leur demande d'inscription. Ils en informent également leur compagnie régionale par lettre recommandée avec demande d'avis de réception.

Les commissaires aux comptes inscrits peuvent exercer leur profession sur l'ensemble du territoire. – *[Décr. nº 69-810 du 12 août 1969, art. 2, al. 2 à 4.]*

§ 1er DES CONDITIONS D'INSCRIPTION SUR LA LISTE

Art. R. 822-2 *(Décr. nº 2013-192 du 5 mars 2013, art. 2, en vigueur le 1er juill. 2013)* Sont admises à se présenter au certificat d'aptitude aux fonctions de commissaire aux comptes, sous réserve de la délivrance de l'attestation de fin de stage mentionnée au sixième alinéa de l'article R. 822-3, les personnes titulaires d'un diplôme national de master ou d'un titre ou d'un diplôme conférant le grade de master délivré en France ou d'un diplôme obtenu dans un État étranger et jugé de niveau comparable au diplôme national de master par le garde des sceaux, ministre de la justice, et qui, selon le cas :

1º Ont subi avec succès les épreuves du certificat préparatoire aux fonctions de commissaire aux comptes ;

2º Sont titulaires du diplôme d'études comptables supérieures régi par le décret nº 81-537 du 12 mai 1981 relatif au diplôme d'études comptables supérieures ou du diplôme d'études supérieures comptables et financières ou ont validé au moins quatre des sept épreuves obligatoires du diplôme supérieur de comptabilité et de gestion dans les conditions définies à l'article 50 du décret nº 2012-432 du 30 mars 2012 ;

3º Sont titulaires de diplômes jugés d'un niveau équivalent à ceux mentionnés au 2º par le garde des sceaux, ministre de la justice ;

Le programme et les modalités du certificat d'aptitude aux fonctions de commissaire aux comptes et du certificat préparatoire aux fonctions de commissaire aux comptes sont fixés par un arrêté conjoint du garde des sceaux, ministre de la justice, et du ministre chargé de l'enseignement supérieur.

Les épreuves du certificat d'aptitude et du certificat préparatoire aux fonctions de commissaire aux comptes ont lieu au moins une fois par an, à une date fixée par arrêté du garde des sceaux, ministre de la justice, publié au *Journal officiel* de la République française.

V. art. A. 822-1 s.

Les dispositions de l'art. 2 et de l'art. 3, al. 3, du Décr. n° 2013-192 du 5 mars 2013 ne s'appliquent pas aux candidats au certificat d'aptitude aux fonctions de commissaire aux comptes qui justifient d'une date de début de stage professionnel antérieure à l'entrée en vigueur de ce décret [1er juill. 2013]. Ils sont admis à présenter le certificat d'aptitude aux fonctions de commissaire aux comptes s'ils remplissaient les conditions fixées par la loi à la date où ils ont commencé le stage mentionné à l'art. R. 822-3 (Décr. préc., art. 12).

Les candidats titulaires de l'attestation de fin de stage à la date d'entrée en vigueur du Décr. n° 2013-192 du 5 mars 2013 [1er juill. 2013] disposent d'un délai de six ans à compter de la même date pour obtenir le certificat d'aptitude aux fonctions de commissaire aux comptes. A l'expiration de ce délai, l'attestation de fin de stage devient caduque.

Les candidats déclarés admissibles aux épreuves écrites du certificat d'aptitude aux fonctions de commissaire aux comptes à la date d'entrée en vigueur du décret préc. et qui n'ont pas obtenu la moyenne requise aux épreuves orales d'admission conservent le bénéfice de l'admissibilité pour la session suivante.

Les personnes qui ont passé avec succès les épreuves du certificat d'aptitude aux fonctions de commissaire aux comptes à la date d'entrée en vigueur du décret préc. disposent d'un délai de quatre ans à compter de cette date pour obtenir le diplôme d'expertise comptable (Décr. préc., art. 13).

Art. R. 822-3 Le stage professionnel prévu au 5° de l'article L. 822-1-1 est d'une durée de trois ans.

(Décr. n° 2013-192 du 5 mars 2013, art. 3-1°, en vigueur le 1er juill. 2013) « Il est ouvert aux personnes qui remplissent les conditions pour se présenter au certificat d'aptitude aux fonctions de commissaire aux comptes en application de l'article R. 822-2. »

Il est accompli chez une personne physique ou dans une société inscrite sur la liste prévue à l'article L. 822-1 et habilitée à cet effet. Il peut être également accompli :

1° Dans la limite de deux ans, chez une personne agréée par un État membre de *(Décr. n° 2013-192 du 5 mars 2013, art. 8, en vigueur le 1er juill. 2013)* « l'Union européenne » pour exercer le contrôle légal des comptes ;

2° Dans la limite d'un an, chez toute personne autre que celles qui exercent le contrôle légal des comptes en France et dans les autres États membres de *(Décr. n° 2013-192 du 5 mars 2013, art. 8, en vigueur le 1er juill. 2013)* « l'Union européenne » et offrant des garanties suffisantes quant à la formation des stagiaires.

Le stage professionnel régulièrement accompli donne lieu à la délivrance *(Décr. n° 2013-192 du 5 mars 2013, art. 3-2°, en vigueur le 1er juill. 2013)* « d'une attestation de fin de stage » portant les appréciations du président du conseil régional établies au vu du rapport du maître de stage. Lorsque le stage a été accompli dans le ressort de plusieurs conseils régionaux ou en tout ou partie à l'étranger, le président du conseil régional compétent est désigné dans des conditions fixées par arrêté du garde des sceaux, ministre de la justice.

Un arrêté du même ministre détermine l'autorité compétente au sein de la profession pour autoriser le stagiaire à effectuer tout ou partie du stage à l'étranger ou chez une personne autre que celles qui sont agréées pour exercer le contrôle légal des comptes ainsi que les modalités d'accomplissement de stage et de délivrance *(Décr. n° 2013-192 du 5 mars 2013, art. 3-3°, en vigueur le 1er juill. 2013)* « de l'attestation de fin de stage ». — *V. art. A. 822-9 s.*

Les modalités de l'habilitation à recevoir des stagiaires sont définies par arrêté du garde des sceaux, ministre de la justice, sur proposition de la compagnie nationale *(Décr. nº 2013-192 du 5 mars 2013, art. 3-4º, en vigueur le 1er juill. 2013)* **« des commissaires aux comptes ».** – *[Décr. nº 69-810 du 12 août 1969, art. 4.]*

(Décr. nº 2013-192 du 5 mars 2013, art. 3-5º, en vigueur le 1er juill. 2013) **« Les stagiaires disposent d'un délai de six ans après la date de délivrance de l'attestation de fin de stage pour obtenir le certificat d'aptitude aux fonctions de commissaire aux comptes. Au-delà de ce délai, l'attestation de fin de stage est caduque.**

« Les personnes ayant effectué la totalité de leur stage professionnel prévu au 5º de l'article L. 822-1-1 mais dont l'attestation de fin de stage est devenue caduque dans les conditions prévues à l'alinéa précédent accomplissent un nouveau stage dont la durée est d'un an. »

Sur les dispositions transitoires, V. notes ss. art. R. 822-2.

Art. R. 822-4 **Lorsque le candidat à l'inscription est titulaire du diplôme d'expertise comptable, les deux tiers au moins du stage prévu par** *(Décr. nº 2013-192 du 5 mars 2013, art. 4-1º, en vigueur le 1er juill. 2013)* **« l'article 67 du décret nº 2012-432 du 30 mars 2012 relatif à l'exercice de l'activité d'expertise comptable » doivent avoir été accomplis soit chez une personne inscrite sur la liste des commissaires aux comptes et habilitée à recevoir des stagiaires dans les conditions fixées** *(Décr. nº 2013-192 du 5 mars 2013, art. 4-1º, en vigueur le 1er juill. 2013)* **« au huitième alinéa » de l'article R. 822-3, soit, sous réserve d'une autorisation donnée au stagiaire, dans des conditions fixées par arrêté du garde des sceaux, ministre de la justice, et du ministre chargé du budget, chez une personne agréée dans un État membre de** *(Décr. nº 2013-192 du 5 mars 2013, art. 8, en vigueur le 1er juill. 2013)* **« l'Union européenne » pour exercer le contrôle légal des comptes.** – *[Décr. nº 69-810 du 12 août 1969, art. 3, al. 3.]*

(Décr. nº 2013-192 du 5 mars 2013, art. 4-2º, en vigueur le 1er juill. 2013) **« Le candidat à l'inscription, titulaire du diplôme d'expertise comptable, qui ne répond pas aux conditions prévues au premier alinéa peut être autorisé à effectuer deux années de stage supplémentaires pour se conformer à ces conditions. Les dispositions du sixième alinéa de l'article R. 822-3 sont applicables. »**

Art. R. 822-5 **Peuvent être admises à** *(Décr. nº 2013-192 du 5 mars 2013, art. 5-1º, en vigueur le 1er juill. 2013)* **« se présenter aux » épreuves du certificat d'aptitude aux fonctions de commissaire aux comptes et sont dispensées** *(Décr. nº 2013-192 du 5 mars 2013, art. 5-1º, en vigueur le 1er juill. 2013)* **« de tout ou partie du stage » professionnel, en application du premier alinéa de l'article L. 822-1-2, les personnes physiques ayant exercé pendant une durée de quinze ans au moins une activité publique ou privée qui leur a permis d'acquérir dans les domaines financier, comptable et juridique intéressant les sociétés commerciales une expérience jugée suffisante par le garde des sceaux, ministre de la justice.**

(Décr. nº 2013-192 du 5 mars 2013, art. 5-2º, en vigueur le 1er juill. 2013) **« Les conditions de délivrance de la dispense mentionnée au premier alinéa sont fixées par un arrêté du garde des sceaux, ministre de la justice. »**

Peuvent également être admis à subir l'examen d'aptitude aux fonctions de commissaire aux comptes les anciens syndics et administrateurs judiciaires et les anciens administrateurs judiciaires et mandataires judiciaires ayant exercé leurs fonctions pendant sept ans au moins. Le stage effectué auprès de ces professions est pris en compte pour une durée n'excédant pas un an en ce qui concerne l'accomplissement du stage prévu à l'article R. 822-3. – *[Décr. nº 69-810 du 12 août 1969, art. 5.]*

Art. R. 822-6 **Peuvent être inscrites sur la liste des commissaires aux comptes, en application des dispositions du deuxième alinéa de l'article L. 822-1-2, les per-**

sonnes déjà agréées par les autorités compétentes d'un autre État membre de *(Décr. nº 2013-192 du 5 mars 2013, art. 8, en vigueur le 1er juill. 2013)* « l'Union européenne » pour l'exercice du contrôle légal des comptes, sous réserve d'avoir subi avec succès une épreuve d'aptitude démontrant une connaissance adéquate des lois, règlements, normes et règles professionnelles nécessaires pour l'exercice du contrôle légal des comptes en France.

(Décr. nº 2013-192 du 5 mars 2013, art. 6-1º, en vigueur le 1er juill. 2013) « Les modalités de cette épreuve sont fixées par arrêté du garde des sceaux, ministre de la justice. – *V. art. A. 822-19 s.*

« Les candidats sont admis à se présenter à l'épreuve d'aptitude par décision du garde des sceaux, ministre de la justice. »

A cette fin, l'intéressé adresse son dossier au garde des sceaux, ministre de la justice. A la réception du dossier complet, un récépissé lui est délivré.

(Décr. nº 2013-192 du 5 mars 2013, art. 6-2º, en vigueur le 1er juill. 2013) « La décision du garde des sceaux, ministre de la justice, précise les matières sur lesquelles le candidat doit être interrogé compte tenu de sa formation initiale. Elle doit être motivée et intervenir dans un délai de deux mois à compter de la délivrance du récépissé. Le défaut de réponse dans ce délai vaut rejet de la demande. »

Les dispositions du présent article sont également applicables aux personnes qui, quoique non agréées dans un autre État membre de *(Décr. nº 2013-192 du 5 mars 2013, art. 8, en vigueur le 1er juill. 2013)* « l'Union européenne », réunissent les conditions de titre, de diplôme et de formation pratique permettant d'obtenir un tel agrément conformément aux dispositions de la directive 2006/48/CE du 17 mai 2006 du Parlement européen et du Conseil. – *[Décr. nº 69-810 du 12 août 1969, art. 5-1.]*

Art. R. 822-7 Peuvent également être inscrites sur la liste des commissaires aux comptes en application des dispositions du deuxième alinéa de l'article L. 822-1-2 les personnes qui ont suivi avec succès un cycle d'études d'une durée minimale de trois ans ou d'une durée équivalente à temps partiel dans une université ou un établissement d'enseignement supérieur ou dans un autre établissement de même niveau de formation, ainsi que la formation professionnelle requise en plus de ce cycle d'études, et qui justifient :

a) D'un diplôme ou d'un titre jugé de même niveau que le certificat d'aptitude aux fonctions de commissaire aux comptes ou le diplôme d'expertise comptable, par le garde des sceaux, ministre de la justice, et permettant l'exercice de la profession dans un État non membre de *(Décr. nº 2013-192 du 5 mars 2013, art. 8, en vigueur le 1er juill. 2013)* « l'Union européenne » admettant les nationaux français à exercer le contrôle légal des comptes ;

b) D'une expérience professionnelle de trois ans jugée suffisante par le garde des sceaux dans le domaine du contrôle légal des comptes.

L'intéressé doit subir une épreuve d'aptitude dans les conditions prévues à l'article R. 822-6. – *[Décr. nº 69-810 du 12 août 1969, art. 5-2.]*

Art. D. 822-7-1 *(Décr. nº 2013-192 du 5 mars 2013, art. 7, en vigueur le 1er juill. 2013)* Les candidats au certificat préparatoire aux fonctions de commissaire aux comptes, au certificat d'aptitude aux fonctions de commissaire aux comptes, ainsi qu'à l'épreuve d'aptitude mentionnée à l'article R. 822-6, qui présentent un handicap au sens de l'article L. 114 du code de l'action sociale et des familles bénéficient des aménagements rendus nécessaires par leur situation.

Ces aménagements peuvent porter sur :

a) Les conditions de déroulement des épreuves, de nature à permettre aux candidats de bénéficier des conditions matérielles, des aides techniques ou des aides humaines appropriées à leur situation ;

b) Une majoration du temps imparti pour une ou plusieurs épreuves, qui ne peut excéder le tiers du temps normalement prévu pour chacune d'elles, sauf demande du médecin motivée par la situation exceptionnelle du candidat et formulée dans l'avis mentionné au huitième alinéa du présent article.

c) La conservation, au choix du candidat, durant cinq ans, des notes non éliminatoires obtenues.

d) L'étalement sur plusieurs sessions du passage des épreuves.

Les candidats sollicitant le bénéfice de ces dispositions adressent leur demande à l'un des médecins désignés par la commission mentionnée à l'article L. 146-9 du code de l'action sociale et des familles pour les épreuves se déroulant en métropole, dans les départements d'outre-mer, à Saint-Pierre-et-Miquelon, à Saint-Martin ou à Saint-Barthélemy, ou désignés par le représentant de l'État, pour les épreuves se déroulant à Mayotte, en Nouvelle-Calédonie ou à Wallis-et-Futuna.

Le médecin rend un avis, qui est adressé au candidat et au président du jury, dans lequel il propose des aménagements. Le président du jury décide des aménagements accordés et notifie sa décision au candidat.

Le président du jury s'assure de l'accessibilité aux personnes handicapées des locaux prévus pour le déroulement des épreuves ainsi que de la mise en place, le cas échéant, des aménagements autorisés pour le candidat.

§ 2 DE LA COMMISSION RÉGIONALE D'INSCRIPTION ET DE LA TENUE DE LA LISTE

Art. R. 822-8 Le président et les membres de la commission régionale d'inscription mentionnés à l'article L. 822-2 sont nommés par le garde des sceaux, ministre de la justice, dans les conditions suivantes :

1° Le président, le professeur des universités et les deux personnalités qualifiées, sur proposition du premier président de la cour d'appel ;

2° Le représentant du ministre chargé de l'économie, sur proposition de celui-ci ;

3° Le magistrat de la chambre régionale des comptes, sur proposition du président de celle-ci ;

4° Le membre de la compagnie régionale des commissaires aux comptes, sur proposition du président de celle-ci, après avis du premier président de la cour d'appel et du procureur général près celle-ci.

Les suppléants sont désignés dans les mêmes conditions que les titulaires. – *[Décr. n° 69-810 du 12 août 1969, art. 8.]*

Art. R. 822-9 Lorsque le président ou un membre titulaire de la commission ou son suppléant est empêché pour quelque motif que ce soit, il est procédé à son remplacement par le garde des sceaux, ministre de la justice, dans les mêmes conditions que la nomination initiale, pour le temps du mandat restant à courir.

Le greffier en chef de la cour d'appel ou un greffier délégué par lui assure le secrétariat de la commission régionale d'inscription. – *[Décr. n° 69-810 du 12 août 1969, art. 8-1.]*

Art. R. 822-10 La demande d'inscription présentée à la commission régionale est déposée ou adressée au greffe de la cour d'appel, avec un dossier comprenant les pièces justificatives des titres du candidat.

(Décr. n° 2012-607 du 30 avr. 2012, art. 5-1°) « A réception du dossier complet, la commission régionale communique au candidat ou à son mandataire un récépissé, qui indique le délai d'examen de la demande mentionné au septième alinéa du présent article.

« La demande d'inscription peut également être présentée à la commission régionale par voie électronique, au moyen d'un service informatique accessible par internet, sécurisé et gratuit, permettant au déclarant de transmettre la demande accompagnée des pièces justificatives, adressées sous forme numérisée. La commission régionale accuse réception de la demande, par voie électronique, au déclarant. A réception du dossier complet, elle lui communique un récépissé qui indique le délai d'examen de la demande mentionné au septième alinéa du présent article. » – *Cet al. est applicable à compter du 1er janv. 2013 (Décr. no 2012-607 du 30 avr. 2012, art. 32).*

Les nom, prénoms et domicile du candidat ou, le cas échéant, sa raison sociale ou dénomination sociale et l'adresse du siège social, ainsi que la date d'arrivée de la demande, sont inscrits sur un registre spécial tenu au greffe de la cour d'appel.

Le greffier en chef demande le bulletin no 2 du casier judiciaire du candidat.

(Décr. no 2012-607 du 30 avr. 2012, art. 5-2o) « Le dossier est transmis au président de la commission qui désigne un rapporteur parmi les membres de celle-ci, ou en cas de besoin parmi les membres suppléants.

« La commission régionale examine la demande d'inscription dans un délai de trois mois à compter de la délivrance du récépissé attestant de la remise d'un dossier complet. Le défaut de réponse dans ce délai vaut rejet de la demande.

« L'intéressé est avisé par lettre simple de la date à laquelle sa demande sera examinée. » – *[Décr. no 69-810 du 12 août 1969, art. 9.]*

Art. R. 822-11 La demande d'inscription d'une société est en outre régie par les dispositions des articles R. 822-74 et suivants.

Art. R. 822-12 La commission vérifie si le candidat remplit les conditions requises pour être inscrit. Elle recueille sur le candidat tous renseignements utiles.

Elle peut convoquer le candidat et procéder à son audition. *(Décr. no 2012-607 du 30 avr. 2012, art. 6)* « Dès réception de la convocation devant la commission régionale d'inscription, le candidat peut prendre connaissance de son dossier auquel le rapport est joint. Il peut se faire assister par un commissaire aux comptes et un avocat. Le candidat et son avocat peuvent se faire délivrer copie de tout ou partie des pièces du dossier pour l'usage exclusif de la procédure. »

Lorsque, à la date de sa demande d'inscription, le candidat se trouve dans l'un des cas d'incompatibilité prévus à l'article L. 822-10, son inscription peut être décidée sous condition suspensive de régularisation de sa situation dans un délai de six mois. L'intéressé justifie auprès de la commission régionale d'inscription de la fin de cette incompatibilité. – *[Décr. no 69-810 du 12 août 1969, art. 10.]*

Art. R. 822-13 La commission ne peut siéger que si quatre de ses membres au moins sont présents. Elle décide, à la majorité, d'inscrire ou de ne pas inscrire le candidat. Si elle rejette la demande d'inscription, elle motive sa décision. En cas de partage, la voix du président est prépondérante. – *[Décr. no 69-810 du 12 août 1969, art. 11.]*

Art. R. 822-14 La formulation de la prestation de serment prévue à l'article L. 822-3 est la suivante :

"Je jure d'exercer ma profession avec honneur, probité et indépendance, de respecter et faire respecter les lois."

Le serment est prêté, par oral ou par écrit, devant le premier président de la cour d'appel dont relève le commissaire aux comptes. – *[Décr. no 69-810 du 12 août 1969, art. 12, al. 2 à 4.]*

Art. R. 822-15 *(Décr. no 2012-607 du 30 avr. 2012, art. 7)* « Chaque année, avant le 31 janvier, la commission se réunit aux fins de réviser la liste des commissaires aux comptes en fonction des inscriptions intervenues jusqu'au 31 décembre de l'année précédente et d'arrêter la nouvelle liste au 1er janvier. »

A l'occasion de la révision annuelle, elle récapitule les décisions d'inscription intervenues dans l'année, supprime le nom de ceux qui sont décédés, qui lui ont donné leur démission, qui ont été omis ou suspendus, qui ont fait l'objet d'une mesure de radiation ou d'une interdiction temporaire, ou qui ne remplissent plus les conditions légales ou réglementaires pour être maintenus sur la liste. — *[Décr. nº 69-810 du 12 août 1969, art. 13.]*

Art. R. 822-16 La liste est établie par ordre alphabétique avec indication, pour chaque commissaire aux comptes ou société de commissaires aux comptes, de l'année d'inscription initiale et du numéro d'inscription.

Elle est divisée en deux sections : la première pour les personnes physiques, la seconde pour les sociétés.

Sont mentionnés dans la première section :

a) Les nom, prénoms et numéro d'inscription de l'intéressé ;

b) Son adresse professionnelle et ses coordonnées téléphoniques ainsi, le cas échéant, que l'adresse de son site internet ;

c) Lorsque l'intéressé est associé ou salarié d'une personne morale ou exerce ses fonctions pour le compte d'une personne morale, la dénomination sociale, la forme juridique, l'adresse du siège social, le numéro d'inscription et, le cas échéant, l'adresse du site internet de celle-ci.

Sont mentionnés dans la seconde section :

a) La dénomination sociale, la forme juridique et le numéro d'inscription de la société ;

b) L'adresse du siège social et les coordonnées téléphoniques de la société ainsi, le cas échéant, que l'adresse de son site internet ;

c) Les noms et adresses professionnelles des associés ou actionnaires, des membres des organes de gestion, de direction, d'administration ou de surveillance de la société ;

d) Les noms et numéros d'inscription des commissaires aux comptes associés de la société ou salariés par elle, ainsi que la liste et l'adresse de ses établissements ;

e) Le cas échéant, l'appartenance de la société à un réseau national ou international dont les membres ont un intérêt économique commun, ainsi que les noms et adresses des cabinets membres de ce réseau et des personnes et entités qui lui sont affiliées, ou l'indication de l'endroit où ces informations sont accessibles au public.

Lorsque la personne inscrite dans l'une ou l'autre des deux sections est agréée dans un autre État membre de la Communauté européenne ou dans un pays tiers pour procéder au contrôle légal des comptes, la liste fait état de cette inscription en mentionnant, le cas échéant, le nom de l'autorité étrangère d'inscription et le numéro d'enregistrement attribué par cette dernière. — *[Décr. nº 69-810 du 12 août 1969, art. 13-1.]*

Art. R. 822-17 La liste mentionne le nom et l'adresse de la commission régionale d'inscription, chambre régionale de discipline, les coordonnées du magistrat chargé du ministère public mentionné à l'article R. 822-35, ainsi que les coordonnées du Haut Conseil du commissariat aux comptes. — *[Décr. nº 69-810 du 12 août 1969, art. 13-2.]*

Art. R. 822-18 Lors de leur demande d'inscription, les commissaires aux comptes ou sociétés de commissaires aux comptes communiquent à la commission, sous leur signature, l'ensemble des informations nécessaires à la constitution de la liste.

Ils informent sans délai la commission régionale d'inscription, leur compagnie régionale de rattachement et la Compagnie nationale, par lettre recommandée avec demande d'avis de réception, de tout changement intervenu dans leur situation au regard de ces informations. — *[Décr. nº 69-810 du 12 août 1969, art. 13-3.]*

Art. R. 822-19 La liste arrêtée annuellement, conformément aux articles R. 822-15, R. 822-16 et R. 822-17 par la commission est affichée, avant le 31 janvier de chaque année, dans les locaux du greffe de la cour d'appel, par le greffier en chef.

Dans le même délai, le greffier en chef adresse copie de la liste au greffier de chaque tribunal de grande instance ou tribunal de commerce et au président de chaque *(Ord. n° 2010-1463 du 1er déc. 2010, art. 87-1°)* « chambre de commerce et d'industrie territoriale » du ressort de la cour d'appel, aux fins d'affichage dans les locaux du greffe et de la chambre ainsi qu'au président de la Compagnie nationale et de la compagnie régionale des commissaires aux comptes. Copie de la liste est également immédiatement adressée au Haut Conseil du commissariat aux comptes. Les modifications faites en application du deuxième alinéa de l'article R. 822-18 sont communiquées sans délai au Haut Conseil du commissariat aux comptes, ainsi qu'à la Compagnie nationale des commissaires aux comptes et à la compagnie régionale intéressée.

La Compagnie nationale des commissaires aux comptes publie au plus tard le 1er mars de chaque année l'annuaire national des commissaires aux comptes. Cet annuaire reproduit par compagnies régionales les listes établies conformément aux dispositions des articles R. 822-15, R. 822-16 et R. 822-17. La Compagnie nationale assure sans délai la mise à jour et la publication de ces informations par voie électronique. – *[Décr. n° 69-810 du 12 août 1969, art. 14.]*

Art. R. 822-20 *(Décr. n° 2012-607 du 30 avr. 2012, art. 8-1°)* « Si un commissaire aux comptes transfère son domicile ou si l'établissement dans lequel il exerce son activité est transféré hors du ressort de la cour d'appel sur la liste de laquelle il est inscrit, il demande sans délai son inscription sur la liste du ressort dans lequel est situé son nouveau domicile ou son nouvel établissement.

« Son dossier est transmis à la demande de la commission régionale d'inscription désormais compétente par la commission régionale d'inscription d'origine. »

Seules les pièces justificatives relatives aux modifications intervenues depuis la dernière inscription sont exigées.

(Décr. n° 2012-607 du 30 avr. 2012, art. 8-2°) « La nouvelle demande d'inscription est reçue et examinée dans les conditions prévues par l'article R. 822-10. »

La décision d'inscription du commissaire aux comptes sur la liste du ressort dans lequel est situé son nouveau domicile *(Décr. n° 2012-607 du 30 avr. 2012, art. 8-3°)* « ou son nouvel établissement » est notifiée par le greffe de la cour d'appel au greffe de l'ancienne, qui procède à la radiation. – *[Décr. n° 69-810 du 12 août 1969, art. 14-1.]*

Art. R. 822-21 La personne qui change de ressort de cour d'appel conserve le bénéfice de la date de son inscription initiale. – *[Décr. n° 69-810 du 12 août 1969, art. 14-2.]*

Art. R. 822-21-1 *(Décr. n° 2008-1487 du 30 déc. 2008)* Les commissaires aux comptes et sociétés de commissaires aux comptes mentionnés au premier alinéa de l'article L. 822-1-3 sont inscrits par la commission régionale d'inscription de la cour d'appel de Paris dans une section de la liste reprenant les informations mentionnées à l'article R. 822-16.

Ils déposent à cette fin une demande d'inscription au greffe de ladite cour d'appel, avec un dossier comprenant les pièces justificatives de leur agrément par les autorités compétentes de leur État d'origine. *(Décr. n° 2012-607 du 30 avr. 2012, art. 9)* « Ils justifient également de la publication sur leur site internet du rapport annuel de transparence incluant les informations visées à l'article R. 823-21. »

Les dispositions des deuxième et troisième paragraphes de la présente sous-section s'appliquent.

Pour l'application du *b* de l'article L. 822-1-3, le garde des sceaux, ministre de la justice, notifie à la Commission européenne les éléments sur lesquels repose son évaluation ainsi que les conventions passées, le cas échéant, en application de l'article L. 821-5-1.

• § 3 DES RECOURS CONTRE LES DÉCISIONS DE LA COMMISSION RÉGIONALE D'INSCRIPTION

Art. R. 822-22 Dans le délai d'un mois, toute décision est notifiée par le greffier en chef, contre émargement ou récépissé, au procureur général près la cour d'appel et par lettre recommandée avec demande d'avis de réception au président du conseil régional et à l'intéressé *(Décr. nº 2012-607 du 30 avr. 2012, art. 10)* « ainsi que, le cas échéant, par lettre simple à l'avocat de l'intéressé ». La lettre de notification fait mention du délai de recours prévu à l'article R. 822-24 et des modalités selon lesquelles ce recours peut être exercé. – *[Décr. nº 69-810 du 12 août 1969, art. 12, al. 1er.]*

Art. R. 822-23 Les décisions de la commission régionale peuvent être déférées au Haut Conseil du commissariat aux comptes, dans les conditions prévues à l'article R. 822-24. – *[Décr. nº 69-810 du 12 août 1969, art. 15.]*

Art. R. 822-24 Le recours devant le Haut Conseil du commissariat aux comptes est ouvert dans le délai d'un mois à compter de la notification effectuée conformément à l'article R. 822-22 :

1° Au procureur général près la cour d'appel, contre toute décision de la commission régionale ;

2° Au candidat, contre la décision rejetant sa demande d'inscription ;

3° Au président du conseil régional, sur décision du bureau, contre toute décision d'inscription d'un candidat sur la liste.

(Décr. nº 2012-607 du 30 avr. 2012, art. 11) « En cas de décision implicite de rejet prévue à l'article R. 822-10, le candidat dispose d'un délai de recours d'un mois à compter du jour de l'expiration de la période mentionnée au septième alinéa de cet article. Néanmoins, lorsqu'une décision explicite de rejet intervient dans ce délai d'un mois, elle fait à nouveau courir le délai de recours. »

En outre, le recours au Haut Conseil du commissariat aux comptes est ouvert avant le 15 mars au procureur général, aux présidents du Conseil national et du conseil régional ou à tout intéressé contre les décisions prises par la commission régionale à l'occasion de la révision annuelle de la liste. – *[Décr. nº 69-810 du 12 août 1969, art. 18.]*

Art. R. 822-25 Dans le délai de huit jours à compter de sa réception, le secrétaire du Haut Conseil du commissariat aux comptes notifie à l'intéressé par lettre recommandée avec demande d'avis de réception le recours formé par le procureur général.

La même notification est faite en cas de recours formé par le conseil régional qui dispose alors d'un délai de quinze jours pour prendre connaissance, au greffe de la cour d'appel, du dossier au vu duquel a été prise la décision attaquée et pour présenter des observations complémentaires dont l'intéressé est avisé. – *[Décr. nº 69-810 du 12 août 1969, art. 19.]*

Art. R. 822-26 Toute personne qui forme recours au Haut Conseil du commissariat aux comptes contre sa radiation de la liste ou contre le rejet de sa demande d'inscription, ou toute personne contre l'inscription de laquelle recours est formé au Haut Conseil, dispose d'un délai de quinze jours pour prendre connaissance au greffe de la cour d'appel du recours formé contre elle, des observations complémentaires éventuellement formulées en vertu de l'article R. 822-25 ainsi que des pièces du dossier au vu duquel a été prise la décision attaquée et pour adresser au secrétariat du Haut Conseil ses observations. – *[Décr. n° 69-810 du 12 août 1969, art. 20.]*

Art. R. 822-27 En cas de recours formé contre une décision d'une commission régionale, le président de cette commission est avisé par le secrétaire du Haut Conseil du commissariat aux comptes. – *[Décr. n° 69-810 du 12 août 1969, art. 21.]*

Art. R. 822-28 Dans le délai de huit jours qui suit l'expiration du délai prévu par l'article R. 822-26, le greffier en chef de la cour d'appel transmet au secrétaire du Haut Conseil du commissariat aux comptes les pièces du dossier au vu duquel a été prise la décision qui fait l'objet du recours. – *[Décr. n° 69-810 du 12 août 1969, art. 22.]*

Art. R. 822-29 Le Haut Conseil statue sur les questions qui ont été soumises à la commission régionale.

(Décr. n° 2012-607 du 30 avr. 2012, art. 12) « L'intéressé est avisé par lettre simple de la date à laquelle son affaire sera examinée.

« Le Haut Conseil peut convoquer le candidat et procéder à son audition. Dès réception de la convocation devant le Haut Conseil, le candidat peut prendre connaissance de son dossier. Ce dernier peut se faire assister d'un commissaire aux comptes et d'un avocat. Le candidat et son avocat peuvent se faire délivrer copie de tout ou partie des pièces du dossier pour l'usage exclusif de la procédure. » – *[Décr. n° 69-810 du 12 août 1969, art. 23.]*

Art. R. 822-30 Le secrétaire du Haut Conseil notifie la décision de ce dernier, par lettre simple au président de la commission régionale *(Décr. n° 2012-607 du 30 avr. 2012, art. 13)* « et, le cas échéant, à l'avocat de l'intéressé ». Il la notifie contre émargement ou récépissé au garde des sceaux, ministre de la justice, et le cas échéant au procureur général qui a formé le recours.

Il notifie la décision à toute autre personne directement intéressée, par lettre recommandée avec demande d'avis de réception. – *[Décr. n° 69-810 du 12 août 1969, art. 24.]*

Art. R. 822-31 Le garde des sceaux, ministre de la justice, et les personnes mentionnées à l'article R. 822-24 peuvent former un recours devant le Conseil d'État contre les décisions du Haut Conseil. – *[Décr. n° 69-810 du 12 août 1969, art. 24-1.]*

SOUS-SECTION 2 DE LA DISCIPLINE

§ 1er DISPOSITIONS GÉNÉRALES

Art. R. 822-32 Toute infraction aux lois, règlements et normes d'exercice professionnel homologuées par arrêté du garde des sceaux, ministre de la justice ainsi qu'au code de déontologie de la profession et aux bonnes pratiques identifiées par le Haut Conseil du commissariat aux comptes, toute négligence grave, tout fait contraire à la probité, à l'honneur ou à l'indépendance commis par un commissaire aux comptes, personne physique ou société, même ne se rattachant pas à l'exercice de la profession, constitue une faute disciplinaire passible de l'une des sanctions disciplinaires énoncées à l'article L. 822-8. – *[Décr. n° 69-810 du 12 août 1969, art. 88.]*

Art. R. 822-33 Les sociétés de commissaires aux comptes sont passibles des sanctions disciplinaires dans les conditions prévues à la sous-section relative aux dispo-

sitions communes à toutes les sociétés de commissaires aux comptes. – *[Décr. nº 69-810 du 12 août 1969, art. 90.]*

Art. R. 822-34 La démission du commissaire aux comptes ne fait pas obstacle à ce que l'action disciplinaire soit exercée pour des faits commis pendant l'exercice des fonctions. – *[Décr. nº 69-810 du 12 août 1969, art. 92, al. 5.]*

• § 2 DES JURIDICTIONS ET PROCÉDURES DISCIPLINAIRES

Art. R. 822-35 La chambre de discipline mentionnée à l'article L. 822-6 ne peut statuer que si cinq au moins de ses membres sont présents.

Le magistrat chargé du ministère public devant la chambre régionale de discipline est choisi parmi les magistrats appartenant au parquet général ou à l'un des parquets du ressort de la cour d'appel. Il est nommé par le garde des sceaux, ministre de la justice, sur proposition du procureur général. Un suppléant est nommé dans les mêmes conditions.

Un syndic et un syndic suppléant sont élus par le conseil régional en son sein dans les conditions prévues à la section II du chapitre Ier du titre Ier du présent livre pour une durée de deux ans. Dans les compagnies régionales de plus de mille membres inscrits peuvent être élus deux syndics titulaires et deux suppléants.

Le greffier en chef de la cour d'appel ou un greffier délégué par lui assure le secrétariat de la chambre régionale de discipline. – *[Décr. nº 69-810 du 12 août 1969, art. 91.]*

Art. R. 822-36 Les plaintes dirigées contre un commissaire aux comptes sont reçues par le procureur général près la cour d'appel ou le conseil régional et transmises au magistrat chargé du ministère public auprès de la chambre régionale de discipline.

A la demande du magistrat chargé du ministère public, le syndic réunit, dans le délai de deux mois, les éléments d'information utiles, et transmet, avec ses observations, le dossier au magistrat chargé du ministère public. Celui-ci peut demander au syndic de lui communiquer le dossier ou de procéder à des mesures d'information complémentaires.

Le procureur général peut également transmettre au magistrat chargé du ministère public auprès de la chambre régionale de discipline tout élément de nature à motiver une action disciplinaire. – *[Décr. nº 69-810 du 12 août 1969, art. 92, al. 1er.]*

Art. R. 822-37 Le syndic ainsi que le magistrat chargé du ministère public peuvent requérir du commissaire aux comptes, de la personne auprès de laquelle celui-ci exerce sa mission ou de toute autre personne les explications et justifications nécessaires à l'information de la chambre.

Si le magistrat chargé du ministère public estime que les faits constituent une faute disciplinaire, il saisit la chambre régionale de discipline.

Si les faits concernent un commissaire aux comptes *(Décr. nº 2012-607 du 30 avr. 2012, art. 17)* **« inscrit » dans le ressort d'une autre compagnie régionale, le magistrat chargé du ministère public, après réunion des éléments d'information, transmet le dossier au magistrat chargé du ministère public auprès de la chambre régionale compétente. Ce dernier demande au syndic de procéder à une information complémentaire.** – *[Décr. nº 69-810 du 12 août 1969, art. 92, al. 2 à 4.]*

Art. R. 822-38 Le magistrat chargé du ministère public, sauf lorsqu'il est saisi dans les conditions prévues au premier alinéa de l'article L. 822-7 par le garde des sceaux, ministre de la justice, le procureur de la République, le président de la com-

pagnie régionale ou le président de la Compagnie nationale peut classer la plainte lorsqu'il estime que les faits dénoncés ne constituent pas une faute disciplinaire.

La décision de classement est portée, par le secrétaire de la chambre régionale de discipline, à la connaissance de l'auteur de la plainte, du commissaire aux comptes intéressé, du procureur général près la cour d'appel ainsi que des présidents de la compagnie régionale et de la Compagnie nationale.

Lorsqu'il est fait application du deuxième alinéa de l'article L. 822-7, le procureur général transmet la plainte du président de l'Autorité des marchés financiers au magistrat chargé du ministère public aux fins d'exercice de l'action disciplinaire. – *[Décr. nº 69-810 du 12 août 1969, art. 93.]*

Art. R. 822-39 Lorsque plusieurs chambres régionales de discipline se trouvent saisies des mêmes faits ou de faits connexes, le magistrat chargé du ministère public peut requérir l'une des chambres de se dessaisir au profit de l'autre.

En cas de désaccord entre les chambres intéressées, la question de compétence peut être portée devant le Haut Conseil du commissariat aux comptes, lequel, saisi par requête du ministère public, désigne la chambre de discipline devant laquelle les faits sont portés. – *[Décr. nº 69-810 du 12 août 1969, art. 94.]*

Art. R. 822-40 Le commissaire aux comptes poursuivi disciplinairement est cité à comparaître devant la chambre régionale de discipline par le magistrat chargé du ministère public, quinze jours au moins avant l'audience, par lettre recommandée avec demande d'avis de réception.

La citation précise, à peine de nullité, les faits qui la motivent. Elle est portée à la connaissance de l'auteur de la plainte *(Décr. nº 2012-607 du 30 avr. 2012, art. 18)* « par lettre simple, qui mentionne son droit d'être entendu ». – *[Décr. nº 69-810 du 12 août 1969, art. 95.]*

Art. R. 822-41 Dès réception de la citation à comparaître devant la chambre régionale de discipline, le commissaire aux comptes peut prendre connaissance de son dossier. Il peut, à cet effet, se faire assister par un commissaire aux comptes et un avocat *(Décr. nº 2012-607 du 30 avr. 2012, art. 19)* « ou représenter par un avocat.

« Le commissaire aux comptes poursuivi et, le cas échéant, l'avocat qui l'assiste ou le représente peuvent se faire délivrer copie de tout ou partie des pièces du dossier pour l'usage exclusif de la procédure disciplinaire. » – *[Décr. nº 69-810 du 12 août 1969, art. 96.]*

Art. R. 822-42 Dès réception du dossier, le président de la chambre régionale de discipline désigne, parmi les membres de la chambre, un rapporteur chargé d'exposer oralement les éléments de l'affaire, au début de l'audience. – *[Décr. nº 69-810 du 12 août 1969, art. 97.]*

Art. R. 822-43 Les débats devant la chambre sont publics. Toutefois, la chambre peut décider que les débats ne seront pas publics si le commissaire aux comptes poursuivi en fait expressément la demande ou s'il doit résulter de leur publicité une atteinte à l'ordre public, à un secret protégé par la loi ou au secret des affaires.

(Décr. nº 2012-607 du 30 avr. 2012, art. 20-1º) « Si le commissaire aux comptes *dûment convoqué* ne comparaît pas, la chambre peut prendre une décision en son absence. Toutefois, si elle estime nécessaire sa comparution personnelle, elle peut renvoyer l'affaire à une audience ultérieure en demandant au magistrat chargé du ministère public de procéder à une nouvelle citation. »

La chambre entend l'auteur de la plainte, si ce dernier en fait la demande. Elle peut entendre tous autres témoins et faire procéder à toutes investigations qu'elle estime utiles, au besoin par la désignation d'un ou plusieurs experts dont la rémunération est à la charge de la compagnie régionale.

Le magistrat chargé du ministère public dépose des conclusions écrites et peut présenter des observations orales ; le commissaire aux comptes peut présenter des observations écrites et orales et se faire assister d'un commissaire aux comptes et d'un avocat *(Décr. n° 2012-607 du 30 avr. 2012, art. 20-2°)* « ou représenter par un avocat ».

Dans tous les cas, le procureur général près la cour d'appel peut adresser un mémoire à la chambre régionale de discipline.

La chambre régionale entend le syndic, à la demande de ce dernier, du commissaire aux comptes poursuivi ou d'office.

Il est dressé procès-verbal des débats par le greffier en chef de la cour d'appel ou son délégué. – *[Décr. n° 69-810 du 12 août 1969, art. 98.]*

Art. R. 822-44 La décision de la chambre régionale est prise à la majorité de ses membres. En cas de partage égal des voix, celle du président est prépondérante.

La décision de la chambre régionale est motivée. *(Décr. n° 2012-607 du 30 avr. 2012, art. 21-1°)* « Elle est prononcée en audience publique ou mise à disposition du public au secrétariat. ».

Le secrétaire la notifie à l'intéressé, au président de la compagnie nationale et au président de la compagnie régionale, par lettre recommandée avec demande d'avis de réception. Il notifie en outre cette décision *(Décr. n° 2012-607 du 30 avr. 2012, art. 21-2°)* « au garde des sceaux, ministre de la justice, au procureur général, au magistrat chargé du ministère public et au commissaire du Gouvernement auprès de la chambre nationale de discipline du Conseil supérieur de l'ordre des experts-comptables, lorsque l'intéressé est également inscrit au tableau de l'ordre des experts-comptables, » contre émargement ou récépissé.

La lettre de notification fait mention du délai de l'appel prévu à l'article R. 822-46 et des modalités selon lesquelles l'appel peut être exercé.

(Décr. n° 2012-607 du 30 avr. 2012, art. 21-3°) « L'auteur de la plainte ainsi que, le cas échéant, l'avocat du commissaire au compte reçoivent une copie de la décision par lettre simple. »

Les diligences incombant au secrétaire de la chambre régionale sont accomplies dans le délai d'un mois à compter du prononcé de la décision. – *[Décr. n° 69-810 du 12 août 1969, art. 99.]*

Art. R. 822-45 Le magistrat chargé du ministère public devant le Haut Conseil du commissariat aux comptes statuant en matière disciplinaire et son suppléant sont nommés par le garde des sceaux, ministre de la justice, parmi les avocats généraux près la Cour de cassation, sur proposition du procureur général.

Lorsqu'il siège en matière disciplinaire, le Haut Conseil du commissariat aux comptes est assisté des rapporteurs mentionnés à l'article R. 821-2. Son secrétariat est assuré par l'un des secrétaires mentionnés au même article. – *[Décr. n° 69-810 du 12 août 1969, art. 100.]*

Art. R. 822-46 L'appel contre la décision de la chambre régionale de discipline peut être formé, devant le Haut Conseil du commissariat aux comptes, dans le délai d'un mois à compter de la notification qui leur est faite, par l'une des personnes mentionnées à l'article R. 822-44 et par le président de l'Autorité des marchés financiers lorsqu'il est à l'origine de la poursuite. – *[Décr. n° 69-810 du 12 août 1969, art. 101.]*

Art. R. 822-47 L'appel est formé par lettre recommandée avec demande d'avis de réception adressée au secrétaire du Haut Conseil du commissariat aux comptes.

Le secrétaire notifie cet appel aux autres parties à l'instance, ainsi qu'au procureur général, au garde des sceaux, ministre de la justice, au président de la compagnie nationale et au président de la compagnie régionale, lorsqu'ils ne sont pas auteurs de l'appel.

Cette notification est faite par lettre recommandée avec demande d'avis de réception au commissaire aux comptes, au président de la compagnie nationale et au président de la compagnie régionale et contre émargement ou récépissé au garde des sceaux, ministre de la justice, au procureur général et au magistrat chargé du ministère public.

La notification ouvre un délai de dix jours pour interjeter appel incident.

L'appel est suspensif. – *[Décr. n° 69-810 du 12 août 1969, art. 103.]*

(Décr. n° 2012-607 du 30 avr. 2012, art. 22) « Les pièces de la procédure sont adressées sans délai au secrétaire du Haut Conseil par le secrétaire de la chambre régionale de discipline. »

Art. R. 822-48 Le commissaire aux comptes est cité à comparaître devant le Haut Conseil du commissariat aux comptes par le magistrat chargé du ministère public auprès de ce Haut Conseil, quinze jours au moins avant l'audience, par lettre recommandée avec demande d'avis de réception. *(Décr. n° 2012-607 du 30 avr. 2012, art. 23)* « Le cas échéant, l'avocat et le commissaire aux comptes qui l'assiste ou l'avocat qui le représente sont avisés de la date d'audience par le secrétaire du Haut Conseil du commissariat aux comptes par lettre simple.

« L'auteur de la plainte est avisé, par lettre simple, de la date d'audience et de son droit d'être entendu par le Haut Conseil. »

L'affaire est dévolue pour le tout au Haut Conseil, à moins que l'appel soit limité à certains chefs.

Le commissaire aux comptes bénéficie des dispositions de l'article R. 822-41.

Le rapporteur expose au Haut Conseil les éléments de l'affaire. – *[Décr. n° 69-810 du 12 août 1969, art. 104, al. 1er à 4.]*

Art. R. 822-49 Les débats devant le Haut Conseil sont publics. Toutefois, le Haut Conseil peut décider que les débats ne seront pas publics si le commissaire aux comptes poursuivi en fait expressément la demande ou s'il doit résulter de la publicité une atteinte à l'ordre public, à un secret protégé par la loi ou au secret des affaires.

Le Haut Conseil entend l'auteur de la plainte, si ce dernier en fait la demande. Il peut entendre tous autres témoins et faire procéder à toutes investigations qu'il estime utiles, au besoin par la désignation d'un ou plusieurs experts.

Le magistrat chargé du ministère public dépose des conclusions écrites et peut présenter des observations orales. Le commissaire aux comptes peut présenter des observations écrites et orales et se faire assister d'un commissaire aux comptes et d'un avocat *(Décr. n° 2012-607 du 30 avr. 2012, art. 24)* « ou représenter par un avocat.

« Si le commissaire aux comptes dûment convoqué ne comparaît pas, le Haut Conseil peut prendre une décision en son absence. Toutefois, si le Haut Conseil estime nécessaire sa comparution personnelle, il peut renvoyer l'affaire à une audience ultérieure en demandant au magistrat chargé du ministère public de procéder à une nouvelle citation. »

Il est dressé procès-verbal des débats par le secrétaire mentionné à l'article R. 821-2. – *[Décr. n° 69-810 du 12 août 1969, art. 104-1.]*

Art. R. 822-50 *(Décr. n° 2012-607 du 30 avr. 2012, art. 25-1°)* « La décision du Haut Conseil du commissariat aux comptes est motivée. Elle est prononcée en audience publique ou mise à disposition du public au secrétariat. Elle est notifiée par le secrétaire à l'intéressé, au garde des sceaux, ministre de la justice, au procu-

reur général, au magistrat chargé du ministère public, au président de la Compagnie nationale, au président de la compagnie régionale, au président de l'Autorité des marchés financiers lorsqu'il est à l'origine des poursuites, et au commissaire du Gouvernement auprès de la chambre nationale de discipline de l'ordre des experts-comptables, lorsque l'intéressé est également inscrit au tableau de l'ordre des experts-comptables. »

Cette notification est faite dans les conditions prévues à l'article R. 822-44.

(Décr. nº 2012-607 du 30 avr. 2012, art. 25-2º) **« L'auteur de la plainte et, le cas échéant, les avocats des parties reçoivent copie de la décision par lettre simple. »** – *[Décr. nº 69-810 du 12 août 1969, art. 104, al. 5 et art. 105.]*

Art. R. 822-51 **Les décisions rendues par le Haut Conseil sont susceptibles d'un pourvoi en cassation devant le Conseil d'État, dans les conditions fixées par les articles R. 821-1 et suivants du code de justice administrative, à l'initiative de l'intéressé, du garde des sceaux, ministre de la justice, ou du magistrat chargé du ministère public.** – *[Décr. nº 69-810 du 12 août 1969, art. 105-1.]*

• § 3 DE L'EXÉCUTION DES SANCTIONS DISCIPLINAIRES

Art. R. 822-52 **Un répertoire des professionnels inscrits ou ayant cessé provisoirement d'être inscrits sur la liste en application des articles R. 822-63 et suivants et ayant fait l'objet de sanctions disciplinaires, avec l'indication de ces sanctions, est tenu par le conseil national.**

(Décr. nº 2012-607 du 30 avr. 2012, art. 26) **« Ce répertoire est mis à jour mensuellement. Il est transmis au Haut Conseil au plus tard le 1er février de chaque année. »** – *[Décr. nº 69-810 du 12 août 1969, art. 106.]*

Art. R. 822-53 **Les décisions des chambres régionales de discipline sont exécutoires après l'expiration des délais d'appel.**

Les décisions du Haut Conseil du commissariat aux comptes sont exécutoires à compter de leur notification au commissaire aux comptes. – *[Décr nº 69-810 du 12 août 1969, art. 107.]*

Art. R. 822-54 **Les commissaires aux comptes omis, temporairement interdits ou radiés doivent restituer aux sociétés qu'ils contrôlaient les documents qu'ils détiennent pour le compte de ces sociétés ainsi que les sommes déjà perçues qui ne correspondent pas au remboursement de frais engagés ou à un travail effectivement accompli.** – *[Décr. nº 69-810 du 12 août 1969, art. 109.]*

Art. R. 822-55 **Lorsque les décisions prononçant l'interdiction temporaire ou la radiation de la liste sont exécutoires au sens de l'article R. 822-53, le dispositif de ces décisions est publié, à la diligence du secrétaire de la chambre régionale ou du Haut Conseil du commissariat aux comptes, au *Bulletin officiel des annonces civiles et commerciales*.**

Le cas échéant, le secrétaire de la chambre régionale ou du Haut Conseil communique la décision aux autorités compétentes des autres États membres de la Communauté européenne auprès desquelles le commissaire aux comptes frappé d'interdiction temporaire ou de radiation est inscrit. – *[Décr. nº 69-810 du 12 août 1969, art. 110.]*

Art. R. 822-56 **L'interdiction temporaire et la radiation emportent, pendant la durée de la sanction dans le premier cas, à titre définitif dans le second cas, interdiction d'exercer la profession de commissaire aux comptes.**

La personne interdite temporairement ou radiée ne peut faire état de la qualité de commissaire aux comptes.

L'omission emporte interdiction d'exercer la profession et de faire état de la qualité de commissaire aux comptes. – *[Décr. n° 69-810 du 12 août 1969, art. 111.]*

Art. R. 822-57 Lorsque le garde des sceaux, ministre de la justice, envisage de procéder à la suspension provisoire d'un commissaire aux comptes en application de l'article L. 821-10, l'intéressé en est avisé par lettre recommandée avec demande d'avis de réception. Il est invité à présenter ses observations au garde des sceaux, ministre de la justice, ou à son représentant dans un délai de huit jours. En cas d'urgence, ce délai est ramené à soixante-douze heures.

Lorsque la suspension provisoire est suivie d'une sanction disciplinaire, la durée de la suspension est imputée sur la durée de l'interdiction temporaire éventuellement prononcée. – *[Décr. n° 69-810 du 12 août 1969, art. 112.]*

Art. R. 822-58 En cas de radiation, d'omission, de suspension provisoire ou d'interdiction temporaire le président de la compagnie régionale informe aussitôt de cette mesure les personnes auprès desquelles le commissaire aux comptes exerçait ses fonctions.

Le commissaire aux comptes interdit temporairement ne peut participer à l'activité des organismes professionnels dont il est membre.

L'interdiction temporaire est un des cas d'empêchement pour l'application de l'article L. 823-1. – *[Décr. n° 69-810 du 12 août 1969, art. 113.]*

Art. R. 822-59 L'action disciplinaire se prescrit par dix ans. – *[Décr. n° 69-810 du 12 août 1969, art. 115.]*

SECTION II DE LA DÉONTOLOGIE ET DE L'INDÉPENDANCE DES COMMISSAIRES AUX COMPTES

Art. R. 822-60 Le code de déontologie de la profession de commissaire aux comptes est annexé au présent livre. – *[Décr. n° 2005-1412 du 16 nov. 2005, art. 1er.] – V. Annexe 8-1.*

Art. R. 822-61 Tout commissaire aux comptes a l'obligation de suivre une formation professionnelle et d'en rendre compte à la compagnie régionale dont il est membre.

La nature et la durée des activités susceptibles d'être validées au titre de cette obligation de formation, ainsi que les modalités du contrôle de son suivi sont déterminés par arrêté du garde des sceaux, ministre de la justice, sur proposition de la compagnie nationale. Le conseil régional rend compte à cette dernière de la mise en œuvre de cette formation. – *[Décr. n° 69-810 du 12 août 1969, art. 67.] – V. art. A. 822-28-1 s.*

Art. R. 822-61-1 *(Décr. n° 2013-192 du 5 mars 2013, art. 9, en vigueur le 1er juill. 2013)* La formation continue particulière prévue à l'article L. 822-4 est de quarante heures. Elle doit être accomplie, par sessions continues ou discontinues, dans les dix-huit mois qui précèdent l'acceptation d'une mission et assure l'actualisation des connaissances et des compétences du commissaire aux comptes concerné.

L'obligation de formation continue particulière est satisfaite par :

1° La participation obligatoire, à raison de vingt heures, au programme spécifique mis en œuvre par la compagnie nationale et les compagnies régionales des commissaires aux comptes ; et

2° La participation volontaire, pour un minimum de vingt heures, à des séminaires de formation, des programmes d'autoformation encadrée ou des formations ou enseignements à distance, selon des modalités définies par arrêté du garde des sceaux, ministre de la justice.

Le programme de formation continue particulière mentionné au 1° et ses modalités de mise en œuvre sont fixés par la compagnie nationale des commissaires aux comptes.

Les heures de formation continue particulière suivies au titre du présent article sont éligibles à l'obligation de formation continue prévue par l'article R. 822-61.

Art. R. 822-61-2 *(Décr. n° 2013-192 du 5 mars 2013, art. 9, en vigueur le 1er juill. 2013)* Les commissaires aux comptes qui n'ont pas exercé de mission pendant trois années consécutives déclarent à la compagnie régionale des commissaires aux comptes dont ils relèvent, préalablement à l'acceptation d'une nouvelle mission, les conditions dans lesquelles ils ont satisfait à l'obligation de formation continue particulière mentionnée à l'article L. 822-4.

Ils conservent pendant dix ans à compter de l'acceptation de la nouvelle mission les justificatifs relatifs au respect de cette obligation.

Les compagnies régionales des commissaires aux comptes rendent annuellement compte à la Compagnie nationale du respect par les commissaires aux comptes de leur ressort de leur obligation déclarative.

Art. R. 822-62 Les personnes physiques membres de la compagnie qui exercent la profession à titre individuel doivent agir sous leur nom de famille, à l'exclusion de tout pseudonyme ou titre impersonnel. *– [Décr. n° 69-810 du 12 août 1969, art. 73.]*

Art. R. 822-63 Tout membre d'un conseil régional ou du conseil national qui, sans motif valable, refuse ou s'abstient de remplir les obligations ou d'effectuer les travaux que nécessite le fonctionnement normal du conseil ou de la compagnie, est réputé démissionnaire du conseil dont il est membre, sans préjudice de l'action disciplinaire dont il peut être l'objet pour le même motif. *– [Décr. n° 69-810 du 12 août 1969, art. 76, al. 1er.]*

Al. 2 abrogé par Décr. n° 2010-1270 du 25 oct. 2010, art. 7.

Art. R. 822-64 *(Décr. n° 2010-1270 du 25 oct. 2010, art. 8)* Lorsqu'un membre de la compagnie n'a pas payé à leur échéance les cotisations, droits et contributions dont il est redevable, le conseil régional met en demeure l'intéressé d'avoir à respecter ses obligations dans un délai de trente jours à compter de la réception de l'acte.

(Décr. n° 2012-607 du 30 avr. 2012, art. 27) « Faute de régularisation dans ce délai, il saisit la commission régionale d'inscription. Cette dernière convoque le commissaire aux comptes par lettre recommandée avec demande d'avis de réception et l'entend dans un délai de deux mois. L'intéressé peut se faire assister par un commissaire aux comptes et un avocat ou représenter par un avocat. »

En l'absence de motif légitime, la commission procède à son omission.

Les décisions en matière d'omission sont prises dans les mêmes formes et donnent lieu aux mêmes recours qu'en matière d'inscription.

La réitération de ce comportement constitue un manquement passible de poursuites disciplinaires.

Art. R. 822-65 Tout membre de la compagnie peut demander à cesser d'en faire partie provisoirement.

La demande, adressée au conseil régional par lettre recommandée avec demande d'avis de réception, doit être motivée et indiquer notamment la nouvelle activité que l'intéressé se propose d'exercer ainsi que la date à laquelle il souhaite se retirer provisoirement de la compagnie.

Le conseil régional transmet la demande à la commission d'inscription, qui statue selon la procédure prévue au *[à]* la section I du chapitre II du présent titre.

L'intéressé a la faculté d'entreprendre sa nouvelle activité, même si la décision de la commission d'inscription n'est pas encore intervenue, à la condition d'en informer le conseil régional dans les conditions prévues au deuxième alinéa, au moins huit jours à l'avance, d'être à jour de ses cotisations professionnelles et de cesser préalablement son activité de commissaire aux comptes. – *[Décr. n° 69-810 du 12 août 1969, art. 78.]*

Art. R. 822-66 La commission régionale fait droit à la demande, en omettant l'intéressé de la liste, s'il apparaît que sa nouvelle activité ou son comportement n'est pas de nature à porter atteinte aux intérêts moraux de la compagnie.

A compter de la notification de la décision prononçant l'omission de la liste, l'intéressé n'est plus membre de la compagnie. Il ne peut exercer en son nom et sous sa responsabilité la profession de commissaire aux comptes ni faire usage de ce titre. Toutefois, la décision n'a pas pour effet d'éteindre l'action disciplinaire en raison de faits commis antérieurement.

Le règlement intérieur de la compagnie détermine les conditions dans lesquelles il peut continuer, sur sa demande, à bénéficier des avantages réservés aux membres de la compagnie. – *[Décr. n° 69-810 du 12 août 1969, art. 79.]*

Art. R. 822-67 Le commissaire aux comptes omis de la liste en application des articles R. 822-63, R. 822-64 et R. 822-66 peut demander sa réinscription selon la procédure prévue à la section I du chapitre II du présent titre, à condition d'être à jour de ses cotisations à la date de son omission. Les conditions d'aptitude professionnelle s'apprécient conformément aux dispositions en vigueur au jour de sa première inscription. – *[Décr. n° 69-810 du 12 août 1969, art. 80.]*

Art. R. 822-68 Le titre de commissaire aux comptes honoraire peut être conféré par le conseil régional aux membres de la compagnie dont la démission a été acceptée, qui ont été inscrits sur la liste pendant vingt ans au moins et qui ont eu pendant la durée de leur inscription une activité professionnelle jugée suffisante.

Les commissaires aux comptes honoraires restent soumis à la juridiction disciplinaire.

Leurs droits et leurs devoirs sont déterminés par le code de déontologie. – *[Décr. n° 69-810 du 12 août 1969, art. 81.]*

Art. R. 822-69 L'activité de commissaire aux comptes exercée à titre individuel dans les conditions prévues par le présent titre entraîne l'affiliation de celui qui l'exerce à l'organisation autonome d'allocations vieillesse des professions libérales instituées par l'article L. 621-3 du code de la sécurité sociale. – *[Décr. n° 69-810 du 12 août 1969, art. 83.]*

● SECTION III DE LA RESPONSABILITÉ CIVILE

Art. R. 822-70 Pour être membre de la compagnie tout commissaire aux comptes doit être couvert par une assurance garantissant la responsabilité prévue à l'article L. 822-17, dans les limites et conditions fixées par arrêté conjoint du garde des sceaux, ministre de la justice, et du ministre de l'économie et des finances. – *[Décr. n° 69-810 du 12 août 1969, art. 84.]* – *V. art. A. 822-29 s.*

Art. R. 822-71 L'obligation d'assurance prévue à l'article R. 822-70 est applicable aux sociétés de commissaires aux comptes dans les conditions prévues à l'article R. 822-98.

SECTION IV DES SOCIÉTÉS DE COMMISSAIRES AUX COMPTES

SOUS-SECTION 1 DISPOSITIONS COMMUNES AUX DIVERSES SOCIÉTÉS

§ 1er DE LA CONSTITUTION, DE L'INSCRIPTION ET DE L'IMMATRICULATION

Art. R. 822-72 Si les statuts sont établis par acte sous seing privé, il en est dressé autant d'originaux qu'il est nécessaire pour la remise d'un exemplaire à chaque associé et pour satisfaire aux dispositions du présent titre. – *[Décr. n° 69-810 du 12 août 1969, art. 132.]*

Art. R. 822-73 Le siège des sociétés de commissaires aux comptes est fixé dans le ressort de la compagnie régionale qui compte le plus grand nombre d'actionnaires ou d'associés inscrits sur la liste de la cour d'appel. Si deux ou plusieurs compagnies régionales comptent le même nombre d'actionnaires ou associés, le siège peut être fixé au choix des actionnaires ou associés dans l'une de celles-ci.

Si le plus grand nombre d'actionnaires ou d'associés est inscrit sur la liste d'une autre cour d'appel par suite d'une modification de la détention du capital social, la société dispose d'un délai d'un an pour transférer son siège social et solliciter son inscription auprès de la commission régionale compétente. – *[Décr. n° 69-810 du 12 août 1969, art. 128, al. 3 et 4, art. 166 et 169-4, al. 1er.]*

Art. R. 822-74 La société est constituée sous la condition suspensive de son inscription sur la liste établie pour le ressort de cour d'appel dans lequel elle a son siège par la commission régionale d'inscription du lieu de son siège social. – *[Décr. n° 69-810 du 12 août 1969, art. 6 et 129, al. 1er.]*

Art. R. 822-75 La demande d'inscription d'une société est présentée collectivement par les associés et adressée à la commission régionale dans les conditions prévues à l'article R. 822-10. Il y est joint :

1° Un exemplaire des statuts ;

2° Une requête de chaque associé sollicitant l'inscription de la société ;

3° La liste des actionnaires ou associés précisant pour chacun d'eux : les nom, prénoms, domicile, l'inscription sur la liste des commissaires aux comptes, et *(Décr. n° 2012-607 du 30 avr. 2012, art. 14-1°)* « le nombre de droits de vote » que les actionnaires ou associés détiennent ;

4° La liste des personnes qui sont membres des organes de gestion, de direction, d'administration ou de surveillance de la société. Les commissaires aux comptes membres des organes de gestion, de direction, d'administration ou de surveillance produisent la justification de leur inscription sur la liste des commissaires aux comptes. *(Décr. n° 2012-607 du 30 avr. 2012, art. 14-2°)* « Toutefois, en cas de demande d'inscription d'une société concomitante avec la demande d'inscription d'un commissaire aux comptes mentionné par le présent alinéa, celui-ci joint la justification de sa demande d'inscription. La commission régionale d'inscription vérifie au moment où elle statue sur la demande d'inscription de la société que tous les commissaires aux comptes visés par le présent alinéa ont été inscrits ; »

5° Une attestation du greffier du tribunal de commerce du lieu du siège social constatant le dépôt au greffe de la demande et des pièces nécessaires à l'immatriculation ultérieure de la société au registre du commerce et des sociétés. – *[Décr. n° 69-810 du 12 août 1969, art. 9, art. 130, al. 1er à 5, art. 167, al. 1er, 2 et 6, et art. 169-5.]*

Art. R. 822-76 La demande d'inscription d'une société peut être présentée par le représentant légal de la société. La requête signée par le représentant légal de la société accompagnée de la délibération de l'assemblée générale constitutive des actionnaires ou associés autorisant ce représentant à demander l'inscription de la société doivent être jointes à la demande. – *[Décr. n° 69-810 du 12 août 1969, art. 167, al. 3.]*

Art. R. 822-77 L'enregistrement et la transmission de la demande d'inscription de la société répondent aux conditions prévues à l'article R. 822-10.

Le greffier en chef demande le bulletin n° 2 du casier judiciaire des membres des organes de gestion, de direction, d'administration ou de surveillance qui ne sont pas commissaires aux comptes. – *[Décr. n° 69-810 du 12 août 1969, art. 9.]*

Art. R. 822-78 Une copie de la demande d'inscription est adressée par chacun des associés au président de la compagnie régionale dont il est membre. – *[Décr. n° 69-810 du 12 août 1969, art. 130, al. 6.]*

Art. R. 822-79 Si une société de commissaires aux comptes transfère son siège hors du ressort de la cour d'appel sur la liste de laquelle elle est inscrite, elle demande sans délai son inscription sur la liste du ressort dans lequel est situé son nouveau siège.

Seules les pièces justificatives relatives aux modifications intervenues depuis la dernière inscription sont exigées.

(Décr. n° 2012-607 du 30 avr. 2012, art. 15) « La nouvelle demande d'inscription est reçue et examinée dans les conditions prévues par l'article R. 822-10. »

La décision d'inscription de la société sur la liste du ressort dans lequel est situé son nouveau siège est notifiée par le greffe de la cour d'appel au greffe de l'ancienne, qui procède à la radiation. – *[Décr. n° 69-810 du 12 août 1969, art. 14-1.]*

Art. R. 822-80 La société qui change de ressort de cour d'appel conserve le bénéfice de la date de son inscription initiale. – *[Décr. n° 69-810 du 12 août 1969, art. 14-2.]*

Art. R. 822-81 L'inscription ne peut être refusée que si les statuts ne sont pas conformes aux dispositions législatives ou réglementaires en vigueur ou si les pièces prévues à l'article R. 822-75 ne sont pas communiquées à la commission.

Le recours contre la décision de la commission est soumis aux conditions énoncées par les articles L. 821-1, L. 821-3 et L. 821-4 et par les articles R. 822-23 à R. 822-31. – *[Décr. n° 69-810 du 12 août 1969, art. 131.]*

Art. R. 822-82 La société de commissaires aux comptes qui se transforme en société de commissaires aux comptes d'une autre forme demande la modification correspondante de son inscription sur la liste. La demande est adressée à la commission régionale d'inscription qui s'assure, avant de procéder à cette modification, de la conformité des nouveaux statuts avec les dispositions législatives et réglementaires régissant la société.

En cas de non-conformité, la commission régionale d'inscription impartit un délai de régularisation. Si la situation n'a pas été régularisée à l'expiration de ce délai, la commission régionale prononce la radiation. – *[Décr. n° 69-810 du 12 août 1969, art. 164.]*

(Décr. n° 2012-607 du 30 avr. 2012, art. 16) « La demande de modification est reçue et examinée dans les conditions prévues par l'article R. 822-10. »

Art. R. 822-83 La société ne peut être immatriculée au registre du commerce et des sociétés et exercer la profession de commissaire aux comptes qu'après son inscription sur la liste. – *[Décr. n° 69-810 du 12 août 1969, art. 129, al. 2 et art. 169-4, al. 2.]*

Art. R. 822-84 La demande d'immatriculation de la société au registre du commerce et des sociétés est établie dans les conditions prévues au livre Ier.

L'avis inséré au *Bulletin officiel des annonces civiles et commerciales* contient les indications prévues à l'article R. 123-157. – *[Décr. n° 69-810 du 12 août 1969, art. 137-1, 169-6 et 169-7.]*

Art. R. 822-85 Le secrétaire de la commission régionale d'inscription adresse une ampliation de la décision d'inscription de la société sur la liste au greffe du tribunal où a été déposée la demande d'immatriculation de la société au registre du commerce et des sociétés. La production de cette ampliation justifie que la société dispose de l'autorisation nécessaire à l'exercice de son activité et que les membres disposent eux-mêmes de l'autorisation, des diplômes ou des titres nécessaires à l'exercice de cette activité.

Au reçu de cette ampliation le greffier procède à l'immatriculation de la société.

En cas de refus d'immatriculation de la société il en informe le secrétaire de la commission régionale d'inscription. – *[Décr. n° 69-810 du 12 août 1969, art. 137-2.]*

Art. R. 822-86 Lorsque la société est immatriculée au registre du commerce et des sociétés, un exemplaire des statuts est déposé par le gérant au siège de la compagnie régionale dont la société est membre, pour être versé au dossier de la société. – *[Décr. n° 69-810 du 12 août 1969, art. 137-3.]*

• § 2 DE L'ORGANISATION ET DU FONCTIONNEMENT

Art. R. 822-87 Toute cession par l'un des associés de la totalité ou d'une fraction de ses titres de capital ou parts sociales à un tiers en vue de l'exercice de la profession au sein de la société est faite sous la condition suspensive de l'inscription sur la liste du nouvel associé. – *[Décr. n° 69-810 du 12 août 1969, art. 147, al. 1er et art. 169-11, al. 1er.]*

Art. R. 822-88 L'un des originaux ou une expédition de l'acte de cession des titres ou parts et, le cas échéant, de l'acte modifiant les statuts de la société est transmis pour information à la commission régionale d'inscription. – *[Décr n° 69-810 du 12 août 1969, art. 156, al. 2 et art. 169-12.]*

Art. R. 822-89 En cas de retrait ou d'entrée d'associés, d'actionnaires, de membres des organes de gestion, de direction, d'administration ou de surveillance, la société demande à la commission régionale la modification correspondante de son inscription sur la liste.

Si la commission constate que la société, à la suite de l'opération, demeure constituée en conformité avec les dispositions législatives ou réglementaires qui la régissent, notamment l'article L. 822-9, elle modifie en conséquence l'inscription de la société sur la liste.

Dans le cas contraire, la commission régionale impartit un délai de régularisation. Si la situation n'a pas été régularisée à l'expiration de ce délai, elle prononce la radiation de la société.

Cette décision est susceptible de recours de la part de la société concernée, devant le Haut Conseil du commissariat aux comptes, dans les conditions prévues aux articles R. 822-24 et suivants. Ce recours est suspensif. – *[Décr. n° 69-810 du 12 août 1969, art. 157, 169 et 169-13.]*

• § 3 DE L'EXERCICE DE LA PROFESSION PAR LA SOCIÉTÉ

Art. R. 822-90 L'appellation de "société de commissaires aux comptes" ne peut être utilisée que par les sociétés membres de la compagnie. – *[Décr. n° 69-810 du 12 août 1969, art. 74.]*

Art. R. 822-91 Sauf dérogation prévue par le présent titre concernant les élections aux conseils et instances de la compagnie, les sociétés membres de la compagnie bénéficient des mêmes droits et sont soumises aux mêmes obligations que les personnes physiques. – *[Décr. n° 69-810 du 12 août 1969, art. 68.]*

Art. R. 822-92 Sous réserve de l'application des dispositions du présent titre, toutes dispositions législatives et réglementaires relatives à l'exercice de la profession de commissaire aux comptes sont applicables aux sociétés et à leurs membres exerçant au sein de la société. – *[Décr. n° 69-810 du 12 août 1969, art. 169-17.]*

Art. R. 822-93 Outre les mentions prévues à l'article R. 123-237, dans toutes les correspondances et tous les documents émanant de la société, la raison ou dénomination sociale est accompagnée de la désignation de société de commissaires aux comptes complétée par l'indication de sa forme juridique. – *[Décr. n° 69-810 du 12 août 1969, art. 170.]*

Art. R. 822-94 Tout rapport ou tout document émanant d'une société de commissaires aux comptes dans l'exercice de sa mission légale comporte, indépendamment de la signature sociale, la signature de celui ou de ceux des commissaires aux comptes associés, actionnaires ou dirigeants cette société qui ont participé à l'établissement de ce rapport ou de ce document. – *[Décr. n° 69-810 du 12 août 1969, art. 69.]*

Art. R. 822-95 Dans les actes professionnels, la personne qui exerce les fonctions de commissaire aux comptes au nom de la société indique la raison ou dénomination sociale de la société dont il est membre. – *[Décr. n° 69-810 du 12 août 1969, art. 171.]*

Art. R. 822-96 Les associés ou actionnaires s'informent mutuellement de leur activité au sein de la société. La communication de ces informations entre associés ou actionnaires ne constitue pas une violation du secret professionnel. – *[Décr. n° 69-810 du 12 août 1969, art. 172.]*

Art. R. 822-97 Les registres, répertoires et documents prévus par les textes réglementaires sont ouverts et établis au nom de la société. – *[Décr. n° 69-810 du 12 août 1969, art. 174, al. 1er.]*

Art. R. 822-98 L'obligation d'assurance prévue à l'article R. 822-70 est applicable aux sociétés de commissaires aux comptes, sans préjudice de l'obligation des associés ou des actionnaires, de contracter personnellement une assurance.

L'assurance de la responsabilité civile professionnelle exigée par le troisième alinéa de l'article 16 de la loi n° 66-879 du 29 novembre 1966 est contractée par la société. – *[Décr. n° 69-810 du 12 août 1969, art. 174, al. 2 et 3.]*

Art. R. 822-99 Sous réserve des articles R. 822-100 et R. 822-101, les dispositions de la sous-section 2 relative à la discipline des commissaires aux comptes sont applicables à la société et aux actionnaires ou associés.

La société peut faire l'objet de poursuites disciplinaires indépendamment de celles qui seraient intentées contre les actionnaires ou associés. – *[Décr. n° 69-810 du 12 août 1969, art. 175.]*

Art. R. 822-100 Les statuts peuvent prévoir que tout actionnaire ou associé condamné à la sanction disciplinaire de l'interdiction temporaire pour une durée égale ou supérieure à trois mois, est contraint, par l'unanimité des autres actionnaires ou associés, de se retirer de la société. Lorsqu'il s'agit d'une société civile professionnelle, ses parts sociales sont alors cédées dans les conditions prévues à l'article R. 822-128. Lorsqu'il s'agit d'une autre société de commissaires aux comptes, l'actionnaire ou l'associé dispose d'un délai de six mois à compter du jour où la décision prononçant son exclusion lui a été notifiée, pour céder tout ou partie de ses parts ou titres de capital afin de maintenir la part de capital détenue par les commissaires aux comptes.

L'actionnaire ou associé interdit temporairement ou suspendu provisoirement par le garde des sceaux conserve, en dépit de son incapacité à exercer toute activité professionnelle de commissaire aux comptes, sa qualité d'actionnaire ou d'associé avec tous les droits et obligations qui en découlent. Il ne perçoit dans ce cas que la rémunération de ses titres de capital.

Toutefois, lorsqu'il est membre de l'organe de gestion, de direction, d'administration ou de surveillance d'une société de commissaire aux comptes, il ne peut pas exercer ses fonctions au sein de l'un de ces organes pendant la durée de la mesure de suspension ou d'interdiction dont il est l'objet. – *[Décr. n° 69-810 du 12 août 1969, art. 176.]*

Art. R. 822-101 L'actionnaire ou associé radié de la liste cesse d'exercer son activité professionnelle de commissaire aux comptes à compter du jour où la décision prononçant la radiation est définitive. Lorsqu'il s'agit d'une société civile professionnelle, ses parts sociales sont cédées dans les conditions fixées à l'article R. 822-127. Lorsqu'il s'agit d'une autre société de commissaires aux comptes, l'actionnaire ou l'associé dispose d'un délai de six mois à compter du jour où la radiation est devenue définitive, pour céder tout ou partie de ses parts afin de maintenir la part de capital détenue par les commissaires aux comptes. – *[Décr. n° 69-810 du 12 août 1969, art. 177.]*

Art. R. 822-102 Sous réserve des règles de protection et de représentation des majeurs protégés par la loi, les dispositions des articles R. 822-101 et R. 822-127 sont applicables à la cession des titres de capital ou parts sociales de l'associé frappé d'interdiction légale ou placé sous le régime de la tutelle. – *[Décr. n° 69-810 du 12 août 1969, art. 151, al. 1er.]*

• § 4 DE LA DISSOLUTION ET DE LA LIQUIDATION

Art. R. 822-103 La société prend fin à l'expiration du temps pour lequel elle a été constituée. Toutefois, la dissolution anticipée peut être décidée par les trois quarts au moins des associés disposant ensemble des trois quarts des voix. – *[Décr. n° 69-810 du 12 août 1969, art. 158 et 169-14.]*

Art. R. 822-104 La société est dissoute de plein droit par le décès simultané de tous les associés ou par le décès du dernier survivant des associés si tous sont décédés successivement, sans qu'à la date du décès du dernier d'entre eux, les parts sociales ou les titres de capital des autres aient été cédés à des tiers. – *[Décr. n° 69-810 du 12 août 1969, art. 160.]*

Art. R. 822-105 La liquidation est régie par les statuts, sous réserve des dispositions du code civil, et de celles du livre II et du présent paragraphe du présent code. – *[Décr. n° 69-810 du 12 août 1969, art. 169-15.]*

Art. R. 822-106 Sauf en cas de radiation de la société, le liquidateur peut être choisi parmi les associés. Les fonctions de liquidateur ne peuvent être confiées à un commissaire aux comptes ayant fait l'objet d'une mesure disciplinaire. – *[Décr. n° 69-810 du 12 août 1969, art. 162 et 169-16, al. 1er.]*

Art. R. 822-107 Plusieurs liquidateurs peuvent être désignés.

L'acte de nomination du liquidateur, quelle que soit sa forme, est adressé par ce dernier à la commission régionale d'inscription des commissaires aux comptes.

La décision judiciaire ou la décision de l'assemblée des associés qui nomme le liquidateur fixe sa rémunération. – *[Décr. n° 69-810 du 12 août 1969, art. 163, al. 1er, et art. 169-16, al. 3 à 5.]*

Art. R. 822-108 Le liquidateur informe la commission régionale de la clôture de la liquidation. – *[Décr. n° 69-810 du 12 août 1969, art. 163, al. 2, et art. 169-16, al. 6.]*

SOUS-SECTION 2 DISPOSITIONS APPLICABLES AUX SOCIÉTÉS CIVILES PROFESSIONNELLES

§ 1er DE LA CONSTITUTION

Art. R. 822-109 Deux ou plusieurs commissaires aux comptes peuvent constituer entre eux une société civile professionnelle, pour l'exercice en commun de leur profession.

Cette société reçoit l'appellation de société civile professionnelle de commissaires aux comptes. – *[Décr. n° 69-810 du 12 août 1969, art. 128, al. 1er et 2.]*

Art. R. 822-110 Les statuts satisfont aux prescriptions des articles 8, 11, 14, 15, 19, 20 et 24 de la loi n° 66-879 du 29 novembre 1966. Ils indiquent en outre :

1° Les nom, prénoms et domicile de chaque associé ;

2° La durée pour laquelle la société est constituée ;

3° L'adresse du siège social ;

4° La nature et l'évaluation distincte de chacun des apports faits par les associés ;

5° Le montant du capital social, le montant, le nombre et la répartition des parts sociales représentatives de ce capital ;

6° Le nombre des parts d'intérêts attribuées à chaque apporteur en industrie ;

7° L'affirmation de la libération totale ou partielle, selon le cas, des apports concourant à la formation du capital social. – *[Décr. n° 69-810 du 12 août 1969, art. 133.] – V. L. n° 66-879 du 29 nov. 1966. –* ***C. sociétés.***

Art. R. 822-111 Par application de l'article 11 de la loi n° 66-879 du 29 novembre 1966, les statuts organisent la gérance et déterminent les pouvoirs des gérants. – *[Décr. n° 69-810 du 12 août 1969, art. 138.]*

Art. R. 822-112 Peuvent être apportés en société, en propriété ou en jouissance :

1° Tous droits incorporels, mobiliers ou immobiliers ;

2° Tous documents et archives et, d'une manière générale, tous objets mobiliers à usage professionnel ;

3° Les immeubles ou locaux utiles à l'exercice de la profession ;

4° Toutes sommes en numéraire ;

5° L'industrie des associés, laquelle en vertu de l'article 10 de la loi n° 66-879 du 29 novembre 1966 ne concourt pas à la formation du capital mais peut donner lieu à l'attribution de parts en industrie. – *[Décr. n° 69-810 du 12 août 1969, art. 134.]*

Art. R. 822-113 Les parts sociales ne peuvent être données en nantissement.

Les parts en industrie attribuées aux apporteurs en industrie sont incessibles et sont annulées lorsque leur titulaire perd sa qualité d'associé pour quelque cause que ce soit. – *[Décr. n° 69-810 du 12 août 1969, art. 135.]*

Art. R. 822-114 Les parts sociales représentant un apport en numéraire doivent être libérées, lors de la souscription, de la moitié au moins de leur montant nominal.

La libération du surplus doit intervenir, en une ou plusieurs fois, soit aux dates prévues par les statuts, soit sur décision de l'assemblée des associés et au plus tard dans le délai de deux ans à compter de l'inscription de la société sur la liste.

Dans les huit jours de leur réception, les fonds provenant de la libération des apports en numéraire sont déposés, pour le compte de la société, à la Caisse des dépôts et consignations, chez un notaire ou dans un établissement de crédit. Le retrait de ces fonds est effectué par le mandataire de la société sur justification de l'inscription de celle-ci sur la liste. – *[Décr. n° 69-810 du 12 août 1969, art. 136.]*

Art. R. 822-115 Par dérogation aux articles 22, 24 et 26 du décret n° 78-704 du 3 juillet 1978 relatif à l'application de la loi n° 78-9 du 4 janvier 1978 modifiant le titre IX du livre III du code civil, la société est dispensée d'insérer dans un journal habilité à recevoir des annonces légales les avis prévus auxdits articles. – *[Décr. n° 69-810 du 12 août 1969, art. 137.] – V. les textes préc. au* ***C. sociétés.***

• § 2 DE L'ORGANISATION ET DU FONCTIONNEMENT

Art. R. 822-116 Les décisions qui excèdent les pouvoirs des gérants sont prises par les associés réunis en assemblée.

L'assemblée est réunie au moins une fois par an. Elle est aussi réunie lorsque plusieurs associés, représentant au moins la moitié en nombre et le quart en capital, en font la demande, en indiquant l'ordre du jour.

Les modalités de convocation de l'assemblée sont fixées par les statuts. – *[Décr. n° 69-810 du 12 août 1969, art. 139.]*

Art. R. 822-117 Toute délibération de l'assemblée donne lieu à l'établissement d'un procès-verbal signé par les associés présents qui contient notamment, la date et le lieu de la réunion, les questions inscrites à l'ordre du jour, l'identité des associés présents ou représentés, un résumé des débats, le texte des résolutions mises aux voix et le résultat des votes.

Les procès-verbaux sont établis sur un registre spécial préalablement coté et paraphé par le greffier chargé de la tenue du registre où est immatriculée la société et conservé au siège social. – *[Décr. n° 69-810 du 12 août 1969, art. 140.]*

Art. R. 822-118 Les statuts fixent le nombre des voix dont dispose chaque associé.

Un associé peut donner mandat écrit à un autre associé de le représenter à l'assemblée.

L'assemblée ne délibère valablement que si les trois quarts au moins des associés sont présents ou représentés. Si ce quorum n'est pas atteint, les associés sont convoqués une nouvelle fois et l'assemblée délibère valablement si deux associés au moins sont présents. – *[Décr. nº 69-810 du 12 août 1969, art. 141.]*

Art. R. 822-119 Sous réserve des dispositions de la loi nº 66-879 du 29 novembre 1966 et du présent paragraphe imposant des conditions spéciales de majorité, les décisions sont prises à la majorité des voix dont disposent les associés présents ou représentés.

Toutefois, les statuts peuvent prévoir une majorité plus forte ou même l'unanimité des associés pour toutes les décisions ou seulement pour celles qu'ils énumèrent. – *[Décr. nº 69-810 du 12 août 1969, art. 142.]*

Art. R. 822-120 La modification des statuts et la prorogation de la société sont décidées à la majorité des trois quarts des voix dont dispose l'ensemble des associés présents ou représentés. – *[Décr. nº 69-810 du 12 août 1969, art. 143.]*

Art. R. 822-121 Après la clôture de chaque exercice, les gérants établissent, dans les conditions fixées par les statuts, les comptes annuels de la société et un rapport sur les résultats de celle-ci.

Les documents mentionnés à l'alinéa précédent sont soumis à l'approbation de l'assemblée des associés dans le délai de six mois qui suit la clôture de chaque exercice. A cette fin, ils sont adressés à chaque associé, avec le texte des résolutions proposées, quinze jours au moins avant la réunion de l'assemblée et, au plus tard, avec la convocation de cette assemblée. – *[Décr. nº 69-810 du 12 août 1969, art. 144.]*

Art. R. 822-122 Chaque associé peut, à toute époque, prendre connaissance par lui-même des rapports et comptes sociaux concernant les exercices antérieurs, des registres de procès-verbaux, des dossiers et documents établis conformément à l'article R. 823-10, et plus généralement de tous documents détenus par la société. – *[Décr. nº 69-810 du 12 août 1969, art. 145.]*

Art. R. 822-123 Si les réserves constituées au moyen de bénéfices non distribués ou de plus-values d'actif dues à l'industrie des associés le permettent, il est procédé périodiquement à l'augmentation du capital social. Les parts sociales créées à cet effet sont réparties entre les associés, y compris ceux qui n'ont apporté que leur industrie. Les statuts fixent les conditions d'application du présent alinéa.

Le capital ne peut être augmenté par incorporation de réserves avant la libération intégrale des parts sociales souscrites en numéraire. – *[Décr. nº 69-810 du 12 août 1969, art. 146.]*

Art. R. 822-124 Un associé ne peut céder tout ou partie de ses parts sociales à un tiers étranger à la société que si le cessionnaire est préalablement agréé par la société dans les conditions prévues au premier alinéa de l'article 19 de la loi nº 66-879 du 29 novembre 1966.

Le projet de cession est notifié à la société et à chacun des associés, soit dans les formes prévues par l'article 1690 du code civil, soit par lettre recommandée avec demande d'avis de réception. – *[Décr. nº 69-810 du 12 août 1969, art. 147, al. 2.]*

Art. R. 822-125 Si la société refuse d'agréer le cessionnaire, elle notifie, dans le délai de six mois à compter de la notification de son refus, dans les formes prévues à l'article précédent, dans les mêmes formes à l'associé qui persiste dans son intention de céder ses parts sociales, un projet de cession conformément aux dispositions du troisième alinéa de l'article 19 de la loi nº 66-879 du 29 novembre 1966. Cette notification implique un engagement du cessionnaire ou de la société qui se porte acquéreur. – *V. L. n° 66-879 du 29 nov. 1966, art. 19, al. 3.* – **C. *sociétés.***

Si le prix proposé pour la cession n'est pas accepté par le cédant, il est fixé conformément aux dispositions de l'article 1843-4 du code civil. – *[Décr. n° 69-810 du 12 août 1969, art. 148.]*

Art. R. 822-126 Lorsqu'un associé entend se retirer de la société en application de l'article 21 de la loi n° 66-879 du 29 novembre 1966, il notifie sa décision à la société dans l'une des formes prévues à l'article R. 822-124.

La société dispose de six mois à compter de cette notification pour notifier à l'associé, dans la même forme, un projet de cession de ses parts à un tiers ou à un associé ou un projet de rachat des parts par la société. Cette notification implique un engagement du cessionnaire ou de la société qui se porte acquéreur.

Si le prix proposé pour la cession ou le rachat n'est pas accepté par le cédant, il est fixé conformément aux dispositions de l'article 1843-4 du code civil. – *[Décr. n° 69-810 du 12 août 1969, art. 149.]*

Art. R. 822-127 L'associé qui est personnellement radié de la liste dispose d'un délai de six mois à compter du jour où sa radiation est devenue définitive pour céder ses parts sociales, soit à un tiers dans les conditions prévues aux articles R. 822-87 et R. 822-124, soit aux associés ou à l'un ou plusieurs d'entre eux, soit à la société.

Si à l'expiration de ce délai aucune cession n'est intervenue, il est procédé conformément aux dispositions de l'article R. 822-125.

Si l'associé refuse de signer l'acte de cession de ses parts sociales qui lui est proposé, il est exclu de plein droit de la société, deux mois après la sommation dans l'une des formes prévues à l'article R. 822-124, à lui faite par la société et demeurée infructueuse. Le prix de cession des parts est consigné à la diligence du cessionnaire. – *[Décr. n° 69-810 du 12 août 1969, art. 150.]*

Art. R. 822-128 Les dispositions de l'article R. 822-127 sont applicables à la cession des parts sociales de l'associé dont l'exclusion de la société a été décidée pour condamnation dans les conditions prévues à l'article R. 822-100. Le délai imparti à l'associé exclu pour céder ses parts court du jour où la décision des autres associés prononçant son exclusion lui a été notifiée dans l'une des formes prévues à l'article R. 822-124. – *[Décr. n° 69-810 du 12 août 1969, art. 151, al. 2.]*

Art. R. 822-129 Le délai prévu par le deuxième alinéa de l'article 24 de la loi n° 66-879 du 29 novembre 1966 pour la cession des parts de l'associé décédé est fixé à un an à compter du décès de l'associé.

Il peut être renouvelé par le président de la compagnie régionale, à la demande des ayants droit de l'associé décédé et avec le consentement de la société donné dans les conditions prévues pour la cession des parts sociales par le premier alinéa de l'article 19 de la même loi. – *[Décr. n° 69-810 du 12 août 1969, art. 152.]*

Art. R. 822-130 Si, pendant le délai prévu à l'article précédent, les ayants droit décident de céder les parts sociales de leur auteur à un tiers étranger à la société, il est procédé conformément aux dispositions des articles R. 822-87, R. 822-124, et R. 822-125. – *[Décr. n° 69-810 du 12 août 1969, art. 153.]*

Art. R. 822-131 Toute demande d'un ou plusieurs ayants droit d'un associé décédé tendant à l'attribution préférentielle à leur profit des parts sociales de leur auteur est notifiée à la société et à chacun des associés dans l'une des formes prévues par l'article R. 822-124.

Les modalités de cette attribution sont régies par l'article R. 822-87 et, le cas échéant, par celles de l'article R. 822-125. – *[Décr. n° 69-810 du 12 août 1969, art. 154.]*

Art. R. 822-132 Lorsqu'à l'expiration du délai prévu à l'article R. 822-129, les ayants droit de l'associé décédé n'ont pas exercé la faculté de céder les parts sociales de leur auteur et si aucun consentement préalable à l'attribution préférentielle n'a été donné par la société, celle-ci dispose de six mois pour acquérir ou faire acquérir les parts sociales de l'associé décédé. En cas de litige, il est fait application des dispositions de l'article 1843-4 du code civil. – *[Décr. n° 69-810 du 12 août 1969, art. 155.]*

Art. R. 822-133 La publicité de la cession des parts est accomplie conformément aux dispositions de l'article 52 du décret n° 78-704 du 3 juillet 1978. Dans le cas prévu au troisième alinéa de l'article R. 822-127, la publicité de la cession est accomplie par le dépôt, dans les mêmes conditions, de deux copies certifiées conformes de la sommation adressée au cédant, accompagnées de la justification de la sommation ou de la signification de cette sommation. – *[Décr. n° 69-810 du 12 août 1969, art. 156, al. 1er.] – V. Décr. n° 78-704 du 3 juill. 1978, art. 52. –* ***C. sociétés.***

§ 3 DE LA DISSOLUTION ET DE LA LIQUIDATION

Art. R. 822-134 S'il ne subsiste qu'un seul associé, celui-ci peut, dans le délai d'un an, céder une partie de ses parts sociales à un tiers inscrit sur la liste.

A défaut, la société est dissoute à la date d'expiration du délai. – *[Décr. n° 69-810 du 12 août 1969, art. 161.]*

SOUS-SECTION 3 DISPOSITIONS APPLICABLES AUX SOCIÉTÉS AUTRES QUE LES SOCIÉTÉS CIVILES PROFESSIONNELLES

Art. R. 822-135 Les sociétés de commissaires aux comptes autres que les sociétés civiles professionnelles sont soumises aux dispositions des sous-sections 1 et 3 de la présente section. – *[Décr. n° 69-810 du 12 août 1969, art. 165.]*

Art. R. 822-136 Les sociétés d'exercice libéral à responsabilité limitée, à forme anonyme ou par actions simplifiées de commissaires aux comptes sont régies par les dispositions du livre II du présent code, sous réserve des dispositions des sous-sections 1 et 3 de la présente section. – *[Décr. n° 69-810 du 12 août 1969, art. 169-2.]*

Art. R. 822-137 Un ou plusieurs commissaires aux comptes inscrits peuvent constituer entre eux une société d'exercice libéral, dans les conditions prévues à l'article L. 822-9 et à l'article 5 de la loi n° 90-1258 du 31 décembre 1990, avec les personnes mentionnées à cet article. – *[Décr. n° 69-810 du 12 août 1969, art. 169-3.] – V. L. n° 90-1258 du 31 déc. 1990, art. 5. –* ***C. sociétés.***

Art. R. 822-138 Toute personne physique ou morale peut détenir un quart au plus du capital des sociétés mentionnées au titre Ier de la loi n° 90-1258 du 31 décembre 1990. – *[Décr. n° 69-810 du 12 août 1969, art. 169-3.] – V. ce texte au* ***C. sociétés.***

Art. R. 822-139 En dehors des pièces mentionnées à l'article R. 822-75 la demande d'inscription présentée par une société d'exercice libéral est assortie de la liste des actionnaires ou associés n'ayant pas la qualité de commissaire aux comptes, précisant pour chacun d'eux : les noms, prénoms, domicile, profession ainsi que leurs fonctions dans la société et le nombre de titres de capital ou de parts sociales que ces actionnaires ou associés détiennent.

La liste prévue au 4° de l'article R. 822-75 est complétée pour chacune des personnes mentionnées de l'indication de leur qualité de commissaire aux comptes. – *[Décr. n° 69-810 du 12 août 1969, art. 167, al. 4 et 5.]*

Art. R. 822-140 L'assemblée des associés ne délibère valablement que si les trois quarts au moins des associés sont présents ou représentés. Si ce quorum n'est pas atteint, les associés sont convoqués une nouvelle fois avec le même ordre du jour et l'assemblée délibère valablement si deux associés au moins sont présents. – *[Décr. n° 69-810 du 12 août 1969, art. 169-8.]*

Art. R. 822-141 Sous réserve des dispositions de la loi n° 90-1258 du 31 décembre 1990 et de la présente section imposant des conditions spéciales de majorité, les décisions sont prises à la majorité des voix dont disposent les associés présents ou représentés.

Toutefois, les statuts peuvent prévoir une majorité plus forte pour toutes les décisions ou seulement pour celles qu'ils énumèrent. – *[Décr. n° 69-810 du 12 août 1969, art. 169-9.]*

Art. R. 822-142 La modification des statuts et la prorogation de la société sont décidées à la majorité des trois quarts des voix dont dispose l'ensemble des associés présents ou représentés. – *[Décr. n° 69-810 du 12 août 1969, art. 169-10.]*

Art. R. 822-143 Le consentement de la société, requis pour la cession par l'un des associés de la totalité ou d'une fraction de ses titres de capital ou parts sociales à un tiers en vue de l'exercice de la profession au sein de la société, est acquis dans les conditions prévues par les articles L. 223-14 et L. 228-24 et 10 de la loi n° 90-1258 du 31 décembre 1990. – *[Décr. n° 69-810 du 12 août 1969, art. 169-11, al. 2.] – V. L. n° 90-1258 du 31 déc. 1990, art. 10. –* **C. *sociétés*.**

Art. R. 822-144 Le liquidateur peut être remplacé pour cause d'empêchement ou pour motif grave sur décision du président du tribunal de grande instance du lieu du siège social de la société, statuant en référé, à la demande soit du liquidateur lui-même, soit des associés, des actionnaires ou de leurs ayants droit. – *[Décr. n° 69-810 du 12 août 1969, art. 169-16, al. 2.]*

• SOUS-SECTION 4 DISPOSITIONS APPLICABLES AUX SOCIÉTÉS EN PARTICIPATION

Art. R. 822-145 Les articles 1871 à 1873 du code civil relatifs aux sociétés en participation sont applicables à la profession de commissaire aux comptes dans les conditions prévues par la présente sous-section. – *[Décr. n° 69-810 du 12 août 1969, art. 178-1.]*

Art. R. 822-146 La constitution d'une société en participation donne lieu à l'insertion d'un avis dans un journal habilité à recevoir les annonces légales au siège de la société, s'il en existe un, ou au lieu d'exercice de chacun des associés. L'avis contient la dénomination, l'objet et, le cas échéant, l'adresse du siège de la société. – *[Décr. n° 69-810 du 12 août 1969, art. 178-2.]*

Art. R. 822-147 L'appartenance à la société, avec la dénomination de celle-ci, doit être indiquée dans les actes professionnels et les correspondances de chaque associé. – *[Décr. n° 69-810 du 12 août 1969, art. 178-3.]*

Art. R. 822-148 Les dispositions de la sous-section 1 relative aux dispositions communes aux sociétés de commissaires aux comptes ne sont pas applicables aux sociétés en participation. – *[Décr. n° 69-810 du 12 août 1969, art. 178-4.]*

SOUS-SECTION 5 DES SOCIÉTÉS DE PARTICIPATIONS FINANCIÈRES DE PROFESSION LIBÉRALE DE COMMISSAIRES AUX COMPTES

(Décr. n° 2011-1892 du 14 déc. 2011)

Art. R. 822-149 Les sociétés de participations financières de profession libérale de commissaires aux comptes constituées sur le fondement de l'article 31-1 de la loi n° 90-1258 du 31 décembre 1990 relative à l'exercice sous forme de sociétés des professions libérales soumises à un statut législatif ou réglementaire ou dont le titre est protégé et aux sociétés de participations financières de professions libérales sont régies par les dispositions du livre II du présent code, sous réserve des dispositions de la présente sous-section.

§ 1er DE LA CONSTITUTION DE LA SOCIÉTÉ

Art. R. 822-150 Des commissaires aux comptes inscrits sur la liste mentionnée à l'article R. 822-1 peuvent constituer, dans les conditions prévues à l'article 31-1 de la loi n° 90-1258 du 31 décembre 1990 mentionnée ci-dessus, une société de participations financières ayant pour objet la détention de parts ou d'actions de sociétés d'exercice libéral constituées pour l'exercice de la profession de commissaire aux comptes, dans le respect des dispositions de l'article L. 822-9, ainsi que la participation à tout groupement de droit étranger ayant pour objet l'exercice de cette même profession.

Art. R. 822-151 La constitution de la société fait l'objet d'une déclaration adressée par les associés, qui désignent un mandataire commun, à la Compagnie nationale des commissaires aux comptes. Une copie des statuts de la société est jointe à la déclaration, qui comprend la liste des associés avec indication, selon le cas, de leur profession ou de leur qualité suivie, pour chacun, de la mention de la part de capital qu'il détient dans la société.

Art. R. 822-152 Un arrêté du garde des sceaux, ministre de la justice, fixe les conditions dans lesquelles la liste des sociétés de participations financières de profession libérale de commissaires aux comptes est tenue, mise à jour, publiée et transmise annuellement au Haut Conseil du commissariat aux comptes par la Compagnie nationale des commissaires aux comptes. – *V. art. A. 822-34.*

Art. R. 822-153 L'immatriculation de la société au registre du commerce et des sociétés est régie par les articles R. 123-31 et suivants, sous réserve des dispositions ci-après.

Une copie de la déclaration prévue à l'article R. 822-151 est adressée par les associés au greffe du tribunal où a été déposée la demande d'immatriculation au registre du commerce et des sociétés ; à la réception de ce document, le greffier procède à l'immatriculation et en informe la Compagnie nationale des commissaires aux comptes.

La société est dispensée de procéder aux formalités de publicité prévues aux articles R. 210-16 et suivants.

§ 2 DU FONCTIONNEMENT ET DU CONTRÔLE DE LA SOCIÉTÉ

Art. R. 822-154 La société de participations financières de profession libérale de commissaires aux comptes fait connaître à la Compagnie nationale des commissaires aux comptes, dans un délai de trente jours à compter de la date à laquelle il se produit, tout changement dans la situation déclarée en application de l'article R. 822-151.

Art. R. 822-155 Si la société de participations financières de profession libérale de commissaires aux comptes cesse de se conformer aux dispositions législatives et réglementaires en vigueur, la Compagnie nationale des commissaires aux comptes l'invite à régulariser la situation.

Si la société ne régularise pas sa situation, la Compagnie nationale des commissaires aux comptes peut inviter les associés, par lettre recommandée avec demande d'accusé de réception, à prononcer la dissolution anticipée de la société selon les formes prévues par ses statuts. Elle adresse une copie de ce courrier au magistrat chargé du ministère public devant la chambre régionale de discipline dont relèvent les associés commissaires aux comptes de la société ainsi qu'au garde des sceaux, ministre de la justice.

Art. R. 822-156 Chaque société de participations financières de profession libérale de commissaires aux comptes fait l'objet, au moins une fois tous les quatre ans, d'un contrôle portant sur le respect des dispositions législatives et réglementaires qui régissent la composition de son capital et l'étendue de ses activités.

Chaque société de participations financières peut, en outre, être soumise à des contrôles occasionnels prescrits par la Compagnie nationale des commissaires aux comptes.

Ces contrôles sont effectués par la Compagnie nationale des commissaires aux comptes ou les compagnies régionales et se déroulent selon les règles décidées par la Compagnie nationale.

La liste prévue à l'article R. 822-152 mentionne les sociétés de participations financières de profession libérale de commissaires aux comptes proposées pour faire l'objet d'un contrôle périodique au cours de l'année suivante.

Art. R. 822-157 Le non-respect des dispositions régissant la constitution et le fonctionnement des sociétés de participations financières de professions libérales par les commissaires aux comptes et par les personnes visées au 5° de l'article 5 de la loi n° 90-1258 du 31 décembre 1990 mentionnée ci-dessus associées d'une telle société peut donner lieu à des poursuites disciplinaires.

§ 3 DE LA DISSOLUTION ET DE LA LIQUIDATION DE LA SOCIÉTÉ

Art. R. 822-158 En cas de dissolution de la société, le liquidateur est choisi parmi les associés de la société de participations financières de profession libérale de commissaires aux comptes.

Plusieurs liquidateurs peuvent être désignés.

Le liquidateur peut être remplacé pour cause d'empêchement, ou pour tout autre motif grave, sur décision du président du tribunal de grande instance du lieu du siège social de la société statuant sur requête, à la demande du liquidateur, des associés ou de leurs ayants droit, ou du procureur de la République.

En aucun cas les fonctions de liquidateur ne peuvent être confiées à un associé ayant fait l'objet d'une peine disciplinaire.

Art. R. 822-159 La dissolution de la société est portée à la connaissance de la Compagnie nationale des commissaires aux comptes à la diligence du liquidateur, qui leur fait parvenir une expédition de la délibération des associés ou de la décision de justice qui l'a nommé dans ses fonctions.

Le liquidateur dépose au greffe chargé de la tenue du registre du commerce et des sociétés où la société est inscrite, pour être versée au dossier ouvert au nom de la société, la copie de l'expédition prévue au premier alinéa dont tout intéressé peut obtenir communication.

Il ne peut entrer en fonctions avant l'accomplissement des formalités précitées.

Art. R. 822-160 Le liquidateur procède à la cession des parts ou actions que la société de participations financières de profession libérale de commissaires aux comptes détient dans la ou les sociétés d'exercice libéral.

Art. R. 822-161 Le liquidateur informe la Compagnie nationale des commissaires aux comptes de la clôture des opérations de liquidation.

§ 4 DISPOSITIONS FINALES

Art. R. 822-162 Les dispositions de la sous-section 1 relative aux dispositions communes aux sociétés de commissaires aux comptes ne sont pas applicables aux sociétés de participations financières de profession libérale de commissaires aux comptes.

CHAPITRE III DE L'EXERCICE DU CONTRÔLE LÉGAL

SECTION PREMIÈRE DE LA NOMINATION, DE LA RÉCUSATION ET DE LA RÉVOCATION DES COMMISSAIRES AUX COMPTES

Art. R. 823-1 Tout commissaire aux comptes qui accepte que sa candidature soit présentée à l'assemblée générale d'une société ou à l'organe délibérant compétent d'une entité *(Décr. n° 2009-557 du 19 mai 2009, art. 5-V)* « dont les titres financiers sont admis aux négociations sur un marché réglementé » en informe l'Autorité des marchés financiers par lettre recommandée avec avis de réception avant la tenue de l'assemblée générale ou la réunion de l'organe délibérant compétent.

Si sa candidature est proposée par la société, dans un projet de résolution présenté conformément à l'article R. 225-73, l'Autorité des marchés financiers doit en être avisée quinze jours au moins avant la publication au *Bulletin des annonces légales obligatoires* prévue au premier alinéa dudit article R. 225-73.

Lorsqu'une candidature appelle des réserves de la part de l'Autorité des marchés financiers et que les dirigeants de la société ou de l'entité entendent passer outre, ces derniers communiquent aux actionnaires ou aux membres de l'organe délibérant compétent, avant la tenue de l'assemblée générale ou la réunion de l'organe délibérant appelé à se prononcer sur cette candidature, l'avis motivé de l'Autorité. Cet avis est également communiqué au Conseil national de la Compagnie nationale des commissaires aux comptes et au conseil régional de la compagnie régionale dont est membre le commissaire en cause.

Les dispositions du présent article ne sont pas applicables aux établissements de crédit, aux compagnies financières et aux entreprises d'investissement soumises au contrôle de *(Ord. n° 2010-76 du 21 janv. 2010, art. 18)* « l'Autorité de contrôle prudentiel », ainsi qu'à leurs commissaires aux comptes. — *[Décr. n° 69-810 du 12 août 1969, art. 64.]*

Art. R. 823-2 Tout commissaire aux comptes chargé du contrôle d'une personne ou entité notifie dans le délai de huit jours sa nomination au conseil régional de la compagnie dont il est membre, soit par lettre recommandée avec demande d'avis de réception soit par voie électronique. Dans ce dernier cas, le conseil régional accuse sans délai réception de la notification en mentionnant la date de la réception. Le conseil régional communique l'information au Conseil national.

Si le commissaire aux comptes ou la société de commissaire aux comptes à laquelle il appartient transfère son domicile ou son siège hors du ressort de la cour d'appel sur la liste de laquelle il est inscrit, il renouvelle cette déclaration de mandat au conseil régional de sa nouvelle compagnie régionale de rattachement, dans les formes prévues à l'alinéa précédent. – *[Décr. n° 69-810 du 12 août 1969, art. 65.]*

Art. R. 823-3 Dans les cas prévu par l'article L. 823-4, le commissaire aux comptes est désigné par le président du tribunal de commerce, statuant en référé. – *[Décr. n° 67-236 du 23 mars 1967, art. 187.]*

Art. R. 823-4 La communication aux commissaires aux comptes des documents détenus par les tiers, prévue à l'article L. 823-14, est autorisée par le président du tribunal de commerce, statuant en référé. – *[Décr. n° 67-236 du 23 mars 1967, art. 190.]*

Art. R. 823-5 Dans les cas prévus aux articles L. 823-6 et L. 823-7, le tribunal de commerce statue en la forme des référés sur la récusation ou le relèvement de fonctions d'un commissaire aux comptes. La demande de récusation ou de relèvement de fonctions est formée contre le commissaire aux comptes et la personne ou l'entité auprès de laquelle il a été désigné. La demande de récusation du commissaire aux comptes est présentée dans les trente jours de sa désignation.

Lorsque la demande émane du procureur de la République, elle est présentée par requête ; lorsqu'elle émane de l'Autorité des marchés financiers, elle est faite par lettre recommandée avec demande d'avis de réception.

Le délai d'appel est de quinze jours. L'appel est formé et jugé selon les règles applicables à la procédure abrégée ou à la procédure à jour fixe.

Lorsque le commissaire aux comptes est relevé de ses fonctions, il est remplacé par le commissaire aux comptes suppléant. – *[Décr. n° 67-236 du 23 mars 1967, art. 188.]*

Art. R. 823-6 Si un membre de la compagnie est relevé de ses fonctions de commissaire aux comptes en application de l'article L. 823-7, le greffier de la juridiction qui a rendu la décision en informe le conseil régional dans le délai de huit jours par lettre recommandée avec demande d'avis de réception.

Le conseil régional en informe sans délai la Compagnie nationale, le Haut Conseil du commissariat aux comptes, les personnes contrôlées et les commissaires aux comptes suppléants.

Il en va de même en cas de récusation prononcée sur le fondement de l'article L. 823-6. – *[Décr. n° 67-236 du 23 mars 1967, art. 70.]*

SECTION II DE LA MISSION DU COMMISSAIRE AUX COMPTES

Art. R. 823-7 Dans leur rapport à l'assemblée générale ordinaire, les commissaires aux comptes :

1° Déclarent :

a) Soit certifier que les comptes de l'exercice et les comptes consolidés sont réguliers et sincères et qu'ils donnent une image fidèle du résultat des opérations de l'exercice écoulé ainsi que de la situation financière et du patrimoine de la personne ou de l'entité et de l'ensemble des entreprises comprises dans la consolidation à la fin de l'exercice, en formulant, s'il y a lieu, toutes observations utiles ;

b) Soit assortir la certification de réserves ;

c) Soit refuser la certification des comptes.

2° Font état de leurs observations sur la sincérité et la concordance avec les comptes annuels des informations données dans le rapport de gestion de l'exercice et dans les documents adressés aux actionnaires sur la situation financière de la société et de l'ensemble des entreprises comprises dans la consolidation ainsi que sur les comptes annuels et les comptes consolidés.

3° Attestent spécialement l'exactitude et la sincérité des informations mentionnées aux trois premiers alinéas de l'article L. 225-102-1.

Dans les cas mentionnés aux *b* et *c* du 1°, les commissaires aux comptes précisent les motifs de leurs réserves ou de leur refus. – *[Décr. n° 67-236 du 23 mars 1967, art. 193.]*

Art. D. 823-7-1 *(Décr. n° 2008-1492 du 30 déc. 2008)* Pour l'application du deuxième alinéa de l'article L. 441-6-1, les commissaires aux comptes présentent, dans le rapport mentionné à l'article R. 823-7, leurs observations sur la sincérité et la concordance avec les comptes annuels des informations mentionnées à l'article D. 441-4.

SECTION III DES MODALITÉS D'EXERCICE DE LA MISSION

Art. R. 823-8 Si plusieurs commissaires aux comptes sont en fonction, ils peuvent procéder séparément à leurs investigations, vérifications et contrôles, mais ils établissent un rapport commun.

En cas de désaccord entre les commissaires, le rapport indique les différentes opinions exprimées. – *[Décr. n° 67-236 du 23 mars 1967, art. 189.]*

Art. R. 823-9 Les commissaires aux comptes sont convoqués à toute assemblée d'actionnaires ou d'associés ou à toutes réunions de l'organe compétent au plus tard lors de la convocation des actionnaires, associés ou membres de cet organe.

Ils sont convoqués, s'il y a lieu, aux réunions des organes collégiaux d'administration ou de direction et de l'organe de surveillance, selon le cas, en même temps que ces organes.

La convocation des commissaires aux comptes est faite par lettre recommandée avec demande d'avis de réception. – *[Décr. n° 67-236 du 23 mars 1967, art. 192.]*

Art. R. 823-10 Le commissaire aux comptes tient à jour la liste des personnes et des entités auprès desquelles il exerce ses fonctions. Les sociétés de commissaires aux comptes tiennent cette liste par commissaire aux comptes exerçant le commissariat aux comptes en leur nom.

Le commissaire aux comptes constitue pour chaque personne ou entité contrôlée un dossier contenant tous les documents reçus de celle-ci, ceux qui sont établis par lui et notamment le plan de mission, le programme de travail, la date, la durée, le lieu, l'objet de son intervention, ainsi que toutes autres indications permettant le contrôle ultérieur des travaux accomplis.

Il établit une comptabilité spéciale de l'ensemble des rémunérations. Cette comptabilité fait ressortir pour chaque personne ou entité contrôlée le montant des sommes reçues en distinguant les honoraires, le remboursement des frais de déplacement et de séjour et la rémunération pour les activités professionnelles à l'étranger.

Il établit chaque année en double exemplaire une déclaration d'activité comportant les informations mentionnées au 2° de l'article R. 821-68 qu'il adresse, le cas

échéant par voie électronique, à la compagnie régionale, laquelle transmet un exemplaire à la Compagnie nationale. – *[Décr. n° 69-810 du 12 août 1969, art. 66, al. 1er à 4.]*

V. art. R. 821-23.

Art. R. 823-11 **Les travaux du ou des commissaires aux comptes font l'objet d'un plan de mission et d'un programme de travail annuels, établis par écrit, qui tiennent compte de la forme juridique de la personne ou de l'entité contrôlée, de sa taille, de la nature de ses activités, du contrôle éventuellement exercé par l'autorité publique, de la complexité de la mission, de la méthodologie et des technologies spécifiques utilisées par le ou les commissaires aux comptes.**

Le plan de mission décrit l'approche générale des travaux.

Le programme de travail définit la nature et l'étendue des diligences estimées nécessaires, au cours de l'exercice, à la mise en œuvre du plan, compte tenu des prescriptions légales et des normes d'exercice professionnel ; il indique le nombre d'heures de travail affectées à l'accomplissement de ces diligences et les honoraires correspondants.

Le plan de mission et le programme de travail sont versés au dossier prévu au deuxième alinéa de l'article R. 823-10. – *[Décr. n° 69-810 du 12 août 1969, art. 119.]*

Art. R. 823-12 **Les diligences estimées nécessaires à l'exécution du programme de travail doivent comporter pour un exercice, en fonction du montant du bilan de la personne ou de l'entité, augmenté du montant des produits d'exploitation et des produits financiers, hors TVA, un nombre d'heures de travail normalement compris entre les chiffres suivants :**

Montant total du bilan et des produits d'exploitation et des produits financiers, hors taxes, et nombre normal d'heures de travail :

– jusqu'à 305 000 € : 20 à 35 heures ;
– de 305 000 à 760 000 € : 30 à 50 heures ;
– de 760 000 à 1 525 000 € : de 40 à 60 heures ;
– de 1 525 000 à 3 050 000 € : 50 à 80 heures ;
– de 3 050 000 à 7 622 000 € : 70 à 120 heures ;
– de 7 622 000 à 15 245 000 € : 100 à 200 heures ;
– de 15 245 000 à 45 735 000 € : 180 à 360 heures ;
– de 45 735 000 à 122 000 000 € : 300 à 700 heures. – *[Décr. n° 69-810 du 12 août 1969, art. 120.]*

Art. R. 823-13 **Lorsqu'au cours de la procédure d'alerte l'appréciation par le commissaire aux comptes du caractère satisfaisant de la réponse des dirigeants ou des décisions prises par eux rend nécessaires des diligences particulières, le nombre d'heures prévu par le programme de travail peut être augmenté au plus d'un tiers.** – *[Décr. n° 69-810 du 12 août 1969, art. 121.]*

Art. R. 823-14 **Si le nombre d'heures de travail normalement nécessaires à la réalisation du programme de travail du ou des commissaires aux comptes apparaît excessif ou insuffisant, le président de la compagnie régionale est saisi par la partie la plus diligente d'une demande de dérogation aux nombres indiqués à l'article R. 823-12. Cette demande indique le nombre d'heures estimées nécessaires et les motifs de la dérogation demandée. Elle est présentée préal ablement à la réalisation de la mission. L'autre partie fait connaître son avis.**

Le président de la compagnie régionale rend sa décision dans les quinze jours de la demande. Cette décision peut faire l'objet d'un recours devant la chambre régionale de discipline qui est saisie et statue dans les conditions prévues à l'article R. 823-18.

Cette procédure ne s'applique pas si le dépassement des limites fixées aux articles R. 823-12 et R. 823-13 recueille l'accord des parties. – *[Décr. n° 69-810 du 12 août 1969, art. 122.]*

Art. R. 823-15 Le montant de la vacation horaire est fixé d'un commun accord entre le ou les commissaires aux comptes et la personne ou l'entité contrôlée, préalablement à l'exercice de la mission.

Les frais de déplacement et de séjour engagés par les commissaires aux comptes dans l'exercice de leurs fonctions sont remboursés par la personne ou l'entité, sur justification. – *[Décr. n° 69-810 du 12 août 1969, art. 123.]*

Art. R. 823-16 Les dispositions de l'article R. 823-12 ne s'appliquent pas à la rémunération de chaque activité ou mission prévue au deuxième alinéa de l'article L. 823-9. – *[Décr. n° 69-810 du 12 août 1969, art. 124.]*

Art. R. 823-17 Les dispositions des articles R. 823-12 et R. 823-13 ne sont pas applicables aux :

1° Personnes et entités dont le montant du bilan augmenté du montant des produits d'exploitation et des produits financiers, hors taxes, excède 122 000 000 € ;

2° Personnes et entités qui émettent des valeurs mobilières admises aux négociations sur un marché réglementé ;

3° Entreprises régies par le code des assurances et le code de la mutualité ;

4° Établissements de crédit et compagnies financières régis par le code monétaire et financier ;

5° Sociétés d'investissement régies par l'ordonnance n° 45-2710 du 2 novembre 1945 relative aux sociétés d'investissement ;

6° Sociétés de développement régional régies par l'article R. 516-21 du code monétaire et financier ;

7° Associations et fondations lorsqu'elles sont tenues ou lorsqu'elles décident d'avoir un commissaire aux comptes ;

8° Sociétés d'économie mixte de construction régies par l'article L. 321-1 du code de l'urbanisme ;

9° Organismes d'habitation à loyer modéré soumis aux règles de la comptabilité des entreprises de commerce régis par les articles L. 411-2 et suivants du code de la construction et de l'habitation ;

10° *(Décr. n° 2008-460 du 15 mai 2008)* « Organismes mentionnés à l'article L. 114-8 du code de la sécurité sociale ; »

11° Institutions et organismes régis par le livre IX du code de la sécurité sociale ;

12° Administrateurs et mandataires judiciaires ;

(Décr. n° 2009-1664 du 28 déc. 2009) « 13° Syndicats professionnels de salariés ou d'employeurs et leurs unions, et associations de salariés ou d'employeurs mentionnés à l'article L. 2135-1 du code du travail. »

Le montant des honoraires est alors fixé d'un commun accord entre le commissaire aux comptes et la personne ou l'entité, eu égard à l'importance effective du travail nécessaire à l'accomplissement de la mission légale de contrôle. – *[Décr. n° 69-810 du 12 août 1969, art. 125.]*

Art. R. 823-18 En cas de désaccord entre le ou les commissaires aux comptes et les dirigeants de la personne ou de l'entité contrôlée sur le montant de la rémunération, le président de la compagnie régionale, saisi par écrit par la partie intéressée, s'efforce de concilier les parties.

Lorsque les commissaires aux comptes sont inscrits auprès de compagnies régionales distinctes, la tentative de conciliation est conduite par le président de la compagnie régionale qui a été saisi le premier.

A défaut d'une conciliation intervenue dans le mois de la demande, la partie la plus diligente dispose, à l'expiration de ce délai, d'un délai de quinze jours pour saisir du litige la chambre régionale de discipline par lettre recommandée avec demande d'avis de réception adressée au président de cette chambre.

Le secrétaire de la chambre cite les parties à comparaître devant la chambre régionale quinze jours au moins avant l'audience par lettre recommandée avec demande d'avis de réception. *(Décr. n° 2012-607 du 30 avr. 2012, art. 28)* « Il avise, le cas échéant, les avocats des parties de la date d'audience par lettre simple.

« Dès réception de la citation à comparaître devant la chambre régionale, les parties peuvent prendre connaissance du dossier. Elles peuvent se faire assister ou représenter par un avocat. Les parties et leur avocat peuvent se faire délivrer copie de tout ou partie des pièces du dossier pour l'usage exclusif de la procédure.

« Les débats devant la chambre sont publics. Toutefois, la chambre peut décider que les débats ne seront pas publics si les parties en font expressément la demande ou s'il doit résulter de la publicité une atteinte à l'ordre public, à un secret protégé par la loi ou au secret des affaires.

« Le secrétaire notifie la décision aux intéressés par lettre recommandée avec demande d'avis de réception et contre émargement ou récépissé au magistrat chargé du ministère public.

« Le cas échéant, les avocats des parties reçoivent copie de la décision par lettre simple. » — *[Décr. n° 69-810 du 12 août 1969, art. 126.]*

Art. R. 823-19 Le Haut Conseil du commissariat aux comptes statuant sur l'appel des décisions rendues par la chambre régionale de discipline en application des articles R. 823-14 et R. 823-18 est saisi dans le délai d'un mois à compter de la notification de la décision attaquée, par lettre recommandée avec demande d'avis de réception adressée *(Décr. n° 2012-607 du 30 avr. 2012, art. 29-1° et 2°)* « au secrétaire du Haut Conseil.

« Dès réception de l'acte d'appel, le secrétaire du Haut Conseil sollicite du secrétaire de la chambre régionale de discipline la transmission des pièces de la procédure que celui-ci lui adresse sans délai.

« L'appel est suspensif. »

Le secrétaire du Haut Conseil du commissariat aux comptes cite les parties à comparaître devant le Haut Conseil quinze jours au moins avant l'audience, par lettre recommandée avec demande d'avis de réception. *(Décr. n° 2012-607 du 30 avr. 2012, art. 29-3° et 4°)* « Le cas échéant, les avocats des parties sont avisés de la date d'audience par le secrétaire du Haut Conseil par lettre simple.

« Dès réception de la citation à comparaître devant le Haut Conseil, les parties peuvent prendre connaissance du dossier. Elles peuvent se faire assister ou représenter par un avocat. Les parties et leur avocat peuvent se faire délivrer copie de tout ou partie des pièces du dossier pour l'usage exclusif de la procédure.

« Les débats devant le Haut Conseil sont publics. Toutefois, le Haut Conseil peut décider que les débats ne seront pas publics si les parties en font expressément la demande ou s'il doit résulter de la publicité une atteinte à l'ordre public, à un secret protégé par la loi ou au secret des affaires. »

Le secrétaire notifie la décision aux intéressés par lettre recommandée avec demande d'avis de réception et contre émargement ou récépissé au magistrat chargé du ministère public. — *[Décr. n° 69-810 du 12 août 1969, art. 126-1.]*

(Décr. n° 2012-607 du 30 avr. 2012, art. 29-5°) « Le cas échéant, les avocats des parties reçoivent copie de la décision par lettre simple. »

Art. R. 823-20 La décision rendue par le Haut Conseil en matière d'honoraires peut faire l'objet d'un pourvoi devant la Cour de cassation à l'initiative des intéressés ou du magistrat chargé du ministère public, dans les conditions fixées aux articles 612 et suivants du code de procédure civile. — *[Décr. n° 69-810 du 12 août 1969, art. 126-2.]*

Art. R. 823-21 Les commissaires aux comptes désignés auprès de personnes ou d'entités *(Décr. n° 2009-557 du 19 mai 2009, art. 5-VI)* « dont les titres financiers sont admis aux négociations sur un marché réglementé » ou auprès d'établissements de crédit publient sur leur site internet, dans les trois mois suivant la clôture de l'exercice, un rapport de transparence incluant notamment :

a) Une description de la forme juridique et, le cas échéant, du capital de leur structure d'exercice professionnel ;

b) Le cas échéant, une description du réseau auquel ils appartiennent indiquant notamment sa forme juridique et son organisation ;

c) Une description du système interne de contrôle de qualité accompagné, le cas échéant, d'une déclaration de l'organe d'administration ou de direction concernant l'efficacité de son fonctionnement ;

d) La date du dernier contrôle mentionné à l'article R. 821-26 ;

e) La liste des personnes ou entités mentionnées au premier alinéa pour lesquelles le cabinet a effectué une mission de contrôle légal des comptes au cours de l'exercice écoulé ;

f) Une déclaration concernant les pratiques d'indépendance mises en place au sein du cabinet confirmant qu'une vérification interne de cette indépendance a été effectuée ;

g) Une déclaration relative à la politique suivie par le cabinet en matière de formation continue, attestant notamment le respect des dispositions de l'article L. 822-4 et de l'article R. 822-61 ;

h) L'ensemble des informations financières pertinentes permettant d'apprécier l'activité du cabinet, notamment le chiffre d'affaires total, le montant global des honoraires perçus au titre des missions de contrôle légal des comptes et le montant global des honoraires perçus au titre des prestations de services non directement liées à des missions de contrôle légal des comptes.

Le rapport de transparence des sociétés de commissaires aux comptes désignés auprès des personnes mentionnées au premier alinéa comprend en outre :

i) Une description des organes de direction, d'administration et de surveillance de leur structure d'exercice professionnel, avec l'indication de leurs modalités d'organisation et de fonctionnement ;

j) Des informations sur les bases de rémunération des associés.

Le rapport de transparence est signé par le commissaire aux comptes ou le représentant légal de la société de commissaires aux comptes. – *[Décr. n° 69-810 du 12 août 1969, art. 126-3.]*

Les dispositions de l'art. R. 823-21 entrent en vigueur pour les exercices clos après le 1er juin 2008 (Décr. n° 2007-431 du 25 mars 2007, art. 5-IV).

Art. R. 823-22 *(Décr. n° 2009-234 du 25 févr. 2009, art. 6)* **Pour l'application de l'article L. 823-12-1 relatif à la norme d'exercice professionnel spécifique aux sociétés en nom collectif, aux sociétés en commandite simple, aux sociétés à responsabilité limitée et aux sociétés par actions simplifiées, le total du bilan est fixé à 1 550 000 €, le montant hors taxe du chiffre d'affaires à 3 100 000 € et le nombre moyen de salariés permanents employés au cours de l'exercice à cinquante.**

Le total du bilan, le montant hors taxe du chiffre d'affaires et le nombre moyen de salariés sont déterminés conformément aux quatrième, cinquième et sixième alinéas de l'article R. 123-200.

L'art. R. 823-7-1 est devenu l'art. R. 823-22 (Décr. n° 2013-192 du 5 mars 2013, art. 10, en vigueur le 1er juill. 2013).

LIVRE NEUVIÈME DISPOSITIONS RELATIVES À L'OUTRE-MER

RÉP. COM. v^is^ *Départements d'outre-mer,* par LUCHAIRE ; *Collectivités territoriales d'outre-mer,* par PANSIER.

TITRE PREMIER DISPOSITIONS SPÉCIFIQUES À SAINT-PIERRE-ET-MIQUELON

Art. R. 910-1 *(Décr. n° 2007-431 du 25 mars 2007)* Ne sont pas applicables à Saint-Pierre-et-Miquelon les dispositions suivantes :

1° Les articles R. 121-3, R. 121-4, *(Décr. n° 2007-750 du 9 mai 2007, art. 39)* « R. 123-171-1, » R. 123-209 à R. 123-219, D. 145-12 à D. 145-19, D. 146-1 et D. 146-2 ;

2° *(Décr. n° 2007-1851 du 26 déc. 2007, art. 4-II)* « Les articles R. 229-1 à R. 229-26 et R. 252-1 » ;

3° Les articles R. 470-2 à R. 470-7 ;

4° Les articles R. 522-1 à R. 522-25 ;

5° Les articles R. 670-1 à R. 670-7 ;

6° *(Décr. n° 2009-1774 du 30 déc. 2009, art. 1er)* « Les articles R. 711-6, R. 711-18 à R. 711-53, R. 712-21 à R. 712-24, R. 713-31 à R. 713-63, D. 721-2 à R. 721-4 et R. 721-7 à R. 761-26 ».

Art. R. 910-2 *(Décr. n° 2007-431 du 25 mars 2007)* Pour l'application du présent code à Saint-Pierre-et-Miquelon, les termes énumérés ci-après sont remplacés comme suit :

1° "Tribunal de grande instance" ou "tribunal d'instance" par "tribunal de première instance" ;

2° "Cour d'appel" par "tribunal supérieur d'appel" ;

3° "Tribunal de commerce" ou "justice consulaire" par "tribunal de première instance statuant en matière commerciale" ;

4° "Premier président de la cour d'appel" par "président du tribunal supérieur d'appel" ;

5° "Procureur de la République" et "procureur général" par "procureur de la République près le tribunal supérieur d'appel" ;

6° "Département" ou "arrondissement" par "collectivité territoriale" ;

7° "*Bulletin officiel des annonces civiles et commerciales*" par "Recueil des actes administratifs de la collectivité territoriale" ;

8° "Préfet du département"par "préfet de la collectivité" ;

9° "Chambre de commerce et d'industrie" par *(Décr. n° 2009-1774 du 30 déc. 2009, art. 1er)* "chambre d'agriculture, de commerce, d'industrie de métiers et de l'artisanat".

Art. R. 910-3 *(Décr. n° 2007-431 du 25 mars 2007)* Les renvois aux dispositions du code général des impôts sont remplacés par les dispositions de droit fiscal applicables localement.

Art. R. 910-4 *(Décr. n° 2007-431 du 25 mars 2007)* Les références faites, par des dispositions du présent code applicables à Saint-Pierre-et-Miquelon, à d'autres articles du présent code, ne concernent que les articles rendus applicables dans la collectivité avec les adaptations prévues dans les chapitres ci-dessous.

Art. R. 910-5 *(Décr. n° 2007-431 du 25 mars 2007)* En l'absence d'adaptation, les références faites par des dispositions du présent code applicables à Saint-Pierre-et-Miquelon, à des dispositions qui n'y sont pas applicables, sont remplacées par les références aux dispositions ayant le même objet applicables localement.

Art. R. 910-6 *(Décr. n° 2007-431 du 25 mars 2007)* Les articles faisant référence à la Communauté européenne sont applicables dans le respect de la décision d'association prévue à l'article 187 du traité instituant la Communauté européenne *[art. 203 TFUE]*. Les références à l'accord sur l'Espace économique européen ne sont pas applicables.

CHAPITRE PREMIER DISPOSITIONS D'ADAPTATION DU LIVRE Ier

Art. R. 911-1 *(Décr. n° 2007-431 du 25 mars 2007)* A l'article R. 121-5, les mots : "I de l'article L. 121-4" sont remplacés par : "l'article L. 121-4".

Art. R. 911-2 *(Décr. n° 2007-431 du 25 mars 2007)* Les dérogations prévues par les articles R. 123-203, R. 123-204, R. 123-207 et R. 123-208 sont applicables aux personnes physiques soumises à un régime simplifié d'imposition par la réglementation en vigueur à Saint-Pierre-et-Miquelon.

CHAPITRE II DISPOSITIONS D'ADAPTATION DU LIVRE II

Le présent chapitre ne comprend pas de dispositions réglementaires.

CHAPITRE III DISPOSITIONS D'ADAPTATION DU LIVRE III

Art. R. 913-1 *(Décr. n° 2007-431 du 25 mars 2007)* L'article R. 330-1 est ainsi rédigé :

"Le contenu du document mentionné au deuxième alinéa de l'article L. 330-3 est fixé par un arrêté du représentant de l'État."

CHAPITRE IV DISPOSITIONS D'ADAPTATION DU LIVRE IV

Art. R. 914-1 Les articles R. 420-3 et R. 420-4 sont ainsi rédigés : « Pour l'application de l'article L. 420-7, le siège et le ressort des juridictions compétentes dans la collectivité territoriale de Saint-Pierre-et-Miquelon sont fixés conformément aux tableaux de l'annexe 9-4 et 9-5 du présent livre. » – *[COJ, art. R. 952-6, al. 2.] – V. annexes 9-4 et 9-5* ***C. com.*** .

Art. D. 914-2 *(Décr. n° 2009-1384 du 11 nov. 2009, art. 4-I)* Les articles D. 442-3 et D. 442-4 sont ainsi rédigés :

« Pour l'application de l'article L. 442-6, le siège et le ressort des juridictions compétentes dans la collectivité territoriale de Saint-Pierre-et-Miquelon sont fixés

conformément aux tableaux des annexes 9-6 et 9-7 du présent livre. » – *V. annexes 9-6 et 9-7 au* ***C. com.*** 🏛.

Les art. D. 914-2 et D. 924-2 et les annexes 9-6 et 9-7 sont entrés en vigueur le 1er déc. 2009. La juridiction primitivement saisie demeure compétente pour statuer sur les procédures introduites antérieurement à cette date (Décr. no 2009-1384 du 11 nov. 2009, art. 8).

Art. R. 914-3 *(Décr. no 2012-839 du 29 juin 2012, art. 6)* **Pour l'application de l'article R. 470-1-1 du code de commerce, la référence au "directeur de la direction départementale chargée de la protection des populations" est remplacée par la référence au "directeur de la cohésion sociale, du travail, de l'emploi et de la population".**

CHAPITRE V DISPOSITIONS D'ADAPTATION DU LIVRE V

Le présent chapitre ne comprend pas de dispositions réglementaires.

CHAPITRE VI DISPOSITIONS D'ADAPTATION DU LIVRE VI

Art. R. 916-1 A l'article R. 600-3, les mots : "en métropole" sont remplacés par les mots : "dans la collectivité territoriale de Saint-Pierre-et-Miquelon", et les mots : "aux tableaux des annexes 6-1 et 6-2 du présent livre" sont remplacés par les mots : "aux tableaux des annexes 9-2 et 9-3 du présent livre." – *[COJ, art. R. 952-6, al. 1er.]* – *V. annexes 9-2 et 9-3 au* ***C. com.*** 🏛.

CHAPITRE VII DISPOSITIONS D'ADAPTATION DU LIVRE VII

(Décr. no 2009-1774 du 30 décembre 2009, art. 1er)

Les dispositions issues du Décr. no 2013-381 du 3 mai 2013 portant diverses dispositions relatives au réseau des chambres de commerce et d'industrie ne s'appliquent pas à Saint-Pierre-et-Miquelon (Décr. préc., art. 26).

Art. D. 917-1 A l'article D. 711-9, les mots : "à la chambre de commerce et d'industrie de région et" sont supprimés.

Art. D. 917-2 Le second alinéa de l'article D. 711-67-1, le cinquième alinéa de l'article D. 711-67-4 et le deuxième alinéa de l'article D. 711-67-5 ne sont pas applicables.

Art. D. 917-3 A l'article D. 711-67-7, les mots : "aux articles L. 711-4 et L. 711-10" sont remplacés par les mots : "à l'article L. 711-4".

Art. R. 917-4 Au deuxième alinéa de l'article R. 711-68, les mots : "avec les délégués consulaires" sont supprimés.

Art. R. 917-5 Au deuxième alinéa de l'article R. 711-71, les mots : "Les chambres de commerce et d'industrie de région, les chambres de commerce et d'industrie territoriales et les groupements interconsulaires ne peuvent" sont remplacés par les mots : "La chambre de commerce et d'industrie ne peut".

Art. R. 917-6 Le dernier alinéa de l'article R. 712-8 et le quatrième alinéa de l'article R. 712-11 ne sont pas applicables.

Art. R. 917-7 A l'article R. 712-9, les mots : "et au II de l'article 1600 du code général des impôts" sont supprimés.

Art. R. 917-8 Au premier alinéa de l'article R. 712-16, les mots : "des informations relatives à l'emploi de la taxe additionnelle à la taxe professionnelle," sont supprimés.

Art. D. 917-9 Le quatrième alinéa de l'article D. 712-34 n'est pas applicable.

Art. R. 917-10 Le troisième alinéa de l'article R. 713-66 n'est pas applicable.

Décret n° 2009-1774 du 30 décembre 2009

Relatif à la chambre d'agriculture, de commerce, d'industrie, de métiers et de l'artisanat de Saint-Pierre-et-Miquelon et portant diverses dispositions relatives à cette collectivité territoriale.

Art. 2 La chambre d'agriculture, de commerce, d'industrie, de métiers et de l'artisanat de Saint-Pierre-et-Miquelon est soumise aux dispositions du titre Ier du livre VII du code de commerce (partie réglementaire) tel qu'adapté à Saint-Pierre-et-Miquelon par le titre Ier du livre IX de ce code (partie réglementaire) et sous réserve des adaptations supplémentaires suivantes :

1° L'article R. 711-1 est remplacé par les dispositions suivantes :

Art. R. 711-1 La chambre d'agriculture, de commerce, d'industrie, de métiers et de l'artisanat de Saint-Pierre-et-Miquelon a son siège à Saint-Pierre et sa circonscription s'étend à la collectivité territoriale de Saint-Pierre-et-Miquelon.

2° L'article D. 711-9 est remplacé par les dispositions suivantes :

Art. D. 711-9 La chambre d'agriculture, de commerce, d'industrie, de métiers et de l'artisanat de Saint-Pierre-et-Miquelon établit annuellement dans le cadre de son rapport d'activité un relevé des indicateurs d'activité, de qualité et de performance, prévus à l'article D. 711-56-1, qu'elle transmet à l'assemblée des chambres françaises de commerce et d'industrie.

3° A l'article D. 711-10 :

a) Le premier alinéa est remplacé par les dispositions suivantes :

Art. D. 711-10 La chambre d'agriculture, de commerce, d'industrie, de métiers et de l'artisanat de Saint-Pierre-et-Miquelon a notamment une mission de service aux entreprises agricoles, industrielles, commerciales, artisanales et de services de la collectivité ;

b) Au deuxième alinéa les mots : "elles créent et gèrent", et : "apportent" sont remplacés respectivement par les mots : "elle crée et gère" et : "apporte" ;

c) Au troisième alinéa, les mots : "elles peuvent" sont remplacés par les mots : "elle peut" ;

4° A l'article R. 711-13 :

a) Le deuxième alinéa est rédigé comme suit : "Le président et les deux vice-présidents représentent chacun des trois collèges prévus au 2° de l'article 18 de l'ordonnance n° 77-1106 du 26 septembre 1977 portant extension et adaptation à la collectivité territoriale de Saint-Pierre-et-Miquelon de diverses dispositions relatives au domaine industriel, agricole et commercial" ;

b) Le troisième alinéa n'est pas applicable ;

5° A l'article R. 711-15 :

a) Au premier alinéa, après les mots : "membre du bureau", sont insérés les mots : "élus au titre du collège représentant les activités du secteur de l'industrie, du commerce et des services" ;

b) Le deuxième alinéa est remplacé par deux alinéas ainsi rédigés :

Les candidats aux fonctions de membre du bureau élus au titre du collège représentant les activités du secteur de l'agriculture attestent auprès du préfet qu'ils remplissent les conditions prévues à l'article 3 du décret n° 2009-1774 du 30 décembre 2009 relatif à la chambre d'agriculture, de commerce, d'industrie, de métiers et de l'artisanat de Saint-Pierre-et-Miquelon et portant diverses dispositions relatives à cette collectivité territoriale.

Les candidats aux fonctions de membre du bureau élus au titre du collège représentant les activités du secteur des métiers et de l'artisanat attestent auprès du préfet qu'ils remplissent les conditions prévues à l'article 5 et au II de l'article 6 du décret n° 99-433 du 27 mai 1999 relatif à la composition des chambres de métiers et à leur élection.

6° L'article D. 711-67 est remplacé par les dispositions suivantes :

Art. D. 711-67 **La chambre d'agriculture, de commerce, d'industrie, de métiers et de l'artisanat de Saint-Pierre-et-Miquelon exerce les missions notamment de consultation, de représentation et de services aux entreprises des secteurs d'activité relevant de son champ de compétence.**

7° Au premier alinéa de l'article D. 711-67-1, les mots : "de l'industrie, du commerce et des services" sont remplacés par les mots : "de l'agriculture, du commerce, de l'industrie, des services et de l'artisanat" et les mots : "les établissements du réseau des chambres de commerce et d'industrie" sont remplacés par les mots : "la chambre d'agriculture, de commerce, d'industrie, de métiers et de l'artisanat de Saint-Pierre-et-Miquelon" ;

8° A l'article D. 711-67-2, les mots : "par les établissements du réseau des chambres de commerce et d'industrie" sont remplacés par les mots : "par la chambre d'agriculture, de commerce, d'industrie, de métiers et de l'artisanat de Saint-Pierre-et-Miquelon" et les mots : ", telles que définies par les normes d'intervention mentionnées à l'art. D. 711-56-1" sont supprimés. Il est ajouté une phrase : "Les missions obligatoires relevant des compétences des établissements du réseau des chambres de commerce et d'industrie sont définies par les normes d'intervention mentionnées à l'article D. 711-56-1" ;

9° Les premier et deuxième alinéas de l'article R. 711-71 sont remplacés par les dispositions suivantes :

La chambre d'agriculture, de commerce, d'industrie, de métiers et de l'artisanat de Saint-Pierre-et-Miquelon ne peut se réunir en assemblée générale que tous collèges confondus.

La chambre ne peut valablement délibérer que si le nombre des membres présents dépasse la moitié du nombre des membres en exercice.

10° Au premier alinéa de l'article R. 712-1, les mots : "des établissements du réseau des chambres de commerce et d'industrie" sont remplacés par les mots : "de la chambre d'agriculture, de commerce, d'industrie, de métiers et de l'artisanat de Saint-Pierre-et-Miquelon" ;

11° L'article R. 712-2 est remplacé par les dispositions suivantes :

Art. R. 712-2 **La tutelle sur la chambre d'agriculture, de commerce, d'industrie, de métiers et de l'artisanat de Saint-Pierre-et-Miquelon est assurée par le préfet de la collectivité territoriale de Saint-Pierre-et-Miquelon, assisté par le trésorier-payeur général.**

12° A l'article *(Décr. n° 2010-924 du 3 août 2010, art. 19-II)* « R. 713-1-1 » :

a) Aux premier, deuxième et troisième alinéas, les mots : "chambre de commerce et d'industrie" sont remplacés par les mots : "chambre d'agriculture, de commerce, d'industrie, de métiers et de l'artisanat de Saint-Pierre-et-Miquelon" ;

b) Il est inséré à la fin du premier alinéa les deux phrases suivantes : "La chambre procède de même à l'égard des entreprises inscrites au répertoire des métiers tenu par elle et ce en vue de l'identification ou de la désignation des électeurs relevant des activités définies à l'annexe du décret n° 98-247 du 2 avril 1998 relatif à la qualification artisanale et au répertoire des métiers. Elle adresse également un questionnaire aux agriculteurs et aux entreprises agricoles inscrites au registre des agriculteurs prévu au II de l'article 3 du décret n° 2009-1774 du 30 décembre 2009 relatif à la chambre d'agriculture, de commerce, d'industrie, de métiers et de l'artisanat de Saint-Pierre-et-Miquelon et portant diverses dispositions relatives à cette collectivité territoriale" ;

c) Il est inséré après le troisième alinéa l'alinéa suivant :

"Le président de la chambre d'agriculture, de commerce, d'industrie, de métiers et de l'artisanat de Saint-Pierre-et-Miquelon transmet au préfet au plus tard le 31 mars la liste des personnes physiques et des dirigeants sociaux des personnes morales immatriculées ou mentionnées au répertoire des métiers et le directeur de l'agriculture et de la forêt fournit, dans le même délai, la liste des personnes immatriculées ou mentionnées au registre des agriculteurs précités" ;

d) Au dernier alinéa, les mots : "par catégorie et, le cas échéant, sous-catégorie professionnelle" sont remplacés par les mots : "par collège" ;

13° Le premier alinéa de l'article R. 713-8 est remplacé par quatre alinéas rédigés comme suit :

Art. R. 713-8 Tout électeur qui remplit les conditions fixées à l'article L. 713-4 peut se porter candidat dans le collège représentant les activités du secteur de l'industrie, du commerce et des services.

Tout électeur qui remplit les conditions fixées par l'article 5 et le II de l'article 6 du décret n° 99-433 du 27 mai 1999 relatif à la composition des chambres de métiers et à leur élection peut se porter candidat dans le collège représentant les activités du secteur des métiers et de l'artisanat.

Tout électeur qui remplit les conditions fixées par le I et II de l'article 3 du décret n° 2009-1774 du 30 décembre 2009 relatif à la chambre d'agriculture, de commerce, d'industrie, de métiers et de l'artisanat de Saint-Pierre-et-Miquelon et portant diverses dispositions relatives à cette collectivité territoriale peut se porter candidat dans le collège représentant les activités du secteur de l'agriculture.

Nul ne peut être candidat dans plus d'un collège ;

....

14° A l'article R. 713-9 :

a) Au troisième alinéa, les mots : "la catégorie professionnelle ou la sous-catégorie dans laquelle" sont remplacés par les mots : "le collège dans lequel" ;

b) Au troisième alinéa, après le mot : "candidat", sont insérés les mots : "relevant du collège représentant les activités du commerce, de l'industrie et des services" ;

c) L'article est complété par les cinquième et sixième alinéas suivants :

"Chaque candidat relevant du collège représentant les activités du secteur de l'agriculture atteste auprès du préfet, sous forme d'une déclaration sur l'honneur, qu'il remplit les conditions prévues au I et au II de l'article 3 du décret n° 2009-1774 du 30 décembre 2009 relatif à la chambre d'agriculture, de commerce, d'industrie, de métiers et de l'artisanat de Saint-Pierre-et-Miquelon et portant diverses dispositions relatives à cette collectivité territoriale.

"Chaque candidat relevant du collège représentant les activités du secteur des métiers et de l'artisanat atteste auprès du préfet, sous forme de déclaration sur l'honneur, qu'il remplit les conditions prévues par l'article 5 et au II de l'article 6 du décret n° 99-433 du 27 mai 1999 susmentionné" ;

15° A l'article R. 713-10 :

a) Après les mots : "de candidature" sont insérés les mots : "au collège représentant les activités du secteur de l'industrie, du commerce et des services" ;

b) Il est ajouté à la fin de ce premier alinéa la phrase suivante : "Il en est de même pour les déclarations de candidature qui remplissent les conditions prévues au I et au II de l'article 3 du décret n° 2009-1774 du 30 décembre 2009 relatif à la chambre d'agriculture, de commerce, d'industrie, de métiers et de l'artisanat de Saint-Pierre-et-Miquelon et portant diverses dispositions relatives à cette collectivité territoriale, pour les candidats au titre du collège représentant les activités du secteur de l'agriculture et pour celles qui remplissent les conditions prévues à l'article 5 et au II de l'article 6 du décret n° 99-433 du 27 mai 1999 susmentionné pour les candidats au titre du collège représentant les activités du secteur de l'artisanat et des métiers" ;

16° A l'article R. 713-12 :

a) Au premier alinéa, les mots : "par catégorie et sous-catégorie professionnelle" sont remplacés par les mots : "par collège" ;

b) Au deuxième alinéa, après les mots : "du ministre chargé de la tutelle des chambres de commerce et d'industrie" sont insérés les mots : ", du ministre chargé de la tutelle des chambres d'agriculture, du ministre chargé de la tutelle des chambres de métiers et de l'artisanat et du ministre chargé de l'outre-mer" ;

17° Au 1°, au 2° et au sixième alinéa de l'article R. 713-13, les mots : "chambre de commerce et d'industrie" sont remplacés par les mots : "chambre d agriculture, de commerce, d'industrie, de métiers et de l'artisanat de Saint-Pierre-et-Miquelon" ;

18° Au 2° de l'article R. 713-14, le mot : "catégorie" est remplacé par le mot : "collège" ;

19° A l'article R. 713-15, les mots : "du ministre chargé de la tutelle des chambres de commerce et d'industrie" sont remplacés par les mots : "du préfet de la collectivité territoriale de Saint-Pierre-et-Miquelon" ;

20° A l'article R. 713-17 :

a) Au 6° du I et au 3° du II, les mots : "de la catégorie et, le cas échéant, de la sous-catégorie à laquelle" sont remplacés par les mots : "du collège auquel" ;

b) Au 1° du II, les mots : "chambre de commerce et d'industrie " sont remplacés par les mots : "chambre d'agriculture, de commerce, d'industrie, de métiers et de l'artisanat de Saint-Pierre-et-Miquelon" ;

21° A l'article R. 713-18 :

a) Au deuxième alinéa, les mots : "sous-catégories" sont remplacés par le mot : "collèges" ;

b) Au cinquième alinéa, les mots : "à la catégorie et à la sous-catégorie " sont remplacés par les mots : "au collège " ;

22° A l'article R. 713-19 :

a) Au premier alinéa, les mots : "catégorie ou sous-catégorie" sont remplacés par le mot : "collège" ;

b) Au deuxième alinéa, les mots : "la catégorie, la sous-catégorie professionnelle ou la délégation" sont remplacés par les mots : "le collège" ;

Au troisième alinéa de l'article R. 713-27, après les mots : "tutelle des chambres de commerce et d'industrie", la fin de l'alinéa est ainsi rédigée : ", au ministre chargé de la tutelle des chambres d'agriculture, au ministre chargé de la tutelle des chambres de métiers et de l'artisanat et à la chambre d'agriculture, de commerce, d'industrie, de métiers et de l'artisanat de Saint-Pierre-et-Miquelon" ;

24° Au premier alinéa de l'article R. 713-28, les mots : "aux chambres de commerce et d'industrie" sont remplacés par les mots : "à la chambre d'agriculture, de commerce, d'industrie, de métiers et de l'artisanat de Saint-Pierre-et-Miquelon" ;

25° Au premier alinéa de l'article R. 713-29, les mots : "d'une chambre de commerce et d'industrie" sont remplacés par les mots : "de la chambre d'agriculture, de commerce, d'industrie, de métiers et de l'artisanat de Saint-Pierre-et-Miquelon" ;

26° A l'article R. 713-65, après les mots : "L. 713-11", sont ajoutés les mots suivants : " ; ces catégories professionnelles constituent les activités relevant du collège représentant les activités du secteur de l'industrie, du commerce et des services".

Cet article est en outre complété par les deux alinéas suivants :

"Les activités relevant du collège représentant les activités du secteur de l'agriculture sont fixées par l'arrêté du préfet de la collectivité territoriale de Saint-Pierre-et-Miquelon *relatif au registre des agriculteurs* prévue au III de l'article 3 du décret n° 2009-1774 du 30 décembre 2009 relatif à la chambre d'agriculture, de commerce, d industrie, de métiers et de l'artisanat de Saint-Pierre-et-Miquelon et portant diverses dispositions relatives à cette collectivité territoriale ;

"Les activités relevant du collège représentant les activités du secteur de l'artisanat et des métiers sont celles fixées par l'annexe du décret n° 98-247 du 2 avril 1998 relatif à la qualification artisanale et au répertoire des métiers." ;

27° A l'article R. 713-66 :

a) Au premier alinéa, les mots : "chambre de commerce et d'industrie " sont remplacés par les mots : "chambre d'agriculture, de commerce, d'industrie, de métiers et de l'artisanat de Saint-Pierre-et-Miquelon " et les mots : "catégories et, le cas échéant, des sous-catégories professionnelles" sont remplacés par les mots : "des collèges prévus au 2° de l'article 18 de l'ordonnance n° 77-1106 du 26 septembre 1977 portant extension et adaptation à la collectivité territoriale de Saint-Pierre-et-Miquelon de diverses dispositions législatives relatives au domaine industriel, agricole et commercial" ;

b) Au deuxième alinéa, les mots : "ministre chargé de la tutelle des chambres de commerce et d'industrie" sont remplacés par les mots : "préfet de la collectivité territoriale de Saint-Pierre-et-Miquelon" ;

c) Au 2° et au 3°, les mots : "de la catégorie " sont remplacés par les mots : "du collège" ;

d) Au dernier alinéa, les mots : "catégories professionnelles et, le cas échéant, entre sous-catégories professionnelles et propose le nombre de membres que doit comporter la chambre de commerce et d'industrie" sont remplacés par le mot : "collèges" ;

e) Il est ajouté à la fin de l'article l'alinéa suivant : "Le nombre des membres de chaque collège est pair" ;

28° A l'article R. 713-67, les mots : "les chambres de commerce et d'industrie" sont remplacés par les mots : "la chambre d'agriculture, de commerce, d'industrie, de métiers et de l'artisanat de Saint-Pierre-et-Miquelon" ;

29° A l'article R. 713-68 :

a) Les mots : "le nombre des membres et la composition de la chambre de commerce et d'industrie par catégories et sous-catégories professionnelles" sont remplacés par les mots : "la composition de la chambre d'agriculture, de commerce, d'industrie, de métiers et de l'artisanat de Saint-Pierre-et-Miquelon par collèges" ;

b) La deuxième phrase n'est pas applicable ;

30° L'article R. 713-69 n'est pas applicable ;

31° A l'article R. 713-70 :

a) Aux premier, troisième, quatrième et cinquième alinéas, les mots : "chambre de commerce et d'industrie" sont remplacés par les mots : "chambre d'agriculture, de commerce, d'industrie, de métiers et de l'artisanat de Saint-Pierre-et-Miquelon" ;

b) Le premier alinéa est complété par la phrase suivante : "Elle établit les listes électorales de chacun des trois collèges prévus au 2° de l'article 18 de l'ordonnance n° 77-1106 du 26 septembre 1977 susmentionnée" ;

c) Le quatrième alinéa est complété par les mots : ", ainsi que le directeur de l'agriculture et de la forêt de Saint-Pierre-et-Miquelon ou son représentant, pour ce qui concerne l'établissement de la liste électorale du collège représentant les activités du secteur de l'agriculture."

Art. 3 I. — Sont électeurs au collège représentant les activités du secteur de l'agriculture les personnes physiques et les dirigeants sociaux des personnes morales inscrites au registre des agriculteurs de Saint-Pierre-et-Miquelon remplissant les conditions suivantes :

1° Être âgés de dix-huit ans accomplis ;

2° Être assujettis à la caisse de prévoyance sociale de Saint-Pierre-et-Miquelon.

Les électeurs ne doivent pas avoir fait l'objet d'une condamnation équivalente à celles mentionnées à l'article L. 713-3 du code de commerce.

II. — Sont éligibles au collège représentant les activités du secteur de l'agriculture les personnes physiques et morales remplissant les conditions fixées au I et qui sont immatriculées au registre des agriculteurs depuis au moins deux ans à la date de clôture du scrutin.

III. — 1° Le préfet de la collectivité territoriale de Saint-Pierre-et-Miquelon prévoit les modalités de création et de fonctionnement du registre des agriculteurs de Saint-Pierre-et-Miquelon et les conditions d'inscription des personnes physiques et morales à ce registre.

2° Le préfet de la collectivité territoriale de Saint-Pierre-et-Miquelon établit et tient à jour le registre des agriculteurs de Saint-Pierre-et-Miquelon.

La condition d'ancienneté d'inscription au registre des agriculteurs prévue à l'art. 3 n'est pas applicable à l'occasion du prochain renouvellement général des membres de la chambre d'agriculture, du commerce, d'industrie, de métiers et de l'artisanat de Saint-Pierre-et-Miquelon (Décr. n° 2009-1774 du 30 déc. 2009, art. 6).

CHAPITRE VIII DISPOSITIONS D'ADAPTATION DU LIVRE VIII

Le présent chapitre ne comprend pas de dispositions réglementaires.

TITRE DEUXIÈME DISPOSITIONS APPLICABLES À MAYOTTE

Art. R. 920-1 *(Décr. n° 2007-431 du 25 mars 2007)* Sous réserve des adaptations prévues dans les chapitres ci-après, les dispositions suivantes du code sont applicables *(Décr. n° 2011-338 du 29 mars 2011, art. 7, en vigueur le 1er avr. 2011)* « dans le Département de Mayotte » :

1° Le livre Ier, à l'exception des articles R. 121-3, R. 121-4, R. 122-1 à R. 122-17, *(Décr. n° 2007-750 du 9 mai 2007, art. 39)* « R. 123-171-1, » R. 123-209 à R. 123-219, R. 132-1 à R. 133-2, D. 145-12 à D. 145-19, D. 146-1 et D. 146-2 ;

2° Le livre II, à l'exception *(Décr. n° 2007-1851 du 26 déc. 2007, art. 4-II)* « des articles R. 229-1 à R. 229-26 et R. 252-1 » ;

3° Le livre III, à l'exception des articles R. 321-1 à R. 321-73 ;

4° Le livre IV, à l'exception des articles R. 463-16, R. 470-2 à R. 470-7 ;

5° Le livre V *(Abrogé par Décr. n° 2011-1772 du 5 déc. 2011, art. 5) « , à l'exception des articles R. 522-1 à R. 522-25 »* ;

6° Le livre VI, à l'exception des articles R. 625-4, R. 670-1 à R. 670-7 ;

7° *(Décr. n° 2011-338 du 29 mars 2011, art. 7, en vigueur le 1er avr. 2011)* « Les titres Ier à IV du livre VII, à l'exception des articles R. 711-32 à R. 711-52, R. 712-21 à R. 712-24, R. 713-7 *[;]* »

8° Le livre VIII.

Art. R. 920-2 *(Décr. n° 2007-431 du 25 mars 2007)* Pour l'application du présent code *(Décr. n° 2011-338 du 29 mars 2011, art. 7, en vigueur le 1er avr. 2011)* « dans le Département de Mayotte », les termes énumérés ci-après sont remplacés comme suit :

(Abrogé par Décr. n° 2011-338 du 29 mars 2011, art. 7, à compter du 1er avr. 2011) *« 1° "tribunal de grande instance" ou "tribunal d'instance" par "tribunal de première instance" ;*

« 2° "tribunal de commerce" ou "justice consulaire" par "tribunal de première instance statuant en matière commerciale" ;

« 3° "cour d'appel" par "tribunal supérieur d'appel" ;

« 4° "premier président de la cour d'appel " par "président du tribunal supérieur d'appel" ;

« 5° "procureur général" par "procureur de la République près le tribunal supérieur d'appel" ;

« 6° "procureur de la République" par "procureur de la République près le tribunal de première instance" ;

« 7° "département" ou "arrondissement" par "Mayotte" ;

« 8° "Bulletin officiel des annonces civiles et commerciales" par "Recueil des actes administratifs de Mayotte" ; »

9° "préfet" ou "sous-préfet" par "représentant de l'État à Mayotte" ;

10° "chambre de commerce et d'industrie" par "chambre de commerce et d'industrie de Mayotte" ;

11° "chambre d'agriculture" par "chambre d'agriculture, de la pêche, et de l'aquaculture de Mayotte " ;

12° "chambre des métiers et de l'artisanat de région" par "chambre de métiers et de l'artisanat de Mayotte".

Art. R. 920-3 *(Décr. n° 2007-431 du 25 mars 2007)* Les renvois aux dispositions du code général des impôts sont remplacés par les renvois aux dispositions du code local des impôts en vigueur à Mayotte.

Les renvois aux dispositions du code du travail sont remplacés par les renvois aux dispositions du code du travail applicable à Mayotte.

Art. R. 920-4 *(Décr. n° 2007-431 du 25 mars 2007)* Les références faites, par des dispositions du présent code applicables à Mayotte, à d'autres articles du présent code, ne concernent que les articles rendus applicables à Mayotte avec les adaptations prévues dans les chapitres ci-dessous.

Art. R. 920-5 *(Décr. n° 2007-431 du 25 mars 2007)* En l'absence d'adaptation, les références faites par des dispositions du présent code applicables à Mayotte à des dispositions qui n'y sont pas applicables, sont remplacées par les références aux dispositions ayant le même objet applicables localement.

Art. R. 920-6 *(Décr. n° 2007-431 du 25 mars 2007)* En l'absence d'adaptation, les références faites par des dispositions du présent code applicables à Mayotte à des dispositions du code du travail n'y sont applicables que s'il existe une disposition applicable localement ayant le même objet.

Art. R. 920-7 *(Décr. n° 2007-431 du 25 mars 2007)* Les articles faisant référence à la Communauté européenne sont applicables dans le respect de la décision d'association prévue à l'article 187 du traité instituant la Communauté européenne *[art. 203 TFUE]*. Les références à l'accord sur l'Espace économique européen ne sont pas applicables.

CHAPITRE PREMIER DISPOSITIONS D'ADAPTATION DU LIVRE Ier

Art. R. 921-1 *(Décr. n° 2007-431 du 25 mars 2007)* A l'article R. 121-5, les mots : "I de l'article L. 121-4" sont remplacés par : "l'article L. 121-4".

Art. R. 921-2 Au deuxième alinéa de l'article R. 123-80, après les termes : "à l'article R. 123-166", les mots : "à l'exception des actes et pièces mentionnés aux articles R. 123-103 à R. 123-117, et L. 123-9" sont insérés. – *[Décr. n° 84-406 du 30 mai 1984, art. 87, al. 1er.]*

Art. R. 921-3 *Abrogé par Décr. n° 2012-928 du 31 juill. 2012, art. 19, à compter du 1er sept. 2012.*

Art. R. 921-4 Pour l'application des articles R. 123-103 à R. 123-117, les actes et pièces mentionnés à ces articles sont communiqués par les greffiers dans les conditions prévues à l'article R. 123-150. – *[Décr. n° 84-406 du 30 mai 1984, art. 87, al. 1er.]*

CHAPITRE II DISPOSITIONS D'ADAPTATION DU LIVRE II

Art. R. 922-1 *(Décr. n° 2007-431 du 25 mars 2007)* Aux articles R. 232-6, R. 232-7, R. 234-2, R. 234-3, R. 234-5 et R. 234-6, les mots : "au comité d'entreprise" sont remplacés par les mots : "aux délégués du personnel."

CHAPITRE III DISPOSITIONS D'ADAPTATION DU LIVRE III

Art. R. 923-1 *(Décr. nº 2007-431 du 25 mars 2007)* L'article R. 330-1 est ainsi rédigé :

"Le contenu du document mentionné au deuxième alinéa de l'article L. 330-3 est fixé par un arrêté du représentant de l'État."

CHAPITRE IV DISPOSITIONS D'ADAPTATION DU LIVRE IV

Art. R. 924-1 Les articles R. 420-3 et R. 420-4 sont ainsi rédigés :

« Pour l'application de l'article L. 420-7, le siège et le ressort des juridictions compétentes *(Décr. nº 2011-338 du 29 mars 2011, art. 7, en vigueur le 1er avr. 2011)* « dans le Département de Mayotte » sont fixés conformément aux tableaux des annexes 9-4 et 9-5 du présent livre. » – *[COJ, art. R. 943-4, al. 3.] – V. note ss. art. R. 914-1.*

Art. D. 924-2 *(Décr. nº 2009-1384 du 11 nov. 2009, art. 4-II)* Les articles D. 442-3 et D. 442-4 sont ainsi rédigés :

« Pour l'application de l'article L. 442-6, le siège et le ressort des juridictions compétentes *(Décr. nº 2011-338 du 29 mars 2011, art. 7, en vigueur le 1er avr. 2011)* « dans le Département de Mayotte » sont fixés conformément aux tableaux des annexes 9-6 et 9-7 du présent livre. » – *V. notes ss. art. D. 914-2.*

CHAPITRE V DISPOSITIONS D'ADAPTATION DU LIVRE V

Le présent chapitre ne comprend pas de dispositions réglementaires.

CHAPITRE VI DISPOSITIONS D'ADAPTATION DU LIVRE VI

Art. R. 926-1 *(Décr. nº 2011-338 du 29 mars 2011, art. 7, en vigueur le 1er avr. 2011)* A l'article R. 600-3, les mots : "en métropole" sont remplacés par les mots : "dans le département de Mayotte", et les mots : "aux tableaux des annexes 6-1 et 6-2 du présent livre" sont remplacés par les mots : "aux tableaux des annexes 9-2 et 9-3 du présent livre". » – *[COJ, art. R. 943-4, al. 2.] – V. note ss. art. R. 916-1.*

CHAPITRE VII DISPOSITIONS D'ADAPTATION DU LIVRE VII

Les dispositions issues du Décr. nº 2013-381 du 3 mai 2013 portant diverses dispositions relatives au réseau des chambres de commerce et d'industrie ne s'appliquent pas au département de Mayotte (Décr. préc., art. 26).

Art. R. 927-1 L'article R. 711-1 est ainsi rédigé :

Art. 711-1 La chambre de commerce et d'industrie de Mayotte, dont la circonscription est Mayotte, a son siège à Mamoudzou. – *[Décr. nº 2006-379 du 27 mars 2006, art. 3.]*

Art. R. 927-2 *(Décr. n° 2007-574 du 19 avr. 2007, art. 8-IV)* **Après l'article R. 713-6, est inséré l'article suivant :**

Art. R. 713-6-1 Le vote à l'urne prévu à l'article 16 de l'ordonnance n° 2005-43 du 20 janvier 2005 est organisé pour l'élection des membres de la chambre de commerce et d'industrie de Mayotte dans les conditions suivantes :

I. — La commission d'établissement des listes électorales prévue à l'article 15 de l'ordonnance n° 2005-43 du 20 janvier 2005 fait établir par le préfet les cartes électorales et les remet aux maires qui les adressent aux électeurs au plus tard dans la troisième semaine qui précède la date du scrutin. La carte d'électeur qui n'a pu être remise à son titulaire est transmise par le maire au bureau de vote où elle demeure à la disposition de l'électeur jusqu'au jour du scrutin. Un arrêté du préfet fixe le format, les mentions et les modalités d'impression des cartes électorales.

II. — L'électeur peut donner procuration à un autre électeur inscrit dans la même catégorie et sous-catégorie professionnelle, si elle existe.

La procuration mentionne l'identité du mandant et du mandataire ainsi que la catégorie, et la sous-catégorie professionnelle, si elle existe, de chacun d'eux.

Chaque électeur ne peut disposer que d'une seule procuration. Si plusieurs procurations sont établies au nom du même électeur, celle qui lui a été adressée en premier lieu est seule valable.

Les articles L. 71, L. 72, L. 74 à L. 77, les premier, deuxième, troisième et quatrième alinéas de l'article R. 73, le premier alinéa de l'article R. 74, les premier et deuxième alinéas de l'article R. 75, les troisième, quatrième et cinquième alinéas de l'article R. 76, les articles R. 78 et R. 79 du code électoral s'appliquent au vote par procuration.

III. — Le représentant de l'État à Mayotte fixe le siège et les heures d'ouverture des bureaux de vote.

Les bureaux de vote sont constitués du maire ou de son délégué, président, et de deux conseillers municipaux ou, à défaut, électeurs consulaires qu'il désigne.

Si un électeur ne peut présenter au bureau de vote sa carte électorale, il est autorisé à voter au vu de la liste électorale en produisant un des titres d'identité prévus par l'article R. 60 du code électoral.

IV. — Il est procédé au dépouillement le jour même du scrutin.

Est nul tout bulletin distinct du modèle validé dans les conditions prévues à l'article R. 713-13, tout bulletin portant un nombre de noms supérieur à celui des sièges à pourvoir dans la catégorie ou, le cas échéant, la sous-catégorie professionnelle concernée et tout bulletin entaché d'une des irrégularités mentionnées à l'article L. 66 du code électoral.

Seuls les suffrages en faveur des candidats déclarés sont pris en compte.

V. — A l'issue du dépouillement, le président du bureau de vote dresse le procès-verbal des opérations électorales et le remet dans les vingt-quatre heures à la commission des opérations électorales prévue à l'article R. 713-13.

VI. — Par dérogation aux dispositions du deuxième alinéa de l'article R. 713-27, la commission dispose d'un délai de quatre jours suivant celui du scrutin pour proclamer les résultats. — *[Décr. n° 91-739 du 18 juill. 1991, art. 60.]*

Art. R. 927-3 *(Décr. n° 2007-574 du 19 avr. 2007, art. 8-IV)* **Pour l'application à Mayotte de l'article R. 713-66, les deuxième à sixième alinéas sont remplacés par les dispositions suivantes :**

Art. R. 713-66, al. 2 à 6 L'étude décrit la répartition des membres entre catégories professionnelles et, le cas échéant, entre sous-catégories professionnelles. Elle est élaborée à partir des données suivantes :

1° Chiffres d'affaires, par catégorie ou sous-catégorie, des entreprises soumises au paiement de l'impôt sur les sociétés ;

2° Effectifs, par catégorie ou sous-catégorie, des entreprises à jour du paiement de la patente ;

3° Répartition, par catégorie ou sous-catégorie, des entreprises inscrites au registre du commerce. » – *[Décr. n° 91-739 du 18 juill. 1991, art. 59, al. 1er à 5.]*

Art. R. 927-4 *(Décr. n° 2007-574 du 19 avr. 2007, art. 8-IV)* **A l'article R. 721-6, les mots : "4 000" sont remplacés par les mots : "460 €".** – *[COJ, art. R. 943-2-1.]*

CHAPITRE VIII DISPOSITIONS D'ADAPTATION DU LIVRE VIII

Le présent chapitre ne comprend pas de dispositions réglementaires.

TITRE TROISIÈME DISPOSITIONS APPLICABLES EN NOUVELLE-CALÉDONIE

Art. R. 930-1 *(Décr. n° 2007-431 du 25 mars 2007)* **Sous réserve des adaptations prévues dans les chapitres ci-après, les dispositions suivantes du code sont applicables en Nouvelle-Calédonie :**

1° Le livre Ier, à l'exception des articles R. 121-3, R. 121-4, R. 122-1 à R. 122-17, *(Décr. n° 2007-750 du 9 mai 2007, art. 39)* **« R. 123-171-1, » R. 123-209 à R. 123-219, D. 123-235, D. 123-236, R. 127-1 à R. 134-17, R. 143-23, R. 145-9 à D. 145-19, R. 145-22 à D. 146-2. Les articles R. 123-220 à R. 123-234 ne sont applicables qu'en ce qu'ils concernent les institutions et services de l'État et les personnes morales de droit public administratif dont le siège est situé en Nouvelle-Calédonie, ainsi que leurs établissements ;**

2° Le livre II, à l'exception *(Décr. n° 2007-1851 du 26 déc. 2007, art. 4-II)* **« des articles R. 229-1 à R. 229-26 et R. 252-1 » ;**

3° Le livre III, à l'exception des articles R. 310-1 à R. 310-19, R. 321-1 à R. 321-73 ;

4° Le livre V, à l'exception des articles R. 522-1 à R. 522-25 ;

5° Le livre VI, à l'exception des articles R. 600-1, R. 600-2, R. 600-4 à R. 611-50, R. 621-1 à R. 663-40, R. 663-42 à R. 663-44, des deux premiers alinéas de l'article R. 663-45, des articles R. 663-47, R. 663-48 et R. 670-1 à R. 670-7 ;

6° Le titre II du livre VII, à l'exception des articles R. 721-7 à R. 722-6, R. 722-8, R. 722-9, R. 722-11 à R. 722-17, R. 723-4, R. 723-9 à R. 723-31 ;

7° Le titre II du livre VIII *(Décr. n° 2012-607 du 30 avr. 2012, art. 34)* **« , à l'exception des articles R. 822-149 à R. 822-162, dans sa rédaction en vigueur le lendemain de la publication »** *(Décr. n° 2013-192 du 5 mars 2013, art. 15, en vigueur le 1er juill. 2013)* **« du décret n° 2013-192 du 5 mars 2013** *[JO 7 mars]* **».**

Art. R. 930-2 *(Décr. n° 2007-431 du 25 mars 2007)* **Pour l'application du présent code dans le territoire, les termes énumérés ci-après sont remplacés comme suit :**

1° "Tribunal de grande instance" ou "tribunal d'instance" par "tribunal de première instance" ;

2° "Tribunal de commerce" ou "justice consulaire" par "tribunal mixte de commerce" ;

3° "Conseil de prud'hommes" par "tribunal du travail" ;

4° "*Bulletin officiel des annonces civiles et commerciales*" par "*Journal officiel de la Nouvelle-Calédonie*" ;

5° "Département" ou "arrondissement" par "Nouvelle-Calédonie" ou par "province" ;

6° "Préfet" ou "sous-préfet" par "représentant de l'État en Nouvelle-Calédonie ".

Art. R. 930-3 *(Décr. n° 2007-431 du 25 mars 2007)* Les références faites, par des dispositions du présent code applicables en Nouvelle-Calédonie, à d'autres articles du présent code, ne concernent que les articles rendus applicables en Nouvelle-Calédonie avec les adaptations prévues dans les chapitres ci-dessous.

Art. R. 930-4 *(Décr. n° 2007-431 du 25 mars 2007)* En l'absence d'adaptation, les références faites par des dispositions du présent code applicables en Nouvelle-Calédonie, à des dispositions qui n'y sont pas applicables, sont remplacées par les références aux dispositions ayant le même objet applicables localement.

Art. R. 930-5 *(Décr. n° 2007-431 du 25 mars 2007)* Les références faites, par des dispositions du présent code applicables en Nouvelle-Calédonie, à des dispositions du code du travail n'y sont applicables que s'il existe une disposition applicable localement ayant le même objet.

Art. R. 930-6 *(Décr. n° 2007-431 du 25 mars 2007)* Les références faites, par des dispositions du présent code applicables en Nouvelle-Calédonie, à des dispositions relative*[s]* à la procédure civile n'y sont applicables que s'il existe une disposition applicable localement ayant le même objet.

Art. R. 930-7 *(Décr. n° 2007-431 du 25 mars 2007)* Les références à l'immatriculation au répertoire des métiers sont remplacées par les références à l'immatriculation faite conformément à la réglementation applicable en Nouvelle-Calédonie.

Art. R. 930-8 *(Décr. n° 2007-431 du 25 mars 2007)* Les articles faisant référence à la Communauté européenne sont applicables dans le respect de la décision d'association prévue à l'article 187 du traité instituant la Communauté européenne *[art. 203 TFUE]*. Les références à l'accord sur l'Espace économique européen ne sont pas applicables.

CHAPITRE PREMIER DISPOSITIONS D'ADAPTATION DU LIVRE Ier

Art. R. 931-1 *(Décr. n° 2007-431 du 25 mars 2007)* A l'article R. 121-5, les mots : "du I de l'article L. 121-4" sont remplacés par les mots : "de l'article L. 121-4".

Art. R. 931-2 Au deuxième alinéa de l'article R. 123-80, après les termes : "à l'article R. 123-166", les mots : "à l'exception des actes et pièces mentionnés aux articles R. 123-103 à R. 123-117, et à l'article L. 123-9" sont ajoutés. – *[Décr. n° 84-406 du 30 mai 1984, art. 87, al. 1er.]*

Art. R. 931-3 *Abrogé par Décr. n° 2012-928 du 31 juill. 2012, art. 19, à compter du 1er sept. 2012.*

Art. R. 931-4 Pour l'application des articles R. 123-103 à R. 123-117, les actes et pièces mentionnés à ces articles sont communiqués par les greffiers dans les conditions prévues à l'article R. 123-150. – *[Décr. n° 84-406 du 30 mai 1984, art. 87, al. 1er.]*

CHAPITRE II DISPOSITIONS D'ADAPTATION DU LIVRE II

Art. R. 932-1 *(Décr. nº 2007-431 du 25 mars 2007)* Aux articles R. 232-6, R. 232-7, R. 234-2, R. 234-3, R. 234-5 et R. 234-6, les mots : "au comité d'entreprise" sont remplacés par les mots : "aux délégués du personnel".

CHAPITRE III DISPOSITIONS D'ADAPTATION DU LIVRE III

Art. R. 933-1 *(Décr. nº 2007-431 du 25 mars 2007)* L'article R. 330-1 est ainsi rédigé :

Art. R. 330-1 Le contenu du document mentionné au deuxième alinéa de l'article L. 330-3 est fixé par un arrêté du représentant de l'État.

CHAPITRE IV DISPOSITIONS D'ADAPTATION DU LIVRE IV

Le présent chapitre ne comprend pas de dispositions réglementaires.

CHAPITRE V DISPOSITIONS D'ADAPTATION DU LIVRE V

Le présent chapitre ne comprend pas de dispositions réglementaires.

CHAPITRE VI DISPOSITIONS D'ADAPTATION DU LIVRE VI

Art. R. 936-1 A l'article R. 600-3, les mots : "en métropole" sont remplacés par les mots : "en Nouvelle-Calédonie", et les mots : "aux tableaux des annexes 6-1 et 6-2 du présent livre" sont remplacés par les mots : "aux tableaux des annexes 9-2 et 9-3 du présent livre". – *[COJ, art. R. 932-11, al. 2.] – V. note ss. art. R. 916-1.*

Art. R. 936-2 *(Décr. nº 2007-431 du 25 mars 2007)* Les dispositions de l'article R. 663-49 sont remplacées par les dispositions suivantes :

"Lorsque la procédure de liquidation judiciaire est reprise après avoir été clôturée et qu'elle permet le versement d'une rémunération au liquidateur alors que ce dernier a bénéficié de l'indemnisation prévue à l'article L. 663-3, le montant de l'indemnisation perçue est déduit de cette rémunération."

CHAPITRE VII DISPOSITIONS D'ADAPTATION DU LIVRE VII

Art. R. 937-1 A l'article R. 721-2, les mots : "au tableau de l'annexe 7-1 du présent livre" sont remplacés par les mots : "au tableau de l'annexe 9-1 du présent livre". – *[COJ, art. R. 932-11, al. 1er.] – V. annexe 9-1 au* ***C. com.***

Art. D. 937-2 A l'article R. 721-3, les mots : "et le nombre des chambres de chaque tribunal de commerce" sont remplacés par les mots : "du tribunal mixte de commerce de Nouméa ", et les mots : "aux tableaux de l'annexe 7-2 du présent livre" sont remplacés par les mots : "au tableau de l'annexe 9-1 du présent livre". – *[Décr. nº 93-1090 du 15 sept. 1993, art. 1er.] – V. note ss. art. R. 937-1.*

Art. R. 937-3 Pour l'application du chapitre III du titre II du livre VII, les dispositions suivantes sont ajoutées :

"L'élection générale des juges des tribunaux mixtes de commerce a lieu dans la première quinzaine du mois d'octobre." – *[COJ, art. R. 932-36.]*

Art. R. 937-4 A l'article R. 723-1, les mots : "dans le mois qui suit l'élection des délégués consulaires", et "prise après avis de l'assemblée générale du tribunal de commerce" sont supprimés. – *[COJ, art. R. 932-14.]*

Art. R. 937-5 Au premier alinéa de l'article R. 723-2, les mots : "du procès-verbal de l'élection des délégués consulaires, et, par le président du tribunal de commerce, une expédition de l'ordonnance fixant le tableau des juges composant la juridiction" sont remplacés par les mots : "de la liste électorale utilisée pour l'élection des juges des chambres de commerce du territoire".

Au deuxième alinéa de l'article R. 723-2, les mots : "des juges dont l'élection est intervenue postérieurement à celle des délégués consulaires ainsi qu'à celle des anciens juges des tribunaux de commerce qui demandent à être inscrits en application de l'article L. 723-1" sont remplacés par les mots : "des anciens membres des tribunaux mixtes de commerce et des chambres de commerce et d'industrie qui demandent à être inscrits en application des articles L. 723-1 dans sa rédaction applicable en Nouvelle-Calédonie". – *[COJ, art. R. 932-15.]*

Art. R. 937-6 A l'article R. 723-3, les mots : "qui en adresse un exemplaire dans chaque mairie, où elle est tenue à la disposition du public" sont ajoutés après les mots : "Elle est transmise au haut-commissaire de la République". – *[COJ, art. R. 932-16.]*

Art. R. 937-7 Au deuxième alinéa de l'article R. 723-6, les mots : "jusqu'à 18 heures le vingtième jour précédant celui du dépouillement du premier tour de scrutin" sont remplacés par les mots : "jusqu'au vingtième jour précédant celui du scrutin".

Au troisième alinéa du même article, les mots : "prévues aux 1° à 4° de l'article L. 723-2 et aux articles L. 723-5, L. 723-6, L. 723-7 et L. 723-8" sont remplacés par les mots : "prévues aux 1° à 4° de l'article L. 723-2 et aux articles L. 723-5, L. 723-7 et L. 723-8 dans leur rédaction applicable en Nouvelle Calédonie". – *[COJ, art. R. 932-17.]*

Art. R. 937-8 Pour l'application de la section III du chapitre III du titre II du livre VII, les dispositions suivantes sont ajoutées :

"I. – L'élection des juges d'un tribunal mixte de commerce a lieu dans la commune où le tribunal a son siège.

"Le collège électoral est convoqué par un arrêté du haut-commissaire de la République pris deux mois avant la date du scrutin. Cet arrêté fixe la date, les heures et le lieu du scrutin.

"Chaque électeur est en outre convoqué individuellement.

"II. – Chaque électeur, après que la commission électorale a vérifié son identité, vote à l'aide d'un bulletin qu'il rédige lui-même. Il peut aussi utiliser l'un des bulletins imprimés mis par certains candidats, avec l'approbation de la commission électorale, à la disposition des électeurs dans la salle du scrutin. Ce bulletin imprimé peut être modifié de façon manuscrite. Chaque électeur ne met sous enveloppe et ne dépose dans l'urne qu'un seul bulletin.

"Le nombre des candidats désignés par chaque électeur sur son bulletin est égal ou inférieur à celui des juges à élire.

"Les suffrages exprimés en faveur des personnes dont la candidature n'a pas été enregistrée et affichée conformément aux dispositions de l'article R. 723-6 ne sont pas comptés lors du recensement des votes.

"III. — Tout électeur désirant voter par procuration fait établir celle-ci par acte dressé sans frais par le tribunal de première instance de sa résidence.

"L'électeur ne peut désigner en qualité de mandataire qu'un autre électeur inscrit sur la même liste électorale que lui.

"Le tribunal de première instance peut être saisi à tout moment jusqu'à l'avant-veille du scrutin à midi.

"L'électeur justifie devant le tribunal de première instance de son identité. Il produit en outre un certificat établi par le greffier du tribunal mixte de commerce attestant de son inscription et de celle de son mandataire sur la liste électorale mentionnée à l'article R. 723-3.

"L'électeur se présente en personne devant le tribunal de première instance. La présence du mandataire n'est pas indispensable.

"Le tribunal de première instance dresse l'acte de procuration en deux originaux : l'un est remis à l'électeur, le second, auquel est annexé le certificat établi par le greffier du tribunal mixte de commerce, est conservé au rang des minutes du tribunal de première instance.

"La validité de la procuration est limitée à la seule élection pour laquelle elle est établie.

"Lors du scrutin, le mandataire remet au président de la commission électorale l'acte de procuration établi par le tribunal de première instance. Le secrétaire de la commission électorale porte sur la liste d'émargement, en face du nom de l'électeur ayant demandé à voter par procuration, la mention de cette demande et le nom du mandataire désigné par la procuration, et, en face du nom de l'électeur désigné en qualité de mandataire, la mention de cette qualité et du nom de l'électeur représenté. La procuration est annexée à la liste d'émargement et conservée dans les conditions fixées par l'article R. 723-19.

"IV. — Tout électeur désirant voter par correspondance en fait la demande auprès du haut-commissaire de la République. Cette demande est recevable jusqu'au trentième jour précédant la date du scrutin. La demande, formulée par écrit et signée par l'électeur, indique ses nom, prénoms et domicile ainsi que la qualité lui donnant droit à participer au vote.

"Si la demande est tardive ou si l'intéressé ne figure pas sur la liste électorale mentionnée à l'article R. 723-3, le haut-commissaire de la République avise aussitôt l'intéressé du rejet de sa demande en lui donnant les motifs de son refus.

"Lorsque le haut-commissaire de la République fait droit à la demande, il adresse à l'électeur, vingt jours avant la date du scrutin, une enveloppe électorale destinée à recevoir le bulletin de vote et une enveloppe d'envoi portant la mention "Élection des juges du tribunal mixte de commerce. — "Vote par correspondance" et les nom et prénoms de l'électeur.

"Lors du scrutin, l'électeur place son bulletin de vote dans l'enveloppe électorale sans la cacheter et place cette enveloppe dans l'enveloppe d'envoi. Il cachette cette deuxième enveloppe et l'adresse au haut-commissaire de la République sous pli fermé.

"Le haut-commissaire de la République dresse la liste des électeurs ayant demandé à voter par correspondance. Il y mentionne ceux des électeurs dont il a reçu l'enveloppe électorale. La liste est close la veille du scrutin à dix-huit heures. Les plis parvenant ultérieurement sont retournés aux électeurs avec la mention de la date et de l'heure auxquelles ils sont parvenus au haut-commissariat. La liste est remise, avec les enveloppes cachetées contenant les enveloppes électorales, au président de la commission électorale immédiatement après que celui-ci a ouvert le scrutin.

"Le secrétaire de la commission électorale porte sur la liste d'émargement, en face du nom de chaque électeur autorisé à voter par correspondance, la mention "Vote par correspondance". Le président de la commission électorale ouvre ensuite chaque pli, énonce publiquement le nom de l'électeur, émarge et place dans l'urne, pour être dépouillée avec les autres, l'enveloppe contenant le bulletin de vote.

"A la clôture du scrutin, les enveloppes électorales et la liste des électeurs autorisés à voter par correspondance sont annexées à la liste d'émargement et conservées dans les conditions fixées par l'article R. 723-19.

"Lorsqu'il y a lieu de procéder à des élections complémentaires, la date du scrutin et le calendrier des opérations électorales sont fixés par arrêté du haut-commissaire de la République." – *[COJ, art. R. 932-18, R. 932-20, R. 932-21, R. 932-22 et R. 932-24.]*

Art. R. 937-9 Pour l'application de l'article R. 723-24, après les mots : "dans le ressort duquel se trouve situé le siège du tribunal de commerce", sont insérés les mots : "qui statue en dernier ressort". – *[COJ, art. R. 932-42.]*

Art. R. 937-10 *(Décr. n° 2011-579 du 25 mai 2011, art. 1er)* Les actes énumérés aux tableaux 2 à 6 de l'annexe 7-5 du livre VII donnent lieu à la perception d'une redevance pour service rendu par la régie de recettes instituée auprès du greffe du tribunal de première instance de Nouméa aux taux et dans les conditions définis à ces tableaux et par les articles R. 743-140 à R. 743-157.

Sont attribués au greffe du tribunal mixte de commerce de Nouméa les produits résultant de la redevance prévue à l'art. 1er du Décr. n° 2011-579 du 25 mai 2011 instituant une redevance pour les prestations fournies par le greffe du tribunal mixte de commerce de Nouméa et perçue par la régie de recettes instituée auprès du greffe du tribunal de première instance. Les crédits correspondants sont ouverts selon la procédure prévue à l'art. 17-II de la L. org. n° 2001-692 du 1er août 2001 relative aux lois de finances (Décr. n° 2011-586 du 25 mai 2011).

CHAPITRE VIII DISPOSITIONS D'ADAPTATION DU LIVRE VIII

Art. R. 938-1 Pour l'application en Nouvelle-Calédonie du titre II du livre VIII, les références à la "commission régionale d'inscription", à la "chambre régionale de discipline" et à la "chambre régionale des comptes" sont remplacées, respectivement, par les références à la "commission territoriale d'inscription", à la "chambre territoriale de discipline" et à la "chambre territoriale des comptes". – *[Décr. n° 69-810 du 12 août 1969, art. 189.]*

TITRE QUATRIÈME DISPOSITIONS APPLICABLES EN POLYNÉSIE FRANÇAISE

Art. R. 940-1 *(Décr. n° 2007-431 du 25 mars 2007)* Sous réserve des adaptations prévues dans les chapitres ci-après, les dispositions suivantes du code sont applicables en Polynésie française :

1° Les articles R. 123-220 à R. 123-234, en ce qu'ils concernent les institutions et services de l'État et les personnes morales de droit public administratif dont le siège est situé en Polynésie française, ainsi que leurs établissements ;

2° Le titre II du livre VII, à l'exception des articles R. 721-7 à R. 722-6, R. 722-8, R. 722-9, R. 722-11 à R. 722-17, R. 723-4, R. 723-9 à R. 723-31.

Art. R. 940-2 *(Décr. nº 2007-431 du 25 mars 2007)* Pour l'application du présent code en Polynésie française, les termes énumérés ci-après sont remplacés comme suit :

1º "Tribunal de grande instance" ou "tribunal d'instance" par "tribunal de première instance" ;

2º "Tribunal de commerce" ou "justice consulaire" par "tribunal mixte de commerce" ;

3º "Conseil de prud'hommes" par "tribunal du travail" ;

4º "Département" ou "arrondissement" par "Polynésie française" ;

6º "Préfet" ou "sous-préfet" par "représentant de l'État en Polynésie française".

Notons une erreur dans l'énumération contenue à l'art. R. 940-2 puisque l'on passe du 4º au 6º sans 5º.

Art. R. 940-3 Pour l'application de l'article *(Décr. nº 2009-160 du 12 févr. 2009, art. 154-II, en vigueur le 15 févr. 2009)* « L. 610-1 », le siège et le ressort des juridictions commerciales compétentes en Polynésie française sont fixés conformément aux tableaux des annexes 9-2 et 9-3 au présent code. – *[COJ, art. R. 932-11, al. 2.] – V. note ss. art. R. 916-1.*

CHAPITRE PREMIER DISPOSITIONS D'ADAPTATION DU LIVRE Ier

Le présent chapitre ne comprend pas de dispositions réglementaires.

CHAPITRE II DISPOSITIONS D'ADAPTATION DU LIVRE II

Le présent chapitre ne comprend pas de dispositions réglementaires.

CHAPITRE III DISPOSITIONS D'ADAPTATION DU LIVRE III

Le présent chapitre ne comprend pas de dispositions réglementaires.

CHAPITRE IV DISPOSITIONS D'ADAPTATION DU LIVRE IV

Le présent chapitre ne comprend pas de dispositions réglementaires.

CHAPITRE V DISPOSITIONS D'ADAPTATION DU LIVRE V

Le présent chapitre ne comprend pas de dispositions réglementaires.

CHAPITRE VI DISPOSITIONS D'ADAPTATION DU LIVRE VI

Le présent chapitre ne comprend pas de dispositions réglementaires.

CHAPITRE VII DISPOSITIONS D'ADAPTATION DU LIVRE VII

Art. R. 947-1 A l'article R. 721-2, les mots : "au tableau de l'annexe 7-1 du présent livre" sont remplacés par les mots : "au tableau de l'annexe 9-1 du présent livre". – *[COJ, art. R. 932-11, al. 1er.] – V. note ss. art. R. 937-1.*

Art. D. 947-2 A l'article R. 721-3, les mots : "et le nombre des chambres de chaque tribunal de commerce" sont remplacés par les mots : "du tribunal mixte de commerce de Papeete", et les mots : "aux tableaux de l'annexe 7-2 du présent livre" sont remplacés par les mots : "au tableau de l'annexe 9-1 du présent livre". – *[Décr. nº 93-1090 du 15 sept. 1993, art. 1er.] – V. note ss. art. R. 937-1.*

Art. R. 947-3 Pour l'application du chapitre III du titre II du livre VII, les dispositions suivantes sont ajoutées :

"L'élection générale des juges des tribunaux mixtes de commerce a lieu dans la première quinzaine du mois d'octobre." – *[COJ, art. R. 932-36.]*

Art. R. 947-4 A l'article R. 723-1, les mots : "dans le mois qui suit l'élection des délégués consulaires" et "prise après avis de l'assemblée générale du tribunal de commerce" sont supprimés. – *[COJ, art. R. 932-14.]*

Art. R. 947-5 Au premier alinéa de l'article R. 723-2, les mots : "du procès-verbal de l'élection des délégués consulaires, et, par le président du tribunal de commerce, une expédition de l'ordonnance fixant le tableau des juges composant la juridiction" sont remplacés par les mots : "de la liste électorale utilisée pour l'élection des juges des chambres de commerce du territoire".

Au deuxième alinéa de l'article R. 723-2, les mots : "des juges dont l'élection est intervenue postérieurement à celle des délégués consulaires ainsi qu'à celle des anciens juges des tribunaux de commerce qui demandent à être inscrits en application de l'article L. 723-1" sont remplacés par les mots : "des anciens membres des tribunaux mixtes de commerce et des chambres de commerce et d'industrie qui demandent à être inscrits en application des articles *[de l'article]* L. 723-1 dans sa rédaction applicable en Polynésie française". – *[COJ, art. R. 932-15.]*

Art. R. 947-6 A l'article R. 723-3, les mots : "qui en adresse un exemplaire dans chaque mairie, où elle est tenue à la disposition du public" sont ajoutés après les mots : "Elle est transmise au haut-commissaire de la République". – *[COJ, art. R. 932-16.]*

Art. R. 947-7 Au deuxième alinéa de l'article R. 723-6, les mots : "jusqu'à 18 heures le vingtième jour précédant celui du dépouillement du premier tour de scrutin" sont remplacés par les mots "jusqu'au vingtième jour précédant celui du scrutin".

Au troisième alinéa du même article, les mots : "prévues aux 1° à 4° de l'article L. 723-2 et aux articles L. 723-5, L. 723-6, L. 723-7 et L. 723-8" sont remplacés par les mots : "prévues aux 1° à 4° de l'article L. 723-2 et aux articles L. 723-5, L. 723-7 et L. 723-8 dans leur rédaction applicable en Polynésie française". – *[COJ, art. R. 932-17.]*

Art. R. 947-8 Pour l'application de la section III du chapitre III du titre II du livre VII, les dispositions suivantes sont ajoutées :

"I. – L'élection des juges d'un tribunal mixte de commerce a lieu dans la commune où le tribunal a son siège.

"Le collège électoral est convoqué par un arrêté du haut-commissaire de la République pris deux mois avant la date du scrutin. Cet arrêté fixe la date, les heures et le lieu du scrutin.

"Chaque électeur est en outre convoqué individuellement.

"II. – Chaque électeur, après que la commission électorale a vérifié son identité, vote à l'aide d'un bulletin qu'il rédige lui-même. Il peut aussi utiliser l'un des bulletins imprimés mis par certains candidats, avec l'approbation de la commission électorale, à la disposition des électeurs dans la salle du scrutin. Ce bulletin imprimé peut être modifié de façon manuscrite. Chaque électeur ne met sous enveloppe et ne dépose dans l'urne qu'un seul bulletin.

"Le nombre des candidats désignés par chaque électeur sur son bulletin est égal ou inférieur à celui des juges à élire.

"Les suffrages exprimés en faveur des personnes dont la candidature n'a pas été enregistrée et affichée conformément aux dispositions de l'article R. 723-6 ne sont pas comptés lors du recensement des votes.

"III. – Tout électeur désirant voter par procuration fait établir celle-ci par acte dressé sans frais par le tribunal de première instance de sa résidence.

"L'électeur ne peut désigner en qualité de mandataire qu'un autre électeur inscrit sur la même liste électorale que lui.

"Le tribunal de première instance peut être saisi à tout moment jusqu'à l'avant-veille du scrutin à midi.

"L'électeur justifie devant le tribunal de première instance de son identité. Il produit en outre un certificat établi par le greffier du tribunal mixte de commerce attestant de son inscription et de celle de son mandataire sur la liste électorale mentionnée à l'article R. 723-3.

"L'électeur se présente en personne devant le tribunal de première instance. La présence du mandataire n'est pas indispensable.

"Le tribunal de première instance dresse l'acte de procuration en deux originaux : l'un est remis à l'électeur, le second, auquel est annexé le certificat établi par le greffier du tribunal mixte de commerce, est conservé au rang des minutes du tribunal de première instance.

"La validité de la procuration est limitée à la seule élection pour laquelle elle est établie.

"Lors du scrutin, le mandataire remet au président de la commission électorale l'acte de procuration établi par le tribunal de première instance. Le secrétaire de la commission électorale porte sur la liste d'émargement, en face du nom de l'électeur ayant demandé à voter par procuration, la mention de cette demande et le nom du mandataire désigné par la procuration, et, en face du nom de l'électeur désigné en qualité de mandataire, la mention de cette qualité et du nom de l'électeur représenté. La procuration est annexée à la liste d'émargement et conservée dans les conditions fixées par l'article R. 723-19.

"IV. – Tout électeur désirant voter par correspondance en fait la demande auprès du haut-commissaire de la République. Cette demande est recevable jusqu'au trentième jour précédant la date du scrutin. La demande, formulée par écrit et signée par l'électeur, indique ses nom, prénoms et domicile ainsi que la qualité lui donnant droit à participer au vote.

"Si la demande est tardive ou si l'intéressé ne figure pas sur la liste électorale mentionnée à l'article R. 723-3, le haut-commissaire de la République avise aussitôt l'intéressé du rejet de sa demande en lui donnant les motifs de son refus.

« Lorsque le haut-commissaire de la République fait droit à la demande, il adresse à l'électeur, vingt jours avant la date du scrutin, une enveloppe électorale destinée à recevoir le bulletin de vote et une enveloppe d'envoi portant la mention "Élection des juges du tribunal mixte de commerce. – Vote par correspondance" et les nom et prénoms de l'électeur.

"Lors du scrutin, l'électeur place son bulletin de vote dans l'enveloppe électorale sans la cacheter et place cette enveloppe dans l'enveloppe d'envoi. Il cachette cette deuxième enveloppe et l'adresse au haut-commissaire de la République sous pli fermé.

"Le haut-commissaire de la République dresse la liste des électeurs ayant demandé à voter par correspondance. Il y mentionne ceux des électeurs dont il a reçu l'enveloppe électorale. La liste est close la veille du scrutin à dix-huit heures. Les plis parvenant ultérieurement sont retournés aux électeurs avec la mention de la date et de l'heure auxquelles ils sont parvenus au haut-commissariat. La liste est remise, avec les enveloppes cachetées contenant les enveloppes électorales, au président de la commission électorale immédiatement après que celui-ci a ouvert le scrutin.

"Le secrétaire de la commission électorale porte sur la liste d'émargement, en face du nom de chaque électeur autorisé à voter par correspondance, la mention "Vote par correspondance". Le président de la commission électorale ouvre ensuite chaque pli, énonce publiquement le nom de l'électeur, émarge et place dans l'urne, pour être dépouillée avec les autres, l'enveloppe contenant le bulletin de vote.

"A la clôture du scrutin, les enveloppes électorales et la liste des électeurs autorisés à voter par correspondance sont annexées à la liste d'émargement et conservées dans les conditions fixées par l'article R. 723-19.

"V. — Lorsqu'il y a lieu de procéder à des élections complémentaires, la date du scrutin et le calendrier des opérations électorales sont fixés par arrêté du haut-commissaire de la République." — *[COJ, art. R. 932-18, R. 932-20, R. 932-21, R. 932-22 et R. 932-24.]*

Art. R. 947-9 Pour l'application de l'article R. 723-24, après les mots : "dans le ressort duquel se trouve situé le siège du tribunal de commerce", sont insérés les mots : "qui statue en dernier ressort". — *[COJ, art. R. 932-42.]*

CHAPITRE VIII DISPOSITIONS D'ADAPTATION DU LIVRE VIII

Le présent chapitre ne comprend pas de dispositions réglementaires.

TITRE CINQUIÈME DISPOSITIONS APPLICABLES DANS LES ÎLES WALLIS-ET-FUTUNA

Art. R. 950-1 *(Décr. n° 2007-431 du 25 mars 2007)* Sous réserve des adaptations prévues dans les chapitres ci-après, les dispositions suivantes du code sont applicables dans les îles Wallis-et-Futuna :

1° Le livre Ier, à l'exception des articles R. 121-3, R. 121-4, R. 122-1 à R. 122-17, *(Décr. n° 2007-750 du 9 mai 2007, art. 39)* « R. 123-171-1, » R. 123-209 à R. 123-219, D. 123-235, D. 123-236, R. 127-1 à R. 133-2, D. 145-12 à D. 145-19, D. 146-1 et D. 146-2. Les articles R. 123-220 à R. 123-234 ne sont applicables qu'en ce qu'ils concernent les institutions et services de l'État et les personnes morales de droit public administratif dont le siège est situé à Wallis-et-Futuna, ainsi que leurs établissements ;

2° Le livre II, à l'exception *(Décr. n° 2007-1851 du 26 déc. 2007, art. 4-II)* « des articles R. 229-1 à R. 229-26 et R. 252-1 » ;

3° Le livre III, à l'exception des articles R. 321-1 à R. 321-73 ;

4° Le livre IV, à l'exception des articles R. 463-16, R. 464-2 à R. 464-5, R. 470-2 à R. 470-7 ;

5° Le livre V, à l'exception des articles R. 522-1 à R. 522-25 ;

6° Le livre VI, à l'exception de l'article R. 625-4 ;

7° Le titre II du livre VII, à l'exception des articles R. 721-2 à R. 721-4 et R. 721-7 à R. 724-21 ;

8° *(Décr. nº 2012-607 du 30 avr. 2012, art. 35)* « Le titre Ier du livre VIII », à l'exception des articles R. 811-27 à R. 811-29, des articles R. 812-1 à R. 812-23 *(Décr. nº 2012-536 du 20 avr. 2012, art. 6-I)* « , et des articles R. 814-158 à R. 814-169 » ;

(Décr. nº 2012-607 du 30 avr. 2012, art. 35) « 9° Le titre II du livre VIII, à l'exception des articles R. 822-149 à R. 822-162, dans sa rédaction en vigueur le lendemain de la publication » *(Décr. nº 2013-192 du 5 mars 2013, art. 15, en vigueur le 1er juill. 2013)* « du décret nº 2013-192 du 5 mars 2013 *[JO 7 mars]* ».

Art. R. 950-2 *(Décr. nº 2007-431 du 25 mars 2007)* Pour l'application du présent code dans les îles Wallis-et-Futuna, les termes énumérés ci-après sont remplacés comme suit :

1° "tribunal de grande instance" ou "tribunal d'instance" par " tribunal de première instance" ;

2° "tribunal de commerce" ou "justice consulaire" par "tribunal de première instance statuant en matière commerciale" ;

3° "conseil de prud'hommes" par "tribunal du travail" ;

4° "*Bulletin officiel des annonces civiles et commerciales*" par "*Journal officiel* du territoire" ;

5° "département" ou "arrondissement" par "territoire" ;

6° "préfet" ou "sous-préfet" par "représentant de l'État dans le territoire" ;

7° "maire" par "chef de circonscription" ;

8° "chambre régionale des comptes" par "chambre territoriale des comptes de Nouvelle-Calédonie".

Art. R. 950-3 *(Décr. nº 2007-431 du 25 mars 2007)* Les références faites, par des dispositions du présent code applicables dans les îles Wallis-et-Futuna, à d'autres articles du présent code, ne concernent que les articles rendus applicables dans les îles Wallis-et-Futuna avec les adaptations prévues dans les chapitres ci-dessous.

Art. R. 950-4 *(Décr. nº 2007-431 du 25 mars 2007)* En l'absence d'adaptation, les références faites par des dispositions du présent code applicables dans les îles Wallis-et-Futuna, à des dispositions qui n'y sont pas applicables, sont remplacées par les références aux dispositions ayant le même objet applicables localement.

Art. R. 950-5 *(Décr. nº 2007-431 du 25 mars 2007)* Les références faites, par des dispositions du présent code applicables dans les îles Wallis-et-Futuna, à des dispositions du code du travail n'y sont applicables que s'il existe une disposition applicable localement ayant le même objet.

Art. R. 950-6 *(Décr. nº 2007-431 du 25 mars 2007)* Les références à l'immatriculation au répertoire des métiers sont remplacées par les références à l'immatriculation faite conformément à la réglementation applicable dans les îles Wallis-et-Futuna.

Art. R. 950-7 *(Décr. nº 2007-431 du 25 mars 2007)* Les articles faisant référence à la Communauté européenne sont applicables dans le respect de la décision d'association prévue à l'article 187 du traité instituant la Communauté européenne *[art. 203 TFUE]*. Les références à l'accord sur l'Espace économique européen ne sont pas applicables.

CHAPITRE PREMIER DISPOSITIONS D'ADAPTATION DU LIVRE Ier

Art. R. 951-1 *(Décr. n° 2007-431 du 25 mars 2007)* A l'article R. 121-5, les mots : "du I de l'article L. 121-4" sont remplacés par : "de l'article L. 121-4".

Art. R. 951-2 Au deuxième alinéa de l'article R. 123-80, après les termes : "à l'article R. 123-166", les mots : "à l'exception des actes et pièces mentionnés aux articles R. 123-103 à R. 123-117, et à l'article L. 123-9" sont ajoutés. – *[Décr. n° 84-406 du 30 mai 1984, art. 87, al. 1er.]*

Art. R. 951-3 *Abrogé par Décr. n° 2012-928 du 31 juill. 2012, art. 19, à compter du 1er sept. 2012.*

Art. R. 951-4 *(Décr. n° 2007-431 du 25 mars 2007)* Les dérogations prévues par les articles R. 123-203, R. 123-204, R. 123-207 et R. 123-208 sont applicables aux personnes physiques soumises à un régime simplifié d'imposition par la réglementation en vigueur localement.

CHAPITRE II DISPOSITIONS D'ADAPTATION DU LIVRE II

Art. R. 952-1 *(Décr. n° 2007-431 du 25 mars 2007)* Aux articles R. 232-6, R. 232-7, R. 234-2, R. 234-3, R. 234-5 et R. 234-6, les mots : "au comité d'entreprise" sont remplacés par les mots : "aux délégués du personnel".

CHAPITRE III DISPOSITIONS D'ADAPTATION DU LIVRE III

Art. R. 953-1 *(Décr. n° 2007-431 du 25 mars 2007)* L'article R. 330-1 est ainsi rédigé :
"Le contenu du document mentionné au deuxième alinéa de l'article L. 330-3 est fixé par un arrêté du représentant de l'État."

CHAPITRE IV DISPOSITIONS D'ADAPTATION DU LIVRE IV

Art. R. 954-1 *(Décr. n° 2007-431 du 25 mars 2007)* Les articles R. 420-3 et R. 420-4 sont ainsi rédigés : "Pour l'application de l'article L. 420-7, le siège et le ressort des juridictions compétentes à Wallis-et-Futuna sont fixés conformément aux tableaux des annexes 9-2 et 9-3 du présent livre ". – *V. note ss. art. R. 916-1.*

CHAPITRE V DISPOSITIONS D'ADAPTATION DU LIVRE V

Le présent chapitre ne comprend pas de dispositions réglementaires.

CHAPITRE VI DISPOSITIONS D'ADAPTATION DU LIVRE VI

Art. R. 956-1 A l'article R. 600-3, les mots : "en métropole" sont remplacés par les mots : "dans les îles Wallis-et-Futuna", et les mots : "aux tableaux des annexes 6-1 et 6-2 du présent livre" sont remplacés par les mots : "aux tableaux des annexes 9-2 et 9-3 du présent livre". – *[COJ, art. R. 934-1.] – V. note ss. art. R. 916-1.*

Art. R. 956-2 *(Décr. n° 2007-431 du 25 mars 2007)* Les articles R. 663-4 à R. 663-39 sont applicables en tant qu'ils concernent les mandataires judiciaires.

CHAPITRE VII DISPOSITIONS D'ADAPTATION DU LIVRE VII

Art. R. 957-1 *(Décr. n° 2007-431 du 25 mars 2007)* A l'article R. 721-2, les mots : "au tableau de l'annexe 7-1 du présent livre" sont remplacés par les mots : "au tableau de l'annexe 9-1 du présent livre". – *V. note ss. art. R. 937-1.*

CHAPITRE VIII DISPOSITIONS D'ADAPTATION DU LIVRE VIII

Art. R. 958-1 *(Décr. n° 2007-431 du 25 mars 2007)* Les articles R. 814-1 à R. 814-28 sont applicables en tant qu'ils concernent les *(Décr. n° 2012-536 du 20 avr. 2012, art. 6-II)* « administrateurs » judiciaires.

Art. R. 958-2 Pour l'application dans les îles Wallis-et-Futuna du titre II du livre VIII, les références à la "commission régionale d'inscription", à la "chambre régionale de discipline" et à la "chambre régionale des comptes" sont remplacées, respectivement, par les références à la "commission territoriale d'inscription", à la "chambre territoriale de discipline" et à la "chambre territoriale des comptes". – *[Décr. n° 69-810 du 12 août 1969, art. 189.]*

TITRE VI DISPOSITIONS SPÉCIFIQUES À SAINT-BARTHÉLEMY

(Décr. n° 2010-72 du 19 janv. 2010)

Les dispositions issues du Décr. n° 2013-381 du 3 mai 2013 portant diverses dispositions relatives au réseau des chambres de commerce et d'industrie ne s'appliquent pas à la chambre économique de Saint-Barthélemy (Décr. préc., art. 26).

CHAPITRE PREMIER DISPOSITIONS D'ADAPTATION DU LIVRE PREMIER

(Décr. n° 2010-72 du 19 janv. 2010)

Art. R. 961-1 L'État peut, par convention, confier à un organisme qualifié implanté localement les tâches dévolues aux organismes désignés aux 1°, 2° et 6° de l'article R. 123-3 pour la gestion et la création des centres de formalités des entreprises.

TITRE VII DISPOSITIONS SPÉCIFIQUES À SAINT-MARTIN

(Décr. n° 2010-72 du 19 janv. 2010)

Les dispositions issues du Décr. n° 2013-381 du 3 mai 2013 portant diverses dispositions relatives au réseau des chambres de commerce et d'industrie ne s'appliquent pas à la chambre consulaire interprofessionnelle de Saint-Martin (Décr. préc., art. 26).

CHAPITRE PREMIER DISPOSITIONS D'ADAPTATION DU LIVRE PREMIER

(Décr. n° 2010-72 du 19 janv. 2010)

Art. R. 971-1 L'État peut, par convention, confier à un organisme qualifié implanté localement les tâches dévolues aux organismes désignés aux 1°, 2° et 6° de l'article R. 123-3 pour la gestion et la création des centres de formalités des entreprises.

TROISIÈME PARTIE : ARRÊTÉS

(*Arr. 14 janv. 2009*)

LIVRE PREMIER DU COMMERCE EN GÉNÉRAL

TITRE PREMIER DE L'ACTE DE COMMERCE

Le présent titre ne comprend pas de dispositions pour les arrêtés.

TITRE DEUXIÈME DES COMMERÇANTS

CHAPITRE PREMIER DE LA DÉFINITION ET DU STATUT

Le présent chapitre ne comprend pas de dispositions pour les arrêtés.

CHAPITRE II DES COMMERÇANTS ÉTRANGERS

Le présent chapitre ne comprend pas de dispositions pour les arrêtés.

CHAPITRE III DES OBLIGATIONS GÉNÉRALES DES COMMERÇANTS

SECTION PRÉLIMINAIRE DES CENTRES DE FORMALITÉS DES ENTREPRISES

RÉP. COM. v° *Centres de formalités des entreprises*, par BEDER.

Art. A. 123-1 Les formulaires liés aux déclarations de création ou de modification de situation ou à la cessation d'activité de l'entreprise et la liste des pièces justificatives homologués par la direction chargée de la réforme de l'État en application du dernier alinéa de l'article R. 123-7 sont accessibles gratuitement à partir du portail de l'administration française "service-public.fr". – *[Arr. 11 avr. 2002, art. 2.]*

L'entrée en vigueur des formulaires de déclaration et de la liste des pièces justificatives homologués par la commission pour les simplifications administratives en application du dernier al. de l'art. 4 du Décr. n° 96-650 du 19 juill. 1996 relatif aux centres de formalités des entreprises, en vue de l'accomplissement de formalités énumérées à l'annexe II de ce même décret peut être différée de trois mois au plus à compter de la date à laquelle cette homologation est intervenue. Ces dispositions s'appliquent à toute modification d'un formulaire ou d'une liste de pièces justificatives homologués (Arr. 11 avr. 2002, art. 1er).

Art. A. 123-2 **Il ne peut être demandé au déclarant une information ou une pièce qui n'ait pas été prescrite par les dispositions législatives et réglementaires.** – *[Arr. 23 avr. 2007, art. 1er.]*

BIBL. ▶ Rédaction DO, *Dr. sociétés 2007. Fiche prat. 4.*

Art. A. 123-3 **I. – Les documents mentionnés à l'article R. 123-23 sont conformes aux caractéristiques techniques suivantes :**

1° Formulaire électronique contenant l'ensemble des données nécessaires à la formalité :

Le formulaire de déclaration électronique est établi en message formé écrit en langage XML *(extensible markup language)* dont les spécifications sont consultables sur internet sur le site public http ://www.pme.gouv.fr ;

2° Les pièces numérisées exigibles :

Ces pièces sont numérisées dans les formats de fichiers électroniques images suivants :

JPEG (*joint photography expert group* ISO 10918) ;

PDF/A (*portable document format* ISO 19005-1) ;

PDF (*portable document format*, version propriétaire Adobe).

La compression et la résolution graphique des images permettent une qualité de restitution des caractères garantissant la lisibilité des pièces numérisées ;

3° Les pièces numériques exigibles :

Les documents numériques sont établis dans les formats suivants :

***Open document format* (bureautique, format ouvert ISO 26300) ;**

***Rich text format* (texte enrichi, format propriétaire Microsoft dans leur version 97/2000/XP) ;**

TXT (texte unicode) ;

DOC et XLS (bureautique, formats propriétaires Microsoft dans leur version 97/2000/XP) ;

PDF/A (*portable document format* ISO 19005-1) ;

PDF (*portable document format*, version propriétaire Adobe).

II. – Les fichiers des documents électroniques mentionnés au I du présent article peuvent être rassemblés et compressés dans une archive au format ZIP conformément aux spécifications courantes au 1er avril 2007. – *[Arr. 23 avr. 2007, art. 2.]*

Art. A. 123-4 **Une déclaration électronique effectuée par une entreprise est acceptée par les organismes mentionnés à l'article R. 123-21 lorsque les conditions suivantes sont remplies :**

I. – En ce qui concerne la création :

1° Les fichiers qui la composent sont conformes aux prescriptions de l'article A. 123-3 ;

2° Les documents qui la composent ont fait l'objet d'une numérisation. La copie du justificatif d'identité est numérisée après avoir été préalablement revêtue d'une mention manuscrite d'attestation sur l'honneur de conformité à l'original, d'une date et de la signature manuscrite de la personne qui effectue la déclaration ;

3° En cochant la case informatique prévue à cet effet, le déclarant déclare sur l'honneur l'exactitude des éléments déclarés conformément à la formule suivante : "Je déclare sur l'honneur l'exactitude des informations de la formalité et signe la présente déclaration n° ..., faite à..., le....".

II. – En ce qui concerne les autres formalités :

La liste des certificats et procédés de signature électronique qui peuvent alors être utilisés pour la signature électronique des documents à l'occasion d'une modification

de situation, de la cessation de l'activité ou de la radiation d'une entreprise est consultable à l'adresse suivante : http ://www.telecom.gouv.fr/rubriques-menu/entreprises-economie-numerique/certificats-references-pris-v1/categories-familles-certificats-références-pris-v-1-506.html.

III. – Lorsque la déclaration comporte une demande d'inscription au registre du commerce et des sociétés ou au répertoire des métiers, l'acquittement des frais d'inscription correspondants est effectué au moyen d'une carte bancaire dont la personne qui effectue la déclaration est titulaire. – *[Arr. 23 avr. 2007, art. 3.]*

Art. A. 123-5 Chaque centre de formalités des entreprises indique les coordonnées électroniques auxquelles l'ensemble des fichiers constituant le dossier de déclaration est transmis lorsque le déclarant fait usage d'une transmission par voie d'échange de données informatiques. La transmission est effectuée au centre compétent par l'intermédiaire soit d'une messagerie électronique Atlas 400, soit par une messagerie électronique utilisant le réseau internet à condition que le dossier unique de déclaration soit compressé et signé dans les conditions fixées à l'article A. 123-4. – *[Arr. 23 avr. 2007, art. 4.]*

Art. A. 123-6 L'accusé de réception prévu à l'article R. 123-25, délivré par les centres de formalités des entreprises, leurs services communs ou les greffiers dans les conditions prévues à l'article R. 123-22, comporte les mentions suivantes :

1° Le nom, l'adresse postale et électronique ainsi que le numéro de téléphone du centre de formalités destinataire ;

2° Les formules suivantes :

"Le dossier de déclaration d'entreprise que vous avez adressé au centre de formalités des entreprises/au greffe de... a été reçu le... à...." ;

"Le présent accusé de réception vous est adressé automatiquement. Si votre dossier est complet, vous recevrez prochainement un récépissé de dépôt de dossier de création d'entreprise par voie postale ou électronique. Si votre dossier est incomplet, il vous sera demandé de le compléter dans "un délai qui vous sera alors précisé. " – *[Arr. 23 avr. 2007, art. 5.]*

Art. A. 123-7 La commission prévue à l'article R. 123-28 comprend un représentant de chacun des ministres assurant la tutelle des organismes gestionnaires de centres de formalité des entreprises et des organismes destinataires, en qualité de membre de droit :

1° Le directeur des affaires civiles et du sceau ;

2° Le directeur général des *(Arr. 18 déc. 2009)* « finances publiques » ;

3° Le directeur de la sécurité sociale ;

4° Le directeur *(Arr. 18 déc. 2009)* « général de la compétitivité, de l'industrie et des services » ;

5° Le directeur *(Arr. 18 déc. 2009)* « général des infrastructures, des transports et de la mer » ;

6° Le directeur *(Arr. 18 déc. 2009)* « général des politiques agricole, agroalimentaire et des territoires » ;

7° Le directeur général *(Arr. 18 déc. 2009)* « de l'Institut national de la statistique et des études économiques » ;

(Abrogé par Arr. 18 déc. 2009) « *8° Le directeur général de l'Institut national de la statistique et des études économiques.* »

Le président du comité de coordination du registre du commerce et des sociétés mentionné à l'article R. 123-81 ou son représentant participe aux réunions de la commission, sans voix délibérative.

Les membres de droit de la commission peuvent se faire représenter par une ou plusieurs personnes désignées au sein de leur administration.

La commission désigne en son sein un président et un vice-président. Leur mandat est d'un an renouvelable.

Le secrétariat de la commission est assuré par la direction *(Arr. 18 déc. 2009)* « générale de la compétitivité, de l'industrie et des services ».

La commission fixe son règlement intérieur. – *[Arr. 1er oct. 2007, art. 1er.]*

Art. A. 123-8 La commission se réunit, au moins une fois par an, sur décision de son président. Le cas échéant, il peut être fait appel sur une question particulière à toute personnalité qualifiée, qui siège alors avec voix consultative.

La commission procède à l'examen des questions inscrites à l'ordre du jour et dont elle est saisie conformément à l'article A. 123-10.

Elle peut, en outre, à la demande de l'un de ses membres, délibérer sur toute autre question relative au fonctionnement des centres de formalités des entreprises et à l'application des dispositions législatives et réglementaires ayant des incidences sur ce fonctionnement.

Elle examine les projets de formulaires permettant aux entreprises de déclarer leur création ou la modification de leur situation et propose ces formulaires à l'homologation. – *[Arr. 1er oct. 2007, art. 2.]*

Art. A. 123-9 Lorsque la commission estime qu'une question relative aux centres de formalités des entreprises doit faire l'objet d'une étude particulière, elle peut constituer un groupe de travail. Ce groupe est présidé par un des membres de la commission.

Les groupes ainsi constitués sont ouverts à des représentants des centres de formalités des entreprises et de leurs réseaux, aux organismes destinataires des déclarations d'entreprise et à toute personne susceptible d'apporter une contribution à leurs travaux. – *[Arr. 1er oct. 2007, art. 3.]*

Art. A. 123-10 La commission est saisie par les organismes gestionnaires des centres de formalités des entreprises, par les organismes destinataires des formalités, ainsi que par ses membres de droit. Le président peut également décider de l'inscription d'un point à l'ordre du jour.

Les lettres de saisine sont adressées au secrétariat de la commission qui les communique au président en vue de la désignation d'un rapporteur et de la fixation d'une date de réunion.

Lorsque la commission de coordination est saisie d'une question qui relève de la compétence du comité de coordination du registre du commerce et des sociétés, le secrétariat de la commission la transfère au président du comité. – *[Arr. 1er oct. 2007, art. 4.]*

Art. A. 123-11 Les avis rendus par la commission sont communiqués au demandeur. Ils sont transmis au comité de coordination du registre du commerce et des sociétés. La commission décide, le cas échéant, leur publication. Cette publication se fait en ligne, sur le site internet du ministère chargé du commerce et de l'artisanat.

La commission établit un rapport annuel destiné aux ministres mentionnés à l'article A. 123-7. Elle peut formuler toute proposition, y compris de disposition législative ou réglementaire, de nature à remédier aux difficultés ou anomalies dont elle a eu à connaître. – *[Arr. 1er oct. 2007, art. 5.]*

SECTION PREMIÈRE **DU REGISTRE DU COMMERCE ET DES SOCIÉTÉS**

RÉP. COM. v° *Registre du commerce et des sociétés*, par BEDER.

Sur la répression de certaines infractions en matière de registre du commerce et des sociétés, V. art. L. 123-4, L. 123-5, L. 123-10 et L. 123-11.

V. Circ. 6 mai 1988 relative à l'Arr. du 9 févr. 1988 (D. et ALD 1988. 315).

V. Circ. 13 févr. 1987 (D. et ALD 1987. 159) relative au registre du commerce et des sociétés (justification de l'immatriculation des sociétés en vue du retrait des fonds correspondant à leur capital social).

SOUS-SECTION 1 DES PERSONNES TENUES À L'IMMATRICULATION

§ 1er DE L'OBLIGATION D'IMMATRICULATION

Le présent paragraphe ne comprend pas de dispositions pour les arrêtés.

§ 2 DES DÉCLARATIONS INCOMBANT AUX PERSONNES TENUES À L'IMMATRICULATION

SOUS-§ 1er DES DÉCLARATIONS INCOMBANT AUX PERSONNES PHYSIQUES

Le présent sous-paragraphe ne comprend pas de dispositions pour les arrêtés.

SOUS-§ 2 DES DÉCLARATIONS INCOMBANT AUX PERSONNES MORALES

SOUS-SOUS-§ 1er *DES DÉCLARATIONS AUX FINS D'IMMATRICULATION*

Art. A. 123-12 **Dans sa demande d'immatriculation, la caisse d'épargne et de prévoyance déclare, en application de l'article R. 123-62, en ce qui concerne la personne morale :**

1° Sa dénomination suivie, le cas échéant, de son sigle ;

2° Le montant de sa dotation statutaire ;

3° L'adresse de son siège social ;

4° La date de clôture de l'exercice social ;

5° La date du dépôt au greffe des statuts ;

6° La liste des établissements secondaires. – *[Arr. 23 mai 1985, art. 1er.]*

Art. A. 123-13 **La caisse d'épargne et de prévoyance déclare, en outre, les nom, nom d'usage, pseudonyme, prénoms, domicile personnel, date et lieu de naissance et renseignements relatifs à la nationalité prévus à l'article R. 123-37 des :**

1° Personnes ayant le pouvoir général d'engager la caisse d'épargne et de prévoyance vis-à-vis des tiers ;

2° Membres du conseil d'orientation et de surveillance et commissaire aux comptes. – *[Arr. 23 mai 1985, art. 1er.]*

Art. A. 123-14 **Sont, en outre, déclarés dans la demande d'immatriculation pour les caisses d'épargne et de prévoyance résultant d'une fusion ou d'une scission les dénominations, forme juridique ou siège social de toutes les caisses d'épargne y ayant participé.** – *[Arr. 23 mai 1985, art. 1er.]*

Art. A. 123-15 **Sont déclarés dans la demande d'immatriculation d'une caisse d'épargne et de prévoyance, en ce qui concerne son établissement, les renseignements prévus à l'article R. 123-38, exception faite de ceux prévus aux 6°, 7° et 8°.** – *[Arr. 23 mai 1985, art. 1er.]*

Art. A. 123-16 Dans leur demande d'immatriculation, les associations mentionnées à l'article L. 213-8 du code monétaire et financier déclarent, en application de l'article R. 123-62 :

1° Le titre de l'association, suivi, le cas échéant, du sigle ;

2° L'adresse de son siège ;

3° Son objet, indiqué sommairement ;

4° La date de clôture de l'exercice ;

5° La date de la déclaration préalable à la préfecture ou à la sous-préfecture ou de l'inscription au registre du tribunal d'instance pour les associations d'Alsace-Moselle, la date du *Journal officiel* où a eu lieu l'insertion qui a rendu publique l'association ;

6° La date du dépôt au greffe des statuts ;

7° La date de la décision de l'assemblée générale d'émettre des obligations. – *[Arr. 27 janv. 1986, art. 1er.]*

Art. A. 123-17 Les associations mentionnées à l'article A. 123-16 déclarent, en outre, dans leur demande d'immatriculation les nom, nom d'usage, pseudonyme, prénoms, domicile personnel, date et lieu de naissance et renseignements concernant la nationalité prévus à l'article R. 123-37 pour les personnes chargées de la direction, de l'administration et du contrôle et les commissaires aux comptes. – *[Arr. 27 janv. 1986, art. 1er.]*

Art. A. 123-18 Dans sa demande d'immatriculation, le groupement européen d'intérêt économique déclare, en application de l'article R. 123-62 :

1° En ce qui concerne le groupement :

a) Sa dénomination, son nom commercial, s'il en est utilisé un ;

b) L'adresse du siège ;

c) Son objet ;

d) Sa durée, lorsqu'elle n'est pas indéterminée ;

e) Le montant de la participation dans le groupement de chacun de ses membres ;

f) Pour chaque personne physique membre du groupement, les renseignements prévus aux 1°, 2° et 3° de l'article R. 123-37 ainsi que, s'il y a lieu, les numéros d'identification de ces personnes avec l'indication du nom du greffe ou de la *(Décr. n° 2010-1356 du 11 nov. 2010, art. 25)* « chambre de métiers et de l'artisanat de région » où elles sont immatriculées ou du registre de l'État où elles sont établies ; le cas échéant, l'indication des personnes exonérées des dettes nées antérieurement à leur entrée dans le groupement ;

g) Pour chaque personne morale membre du groupement, les renseignements prévus aux 1°, 2° et 4° de l'article R. 123-53 et, le cas échéant, les numéros d'identification de ces personnes avec l'indication du nom du greffe ou de la *(Décr. n° 2010-1356 du 11 nov. 2010, art. 25)* « chambre de métiers et de l'artisanat de région » où elles sont immatriculées, ou du registre de l'État où elles ont leur siège ; s'il y a lieu, l'indication des personnes exonérées des dettes nées antérieurement à leur entrée dans le groupement ;

h) Pour les gérants et les personnes chargées du contrôle de la gestion et du contrôle des comptes, leurs nom, nom d'usage, pseudonyme, prénoms, date et lieu de naissance, domicile personnel et renseignements relatifs à la nationalité prévus à l'article R. 123-37 ;

2° En ce qui concerne son établissement, les renseignements prévus à l'article R. 123-38, exception faite de ceux prévus aux 6°, 7° et 8° s'il s'agit d'un groupement à objet non commercial. – *[Arr. 20 juin 1989, art. 1er.]*

Art. A. 123-19 L'ouverture en France d'un établissement par un groupement européen d'intérêt économique ayant son siège hors de France donne lieu, par application de l'article 10 du règlement CEE n° 2137-85 du Conseil des Communautés européennes du 25 juillet 1985 relatif à l'institution d'un groupement européen d'intérêt économique *[V. ce texte au **C. sociétés**]*, aux formalités prévues aux articles A. 123-18, A. 123-58 et A. 123-75.

Sont déposés au plus tard en même temps que la demande d'immatriculation, outre les documents prévus à l'article A. 123-58, les documents dont le dépôt au registre de l'État membre du siège est obligatoire. Ces documents sont déposés conformément aux prescriptions de l'article R. 123-120-1. – *[Arr. du 20 juin 1989, art. 4.]*

SOUS-SOUS-§ 2 *DES DÉCLARATIONS AUX FINS D'IMMATRICULATION SECONDAIRE HORS DU RESSORT DE L'ÉTABLISSEMENT PRINCIPAL*

Art. A. 123-20 En vertu de la dérogation prévue au deuxième alinéa de l'article R. 123-63, les caisses d'épargne et de prévoyance ne sont pas tenues de demander une immatriculation secondaire au registre du commerce et des sociétés quand elles ouvrent un établissement secondaire. – *[Arr. 23 mai 1985.]*

Art. A. 123-21 En vertu de la dérogation prévue au deusième alinéas de l'article R. 123-63, les associations mentionnées à l'article L. 213-8 du code manétaire et financier et qui sont immatriculées au registre du commerce et des sociétés sont dispensées de demander leur immatriculation secondaire. – *[Arr. 27 janv. 1986.]*

SOUS-SOUS-§ 3 *DES DÉCLARATIONS AUX FINS D'INSCRIPTIONS MODIFICATIVES ET COMPLÉMENTAIRES*

Art. A. 123-22 En vertu de la dérogation prévue au deuxième alinéa de l'article R. 123-67, les caisses d'épargne et de prévoyance ne sont pas tenues de demander une inscription complémentaire au registre du commerce et des sociétés quand elles ouvrent un établissement secondaire. – *[Arr. 23 mai 1985.]*

Art. A. 123-23 En vertu de la dérogation prévue au deuxième alinéa de l'article R. 123-67, les associations mentionnées à l'article L. 213-8 du code monétaire et financier et qui sont immatriculées au registre du commerce et des sociétés sont dispensées de demander leur inscription complémentaire. – *[Arr. 27 janv. 1986.]*

Art. A. 123-24 En cas de modification intervenue entre la date d'immatriculation et celle du remboursement de toutes les obligations, dans les statuts, l'administration ou la direction des associations mentionnées à l'article A. 123-23, cette modification est mentionnée au registre du commerce et des sociétés sur justification de l'accomplissement des formalités de déclaration à la préfecture ou la sous-préfecture ou d'inscription au tribunal d'instance pour les associations d'Alsace-Moselle. – *[Arr. 27 janv. 1986.]*

Art. A. 123-25 La cession par un membre d'un groupement européen d'intérêt économique de sa participation dans celui-ci, ou d'une fraction de celle-ci, donne lieu à l'inscription modificative prévue à l'article R. 123-66. – *[Arr. 20 juin 1989, art. 6.]*

Art. A. 123-26 La nomination du ou des liquidateurs d'un groupement européen d'intérêt économique donne lieu à l'inscription modificative prévue à l'article R. 123-66. – *[Arr. 20 juin 1989, art. 7.]*

SOUS-SOUS-§ 4 *DES DÉCLARATIONS AUX FINS DE RADIATION*

Le présent sous-sous-paragraphe ne comprend pas de dispositions pour les arrêtés.

SOUS-SOUS-§ 5 DE LA LANGUE DES DÉCLARATIONS

Le présent sous-sous-paragraphe ne comprend pas de dispositions pour les arrêtés.

SOUS-§ 3 DES DÉCLARATIONS INCOMBANT AUX RÉPRESENTATIONS OU AGENCES COMMERCIALES DES ÉTATS, COLLECTIVITÉS OU ÉTABLISSEMENTS PUBLICS ÉTRANGERS

Le présent sous-paragraphe ne comprend pas de dispositions pour les arrêtés.

SOUS-§ 4 DISPOSITIONS COMMUNES

Art. A. 123-27 *(Abrogé par Arr. du 31 juill. 2012, art. 2, à compter du 1er sept. 2012)* ***Lors de la première immatriculation, en application des articles R. 123-77 et R. 123-103, il ne peut être suppléé au dépôt des statuts originaux établis par actes sous seing privé sur support papier que par la transmission électronique d'une copie de ces statuts.***

SOUS-SECTION 2 DE LA TENUE DU REGISTRE ET DES EFFETS ATTACHÉS À L'IMMATRICULATION

BIBL. ▸ AZZOUZ, *JCP N 1988. Prat., p. 117.* ▸ Commentaire du décret et de l'arrêté du 2 juill. 1998 : COUTANT, *Gaz. Pal. 1998. 2. Doctr. 1147.*

§ 1er DISPOSITIONS GÉNÉRALES

Art. A. 123-28 *(Arr. du 31 juill. 2012, art. 3, en vigueur le 1er sept. 2012)* « Le registre national du commerce et des sociétés comprend, sous la forme d'un second original ou de documents électroniques visés et, le cas échéant, complétés par les greffiers et dont le contenu et la valeur juridique sont équivalents aux exemplaires d'inscription et aux actes et pièces déposés au registre :

« 1° L'ensemble des inscriptions des registres du commerce et des sociétés tenus dans chaque greffe ;

« 2° L'ensemble des actes et pièces déposés à ces registres.

« Le registre national du commerce et des sociétés ne comprend pas les pièces justificatives versées aux dossiers des registres à l'appui des demandes d'inscription ou de dépôt. »

Ces dossiers sont conservés et mis à jour dans les mêmes conditions que ceux tenus par les greffiers. – *[Arr. du 9 févr. 1988, art. 5.]*

Art. A. 123-29 Le greffier appose sur chaque dossier d'immatriculation et pour la seule gestion de ces dossiers un numéro de gestion composé des chiffres de l'année en cours, suivi de la lettre A s'il s'agit d'une personne physique, de la lettre B s'il s'agit d'une société commerciale, de la lettre C s'il s'agit d'un groupement d'intérêt économique et d'un groupement européen d'intérêt économique, de la lettre D s'il s'agit d'une société civile, de la lettre E s'il s'agit d'une société européenne, de la lettre F s'il s'agit d'une société d'exercice libéral, de la lettre G s'il s'agit d'un EPIC, de la lettre H s'il s'agit d'une autre personne morale ; et d'un numéro d'ordre chronologique annuel.

Le numéro de gestion est porté sur les formulaires d'inscription modificative ou de radiation constituant le dossier, sur les actes des personnes physiques et des personnes morales classés en annexe ainsi que sur le fichier du registre du commerce et des sociétés.

Ce numéro est utilisé dans les rapports entre les greffes et l'Institut national de la propriété industrielle. – *[Arr. du 9 févr. 1988, art. 21.]*

Les greffiers ont jusqu'au 1er oct. 2009 pour procéder à la mise à jour des numéros de gestion des dossiers d'immatriculation, conformément à l'énumération des lettres de classement prévue à l'art. A. 123-29 (Arr. du 14 janv. 2009, art. 4-I).

Art. A. 123-30 *(Arr. du 31 juill. 2012, art. 4, en vigueur le 1er sept. 2012)* **Le greffier transmet à l'Institut national de la propriété industrielle, le cas échéant par voie électronique, un exemplaire complet et lisible de chaque demande dans un délai maximum de quinze jours à compter de l'inscription.**

Chaque document transmis par le greffier est visé par ses soins.

Lorsque la transmission est effectuée par voie électronique, le visa du greffier est matérialisé par une signature électronique répondant aux conditions prévues à l'article 1316-4 du code civil ; dans ce cas, la transmission est accompagnée d'un bordereau attestant l'exactitude des informations transmises.

Lorsqu'une déclaration d'immatriculation est accompagnée du dépôt de statuts ou d'actes, le greffier mentionne la date du dépôt sur l'exemplaire de la déclaration d'immatriculation destiné à l'Institut national de la propriété industrielle ou sur le bordereau électronique mentionné à l'alinéa précédent. – *[Arr. du 9 févr. 1988, art. 22.]*

Art. A. 123-31 *(Arr. du 31 juill. 2012, art. 4, en vigueur le 1er sept. 2012)* **Le greffier transmet à l'Institut national de la propriété industrielle, le cas échéant par voie électronique, un exemplaire de chacun des actes, statuts ou documents comptables déposés dans les quinze jours de leur dépôt, accompagnés d'un bordereau qui mentionne :**

1° Le greffe du lieu de dépôt ;

2° La date et le numéro du dépôt, le numéro de dépôt des documents comptables faisant l'objet d'une série distincte de celle des autres actes (A les actes des sociétés, B les documents comptables, R les ordonnances rendues en matière de société, P les actes des personnes physiques) ;

3° Les mentions prévues aux 1° et 2° de l'article R. 123-237, sauf pour les actes se rapportant à des sociétés non immatriculées.

Chaque document transmis par le greffier est visé par ses soins.

Lorsque la transmission est faite par voie électronique, le bordereau utilisé est le même que celui prévu au troisième alinéa de l'article A. 123-30. – *[Arr. du 9 févr. 1988, art. 24.]*

Art. A. 123-32 *(Arr. du 31 juill. 2012, art. 4, en vigueur le 1er sept. 2012)* **Le greffier envoie à l'Institut national de la propriété industrielle, dans le délai de quinze jours prévu aux articles A. 123-30 et A. 123-31, les redevances perçues au titre de ces dispositions pour le compte de cet établissement.** – *[Arr. du 9 févr. 1988, art. 28.]*

Art. A. 123-33 **Les mentions et radiations faites d'office ainsi que les inscriptions rapportées par le greffier font l'objet d'une transmission spéciale à l'Institut national de la propriété industrielle** *(Arr. du 31 juill. 2012, art. 5, en vigueur le 1er sept. 2012)* **« , le cas échéant par voie électronique, » sur les documents prévus à cet effet et conformes aux modèles homologués.** – *[Arr. du 9 févr. 1988, art. 25.]*

Art. A. 123-34 **Le président du comité de coordination prévu à l'article R. 123-81 ainsi que les deux personnes chargées de la tenue du registre proposés par le président du Conseil national des greffiers des tribunaux de commerce sont nommés par le garde des sceaux, ministre de la justice, pour une période de cinq ans renouvelable. Des suppléants peuvent leur être désignés.**

Le directeur des affaires civiles et du sceau, le directeur général de l'Institut national de la propriété industrielle peuvent se faire représenter par une ou plusieurs personnes.

Le comité se réunit sur décision de son président, en présence de l'ensemble de ses membres ou de leurs suppléants. Le président a la faculté de désigner un secrétaire général choisi parmi des personnes qualifiées pour leur expérience *(Abrogé par Arr. du 31 juill. 2012, art. 6, à compter du 1er sept. 2012)* « *au sein du comité* ».

La direction des affaires civiles et du sceau en assure le secrétariat dont elle peut toutefois confier la charge à l'un de ses membres *(Arr. du 31 juill. 2012, art. 6, en vigueur le 1er sept. 2012)* « ou au secrétaire général du comité ». – *[Arr. du 9 févr. 1988, art. 6, al. 1er à 4.]*

Art. A. 123-35 Les greffiers, les centres de formalités des entreprises, les professionnels mandatés, les administrations ou organismes destinataires des formalités peuvent saisir le comité. Le comité ne peut être valablement saisi que par une demande écrite adressée au secrétariat. Chaque demande est instruite par un rapporteur désigné à cet effet. Le projet de rapport est présenté en réunion plénière du comité. – *[Arr. du 9 févr. 1988, art. 7.]*

Pour les centres de formalités créés par les chambres consulaires, la saisine du comité est faite par l'intermédiaire, selon le cas, de l'Assemblée des chambres françaises de commerce et d'industrie, de l'Assemblée permanente de la chambre des métiers et de l'artisanat et de l'Assemblée permanente des chambres d'agriculture (Arr. du 2 juill. 1998, art. 5).

Art. A. 123-36 Le comité rend des avis qui sont communiqués au demandeur et décide s'ils sont publiés.

Les avis sont publiés sur le site internet du ministère de la justice.

Le comité peut, en outre, établir un rapport au ministre compétent, suggérant des solutions pour remédier aux difficultés ou anomalies dont il a eu à connaître ou des propositions de modification des dispositions législatives ou réglementaires applicables. – *[Arr. du 9 févr. 1988, art. 8.]*

Art. A. 123-37 La tenue du registre par le greffier comprend la conservation et la mise à jour :

1° Du fichier alphabétique des personnes physiques et morales immatriculées dans le ressort du tribunal ;

2° De la collection des dossiers individuels ;

3° De la collection des dossiers annexes.

Le fichier alphabétique est tenu selon un procédé informatique. – *[Arr. du 9 févr. 1988, art. 1er.]*

Art. A. 123-38 Le fichier alphabétique indique :

1° Pour les personnes physiques, leurs nom de naissance, nom d'usage, prénoms, date et lieu de naissance, l'activité exercée et l'adresse de l'établissement ou, à défaut, du local d'habitation. Le cas échéant, la commune de rattachement administratif pour les personnes sans domicile ni résidence fixe sur le territoire français, le marché principal pour les personnes ressortissantes de l'Union européenne ou d'un État partie à l'accord sur l'Espace économique européen, non domiciliées en France et exerçant une activité ambulante sur le territoire français ;

2° Pour les sociétés, la raison ou la dénomination sociale, la forme juridique, le cas échéant, que la société est constituée d'un associé unique, le statut légal particulier et l'activité exercée, l'adresse du siège social, si ce siège n'est pas situé dans le ressort du tribunal, celui du premier établissement dans son ressort ;

3° Pour les groupements d'intérêt économique et les autres personnes morales, la dénomination, l'objet et l'adresse du siège. – *[Arr. du 9 févr. 1988, art. 2.]*

Art. A. 123-39 Chaque dossier individuel comprend un original, sous forme papier ou électronique, des inscriptions faites soit sur déclaration, soit d'office, ainsi que les pièces sous forme papier ou électronique conservées au greffe. – *[Arr. du 9 févr. 1988, art. 3.]*

Art. A. 123-40 Chaque dossier annexe ouvert au nom d'une personne physique ou morale comprend un exemplaire des actes et pièces déposés en application des articles R. 123-82, R. 123-102 et R. 123-121-1 *(Arr. du 31 juill. 2012, art. 7, en vigueur le 1er sept. 2012)* « à R. 123-121-4 ». – *[Arr. du 9 févr. 1988, art. 4.]*

Art. A. 123-41 Les notifications faites aux centres de formalités des entreprises en application de l'article R. 123-83 précisent le nom de la personne tenue à l'immatriculation, ou la raison ou la dénomination sociale, le numéro unique d'identification, la date de l'inscription et son motif.

(Arr. 29 déc. 2010, art. 2) « L'avis mentionné au troisième alinéa de l'article R. 123-83 est constitué d'un écrit, formalisé le cas échéant par voie électronique, qui mentionne :

« 1° Les nom, nom d'usage, prénoms et domicile de l'entrepreneur individuel ;

« 2° La dénomination utilisée pour l'exercice de l'activité professionnelle à laquelle le patrimoine est affecté ;

« 3° L'adresse de l'établissement principal où est exercée l'activité professionnelle à laquelle le patrimoine est affecté ou, à défaut d'établissement, l'adresse du local d'habitation où l'entreprise est fixée ;

« 4° L'objet de l'activité professionnelle à laquelle le patrimoine est affecté ;

« 5° La date de clôture de l'exercice comptable ;

« 6° Le numéro unique d'identification de l'entreprise délivré conformément à l'article D. 123-235 ;

« 7° La date, le lieu et le registre de dépôt de la déclaration d'affectation. » – *[Arr. du 9 févr. 1988, art. 26.]*

§ 2 DES INSCRIPTIONS SUR DÉCLARATION

SOUS-§ 1er DE LA PRÉSENTATION DES DÉCLARATIONS

Art. A. 123-42 Toute demande d'immatriculation à titre principal ou secondaire au registre du commerce et des sociétés, d'inscription complémentaire, modificative ou de radiation est établie dans les conditions prévues aux articles R. 123-84, R. 123-85, R. 123-87, R. 123-88, R. 123-89, R. 123-90 sur les documents mentionnés à l'article A. 123-44. – *[Arr. du 9 févr. 1988, art. 9.]*

Art. A. 123-43 Lorsque plusieurs inscriptions modificatives sont connexes et concernent la même immatriculation, elles peuvent être effectuées sur la même déclaration, dans la mesure où elles sont réalisées dans le délai réglementaire d'un mois.

Une même déclaration peut comprendre une inscription complémentaire et des inscriptions modificatives connexes déclarées dans les délais réglementaires. – *[Arr. du 9 févr. 1988, art. 10.]*

Art. A. 123-44 Les déclarations sont faites *(Abrogé par Arr. du 31 juill. 2012, art. 8, à compter du 1er sept. 2012) « en deux exemplaires »* sur des documents conformes aux modèles enregistrés par la direction chargée de la réforme de l'État. Les déclarations transmises par voie électronique sont établies à partir du même modèle. – *[Arr. du 9 févr. 1988, art. 11.]*

Art. A. 123-45 Toute demande d'immatriculation principale ou secondaire, d'inscription modificative et, le cas échéant, de radiation est accompagnée des pièces justifiant les mentions contenues dans la demande.

Les pièces justificatives sont définies à l'annexe 1-1 au présent livre. – *V. cette annexe ss. art. A. 123-50.*

Elles sont conservées par le greffe.

Elles ne font pas partie du registre public et ne peuvent être communiquées aux tiers.

La validité des pièces justificatives est appréciée à la date du dépôt du dossier unique. – *[Arr. du 9 févr. 1988, art. 12.]*

1. Justification de la publication dans un JAL. L'attestation de parution d'une annonce légale dans un journal habilité à recevoir les annonces légales est délivrée par la société éditrice du journal retenu. Dans l'hypothèse où la société éditrice fait appel à un intermédiaire chargé de réunir et centraliser les annonces à paraître, cette attestation peut être délivrée par cet intermédiaire qui doit alors justifier de sa qualité à agir au nom du JAL (Avis CCRCS n° 2012-003 du 16 févr. 2012).

2. Justification de la réalité du siège social. Dans l'hypothèse où les associés d'une société en formation se sont engagés, pour le compte de celle-ci et avant son immatriculation, à acquérir ou à prendre en location-gérance un fonds de commerce, la justification de la réalité du siège social peut résulter de la promesse signée (Avis CCRCS n° 2013-008 du 14 févr. 2013 : *JCP E 2013. Actu. 293 ; BRDA 2013, n° 9, p. 4*).

Art. A. 123-46 Lors d'une demande d'immatriculation résultant du transfert du siège d'un établissement ou du changement d'adresse de l'entreprise fixée au local d'habitation dans le ressort d'un autre tribunal, le requérant est dispensé de la production des pièces justificatives concernant les mentions non modifiées de la nouvelle immatriculation qui figure sur l'extrait de la précédente immatriculation fournie.

(Arr. du 31 juill. 2012, art. 9, en vigueur le 1er sept. 2012) « Dans le cas prévu à l'alinéa précédent, si l'adresse ou le siège antérieurs et la nouvelle adresse ou le nouveau siège se trouvent tous les deux dans le ressort d'un tribunal dont la gestion du greffe est assurée selon les modalités fixées aux articles L. 741-1 et suivants, le requérant est également dispensé de la production de l'extrait d'immatriculation du siège ou de l'adresse antérieurs dont le greffier du nouveau registre est chargé de l'obtention. La transmission de l'extrait entre les greffes est faite par voie électronique et sans frais pour le requérant. »

En cas d'événements modificatifs concomitants à la décision de transfert de siège ou de l'établissement relatifs à ceux-ci, la déclaration est faite au lieu de la nouvelle immatriculation.

A la réception de la notification mentionnée aux derniers alinéas des articles R. 123-49 et R. 123-110, le greffier de l'ancien siège ou de l'établissement mentionne d'office sur l'extrait du registre de la personne immatriculée la date, la nature et l'objet des actes déposés au greffe du nouveau siège ou du nouvel établissement. – *[Arr. du 9 févr. 1988, art. 15.]*

Art. A. 123-47 Lors d'une demande d'inscription modificative, le requérant fournit les pièces prévues à l'annexe 1-1 au présent livre, strictement nécessaires à la justification des changements et des adjonctions intervenus. – *[Arr. du 9 févr. 1988, art. 16.] – V. cette annexe ss. art. A. 123-50.*

Titre de séjour. Le bureau de représentation en France d'une société étrangère étant dépourvu de la personnalité juridique et n'effectuant aucun acte de commerce, son gérant, qu'il soit français ou étranger, n'a donc pas vocation à effectuer, en tant que tel, des actes de commerce et n'acquiert donc pas la qualité de commerçant, de telle sorte qu'il n'a pas à être détenteur d'un titre de séjour de commerçant étranger pour que soit enregistré au RCS le changement de gérant intervenu en sa faveur. • Paris, 12 janv. 2010 : *RJDA 2010, n° 628.*

Art. A. 123-48 Les déclarations des caisses d'épargne et de prévoyance sont faites *(Abrogé par Arr. du 31 juill. 2012, art. 8, à compter du 1er sept. 2012) « en deux exemplaires »* sur des documents conformes aux modèles utilisés pour les déclarations des personnes morales au registre du commerce et des sociétés. — *[Arr. du 23 mai 1985.]*

Art. A. 123-49 Les demandes d'immatriculation des caisses d'épargne et de prévoyance ou, le cas échéant, d'inscription modificative sont accompagnées des pièces justificatives suivantes :

1° Le récépissé du dépôt des actes et pièces si la formalité n'est pas concomitante au dépôt ;

2° En cas de fusion ou de scission, un extrait d'immatriculation de chacune des caisses d'épargne participant à l'opération de fusion ou de scission ;

3° Pour les personnes physiques ayant le pouvoir général d'engager les caisses d'épargne et de prévoyance, pour les membres du conseil d'orientation et de surveillance, tous documents officiels justificatifs de l'identité et de la nationalité et, s'ils sont étrangers, les titres qui les habilitent à séjourner sur le territoire français ;

4° Pour les personnes morales, membres du conseil d'orientation et de surveillance, un extrait de l'immatriculation au registre du commerce et des sociétés ou le titre justifiant leur capacité juridique et pour le représentant permanent qui n'est pas le président du conseil d'administration ou le gérant de la personne morale, une copie de la décision lui conférant cette qualité ;

5° Pour les commissaires aux comptes, la justification de leur inscription sur la liste des commissaires aux comptes. — *[Arr. du 23 mai 1985.]*

Art. A. 123-50 Les demandes d'immatriculation et d'inscription modificative des groupements européens d'intérêt économique sont accompagnées des pièces justificatives prévues par l'annexe 1-1 au présent livre. — *[Arr. du 20 juin 1989, art. 10.]*

ANNEXE 1-1

(ANNEXE AUX ARTICLES A. 123-45, A. 123-47, A. 123-50, A. 134-2)

ANNEXE 0

Dispositions générales applicables à toutes les demandes

1. Lorsque le déclarant n'est pas en mesure de produire une ou plusieurs des pièces justificatives prévues par les annexes suivantes, il peut saisir par requête le juge commis à la surveillance du registre aux fins d'être dispensé, le cas échéant, de produire ces pièces.

2. Lorsque la personne tenue à l'immatriculation n'est pas en mesure de justifier de son identité par la pièce prescrite aux annexes, il peut en justifier par tout document officiel.

3. Dans tous les cas où les formalités sont effectuées par mandataire, celui-ci justifie d'une procuration.

4. Des justificatifs complémentaires peuvent être demandés au déclarant en cas de nécessité dûment justifiée par une situation particulière, lorsque la pièce produite est insuffisante ; des justificatifs complémentaires peuvent être nécessaires en application de textes spécifiques.

5. Lorsque la pièce mentionnée aux annexes suivantes est une décision définitive, il peut s'agir d'une ordonnance, d'un jugement ou d'un arrêt, et une copie de celui-ci est fournie accompagnée :

— d'un certificat de l'avocat *(Abrogé par Décr. nº 2012-634 du 3 mai 2012, art. 21) « ou de l'avoué »* attestant son caractère définitif ; ou

— d'un certificat de non-appel ou de non-pourvoi.

6. Les pièces et actes produits sont traduits en langue française et certifiés conformes, lorsque le greffier n'est pas en mesure de les comprendre dans leur langue d'origine.

ANNEXE I

DEMANDE D'IMMATRICULATION DES PERSONNES PHYSIQUES

1. Renseignements relatifs à la personne

1.1. Identification de la personne tenue à l'immatriculation.

1.1.1. Français et ressortissants d'un État membre de l'UE.

Copie de la carte nationale d'identité ou du passeport en cours de validité.

1.1.2. Personne ressortissant d'un État membre de l'Éspace économique européen ou d'un État avec lequel ont été conclus des accords.

Copie de la carte nationale d'identité ou du passeport en cours de validité.

1.1.3. Étrangers.

1.1.3.1. Personne ne résidant pas en France :

— copie de la carte d'identité ou du passeport ;

— récépissé du dépôt de déclaration préalable délivré par la préfecture du lieu d'exercice de l'activité.

1.1.3.2. Personne résidant en France :

— copie du titre ou du récépissé du titre de séjour portant mention de l'activité commerciale, industrielle ou artisanale autorisée, de la carte de séjour "vie privée et familiale" ou de la carte de séjour portant la mention "compétences et talents" ;

— ou copie de la carte de résident.

1.2. Identification du conjoint qui a opté pour un statut en application de l'article L. 121-4.

Conjoint collaborateur, conjoint salarié : justificatif d'identité faisant état du mariage.

1.3. Conditions d'exercice.

1.3.1. Pour toutes les personnes mentionnées au 1.1, attestation sur l'honneur, sur papier libre, relative à l'absence de condamnation ou de sanction civile ou administrative de nature à interdire l'exercice d'une activité commerciale, faisant apparaître la filiation.

1.3.2. Activité commerciale non sédentaire.

(Abrogé par Arr. 21 janv. 2010, art. 2) « 1.3.2.1. Ambulants.

« Copie de l'attestation de déclaration d'activités non sédentaires délivrée par l'autorité préfectorale. »

1.3.2.2. Forains.

Copie de l'attestation valant titre provisoire de circulation délivrée par l'autorité préfectorale.

1.3.3. Activité réglementée.

Copie de l'autorisation provisoire ou définitive, du diplôme ou du titre, conformément à l'article R. 123-95.

1.3.4. Personne ayant le pouvoir d'engager l'assujetti.

Personnes ayant le pouvoir dans l'établissement d'engager à titre habituel par leur signature l'assujetti : pièces prescrites par les rubriques 1.1, 1.3 et, le cas échéant, 1.3.3 de la présente annexe.

1.4. Déclaration d'insaisissabilité.

Attestation notariée relative à l'insaisissabilité.

2. Renseignements relatifs à l'établissement

2.1. Justificatif de la jouissance des locaux ou justificatif de l'adresse de l'entreprise fixée au local d'habitation, par tout document établi au nom de la personne tenue à l'immatriculation permettant de justifier la réalité de l'adresse déclarée.

2.2. Origine d'un fonds de commerce acquis ou reçu :

— par achat, licitation, attribution par voie de partage : copie de l'acte enregistré et attestation de parution dans un journal d'annonces légales ou copie de celui-ci ;

— par voie de donation : copie de l'acte de donation ;

— par dévolution successorale, sans partage ni licitation : copie de l'acte de notoriété ou de l'intitulé d'inventaire ;

— par location-gérance : pour le locataire-gérant, copie du contrat de location-gérance et attestation de parution dans un journal d'annonces légales ou copie de celui-ci ;

— par gérance-mandat : pour le mandataire, copie du contrat de gérance-mandat et attestation de parution dans un journal d'annonces légales ou copie de celui-ci ;

— dans le cadre d'un plan de cession, pour la gestion d'un fonds de commerce cédé : copie du jugement ordonnant le plan de cession.

2.3. Établissement situé dans un État membre de l'Union européenne.
Extrait d'immatriculation ou document équivalent.

ANNEXE II

DEMANDE D'INSCRIPTION MODIFICATIVE DES PERSONNES PHYSIQUES

Lors de la demande d'inscription modificative, les pièces devant être présentées sont celles établissant les changements et adjonctions intervenus.

1. Renseignements relatifs à la personne

1.1. Identification de la personne immatriculée.

1.1.1. Changement de nationalité.

Copie de la décision attributive de la nationalité française ou document équivalent en cas d'adoption d'une nationalité étrangère, ou copie du *Journal officiel* de la République française.

1.1.2. Changement de nom de naissance ou de prénom.

Copie de la carte nationale d'identité portant mention du nouveau nom.

1.1.3. Tutelle ou curatelle de la personne immatriculée.

Copie de la décision définitive ordonnant de telles mesures ou en donnant mainlevée.

1.1.4. Décès de la personne immatriculée.

Extrait de l'acte de décès.

1.2. Conditions d'exercice.

1.2.1. Activité commerciale non sédentaire.

(Abrogé par Arr. 21 janv. 2010, art. 2) « 1.2.1.1. Ambulants.

« Copie de l'attestation provisoire délivrée pour l'exercice d'une activité non sédentaire par l'autorité préfectorale. »

1.2.1.2. Forains.

Copie de l'attestation valant titre provisoire de circulation délivrée par l'autorité préfectorale.

1.2.2. Activité réglementée.

Copie de l'autorisation provisoire ou définitive du diplôme ou du titre, conformément à l'article R. 123-95.

1.2.3. Personne ayant le pouvoir d'engager l'assujetti.

Pour les personnes ayant le pouvoir dans l'établissement d'engager à titre habituel par leur signature l'assujetti : pièces prescrites par la rubrique 1.1. de l'annexe I et le cas échéant le 1.1.1 et le 1.1.2 ci-dessus.

2. Renseignements relatifs à l'établissement

2.1. Inscriptions modificatives ou complémentaires.

2.1.1. Transfert de l'établissement principal dans le ressort du même greffe :

— justificatif de la jouissance des locaux ou justificatif de l'adresse de l'entreprise fixée au local d'habitation, par tout document établi au nom de la personne tenue à l'immatriculation permettant de justifier la réalité de l'adresse déclarée ;

— origine du fonds de commerce acquis ou reçu :

— par achat, licitation, attribution par voie de partage : copie de l'acte enregistré et attestation de parution dans un journal d'annonces légales ou copie de celui-ci ;

— par voie de donation : copie de l'acte de donation ;

— par dévolution successorale, sans partage ni licitation : copie de l'acte de notoriété ou de l'intitulé d'inventaire ;

— par location-gérance : pour le locataire-gérant, copie du contrat de location-gérance et attestation de parution dans un journal d'annonces légales ou copie de celui-ci ;

— par gérance-mandat : pour le mandataire, copie du contrat de gérance-mandat et attestation de parution dans un journal d'annonces légales ou copie de celui-ci ;

— dans le cadre d'un plan de cession, pour la gestion du fonds de commerce cédé : copie du jugement ordonnant le plan de cession.

2.1.2. Ouverture d'un établissement secondaire.

Origine du fonds de commerce acquis ou reçu :

— par achat, licitation, attribution par voie de partage : copie de l'acte enregistré et attestation de parution dans un journal d'annonces légales ou copie de celui-ci ;

— par voie de donation : copie de l'acte de donation ;

— par dévolution successorale, sans partage ni licitation : copie de l'acte de notoriété ou de l'intitulé d'inventaire ;

— par location-gérance : pour le locataire-gérant, copie du contrat de location-gérance et attestation de parution dans un journal d'annonces légales ou copie de celui-ci ;

— par gérance-mandat : pour le mandataire, copie du contrat de gérance-mandat et attestation de parution dans un journal d'annonces légales ou copie de celui-ci ;

— dans le cadre d'un plan de cession, pour la gestion du fonds de commerce cédé : copie du jugement ordonnant le plan de cession.

2.2. Mention d'un établissement immatriculé dans un État membre de la Communauté européenne. Extrait d'immatriculation ou document équivalent.

ANNEXE III

Demande d'immatriculation des sociétés de droit français

1. Renseignements relatifs à la personne

1.1. Identification de la société.

Attestation de parution dans un journal d'annonces légales ou copie de celui-ci ; pour les sociétés en nom collectif ou en commandite simple, copie de l'insertion.

Le cas échéant, copie du récépissé de dépôt des actes constitutifs de la société déposés au greffe avant la demande d'immatriculation.

1.2. Identification des dirigeants.

1.2.1. Pour les personnes physiques, associés et tiers, ayant le pouvoir de diriger, de gérer ou d'engager à titre habituel la société, ainsi que les administrateurs, les membres du directoire, les membres du conseil de surveillance.

1.2.1.1. Si la personne est immatriculée au RCS à titre personnel :

— extrait de l'immatriculation datant de moins de trois mois ou carte nationale d'identité ;

— attestation sur l'honneur, sur papier libre, relative à l'absence de condamnation ou de sanction civile ou administrative de nature à interdire l'exercice d'une activité commerciale, faisant apparaître la filiation.

1.2.1.2. Si la personne est mentionnée au RCS en qualité de dirigeant de personne morale :

— extrait de l'immatriculation datant de moins de trois mois ou carte nationale d'identité ;

— attestation sur l'honneur, sur papier libre, relative à l'absence de condamnation ou de sanction civile ou administrative de nature à interdire l'exercice d'une activité commerciale, faisant apparaître la filiation.

1.2.1.3. Si la personne n'est pas immatriculée au RCS :

1.2.1.3.1. Français et ressortissants d'un État membre de l'Union européenne :

— copie de la carte nationale d'identité ou du passeport en cours de validité ;

— attestation sur l'honneur, sur papier libre, relative à l'absence de condamnation ou de sanction civile ou administrative de nature à interdire l'exercice d'une activité commerciale, faisant apparaître la filiation.

1.2.1.3.2. Personnes ressortissantes d'un État membre de l'Espace économique européen ou d'un État avec lequel ont été conclus des accords :

— copie de la carte nationale d'identité ou passeport en cours de validité ;

— attestation sur l'honneur, sur papier libre, relative à l'absence de condamnation ou de sanction civile ou administrative de nature à interdire l'exercice d'une activité commerciale, faisant apparaître la filiation.

1.2.1.3.3. Étrangers.

1.2.1.3.3.1. Personne ne résidant pas en France :

— copie de la carte nationale d'identité ou du passeport en cours de validité ;

— récépissé du dépôt de déclaration préalable délivré par la préfecture du lieu d'exercice de l'activité (uniquement pour les sociétés commerciales et/ou artisanales) ;

— attestation sur l'honneur, sur papier libre, relative à l'absence de condamnation ou de sanction civile ou administrative de nature à interdire l'exercice d'une activité commerciale, faisant apparaître la filiation.

1.2.1.3.3.2. Personne résidant en France :

— copie du titre ou récépissé du titre de séjour portant mention de l'activité commerciale, industrielle ou artisanale autorisée, du titre de séjour "vie privée et familiale" ou de la carte de séjour portant la mention "compétences et talents" ;

— ou copie de la carte de résident ; pour une société civile, tout document justifiant de l'identité du déclarant ;

— attestation sur l'honneur, sur papier libre, relative à l'absence de condamnation ou de sanction civile ou administrative de nature à interdire l'exercice d'une activité commerciale, faisant apparaître la filiation.

1.2.2. Pour les personnes morales.

Extrait de l'immatriculation au RCS datant de moins de trois mois ou, pour les personnes morales non immatriculées au RCS, titre justifiant leur existence, le cas échéant traduit en langue française.

Le cas échéant, dans les cas où il y a une obligation légale de désigner un représentant permanent de la personne morale : pièces prescrites par la rubrique 1.2.1 et copie de la décision lui conférant cette qualité.

Pour les personnes relevant de la législation d'un État non membre de la Communauté européenne ou partie à l'accord sur l'Espace économique européen ou pour les personnes non immatriculées : pièces prescrites par la rubrique 1.2.1 ci-dessus.

1.2.3. Pour les commissaires aux comptes :

— lettre d'acceptation de la mission ;

— si le commissaire aux comptes n'est pas encore mentionné sur la liste publiée, attestation d'inscription sur la liste.

1.2.4. Pour les associés indéfiniment et solidairement responsables.

1.2.4.1. Français et ressortissants d'un État membre de l'Union européenne :

— copie de la carte nationale d'identité ou du passeport en cours de validité ;

— attestation sur l'honneur, sur papier libre, relative à l'absence de condamnation ou de sanction civile ou administrative de nature à interdire l'exercice d'une activité commerciale, faisant apparaître la filiation.

1.2.4.2. Personnes ressortissantes d'un État membre de l'Espace économique européen ou d'un État avec lequel ont été conclus des accords :

— copie de la carte nationale d'identité ou du passeport en cours de validité ;

— attestation sur l'honneur, sur papier libre, relative à l'absence de condamnation ou de sanction civile ou administrative de nature à interdire l'exercice d'une activité commerciale, faisant apparaître la filiation.

1.2.4.3. Étrangers.

1.2.4.3.1. Personne ne résidant pas en France :

— copie de la carte nationale d'identité ou du passeport en cours de validité ;

— récépissé du dépôt de déclaration préalable délivré par la préfecture du lieu d'exercice de l'activité (uniquement pour les activités commerciales, industrielles ou artisanales).

— attestation sur l'honneur, sur papier libre, relative à l'absence de condamnation ou de sanction civile ou administrative de nature à interdire l'exercice d'une activité commerciale, faisant apparaître la filiation.

1.2.4.3.2. Personne résidant en France :

— copie du titre ou récépissé du titre de séjour portant mention de l'activité commerciale, industrielle ou artisanale autorisée, du titre de séjour "vie privée et familiale" ou de la carte de séjour portant la mention "compétences et talents" ;

— ou copie de la carte de résident ; pour une société civile dont les associés sont indéfiniment et solidairement responsables, tout document justifiant de l'identité du déclarant ;

— attestation sur l'honneur, sur papier libre, relative à l'absence de condamnation ou de sanction civile ou administrative de nature à interdire l'exercice d'une activité commerciale, faisant apparaître la filiation.

1.2.4.4. Personnes morales :

— extrait de l'immatriculation au RCS datant de moins de trois mois ou pour les personnes morales non immatriculées : titre justifiant leur existence, traduit le cas échéant en langue française.

1.2.5. Pour les associés indéfiniment responsables :

— pour une personne physique : copie de la carte nationale d'identité ou du passeport en cours de validité ;

— pour les personnes morales : extrait de l'immatriculation datant de moins de trois mois ou, pour les personnes morales non immatriculées, titre justifiant leur existence, traduit le cas échéant en langue française.

1.2.6. Identification des personnes ayant le pouvoir de diriger, de gérer ou d'engager à titre habituel par leur signature :

— copie de la carte nationale d'identité ou du passeport en cours de validité ;

— le cas échéant, pour un étranger, le titre de séjour en cours de validité ;

— attestation sur l'honneur, sur papier libre, relative à l'absence de condamnation ou de sanction civile ou administrative de nature à interdire l'exercice d'une activité commerciale, faisant apparaître la filiation.

1.2.7. Identification du conjoint qui a opté pour un statut en application de l'article L. 121-4.

Conjoint collaborateur, conjoint associé : justificatif d'identité faisant état du mariage.

1.3. Conditions d'exercice.

(Abrogé par Arr. 21 janv. 2010, art. 2) « 1.3.1. Activité commerciale non sédentaire.

« Copie de l'attestation provisoire de déclaration d'activités non sédentaires délivrée par l'autorité préfectorale. »

1.3.2. Activité réglementée.

Copie de l'autorisation provisoire ou définitive, du diplôme ou du titre conformément à l'article R. 123-95.

2. Renseignements relatifs au siège

2.1. Justificatif de la jouissance des locaux où est installé le siège par tout document établi au nom de la société permettant de justifier la réalité de l'adresse déclarée.

2.2. Si le représentant légal use de la faculté d'installer le siège à son domicile pour une durée limitée, justificatif de son domicile par tout document établi à son nom permettant de justifier la réalité de l'adresse déclarée.

2.3. Occupation de locaux en commun : si le siège social est situé dans les locaux occupés en commun par une ou plusieurs entreprises, copie du contrat de domiciliation mentionné aux articles R. 123-167 et suivants *(Arr. du 31 juill. 2012, art. 13, en vigueur le 1er sept. 2012)* « indiquant les références de l'agrément préfectoral prévu par l'article L. 123-11-3 » et extrait du RCS ou du répertoire des métiers du domiciliataire, sauf si celui-ci est immatriculé dans le même greffe ou s'il est une personne morale française de droit public ou une association regroupant des personnes morales françaises de droit public.

3. Renseignements relatifs à l'établissement

3.1. Acquisition d'un fonds de commerce.

Par achat, licitation : copie de l'acte et attestation de parution dans un journal d'annonces légales ou copie de celui-ci.

Par donation : copie de l'acte.

Par apport : copie de l'acte et attestation de parution dans un journal d'annonces légales ou copie de celui-ci.

3.2. Location-gérance d'un fonds de commerce.

Copie du contrat de location-gérance et attestation de parution dans un journal d'annonces légales ou copie de celui-ci.

3.3. Gérance-mandat d'un fonds de commerce.

Copie du contrat de gérance-mandat et attestation de parution dans un journal d'annonces légales ou copie de celui-ci.

3.4. Gestion d'un fonds de commerce cédé dans le cadre d'un plan de cession.

Copie du jugement ordonnant un plan de cession.

3.5. Fusion par création d'une société nouvelle, scission au profit de sociétés nouvelles, apport partiel d'actif, régime fusion/scission.

Extrait du RCS des sociétés participant avec mention de l'opération et attestation de parution dans un journal d'annonces légales ou copie de celui-ci.

3.6. Mention des établissements immatriculés dans un pays de la Communauté européenne.

Extrait d'immatriculation.

ANNEXE IV

Demande d'inscription modificative des sociétés de droit français

Lors de la demande d'inscription modificative, les pièces devant être présentées sont celles demandées dans l'annexe précédente et établissant les changements et adjonctions intervenus.

Le cas échéant, attestation de parution dans un journal d'annonces légales ou copie de celui-ci, ou, pour les sociétés en nom collectif ou en commandite simple, copie de l'insertion.

1. Renseignements relatifs à la personne

1.1. Lorsque le dépôt au greffe des actes a été effectué avant la déclaration de modification, copie du récépissé du dépôt.

1.2. Extrait d'immatriculation datant de moins de trois mois de chacune des sociétés participant à l'opération de fusion et de scission.

1.3. Identification des dirigeants : pièces établissant les modifications de situation prévues à l'annexe précédente ou au 1 de l'annexe II.

2. Renseignements relatifs à l'établissement

2.1. Ouverture d'un établissement sur transfert dans le ressort du même greffe.

2.1.1. Transfert du siège.

2.1.1.1. Justificatif de la jouissance des locaux où est installé le siège par tout document établi au nom de la société permettant de justifier la réalité de l'adresse déclarée.

2.1.1.2. Si le représentant légal use de la faculté d'installer le siège à son domicile pour une durée limitée, justificatif de son domicile par tout document permettant de justifier la réalité de l'adresse déclarée.

2.1.1.3. Occupation de locaux en commun : si le siège social est situé dans les locaux occupés en commun par une ou plusieurs entreprises, copie du contrat de domiciliation mentionné aux articles R. 123-167 et suivants *(Arr. du 31 juill. 2012, art. 13, en vigueur le 1er sept. 2012)* « indiquant les références de l'agrément préfectoral prévu par l'article L. 123-11-3 » et extrait du RCS ou du répertoire des métiers du domiciliataire, sauf si celui-ci est immatriculé dans le même greffe ou s'il est une personne morale française de droit public ou une association regroupant des personnes morales françaises de droit public.

2.1.2. Transfert de l'établissement principal.

Origine d'un fonds de commerce acquis ou reçu :

— par achat, licitation, attribution par voie de partage : copie de l'acte enregistré et attestation de parution dans un journal d'annonces légales ou copie de celui-ci ;

— par voie de donation : copie de l'acte de donation ;

— par apport : copie du traité d'apport et attestation de parution dans un journal d'annonces légales ou copie de celui-ci ; pour l'apport à une société en nom collectif ou en commandite simple, copie de l'insertion ;

— par location-gérance : pour le locataire-gérant, copie du contrat de location-gérance et attestation de parution dans un journal d'annonces légales ou copie de celui-ci ;

— par gérance-mandat : pour le mandataire, copie du contrat de gérance-mandat et attestation de parution dans un journal d'annonces légales ou copie de celui-ci ;

— dans le cadre d'un plan de cession, pour la gestion du fonds de commerce cédé : copie du jugement ordonnant le plan de cession.

2.2. Inscriptions complémentaires.

2.2.1. *Ouverture d'un établissement secondaire.*

Origine du fonds de commerce acquis ou reçu :

— par achat, licitation, attribution par voie de partage : copie de l'acte enregistré et attestation de parution dans un journal d'annonces légales ou copie de celui-ci ;

— par voie de donation : copie de l'acte de donation ;

— par apport : copie du traité d'apport et attestation de parution dans un journal d'annonces légales ou copie de celui-ci ;

— par location-gérance : pour le locataire-gérant, copie du contrat de location-gérance et attestation de parution dans un journal d'annonces légales ou copie de celui-ci ;

— par gérance-mandat : pour le mandataire, copie du contrat de gérance-mandat et attestation de parution dans un journal d'annonces légales ou copie de celui-ci ;

— dans le cadre d'un plan de cession, pour la gestion du fonds de commerce cédé : copie du jugement ordonnant le plan de cession.

2.2.2. Transfert d'un établissement secondaire.

Origine du fonds de commerce acquis ou reçu :

— par achat, licitation, attribution par voie de partage : copie de l'acte enregistré et attestation de parution dans un journal d'annonces légales ou copie de celui-ci ;

— par voie de donation : copie de l'acte de donation ;

— par apport : copie du traité d'apport et attestation de parution dans un journal d'annonces légales ou copie de celui-ci ;

— par location-gérance : pour le locataire-gérant, copie du contrat de location-gérance et attestation de parution dans un journal d'annonces légales ou copie de celui-ci ;

— par gérance-mandat : pour le mandataire, copie du contrat de gérance-mandat et attestation de parution dans un journal d'annonces légales ou copie de celui-ci ;

— dans le cadre d'un plan de cession, pour la gestion du fonds de commerce cédé : copie du jugement ordonnant le plan de cession.

2.3. Mention d'un établissement immatriculé dans un État membre de la Communauté européenne. Extrait d'immatriculation.

ANNEXE V

Demande d'immatriculation dans le ressort d'un nouveau greffe d'une personne physique ou morale déjà immatriculée au RCS

1. Immatriculation principale suite au transfert

1.1. Transfert du siège d'une personne morale :

— extrait d'immatriculation du précédent siège datant de moins de trois mois ; *(Arr. du 31 juill. 2012, art. 13, en vigueur le 1er sept. 2012)* « sauf application du deuxième alinéa de l'article A. 123-46 *[;]* »

— justificatif de la jouissance des locaux où est installé le siège par tout document établi au nom de la société permettant de justifier la réalité de l'adresse déclarée ;

— si le représentant légal use de la faculté d'installer le siège à son domicile pour une durée limitée, justificatif de son domicile par tout document établi à son nom permettant de justifier la réalité de l'adresse déclarée ;

— occupation de locaux en commun : si le siège social est situé dans les locaux occupés en commun par une ou plusieurs entreprises, copie du contrat de domiciliation mentionné aux articles R. 123-167 et suivants *(Arr. du 31 juill. 2012, art. 13, en vigueur le 1er sept. 2012)* « indiquant les références de l'agrément préfectoral prévu par l'article L. 123-11-3 » et extrait du RCS ou du répertoire des métiers du domiciliataire, sauf si celui-ci est immatriculé dans le même greffe ou s'il est une personne morale française de droit public ou une association regroupant des personnes morales françaises de droit public ;

— lorsque le dépôt des actes décidant le transfert a été effectué avant la déclaration de modification, copie du récépissé de dépôt ;

— le cas échéant, attestation de parution dans un journal d'annonces légales ou copie de celui-ci.

1.2. Transfert de l'établissement principal pour une personne physique :

— extrait de la précédente immatriculation principale datant de moins de trois mois ; *(Arr. du 31 juill. 2012, art. 13, en vigueur le 1er sept. 2012)* « sauf application du deuxième alinéa de l'article A. 123-46 *[;]* »

— justificatif de la jouissance des locaux ou justificatif de l'adresse de l'entreprise fixée au local d'habitation, par tout document établi au nom de la personne tenue à l'immatriculation permettant de justifier la réalité de l'adresse déclarée ;

— origine d'un fonds de commerce acquis ou reçu :

— par achat, licitation, attribution par voie de partage : copie de l'acte enregistré et attestation de parution dans un journal d'annonces légales ou copie de celui-ci ;

— par voie de donation : copie de l'acte de donation ;

— par dévolution successorale, sans partage ni licitation, copie de l'acte de notoriété ou de l'intitulé d'inventaire ;

— par location-gérance : pour le locataire-gérant, copie du contrat de location-gérance et attestation de parution dans un journal d'annonces légales ou copie de celui-ci ;

— par gérance-mandat : pour le mandataire, copie du contrat de gérance-mandat et attestation de parution dans un journal d'annonces légales ou copie de celui-ci ;

— dans le cadre d'un plan de cession, pour la gestion du fonds de commerce cédé, copie du jugement ordonnant le plan de cession.

2. Immatriculation secondaire

2.1. Ouverture d'un établissement secondaire :

— extrait de l'immatriculation principale datant de moins de trois mois ;

— origine du fonds de commerce acquis ou reçu :

— par achat, licitation, attribution par voie de partage : copie de l'acte enregistré et attestation de parution dans un journal d'annonces légales ou copie de celui-ci ;

— par voie de donation : copie de l'acte de donation ;

— par dévolution successorale, sans partage ni licitation ; copie de l'acte de notoriété ou de l'intitulé d'inventaire ;

— par location-gérance : pour le locataire-gérant, copie du contrat de location-gérance et attestation de parution dans un journal d'annonces légales ou copie de celui-ci ;

— par gérance-mandat : pour le mandataire, copie du contrat de gérance-mandat et attestation de parution dans un journal d'annonces légales ou copie de celui-ci ;

— dans le cadre d'un plan de cession, pour la gestion du fonds de commerce cédé : copie du jugement ordonnant le plan de cession.

2.2. Ouverture d'un établissement sur transfert.

2.2.1. Transfert d'un établissement principal :

— extrait d'immatriculation du précédent établissement principal datant de moins de trois mois ;

— origine du fonds de commerce acquis ou reçu :

— par achat, licitation, attribution par voie de partage : copie de l'acte enregistré et attestation de parution dans un journal d'annonces légales ou copie de celui-ci ;

— par voie de donation : copie de l'acte de donation ;

— par dévolution successorale, sans partage ni licitation : copie de l'acte de notoriété ou de l'intitulé d'inventaire ;

— par location-gérance : pour le locataire-gérant, copie du contrat de location-gérance et attestation de parution dans un journal d'annonces légales ou copie de celui-ci ;

— par gérance-mandat : pour le mandataire, copie du contrat de gérance-mandat et attestation de parution dans un journal d'annonces légales ou copie de celui-ci ;

— dans le cadre d'un plan de cession, pour la gestion du fonds de commerce cédé : copie du jugement ordonnant le plan de cession.

2.2.2. Transfert d'un établissement secondaire :

— extrait de l'immatriculation du précédent établissement secondaire datant de moins de trois mois ;

— origine du fonds de commerce acquis ou reçu :

— par achat, licitation, attribution par voie de partage : copie de l'acte enregistre et attestation de parution dans un journal d'annonces légales ou copie de celui-ci ;

— par voie de donation : copie de l'acte de donation ;

— par apport : copie de l'acte et attestation de parution dans un journal d'annonces légales ou copie de celui-ci ;

— par location-gérance : pour le locataire-gérant, copie du contrat de location-gérance et attestation de parution dans un journal d'annonces légales ou copie de celui-ci ;

— par gérance-mandat : pour le mandataire, copie du contrat de gérance-mandat et attestation de parution dans un journal d'annonces légales ou copie de celui-ci ;

— dans le cadre d'un plan de cession, pour la gestion du fonds de commerce cédé : copie du jugement ordonnant le plan de cession.

ANNEXE VI

DEMANDE D'IMMATRICULATION ET D'INSCRIPTION MODIFICATIVE DES SOCIÉTÉS COMMERCIALES DONT LE SIÈGE EST SITUÉ À L'ÉTRANGER

1. Renseignements relatifs à la personne

1.1. Identification de la société.

Lorsque le dépôt au greffe des statuts traduits en langue française a été effectué avant la demande d'immatriculation, copie du récépissé du dépôt.

Extrait de l'immatriculation au registre des sociétés étranger ou titre justifiant l'existence, traduit, le cas échéant, en langue française.

1.2. Identification des personnes ayant le pouvoir d'engager la société en France.

1.2.1. Français et ressortissants d'un État membre de l'Union européenne :

— copie de la carte nationale d'identité ou du passeport en cours de validité ;

— attestation sur l'honneur relative à l'absence de condamnation ou de sanction civile ou administrative de nature à interdire l'exercice d'une activité commerciale, faisant apparaître la filiation.

1.2.2. Personnes ressortissantes d'un État membre de l'Espace économique européen ou d'un État avec lequel ont été conclus des accords particuliers :

— copie de la carte nationale d'identité ou passeport en cours de validité ;

— attestation sur l'honneur, sur papier libre, relative à l'absence de condamnation ou de sanction civile ou administrative de nature à interdire l'exercice d'une activité commerciale, faisant apparaître la filiation.

1.2.3. Étrangers.

1.2.3.1. Personne ne résidant pas en France :

— copie de la carte nationale d'identité ou du passeport en cours de validité ;

— récépissé du dépôt de déclaration préalable ;

— attestation sur l'honneur, sur papier libre, relative à l'absence de condamnation ou de sanction civile ou administrative de nature à interdire l'exercice d'une activité commerciale, faisant apparaître la filiation.

1.2.3.2. Personne résidant en France :

— copie du titre ou récépissé du titre de séjour portant mention de l'activité commerciale, industrielle ou artisanale autorisée, du titre de séjour "vie privée et familiale" ou de la carte de séjour portant la mention "compétences et talents" ;

— ou, le cas échéant, copie de la carte de résident ;

— attestation sur l'honneur, sur papier libre, relative à l'absence de condamnation ou de sanction civile ou administrative de nature à interdire l'exercice d'une activité commerciale, faisant apparaître la filiation.

1.3. Conditions d'exercice.

(Abrogé par Arr. 21 janv. 2010, art. 2) « 1.3.1. Activité commerciale non sédentaire.

« Copie de l'attestation provisoire de déclaration d'activités non sédentaires délivrée par l'autorité préfectorale. »

1.3.2. Activité réglementée.

Copie de l'autorisation provisoire ou définitive du diplôme ou du titre conformément à l'article R. 123-95.

1.3.3. Personne ayant le pouvoir d'engager l'assujetti.

Pour les personnes ayant le pouvoir dans l'établissement d'engager à titre habituel par leur signature l'assujetti : pièces prescrites au 1.2 ci-dessus.

2. Renseignements relatifs au premier établissement en France

2.1. Justificatif de la jouissance des locaux ou justificatif de l'adresse de l'entreprise fixée au local d'habitation, par tout document établi au nom de la personne tenue à l'immatriculation permettant de justifier la réalité de l'adresse déclarée.

2.2. Origine du fonds de commerce acquis ou reçu :

— par achat, licitation, attribution par voie de partage : copie de l'acte enregistré et attestation de parution dans un journal d'annonces légales ou copie de celui-ci ;

— par voie de donation : copie de l'acte de donation ;

— par apport : copie de l'acte et attestation de parution dans un journal d'annonces légales ou copie de celui-ci ;

— par location-gérance : pour le locataire-gérant, copie du contrat de location-gérance et attestation de parution dans un journal d'annonces légales ou copie de celui-ci ;

— par gérance-mandat : pour le mandataire, copie du contrat de gérance-mandat et attestation de parution dans un journal d'annonces légales ou copie de celui-ci ;

— dans le cadre d'un plan de cession, pour la gestion du fonds de commerce cédé : copie du jugement ordonnant le plan de cession.

3. Ouverture d'un établissement dans le ressort d'un nouveau greffe

3.1. Immatriculation principale suite au transfert du premier établissement :

— extrait d'immatriculation de la précédente immatriculation datant de moins de trois mois ;

— justificatif de la jouissance des locaux où est installé le siège par tout document établi au nom de la société permettant de justifier la réalité de l'adresse déclarée ;

— si le représentant légal use de la faculté d'installer le siège à son domicile pour une durée limitée, justificatif de son domicile par tout document établi à son nom permettant de justifier la réalité de l'adresse déclarée ;

— occupation de locaux en commun : si le siège social est situé dans les locaux occupés en commun par une ou plusieurs entreprises : copie du contrat de domiciliation mentionné aux articles R. 123-167 et suivants *(Arr. du 31 juill. 2012, art. 13, en vigueur le 1er sept. 2012)* « indiquant les références de l'agrément préfectoral prévu par l'article L. 123-11-3 » et extrait du RCS ou du répertoire des métiers du domiciliataire, sauf si celui-ci est immatriculé dans le même greffe ou s'il est une personne morale française de droit public ou une association regroupant des personnes morales françaises de droit public ;

— origine du fonds de commerce acquis ou reçu :

— par achat, licitation, attribution par voie de partage : copie de l'acte enregistré et attestation de parution dans un journal d'annonces légales ou copie de celui-ci ;

— par voie de donation : copie de l'acte de donation ;

— par apport : copie de l'acte et attestation de parution dans un journal d'annonces légales ou copie de celui-ci ;

— par location-gérance : pour le locataire-gérant, copie du contrat de location-gérance et attestation de parution dans un journal d'annonces légales ou copie de celui-ci ;

— par gérance-mandat : pour le mandataire, copie du contrat de gérance-mandat et attestation de parution dans un journal d'annonces légales ou copie de celui-ci ;

— dans le cadre d'un plan de cession, pour la gestion du fonds de commerce cédé : copie du jugement ordonnant le plan de cession.

3.2. Immatriculation secondaire suite à l'ouverture d'un nouvel établissement :

— extrait de l'immatriculation principale datant de moins de trois mois ;

— origine du fonds de commerce acquis ou reçu :

— par achat, licitation, attribution par voie de partage : copie de l'acte enregistré et attestation de parution dans un journal d'annonces légales ou copie de celui-ci ;

— par voie de donation : copie de l'acte de donation ;

— par apport : copie de l'acte et attestation de parution dans un journal d'annonces légales ou copie de celui-ci ;

— par location-gérance : pour le locataire-gérant, copie du contrat de location-gérance et attestation de parution dans un journal d'annonces légales ou copie de celui-ci ;

— par gérance-mandat : pour le mandataire, copie du contrat de gérance-mandat et attestation de parution dans un journal d'annonces légales ou copie de celui-ci ;

— dans le cadre d'un plan de cession, pour la gestion du fonds de commerce cédé : copie du jugement ordonnant le plan de cession.

ANNEXE VII

Demande d'immatriculation des groupements d'intérêt économique et des groupements européens d'intérêt économique

1. Renseignements relatifs à la personne

1.1. Identification du groupement.

Lorsque le dépôt au greffe des actes constitutifs du groupement a été effectué avant la demande d'immatriculation, copie du récépissé de dépôt.

1.2. Membres du groupement.

1.2.1. Personnes physiques.

1.2.1.1. Immatriculées au RCS.

Extrait de l'immatriculation datant de moins de trois mois.

1.2.1.2. Non immatriculées au RCS.

1.2.1.2.1. Français et ressortissants d'un État membre de l'UE.

Copie de la carte nationale d'identité ou du passeport en cours de validité.

1.2.1.2.2. Personne ressortissant d'un État membre de l'Espace économique européen ou d'un État avec lequel ont été conclus des accords particuliers.

Copie de la carte nationale d'identité ou du passeport en cours de validité.

1.2.1.2.3. Étrangers.

1.2.1.2.3.1. Personne ne résidant pas en France :

— copie de la carte nationale d'identité ou du passeport en cours de validité.

1.2.1.2.1.3.2. Personne résidant en France :

— copie d'un titre de séjour en cours de validité ;

— ou copie de la carte de résident.

1.2.2. Personnes morales.

Immatriculées au RCS : extrait de l'immatriculation datant de moins de trois mois.

Non immatriculées au RCS : titre établissant leur existence.

1.3. Personnes chargées d'administrer ou de contrôler la gestion et les comptes du groupement.

1.3.1. Personnes immatriculées au RCS.

Extrait d'immatriculation datant de moins de trois mois.

1.3.2. Personnes non immatriculées au RCS.

1.3.2.1. Personnes physiques.

1.3.2.1.1. Français et ressortissants d'un État membre de l'Union européenne.

Copie de la carte nationale d'identité ou du passeport en cours de validité.

1.3.2.1.2. Personnes ressortissants d'un État membre de l'Espace économique européen ou d'un État avec lequel ont été conclus des accords particuliers :

Copie de la carte nationale d'identité ou du passeport en cours de validité.

1.3.2.1.3. Étrangers.

1.3.2.1.3.1. Personnes ne résidant pas en France.

— copie de la carte nationale d'identité ou du passeport en cours de validité ;

— récépissé du dépôt de déclaration préalable délivré par la préfecture du lieu d'exercice de l'activité.

1.3.2.1.3.2. Personnes résidant en France.

— copie du titre ou récépissé du titre de séjour portant mention de l'activité commerciale, industrielle ou artisanale autorisée, du titre de séjour "vie privée et familiale" ou de la carte de séjour portant la mention "compétences et talents" ;

— ou copie de la carte de résident.

1.3.2.2. Personnes morales :

— titre établissant leur existence ;

— copie de la pièce portant désignation du représentant permanent.

1.4. Conditions d'exercice.

1.4.1. Attestation sur l'honneur, sur papier libre, relative à l'absence de condamnation ou de sanction civile ou administrative de nature à interdire l'exercice d'une activité commerciale, faisant apparaître la filiation pour les personnes mentionnées à l'article A. 123-50.

1.4.2. Activité réglementée : copie de l'autorisation provisoire ou définitive, du diplôme ou du titre, conformément à l'article R. 123-95.

2. Renseignements relatifs au siège

2.1. Justificatif de la jouissance des locaux où est installé le siège par tout document établi au nom du groupement permettant de justifier la réalité de l'adresse déclarée.

2.2. Si le représentant légal use de la faculté d'installer le siège à son domicile pour une durée limitée, justificatif de son domicile par tout document établi à son nom permettant de justifier la réalité de l'adresse déclarée.

2.3. Occupation de locaux en commun : si le siège social est situé dans les locaux occupés en commun par une ou plusieurs entreprises, copie du contrat de domiciliation mentionné aux articles R. 123-167 et suivants *(Arr. du 31 juill. 2012, art. 13, en vigueur le 1er sept. 2012)* « indiquant les références de l'agrément préfectoral prévu par l'article L. 123-11-3 » et extrait du RCS ou du répertoire des métiers du domiciliataire, sauf si celui-ci est immatriculé dans le même greffe ou s'il est une personne morale française de droit public ou une association regroupant des personnes morales françaises de droit public.

3. Renseignements relatifs à l'établissement

3.1. Acquisition d'un fonds de commerce par un groupement à objet commercial :

— par achat, licitation : copie de l'acte et attestation de parution dans un journal d'annonces légales ou copie de celui-ci ;

— par donation : copie de l'acte ;

— par apport : copie de l'acte et attestation de parution dans un journal d'annonces légales ou copie de celui-ci.

3.2. Location-gérance d'un fonds de commerce par un groupement à objet commercial.

Copie du contrat de location-gérance et attestation de parution dans un journal d'annonces légales ou copie de celui-ci.

3.3. Gérance-mandat d'un fonds de commerce par un groupement à objet commercial.

Copie du contrat de gérance-mandat et attestation de parution dans un journal d'annonces légales ou copie de celui-ci.

3.4. Gestion d'un fonds de commerce cédé dans le cadre d'un plan de cession.

Copie du jugement ordonnant un plan de cession.

4. Immatriculation secondaire

Extrait de l'immatriculation principale datant de moins de trois mois.

Origine du fonds de commerce acquis ou reçu par le groupement à objet commercial :

— par achat, licitation, attribution par voie de partage : copie de l'acte enregistré et attestation de parution dans un journal d'annonces légales ou copie de celui-ci ;

— par voie de donation : copie de l'acte de donation ;

— par location-gérance : pour le locataire-gérant, copie du contrat de location-gérance et attestation de parution dans un journal d'annonces légales ou copie de celui-ci ;

— par gérance-mandat : pour le mandataire, copie du contrat de gérance-mandat et attestation de parution dans un journal d'annonces légales ou copie de celui-ci ;

— dans le cadre d'un plan de cession, pour la gestion du fonds de commerce cédé : copie du jugement ordonnant le plan de cession.

ANNEXE VIII

DEMANDE D'INSCRIPTION MODIFICATIVE DES GROUPEMENTS D'INTÉRÊT ÉCONOMIQUE ET DES GROUPEMENTS EUROPÉENS D'INTÉRÊT ÉCONOMIQUE

Lors de la demande d'inscription modificative, les pièces devant être présentées sont celles demandées dans l'annexe précédente et établissant les changements ou adjonctions intervenus.

1. Renseignements relatifs à la personne

Lorsque le dépôt au greffe des actes modificatifs du groupement a été effectué avant la demande d'inscription modificative, copie du récépissé de dépôt.

1.1. Identification des dirigeants.

Pièces établissant les modifications de situations prévues à l'annexe précédente ou au 1 de l'annexe II.

2. Renseignements relatifs au siège et à l'établissement

2.1. Justificatif de la jouissance des locaux où est installé le siège par tout document établi au nom du groupement permettant de justifier la réalité de l'adresse déclarée

2.2. Si le représentant légal use de la faculté d'installer le siège à son domicile pour une durée limitée, justificatif de son domicile par tout document établi à son nom permettant de justifier la réalité de l'adresse déclarée.

2.3. Occupation de locaux en commun : si le siège du groupement est situé dans les locaux occupés en commun par une ou plusieurs entreprises : copie du contrat de domiciliation mentionné aux articles R. 123-167 et suivants *(Arr. du 31 juill. 2012, art. 13, en vigueur le 1er sept. 2012)* « indiquant les références de l'agrément préfectoral prévu par l'article L. 123-11-3 » et extrait du RCS ou du répertoire des métiers du domiciliataire, sauf si celui-ci est immatriculé dans le même greffe ou s'il est une personne morale française de droit public ou une association regroupant des personnes morales françaises de droit public.

2.4. Fonds de commerce acquis ou reçu par un groupement à objet commercial.

Par achat, licitation : copie de l'acte et attestation de parution dans un journal d'annonces légales ou copie de celui-ci.

Par voie de donation : copie de l'acte de donation.

Par apport : copie de l'acte et attestation de parution dans un journal d'annonces légales ou copie de celui-ci.

Par location-gérance : copie du contrat de location-gérance et attestation de parution dans un journal d'annonces légales ou copie de celui-ci.

Par gérance-mandat : copie du contrat de gérance-mandat et attestation de parution dans un journal d'annonces légales ou copie de celui-ci.

Dans le cadre d'un plan de cession, pour la gestion du fonds de commerce cédé : copie du jugement ordonnant un plan de cession.

2.5. Transfert du siège ou d'un établissement.

2.5.1. Dans tous les cas pour le siège :

— justificatif de la jouissance des locaux où est installé le siège ou justificatif du domicile du représentant légal où est fixé le siège, par tout document établi au nom de la personne tenue à l'immatriculation ou de son représentant permettant de justifier la réalité de l'adresse déclarée :

— occupation de locaux en commun : si le siège du groupement est situé dans les locaux occupés en commun par une ou plusieurs entreprises, copie du contrat de domiciliation mentionné aux articles R. 123-167 et suivants *(Arr. du 31 juill. 2012, art. 13, en vigueur le 1er sept. 2012)* « indiquant les références de l'agrément préfectoral prévu par l'article L. 123-11-3 » et extrait du RCS ou du répertoire des métiers du domiciliataire, sauf si celui-ci est immatriculé dans le même greffe ou s'il est une personne morale française de droit public ou une association regroupant des personnes morales françaises de droit public.

2.5.2. Transfert dans le ressort d'un autre greffe.

S'il s'agit du transfert du siège : pièces prévues au 1.1 de l'annexe V et copie du récépissé de dépôt au greffe du nouveau siège, des actes décidant le transfert du siège si la formalité n'est pas concomitante au dépôt.

S'il s'agit du transfert d'un établissement : pièces prévues au 1.2 ou 2.2 de l'annexe V.

2.6. Immatriculation secondaire :

— extrait de l'immatriculation principale datant de moins de trois mois ;

— origine du fonds de commerce acquis ou reçu par le groupement à objet commercial :

— par achat, licitation, attribution par voie de partage : copie de l'acte enregistré et attestation de parution dans un journal d'annonces légales ou copie de celui-ci ;

— par voie de donation : copie de l'acte de donation ;

— par dévolution successorale, sans partage ni licitation : copie de l'acte de notoriété ou de l'intitulé d'inventaire ;

— par location-gérance : pour le locataire-gérant, copie du contrat de location-gérance et attestation de parution dans un journal d'annonces légales ou copie de celui-ci ;

— par gérance-mandat : pour le mandataire, copie du contrat de gérance-mandat et attestation de parution dans un journal d'annonces légales ou copie de celui-ci ;

— dans le cadre d'un plan de cession, pour la gestion du fonds de commerce cédé : copie du jugement ordonnant le plan de cession.

2.7. Activité réglementée.

Copie de l'autorisation provisoire ou définitive du diplôme ou du titre conformément à l'article R. 123-95.

ANNEXE IX

Demande d'immatriculation et d'inscription modificative des autres personnes morales

1. Renseignements relatifs à la personne

1.1. Établissement public français.

1.1.1. Situation juridique.

1.1.1.1. Immatriculation :

— copie du *Journal officiel* mentionnant l'acte qui a autorisé sa création ou copie de l'acte ayant créé l'établissement ;

— copie de la décision nommant les personnes chargées de le représenter ou de l'administrer.

1.1.1.2. Inscription modificative.

Copie du *Journal officiel* mentionnant l'acte qui en a modifié l'organisation ou son fonctionnement ou copie du ou des actes ayant décidé les modifications.

1.1.2. Personnes chargées de le représenter ou de l'administrer.

Pièces identiques à celles exigées pour un dirigeant de société, à l'exception de l'attestation de non-condamnation.

1.2. Représentation ou agence commerciale des États, collectivités ou établissements publics étrangers.

Personnes chargées de le représenter : certificat de l'autorité diplomatique ou consulaire dont elles relèvent attestant la réalité et le caractère officiel de la représentation ou de l'agence indiquant les nom, prénoms et domicile des personnes physiques ayant le pouvoir général de l'engager.

1.3. Autres personnes morales.

1.3.1. Titre établissant leur existence.

1.3.2. Pour les personnes ayant le pouvoir de les engager à titre habituel :

— copie de la carte nationale d'identité ou du passeport en cours de validité accompagnée d'une déclaration de l'intéressé faisant connaître sa filiation si celle-ci ne figure pas sur le document fourni ;

— ou document équivalent pour les étrangers, s'il y a lieu tout document justifiant la nationalité et sa traduction en langue française.

2. Renseignements relatifs à l'établissement

2.1. Justificatif de la jouissance des locaux où est installé le siège par tout document établi au nom de la société permettant de justifier la réalité de l'adresse déclarée.

2.2. Si le représentant légal use de la faculté d'installer le siège à son domicile pour une durée limitée, justificatif de son domicile par tout document établi à son nom permettant de justifier la réalité de l'adresse déclarée.

2.3. Occupation de locaux en commun : si le siège social est situé dans les locaux occupés en commun par une ou plusieurs entreprises, copie du contrat de domiciliation mentionné aux articles R. 123-167 et suivants *(Arr. du 31 juill. 2012, art. 13, en vigueur le 1er sept. 2012)* « indiquant les références de l'agrément préfectoral prévu par l'article L. 123-11-3 » et extrait du RCS ou du répertoire des métiers du domiciliataire, sauf si celui-ci est immatriculé dans le même greffe ou s'il est une personne morale française de droit public ou une association regroupant des personnes morales françaises de droit public.

2.4. Acquisition d'un fonds de commerce.

Par achat, licitation : copie de l'acte.

Par voie de donation : copie de l'acte de donation.

2.5. Activité réglementée.

Copie de l'autorisation provisoire ou définitive du diplôme ou du titre conformément à l'article R. 123-95.

2.6. Autres personnes morales.

Pièces justifiant les renseignements exigés par la législation particulière.

ANNEXE X

Demandes de radiation

1. Radiation des personnes physiques

En cas de décès de la personne immatriculée : extrait de l'acte de décès.

Pour les ambulants ainsi que pour les forains n'ayant en France ni domicile ni résidence fixe : original de la carte de commerçant ambulant ou du titre de circulation sur lequel le greffe porte la mention de la radiation ainsi que sa date.

2. Radiation des personnes morales

Si la formalité n'est pas concomitante au dépôt : récépissé du dépôt d'actes de nullité, de clôture des comptes de liquidation ou de fusion.

En cas de demande de radiation d'une immatriculation secondaire par suite de fusion et de scission : extrait du registre du commerce et des sociétés du siège portant mention de l'opération.

Le cas échéant, attestation de parution dans un journal d'annonces légales ou copie de celui-ci.

SOUS-§ 2 DU CONTRÔLE ET DE L'ENREGISTREMENT DES DEMANDES

Art. A. 123-51 Le juge commis à la surveillance du registre du commerce et des sociétés demande le bulletin n° 2 du casier judiciaire :

1° Des personnes physiques soumises à immatriculation et des personnes physiques ayant le pouvoir d'engager à titre habituel la personne tenue à l'immatriculation ;

2° Des personnes physiques mentionnées à l'article R. 123-54, mentionnées au registre du commerce et des sociétés en vertu de l'immatriculation des sociétés commerciales, à l'exclusion des commissaires aux comptes ;

3° Des gérants des groupements européens d'intérêt économique, des personnes physiques membres des groupements d'intérêt économique, administrateurs et personnes chargées du contrôle de la gestion et du contrôle des comptes de ces groupements, à l'exclusion des commissaires aux comptes ;

4° Des gérants des sociétés civiles ;

5° Des personnes physiques mentionnées au registre du commerce et des sociétés, par suite de l'immatriculation d'une coopérative agricole, à l'exclusion des commissaires aux comptes ;

6° Des personnes ayant le pouvoir général d'engager les caisses d'épargne et de prévoyance vis-à-vis des tiers et des membres des conseils d'orientation et de surveillance.

Ces personnes attestent, au préalable, qu'elles n'ont été l'objet d'aucune condamnation pénale ni de sanction civile ou administrative de nature à leur interdire de gérer, d'administrer ou diriger une personne morale et, s'il s'agit d'un commerçant, de nature à lui interdire d'exercer une activité commerciale.

Au cas où le casier judiciaire révèle l'existence d'une interdiction d'exercer le commerce ou d'une condamnation de nature à interdire l'exercice de l'activité entreprise, le juge ordonne la radiation de l'immatriculation ou de l'inscription après en avoir préalablement avisé la personne concernée.

Lorsque la personne physique concernée par la radiation est l'une de celles mentionnées aux 2°, 3°, 4° et 5° ci-dessus, le juge avise également la personne morale et lui demande de régulariser le cas échéant sa situation.

Lorsqu'une autorisation administrative est accordée à titre provisoire et ne devient définitive qu'après l'immatriculation au registre du commerce et des sociétés, le greffier adresse à l'autorité administrative compétente un extrait de l'immatriculation dès vérification du casier judiciaire. – *[Arr. du 9 févr. 1988, art. 17.]*

1. Fondés de pouvoir. Le gérant technique d'un salon de coiffure n'est pas le fondé de pouvoir de son employeur, à moins qu'il ne soit dit qu'il l'est effectivement. • Douai, 6 juill. 1993 : *Gaz. Pal. 1994. 2. Somm. 788, obs. Foucart* (décision rendue sous l'empire du 2° de l'art. 17 de l'Arr. du 9 févr. 1988).

2. Injonction. La procédure de l'art. 17 de l'Arr. du 9 févr. 1988 [art. A. 123-51 C. com.] indique que le juge commis ordonne la radiation de l'immatriculation ou de l'inscription après en avoir avisé préalablement la personne concernée, ainsi que la société, en l'invitant à régulariser éventuellement la situation, à l'exclusion de la voie de l'injonction faite au mandataire social, dont l'incapacité est constatée et par là même son défaut de qualité, d'avoir à solliciter une inscription modificative. • Versailles, 11 mars 2004 : *JCP E 2004, n° 24, p. 939.*

Art. A. 123-52 Le déclarant peut demander au greffier la délivrance d'une attestation précisant la date inscrite au registre d'arrivée prévu à l'article R. 123-92. – *[Arr. du 9 févr. 1988, art. 20, al. 2.]*

Art. A. 123-53 Le registre chronologique prévu à l'article R. 123-98 est tenu selon un procédé informatique. – *[Arr. du 9 févr. 1988, art. 20, al. 1er.]*

(Arr. 20 avr. 2010, art. 1er) « Pour l'application de l'article R. 123-101-1, le greffier certifie l'identité des informations enregistrées sur support électronique pour la tenue du registre du commerce et des sociétés avec celles reçues conformément aux articles R. 123-92 à R. 123-98 en apposant au moins une fois par jour, sur le registre mentionné au premier alinéa, sa signature électronique sécurisée, telle que définie par le décret n° 2001-272 du 30 mars 2001 pris pour l'application de l'article 1316-4 du code civil et relatif à la signature électronique. »

Art. A. 123-54 Le greffier notifie au requérant le numéro unique d'identification délivré par l'Institut national de la statistique et des études économiques dès sa réception.

Il rappelle au requérant l'obligation de porter sur ses papiers d'affaires, outre les mentions obligatoires découlant des textes particuliers régissant la forme juridique de l'entreprise, les mentions prévues à l'article R. 123-237. – *[Arr. du 9 févr. 1988, art. 23.]*

Dans tous les textes réglementaires, la référence aux mentions visées aux 1 et 2 de l'art. R. 123-237 (anciens 1° et 2° de l'art. 72 du Décr. n° 84-406 du 30 mai 1984 relatif au registre du commerce et des sociétés) est substituée à la référence au numéro d'immatriculation au registre du commerce et des sociétés (Décr. n° 98-550 du 2 juill. 1998, art. 35).

§ 3 DES DÉPÔTS EN ANNEXE AU REGISTRE

SOUS-§ 1er DES DÉPÔTS INCOMBANT AUX PERSONNES MORALES DONT LE SIÈGE EST SUR LE TERRITOIRE FRANÇAIS

SOUS-SOUS-§ 1er *DU DÉPÔT DES ACTES CONSTITUTIFS*

Art. A. 123-55 Les caisses d'épargne et de prévoyance déposent les actes énumérés au 1° de l'article R. 123-103 suivant les modalités prévues par les articles R. 123-102 et suivants. – *[Arr. du 23 mai 1985.]*

Art. A. 123-56 Les statuts des caisses d'épargne et de prévoyance déposés en annexe au registre du commerce et des sociétés sont visés au préalable par *(L. n° 2009-715 du 18 juin 2009, art. 2)* « l'organe central des caisses d'épargne et des banques populaires ». – *[Arr. du 23 mai 1985.]*

Art. A. 123-57 Les associations mentionnées à l'article A. 123-16 déposent en annexe au registre du commerce et des sociétés, au plus tard en même temps que leur demande d'immatriculation, en application du dernier alinéa de l'article R. 123-103 :

1° *(Arr. du 31 juill. 2012, art. 10, en vigueur le 1er sept. 2012)* « Une copie » de leurs statuts ;

2° *(Arr. du 31 juill. 2012, art. 10, en vigueur le 1er sept. 2012)* « Une copie » de la déclaration ou de l'inscription pour les associations d'Alsace-Moselle ou du *Journal officiel* qui a rendu publique l'association ;

3° *(Arr. du 31 juill. 2012, art. 10, en vigueur le 1er sept. 2012)* « Une copie » d'extraits des procès-verbaux de délibération des instances ayant désigné les organes de direction et de contrôle ou le conseil d'administration ;

4° *(Arr. du 31 juill. 2012, art. 10, en vigueur le 1er sept. 2012)* « Une copie » du procès-verbal des délibérations de l'assemblée générale constatant la décision d'émettre des obligations. – *[Arr. du 27 janv. 1986.]*

Art. A. 123-58 Les groupements européens d'intérêt économique mentionnés à l'article A. 123-18 déposent au plus tard en même temps que leur demande d'immatriculation :

1° *(Arr. du 31 juill. 2012, art. 11, en vigueur le 1er sept. 2012)* « Une expédition du contrat de groupement, s'il a été établi par acte authentique, ou l'original, s'il a été établi » par acte sous seing privé ; celui-ci indique, le cas échéant, le nom et la résidence du notaire au rang des minutes duquel il a été déposé ;

2° *(Arr. du 31 juill. 2012, art. 11, en vigueur le 1er sept. 2012)* « Une copie » des actes de nomination des gérants du groupement, avec l'indication qu'ils peuvent agir seuls ou qu'ils agissent conjointement. – *[Arr. du 20 juin 1989, art. 2.]*

SOUS-SOUS-§ 2 *DU DÉPÔT DES ACTES MODIFICATIFS*

Art. A. 123-59 Le projet de transfert hors de France du siège d'un groupement européen d'intérêt économique, établi par le ou les gérants, est déposé au greffe du tribunal où le groupement est immatriculé. – *[Arr. du 20 juin 1989, art. 5, al. 1er.]*

Art. A. 123-60 La décision constatant la clôture de la liquidation d'un groupement européen d'intérêt économique est déposée par le liquidateur *(Abrogé par Arr. du 31 juill. 2012, art. 12, à compter du 1er sept. 2012) « en double exemplaire »* au greffe du tribunal où le groupement est immatriculé. – *[Arr. du 20 juin 1989, art. 8, al. 1er.]*

SOUS-SOUS-§ 3 *DU DÉPÔT DES DOCUMENTS COMPTABLES*

Art. A. 123-61 Pour effectuer la transmission électronique des documents comptables prévue au troisième alinéa de l'article R. 123-111, la société conclut un accord avec le greffe territorialement compétent.

Le modèle de cet accord est établi par le directeur des services judiciaires, le président du Conseil national des greffiers des tribunaux de commerce et le directeur général de l'Institut national de la propriété industrielle.

L'accord prévoit les formats d'échanges, l'ordre de transmission des documents aux greffes.

La réception des documents est constatée par un récépissé électronique.

Si l'envoi est incomplet, son contenu ne peut être diffusé et le déclarant est invité par le greffe à fournir les pièces manquantes dans les conditions prévues aux alinéas précédents.

Le dépôt est validé par le greffe lorsqu'il a constaté que l'envoi est complet et régulier. Le greffe adresse un certificat de dépôt électronique au déclarant. Les documents sont alors transmis par voie électronique à l'Institut national de la propriété industrielle. – *[Arr. du 9 févr. 1988, art. 28-1.]*

Art. A. 123-62 Les caisses d'épargne et de prévoyance déposent les comptes annuels, la décision d'affectation des résultats, le rapport annuel du directeur général ou du directoire, le rapport annuel des commissaires aux comptes suivant les modalités prévues par les articles R. 123-102 et suivants. – *[Arr. 23 mai 1985.]*

SOUS-§ 2 DES DÉPÔTS INCOMBANT AUX SOCIÉTÉS DONT LE SIÈGE EST À L'ÉTRANGER

Le présent sous-paragraphe ne comprend pas de dispositions pour les arrêtés.

SOUS-§ 3 DISPOSITIONS COMMUNES

Le présent sous-paragraphe ne comprend pas de dispositions pour les arrêtés.

SOUS-§ 4 DISPOSITIONS PROPRES AUX PERSONNES PHYSIQUES

Art. A. 123-63 Un modèle d'attestation de délivrance de l'information, donnée par la personne physique qui s'immatricule, à son conjoint commun en biens sur les conséquences des dettes contractées dans l'exercice de sa profession sur les biens communs figure à l'annexe 1-2 au présent livre. – *[Arr. du 4 juill. 2007, art. 1er.]*

ANNEXE 1-2

(ANNEXE AUX ARTICLES A. 123-63 ET A. 134-2)

Modèle d'attestation de délivrance de l'information donnée à son conjoint commun en biens sur les conséquences des dettes contractées dans l'exercice de sa profession sur les biens communs.

Je soussigné *(nom et prénom de la personne immatriculée)* déclare sous ma responsabilité, conformément à l'article R. 123-121-1, avoir informé mon conjoint M./Mme *(rayer la mention inutile)*, avec lequel/laquelle je me suis marié(e) sans contrat de mariage (1) ou bien avec un contrat de mariage qui prévoit des biens communs aux époux, sur les conséquences des dettes contractées dans l'exercice de ma profession sur ces biens communs.

Fait à ……………………… le ……………………… *(Signature de la personne immatriculée)*

(1) La mention relative à l'absence de contrat de mariage ne signifie pas que le régime légal français est applicable.

§ 4 DES INSCRIPTIONS D'OFFICE

SOUS-§ 1er DES INSCRIPTIONS MODIFICATIVES

Le présent sous-paragraphe ne comprend pas de dispositions pour les arrêtés.

SOUS-§ 2 DES RADIATIONS

Art. A. 123-64 Si l'activité entreprise ne peut être exercée sans autorisation administrative, à l'exception du cas de non-renouvellement de cette autorisation, le greffier informe l'autorité administrative compétente des radiations d'office auxquelles il procède. – *[Arr. du 9 févr. 1988, art. 27.]*

§ 5 DU CONTENTIEUX

Le présent paragraphe ne comprend pas de dispositions pour les arrêtés.

§ 6 DE LA PUBLICITÉ DU REGISTRE

SOUS-§ 1er DE LA COMMUNICATION ET DE L'INSCRIPTION DES ACTES

Art. A. 123-65 Les extraits du registre du commerce et des sociétés sont délivrés par les greffiers conformément à un modèle approuvé par le comité de coordination et disponible sur le site du ministère de la justice.

Ils peuvent être soit imprimés, soit édités automatiquement avec les mêmes rubriques que l'imprimé disposées dans le même ordre, soit résulter de la duplication de la demande d'immatriculation et comporter, en tout état de cause, la signature du greffier. – *[Arr. du 9 févr. 1988, art. 29.]*

Art. A. 123-66 Les copies du registre du commerce et des sociétés peuvent être délivrées par voie électronique. Il est alors précisé que seul un document signé fait foi.

Pour cette délivrance les greffiers se conforment aux dispositions de l'article R. 741-5 et l'Institut national de la propriété industrielle à celles de l'article R. 123-153. – *[Arr. du 9 févr. 1988, art. 30.]*

Art. A. 123-67 Sous réserve des dispositions de l'article R. 123-154, les greffiers et l'Institut national de la propriété industrielle sont habilités à répondre à des demandes relatives à des inscriptions radiées.

Toutefois, au terme d'un délai de cinq ans, l'Institut national de la propriété industrielle peut ne conserver les documents que sur un support de substitution fiable et durable. – *[Arr. du 9 févr. 1988, art. 34.]*

Art. A. 123-68 L'Institut national de la propriété industrielle et les greffes délivrent les renseignements sur les documents comptables sous forme de copie ou en communication.

Toutefois, pour les documents comptables antérieurs à ceux établis au titre des cinq derniers exercices, ces renseignements ne sont délivrés par l'Institut national de la propriété industrielle que sous forme d'extraits. – *[Arr. du 9 févr. 1988, art. 35-1.]*

Art. A. 123-69 Pour l'application de l'article R. 123-151 ne peuvent être utilisés comme critères de recherche :

1° La capacité des personnes ;

2° Les décisions intervenues dans les procédures de sauvegarde, de redressement et de liquidation judiciaire prononçant des sanctions personnelles ou patrimoniales à l'égard des commerçants ou des dirigeants de personne morale ;

3° Les mesures d'incapacité ou d'interdiction d'exercer une activité commerciale ou professionnelle de gérer, d'administrer ou de diriger une personne morale résultant d'une décision judiciaire ou administrative ;

4° Les actes de poursuite pénale et les sanctions pénales. – *[Arr. du 9 févr. 1988, art. 31.]*

Art. A. 123-70 Les demandes de renseignements relatives à l'état futur des dossiers peuvent être exécutées sur abonnement. Elles entraînent la délivrance d'un extrait ou d'une copie, soit à intervalle régulier dont la périodicité ne peut être inférieure à quinze jours, soit à l'occasion de toute inscription qu'elle soit portée d'office ou sur déclaration. – *[Arr. du 9 févr. 1988, art. 32.]*

Art. A. 123-71 Les greffiers et l'Institut national de la propriété industrielle sont habilités à répondre à toute demande statistique. – *[Arr. du 9 févr. 1988, art. 33.]*

Art. A. 123-72 L'Institut national de la propriété industrielle ne délivre pas de renseignements sur les immatriculations et autres inscriptions effectuées avant le 1er mars 1954. – *[Arr. du 9 févr. 1988, art. 35.]*

Art. A. 123-73 L'Institut national de la propriété industrielle délivre les renseignements sur les immatriculations et autres opérations s'y rapportant concernant les registres du commerce d'Algérie jusqu'au 30 juin 1962. – *[Arr. du 9 févr. 1988, art. 36.]*

SOUS-§ 2 DE LA PUBLICATION AU *BULLETIN OFFICIEL DES ANNONCES CIVILES ET COMMERCIALES*

Art. A. 123-74 L'avis au *Bulletin officiel des annonces civiles et commerciales* prévu à l'article R. 123-155 contient pour les caisses d'épargne et de prévoyance :

1° Les références de l'immatriculation ;

2° La dénomination suivie, le cas échéant, du sigle ;

3° Le montant de la dotation statutaire ;

4° L'adresse du siège ;

5° La forme juridique ;

6° Les nom, nom d'usage, pseudonyme et prénoms des :

a) Personnes ayant le pouvoir général d'engager la caisse d'épargne et de prévoyance vis-à-vis des tiers ;

b) Membres du conseil d'orientation et de surveillance, et commissaires aux comptes. – *[Arr. 23 mai 1985.]*

Art. A. 123-75 L'avis d'immatriculation au *Bulletin officiel des annonces civiles et commerciales*, prévu à l'article R. 123-155, contient pour les groupements européens d'intérêt économique :

1° Les références de l'immatriculation ;

2° La dénomination ;

3° L'adresse du siège ;

4° L'objet ;

5° La durée du groupement lorsqu'elle n'est pas indéterminée ;

6° Les nom ou raison ou dénomination sociale, la forme juridique, le domicile ou siège social et, le cas échéant, les références d'immatriculation de chacun des membres du groupement ;

7° Les établissements secondaires ;

8° Les noms, nom d'usage, pseudonyme et prénoms des gérants avec l'indication qu'ils peuvent agir seuls ou qu'ils agissent conjointement ;

9° La clause exonérant un nouveau membre du paiement des dettes nées antérieurement à son entrée dans le groupement. – *[Arr. 20 juin 1989, art. 3.]*

Art. A. 123-76 Le dépôt du projet de transfert hors de France d'un groupement européen d'intérêt économique mentionné à l'article A. 123-59 donne lieu à l'insertion d'un avis au *Bulletin officiel des annonces civiles et commerciales.* L'avis est établi et adressé par le greffier au bulletin dans les huit jours à compter du dépôt du projet de transfert du siège. Il contient les références de l'immatriculation, la dénomination, l'adresse du siège du groupement ainsi que le lieu où le transfert du siège est envisagé. – *[Arr. 20 juin 1989, art. 5, al. 2.]*

Art. A. 123-77 La cession par un membre de sa participation dans un groupement d'intérêt économique européen, ou d'une fraction de celle-ci, donne lieu à l'insertion au *Bulletin officiel des annonces civiles et commerciales* d'un avis établi par le greffier. L'avis contient la dénomination du groupement, les références de l'immatriculation et l'indication de la cession intervenue. – *[Arr. 20 juin 1989, art. 6.]*

Art. A. 123-78 La nomination du ou des liquidateurs d'un groupement européen d'intérêt économique donne lieu à l'insertion au *Bulletin officiel des annonces civiles et commerciales* d'un avis établi par le greffier. L'avis contient la dénomination du groupement, ses références d'immatriculation, les nom, prénoms et domicile du ou des liquidateurs.

Lorsque la nomination du ou des liquidateurs intervient en même temps que la décision prononçant la dissolution ou la nullité, l'avis prévu à l'article R. 123-159 est seul publié. Il indique dans ce cas les nom, nom d'usage, pseudonyme, prénoms et domicile du ou des liquidateurs. – *[Arr. 20 juin 1989, art. 7.]*

Art. A. 123-79 La décision constatant la clôture de la liquidation d'un groupement européen d'intérêt économique donne lieu à la publication au *Bulletin officiel des annonces civiles et commerciales* d'un avis établi et adressé par le greffier au bulletin dans les huit jours du dépôt.

L'avis contient :

1° La dénomination du groupement ;

2° L'adresse du siège ;

3° Les références d'immatriculation au registre du commerce et des sociétés ;

4° Les nom, nom d'usage, pseudonyme et prénoms et domicile des liquidateurs ;

5° La date de réunion de l'assemblée de clôture, si les comptes des liquidateurs ont été approuvés par elle ou, à défaut, la date de la décision de justice constatant la clôture de la liquidation, avec l'indication du tribunal. – *[Arr. 20 juin 1989, art. 8.]*

Art. A. 123-80 Dans le mois suivant la publication au *Bulletin officiel des annonces civiles et commerciales* de l'avis de constitution ou de clôture de la liquidation d'un groupement, le greffier établit et adresse un avis à l'Office des publications officielles des Communautés européennes.

L'avis contient la dénomination du groupement, les références d'immatriculation, la date et le lieu de son immatriculation, la date et le numéro du bulletin dans lequel a été publié l'avis de constitution ou de clôture de la liquidation. – *[Arr. 20 juin 1989, art. 9.]*

§ 7 DISPOSITIONS DIVERSES

Le présent paragraphe ne comprend pas de dispositions pour les arrêtés.

SOUS-SECTION 3 DE LA DOMICILIATION DES PERSONNES MORALES IMMATRICULÉES

La présente sous-section ne comprend pas de dispositions pour les arrêtés.

SOUS-SECTION 4 DE LA PUBLICATION D'AVIS RELATIFS À LA SOCIÉTÉ EUROPÉENNE

La présente sous-section ne comprend pas de dispositions pour les arrêtés.

SECTION II DE LA COMPTABILITÉ DES COMMERÇANTS

La présente section ne comprenait pas de dispositions pour les arrêtés lors de la publication de l'Arr. du 14 janv. 2009 relatif à la partie Arrêtés du code de commerce. – Un Arr. du 21 janv. 2010 a « complété la section II du chapitre III du titre II du livre Ier de la partie Arrêtés du code de commerce par une sous-section 3 » rédigée comme ci-après, sans qu'il existe, toutefois, de sous-sections 1 et 2.

SOUS-SECTION 3 DES ACTIVITÉS COMMERCIALES ET ARTISANALES AMBULANTES

(Arr. 21 janv. 2010, art. 1er)

Art. A. 123-80-1 La déclaration prévue à l'article L. 123-29 comporte, pièces justificatives à l'appui, les éléments suivants :

1° Pour une personne morale, la raison sociale ou la dénomination suivie, le cas échéant, du sigle, l'activité et l'adresse du siège social ainsi que les nom de naissance et, le cas échéant, nom d'usage, prénoms, date, lieu de naissance, nationalité de leur représentant légal ;

2° Pour une personne physique, les nom de naissance et, le cas échéant, nom d'usage, prénoms, date et lieu de naissance, nationalité, activité commerciale ou artisanale exercée et domicile ou commune de rattachement ;

En outre :

3° Si le déclarant est assujetti à immatriculation au registre du commerce et des sociétés, un extrait datant de moins de trois mois des inscriptions portées audit registre ;

4° Si le déclarant est assujetti à immatriculation au répertoire des métiers, un extrait datant de moins de trois mois des inscriptions portées audit répertoire ;

5° A défaut d'une immatriculation à un registre de publicité légale :

a) Pour les personnes physiques bénéficiant de la dispense d'immatriculation prévue par l'article L. 123-1-1 du code de commerce ou par le V de l'article 19 de la loi n° 96-603 du 5 juillet 1996 relative au développement et à la promotion du commerce et de l'artisanat *[V. cet art., App., v° Artisans]*, le certificat d'inscription au répertoire des entreprises et des établissements (SIRENE) ou, dans le cas d'un renouvellement, une attestation sur l'honneur certifiant qu'il bénéficie toujours de cette disposition ;

b) Pour les associations exerçant une activité commerciale, le certificat d'inscription au répertoire des entreprises et des établissements (SIRENE) ainsi que la copie de leur statut ;

c) Pour les ressortissants de l'Union européenne, personnes physiques et morales qui ne disposent pas d'établissement en France mais qui ont déclaré leur activité commerciale ou artisanale dans un autre pays de l'Union européenne, la preuve de cette déclaration ;

6° Une copie de la pièce d'identité ou, le cas échéant, d'un titre de circulation ou du titre de séjour du déclarant ;

7° Deux photographies d'identité récentes.

Le déclarant dispose d'un délai d'un mois, à compter de la réception de la notification de la liste des pièces justificatives manquantes, pour les transmettre au centre de formalités des entreprises qui les lui a réclamées. A défaut, une nouvelle déclaration doit être effectuée conformément à l'article L. 123-29.

Art. A. 123-80-2 Lorsque la déclaration est effectuée concomitamment à une déclaration de création d'entreprise remise au centre de formalités des entreprises géré par une *(Décr. n° 2010-1463 du 1er déc. 2010, art. 87)* « chambre de commerce et d'industrie territoriale » ou par une *(Décr. n° 2010-1356 du 11 nov. 2010, art. 25)* « chambre de métiers et de l'artisanat de région », la remise de la déclaration d'entreprise et de ses justificatifs vaut remise de la déclaration prévue à l'article L. 123-29. Le déclarant produit en complément deux photographies d'identité récentes.

Dans ce cas, la *(Décr. n° 2010-1463 du 1er déc. 2010, art. 87)* « chambre de commerce et d'industrie territoriale » ou la *(Décr. n° 2010-1356 du 11 nov. 2010, art. 25)* « chambre de métiers et de l'artisanat de région » conserve une copie de cette déclaration et des pièces justificatives dans un dossier propre au déclarant ou à l'entreprise qui les a déposées.

La déclaration d'activité ambulante d'une personne physique dont le domicile n'est pas situé dans le ressort du centre de formalités des entreprises compétent pour recevoir sa déclaration de création d'entreprise peut être reçue par ce centre, qui la transmet au CFE compétent pour traiter la déclaration d'activité ambulante.

Art. A. 123-80-3 La carte permettant l'exercice d'une activité commerciale ou artisanale ambulante, prévue par l'article L. 123-29, est signée par le président de la chambre consulaire ou son représentant.

Elle comporte les mentions suivantes :

1° Le nom de naissance et, le cas échéant, le nom d'usage du titulaire, les prénoms, la date et le lieu de naissance, la nationalité, l'adresse du domicile ;

2° Le numéro unique d'identification (SIREN) de l'entreprise pour le compte de laquelle le titulaire exerce une activité ambulante ;

3° La raison sociale ou le nom commercial suivi, le cas échéant, du sigle, l'adresse du siège social ;

4° La nature de l'activité commerciale ou artisanale ambulante exercée ;

5° L'identification de la chambre consulaire qui a délivré la carte ;

6° La date de délivrance de la carte ;

7° La date d'expiration de la validité de la carte ;

8° Un numéro d'ordre.

La carte comporte en outre une photographie d'identité du titulaire.

Art. A. 123-80-4 Hormis le cas de la cessation d'activité, toute déclaration modificative portant sur les mentions des 1°, 3° ou 4° de l'article A. 123-80-3 entraîne la délivrance d'une nouvelle carte, après remise de la carte devenue obsolète, et après production :

— si le déclarant est assujetti à immatriculation au registre du commerce et des sociétés, d'un extrait datant de moins de trois mois des inscriptions portées audit registre ;

— si le déclarant est assujetti à immatriculation au répertoire des métiers, d'un extrait datant de moins de trois mois des inscriptions portées audit répertoire ;

— pour les déclarants visés au 5° de l'article A. 123-80-1, les justificatifs de la modification ou des modifications déclarées, accompagnés, pour ceux qui bénéficient de la dispense d'immatriculation prévue par l'article L. 123-1-1 du code de commerce ou par le V de l'article 19 de la loi n° 96-603 du 5 juillet 1996 relative au développement et à la promotion du commerce et de l'artisanat *[V. cet art., App., v° Artisans]*, d'une attestation sur l'honneur certifiant qu'ils bénéficient toujours de cette disposition ;

— de deux photographies d'identité récentes.

Art. A. 123-80-5 Le montant de la redevance prévu à l'article R. 123-208-3 du code de commerce est fixé à 15 euros.

Art. A. 123-80-6 Lorsque le déclarant en fait la demande, le certificat provisoire prévu au quatrième alinéa de l'article R. 123-208-3 est délivré par la chambre de commerce et d'industrie ou la *(Décr. n° 2010-1356 du 11 nov. 2010, art. 25)* « chambre de métiers et de l'artisanat de région » compétente sur présentation de la notification de l'immatriculation à un registre de publicité légale ou du certificat d'inscription au répertoire des entreprises et des établissements (SIRENE). Il mentionne que la carte permettant l'exercice d'une activité commerciale ou artisanale ambulante est en cours d'établissement. Il comporte, en fonction de la situation du déclarant, les éléments du 1° ou du 2° de l'article A. 123-80-1. Il précise que, la carte devant être délivrée dans le mois qui suit la remise du certificat en application de l'article R. 123-208-3, ce certificat perd toute validité à compter d'une date qu'il indique.

Art. A. 123-80-7 Les bénéficiaires des dispositions prévues au quatrième alinéa de l'article R. 123-208-3 remettent leur certificat provisoire à l'autorité compétente au moment de la délivrance de la carte.

A l'occasion du renouvellement de déclaration prévu par l'article R. 123-208-4, les bénéficiaires remettent leur ancienne carte à l'autorité compétente au moment de la délivrance de la nouvelle carte.

Art. A. 123-80-8 Le dossier relatif à une déclaration d'activité commerciale ou artisanale ambulante est conservé jusqu'à la date du premier anniversaire de la date de renouvellement de la déclaration ou de la cessation d'activité de la personne lorsque cette cessation intervient avant le renouvellement.

SECTION III DISPOSITIONS DIVERSES

SOUS-SECTION 1 DU *BULLETIN OFFICIEL DES ANNONCES CIVILES ET COMMERCIALES*

La présente sous-section ne comprend pas de dispositions pour les arrêtés

SOUS-SECTION 2 DU SYSTÈME NATIONAL D'IDENTIFICATION ET DU RÉPERTOIRE DES ENTREPRISES ET DE LEURS ÉTABLISSEMENTS

Art. A. 123-81 Sont habilités à demander l'inscription au répertoire national des personnes physiques exerçant de manière indépendante une profession non salariée, des personnes morales de droit public ou de droit privé, des institutions et services de l'État et des collectivités territoriales et de leurs établissements :

1° Les greffiers des tribunaux de commerce, les greffiers des tribunaux de grande instance statuant en matière commerciale, les greffiers des tribunaux d'instance du ressort des cours d'appel de Colmar et Metz spécialement chargés de la tenue du registre du commerce en ce qui concerne toute personne soumise à immatriculation au registre du commerce et des sociétés ;

2° Les *(Décr. n° 2010-1356 du 11 nov. 2010, art. 25)* « chambres de métiers et de l'artisanat de région » en ce qui concerne toute personne soumise à inscription au répertoire des métiers ;

3° Les unions de recouvrement des cotisations de sécurité sociale et d'allocations familiales, les caisses régionales d'assurance maladie et tout organisme gérant un régime obligatoire de sécurité sociale en ce qui concerne les professions libérales, les travailleurs indépendants, les non-salariés agricoles et tout employeur de personnel salarié, à l'exclusion des employeurs de personnel domestique ;

4° Les services départementaux de la direction générale des impôts en ce qui concerne toute personne, institution ou service soumis à une des catégories d'obligations fiscales définies par l'article A. 123-84 ;

(Arr. 14 avr. 2010, art. 1er) « 5° Le service de la statistique et de la prospective du ministère chargé de l'agriculture en ce qui concerne toute personne exploitant une unité de production agricole *[;]*

« 6° Les centres de formalité des entreprises. » – *[Arr. 2 mai 1983, art. 1er.]*

Art. A. 123-82 Sont de plus habilités à demander l'inscription au répertoire les administrations et services suivants :

1° Le secrétariat général du Gouvernement en ce qui concerne les services d'administration centrale de l'État et les établissements publics nationaux ;

2° Les préfectures en ce qui concerne les collectivités locales, les établissements publics locaux, les services de l'État implantés dans leur circonscription, ainsi que toute personne morale, non soumise à déclaration au registre du commerce et des sociétés, rentrant dans une des catégories définies par arrêté conjoint du ministre chargé de l'intérieur et de la décentralisation et du ministre chargé de l'économie, des finances et du budget ;

3° Les trésoriers-payeurs généraux en ce qui concerne toute personne morale de droit public, institution ou service de l'État ;

4° Les directions départementales des services fiscaux et autres services de la direction générale des impôts à attributions domaniales en ce qui concerne les institutions, services et établissements publics de l'État assujettis à la réglementation relative au tableau général des propriétés de l'État, à l'exclusion des services et établissements publics relevant du ministère de la défense et du ministre chargé des PTT ;

5° Le service de l'informatique de gestion et des statistiques du ministre chargé de l'éducation nationale et les services académiques en ce qui concerne toute personne, institution ou service gérant un établissement d'enseignement agréé ;

6° Les directions régionales des affaires sanitaires et sociales pour toute personne, institution ou service gérant un établissement réglementé à caractère sanitaire ou social ;

7° La direction de la comptabilité et du budget du ministère chargé des PTT en ce qui concerne les services et établissements de ce ministère. – *[Arr. 2 mai 1983, art. 2.]*

Art. A. 123-83 Dans le cadre des opérations de mise à jour du répertoire, l'INSEE peut procéder à des enquêtes administratives sous réserve des dispositions prévues aux articles R. 123-228 à R. 123-230. – *[Arr. 2 mai 1983, art. 3.]*

Art. A. 123-84 Les personnes physiques ou morales susceptibles d'être inscrites immédiatement au répertoire national des entreprises et des établissements sont celles visées par au moins une des dispositions prévues ci-après :

1° Les personnes morales passibles de l'impôt sur les sociétés ou qui rentrent dans le champ d'application des articles 238 *ter*, 239 *ter*, 239 *quater*, 239 *quater* A, 239 *quinquies* et 239 *septies* du code général des impôts ;

2° Les assujettis aux taxes sur le chiffre d'affaires ou à la taxe sur les salaires ;

3° Les personnes physiques ou morales dont les revenus appartiennent à la catégorie des bénéfices non commerciaux ;

4° Les personnes physiques ou morales dont les revenus appartiennent à la catégorie des bénéfices industriels et commerciaux ;

5° Les personnes physiques ou morales dont les revenus appartenant à la catégorie des bénéfices agricoles sont déterminés d'après le bénéfice réel. – *[Arr. 6 nov. 1974, art. 1er et 2.]*

Art. A. 123-85 Sont susceptibles d'être inscrits au répertoire national des entreprises et de leurs établissements, à la demande des unions de recouvrement des cotisations de sécurité sociale et d'allocations familiales ou des organismes en faisant fonction et éventuellement des caisses régionales d'assurance maladie, les employeurs et travailleurs indépendants des professions non agricoles assujetties au versement des cotisations de sécurité sociale et d'allocations familiales dans les conditions prévues par le code de la sécurité sociale. – *[Arr. 17 déc. 1974, art. 1er.]*

(Arr. 14 avr. 2010, art. 2) « Sont également susceptibles d'être inscrits au répertoire national des entreprises et de leurs établissements, à la demande du service de la statistique et de la prospective du ministère chargé de l'agriculture, les personnes physiques et morales exploitant une unité de production entrant dans le champ défini par l'arrêté du 11 mai 2009 fixant les unités de production concernées par le recensement général de l'agriculture en 2010. »

Art. A. 123-86 Aucun établissement dépendant du ministère de la défense ne peut faire l'objet d'une inscription au répertoire en dehors des modalités d'inscription qui sont définies par un arrêté conjoint du ministre chargé de la défense et du ministre chargé de l'économie, des finances et du budget. – *[Arr. 2 mai 1983, art. 4.]*

– *V. Arr. 3 avr. 1984 (JO 13 avr. NC) fixant des modalités particulières pour l'inscription des établissements relevant du ministère de la défense, mod. par Arr. 6 oct. 1988 (JO 28 oct.).*

Art. A. 123-87 Le traitement informatisé du système national d'identification et du répertoire des entreprises et établissements (SIRENE) régi par les articles R. 123-220 et suivants est mis en œuvre par l'Institut national de la statistique et des études économiques en liaison avec les administrations et organismes mentionnés à l'article R. 123-224.

L'objet de ce traitement est :

1° L'identification des personnes physiques exerçant de manière indépendante une profession non salariée, des personnes morales de droit public ou de droit privé, des institutions et services de l'État et des collectivités territoriales, ainsi que de leurs établissements, lorsqu'ils relèvent du registre du commerce et des sociétés, du répertoire des métiers, ou qu'ils emploient du personnel salarié (non compris les personnels domestiques), sont soumis à des obligations fiscales ou bénéficient de transferts financiers publics ;

2° La production de statistiques concernant ces unités ;

3° La coordination des systèmes d'information des administrations et des organismes mentionnés au deuxième alinéa de l'article R. 123-232 ;

4° La communication à toutes personnes ou organismes qui en font la demande des informations figurant au répertoire dans les conditions et limites définies à l'article A. 123-89. – *[Arr. 13 mai 1987, art. 1er.]*

Art. A. 123-88 Les catégories d'informations nominatives enregistrées sont, en ce qui concerne les personnes physiques, les suivantes :

1° Les nom, nom d'usage, prénoms, l'adresse légale, la date et le lieu de naissance, le numéro d'identification SIREN, ainsi que l'éventuelle cessation d'activité ;

2° Pour chacun de leurs établissements : sa dénomination usuelle, son adresse, son numéro d'identification SIRET et si nécessaire la date et l'origine de sa création ;

3° Les numéros de la nomenclature d'activités définie par le décret n° 2007-1888 portant approbation des nomenclatures d'activités et de produits françaises, attribués par l'INSEE pour caractériser leur activité (y compris celle de chacun des établissements) ;

4° Les catégories correspondant à l'importance de l'effectif salarié total et par établissement. – *[Arr. 13 mai 1987, art. 2.]*

Art. A. 123-89 Les destinataires de ces informations sont :

1° Les administrations et les organismes mentionnés à l'article R. 123-224 ;

2° Les personnes ou organismes qui en font la demande, sauf en ce qui concerne les dates et lieux de naissance des personnes physiques, dans les conditions définies aux articles A. 123-91 à A. 123-96. – *[Arr. 13 mai 1987, art. 3.]*

Art. A. 123-90 Le droit d'accès prévu par l'article 39 de la loi du 6 janvier 1978 s'exerce auprès du directeur régional de l'Institut national de la statistique et des études économiques. – *[Arr. 13 mai 1987, art. 4.]*

Art. A. 123-91 L'accès au service public d'information à vocation générale créé par le dernier alinéa de l'article R. 123-232 donne lieu au paiement d'une redevance dont les tarifs sont fixés par arrêté du ministre chargé de l'économie et des finances. – *[Arr. 13 mai 1987, art. 5.]*

Art. A. 123-92 L'INSEE peut passer avec des sociétés ou organismes spécialisés des conventions les chargeant de la diffusion du répertoire pour son compte et sous son contrôle. – *[Arr. 13 mai 1987, art. 6.]*

Art. A. 123-93 Les acquéreurs des informations du répertoire ne peuvent, sauf en cas de convention particulière passée avec l'INSEE, ni rediffuser à des tiers, à titre gratuit ou onéreux, ni transférer hors du territoire national les informations nominatives. – *[Arr. 13 mai 1987, art. 7.]*

Art. A. 123-94 Les acquéreurs des informations nominatives issues du répertoire SIRENE ne peuvent les utiliser qu'à des fins administratives, statistiques ou économiques. En particulier, les candidats et partis politiques ne peuvent les utiliser dans un but de propagande électorale ou de recherche de financement. – *[Arr. 13 mai 1987, art. 8.]*

Art. A. 123-95 La diffusion des renseignements inscrits dans SIRENE concernant les établissements du ministère de la défense est soumise à un accord préalable du ministre chargé de la défense. – *[Arr. 13 mai 1987, art. 9.]*

Art. A. 123-96 Toute personne physique peut demander par lettre recommandée avec demande d'avis de réception adressée au directeur général de l'Institut national de la statistique et des études économiques que les informations du répertoire la concernant ne puissent être utilisées par des tiers, autres que les organismes habilités au titre de l'article R. 123-224 ou les administrations, à des fins de publicité ou d'action commerciale. – *[Arr. 13 mai 1987, art. 10.]*

SOUS-SECTION 3 DU NUMÉRO UNIQUE D'IDENTIFICATION DES ENTREPRISES

La présente sous-section ne comprend pas de dispositions pour les arrêtés.

SOUS-SECTION 4 DES MENTIONS SUR LES PAPIERS D'AFFAIRES

La présente sous-section ne comprend pas de dispositions pour les arrêtés.

CHAPITRE IV DES SOCIÉTÉS COOPÉRATIVES DE COMMERÇANTS DÉTAILLANTS

Le présent chapitre ne comprend pas de dispositions pour les arrêtés.

CHAPITRE V DES MAGASINS COLLECTIFS DE COMMERÇANTS INDÉPENDANTS

Le présent chapitre ne comprend pas de dispositions pour les arrêtés.

CHAPITRE VI DES SOCIÉTÉS DE CAUTION MUTUELLE

Le présent chapitre ne comprend pas de dispositions pour les arrêtés.

CHAPITRE VII DU CONTRAT D'APPUI AU PROJET D'ENTREPRISE POUR LA CRÉATION OU LA REPRISE D'UNE ACTIVITÉ ÉCONOMIQUE

Le présent chapitre ne comprend pas de dispositions pour les arrêtés.

CHAPITRE VIII DES INCAPACITÉS D'EXERCER UNE PROFESSION COMMERCIALE OU INDUSTRIELLE

Le présent chapitre ne comprend pas de dispositions pour les arrêtés.

CHAPITRE IX DU TUTORAT EN ENTREPRISE

Le présent chapitre ne comprend pas de dispositions pour les arrêtés.

TITRE TROISIÈME DES COURTIERS, DES COMMISSIONNAIRES, DES TRANSPORTEURS ET DES AGENTS COMMERCIAUX

CHAPITRE PREMIER DES COURTIERS

SECTION PREMIÈRE DES COURTIERS EN GÉNÉRAL

(Arr. du 14 mars 2012, art. 2)

La présente section ne comprend pas de dispositions pour les arrêtés.

SECTION II DES COURTIERS DE MARCHANDISES ASSERMENTÉS

(Arr. du 14 mars 2012, art. 2)

SOUS-SECTION 1 CONDITIONS D'ASSERMENTATION

Art. A. 131-1 **Les attestations prévues au 2° du I et au 2° du II de l'article R. 131-1 doivent être conformes aux modèles annexés au présent article.**

ANNEXE 1-3
(annexe à l'article A. 131-1)

ATTESTATION PRÉVUE PAR L'ARTICLE R. 131-1 (I, 2°) DU CODE DE COMMERCE

En vue de l'inscription d'une personne physique sur la liste des courtiers de marchandises assermentés

Je soussigné(e) ....
Né(e) le .... à ....
Demeurant,
Déclare prendre connaissance des dispositions de l'article L. 131-13 du code de commerce aux termes desquelles :
"Nul ne peut être inscrit sur la liste des courtiers de marchandises assermentés d'une cour d'appel s'il ne remplit les conditions suivantes :
"1° Être français ou ressortissant d'un État membre de l'Union européenne ou d'un autre État partie à l'accord sur l'Espace économique européen ;
"2° N'avoir pas été frappé de faillite personnelle ou d'une autre sanction en application du titre V du livre VI ou des dispositions antérieurement applicables et n'avoir pas été l'auteur de faits contraires à l'honneur ou à la probité ayant donné lieu à condamnation pénale ou de faits ayant donné lieu à une sanction disciplinaire ou administrative de destitution, radiation, révocation, de retrait d'agrément ou d'autorisation dans la profession exercée antérieurement ;
"3° Être inscrit au registre du commerce et des sociétés à titre personnel ;
"4° Être habilité à diriger des ventes volontaires de meubles aux enchères publiques et avoir exercé son activité pendant deux ans au moins dans la spécialité professionnelle pour laquelle l'inscription est demandée (à compter du 1er janvier 2015) ;
"5° Avoir subi avec succès depuis moins de trois ans l'examen d'aptitude dans une ou plusieurs spécialités professionnelles pour lesquelles l'inscription est demandée ;
"6° Avoir sa résidence dans le ressort de la cour d'appel."
Certifie sur l'honneur n'avoir pas été l'auteur de faits ayant donné lieu à une sanction disciplinaire ou administrative de destitution, radiation, révocation, de retrait d'agrément ou d'autorisation dans la profession que j'exerçais, le cas échéant, antérieurement.
Fait à ....le ....

Signature

ANNEXE 1-4
(annexe à l'article A. 131-1)

ATTESTATION PRÉVUE PAR L'ARTICLE R. 131-1 (II, 2°) DU CODE DE COMMERCE

En vue de l'inscription d'une personne morale sur la liste des courtiers de marchandises assermentés

Dirigeant de personne morale

Je soussigné(e) ....
Né(e) le ....à ....
Demeurant ....,
Dirigeant de la société ....,
Fonction occupée : ....
Déclare prendre connaissance des dispositions de l'article L. 131-14 du code de commerce aux termes desquelles :
"En vue de l'inscription d'une personne morale sur la liste des courtiers de marchandises assermentés d'une cour d'appel, il doit être justifié :
"1° Que ses dirigeants n'ont pas fait l'objet d'une condamnation pénale définitive pour des faits contraires à l'honneur, à la probité ou aux bonnes mœurs ou de faits de même nature ayant donné lieu à une sanction disciplinaire ou administrative de destitution, radiation, révocation, de retrait d'agrément ou d'autorisation dans la profession qu'ils exerçaient antérieurement ;
"2° Que la personne morale exerce une activité de courtage de marchandises depuis au moins deux ans dans la spécialité professionnelle pour laquelle l'inscription est demandée ;

"3° Que les activités auxquelles se livre la personne morale ne sont pas incompatibles avec les fonctions de courtier de marchandises assermenté ;

"4° Qu'elle compte parmi ses dirigeants, associés ou salariés au moins une personne remplissant les conditions prévues aux 1°, 2°, 4° (à compter du 1er janvier 2015) et 5° de l'article L. 131-13 du code de commerce ;

"5° Qu'elle a son siège social, une succursale ou un établissement en rapport avec sa spécialité dans le ressort de la cour d'appel."

Certifie sur l'honneur n'avoir pas été l'auteur de faits ayant donné lieu à une sanction disciplinaire ou administrative de destitution, radiation, révocation, de retrait d'agrément ou d'autorisation dans la profession que j'exerçais, le cas échéant, antérieurement.

Fait à, ... le ....

Signature

SOUS-SECTION 2 FONCTIONS DES COURTIERS DE MARCHANDISES ASSERMENTÉS

La présente sous-section ne comprend pas de dispositions pour les arrêtés.

SOUS-SECTION 3 LA DISCIPLINE DES COURTIERS DE MARCHANDISES ASSERMENTÉS

La présente sous-section ne comprend pas de dispositions pour les arrêtés.

SOUS-SECTION 4 LE CONSEIL NATIONAL DES COURTIERS DE MARCHANDISES ASSERMENTÉS

Art. A. 131-2 Les courtiers de marchandises assermentés inscrits sur les listes de cours d'appel en nombre inférieur à neuf sont regroupés par cours d'appel, pour les élections au Conseil national des courtiers de marchandises assermentés, dans les conditions suivantes :

– cours d'appel d'Agen, de Pau, de Montpellier et de Toulouse ;
– cours d'appel de Bastia et d'Aix-en-Provence ;
– cours d'appel de Chambéry, de Lyon, de Grenoble, de Nîmes et de Riom ;
– cours d'appel de Dijon, de Besançon, de Colmar, de Nancy, de Metz et de Reims ;
– cours d'appel d'Amiens, de Douai, de Rouen et de Caen ;
– cours d'appel d'Angers, de Bourges et d'Orléans ;
– cours d'appel de Paris et de Versailles ;
– cours d'appel de Limoges et de Poitiers.

CHAPITRE II DES COMMISSIONNAIRES

Le présent chapitre ne comprend pas de dispositions pour les arrêtés.

CHAPITRE III DES TRANSPORTEURS

Le présent chapitre ne comprend pas de dispositions pour les arrêtés.

CHAPITRE IV DES AGENTS COMMERCIAUX

RÉP. COM. v° *Agent commercial,* par LELOUP.

Art. A. 134-1 Tout requérant dépose en personne ou par mandataire auprès du greffier du tribunal de commerce une déclaration en double exemplaire aux termes de laquelle il affirme exercer sa profession dans les conditions prévues par le présent code. — *[Arr. 8 janv. 1993, art. 2.]*

Art. A. 134-2 A l'appui de sa déclaration, le requérant présente :

I. — Dans tous les cas, un exemplaire de l'écrit signé avec un mandant, mentionnant le contenu du contrat d'agence, ou, à défaut, tout document établissant l'existence d'un tel contrat, traduit, le cas échéant, en langue française ; et, en outre,

II. — Pour les personnes physiques :

1° Les documents relatifs à l'identification mentionnés aux 1.1, et le cas échéant aux 1.2 et 1.4. de l'annexe I de l'annexe 1-1 au présent livre ; — *V. cette annexe ss. art. A. 123-50.*

2° Un bulletin ou une demande d'affiliation à une caisse d'assurance vieillesse de non-salariés et un bulletin ou une demande d'affiliation à une caisse d'allocations familiales ;

3° L'attestation de délivrance de l'information, donnée conformément à l'article R. 134-5 à son conjoint commun en biens sur les conséquences des dettes contractées dans l'exercice de sa profession sur les biens communs, établie conformément au modèle figurant à l'annexe 1-2 au présent livre ; — *V. cette annexe ss. art. A. 123-63.*

III. — Pour les personnes morales :

1° Un extrait du registre du commerce et des sociétés datant de moins de trois mois ;

2° Pour les dirigeants, selon le cas, les documents mentionnés aux 1.2.1, 1.2.2, 1.2.4, 1.2.5, 1.2.6, 1.2.7 de l'annexe III de l'annexe 1-1 au présent livre ; — *V. cette annexe ss. art. A. 123-50.*

3° Pour les personnes mentionnées au 2° ci-dessus, un bulletin ou une demande d'affiliation à une caisse d'assurance vieillesse de non-salariés ou de salariés et, pour la société, un bulletin ou une demande d'affiliation à une caisse d'allocations familiales. — *[Arr. 8 janv. 1993, art. 3.]*

Art. A. 134-3 Le greffier informe le juge commis à la surveillance du registre du commerce et des sociétés du dépôt de la déclaration afin que celui-ci demande le bulletin n° 2 du casier judiciaire dans les conditions prévues à l'article A. 123-51.

Dès réception de ce bulletin, un numéro d'immatriculation est attribué, s'il y a lieu, au déclarant et le greffier remet à celui-ci un exemplaire de la déclaration prévue à l'article A. 134-1 qui tient lieu de récépissé.

Le bulletin n° 2 du casier judiciaire et les pièces énumérées aux I et 1° du III de l'article A. 134-2 restent annexés à l'exemplaire de la déclaration déposée au greffe.

Les étrangers qui ne sont pas inscrits au registre du commerce et des sociétés justifient en outre, par la production d'un extrait de casier judiciaire de leur pays d'origine ou d'un document équivalent délivré par une autorité judiciaire ou administrative de leur pays d'origine, traduit, le cas échéant, en langue française, qu'ils n'ont encouru aucune des condamnations ou sanctions mentionnées à l'article A. 123-51.

Pour les étrangers qui justifient de l'absence dans leur pays de l'institution du casier judiciaire ou d'un registre équivalent ainsi que pour les réfugiés, ce document peut être remplacé par une déclaration sur l'honneur qu'ils n'ont encouru aucune des condamnations ou sanctions mentionnées à l'article A. 123-51. — *[Arr. du 8 janv. 1993, art. 4.]*

Interdiction de gérer. Compte tenu de la nature civile de l'activité d'agent commercial, seule une décision d'interdiction d'exercer une activité de cette nature peut faire obstacle à l'immatriculation au registre spécial des agents commerciaux. Ainsi, seules l'interdiction d'exercer l'activité d'agent commercial prononcée par une juridiction répressive et la faillite personnelle, qui emporte interdiction de diriger une entreprise ayant une activité indépendante, font obstacle à l'immatriculation au registre spécial. Il en résulte qu'une personne frappée d'une interdiction limitée à celle « de gérer toute entreprise commerciale ou artisanale » peut être immatriculée, en son nom propre, au registre spécial (Avis CCRCS n° 2012-011 du 23 mars 2012).

Art. A. 134-4 L'immatriculation est renouvelée sous le même numéro par période de cinq années avant la fin de chacune d'elles. Le requérant dépose à cette fin une déclaration dans les termes de l'article A. 134-1 et produit les pièces mentionnées à l'article A. 134-2. – *[Arr. 8 janv. 1993, art. 5.]*

Art. A. 134-5 La déclaration modificative prévue au dernier alinéa de l'article R. 134-6 est faite en double exemplaire. L'un des exemplaires reste déposé au greffe, l'autre est remis au déposant et tient lieu de récépissé.

Le greffier reçoit la déclaration modificative sur présentation des pièces mentionnées à l'article A. 134-2 et rendues nécessaires par cette déclaration. Le bulletin n° 2 du casier judiciaire est également demandé, conformément à l'article A. 134-3, pour les personnes exerçant nouvellement les fonctions mentionnées à l'article A. 123-51. – *[Arr. 8 janv. 1993, art. 6.]*

TITRE QUATRIÈME DU FONDS DE COMMERCE

Le présent titre ne comprend pas de dispositions pour les arrêtés.

LIVRE DEUXIÈME DES SOCIÉTÉS COMMERCIALES ET DES GROUPEMENTS D'INTÉRÊT ÉCONOMIQUE

TITRE PREMIER DISPOSITIONS PRÉLIMINAIRES

SECTION PREMIÈRE DE LA CONSTITUTION DE LA SOCIÉTÉ ET DE LA MODIFICATION DE SES STATUTS

La présente section ne comprend pas de dispositions pour les arrêtés.

SECTION II DE LA DISSOLUTION DE LA SOCIÉTÉ

La présente section ne comprend pas de dispositions pour les arrêtés.

SECTION III DES FORMALITÉS DE PUBLICITÉ

La présente section ne comprend pas de dispositions pour les arrêtés.

TITRE DEUXIÈME DISPOSITIONS PARTICULIÈRES AUX DIVERSES SOCIÉTÉS COMMERCIALES

CHAPITRE PREMIER DES SOCIÉTÉS EN NOM COLLECTIF

Le présent chapitre ne comprend pas de dispositions pour les arrêtés.

CHAPITRE II DES SOCIÉTÉS EN COMMANDITE SIMPLE

Le présent chapitre ne comprend pas de dispositions pour les arrêtés.

CHAPITRE III DES SOCIÉTÉS À RESPONSABILITÉ LIMITÉE

Le présent chapitre ne comprend pas de dispositions pour les arrêtés.

CHAPITRE IV DISPOSITIONS GÉNÉRALES APPLICABLES AUX SOCIÉTÉS PAR ACTIONS

Le présent chapitre ne comprend pas de dispositions pour les arrêtés.

CHAPITRE V DES SOCIÉTÉS ANONYMES

SECTION PREMIÈRE DE LA CONSTITUTION DES SOCIÉTÉS ANONYMES

La présente section ne comprend pas de dispositions pour les arrêtés.

SECTION II DE LA DIRECTION ET DE L'ADMINISTRATION DES SOCIÉTÉS ANONYMES

La présente section ne comprend pas de dispositions pour les arrêtés.

SECTION III DES ASSEMBLÉES D'ACTIONNAIRES

Art. A. 225-1 *(Arr. du 13 mai 2013, art. 2)* **Afin de procéder à la vérification prévue au septième alinéa de l'article L. 225-102-1, l'organisme tiers indépendant obtient une attestation d'accréditation délivrée par le Comité français d'accréditation (COFRAC) ou par un autre organisme, signataire de l'accord européen multilatéral pris dans le cadre de la coordination européenne des organismes d'accréditation (EA).**

Pour l'exercice en cours à la date de la publication de l'Arr. du 13 mai 2013 (JO 14 juin), l'organisme tiers indépendant appelé à vérifier, en application du 7e al. de l'art. L 225-102-1, les informations devant figurer, en vertu de son 5e al., dans le rapport présenté par le conseil d'administration ou le directoire de la société est désigné parmi les organismes accrédités ou, à défaut, parmi les organismes ayant déposé une demande d'accréditation dont la recevabilité a été admise par l'organisme d'accréditation (Arr. préc., art. 3).

Ancien art. A. 225-1 *S'agissant des rejets dans l'air, l'eau et le sol affectant gravement l'environnement, le rapport mentionné à l'article L. 225-102-1 renseigne, compte tenu de l'activité de la société, les éléments de la liste suivante :*

1° Émissions dans l'air de gaz à effet de serre, de substances concourant à l'acidification, à l'eutrophisation ou à la pollution photochimique, de composés organiques persistants ;

2° Émissions dans l'eau et le sol de substances concourant à l'acidification ou à l'eutrophisation, de substances toxiques pour l'environnement aquatique ;

3° Émissions dans l'air et dans l'eau de métaux toxiques, de substances radioactives, de substances cancérigènes, mutagènes ou nuisibles pour la reproduction. — [Arr. 30 avr. 2002, art. 1er.]

Art. A. 225-2 *(Arr. du 13 mai 2013, art. 2)* **Pour délivrer l'attestation mentionnée au *a* du II de l'article R. 225-105-2, l'organisme tiers indépendant prend connaissance de l'exposé des orientations en matière de développement durable, en fonction des conséquences sociales et environnementales liées à l'activité de la société et de ses engagements sociétaux, et, le cas échéant, des actions ou programmes qui en découlent. Il compare la liste des informations mentionnées dans le rapport du conseil d'administration ou du directoire mentionné à l'article L. 225-102 avec la liste prévue à l'article R. 225-105-1 et signale, le cas échéant, les informations omi-**

ses et non assorties des explications prévues au troisième alinéa de l'article R. 225-105.

Art. A. 225-3 *(Arr. du 13 mai 2013, art. 2)* I. – Pour délivrer son avis motivé sur la sincérité des informations, l'organisme tiers indépendant s'assure de la mise en place par la société de processus de collecte visant à l'exhaustivité et à la cohérence des informations devant être mentionnées dans le rapport prévu à l'article L. 225-102. S'il identifie des irrégularités au cours de sa mission, il les décrit.

A cette fin :

– il identifie les personnes qui, au sein de la société, sont en charge des processus de collecte et, le cas échéant, sont responsables des procédures de contrôle interne et de gestion des risques ;

– il s'enquiert de l'existence de procédures de contrôle interne et de gestion des risques mises en place par la société ;

– il examine par échantillonnage les processus de collecte, de compilation, de traitement et de contrôle des informations et réalise des tests de détails.

Pour les données chiffrées, les tests incluent, notamment, la réalisation de calculs qui lui permettent de s'assurer de l'efficacité des processus de collecte des informations prévues à l'article R. 225-105-1.

Pour les informations qualitatives, telles que des études, des diagnostics ou des exemples de bonnes pratiques, ces tests comprennent, notamment, la consultation des sources documentaires et, si possible, de leurs auteurs.

Il procède, le cas échéant, à une vérification sur sites.

II. – Pour donner son avis sur les explications relatives à l'absence de certaines informations en application du troisième alinéa de l'article R. 225-105, l'organisme tiers indépendant prend en considération, le cas échéant, les bonnes pratiques professionnelles pouvant être formalisées dans un référentiel sectoriel.

III. – L'organisme tiers indépendant clôt son avis motivé sur la sincérité des informations en déclarant :

– soit qu'il n'a pas relevé d'anomalie significative de nature à mettre en cause la sincérité des informations présentées ;

– soit que la sincérité des informations présentées appelle de sa part des réserves, décrites dans son rapport.

S'il l'estime utile, l'organisme tiers indépendant peut par ailleurs attirer, par des observations, l'attention sur des éléments relatifs aux procédures utilisées ou au contenu de certaines informations, aux fins d'en améliorer la fiabilité.

Art. 225-4 *(Arr. du 13 mai 2013, art. 2)* Au titre des diligences qu'il a mises en œuvre pour conduire sa mission, l'organisme tiers indépendant présente :

a) La preuve de son accréditation ;

b) Les travaux accomplis, les méthodes d'échantillonnage utilisées et les incertitudes associées à ces méthodes ;

c) Pour les données chiffrées publiées en application de l'article R. 225-105, la méthodologie utilisée pour estimer la validité des calculs ainsi que les taux de couverture des informations testées ;

d) Les moyens mobilisés et le calendrier et la durée de sa mission ;

e) Le nombre d'entretiens qui ont été conduits ;

f) Le périmètre de ses travaux lorsque la société établit des comptes consolidés.

SECTION IV DES MODIFICATIONS DU CAPITAL SOCIAL ET DE L'ACTIONNARIAT DES SALARIÉS

La présente section ne comprend pas de dispositions pour les arrêtés.

SECTION V DU CONTRÔLE DES SOCIÉTÉS ANONYMES

La présente section ne comprend pas de dispositions pour les arrêtés.

SECTION VI DE LA TRANSFORMATION DES SOCIÉTÉS ANONYMES

La présente section ne comprend pas de dispositions pour les arrêtés.

SECTION VII DE LA DISSOLUTION DES SOCIÉTÉS ANONYMES

La présente section ne comprend pas de dispositions pour les arrêtés.

SECTION VIII DE LA RESPONSABILITÉ CIVILE

La présente section ne comprend pas de dispositions pour les arrêtés.

SECTION IX DES SOCIÉTÉS ANONYMES À PARTICIPATION OUVRIÈRE

La présente section ne comprend pas de dispositions pour les arrêtés.

CHAPITRE VI DES SOCIÉTÉS EN COMMANDITE PAR ACTIONS

Le présent chapitre ne comprend pas de dispositions pour les arrêtés.

CHAPITRE VII DES SOCIÉTÉS PAR ACTIONS SIMPLIFIÉES

Le présent chapitre ne comprend pas de dispositions pour les arrêtés.

CHAPITRE VIII DES VALEURS MOBILIÈRES ÉMISES PAR LES SOCIÉTÉS PAR ACTIONS

Le présent chapitre ne comprend pas de dispositions pour les arrêtés.

CHAPITRE IX DE LA SOCIÉTÉ EUROPÉENNE

Le présent chapitre ne comprend pas de dispositions pour les arrêtés.

TITRE TROISIÈME DISPOSITIONS COMMUNES AUX DIVERSES SOCIÉTÉS COMMERCIALES

CHAPITRE PREMIER DU CAPITAL VARIABLE

Le présent chapitre ne comprend pas de dispositions pour les arrêtés.

CHAPITRE II DES COMPTES SOCIAUX

Le présent chapitre ne comprend pas de dispositions pour les arrêtés.

CHAPITRE III DES FILIALES, DES PARTICIPATIONS ET DES SOCIÉTÉS CONTRÔLÉES

SECTION PREMIÈRE DES NOTIFICATIONS ET DES INFORMATIONS

Art. A. 233-1 Le pourcentage prévu à l'article L. 233-8 est fixé à 5 %. – *[Arr. 14 déc. 1989, art. 1er.]*

SECTION II DES COMPTES CONSOLIDÉS

La présente section ne comprend pas de dispositions pour les arrêtés.

SECTION III DES PARTICIPATIONS RÉCIPROQUES

La présente section ne comprend pas de dispositions pour les arrêtés.

CHAPITRE IV DE LA PROCÉDURE D'ALERTE

Le présent chapitre ne comprend pas de dispositions pour les arrêtés.

CHAPITRE V DES NULLITÉS

Le présent chapitre ne comprend pas de dispositions pour les arrêtés.

CHAPITRE VI DE LA FUSION ET DE LA SCISSION

Le présent chapitre ne comprend pas de dispositions pour les arrêtés.

CHAPITRE VII DE LA LIQUIDATION

Le présent chapitre ne comprend pas de dispositions pour les arrêtés.

CHAPITRE VIII DES INJONCTIONS DE FAIRE

Le présent chapitre ne comprend pas de dispositions pour les arrêtés.

CHAPITRE IX DE LA LOCATION D'ACTIONS ET DE PARTS SOCIALES

Le présent chapitre ne comprend pas de dispositions pour les arrêtés.

TITRE QUATRIÈME DISPOSITIONS PÉNALES

Le présent titre ne comprend pas de dispositions pour les arrêtés.

TITRE CINQUIÈME DES GROUPEMENTS D'INTÉRÊT ÉCONOMIQUE

Le présent titre ne comprend pas de dispositions pour les arrêtés.

LIVRE TROISIÈME DE CERTAINES FORMES DE VENTES ET DES CLAUSES D'EXCLUSIVITÉ

TITRE PREMIER DES LIQUIDATIONS, DES VENTES AU DÉBALLAGE, DES SOLDES ET DES VENTES EN MAGASINS D'USINE

SECTION PREMIÈRE DES LIQUIDATIONS

Art. A. 310-1 La déclaration préalable de vente en liquidation, prévue à l'article L. 310-1, mentionne l'identité ou la dénomination sociale du vendeur, le nom, l'adresse et le numéro unique d'identification de l'établissement commercial concerné, ainsi que le motif, la date de début et la durée de la liquidation. Elle est signée par le vendeur ou par une personne ayant qualité pour le représenter.

Cette déclaration est établie conformément au modèle figurant en annexe 3-1 au présent livre. – *[Arr. du 26 janv. 2005, art. 1er.]*

ANNEXE 3-1
(ANNEXE À L'ARTICLE A. 310-1)

MODÈLE DE DÉCLARATION PRÉALABLE À UNE VENTE EN LIQUIDATION

1. Déclarant

Nom, prénoms : ....
Nom d'usage (le cas échéant) : ....
Pour les personnes morales, nom et prénom du représentant légal ou statutaire : ....
Adresse : ....
Complément d'adresse : ....
Code postal : ....
Localité de destination : ....
Téléphone : ....

2. Établissement commercial concerné par l'opération de liquidation

Nom de l'enseigne : ....
Adresse : ....
Code postal : ....
Complément d'adresse : ....
Nature de l'activité : ....
N° d'immatriculation SIRET de l'établissement : ....

3. Objet de la déclaration

Motif générateur (cocher) :
[ ] Cessation d'activité.
[ ] Suspension saisonnière d'activité.
[ ] Changement d'activité.
[ ] Modification substantielle des conditions d'exploitation.
Nature des marchandises liquidées : ....

Date de début de la liquidation : ....

Durée : ....

4. Pièces jointes à la déclaration (1)

Inventaire des marchandises concerné par l'opération de liquidation conforme à l'article R. 310-2 du code de commerce.

Extrait récent du RCS.

5. Engagement du déclarant

Je soussigné(e), auteur de la présente déclaration, ... (2), certifie exacts les renseignements qui y sont contenus et m'engage à respecter les dispositions des articles L. 310-1, R. 310-1 et suivants, A. 310-1 et suivants du code de commerce.

Date et signature

Toute fausse déclaration préalable de vente en liquidation constitue un faux et usage de faux passible des peines d'amende et d'emprisonnement prévues aux articles 441-1 et suivants du code pénal.

6. Cadre réservé à l'administration

Date d'arrivée : .... N° d'enregistrement : ....

Date limite de notification de la liste des pièces à fournir : ....

Date d'arrivée du dossier complet : ....

Date de délivrance et numéro de récépissé de déclaration : ....

Observations : ....

(1) Toute pièce justifiant, selon le motif de la demande, de la perspective d'une cessation de commerce, d'une suspension saisonnière, d'un changement d'activité ou d'une modification substantielle des conditions d'exploitation et, notamment, en cas de prévision de travaux, le(s) devis correspondant(s).

(2) Nom et prénom du déclarant.

Art. A. 310-2 **La déclaration est accompagnée des documents suivants :**

1° Toute pièce justifiant, selon le motif de la demande, de la perspective d'une cessation de commerce, d'une suspension saisonnière, d'un changement d'activité ou d'une modification substantielle des conditions d'exploitation et, notamment, en cas de prévision de travaux, le ou les devis correspondants ;

2° Un inventaire détaillé des marchandises concernées par l'opération de liquidation comportant au minimum les renseignements suivants : nature et dénomination précise des articles, quantités, prix de vente, prix d'achat moyen hors taxe. Les produits dont le prix de vente unitaire est inférieur à 5 € peuvent être décrits par lots homogènes ;

3° Le cas échéant, si la déclaration est faite par un mandataire, une copie de sa procuration. – *[Arr. 26 janv. 2005, art. 2.]*

Art. A. 310-3 **Le récépissé de déclaration prévu à l'article R. 310-3 mentionne l'identité ou la dénomination sociale du déclarant, le nom, l'adresse et le numéro unique d'identification de l'établissement commercial concerné par la liquidation, ainsi que le motif, la date de début et sa durée. Il est daté. Il est établi conformément au modèle figurant en annexe 3-2 au présent livre.** – *[Arr. du 26 janv. 2005, art. 3.]*

ANNEXE 3-2

(ANNEXE À L'ARTICLE A. 310-3)

Préfecture du département de : ....

Vente en liquidation.

(Art. L. 310-1, R. 310-1 et suivants du code de commerce)

Récépissé de déclaration n°

Date de réception du dossier complet : ....
Nom ou dénomination sociale du déclarant : ....
Nom commercial de l'établissement : ....
Adresse : ....
Numéro unique d'identification de l'établissement commercial (SIRET) : ....
Nature de l'activité : ....
Date de début de la liquidation : ....
Durée : ....
Motif : ....
Date : ....
Visa : ....

Article L. 310-1 du code de commerce

Sont considérées comme liquidations les ventes accompagnées ou précédées de publicité et annoncées comme tendant, par une réduction de prix, à l'écoulement accéléré de la totalité ou d'une partie des marchandises d'un établissement commercial à la suite d'une décision, quelle qu'en soit la cause, de cessation, de suspension saisonnière ou de changement d'activité, ou de modification substantielle des conditions d'exploitation.

Les liquidations sont soumises à déclaration préalable auprès de l'autorité administrative dont relève le lieu de la liquidation. Cette déclaration comporte la cause et la durée de la liquidation qui ne peut excéder deux mois. Elle est accompagnée d'un inventaire des marchandises à liquider. Lorsque l'événement motivant la liquidation n'est pas intervenu au plus tard dans les six mois qui suivent la déclaration, le déclarant est tenu d'en informer l'autorité administrative compétente.

Pendant la durée de la liquidation, il est interdit de proposer à la vente d'autres marchandises que celles figurant à l'inventaire sur le fondement duquel la déclaration préalable a été déposée.

Article L. 310-5 du code de commerce (extrait)

Est puni d'une amende de 15 000 € :

1° Le fait de procéder à une liquidation sans la déclaration préalable mentionnée à l'article L. 310-1 ou en méconnaissance des conditions prévues à cet article [...].

Art. A. 310-4 **L'information sur le lieu de vente est assurée par le déclarant durant toute la durée de l'opération de liquidation au moyen de l'affichage d'une copie du récépissé de déclaration délivrée par la préfecture qui est lisible de la voie publique.**

Pour les établissements pratiquant la vente par correspondance, les éléments d'information figurant à l'article A. 310-3 sont portés à la connaissance des consommateurs. – *[Arr. 26 janv. 2005, art. 4.]*

Art. A. 310-5 **Dans le cas d'un changement de date de l'opération de liquidation dans les conditions prévues par l'article R. 310-6, une copie de la lettre informant le préfet du report est affichée sur le lieu de vente à côté de la copie du récépissé de déclaration du dossier initial dans les conditions prévues à l'article A. 310-4.**

Pour les établissements pratiquant la vente à distance, la date de la lettre au préfet et les motifs du report sont portés à la connaissance des consommateurs. – *[Arr. 26 janv. 2005, art. 5.]*

Art. A. 310-6 **Toute publicité relative à une opération de liquidation mentionne la date du récépissé de déclaration ainsi que la nature des marchandises sur lesquelles porte l'opération si celle-ci ne concerne pas la totalité des produits de l'établissement.** – *[Arr. 26 janv. 2005, art. 6.]*

SECTION II **DES VENTES AU DÉBALLAGE**

La présente section ne comprend pas de dispositions pour les arrêtés.

V. toutefois Arr. 9 janv. 2009 *ss. art.* R. 310-8.

SECTION III DES SOLDES

Art. A. 310-7 Les produits offerts ou disponibles à la vente au détail, de quelque façon que ce soit, sous forme de soldes tels que définis par l'article L. 310-3, sont signalés par une mention indiquant qu'il s'agit de "soldes". – *[Arr 22 sept. 1989, art. 1er.]*

Art. A. 310-8 Cette mention est effectuée dans des conditions de présentation identiques à celles prévues, pour la mention du prix, aux articles 4, 5, 6, 9, 10, 11 et 14 de l'arrêté du 3 décembre 1987 relatif à l'information du consommateur sur les prix. – *[Arr. 22 sept. 1989, art. 2.] – V. l'Arr. préc. au* **C. *consom.***

Art. A. 310-9 Lorsque l'opération de soldes concerne l'ensemble des produits disponibles dans le point de vente, une seule indication parfaitement lisible peut en informer le consommateur. – *[Arr. 22 sept. 1989, art. 3.] – V. aussi Arr. 8 janv. 2009 ss. art. R. 310-15.*

SECTION IV DES VENTES EN MAGASINS OU DÉPÔTS D'USINE

La présente section ne comprend pas de dispositions pour les arrêtés.

SECTION V DES SANCTIONS

La présente section ne comprend pas de dispositions pour les arrêtés.

TITRE DEUXIÈME DES VENTES AUX ENCHÈRES PUBLIQUES

CHAPITRE PREMIER DES VENTES VOLONTAIRES DE MEUBLES AUX ENCHÈRES PUBLIQUES

SECTION PREMIÈRE DISPOSITIONS GÉNÉRALES

SOUS-SECTION 1 LES OPÉRATEURS DE VENTES VOLONTAIRES DE MEUBLES AUX ENCHÈRES PUBLIQUES *(Arr. du 19 mars 2012, art. 2).*

§ 1er DE LA DÉCLARATION

(Arr. du 19 mars 2012, art. 3)

Art. A. 321-1 Les attestations prévues au 2° du I et au 4° du II de l'article R. 321-1 doivent être conformes aux modèles annexés au présent article.

ANNEXE 3-2-1
(ANNEXE À L'ARTICLE A. 321-1)

(Arr. du 19 mars 2012, art. 10)

ATTESTATION PRÉVUE PAR L'ARTICLE R. 321-1-I (2°) DU CODE DE COMMERCE

OPÉRATEUR DE VENTES VOLONTAIRES DE MEUBLES AUX ENCHÈRES PUBLIQUES Y COMPRIS PAR VOIE ÉLECTRONIQUE

Personne physique

Je soussigné(e) ....
Né(e) le ....à ....
Demeurant ....

Déclare prendre connaissance des dispositions de l'article L. 321-4 du code de commerce, modifié par la loi n° 2011-850 du 20 juillet 2011 de libéralisation des ventes volontaires de meubles aux enchères publiques, aux termes desquelles :

"Seuls peuvent organiser et réaliser des ventes volontaires de meubles aux enchères publiques et des ventes aux enchères par voie électronique les opérateurs remplissant les conditions définies au présent article.

"I. — S'il s'agit d'une personne physique, l'opérateur de ventes volontaires de meubles aux enchères publiques doit :

"1° Être français ou ressortissant d'un État membre de l'Union européenne ou d'un autre État partie à l'accord sur l'Espace économique européen ;

"2° N'avoir pas été l'auteur de faits ayant donné lieu à une condamnation pénale définitive pour des agissements contraires à l'honneur, à la probité ou aux bonnes mœurs ou de faits de même nature ayant donné lieu à une sanction disciplinaire ou administrative de destitution, radiation, révocation, de retrait d'agrément ou d'autorisation dans la profession qu'il exerçait antérieurement ;

"3° Avoir la qualification requise pour diriger une vente ou être titulaire d'un titre, d'un diplôme ou d'une habilitation reconnus équivalents en la matière ;

"4° Avoir préalablement déclaré son activité auprès du Conseil des ventes volontaires de meubles aux enchères publiques institué par l'article L. 321-18".

Certifie sur l'honneur n'avoir pas été l'auteur de faits ayant donné lieu à une condamnation pénale définitive pour des agissements contraires à l'honneur, à la probité ou aux bonnes mœurs ou de faits de même nature ayant donné lieu à une sanction disciplinaire ou administrative de destitution, radiation, révocation, de retrait d'agrément ou d'autorisation dans la profession que j'exerçais, le cas échéant, antérieurement.

Fait à ....le...

Signature

ANNEXE 3-2-2
(ANNEXE À L'ARTICLE A. 321-1)

(Arr. du 19 mars 2012, art. 10)

ATTESTATION PRÉVUE PAR L'ARTICLE R. 321-1-II (4°) DU CODE DE COMMERCE

OPÉRATEUR DE VENTES VOLONTAIRES DE MEUBLES AUX ENCHÈRES PUBLIQUES Y COMPRIS PAR VOIE ÉLECTRONIQUE

Dirigeant de personne morale

Je soussigné(e) ....
Né(e) le ....à ....
Demeurant ....
Dirigeant de l'opérateur de vente volontaire de meubles aux enchères publiques..................
Fonction occupée ....

Déclare prendre connaissance des dispositions de l'article L. 321-4 du code de commerce, modifié par la loi n° 2011-850 du 20 juillet 2011 de libéralisation des ventes volontaires de meubles aux enchères publiques, aux termes desquelles :

"Seuls peuvent organiser et réaliser des ventes volontaires de meubles aux enchères publiques et des ventes aux enchères par voie électronique les opérateurs remplissant les conditions définies au présent article.

"II. — S'il s'agit d'une personne morale, l'opérateur de ventes volontaires de meubles aux enchères publiques doit :

"1° Être constitué en conformité avec la législation d'un État membre de l'Union européenne ou d'un autre État partie à l'accord sur l'Espace économique européen et avoir son siège statutaire, son administration centrale ou son principal établissement sur le territoire de l'un de ces États membres ou parties ;

"2° Disposer d'au moins un établissement en France, y compris sous forme d'agence, de succursale ou de filiale ;

"3° Comprendre parmi ses dirigeants, associés ou salariés au moins une personne remplissant les conditions mentionnées aux 1° à 3° du I ;

"4° Justifier que ses dirigeants n'ont pas fait l'objet d'une condamnation pénale définitive pour des agissements contraires à l'honneur, à la probité ou aux bonnes mœurs ou n'ont pas été les auteurs de faits de même nature ayant donné lieu à une sanction disciplinaire ou administrative de destitution, radiation, révocation, de retrait d'agrément ou d'autorisation dans la profession qu'ils exerçaient antérieurement ;

"5° Avoir préalablement déclaré son activité auprès du Conseil des ventes volontaires de meubles aux enchères publiques institué par l'article L. 321-18".

Certifie sur l'honneur n'avoir pas été l'auteur de faits ayant donné lieu à une condamnation pénale définitive pour des agissements contraires à l'honneur, à la probité ou aux bonnes mœurs ou de faits de même nature ayant donné lieu à une sanction disciplinaire ou administrative de destitution, radiation, révocation, de retrait d'agrément ou d'autorisation dans la profession que j'exerçais, le cas échéant, antérieurement.

Fait à .... le...

Signature.

• § 2 DE L'ASSURANCE ET DU CAUTIONNEMENT

Le présent paragraphe ne comprend pas de dispositions pour les arrêtés.

• § 3 DES QUALIFICATIONS REQUISES

Art. A. 321-2 **Sont admis en dispense du diplôme national en droit sanctionnant un niveau de formation correspondant à deux années d'études supérieures requis pour diriger des ventes volontaires de meubles aux enchères publiques :**

1° Tout diplôme sanctionnant une formation correspondant à deux années d'études après le baccalauréat dans des disciplines juridiques, économiques, commerciales et de gestion délivré par :

***a)* Un établissement public à caractère scientifique, culturel et professionnel habilité à le délivrer ;**

***b)* Un établissement d'enseignement supérieur privé reconnu par l'État et autorisé à délivrer un diplôme visé par le ministre chargé de l'enseignement supérieur ;**

***c)* La faculté libre autonome et cogérée d'économie et de droit de Paris ;**

2° Le diplôme de premier clerc de notaire. — *[Arr. du 8 avr. 2002, art. 1er.] — Anc. art. A. 321-1 (Arr. du 19 mars 2012, art. 6).*

Art. A. 321-3 **Est admis en dispense de la licence en droit requise pour diriger des ventes volontaires de meubles aux enchères publiques tout diplôme sanctionnant un niveau de formation correspondant au moins à trois années d'études après le bacca-**

lauréat dans les disciplines juridiques, économiques, commerciales et de gestion délivré par :

1° Un établissement public à caractère scientifique, culturel et professionnel habilité à le délivrer ;

2° Un établissement d'enseignement supérieur privé reconnu par l'État et autorisé à délivrer un diplôme visé par le ministre chargé de l'enseignement supérieur ;

3° Un institut d'études politiques ;

4° La faculté libre autonome et cogérée d'économie et de droit de Paris. – *[Arr. du 8 avr. 2002, art. 2.] – Anc. art. A. 321-2 (Arr. du 19 mars 2012, art. 6).*

Art. A. 321-4 Sont admis en dispense du diplôme de fin de premier cycle d'arts et de la licence d'histoire de l'art, d'arts appliqués, d'archéologie ou d'arts plastiques requis pour diriger des ventes volontaires de meubles aux enchères publiques :

1° Le diplôme de premier cycle de l'École du Louvre ;

2° Le diplôme d'archiviste paléographe délivré par l'École nationale des chartes ;

3° Le diplôme de bi-licence droit – histoire de l'art et archéologie délivré par l'université Paris-I ;

4° Le diplôme de "spécialiste en biens et services culturels" délivré par l'Institut d'études supérieur des arts (IESA). – *[Arr. du 8 avr. 2002, art. 3.] – Anc. art. A. 321-3 (Arr. du 19 mars 2012, art. 6).*

Art. A. 321-5 L'examen d'aptitude prévu à l'article R. 321-19 a lieu au moins une fois par an.

Les dates et lieux des épreuves sont fixés, après avis de la Chambre nationale des commissaires-priseurs judiciaires, par le conseil des ventes volontaires de meubles aux enchères publiques qui en assure une publicité suffisante deux mois au moins avant la date de la première épreuve, notamment par des insertions dans les revues professionnelles spécialisées et par un affichage dans les locaux du conseil des ventes volontaires de meubles aux enchères publiques et de la Chambre nationale des commissaires-priseurs judiciaires. – *[1er Arr. du 25 sept. 2006, art. 1er.] – Anc. art. A. 321-4 (Arr. du 19 mars 2012, art. 6).*

Art. A. 321-6 Les candidatures sont adressées au conseil des ventes volontaires de meubles aux enchères publiques par lettre recommandée avec demande d'avis de réception au plus tard un mois avant la date de la première épreuve de la session.

Le dossier de candidature comprend, avec, s'il y a lieu, leur traduction en français, les pièces suivantes :

1° Tous documents officiels justificatifs de l'identité et de la nationalité du candidat ;

2° Tous justificatifs permettant de vérifier que le candidat remplit les conditions prévues à l'article R. 321-19. – *[1er Arr. du 25 sept. 2006, art. 2.] – Anc. art. A. 321-5 (Arr. du 19 mars 2012, art. 6).*

Art. A. 321-7 Le Conseil des ventes volontaires de meubles aux enchères publiques arrête trois semaines avant la date de la première épreuve de chaque session la liste des candidats admis à subir les épreuves de l'examen d'aptitude.

Des convocations individuelles mentionnant le jour, l'heure et le lieu des épreuves sont adressées à chaque candidat quinze jours au moins à l'avance. – *[1er Arr. du 25 sept. 2006, art. 3.] – Anc. art. A. 321-6 (Arr. du 19 mars 2012, art. 6).*

Art. A. 321-8 Les épreuves de l'examen sont orales et se déroulent en séance publique.

Le conseil des ventes volontaires de meubles aux enchères publiques assure le secrétariat du jury.

L'examen dont le programme figure à l'annexe 3-3 au présent livre comprend trois interrogations portant respectivement sur : *– V. cette annexe (JO 20 janv. 2009) au* ***C. com.***.

1° Des matières juridiques, la réglementation professionnelle, ainsi que des matières économiques et comptables ; la note est affectée d'un coefficient 3 ;

2° La connaissance des arts et techniques, ainsi que l'identification et l'estimation des objets d'art ; la note est affectée d'un coefficient 4 ;

3° La pratique des ventes volontaires de meubles aux enchères publiques ; la note est affectée d'un coefficient 3.

Chaque interrogation, notée sur 20, a une durée de vingt minutes et est précédée de vingt minutes de préparation.

Les notes inférieures à 7/20 sont éliminatoires. *– [1er Arr. du 25 sept. 2006, art. 4.] – Anc. art. A. 321-7 (Arr. du 19 mars 2012, art. 6).*

Art. A. 321-9 **L'admission est prononcée par le jury si la moyenne des notes obtenues par le candidat est égale ou supérieure à 10 sur 20.**

A l'issue des épreuves, le jury dresse la liste des candidats déclarés admis, laquelle est affichée dans les locaux du conseil des ventes volontaires de meubles aux enchères publiques et de la Chambre nationale des commissaires-priseurs judiciaires.

Le conseil des ventes volontaires de meubles aux enchères publiques délivre à chaque candidat admis une attestation de réussite à l'examen d'aptitude. *– [1er Arr. du 25 sept. 2006, art. 5.] – Anc. art. A. 321-8 (Arr. du 19 mars 2012, art. 6).*

SOUS-§ 1er DE L'EXAMEN D'ACCÈS AU STAGE

Art. A. 321-10 **L'examen d'accès au stage prévu au 4° de l'article R. 321-18 et à l'article R. 321-22 a lieu au moins une fois par an.**

Les dates et lieux des épreuves sont fixés, après avis de la Chambre nationale des commissaires-priseurs judiciaires, par le conseil des ventes volontaires de meubles aux enchères publiques qui en assure une publicité suffisante deux mois au moins avant la date de la première épreuve, notamment par des insertions dans les revues professionnelles spécialisées et par un affichage dans les locaux du conseil des ventes volontaires de meubles aux enchères publiques et de la Chambre nationale des commissaires-priseurs judiciaires. *– [2e Arr. du 25 sept. 2006 art. 1er.] – Anc. art. A. 321-9 (Arr. du 19 mars 2012, art. 7).*

Art. A. 321-11 **Les candidatures sont adressées au conseil des ventes volontaires de meubles aux enchères publiques par lettre recommandée avec demande d'avis de réception au plus tard un mois avant la date de la première épreuve de la session.**

Le dossier de candidature comprend :

1° Une requête de l'intéressé ;

2° Tous documents officiels justificatifs de l'identité et de la nationalité du candidat ;

3° Une copie des diplômes prévus au 3° de l'article R. 321-18 ou la justification de leur dispense ;

4° Le cas échéant, la justification de la dispense des épreuves de l'examen d'accès au stage ;

5° L'indication de la langue vivante étrangère choisie pour l'épreuve d'admission. *– [2e Arr. du 25 sept. 2006, art. 2.] – Anc. art. A. 321-10 (Arr. du 19 mars 2012, art. 7).*

Art. A. 321-12 **Le conseil des ventes volontaires de meubles aux enchères publiques arrête trois semaines avant la date de la première épreuve de chaque session la liste des candidats admis à subir les épreuves de l'examen d'accès au stage.**

Des convocations individuelles mentionnant le jour, l'heure et le lieu des épreuves sont adressées à chaque candidat au moins quinze jours à l'avance. – *[2e Arr. du 25 sept. 2006, art. 3.] – Anc. art. A. 321-11 (Arr. du 19 mars 2012, art. 7).*

Art. A. 321-13 L'examen comprend des épreuves écrites d'admissibilité et des épreuves orales d'admission portant sur le programme figurant à l'annexe 3-4 au présent livre. – *V. cette annexe (JO 20 janv. 2009) au* ***C. com.*** 🏛.

Le conseil des ventes volontaires de meubles aux enchères publiques assure le secrétariat du jury. – *[2e Arr. du 25 sept. 2006, art. 4.] – Anc. art. A. 321-12 (Arr. du 19 mars 2012, art. 7).*

Art. A. 321-14 Les épreuves écrites d'admissibilité comprennent :

1° Une épreuve théorique d'une durée de quatre heures portant sur des sujets juridiques, en rapport avec les activités de ventes publiques de meubles et dont la note est affectée d'un coefficient 3 ;

2° Une épreuve théorique d'une durée de quatre heures portant sur la connaissance des arts et techniques et dont la note est affectée d'un coefficient 3. – *[2e Arr. du 25 sept. 2006, art. 5.] – Anc. art. A. 321-13 (Arr. du 19 mars 2012, art. 7).*

Art. A. 321-15 Les candidats peuvent se servir des codes ou recueils de lois et décrets ne contenant aucune indication de doctrine ou de jurisprudence, sans autre note que des références à des textes législatifs ou réglementaires.

Tout candidat ayant procuré ou utilisé des documents non autorisés est exclu de la salle et sa composition est annulée. Dans ce cas, le conseil des ventes volontaires de meubles aux enchères publiques peut interdire au candidat de se représenter aux épreuves de l'examen pour une durée ne pouvant excéder deux années. – *[2e Arr. du 25 sept. 2006, art. 6.] – Anc. art. A. 321-14 (Arr. du 19 mars 2012, art. 7).*

Art. A. 321-16 La correction des épreuves d'admissibilité est organisée de manière à préserver l'anonymat de chaque candidat.

Chaque composition est examinée par deux correcteurs et reçoit une note de 0 à 20.

Cette note est affectée du coefficient prévu pour l'épreuve correspondante.

L'admissibilité est prononcée par le jury si la moyenne des notes obtenues par le candidat est égale ou supérieure à 10 sur 20.

Le jury arrête, par ordre alphabétique, la liste des candidats déclarés admissibles. Celle-ci est affichée dans les locaux du conseil des ventes volontaires de meubles aux enchères publiques et de la Chambre nationale des commissaires-priseurs judiciaires.

L'admissibilité n'est valable que pour la session au cours de laquelle celle-ci a été acquise. – *[2e Arr. du 25 sept. 2006, art. 7.] – Anc. art. A. 321-15 (Arr. du 19 mars 2012, art. 7). – V. cette annexe (JO 20 janv. 2009) au* ***C. com.*** 🏛.

Art. A. 321-17 Nul ne peut se présenter aux épreuves d'admission s'il n'a été déclaré admissible par le jury.

Les épreuves d'admission sont orales et se déroulent en séance publique. Elles comprennent :

1° Un exposé de dix minutes, après une préparation de trente minutes, sur une question tirée au sort par le candidat et portant sur l'histoire de l'art, suivi d'une discussion de vingt minutes avec le jury destinée à apprécier la culture générale du candidat ; la note est affectée d'un coefficient 4 ;

2° Une interrogation d'une durée de quinze minutes portant sur une matière juridique autre que celle qui a été traitée à l'écrit par le candidat ainsi que sur des matières économiques et comptables ; la note est affectée d'un coefficient 3 ;

3° Une interrogation d'une durée de quinze minutes portant sur une langue vivante étrangère choisie par le candidat lors du dépôt de son dossier parmi la liste figurant à l'annexe 3-4 au présent livre ; la note est affectée d'un coefficient 1. – *[2e Arr. du 25 sept. 2006, art. 8.] – Anc. art. A. 321-16 (Arr. du 19 mars 2012, art. 7). – V. cette annexe (JO 20 janv. 2009) au* **C. com.**

Art. A. 321-18 Les épreuves sont notées de 0 à 20.

Chaque note est affectée du coefficient prévu pour l'épreuve correspondante.

Les notes inférieures à 7/20 sont éliminatoires. – *[2e Arr. du 5 sept. 2006, art. 9.] – Anc. art. A. 321-17 (Arr. du 19 mars 2012, art. 7).*

Art. A. 321-19 L'admission est prononcée par le jury si la moyenne des notes obtenues par le candidat à l'ensemble des épreuves d'admissibilité et d admission est égale ou supérieure à 10 sur 20. – *[2e Arr. du 25 sept. 2006, art 10.] – Anc. art. A. 321-18 (Arr. du 19 mars 2012, art. 7).*

Art. A. 321-20 Le jury arrête la liste des candidats déclarés admis. Celle-ci est affichée dans les locaux du conseil des ventes volontaires de meubles aux enchères publiques et de la Chambre nationale des commissaires-priseurs judiciaires.

Le conseil des ventes volontaires de meubles aux enchères publiques délivre l'attestation de réussite à l'examen d'accès au stage. – *[2e Arr. du 25 sept. 2006, art. 11.] – Anc. art. A. 321-19 (Arr. du 19 mars 2012, art. 7).*

SOUS-§ 2 DU STAGE

Le présent sous-paragraphe ne comprend pas de dispositions pour les arrêtés.

§ 4 DES MESURES D'INFORMATION ET DE PUBLICITÉ

Le présent paragraphe ne comprend pas de dispositions pour les arrêtés.

SOUS-SECTION 2 LE CONSEIL DES VENTES VOLONTAIRES DE MEUBLES AUX ENCHÈRES PUBLIQUES

La présente sous-section ne comprend pas de dispositions pour les arrêtés.

SECTION II DE LA LIBRE PRESTATION DE SERVICES DE L'ACTIVITÉ DE VENTES VOLONTAIRES DE MEUBLES AUX ENCHÈRES PUBLIQUES PAR LES RESSORTISSANTS DES ÉTATS MEMBRES DE L'UNION EUROPÉENNE ET DES ÉTATS PARTIES À L'ACCORD SUR L'ESPACE ÉCONOMIQUE EUROPÉEN *(Arr. du 19 mars 2012, art. 4).*

SOUS-SECTION 1 DES PROCÉDURES DE DÉCLARATION ET D'INFORMATION

La présente sous-section ne comprend pas de dispositions pour les arrêtés.

SOUS-SECTION 2 *[ABROGÉE]* DES QUALIFICATIONS REQUISES

(Abrogée par Arr. du 23 sept. 2009, art. 3)

Les art. A. 321-20 à A. 321-25 (numérotation antérieure à l'Arr. du 19 mars 2012) ont été abrogés par Arr. du 23 sept. 2009, art. 3.

SECTION III DE L'ÉTABLISSEMENT EN FRANCE DES PERSONNES HABILITÉES À DIRIGER DES VENTES VOLONTAIRES DE MEUBLES AUX ENCHÈRES PUBLIQUES DANS UN AUTRE ÉTAT MEMBRE DE L'UNION EUROPÉENNE OU PARTIE À L'ACCORD SUR L'ESPACE ÉCONOMIQUE EUROPÉEN *(Arr. du 19 mars 2012, art. 4)*.

(Arr. du 23 sept. 2009, art. 2)

Art. A. 321-27 Le dossier mentionné à l'article R. 321-66 comprend les pièces suivantes :

1° La copie des documents justifiant de l'identité, de la nationalité et du domicile du demandeur ;

2° Les copies certifiées conformes des attestations de compétences, titres de formation ou titres de formation assimilée ou des documents justifiant des droits acquis obtenus par le demandeur donnant accès à l'activité de ventes volontaires de meubles aux enchères publiques ;

3° Pour les titulaires d'un diplôme, certificat ou titre délivré par un pays tiers et reconnu par un État membre de *(Arr. du 19 mars 2012, art. 4)* « l'Union » européenne ou partie à l'accord sur l'Espace économique européen, une attestation émanant de l'autorité compétente de cet État membre ou partie, certifiant de la durée de l'exercice professionnel sur son territoire et des dates correspondantes ;

4° *(Arr. du 4 juill. 2011)* « La preuve par tout moyen » que le requérant a exercé à temps plein, au cours des dix dernières années, l'activité de ventes volontaires de meubles aux enchères publiques, et précisant les dates de cet exercice, si ni l'accès à cette activité ou son exercice, ni la formation y conduisant ne sont réglementés dans son État d'origine ;

5° Tout document en original ou en copie permettant d'apprécier si le demandeur remplit les conditions prévues à l'article R. 321-65 du code de commerce ainsi que le contenu détaillé du cycle d'études postsecondaires suivi avec succès et de la formation professionnelle initiale et continue reçue ;

6° Un document de l'autorité compétente de son État d'origine attestant qu'il n'a pas fait l'objet de condamnations pénales pour des faits contraires à l'honneur ou à la probité ni d'une sanction disciplinaire ou administrative de destitution, radiation, révocation, retrait d'agrément ou d'autorisation pour des faits de même nature dans la profession qu'il exerçait antérieurement, ou une attestation datant de moins de trois mois délivrée par l'autorité judiciaire ou administrative compétente et, le cas échéant, par un notaire ou un organisme professionnel, établissant que l'intéressé a déclaré sous serment ou solennellement, si un tel serment n'existe pas dans cet État, qu'il n'a pas fait l'objet de telles condamnations ou sanctions.

Le cas échéant, les pièces justificatives, sauf celles relatives à l'identité et à la nationalité du demandeur, doivent être accompagnées de leur traduction en langue française. A l'exception des documents mentionnés au 1° et au 5°, cette traduction est effectuée par un traducteur inscrit sur la liste nationale des experts judiciaires ou sur l'une des listes d'experts judiciaires dressées par les cours d'appel ou par un traducteur habilité à intervenir auprès des autorités judiciaires ou administratives d'un autre État membre de *(Arr. du 19 mars 2012, art. 4)* « l'Union » européenne ou d'un État partie à l'accord sur l'Espace économique européen. – *Anc. art. A. 321-26 (Arr. du 19 mars 2012, art. 8).*

Art. A. 321-28 La décision du conseil des ventes volontaires de meubles aux enchères publiques prévue à l'article R. 321-66 précise, le cas échéant, les matières du programme de l'épreuve d'aptitude et la durée du stage d'adaptation proposés au requérant. — *Anc. art. A. 321-27 (Arr. du 19 mars 2012, art. 8).*

Art. A. 321-29 L'épreuve d'aptitude prévue à l'article R. 321-67 a lieu au moins deux fois par an.

L'organisation matérielle de l'épreuve est confiée au conseil des ventes volontaires de meubles aux enchères publiques. — *Anc. art. A. 321-28 (Arr. du 19 mars 2012, art. 8).*

Art. A. 321-30 Le conseil des ventes volontaires de meubles aux enchères publiques assure une publicité suffisante, quatre mois au moins à l'avance, de la date fixée pour l'épreuve, notamment par des insertions dans les revues professionnelles, par un affichage dans ses locaux et dans ceux de la Chambre nationale des commissaires-priseurs judiciaires et par une diffusion sur son site internet. — *Anc. art. A. 321-29 (Arr. du 19 mars 2012, art. 8).*

Art. A. 321-31 Des convocations individuelles mentionnant le jour, l'heure et le lieu de l'épreuve sont adressées à chaque candidat quinze jours au moins à l'avance par lettre recommandée avec demande d'avis de réception ou par tout autre moyen équivalent. — *Anc. art. A. 321-30 (Arr. du 19 mars 2012, art. 8).*

Art. A. 321-32 L'épreuve d'aptitude, dont le programme figure à l'annexe 3-5 au présent livre, comprend au plus trois entretiens, d'une durée de vingt minutes chacun, portant respectivement sur des matières juridiques, la pratique des ventes volontaires de meubles aux enchères publiques et la réglementation professionnelle. — *Anc. art. A. 321-31 (Arr. du 19 mars 2012, art. 8). — V. annexe (JO 3 oct. 2009) au* **C. com.**

Art. A. 321-33 Les entretiens se déroulent publiquement.

Chaque entretien est noté sur 20 et est précédé de trente minutes de préparation.

Le conseil des ventes volontaires de meubles aux enchères publiques assure le secrétariat du jury. — *Anc. art. A. 321-32 (Arr. du 19 mars 2012, art. 8).*

Art. A. 321-34 L'admission est prononcée par le jury si la moyenne des notes obtenues par le candidat est égale ou supérieure à 10 sur 20.

A l'issue de l'épreuve, le jury dresse la liste des candidats déclarés admis, laquelle est affichée dans les locaux du conseil des ventes volontaires de meubles aux enchères publiques et accessible sur son site internet.

Le conseil délivre à chaque candidat admis une attestation de réussite à l'épreuve d'aptitude. — *Anc. art. A. 321-33 (Arr. du 19 mars 2012, art. 8).*

Art. A. 321-35 Le stage d'adaptation prévu à l'article R. 321-67 visant à compléter la formation professionnelle du demandeur comprend un enseignement pratique et, le cas échéant, un enseignement théorique en matière artistique, économique, comptable et juridique, dispensés sous le contrôle du conseil des ventes volontaires de meubles aux enchères publiques et selon les modalités qu'il détermine.

Le stage d'adaptation s'effectue en France et à plein temps. A titre exceptionnel, il peut être fractionné en périodes mensuelles.

La convention de stage d'adaptation ne peut contenir de dispositions moins avantageuses, notamment en matière de gratification, que celles applicables aux personnes admises à suivre la deuxième année du stage prévu à l'article R. 321-18 (5°). — *Anc. art. A. 321-34 (Arr. du 19 mars 2012, art. 8).*

Art. A. 321-36 Les travaux de pratique professionnelle sont effectués auprès *(Arr. du 19 mars 2012, art. 5)* « d'un opérateur » de ventes volontaires de meubles aux

enchères publiques. Le conseil des ventes volontaires de meubles aux enchères publiques procède à l'affectation du stagiaire en tenant compte de ses choix. En aucun cas, le stagiaire ne peut être affecté *(Arr. du 19 mars 2012, art. 5)* **« chez un opérateur » de ventes volontaires dans** *(Arr. du 19 mars 2012, art. 5)* **« lequel » il aurait directement ou indirectement des intérêts financiers ou un lien de quelque nature que ce soit avec l'un des dirigeants, salariés ou associés.** – *Anc. art. A. 321-35 (Arr. du 19 mars 2012, art. 8).*

Art. A. 321-37 Les attributions de maître de stage sont remplies par une personne habilitée à diriger des ventes volontaires de meubles aux enchères publiques.

Lorsque la durée du stage excède une année, le conseil des ventes volontaires de meubles aux enchères publiques s'assure à l'issue d'une première période de douze mois puis tous les six mois du bon déroulement du stage et de l'acquisition de connaissances par le stagiaire. A cet effet, il recueille les observations du maître de stage et organise un entretien avec le stagiaire destiné à évaluer ses connaissances pratiques.

A l'issue du stage, le maître de stage adresse au conseil un rapport de stage établi conformément au modèle figurant en annexe 3-5 au présent livre. – *V. cette annexe (JO 3 oct. 2009) au* ***C. com.***

Le conseil reconnaît la qualification du demandeur lorsque les résultats de l'évaluation du stage sont positifs. Il délivre au stagiaire un certificat de bon accomplissement du stage d'adaptation.

Dans le cas contraire, le conseil peut, après avoir entendu le stagiaire, prolonger la durée du stage d'adaptation dans les limites de l'article R. 321-67. – *Anc. art. A. 321-36 (Arr. du 19 mars 2012, art. 8).*

SECTION IV *[ABROGÉE]* DES EXPERTS AGRÉÉS PAR LE CONSEIL DES VENTES VOLONTAIRES DE MEUBLES AUX ENCHÈRES PUBLIQUES

(Abrogée par Arr. du 19 mars 2012, art. 9)

La présente section ne comprenait pas de dispositions pour les arrêtés.

SECTION V DISPOSITIONS DIVERSES

La présente section ne comprend pas de dispositions pour les arrêtés.

CHAPITRE II DES AUTRES VENTES AUX ENCHÈRES

Le présent chapitre ne comprend pas de dispositions pour les arrêtés.

TITRE TROISIÈME DES CLAUSES D'EXCLUSIVITÉ

Le présent titre ne comprend pas de dispositions pour les arrêtés.

V. Arr. 21 févr. 1991, art. 1er, relatif à l'information du consommateur dans le secteur de la franchise, codifié à l'art. A. 441-1.

LIVRE QUATRIÈME DE LA LIBERTÉ DES PRIX ET DE LA CONCURRENCE

TITRE PREMIER DISPOSITIONS GÉNÉRALES

Le présent titre ne comprend pas de dispositions pour les arrêtés.

TITRE DEUXIÈME DES PRATIQUES ANTICONCURRENTIELLES

Le présent titre ne comprend pas de dispositions pour les arrêtés.

TITRE TROISIÈME DE LA CONCENTRATION ÉCONOMIQUE

Le présent titre ne comprend pas de dispositions pour les arrêtés.

TITRE QUATRIÈME DE LA TRANSPARENCE, DES PRATIQUES RESTRICTIVES DE CONCURRENCE ET D'AUTRES PRATIQUES PROHIBÉES

CHAPITRE PREMIER DE LA TRANSPARENCE

Art. A. 441-1 Toute personne vendant des produits ou fournissant des services, liée par un accord de franchise à un franchiseur, informe le consommateur de sa qualité d'entreprise indépendante, de manière lisible et visible, sur l'ensemble des documents d'information, notamment de nature publicitaire, ainsi qu'à l'intérieur et à l'extérieur du lieu de vente. – *[Arr. 21 févr. 1991, art. 1er.]*

RÉP. COM. v° *Franchise*, par FERRIER.

V. Note de service n° 5724 du 21 mai 1991 (BOCC 30 mai).

Pour les sanctions pénales, V. art. R. 441-1.

1. Nature de l'information. L'Arrêté du 21 févr. 1991 n'a pas créé de logo spécifique. La note n° 5724 du 21 mai 1991 *(BOCC 30 mai)* a précisé que les mentions « commerçant indépendant », « commerce indépendant » ou « entreprise indépendante » repondent aux conditions prévues par l'arrêté si elles accompagnent le nom ou la raison sociale du propriétaire du magasin (Rép. min. n° 2466 : *JOAN Q, 23 août 1993, p. 2644*).

2. Qualité d'entreprise indépendante. BIBL. Cutajar, *RJDA 2002. 3* (la franchise hôtelière à l'épreuve de la fictivité). – Regnault, *LPA 29 juill. 2005* (pour une application raisonnée des dispositions de l'art. L. 781-1-2° [7321-2 nouv.] C. trav.). – Peskine, *RDT 2008. 371* (entre subordination et indépendance : en quête d'une troisième voie). – N. Ferrier, *D. 2008. 2011* (à propos de la recodification prétendument à droit constant du droit du travail). ♦ Les franchisés qui exploitent en leur nom une entreprise doivent assumer les charges de tout entrepreneur. • Douai, 6 févr. 2003 : *BICC 2004, n° 255.* ♦ Sur la requalification d'un contrat de franchise en contrat de gérance salariée en raison de l'absence de liberté dans l'exploitation du commerce et de la détermination du prix de vente des marchandises par le fournisseur, V. • Com. 3 mai 1995 : *D. 1997. 10, note Amiel-Cosme ; ibid. Somm. 57, obs. Ferrier ; JCP E 1995. II. 748, note Leveneur.* – V. aussi • Soc. 25 févr. 1998 : *JCP E 1998, n° 14, p. 536, obs. Morvan* • Montpellier, 6 janv. 1999 : *D. 2001. Somm. 296, obs. Ferrier* • Nîmes, 5 juill. 2002 : *Cah. dr. entr. 2003, n° 3, p. 21, obs. Mainguy ; RJDA 2003, n° 251* (conf. par • Soc. 8 févr. 2005 : *D. 2006. Pan. 516, obs. Ferrier ; JCP E 2005, n° 31-34, p. 1328, obs. Mainguy*) • Nancy, 4 déc. 2002 : *BICC 2003, n° 386* • Nîmes, 20 déc. 2002 : *D. 2003. Somm. 2431, obs. Ferrier ; Lettre distrib. févr. 2003, p. 2* • 13 déc. 2006 : *Lettre distrib. janv. 2007, p. 4 ; RD transp. 2007, n° 53, obs. Paulin* • Montpellier, 15 déc. 2004 : *JCP 2005. IV. 2231.* ♦ Pour une requalification d'un contrat de gérance-mandat en matière hôtelière en contrat de travail, V. • Paris, 7 juin 2001 : *RJDA 2002, n° 41.* – *Contra :* • Paris, 14 déc. 2001 : *RJDA 2002, n° 380 ; Lettre distrib. févr. 2002, p. 3* • Cons. prud'h. Angers, 24 juin 2002 : *Lettre distrib. janv. 2003, p. 2* • Soc. 26 nov. 2003 : *ibid. févr. 2004, p. 4.* ♦ V. aussi, précisant que dès lors que les conditions d'application de l'art. 781-1, 2°, [7321-2 nouv.] C. trav. sont réunies, il y a lieu d'appliquer les dispositions du code du travail sans qu'il soit besoin d'établir l'existence d'un lien de subordination. • Soc. 4 déc. 2001 : *D. 2002. 1934, note Kenfack ; LPA 11 avr. 2002, note Picca et Sauret ; CCC 2002, n° 55, obs. Leveneur ; JCP 2002. I. 148, n° 20, obs. Constantin ; LPA 26 mars 2003, obs. Jault* (et sur renvoi • Paris, 13 janv. 2004 : *Lettre distrib. févr. 2004, p. 3*). ♦ Et il est indifférent que le pseudo-franchisé ait créé une entreprise unipersonnelle à responsabilité limitée pour exercer son activité : • Soc. 21 févr. 2007 : *CCC 2007, n° 120, obs. Malaurie-Vignal.* ♦ Sur les conséquences de l'application de l'art. L. 781-1 [7321-2 nouv.] C. trav. à un franchisé, V. • Aix-en-Provence, 5 oct. 2005 : *Lettre distrib. nov. 2005, p. 3.* ♦ V., rappelant que la qualité de commerçant indépendant est un élément essentiel au contrat de franchise : • Paris, 18 juin 2003 : *CCC 2004, n° 19, obs. Leveneur.* ♦ Pour un contrat de « commission-affiliation » requalifié en contrat d'agent commercial, V. • Paris, 13 sept. 2006 : *cité note 1 ter ss. art. L. 134-1.*

3. Immixtion du franchiseur. Le fait qu'une société ait accordé sa franchise à un certain nombre de commerçants ne la rend pas redevable des factures de marchandises livrées à ces derniers, même si elle a reçu sans protester les factures litigieuses, dès lors qu'elle n'a pas manifesté la volonté de les régler. • Com. 3 juill. 1990 : *Bull. civ. IV, n° 201.* ♦ L'accord de règlement selon lequel, dans le cadre d'un contrat de distribution, le franchisé doit verser l'ensemble de ses recettes sur un compte spécial mis à la disposition du franchiseur, ne constitue pas un acte de gestion du seul franchiseur et ne peut, par conséquent, caractériser la gestion de fait susceptible d'entraîner une condamnation en comblement du passif, dès lors que cet accord permet simplement d'assurer au franchiseur le paiement de ses créances et non de gérer les entreprises franchisées. • Toulouse, 4 mai 2005 : *JCP E 2006, n° 2, p. 82.* ♦ En revanche, le franchiseur qui, dès le début des relations contractuelles, s'est immiscé dans la gestion de la société franchisée et a exercé au sein de celle-ci des pouvoirs de direction est devenu gérant de fait de la société. • Rouen, 14 mars 1992 : *RJDA 1992, n° 816.* ♦ Ainsi, s'est livré à une immixtion dans la gestion de la société franchisée dépassant les obligations à sa charge résultant du contrat de franchise, et en était en réalité le dirigeant de fait, le franchiseur qui détenait les documents comptables, sociaux et bancaires nécessaires pour gérer cette entreprise, conservait la signature bancaire, préparait tous les documents administratifs et les titres de paiement signés ensuite par la personne morale, établissait les déclarations fiscales et sociales, contrôlait l'embauche du personnel et a participé à la poursuite d'une activité déficitaire pendant plusieurs mois bien qu'il connût l'insuffisance de la trésorerie. • Com. 9 nov. 1993 : *Bull. civ. IV, n° 390 ; D. 1995. Somm. 79, obs. Ferrier ; JCP 1994. II. 22304, note Virassamy ; Rev. sociétés 1994. 321, note le Tourneau ; Rev. huiss. 1994. 182, note Vidal.*

V., pour un arrêt ayant jugé que s'est immiscé dans la gestion du magasin des franchisés, le franchiseur qui, par divers mécanismes, avait obtenu de ces derniers non seulement le transfert de l'essentiel de la tenue de la comptabilité de leur magasin mais également une délégation de signature bancaire sur les comptes dont les franchisés étaient titulaires, lui permettant ainsi de recevoir toutes les correspondances de la banque, • Com. 16 déc. 1997 : *Bull. civ. IV, n° 337 ; Quot. jur., 13 janv. 1998, p. 4.*

V. aussi, condamnant un franchiseur apparaissant, au vu des documents signés par le client du franchisé, comme le cocontractant de ce client, V. • Com. 17 oct. 1995 : *Bull. civ. IV, n° 246 ; D. 1997. Somm. 57, obs. Ferrier ; RJDA 1996, n° 3 ; CCC 1996, n° 4, note Leveneur ; LPA 26 avr. 1996, note Batteur.*

4. Partie civile. Sur la constitution de partie civile par franchisé du chef d'exercice illégal de la profession d'expert comptable, dans une action dirigée contre le groupement franchiseur qui tenait irrégulièrement la comptabilité de ce dernier, V. • Crim. 5 nov. 1997 : *Bull. crim. n° 374.*

CHAPITRE II DES PRATIQUES RESTRICTIVES DE CONCURRENCE

Le présent chapitre ne comprend pas de dispositions pour les arrêtés.

CHAPITRE III AUTRES PRATIQUES PROHIBÉES

Le présent chapitre ne comprend pas de dispositions pour les arrêtés.

TITRE CINQUIÈME DES POUVOIRS D'ENQUÊTE

Art. A. 450-1 Les fonctionnaires de catégorie A et de catégorie B *(Arr. 23 avr. 2010, art. 1er)* « *[,]*agents de la concurrence, de la consommation et de la répression des fraudes*[,]* » sont habilités, en application *(Arr. 8 oct. 2009)* « de l'article L. 450-1 », à procéder aux enquêtes dans les conditions prévues au présent livre. – *[Arr. 22 janv. 1993, art. 1er.]*

Art. A. 450-2 Toutefois, seuls les fonctionnaires de catégorie A mentionnés à l'article A. 450-1 sont habilités à procéder aux visites et aux saisies prévues par l'article L. 450-4 ; ils peuvent être assistés, lors des opérations, par un ou plusieurs fonctionnaires de catégorie B désignés parmi ceux définis à l'article A. 450-1. – *[Arr. 22 janv. 1993, art. 2.]*

Art. A. 450-3 Les fonctionnaires de catégorie A mentionnés à l'article A. 450-1 sont habilités à procéder aux visites et saisies pour l'application de l'article L. 470-6. – *[Arr. 22 janv. 1993, art. 3.]*

Art. A. 450-4 Les fonctionnaires de catégorie C *(Arr. 23 avr. 2010, art. 1er)* « *[,]*agents de la concurrence, de la consommation et de la répression des fraudes*[,]* » sont habilités pour la recherche et la constatation des seules infractions passibles de peines contraventionnelles ; pour les autres infractions, ils assistent les fonctionnaires mentionnés à l'article A. 450-1. – *[Arr. 22 janv. 1993, art. 4.]*

Art. A. 450-5 *(Abrogé par Arr. 23 avr. 2010, art. 2) Les fonctionnaires habilités en application du présent livre agissent soit dans l'ensemble du département où ils exercent leurs fonctions, soit, lorsqu'il est plus étendu, dans le ressort territorial du service auquel ils sont affectés.* – [Arr. 22 janv. 1993, art. 5.]

TITRE SIXIÈME DU CONSEIL *[DE L'AUTORITÉ]* DE LA CONCURRENCE

Le présent titre ne comprend pas de dispositions pour les arrêtés.

TITRE SEPTIÈME DISPOSITIONS DIVERSES

Le présent titre ne comprend pas de dispositions pour les arrêtés.

LIVRE CINQUIÈME DES EFFETS DE COMMERCE ET DES GARANTIES

TITRE PREMIER DES EFFETS DE COMMERCE

(Arr. 29 déc. 2010, art. 3)

Le présent titre ne comprend pas de dispositions pour les arrêtés.

TITRE II DES GARANTIES

(Arr. 29 déc. 2010, art. 3)

CHAPITRE PREMIER DISPOSITIONS GÉNÉRALES SUR LE GAGE COMMERCIAL

Le présent chapitre ne comprend pas de dispositions pour les arrêtés.

CHAPITRE II DES DÉPÔTS EN MAGASINS GÉNÉRAUX

Le présent chapitre ne comprend pas de dispositions pour les arrêtés.

CHAPITRE III DU WARRANT HÔTELIER

Le présent chapitre ne comprend pas de dispositions pour les arrêtés.

CHAPITRE IV DU WARRANT PÉTROLIER

Le présent chapitre ne comprend pas de dispositions pour les arrêtés.

CHAPITRE V DU NANTISSEMENT DE L'OUTILLAGE ET DU MATÉRIEL D'ÉQUIPEMENT

Le présent chapitre ne comprend pas de dispositions pour les arrêtés.

CHAPITRE VI DE LA PROTECTION DE L'ENTREPRENEUR INDIVIDUEL ET DU CONJOINT

SECTION UNIQUE DE L'ENTREPRENEUR INDIVIDUEL À RESPONSABILITÉ LIMITÉE

Art. A. 526-1 **Le modèle type de déclaration d'affectation de patrimoine figurant en annexe 5-1 est approuvé.**

ANNEXE 5-1
(ANNEXE AUX ARTICLES A. 526-1 ET A. 526-2)

Annexe I Modèle type de déclaration d'affectation du patrimoine à son activité professionnelle

Modèle de déclaration d'affectation par un entrepreneur individuel à responsabilité limitée

I. Renseignements généraux

Nom : ....

Nom d'usage : ....

Prénom : ....

Né(e) le : .... à : ....

Domicile : ....

Objet de l'activité professionnelle de l'EIRL : ....

Adresse où est exercée l'activité professionnelle de l'EIRL : ....

Dénomination de l'EIRL : ....

Date de clôture des comptes : ....

N° SIREN, s'il a déjà été attribué : ....

Le cas échéant, registre de publicité légale où est déjà immatriculé le déposant *(indiquer le lieu)* :

☐ Registre du commerce et des sociétés (RCS) de ....

☐ Répertoire des métiers (RM) de ....

☐ Registre spécial des agents commerciaux (RSAC) de ....

Situation matrimoniale :

☐ Marié(e) ☐ Pacsé(e) ou en concubinage ☐ Autre

En cas de mariage, précisez le régime matrimonial : ....

☐ Création ☐ Passage d'entrepreneur individuel en EIRL

Lieu de dépôt de la déclaration (1)

☐ RCS de ....

☐ RSAC de ....

☐ Registre spécial des EIRL du tribunal de commerce ou du tribunal de grande instance statuant en matière commerciale de ....

☐ Répertoire des métiers de ....

☐ Registre de l'agriculture de ....

☐ Opposabilité de la déclaration d'affectation aux créanciers dont les droits sont nés antérieurement au dépôt de la déclaration *(à cocher uniquement si l'option pour l'opposabilité aux créanciers antérieurs est exercée)* :

---

(1) Au registre de publicité légale (RCS, RM, registre spécial des agents commerciaux) auquel la personne est tenue de s'immatriculer pour son activité professionnelle.

Lorsque la personne est immatriculée à deux registres de publicité légale pour l'activité de l'EIRL (RM et RCS), à l'un ou l'autre des ces deux registres de publicité légale, selon son choix.

En l'absence d'immatriculation à un registre de publicité légale (par exemple, activités libérales, auto-entrepreneurs dispensés d'immatriculation), au registre tenu par le greffe du tribunal statuant en matière commerciale du lieu de l'établissement principal de la personne.

Pour les exploitants agricoles, au registre de l'agriculture tenu par la chambre d'agriculture.

II. État descriptif des biens, droits, obligations, sûretés affectés à l'exercice de l'activité professionnelle (2)

A. – Éléments d'actif

FICHE signalétique (3)	DESCRIPTION (4)	VALEUR déclarée	SÛRETÉS (5) grevant le bien (le cas échéant)	DOCUMENTS à annexer (6)
A1				
A2				
A3				
...	...	...	...	...
Total				

B. — Éléments de passif

FICHE signalétique (3)	DESCRIPTION (7)	ENCCURS
B1		
B2		
B3		
...	...	...
Total		

Fait le ...., A ....

Signature de la personne

(2) Il s'agit : — des biens, droits, obligations et sûretés dont bénéficie l'EIRL, nécessaires à son activité professionnelle. Ces éléments doivent être obligatoirement affectés, à l'exception des terres utilisées dans une exploitation agricole pour lesquelles l'affectation reste possible, mais n'est pas obligatoire.

Exemples : — installations, biens d'équipements spécifiques ;

— droit de présentation de la clientèle (activité libérale, activité non commerciale) ;

— fonds de commerce, fonds artisanal, fonds agricole ;

— parts de société civile de moyens (SCM) ou de société civile professionnelle (SCP) ;

— des éléments que l'entrepreneur utilise dans le cadre de sa profession et qu'il décide d'affecter : il peut s'agir de biens à usage mixte (par exemple véhicules employés à titre professionnel et à titre personnel). Attention ! Ne peuvent pas figurer dans le patrimoine affecté les éléments qui ne sont ni nécessaires ni utilisés pour l'exercice de l'activité professionnelle.

(3) Détail : voir fiche signalétique ci-dessous.

(4) Description : la description doit être sommaire : il y a lieu de globaliser les biens de même nature ou relevant d'un même ensemble dont la valeur unitaire n'excède pas 500 euros. La description doit préciser la localisation si le bien concerné est un bien immobilier.

(5) Préciser la nature des sûretés affectant le bien le cas échéant : gage, nantissement, hypothèque... et le montant de la créance garantie.

(6) Préciser lequel ou lesquels : — si le bien affecté est d'une valeur unitaire supérieure à 30 000 euros (sauf liquidités), le bien doit faire l'objet d'une évaluation et le rapport d'évaluation remis par l'expert-comptable, le commissaire aux comptes, l'association de gestion et de comptabilité ou le notaire (pour les biens immobiliers uniquement) doit être joint ;

— si le bien affecté est un bien commun ou indivis, l'accord du conjoint ou des coïndivisaires doit être joint.

(7) Préciser s'il s'agit d'emprunts, de dettes de fournisseurs ou d'un passif de nature sociale ou fiscale.

Modèle de fiche signalétique par élément figurant dans le tableau II-A

Description (et localisation si bien immobilier) : bien (meuble, immeuble, liquidités...), droit (droit d'usage...), obligations (créance, avance et acompte versé sur commande...), sûreté bénéficiant à l'EIRL (caution, gage, nantissement, hypothèque... en faveur de l'EIRL).

Nature (élément détenu en pleine propriété, en nue-propriété ou en usufruit, bien indivis, bien commun...).

Qualité (élément neuf ou d'occasion...).

Quantité.

Valeur déclarée *[Valeur vénale ou, en l'absence de marché, valeur d'utilité.*

Pour les créances : indiquer le montant restant dû.

Pour les sûretés : indiquer le montant de l'engagement garanti.] : ....

Modèle de fiche signalétique par élément figurant dans le tableau II-B

[A remplir uniquement si l'EIRL opte pour l'opposabilité de la déclaration d'affectation aux créanciers dont les droits sont nés antérieurement au dépôt de la déclaration d'affectation. Si l'EIRL exerce cette option, les créanciers antérieurs doivent recevoir une information individuelle par lettre recommandée avec accusé de réception, contenant certaines informations, parmi lesquelles une copie de la déclaration d'affectation (cf. articles R. 526-8 et D. 526-9 du code de commerce).]

Détail de chaque emprunt *(né antérieurement au dépôt de la déclaration)* :

N° 1 ....

Identité du créancier ....

Encours restant dû ....

Terme prévu pour le remboursement ....

N° 2 ....

Identité du créancier ....

Encours restant dû ....

Terme prévu pour le remboursement ....

Détail des autres dettes *(nées antérieurement au dépôt de la déclaration)* :

Dettes fournisseurs :

Identité du créancier ....

Montant dû ....

Date d'échéance ....

Dettes sociales :

Identité du créancier ....

Nature de la dette ....

Montant total dû ....

Date d'échéance ....

Dettes fiscales :

Identité du créancier ....

Nature de la dette ....

Montant total dû ....

Date d'échéance ....

Annexe II Modèle type d'accord du conjoint à l'affectation par l'entrepreneur individuel à responsabilité limitée d'un bien commun à son activité professionnelle

Modèle d'accord du conjoint en cas d'affectation de biens communs par un entrepreneur individuel à responsabilité limitée

Je soussigné *(nom et prénom, date et lieu de naissance, domicile)*,

conjoint de M./Mme *(rayer la mention inutile) (nom et prénom de l'entrepreneur individuel à responsabilité limitée)*, relevant d'un régime matrimonial prévoyant une communauté de biens entre époux,

déclare, conformément à l'article L. 526-11 du code de commerce :

— donner mon accord à l'affectation par M./Mme *(rayer la mention inutile) (nom et prénom de l'entrepreneur individuel à responsabilité limitée*, entrepreneur individuel à responsabilité limitée exerçant sous la dénomination EIRL *(à compléter)*, du (des) bien(s) commun(s) suivant(s) à son activité professionnelle :

(lister le[s] bien[s] commun[s] affecté[s])

— avoir été informé(e) que les créanciers auxquels la déclaration d'affectation est opposable et dont les droits sont nés à l'occasion de l'exercice de l'activité professionnelle à aquelle un patrimoine comprenant le(s) bien(s) commun(s) susmentionné(s) est affecté ont pour seul gage général le patrimoine affecté ;

— avoir été informé(e) qu'un même bien commun ne peut entrer dans la composition que d'un seul patrimoine affecté.

Fait à ....

Le ....

Signature du conjoint

ANNEXE III Modèle type d'accord du coïndivisaire à l'affectation par l'entrepreneur individuel à responsabilité limitée d'un bien indivis à son activité professionnelle

Modèle d'accord du coïndivisaire en cas d'affectation de bien indivis par un entrepreneur individuel à responsabilité limitée

Je soussigné *(nom et prénom, date et lieu de naissance, domicile)*,

propriétaire indivis avec M./Mme *(rayer la mention inutile) (nom et prénom de l'entrepreneur individuel à responsabilité limitée)* du (des) bien(s) suivants :

(lister le[s] bien[s] indivis affecté[s])

déclare, conformément à l'article L. 526-11 du code de commerce :

— donner mon accord à l'affectation par M./Mme *(rayer la mention inutile) (nom et prénom de l'entrepreneur individuel à responsabilité limitée* entrepreneur individuel à responsabilité limitée exerçant sous la dénomination EIRL *(à compléter)*, du (des) bien(s) indivis susmentionné(s), à son activité professionnelle ;

— avoir été informé(e) que les créanciers auxquels la déclaration d'affectation est opposable et dont les droits sont nés à l'occasion de l'exercice de l'activité professionnelle à laquelle un patrimoine comprenant le(s) bien(s) indivis susmentionné(s) est affecté ont pour seul gage général le patrimoine affecté ;

— avoir été informé(e) qu'un même bien indivis ne peut entrer dans la composition que d'un seul patrimoine affecté.

Fait à ....

Le ....

Signature du coïndivisaire

Art. A. 526-2 **Les modèles types d'accords du conjoint ou du coïndivisaire, donnés, en application de l'article L. 526-11, à l'affectation par l'entrepreneur individuel à responsabilité limitée d'un bien commun ou indivis à son activité professionnelle, figurant en annexe 5-1 sont approuvés.** — *V. cette annexe 5-1 ss. art. A. 526-1.*

Art. A. 526-3 *(Arr. 28 sept. 2011, art. 1er)* **Le modèle type du relevé d'actualisation de la déclaration d'affectation prévu à l'article R. 526-10-1 figurant en annexe 5-2 est approuvé.**

ANNEXE 5-2
(ANNEXE À L'ARTICLE A. 526-3)

Annexe I Modèle type de relevé d'actualisation de la déclaration d'affectation du patrimoine

Modèle type de relevé d'actualisation de la déclaration d'affectation du patrimoine correspondant aux obligations comptables simplifiées auxquelles est soumise l'activité professionnelle des personnes bénéficiant des régimes définis aux articles 50-0, 64 et 102 ter du code général des impôts (régime fiscal de la micro-entreprise)

I. Renseignements généraux

Nom : ....

Prénom : ....

Dénomination de l'EIRL : ....

N° SIREN : ....

Date d'établissement du présent relevé d'actualisation *[Le relevé d'actualisation de la déclaration d'affectation prévu à l'article R. 526-10-1 du code de commerce doit être établi le 31 décembre de chaque année et faire l'objet d'un dépôt au même registre que celui où est déposée la déclaration d'affectation du patrimoine, dans le délai de six mois suivant son établissement.]*

II. Actualisation de l'état descriptif des biens, droits, obligations, sûretés affectés à l'exercice de l'activité professionnelle à la clôture de l'exercice

A. — Éléments d'actif (2)

FICHE signalétique (3)	**DESCRIPTION (4)**	**DATE d'acquisition**	**VALEUR DÉCLARÉE ou prix d'acquisition (5)**	**SÛRETÉS GREVANT LE BIEN (6) (le cas échéant)**
A1				
A2				
A3				
....	....		....	....
Total	X	X	______	X

(2) Il s'agit de :
— l'ensemble des biens, droits, obligations et sûretés dont bénéficie l'EIRL, nécessaires à son activité professionnelle ou utilisés pour l'exercice de celle-ci, qui ont fait l'objet d'une affectation à l'activité professionnelle lors de la déclaration initiale d'affectation du patrimoine ou d'une déclaration complémentaire ;
— l'ensemble des actifs acquis au cours de l'exercice ou des exercices antérieurs à l'occasion de l'activité de l'EIRL, et notamment le montant de l'avoir en caisse et le solde créditeur du ou des comptes bancaires ouverts par l'EIRL, comprenant l'ensemble des revenus perçus au cours de l'exercice ou des exercices antérieurs que l'EIRL a choisi de ne pas reverser dans son patrimoine non affecté.
(3) Pour les éléments qui figuraient déjà dans la déclaration d'affectation de patrimoine ou dans le relevé d'actualisation de l'exercice précédent : joindre une copie de la fiche signalétique correspondante.
Pour les éléments affectés ou acquis au cours de l'exercice, établir une nouvelle fiche signalétique selon le même modèle (voir modèle type de déclaration d'affectation du patrimoine se trouvant en annexe 5-1 (I) du code de commerce (partie : Arrêtés).
(4) Description : la description doit être sommaire : il y a lieu de globaliser les biens de même nature ou relevant d'un même ensemble dont la valeur unitaire n'excède pas 500 euros. La description doit préciser la localisation si le bien concerné est un bien immobilier.
(5) Pour les éléments qui étaient déjà affectés ou acquis au 1er janvier : la valeur est celle comptabilisée dans la déclaration d'affectation.
Pour les éléments affectés au cours de l'exercice, la valeur est la valeur vénale ou, en l'absence de marché, la valeur d'utilité.
Pour les éléments acquis (d'une tierce partie) au cours de l'exercice, la valeur est :
— le coût d'acquisition pour les biens acquis à titre onéreux ;
— la valeur vénale pour les biens acquis à titre gratuit ou, en l'absence de marché, la valeur d'utilité ;
— le coût de production pour les biens produits par l'EIRL ;
— le montant des sommes à recevoir pour les créances clients.
Pour les sûretés dont l'EIRL bénéficie, indiquer le montant de l'engagement garanti.
(6) Préciser la nature des sûretés grevant le bien et le montant de la créance garantie.

B. — Éléments de passif

FICHE SIGNALÉTIQUE	DESCRIPTION	ENCOURS (7)
B1		
B2		
B3		
....	....	....
Total	X	________

(7) Il s'agit de l'ensemble des emprunts et dettes affectés à l'activité professionnelle de l'EIRL ou nés au cours de l'exercice ou des exercices antérieurs à l'occasion de cette activité ; préciser s'il s'agit d'emprunts, de dettes fournisseurs, avec le solde restant dû, ou d'un passif de nature fiscale ou sociale.

C. — Évolution

	EXERCICE N – 1	EXERCICE N (au 31 décembre........, date d'établissement du présent relevé d'actualisation)
Total de l'actif	________	________
Total du passif	________	________

Fait le......................
A...........................

Signature de la personne

Art. A. 526-4 L'état descriptif du patrimoine affecté prévu au 2° de l'article R. 526-13 et destiné à être publié au *Bulletin officiel des annonces civiles et commerciales* contient les informations suivantes, fournies par le cédant ou l'apporteur :

1° La valeur globale de l'actif ;

2° La liste des sûretés dont bénéficie l'entrepreneur individuel à responsabilité limitée et les montants des créances garanties par elles ;

3° La valeur globale du passif ;

4° La liste des biens du patrimoine grevés d'une sûreté et, pour chacun des biens concernés, la nature de la sûreté et le montant de la créance garantie.

Les valeurs mentionnées aux 1° et 3° sont celles figurant dans les comptes de l'entrepreneur individuel à responsabilité limitée du dernier exercice clos précédant la date de la cession ou de l'apport en société.

Art. A. 526-5 Le lieu de dépôt de la déclaration d'affectation du patrimoine au registre spécial mentionné à l'article R. 526-17 est le greffe du tribunal de commerce ou du tribunal de grande instance statuant commercialement dans le ressort duquel se trouve l'adresse de l'établissement principal ou, à défaut d'établissement, du local d'habitation où l'entreprise est fixée de l'entrepreneur individuel à respon-

sabilité limitée. L'obligation de faire figurer ce lieu sur les documents et correspondances à usage professionnel de l'intéressé est remplie lorsque y sont mentionnés les mots et initiales "registre spécial des entrepreneurs individuels à responsabilité limitée de", "registre spécial des EIRL de" ou "RSEIRL de" suivis du nom de la ville où est situé ce tribunal.

Le numéro d'immatriculation au registre spécial des entrepreneurs individuels à responsabilité limitée, mentionné au même texte, est constitué du numéro unique d'identification délivré conformément à l'article D. 123-235.

CHAPITRE VII DU GAGE DES STOCKS

Le présent chapitre ne comprend pas de dispositions pour les arrêtés.

LIVRE SIXIÈME DES DIFFICULTÉS DES ENTREPRISES

TITRE PREMIER DE LA PRÉVENTION DES DIFFICULTÉS DES ENTREPRISES

Le présent titre ne comprend pas de dispositions pour les arrêtés.

TITRE DEUXIÈME DE LA SAUVEGARDE

CHAPITRE PREMIER DE L'OUVERTURE DE LA PROCÉDURE

Le présent chapitre ne comprend pas de dispositions pour les arrêtés.

CHAPITRE II DE L'ENTREPRISE AU COURS DE LA PÉRIODE D'OBSERVATION

Le présent chapitre ne comprend pas de dispositions pour les arrêtés.

CHAPITRE III DE L'ÉLABORATION DU BILAN ÉCONOMIQUE, SOCIAL ET ENVIRONNEMENTAL

Art. A. 623-1 Le bilan environnemental prévu à l'article L. 623-1 est établi selon les rubriques fixées à l'annexe 6-1 au présent livre. – *[Arr. 12 déc. 2005.]* – *V. Annexe 6-1* .

CHAPITRE IV DE LA DÉTERMINATION DU PATRIMOINE DU DÉBITEUR

Le présent chapitre ne comprend pas de dispositions pour les arrêtés.

CHAPITRE V DU RÈGLEMENT DES CRÉANCES RÉSULTANT DU CONTRAT DE TRAVAIL

Le présent chapitre ne comprend pas de dispositions pour les arrêtés.

CHAPITRE VI DU PLAN DE SAUVEGARDE

Le présent chapitre ne comprend pas de dispositions pour les arrêtés.

CHAPITRE VII DISPOSITIONS PARTICULIÈRES EN L'ABSENCE D'ADMINISTRATEUR JUDICIAIRE

Le présent chapitre ne comprend pas de dispositions pour les arrêtés.

TITRE TROISIÈME DU REDRESSEMENT JUDICIAIRE

Le présent titre ne comprend pas de dispositions pour les arrêtés.

TITRE QUATRIÈME DE LA LIQUIDATION JUDICIAIRE

Le présent titre ne comprend pas de dispositions pour les arrêtés.

TITRE CINQUIÈME DES RESPONSABILITÉS ET DES SANCTIONS

Le présent titre ne comprend pas de dispositions pour les arrêtés.

TITRE SIXIÈME DES DISPOSITIONS GÉNÉRALES DE PROCÉDURE

Le présent titre ne comprend pas de dispositions pour les arrêtés.

TITRE SEPTIÈME DISPOSITIONS DÉROGATOIRES PARTICULIÈRES AUX DÉPARTEMENTS DE LA MOSELLE, DU BAS-RHIN ET DU HAUT-RHIN

Le présent titre ne comprend pas de dispositions pour les arrêtés.

LIVRE SEPTIÈME DES JURIDICTIONS COMMERCIALES ET DE L'ORGANISATION DU COMMERCE

TITRE PREMIER DU RÉSEAU DES CHAMBRES DE COMMERCE ET D'INDUSTRIE

CHAPITRE PREMIER DE L'ORGANISATION ET DES MISSIONS DU RÉSEAU DES CHAMBRES DE COMMERCE ET D'INDUSTRIE

SECTION PREMIÈRE DES CHAMBRES DE COMMERCE ET D'INDUSTRIE TERRITORIALES

SOUS-SECTION 1 DISPOSITIONS GÉNÉRALES

Art. A. 711-1 (*Arr. 18 mars 2011, art. 1er*) **La commission paritaire prévue à l'article 1er de la loi n° 52-1311 du 10 décembre 1952 relative à l'établissement obligatoire d'un statut du personnel administratif des chambres d'agriculture, des chambres de commerce et des chambres de métiers et chargée d'établir le statut du personnel administratif des chambres de commerce et d'industrie est composée comme suit :**

a) Un représentant du ministre chargé de leur tutelle, président de la commission ;

b) Une délégation patronale composée comme suit :

— cinq présidents (*Abrogé par Arr. 20 juin 2011*) *« ou membres du bureau »* **de chambres de commerce et d'industrie territoriales ou de région, désignés par le bureau de l'assemblée des chambres françaises de commerce et d'industrie ;**

— le président de l'assemblée des chambres françaises de commerce et d'industrie ;

c) Une délégation du personnel composée de six représentants du personnel et répartie en trois collèges : "cadres", "agents de maîtrise" et "employés". Les membres de la délégation sont désignés à l'issue de la consolidation des résultats du premier tour aux élections des commissions paritaires des établissements du réseau, en application de l'article R. 712-11-1, par les organisations syndicales représentatives appelées à siéger à la commission paritaire nationale, parmi leurs candidats aux élections des commissions paritaires des établissements du réseau des chambres de commerce et d'industrie. — *Pour l'application de l'art. A. 711-1 et de l'art. 81 du Décr. n° 2010-1463 du 1er déc. 2010, les six sièges attribués aux organisations syndicales les plus représentatives dans chacun des trois collèges des représentants du personnel sont répartis comme suit : a) Collège cadres : CFDT-CCI (deux sièges) et UNSA-CCI (un siège) ; b) Collège agents de maîtrise : CFDT (un siège) et UNSA-CCI (un siège) ; c) Collège employés : CFDT (un siège). — V. Arr. 18 mars 2011, art. 2.*

Le nombre de sièges attribué à chaque collège s'établit selon la règle du quotient électoral et du plus fort reste.

Chaque délégation peut être accompagnée de conseillers techniques dans les conditions prévues par les règles de fonctionnement de la commission paritaire nationale annexées au statut du personnel administratif des chambres de commerce et d'industrie.

Le bureau de l'assemblée des chambres françaises de commerce et d'industrie et les organisations syndicales désignent également des membres suppléants qui ne peuvent siéger en commission paritaire nationale qu'en remplacement d'un titulaire.

Le secrétariat de la commission paritaire est assuré par la direction chargée de la tutelle des chambres de commerce et d'industrie.

Le ministre chargé de leur tutelle peut convoquer aux réunions de la commission paritaire, à titre consultatif, des personnalités qualifiées pour certaines questions techniques ou administratives, notamment en ce qui concerne l'application du statut au personnel des chambres de commerce et d'industrie des départements d'outre-mer. – *[Arr. 19 mars 1953, art. 1er.]*

Art. A. 711-2 *(Abrogé par Arr. du 7 févr. 2013)* ***La commission paritaire, constituée ainsi qu'il est précisé à l'article A. 711-1, fixe les règles générales d'un statut applicable à l'ensemble du personnel des chambres de commerce et d'industrie. Ce statut est approuvé par décision du ministre chargé de leur tutelle. Il sert de base à l'élaboration par chaque*** (Décr. n° 2010-924 du 3 août 2010, art. 2) ***« chambre de commerce et d'industrie territoriale » du règlement particulier applicable à son personnel.***

Celui-ci est établi en accord avec les délégués du personnel de la (Décr. n° 2010-924 du 3 août 2010, art. 2) ***« chambre de commerce et d'industrie territoriale » ; il est soumis à l'approbation de l'autorité de tutelle compétente.***

La commission chargée de l'établir est présidée par l'autorité de tutelle compétente ou par son représentant. – [Arr. 19 mars 1953, art. 2.]

Statut du personnel des CCI. Sur le rôle de l'instance nationale disciplinaire et de conciliation prévue par le statut du personnel des chambres de commerce et d'industrie, V. • CE 5 juin 2009 : *AJDA 2009. 1131, obs. de Montecler*.

SOUS-SECTION 2 DU FONCTIONNEMENT

Art. A. 711-3 **Le membre d'une** *(Décr. n° 2010-924 du 3 août 2010, art. 2)* **« chambre de commerce et d'industrie territoriale » qui met fin à son mandat adresse sa démission à l'autorité de tutelle.**

La démission de l'intéressé devient définitive à la date de son acceptation écrite par l'autorité de tutelle ou, à défaut, un mois à compter de la date d'envoi de la démission à celle-ci, constatée par tout moyen permettant d'attester de la réception.

L'autorité de tutelle informe le président de la *(Décr. n° 2010-924 du 3 août 2010, art. 2)* **« chambre de commerce et d'industrie territoriale » de cette démission.** – *[Arr. 30 juill. 2004, art. 3.]*

SOUS-SECTION 3 DE LA DÉLÉGATION DES CHAMBRES DE COMMERCE ET D'INDUSTRIE

La présente sous-section ne comprend pas de dispositions pour les arrêtés.

SOUS-SECTION 4 DES GROUPEMENTS INTERCONSULAIRES

La présente sous-section ne comprend pas de dispositions pour les arrêtés.

SECTION II DES CHAMBRES DE COMMERCE ET D'INDUSTRIE DE RÉGION

La présente section ne comprend pas de dispositions pour les arrêtés.

SECTION III DE L'ASSEMBLÉE DES CHAMBRES FRANÇAISES DE COMMERCE ET D'INDUSTRIE

La présente section ne comprend pas de dispositions pour les arrêtés.

SECTION IV DISPOSITIONS COMMUNES

Art. A. 711-4 En application de l'article R. 711-74-1, le seuil en deçà duquel l'approbation de l'autorité de tutelle mentionnée à l'article R. 712-2 n'est pas requise est fixé à 100 000 € par opération ou à 30 % du marché en matière de marchés de travaux publics. – *[Arr. 30 nov. 2007, art. 13.]*

CHAPITRE II DE L'ADMINISTRATION DES ÉTABLISSEMENTS DU RÉSEAU DES CHAMBRES DE COMMERCE ET D'INDUSTRIE

Art. A. 712-1 En application de l'article R. 712-1, les frais admis à remboursement sur justificatifs sont les frais de transport, d'hébergement et de restauration engagés dans le cadre de leur mandat par les membres élus des *(Décr n° 2010-1463 du 1er déc. 2010, art. 87)* « chambres de commerce et d'industrie territoriales ». – *[Arr. 30 juill. 2004, art. 1er.]*

Art. A. 712-2 L'indemnité mensuelle globale de frais de mandat que l'assemblée générale de chaque *(Décr. n° 2010-1463 du 1er déc. 2010, art. 87)* « chambre de commerce et d'industrie territoriale » (CCI) peut attribuer aux membres de son bureau est fixée en fonction des deux critères prévus à l'article R. 712-1 et sans préjudice du maintien des trois catégories de chambres prévues par l'article R. 711-59, dans les limites du barème correspondant, selon le cas, à l'une des catégories ou sous-catégories suivantes :

Catégories ou sous-catégories, nombre de ressortissants et points d'indice :

1, 1.1 : moins de 5 000, 300.

1, 1.2 : de 5 000 à 9 999, 450.

2 : de 10 000 à 29 999, 600.

3, 3.1 : de 30 000 à 99 999, 750.

3, 3.2 : 100 000 ou plus, 900. – *[Arr. 11 juin 1992, art. 1er.]*

Art. A. 712-3 Pour l'application du barème fixé à l'article A. 712-2, les délégations départementales des chambres de commerce et d'industrie interdépartementales sont assimilées à la sous-catégorie 1.1, les *(Décr. n° 2010-1463 du 1er déc. 2010, art. 87)* « chambres de commerce et d'industrie de région » à la catégorie 2 et l'assemblée des chambres françaises de commerce et d'industrie à la sous-catégorie 3.2. – *[Arr. 11 juin 1992, art. 2.]*

Art. A. 712-4 L'indemnité votée par l'assemblée générale de la compagnie consulaire est normalement dévolue au président.

Toutefois, le bureau peut décider que tout ou partie de cette indemnité est dévolue à un ou plusieurs autres de ses membres. Dans ce cas, l'assemblée générale de la compagnie consulaire peut majorer l'indemnité au maximum d'une somme équivalant à 150 points d'indice, quel que soit le nombre des bénéficiaires. – *[Arr. 11 juin 1992, art. 3.]*

Art. A. 712-5 Les indemnités prévues au titre d'une délégation départementale, d'une *(Décr. n° 2010-1463 du 1er déc. 2010, art. 87)* « chambre de commerce et d'industrie territoriale, d'une chambre de commerce et d'industrie de région » ou de l'assemblée des chambres françaises de commerce et d'industrie ne peuvent en aucun cas se cumuler en faveur d'un même bénéficiaire. – *[Arr. 11 juin 1992, art. 4.]*

Art. A. 712-6 Une copie de la délibération de l'assemblée générale et, le cas échéant, de la décision du bureau, mentionnées aux articles A. 712-2 et A. 712-4, est adressée dans les quinze jours à l'autorité de tutelle. – *[Arr. 11 juin 1992, art. 5.]*

SECTION PREMIÈRE DES MODALITÉS DE LA TUTELLE

Art. A. 712-7 *(Arr. du 31 oct. 2012, art. 2)* Le montant à prendre en compte, pour l'application des dispositions prévues aux articles A. 712-8 à A. 712-16, est :

– pour une chambre de commerce et d'industrie de région, le produit de la taxe pour frais de chambres perçu au titre de l'année précédant celle de la demande ;

– pour une chambre de commerce et d'industrie territoriale, le montant des sommes reçues l'année précédant celle de la demande en application du 4° de l'article L. 711-8 ;

– pour un groupement interconsulaire, le montant des sommes reçues l'année précédant celle de la demande au titre des contributions prévues à l'article R. 712-24 ;

– pour l'Assemblée française des chambres de commerce et d'industrie, le montant des sommes reçues l'année précédant celle de la demande au titre de l'article R. 712-25.

Art. A. 712-8 *(Arr. du 31 oct. 2012, art. 3)* Le seuil en deçà duquel l'approbation préalable de l'autorité de tutelle n'est pas requise en matière d'autorisation d'emprunt est fixé, par opération, et sous réserve des dispositions de l'article A. 712-9, à un pourcentage de 5 % du montant défini, par type d'établissement, à l'article A. 712-7.

Art. A. 712-9 Quel que soit le résultat du pourcentage effectué en application des articles A. 712-7 et A. 712-8, le montant de l'emprunt en deçà duquel la demande d'autorisation préalable n'est pas requise est plafonné dans tous les cas et par opération :

1° A 300 000 € pour les établissements du réseau dont le montant *(Arr. du 31 oct. 2012, art. 4)* « de ressources défini à l'article A. 712-7 » est inférieur à 10 millions d'euros ;

2° A 600 000 € pour les établissements du réseau dont le montant *(Arr. du 31 oct. 2012, art. 4)* « de ressources défini à l'article A. 712-7 est égal ou » supérieur à 10 millions d'euros. – *[Arr. du 30 nov. 2007, art. 3.]*

Art. A. 712-10 L'approbation préalable de l'autorité de tutelle est requise en matière d'opération de crédit-bail immobilier, en application du 2° de l'article R. 712-7, si une des deux conditions suivantes est remplie :

1° Lorsque le montant du loyer est supérieur à 5 % du *(Arr. du 31 oct. 2012, art. 5)* « montant de ressources défini, par type d'établissement, à l'article A. 712-7 » ;

2° Lorsque la levée de l'option d'acquisition intervient contractuellement après l'expiration de la quinzième année de location. – *[Arr. du 30 nov. 2007, art. 4.]*

Art. A. 712-11 Quel que soit le résultat du calcul effectué en application de l'article A. 712-10 et la date de l'opération d'acquisition, le montant du loyer annuel en deçà duquel la demande d'autorisation préalable n'est pas requise est plafonné, dans tous les cas et par opération :

1° A 300 000 € pour les établissements du réseau dont le montant *(Arr. du 31 oct. 2012, art. 6)* « de ressources défini, par type d'établissement, à l'article A. 712-7 » est inférieur à 10 millions d'euros ;

2° A 600 000 € pour les établissements du réseau dont le montant *(Arr. du 31 oct. 2012, art. 6)* « de ressources défini, par type d'établissement, à l'article A. 712-7 est égal ou » supérieur à 10 millions d'euros. – *[Arr. du 30 nov. 2007, art. 5.]*

Art. A. 712-12 *(Arr. du 31 oct. 2012, art. 7)* « Le seuil en deçà duquel l'approbation préalable de l'autorité de tutelle n'est pas requise en matière d'émission d'obligations à taux fixe, en application du 2° de l'article R. 712-7, est de 5 % du montant défini, par type d'établissement, à l'article A. 712-7 *[.]* »

Pour l'appréciation de ce seuil, l'émission d'obligations est considérée participer de la même opération si elle se produit au cours de la même période de trois ans à compter de l'émission du premier coupon, sans référence à l'usage affecté à l'emprunt. *(Arr. du 31 oct. 2012, art. 7)* « Le montant à prendre en compte pour permettre le calcul du pourcentage de 5 % correspond alors au montant de l'année antérieure à la première année de lancement de l'emprunt. » – *[Arr. du 30 nov. 2007, art. 6.]*

Art. A. 712-13 Le seuil en deçà duquel l'approbation préalable de l'autorité de tutelle n'est pas requise en matière d'émission d'obligations à taux variable, en application du 2° de l'article R. 712-7, est réduit de moitié par rapport au seuil mentionné à l'article A. 712-12.

Pour l'appréciation de ce seuil, l'émission d'obligations est considérée participer de la même opération si elle se produit au cours de la même période de trois ans à compter de l'émission du premier coupon, sans référence à l'usage affecté à l'emprunt. *(Arr. du 31 oct. 2012, art. 8)* « Le montant à prendre en compte pour permettre le calcul du pourcentage de 2,5 % correspond au montant de l'année antérieure à la première année de lancement de l'emprunt. » – *[Arr. du 30 nov. 2007, art. 7.]*

Art. A. 712-14 I. – Quel que soit le résultat du calcul effectué en application du premier alinéa de l'article A. 712-12, le montant de l'émission des obligations, au cours de la période de référence mentionnée au deuxième alinéa du même article, c'est-à-dire en cumulant le cas échéant le montant des émissions de coupons déjà intervenues au cours de l'année ou des deux années précédentes, en deçà duquel la demande d'autorisation préalable n'est pas requise, est plafonné dans tous les cas :

1° A 300 000 € pour les établissements du réseau dont le montant *(Arr. du 31 oct. 2012, art. 9)* « de ressources défini, par type d'établissement, à l'article A. 712-7 » est inférieur à 10 millions d'euros ;

2° A 600 000 € pour les établissements du réseau dont le montant *(Arr. du 31 oct. 2012, art. 9)* « de ressources défini, par type d'établissement, à l'article A. 712-7 est égal ou » supérieur à 10 millions d'euros.

(Arr. du 31 oct. 2012, art. 9) « II. – Dans les cas mentionnés à l'article A. 712-13, ce plafond est fixé à la moitié des deux seuils mentionnés au I du présent article, respectivement pour les établissements dont le montant de ressources défini à l'article A. 712-7 est inférieur à 10 millions d'euros et pour ceux pour lesquels ce montant est égal ou supérieur à 10 millions d'euros. » – *[Arr. du 30 nov. 2007, art. 8.]*

Art. A. 712-15 Le seuil en deçà duquel l'approbation préalable de l'autorité de tutelle n'est pas requise en matière de garantie octroyée à un tiers *(Abrogé par Arr. du 31 oct. 2012, art. 10) « pour les chambres de commerce et d'industrie territoriales »* est fixé, par opération, à un pourcentage de 5 % du *(Arr. du 31 oct. 2012, art. 10)* « montant de ressources défini, par type d'établissement, à l'article A. 712-7 », sous réserve des dispositions des articles A. 712-17 et A. 712-18. – *[Arr. du 30 nov. 2007, art. 9.]*

Art. A. 712-16 *(Abrogé par Arr. du 31 oct. 2012, art. 11)* ***Le seuil en deçà duquel l'approbation préalable de l'autorité de tutelle n'est pas requise en matière de garantie octroyée à un tiers pour les autres établissements du réseau est fixé, par opération, à 5 % du total des contributions qui leur sont versées l'année précédente par les chambres, sous réserve des dispositions des articles A. 712-17 et A. 712-18.*** – [Arr. du 30 nov. 2007, art. 10.]

Art. A. 712-17 Lorsque le montant cumulé des garanties encore en vigueur octroyées par la chambre, tous bénéficiaires confondus, dépasse les seuils indiqués *(Arr. du 31 oct. 2012, art. 12)* « à l'article » A. 712-15 *(Abrogé par Arr. du 31 oct. 2012, art. 12) « et A. 712-16 »*, tout nouvel octroi de garantie, quel que soit son destinataire, fait l'objet d'une demande d'autorisation à l'autorité de tutelle.

Toutefois, le montant des garanties à considérer pour l'application du premier alinéa ne comprend pas les garanties accordées à des organismes compris dans son périmètre de consolidation comptable, ni les garanties accordées par la chambre à des tiers (fournisseurs, administrations, bailleurs...) lorsqu'elles sont requises dans le cadre de son exploitation courante. – *[Arr. du 30 nov. 2007, art. 11.]*

Art. A. 712-18 En tout état de cause, ce montant ne peut dépasser le seuil de "l'équivalent subvention brut" correspondant au seuil *de minimis* pour les garanties octroyées aux entreprises, fixé par les règlements de la Commission européenne relatifs à la détermination du seuil des aides *de minimis* pour l'application du règlement n° 994/98 du 7 mai 1998 sur l'application des articles 92 et 93 du traité instituant la Communauté européenne *[art. 107 et 108 TFUE]* à certaines catégories d'aides d'État horizontales. – *[Arr. du 30 nov. 2007, art. 12.]*

SECTION II DES RÈGLES BUDGÉTAIRES

SOUS-SECTION 1 DISPOSITIONS COMMUNES

Art. A. 712-19 Les exercices comptables et budgétaires des établissements du réseau des chambres de commerce et d'industrie coïncident avec l'année civile. Tout report de crédit d'un exercice sur le suivant fait l'objet d'une nouvelle inscription dans le budget primitif ou d'un éventuel budget rectificatif de cet exercice suivant. – *[Arr. du 26 déc. 1991, art. 1er.]*

Art. A. 712-20 Le budget primitif de chaque établissement est adopté par son assemblée générale au plus tard le 30 novembre de l'année précédant l'exercice auquel il se rapporte.

Aucun budget rectificatif ne peut être voté après l'adoption du budget primitif de l'exercice suivant ni, en tout état de cause, après la clôture de l'exercice.

Le budget exécuté, auquel sont joints le compte de résultat, le bilan et l'annexe, est adopté par son assemblée générale au plus tard le 30 juin de l'année suivant l'exercice auquel il se rapporte. – *[Arr. 26 déc. 1991, art. 2.]*

Art. A. 712-21 L'autorité de tutelle de l'établissement peut demander des éléments complémentaires à présenter avec les documents budgétaires. – *[Arr. 26 déc. 1991, art. 3.]*

Art. A. 712-22 Les budgets primitifs, les éventuels budgets rectificatifs et les budgets exécutés sont transmis, pour approbation, à l'autorité de tutelle dans les quinze jours suivant leur adoption. – *[Arr. 26 déc. 1991, art. 4.]*

Art. A. 712-23 Toutefois, les dépenses ou les charges financées par une augmentation, par rapport à l'exercice précédent, de la taxe pour frais de *(Décr. nº 2010-1463 du 1er déc. 2010, art. 87)* « chambre de commerce et d'industrie territoriale » ne peuvent être engagées qu'après notification du montant de cette taxe, et dans les limites correspondantes, ou après accord de l'autorité responsable de cette notification. – *[Arr. 26 déc. 1991, art. 6, al. 7.]*

Art. A. 712-24 L'approbation de tout budget primitif ou rectificatif ne tenant pas compte du montant notifié de la taxe pour frais de *(Décr. nº 2010-1463 du 1er déc. 2010, art. 87)* « chambre de commerce et d'industrie territoriale » est implicitement refusée.

Dans ce cas, l'établissement doit adopter et transmettre un budget rectificatif dans les deux mois suivant la notification du montant de la taxe pour frais de *(Décr. nº 2010-1463 du 1er déc. 2010, art. 87)* « chambre de commerce et d'industrie territoriale ».

Pendant cette période, l'établissement peut néanmoins exécuter le budget en cours de révision, sur la base du montant notifié. – *[Arr. 26 déc. 1991, art. 7.]*

Art. A. 712-25 Afin d'individualiser certaines activités notamment économiques, les budgets et les comptes sont divisés en services budgétaires regroupant eux-mêmes des sections comptables. – *[Arr. 26 déc. 1991, art. 8.]*

Art. A. 712-26 L'ouverture d'un service budgétaire intitulé "service général" est obligatoire.

En outre, les services budgétaires suivants sont ouverts dès lors qu'ils correspondent à une activité effective de l'établissement :

– service Formation ;

– service Ports ;

– service Aéroports ;

– service Collecte et gestion de la participation des employeurs à l'effort de construction (PEEC).

Dans le cas où l'établissement effectue des opérations d'aménagement ou de construction à destination principale d'une cession immédiate ou différée de biens immobiliers à des tiers, et présentant une importance significative, elle ouvre, en outre, un service budgétaire intitulé "Aménagements".

Enfin, dans le cas où l'établissement exerce une ou plusieurs activités de type industriel ou commercial non couvertes par les services énumérés ci-dessus et présentant une importance significative, elle ouvre, en outre, un service budgétaire supplémentaire intitulé "Divers".

Aucun autre service budgétaire ne peut être ouvert sans autorisation du ministre chargé de la tutelle des chambres de commerce et d'industrie. – *[Arr. 26 déc. 1991, art. 9.]*

Art. A. 712-27 A l'intérieur de ces services budgétaires, des sections comptables sont ouvertes conformément à l'annexe 7-1 au présent livre, dès lors qu'elles correspondent à une activité effective de l'établissement. – *V. cette annexe (JO 20 janv. 2009) au* ***C. com.***.

D'autres sections comptables peuvent être ouvertes dans les conditions fixées par le ministre chargé de la tutelle des chambres de commerce et d'industrie. – *[Arr. 26 déc. 1991, art. 10.]*

Art. A. 712-28 Les budgets primitifs, rectificatifs et exécutés des établissements sont constitués des documents énumérés aux annexes II et III de l'annexe 7-1 au présent livre. – *[Arr. du 26 déc. 1991, art. 11.] – V. cette annexe (JO 20 janv. 2009) au* ***C. com.***

Art. A. 712-29 Ne présentent pas un caractère limitatif les dépenses ou les charges inscrites au budget des établissements, dans les cas suivants :

1° Les charges correspondent à des dotations aux amortissements ou aux provisions ;

2° Les charges supplémentaires correspondent à des dépenses obligatoires, notamment en matière de charges sociales, d'impôt, de taxes et de versements assimilés, d'impôt sur les bénéfices, d'astreintes et de dépenses découlant de l'exécution de décisions de justice ;

3° L'augmentation des charges de personnel (salaires et traitements, charges sociales, taxe sur les salaires) résulte d'une décision de la commission paritaire nationale, non connue lors de l'adoption du budget ;

4° L'augmentation des dépenses ou des charges est liée à un accroissement du volume d'une activité économique, et le supplément de ces dépenses ou de ces charges est intégralement couvert par des recettes ou des produits nouveaux de cette activité ; ces dépenses ou ces charges ne peuvent toutefois pas concerner le recrutement de personnels supplémentaires permanents ;

5° Les charges correspondent à des contributions versées aux services, à l'exception des contributions versées aux concessions.

Parmi les recettes ou les produits, seuls présentent un caractère limitatif les transferts de charges (produits d'exploitation, produits financiers, produits exceptionnels) ainsi que les emprunts et autres dettes financières. – *[Arr. 26 déc. 1991, art. 12.]*

Art. A. 712-30 Les augmentations de crédits n'entrant pas dans le cadre des atténuations ou exceptions mentionnées à l'article A. 712-29 ne peuvent résulter que d'un budget rectificatif.

Toutefois, ce dernier peut être adopté suivant une procédure simplifiée, en ce qui concerne certaines augmentations de crédits ; le ministre chargé de la tutelle des chambres de commerce et d'industrie fixe les conditions, et notamment la forme, auxquelles satisfont les délibérations correspondantes. – *[Arr. 26 déc. 1991, art. 13.]*

Art. A. 712-31 Les dépenses et les charges ainsi que les recettes et les produits font l'objet, respectivement, de l'émission d'un mandat ou d'un titre de perception préalablement à leur paiement ou à leur encaissement. Il peut être dérogé à cette règle pour le fonctionnement des régies d'avances et des régies de recettes et pour le paiement des dépenses obligatoires, notamment :

1° Les rémunérations du personnel et les charges sociales ;

2° Le service de la dette ;
3° Les impôts, taxes et versements assimilés ;
4° L'impôt sur les bénéfices ;
5° Les astreintes ;
6° Les dépenses découlant de l'exécution des décisions de justice ;
7° Les dépenses relatives aux élections des délégués consulaires et des membres des établissements du réseau. – *[Arr. 26 déc. 1991, art. 14.]*

Art. A. 712-32 Au plus tard lors de la séance suivant son installation, l'assemblée générale de chaque établissement élit, en son sein, une commission des finances ainsi qu'une commission des marchés.

Les membres de la commission des finances de l'assemblée des chambres françaises de commerce et d'industrie sont nommés selon des règles spécifiques fixées par le règlement intérieur de cette dernière. – *[Arr. 26 déc. 1991, art. 15.]*

Art. A. 712-33 La commission des finances examine les budgets, le bilan, le compte de résultat et l'annexe, préalablement à leur adoption par l'assemblée générale ; elle lui présente un compte rendu de cet examen.

La commission des marchés examine, préalablement à leur signature, les projets de marché à passer par l'établissement. – *[Arr. 26 déc. 1991, art. 16.]*

Art. A. 712-34 La composition et les règles générales de fonctionnement de la commission des finances ainsi que de la commission des marchés sont précisées par le ministre chargé de la tutelle des chambres de commerce et d'industrie. – *[Arr. 26 déc. 1991, art. 17.]*

Art. A. 712-35 Le président peut déléguer sa signature en matière d'exécution du budget et d'émission de titres de perception et de mandats à des membres élus de l'établissement, à l'exception du trésorier et de ses délégataires.

Il peut également déléguer cette signature à des agents permanents de l'établissement non délégataires du trésorier ; la délégation ne peut alors porter que sur les engagements de dépenses et les actes dont découle une créance au profit de l'établissement. – *[Arr. 26 déc. 1991, art. 18.]*

Art. A. 712-36 Le trésorier peut déléguer sa signature, en matière d'exécution des opérations de dépenses, de recettes ou de gestion de la trésorerie, au trésorier adjoint ou à d'autres membres élus de l'établissement, à l'exception du président ou de ses délégataires.

Il peut également déléguer cette signature à des agents permanents de l'établissement non délégataires du président ; la délégation ne peut alors porter que sur la signature des titres de paiement et des documents relatifs aux opérations de trésorerie. – *[Arr. 26 déc. 1991, art. 19.]*

Art. A. 712-37 Une révision comptable est effectuée, avant adoption du budget exécuté, par le commissaire aux comptes nommé par l'établissement en application de l'article L. 712-6, dans les conditions fixées par l'autorité de tutelle. – *[Arr. 26 déc. 1991, art. 20.]*

Art. A. 712-38 Le rapport du commissaire aux comptes chargé de la révision comptable est transmis aux membres de la commission des finances et de l'assemblée générale préalablement à l'examen du budget exécuté ; il est également transmis à l'autorité de tutelle, en même temps que le budget exécuté. – *[Arr. 26 déc. 1991, art. 21.]*

Art. A. 712-39 Un chapitre spécifique du règlement intérieur regroupe l'ensemble de ses dispositions budgétaires, comptables et financières. – *[Arr. 26 déc 1991, art. 22.]*

Art. A. 712-40 Il est institué une commission nationale des diligences comptables chargée de rendre des avis sur tout problème relatif à l'application des règles comptables et budgétaires.

Cette commission comprend, outre son président, quatorze membres, dont sept représentent l'institution consulaire et les sept autres les administrations intéressées.

Tous ses membres ainsi que le président sont nommés par le ministre chargé de la tutelle des chambres de commerce et d'industrie ; ceux représentant l'institution consulaire le sont sur proposition du président de l'assemblée des chambres françaises de commerce et d'industrie.

La commission se réunit sur un ordre du jour fixé par le président. A cet ordre du jour figurent les points dont l'inscription est demandée par le ministre chargé de la tutelle des chambres de commerce et d'industrie. – *[Arr. 26 déc. 1991, art. 23.]*

Art. A. 712-41 Le plan comptable applicable aux *(Décr. n° 2010-1463 du 1er déc. 2010, art. 87)* « chambres de commerce et d'industrie territoriales, aux chambres de commerce et d'industrie de région », à l'assemblée des chambres françaises de commerce et d'industrie et aux groupements interconsulaires est consultable auprès du ministère de tutelle des chambres de commerce et d'industrie, dans les préfectures, à l'assemblée des chambres françaises de commerce et d'industrie, dans les *(Décr. n° 2010-1463 du 1er déc. 2010, art. 87)* « chambres de commerce et d'industrie territoriales, les chambres de commerce et d'industrie de région » ainsi que les groupements interconsulaires. – *[Arr. 3 déc. 1991, art. 1er.]*

Art. A. 712-42 Une instruction par voie de circulaire apportera toutes précisions utiles à l'application de la présente sous-section. – *[Arr. 26 déc. 1991, art. 26.]*

SOUS-SECTION 2 DISPOSITIONS APPLICABLES AUX CHAMBRES RÉGIONALES

La présente sous-section ne comprend pas de dispositions pour les arrêtés.

SOUS-SECTION 3 DISPOSITIONS APPLICABLES AUX GROUPEMENTS INTERCONSULAIRES

La présente sous-section ne comprend pas de dispositions pour les arrêtés.

SOUS-SECTION 4 DISPOSITIONS APPLICABLES À L'ASSEMBLÉE DES CHAMBRES FRANÇAISES DE COMMERCE ET D'INDUSTRIE

La présente sous-section ne comprend pas de dispositions pour les arrêtés.

SECTION III DES EMPRUNTS SOUSCRITS ET DES GARANTIES ACCORDÉES PAR LES ÉTABLISSEMENTS DU RÉSEAU

La présente section ne comprend pas de disposition pour les arrêtés.

SECTION IV DES ÉQUIPEMENTS ET SERVICES GÉRÉS PAR DES ÉTABLISSEMENTS DU RÉSEAU DANS LE CADRE DE DÉLÉGATIONS DE SERVICE PUBLIC

La présente section ne comprend pas de dispositions pour les arrêtés.

CHAPITRE III DE L'ÉLECTION DES MEMBRES DES CHAMBRES DE COMMERCE ET D'INDUSTRIE TERRITORIALES, DES CHAMBRES DE COMMERCE ET D'INDUSTRIE DE RÉGION ET DES DÉLÉGUÉS CONSULAIRES *(Arr. 13 août 2010, art. 1er)*.

SECTION PREMIÈRE DE L'ÉLECTION DES MEMBRES DES CHAMBRES DE COMMERCE ET D'INDUSTRIE TERRITORIALES ET DES CHAMBRES DE COMMERCE ET D'INDUSTRIE DE RÉGION *(Arr. 13 août 2010, art. 1er)*.

SOUS-SECTION 1 DE L'ÉTABLISSEMENT DES LISTES ÉLECTORALES

Art. A. 713-1 I. – Les listes électorales prévues aux articles *(Arr. 13 août 2010, art. 2)* « R. 713-1-1 » et R. 713-2 sont destinées :

1° A être mises à disposition du public dans les conditions fixées à l'article R. 713-2 ;

2° A l'établissement des plis adressés aux électeurs par la commission mentionnée à l'article L. 713-17 ;

3° A servir de support à l'émargement lors du dépouillement du scrutin.

II. – *(Arr. 13 août 2010, art. 2)* « Les listes électorales dressées en vertu de l'article L. 713-14 sont regroupées pour chaque circonscription de chambre de commerce et d'industrie territoriale en une liste unique, laquelle est subdivisée en catégories et, le cas échéant, en sous-catégories professionnelles. »

III. – Les listes portent la mention de la dénomination de la chambre *(Arr. 13 août 2010, art. 2)* « de commerce et d'industrie de région et de la chambre de commerce et d'industrie territoriale ». Elles comportent pour chaque électeur les informations suivantes :

1° *(Arr. 13 août 2010, art. 2)* « La catégorie et, le cas échéant, la sous-catégorie de l'électeur ; »

2° Un numéro d'ordre sur la liste ;

3° *(Arr. 13 août 2010, art. 2)* « Le numéro SIRET de l'établissement ; »

4° La dénomination sociale de l'entreprise ;

5° Les nom, prénoms, nationalité et date de naissance de l'électeur ;

6° L'adresse de correspondance de l'électeur pour l'expédition du matériel de vote prévu au I, 2°, ci-dessus ;

7° L'adresse professionnelle de l'électeur pour répondre aux objectifs prévus au I, 1° et 3°, ci-dessus ;

8° L'adresse de messagerie internet de l'électeur dans le cas où cette mention est nécessaire aux opérations de vote.

(Arr. 13 août 2010, art. 2) « La date de naissance figurant au 5° ainsi que les informations mentionnées aux 6° et 8° ci-dessus ne figurent pas sur les listes électorales mises à disposition du public en application de l'article R. 713-2. » – *[Arr. 30 juill. 2004, art. 2.]*

Art. A. 713-2 *(Arr. 13 août 2010, art. 3)* Pour l'application de l'article R. 713-3, les chambres de commerce et d'industrie territoriales sont autorisées à payer aux greffiers, en fonction du service fait, un forfait maximum égal à 30 % du taux de base par personne physique et à 30 % du taux de base par personne morale conformément à l'article R. 743-142. – *[Arr. 30 juill. 2004, art. 3.*

Art. A. 713-3 Les décisions de la commission d'établissement des listes électorales prévues à l'article R. 713-5 sont communiquées au préfet *(Arr. 13 août 2010, art. 4)* « du département du siège de la chambre ». – *[Arr. 30 juill. 2004, art. 13.]*

SOUS-SECTION 2 DES CANDIDATURES

Art. A. 713-4 *(Arr. 13 août 2010, art. 5)* En cas de candidatures présentées dans le cadre d'un groupement, un même bulletin de vote rassemble, par catégories ou sous-catégories, les candidatures correspondantes. – *[Arr. 30 juill. 2004, art. 5.]*

Art. A. 713-5 La commission d'organisation des élections peut décider, avec l'accord des candidats ou de leur mandataire, de faire porter sur un document unique, par catégorie ou, le cas échéant, par sous-catégorie professionnelle, l'ensemble des candidatures présentées *(Arr. 13 août 2010, art. 6)* « dans le cadre d'un groupement ou de manière individuelle ». A cette fin, les candidats ou leur mandataire sont invités à la session de la commission qui établit, au plus tard *(Arr. 13 août 2010, art. 6)* « trente jours avant le dernier jour du scrutin », le document unique.

Le classement des candidatures sur ce document respecte l'ordre d'enregistrement des candidatures à la préfecture.

Le document ainsi élaboré est dupliqué par la chambre de commerce et d'industrie *(Arr. 13 août 2010, art. 6)* « territoriale » dans un nombre au moins égal au nombre des électeurs inscrits dans la catégorie ou, le cas échéant, sous-catégorie, plus 10 %.

Dans le cas où les candidatures présentées *(Arr. 13 août 2010, art. 6)* « dans le cadre d'un groupement ou de manière individuelle » ne pourraient être portées sur un document unique, chaque candidat ou son mandataire remet, pour validation à la commission, *(Arr. 13 août 2010, art. 6)* « trente jours au moins avant le dernier jour du scrutin », un exemplaire du bulletin de vote et un exemplaire de la circulaire. – *[Arr. 30 juill. 2004, art. 6.]*

Art. A. 713-6 Pour l'application de l'article R. 713-12, les *(Arr. 13 août 2010, art. 7)* « frais de campagne » s'entendent du coût du papier, de l'impression des bulletins de vote, des circulaires et des affiches et des frais d'affichage.

Chaque groupement sous l'étiquette duquel des candidatures sont présentées dans la circonscription, chaque candidat isolé peuvent prétendre au remboursement des frais de reproduction d'un seul modèle de circulaire, d'un seul modèle d'affiche et d'un modèle de bulletin de vote par catégorie ou, le cas échéant, sous-catégorie professionnelle. – *[Arr. 30 juill. 2004, art. 11.]*

Art. A. 713-7 *(Arr. du 13 août 2010, art. 8)* Les candidats peuvent prétendre à remboursement des documents présentant les caractéristiques suivantes :

1° Bulletins de vote imprimés en une seule couleur sur papier tirant sur le blanc, d'un grammage de 80 grammes au mètre carré, aux formats suivants :

105 × 148 mm, pour une candidature isolée ;

148 × 210 mm, pour les regroupements de candidats ;

210 mm × 297 mm, pour le document unique mentionné à l'article A. 713-5.

Le nombre de bulletins admis à remboursement ne peut excéder celui effectivement remis, conformément à l'article A. 713-9.

Les bulletins de vote, lesquels sont exclusivement recto, précisent, pour chacun des candidats, titulaire ou suppléant :

a) Son nom et son prénom usuel ;

b) Le cas échéant, ses titres et décorations ;

c) Sa profession ou son secteur d'activité ;

d) La commune de son activité ;

e) Le cas échéant, l'intitulé du groupement sous l'égide duquel il se présente et la personne soutenant la ou les candidatures ;

f) Le siège pour lequel il se présente : mandat de membre titulaire ou de membre suppléant de la chambre de région associé au mandat de membre de la chambre territoriale, ou mandat de la seule chambre territoriale ;

g) Le cas échéant, en complément de l'une ou l'autre des candidatures mentionnées à l'alinéa précédent, mention de la candidature en qualité de membre d'une délégation de la chambre territoriale ;

h) La catégorie professionnelle et, le cas échéant, la sous-catégorie professionnelle dans lesquelles il se présente.

Les formats et les mentions des bulletins de vote pour le vote électronique peuvent s'écarter des dispositions ci-dessus, à condition de garantir une stricte égalité entre les candidats.

2° Circulaires sur papier blanc, 100 grammes au mètre carré, d'un format maximum de 297 mm × 420 mm, en quadrichromie.

Le nombre de circulaires admis à remboursement ne peut excéder celui effectivement remis, conformément à l'article A. 713-9.

3° Affiches électorales sur papier couleur, 100 grammes au mètre carré, sans travaux de repiquage, d'un format maximum de 594 mm × 841 mm.

Conformément à l'article R. 27 du code électoral, les affiches *(Arr. du 11 oct. 2010, art. 1er)* « et les circulaires » ne peuvent comporter une combinaison des trois couleurs : bleu, blanc, rouge.

Le nombre d'affiches admises à remboursement ne peut excéder deux affiches par emplacement mis à disposition de chaque candidat ou groupement de candidats défini par la commission d'organisation des élections.

Les candidats se présentant dans le cadre d'un groupement ou de manière individuelle peuvent choisir d'utiliser un papier de qualité supérieure, de faire imprimer des photographies sur les affiches ou sur les circulaires, d'utiliser un mode d'impression d'un coût supérieur à la quadrichromie. Ces dépenses supplémentaires ne sont pas soumises à remboursement. – *[Arr. du 30 juill. 2004, art. 12.]*

Art. A. 713-7-1 *(Arr. 13 août 2010, art. 9)* Par référence à l'article L. 52-11 du code électoral, le préfet du département du siège de la chambre fixe par arrêté un montant maximum de remboursement des dépenses engagées par les candidats, dans les conditions fixées à l'article A. 713-7.

La demande de remboursement est soit adressée au préfet, sous pli recommandé avec avis de réception, soit déposée contre décharge à la préfecture, dans le délai de quinze jours qui suit la date de la proclamation des résultats des élections.

A la demande de remboursement est joint un exemplaire de chacun des documents susceptibles d'être pris en compte pour la détermination du droit à remboursement ainsi que les pièces justificatives correspondant aux frais réellement exposés.

Après visa, le préfet adresse au président de la chambre de commerce et d'industrie territoriale la demande de remboursement qui constitue pour l'établissement une dépense obligatoire.

Dans le délai d'un mois suivant la réception de la demande visée par le préfet, la chambre de commerce et d'industrie territoriale procède au paiement des sommes dues.

● SOUS-SECTION 3 DE LA PRÉPARATION DU SCRUTIN

Art. A. 713-8 Le format des enveloppes et les mentions portées sur les enveloppes d'envoi du matériel de vote répondent aux spécifications qui figurent à l'annexe 7-2 au présent livre. – *V. cette annexe (JO 20 oct. 2010) au* **C. com.**

Les enveloppes d'envoi du matériel de vote sont d'une dimension de 162 mm × 229 mm avec fenêtre pour un porte-adresse. Les enveloppes d'envoi du matériel de vote électronique sont conformes aux spécifications prévues à l'annexe 7-2 au présent livre.

(Arr. du 13 août 2010, art. 10) « Les modalités de transmission aux électeurs du matériel électoral et de retour des plis contenant les votes font l'objet d'une convention signée entre une entreprise chargée de l'acheminement du courrier et l'assemblée des chambres françaises de commerce et d'industrie. » – *[Arr. du 30 juill. 2004, art. 10.]*

Art. A. 713-9 *(Arr. 13 août 2010, art. 11)* « Seize jours avant le dernier jour du scrutin », les candidats ou leurs mandataires remettent à la commission d'organisation des élections un nombre de bulletins de vote et de circulaires au moins égal au nombre des électeurs inscrits dans sa catégorie ou, le cas échéant, sous-catégorie plus 10 % pour lui permettre de procéder à l'expédition du matériel électoral aux électeurs. – *[Arr. 30 juill. 2004, art. 7.]*

Art. A. 713-10 Les enveloppes d'acheminement des circulaires, des bulletins de vote et des instruments nécessaires au vote font mention de la disposition prévue au dernier alinéa *(Arr. 13 août 2010, art. 12)* « du II » de l'article R. 713-14.

Les enveloppes contenant le matériel électoral sont closes. – *[Arr. 30 juill. 2004, art. 8.]*

SOUS-SECTION 4 DU VOTE PAR CORRESPONDANCE

Art. A. 713-11 Le format des enveloppes et les mentions portées sur les enveloppes d'acheminement des votes répondent aux spécifications qui figurent à l'annexe 7-2 au présent livre. – *V. cette annexe (JO 20 oct. 2010) au* **C. com.**

Les enveloppes d'acheminement des votes prévues au I de l'article R. 713-17 peuvent comporter des mentions supplémentaires.

Les enveloppes d'acheminement du vote sont d'une dimension de 110 mm × 220 mm.

Les enveloppes de scrutin contenant les bulletins de vote sont d'une dimension de 90 mm × 139 mm.

Elles peuvent être de couleurs différentes selon les catégories professionnelles ou, le cas échéant, les sous-catégories professionnelles. – *[Arr. 30 juill. 2004, art. 10.]*

Art. A. 713-12 Les enveloppes d'acheminement du vote sont closes.

Art. A. 713-13 L'état récapitulatif des plis reçus à la préfecture mentionné au I de l'article R. 713-17 est tenu à la disposition de chacun des membres de la commission d'organisation des élections. – *[Arr. 30 juill. 2004, art. 9.]*

SOUS-SECTION 5 DU VOTE ÉLECTRONIQUE

La présente sous-section ne comprend pas de dispositions pour les arrêtés.

SOUS-SECTION 6 DE LA PROCLAMATION DES RÉSULTATS ET DU CONTENTIEUX DES ÉLECTIONS

La présente sous-section ne comprend pas de dispositions pour les arrêtés.

SECTION II DE L'ÉLECTION DES DÉLÉGUÉS CONSULAIRES

SOUS-SECTION 1 DISPOSITIONS GÉNÉRALES

Art. A. 713-14 Lorsque la circonscription d'une chambre de commerce et d'industrie *(Arr. 13 août 2010, art. 13)* « territoriale » comprend plusieurs départements, l'autorité de tutelle compétente pour l'application de la présente section est celle mentionnée au 4° de l'article R. 712-2. – *[Arr. 7 sept. 2004, art. 12.]*

Art. A. 713-15 Chaque candidat ou son mandataire remet, pour validation à la commission, *(Arr. 11 oct. 2010, art. 3)* « trente jours » au moins avant le dernier jour du scrutin, un exemplaire du bulletin de vote et un exemplaire de la circulaire. – *[Arr. 7 sept. 2004, art. 4.]*

Art. A. 713-16 *(Arr. 13 août 2010, art. 15)* « Seize jours avant le dernier jour du scrutin », les candidats ou leurs mandataires remettent à la commission d'organisation des élections un nombre de bulletins de vote et de circulaires au moins égal au nombre des électeurs inscrits dans sa catégorie ou, le cas échéant, sous-catégorie plus 10 % pour lui permettre de procéder à l'expédition du matériel électoral aux électeurs.

Les enveloppes contenant le matériel électoral sont closes. – *[Arr. 7 sept. 2004, art. 5.]*

Art. A. 713-17 Les enveloppes d'envoi du matériel de vote sont d'une dimension de 162 mm × 229 mm avec fenêtre pour un porte-adresse. Les enveloppes d'envoi du matériel de vote électronique sont conformes aux spécifications prévues à l'annexe 7-3 au présent livre. – *V. cette annexe (JO 20 oct. 2010) au* **C. com.**, 🏛.

(Arr. 11 oct. 2010, art. 5) « Les modalités de transmission aux électeurs du matériel électoral et de retour des plis contenant les votes font l'objet d'une convention signée entre une entreprise chargée de l'acheminement du courrier et l'assemblée des chambres françaises de commerce et d'industrie. »

Le format des enveloppes et les mentions portées sur les enveloppes d'envoi du matériel de vote répondent également aux spécifications qui figurent à l'annexe 7-3 au présent livre. – *[Arr. 7 sept. 2004, art. 8.]*

SOUS-SECTION 2 DE L'ÉTABLISSEMENT DES LISTES ÉLECTORALES

Art. A. 713-18 I. – Les listes électorales prévues aux articles R. 713-37 et R. 713-38 sont destinées :

1° A être mises à disposition du public dans les conditions fixées à l'article R. 713-38 ;

2° A l'établissement des plis adressés aux électeurs par la commission mentionnée à l'article L. 713-17 ;

3° A servir de support à l'émargement lors du dépouillement du scrutin.

II. – Les listes électorales dressées en vertu de l'article L. 713-14 par ressort de juridiction de première instance compétente en matière commerciale et comportant des juges élus sont subdivisées en catégories ou, le cas échéant, en sous-catégories professionnelles.

III. – Les listes doivent porter la mention de la juridiction de première instance compétente en matière commerciale comportant des juges élus. Elles comportent pour chaque électeur les informations suivantes :

1° *(Arr. 13 août 2010, art. 16)* « La catégorie et, le cas échéant, la sous-catégorie de l'électeur ; »

2° Un numéro d'ordre sur la liste ;

3° *(Arr. 13 août 2010, art. 16)* « Le numéro SIRET de l'établissement ; »

4° La dénomination sociale de l'entreprise ;

5° Les nom, prénoms, nationalité et date de naissance de l'électeur ;

6° L'adresse de correspondance de l'électeur pour l'expédition du matériel de vote prévu au I, 2°, ci-dessus ;

7° L'adresse professionnelle de l'électeur pour répondre aux objectifs prévus au I, 1° et 3°, ci-dessus ;

8° L'adresse internet de l'électeur dans le cas où cette mention est nécessaire aux opérations de vote.

(Arr. 13 août 2010, art. 16)) « La date de naissance figurant au 5° et les informations mentionnées aux 6° et 8° ci-dessus ne figurent pas sur les listes électorales mises à disposition du public en application de l'article R. 713-38. » – *[Arr. 7 sept. 2004, art. 1er.]*

Art. A. 713-19 Les décisions de la commission d'établissement des listes électorales, prévues à l'article R. 713-40, sont communiquées au préfet. – *[Arr. 7 sept. 2004, art. 11.]*

SOUS-SECTION 3 DES CANDIDATURES

Art. A. 713-20 *(Arr. 13 août 2010, art. 17)* Les dispositions de l'article A. 713-4 *(Arr. 11 oct. 2010, art. 6)* « et de l'article A. 713-5 » sont applicables aux élections des délégués consulaires.

Art. A. 713-21 Pour l'application de l'article R. 713-48, les *(Arr. 13 août 2010, art. 18)* « frais de campagne » s'entendent du coût du papier, de l'impression des bulletins de vote, des circulaires et des affiches et des frais d'affichage.

Chaque groupement sous l'étiquette duquel des candidatures sont présentées dans la circonscription, chaque candidat isolé peut prétendre au remboursement des frais de reproduction d'un seul modèle de circulaire, d'un seul modèle d'affiche et d'un modèle de bulletin par catégorie ou, le cas échéant, sous-catégorie professionnelle. – *[Arr. 7 sept. 2004, art. 9.]*

Art. A. 713-22 *(Arr. 13 août 2010, art. 19)* Les candidats peuvent prétendre à remboursement des documents présentant les caractéristiques suivantes :

1° Bulletins de vote imprimés en une seule couleur sur papier tirant sur le blanc, d'un grammage de 80 grammes au mètre carré, aux formats suivants :

105 × 148 mm, pour une candidature isolée ;

148 × 210 mm, pour les regroupements de candidats ;

210 mm × 297 mm, pour le document unique mentionné à l'article A.713-5.

Le nombre de bulletins admis à remboursement ne peut excéder celui effectivement remis, conformément à l'article A. 713-16.

Les bulletins de vote, lesquels sont exclusivement recto, précisent, pour chacun des candidats, titulaire ou suppléant :

a) Son nom et son prénom usuel ;

b) Le cas échéant, ses titres et décorations ;

c) Sa profession ou son secteur d'activité ;

d) La commune de son activité ;

e) Le cas échéant, l'intitulé du groupement sous l'égide duquel il se présente et la personne soutenant la ou les candidatures ;

f) L'élection à laquelle le ou les candidats se présentent ;

g) La catégorie professionnelle et, le cas échéant, la sous-catégorie professionnelle, dans lesquelles il se présente.

Les formats et les mentions des bulletins de vote pour le vote électronique peuvent s'écarter des dispositions ci-dessus, à condition de garantir une stricte égalité entre les candidats.

2° Circulaires sur papier blanc, 100 grammes au mètre carré, d'un format maximum de 297 mm × 420 mm, en quadrichromie.

Le nombre de circulaires admis à remboursement ne peut excéder celui effectivement remis, conformément à l'article A. 713-16.

3° Affiches électorales sur papier couleur, 100 grammes au mètre carré, sans travaux de repiquage, d'un format maximum de 594 mm × 841 mm.

Conformément à l'article R. 27 du code électoral, les affiches *(Arr. 11 oct. 2010, art. 7)* « et les circulaires » ne peuvent comporter une combinaison des trois couleurs : bleu, blanc, rouge.

Le nombre d'affiches admises à remboursement ne peut excéder deux affiches par emplacement mis à disposition de chaque candidat ou groupement de candidats défini par la commission d'organisation des élections.

Les candidats se présentant dans le cadre d'un groupement ou de manière individuelle peuvent choisir d'utiliser un papier de qualité supérieure, de faire imprimer des photographies sur les affiches ou sur les circulaires, d'utiliser un mode d'impression d'un coût supérieur à la quadrichromie. Ces dépenses supplémentaires ne sont pas soumises à remboursement. – *[Arr. 7 sept. 2004, art. 10.]*

Art. A. 713-22-1 *(Arr. 11 oct. 2010, art. 8)* « Par référence à l'article L. 52-11 du code électoral, le préfet fixe par arrêté un montant maximum de remboursement des dépenses engagées par les candidats, dans les conditions fixées à l'article A. 713-22. »

(Arr. 13 août 2010, art. 20) « La demande de remboursement est soit adressée au préfet, sous pli recommandé avec avis de réception, soit déposée contre décharge à la préfecture, dans le délai de quinze jours qui suit la date de la proclamation des résultats des élections.

« A la demande de remboursement doit être joint un exemplaire de chacun des documents susceptibles d'être pris en compte pour la détermination du droit à remboursement ainsi que les pièces justificatives correspondant aux frais réellement exposés.

« Après visa, le préfet adresse au président de la chambre de commerce et d'industrie territoriale la demande de remboursement qui constitue pour l'établissement une dépense obligatoire.

« Dans le délai d'un mois suivant la réception de la demande visée par le préfet, la chambre de commerce et d'industrie territoriale procède au paiement des sommes dues. »

SOUS-SECTION 4 DU VOTE PAR CORRESPONDANCE

Art. A. 713-23 Les enveloppes d'acheminement du vote sont d'une dimension de 110 mm × 220 mm.

Les enveloppes de scrutin contenant les bulletins de vote sont d'une dimension de 90 mm × 139 mm. Elles peuvent être de couleurs différentes selon les catégories professionnelles ou, le cas échéant, les sous-catégories professionnelles.

Les enveloppes d'acheminement des votes prévues à l'article R. 713-50 peuvent comporter des mentions supplémentaires.

Le format des enveloppes et les mentions portées sur les enveloppes d'acheminement des votes répondent également aux spécifications qui figurent à l'annexe 7-3 au présent livre. – *[Arr. 7 sept. 2004, art. 8.]* – *V. cette annexe (JO 20 oct. 2010) au* ***C. com.***

Art. A. 713-24 Les enveloppes d'acheminement du vote sont closes. – *[Arr. 7 sept. 2004, art. 5.]*

Art. A. 713-25 L'état récapitulatif des plis reçus à la préfecture mentionné à l'article R. 713-50 est tenu à la disposition de chacun des membres de la commission d'organisation des élections. – *[Arr. 7 sept. 2004, art. 7.]*

SOUS-SECTION 5 DU VOTE ÉLECTRONIQUE

La présente sous-section ne comprend pas de dispositions pour les arrêtés.

SOUS-SECTION 6 DE LA PROCLAMATION DES RÉSULTATS ET DU CONTENTIEUX

La présente sous-section ne comprend pas de dispositions pour les arrêtés.

SECTION III DISPOSITIONS COMMUNES

Art. A. 713-26 Les catégories professionnelles des chambres de commerce et d'industrie correspondant respectivement aux activités du commerce, de l'industrie et des services sont composées conformément aux listes figurant à l'annexe 7-4 au présent livre, par référence aux nomenclatures d'activités et de produits françaises de l'Institut national de la statistique et des études économiques. – *[Arr. 12 juin 2008, art. 1er.] – V. cette annexe (JO 20 janv. 2009) au* ***C. com.*** .

Art. A. 713-27 *Abrogé par Arr. du 13 août 2010, art. 21. – V. art. R. 713-27, II, dern. al.*

Art. A. 713-28 Il est créé dans les chambres de commerce et d'industrie *(Arr. 13 août 2010, art. 22)* « territoriales et de région », en vue de l'étude mentionnée à l'article R. 713-66, un traitement automatisé d'informations nominatives dont l'objet est de permettre *(Arr. 13 août 2010, art. 22)* « aux préfets de région et de département » de déterminer, conformément *(Arr. 13 août 2010, art. 22)* « aux articles R. 711-47 et R. 711-47-1 », la répartition des membres élus de ces établissements publics et des délégués consulaires entre catégories et, le cas échéant, sous-catégories professionnelles. – *[Arr. 17 nov. 1999, art. 1er.]*

Art. A. 713-29 Les catégories d'informations nominatives traitées concernent les personnes physiques et morales inscrites au registre du commerce et des sociétés. Elles concernent :

1° Le nom ou la dénomination sociale ;
2° Le code NAF ;
3° Le numéro SIRET ;
4° L'adresse ;
5° Le nombre de salariés ;
6° La base nette taxable de l'établissement.

Ces informations sont collectées *(Arr. 13 août 2010, art. 23)* « dans les conditions prévues au dernier alinéa du II de l'article R. 713-66 ». – *[Arr. 17 nov. 1999, art. 2.]*

Art. A. 713-30 Le droit d'accès prévu par l'article 39 de la loi n° 78-17 du 6 janvier 1978 relative à l'informatique, aux fichiers et aux libertés s'exerce auprès de la chambre de commerce et d'industrie dont le demandeur est ressortissant. – *[Arr. 17 nov. 1999, art. 5.]*

TITRE DEUXIÈME DU TRIBUNAL DE COMMERCE

RÉP. COM. v° *Tribunaux de commerce,* par A. BERNARD

CHAPITRE PREMIER DE L'INSTITUTION ET DE LA COMPÉTENCE

SECTION PREMIÈRE DISPOSITIONS GÉNÉRALES

La présente section ne comprend pas de dispositions pour les arrêtés.

SECTION II DE LA COMPÉTENCE

La présente section ne comprend pas de dispositions pour les arrêtés.

SECTION III DU CONSEIL NATIONAL DES TRIBUNAUX DE COMMERCE

Art. A. 721-1 Les chefs de cour d'appel sont invités, six mois avant la fin du mandat des membres du Conseil national des tribunaux de commerce, par circulaire du directeur des services judiciaires, à recueillir les candidatures des juges consulaires en activité ou honoraires souhaitant être désignés par le garde des sceaux, ministre de la justice, au sein du conseil, en application de l'article R. 721-8. – *[Arr. 27 sept. 2005, art. 1er.]*

Art. A. 721-2 Les juges consulaires adressent leur candidature par écrit au garde des sceaux, ministre de la justice, et aux chefs de la cour d'appel dans le ressort de laquelle ils exercent leur mandat ou ont exercé leur dernier mandat, dans le délai indiqué à l'article R. 721-9. – *[Arr. 27 sept. 2005, art. 2.]*

Art. A. 721-3 Les chefs de cour transmettent au garde des sceaux, ministre de la justice, les dossiers de candidature au plus tard quinze jours après l'expiration de ce délai. – *[Arr. 27 sept. 2005, art. 3.]*

Art. A. 721-4 Le dossier de candidature comporte :

1° La déclaration de candidature datée et signée par le candidat ;

2° Un état de services établi par le candidat et visé par le président du tribunal de commerce ;

3° L'avis motivé du président du tribunal de commerce ;

4° L'avis motivé des chefs de cour. – *[Arr. 27 sept. 2005, art. 4.]*

Art. A. 721-5 Toute candidature à une désignation de membre titulaire vaut également candidature à une désignation de membre suppléant. – *[Arr. 27 sept. 2005, art. 5.]*

Art. A. 721-6 Les juges consulaires sont désignés compte tenu de leurs compétences professionnelles et afin d'assurer une représentation équilibrée du territoire national. – *[Arr. 27 sept. 2005, art. 6.]*

Art. A. 721-7 La direction des services judiciaires assure le secrétariat du Conseil national des tribunaux de commerce. – *[Arr. 27 sept. 2005, art. 7.]*

Art. A. 721-8 Le secrétaire général du Conseil national des tribunaux de commerce prépare les réunions du conseil, y assiste et en établit les comptes rendus, qui sont signés par le président de séance et diffusés à l'ensemble des membres. – *[Arr. 27 sept. 2005, art. 8.]*

Art. A. 721-9 Il est chargé de la préparation du rapport annuel d'activité. – *[Arr. 27 sept. 2005, art. 9.]*

Art. A. 721-10 Il participe à la mise en œuvre de la communication du conseil. – *[Arr. 27 sept. 2005, art. 10.]*

CHAPITRE II DE L'ORGANISATION ET DU FONCTIONNEMENT

Le présent chapitre ne comprend pas de dispositions pour les arrêtés.

CHAPITRE III DE L'ÉLECTION DES JUGES DES TRIBUNAUX DE COMMERCE

Le présent chapitre ne comprend pas de dispositions pour les arrêtés.

CHAPITRE IV DE LA DISCIPLINE DES JUGES DES TRIBUNAUX DE COMMERCE

Le présent chapitre ne comprend pas de dispositions pour les arrêtés.

TITRE TROISIÈME DES JURIDICTIONS COMMERCIALES PARTICULIÈRES

Le présent titre ne comprend pas de dispositions pour les arrêtés.

TITRE QUATRIÈME DU GREFFE DU TRIBUNAL DE COMMERCE

CHAPITRE PREMIER DE L'INSTITUTION ET DES MISSIONS

SECTION PREMIÈRE DISPOSITIONS GÉNÉRALES

Art. A. 741-1 Le nombre d'agents des greffes des tribunaux de commerce affectés à titre permanent pour assister les présidents des tribunaux de commerce est fixé comme suit :

1° Dans les tribunaux de commerce comprenant un effectif de 25 juges à 30 juges : 1 ou 2 agents ;

2° Dans les tribunaux de commerce comprenant un effectif de 31 juges à 40 juges : 2 ou 3 agents ;

3° Dans les tribunaux de commerce comprenant un effectif de 41 juges à 60 juges : 3 ou 4 agents ;

4° Dans les tribunaux de commerce comprenant un effectif supérieur à 60 juges : 5 agents ou plus. – *[Arr. 18 mars 1997, art. 1er.]*

Art. A. 741-2 Lorsque le président du tribunal de commerce et le greffier en sont d'accord, il peut être dérogé aux dispositions prévues à l'article A. 741-1. – *[Arr. 18 mars 1997, art. 2.]*

SECTION II DE LA MODIFICATION DU RESSORT DES JURIDICTIONS COMMERCIALES

La présente section ne comprend pas de dispositions pour les arrêtés.

SECTION III DU CONSEIL NATIONAL DES GREFFIERS DES TRIBUNAUX DE COMMERCE

La présente section ne comprend pas de dispositions pour les arrêtés.

CHAPITRE II DES CONDITIONS D'ACCÈS À LA PROFESSION ET AUX AUTRES PROFESSIONS JUDICIAIRES ET JURIDIQUES

SECTION PREMIÈRE DES CONDITIONS D'ACCÈS À LA PROFESSION DE GREFFIER DE TRIBUNAL DE COMMERCE

SOUS-SECTION 1 DES CONDITIONS D'APTITUDE

§ 1er DES CONDITIONS GÉNÉRALES

Art. A. 742-1 Sont admis en dispense de la maîtrise en droit pour l'exercice de la profession de greffier de tribunal de commerce tous diplômes sanctionnant un niveau de formation correspondant au moins à quatre années d'études après le baccalauréat dans les disciplines juridiques, délivrés par :

1° Un établissement public à caractère scientifique, culturel et professionnel habilité à le délivrer ;

2° Un établissement d'enseignement supérieur privé reconnu par l'État et autorisé à délivrer un diplôme visé par le ministre chargé de l'enseignement supérieur ;

3° Un institut d'études politiques ;

4° La faculté libre autonome et cogérée d'économie et de droit de Paris. – *[Arr 4 oct. 1988, art. 1er.]*

Art. A. 742-2 *(Arr. 18 mars 2011)* L'examen d'aptitude prévu à l'article R. 742-5 a lieu au moins une fois par an, à une date et dans un lieu fixés par le garde des sceaux, ministre de la justice. – *[Arr. 31 déc. 1990, art. 1er.]*

Art. A. 742-3 *(Arr. 18 mars 2011)* **Une publicité suffisante, deux mois au moins à l'avance de la date fixée pour les épreuves, est assurée, notamment par des insertions dans les revues professionnelles et par un affichage dans les locaux des tribunaux de commerce.** – *[Arr. 31 déc. 1990, art. 2.]*

Art. A. 742-4 *(Arr. 18 mars 2011)* **Les candidatures sont adressées, par lettre recommandée avec demande d'avis de réception, au garde des sceaux, ministre de la justice, au plus tard le 31 mai de chaque année.**

Le dossier de candidature comprend :

1° Une requête de l'intéressé ;

2° Tous documents officiels justificatifs de l'identité et de la nationalité ;

3° Tous justificatifs permettant d'apprécier si le candidat remplit les conditions prévues par l'article R. 742-4, notamment le contenu précis du cycle d'études post-secondaires suivi avec succès, les diplômes, certificats ou autres titres dont le candidat est titulaire et les justificatifs de son activité professionnelle antérieure.

Les pièces produites devront être accompagnées, le cas échéant, de leur traduction en langue française par un traducteur inscrit sur la liste nationale des experts judiciaires ou sur l'une des listes d'experts judiciaires dressées par les cours d'appel ou par un traducteur habilité à intervenir auprès des autorités judiciaires ou administratives d'un autre État membre de l'Union européenne, d'un État partie à l'accord sur l'Espace économique européen ou de la Confédération suisse. – *[Arr. 31 déc. 1990, art. 3.]*

Art. A. 742-5 *(Arr. 18 mars 2011)* **La liste des candidats admis à se présenter à cet examen est arrêtée par le garde des sceaux, ministre de la justice, deux mois avant la date fixée pour les épreuves.**

Des convocations individuelles indiquant le jour, l'heure et le lieu des épreuves sont adressées à chaque candidat au moins un mois à l'avance. – *[Arr. 31 déc. 1990, art. 4.]*

Art. A. 742-6 *(Arr. 18 mars 2011)* **L'examen, dont le programme figure à l'annexe 7-5 au présent livre, se compose d'un écrit et d'un oral.** – *V. cette annexe (JO 20 janv. 2009) au* **C. com.**

L'écrit comporte deux épreuves, l'une portant sur un sujet juridique d'ordre général en rapport avec les activités de greffier de tribunal de commerce, l'autre consistant en la rédaction d'actes de greffe.

Chacune de ces épreuves se déroule en trois heures.

Le jury arrête les sujets des épreuves écrites auxquelles doit être soumis le candidat. Les épreuves sont organisées de manière à assurer l'anonymat des candidats.

Les candidats sont autorisés à se servir de codes et recueils de lois et décrets comportant des références d'articles de doctrine et de jurisprudence, à l'exclusion toutefois de codes annotés et commentés, article par article, par des professionnels du droit.

L'oral consiste en un entretien de vingt minutes avec le jury.

Chacune des épreuves écrites ou orale est notée sur 20. – *[Arr. 31 déc. 1990, art. 5.]*

Art. A. 742-7 *(Arr. 18 mars 2011)* **L'admission est prononcée par le jury au vu de la moyenne obtenue par le candidat aux épreuves qu'il a subies à condition que cette moyenne soit égale ou supérieure à 10 sur 20.**

A l'issue des épreuves, le jury dresse la liste des candidats déclarés admis. Le résultat de l'examen est notifié individuellement à chaque candidat par le garde des sceaux, ministre de la justice, qui délivre à chaque candidat admis une attestation de réussite à l'examen d'aptitude. – *[Arr. 31 déc. 1990, art. 6.]*

• § 2 DU STAGE

Le présent paragraphe ne comprend pas de dispositions pour les arrêtés.

• § 3 DE L'EXAMEN D'APTITUDE

Art. A. 742-8 L'examen d'aptitude à la profession de greffier de tribunal de commerce a lieu au moins une fois par an.

Les dates et lieux des épreuves sont fixés au plus tard quatre mois avant la date de la première épreuve par le président du Conseil national des greffiers des tribunaux de commerce qui en assure une publicité suffisante, notamment par voie de circulaires diffusées dans chaque office de greffier de tribunal de commerce ; il en informe aussitôt le garde des sceaux, ministre de la justice. – *[Arr. 28 août 1992, art. 1er.]*

Art. A. 742-9 Les candidatures sont adressées par lettre recommandée avec demande d'avis de réception, au plus tard trois mois avant la date de la première épreuve, au procureur de la République près le tribunal de grande instance dans le ressort duquel le stage est accompli.

Le dossier de candidature comprend :

1° Une requête de l'intéressé ;

2° Tous documents officiels justificatifs de l'identité et de la nationalité du candidat ;

3° Une copie de l'un des titres ou diplômes prévus au 6° de l'article R. 742-1 ou la justification de leur dispense ;

4° Une copie du certificat prévu à l'article R. 742-15 ou la justification de la dispense de stage prévue à l'article R. 742-2 ;

5° Un certificat d'affiliation à la caisse primaire de sécurité sociale et la justification des rémunérations perçues en cours de stage.

Le procureur de la République transmet les candidatures au garde des sceaux, ministre de la justice, par l'intermédiaire du procureur général. – *[Arr. 28 août 1992, art. 2.]*

Art. A. 742-10 Le garde des sceaux, ministre de la justice, arrête la liste des candidats admis à subir les épreuves de l'examen d'aptitude au plus tard un mois avant le début des épreuves ; il transmet sans délai au Conseil national des greffiers des tribunaux de commerce les dossiers de ces candidats.

Des convocations individuelles indiquant le jour, l'heure et le lieu des épreuves sont adressées à chaque candidat, au moins quinze jours à l'avance, par le Conseil national des greffiers des tribunaux de commerce. – *[Arr. 28 août 1992, art. 3.]*

Art. A. 742-11 L'examen d'aptitude comprend des épreuves écrites d'admissibilité et des épreuves orales d'admission portant sur le programme figurant à l'annexe 7-6 au présent livre. – *V. cette annexe (JO 20 janv. 2009) au* ***C. com.***

Les sujets des épreuves écrites sont arrêtés par le jury.

Le Conseil national des greffiers des tribunaux de commerce assure le secrétariat du jury. – *[Arr. 28 août 1992, art. 4.]*

Art. A. 742-12 Les épreuves écrites d'admissibilité comprennent :

1° Une épreuve théorique d'une durée de quatre heures portant sur des sujets de droit civil et de droit commercial ;

2° Une épreuve d'une durée de quatre heures portant sur un ou plusieurs sujets relatifs à la pratique des greffes des tribunaux de commerce. – *[Arr. 28 août 1992, art. 5.]*

Art. A. 742-13 Le président, un ou plusieurs membres du jury ou leurs suppléants, assistés, le cas échéant, par des greffiers de tribunal de commerce désignés à cet effet par le président du jury, assurent la surveillance des épreuves d'admissibilité. – *[Arr. 28 août 1992, art. 6.]*

Art. A. 742-14 Pour les épreuves d'admissibilité, les candidats peuvent utiliser les codes et recueils de lois et décrets comportant des références d'articles de doctrine et de jurisprudence, à l'exclusion toutefois des codes annotés et commentés, article par article, par des professionnels du droit.

Ils peuvent également se servir de codes ou recueils de lois et décrets ne contenant aucune indication de doctrine ou de jurisprudence, sans autre note que des références à des textes législatifs ou réglementaires.

Tout candidat ayant procuré ou utilisé des documents non autorisés est exclu de la salle et sa composition est annulée. – *[Arr. 28 août 1992, art. 7.]*

Art. A. 742-15 La correction des épreuves d'admissibilité est organisée de manière à préserver l'anonymat de chaque candidat.

Chaque composition est examinée par deux correcteurs et reçoit une note de 0 à 20. Cette note est affectée d'un coefficient 4.

L'admissibilité est prononcée par le jury au vu de la moyenne des notes obtenues par le candidat aux épreuves écrites si celle-ci est égale ou supérieure à 10 sur 20.

Le jury arrête par ordre alphabétique la liste des candidats déclarés admissibles. Le résultat des épreuves est notifié à chaque candidat par le Conseil national des greffiers des tribunaux de commerce par courrier portant, pour les candidats déclarés admissibles, convocation aux épreuves orales.

L'admissibilité n'est valable que pour la session au cours de laquelle elle a été acquise. – *[Arr. 28 août 1992, art. 8.]*

Art. A. 742-16 Nul ne peut se présenter aux épreuves orales d'admission s'il n'a été déclaré admissible par le jury.

Les épreuves d'admission comprennent :

1° Une interrogation orale d'une durée de quinze minutes portant sur le droit civil et le droit commercial ;

2° Une interrogation orale d'une durée de quinze minutes portant sur l'organisation judiciaire et la procédure civile et commerciale ;

3° Une interrogation orale d'une durée de quinze minutes portant sur la pratique des greffes des tribunaux de commerce ;

4° Une interrogation orale d'une durée de quinze minutes portant sur la réglementation professionnelle et la gestion du greffe d'un tribunal de commerce. – *[Arr. 28 août 1992, art. 9.]*

Art. A. 742-17 Les épreuves orales se déroulent en séance publique. Elles sont notées de 0 à 20. Chaque note est affectée d'un coefficient 2.

L'admission est prononcée par le jury au vu de la moyenne obtenue par le candidat à l'ensemble des épreuves écrites et orales, à condition que cette moyenne soit égale ou supérieure à 10 sur 20. – *[Arr. 28 août 1992, art. 10.]*

Art. A. 742-18 Le jury arrête la liste des candidats déclarés admis.

Le Conseil national des greffiers des tribunaux de commerce notifie individuellement aux candidats le résultat des épreuves ; il délivre à chaque candidat admis un certificat d'aptitude à la profession de greffier de tribunal de commerce. – *[Arr. 28 août 1992, art. 11.]*

SOUS-SECTION 2 DE LA NOMINATION

La présente sous-section ne comprend pas de dispositions pour les arrêtés.

SOUS-SECTION 3 DE L'ENTRÉE EN FONCTIONS ET DE L'HONORARIAT

La présente sous-section ne comprend pas de dispositions pour les arrêtés.

SECTION II DES CONDITIONS D'ACCÈS AUX PROFESSIONS JUDICIAIRES ET JURIDIQUES DE CERTAINS GREFFIERS DE TRIBUNAL DE COMMERCE

La présente section ne comprend pas de dispositions pour les arrêtés.

CHAPITRE III DES CONDITIONS D'EXERCICE

SECTION PREMIÈRE COMPTE AFFECTÉ AUX FONDS DÉTENUS POUR LE COMPTE DE TIERS *(Arr. du 6 févr. 2012)*

(Arr. du 23 juin 2009)

Art. A. 743-1 L'encaissement des chèques, stipulés payables au profit du greffier des tribunaux de commerce ou de la société titulaire de l'office, ou endossés à l'ordre du greffier des tribunaux de commerce ou de la société titulaire de l'office, le dépôt des espèces et la domiciliation des virements correspondant aux provisions et sommes mentionnées à l'article R. 743-178 sont effectués sur le compte de dépôt obligatoire affecté à chacune des catégories de fonds mentionnées au même article ouvert par l'office de greffier de tribunaux de commerce auprès de la Caisse des dépôts et consignations.

Art. A. 743-2 La Caisse des dépôts et consignations fournit un relevé de compte journalier au greffier des tribunaux de commerce. Ce relevé indique le numéro de compte de dépôt obligatoire, le solde antérieur, l'enregistrement des versements et des retraits effectués sur ce compte, la date et le nouveau solde.

Art. A. 743-3 Les comptes de dépôt obligatoire affectés aux différentes catégories de fonds ne peuvent donner lieu à des retraits d'espèces, ni à la mise à disposition de cartes de paiement ou de crédit ni domicilier aucune autorisation de prélèvement.

Le titulaire d'un compte de dépôt obligatoire affecté peut procéder, sur ordre exprès, à des virements sur d'autres comptes dans le cadre de l'exécution des missions qui lui sont confiées.

Art. A. 743-4 A l'exception des fonds ou des instruments financiers reçus par le greffier des tribunaux de commerce au titre de l'article L. 3253-15 du code du travail, les dépôts enregistrés sur chaque compte de dépôt obligatoire sont rémunérés par un intérêt calculé au taux et selon les modalités prévus par la décision prise en application de l'article L. 518-23 du code monétaire et financier.

V. Arr. du 26 juin 2012 relatif aux taux d'intérêt des sommes versées par les greffiers des tribunaux de commerce sur leurs comptes de dépôt obligatoire ouverts à la Caisse des dépôts et consignations, 🏛.

Art. A. 743-5 Les intérêts obtenus au titre des provisions pour expertises judiciaires sont versés au profit du greffier des tribunaux de commerce sur le compte bancaire professionnel de l'office. Ceux obtenus au titre des missions de séquestre transitent par le compte de dépôt spécialement affecté avant d'être restitués au bénéficiaire du séquestre.

Art. A. 743-6 Une convention est signée entre chaque office de greffier des tribunaux de commerce et la Caisse des dépôts et consignations. Toute stipulation contractuelle contraire aux clauses types figurant à l'annexe 7-6-1 au présent livre sera réputée non écrite. – *V. cette annexe (JO 24 juin 2009) au* **C. com.**

SECTION II DES SOCIÉTÉS DE PARTICIPATIONS FINANCIÈRES DE PROFESSION LIBÉRALE DE GREFFIERS DES TRIBUNAUX DE COMMERCE

(Arr. 6 févr. 2012, art. 1er)

Art. A. 743-7 *(Arr. du 6 févr. 2012, art. 1er)* Le garde des sceaux, ministre de la justice, dresse la liste des sociétés de participations financières de profession libérale de greffiers des tribunaux de commerce qui mentionne les informations suivantes :

a) La dénomination sociale, la forme juridique et le numéro d'inscription de la société ;

b) L'adresse du siège social ;

c) Les noms et adresses professionnelles des associés ou actionnaires, des membres des organes de gestion, de direction, et, selon le cas, d'administration ou de surveillance de la société.

Le garde des sceaux, ministre de la justice, assure la mise à jour de ces informations. La liste est transmise avant le 31 décembre de chaque année au Conseil national des greffiers des tribunaux de commerce qui en assure la publication par voie électronique. – *V. art. R. 743-139-23.*

TITRE CINQUIÈME DE L'ÉQUIPEMENT COMMERCIAL

L'intitulé du titre V des parties législative et réglementaire a été modifié, respectivement par la L. n° 2008-776 du 4 août 2008 et le Décr. n° 2008-1212 du 24 nov. 2008, pour devenir « De l'aménagement commercial ».

Art. A. 750-1 La direction générale de la concurrence, de la consommation et de la répression des fraudes (DGCCRF) est autorisée à mettre en œuvre dans ses services déconcentrés et à l'administration centrale un traitement automatisé d'informations comportant des données à caractère personnel intitulé "Base d'aide logicielle à l'inventaire" (BALI). – *[Arr. 29 août 2007, art. 1er.]*

Art. A. 750-2 Le traitement automatisé a pour finalité de permettre l'instruction des demandes d'autorisation de surfaces commerciales, le contrôle des surfaces autorisées et la participation aux travaux des observatoires départementaux d'équipement commercial mentionnés à l'article L. 751-9. A cette fin, l'application recense les établissements commerciaux soumis à autorisation d'exploitation commerciale en application de l'article L. 752-1. – *[Arr. 29 août 2007, art. 2.]*

Art. A. 750-3 Les catégories d'informations enregistrées au titre de l'instruction des dossiers figurent au tableau A de l'annexe 7-7. – *V. cette annexe (JO 20 janv. 2009) au* **C. com.**

Les catégories d'informations enregistrées au titre du recensement et de la mission de contrôle des surfaces autorisées figurent au tableau B de l'annexe 7-7.

Art. A. 750-4 Les personnes autorisées des services déconcentrés et centraux de la direction générale de la concurrence, de la consommation et de la répression des fraudes (DGCCRF) et la direction du commerce, de l'artisanat, des services et des professions libérales (DCASPL) sont destinataires des données visées à l'article A. 750-3. – *[Arr. 29 août 2007, art. 4.]*

Art. A. 750-5 Le haut fonctionnaire de défense et de sécurité (HFDS), la *(Décr. nº 2010-291 du 18 mars 2010, art. 2)* « direction générale du Trésor *[ancienne rédaction : direction générale du Trésor et de la politique économique]* » (DGTPE), l'Institut national de la statistique et des études économiques (INSEE), les directions départementales de l'équipement (DDE), les observatoires départementaux de l'équipement commercial (ODEC) et les observatoires régionaux de l'équipement commercial (OREC) sont destinataires des données enregistrées au titre du recensement et de la mission de contrôle des surfaces autorisées figurant au tableau B de l'annexe 7-7. – *[Arr. 29 août 2007, art. 5.] – V. cette annexe (JO 20 janv. 2009) au* **C. com.**

Les DDE sont devenues les directions départementales de l'équipement et de l'agriculture (DDEA) depuis leur fusion avec les directions départementales de l'agriculture et de la forêt (DDAF) (Décr. nº 2006-1740 du 23 déc. 2006, art. 1er ; Décr. nº 2008-1234 du 27 nov. 2008, art. 1er).

Art. A. 750-6 Les personnes qui en font la demande peuvent être destinataires des informations suivantes :

A. – Catégories d'informations enregistrées au titre de l'instruction des dossiers :

A-1. Description de la demande.

A-1.1. Date et objet de la demande (création/extension et surface totale créée).

A-1.2. Localisation (adresse postale : numéro et rue, commune, Cedex, nom du lotissement commercial, nom du centre commercial, code département) et type d'équipement du projet (ensemble commercial/commerce isolé).

A-1.3. Enseigne principale.

A-1.4. Date et décision de la commission départementale d'équipement commercial (CDEC).

A-1.5. Détail de la décision (nombre de votants, de oui, non et nuls, observations).

A-1.6. Date et décision de la Commission nationale d'équipement commercial (CNEC).

A-2. Identification du demandeur.

A-2.1. Numéro SIREN du demandeur, sa dénomination sociale et son adresse postale.

B. – Catégories d'informations enregistrées au titre du recensement et de la mission de contrôle des surfaces autorisées :

B-1. Local commercial.

B-1.1. Adresse postale (numéro et rue, nom du local commercial, nom du pôle commercial, nom du lotissement commercial, nom du centre commercial, nom du quartier, type de zone de redynamisation urbaine (ZRU), type de zone d'aménagement concerté créée dans un centre urbain (ZACCU), commune, Cedex, nom du canton, nom de l'arrondissement, nom du département, surfaces de vente intérieure, extérieure et totale et/ou nombre de positions de ravitaillement en carburant.

B-1.2. Date d'autorisation et, le cas échéant, du permis de construire.

B-2. Exploitation commerciale.

B-2.1. Numéro SIRET, nom de l'établissement commercial (enseigne) et ses codes activité et secteurs activité (codification NAF).

B-2.2. Nom de l'enseigne, type de magasin, type de réseau, date d'ouverture, date de fermeture, exploité, virtuel (autorisé mais non encore ouvert), commercialité, date de fin de commercialité, date d'extension.

B-3. Identification de l'entreprise qui exploite le magasin.

B-3.1. Dénomination sociale et numéro SIREN de l'entreprise. – *[Arr. 29 août 2007, art. 6.]*

Art. A. 750-7 Les informations enregistrées concernant l'entreprise exploitante sont mises à jour et conservées tant que celle-ci figure dans le fichier SIRENE de l'INSEE. Lorsqu'une demande d'autorisation a été instruite, l'identité des demandeurs est apurée automatiquement à l'issue d'un délai d'un an à compter de la décision de la CDEC. – *[Arr. 29 août 2007, art. 7.]*

Art. A. 750-8 Le droit d'opposition prévu par l'article 38 de la loi n° 78-17 du 6 janvier 1978 relative à l'informatique, aux fichiers et aux libertés ne s'applique pas au traitement mis en place. – *[Arr. 29 août 2007, art. 8.]*

Art. A. 750-9 Le droit d'accès et de rectification prévu aux articles 39 et 40 de la loi n° 78-17 du 6 janvier 1978 relative à l'informatique, aux fichiers et aux libertés s'exerce auprès des chefs d'unité de la concurrence, de la consommation et de la répression des fraudes du département où le commerce est implanté ou le sera. – *[Arr. 29 août 2007, art. 9.]*

CHAPITRE PREMIER DES COMMISSIONS D'ÉQUIPEMENT COMMERCIAL ET DES OBSERVATOIRES DÉPARTEMENTAUX D'AMÉNAGEMENT COMMERCIAL

SECTION PREMIÈRE DES COMMISSIONS DÉPARTEMENTALES D'ÉQUIPEMENT COMMERCIAL

La présente section ne comprend pas de dispositions pour les arrêtés.

SECTION II DE LA COMMISSION NATIONALE D'ÉQUIPEMENT COMMERCIAL

La présente section ne comprend pas de dispositions pour les arrêtés.

SECTION III DES OBSERVATOIRES DÉPARTEMENTAUX D'AMÉNAGEMENT COMMERCIAL *(Art. 13 nov. 2009, art. 1er-VIII).*

Art. A. 751-1 *(Art. 13 nov. 2009, art. 1er-I)* Le collège des élus locaux de l'observatoire départemental d'aménagement commercial est composé comme suit :

1° Le maire de la commune chef-lieu du département ;

2° Le maire de la commune la plus peuplée du département en dehors de l'arrondissement de la commune chef-lieu ;

3° Deux maires de communes de moins de 5 000 habitants dont un, au moins, d'une commune de moins de 2 000 habitants, nommés par le préfet de département ;

4° Deux conseillers généraux, autres que les maires visés ci-dessus, appartenant à deux arrondissements différents, désignés par la commission permanente du conseil général ;

5° Le représentant, autre que les élus visés ci-dessus, d'un établissement public de coopération intercommunale compétent en matière d'aménagement de l'espace ou de développement économique, nommé par le préfet de département ;

6° Le représentant, autre que les élus visés ci-dessus, d'un établissement public compétent en matière de schéma de cohérence territoriale, nommé par le préfet de département, lorsqu'un tel établissement existe.

Art. A. 751-2 Le collège des représentants des activités commerciales et artisanales, nommés par le préfet après consultation des organisations professionnelles concernées, est composé comme suit :

1° Un représentant des entreprises exploitantes de grands magasins ou magasins *(Arr. 13 nov. 2009, art. 1er-II)* « multi-commerces » ;

2° Un représentant des entreprises exploitantes d'hypermarchés ou de supermarchés ;

3° Un représentant des entreprises exploitantes de commerces spécialisés de grande surface ;

4° Deux exploitants de magasins de détail d'une surface de vente inférieure à 300 mètres carrés ou de commerces non sédentaires, dont un représentant des entreprises immatriculées au répertoire des métiers ;

(Abrogé par Arr. 13 nov. 2009, art. 1er-II) « 5° Un représentant des entreprises d'hôtellerie. » – [1er Arr. 4 mai 2001, art. 2.]

Art. A. 751-3 *(Arr. 13 nov. 2009, art. 1er-III)* Le collège des représentants des chambres de commerce et d'industrie et des *(Décr. n° 2010-1356 du 11 nov. 2010, art. 25)* « chambres de métiers et de l'artisanat de région » est composé comme suit :

1° Trois représentants désignés par la ou les chambres de commerce et d'industrie parmi leurs membres élus ;

2° Deux représentants désignés par la ou les *(Décr. n° 2010-1356 du 11 nov. 2010, art. 25)* « chambres de métiers et de l'artisanat de région » parmi leurs membres élus.

Art. A. 751-4 Cinq personnalités qualifiées sont nommées par le préfet, dont deux représentants au moins d'une association de consommateurs et un représentant d'une société gestionnaire de centre commercial. – *[1er Arr. 4 mai 2001, art. 4.]*

Art. A. 751-5 *(Arr. 13 nov. 2009, art. 1er-IV)* L'administration est représentée par :

1° Le responsable des services territorialement compétents chargés du commerce ou son représentant ;

2° Le directeur des services territorialement compétents chargés de la concurrence et de la consommation ou son représentant ;

3° Le directeur des services territorialement compétents chargés de l'urbanisme et de l'environnement ou son représentant ;

4° Le directeur régional de l'Institut national de la statistique et des etudes économiques ou son représentant.

Art. A. 751-6 Un membre suppléant est désigné dans les mêmes conditions pour chaque membre titulaire des collèges de l'observatoire départemental *(Arr. 13 nov. 2009, art. 1er-VII)* « d'aménagement commercial » prévus aux articles A. 751-1 à A. 751-4. Le membre suppléant remplace le membre titulaire temporairement absent.

Les représentants de l'administration auprès de l'observatoire départemental *(Arr. 13 nov. 2009, art. 1er-VII)* « d'aménagement commercial » mentionnés à l'article A. 751-5 peuvent se faire représenter par une personne de leur choix.

En cas d'interruption ou de tout autre empêchement définitif du mandat d'un membre de l'observatoire départemental *(Arr. 13 nov. 2009, art. 1er-VII)* « d'aménagement commercial », pour quelque cause que ce soit, un remplaçant est nommé dans les mêmes conditions pour la durée du mandat restant à courir. – *[1er Arr. 4 mai 2001, art. 6.]*

SECTION IV DE L'OBSERVATOIRE D'AMÉNAGEMENT COMMERCIAL D'ÎLE-DE-FRANCE *(Arr. 13 nov. 2009, art. 1er-VIII).*

Art. A. 751-7 Le collège des élus locaux de l'observatoire *(Arr. 13 nov. 2009, art. 1er-VII)* « d'aménagement commercial » d'Île-de-France est composé comme suit :

1° Dans chaque département autre que Paris :

a) Le maire de la commune chef-lieu ;

b) Un maire d'une commune de moins de 2 000 habitants ou, s'il n'en existe pas, le maire de la commune dont la population se rapproche le plus de ce seuil, désigné par le préfet du département ;

c) Un conseiller général, autre que les maires mentionnés ci-dessus, désigné par la commission permanente du conseil général ;

2° A Paris :

Trois conseillers d'arrondissement issus d'arrondissements différents désignés par le conseil de Paris ;

3° Trois conseillers régionaux désignés par la commission permanente du conseil régional. – *[2e Arr. 4 mai 2001, art. 1er.]*

Art. A. 751-8 Le collège des représentants des activités commerciales et artisanales, nommés par le préfet de la région Île-de-France après consultation des organisations professionnelles concernées, est composé comme suit :

1° Deux représentants des entreprises exploitantes de grands magasins ou magasins *(Arr. 13 nov. 2009, art. 1er-V)* « multi-commerces » ;

2° Deux représentants des entreprises exploitantes d'hypermarchés ou de supermarchés ;

3° Deux représentants des entreprises exploitantes de commerces spécialisés de grande surface ;

4° Un représentant d'une société gestionnaire d'un centre commercial ;

5° Trois exploitants de magasins de détail d'une surface de vente inférieure à 300 mètres carrés ou de commerces non sédentaires, dont un représentant des entreprises immatriculées au répertoire des métiers ;

(Abrogé par Arr. 13 nov. 2009, art. 1er-V) « 6° Un représentant des entreprises d'hôtellerie. » – [2e Arr. 4 mai 2001, art. 2.]

Art. A. 751-9 Le collège des représentants des chambres de commerce et d'industrie et des *(Décr. no 2010-1356 du 11 nov. 2010, art. 25)* « chambres de métiers et de l'artisanat de région » est composé comme suit :

1° Six représentants désignés par la *(Décr. no 2010-924 du 3 août 2010, art. 2)* « chambre de commerce et d'industrie de région » Paris-Île-de-France parmi ses membres élus ;

2° Trois représentants désignés par la chambre régionale de métiers et de l'artisanat d'Île-de-France parmi ses membres élus. – *[2e Arr. 4 mai 2001, art. 3.]*

Art. A. 751-10 Six personnalités qualifiées sont nommées par le préfet de région, dont deux représentants au moins des associations de consommateurs. – *[2e Arr. 4 mai 2001, art. 4.]*

Art. A. 751-11 *(Arr. 13 nov. 2009, art. 1er-VI)* L'administration est représentée par :

1° Le secrétaire général aux affaires régionales ou son représentant ;

2° Le responsable des services territorialement compétents chargés du commerce ou son représentant ;

3° Le directeur des services territorialement compétents chargés de la concurrence et de la consommation ou son représentant ;

4° Le directeur des services territorialement compétents chargés de l'urbanisme et de l'environnement ou son représentant ;

5° Le directeur régional de l'Institut national de la statistique et des études économiques ou son représentant.

Art. A. 751-12 Un membre suppléant est désigné dans les mêmes conditions pour chaque membre titulaire des collèges de l'observatoire *(Arr. 13 nov. 2009, art. 1er-VII)* « d'aménagement commercial » d'Île-de-France, prévus aux articles A. 751-7 à A. 751-10. Le membre suppléant remplace le membre titulaire temporairement absent.

Les représentants de l'administration auprès de l'observatoire *(Arr. 13 nov. 2009, art. 1er-VII)* « d'aménagement commercial » d'Île-de-France, mentionnés à l'article A. 751-11, peuvent se faire représenter par une personne de leur choix.

En cas d'interruption ou de tout autre empêchement définitif du mandat d'un membre de l'observatoire *(Arr. 13 nov. 2009, art. 1er-VII)* « d'aménagement commercial » d'Île-de-France, pour quelque cause que ce soit, un remplaçant est nommé dans les mêmes conditions pour la durée du mandat restant à courir. — *[2e Arr. 4 mai 2001, art. 6.]*

SECTION V DES SCHÉMAS DE DÉVELOPPEMENT COMMERCIAL

La présente section ne comprend pas de dispositions pour les arrêtés.

SECTION VI DE L'OBSERVATOIRE NATIONAL DU COMMERCE

La présente section ne comprend pas de dispositions pour les arrêtés.

CHAPITRE II DE L'AUTORISATION COMMERCIALE

SECTION PREMIÈRE DES PROJETS SOUMIS À AUTORISATION

La présente section ne comprend pas de dispositions pour les arrêtés.

SECTION II DE LA DÉCISION DE LA COMMISSION DÉPARTEMENTALE

SOUS-SECTION 1 DE LA DEMANDE D'AUTORISATION

Art. A. 752-1 *(Arr. 21 août 2009)* La demande d'autorisation préalable prévue aux articles L. 751-1, L. 752-1 et L. 752-2 du code de commerce est présentée selon les modalités fixées à l'annexe 1 de l'annexe 7-8 au présent livre. — *V. cette annexe 7-8 (JO 27 août 2009) au* **C. com.**

Elle est accompagnée :

1° Des renseignements prévus à l'annexe 2 ;

2° D'une fiche établie selon le modèle prévu à l'annexe 3 ;

3° D'un plan indicatif des commerces concernés faisant apparaître leur surface de vente, le cas échéant avant et après l'extension sollicitée. Pour les magasins de plus de 300 mètres carrés de surface de vente, ce plan devra en outre faire apparaître les espaces consacrés à l'exposition des marchandises, à la circulation de la clientèle ou du personnel, et aux caisses ;

4° De cartes ou de plans présentant :

– l'organisation du projet sur la ou les parcelles de terrain concernées : emplacements et superficies des bâtiments, des espaces destinés au stationnement des véhicules, au stockage des produits, aux espaces verts, à la manœuvre des véhicules de livraison...

– la localisation du projet sur une carte au 1/25 000 ;

– la desserte du lieu d'implantation du projet par les transports en commun, par les voies piétonnes et les pistes cyclables ;

– les principales voies et les aménagements routiers desservant le projet ;

– l'environnement du projet, sur une distance d'environ 1 kilomètre à partir de son site d'implantation ;

– l'inscription du projet dans son quartier au moyen d'une vue récente réalisée par voie aérienne ou par satellite ;

– dans le cas de projets envisagés dans ou à proximité d'une zone commerciale, le plan de cette zone ;

– les limites de la zone de chalandise, le découpage par sous-zone en fonction des modes de transport utilisés pour l'accès au projet et les principaux pôles d'activité de cette zone générant des flux de déplacement ;

5° D'une présentation visuelle du projet, notamment d'un document graphique permettant d'apprécier l'insertion du projet de construction par rapport aux constructions avoisinantes et aux paysages, son impact visuel ainsi que le traitement des accès et du terrain.

Les cartes et plans mentionnés ci-dessus sont fournis aux formats A 4 ou A 3, sauf nécessité de production de documents sous un format supérieur.

Le dossier de demande est transmis en douze exemplaires ou adressé par voie électronique au secrétariat de la commission départementale d'aménagement commercial. Lorsque la zone de chalandise dépasse les limites du département, un nombre supplémentaire d'exemplaires correspondant au nombre d'élus et de personnalités qualifiées appelés à compléter la composition de la commission est fourni.

BIBL. ▶ Renaux, *Constr.-Urb. 2009, n° 158* (contenu du dossier de demande d'autorisation).

Société en cours de constitution. Dès lors que les statuts n'ont pas été enregistrés ni même présentés auprès des services fiscaux, une société ne peut être regardée comme une société en cours de constitution, de telle sorte que la commission était tenue pour ce motif de rejeter la demande d'autorisation d'équipement commercial. • CE 13 oct. 2008 : *Dr. sociétés 2009, n° 2, obs. Coquelet.*

Art. A. 752-2 *(Arr. 31 août 2009, art. 1er)* Le secteur d'activité mentionné à la seconde phrase du 3° du I de l'article L. 752-1 du code de commerce comprend les activités correspondant aux classe et groupe suivants de la nomenclature d'activités française (NAF rév. 2) annexée au décret n° 2007-1888 susvisé :

– classe 47.11 : commerce de détail en magasins non spécialisés à prédominance alimentaire ;

– groupe 47-2 : commerce de détail alimentaire en magasin.

Art. A. 752-3 *(Arr. 31 août 2009, art. 1er)* **Le secteur d'activité visé au 2° de l'article R. 752-3 du code de commerce comprend les activités pour l'exercice desquelles une autorisation d'exploitation commerciale est requise et qui ne sont pas mentionnées à l'article précédent.**

SOUS-SECTION 2 DE LA PROCÉDURE D'AUTORISATION

La présente sous-section ne comprend pas de dispositions pour les arrêtés.

SOUS-SECTION 3 DISPOSITIONS DIVERSES

La présente sous-section ne comprend pas de dispositions pour les arrêtés.

SECTION III DU RECOURS CONTRE LA DÉCISION DE LA COMMISSION DÉPARTEMENTALE

La présente section ne comprend pas de dispositions pour les arrêtés.

SECTION IV DES CONTRATS PASSÉS À L'OCCASION DE LA RÉALISATION D'UN PROJET AUTORISÉ

La présente section ne comprend pas de dispositions pour les arrêtés.

SECTION V DES SANCTIONS

La présente section ne comprend pas de dispositions pour les arrêtés.

TITRE SIXIÈME DES MARCHÉS D'INTÉRÊT NATIONAL ET DES MANIFESTATIONS COMMERCIALES

CHAPITRE PREMIER DES MARCHÉS D'INTÉRÊT NATIONAL

SECTION PREMIÈRE DISPOSITIONS GÉNÉRALES

Art. A. 761-1 Le dossier type de demande de classement en marché d'intérêt national contient, outre la délibération du conseil régional intéressé, les pièces suivantes :

1° La délibération de la collectivité territoriale ou de l'établissement public de coopération intercommunale requérant l'implantation du marché d'intérêt national sur son territoire et décidant du mode d'aménagement et de gestion dudit marché ;

2° Dans le cas où ladite collectivité ou établissement choisit de déléguer l'aménagement ou la gestion, ou l'aménagement et la gestion, du marché à une personne morale, elle joint au dossier le règlement de consultation, le cahier des charges fixant les droits et obligations du futur délégataire et, notamment, son mode de rémunération ;

3° Un rapport économique et financier intégrant un plan de financement et une étude de viabilité du site avec un bilan prévisionnel ;

4° Un descriptif du site au regard, notamment, de sa compatibilité avec les documents d'urbanisme en vigueur ;

5° Un plan de localisation du marché laissant apparaître, notamment, les dessertes routières et ferroviaires.

Le dossier est adressé au préfet de région, qui le transmet aux ministres de tutelle avec son avis. – *[Arr. 13 janv. 2006, art. 1er.]*

Art. A. 761-2 Le dossier type de demande de déclassement anticipé du marché d'intérêt national contient, outre la délibération du conseil régional intéressé, les pièces suivantes :

1° La délibération de la commune ou de l'établissement public de coopération intercommunale sur le territoire desquels est implanté le marché d'intérêt national ;

2° Un rapport économique et financier exposant les motifs de la demande, notamment une gestion déficitaire dudit marché ou le constat que celui-ci n'est plus conforme aux dispositions d'organisation générale édictées par les articles R. 761-13 et suivants.

Le dossier est adressé au préfet de région, qui le transmet aux ministres de tutelle avec son avis. – *[Arr. 13 janv. 2006, art. 2.]*

Art. A. 761-3 Le gestionnaire d'un marché d'intérêt national transmet aux communes et aux établissements publics de coopération intercommunale sur le territoire desquels est implanté le marché, au conseil régional et au préfet les comptes rendus d'activité et financiers suivants :

1° Le bilan de l'année écoulée et un bilan comptable prévisionnel de l'année à venir ;

2° Le compte de résultats de l'année écoulée et un compte de résultats prévisionnel de l'année à venir ;

3° Une analyse détaillée des charges et des produits ainsi que des effectifs employés ;

4° La capacité d'autofinancement, le plan de financement et leur analyse détaillée ;

5° La situation de l'actif réalisable et disponible et du passif exigible ;

6° Un budget prévisionnel des investissements de l'année à venir ;

7° Le cas échéant, un plan quinquennal des investissements à réaliser sur le marché accompagné du plan de financement correspondant ;

8° Un tableau fixant les redevances et contributions annuelles de toute nature à la charge des occupants du marché ;

9° Un tableau montrant l'évolution desdites redevances et contributions annuelles depuis dix ans ;

10° Une estimation annuelle du chiffre d'affaires et des emplois des entreprises installées sur le marché. – *[Arr. 13 janv. 2006, art. 8.]*

Art. A. 761-4 Les centres du service des nouvelles des marchés sont chargés du recueil, du traitement et de la diffusion d'informations économiques et statistiques relatives aux prix et aux volumes des transactions réalisées sur les marchés d'intérêt national dont le suivi est, compte tenu des volumes précités, inscrit au volet national du programme annuel du service.

Les centres du service des nouvelles des marchés peuvent également assurer le suivi d'autres marchés dans le cadre du volet régional du programme annuel du service. – *[Arr. 17 juill. 2007, art. 1er.]*

Art. A. 761-5 Les gestionnaires des marchés d'intérêt national concernés sont consultés par le service des nouvelles des marchés préalablement à l'élaboration de la liste des sites à inscrire aux différents volets du programme annuel du service. – *[Arr. 17 juill. 2007, art. 2.]*

Art. A. 761-6 Afin d'établir les cotations publiées par le ministère de l'agriculture et de la pêche, les agents des centres du service des nouvelles des marchés constatent, avec le concours des usagers, les prix pratiqués sur les emplacements de vente des marchés mentionnés à l'article A. 761-4.

A cet effet, les agents des centres du service des nouvelles des marchés peuvent se faire communiquer tout document permettant la constatation des prix.

Ils peuvent être assistés dans leur mission par les gestionnaires des marchés. – *[Arr. 17 juill. 2007, art. 3.]*

Art. A. 761-7 Les informations relatives aux volumes des transactions réalisées sur les marchés d'intérêt national sont transmises par leurs gestionnaires au centre concerné du service des nouvelles des marchés, selon des modalités à convenir pour chaque marché entre son gestionnaire et le chef du centre. – *[Arr. 17 juill. 2007, art. 4.]*

Art. A. 761-8 Le service des nouvelles des marchés tient à la disposition des gestionnaires des marchés d'intérêt national, pour leur propre usage, les informations économiques et statistiques dont ils disposent. – *[Arr. 17 juill. 2007, art. 5.]*

SECTION II DU PÉRIMÈTRE DE RÉFÉRENCE ET DE L'AUTORISATION D'INSTALLATION DANS CE PÉRIMÈTRE *(Arr. 18 mars 2011, art. 3)*.

SOUS-SECTION 1 DU PÉRIMÈTRE DE RÉFÉRENCE

Art. A. 761-9 Le dossier de création d'un périmètre de référence comprend :

1° Un plan de localisation du périmètre de référence comprenant les communes *(Arr. 18 mars 2011, art. 1er)* « sur le territoire desquelles s'appliquent les dispositions des articles L. 761-5 à L. 761-7 » ;

2° La liste des *(Arr. 18 mars 2011, art. 1er)* « produits dont la liste est mentionnée au premier alinéa de l'article L. 761-5 » ;

3° L'avis de chaque commune ou de chaque établissement public de coopération intercommunale compris dans ledit périmètre ;

4° L'avis de la ou des chambres de commerce et d'industrie, de la ou des *(Décr. no 2010-1356 du 11 nov. 2010, art. 25)* « chambres de métiers et de l'artisanat de région » et de la ou des chambres d'agriculture dans le ressort desquelles est situé le périmètre de référence ;

5° L'avis de l'organisme gestionnaire du marché d'intérêt national s'il est d'ores et déjà désigné.

Le dossier est adressé au préfet de région, qui le transmet aux ministres de tutelle avec son avis. – *[Arr. 13 janv. 2006, art. 3.]*

Art. A. 761-10 Le dossier de réduction d'un périmètre de référence comprend :

1° Un plan de localisation du périmètre de référence comprenant les communes restant *(Arr. 18 mars 2011, art. 2)* « sur le territoire desquelles s'appliquent les dispositions des articles L. 761-5 à L. 761-7 » et laissant apparaître les communes qui en sont exclues ;

2° Une liste des communes maintenues dans ledit périmètre et celles qui en sont retirées ;

3° L'avis de l'organisme gestionnaire du marché d'intérêt national concerné ;

4° L'avis de la ou des chambres de commerce et d'industrie, de la ou des *(Décr. n° 2010-1356 du 11 nov. 2010, art. 25)* « chambres de métiers et de l'artisanat de région » et de la ou des chambres d'agriculture dans le ressort desquelles est situé le périmètre de référence.

Le dossier de suppression anticipée d'un périmètre de référence comprend :

1° L'avis de l'organisme gestionnaire du marché d'intérêt national concerné ;

2° L'avis de la ou des chambres de commerce et d'industrie, de la ou des *(Décr. n° 2010-1356 du 11 nov. 2010, art. 25)* « chambres de métiers et de l'artisanat de région » et de la ou des chambres d'agriculture dans le ressort desquelles est situé le périmètre de référence.

Le dossier est adressé au préfet de région, qui le transmet aux ministres de tutelle avec son avis. – *[Arr. 13 janv. 2006, art. 4.]*

SOUS-SECTION 2 DE L'AUTORISATION D'INSTALLATION DANS UN PÉRIMÈTRE DE RÉFÉRENCE *(Arr. 18 mars 2011, art. 3)*.

Art. A. 761-11 *(Arr. 18 mars 2011, art. 4)* La première partie de la demande au préfet mentionnée au premier alinéa de l'article R. 761-12-1 comporte, en deux exemplaires :

1° Le numéro unique d'identification du demandeur et l'identité du demandeur, soit, pour une personne physique, le nom, les prénoms, l'adresse, les numéros de téléphone et de télécopieur, l'adresse électronique et, pour une personne morale, la raison sociale, la forme juridique, l'adresse du siège social, les numéros de téléphone et de télécopieur, l'adresse électronique ;

2° Un extrait d'immatriculation au registre du commerce et des sociétés ou d'une inscription équivalente dans un pays étranger ou, à défaut, si la société est en cours de constitution, une copie des statuts enregistrés auprès des services fiscaux. En cas de demande conjointe, l'identité de chaque demandeur est précisée. Dans le cas d'une demande présentée par un mandataire, le mandat est produit ;

3° La surface de vente globale du projet ;

4° La surface de vente dédiée aux produits dont la liste est mentionnée au premier alinéa de l'article L. 761-5 dans le périmètre de référence ;

5° La surface de réserves ;

6° La surface de stationnement de ses clients ;

7° La surface de stationnement de ses fournisseurs et celle nécessaire aux manœuvres de livraison ;

8° Les surfaces nécessaires à l'installation et au fonctionnement des équipements spécifiques, y compris frigorifiques, et les surfaces nécessaires aux locaux administratifs et sociaux ;

9° Les contraintes techniques éventuelles spécifiques de son projet.

Lorsque la demande d'autorisation porte sur l'extension d'une installation existante, les surfaces indiquées s'entendent après cette extension.

Art. A. 761-12 *(Arr. 18 mars 2011, art. 4)* Lorsque la première partie du dossier est complète, le préfet informe sans délai le gestionnaire du marché d'intérêt national de la demande et lui transmet une copie de la première partie du dossier, à l'exception de la pièce mentionnée au 2° de l'article A. 761-11.

Il indique au gestionnaire la date limite à laquelle celui-ci doit l'informer sur la disponibilité ou non de surfaces de vente, de locaux techniques et de surfaces de stationnement correspondant à la demande dans l'enceinte du marché.

Art. A. 761-13 *(Arr. 18 mars 2011, art. 4)* Dans sa réponse à la saisine prévue à l'article R. 761-12, le gestionnaire du marché d'intérêt national indique au préfet s'il dispose ou non de surfaces et installations correspondant à la demande.

S'il dispose de ces surfaces, il fournit au préfet une proposition d'installation comportant :

– un plan de localisation de ces surfaces dans l'enceinte du marché ;

– les caractéristiques des terrains ou des installations immobilières qu'il peut mettre à sa disposition ;

– le règlement intérieur du marché ;

– les conditions de mise à disposition des fluides et de traitement des déchets et des eaux usées ;

– les conditions financières de mise à disposition des terrains ou locaux.

La réponse est transmise au préfet par voie de lettre recommandée avec demande d'avis de réception.

Art. A. 761-13-1 *(Arr. 18 mars 2011, art. 4)* Dès réception de la réponse du gestionnaire du marché, le préfet en transmet copie sans délai au demandeur.

Si le demandeur ne lui a pas transmis la seconde partie de sa demande, il lui indique la date limite à laquelle le dépôt de cette partie doit être effectué.

Art. A. 761-14 *(Arr. 18 mars 2011, art. 4)* La seconde partie de la demande au préfet mentionnée au premier alinéa de l'article R. 761-12-1 comporte la totalité des éléments utiles à l'instruction de la demande, soit :

1° Un plan indicatif des surfaces de vente, le cas échéant avant et après l'extension sollicitée ;

2° Des cartes et des plans présentant :

– la localisation du projet sur une carte au 1/25 000 ;

– l'organisation du projet sur la ou les parcelles de terrain concernées : les emplacements et superficies des bâtiments, les espaces destinés au stationnement des véhicules, au stockage des produits, à la manœuvre des véhicules de livraison ; les surfaces nécessaires à l'installation et au fonctionnement des équipements spécifiques, y compris frigorifiques, nécessaires au projet ainsi que les surfaces nécessaires aux locaux administratifs et sociaux ;

– les principales voies et les aménagements routiers et, le cas échéant, les voies ferroviaires ou fluviales desservant le projet ;

– l'environnement du projet, sur une distance d'environ 500 m à partir de son site d'implantation ;

– l'inscription du projet dans son quartier au moyen d'une vue récente réalisée par voie aérienne ou par satellite ;

3° Un document graphique présentant l'insertion du projet de construction par rapport aux constructions avoisinantes et aux paysages ainsi que des éléments relatifs au traitement des accès et du terrain, permettant d'apprécier l'impact sur les paysages et sur les écosystèmes ;

4° Les éléments prévisionnels relatifs aux types de véhicules de livraison et de véhicules des acheteurs potentiels et à l'augmentation de trafic prévue par plage horaire ;

5° La description des modalités de traitement des déchets et des eaux usées ;

6° Les éléments prévisionnels relatifs aux consommations énergétiques directes liées au projet, qui peuvent être attestées par un label de qualité pour les locaux à construire ou à rénover et par la signature d'un contrat de performance énergétique pour les locaux existants ;

7° Les éléments prévisionnels relatifs aux consommations énergétiques indirectes liées aux trajets des fournisseurs et des clients, en mentionnant les objectifs de réduction des gaz à effet de serre et d'abaissement des consommations de carburants ;

8° La présentation des contraintes techniques spécifiques éventuelles du projet ;

9° Dans le cas où le projet consiste à accueillir dans un local existant les produits mentionnés à l'article L. 761-5, l'indication de l'activité exercée précédemment dans ce local.

Les cartes et plans mentionnés ci-dessus sont fournis au format A4 ou A3, sauf nécessité de production de documents sous un format supérieur.

Le dossier de demande d'autorisation est transmis en deux exemplaires.

SECTION III DE L'ORGANISATION GÉNÉRALE DES MARCHÉS D'INTÉRÊT NATIONAL

SOUS-SECTION 1 DISPOSITIONS COMMUNES À TOUS LES MARCHÉS D'INTÉRÊT NATIONAL

Art. A. 761-15 Le conseil de discipline est présidé par un représentant du gestionnaire ; le directeur départemental de la concurrence, de la consommation et de la répression des fraudes (DDCCRF), le directeur départemental de l'agriculture et de la forêt et, le cas échéant, le *(Décr. nº 2010-429 du 29 avr. 2010, art. 6)* « directeur régional de l'alimentation, de l'agriculture et de la forêt », ou leurs représentants, y siègent de droit. Ledit conseil comprend deux représentants des opérateurs et usagers, désignés dans les conditions fixées par le règlement intérieur.

Le conseil de discipline auditionne toute personne qu'il juge utile, et notamment un officier de police judiciaire ou son représentant. – *[Arr. 13 janv. 2006, art. 6.]*

Art. A. 761-16 Un comité technique consultatif est créé auprès du gestionnaire du marché, qui pourvoit à son secrétariat et fixe l'ordre du jour de ses séances.

Il comprend vingt-cinq membres au maximum. Il est composé de représentants :

1° Des administrations publiques ;

2° Des producteurs ;

3° Des opérateurs ;

4° Des usagers.

Les représentants de la première catégorie sont désignés par le préfet chargé de la police du marché. Ceux des trois dernières catégories sont nommés par le gestionnaire, sur la proposition des organisations professionnelles les plus représentatives.

Le fonctionnement du comité technique consultatif est défini par le règlement intérieur des marchés d'intérêt national. – *[Arr. 13 janv. 2006, art. 7.]*

SOUS-SECTION 2 DISPOSITIONS APPLICABLES AUX MARCHÉS D'INTÉRÊT NATIONAL INSTALLÉS SUR LE DOMAINE PUBLIC

La présente sous-section ne comprend pas de dispositions pour les arrêtés.

SOUS-SECTION 3 DISPOSITIONS APPLICABLES AUX MARCHÉS D'INTÉRÊT NATIONAL INSTALLÉS SUR LE DOMAINE PRIVÉ D'UNE COLLECTIVITÉ TERRITORIALE ET À CEUX INSTALLÉS SUR DES IMMEUBLES APPARTENANT À DES PERSONNES PRIVÉES

La présente sous-section ne comprend pas de dispositions pour les arrêtés.

CHAPITRE II DES MANIFESTATIONS COMMERCIALES

Art. A. 762-1 *(Arr. 19 mars 2010, art. 1er)* **Pour l'application du présent chapitre, les données déclarées sont conformes aux définitions suivantes**

1° Est considérée comme session précédente de la même manifestation celle qui n'a pas fait l'objet de modifications substantielles affectant la liste des produits ou services présentés, le nombre de visiteurs attendus et ayant la même localisation.

2° La fréquentation est le nombre moyen d'entrées journalières sur le site de la manifestation au cours de ses jours officiels d'ouverture quel que soit le motif d'entrée. Les autres données déclarées répondent aux définitions de la norme NF ISO 25639-1 de janvier 2009 "Terminologie du secteur des foires, salons et congrès ou manifestations commerciales. – Partie 1 : vocabulaire" ou à des spécifications reconnues équivalentes.

Arrêté du 24 avril 2009,

Portant sur la reconnaissance du caractère international des manifestations commerciales.

BIBL. ▶ Note de la rédaction, *BRDA 2009, n° 10, p. 10.*

Art. 1er Pour l'application du présent arrêté, les données déclarées doivent être conformes aux définitions inscrites à l'article 1er de l'arrêté du 12 juin 2006 susvisé *[C. com., art. A. 762-1].*

Art. 2 Une manifestation commerciale bénéficie de la reconnaissance officielle de son caractère international simple et de l'appellation « international » si elle remplit les conditions suivantes :

1. Avoir réuni, au cours de sa session précédente, au moins 10 % d'exposants étrangers par rapport au nombre total d'exposants ; ou avoir accueilli, au cours de sa session précédente, au moins 5 % de visites étrangères par rapport au nombre total de visites ;

2. Pour la session précédant la demande de reconnaissance internationale et pour chaque session durant la validité de la reconnaissance internationale, soumettre au contrôle d'un organisme de certification *(Arr. 19 mars 2010, art. 1er)* « respectant les conditions fixées à l'article A. 762-9 du code de commerce » les caractéristiques chiffrées prévues au premier alinéa de cet article (le nombre d'exposants étrangers, la surface nette en mètres carrés occupée par les exposants étrangers, le nombre de visites étrangères, le nombre de visites total).

Art. 3 Une manifestation commerciale bénéficie de la reconnaissance officielle de son caractère international confirmé et de l'appellation « international confirmé » dès lors qu'elle satisfait aux conditions suivantes :

1. Correspondre à la définition du salon professionnel (art. L. 762-2 du code de commerce) ;

2. Avoir réuni, au cours de sa session précédente, au moins 20 % d'exposants étrangers par rapport au nombre total d'exposants ;

3. *(Arr. 21 déc. 2010, art. 1er)* « Avoir accueilli, au cours de la session précédente, au moins 25 % de visiteurs professionnels étrangers, y compris les journalistes, par rapport au nombre total de visiteurs professionnels contrôlés, ou un minimum de 1 000 visiteurs étrangers. »

Le ministre en charge du commerce extérieur peut compléter la liste des manifestations bénéficiant du caractère international confirmé de salons professionnels qui respecteraient les critères fixés à l'article 2.

Art. 4 Les salons internationaux définis à l'article 3 sont présumés éligibles à l'assurance prospection de la COFACE. La liste de ces salons est adressée chaque année pour validation au ministre en charge du commerce extérieur.

D'autres salons peuvent être éligibles à l'assurance prospection de la COFACE, au cas par cas, sur décision du ministre en charge du commerce extérieur.

Art. 5 La reconnaissance du caractère international est valable trois ans.

A l'issue de cette période, l'organisateur peut en demander la prorogation pour une nouvelle période de trois ans sur simple production des éléments fournis dans le dossier initial, relatifs à sa session précédente selon les mêmes modalités que celles de la demande initiale.

Art. A. 762-2 La demande d'enregistrement d'un parc d'exposition prévue à l'article R. 762-1, transmise en deux exemplaires, est conforme à l'annexe I de l'annexe 7-10 au présent livre. — *V. cette annexe 7-10 (JO 20 janv. 2009) au* ***C. com.***

Elle comprend, en outre :

1° Un plan du parc et de ses installations fixes et permanentes ;

2° Dans l'hypothèse où, au sein de la surface close, se tiennent des activités permanentes autres que celles de parc d'exposition : une fiche précisant la nature de ces activités, les surfaces occupées et le nombre de personnes occupées à temps plein par ces activités.

Le récépissé d'enregistrement du parc transmis par le préfet, prévu à l'article R. 762-2, est conforme à l'annexe VII de l'annexe 7-10 au présent livre.

En cas de modification des éléments de la demande initiale d'enregistrement, son exploitant en fait sans délai déclaration au préfet. Le récépissé d'enregistrement modificatif transmis par le préfet est conforme à l'annexe VIII de l'annexe 7-10 au présent livre. — *[Arr. 12 juin 2006, art. 2.]*

Art. A. 762-3 La déclaration du programme de manifestations se tenant dans un parc d'exposition enregistré, prévue à l'article R. 762-5, établie à partir des éléments recueillis auprès des organisateurs desdites manifestations et transmise en deux exemplaires, est conforme à l'annexe II de l'annexe 7-10 au présent livre. — *V. cette annexe 7-10 (JO 20 janv. 2009) au* ***C. com.***.

Les caractéristiques chiffrées relatives à la dernière session, portant sur la surface nette de la manifestation, le nombre d'exposants, le nombre de visites, la fréquentation ainsi que, s'agissant des salons professionnels tels que définis à l'article L. 762-2, le nombre de visiteurs, sont certifiées par un organisme *(Arr. 19 mars 2010, art. 1er-II)* « dans les conditions fixées » à l'article A. 762-9.

Les caractéristiques chiffrées relatives à la dernière session, certifiées par un organisme mentionné à l'article A. 762-9, portant sur le nombre de visiteurs professionnels, le nombre et la surface nette occupée par les exposants étrangers et le nombre de visiteurs étrangers sont fournies à titre facultatif par le déclarant.

Par dérogation, lorsque la surface nette de la manifestation est inférieure à 1 000 mètres carrés, *(Arr. du 24 oct. 2012, art. 2, en vigueur le 1er juill. 2013)* « le contrôle » de ses caractéristiques chiffrées peut être réalisée par l'exploitant du parc qui l'accueille.

Dans l'hypothèse où la manifestation se tient pour la première fois dans le parc d'exposition considéré, ses caractéristiques chiffrées sont données sous forme d'estimations.

Le récépissé de déclaration, transmis par le préfet, prévu à l'article R. 762-6 est conforme à l'annexe IX de l'annexe 7-10 au présent livre.

La déclaration modificative du programme de manifestations se tenant dans un parc d'exposition enregistré, établie à partir des éléments recueillis auprès des organisateurs desdites manifestations et transmise en deux exemplaires, est conforme à l'annexe III de l'annexe 7-10 au présent livre. S'agissant des modifications apportées à une manifestation déclarée dans le programme initial, seules la dénomination initiale de la manifestation et les caractéristiques modifiées sont déclarées. Le récépissé de déclaration modificative, transmis par le préfet, est conforme à l'annexe X de l'annexe 7-10 au présent livre. – *[Arr. 12 juin 2006, art. 3.]*

Art. A. 762-4 La déclaration prévue à l'article R. 762-10, transmise en deux exemplaires, est conforme, selon le cas, à l'annexe IV ou à l'annexe V de l'annexe 7-10 au présent livre. – *V. cette annexe 7-10 (JO 20 janv. 2009) au* **C. com.**

Le récépissé de déclaration transmis par le préfet, prévu à l'article R. 762-10, est conforme à l'annexe XI de l'annexe 7-10 au présent livre.

Les caractéristiques chiffrées déclarées obéissent aux obligations de fourniture et de *(Arr. du 24 oct. 2012, art. 2, en vigueur le 1er juillet 2013)* « contrôle » énoncées à l'article A. 762-3.

La déclaration modificative des caractéristiques d'un salon professionnel se tenant hors d'un parc d'exposition enregistré est conforme à l'annexe VI de l'annexe 7-10 au présent livre. Seules la dénomination initiale de la manifestation, la date du récépissé de déclaration initiale et les caractéristiques modifiées sont déclarées. Le récépissé de déclaration modificative, transmis par le préfet, est conforme à l'annexe XII de l'annexe 7-10 au présent livre. – *[Arr. 12 juin 2006, art. 4.]*

Art. A. 762-5 Le récépissé de déclaration du programme annuel, prévu à l'article R. 762-6, est affiché dès réception par l'exploitant du parc à l'entrée principale de celui-ci et de façon qu'il soit librement accessible au public jusqu'au 31 décembre de l'exercice auquel il se rapporte.

Il en est de même des récépissés des déclarations modificatives du programme annuel.

L'organisateur d'un salon professionnel qui a déclaré sa manifestation en application de l'article L. 762-2 affiche pendant toute la durée de ladite manifestation, à l'entrée principale de celle-ci et de façon à ce qu'elles soient librement accessibles au public, les copies de la déclaration, du récépissé de déclaration et, le cas échéant, du récépissé de déclaration modificative. – *[Arr. 12 juin 2006, art. 5.]*

Art. A. 762-6 Copie des récépissés de déclarations prévues aux articles R. 762-6 et R. 762-10 est adressée par le préfet à la chambre de commerce et d'industrie dans le ressort de laquelle doit se tenir la manifestation. – *[Arr. 12 juin 2006, art. 6.]*

Art. A. 762-7 Dès transmission du récépissé de déclaration au responsable du parc d'exposition ou à l'organisateur du salon professionnel se tenant en dehors d'un parc d'exposition, le préfet communique au ministre chargé du commerce le second exemplaire des déclarations prévues aux articles R. 762-5 et R. 762-10 et, le cas échéant, des déclarations modificatives. – *[Arr. 12 juin 2006, art. 7.]*

Art. A. 762-8 Les déclarations mentionnées aux articles R. 762-5 et R. 762-10 peuvent être effectuées par voie électronique par l'intermédiaire du site internet public du ministère chargé du commerce.

Il est accusé réception de ces déclarations par la même voie.

Cette déclaration par voie électronique donne également lieu à délivrance des récépissés prévus aux articles R. 762-6 et R. 762-10. – *[Arr. 12 juin 2006, art. 8.]*

Art. A. 762-9 *(Arr. du 24 oct. 2012, art. 1er, en vigueur le 1er juill. 2013)* Le contrôle par inspection des caractéristiques chiffrées soumises à déclaration d'une manifestation commerciale est effectué par un organisme tierce partie indépendant des parties engagées, accrédité à cet effet par le Comité français d'accréditation (COFRAC) ou par tout autre organisme membre de la coopération européenne pour l'accréditation et ayant signé les accords de reconnaissance mutuelle multilatéraux.

L'organisme accrédité effectue les opérations définies à l'annexe XIII de l'annexe 7-10 "Principales opérations en vue du contrôle des caractéristiques chiffrées des manifestations commerciales" du présent livre. – *V. annexe 7-10 (JO 25 mars 2010) au C. com.*

Les calculs sont réalisés suivant les normes NF ISO 25639-1 de janvier 2009 "Terminologie du secteur des foires, salons et congrès ou manifestations commerciales. – Partie 1 : vocabulaire" et NF ISO 25639-2 de janvier 2009 "Terminologie du secteur des foires, salons et congrès ou manifestations commerciales. – Partie 2 : méthodes de comptage à des fins statistiques ou à des spécifications reconnues équivalentes".

L'obligation d'accréditation ne s'applique pas aux exploitants de parc lorsque ceux-ci procèdent au contrôle des caractéristiques chiffrées dans le cadre de la dérogation prévue à l'article A. 762-3 du code de commerce.

Art. A. 762-10 Est autorisée la mise en œuvre, par le ministère chargé du commerce, d'un traitement automatisé des données relatives aux parcs d'exposition et aux manifestations commerciales déclarés en application du présent chapitre. – *[Arr. 7 nov. 2006, art. 1er.]*

Art. A. 762-11 Le traitement automatisé a pour finalité d'assurer :

1° La télé déclaration des manifestations commerciales mentionnées à l'article R. 762-4 ;

2° La gestion des données relatives aux parcs d'exposition et aux manifestations commerciales déclarés en application des articles R. 762-1 à R. 762-3, R. 762-5 à R. 762-12 ;

3° La mise à disposition auprès du public, au moyen d'un site internet, de données relatives aux parcs d'exposition et aux manifestations commerciales déclarés. – *[Arr. 7 nov. 2006, art. 2.]*

Art. A. 762-12 Les catégories de données enregistrées sont les suivantes :

I. – Données relatives à un parc d'exposition :

1° Données à caractère non personnel relatives aux caractéristiques du parc ;

2° Données à caractère personnel relatives à l'exploitant du parc, personne physique : nom et prénom(s), coordonnées téléphoniques et électroniques, adresse et numéro unique d'identification (SIRET) ;

3° Données à caractère personnel relatives au responsable de la gestion du parc et, le cas échéant, au responsable de la sécurité : nom, prénom(s), coordonnées téléphoniques et électroniques.

II. – Données relatives à une manifestation commerciale :

1° Données à caractère non personnel relatives aux caractéristiques de la manifestation ;

2° Données à caractère personnel relatives à l'organisateur de la manifestation, personne physique : nom et prénom(s), coordonnées téléphoniques et électroniques, adresse et numéro unique d'identification (SIRET) ;

3° Données à caractère personnel relatives à la personne responsable de la manifestation, personne physique : nom, prénom(s), coordonnées téléphoniques et électroniques ;

4° Données à caractère personnel relatives à l'organisme, personne physique, chargé *(Arr. du 24 oct. 2012, art. 2, en vigueur le 1er juillet 2013)* « du contrôle » des caractéristiques chiffrées de la manifestation : nom et prénom(s), adresse et numéro unique d'identification (SIRET) ;

5° Données à caractère personnel relatives au télé déclarant de la manifestation : login et mot de passe d'accès à l'application de télé déclaration.

III. – Données à caractère personnel relatives à l'agent de la préfecture chargé de la gestion des récépissés d'enregistrement de parcs d'exposition et de déclaration de

manifestations commerciales : nom et prénom(s), coordonnées électroniques et téléphoniques.

IV. – Données à caractère personnel relatives aux agents de la direction chargée du commerce du ministère chargé du commerce : coordonnées électroniques et téléphoniques, login et mot de passe d'accès à l'application de télé déclaration. – *[Arr. 7 nov. 2006, art. 3.]*

Art. A. 762-13 Les données faisant l'objet d'une publication sur un site internet sont les suivantes :

I. – Données relatives à un parc d'exposition :

Les données mentionnées aux 1° et 2° du I de l'article A. 762-12.

II. – Données relatives à une manifestation commerciale :

Les données mentionnées aux 1° et 2° du II de l'article A. 762-12.

III. – Données relatives aux agents chargés d'être les interlocuteurs des télédéclarants, en matière d'exercice du droit d'accès et de rectification, au sein de la direction chargée du commerce du ministère chargé du commerce : coordonnées électroniques et téléphoniques. – *[Arr. 7 nov. 2006, art. 4.]*

Art. A. 762-14 Seuls sont habilités à traiter les données incluses dans le traitement automatisé, dans les limites de leurs missions, les agents de préfecture et de la direction chargée du commerce du ministère chargé du commerce. – *[Arr. 7 nov. 2006, art. 5.]*

Art. A. 762-15 Peuvent obtenir communication, en ligne ou sur demande écrite auprès de la direction mentionnée à l'article A. 762-14, des données du traitement automatisé qui les concernent :

1° L'exploitant d'un parc d'exposition enregistré ;

2° L'organisateur d'une manifestation commerciale déclarée ;

3° L'organisme de *(Arr. du 24 oct. 2012, art. 2, en vigueur le 1er juillet 2013)* « contrôle » visé à l'article A. 762-12. – *[Arr. 7 nov. 2006, art. 6.]*

Art. A. 762-16 Les droits d'accès et de rectification prévus aux articles 39 et 40 de la loi n° 78-17 du 6 janvier 1978 relative à l'informatique, aux fichiers et aux libertés s'exercent auprès de la direction chargée du commerce du ministère chargé du commerce. – *[Arr. 7 nov. 2006, art. 7.]*

Art. A. 762-17 Les données à caractère personnel sont conservées sur support informatique pendant une durée de dix ans à compter de la date à laquelle est intervenue leur dernière modification.

Les données à caractère non personnel sont conservées sur support informatique pendant une durée de trente ans à compter de la date à laquelle est intervenue leur dernière modification. – *[Arr. 7 nov. 2006, art. 8.]*

Art. A. 762-18 Le droit d'opposition prévu à l'article 38 de la loi n° 78-17 du 6 janvier 1978 relative à l'informatique, aux fichiers et aux libertés ne s'applique pas au traitement automatisé. – *[Arr. 7 nov. 2006, art. 9.]*

LIVRE HUITIÈME DE QUELQUES PROFESSIONS RÉGLEMENTÉES

TITRE PREMIER DES ADMINISTRATEURS JUDICIAIRES, DES MANDATAIRES JUDICIAIRES ET DES EXPERTS EN DIAGNOSTIC D'ENTREPRISE

CHAPITRE PREMIER DES ADMINISTRATEURS JUDICIAIRES

SECTION PREMIERE DE L'ACCÈS À LA PROFESSION

SOUS-SECTION 1 DE LA COMMISSION NATIONALE D'INSCRIPTION ET DE DISCIPLINE DES ADMINISTRATEURS JUDICIAIRES

Art. A. 811-1 Le règlement fixant les conditions d'élection des administrateurs judiciaires élus au sein de la Commission nationale d'inscription et de discipline des administrateurs judiciaires établi, en vertu de l'article R. 811-6, par le bureau du Conseil national des administrateurs judiciaires et des mandataires judiciaires et approuvé par le garde des sceaux, ministre de la justice, figure à l'annexe 8-1 au présent livre. – *[Arr. 18 avr. 2007.] – V. Annexe 8-1*

SOUS-SECTION 2 DES CONDITIONS D'INSCRIPTION SUR LA LISTE DES ADMINISTRATEURS JUDICIAIRES

Art. A. 811-2 Les titres et diplômes sanctionnant un deuxième cycle d'enseignement supérieur ou d'un niveau équivalent, prévus au 4° de l'article R. 811-7, qui permettent l'accomplissement du stage professionnel d'administrateur judiciaire, sont les suivants :

1° Maîtrise de sciences et techniques comptables et financières ;

2° Maîtrise de méthodes informatiques appliquées à la gestion ;

3° Maîtrise d'économie appliquée de l'université Paris-IX ;

4° Diplôme d'un institut d'études politiques ;

5° Maîtrise d'administration économique et sociale, mention administration et gestion des entreprises ;

6° Titre d'ingénieur économiste délivré par le Conservatoire national des arts et métiers. – *[Arr. 19 janv. 1987, art. 1er.]*

Art. A. 811-3 L'examen d'accès au stage professionnel d'administrateur judiciaire est organisé au moins une fois par an.

Les dates et lieux des épreuves sont fixés par le garde des sceaux, ministre de la justice, et publiés quatre mois avant la date de la première épreuve au *Journal officiel* de la République française. – *[Arr. 22 oct. 2007, art. 1er.]*

Art. A. 811-4 I. – Les candidatures sont adressées au secrétaire de la Commission nationale d'inscription des administrateurs judiciaires, par lettre recommandée avec demande d'avis de réception, au plus tard trois mois avant la date de la première épreuve de la session.

II. – Le dossier de candidature comprend :

1° Une requête de l'intéressé ;

2° Tous documents officiels justificatifs de l'identité et de la nationalité du candidat ;

3° Tous documents justificatifs du domicile du candidat ;

4° Une photocopie lisible de l'un des titres ou diplômes énumérés aux articles R. 811-7 et R. 811-8 ou la justification des dispenses prévues par la loi. – *[Arr. 22 oct. 2007, art. 2.]*

Art. A. 811-5 La commission arrête, deux mois avant la date de la première épreuve de la session, la liste des candidats admis à subir les épreuves de l'examen d'accès au stage professionnel. Des convocations individuelles mentionnant le jour, l'heure et le lieu des épreuves sont adressées à chaque candidat au moins quinze jours à l'avance. – *[Arr. 22 oct. 2007, art. 3.]*

Art. A. 811-6 L'examen comprend des épreuves écrites d'admissibilité et une épreuve orale d'admission.

Les sujets de ces épreuves sont arrêtés par le jury. – *[Arr. 22 oct. 2007, art. 4.]*

Art. A. 811-7 Les épreuves écrites d'admissibilité comprennent :

1° Une épreuve d'une durée de trois heures portant sur le droit national des entreprises en difficulté.

La note est affectée d'un coefficient 6.

2° Une épreuve d'une durée de trois heures consistant en la résolution d'un cas pratique de comptabilité correspondant au programme de l'épreuve du DPECF.

La note est affectée d'un coefficient 3.

3° Une épreuve d'une durée de deux heures portant sur le droit des contrats.

La note est affectée d'un coefficient 3.

4° Une épreuve d'une durée d'une heure trente portant sur la gestion financière et le contrôle de gestion correspondant au programme de l'épreuve du DECF.

La note est affectée d'un coefficient 3.

5° Une épreuve d'une durée d'une heure trente portant sur le droit social lié aux procédures collectives.

La note est affectée d'un coefficient 3.

6° Une épreuve d'une durée de deux heures constituée d'une note de synthèse portant sur le droit européen et international des entreprises en difficulté réalisée à partir de documents fournis aux candidats.

La note est affectée d'un coefficient 2.

7° Une épreuve d'une durée d'une heure trente portant sur le droit des sociétés et des groupements.

La note est affectée d'un coefficient 2. – *[Arr. 22 oct. 2007, art. 5.]*

Art. A. 811-8 Pour les épreuves d'admissibilité, les candidats peuvent utiliser les codes et recueils de lois et décrets comportant des références d'articles de doctrine et de jurisprudence. Ils peuvent également se servir de codes ou recueils de lois et décrets ne contenant aucune indication de doctrine ou de jurisprudence sans autre note que des références à des textes législatifs ou réglementaires. – *[Arr. 22 oct. 2007, art. 6.]*

Art. A. 811-9 La correction des épreuves écrites est organisée de manière à préserver l'anonymat de chaque candidat. Chaque composition est examinée par deux correcteurs.

Chacune des épreuves d'admissibilité est notée de 0 à 20. Chaque note est affectée du coefficient prévu pour l'épreuve correspondante.

L'admissibilité est prononcée par le jury au vu de la moyenne des notes obtenues par le candidat à l'ensemble des épreuves écrites qu'il a subies, si celle-ci est égale ou supérieure à 10 sur 20.

Le jury arrête par ordre alphabétique la liste des candidats déclarés admissibles. Celle-ci est mise en ligne et consultable gratuitement sur le site internet du Conseil national des administrateurs judiciaires et des mandataires judiciaires.

L'admissibilité n'est valable que pour la session au cours de laquelle elle a été acquise. – *[Arr. 22 oct. 2007, art. 7.]*

Art. A. 811-10 Nul ne peut se présenter à l'épreuve orale d'admission s'il n'a été déclaré admissible par le jury.

Une convocation individuelle mentionnant le jour, l'heure et le lieu de l'épreuve orale est adressée à chaque candidat admissible au moins quinze jours à l'avance.

L'épreuve est constituée d'une discussion de trente minutes avec le jury orientée sur l'exercice de la profession d'administrateur judiciaire. Elle se déroule en séance publique.

Cette épreuve est notée de 0 à 20. La note est affectée d'un coefficient 3. – *[Arr. 22 oct. 2007, art. 8.]*

Art. A. 811-11 L'admission est prononcée par le jury au vu de la moyenne des notes obtenues par le candidat à l'ensemble des épreuves écrites et orale qu'il a subies, si celle-ci est égale ou supérieure à 10 sur 20. – *[Arr. 22 oct. 2007, art. 9.]*

Art. A. 811-12 Le jury arrête la liste des candidats déclarés admis. Cette liste est publiée au *Journal officiel* de la République française. Les résultats sont notifiés individuellement à chaque candidat. – *[Arr. 22 oct. 2007, art. 10.]*

Art. A. 811-13 L'examen d'aptitude à la profession d'administrateur judiciaire est organisé au moins une fois par an.

Les dates et lieux des épreuves sont fixés par le garde des sceaux, ministre de la justice, et publiés, quatre mois avant la date de la première épreuve, au *Journal officiel* de la République française. – *[Arr. 22 mars 2006, art. 1er.]*

Art. A. 811-14 I. – Les candidatures sont adressées au secrétaire de la Commission nationale d'inscription des administrateurs judiciaires, par lettre recommandée avec demande d'avis de réception, au plus tard trois mois avant la date de la première épreuve de la session.

II. – Le dossier de candidature comprend :

1° Une requête de l'intéressé ;

2° Tous documents officiels justificatifs de l'identité et de la nationalité du candidat ;

3° Tous documents justificatifs du domicile du candidat ;

4° Une photocopie lisible de l'un des titres ou diplômes énumérés aux articles R. 811-7 et R. 811-8 ou la justification des dispenses prévues par la loi ;

5° Une copie du certificat de fin de stage ou la justification de la dispense partielle de stage ;

6° Le cas échéant, la justification de la dispense d'une ou plusieurs épreuves de l'examen d'aptitude. – *[Arr. 22 mars 2006, art. 2.]*

Art. A. 811-15 La commission arrête, deux mois avant la date de la première épreuve de la session, la liste des candidats admis à subir les épreuves de l'examen d'aptitude professionnelle. Des convocations individuelles mentionnant le jour, l'heure et le lieu des épreuves sont adressées à chaque candidat au moins quinze jours à l'avance. – *[Arr. 22 mars 2006, art. 3.]*

Art. A. 811-16 L'examen comprend des épreuves orales, une épreuve écrite et, si le candidat en fait la demande, une épreuve écrite optionnelle.

Les sujets des épreuves sont arrêtés et composés par le jury. – *[Arr. 22 mars 2006, art. 4.]*

Art. A. 811-17 Les épreuves orales comprennent :

1° Une épreuve d'une durée de trente minutes comportant un exposé de dix minutes sur un sujet de culture économique et financière suivie d'une discussion avec le jury.

Les candidats disposent d'une heure pour la préparation de cette épreuve.

La note est affectée d'un coefficient 3.

2° Une interrogation d'une durée de vingt minutes portant sur la procédure civile et le droit pénal des affaires.

La note est affectée d'un coefficient 3.

3° Une épreuve d'une durée de trente minutes de présentation et de discussion avec le jury portant sur un mémoire de rapport de stage que le candidat a réalisé et dont le sujet d'économie, de droit ou de gestion a été choisi par le candidat.

La note est affectée d'un coefficient 3.

4° Une interrogation d'une durée de vingt minutes portant sur le statut et la déontologie de la profession d'administrateur judiciaire.

La note est affectée d'un coefficient 3.

5° Une interrogation d'une durée de quinze minutes portant sur le droit social et le droit fiscal liés aux procédures collectives.

La note est affectée d'un coefficient 3.

6° Une interrogation d'une durée de vingt minutes portant sur la gestion d'un cabinet d'administrateur judiciaire.

La note est affectée d'un coefficient 2.

7° Une interrogation d'une durée de quinze minutes portant sur l'application du droit européen aux procédures collectives nationales.

La note est affectée d'un coefficient 1. – *[Arr. 22 mars 2006, art. 5.]*

Art. A. 811-18 L'épreuve écrite, d'une durée de cinq heures, a pour objet le traitement d'un dossier portant sur l'une des missions susceptibles d'être confiées à un administrateur judiciaire.

La note est affectée d'un coefficient 6. – *[Arr. 22 mars 2006, art. 6.]*

Art. A. 811-19 L'épreuve écrite optionnelle ouvrant droit au certificat de spécialisation en matière civile d'une durée de quatre heures porte sur le droit des régimes matrimoniaux, la copropriété, les successions et le droit des associations.

La note est affectée d'un coefficient 3. – *[Arr. 22 mars 2006, art. 7.]*

Art. A. 811-20 Chacune des épreuves est notée de 0 à 20. Chaque note est affectée du coefficient prévu pour l'épreuve correspondante.

L'aptitude est prononcée par le jury au vu de la moyenne des notes obtenues par le candidat à l'ensemble des épreuves qu'il a subies, si celle-ci est égale ou supérieure à 10 sur 20.

Pour les épreuves écrites, les candidats peuvent utiliser les codes et recueils de lois et décrets comportant des références d'articles de doctrine et de jurisprudence, à l'exclusion toutefois des codes annotés et commentés, article par article, par des professionnels du droit. Ils peuvent également se servir de codes ou recueils de lois et décrets ne contenant aucune indication de doctrine ou de jurisprudence sans autre note que des références à des textes législatifs ou réglementaires.

La correction des épreuves écrites est organisée de manière à préserver l'anonymat de chaque candidat. Chaque composition est examinée par deux correcteurs.

Les épreuves orales se déroulent en séance publique. – *[Arr. 22 mars 2006, art. 9.]*

Art. A. 811-21 Le jury arrête la liste des candidats déclarés aptes. Cette liste est publiée au *Journal officiel* de la République française. Les résultats sont notifiés individuellement à chaque candidat. – *[Arr. 22 mars 2006, art. 10.]*

Art. A. 811-22 Par application des dispositions du titre III du décret n° 56-585 du 12 juin 1956 portant fixation du système général de rétribution des agents de l'État ou des personnels non fonctionnaires assurant, à titre d'occupation accessoire, soit une tâche d'enseignement, soit le fonctionnement de jurys d'examens ou de concours, les jurys aux examens d'accès au stage professionnel et d'aptitude aux fonctions d'administrateur judiciaire sont classés dans le groupe I *bis*. – *[Arr. 10 nov. 1987.]*

SOUS-SECTION 3 DE LA PROCÉDURE D'INSCRIPTION SUR LA LISTE DES ADMINISTRATEURS JUDICIAIRES ET DE LA RÉVISION DE LA LISTE

La présente sous-section ne comprend pas de dispositions pour les arrêtés.

SECTION II DE LA SURVEILLANCE, DE L'INSPECTION ET DE LA DISCIPLINE

La présente section ne comprend pas de dispositions pour les arrêtés.

SECTION III DE LA DÉSIGNATION D'UN ADMINISTRATEUR PROVISOIRE

La présente section ne comprend pas de dispositions pour les arrêtés.

CHAPITRE II DES MANDATAIRES JUDICIAIRES

SECTION PREMIÈRE DE L'ACCÈS A LA PROFESSION

SOUS-SECTION 1 DE LA COMMISSION NATIONALE D'INSCRIPTION ET DE DISCIPLINE DES MANDATAIRES JUDICIAIRES

Art. A. 812-1 Le règlement fixant les conditions d'élection des mandataires judiciaires élus au sein de la Commission nationale d'inscription et de discipline des mandataires judiciaires établi, en vertu de l'article R. 812-3, par le bureau du Conseil national des administrateurs judiciaires et des mandataires judiciaires et approuvé par le garde des sceaux, ministre de la justice, figure à l'annexe 8-1 au présent livre. – *[Arr. 18 avr. 2007.]* – *V. Annexe 8-1.*

SOUS-SECTION 2 DES CONDITIONS D'INSCRIPTION SUR LES LISTES DE MANDATAIRES JUDICIAIRES

Art. A. 812-2 Les titres et diplômes sanctionnant un deuxième cycle d'enseignement supérieur ou d'un niveau équivalent, prévus au 4° de l'article R. 811-7, qui permettent l'accomplissement du stage professionnel de mandataire judiciaire conformément à l'article R. 812-4, sont les suivants :

1° Maîtrise de sciences et techniques comptables et financières ;

2° Maîtrise de méthodes informatiques appliquées à la gestion ;

3° Maîtrise d'économie appliquée de l'université Paris-IX ;

4° Diplôme d'un institut d'études politiques ;

5° Maîtrise d'administration économique et sociale, mention administration et gestion des entreprises ;

6° Titre d'ingénieur économiste délivré par le Conservatoire national des arts et métiers. – *[Arr. 19 janv. 1987, art. 1er.]*

Art. A. 812-3 L'examen d'accès au stage professionnel de mandataire judiciaire est organisé au moins une fois par an.

Les dates et lieux des épreuves sont fixés par le garde des sceaux, ministre de la justice, et publiés quatre mois avant la date de la première épreuve au *Journal officiel* de la République française. – *[Arr. 22 oct. 2007, art. 1er.]*

Art. A. 812-4 I. – Les candidatures sont adressées au secrétaire de la Commission nationale d'inscription des mandataires judiciaires, par lettre recommandée avec demande d'avis de réception, au plus tard trois mois avant la date de la première épreuve de la session.

II. – Le dossier de candidature comprend :

1° Une requête de l'intéressé ;

2° Tous documents officiels justificatifs de l'identité et de la nationalité du candidat ;

3° Tous documents justificatifs du domicile du candidat ;

4° Une photocopie lisible de l'un des titres ou diplômes énumérés aux articles R. 811-7 et R. 811-8 ou la justification des dispenses prévues par la loi. – *[Arr. 22 oct. 2007, art. 2.]*

Art. A. 812-5 La commission arrête, deux mois avant la date de la première épreuve de la session, la liste des candidats admis à subir les épreuves de l'examen d'accès au stage professionnel. Des convocations individuelles mentionnant le jour, l'heure et le lieu des épreuves sont adressées à chaque candidat au moins quinze jours à l'avance. – *[Arr. 22 oct. 2007, art. 3.]*

Art. A. 812-6 L'examen comprend des épreuves écrites d'admissibilité et une épreuve orale d'admission.

Les sujets de ces épreuves sont arrêtés par le jury. – *[Arr. 22 oct. 2007, art. 4.]*

Art. A. 812-7 Les épreuves écrites d'admissibilité comprennent :

1° Une épreuve d'une durée de trois heures portant sur le droit national des entreprises en difficulté.

La note est affectée d'un coefficient 6.

2° Une épreuve d'une durée de trois heures consistant en la résolution d'un cas pratique de comptabilité correspondant au programme de l'épreuve du DPECF.

La note est affectée d'un coefficient 3.

3° Une épreuve d'une durée de deux heures portant sur le droit de la vente et le droit des sûretés.

La note est affectée d'un coefficient 3.

4° Une épreuve d'une durée d'une heure trente portant sur le droit social lié aux procédures collectives.

La note est affectée d'un coefficient 3.

5° Une épreuve d'une durée d'une heure trente portant sur le droit des procédures civiles d'exécution.

La note est affectée d'un coefficient 3.

6° Une épreuve d'une durée de deux heures constituée d'une note de synthèse portant sur le droit européen et international des entreprises en difficulté réalisée à partir de documents fournis aux candidats.

La note est affectée d'un coefficient 2. – *[Arr. 22 oct. 2007, art. 5.]*

Art. A. 812-8 Pour les épreuves d'admissibilité, les candidats peuvent utiliser les codes et recueils de lois et décrets comportant des références d'articles de doctrine et de jurisprudence. Ils peuvent également se servir de codes ou recueils de lois et décrets ne contenant aucune indication de doctrine ou de jurisprudence sans autre note que des références à des textes législatifs ou réglementaires. – *[Arr. 22 oct. 2007, art. 6.]*

Art. A. 812-9 La correction des épreuves écrites est organisée de manière à préserver l'anonymat de chaque candidat. Chaque composition est examinée par deux correcteurs.

Chacune des épreuves d'admissibilité est notée de 0 à 20. Chaque note est affectée du coefficient prévu pour l'épreuve correspondante.

L'admissibilité est prononcée par le jury au vu de la moyenne des notes obtenues par le candidat à l'ensemble des épreuves écrites qu'il a subies, si celle-ci est égale ou supérieure à 10 sur 20.

Le jury arrête par ordre alphabétique la liste des candidats déclarés admissibles. Celle-ci est mise en ligne et consultable gratuitement sur le site internet du Conseil national des administrateurs judiciaires et des mandataires judiciaires.

L'admissibilité n'est valable que pour la session au cours de laquelle elle a été acquise. – *[Arr. 22 oct. 2007, art. 7.]*

Art. A. 812-10 Nul ne peut se présenter à l'épreuve orale d'admission s'il n'a été déclaré admissible par le jury.

Une convocation individuelle mentionnant le jour, l'heure et le lieu de l'épreuve orale est adressée à chaque candidat admissible au moins quinze jours à l'avance.

L'épreuve est constituée d'une discussion de trente minutes avec le jury, orientée sur l'exercice de la profession de mandataire judiciaire. Elle se déroule en séance publique.

Cette épreuve est notée de 0 à 20. La note est affectée d'un coefficient 3. – *[Arr. 22 oct. 2007, art. 8.]*

Art. A. 812-11 L'admission est prononcée par le jury au vu de la moyenne des notes obtenues par le candidat à l'ensemble des épreuves écrites et orale qu'il a subies, si celle-ci est égale ou supérieure à 10 sur 20. – *[Arr. 22 oct. 2007, art. 9.]*

Art. A. 812-12 Le jury arrête la liste des candidats déclarés admis. Cette liste est publiée au *Journal officiel* de la République française. Les résultats sont notifiés individuellement à chaque candidat. – *[Arr. 22 oct. 2007, art. 10.]*

Art. A. 812-13 L'examen d'aptitude à la profession de mandataire judiciaire est organisé au moins une fois par an.

Les dates et lieux des épreuves sont fixés par le garde des sceaux, ministre de la justice, et publiés, quatre mois avant la date de la première épreuve, au *Journal officiel* de la République française. – *[Arr. 22 mars 2006, art. 1er.]*

Art. A. 812-14 I. – Les candidatures sont adressées au secrétaire de la Commission nationale d'inscription des mandataires judiciaires, par lettre recommandée avec demande d'avis de réception, au plus tard trois mois avant la date de la première épreuve de la session.

II. – Le dossier de candidature comprend :

1° Une requête de l'intéressé ;

2° Tous documents officiels justificatifs de l'identité et de la nationalité du candidat ;

3° Tous documents justificatifs du domicile du candidat ;

4° Une photocopie lisible de l'un des titres ou diplômes énuméré aux articles R. 811-7 et R. 811-8 ou la justification des dispenses prévues par la loi ;

5° Une copie du certificat de fin ou la justification de la dispense partielle de stage ;

6° Le cas échéant, la justification de la dispense d'une ou plusieurs épreuves de l'examen d'aptitude. – *[Arr. 22 mars 2006, art. 2.]*

Art. A. 812-15 La commission arrête, deux mois avant la date de la première épreuve de la session, la liste des candidats admis à subir les épreuves de l'examen d'aptitude professionnelle. Des convocations individuelles mentionnant le jour, l'heure et le lieu des épreuves sont adressées à chaque candidat au moins quinze jours à l'avance. – *[Arr. 22 mars 2006, art. 3.]*

Art. A. 812-16 L'examen comprend des épreuves orales et une épreuve écrite.

Les sujets des épreuves sont arrêtés et composés par le jury. – *[Arr. 22 mars 2006, art. 4.]*

Art. A. 812-17 Les épreuves orales comprennent :

1° Une épreuve d'une durée de trente minutes comportant un exposé de dix minutes sur un sujet de culture économique et financière suivie d'une discussion avec le jury.

Les candidats disposent d'une heure pour la préparation de cette épreuve.

La note est affectée d'un coefficient 3.

2° Une épreuve d'une durée de trente minutes de présentation et de discussion avec le jury portant sur un mémoire de rapport de stage que le candidat a réalisé et dont le sujet d'économie, de droit ou de gestion a été choisi par le candidat.

La note est affectée d'un coefficient 3.

3° Une interrogation d'une durée de vingt minutes portant sur la procédure civile et le droit pénal des affaires.

La note est affectée d'un coefficient 3.

4° Une interrogation d'une durée de quinze minutes portant sur le droit social et le droit fiscal liés aux procédures collectives.

La note est affectée d'un coefficient 3.

5° Une interrogation d'une durée de vingt minutes portant sur le statut et la déontologie de la profession de mandataire judiciaire.

La note est affectée d'un coefficient 3.

6° Une interrogation d'une durée de vingt minutes portant sur la gestion d'un cabinet de mandataire judiciaire.

La note est affectée d'un coefficient 2.

7° Une interrogation d'une durée de quinze minutes portant sur l'application du droit européen aux procédures collectives nationales.

La note est affectée d'un coefficient 1. – *[Arr. 22 mars 2006, art. 5.]*

Art. A. 812-18 L'épreuve écrite, d'une durée de cinq heures, a pour objet le traitement d'un dossier portant sur l'une des missions susceptibles d'être confiées à un mandataire judiciaire.

La note est affectée d'un coefficient 6. – *[Arr. 22 mars 2006, art. 6.]*

Art. A. 812-19 Chacune des épreuves est notée de 0 à 20. Chaque note est affectée du coefficient prévu pour l'épreuve correspondante.

L'aptitude est prononcée par le jury au vu de la moyenne des notes obtenues par le candidat à l'ensemble des épreuves qu'il a subies, si celle-ci est égale ou supérieure à 10 sur 20.

Pour les épreuves écrites, les candidats peuvent utiliser les codes et recueils de lois et décrets comportant des références d'articles de doctrine et de jurisprudence, à l'exclusion toutefois des codes annotés et commentés, article par article, par des professionnels du droit. Ils peuvent également se servir de codes ou recueils de lois et décrets ne contenant aucune indication de doctrine ou de jurisprudence sans autre note que des références à des textes législatifs ou réglementaires.

La correction des épreuves écrites est organisée de manière à préserver l'anonymat de chaque candidat. Chaque composition est examinée par deux correcteurs.

Les épreuves orales se déroulent en séance publique. – *[Arr. 22 mars 2006, art. 8.]*

Art. A. 812-20 Le jury arrête la liste des candidats déclarés aptes. Cette liste est publiée au *Journal officiel* de la République française. Les résultats sont notifiés individuellement à chaque candidat. – *[Arr. 22 mars 2006, art. 9.]*

Art. A. 812-21 Par application des dispositions du titre III du décret du 12 juin 1956 portant fixation du système général de rétribution des agents de l'État ou des personnels non fonctionnaires assurant, à titre d'occupation accessoire, soit une tâche d'enseignement, soit le fonctionnement de jurys d'examens ou de concours, les jurys aux examens d'accès au stage professionnel et d'aptitude aux fonctions de mandataire judiciaire sont classés dans le groupe I *bis*. – *[Arr. 10 nov. 1987.]*

SOUS-SECTION 3 DE LA PROCÉDURE D'INSCRIPTION SUR LES LISTES DE MANDATAIRES JUDICIAIRES

La présente sous-section ne comprend pas de dispositions pour les arrêtés.

SECTION II DE LA SURVEILLANCE, DE L'INSPECTION ET DE LA DISCIPLINE

La présente section ne comprend pas de dispositions pour les arrêtés.

CHAPITRE III DES EXPERTS EN DIAGNOSTIC D'ENTREPRISE

Le présent chapitre ne comprend pas de dispositions pour les arrêtés.

CHAPITRE IV DISPOSITIONS COMMUNES

SECTION PREMIÈRE DU RECOURS CONTRE LES DÉCISIONS DES COMMISSIONS D'INSCRIPTION ET DE DISCIPLINE

La présente section ne comprend pas de dispositions pour les arrêtés.

SECTION II DE LA REPRÉSENTATION DES PROFESSIONS AUPRÈS DES POUVOIRS PUBLICS

Art. A. 814-1 Les règles professionnelles établies, en vertu de l'article R. 814-3, par le Conseil national des administrateurs judiciaires et des mandataires judiciaires et approuvées par le garde des sceaux, ministre de la justice, figurent à l'annexe 8-2 au présent livre. – *[Arr. 11 avr. 2001.] – V. Annexe 8-2* .

Art. A. 814-2 Le règlement fixant les conditions d'élection des administrateurs judiciaires et des mandataires judiciaires au Conseil national prévu à l'article L. 814-2, établi en vertu de l'article R. 814-6 par le bureau du Conseil national des administrateurs judiciaires et des mandataires judiciaires et approuvé par le garde des sceaux, ministre de la justice, figure à l'annexe 8-3 au présent livre. – *[Arr. 22 nov. 2007.] – V. Annexe 8-3* .

SECTION III DE LA GARANTIE DE LA REPRÉSENTATION DES FONDS, DE LA RESPONSABILITÉ CIVILE PROFESSIONNELLE ET DE LA REMUNÉRATION

SOUS-SECTION 1 DE LA GARANTIE DE LA REPRÉSENTATION DES FONDS ET DE LA RESPONSABILITÉ CIVILE PROFESSIONNELLE

Art. A. 814-3 Le règlement fixant les conditions d'élection des administrateurs judiciaires et des mandataires judiciaires élus membres au sein du conseil d'administration de la caisse de garantie instituée à l'article L. 814-3, établi en vertu de l'article R. 814-18 et approuvé par le garde des sceaux, ministre de la justice, figure à l'annexe 8-4 au présent livre. – *[Arr. 29 sept. 2006.] – V. Annexe 8-4* .

SOUS-SECTION 2 DE LA REMUNÉRATION

La présente sous-section ne comprend pas de dispositions pour les arrêtés.

SECTION IV DE LA COMPTABILITÉ, DU DÉPÔT DE FONDS, DES CONTRÔLES ET DISPOSITIONS DIVERSES

SOUS-SECTION 1 DE LA TENUE DE LA COMPTABILITÉ ET DU DÉPÔT DE FONDS

La présente sous-section ne comprend pas de dispositions pour les arrêtés.

SOUS-SECTION 2 DES CONTRÔLES

Art. A. 814-4 Les contrôleurs désignés, conformément aux dispositions de l'article R. 814-45, pour effectuer les contrôles des administrateurs judiciaires et des mandataires judiciaires procèdent concomitamment et personnellement aux vérifications minimales prévues pour les procédures ouvertes avant le 1er janvier 2006 aux documents figurant à l'annexe 8-5 au présent livre. – *V. Annexe 8-5* .

A l'issue du contrôle et après un entretien contradictoire avec le professionnel contrôlé, un rapport commun est établi par les contrôleurs. – *[Arr. 26 juin 2003, art. 1er.]*

Art. A. 814-5 L'étendue des contrôles occasionnels est déterminée par l'autorité qui les prescrit. Ces contrôles peuvent comporter l'ensemble des vérifications minimales mentionnées à l'article A. 814-4. – *[Arr. 26 juin 2003, art. 2.]*

Art. A. 814-6 Les contrôleurs demandent les documents et organisent les entretiens nécessaires à la réalisation de leur mission de contrôle dans le respect des dispositions du présent livre. Ils sont tenus au secret professionnel.

Le professionnel contrôlé met à la disposition des contrôleurs tous les documents utiles à la réalisation de leur mission. – *[Arr. 26 juin 2003, art. 3.]*

SOUS-SECTION 3 DE L'HONORARIAT, DU COSTUME D'AUDIENCE ET DU SERMENT

La présente sous-section ne comprend pas de dispositions pour les arrêtés.

SOUS-SECTION 4 DU LIEU D'EXERCICE DE LA PROFESSION

La présente sous-section ne comprend pas de dispositions pour les arrêtés.

SECTION V DES SOCIÉTÉS D'ADMINISTRATEURS JUDICIAIRES ET DE MANDATAIRES JUDICIAIRES

La présente section ne comprend pas de dispositions pour les arrêtés.

SECTION VI DES SOCIÉTÉS DE PARTICIPATIONS FINANCIÈRES DE PROFESSIONS LIBÉRALES D'ADMINISTRATEURS JUDICIAIRES ET DE MANDATAIRES JUDICIAIRES

(Arr. du 20 avr. 2012)

Art. A. 814-7 Le secrétaire de la commission nationale d'inscription et de discipline compétente dresse la liste des sociétés de participations financières de professions libérales d'administrateurs judiciaires ou de mandataires judiciaires qui mentionne les informations suivantes :

a) La dénomination sociale, la forme juridique et le numéro d'inscription de la société ;

b) L'adresse du siège social ;

c) Les noms et adresses professionnelles des associés, des membres des organes de gestion, de direction, et, selon le cas, d'administration ou de surveillance de la société. Le secrétaire de la commission nationale assure la mise à jour de ces informations.

TITRE DEUXIÈME DES COMMISSAIRES AUX COMPTES

CHAPITRE PREMIER DE L'ORGANISATION ET DU CONTRÔLE DE LA PROFESSION

SECTION PREMIÈRE DU HAUT CONSEIL DU COMMISSARIAT AUX COMPTES

SOUS-SECTION 1 DE L'ORGANISATION

Art. A. 821-1 *(Arr. 11 juill. 2011)* Le règlement intérieur adopté par le Haut Conseil du commissariat aux comptes le 12 mai 2011, homologué par le garde des sceaux, ministre de la justice, figure ci-dessous : – *V. ce réglement intérieur,* 🏛.

SOUS-SECTION 2 DU FONCTIONNEMENT

La présente sous-section ne comprend pas de dispositions pour les arrêtés.

SOUS-SECTION 3 DES RELATIONS DU HAUT CONSEIL AVEC SES HOMOLOGUES ÉTRANGERS

La présente sous-section ne comprend pas de dispositions pour les arrêtés.

SECTION II DES CONTRÔLES ET INSPECTIONS DES COMMISSAIRES AUX COMPTES

La présente section ne comprend pas de dispositions pour les arrêtés.

SECTION III DE L'ORGANISATION PROFESSIONNELLE

La présente section ne comprend pas de dispositions pour les arrêtés.

CHAPITRE II DU STATUT DES COMMISSAIRES AUX COMPTES

SECTION PREMIÈRE DE L'INSCRIPTION ET DE LA DISCIPLINE

SOUS-SECTION 1 DE L'INSCRIPTION

§ 1 DES CONDITIONS D'INSCRIPTION SUR LA LISTE

Art. A. 822-1 *(Arr. du 5 mars 2013, art. 2, en vigueur le 1er juill. 2013)* I. – Le certificat préparatoire aux fonctions de commissaire aux comptes prévu à l'article R. 822-2 est organisé chaque année. Les candidats au certificat préparatoire aux fonctions de commissaire aux comptes déposent au siège de la compagnie régionale des commissaires aux comptes de leur domicile, entre le 1er et le 30 janvier, un dossier comprenant :

1° Tous documents officiels justificatifs de leur identité et de leur nationalité ;

2° Un justificatif des diplômes, certificats ou titres dont ils sont titulaires. Les candidats au titre des dispositions du premier alinéa de l'article R. 822-2 justifient de la décision du garde des sceaux les autorisant à se présenter au certificat préparatoire aux fonctions de commissaire aux comptes.

Les pièces produites sont accompagnées, le cas échéant, de leur traduction en langue française par un traducteur agréé auprès des tribunaux français ou habilité à intervenir auprès des autorités judiciaires ou administratives d'un État membre de l'Union européenne ou partie à l'accord sur l'Espace économique européen.

Les candidats qui présentent un handicap au sens de l'article L. 114 du code de l'action sociale et des familles et qui sollicitent le bénéfice d'aménagements pour le déroulement des épreuves en application des dispositions de l'article R. 822-7-1 communiquent, en outre, une copie de la demande adressée en ce sens au président du jury ainsi qu'une copie de l'avis du médecin désigné par la commission mentionnée à l'article L. 146-9 du code de l'action sociale et des familles ou par le représentant de l'État pour les épreuves se déroulant à Mayotte, en Nouvelle-Calédonie ou à Wallis-et-Futuna.

Les dossiers sont adressés par chaque compagnie régionale à la Compagnie nationale des commissaires aux comptes avant le 1er mars.

La liste des candidats autorisés à se présenter au certificat préparatoire aux fonctions de commissaire aux comptes est publiée au *Journal officiel* de la République française par le garde des sceaux, ministre de la justice.

La date et le lieu des épreuves sont notifiés par la Compagnie nationale des commissaires aux comptes, par voie de convocation individuelle.

II. – Le certificat préparatoire comprend des épreuves d'admissibilité et des épreuves d'admission.

A. – Les épreuves d'admissibilité comportent :

1° Une épreuve écrite portant, au choix du jury, sur l'étude d'une ou de plusieurs situations pratiques, d'un ou de plusieurs exercices, d'une ou de plusieurs questions, le cas échéant combinés, portant sur la comptabilité, d'une durée de trois heures (coefficient 3) ;

2° Une épreuve écrite portant, au choix du jury, sur l'étude d'une ou de plusieurs situations pratiques, d'un ou de plusieurs exercices, d'une ou de plusieurs questions, le cas échéant combinés, portant sur les systèmes d'information de gestion et les techniques quantitatives de gestion utilisées en matière d'audit, d'une durée de deux heures (coefficient 2).

Chacune des deux épreuves est notée de 0 à 20 et fait l'objet d'une double correction. L'anonymat de la correction est assuré. Une moyenne de 10/20 est exigée pour l'admissibilité. Toute note inférieure à 6 à l'une des deux épreuves est éliminatoire.

B. – Nul ne peut se présenter aux épreuves d'admission s'il n'a été déclaré admissible.

Les épreuves d'admission, qui sont notées de 0 à 20, comportent :

1° Une interrogation orale sur les matières juridique, comptable, financière et fiscale du programme, d'une durée maximale d'une heure (coefficient 3) ;

2° Une épreuve orale d'anglais appliqué aux affaires se déroulant sous forme de conversation à partir de documents fournis en anglais pouvant servir de support à des questions, des commentaires et des demandes de traduction, d'une durée maximale de trente minutes (coefficient 1).

L'admission est prononcée au vu de la moyenne des notes obtenues par le candidat aux épreuves orales, laquelle ne peut être inférieure à 10/20.

III. – Le programme figure à l'annexe 8-9 au présent livre. – *V. Annexe 8-9*

IV. – Le jury est celui prévu à l'article A. 822-8.

V. – Les résultats sont affichés par les soins du jury et notifiés aux candidats.

Le candidat déclaré admissible qui n'a pas obtenu la moyenne requise aux épreuves d'admission conserve le bénéfice de l'admissibilité pour la session suivante.

Les dispositions de l'Arr. du 5 mars 2013 sont applicables en Nouvelle-Calédonie et dans les îles Wallis-et-Futuna (Arr. préc., art. 19).

Art. A. 822-2 *(Arr. du 5 mars 2013, art. 3, en vigueur le 1er juil. 2013)* Le certificat d'aptitude prévu à l'article R. 822-2 est organisé chaque année.

Les candidats au titre de l'article R. 822-2 déposent au siège de la compagnie régionale des commissaires aux comptes de leur domicile, entre le 1er et le 30 juin, leur demande accompagnée de tous documents officiels justificatifs de leur identité et de leur nationalité et la justification de leur stage professionnel.

Les titulaires d'un diplôme obtenu dans un État étranger, visés au premier alinéa de l'article R. 822-2, justifient de la décision du garde des sceaux les autorisant à se présenter au certificat d'aptitude aux fonctions de commissaire aux comptes.

Les candidats au titre des dispositions du 1° de l'article R. 822-2 justifient de leur réussite au certificat préparatoire aux fonctions de commissaire aux comptes.

Les candidats au titre des dispositions du 2° de l'article R. 822-2 justifient qu'ils sont titulaires du diplôme d'études comptables supérieures régi par le décret n° 81-537 du 12 mai 1981 ou du diplôme d'études supérieures comptables et financières ou qu'ils ont validé au moins quatre des sept épreuves obligatoires du diplôme supérieur de comptabilité et de gestion définies par l'article 50 du décret n° 2012-432 du 30 mars 2012.

Les candidats au titre des dispositions du 3° de l'article R. 822-2 justifient de la décision du garde des sceaux les autorisant à se présenter au certificat d'aptitude aux fonctions de commissaire aux comptes.

Les candidats au titre des dispositions du premier alinéa de l'article R. 822-5 justifient de la décision du garde des sceaux les autorisant à se présenter au certificat d'aptitude aux fonctions de commissaire aux comptes.

Les candidats qui présentent un handicap au sens de l'article L. 114 du code de l'action sociale et des familles et qui sollicitent le bénéfice d'aménagements pour le déroulement des épreuves en application des dispositions de l'article R. 822-7-1 communiquent, en outre, une copie de la demande adressée en ce sens au président du jury ainsi qu'une copie de l'avis du médecin désigné par la commission mentionnée à l'article L. 146-9 du code de l'action sociale et des familles ou par le représentant de l'État pour les épreuves se déroulant à Mayotte, en Nouvelle-Calédonie ou à Wallis-et-Futuna.

Les dossiers sont adressés par chaque compagnie régionale des commissaires aux comptes à la Compagnie nationale des commissaires aux comptes au plus tard le 15 juillet.

La liste des candidats autorisés à se présenter au certificat d'aptitude aux fonctions de commissaire aux comptes est publiée au *Journal officiel* de la République française par le garde des sceaux, ministre de la justice.

La date et le lieu des épreuves sont notifiés par la Compagnie nationale des commissaires aux comptes, par voie de convocation individuelle.

Les dispositions de l'art. 3, al. 3 à 7, de l'Arr. du 5 mars 2013 ne s'appliquent pas aux candidats au certificat d'aptitude aux fonctions de commissaire aux comptes qui justifient d'une date de début de stage professionnel antérieure au 1er juill. 2013. Ils sont admis à présenter le certificat d'aptitude aux fonctions de commissaire aux comptes s'ils remplissaient les conditions fixées par la loi à la date du jour où ils ont commencé le stage mentionné à l'art. R. 822-3.

Les périodes de stage professionnel effectuées avant le 1er juill. 2013 conformément aux dispositions de la partie Arrêtés du code de commerce applicables avant l'entrée en vigueur de l'Arr. du 5 mars 2013 sont validées par le conseil régional compétent (Arr. préc., art. 18).

Les dispositions de l'Arr. du 5 mars 2013 sont applicables en Nouvelle-Calédonie et dans les îles Wallis-et-Futuna (Arr. préc., art. 19).

Art. A. 822-2-1 *(Arr. du 5 mars 2013, art. 4, en vigueur le 1er juill. 2013)* Les candidats titulaires d'un diplôme obtenu dans un État étranger qui souhaitent bénéficier des dispositions du premier alinéa de l'article R. 822-2 adressent au garde des sceaux, ministre de la justice, au plus tard le 30 septembre, un dossier en double exemplaire comprenant :

1° Tous documents officiels justificatifs de leur identité et de leur nationalité ;

2° Tout justificatif des diplômes, certificats ou titres dont ils sont titulaires ;

3° Tout justificatif permettant d'apprécier le contenu et le niveau d'études postsecondaires suivies avec succès.

Les candidats qui souhaitent bénéficier des dispositions du 3° de l'article R. 822-2 adressent au garde des sceaux, ministre de la justice, au plus tard le 30 avril, un dossier en double exemplaire comprenant :

1° Tous documents officiels justificatifs de leur identité et de leur nationalité ;

2° Tout justificatif des diplômes, certificats ou titres dont ils sont titulaires ;

3° Tout justificatif permettant d'apprécier le contenu et le niveau d'études postsecondaires suivies avec succès.

Les candidats au titre des dispositions du premier alinéa de l'article R. 822-5 fournissent au garde des sceaux, ministre de la justice, au plus tard le 30 avril, un dossier en double exemplaire comprenant :

1° Tous documents officiels justificatifs de leur identité et de leur nationalité ;

2° Tout justificatif établissant qu'ils ont exercé pendant une durée de quinze ans au moins une activité publique ou privée qui leur a permis d'acquérir une expérience suffisante dans les domaines financier, comptable et juridique intéressant les sociétés commerciales.

Les pièces produites sont accompagnées, le cas échéant, de leur traduction en langue française par un traducteur agréé auprès des tribunaux français ou habilité à intervenir auprès des autorités judiciaires ou administratives d'un État membre de l'Union européenne ou partie à l'accord sur l'Espace économique européen.

A réception du dossier complet, un récépissé leur est délivré. Les candidats sont admis à se présenter, selon le cas, au certificat préparatoire aux fonctions de commissaire aux comptes ou au certificat d'aptitude aux fonctions de commissaire aux comptes par décision motivée du garde des sceaux. Cette décision doit intervenir

dans un délai de deux mois à compter de la délivrance du récépissé. Le défaut de réponse dans ce délai vaut rejet de la demande.

Les dispositions de l'Arr. du 5 mars 2013 sont applicables en Nouvelle-Calédonie et dans les îles Wallis-et-Futuna (Arr. préc., art. 19).

Art. A. 822-3 Le certificat d'aptitude comprend des épreuves écrites d'admissibilité et des épreuves orales d'admission. – *[Arr. du 24 janv. 1994, art. 2, al. 1er.]*

Art. A. 822-4 *(Arr. du 5 mars 2013, art. 5, en vigueur le 1er juill. 2013)* **Les épreuves d'admissibilité comportent :**

1° Une épreuve écrite, sous forme de cas pratique, portant sur la comptabilité et l'audit, d'une durée de cinq heures (coefficient 4) ;

2° Une épreuve écrite, comprenant l'étude d'un cas ou de situations pratiques pouvant être complétée par le commentaire d'un ou de plusieurs documents, portant sur le droit appliqué à la vie des affaires, d'une durée de quatre heures (coefficient 3) ;

3° Une épreuve écrite, comprenant l'étude d'un cas ou de situations pratiques pouvant être complétée par le commentaire d'un ou de plusieurs documents, en langue française, ainsi que par une ou plusieurs questions portant sur l'économie, les finances et le management, d'une durée de quatre heures (coefficient 2) ;

4° Une épreuve écrite de synthèse portant sur l'ensemble des matières du programme, destinée à apprécier les qualités de réflexion et de rédaction des candidats, d'une durée de trois heures (coefficient 3).

Chacune des quatre épreuves est notée de 0 à 20 et fait l'objet d'une double correction. L'anonymat de la correction est assuré. Une moyenne de 10/20 est exigée pour l'admissibilité ; toute note inférieure à 6/20 à l'une des quatre épreuves est éliminatoire.

Les dispositions de l'Arr. du 5 mars 2013 sont applicables en Nouvelle-Calédonie et dans les îles Wallis-et-Futuna (Arr. préc., art. 19).

Art. A. 822-5 *(Arr. du 5 mars 2013, art. 6, en vigueur le 1er juill. 2013)* **Nul ne peut se présenter aux épreuves d'admission s'il n'a été déclaré admissible.**

Les épreuves d'admission, qui sont notées de 0 à 20, comportent :

1° Une épreuve d'entretien d'une durée maximale d'une demi-heure, précédée d'une demi-heure de préparation (coefficient 3) ;

2° Une épreuve orale d'anglais appliqué à la vie des affaires se déroulant sous forme de conversation à partir de documents fournis en anglais, pouvant servir de support à des questions, des commentaires et des demandes de traduction, d'une durée maximale d'une demi-heure (coefficient 1).

L'admission est prononcée au vu de la moyenne des notes obtenues par le candidat aux épreuves orales, laquelle ne peut être inférieure à 10/20.

Les dispositions de l'art. 6 de l'Arr. du 5 mars 2013 ne s'appliquent pas aux candidats au certificat d'aptitude aux fonctions de commissaire aux comptes déclarés admissibles aux épreuves écrites à la date d'entrée en vigueur de cet arrêté [1er juill. 2013] qui n'ont pas obtenu la moyenne requise aux épreuves orales d'admission et qui conservent le bénéfice de l'admissibilité pour la session suivante. Le programme et les modalités du certificat d'aptitude aux fonctions de commissaire aux comptes fixées antérieurement à l'entrée en vigueur de cet arrêté sont applicables (Arr. préc., art. 18).

Les dispositions de l'Arr. du 5 mars 2013 sont applicables en Nouvelle-Calédonie et dans les îles Wallis-et-Futuna (Arr. préc., art. 19).

Art. A. 822-6 Le programme figure à l'annexe 8-7 au présent livre. – *[Arr. 24 janv. 1994, art. 3.] – V. Annexe 8-7* 🏛.

Art. A. 822-7 Les résultats sont affichés par les soins du jury et notifiés aux candidats.

Le candidat déclaré admissible aux épreuves écrites qui n'a pas obtenu la moyenne requise aux épreuves orales d'admission conserve le bénéfice de l'admissibilité pour la session suivante. – *[Arr. 24 janv. 1994, art. 2, al. 12 et 13.]*

Art. A. 822-8 *(Arr. du 5 mars 2013, art. 7, en vigueur le 1er juill. 2013)* Un arrêté du garde des sceaux, ministre de la justice, publié au *Journal officiel* de la République française désigne les membres du jury.

Le jury est composé comme suit :

1° Un magistrat de l'ordre judiciaire, hors hiérarchie, en activité ou honoraire, président ;

2° Un second magistrat de l'ordre judiciaire, en activité ou honoraire ;

3° Un magistrat de la Cour des comptes ou un inspecteur des finances ;

4° Un représentant du Haut Conseil du commissariat aux comptes ;

5° Un représentant de l'Autorité des marchés financiers ;

6° Un représentant de l'Autorité des normes comptables ;

7° Quatre membres de l'enseignement supérieur, professeurs ou maîtres de conférences ;

8° Deux commissaires aux comptes exerçant également les fonctions d'experts-comptables, désignés sur proposition du conseil supérieur de l'ordre des experts-comptables ;

9° Deux commissaires aux comptes, désignés sur proposition de la Compagnie nationale des commissaires aux comptes.

Des suppléants sont désignés dans les mêmes conditions que les titulaires.

Des examinateurs spécialisés peuvent être adjoints au jury par arrêté du garde des sceaux, ministre de la justice, au plus tard la veille de l'épreuve pour laquelle ils sont désignés. Ils participent aux délibérations du jury avec voie consultative pour l'attribution des notes se rapportant à l'épreuve qu'ils ont évaluée ou corrigée.

Le jury est valablement constitué si sept au moins de ses membres sont présents.

Les dispositions de l'Arr. du 5 mars 2013 sont applicables en Nouvelle-Calédonie et dans les îles Wallis-et-Futuna (Arr. préc., art. 19).

Art. A. 822-8-1 *(Arr. du 5 mars 2013, art. 8, en vigueur le 1er juill. 2013)* Des commissions d'examen, auxquelles peuvent participer les examinateurs spécialisés mentionnés à l'article A. 822-8, présentent au jury, sous l'autorité duquel elles sont placées, des propositions de notation des candidats pour chacune des épreuves orales présentées. Elles sont composées au minimum de trois membres, dont un au moins est issu du jury. Ces commissions ne peuvent comporter plus d'un commissaire aux comptes.

Le jury délibère sur les notes proposées par les commissions d'examen, arrête les notes définitives et établit la liste des candidats admis.

Les dispositions de l'Arr. du 5 mars 2013 sont applicables en Nouvelle-Calédonie et dans les îles Wallis-et-Futuna (Arr. préc., art. 19).

Art. A. 822-9 Le conseil régional habilite les commissaires aux comptes à recevoir des stagiaires après s'être assuré qu'ils offrent des garanties suffisantes quant à la formation de ces stagiaires.

Il dresse une liste des personnes ainsi habilitées. Cette liste peut être consultée par tout intéressé.

Le conseil régional communique une copie des articles A. 822-9 à A. 822-18 au maître de stage lors de son habilitation. – *[Arr. du 4 févr. 1993, art. 1er.]*

Art. A. 822-10 Le stagiaire est tenu de faire connaître au président du conseil régional, par lettre recommandée avec demande d'avis de réception, quinze jours au moins avant le début de son stage :

1° Son nom et son adresse ;

2° Le nom et l'adresse de son maître de stage ;

(Arr. du 5 mars 2013, art. 9, en vigueur le 1er juill. 2013) « 3° Les justificatifs des titres, diplômes, attestations de formation ou autorisations exigées pour se présenter au certificat d'aptitude aux fonctions de commissaire aux comptes. » — *Les dispositions de l'Arr. du 5 mars 2013 sont applicables en Nouvelle-Calédonie et dans les îles Wallis-et-Futuna (Arr. préc., art. 19).*

Il accompagne cette lettre d'une attestation du maître de stage indiquant qu'il accepte de recevoir le stagiaire et la date du début du stage.

Le stagiaire est tenu aux mêmes obligations en cas de changement de maître de stage. — *[Arr. 4 févr. 1993, art. 2.]*

Art. A. 822-11 Le stagiaire qui souhaite effectuer une partie de son stage en France chez une personne autre qu'un commissaire aux comptes inscrit sur la liste prévue à l'article L. 822-1, ou tout ou partie de son stage à l'étranger, obtient l'autorisation du conseil régional.

(Arr. du 5 mars 2013, art. 10-1°, en vigueur le 1er juill. 2013) « Elle est délivrée au vu de la ou des pièces suivantes :

« — une attestation délivrée par le maître de stage, par laquelle celui-ci confirme accueillir le stagiaire, en précisant la date retenue pour le début du stage ;

« — le cas échéant, un document émanant de l'autorité compétente de l'État étranger justifiant que la personne chez laquelle le candidat envisage d'effectuer son stage est agréée pour exercer le contrôle légal des comptes et qu'elle offre des garanties suffisantes quant à la formation du stagiaire. »

Cette autorisation mentionne le nom, la qualité et l'adresse du maître de stage ainsi que la date du début du stage.

Le conseil régional compétent est celui dont relevait précédemment le stagiaire ou, si celui-ci n'a pas encore commencé son stage, le conseil régional désigné à cet effet par le conseil national.

Le conseil régional qui a autorisé le stage en assure le contrôle. — *[Arr. 4 févr. 1993, art. 3.]*

(Arr. du 5 mars 2013, art. 10-2°, en vigueur le 1er juill. 2013) « Le stagiaire qui effectue son stage à l'étranger est soumis aux mêmes obligations de travaux, de formation et de rapports que le stagiaire effectuant son stage en France. »

Les dispositions de l'Arr. du 5 mars 2013 sont applicables en Nouvelle-Calédonie et dans les îles Wallis-et-Futuna (Arr. préc., art. 19).

Art. A. 822-11-1 *(Arr. du 5 mars 2013, art. 11, en vigueur le 1er juill. 2013)* Lorsque le stage a été commencé à l'étranger, la poursuite de celui-ci en France n'est possible que si la période effectuée à l'étranger obtient la validation du conseil régional désigné à cet effet par le conseil national, à la demande du stagiaire. Le conseil régional qui a autorisé le stage en assure le contrôle.

Pour obtenir cette validation, le stagiaire présente au conseil régional un document émanant de l'autorité compétente de l'État étranger justifiant que la personne chez laquelle le stage commencé à l'étranger a été effectué est agréée pour exercer le contrôle légal des comptes et offre des garanties suffisantes quant à la formation du stagiaire.

Les dispositions de l'Arr. du 5 mars 2013 sont applicables en Nouvelle-Calédonie et dans les îles Wallis-et-Futuna (Arr. préc., art. 19).

Art. A. 822-12 La durée du stage est au minimum de trente-deux heures par semaine. Le stage est accompli pendant les heures normales de travail du maître de stage. Dans les six derniers mois du stage, le maître de stage accorde au stagiaire qui le demande un congé non rémunéré d'une durée d'au moins un mois pour la préparation du certificat d'aptitude aux fonctions de commissaire aux comptes.

(Arr. du 5 mars 2013, art. 12, en vigueur le 1er juill. 2013) **« Le stage peut être effectué concurremment à celui prévu au premier alinéa de l'article 4 de l'ordonnance n° 45-2138 du 19 septembre 1945 modifiée portant institution de l'ordre des experts-comptables et réglementant le titre de la profession d'expert-comptable. »** – *[Arr. 4 févr. 1993, art. 4.]*

Les dispositions de l'Arr. du 5 mars 2013 sont applicables en Nouvelle-Calédonie et dans les îles Wallis-et-Futuna (Arr. préc., art. 19).

Art. A. 822-13 **Le stage a pour objet de préparer le stagiaire à l'exercice de la profession. L'activité du stagiaire ne se limite pas à de simples tâches d'exécution. Elle est dans toute la mesure du possible en relation directe avec les études théoriques qu'il poursuit. Les horaires du stagiaire sont aménagés à cette fin.**

Le stagiaire a la possibilité de consacrer une partie de son stage à l'étude de la documentation détenue par le maître de stage pour lui permettre d'approfondir ses connaissances et de se tenir informé de l'actualité intéressant la profession. – *[Arr. 4 févr. 1993, art. 5.]*

Art. A. 822-14 *(Arr. du 5 mars 2013, art. 13, en vigueur le 1er juill. 2013)* **« Le stage est complété par des actions de formation dont le contenu, l'organisation et les modalités de mise en œuvre sont arrêtés par le conseil régional conformément au règlement de stage arrêté par le conseil national de la Compagnie nationale des commissaires aux comptes. Des dispenses peuvent, à titre exceptionnel et sur décision motivée, être octroyées par ce dernier.**

« La durée de cette formation est d'au moins vingt-quatre jours sur les trois années de stage.

« Les actions de formation suivies au titre du présent article portent sur les compétences et les connaissances nécessaires à l'exercice du commissariat aux comptes.

« Elles s'inscrivent dans un plan de formation individuel élaboré par le contrôleur des stages. »

Le stagiaire établit des rapports d'activité selon une périodicité fixée par le conseil régional et transmet ces rapports, visés par le maître de stage et accompagnés le cas échéant de ses observations, au contrôleur du stage.

Le conseil régional peut autoriser le stagiaire à suspendre son stage pour une durée totale n'excédant pas trois ans. – *[Arr. 4 févr. 1993, art. 6.]*

Les dispositions de l'art. 13 de l'Arr. du 5 mars 2013 s'appliquent aux stagiaires non titulaires de l'attestation de fin de stage à la date d'entrée en vigueur de cet arrêté (Arr. préc., art. 18, en vigueur le 1er juill. 2013).

Les dispositions de l'Arr. du 5 mars 2013 sont applicables en Nouvelle-Calédonie et dans les îles Wallis-et-Futuna (Arr. préc., art. 19).

Art. A. 822-15 **Le conseil régional nomme un commissaire aux comptes chargé d'assurer le contrôle des stages. Il peut désigner un ou plusieurs contrôleurs adjoints.**

Le contrôleur de stage ou l'un des contrôleurs adjoints reçoit les stagiaires sur leur demande à son cabinet. Il peut également les visiter dans les bureaux du maître de stage.

Il reçoit dans les délais qu'il a fixés les rapports d'activités mentionnés à l'article A. 822-14.

Le contrôleur de stage fait part, s'il y a lieu, au stagiaire ou au maître de stage, suivant le cas, de toutes remarques ou suggestions concernant l'assiduité et le comportement du stagiaire, la nature, le nombre et la qualité des travaux effectués et la formation professionnelle acquise.

Le contrôleur de stage ou les contrôleurs adjoints réunissent les stagiaires au moins une fois par semestre.

La convocation aux réunions est adressée au stagiaire trois semaines au moins à l'avance. Le maître de stage est également avisé de cette convocation. La présence des stagiaires à ces réunions est obligatoire, sauf empêchement dûment justifié.

Les contrôleurs de stage font un compte rendu annuel de leur activité au conseil régional et au contrôleur national de stage. – *[Arr. 4 févr. 1993, art. 7.]*

Art. A. 822-16 Le conseil national désigne un contrôleur national de stage qui oriente et coordonne l'action des contrôleurs régionaux. – *[Arr. 4 févr 1993, art. 8.]*

Art. A. 822-17 Le maître de stage établit à l'issue du stage un rapport sur les conditions de déroulement du stage qu'il transmet au conseil régional.

Le président du conseil régional, au vu du rapport du maître de stage et des observations écrites du contrôleur de stage, établit un certificat portant ses appréciations sur le déroulement du stage et précisant si le stage est jugé satisfaisant.

Lorsque plusieurs conseils régionaux ont assuré le contrôle du stage, le président du conseil régional compétent pour délivrer le certificat mentionné ci-dessus est celui dont relevait le stagiaire à l'issue de son stage. Si le stage s'est déroulé en totalité ou a pris fin à l'étranger, ce certificat est délivré par le président du conseil régional qui a donné l'autorisation mentionnée à l'article A. 822-11. – *[Arr. 4 févr. 1993, art. 9.]*

Art. A. 822-18 Le conseil régional tient un registre sur lequel les stagiaires sont inscrits dans l'ordre d'arrivée des lettres mentionnées à l'article A. 822-10 ou des autorisations mentionnées à l'article A. 822-11.

Il tient également un dossier par stagiaire et par maître de stage. – *[Arr. 4 févr. 1993, art. 10.]*

Art. A. 822-19 *(Arr. du 5 mars 2013, art. 14, en vigueur le 1er juill. 2013)* « L'épreuve d'aptitude prévue aux articles R. 822-6 et R. 822-7 a lieu au moins une fois par an, à une date fixée par arrêté du garde des sceaux, ministre de la justice, publié au *Journal officiel* de la République française. » – *Les dispositions de l'Arr. du 5 mars 2013 sont applicables en Nouvelle-Calédonie et dans les îles Wallis-et-Futuna (Arr. préc., art. 19).*

L'organisation matérielle de cette épreuve est confiée à la Compagnie nationale des commissaires aux comptes. – *[Arr. 4 févr. 1993, art. 1er.]*

Art. A. 822-20 *(Arr. du 5 mars 2013, art. 15, en vigueur le 1er juill. 2013)* Les personnes de nationalité française et les ressortissants d'un autre État membre de l'Union européenne adressent au garde des sceaux, ministre de la justice, au plus tard le 30 avril, un dossier en double exemplaire comprenant :

1° Tous documents officiels justificatifs de leur identité et de leur nationalité ;

2° Les diplômes, certificats ou titres dont ils sont titulaires ;

3° Tout justificatif permettant d'apprécier le contenu et le niveau d'études postsecondaires suivies avec succès et si l'intéressé a accompli le stage professionnel requis.

Les pièces produites sont accompagnées, le cas échéant, de leur traduction en langue française par un traducteur agréé auprès des tribunaux français ou habilité à intervenir auprès des autorités judiciaires ou administratives d'un État membre de l'Union européenne ou partie à l'accord sur l'Espace économique européen.

Les candidats qui présentent un handicap au sens de l'article L. 114 du code de l'action sociale et des familles et qui sollicitent le bénéfice d'aménagements pour le déroulement des épreuves en application des dispositions de l'article R. 822-7-1 communiquent, en outre, une copie de la demande adressée en ce sens au président du jury ainsi qu'une copie de l'avis du médecin désigné par la commission mentionnée à l'article L. 146-9 du code de l'action sociale et des familles ou par le repré-

sentant de l'État pour les épreuves se déroulant à Mayotte, en Nouvelle-Calédonie ou à Wallis-et-Futuna.

Les dispositions de l'Arr. du 5 mars 2013 sont applicables en Nouvelle-Calédonie et dans les îles Wallis-et-Futuna (Arr. préc., art. 19).

Art. A. 822-21 *(Arr. du 5 mars 2013, art. 16, en vigueur le 1er juill. 2013)* **Les personnes non ressortissantes d'un État membre de l'Union européenne adressent au garde des sceaux, ministre de la justice, au plus tard le 30 avril, un dossier en double exemplaire comprenant les pièces mentionnées à l'article A. 822-20.**

Elles présentent, en outre, tous justificatifs permettant d'apprécier si elles bénéficient d'une expérience professionnelle suffisante, au sens du troisième alinéa de l'article R. 822-7.

Les dispositions de l'Arr. du 5 mars 2013 sont applicables en Nouvelle-Calédonie et dans les îles Wallis-et-Futuna (Arr. préc., art. 19).

Art. A. 822-22 Le garde des sceaux, ministre de la justice, publie au *Journal officiel* de la République française la liste des candidats autorisés à se présenter à l'épreuve.

La date et le lieu des épreuves sont notifiés par voie de convocation individuelle par la Compagnie nationale des commissaires aux comptes. – *[Arr. 4 févr. 1993, art. 4.]*

Art. A. 822-23 L'épreuve d'aptitude se compose d'un écrit et d'un oral qui se déroulent en langue française.

L'écrit et l'oral portent sur les matières fixées par le garde des sceaux, ministre de la justice, dans la décision prévue à l'article R. 822-6, et dont la connaissance est une condition essentielle pour pouvoir exercer la profession de commissaire aux comptes. – *[Arr. 4 févr. 1993, art. 5, al. 1er et 2.]*

Art. A. 822-24 La durée de l'épreuve écrite est limitée à trente minutes pour chaque matière sur laquelle l'intéressé est interrogé. – *[Arr. 4 févr. 1993, art. 5, al. 3.]*

Art. A. 822-25 L'oral consiste en un entretien de trente minutes avec les membres du jury. – *[Arr. 4 févr. 1993, art. 5, al. 4.]*

Art. A. 822-26 L'admission est prononcée au vu de la moyenne obtenue par le candidat aux épreuves écrites et orales à condition que cette moyenne soit supérieure ou égale à 10. – *[Arr. 4 févr. 1993, art. 5, al. 5.]*

Art. A. 822-27 Les résultats sont affichés par les soins du jury et notifiés au candidat. – *[Arr. 4 févr. 1993, art. 5, al. 6.]*

Art. A. 822-28 Le jury est celui prévu à l'article A. 822-8. – *[Arr. 4 févr. 1993, art. 6.]*

• § 2 DE LA COMMISSION RÉGIONALE D'INSCRIPTION ET DE LA TENUE DE LA LISTE

Le présent paragraphe ne comprend pas de dispositions pour les arrêtés.

• § 3 DES RECOURS CONTRE LES DÉCISIONS DE LA COMMISSION RÉGIONALE D'INSCRIPTION

Le présent paragraphe ne comprend pas de dispositions pour les arrêtés.

SOUS-SECTION 2 DE LA DISCIPLINE

La présente sous-section ne comprend pas de dispositions pour les arrêtés.

SECTION II DE LA DÉONTOLOGIE ET DE L'INDÉPENDANCE DES COMMISSAIRES AUX COMPTES

Art. A. 822-28-1 *(Arr. 23 mars 2009)* La formation professionnelle prévue par l'article R. 822-61 assure la mise à jour et le perfectionnement des connaissances et des compétences nécessaires à l'exercice du commissariat aux comptes. – *[Arr. 19 déc. 2008, art. 1er.]*

Art. A. 822-28-2 *(Arr. 23 mars 2009)* La durée de la formation professionnelle est de cent vingt heures au cours de trois années consécutives. Vingt heures au moins sont accomplies au cours d'une même année. – *[Arr. 19 déc. 2008, art. 2.]*

Art. A. 822-28-3 *(Arr. 23 mars 2009)* L'obligation de formation est satisfaite :

1° Par la participation à des séminaires de formation, à des programmes d'autoformation encadrée ou à des formations ou enseignements à distance ;

2° Par l'assistance à des colloques ou à des conférences ;

3° Par l'animation de formations, la dispense d'enseignements, l'animation de colloques ou de conférences dans un cadre professionnel ou universitaire ;

4° Par la publication ou la participation à des travaux à caractère technique ;

5° Par la participation au programme de formation continue particulière prévu à l'article L. 822-4. – *[Arr. 19 déc. 2008, art. 3.]*

Art. A. 822-28-4 *(Arr. 23 mars 2009)* La compagnie nationale des commissaires aux comptes définit annuellement les orientations générales et les différents domaines sur lesquels l'obligation de formation peut porter.

Le commissaire aux comptes consacre un minimum de soixante heures de formation au cours d'une période de trois années consécutives aux domaines suivants : la déontologie du commissaire aux comptes, les normes d'exercice professionnel, les bonnes pratiques professionnelles identifiées et la doctrine professionnelle, les techniques d'audit et d'évaluation du contrôle interne, le cadre juridique de la mission de commissaire aux comptes et les matières comptables, financières, juridiques et fiscales. – *[Arr. 19 déc. 2008, art. 4.]*

Art. A. 822-28-5 *(Arr. 23 mars 2009)* Il est institué un comité scientifique, placé auprès de la compagnie nationale, chargé d'homologuer les actions mentionnées aux 1° et 2° de l'article A. 822-28-3 et relevant des domaines définis au deuxième alinéa de l'article A. 822-28-4.

L'homologation permet d'identifier les actions de formation conformes aux modalités de mise en œuvre définies aux articles A. 822-28-9 à A. 822-28-13.

Elle est délivrée pour une durée déterminée par le comité scientifique.

Le comité scientifique rend compte de sa mission dans un rapport d'exécution pour l'année civile écoulée. Ce rapport est présenté au conseil national de la Compagnie nationale des commissaires aux comptes, transmis au garde des sceaux, ministre de la justice, et publié dans le bulletin trimestriel CNCC suivant sa présentation. – *[Arr. 19 déc. 2008, art. 5.]*

Art. A. 822-28-6 *(Arr. 23 mars 2009)* Le comité scientifique comprend :

1° Un président et un vice-président, désignés par le président de la Compagnie nationale des commissaires aux comptes.

2° Les six membres suivants :

a) Le président de la commission formation professionnelle de la compagnie nationale ou son représentant ;

b) Le président du comité des normes professionnelles de la compagnie nationale ou son représentant ;

c) Le président de la commission des études juridiques de la compagnie nationale ou son représentant ;

d) Le président de la commission des études comptables de la compagnie nationale ou son représentant ;

e) Le président de la commission qualité de la compagnie nationale ou son représentant, siégeant avec voix consultative ;

f) Un représentant du département appel public à l'épargne de la compagnie nationale, siégeant avec voix consultative.

3° Les six autres membres suivants :

a) Le président de la commission formation du Conseil supérieur de l'ordre des experts-comptables ou son représentant ;

b) Un représentant de chaque syndicat représentatif de la profession de commissaire aux comptes ;

c) Un représentant du directeur des affaires civiles et du sceau ;

d) Une personne qualifiée désignée par le garde des sceaux, ministre de la justice ;

e) Un représentant du Haut Conseil du commissariat aux comptes.

Les décisions sont prises à la majorité des voix. Le quorum est fixé à huit. En cas de partage égal des voix, celle du président est prépondérante.

Les membres qui ne siègent pas ès qualités sont nommés pour une durée de deux ans renouvelable deux fois lors du conseil national de la compagnie nationale, qui procède à l'élection de son président et de son bureau. – *[Arr. 19 déc. 2008, art. 6.]*

Art. A. 822-28-7 *(Arr. 23 mars 2009)* Le bureau du comité scientifique est chargé de statuer sur les demandes d'homologation des manifestations mentionnées au 2° de l'article A. 822-28-3.

Il est composé :

a) Du président du comité scientifique ;

b) Du vice-président du comité scientifique ;

c) Du président de la commission formation de la Compagnie nationale des commissaires aux comptes ou de son représentant ;

d) Du président de la commission formation du Conseil supérieur de l'ordre des experts-comptables ou son représentant ;

e) Des représentants des syndicats professionnels.

Le bureau prend ses décisions à la majorité des voix. Le quorum est fixé à trois. En cas de partage égal des voix, celle du président est prépondérante.

Le bureau informe les autres membres du comité scientifique des décisions qu'il arrête. – *[Arr. 19 déc. 2008, art. 7.]*

Art. A. 822-28-8 *(Arr. 23 mars 2009)* Toute personne physique ou morale sollicitant l'homologation de séminaires de formation, de programmes d'autoformation ou de formations ou enseignements à distance destinés à un public de commissaires aux comptes communique son numéro de déclaration d'organisme dispensateur de formation professionnelle, au sens de l'article L. 6351-1 du code du travail, et transmet au comité scientifique un dossier comprenant les éléments suivants :

a) Le nom de l'organisme ou de l'établissement ;

b) Le titre du ou des séminaires, programmes d'autoformation, formations à distance ou enseignements à distance ;

c) Les dates des séminaires, si elles sont prévues ou connues ;

d) La durée des sessions de formation, programmes d'autoformation, formations et enseignements à distance ;

e) Le domaine de la formation ;

f) Les thèmes traités ;

g) Les programmes détaillés ;

h) Les noms et références professionnelles des concepteurs de la formation et des formateurs ;

i) Les effectifs minimaux et maximaux de chaque session pour les séminaires de formation ;

j) La description des supports écrits diffusés ;

k) Les modalités de diffusion des programmes et conditions d'inscription ;

l) Le mode d'évaluation des séminaires, programmes d'autoformation, formations et enseignements à distance.

En lieu et place du numéro de déclaration mentionné au premier alinéa, les organismes étrangers communiquent une autorisation ou une habilitation équivalente.

Les dossiers doivent être déposés avant le 1er mars de chaque année, le comité scientifique statuant au plus tard le 1er mai de la même année.

Par dérogation à l'alinéa précédent, lorsqu'un organisme ou un établissement n'a pu déposer son dossier avant le 1er mars, le comité scientifique statue dans un délai de quatre mois à compter de la date de dépôt du dossier.

Les organismes et établissements de formation peuvent faire mention de l'homologation sur le programme et les supports de communication des actions de formation concernées. – *[Arr. 19 déc. 2008, art. 8.]*

Art. A. 822-28-9 *(Arr. 23 mars 2009)* Les formations dispensées par des organismes de formation ou des établissements d'enseignement doivent, pour être homologuées, réunir les conditions suivantes :

1° Elles doivent être organisées par sessions continues ou non d'une durée totale d'au moins sept heures ;

2° Chaque session de formation donne lieu à la signature d'une feuille de présence mentionnant le nom de l'organisme de formation, son adresse, son numéro d'organisme dispensateur de formation professionnelle au sens de l'article L. 6351-1 du code du travail, le thème traité, la désignation de l'animateur ; la feuille de présence est émargée par les participants à la formation et cosignée par le formateur ;

3° Chaque session de formation donne lieu à la remise à chaque participant d'un support pédagogique de formation ;

4° A l'issue de chaque session de formation, chaque participant reçoit de l'organisme de formation une attestation de présence signée par le représentant légal de l'organisme ou son délégataire. – *[Arr. 19 déc. 2008, art. 9.]*

Art. A. 822-28-10 *(Arr. 23 mars 2009)* L'autoformation s'entend de toute action de formation utilisant un système d'enseignement assisté par ordinateur.

Les actions éligibles au titre de l'autoformation mentionnée au 1° de l'article A. 822-28-3 doivent traiter un contenu qui les distingue d'une simple information et prévoir :

– une progression de la formation, la formation devant être accompagnée d'un document permettant d'enregistrer la progression du participant, de suivre les points clés de chaque module, de fournir un travail personnel, de retrouver, le cas échéant, dans un lexique le sens des termes techniques utilisés et enfin de formaliser l'accomplissement et le résultat obtenu aux contrôles de connaissances ;

– l'interactivité de la formation, l'utilisation d'outils de communication devant permettre au participant, en cas de besoin, de poser des questions auxquelles un formateur spécialisé pourra répondre par les moyens les plus appropriés dans les meilleurs délais ;

– un contrôle des connaissances, le dispositif de formation permettant de suivre l'exécution du programme et d'apprécier les résultats devant assurer un contrôle des connaissances tout au long de la formation. Ces contrôles sont articulés de telle manière qu'il soit nécessaire de répondre correctement à des questionnaires intermédiaires pour passer d'un chapitre à l'autre de la formation. Le programme doit comporter un nombre suffisant de chapitres autonomes pour permettre le suivi d'une véritable progression.

La réalité de ces actions de formation pourra être attestée par la présence d'un moniteur lors de certaines séances ou des contrôles de connaissances, par des regroupements périodiques des participants ou par le recours à des systèmes multimédia permettant à un formateur de suivre les participants et de communiquer avec eux à distance, de manière synchronisée ou non.

A l'issue de chaque formation, l'organisme de formation ou l'employeur, si la formation est organisée au sein du cabinet, prépare une déclaration comportant les mentions suivantes :

– les lieu et dates de la formation ;

– les temps de connexion ou heures de début et de fin de l'utilisation du programme ;

– la dénomination du ou des modules suivis ;

– le nom de l'organisme de formation concepteur du support.

Cette déclaration est attestée par le commissaire aux comptes qui a suivi le programme de formation. – *[Arr. 19 déc. 2008, art. 10.]*

Art. A. 822-28-11 *(Arr. 23 mars 2009)* Les actions éligibles au titre de la formation à distance mentionnée au 1° de l'article A. 822-28-3 sont des dispositifs de formation comportant des apprentissages individualisés et l'accès à des ressources et compétences locales ou à distance. Elles ne sont pas nécessairement exécutées sous le contrôle permanent d'un formateur.

La simple cession ou mise à disposition de supports (manuels, logiciels, matériels) à finalité pédagogique n'a pas la nature d'une formation à distance.

Tel est le cas notamment des opérations dont le seul objet est la fourniture d'un matériel ou bien de "cours en ligne" sans accompagnement humain technique et pédagogique ou encore d'applications pédagogiques livrées sous la seule forme de supports numériques (CD-Rom, DVD-Rom...) ou cédées par voie de téléchargement. – *[Arr. 19 déc. 2008, art. 11.]*

Art. A. 822-28-12 *(Arr. 23 mars 2009)* Dans le cas où la formation est organisée par un organisme dispensateur de formation professionnelle, ce dernier établit une convention avec le cabinet du commissaire aux comptes bénéficiaire de la formation ou un contrat de formation lorsque le commissaire aux comptes, personne physique, entreprend la formation à titre individuel et à ses frais.

Cette convention ou ce contrat précise les modalités de formation pour ce qui concerne notamment l'encadrement, la durée de la formation et le regroupement de participants.

Lorsque la formation est organisée par des organismes privés d'enseignements à distance, ces derniers mentionnent obligatoirement sur leurs conventions les deux numéros de déclaration suivants :

– l'un délivré par le recteur de l'académie où est situé le siège de l'organisme, lui permettant de délivrer un enseignement à distance ;

– l'autre délivré par le préfet de région, aux fins de souscrire des conventions ou des contrats de formation professionnelle.

En l'absence de repères habituels propres aux actions de formation "en présentiel", il est possible à l'organisme dispensateur de déterminer la durée estimée nécessaire pour effectuer les travaux demandés.

La durée totale de la formation pourra intégrer l'ensemble des situations pédagogiques concourant à la réalisation de l'action (autoformation encadrée, séquences de face-à-face pédagogique, apprentissage à distance, etc.) et accessoirement d'autres activités encadrées (autodocumentation, mise en pratique de situations de travail, etc.). Pour chacune des situations, la durée effective ou, le cas échéant, son estimation devra être précisée. – *[Arr. 19 déc. 2008, art. 12.]*

Art. A. 822-28-13 *(Arr. 23 mars 2009)* Les colloques ou conférences éligibles au titre du 2° de l'article A. 822-28-3 portent sur la déontologie du commissaire aux comptes, les normes d'exercice professionnel, les bonnes pratiques professionnelles identifiées et la doctrine professionnelle, les techniques d'audit et d'évaluation du contrôle interne, le cadre juridique de la mission de commissaire aux comptes et les matières comptables, financières, juridiques et fiscales, et sont organisés selon les modalités suivantes :

a) Les colloques ou conférences ont une durée continue d'au moins une heure trente ; à chaque session assistent, outre les intervenants, au moins vingt participants ;

b) Chaque colloque ou conférence donne lieu à la remise à chaque participant d'une documentation écrite ;

c) A l'issue de chaque colloque ou conférence, il est remis à chaque participant par l'organisme organisateur une attestation de présence ; l'attestation est signée par le représentant légal de l'organisateur, ou son délégataire ;

d) Les organisateurs de telles manifestations communiquent au comité scientifique une demande de validation faisant état des éléments suivants :

– le titre du colloque ou de la conférence ;
– les dates des colloques ou conférences ;
– la durée de chaque colloque ou conférence ;
– le domaine ;
– les thèmes traités ;
– les programmes détaillés ;
– les noms et références professionnelles des intervenants ;
– les effectifs minimaux et maximaux de chaque colloque ou conférence ;
– une description des supports pédagogiques diffusés.

Les décisions d'homologation de ces manifestations sont prononcées par le bureau du comité scientifique, dans les conditions mentionnées à l'article A. 822-28-7. – *[Arr. 19 déc. 2008, art. 13.]*

Art. A. 822-28-14 *(Arr. 23 mars 2009)* Les actions éligibles au titre du 3° de l'article A. 822-28-3 sont celles visées aux 1° et 2° de l'article A. 822-28-3, ainsi que les formations dispensées au sein des universités et établissements publics ou par des organismes de formation dans le cadre de la formation initiale des commissaires aux comptes et des experts-comptables.

Si elle est reproduite dans d'autres lieux de formation ou devant des auditoires différents durant l'année considérée, chaque intervention n'est comptabilisée qu'une fois.

Les formations et enseignements dispensés ainsi que les colloques et conférences animés font l'objet d'une attestation délivrée au commissaire aux comptes ou d'un justificatif de son intervention par l'organisme qui l'a fait intervenir. – *[Arr. 19 déc. 2008, art. 14.]*

Art. A. 822-28-15 *(Arr. 23 mars 2009)* Les publications éligibles au titre du 4° de l'article A. 822-28-3 sont prises en compte l'année de leur dépôt légal.

Pour les essais, les ouvrages et publications d'articles, les deux critères cumulatifs suivants sont retenus :

1° Le contenu :

Les travaux publiés devront traiter de sujets relatifs à des matières techniques ayant un lien avec l'activité de commissaires aux comptes, à la déontologie ou à la réglementation professionnelle.

2° La forme :

L'ensemble des publications considérées doit contenir au minimum 10 000 signes, hors titre, chapeaux, abstracts et intertitres. L'équivalence est fixée à trois heures de formation pour 10 000 signes ainsi définis. Une mise à jour correspond au tiers de cette équivalence.

Le commissaire aux comptes conserve au moins un exemplaire original de l'ouvrage ou de la revue ayant accueilli sa publication, et le produit, en cas de demande, lors des contrôles du respect de l'obligation de formation.

Les heures consacrées à de telles interventions sont limitées dans le décompte de l'obligation de formation, à un maximum de trente heures au cours de trois années consécutives. – *[Arr. 19 déc. 2008, art. 15.]*

Art. A. 822-28-16 *(Arr. 23 mars 2009)* La participation aux commissions techniques de la Compagnie nationale des commissaires aux comptes et de l'Autorité des normes comptables peuvent entrer dans le décompte de l'obligation de formation, au titre du 4° de l'article A. 822-28-3, pour autant que les personnes intéressées sont actives au sein desdites commissions, c'est-à-dire qu'elles exercent des fonctions de rapporteur de ces commissions. La seule présence physique aux différentes réunions de ces commissions ne peut être prise en compte.

Est seule prise en compte au titre de l'alinéa précédent la participation aux commissions suivantes de la Compagnie nationale des commissaires aux comptes : la commission des études juridiques, la commission des études comptables, la commission d'éthique professionnelle, le comité des normes professionnelles, la commission d'application des normes professionnelles.

Lorsque l'ordre du jour de la commission prévoit l'intervention d'un rapporteur, la journée de présence équivaut à seize heures d'activité de formation.

Les temps de présence sont pris en compte dans une limite ne pouvant excéder trente-deux heures sur trois ans.

Une attestation de présence est délivrée au commissaire aux comptes par le secrétariat général de la Compagnie nationale des commissaires aux comptes ou par les organes concernés. – *[Arr. 19 déc. 2008, art. 16.]*

Art. A. 822-28-17 *(Arr. 23 mars 2009)* Les commissaires aux comptes sont responsables du suivi de leur formation continue.

Ils déclarent annuellement, au plus tard le 31 mars, auprès de la compagnie régionale dont ils relèvent, les conditions dans lesquelles ils ont satisfait à leur obligation de formation continue au cours de l'année civile écoulée, en saisissant ces informations sur le portail informatique de la Compagnie nationale des commissaires aux comptes.

Les justificatifs utiles à la vérification du respect de cette obligation sont conservés pour être, le cas échéant, produits lors des contrôles de qualité. Leur durée de conservation est fixée à dix années. – *[Arr. 19 déc. 2008, art. 17.]*

Art. A. 822-28-18 *(Arr. 23 mars 2009)* Les compagnies régionales vérifient que les actions déclarées portant sur la déontologie du commissaire aux comptes, les normes d'exercice professionnel, les bonnes pratiques professionnelles identifiées et la doctrine professionnelle, les techniques d'audit et d'évaluation du contrôle interne, le cadre juridique de la mission de commissaire aux comptes et les matières comptables, financières, juridiques et fiscales :

– ont été homologuées par le comité scientifique ;

– représentent une durée minimale de soixante heures du temps consacré par les commissaires aux comptes à leur obligation de formation au cours de la période visée par la déclaration.

Les compagnies régionales vérifient que les actions portant sur d'autres domaines sont dispensées par des organismes dispensateurs de formation professionnelle au sens de l'article L. 6351-1 du code du travail.

Elles vérifient que les dispositions prévues aux articles A. 822-28-14, A. 822-28-15 et A. 822-28-16 sont respectées par les commissaires aux comptes qui déclarent des actions visées aux 3° et 4° de l'article A. 822-28-3.

Les compagnies régionales rendent annuellement compte à la compagnie nationale du respect de leur obligation déclarative par les commissaires aux comptes de leur ressort. — *[Arr. 19 déc. 2008, art. 18.]*

Art. A. 822-28-19 *(Arr. 23 mars 2009)* La formation particulière mentionnée au 2° de l'article R. 822-61-1 est satisfaite par la participation à des séminaires de formation, des programmes d'autoformation encadrée ou des formations ou enseignements à distance homologués par le comité scientifique, entrant dans le champ des domaines mentionnés au deuxième alinéa de l'article A. 822-28-4 et dans le cadre des orientations générales définies annuellement par la compagnie nationale. — *[Arr. 19 déc. 2008, art. 19.]*

SECTION III DE LA RESPONSABILITÉ CIVILE

Art. A. 822-29 Les contrats d'assurance mentionnés à l'article R. 822-70 comportent les garanties conformes ou au moins équivalentes à celles qui sont définies par les clauses spécifiées à l'annexe 8-8 au présent livre. — *V. Annexe 8-8*

Ils spécifient en caractères très apparents qu'en cas d'opposition ou de différence entre les termes du contrat et ceux des clauses précitées l'assuré bénéficie de celles de ces dispositions qui lui sont le plus favorables. — *[Arr. 13 mars 1972, art. 1er.]*

Art. A. 822-30 Chaque commissaire aux comptes, qu'il exerce ses fonctions à titre individuel ou en société, souscrit un tel contrat dans les conditions prévues à l'article R. 822-70. — *[Arr. 13 mars 1972, art. 2.]*

Art. A. 822-31 Les contrats mentionnés à l'article A. 822-29 ne comportent pas de limite de garantie inférieure à 76 224,51 € par année et par sinistre pour un même assuré. Il peut être stipulé au contrat une franchise qui n'est pas supérieure, en tout état de cause, à 10 % du montant des indemnités dues. — *[Arr. 13 mars 1972, art. 3.]*

Art. A. 822-32 Ces mêmes contrats comportent une clause de tacite reconduction annuelle. — *[Arr. 13 mars 1972, art. 4.]*

Art. A. 822-33 Toute contestation relative à la mise en jeu de la garantie relève exclusivement de l'appréciation des tribunaux. — *[Arr. 13 mars 1972, art. 5.]*

SECTION IV DES SOCIÉTÉS DE COMMISSAIRES AUX COMPTES

SOUS-SECTION 1 DISPOSITIONS COMMUNES AUX DIVERSES SOCIÉTÉS

(Arr. du 14 déc. 2011)

La présente sous-section ne comprend pas de dispositions pour les arrêtés.

SOUS-SECTION 2 DISPOSITIONS APPLICABLES AUX SOCIÉTÉS CIVILES PROFESSIONNELLES

(Arr. du 14 déc. 2011)

La présente sous-section ne comprend pas de dispositions pour les arrêtés.

SOUS-SECTION 3 DISPOSITIONS APPLICABLES AUX SOCIÉTÉS AUTRES QUE LES SOCIÉTÉS CIVILES PROFESSIONNELLES

(Arr. du 14 déc. 2011)

La présente sous-section ne comprend pas de dispositions pour les arrêtés.

SOUS-SECTION 4 DISPOSITIONS APPLICABLES AUX SOCIÉTÉS EN PARTICIPATION

(Arr. du 14 déc. 2011)

La présente sous-section ne comprend pas de dispositions pour les arrêtés.

SOUS-SECTION 5 DES SOCIÉTÉS DE PARTICIPATIONS FINANCIÈRES DE PROFESSION LIBÉRALE DE COMMISSAIRES AUX COMPTES

(Arr. du 14 déc. 2011)

Art. A. 822-34 La Compagnie nationale des commissaires aux comptes dresse la liste des sociétés de participations financières de profession libérale de commissaires aux comptes qui mentionne les informations suivantes :

a) La dénomination sociale, la forme juridique et le numéro d'inscription de la société ;

b) L'adresse du siège social ;

c) Les noms et adresses professionnelles des associés ou actionnaires, des membres des organes de gestion, de direction, et, selon le cas, d'administration ou de surveillance de la société ;

d) Les noms et numéros d'inscription sur la liste mentionnée à l'article R. 822-1 des commissaires aux comptes associés de la société.

La Compagnie nationale assure la mise à jour et la publication de ces informations par voie électronique. La liste est transmise avant le 31 décembre de chaque année au Haut Conseil du commissariat aux comptes.

CHAPITRE III DE L'EXERCICE DU CONTRÔLE LÉGAL

SECTION PREMIÈRE DE LA NOMINATION, DE LA RÉCUSATION ET DE LA RÉVOCATION DES COMMISSAIRES AUX COMPTES

La présente section ne comprend pas de dispositions pour les arrêtés.

SECTION II DE LA MISSION DU COMMISSAIRE AUX COMPTES

La présente section ne comprend pas de dispositions pour les arrêtés.

SECTION III DES MODALITÉS D'EXERCICE DE LA MISSION

SOUS-SECTION 1 DE LA LETTRE DE MISSION

Art. A. 823-1 La norme d'exercice professionnel relative aux termes et conditions de la mission du commissaire aux comptes, homologuée par le garde des sceaux, ministre de la justice, figure ci-dessous : – *V. C. com.*

SOUS-SECTION 2 DE LA CERTIFICATION DES COMPTES

§ 1 DES PRINCIPES GÉNÉRAUX

Art. A. 823-2 La norme d'exercice professionnel relative aux principes applicables à l'audit des comptes mis en œuvre dans le cadre de la certification des comptes, homologuée par le garde des sceaux, ministre de la justice, figure ci-dessous : – *V. C. com.*

Art. A. 823-2-1 *(Arr. 21 juin 2011)* La norme d'exercice professionnel relative aux principes spécifiques applicables à l'audit des comptes consolidés, homologuée par le garde des sceaux, ministre de la justice, figure ci-dessous : – *V. C. com.*

Art. A. 823-3 *(Arr. 21 juin 2011)* La norme d'exercice professionnel relative à l'audit des comptes réalisé par plusieurs commissaires aux comptes, homologuée par le garde des sceaux, ministre de la justice, figure ci-dessous : – *V. C. com.*

Art. A. 823-4 La norme d'exercice professionnel relative à la documentation de l'audit des comptes, homologuée par le garde des sceaux, ministre de la justice, figure ci-dessous : – *V. C. com.*

Art. A. 823-5 La norme d'exercice professionnel relative à la planification de l'audit, homologuée par le garde des sceaux, ministre de la justice, figure ci-dessous : – *V. C. com.*

Art. A. 823-5-1 *(Arr. 21 juin 2011)* La norme d'exercice professionnel relative aux communications avec les organes mentionnés à l'article L. 823-16, homologuée par le garde des sceaux, ministre de la justice, figure ci-dessous : – *V. C. com.*

Art. A. 823-5-2 *(Arr. 21 juin 2011)* La norme d'exercice professionnel relative à la communication des faiblesses du contrôle interne, homologuée par le garde des sceaux, ministre de la justice, figure ci-dessous : – *V. C. com.*

§ 2 DE L'ANALYSE DES RISQUES

Art. A. 823-6 *(Arr. du 19 juill. 2012)* La norme d'exercice professionnel relative à l'application de la notion de caractère significatif lors de la planification et de la réalisation d'un audit, homologuée par la garde des Sceaux, ministre de la Justice, figure ci-dessous : – *V. **C. com.***

Art. A. 823-6-1 *(Arr. du 19 juill. 2012)* La norme d'exercice professionnel relative à l'évaluation des anomalies relevées au cours de l'audit, homologuée par la garde des Sceaux, ministre de la justice, figure ci-dessous : – *V. **C. com.***

Art. A. 823-7 *(Arr. 21 juin 2011)* La norme d'exercice professionnel relative à la connaissance de l'entité et de son environnement et à l'évaluation du risque d'anomalies significatives dans les comptes, homologuée par le garde des sceaux, ministre de la justice, figure ci-dessous : – *V. **C. com.***

Art. A. 823-8 La norme d'exercice professionnel relative aux procédures d'audit mises en œuvre par le commissaire aux comptes à l'issue de son évaluation des risques homologuée par le garde des sceaux, ministre de la justice, figure ci-dessous : – *V. **C. com.***

• § 3 DES TECHNIQUES DE CONTRÔLE

Art. A. 823-9 La norme d'exercice professionnel relative au caractère probant des éléments collectés, homologuée par le garde des sceaux, ministre de la justice, figure ci-dessous : – *V. **C. com.***

Art. A. 823-10 La norme d'exercice professionnel relative au caractère probant des éléments collectés (applications spécifiques), homologuée par le garde des sceaux, ministre de la justice, figure ci-dessous : – *V. **C. com.***

Art. A. 823-11 La norme d'exercice professionnel relative aux demandes de confirmation des tiers, homologuée par le garde des sceaux, ministre de la justice, figure ci-dessous : – *V. **C. com.***

Art. A. 823-12 La norme d'exercice professionnel relative aux procédures analytiques, homologuée par le garde des sceaux, ministre de la justice, figure ci-dessous : – *V. **C. com.***

Art. A. 823-13 La norme d'exercice professionnel relative à la sélection des éléments à contrôler, homologuée par le garde des sceaux, ministre de la justice, figure ci-dessous : – *V. **C. com.***

Art. A. 823-14 *(Arr. 21 juin 2011)* La norme d'exercice professionnel relative aux déclarations de la direction, homologuée par le garde des sceaux, ministre de la justice, figure ci-dessous : – *V. **C. com.***

• § 4 DES CONTRÔLES DES RISQUES SPÉCIFIQUES AU COURS DE LA MISSION

Art. A. 823-15 *(Arr. 21 juin 2011)* La norme d'exercice professionnel relative à la prise en considération de la possibilité de fraudes lors de l'audit des comptes, homologuée par le garde des sceaux, ministre de la justice, figure ci-dessous : – *V. **C. com.***

Art. A. 823-16 *(Arr. 21 juin 2011)* La norme d'exercice professionnel relative à la prise en compte du risque d'anomalies significatives dans les comptes résultant du non-respect des textes légaux et réglementaires, homologuée par le garde des sceaux, ministre de la justice, figure ci-dessous : – *V. C. com.*

Art. A. 823-17 La norme d'exercice professionnel relative à l'appréciation des estimations comptables, homologuée par le garde des sceaux, ministre de la justice, figure ci-dessous : – *V. C. com.*

Art. A. 823-18 La norme d'exercice professionnel relative à la continuité d'exploitation, homologuée par le garde des sceaux, ministre de la justice, figure ci-dessous : – *V. C. com.*

Art. A. 823-18-1 *(Arr. 21 juin 2011)* La norme d'exercice professionnel relative aux relations et transactions avec les parties liées, homologuée par le garde des sceaux, ministre de la justice, figure ci-dessous : – *V. C. com.*

§ 5 DES CONTRÔLES PARTICULIERS

Art. A. 823-19 *(Arr. 21 juin 2011)* La norme d'exercice professionnel relative aux évènements *[événements]* postérieurs à la clôture de l'exercice, homologuée par le garde des sceaux, ministre de la justice, figure ci-dessous : – *V. C. com.*

Art. A. 823-20 La norme d'exercice professionnel relative aux changements comptables, homologuée par le garde des sceaux, ministre de la justice, figure ci-dessous : – *V. C. com.*

Art. A. 823-21 La norme d'exercice professionnel relative au contrôle du bilan d'ouverture du premier exercice certifié par le commissaire aux comptes, homologuée par le garde des sceaux, ministre de la justice, figure ci-dessous : – *V. C. com.*

Art. A. 823-22 La norme d'exercice professionnel relative aux informations relatives aux exercices précédents, homologuée par le garde des sceaux, ministre de la justice, figure ci-dessous : – *V. C. com.*

§ 6 DE L'UTILISATION DES TRAVAUX D'AUTRES INTERVENANTS

Art. A. 823-23 La norme d'exercice professionnel relative à la prise de connaissance et à l'utilisation des travaux de l'audit interne, homologuée par le garde des sceaux, ministre de la justice, figure ci-dessous : – *V. C. com.*

Art. A. 823-24 La norme d'exercice professionnel relative à l'intervention d'un expert, homologuée par le garde des sceaux, ministre de la justice, figure ci-dessous : – *V. C. com.*

Art. A. 823-25 La norme d'exercice professionnel relative à l'utilisation des travaux d'un expert-comptable intervenant dans l'entité, homologuée par le garde des sceaux, ministre de la justice, figure ci-dessous : – *V. C. com.*

§ 7 DE L'ÉLABORATION DES RAPPORTS DE CERTIFICATION

Art. A. 823-26 La norme d'exercice professionnel relative au rapport du commissaire aux comptes sur les comptes annuels et consolidés, homologuée par le garde des sceaux, ministre de la justice, figure ci-dessous : – *V. C. com.*

Art. A. 823-27 La norme d'exercice professionnel relative à la justification des appréciations, homologuée par le garde des sceaux, ministre de la justice, figure ci-dessous : – *V.* **C. *com.***

§ 8 DE LA CERTIFICATION DES COMPTES ANNUELS DES ENTITÉS MENTIONNÉES À L'ARTICLE L. 823-12-1

(Arr. 2 mars 2009)

Art. A. 823-27-1 La norme d'exercice professionnel relative à la certification des comptes annuels des entités mentionnées à l'article L. 823-12-1, homologuée par le garde des sceaux, ministre de la justice, figure ci-dessous : *V.* **C. *com.***

§ 9 DE LA CERTIFICATION DES COMPTES DES ORGANISMES NATIONAUX DE SÉCURITÉ SOCIALE

(Arr. du 20 déc. 2012)

Les dispositions de l'Arr. du 20 déc. 2012 sont applicables aux exercices ouverts à compter du 1er janv. 2013 (Arr. préc., art. 3).

Art. A. 823-27-2 La norme d'exercice professionnel relative à la certification des comptes des organismes nationaux de sécurité sociale, homologuée par la garde des sceaux, ministre de la justice, figure ci-dessous : *V.* **C. *com.***

SOUS-SECTION 3 DES AUTRES INTERVENTIONS DU COMMISSAIRE AUX COMPTES PRÉVUES PAR LES TEXTES LÉGAUX ET RÉGLEMENTAIRES

Art. A. 823-28 *(Arr. 21 juin 2011)* La norme d'exercice professionnel relative à l'examen limité de comptes intermédiaires en application de dispositions légales ou réglementaires, homologuée par le garde des sceaux, ministre de la justice, figure ci-dessous : – *V.* **C. *com.***

Art. A. 823-29 *(Arr. 21 juin 2011)* La norme d'exercice professionnel relative au rapport du commissaire aux comptes établi en application des articles L. 225-235 et L. 226-10-1 sur le rapport du président, homologuée par le garde des sceaux, ministre de la justice, figure ci-dessous : – *V.* **C. *com.***

Art. A. 823-29-1 *(Arr. 3 nov. 2009)* La norme d'exercice professionnel relative aux travaux du commissaire aux comptes relatifs au rapport de gestion et aux autres documents adressés aux membres de l'organe appelé à statuer sur les comptes en application de l'article L. 823-10, homologuée par le garde des sceaux, ministre de la justice, figure ci-dessous : – *V.* **C. *com.***

SOUS-SECTION 4 DES DILIGENCES DIRECTEMENT LIÉES À LA MISSION DE COMMISSAIRE AUX COMPTES

Art. A. 823-30 *(Arr. 21 juin 2011)* La norme d'exercice professionnel relative aux attestations entrant dans le cadre de diligences directement liées à la mission de commissaire aux comptes, homologuée par le garde des sceaux, ministre de la justice, figure ci-dessous : – *V. C. com.*

Art. A. 823-31 La norme d'exercice professionnel relative à l'audit entrant dans le cadre de diligences directement liées à la mission de commissaire aux comptes, homologuée par le garde des sceaux, ministre de la justice, figure ci-dessous : – *V. C. com.*

Art. A. 823-32 La norme d'exercice professionnel relative à l'examen limité entrant dans le cadre de diligences directement liées à la mission de commissaire aux comptes, homologuée par le garde des sceaux, ministre de la justice, figure ci-dessous : – *V. C. com.*

Art. A. 823-33 *(Arr. 21 juin 2011)* La norme d'exercice professionnel relative aux consultations entrant dans le cadre de diligences directement liées à la mission de commissaire aux comptes, homologuée par le garde des sceaux, ministre de la justice, figure ci-dessous : – *V. C. com.*

Art. A. 823-34 La norme d'exercice professionnel relative aux constats à l'issue de procédures convenues avec l'entité entrant dans le cadre de diligences directement liées à la mission de commissaire aux comptes, homologuée par le garde des sceaux, ministre de la justice, figure ci-dessous : – *V. C. com.*

Art. A. 823-35 La norme d'exercice professionnel relative aux prestations entrant dans le cadre de diligences directement liées à la mission de commissaire aux comptes rendues lors de l'acquisition d'entités, homologuée par le garde des sceaux, ministre de la justice, figure ci-dessous : – *V. C. com.*

Art. A. 823-36 La norme d'exercice professionnel relative aux prestations entrant dans le cadre de diligences directement liées à la mission de commissaire aux comptes rendues lors de la cession d'entreprises, homologuée par le garde des sceaux, ministre de la justice, figure ci-dessous : – *V. C. com.*

Art. A 823-36-1 *(Arr. 21 juin 2011)* La norme d'exercice professionnel relative aux consultations entrant dans le cadre de diligences directement liées à la mission de commissaire aux comptes portant sur le contrôle interne relatif à l'élaboration et au traitement de l'information comptable et financière, homologuée par le garde des sceaux, ministre de la justice, figure ci-dessous : – *V. C. com.*

SOUS-SECTION 5 DE LA LUTTE CONTRE LE BLANCHIMENT DES CAPITAUX ET LE FINANCEMENT DU TERRORISME

(Arr. 20 avr. 2010)

Art. A. 823-37 La norme d'exercice professionnel relative aux obligations du commissaire aux comptes relatives à la lutte contre le blanchiment des capitaux et le financement du terrorisme, homologuée par le garde des sceaux, ministre de la justice, figure ci-dessous : – *V. C. com.*

APPENDICE

ARTISANS

RÉP. COM. v° *Coopérative artisanale*, par Hérail.

BIBL. GÉN. ▸ Casaux-Labrunée, *Mélanges le Tourneau, Dalloz, 2008, p. 183* (l'activité artisanale entre traditions et innovations). – Azarian et Saintourens, *JCP E 2008, n° 41, p. 18* (réformes touchant le statut de l'artisanat par la L. n° 2008-776 du 4 août 2008). – Dejoie et Phan Thanh, *LPA 30 avr. 2009* (définition et avenir du fonds artisanal). – Lebel, *JCP E 2010, n° 430* (création d'un code des métiers et de l'artisanat). – Azarian et Maron, *JCP E 2010, n° 2130* (réformes touchant le droit de l'artisanat par la L. n° 2010-853 du 23 juill. 2010 et ses décrets d'application). – Lebel, *RLDA févr. 2011. 60* (du commerçant et de l'artisan à l'activité commerciale et artisanale). – Le Gars, *Defrénois 2012. 242* (vente du fonds artisanal : éléments de comparaison avec la vente du fonds de commerce). – Legrand, *LPA 13 mai 2013* (EIRL : vers une simplification ?).

Code de l'artisanat

(Décr. n° 52-849 du 16 juill. 1952 ; L. n° 58-346 du 3 avr. 1958)

TITRE PREMIER **De l'artisan, du maître artisan et du compagnon** *(Décr. n° 55-656 du 20 mai 1955).*

Art. 1er à 3 *Abrogés par Décr. n° 62-235 du 1er mars 1962, art. 37.*

Art. 4 *Abrogé par L. n° 2011-525 du 17 mai 2011, art. 175-I.*

Art. 4 *bis* *(Décr. n° 55-656 du 20 mai 1955)* **Le compagnon est l'ouvrier qualifié travaillant dans une entreprise artisanale et possédant une qualification professionnelle attestée soit par le certificat de compagnon, soit par un apprentissage préalable ou un exercice prolongé du métier.**

BIBL. ▸ Crémieux, *D. 1972. Chron. 235* (contrat d'apprentissage). – Faillet, *JCP E 1981. II. 13627* (responsabilité du fait de l'apprenti).

1. Commerçant. Sur la distinction de droit commun entre l'artisan et le commerçant à propos de la compétence des juridictions commerciales, V. notes 22 s. ss. C. com., art. L. 110-1.

2. Brevet professionnel. Sur l'exigence d'un brevet professionnel pour un coiffeur, V. • Crim. 14 mars 1972 : *D. 1972. 604, note H.M. ; RTD com. 1973. 64, obs. Jauffret.* ♦ Comp., pour les diplômes coiffeurs hommes et femmes, • Crim. 28 mars 1974 : *Bull. crim. n° 137.* ♦ V. L. n° 46-1173 du 23 mai 1946, en note à la suite de l'art. 16-IV de la L. n° 96-603 du 5 juill. 1996.

TITRE II Des chambres de métiers

Art. 5 *(Décr. nº 55-657 du 20 mai 1955)* Les *(Décr. nº 2010-1356 du 11 nov. 2010, art. 25-2º)* « chambres de métiers et de l'artisanat de région » sont, auprès des pouvoirs publics, les organes représentatifs des intérêts généraux de l'artisanat de leur circonscription.

Sur la réglementation de l'usage de l'appellation « chambre de métiers », V. L. nº 56-1119 du 12 nov. 1956, ss. art. L. 710-1 C. com.

CHAPITRE PREMIER *Institution et organisation* (*Décr. nº 55-657 du 20 mai 1955).*

Art. 5-1 *(L. nº 2010-853 du 23 juill. 2010, art. 12)* Le réseau des chambres de métiers et de l'artisanat se compose de l'assemblée permanente des chambres de métiers et de l'artisanat, des chambres de métiers et de l'artisanat de région, ainsi que des chambres régionales de métiers et de l'artisanat et des chambres de métiers et de l'artisanat départementales, qui sont des établissements publics placés sous la tutelle de l'État et administrés par des dirigeants et collaborateurs d'entreprise élus.

Le réseau des chambres de métiers et de l'artisanat contribue au développement économique des entreprises immatriculées au répertoire des métiers ainsi qu'au développement des territoires, en remplissant en faveur des acteurs économiques et en partenariat avec les structures existantes toute mission d'intérêt général en faveur du secteur de l'artisanat.

Sont associées au réseau, dans des conditions fixées par décret en Conseil d'État, les chambres de métiers régies par les articles 103 et suivants du code professionnel local maintenu en vigueur par la loi du 1er juin 1924 mettant en vigueur la législation civile française dans les départements du Bas-Rhin, du Haut-Rhin et de la Moselle.

Les établissements du réseau des chambres de commerce et d'industrie et ceux du réseau des chambres de métiers et de l'artisanat peuvent constituer, à titre expérimental et pour une période de temps déterminée, des groupements interconsulaires pour la défense d'intérêts spéciaux et communs, dont les modalités sont précisées par voie réglementaire (L. nº 2010-853 du 23 juill. 2010, art. 18).

Art. 5-2 *(L. nº 2010-853 du 23 juill. 2010, art. 12)* I. — La circonscription de la chambre de métiers et de l'artisanat de région et de la chambre régionale de métiers et de l'artisanat est la région et, en Corse, celle de la collectivité territoriale. Son siège est fixé, après avis des chambres départementales rattachées, par décision de l'autorité administrative compétente.

II. — Dans chaque région comportant un seul département, la chambre de métiers et de l'artisanat devient chambre de métiers et de l'artisanat de région et exerce ses fonctions à une date fixée par décret.

III. — Si plus de la moitié des chambres de métiers et de l'artisanat d'une région le décident, elles se regroupent en une chambre de métiers et de l'artisanat de région. Cette chambre se substitue à la chambre régionale de métiers et de l'artisanat et ne peut se composer de plus de sections que de chambres entrant dans ce regroupement. Les chambres qui n'ont pas choisi de se regrouper deviennent des chambres de métiers et de l'artisanat départementales et sont rattachées à la chambre de métiers et de l'artisanat de région. Les chambres de métiers et de l'artisanat de région sont instituées par décret pris sur le rapport du ministre chargé de l'artisanat.

Dans les circonscriptions régionales autres que celles relevant de l'alinéa précédent, les chambres de métiers et de l'artisanat deviennent des chambres de métiers et de l'artisanat départementales. Elles sont rattachées aux chambres régionales de métiers et de l'artisanat.

IV. — Un décret en Conseil d'État fixe les fonctions administratives qui sont exercées au niveau national ou régional.

Les chambres de métiers et de l'artisanat des régions ne comportant qu'un seul département deviennent chambres de métiers et de l'artisanat de région et exercent leurs fonctions à compter du 1er janv.

2011 (Décr. n° 2010-1282 du 26 oct. 2010, art. 1er). — Les chambres de métiers et de l'artisanat départementales rattachées à une chambre régionale de métiers et de l'artisanat entrent en fonction à compter du 1er janv. 2011 (Décr. préc., art. 2).

Loi n° 2010-853 du 23 juillet 2010, *relative aux réseaux consulaires, au commerce, à l'artisanat et aux services.* **Art. 45** I. — Le choix du regroupement exercé en application du III de l'article 5-2 du code de l'artisanat est effectué avant une date fixée par décret *(Abrogé par L. n° 2012-387 du 22 mars 2012, art. 115) « et au plus tard le 1er janvier 2011 ».*

II. — Les personnels employés par les chambres de métiers et de l'artisanat qui occupent les fonctions exercées au niveau régional en application du IV de l'article 5-2 du même code sont transférés à la chambre de métiers et de l'artisanat de région ou à la chambre régionale de métiers et de l'artisanat au 1er janvier 2011, qui en devient l'employeur. Les modalités de ce transfert font l'objet d'une décision de la chambre de métiers et de l'artisanat de région ou de la chambre régionale de métiers et de l'artisanat, prise après l'avis de la commission paritaire locale compétente.

Ces agents sont mis à la disposition, le cas échéant, de la chambre départementale qui les employait à la date d'effet du transfert.

Les modalités de cette mise à disposition font l'objet d'une décision de la chambre de métiers et de l'artisanat de région ou de la chambre régionale de métiers et de l'artisanat, prise après l'avis de la commission paritaire locale compétente.

Les dépenses de rémunération des agents ainsi mis à disposition constituent des dépenses obligatoires des chambres de métiers et de l'artisanat départementales et sont des recettes des chambres de métiers et de l'artisanat de région ou des chambres régionales de métiers et de l'artisanat concernées.

III. — Dans les départements où il existe, à la date de promulgation de la présente loi, deux chambres de métiers et de l'artisanat, ne peut subsister au-delà du 1er janvier 2011 qu'une chambre de métiers et de l'artisanat départementale ou, dans le cas du regroupement prévu au I, une section coïncidant avec le département.

IV. — Dans les régions où la majorité des établissements du réseau des chambres de métiers et de l'artisanat, en application du III de l'article 5-2 du code de l'artisanat, choisissent de ne pas se regrouper en une chambre de métiers et de l'artisanat de région, les élus de la chambre régionale de métiers et de l'artisanat issus du prochain renouvellement restent en fonction en qualité d'élu de cette chambre jusqu'au renouvellement suivant.

Dans les régions où la majorité des établissements du réseau des chambres de métiers et de l'artisanat, en application du III de l'article 5-2 du code de l'artisanat, choisissent de se regrouper en une chambre de métiers et de l'artisanat de région, les élus de la chambre régionale de métiers et de l'artisanat issus du prochain renouvellement exercent leurs fonctions en qualité d'élus de la chambre de métiers et de l'artisanat de région à compter de la date de création de cette dernière et jusqu'au renouvellement suivant.

Les chambres de métiers et de l'artisanat départementales entrent en fonction à la date de création de la chambre de métiers et de l'artisanat de région à laquelle elles sont rattachées ou à une date fixée par décret pour celles qui sont rattachées à une chambre régionale de métiers et de l'artisanat. Les élus des chambres de métiers et de l'artisanat issus du prochain renouvellement exercent leurs fonctions en qualité d'élu de chambre de métiers et de l'artisanat départementale à compter de l'entrée en fonction de celle-ci ou bien en qualité d'élu de section dans l'hypothèse où leur chambre se regroupe au sein d'une chambre de métiers et de l'artisanat de région.

Les transferts de biens immobiliers ou des droits et obligations se rattachant aux opérations de fusion entre établissements du réseau des chambres de métiers et de l'artisanat, en application de la L. n° 2010-853 du 23 juill. 2010, ne donnent pas lieu au versement prévu à l'art. 879 CGI (L. préc., art. 17).

Décret nº 2010-1356 du 11 novembre 2010, *mettant en œuvre la réforme du réseau des chambres de métiers et de l'artisanat.* **Art. 27** Pour l'élection du bureau d'une chambre de métiers et de l'artisanat ou d'une chambre régionale de métiers et de l'artisanat issue du renouvellement dont les résultats ont été proclamés le 18 octobre 2010, en application du décret du 27 mai 1999 susvisé, le nombre de membres du bureau est fixé ainsi qu'il suit :

1º Pour les chambres de métiers et de l'artisanat ayant choisi, à la date mentionnée au premier alinéa, le regroupement mentionné au III de l'article 5-2 du code de l'artisanat, dans les régions où plus de la moitié des chambres de métiers et de l'artisanat ont choisi de se regrouper en une chambre de métiers et de l'artisanat de région : au plus six membres ;

2º Pour les chambres de métiers et de l'artisanat, dans les régions où la majorité des chambres de métiers et de l'artisanat a choisi, à la même date, de ne pas se regrouper en une chambre de métiers et de l'artisanat de région en application du III de l'article 5-2 du code de l'artisanat ainsi qu'à Mayotte : au plus douze membres ;

3º Pour les chambres régionales de métiers et de l'artisanat, dans les régions où plus de la moitié des chambres de métiers et de l'artisanat a choisi, à la même date, de se regrouper en une chambre de métiers et de l'artisanat de région en application du III de l'article 5-2 du code de l'artisanat : conformément au premier tableau, relatif aux chambres de métiers et de l'artisanat de région, figurant au I de l'article 19 du code de l'artisanat dans sa rédaction issue du présent décret ;

4º Pour les chambres régionales de métiers et de l'artisanat, dans les régions où la majorité des chambres de métiers et de l'artisanat a choisi, à la même date, de ne pas se regrouper en une chambre de métiers et de l'artisanat de région en application du III de l'article 5-2 du code de l'artisanat : conformément au second tableau, relatif aux chambres régionales de métiers et de l'artisanat, figurant au I de l'article 19 du code de l'artisanat dans sa rédaction issue du présent décret.

Art. 5-3 *(L. nº 2010-853 du 23 juill. 2010, art. 12)* **Les chambres de métiers et de l'artisanat de région et les chambres régionales de métiers et de l'artisanat assurent la représentation des métiers et de l'artisanat au plan régional.**

Art. 5-4 *(L. nº 2010-853 du 23 juill. 2010, art. 12)* **Les chambres de métiers et de l'artisanat départementales exercent leurs missions dans le respect des prérogatives reconnues à la chambre de métiers et de l'artisanat de région ou à la chambre régionale de métiers et de l'artisanat à laquelle elles sont rattachées.**

Art. 5-5 *(L. nº 2010-853 du 23 juill. 2010, art. 12)* **La chambre de métiers et de l'artisanat de région ou la chambre régionale de métiers et de l'artisanat :**

1º Définit la stratégie pour l'activité du réseau dans sa région ou, pour la Corse, dans sa collectivité territoriale ;

2º Répartit entre les chambres départementales qui lui sont rattachées, après déduction de sa propre quote-part, les ressources qui lui sont affectées ;

3º Abonde, dans des conditions et limites définies par décret, le budget, au-delà du budget voté, d'une chambre qui lui est rattachée pour subvenir à des dépenses exceptionnelles ou faire face à des circonstances particulières.

Art. 5-6 *(L. nº 2010-853 du 23 juill. 2010, art. 12)* **Les modalités d'adaptation des dispositions de l'article 5-5 dans le cas du rattachement volontaire à une chambre de métiers et de l'artisanat de région ou à une chambre régionale de métiers et de l'artisanat d'une chambre de métiers de droit local mentionnée au troisième alinéa de l'article 5-1 sont déterminées par décret en Conseil d'État.**

Art. 5-7 *(L. n° 2010-853 du 23 juill. 2010, art. 12)* L'assemblée permanente des chambres de métiers et de l'artisanat est l'établissement public, placé à la tête du réseau défini à l'article 5-1, habilité à représenter les intérêts des métiers et de l'artisanat auprès de l'État, de l'Union européenne ainsi qu'au plan international.

Son organe délibérant est constitué des présidents en exercice des chambres de métiers et de l'artisanat de région et des chambres régionales de métiers et de l'artisanat, de ceux des chambres de métiers et de l'artisanat départementales et des présidents des sections constituées en application du III de l'article 5-2.

Art. 5-8 *(L. n° 2010-853 du 23 juill. 2010, art. 12)* L'assemblée permanente des chambres de métiers et de l'artisanat assure l'animation de l'ensemble du réseau des chambres de métiers et de l'artisanat. Elle veille au bon fonctionnement du réseau.

A ce titre :

1° Elle élabore la stratégie nationale du réseau des chambres de métiers et de l'artisanat ;

2° Elle définit des normes d'intervention pour les établissements membres du réseau et s'assure du respect de ces normes ;

3° Elle gère les projets nationaux du réseau et elle peut en confier la maîtrise d'ouvrage à un autre établissement du réseau ;

4° Elle définit et suit la mise en œuvre de la politique générale du réseau en matière de gestion des personnels des chambres, négocie et signe les accords nationaux en matière sociale applicables aux personnels des chambres qui sont soumis à un agrément prévu par décret en Conseil d'État s'ils ont un impact sur les rémunérations ;

5° Elle décide en assemblée générale des marchés ou accords-cadres relatifs aux achats de fournitures ou de prestations de services qu'elle passe au nom et pour le compte des établissements du réseau des chambres de métiers et de l'artisanat. Ces décisions s'imposent aux établissements du réseau qui ne sont pas, à la date à laquelle ces décisions sont prises, déjà engagés dans un marché ou un accord-cadre portant sur les mêmes achats. Les modalités de mise en œuvre du présent 5° sont fixées par décret.

L'agrément des accords qui ont un impact sur les rémunérations, mentionné au 4° de l'art. 5-8, est délivré par le ministre chargé de l'artisanat. L'assemblée permanente des chambres de métiers et de l'artisanat transmet l'accord au ministre chargé de l'artisanat, accompagné d'une notice explicative relative à son impact sur l'équilibre des comptes des établissements du réseau. A compter de la date de réception de l'accord et de la notice explicative, le ministre chargé de l'artisanat dispose d'un délai d'un mois pour se prononcer. A défaut de notification d'une décision d'opposition dans ce délai, l'agrément est réputé accordé. Toute demande écrite d'information, de documents complémentaires ou de modification de l'accord concerné suspend le délai précité jusqu'à la production de ces informations ou documents ou d'observations sur la demande de modification. Les accords mentionnés au 4° de l'art. 5-8 ne sont applicables qu'après agrément dans les conditions prévues par le présent art. (Décr. n° 2010-1356 du 11 nov. 2010, art. 23).

Art. 6 *(Décr. n° 2010-1356 du 11 nov. 2010, art. 1er)* Le transfert du siège d'une chambre de métiers et de l'artisanat de région est autorisé par arrêté du préfet de région.

Art. 7 *(L. n° 2010-853 du 23 juill. 2010, art. 13)* Les modalités d'organisation et de fonctionnement des établissements publics constituant le réseau des chambres de métiers et de l'artisanat, ainsi que celles du rattachement des chambres de métiers et de l'artisanat départementales aux chambres de métiers et de l'artisanat de région ou aux chambres régionales de métiers et de l'artisanat sont fixées par décret en Conseil d'État.

Art. 8 *Abrogé par Décr. n° 71-782 du 16 sept. 1971.*

Art. 9 et 10 *Abrogés par Décr. n° 68-47 du 13 janv. 1968.*

Art. 11 et 12 *Remplacés par Décr. n° 64-1362 du 30 déc. 1964, art. 4 et 5, eux-mêmes abrogés par Décr. n° 92-1043 du 28 sept. 1992, art. 55, qui a été lui-même abrogé par Décr. n° 99-433 du 27 mai 1999, art. 37.*

Art. 13 *Abrogé par Décr. n° 92-1043 du 28 sept. 1992, art. 55 [abrogé].*

Art. 14 *Abrogé par Décr. n° 68-47 du 13 janv. 1968.*

Art. 15 *(Décr. n° 2004-1164 du 2 nov. 2004, art. 2)* **Sont déclarés démissionnaires d'office par** *(Décr. n° 2010-1356 du 11 nov. 2010, art. 2)* **« l'autorité de tutelle », après avis de l'assemblée générale de la** *(Décr. n° 2010-1356 du 11 nov. 2010, art. 25)* **« chambre de métiers et de l'artisanat de région », les membres qui cessent au cours de leur mandat de répondre aux conditions d'éligibilité prévues par l'article** *(Décr. n° 2010-1356 du 11 nov. 2010, art. 2)* **« 6 du décret n° 99-433 du 27 mai 1999 relatif à la composition des chambres régionales de métiers et de l'artisanat et des chambres de métiers et de l'artisanat et à leur élection »** *[V. ce texte, infra]* **et ceux qui ne relèvent plus** *(Abrogé par Décr. n° 2010-651 du 11 juin 2010, art. 31)* **«** ***, au sein du collège des activités,*** **» de la catégorie à laquelle ils appartenaient au moment de leur élection.**

Art. 16 *Abrogé par Décr. n° 99-433 du 27 mai 1999, art. 37.*

Art. 17 *(Décr. n° 2004-1164 du 2 nov. 2004, art. 3)* **Les** *(Décr. n° 2010-1356 du 11 nov. 2010, art. 25)* **« chambres de métiers et de l'artisanat de région » peuvent être supprimées par décret, pris sur le rapport du ministre chargé de l'artisanat** *(Abrogé par Décr. n° 2010-1356 du 11 nov. 2010, art. 3)* **«** ***, du ministre chargé du travail, de l'emploi, de la formation professionnelle, du ministre chargé de l'éducation nationale*** **» et, le cas échéant, du ministre chargé de l'outre-mer.**

L'assemblée générale d'une *(Décr. n° 2010-1356 du 11 nov. 2010, art. 25)* **« chambre de métiers et de l'artisanat de région » peut être dissoute par décret pris sur rapport du ministre chargé de l'artisanat.**

En cas de dissolution, une commission composée de trois à neuf membres artisans désignés par arrêté *(Décr. n° 2010-1356 du 11 nov. 2010, art. 3)* **« de l'autorité de tutelle » administre provisoirement la** *(Décr. n° 2010-1356 du 11 nov. 2010, art. 25)* **« chambre de métiers et de l'artisanat de région » dans l'attente de nouvelles élections. Les élections pour le remplacement des membres d'une assemblée générale dissoute doivent avoir lieu dans un délai de quatre mois à partir de la publication du décret de dissolution. Toutefois, si une révision spéciale des listes électorales a été prescrite à la suite de la dissolution, le délai fixé court à partir du jour où la révision des listes électorales a pris fin.**

Si cette dissolution intervient dans les douze mois précédant le renouvellement général, il n'est procédé à aucune élection.

Rien n'exige que la mesure de tutelle prise par l'État lors de la dissolution d'une chambre de métiers soit précédée d'une consultation des organes dirigeants de cet établissement public. • CE 29 avr. 2002 : *Lebon 158 ; RTD com. 2002. 670, obs. Orsoni ; JCP 2003. IV. 1371.*

CHAPITRE II *Fonctionnement*

Art. 18 *(Décr. n° 2011-350 du 30 mars 2011, art. 1er)* **Les fonctions des membres des chambres de métiers et de l'artisanat de région, des chambres régionales de métiers et de l'artisanat et des chambres de métiers et de l'artisanat départementales sont gratuites. Toutefois, une délibération peut prévoir l'attribution au président et au trésorier**

d'indemnités de fonctions, l'attribution aux autres membres de vacations, et le remboursement de frais de déplacement et de représentation.

Un arrêté conjoint du ministre chargé de l'artisanat et du ministre chargé du budget fixe le montant maximal des indemnités, le montant maximal unitaire et annuel et les modalités d'attribution des vacations, ainsi que les conditions de remboursement des frais de représentation et de déplacement. – *V. Arr. 5 févr. 1985 (JO 12 févr.), mod. par Arr. 12 juin 2001 (JO 20 juin).*

Les membres associés aux chambres de métiers et de l'artisanat de région et aux chambres de métiers et de l'artisanat départementales mentionnés à l'article 21 peuvent bénéficier du remboursement de leurs frais de déplacement, selon les conditions fixées par l'arrêté prévu à l'alinéa précédent.

Art. 19 *(Décr. nº 2004-1164 du 2 nov. 2004, art. 5)* I. – L'installation de l'assemblée générale des chambres de métiers et de l'artisanat *(Décr. nº 2010-1356 du 11 nov. 2010, art. 4)* « de région, des chambres régionales de métiers et de l'artisanat, des chambres de métiers et de l'artisanat départementales et de la chambre de métiers et de l'artisanat de Mayotte » a lieu trente jours au plus tard après la proclamation des résultats des élections, sur convocation du président sortant ou, à défaut, *(Décr. nº 2010-1356 du 11 nov. 2010, art. 4)* « de l'autorité de tutelle ».

Il est procédé au cours de cette séance à l'élection des membres du bureau.

Les assemblées générales *(Abrogé par Décr. nº 2010-1356 du 11 nov. 2010, art. 4)* « *des chambres de métiers et de l'artisanat* » désignent parmi leurs membres en exercice un bureau composé d'un président, *(Décr. nº 2010-1356 du 11 nov. 2010, art. 4)* « d'un ou plusieurs » vice-présidents, d'un trésorier, d'un trésorier adjoint *(Décr. nº 2010-1356 du 11 nov. 2010, art. 4)* « et, le cas échéant, pour la chambre de métiers et de l'artisanat de région, d'un trésorier adjoint par section, dont la compétence est limitée à la section concernée », d'un secrétaire et d'un ou plusieurs secrétaires adjoints.

(Décr. nº 2010-1356 du 11 nov. 2010, art. 4) « Le bureau d'une chambre de métiers et de l'artisanat de région ne peut comprendre plus de membres que celui figurant sur le tableau suivant, y compris les membres de droit :

NOMBRE de département (s) dans la région	NOMBRE de membres du bureau de la chambre de métiers et de l'artisanat de région	NOMBRE de membres du bureau par département
1 département	Au plus 12	Au plus 12
2 départements	Au plus 24	Au plus 12
3 départements	Au plus 24	Au plus 8
4 départements	Au plus 24	Au plus 6
5 départements	Au plus 25	Au plus 5
6 départements	Au plus 24	Au plus 4
8 départements	Au plus 24	Au plus 3

« Le bureau d'une chambre régionale de métiers et de l'artisanat ne peut comprendre plus de membres que celui figurant sur le tableau suivant, y compris les membres de droit :

NOMBRE de département(s) dans la région	NOMBRE de membres du bureau de la chambre régionale de métiers et de l'artisanat	NOMBRE de membres du bureau par département
2 départements	Au plus 14	Au plus 7
3 départements	Au plus 15	Au plus 5
4 départements	Au plus 16	Au plus 4
5 départements	Au plus 20	Au plus 4
6 départements	Au plus 24	Au plus 4
8 départements	Au plus 24	Au plus 3

« Le bureau d'une chambre de métiers et de l'artisanat de région et d'une chambre régionale de métiers et de l'artisanat comprend le même nombre de membres pour chacun des départements de la circonscription régionale concernée.

« Le bureau de la chambre de métiers et de l'artisanat de Mayotte ne peut comprendre plus de douze membres.

« Le bureau d'une chambre de métiers et de l'artisanat départementale ne peut comprendre plus de douze membres.

« II. – Les membres du bureau d'une chambre de métiers et de l'artisanat de région et d'une chambre régionale de métiers et de l'artisanat sont élus à bulletin secret par les membres de l'assemblée générale de la chambre par un premier scrutin destiné à assurer la représentation de chacun des départements de la circonscription régionale concernée en application du I, puis, une fois cette représentation assurée, par un scrutin distinct pour chaque poste parmi les membres désignés lors du premier scrutin. Pour chacun de ces scrutins, l'élection des membres du bureau a lieu à la majorité absolue des suffrages exprimés aux deux premiers tours et à la majorité relative au troisième. En cas d'égalité des voix, le plus jeune est élu.

« Les membres du bureau de la chambre de métiers et de l'artisanat de Mayotte et d'une chambre de métiers et de l'artisanat départementale sont élus à bulletin secret par les membres de l'assemblée générale par un scrutin distinct pour chaque poste. L'élection des membres du bureau a lieu à la majorité absolue des suffrages exprimés aux deux premiers tours et à la majorité relative au troisième. En cas d'égalité des voix, le plus jeune est élu. »

Le bureau se réunit au moins tous les deux mois sur convocation de son président.

Le bureau est élu après chaque renouvellement général de la chambre de métiers et de l'artisanat *(Décr. n° 2010-1356 du 11 nov. 2010, art. 4)* « de région, des chambres régionales de métiers et de l'artisanat, des chambres de métiers et de l'artisanat départementales et de la chambre de métiers et de l'artisanat de Mayotte ». Les membres sortants sont rééligibles. Ils demeurent en fonction jusqu'à la date d'installation des membres proclamés élus. A compter de la date des élections, le bureau sortant ne peut procéder qu'aux actes conservatoires et urgents.

Lorsque le bureau n'est plus en mesure d'exercer normalement ses attributions dans le cadre des règles de fonctionnement prévues au règlement intérieur de la chambre, *(Décr. n° 2010-1356 du 11 nov. 2010, art. 4)* « l'autorité de tutelle » peut procéder, par arrêté motivé, à sa dissolution. Une assemblée générale extraordinaire est convoquée par *(Décr. n° 2010-1356 du 11 nov. 2010, art. 4)* « l'autorité de tutelle » pour procéder au renouvellement du bureau dans les quinze jours suivant cette décision.

III. — Les fonctions d'ordonnateur des dépenses sont exercées par le président qui peut, avec l'agrément du bureau, les déléguer à un vice-président. Les fonctions de comptable sont exercées par le trésorier qui peut, avec l'agrément du bureau, les déléguer au trésorier adjoint. Les conditions dans lesquelles le président et le trésorier peuvent déléguer leur signature au secrétaire général ou, sur sa proposition, à d'autres agents permanents de la chambre sont fixées par le règlement intérieur prévu à l'article 8 *bis* du décret du 30 décembre 1964.

En cas d'empêchement du président et, en l'absence de la délegation préalable, les fonctions d'ordonnateur sont exercées par un vice-président dans l'ordre du tableau. En cas d'empêchement du trésorier et en l'absence de délégation préalable, les fonctions de comptable sont assurées par le trésorier adjoint. En cas d'empêchement du trésorier et du trésorier adjoint, une assemblée générale extraordinaire est convoquée par le président, le premier vice-président ou, à défaut, par *(Décr. n° 2010-1356 du 11 nov. 2010, art. 4)* « l'autorité de tutelle » pour élire leurs remplaçants.

IV. — La démission du président, des membres du bureau et des autres membres de la chambre est adressée *(Décr. n° 2010-1356 du 11 nov. 2010, art 4)* « à l'autorité de tutelle » par lettre recommandée avec accusé de réception ou tout autre moyen permettant d'en attester la réception par son destinataire.

(Décr. n° 2010-1356 du 11 nov. 2010, art. 4) « La démission d'un membre de la chambre de métiers et de l'artisanat de région ou de la chambre régionale de métiers et de l'artisanat entraîne sa démission de la chambre de métiers et de l'artisanat départementale au titre de laquelle il a été élu ou sa démission de la section dont il est membre. »

Les membres du bureau qui se sont abstenus, sans motif légitime, d'assister à trois séances consécutives auxquelles ils étaient régulièrement convoqués sont déclarés démissionnaires du bureau par *(Décr. n° 2010-1356 du 11 nov. 2010, art. 4)* « l'autorité de tutelle », après avis de l'assemblée générale de la chambre.

(Décr. n° 2010-1356 du 11 nov. 2010, art. 4) « L'autorité de tutelle » peut, en cas de faute grave dans l'exercice des fonctions et par arrêté motivé pris après que l'intéressé a été mis à même de faire valoir ses observations, suspendre ou mettre fin aux fonctions d'un membre de la chambre, d'un membre du bureau ou du président.

(Décr. n° 2010-1356 du 11 nov. 2010, art. 4) « En cas de vacance pour quelque cause que ce soit d'un membre du bureau », il est pourvu à son remplacement au cours de la première réunion de l'assemblée générale de la chambre qui suit la vacance. En cas d'urgence, une assemblée générale extraordinaire peut être convoquée par son président, son premier vice-président ou, à défaut, par *(Décr. n° 2010-1356 du 11 nov. 2010, art. 4)* « l'autorité de tutelle » dans le délai d'un mois pour élire le remplaçant.

Art. 19 *bis* *(Décr. n° 2004-1164 du 2 nov. 2004, art. 6)* Sous réserve des dispositions du statut du personnel des *(Décr. n° 2010-1356 du 11 nov. 2010, art. 25)* « chambres de métiers et de l'artisanat de région » établi en application de la loi n° 52-1311 du 10 décembre 1952, le président peut conclure des transactions, après y avoir été autorisé pour chaque affaire, par délibération de l'assemblée générale de la *(Décr. n° 2010-1356 du 11 nov. 2010, art. 25)* « chambre de métiers et de l'artisanat de région » ou, en cas d'urgence, après autorisation du bureau. Le projet de transaction est soumis à l'approbation du préfet au-delà d'un seuil fixé par le ministre chargé de l'artisanat. Il est réputé approuvé si une décision contraire motivée du préfet n'a pas été notifiée au président dans un délai de trente jours courant à compter de sa réception.

Art. 19 *ter* *(L. n° 2010-853 du 23 juill. 2010, art. 14)* Les établissements du réseau des chambres de métiers et de l'artisanat sont tenus de nommer au moins un commissaire aux comptes, choisi conformément au code des marchés publics. Ils sont nommés par l'assemblée générale de chaque établissement sur proposition de son président. Les conditions dans lesquelles chaque établissement du réseau publie et transmet à l'autorité de tutelle un bilan, un compte de résultat et une annexe sont déterminées par voie réglementaire.

La peine prévue par l'article L. 242-8 du code de commerce est applicable aux dirigeants des établissements du réseau des chambres de métiers et de l'artisanat qui n'établissent pas chaque année un bilan, un compte de résultat et une annexe.

Chacun des établissements du réseau des chambres de métiers et de l'artisanat tient une comptabilité analytique mise à la disposition des autorités de tutelle et de contrôle afin de justifier que les ressources publiques ont été employées dans le respect des règles de concurrence nationales et communautaires et n'ont pas financé des activités marchandes.

Art. 19 *quater* *(Décr. n° 2010-1356 du 11 nov. 2010, art. 5)* L'élection du président et du bureau des chambres de métiers et de l'artisanat départementales précède celle du président et du bureau de la chambre de métiers et de l'artisanat de région ou de la chambre régionale de métiers et de l'artisanat à laquelle elles sont rattachées.

Les présidents des chambres de métiers et de l'artisanat départementales sont élus parmi les membres de la chambre de métiers et de l'artisanat de région ou de la chambre régionale de métiers et de l'artisanat à laquelle ces chambres sont rattachées.

Ils sont membres de droit du bureau de la chambre de métiers et de l'artisanat de région ou de la chambre régionale de métiers et de l'artisanat à laquelle ces chambres sont rattachées.

Art. 19 *quinquies* *(Décr. n° 2010-1356 du 11 nov. 2010, art. 6)* Les sections départementales constituées au sein de la chambre de métiers et de l'artisanat de région ne disposent pas de la personnalité morale.

Les sections élisent un conseil de section, composé du président de section et d'un vice-président de section. Il comporte au plus six membres.

Chaque président de section est membre de droit du bureau de la chambre de métiers et de l'artisanat de région.

Le secrétariat d'une section est assuré par le directeur départemental mentionné par le statut du personnel administratif des chambres de métiers et de l'artisanat, sous l'autorité du secrétaire général de la chambre de métiers et de l'artisanat de région.

Les règles de fonctionnement des sections sont fixées par le règlement intérieur de la chambre de métiers et de l'artisanat de région.

Art. 20 *(Décr. n° 2004-1164 du 2 nov. 2004, art. 7)* Les *(Décr. n° 2010-1356 du 11 nov. 2010, art. 25)* « chambres de métiers et de l'artisanat de région » se réunissent en assemblée générale au moins deux fois par an sur convocation du président de la chambre ou, à défaut, *(Décr. n° 2010-1356 du 11 nov. 2010, art. 7)* « de l'autorité de tutelle ». Toutefois, sur proposition du bureau ou sur demande d'un tiers des membres, elles sont convoquées pour une assemblée générale extraordinaire par le président ou, en cas de refus de celui-ci, par *(Décr. n° 2010-1356 du 11 nov. 2010, art. 7)* « l'autorité de tutelle ».

Les membres de l'assemblée générale sont informés au moins huit jours avant la date de la réunion. La convocation, adressée au domicile des intéressés, indique l'ordre du jour de la séance.

Participent aux séances de l'assemblée générale de la *(Décr. n° 2010-1356 du 11 nov. 2010, art. 25)* « chambre de métiers et de l'artisanat de région » avec voix consultative :

Les ministres chargés *[Le ministre chargé]* de l'artisanat, *(Abrogé par Décr. n° 2010-1356 du 11 nov. 2010, art. 7)* *« de l'éducation nationale, du travail, de l'emploi, de la formation professionnelle »* et le ministre chargé de l'outre-mer, pour les chambres de métiers et de l'artisanat d'outre-mer ;

(Décr. n° 2010-1356 du 11 nov. 2010, art. 7) « L'autorité de tutelle », lequel *[laquelle]* se fait assister de fonctionnaires appartenant aux administrations compétentes.

L'assemblée générale ne peut délibérer que si le quorum des membres présents constaté en début de séance dépasse la moitié du nombre des membres en exercice. Si le quorum n'est pas atteint, il est procédé, dans le mois qui suit, à une deuxième assemblée générale, convoquée au moins huit jours avant la date de sa réunion et avec le même ordre du jour. Cette assemblée générale se tient valablement si le nombre de membres présents atteint le tiers du nombre des membres en exercice.

Les décisions sont prises à la majorité absolue des membres présents. En cas de partage des voix, celle du président est prépondérante.

Les membres sortants siègent jusqu'à l'installation de leurs successeurs. Toutefois, à compter du jour de l'élection et jusqu'à celui de l'installation des nouveaux membres, la chambre ne peut se réunir que pour procéder à des actes conservatoires et urgents. La chambre ne peut modifier le règlement intérieur ni prendre aucune décision concernant le personnel pendant cette période.

Les membres qui se sont abstenus de se rendre à deux assemblées générales successives sans motif légitime sont déclarés démissionnaires par *(Décr. n° 2010-1356 du 11 nov. 2010, art. 7)* « l'autorité de tutelle », après délibération de l'assemblée générale de la chambre.

Art. 20-1 *(Décr. n° 2010-1356 du 11 nov. 2010, art. 8)* Lorsque l'assemblée générale d'une chambre de métiers et de l'artisanat de région, composée de sections et de chambres de métiers et de l'artisanat départementales qui lui sont rattachées, examine des questions propres aux sections qui la composent, tenant notamment à leur organisation, leur fonctionnement, leurs missions, ou des questions tenant à l'exercice des missions de la chambre de métiers et de l'artisanat de région dans les seules circonscriptions géographiques de ces sections, seuls les membres de la chambre de métiers et de l'artisanat de région élus dans les circonscriptions de ces sections siègent, prennent part aux débats et votent.

L'assemblée générale ne peut alors délibérer que si le quorum des membres présents élus dans les circonscriptions des sections qui composent la chambre de métiers et de l'artisanat de région dépasse la moitié du nombre de membres en exercice élus dans ces circonscriptions.

Si le quorum n'est pas atteint, il est procédé, dans le mois qui suit, à une deuxième assemblée générale, convoquée au moins huit jours avant la date de sa réunion et avec le même ordre du jour. Cette assemblée générale se tient valablement si le nombre de membres présents atteint le tiers du nombre de membres en exercice élus dans les circonscriptions des sections qui composent la chambre de métiers et de l'artisanat de région.

Les décisions sont alors prises à la majorité absolue des membres présents élus dans les circonscriptions des sections qui composent la chambre de métiers et de l'artisanat de région. En cas de partage des voix, celle du président est prépondérante.

Art. 21 *(Décr. n° 2011-350 du 30 mars 2011, art. 2)* I. – Des membres associés à la chambre de métiers et de l'artisanat de région et à la chambre de métiers et de l'artisanat départementale peuvent être désignés pour conseiller et assister les ressortissants dans des secteurs d'activité ou des zones géographiques déterminés.

II. – Auprès de la chambre de métiers et de l'artisanat de région qui le décide, les *membres associés sont désignés* après chaque renouvellement général par les membres élus au sein de chacune des sections définies au III de l'article 5-2.

Auprès de la chambre de métiers et de l'artisanat départementale qui le décide, les membres associés sont désignés après chaque renouvellement général par l'assemblée générale de la chambre.

Le règlement intérieur fixe le mode de désignation des membres associés et pour chaque collège intéressé leur nombre, limité, sauf dérogation admise par l'autorité de tutelle, à la moitié au plus du nombre des membres élus.

Les membres associés répondent aux conditions d'éligibilité prévues par l'article 6 du décret n° 99-433 du 27 mai 1999 relatif à la composition des chambres régionales de métiers et de l'artisanat et des chambres de métiers et de l'artisanat de région et à leur élection. – *V. ce texte, infra.*

III. – Le règlement intérieur précise les missions des membres associés et les modalités de leur participation, à titre consultatif, aux délibérations de l'assemblée générale de la chambre.

IV. – Les chambres régionales de métiers et de l'artisanat ne désignent pas de membre associé.

Art. 22 *Abrogé par Décr. n° 73-358 du 26 mars 1973. – V. Décr. n° 64-1362 du 30 déc. 1964, art. 8 bis.*

CHAPITRE III *Attributions*

Art. 23 *(Décr. n° 2004-1164 du 2 nov. 2004, art. 9) (Décr. n° 2010-1356 du 11 nov. 2010, art. 10)* « I. – Les chambres de métiers et de l'artisanat de région ont pour attributions : »

1° De tenir le répertoire des métiers ;

2° De reconnaître la qualité d'artisan et d'artisan d'art et d'attribuer les titres de maître artisan *(Décr. n° 2006-665 du 7 juin 2006, art. 39-III)* « dans les conditions prévues au premier alinéa de l'article 3 du décret n° 98-247 du 2 avril 1998 relatif à la qualification artisanale et au répertoire des métiers » ; *– V. cet art., infra.*

3° D'organiser l'apprentissage dans le secteur des métiers ;

4° De favoriser la promotion professionnelle des chefs d'entreprise et des salariés de ce secteur ;

5° Dans le cadre de la politique de l'aménagement du territoire et conformément aux directives du plan de contribuer, le cas échéant, à l'expansion du secteur des métiers et au maintien ou à l'élargissement des débouchés, notamment par l'organisation d'expositions ;

6° D'améliorer la rentabilité des entreprises, la qualité des produits et des services, les techniques et les méthodes de production et de commercialisation en favorisant la collaboration entre entreprises et la création de services communs ;

7° De créer des œuvres d'entraide et d'assistance ou de concourir au fonctionnement de telles œuvres ;

8° De procéder à toutes études utiles intéressant le secteur des métiers et d'émettre des vœux ou des avis sur les matières relevant de leur compétence ;

9° De participer à la prévention et au traitement des difficultés des entreprises artisanales, en liaison avec les services financiers de l'État, les organismes de recouvrement des cotisations sociales et toutes personnes morales, publiques ou privées concernées ;

(Décr. n° 2010-1356 du 11 nov. 2010, art. 10) « 10° D'animer et de coordonner les actions en faveur des métiers d'art à l'échelon régional ;

« 11° De définir les orientations et de coordonner l'action des chambres de métiers et de l'artisanat départementales qui leur sont rattachées et celle de leurs sections afin de contribuer au développement économique du territoire régional *(Décr. n° 2012-527 du 19 avr. 2012, art. 1er)* « et de fixer, dans le respect des dispositions de la sixième partie du code du travail et en application du décret n° 2004-1165 du 2 novembre 2004 *[V. ce texte, infra]*, les priorités en matière d'actions de formation en faveur des chefs d'entreprise exerçant une activité artisanale, de leurs conjoints collaborateurs ou associés et de leurs auxiliaires familiaux dans le seul domaine de la gestion et du développement des entreprises, et d'assurer le traitement des demandes de financement de ces actions ».

« 12° De participer au développement de la formation professionnelle initiale ou continue. A ce titre, chaque établissement du réseau peut, seul ou en collaboration avec d'autres partenaires, créer et gérer des établissements de formation professionnelle initiale et continue dans les conditions prévues par les articles L. 443-1 et L. 753-1 du code de l'éducation pour la formation initiale et dans le respect des dispositions du titre V du livre III de la sixième partie du code du travail qui leur sont applicables pour la formation continue ;

« 13° D'exercer une mission d'appui et de conseil, en coordination avec l'Agence française pour le développement international des entreprises, pour le développement international des entreprises et l'exportation de leur production ;

« 14° D'être autorités compétentes conformément à l'article 32 de la loi n° 2010-853 du 23 juillet 2010 relative aux réseaux consulaires, au commerce, à l'artisanat et aux services, au décret n° 98-246 du 2 avril 1998 relatif à la qualification professionnelle exigée pour l'exercice des activités prévues à l'article 16 de la loi n° 96-603 du 5 juillet 1996 relative au développement et à la promotion du commerce et de l'artisanat et au décret n° 97-558 du 29 mai 1997 relatif aux conditions d'accès à la profession de coiffeur, et de coopérer à ce titre avec les autorités compétentes des autres États membres de l'Union européenne ou des États parties à l'accord sur l'Espace économique européen. »

Ces attributions s'exercent, conformément à la réglementation propre à chaque matière, sous le contrôle du ministre chargé de l'artisanat et également, pour les questions relevant de sa compétence, du ministre de l'éducation nationale.

Les *(Décr. n° 2010-1356 du 11 nov. 2010, art. 25)* « chambres de métiers et de l'artisanat de région » peuvent également prêter leur concours aux organisations professionnelles du secteur des métiers.

(Décr. n° 2010-1356 du 11 nov. 2010, art. 10) « II. – Les chambres de métiers et de l'artisanat de région peuvent être consultées par les pouvoirs publics sur toute question relative à l'artisanat, au développement économique, à la formation professionnelle et à l'aménagement du territoire dans leur région. Elles peuvent, de leur propre initiative, émettre des avis et des vœux sur ces questions.

« Elles peuvent être consultées par le conseil régional sur le schéma régional d'aménagement et de développement du territoire mentionné à l'article L. 4251-1 du code général des collectivités territoriales, sur le contrat de plan régional de développement des formations professionnelles mentionné à l'article L. 214-13 du code de l'éducation et, plus généralement, sur tout dispositif d'appui aux entreprises dont la région envisage la création.

« Elles peuvent être consultées, à leur demande, sur l'élaboration des schémas de cohérence territoriale et des plans locaux d'urbanisme mentionnés à l'article L. 121-4 du code de l'urbanisme et peuvent réaliser, de leur propre initiative, les études économiques nécessaires à la préparation des documents prévisionnels d'organisation artisanale.

« III. – » Les *(Décr. n° 2010-1356 du 11 nov. 2010, art. 25)* « chambres de métiers et de l'artisanat de région » peuvent être autorisées par *(Décr. n° 2010-1356 du 11 nov. 2010, art. 10)* « l'autorité de tutelle » dans les domaines relevant de leur compétence à :

1° Adhérer à des syndicats mixtes créés en application des articles L. 5721-1 et suivants du code général des collectivités territoriales ;

2° Participer à des sociétés d'économie mixte et, dans les conditions prévues par la loi n° 43-612 du 17 novembre 1943 sur la gestion des intérêts professionnels, à des sociétés professionnelles ou à des établissements professionnels ;

3° Souscrire des parts ou des actions de sociétés s'inscrivant dans leur domaine de spécialité.

(Décr. n° 2010-1356 du 11 nov. 2010, art. 10) « IV. – Les chambres de métiers et de l'artisanat de région exercent les fonctions administratives prévues au II de l'article 23-1 ci-après, y compris à l'égard des chambres de métiers et de l'artisanat départementales qui leur sont rattachées. »

Sur la création, par les chambres de métiers et de l'artisanat de région, de centres de formalités des entreprises, V. C. com., art. R. 123-3.

Sur la formation professionnelle continue des artisans organisée à l'initiative des chambres de métiers et de l'artisanat de région et des organisations professionnelles de l'artisanat représentatives, V. L. n° 82-1091 du 23 déc. 1982, infra.

Loi n° 2005-882 du 2 août 2005, *en faveur des petites et moyennes entreprises.*
Art. 72 Les chambres de métiers et de l'artisanat contribuent au développement économique du territoire. Pour la réalisation d'équipements commerciaux ou artisanaux, elles peuvent se voir déléguer le droit de préemption urbain et être titulaires ou délégataires du droit de préemption institué dans les zones d'aménagement différé.
Elles peuvent également recevoir délégation de l'État, des collectivités territoriales et de leurs établissements publics pour créer ou gérer tout équipement ou service qui intéresse l'exercice de leurs missions.

Art. 23-1 *(Décr. n° 2010-1356 du 11 nov. 2010, art. 11)* I. — Les chambres régionales de métiers et de l'artisanat exercent les missions mentionnées au I de l'article 23, à l'exception de celles mentionnées aux 1° et 2°.

II. — Les chambres régionales de métiers et de l'artisanat exercent les fonctions administratives suivantes, dans le respect des prérogatives de l'assemblée permanente des chambres de métiers et de l'artisanat :

1° Assurer la communication régionale et la coordination de la communication locale des chambres de métiers et de l'artisanat départementales qui leur sont rattachées ;

2° Assurer la gestion des moyens administratifs et informatiques de la comptabilité des chambres de métiers et de l'artisanat départementales qui leur sont rattachées ;

3° Assurer la mise en œuvre des marchés et accords-cadres ayant fait l'objet d'une décision de leur assemblée générale et qui s'imposent aux chambres de métiers et de l'artisanat départementales qui leur sont rattachées ;

4° Calculer la rémunération des agents, à partir des éléments transmis par les chambres de métiers et de l'artisanat départementales qui leur rattachées, et éditer les bulletins de paie, les certificats, attestations et autres documents déclaratifs obligatoires pour leur compte ;

5° Gérer les moyens et les ressources informatiques des chambres de métiers et de l'artisanat départementales qui leur sont rattachées. A ce titre, elles définissent les procédures communes et assurent notamment la gestion informatique du répertoire des métiers et celle des centres de formalités des entreprises gérés par les chambres de métiers et de l'artisanat départementales et en coordonnent la mise en œuvre ;

6° Assurer une mission d'appui et de conseil pour la gestion du personnel auprès des chambres de métiers et de l'artisanat départementales qui leur sont rattachées ;

7° Employer et gérer les personnels exerçant les fonctions mentionnées ci-dessus.

A l'exception de celles mentionnées aux 1°, 6° et 7° du II, la responsabilité de chacune de ces fonctions administratives peut être déléguée à l'une des chambres départementales rattachées à la chambre régionale de métiers et de l'artisanat sans pouvoir être ni fractionnée ni déléguée à plusieurs de ces chambres. Dans ce cas, la chambre régionale peut mettre à disposition de la chambre départementale qui exerce cette responsabilité les personnels administratifs concernés.

Art. 23-2 *(Décr. n° 2010-1356 du 11 nov. 2010, art. 11)* I. — Les chambres de métiers et de l'artisanat départementales exercent, dans leur ressort territorial, les missions mentionnées au I de l'article 23, à l'exception de celles mentionnées aux 3°, 10°, 11°, 13° et 14°, et peuvent être consultées en application du troisième alinéa du II du même article.

Elles exercent ces prérogatives dans le respect des dispositions de l'article 5-4 et des orientations fixées par la chambre de métiers et de l'artisanat de région à laquelle elles sont rattachées et peuvent, dans ce cadre, mener des expérimentations, des actions spécifiques et conclure des partenariats locaux. – *L'art. 23-2 n'a pas de II.*

Art. 23-3 *(Décr. n° 2010-1356 du 11 nov. 2010, art. 11)* La chambre de métiers et de l'artisanat de région peut confier des missions de proximité aux sections qui la composent, notamment celles prévues aux 1° et 2° du I de l'article 23, et la gestion des centres de formalités des entreprises mentionnée aux articles R. 123-1 à R. 123-3 du code de commerce.

Les sections peuvent être consultées sur les questions relatives à l'exercice des missions qui peuvent leur être confiées ou à leur circonscription territoriale par la chambre des métiers et de l'artisanat de région. Elles peuvent formuler des propositions ou émettre des recommandations sur ces questions.

Art. 24 *Abrogé par Décr. n° 66-137 du 7 mars 1966.*

CHAPITRE IV *Ressources*

Art. 25 Il est pourvu aux dépenses des *(Décr. n° 2010-1356 du 11 nov. 2010, art. 25)* « chambres de métiers et de l'artisanat de région » au moyen des ressources prévues et recouvrées conformément aux dispositions *(Décr. n° 2004-1164 du 2 nov. 2004, art. 10)* « de l'article 1601 du code général des impôts ».

Art. 26 *(Décr. n° 2004-1164 du 2 nov. 2004, art. 11)* I. – Les *(Décr. n° 2010-1356 du 11 nov. 2010, art. 25)* « chambres de métiers et de l'artisanat de région » peuvent recevoir :

1. Des subventions publiques et privées ;
2. Des dons et des legs.

II. – Les *(Décr. n° 2010-1356 du 11 nov. 2010, art. 25)* « chambres de métiers et de l'artisanat de région » peuvent percevoir, en outre, des redevances, dans le respect des règles de concurrence, pour des prestations de services fournies aux entreprises artisanales. Le montant de ces redevances est établi en prenant en compte l'intérêt personnel et spécial qu'en retire l'entreprise artisanale et dans la limite des charges exposées au titre de ce service. La *(Décr. n° 2010-1356 du 11 nov. 2010, art. 25)* « chambre de métiers et de l'artisanat de région » arrête les tarifs de ces redevances, lesquels font l'objet d'une information auprès des ressortissants.

Le montant de chaque redevance, les conditions de sa perception ainsi que les recettes correspondantes figurent en annexe du budget prévisionnel et des comptes de la chambre. Aucune autre redevance ne peut être perçue par la chambre à compter de la date d'approbation de son budget.

CHAPITRE V *Contrôle administratif et financier* *(Décr. n° 2010-1356 du 11 nov. 2010, art. 12).*

Art. 27 *(Décr. n° 2010-1356 du 11 nov. 2010, art. 13)* Le contrôle administratif et financier des chambres de métiers et de l'artisanat de région, des chambres régionales de métiers et de l'artisanat et des chambres de métiers et de l'artisanat départementales est exercé par le préfet de région assisté par le responsable régional des finances publiques.

Le contrôle administratif et financier de la chambre de métiers et de l'artisanat de Mayotte est exercé par le préfet de Mayotte.

Art. 28 *(Décr. n° 2011-1662 du 28 nov. 2011, art. 1er)* I. – Le budget et les comptes des chambres de métiers et de l'artisanat de région sont établis dans les formes prescrites par le ministre chargé de l'artisanat et le ministre chargé du budget.

Ils doivent faire apparaître dans des sections distinctes les dépenses et les recettes ordinaires et celles qui, par leur nature, ne sont pas susceptibles de se reproduire tous les ans.

Lorsque la chambre de métiers et de l'artisanat de région gère directement un ou des centres de formation d'apprentis, elle présente séparément le budget de ces centres, le budget des autres services de la chambre ainsi que le budget tous services confondus.

II. – Le budget est voté par l'assemblée générale de la chambre de métiers et de l'artisanat de région avant le 1er décembre de chaque année. Il n'est exécutoire qu'après approbation de l'autorité de tutelle, laquelle en transmet pour information un exemplaire au ministre chargé de l'artisanat. L'approbation est acquise si cette autorité n'a pas, dans le mois de sa saisine, transmis à la chambre sa demande de procéder aux rectifications qu'elle estime nécessaires. La réponse à cette demande fait courir un nouveau délai d'approbation ou non du budget.

Lorsque l'autorité de tutelle constate la carence de la chambre de métiers et de l'artisanat de région, elle procède suivant le cas à :

1° L'établissement d'office du budget de la chambre ;

2° L'inscription d'office au budget de la chambre des dépenses obligatoires omises ;

3° L'ordonnancement et au mandatement d'office des dépenses obligatoires.

V. Arr. du 20 déc. 2012 relatif au référentiel comptable applicable aux établissements du réseau des chambres de métiers et de l'artisanat (JO 26 déc.). – V. aussi Circ. du 31 janv. 2013 (NOR : ACTI1303127C).

Art. 28-1 *(Décr. n° 2011-1662 du 28 nov. 2011, art. 1er)* I. – Le compte de gestion retrace l'exécution du budget de chaque exercice, en fonctionnement et en investissement.

A l'issue de l'exercice, le président de la chambre adresse le projet de compte de gestion, assorti des pièces et justificatifs nécessaires, au commissaire aux comptes. Celui-ci exerce sa mission conformément aux dispositions des articles L. 823-9 à L. 823-18 du code de commerce.

A sa plus prochaine séance suivant le dépôt du rapport du commissaire aux comptes, l'assemblée générale de la chambre de métiers et de l'artisanat de région adopte le compte de gestion de l'exercice précédent.

Lorsque des chambres départementales de métiers et de l'artisanat s'unissent avec une chambre régionale de métiers et de l'artisanat en une seule chambre de métiers et de l'artisanat de région, l'assemblée générale de la nouvelle chambre adopte les comptes du dernier exercice clos de chacune des chambres qui ont fusionné.

II. – Le compte de gestion sur lequel se prononce l'assemblée générale est complété des documents annexes suivants :

1° L'état en fin d'exercice des emplois permanents de l'établissement, mentionnant le statut, le grade et l'indice de rémunération de leur détenteur ;

2° Les montants d'imposition votés au titre de l'exercice par l'établissement et agréés par l'autorité de tutelle en application de l'article 1601 du code général des impôts ;

3° Les recettes en taxe d'apprentissage perçues au titre de l'exercice par la chambre, dont celles qu'elle a utilisées pour elle-même et celles reversées aux autres établissements du réseau ;

4° Le tableau de financement retraçant les variations de ressources et emplois financiers de l'exercice ;

5° La balance définitive des comptes du grand livre pour l'exercice ;

6° Le bilan en fin d'exercice ;

7° L'état des emprunts en cours en fin d'exercice, avec leur tableau d'amortissement ;

8° L'état en fin d'exercice des engagements contractés par l'établissement en crédit-bail ;

9° Le tableau financier de synthèse regroupant les principales données budgétaires et financières de l'établissement.

Art. 28-2 *(Décr. n° 2011-1662 du 28 nov. 2011, art. 1er)* Avant le 1er juillet de chaque année, le président de la chambre de métiers et de l'artisanat de région adresse à l'autorité de tutelle le compte de gestion de l'année précédente, accompagné des annexes prévues au II de l'article 28-1 et du rapport du commissaire aux comptes.

Le compte de gestion de la chambre de métiers et de l'artisanat de région et ses annexes font l'objet d'une approbation de l'autorité de tutelle. Si cette autorité ne peut donner son approbation, elle adresse au président de la chambre, dans les trente jours de sa saisine, une demande de modification du ou des documents qui le justifient. La réponse à cette demande fait courir un nouveau délai d'approbation ou non du compte de gestion.

L'autorité de tutelle transmet au ministre chargé de l'artisanat un exemplaire du compte de gestion approuvé assorti de ses annexes, ou un rapport exposant les motifs l'ayant conduite à en refuser l'approbation.

Les chambres de métiers et de l'artisanat de région rendent publics sur leur site internet, dans le mois qui suit l'approbation de ces documents par l'autorité de tutelle, leur compte de gestion assorti de ses annexes ainsi que le rapport du commissaire aux comptes. Elles transmettent ces documents, dans le même délai, à l'Assemblée permanente des chambres de métiers et de l'artisanat.

Les obligations de publication définies au 4e al. de l'art. 28-2, dans sa rédaction issue du Décr. n° 2011-1662 du 28 nov. 2011, sont applicables aux comptes de gestion à partir de ceux relatifs à l'exercice 2011 (Décr. préc., art. 7).

Art. 28-3 *(Décr. n° 2011-1662 du 28 nov. 2011, art. 1er)* Les chambres de métiers et de l'artisanat de région peuvent contracter des emprunts en vue de subvenir ou de concourir aux dépenses nécessaires à l'exercice de leurs attributions, à l'exclusion de leurs dépenses ordinaires. Ces emprunts sont autorisés par arrêté du préfet de région. Un crédit égal à l'annuité d'amortissement devra obligatoirement être inscrit chaque année au budget de la chambre.

L'ouverture d'une ligne de trésorerie par ces chambres peut être autorisée, à titre exceptionnel, par arrêté du préfet de région en vue de faire face à des besoins temporaires de trésorerie.

Un arrêté du ministre chargé de l'artisanat fixe les seuils en dessous desquels l'autorisation du préfet de région pour contracter un emprunt et ouvrir une ligne de trésorerie n'est pas requise.

Les dispositions du présent article sont applicables à Mayotte.

Art. 29 Les chambres de métiers peuvent affecter tout ou partie des excédents de recettes provenant de la gestion de leur service ordinaire à la constitution d'un fonds de réserve qui doit être mentionné dans les comptes du budget de ce service à un chapitre spécial et ne peut, en aucun cas, être supérieur à la moitié de la totalité des ressources annuelles dudit budget.

Sur l'assemblée permanente des chambres de métiers et de l'artisanat, V. Décr. n° 66-137 du 7 mars 1966, infra.

Art. 30 *(Décr. n° 2010-1356 du 11 nov. 2010, art. 15)* En application du 3° de l'article 5-5, les chambres de métiers et de l'artisanat de région et les chambres régionales des métiers et de l'artisanat abondent le budget des chambres de métiers et de l'artisanat départementales qui leur sont rattachées, au-delà du budget voté, dans les conditions et limites suivantes :

La chambre de métiers et de l'artisanat départementale présente une demande d'abondement, justifiée par des dépenses exceptionnelles ou des circonstances particulières, à la chambre de métiers et de l'artisanat de région ou à la chambre régionale de métiers et de l'artisanat à laquelle elle est rattachée.

Cette demande est approuvée par l'assemblée générale de la chambre de métiers et de l'artisanat départementale puis transmise pour approbation à la chambre de métiers et de l'artisanat de région ou à la chambre régionale de métiers et de l'artisanat. Elle est transmise pour information à l'autorité de tutelle.

Art. 31 *(Décr. n° 2010-1356 du 11 nov. 2010, art. 15)* Sont considérées comme des dépenses exceptionnelles au sens de l'article 5-5 les dépenses exposées par la chambre de métiers et de l'artisanat départementale dans l'exercice de ses missions et qui :

1° Soit, du fait d'événements imprévisibles et indépendants de sa volonté, excèdent ses capacités propres de financement au titre de l'exercice budgétaire en cours ;

2° Soit correspondent à un investissement présentant un caractère de nécessité absolue pour l'exercice de ses missions, mais ne peuvent, du fait de leur ampleur et de leur montant, être assurées par la chambre départementale seule.

Art. 32 *(Décr. n° 2010-1356 du 11 nov. 2010, art. 15)* Sont considérées comme des circonstances particulières au sens de l'article 5-5 :

1° Une diminution des ressources issues de la taxe additionnelle à la cotisation foncière des entreprises affectées à la chambre de métiers et de l'artisanat départementale telle que cette chambre soit dans l'impossibilité d'établir l'équilibre de son budget par une augmentation d'autres recettes ou par une diminution des dépenses non nécessaires à son fonctionnement ;

2° La mise en œuvre de la procédure d'établissement d'office du budget par l'autorité de tutelle de la chambre de métiers et de l'artisanat départementale, lorsque les conditions mentionnées au 1° sont satisfaites ;

3° L'exécution d'une fonction dont la responsabilité a été confiée à une chambre de métiers et de l'artisanat départementale par la chambre de métiers et de l'artisanat de région ou par la chambre régionale de métiers et de l'artisanat dont la chambre départementale ne peut assurer par elle-même la totalité du financement ;

4° Les mesures de rétablissement de la situation financière d'une chambre de métiers et de l'artisanat départementale gravement affectée par une forte réduction ou par la disparition de l'une de ses activités.

Art. 33 *(Décr. n° 2010-1356 du 11 nov. 2010, art. 15)* En application de l'article 30, le président de la chambre de métiers et de l'artisanat de région ou le président de la chambre régionale de métiers et de l'artisanat informe l'assemblée générale de la chambre de la demande qui lui a été présentée.

Il notifie la décision d'abondement à la chambre de métiers et de l'artisanat départementale et transmet cette décision pour information à l'autorité de tutelle, dans le délai d'un mois à compter de la date de la décision d'abondement.

TITRE III Du registre des métiers

Art. 34 *à* 35 *bis* *Abrogés par Décr. n° 62-235 du 1er mars 1962, art. 37.*

Art. 35 *ter* *Al. 1er abrogé par Décr. n° 62-235 du 1er mars 1962, art. 37.*

Al. 2 à 5 abrogés par L. n° 96-603 du 5 juill. 1996, art. 25.

TITRE IV De l'apprentissage artisanal

....

TITRE V Du crédit aux artisans

Art. 53 *à* 71 *Abrogés par Décr. n° 83-316 du 15 avr. 1983, art. 1er.*

TITRE VI Des adjudications et des marchés

CHAPITRE PREMIER *De la dispense de cautionnement*

....

CHAPITRE II *Des travaux réservés aux artisans et aux coopératives d'artisans*

RÉP. COM. v° *Coopérative artisanale*, par HÉRAIL.

Art. 74 Tous travaux susceptibles d'être exécutés par des *(Décr. n° 55-656 du 20 mai 1955)* « artisans » définis à l'article 1er du présent code, faisant l'objet d'adjudications et de marchés de gré à gré passés au nom de l'État, des départements, des communes et des établissements publics de bienfaisance et d'assistance, doivent être réservés de préférence, à égalité de prix, jusqu'à concurrence du quart de leur montant, à des artisans à titre individuel ou à des sociétés coopératives artisanales constituées conformément à l'article 64 du présent code, pour être distribués par ces coopératives à leurs adhérents artisans.

En ce qui concerne les travaux d'art susceptibles d'être exécutés par des artistes et *(Décr. n° 55-656 du 20 mai 1955)* « artisans » d'art, ils sont réservés, jusqu'à concurrence de la moitié de leur montant, aux sociétés coopératives d'artistes et aux artisans d'art.

Les modalités d'application du présent article, notamment les conditions dans lesquelles s'exerce la préférence visée aux deux alinéas précédents, ainsi que les conditions qu'ont à remplir les artisans et les artistes et les sociétés coopératives artisanales, pour pouvoir bénéficier de ces dispositions, sont déterminées par décret.

Art. 75 Une caisse de garantie-caution destinée à couvrir les risques de malfaçon dans les travaux, et dont le règlement est soumis à l'approbation du ministre chargé de l'artisanat, doit être constituée entre les organismes coopératifs intéressés.

V. L. n° 83-657 du 20 juill. 1983, art. 1er à 34, relatifs au statut des coopératives artisanales et de leurs unions, infra.

TITRE VII De l'assistance aux artisans sans travail

....

TITRE VIII Dispositions spéciales à l'artisanat dans les départements d'outre-mer

....

TITRE VIII *BIS* Dispositions relatives à l'artisanat à Mayotte

....

TITRE IX Dispositions diverses

Art. 82 Ne sont applicables aux départements du Haut-Rhin, du Bas-Rhin et de la Moselle que les articles 53 à 71 inclus, relatifs au crédit aux artisans, les articles 73 à 75 inclus relatifs aux adjudications et marchés, et les articles 76 à 80 inclus relatifs à l'assistance aux artisans sans travail.

(Décr. n° 2010-1356 du 11 nov. 2010, art. 16) « Les 2° et 3° de l'article 5-5 du code de l'artisanat ne s'appliquent pas à la chambre de métiers de la Moselle.

« Sans préjudice des missions qui leur sont attribuées par le code professionnel local maintenu en vigueur par la loi du 1er juin 1924 mettant en vigueur la législation civile française dans les départements du Bas-Rhin, du Haut-Rhin et de la Moselle, les chambres de métiers régies par les articles 103 et suivants de ce code peuvent exercer les missions mentionnées aux I et II de l'article 23 du code de l'artisanat, à l'exception, s'agissant de la chambre de métiers de la Moselle, de celles mentionnées aux 3°, 10°, 11°, 13° et 14° du I et aux deux premiers alinéas du II de cet article.

« La chambre de métiers de la Moselle peut décider de confier l'exercice de tout ou partie des fonctions mentionnées au II de l'article 23-1 à la chambre de métiers et de l'artisanat de Lorraine ou à la chambre régionale de métiers et de l'artisanat de Lorraine. »

Art. 82-1 *(Décr. n° 2011-1662 du 28 nov. 2011, art. 2-II)* Les dispositions des articles 5, 6, 15, 17, 19 *bis*, 20, 25, 26, 28, 28-1, 28-2, 28-3 et 29 régissant les chambres de métiers et de l'artisanat de région sont applicables aux chambres régionales de métiers et de l'artisanat et, à l'exception du 2° du II de l'article 28-1, aux chambres de métiers et de l'artisanat départementales.

Décret n° 64-1362 du 30 décembre 1964,

Relatif aux chambres de métiers.

Art. 1er et 2 *Abrogés par Décr. n° 71-782 du 16 sept. 1971.*

Art. 3 *Abrogé par Décr. n° 68-47 du 13 janv. 1968.*

Art. 4 et 5 *Abrogés par Décr. n° 92-1043 du 28 sept. 1992, art. 55.*

Art. 6 et 7 *Abrogés par Décr. n° 2004-1164 du 2 nov. 2004, art. 17. – V. C. artisanat, art. 19 et 20.*

Art. 7 *bis* *(Décr. n° 2004-1164 du 2 nov. 2004, art. 13)* Il est tenu par chaque *(Décr. n° 2010-1356 du 11 nov. 2010, art. 25)* « chambre de métiers et de l'artisanat de région » un registre spécial sur lequel sont inscrites, par ordre de date, les délibérations de l'assemblée générale. Ce registre est signé par tous les membres présents à la séance ou mention est faite de la cause de leur empêchement.

Il est dressé un compte rendu de chaque séance de l'assemblée générale. Un exemplaire du compte rendu est adressé dans la quinzaine au ministre chargé de l'artisanat et au préfet. Le ministre chargé de l'outre-mer est également destinataire d'un exemplaire du compte rendu de chaque séance des assemblées des *(Décr. n° 2010-1356 du 11 nov. 2010, art. 25)* « chambres de métiers et de l'artisanat de région » d'outre-mer.

Art. 8 *Abrogé par Décr. n° 2004-1164 du 2 nov. 2004, art. 17. – V. C. artisanat, art. 21.*

Art. 8 *bis* *(Décr. n° 2004-1164 du 2 nov. 2004, art. 14)* Les *(Décr. n° 2010-1356 du 11 nov. 2010, art. 25)* « chambres de métiers et de l'artisanat de région » adoptent, sur proposition du bureau, leur règlement intérieur et son annexe, qui sont transmis pour approbation *(Décr. n° 2010-1356 du 11 nov. 2010, art. 18)* « à l'autorité de tutelle ».

Le règlement intérieur prévoit notamment la création des *(Décr. n° 2010-1356 du 11 nov. 2010, art. 18)* « cinq » commissions suivantes, dont il fixe les règles d'organisation et de fonctionnement :

(Décr. n° 2010-1356 du 11 nov. 2010, art. 18) « La commission des affaires générales, chargée notamment des questions relatives au fonctionnement et à l'organisation de la chambre de métiers et de l'artisanat de région ;

« La commission de prévention des conflits d'intérêts chargée notamment d'examiner et de donner un avis sur toute situation susceptible de créer un conflit d'intérêts entre la chambre et l'un de ses membres ; »

La commission des finances, chargée notamment de l'examen des documents comptables et financiers préparés par le président et les membres du bureau ainsi que de la vérification et de l'apurement des comptes dressés par le trésorier ;

La commission du développement économique *(Décr. n° 2010-1356 du 11 nov. 2010, art. 18)* « et territorial », chargée notamment des questions relatives à l'accompagnement des entreprises dans les différentes phases de leur développement *(Décr. n° 2010-1356 du 11 nov. 2010, art. 18)* « , de l'aménagement et du développement économique des territoires » ;

La commission de la formation professionnelle, chargée de l'étude de toutes les questions d'apprentissage et de perfectionnement professionnel ;

(Décr. n° 2010-1356 du 11 nov. 2010, art. 18) « Les chambres de métiers et de l'artisanat départementales peuvent créer une commission du développement économique et territorial et une commission de la formation professionnelle. Ces commissions se prononcent sur les questions qui relèvent de leurs compétences dans le cadre des orientations fixées par la chambre de métiers et de l'artisanat de région à laquelle elles sont rattachées. »

Les membres des commissions sont désignés par l'assemblée générale.

Le président et le trésorier de la *(Décr. n° 2010-1356 du 11 nov. 2010, art. 25)* « chambre de métiers et de l'artisanat de région » ne peuvent faire partie de la commission des finances. Le président de la *(Décr. n° 2010-1356 du 11 nov. 2010, art. 25)* « chambre de métiers et de l'artisanat de région » est membre de droit de toutes les autres commissions et peut les présider.

Le règlement intérieur comporte un chapitre particulier concernant l'organisation des services de la *(Décr. n° 2010-1356 du 11 nov. 2010, art. 25)* « chambre de métiers et de l'artisanat de région ». Une annexe du règlement intérieur fixe la grille des emplois de la *(Décr. n° 2010-1356 du 11 nov. 2010, art. 25)* « chambre de métiers et de l'artisanat de région » et détermine le nombre, la nature et l'indice de base des emplois permanents.

La chambre élabore également un règlement relatif au fonctionnement de ses services. Ce règlement est transmis *(Décr. n° 2010-1356 du 11 nov. 2010, art. 18)* « à l'autorité de tutelle » pour information.

Les services de la *(Décr. n° 2010-1356 du 11 nov. 2010, art. 25)* « chambre de métiers et de l'artisanat de région » sont dirigés par un secrétaire général nommé par le président, après accord du bureau, et placé sous son autorité. Le règlement intérieur comporte l'emploi correspondant, qui doit être pourvu en permanence dans les conditions prévues au statut du personnel des *(Décr. n° 2010-1356 du 11 nov. 2010, art. 25)* « chambres de métiers et de l'artisanat de région » établi en application de la loi n° 52-1311 du 10 décembre 1952.

En cas de vacance, si le remplacement ne peut être immédiat, un agent est désigné à titre intérimaire par le président de la *(Décr. n° 2010-1356 du 11 nov. 2010, art. 25)* « chambre de métiers et de l'artisanat de région ». La nomination du secrétaire général doit alors intervenir dans le délai d'un an à compter de la vacance du poste.

Secrétaire général. Le secrétaire général d'une chambre des métiers, à laquelle a été confiée par l'État une mission d'intérêt général, doit être regardé tant comme un agent du gouvernement, au sens de l'art. 175 de l'ancien code pénal, que comme une personne chargée d'une mission de service public, au sens de l'art. 432-12 du même code. • Crim. 10 sept. 2003 :

Bull. crim. n° 158 ; D. 2004. Somm. 2758, obs. Segonds ; Dr. pénal. 2004, n° 19, obs. Véron. ♦ En cas d'annulation de la décision de révocation de l'intéressé, celui-ci bénéficie, en exécution d'une telle annulation, d'un droit à réintégration dans l'emploi unique de secrétaire général dont il a été écarté, sans que la chambre puisse y faire obstacle en lui opposant la nomination de son successeur à ce poste. • CE 8 avr. 2009 : *JCP 2009. IV. 1845.* ♦ En l'absence de dispositions contraires, l'autorité investie du pouvoir de nomination a compétence pour prononcer la cessation des fonctions du secrétaire général. • CE 27 oct. 2010 : *AJDA 2010. 2445.* ♦ Eu égard tant aux intentions des auteurs du Décr. du 30 déc. 1964 qu'à la spécificité des fonctions de président et de secrétaire général d'une chambre de métiers et de l'artisanat, seule l'autorité investie du pouvoir de nomination du secrétaire général, c'est-à-dire le président avec l'accord du bureau, a compétence pour prononcer la cessation des fonctions de cet agent. • CE 26 oct. 2011 : *AJDA 2011. 2097, obs. de Montecler.*

Art. 9 *Abrogé par Décr. n° 2004-1164 du 2 nov. 2004, art. 17. — V. C. artisanat, art. 23.*

Art. 10 *V. C. artisanat, art. 28.*

Art. 11 *Abrogé par Décr. n° 2004-1164 du 2 nov. 2004, art. 17. — Sur les chambres régionales de métiers et de l'artisanat, V. Décr. n° 2004-1165 du 2 nov. 2004, infra.*

Art. 12 *(Décr. n° 2004-1164 du 2 nov. 2004, art. 16)* **Les chambres de métiers et de l'artisanat peuvent s'entendre pour organiser un ou plusieurs services en commun. Les modalités de gestion et de financement de ce ou ces services sont fixées d'un commun accord.** *— Sur les chambres régionales de métiers et de l'artisanat, V. Décr. n° 2004-1165 du 2 nov. 2004, infra.*

Art. 13 *(Décr. n° 2006-379 du 27 mars 2006, art. 8)* **Le présent décret est applicable à la chambre de métiers et de l'artisanat de Mayotte** *(Décr. n° 2010-1356 du 11 nov. 2010, art. 19)* **« , aux chambres régionales de métiers et de l'artisanat et aux chambres de métiers et de l'artisanat départementales ».**

Décret n° 66-137 du 7 mars 1966,

Relatif à l'assemblée permanente des chambres de métiers et de l'artisanat.

CHAPITRE PREMIER *Les missions*

(Décr. n° 2010-1356 du 11 nov. 2010, art. 21)

Art. 1er L'assemblée permanente des chambres de métiers et de l'artisanat :

1° Apporte au réseau des chambres des métiers et de l'artisanat son appui dans les domaines technique, juridique et financier ;

2° Assortit les normes d'intervention qu'elle définit pour les chambres en application du 2° de l'article 5-8 du code de l'artisanat d'indicateurs d'activité, de qualité et de performance ;

3° Gère les projets et les services de portée nationale intéressant le réseau, et peut assurer la gestion de services à l'usage des chambres lorsque cette gestion ne peut être convenablement assumée au plan régional et local, dans les conditions prévues par son règlement intérieur ;

4° Émet des avis, soit à la demande des pouvoirs publics, soit de sa propre initiative, sur toutes les questions relevant des attributions du réseau des chambres de métiers et de l'artisanat, notamment les questions relatives aux entreprises du secteur des métiers et de l'artisanat, au développement économique, à l'aménagement du territoire et à la formation professionnelle initiale et continue ;

5° Met en œuvre au plan national les délibérations et décisions adoptées par son assemblée générale et en rend compte à cette dernière ;

6° Centralise et gère les données de l'ensemble des chambres et, en application du I *bis* de l'article 19 de la loi n° 96-603 du 5 juillet 1996 relative au développement et à la promotion du commerce et de l'artisanat, les données du répertoire des métiers aux fins, notamment, de recensement, de statistiques, d'information, de publicité et le cas échéant de mise à disposition des tiers. Toutefois, elle n'est pas habilitée à communiquer, à titre gratuit ou onéreux, les relevés individuels d'information recueillis au titre des centres de formalités des entreprises par les chambres en dehors des seules données du répertoire des métiers ;

7° Coordonne l'action des établissements du réseau en tant qu'autorités compétentes dans le cadre des procédures de coopération administrative mentionnées au 14° du I de l'article 23 du code de l'artisanat ; les ministères concernés sont, le cas échéant, associés à cette coordination ;

8° Définit les orientations et met en œuvre la stratégie du réseau dans le domaine du développement international des entreprises artisanales, et peut assurer une mission d'appui et de conseil pour le développement international des entreprises artisanales et l'exportation de leur production, en partenariat avec l'Agence française pour le développement international des entreprises ;

9° Établit les statistiques utiles à l'exercice de sa mission, qu'elle communique au ministre chargé de l'artisanat à la demande de ce dernier.

(Décr. n° 2011-1662 du 28 nov. 2011, art. 4) « L'Assemblée permanente des chambres de métiers et de l'artisanat assure la publicité des comptes de gestion et des rapports des commissaires aux comptes de l'ensemble des établissements du réseau des chambres de métiers et de l'artisanat, sans préjudice des dispositions de l'article 28-2 du code de l'artisanat prescrivant la publication par chaque chambre de ses comptes et de leurs annexes. »

Les obligations de publication définies au 11e al. de l'art. 1er, dans sa rédaction issue du Décr. n° 2011-1662 du 28 nov. 2011, sont applicables aux comptes de gestion à partir de ceux relatifs à l'exercice 2011 (Décr. préc., art. 7).

Art. 2 Au titre du IV de l'article 5-2 du code de l'artisanat, l'assemblée permanente des chambres de métiers et de l'artisanat :

1° Exerce une fonction de veille juridique ;

2° Définit les orientations et met en œuvre la stratégie du réseau dans le domaine informatique ;

3° Assure la communication sur l'action du réseau au niveau national ;

4° Anime un observatoire des entreprises artisanales ;

5° Recueille et valorise les statistiques que les établissements du réseau lui communiquent à sa demande ; à ce titre, les chambres transmettent l'ensemble des données permettant l'exercice des prérogatives de l'assemblée permanente.

Art. 3 L'assemblée permanente des chambres de métiers et de l'artisanat peut en outre, par délibération de son assemblée générale, créer et gérer des œuvres et des services communs, notamment pour :

1° Coordonner les actions locales et régionales du réseau ;

2° Répondre aux besoins de formation des agents du réseau ;

3° Verser une aide exceptionnelle de solidarité aux chambres répondant à des conditions fixées chaque année par l'assemblée générale ;

4° Créer et gérer des caisses de secours aux artisans empêchés d'exercer leur activité en raison, notamment, de la survenue de catastrophes naturelles ; ces caisses interviennent, sous forme d'avances remboursables et, le cas échéant, d'aides ;

5° Gérer les sommes perçues et les prestations servies au titre du régime de l'indemnité compensatrice des anciens présidents de chambre de métiers mentionnée à l'article 71 de la loi n° 2005-882 du 2 août 2005 en faveur des petites et moyennes entreprises. L'assemblée permanente reçoit les cotisations versées par les présidents de chambre de métiers et de l'artisanat de région, les présidents de section, les présidents des chambres de métiers régies par les articles 103 et suivants du code professionnel local maintenu par la loi du 1er juin 1924 mettant en vigueur la législation civile française dans les départements du Bas-Rhin, du Haut-Rhin et de la Moselle, le président de la chambre de métiers et de l'artisanat de Mayotte, les présidents de chambre régionale de métiers et de l'artisanat, et les présidents de chambres de métiers et de l'artisanat départementales, ainsi que les contributions versées par les chambres.

Art. 4 La tutelle de l'assemblée permanente des chambres de métiers et de l'artisanat est exercée par le ministre chargé de l'artisanat.

L'activité de l'établissement fait l'objet d'une convention annuelle ou pluriannuelle conclue avec le même ministre. Cette convention fixe, pour l'exercice des missions prévues par le présent chapitre, des objectifs mesurables sur la base d'indicateurs d'activité, de qualité et de performance.

Un bilan d'exécution annuel est transmis au ministre après communication à l'assemblée générale de l'assemblée permanente.

L'assemblée permanente répond à toute demande d'information du ministre sur le fonctionnement de l'établissement dans un délai d'un mois.

Art. 5 L'assemblée permanente peut participer, avec l'accord du ministre de tutelle, à la création et au capital de sociétés civiles ou commerciales, adhérer à des groupements d'intérêt public, créer ou adhérer à des associations ou des fondations, dès lors que l'objet social de ces organismes entre dans le champ de ses compétences.

Art. 6 L'assemblée permanente des chambres de métiers et de l'artisanat a qualité pour défendre, devant les juridictions, les intérêts matériels et moraux des métiers et de l'artisanat.

CHAPITRE II *L'organisation et le fonctionnement*

(Décr. n° 2010-1356 du 11 nov. 2010, art. 21)

Art. 7 L'assemblée permanente des chambres de métiers et de l'artisanat a son siège à Paris.

Art. 8 I. – L'assemblée permanente des chambres de métiers et de l'artisanat se réunit au moins deux fois par an en assemblée générale.

Les présidents en exercice des chambres de métiers et de l'artisanat de région, des sections de ces dernières, des chambres régionales de métiers et de l'artisanat, de la chambre de métiers et de l'artisanat de Mayotte ainsi que des chambres de métiers et de l'artisanat départementales sont membres de droit de l'assemblée générale.

Sont également membres associés de l'assemblée générale les présidents en exercice des chambres de métiers régies par les articles 103 et suivants du code professionnel local maintenu par la loi du 1er juin 1924 mettant en vigueur la législation civile française dans les départements du Bas-Rhin, du Haut-Rhin et de la Moselle.

II. – A l'assemblée générale, chaque membre dispose d'une voix, à l'exception du président de la chambre de métiers d'Alsace qui dispose d'autant de voix que de départements qui composent cette région, plus une voix au titre de la région.

Lorsqu'un président de chambre représente à la fois une chambre de région ou une chambre régionale et une section de chambre de région ou une chambre départementale, il désigne, pour exprimer le vote de la section ou de la chambre départementale, un représentant qui en est issu.

Chaque président de chambre peut désigner un vice-président de l'établissement du réseau dont il est président pour le suppléer à l'assemblée générale en cas d'empêchement.

Art. 9 I. – Le ministre chargé de l'artisanat et ses représentants ont accès de droit à toutes les séances de l'assemblée générale et de toutes ses commissions. Le ministre peut faire ajouter un ou plusieurs sujets à l'ordre du jour de ces instances.

II. – L'assemblée générale vote le budget et les comptes de l'établissement. Elle se prononce sur les projets de décisions et sur les questions inscrites à son ordre du jour, et notamment sur les rapports des commissions mentionnées à l'article 15, ainsi que sur le bilan d'exécution mentionné à l'article 4, présenté chaque année par le président.

Le ministre chargé de l'artisanat et les membres de l'assemblée reçoivent au moins quinze jours avant la séance une convocation accompagnée de l'ordre du jour et des documents correspondants.

Le ministre reçoit le procès-verbal de chaque réunion de l'assemblée générale ainsi que les délibérations votées à cette occasion dans le délai d'un mois suivant la date de la réunion.

III. – Des assemblées générales extraordinaires peuvent être convoquées soit à l'initiative du président, soit à la demande du ministre de tutelle, ou encore du tiers des membres composant l'assemblée générale. Le délai de convocation est alors réduit à sept jours.

IV. – L'assemblée générale ne délibère que sur les questions inscrites à l'ordre du jour tel que prévu au II, et sous réserve que le nombre des membres présents soit au moins égal aux deux tiers des membres en exercice.

Les décisions sont prises à la majorité des membres présents, sous réserve des dispositions du deuxième alinéa du II de l'article 16.

Lorsqu'au moins un tiers des membres présents le demandent, les délibérations sont votées à bulletin secret.

Si le quorum n'est pas atteint, une seconde réunion de l'assemblée générale est convoquée, dans le mois qui suit, selon les mêmes modalités. Cette assemblée se tient valablement sans condition de quorum.

Art. 10 I. – Les délibérations de l'assemblée générale sont exécutoires dès leur approbation par l'autorité de tutelle lorsqu'elles concernent :

1° Le règlement intérieur, dans les conditions prévues à l'article 15 ;

2° Le budget primitif, les budgets rectificatifs et les comptes, dans les conditions prévues à l'article 18 ;

3° Le recours à l'emprunt en vue de subvenir aux dépenses nécessaires à l'exercice des missions de l'assemblée permanente, à l'exclusion des dépenses ordinaires ;

4° Le recours au crédit-bail immobilier ;

5° L'ouverture d'une ligne de trésorerie pour faire face à des besoins de court terme ;

6° L'octroi de garanties ;

7° Les cessions, prises ou extensions de participation mentionnées à l'article 5 ;

8° L'autorisation de conclure des transactions, mentionnée à l'article 13 ;

9° La création des caisses de secours aux artisans mentionnées au 4° de l'article 3.

Toutefois, les délibérations relatives aux 3° et 5° portant sur un montant inférieur à un seuil fixé par arrêté du ministre chargé de l'artisanat ne sont pas soumises à approbation.

II. – Les délibérations mentionnées au I sont approuvées tacitement à l'expiration d'un délai de deux mois à compter de la date de réception de l'acte par l'autorité de tutelle, à moins que cette autorité n'y fasse opposition pendant ce délai.

Toutefois, les délibérations mentionnées au 2° du I ne sont exécutoires qu'après approbation expresse de l'autorité de tutelle.

III. – Les décisions prises en assemblée générale sont mises en œuvre selon leur objet, par l'assemblée permanente des chambres de métiers et de l'artisanat, les chambres de métiers et de l'artisanat de région, les chambres régionales de métiers et de l'artisanat ou les chambres de métiers et de l'artisanat départementales.

Arrêté du 17 décembre 2010,

Relatif aux seuils en matière d'emprunt et d'ouverture d'une ligne de trésorerie au-dessous desquels l'autorisation du ministre n'est pas requise par l'Assemblée permanente des chambres de métiers et de l'artisanat.

CHAPITRE Ier. *DE L'EMPRUNT*

Art. 1er Conformément aux dispositions de l'article 21 du décret n° 2010-1356 du 11 novembre 2010 susvisé, l'approbation préalable du ministre chargé de l'artisanat n'est pas requise en matière d'autorisation d'emprunt pour l'Assemblée permanente des chambres de métiers et de l'artisanat lorsque cet emprunt est inférieur ou égal à 5 % du produit de l'année antérieure de la taxe pour frais de chambres perçu par l'Assemblée permanente des chambres de métiers et de l'artisanat.

Art. 2 Toutefois, l'approbation du ministre chargé de l'artisanat est requise si, bien qu'inférieures aux montants mentionnés à l'article 1er, les opérations d'emprunt ne respectent pas les trois conditions cumulatives suivantes :

— les annuités de remboursement (capital et intérêts) de l'ensemble des emprunts non amortis sont inférieures ou égales à 10 % du montant cumulé de la taxe pour frais de chambres et du droit d'immatriculation au répertoire des métiers ;

— l'ensemble des emprunts figurant au bilan est inférieur aux capitaux propres ;

— l'ensemble des emprunts non amortis figurant au bilan est inférieur ou égal à trois années de capacité d'autofinancement.

CHAPITRE II. *DE LA LIGNE DE TRÉSORERIE*

Art. 3 Conformément aux dispositions de l'article 21 du décret n° 2010-1356 du 11 novembre 2010 susvisé, l'Assemblée permanente des chambres de métiers et de l'artisanat peut ouvrir une ligne de trésorerie pour faire face à des besoins de court terme sans autorisation du ministre chargé de l'artisanat à condition que :

— le total des montants empruntés sur cette ligne au cours d'un exercice soit inférieur à trois mois de ses charges totales de fonctionnement de l'exercice précédent ;

— cette ligne de trésorerie soit apurée en fin d'exercice.

Art. 11 I. — Les fonctions de président, de trésorier et de membre de l'assemblée générale de l'assemblée permanente des chambres de métiers et de l'artisanat ne peuvent donner lieu qu'à l'octroi des indemnités et remboursements suivants :

1° Pour le président, d'une indemnité mensuelle de fonction et de logement, d'un remboursement des frais de déplacement et d'un remboursement des frais de représentation ;

2° Pour le trésorier, d'une indemnité mensuelle de fonction, d'un remboursement des frais de déplacement et d'un remboursement des frais de représentation sur délégation du président et lorsqu'il représente ce dernier ;

3° Pour les autres membres, de vacations à raison de leur participation, dûment constatée, aux travaux de l'assemblée générale et d'un remboursement des frais de déplacement.

II. — Les montants maximum et les modalités d'attribution de ces indemnités, vacations et remboursement de frais ainsi que les règles de cumul de ceux-ci avec ceux liés aux fonctions de membre d'une chambre des métiers et de l'artisanat de région ou de membre d'une chambre régionale de métiers et de l'artisanat ou de membre d'une section ou de membre d'une chambre de métiers et de l'artisanat départementale sont fixés par arrêté conjoint des ministres chargés de l'artisanat et du budget.

En début de mandature, l'assemblée générale fixe les montants des indemnités, des vacations et du remboursement des frais de déplacement, dans le respect de l'arrêté mentionné au précédent alinéa.

III. — Les frais de représentation et de déplacement sont remboursés au vu des justificatifs des frais réellement exposés.

Art. 12 I. — Le bureau de l'assemblée est composé d'un président, de vice-présidents élus dans l'ordre de préséance, d'un secrétaire, de secrétaires adjoints, d'un trésorier et d'un trésorier adjoint. Il ne peut comporter plus de treize membres.

Il est élu par l'assemblée générale dans les deux mois qui suivent chaque renouvellement quinquennal effectué en application du décret n° 99-433 du 27 mai 1999 relatif à la composition des chambres régionales de métiers et de l'artisanat et des chambres de métiers et de l'artisanat et à l'élection de leurs membres.

Les membres sortants sont rééligibles.

L'élection a lieu à la majorité absolue des membres en exercice. Elle est acquise à la majorité relative au troisième tour.

II. — Le bureau se réunit au moins tous les deux mois sur convocation de son président. Il prépare les questions et les projets de délibérations soumis au vote de l'assemblée générale et établit son ordre du jour. Il tient informée cette dernière de l'application des délibérations et des recommandations votées par elle. En cas d'urgence, il peut prendre des décisions sous réserve de ratification de la prochaine assemblée générale.

Le ministre de tutelle peut demander au président d'inscrire à l'ordre du jour de la prochaine réunion du bureau les sujets à propos desquels il souhaite recueillir son avis.

Art. 13 La présidence des assemblées générales et du bureau est assurée par le président de l'assemblée permanente des chambres de métiers et de l'artisanat. En cas d'empêchement, de décès ou de démission, ce dernier est suppléé par un vice-président, dans l'ordre de préséance, jusqu'à l'élection du nouveau président.

Le président peut déléguer sa signature à l'un des vice-présidents dans les conditions prévues au règlement intérieur.

Il représente l'assemblée permanente auprès des pouvoirs publics et dans tous les actes de la vie civile.

Il exerce les fonctions d'ordonnateur des dépenses et peut les déléguer, avec l'accord du bureau, à un vice-président. Les fonctions de comptable sont assurées par le trésorier et le trésorier adjoint.

Sous réserve des dispositions du statut du personnel des chambres de métiers et de l'artisanat, établi en application de la loi n° 52-1311 du 10 décembre 1952 relative à l'établissement obligatoire d'un statut du personnel administratif des chambres d'agriculture, des chambres de commerce et des chambres de métiers, le président peut conclure des transactions dans les litiges affectant l'assemblée permanente, après y avoir été autorisé, pour chaque litige, par délibération de l'assemblée générale de l'assemblée permanente ou, en cas d'urgence, après autorisation du bureau.

Art. 14 Un directeur général nommé par le président de l'assemblée permanente des chambres de métiers et de l'artisanat, sur proposition de son bureau, prépare et exécute les délibérations de l'assemblée générale et du bureau.

Il assure, dans le cadre des orientations définies par le bureau, la direction et la coordination de l'ensemble des services ainsi que le suivi de leurs activités, la réalisation de leurs objectifs et le contrôle de leurs résultats, dont il rend compte au président.

Il assiste les membres élus dans l'exercice de leurs fonctions. A ce titre, il informe les élus des conditions de régularité dans lesquelles les décisions doivent être prises. Il a la charge de leur mise en œuvre et contrôle la régularité de toutes les opérations correspondantes.

Il propose au président de l'assemblée permanente les mesures individuelles ou collectives relatives à l'emploi et à la gestion des ressources humaines.

Il peut déléguer sa signature dans les conditions prévues par le règlement intérieur.

Art. 15 L'assemblée permanente des chambres de métiers et de l'artisanat établit un règlement intérieur qui est soumis à l'approbation du ministre de tutelle. Ce règlement fixe notamment :

1° Le nombre et les attributions des commissions de l'assemblée permanente et le mode de désignation des membres de ces commissions. Sont obligatoirement créées : une commission des finances, une commission du développement économique et territorial, une commission de la formation et une commission des affaires générales ;

2° Les conditions dans lesquelles sont organisées les délégations du président et du directeur général ;

3° Les conditions dans lesquelles l'assemblée permanente peut assurer la gestion de services à l'usage des chambres lorsque cette gestion ne peut être convenablement assumée au plan régional et local ;

4° La procédure à suivre pour l'établissement de l'ordre du jour des assemblées générales ;

5° L'organisation des services administratifs et une annexe fixant la grille des emplois et déterminant le nombre, la nature et l'indice de base des emplois permanents ;

6° Les conditions de la réalisation du bilan social annuel de l'établissement et des établissements du réseau des chambres de métiers et de l'artisanat ;

7° Dans le respect des dispositions de l'article 11 et de l'arrêté pris pour son application, le barème et les modalités de remboursement des frais exposés par les élus.

CHAPITRE III *Les marchés et accords-cadres*

(Décr. n° 2010-1356 du 11 nov. 2010, art. 21)

Art. 16 I. — Les décisions de l'assemblée générale mentionnées au 5° de l'article 5-8 du code de l'artisanat fixent la nature des achats concernés, précisent qui, de l'assemblée permanente des chambres des métiers et de l'artisanat ou des établissements du réseau, conclut les marchés, les accords-cadres, les bons de commande ou les marchés passés sur le fondement des accords-cadres.

Ces décisions s'imposent aux établissements du réseau, pendant toute la durée de validité du marché ou de l'accord-cadre conclu par l'assemblée permanente :

1° Dès l'engagement, par celle-ci, des procédures de mise en concurrence, pour les établissements qui ne sont pas engagés à cette date par leurs propres marchés ou accords-cadres ;

2° Dès l'achèvement des marchés et accords-cadres précédemment conclus par les établissements du réseau, lorsque le terme de ces contrats intervient pendant la durée de validité des marchés ou accords-cadres conclus par l'assemblée permanente.

En application du troisième alinéa de l'article 5-1 du code de l'artisanat, ces décisions s'appliquent aux chambres de métiers régies par les articles 103 et suivants du code professionnel local maintenu par la loi du 1er juin 1924 mettant en vigueur la législation civile française dans les départements du Bas-Rhin, du Haut-Rhin et de la Moselle, avec leur accord.

II. — Lorsque les achats et accords-cadres concernent l'ensemble des établissements, les décisions sont votées à la majorité simple par les présidents de chambres de métiers et de l'artisanat de région, de section de celles-ci, de chambres régionales de métiers et de l'artisanat et de chambres de métiers et de l'artisanat de département.

Lorsque les achats et accords-cadres ne concernent que certaines chambres ou sections, préalablement recensées, les décisions sont votées à la majorité simple par les présidents des chambres ou de section concernées.

III. — Les procédures nécessaires à la passation de ces marchés ou accords-cadres sont mises en œuvre par l'assemblée permanente ou par un établissement du réseau sur délégation de l'assemblée permanente.

Les décisions de l'assemblée générale précisent quel est l'établissement qui est chargé d'engager la procédure, les modalités d'exécution du marché par les établissements concernés ainsi que les modalités et la répartition des paiements.

IV. – L'exécution des marchés passés dans le cadre du présent article fait l'objet d'un compte rendu à chaque assemblée générale de l'assemblée permanente.

CHAPITRE IV *Le régime financier*

(Décr. nº 2010-1356 du 11 nov. 2010, art. 21)

Art. 17 En complément des ressources prévues par l'article 1601 du code général des impôts, l'assemblée permanente des chambres de métiers et de l'artisanat peut recevoir :

1º Des subventions publiques ou privées ;

2º Des redevances pour services rendus ;

3º Des dons et legs ;

4º Des produits divers.

Art. 18 *(Décr. nº 2011-1662 du 28 nov. 2011, art. 5)* I. – Le budget de l'Assemblée permanente des chambres de métiers et de l'artisanat est établi selon les règles prévues aux deux premiers alinéas du I de l'article 28 du code de l'artisanat.

Il est voté par l'assemblée générale et soumis pour approbation au ministre de tutelle, dans les conditions fixées par l'article 10.

Le projet de budget, arrêté par le bureau, est transmis pour examen aux membres de la commission des finances et au ministre chargé de l'artisanat, quinze jours au moins avant la réunion de cette commission.

En tant que de besoin, l'assemblée permanente établit un budget rectificatif avant le 1er juillet de l'année d'exécution.

Les caisses de secours créées en application du 4º de l'article 3 font l'objet d'un budget et d'un compte distincts, préparés et délibérés conformément aux dispositions des alinéas précédents.

II. – En cas de carence de l'Assemblée permanente des chambres de métiers et de l'artisanat, suivant le cas, le ministre :

1º Établit d'office le budget ;

2º Procède à l'inscription d'office au budget des dépenses obligatoires omises ;

3º Ordonnance et mandate d'office les dépenses obligatoires.

Art. 18-1 *(Décr. nº 2011-1662 du 28 nov. 2011, art. 5)* I. – Le compte de gestion de l'Assemblée permanente des chambres de métiers et de l'artisanat retrace l'exécution du budget de chaque exercice, en fonctionnement et en investissement. Il est certifié par un commissaire aux comptes.

A l'issue de l'exercice, le président de l'établissement adresse le projet de compte de gestion, assorti des pièces et justificatifs nécessaires, au commissaire aux comptes. Celui-ci exerce sa mission conformément aux dispositions des articles L. 823-9 à L. 823-18 du code de commerce.

A sa plus prochaine séance suivant le dépôt du rapport du commissaire aux comptes, l'assemblée générale adopte le compte de gestion de l'exercice précédent.

II. – Le compte de gestion sur lequel se prononce l'assemblée générale est complété des documents annexes suivants :

1º L'état en fin d'exercice des emplois permanents de l'établissement, mentionnant le statut, le grade et l'indice de rémunération de leur détenteur ;

2º Les montants d'imposition votés au titre de l'exercice par l'établissement et agréés par l'autorité de tutelle en application de l'article 1601 du code général des impôts ;

3º Le tableau de financement retraçant les variations de ressources et emplois financiers de l'exercice ;

4º La balance définitive des comptes du grand livre pour l'exercice ;

5º Le bilan en fin d'exercice ;

6º L'état des emprunts en cours en fin d'exercice, avec leur tableau d'amortissement ;

7° L'état en fin d'exercice des engagements contractés par l'établissement en crédit-bail ;

8° Le tableau financier de synthèse regroupant les principales données budgétaires et financières de l'établissement.

Art. 18-2 *(Décr. n° 2011-1662 du 28 nov. 2011, art. 5)* Avant le 1er juillet de chaque année, l'assemblée générale adopte les comptes de l'année précédente. A l'issue du vote, le président de l'Assemblée permanente des chambres de métiers et de l'artisanat les adresse au ministre de tutelle, accompagnés des annexes obligatoires et du rapport du commissaire aux comptes.

Le ministre se prononce sur les comptes dans le mois de leur transmission ; le défaut de réponse dans ce délai vaut approbation. S'il ne peut donner son approbation, il adresse au président de l'assemblée, dans le même délai, une demande de modification du ou des documents qui le justifient. La réponse à cette demande fait courir un nouveau délai pour l'approbation ou non des comptes.

Art. 18-3 *(Décr. n° 2012-1247 du 7 nov. 2012, art. 78, en vigueur le 1er janv. 2013)* L'assemblée permanente n'est pas soumise aux dispositions du décret n° 2012-1246 du 7 novembre 2012 relatif à la gestion budgétaire et comptable publique.

Art. 19 L'assemblée permanente des chambres de métiers et de l'artisanat présente une comptabilité analytique, dans des conditions fixées par un arrêté conjoint des ministres chargés de l'artisanat et du budget.

Arrêté du 17 décembre 2010,

Relatif aux conditions de présentation d'une comptabilité analytique par l'Assemblée permanente des chambres de métiers et de l'artisanat.

Art. 1er L'Assemblée permanente des chambres de métiers et de l'artisanat tient une comptabilité analytique permettant :

— d'affecter les charges directes et d'imputer les charges indirectes aux coûts de revient des différentes actions de l'établissement après répartition dans les services fonctionnels et opérationnels ;

— de mettre en regard les différentes ressources de financement de ces actions, lorsqu'elles sont directement affectées à ces actions.

Art. 2 A cet effet, elle définit notamment les méthodes :

— de répartition des charges indirectes dans les services fonctionnels et opérationnels ;

— d'imputation des charges indirectes des services aux coûts de revient des actions.

Elle transmet également au ministre chargé de l'artisanat toute information relative à cette comptabilité analytique en tant que de besoin.

Art. 3 Le ministre chargé de l'artisanat approuve les principes de comptabilité analytique proposés par l'Assemblée permanente des chambres de métiers et de l'artisanat, notamment les méthodes de retraitement permettant le passage de la comptabilité générale à la comptabilité analytique de l'établissement.

Art. 4 Le commissaire aux comptes de l'Assemblée permanente des chambres de métiers et de l'artisanat s'assure du respect des dispositions du présent arrêté. Il établit une déclaration de conformité qui est publiée annuellement par l'Assemblée permanente des chambres de métiers et de l'artisanat.

CHAPITRE V *Dispositions diverses*

(Décr. n° 2010-1356 du 11 nov. 2010, art. 21)

Art. 20 L'assemblée plénière de la chambre de métiers d'Alsace et la chambre de métiers de la Moselle peuvent décider de confier à l'assemblée permanente des chambres de métiers et de l'artisanat l'exercice de tout ou partie des fonctions mentionnées à l'article 2.

Loi n° 82-1091 du 23 décembre 1982,

Relative à la formation professionnelle des artisans.

Art. 2 Avant son immatriculation au répertoire des métiers ou, pour les départements du Bas-Rhin, du Haut-Rhin et de la Moselle, au registre des entreprises le futur chef d'entreprise suit un *(L. n° 96-603 du 5 juill. 1996, art. 23)* « stage de préparation à l'installation » organisé, en liaison avec les organisations professionnelles de l'artisanat représentatives, par les chambres de métiers et, en tant que de besoin, par des établissements publics d'enseignement ou par des centres conventionnés dans les conditions fixées par les articles L. 920-2 et L. 940-1 du code du travail. Ce stage est ouvert au conjoint du futur chef d'entreprise et à ses auxiliaires familiaux. *(L. n° 2005-882 du 2 août 2005, art. 4)* « Il comporte une première partie consacrée à l'initiation à la comptabilité générale et à la comptabilité analytique, ainsi qu'à une information sur l'environnement économique, juridique et social de l'entreprise artisanale. La seconde partie du stage comprend une période d'accompagnement postérieure à l'immatriculation du créateur ou du repreneur d'entreprise au répertoire des métiers ou, dans les départements de la Moselle, du Bas-Rhin et du Haut-Rhin, au registre des entreprises. »

Toutefois, le futur chef d'entreprise peut être dispensé de suivre le stage prévu à l'alinéa précédent :

– si une raison de force majeure l'en empêche, auquel cas il doit s'acquitter de son obligation dans un délai d'un an à compter de son immatriculation ou de son inscription ;

– s'il a bénéficié d'une formation à la gestion d'un niveau au moins égal à celui du stage ;

– s'il a exercé, pendant au moins trois ans, une activité professionnelle requérant un niveau de connaissance au moins équivalent à celui fourni par le stage.

(L. n° 2008-776 du 4 août 2008, art. 8-IV) « Est dispensé du stage prévu au premier alinéa le chef d'entreprise *(L. n° 2009-1674 du 30 déc. 2009, art. 67-III)* « qui bénéficie du régime prévu à l'article L. 133-6-8 du code de la sécurité sociale ou » dont l'immatriculation est consécutive au dépassement de seuil mentionné au V de l'article 19 de la loi n° 96-603 du 5 juillet 1996 relative au développement et à la promotion du commerce et de l'artisanat. »

(Ord. n° 2008-507 du 30 mai 2008, art. 17) « Pour s'établir en France, un professionnel qualifié ressortissant d'un État membre de la Communauté européenne ou d'un autre État partie à l'accord sur l'Espace économique européen est dispensé de suivre le stage prévu au premier alinéa. Un décret en Conseil d'État définit les conditions dans lesquelles, si l'examen des qualifications professionnelles attestées par le professionnel fait apparaître des différences substantielles au regard des qualifications requises pour la direction d'une entreprise artisanale, l'autorité compétente peut exiger que le demandeur se soumette à une épreuve d'aptitude ou un stage d'adaptation, à son choix. »

Lorsque le futur chef d'entreprise est dispensé de participer au stage, celui-ci reste ouvert à son conjoint et à ses auxiliaires familiaux.

(L. n° 2008-776 du 4 août 2008, art. 12-II) « A défaut d'être déjà financé par un organisme de financement de la formation professionnelle continue des professions

salariées ou des demandeurs d'emploi, le stage de préparation à l'installation suivi par les créateurs et les repreneurs d'entreprise artisanale est financé par le droit additionnel prévu au *c* de l'article 1601 du code général des impôts, après l'immatriculation de l'artisan au répertoire des métiers ou, dans les départements de la Moselle, du Bas-Rhin et du Haut-Rhin, au registre des entreprises, et à condition que celle-ci intervienne dans un délai fixé par décret et courant à compter de la fin de la première partie de son stage. »

Un décret en Conseil d'État fixe les conditions d'application du présent article, en précisant notamment les modalités d'organisation, le contenu et la durée du *(L. nº 96-603 du 5 juill. 1996, art. 23)* « stage de préparation à l'installation ». *— V. Décr. nº 83-517 du 24 juin 1983, mod.*

Décret nº 83-316 du 15 avril 1983,

Relatif au crédit à l'artisanat.

Art. 1er Sont abrogés les articles 53, 54, 57 à 71 du code de l'artisanat ;

Les articles 2 et 3 du décret nº 72-322 du 20 avril 1972 relatif au crédit à l'artisanat ;

Le décret nº 79-221 du 16 mars 1979 relatif aux prêts à moyen et long terme consentis aux artisans par le Crédit agricole mutuel.

Art. 2 Des prêts bonifiés peuvent être attribués dans les conditions prévues ci-après par les établissements ayant passé une convention à cet effet avec le ministre de l'économie, des finances et du budget aux personnes immatriculées au répertoire des métiers ainsi qu'aux groupements régulièrement constitués entre ces personnes en vue de faciliter leur activité professionnelle.

Les crédits nécessaires pour couvrir le montant des bonifications sont ouverts chaque année par la loi de finances.

Peuvent seules bénéficier de ces prêts, sous réserve des dispositions des traités et conventions internationaux interdisant une restriction d'activité fondée sur la nationalité, les personnes physiques ou morales qui sont ressortissantes de l'un des États de la Communauté européenne.

Un arrêté conjoint du ministre de l'économie, des finances et du budget et du ministre du commerce et de l'artisanat fixe les conditions techniques que doivent remplir les bénéficiaires, en particulier les conditions concernant l'expérience professionnelle, la qualification et la formation des bénéficiaires, ainsi que les modalités de tenue des comptabilités des entreprises. *— V. Arr. 15 févr. 1999 (JO 15 avr.).*

Art. 3 Ces prêts sont destinés à financer l'acquisition, l'aménagement, l'installation, la réfection totale ou partielle, la dotation en outillage ou en matériel, le besoin en fonds de roulement d'entreprises artisanales ainsi que la participation des personnes immatriculées au répertoire des métiers au capital d'un groupement régulièrement constitué entre ces personnes physiques ou morales.

Art. 4 La durée de ces prêts est au maximum de quinze ans. Leur montant maximum ainsi que les taux de bonification sont fixés par arrêté conjoint du ministre de l'économie, des finances et du budget, du ministre de l'agriculture et du ministre du commerce et de l'artisanat, en distinguant entre les prêts destinés à financer les investissements liés à la création d'une entreprise ou d'un groupement visé à l'article 2 du présent décret ainsi qu'à leur développement lorsque celui-ci s'accompagne de la création d'emplois et les autres prêts qui peuvent être affectés à toute autre opération mentionnée à l'article précédent. *— V. Arr. 15 févr. 1999 (JO 15 avr.).*

V. Circ. du 15 févr. 1999 relative aux conditions d'attribution de prêts bonifiés et conventionnés aux entreprises artisanales et à certaines entreprises de l'alimentation de détail et de la restauration traditionnelle (JO 15 avr.).

Les dispositions des art. 2, 3 et 4 du Décr. n° 83-316 du 15 avr. 1983 sont applicables aux patrons bateliers inscrits au registre de la chambre nationale de la batellerie artisanale. – Lorsque des prêts bonifiés sont consentis à des patrons bateliers, l'arrêté prévu à l'art. 2 de ce décret est pris conjointement par le ministre chargé de l'économie, des finances et du budget, par le ministre chargé des transports et par le ministre chargé du commerce et de l'artisanat (C. transp., art. R. 4431-3). – ***C. transp.***

Sur les prêts spéciaux à l'artisanat, V. L. n° 73-1193 du 27 déc. 1973, art. 48, v° Commerce (organisation).

Loi n° 83-657 du 20 juillet 1983,

Relative au développement de certaines activités d'économie sociale.

TITRE PREMIER **Statut des coopératives artisanales et de leurs unions**

RÉP. COM. v° *Coopérative artisanale,* par HÉRAIL.

CHAPITRE PREMIER ***Définition et forme juridique***

Art. 1er Les sociétés coopératives artisanales ont pour objet la réalisation de toutes opérations et la prestation de tous services susceptibles de contribuer, directement ou indirectement, au développement des activités artisanales de leurs associés ainsi que l'exercice en commun de ces activités.

Les associés se choisissent librement et disposent de droits égaux quelle que soit l'importance de la part du capital social détenue par chacun d'eux. Il ne peut être établi entre eux de discrimination suivant la date de leur admission.

Par la souscription ou l'acquisition d'une part sociale, l'associé s'engage à participer aux activités de la société coopérative ; les statuts peuvent déterminer le nombre de parts à souscrire ou à acquérir par chaque associé en fonction de son engagement d'activité.

Art. 2 Les sociétés coopératives artisanales doivent être immatriculées au registre du commerce et des sociétés. Elles doivent, en outre, faire l'objet d'une immatriculation au répertoire des métiers ou au registre tenu par les chambres de métiers d'Alsace et de Moselle.

Art. 3 Les sociétés coopératives artisanales sont des sociétés à capital variable constituées sous forme de société à responsabilité limitée ou de société anonyme.

(L. n° 92-643 du 13 juill. 1992) « Elles peuvent à tout moment, par une décision des associés prise dans les conditions requises pour la modification des statuts, passer de l'une à l'autre de ces formes. Cette modification n'entraîne pas la création d'une personne morale nouvelle. »

Art. 4 Les sociétés coopératives artisanales sont régies par les dispositions du présent titre et, en ce qu'elles ne sont pas contraires à celles-ci, par les dispositions du titre III de la loi sur les sociétés du 24 juillet 1867 *[C. com., art. L. 231-1 s.]*, de la loi n° 47-1775 du 10 septembre 1947 portant statut de la coopération et de la loi n° 66-537 du 24 juillet 1966 modifiée sur les sociétés commerciales *[C. com., art. L. 210-1 s.]*. – *V. L. n° 47-1775 du 10 sept. 1947.* – ***C. sociétés.***

Art. 5 Les actes et documents émanant de la coopérative et destinés aux tiers, notamment les lettres, factures, annonces et publications diverses, doivent indiquer lisiblement la dénomination sociale de la coopérative, précédée ou suivie des mots : « société coopérative artisanale à capital variable », accompagnée de la mention de la forme sous laquelle la société est constituée.

Les gérants, le président, les administrateurs, les directeurs généraux, les membres du directoire ou du conseil de surveillance qui auront contrevenu aux dispositions de l'alinéa précédent seront punis des peines prévues à l'article 462 de la loi n° 66-537 du 24 juillet 1966 précitée *[C. com., art. L. 246-1]*.

L'appellation "société coopérative artisanale" ne peut être utilisée que par les sociétés coopératives fonctionnant conformément au présent titre. *(Abrogé par L. n° 2012-387 du 22 mars 2012, art. 27-IV)* ***« L'emploi illicite de cette appellation ou de toute expression de nature à prêter à confusion avec celle-ci est puni d'une amende de 2 500 €. »***

(L. n° 2012-387 du 22 mars 2012, art. 27-IV) « Toute personne intéressée peut demander au président du tribunal compétent statuant en référé d'enjoindre, le cas échéant sous astreinte, à la personne concernée de supprimer la mention : "société coopérative artisanale" utilisée de manière illicite ainsi que toute expression de nature à prêter à confusion avec celle-ci.

« Le président du tribunal peut, en outre, ordonner la publication de la décision, son affichage dans les lieux qu'il désigne, son insertion intégrale ou par extraits dans les journaux et sa diffusion par un ou plusieurs services de communication au public en ligne qu'il indique, le tout aux frais des dirigeants de l'organisme ayant utilisé la dénomination en cause. »

CHAPITRE II *Constitution*

Art. 6 Seuls peuvent être associés d'une société coopérative artisanale :

1° Les artisans, personnes physiques ou morales immatriculées au répertoire des métiers ou au registre tenu par les chambres de métiers d'Alsace et de Moselle *(Ord. n° 2004-274 du 25 mars 2004, art. 6-I)* « ainsi que les personnes régulièrement établies sur le territoire d'un autre État membre de la Communauté européenne ou partie à l'accord sur l'Espace économique européen, qui exercent des activités identiques à celles prévues pour l'immatriculation à ces mêmes répertoire ou registre » ; — *Pour l'application de cette disposition à Saint-Pierre-et-Miquelon, V. art. 6-1.*

(Abrogé par L. n° 2008-776 du 4 août 2008, art. 82, 1°) ***« 2° Les personnes qui ont été admises comme associés au titre du 1° ci-dessus, mais qui ne remplissent plus les conditions fixées dans cet alinéa par suite de l'expansion de leur entreprise, à la condition que l'effectif permanent de celle-ci soit inférieur à cinquante salariés ; »***

3° Les personnes physiques ou morales dont l'activité est identique ou complémentaire à celle des personnes mentionnées au 1° ci-dessus *(Abrogé par L. n° 2008-776 du 4 août 2008, art. 82, 1°)* ***« , lorsque l'effectif permanent des salariés qu'elles emploient n'excède pas cinquante »***. Toutefois, le montant total des opérations réalisées avec une société coopérative par les associés de cette catégorie ne peut dépasser le quart du chiffre d'affaires annuel de cette coopérative ;

4° Les personnes physiques ou morales intéressées à l'objet des sociétés coopératives artisanales *(Abrogé par Ord. n° 2004-274 du 25 mars 2004, art. 6-II)* ***« , mais n'exerçant pas d'activité identique ou complémentaire à celles-ci »***. Ces associés sont dits associés non coopérateurs. Ils ne peuvent ni participer aux opérations ni bénéficier des services mentionnés au premier alinéa de l'article 1er. Ils jouissent de tous les autres droits reconnus aux associés coopérateurs. *(L. n° 92-643 du 13 juill. 1992)* « Les statuts peuvent prévoir que, par dérogation aux dispositions du deuxième alinéa de l'article premier et pour les parts sociales de cette seule catégorie d'associés, il sera fait application des dispositions de l'article 14 de la loi n° 47-1775 du 10 septembre 1947 portant statut de la coopération » ; — *V. ce texte au* ***C. sociétés.***

(L. n° 85-703 du 12 juill. 1985) « 5° D'autres sociétés coopératives artisanales et leurs unions ».

Les conditions de l'admission ou de son maintien pour les catégories d'associés mentionnées *(L. n° 2008-776 du 4 août 2008, art. 82, 1°)* « aux 3° et 4° » ci-dessus sont fixées par les statuts. Le nombre de ces associés ne peut excéder le quart du nombre total des associés de la société coopérative.

Art. 6-1 *(Ord. n° 2004-274 du 25 mars 2004, art. 46-I)* Le 1° de l'article 6 n'est applicable à Saint-Pierre-et-Miquelon que dans les limites définies par l'article L. 910-5 du code de commerce.

Art. 7 Le nombre des associés ne peut être inférieur à sept si la société coopérative est constituée sous forme de société anonyme et il ne peut être inférieur à *(Ord. n° 2004-274 du 25 mars 2004, art. 7)* « deux », ni supérieur à *(L. n° 2005-882 du 2 août 2005, art. 36)* « cent », si la société coopérative est constituée sous forme de société à responsabilité limitée.

Art. 8 La société coopérative artisanale dispose d'une année pour se conformer, selon le cas, aux dispositions de l'article 7 ou du dernier alinéa de l'article 6, à compter du jour où celles-ci ne sont plus respectées. A l'expiration de ce délai, tout intéressé peut demander la dissolution de la société coopérative. Le tribunal peut accorder à la société coopérative un délai de six mois maximum renouvelable une seule fois, pour régulariser la situation. Il ne peut prononcer la dissolution si, au jour où il statue sur le fond, cette régularisation a eu lieu.

Art. 9 Sauf disposition spéciale des statuts, l'admission de nouveaux associés est décidée par l'assemblée générale ordinaire ou l'assemblée des associés.

Les statuts peuvent prévoir que les nouveaux associés sont admis à titre provisoire pendant une période probatoire qui ne peut excéder une année.

Pendant cette période, ces associés jouissent de droits égaux à ceux des autres associés. A l'expiration de cette période, l'admission est définitive sauf décision motivée de l'assemblée générale ordinaire ou de l'assemblée des associés, l'intéressé ayant été entendu ou dûment convoqué. Toutefois, sur décision unanime des associés, ce délai peut être reconduit pour une durée d'une année.

Les statuts déterminent les modalités d'exclusion des associés. La décision d'exclusion d'un associé est prise dans les conditions retenues pour son admission sauf le droit pour l'intéressé de faire appel de la décision devant l'assemblée dans le cas où ce n'est pas celle-ci qui a pris la décision d'exclusion. L'assemblée statue dans le délai d'un mois à compter de la date à laquelle a été formé l'appel, celui-ci devant intervenir au plus tard quinze jours après la notification de la décision d'exclusion.

Tout associé peut se retirer de la société coopérative dans les conditions prévues aux statuts. L'associé qui se retire de la société coopérative ou qui en est exclu reste tenu pendant cinq ans envers les associés et envers les tiers de toutes les obligations existant au jour où cette décision a pris effet.

(L. n° 92-643 du 13 juill. 1992) « En cas de retrait ou d'exclusion, la dernière phrase du dernier alinéa de l'article 18 de la loi n° 47-1775 du 10 septembre 1947 précitée n'est pas applicable. » – *V. ce texte au* ***C. sociétés.***

Art. 10 Les sociétés coopératives artisanales peuvent admettre des tiers non associés à bénéficier de leurs services ou à participer à la réalisation des opérations entrant dans leur objet, à l'exclusion des opérations de gestion technique et financière. Cette faculté doit être mentionnée dans les statuts.

Les opérations effectuées avec des tiers non associés font l'objet d'une comptabilité séparée. Elles ne peuvent excéder le cinquième du chiffre d'affaires de la société coopérative.

Si les comptes font apparaître un dépassement de cette proportion la société dispose d'un délai d'un an pour régulariser la situation.

CHAPITRE III *Fonctionnement et administration*

Art. 11 Le capital des sociétés coopératives artisanales est représenté par des parts sociales nominatives. Leur valeur nominale est uniforme et ne peut être inférieure à un montant fixé par décret. – *Valeur minimale fixée à 15 € par Décr. n° 84-251 du 6 avr. 1984, art. 1er. –* ***C. sociétés.***

Le capital social ne peut être réduit à une somme inférieure à la moitié du capital le plus élevé atteint depuis la constitution de la société. En aucun cas, il ne peut être ramené à un montant inférieur au capital de fondation.

Les parts sociales doivent être intégralement libérées dès leur souscription, qu'elles représentent des apports en nature ou en numéraire. Toutefois, lorsqu'une société coopérative artisanale est constituée sous forme de société anonyme, les parts souscrites en numéraire peuvent être libérées lors de leur souscription d'un quart au moins de leur valeur ; la libération du surplus doit intervenir dans un délai maximum de trois ans à compter du jour de la souscription.

Les statuts fixent les modalités de souscription des parts sociales et de l'augmentation ultérieure de la participation des associés au capital.

La cession des parts sociales est soumise à agrément préalable dans les conditions fixées par les statuts ou, à défaut, à agrément de l'assemblée générale ou de l'assemblée des associés.

(L. n° 92-643 du 13 juill. 1992) « L'article 11 *bis* de la loi n° 47-1775 du 10 septembre 1947 précitée n'est pas applicable. » – *V. ce texte au* ***C. sociétés.***

Art. 12 *Abrogé par L. n° 92-643 du 13 juill. 1992, art. 40.*

Art. 13 La responsabilité des associés dans le passif de la société coopérative peut s'étendre à leur patrimoine, sans pouvoir excéder trois fois le montant des parts sociales détenues, libérées ou à libérer.

Une modification des statuts tendant à y introduire cette clause d'extension de responsabilité ne peut être décidée qu'à l'unanimité des associés.

Cette clause est portée à la connaissance des futurs associés, qui en donnent acte.

Les créanciers de la société coopérative ne peuvent poursuivre le paiement des dettes contre les associés qu'après avoir vainement mis en demeure la société coopérative par acte extrajudiciaire.

Art. 14 Chaque associé dispose d'une seule voix dans les assemblées.

Sur première convocation, l'assemblée générale ordinaire ou l'assemblée des associés ne délibère valablement que si sont présents ou représentés un quart au moins des associés inscrits au jour de la convocation s'il s'agit d'une société anonyme, ou la moitié au moins dans le cas d'une société à responsabilité limitée.

Art. 15 Lorsque le quorum de l'assemblée générale ordinaire ou extraordinaire ou de l'assemblée des associés n'est pas atteint, une seconde assemblée est convoquée. Sur seconde convocation, l'assemblée délibère valablement quel que soit le nombre des associés présents ou représentés, sauf pour les sociétés coopératives constituées sous forme de société à responsabilité limitée pour lesquelles la présence de la moitié des associés reste requise. Pour ces sociétés, sur troisième convocation, l'assemblée délibère valablement quel que soit le nombre des associés présents ou représentés.

Art. 16 L'assemblée qui a pour objet la modification des statuts ne délibère valablement, sur première convocation, que si la moitié des associés inscrits au jour de la convocation sont présents ou représentés.

Une majorité des deux tiers des voix dont disposent les membres présents ou représentés est requise pour toute décision modifiant les statuts, quelle que soit la forme adoptée par la société coopérative.

Cette majorité comprend la moitié au moins d'artisans.

Art. 17 Lorsque la société coopérative exerce plusieurs activités distinctes ou a plusieurs établissements, ou lorsqu'elle étend ses activités sur plus d'un département, les statuts peuvent prévoir que l'assemblée générale ou l'assemblée des associés peut être précédée par des assemblées de section auxquelles s'appliquent les règles de composition, de convocation, de tenue, de quorum, de majorité et de procès-verbal des assemblées générales ou assemblées des associés. Ces assemblées de section délibèrent séparément sur le même ordre du jour. Elles élisent des délégués qui se réunissent sur le même ordre du jour dans un délai maximum d'un mois suivant la dernière assemblée de section ; cette réunion est réputée être l'assemblée générale ou l'assemblée des associés.

Les statuts déterminent la répartition des associés en section et fixent le nombre de délégués par section.

Les modalités d'application du présent article sont précisées par décret. – *V. Décr. n° 84-251 du 6 avr. 1984, art. 2 s.* – ***C. sociétés.***

Art. 18 La société coopérative artisanale est administrée par un ou plusieurs mandataires nommés pour quatre ans au plus par l'assemblée des associés ou l'assemblée générale, renouvelables et révocables par elle, la révocation pouvant avoir lieu même si la question n'a pas été inscrite à l'ordre du jour. *(Ord. n° 2004-274 du 25 mars 2004, art. 8)* « Deux tiers au moins de ces mandataires sont des associés de la catégorie prévue au 1° de l'article 6 de la présente loi ou des conjoints collaborateurs mentionnés au répertoire des métiers ou au registre tenu par les chambres de métiers d'Alsace et de Moselle. Le président du conseil d'administration, le président du directoire, le gérant unique, le président du conseil de surveillance, notamment lorsqu'il est désigné dans les conditions fixées à l'article 19, le vice-président du conseil de surveillance sont des personnes physiques ayant soit, à titre personnel, la qualité d'associé de la catégorie prévue au 1° de l'article 6, soit la qualité de représentant légal d'une personne morale associée de cette même catégorie. »

(L. n° 88-15 du 5 janv. 1988) « Lorsque la société coopérative artisanale est constituée sous forme de société à responsabilité limitée et qu'un gérant unique a été nommé, l'assemblée des associés exerce, si elle compte au plus vingt membres, les fonctions du conseil de surveillance prévu à l'article 19. »

Art. 19 Les sociétés coopératives artisanales comptant plus de vingt associés, constituées sous forme de société à responsabilité limitée, sont dotées d'un conseil de surveillance, sauf si la société est administrée par trois gérants ou plus. Le conseil de surveillance est composé de trois membres au moins et de neuf membres au plus, désignés par l'assemblée des associés et en son sein pour une durée que les statuts déterminent et qui ne peut excéder quatre ans.

Ces membres sont rééligibles. Ils doivent pour les deux tiers au moins être des artisans.

Ils peuvent être à tout moment révoqués par l'assemblée des associés, même si la question n'a pas été inscrite à l'ordre du jour.

Les fonctions de gérant et de membre du conseil de surveillance sont incompatibles.

A toute époque de l'année, le conseil de surveillance opère les vérifications et les contrôles qu'il juge opportuns et peut se faire communiquer tout document qu'il estime utile à l'accomplissement de sa mission ou demander un rapport sur la situation de la société.

Il présente à l'assemblée des associés un rapport sur la gestion de la société.

La responsabilité des membres du conseil de surveillance est soumise aux dispositions de l'article 250 de la loi n° 66-537 du 24 juillet 1966 précitée *[C. com., art. L. 225-257]*.

Art. 20 Les statuts de la société coopérative artisanale constituée sous forme de société à responsabilité limitée peuvent subordonner certains actes du ou des gérants à l'agrément préalable, selon le cas, du conseil de surveillance ou de l'assemblée des associés. Les clauses statutaires limitant les pouvoirs du ou des gérants qui résultent du présent article sont inopposables aux tiers.

Art. 21 Les fonctions de mandataire ou de membre du conseil de surveillance ne donnent pas lieu à rémunération.

Toutefois, les mandataires associés ou non qui exercent effectivement une fonction de direction de la société peuvent percevoir une rémunération.

CHAPITRE IV *Dispositions financières*

Art. 22 Le solde créditeur du compte de résultat de l'exercice, diminué des pertes reportées, est appelé excédent net de gestion.

Art. 23 Après application, le cas échéant, des dispositions de l'article 25, l'excédent net de gestion est réparti en tenant compte des règles suivantes :

1° Une fraction au moins égale à 15 p. 100 est affectée à la constitution d'un compte spécial indisponible.

Ce compte ne peut excéder le *(L. n° 2008-776 du 4 août 2008, art. 82, 2°)* « double du » niveau le plus élevé atteint par les capitaux propres de la société coopérative diminués de son propre montant.

Il est destiné à garantir les engagements pris par la société coopérative à l'égard des tiers.

Il n'ouvre aucun droit aux associés et n'est susceptible ni d'être partagé entre eux, ni de faire l'objet de remboursement en cas de départ d'un associé pour quelque cause que ce soit, ni d'être incorporé au capital social.

Si les comptes font apparaître un dépassement de la limite prévue au troisième alinéa du présent article, la société dispose d'un délai d'un an pour régulariser la situation.

2° *(L. n° 92-643 du 13 juill. 1992)* « Après dotation au compte spécial indisponible et à la réserve prévue à l'article 18 de la loi n° 47-1775 du 10 septembre 1947 précitée, les reliquats peuvent être affectés :

« *a*) Au service de l'intérêt aux parts sociales qui y donnent droit ;

« *b*) A la répartition, à titre de ristournes, entre les associés proportionnellement aux opérations qu'ils ont réalisées avec la société coopérative et suivant les modalités prévues par les statuts. » *– V. ledit art. 18 au* ***C. sociétés.***

Si une société coopérative artisanale effectue des opérations impliquant des activités différentes, elle établit des comptabilités distinctes dont les modalités sont fixées par son règlement intérieur en vue d'assurer pour l'ensemble des reliquats un partage équitable au prorata de la part prise par chacun des associés dans les activités de la coopérative.

Art. 24 En cas de pertes résultant des opérations avec les associés, l'assemblée générale ou l'assemblée des associés peut décider leur répartition immédiate à raison de la part prise par chacun des associés dans les différentes activités de la société coopérative. Les modalités de cette répartition sont déterminées par les statuts. A défaut d'une répartition immédiate, les pertes sont imputées sur le capital social ou reportées sur l'exercice suivant.

Les pertes ne peuvent être imputées sur le compte spécial indisponible qu'en cas de dissolution ou de cessation d'activité.

Art. 25 La part de l'excédent net de gestion résultant des opérations effectuées avec les tiers non associés est portée en totalité à un compte de réserve.

Cette réserve ne peut être ni répartie entre les associés, ni incorporée au capital. Si les pertes résultant des opérations effectuées avec les tiers excèdent cette réserve, elles sont immédiatement réparties. A défaut, elles sont imputées sur le capital social ou reportées sur l'exercice suivant.

Cette réserve ne peut être utilisée pour amortir des pertes sociales visées à l'article 24 qu'après épuisement du compte spécial indisponible.

Art. 26 L'assemblée des associés ou l'assemblée générale peut décider la transformation en parts sociales de tout ou partie des ristournes distribuables aux associés.

(L. nº 92-643 du 13 juill. 1992) « Les deux derniers alinéas de l'article 16 de la loi nº 47-1775 du 10 septembre 1947 précitée ne sont pas applicables. » *— V. ce texte au* ***C. sociétés.***

CHAPITRE V *Unions de sociétés coopératives artisanales*

Art. 27 Les sociétés coopératives artisanales peuvent constituer entre elles des unions. Ces unions ont pour objet la réalisation de toutes opérations et la prestation de tous services susceptibles de contribuer directement ou indirectement au développement des activités *(Abrogé par Ord. nº 2004-274 du 25 mars 2004, art. 9) « artisanales »* de leurs associés ainsi que l'exercice de tout ou partie de ces activités.

Ces unions peuvent prendre des participations dans des sociétés coopératives artisanales ou d'autres sociétés ayant la forme commerciale ou un objet commercial. Toutefois, les prises de participation des unions de sociétés coopératives artisanales dans des personnes morales dont l'activité principale n'est pas identique à l'activité de la société participante ou n'est pas complémentaire de cette activité sont soumises à une autorisation administrative.

La constitution d'une union de sociétés coopératives artisanales ne peut avoir pour objet de porter atteinte au caractère coopératif des sociétés coopératives artisanales associées de cette union.

Art. 28 Les unions de sociétés coopératives artisanales sont régies par le présent titre.

Toutefois :

1º Les unions de sociétés coopératives artisanales peuvent admettre comme associés, outre les sociétés coopératives artisanales, toute personne physique ou morale intéressée directement par leur objet et notamment les organismes et organisations professionnelles du secteur des métiers. Le nombre de ces associés ne peut excéder le quart du nombre total des membres de l'union ; *(L. nº 92-643 du 13 juill. 1992)* « les statuts peuvent prévoir que les parts qu'ils détiennent donnent droit à rémunération dans les conditions prévues à l'article 14 de la loi nº 47-1775 du 10 septembre 1947 précitée » ; *— V. ce texte au* ***C. sociétés.***

2º Selon des modalités prévues par les statuts, le nombre de voix dont dispose chaque société coopérative peut être proportionnel au montant des opérations réalisées par elle avec l'union ou au nombre de ses associés. Le rapport entre le nombre de voix détenues par deux coopératives ne peut excéder trois.

CHAPITRE VI *Dispositions diverses et transitoires*

Art. 29 Quelle que soit la forme sous laquelle elles sont constituées, les sociétés coopératives artisanales et leurs unions font procéder périodiquement à l'examen analytique de leur situation financière et de leur gestion.

Un décret en Conseil d'État, pris après avis du Conseil supérieur de la coopération, détermine les modalités de mise en œuvre de la procédure, dite de révision coopérative, définie à l'alinéa précédent ainsi que les conditions d'agrément garantissant le pluralisme de son exercice et le respect des principes coopératifs. – *V. Décr. n° 84-1027 du 23 nov. 1984.* – ***C. sociétés.***

Art. 30 La décision régulièrement prise par toute société, quelle qu'en soit la forme, ou tout groupement d'intérêt économique constitué selon l'ordonnance n° 67-821 du 23 septembre 1967 *[C. com., art. L. 251-1 s.]*, de modifier ses statuts pour les adapter aux dispositions du présent titre n'entraîne pas création d'une personne morale nouvelle.

Art. 31 Les parts ou actions des groupements ou sociétés usant de la faculté ouverte à l'article 30 sont converties en parts sociales pour leur valeur nominale.

Les membres, les associés ou les actionnaires qui se seraient opposés à la transformation peuvent opter, dans un délai de trois mois, soit pour le rachat de leurs titres de capital, dans un délai de deux ans, soit pour leur annulation et l'inscription de leur contre-valeur sur un compte à rembourser, portant intérêt au taux légal, et remboursable dans un délai de cinq ans. Ces différents délais s'entendent à compter de la publication de la décision de transformation de la société ou du groupement.

Pour l'application de l'alinéa précédent, la valeur des droits sociaux dont le remboursement est demandé est déterminée, en cas de contestation, par un expert désigné, soit par les parties, soit, à défaut d'accord entre elles, par ordonnance du président du tribunal statuant en la forme des référés et sans recours possible.

A la date de la transformation du groupement ou de la société, les résultats reportés, mis en réserve ou incorporés au capital social sont portés au compte spécial indisponible prévu à l'article 23 de la présente loi. A défaut, la transformation est réputée être une cession d'entreprise.

Les membres des groupements d'intérêt économique constitués selon l'ordonnance n° 67-821 du 23 septembre 1967 restent tenus sur leur patrimoine propre, conformément à l'article 4 dudit texte *[C. com., art. L. 251-6]*, de toutes les obligations existant au moment de la transformation.

Art. 32 Les sociétés coopératives d'artisans et leurs unions, existant à la date de publication de la présente loi, disposent d'un délai de *(L. n° 85-703 du 12 juill. 1985)* « trois ans » à partir de cette date pour mettre leurs statuts en conformité avec ses dispositions.

A l'expiration de ce délai, les clauses statutaires contraires aux dispositions du présent titre sont réputées non écrites.

Les assemblées générales ordinaires ou les assemblées d'associés délibèrent valablement pour la modification à cet effet des statuts.

Les coopératives créées en application de la loi locale du 20 mai 1898 dont le siège est fixé dans les départements du Haut-Rhin, du Bas-Rhin et de la Moselle ont la faculté de conserver le bénéfice des dispositions de ladite loi. Cette option est également ouverte aux coopératives créées après l'entrée en vigueur de la présente loi.

Art. 33 Les sociétés coopératives artisanales et leurs unions sont habilitées à recevoir des dons, legs et subventions.

Art. 34 Les sociétés coopératives artisanales et leurs unions sont tenues, indépendamment des obligations imposées à toutes les entreprises, et sous peine des sanctions prévues à l'article 23 de la loi n° 47-1775 du 10 septembre 1947 précitée, de fournir aux services du ministre chargé de l'artisanat toutes justifications nécessaires pour permettre de vérifier qu'elles fonctionnent conformément au présent titre. – *V. ce texte au* ***C. sociétés.***

Un décret fixe les conditions d'application du présent article. – *V. Décr. n° 84-205 du 23 mars 1984, art. 1er et 2.* – ***C. sociétés.***

………………………………………………………………………………………

*Pour les dispositions applicables aux sociétés coopératives artisanales de transport fluvial, V. C. transp., art. L. 4431-2. — **C. sociétés.***

Arrêté du 30 août 1983,

Relatif à l'organisation et à la tenue du répertoire des métiers.

Cet arrêté a été pris en application du Décr. n° 83-487 du 10 juin 1983, abrogé par Décr. n° 98-247 du 2 avr. 1998, infra.

TITRE PREMIER Dispositions générales *(Arr. du 26 mars 1985).*

Art. 1er Le répertoire des métiers est constitué par :

1° Un registre chronologique à souches où sont enregistrées, dans l'ordre chronologique de leur réception, les demandes d'immatriculation ou de radiation, d'inscription ou de radiation de mention du conjoint collaborateur et les déclarations de modification des mentions portées au répertoire ;

2° La collection des dossiers individuels des personnes immatriculées ;

3° Les trois fichiers suivants :

Un fichier alphabétique unique incluant les personnes immatriculées et les conjoints mentionnés au répertoire ;

Un fichier géographique, par commune, des personnes immatriculées et des conjoints mentionnés ;

Un fichier par type d'activité des personnes immatriculées.

(Arr. du 2 févr. 1988) « Les fichiers peuvent être tenus selon un procédé informatique après accord de la Commission nationale de l'informatique et des libertés. »

Art. 2 Le registre tenu par les chambres de métiers *(Décr. n° 2004-1164 du 2 nov. 2004, art. 1er)* « et de l'artisanat » d'Alsace et de la Moselle, ci-après dénommé Le Registre, est constitué par :

1° Le registre chronologique visé à l'article 1er, où sont enregistrées de la même manière les demandes et déclarations relatives aux personnes demandant leur immatriculation au registre ou déjà immatriculées, quelle que soit la section concernée ;

2° Deux collections des dossiers individuels des personnes immatriculées, l'une pour la première section, l'autre pour la deuxième ;

3° Les trois fichiers visés à l'article 1er, concernant les personnes immatriculées au registre et les conjoints mentionnés ; chaque fiche porte clairement en tête la section dont relève la personne concernée.

(Arr. 2 févr. 1988) « Les fichiers peuvent être tenus selon un procédé informatique après accord de la Commission nationale de l'informatique et des libertés. »

Art. 3 Le dossier individuel de chaque personne immatriculée au répertoire des métiers ou au registre comporte :

Un sous-dossier d'identification comprenant la demande d'immatriculation, un formulaire professionnel, les déclarations de modification et demandes de transfert d'une section à l'autre du registre ; pour les personnes morales il est établi un formulaire professionnel pour chaque dirigeant ;

Un sous-dossier d'identification du conjoint collaborateur, le cas échéant, comprenant une demande d'inscription de mention du conjoint au répertoire des métiers ou au registre signée des deux époux *(Arr. 2 févr. 1988)* « ou de l'un d'eux seul » et déclarant que le conjoint collabore effectivement, habituellement et sans rémunération, à l'activité de l'entreprise et n'exerce aucune autre profession *(Arr. 2 févr. 1988)* « et le cas échéant la déclaration notariée d'annulation du mandat tacite d'administration prévue à l'article 9 de la loi susvisée du 10 juillet 1982 *[C. com., art. L. 121-6]* » ;

Un sous-dossier d'identification pour chaque établissement secondaire situé dans le ressort de la *(Décr. n° 2010-1356 du 11 nov. 2010, art. 25)* « chambre de métiers et de l'artisanat de région », comprenant la déclaration d'ouverture et un formulaire professionnel concernant la personne responsable de cet établissement.

Pour chaque établissement secondaire immatriculé par les chambres de métiers *(Décr. n° 2004-1164 du 2 nov. 2004, art. 1er)* « et de l'artisanat » d'Alsace et de la Moselle, à défaut de siège social dans leur ressort, il est établi un dossier individuel comportant la demande d'immatriculation et un formulaire professionnel pour chaque dirigeant.

Art. 4 Chaque dossier est constitué par des imprimés conformes aux modèles agréés par le ministre chargé de l'artisanat.

Chaque document du dossier est coté et répertorié.

(Arr. 18 avr. 1995) « La déclaration prévue au deuxième alinéa de l'article 6 du décret n° 83-487 du 10 juin 1983 est un document provisoire et ne figure pas au dossier. » – *[Décr. n° 83-487 abrogé par Décr. n° 98-247 du 2 avr. 1998, infra].*

Art. 5 Les demandes et déclarations sont établies en double exemplaire. Elles peuvent être établies par un mandataire. Celui-ci est tenu chaque fois de présenter une procuration particulière qui reste annexée à la demande ou déclaration et de justifier son identité.

(Arr. 2 févr. 1988) « Les déclarations afférentes à la création, à la modification et à la cessation d'activité se font sur un document conforme aux modèles approuvés par l'arrêté interministériel pris pour l'application du décret créant les centres de formalités des entreprises. » – *V. Arr. 2 févr. 1988 (JO 3 févr.).*

Sous peine de nullité, les demandes et déclarations doivent être certifiées exactes et signées par le demandeur ou le déclarant ; *(Arr. 2 févr. 1988)* « elles le sont par les deux époux ou l'un d'eux seul en cas de demande d'inscription de mention de conjoint collaborateur ».

A l'appui de la demande ou déclaration, doivent être présentées :

Une pièce justifiant l'identité du demandeur ou déclarant : carte nationale d'identité ou livret de famille ou fiche d'état civil *(Arr. 2 févr. 1988)* « datant de moins de trois mois » pour les ressortissants français ;

(Arr. 2 févr. 1988) « La carte de résident prévue par la loi du 17 juillet 1984 susvisée *[n° 84-622]* ou la carte de résident privilégié, la carte d'identité de commerçant pour les exploitants étrangers soumis aux dispositions du décret du 12 novembre 1938 modifié *[C. com., art. L. 122-1 s.]*, le titre de séjour pour les ressortissants notamment des États membres de la Communauté européenne, des vallées d'Andorre, de la principauté de Monaco et de la République populaire d'Algérie à moins qu'ils justifient ne pas y être astreints. »

Lorsque la radiation du répertoire ou du registre est demandée par les héritiers ou ayants droit, ceux-ci doivent justifier de leur qualité.

Art. 6 *(Arr. 26 mars 1985)* « Les demandes d'immatriculation au répertoire ou au registre doivent être accompagnées d'une attestation de suivi du stage d'initiation à la gestion imposé par la loi n° 82-1091 du 23 décembre 1982, ou d'une dispense. »

Les demandes d'immatriculation doivent en outre comporter les renseignements suivants :

1. Pour tous les demandeurs :

Activité principale ou secondaire susceptible de donner lieu à immatriculation ;

Autres activités ;

Lieu d'exercice de l'activité (adresse de l'établissement principal et, s'il y a lieu, des établissements secondaires) ; à défaut d'adresse professionnelle précise, indication de la circonscription administrative à l'intérieur de laquelle est exercée l'activité ;

Modalités d'exercice de l'activité (sédentaire, foraine, ambulante, saisonnière) ;

Origine de l'établissement principal ou secondaire : création acquisition, location-gérance ou autre ;

Nom et enseigne (éventuellement) sous lesquels est exercée l'activité ;

S'il s'agit d'une exploitation en location-gérance, identité et domicile ou siège social du propriétaire de l'établissement ou du fonds ;

Éventuellement, date, lieu et *(Décr. n° 98-550 du 2 juill. 1998)* « les mentions visées aux 1 et 2 de l'article *(Décr. n° 2007-431 du 25 mars 2007, art. 2)* « R. 123-237 du code de commerce » ;

Date du commencement de l'activité.

2. En outre, pour les personnes physiques :

Nom, prénoms et pseudonyme ;

Date et lieu de naissance ;

Adresse du domicile personnel ou, le cas échéant, indication de la commune de rattachement ;

Nationalité ;

Date et lieu de délivrance du titre de séjour pour les étrangers et, éventuellement, de la carte de commerçant étranger ;

Effectif des salariés distinguant *(Arr. 2 févr. 1988)* « les apprentis et les handicapés ;

« Pour le décompte des effectifs salariés conformément aux dispositions des articles 1er et 2 du décret du 10 juin 1983 susvisé *[n° 83-487, abrogé]*, les justifications y afférentes doivent être produites. »

3. En outre, pour les personnes morales :

Forme sociale ;

Dénomination ou raison sociale ;

Adresse du siège social ;

Durée de la société ;

Ligne supprimée par Arr. 2 févr. 1988, art. 1er-IV.

Identité des dirigeants et associés suivants :

a) Associés des sociétés en nom collectif et associés commandités des sociétés en commandite simple ;

b) Gérants et associés des SARL ayant pouvoir d'engager la société ;

(Arr. 18 avr. 1995) « *c)* Administrateurs ou membres du directoire des sociétés anonymes ;

« *d)* Le président et les membres du conseil d'administration pour les associations. »

Effectif des salariés *(Arr. 2 févr. 1988)* « distinguant les apprentis et les handicapés.

« Pour le décompte des effectifs salariés conformément aux dispositions des articles 1er et 2 du décret du 10 juin 1983 susvisé *[n° 83-487, abrogé]*, les justifications y afférentes doivent être produites. »

Art. 7 Les demandes d'inscription de mention de conjoint collaborateur doivent comporter les renseignements suivants :

Nom, prénoms, pseudonyme et numéro d'immatriculation de l'époux immatriculé ;

Adresse du domicile des époux ;

Nom et prénoms du conjoint demandeur et :

Sa date et son lieu de naissance ;

Sa nationalité ;

(Arr. 2 févr. 1988) « La date de son mariage ».

Ligne supprimée par Arr. 2 févr. 1988, art. 1er-V.

Les demandes de radiation de mention de conjoint collaborateur doivent indiquer l'identité et la qualité du demandeur et le motif de la radiation.

Art. 8 Les demandes de radiation du répertoire ou du registre doivent comporter les renseignements suivants :

Nom, prénoms et pseudonyme du demandeur ou du défunt ;

Dénomination ou raison sociale de la personne morale concernée ;

Adresse du siège social ou du principal établissement ou, à défaut, adresse du domicile personnel ou commune de rattachement ;

Numéro d'immatriculation au répertoire ou au registre ;

Activité ayant donné lieu à immatriculation ;

Motif de la demande de radiation ;

Date de la cessation d'activité.

Art. 9 Les déclarations de modification et les demandes de transfert d'une section à l'autre du registre doivent indiquer :

a) Pour les personnes physiques :

Nom, prénoms et pseudonyme ;

Date et lieu de naissance ;

Adresse de l'établissement, à défaut adresse du domicile personnel et, à défaut, commune de rattachement ;

b) Pour les personnes morales :

Dénomination ou raison sociale ;

Forme sociale ;

Adresses du siège social, de l'établissement ;

c) Pour tous les déclarants :

Numéro d'immatriculation au répertoire ou au registre ; pour ce dernier, la section où est immatriculé le déclarant ;

Mentions anciennes dont la modification est déclarée et qui doivent être supprimées ;

Mentions nouvelles dont l'inscription doit être portée à la place ou en complément des mentions existantes.

Les modifications de l'effectif des salariés doivent être déclarées lorsqu'elles motivent la radiation ou le transfert en application des articles 7 et 17 du décret susvisé du 10 juin 1983 *[nº 83-487, abrogé]*.

Art. 9 *bis* *(Arr. 7 juill. 1986)* Le président de la *(Décr. nº 2010-1356 du 11 nov. 2010, art. 25)* « chambre de métiers et de l'artisanat de région » inscrit d'office au dossier individuel de la personne immatriculée au répertoire des métiers ou au registre institué à l'article 16 les déclarations de cessation de paiement ou d'inexécution des engagements financiers *(L. nº 2005-845 du 26 juill. 2005, art. 165-I)* « d'une procédure de conciliation », ainsi que les décisions intervenues dans les procédures *(L. nº 2005-845 du 26 juill. 2005, art. 165-II)* « de sauvegarde, » de redressement et de liquidation judiciaires avec l'indication de leur date et du tribunal dont elles émanent :

1º Ouvrant *(L. nº 2005-845 du 26 juill. 2005, art. 165-II)* « les procédures de sauvegarde ou de redressement judiciaire » avec l'indication des pouvoirs conférés à l'administrateur ;

2º Prolongeant la période d'observation ;

3º Modifiant la date de cessation des paiements ;

4º Modifiant les pouvoirs de l'administrateur ;

5º Décidant la poursuite d'activité en vue de l'élaboration *(L. nº 2005-845 du 26 juill. 2005, art. 165-II)* « d'un plan de sauvegarde ou de redressement » en application de l'article 142 de la loi du 25 janvier 1985 précitée *[C. com., art. L. 621-138 ancien]* ;

6º Autorisant la conclusion d'un contrat de location-gérance au cours de la période d'observation ;

7º Autorisant des prêts ou accordant des délais de paiement en application de l'article 40 (3º) de la loi du 25 janvier 1985 précitée *[C. com., art. L. 621-32 (3º) ancien ; L. 622-17]* ;

8º Subordonnant l'adoption *(L. nº 2005-845 du 26 juill. 2005, art. 165-II)* « d'un plan de sauvegarde ou de redressement » au remplacement d'un ou de plusieurs dirigeants ;

9º Ordonnant la cessation totale ou partielle de l'activité ;

10º Arrêtant le *(L. nº 2005-845 du 26 juill. 2005, art. 165-II)* « plan de sauvegarde, de redressement judiciaire » ou de cession ;

11° Modifiant le jugement qui arrête le *(L. n° 2005-845 du 26 juill. 2005, art. 165-II)* « plan de sauvegarde, de redressement judiciaire » ou de cession ;

12° Prononçant la liquidation judiciaire ;

13° Prononçant la clôture pour extinction du passif ou insuffisance d'actif ;

14° Prononçant la clôture de la procédure en cas de cession totale de l'entreprise en application de l'article 92 de la loi du 25 janvier 1985 précitée *[C. com, art. L. 621-95 ancien]* ;

15° Décidant que les dettes de la personne morale seront supportées en tout ou en partie par ses dirigeants ou certains d'entre eux ;

16° Prononçant la faillite personnelle ou l'interdiction prévue à l'article 192 de la loi du 25 janvier 1985 précitée *[C. com., art. L. 625-8 ancien ; L. 653-8]*.

Pour les décisions figurant au 16°, l'inscription comporte, en outre, la durée de la mesure prononcée par le tribunal.

TITRE II Dispositions relatives à la qualification professionnelle des artisans *(Arr. 2 févr. 1988)*.

Art. 9 *ter* *(Arr. 2 févr. 1988)* 1. Les demandes d'immatriculation des personnes qui souhaitent se prévaloir de la qualité d'artisan vis-à-vis de la clientèle doivent être accompagnées des pièces justificatives suivantes :

– diplôme ou titre homologué dans le métier exercé ou un métier connexe ;

– le cas échéant, justification de la durée d'exercice du métier d'au moins six années ainsi que des années de formation pouvant être prises en compte pour le calcul de cette durée.

2. Les demandes présentées par les personnes déjà immatriculées en vue de se prévaloir de la qualité d'artisan vis-à-vis de la clientèle sont établies conformément aux dispositions de l'article 5 ci-dessus et sont classées au sous-dossier d'identification de la personne immatriculée. Elles doivent être accompagnées des pièces justificatives prévues au 1.

3. Le président de la *(Décr. n° 2010-1356 du 11 nov. 2010, art. 25)* « chambre de métiers et de l'artisanat de région » délivre à la personne qui justifie de sa qualification une attestation de la qualité d'artisan vis-à-vis de la clientèle qui vaut titre d'artisan pour l'application de l'alinéa 2 de l'article 7 du décret du 10 juin 1983 susvisé *[n° 83-487, abrogé]*.

4. Le titre de maître artisan délivré par la commission régionale des qualifications est mentionné au dossier individuel de la personne immatriculée. Il en est de même du titre de maître dans les départements du Bas-Rhin, du Haut-Rhin et de la Moselle.

TITRE III Dispositions relatives aux sociétés coopératives artisanales *(Arr. 2 févr. 1988)*.

RÉP. COM. v° *Coopérative artisanale*, par HÉRAIL.

Art. 9 *quater* *(Arr. 2 févr. 1988)* I. – La section spéciale du répertoire des métiers et du registre tenu par les chambres de métiers *(Décr. n° 2004-1164 du 2 nov. 2004, art. 1er)* « et de l'artisanat » d'Alsace et de la Moselle où sont immatriculées les sociétés coopératives artisanales comprend séparément :

1° Un registre chronologique identique aux registres visés aux articles 1er (1°) et 2 (2°) ;

2° La collection des dossiers individuels des sociétés coopératives artisanales immatriculées ;

3° Un fichier par type d'activité des sociétés coopératives artisanales immatriculées.

II. – Toutes les sociétés coopératives artisanales doivent être immatriculées à cette section, y compris celles qui répondent aux conditions fixées par les articles 1er à 5 ou

15 et 16 du décret du 10 juin 1983 susvisé *[n° 83-487, abrogé]* ; ces dernières ne sont pas reprises dans la partie du répertoire ou du registre faisant l'objet du titre Ier.

III. – Aux demandes d'immatriculation des sociétés coopératives artisanales et de leurs unions doivent être joints les statuts, la liste complète des associés et la liste des mandataires.

Ces deux listes doivent indiquer les nom, prénoms, domicile et profession des personnes physiques et la dénomination ou raison sociale, l'adresse du siège social et la nature des activités des personnes morales. Elles doivent indiquer, s'il y a lieu, le numéro, ou ancien numéro, d'immatriculation au répertoire des métiers ou au registre visé à l'article 2 de tous les associés et mandataires et l'effectif de leurs salariés.

IV. – Les dispositions des articles 3, 4, 5, 6, 8, 9 et 9 *bis* ci-dessus sont applicables aux sociétés coopératives artisanales à l'exception des dispositions spécifiques aux personnes physiques.

TITRE IV **Dispositions communes** *(Arr. 2 févr. 1988)*.

Art. 10 Lorsqu'il reçoit une demande ou une déclaration le président de la *(Décr. n° 2010-1356 du 11 nov. 2010, art. 25)* « chambre des métiers et de l'artisanat de région » s'assure qu'elle contient toutes les indications nécessaires et que les justifications exigées ont été présentées. Dans le cas contraire il invite le demandeur ou le déclarant à donner ou présenter sous quinzaine les indications omises ou les justifications manquantes.

Le président de la *(Décr. n° 2010-1356 du 11 nov. 2010, art. 25)* « chambre de métiers et de l'artisanat de région » délivre un récépissé détaché du registre chronologique mentionné aux articles 1 et 2 lors de la réception de toute *(Arr. 26 mars 1985)* « demande d'immatriculation, de radiation ou de changement de section », d'inscription ou de radiation de mention de conjoint collaborateur et de toute déclaration modificative, dès qu'elle est complète et appuyée des pièces justificatives requises.

Il peut éventuellement inviter le demandeur à lui donner des renseignements complémentaires susceptibles de l'éclairer. Ces renseignements ne peuvent porter que sur la nature, l'importance, la permanence ou le caractère habituel de l'activité déclarée. Il peut, dans le délai qui lui est imparti à l'article 11 du décret du 10 juin 1983 susvisé *[n° 83-487, abrogé]*, recueillir auprès des organisations professionnelles, administrations et organismes publics et privés tous les éléments d'information qui lui paraissent indispensables.

Art. 11 Les déclarations de modification sont publiées par affichage d'un extrait comportant les indications suivantes :

Identité et qualité du déclarant ;

Désignation de l'établissement, lieu et nature de l'activité ;

Date et nature de la modification intervenue ;

Dates du début et de la fin de la période d'affichage.

Elles sont versées au dossier individuel de la personne concernée.

Art. 12 Les décisions du président de la *(Décr. n° 2010-1356 du 11 nov. 2010, art. 25)* « chambre de métiers et de l'artisanat de région » relatives au répertoire ou au registre sont notifiées au demandeur, adressées en ampliation au président de la commission du répertoire des métiers ou du registre et publiées. Les décisions d'immatriculation et celles concernant une personne déjà immatriculée sont versées au dossier individuel du demandeur.

(Arr. 26 mars 1985) « La notification est faite par lettre ». Cependant les décisions de rejet sont notifiées par lettre recommandée avec demande d'avis de réception. La lettre doit indiquer au demandeur la raison du rejet, le délai dans lequel il peut saisir la commission du répertoire des métiers ou du registre et l'adresse de cet organisme.

Après décision ou dès réception des déclarations de modification de mention, un exemplaire de la demande ou déclaration est versé au dossier.

Art. 13 Le président de la *(Décr. n° 2010-1356 du 11 nov. 2010, art. 25)* « chambre de métiers et de l'artisanat de région » délivre à chaque personne ou société immatriculée au répertoire des métiers ou au registre une carte d'identification, un numéro de gestion et un numéro d'immatriculation.

La carte d'identification justifie de l'immatriculation au répertoire ou au registre. Elle est conforme au modèle déterminé par le ministre chargé de l'artisanat. Elle comporte le numéro de gestion et le numéro d'immatriculation. Elle est renouvelée à chaque modification des mentions qui y sont portées. *(Arr. 18 avr. 1995)* « Elle est restituée à la *(Décr. n° 2010-1356 du 11 nov. 2010, art. 25)* « chambre de métiers et de l'artisanat de région » en cas de radiation. Le cas échéant, l'intéressé atteste sur l'honneur la perte de cette carte. »

Le numéro de gestion est composé de trois groupes de chiffres. Le premier correspond à l'ordre chronologique d'immatriculation au cours de chaque année. Le second représente le millésime de l'année d'immatriculation. Le troisième désigne la *(Décr. n° 2010-1356 du 11 nov. 2010, art. 25)* « chambre de métiers et de l'artisanat de région » ; il figure pour chacune d'elles en annexe I.

Le numéro d'immatriculation est composé du numéro d'identité attribué par l'INSEE, suivi du sigle RM et du groupe de chiffres qui désigne la *(Décr. n° 2010-1356 du 11 nov. 2010, art. 25)* « chambre de métiers et de l'artisanat de région ».

Les numéros de gestion et d'immatriculation sont portés sur les documents constitutifs du dossier individuel. Le numéro de gestion est en outre porté sur les fichiers désignés aux articles 1er et 2.

Art. 14 La publication des décisions du président de la *(Décr. n° 2010-1356 du 11 nov. 2010, art. 25)* « chambre de métiers et de l'artisanat de région » a lieu par affichage d'un extrait comportant les indications suivantes :

Date et objet de la demande ;

Identité et qualité du demandeur ;

Désignation de l'établissement ;

Nature de l'activité ;

Date et nature de la décision intervenue ;

Date d'effet de la décision ;

Dates du début et de la fin de la période d'affichage.

L'affichage des extraits de déclaration de modification et des extraits de décisions du président de la *(Décr. n° 2010-1356 du 11 nov. 2010, art. 25)* « chambre de métiers et de l'artisanat de région » a lieu pendant trente jours au siège de la *(Décr. n° 2010-1356 du 11 nov. 2010, art. 25)* « chambre de métiers et de l'artisanat de région », sur un panneau réservé à cet usage, clairement signalé et facilement accessible au public.

Art. 15 L'Institut national de la propriété industrielle est chargé de constituer et de tenir à jour, pour en assurer la conservation, un double de tous les dossiers des personnes immatriculées au répertoire des métiers ou au registre.

L'un des deux exemplaires prévus à l'article 5 de chaque demande ou déclaration est destiné au double de ces dossiers. *(Arr. 18 avr. 1995)* « Il est adressé directement à l'Institut national de la propriété industrielle. »

Art. 16 Les frais occasionnés par la tenue et la conservation du double des dossiers conformément à l'article précédent sont couverts forfaitairement par un prélèvement sur les redevances que les chambres sont autorisées à percevoir en application de l'article 19 du décret du 10 juin 1983 susvisé *[n° 83-487, abrogé]*. Le montant de ce prélèvement est fixé par décision conjointe du ministre chargé de l'artisanat et du ministre auprès duquel est placé l'Institut national de la propriété industrielle.

Chaque *(Décr. n° 2010-1356 du 11 nov. 2010, art. 25)* « chambre de métiers et de l'artisanat de région » est tenue de reverser chaque trimestre le montant des prélèvements correspondant aux exemplaires envoyés conformément au dernier alinéa de l'article précédent.

Art. 17 Les dispositions de l'arrêté du 14 mars 1973 relatif à la collecte et à l'exploitation statistique des informations contenues dans le répertoire des métiers sont provisoirement maintenues en vigueur.

Art. 18 Conformément à l'article 19 du décret du 10 juin 1983 susvisé *[n° 83-487, abrogé]*, toute personne peut se faire délivrer un extrait des inscriptions figurant au dossier d'une personne immatriculée.

Toute personne peut également se faire délivrer par le président de la *(Décr. n° 2010-1356 du 11 nov. 2010, art. 25)* « chambre de métiers et de l'artisanat de région » :

Un certificat d'immatriculation, de non-immatriculation ou de radiation d'une personne déterminée ;

Un certificat constatant la qualification d'artisan ou de maître-artisan d'une personne immatriculée ou inscrite en qualité de dirigeant d'une société immatriculée.

(Arr. 7 juill. 1986) « Les extraits sont établis sur un imprimé conforme au modèle fixé par le ministre chargé de l'artisanat. Ils comportent, à l'exclusion de toute autre mention, l'identité, la dénomination ou raison sociale, l'enseigne, la nature de la ou des activités exercées, l'adresse de l'établissement principal et, éventuellement, des établissements secondaires, la qualité juridique et, éventuellement, *(Arr. 2 févr. 1988)* « la qualification du ou des exploitants » et les décisions énumérées à l'article 9 *bis*. Les extraits comportent obligatoirement le numéro d'immatriculation défini à l'article 13, la date d'immatriculation au répertoire des métiers ou au registre et, sur demande, l'état civil du conjoint collaborateur lorsque celui-ci fait l'objet d'une mention au répertoire ou au registre. »

Art. 19 Les administrations de l'État et des collectivités locales peuvent également se faire délivrer les certificats et extraits mentionnés à l'article précédent. Les extraits peuvent être, sur demande expresse, complétés par d'autres mentions. Les représentants de ces administrations peuvent en outre consulter sur place les fichiers et les dossiers des personnes immatriculées.

Les règles fixées à l'article précédent et à l'alinéa ci-dessus s'appliquent aux doubles des dossiers conservés par l'Institut national de la propriété industrielle auquel il est fait recours à défaut de pouvoir consulter le dossier original tenu par la *(Décr. n° 2010-1356 du 11 nov. 2010, art. 25)* « chambre de métiers et de l'artisanat de région ».

Art. 19 *bis* *(Arr. 7 juill. 1986)* I. — Ne doivent plus être communiquées les mentions relatives aux jugements énumérés ci-après :

a) Les jugements rendus en matière de *(L. n° 2005-845 du 26 juill. 2005, art. 165-II)* « procédures de sauvegarde, de » redressement et de liquidation judiciaires en cas de clôture pour extinction du passif ;

b) Les jugements rendus en matière de *(L. n° 2005-845 du 26 juill. 2005, art. 165-II)* « procédures de sauvegarde ou de redressement judiciaire » en cas d'exécution *(L. n° 2005-845 du 26 juill. 2005, art. 165-II)* « d'un plan de sauvegarde ou de redressement judiciaire » et d'apurement collectif du passif et en cas de clôture de la procédure en application de l'article 92 de la loi du 25 janvier 1985 précitée *[C. com., art. L. 621-95 ancien]* ;

c) Les jugements ayant décidé que les dettes de la personne morale seront supportées en tout ou en partie par les dirigeants de celle-ci ou certains d'entre eux, en cas de paiement par ceux-ci du passif mis à leur charge ;

d) Les jugements prononçant la faillite personnelle ou l'interdiction prévue à l'article 192 de la loi du 25 janvier 1985 précitée *[C. com., art. L. 653-8]* en cas de clôture pour extinction du passif, relèvement total des déchéances ou amnistie.

II. — Pour l'application du paragraphe I ci-dessus, l'assujetti doit remettre au président de la *(Décr. n° 2010-1356 du 11 nov. 2010, art. 25)* « chambre de métiers et de l'artisanat de région » :

1° En cas d'exécution du *(L. n° 2005-845 du 26 juill. 2005, art. 165-II)* « plan de sauvegarde ou de redressement judiciaire » et d'apurement collectif du passif, une attestation du commissaire à l'exécution du plan ;

2° En cas de paiement du passif mis à la charge des dirigeants d'une société, une attestation soit du commissaire à l'exécution du plan, soit du liquidateur ;

3° En cas de relèvement total des déchéances et interdictions, sur demande de l'intéressé, la décision du tribunal qui a fait droit à ladite demande.

Art. 19 *ter* *(Arr. 11 juin 1992)* Le président de la *(Décr. n° 2010-1356 du 11 nov. 2010, art. 25)* « chambre de métiers et de l'artisanat de région » peut communiquer à des tiers la liste des noms, adresses et numéros de téléphone des personnes immatriculées au répertoire des métiers, avec mention de leur activité et, le cas échéant, de leur qualité d'artisan ou de maître artisan, en vue de leur publication sous forme d'annuaires locaux ou professionnels, destinés à promouvoir les métiers.

Les personnes concernées devront être informées de cette possibilité de cession, afin de pouvoir s'y opposer éventuellement, conformément aux dispositions de la loi du 6 janvier 1978.

Art. 20 Le président de la *(Décr. n° 2010-1356 du 11 nov. 2010, art. 25)* « chambre de métiers et de l'artisanat de région » recherche s'il existe des personnes qui, immatriculées ou non au répertoire des métiers ou au registre, n'ont pas adressé les demandes ou déclarations auxquelles elles sont tenues. Il les invite à s'acquitter de leurs obligations sous quinzaine. En cas d'abstention prolongée à l'issue de ce délai il en informe le préfet.

Art. 21 L'arrêté du 13 janvier 1975 relatif à l'organisation et à la tenue du répertoire des métiers, modifié par l'arrêté du 4 juin 1980 et l'arrêté du 27 mars 1981 relatif aux pièces justificatives requises à l'occasion des formalités accomplies au répertoire des métiers et aux modalités d'affichage des décisions de la commission du répertoire sont abrogés.

Décret n° 90-145 du 15 février 1990,

Relatif aux actions de développement économique dans l'artisanat 🏛.

Loi n° 96-603 du 5 juillet 1996,

Relative au développement et à la promotion du commerce et de l'artisanat.

BIBL. ▶ Puygauthier, *JCP N 1997. Prat. 4035 ; ibid. Doctr. 1213 et 1249* (statut de l'artisan).

TITRE II Dispositions relatives à la qualification professionnelle et à l'artisanat

CHAPITRE PREMIER *Dispositions concernant la qualification professionnelle exigée pour l'exercice de certaines activités*

BIBL. ▶ Revet, *D. Affaires 1998. 51* (qualifications artisanales au regard de la liberté du commerce et de l'industrie). – Azarian et Saintourens, *JCP E 2008, n° 41, p. 21* (réforme de la reconnaissance des qualifications professionnelles). – Auby et Lignières, *JCP 2011, n° 327* (quand l'excès de réglementation conspire contre l'emploi).

Art. 16 I. – Quels que soient le statut juridique et les caractéristiques de l'entreprise, ne peuvent être exercées que par une personne qualifiée professionnellement ou sous le contrôle effectif et permanent de celle-ci, les activités suivantes :

– l'entretien et la réparation des véhicules et des machines ;

– la construction, l'entretien et la réparation des bâtiments ;

— la mise en place, l'entretien et la réparation des réseaux et des équipements utilisant les fluides, ainsi que des matériels et équipements destinés à l'alimentation en gaz, au chauffage des immeubles et aux installations électriques ;

— le ramonage ;

— les soins esthétiques à la personne autres que médicaux et paramédicaux *(L. n° 2005-882 du 2 août 2005, art. 38)* « et les modelages esthétiques de confort sans finalité médicale ». *(L. n° 2010-853 du 23 juill. 2010, art. 48)* « On entend par modelage toute manœuvre superficielle externe réalisée sur la peau du visage et du corps humain dans un but exclusivement esthétique et de confort, à l'exclusion de toute finalité médicale et thérapeutique. Cette manœuvre peut être soit manuelle, éventuellement pour assurer la pénétration d'un produit cosmétique, soit facilitée par un appareil à visée esthétique ; »

— la réalisation de prothèses dentaires ;

— la préparation ou la fabrication de produits frais de boulangerie, pâtisserie, boucherie, charcuterie et poissonnerie, ainsi que la préparation ou la fabrication de glaces alimentaires artisanales ;

— l'activité de maréchal-ferrant.

II. — Pour chaque activité visée au I, un décret en Conseil d'État pris après avis *(Ord. n° 2008-1161 du 13 nov. 2008, art. 4)* « de l'Autorité de la concurrence », de la Commission de la sécurité des consommateurs, de l'assemblée des chambres françaises de commerce et d'industrie, de l'assemblée permanente des chambres de métiers et des organisations professionnelles représentatives, détermine, en fonction de la complexité de l'activité et des risques qu'elle peut présenter pour la sécurité ou la santé des personnes, les diplômes, les titres homologués ou la durée et les modalités de validation de l'expérience professionnelle qui justifient de la qualification. — *V. Décr. n° 98-246 du 2 avr. 1998, infra. — Pour les sanctions pénales, V. art. 24-I (1°).*

Toutefois, toute personne qui, à la date de publication de la présente loi *[JO 6 juill.]*, exerce effectivement l'activité en cause en qualité de salarié ou pour son propre compte est réputée justifier de la qualification requise.

(L. n° 2005-882 du 2 août 2005, art. 17) « Lorsque les conditions d'exercice de l'activité déterminées au I sont remplies uniquement par le chef d'entreprise et que celui-ci cesse l'exploitation de l'entreprise, les dispositions relatives à la qualification professionnelle exigée pour les activités prévues au I ne sont pas applicables, pendant une période de trois ans à compter de la cessation d'exploitation, aux activités exercées par le conjoint de ce chef d'entreprise appelé à assurer la continuité de l'exploitation, sous réserve qu'il relève d'un des statuts mentionnés à l'article L. 121-4 du code de commerce depuis au moins trois années et qu'il s'engage dans une démarche de validation des acquis de son expérience conformément au I de l'article L. 335-5 du code de l'éducation. » — *V. art. L. 121-4 C. com.*

III. — *Abrogé par L. n° 2009-526 du 12 mai 2009, art. 80-I.*

IV. — Les dispositions du présent article ne font pas obstacle à l'application des dispositions législatives spécifiques à la profession de coiffeur. — *V. L. n° 46-1173 du 23 mai 1946 (JO 24 mai) et Décr. n° 97-558 du 29 mai 1997 (JO 30 mai), relatifs aux conditions d'accès à la profession de coiffeur.*

V. — *Modification de l'art. 35 du code professionnel local.*

Sur les conditions juridiques de l'exercice de la profession d'artisan boulanger, V. C. consom., art. L. 121-80 s., v° Publicité commerciale.

1. Qualification professionnelle. C'est la nature de l'activité qui détermine l'exigence de qualification : pour le même métier, les mêmes conditions devront être remplies aussi bien par les personnes immatriculées au répertoire des métiers que par les personnes inscrites au RCS (Rép. min. n° 17465 : *JO Sénat Q, 5 déc. 1996 ; BID 1997, n° 6, p. 36).*

Si l'art. 16, I, de la L. n° 96-603 du 5 juill. 1996 énonce que certaines activités relevant du secteur de l'artisanat, dont la préparation ou la fabrication de produits frais de charcuterie, ne peuvent être exercées que par une personne qualifiée professionnellement ou sous le contrôle effectif et permanent de celle-ci, il est toutefois loisible à celui qui n'a pas la qualification exigée de louer des locaux exclusivement destinés à ce type d'activité ou d'acquérir le fonds de commerce et d'y exercer ensuite l'activité conventionnellement convenue sous le contrôle effectif et permanent de tout salarié qualifié qu'il entend employer. • Versailles, 27 mars 2008 : *BICC 15 nov. 2008, n° 1768.*

2. QPC. Le législateur a adopté des mesures propres à assurer une conciliation qui n'est pas manifestement déséquilibrée entre le respect de la liberté d'entreprendre et la protection de la santé, prévue par le 11e al. du Préambule de la Constitution de 1946, ainsi que la prévention des atteintes à l'ordre public, notamment des atteintes à la sécurité des personnes, qui constitue un objectif de valeur constitutionnelle. • Cons. const., 24 juin 2011 : *D. 2011. Actu. 1753, obs. Delpech ; JCP E 2011, n° 1898, spéc. n° 14, obs. Azarian et Maron ; RLDA sept. 2011. 18, obs. Mpindi* (réponse à une QPC de • CE 8 avr. 2011 : *AJDA 2011. 1104 : JCP 2011, n° 604, spéc. n° 21, obs. Mathieu*).

Art. 17 *(Ord. n° 2008-507 du 30 mai 2008, art. 16)* **Pour s'établir en France, un professionnel ressortissant d'un État membre de la Communauté européenne ou d'un autre État partie à l'accord sur l'Espace économique européen doit remplir les conditions énoncées au I de l'article 16.**

Les conditions d'application du présent article sont définies par décret en Conseil d'État. – *V. Décr. n° 98-246 du 2 avr. 1998, infra.*

Art. 17-1 *(Ord. n° 2008-507 du 30 mai 2008, art. 16)* **I – Un professionnel souhaitant exercer l'une des activités mentionnées au I de l'article 16 qui est ressortissant d'un État membre de la Communauté européenne ou d'un autre État partie à l'accord sur l'Espace économique européen peut exercer en France, à titre temporaire et occasionnel, le contrôle effectif et permanent d'une des activités visées au I du même article, sous réserve d'être légalement établi dans un de ces États pour y exercer la même activité.**

Toutefois, lorsque cette activité ou la formation y conduisant ne sont pas réglementées dans l'État d'établissement, il doit en outre l'avoir exercée dans cet État pendant au moins deux années au cours des dix années qui précèdent la prestation qu'il entend réaliser en France.

Le professionnel répondant à ces conditions est dispensé des exigences relatives à l'immatriculation au répertoire des métiers ou au registre des entreprises.

II. – En outre, préalablement à sa première prestation en France, le professionnel mentionné au I en informe l'autorité compétente, par une déclaration écrite, lorsqu'il souhaite exercer le contrôle effectif et permanent d'une des activités suivantes :

1° L'entretien et la réparation des véhicules et des machines, à l'exclusion des cycles ;

2° La mise en place, l'entretien et la réparation des réseaux et des équipements utilisant les fluides, ainsi que des matériels et équipements destinés à l'alimentation en gaz, au chauffage des immeubles et aux installations électriques ;

3° Le ramonage ;

4° La réalisation de prothèses dentaires.

Cette déclaration écrite est réitérée en cas de changement matériel dans les éléments de la déclaration et renouvelée chaque année si l'intéressé envisage d'exercer cette activité au cours de l'année concernée.

L'autorité compétente peut procéder à une vérification de ses qualifications professionnelles. Dans ce cas, la prestation professionnelle est effectuée sous le titre de l'État membre d'accueil.

III. – Les modalités d'application du présent article sont précisées par décret en Conseil d'État. – *V. Décr. n° 98-246 du 2 avr. 1998, art. 2, infra.*

Art. 18 *Modification de l'art. 3 et insertion de l'art. 3-2 de la L. n° 46-1173 du 23 mai 1946 portant réglementation des conditions d'accès à la profession de coiffeur.*

CHAPITRE II *Dispositions relatives à l'artisanat*

Art. 19 **I. – Doivent être immatriculées au répertoire des métiers ou au registre des entreprises visé au IV ci-après les personnes physiques et les personnes morales qui**

n'emploient pas plus de dix salariés et qui exercent à titre principal ou secondaire une activité professionnelle indépendante de production, de transformation, de réparation ou de prestation de service relevant de l'artisanat et figurant sur une liste établie par décret en Conseil d'État après consultation de l'assemblée permanente des chambres de métiers, de l'assemblée des chambres françaises de commerce et d'industrie et des organisations professionnelles représentatives.

Ce décret fixe les conditions de qualification auxquelles est subordonné le maintien de l'immatriculation au répertoire des métiers ou au registre des entreprises visé au IV ci-après des personnes dont le nombre de salariés franchit le seuil fixé au premier alinéa, les conditions du maintien à titre temporaire des entreprises dépassant ce même seuil et les conditions du maintien des entreprises ayant dépassé ledit seuil lors de leur transmission ou de leur reprise.

Il définit également les conditions de tenue du répertoire des métiers par les chambres de métiers *(L. n° 2003-721 du 1er août 2003)* « et la nature des informations que leur président peut adresser au préfet lorsqu'il estime, lors de l'immatriculation ou en toute autre occasion, que l'activité déclarée est exercée en méconnaissance des dispositions des I et II de l'article 16 ». *– V. Décr. n° 98-247 du 2 avr. 1998, art. 8, infra. – Pour les sanctions pénales, V. art. 24-I (3°).*

(L. n° 2012-387 du 22 mars 2012, art. 31-I) « I *bis* A. – Nul ne peut être immatriculé au répertoire des métiers ou au registre des entreprises mentionné au IV s'il ne remplit les conditions nécessaires à l'exercice de son activité.

« La vérification des conditions mentionnées au premier alinéa du présent I *bis* A n'est effectuée que si les conditions d'exercice doivent être remplies personnellement par la personne tenue à l'immatriculation ou par les dirigeants sociaux des personnes morales tenues à l'immatriculation. »

(L. n° 2010-658 du 15 juin 2010, art. 3-I) « I *bis*. – L'assemblée permanente des chambres de métiers et de l'artisanat centralise, dans un répertoire national des métiers dont elle assure la publicité, le répertoire des métiers tenu par les chambres de métiers et de l'artisanat. Les conditions d'application du présent I *bis* sont définies par décret en Conseil d'État. »

II. – L'immatriculation au répertoire des métiers ne dispense pas, le cas échéant, de l'immatriculation au registre du commerce et des sociétés.

III. – Ne peut être immatriculée au répertoire des métiers ou au registre des entreprises visé au IV ci-après et doit en être radiée d'office toute personne faisant l'objet de l'interdiction prévue à l'article L. 653-8 du code de commerce ou de la peine complémentaire d'interdiction d'exercer une activité professionnelle ou sociale pour crime ou délit prévue au 11° de l'article 131-6 du code pénal.

A cette fin, le préfet, après avoir consulté le bulletin n° 2 du casier judiciaire de la personne demandant son immatriculation, fait connaître au président de la chambre de métiers l'existence d'une éventuelle interdiction.

IV. – Dans les départements de la Moselle, du Bas-Rhin et du Haut-Rhin, la première section du registre des entreprises tenu par les chambres de métiers tient lieu de répertoire des métiers, les règles fixées aux I à III ci-dessus étant applicables. Les conditions d'immatriculation à la deuxième section de ce registre sont précisées au décret visé au I du présent article.

(L. n° 2008-776 du 4 août 2008, art. 8-II) « V. – Par dérogation au I, les personnes physiques exerçant une activité artisanale *(Abrogé par L. n° 2009-1674 du 30 déc. 2009, art. 67-IV) « à titre principal ou »* complémentaire sont dispensées de l'obligation de s'immatriculer au répertoire des métiers ou au registre des entreprises visé au IV tant qu'elles bénéficient du régime prévu à l'article L. 133-6-8 du code de la sécurité sociale.

« Un décret en Conseil d'État précise les conditions d'application du présent article et, notamment, les modalités de déclaration d'activité en dispense d'immatriculation,

auprès du centre de formalités des entreprises compétent, les conditions de l'information des tiers sur l'absence d'immatriculation, ainsi que les modalités de déclaration d'activité consécutives au dépassement de seuil.

« Les personnes mentionnées au premier alinéa du présent V dont l'activité principale est salariée ne peuvent exercer à titre complémentaire auprès des clients de leur employeur, sans l'accord de celui-ci, l'activité professionnelle prevue par leur contrat de travail. »

Les dispositions issues de la L. n° 2008-776 du 4 août 2008 ne s'appliquent qu'aux personnes physiques qui n'étaient pas immatriculées au répertoire des métiers à la date de publication de la loi précitée (JO 5 août). – La suppression issue de la L. n° 2009-1674 du 30 déc. 2009 s'applique aux entreprises créées à compter du 1er avr. 2010 (L. préc., art. 67-V).

BIBL. ▶ SAINTOURENS, *RTD com. 2003. 693* . – DELPECH, *Rép. com. Dalloz, Cah. de l'actualité n° 2008-5, p. 15* (loi n° 2008-776 du 4 août 2008 : dispense d'immatriculation pour les commerçants « à temps partiel »).

1. Libre prestation de services. Jugeant que les artisans ressortissants d'un État membre qui effectuent temporairement des prestations de services dans un autre État membre (Allemagne) ne peuvent être soumis à l'obligation d'immatriculation au registre des métiers prévue par la réglementation de cet État. • CJCE 11 déc. 2003 : *D. 2004. IR 250 ; JCP E 2004, n° 1-2, p. 9 ; RJDA 2004, n° 506* • 3 oct. 2000 : *D. 2000. IR 279* .

2. Auto-entrepreneur. Les simplifications accordées à l'auto-entrepreneur ne permettent nullement à ce dernier d'exercer une concurrence déloyale puisqu'i reste tenu aux obligations existantes en matière de qualification et d'assurance professionnelles selon l'activité exercée. Le nouveau régime ne paraît pas de nature à avoir une incidence en matière de compétitivité pour les entreprises existantes puisqu'il est ouvert à l'ensemble des micro-entreprises (Rép. min. n° 6237 : *JO Sénat Q 26 fevr. 2009, p. 499 ; Rev. sociétés 2009. 213*).

Art. 19-1 *(L. n° 2003-721 du 1er août 2003, art. 2-II)* **La chambre de métiers délivre gratuitement un récépissé de dépôt de dossier de création d'entreprise à toute personne assujettie à l'immatriculation au répertoire des métiers, dès que celle-ci a déposé un dossier de demande d'immatriculation complet. Ce récépissé permet d'accomplir, sous la responsabilité personnelle de la personne physique qui a déposé le dossier, les démarches nécessaires auprès des organismes publics et des organismes privés chargés d'une mission de service public. Il comporte la mention : "en attente d'immatriculation".**

Les conditions d'application du présent article sont définies par décret en Conseil d'État.

Art. 20 **Est créée au sein du répertoire des métiers une section spécifique « Artisans d'art ».**

Art. 21 **I. –** *(L. n° 2012-387 du 22 mars 2012, art. 31-II)* **« Les personnes physiques ainsi que les dirigeants sociaux des personnes morales immatriculées au répertoire des métiers ont la qualité d'artisan.**

« Sont artisans qualifiés les personnes mentionnées au premier alinéa lorsqu'elles sont personnellement titulaires d'une qualification professionnelle pour l'exercice de leur activité.

« Sont artisans d'art les personnes mentionnées au premier alinéa qui remplissent des conditions de diplôme, de titre ou d'expérience professionnelle définies par décret *[Ancienne rédaction : Un décret en Conseil d'État fixe les conditions dans lesquelles les personnes physiques ainsi que les dirigeants sociaux des personnes morales immatriculées au répertoire des métiers peuvent se prévaloir de la qualité d'artisan, ou de celle d'artisan d'art, qui leur est reconnue lorsqu'ils remplissent des conditions de diplôme, de titre ou d'expérience professionnelle].* **»** – *V. Décr. n° 98-247 du 2 avr. 1998, infra.*

Ce décret précise également les conditions d'attribution du titre de maître artisan.

Les qualités d'artisan *(L. n° 2012-387 du 22 mars 2012, art. 31-II)* **« qualifié » ou d'artisan d'art sont reconnues et le titre de maître artisan est attribué dans les mêmes**

conditions de diplôme ou de titre, et selon les mêmes modalités, aux conjoints collaborateurs, aux conjoints associés et aux associés prenant part personnellement et habituellement à l'activité de l'entreprise. Les maîtres artisans ayant cessé leur activité professionnelle pour prendre leur retraite peuvent conserver l'usage de cette qualité à titre honoraire.

II. — Dans les départements du Bas-Rhin, du Haut-Rhin et de la Moselle, il est, pour l'attribution du titre de maître, fait application de l'article 133 du code professionnel local. — *Pour les sanctions pénales, V. art. 24-I (3°).*

III. — Seuls des artisans, *(L. n° 2012-387 du 22 mars 2012, art. 31-II)* « des artisans qualifiés, » des artisans d'art, des maîtres artisans ou des personnes morales inscrites au registre du commerce et des sociétés dont le dirigeant social a la qualité d'artisan ou d'artisan d'art pour l'activité en cause peuvent utiliser le mot : « artisan » et ses dérivés pour l'appellation, l'enseigne, la promotion et la publicité de l'entreprise, du produit ou de la prestation de service.

L'emploi du terme : « artisanal » peut être en outre subordonné au respect d'un cahier des charges homologué dans des conditions fixées par décret, qui détermine les principes essentiels du caractère artisanal de l'activité considérée.

Les dispositions issues de la L. n° 2012-387 du 22 mars 2012 entrent en vigueur au plus tard dans un délai de dix-huit mois à compter de sa promulgation (L. préc., art. 31-IV).

BIBL. ► DELPECH, *D. 2012. Actu. 872* (L. n° 2012-387 du 22 mars 2012).

Art. 22 *(Nantissement du fonds exploité par l'artisan). — V. cet art. ss. C. com., art. L. 142-1.*

Art. 22-1 *(Ord. n° 2005-43 du 20 janv. 2005, art. 12-I, en vigueur le 1er févr. 2005)* L'article 19, à l'exception des mots du dernier alinéa du I qui suivent les mots : « les chambres de métiers », et les articles 19-1, 20, 21 et 22 de la présente loi sont applicables à Mayotte.

Art. 23 *Modification de l'art. 2 de la L. n° 82-1091 du 23 déc. 1982.— V. supra.*

CHAPITRE III *Dispositions communes*

Art. 24 I. — Est puni d'une amende de 7 500 € :

1° Le fait d'exercer à titre indépendant ou de faire exercer par l'un de ses collaborateurs une des activités visées à l'article 16 sans disposer de la qualification professionnelle exigée par cet article ou sans assurer le contrôle effectif et permanent de l'activité par une personne en disposant ;

2° Le fait d'exercer *(L. n° 2008-776 du 4 août 2008, art. 8-II)* « , hors le cas prévu au V de l'article 19, une activité visée à cet article » sans être immatriculé au répertoire des métiers ou au registre des entreprises tenu par les chambres de métiers d'Alsace et de la Moselle ;

3° Le fait de faire usage du mot : « artisan » ou de l'un de ses dérivés pour l'appellation, l'enseigne, la promotion ou la publicité de l'entreprise, du produit ou de la prestation de service *[services]* sans détenir la qualité d'artisan, *(L. n° 2012-387 du 22 mars 2012, art. 31-II)* « d'artisan qualifié, » de maître ou de maître artisan dans les conditions prévues par le I et le II de l'article 21.

II. — Les personnes physiques coupables de l'un des délits prévus au présent article encourent également les peines complémentaires suivantes :

1° La fermeture, pour une durée de cinq ans au plus, des établissements ou de l'un ou de plusieurs établissements de l'entreprise ayant servi à commettre les faits incriminés ;

2° L'affichage ou la diffusion de la décision prononcée, dans les conditions prévues par l'article 131-35 du code pénal.

III. — Les personnes morales peuvent être déclarées responsables pénalement, dans les conditions prévues à l'article 121-2 du code pénal, des infractions définies au présent article.

Les peines encourues par les personnes morales sont :

1° L'amende, suivant les modalités prévues par l'article 131-38 du code pénal ;

2° La peine prévue au 4° de l'article 131-39 du code pénal pour une durée de cinq ans au plus et la peine prévue au 9° dudit article.

IV. — Outre les officiers et les agents de police judiciaire agissant dans les conditions prévues au code de procédure pénale, les *(L. nº 2011-525 du 17 mai 2011, art. 94-XII)* « agents de la concurrence, de la consommation et de la répression des fraudes » sont habilités à rechercher et constater, dans des conditions prévues par les articles L. 215-3 et L. 217-10 du code de la consommation, les infractions prévues par le présent article.

(Ord. nº 2005-43 du 20 janv. 2005, art. 12-II, en vigueur le 1er févr. 2005) « V. — Les dispositions du présent article sont applicables à Mayotte, à l'exception du 1° du I et du IV. »

Les dispositions issues de la L. nº 2008-776 du 4 août 2008 ne s'appliquent qu'aux personnes physiques qui n'étaient pas immatriculées au répertoire des métiers à la date de sa publication (JO 5 août). — Celles issues de la L. nº 2012-387 du 22 mars 2012 entrent en vigueur au plus tard dans un délai de dix-huit mois à compter de sa promulgation (L. préc., art. 31-IV).

Art. 25 *Abrogation de la L. nº 56-1096 du 30 oct. 1956 modifiant certaines dispositions relatives à l'élection aux chambres de métiers et aux métiers artisanaux, et de l'art. 35 ter du code de l'artisanat.*

Décret nº 98-246 du 2 avril 1998,

Relatif à la qualification professionnelle exigée pour l'exercice des activités professionnelles prévues à l'article 16 de la loi nº 96-603 du 5 juillet 1996 relative au développement et à la promotion du commerce et de l'artisanat.

CHAPITRE PREMIER ***Qualifications*** *(Décr. nº 2009-94 du 26 janv. 2009, art. 1er).*

Art. 1er Les personnes qui exercent l'une des activités *(Abrogé par Décr. nº 2009-94 du 26 janv. 2009, art. 2)* *« entrant dans le domaine des activités »* mentionnées au I de l'article 16 de la loi *[nº 96-603]* du 5 juillet 1996 susvisée ou qui en contrôlent l'exercice par des personnes non qualifiées doivent être titulaires d'un certificat d'aptitude professionnelle ou d'un brevet d'études professionnelles ou d'un diplôme ou d'un titre *(Abrogé par Décr. nº 2009-94 du 26 janv. 2009, art. 2)* *« homologué »* de niveau égal ou supérieur *(Décr. nº 2009-94 du 26 janv. 2009, art. 2)* « homologué ou enregistré lors de sa délivrance au répertoire national des certifications professionnelles institué par l'article L. 335-6 du code de l'éducation et » délivré pour l'exercice de l'un des métiers prévus dans la liste annexée au présent décret. — *V. cette liste ss. art. 4 du présent décret.*

A défaut de diplômes ou de titres *(Décr. nº 2009-94 du 26 janv. 2009, art. 2)* « *mentionnés au premier alinéa* », ces personnes doivent justifier d'une expérience professionnelle de trois années effectives sur le territoire de la Communauté européenne ou d' *(Décr. nº 2009-94 du 26 janv. 2009, art. 2)* « un autre État partie » à l'accord sur l'Espace économique européen acquise en qualité *(Décr. nº 2009-94 du 26 janv. 2009, art. 2)* « de dirigeant d'entreprise, » de travailleur indépendant ou de salarié dans l'exercice de l'un des métiers prévus dans la liste susmentionnée.

(Décr. nº 2009-94 du 26 janv. 2009, art. 2) « Les personnes mentionnées au deuxième alinéa peuvent obtenir la délivrance d'une attestation de qualification professionnelle par la chambre de métiers et de l'artisanat du département dans lequel elles exercent, selon les modalités prévues à l'article 3-1. »

BIBL. ► AUBY et LIGNIÈRES, *JCP 2011, nº 327* (quand l'excès de réglementation conspire contre l'emploi).

Qualifications professionnelles. Dès lors que les titres ou diplômes requis correspondent au niveau le moins élevé de l'enseignement professionnel, le degré d'exigence posé par le Décr. n° 98-246 du 2 avr. 1998 n'est pas manifestement disproportionné à son objet et ne porte pas une atteinte excessive au principe de la liberté du commerce et de l'industrie. • CE 30 déc. 2011 : *RLC avr.-juin 2012. 65, obs. Clamour.* ♦ V. aussi notes ss. L. n° 96-603 du 5 juill. 1996, art. 16.

CHAPITRE II *Libre prestation de services du ressortissant d'un État membre de la Communauté européenne ou d'un autre État partie à l'accord sur l'Espace économique européen* (*Décr. n° 2009-94 du 26 janv. 2009, art. 3*).

Art. 2 (*Décr. n° 2009-94 du 26 janv. 2009, art. 4*) I. — Un arrêté du ministre chargé de l'artisanat fixe la liste des informations afférentes à la déclaration prévue au II de l'article 17-1 de la loi du 5 juillet 1996 susvisée ainsi que des pièces qui sont annexées à cette déclaration. — *V. Arr. 28 oct. 2009, art. 1er, infra.*

La déclaration est adressée à la chambre de métiers et de l'artisanat du département dans lequel le déclarant envisage de réaliser une prestation de services temporaire et occasionnelle. La chambre agit en tant qu'autorité compétente au sens de l'article 3 de la directive 2005/36/CE du Parlement européen et du Conseil du 7 septembre 2005 relative à la reconnaissance des qualifications professionnelles.

La chambre délivre un récépissé qui mentionne la date de réception de la déclaration complète.

En cas de déclaration incomplète, la chambre notifie à l'intéressé la liste des pièces manquantes dans un délai de quinze jours à compter de la réception de celle-ci et délivre le récépissé mentionné à l'alinéa précédent dès que le dossier est complet.

La chambre peut demander à l'autorité compétente de l'État d'établissement, pour chaque prestation de services, toute information pertinente concernant la légalité de l'établissement du prestataire ainsi que l'absence de sanction disciplinaire ou pénale à caractère professionnel.

Dans un délai d'un mois à compter de la réception de la déclaration complète, la chambre délivre au déclarant une attestation de qualification professionnelle ou lui notifie la nécessité de procéder à un examen complémentaire en indiquant les motifs de ce report. Dans ce dernier cas, la chambre notifie sa décision finale dans un délai de deux mois à compter de la réception de la déclaration complète. A défaut de notification de la décision dans ce délai, la reconnaissance de qualification professionnelle est réputée acquise et la prestation de services peut être réalisée.

II. — En cas de différence substantielle entre la qualification professionnelle requise pour exercer le contrôle effectif et permanent de l'activité considérée et celle déclarée par le prestataire, et si cette différence est de nature à nuire à la santé ou à la sécurité du bénéficiaire du service, le prestataire est invité à se soumettre à l'épreuve d'aptitude mentionnée au IV de l'article 3. S'il refuse de s'y soumettre, la prestation de services ne peut être réalisée.

L'épreuve d'aptitude est organisée dans un délai de trois mois à compter de la réception de la déclaration complète mentionnée au I. A l'issue de l'épreuve d'aptitude, la chambre délivre une attestation de qualification professionnelle au demandeur ayant réussi l'épreuve dans ce même délai.

A défaut d'organisation de l'épreuve d'aptitude dans le délai mentionné à l'alinéa précédent, la reconnaissance de qualification est réputée acquise et la prestation de services peut être réalisée.

III. — La prestation est réalisée sous le titre professionnel, indiqué dans la langue officielle ou l'une des langues officielles de l'État dans lequel le prestataire est établi. Lorsque ce titre professionnel n'existe pas dans l'État d'établissement, le prestataire mentionne, dans la langue officielle ou l'une des langues officielles de cet État, son titre de formation.

Lorsque la déclaration donne lieu à la délivrance d'une attestation de qualification professionnelle selon les modalités définies au I ou au II, la prestation est réalisée sous le titre professionnel français.

CHAPITRE III *Liberté d'établissement du ressortissant d'un État membre de la Communauté européenne ou d'un autre État partie à l'accord sur l'Espace économique européen* (*Décr. n° 2009-94 du 26 janv. 2009, art. 5*).

Art. 3 (*Décr. n° 2009-94 du 26 janv. 2009, art. 6*) I. — Le professionnel ressortissant d'un État membre de la Communauté européenne ou d'un autre État partie à l'accord sur l'Espace économique européen qui souhaite exercer, à titre permanent, le contrôle effectif et permanent de l'une des activités mentionnées au I de l'article 16 de la loi du 5 juillet 1996 susvisée est qualifié professionnellement dès lors qu'il remplit les conditions prévues au premier ou au deuxième alinéa de l'article 1er du présent décret.

Sous réserve des dispositions du IV, il est également qualifié professionnellement lorsqu'il est titulaire :

a) Soit d'une attestation de compétences ou d'un titre de formation qui est requis pour l'exercice de l'activité considérée dans un État, membre ou partie, lorsqu'il réglemente l'accès ou l'exercice de cette même activité sur son territoire ;

b) Soit d'une attestation de compétences ou d'un titre de formation qui certifie sa préparation à l'exercice de l'activité professionnelle considérée, lorsque cette attestation ou ce titre ont été obtenus dans un État, membre ou partie, qui ne réglemente pas cette activité.

L'attestation de compétences doit avoir été délivrée par une autorité compétente désignée conformément aux dispositions en vigueur dans l'un des États, membre ou partie. Elle certifie un niveau de qualification professionnelle équivalent ou immédiatement inférieur aux diplômes et titres mentionnés au premier alinéa de l'article 1er et est délivrée sur la base soit d'une formation ne donnant pas lieu à la délivrance d'un certificat ou d'un diplôme, soit d'un examen spécifique sans formation, ou de l'exercice de la profession considérée dans l'un de ces États pendant trois années effectives en qualité de dirigeant d'entreprise, de travailleur indépendant ou de salarié.

II. — Sans préjudice du I, le ressortissant d'un État membre de la Communauté européenne ou d'un autre État partie à l'accord sur l'Espace économique européen qui a exercé la profession d'esthéticien pendant deux années consécutives à titre indépendant ou en qualité de dirigeant d'entreprise est qualifié professionnellement pour exercer le contrôle effectif et permanent de l'activité de soins esthétiques à la personne autres que médicaux et paramédicaux et de modelages esthétiques de confort sans finalité médicale mentionnée au I de l'article 16 de la loi du 5 juillet 1996 susvisée, dès lors qu'il a reçu, pour l'exercice de cette profession, une formation sanctionnée par un certificat reconnu par l'un de ces États ou par un organisme professionnel ayant reçu délégation de cet État.

III. — Sous réserve des dispositions du IV, est également professionnellement qualifié le ressortissant d'un État, membre ou partie, titulaire d'un diplôme, titre ou certificat acquis dans un État tiers et admis en équivalence par un État, membre ou partie, et qui a, en outre, effectivement exercé pendant trois années l'activité considérée dans l'État qui a admis l'équivalence.

IV. — Le ressortissant d'un État, membre ou partie, peut solliciter de la (*Décr. n° 2010-1356 du 11 nov. 2010, art. 25*) « chambre de métiers et de l'artisanat de région » compétente la délivrance d'une attestation de qualification professionnelle à exercer le contrôle effectif et permanent de l'une des activités mentionnées au I de l'article 16 de la loi du 5 juillet 1996 susvisée. Cette attestation est délivrée au professionnel ressortissant d'un État, membre ou partie, qui satisfait aux conditions prévues au I, ou au II, ou au III.

Il peut être demandé au ressortissant d'un État, membre ou partie, qui ne remplit pas les conditions prévues au I ou au II d'accomplir une mesure de compensation lorsque :

a) La durée de la formation attestée est inférieure d'au moins un an à celle requise pour obtenir l'un des diplômes ou titres mentionnés à l'article 1er ; ou

b) La formation reçue porte sur des matières substantiellement différentes de celles couvertes par l'un des diplômes ou titres mentionnés à l'article 1er ; ou

c) Le contrôle effectif et permanent de l'activité considérée nécessite, pour l'exercice de certaines de ses attributions, une formation spécifique qui n'est pas prévue dans l'État membre d'origine et porte sur des matières substantiellement différentes de celles couvertes par l'attestation de compétences ou le titre de formation dont le demandeur fait état.

La mesure de compensation consiste, au choix du demandeur, en un stage d'adaptation ou en une épreuve d'aptitude selon les modalités prévues à l'article 3-2.

Avant de demander une telle mesure, la chambre vérifie si les connaissances acquises par le demandeur au cours de son expérience professionnelle dans un État, membre ou partie, ou dans un État tiers sont de nature à couvrir, totalement ou partiellement, la différence substantielle en termes de durée ou de contenu visée aux *a*, *b* ou *c*.

Art. 3-1 *(Décr. nº 2009-94 du 26 janv. 2009, art. 7)* I. – La demande d'attestation de qualification professionnelle mentionnée au IV de l'article 3 est adressée à la chambre de métiers et de l'artisanat du département où le ressortissant d'un État, membre ou partie, souhaite exercer.

La chambre délivre un récépissé qui mentionne la date de réception de la demande complète dans un délai d'un mois à compter de sa réception.

En cas de demande incomplète, elle notifie au demandeur la liste des pièces manquantes dans un délai de quinze jours à compter de la réception de celle-ci et délivre le récépissé mentionné à l'alinéa précédent dès que le dossier est complet.

Un arrêté du ministre chargé de l'artisanat fixe la liste des informations afférentes à cette demande ainsi que des pièces qui y sont annexées. – *V. Arr. 28 oct. 2009, infra.*

Un arrêté du ministre chargé de l'artisanat et du ministre de l'éducation nationale désigne l'organisme dont la chambre sollicite, le cas échéant, l'avis sur le niveau de formation du diplôme, titre ou certificat étranger produit par un demandeur ainsi que les modalités de cette consultation. – *V. Arr. 28 oct. 2009 (JO 4 nov.) désignant le Centre international d'études pédagogiques (CIEP) comme organisme de consultation.*

II. – En l'absence de notification de la décision de la chambre dans un délai de quatre mois à compter de la réception de la demande complète, la reconnaissance de la qualification professionnelle est réputée acquise au demandeur.

Lorsqu'elle reconnaît la qualification professionnelle, la chambre délivre au demandeur une attestation de qualification professionnelle.

Lorsqu'une mesure de compensation est exigée, la chambre en informe par écrit le demandeur dans le délai mentionné au premier alinéa.

Les décisions de la chambre sont motivées.

III. – En cas de doute sérieux, la chambre peut demander à l'autorité compétente d'un autre État membre de la Communauté européenne ou d'un autre État partie à l'accord sur l'Espace économique européen de confirmer l'authenticité des attestations et titres de formation délivrés dans cet autre État.

En cas de doute sérieux, la chambre peut vérifier auprès de l'autorité compétente de l'État, membre ou partie, qui a délivré un titre de formation comprenant une formation reçue en tout ou en partie dans un établissement légalement établi sur le territoire d'un troisième État, membre ou partie :

a) Si la formation dispensée par l'établissement concerné a été formellement certifiée par l'établissement d'enseignement situé dans cet État ;

b) Si le titre de formation délivré est le même que celui qui aurait été délivré si la formation avait été entièrement suivie dans cet État ;

c) Si le titre de formation délivré confère les mêmes droits d'accès à la profession sur le territoire de cet État.

Art. 3-2 *(Décr. n° 2009-94 du 26 janv. 2009, art. 8)* I. – La chambre notifie au demandeur sa décision tendant à l'accomplissement de l'une des mesures de compensation prévue au IV de l'article 3, dans le délai mentionné au II de l'article 3-1, après une comparaison entre la qualification attestée par le demandeur et le diplôme ou titre de formation mentionné à l'article 1er requis pour l'exercice de l'activité considérée. Cette décision énumère les matières non couvertes par la qualification attestée par le demandeur et dont la connaissance est essentielle pour exercer le contrôle effectif et permanent de l'activité considérée. Seules ces matières peuvent faire l'objet de l'épreuve d'aptitude ou du stage d'adaptation, dont la durée ne peut être supérieure à trois ans.

Lorsqu'une mesure de compensation est exigée du demandeur, ce dernier ne peut exercer le contrôle effectif et permanent de l'activité considérée tant qu'une attestation de qualification professionnelle ne lui a pas été délivrée.

Le demandeur informe la chambre de son choix de suivre un stage d'adaptation ou de passer une épreuve d'aptitude.

Tout recours contentieux contre la décision de la chambre tendant à demander une mesure de compensation est précédé, à peine d'irrecevabilité, d'un recours administratif exercé, dans un délai de deux mois à compter de la notification de cette décision, auprès du préfet du département où la chambre a son siège.

II. – L'épreuve d'aptitude prend la forme d'un examen, devant un jury constitué auprès de la chambre, organisé selon des modalités définies par un règlement d'examen établi par *(Décr. n° 2010-1356 du 11 nov. 2010, art. 25)* « l'assemblée permanente des chambres de métiers et de l'artisanat », après avis des organisations professionnelles les plus représentatives et approuvé par arrêté du ministre chargé de l'artisanat.

L'épreuve d'aptitude est organisée dans un délai de six mois à compter de la réception par la chambre de la décision du demandeur d'opter pour cette épreuve. A défaut, la reconnaissance de la qualification est réputée acquise et la chambre établit une attestation de qualification professionnelle.

A l'issue de l'épreuve d'aptitude, la chambre délivre, dans un délai d'un mois, une attestation de qualification professionnelle au demandeur ayant réussi l'épreuve.

III. – Dans un délai d'un mois à compter de la réception de la décision du demandeur d'opter pour le stage d'adaptation, la chambre lui adresse la liste de l'ensemble des organismes susceptibles d'organiser ce stage.

A défaut, la reconnaissance de la qualification professionnelle est réputée acquise et la chambre établit une attestation de qualification professionnelle.

A l'issue du stage d'adaptation, le demandeur adresse à la chambre une attestation certifiant qu'il a accompli ce stage, accompagnée d'une évaluation de l'organisme qui l'a organisé. Sur la base de cette attestation, la chambre délivre à l'intéressé, dans un délai d'un mois, une attestation de qualification professionnelle.

CHAPITRE IV *Dispositions relatives aux ressortissants d'États tiers*

(Décr. n° 2009-94 du 26 janv. 2009, art. 9)

Art. 3-3 Sans préjudice des conventions internationales et des arrangements de reconnaissance mutuelle applicables en la matière, le ressortissant d'un État tiers bénéficie, pour l'application du présent décret, des mêmes droits qu'un ressortissant communautaire dès lors :

a) Qu'il est titulaire d'un diplôme ou d'un titre de formation délivré dans un État tiers et reconnu par un État membre de la Communauté européenne ou par un autre

État partie à l'accord sur l'Espace économique européen qui atteste d'un niveau de qualification professionnelle équivalent à celui défini au I de l'article 3 ; et

b) Qu'il a exercé effectivement l'activité concernée dans l'un de ces États pendant trois années.

L'autorité compétente de l'État, membre ou partie, délivre une attestation de compétences au ressortissant d'un État tiers qui remplit ces conditions.

Le ressortissant d'un État tiers peut obtenir de la *(Décr. n° 2010-1356 du 11 nov. 2010, art. 25)* « chambre de métiers et de l'artisanat de région » compétente la délivrance d'une attestation de qualification professionnelle dans les conditions prévues aux articles 3-1 et 3-2.

CHAPITRE V ***Dispositions générales et finales*** *(Décr. n° 2009-94 du 26 janv. 2009, art. 10)*

Art. 4 Les personnes qui ont commencé à exercer entre le 5 juillet 1996 et la date de publication du présent décret *[JO 3 avr.]* une activité entrant dans le domaine des activités telles que prévues au I de l'article 16 de la loi *[n° 96-603]* du 5 juillet 1996 susvisée disposent d'un délai de trois ans à compter du début de leur activité pour satisfaire aux dispositions du présent décret.

Art. 4-1 *(Décr. n° 2009-94 du 26 janv. 2009, art. 11)* L'attestation de compétences requise pour l'exercice de l'une des activités mentionnées au I de l'article 16 de la loi du 5 juillet 1996 susvisée dans un État membre de la Communauté européenne ou un autre État partie à l'accord sur l'Espace économique européen est délivrée par la chambre de métiers et de l'artisanat du département où le demandeur réside, selon les modalités prévues au I de l'article 3-1 pour la délivrance de l'attestation de qualification professionnelle.

Art. 4-2 *(Décr. n° 2009-94 du 26 janv. 2009, art. 11)* En cas de contrôle par les agents habilités à rechercher et à constater les infractions définies à l'article 24 de la loi du 5 juillet 1996 susvisée, la personne qui exerce le contrôle effectif et permanent de l'une des activités mentionnées au I de l'article 16 de cette loi justifie qu'elle remplit les conditions pour l'exercer, soit en produisant l'un des diplômes ou titres mentionnés au premier alinéa de l'article 1er, soit en produisant une attestation de qualification professionnelle dans un délai de quatre mois à compter de la notification du contrôle. Dans ce délai ou jusqu'à la notification de la décision de la *(Décr. n° 2010-1356 du 11 nov. 2010, art. 25)* « chambre de métiers et de l'artisanat de région » de demander une mesure de compensation en application du IV de l'article 3, les sanctions prévues à l'article 24 de la loi du 5 juillet 1996 susvisée ne sont pas applicables.

Art. 4-3 *(Décr. n° 2009-94 du 26 janv. 2009, art. 11)* Lorsqu'une épreuve d'aptitude ou un stage d'adaptation sont organisés en application du II de l'article 2 ou du IV de l'article 3, ou lorsque la chambre a sollicité un avis sur le niveau de formation du diplôme, titre ou certificat étranger produit par le demandeur en application du I de l'article 3-1, la demande d'attestation peut être subordonnée au paiement par le demandeur d'un droit dont le montant, fixé par arrêté du ministre chargé de l'artisanat, ne peut excéder le coût moyen d'instruction d'un dossier. Il est établi et recouvré par la *(Décr. n° 2010-1356 du 11 nov. 2010, art. 25)* « chambre de métiers et de l'artisanat de région » à son profit. — *V. Arr. 28 oct. 2009, art. 6, infra.*

Art. 4-4 *(Décr. n° 2009-94 du 26 janv. 2009, art. 11)* Les *(Décr. n° 2010-1356 du 11 nov. 2010, art. 25)* « chambres de métiers et de l'artisanat de région » communiquent au ministre chargé de l'artisanat un relevé statistique des décisions prises en application du présent décret, selon des modalités définies par arrêté de ce ministre.

ANNEXE

LISTE RELATIVE AUX MÉTIERS ENTRANT DANS LE CHAMP DES ACTIVITÉS MENTIONNÉES AU 1 DE L'ARTICLE 16 DE LA LOI DU 5 JUILLET 1996

I. – Entretien et réparation des véhicules et des machines

Réparateur d'automobiles, carrossier, réparateur de cycles et motocycles, réparateur de matériels agricoles, forestiers et de travaux publics.

II. – Construction, entretien et réparation des bâtiments

Métiers de gros œuvre, de second œuvre et de finition du bâtiment.

III. – Mise en place, entretien et réparation des réseaux et des équipements utilisant les fluides ainsi que des matériels et équipements destinés à l'alimentation en gaz, au chauffage des immeubles et aux installations électriques

Plombier, chauffagiste, électricien, climaticien et installateur de réseaux d'eau, de gaz ou d'électricité.

IV. – Ramonage

Ramoneur.

V. – Soins esthétiques à la personne autres que médicaux et paramédicaux (Décr. n° 2007-638 du 27 avr. 2007) « et modelages esthétiques de confort sans finalité médicale »

Esthéticien.

VI. – Réalisation de prothèses dentaires

Prothésiste dentaire.

VII. – Préparation ou fabrication de produits frais de boulangerie, pâtisserie, boucherie, charcuterie et poissonnerie, préparation ou fabrication de glaces alimentaires artisanales

Boulanger, pâtissier, boucher, charcutier, poissonnier et glacier.

VIII. – Activité de maréchal-ferrant

Maréchal-ferrant.

Décret n° 98-247 du 2 avril 1998,

Relatif à la qualification artisanale et au répertoire des métiers.

TITRE PREMIER De la qualité d'artisan, d'artisan d'art et du titre de maître artisan

Art. 1er La qualité d'artisan est reconnue de droit par le président de la chambre de métiers *(Décr. n° 2004-1164 du 2 nov. 2004, art. 1er)* « et de l'artisanat » compétente du département aux personnes physiques, y compris les dirigeants sociaux des personnes morales, qui justifient soit d'un certificat d'aptitude professionnelle ou d'un brevet d'études professionnelles délivré par le ministre de l'éducation nationale, soit d'un titre homologué d'un niveau au moins équivalent dans le métier exercé ou un métier connexe, soit d'une immatriculation dans le métier d'une durée de six années au moins.

(Décr. n° 2006-80 du 25 janv. 2006, art. 1er) « Toutefois, pour les professions dont l'exercice est réglementé, lorsque aucun diplôme ou titre homologué n'existe dans le métier exercé et les métiers connexes, la qualité d'artisan peut être justifiée par un certificat ou une attestation de capacité professionnelle exigé pour cet exercice. »

Un arrêté du ministre chargé de l'artisanat fixe pour chaque métier la liste des diplômes et titres homologués dans le métier et les métiers connexes qui peuvent être pris en compte.

1. Droit commun. Sur la notion d'artisan en droit commun, à propos de la compétence des juridictions commerciales, V. notes 42 s. ss. art. L. 110-1 C. com., et note 2. ♦ ... A propos de l'application d'une procédure de redressement judiciaire, V. note 5 ss. art. L. 620-2 C. com.

2. Inscription. La personne qui bien qu'inscrite au répertoire des métiers n'exerce qu'une activité modeste d'ouvrière à domicile n'a pas la qualité d'artisan. • Soc. 18 nov. 1966 : *Bull. civ. IV, n° 873.* – Comp. • Civ. 29 oct. 1985 : *Gaz. Pal. 1986. 1. 9, note Doucet.* ♦ L'inscription au répertoire des métiers d'un artisan n'est pas exclusive de la qualité de commerçant. • Com. 19 nov. 1975 : *Bull. civ. IV, n° 275* • Poitiers, 23 nov. 1992 : *RJ Centre-Ouest 1994. 192, note Quement.* ♦ Un concessionnaire automobile exerçant à titre accessoire une activité de réparation de véhicules doit être immatriculé au registre des métiers dès lors que cette activité ne peut être considérée, eu égard au chiffre d'affaires réalisé (415 000 F), comme de « peu d'importance », au sens des dispositions de l'art. 1er du Décr. n° 83-487 du 10 juin 1983 [abrogé]. • Bordeaux, 23 juin 1998 : *JCP E 1998, n° 40, p. 1522.*

Art. 2 *(Décr. n° 2006-80 du 25 janv. 2006, art. 1er)* « Sur demande de l'intéressé, » la qualité d'artisan d'art est reconnue de droit par le président de la chambre de métiers *(Décr. n° 2004-1164 du 2 nov. 2004, art. 1er)* « et de l'artisanat » compétente du département aux personnes physiques, y compris les dirigeants sociaux des personnes morales, qui exercent les métiers de l'artisanat d'art dont la liste est fixée par arrêté du ministre chargé de l'artisanat et sont titulaires d'un certificat d'aptitude professionnelle ou d'un diplôme ou d'un titre de niveau équivalent ou supérieur délivré pour le métier considéré.

La qualité d'artisan d'art peut également être reconnue dans les mêmes conditions aux personnes physiques, y compris les dirigeants sociaux de personnes morales, qui justifient d'une durée d'immatriculation au répertoire des métiers de six ans dans le métier d'artisanat d'art considéré.

Art. 3 Le titre de maître artisan est attribué par le président de la chambre de métiers *(Décr. n° 2004-1164 du 2 nov. 2004, art. 1er)* « et de l'artisanat » compétente du département aux personnes physiques, y compris les dirigeants sociaux des personnes morales, immatriculées au répertoire des métiers, titulaires du brevet de maîtrise dans le métier exercé ou un métier connexe, après deux ans de pratique professionnelle.

Les personnes physiques, y compris les dirigeants sociaux des personnes morales, immatriculées au répertoire des métiers, titulaires d'un diplôme de niveau de formation au moins équivalent au brevet de maîtrise dans le métier exercé ou un métier connexe peuvent, après deux ans de pratique professionnelle, se faire attribuer le titre de maître artisan par la commission régionale des qualifications prévue à l'article 4 s'ils justifient de connaissances en gestion et en psychopédagogie équivalentes à celles des unités de valeur correspondantes du brevet de maîtrise.

Un arrêté du ministre chargé de l'artisanat fixe pour chaque métier la liste des diplômes et titres homologués dans le métier et les métiers connexes.

Le titre de maître artisan peut également être attribué par la commission régionale des qualifications prévue à l'article 4 aux personnes qui sont immatriculées au répertoire des métiers depuis au moins dix ans justifiant, à défaut de diplômes, d'un savoir-faire reconnu au titre de la promotion de l'artisanat ou de leur participation aux actions de formation. Les demandes sont accompagnées des titres, prix, certificats et tous documents susceptibles d'informer la commission ; elles sont adressées au président de la chambre de métiers *(Décr. n° 2004-1164 du 2 nov. 2004, art. 1er)* « et de l'artisanat » compétente du département dont relève le candidat. Ce dernier les transmet, accompagnées de son avis, dans le délai d'un mois à la commission régionale des qualifications. La commission doit statuer dans un délai de trois mois à compter de la réception du dossier.

Art. 4 *(Décr. n° 2006-665 du 7 juin 2006, art. 39-I)* Une commission régionale des qualifications est instituée dans chaque région ; ses membres sont nommés par arrêté préfectoral après chaque renouvellement des *(Décr. n° 2010-1356 du 11 nov. 2010, art. 25)* « chambres de métiers et de l'artisanat de région » ; elle est présidée par le président de la chambre régionale des *[de]* métiers et de l'artisanat ou son représentant et comprend en outre :

1° Deux représentants de l'État désignés par le préfet, au sein des services déconcentrés, ayant compétence en matière d'artisanat ou de diplôme au sens du deuxième alinéa de l'article 3 ;

2° Un représentant du président du conseil régional ;

3° Quatre artisans titulaires et quatre artisans suppléants nommés sur proposition des *(Décr. n° 2010-1356 du 11 nov. 2010, art. 25)* « chambres de métiers et de l'artisanat de région ».

Cette commission est compétente pour examiner les demandes d'attribution du titre de maître artisan prévu à l'article 3.

Elle statue sur la demande, après avis d'un expert compétent dans le métier considéré, choisi sur une liste établie par le président de la chambre regionale de métiers et de l'artisanat compétente, après avis des organisations professionnelles représentatives concernées ; ses décisions sont prises à la majorité des membres présents ; en cas de partage, la voix du président est prépondérante. Le président ne prend pas part au vote lorsque la demande émane d'un ressortissant de la *(Décr. n° 2010-1356 du 11 nov. 2010, art. 25)* « chambre de métiers et de l'artisanat de région » de sa compétence.

Art. 5 Les ressortissants d'un État membre de la Communauté européenne ou d'un État partie à l'accord sur l'Espace économique européen bénéficient, pour l'application du présent titre, des mêmes droits que les titulaires des diplômes, certificats ou titres délivrés en France, lorsqu'ils sont titulaires d'un diplôme, certificat ou autre titre obtenu dans l'un de ces États autre que la France préparant à l'exercice d'un métier relevant de la liste des métiers prévue au présent décret, ou lorsqu'ils justifient d'un exercice à titre indépendant de ce métier dans des conditions équivalentes.

Pour bénéficier des dispositions prévues au présent titre, les intéressés doivent joindre à leur demande le diplôme, certificat ou titre qu'ils détiennent ainsi qu'une attestation émanant des autorités compétentes de l'État dans lequel ces diplômes ont été obtenus indiquant le niveau de formation ou le programme d'enseignement, ou, le cas échéant, un extrait du registre du commerce et des sociétés, du répertoire des métiers ou tous documents fiscaux, sociaux ou comptables certifiés par les autorités compétentes justifiant de leur activité ; les documents non établis en français doivent être accompagnés d'une traduction certifiée conforme à l'original par un traducteur assermenté.

Art. 6 Nul ne peut se prévaloir de la qualité d'artisan, d'artisan d'art, ou du titre de maître artisan sans avoir satisfait aux obligations prévues au présent titre.

Sans préjudice des dispositions prises pour l'application du dernier alinéa de l'article 21-III de la loi susvisée *[n° 96-603 du 5 juill. 1996]*, les titulaires de la qualité d'artisan, du titre de maître artisan ou d'artisan d'art peuvent utiliser les marques distinctives de qualification artisanale dont le modèle et les conditions d'apposition sont fixés par arrêté du ministre chargé de l'artisanat.

Est constitutif du délit de publicité trompeuse (C. consom., art. L. 121-1 s., v° *Publicité commerciale*) le fait, pour le dirigeant d'une société commercialisant du café, de s'être présenté sur des prospectus publicitaires comme « maître torréfacteur » et d'avoir assuré que ses produits étaient vendus « hors commerce », alors que l'intéressé n'était pas titulaire du titre protégé de maître artisan et que la vente s'effectuait par correspondance. • Crim. 18 oct. 1995 : *BRDA 1995, no 24, p. 10.* ♦ Le fait que l'appellation « maître artificier » soit couramment utilisée dans le milieu professionnel pour désigner le responsable du feu n'est pas de nature à conférer un caractère licite à l'emploi, réglementé, de ce terme dans des contrats destinés à des clients potentiels. • Poitiers, 9 juill. 1998 : *JCP E 1998, no 38, p. 1427.* ♦ Considérant que l'utilisation non fondée de ce titre dans des documents destinés à la clientèle est constitutive d'un acte de concurrence déloyale, V. • Même arrêt. ♦ Pour une utilisation abusive dans une dénomination commerciale du vocable « artisan » en violation des dispositions de l'art. 24 § 1 et 2 de la loi du 5 juill. 1996, V. • TGI Paris, 21 févr. 2001 : *Gaz. Pal. 21-22 nov. 2001, p. 68.*

TITRE II **Du répertoire des métiers**

CHAPITRE PREMIER ***Immatriculation au répertoire***

Art. 7 **Sont soumises à l'obligation d'immatriculation au répertoire des métiers, en application de l'article 19-I de la loi du 5 juillet 1996 susvisée, les personnes physiques ou morales qui exercent dans les conditions prévues à cet article les activités dont la liste figure en annexe du présent décret.** — *V. annexe ss. art. 30 du présent décret.*

(Décr. no 2010-733 du 29 juin 2010) **« Pour l'application du V de l'article 19 de la loi no 96-603 du 5 juillet 1996 relative au développement et à la promotion du commerce et de l'artisanat, sont considérées comme exerçant une activité complémentaire et ainsi dispensées de l'obligation d'immatriculation au répertoire des métiers les personnes qui :**

« 1o Poursuivent une formation initiale ;

« 2o Ou ont liquidé leurs droits à un régime d'assurance vieillesse ;

« 3o Ou perçoivent un traitement ou un salaire pour l'exercice d'une activité au moins à mi-temps ;

« 4o Ou exercent une ou plusieurs activités non salariées non artisanales.

« La dispense d'immatriculation cesse de s'appliquer pour les personnes relevant des 2o, 3o et 4o lorsque le revenu imposable issu de l'activité artisanale constitue plus de la moitié de l'ensemble de leurs revenus d'activité ou de leurs pensions de retraite, retenus pour le calcul de l'impôt sur le revenu au titre de l'année civile précédente. »

V. aussi Arr. 10 juill. 2008 relatif à la Nomenclature d'activités française du secteur des métiers et de l'artisanat, ss. art. 30 du présent décret.

Art. 7 *bis* *(Décr. no 2008-1488 du 30 déc. 2008, art. 11-II)* **Toute personne qui a déclaré son activité en application du V de l'article 19 de la loi no 96-603 du 5 juillet 1996 relative au développement et à la promotion du commerce et de l'artisanat indique sur ses factures, notes de commande, tarifs et documents publicitaires ainsi que sur toutes correspondances et tous récépissés concernant son activité et signés par elle ou en son nom :**

1o Le numéro unique d'identification de l'entreprise délivré conformément à l'article D. 123-235 du code de commerce, suivi immédiatement et lisiblement des mots : "dispensé d'immatriculation en application du V de l'article 19 de la loi no 96-603 du 5 juillet 1996 relative au développement et à la promotion du commerce et de l'artisanat" ;

2o Son adresse ;

3o Si elle est bénéficiaire d'un contrat d'appui au projet d'entreprise pour la création ou la reprise d'une activité économique au sens de l'article L. 127-1 du code de commerce, la dénomination sociale de la personne morale responsable de l'appui, le lieu de son siège social, ainsi que son numéro unique d'identification.

Toute personne ayant déclaré son activité en application du V de l'article 19 de la loi no 96-603 du 5 juillet 1996 et disposant d'un site internet y fait figurer les renseignements mentionnés aux 1o et 2o.

Art. 7 *ter* *(Décr. n° 2010-1706 du 29 déc. 2010, art. 20)* Toute personne exerçant une activité artisanale et ayant effectué une déclaration d'affectation en application de l'article L. 526-6 du code de commerce indique sur ses factures, notes de commande, tarifs et documents publicitaires ainsi que sur toutes correspondances et tous récépissés concernant son activité et signés par elle ou en son nom :

1° Le numéro unique d'identification de l'entreprise délivré conformément à l'article D. 123-235 du code de commerce ;

2° Son adresse ;

3° L'objet de l'activité professionnelle à laquelle le patrimoine est affecté ainsi que la dénomination utilisée pour l'exercice de son activité incorporant son nom ou son nom d'usage précédé ou suivi immédiatement des mots : "entrepreneur individuel à responsabilité limitée" ou des initiales : "EIRL" ;

4° Si elle est bénéficiaire d'un contrat d'appui au projet d'entreprise pour la création ou la reprise d'une activité économique au sens de l'article L. 127-1 du code de commerce, la dénomination sociale de la personne morale responsable de l'appui, le lieu de son siège social, ainsi que son numéro unique d'identification.

Toute personne disposant d'un site internet y fait figurer les renseignements mentionnés aux 1° à 3°.

Art. 7 *quater* *(Décr. n° 2010-249 du 11 mars 2010, art. 1er)* Toute personne physique ou morale qui est soumise à l'obligation d'immatriculation au répertoire des métiers ou qui en est dispensée en application de l'article 19 de la loi du 5 juillet 1996 susvisée *[relative au développement et à la promotion du commerce et de l'artisanat, V supra]* atteste, dans la déclaration de création prévue à l'article R. 123-1 du code de commerce, de la qualification au titre de laquelle elle exerce son activité artisanale en application des I et II de l'article 16 de la même loi *(Abrogé par Décr. n° 2010-1356 du 11 nov. 2010, art. 24) « et de l'article 3 de la loi n° 46-1173 du 23 mai 1946 portant réglementation des conditions d'accès à la profession de coiffeur »* en mentionnant soit l'intitulé du diplôme ou du titre dont elle est titulaire, soit son expérience professionnelle, soit qu'elle s'engage à recruter un salarié qualifié professionnellement, qui assurera le contrôle effectif et permanent de l'activité.

(Décr. n° 2010-1356 du 11 nov. 2010, art. 24) « Pour l'activité de coiffure, elle atteste, dans la déclaration de création prévue à l'article R. 123-1 du code de commerce, de la qualification au titre de laquelle elle exerce son activité en application de l'article 3 de la loi du 23 mai 1946 portant réglementation des conditions d'accès à la profession de coiffeur en mentionnant soit l'intitulé du diplôme ou du titre dont elle est titulaire, soit l'expérience professionnelle qu'elle a acquise sur le territoire d'un autre État membre de l'Union européenne ou partie à l'accord sur l'Espace économique européen, soit qu'elle s'engage à recruter un salarié qualifié professionnellement, qui assurera le contrôle effectif et permanent de l'activité. » – *Ancien art. 7 ter (Décr. n° 2010-1706 du 29 déc. 2010, art. 19).*

Art. 8 L'appréciation de l'effectif donnant lieu à immatriculation au répertoire des métiers visé à l'article 19 de la loi du 5 juillet 1996 susvisée est effectuée conformément aux articles L. 117-11-1 et L. 412-5 *[L. 1111-3 et L. 2141-11 nouv.]* du code du travail.

Art. 9 *(Décr. n° 2008-1488 du 30 déc. 2008, art. 11-III)* « Le lieu d'immatriculation de la personne physique au répertoire des métiers est la *(Décr. n° 2010-1356 du 11 nov. 2010, art. 25)* « chambre de métiers et de l'artisanat de région » dans le ressort de laquelle est situé soit le principal établissement poursuivant une activité figurant dans la liste annexée au présent décret, soit le local occupé en commun avec d'autres entreprises mentionné au premier alinéa de l'article L. 123-10 du code de commerce, soit, dans les cas prévus aux deuxième et troisième alinéas du même article, son local d'habitation.

« S'il s'agit d'une personne morale, le lieu de son immatriculation au répertoire des métiers est celui de son siège social. »

(Décr. n° 2006-80 du 25 janv. 2006, art. 2) « Lorsque le siège de la personne morale est situé à l'étranger, l'immatriculation doit être demandée à la *(Décr. n° 2010-1356 du 11 nov. 2010, art. 25)* « chambre de métiers et de l'artisanat de région » dans le ressort de laquelle est situé le premier établissement installé en France au sens de l'alinéa précédent. »

Art. 10 La demande d'immatriculation est présentée dans le délai d'un mois avant le début de l'activité. Toutefois, elle peut être présentée au plus tard dans le délai d'un mois suivant le début d'activité, si l'intéressé a notifié la date du début de ses activités au plus tard à la veille de celle-ci, par lettre recommandée avec demande d'avis de réception au président de la *(Décr. n° 2010-1356 du 11 nov. 2010, art. 25)* « chambre de métiers et de l'artisanat de région » compétente.

(Décr. n° 2008-1488 du 30 déc. 2008, art. 11-IV) « Les personnes physiques dispensées de l'obligation d'immatriculation au répertoire des métiers en application du V de l'article 19 de la loi n° 96-603 du 5 juillet 1996 relative au développement et à la promotion du commerce et de l'artisanat peuvent néanmoins, à tout moment, demander à y être immatriculées.

« Les personnes qui cessent de remplir les conditions de la dispense doivent demander leur immatriculation dans un délai de deux mois à compter de la date à laquelle elles ont perdu le bénéfice du régime prévu par l'article L. 133-6-8 du code de la sécurité sociale.

« La personne qui, bénéficiant auparavant de la dispense d'immatriculation, demande à être immatriculée en application du deuxième ou du troisième alinéa du présent article indique le numéro unique d'identification mentionné à l'article D. 123-235 du code de commerce qui lui a été attribué lors de sa déclaration d'activité. »

Art. 10 *bis* *(Décr. n° 2006-80 du 25 janv. 2006, art. 2)* I. — Lors de sa demande d'immatriculation *(Décr. n° 2008-1488 du 30 déc. 2008, art. 11-V)* « ou de la déclaration d'activité effectuée en application du V de l'article 19 de la loi n° 96-603 du 5 juillet 1996 relative au développement et à la promotion du commerce et de l'artisanat », la personne physique mariée sous un régime de communauté légale ou conventionnelle fournit un justificatif, conformément au modèle défini par arrêté du garde des sceaux, ministre de la justice, établissant que son conjoint a été informé des conséquences sur les biens communs des dettes contractées dans l'exercice de sa profession.

II. — Lorsqu'en application des articles L. 526-1 à L. 526-3 du code de commerce la personne physique déclare insaisissables ses droits sur l'immeuble où est fixée sa résidence principale *(Décr. n° 2008-1488 du 30 déc. 2008, art. 11-V)* « ou sur tout bien foncier non affecté à son usage professionnel », une mention de cette déclaration est portée au répertoire.

Le cas échéant, la déclaration de remploi des fonds et la renonciation à la déclaration d'insaisissabilité ou de remploi, dans les conditions prévues à l'article L. 526-3 du même code, font également l'objet d'une mention.

III. — Lors de la demande d'immatriculation, l'indication par la personne physique ou morale qu'elle est bénéficiaire d'un contrat d'appui au projet d'entreprises pour la création ou la reprise d'une activité économique conclu dans les conditions prévues au chapitre VII du titre II du livre Ier du code de commerce, dont une copie est déposée dans le dossier individuel de la personne, fait l'objet d'une mention au répertoire des métiers. Sont également mentionnés la dénomination de la personne morale responsable de l'appui, l'adresse de son siège social, ainsi que, si elle *[est]* immatriculée dans un autre registre public, le lieu d'immatriculation et le numéro d'identification.

La personne, immatriculée au répertoire des métiers, bénéficiaire d'un contrat d'appui au projet d'entreprise pour la création ou la reprise d'une activité économique est soumise aux obligations prévues au 5 de l'article *(Décr. n° 2007-431 du 25 mars 2007, art. 2)* « R. 123-237 du code de commerce ».

(*Décr. n° 2010-1706 du 29 déc. 2010, art. 21*) « IV. – Lors de la demande d'immatriculation, la personne physique déclare, le cas échéant, qu'elle affecte à son activité professionnelle en application de l'article L. 526-6 du code de commerce un patrimoine séparé de son patrimoine personnel, en précisant la dénomination utilisée pour l'exercice de l'activité incorporant son nom ou nom d'usage, l'objet de l'activité professionnelle à laquelle le patrimoine est affecté, l'adresse de l'établissement principal où est exercée cette activité ou à défaut d'établissement l'adresse du local d'habitation où l'entreprise est fixée et la date de clôture de l'exercice comptable. La déclaration, dans les formes prévues à l'article R. 526-3 du code de commerce, est annexée au répertoire des métiers. »

(*Décr. n° 2012-122 du 30 janv. 2012, art. 1er-II*) « Lorsqu'une déclaration d'affectation du patrimoine à l'activité professionnelle a été antérieurement déposée par elle à un autre registre de publicité légale ou à un autre répertoire des métiers, la personne physique déclare, pour mention au nouveau répertoire, le lieu de dépôt de cette déclaration d'affectation et des comptes ou documents mentionnés à l'article L. 526-14 du code de commerce. »

(*Décr. n° 2010-1706 du 29 déc. 2010, art. 21*) « V. – Lors de la demande d'immatriculation, la personne physique déclare, le cas échéant, qu'elle est immatriculée ou en cours d'immatriculation au registre du commerce et des sociétés à raison de l'activité professionnelle au titre de laquelle elle dépose au répertoire des métiers la déclaration d'affectation mentionnée au IV, en indiquant le lieu et, si elle est déjà immatriculée, le numéro d'immatriculation au registre.

« VI. – Les informations suivantes sont accessibles gratuitement et par voie électronique auprès du répertoire auquel la personne mentionnée aux IV et V a déposé une déclaration d'affectation de son patrimoine ainsi qu'au répertoire national des métiers visé à l'article 21 *bis* :

« – les nom, prénoms et adresse de la personne ;

« – l'objet de son activité ;

« – le numéro unique d'identification de l'entreprise délivré conformément à l'article D. 123-235 du code de commerce ;

« – la date de dépôt de la déclaration d'affectation. »

Art. 11 (*Décr. n° 2006-80 du 25 janv. 2006, art. 2*) Est un établissement secondaire, au sens du présent décret, tout établissement permanent, distinct du siège social ou du principal établissement, poursuivant une activité figurant dans la liste annexée au présent décret et dirigé par l'assujetti, un préposé ou une personne ayant le pouvoir d'engager cet établissement vis-à-vis des tiers.

La création de tout établissement secondaire au sens de l'alinéa précédent dans le ressort ou hors du ressort de la (*Décr. n° 2010-1356 du 11 nov. 2010, art. 25*) « chambre de métiers et de l'artisanat de région » du lieu d'immatriculation doit être déclarée à celle-ci au plus tard dans le délai d'un mois après le début de l'activité de celui-ci et donne lieu à une inscription complémentaire.

Art. 11 *bis* (*Décr. n° 2006-80 du 25 janv. 2006, art. 2*) Lors de son immatriculation au répertoire des métiers, une personne physique ou morale déclare, le cas échéant, l'existence d'un siège social ou d'un établissement principal ou secondaire dans un autre État membre de la Communauté européenne.

Elle déclare également toute décision de transférer son siège social ou son établissement principal ou de créer un établissement principal ou secondaire dans un de ces États.

Art. 12 Les personnes immatriculées au répertoire des métiers doivent déclarer au président de la (*Décr. n° 2010-1356 du 11 nov. 2010, art. 25*) « chambre de métiers et de l'artisanat de région » compétente, dans le délai d'un mois, les modifications survenues dans leur situation.

(*Décr. n° 2010-1706 du 29 déc. 2010, art. 22*) « Les personnes physiques ayant effectué une déclaration d'affectation en application de l'article L. 526-7 du code de commerce déclarent dans le même délai au registre auquel a été déposée la déclaration d'affectation prévue au V de l'article 10 *bis* du présent décret, le cas échéant, l'ensemble des événements et décisions mentionnés par les articles L. 526-7, L. 526-8 (2°), L. 526-15, L. 526-16 et L. 526-17 du code de commerce. La demande relative à un patrimoine affecté à une activité professionnelle est présentée par la personne immatriculée au répertoire des métiers ou par les personnes mentionnées aux articles L. 526-15, L. 526-16, premier alinéa, et L. 526-17 du code de commerce. Le dépôt de la déclaration de reprise mentionnée au second alinéa de l'article L. 526-16 du code de commerce est effectué par la personne reprenant le patrimoine affecté. La demande relative à la cession du patrimoine affecté à une personne morale ou à son apport en société est présentée par le cédant ou l'apporteur.

« Les actes ou décisions modifiant la déclaration d'affectation mentionnée à l'article L. 526-7 du code de commerce sont déposés dans le délai d'un mois suivant leur date.

« Les documents attestant de l'accomplissement des formalités prévues aux articles L. 526-9 à L. 526-11 du code de commerce en cas d'affectation de biens nouveaux postérieurement à la constitution du patrimoine affecté sont déposés dans le mois suivant l'affectation. Le président de la chambre des métiers et de l'artisanat adresse au service des impôts dont relève l'entrepreneur une copie de ces documents dans les quinze jours suivant leur dépôt.

« Lorsque les personnes mentionnées au premier alinéa ne remplissent plus les conditions d'immatriculation, elles doivent demander leur radiation dans le délai d'un mois. »

Toutefois, en cas d'emploi de plus de dix salariés et sauf demande de radiation, l'immatriculation est maintenue dans les conditions suivantes :

a) Sans limitation de durée aux personnes ayant la qualité d'artisan, d'artisan d'art ou de maître artisan, ou titulaires du brevet de maîtrise ou dont le conjoint collaborateur détient l'une de ces qualités. En ce qui concerne les sociétés, ces conditions de qualification doivent être remplies par le dirigeant social, son conjoint associé ou un associé prenant part personnellement et habituellement à l'activité de l'entreprise ;

b) Pendant une durée de trois ans non renouvelable, lorsque les conditions énumérées au *a* ci-dessus ne sont pas remplies.

En cas de transmission de l'entreprise, *(Décr. n° 2006-80 du 25 janv. 2006, art. 2)* « *[le]* nouvel exploitant » peut, sur sa demande, être immatriculé pour cette même durée.

(Décr. n° 2006-80 du 25 janv. 2006, art. 2) « Lorsqu'une personne physique ou morale transfère son principal établissement ou son siège dans le ressort d'une *(Décr. n° 2010-1356 du 11 nov. 2010, art. 25)* « chambre de métiers et de l'artisanat de région » autre que celle où elle est immatriculée, elle déclare ce transfert à sa nouvelle chambre, laquelle effectue les démarches nécessaires à sa nouvelle immatriculation. Les informations complémentaires nécessaires à cette immatriculation sont fournies gratuitement par la *(Décr. n° 2010-1356 du 11 nov. 2010, art. 25)* « chambre de métiers et de l'artisanat de région » précédemment compétente. »

L'immatriculation au répertoire des métiers peut également être maintenue pendant un délai maximum d'un an en cas de cessation temporaire d'activité, sur déclaration de la personne immatriculée. *(Décr. n° 2006-80 du 25 janv. 2006, art. 2)* « Ce délai est renouvelable dans la limite d'un délai maximum de trois ans dans le cas d'un congé parental. »

Art. 13 *(Décr. n° 2006-80 du 25 janv. 2006, art. 2)* « En cas de décès de la personne immatriculée, la radiation est demandée par les héritiers ou les ayants droit dans le délai de six mois à compter de la date du décès. Toutefois, ces héritiers ou ayants droit, qu'ils envisagent ou non de poursuivre l'exploitation, peuvent demander, à compter de la date du décès et dans les mêmes délais, le maintien provisoire de l'immatriculation pour une durée d'un an renouvelable une fois. » En cas de liquidation *(Décr. n° 2006-80 du 25 janv. 2006, art. 2)* « amiable » d'une société immatriculée, la radiation doit être requise à la diligence du liquidateur dans les deux mois *(Décr. n° 2006-80 du 25 janv. 2006, art. 2)* « de la publication de la clôture de la liquidation ».

Art. 14 *(Décr. n° 2006-966 du 1er août 2006, art. 6)* Le conjoint collaborateur d'une personne physique, du gérant associé unique ou du gérant associé majoritaire d'une société à responsabilité limitée immatriculée au répertoire des métiers qui remplit les conditions fixées par les articles *(Décr. n° 2007-431 du 25 mars 2007, art. 2)* « R. 121-1 et R. 121-2 du code de commerce » fait l'objet d'une mention à ce répertoire.

(Décr. n° 2008-1488 du 30 déc. 2008, art. 11-VI) « Les dispositions du précédent alinéa sont également applicables à la personne qui est liée au chef d'entreprise par un pacte civil de solidarité. »

Sur la présomption de mandat au bénéfice du conjoint collaborateur mentionné au répertoire des métiers, V. C. com., art. L. 121-6.

Art. 15 *(Décr. n° 2006-80 du 25 janv. 2006, art. 2)* S'agissant des personnes morales, les personnes énumérées au *(Décr. n° 2007-431 du 25 mars 2007, art. 2)* « 2° de l'article R. 123-54 du code de commerce » font également l'objet d'une mention au répertoire des métiers.

Art. 15 *bis* *(Décr. n° 2006-80 du 25 janv. 2006, art. 2)* Lorsque le président de la *(Décr. n° 2010-1356 du 11 nov. 2010, art. 25)* « chambre de métiers et de l'artisanat de région » est informé par une autorité administrative ou judiciaire de ce que l'évolution de la situation d'une personne immatriculée nécessiterait de compléter ou de modifier les mentions la concernant figurant au répertoire, il invite la personne intéressée à s'acquitter de ses obligations déclaratives. Si l'intéressée ne défère pas à cette invitation dans le délai d'un mois, le président de la chambre de métiers inscrit d'office les modifications appropriées au dossier individuel de la personne aux frais de l'assujettie.

(Décr. n° 2010-1706 du 29 déc. 2010, art. 23) « Lorsque le président de la chambre de métiers et de l'artisanat est avisé par le greffier du dépôt au registre du commerce et des sociétés, par une personne physique également immatriculée au répertoire des métiers, d'une déclaration d'affectation effectuée en application de l'article L. 526-7 du code de commerce, il procède d'office à la mention de cette déclaration. »

Art. 16 Une commission du répertoire des métiers est instituée dans chaque département par arrêté préfectoral ; elle est présidée par le préfet ou son représentant, qui a voix prépondérante, et comprend en outre *(Décr. n° 2006-80 du 25 janv. 2006, art. 2)* « un représentant des greffes des tribunaux de commerce ou des tribunaux de grande instance statuant en matière commerciale *[,]* » un représentant du *(Décr. n° 2010-1463 du 1er déc. 2010, art. 87)* « chambres de commerce et d'industrie territoriales », un représentant des *(Décr. n° 2010-1356 du 11 nov. 2010, art. 25)* « chambres de métiers et de l'artisanat de région » et un agent de l'État désigné par le préfet. Elle se réunit sur l'initiative de son président *(Décr. n° 2006-80 du 25 janv. 2006, art. 2)* « ou à la demande du président de la » *(Décr. n° 2010-1356 du 11 nov. 2010, art. 25)* « chambre de métiers et de l'artisanat de région » et rend son avis sur les demandes qui lui sont présentées dans le délai *(Décr. n° 2006-80 du 25 janv. 2006, art. 2)* « *[de]* quinze jours » à compter de sa saisine.

Art. 17 *(Décr. n° 2006-80 du 25 janv. 2006, art. 2)* I. — Sous réserve des dispositions du V de l'article 16 et de l'article 35 du code professionnel local, l'immatriculation est effectuée par le président de la *(Décr. n° 2010-1356 du 11 nov. 2010, art. 25)* « chambre de métiers et de l'artisanat de région » compétente, lequel peut saisir pour avis la commission du répertoire des métiers de toute demande concernant une personne physique ou morale.

Le président procède à l'immatriculation des personnes physiques dans le délai d'un jour ouvrable après la délivrance, par le centre de formalités des entreprises géré par la chambre, du récépissé de dépôt de dossier de création d'entreprise visé à l'article 19-1 de la loi du 5 juillet 1996 susvisée *[n° 96-603 relative au développement et à la promotion du commerce et de l'artisanat]. — V. cet art.*

Il procède à l'immatriculation des personnes morales dans le délai d'un jour ouvrable après réception de la notification de l'immatriculation au registre du commerce et des sociétés.

Le président délivre, sans délai et gratuitement, à la personne immatriculée trois extraits de l'immatriculation au répertoire des métiers.

Lorsque le président décide de saisir pour avis la commission du répertoire des métiers, il en informe le demandeur ou le déclarant par lettre motivée dans le délai mentionné au deuxième alinéa. Dans ce cas, l'absence de notification d'immatriculation dans les quinze jours à compter de la réception du dossier complet vaut acceptation de la demande d'immatriculation. Le président est alors tenu d'immatriculer la personne dans le délai d'un jour franc.

II. — La commission du répertoire des métiers est obligatoirement saisie pour avis par le président de la *(Décr. no 2010-1356 du 11 nov. 2010, art. 25)* « chambre de métiers et de l'artisanat de région », préalablement à tout refus d'immatriculation. Ce refus doit être motivé. Il est notifié par lettre recommandée avec demande d'avis de réception. La notification mentionne la possibilité pour le demandeur de former un recours devant le juge administratif et en précise les modalités.

III. — Les radiations, intervenues sur demande de la personne immatriculée ou dans les conditions prévues à l'article 17 *bis*, sont effectuées par le président de la *(Décr. no 2010-1356 du 11 nov. 2010, art. 25)* « chambre de métiers et de l'artisanat de région » compétente. Elles sont notifiées par lettre recommandée avec demande d'avis de réception.

IV. — Les personnes qui se sont vu opposer un refus d'immatriculation ou qui ont été radiées peuvent saisir le préfet en vue de l'application des dispositions prévues au I de l'article 18.

V. — Les immatriculations et les radiations font l'objet d'un affichage à la *(Décr. no 2010-1356 du 11 nov. 2010, art. 25)* « chambre de métiers et de l'artisanat de région » pendant une durée de trente jours. — *V. art. 23 bis.*

(Décr. no 2010-1706 du 29 déc. 2010, art. 24) « VI. — Dans le cas prévu au V de l'article 10 *bis*, le président de la chambre de métiers et de l'artisanat qui procède à l'inscription au répertoire des métiers d'une déclaration d'affectation effectuée en application de l'article L. 526-7 du code de commerce en avise sans délai le greffier compétent aux fins de mention au registre du commerce et des sociétés, dans des formes prévues par arrêté conjoint du garde des sceaux, ministre de la justice, et du ministre chargé de l'économie. »

Arrêté du 29 décembre 2010, *relatif à l'entrepreneur individuel à responsabilité limitée.* **Art. 4** L'avis mentionné au VI de l'article 17 du décret n° 98-247 du 2 avril 1998 relatif à la qualification artisanale et au répertoire des métiers est constitué d'un écrit, formalisé, le cas échéant, par voie électronique, qui mentionne :

1° Les nom, nom d'usage, prénoms et domicile de l'entrepreneur individuel ;

2° La dénomination utilisée pour l'exercice de l'activité professionnelle à laquelle le patrimoine est affecté ;

3° L'adresse de l'établissement principal où est exercée l'activité professionnelle à laquelle le patrimoine est affecté ou, à défaut d'établissement, l'adresse du local d'habitation où l'entreprise est fixée ;

4° L'objet de l'activité professionnelle à laquelle le patrimoine est affecté ;

5° La date de clôture de l'exercice comptable ;

6° Le numéro unique d'identification de l'entreprise délivré conformément à l'article D. 123-235 du code de commerce ;

7° La date, le lieu et le registre de dépôt de la déclaration d'affectation.

Art. 17 *bis* *(Décr. n° 2006-80 du 25 janv. 2006, art. 2)* **Lorsque le président de la** *(Décr. n° 2010-1356 du 11 nov. 2010, art. 25)* **« chambre de métiers et de l'artisanat de région » est informé par une autorité administrative ou judiciaire de ce qu'une personne immatriculée ne remplit plus les conditions d'immatriculation au répertoire des métiers, il procède d'office à sa radiation après l'avoir mise en demeure, ou, le cas échéant, ses héritiers ou ayants droit, de demander la radiation de son immatriculation par lettre recommandée avec demande d'avis de réception.**

Les personnes physiques sont radiées à l'issue d'un délai de trois mois après la date de l'accusé de réception et les personnes morales dans le délai de trois mois après leur radiation du registre du commerce et des sociétés.

Lorsqu'une personne a été radiée d'office en application des dispositions précédentes, elle peut, dans un délai de six mois à compter de sa radiation et dès lors qu'elle démontre qu'elle a régularisé sa situation, saisir le président de la *(Décr. n° 2010-1356 du 11 nov. 2010, art. 25)* **« chambre de métiers et de l'artisanat de région » aux fins de voir rapporter cette radiation.**

S'il s'agit d'une personne morale radiée du registre du commerce et des sociétés, cette dernière peut demander que cette radiation soit rapportée dès qu elle peut justifier de sa réinscription à ce registre en fournissant un extrait de son immatriculation.

Art. 18 *(Décr. n° 2006-80 du 25 janv. 2006, art. 2)* **I. — Le préfet peut, soit à la demande d'une personne, soit d'office, demander au président de la** *(Décr. n° 2010-1356 du 11 nov. 2010, art. 25)* **« chambre de métiers et de l'artisanat de région » une immatriculation, après avis de la commission du répertoire des métiers. Il peut également d'office lui demander une radiation après avis de la même commission.**

II. — Lorsqu'il estime qu'une personne immatriculée au répertoire des métiers n'exerce pas son activité professionnelle en conformité avec le I de l'article 16 de la loi du 5 juillet 1996 susvisée *[n° 96-603, relative au développement et à la promotion du commerce et de l'artisanat]*, **le président de la** *(Décr. n° 2010-1356 du 11 nov. 2010, art. 25)* **« chambre de métiers et de l'artisanat de région » peut transmettre au préfet un extrait de l'immatriculation au répertoire des métiers de la personne concernée ainsi que les éléments d'information fondant son appréciation.** — *V. art. préc.*

CHAPITRE II *Fonctionnement du répertoire*

Art. 19 *(Décr. n° 2006-80 du 25 janv. 2006, art. 2)* **Chaque** *(Décr. n° 2010-1356 du 11 nov. 2010, art. 25)* **« chambre de métiers et de l'artisanat de région » tient le répertoire des métiers des entreprises situées dans son ressort conformément aux dispositions prévues à l'article 9.**

Le répertoire des métiers est constitué par :

— un fichier alphabétique des personnes physiques et morales immatriculées ;

— les dossiers individuels des personnes physiques et morales immatriculées.

La tenue des fichiers et dossiers susmentionnés peut faire l'objet d'un traitement informatique dans les conditions prévues par la loi n° 78-17 du 6 janvier 1978 modifiée relative à l'informatique, aux fichiers et aux libertés. — *V. art. 23 bis.*

Les demandes d'immatriculation, de modification de situation ou de cessation d'activité et les pièces justificatives, transmises par voie électronique, peuvent être conservées sous forme de documents électroniques dans les conditions prévues à l'article 1316-1 du code civil.

Art. 19 *bis* *(Décr. n° 2010-1706 du 29 déc. 2010, art. 25)* **Lorsque l'entrepreneur individuel à responsabilité limitée a déposé la déclaration d'affectation mentionnée à l'article L. 526-7 du code de commerce au répertoire des métiers, il est également tenu d'y déposer, dans le délai de six mois suivant la clôture de l'exercice, les documents comptables mentionnés à l'article L. 526-14 du même code.**

Le président de la chambre de métiers et de l'artisanat transmet au greffe compétent par application de l'article L. 526-14 du code de commerce, dans le mois suivant leur

dépôt, les documents comptables mentionnés à l'alinéa précédent pour être déposés en annexe, suivant le cas, au registre du commerce et des sociétés ou au registre mentionné au 3° de l'article L. 526-7 du même code. Il l'avise également de l'absence de dépôt des comptes dans le délai prévu au premier alinéa.

Art. 20 *(Décr. n° 2006-80 du 25 janv. 2006, art. 2)* Les artisans d'art font l'objet d'une mention spécifique au sein du répertoire des métiers conformément à l'article 20 de la loi du 5 juillet 1996 susvisée. Il en va de même pour les sociétés coopératives artisanales répondant aux conditions de la loi du 20 juillet 1983 susvisée. – *V. art. préc. – V. L. n° 83-657 du 20 juill. 1983.*

Art. 21 *(Décr. n° 2006-80 du 25 janv. 2006, art. 2)* Le président de la *(Décr. n° 2010-1356 du 11 nov. 2010, art. 25)* « chambre de métiers et de l'artisanat de région » délivre à toute personne qui en fait la demande les documents suivants :

– un extrait des inscriptions figurant au dossier d'une personne immatriculée au répertoire des métiers ;

– un certificat attestant qu'une personne n'est pas immatriculée ;

– une copie intégrale des inscriptions portées au répertoire des métiers pour une même personne ;

(Décr. n° 2010-1706 du 29 déc. 2010, art. 26) « – une copie intégrale des actes et documents comptables déposés au dossier d'une même personne. »

Ces documents sont transmis, au choix du demandeur, soit sur support papier, soit par voie électronique. Dans ce dernier cas, la chambre de métiers doit y apposer une signature sécurisée et veiller à ce que les transmissions soient assurées de manière sécurisée, conformément aux articles 1316-1 et 1316-4 du code civil. – *V. art. 23 bis.*

(Décr. n° 2010-1706 du 29 déc. 2010, art. 26) « Les inscriptions figurant au dossier d'une personne immatriculée au répertoire des métiers sont consultables par voie électronique par toute personne, dans des conditions fixées par arrêté conjoint des ministres chargés du commerce et de l'artisanat. » – *V. Arr. 31 déc. 2010 ci-dessous.*

Arrêté du 31 décembre 2010,

Relatif au répertoire des métiers.

Art. 1er Pour l'application du dernier alinéa de l'article 21 du décret du 2 avril 1998 susvisé, les informations consultables gratuitement par voie électronique sont, à l'exclusion de toute autre mention :

— pour les personnes physiques, leurs nom, nom d'usage, prénoms, pseudonyme, date et lieu de naissance ;

— pour les personnes morales, la dénomination, le nom commercial, la forme juridique, le sigle ;

— le numéro unique d'identification ;

— le code de l'activité principale donnant lieu à immatriculation au répertoire des métiers ;

— s'il y a lieu, le nom professionnel et l'enseigne ;

— l'adresse de l'entreprise ou du siège social ;

— la date d'immatriculation ou de radiation au répertoire des métiers ;

— la qualification artisanale du ou des exploitants ;

— le cas échéant :

— les informations mentionnées au VI de l'article 10 *bis* du décret du 2 avril 1998 susvisé.

Art. 2 Le droit mentionné au dernier alinéa de l'article 21 *bis* du décret du 2 avril 1998 susvisé est fixé à *(Arr. 7 nov. 2011, en vigueur le 1er janv. 2012)* « 1 euro *[ancienne rédaction : 2 euros]* » par déclaration transmise.

Art. 21 *bis* *(Décr. n° 2010-1706 du 29 déc. 2010, art. 27)* L'assemblée permanente des chambres de métiers et de l'artisanat centralise, au sein du répertoire national des métiers :

1° Les données informatiques des répertoires tenus par chaque chambre de métiers et de l'artisanat ;

2° L'image numérisée des déclarations, qui vaut double original de celles-ci ;

3° La copie intégrale des actes et documents comptables déposés en application des articles L. 526-6 à L. 526-17 du code de commerce.

Son président délivre, sur support papier ou par voie électronique, à toute personne qui en fait la demande, des certificats, copies ou communications relatifs à l'inscription d'une personne au répertoire national ainsi qu'aux actes et documents comptables déposés, moyennant le paiement de redevances. Il délivre également des certificats attestant qu'au jour de la demande une personne ne figure pas dans les immatriculations portées au répertoire national.

Les frais supportés au titre de la conservation du double original mentionné au troisième alinéa sont couverts par un droit fixé par arrêté du ministre chargé de l'artisanat, acquitté par chaque chambre de métiers et de l'artisanat. – *V Arr. 31 déc. 2010, ss. art. 21 du présent décret.*

Art. 21 *ter* *(Décr. n° 2006-80 du 25 janv. 2006, art. 2)* Sous réserve que cette activité conserve un caractère accessoire, le président de la *(Décr. n° 2010-1356 du 11 nov. 2010, art. 25)* « chambre de métiers et de l'artisanat de région » peut communiquer à des tiers, pour assurer la promotion du secteur des métiers, la liste des noms, prénoms et adresses de personnes physiques et la dénomination et l'adresse de *[des]* personnes morales immatriculées au répertoire des métiers avec mention de leur activité et, le cas échéant, de leur qualité d'artisan ou de maître artisan en vue de leur publication.

Les personnes concernées devront être informées de cette possibilité de diffusion, lors de leur immatriculation ou avant la publication des listes, afin de pouvoir s'y opposer, le cas échéant, conformément aux dispositions de la loi du 6 janvier 1978 mentionnée à l'article 19 et dans les conditions définies par l'arrêté prévu à l'article 23 *bis*.

Les frais de production des documents et listes délivrés en application du présent article sont à la charge du demandeur.

Art. 22 Le président de la *(Décr. n° 2010-1356 du 11 nov. 2010, art. 25)* « chambre de métiers et de l'artisanat de région » délivre une attestation d'immatriculation à toute personne immatriculée au répertoire des métiers.

Cette attestation d'immatriculation est conforme *(Décr. n° 2006-80 du 25 janv. 2006, art. 2)* « à un modèle type défini par l'arrêté prévu à l'article 23 *bis* ». Elle comporte, outre la nature de l'activité, l'identification sous le numéro unique d'identification prévu à l'article 3 de la loi du 11 février 1994 susvisée *[n° 94-126, V. ce texte ss. art. R. 123-1]*, des personnes physiques ou morales immatriculées, *(Décr. n° 2006-80 du 25 janv. 2006, art. 2)* « les représentants des personnes morales mentionnés au répertoire des métiers dans les conditions prévues à l'article 15 et, le cas échéant, la qualité d'artisan, d'artisan d'art ou le titre de maître artisan ou de maître artisan en métiers d'art de la personne physique ou du ou des dirigeants des personnes morales » ainsi que, selon les cas, leur qualité d'artisan, d'artisan d'art ou leur titre de maître artisan. Elle est renouvelée chaque année. Elle est restituée à la *(Décr. n° 2010-1356 du 11 nov. 2010, art. 25)* « chambre de métiers et de l'artisanat de région » en cas de radiation.

Art. 23 Le président de la *(Décr. n° 2010-1356 du 11 nov. 2010, art. 25)* « chambre de métiers et de l'artisanat de région » procède d'office à la mention au répertoire des métiers des décisions rendues en matière *(L. n° 2005-845 du 26 juill. 2005, art. 165-II)* « de sauvegarde, » de redressement et de liquidation judiciaires à l'encontre des personnes immatriculées à ce répertoire, et dont il est rendu destinataire par le président

du tribunal, chaque fois que cette mention est prévue par le décret du 27 décembre 1985 susvisé *[désormais, par le Décr. nº 2005-1677 du 28 déc. 2005, abrogé et codifié aux art. R. 600-1 s. C. com.]*. **Il procède à la suppression de ces mentions dans les cas prévus à l'article 71 du décret du 30 mai 1984 susvisé.** *– V. C. com., art. R. 123-31 s.*

(Décr. nº 2006-80 du 25 janv. 2006, art. 2) **« En outre, le président mentionne la décision, rendue par une juridiction d'un État membre de la Communauté européenne soumis à l'application du règlement nº 1346/2000 du 29 mai 2000 relatif aux procédures d'insolvabilité, ouvrant une procédure d'insolvabilité en application de l'article 3 (§ 1) de ce règlement, à l'égard d'une personne immatriculée au répertoire des métiers, dont le centre des intérêts principaux ou le domicile est situé dans cet État. Cette mention est effectuée à la demande de la personne désignée comme syndic, au sens de ce règlement, qui justifie de ses pouvoirs. »** *– V. Règl. préc. ou au* ***C. pr. coll.***

V. Rép. min. nº 15083, JO Sénat Q 3 mars 2005, p. 617 ; JCP E 2005, nº 12, p. 503.

Art. 23 *bis* *(Décr. nº 2006-80 du 25 janv. 2006, art. 2)* **Un arrêté conjoint du ministre chargé de l'artisanat, du ministre de la justice et du ministre chargé de la propriété industrielle, pris après avis de la Commission nationale de l'informatique et des libertés, fixe les conditions d'application du présent titre, et notamment :** *– Comp. Arr. 30 août 1983.*

a) **Les conditions de l'affichage à la chambre de métiers des immatriculations et des radiations prévu au V de l'article 17 ;**

b) **La liste des données déclarées contenues dans les fichiers et dossiers mentionnés à l'article 19 et les extraits et certificats délivrés par le président de la** *(Décr. nº 2010-1356 du 11 nov. 2010, art. 25)* **« chambre de métiers et de l'artisanat de région » conformément à l'article 21 ;**

c) **Le modèle type d'attestation d'immatriculation prévue à l'article 22 ;**

d) **La liste des pièces justificatives nécessaires à l'immatriculation, la radiation ou la modification des inscriptions au répertoire ;**

(Abrogé par Décr. nº 2010-1706 du 29 déc. 2010, art. 28) ***« e) Les modalités de transmission du second original de tous les dossiers des personnes immatriculées au répertoire des métiers ou au registre des entreprises tenu par chaque*** *(Décr. nº 2010-1356 du 11 nov. 2010, art. 25)* ***« chambre de métiers et de l'artisanat de région » à l'Institut national de la propriété industrielle en application de l'article L. 411-1 du code de la propriété intellectuelle et les modalités de prise en charge par les*** *(Décr. nº 2010-1356 du 11 nov. 2010, art. 25)* ***« chambres de métiers et de l'artisanat de région » des frais supportés par l'Institut national de la propriété industrielle au titre de la tenue et de la conservation de ce second original ; »***

(Décr. nº 2010-1706 du 29 déc. 2010, art. 28) **« *e)* » Les modalités pratiques permettant aux personnes immatriculées au répertoire des métiers d'être informées qu'elles sont susceptibles de faire l'objet des diffusions prévues à l'article 21 *ter* et éventuellement de s'y opposer.**

TITRE III Dispositions particulières aux départements de la Moselle, du Bas-Rhin et du Haut-Rhin

Art. 24 Dans les départements de la Moselle, du Bas-Rhin et du Haut-Rhin, les dispositions prévues aux articles 1er, 2 et 5 à 23 sont applicables à la 1re section du registre des entreprises, la commission du répertoire étant remplacée par une commission du registre qui est désignée et fonctionne dans les mêmes conditions.

(Décr. nº 2006-80 du 25 janv. 2006, art. 3) **« Les dispositions de l'article 19 sont applicables à chacune des deux sections du registre des entreprises. »**

Art. 25 Les dispositions prévues à l'article 3 du présent décret ne sont pas applicables dans les départements de la Moselle, du Bas-Rhin et du Haut-Rhin, dans lesquels il est fait application de l'article 133 du code professionnel local.

Art. 26 Doivent être immatriculées à une deuxième section du registre, quels que soient leur nature juridique, le lieu du principal établissement *(Décr. nº 2006-80 du 25 janv. 2006, art. 3)* « artisanal » ou le siège de leur entreprise, l'effectif de leurs salariés et le degré de perfectionnement de l'équipement technique et des machines utilisées, les personnes qui ne sont pas assujetties à l'immatriculation à la première section du registre et qui exploitent à titre principal ou non, dans un ou plusieurs établissements situés dans les départements cités à l'article 24, une ou des activités visées à l'*(Décr. nº 2006-80 du 25 janv. 2006, art. 3)* « article 7 », dès lors que :

1º Pour l'exécution et la réalisation selon les règles de l'art des travaux ou ouvrages entrant dans leurs activités ainsi déterminées :

a) L'intervention prépondérante de personnes ayant une formation professionnelle appropriée est indispensable ; une telle formation n'est pas exigée du responsable de l'établissement, qui n'est pas tenu de prendre part personnellement à l'exécution des travaux ou des ouvrages ;

b) Le travail n'est pas divisé entre les intervenants de telle façon que chacun soit affecté en permanence à un même poste comportant l'exécution de travaux parcellaires précis, de caractère généralement répétitif et étroitement limité ;

2º Les travaux et ouvrages sont effectués ou réalisés pour le compte de tiers.

(Décr. nº 2008-1488 du 30 déc. 2008, art. 11-VII) « L'obligation d'immatriculation à la deuxième section du registre ne s'applique pas aux personnes physiques bénéficiant des dispositions du V de l'article 19 de la loi nº 96-603 du 5 juillet 1996 relative au développement et à la promotion du commerce et de l'artisanat. »

Art. 27 Lorsque les personnes immatriculées cessent de remplir les conditions fixées pour leur immatriculation à l'une ou l'autre section du registre, elles doivent, dans les deux mois, demander leur transfert à l'autre section ; si elles n'en remplissent pas les conditions, elles doivent demander leur radiation du registre.

Art. 28 Sous réserve des dispositions particulières prévues au présent titre, les dispositions prévues aux articles 1er, 2 et 5 à 23 du présent décret sont applicables à la deuxième section du registre, la commission du répertoire étant remplacée par la commission du registre. Toutefois, si l'établissement principal ou le siège de l'entreprise ne sont pas situés dans l'un des départements visés à l'article 24, les personnes tenues à l'immatriculation à la deuxième section du registre à raison d'un ou plusieurs établissements qu'elles exploitent dans ces départements doivent, par dérogation à l'article 9, adresser leur demande au centre de formalités des entreprises du lieu de ces établissements.

Ces dispositions sont également applicables aux décisions d'immatriculation à une section du registre autre que celle demandée, et pour statuer sur les demandes de transfert d'une section à l'autre.

Les décisions d'immatriculation à la deuxième section du registre prises par les préfets de département après avis des commissions du registre sont soumises, en cas de contestation, à une commission interdépartementale du registre des entreprises dont la composition et les règles de fonctionnement sont prises par arrête du ministre chargé de l'artisanat.

TITRE IV **Dispositions applicables à la chambre de métiers et de l'artisanat de Mayotte** *(Décr. nº 2006-379 du 27 mars 2006, art. 10).*

Art. 29 *(Décr. nº 2006-379 du 27 mars 2006, art. 10)* I. – Le présent décret est applicable à la chambre de métiers et de l'artisanat de Mayotte, à l'exception du deuxième alinéa de l'article 1er, du II de l'article 18 et de l'article 30, sous réserve des adaptations suivantes :

II. – Pour l'application du présent décret à Mayotte :

– les mots : « des chambres de commerce et d'industrie » sont remplacés par les mots : « de la chambre de commerce et d'industrie de Mayotte » et les mots : « des chambres de métiers » sont remplacés par les mots : « de la chambre de métiers et de l'artisanat de Mayotte » ;

— les mots : « chambre régionale des métiers » sont remplacés par les mots : « chambre de métiers et de l'artisanat de Mayotte » ;

— les mots : « commission régionale des qualifications » sont remplacés par les mots : « commission des qualifications » ;

— les mots : « dans chaque région » sont remplacés par les mots : « à Mayotte » ;

— les mots : « conseil régional » sont remplacés par les mots : « conseil général de Mayotte » ;

— les mots : « greffes des tribunaux de commerce ou des tribunaux de grande instance statuant en matière commerciale » sont remplacés par les mots : « du greffe du *(Décr. n° 2011-338 du 29 mars 2011, art. 17, en vigueur le 1er avr. 2011)* « tribunal mixte de commerce » statuant en matière commerciale ».

III. — A l'article 5, les mots : « ou d'un État partie à l'accord sur l'Espace économique européen » sont supprimés.

IV. — A l'article 8, la référence à l'article L. 117-11-1 *[L. 1111-3 nouv.]* du code du travail est remplacée par la référence à l'article L. 113-11 du code du travail applicable à Mayotte et la référence à l'article L. 412-5 *[L. 2141-11 nouv.]* du code du travail est remplacée par la référence aux articles L. 620-8 et L. 620-9 *[abrogés par Ord. n° 2012-792 du 7 juin 2012, art. 6]* du code du travail applicable à Mayotte.

V. — A l'article 14, les mots : « dans les conditions prévues à l'article L. 742-6 (5°) du code de la sécurité sociale » sont supprimés.

VI. — A l'article 20, les mots : « répondant aux conditions de la loi du 20 juillet 1983 susvisée » sont supprimés.

TITRE IV *bis* Dispositions applicables à la chambre d'agriculture, de commerce, d'industrie, de métiers et de l'artisanat de Saint-Pierre-et-Miquelon

(Décr. n° 2009-1774 du 30 déc. 2009, art. 4)

Art. 29-1 Pour son application à la chambre d'agriculture, de commerce, d'industrie, de métiers et de l'artisanat de Saint-Pierre-et-Miquelon, le présent décret fait l'objet des adaptations suivantes :

1° Les mots : "chambre de métiers et de l'artisanat" et : "chambre de métiers et de l'artisanat compétente du département" sont remplacés par les mots : "chambre d'agriculture, de commerce, d'industrie, de métiers et de l'artisanat de Saint-Pierre-et-Miquelon", sauf aux articles 9, 12 et 21 *bis* ;

2° Les mots : "commission régionale des qualifications" sont remplacés par les mots : "commission des qualifications" ;

3° L'article 4 est remplacé par les dispositions suivantes :

Art. 4. Une commission des qualifications est instituée à Saint-Pierre-et-Miquelon ; ses membres sont nommés par arrêté préfectoral après chaque renouvellement de la chambre d'agriculture, de commerce, d'industrie, de métiers et de l'artisanat de Saint-Pierre-et-Miquelon. Elle est présidée par le président de cette chambre ou son représentant et comprend en outre :

a) Deux représentants de l'État désignés par le préfet de la collectivité territoriale de Saint-Pierre-et-Miquelon, au sein des services déconcentrés, ayant compétence en matière d'artisanat ou de diplôme aux sens du deuxième alinéa de l'article 3 ;

b) Un représentant du président du conseil territorial de Saint-Pierre-et-Miquelon ;

c) Trois artisans titulaires et trois artisans suppléants nommés sur proposition de la *chambre d'agriculture*, de commerce, d'industrie, de métiers et de l'artisanat de Saint-Pierre-et-Miquelon.

Cette commission est compétente pour examiner les demandes d'attribution du titre de maître artisan prévu à l'article 3.

Elle statue sur chaque demande, après avis d'un expert compétent dans le métier considéré, choisi sur une liste établie par le président de la chambre d'agriculture, de commerce, d'industrie, de métiers et de l'artisanat de Saint-Pierre-et-Miquelon. Ses décisions sont prises à la majorité des membres présents. En cas de partage, la voix du président est prépondérante.

4° Au deuxième alinéa de l'article 11, les mots : "du lieu d'immatriculation" sont supprimés ;

5° Au cinquième alinéa de l'article 12, les mots : "dans le ressort d'une chambre de métiers et de l'artisanat autre que celle où elle est immatriculée" sont remplacés par les mots : "hors de Saint-Pierre-et-Miquelon" et les mots : "sa nouvelle chambre, laquelle" sont remplacés par les mots : "la chambre de métiers et de l'artisanat dans le ressort de laquelle elle a opéré ce transfert ; cette chambre" ;

6° A l'article 16, les mots : "dans chaque département" sont remplacés par les mots : "à Saint-Pierre-et-Miquelon" et les mots : "un représentant des chambres de commerce et d'industrie, un représentant des chambres de métiers et de l'artisanat" sont remplacés par les mots : "deux représentants de la chambre d'agriculture, de commerce, d'industrie, de métiers et de l'artisanat de Saint-Pierre-et-Miquelon" ;

7° A l'article 21 *bis*, les mots : "des répertoires tenus par chaque chambre de métiers et de l'artisanat" sont remplacés par les mots : "du répertoire des métiers tenu par la chambre d'agriculture, de commerce, d'industrie, de métiers et de l'artisanat de Saint-Pierre-et-Miquelon".

TITRE V **Dispositions finales** *(Décr. n° 2006-379 du 27 mars 2006, art. 10).*

Art. 30 Le décret n° 83-487 du 10 juin 1983 modifié relatif au répertoire des métiers est abrogé. — *V. ce texte au* ***C. com.*** *éd. 1997-98 ou antérieures.*

ANNEXE

LISTE DES ACTIVITÉS RELEVANT DE L'ARTISANAT AVEC LEUR CORRESPONDANCE DANS LE CODE DE LA NOMENCLATURE NAF RÉV. 2

(Décr. n° 2008-565 du 17 juin 2008, JO 19 juin)

BIBL. ▶ AZARIAN et SAINTOURENS, *JCP E 2008, n° 41, p. 23* (actualisation de la liste des activités relevant de l'artisanat).

Activités relevant de l'artisanat de l'alimentation

Transformation et conservation de la viande et préparation de produits à base de viande, 10. 1.

Transformation et conservation de poissons, de crustacés et de mollusques, 10. 2.

Transformation et conservation de fruits et légumes, 10. 3 (sauf produits de la quatrième gamme).

Fabrication d'huiles et graisses végétales et animales, 10. 4.

Fabrication de produits laitiers, 10. 5.

Travail des grains, fabrication de produits amylacés, 10. 6.

Fabrication de produits de boulangerie-pâtisserie et de pâtes alimentaires, 10. 7 (sauf terminaux de cuisson, 10. 71 B).

Fabrication d'autres produits alimentaires, 10. 8.

Fabrication d'aliments pour animaux, 10. 9.

Fabrication d'eaux-de-vie naturelles et de spiritueux (inclus dans 11. 01 Z).

Fabrication de vins effervescents (inclus dans 11. 02 A).

Fabrication d'autres boissons, 11. 03 à 11. 07.

Commerce de détail de viandes et de produits à base de viande en magasin spécialisé, 47. 22.

Commerce de détail de poissons, crustacés et mollusques en magasin spécialisé cont préparations à partir de ces produits (inclus dans 47. 23).

Commerce de détail de viandes, produits à base de viande sur éventaires et marchés (inclus dans 47. 81).

Commerce de détail de poissons, crustacés et mollusques sur éventaires et marchés dont préparations à partir de ces produits (inclus dans 47. 81).

Fabrication de plats prêts à consommer, *(Abrogé par Décr. n° 2010-249 du 11 mars 2010, art. 2) « majoritairement »* à emporter, associée à la vente au détail (inclus dans 56. 10 C).

Activités relevant de l'artisanat du bâtiment

Orpaillage (inclus dans 07. 29).

Autres industries extractives, 08.

Activités de soutien aux autres industries extractives (inclus dans 09. 90).

Incinération des déchets non dangereux et production de cendres et scories associées (inclus dans 38. 21 Z).

Désamiantage, enlèvement des peintures à base de plomb (inclus dans 39. 00).

Construction de bâtiments résidentiels et non résidentiels, 41. 2.

Génie civil, 42 (sauf promotion immobilière de lotissements fonciers viabilisés).

Travaux de construction spécialisés, 43.

Installation de systèmes d'alarme et activités associées de surveillance (inclus dans 80. 20 Z).

Activités relevant de l'artisanat de fabrication

Fabrication de textiles, 13.

Fabrication de vêtements, d'articles en fourrure et d'articles à mailles, 14.

Industrie du cuir et de la chaussure, 15.

Travail du bois et fabrication d'articles en bois et en liège, en vannerie et sparterie, 16 (sauf fabrication du bois d'industrie : pieux, poteaux, bois de mine...).

Industrie du papier et du carton, 17.

Imprimerie de labeur, 18. 12.

Activités de prépresse, 18. 13.

Reliure et activités connexes, 18. 14.

Reproduction d'enregistrements, 18. 2.

Production de brai et de coke de brai (inclus dans 19. 10).

Agglomération de la tourbe (inclus dans 19. 20).

Industrie chimique, 20.

Fabrication d'édulcorants de synthèse (inclus dans 21. 10).

Fabrication d'ouates, bandes, gazes et pansements à usage médical et de substances radioactives de diagnostic (inclus dans 21. 20).

Fabrication de produits en caoutchouc et en plastique, 22.

Fabrication d'autres produits minéraux non métalliques, 23.

Métallurgie, 24.

Fabrication de produits métalliques, 25.

Fabrication de produits informatiques, électroniques et optiques, 26.

Fabrication d'équipements électriques, 27.

Fabrication de machines et équipements divers, 28.

Industrie automobile, 29.

Fabrication de matériels de transport divers, 30.

Fabrication de meubles, 31.

Autres industries manufacturières, 32 (sauf fabrication de lunettes correctrices et de verres de lunetterie et de contact).

Réparation et installation de machines et d'équipements, 33.

Collecte des déchets nucléaires (inclus dans 38. 12).

Traitement et élimination des déchets nucléaires radioactifs (inclus dans 38. 22).

Démantèlement d'épaves, 38. 31.

Récupération de déchets triés, 38. 32.

Edition d'imprimés fiduciaires, imprimés commerciaux, formulaires imprimés (inclus dans 58. 19).

Activités relevant de l'artisanat de service

Maréchalerie (inclus dans 01. 62).

Entretien de fosses septiques (inclus dans 37. 00).

Entretien et réparation de véhicules automobiles, 45. 2.

Entretien et réparation de motocycles (inclus dans 45. 4).

Préparation de plantes et de fleurs et compositions florales en magasins spécialisés (inclus dans 47. 76).

Préparation de plantes et de fleurs et compositions florales sur éventaires et marchés (inclus dans 47. 89).

Transports de voyageurs par taxis y compris à moto et par véhicules de remise, 49. 32.

Services de déménagement, 49. 42.

Services de remorquage et d'assistance routière (inclus dans 52. 21).

Contrôle technique automobile, 71. 20 A.

Pose d'affiches (inclus dans 73. 11).

Activités d'étalagiste (inclus dans 74. 10).

Activités photographiques, 74. 2 (sauf photojournalisme).

Nettoyage courant des bâtiments, 81. 21.

Nettoyage industriel et autres activités de nettoyage des bâtiments dont ramonage, 81. 22.

Désinfection, désinsectisation, dératisation, 81. 29 A.

Autres nettoyages, 81. 29 B (sauf services de voirie et de déneigement).

Services administratifs divers, 82. 11 (limité aux services administratifs de bureau combinés).

Travaux à façon divers, 82. 19 (limité à la duplication et l'expédition de documents et au secrétariat à façon).

Activités de conditionnement, 82. 92.

Ambulances, 86. 90 A.

Spectacle de marionnettes (inclus dans 90. 01).

Restauration d'objets d'art (inclus dans 90. 03 A).

Réparation d'ordinateurs et d'équipements de communication, 95. 1.

Réparation de biens personnels et domestiques, 95. 2.

Blanchisserie-teinturerie dont nettoyage et garde de fourrures, 96. 01 (sauf libre-service).

Coiffure, 96. 02 A.

Soins de beauté dont le modelage esthétique de bien-être et de confort sans finalité médicale, 96. 02 B.

Embaumement, soins mortuaires, thanatopraxie (inclus dans 96. 03).

Toilettage d'animaux de compagnie (inclus dans 96. 09).

Arrêté du 10 juillet 2008,

Relatif à la Nomenclature d'activités française du secteur des métiers et de l'artisanat.

Art. 1er La Nomenclature d'activités française du secteur des métiers et de l'artisanat (NAFA, rév. 2) annexée au présent arrêté est approuvée.

Art. 2 La Nomenclature d'activités française du secteur des métiers et de l'artisanat annexée au présent arrêté constitue, pour les activités pour lesquelles l'immatriculation au répertoire des métiers est requise en application de l'article 7 du decret du 2 avril 1998 susvisé *[nº 98-247]*, une adaptation détaillée de la nomenclature d'activités française figurant en annexe du décret du 26 décembre 2007 susvisé *[nº 2007-1888, portant approbation des nomenclatures d'activités et de produits françaises]*.

A ce titre, elle sert également de code complémentaire au sens de l'article R. 123-223 du code de commerce.

Art. 3 L'arrêté du 8 août 2001 relatif à la Nomenclature d'activités française du secteur des métiers et de l'artisanat est abrogé.

ANNEXE

STRUCTURE DE LA NAFA RÉV. 2

V. cette annexe au ***C. com.***

Décret n° 99-433 du 27 mai 1999,

Relatif à la composition des chambres de métiers et de l'artisanat de région et de leurs sections, des chambres régionales de métiers et de l'artisanat et des chambres de métiers et de l'artisanat départementales et à l'élection de leurs membres (Décr. n° 2011-644 du 9 juin 2011, art. 2).

TITRE PREMIER Composition

Art. 1er *(Décr. n° 2011-644 du 9 juin 2011, art. 3)* **I. – Chaque section ou chaque chambre de métiers et de l'artisanat départementale est composée de 35 membres élus dans les conditions prévues à l'article 3.**

Chaque section ou chaque chambre de métiers et de l'artisanat départementale comprend :

– les membres de la chambre de métiers et de l'artisanat de région ou les membres de la chambre régionale des métiers et de l'artisanat élus dans le département ;

– les membres de la section ou de la chambre de métiers et de l'artisanat départementale élus dans ce département.

Le nombre de membres élus dans chaque chambre de métiers et de l'artisanat de région ou dans chaque chambre régionale de métiers et de l'artisanat figure dans le tableau annexé au présent décret. – *V. cette annexe, ci-dessous.*

II. – Les membres de la section, de la chambre de métiers et de l'artisanat départementale, de la chambre de métiers et de l'artisanat de région et de la chambre régionale de métiers et de l'artisanat appartiennent à l'une des quatre catégories d'activités figurant en annexe du décret du 2 avril 1998 susvisé *[n° 98-247 relatif à la qualification artisanale et au répertoire des métiers]. – V. annexe préc. ss. art. 30 du Décr. n° 98-247 du 2 avr. 1998.*

III. – Les membres de la chambre de métiers et de l'artisanat de région, élus dans le département, siègent à l'assemblée générale de la chambre de métiers et de l'artisanat de région et à celle de la chambre de métiers et de l'artisanat départementale ou sont membres de la section de leur circonscription.

Les membres de la chambre régionale de métiers et de l'artisanat, élus dans le département, siègent à l'assemblée générale de la chambre régionale de métiers et de l'artisanat et à celle de la chambre de métiers et de l'artisanat départementale.

ANNEXE

Nombre de membres des chambres de métiers et de l'artisanat de région et des chambres régionales de métiers et de l'artisanat

(Décr. n° 2011-644 du 9 juin 2011, art. 28)

	Nombre total de membres des sections ou des chambres de métiers et de l'artisanat départementales siégeant à la chambre de métiers et de l'artisanat de région ou à la chambre régionale de métiers et de l'artisanat	Nombre total de membres à la chambre de métiers et de l'artisanat de région ou à la chambre régionale de métiers et de l'artisanat et de l'artisanat
Région à 2 départements	35	70
Région à 3 départements	25	75
Région à 4 départements	22	88
Région à 5 départements	17	85
Région à 6 départements	14	84
Région à 8 départements	11	88

Art. 2 *(Décr. n° 2011-644 du 9 juin 2011, art. 4)* « Les membres des sections, des chambres de métiers et de l'artisanat départementales, des chambres de métiers et de l'artisanat de région et des chambres régionales de métiers et de l'artisanat » *(Décr. n° 2010-651 du 11 juin 2010, art. 4)* « sont élus pour cinq ans sous réserve des dispositions du deuxième alinéa de l'article 4 et sont rééligibles. Ils sont renouvelés intégralement. »

Art. 3 *(Décr. n° 2010-651 du 11 juin 2010, art. 5)* I. – *(Décr. n° 2011-644 du 9 juin 2011, art. 5)* « Les membres des sections, des chambres de métiers et de l'artisanat départementales et des chambres de métiers et de l'artisanat de région » sont élus en même temps, au scrutin de liste à un tour, sans adjonction ni suppression de noms et sans modification de l'ordre de présentation, par l'ensemble des électeurs.

(Décr. n° 2011-644 du 9 juin 2011, art. 5) « Les membres des chambres de métiers et de l'artisanat départementales et des chambres régionales de métiers et de l'artisanat sont élus selon les modalités mentionnées à l'alinéa précédent. »

Pour être complète, une liste doit comprendre au moins trente-cinq candidats.

Chaque liste comporte au moins quatre candidats pour chacune des catégories qui regroupent les activités figurant en annexe du décret du 2 avril 1998 susvisé *[n° 98-247 relatif à la qualification artisanale et au répertoire des métiers]*, dont au moins deux pour chacune de ces catégories doivent figurer parmi les dix-huit premiers candidats de chacune des listes. – *V. annexe préc. ss. l'art. 30 du Décr. n° 98-247 du 2 avr. 1998.*

Chaque liste est composée alternativement d'un candidat de chaque sexe.

II. – Pour la répartition des sièges des membres *(Décr. n° 2011-644 du 9 juin 2011, art. 5)* « de la chambre de métiers et de l'artisanat de région ou » de la chambre régionale de métiers et de l'artisanat, il est attribué à la liste qui a recueilli le plus de voix un nombre de sièges égal à 50 % du nombre des sièges à pourvoir, arrondi, le cas échéant, à l'entier supérieur. En cas d'égalité de suffrages entre les listes arrivées en tête, ces sièges sont attribués à la liste dont les candidats ont la moyenne d'âge la moins élevée.

Cette attribution opérée, les autres sièges sont répartis entre toutes les listes à la représentation proportionnelle suivant la règle de la plus forte moyenne.

Les sièges sont attribués aux candidats dans l'ordre de présentation sur chaque liste.

Si plusieurs listes ont la même moyenne pour l'attribution du dernier siège, celui-ci revient à la liste qui a obtenu le plus grand nombre de suffrages. En cas d'égalité de suffrages, le siège est attribué au moins âgé des candidats susceptibles d'être proclamés élus.

III. – *(Décr. n° 2011-644 du 9 juin 2011, art. 5)* « Une fois effectuée l'attribution des sièges des membres de la chambre de métiers et de l'artisanat de région ou des membres de la chambre régionale de métiers et de l'artisanat en application du II, les sièges des membres de la section ou de la chambre de métiers et de l'artisanat départementale restant à attribuer sont répartis dans les mêmes conditions entre les listes, un nombre de sièges égal à 30 % du nombre de sièges à pourvoir, arrondi, le cas échéant, à l'entier supérieur, étant attribué à la liste qui a recueilli le plus de voix. Pour chacune de ces listes, les sièges sont attribués dans l'ordre de présentation en commençant par le premier des candidats non proclamés élus de la chambre de métiers et de l'artisanat de région ou de la chambre régionale de métiers et de l'artisanat.

« Ces dispositions ne s'appliquent ni aux régions composées de deux départements ni à la collectivité territoriale de Corse. »

IV. – Les listes qui n'ont pas obtenu au moins 5 % des suffrages exprimés ne sont pas admises à la répartition des sièges.

V. – Pour la région Lorraine, le présent article s'applique aux seuls départements de Meurthe-et-Moselle, de la Meuse et des Vosges. La *(Décr. n° 2011-644 du 9 juin 2011, art. 5)* « chambre de métiers de la Moselle » désigne parmi ses membres ceux d'entre eux qui siégeront à la *(Décr. n° 2011-644 du 9 juin 2011, art. 5)* « chambre de métiers et de l'artisanat de région ou à la » chambre régionale de métiers et de l'artisanat de Lorraine en nombre égal à celui des autres départements.

VI. — *(Décr. n° 2011-644 du 9 juin 2011, art. 5)* « Dans les régions comportant un seul département et dans le Département de Mayotte, les membres de la chambre de métiers et de l'artisanat de région ou de la chambre de métiers et de l'artisanat de Mayotte sont élus dans les conditions prévues au I, au premier alinéa du III et au IV. Pour l'application du III, il est procédé, pour tous les sièges, selon les modalités prévues pour les sièges des membres de la chambre de métiers et de l'artisanat départementale restant à attribuer. »

Art. 3-1 *(Décr. n° 2011-644 du 9 juin 2011, art. 6)* « Le membre de la section ou de la chambre de métiers et de l'artisanat départementale venant sur une liste immédiatement après le dernier élu membre de la chambre de métiers et de l'artisanat de région ou de la chambre régionale de métiers et de l'artisanat est appelé à remplacer le membre de la chambre de métiers et de l'artisanat de région ou de la chambre régionale de métiers et de l'artisanat élu sur cette liste dont le siège devient vacant pour quelque cause que ce soit.

« Le candidat venant sur une liste immédiatement après le dernier élu de la section ou de la chambre de métiers et de l'artisanat départementale est appelé à remplacer le membre de la section ou de la chambre de métiers et de l'artisanat départementale élu sur cette liste dont le siège devient vacant pour quelque cause que ce soit.

« Sauf pour l'application de l'article 22, » *(Décr. n° 2010-651 du 11 juin 2010, art. 6)* « la constatation par la juridiction compétente de l'inéligibilité d'un ou de plusieurs candidats n'entraîne l'annulation de l'élection que du ou des élus inéligibles. La juridiction saisie proclame en conséquence l'élection du ou des suivants de liste. »

(Décr. n° 2011-644 du 9 juin 2011, art. 6) « Lorsque, dans une section ou une chambre de métiers et de l'artisanat départementale, les dispositions du deuxième alinéa ne peuvent plus être appliquées, et si la section ou la chambre de métiers et de l'artisanat départementale a perdu plus de la moitié de ses membres, il est, dans un délai de six mois à compter de la dernière vacance, procédé au renouvellement intégral des élus de la section ou de la chambre de métiers et de l'artisanat départementale et des membres de la chambre de métiers et de l'artisanat de région ou de la chambre régionale de métiers et de l'artisanat élus dans cette circonscription. » *(Décr. n° 2010-651 du 11 juin 2010, art. 6)* « Toutefois, il n'est procédé à aucune élection dans les douze mois qui précèdent le renouvellement général des établissements du réseau des chambres de métiers et de l'artisanat.

« Les membres élus en application de l'alinéa précédent exercent leur mandat pour la durée restant à courir. »

(Décr. n° 2011-644 du 9 juin 2011, art. 6) « Si le nombre de membres restants ne permet pas de constituer un bureau en application des dispositions de l'article 19 du code de l'artisanat, la chambre de métiers et de l'artisanat départementale ou, le cas échéant, la chambre de métiers et de l'artisanat de région ou la chambre régionale de métiers et de l'artisanat est gérée par la commission prévue au troisième alinéa de l'article 17 du même code jusqu'à ce qu'il soit procédé à l'installation d'un nouveau bureau à la suite du renouvellement intégral prévu au quatrième alinéa de l'article 17. »

Art. 4 *(Décr. n° 2004-896 du 27 août 2004, art. 3)* La date de clôture du scrutin en vue du renouvellement quinquennal *(Décr. n° 2011-644 du 9 juin 2011, art. 7)* « des sections, des chambres de métiers et de l'artisanat départementales, » des *(Décr. n° 2010-1356 du 11 nov. 2010, art. 25)* « chambres de métiers et de l'artisanat de région » *(Décr. n° 2010-651 du 11 juin 2010, art. 7)* « et des chambres régionales de métiers et de l'artisanat » est fixée le troisième mercredi de novembre.

Toutefois, cette date ainsi que les autres dates prévues par le présent décret pour le déroulement des opérations électorales peuvent être reportées par arrêté du ministre chargé de l'artisanat sans que la durée de ce report soit supérieure à quatre mois. La durée des mandats en cours des membres *(Décr. n° 2011-644 du 9 juin 2011, art. 7)*

« des sections, des chambres de métiers et de l'artisanat départementales, » des *(Décr. n° 2010-1356 du 11 nov. 2010, art. 25)* **« chambres de métiers et de l'artisanat de région »** *(Décr. n° 2010-651 du 11 juin 2010, art. 7)* **« et des chambres régionales de métiers et de l'artisanat » est prorogée jusqu'à la date de clôture du scrutin.**

Le renouvellement des chambres de métiers et de l'artisanat issues du scrutin de 2010 est fixé au 18 nov. 2015 (Décr. n° 2009-1399 du 17 nov. 2009, art. 1er, JO 18 nov.).

Les dispositions du Décr. n° 2010-651 du 11 juin 2010 (V. la table chronologique pour le détail des modifications apportées par ce texte) sont applicables au renouvellement des chambres de métiers et de l'artisanat et des chambres régionales de métiers et de l'artisanat pour lequel la clôture du scrutin a été fixée au 13 oct. 2010 par le Décr. du 17 nov. 2009 susvisé (Décr. n° 2010-651 du 11 juin 2010, art. 33).

TITRE II Électorat et éligibilité

A Électorat

Art. 5 *(Décr. n° 2007-232 du 20 févr. 2007, art. 1er)* **I. — Sont électeurs, sous réserve d'être immatriculés ou mentionnés, selon les cas, au répertoire des métiers depuis au moins six mois à la date de clôture du scrutin :**

1° Les personnes physiques ainsi que les dirigeants sociaux des personnes morales immatriculées à ce répertoire ;

2° Les conjoints collaborateurs mentionnés à ce répertoire.

II. — Les personnes de nationalité française doivent remplir les conditions requises pour participer aux élections au suffrage universel.

Les personnes qui n'ont pas la nationalité française doivent être âgées de dix-huit ans accomplis, jouir de leurs droits civils et politiques et ne pas avoir fait l'objet de condamnations qui, prononcées par une juridiction française ou étrangère, feraient, selon la législation française, obstacle à l'inscription sur la liste électorale établie conformément aux dispositions du code électoral.

Nationalité. Les art. 4 et 5 du Décr. n° 2004-896 du 27 août 2004 modifiant les art. 5 et 6 du Décr. n° 99-433 du 27 mai 1999 sont annulés en tant qu'ils subordonnent la qualité d'électeur et l'éligibilité des artisans aux élections aux chambres des métiers et de l'artisanat à la possession de la nationalité française ou de la nationalité d'un État membre de la Communauté européenne ou d'un État partie à l'accord sur l'Espace économique européen. • CE 31 mai 2006 : *RTD com. 2006. 776, obs. Orsini ; RFDA 2006. 1194, concl. Casas ; JCP E 2006, n° 29, p. 1271.* ♦ V. désormais la rédaction de l'art. 5 issue du Décr. n° 2007-232 du 20 févr. 2007.

B Éligibilité

Art. 6 *(Décr. n° 2004-896 du 27 août 2004, art. 5)* **Sont éligibles les électeurs qui remplissent en outre les conditions suivantes :**

I. — Les personnes physiques ne peuvent être élues ou réélues si elles sont âgées de soixante-cinq ans révolus le 1er janvier de l'année d'établissement des listes électorales. Lorsqu'ils atteignent cet âge en cours de mandat, les membres *(Décr. n° 2011-644 du 9 juin 2011, art. 8)* **« de la section, de la chambre de métiers et de l'artisanat départementale, » de la chambre de métiers** *(Décr. n° 2004-1164 du 2 nov. 2004, art. 1er)* **« et de l'artisanat »** *(Décr. n° 2010-651 du 11 juin 2010, art. 8)* **« ainsi que ceux de la chambre régionale de métiers et de l'artisanat » poursuivent leur mandat jusqu'au renouvellement suivant.**

II. — Les chefs d'entreprise, les conjoints collaborateurs et les dirigeants sociaux des personnes morales doivent être immatriculés ou mentionnés au répertoire des métiers de la chambre de métiers *(Décr. n° 2004-1164 du 2 nov. 2004, art. 1er)* **« et de l'artisanat » de région** *(Décr. n° 2011-644 du 9 juin 2011, art. 8)* **« ou de la chambre de**

métiers et de l'artisanat départementale » depuis au moins deux ans à la date de clôture du scrutin *(Décr. n° 2011-644 du 9 juin 2011, art. 8)* « , sans période d'interruption ». L'immatriculation au répertoire des métiers peut être maintenue pendant un délai maximum d'un an en cas de cessation temporaire d'activité *(Décr. n° 2011-644 du 9 juin 2011, art. 8)* « ou de poursuite d'activité entraînant un changement de forme juridique de l'entreprise », sur déclaration de la personne immatriculée.

III. — Les personnes physiques et les personnes morales doivent soit être à jour de leurs cotisations fiscales et sociales, soit respecter les échéances d'un plan de règlement signé avec l'organisme chargé du recouvrement des unes ou des autres de ces cotisations, soit avoir constitué des garanties jugées suffisantes par ces organismes.

1. Nationalité. V. note ss. art. 5 du Décr. du 27 mai 1999.

2. Cotisations. L'obligation d'être à la date de l'élection à jour de ses cotisations fiscales et sociales ou d'avoir constitué des garanties suffisantes vise l'ensemble des cotisations fiscales et sociales auxquelles le candidat est ou a été assujetti ; dès lors, en jugeant que ces cotisations ne sont limitées ni selon les périodes d'inscription au répertoire, ni à raison d'une activité particulière, la cour administrative d'appel n'a pas méconnu les dispositions de l'art. 6 du Décr. du 27 mai 1999 et a suffisamment motivé son arrêt. • CE 2 avr. 2008 : *AJDA 2008. 1284*.

Art. 7 Deux personnes qui exercent dans la même entreprise ne peuvent être simultanément membres de la même *(Décr. n° 2011-644 du 9 juin 2011, art. 9)* « section ou de la même chambre de métiers et de l'artisanat départementale ».

(Abrogé par Décr. n° 2010-651 du 11 juin 2010, art. 9) « Au cas où elles rempliraient toutes les deux les conditions pour être proclamées élues au collège des activités, seule est proclamée élue celle qui a obtenu le plus grand nombre de voix. A égalité de voix, la moins âgée est élue. »

Lorsque deux personnes qui exercent dans la même entreprise ont été élues *(Abrogé par Décr. n° 2010-651 du 11 juin 2010, art. 9) « à des collèges différents »*, la moins âgée peut seule être proclamée élue. Le siège ainsi laissé libre par l'autre est attribué *(Abrogé par Décr. n° 2010-651 du 11 juin 2010, art. 9) « au candidat le mieux placé après elle ou »* au suivant de liste.

C Incompatibilités

Art. 8 *Abrogé par Décr. n° 2004-896 du 27 août 2004, art. 6.*

TITRE III Révision de la liste électorale et candidatures

A Liste électorale

Art. 9 La liste des électeurs *(Décr. n° 2011-644 du 9 juin 2011, art. 10)* « aux sections, aux chambres de métiers et de l'artisanat départementales, » aux chambres de métiers *(Décr. n° 2004-1164 du 2 nov. 2004, art. 1er)* « et de l'artisanat » *(Décr. n° 2010-651 du 11 juin 2010, art. 10)* « et aux chambres régionales de métiers et de l'artisanat » est révisée à l'occasion de chaque renouvellement des chambres de métiers *(Décr. n° 2004-1164 du 2 nov. 2004, art. 1er)* « et de l'artisanat ».

Si les circonstances l'exigent, le ministre chargé de l'artisanat peut prescrire la révision totale ou partielle de la liste électorale concernée, par arrêté publié au *Journal officiel* de la République française. L'arrêté fixe la date des différentes opérations que comporte cette révision [.] *(Abrogé par Décr. n° 2004-896 du 27 août 2004, art. 7) « pour la chambre de métiers concernée. Dans ce cas, le délai de convocation des électeurs prévu à l'article 24 est porté à trois mois. »*

Art. 10 *(Décr. nº 2004-896 du 27 août 2004, art. 8)* La liste électorale est établie par la chambre de métiers *(Décr. nº 2004-1164 du 2 nov. 2004, art. 1er)* « et de l'artisanat » de région *(Décr. nº 2011-644 du 9 juin 2011, art. 11)* « pour chacune de ses sections ou par la chambre de métiers et de l'artisanat départementale » *(Décr. nº 2010-651 du 11 juin 2010, art. 11)* « le dernier jour du sixième mois précédant celui de la date de clôture du scrutin ». Lorsque cette date est un samedi, un dimanche, un jour férié ou chômé, la liste électorale est arrêtée le jour ouvrable précédent. Le président de la chambre de métiers *(Décr. nº 2004-1164 du 2 nov. 2004, art. 1er)* « et de l'artisanat » de région *(Décr. nº 2011-644 du 9 juin 2011, art. 11)* « ou de la chambre de métiers et de l'artisanat départementale » transmet au préfet un exemplaire signé de la liste électorale, ainsi que le compte rendu constatant l'accomplissement des opérations de révision de cette liste, dans les cinq jours au plus tard qui suivent l'établissement de celle-ci.

Si le préfet estime que les formalités et les délais prescrits n'ont pas été observés, il doit, dans les deux jours suivant la réception de la liste, déférer cette dernière au tribunal administratif, qui statue dans les trois jours et fixe éventuellement le délai dans lequel il devra être procédé à de nouvelles opérations.

Cette liste est établie *(Abrogé par Décr. nº 2011-644 du 9 juin 2011, art. 11)* *« par catégories d'activités et »* dans l'ordre alphabétique du nom patronymique des électeurs.

Doivent figurer sur la liste le nom patronymique, le nom d'épouse, les prénoms, le sexe, la date et le lieu de naissance, le domicile, la profession de l'électeur *(Décr. nº 2011-644 du 9 juin 2011, art. 11)* « et sa catégorie d'activité *[activités]*, ainsi qu' » *[ainsi que]* en outre :

1° Pour les personnes physiques immatriculées au répertoire des métiers, l'adresse de l'entreprise ou de son établissement principal et leur numéro d'immatriculation au répertoire des métiers ;

2° Pour les conjoints collaborateurs, l'adresse de l'entreprise ou de son établissement principal et le numéro d'immatriculation au répertoire des métiers sous lequel ils sont mentionnés ;

3° Pour les dirigeants sociaux, l'adresse du siège de l'entreprise et le numéro d'immatriculation au répertoire des métiers de la personne morale.

Art. 11 et 12 *Abrogés par Décr. nº 2004-896 du 27 août 2004, art. 9 et 10.*

Art. 13 *(Décr. nº 2004-896 du 27 août 2004, art. 11)* Dans les cinq jours qui suivent la date de réception de la liste électorale, le préfet informe les électeurs du dépôt de celle-ci et de la possibilité de la consulter pendant une durée de dix jours, par voie d'affiches apposées à la préfecture *(Décr. nº 2011-644 du 9 juin 2011, art. 12)* « , au siège de la chambre de métiers et de l'artisanat de région et de ses sections, de la chambre régionale de métiers et de l'artisanat et de la chambre de métiers et de l'artisanat départementale » et, le cas échéant, par tout autre moyen à sa convenance.

Lorsque la consultation des listes électorales par voie électronique est prévue, elle doit s'effectuer dans des conditions de sécurité et de confidentialité assurant le respect du code électoral.

Tout électeur est autorisé à prendre communication des listes électorales et à en prendre copie à ses frais auprès de la chambre de métiers et de l'artisanat de région *(Décr. nº 2011-644 du 9 juin 2011, art. 12)* « ou de la chambre de métiers et de l'artisanat départementale ».

Tout usage commercial des listes électorales établies pour les élections *(Décr. nº 2011-644 du 9 juin 2011, art. 12)* « aux sections, aux chambres de métiers et de l'artisanat départementales, » aux chambres de métiers *(Décr. nº 2004-1164 du 2 nov. 2004, art. 1er)* « et de l'artisanat » de région *(Décr. nº 2010-651 du 11 juin 2010, art. 12)* « et aux chambres régionales de métiers et de l'artisanat » est puni de l'amende prévue pour les contraventions de la 5e classe.

Art. 14 *(Décr. n° 2004-896 du 27 août 2004, art. 12)* Pendant la période de publicité de la liste électorale, toute personne qui prétend avoir été omise de la liste électorale, avoir été radiée à tort ou avoir été classée dans une catégorie autre que celle à laquelle elle appartient peut saisir le président de la chambre de métiers et de l'artisanat de région *(Décr. n° 2011-644 du 9 juin 2011, art. 13)* « ou de la chambre de métiers et de l'artisanat départementale » d'une réclamation. La décision du président intervient dans un délai de dix jours. Elle peut être contestée devant le tribunal d'instance dans le ressort duquel est située l'entreprise.

Pendant la période de publicité de la liste électorale et les vingt jours qui suivent, tout électeur intéressé peut directement réclamer l'inscription ou la radiation d'un électeur omis, ou indûment inscrit, ou son inscription dans une catégorie autre que celle à laquelle il appartient, devant le tribunal d'instance dans le ressort duquel est située l'entreprise.

Le tribunal d'instance est compétent pour statuer jusqu'au jour du scrutin.

Le même droit est ouvert au préfet.

Les recours sont formés dans les conditions prévues aux 2° et 3° de l'article L. 25 et aux articles L. 27 et R. 13 à R. 15-7 du code électoral.

Art. 15 *Abrogé par Décr. n° 2004-896 du 27 août 2004, art. 13.*

Art. 16 *(Décr. n° 2004-896 du 27 août 2004, art. 14)* Au plus tard le premier jour du mois précédant celui de la date de clôture du scrutin, le préfet arrête la liste générale des électeurs, après avoir vérifié qu'il a été procédé à toutes les rectifications ordonnées.

Art. 17 *Abrogé par Décr. n° 2004-896 du 27 août 2004, art. 15.*

B Candidatures

Art. 18 *(Décr. n° 2010-651 du 11 juin 2010, art. 13)* I. – Nul ne peut être candidat sur plus d'une liste *(Décr. n° 2011-644 du 9 juin 2011, art. 14)* « ni dans plus d'un département d'une même région ».

Pour l'application du troisième alinéa du I de l'article 3, nul ne peut être candidat dans une autre catégorie d'activités que celle à laquelle il appartient.

Les candidatures qui ne se conforment pas à ces règles sont irrecevables. En cas de candidatures multiples, seule la première des candidatures déposées est recevable.

II. – La déclaration de candidature résulte du dépôt à la préfecture d'une liste répondant aux conditions fixées par le présent décret.

La liste déposée indique expressément :

1° Le titre de la liste présentée ;

2° Les noms de famille et, le cas échéant, d'épouse, les prénoms, le sexe, la date et le lieu de naissance, la profession, la catégorie d'activité, le numéro d'immatriculation au répertoire des métiers et l'adresse du siège de l'entreprise de chacun des candidats.

Cette déclaration comporte la signature de chaque candidat, sauf le droit pour tout candidat de compléter la déclaration collective non signée de lui par une déclaration individuelle faite dans le même délai et portant sa signature.

(Décr. n° 2011-644 du 9 juin 2011, art. 14) « A peine d'irrecevabilité de sa candidature, chaque candidat doit produire deux attestations en provenance respectivement des services fiscaux et de l'Union de recouvrement des cotisations de sécurité sociale et d'allocations familiales, certifiant que lui-même ou son entreprise remplit les conditions prévues au III de l'article 6. Chaque candidat doit également produire une attestation de la chambre de métiers et de l'artisanat de région ou de la chambre de métiers et de l'artisanat départementale constatant qu'il remplit les conditions fixées au II de l'article 6. »

Art. 19 *(Décr. n° 2010-651 du 11 juin 2010, art. 14)* Les déclarations de candidature sont reçues selon les modalités fixées par arrêté préfectoral, à partir du premier jour et jusqu'au dixième jour à 12 heures du mois précédant celui de la date de clôture du scrutin. Lorsque le dernier jour du délai imparti est un samedi, un dimanche ou un jour férié ou chômé, ce délai est prorogé jusqu'au premier jour ouvrable suivant.

Après enregistrement des déclarations de candidature, le préfet publie l'état des listes de candidats, par affichage à la préfecture, *(Décr. n° 2011-644 du 9 juin 2011, art. 15)* « au siège de la chambre de métiers et de l'artisanat de région et de ses sections, de la chambre régionale de métiers et de l'artisanat et de la chambre de métiers et de l'artisanat départementale » et, le cas échéant, par tout autre moyen, le lendemain de la date limite de dépôt des candidatures prévue au premier alinéa.

Art. 20 *(Décr. n° 2010-651 du 11 juin 2010, art. 15)* Les listes de candidats sont déposées à la préfecture dans le délai prévu à l'article 19 par un mandataire ayant qualité d'électeur *(Décr. n° 2011-644 du 9 juin 2011, art. 16)* « à la section ou à la chambre de métiers et de l'artisanat départementale ». A cet effet, chaque candidat établit un mandat signé de lui, confiant au mandataire de la liste le soin de faire toutes déclarations et démarches utiles à l'enregistrement de la liste. Les listes doivent être accompagnées de ces mandats, des attestations *(Abrogé par Décr. n° 2011-644 du 9 juin 2011, art. 16) « sur l'honneur signées par chaque candidat »* prévues au dernier alinéa du II de l'article 18 et, le cas échéant, de la déclaration individuelle prévue à l'avant-dernier alinéa du II de ce même article.

Il est délivré au mandataire de la liste un récépissé de dépôt de la liste de candidats. Aucun retrait de liste ou changement de candidature n'est accepté après la date limite fixée pour le dépôt des listes de candidats. *(Décr. n° 2011-644 du 9 juin 2011, art. 16)* « Toutefois, en cas de décès de l'un des candidats après la date limite de dépôt, celui-ci n'est pas remplacé. Dans ce cas la liste demeure valide même si elle comporte moins de 35 candidats. »

Irrégularité d'une liste. Il résultait des dispositions du II de l'art. 3, du 2e al. de l'art. 20 et du 1er al. de l'art. 22 du Décr. du 27 mai 1999 [avant leur modification par le Décr. n° 2010-651 du 11 juin 2010] que pour participer régulièrement aux élections au collège des organisations professionnelles d'une chambre de métiers et de l'artisanat, une liste présentée par une organisation professionnelle devait comporter un nombre de candidats éligibles au moins égal au nombre de sièges à pourvoir. Dès lors qu'il est relevé que, compte tenu de l'inéligibilité d'un des candidats d'une liste, celle-ci comportait un nombre de candidats pouvant être élus inférieur au nombre de sieges à pourvoir, il faut considérer que l'enregistrement de cette liste était irrégulier et qu'eu égard au mode de scrutin, de liste à un tour sans panachage ni vote préférentiel, sa participation a été de nature à vicier le scrutin et à foncer l'annulation de l'élection des membres du collège des organisations professionnelles de la chambre de métiers et de l'artisanat concernée. • CE 30 déc. 2009 : *AJDA 2010. 862*.

Art. 21 *Abrogé par Décr. n° 2010-651 du 11 juin 2010, art. 28.*

Art. 22 *(Décr. n° 2010-651 du 11 juin 2010, art. 16)* « Lorsqu'une déclaration de candidature ne remplit pas les conditions prévues au présent décret, le préfet la rejette. »

(Décr. n° 2004-896 du 27 août 2004, art. 20) « Dans ce cas, le candidat ou le mandataire de la liste a la faculté de contester dans les quarante-huit heures devant le tribunal administratif la décision de refus d'enregistrement qui lui est notifiée par le préfet. Le tribunal administratif statue alors dans les trois jours.

« Faute pour le tribunal administratif d'avoir statué dans ce délai, la déclaration est enregistrée. »

La décision du tribunal ne peut être contestée qu'à l'occasion d'un recours contre l'élection.

TITRE IV Opérations électorales

Art. 23 Le droit de vote est exercé par correspondance et au plus tard *(Décr. n° 2004-896 du 27 août 2004, art. 21)* « le dernier jour du scrutin », le cachet de la poste faisant foi. Ses modalités sont fixées par arrêté du ministre chargé de l'artisanat. – *V. Arr. 17 déc. 2004 (JO 23 déc.).*

(Abrogé par Décr. n° 2010-651 du 11 juin 2010, art. 28) « Chaque électeur dispose de deux suffrages ; le premier pour élire les représentants de sa catégorie, le deuxième pour élire les représentants au collège des organisations professionnelles. »

(Décr. n° 2004-896 du 27 août 2004, art. 21) « Le cas échéant, il peut s'exercer par voie électronique. En cas d'utilisation par un même électeur au titre de la même qualité des deux modes de vote, seul le vote par voie électronique est considéré comme valide. »

Art. 24 *(Décr. n° 2004-896 du 27 août 2004, art. 22)* Le ministre chargé de l'artisanat convoque les électeurs et indique la date d'ouverture de la campagne électorale par arrêté, au plus tard le premier jour du mois précédant celui de la date de clôture du scrutin.

La campagne électorale débute le *(Décr. n° 2010-651 du 11 juin 2010, art. 17)* « quatorzième jour » précédant le dernier jour du scrutin et s'achève la veille de celui-ci, à minuit.

Art. 25 *(Décr. n° 2004-896 du 27 août 2004, art. 23)* Une commission d'organisation des élections est instituée par arrêté préfectoral *(Décr. n° 2011-644 du 9 juin 2011, art. 17)* « dans chaque circonscription électorale » au plus tard le premier jour du mois précédant celui de la date de clôture du scrutin. Elle est composée :

(Décr. n° 2011-644 du 9 juin 2011, art. 17) « 1° Du préfet de département ou de son représentant, président ;

« 2° D'un représentant du préfet de région ;

« 3° D'un membre de la section ou de la chambre de métiers et de l'artisanat départementale désigné par le président de la chambre de métiers et de l'artisanat de région ou de la chambre de métiers et de l'artisanat départementale ;

« 4° D'un membre de la chambre de métiers et de l'artisanat de région ou de la chambre régionale de métiers et de l'artisanat désigné par le président de cette chambre ;

« 5° D'un représentant de la ou des entreprises chargées de l'acheminement des plis pour les attributions mentionnées aux 1° et 2° de l'article 26 ;

« Dans les régions composées d'un seul département, seuls les 1°, 3° et 5° s'appliquent.

« Dans le Département de Mayotte, la commission d'organisation des élections est composée :

« 1° Du préfet ou de son représentant, président ;

« 2° D'un membre de la chambre de métiers et de l'artisanat désigné par le président de cette chambre ;

« 3° D'un représentant de la ou des entreprises chargées de l'acheminement des plis pour les attributions mentionnées aux 1° et 2° de l'article 26. »

Le secrétariat de la commission est assuré par un fonctionnaire de la préfecture.

Les candidats ou *(Abrogé par Décr. n° 2010-651 du 11 juin 2010, art. 18) « leurs mandataires et »* les mandataires des listes peuvent participer, avec voie consultative, aux travaux de la commission.

Art. 26 La commission d'organisation des élections se réunit sur convocation de son président. Elle est chargée :

1° D'expédier aux électeurs les circulaires et les bulletins de vote *(Abrogé par Décr. n° 2010-651 du 11 juin 2010, art. 19) « des candidats de leur catégorie et du collège des organisations professionnelles* » ainsi que les instruments nécessaires au vote par correspondance ;

(*Décr. n° 2004-896 du 27 août 2004, art. 24*) « 2° D'organiser la réception des votes ;

« 3° D'organiser le dépouillement et le recensement des votes ; »

4° (*Décr. n° 2011-644 du 9 juin 2011, art. 18*) « De proclamer la liste des candidats du département élus à la chambre de métiers et de l'artisanat de région ou à la chambre régionale de métiers et de l'artisanat et la liste des candidats élus à la section ou à la chambre de métiers et de l'artisanat départementale ; »

5° De statuer sur les demandes de remboursement des frais de propagande des candidats.

(*Décr. n° 2011-644 du 9 juin 2011, art. 18*) « Pour assurer ces opérations, le président de la commission peut solliciter le concours de la section ou de la chambre de métiers et de l'artisanat départementale ainsi que de la chambre de métiers et de l'artisanat de région ou de la chambre régionale de métiers et de l'artisanat. »

Art. 27 (*Décr. n° 2004-896 du 27 août 2004, art. 25*) « Pour permettre à la commission d'organisation des élections de procéder à l'expédition du matériel électoral, (*Abrogé par Décr. n° 2010-651 du 11 juin 2010, art. 20*) « *chaque candidat ou son mandataire ou* » le mandataire de chaque liste doit lui remettre, (*Décr. n° 2010-651 du 11 juin 2010, art. 20*) « dix-huit jours » au moins avant la date de clôture du scrutin, une quantité de bulletins de vote au moins égale au nombre des électeurs inscrits (*Abrogé par Décr. n° 2010-651 du 11 juin 2010, art. 20*) « *dans sa catégorie ou son collège* », ainsi qu'une quantité de circulaires au moins égale au nombre des électeurs. »

(*Abrogé par Décr. n° 2004-896 du 27 août 2004, art. 25*) « *Pour être acceptés par la commission, les bulletins et circulaires doivent répondre aux conditions de format, de libellé et d'impression fixées par arrêté du ministre chargé de l'artisanat.* »

La commission n'assure pas l'envoi des documents remis postérieurement à la date ci-dessus mentionnée.

Art. 28 (*Décr. n° 2004-896 du 27 août 2004, art. 26*) Le préfet adresse à la commission, au moins (*Décr. n° 2010-651 du 11 juin 2010, art. 21*) « dix-huit jours » avant la date de clôture du scrutin, les enveloppes nécessaires à l'expédition des circulaires et des bulletins de vote ainsi que les enveloppes d'acheminement des votes. (*Décr. n° 2010-651 du 11 juin 2010, art. 21*) « Lorsque le dernier jour du délai imparti est un samedi, un dimanche ou un jour férié ou chômé, ces enveloppes sont adressées à la commission le jour ouvrable précédent. »

La commission adresse ces documents aux électeurs (*Décr. n° 2010-651 du 11 juin 2010, art. 21*) « quatorze jours » au plus tard avant le dernier jour du scrutin. (*Décr. n° 2010-651 du 11 juin 2010, art. 21*) « Lorsque le dernier jour du délai imparti est un samedi, un dimanche ou un jour férié ou chômé, cet envoi est effectué le jour ouvrable précédent. »

A cet envoi est jointe une notice indiquant les modalités du vote.

Les modalités du vote par correspondance sont fixées par arrêté du ministre chargé de l'artisanat. Ce arrêté fixe notamment les conditions de format, de libellé et d'impression des bulletins de vote et des circulaires, ainsi que les conditions d'acheminement de ces votes. – *V. Arr. 17 déc. 2004 (JO 23 déc.).*

Les bulletins de vote et les circulaires qui ne sont pas parvenus à leur destinataire sont retournés à la préfecture, qui les conserve jusqu'à l'expiration des délais de recours contre les élections ou, le cas échéant, jusqu'à l'intervention d'un jugement définitif sur les contestations.

Art. 29 *Abrogé par Décr. n° 2004-896 du 27 août 2004, art. 27.*

TITRE IV *BIS* Vote électronique

(Décr. n° 2004-896 du 27 août 2004, art. 28)

Art. 29-1 La commission d'organisation des élections adresse à tous les électeurs, en même temps que les documents prévus au second alinéa de l'article 28, une circulaire relative aux modalités d'accès au système de vote électronique auquel l'électeur doit se relier pour voter, ainsi que, selon des modalités garantissant leur confidentialité, les instruments permettant l'expression du vote.

Ces instruments permettent l'authentification de l'électeur et la vérification de l'unicité de son vote, selon des exigences de sécurité et des modalités définies par arrêté du ministre chargé de l'artisanat, pris après avis de la Commission nationale de l'informatique et des libertés.

Art. 29-2 Pour voter par voie électronique, l'électeur, après connexion au site internet ou à tout autre réseau accessible à tous les électeurs, s'identifie, exprime son vote et le valide au moyen des instruments d'authentification qui lui ont été attribués. Il vérifie l'inscription sécurisée de son vote par le système de vote électronique. La transmission du vote et l'émargement de l'électeur doivent pouvoir faire l'objet d'une date certaine de réception et d'un accusé de réception électronique.

Art. 29-3 Les données relatives aux électeurs inscrits sur les listes électorales, ainsi que celles relatives à l'expression de leur vote, font l'objet, selon les modalités techniques fixées par arrêté du ministre chargé de l'artisanat, pris après avis de la Commission nationale de l'informatique et des libertés, de traitements automatisés d'information effectués sur des systèmes informatiques distincts, dédiés et isolés, respectivement dénommés "fichier des électeurs" et "contenu de l'urne électronique".

Le traitement "fichier des électeurs" est établi à partir de la liste électorale dressée par le président de la chambre de métiers *(Décr. n° 2004-1164 du 2 nov. 2004, art. 1er)* « et de l'artisanat » de région *(Décr. n° 2011-644 du 9 juin 2011, art. 19)* « ou de la chambre de métiers et de l'artisanat départementale ». Ce traitement permet à la commission d'organisation des élections d'adresser à chaque électeur les instruments d'authentification mentionnés à l'article 29-1 du présent décret, d'identifier les électeurs ayant pris part au vote électronique et d'éditer la liste d'émargement. L'émargement indique l'heure du vote. *(Décr. n° 2011-644 du 9 juin 2011, art. 19)* « La liste d'émargement doit être enregistrée » sur un support distinct de celui de l'urne électronique, scellé, non réinscriptible, rendant son contenu inaltérable et probant.

Le fichier dénommé "contenu de l'urne électronique" recense les votes exprimés par voie électronique. Les données de ce second fichier font l'objet d'un chiffrement et ne doivent pas comporter de lien permettant l'identification des électeurs.

Art. 29-4 Le jour du dépouillement des votes, le président de la commission d'organisation des élections imprime *(Abrogé par Décr. n° 2011-644 du 9 juin 2011, art. 20)* *« en deux exemplaires »* la liste d'émargement à partir du traitement "fichier des électeurs". Cette liste constitue la liste d'émargement pour le vote par correspondance.

Le président de la commission et l'un des assesseurs reçoivent chacun une clé de dépouillement distincte, selon des modalités en garantissant la confidentialité, permettant d'accéder aux données du fichier dénommé "contenu de l'urne électronique". Le président reçoit également les éléments permettant la vérification de l'intégrité du système de vote électronique.

Après la clôture des opérations de vote et vérification de l'intégrité du fichier dénommé "contenu de l'urne électronique", le président de la commission d'organisation des élections et l'assesseur mentionné à l'alinéa précédent procèdent publiquement au dépouillement.

(Décr. n° 2011-644 du 9 juin 2011, art. 20) « Les décomptes de voix par liste de candidats » doivent apparaître lisiblement à l'écran et faire l'objet d'une édition sécurisée afin d'être portée au procès-verbal de l'élection.

Le système de vote électronique est verrouillé après le dépouillement, de sorte qu'il soit impossible de reprendre ou de modifier le résultat après la décision de clôture du dépouillement prise par la commission.

La commission d'organisation des élections contrôle que le nombre total de votes exprimés par voie électronique correspond au nombre de votants figurant sur *(Abrogé par Décr. n° 2011-644 du 9 juin 2011, art. 20)* « *les deux exemplaires de* » la liste d'émargement.

Le nombre total de suffrages exprimés par voie électronique ainsi que le nombre de voix obtenues par chaque liste sont portés au procès-verbal.

Art. 29-5 Jusqu'à l'expiration des délais de recours contentieux, les fichiers supports comprenant la copie des programmes sources et exécutables, les matériels de vote, les fichiers d'émargement, de résultat et de sauvegarde, doivent être conservés sous scellés sous le contrôle de la commission d'organisation des élections. La procédure de décompte des votes enregistrés doit, si nécessaire, pouvoir être exécutée de nouveau.

A l'expiration de ces délais, et si aucun recours n'a été exercé, il est procédé à la destruction des fichiers supports sous le contrôle de la commission d'organisation des élections.

Art. 29-6 Les modalités d'application du présent titre et d'expertise du système de vote sont fixées par arrêté du ministre chargé de l'artisanat, pris après avis de la Commission nationale de l'informatique et des libertés.

TITRE V Recensement des votes et proclamation des résultats

Art. 30 *(Décr. n° 2004-896 du 27 août 2004, art. 29)* I. – Le cinquième jour suivant la date de clôture du scrutin, la commission d'organisation des élections procède aux opérations de dépouillement des votes, en séance publique et en présence de scrutateurs désignés parmi les électeurs par le président de la commission et par les candidats ou les mandataires des listes en présence.

(Décr. n° 2010-651 du 11 juin 2010, art. 22) « Une urne destinée à recevoir les votes est mise en place par le président de la commission d'organisation des élections ou une personne désignée par lui. »

La commission vérifie que le nombre de plis électoraux correspond à celui porté sur l'état récapitulatif. Si une différence est constatée, mention en est faite sur le procès-verbal paraphé par chaque membre de la commission d'organisation des élections.

La commission procède à l'ouverture des enveloppes d'envoi. Le président, ou un membre de la commission désigné par lui, constate le vote de chaque électeur en apposant sa signature, éventuellement avec l'assistance de moyens électroniques, en face du nom de l'électeur, sur *(Décr. n° 2011-644 du 9 juin 2011, art 21)* « la liste d'émargement », dans les conditions de sécurité et d'authentification et selon des modalités définies par arrêté du ministre chargé de l'artisanat, pris après avis de la Commission nationale de l'informatique et des libertés. – *V. Arr. 6 janv. 2005 (JO 15 janv.).*

(Décr. n° 2010-651 du 11 juin 2010, art. 22) « Un membre de la commission introduit ensuite chaque pli de vote dans l'urne.

« II. – Le président de la commission d'organisation des élections ou une personne désignée par lui procède à l'ouverture de l'urne contenant les votes et, après vérification du nombre des enveloppes, effectue le recensement des votes. Si le nombre d'enveloppes est différent du nombre d'émargements, il en est fait mention au procès-verbal.

« Est déclaré nul lors du dépouillement du scrutin tout bulletin différent du modèle fourni, portant des mentions manuscrites, des ratures, des noms autres que ceux des listes ou candidats enregistrés, une modification de l'ordre de présentation des candidats ou qui ne répond pas aux conditions du présent décret.

« La commission d'organisation des élections statue sur les bulletins donnant lieu à contestation, ainsi que sur toutes les questions soulevées par les opérations du scrutin.

« III. – Le président de la commission ou une personne désignée par lui totalise le nombre de suffrages obtenus par chaque liste.

« La commission détermine le quotient électoral et calcule le nombre de sièges de membres *(Décr. n° 2011-644 du 9 juin 2011, art. 21)* « de la chambre de métiers et de l'artisanat de région ou de la chambre régionale de métiers et de l'artisanat et de membres de la section ou de la chambre de métiers et de l'artisanat départementale » obtenus par chaque liste. Elle attribue les sièges conformément aux dispositions de l'article 3. »

IV. – Toutes les opérations manuelles de dépouillement visées au présent article peuvent être effectuées par des moyens électroniques, selon des modalités définies par arrêté du ministre chargé de l'artisanat, pris après avis de la Commission nationale de l'informatique et des libertés. – *V. Arr. 6 janv. 2005 (JO 15 janv.).*

Art. 31 *(Décr. n° 2011-644 du 9 juin 2011, art. 22)* « Le président de la commission proclame en public la liste des candidats relevant de la circonscription de la section ou de la chambre de métiers et de l'artisanat départementale élus à la chambre de métiers et de l'artisanat de région ou à la chambre régionale de métiers et de l'artisanat et la liste des candidats élus à la section ou à la chambre de métiers et de l'artisanat départementale. »

Après proclamation des résultats, un procès-verbal est dressé par la commission et signé par le président et les membres de celle-ci.

La liste d'émargement et le procès-verbal des opérations de vote sont transmis immédiatement au préfet *(Abrogé par Décr. n° 2011-644 du 9 juin 2011, art. 22) « ou le cas échéant au sous-préfet d'arrondissement du siège de la chambre de métiers et de l'artisanat de région »*. Ils peuvent être consultés par tout électeur pendant dix jours.

(Décr. n° 2011-644 du 9 juin 2011, art. 22) « Le préfet transmet dans les trois jours une copie du procès-verbal au ministre chargé de l'artisanat, au secrétariat de la section ou de la chambre de métiers et de l'artisanat départementale et à celui de la chambre de métiers et de l'artisanat de région ou de la chambre régionale de métiers et de l'artisanat. »

Art. 32 *(Décr. n° 2004-896 du 27 août 2004, art. 31)* « Les réclamations contre les élections aux chambres de métiers *(Décr. n° 2004-1164 du 2 nov. 2004, art. 1er)* « et de l'artisanat » de région *(Décr. n° 2011-644 du 9 juin 2011, art. 23)* « et de ses *[leurs]* sections, aux chambres régionales de métiers et de l'artisanat et aux chambres de métiers et de l'artisanat départementales » sont formées, instruites et jugées dans les conditions prévues par les articles L. 248, R. 119, R. 120, R. 121 et R. 122 du code électoral. »

Toutefois, le délai de cinq jours prévu au premier alinéa de l'article R. 119 dudit code court à compter du jour de la proclamation des résultats. *(Décr. n° 2011-644 du 9 juin 2011, art. 23)* « Lorsque le dernier jour du délai imparti est un samedi, un dimanche ou un jour férié ou chômé, ce délai est prorogé jusqu'au jour ouvrable suivant. »

(Décr. n° 2004-896 du 27 août 2004, art. 31) « L'appel est formé devant la cour administrative d'appel dans les conditions fixées aux articles R. 811-1 à R. 811-14 du code de justice administrative. »

(Abrogé par Décr. n° 2010-651 du 11 juin 2010, art. 28) « Le recours en cassation devant le Conseil d'État est formé dans les conditions de droit commun. »

(Décr. n° 2004-896 du 27 août 2004, art. 31) « Les membres élus restent en fonction jusqu'à ce qu'il ait été définitivement statué sur les réclamations. »

Art. 33 Lorsque l'annulation d'une élection est devenue *(Décr. n° 2004-896 du 27 août 2004, art. 32)* « définitive », les électeurs sont convoqués à nouveau par le préfet dans un délai qui ne peut excéder *(Décr. n° 2004-896 du 27 août 2004, art. 32)* « quatre mois ». Si les circonstances l'exigent, ce délai peut être prolongé par arrêté préfectoral.

Les membres élus en application de l'alinéa précédent exercent leur mandat pour la durée restant à courir.

Si l'annulation intervient dans les douze mois qui précèdent la date de renouvellement général, il n'est procédé à aucune élection complémentaire.

(Décr. n° 2011-644 du 9 juin 2011, art. 24) « Si l'annulation de l'élection est totale, la chambre de métiers et de l'artisanat départementale et, le cas échéant, la chambre de métiers et de l'artisanat de région ou la chambre régionale de métiers et de l'artisanat sont administrées par la commission prévue au troisième alinéa de l'article 17 du code de l'artisanat. »

(Décr. n° 2010-651 du 11 juin 2010, art. 24) « Si l'annulation de l'élection est partielle, seuls les membres dont l'élection n'est pas annulée administrent la chambre en application des textes en vigueur. Toutefois, si le nombre des membres restant ne peut permettre de constituer un bureau en application de ses statuts, la chambre est gérée par la commission prévue au troisième alinéa de l'article 17 du code de l'artisanat. »

Une erreur dans le décompte des alinéas a sans doute été faite lors de la modification de l'art. 33 par le Décr. n° 2010-651 du 11 juin 2010 (qui mentionnait l'ajout d'un al. 3 et d'un al. 4 alors qu'il existait déjà un al. 3), ce qui rendait la modification introduite par le Décr. n° 2011-644 du 9 juin 2011 incompréhensible. Nous avons ici réécrit l'art. 33 dans l'ordre des alinéas qui nous semble le plus respectueux de la volonté du pouvoir réglementaire.

Art. 34 *(Décr. n° 2010-651 du 11 juin 2010, art. 25)* « Les listes de candidats qui ont obtenu au moins 5 % des suffrages exprimés par les électeurs ont droit au remboursement de leurs frais de propagande. »

La commission d'organisation des élections statue sur les demandes de remboursements dans des conditions fixées par arrêté du ministre chargé de l'artisanat. – *V. Arr. 17 déc. 2004 (JO 23 déc.).*

Art. 35 *(Décr. n° 2011-644 du 9 juin 2011, art. 25)* Les frais de propagande mentionnés à l'article 34 et les autres frais occasionnés par les élections en application du présent décret sont à la charge des chambres de métiers et de l'artisanat de région, des chambres régionales de métiers et de l'artisanat et des chambres de métiers et de l'artisanat départementales.

Lorsqu'une chambre de métiers et de l'artisanat départementale est rattachée à une chambre de métiers et de l'artisanat de région ou à une chambre régionale de métiers et de l'artisanat, la chambre de métiers et de l'artisanat de région ou la chambre régionale de métiers et de l'artisanat participe à la prise en charge de ces frais au prorata du nombre de ses membres élus à la chambre de métiers et de l'artisanat départementale.

TITRE VI Dispositions applicables à la chambre des métiers de Mayotte

(Décr. n° 2006-379 du 27 mars 2006, art. 11)

Art. 36 I. – Le présent décret est applicable à la chambre de métiers et de l'artisanat de Mayotte, à l'exception de l'article 23, du titre IV *bis* et de l'article 30, et sous réserve des adaptations prévues au présent article.

II. – Pour leur application à Mayotte, les dispositions du présent décret sont ainsi modifiées :

Au deuxième alinéa de l'article 24 et au deuxième alinéa de l'article 28, les mots : "le dernier jour du scrutin" sont remplacés par les mots : "le jour du scrutin" ;

L'article 23 est remplacé par les dispositions suivantes :

Art. 23 Le droit de vote est exercé à l'urne dans les conditions prévues à l'article 36-1. Ses modalités sont précisées s'il y a lieu par arrêté préfectoral.

Le 1° de l'article 26 est remplacé par les dispositions suivantes : "1° De fournir les cartes électorales aux maires qui les adressent aux électeurs au plus tard dans la troisième semaine qui précède la date du scrutin. Dans le même délai, la commission adresse aux électeurs les circulaires et les bulletins de vote des candidats *(Abrogé par Décr. n° 2011-644 du 9 juin 2011, art. 26) « de leur catégorie et du collège des organisations professionnelles »*. La commission fournit en outre des bulletins de vote et les circulaires en nombre au moins égal à celui des électeurs inscrits aux mairies des communes comportant des bureaux de vote, dix jours avant la date du scrutin".

Au quatrième alinéa de l'article 28, les mots : "par correspondance" sont supprimés ;

Le premier alinéa de l'article 31 est remplacé par les dispositions suivantes : "Le recensement général des votes est effectué par la commission d'organisation des élections. Un procès-verbal est dressé par la commission et signé par son président et ses autres membres".

Art. 36-1 Le vote à l'urne prévu à l'article 16 de l'ordonnance du 20 janvier 2005 susvisée est organisé pour l'élection des membres de la chambre des métiers de Mayotte dans les conditions suivantes :

I. – La carte qui n'a pu être remise à son titulaire est transmise au bureau de vote où elle demeure à la disposition de l'électeur jusqu'au jour du scrutin.

La carte électorale mentionne la date du scrutin, la désignation et l'adresse du bureau de vote, le nom de famille, les prénoms, le sexe, la date de naissance, la profession et la catégorie professionnelle de l'électeur. Elle indique, en outre, l'adresse de l'entreprise.

II. – L'électeur peut voter par procuration remise à un autre électeur inscrit dans la même catégorie professionnelle dans les conditions prévues aux articles L. 71, L. 72, L. 74 à L. 77, R. 74 (premier alinéa), R. 75 (premier et deuxième alinéas), R. 76 (troisième, quatrième et cinquième alinéas), R. 78 (premier alinéa) et R. 79 du code électoral.

La procuration mentionne l'identité du mandant et du mandataire ainsi que la catégorie professionnelle de chacun d'eux.

Chaque électeur ne peut disposer que d'une seule procuration. Si plusieurs procurations sont établies au nom du même électeur, celle qui a été adressée en premier lieu en mairie est seule valable.

III. – Le représentant de l'État à Mayotte fixe le siège et les heures d'ouverture des bureaux de vote.

Chaque bureau de vote comporte une urne *(Abrogé par Décr. n° 2010-651 du 11 juin 2010, art. 27) « pour chaque collège »*.

Les bureaux de vote sont constitués du maire ou de son délégué, président, assisté de deux conseillers municipaux ou, à défaut, de deux électeurs consulaires qu'il désigne.

Les opérations de vote sont soumises aux dispositions des articles L. 54, L. 58 à L. 68, R. 45 à R. 55, R. 57 à R. 68 et R. 70 du code électoral.

Le vote a lieu sur présentation de la carte électorale. A défaut de présentation de la carte électorale, il est fait application des dispositions de l'article R. 60 du code électoral.

Le vote de chaque électeur est constaté par sa signature apposée en face de son nom sur la liste d'émargement ou celle de deux membres du bureau lorsque l'électeur ne sait pas signer ou est dans l'impossibilité de signer.

IV. – Les bureaux de vote adressent les procès-verbaux à la commission d'organisation des élections dans les vingt-quatre heures suivant la clôture du scrutin.

V. – Le recensement général des votes est effectué par la commission d'organisation des élections, au plus tard quatre jours après la clôture du scrutin.

TITRE VII **Dispositions diverses et transitoires** *(Décr. n° 2006-379 du 27 mars 2006, art. 11).*

Art. 37 *Abrogé par Décr. n° 2011-644 du 9 juin 2011, art. 27.*

Décret n° 2004-1165 du 2 novembre 2004,

Relatif aux conseils de la formation institués auprès des chambres de métiers et de l'artisanat de région, des chambres régionales de métiers et de l'artisanat et de la chambre de métiers et de l'artisanat de Mayotte (Décr. n° 2010-1356 du 11 nov. 2010, art. 20-I).

Art. 1er et 2 *Abrogés par Décr. n° 2010-1356 du 11 nov. 2010, art. 20-II.*

Art. 3 et 4 *Abrogés par Décr. n° 2010-651 du 11 juin 2010, art. 32.*

Art. 5 et 6 *Abrogés par Décr. n° 2010-1356 du 11 nov. 2010, art. 20-II.*

Art. 6-1 *(Décr. n° 2007-1267 du 24 août 2007, en vigueur le 1er janv. 2008)* Il est institué auprès des chambres régionales de métiers et de l'artisanat *(Décr. n° 2010-1356 du 11 nov. 2010, art. 20-II)* « , des chambres de métiers et de l'artisanat de région et de la chambre de métiers et de l'artisanat de Mayotte » un conseil de la formation chargé de fixer les priorités annuelles dans le domaine de la formation des chefs d'entreprises *(Décr. n° 2012-527 du 19 avr. 2012, art. 2)* « exerçant une activité artisanale » en matière de gestion et de développement de leurs entreprises. Il est chargé d'affecter les fonds destinés à ces missions. Chaque année, ces chambres établissent et rendent publiques les listes et les modalités de prise en charge des formations auxquelles leur conseil de formation décide d'attribuer prioritairement les ressources dont il dispose. L'information des chefs d'entreprises *(Décr. n° 2012-527 du 19 avr. 2012, art. 2)* « exerçant une activité artisanale » relative à la nature des actions qu'elles financent est assurée par *(Décr. n° 2010-1356 du 11 nov. 2010, art. 25)* « l'assemblée permanente des chambres de métiers et de l'artisanat » en coordination avec le fonds d'assurance formation mentionné à l'article 8 de l'ordonnance du 18 décembre 2003 susvisée *[n° 2003-1213, relative aux mesures de simplification des formalités concernant les entreprises, les travailleurs indépendants, les associations et les particuliers employeurs]*.

Ce conseil est constitué de sept membres élus, parmi les membres de ces chambres.

Les fonctions de membres du conseil de la formation sont incompatibles avec celles :

1° D'administrateur ou de salarié d'un établissement de formation, d'un établissement bancaire ou d'un organisme de crédit ;

2° De président, de trésorier et de vice-président responsable de la formation des chambres ;

3° De personnel administratif affecté dans le service de formation de la chambre.

Un règlement intérieur fixe les règles de fonctionnement du conseil de la formation, notamment les modalités de vote applicables en son sein. Ce règlement est approuvé par le conseil de la formation ainsi que par le préfet de région.

Le conseil de la formation délibère et approuve les budgets et les comptes annuels relatifs au compte mentionné à l'article 8-1 ci-dessous.

Art. 6-2 *(Décr. n° 2007-1267 du 24 août 2007, en vigueur le 1er janv. 2008)* Un commissaire du Gouvernement, désigné par le préfet de région, assiste aux réunions du conseil de la formation.

Il veille au respect de l'égalité d'accès à la formation, à l'affectation des ressources du compte mentionné à l'article 8-1 ci-dessous et à leur utilisation pleine et justifiée ainsi qu'au respect du règlement intérieur et des objectifs définis par le conseil de la formation.

Il reçoit les documents administratifs et financiers relatifs au compte mentionné à l'article 8-1 deux semaines avant la réunion du conseil de la formation. Il peut formuler des observations ou des réserves sur les décisions du conseil de la formation. Il peut également, dans un délai de huit jours à compter de la date d'une délibération, en demander une nouvelle. Cette demande a un effet suspensif jusqu'à l'intervention d'une nouvelle délibération.

Art. 7 et 8 *Abrogés par Décr. n° 2010-1356 du 11 nov. 2010, art. 20-II.*

Art. 8-1 *(Décr. n° 2007-1267 du 24 août 2007, en vigueur le 1er janv. 2008)* Les fonds provenant du droit additionnel prévu au c de l'article 1601 du code général des impôts *(Décr. n° 2012-527 du 19 avr. 2012, art. 3)* « et de la contribution prévue au deuxième alinéa de l'article 1609 *quatervicies* B du même code ainsi que, le cas échéant, des concours financiers de l'État et des collectivités territoriales versés aux conseils de la formation » font l'objet d'une comptabilité séparée de celle de la chambre régionale *(Décr. n° 2010-1356 du 11 nov. 2010, art. 20-II)* « [,] de la chambre de métiers et de l'artisanat de région ou de la chambre de métiers et de l'artisanat de Mayotte ». Les fonds figurant dans ce compte assurent le financement :

a) Des actions de formation *(Décr. n° 2012-527 du 19 avr. 2012, art. 3)* « prévues à l'article 6-1 du présent décret » ;

b) Des actions prévues au 12° de l'article L. 6313-1 *(Décr. n° 2012-527 du 19 avr. 2012, art. 3)* « du code du travail et du stage de préparation à l'installation prévu à l'article 2 de la loi n° 82-1091 du 23 décembre 1982 *[relative à la formation professionnelle des artisans]* » ; – *V. cet art., supra.*

c) Des actions d'information, de sensibilisation et de conseil des chefs d'entreprise *(Décr. n° 2012-527 du 19 avr. 2012, art. 2)* « exerçant une activité artisanale », de leurs conjoints collaborateurs ou associés, de leurs auxiliaires familiaux relatives aux besoins et aux moyens de formation ;

d) De la formation des élus des chambres de métiers et de l'artisanat *(Décr. n° 2010-1356 du 11 nov. 2010, art. 20-II)* « de région, de la chambre régionale de métiers et de l'artisanat, de la chambre de métiers et de l'artisanat de Mayotte et des chambres de métiers et de l'artisanat départementales » ;

e) Des frais de gestion de l'ensemble de ces actions ;

(Décr. n° 2012-527 du 19 avr. 2012, art. 3) « *f)* Des frais de transport et d'hébergement des stagiaires.

« Le conseil de la formation assure également le financement des indemnités pour perte de ressources servies aux membres du conseil de la formation lorsqu'il en est alloué. »

Les dépenses sont engagées à la réception de dossiers complets et les paiements effectués après exécution des prestations et réception des justificatifs probants, dont les attestations de présence et les feuilles d'émargement signées par les stagiaires.

Les dépenses mentionnées aux *b, c, d* *(Décr. n° 2012-527 du 19 avr. 2012, art. 3)* « , *e* et *f* ci-dessus ainsi que les indemnités pour pertes de ressources allouées aux membres du conseil de la formation » ne doivent pas excéder des plafonds fixés par arrêté du ministre chargé de l'artisanat. – *V. Arr. du 17 mars 2008 (JO 27 mars).*

Le niveau de prise en charge des actions de formation est déterminé de manière à permettre le caractère effectif de celle-ci pendant la durée de l'exercice comptable. Il fait, le cas échéant, l'objet des ajustements nécessaires en cours d'année à cette fin.

Art. 8-2 *(Décr. n° 2012-1247 du 7 nov. 2012, art. 196, en vigueur le 1er janv. 2013)* « Un agent comptable, chargé de la gestion du compte mentionné à l'article 8-1, est nommé auprès de chaque chambre de métiers et de l'artisanat de région, auprès de la chambre de métiers et de l'artisanat de Mayotte et auprès de chaque chambre régionale de métiers et de l'artisanat, par arrêté conjoint de l'autorité de tutelle et du directeur régional des finances publiques. Il exerce ses fonctions dans les conditions prévues par le titre III du décret n° 2012-1246 du 7 novembre 2012 relatif à la gestion budgétaire et comptable publique. »

(Décr. n° 2007-1267 du 24 août 2007, en vigueur le 1er janv. 2008) « Il est astreint à une obligation de cautionnement, bénéficie d'une indemnité de caisse et de responsabilité et, lorsque ces fonctions s'ajoutent à celle *[celles]* exercées au titre de son emploi principal, il perçoit par ailleurs l'indemnité de rémunération de services dans les mêmes conditions que les agents comptables des établissements publics nationaux. »

Art. 8-3 *(Décr. n° 2012-1247 du 7 nov. 2012, art. 196, en vigueur le 1er janv. 2013)* Par dérogation aux dispositions de l'article 3 du décret n° 2012-1246 du 7 novembre

2012 relatif à la gestion budgétaire et comptable publique, les conseils de la formation des régions sont soumis aux dispositions des titres Ier et III de ce même décret à l'exception des 1° et 2° de l'article 175 et des articles 178 à 185, 204 à 208 et 220 à 228.

Les art. 8-3 à 8-6 s'appliquent aux chambres de métiers et de l'artisanat de région (Décr. n° 2010-1356 du 11 nov. 2010, art. 20-III).

Art. 8-4 *(Décr. n° 2007-1267 du 24 août 2007, en vigueur le 1er janv. 2008)* Toutes les sommes destinées au compte mentionné à l'article 8-1 sont versées directement et sans délai au compte du Trésor, ouvert à son nom. Elles peuvent être placées à court terme en valeurs du Trésor ou garanties par l'État. Les intérêts produits par les sommes déposées ou placées à court terme ont le même caractère que les sommes dont ils sont issus. Ils sont soumis aux mêmes conditions d'utilisation et à la même procédure de contrôle.

V. note ss. art. 8-3.

Art. 8-5 *(Décr. n° 2007-1267 du 24 août 2007, en vigueur le 1er janv. 2008)* Les disponibilités, au sens de l'article R. 964-1-8 *[R. 6332-22, R. 6332-23, R. 6332-29 nouv.]* du code du travail, dont le conseil de la formation mentionné à l'article 6-1 peut disposer au 31 décembre d'un exercice déterminé ne peuvent excéder le tiers du montant des charges comptabilisées au cours dudit exercice à l'exception des dotations aux amortissements et provisions.

En cas d'excédent, celui-ci est reversé au Trésor public dans les conditions prévues à l'article R. 964-8 *[R. 6332-52 à R. 6332-54 nouv.]* du code du travail.

En cas de déficit sur un exercice comptable, le conseil de la formation prend en début d'année suivante des décisions permettant d'assurer un retour à l'équilibre financier sur le nouvel exercice.

V. note ss. art. 8-3.

Art. 8-6 *(Décr. n° 2007-1267 du 24 août 2007, en vigueur le 1er janv. 2008)* Le conseil de la formation transmet au préfet de région *(Abrogé par Décr. n° 2010-1356 du 11 nov. 2010, art. 20-II)* ***« et, dans les départements d'outre-mer, au préfet, »*** ainsi qu'au ministre chargé de l'artisanat, au plus tard le 31 mars de l'année suivant la clôture de l'exercice :

a) Un état comportant les renseignements statistiques et financiers permettant de suivre son fonctionnement, la réalisation des programmes d'intervention et l'emploi des fonds collectés ;

(Décr. n° 2012-1247 du 7 nov. 2012, art. 196, en vigueur le 1er janv. 2013) « *b)* Un compte financier établi dans les conditions prévues aux articles 210 à 214 du décret n° 2012-1246 du 7 novembre 2012 relatif à la gestion budgétaire et comptable publique » ;

c) Un rapport présentant les principales orientations de son activité.

L'agent comptable adresse le compte financier et les pièces annexes nécessaires, avant l'expiration du sixième mois suivant la clôture de l'exercice, au trésorier-payeur général qui, après l'avoir mis en état d'examen, le transmet à la chambre régionale des comptes avant l'expiration du dixième mois qui suit la clôture de l'exercice.

V. note ss. art. 8-3.

Art. 8-7 *(Décr. n° 2007-1267 du 24 août 2007, en vigueur le 1er janv. 2008)* En cas de cessation d'activité des conseils de la formation des *(Décr. n° 2010-1356 du 11 nov. 2010, art. 20-II)* « chambres de métiers et de l'artisanat de région, de la chambre de métiers et de l'artisanat de Mayotte et des » chambres régionales de métiers et de l'artisanat *(Abrogé par Décr. n° 2010-1356 du 11 nov. 2010, art. 20-II)* ***« ou, dans les départements d'outre-mer, des chambres des métiers et de l'artisanat »***, les modalités d'une nouvelle affectation de leurs droits et obligations sont fixées par arrêté du ministre chargé de l'artisanat.

Art. 9 *et* 10 *Abrogés par Décr. n° 2010-1356 du 11 nov. 2010, art. 20-II.*

Art. 11 **Le décret n° 85-1205 du 13 novembre 1985 instituant les chambres régionales de métiers est abrogé.**

Loi n° 2005-882 du 2 août 2005,

En faveur des petites et moyennes entreprises.

Art. 23 **Il est créé un label "Entreprise du patrimoine vivant" pouvant être attribué à toute entreprise qui détient un patrimoine économique, composé en particulier d'un savoir-faire rare, renommé ou ancestral, reposant sur la maîtrise de techniques traditionnelles ou de haute technicité et circonscrit à un territoire.**

Le label "Entreprise du patrimoine vivant" est attribué selon des critères et des modalités définis par décret en Conseil d'État. – *V. Décr. n° 2006-595 du 23 mai 2006, ci-dessous.*

Décret n° 2006-595 du 23 mai 2006,

Relatif à l'attribution du label "entreprise du patrimoine vivant".

Art. 1er Le label "entreprise du patrimoine vivant" est attribué à une entreprise immatriculée au registre du commerce et des sociétés ou au répertoire des métiers ou, dans les départements de la Moselle, du Haut-Rhin et du Bas-Rhin, au registre des entreprises et qui exerce une activité de production, de transformation, de réparation ou de restauration. L'entreprise doit être à jour de ses obligations fiscales et sociales.

(Décr. n° 2011-1091 du 9 sept. 2011, art. 1er) « Les entreprises du secteur agricole, lequel bénéficie des modes de valorisation prévus à l'article L. 642 du code rural et de la pêche maritime, ne peuvent se voir attribuer le label "entreprise du patrimoine vivant". »

BIBL. ► Note de la rédaction, *BRDA 2011, n° 18, p. 11* (modifications issues du Décr. n° 2011-1091 du 9 sept. 2011).

Art. 2 *(Décr. n° 2011-1091 du 9 sept. 2011, art. 1er)* Le label "entreprise du patrimoine vivant" est attribué par l'autorité compétente aux entreprises qui répondent au moins à un critère dans chacune des catégories 1°, 2° et 3° mentionnées ci-après :

1° Critères relatifs à la détention d'un patrimoine économique spécifique :

a) L'entreprise possède des équipements, outillages, machines, modèles, documentations techniques rares ;

b) L'entreprise détient des droits de propriété industrielle liés à ses produits, à ses services ou à ses équipements de production ;

c) L'entreprise détient un réseau de clientèle significatif ;

2° Critères relatifs à la détention d'un savoir-faire rare reposant sur la maîtrise de techniques traditionnelles ou de haute technicité :

a) L'entreprise détient exclusivement ou avec un petit nombre d'entreprises un savoir-faire indiscutable ;

b) L'entreprise détient un savoir-faire qui n'est pas accessible par les voies de formation normales mais par celles dispensées par l'entreprise elle-même ;

c) L'entreprise emploie un ou des salariés détenant un savoir-faire d'excellence, justifié soit par des titres ou des récompenses de haut niveau, soit par une expérience professionnelle de durée significative ;

3° Critères relatifs à l'ancienneté de l'implantation géographique ou à la notoriété de l'entreprise :

a) L'entreprise est installée dans sa localité actuelle depuis plus de cinquante ans ou détient des locaux qui ont une valeur historique ou architecturale ;

b) L'entreprise assure une production dans son bassin historique ;

c) L'entreprise dispose d'un nom ou d'une marque notoire, notamment parce qu'elle bénéficie de distinctions nationales ou fait l'objet de publications de référence, ou parce qu'elle intervient :

— sur des biens appartenant au patrimoine protégé au titre des monuments historiques ;

— sur des objets ou des meubles estampillés ou permettant de perpétuer un courant stylistique de l'art français.

Art. 3 Les ministres chargés des petites et moyennes entreprises, du commerce et de l'artisanat sont l'autorité compétente mentionnée à l'article 2.

Art. 4 La Commission nationale des entreprises du patrimoine vivant est chargée de donner un avis préalable aux ministres sur les demandes d'attribution *(Décr. n° 2011-1091 du 9 sept. 2011, art. 1er)* « ou de renouvellement » du label "entreprise du patrimoine vivant". Un arrêté des ministres mentionnés à l'article 3 en définit la composition et les modalités de fonctionnement. *— V. Arr. 26 mai 2006 (JO 21 juin), mod. par Arr. 3 août 2006 (JO 15 août), Arr. 5 nov. 2009 (JO 14 nov.).*

Art. 5 *(Décr. n° 2011-1091 du 9 sept. 2011, art. 1er)* Le secrétariat de la commission est assuré dans les conditions fixées par arrêté des ministres mentionnés à l'article 3. La demande d'attribution ou de renouvellement du label est adressée au secrétariat de la commission, accompagnée d'un dossier. Un arrêté des ministres mentionnés à l'article 3 définit les éléments que comporte le dossier de demande d'attribution ou le dossier de demande de renouvellement, lesquels doivent permettre de vérifier que les conditions mentionnées à l'article 2 sont remplies. Le secrétariat instruit les demandes d'attribution ou de renouvellement du label et délivre un accusé de réception pour chacune d'entre elles. *— V. Arr. du 26 mai 2006 (JO 21 juin), mod. par Arr. du 3 août 2006 (JO 15 août), Arr. du 5 nov. 2009 (JO 14 nov.), Arr. du 12 déc. 2012 (JO 18 déc.).*

Art. 6 Le label est délivré pour une durée de cinq ans. La décision des ministres chargés des petites et moyennes entreprises, du commerce et de l'artisanat d'attribution ou de refus du label est notifiée au demandeur.

Le silence gardé pendant quatre mois par le ministre sur une demande d'attribution du label vaut décision de rejet.

....

Arrêté du 28 octobre 2009,

Pris en application des décrets n° 97-558 du 29 mai 1997 et n° 98-246 du 2 avril 1998 et relatif à la procédure de reconnaissance des qualifications professionnelles d'un professionnel ressortissant d'un État membre de la Communauté européenne ou d'un autre État partie à l'accord sur l'Espace économique européen.

Art. 1er La déclaration prévue au II de l'article 17-1 de la loi du 5 juillet 1996 susvisée *[n° 96-603, relative au développement et à la promotion du commerce et de l'artisanat, V. supra]* **comprend les informations relatives aux couvertures d'assurance ou autres moyens de protection personnelle ou collective concernant la responsabilité professionnelle.**

Elle est datée et signée, et est accompagnée des documents suivants :

***a)* La preuve de la nationalité du prestataire ;**

***b)* Une attestation certifiant que le détenteur est légalement établi dans un État membre de la Communauté européenne ou d'un autre État partie à l'accord sur l'Espace économique européen pour y exercer les activités en question et qu'il n'encourt, lorsque l'attestation est délivrée, aucune interdiction même temporaire d'exercer ;**

c) Une preuve des qualifications professionnelles : un titre de formation, une attestation de compétences délivrée par une autorité compétente désignée conformément aux dispositions en vigueur dans l'État d'établissement, et/ou tout document attestant d'une expérience professionnelle et indiquant la nature et la durée de l'activité ;

d) Pour les cas visés au deuxième alinéa du I de l'article 17-1 de la loi du 5 juillet 1996 susvisée, la preuve par tout moyen que le prestataire a exercé les activités en question pendant au moins deux années au cours des dix années précédentes.

Les documents non établis en français doivent être accompagnés d'une traduction certifiée conforme à l'original par un traducteur assermenté ou habilité à intervenir auprès des autorités judiciaires ou administratives d'un autre État membre de la Communauté, ou d'un État partie à l'accord sur l'Espace économique européen.

Art. 2 Les demandes d'attestation de qualification professionnelle sont accompagnées :

a) Soit du diplôme ou du titre de formation professionnelle ;

b) Soit de l'attestation de compétences, telle que définie au I de l'article 3 du décret du 2 avril 1998 susvisé *[n° 98-246, relatif à la qualification professionnelle exigée pour l'exercice des activités prévues à l'art. 16 de la L. n° 96-603 du 5 juill. 1996, V. supra]*, ou au I de l'article 6 du décret du 29 mai 1997 susvisé ;

c) Soit, pour les demandes fondées sur une expérience professionnelle acquise sur le territoire d'un État membre de la Communauté européenne ou d'un autre État partie à l'accord sur l'Espace économique européen dans les conditions prévues à l'article 1er, au II de l'article 3 ou à l'article 3-3 du décret du 2 avril 1998 susvisé à l'article 5 ou à l'article 8 du décret du 29 mai 1997 susvisé, d'une attestation portant sur la nature et la durée de l'activité, délivrée par l'autorité ou l'organisme compétent de l'État d'origine ou de l'État membre de provenance, accompagnée, le cas échéant, du certificat sanctionnant une formation mentionné au II de l'article 3 du décret du 2 avril 1998 susvisé et au 2 de l'article 5 du décret du 29 mai 1997 susvisé ;

d) Soit, pour les demandes fondées sur une expérience professionnelle acquise en France, de documents attestant que le demandeur a exercé l'activité dans les conditions mentionnées à l'article 1er du décret n° 98-246 du 2 avril 1998.

Outre les documents mentionnés aux alinéas précédents, les demandes d'attestation de qualification professionnelle sont accompagnées :

– d'une preuve de la nationalité du demandeur ;

– et, pour les documents non établis en français, d'une traduction certifiée conforme à l'original par un traducteur assermenté ou habilité à intervenir auprès des autorités judiciaires ou administratives d'un autre État membre de la Communauté, ou d'un État partie à l'accord sur l'Espace économique européen.

Art. 3 En complément des pièces mentionnées aux articles 1er et 2 du présent arrêté, la chambre de métiers et de l'artisanat peut inviter le demandeur à lui fournir des informations concernant le niveau, la durée et le contenu de sa formation propres à lui permettre de déterminer l'existence éventuelle de différences substantielles avec la formation française exigée, telle que visée aux articles 1er des décrets du 2 avril 1998 et du 29 mai 1997 susvisés.

Si le demandeur est dans l'impossibilité de fournir ces informations, la chambre s'adresse à l'autorité compétente ou au point de contact de l'État membre d'origine au sens des articles 3 et 57 de la directive 2005/36/CE du Parlement européen et du Conseil du 7 septembre 2005 relative à la reconnaissance des qualifications professionnelles, ou à tout autre organisme compétent de l'État membre d'origine, le cas échéant par l'intermédiaire du Centre international d'études pédagogiques (CIEP) agissant en tant que point de contact.

Si aucune information complémentaire n'est disponible, la chambre arrête sa décision sur la base des éléments dont elle dispose.

Art. 4 En complément des pièces mentionnées aux articles 1er, 2 et 3 du présent arrêté, la chambre de métiers et de l'artisanat invite le demandeur à apporter la preuve par tout moyen d'une expérience professionnelle de nature à compenser, totalement ou partiellement, la différence substantielle en termes de durée ou de contenu visée au IV de l'article 3 du décret du 2 avril 1998 susvisé, ou au III de l'article 6 du décret du 29 mai 1997 susvisé.

Art. 5 Les chambres de métiers et de l'artisanat communiquent à l'assemblée permanente des chambres de métiers les statistiques relatives aux décisions prises en application des décrets du 2 avril 1998 et du 29 mai 1997 susvisés.

L'assemblée permanente des chambres de métiers transmet ces statistiques annuelles au ministre chargé de l'artisanat, au plus tard le 31 janvier qui suit l'année pour laquelle elles sont établies.

Les statistiques transmises concernent les décisions suivantes :

– reconnaissance immédiate dans le cadre du régime général (reconnaissance selon le titre III, chapitre Ier de la directive 2005/36/CE du 7 septembre 2005 susvisée) ;

– reconnaissance après épreuve d'aptitude : régime général ;

– reconnaissance après stage d'adaptation : régime général ;

– refus immédiat ;

– refus après épreuve d'aptitude : régime général ;

– refus après stage d'adaptation : régime général ;

– reconnaissance automatique de l'expérience professionnelle (reconnaissance selon le titre III, chapitre II de la directive 2005/36/CE du 7 septembre 2005 susvisée).

En outre, sont également transmises les statistiques relatives :

– aux recours ;

– au nombre de dossiers à l'étude ;

– au nombre d'épreuves d'aptitude et stages d'adaptation en cours.

Art. 6 Le montant du droit prévu à l'article 4-3 du décret du 2 avril 1998 susvisé et à l'article 11-1 du décret du 29 mai 1997 susvisé est fixé :

a) Au tarif en vigueur voté par le conseil d'administration du Centre international d'études pédagogiques lorsque la chambre a sollicité l'avis de ce centre sur le diplôme ou titre étranger produit par le demandeur en application du I de l'article 3-1 du décret du 2 avril 1998 susvisé ou du I de l'article 7 du 29 mai 1997 susvisé ;

b) Lorsqu'une épreuve d'aptitude est organisée en application du II de l'article 2 ou du IV de l'article 3 du décret du 2 avril 1998 susvisé ou du III de l'article 6 du décret du 29 mai 1997 susvisé, au montant correspondant à la préparation, à la réalisation et à l'évaluation de l'épreuve d'aptitude. Ce montant est calculé sur la base horaire utilisée par la chambre dans le cadre de l'organisation des jurys de validation des acquis de l'expérience (VAE), dans la double limite de 50 € par heure et de 250 € pour l'ensemble de l'épreuve d'aptitude. Les coûts éventuels de matière d'œuvre restent à la charge du demandeur, le cas échéant sur la base de justificatifs produits par la chambre ;

c) Lorsqu'un stage d'adaptation doit être organisé en application des articles mentionnés au *b*, à 50 € correspondant au coût d'établissement de la liste des matières mentionnée au I de l'article 3-2 du décret du 2 avril 1998 susvisé et au IV de l'article 7 du décret du 29 mai 1997 susvisé. Lorsque le stage est organisé par la chambre, ce montant est augmenté du coût du stage, calculé sur la base horaire utilisée dans le cadre de la formation aux titres de la filière de l'artisanat qu'elle dispense.

Art. 7 Le règlement d'examen annexé au présent arrêté est approuvé. – *V. l'annexe ci-dessous.*

ANNEXE

Règlement d'examen de l'épreuve d'aptitude mentionné à l'article 7

I Modalités de convocation

Le demandeur ayant choisi l'épreuve pratique est convoqué par le président de la chambre de métiers et de l'artisanat au moins quinze jours avant la date des épreuves. Cette convocation précise la date, le lieu, l'horaire et la durée des épreuves et l'outillage et/ou le matériel dont le demandeur doit être muni.

II Organisation de l'épreuve

a) Fréquence.

Les épreuves sont organisées autant que de besoin dans le respect des délais réglementaires. Les épreuves sont mises en place par le président de la chambre de métiers et de l'artisanat.

b) Définition de l'épreuve d'aptitude.

L'épreuve d'aptitude porte sur les seules différences substantielles identifiées par la chambre à l'issue d'une comparaison entre la qualification attestée par le demandeur et le référentiel du titre de niveau V de la filière de formation de l'artisanat lorsqu'un tel titre existe pour l'activité considérée. A défaut, la chambre utilise le référentiel du certificat d'aptitude professionnel correspondant à l'activité considérée ou, en troisième lieu, le référentiel du titre professionnel de niveau V délivré par le ministère chargé de l'emploi.

L'épreuve d'aptitude est construite sur la base du référentiel de certification qui a été utilisé pour établir la différence substantielle.

c) Modalités d'évaluation des aptitudes.

Les épreuves peuvent prendre la forme :

— de QCM ;

— d'études de cas ;

— de présentation orale de travaux ;

— d'épreuves pratiques.

La nature et le contenu de l'épreuve sont déterminés par le jury.

d) Délivrance de l'attestation de qualification.

L'attestation est délivrée par la chambre après décision du jury.

e) Jury.

Le jury est constitué et présidé par le président de la chambre.

Le jury est obligatoirement composé de trois personnes :

— un formateur intervenant dans la formation au titre de référence, chargé de la préparation de l'épreuve d'aptitude ;

— un artisan choisi sur une liste présentée par l'organisation professionnelle concernée ;

— le président de la chambre ou son représentant, qui doit être artisan.

Sous l'autorité de son président, le jury est chargé de la détermination de la nature et de la durée, de l'organisation matérielle, de la surveillance, de la correction et de la notation de l'épreuve d'aptitude.

f) Lieu de déroulement des épreuves et d'organisation des jurys.

Les épreuves et les jurys peuvent être regroupés au niveau régional ou interrégional dans le respect des délais règlementaires.

BANQUE ET FINANCEMENT DE L'ENTREPRISE

Code monétaire et financier

PREMIÈRE PARTIE : ***LÉGISLATIVE***

(Ord. n° 2000-1223 du 14 déc. 2000)

BIBL. GÉN. ▶ BONNEAU, *Bull. Joly Bourse 2001. 1* (brèves observations sur le code monétaire et financier). – Colloque, *LPA 12 janv. 2006* (sanction en matière économique et financière). – S. PIEDELIÈVRE, *Mélanges P. Jestaz, Dalloz, 2006, p. 441* (remarques sur l'évolution actuelle des sources du droit bancaire). – DRUMMOND, Le code de commerce 1807-2007, Livre du bicentenaire, *Dalloz, 2007, p. 95* (code de commerce et code monétaire et financier, ou l'enchevêtrement des codes). – MATTOUT, *RD banc. fin. 2010. Dossier 5* (le droit pénal, la banque et les frontières). – JULIEN, *Banque et Droit janv.-févr. 2011. 3* (financements bancaires et bonne foi). – MOREL-MAROGER, *RD banc. fin. 2011. Étude 10* (protection des données personnelles des clients des banques : bilan et perspectives). – LASSERRE CAPDEVILLE, *LPA 29 sept. 2011* (QPC et droit bancaire).

▶ Sur les nouvelles régulations économiques du 15 mai 2001 : PANSIER et CHARBONNEAU, *LPA 21 et 22 mai 2001.* ▶ Sur la loi « MURCEF » du 11 déc. 2001 : PANSIER et CHARBONNEAU, *LPA 17 déc. 2001 ; ibid., 18 déc. 2001 ; ibid., 19 déc. 2001.* – AVENA-ROBARDET, *D. 2002, n° 2, Cah. dr. aff., p. 186* (MURCEF et autres : nouveautés dans les relations banque-client). – BONNEAU, *JCP E 2002, n° 3, 120.* – DONDERO, *LPA, 17 janv. 2002, p. 4 ; ibid., 18 janv. 2002, p. 4* (apports de la loi en droit bancaire). – STOUFFLET, *RD banc. fin. janv.-févr. 2002, p. 36* (relation banques-clients). – BONHOMME, *Banque et Droit mars-avr. 2002. 3* (aspects bancaires). ▶ Sur la loi de sécurité financière du 1er août 2003 : Dossier spécial, *Dr. et patr. déc. 2003. 59 ; RD banc. fin. sept.-oct. 2003, p. 299.* ▶ Sur la loi de régulation bancaire et financière du 22 oct. 2010 : LASSERRE CAPDEVILLE, *LPA 22 oct. 2010* (présentation générale). – BONNEAU, *JCP E 2010, n° 1957* (commentaire de la loi). – YVON, ALLAIN et BÉRARD-GOURISSE, *Bull. Joly Bourse 2010 492* (panorama de la loi). – Numéro spécial, *LPA 16 déc. 2010* (étude et clarification de la loi RBF). – Dossier, *Bull. Joly Bourse 2011. 113* (la loi de régulation bancaire et financière, une réponse à la crise). – RONTCHEVSKY et STORCK, *RTD com. 2011. 138* (une tentative de réponse française à la crise financière).

LIVRE PREMIER La monnaie

BIBL. GÉN. ▶ LÉVY, *Clés pour le siècle, Dalloz, 2000, p. 341* (cinquante ans de défense de la monnaie et de l'économie nationales). – BRUGUIÈRE, *JCP E 2001, n° 48, p. 1905* (qu'est-ce que la monnaie ?). – TORCK, Bicentenaire du code de commerce 1807-2007. *Dalloz, 2008, p. 579* (dématérialisation de la monnaie, des instruments de paiement et de financement). – LAINE, *RTD com. 2004. 227* (la monnaie privée). – DJOUDI et LOISEAU, *RD banc. fin. 2004. 292* (l'état du paiement en ligne). – DJOUDI, *Gaz. Pal. 2005. Doctr. 805* (l'internet ou le défi au paiement sécurisé).

TITRE PREMIER Dispositions générales

CHAPITRE PREMIER *L'unité monétaire*

Art. L. 111-1 La monnaie de la France est l'euro. Un euro est divisé en cent centimes. — *[Règl. CE n° 974/98 du 3 mai 1998, art. 1er, al. 1er et 6, art. 2, 3 et 6, al. 1er et 2.]*

V. Recomm. CE du 22 mars 2010 concernant l'étendue et les effets du cours légal des billets de banque et pièces en euros (JOUE L 83 du 30 mars). — ***C. mon. fin.***

RÉP. SOCIÉTÉS v° *Euro*, par FOY.

BIBL. ▶ Ruiz Ruiz, *RTD eur. 2000. 705* (l'introduction de l'euro et la continuité des contrats sur des obligations pécuniaires). – Cagnon, *JCP E 2001, n° 43-44, p. 1733* (enjeux du passage à l'euro des prix). – Michaud-Etheimer, *ibid., p. 1727* (passage à l'euro : quand le mythe devient réalité). – Aymeric, *RTD com. 2005. 197* (incidence de l'euro sur le traitement juridique des devises).

Continuité entre l'écu et l'euro. Jugeant que le mot « Ecu » retenu dans la version française du traité CE (devenu le traité sur le fonctionnement de l'Union européenne, depuis l'entrée en vigueur du traité de Lisbonne ; V. Décr. n° 2009-1466 du 1er déc. 2009, *JO 2 déc.*) n'est pas la dénomination de la monnaie unique mais constitue la traduction en français d'une expression générique *[European Currency Unit]* employée pour désigner l'unité monétaire européenne, V. • CE 17 déc. 2003 : *Europe 2004, n° 92, obs. Cassia et Saulnier.*

Art. L. 111-2 *Abrogé par Ord. n° 2005-429 du 6 mai 2005, art. 12.*

CHAPITRE II *Règles d'usage de la monnaie*

SECTION I *L'indexation*

Art. L. 112-1 Sous réserve des dispositions du premier alinéa de l'article L. 112-2 et des articles L. 112-3 *(Ord. n° 2009-15 du 8 janv. 2009, art. 6)* « , L. 112-3-1 » et L. 112-4, l'indexation automatique des prix de biens ou de services est interdite.

Est réputée non écrite toute clause d'un contrat à exécution successive, et notamment des baux et locations de toute nature, prévoyant la prise en compte d'une période de variation de l'indice supérieure à la durée s'écoulant entre chaque révision.

Est interdite toute clause d'une convention portant sur un local d'habitation prévoyant une indexation fondée sur l'indice "loyers et charges" servant à la détermination des indices généraux des prix de détail. Il en est de même de toute clause prévoyant une indexation fondée sur le taux des majorations légales fixées en application de la loi n° 48-1360 du 1er septembre 1948, à moins que le montant initial n'ait lui-même été fixé conformément aux dispositions de ladite loi et des textes pris pour son application. – *[Ord. n° 58-1374 du 30 déc. 1958, art. 79-1 et 3, al. 3 et 4.]*

BIBL ▶ Monéger, *JCP E 2011, n° 1723 ; Loyers et copr. 2011. Étude 9* (la périodicité dans la clause d'indexation du loyer et l'ordre public monétaire). – Jacquin, *Gaz. Pal. 2012. 2620* (interprétation de l'art. L. 112-1 : quand l'esprit l'emporte sur la lettre).

Art. L. 112-2 Dans les dispositions statutaires ou conventionnelles, est interdite toute clause prévoyant des indexations fondées sur le salaire minimum de croissance, sur le niveau général des prix ou des salaires ou sur les prix des biens, produits ou services n'ayant pas de relation directe avec l'objet du statut ou de la convention ou avec l'activité de l'une des parties. Est réputée en relation directe avec l'objet d'une convention relative à un immeuble bâti toute clause prévoyant une indexation sur la variation de l'indice national du coût de la construction publié par l'Institut national des statistiques et des études économiques *(L. n° 2008-776 du 4 août 2008, art. 47-II)* « ou, pour des activités commerciales *(L. n° 2011-525 du 17 mai 2011, art. 63-I)* « ou artisanales » définies par décret, sur la variation de l'indice trimestriel des loyers commerciaux publié dans des conditions fixées par ce même décret par l'Institut national de la statistique et des études économiques ». – *V. C. mon. fin., art. D. 112-2 et Décr. n° 2008-1139 du 4 nov. 2008 (JO 6 nov.). –* ***C. baux.***

(L. n° 2011-525 du 17 mai 2011, art. 63-I) « Est également réputée en relation directe avec l'objet d'une convention relative à un immeuble toute clause prévoyant, pour les activités autres que celles visées au premier alinéa ainsi que pour les activités exercées par les professions libérales, une indexation sur la variation de l'indice trimestriel des loyers des activités tertiaires publié par l'Institut national de la statistique et des études économiques dans des conditions fixées par décret. »

Les dispositions *(L. n° 2011-525 du 17 mai 2011, art. 63-I)* « des précédents alinéas » ne s'appliquent pas aux dispositions statutaires ou conventionnelles concernant des dettes d'aliments.

Doivent être regardées comme dettes d'aliments les rentes viagères constituées entre particuliers, notamment en exécution des dispositions *(L. n° 2001-1135 du 3 déc. 2001, en vigueur le 1er juill. 2002)* **« de l'article 759 du code civil »** – *[Ord. n° 58-1374 du 30 déc. 1958, art. 79-3, al. 1er ; L. n° 63-699 du 13 juill. 1963, art. 4.]*

BIBL. ▶ Brault, *Loyers et copr. 2008. Étude 9* (la révision du loyer du bail commercial et la loi n° 2008-776 du 4 août 2008). – Monéger, *Loyers et copr. 2008. Alerte 61* (le Décr. n° 2008-1139 du 4 nov. 2008 relatif à l'indice national trimestriel des loyers commerciaux). – Prigent, *Rev. loyers 2008. 539* (idem). – Kenfack, *JCP E 2009, n° 3, p. 15* (consécration légale de l'ILC). – Blatter et Martel, *AJDI 2009. 6* (ILC : approche juridique et impact économique). – Brault, *Gaz. Pal. 2009. 1571* (sur l'indexation du loyer du bail commercial). – de Galembert, *Rev. loyers 2011. 2 et 46* (risques pesant sur la validité des clauses d'indexation dans les baux commerciaux). – Le Douce-Bercot et Nouel, *LPA 10 juin 2011* (à propos de l'indexation : on ne peut pas avoir mathématiquement raison et juridiquement tort). – Lateule, *AJDI 2011. 436* (ICC, ILC, ILAT : quel indice, pour quels locaux et quelle activité ?). – Brault, *Loyers et copr. 2011. Alerte 56* (bail commercial : de l'ILC à l'ILAT). – Prigent, *Rev. loyers 2012. 90* (de quelques difficultés dans la détermination du champ d'application de l'ILAT). – Legrix de la Salle, *JCP E 2012, n° 1503* (consécration judiciaire de la validité des clauses d'indexation ayant recours à un indice de base fixe).

Prescription. L'action en nullité des clauses d'indexation pour illicéité des indices retenus, qui est fondée sur l'art. L. 112-2 C. mon. fin., n'entre pas dans le champ d'application de la prescription biennale de l'art. L. 145-60 C. com. • Com. 2 févr. 2010 : *AJDI 2011. 134, note Denizot ; Loyers et copr. 2010, n° 110, obs. Brault.*

Décret n° 2009-1568 du 15 décembre 2009,

Relatif à l'indice national du coût de la construction.

Art. 1er L'indice relatif au coût de la construction mentionné à l'article L. 112-2 du code monétaire et financier et aux articles L. 145-34 et L. 145-38 du code de commerce est l'indice du coût de la construction publié chaque trimestre au *Journal officiel* de la République française par l'Institut national de la statistique et des études économiques.

Art. 2 Cet indice mesure l'évolution du prix des marchés de constructions neuves passés entre les maîtres d'ouvrage et les entreprises assurant les travaux de bâtiment. Les opérations de réhabilitation et les travaux d'entretien ne sont pas pris en compte pour le calcul de cet indice.

Art. 3 Sont abrogés :

— le décret n° 82-898 du 19 octobre 1982 relatif au calcul de l'indice national pris en compte pour la révision des loyers des contrats de location en application de l'article 58 de la loi n° 82-526 du 22 juin 1982 relative aux droits et obligations des locataires et des bailleurs ;

— le décret n° 85-487 du 3 mai 1985 relatif au calcul de l'indice national prévu à l'article 7 de la loi n° 84-595 du 12 juillet 1984 définissant la location-accession à la propriété immobilière.

Décret n° 2011-2028 du 29 décembre 2011,

Relatif à l'indice des loyers des activités tertiaires.

Art. 1er L'indice des loyers des activités tertiaires (ILAT), calculé sur une base trimestrielle, est constitué par la somme pondérée d'indices représentatifs du niveau des prix à la consommation, de celui des prix de la construction neuve et de celui du produit intérieur brut en valeur.

Art. 2 I. — L'indice représentatif du niveau des prix à la consommation est l'indice des prix à la consommation hors tabac et hors loyers concernant l'ensemble des ménages et relatif à la métropole et aux départements d'outre-mer publié par l'Institut national de la statistique et des études économiques (INSEE).

Dans le calcul de l'indice des loyers des activités tertiaires est utilisée la moyenne de l'indice sur douze mois consécutifs, le dernier mois correspondant au dernier mois du trimestre pour lequel est calculé l'indice des loyers des activités tertiaires. Cette moyenne (mIPCL) est exprimée en retenant la référence 100 pour la moyenne relative au premier trimestre 2010.

II. — L'indice représentatif du niveau des prix de la construction neuve est l'indice du coût de la construction (ICC) publié par l'INSEE.

Dans le calcul de l'indice des loyers des activités tertiaires est utilisée la moyenne de l'indice sur quatre trimestres consécutifs, le dernier trimestre correspondant au trimestre pour lequel est calculé l'indice des loyers des activités tertiaires. Cette moyenne (mICC) est exprimée en retenant la référence 100 pour la moyenne relative au premier trimestre 2010.

III. — La variable représentative du produit intérieur brut en valeur est le produit intérieur brut en valeur, corrigé des variations saisonnières et des jours ouvrables (PIB) publié par l'INSEE.

Dans le calcul de l'indice des loyers des activités tertiaires est utilisée la moyenne sur quatre trimestres consécutifs du produit intérieur brut en valeur corrigé des variations saisonnières et des jours ouvrables, le dernier trimestre correspondant au trimestre pour lequel est calculé l'indice des loyers des activités tertiaires (MoyPIB). Cette moyenne (MoyPIB) est rapportée, à chaque calcul, à la moyenne des quatre trimestres consécutifs se terminant au premier trimestre 2010 de ce même produit intérieur brut en valeur corrigé des variations saisonnières et des jours ouvrables, afin de construire un indice (mPIB) référence 100 au premier trimestre 2010.

IV. — Le calcul de l'indice des loyers des activités tertiaires est basé sur les valeurs de ses trois composantes contenues dans la dernière publication disponible à la date de calcul de l'indice des loyers des activités tertiaires. Si l'une des composantes est modifiée postérieurement à la publication d'un indice un trimestre donné, ces modifications ne seront pas prises en compte pour rectifier l'indice déjà publié. Les indices relatifs aux trimestres antérieurs à la première publication sont aussi calculés à partir de l'ensemble des dernières valeurs connues des différentes composantes, à la date de la première publication.

Art. 3 Chaque composante, définie aux I, II et III de l'article 2, intervient dans le calcul de l'indice des loyers des activités tertiaires selon la formule de pondération suivante :

ILAT = 50 % mIPCL + 25 % mICC + 25 % mPIB

Les différents calculs sont effectués de façon exacte sans passage intermédiaire par des arrondis. L'indice des loyers des activités tertiaires et ses variations sont publiés avec deux décimales, les variations étant calculées par référence aux valeurs publiées.

Art. 4 Si un des indices constitutifs de l'ILAT est rebasé du fait d'une modification de la méthode de calcul, ou change d'année de référence (année où l'indice vaut 100), l'INSEE calculera le coefficient de raccord à appliquer à la nouvelle série de façon à continuer à pouvoir appliquer la formule explicitée dans l'article 3 qui assure une référence à 100 au premier trimestre 2010 à l'ILAT et à chacune de ses composantes.

Art. 5 L'indice des loyers des activités tertiaires ainsi calculé est publié trimestriellement par l'INSEE.

Art. L. 112-3 *(L. n° 2004-804 du 9 août 2004, art. 3)* **Par dérogation aux dispositions de l'article L. 112-1 et** *(L. n° 2011-525 du 17 mai 2011, art. 63-II)* **« des premier et deuxième alinéas » de l'article L. 112-2 et selon des modalités définies par décret, peuvent être indexés sur le niveau général des prix :** *— V. C. mon. fin., art. D. 112-1.*

(Abrogé par Ord. n° 2009-15 du 8 janv. 2009, art. 6) « ***1° Les titres de créance et les instruments financiers à terme mentionnés aux 2 et 4 du I de l'article L. 211-1 ;*** » *— V. C. mon. fin., art. L. 112-3-1.*

2° *(L. n° 2008-776 du 4 août 2008, art. 145-VII, 1°)* « **Les livrets A définis à l'article L. 221-1 ;** » *— V. cet art., infra.*

3° Les comptes sur livret d'épargne populaire définis à l'article L. 221-13 ;

4° *(L. n° 2008-776 du 4 août 2008, art. 145-VII, 1°)* « **Les livrets de développement durable définis à l'article L. 221-27 ;** » *— V. cet art., infra.*

5° Les comptes d'épargne-logement définis à l'article L. 315-1 du code de la construction et de l'habitation ;

6° Les livrets d'épargne-entreprise définis à l'article 1er de la loi n° 84-578 du 9 juillet 1984 sur le développement de l'initiative économique ;

7° Les livrets d'épargne institués au profit des travailleurs manuels définis à l'article 80 de la loi de finances pour 1977 (n° 76-1232 du 29 décembre 1976) ;

8° Les prêts accordés aux personnes morales ainsi qu'aux personnes physiques pour les besoins de leur activité professionnelle ;

(L. n° 2005-841 du 26 juill. 2005, art. 35-I, en vigueur le 1er juill. 2006) « **9° Les loyers prévus par les conventions portant sur un local d'habitation** » *(L. n° 2008-776 du 4 août 2008, art. 40)* « **ou sur un local affecté à des activités commerciales** » *(L. n° 2011-525 du 17 mai 2011, art. 63-II)* « **ou artisanales** » **relevant du décret prévu au premier alinéa de l'article L. 112-2** » **;**

(L. n° 2011-525 du 17 mai 2011, art. 63-II) « **10° Les loyers prévus par les conventions portant sur un local à usage des activités prévues au deuxième alinéa de l'article L. 112-2** » **;**

(L. n° 2013-431 du 28 mai 2013, art. 11) « **11° Les rémunérations des cocontractants de l'État et de ses établissements publics ainsi que les rémunérations des cocontractants des collectivités territoriales, de leurs établissements publics et de leurs groupements, au titre des contrats de délégation de service public, des contrats de partenariat et des concessions de travaux publics conclus dans le domaine des infrastructures et des services de transport.** »

Art. L. 112-3-1 *(Ord. n° 2009-15 du 8 janv. 2009, art. 6)* **Nonobstant toute disposition législative contraire, l'indexation des titres de créance et des contrats financiers mentionnés respectivement au 2 du II et au III de l'article L. 211-1 est libre.**

....

SECTION II *Pouvoir libératoire*

Art. L. 112-5 En cas de paiement en billets et pièces, il appartient au débiteur de faire l'appoint. *— [Décr. 22 avr. 1790, art. 7.] — V. art. R. 112-2 C. mon. fin.*

V. Recomm. CE du 22 mars 2010 concernant l'étendue et les effets du cours légal des billets de banque et pièces en euros (JOUE L 83 du 30 mars). **— *C. mon. fin.***

V. aussi C. civ., art. 1243. **— *C. civ.***

BIBL. ▶ LASSERRE CAPDEVILLE, *Banque et Droit mars-avr. 2008. 6* (vers un rétrécissement du droit de payer en espèces ?).

Appoint. Fait une exacte application de l'art. 7 du Décr. du 22 avr. 1790 (C. mon. fin., art. L. 112-5) et de l'art. 1243 C. civ. la cour d'appel qui énonce que l'usager d'un parcmètre est tenu de se conformer aux modalités de paiement fixées par l'autorité publique. • Crim. 27 oct. 1993 : *Bull. crim. n° 317 ; D. 1994. Somm. 263, obs. Couvrat et Massé ; RSC 1993. 99* (obligation de se munir de monnaie). ♦ Pour l'utilisation obligatoire d'une carte prépayée (Paris-carte), V. • Crim. 26 avr. 2006 : *Bull. crim. n° 114 ; D. 2006. IR 1632 ; AJ pénal 2006. 309, obs. Céré ; AJDA 2006. 2011, note Lombard ; RSC 2007. 87, obs Mascala ; Gaz. Pal. 2006. 4044, obs. Y. M. ; RJDA 2006. n° 1263 ; Dr. pénal 2006, n° 111, obs. Robert.* – V. aussi • Crim. 13 juin 2007 : *cité note 5 ss. C. mon. fin., art. L. 133-15.* ♦ ... Ou de la carte Monéo, V. • TA Paris,

29 sept. 2004 : *req. n° 0317958/3.*

Méconnaît le sens et la portée de l'art. L. 112-5 C. mon. fin., ensemble l'art. R. 642-3 C. pén., une cour d'appel qui, pour déclarer un responsable de magasin coupable de la contravention prévue par l'art. R. 642-3, relève que le prévenu a délibérément et en connaissance de cause refusé le billet litigieux et énonce que l'art. L. 112-5 ne justifie pas le refus d'un directeur de supermarché d'accepter en paiement un billet de 500 euros présenté par une cliente et de rendre la monnaie. • Crim. 14 déc. 2005 : *Bull. crim. n° 334 ; D. 2006. AJ 498, obs. Avena-Robardet ; RTD com. 2006. 501, obs. Bouloc ; RSC 2006. 309, obs. Vermeille ; ibid. 607, obs. J.-P. Delmas Saint-Hilaire ; JCP E 2006, n° 23, p. 993, note Kenfack et de Lamy ; Dr. pénal 2006, n° 57, obs. Véron ; RJDA 2006, n° 695.*

Code pénal Art. R. 642-3 Le fait de refuser de recevoir des pièces de monnaie ou des billets de banque ayant cours légal en France selon la valeur pour laquelle ils ont cours est puni de l'amende prévue pour les contraventions de la 2e classe. — *V. aussi C. mon. fin., art. R. 162-2.*

(Abrogé par Décr. n° 2010-671 du 18 juin 2010, art. 4) « Les personnes morales peuvent être déclarées responsables pénalement, dans les conditions prévues par l'article 121-2, de l'infraction définie au présent article.

« La peine encourue par les personnes morales est l'amende, suivant les modalités prévues par l'article 131-41. »

Acceptation des espèces. Se rend coupable de la contravention prévue par l'art. R. 642-3 une société créancière n'acceptant aucun règlement en numéraire, le débiteur n'étant donc pas en mesure d'effectuer un paiement en billets et pièces ni même de s'acquitter de l'obligation de faire l'appoint. • Crim. 3 oct. 2007 : *Bull. crim. n° 235 ; D. 2007. AJ 2803, obs. Avena-Robardet ; RTD com. 2008. 432, obs. Bouloc ; AJ pénal 2007. 538 ; RJDA 2008, n° 187.*

SECTION III *Interdiction du paiement en espèces de certaines créances*

Art. L. 112-6 *(Ord. n° 2009-104 du 30 janv. 2009, art. 1er)* **I. — Ne peut être effectué en espèces** *(L. n° 2013-100 du 28 janv. 2013, art. 1er)* **« ou au moyen de monnaie électronique » le paiement d'une dette supérieure à un montant fixé par décret, tenant compte du lieu du domicile fiscal du débiteur et de la finalité professionnelle ou non de l'opération.** — *V. C. mon. fin., art. D. 112-3.*

Au-delà d'un montant mensuel fixé par décret, le paiement des traitements et salaires est soumis à l'interdiction mentionnée à l'alinéa précédent et doit être effectué par chèque barré ou par virement à un compte bancaire ou postal *(Ord. n° 2009-866 du 15 juill. 2009, art. 2-I, en vigueur le 1er nov. 2009)* **« ou à un compte tenu par un établissement de paiement »** *(L. n° 2013-100 du 28 janv. 2013, art. 1er)* **« ou un établissement de monnaie électronique qui fournit des services de paiement ».** — *Montant fixé à 1 500 € par Décr. n° 85-1073 du 7 oct. 1985, art. 1er (D. et ALD 1985. 541), mod. par Décr. n° 2001-96 du 2 févr. 2001 (JO 3 févr.). — V. aussi C. trav., art. L. 3241-1. —* ***C. trav.***

(L. n° 2010-788 du 12 juill. 2010, art. 203) **« Toute transaction relative à l'achat au détail de métaux ferreux et non ferreux est effectuée par chèque barré, virement bancaire ou postal ou par carte de paiement** *(Abrogé par L. n° 2011-900 du 29 juill. 2011, art. 51-III) « au-delà d'un montant fixé par décret »*, **sans que le montant total de cette** ***transaction puisse*** **excéder un plafond fixé par décret. Le non-respect de cette obligation est puni par une contravention de cinquième classe. »** — *V. art. D. 112-4 C. mon. fin.*

II. — Nonobstant les dispositions du I, les dépenses des services concédés qui excèdent la somme de 450 € doivent être payées par virement.

III. — Les dispositions qui précèdent ne sont pas applicables :

a) Aux paiements réalisés par des personnes qui sont incapables de s'obliger par chèque ou par un autre moyen de paiement, ainsi que par celles qui n'ont pas de compte de dépôt ;

b) Aux paiements effectués entre personnes physiques n'agissant pas pour des besoins professionnels ;

c) Au paiement des dépenses de l'État et des autres personnes publiques. – *[L. du 22 oct. 1940, art. 1er et 2.]*

BIBL. ▸ Note de la rédaction, *BRDA 2009, n° 3, p. 7* (limitation des paiements en espèces).

1. Dépôt d'espèces. Le versement direct d'espèces au compte bancaire ouvert au nom du créancier ne répond pas aux exigences légales. • Com. 24 juin 1977 : *Bull. civ. IV, n° 18 ; RTD com. 1977. 339, obs. Cabrillac et Rives-Lange.*

2. Lettre de crédit. L'exécution d'une lettre de crédit permettant à un tiers de retirer des fonds en espèces dans une autre banque n'est pas un des paiements prohibés par la loi du 22 août 1940. • Toulouse, 11 sept. 1989 : *D. 1991. Somm. 32, obs. Vasseur.*

3. Étranger. La circonstance que la plupart des clients auraient été des ressortissants étrangers ne disposant pas de compte bancaire et de chéquier, ou celle qu'un règlement par chèque ou par virement de leur part n'aurait donné aucune garantie au vendeur d'être payé, est indifférente. • CE 28 avr. 1993 : *RJF 1993, n° 865.* ♦ L'obligation de paiement par chèque, virement ou carte de paiement prévue par l'art. L. 112-6 n'est pas réservée aux ventes à des clients domiciliés ou ayant leur siège en France. Dès lors, elle s'applique à l'ensemble des transactions réalisées par des commerçants sur le territoire français, quelle que soit la nationalité ou le lieu d'établissement du client : Rép. min. n° 67915 : *JOAN Q, 16 août 2005, p. 7818 ; BRDA 2005, n° 17, p. 5.* ♦ Mais les dispositions du 1er al. de l'art. 3 C. civ. n'ont pas pour effet de soumettre les règlements effectués hors du territoire français à l'obligation instaurée au I de l'art. L. 112-6. • CE 10 mai 2012 : *D. 2012. 2289, note Kleiner ; AJDA 2012. 982, obs. de Montecler ; JCP E 2012, n° 1600, obs. D. F. ; LPA 6-7 sept. 2012, note Lasserre Capdeville.*

4. Choix du moyen de paiement. Le choix du moyen de paiement doit rester une liberté économique négociable, et le principe de réciprocité entre distributeur et fournisseurs doit être recherché dans la négociation. En dernier ressort il est plus normal que le choix du moyen de paiement revienne à l'émetteur du paiement. • T. com. Lille, 6 janv. 2010 : *cité note 1 quinquies ss. art. L. 442-6 C. com.* ♦ Les commerçants sont libres d'accepter ou non les paiements par carte bancaire ou par tout autre moyen de paiement. Un commerçant qui accepte les paiements par carte a le droit de refuser les transactions de faible montant, à condition d'en informer ses clients. En effet, seules les espèces ont cours légal : * Rép. min. n° 57747 : *JOAN Q, 6 oct. 2009, p. 9455 ; RD banc. fin. 2010, n° 1, obs. Crédot et Samin ; Dr. et proc. 2010, suppl. n° 4, p. 11, obs. S. Piedelièvre.*

Art. L. 112-6-1 *(L. n° 2011-331 du 28 mars 2011, art. 10, en vigueur le 1er janv. 2013)* **Les paiements effectués ou reçus par un notaire pour le compte des parties à un acte reçu en la forme authentique et donnant lieu à publicité foncière doivent être assurés par virement. Un décret en Conseil d'État précise les modalités d'exécution de ce virement ainsi que le seuil au-dessous duquel d'autres modalités de paiement demeurent autorisées.** – *V. art. R. 112-5 C. mon. fin.*

BIBL. ▸ SALATI, *Dr. et proc. 2011. 110, spéc. n° 6* (forme des paiements effectués ou reçus par notaire).

Art. L. 112-7 *(Ord. n° 2009-104 du 30 janv. 2009, art. 1er)* **Les infractions aux dispositions** *(L. n° 2011-331 du 28 mars 2011, art. 10, en vigueur le 1er janv. 2013)* **« des articles L. 112-6 et L. 112-6-1 » sont constatées par des agents désignés par arrêté du ministre chargé du budget. Le débiteur ayant procédé à un paiement en violation des dispositions du même article est passible d'une amende dont le montant est fixé, compte tenu de la gravité des manquements, et ne peut excéder 5 % des sommes payées en violation des dispositions susmentionnées. Le débiteur et le créancier sont solidairement responsables du paiement de cette amende.** – *[L. du 22 oct. 1940, art. 3.]*

Art. L. 112-8 *(Ord. n° 2005-429 du 6 mai 2005, art. 15-I)* **Les livraisons de céréales par les producteurs aux coopératives sont réglées par chèque ou virement sur un éta-**

blissement de crédit *(L. nº 2013-100 du 28 janv. 2013, art. 1er)* « , sur un établissement de paiement ou sur un établissement de monnaie électronique dans le cadre de la fourniture de services de paiement ». Les coopératives autorisent ces établissements à communiquer à l'inspection générale des finances et aux agents de l'*(Ord. nº 2009-325 du 25 mars 2009, art. 12-III)* « Établissement national des produits de l'agriculture et de la mer (FranceAgriMer) » les pièces justificatives de leurs comptes.

(Abrogé par Ord. nº 2005-594 du 23 mai 2006, art. 3) ***« Les dispositions concernant les règlements des ventes de blé par les organismes stockeurs à la meunerie sont étendues aux ventes de céréales secondaires et issues au négoce, coopératives ou syndicats agricoles d'approvisionnement et industries utilisatrices. »*** *— Anc. art. L. 112-9 (Ord. nº 2009-104 du 30 janv. 2009, art. 1er).*

Les transactions relatives aux bons qui offrent la possibilité au porteur de demeurer anonyme peuvent être effectuées par tout moyen de paiement (L. nº 86-824 du 11 juill. 1986, art. 26). — Sur les transactions portant sur l'or, V. CGI, art. 537. — **CGI.**

....

SECTION V *Frais ou réduction pour l'usage d'un instrument de paiement donné*

(Ord. nº 2009-866 du 15 juill. 2009, art. 2-I)

Les art. L. 112-11 et L. 112-12 sont entrés en vigueur le 1er nov. 2009 (Ord. nº 2009-866 du 15 juill. 2009, art. 21).

Art. L. 112-11 Les prestataires de services de paiement ne peuvent limiter contractuellement la possibilité pour un bénéficiaire d'appliquer des frais ou de proposer une réduction au payeur pour l'utilisation d'un instrument de paiement donné. Toute stipulation contraire est nulle et de nul effet.

Art. L. 112-12 Lorsque le bénéficiaire d'un paiement propose une réduction au payeur pour l'utilisation d'un instrument de paiement donné, il l'en informe avant l'engagement de l'opération de paiement.

Le bénéficiaire ne peut appliquer de frais pour l'utilisation d'un instrument de paiement donné. Il ne peut être dérogé à cette interdiction que dans des conditions définies par décret, pris après avis de l'Autorité de la concurrence, compte tenu de la nécessité d'encourager la concurrence et de favoriser l'utilisation de moyens de paiement efficaces.

....

CHAPITRE III *Conversion à l'unité euro*

BIBL. GÉN. ▶ STOUFFLET, *Rev. dr. bancaire 1998. 39* (impact de l'introduction de la monnaie unique sur les contrats financiers). - DUROX, *ibid. 50* (conséquences de l'introduction de la monnaie unique sur les marchés obligataires et les instruments de taux). - DE VAUPLANE, *Bull. Joly Bourse 1998. 413* (amélioration de la compétitivité de la place de Paris à l'heure du passage à l'euro). - THÉODORE, *Administration juill. 1999. 61* (l'euro et la Place de Paris). - PORCHER-MARQUIS, *Bull. Joly Bourse 1999. 569* (continuité des contrats financiers en cours lors du passage à l'euro).

Art. L. 113-1 *(Ord. nº 2005-429 du 6 mai 2005, art. 16)* **La modification, du fait de l'introduction de l'euro, de la composition ou de la définition d'un taux variable ou d'un indice auquel il est fait référence dans une convention est sans effet sur l'application de cette convention.**

Lorsque ce taux variable ou cet indice disparaît du fait de l'introduction de l'euro, le ministre chargé de l'économie peut désigner, par arrêté, le taux variable ou l'indice qui s'y substitue. *— V. Arr. 10 nov. 1998 (JO 11 nov.).*

Toutefois, les parties à la convention peuvent déroger, d'un commun accord, à l'application du taux ou de l'indice ainsi désigné. *— [L. nº 98-546 du 2 juill. 1998, art. 24.] — Anc. art. L. 113-7.*

TITRE II La monnaie fiduciaire

Art. L. 121-1 *à* L. 123-1 *V. au **C. mon. fin.***

TITRE III Les instruments de la monnaie scripturale

CHAPITRE PREMIER *Le chèque bancaire et postal* (*L. n° 2005-516 du 20 mai 2005, art. 16-IV*).

RÉP. COM. v^is *Chèque*, par CABRILLAC ; *Chèque (Régime fiscal)*, par CRUVELIER.

BIBL. GÉN. ▶ BONNEAU, *Mélanges Jeantin, Dalloz, 1999, p. 323* (à propos du refus de considérer le chèque comme un effet de commerce). – CHVIKA, *D. 2000. Chron. 615* (déclin de la négociabilité des instruments de paiement et de crédit). – JUDE, *D. 2003. 2675* (unité ou dualité du règlement par carte bancaire et par chèque ?). – NIORÉ et CROCHON, *Gaz. Pal. 2004. Doctr. 2125* (le chèque falsifié). – DJOUDI et LOISEAU, *RD banc. fin. 2004. 292* (l'état du paiement en ligne). – DJOUDI, *ibid. juill.-août 2005. 51* (règlement des risques de transfert de fonds). – GUÉVEL, *Mélanges Simler, Dalloz-Litec, 2006, p. 457* (l'atomisation du droit cambiaire). – LASSERRE CAPDEVILLE, *Banque et Droit nov.-déc. 2007. 3* (l'information en matière de chèque). – DJOUDI, *RD banc. fin. 2011. Dossier 18* (la protection des utilisateurs du chèque).

SECTION I *Dispositions générales* (*L. n° 2005-516 du 20 mai 2005, art. 16-IV*).

Art. L. 131-1 (*L. n° 2006-387 du 31 mars 2006, art. 26-II*) **Dans le présent chapitre, le terme : « banquier » désigne les établissements de crédit et les institutions, services ou personnes habilités à tenir des comptes sur lesquels des chèques peuvent être tirés.**

Art. L. 131-1-1 (*L. n° 2009-1255 du 19 oct. 2009, art. 17*) **La date de valeur d'une opération de paiement par chèque libellée en euros ne peut différer de plus d'un jour ouvré de la date retenue pour sa comptabilisation sur un compte de dépôts** (*L. n° 2010-737 du 1er juill. 2010, art. 38-II*) **« ou sur un compte de paiement ».**

BIBL. ▶ TRÉHEL et GASTEBLED, *Banque et Droit mars-avr. 2012. 8* (dates de valeur : itinéraire d'une pratique bancaire sous surveillance).

SECTION II *Création et forme du chèque* (*L. n° 2005-516 du 20 mai 2005, art. 16-IV*).

Art. L. 131-2 Le chèque contient :

1. La dénomination de chèque, insérée dans le texte même du titre et exprimée dans la langue employée pour la rédaction de ce titre ;

2. Le mandat pur et simple de payer une somme déterminée ;

3. Le nom de celui qui doit payer, nommé le tiré ;

4. L'indication du lieu où le paiement doit s'effectuer ;

5. L'indication de la date et du lieu où le chèque est créé ;

6. La signature de celui qui émet le chèque, nommé le tireur. — [*Décr.-L. du 30 oct. 1935, art. 1er.*]

BIBL. ▶ LASSERRE CAPDEVILLE, *Banque et Droit mars-avr. 2009. 3* (le contentieux autour des mentions du chèque). – CRÉDOT et SAMIN, *RD banc. fin. 2011, n° 80* (rédaction du chèque en langue régionale).

A. FORME MATÉRIELLE

1. Chèque sur papier libre. Le chèque établi sur un papier libre et non pas sur une formule délivrée par le banquier tiré est valable. V. • Paris, 30 avr. 1931 : *DP 1932. 2. 152, note A. C.* • Aix-en-Provence, 14 nov. 1958 : *Gaz. Pal. 1959. 1. 54.* ♦ Le banquier tiré ne saurait opposer au porteur la clause de la convention qu'il a conclue avec le tireur lui interdisant d'utiliser un papier libre pour refuser le paiement. • Paris, 2 oct. 1986 : *BRDA 15 nov. 1986. 13.*

2. Utilisation par le tireur de ses propres chèques. Le choix par le tireur d'utiliser ses propres chèques au lieu de ceux de la banque et de refuser le système d'autorisation préalable qui lui était proposé constitue un risque qu'il appartenait à la banque tirée de refuser mais qu'elle a, en l'espèce, accepté d'assurer. • Com. 9 févr. 1993 : *Bull. civ. IV, n° 52 ; D. 1993. Somm. 316, obs. Cabrillac ; Banque 1993. 88, obs. Guillot.* ♦ Sur les chèques en euros, V. note 7.

B. RÉDACTION

3. Rédacteur. A l'exception de la signature du tireur, les mentions obligatoires peuvent ne pas être apposées matériellement par le tireur. • Com. 11 janv. 1966 : *D. 1966. 51 ; RTD com. 1966. 628 ; ibid. 1967. 210* • Paris, 31 août 2000 : *D. 2000. AJ 424.*

4. Procuration. Le titulaire du compte peut donner mandat à un tiers de tirer des chèques en son nom, dont la révocation doit être notifiée au tiré. • Lyon, 24 févr. 1965 : *D. 1965. Somm. 102* • Paris, 26 avr. 1977 : *RTD com. 1977. 752.*

5. Langue. Sur le défaut de validité d'un chèque libellé en breton, V. • Crim. 3 juin 1986 : *Rev. transp. 1986. 613, note Gavalda.*

6. Somme à payer. V. notes ss. art. L. 131-10 C. mon. fin. ♦ Sur la falsification du montant, V. note 13 ss. art. L. 131-38 C. mon. fin.

7. Chèques mutés en euros. Aucune règle juridique n'interdisant aujourd'hui la « mutation » des chèques, qui consiste à libeller une formule de chèque dans une unité monétaire autre que celle qui s'y trouve inscrite, les établissements de crédit ne rejettent pas les chèques mutés, mais facturent à l'émetteur du chèque des frais destinés à couvrir les coûts de traitements supplémentaires induits par ce type de chèque (utilisation de formules de chèques en francs pour y inscrire des sommes en euros) : Rép. min. n° 20431 : *JOAN Q, 18 janv. 1999, p. 333.* ♦ Sur la validité des chèques libellés en euros sur papier libre, V. Rép. min. n° 16268 : *JO Sénat Q, 2 sept. 1999, p. 2949.*

8. Bénéficiaire. V. art. L. 131-6 C. mon. fin.

9. Date. V. note 3 ss. art. L. 131-3 C. mon. fin.

10. Signature du tireur. V. notes ss. art. L. 131-38 C. mon. fin.

11. Numéro de compte. V. • Com. 18 mai 2005 : *cité note 3 ss. art. L. 131-4 C. mon. fin.*

Art. L. 131-3 **Le titre dans lequel une des énonciations indiquées à l'article L. 131-2 fait défaut ne vaut pas comme chèque, sauf dans les cas déterminés par les alinéas suivants.**

A défaut d'indication spéciale, le lieu désigné à côté du nom du tiré est réputé être le lieu de paiement. Si plusieurs lieux sont indiqués à côté du nom du tiré, le chèque est payable au premier lieu indiqué.

A défaut de ces indications ou de toute autre indication, le chèque est payable au lieu où le tiré a son établissement principal.

Le chèque sans indication du lieu de sa création est considéré comme souscrit dans le lieu désigné à côté du nom du tireur. – *[Décr.-L. du 30 oct. 1935, art. 2.]*

A. MENTIONS OBLIGATOIRES

1. Dénomination chèque. A défaut de la mention chèque insérée dans le texte du titre, celui-ci ne vaut pas comme chèque. • Crim. 9 oct. 1940 : *S. 1942. 1. 149 ; JCP 1941. II. 1647.*

2. Ordre de payer. Le chèque de voyage, qui constitue un engagement de payer du banquier émetteur ne comporte pas un ordre de payer qui est l'une des mentions obligatoires du chèque. • Crim. 16 janv. 1963 : *D. 1963. 517, note M. Despax.* ♦ Sur le chèque de voyage, V. note 9.

3. Date. BIBL. Youego, *RD banc. fin. 2008. Étude 21* (la date d'émission du chèque). ♦ La date d'un chèque s'entend de l'indication, non seulement de l'année, mais encore du mois et du jour où il est créé, et en l'absence de telles énonciations, un titre ne vaut pas comme chèque. • Com. 24 juin 1997 : *Bull. civ. IV, n° 199 ; D. 1997. IR 172 ; D. Affaires 1997. 933 ; RTD com. 1997. 655, obs. Cabrillac ; Gaz. Pal. 1998. 2. 698, note Mbarga.* ♦ La date de création d'un chèque est nécessaire pour fixer le point de départ des délais de présentation et de recours, mais aussi pour apprécier la capacité et le pouvoir du tireur et déterminer le moment du transfert de propriété de la provision (Rép. min. n° 2550 : *JO Sénat Q 11 sept. 2008, p. 1826 ; D. 2008. 2280 ; RD banc. fin. 2009, n° 3, obs. Crédot et Samin*).

4. Lieu de création. Si, à défaut d'indication expresse de son lieu de création, le chèque est réputé créé au lieu indiqué à côté du nom du tireur, ce lieu ne peut être l'adresse du tiré, qui ne peut indiquer que le lieu du paiement, lieu qui doit également figurer obligatoirement sur le chèque et dont l'indication ne peut suppléer au défaut de mention du lieu de création (à propos d'un chèque de casino). • Civ. 1re, 19 mai 1992 : *D. 1992. 494, note Diener*. ♦ Sur les chèques de casino, V. notes 5 à 8 ss. art. L. 131-25.

5. Mentions complétées par un tiers. Sur la validité d'un chèque dont les mentions manquantes relatives au nom du bénéficiaire et à la somme à payer ont été complétées par un tiers, V. • Paris, 18 janv. 2002 : *BICC n° 644*.

6. Signature du tireur. En l'absence de signature du tireur ou au cas de fausseté de cette signature le chèque est nul. • Civ. 20 avr. 1939 : *Gaz. Pal. 1939. 2. 91* • Com. 24 févr. 1987 : *LPA 22 janv. 1988*. ♦ Comp. : note 11 ss. art. L. 131-31, et notes ss. art. L. 131-38.

B. SANCTION DES MENTIONS OBLIGATOIRES

7. Commencement de preuve par écrit. Un chèque non daté est un mandat de payer donné par le tireur au tiré et ne constitue qu'un écrit rendant vraisemblable l'existence de la créance alléguée par le tireur contre le bénéficiaire. • Civ. 1re, 10 mars 1992 : *Bull. civ. I, n° 78 ; D. 1992. Somm. 337, obs. Cabrillac*. ♦ V. aussi, pour un chèque périmé, note 11 ss. art. L. 131-59.

8. Disqualification en reconnaissance de dette. Un titre incomplet et qui n'est pas un chèque valable peut servir à prouver une reconnaissance de dette. • Crim. 9 oct. 1940 : *préc. note 3* • Civ. 1re, 26 janv. 1977 : *Bull. civ. I, n° 54*. – *Contra* : • Civ. 1re, 4 déc. 1973 : *Bull. civ. I, n° 336* ♦ V., pour une absence de date, • Civ. 1re, 26 janv. 1988 : *Bull. civ. I, n° 23 ; D. 1988. IR 40 ; RTD com. 1988. 471, obs. Cabrillac et Teyssié*. ♦ Sur la responsabilité du banquier qui paye un chèque falsifié, V. note 11 ss. art. L. 131-31.

9. Chèques de voyage. BIBL. Despax, *RTD com. 1957. 323*. ♦ Sur leur nature juridique, V. notes Despax ss. • Crim. 20 janv. 1960 : *D. 1961. 56* • 16 janv. 1963 : *D. 1963. 517*. ♦ Sur leur perte ou leur vol, V. • T. com. Paris, réf., 24 juil. 1985 : *RTD com. 1986. 272, obs. Cabrillac et Teyssié*. ♦ V. aussi • Com. 6 avr. 1999 : *Bull. civ. IV, n° 77 ; D. 2000. Somm. 458, obs. Martin ; JCP E 1999, n° 23, p. 982 ; LPA 15 juin 1999*.

10. Chèques cadeaux. En l'absence de plusieurs mentions obligatoires (date de création, signature du tireur, nom du tiré), les chèques cadeaux ne sont pas des chèques. • T. com. Nanterre, 20 nov. 1998 : *D. Affaires 1999. 212, obs. X. D. et A. M.* ♦ Sur la nature juridique des chèques cadeaux, V. note ss. art. L. 311-3.

Art. L. 131-4 Le chèque ne peut être tiré que sur un établissement de crédit, un prestataire de services d'investissement, le Trésor public, la Caisse des dépôts et consignations, la Banque de France, ayant au moment de la création du titre, des fonds à la disposition du tireur et conformément à une convention expresse ou tacite d'après laquelle le tireur a le droit de disposer de ces fonds par chèque.

La provision doit être faite par le tireur ou par celui pour le compte de qui le chèque sera tiré, sans que le tireur pour compte d'autrui cesse d'être personnellement obligé envers les endosseurs et le porteur seulement.

Le tireur seul est tenu de prouver en cas de dénégation, que ceux sur qui le chèque était tiré avaient provision au moment de la création du titre ; sinon il est tenu de le garantir quoique le protêt ait été fait après les délais fixés.

Les titres tirés et payables en France sous forme de chèques sur toute autre personne que celles mentionnées au premier alinéa du présent article ne sont pas valables comme chèques. – *[Décr.-L. du 30 oct. 1935, art. 3.]*

Sur la normalisation des formules de chèques libellés en euros, V. Arr. 5 nov. 1998. – ***C. mon. fin.***

A. EXISTENCE DE LA PROVISION

1. Date d'existence. Le transfert de la provision est réalisé par l'émission du chèque consistant à la fois en sa création et en sa mise en circulation. • Com. 18 déc. 1990 : *Bull. civ. IV, n° 326 ; D. 1991. Somm. 216, obs. Cabrillac*. ♦ Il ne convient pas, pour apprécier l'existence de la provision, de tenir compte d'une remise de fonds ultérieure à la date de présentation du chèque, V. • Com. 12 mai 2004 : cité note 6. ♦ Ne tire pas les conséquences légales de ses propres constatations une cour d'appel, qui, pour limiter la responsabilité de la banque du fait de l'exécution tardive du virement, retient que l'émetteur a lui-même commis une faute en émettant un chèque qu'il savait sans provision, alors qu'elle avait constaté que la provision sur le compte de celui-ci au jour de la présentation du chèque litigieux aurait été suffisante si la banque n'avait pas tardé à effectuer sur son compte les transferts demandés. • Com. 14 mars 2006 : *cité note 3 bis ss. art. L. 131-73.* ♦ V. aussi note 1 ss. art. L. 131-31 C. mon. fin.

2. Compte clôturé. La notion même de défaut de provision suppose l'existence d'un compte, un compte clôturé n'ayant plus d'existence juridique ni financière, V. • Paris, 12 janv. 1999 : *D. 1999. Somm. 148, obs. Cabrillac ; D. Affaires 1999. 557, obs. X. D.* ♦ V. aussi, note ss. art. R. 131-18 C. mon. fin.

3. Pluralité de comptes. Au cas de pluralité de comptes ouverts au nom du même client du banquier tireur, l'existence et la suffisance de la provision ne s'apprécient qu'à l'égard du compte sur lequel le chèque a été tiré. • Rouen, 15 mai 1979 : *Gaz. Pal. 1980. 1. 117, note De Fontbressin ; D. 1980. IR 200 ; RTD com. 1980. 125* . ♦ En l'absence d'une lettre d'unité de compte ou de compensation, l'indépendance des comptes est présumée. • Pau, 18 déc. 1967 : *RTD com. 1968. 385.* ♦ Sur la responsabilité de la banque qui avait considéré sans provision un chèque sur lequel le tireur avait remplacé à la main le numéro de compte par un autre numéro de compte dont la provision était suffisante, V. • Com. 18 mai 2005 : *Bull. civ. IV, n° 104 ; D. 2005. AJ 1549, obs. Delpech ; RTD com. 2005. 572, obs. Cabrillac ; JCP E 2005, n° 47, p. 1980, obs. Stoufflet ; Gaz. Pal. 2006. Somm. 1955, obs. F. B. ; RJDA 2005, n° 1144 (2e esp.).*

4. Affectation spéciale. L'affectation spéciale d'une somme inscrite au crédit d'un compte de dépôt n'est pas opposable au bénéficiaire du chèque. • Com. 25 mars 1991 : *RTD com. 1991. 417, obs. Cabrillac et Teyssié* . ♦ La banque qui accepte la remise de chèques concomitante à un courrier réclamant leur affectation spéciale accepte par là même le mandat. En utilisant les chèques ainsi déposés pour éteindre sa propre créance sur le remettant, elle contrevient à ses obligations et commet une faute de nature à engager sa responsabilité. • Paris, 2 juin 1995 : *RJ com. 1996. 228, note Grua.*

B. SOURCES DE LA PROVISION

5. Ouverture de crédit et facilités de caisse. Après avoir analysé les variations du solde d'un compte courant et recherché quels montants de débits y étaient fréquemment relevés, à l'exclusion de toute tolérance exceptionnelle pour des durées plus longues que celles de simples avances sur encaissements en cours, une cour d'appel, ayant constaté que des financements pour des montants supérieurs à ceux nécessaires au paiement des chèques litigieux ont été continûment accordés par la banque à sa cliente, caractérise l'existence du découvert durable et régulier pour lequel la banque s'était tacitement engagée par sa pratique habituelle, et en estimant fautif le refus opposé par la banque de payer le montant des chèques, tire les conséquences légales de ses constatations. • Com. 29 juin 1993 : *Bull. civ. IV, n° 269 ; D. 1993. IR 248.* – Comp. : • Com. 26 avr. 1984 : *Bull. civ. IV, n° 133 ; D. 1985. IR 31, obs. Cabrillac ; RTD com. 1985. 126, obs. Cabrillac et Teyssié.* ♦ Si la banque, sur laquelle un chèque a été émis, n'est pas tenue d'en payer le montant lorsque le solde du compte tiré, supérieur à la provision du chèque lors de son émission, est devenu insuffisant à la suite de retraits ordonnés par le client titulaire du compte, il en est autrement lorsque la provision était constituée lors de l'émission, grâce à une autorisation de découvert alors consentie au tireur, la révocation ultérieure de ce découvert ne pouvant préjudicier au bénéficiaire du chèque. • Com. 30 mai 2000 : *Bull. civ. IV, n° 110 ; D. 2000. AJ 358 ; RD banc. fin. 2000, n° 183, obs. Crédot et Gérard.* ♦ V. aussi C. mon. fin., art. L. 313-12.

Sur la responsabilité d'une banque ayant débité le compte d'un de ses clients du montant de chèques falsifiés, ce dont il est résulté un solde débiteur, alors qu'aucune convention de crédit par découvert, pour un montant déterminé, ni la pratique antérieure de crédit par découvert tacite n'était établie, V. • Com. 5 déc. 2000 : *Bull. civ. IV, n° 191 ; JCP E 2001, n° 13, p. 538, obs. Bouteiller et n° 31-35, p. 1335, obs. Stoufflet.* ♦ Comp., jugeant que lorsqu'il n'existe pas de provision préalable suffisante, le banquier, en passant au débit du compte de son client un chèque émis par ce dernier et présentant toutes les apparences de la régularité, lui consent une facilité de caisse sur sa demande implicite (absence de responsabilité de la banque). • Com. 30 mars 2010 : *Bull. civ. IV, n° 64 ; D. 2010. 1527, note Lasserre Capdeville ; ibid. Actu. 1013, obs. Delpech ; RTD com. 2010. 592, obs. Legeais ; JCP E 2010, n° 1739, note Rodriguez ; RJDA 2010, n° 674 ; RLDA sept. 2010. 123, note Huet.*

6. Tolérance exceptionnelle. L'existence de découverts sur des comptes bancaires pendant deux mois ne constitue qu'une tolérance exceptionnelle et non une ouverture de crédit à durée indéterminée. • Com. 30 juin 1992 : *Bull.*

civ. IV, n° 251. – V. aussi • Com. 4 mars 1986 : *D. 1987. 25, note Cabrillac ; Gaz. Pal. 1986. 2. Pan. 505, obs. Piedelièvre.* ♦ La provision d'un chèque résultant d'une autorisation tacite de découvert en compte courant n'est constituée que si, au jour de la présentation au paiement du chèque, le montant disponible de cette autorisation en permet le règlement. • Com. 12 mai 2004 : *JCP E 2004, n° 25, p. 982.*

7. Titres à l'encaissement. La seule remise d'effets de commerce à un banquier à fin d'encaissement ne saurait valoir provision, dès lors que leur paiement n'a pas encore été effectué entre les mains du banquier. • Com. 15 janv. 1968 : *D. 1968. 474* • 4 mars 1986 : *préc. note 6* • Crim. 24 avr. 1974 : *Gaz. Pal. 1974. 2. Somm. 205.* ♦ Pour un arrêt considérant que, s'il est d'usage bancaire de porter en compte immédiatement les chèques remis par un client, commet une faute la banque qui a contrepassé un chèque remis par un client à l'encaissement, alors qu'il n'existait aucun motif légitime de procéder à cette opération. • Paris, 6 févr. 1998 : *RD bancaire et bourse 1998. 227, obs. Crédot et Gérard.* ♦ L'inscription immédiate du montant d'un chèque en l'absence de recouvrement effectif ne vaut pas provision. • Com. 4 mars 1986 : *préc.* – Comp. : • Paris, 2 juin 1980 : *RTD com. 1981. 109, obs. Cabrillac et Rives-Lange* • 19 mars 1979 : *ibid. 1979. 775, obs. Cabrillac et Rives-Lange ; JCP 1981. I. 3048, obs. Gavalda et Stoufflet.* – Comp., pour la remise de devises ou d'or : • Crim. 18 juill. 1973 : *Gaz. Pal. 1973. 2. 739 ; RTD com. 1973. 838, obs. Cabrillac et Rives-Lange.* ♦ Sur la preuve, V. note 10. ♦ La disponibilité de la provision, qui doit exister jusqu'à la présentation du paiement, ne peut résulter des seules inscriptions au crédit du compte des montants d'effets effectuées, à titre précaire, sous réserve d'encaissement, écritures pouvant ensuite être contrepassées faute de paiement. • Paris, 10 janv. 1997 : *D. 1997. IR 43.* ♦ Une banque n'ayant mis à la disposition de son client le montant d'un chèque que sous réserve d'encaissement, c'est-à-dire sous une condition contractuellement déterminée, le client ne peut pas agir contre la banque, qui ne lui aurait indiqué que tardivement l'absence de provision du chèque, sur le fondement de l'enrichissement sans cause, dès lors que l'appauvrissement et l'enrichissement trouvent leur cause dans la convention conclue entre les parties. • Com. 29 mars 1994 : *JCP 1994. IV. 1464.*

8. Mauvaise foi du bénéficiaire. V. note 10 ss. art. L. 131-31 C. mon fin.

9. Sanctions bancaires. V. art. 131-73 s. C. mon. fin.

C. PREUVE DE LA PROVISION

10. Charge de la preuve. La charge de la preuve de la provision, au cas de contestation, pèse sur le tireur. • Crim. 19 déc. 1957 : *Banque 1958. 178* • Com. 4 déc. 1979 : *JCP E 1980. II. 8456.* ♦ Toutefois, faute de les avoir présentés au paiement, le porteur, à qui il incombait de le prouver, n'établit pas que les chèques, dont l'encaissement différé était sollicité, n'auraient pas été payés. • Com. 3 juin 2003 : *cité note 8 ss. art. L. 131-31 C. mon. fin.* – V. aussi • Civ. 3e, 16 sept. 2009 : *RJDA 2009, n° 1043 ; Loyers et copr. 2009, n° 249, obs. Vial-Pedroletti.*

11. Répétition de l'indu. Il appartient au tiré qui a payé par erreur un chèque sans provision et qui agit en répétition de l'indu contre le porteur d'apporter la preuve de l'absence de provision. • Req. 5 mai 1891 : *S. 1892. 1. 369, note Appert.* ♦ V. aussi note 11 ss. art. L. 131-38 C. mon. fin.

Art. L. 131-5 **Le chèque ne peut pas être accepté. Une mention d'acceptation portée sur le chèque est réputée non écrite.**

Toutefois, le tiré a la faculté de viser le chèque ; le visa a pour effet de constater l'existence de la provision à la date à laquelle il est donné. – *[Décr.-L. du 30 oct. 1935, art. 4.]*

En ce qui concerne la certification du chèque, V. C. mon. fin., art. L. 131-14.

BIBL. ► DJOUDI, *Gaz. Pal. 2009. 2833* (l'intégrité du chèque de banque)

1. Visa. L'apposition d'un visa sur le chèque n'emporte aucun devoir de blocage de la provision à la charge du banquier tiré. • Com. 11 déc. 1973 : *D. 1975. 64, note Vezian.* – V. aussi Gavalda, *D. 1975. 346.* – V., cependant, Lescot, Rapp. sur • Req. 18 juin 1946 : *JCP 1946. II. 3252.* ♦ Sur le visa pour paiement déplacé, V. Defert, *Banque 1962. 383.*

2. Notion de chèque de banque. Le fait pour un banquier de tirer sur lui-même un chèque est une certification. • Com. 10 déc. 1974 : *D. 1975. 345, note Gavalda ; RTD com. 1975. 332, obs. Cabrillac et Rives-Lange.* ♦ N'est pas un chèque de banque le chèque tiré sur la banque par un tiers. • Com. 4 juil. 1995 : *RJDA 1995, n° 1415.*

3. Émission. Une banque n'ayant qu'un seul établissement n'est pas privée de la possibilité d'émettre un chèque de banque. • Com. 26 janv. 1999 : *Bull. civ. IV, n° 21.*

4. Forme matérielle. Les organismes habilités à délivrer des chèques tirés sur leurs caisses n'ont pas l'obligation légale ou réglementaire d'utiliser un papier et une encre insusceptibles d'être altérés ou falsifiés. • Paris, 23 juin 1995 : *Rev. dr. bancaire 1996. 8, obs. Crédot et Gérard.*

5. Blocage de la provision. La garantie de la provision à laquelle s'est engagée la banque émettrice d'un chèque de banque tiré sur ses caisses n'est souscrite qu'au profit de son bénéficiaire dénommé. • Com. 19 sept. 2006 : *Bull. civ. IV, n° 184 ; D. 2007. Pan. 763, obs. D.-R. Martin ; RTD com. 2007. 205, obs. Legeais ; JCP E 2006, n° 42, p. 1772 ; LPA 4 mai 2007, note Loyer-Lemercier ; RJDA 2007, n° 92.* ♦ V. aussi note 6 ss. art. L. 131-71 C. mon. fin. ♦ Ni les dispositions de l'art. L. 131-14 C. mon. fin., disposant que la provision d'un chèque certifié reste sous la responsabilité du tiré et est bloquée au profit du porteur jusqu'au terme du délai de présentation, ni le fait que, en cas de chèque de banque, le banquier cumule les qualités de tireur et de tiré, ne peuvent faire échec aux dispositions de l'art. L. 131-35, al. 2, du même code, autorisant l'opposition au paiement d'un chèque en cas de perte, de vol, d'utilisation frauduleuse ou de procédure collective du porteur et à celles des art. L. 131-2 et L. 131-3 selon lesquelles un chèque ne comportant pas la signature de celui qui l'émet ne vaut pas comme chèque. • Paris, 27 avr. 2007 : *Banque et Droit juill.-août 2008. 30, obs. Guillot ; BRDA 2007, n° 14, p. 9.*

6. Responsabilité de la banque. Sur la responsabilité d'une caisse d'épargne consécutive au rejet d'un chèque de banque comme faisant partie d'un chéquier de guichet volé, V. • Paris, 19 nov. 1993 : *JCP E 1994. Pan. 498.* ♦ Sur la responsabilité d'une banque pour manquement à ses obligations d'information et de vigilance pour ne pas avoir tenu compte de nombreuses mises en garde contre les escroqueries par chèques émis par une certaine banque, V. • TI Orthez, 14 févr. 2006 : *Banque et Droit mai-juin 2007. 65, obs. Guillot.* ♦ Une banque peut voir sa responsabilité recherchée dans le cadre de son obligation générale de prudence et de sécurité, soit pour n'avoir pas libellé le montant d'un chèque de banque en lettres, soit pour n'avoir pas utilisé un procédé de marquage ou d'impression indélébile offrant toute garantie de sécurité. • Com. 11 févr. 2003 : *Bull. civ. IV, n° 18 ; D. 2003. 2565, note Djoudi ; JCP E 2003, n° 21-22, p. 904, note Gauberti ; RTD com. 2003. 341, obs. Cabrillac ; LPA 7 juill. 2003, obs. E. C. ; Gaz. Pal. 2003. Somm. 2476, obs. S. Piedelièvre ; RJDA 2003, n° 770.* ♦ Comp. jugeant que lors de l'établissement d'un chèque de banque, l'établissement de crédit n'a pas à remplir les obligations légales imposées au seul chèque certifié de l'art. 32 du Décr. du 22 mai 1992 [V. désormais art. R. 131-2 C. mon. fin.] mais doit satisfaire aux obligations plus souples du Décr.-loi du 30 oct. 1935 : • Paris, 3 sept. 2002 : *Banque et Droit mars-avr. 2004. 63, obs. Guillot.*

7. Contre-passation. La banque présentatrice qui justifie d'un motif légitime tel que le rejet pour falsification du titre en cause, fût-il un chèque de banque, est fondée à se rembourser de l'avance qu'elle a consentie à son client, ce dont il résulte que la contre-passation litigieuse ne constitue pas un trouble manifestement illicite. • Com. 14 févr. 2006 : *Bull. civ. IV, n° 36 ; D. 2006. AJ 856, obs. Avena-Robardet ; RTD com. 2006. 457, obs. Legeais ; JCP E 2006, n° 11, p. 515 ; RJDA 2006, n° 574.*

8. Procédure collective. Il résulte des dispositions des art. L. 632-1, I, al. 1er, et L. 632-3, al. 2, C. com., dans leur rédaction issue de la L. n° 2005-845 du 26 juill. 2005, que le paiement par chèque de banque intervenu depuis la date de cessation des paiements est soumis à l'action en rapport, dès lors que le débiteur a fourni la contrepartie à l'établissement de crédit émetteur du chèque. • Com. 3 juill. 2012 : *cité note 1 quater ss. art. L. 632-3 C. com.*

Art. L. 131-6 **Le chèque peut être stipulé payable :**

— à une personne dénommée, avec ou sans clause expresse « à ordre » ;

— à une personne dénommée, avec la clause « non à ordre » ou une clause équivalente ;

— au porteur.

Le chèque au profit d'une personne dénommée, avec la mention « ou au porteur » ***ou un terme équivalent,*** **vaut comme chèque au porteur.**

Le chèque sans indication du bénéficiaire vaut comme chèque au porteur. — *[Décr.-L. du 30 oct. 1935, art. 5.]*

BIBL. ▶ Grillot et Saint-Cene, *Banque et Droit juill.-août 2000. 551* (recours ouverts au banquier en cas de paiement erroné à un tiers). – Nioré et Drochon, *Gaz. Pal. 2004. Doctr. 2125* (le chèque falsifié : responsabilités).

A. MODALITÉS DE DÉSIGNATION

1. Chèque en blanc. L'indication du bénéficiaire n'est soumise à aucun formalisme et n'est pas au nombre des énonciations exigées par l'art. 1er [C. mon. fin., art. L. 131-2] à peine de non-validité du chèque. • Paris, 14 juin 1983 : *D. 1984. IR 69, obs. Cabrillac.* ♦ Un chèque sans indication de bénéficiaire vaut comme chèque au porteur ; il peut, dès lors, être transmis sans endossement, seule modalité de transmission soumise à des conditions restrictives, en cas d'application de l'art. 65-1 [C. mon. fin., art. L. 131-71]. • Com. 12 nov. 1996 : *Bull. civ. I, n° 265 ; D. 1996. IR 257 ; D. Affaires 1996. 1394 ; RTD com. 1997. 121, obs. Cabrillac .* ♦ Le paiement du prix de vente par un chèque ne comportant pas de nom du destinataire est libératoire dès lors qu'il est remis à un mandataire apparent : • Civ. 3e, 4 févr. 2004 : *RJDA 2004, n° 693.*

2. Désignation du bénéficiaire. La désignation du bénéficiaire est valablement réalisée par la mention que lui-même inscrit de son enseigne. • Paris, 14 juin 1983 : *préc. note 1.* ♦ V. aussi note 12 ss. art. L. 131-38 C. mon. fin.

3. Société en formation. Les banques ne peuvent procéder à l'encaissement de chèques qu'au profit des bénéficiaires désignés sur les titres ou d'endossataires et aucune exception n'est prévue même en présence d'une société en formation. • Com. 25 mars 2003 : *RD banc. fin. 2003, n° 130, obs. Crédot et Gérard ; RJDA 2003, n° 1108.*

B. RESPONSABILITÉ DE LA BANQUE

4. Défaut d'indication du nom du bénéficiaire. S'il est admis que la banque bénéficiaire d'un chèque pour le compte d'un de ses clients, titulaire de compte, se trouve fondée à en porter le montant au crédit de ce dernier, assimilé à un porteur, sans avoir besoin de prendre la précaution de solliciter les instructions du tireur, il reste que ledit organisme engage sa responsabilité si ne sont pas mentionnés sur le chèque présenté le nom du bénéficiaire et le numéro du compte à créditer, de la main du débiteur. • Paris, 20 mai 1999 : *D. 1999. IR 182.*

5. Désignation alternative de bénéficiaires. Le banquier chargé de l'encaissement d'un chèque n'engage pas sa responsabilité à l'égard du tireur en portant le montant de cet effet sur le compte d'une EURL, alors que la mention du bénéficiaire portait à la fois le patronyme de l'associé unique, libellé en lettres minuscules, et la dénomination sociale, libellée en lettres majuscules. • Paris, 18 juin 1998 : *D. 1999. Somm. 147, obs. Cabrillac .*

6. Désignation cumulative de bénéficiaires. Commet une faute au sens de l'art. 1382 C. civ. le banquier qui encaisse un chèque émis à l'ordre de deux cobénéficiaires (dont le nom était séparé par un tiret) et en verse le montant sur le compte de l'un des deux sans s'assurer du consentement de l'autre. • Com. 3 janv. 1996 : *Bull. civ. IV, n° 1 ; D. 1996. IR 53 ; D. Affaires 1996. 238 ; JCP 1996. II. 22617, note Bonneau ; RTD com. 1996. 301, obs. Cabrillac .* ♦ Commet une faute la banque présentatrice qui accepte un chèque comportant le nom de deux bénéficiaires mais la signature d'un seul et le porte au crédit de ce dernier qui était son seul client sans recueillir l'accord de l'autre bénéficiaire alors que l'absence du terme « ou » entre les deux noms ne permettait pas d'adopter un tel procédé. • Paris, 22 avr. 1997 : *D. Affaires 1997. 670.* ♦ Le seul fait d'avoir laissé en blanc une partie de la ligne affectée à l'énonciation du nom du bénéficiaire qui n'est contraire à aucune règle ou à aucun usage constant ne constitue pas une faute. • Même arrêt. ♦ V. aussi note 19 ss. art. L. 131-38 C. mon. fin. ♦ Sur les difficultés pratiques résultant de l'emploi d'une barre oblique entre les noms, V. Rép. min. n° 59002 : *JOAN Q, 28 sept. 1992, p. 4528.*

7. Chèque émis à l'ordre d'une société en formation. En jugeant qu'une banque ne pouvait se voir reprocher d'avoir encaissé les chèques litigieux émis au nom d'une société en formation sur un compte spécial ouvert au nom du fondateur, au motif qu'une société en formation ne peut avoir de compte bancaire fonctionnant à son nom avant son immatriculation au registre du commerce, alors que, sauf pour la banque à respecter les précautions d'usage, un compte de dépôt peut être ouvert au nom d'une société en formation à la demande du ou des fondateurs et fonctionner sous leur signature, les juges ont violé l'art. 1382 C. civ. • Com. 25 mars 2003 : *préc. note 3.*

8. Chèque émis à l'ordre de deux époux. Un chèque ayant été émis à l'ordre de deux époux séparés de biens en paiement de la vente d'un bien indivis et endossé par chacun des époux, à l'égard de la banque, dont la connivence n'était pas alléguée, l'épouse avait, par application de l'art. 1321 C. civ, le pouvoir suffisant d'encaisser le montant du chèque sur son compte personnel. • Com. 21 nov. 2000 : *Bull. civ. IV, n° 177 ; D. 2001. Somm. 2932, obs. Brémond ; LPA 19 déc. 2000, obs. E.C. ; RTD com. 2001. 199, obs. Cabrillac .*

9. Inscription directe au compte d'un tiers.

Une cour d'appel ne peut refuser de retenir la responsabilité de la banque ayant inscrit le montant d'un chèque sur un autre compte que celui du bénéficiaire alors que ni celui-ci ni son mandataire ne peuvent ordonner que le montant en soit remis directement à un tiers. • Com. 18 sept. 2002 : *Bull. civ. IV, n° 201 ; Banque et Droit janv.-févr. 2003. 58, obs. Bonneau ; RTD com. 2003. 341, obs. Cabrillac*.

C. FORCE PROBANTE DE L'ORDRE

10. Présomption de destination. La remise d'un chèque à l'ordre d'une personne établit nécessairement qu'elle a été personnellement destinataire du transfert de fonds que ce chèque a permis de réaliser. • Com. 12 juill. 2005 : *cité note 7 ss. art. L. 131-20.*

Art. L. 131-7 **Le chèque peut être à l'ordre du tireur lui-même.**

Le chèque peut être tiré pour le compte d'un tiers.

Le chèque ne peut être tiré sur le tireur lui-même, sauf dans le cas où il s'agit d'un chèque tiré entre différents établissements d'un même tireur et à condition que ce chèque ne soit pas au porteur. — *[Décr.-L. du 30 oct. 1935, art. 6.]*

1. Tireur-bénéficiaire. La même personne peut valablement tirer un chèque en se désignant en qualité de bénéficiaire. • Crim. 4 nov. 1972 : *D. 1973. 224, note Crémieux ; JCP 1973. II. 17336, note Gavalda ; RTD com. 1973. 120, obs. Cabrillac et Rives-Lange.*

2. Chèque de banque. Les dispositions de l'art. 6 ne privent pas une banque n'ayant qu'un seul établissement de la possibilité d'émettre des chèques de banque. • Com. 26 janv. 1999 : *Bull. civ. IV, n° 21 ; D. 1999. Somm. 147, obs. Cabrillac ; D. Affaires 1999. 422, obs. X. D. ; RTD com. 1999. 473, obs. Cabrillac*. ♦ Il est donc vainement soutenu qu'un chèque ne peut être tiré par le tireur sur lui-même à moins qu'il ne soit tiré entre deux établissements différents de la même banque. • Même arrêt. ♦ V. notes 2 s. ss. art. L. 131-5.

Art. L. 131-8 **Toute stipulation d'intérêts insérée dans le chèque est réputée non écrite.** — *[Décr.-L. du 30 oct. 1935, art. 7.]*

Art. L. 131-9 **Le chèque peut être payable au domicile d'un tiers soit dans la localité où le tiré a son domicile, soit dans une autre localité, à condition toutefois que le tiers soit un banquier ou un centre de chèques postaux.**

Cette domiciliation ne peut, au surplus, être faite contre la volonté du porteur, à moins que le chèque ne soit barré et que la domiciliation n'ait lieu à la Banque de France, sur la même place. — *[Décr.-L. du 30 oct. 1935, art. 8.]*

Art. L. 131-10 **Le chèque dont le montant est écrit à la fois en toutes lettres et en chiffres ne vaut, en cas de différence, que pour la somme écrite en toutes lettres.**

Le chèque dont le montant est écrit plusieurs fois, soit en toutes lettres, soit en chiffres, ne vaut, en cas de différence, que pour la moindre somme. — *[Décr.-L. du 30 oct. 1935, art. 9.]*

1. Discordance. En cas de différence entre la somme inscrite en chiffres et en lettres, le chèque vaut pour la somme écrite en toutes lettres. • Paris, 13 févr. 1985 : *D. 1985. IR 417, obs. Cabrillac.* ♦ V., pour une somme inscrite plusieurs fois en lettres ou en chiffres, • Paris, 30 sept. 1982 : *D. 1983. IR 42, obs. Cabrillac.*

2. Unités monétaires. Lorsque le chèque a été libellé en francs, la somme due est celle inscrite sur le titre sans que puisse être opposée à l'exercice de l'action cambiaire une erreur sur l'unité monétaire (« anciens » et « nouveaux » francs). • Com. 17 juin 1970 : *Banque 1970. 1137, obs. Marin ; RTD com. 1971. 141, obs. Cabrillac et Rives-Lange.* – Comp. : • Paris, 30 sept. 1982 : *préc. note 1.*

3. Montant indiqué uniquement en chiffres. Une banque ne peut reprocher au tireur d'avoir émis un chèque ne comportant pas en toutes lettres l'indication de la somme à payer dès lors qu'elle a accepté elle-même de le recevoir à l'encaissement. • Com. 17 oct. 1995 : *Bull. civ. IV, n° 231 ; RTD com. 1996. 92, obs. Cabrillac*.

Art. L. 131-11 **Si le chèque porte des signatures de personnes incapables de s'obliger par chèques, des signatures fausses ou des signatures de personnes imaginaires, ou des**

signatures qui, pour toute autre raison, ne sauraient obliger les personnes qui ont signé le chèque, ou au nom desquelles il a été signé, les obligations des autres signataires n'en sont pas moins valables. – *[Décr.-L. du 30 oct. 1935, art. 10.]*

Lorsque la personne protégée à fait l'objet d'une interdiction d'émettre des chèques, fonctionnement de ses comptes sous la signature de la personne chargée de la mesure de protection et disposition par celle-ci de tous les moyens de paiement habituels (Décr. n° 2008-1484 du 22 déc. 2008, annexe I, JO 31 déc.). – **C. civ.**

1. Capacité. Dès lors que l'insanité d'esprit du tireur est suffisamment établie à l'époque de l'émission des chèques (art. 489 C. civ.), leur nullité doit être prononcée. • Dijon, 31 mars 1998 : *BICC 1999, n° 132 ; D. Affaires 1998. 1745, obs. X. D.*

2. Signature fausse. V. notes ss. art. L. 131-38.

Art. L. 131-12 Quiconque appose sa signature sur un chèque, comme représentant d'une personne pour laquelle il n'avait pas le pouvoir d'agir, est obligé lui-même en vertu du chèque et, s'il a payé, a les mêmes droits qu'aurait eus le prétendu représenté. Il en est de même du représentant qui a dépassé ses pouvoirs. – *[Décr.-L. du 30 oct. 1935, art. 11.]*

Art. L. 131-13 Le tireur est garant du paiement. Toute clause par laquelle le tireur s'exonère de cette garantie est réputée non écrite. – *[Décr.-L. du 30 oct. 1935, art. 12.]*

Art. L. 131-14 Tout chèque pour lequel la provision correspondante existe à la disposition du tireur doit être certifié par le tiré si le tireur ou le porteur le demande, sauf la faculté pour le tiré de remplacer ce chèque par un chèque émis dans les conditions prévues au troisième alinéa de l'article L. 131-7.

La provision du chèque certifié reste, sous la responsabilité du tiré, bloquée au profit du porteur jusqu'au terme du délai de présentation fixé par l'article L. 131-32. – *[Décr.-L. du 30 oct. 1935, art. 12-1, al. 1er et 2.]* – *V. C. mon. fin., art. R. 131-2.*

1. Demande de certification. N'est pas constitutive d'une voie de fait l'utilisation par l'Administration de la possibilité légale de demander au tireur de faire certifier un chèque par le tiré, préalablement à sa remise. • Civ. 1re, 27 févr. 1990 : *Bull. civ. I, n° 56 ; RTD com. 1990. 613, obs. Cabrillac et Teyssié*. ♦ Un créancier ne commet aucune faute en refusant un chèque ordinaire alors qu'il avait demandé le paiement par chèque certifié ou chèque de banque. • Com. 27 févr. 1996 : *RTD com. 1996. 304, obs. Cabrillac*.

2. Chèque de banque. V. note 5 ss. art. L. 131-5.

3. Effet de la certification. La certification de l'existence de la provision n'ayant d'effet que pour une durée de huit jours, elle ne peut constituer une garantie de paiement pour une durée supérieure. • Com. 11 juill. 2000 : *Bull. civ. IV, n° 140 ; D. 2000. AJ 378, obs. Avena-Robardet ; Banque et Droit nov.-déc. 2000. 48, obs. Rontchevsky.*

4. Chèque non certifié : défaut d'immobilisation de la provision. Aucun texte législatif ne prescrit au tiré de bloquer la provision nécessaire au paiement du chèque, après l'opposition du tireur, dès lors que le chèque n'est pas certifié. • Riom, 4 juill. 1980 : *D. 1981. IR 303, obs. Cabrillac.* ♦ V. note 1 ss. art. L. 131-5.

Art. L. 131-15 Toute personne qui remet un chèque en paiement doit justifier de son identité au moyen d'un document officiel portant sa photographie. – *[Décr.-L. du 30 oct. 1935, art. 12-2.]*

1. Responsabilité du titulaire du chéquier. Sur la responsabilité délictuelle du titulaire du chéquier dont la négligence a rendu possible le vol de son chéquier à l'égard du commerçant bénéficiaire d'un chèque tiré par le voleur, V. • Bordeaux, 17 nov. 1982 : *Banque 1983. 781* • TI Bordeaux, 1er avr. 1981 : *D. 1981. IR 301, obs. Cabrillac* • TI Paris, 2 févr. 1984 : *RTD com. 1984. 699, obs. Cabrillac et Teyssié.* ♦ Sur le lien de causalité entre l'imprudence du titulaire du chéquier et le préjudice subi par le commerçant, V. • Civ. 2e, 7 déc. 1988 : *Gaz. Pal. 1989. 1. Pan. 29 ; RTD com. 1989. 275, obs. Cabrillac et Teyssié.* ♦ Sur la charge de la preuve de l'imprudence du titulaire, V. • Com. 13 déc. 1988 : *Bull. civ. IV, n° 338.* ♦ V. aussi note 22 ss. art. L. 131-38.

2. Responsabilité du banquier. Sur la responsabilité du banquier à l'égard de tiers victimes d'usurpations, V. notamment • Com. 28 févr. 1989 : *RTD com. 1989. 275, obs. Cabrillac et Teyssié* (chéquier envoyé sous pli postal ordinaire). ♦ Sur la responsabilité du banquier à l'égard de son client pour défaut de comparaison entre le spécimen de signature et les signatures apposées sur les chèques volés, V. • Com. 4 nov. 1976 : *JCP 1978. II. 18750, note Stoufflet.* ♦ Sur la faute du banquier, V. aussi note 11 ss. art. L. 131-31, notes ss. art. L. 131-38 et note 3 ss. art. L. 131-71.

3. Responsabilité partagée entre le titulaire du chéquier et le commerçant. Sur l'exonération partielle du titulaire en raison d'une faute du commerçant (absence de contrôle d'identité), V. • TI Versailles, 18 déc. 1980 : *D. 1981. IR 301, obs. Cabrillac* • TGI Besançon, 5 juin 1970 : *Banque 1971. 205.* – *Contra* : • TI Saint-Denis de la Réunion, 26 juill. 1973 : *JCP 1973. IV. 433.* – Comp. : Stoufflet, note ss. • Com. 4 nov. 1976 : *préc. note 2.*

4. Présentation d'une pièce d'identité. Sur la faute du commerçant, V. note 3. ♦ Sur l'exigence d'une seconde pièce d'identité, V. Rép. min. : *JOAN Q, 4 mai 1987, p. 2560.*

SECTION III *Transmission* (*L. n° 2005-516 du 20 mai 2005, art. 16-IV*).

RÉP. COM. v° *Chèque*, par CABRILLAC.

Art. L. 131-16 Le chèque stipulé payable au profit d'une personne dénommée avec ou sans clause expresse « à ordre » est transmissible par la voie de l'endossement.

Le chèque stipulé payable au profit d'une personne dénommée avec la clause « non à ordre » ou une clause équivalente n'est transmissible que dans la forme et avec les effets d'une cession ordinaire. – [*Décr.-L. du 30 oct. 1935, art. 13.*]

1. Qualification de l'endossement. L'endossement non qualifié d'un chèque est réputé translatif et les tiers ne sont pas admis à démontrer que l'endossement n'est que de procuration. • Com. 9 janv. 1990 : *Bull. civ. IV, n° 3 ; D. 1990. 485, note D.-R. Martin ; RTD com. 1990. 232, obs. Cabrillac et Teyssié.* ♦ Sur l'endossement translatif, V. notes ss. art. L. 131-20.

2. Endossement pignoratif. Pour un exemple, V. • Com. 10 juill. 1989 : *Bull. civ. IV, n° 217 ; D. 1990. Somm. 120, obs. Cabrillac* (endossement pignoratif privé d'effet en raison de l'ouverture d'une procédure collective à l'encontre de l'endosseur commerçant).

3. Conflit de lois. La convention de Genève du 19 mars 1932, destinée à régler certains conflits de lois en matière de chèques, ne s'applique que pour la solution des conflits de lois qu'elle énumère en matière cambiaire et n'a pas pour effet de désigner la loi compétente en matière de responsabilité bancaire. • Civ. 1re, 23 janv. 2007 : *Bull. civ. I, n° 32 ; D. 2007. 1244, note Bouche ; RTD com. 2008. 211, obs. Delebecque ; Rev. crit. DIP 2007. 760, note Boskovic.* ♦ La banque ayant engagé sa responsabilité envers le tireur en s'abstenant de vérifier la régularité du chèque et en garantissant les endos, ce qui constituait le fait générateur du dommage, qui s'est réalisé au lieu où le compte du client a été crédité, de sorte que la loi allemande était applicable. • Même arrêt.

Art. L. 131-17 L'endossement peut être fait même au profit du tireur ou de tout autre obligé. Ces personnes peuvent endosser le chèque à nouveau. – [*Décr.-L. du 30 oct. 1935, art. 14.*]

Art. L. 131-18 L'endossement doit être pur et simple. Toute condition à laquelle il est subordonné est réputée non écrite.

L'endossement partiel est nul.

Est également nul l'endossement du tiré.

L'endossement au porteur vaut comme un endossement en blanc.

L'endossement au tiré ne vaut que comme quittance, sauf dans le cas où le tiré a plusieurs établissements et où l'endossement est fait au bénéfice d'un établissement autre que celui sur lequel le chèque a été tiré. – [*Décr.-L. du 30 oct. 1935, art. 15.*]

Tiré endossataire. La banque tirée qui a payé à découvert un chèque sans provision est irrecevable à exercer l'action civile, n'ayant pas la qualité de porteur. • Crim. 1er févr. 1978 : *Bull. crim. n° 40 ; Gaz. Pal. 1978. 2. 453.*

Art. L. 131-19 L'endossement doit être inscrit sur le chèque ou sur une feuille qui y est attachée, dite allonge. Il doit être signé par l'endosseur. La signature de celui-ci est apposée, soit à la main, soit par tout procédé non manuscrit.

L'endossement peut ne pas désigner le bénéficiaire ou consister simplement dans la signature de l'endosseur nommé endossement en blanc. Dans ce dernier cas, l'endossement, pour être valable, doit être inscrit au dos du chèque ou sur l'allonge. – *[Décr.-L. du 30 oct. 1935, art. 16.]*

1. Endossement par la banque. Sur la validité de la pratique qui consiste, pour une banque, à endosser un chèque non revêtu de l'endos du bénéficiaire, pour porter ce chèque au crédit du compte de l'intéressé, V. • Paris, 9 nov. 1990 : *D. 1991. Somm. 216, obs. Cabrillac*.

2. Banque désignée comme bénéficiaire. Une banque, à l'ordre de laquelle a été émis un chèque qui ne comportait aucune indication sur la volonté du tireur d'en attribuer le bénéfice au porteur, est tenue de se comporter comme étant elle-même bénéficiaire des fonds et ne peut créditer le compte de ce porteur du montant du chèque sans prendre aucune précaution pour s'assurer de l'intention du tireur. • Com. 26 janv. 1999 : *RJDA 1999, n° 325 ; RD bancaire et bourse 1999. 70, obs. Crédot et Gérard.*

3. Allonge. Sur la validité du procédé consistant à joindre au chèque une allonge, revêtue des coordonnées du chèque et au verso de laquelle est mentionnée la somme complémentaire demandée au titre des intérêts et frais, en application des art. 45 et 65-3, dernier al. [C. mon. fin., art. L. 131-52 et L. 131-73, dern. al.], afin d'en assurer le recouvrement, en même temps que celui du montant du chèque, sur seconde présentation, V. de Reguardati, *Annonces de la Seine, 6 mars 1995* ; Cabrillac, *ibid. 12 déc. 1996.* ♦ Ce procédé, également connu sous le nom de « modulo-chèque », qui est susceptible de permettre au porteur du chèque de recouvrer simultanément, sur seconde présentation, le montant nominal du chèque impayé ainsi que les intérêts et frais, ne semble pas se heurter aux dispositions du décret-loi du 30 oct. 1935 (Rép. min. n° 6817 : *JOAN Q, 27 avr. 1998, p. 2391*). ♦ Comp. : note 10 ss. art. L. 131-73.

4. Vérification de l'endos. Le banquier récepteur, chargé de l'encaissement d'un chèque, est tenu de vérifier la régularité apparente de l'endos apposé sur le titre. • Com. 28 oct. 2008 : *Bull. civ. IV, n° 175 ; D. 2008. AJ 2862, obs. Avena-Robardet ; RTD com. 2009. 185, obs. Legeais ; JCP E 2008, n° 48, p. 16, note Stoufflet ; RJDA 2009, n° 774.*

Art. L. 131-20 L'endossement transmet tous les droits résultant du chèque et notamment la propriété de la provision.

Si l'endossement est en blanc, le porteur peut :

1. Remplir le blanc, soit de son nom, soit du nom d'une autre personne ;
2. Endosser le chèque de nouveau en blanc, ou à une autre personne ;
3. Remettre le chèque à un tiers, sans remplir le blanc et sans l'endosser. – *[Décr.-L. du 30 oct. 1935, art. 17.]*

A. NATURE TRANSLATIVE DE L'ENDOSSEMENT

1. Transmission au porteur de la propriété du chèque et de la provision. En l'absence de toute mention restrictive de la portée de l'endossement, celui-ci transmet au porteur les droits résultant du chèque, notamment la propriété de la provision. • Com. 16 mai 1977 : *D. 1977. IR 397, obs. Vasseur* • 11 juill. 1988 : *D. 1988. IR 238 ; Gaz. Pal. 1989. 1. Somm. 161, obs. Piedelièvre.* ♦ L'endos translatif transmet au porteur tous les droits et actions liés au titre ainsi que la provision. • Pau, 3 mars 1981 : *JCP 1982. II. 19706, note Vivant.* ♦ Sur le caractère translatif de l'émission du chèque, V. note 1 ss. art. L. 131-4.

2. Saisie-arrêt ou saisie-attribution. Une banque ayant reçu notification d'une saisie-arrêt sur un chèque de la part d'un créancier du bénéficiaire doit en réserver le paiement pour ce saisissant, sauf à tout porteur prétendant avoir droit sur la provision d'établir judiciairement que l'endossement à son profit est antérieur à la voie d'exécution. • Com. 15 févr. 1994 : *Bull. civ. IV, n° 61 ; D. 1994. Somm. 183, obs. Cabrillac*. ♦ Comp., sur les effets de la procédure de saisie-attribution, V. C. pr. exéc., art. L. 211-4. – **C. pr. exéc.**

B. PRÉSOMPTION D'ENDOSSEMENT TRANSLATIF

1° RAPPORTS ENTRE L'ENDOSSEUR ET L'ENDOSSATAIRE

3. Présomption simple. La présomption d'endos translatif n'est pas irréfragable dans les rapports de l'endosseur et de l'endossataire. • Com. 13 mai 1981 : *Bull. civ. IV, n° 226 ; D. 1982. IR 171, obs. Cabrillac ; ibid. 1982. 241, obs. Vasseur ; RTD com. 1981. 802, obs. Cabrillac et Teyssié.* .

4. *Renversement de la présomption.* La preuve contraire peut être rapportée par tout moyen. • Com. 5 déc. 1955 : *JCP 1956. II. 9134, note Cabrillac* • 6 nov. 1984 : *Gaz. Pal. 1984. 1. 100 ; D. 1986. IR 323, obs. Vasseur.* ♦ La présomption d'endossement translatif tombe devant la reconnaissance par la banque qu'elle n'a pas crédité le compte à raison d'une convention d'escompte, même tacite, mais conformément aux usages qui font accompagner la remise à l'encaissement d'une avance des fonds. • Paris, 12 juill. 1991 : *D. 1991. IR 217.*

5. *Clause « sauf réserve de bonne fin ».* Cette clause, contenue dans un bordereau de remise, s'applique aussi bien à l'escompte translatif de droits qu'à la remise pour encaissement. • Com. 13 mai 1981 : *préc. note 3.* ♦ V. note 1 ss. art. L. 131-26.

2° RAPPORT ENTRE LES PARTIES ET LES TIERS

6. *Présomption irréfragable.* La présomption d'endos translatif est irréfragable dans les rapports des parties à l'égard des tiers. • Com. 13 mars 1979 : *Banque 1979. 1239* • 16 mai 1977 : *D. 1977. IR 397, obs. Vasseur* • 7 avr. 1992 : *RJDA 1992, n° 733.* ♦ Si la preuve que l'endossataire n'est qu'un simple mandataire peut être rapportée dans les relations entre l'endosseur et l'endossataire, elle ne peut être faite par un tiers. • Com. 9 janv. 1990 : *Bull. civ. IV, n° 3 ; D. 1990. 485, note D. Martin ; RTD com. 1990. 232, obs. Cabrillac et Teyssié.*

C. FORCE PROBANTE DU CHÈQUE ENDOSSÉ

7. *Commencement de preuve par écrit.* Si le chèque ne peut, en tant que tel, valoir commencement de preuve par écrit contre le bénéficiaire, il en est différemment du chèque endossé par celui-ci. • Civ. 1re, 10 mai 1995 : *Bull. civ. I, n° 201 ; D. 1996. Somm. 36, obs. Cabrillac ; D. 1995. IR 139.* ♦ Ainsi, un *accipiens* peut être condamné, à titre de remboursement d'un prêt, à payer le montant d'un chèque établi à son ordre et qu'il a lui-même remis à la banque après l'avoir endossé. • Même arrêt. ♦ La remise d'un chèque à l'ordre d'une personne établit nécessairement qu'elle a été personnellement destinataire du transfert de fonds que ce chèque a permis de réaliser, ce dont il se déduit que c'est à l'intéressé d'établir qu'il peut ne pas être tenu à restitution. • Com. 12 juill. 2005 : *Bull. civ. IV, n° 159 ; D. 2005. AJ 2069, obs. Delpech ; JCP E 2005, n° 40, p. 1633 ; LPA 12 févr. 2007, obs. E. C. ; RJDA 2005, n° 1272.* ♦ Comp., considérant que viole l'art. 1341 C. civ., l'arrêt qui pour condamner, à titre de remboursement de prêts, un endosseur à payer à l'émetteur le montant de chèques retient que l'endossement constituait un commencement de preuve par écrit rendant vraisemblables les prêts invoqués alors que l'endossement démontre seulement la réalité de la remise de fonds, V. • Civ. 1re, 3 juin 1998 : *Bull. civ. I, n° 195 ; D. 1999. 453, note Ravignaux ; JCP E 1998, n° 27, p. 1072, obs. Morvan ; JCP 1999. II. 10062, note Prieur.*

Art. L. 131-21 L'endosseur est, sauf clause contraire, garant du paiement.

Il peut interdire un nouvel endossement ; dans ce cas, il n'est pas tenu à la garantie envers les personnes auxquelles le chèque est ultérieurement endossé. — *[Décr.-L. du 30 oct. 1935, art. 18.]*

Art. L. 131-22 Le détenteur d'un chèque endossable est considéré comme porteur légitime s'il justifie de son droit par une suite ininterrompue d'endossements, même si le dernier endossement est en blanc. Les endossements biffés sont, à cet égard, réputés non écrits. Quand un endossement en blanc est suivi d'un autre endossement, le signataire de celui-ci est réputé avoir acquis le chèque par l'endossement en blanc. — *[Décr.-L. du 30 oct. 1935, art. 19.]*

Porteur légitime. Le banquier endossataire commet une faute lorsqu'il escompte un titre présentant une rupture apparente dans la chaîne des endossements. • Com. 8 févr. 1984 : *RTD com. 1984. 306, obs. Cabrillac et Teyssié ; Gaz. Pal. 1984. 2. Pan. 212* • 26 mars 1973 : *Bull. civ. IV, n° 132 ; RTD com. 1973. 839, obs. Cabrillac et Rives-Lange* • 5 mars 1975 : *Bull. civ. IV, n° 130 ; RTD com. 1976. 164, obs. Cabrillac et Rives-Lange.*

Art. L. 131-23 Un endossement figurant sur un chèque au porteur rend l'endosseur responsable aux termes des dispositions qui régissent le recours ; il ne convertit d'ailleurs pas le titre en un chèque à ordre. — *[Décr.-L. du 30 oct. 1935, art. 20.]*

Art. L. 131-24 Lorsqu'une personne a été dépossédée d'un chèque à ordre par quelque événement que ce soit, le bénéficiaire qui justifie de son droit de la manière indiquée à l'article L. 131-22, n'est tenu de se dessaisir du chèque que s'il l'a acquis de mauvaise foi ou si, en l'acquérant, il a commis une faute lourde. – *[Décr.-L. du 30 oct. 1935, art. 21.]*

1. Opposition au paiement. V. art. L. 131-35.

2. Mauvaise foi. V. note 3 ss. art. L. 131-35.

Art. L. 131-25 Les personnes actionnées en vertu du chèque ne peuvent pas opposer au porteur les exceptions fondées sur leurs rapports personnels avec le tireur ou avec les porteurs antérieurs, à moins que le porteur, en acquérant le chèque, n'ait agi sciemment au détriment du débiteur. – *[Décr.-L. du 30 oct. 1935, art. 22.]*

A. INOPPOSABILITÉ DES EXCEPTIONS

1. Banquier escompteur. Sur le recours du banquier, V. • TGI Créteil, 5 nov. 1980 : *D. 1982. IR 172, obs. Cabrillac.*

2. Mauvaise foi. Est de mauvaise foi le banquier endossataire d'un chèque d'un montant élevé longtemps après l'émission, alors que le bénéficiaire, en difficultés financières, avait intérêt à en obtenir le paiement à bref délai. • TGI Créteil, 5 nov. 1980 : *préc. note 1.*

3. Exceptions opposables. Les juges doivent préciser quelles exceptions, dont une banque aurait eu connaissance, pouvaient être opposées par le tireur au bénéficiaire du chèque. • Com. 24 oct. 1977 : *D. 1978. 507, note Contamine-Raynaud.*

4. Absence de cause du rapport fondamental. Une cour d'appel doit répondre aux conclusions du tireur opposant au bénéficiaire du chèque une exception tirée de l'absence de cause du rapport fondamental. • Com. 7 janv. 1997 : *Bull. civ. IV, n° 3.* ♦ Le tireur peut, en vertu de l'art. L. 131-25, opposer au bénéficiaire d'un chèque une exception tirée de l'absence de cause du rapport fondamental. • Paris, 12 mars 2003 : *RTD com. 2003. 547, obs. Cabrillac.*

B. CHÈQUE DE CASINO

5. Licéité des chèques émis au profit d'un établissement de jeu réglementé. Le client d'un casino dont l'activité est autorisée par la loi et réglementée par les pouvoirs publics ne peut pas se prévaloir de l'art. 1965 C. civ., selon lequel la loi n'accorde aucune action pour une dette de jeu. • Cass., ch. mixte, 14 mars 1980 : *D. 1980. IR 336, obs. Puech ; D. 1980. 434, obs. Cabrillac ; RTD com. 1980. 577, obs. Cabrillac et Rives-Lange* • Civ. 1re, 18 janv. 1984 : *Bull. civ. I, n° 26 ; Gaz. Pal. 1984. 1. 291, note Doucet ; RTD com. 1984. 493, obs. Cabrillac et Teyssié* • Crim. 21 oct. 1991 : *Bull. crim. n° 359 ; D. 1992. IR 16 ; RTD com. 1992. 705, obs. Cabrillac et Teyssié.*

6. Exception de jeu. Si toute remise de plaques de casino contre un chèque ne constitue pas une avance et ne caractérise pas une opération de crédit, il peut en être autrement lorsque les circonstances de l'espèce démontrent que cette remise n'a pour but que de couvrir un prêt consenti par le casino pour alimenter le jeu, • Civ. 1re, 31 janv. 1984 : *D 1985. 40, note Diener ; RTD com. 1984. 493, obs. Cabrillac et Teyssié* • 20 juill. 1988 : *Bull. civ. I, n° 257 ; D. 1989. Somm. 88, obs. Cabrillac* • Crim. 15 nov. 1993 : *Bull. crim. n° 339 ; D. 1995. 302, note Mouralis.* ♦ Dans ce cas, le titre litigieux ne peut être considéré comme un instrument de paiement mais constitue un simple titre de créance. • Civ. 1re, 19 mai 1992 : *D. 1992. 494, note Diener* • Aix-en-Provence, 30 nov. 1994 : *D. 1996. 36, note Mouralis.*

7. Illustrations. Il y a prêt du casino pour alimenter le jeu lorsque, d'une part, le chèque litigieux a été libellé par le joueur sur une formule pré-imprimée par le casino et que d'autre part, le chèque émis n'a été remis à l'encaissement que quatre mois plus tard. • Civ. 1re, 30 juin 1998 : *Bull. civ. I, n° 229 ; D. 1999. Somm. 112, obs. Libchaber ; LPA 22 juin 1999, note Massip.* ♦ Le client d'un casino peut se prévaloir de l'art. 1965 C. civ. s'il est établi que la dette se rapporte à des prêts consentis par le casino ou par une société chargée par celui-ci d'encaisser les chèques gérés par lui et de recouvrer les dettes de jeu. • Civ. 1re, 3 juin 1998 : *D. 1998. IR 172 ; D. Affaires 1998. 1253, obs. J. F.* ♦ Une société de casino, dont le personnel avait fait remplir à un joueur, lors de son arrivée, un chèque en blanc qu'il lui avait fait ultérieurement compléter en fonction du montant de ses pertes, a ainsi fait bénéficier ledit joueur d'un crédit destiné à alimenter son jeu. • Civ. 1re, 11 mai 1999 : *Bull. civ. I, n° 154 ; RJDA 1999, n° 708.*

Sur la disqualification d'un chèque incomplet, V. notes ss. C. mon. fin., art. L. 131-3.

Sur l'application de cette jurisprudence en cas de paiement par carte, V. note 6 ss. C. mon. fin., art. L. 133-17.

8. Preuve. La preuve que le casino ait su, à la date de son émission, qu'un chèque, émis par le débiteur sur ses propres formules de chèques et comportant toutes les mentions obligatoires, était sans provision ne peut se déduire du fait que le chèque n'a été mis à l'encaissement que deux mois après sa date d'émission, et n'a pas fait l'objet d'incident de paiement dans les formes prévues par le droit bancaire. • Paris, 21 nov. 1995 : *D. Affaires 1996. 151.*

Art. L. 131-26 **Lorsque l'endossement contient la mention « valeur en recouvrement », « pour encaissement », « par procuration », ou toute autre mention impliquant un simple mandat, le porteur peut exercer tous les droits découlant du chèque, mais il ne peut endosser celui-ci qu'à titre de procuration.**

Les obligés ne peuvent, dans ce cas, invoquer contre le porteur que les exceptions opposables à l'endosseur.

Le mandat renfermé dans un endossement de procuration ne prend pas fin par le décès du mandant ou la survenance de son incapacité. — *[Décr.-L. du 30 oct. 1935, art. 23.]*

1. Preuve de la nature de l'endossement. V. notes ss. art. L. 131-20. ♦ La mention « sauf bonne fin » ne saurait par elle-même caractériser un endossement de procuration. • Com. 13 mai 1981 : *Bull. civ. IV, n° 226 ; D. 1982. IR 171, obs. Cabrillac ; D. 1982. 241, obs. Vasseur ; RTD com. 1981. 802, obs. Cabrillac et Teyssié* ♦ V., cependant, pour la mention « en compte », • Grenoble, 10 mars 1977 : *Banque 1978. 524.* V. aussi notes ss. art. L. 131-19 C. mon. fin.

2. Qualité de porteur. Le bénéficiaire d'un chèque qui le remet à l'encaissement conserve la qualité de porteur lorsque le banquier présentateur a la qualité de mandataire, la formule d'endos révélant un endossement de procuration, ou lorsqu'en cas d'endossement translatif, le banquier a acquis le chèque de mauvaise foi ou en commettant une faute lourde, V. • Com. 26 janv. 1999 : *Bull. civ. IV, n° 21 ; D. 1999. Somm. 147, obs. Cabrillac ; D. Affaires 1999. 422, obs. X. D.* ♦ Comp., considérant que la simple remise d'un chèque par son bénéficiaire à une banque opère mandat d'encaissement : • Paris, 5 janv. 1999 : *D. 1999. IR 43 ; D. Affaires 1999. 378, obs. X. D. ; RTD com. 1999. 474, obs. Cabrillac.*

3. Endossement subséquent. Sur une subdélégation, V. • Grenoble, 10 mars 1977 : *préc. note 1.*

4. Responsabilité du banquier endossataire. V. notes ss. art. L. 131-38 C. mon. fin.

5. Chèque de garantie. Pour l'endossement d'un chèque de garantie à une banque alors qu'il a été consenti seulement à titre de procuration, V. • Com. 24 sept. 2003 : *RJDA 2004, n° 214.*

Art. L. 131-27 **L'endossement fait après le protêt ou après l'expiration du délai de présentation ne produit que les effets d'une cession ordinaire.**

Sauf preuve contraire, l'endossement sans date est présumé avoir été fait avant le protêt ou avant l'expiration du délai de présentation.

Il est défendu d'antidater les ordres à peine de faux. — *[Décr.-L. du 30 oct. 1935, art. 24.]*

1. Endossement postérieur à l'expiration du délai de présentation. Selon l'art. 24, al. 1er [C. mon. fin., art. L. 131-27], l'endossement du chèque effectué après l'expiration du délai de présentation n'a produit que les effets d'une cession ordinaire, ce dont il résulte que, n'étant pas porteur, la banque endossataire ne pouvait demander la mainlevée de l'opposition pratiquée et la contestation sérieuse existant entre tireur et tiré excluait l'application de l'art. 808 NCPC [renommé C. pr. civ.] (mesures ordonnées en référé). • Com. 17 oct. 1995 : *Bull. civ. IV, n° 235 ; RTD com. 1996. 93, obs. Cabrillac ; Rev. huiss. 1996. 700, note Hesbert ; Rev. dr. bancaire 1996. 8, obs. Crédot et Gérard.*

2. Absence de date. L'endos en l'absence d'indication de la date est présumé réalisé avant l'établissement du protêt, sauf preuve contraire. • Com. 13 oct. 1970 : *Bull. civ. IV, n° 265.*

SECTION IV *Aval* *(L. n° 2005-516 du 20 mai 2005, art. 16-IV).*

RÉP. COM. v° *Aval*, par GIBIRILA.

Art. L. 131-28 **Le paiement d'un chèque peut être garanti pour tout ou partie de son montant par un aval.**

Cette garantie est fournie par un tiers, sauf le tiré, ou même par un signataire du chèque. – *[Décr.-L. du 30 oct. 1935, art. 25.]*

Art. L. 131-29 L'aval est donné soit sur le chèque ou sur une allonge, soit par un acte séparé indiquant le lieu où il est intervenu.

Il est exprimé par les mots « bon pour aval » ou par toute autre formule équivalente ; il est signé par le donneur d'aval.

Il est considéré comme résultant de la seule signature du donneur d'aval, apposée au recto du chèque, sauf quand il s'agit de la signature du tireur.

L'aval doit indiquer pour le compte de qui il est donné. A défaut de cette indication, il est réputé donné pour le tireur. – *[Décr.-L. du 30 oct. 1935, art. 26.]*

Art. L. 131-30 Le donneur d'aval est tenu de la même manière que celui dont il s'est porté garant.

Son engagement est valable, alors même que l'obligation qu'il a garantie serait nulle pour toute cause autre qu'un vice de forme.

Quand il paie le chèque, le donneur d'aval acquiert les droits résultant du chèque contre le garanti et contre ceux qui sont tenus envers ce dernier en vertu du chèque. – *[Décr.-L. du 30 oct. 1935, art. 27.]*

SECTION V ***Présentation et paiement*** *(L. nº 2005-516 du 20 mai 2005 art. 16-IV).*

RÉP. COM. vº *Chèque,* par CABRILLAC.

Art. L. 131-31 Le chèque est payable à vue. Toute mention contraire est réputée non écrite.

Le chèque présenté au paiement avant le jour indiqué comme date d'émission est payable le jour de la présentation. – *[Décr.-L. du 30 oct. 1935, art. 28.]*

BIBL. ▶ YOUEGO, *RD banc. fin. 2009. Étude 30* (la non-présentation du chèque à l'encaissement).

A. ÉMISSION DU CHÈQUE

1. Date d'émission. La date d'émission d'un chèque ne peut être présumée être celle de sa création. • Com. 31 janv. 2006 : *Bull. civ. IV, nº 18 ; R. 2006, p. 364 ; D. 2007. Pan. 756, obs. D.-R. Martin ; D. 2006. AJ 573, obs. Avena-Robardet ; RTD com. 2006. 455, obs. Legeais ; JCP E 2006, nº 50, p. 2134, note Guerchoun ; RJDA 2006, nº 573 ; Gaz. Pal. 2006. 1487, obs. Bonhomme.* ♦ Un chèque est émis au moment où le tireur s'en dessaisit au profit du bénéficiaire. • Com. 3 déc. 1991 : *Bull. civ. IV, nº 371 ; D. 1992. Somm. 338, obs. Cabrillac ; Banque 1992. 645, obs. Rives-Lange* • 16 juin 1992 : *Bull. civ. IV, nº 235 ; D. 1992. IR 223 ; RTD com. 1992. 648, obs. Cabrillac et Teyssié.* ♦ Il résulte de l'art. L. 131-31 qu'un chèque est émis et sa provision transférée dès que le tireur s'en est dessaisi au profit du bénéficiaire, toute mention contraire étant réputée non écrite. • Com. 12 janv. 2010 : *Bull. civ. IV, nº 1 ; D. 2010. AJ 264, et les obs. ; RTD com. 2010. 592, obs. Legeais ; JCP E 2010, nº 1142 ; Gaz. Pal. 2010. 2301, obs. Rouaud ; RJDA 2010, nº 553 ; RLDA juin 2010. 27, note Gibirila.* ♦ Il résulte de la combinaison des art. L. 131-31 C. mon. fin. et L. 622-7 C. com. que la provision d'un chèque émis par un tireur avant d'être mis en redressement judiciaire n'est transférée au profit du bénéficiaire qu'autant qu'elle ait existé au jour du jugement d'ouverture. • Même arrêt.

2. Postdate. Des chèques, dont l'un était postdaté, ayant été émis antérieurement à l'ouverture de la procédure de redressement judiciaire du tireur, à des dates où leurs provisions étaient constituées, c'est à bon droit qu'une cour d'appel décide que celles-ci étaient transférées au bénéficiaire. • Com. 16 juin 1992 : *préc. note 1.* – V. aussi • Com. 4 févr. 1992 : *Bull. civ. IV, nº 54* • 18 juin 1996 : *Bull. civ. IV, nº 177 ; D. Affaires 1996. 899.* ♦ Un chèque postdaté peut être présenté immédiatement au paiement • Crim. 26 nov. 1974 : *Bull. crim nº 347.*

3. Exactitude des dates. L'exactitude des dates portées sur le chèque et la lettre d'envoi au bénéficiaire relève de l'appréciation souveraine des faits de la cause par les juges du fond • Com. 7 juin 1994 : *RJDA 1994, nº 1174.* ♦ La date du chèque corroborée par des factures datées, qui font foi entre commerçants, ne permet pas de contester la date d'émission, cette mention faisant foi sauf preuve d'un faux en écriture. • Colmar, 18 juin 1996 : *JCP 1997. IV. 1109.* ♦ La date d'émission d'un chèque étant un fait qui peut être établi par tout moyen, c'est dans l'exercice de son pouvoir souverain qu'une cour d'appel fixe cette date, en l'absence de tout autre élément, à celle de la remise des chèques litigieux à l'encaissement. • Com. 31 janv. 2006 : *préc. note 1.*

4. Date fausse. Un chèque faussement daté est un titre valable. • Montpellier, 12 oct. 1932 : *Gaz. Pal. 1933. 1. 106.* ♦ Sur la sanction, V. art. L. 131-69.

5. Date de valeur. V. note 3 ss. art. L. 313-2 C. consom., v° *Prêts d'argent-Intérêts.*

6. Chèque remis à un mandataire tireur. L'émission d'un chèque n'a pas été réalisée et, par conséquent, la provision n'avait pas à en rester bloquée pendant le délai de présentation, dès lors que celui qui avait la qualité de mandataire de la banque pour mettre le chèque en circulation au profit du bénéficiaire n'a pas engagé cette circulation parce qu'il ne s'est pas dessaisi du chèque. • Com. 18 oct. 1994 : *Bull. civ. IV, n° 291 ; D. 1994. IR 251 ; Quot. jur. 13 déc. 1994, p. 5, note J.-P. B. ; JCP 1994. IV. 2538.*

B. PRÉSENTATION AU PAIEMENT

7. Dessaisissement du tireur. La présentation d'un chèque à l'encaissement implique le dessaisissement du tireur au profit du bénéficiaire. • Com. 18 juin 1996 : *préc. note 2.* ♦ Sur la preuve de la matérialité du dessaisissement opéré au moyen d'un automate bancaire, V. • T. com. Blois, 4 mars 2005 : *cité note 2 bis ss. art. L. 131-67.*

8. Paiement à vue. Les chèques, dont un encaissement différé est sollicité, non refusés lors de leur remise, sont payables à vue nonobstant toute mention contraire, réputée non écrite. • Com. 3 juin 2003 : *Bull. civ. IV, n° 90 ; D. 2003. AJ 1836, obs. Avena-Robardet ; JCP E 2003, n° 32-35, p. 1310 ; RTD com. 2003. 782, obs. Cabrillac ; LPA 14 janv. 2004, obs. E. C. ; RJDA 2003, n° 1166.* ♦ Ainsi, une mention portée sur un chèque et soumettant son encaissement à des conditions ne peut avoir effet. • Com. 9 mars 1993 : *D. 1993. IR 81 ; RTD com. 1993. 340, obs. Cabrillac et Teyssié.* ♦ Comp., pour une condition stipulée dans un acte séparé : • Com. 15 juill. 1986 : *Bull. civ. IV, n° 162 ; RTD com. 1986. 532, obs. Cabrillac et Teyssié.* ♦ La convention conclue entre le maître de l'ouvrage tireur du chèque et l'entreprise de construction porteur du chèque, selon laquelle le chèque remis ne serait encaissé qu'à la levée des réserves, viole les dispositions d'ordre public établies par le code monétaire et financier en établissant une convention retardant la date de présentation du chèque. • Colmar, 29 juin 2005 : *JCP E 2006, n° 1, p. 17.*

9. Clause attributive de compétence. Une clause attributive de compétence figurant dans une lettre comportant transmission d'un chèque émis sous condition et ne pouvant être encaissé que selon certaines modalités n'est pas contraire à la règle de l'art. 28, al. 1er [C. mon. fin., art. L. 131-31, al. 1er]. • Com. 12 juin 1979 : *Bull. civ. IV, n° 196.* ♦ V. aussi, pour l'opposabilité d'une clause attributive de juridiction figurant dans un bordereau accompagnant le chèque, • Com. 20 nov. 2001 : *Bull. civ. IV, n° 181 ; D. 2002. AJ 325, obs. Avena-Robardet* et *Somm. 2112, obs. Boujeka.*

10. Chèque de garantie. BIBL. Aubry, *D. 2000. Chron. 555.* – Cabrillac, *Liber amicorum Calais-Auloy, Dalloz, 2004, p. 207* (protection du consommateur). ♦ Un chèque n'est pas nul par le fait que son bénéficiaire serait informé de l'absence ou de l'insuffisance de la provision lors de l'émission. • Com. 12 janv. 1993 : *Bull. civ. IV, n° 3 ; D. 1993. IR 36 ; JCP E 1993. II. 425, note Cabrillac.* ♦ Quelle que soit la qualification de garantie donnée à des chèques, ceux-ci sont en tout état de cause payables à vue par application de l'art. 28 [C. mon. fin., art. L. 131-31], toute mention contraire étant réputée non écrite. • Paris, 12 mars 1993 : *D. 1993. Somm. 316, obs. Cabrillac.* ♦ Mais, si l'émission d'un chèque réalise le dessaisissement irrévocable du tireur au profit du bénéficiaire, qui acquiert immédiatement la propriété de la provision et est tenu de présenter l'effet au paiement dans un délai de huit jours, il résulte des art. 1235 et 1376 C. civ. que ce qui a été payé indûment est sujet à répétition. • Com. 22 juin 1993 : *Bull. civ. IV, n° 265 ; D. 1993. Somm. 315, obs. Cabrillac.* ♦ Aussi, retenant qu'un chèque a été émis, non en règlement d'une dette existante, mais à titre de « relais de garantie », dans l'attente de la régularisation de cautionnements bancaires. • Même arrêt. ♦ Le chèque étant un instrument de paiement, le bénéficiaire peut le faire encaisser, même dans le cas où il lui a été remis à titre de garantie sauf, pour lui, à en restituer le montant si le paiement reçu était indu. • Com. 17 nov. 1998 : *Bull. civ. IV, n° 269 ; D. 1999. Somm. 148, obs. Cabrillac ; ibid. 304, obs. Piedelièvre ; D. Affaires 1999. 78, obs. X. D. ; JCP 1999. II. 10226, note Gibirila ; RTD civ. 1999. 156, obs. Crocq ; RTD com. 1999. 165, obs. Cabrillac ; JCP 1999. I. 158, n° 12, obs. Simler et Delebecque* • 24 oct. 2000 : *Bull. civ. IV, n° 162 ; D. 2000. AJ 417, obs. Lienhard ; RJ com. 2001. 184, note Nemedeu.*

V. aussi notes 5 et 11 ss. art. L. 131-35 et note 2 ss. art. L. 131-79.

11. Vérifications. En cas de paiement de chèque falsifié par apposition d'une signature imitée par un préposé du tireur lui-même, la responsabilité de la banque ne peut être retenue que si une faute est établie à la charge de celle-ci. • Paris, 28 mars 1990 : *D. 1990. IR 97.* ♦ Il en va ainsi lorsque, fussent-elles semblables aux signatures récentes de l'employeur, les signatures qui figuraient sur les titres litigieux n'étaient pas conformes au spécimen déposé par celui-ci, de telle sorte qu'il appartenait à la banque, en l'absence de nouveau dépôt, de refuser le paiement sollicité du préposé, sauf instruction contraire de son client. • Com. 31 mai 2005 : *Bull. civ. IV, n° 120 ; JCP E 2005, n° 30, p. 1278 ; Gaz. Pal. 2006. Somm 1954, obs. F.B. ; RJDA 2005, n° 1144 (1re esp.).* ♦ V. aussi notes ss. art. L. 131-38.

Art. L. 131-32 Le chèque émis et payable dans la France métropolitaine doit être présenté au paiement dans le délai de huit jours.

Le chèque émis hors de la France métropolitaine et payable dans la France métropolitaine doit être présenté dans un délai, soit de vingt jours, soit de soixante-dix jours, selon que le lieu de l'émission se trouve situé en Europe ou hors d'Europe.

Pour l'application de l'alinéa précédent, les chèques émis dans un pays riverain de la Méditerranée sont considérés comme émis en Europe.

Le point de départ des délais indiqués au deuxième alinéa est le jour porté sur le chèque comme date d'émission. – *[Décr.-L. du 30 oct. 1935, art. 29.]*

A. DÉLAI DE PRÉSENTATION

1. Avis de non-paiement. V. art. L. 131-49, et sur le domaine d'application de ces textes, • Com. 6 févr. 1978 : *D. 1979. IR 276, obs. Cabrillac ; RTD com. 1979. 279, obs. Cabrillac et Rives-Lange.*

2. Allongement du délai de présentation des effets de commerce. La loi du 29 oct. 1940 portant à 10 jours le délai de présentation des effets de commerce n'est pas applicable au chèque. • Com. 5 juill. 1961 : *Bull. civ. III, n° 311.*

3. Départements d'outre-mer. Le délai de présentation de huit jours applicable en France métropolitaine, lorsque le chèque y est émis et payable, l'est également dans les mêmes conditions en Martinique, l'art. 29 [C. mon. fin., art. L. 131-32] ne prévoyant un allongement de ce délai qu'au cas où le lieu de création et de paiement du chèque sont distincts. • Fort-de-France, 30 sept. 1994 : *D. 1996. 10, note Larrieu ; JCP E 1995. Pan. 488.*

B. SANCTION DE L'INOBSERVATION DU DÉLAI

4. Maintien du recours du porteur. Le porteur d'un chèque a un recours fondé sur le droit du chèque contre le tireur devant garantir la provision jusqu'à l'expiration du délai de prescription, et ce même si le titre n'a pas été présenté au paiement dans le délai énoncé à l'art. 29 [C. mon. fin., art. L. 131-32]. • Com. 7 janv. 1997 : *Bull. civ. IV, n° 4 ; D. 1997. IR 34 ; D. Affaires 1997. 345 ; RTD com. 1997. 294, obs. Cabrillac.* ♦ Si le porteur du chèque perd ses recours contre les signataires antérieurs, pour n'avoir pas présenté le chèque au paiement dans le délai prévu par l'art. L. 131-32, il ne commet pas pour autant de faute à l'égard du tireur pour avoir différé la présentation dès lors qu'aucune circonstance particulière ne l'alertait sur l'urgence de la remise à l'encaissement. • Com. 19 juin 2001 : *Bull. civ. IV, n° 119 ; D. 2001. AJ 2297, obs. Avena-Robardet ; RTD com. 2001. 958, obs. Cabrillac.*

5. Responsabilité du banquier. Le banquier auquel un chèque est remis à l'encaissement, s'il ne procède pas à son inscription en compte immédiatement, a l'obligation d'en prévenir son client, faute de quoi il engagerait sa responsabilité, sauf stipulations contractuelles contraires ou circonstances particulières. • Com. 19 juin 2012 : *Bull. civ. IV, n° 124 ; D. 2012. 2364, note Lasserre Capdeville ; RTD com. 2012. 596, obs. Legeais ; LPA 18 oct. 2012, note Laulier ; RJDA 2013, n° 254.* ♦ Sur la responsabilité d'un banquier pour présentation tardive au paiement de chèques, bien que cette présentation soit intervenue dans le délai de prescription, dès lors que dans ce laps de temps une procédure collective a été ouverte à l'encontre de l'émetteur du chèque, V. • Paris, 5 janv. 1999 : *D. 1999. IR 43 ; D. Affaires 1999. 378, obs. X. D.* ♦ Sur la responsabilité d'une banque qui tarde à encaisser un chèque tiré sur une banque européenne, V. • Paris, 14 nov. 2000 : *D. 2001. AJ 231.* ♦ V. aussi notes 8 et 9 ss. art. L. 131-59 et note 8 ss. art. L. 131-67.

Art. L. 131-33 **Lorsqu'un chèque payable en France est émis dans un pays où est en usage un calendrier autre que le calendrier grégorien, le jour de l'émission est ramené au jour correspondant du calendrier grégorien.** – *[Décr.-L. du 30 oct. 1935, art. 30.]*

Art. L. 131-34 **La présentation à une chambre de compensation équivaut à la présentation au paiement.** – *[Décr.-L. du 30 oct. 1935, art. 31.]*

V. Règl. CRBF n° 2001-04 du 29 oct. 2001 relatif à la compensation des chèques. – ***C mon. fin.***

BIBL. ▶ ROMANI, *D. 1993. Chron. 223* (recours du banquier tiré ou domiciliataire au cas de non-respect du règlement des chambres de compensation).

1. Règlement de la chambre de compensation. V. note 5 ss. art. L. 511-26 C. com. ♦ Sur l'unité du règlement de la chambre de compensation, V. • Com. 28 avr. 2004 : *Bull. civ. IV, n° 76 ; JCP E 2004, n° 25, p. 982 ; RTD com. 2004. 578, obs. Cabrillac*. ♦ Le bénéficiaire d'un chèque rejeté après sa présentation au paiement est fondé à se prévaloir de la réglementation interbancaire applicable en matière de paiement de chèques, laquelle peut également lui être opposée. • Limoges, 1er juin 2006 : *BICC 15 nov. 2006, n° 2263.*

2. Absence de provision. Les chèques présentés en chambre de compensation qui n'ont pas été rejetés par le banquier tiré sont considérés comme payés. • Com. 2 oct. 1978 : *D. 1979. 349.* ♦ Comp. jugeant que le bénéficiaire d'un chèque rejeté tardivement ne peut se prévaloir du règlement de la chambre de compensation pour s'opposer à la contre-passation de l'écriture à son compte, V. • T. com. Versailles, 9 mai 2003 : *RD banc. fin. 2004, n° 1, obs. Crédot et Gérard ; Banque et Droit janv.-févr. 2005. 71, obs. Guillot.*

Sur le délai de restitution du chèque en chambre de compensation, V. • Com. 6 mars 2007 : *RD banc. fin. 2007, n° 133, obs. Crédot et Samin.*

Art. L. 131-35 **Le tiré doit payer même après l'expiration du délai de présentation. Il doit aussi payer même si le chèque a été émis en violation de l'injonction prévue à l'article L. 131-73 ou de l'interdiction prévue au deuxième alinéa de l'article L. 163-6.**

Il n'est admis d'opposition au paiement par chèque qu'en cas de perte, de vol ou d'utilisation frauduleuse du chèque, *(L. n° 2005-845 du 26 juill. 2005, art. 165)* **« de procédure de sauvegarde, » de redressement ou de liquidation judiciaires du porteur. Le tireur doit immédiatement confirmer son opposition par écrit, quel que soit le support de cet écrit.** – *V. art. L. 163-1 C. mon. fin.*

Tout banquier doit informer par écrit les titulaires de compte des sanctions encourues en cas d'opposition fondée sur une autre cause que celles prévues au présent article. – *Sur ces sanctions, V. art. L. 163-2 C. mon. fin.* – *V. art. R. 131-51 C. mon. fin.*

Si, malgré cette défense, le tireur fait une opposition pour d'autres causes, le juge des référés, même dans le cas où une instance au principal est engagée, doit, sur la demande du porteur, ordonner la mainlevée de l'opposition. – *[Décr.-L. du 30 oct. 1935, art. 32.]*

BIBL. ▶ JUDE, *D. 2003. 2675* (unité ou dualité du règlement par carte bancaire et par chèque ?). – LASSERRE CAPDEVILLE, *Banque et Droit nov.-déc. 2004. 3* (éclaircissements jurisprudentiels de l'opposition en matière de chèque). – YOUEGO, *RD banc. fin. mai-juin 2005. 51* (domaine de l'opposition au paiement par chèque).

A. CAS D'OPPOSITION

1° CAS D'OPPOSITION VALABLE

1. Énumération limitative. L'énumération de l'art. 32, al. 2 [C. mon. fin., art. L. 131-35], est limitative. • Versailles, 24 févr. 1989 : *Gaz. Pal. 1989. 2. Somm. 311.* ♦ L'énumération, limitative, ne vise pas le cas de la dissolution du porteur lorsque celui-ci est une personne morale. • Besançon, 24 juin 2009 : *RJDA 2010, n° 627 ; Dr. sociétés 2009, n° 218, obs. M.-L. C.* ♦ L'art. L. 131-35, qui énumère limitativement les clauses d'opposition, exige du tireur qu'il confirme immédiatement son opposition par écrit ; il suffit donc, pour qu'une opposition soit valable, qu'elle soit faite par écrit et que le contenu permette à la banque d'identifier le chèque en cause. • Paris, 28 sept. 2004 : *RJDA 2005, n° 320.* ♦ Comp., jugeant abusive la clause stipulant que l'opposition au paiement d'un chèque doit identifier suffisamment le chèque concerné, dans la mesure où elle est de nature à laisser penser au client que, s'il n'est pas en mesure de fournir l'ensemble des renseignements demandés, son opposition ne pourra pas être prise en compte, alors que, dans cette hypothèse, une opposition imprécise touchera tous les chèques en circulation : • TGI Paris, 9 nov. 2005 : *cité note 12 ss. art. R. 132-2 C. consom., v° Ventes commerciales.*

2. Preuve. Il appartient à l'opposant de rapporter la preuve du cas motivant son opposition. • Crim. 10 janv. 1968 : *D. 1968. 477 ; RTD com. 1968. 737, obs. Cabrillac et Rives-Lange.* – Comp. : • Com. 12 oct. 1982 : *Bull. civ. IV, n° 314 ; RTD com. 1983. 260, obs. Cabrillac et Teyssié.*

3. Perte du chèque. La perte au sens de l'art. 32 [C. mon. fin., art. L. 131-35] exclut une remise volontaire du chèque. • Com. 9 févr. 1981 : *Bull. civ. IV, n° 68 ; D. 1981. IR 303, obs. Cabrillac.* ♦ Les tireurs admettant eux-mêmes avoir remis les chèques litigieux à la personne qui en était bénéficiaire, il en résulte, indépendamment des conditions dans lesquelles le bénéficiaire effectif avait pu rentrer en possession de ces titres, indifférentes à la solution du litige, que l'opposition pratiquée par l'un d'eux, qui n'en avait pas été involontairement dépossédé, n'était pas licite. • Com. 18 févr. 2004 : *Bull. civ. IV, n° 34 ; D. 2004. AJ 1082 ; JCP E 2004, n° 17, p. 643 ; LPA 27 juill. 2004, obs. E. C. ; RTD com. 2004. 577, obs. Cabrillac ; RJDA 2004, n° 888.*

Sur la responsabilité du titulaire du chéquier, V. notes ss. art. L. 131-15 C. mon. fin. ♦ ... Du banquier, V. note 11 ss. art. L. 131-31 C. mon. fin. et note 3 ss. art. L. 131-71 C. mon. fin.

4. Vol du chèque. L'extorsion par violence est assimilable au vol. • Com. 26 juin 1979 : *D. 1980. IR 134, obs. Cabrillac ; RTD com. 1979. 780, obs. Cabrillac et Rives-Lange.* ♦ En ce sens que l'art. 380 C. pén. [art. 311-12 nouv. C. pén.], relatif à l'immunité familiale, n'interdit pas au titulaire du compte de faire opposition au paiement d'un chèque volé par son enfant, V. • Versailles, 28 mars 1990 : *RTD com. 1990. 615, obs. Cabrillac et Teyssié.*

5. Utilisation frauduleuse. Il résulte des travaux préparatoires de la loi du 30 déc. 1991, que l'utilisation frauduleuse d'un chèque, cause d'une opposition à paiement du tireur, suppose la perte ou le vol et/ou une falsification, voire une contrefaçon de celui-ci. • TGI Paris, réf., 28 déc. 1992 : *BICC 1993, n° 641 ; D. 1993. Somm. 315, obs. Cabrillac.*

6. Manœuvres frauduleuses. Ne donne pas de base légale, au regard de l'art. 32 [C. mon. fin., art. L. 131-35], à sa décision ordonnant la mainlevée de l'opposition du tireur la cour d'appel qui retient que la remise à sa banque d'un chèque par son bénéficiaire pour être encaissé et crédité sur son compte n'en constitue que l'utilisation normale et ne saurait en elle-même être qualifiée de frauduleuse, nonobstant l'absence de contrepartie effective en paiement et l'ouverture de ce fait d'une instruction pénale, sans se prononcer sur les faits allégués par le tireur qui, s'ils étaient établis, constitueraient une fraude à la fois pour l'obtention et l'utilisation du chèque. • Com. 24 oct. 2000 : *Bull. civ. IV, n° 161 ; D. 2000. AJ 417, obs. Lienhard.* ♦ L'utilisation frauduleuse d'un chèque pouvant justifier l'opposition à son paiement ne se limite pas seulement au cas où il y a eu contrefaçon ou falsification du titre mais peut également être retenue lorsque le chèque a été obtenu et utilisé à la suite de manœuvres frauduleuses. • Com. 22 oct. 2002 : *RJDA 2003, n° 182.* ♦ Tel est le cas lorsque pour obtenir le chèque, le bénéficiaire a procédé à la publicité pour une société inexistante, établi des documents descriptifs donnant faussement une apparence de sérieux à l'opération frauduleuse organisée par lui et qu'il l'a endossé au profit de la banque alors qu'il était en état de cessation des paiements, l'utilisant illicitement pour obtenir un paiement indu. • Com. 19 déc. 2000 : *RJDA 2001, n° 497.*

7. Redressement ou liquidation judiciaires. Le tireur peut faire opposition au paiement du chèque qu'il a émis au profit d'un bénéficiaire soumis à une procédure collective le jour même de la remise de ces chèques au paiement. • Paris, 11 févr. 2005 : *RD banc. fin. 2005, n° 95, obs. Lucas.* ♦ Le fait que l'opposition ait été formée en raison du redressement judiciaire du porteur, alors que la société débitrice avait été placée en liquidation judiciaire, n'est pas de nature à affecter la validité de l'opposition, justifiée en raison de l'ouverture d'une procédure collective dessaisissant le porteur de ses biens. • Même arrêt. ♦ En cas d'opposition motivée par la liquidation des biens [liquidation judiciaire] du bénéficiaire, la demande en mainlevée ne peut être accueillie, dès lors qu'une telle demande n'est possible qu'en cas d'opposition pour une cause non prévue par l'art. 32 [C. mon. fin., art. L. 131-35]. • Com. 31 janv. 1984 : *Bull. civ. IV, n° 45 ; D. 1985. IR 31, obs. Cabrillac.*

2° CAS D'OPPOSITION ILLICITE

8. Détournement ou contrepartie défectueuse. L'art. 32, al. 2 [C. mon. fin., art. L. 131-35], est inapplicable lorsque le chèque, remis volontairement, a été frauduleusement détourné par un représentant du bénéficiaire. • Com. 9 févr. 1981 : *préc. note 3.* ♦ V. aussi, pour l'irrégularité d'une opposition au cas d'escroquerie ou d'un abus de confiance, • Crim. 22 juill. 1980 : *JCP E 1981. II. 9211* • Com. 4 juin 1991 : *Bull. civ. IV, n° 201.* ♦ ... Pour une fausse signature, V. • Pau, 6 mars 1981 : *D. 1982. IR 172, obs. Cabrillac.* ♦ ... Pour un chèque de « garantie » (avant la loi du 30 déc. 1991), V. • Paris, 22 juill. 1985 : *D. 1986. IR 80.* ♦ Comp., désormais : note 4. ♦ ... Pour l'exécution défectueuse d'un marché, V. • Nancy, 28 juin 1950 : *D. 1950. 728.* ♦ ... Pour une infraction à la législation sur le démarchage à domicile, V. • Com. 21 juin 1994 : *Bull. civ. IV, n° 224 ; Banque nov. 1994. 98, obs. Guillot ; Rev. huiss. 1996. 53, note Hesbert.* ♦ Sur les sanctions pénales, V. art. L. 163-2 C. mon. fin.

9. Plainte pénale. Une plainte pénale n'ayant pas pour objet d'établir l'une des causes d'opposition prévues par l'art. 32 [C. mon. fin., art. L. 131-35], le juge des référés ne peut refuser d'ordonner la mainlevée d'une opposition non fondée sur une de ces causes. • Com. 21 juin 1994 : *préc. note 8.*

10. Redressement judiciaire du tireur. Il n'est pas admis d'opposition en cas de redressement judiciaire du tireur. • Com. 12 mars 1996 : *D. Affaires 1996. 680 ; RTD com. 1996. 501, obs. Cabrillac* . ♦ L'opposition au paiement d'un chèque prévue à l'art. L. 131-35 au motif que son porteur est en liquidation judiciaire ne peut plus être admise s'il est établi que le titre en cause a été remis à son liquidateur judiciaire. • Com. 8 juill. 2008 : *Bull. civ. IV, n° 141 ; D. 2008. AJ 2139, obs. Delpech ; RTD com. 2008. 827, obs. Legeais ; RTD civ. 2008. 678, obs. Fages ; JCP E 2009, n° 1, p. 26, obs. Cabrillac ; LPA 18 juin 2009, note Sortais ; Gaz. Pal. 2009. 661, obs. R. B. ; RJDA 2008, n° 1175 ; Dr. et proc. 2009. 48, note Gibirila.*

11. Chèque de garantie. BIBL. Cabrillac, *Liber amicorum Calais-Auloy, Dalloz, 2004, p. 207* (protection du consommateur). ♦ Le droit d'obtenir paiement d'un chèque ne pouvant être subordonné à la réalisation d'une condition, ne constitue pas une utilisation frauduleuse justifiant l'opposition la remise de chèque à l'encaissement, même s'il a été reçu à titre de garantie. • Com. 24 oct. 2000 : *Bull. civ. IV, n° 162 ; D. 2000. AJ 417, obs. Lienhard ; Banque et Droit janv.-févr. 2001. 46, obs. Rontchevsky ; RJ com. 2001. 184, note Nemedeu* • 18 févr. 2003 : *RD banc. fin. 2003, n° 61, obs. Crédot et Gérard* (chèque de garantie en blanc). ♦ La notion de chèque de garantie n'existant pas en droit français, et le chèque litigieux n'ayant été ni volé, ni perdu, ni utilisé de façon manifestement frauduleuse, l'opposition faite à son paiement par le tireur est injustifiée et doit être levée. • Paris, 8 déc. 1993 : *RJ com. 1994. 113, note L. R. ; RTD com. 1994. 324, obs. Cabrillac et Teyssié* . – Dans le même sens, V. • Versailles, 12 sept. 1997 : *D. 1997. IR 227 ; D. Affaires 1997. 1288.* ♦ *Contra*, jugeant qu'il y a utilisation frauduleuse de la part du bénéficiaire d'un chèque de garantie qui aurait dû le restituer à une date déterminée et qui l'avait présenté au paiement onze mois après : • Paris, 14e ch. B, 27 mai 1994 : *RTD com. 1994. 531, obs. Cabrillac et Teyssié* . ♦ Comp. aussi, jugeant que le bénéficiaire d'un chèque qui utilise celui-ci, non pas en tant qu'instrument de paiement mais à titre de garantie d'une lettre de change et comme moyen de pression, accepte de se situer en dehors des dispositions légales relatives au chèque et ne saurait se prévaloir des dispositions de l'art. 32 [C. mon. fin., art. L. 131-35] relatives à la mainlevée de l'opposition : • TGI Paris, 26 avr. 1993 : *D. 1994. 227, note Romani* .

12. Saisie-arrêt ou saisie-attribution du compte. Sur l'obligation de payer un chèque émis antérieurement à la saisie-arrêt d'un compte courant, V. • Com. 8 janv. 1991 : *D. 1991. IR 38.* ♦ V. aussi, sur le droit du porteur sur la provision d'un chèque endossé avant la saisie-arrêt, • Com. 15 févr. 1994 : *Bull. civ. IV, n° 61 ; D. 1994. Somm. 183, obs. Cabrillac* . ♦ Comp., sur les effets de la procédure de saisie-attribution : V. C. pr. exéc., art. L. 162-1. – **C. pr. civ.** ♦ Malgré le blocage total du compte par l'effet d'une saisie-arrêt (désormais saisie-attribution), son solde créditeur reste disponible pour la liquidation des opérations en cours, si bien que les règlements faits à cette fin par la banque, dans la limite d'un tel solde, ne peuvent donner lieu à la perception d'agios. • Com. 1er juin 1999 : *Bull. civ. IV, n° 113 ; D. 1999. IR 194 ; D. Affaires 1999. 1076, obs. X. D. ; LPA 17 juin 1999, obs. L. C. ; RTD com. 1999. 730, obs. Cabrillac* . ♦ Mais jugé que, si par application dudit art. 47, seuls peuvent affecter l'assiette de la saisie-attribution au détriment du saisissant les chèques remis par le saisi qui ont été remis à l'encaissement par leur bénéficiaire antérieurement à la saisie, le seul fait que le chèque ait été émis et remis à son bénéficiaire avant la saisie-attribution ne peut justifier le débit du solde du compte du débiteur après la saisie. • TGI Paris, JEX, 3 juill. 1995 : *D. 1996. Somm. 140, obs. Julien ; BICC 1996, n° 347.*

B. EFFETS DE L'OPPOSITION

1° OPPOSITION VALABLE

13. Vérification incombant au banquier. L'établissement de crédit sur lequel a été tiré un chèque frappé d'opposition n'a pas à vérifier la réalité du motif d'opposition invoqué. • Com. 8 oct. 2002 : *Bull. civ. IV, n° 135 ; D. 2002. AJ 2940, note Avena-Robardet ; JCP E 2003, n° 5, p. 222, note Cholet ; RTD com. 2003. 140, obs. Cabrillac ; LPA 9 janv. 2003, obs. E. C. ; RJDA 2003, n° 183.* ♦ Comp., art. L. 163-1 C. mon. fin., qui prévoit des sanctions pénales pour le banquier admettant une opposition infondée au regard de l'art. L. 131-35.

14. Révocation du mandat de payer. L'opposition au paiement de chèques emporte révocation immédiate du mandat de payer confié au banquier par le titulaire du compte et s'étend à l'ensemble des agences. • Com. 20 juin 1977 : *D. 1978. 398, note Gavalda ; D. 1977. IR 451, obs. Vasseur ; JCP 1978. II. 18808, note Vézian ; RTD com. 1977. 338, obs. Cabrillac et Rives-Lange.*

15. Durée. A défaut de mainlevée, l'opposition se poursuit jusqu'à l'expiration du délai de prescription. • Req. 18 juin 1946 : *D. 1946. 346 ; S. 1946. 1. 100 ; RTD com. 1948. 111, obs. Houin ; JCP 1946. II. 352, rapp. Lescot* • Com. 9 févr. 1982 : *RTD com. 1982. 590, obs. Cabrillac et Teyssié ; Gaz. Pal. 1982. 2. Pan. 229, obs. A. P.* • Paris, 10 déc. 1982 : *D. 1983. IR 245, obs. Cabrillac.* – V. cependant • Riom, 4 juill. 1980 : *D. 1981. IR 303.* ♦ Le tiré d'un chèque frappé d'opposition n'est tenu d'en immobiliser la provision que jusqu'à la décision judiciaire sur la validité de l'opposition, s'il a été mis en cause dans l'instance engagée à cette fin. • Com. 26 nov. 2003 : *RD banc. fin. 2004, n° 59, obs. Crédot et Gérard.*

16. Violation de l'opposition. Le banquier qui paye le porteur au mépris d'une opposition régulière, engage sa responsabilité. • Nîmes, 20 mars 1973 : *JCP 1973. IV. 194, note J.A.* – Comp. : • Com. 20 juin 1977 : *préc. note 14.* ♦ Il ne peut agir contre le tireur en se prévalant de l'enrichissement sans cause de celui-ci. • Com. 16 juill. 1985 : *D. 1986. 393, note Aubert ; RTD com. 1986. 124, obs. Cabrillac et Teyssié.* ♦ Comp., pour une responsabilité envers le banquier chargé de l'encaissement : • Com. 4 mars 1986 : *D. 1987. Somm. 71, obs. Cabrillac. – Contra :* • Com. 23 janv. 1978 : *RTD com. 1979. 278, obs. Cabrillac et Rives-Lange ; JCP 1980. II. 19365, note Thuillier.*

17. Chèque de banque. Pour le vol et la falsification d'un chèque de banque, V. • Paris, 27 avr. 2007 : *cité note 5 ss. art. L. 131-5 C. mon. fin.*

18. Prescription. V. art. L. 131-59, al. 2, C. mon. fin., et, note 15.

19. Exclusion de la mainlevée. En présence d'une opposition régulière, le juge ne peut, sans excéder les pouvoirs qu'il tient de l'art. 32 [C. mon. fin., art. L. 131-35], en ordonner la mainlevée au seul motif que le chèque a été retrouvé. • Com. 22 nov. 1988 : *Bull. civ. IV, n° 314 ; D. 1989. Somm. 88, obs. Cabrillac.*

20. Restitution du chèque. Le porteur d'un chèque volé qui lui a été endossé ne peut être contraint de restituer le titre au cas d'opposition du tireur qu'en raison de mauvaise foi ou de fraude prouvées. • Com. 16 juin 1976 : *JCP 1976. IV. 262.*

2° OPPOSITION ILLICITE

21. Assimilation à un défaut de provision. Dès lors que l'opposition n'a pas été faite pour un des motifs prevus par la loi, le tireur doit être assimilé à un tireur n'ayant pas fait provision ou ayant retiré la provision avant paiement. • Com. 30 mai 1995 : *Bull. civ. IV, n° 158 ; D. 1996. Somm. 35, obs. Cabrillac.* ♦ V. note 5 ss. art. L. 131-59 C. mon. fin.

22. Saisine du juge des référés. C'est au porteur à qui le paiement est refusé en raison d'une opposition du tireur qu'il incombe de saisir le juge des référés • Paris, 5 juill. 1977 : *D. 1978. IR 339.* ♦ L'art. 32 [C. mon. fin., art. L. 131-35] n'ouvre le référé pour mainlevée d'une opposition illégale qu'au porteur du chèque et non pas à l'épouse titulaire avec son mari d'un compte bancaire joint. • TGI Dunkerque, 20 oct. 1977 : *D. 1978. IR 81, obs. Cabrillac.*

23. Désignation d'un séquestre. Le juge des référés ne peut désigner un séquestre auquel le bénéficiaire remettrait le chèque, ce qui aurait pour conséquence de tourner l'interdiction de l'opposition. • Com. 17 mai 1988 : *Bull. civ. IV, n° 161 ; RTD com. 1988. 657, obs. Cabrillac et Teyssié.*

24. Mainlevée de l'opposition. Le banquier porteur peut solliciter, du juge des référés, la mainlevée de l'opposition et obtenir paiement du titre. • Douai, 10 oct. 2000 : *JCP E 2000, n° 49, p. 1931.* ♦ Il résulte de l'art. L. 131-59, al. 2 *in fine*, que le bénéficiaire d'un chèque peut agir en mainlevée de l'opposition tant que celle-ci garde effet, jusqu'à la prescription de l'action contre le tiré. • Com 27 nov. 2012 : *Bull. civ. IV, n° 212 ; D. 2013. 214, note Lasserre Capdeville ; JCP E 2013, n° 1008 ; RJDA 2013, n° 359.* ♦ Lorsque l'opposition est formée par le tireur, en application de l'art. 32, al. 2 [C. mon. fin., art. L. 131-35], en raison de la faillite (en Belgique) de la société à l'ordre de laquelle le chèque est tiré, la demande de mainlevée de l'opposition ne peut être accueillie, même dans une instance au principal, dès lors qu'une telle demande n'est prévue par cet art. qu'à l'égard des oppositions faites pour d'autres causes que celles visées par lui. • Com. 12 oct. 1993 : *Bull. civ. IV, n° 329 ; D. 1993. IR 256 ; RTD com. 1994. 75, obs. Cabrillac et Teyssié*.

25. Condamnation du tireur à payer. Le juge des référés, seul compétent en application de l'art. 32 [C. mon. fin., art. L. 131-35] pour ordonner la mainlevée d'une opposition au paiement d'un chèque, disposant, en outre, de l'ensemble des pouvoirs attribués à la juridiction des référés, a le pouvoir d'accorder une provision au créancier dans le cas où l'existence de l'obligation n'est pas sérieusement contestable. • Com. 26 mars 1996 : *Quot. jur. 28 mai 1996, p. 4 ; RTD com. 1996. 503, obs. Cabrillac*. ♦ L'opposition illicite au paiement du chèque est une faute quasi délictuelle directement à l'origine du préjudice du porteur, justifiant la condamnation du tireur à payer une somme provisionnelle égale au montant du chèque avec intérêts au taux légal à compter de la citation devant le juge des référés. • Douai, 10 oct. 2000 : *préc. note 24.*

26. Influence du redressement ou de la liquidation judiciaires. La demande de mainlevée des oppositions irrégulièrement formées par le tireur, faite par le porteur, devenu propriétaire de la provision par l'effet de la remise de chèques avant l'ouverture de la procédure collective du tireur, est une action en revendication, qui doit être accueillie. • Paris, 20 déc. 1988 : *D. 1989. Somm. 87, obs. Cabrillac.*

Art. L. 131-36 Ni le décès du tireur ni son incapacité survenant après l'émission ne touchent aux effets du chèque. — *[Décr.-L. du 30 oct. 1935, art. 33.]*

Don manuel. V. note 1 ss. art. L. 131-67.

Art. L. 131-37 Le tiré peut exiger, en payant le chèque, qu'il lui soit remis acquitté par le porteur.

Le porteur ne peut pas refuser un paiement partiel.

Si la provision est inférieure au montant du chèque, le porteur a le droit d'exiger le paiement jusqu'à concurrence de la provision.

En cas de paiement partiel, le tiré peut exiger que mention de ce paiement soit faite sur le chèque et qu'une quittance lui en soit donnée.

Cette quittance, délivrée sur titre séparé, jouit, à l'égard du droit de timbre, de la même dispense que la quittance donnée sur le chèque lui-même.

Les paiements partiels sur le montant d'un chèque sont à la décharge des tireur et endosseurs.

Le porteur est tenu de faire protester le chèque pour le surplus. — *[Décr.-L. du 30 oct. 1935, art. 34.]*

1. Présomption de libération du tiré. La remise du chèque acquitté est une présomption de libération du tiré qui peut tomber devant la preuve contraire. • Req. 9 juill. 1924 : *DH 1924. 529.* – V. note Lacour, *DP 1914. 2. 41*, et note A. C., *DP 1924. 2. 25.* ♦ *Contra*, s'agissant de la lettre de change : note 1 ss. art. L. 511-27 C. com. ♦ La remise d'un chèque ne vaut paiement que sous réserve de son encaissement. • Civ. 3e, 1er juill. 2009 : *Bull. civ. III, n° 168 ; D. 2009. 2904, note Lasserre Capdeville ; RTD com. 2009. 790, obs. Legeais ; JCP E 2009, n° 43, p. 23, obs. Leveneur ; CCC 2009, n° 242, obs. Leveneur ; RJDA 2009, n° 1114.*

2. Provision partielle. En n'informant pas le porteur de l'existence d'une provision partielle au jour de la présentation du chèque, la banque tirée ne l'a pas mis en mesure d'exercer son droit d'exiger le paiement jusqu'à due concurrence de cette provision, ce dont il résulte une faute qui peut être génératrice d'un préjudice pour le porteur du chèque. • Com. 8 janv. 1991 : *Bull. civ. IV, n° 7 ; D. 1991. IR 31 ; RTD com. 1991. 264, obs. Cabrillac et Teyssié*. ♦ V. aussi, condamnant la banque à payer un montant équivalant à celui du chèque à l'endossataire, • Paris, 10 janv. 1997 : *cité note 1 ss. art. L. 131-70 C. mon. fin.* ♦ Faute d'avoir laissé au bénéficiaire un délai utile pour exercer son droit tiré de l'art. 34 [C. mon. fin., art. L. 131-37], la banque doit être condamnée à régler le montant de la provision existant au jour de la présentation. • Paris, 19 sept. 1995 : *D. 1995. IR 217 ; Rev. dr. bancaire 1995. 214, obs. Crédot et Gérard.* ♦ Mais en l'absence de demande du porteur en paiement partiel, la banque n'a pas l'obligation d'honorer le chèque au moins à due concurrence de la provision partielle existante. • Com. 8 mars 2005 : *cité note 6 bis ss. art. L. 131-73 C. mon. fin.*

Art. L. 131-38 Celui qui paie un chèque sans opposition est présumé valablement libéré.

Le tiré qui paie un chèque endossable est obligé de vérifier la régularité de la suite des endossements, mais non la signature des endosseurs. – *[Décr.-L. du 30 oct. 1935, art. 35.]*

BIBL. ▶ Nioré et Drochon, *Gaz. Pal. 2004. Doctr. 2125* (le chèque falsifié : le banquier, son client et le faussaire – responsabilités).

I. VÉRIFICATION DE LA RÉGULARITÉ DU CHÈQUE ET DES DROITS DU PORTEUR

1. Vérification de la régularité formelle du chèque par le tiré. La banque tirée est tenue de vérifier la régularité formelle du chèque et en s'abstenant de le faire, elle prend un risque dont elle doit assumer les conséquences. V. • Com. 9 juill. 2002 : *Bull. civ. IV, n° 114 ; D. 2003. Somm. 1289, obs. Boujeka ; ibid. 2002. AJ 2676 ; LPA 12 sept. 2002, obs. E.C. ; RTD com. 2002. 710, obs. Cabrillac ; RJDA 2003, n° 60* • 7 juill. 2009 : *Bull. civ. IV, n° 93 ; D. 2009. AJ 2108, obs. Delpech ; RTD com. 2009. 790, obs. Legeais ; JCP E 2009, n° 44-45, p. 17, note Lasserre Capdeville ; RJDA 2009, n° 1000.* ♦ La réglementation bancaire fait obligation au banquier de vérifier la régularité des chèques qui lui sont présentés, et son contrôle doit porter en particulier sur les inscriptions qui ne doivent porter aucune surcharge et sur l'identité du remettant qui doit coïncider avec celle du bénéficiaire, sauf procuration ou mandat dans le cas de chèques non endossables. • Fort-de-France, 30 nov. 2000 : *BICC 2001, n° 441.* ♦ Sur l'action civile du banquier contre le falsificateur, V. • Paris, 12 déc. 1977 : *D. 1978. IR 338 ; RTD com. 1978. 142, obs. Cabrillac et Rives-Lange.* ♦ Sur l'obligation de moyens du banquier tiré, tenu d'une vérification au moins sommaire de la signature apposée sur les chèques, V. • Versailles, 2 oct. 1998 : *D. 1998. IR 258.*

2. Vérification de la régularité apparente du chèque par le banquier présentateur. Au cas d'endos de procuration, le banquier endossataire doit vérifier la régularité apparente du chèque avant de prendre le titre à l'encaissement. • Com. 26 mars 1973 : *Bull. civ. IV, n° 132 ; RTD com. 1973. 839, obs. Cabrillac et Rives-Lange* • 5 mars 1975 : *Bull. civ. IV, n° 130 ; RTD com. 1976. 164, obs. Cabrillac et Rives-Lange.* ♦ V. art. L. 131-26. ♦ V. Règl. CRBF n° 2001-04 du 29 oct. 2001 relatif à la compensation des chèques, qui impose au banquier présentateur de vérifier la régularité formelle du chèque et les données transmises en vue de son paiement. – **C. mon. fin.**

3. Non-ingérence de la banque dans les affaires de ses clients. Le devoir de non-ingérence fait interdiction à un établissement de crédit d'intervenir pour empêcher son client d'accomplir un acte illicite. • Com. 14 oct. 2008 : *RD banc. fin. 2009, n° 41, obs. Crédot et Samin ; RJDA 2009, n° 31.* ♦ Sur l'absence de responsabilité d'une banque qui, afin de couvrir l'insuffisance de provision du compte de son client résultant de l'émission de chèques, a vendu, de sa propre initiative et sur instruction écrite signée par le client, la presque totalité du portefeuille de valeurs mobilières de celui-ci dont elle assurait la gestion, dès lors que son client avait signé les chèques émis, que ni l'ancienneté des relations entretenues entre la banque et son client ni la modicité des opérations antérieures inscrites au compte ne devaient conduire la banque à s'immiscer dans les affaires de son client et à s'interroger sur la cause ou l'opportunité des chèques tirés, V. • Com. 14 juin 2000 : *RD banc. fin. 2000, n° 141, obs. Crédot et Gérard.*

4. Vérification d'écriture par le juge des référés. Le juge des référés peut procéder, incidemment, à une vérification d'écriture sous seing privé (vérification de la signature d'un chèque), dès lors que la contestation n'est pas sérieuse. • Civ. 1re, 27 juin 2000 : *Bull civ. I, n° 200.*

5. Vérification des droits du porteur. Le banquier tiré doit vérifier la qualité du porteur légitime par la régularité apparente de la chaîne des endossements et non pas la réalité des signatures des endosseurs ou des pouvoirs du remettant. • Com. 3 janv. 1977 : *Bull. civ. IV, n° 1 ; RTD com. 1977. 335, obs. Cabrillac et Rives-Lange* • 4 juill. 1978 : *D. 1978. IR 275, obs. Cabrillac* • 13 mai 1981 : *Bull. civ. IV, n° 225 ; RTD com. 1981. 801, obs. Cabrillac et Teyssié.* ♦ La banque a le devoir de vérifier les pouvoirs de son client avant de porter au crédit du compte qu'il vient d'ouvrir des chèques d'un montant important ; l'erreur éventuelle de la banque quant au pouvoir de ce dernier étant inexcusable : • Com. 26 mars 2002 : *Banque et Droit mai-juin 2003. 52, obs. Guillot.*

6. Titre au porteur. Lorsque le titre est au porteur, le banquier peut payer tout présentateur, sans qu'il puisse lui être reproché l'absence de vérification d'identité. • Paris, 11 janv. 1952 : *Banque 1952. 308* • 6 juill. 1966 : *ibid. 1966. 793, obs. Marin.*

II. RESPONSABILITÉ

7. *Portée d'une clause limitative.* La clause par laquelle le banquier exclurait sa responsabilité ne peut l'exonérer que de ses fautes légères mais non pas de ses fautes lourdes. • Com. 5 janv. 1957 : *JCP 1957. II. 9769.*

A. RESPONSABILITÉ DU BANQUIER TIRÉ

1° CHÈQUE IRRÉGULIER DÈS L'ORIGINE

8. *Irrégularité dans la signature du tireur.* En cas de faux ordre de paiement revêtu dès l'origine d'une fausse signature et n'ayant eu à aucun moment la qualité légale de chèque, s'il n'a pas été facilité par la faute du déposant, ou d'un préposé de celui-ci, le banquier n'est pas libéré envers le client qui lui a confié des fonds quand il s'en défait sur présentation d'un tel document et ce même s'il n'a lui-même commis aucune faute. • Com. 26 nov. 1996 : *Bull. civ. IV, n° 283 ; D. 1997. IR 9.* – V. déjà • Com. 24 févr. 1987 : *Bull. civ. IV, n° 48 ; RTD com. 1987. 545, obs. Cabrillac ; Banque 1987. 624, obs. Rives-Lange* • 28 janv. 1992 : *Bull. civ. IV, n° 37 ; D. 1992. IR 81 ; RTD com. 1992. 648, obs. Cabrillac et Teyssié* • 9 févr. 1993 : *Bull. civ. IV, n° 52 ; D. 1993. Somm. 316, obs. Cabrillac ; Banque 1993. 88, obs. Guillot ; JCP E 1993. II. 439, note Stoufflet.* ♦ ... Quelle que soit la qualité de la signature. • Paris, 7 janv. 1992 : *D. 1992. 395, note D. Martin.* – Comp. : • Com. 5 déc. 1989 : *RTD com. 1990. 232, obs. Cabrillac et Teyssié ; Banque 1990. 310, obs. Rives-Lange.* ♦ La responsabilité de la banque est engagée lorsqu'elle a commis une négligence en ne rejetant pas des chèques qui portaient une signature dont le graphisme était très différent de celui de la signature du titulaire du compte apposée sur la fiche de signature d'ouverture des comptes de la société. • Com. 28 nov. 1995 : *Bull. civ. IV, n° 272 ; D. 1996. IR 2 ; D. Affaires 1996. 122.* ♦ Les juges doivent rechercher si la contrefaçon de signature était, ou non, décelable par un employé de banque normalement diligent. • Com. 9 juill. 1996 : *Bull. civ. IV, n° 202 ; D. 1996. IR 198 ; D. Affaires 1996. 1100.*

9. *Préjudices réparables.* En cas de paiement de chèques volés à une société et grossièrement falsifiés, le banquier est tenu de payer des dommages-intérêts tant à la société titulaire du compte qu'à son dirigeant personnellement touché, ces dommages-intérêts devant englober tant le remboursement des taxes, commissions et frais divers débités au titre du découvert créé par la faute de la banque que des montants pour réparer les interdictions bancaires d'émettre des chèques. • Colmar, 3 févr. 1992 : *JCP 1993. IV. 434.*

10. *Responsabilité envers le bénéficiaire d'un autre chèque.* Le banquier qui a payé un chèque irrégulier commet une faute engageant sa responsabilité à l'égard du bénéficiaire d'un autre chèque, présenté ultérieurement, et rejeté pour défaut de provision. • Com. 4 juin 1991 : *Bull. civ. IV, n° 197 ; D. 1992. 399, note D. Martin ; RTD com. 1991. 614, obs. Cabrillac et Teyssié.*

11. *Paiement de l'indu et négligence de la banque.* La répétition des sommes versées par erreur par une banque à une personne dont la procuration sur le compte débité vient d'être révoquée n'exclut pas que le bénéficiaire de cette remise soit fondé à réclamer à la banque réparation du préjudice qu'elle a pu lui causer par sa négligence. • Civ. 1re, 18 mai 1994 : *Bull. civ. I, n° 179 ; RTD com. 1994. 531, obs. Cabrillac et Teyssié.* – Dans le même sens : • Com. 19 nov. 1991 : *Bull. civ. IV, n° 354 ; RTD com. 1992. 650, obs. Cabrillac et Teyssié.* ♦ V. aussi note 9 ss. art. L. 131-67.

2° CHÈQUE FALSIFIÉ

12. *Falsification de l'identité du bénéficiaire.* V. note 6 ss. art. L. 131-6 C. mon. fin. ♦ En l'absence de tout élément révélateur d'agissements illicites, un établissement bancaire n'est pas fautif à considérer l'inscription, sur un chèque, du numéro d'un compte ouvert dans ses livres, à côté de son propre nom commercial, comme désignant, selon la volonté du tireur, le titulaire du compte comme bénéficiaire. • Com. 13 févr. 1996 : *Bull. civ. IV, n° 45 ; D. 1996. IR 86 ; D. Affaires 1996. 395* • 5 nov. 2002 : *Bull. civ. IV, n° 158 ; D. 2003. AJ 203 ; JCP E 2003, n° 1, p. 36, note Bonneau ; LPA 4 mars 2003, note E. C. ; RTD com. 2003. 139, obs. Cabrillac ; Gaz. Pal. 2003. Somm. 2473, obs. S. Piedelièvre ; RJDA 2003, n° 307.* ♦ De même, la banque tirée ne commet pas de faute engageant sa responsabilité en payant des chèques détournés et falsifiés au préjudice du bénéficiaire par un préposé de celui-ci, dès lors que la falsification, par surcharge de l'indication du bénéficiaire, n'est pas normalement décelable même pour un œil exercé, les irrégularités pouvant être attribuées à la maladresse du scripteur. • Com. 5 nov. 2002 : *Bull. civ. IV, n° 157 ; D. 2002. AJ 3268, obs. Avena-Robardet ; JCP E 2003, n° 1, p. 36, note Bonneau ; LPA 4 mars 2003, note E. C. ; Gaz. Pal. 2003. Somm. 2474, obs. S. Piedelièvre ; RJDA 2003, n° 306.* ♦ Ni l'importance des opérations antérieurement inscrites au crédit ou au débit des comptes de la cliente ou de son employée de maison, ni les fluctuations significatives de leurs soldes respectifs, ne doivent conduire la banque à s'interroger sur la cause ou le montant des mouvements de fonds litigieux en absence de falsifications aisément décelables. • Com. 5 nov. 2002 : *préc.*

La banque tirée n'est pas tenue de vérifier l'adéquation entre le lieu de présentation du chèque et celui du domicile du bénéficiaire, tel qu'indiqué sur le chèque. • Com. 15 oct. 1996 : *D. 1997. Somm. 262, obs. Cabrillac ; RJDA 1997, n° 86.*

Une banque ne peut, sans s'immiscer dans les affaires de son client, s'enquérir du bien-fondé de ce qui s'analysait, en raison du nom du bénéficiaire apparent, comme une opération immobilière et qu'il ne lui appartient pas de vérifier la conformité du chèque litigieux à l'objet social du tireur, du moment qu'il n'était pas fait appel à son crédit, V. • Rennes, 11 févr. 1998 : *JCP E 1999, n° 4, p. 167, obs. Belleil.* ♦ Mais retenant la responsabilité de la banque pour ne pas avoir pris en considération des documents extérieurs au titre lui-même (certificat de paiement) qui étaient de nature à donner connaissance au banquier d'agissements illicites, V. • Com. 12 nov. 2008 : *RD banc. fin. 2009, n° 42, obs. Crédot et Samin ; RJDA 2009, n° 384.*

13. Falsification du montant. Dès lors que les chèques présentés à l'encaissement par le titulaire d'un compte ont une apparence de régularité parfaite et que rien ne permet de déceler la fraude, la banque, qui est seulement tenue de surveiller la régularité des opérations, n'a pas à procéder à des investigations sur l'origine et l'importance des fonds versés, ni à considérer comme anormales les autres rentrées de fonds que le salaire de l'intéressé. • Com. 15 juin 1993 : *Bull. civ. IV, n° 239.* ♦ V. aussi • Paris, 21 avr. 1992 : *RJDA 1992, n° 856* • 12 mars 1996 : *D. Affaires 1996. 522.*

14. Anomalies apparentes. Si une banque est tenue d'une obligation générale de prudence et de sécurité, elle n'a pas à s'immiscer dans les opérations réalisées par une société cliente, en l'absence d'anomalie apparente, ni à procéder à des investigations sur les bénéficiaires des chèques émis sur le compte. • Orléans, 24 nov. 2005 : *JCP E 2006, n° 46, p. 1926.* ♦ Le banquier engage sa responsabilité s'il ne relève pas des surcharges et des altérations cependant apparentes. • Req. 26 oct. 1898 : *DP 1898. 1. 560* • Paris, 16 déc. 1925 : *DH 1926. 89* • T. com. Lyon, 8 oct. 1954 : *D. 1955. 143.* ♦ En cas d'anomalies apparentes (adjonction de la mention d'un second bénéficiaire et encaissement sur le compte personnel de celui-ci), la banque engage sa responsabilité. • Com. 3 déc. 2002 : *Bull. civ. IV, n° 183 ; D. 2003. 1756, note Djoudi ; JCP E 2003, n° 5, p. 199 ; RTD com. 2003. 340, obs. Cabrillac ; LPA 17 mars 2003, obs. E. C. ; RJDA 2003, n° 524.* ♦ Viole les art. 1147 et 1992 C. civ., l'arrêt qui déduit l'absence de responsabilité d'une banque du fait de l'inscription du montant de chèques destinés à une société au compte d'un tiers d'une faute commise par cette personne morale, l'un de ses membres ou l'un de ses employés, alors que l'organisme, pour traiter ces opérations avec un matériel informatique, a utilisé, sans les vérifier, des bordereaux falsifiés dont l'altération était apparente. • Com. 7 déc. 1993 : *Bull. civ. IV, n° 449 ; D. 1994. Somm. 182, obs. Cabrillac ; JCP 1994. IV. 391.* ♦ Pour un partage de responsabilité, la banque ayant fait preuve de négligence en ne procédant pas à une vérification au vu des anomalies apparentes et le client ayant facilité l'encaissement du chèque falsifié en laissant en blanc la mention de l'ordre et en tardant à identifier le caractère excessif du débit de son compte, V. • Paris, 21 mai 2002 : *Banque et Droit nov.-déc. 2003. 60, obs. Guillot.* ♦ Ayant constaté que les chèques remis ne présentaient aucune anomalie apparente, ce dont il résultait que la banque avait satisfait à la seule obligation s'imposant à elle, qui était de vérifier l'authenticité des signatures figurant sur les titres dont le paiement lui était demandé, une cour d'appel a pu en déduire que la banque n'avait pas commis de faute. • Com. 22 mars 2005 : *RJDA 2005, n° 882.*

15. Perte de l'original du chèque. Sur la responsabilité du banquier tiré, pour avoir perdu l'original du chèque, empêchant de ce fait le tireur de prouver la falsification, V. • Versailles, 20 oct. 1995 : *Banque et Droit mars-avr. 1996. 35.*

B. RESPONSABILITÉ DU BANQUIER PRÉSENTATEUR

16. Défaut de vérification de la régularité apparente. Sur l'obligation de vérifier la régularité apparente du chèque avant de prendre le titre à l'encaissement, V. note 2. ♦ Le banquier présentateur de chèques grossièrement altérés ou surchargés ne saurait exciper de la responsabilité des banques tirées alors, d'une part, que le banquier présentateur est la première personne qui doit exercer un contrôle efficace des titres qui lui sont remis à l'encaissement et, d'autre part, que s'il n'est pas discutable qu'une banque tirée doit également vérifier la régularité formelle des chèques présentés, elle peut estimer inutile de recourir à de telles vérifications lorsque ces chèques lui sont présentés par la banque du bénéficiaire qui est seule en mesure de contrôler le nom de ce dernier, la falsification portant essentiellement sur la mention du bénéficiaire. • Paris, 14 avr. 1995 : *D. 1996. Somm. 35, obs. Cabrillac* . Comp. • Toulouse, 20 mai 1996 : *BICC 1996, n° 896.*

17. Chèques détournés ou falsifiés. Le banquier n'a pas à se préoccuper de la disproportion du montant d'un chèque par rapport à celui des chèques habituellement remis par le client, V. • Com. 30 janv. 1990 : *RTD com. 1990. 437, obs. Cabrillac et Teyssié* . ♦ ... Ou du fait que la remise à l'encaissement, mois après mois, de plusieurs dizaines de chèques, n'était guère explicable s'agissant d'un compte d'un simple particulier. • Com. 30 sept. 2008 : *RJDA 2009, n° 53.* ♦ Comp., condamnant un banquier en raison de son manque particulier de vigilance : • Paris, 27 mars 1997 : *D. Affaires 1997. 664* • Paris, 5 mars 2002 : *D. 2003. Somm. 337, obs. Synvet* ; *ibid. 2002. AJ 1897, obs. Avena-Robardet* ; *JCP E 2003, n° 11, p. 465, obs. Stoufflet ; RTD com. 2002. 713, obs. Cabrillac* (cassé par • Com. 28 avr. 2004 : *Bull. civ. IV, n° 72 ; D. 2004. AJ 1380, obs. Avena-Robardet* ; *D. 2006. Pan. 159, obs. Synvet* ; *LPA 28 mai 2004, rapp. Cohen-Branche ; ibid. 20 juill. 2004, note Tchotourian ; JCP E 2004, n° 23, p. 913, note Stoufflet ; JCP 2004. II. 10105, note Cutajar ; RTD com. 2004. 577, obs. Cabrillac* ; *RJDA 2004, n° 1150*). – V. note ss. art. L. 563-3. ♦ Sur l'absence de responsabilité du banquier présentateur en cas de non-production de l'original du chèque usurpé, la mauvaise qualité de la photocopie versée au dossier ne permettant pas d'apprécier si la falsification était ou non aisément décelable, V. • Versailles, 17 déc. 1999 : *RTD com. 2000. 417, obs. Cabrillac* . ♦ V. aussi note 14. ♦ Pour un arrêt énonçant que la faute éventuellement commise par une banque qui a pris à l'encaissement un titre détourné par le préposé du bénéficiaire ne peut qu'ouvrir une action récursoire au profit de la banque tirée, également tenue pour fautive, mais non décharger celle-ci de sa responsabilité envers la victime pour ne pas avoir décelé une falsification grossière, V. • Com. 23 juin 1999 : *RD bancaire et bourse 1999. 96, obs. Crédot et Gérard* • 3 déc. 2002 : *préc. note 14.*

Pour un partage de responsabilité entre la banque du bénéficiaire, la banque présentatrice et les banques tirées, dans un cas où un tiers avait volé des chèques déposés dans la boîte à lettres située à l'extérieur des locaux d'une agence bancaire et avait substitué son nom à celui du bénéficiaire des chèques en vue de les encaisser, V. • Versailles, 24 févr. 1994 : *RJDA 1994, n° 1057.* ♦ Pour un partage de responsabilité entre un banquier présentateur de chèques, dont la dualité de bénéficiaires révélait une falsification grossière, et le bénéficiaire de ces chèques qui, n'ayant exercé aucun contrôle sur sa préposée, lui avait ainsi permis de détourner des fonds en se désignant sur les titres litigieux comme cobénéficiaire, V. • Paris, 12 janv. 1999 : *D. Affaires 1999. 557, obs. X. D.*

18. Obligation de signaler les anomalies. En cas de détection de falsification de chèques de la part d'un client, une banque ne peut se borner à lui refuser son concours et doit signaler les anomalies relevées aux banques tirées. • Com. 15 nov. 1994 : *Bull. civ. IV, n° 333 ; D. 1995. IR 3 ; RTD com. 1995. 450, obs. Cabrillac* .

18 bis. Risque d'impayé. Jugeant que s'il n'appartient pas à la banque de s'immiscer dans les affaires de son client, lorsque celui-ci lui demande de façon expresse et précise son avis sur le degré de risque d'impayé d'un chèque, la banque engage sa responsabilité en fournissant une réponse de nature à induire son client en erreur : • Paris, 11 juin 2004 : *RJDA 2004, n° 1371.*

19. Encaissement du chèque sur un mauvais compte. BIBL. Grillot et Saint-Cene, *Banque et Droit juill.-août 2000. 551* (recours ouverts au banquier en cas de paiement erroné à un tiers). ♦ Commet une faute au sens de l'art. 1382 C. civ. le banquier qui encaisse un chèque émis à l'ordre de deux cobénéficiaires (dont le nom était séparé par un tiret) et en verse le montant sur le compte de l'un des deux sans s'assurer du consentement de l'autre. • Com. 3 janv. 1996 : *Bull. civ. IV, n° 1 ; D. 1996. IR 53 ; JCP 1996. II. 22617, note Bonneau ; RTD com. 1996. 301, obs. Cabrillac* . – V. note 6 ss. art. L. 131-6 C. mon. fin. ♦ Sur la responsabilité, pour manquement à son devoir de vigilance, d'une banque ayant encaissé sur le compte de l'un de ses clients un chèque établi à l'ordre de la société dont celui-ci était gérant, V. • Pau, 3 sept. 1998 : *Cah. jurispr. Aquitaine 1999, n° 1, p. 125.*

20. Conflit entre banques. Une banque, titulaire d'un mandat d'encaissement de la part du seul bénéficiaire désigné sur le titre, et tenue de respecter les instructions de sa cliente dans les affaires de laquelle elle n'avait pas à s'immiscer, peut, sans commettre de faute, porter le montant de chèques au crédit du compte ouvert dans ses livres au nom de celle-ci quand bien même saurait-elle que certaines des sommes ainsi versées à son client doivent recevoir une affectation particulière en exécution du contrat le liant à une autre banque. • Com. 8 oct. 2002 : *RJDA 2003, n° 174.*

C. RESPONSABILITÉ DU TITULAIRE DU COMPTE

21. Opposition au paiement. V. art. L. 131-35 C. mon. fin., et sur les droits du porteur de bonne foi, art. L. 131-24 C. mon. fin.

22. *Exonération du banquier en cas de faute du titulaire du compte.* La faute qui a pu être commise par le client et qui a, notamment, facilité le vol de son chéquier et la réalisation de la fraude peut exonérer totalement ou partiellement le banquier de sa responsabilité. • Com. 10 oct. 1956 : *D. 1957. 19* • 10 juin 1980 : *Bull. civ. IV, n° 252 ; RTD com. 1981. 110, obs. Cabrillac et Teyssié* • 27 avr. 1982 : *Gaz. Pal. 1982. 2. Pan. 280, obs. Piedelièvre ; RTD com. 1982. 589, obs. Cabrillac et Teyssié* • 3 juin 1982 : *Bull. civ. IV, n° 210 ; D. 1983. IR 41, obs. Cabrillac* • 22 déc. 1981 : *Bull. civ. IV, n° 453 ; RTD com. 1982. 270, obs. Cabrillac et Teyssié.* ♦ Si l'établissement de ce faux ordre de paiement a été rendu possible à la suite d'une faute du titulaire du compte, ou de l'un de ses préposés, le banquier n'est tenu envers lui que s'il a lui-même commis une négligence, en ne décelant pas une signature apparemment différente de celle du titulaire du compte, et ce seulement pour la part de responsabilité en découlant. • Com. 9 juill. 1996 : *préc. note 8* • 2 juill. 2002 : *RD banc. fin. 2002, n° 224, obs. Crédot et Gérard.* ♦ Sur la prise en considération de la négligence du titulaire du compte, • Com. 4 nov. 1976 : *JCP 1977. II. 18750, note Stoufflet.* ♦ Pour un partage de responsabilité entre le banquier et le titulaire du compte, V. • Paris, 21 mai 2002 : *préc. note 14.* ♦ ... Ce dernier ayant fait preuve d'une totale carence dans l'exercice du pouvoir inhérent à sa qualité d'employeur, de direction et de contrôle de son comptable salarié auteur de chèques falsifiés. • Com. 12 juill. 2005 : *JCP E 2005, n° 41, p. 1683.*

23. *Faute du titulaire du compte : illustrations.* La capacité de la cliente à gérer son compte n'étant pas contestée en dépit de son grand âge et de son état de santé déficient, la victime de l'utilisation frauduleuse de ses chéquiers par son employée de maison a commis une faute en négligeant de s'inquiéter pendant plusieurs mois du fonctionnement de son compte dont les relevés, qui lui étaient subtilisés, ne lui parvenaient plus. • Com. 5 nov. 2002 : *préc. note 12.* ♦ V. aussi, laissant, malgré le caractère grossier de l'imitation de signature, la totalité du préjudice à la charge du client à compter du moment où, ayant reçu le relevé de compte faisant apparaître les paiements de chèques, il avait été mis en mesure de faire opposition, • Com. 15 janv. 2002 : *JCP E 2003, n° 11, p. 465, obs. Stoufflet.* ♦ Jugeant qu'une concubine avait commis une faute en consentant, activement ou passivement, à l'utilisation de son compte par son concubin qui avait falsifié sa signature : • Civ. 2e, 14 juin 2006 : *RJDA 2006, n° 1187.* ♦ Pour l'exonération de la banque, en raison du défaut de surveillance de sa comptabilité et de son comptable par le client, V. • Com. 18 avr. 1989 : *Bull. civ. IV, n° 117 ; D. 1989. IR 136* • Paris, 7 janv. 1992 : *préc. note 8.* ♦ Comp. retenant le banquier qui paie un chèque, volé à la société déposante par l'employé d'un prestataire qui a eu pour l'accomplissement de sa tâche accès aux bureaux de la victime, n'est pas libéré de son obligation de restitution des fonds déposés : • Aix-en-Provence, 20 sept. 2000 : *RD banc. fin. 2001, n° 4, obs. crit. Crédot et Gérard.*

24. *Responsabilité du titulaire du compte du fait de son préposé.* Une société est responsable à l'égard d'une banque du fait de son préposé, dès lors que l'employé, qui a falsifié des chèques, a agi dans l'exercice de ses fonctions. • Com. 7 juin 1994 : *Bull. civ. IV, n° 205 ; D. 1994. IR 184 ; Defrénois 1995. 343, obs. Delebecque.* ♦ Toutefois, le comportement de l'interlocuteur client n'est pas négligeable et il importe d'apprécier si ce dernier est susceptible ou non de croire, de manière légitime, que le préposé agissait dans le cadre normal de ses fonctions. • Paris, 20 mai 1999 : *D. 1999. IR 182.* ♦ Sur le cas de présentation d'un chèque falsifié par le préposé du tireur. • Civ. 2 mars 1942 : *DC 1942. 57* • Com. 5 janv. 1957 : *D. 1957. Somm. 83* • 15 juin 1976 : *RTD com. 1977. 137, obs. Cabrillac et Rives-Lange* • 23 juin 1981 : *D. 1982. IR 173, obs. Cabrillac* • 15 juin 1993 : *D. 1993. IR 167* • Versailles, 20 nov. 1995 : *RJDA 1996, n° 532* • Paris, 1er juill. 1997 : *D. Affaires 1997. 1081.*

25. *Absence de faute du titulaire du compte : illustrations.* Les banques ne peuvent procéder à l'encaissement de chèques qu'au profit des bénéficiaires désignés sur les titres ou d'endossataires et l'émetteur de ces chèques ne commet pas de faute à les confier à un mandataire pour transmission aux bénéficiaires désignés. • Com. 26 mars 1996 : *RJDA 1996, n° 952.* ♦ Pour l'absence de faute du client dont les chéquiers ont été dérobés au domicile d'une amie à qui il les avait confiés pendant ses vacances et qui a avisé la banque de leur vol dès son retour, V. • Com. 23 oct. 2001 : *Bull. civ. IV, n° 170 ; D. 2001. AJ 3431 ; JCP E 2001, n° 48, p. 1886, obs. Bouteiller ; RTD com. 2002. 136, obs. Cabrillac.* ♦ V. aussi, écartant la faute du client en cas de falsification de chèques par une personne hébergée par celui-ci : • Com. 23 oct. 2001 : *Bull. civ. IV, n° 171 ; D. 2001. AJ 3432 ; JCP E 2001, n° 48, p. 1886, obs. Bouteiller.* ♦ Aucun texte ni aucun usage ne fixent un seuil de montant au-delà duquel un chèque devrait être envoyé par lettre recommandée et en l'absence de circonstances de nature à lui imposer une vigilance particulière, le fait pour le tireur d'expédier par courrier simple un chèque n'est pas à lui seul constitutif d'une faute. • Com. 10 déc. 2003 : *Bull. civ. IV, n° 200 ; D. 2004. AJ 208 ; JCP E 2004, n° 7, p. 250 ; Gaz. Pal. 2004. Somm. 1992, obs. S. Piedelièvre ; RJDA 2004, n° 469.* – V. aussi • Com. 24 mars 1980 : *Bull. civ. IV, n° 111 ; RTD com. 1980. 577, obs. Cabrillac et Rives-Lange.* ♦ Pour une remise de chèque dans la boîte à lettre d'une agence bancaire, V. • Versailles, 24 févr. 1994 : *préc. note 17.* ♦ V. aussi note 4 ss. art. L. 131-71, *infra.* ♦ La réception sans protestation des relevés ne vaut consentement du titulaire du compte aux opérations inscrites que sauf preuve contraire. • Com. 19 juin 2001 : *JCP E 2003, n° 11, p. 465, obs. Stoufflet.* – V. aussi notes ss. art. L. 131-15, *supra.*

D. RESPONSABILITÉ DU BÉNÉFICIAIRE DU CHÈQUE

26. Partage de responsabilité avec le banquier présentateur. Pour un exemple, V. • Paris, 12 janv. 1999 : *préc. note 17.*

27. Absence de faute du bénéficiaire. Il ne peut pas être reproché à la société bénéficiaire des chèques d'avoir omis de porter sa griffe ou son numéro de compte sur les chèques qu'elle avait endossés, de telles formalités n'étant pas obligatoires, ni d'avoir eu recours à la pratique courante consistant à déposer des chèques dans la boîte à lettres de son agence bancaire dès lors que rien n'impose aux clients des banques de ne remettre les chèques qu'au guichet et qu'au cas particulier aucun avis n'appelait l'attention sur le risque de vol. • Versailles, 24 févr. 1994 : *préc. note 17.*

Art. L. 131-39 Lorsqu'un chèque est stipulé payable en une monnaie n'ayant pas cours en France, le montant peut en être payé, dans le délai de présentation du chèque, d'après sa valeur en *(Ord. n° 2005-429 du 6 mai 2005, art. 18)* « euros » au jour du paiement. Si le paiement n'a pas été effectué à la présentation, le porteur peut, à son choix, demander que le montant du chèque soit payé en monnaie ayant cours en France d'après le cours, soit du jour de la présentation, soit du jour du paiement.

Les usages français pour la cotation des différentes monnaies étrangères dans lesquelles sont libellés les chèques doivent être suivis pour déterminer la valeur de ces monnaies, en monnaie ayant cours en France. Toutefois, le tireur peut stipuler que la somme à payer sera calculée d'après un cours déterminé dans le chèque.

Les règles ci-énoncées ne s'appliquent pas au cas où le tireur stipule une clause de paiement effectif en une monnaie étrangère.

Si le montant du chèque est indiqué dans une monnaie ayant la même dénomination, mais une valeur différente, dans le pays d'émission et dans celui du paiement, on est présumé s'être référé à la monnaie du lieu du paiement. – *[Décr.-L. du 30 oct. 1935, art. 36.]*

1. Chèque muté. V. note 7 ss. art. L. 131-2.

2. Erreur du remettant sur l'unité monétaire. Pour un exemple de remise à l'encaissement d'un chèque libellé en francs CFP dont le remettant avait cru de bonne foi qu'il était libellé en francs français, V. • Paris, 30 avr. 1993 : *D. 1994. Somm. 181, obs. Cabrillac.*

Art. L. 131-40 En cas de perte du chèque, celui à qui il appartient peut en poursuivre le paiement sur un second, troisième, quatrième, etc.

Si celui qui a perdu le chèque ne peut représenter le second, troisième, quatrième, etc., il peut demander le paiement du chèque perdu et l'obtenir par ordonnance du juge en justifiant de sa propriété par ses livres et en donnant caution.

Dans toutes les dispositions *(L. n° 2005-516 du 20 mai 2005, art. 16-IV)* « du présent chapitre » relatives à la perte du chèque, le vol est assimilé à la perte. – *[Décr.-L. du 30 oct. 1935, art. 36 a.]*

Art. L. 131-41 En cas de refus de paiement, sur la demande formée en vertu de l'article L. 131-40, le propriétaire du chèque perdu conserve tous ses droits par un acte de protestation. Cet acte doit être fait au plus tard le premier jour ouvrable qui suit l'expiration du délai de présentation. Les avis prescrits par l'article L. 131-49 doivent être donnés au tireur et aux endosseurs dans les délais fixés par cet article. – *[Décr.-L. du 30 oct. 1935, art. 36 b.]*

Art. L. 131-42 Le propriétaire du chèque égaré doit, pour s'en procurer le second, s'adresser à son endosseur immédiat qui est tenu de lui prêter son nom et ses soins pour agir envers son propre endosseur et ainsi en remontant d'endosseur à endosseur jusqu'au tireur du chèque. Le propriétaire du chèque égaré supporte les frais. – *[Décr.-L. du 30 oct. 1935, art. 36 c.]*

Art. L. 131-43 L'engagement de la caution mentionné dans l'article L. 131-40 est éteint après six mois si, pendant ce temps, il n'y a eu ni demandes ni poursuites en justice. – *[Décr.-L. du 30 oct. 1935, art. 36 d.]*

SECTION VI *Chèque barré* (*L. n° 2005-516 du 20 mai 2005, art. 16-IV*).

RÉP. COM. v° *Chèque*, par CABRILLAC.

Art. L. 131-44 Le tireur ou le porteur d'un chèque peut le barrer avec les effets indiqués dans l'article suivant.

Le barrement s'effectue au moyen de deux barres parallèles apposées au recto. Il peut être général ou spécial.

Le barrement est général s'il ne porte entre les deux barres aucune désignation ou la mention « banquier » ou un terme équivalent ; il est spécial si le nom d'un banquier est inscrit entre les deux barres.

Le barrement général peut être transformé en barrement spécial, mais le barrement spécial ne peut être transformé en barrement général.

Le biffage du barrement ou du nom du banquier désigné est réputé non avenu. – *[Décr.-L. du 30 oct. 1935, art. 37.]*

Procédé. Les barres dont l'apposition est exigée par l'art. 37 [C. mon. fin., art. L. 131-44] ne peuvent s'entendre de lignes tracées en relief, dues à une machine à barrer non encrée. • Civ. 18 déc. 1961 : *D. 1962. 124.*

Art. L. 131-45 Un chèque à barrement général ne peut être payé par le tiré qu'à un banquier, (*L. n° 2013-100 du 28 janv. 2013, art. 2-I*) « à un établissement de monnaie électronique, » (*Ord. n° 2009-866 du 15 juill. 2009, art. 1er, en vigueur le 1er nov. 2009*) « à un établissement de paiement, » à un chef de centre de chèques postaux ou à un client du tiré.

Un chèque à barrement spécial ne peut être payé par le tiré qu'au banquier (*L. n° 2013-100 du 28 janv. 2013, art. 2-I*) « , à l'établissement de monnaie électronique » (*Ord. n° 2009-866 du 15 juill. 2009, art. 1er, en vigueur le 1er nov. 2009*) « ou à l'établissement de paiement » désigné, ou, si (*Ord. n° 2009-866 du 15 juill. 2009, art. 1er, en vigueur le 1er nov. 2009*) « le banquier » est le tiré, qu'à son client. Toutefois, le banquier (*L. n° 2013-100 du 28 janv. 2013, art. 2-I*) « , l'établissement de monnaie électronique » (*Ord. n° 2009-866 du 15 juill. 2009, art. 1er, en vigueur le 1er nov. 2009*) « ou l'établissement de paiement » désigné peut recourir pour l'encaissement à un (*Abrogé par L. n° 2013-100 du 28 janv. 2013, art. 2-I*) « *autre* » banquier.

(*L. n° 2013-100 du 28 janv. 2013, art. 2-I*) « Il est interdit à un établissement de monnaie électronique d'encaisser tout chèque aux fins d'émission de monnaie électronique, sauf à en être lui-même bénéficiaire.

« Un banquier, un établissement de monnaie électronique ou un établissement de paiement ne peut acquérir un chèque barré que d'un de ses clients, d'un chef de centre de chèques postaux, d'un autre banquier, d'un établissement de monnaie électronique ou d'un établissement de paiement. Il ne peut l'encaisser pour le compte d'autres personnes que celles-ci. »

Un chèque portant plusieurs barrements spéciaux ne peut être payé par le tiré que dans le cas où il s'agit de deux barrements dont l'un pour encaissement par une chambre de compensation.

Le tiré *(Ord. n° 2009-866 du 15 juill. 2009, art. 1er, en vigueur le 1er nov. 2009)* **« , le banquier***(L. n° 2013-100 du 28 janv. 2013, art. 2-I)* **« , l'établissement de monnaie électronique » ou l'établissement de paiement » qui n'observe pas les dispositions ci-dessus est responsable du préjudice jusqu'à concurrence du montant du chèque.** — *[Décr.-L. du 30 oct. 1935, art. 38.]*

1. Notion de client. Le présentateur du chèque aura la qualité de client du banquier dès lors que ce dernier aura procédé à la vérification de son identité et de son domicile. • Com. 7 févr. 1962 : *JCP 1962. II. 15592 ; D. 1962. 306 ; Banque 1962. 341, obs. Marin* • 25 avr. 1967 : *ibid. 1967. 564, obs. Marin.* ♦ V. *contra*, sur l'exigence de relations d'affaires antérieures et habituelles, • Paris, 26 janv. 1957 : *RTD com. 1957. 416, obs. Cabrillac ; Banque 1957. 230, obs. Marin* • 12 mai 1958 : *D. 1958. 590, note Georgiadès ; JCP 1958. II. 10711, note Cabrillac* • Versailles, 18 oct. 1979 : *Gaz. Pal. 1980. 1. 392, note Dupichot ; RTD com. 1980. 579* • Paris, 7 juill. 1980 : *D. 1981. IR 186.*

2. Refus de l'ordre de virement donné par le bénéficiaire. Une pratique bancaire ne pouvant se transformer en une obligation pour une banque, surtout lorsqu'elle est contraire à une disposition légale, une banque peut refuser l'ordre du bénéficiaire de créditer le compte d'une personne autre que le bénéficiaire désigné par le tireur. • Paris, 16 avr. 1996 : *D. 1997. Somm. 263, obs. Cabrillac ; Rev. dr. bancaire 1996. 190, obs. Crédot et Gérard ; JCP E 1998, n° 9, p. 326, obs. Gavalda et Stoufflet.*

Art. L. 131-46 **Les chèques à porter en compte émis à l'étranger et payables sur le territoire français sont traités comme chèques barrés.** — *[Décr.-L. du 30 oct. 1935, art. 39.]*

SECTION VII ***Recours en cas de non-paiement*** *(L. n° 2005-516 du 20 mai 2005, art. 16-IV).*

RÉP. COM. v° *Chèque*, par CABRILLAC.

Art. L. 131-47 **Le porteur peut exercer ses recours contre les endosseurs, le tireur et les autres obligés, si le chèque, présenté en temps utile, n'est pas payé et si le refus de paiement est constaté par un acte authentique nommé protêt.** — *[Décr.-L. du 30 oct. 1935, art. 40.]*

1. Contre-passation. La contre-passation en compte courant d'un chèque impayé vaut paiement et implique renonciation à l'exercice de poursuites sur le fondement du droit du chèque contre le tireur. • Com. 5 juill. 1994 : *Bull. civ. IV, n° 252 ; RTD com. 1994. 755, obs. Cabrillac.* ♦ La banque présentatrice, en droit de créditer le compte de son client sans attendre que le chèque ait été compensé, ne peut contre-passer l'effet qu'au vu de l'original, en raison de l'obligation qu'elle a de répondre de la restitution de cet effet à son client, sans être juge des suites que celui-ci pouvait donner à l'affaire, et notamment de sa faculté d'exercer des recours. • Com. 4 mars 2008 : *RD banc. fin. 2008, n° 65, obs. Crédot et Samin ; Banque et Droit nov.-déc. 2008. 36, obs. Guillot ; RJDA 2008, n° 843.* ♦ La banque, simple porteur et bénéficiaire du chèque, n'a pas à faire son affaire de son recouvrement ; dès lors, elle est fondée à exercer un recours contre sa cliente par voie de contre-passation, sans avoir à recourir contre le tireur du chèque. • Com. 13 nov. 2012 : *Bull. civ. IV, n° 204 ; D. 2012. Actu. 2732, obs. Avena-Robardet ; JCP 2012, n° 1269, obs. Lasserre Capdeville ; RJDA 2013, n° 450.*

2. Bénéficiaire en redressement judiciaire. Le banquier qui contrepasse un chèque impayé remis par le bénéficiaire en redressement judiciaire conserve son recours contre le tireur. V. • Com. 17 mars 1998 : *Bull. civ. IV, n° 103 ; D. Affaires 1998. 671, obs. X. D. ; RTD com. 1998. 648, obs. Cabrillac ; JCP E 1998, n° 42, p. 1642, note Mainguy ; ibid. 1999, n° 17, p. 761, obs. Gavalda et Stoufflet.* ♦ Pour une hypothèse où le compte sur lequel la banque avait crédité le montant du chèque puis, quelques jours après, procédé à la contre-passation, était le compte courant ouvert un an auparavant par l'administrateur judiciaire du client mis en redressement judiciaire et que le redressement judiciaire n'avait été converti en liquidation judiciaire qu'après la contre-passation : • Paris, 24 oct. 2007 : *BRDA 2008, n° 3, p. 10.*

3. Certificat de non-paiement. V. art. L. 131-73 C. mon. fin.

4. Responsabilité de la banque en cas de perte des recours. V. note 8 ss. art. L. 131-67 C. mon. fin.

Art. L. 131-48 Le protêt doit être fait avant l'expiration du délai de présentation.

Si la présentation a lieu le dernier jour du délai, le protêt peut être établi le premier jour ouvrable suivant. – *[Décr.-L. du 30 oct. 1935, art. 41.]*

Le banquier endossataire d'un chèque, qui n'a pas fait dresser protêt par acte authentique dans les délais prévus par l'art. 41 [C. mon. fin., art. L. 141-48], ne peut réclamer paiement à l'endosseur au profit de qui il avait été escompte. • Pau, 3 juin 1998 : *Cah. jurispr. d'Aquitaine 1999, n° 1, p. 125.*

Art. L. 131-49 Le porteur doit donner avis du défaut de paiement à son endosseur et au tireur dans les quatre jours ouvrables qui suivent le jour du protêt et, en cas de clause de retour sans frais, le jour de la présentation.

Les notaires et les huissiers sont tenus à peine de dommages-intérêts, lorsque le chèque indique les nom et domicile du tireur, de prévenir celui-ci dans les quarante-huit heures qui suivent l'enregistrement, par la poste et par lettre recommandée, des motifs du refus de payer. Cette lettre donne lieu à un honoraire, au profit du notaire ou de l'huissier.

Chaque endosseur doit, dans les deux jours ouvrables qui suivent le jour où il a reçu l'avis, faire connaître à son endosseur l'avis qu'il a reçu, en indiquant les noms et adresses de ceux qui ont donné les avis précédents, et ainsi de suite, en remontant jusqu'au tireur. Les délais ci-dessus indiqués courent de la réception de l'avis précédent.

Lorsqu'en conformité de l'alinéa précédent, un avis est donné à un signataire du chèque, le même avis doit être donné dans le même délai à son avaliseur.

Dans le cas où un endosseur n'a pas indiqué son adresse ou l'a indiquée d'une façon illisible, il suffit que l'avis soit donné à l'endosseur qui le précède.

Celui qui a un avis à donner peut le faire sous une forme quelconque, même par un simple renvoi du chèque.

Il doit prouver qu'il a donné l'avis dans le délai imparti. Ce délai est considéré comme observé si une lettre-missive donnant l'avis a été mise à la poste dans ledit délai.

Celui qui ne donne pas l'avis dans le délai ci-dessus indiqué n'encourt pas la déchéance ; il est responsable, s'il y a lieu, du préjudice causé par sa négligence, sans que les dommages-intérêts puissent dépasser le montant du chèque. – *[Décr.-L. du 30 oct. 1935, art. 42.]*

Art. L. 131-50 Le tireur, un endosseur ou un avaliseur peut, par la clause « retour sans frais », « sans protêt », ou toute autre clause équivalente, inscrite sur le titre et signée, dispenser le porteur, pour exercer ses recours, de faire établir un protêt.

Cette clause ne dispense le porteur ni de la présentation du chèque dans le délai prescrit ni des avis à donner. La preuve de l'inobservation du délai incombe à celui qui s'en prévaut contre le porteur.

Si la clause est inscrite par le tireur, elle produit ses effets à l'égard de tous les signataires ; si elle est inscrite par un endosseur ou un avaliseur, elle produit ses effets seulement à l'égard de celui-ci. Si, malgré la clause inscrite par le tireur, le porteur fait établir le protêt, les frais en restent à sa charge. Quand la clause émane d'un endosseur ou d'un avaliseur, les frais du protêt, s'il en est dressé un, peuvent être recouvrés contre tous les signataires. – *[Décr.-L. du 30 oct. 1935, art. 43.]*

Art. L. 131-51 Toutes les personnes obligées en vertu d'un chèque sont tenues solidairement envers le porteur.

Le porteur a le droit d'agir contre toutes ces personnes, individuellement ou collectivement, sans être astreint à observer l'ordre dans lequel elles se sont obligées.

Le même droit appartient à tout signataire d'un chèque qui a remboursé celui-ci.

L'action intentée contre un des obligés n'empêche pas d'agir contre les autres, même postérieurs à celui qui a été d'abord poursuivi. – *[Décr.-L. du 30 oct. 1935, art. 44.]*

Art. L. 131-52 Le porteur peut réclamer à celui contre lequel il exerce son recours :

1. Le montant du chèque non payé ;
2. Les intérêts à partir du jour de la présentation, dus au taux légal applicable en France ;
3. Les frais de protêt, ceux des avis donnés, ainsi que les autres frais. – *[Décr.-L. du 30 oct. 1935, art. 45.]*

1. Chèque sans provision. Le recouvrement de chèques sans provision est régi non par la L. n° 91-650 du 9 juill. 1991 portant réforme des procédures civiles d'exécution (codifiée au C. pr. exéc.), mais par les dispositions spécifiques du décret-loi du 30 oct. 1935 [codifié], et, notamment, celles de son art. 45 [C. mon. fin., art. L. 131-52] : Rép. min. n° 1888, *JOAN Q, 16 août 1993, p. 2579.* ♦ Sur la portée de l'art. 45, V. note 10 ss. art. L. 131-73. ♦ Sur l'utilisation de l'allonge pour ce recouvrement, V. note 3 ss. art. L. 131-19.

2. Paiement partiel. En payant uniquement le montant du chèque, le tiré fait un paiement partiel car, par application de l'art. 1254 C. civ., il y a lieu d'imputer sur la somme reçue les frais et les intérêts. De la sorte, une partie du chèque restant impayée, le tiré est tenu de délivrer le certificat de non-paiement de l'art. 65-3, al. 5 [C. mon. fin., art. L. 131-73]. • T. com. Reims, 7 déc. 1993 : *RTD com. 1994. 76, obs. Cabrillac et Teyssié* .

Art. L. 131-53 Celui qui a remboursé le chèque peut réclamer à ses garants :

1. La somme intégrale qu'il a payée ;
2. Les intérêts de ladite somme, à partir du jour où il l'a déboursée, calculés au taux légal applicable en France ;
3. Les frais qu'il a faits. – *[Décr.-L. du 30 oct. 1935, art. 46.]*

Art. L. 131-54 Tout obligé contre lequel un recours est exercé ou qui est exposé à un recours peut exiger, contre remboursement, la remise du chèque avec le protêt, et un compte acquitté.

Tout endosseur qui a remboursé le chèque peut biffer son endossement et ceux des endosseurs subséquents. – *[Décr.-L. du 30 oct. 1935, art. 47.]*

Art. L. 131-55 Quand la présentation du chèque ou la confection du protêt dans les délais prescrits est empêchée par un obstacle insurmontable comme la prescription légale ou autre cas de force majeure, ces délais sont prolongés.

Le porteur est tenu de donner, sans retard, avis du cas de force majeure à son endosseur et de mentionner cet avis, daté et signé de lui, sur le chèque ou sur une allonge ; pour le surplus, les dispositions de l'article L. 131-49 sont applicables.

Après la cessation de la force majeure, le porteur doit, sans retard, présenter le chèque au paiement et, s'il y a lieu, faire établir le protêt.

Si la force majeure persiste au-delà de quinze jours à partir de la date à laquelle le porteur a, même avant l'expiration du délai de présentation, donné avis de la force majeure à son endosseur, les recours peuvent être exercés, sans que ni la présentation ni le protêt soit nécessaire, à moins que ces recours ne se trouvent suspendus pour une période plus longue, par application de l'article L. 511-61 du code de commerce.

Ne sont pas considérés comme constituant des cas de force majeure les faits purement personnels au porteur ou à celui qu'il a chargé de la présentation du chèque ou de l'établissement du protêt. – *[Décr.-L. du 30 oct. 1935, art. 48.]*

BIBL. ▶ YOUEGO, *RD banc. fin. 2009. Étude 30* (la non-présentation du chèque à l'encaissement).

Séquestre conventionnel. Sur la responsabilité d'un séquestre conventionnel pour présentation tardive d'un chèque à l'encaissement (perte d'une chance d'obtenir paiement), V. • Civ. 1re, 21 févr. 1995 : *Bull. civ. I, n° 101 ; Defrénois 1995. 1053, obs. Delebecque ; RTD com. 1995. 816, obs. Cabrillac ; RTD civ. 1996. 175, obs. Jourdain* .

SECTION VIII *Établissement de chèques en plusieurs exemplaires* (*L. n° 2005-516 du 20 mai 2005, art. 16-IV*).

Art. L. 131-56 Sauf les chèques au porteur, tout chèque émis dans un pays et payable dans un autre pays ou dans une partie d'outre-mer du même pays et vice versa, ou bien émis et payable dans la même partie ou dans diverses parties d'outre-mer du même pays, peut être tiré en plusieurs exemplaires identiques. Lorsqu'un chèque est établi en plusieurs exemplaires, ces exemplaires doivent être numérotés dans le texte même du titre, faute de quoi chacun d'eux est considéré comme un chèque distinct. – *[Décr.-L. du 30 oct. 1935, art. 49.]*

Art. L. 131-57 Le paiement fait sur un des exemplaires est libératoire, alors même qu'il n'est pas stipulé que ce paiement annule l'effet des autres exemplaires.

L'endosseur qui a transmis les exemplaires à différentes personnes, ainsi que les endosseurs subséquents, sont tenus à raison de tous les exemplaires portant leur signature qui n'ont pas été restitués. – *[Décr.-L. du 30 oct. 1935, art. 50.]*

SECTION IX *Altération* (*L. n° 2005-516 du 20 mai 2005, art. 16-IV*).

RÉP. COM. v° *Chèque*, par CABRILLAC.

Art. L. 131-58 En cas d'altération du texte du chèque, les signataires postérieurs à cette altération sont tenus dans les termes du texte altéré ; les signataires antérieurs le sont dans les termes du texte originaire. – *[Décr.-L. du 30 oct. 1935, art. 51.]*

V. notes ss. art. L. 131-38.

SECTION X *Prescription* (*L. n° 2005-516 du 20 mai 2005, art. 16-IV*).

RÉP. COM. v° *Chèque*, par CABRILLAC.

Art. L. 131-59 Les actions en recours du porteur contre les endosseurs, le tireur et les autres obligés se prescrivent par six mois à partir de l'expiration du délai de présentation.

Les actions en recours des divers obligés au paiement d'un chèque les uns contre les autres se prescrivent par six mois à partir du jour où l'obligé a remboursé le chèque ou du jour où il a été lui-même actionné. L'action du porteur du chèque contre le tiré se prescrit par un an à partir de l'expiration du délai de présentation.

Toutefois, en cas de déchéance ou de prescription, il subsiste une action contre le tireur qui n'a pas fait provision ou les autres obligés qui se seraient enrichis injustement. – *[Décr.-L. du 30 oct. 1935, art. 52.]*

A. ACTION CAMBIAIRE DU PORTEUR CONTRE LES SIGNATAIRES

1. Action limitée aux seuls signataires du chèque. Dès lors qu'il n'est pas le tireur du chèque, le co-titulaire d'un compte joint n'est, en cette seule qualité, ni obligé en vertu de ce chèque, ni soumis par une disposition conventionnelle ou légale à une obligation de solidarité passive envers le porteur. • Com. 8 mars 1998 : *Bull. civ. IV, n° 102.*

2. Nature de la prescription. Le délai de l'art. 52, al. 3 [4] [C. mon. fin., art. L. 131-59, al. 2, *in fine*], ne repose pas sur une présomption de paiement et ne peut être combattu par l'aveu. • Com. 20 nov. 1984 : ⚖ *Bull. civ. IV, n° 312 ; Gaz. Pal. 1985. 1. Pan. 67, obs. Piedelièvre ; RTD com. 1985. 534, obs. Cabrillac et Teyssié.*

3. Point de départ. Le délai de prescription court à partir de l'expiration du délai de présentation et non de la date de présentation s'agissant de l'action du porteur contre le tiré. • Paris, 15 déc. 1982 : *D. 1983. IR 246, obs. Cabrillac.*

4. Opposition illicite du tireur. Même si l'opposition du tireur a eu un caractère manifestement illicite, cette circonstance est sans incidence sur le cours du délai de prescription faute par le bénéficiaire d'avoir remis le chèque à l'encaissement avant l'acquisition de la prescription.

• Paris, 12 mars 1993 : *D. 1993. Somm. 316, obs. Cabrillac* .

5. Recours contre le tireur. La prescription laisse subsister au profit du porteur une action contre le tireur qui n'a pas fait provision ou qui a retiré la provision ou fait défense au tiré de payer hors des cas légaux. • Com. 4 juin 1991 : *D. 1991. IR 185 ; RTD com. 1991. 616, obs. Cabrillac et Teyssié* . – V. aussi • Com. 23 oct. 2001 : *Bull. civ. IV, n° 173 ; D. 2001. AJ 3528, obs. Avena-Robardet ; RTD com. 2002. 135, obs. Cabrillac ; LPA 4 déc. 2001, note E. C.* ♦ Le délai de prescription d'un an, concernant l'action du porteur contre le tiré, laisse subsister l'action du tiré contre le tireur. • Paris, 9 nov. 1999 : *D. 2000. AJ 68 ; RTD com. 2000. 152, obs. crit. Cabrillac* . ♦ Le porteur d'un chèque a un recours fondé sur le droit cambiaire qui subsiste en cas de déchéance ou de prescription contre le tireur qui a fait opposition en dehors des cas prévus par la loi. • Com. 27 sept. 2011 : *Bull. civ. IV, n° 137 ; D. 2011. 2845, note Lasserre Capdeville ; JCP E 2011, n° 1750 ; Gaz. Pal. 2012. 375, obs. Rouaud ; RJDA 2011, n° 1072 ; RLDA déc. 2011. 29, note Djoudi.* ♦ V. aussi note 7 ci-dessous, et note 21 ss. art. L. 131-35 C. mon. fin.

L'action du porteur d'un chèque de banque contre le tiré se prescrivant par un an à partir de l'expiration du délai de présentation, la provision correspondante qui existe au profit du porteur durant le délai de prescription de cette action constitue un actif disponible. • Com. 18 déc. 2007 : *Bull. civ. IV, n° 267 ; D. 2008. AJ 83, obs. Lienhard ; JCP E 2008, n° 11, p. 30, note Grimonprez ; RJ com. 2008. 237, obs. Roussel Galle.*

6. Recours contre les endosseurs. Sur les recours exercés contre les endosseurs qui se seraient injustement enrichis, V. • Com. 4 juill. 1961 : *JCP 1962. II. 12646, note Rives-Lange* • Versailles, 22 sept. 1982 : *RTD com. 1989. 259, obs. Cabrillac et Teyssié.*

B. AUTRES RECOURS

7. Rapports fondamentaux. Le porteur peut exercer contre le débiteur cambiaire, malgré la prescription, un recours fondé sur la créance fondamentale qui obéit à son propre régime juridique. • Com. 8 janv. 1958 : *Bull. civ. III, n° 15* • Paris, 16 juill. 1952 : *JCP 1952. II. 7325, note Motulsky* • Versailles, 24 avr. 1995 : *D. 1996. Somm. 35, obs. Cabrillac ; Rect. ibid. Somm. 88 ; Rev. huiss. 1995. 1206, note Hesbert.* ♦ L'art. 52 [C. mon. fin., art. L. 131-59] ne s'applique pas au recours du tiré contre le porteur ; il en résulte que l'action du banquier tiré contre le banquier ayant présenté des chèques en chambres de compensation, et ayant refusé la restitution de ceux-ci, qu'il a portés au crédit du compte de son client, malgré leur rejet par le tiré, n'est pas atteinte par la prescription. • Com. 3 mai 2000 : *Bull. civ. IV, n° 91 ; D. 2000. AJ 340, obs. Faddoul ; RTD com. 2000. 988, obs. Cabrillac* . ♦ Le délai de prescription de l'art. 52 [C. mon. fin., art. L. 131-59] concernant l'action du porteur du chèque contre le tireur, laisse subsister l'action du tiré contre le tireur. • Paris, 9 nov. 1999 : *préc. note 5.*

8. Subrogation. La banque, qui avait crédité le compte de sa cliente du montant de deux chèques, puis les avaient perdus avant leur présentation en chambre de compensation, peut exercer à l'encontre du tireur l'action en recouvrement de sa créance à l'égard de laquelle elle était légalement subrogée après en avoir payé le montant. • Com. 15 avr. 2008 : *Bull. civ. IV, n° 87 ; D. 2008. AJ 1404, obs. Avena-Robardet ; D. 2009. Pan. 1048, obs. Synvet ; JCP E 2008, n° 23, p. 13 ; RJDA 2008, n° 945.* ♦ Dès lors que la banque fondait son action sur le droit commun né de sa relation contractuelle avec sa cliente, à supposer prescrites ses actions cambiaires, elle pouvait encore exercer contre cette dernière l'action en recouvrement de la créance à l'égard de laquelle elle était subrogée après en avoir payé le montant. • Com. 12 déc. 2006 : *Bull. civ. IV, n° 242 ; D. 2008. Pan. 874, obs. Synvet ; D. 2007. AJ 300, obs. Avena-Robardet ; JCP E 2007, n° 5, p. 21 ; RJDA 2007, n° 390.* ♦ Après la prescription des actions ouvertes sur le fondement du droit des chèques, une banque peut encore exercer l'action en recouvrement de la créance à l'égard de laquelle elle est subrogée après en avoir payé le montant au bénéficiaire qui l'a endossé à son ordre. • Com. 12 juill. 1993 : *Bull. civ. IV, n° 293 ; D. 1993. IR 230 ; Banque nov. 1993. 100, obs. Guillot.* ♦ V. aussi note 8 ss. art. L. 131-67 C. mon. fin.

9. Actions en responsabilité. Les actions en responsabilité se prescrivent selon le droit commun, qu'il s'agisse de l'action exercée par le tireur contre le banquier qui a payé un chèque volé, apparemment irrégulier. • Rouen, 26 nov. 1976 : *D. 1978. IR 339.* ♦ ... Ou de l'action contre le tiré fondée sur l'art. 1382 C. civ. • Riom, 4 juill. 1980 : *D. 1981. IR 303, obs. Cabrillac.*

10. Valeur des chèques périmés. En ce sens qu'un chèque prescrit ne peut valoir comme reconnaissance de dette, mais seulement comme un simple commencement de preuve par écrit, même s'il porte, écrites de la main du tireur, les mentions requises d'une promesse de payer, V. • Com. 5 févr. 1991 : *Bull. civ. IV, n° 54 ;*

D. 1991. Somm. 217, obs. Cabrillac. – V. déjà • Civ. 1re, 8 juill. 1986 : Bull. civ. I, no 203 ; RTD com. 1987. 84, obs. Cabrillac et Teyssié.

Art. L. 131-60 Les prescriptions en cas d'action exercée en justice ne courent que du jour de la dernière poursuite judiciaire. Elles ne s'appliquent pas s'il y a eu condamnation ou si la dette a été reconnue par acte séparé.

L'interruption de la prescription n'a d'effet que contre celui à l'égard duquel l'acte interruptif a été fait.

Néanmoins, les prétendus débiteurs sont tenus, s'ils en sont requis, d'affirmer sous serment qu'ils ne sont plus redevables et leurs veuves, héritiers ou ayants cause, qu'ils estiment de bonne foi ne plus rien devoir. – *[Décr.-L. du 30 oct. 1935, art. 53.]*

SECTION XI *Protêt* *(L. no 2005-516 du 20 mai 2005, art. 16-IV).*

RÉP. COM. v° *Protêt,* par MASSOT-DURIN.

Art. L. 131-61 Le protêt doit être fait, par un notaire ou par un huissier, au domicile de celui sur qui le chèque était payable, ou à son dernier domicile connu. En cas de fausse indication de domicile, le protêt est précédé d'un acte de perquisition. – *[Décr.-L. du 30 oct. 1935, art. 54.]*

Art. L. 131-62 L'acte de protêt contient la transcription littérale du chèque et des endossements, ainsi que la sommation de payer le montant du chèque. Il énonce la présence ou l'absence de celui qui doit payer, les motifs du refus de payer et l'impuissance ou le refus de signer et, en cas de paiement partiel, le montant de la somme qui a été payée.

Les notaires et huissiers sont tenus, à peine de dommages-intérêts, de faire, sous leur signature, mention sur le chèque du protêt avec sa date. – *[Décr.-L. du 30 oct. 1935, art. 55.]*

Art. L. 131-63 Nul acte de la part du porteur du chèque ne peut suppléer l'acte de protêt, hors le cas prévu par les articles L. 131-40 à L. 131-43 touchant la perte du chèque. – *[Décr.-L. du 30 oct. 1935, art. 56.]*

Art. L. 131-64 Les notaires et les huissiers sont tenus, à peine de destitution, dépens, dommages-intérêts envers les parties, de laisser copie exacte des protêts. Sous les mêmes sanctions, ils sont également tenus de remettre contre récépissé au greffier du tribunal de commerce ou du tribunal de grande instance statuant commercialement du domicile du débiteur, ou de lui adresser, par lettre recommandée avec demande d'avis de réception, deux copies exactes des protêts, dont l'une est destinée au parquet ; cette formalité doit être accomplie dans la quinzaine de l'acte. – *[Décr.-L. du 30 oct. 1935, art. 57.] – V. C. com., art. R. 511-2.*

Art. L. 131-65 Les dispositions des articles L. 511-56 à L. 511-61 du code de commerce *sont applicables* au protêt dressé faute de paiement d'un chèque.

Art. L. 131-66 Aucune prorogation de délai, ni légale, ni judiciaire, n'est admise, sauf dans les cas prévus par l'article L. 511-61 du code de commerce. – *[Décr.-L. du 30 oct. 1935, art. 61.]*

Art. L. 131-67 La remise d'un chèque en paiement, acceptée par un créancier, n'entraîne pas novation. En conséquence, la créance originaire, avec toutes les garanties qui y sont attachées, subsiste jusqu'au paiement du chèque. – *[Décr.-L. du 30 oct. 1935, art. 62.]*

BIBL. ▸ JUDE, *D. 2003. 675* (unité ou dualité du règlement par carte bancaire et par chèque ?).

A. REMISE DE CHÈQUE

1. Don manuel. BIBL. Arrighi, *D. 1980. Chron. 165.* – Peterka, *RD banc. fin. 2004. 298* (dons électroniques). ♦ Le don manuel d'une somme d'argent au moyen de la remise d'un chèque bancaire réalise la tradition par le désaisissement irrévocable du tireur au profit du bénéficiaire qui acquiert immédiatement la propriété de la provision. • Civ. 1re, 10 févr. 1993 : *Bull. civ. I, n° 65 ; D. 1994. Somm. 182, obs. Cabrillac* • 4 nov. 1981 : *Bull. civ. I, n° 327 ; RTD civ. 1982. 781, obs. Patarin ; Defrénois 1982. 1378, obs. Champenois.* ♦ Retenant que le don manuel d'une somme d'argent au moyen de la remise d'un chèque suppose, pour qu'il y ait dépouillement actuel et irrévocable de la part du donateur, l'existence d'une provision égale à son montant et une provision partiellement constituée étant insuffisante. • Civ. 1re, 5 févr. 2002 : *Bull. civ. I, n° 39 ; D. 2002. Somm. 2447, obs. Nicod ; ibid. 2003. Somm. 344, obs. Martin ; Defrénois. 2003. 43, obs. Champenois ; JCP N 2003, n° 9, p. 361.* – V. aussi Boujeka, *D. 2003. 2712*. ♦ Si le don manuel peut être fait au moyen d'un chèque, encore faut-il que le donateur ait procédé à la remise matérielle de son vivant de ce chèque au bénéficiaire. • Civ. 1re, 3 avr. 2002 : *Bull. civ. I, n° 105 ; Banque et Droit juill-août 2002. 44, obs. Bonneau ; Defrénois 2003. 46, obs. Champenois ; RJDA 2003, n° 20.*

2. Testament. BIBL. Boujeka, *D. 2003. 2712*. ♦ La remise d'un chèque ne peut constituer un testament au sens de l'art. 895 C. civ. • Civ. 1re, 5 févr. 2002 : *préc. note 1.*

2 bis. Remise dans un automate. Lorsqu'un automate répute par la délivrance d'un reçu qu'un chèque a été déposé, celui-ci doit être impérativement porté au crédit du compte client. Le fait de délivrer le reçu pour la somme déposée doit nécessairement témoigner de la matérialité mais aussi de la précision monétaire du dépôt. • T. com. Blois, 4 mars 2005 : *JCP E 2005, n° 23, p. 958.* ♦ La société cliente titulaire d'un reçu apporte la preuve de l'accomplissement de son acte ; la banque inverse la charge de la preuve en arguant péremptoirement que la preuve du dépôt ne résulterait pas de la délivrance du reçu. • Même arrêt.

B. DATE DU PAIEMENT

3. Encaissement du chèque. La remise d'un chèque ne vaut paiement que sous la condition de son encaissement. • Civ. 1re, 4 avr. 2001 : *Bull. civ. I, n° 102.* ♦ Les chèques remis à l'encaissement par leur bénéficiaire ne sont portés au crédit du compte que sous réserve d'encaissement. • Com. 12 janv. 2010 : *Dalloz jurisprudence.* ♦ L'origine de la créance d'indu étant le fait juridique du paiement, la créance d'indu contre le bénéficiaire d'un chèque trouve son origine non dans l'émission du chèque mais dans son encaissement. • Com. 5 juin 2007 : *Bull. civ. IV, n° 154 ; D. 2007. AJ 1730, obs. Lienhard ; JCP E 2007, n° 31-34, p. 23 ; RJDA 2007, n° 865 ; Gaz. Pal. 2007. 3480, obs. R. B.*

4. Paiement des dettes fiscales et sociales. S'agissant de dettes fiscales, le débiteur exécute son obligation dans les délais, s'il adresse un chèque ayant provision avant l'expiration de l'échéance, le cachet postal faisant foi. • CE 25 nov. 1968 : *JCP 1970. II. 16337.*

S'agissant de majorations de retard, le débiteur n'est réputé avoir acquitté sa dette qu'à la date à laquelle l'organisme d'assurances sociales a effectivement reçu le chèque et sous réserve qu'il soit honoré. • Soc. 17 mai 1972 : *D. 1973. 129, note Gavalda* • 3 mai 1984 : *Bull. civ. V, n° 171* • 26 oct. 1978 : *D. 1979. IR 273* • 4 juill. 1983 : *Bull. civ. V, n° 386* • Versailles, 21 févr. 1983 : *RTD com. 1984. 307, obs. Cabrillac et Teyssié.*

5. Autres dettes. V., pour les primes d'assurance (date de remise du chèque), Durry, *JCP 1984. I. 3161* • Civ. 1re, 2 déc. 1968 : *JCP 1969. II. 15775, concl. Lindon, note Besson ; RTD com. 1969. 550.* ♦ ... Pour un contrat de bail, • Com. 27 févr. 1968 : *Bull. civ. IV, n° 84.* ♦ ... Pour des arrérages de rente viagère, • Paris, 13 févr. 1985 : *D. 1985. IR 417, obs. Cabrillac.*

C. RECOURS

6. Responsabilités diverses. Sur la responsabilité d'un mandataire délivrant la marchandise avant encaissement, V. • Com. 21 juin 1954 : *D. 1955. 161, note Rodière ; RTD com. 1954. 700, obs. Hémard* • 10 juin 1963 : *Gaz. Pal. 1963. 2. 344.* ♦ Sur la levée d'une sûreté, V. • Lyon, 25 févr. 1982 : *D. 1983. IR 43, obs. Cabrillac.* ♦ Sur les ventes par correspondance, V. H. Cabrillac, *JCP 1951. I. 931 et 1954. I. 1184 ;* Rodière, *D. 1952. Chron. 179 ;* Brunat, *Bull. transp. 1979. 262 ; ibid. 1987. 149.*

7. Créance de provision. Le créancier bénéficiaire d'un chèque n'est pas fondé à agir en paiement sur la base du rapport fondamental s'il n'a présenté préalablement le chèque au paiement qui lui a été refusé. • Req. 13 févr. 1934 : *Gaz. Pal. 1934. 1. 742.*

Le créancier conserve le droit de poursuivre l'exécution de l'obligation primitive par l'action du contrat, quand l'impossibilité du payement du chèque a eu pour cause directe, non une faute par lui commise, mais un fait imputable au débiteur endosseur du titre. • Req. 30 nov. 1938 : *DH 1939. 35* • Civ. 16 déc. 1931 : *DP 1932. 1. 38 et la note.*

Sur l'exception résultant de l'absence de cause du rapport fondamental, V. • Civ. 1re, 11 févr. 1997 : *Bull. civ. I, no 45 ; D. 1997. Somm. 263, obs. Cabrillac ; D. Affaires 1997. 346.*

8. Faute de la banque. La faute commise par la banque en laissant se perdre les recours cambiaires n'a d'effet qu'envers le bénéficiaire du chèque et elle ne la prive pas, en conséquence, du droit d'exercer l'action en recouvrement de la créance contre le tireur. • Com. 12 juill. 1993 : *Bull. civ. IV, no 293 ; D. 1993. IR 230 ; Banque nov. 1993. 100, obs. Guillot.*

En cas de rejet, pour défaut de provision, d'un chèque endossé à son ordre, le retard d'une banque à faire dresser protêt et à aviser le client remettant de l'incident engage la responsabilité de celle-ci, mais le client remettant n'est recevable à mettre en œuvre une telle responsabilité que par une demande principale ou reconventionnelle en dommages-intérêts, à charge pour lui d'établir le lien de causalité entre la faute reprochée et le préjudice prétendu, et ne peut l'invoquer, en défense, pour prétendre la banque déchue de son droit au remboursement de l'avance consentie « sous réserve d'encaissement » sur le montant de l'effet. • Com. 30 janv. 1996 : *Bull. civ. IV, no 27 ; D. 1996. 320, note Rives-Lange ; LPA 13 mai 1996, note D. Martin ; RTD com. 1996. 302, obs. Cabrillac.* ♦ Écartant la responsabilité de la banque dès lors qu'il n'était pas établi que celle-ci aurait eu la possibilité d'aviser son client suffisamment tôt qu'un chèque remis à l'encaissement était revenu impayé pour éviter les trois dernières livraisons. V. • Com. 28 avr. 2004 : *RJDA 2004, no 1152.* ♦ Retenant la responsabilité de la banque qui n'avait pas informé le bénéficiaire du chèque de l'incertitude qui pesait sur la provision de manière à permettre à son client de mettre en œuvre toutes mesures qu'il aurait jugé utiles à la défense de ses intérêts, V. • Paris, 1er oct. 2004 : *BRDA 2004, no 23, p. 9.*

9. Répétition de l'indu. Le tireur d'un chèque payé par la banque peut exercer une action en répétition de l'indu s'il rapporte la preuve de son erreur et qu'aucune dette entre les deux parties ne justifiait le paiement d'un tel chèque. • Rouen, 18 août 1993 : *JCP 1994. IV. 381*, conf. par • Civ. 1re, 4 juill. 1995 : *Bull. civ. I, no 294.*

9 bis. Enrichissement sans cause. Une cour d'appel viole l'art. 1371 C. civ. et les principes qui régissent l'enrichissement sans cause en rejetant l'action *de in rem verso* d'une banque à l'encontre du tireur d'un chèque crédité au compte de la cliente mais qui n'a pu être présenté au paiement, quand la seule faute commise par la banque était la perte du chèque, laquelle, en dépit de sa découverte tardive, ne constituait pas une faute lourde au regard de l'enrichissement sans cause. • Civ. 1re, 19 déc. 2006 : *D. 2008. Pan. 874, obs. Synvet ; D. 2007. AJ 300, obs. Avena-Robardet ; RTD com. 2007. 421, obs. Legeais ; JCP E 2007, no 8, p. 20 ; LPA 12 mars 2007, obs. M.-É Mathieu ; RJDA 2007, no 815.*

10. Recours de droit commun : preuve. Lorsque la demande en paiement d'une somme figurant sur un chèque n'est pas fondée sur le droit cambiaire, il appartient à celui qui poursuit le paiement de prouver l'existence de l'obligation dont il réclame l'exécution. • Civ. 3e, 19 juin 2002 : *Bull. civ. III, no 143 ; D. 2002. AJ 2186, obs. Avena-Robardet , RTD com. 2002. 711, obs. Cabrillac ; RJDA 2002, no 1348.* – Rappr. • Civ. 1re, 11 févr. 1997 : *préc. note 7* • Com. 3 juin 2003 : *D. 2003. AJ 1836, obs. Avena-Robardet ; JCP E 2003, no 32-35, p. 1310 ; Dr. et patr. déc. 2003. 96, obs. Chauvel ; RJDA 2003, no 1166.*

Art. L. 131-68 Indépendamment des formalités prescrites pour l'exercice de l'action en garantie, le porteur d'un chèque protesté peut, en obtenant la permission du juge, saisir conservatoirement les effets mobiliers des endosseurs. — *[Décr.-L. du 30 oct. 1935, art. 63.]*

L'autorisation judiciaire préalable à la pratique d'une mesure conservatoire (saisie-conservatoire ou sûreté judiciaire) sur les biens du débiteur, exigée par le code des procédures civiles d'exécution, n'est pas nécessaire en cas de défaut de paiement d'un chèque (V. C. pr. exéc., art. L. 511-1 s.). — ***C. pr. exéc.***

SECTION XII ***Incidents de paiement et sanctions*** *(L. no 2005-516 du 20 mai 2005, art. 16-IV).*

Art. L. 131-69 Le tireur qui émet un chèque ne portant pas l'indication du lieu de l'émission ou sans date, celui qui revêt un chèque d'une fausse date, celui qui tire un chèque sur une personne autre qu'un banquier, est passible d'une amende maximale

de 6 % de la somme pour laquelle le chèque est tiré, sans que cette amende puisse être inférieure à 0,75 €. – *[Décr.-L. du 30 oct. 1935, art. 64.]*

Nullité du chèque. V. art. L. 131-3.

Art. L. 131-70 **Tout banquier qui délivre à son créancier des formules de chèques en blanc, payables à sa caisse, doit, sous peine d'une amende de 7,50 € par infraction, mentionner sur chaque formule le nom de la personne à laquelle cette formule est délivrée.**

Tout banquier qui, ayant provision et en l'absence de toute opposition, refuse de payer un chèque régulièrement assigné sur ses caisses est tenu responsable du dommage résultant, pour le tireur, tant de l'inexécution de son ordre que de l'atteinte portée à son crédit. – *[Décr.-L. du 30 oct. 1935, art. 65.]*

1. Paiement du chèque à concurrence de la provision. Le banquier tiré ne peut, au seul prétexte que le montant cumulé des chèques créés et présentés à l'encaissement excède celui de la provision disponible inscrite au compte du tireur, bloquer celle-ci sans droit ni titre. • Paris, 10 janv. 1997 : *D. 1997. IR 43 ; D. Affaires 1997. 249.* ♦ S'il n'a pas à instaurer un ordre qui serait arbitraire entre les porteurs de chèque, lettres de change ou billets échus, il lui appartient de payer, dans les limites de la provision et jusqu'à épuisement de celle-ci, les effets au fur et à mesure des présentations et dans l'ordre chronologique de celles-ci. • Même arrêt. ♦ Le porteur d'un chèque dont le montant est supérieur à la provision disponible est en droit d'en exiger le paiement jusqu'à concurrence de cette provision. • Même arrêt. ♦ Sur la responsabilité à l'égard du porteur, V. note 2 ss. art. L. 131-37 C. mon. fin.

2. Responsabilité du tiré à l'égard d'un tiers au rapport cambiaire. Une banque tirée, condamnée à des dommages-intérêts au profit d'une société étrangère qui a acheté des chèques émis en faveur de ses fournisseurs français par une banque tireur, chèques rejetés par négligence lors de leur présentation, ne peut opposer à ce tiers au rapport cambiaire les dispositions de l'art. 65, al. 2 [C. mon. fin., art. L. 131-70, al. 2], lesquelles ne peuvent être invoquées par le banquier qu'à l'égard du tireur. • Com. 5 nov. 1980 : ♔ *D. 1981. IR 303, obs. Cabrillac.*

3. Responsabilité du tiré à l'égard du tireur. Le banquier qui refuse le paiement d'un chèque approvisionné engage sa responsabilité à l'égard du tireur. • Grenoble, 7 juill. 1976 : *D. 1976. 489, note Derrida ; RTD com. 1976. 770, obs. Cabrillac et Rives-Lange* • Paris, 12 avr. 1996 : *Gaz. Pal. 1996. 2. Somm. 483, obs. Vray* (refus de payer motivé par la clôture d'un compte courant, alors que le tireur en avait ouvert un autre).

4. Faute pénale du tiré. Sur le délit du banquier, V. art. L. 163-10 (1) C. mon. fin.

5. Faute délictuelle du tiré. Sur la faute de nature délictuelle, telle la rupture abusive de facilités de caisse consenties au tireur par le banquier, V. • Com. 26 avr. 1984 : ♔ *Bull. civ. IV, n° 133 ; D. 1985. IR 31, obs. Cabrillac ; RTD com. 1985. 126, obs. Cabrillac et Teyssié.* ♦ V. aussi note 2 ss. art. L. 313-1 C. mon. fin.

Art. L. 131-71 **Tout banquier peut, par décision motivée, refuser de délivrer au titulaire d'un compte les formules de chèques autres que celles qui sont remises pour un retrait de fonds par le tireur auprès du tiré ou pour une certification. Il peut, à tout moment, demander la restitution des formules antérieurement délivrées. Cette restitution doit être demandée lors de la clôture du compte.**

Lorsqu'il en est délivré, les formules de chèques sont mises gratuitement à la disposition du titulaire du compte.

Il peut être délivré des formules de chèques barrées d'avance et rendues, par une mention expresse du banquier, non transmissibles par voie d'endossement, sauf au profit d'un établissement de crédit *(Ord. n° 2009-866 du 15 juill. 2009, art. 1er, en vigueur le 1er nov. 2009)* **« , d'un établissement assimilé** *(L. n° 2013-100 du 28 janv. 2013, art. 2-II)* **« , d'un établissement de monnaie électronique » ou d'un établissement de paiement ». L'administration des impôts peut obtenir à tout moment, sur sa demande, communication de l'identité des personnes auxquelles sont délivrées des formules ne répondant pas à ces caractéristiques ainsi que le numéro de ces formules.**

Les formules de chèques mentionnent le numéro de téléphone de la succursale ou agence bancaire auprès de laquelle le chèque est payable.

Elles mentionnent également l'adresse du titulaire du compte. — *[Décr.-L. du 30 oct. 1935, art. 65-1, al. 1er, 2, 3 (1re et 2e phrases), 4 et 5.] — V. C. mon. fin., art. R. 131-44, R. 131-50 et R. 312-2.*

Sur la normalisation des formules de chèques libellés en euros, V. Arr. 5 nov. 1998. — ***C. mon. fin.***

A. REFUS DE DÉLIVRANCE

1. Motivation du refus de délivrance. L'art. L. 131-71 qui permet à la banque, par décision motivée, de refuser de délivrer à son client un carnet de chèques, n'impose pas un écrit préalable lorsque aucune demande écrite n'a été formulée. • Paris, 4 mars 2003 : *RJDA 2003, no 768.* ♦ Une banque peut régulièrement donner, postérieurement à son refus, un motif en réponse à la demande écrite de son client, l'obligation de motiver le refus ayant pour objet de permettre au client d'en contester le bien-fondé et à la juridiction saisie d'en contrôler la pertinence. • Même arrêt. ♦ Jugeant qu'une banque n'est pas tenue de délivrer des chéquiers à son client, • Paris, 18 sept. 2001 : *D. 2003. Somm. 337, obs. Synvet.* ♦ La clause d'une convention type de compte courant subordonnant la délivrance d'un chéquier à l'agrément de la banque sans préciser que sa décision doit être motivée est de nature à induire le client en erreur sur ses droits et est abusive. • TGI Paris, 9 nov. 2005 : *cité note 12 ss. art. R. 132-2 C. consom., vo Ventes commerciales.* ♦ Mais il ne saurait être exigé de la banque qu'elle dresse la liste de tous les cas où elle est en droit de refuser la délivrance d'un chéquier, le client restant libre de contester en justice le motif de refus, qui doit figurer dans la décision, s'il le juge abusif. • Même jugement.

2. Absence de renouvellement des formules de chèque. En ce sens que l'absence de renouvellement des formules de chèques n'est pas constitutive d'une rupture de crédit, V. note 7 ss. art. L. 313-12.

Reconnaissant à une banque la possibilité de ne pas délivrer de nouveaux instruments de paiement à un titulaire manifestement négligent, V. • TGI Paris, 12 mars 1999 : *Banque et Droit mars-avr. 2000. 55, obs. Guillot.* ♦ Contestant au contraire le refus fondé sur le débit antérieur du compte alors que la banque avait toléré des découverts et que le solde du compte était constamment créditeur depuis quatre mois, V. • Paris, 4 mars 2003 : *préc. note 1.*

2 bis. Retrait du chéquier. N'est pas abusive la clause mentionnant que la banque peut, à tout moment, en motivant sa décision, demander au titulaire du compte la restitution de son chéquier. • Civ. 1re, 28 mai 2009 : *cité note 7 ss. C. mon. fin., art. L. 133-15.*

B. DÉLIVRANCE FAUTIVE

3. Pli d'envoi. Sur la responsabilité pour faute de la banque qui a adressé au titulaire du compte un chéquier par courrier ordinaire, V. • Com. 28 févr. 1989 : *Bull. civ. IV, no 70.* – V. cependant, • Com. 4 mars 1980 : *ibid. IV, no 110 ; RTD com. 1980. 577, obs. Cabrillac et Rives-Lange ; Rev. dr. bancaire 1987. 53, obs. Crédot et Gérard* • 10 déc. 2003 : *cité note 25 ss. art. L. 131-38.* ♦ Jugeant au contraire que la préconisation de la Fédération bancaire française d'envoi des chéquiers aux clients par lettre recommandée avec avis de réception ne constitue qu'une recommandation ; et en l'absence de texte ou réglementation imposant la forme recommandée pour l'envoi d'un chéquier, sauf demande spéciale du client, l'organisme bancaire ne commet pas de faute en procédant à un envoi par lettre simple : • T. com. Lyon, 13 mars 2008 : *RD banc. fin. 2008, no 97, obs. Crédot et Samin.*

Sur la preuve de la remise des formules de chèque au titulaire du compte, V. C. mon. fin., art. R. 131-50.

4. Délivrance d'un chéquier à un tiers non habilité. Le banquier qui délivre un chéquier à un tiers non habilité par le titulaire du compte commet une faute susceptible d'engager sa responsabilité. • TGI Nîmes, 20 mars 1973 : *RTD com. 1973. 607* • Paris, 17 oct. 1931 : *Gaz. Pal. 1932. 1. 21.* ♦ Sur la délivrance de chéquiers à une société en formation, V. note 4 ss. art. R. 312-2 C. mon. fin.

5. Chèque sans provision. Un banquier est responsable de la délivrance de chèques alors qu'il ne pouvait ignorer qu'ils seraient émis sans provision. • Com. 18 juin 1985 : *D. 1986. IR 47 ; RTD com. 1986. 270, obs. Cabrillac et Teyssié* • 8 oct. 1985 : *ibid. 1986. 270, obs. Cabrillac et Teyssié ; Gaz. Pal. 1986. 2. 438, note Bouloc.* – V. cependant, • Com. 15 janv. 1980 : *RTD com. 1980. 123, obs. Cabrillac et Rives-Lange.* ♦ Sa responsabilité est engagée à l'égard du porteur mais pas du tireur. • Paris, 26 sept. 1985 : *D. 1987. Somm. 70, obs. Cabrillac.*

C. CHÈQUES BARRÉS

6. *Encaissement.* Un chèque portant la mention de sa transmissibilité au seul profit d'une banque, d'une caisse d'épargne ou d'un établissement assimilé ne peut être encaissé par celui-ci qu'en vue de la remise de son montant au bénéficiaire du chèque, sauf le cas où cet établissement l'a reçu en paiement d'une somme due à lui-même, ni le bénéficiaire du chèque, ni son mandataire ne peut ordonner que son montant soit directement remis à un tiers. • Com. 7 oct. 1997 : *Bull. civ. IV, n° 244 ; D. Affaires 1997. 1287 ; RD bancaire et bourse 1997. 234, obs. Crédot et Gérard ; RTD com. 1998. 182, obs. Cabrillac* • Civ. 1re, 18 sept. 2002 : *Bull. civ. I, n° 201 ; D. 2002. AJ 3011 ; RTD com. 2003. 141, obs. Cabrillac ; RJDA 2003, n° 59.*

7. *Endos irrégulier.* Sur la faute de la banque ayant payé, bien qu'ils fussent revêtus d'endos au profit de tiers n'ayant pas la qualité de banques, les chèques litigieux, mentionnant qu'ils étaient non endossables dans de telles conditions, V. • Com. 26 nov. 1996 : *Bull. civ. IV, n° 283 ; D. 1997. IR 9*. ♦ Pour un endossement à l'étranger, V. • T. com. Paris, 28 oct. 2008 : *D. 2009. Pan. 1048, obs. Synvet ; RD banc. fin. 2009, n° 5, obs. Crédot et Samin.*

Art. L. 131-72 **Des formules de chèques autres que celles qui sont remises pour un retrait de fonds par le tireur auprès du tiré ou pour une certification ne peuvent, sous réserve des dispositions de l'article L. 131-78 et dans les conditions prévues par cet article, être délivrées au titulaire d'un compte ou à son mandataire à compter d'un incident de paiement relevé au nom du titulaire du compte pour défaut de provision suffisante lorsque celui-ci n'a pas exécuté les obligations prévues par les deuxième à** *(L. n° 2010-737 du 1er juill. 2010, art. 36-I)* **« quatrième » alinéas de l'article L. 131-73.**

Les dispositions du présent article doivent être observées par le banquier qui a refusé le paiement d'un chèque pour défaut de provision suffisante et par tout banquier qui a été informé de l'incident de paiement, notamment par la Banque de France, en application de l'article L. 131-85. — *[Décr.-L. du 30 oct. 1935, art. 65-2.]*

La modification issue de la L. n° 2010-737 du 1er juill. 2010 s'applique à compter de la publication de la loi (JO 2 juill.), y compris pour les chèques impayés émis à une date antérieure et n'ayant pas encore fait l'objet d'une régularisation (L. préc., art. 36-II).

BIBL. ► THULLIER, *Mélanges Jeantin, Dalloz, 1999, p. 353* (l'interdiction bancaire : déchéance et mesure de sûreté).

1. *Représentant d'une société.* Antérieurement à la loi du 30 déc. 1991, il avait été jugé que le gérant d'une SARL qui a tiré des chèques sans provision sur le compte de la société est personnellement frappé d'une interdiction. • Crim. 8 févr. 1982 : *D. 1982. 412, note Gavalda ; Rev. sociétés 1982. 554, note Bouloc* • 9 oct. 1989 : *Bull. crim. n° 343 ; D. 1990. Somm. 120, obs. Cabrillac ; Rev. sociétés 1990. 279, note Bouloc*. – *Contra* : • Nancy, 16 nov. 1979 : *D. 1980. 278, note Gavalda.* ♦ Comp., désormais : art. L. 131-80 C. mon. fin.

2. *Cotitulaires.* Le cotitulaire n'est pas soumis à l'interdiction, dès lors qu'il a dénoncé son engagement avant une émission fautive par un autre co-titulaire. • Paris, 19 oct. 1989 : *JCP E 1989. I. 19200 ; RTD com. 1990. 66, obs. Cabrillac et Teyssié*.

Art. L. 131-73 **Sous réserve des dispositions de l'article L. 312-1 relatives au droit au compte et aux services bancaires de base, le banquier tiré** *(L. n° 2001-1168 du 11 déc. 2001)* **« peut, après avoir informé par tout moyen approprié mis à disposition par lui le titulaire du compte des conséquences du défaut de provision, refuser le paiement d'un chèque pour défaut de provision suffisante. Il » doit enjoindre au titulaire du compte de restituer à tous les banquiers dont il est le client les formules en sa possession et en celle de ses mandataires et de ne plus émettre des chèques autres que ceux qui permettent exclusivement le retrait de fonds par le tireur auprès du tiré ou ceux qui sont certifiés. Le banquier tiré en informe dans le même temps les mandataires de son client.**

(L. n° 2010-737 du 1er juill. 2010, art. 36-I) **« Toutefois, le titulaire du compte recouvre la possibilité d'émettre des chèques lorsqu'il justifie avoir, à la suite de cette injonction adressée après un incident de paiement, réglé le montant du chèque impayé**

ou constitué une provision suffisante et disponible destinée à son règlement par les soins du tiré. » — *L'ancienne rédaction prévoyait également comme cause de régularisation le fait de payer une pénalité libératoire dans les conditions et sous les réserves fixées par les art. L. 131-75 à L. 131-77 aujourd'hui abrogés.*

Un certificat de non-paiement est délivré à la demande du porteur, au terme d'un délai de trente jours, à compter de la première présentation d'un chèque impayé dans le cas où celui-ci n'a pas été payé lors de sa seconde présentation ou si une provision n'a pas été constituée, pour en permettre le paiement dans ce même délai. Ce certificat est délivré par le tiré lorsque au-delà du délai de trente jours une nouvelle présentation s'avère infructueuse.

La notification effective ou, à défaut, la signification du certificat de non-paiement au tireur par ministère d'huissier vaut commandement de payer.

L'huissier de justice qui n'a pas reçu justification du paiement du montant du chèque et des frais dans un délai de quinze jours à compter de la réception de la notification ou de la signification délivre, sans autre acte de procédure ni frais, un titre exécutoire.

En tout état de cause, les frais de toute nature qu'occasionne le rejet d'un chèque sans provision sont à la charge du tireur. *(L. nº 2007-290 du 5 mars 2007, art. 70-I)* **« Les frais perçus par le tiré ne peuvent excéder un montant fixé par décret. »** — *[Décr.-L. du 30 oct. 1935, art. 65-3 ; L. nº 84-46 du 24 janv. 1984, art. 58, al. 7 (partie).] — V. art. R. 131-11 s. et R. 131-46 s. — V. sur le plafonnement des frais bancaires, art. D. 131-25.*

Les modifications issues de la L. nº 2010-737 du 1er juill. 2010 s'appliquent à compter de la publication de la loi (JO 2 juill.), y compris pour les chèques impayés émis à une date antérieure et n'ayant pas encore fait l'objet d'une régularisation (L. préc., art. 36-II).

L'effacement d'une créance, dans le cadre de la procédure relative au surendettement des particuliers, en application de l'art. L. 332-1 ou de l'art. L. 332-2 C. consom., vaut régularisation de l'incident de paiement au sens de l'art. L. 131-73 (C. consom., art. L. 332-4). — ***C. consom.***

Sur les incidences du redressement ou de la liquidation judiciaires du débiteur sur la régularisation des incidents de paiement, V. C. com., art. L. 626-13, L. 631-12 et L. 643-12.

BIBL. ▶ CASAL, *Dr. et proc. 2002. 212* (recouvrement des chèques impayés : une histoire tourmentée). – YOUEGO, *RD banc. fin. sept.-oct. 2005. 41* (régularisation de l'incident d'émission du chèque sans provision). – LASSERRE CAPDEVILLE, *Banque et Droit nov.-déc. 2007. 3* (l'information en matière de chèque). – BOUTEILLER, *RLDA févr. 2008. 30* (les nouvelles mesures régissant les relations entre les établissements de crédit et leurs clients).

A. DÉFAUT DE PROVISION

1. Notion de provision. V. notes 1 s. ss. art. L. 131-5, note 2 ss. art. L. 131-37 et note 3 ss. art. L. 131-70.

2. Découverts habituels. Les paiements de chèques effectués par une banque selon des découverts habituels ne pouvant être assimilés à des incidents de paiement au sens de l'art. 63-3 [C. mon. fin., art. L. 131-73], encourt la cassation l'ordonnance de référé qui, pour condamner une banque à verser au porteur d'un chèque rejeté pour absence de provision, un montant correspondant à cette provision, retient que malgré le découvert que présentait le compte du tireur à une période antérieure à l'émission du titre, celle-ci n'avait entrepris aucune diligence pour récupérer les formules de chèques, alors qu'il ne résulte pas de ces motifs qu'antérieurement au rejet du chèque litigieux, un précédent incident de paiement ait justifié une demande de restitution des chéquiers. • Com. 26 janv. 1999 : *RJDA 1999, nº 463.* – V. aussi note 2 ss. art. R. 131-15. ♦ Il ne saurait être reproché à une banque d'avoir rejeté des chèques dès lors que l'entreprise ne disposait pas sur son compte d'une provision suffisante et disponible et que les dépassements antérieurement constatés sur le compte, couverts à bref délai par l'entreprise, ne constituaient qu'une simple tolérance de la banque. • Pau, 16 févr. 2004 : *RD banc. fin. 2004, nº 194, obs. Crédot et Gérard ; Banque et Droit juill.-août 2005. 72, obs. Guillot.*

3. Paiement d'un chèque sans provision. Il ne résulte d'aucun texte ni d'aucun principe qu'une banque engage sa responsabilité à l'égard des tiers en payant un chèque émis sans provision. • Amiens, 12 sept. 2002 : *RD banc. fin. 2003, nº 100, obs. Crédot et Gérard ; Banque et Droit janv.-févr. 2004. 64, obs. Guillot.*

3 bis. Obligation d'information. En toute circonstance, et quelle que soit la connaissance éventuelle par le client de l'insuffisance de provision du chèque qu'il se propose d'émettre et de ses conséquences juridiques, le banquier doit se conformer aux dispositions de l'art. L. 131-73 lui imposant, avant le rejet d'un chèque, d'adresser à son client un avertissement précis à son sujet. • Com. 14 mars 2006 : *Bull. civ. IV, n° 64 ; D. 2007. Pan. 763, obs. D.-R. Martin ; D. 2006. AJ 979, obs. Avena-Robardet ; RTD com. 2006. 455, obs. Legeais ; JCP E 2006, n° 17, p. 765 ; LPA 5 mars 2007, obs. E. C. ; RJDA 2007, n° 391.* ♦ Ne satisfait pas à l'obligation d'information l'établissement de crédit qui adresse à son client une lettre l'informant que la position de son compte dépassait les limites de son autorisation de découvert, qu'à titre tout à fait exceptionnel un chèque dépourvu de provision avait été réglé mais que tout nouvel incident de paiement entraînerait une interdiction bancaire et l'invitant à régulariser sa situation, dès lors qu'une telle lettre se borne à délivrer une information générale sur les conséquences du défaut de provision sans adresser aucun avertissement précis au sujet des chèques litigieux. • Com. 31 mai 2005 : *Bull. civ. IV, n° 119 ; D. 2005. AJ 1693, obs. Delpech ; RTD com. 2005. 813, obs. Cabrillac ; JCP E 2005, n° 36, p. 1412, note Krimmer ; RJDA 2005, n° 1145.* ♦ Il convient ainsi de rechercher si le rejet des chèques suivant le premier rejet de chèque, lequel avait fait l'objet d'un courrier, avait été précédé d'un avertissement précis visant chacun des chèques concernés. • Com. 18 janv. 2011 : *Bull. civ. IV, n° 2 ; D. 2011. Actu. 364, obs. Avena-Robardet ; JCP E 2011, n° 1206 ; Gaz. Pal. 2011. 462, obs. Rouaud ; ibid. 839, note Lasserre Capdeville ; RJDA 2011, n° 458.*

Le défaut d'envoi des lettres d'information prive le titulaire du compte de la possibilité d'approvisionner suffisamment le compte et constitue ainsi une perte de chance d'échapper aux pénalités, commissions et frais consécutifs au rejet du chèque. • Lyon, 2 nov. 2006 : *BICC 15 févr. 2007, n° 347.*

4. Délai d'injonction. Les dispositions de l'art. 65-3, al. 1er [C. mon. fin., art. L. 131-73, al. 1er], ne prévoyant pas de délai, impliquent nécessairement que la lettre d'injonction doit être adressée au titulaire du compte dès que le chèque a été protesté faute de provision. • Crim. 19 mai 1980 : *D. 1980. 513, note Gavalda.*

5. Responsabilité du banquier envers le titulaire du compte. Le banquier tiré en omettant d'adresser la lettre d'injonction à son client frappé d'interdiction commet une faute engageant sa responsabilité à l'égard de celui-ci. • Paris, 26 sept. 1985 : *D. 1985. IR 70, obs. Cabrillac.* ♦ Le banquier qui laisse fonctionner en débit, pendant plus de dix-huit mois, un compte de dépôt et omet de se conformer aux dispositions de l'art. 65-3 [C. mon. fin., art. L. 131-73], alors qu'il lui appartient d'arrêter le compte au jour du prélèvement mettant le compte en position débitrice, commet une double faute entraînant l'annulation des opérations enregistrées sur ce compte, seul le solde débiteur antérieur à ces prélèvements restant à la charge du client. • Reims, 14 nov. 1996 : *JCP 1998. IV. 1877.* ♦ Sur la nullité de la lettre, V. • Paris, 19 juill. 1982 : *D. 1983. IR 42, obs. Cabrillac.*

6. Responsabilité du banquier envers le remettant. Sur la responsabilité du banquier qui informe tardivement un client, qui lui a remis un chèque pour encaissement, du retour de ce titre pour défaut de provision, V., déclarant opposables à la banque des clauses figurant sur les bordereaux de remise de chèque, • Com. 21 janv. 1997 : *D. 1997. Somm. 263, obs. Cabrillac ; Quot. jur. 18 mars 1997, p. 2 ; RJDA 1997, n° 679.*

6 bis. Rejet de chèque de complaisance. Si un établissement de crédit suspecte son client de procéder à un circuit d'effets de complaisance constituant un comportement gravement répréhensible, il n'est pas tenu de lui accorder un délai avant de rejeter de nouveaux chèques litigieux, peu important l'ancienneté de ce type d'opération. • Com. 8 mars 2005 : *Bull. civ. IV, n° 45 ; D. 2005. AJ 950, obs. Avena-Robardet ; RTD com. 2005. 571, obs. Cabrillac ; JCP E 2005, n° 18-19, p. 771 ; Gaz. Pal. 2006. Somm. 1954, obs. F.B. ; RJDA 2005, n° 757.* ♦ Pour un exemple de procédé de « cavalerie », V. • Com. 4 nov. 1977 : *D. 1979. IR 1, obs. Derrida.*

7. Remboursement d'avances et répétition de l'indu. En l'absence de faute de sa part, la banque a toujours, et quelle que soit la nature de l'endossement lui ayant bénéficié, le droit de se faire rembourser par le bénéficiaire de chèques, qui se sont révélés ensuite sans provision, le montant des avances qu'elle lui avait accordées lors de leur remise dans l'attente de leur encaissement. • Com. 23 janv. 2007 : *Bull. civ. IV, n° 6 ; D. 2008. Pan. 875, obs. Synvet ; D. 2007. AJ 438, obs. Delpech ; RTD com. 2007. 420, obs. Legeais ; JCP E 2007, n° 10, p. 12 ; RJDA 2007, n° 546.* – V. aussi : • Com. 30 janv. 1996 : *Bull. civ. IV, n° 27 ; D. 1996. 320, note Rives-Lange ; LPA 13 mai 1996, p. 10, note D. Martin ; RTD com. 1996. 302, obs. Cabrillac.* ♦ Pour un autre arrêt ouvrant l'action en répétition de l'indu à la banque, V. • Com. 21 mai 1996 : *Rev. dr. bancaire 1996. 190, obs. Crédot et Gérard.*

B. RÉGULARISATION

V. art. L. 626-13, L. 631-12 et L. 643-12 C. com.

8. *Procédure collective.* Une procédure collective ne peut en aucun cas valoir régularisation des incidents au sens de l'art. L. 131-73 • Com. 28 mai 2002 : *Procédures 2002, nº 188, obs. Laporte ; Banque et Droit nov.-déc. 2002. 52, obs. Bonneau ; RD banc. fin. 2002, nº 170, obs. Crédot et Gérard.*

9. *Responsabilité du banquier.* Sur la responsabilité de la banque qui n'a pas avisé la Banque de France de la régularisation dans le délai imparti, V. la note ss. art. R. 131-31.

10. *Remboursement des frais.* Il ne résulte d'aucune disposition de la loi qu'une banque ait l'obligation, lors de la seconde présentation d'un chèque sans provision, de payer, outre le montant du chèque, les frais de recouvrement et des intérêts de retard, l'art. 65-3 [C. mon. fin., art. L. 131-73] ne prévoyant la délivrance d'un certificat de non-paiement qu'en cas de non-paiement du montant du chèque. • Com. 21 oct. 1997 : *Bull. civ. IV, nº 269 ; D. 1999. Somm. 148, obs. Cabrillac ; RD bancaire et bourse 1997. 233, obs. Crédot et Gérard ; RTD com. 1998. 182, obs. Cabrillac.* – V. aussi, sur la portée de cet arrêt après la réforme résultant de la L. nº 98-657 du 29 juill. 1998, relative à la lutte contre les exclusions, Cabrillac, *RTD com. 1998. 897.* ♦ D'autre part, l'art. 45 [C. mon. fin., art. L. 131-52] s'applique dans le cadre du recours exercé par le porteur du chèque, donc en cas de non-paiement à la deuxième présentation et, si rien n'interdit au porteur du chèque de requérir à l'intervention d'un huissier de justice, ou d'ailleurs d'un autre mandataire avant la phase contentieuse du recouvrement, la loi ne prévoit cependant l'intervention de l'huissier de justice, en tant que tel, qu'après la seconde présentation et la remise par la banque, sans frais, du certificat de non-paiement : • Même arrêt. ♦ Dès lors, l'établissement de crédit tiré n'est tenu de payer, si la provision existe et sous réserve d'instructions spéciales du tireur, que le montant du chèque, et les intérêts et frais ne peuvent faire l'objet d'un recouvrement forcé que dans le cadre du recours que le porteur peut exercer. • Même arrêt. – V. aussi : Rép. min. nº 6549 : *JOAN Q, 4 mai 1998, p. 2549.* – V. note 3 ss. art. L. 131-19.

C. CERTIFICAT DE NON-PAIEMENT

11. *Irrégularité de l'attestation de non-paiement.* Est nulle et de nul effet la signification d'un certificat de non-paiement, lui-même dépourvu de toute efficacité cambiaire, et le commandement de payer inséré dans cette signification visant les termes de l'art. 65-3 [C. mon. fin., art. L. 131-73], dès lors que l'attestation de non-paiement délivrée par la banque n'a pas été établie dans les conditions prescrites par l'art. 65-3 et ne vise pas les règles expressément édictées par ce texte. • Paris, 21 nov. 1995 : *D. Affaires 1996. 151.*

12. *Titre exécutoire.* Le délai de vingt [quinze] jours pour justifier du paiement du chèque et des frais avant délivrance d'un titre exécutoire par l'huissier de justice, ne constitue pas un délai pour agir et aucune forclusion n'est prévue par la loi. • Paris, 17 mai 1990 : *D. 1991. Somm. 217, obs. Cabrillac.* ♦ En ce sens qu'il résulte de l'art. L. 131-73 C. mon. fin. et de l'art. 298 du Décr. du 31 juill. 1992 [abrogé], que lorsqu'un titre exécutoire est établi pour constater qu'il n'y a pas eu régularisation d'un chèque impayé, il n'y a pas à le signifier, le débiteur ayant laissé le chèque impayé étant suffisamment averti de l'exécution qui va être entreprise contre lui. • Paris, 5 juill. 2001 : *D. 2001. AJ 2821.*

13. *Débiteur autre que l'émetteur du chèque.* Sur la valeur du certificat de non-paiement à l'égard du débiteur de l'obligation qui n'est pas l'émetteur du chèque sans provision, V. • Civ. 1re, 18 oct. 2005 : *Bull. civ. I, nº 368 ; D. 2005. AJ 3011, obs. Delpech ; JCP E 2005, nº 47, p. 1982 ; RJDA 2006, nº 576.*

14. *Décès de l'émetteur.* Selon l'art. L. 131-36 C. mon. fin., ni le decès du tireur ni son incapacité survenant après l'émission ne touchent aux effets du chèque de sorte que c'est à l'ayant droit du tireur, venant à ses droits et obligations, que le certificat de non-paiement doit être signifié par l'huissier instrumentaire en vue de la délivrance d'un titre exécutoire conformément à l'art. L. 131-73. • Com. 3 juill. 2012 : *Bull. civ. IV, nº 139 ; D. 2012. Actu. 1877, obs. Avena-Robardet ; JCP E 2012, nº 1562 ; RJDA 2012, nº 1103.*

Art. L. 131-74 **Tout versement effectué par le tireur sur le compte duquel a été émis le chèque impayé est affecté en priorité à la constitution d'une provision pour paiement intégral de celui-ci.** – *[L. nº 84-46 du 24 janv. 1984, art. 58, dernière phrase.]*

Art. L. 131-75 à L. 131-77 *Abrogés par L. nº 2010-737 du 1er juill. 2010, art. 36-I. – Cette abrogation s'applique à compter de la publication de la L. nº 2010-737 du 1er juill. 2010 (JO*

2 juill.), y compris pour les chèques impayés émis à une date antérieure et n'ayant pas encore fait l'objet d'une régularisation (L. préc., art. 36-II).

Art. L. 131-78 **Le titulaire d'un compte auquel a été notifiée une injonction de ne plus émettre des chèques recouvre cette faculté dès lors qu'il a procédé à la régularisation dans les conditions prévues** *(L. nº 2010-737 du 1er juill. 2010, art. 36-I)* **« à l'article L. 131-73** *[ancienne rédaction : aux articles L. 131-73, L. 131-75 à L. 131-77]* **». S'il n'a pas procédé à cette régularisation, il ne recouvre la faculté d'émettre des chèques qu'à l'issue d'un délai de** *(L. nº 2001-420 du 15 mai 2001)* **« cinq ans » qui court à compter de l'injonction.** – *[Décr.-L. du 30 oct. 1935, art. 65-3-4.]*

Les dispositions introduites par la L. nº 2001-420 du 15 mai 2001 s'appliquent aux interdictions d'émissions de chèques en cours (L. préc., art. 23-II ; JO 16 mai).

V. note ss. C. mon. fin., art. L. 131-75.

Art. L. 131-79 **Les contestations relatives à l'interdiction d'émettre des chèques** *(Abrogé par L. nº 2010-737 du 1er juill. 2010, art. 36-I)* ***« et aux pénalités libératoires fixées par les articles L. 131-75 et L. 131-76 »*** **sont déférées à la juridiction civile.**

L'action en justice devant la juridiction civile n'a pas d'effet suspensif. Toutefois, la juridiction saisie peut, même en référé, ordonner la suspension de l'interdiction d'émettre des chèques en cas de contestation sérieuse. – *[Décr.-L. du 30 oct. 1935, art. 65-3-5.]*

V. note ss. C. mon. fin., art. L. 131-75.

Sur la suspension des effets de l'interdiction d'émettre des chèques en cas d'ouverture d'une procédure de redressement judiciaire, V. C. com., art. L. 626-13.

1. Contestation sérieuse. Jugé que lorsqu'une action tendant à engager la responsabilité de la banque pour son refus d'honorer le chèque litigieux est pendante devant le tribunal de commerce, le juge des référés civils ne peut apprécier le sérieux de la contestation. • TGI Paris, réf., 2 oct. 1992 : *RJ com. 1992. 335, note Grua ; RTD com. 1993. 138, obs. Cabrillac et Teyssié* .

2. Chèque de garantie. Dès lors que le tireur soutient que le chèque dont il réclame la restitution n'était pas destiné à constituer un instrument de paiement car il l'avait seulement remis à titre de caution, il reconnaît avoir accepté de se situer en dehors des dispositions légales relatives au chèque ; il s'ensuit qu'il ne peut invoquer les dispositions de l'art. 65-3-5 [C. mon. fin., art. L. 131-78] pour obtenir la suspension de l'interdiction d'émettre des chèques qui lui a été faite. • TGI Paris, réf., 17 août 1994 : *BICC 1994, nº 1108.*

3. Chèque sans cause. La demande de mainlevée ou de suspension de l'interdiction d'émettre des chèques par l'auteur d'un chèque sans provision au motif que le chèque émis est sans cause et n'aurait pas été présenté à l'encaissement ne peut être jugée que lorsque la juridiction du fond, saisie, jugera que le chèque émis est totalement sans cause alors qu'il a été librement émis par son auteur. • TGI Clermont-Ferrand, réf., 26 mars 1996 : *Gaz. Pal. 1997. 2. Somm. 337, obs. Vray.*

4. Convention EDH. Ne justifie pas la suspension de l'interdiction d'émettre des chèques la demande fondée sur l'incompatibilité des pénalités libératoires fixées par la réglementation avec l'art. 6 de la Conv. EDH. • Aix-en-Provence, 19 févr. 2001 : *Banque et Droit mars-avr. 2002. 63, obs. Guillot.*

Art. L. 131-80 **Lorsque l'incident de paiement est le fait de l'un quelconque des titulaires d'un compte collectif, avec ou sans solidarité, les dispositions des articles L. 131-72 et L. 131-73 sont de plein droit applicables à celui des titulaires qui aura été désigné à cet effet d'un commun accord, tant en ce qui concerne ce compte qu'en ce qui concerne les autres comptes dont il pourrait être individuellement titulaire. Elles sont aussi applicables aux autres titulaires en ce qui concerne ce compte.**

Si, lors du rejet d'un chèque pour défaut de provision suffisante, le tiré constate qu'aucun titulaire du compte n'est désigné dans les conditions définies à l'alinéa précédent, les dispositions des articles L. 131-72 et L. 131-73 sont de plein droit applicables à tous les titulaires du compte en ce qui concerne ce compte et les autres

comptes dont ils pourraient être individuellement titulaires. – *[Décr.-L. du 30 oct. 1935, art. 65-4.]*

Représentant d'une société et co-titulaires. V. notes ss art. L. 131-72.

Art. L. 131-81 I. — Le tiré doit payer, nonobstant l'absence, l'insuffisance ou l'indisponibilité de la provision, tout chèque ;

1. Émis au moyen d'une formule dont il n'a pas obtenu la restitution dans les conditions prévues à l'article L. 131-73, sauf s'il justifie qu'il a mis en œuvre les diligences prévues par cet article ;

2. Émis au moyen d'une formule qu'il a délivrée en violation des dispositions de l'article L. 131-72 et du troisième alinéa de l'article L. 163-6, ou au moyen d'une formule qu'il a délivrée à un nouveau client alors que celui-ci faisait l'objet d'une condamnation sur le fondement du deuxième alinéa de l'article L. 163-6 ou d'une interdiction émise en application du premier alinéa de l'article L. 131-73 et dont le nom figurait pour ces motifs sur le fichier de la Banque de France centralisant les incidents de paiement de chèques.

II. — Le tiré qui refuse le paiement d'un chèque émis au moyen de l'une des formules mentionnées au I est solidairement tenu de payer, outre une somme égale au montant du chèque, les dommages-intérêts accordés au porteur en raison du non-paiement. Lorsqu'il a refusé le paiement d'un chèque, le tiré doit être en mesure de justifier qu'il a satisfait aux prescriptions légales et réglementaires relatives à l'ouverture du compte et à la délivrance des formules de chèques ainsi qu'aux obligations légales et réglementaires résultant des incidents de paiement, notamment en ce qui concerne l'injonction d'avoir à restituer les formules de chèques. – *[Décr.-L. du 30 oct. 1935, art. 73.]*

1. Bénéficiaire de la garantie [Jurisprudence antérieure à la loi du 30 déc. 1991]. L'obligation faite au banquier par l'art. 73 [C. mon. fin., art. L. 131-81] de payer le chèque tiré sur une formule qu'il aurait dû retirer à son client conformément à l'art. 65-2 [C. mon. fin., art. L. 131-72], ou qu'il a délivré à celui-ci sans consultation préalable de la Banque de France, après incident de paiement déclaré à celle-ci, ne profite qu'au porteur du chèque et non au tireur, lequel est lui-même en faute lorsqu'il a émis un chèque sans s'assurer au préalable que son compte disposait d'une provision suffisante. • Paris, 26 sept. 1985 : *D. 1987. Somm. 70, obs. Cabrillac.*

Le client interdit de chèque, mais continuant à bénéficier de formules remises par erreur par la banque, ne peut donc reprocher à celle-ci d'avoir refusé de payer les chèques émis sur ces formules et non provisionnés. • Même arrêt.

2. Responsabilité du tiré. Ayant constaté qu'il n'était pas contesté que, lors de l'ouverture du compte, la société, tireur, créée dix jours auparavant, n'avait fait l'objet ni d'une interdiction bancaire ni d'incidents de paiement, une cour d'appel a fait une exact application des art. L. 131-81 et 30 du Décr. n° 92-456 du 22 mai 1992 [C. mon. fin., art. R. 131-44] en rejetant l'action du porteur en responsabilité de la banque tirée. • Com. 12 juill. 2004 : *Bull. civ. IV, n° 151 ; D. 2004. AJ 2372 ; JCP E 2004. n° 40, p. 1515 ; RTD com. 2004. 791, obs. Cabrillac ; Gaz Pal. 2005. Somm. 2047, obs. S. Piedelièvre ; RJDA 2005, n° 184.*

3. Injonction de restitution. Ayant relevé que, si la banque ne produit pas le double de la lettre d'injonction, elle produit un accusé de réception visant le numéro de chèque qui en est l'objet, et constatant par ailleurs que l'existence de ce document est corroborée par les frais de commission prélevés sur le compte, relatifs à la lettre d'injonction, une cour d'appel, en l'état de ces constatations, peut en déduire que la banque avait effectué toutes les diligences qui lui incombaient quant à l'interdiction d'émettre des chèques et l'obligation corollaire d'avoir à remettre les formules de chèque. • Com. 12 juill. 2004 : *préc. note 2*

Art. L. 131-82 Le tiré doit payer, nonobstant l'absence, l'insuffisance ou l'indisponibilité de provision, tout chèque établi sur une formule délivrée par lui d'un montant égal ou inférieur à *(L. n° 2001-1276 du 28 déc. 2001)* « 15 € », le titulaire du compte et le tiré étant en ce cas réputés légalement avoir conclu lors de la délivrance de la formule une convention portant ouverture de crédit irrévocable.

L'obligation du tiré résultant des dispositions du présent article n'est pas soumise à la prescription de l'article L. 131-59 ; elle prend fin un mois après la date d'émission du chèque. Elle ne s'impose pas au tiré si celui-ci ne doit ou ne peut payer un chèque pour tout motif autre que l'absence ou l'insuffisance de provision.

Les dispositions du présent article sont d'ordre public. — *[Décr.-L. du 30 oct. 1935, art. 73-1.] — V. art. R. 131-11 s.*

Art. L. 131-83 Le tiré qui a payé un chèque en dépit de l'absence, de l'insuffisance ou de l'indisponibilité de la provision est, sauf dans le cas prévu au premier alinéa du II de l'article L. 131-81, subrogé dans les droits du porteur à concurrence de la somme dont il a fait l'avance ; il peut, à cet effet, faire constater l'absence ou l'insuffisance de la provision disponible par acte dressé en la forme du protêt.

Il peut, à défaut de prélèvement d'office sur le compte et sans préjudice de toute autre voie de droit, faire une mise en demeure par huissier de justice au titulaire du compte d'avoir à payer la somme qui lui est due en application de l'alinéa précédent. — *[Décr.-L. du 30 oct. 1935, art. 73-2, al. 1er et 2.]*

Art. L. 131-84 Le tiré qui a refusé le paiement d'un chèque pour défaut de provision suffisante ou qui a clôturé un compte sur lequel des formules de chèque ont été délivrées ou qui a enregistré une opposition pour perte ou vol de chèques ou de formules de chèque en avise la Banque de France. — *[Décr.-L. du 30 oct. 1935, art. 73-3.] — V. art. R. 131-26 s. et R. 131-34 s.*

Sur la responsabilité de l'établissement de crédit pour déclaration abusive d'incident de paiement, V. • Com. 3 oct. 1995 : *Rev. huiss. 1995. 299, note Hesbert.*

Art. L. 131-85 La Banque de France informe les établissements et les personnes sur lesquels peuvent être tirés des chèques *(L. nº 2008-776 du 4 août 2008, art. 81-IV, 1º)* « , les organismes mentionnés au 5 de l'article L. 511-6 » *(L. nº 2013-100 du 28 janv. 2013, art. 2-III)* « , les établissements de monnaie électronique » *(Ord. nº 2009-866 du 15 juill. 2009, art. 1er-III, en vigueur le 1er nov. 2009)* « les établissements de paiement » ainsi que, sur sa demande, le procureur de la République, des incidents de paiement de chèque, des interdictions prononcées en application de l'article L. 163-6 et des levées d'interdiction d'émettre des chèques.

Seule la Banque de France assure la centralisation des informations prévues à l'alinéa précédent.

Pour l'application du premier alinéa, la Banque de France reçoit de l'administration des impôts les informations détenues par celle-ci en application de l'article 1649 A du code général des impôts, qui permettent d'identifier l'ensemble des comptes ouverts par les personnes physiques ou morales mentionnées à l'article L. 131-72 et au deuxième alinéa de l'article L. 163-6 et sur lesquels peuvent être tirés des chèques. Elle lui fournit, aux seules fins poursuivies par *(L. nº 2005-516 du 20 mai 2005, art. 16-IV)* « le présent chapitre », les renseignements permettant d'identifier les titulaires de ces comptes.

(Ord. nº 2013-79 du 25 janv. 2013, art. 2, en vigueur le 1er janv. 2014) « Pour l'application du premier alinéa à Saint-Barthélemy, à Saint-Martin, et à Saint-Pierre-et-Miquelon ainsi qu'en Nouvelle-Calédonie, en Polynésie française et dans les îles Wallis-et-Futuna, la Banque de France reçoit de l'Institut d'émission des départements d'outre-mer ou de l'Institut d'émission d'outre-mer les informations qu'ils détiennent, en application des articles L. 711-8 et L. 712-5, permettant d'identifier l'ensemble des comptes ouverts par les personnes physiques ou morales mentionnées à l'article L. 131-72 et au deuxième alinéa de l'article L. 163-6, sur lesquels peuvent être tirés des chèques. »

Elle communique également au procureur de la République les renseignements concernant les infractions réprimées par les troisième et quatrième alinéas de l'article L. 163-2 et par les premier et deuxième alinéas de l'article L. 163-7.

Les dispositions de l'article L. 163-11 ne font pas obstacle à ce que les établissements de crédit, *(L. n° 2008-776 du 4 août 2008, art. 81-VI, 1°)* « les organismes mentionnés au 5 de l'article L. 511-6 » *(L. n° 2013-100 du 28 janv. 2013, art. 2-III)* « , les établissements de monnaie électronique » *(Ord. n° 2009-866 du 15 juill. 2009, art. 1er-III, en vigueur le 1er nov. 2009)* « et les établissements de paiement » utilisent ces informations comme élément d'appréciation avant d'accorder un financement *(L. n° 2013-100 du 28 janv. 2013, art. 2-III)* « , une ouverture de crédit ou de délivrer un moyen de paiement. » — *[Décr.-L. du 30 oct. 1935, art. 74, al. 1er à 4 et al. 6.] — V. art. R. 131-38 s.*

Art. L. 131-86 La Banque de France assure l'information de toute personne qui, lors de la remise d'un chèque pour le paiement d'un bien ou d'un service, souhaite vérifier la régularité, au regard *(L. n° 2005-516 du 20 mai 2005, art. 16-IV)* « du présent chapitre », de l'émission de celui-ci. L'origine de ces demandes d'information donne lieu à enregistrement. — *[Décr.-L. du 30 oct. 1935, art. 74-1, al. 1er.] — V. art. R. 131-5 s. et R. 163-2.*

Art. L. 131-86-1 *(Ord. n° 2010-1512 du 9 déc. 2010, art. 10)* Lorsque le titulaire du compte est un entrepreneur individuel à responsabilité limitée, les dispositions de la présente section s'appliquent :

— aux comptes afférents au patrimoine non affecté lorsque l'incident de paiement résulte d'un chèque émis sur l'un de ces comptes ;

— aux comptes afférents au patrimoine affecté à une activité professionnelle lorsque l'incident de paiement résulte d'un chèque émis sur l'un de ces comptes, à l'exclusion, le cas échéant, des comptes afférents au patrimoine affecté à une autre activité professionnelle.

BIBL. ▶ Delpech, *D. 2011. Actu. 4* (sanction de l'interdit bancaire de l'EIRL). - Lasserre Capdeville, *LPA 24 déc. 2010* (modifications de l'interdiction bancaire par l'ordonnance sur l'EIRL). - Legeais, *RTD com. 2011. 615* (portée de l'interdiction d'émettre des chèques).

Art. L. 131-87 Les mesures d'application *(L. n° 2005-516 du 20 mai 2005, art. 16-IV)* « du présent chapitre » sont, en tant que de besoin, déterminées par décret en Conseil d'État. Ce décret fixe notamment les modalités selon lesquelles l'injonction est portée à la connaissance du titulaire du compte et précise également ses droits et obligations ainsi que les conditions dans lesquelles il peut régulariser sa situation. Il détermine également les conditions dans lesquelles la Banque de France assure les obligations qui lui incombent en application des articles L. 131-85 et L. 131-86. — *[L. n° 91-1382 du 30 déc. 1991, art. 24.]*

CHAPITRE II *La lettre de change et le billet à ordre*

Art. L. 132-1 La lettre de change est régie par les articles L. 511-1 à L. 511-81 du code de commerce. — *Ancien art. L. 134-1 avant le 1er nov. 2009 (Ord. n° 2009-866 du 15 juill. 2009, art. 1er-IV).*

Art. L. 132-2 Le billet à ordre est régi par les articles L. 512-1 à L. 512-8 du code de commerce. — *Ancien art. L. 134-2 avant le 1er nov. 2009 (Ord. n° 2009-866 du 15 juill. 2009, art. 1er-IV).*

CHAPITRE III *Les règles applicables aux autres instruments de paiement*

(Ord. n° 2009-866 du 15 juill. 2009, art. 1er-V, en vigueur le 1er nov. 2009)

RÉP. COM. v° *Carte de paiement*, par Gibirila.

BIBL. GÉN. ▶ Instruments de paiement : Bouteiller, *JCP E 2009, n° 39, p. 11* (la transposition en droit français des dispositions européennes régissant la fourniture de services de paiement et portant création des établissement de paiement). – S. Piedelièvre, *Gaz. Pal. 2009. 2807 et 2820* (l'Ord. du 15 juill. 2009 relative aux conditions régissant la fourniture de services de paiement). – Gruner, *RLDA déc. 2009. 27* (la transposition française de la directive services de paiement). – Legeais, *RTD com. 2009. 784* (présentation générale de l'Ord. du 15 juill. 2009). – Bonneau, *JCP E 2010, n° 2, p. 18* (le domaine d'application de l'ordonnance). – Mathey, *RD banc. fin. 2010. Étude 1* (la réforme des services de paiement). – Dossier, *RD banc. fin. janv.-févr. 2011* (le droit des services de paiement : tentative de clarification). – Défossez, *RD banc. fin. 2011. Dossier 15* (l'encadrement de la tarification des instruments de paiement).

▸ Carte de paiement : Leplat, *LPA 24 janv. 2002* (réforme du 15 nov. 2001). – Likillimba, *Banque et Droit janv.-févr. 2002. 19* (même thème). – Jude, *D. 2003. 2675* (unité ou dualité du règlement par carte bancaire et par chèque ?). – Djoudi et Loiseau, *RD banc. fin. 2004. 292* (l'état du paiement en ligne). – Leclercq et Khalil, *CCE 2004. Chron. 40* (confiance dans les moyens de paiement en ligne ?). – Lasserre Capdeville, *Banque et Droit mai-juin 2005. 26* (répression de la fraude à la carte bancaire). – Djoudi, *RD banc. fin. juill.-août 2005. 51* (règlement des risques de transfert de fond) ; *Gaz. Pal. 2005. Doctr. 805* (l'internet ou le défi au paiement sécurisé). – Rochet, *RLC 2006, n° 7, p. 96* (analyse économique de la concurrence dans les réseaux de cartes de paiement). – Rodriguez, *RD banc. fin. 2010. Étude 16* (fraude à la carte bancaire : vers un renforcement de la sécurité du titulaire). – Roussille, *Gaz. Pal. 2012. 556* (la carte bancaire : reine des moyens de paiement à la destinée juridique tortueuse).

SECTION I *Champ d'application et définitions*

Art. L. 133-1 I. — **Les dispositions du présent chapitre s'appliquent aux opérations de paiement réalisées par les prestataires de services de paiement mentionnés au livre V dans le cadre des activités définies au II de l'article L. 314-1.**

II. — A l'exception de celles du I de l'article L. 133-14, les dispositions du présent chapitre s'appliquent si le prestataire de services de paiement du bénéficiaire et celui du payeur sont situés sur le territoire de la France métropolitaine, dans les départements d'outre-mer, *(Ord. n° 2013-79 du 25 janv. 2013, art. 1er, en vigueur le 1er janv. 2014)* **« dans le Département de Mayotte, »** *(Abrogé par L. n° 2013-100 du 28 janv. 2013, art. 2-IV)* ***« à Saint-Barthélemy, »*** **à Saint-Martin** *(Abrogé par Ord. n° 2013-79 du 25 janv. 2013, art. 1er, à compter du 1er janv. 2014)* ***« , à Mayotte »*** **ou à Saint-Pierre-et-Miquelon et que l'opération est réalisée en euros.**

A l'exception de celles du I de l'article L. 133-14, les dispositions du présent chapitre s'appliquent également si le prestataire de services de paiement du bénéficiaire et celui du payeur sont situés, l'un sur le territoire de la France métropolitaine, dans les départements d'outre-mer,*(Ord. n° 2013-79 du 25 janv. 2013, art. 1er, en vigueur le 1er janv. 2014)* **« dans le Département de Mayotte, »** *(L. n° 2013-100 du 28 janv. 2013, art. 2-IV)* **« ou à Saint-Martin », l'autre sur le territoire de la France métropolitaine, dans les départements d'outre-mer,** *(Ord. n° 2013-79 du 25 janv. 2013, art. 1er, en vigueur le 1er janv. 2014)* **« dans le Département de Mayotte, » à Saint-Martin** *(Abrogé par L. n° 2013-100 du 28 janv. 2013, art. 2-IV)* ***« , à Saint-Barthélemy »*** **ou dans un autre État membre de la Communauté européenne ou dans un autre État partie à l'accord sur l'Espace économique européen, et que l'opération est réalisée en euros ou dans la devise d'un État membre** *(L. n° 2010-737 du 1er juill. 2010, art. 38-II)* **« de la Communauté européenne ou d'un autre État partie à l'accord sur l'Espace économique européen » qui n'appartient pas à la zone euro.**

III. — Les dispositions du présent chapitre ne s'appliquent pas aux opérations de paiement effectuées entre prestataires de services de paiement pour leur propre compte.

(L. n° 2013-100 du 28 janv. 2013, art. 2-IV) **« IV. — Sans préjudice de l'application de la section XII, le présent chapitre s'applique à l'émission et la gestion de monnaie électronique. »** — *V. C. mon. fin., art. L. 133-29 s.*

Art. L. 133-1-1 I. — **Si le prestataire de services de paiement du payeur est situé à Saint-Pierre-et-Miquelon** *(Abrogé par Ord. n° 2013-79 du 25 janv. 2013, art. 1er, à comp-*

ter du 1er janv. 2014) « *ou à Mayotte* » et que le prestataire de services de paiement du bénéficiaire est situé hors de France, quelle que soit la devise utilisée pour l'opération de paiement, les dispositions suivantes s'appliquent :

a) Les dispositions de la section V du présent chapitre ;

b) Les dispositions de la section VI du présent chapitre pour les opérations de paiement par carte non autorisées. Dans ce cas, par dérogation au deuxième alinéa du I de l'article L. 133-19, le payeur supporte, avant l'information prévue à l'article L. 133-17, les pertes liées à l'utilisation de l'instrument perdu ou volé dans la limite d'un plafond de 150 € en cas d'opération de paiement non autorisée effectuée sans utilisation du dispositif de sécurité personnalisé ;

c) Les dispositions du premier alinéa de l'article L. 133-23 et de l'article L. 133-24 pour les opérations de paiement par carte non autorisées. Dans ce cas, par dérogation à l'article L. 133-24, le délai de treize mois est ramené à soixante-dix jours. Il peut être prolongé contractuellement sans pouvoir dépasser cent vingt jour ;

(L. n° 2010-737 du 1er juill. 2010, art. 38-II) « *d)* Les dispositions du II de l'article L. 133-26. »

II. — Les dispositions du I s'appliquent également si le prestataire de services de paiement du payeur est situé sur le territoire de la France métropolitaine, dans les départements d'outre-mer, *(Ord. n° 2013-79 du 25 janv. 2013, art. 1er, en vigueur le 1er janv. 2014)* « dans le Département de Mayotte, » à Saint-Martin ou à Saint-Barthélemy et que le prestataire de services de paiement du bénéficiaire est situé dans un État qui n'est pas membre de la Communauté européenne ni partie à l'accord sur l'Espace économique européen, quelle que soit la devise utilisée pour l'opération de paiement.

Art. L. 133-2 Sauf dans les cas où l'utilisateur est une personne physique agissant pour des besoins non professionnels, il peut être dérogé par contrat aux dispositions de l'article L. 133-1-1, *(L. n° 2010-737 du 1er juill. 2010, art. 38-II)* « des troisième et quatrième alinéas » de l'article L. 133-7, des articles L. 133-8, L. 133-19, L. 133-20, L. 133-22, L. 133-23, L. 133-25, L. 133-25-1, L. 133-25-2 et au I de l'article L. 133-26.

Art. L. 133-3 I. — Une opération de paiement est une action consistant à verser, transférer ou retirer des fonds, indépendamment de toute obligation sous-jacente entre le payeur et le bénéficiaire, ordonnée par le payeur ou le bénéficiaire.

II. — L'opération de paiement peut être ordonnée :

a) Par le payeur, qui donne un ordre de paiement à son prestataire de services de paiement ;

b) Par le payeur, qui donne un ordre de paiement par l'intermédiaire du bénéficiaire qui, après avoir recueilli l'ordre de paiement du payeur, le transmet au prestataire de services de paiement du payeur, le cas échéant, par l'intermédiaire de son propre prestataire de services de paiement ;

c) Par le bénéficiaire, qui donne un ordre de paiement au prestataire de services de paiement du payeur, fondé sur le consentement donné par le payeur au bénéficiaire et, le cas échéant, par l'intermédiaire de son propre prestataire de services de paiement.

Sur la possibilité de payer par carte de paiement ou de crédit dans le cadre des dispositions prohibant le règlement en espèces au-delà d'un certain montant, V. C. mon. fin., art. L. 112-6 s.

Sur la centralisation des incidents de paiement, V. C. mon. fin., art. L. 313-6 s.

Sur le caractère d'opération de banque de la gestion des cartes de paiement, V. C. mon. fin., art. L. 311-1, L. 311-3 et L. 511-1.

1. Règlements à distance. Les entreprises qui souhaitent pouvoir accepter des règlements à distance sont contractuellement tenues de prendre des engagements étendus à propos des litiges que pourraient éventuellement soulever leurs clients. De fait, elles assument la responsabilité des conséquences dommageables, directes ou indirectes, de tout débit erroné donnant lieu à contestation, et cela sans limitation de durée : * Rép. min. n° 38375 : *JOAN Q, 8 juill. 1996, p. 3657* ; n° 6802 : *JOAN Q, 13 déc. 1993, p. 4490* ; n° 7768 : *JO Sénat Q, 2 févr. 1995, p. 266.* ♦ V. aussi note 2 ss. C. mon. fin., art. L. 133-4.

2. Droit de la concurrence (entente). V., en droit interne, Nicolas, *Banque et Droit 1988. 67* ; Lucas de Leyssac, *Rev. dr. bancaire 1991. 2.* ♦ V. aussi • Paris, 16 nov. 1989 : *Gaz. Pal. 1989. 2. Somm. 514* • 26 avr. 1990 : *D. 1990. IR 133* • Cons. conc. n° 88-D-37 du 11 oct. 1988 : *RTD com. 1989. 102, obs. Cabrillac et Teyssié ; JCP 1991. II. 21590, note Bouteiller* • n° 03-A-17 du 18 sept. 2003 : *BOCC 26 avr. 2005 ; D. 2003. AJ 2635* (Moneo). ♦ V. aussi, notes 11 et 13 ss. C. com., art. L. 420-1. ♦ Comp., en droit européen : Sousi-Roubi, *Rev. dr. bancaire 1989. 87* ; Feddag, *LPA 9 juill. 2009* (libres propos relatifs aux ententes pratiquées par le groupement des cartes bancaires).

3. Système « carte bancaire ». Le GIE des cartes bancaires assure, en qualité de mandataire à titre gratuit des banques adhérentes, l'étude, la normalisation et la répression des fraudes dues au système de paiement par cartes bancaires et n'intervient pas dans les relations contractuelles des banques avec leurs clients. • Paris, 5 déc. 1997 : *D. 1998. IR 18 ; D. Affaires 1998. 251, obs. X. D.* ♦ V. aussi note 10 ss. C. consom., art. R. 132-2, v° *Ventes commerciales (dispositions générales).*

4. Contrat d'adhésion. Le contrat d'adhésion (ou contrat commerçant) au système de paiement par carte bancaire faisant l'obligation au commerçant accepteur de s'équiper de matériels électroniques agréés par le groupement des cartes ne comporte aucune réserve sur un matériel non fourni par la banque, laquelle devra donner à l'accepteur toutes les informations permettant la sécurité des transactions et notamment l'accès au système d'autorisation pour que celui-ci puisse déclarer en toute connaissance de cause qu'il utilise un équipement électronique qui assure automatiquement les opérations de sécurité et qui permet de détecter les contrefaçons au moment de la demande d'autorisation. • Paris, 11 déc. 1998 : *D. Affaires 1999. 217, obs. X. D.* ♦ La clause figurant aux conditions générales du « contrat monétique » ayant pour objet l'acceptation des paiements à distance dans le cadre d'achats par internet, qui permet à la banque de débiter d'office le compte du commerçant du montant de toute opération de paiement dont la réalité ou le montant serait contesté par le titulaire de la carte et qui fait supporter au commerçant les risques de fraude, n'est ni potestative, ni abusive, dès lors que le commerçant est bénéficiaire du système de paiement que le banquier met à sa disposition, en ce qu'il lui permet d'atteindre une clientèle éloignée, et par voie de conséquence d'augmenter son volume d'affaires. • Pau, 8 janv. 2007 : *JCP E 2007, n° 12, p. 13 ; CCE 2007, n° 58, obs. Debet ; RD banc. fin. 2007, n° 124, obs. Caprioli ; RJDA 2007, n° 1274.* ♦ Sur la prédominance des conditions particulières du contrat d'adhésion sur les conditions générales, V. • Com. 6 déc. 2005 : *Bull. civ. IV, n° 238 ; RTD com. 2006. 166, obs. Legeais ; JCP E 2006, n° 22, p. 966, obs. Mathey ; RJDA 2006, n° 575.*

5. Garantie de la banque. Le commerçant qui fractionne sciemment le paiement pour échapper au contrôle et qui s'abstient d'utiliser l'imprimante manuelle permettant de vérifier l'identification de la carte ne peut pas bénéficier de la garantie contractuelle de la banque. • Paris, 21 juin 1991 : *JCP 1991. IV. 421.* ♦ Un commerçant ne peut demander à une banque de lui payer le montant d'une transaction réglée par carte bancaire à l'aide d'un sabot manuel et pour laquelle il avait demandé une autorisation au centre carte bleue, dans la mesure où ayant signé un contrat d'adhésion au système de paiement par carte bancaire, qui permettait à la banque d'apporter toute modification au contrat initial par lettre simple, la banque lui avait fait savoir par courrier qu'il avait dorénavant l'obligation d'utiliser un matériel propre au contrôle du code secret et qu'à défaut de respecter cette obligation le règlement des paiements par carte bleue n'était plus garanti. • Paris, 5 déc. 1997 : *cité note 3.* ♦ Pour une hypothèse de légèreté blâmable d'une banque qui, après avoir crédité le compte d'un commerçant sans invoquer de difficulté, annule l'opération sous prétexte d'une réalité douteuse, V. • Paris, 9 nov. 2006 : *RJDA 2007, n° 284.* ♦ Sur le partage de responsabilité entre un commerçant et son banquier en raison de l'utilisation frauduleuse d'une carte de paiement, V., retenant l'absence de faute de la banque ayant pratiqué des débits litigieux sur le compte de son cocontractant, bien qu'il n'ait jamais été avisé de l'opposition affectant la carte de crédit de son client, dans la mesure où les opérations frauduleuses ont chacune excédé le montant du plafond maximum garanti et où, aux termes des conditions générales d'adhésion au système de paiement par carte, le montant des opérations non garanties pouvait être débité dans un délai de six mois à partir de la date du crédit du compte : • Com. 6 juin 2001 : *Bull. civ. IV, n° 110 ; D. 2001. AJ 2197, obs. Delpech.* ♦ Sur l'absence de responsabilité d'un commerçant ayant accepté des paiements fractionnés de l'un de ses clients, la carte s'étant avérée volée, V. • Paris, 26 févr. 2002 : *BRDA 2002, n° 8, p. 13.* – Dans le même sens, dès lors que le commerçant n'a pas été informé par l'émetteur de la carte. • Orléans, 21 mars 2002 : *RD banc. fin. 2002, n° 126, obs. Crédot et Gérard.* ♦ Le système de paiement en ligne est destiné à protéger les clients des commerçants et non pas les commerçants eux-mêmes. • Orléans, 26 mai 2005 : *JCP E 2006, n° 22, p. 966, obs. Mathey.*

6. Dénonciation du contrat commerçant par la banque. Pour une dénonciation motivée par la violation de la convention par le commerçant, V. • Com. 27 févr. 1990 : *D. 1991. Somm. 37, obs. Vasseur ; ibid. Somm. 249, obs. Gavalda et Lucas de Leyssac.*

7. Escroquerie du commerçant. Caractérise l'existence de manœuvres frauduleuses déterminantes de la remise de fonds le fait pour un commerçant d'utiliser sa propre carte bancaire sur le terminal électronique de paiement remis par sa banque pour des opérations d'achats fictifs, dans le seul but de disposer d'un crédit indu. • Crim. 13 sept. 2006 : *Bull. crim. n° 221 ; D. 2006. AJ 2525, obs. Avena-Robardet ; RTD com. 2007. 248, obs. Bouloc ; RTD civ. 2007. 350, obs. Mestre et Fages ; AJ pénal 2006. 451, obs. P. R. ; JCP 2007. II. 10033, note Lasserre Capdeville ; Gaz. Pal. 2006. 3417, obs. A. C. ; BRDA 2006, n° 20, p. 7 ; Dr. pénal 2006, n° 158, obs. Véron.*

Art. L. 133-4 Pour l'application du présent chapitre :

a) Un dispositif de sécurité personnalisé s'entend de tout moyen technique affecté par un prestataire de services de paiement à un utilisateur donné pour l'utilisation d'un instrument de paiement. Ce dispositif, propre à l'utilisateur de services de paiement et placé sous sa garde, vise à l'authentifier ;

b) Un identifiant unique s'entend d'une combinaison de lettres, de chiffres ou de symboles indiquée à l'utilisateur de services de paiement par le prestataire de services de paiement, que l'utilisateur de services de paiement doit fournir pour permettre alternativement ou cumulativement l'identification certaine de l'autre utilisateur de services de paiement et de son compte de paiement pour l'opération de paiement ;

c) Un instrument de paiement s'entend, alternativement ou cumulativement, de tout dispositif personnalisé et de l'ensemble de procédures convenu entre l'utilisateur de services de paiement et le prestataire de services de paiement et auquel l'utilisateur de services de paiement a recours pour donner un ordre de paiement ;

d) Un jour ouvrable est un jour au cours duquel le prestataire de services de paiement du payeur ou celui du bénéficiaire exerce une activité permettant d'exécuter des opérations de paiement.

1. Ordre de paiement par signature électronique. Sur l'assimilation conventionnelle de la composition d'un code confidentiel à un ordre de paiement, V. • Civ. 1re, 8 nov. 1989 : *Bull. civ. I, n° 342 ; D. 1990. 369, note Gavalda ; ibid. Somm. 327, obs. Huet ; D. 1991. Somm. 38, obs. Vasseur ; JCP 1990. II. 21576, note Virassamy ; RTD com. 1990. 78, obs. Cabrillac et Teyssié.*

2. Ordre de paiement par communication du numéro de carte. Dès lors qu'il est établi que le titulaire d'une carte bancaire a passé commande verbalement et a accepté de procéder au règlement de la transaction au moyen de sa carte bancaire dont il a communiqué le numéro, l'absence de facture signée par le titulaire de la carte ou l'absence de communication du code confidentiel importe peu. • Paris, 8 juin 1999 : *D. Affaires 1999. 1287, obs. X. D. ; RTD com. 1999. 939, obs. Cabrillac.* ♦ En signant le formulaire carte bancaire et en utilisant celle-ci, le titulaire a renoncé implicitement mais nécessairement au système de preuve légale institué par l'art. 1341 C. civ. • Même arrêt. ♦ Sur la portée de la communication du numéro de carte bancaire en vue de la réservation d'une prestation, V. • Civ. 1re, 19 oct. 1999 : *Bull. civ. I, n° 285 ; D. 2000. Somm. 337, obs. Thullier ; RTD com. 2000. 159, obs Cabrillac ; RTD civ. 2000. 116, obs. Mestre et Fages ; JCP E 1999, n° 47, p. 1845, obs. Bouteiller ; CCC 2000, n° 1, obs. Leveneur.* – Rappr. note 1 ss. C. mon. fin., art. L. 133-3. ♦ Sur le jeu des stipulations contractuelles, V. note 3. ♦ Sur le paiement à distance par carte bancaire, V. aussi notes 15 à 17 ss. C. mon. fin., art. L. 133-19.

3. Stipulations contractuelles. La constatation de la communication volontaire à distance, par le titulaire d'une carte bancaire, du numéro de cette carte, de sa date de validité et du cryptogramme visuel à trois chiffres constitue un motif impropre à établir que le titulaire de la carte, qui n'avait communiqué ces données que pour garantir la réservation d'une chambre d'hôtel sur un formulaire précisant que cette communication ne donnerait lieu à aucun débit, avait donné mandat de payer, de telle sorte que à défaut d'un tel mandat, la banque est tenue de restituer la somme débitée. • Com. 24 mars 2009 : *D. 2009. Chron. C. cass. 1241, obs. Bélaval ;*

ibid. 1735, note Lasserre Capdeville ; D. 2010. Pan. 1047, obs. D. R. Martin ; JCP E 2009, n° 25, p. 17, note Bouteiller ; Gaz. Pal. 2009. 2647, obs. Forster ; CCE 2009, n° 56, obs. Debet ; RJDA 2009, n° 671. ♦ Sur le paiement à distance par carte bancaire et les effets des stipulations contractuelles, V. aussi : • Com. 11 janv. 2005 : *JCP E 2005, n° 9, p. 351, obs. Bouteiller ; RD banc. fin. 2005, n° 32, obs. Crédot et Gérard* • 12 déc. 2006 : *Bull. civ. IV, n° 241 ; D. 2007. AJ 219, obs. Avena-Robardet ; RTD com. 2007. 424, obs. Legeais ; RTD civ. 2007. 349, obs. Mestre et Fages ; JCP E 2007, n° 22, p. 24, obs. Stoufflet.*

4. Autres dispositifs. Sur les dispositifs du futur, V. *D. 2010. Actu. 884* (le doigt à la place du code secret !).

Art. L. 133-5 La responsabilité prévue aux sections 2 à 9 du présent chapitre ne s'applique pas aux cas de force majeure, ni lorsque le prestataire de services de paiement est lié par d'autres obligations légales prévues par des législations nationales ou communautaires.

SECTION II *Autorisation d'une opération de paiement*

Art. L. 133-6 I. — Une opération de paiement est autorisée si le payeur a donné son consentement à son exécution.

Toutefois, le payeur et son prestataire de services de paiement peuvent convenir que le payeur pourra donner son consentement à l'opération de paiement après l'exécution de cette dernière.

II. — Une série d'opérations de paiement est autorisée si le payeur a donné son consentement à l'exécution de la série d'opérations. — *V. art. D. 133-1 C. mon. fin.*

La demande de délivrance d'une carte bancaire de retrait doit être regardée comme un acte d'administration du patrimoine des personnes placées en curatelle ou en tutelle, alors que la demande de délivrance d'une carte bancaire de crédit doit être regardée comme un acte de disposition (Décr. n° 2008-1484 du 22 déc. 2008, annexe I, JO 31 déc.). — **C. civ.**

BIBL. ▸ Bonhomme, *JCP E 2010, n° 2, p. 26* (déclenchement de l'opération de paiement : consentement et ordre). - Siguoirt, *RD banc. fin. 2011. Dossier 17* (preuve de l'opération de paiement).

Art. L. 133-7 Le consentement est donné sous la forme convenue entre le payeur et son prestataire de services de paiement.

En l'absence d'un tel consentement, l'opération ou la série d'opérations de paiement est réputée non autorisée.

Le consentement peut être retiré par le payeur tant que l'ordre de paiement n'a pas acquis un caractère d'irrévocabilité conformément aux dispositions de l'article L. 133-8.

Le consentement à l'exécution d'une série d'opérations de paiement peut être retiré, avec pour effet que toute opération postérieure est réputée non autorisée.

1. Forme du consentement. V. notes ss. C. mon. fin., art. L. 133-4.

2. Irrévocabilité de l'ordre de virement. V. note ss. C. mon. fin., art. L. 133-8.

Art. L. 133-8 I. — L'utilisateur de services de paiement ne peut révoquer un ordre de paiement une fois qu'il a été reçu par le prestataire de services de paiement du payeur sauf disposition contraire du présent article.

II. — Lorsque l'opération de paiement est ordonnée par le bénéficiaire ou par le payeur qui donne un ordre de paiement par l'intermédiaire du bénéficiaire, le payeur ne peut révoquer l'ordre de paiement qu'avant d'avoir transmis l'ordre de paiement au bénéficiaire ou donné son consentement à l'exécution de l'opération de paiement au bénéficiaire.

Toutefois, en cas de prélèvement et sans préjudice du droit à remboursement mentionné à l'article L. 133-25, le payeur peut révoquer l'ordre de paiement au plus tard à la fin du jour ouvrable précédant le jour convenu pour le débit des fonds.

III. — Dans le cas où il a été convenu entre l'utilisateur qui a ordonné l'opération de paiement et son prestataire de services de paiement que l'exécution de l'ordre de paiement commencera un jour donné ou à l'issue d'une période déterminée ou le jour où le payeur aura mis les fonds à la disposition de son prestataire de services de paiement, l'utilisateur de services de paiement peut révoquer l'ordre de paiement au plus tard à la fin du jour ouvrable précédant le jour convenu ;

IV. — A l'expiration des délais mentionnés aux I, II et III, l'ordre de paiement ne peut être révoqué que si l'utilisateur de services de paiement et son prestataire de services de paiement en sont convenus. Dans les cas mentionnés au II, le consentement du bénéficiaire est également requis. Si la convention de compte de dépôt ou le contrat-cadre de services de paiement le prévoit, le prestataire de services de paiement peut imputer des frais pour la révocation.

Irrévocabilité de l'ordre de paiement. L'apposition de la signature du titulaire de la carte sur l'ordre de paiement confère à celui-ci un caractère irrévocable et abstrait ; le donneur d'ordre doit rembourser les factures réglées par l'émetteur sans pouvoir lui opposer aucune exception tirée du rapport fondamental qui a donné lieu au paiement. • Paris, 12 mai 1995 : *Rev. dr. bancaire 1995. 217, obs. Crédot et Gérard.* ♦ Sur l'irrévocabilité de l'ordre de paiement pour une commande passée à distance avec indication sur la commande du numéro de carte par le porteur en cas de contestation tardive et d'absence de justification de l'annulation de la commande, V. • Paris, 8 juin 1999 : *Banque et Droit sept.-oct. 2000. 54, obs. Guillot.* ♦ L'engagement de payer étant irrévocable, l'opposition pour motif « marchandise défectueuse » n'est donc pas valable. • T. com. Versailles, 17 déc. 2003 : *Banque et Droit sept.-oct. 2005. 75, obs. Guillot.* ♦ Mais jugé qu'une juridiction n'a pas donné de base légale à sa décision en ne recherchant pas si la contestation formulée quant à la portée de son engagement par le titulaire d'une carte de crédit, qui avait été utilisée pour souscrire un abonnement payable mensuellement, ne valait pas révocation pour l'avenir du mandat de paiement ainsi donné. • Com. 27 mars 2012 : *Bull. civ. IV, n° 65 ; D. 2012. 1520, note Lasserre-Capdeville ; JCP E 2012, n° 1407, note Rodriguez ; RJDA 2012, n° 614.* ♦ Pour une appréciation de l'obligation pour l'émetteur de payer les paiements faits par la carte, V. • Versailles, 26 juin 2003 : *RJDA 2004, n° 614.* ♦ V. aussi note 5 ss. C. mon. fin., art. L. 133-17 et note 9 ss. C. mon. fin., art. L. 133-19.

SECTION III *Conditions d'exécution d'une opération de paiement*

Art. L. 133-9 Le moment de réception est le moment où l'ordre de paiement est reçu par le prestataire de services de paiement du payeur.

Si l'utilisateur de services de paiement qui a ordonné l'opération de paiement et son prestataire de services de paiement conviennent que l'exécution de l'ordre de paiement commencera un jour donné ou à l'issue d'une période déterminée ou le jour où le payeur aura mis les fonds à la disposition de son prestataire de services de paiement, le moment de réception est réputé être le jour convenu.

Si le moment de réception n'est pas un jour ouvrable pour le prestataire de services de paiement du payeur, l'ordre de paiement est réputé avoir été reçu le jour ouvrable suivant. — *V. art. D. 133-2 C. mon. fin.*

BIBL. ▶ Torck, *JCP E 2010, n° 2, p. 30* (exécution et contestation des opérations de paiement).

Art. L. 133-10 I. — Lorsque le prestataire de services de paiement refuse d'exécuter un ordre de paiement, il le notifie à l'utilisateur de services de paiement, ou met la notification à sa disposition selon les modalités convenues, dès que possible et, en tout état de cause, dans un délai ne pouvant excéder celui prévu à l'article L. 133-13, et lui en donne, si possible et à moins d'une interdiction en vertu d'une autre législation communautaire ou nationale, les motifs. Lorsque le refus est justifié par une erreur matérielle, il indique, si possible, à l'utilisateur de services de paiement la procédure à suivre pour corriger cette erreur.

La convention de compte de dépôt ou le contrat-cadre de services de paiement peut prévoir la possibilité pour le prestataire de services de paiement d'imputer des frais pour une telle notification si le refus est objectivement justifié.

Pour l'application des articles L. 133-13 et L. 133-22, un ordre de paiement refusé est réputé non reçu.

II. – Dans le cas du prélèvement, lorsque le montant crédité à l'échéance sur le compte du bénéficiaire constitue une avance, le contrat-cadre de services de paiement ou la convention de compte de dépôt prévoit les conséquences de la contre-passation de l'opération lorsqu'elle n'est pas imputée au compte du payeur.

Art. L. 133-11 Le prestataire de services de paiement du payeur et celui du bénéficiaire ainsi que leurs intermédiaires intervenant pour la réalisation d'une opération de paiement transfèrent le montant total de l'opération de paiement et ne peuvent prélever des frais sur le montant transféré.

Cependant, le bénéficiaire peut convenir avec son prestataire de services de paiement que ce dernier prélève préalablement les frais qui lui sont dus sur le montant transféré. Dans ce cas, le montant total de l'opération de paiement et les frais sont séparés dans l'information donnée au bénéficiaire.

Si d'autres frais sont déduits du montant transféré, lorsque l'opération de paiement est ordonnée par le payeur, le prestataire de services de paiement du payeur veille à ce que le bénéficiaire reçoive le montant total de l'opération. Lorsque l'opération de paiement est ordonnée par le bénéficiaire ou par le payeur qui donne un ordre de paiement par l'intermédiaire du bénéficiaire, le prestataire de services de paiement du bénéficiaire veille à ce que celui-ci reçoive le montant total de l'opération de paiement.

SECTION IV *Délai d'exécution des opérations de paiement et dates de valeur*

Art. L. 133-12 Sans préjudice des dispositions de l'article L. 133-1, les dispositions de la présente section s'appliquent aux opérations de paiement effectuées en euros et aux opérations de paiement entraînant une seule conversion entre l'euro et la devise officielle d'un État partie à l'accord sur l'Espace économique européen ne relevant pas de la zone euro, à condition que la conversion requise soit effectuée dans cet État et que, en cas d'opérations de paiement transfrontalières, le transfert transfrontalier s'effectue en euros.

Elles s'appliquent également aux opérations de paiement autres que celles mentionnées à l'alinéa précédent, sauf convention contraire entre l'utilisateur de services de paiement et son prestataire de services de paiement. Cependant, lorsque le prestataire de services de paiement et l'utilisateur conviennent de délais plus longs que ceux fixés à l'article L. 133-13, ce délai ne peut dépasser quatre jours ouvrables à compter du moment de réception de l'ordre de paiement.

BIBL. ▶ Torck, *JCP E 2010, nº 2, p. 30* (exécution et contestation des opérations de paiement).

Art. L. 133-13 I. – Le montant de l'opération de paiement est crédité sur le compte du prestataire de services de paiement du bénéficiaire au plus tard à la fin du premier jour ouvrable suivant le moment de réception de l'ordre de paiement tel que défini à l'article L. 133-9. Ce délai peut être prolongé d'un jour ouvrable supplémentaire pour les opérations de paiement ordonnées sur support papier.

Jusqu'au 1er janvier 2012, pour l'application du présent article, le payeur et le prestataire de services de paiement peuvent convenir d'un délai d'exécution différent, ne pouvant excéder trois jours ouvrables. Ce délai peut être prolongé d'un jour ouvrable supplémentaire pour les opérations de paiement ordonnées sur support papier.

II. – Le prestataire de services de paiement du bénéficiaire transmet un ordre de paiement donné par le bénéficiaire, ou par le payeur qui donne un ordre de paiement par l'intermédiaire du bénéficiaire, au prestataire de services de paiement du payeur dans les délais convenus entre le bénéficiaire et son prestataire de services de paiement. Ces délais doivent permettre le règlement des prélèvements à la date convenue.

III. — Lorsque le bénéficiaire d'un paiement n'est pas titulaire d'un compte auprès du prestataire de services de paiement, les fonds sont mis à sa disposition par le prestataire de services de paiement qui reçoit les fonds dans les délais prévus au présent article.

Art. L. 133-14 I. — La date de valeur d'une somme portée au crédit du compte du bénéficiaire ne peut être postérieure à celle du jour ouvrable au cours duquel le montant de l'opération de paiement est crédité sur le compte du prestataire de services de paiement du bénéficiaire.

Le prestataire de services de paiement du bénéficiaire met le montant de l'opération à disposition du bénéficiaire *(L. n° 2010-737 du 1er juill. 2010, art. 38-II)* « immédiatement » après que son propre compte a été crédité.

La date de valeur du débit inscrit au compte de paiement du payeur ne peut être antérieure au jour où le montant de l'opération de paiement est débité de ce compte.

Ces dispositions s'appliquent si l'un des prestataires de services de paiement impliqués dans l'opération est situé sur le territoire de la France métropolitaine, dans les départements d'outre-mer, *(Ord. n° 2013-79 du 25 janv. 2013, art. 1er, en vigueur le 1er janv. 2014)* « dans le Département de Mayotte, » à Saint-Martin, à Saint-Barthélemy, *(Abrogé par Ord. n° 2013-79 du 25 janv. 2013, art. 1er, à compter du 1er janv. 2014)* *« à Mayotte »* ou à Saint-Pierre-et-Miquelon.

Toute stipulation contraire au présent I est réputée non écrite.

II. — Lorsqu'une personne physique n'agissant pas pour des besoins professionnels verse des espèces sur un compte auprès d'un prestataire de services de paiement, dans la devise de ce compte, le prestataire de services de paiement veille à ce que le montant versé soit mis à disposition et reçoive une date de valeur aussitôt que les fonds sont reçus.

Lorsque le versement est effectué par une personne autre que celle mentionnée à l'alinéa précédent, le montant versé est mis à disposition et reçoit une date de valeur au plus tard le jour ouvrable suivant celui de la réception des fonds.

BIBL. ▸ TRÉHEL et GASTEBLED, *Banque et Droit mars-avr. 2012. 8* (dates de valeur : itinéraire d'une pratique bancaire sous surveillance).

SECTION V *Obligations des parties en matière d'instruments de paiement*

Art. L. 133-15 I. — Le prestataire de services de paiement qui délivre un instrument de paiement doit s'assurer que les dispositifs de sécurité personnalisés de cet instrument tels que définis à l'article L. 133-4 ne sont pas accessibles à d'autres personnes que l'utilisateur autorisé à utiliser cet instrument.

Le prestataire de services de paiement s'abstient d'envoyer tout instrument de paiement non sollicité, sauf dans le cas où un instrument de paiement déjà donné à l'utilisateur de services de paiement doit être remplacé.

II. — Le prestataire de services de paiement met en place les moyens appropriés permettant à l'utilisateur de procéder à tout moment à l'information prévue à l'article L. 133-17.

Il fournit sur demande à l'utilisateur les moyens de prouver qu'il a effectué l'information prévue à l'article L. 133-17, dans les conditions fixées par décret. — *V. art. D. 133-3 C. mon. fin.*

III. — Le prestataire de services de paiement empêche toute utilisation de l'instrument de paiement après avoir été informé, conformément aux dispositions de l'article L. 133-17, de sa perte, de son vol, de son détournement ou de toute utilisation non autorisée de l'instrument de paiement ou des données qui lui sont liées.

IV. — Le prestataire de services de paiement supporte le risque lié à l'envoi au payeur d'un instrument de paiement ou de tout dispositif de sécurité personnalisé de celui-ci.

BIBL. ▸ GÉRARD, *JCP E 2010, n° 2, p. 40* (utilisation frauduleuse des instruments de paiement).

A. DÉLIVRANCE DE L'INSTRUMENT DE PAIEMENT

1. *Refus de délivrance.* Une banque ne commet pas de faute en refusant de délivrer une carte de crédit à son client à qui elle avait retiré une autorisation de découvert, ce client ayant fait l'objet d'une mesure d'interdiction bancaire à la suite d'incidents de paiement dans d'autres banques. • Paris, 9 sept. 1998 : *RD bancaire et bourse 1998. 227, obs. Crédot et Gérard.*

2. *Capacité.* La délivrance d'une carte à un majeur en curatelle ne peut être valablement décidée sans l'assistance du curateur. • Civ. 1re, 21 nov. 1984 : *D. 1985. 297, note Lucas de Leyssac ; RTD com. 1985. 544, obs. Cabrillac et Teyssié ; Gaz. Pal. 1985. 2. 473, note Massip ; JCP 1986. I. 3265, n° 151, chron. Gavalda et Stoufflet.*

3. *Conclusion et modification du « contrat carte de crédit ».* Le seul fait que le titulaire d'un compte n'ait pas protesté à la réception des cartes de crédit ou des mises en demeure formulées par la banque ne suffit pas à établir qu'il a entendu contracter avec la banque pour obtenir des cartes de crédit supplémentaires, dès lors qu'aucun acte positif n'est venu manifester son intention. • Rouen, 12 mai 1993 : *JCP 1994. IV. 1972.* ♦ Sur le caractère non abusif des clauses permettant des modifications unilatérales, V. note 10 ss. art. R. 132-2 C. consom., v° *Ventes commerciales (Dispositions générales).*

4. *Carte accréditive.* Considérant que la mise à disposition d'une carte accréditive à débit différé n'est pas une opération de crédit soumise au code de la consommation, V. • Paris, 20 oct. 2000 : *D. 2001. AJ 229, obs. crit. Delpech.* ♦ Sur l'application des règles protectrices des consommateurs, V. note 2 ss. C. consom., art. L. 311-2, v° *Ventes commerciales, V. Crédit (ventes à).* ♦ Sur l'obligation par l'Amex de vérifier le caractère anormal ou inhabituel des dépenses du titulaire d'une carte *American express*, V. note 8 ss. C. mon. fin., art. L. 133-8.

5. *Carte prépayée.* La carte prépayée destinée à s'acquitter de la redevance de stationnement ne saurait constituer une carte de paiement au sens de l'art. L. 132-1 [ancien] C. mon. fin. • Crim. 13 juin 2007 : *Gaz. Pal. 2009. 3282, obs. Lasserre Capdeville ; Dr. pénal 2007, n° 137, obs. J.-H. Robert.*

6. *Envoi de la carte.* Ne commet pas de faute la banque qui, en l'absence d'instructions contraires de son client, adresse une carte par voie postale ordinaire, le code secret ayant été envoyé séparément, V. • TI Nice, 17 févr. 1998 : *JCP E 1999, n° 17, p. 765, obs. Gavalda et Stoufflet.* ♦ Sur une limitation de l'indemnisation par La Poste de la banque qui a remboursé à son client les sommes résultant de retraits frauduleux consécutifs à l'envoi par lettre recommandée AR de la carte bancaire qui n'est jamais arrivée à destination, V. • Civ. 1re, 18 févr. 2009 : *Bull. civ. I, n° 35 ; JCP E 2009, n° 24, p. 15, obs. Routier ; CCC 2009, n° 122, obs. Leveneur ; RJDA 2009, n° 540.*

7. *Retrait de la carte.* Sur l'exercice du droit de retrait par l'établissement de crédit et les conventions ou stipulations réglementant ce droit, V. • Com. 26 mai 2004 : *RD banc. fin. 2004, n° 155, obs. Crédot et Gérard.* ♦ La clause permettant, à tout moment, à une banque de retirer, faire retirer, bloquer l'usage d'une carte bancaire ou en demander la restitution réserve à l'établissement financier le droit de modifier unilatéralement, sans préavis, les conditions d'utilisation de la carte et constitue une clause abusive. • Civ. 1re, 28 mai 2009 : *Bull. civ. I, n° 110 ; D. 2009. AJ 1602 ; JCP E 2009, n° 44-45, p. 10, obs. Mathey ; RDC 2009. 1430, note Fenouillet* (cassation de • Paris, 3 avr. 2008 : *RJDA 2008, n° 859).*

B. TITULAIRE DE L'INSTRUMENT DE PAIEMENT

8. *Compte joint.* Lorsqu'une carte est délivrée à l'un des titulaires d'un compte joint, celui-ci, en l'absence de solidarité stipulée entre les titulaires du compte, est seul tenu du remboursement des sommes dues à l'organisme émetteur. • TGI Bayonne, 5 févr. 1986 : *D. 1987. Somm. 300, obs. Vasseur ; LPA 15 sept. 1986, obs. Sousi-Roubi.* ♦ L'approbation des cotitulaires du compte pour la délivrance d'un instrument de paiement n'a pas à être recueillie par la banque en présence comme en l'espèce d'une convention de compte joint qui comporte solidarité active des cotitulaires et qui ne comporte aucune stipulation restreignant les modalités de fonctionnement du compte. • Paris, 21 déc. 2007 : *JCP E 2008, n° 24, p. 15.*

9. *Procuration.* Le mandat de faire fonctionner un compte chèques ne permet pas au banquier de délivrer une carte de crédit au mandataire sans que le titulaire du compte en soit avisé. • Versailles, 30 juin 1989 : *RTD com. 1990. 238, obs. Cabrillac et Teyssié.*

10. *Carte de société.* Au cas de délivrance d'une carte destinée à faciliter le règlement de frais de déplacement des salariés d'une personne morale, il doit être tenu compte de la stipulation par laquelle le titulaire comme l'utilisateur de la carte sont liés de manière solidaire et indivisible, à raison de son utilisation régulière. • Civ. 1re, 24 févr. 1987 : *D. 1987. Somm. 300, obs. Vasseur* • 22 mai 1991 : *Bull. civ. I, n° 162 ; D. 1991. IR 168.*

C. DYSFONCTIONNEMENTS DE L'INSTRUMENT DE PAIEMENT

11. Absence de cause apparente du dysfonctionnement. Dès lors que le dysfonctionnement n'a aucune cause apparente, il ne peut être reproché au titulaire de la carte une manipulation abusive ou aberrante. • Paris, 11 mai 2001 : *RTD com. 2001. 962, obs. Cabrillac*. ♦ Il appartient au banquier d'attirer l'attention de son client sur le risque de démagnétisation de la carte et de lui proposer une protection appropriée, tel un étui. • Même arrêt.

12. Responsabilité de l'émetteur. Engage sa responsabilité la banque qui délivre à son client une carte de paiement international ne permettant pas les retraits d'argent à l'étranger. • Paris, 11 mai 2001 : *CCC 2002, n° 66, obs. Raymond.*

Art. L. 133-16 **Dès qu'il reçoit un instrument de paiement, l'utilisateur de services de paiement prend toute mesure raisonnable pour préserver la sécurité de ses dispositifs de sécurité personnalisés.**

Il utilise l'instrument de paiement conformément aux conditions régissant sa délivrance et son utilisation.

Art. L. 133-17 **I. — Lorsqu'il a connaissance de la perte, du vol, du détournement ou de toute utilisation non autorisée de son instrument de paiement ou des données qui lui sont liées, l'utilisateur de services de paiement en informe sans tarder, aux fins de blocage de l'instrument, son prestataire ou l'entité désignée par celui-ci.**

II. — Lorsque le paiement est effectué par une carte de paiement émise par un établissement de crédit, une institution ou un service mentionné à l'article L. 518-1 et permettant à son titulaire de retirer ou de transférer des fonds, il peut être fait opposition au paiement en cas de procédure de redressement ou de liquidation judiciaires du bénéficiaire.

I. OPPOSITION

1. Délai d'opposition. Le juge doit rechercher si l'opposition a été effectuée dans les meilleurs délais compte tenu des habitudes d'utilisation du titulaire de la carte. • Com. 19 déc. 2006 : *RJDA 2007, n° 392.* ♦ V. aussi notes 8 s. ss. C. mon. fin., art. L. 133-19.

2. Procédure collective. Il résulte de la combinaison des art. L. 132-2 et L. 132-6 [anciens] C. mon. fin. que le porteur d'une carte ne peut contester, dans le délai prévu par le second de ces textes, la régularité d'une opération effectuée au moyen de cet instrument au profit d'un bénéficiaire mis en procédure collective que s'il a notifié une opposition pour ce motif à l'émetteur de sa carte, avant que ce dernier ne procède au règlement des sommes dues entre les mains du banquier du bénéficiaire. • Com. 11 oct. 2011 : *Bull. civ. IV, n° 152 ; D. 2011. Actu. 2588, obs. Delpech ; RTD com. 2011. 781, obs. Legeais ; JCP E 2012, n° 1373, spéc. n° 25, obs. Salgueiro ; LPA 19 janv. 2012, note Épal ; Gaz. Pal. 2011. 3380, note Lasserre Capdeville ; RJDA 2012, n° 86 ; Bull. Joly Entrep. diff. 2012. 19, note Bonhomme.*

II. OPÉRATIONS RÉALISÉES PAR CARTE

A. PAIEMENT PAR CARTE

BIBL. Alterman, *LPA 29 mai 1996* (cartes bancaires et preuve).

3. Nature du paiement. Le paiement par carte bancaire s'analyse comme un paiement au comptant, au même titre que le paiement en espèces ou par chèque : * Rép. min. n° 2260 : *JOAN Q, 3 nov. 1997, p. 3828 ; D. Affaires 1998. 27.*

1° ORDRE DE PAIEMENT

4. Forme. Sur l'ordre de paiement par signature électronique et communication du numéro de carte, V. notes ss. C. mon. fin., art. L. 133-4.

5. Irrévocabilité de l'ordre de paiement. Jugé, dans une hypothèse autre que le vol ou la perte de la carte bancaire, que le banquier, n'ayant pas à se faire juge de la validité de l'opposition qui emporte revocation immédiate du mandat de payer qui lui est confié par le titulaire du compte, commet une faute s'il procède au paiement malgré cette opposition et qu'il appartient au bénéficiaire de la faire lever en justice s'il l'estime injustifiée : V. • Orléans, 2 févr. 1994 : *D. 1998. 37, note Lucas de Leyssac*. ♦ V. aussi note ss. C. mon. fin., art. L. 133-8.

6. *Paiement d'une dette de jeu.* Ne donne pas de base légale à sa décision, au regard de l'art. 1965 C. civ., la cour d'appel qui, pour déclarer irrecevable la demande en paiement formée contre un client par une société exploitant un casino, s'attache exclusivement au mode de paiement de la dette, à savoir une carte de crédit, sans rechercher dans quelles conditions et à quelles fins elle avait été contractée. • Civ. 1re, 3 déc. 1996 : *Bull. civ. I, n° 432 ; D. Affaires 1997. 129 ; CCC 1997, n° 43, obs. Leveneur.* ♦ Lorsque l'achat de plaques ou jetons est réalisé par le joueur au moyen d'une carte de crédit, il lui appartient, s'il entend invoquer contre le casino agissant en paiement contre lui l'exception de dette de jeu, d'établir que le casino, en acceptant en paiement les bordereaux de carte de crédit, savait ou ne pouvait ignorer que le compte bancaire sur lequel interviendrait leur paiement différé était sans provision ou qu'il le serait à coup sûr, eu égard à l'importance et à l'accumulation des ventes successives, observation étant faite que le paiement des plaques ou jetons par « carte bleue » n'a pas pour effet d'instituer une opération de crédit et de donner à cette opération, à lui seul, les caractères d'un prêt ou d'une avance. • Bordeaux, 2 juin 1998 : *BICC 1999, n° 72.* ♦ Pour la jurisprudence relative aux « chèques de casino », V. notes 5 à 8 ss. C. mon. fin., art. L. 131-25.

2° *VÉRIFICATIONS À OPÉRER*

7. *Vérifications incombant à l'émetteur de la carte.* Il appartient à la banque, en toutes circonstances, d'effectuer toutes vérifications du code ou de la signature de l'utilisateur de la carte bleue avant de valider la transaction. • Versailles, 24 oct. 2001 : *Banque et Droit nov.-déc. 2002. 57, obs. Guillot.* ♦ L'émetteur qui paye une facture en l'absence de signature du titulaire ou qui n'en vérifie pas la régularité après opposition au paiement engage sa responsabilité au cas d'irrégularité. • Paris, 16 oct. 1984 : *D. 1985. IR 343, obs. Vasseur.* ♦ Comp., jugeant que l'établissement de crédit ne saurait se voir reprocher un quelconque défaut de vérification des signatures apocryphes, cette diligence incombant au Groupement des cartes bancaires : • Paris, 17 déc. 1992 : *Rev. huiss. 1993. 665, note Hesbert.* ♦ Sur la responsabilité du GIE émetteur, V. aussi • Com. 3 mai 1988 : *Bull. civ. IV, n° 143 ; D. 1989. Somm. 330, obs. Vasseur ; RTD com. 1988. 661, obs. Cabrillac et Teyssié.* – Comp. : notes 12 et 14 ss. C. mon. fin., art. L. 133-19. ♦ Sur les conséquences de l'absence de production par la banque de la facturette signée par le client sur la régularité de l'opération de paiement par carte bancaire, V. • Paris, 21 mai 2002 : *Banque et Droit mars-avr. 2004. 63, obs. Guillot.*

8. *Vérification des dépenses.* Le fait que les conditions générales d'utilisation des cartes *American express* réservant à l'Amex le droit de refuser l'autorisation de paiement si la dépense prescrite a un caractère anormal ou inhabituel constituent une simple faculté et non une obligation dont le non-respect serait susceptible d'engager la société de crédit et qu'il ressort des conditions générales d'utilisation de la carte que cette utilisation n'est assortie d'aucun plafond préétabli de dépense ne doit pas empêcher de rechercher si l'Amex n'avait pas commis une faute en ne vérifiant pas si les dépenses litigieuses, en l'absence de plafond, ne présentaient à l'examen du compte carte un caractère anormal ou inhabituel. • Com. 1er juill. 2003 : *Bull. civ. IV, n° 111 ; D. 2003. AJ 2374, obs. Avena-Robardet ; RTD com. 2003. 795, obs. Legeais ; JCP E 2003, n° 48, p. 1917, note Bernheim-Desvaux ; RJDA 2004, n° 91.* ♦ V. aussi, jugeant que la stipulation d'un plafond des achats autorisés ne signifie nullement que les paiements doivent être exécutés jusqu'à ce montant maximum, si le débit a pour effet de rendre le compte débiteur au-delà du découvert autorisé : • Com. 13 mars 2001 : *cité note 7 ss. art. L. 133-19 C. mon. fin.* ♦ En dépit de son devoir de non-ingérence, la banque a commis une faute en payant, pendant une période de 23 jours consécutifs, 22 retraits journaliers de 3 000 francs, alors que la convention n'autorisait qu'un solde débiteur de 3 000 francs devant être couvert au plus tard le trentième jour et qu'il n'était par ailleurs allégué ni l'existence d'une autre autorisation de découvert, ni même l'existence antérieure d'un découvert tacite. • Com. 6 févr. 2007 : *RD banc. fin. 2007, n° 134, obs. Crédot et Samin ; RJDA 2007, n° 888.* ♦ Mais la banque, tenue d'une obligation de non-ingérence dans les affaires de son client, n'a pas à analyser la nature, le montant, la fréquence, la date et le lieu des opérations effectuées sur le compte de ce dernier ni à les comparer avec celles précédemment réalisées sur lui. • Paris, 21 juin 2007 : *RJDA 2007, n° 1271.*

9. *Vérifications incombant au commerçant.* Dès lors que la signature apposée sur un ticket de caisse est totalement différente de celle figurant sur la carte de crédit, les juges peuvent estimer, en cas d'utilisation frauduleuse de la carte, que le commerçant, en s'abstenant de vérifier la conformité des signatures, commet une faute justifiant le partage de responsabilité avec le titulaire de la carte. • Civ. 1re, 14 juin 1988 : *Bull. civ. I, n° 189 ; D. 1989. Somm. 330, obs. Vasseur ; RTD com. 1988. 660, obs. Cabrillac et Teyssié.* ♦ Les juges peuvent décider que la signature apposée sur une « facturette » est très différente de celle du titulaire d'une carte de paiement sans que la carte (d'ailleurs dérobée) soit produite aux débats. • Com. 10 juin 1997 : *D. Affaires 1997. 962.* ♦ En cas de non-respect d'une seule des mesures de sécurité prévues par le contrat, les factures et les enregistrements ne sont réglés que sous réserve de bonne fin d'encaissement. • Com. 27 sept. 2005 : *JCP E 2006, n° 22, p. 966, obs. Mathey ; RD banc. fin. 2005, n° 198, obs. Crédot et Gérard ; ibid. 2006, n° 83, obs. Caprioli et Désideri.* ♦ Le commerçant accepteur ayant l'obligation de prendre toutes précautions pour s'assurer de l'identité de l'utilisateur d'une carte bancaire, par le moyen du contrôle de la signature lorsque le code confidentiel n'est pas utilisé, il ne saurait donc être soutenu que l'obtention d'un numéro d'autorisation suffirait à le mettre à l'abri d'un risque d'impayé du fait d'une utilisation frauduleuse, la carte bancaire utilisée pouvant être présentée par une personne autre que son titulaire. • Paris, 27 mars 1998 : *D. 1998. IR 116 ; JCP E 1999, n° 17, p. 765, obs. Gavalda et Stoufflet.* ♦ Un commerçant doit respecter les obligations contractuelles essentielles de sécurité mises à sa charge, à savoir l'obligation de signature lui permettant d'identifier la personne payant par carte et l'obligation de ne pas fractionner le montant d'une facture sans qu'il puisse reprocher à la banque un manque de sécurité du système général de paiement en cas de vente à distance ni un défaut de conseil. • Rennes, 18 oct. 2001 : *Banque et Droit nov.-déc. 2002. 57, obs. Guillot.* ♦ Pour un commerçant jugé fautif pour ne pas avoir respecté une procédure d'acceptation (appel téléphonique de la société émettrice si le terminal de paiement le lui demandait), V. • Com. 1er juill. 2003 : *RTD com. 2003. 797, obs. Legeais.* ♦ ... Pour avoir fractionné les encaissements et agi avec légèreté en ne prenant pas de garantie sérieuse • T. com. Nancy, 7 avr. 2003 : *Banque et Droit nov.-déc. 2004. 61, obs. Guillot.* ♦ ... Ou pour avoir méconnu les règles de sécurité qui lui étaient opposables : • Com. 23 juin 2004 : *RJDA 2004, n° 1374.*

B. RETRAIT PAR CARTE

10. Retraits automatiques. Sur la valeur probante d'opérations de retrait dans les GAB, résultant d'enregistrements des appareils automatiques ou de leur reproduction sur un support automatique, V. • T. com. Paris, 2 sept. 1997 : *Banque et Droit janv.-févr. 1998. 41, obs. Guillot.*

SECTION VI *Contestation et responsabilité en cas d'opération de paiement non autorisée*

SOUS-SECTION 1 *Régime de la responsabilité*

Art. L. 133-18 En cas d'opération de paiement non autorisée signalée par l'utilisateur dans les conditions prévues à l'article L. 133-24, le prestataire de services de paiement du payeur rembourse immédiatement au payeur le montant de l'opération non autorisée et, le cas échéant, rétablit le compte débité dans l'*(L. n° 2010-737 du 1er juill. 2010, art. 38-III)* « état » où il se serait trouvé si l'opération de paiement non autorisée n'avait pas eu lieu.

Le payeur et son prestataire de services de paiement peuvent décider contractuellement d'une indemnité complémentaire.

BIBL. ▶ Torck, *JCP E 2010, n° 2, p. 30* (exécution et contestation des opérations de paiement).

SOUS-SECTION 2 *Cas particulier des instruments de paiement dotés d'un dispositif de sécurité personnalisé*

Art. L. 133-19 I. — En cas d'opération de paiement non autorisée consécutive à la perte ou au vol de l'instrument de paiement, le payeur supporte, avant l'information prévue à l'article L. 133-17, les pertes liées à l'utilisation de cet instrument, dans la limite d'un plafond de 150 €.

Toutefois, la responsabilité du payeur n'est pas engagée en cas d'opération de paiement non autorisée effectuée sans utilisation du dispositif de sécurité personnalisé.

II. — La responsabilité du payeur n'est pas engagée si l'opération de paiement non autorisée a été effectuée en détournant, à l'insu du payeur, l'instrument de paiement ou les données qui lui sont liées.

Elle n'est pas engagée non plus en cas de contrefaçon de l'instrument de paiement si, au moment de l'opération de paiement non autorisée, le payeur était en possession de son instrument.

III. – Sauf agissement frauduleux de sa part, le payeur ne supporte aucune conséquence financière si le prestataire de services de paiement ne fournit pas de moyens appropriés permettant l'information aux fins de blocage de l'instrument de paiement prévue à l'article L. 133-17.

IV. – Le payeur supporte toutes les pertes occasionnées par des opérations de paiement non autorisées si ces pertes résultent d'un agissement frauduleux de sa part ou s'il n'a pas satisfait intentionnellement ou par négligence grave aux obligations mentionnées aux articles L. 133-16 et L. 133-17.

I. UTILISATION ABUSIVE OU FRAUDULEUSE DE LA CARTE PAR UN TIERS

BIBL. Lucas de Leyssac, *Mélanges Jeantin, Dalloz, 1999, p. 329* (les cas d'opposition au paiement d'une opération-carte). – Lasserre Capdeville, *Banque et Droit mai-juin 2005. 26* (répression de la fraude à la carte bancaire).

A. OPÉRATIONS RÉALISÉES AVANT L'OPPOSITION

BIBL. Hontebeyrie, *D. 2009. 1492* (perte ou vol d'une carte bancaire : quel régime probatoire ?).

1. *Limitation d'indemnisation sauf faute lourde.* Seule la faute lourde, caractérisée par une négligence d'une extrême gravité confinant au dol et dénotant l'inaptitude du débiteur de l'obligation à l'accomplissement de sa mission contractuelle, peut mettre en échec la limitation d'indemnisation prévue au contrat et par la législation. • Orléans, 9 févr. 2006 : *JCP E 2006, n° 48, p. 2036, n° 49, obs. Mathey.*

2. *Preuve de la faute lourde ou de la négligence grave.* La banque qui se prévaut de la faute lourde de sa cliente, au sens de l'art. L. 132-3 [ancien] C. mon. fin., doit être en mesure d'en apporter la preuve ; l'utilisation par un tiers de la carte avec composition du code confidentiel étant à elle seule insusceptible de constituer la preuve d'une telle faute. • Com. 2 oct. 2007 : *Bull. civ. IV, n° 208 ; R. 2007, p. 411 ; D. 2007. Chron. C. cass. 2765, obs. Bélaval ; ibid. AJ 2604, obs. Avena-Robardet ; D. 2008. 454, note Boujeka ; RTD com. 2007. 813, obs. Legeais ; JCP E 2007, n° 46, p. 12, note Bouteiller ; JCP 2008. II. 10014, note Bazin ; LPA 14 mars 2008, note Boulaire ; Gaz. Pal. 2008. 320, note Bossan ; CCC 2008, n° 26, obs. Raymond ; RJDA 2008, n° 81.* ♦ En cas de perte ou de vol, le titulaire d'une carte de paiement qui a effectué la mise en opposition dans les meilleurs délais compte tenu de ses habitudes d'utilisation de cette carte, ne supporte intégralement la perte subie que s'il a agi avec négligence constituant une faute lourde, une telle faute n'étant pas présumée du fait de la composition du code confidentiel. • Civ. 1re, 28 mars 2008 : *Bull. civ. I, n° 91 ; D. 2008. AJ 1136, obs. Avena-Robardet ; RTD com. 2008. 607, obs. Legeais ; JCP E 2008, n° 23, p. 11, note Bouteiller ; JCP 2008. II. 10109, note Bazin ; RJDA 2008, n° 706.* – V. aussi • Com. 21 sept. 2010 : *JCP E 2010, n° 47, p. 2008, note Stoufflet.* ♦ Sur la responsabilité du titulaire, V. note 14.

3. *Décès du titulaire.* Le banquier émetteur qui paye des factures relatives à des achats effectués après le décès du titulaire, dont il avait connaissance, commet une faute exclusive d'une action à l'égard des héritiers. • TI Toulon, 15 janv. 1981 : *RTD com. 1981. 335, obs. Cabrillac et Rives-Lange.*

4. *Inopposabilité des exceptions.* Le litige élevé entre le titulaire et le fournisseur ne saurait être opposé à l'émetteur qui, ayant payé, agit en remboursement à l'égard de son cocontractant. • Aix-en-Provence, 18 juin 1984 : *D. 1986. IR 326, obs. Vasseur.* ♦ Comp., s'agissant des clauses du contrat conclu entre le titulaire et le fournisseur : • Com. 30 nov. 1982 : *Bull. civ. IV, n° 382 ; D. 1983. IR 470, obs. Vasseur ; RTD com. 1983. 450, obs. Cabrillac et Rives-Lange.*

5. *Encaissement.* Sur l'inscription en compte au profit du fournisseur par le banquier de celui-ci, sous réserve de bonne fin d'encaissement, V. • Com. 30 nov. 1982 : *préc. note 4.*

6. *Fausse carte « carburant ».* S'agissant de la mise à disposition de cartes magnétiques pour un approvisionnement en carburant, le fournisseur doit être débouté de sa demande de paiement dans la mesure ou il y a eu création frauduleuse d'une fausse carte et utilisation de celle-ci, à l'insu de la société cliente, dans des conditions ne reflétant pas la pratique habituelle. • Besançon, 18 juin 2008 : *JCP E 2009, n° 7, p. 41.*

7. *Pertes subies avant l'opposition (jurisprudence relative à l'anc. art. L. 132-3).*

Le titulaire d'une carte bancaire, victime du vol de celle-ci, reste tenu (en exécution du contrat de carte bancaire) des débits frauduleux antérieurs à son opposition, même en l'absence de faute de sa part (il avait immédiatement informé par téléphone le centre spécialisé et n'avait pu s'opposer par écrit que le surlendemain du vol, l'agence bancaire gérant son compte étant fermée pour deux jours). • Com. 1er mars 1994 : *Bull. civ. IV, n° 82 ; D. 1995. 167, note Ekollo ; RTD com. 1994. 538, obs. Cabrillac et Teyssié ; JCP 1994. II. 22286, note Gavalda.* ♦ Pour des paiements effectués avant la date d'opposition, en ce sens que doit être établi que les enregistrements de débit comportaient les références du compte de l'intéressé ainsi que sa signature : • Civ. 1re, 23 mars 1994 : *Bull. civ. I, n° 102 ; Rev. dr. bancaire 1994. 233, obs. Crédot et Gérard.* ♦ Comp., sur la condamnation d'une banque à rembourser aux titulaires d'une carte bleue, victimes du vol de celle-ci, une partie des sommes frauduleusement dépensées grâce à l'usage de la carte, avant l'opposition effectuée par ses titulaires, au motif qu'elle avait laissé le découvert du compte s'accroître jusqu'à un montant important excédant le découvert contractuellement autorisé, et ce, bien que le montant des sommes contestées soit inférieur aux paiements mensuels permis par le contrat porteur : • Com. 13 mars 2001 : *Bull. civ. IV, n° 55 ; D. 2001. AJ 1535, obs. Delpech ; RTD com. 2001. 750, obs. Cabrillac ; LPA 10 mai 2001, obs. E. C.* ♦ Sauf à apporter son concours pour permettre au titulaire de la carte l'exercice utile de ses recours contre les commerçants qui n'auraient pas rempli leurs obligations de vérification, la banque est, contractuellement, dispensée de vérifications des signatures, sauf pour elle à supporter les conséquences des faux, au-delà d'une franchise avant opposition de la part du titulaire, hors le cas d'imprudence de celui-ci. • Même arrêt. ♦ Comp., jugeant qu'il appartient à la banque, en toutes circonstances, d'effectuer toutes vérifications du code ou de la signature de l'utilisateur de la carte bleue avant de valider la transaction. • Versailles, 24 oct. 2001 : *cité note 7 ss. art. L. 133-17 C. mon. fin.* ♦ Comp., cassant pour violation des art. 1147 et 1315, al. 2, C. civ., le jugement qui a débouté le titulaire de la carte bancaire, victime du vol de celle-ci, de sa demande en remboursement de la somme retirée le même jour dans un distributeur de billets, alors qu'il ne résulte pas du jugement qu'une présomption de faute ait été invoquée, et qu'en cet état du litige il appartenait à la banque, laquelle prétendait que sa cliente avait commis l'imprudence de ne pas tenir son code secret, de démontrer la violation, par la titulaire de la carte, de cette obligation contractuelle de moyens : • Com. 8 oct. 1991 : *cité note 12 (1re esp.).*

B. OPÉRATIONS RÉALISÉES APRÈS L'OPPOSITION

8. Délai d'opposition. V. note 1 ss. C. mon. fin., art. L. 133-17. ♦ Sur la responsabilité du titulaire en cas d'opposition tardive, V. note 14.

9. Cas d'opposition. Selon l'art. L. 132-2 [ancien] C. mon. fin., l'ordre ou l'engagement de payer donné au moyen d'une carte bancaire est irrévocable et l'opposition au paiement ne peut être formée que pour des cas limitativement énumérés. Il en résulte que la banque du porteur ne peut admettre une opposition dont le motif n'est pas prévu par la loi et que la banque du bénéficiaire, lorsqu'elle est informée d'un tel motif, est tenue de procéder au rejet de l'impayé résultant de la prise en compte, par la banque du porteur, de l'opposition. • Com. 20 janv. 2009 : *Bull. civ. IV, n° 6 ; D. 2009. AJ 367, obs. Avena-Robardet ; D. 2010. Pan. 1046, obs. D. R. Martin ; RTD com. 2009. 416, obs. Legeais ; JCP E 2009, n° 8-9, p. 13, note Bouteiller ; JCP 2009. II. 10050, note Lasserre Capdeville ; RJDA 2009 n° 386.*

10. Stipulations contractuelles relatives à l'opposition. Il résulte du contrat type conclu entre l'organisme émetteur et le titulaire de la carte que ce dernier n'est libéré de sa responsabilité au cas de vol de la carte que lorsqu'il a fait opposition régulière. • Com. 2 déc. 1980 : *Bull. civ. IV, n° 400 ; D. 1981. IR 352, obs. Vasseur ; RTD com. 1981. 578, obs. Cabrillac et Teyssié.* ♦ L'autorisation donnée par un établissement émetteur d'une carte de paiement en vue de son utilisation, avec maintien de sa garantie de l'existence de la provision en faveur du destinataire des fonds, pour un montant supérieur à celui des opérations courantes, n'emporte pas renonciation de la part de cet établissement à invoquer contre le titulaire de la carte les stipulations souscrites par lui pour le cas d'opposition tardive après perte ou vol. • Com. 9 avr. 1996 : *D. Affaires 1996. 652 ; RTD com. 1996. 510, obs. Cabrillac.* ♦ Sur l'obligation, le cas échéant, de déclarer le vol simultané de la carte et du code confidentiel, V. • Com. 18 avr. 1989 : *Bull. civ. IV, n° 111 ; D. 1991. Somm. 40, obs. Vasseur.* ♦ Mais la clause de la convention de compte bancaire qui stipule que « toute opposition qui n'a pas fait l'objet d'une déclaration écrite doit être confirmée sans délai par écrit à l'agence où est ouvert le compte sur lequel fonctionne la carte » est abusive, en ce qu'elle donne à penser que seule une déclaration écrite rend efficace l'opposition, alors qu'une opposition verbale dont il peut être justifié est suffisante.

• TGI Paris, 9 nov. 2005 : *cité note 12 ss. art. R. 132-2 C. consom., v° Ventes commerciales.*

11. Date de l'opposition. Le paiement par carte bancaire s'analysant non comme un ordre de virement mais comme un paiement comptant, le commerçant bénéficiaire acquiert un droit sur la provision dès l'inscription de celle-ci au crédit de son compte, c'est-à-dire dès le traitement de l'opération en chambre de compensation. Par conséquent, doit être déclarée comme tardive l'opposition à un ordre de paiement donné par carte bancaire en faveur d'une société en redressement judiciaire formée plusieurs jours après le traitement de l'opération en chambre de compensation, peu important le fait qu'elle soit intervenue avant l'inscription du montant du paiement au débit du titulaire de la carte. • Paris, 18 avr. 2000 : *BRDA 2000, n° 14, p. 11.* ♦ Comp., attribuant un effet immédiat à l'opposition : • Montpellier, 27 avr. 2004 : *JCP E 2005, n° 21, p. 871, obs. Stoufflet.*

12. Responsabilité de l'émetteur. Une banque, professionnelle avertie, et réceptionnaire d'un ordre d'opposition téléphonique, ne peut se borner, pour la rejeter, à un seul traitement sur la numérotation de la carte donnée par son titulaire, sans aucune vérification avec la concordance des cartes en cours de validité du titulaire du compte. • Orléans, 21 mars 2002 : *JCP E 2003, n° 38, p. 1458.* ♦ L'opposition téléphonique formulée à la suite du vol d'une carte de crédit et non confirmée par écrit, doit être considérée comme étant valablement formée, la confirmation écrite de l'opposition exigée aux termes des conditions générales d'utilisation contenues dans le contrat ne pouvant s'analyser comme une condition de validité de l'opposition. • Caen, 24 juin 1993 : *JCP 1993. IV. 2471 ; Rev. huiss. 1994. 64, note Hesbert.* ♦ Justifie légalement sa décision d'ordonner le remboursement par la banque des sommes retirées à un distributeur le lendemain d'un vol d'une carte bancaire, alors que le client le jour même du vol en avait informé la banque en indiquant que le code confidentiel n'était pas joint à la carte, le tribunal qui retient qu'une opposition a été portée à la connaissance de la banque et que celle-ci « n'a pas utilisé tous les moyens mis à sa disposition pour que les retraits ne soient pas effectués et n'a donc pas satisfait à l'obligation de moyens qui pèse sur elle ». • Com. 8 oct. 1991 : *D. 1991. 581, concl. Jéol et note Vasseur* ✎ ; *JCP E 1992. II. 254, note Gavalda (2e esp.).* ♦ L'organisme émetteur commet une faute en réglant, après réception de l'opposition, des factures qui lui seraient parvenues même avant la déclaration de vol. • Paris, 27 avr. 1982 : *D. 1982. IR 499, obs. Vasseur ; RTD com. 1983. 107, obs. Cabrillac et Teyssié* • 16 oct. 1984 : *D. 1985. IR 343, obs. Vasseur.* ♦ La banque engage sa responsabilité en autorisant une opération avec une carte volée à propos de laquelle elle avait reçu une opposition plus d'une demi-heure auparavant. • T. com. Strasbourg, 10 janv. 1992 : *Gaz. Pal. 1993. 1. Somm. 184.* ♦ Dès lors que le commerçant a reçu l'autorisation, il suffit qu'il ait procédé à une simple vérification de conformité des signatures. • Même jugement.

13. Utilisation abusive de la carte par un salarié. Bien que, aux termes des conditions générales du contrat, le titulaire de la carte et la personne morale qui en a sollicité l'établissement demeurent, en dehors des cas de perte et de vol, solidairement responsables du règlement de toutes les dépenses qui auraient été effectuées avec la carte, lorsque celle-ci n'a été ni perdue ni volée, mais retenue par un salarié indélicat contre le gré de son employeur, il appartient à l'établissement émetteur, après avoir reçu opposition à l'utilisation de cette carte, de mettre en œuvre tous les moyens à sa disposition pour éviter que les retraits et ordres de paiement soient effectués. • Com. 20 oct. 1998 : *Bull. civ. IV, n° 244 ; D. Affaires 1998. 1859, obs. X. D. ; RTD com. 1999. 174, obs. Cabrillac* ✎ ; *RTD civ. 1999. 390, obs. Mestre* ✎ ; *JCP E 1999, n° 25, p. 1101, note Devèze ; CCC 1999, n° 2, obs. Leveneur ; Defrénois 1999. 370, obs. Delebecque.*

14. Responsabilité du titulaire. Il convient de prendre en considération la responsabilité éventuelle du titulaire de la carte, s'il n'y a pas apposé sa signature. • Aix-en-Provence, 25 févr. 1980 : *D. 1981. IR 506, obs. Vasseur.* ♦ ... Ou s'il a commis une négligence, par exemple en ne dissimulant pas suffisamment le code confidentiel. • Versailles, 17 janv. 1980 : *RTD com. 1980. 556, obs. Cabrillac et Teyssié ; JCP 1981. I. 3048, obs. Gavalda et Stoufflet ; Banque 1980. 505, obs. Martin* • Paris, 1er déc. 1980 : *D. 1981. 369, note Gavalda ; D. 1981. IR 352, obs. Vasseur* • Chambéry, 5 mars 2002 : *JCP 2002. IV. 2639.* ♦ Pour un partage de responsabilité entre le client qui, en faisant opposition, communique un numéro de carte erroné à la banque, et cette dernière qui ne s'en est pas aperçue, V. • Paris, 21 mars 1990 : *D. 1990. IR 89 ; Rev. dr. bancaire 1991. 23, obs. Crédot et Gérard.* ♦ Comp., retenant la seule responsabilité de la banque : • Orléans, 21 mars 2002 : *préc. note 12.* ♦ Jugé qu'est particulièrement négligent le client de la banque qui a déclaré la perte de sa carte plus de quinze jours après sa disparition, V. • Paris, 17 déc. 1992 : *JCP E 1993. Pan. 349.* ♦ Le titulaire d'une carte de paiement qui, par contrat, a autorisé sa banque à débiter son compte pour les achats effectués sans factures signées par lui ou sans utilisation du code confidentiel par téléphone, minitel, audiotex, ne peut, alors qu'il n'a que très tardivement fait opposition sur sa carte, réclamer le remboursement des sommes prélevées frauduleusement sur son compte à la suite des paiements effectués sur internet au moyen de cette carte. • TI Épinal, 11 mai 2000 : *Banque et Droit janv.-févr. 2001. 52, obs. Guillot.* ♦ Sur le partage de responsabilité en cas de vol d'une carte bancaire déclarée défectueuse par son titulaire, mais conservée par lui dans un endroit où se trouvait aussi l'indication écrite du numéro de code confidentiel, V. • Com. 10 janv. 1995 : *Bull. civ. IV, n° 7 ; D. 1995. IR 41.* ♦ Commet une faute lourde le titulaire d'une carte bancaire volée qui avait laissé, comme d'habitude, cette carte dans son véhicule et son code confidentiel dans la boîte à gants. • Com. 16 oct. 2012 : *Bull. civ. IV, n° 183 ; D. 2013. 407, note Lasserre Capdeville ; RTD com. 2012. 825, obs. Legeais ; JCP E 2012, n° 1680, note Piedelièvre ; RJDA 2013, n° 157.* ♦ En laissant la carte bancaire dans leur véhicule, les détenteurs de celle-ci ont manqué à leur obligation conventionnelle de surveillance, le contrat d'ouverture de compte courant stipulant que le client engage sa responsabilité « en ne conservant pas ses cartes de paiement en lieu sûr (par exemple s'il les oublie dans un véhicule même fermé à clef) ». • Lyon, 3 juin 2004 : *BICC 2004, n° 1903.* ♦ Comp., jugeant que le fait par les titulaires de cartes de crédit de les laisser dans leur véhicule fermé durant la journée en face du restaurant où ils se trouvaient n'est pas constitutif d'une faute ni d'une imprudence, car s'ils les avaient eues avec eux, ils couraient le risque d'être victimes de pickpockets, V. • Paris, 12 déc. 2002 : *Gaz. Pal. 2003. 1. 474, obs. J.-G. M.* ♦ V. aussi notes 1 et 2.

C. PAIEMENT À DISTANCE

BIBL. Lasserre Capdeville, *D. 2009. 2373* (la communication à distance des données figurant sur une carte bancaire vaut-elle mandat de payer ?).

15. Annulation du paiement frauduleux. La responsabilité du titulaire d'une carte n'est pas engagée si le paiement contesté a été effectué frauduleusement, à distance, sans utilisation physique de sa carte et la négligence du titulaire n'est pas de nature à décharger l'émetteur de son obligation de recréditer le montant d'une opération qui a été contestée dans le délai de soixante-dix jours, ou dans celui contractuellement prolongé dans la limite de cent vingt jours. • Com. 12 nov. 2008 : *Bull. civ. IV, n° 190 ; D. 2008. AJ 2931, obs. Avena-Robardet ; RTD com. 2009. 186, obs. Legeais ; JCP E 2008, n° 50, p. 9, note Bouteiller ; JCP 2008. II. 10211, note Lasserre Capdeville ; RJDA 2009, n° 266.* ♦ Dès lors qu'il n'était pas discuté que le paiement était intervenu à distance, sans utilisation physique de la carte ni saisie du code confidentiel, il en résulte pour la banque l'obligation d'annuler le débit constaté. • Com. 23 juin 2004 : *Bull. civ. IV, n° 131 ; D. 2004. AJ 1972 ; RTD com. 2004. 792, obs. Legeais ; JCP E 2005, n° 21, p. 872, obs. Mathey ; Gaz Pal. 2005. Somm. 2046, obs. S. Piedelièvre ; CCE 2004, n° 161, obs. Grynbaum ; LPA 10 mai 2005, obs. E. C. ; RJDA 2005, n° 72* (décision rendue sur le fondement de l'art. 1937 C. civ.) ♦ Il incombe au titulaire de la carte de prouver qu'il était resté en possession physique de sa carte, que le paiement effectué était frauduleux ou obtenu à l'aide d'une carte contrefaite. • Paris, 9 déc. 2004 : *JCP E 2005, n° 23, p. 956, note Bouteiller ; RJDA 2006, n° 63.* ♦ Comp., jugeant que le premier juge a inversé la charge de la preuve en imposant au titulaire de la carte de démontrer la fraude dont il dit avoir été victime alors que l'art. L. 132-4 [ancien] a pour finalité, s'agissant de paiements effectués à distance avec une carte bancaire, de protéger son titulaire dès lors qu'il n'y a pas eu utilisation physique de la carte et/ou communication du code secret, sans lui imposer une preuve très souvent impossible. • Paris, 4 oct. 2007 : *RD banc. fin. 2008, n° 22, obs. Caprioli.*

16. Fraude sur internet. Sur l'obligation faite à un fournisseur d'accès à internet, sur le fondement de l'art. 145 NCPC [renommé C. pr. civ.], de communiquer les données permettant l'identification de l'utilisateur frauduleux d'une carte bancaire, V. • TGI Paris, réf., 1er févr. 2002 : *CCE 2003, n° 26, obs. Grynbaum.*

17. Relations banquier/commerçant. V. • Pau, 8 janv. 2007 : *cite note 4 ss. C. mon. fin., art. L. 133-3.* – V. aussi : • Caen, 2 mars 2006 : *JCP 2007. IV. 1891* • Metz, 21 janv. 2009 : *JCP E 2009, n° 25, p. 19.* ♦ Sur le paiement à distance par carte bancaire et les effets des stipulations contractuelles, V. aussi note 3 ss. C. mon. fin., art. L. 133-4.

D. SANCTIONS PÉNALES

18. Vol d'une carte. Le voleur d'une carte qui procède à des retraits commet une escroquerie dont il est civilement responsable à l'égard des victimes. • Crim. 19 mai 1987 : *Gaz. Pal. 1988. 1. Somm. 5* • Paris, 28 janv. 1999 : *D. Affaires 1999. 673, obs. X. D.* ♦ Sur la complicité d'escroquerie des fournisseurs qui ont facilité l'infraction, V. • T. corr. Lyon, 29 juin 1988 : *RTD com. 1989. 548, obs. Bouzat.*

19. Détournement d'un numéro de carte. Constitue un abus de confiance le fait de détourner le numéro de carte bancaire communiqué par un client pour un paiement déterminé, et par là même d'en faire un usage non convenu par les parties. • Crim. 14 nov. 2000 : *Bull. crim. n° 338 ; RTD com. 2001. 526, obs. Bouloc.*

20. Fausses cartes. V. notes 6 et 21 ss. cet art. et note 6 ss. C. mon. fin., art. L. 163-3.

21. Constitution de partie civile. En déclarant recevables les constitutions de partie civile des établissements bancaires victimes des escroqueries, et en condamnant l'auteur à réparer le préjudice découlant directement pour elles de l'infraction commise, un arrêt fait l'exacte application des art. 405 C. pén. [art. 313-1 nouv. C. pén.] et 2 C. pr. pén. • Crim. 3 nov. 1993 : *Banque mars 1994. 97, obs. Guillot.* ♦ Le Groupement des cartes bancaires, dont l'objet est notamment la promotion et la défense des intérêts liés aux cartes bancaires, a, au sens de l'art. 2 C. pr. pén., souffert d'un préjudice du fait des agissements frauduleux retenus à l'encontre d'utilisateurs de cartes bancaires volées, ledit préjudice résultant notamment de l'atteinte portée à la crédibilité du système d'achat par carte. • Paris, 28 janv. 1999 : *préc. note 18.* ♦ Dans le même sens, jugeant recevable la constitution de partie civile, en retenant que le préjudice direct subi par le Groupement des cartes bancaires résulte également de l'accroissement des frais de gestion pour l'organisation de la lutte contre les fraudeurs en sa qualité de responsable de la sécurité du fonctionnement de l'interbancarité qu'il coordonne, V. • Paris, 13 sept. 2000 : *JCP E 2001, n° 10, p. 394.* ♦ Rappr. : • TGI Paris, 25 févr. 2000 : *D. 2000. AJ 219, obs. Delpech.* ♦ La fraude par contrefaçon porte préjudice non seulement au propriétaire de la carte contrefaite mais aussi au banquier détenteur des fonds de con client. • Crim. 14 nov. 2007 : *Bull. crim. n° 278.*

II. UTILISATION ABUSIVE OU FRAUDULEUSE DE LA CARTE PAR SON TITULAIRE

22. Délits d'escroquerie ou d'abus de confiance. Au cas de résiliation du contrat conclu avec l'émetteur, le titulaire commet une escroquerie s'il continue à utiliser la carte. • T. corr. Paris, 16 août 1974 : *RTD com. 1975. 157, obs. Cabrillac et Rives-Lange ; Banque 1975. 324.* ♦ A été qualifié d'abus de confiance l'emploi d'une carte périmée que le titulaire s'est refusé à rendre. • T. corr. Créteil, 15 janv. 1985 : *D. 1985. IR 344, obs. Vasseur.* ♦ ... Ou l'emploi aux fins personnelles du salarié de la carte qui lui avait été remise par son employeur. • Crim. 19 mai 2004 : *Bull. crim. n° 125 ; D. 2004. Somm. 2748, obs. de Lamy ; RTD com. 2004. 824, obs. Bouloc ; AJ pénal 2004. 325, obs. Girault.* ♦ Mais commet une faute l'émetteur de cartes d'entreprise qui ne fait pas suite à la demande de suppression des cartes faite par le titulaire qui, premier informé de la réception des nouvelles cartes, est le maître de leur mise en service et seul à même de prendre l'initiative tendant à l'annulation des cartes anciennes. • Paris, 8 déc. 2005 : *RJDA 2007, n° 191.*

23. Retraits excessifs du titulaire de la carte. L'exécution de retraits successifs supérieurs au montant du crédit disponible au compte ouvert au titulaire ne constitue pas en soi une infraction pénale. • Crim. 24 nov. 1983 : *D. 1984. 465, note Lucas de Leyssac ; ibid. IR 307, obs. Vasseur ; RTD com. 1984. 326, obs. Cabrillac et Teyssié ; JCP 1985. II. 20040, note Croze.* ♦ *Contra,* pour la qualification de vol : • Lyon, 20 avr. 1982 : *D. 1982. 938* • T. corr. Troyes, 27 avr. 1976 : *D. 1977. 122, note Cazals ; RTD com. 1977. 347, obs. Cabrillac et Rives-Lange.* ♦ ... Pour la qualification d'escroquerie : • Douai, 10 mars 1976 : *RTD com. 1976. 584, obs. Cabrillac et Rives-Lange ; Banque 1976. 799, obs. Martin.*

Art. L. 133-20 Après avoir informé son prestataire ou l'entité désignée par celui-ci, conformément à l'article L. 133-17 aux fins de blocage de l'instrument de paiement, le payeur ne supporte aucune conséquence financière résultant de l'utilisation de cet instrument de paiement ou de l'utilisation détournée des données qui lui sont liées, sauf agissement frauduleux de sa part.

SECTION VII *Responsabilité en cas d'opération de paiement mal exécutée*

Art. L. 133-21 Un ordre de paiement exécuté conformément à l'identifiant unique fourni par l'utilisateur du service de paiement est réputé dûment exécuté pour ce qui concerne le bénéficiaire désigné par l'identifiant unique.

Si l'identifiant unique fourni par l'utilisateur du service de paiement est inexact, le prestataire de services de paiement n'est pas responsable de la mauvaise exécution de l'opération de paiement.

Toutefois, le prestataire de services de paiement du payeur s'efforce de récupérer les fonds engagés dans l'opération de paiement.

Si la convention de compte de dépôt ou le contrat-cadre de services de paiement le prévoit, le prestataire de services de paiement peut imputer des frais de recouvrement à l'utilisateur de services de paiement.

Si l'utilisateur de services de paiement fournit des informations en sus de l'identifiant unique ou des informations définies dans la convention de compte de dépôt ou dans le contrat-cadre de services de paiement comme nécessaires aux fins de l'exécution correcte de l'ordre de paiement, le prestataire de services de paiement n'est responsable que de l'exécution de l'opération de paiement conformément à l'identifiant unique fourni par l'utilisateur de services de paiement.

Art. L. 133-22 I. – Lorsque l'ordre de paiement est donné par le payeur, son prestataire de services de paiement est, sous réserve des articles L. 133-5 et L. 133-21, responsable de la bonne exécution de l'opération de paiement à l'égard du payeur jusqu'à réception du montant de l'opération de paiement, conformément au I de l'article L. 133-13, par le prestataire de services de paiement du bénéficiaire. Ensuite, le prestataire de services de paiement du bénéficiaire est responsable de la bonne exécution de l'opération de paiement à l'égard du bénéficiaire.

Lorsque le prestataire de services de paiement du payeur est responsable, au titre du premier alinéa, de l'opération de paiement mal exécutée, il restitue sans tarder son montant au payeur. Si besoin est, il rétablit le compte débité dans la situation qui aurait prévalu si l'opération de paiement mal exécutée n'avait pas eu lieu.

Lorsque le prestataire de services de paiement du bénéficiaire est responsable, au titre du premier alinéa, il met immédiatement le montant de l'opération de paiement à la disposition du bénéficiaire et, si besoin est, crédite son compte du montant correspondant.

II. – Lorsqu'une opération de paiement est ordonnée par le bénéficiaire ou par le payeur qui donne un ordre de paiement par l'intermédiaire du bénéficiaire, le prestataire de services de paiement du bénéficiaire est, sous réserve des articles L. 133-5 et L. 133-21, responsable à l'égard du bénéficiaire de la bonne transmission de l'ordre de paiement au prestataire de services de paiement du payeur conformément aux modalités convenues afin de permettre une exécution de l'opération dans le respect du délai prévu au II de l'article L. 133-13.

En cas de défaut de transmission, le prestataire de services de paiement du bénéficiaire retransmet immédiatement l'ordre de paiement au prestataire de services de paiement du payeur, qui devient alors responsable de la bonne exécution de l'opération.

Dès que le montant a été mis à sa disposition par le prestataire de services de paiement du payeur, le prestataire de services de paiement du bénéficiaire redevient responsable à l'égard du bénéficiaire, sous réserve des articles L. 133-5 et L. 133-21, du traitement immédiat de l'opération de paiement conformément aux obligations qui lui incombent au titre du I de l'article L. 133-14.

En cas d'opération de paiement mal exécutée, lorsque le prestataire de services de paiement du bénéficiaire n'est pas responsable, le prestataire de services de paiement du payeur, dont la responsabilité est dès lors engagée, restitue au payeur, si besoin est et sans tarder, le montant de l'opération de paiement mal exécutée et rétablit le compte débité dans la situation qui aurait prévalu si l'opération de paiement mal exécutée n'avait pas eu lieu.

III. – Dans le cas d'une opération de paiement mal exécutée, sans préjudice de sa responsabilité, le prestataire de services de paiement de l'utilisateur s'efforce immédiatement, sur sa demande, de retrouver la trace de l'opération de paiement et notifie le résultat de sa recherche à son utilisateur.

IV. – Les prestataires de services de paiement sont redevables, vis-à-vis de leurs utilisateurs de services de paiement respectifs, des frais et des intérêts supportés par l'utilisateur de services de paiement imputables à la mauvaise exécution de l'opération de paiement dont ils sont responsables. — *V. art. D. 133-4 C. mon. fin.*

SECTION VIII *Modalités pratiques et délais en cas d'opérations de paiement non autorisées ou mal exécutées*

Art. L. 133-23 Lorsqu'un utilisateur de services de paiement nie avoir autorisé une opération de paiement qui a été exécutée, ou affirme que l'opération de paiement n'a pas été exécutée correctement, il incombe à son prestataire de services de paiement de prouver que l'opération en question a été authentifiée, dûment enregistrée et comptabilisée et qu'elle n'a pas été affectée par une déficience technique ou autre.

L'utilisation de l'instrument de paiement telle qu'enregistrée par le prestataire de services de paiement ne suffit pas nécessairement en tant que telle à prouver que l'opération a été autorisée par le payeur ou que celui-ci n'a pas satisfait intentionnellement ou par négligence grave aux obligations lui incombant en la matière.

BIBL. ▶ GÉRARD, *JCP E 2010, n° 2, p. 40* (utilisation frauduleuse des instruments de paiement).

Art. L. 133-24 L'utilisateur de services de paiement signale, sans tarder, à son prestataire de services de paiement une opération de paiement non autorisée ou mal exécutée et au plus tard dans les treize mois suivant la date de débit sous peine de forclusion à moins que le prestataire de services de paiement ne lui ait pas fourni ou n'ait pas mis à sa disposition les informations relatives à cette opération de paiement conformément au chapitre IV du titre 1er du livre III.

Sauf dans les cas où l'utilisateur est une personne physique agissant pour des besoins non professionnels, les parties peuvent *(L. n° 2010-737 du 1er juill. 2010, art. 38-II)* « convenir d'un délai distinct de celui prévu au présent article. »

Réclamation du titulaire. Jugé sur le fondement de l'ancien art. L. 132-6 que la négligence du titulaire n'est pas de nature à décharger l'émetteur de son obligation de recréditer le montant d'une opération qui a été contestée dans le délai de soixante-dix jours, ou dans celui contractuellement prolongé dans la limite de cent vingt jours. • Com. 12 nov. 2008 : *cité note 15 ss. C. mon. fin., art. L. 133-19.*

SECTION IX *Remboursement d'une opération de paiement ordonnée par le bénéficiaire ou par le payeur qui donne un ordre de paiement par l'intermédiaire du bénéficiaire*

Art. L. 133-25 I. — Le payeur a droit au remboursement par son prestataire de services de paiement d'une opération de paiement autorisée, ordonnée par le bénéficiaire ou par le payeur qui donne un ordre de paiement par l'intermédiaire du bénéficiaire, si l'autorisation donnée n'indiquait pas le montant exact de l'opération de paiement et si le montant de l'opération dépassait le montant auquel le payeur pouvait raisonnablement s'attendre en tenant compte du profil de ses dépenses passées, des conditions prévues par son contrat-cadre et des circonstances propres à l'opération.

A la demande du prestataire de services de paiement, le payeur fournit tous éléments relatifs au remboursement demandé.

II. — Dans le cas où le montant de l'opération dépasse le montant auquel le payeur pouvait raisonnablement s'attendre conformément au I, le payeur ne peut invoquer des raisons liées à une opération de change si le taux de change de référence convenu avec son prestataire de services de paiement a été appliqué.

III. — Le payeur présente sa demande de remboursement avant l'expiration d'une période de huit semaines à compter de la date à laquelle les fonds ont été débités. Dans un délai de dix jours ouvrables suivant la réception de la demande de remboursement, le prestataire de services de paiement soit rembourse le montant total de l'opération de paiement, soit justifie son refus de rembourser, en indiquant la possibilité de recourir à la procédure de médiation mentionnée à l'article *(L. n° 2013-100 du 28 janv. 2013, art. 2-V)* « L. 316-1 ».

IV. — Le remboursement prévu dans la présente section correspond au montant total de l'opération de paiement exécutée.

Art. L. 133-25-1 Pour les prélèvements, le payeur et son prestataire de services de paiement peuvent convenir dans la convention de compte de dépôt ou dans le contrat-cadre de services de paiement que le payeur a droit au remboursement par son prestataire de services de paiement, même si les conditions prévues au I de l'article L. 133-25 ne sont pas satisfaites. Le prestataire de services de paiement ne peut refuser ce remboursement.

Art. L. 133-25-2 Le payeur et son prestataire de services de paiement peuvent convenir dans la convention de compte de dépôt ou dans le contrat-cadre de services de paiement que le payeur n'a pas droit à remboursement lorsqu'il a donné son consentement à l'exécution de l'opération de paiement directement à son prestataire de services de paiement et, le cas échéant, que les informations relatives à la future opération de paiement ont été fournies au payeur ou mises à sa disposition de la manière convenue, au moins quatre semaines avant l'échéance, par le prestataire de services de paiement ou par le bénéficiaire.

SECTION X *Frais applicables*

(Ord. n° 2009-866 du 15 juill. 2009, art. 1er-V, en vigueur le 1er nov. 2009)

Art. L. 133-26 I. — Le prestataire de services de paiement ne peut imputer de frais à l'utilisateur de services de paiement pour l'accomplissement de ses obligations d'information ni pour l'exécution des mesures correctives et préventives en vertu du présent chapitre, sauf cas prévus au IV de l'article L. 133-8, au I de l'article L. 133-10 et à l'article L. 133-21. Les frais mentionnés aux articles précités sont alors convenus entre l'utilisateur de services de paiement et le prestataire de services de paiement et doivent être appropriés et en rapport avec les coûts réellement supportés par le prestataire de services de paiement.

II. — Le montant des frais consécutifs à un incident de paiement autre que le rejet d'un chèque est plafonné dans des conditions fixées par décret, en fonction de la nature et du montant de l'incident, sans excéder en tout état de cause ce dernier montant. — *V. art. D. 133-5 et D. 133-6 C. mon. fin.*

Art. L. 133-27 Lorsqu'une opération de paiement n'implique pas de conversion monétaire, chaque utilisateur est redevable des frais prélevés par son prestataire de services de paiement.

SECTION XI *Instruments réservés aux paiements de faibles montants*

(Ord. n° 2009-866 du 15 juill. 2009, art. 1er-V, en vigueur le 1er nov. 2009)

Art. L. 133-28 I. — Un décret définit les montants maximaux de paiement, de dépenses ou de stockage des fonds en dessous desquels les instruments de paiement conçus pour garantir le respect de ces seuils, sont considérés comme réservés aux paiements de faibles montants. — *V. art. D. 133-7 C. mon. fin.*

II. — Pour les instruments mentionnés au I, le prestataire de services de paiement peut convenir avec le payeur que :

1° Le payeur ne pourra pas révoquer l'ordre de paiement après l'avoir transmis ou après avoir donné son consentement à l'exécution de l'opération de paiement au bénéficiaire ;

2° D'autres délais d'exécution que ceux mentionnés à l'article L. 133-13 peuvent s'appliquer ;

3° Le prestataire de services de paiement n'est pas tenu de notifier à l'utilisateur de services de paiement le refus de l'ordre de paiement si l'utilisateur de paiement en a connaissance lors de la passation de son ordre de paiement ;

4° Les II et III de l'article L. 133-15, l'article L. 133-17, le III de l'article L. 133-19 et l'article L. 133-20 peuvent ne pas s'appliquer aux instruments mentionnés au I pour lesquels le prestataire de services de paiement n'a pas la capacité de bloquer le compte ou l'instrument de paiement ;

5° L'article L. 133-18, les I, II et IV de l'article L. 133-19 et l'article L. 133-23 peuvent ne pas s'appliquer aux instruments mentionnés au présent article si l'instrument est utilisé de manière anonyme ou si le prestataire de services de paiement n'est pas en mesure, pour d'autres raisons inhérentes à l'instrument de paiement, d'apporter la preuve qu'une opération a été autorisée.

SECTION XII *Les modalités de remboursement de la monnaie électronique*

(L. n° 2013-100 du 28 janv. 2013, art. 2-VI)

Art. L. 133-29 Les unités de monnaie électronique sont remboursées par l'établissement émetteur au détenteur de monnaie électronique qui en fait la demande.

Art. L. 133-30 Le remboursement de la monnaie électronique par l'émetteur de monnaie électronique mentionné à l'article L. 525-1 est effectué sans frais pour le détenteur de monnaie électronique.

Art. L. 133-31 Par exception à l'article L. 133-30, lorsque les parties sont liées par un contrat prévoyant expressément un terme, elles peuvent convenir de frais consécutifs à un remboursement exclusivement dans les cas suivants :

1° La demande de remboursement est antérieure au terme du contrat ;

2° Le détenteur de monnaie électronique résilie le contrat avant son terme ;

3° Le détenteur de monnaie électronique demande le remboursement plus d'un an et un jour après le terme du contrat.

Art. L. 133-32 Le montant des frais consécutifs à un remboursement est proportionné et en rapport avec les coûts réellement supportés par l'émetteur de monnaie électronique.

Art. L. 133-33 Lorsque la demande de remboursement de la monnaie électronique intervient avant le terme stipulé au contrat, hors cas de résiliation du contrat, la demande peut porter sur la totalité ou sur une partie de la monnaie électronique détenue.

Art. L. 133-34 Lorsque la demande de remboursement de la monnaie électronique intervient dans le délai d'un an à compter du terme stipulé au contrat ou dans le cadre d'une résiliation du contrat, le remboursement de la monnaie électronique détenue est total.

Art. L. 133-35 Lorsque la demande de remboursement de la monnaie électronique intervient dans le délai d'un an à compter du terme stipulé au contrat liant un établissement de monnaie électronique exerçant des activités de nature hybride au sens de l'article L. 526-3 et un détenteur de monnaie électronique, le remboursement est total si la proportion des fonds qui seront utilisés sous forme de monnaie électronique n'est pas prévue entre les parties.

Art. L. 133-36 Les remboursements prévus à la présente section s'effectuent, selon le choix exprimé par le détenteur de monnaie électronique, en pièces et en billets de banque ayant cours légal ou par une opération de paiement ordonnée par l'émetteur au bénéfice du détenteur de monnaie électronique.

Pour le remboursement en pièces et en billets, l'émetteur de monnaie électronique peut convenir avec le détenteur d'un remboursement par transmission de fonds. Nonobstant toute clause contraire, les frais afférents à cette opération sont à la charge de l'émetteur de monnaie électronique.

Art. L. 133-37 Sauf dans les cas où le détenteur de monnaie électronique est une personne physique agissant pour des besoins non professionnels, il peut être dérogé contractuellement aux articles L. 133-30 à L. 133-36.

Art. L. 133-38 Lorsque l'émetteur de monnaie électronique recourt à une personne pour distribuer, au sens de l'article L. 525-8, pour son compte, de la monnaie électronique, il demeure responsable du remboursement prévu à la présente section.

TITRE V **Les relations financières avec l'étranger**

RÉP. COM. v^is *Circulation des capitaux (paiements internationaux et investissements) ; Douanes*, par BERR.

Art. L. 151-1 *à* L. 152-6 *V. au* ***C. mon. fin.***

TITRE VI **Dispositions pénales**

CHAPITRE PREMIER ***Infractions relatives à la prohibition du paiement en espèces de certaines créances***

Art. L. 161-1 *Abrogé par Ord. n° 2009-104 du 30 janv. 2009, art. 8.*

CHAPITRE II ***Infractions relatives à la monnaie*** *(Ord. n° 2005-429 du 6 mai 2005, art. 19).*

Art. L. 162-1 *et* L. 162-2 *V. au* ***C. mon. fin.***

CHAPITRE III ***Infractions relatives aux chèques et aux autres instruments de la monnaie scripturale*** *(Ord. n° 2009-866 du 15 juill. 2009, art. 2-IV).*

Art. L. 163-1 Est puni d'une amende de 6 000 € le fait, pour le tiré, de refuser le paiement d'un chèque hors les cas mentionnés au deuxième alinéa de l'article L. 131-35, au motif que le tireur y a fait opposition. – *[Décr.-L. du 30 oct. 1935, art. 65-1 A.]*

Art. L. 163-2 Est puni d'un emprisonnement de cinq ans et d'une amende de 375 000 €, le fait pour toute personne d'effectuer après l'émission d'un chèque, dans l'intention de porter atteinte aux droits d'autrui, le retrait de tout ou partie de la provision, par transfert, virement ou quelque moyen que ce soit, ou de faire dans les mêmes conditions défense au tiré de payer.

Est puni des mêmes peines le fait, pour toute personne, d'accepter de recevoir ou d'endosser en connaissance de cause un chèque émis dans les conditions définies à l'alinéa précédent.

Est puni des mêmes peines le fait, pour toute personne, d'émettre un ou plusieurs chèques au mépris de l'injonction qui lui a été adressée en application de l'article L. 131-73.

Est puni des mêmes peines le fait, pour un mandataire, d'émettre, en connaissance de cause, un ou plusieurs chèques dont l'émission était interdite à son mandant en application de l'article L. 131-73.

Pour la recherche, la poursuite, l'instruction et le jugement des infractions mentionnées aux alinéas précédents, le tribunal du lieu où le chèque est payable est compétent, sans préjudice de l'application des articles 43, 52 et 382 du code de procédure pénale. – *[Décr.-L. du 30 oct. 1935, art. 66 et 75.]*

A. JURISPRUDENCE ANTÉRIEURE À LA LOI DU 30 DÉC. 1991

1. Retrait ou blocage de la provision. Commet une infraction, le tireur qui, ayant conscience de porter atteinte aux droits d'autrui, procède au retrait ou au blocage de la provision. • Crim. 13 avr. 1983 : *Bull. crim. n° 102 ; D. 1984. 461, note Bouloc ; RTD com. 1983. 439, obs. Cabrillac et Teyssié* • 5 oct. 1983 : *D. 1984. 461, note Bouloc ; RTD com. 1984. 120, obs. Cabrillac et Teyssié.*

Pour un arrêt ayant déclaré le gérant d'une société, coupable de défense au tiré de payer un chèque émis sur son compte personnel et remis, à titre de cautionnement de la société, à un créancier de celle-ci, au motif que tant la dénonciation du vol imaginaire du chèque que l'opposition subséquente, formalisées quelques jours avant la déclaration de cessation des paiements de la société, ont constitué une manœuvre du prévenu pour éluder ses engagements avec l'intention de porter atteinte aux droits du bénéficiaire du chèque, V. • Crim. 4 janv. 1996 : *Bull. crim. n° 3.*

2. Intention dolosive. BIBL. Massé, *RSC 1987. 307.* ♦ Il est nécessaire de caractériser l'élément moral de l'infraction qui ne repose pas sur la seule mauvaise foi du prévenu. • Crim. 17 juill. 1980 : *JCP 1981. II. 19589, note Gavalda.* ♦ La seule connaissance par le tireur de l'absence de provision ne dispense pas les juges du fond de rechercher si le prévenu avait l'intention de porter atteinte aux droits d'autrui et ne suffit pas à caractériser le délit dans son élément intentionnel. • Crim. 5 oct. 1983 : *préc. note 1.* – V. aussi • Crim. 10 janv. 1991 : *D. 1991. IR 64.* ♦ Il est du pouvoir souverain des juges du fond d'apprécier l'existence de l'intention de porter atteinte aux droits d'autrui. • Crim. 13 avr. 1983 : *préc. note 1.*

N'a pas eu l'intention de porter atteinte aux droits d'autrui le tireur qui a confié en dépôt à un huissier un chèque que ce dernier ne devait remettre à son bénéficiaire qu'après apurement d'un contentieux entre eux, et qui a fait opposition au paiement dès qu'il a su que l'huissier avait donné l'effet à son adversaire en violation de ses instructions. • Douai, 16 mai 1991 : *BICC 1991, n° 1680.* ♦ A l'intention de porter atteinte aux droits du bénéficiaire du chèque le prévenu qui, en faisant défense au tiré de payer ce chèque, a eu conscience que celui-ci serait impayé à sa présentation, et la volonté de le laisser impayé. • Crim. 3 avr. 1979 : *D. 1979. IR 525, obs. Puech ; D. 1980. IR 134, obs. Cabrillac.* ♦ Pour un tireur faisant défense au tiré de payer deux chèques qu'il avait émis, non datés, en prétendant la perte de ces derniers, mais où il apparaît que le tireur voulait éviter le paiement, V. • Crim. 27 sept. 2006 : *Gaz. Pal. 2007. 3344, obs. Lasserre Capdeville ; RD banc. fin. 2007, n° 90, obs. Crédot et Samin ; Dr. pénal 2007, n° 38, obs. Robert.* ♦ Sur la preuve de l'intention délictuelle, à partir de l'irrégularité de la date d'émission du chèque, V. • Crim. 16 nov. 1974 : *Bull. crim. n° 347* • 12 juill. 1961 : *Banque 1961. 823, obs. Marin ; Gaz. Pal. 1961. 2. 256.* – Comp. : • Crim. 21 oct. 1985 : *D. 1986. IR 406, obs. Roujou de Boubée ; RTD com. 1987. 85, obs. Cabrillac et Teyssié.*

3. Droit international. L'émission par un étranger en France d'un chèque payable dans un pays étranger entre dans le champ d'application de la loi pénale française. • TGI Paris, 21 avr. 1987 : *D. 1988. IR 50, obs. crit. Cabrillac.* ♦ En revanche, en application des dispositions de l'art. 689, al. 2, C. pr. pén., un citoyen français, résidant hors du territoire de la République, qui a fait opposition au paiement d'un chèque payable à l'étranger, ne peut être poursuivi, selon les termes de l'art. 66 [C. mon. fin., art. L. 163-2], dès lors que le fait reproché n'est pas puni par la législation du pays où il a été commis. • Paris, 24 oct. 1989 : *D. 1991. Somm. 218, obs. Cabrillac.*

4. Réception illicite. Le délit était constitué au cas de réception d'un chèque sans provision par un préposé dès lors que l'élément moral apparaissait en la personne du commettant. • Crim. 23 mars 1965 : *Bull. crim. n° 84* • 26 nov. 1974 : *Gaz. Pal. 1975. 1. Somm. 1.* ♦ Il en allait autrement, au cas de seule réception matérielle du titre. • Crim. 10 mai 1978 : *D. 1978. IR 440, obs. Cabrillac ; Bull. crim. n° 146.* ♦ ... Ou de la simple réception pour encaissement par un banquier. • Paris, 9 juill. 1969 : *Banque 1969. 829.*

Sur l'infraction commise par le bénéficiaire d'un chèque « de garantie » sans provision, V. Bouteron, *Gaz. Pal. 1954. 1. Doctr. 15* • Crim. 12 juill. 1961 : *préc. note 2* • 8 déc. 1955 : *D. 1956. 698, note Derrida* • 8 déc. 1953 : *D. 1954. 437, note Vouin.*

B. APPLICATION DANS LE TEMPS DE LA LOI DU 30 DÉC. 1991

5. Loi pénale plus douce. Sur les effets du principe de rétroactivité de la loi pénale plus douce, s'agissant de l'abrogation de l'infraction d'émission de chèque sans provision, V. • Paris, 9 févr. 1992 : *JCP 1992. IV. 1757.*

6. Entrée en vigueur. Bien qu'il ait été commis avant le 1er juin 1992, le délit d'émission de chèque sans provision malgré une injonction bancaire, tel qu'il était prévu par l'art. 69 du Décr.-l. du 30 oct. 1935 dans sa rédaction antérieure à la loi du 30 déc. 1991, entre dans les prévisions de l'art. 66, al. 3, dans sa rédaction issue de ladite loi [C. mon. fin., art. L. 163-2, al. 3] et demeure punissable dans les limites des peines maximales prévues par ce texte. • Crim. 29 juin 1993 : *Bull. crim. n° 229 ; JCP E 1993. Pan. 1288.* ♦ Il n'importe que le Décr. n° 92-456 du 22 mai 1992 ait prévu, pour l'avenir, les modalités dans lesquelles seraient délivrées les injonctions prévues par l'art. 65-3 du Décr.-l. [C. mon. fin., art. L. 131-73], ses dispositions étant sans effet sur les poursuites régulièrement engagées avant son entrée en vigueur. • Même arrêt.

Art. L. 163-3 **Est puni d'un emprisonnement de sept ans et d'une amende de 750 000 € le fait pour toute personne :**

1. De contrefaire ou de falsifier un chèque *(Ord. n° 2009-866 du 15 juill. 2009, art. 2-IV, en vigueur le 1er nov. 2009)* **« ou un autre instrument mentionné à l'article L. 133-4 » ;**

2. De faire ou de tenter de faire usage, en connaissance de cause, d'un chèque *(Ord. n° 2009-866 du 15 juill. 2009, art. 2-IV, en vigueur le 1er nov. 2009)* **« ou un autre instrument mentionné à l'article L. 133-4 »** *(L. n° 2007-1544 du 29 oct. 2007, art. 41-IV)* **« contrefaisant » ou falsifié ;**

3. D'accepter, en connaissance de cause, de recevoir un *(Ord. n° 2009-866 du 15 juill. 2009, art. 2-IV, en vigueur le 1er nov. 2009)* **« paiement au moyen d'un » chèque** *(Ord. n° 2009-866 du 15 juill. 2009, art. 2-IV, en vigueur le 1er nov. 2009)* **« ou d'un autre instrument mentionné à l'article L. 133-4 »** *(L. n° 2007-1544 du 29 oct. 2007, art. 41-IV)* **« contrefaisant » ou falsifié.** — *[Décr.-L. du 30 oct. 1935, art. 67.]*

BIBL. ▶ LASSERRE CAPDEVILLE, *Banque et Droit mai-juin 2005. 26* (répression de la fraude à la carte bancaire).

1. Élément intentionnel. Sur la déduction à partir d'expertises psychiatriques de la conscience qu'a eue le prévenu de commettre les faits qui lui sont reprochés, V. • Crim. 25 nov. 1985 : *Gaz. Pal. 1986. 2. Somm. 266.*

2. Préjudice. L'existence d'un préjudice n'est pas un élément constitutif de la contrefaçon de chèques et usage. • Crim. 8 janv. 2003 : *Bull. crim. n° 4 ; D. 2003. 2037, note Djoudi ; ibid. AJ 620 ; JCP E 2003, n° 11, p. 439 ; Dr. pénal 2003, n° 48, obs. Robert ; RTD com. 2003. 580, obs. Bouloc.*

3. Signature inhabituelle. Commet le délit prévu au texte, le titulaire d'un chéquier qui, après avoir faussement prétendu avoir été volé, a apposé une signature de fantaisie sur une formule de chèque et fait opposition à son paiement. • Crim. 28 janv. 1964 : *Rev. dr. pén. 1964. 323.*

4. Fausses certifications. Jugé que la remise de chèques revêtus de fausses certifications du tiré s'analyse non pas en falsification de chèques dont les mentions ne sont pas altérées, et usage de chèques falsifiés, mais en faux en écritures de banque et usage de ces faux. • Paris, 30 juin 1989 : *D. 1990. Somm. 119, obs. crit. Cabrillac.*

5. Contrefaçon de carte bancaire. Pour un exemple de condamnation sur le fondement de la contrefaçon d'une carte de paiement, V. • TGI Paris, 25 févr. 2000 : *D. 2000. AJ 219, obs. Delpech*, conf. par • Paris, 5 déc. 2000 : *CCE 2001, n° 28, obs. Le Stanc.* ♦ L'utilisation frauduleuse d'une carte bancaire en raison de sa contrefaçon porte préjudice non seulement au propriétaire mais encore au détenteur et possesseur des sommes détournées (banque émettrice). • Crim. 14 nov. 2007 : *Bull. crim. n° 278 ; D. 2008. 759, note Lasserre Capdeville ; RTD civ. 2008. 309, obs. Jourdain ; AJ pénal 2008. 42, obs. M.-E. C. ; Gaz. Pal. 2008. 3431, obs. Y. M. ; RJDA 2008, n° 707.*

6. Fausses cartes. Sur la condamnation d'un établissement de crédit à restituer à sa cliente le retrait effectué sur son compte avec une fausse carte de crédit, retrait dont le montant dépassait le plafond journalier, ce qui suffisait à prouver l'existence d'un dysfonctionnement imputable à la banque, qui est tenue d'assurer à ses clients une sécurité parfaite dans le déroulement des opérations de retrait, V. • TGI Paris, 23 nov. 2000 : *D. 2001. AJ 475, obs. Avena-Robardet.*

Art. L. 163-4 *(L. nº 2001-1062 du 15 nov. 2001)* **Est puni de sept ans d'emprisonnement et de 750 000 € d'amende le fait, pour toute personne, de fabriquer, d'acquérir, de détenir, de céder, d'offrir ou de mettre à disposition des équipements, instruments, programmes informatiques ou toutes données conçus ou spécialement adaptés pour commettre les infractions prévues au 1° de l'article L. 163-3** *(Abrogé par Ord. nº 2009-866 du 15 juill. 2009, art. 2-IV)* ***« et au 1° de l'article L. 163-4 »***. — *Anc. art. L. 163-4-1 (Ord. nº 2009-866 du 15 juill. 2009, art. 2-IV et 21, en vigueur le 1er nov. 2009).*

Art. L. 163-4-1 *(L. nº 2001-1062 du 15 nov. 2001)* **La tentative des délits prévus au 1° de l'article L. 163-3** *(Abrogé par Ord. nº 2009-866 du 15 juill. 2009, art. 2-IV)* ***« , au 1° de l'article L. 163-4 »*** **et à l'article** *(Ord. nº 2009-866 du 15 juill. 2009, art. 2-IV)* **« L. 163-4 » est punie des mêmes peines.** — *Anc. art. L. 163-4-2 (Ord. nº 2009-866 du 15 juill. 2009, art. 2-IV et 21, en vigueur le 1er nov. 2009).*

Art. L. 163-4-2 *(L. nº 2011-267 du 14 mars 2011, art. 3-I)* **Les peines encourues sont portées à dix ans d'emprisonnement et un million d'euros d'amende lorsque les infractions prévues aux articles L. 163-3, L. 163-4 et L. 163-4-1 sont commises en bande organisée.**

Art. L. 163-5 *(L. nº 2001-1062 du 15 nov. 2001)* **La confiscation, aux fins de destruction, des chèques et** *(Ord. nº 2009-866 du 15 juill. 2009, art. 2-IV, en vigueur le 1er nov. 2009)* **« autres instruments mentionnés à l'article L. 133-4 »** *(L. nº 2007-1544 du 29 oct. 2007, art. 41-IV)* **« contrefaisants » ou falsifiés est obligatoire dans les cas prévus aux articles L. 163-3 à L. 163-4-1. Est également obligatoire la confiscation des matières, machines, appareils, instruments, programmes informatiques ou de toutes données qui ont servi ou étaient destinés à servir à la fabrication desdits** *(Ord. nº 2009-866 du 15 juill. 2009, art. 2-IV, en vigueur le 1er nov. 2009)* **« instruments », sauf lorsqu'ils ont été utilisés à l'insu du propriétaire.**

*Sur la répression des falsifications des cartes de crédit ou de paiement, V. aussi C. pén., art. 323-1 à 323-7, applicables à compter du 1er mars 1994. — **C. pén.***

Art. L. 163-6 *(L. nº 2001-1062 du 15 nov. 2001)* **« Dans tous les cas prévus aux articles L. 163-2 à L. 163-4-1 et L. 163-7, le tribunal peut prononcer l'interdiction des droits civiques, civils et de famille prévue par l'article 131-26 du code pénal ainsi que l'interdiction, pour une durée de cinq ans au plus, d'exercer une activité professionnelle ou sociale, en application des dispositions des articles 131-27 et 131-28 du code pénal. »**

Dans les mêmes cas, il peut interdire au condamné, pour une durée de cinq ans, d'émettre des chèques autres que ceux qui permettent exclusivement le retrait de fonds par le tireur auprès du tiré ou ceux qui sont certifiés. Cette interdiction peut être déclarée exécutoire par provision. Elle est assortie d'une injonction adressée au condamné d'avoir à restituer aux banquiers qui les avaient délivrées les formules en sa possession et en celle de ses mandataires. Le tribunal peut ordonner, aux frais du condamné, la publication par extraits de la décision portant interdiction dans les journaux qu'il désigne et selon les modalités qu'il fixe.

En conséquence de l'interdiction, tout banquier informé de celle-ci par la Banque de France doit s'abstenir de délivrer au condamné et à ses mandataires des formules de chèques autres que celles mentionnées à l'alinéa précédent. — *[Décr.-L. du 30 oct. 1935, art. 68.] — V. art. R. 131-33 à R. 131-37 et R. 131-39.*

*Pour les infractions sanctionnées par l'interdiction judiciaire d'émettre des chèques ou d'utiliser des cartes de paiement, prononcée à titre de peine principale ou complémentaire, et les modalités de cette sanction, V., notamment, C. pén., art. 131-6, 131-14, 131-17, 131-19, 131-20, 131-39, 131-42, 131-48, 132-12, 133-21, 132-32 et 132-34. - **C. pén.***

1. Mandataire. La peine complémentaire de l'interdiction a un caractère personnel et empêche celui qui en est frappé d'émettre des chèques autres que ceux qui permettent exclusivement le retrait de fonds auprès du tiré ou ceux qui sont certifiés, soit à titre personnel, soit à titre de mandataire. • Crim. 3 juill. 1979 : *D. 1980. IR 133, obs. Cabrillac.*

2. Effets de l'interdiction. L'interdiction bancaire ne privant pas celui qui en est frappé de la possibilité d'obtenir un prêt d'un organisme financier, un tel organisme n'a pas l'obligation de se renseigner sur une éventuelle interdiction bancaire. • Com. 15 juin 1993 : *Bull. civ. IV, n° 248 ; D. 1993. IR 197.*

3. Escroquerie. L'établissement de multiples chèques sans provision dans un laps de temps assez court ne permettant pas au tiré de mettre en œuvre la procédure d'interdiction bancaire, ne constitue qu'une succession de mensonges écrits, qui s'avère insuffisante à caractériser le délit d'escroquerie. • Crim. 1er juin 2005 : *Bull. crim. n° 167 ; RTD com. 2006. 224, obs. Bouloc ; AJ pénal 2005. 329, obs. Redon ; Gaz. Pal. 2006. Somm. 532, obs. Y. M. ; Dr. pénal 2005, n° 147, obs. Véron.* ♦ *Contra*, jugeant que constitue une tentative d'escroquerie la demande d'ouverture de compte assortie de la remise, en connaissance de cause, de chèques sans provision ou frappés d'opposition : • Cass., ass. plén., 18 janv. 2006 : *D. 2006. 1950, note Père ; ibid. Pan. 1657, obs. Garé ; RTD com. 2006. 682, obs. Bouloc ; AJ pénal 2006. 84, obs. P.R. ; JCP 2007. I. 111, n° 5, obs. Véron.* ♦ L'ouverture d'un compte bancaire dans le seul but de se faire délivrer un chéquier destiné à créer l'apparence d'une solvabilité et l'utilisation des chèques ainsi obtenus pour se voir remettre des marchandises avec le dessein formé dès l'origine de ne pas en payer le prix forment un stratagème caractérisant les manœuvres frauduleuses constitutives de l'escroquerie. • Crim. 1er juin 2011 : *Bull. crim. n° 117 ; D. 2011. 2008, note Lasserre Capdeville ; RTD com. 2011. 653, obs. Bouloc ; RSC 2011. 839, obs. Matsopoulou ; AJ pénal 2011. 523, obs. Gallois ; JCP 2011. Actu. 307 ; RJDA 2012, n° 199 ; Dr. pénal 2011, n° 117, obs. Véron.*

Art. L. 163-7 Est puni d'un emprisonnement de cinq ans et d'une amende de 375 000 € le fait, pour toute personne, d'émettre un ou plusieurs chèques en violation de l'interdiction prononcée en application de l'article L. 163-6.

Est puni des mêmes peines le fait, pour un mandataire, d'émettre, en connaissance de cause, un ou plusieurs chèques dont l'émission était interdite à son mandant en application de l'article L. 163-6.

Pour la recherche, la poursuite, l'instruction et le jugement des infractions mentionnées aux alinéas précédents, le tribunal du lieu où le chèque est payable est compétent, sans préjudice de l'application des articles 43, 52 et 382 du code de procédure pénale. — *[Décr.-L. du 30 oct. 1935, art. 69 et 75.]*

Art. L. 163-8 Tous les faits punis par les articles L. 163-2, L. 163-3 *(Ord. n° 2009-866 du 15 juill. 2009, art. 2-IV, en vigueur le 1er nov. 2009)* « pour ce qui concerne les dispositions en matière de chèque » et L. 163-7 sont considérés, pour l'application des dispositions concernant la récidive, comme constituant une même infraction. — *[Décr.-L. du 30 oct. 1935, art. 70.]*

Art. L. 163-9 A l'occasion des poursuites pénales exercées contre le tireur, le porteur qui s'est constitué partie civile est recevable à demander devant les juges de la juridiction pénale une somme égale au montant du chèque, sans préjudice, le cas échéant, de *tous dommages-intérêts. Il peut,* néanmoins, s'il le préfère, agir en paiement de sa créance devant la juridiction civile ou commerciale.

En l'absence de constitution de partie civile et si la preuve du paiement du chèque ne résulte pas des éléments de la procédure, les juges de la juridiction pénale peuvent, même d'office, condamner le tireur à payer au bénéficiaire, outre les frais d'exécution de la décision, une somme égale au montant du chèque, majorée, le cas échéant, des intérêts à partir du jour de la présentation conformément à l'article L. 131-52 et des frais résultant du non-paiement, lorsque le chèque n'a pas été endossé si ce n'est aux fins de recouvrement et qu'il figure en original au dossier de la procédure. Lorsqu'il est fait application des dispositions du présent alinéa, le bénéficiaire peut se faire délivrer une expédition de la décision en forme exécutoire dans les mêmes conditions qu'une partie civile régulièrement constituée. — *[Décr.-L. du 30 oct. 1935, art. 71.]*

1. Ouverture de l'action civile. Le bénéficiaire d'un chèque sans provision émis en violation d'une interdiction bancaire est recevable à se constituer partie civile contre l'auteur de l'infraction, sur le fondement de l'art. 71 [C. mon. fin., art. L. 163-9]. • Crim. 29 nov. 1993 : *Bull. crim. n° 361 ; JCP E 1994. Pan. 390.*

1 bis. Actions distributives. L'action en paiement d'une somme égale au montant du chèque prévue par l'art. 71 [C. mon. fin., art. L. 163-9] n'est ouverte que contre le débiteur personnel de l'obligation que ledit chèque prétendait éteindre. • Crim. 6 avr. 1992 : *Bull. crim. n° 142 ; D. 1992. IR 207.* ♦ Si les juges du fond peuvent, en vertu de l'art. 71, condamner l'auteur du chèque sans provision à verser à la victime des dommages-intérêts en réparation du préjudice ainsi causé, ils ne peuvent, en revanche, le condamner au remboursement dudit chèque si le prévenu n'est pas lui-même personnellement débiteur de la créance que ce chèque devait éteindre. • Crim. 7 oct. 1991 : *Bull. crim. n° 333 ; D. 1992. Somm. 337, obs. Cabrillac.* ♦ Le remboursement ne peut donc être accordé à la victime lorsque le prévenu avait émis le chèque, non en règlement d'une dette personnelle, mais en paiement d'une dette sociale. • Même arrêt. • Crim. 18 oct. 1972 : *Bull. crim. n° 292.* – Comp. : • Crim. 6 oct. 1982 : *D. 1983. IR 245, obs. Cabrillac.* ♦ C'est à bon droit que l'action en paiement d'une somme égale au montant du chèque est déclarée irrecevable contre la prévenue du délit d'opposition indue au paiement d'un chèque que celle-ci avait émis pour l'exécution d'un contrat de location-gérance de fonds de commerce, conclu par son ex-concubin avec la société partie civile, dès lors que, selon les juges du fond, il n'existe aucune preuve que la personne pénalement poursuivie ait été le débiteur de l'obligation en cause. • Crim. 6 avr. 1992 : *préc.* ♦ L'action en paiement du chèque et l'action en dommages et intérêts sont indépendantes, le succès de l'une n'étant pas lié à celui de l'autre. • Crim. 14 mars 1957 : *JCP 1957. II. 10068, note Granier ; RTD com. 1957. 687.*

Sur l'opposabilité des exceptions, V. • Crim. 20 mars 1952 : *JCP 1952. II. 7162, note Léauté* • 12 juin 1956 : *RTD com. 1956. 704.*

Le bénéficiaire des chèques sans provision ayant, pour le remboursement de sa créance, choisi la voie ordinaire, son action au pénal ne peut s'analyser qu'en une demande de réparation du préjudice moral que les agissements du prévenu lui ont causé. • Crim. 25 nov. 1991 : *Bull. crim. n° 431 ; JCP 1992. IV. 797.*

2. Demandeur. Tout porteur légitime du chèque est recevable à se constituer partie civile. • Crim. 9 mai 1984 : *Bull. crim. n° 160 ; RTD com. 1985. 334, obs. Cabrillac et Teyssié.*

3. Mauvaise foi du porteur. Le porteur de mauvaise foi ne peut agir devant la juridiction répressive ni en paiement du chèque, ni en dommages et intérêts. • Crim. 27 mars 1968 : *D. 1968. 523, note Vouin* • 26 juin 1969 : *Gaz. Pal. 1969. 2. 177.* – Comp. : • Com. 2 mars 1971 : *D. 1974. 234, note Sortais ; RTD com. 1972. 135, obs. Becqué et Cabrillac* • Crim. 28 juin 1982 : *RTD com. 1983. 95, obs. Cabrillac et Teyssié, et 285, obs. Bouzat.* ♦ V. cependant, *contra*, s'agissant de la seule action en dommages et intérêts, • Crim. 8 déc. 1953 : *D. 1954. 437, note Vouin ; JCP 1954. II. 8005.*

4. Prescription. Le porteur négligent, au sens du droit cambiaire, pour ne pas avoir présenté le chèque au paiement dans le délai de huit jours, est recevable à se constituer partie civile. • Crim. 19 mars 1953 : *JCP 1953. II. 7713.*

5. Remboursement d'office. Le tribunal qui peut ordonner le remboursement d'office du chèque doit rechercher si la créance existe et notamment si elle a une cause licite. • Crim. 12 févr. 1975 : *D. 1975. IR 115.*

Art. L. 163-10 Est puni d'une amende de 12 000 € le fait, pour le tiré :

1. D'indiquer une provision inférieure à la provision existante et disponible ;

2. De rejeter un chèque pour insuffisance ou indisponibilité de la provision sans indiquer, lorsque tel est le cas, que le chèque a été émis au mépris d'une injonction adressée en application de l'article L. 131-73 ou en violation d'une interdiction prononcée en application de l'article L. 163-6 ;

3. De ne pas déclarer, dans les conditions prévues par décret en Conseil d'État, les incidents de paiement ainsi que les infractions prévues par le troisième alinéa de l'article *L. 163-2 et les premier* et deuxième alinéas de l'article L. 163-7 ;

4. De contrevenir aux dispositions des articles L. 131-72, L. 131-73 et au troisième alinéa de l'article L. 163-6. – *[Décr.-L. du 30 oct. 1935, art. 72.]*

1. Directeur d'agence. Sur la responsabilité d'un directeur d'agence bancaire, V. • Crim. 17 mars 1966 : *Bull. crim. n° 102 ; RTD com. 1967. 833.*

2. Indemnisation. V. note 2 ss. art. L. 131-70 C. mon. fin.

Sur la responsabilité civile du banquier résultant d'un renseignement téléphonique erroné donné à un commerçant, quant à la solvabilité du tireur, V. • Com. 21 mai 1996 : RJDA 1996, n° 1225.

3. Injonction tardive. Sur l'envoi tardif de a lettre d'injonction, V. note 4 ss. art. L. 131-73 C. mon. fin.

Art. L. 163-10-1 *(L. n° 2009-526 du 12 mai 2009, art. 125-XIV)* **« Les personnes morales déclarées responsables pénalement, dans les conditions prévues par l'article 121-2 du code pénal, des infractions définies aux articles L. 163-2 à** *(Ord. n° 2009-866 du 15 juill. 2009, art. 2-IV, en vigueur le 1er nov. 2009)* **« L. 163-4 », L. 163-7 et L. 163-10 encourent, outre l'amende suivant les modalités prévues par l'article 131-38 du code pénal, les peines prévues par l'article 131-39 du même code. »**

(L. n° 2001-1062 du 15 nov. 2001) **« L'interdiction mentionnée au 2° de l'article 131-39 du code pénal porte sur l'activité dans l'exercice ou à l'occasion de l'exercice de laquelle l'infraction a été commise. »**

Art. L. 163-11 **Est puni des peines prévues par l'article 226-21 du code pénal le fait, pour toute personne :**

1. D'utiliser, à d'autres fins que celles poursuivies par les articles L. 131-1 à *(L. n° 2005-516 du 20 mai 2005, art. 16-IV)* **« L. 131-87 » relatifs aux chèques et par les articles** *(Ord. n° 2009-866 du 15 juill. 2009, art. 2-IV, en vigueur le 1er nov. 2009)* **« L. 133-1 à** *(L. n° 2010-737 du 1er juill. 2010, art. 38-III)* **« L. 133-28 » lorsqu'ils s'appliquent » à la carte de paiement, les informations centralisées par la Banque de France en application du premier alinéa de l'article L. 131-85 ;**

2. D'assurer, aux *[au]* **lieu et place de la Banque de France, la centralisation des informations prévues par le premier alinéa de l'article L. 131-85.** – *[Décr.-L. du 30 oct. 1935, art. 74, al. 5.]*

Sur l'utilisation par la Banque de France du répertoire national d'identification des personnes physiques pour la gestion du fichier central des chèques impayés, V. note ss. C. mon. fin., art. L. 313-6.

Art. L. 163-12 **Est puni des peines prévues à l'article 226-21 du code pénal le fait, pour toute personne, de diffuser ou de conserver des informations obtenues en application de l'article L. 131-86.** – *[Décr.-L. du 30 oct. 1935, art. 74-1, al. 2.]*

CHAPITRE V *Infractions à la législation sur les relations financières avec l'étranger*

Art. L. 165-1 *V. au* ***C. mon. fin.***

LIVRE II Les produits

TITRE PREMIER Les instruments financiers

BIBL. GÉN. ► De Vauplane et Bornet, *Bull. Joly Bourse 1996. 83 et 355.* – Germain et Noury, *JCP 1997. I. 4022.* – Bossin et Lefranc, *Banque et Droit juill.-août 1997, p. 3* (maîtrise des risques juridiques des instruments financiers à terme de gré à gré). – Gauvin, *Banque et Droit sept.-oct. 1998. 22* (brèves réflexions sur le droit financier). – Colloque du 7 avr. 1999, *LPA 21 juill. 1999* (droit boursier et droit de la concurrence). – Bonneau, *RTD com. 1999. 257* (de l'inutilité du droit contractuel pour assurer le respect des règles de marché). – Reygrobellet, *ibid. 305* (le droit de propriété du titulaire d'instruments financiers). – Castres Saint Martin-Drummond, *in Mélanges Terré, Dalloz, PUF, Juris-Classeur, 1999, p. 661* (le contrat comme instrument financier). – Saint-Geours, *LPA 10 nov. 1999* (les activités financières et internet). – Favero et Colombani, *Bull. Joly Bourse 2000. 15* (warrants financiers et droit des marques). – Perot-Reboul, *D. 2000. Chron. 353* (exécution forcée des instruments financiers). – Goutay et Debussy, *Dr.*

et patr. mai 2000. 68 (notion d'instrument financier). – PRIEUR et BIENVENU-PERROT, *ibid. 79* (transfert de propriété dans les cessions d'instruments financiers). – RUET, *Bull. Joly Bourse 2000. 219* (réforme du droit de la preuve opérée par la loi du 13 mars 2000 et les transactions financières). – GAUVIN, *RD banc. fin. 2004. 211* (qualification juridique des dérivés de crédit). – D. R. MARTIN, *D. 2004. 2285* (du corporel). – AUCKENTHALER, Le code de commerce 1807-2007, Livre du bicentenaire, *Dalloz, 2007, p. 343* (les titres financiers dans le code de commerce). – COLIN, *Gaz. Pal. 2007. 3968* (la transmissibilité des instruments financiers à terme). – DE WATRIGANT, *LPA 28 avr. 2010* (instrument financier et valeur mobilière).

▸ Sur les nouvelles régulations économiques : MESTRE, SIMON et SELINSKY, *Dr. et patr. avr. 2000. 6*. – DAIGRE, *RD banc. fin. mars-avr. 2000. 67*. – GOYET, RONTCHEVSKI et STORCK, *RTD com. 2000. 683* . – PANSIER et CHARBONNEAU, *LPA 21-22 mai 2001*. ▸ Sur la loi « MURCEF » du 11 déc. 2001 : LIENHARD, *D. 2002. 59* . – DAIGRE, *JCP 2002. 29*. – BONNEAU, *JCP E 2002, n° 3, 120*. ▸ Sur l'Ord. n° 2009-15 du 8 janv. 2009 : DUBERTRET et MANGENET, *D. 2009. 448* (réforme du droit des titres). – BONNEAU, *JCP E 2009, n° 5, p. 18 ; Dr. sociétés 2009. Étude 3*. – PACLOT, *Bull. Joly Bourse 2009. 59* (réforme des instruments financiers). – LE BARS, *RLDA mars 2009. 33* (vers un *« securities act »* à la française ?). – DAIGRE et PAILLER, *Rev. sociétés 2009. 37* . – G. PETIT, *RTDF mai 2009. 42* (présentation et orientations de la réforme du droit des instruments financiers). – REYGROBELLET, *ibid. 169* (nouveau paysage juridique des instruments financiers en droit français). – DAIGRE, *ibid. 200* (de la frontière entre le code monétaire et financier et le code de commerce à propos des titres financiers).

CHAPITRE PREMIER *Définitions et règles générales*

(Ord. n° 2009-15 du 8 janv. 2009, art. 1er)

SECTION I *Définitions*

Art. L. 211-1 I. — **Les instruments financiers sont les titres financiers et les contrats financiers.**

II. — Les titres financiers sont :

1. Les titres de capital émis par les sociétés par actions ;

2. Les titres de créance, à l'exclusion des effets de commerce et des bons de caisse ; — *Sur l'application aux titres de créance du taux de l'usure, V. note 9 ss. art. L. 313-3 C. consom., v° Prêts d'argent.*

3. Les parts ou actions d'organismes de placement collectif.

III. — Les contrats financiers, également dénommés "instruments financiers à terme", sont les contrats à terme qui figurent sur une liste fixée par décret. — *V. C. mon. fin., art. D. 211-1 A, infra.*

Sur la question de savoir si les actes portant sur des instruments financiers au sens de l'art. L. 211-1 doivent être regardés comme des actes d'administration ou de disposition du patrimoine des personnes placées en curatelle ou en tutelle, V. Décr. n° 2008-1484 du 22 déc. 2008, annexes I et II (JO 31 déc.). — ***C. civ.***

BIBL. ▸ BAUDOUIN, *LPA 19 mai 2004* (distinction entre contrats financiers à terme et contrats commerciaux à terme sur marchandises). – FAVERO, *JCP E 2005, n° 10, p. 424* (de la notion de spéculation à une réforme de l'exception de jeu) ; *JCP E 2010, n° 1899* (le contrat d'échange de risques). – ARNAUD, GINON et PETIT, *JCP N 2012, n° 1258* (transfert de propriété des valeurs mobilières).

Swap de taux d'intérêt. **BIBL.** Cormet, *RD banc. fin. 2008. Étude 4* (le remboursement anticipé [prépayement] du prêt à taux fixe). ♦ Sur le caractère spéculatif de l'opération de swap de taux d'intérêt et le devoir de mise en garde du banquier, V. • Com. 19 juin 2007 : *Bull. civ. IV, n° 162 ; D. 2007. AJ 1952, obs. Delpech ; RTD com. 2007. 815, obs. Legeais ; JCP E 2007, n° 42, p. 9, note Bonneau ; RJDA 2008, n° 284.*

SECTION II *Les titres financiers*

SOUS-SECTION 1 *Conditions d'émission*

Art. L. 211-2 Les titres financiers, qui comprennent les valeurs mobilières au sens du deuxième alinéa de l'article L. 228-1 du code de commerce, ne peuvent être émis que par l'État, une personne morale, un fonds commun de placement, un fonds de placement immobilier ou un fonds commun de titrisation.

BIBL. ► Reigné et Delorme, *JCP E 2001, p. 214* (code monétaire et financier et valeurs mobilières). – Drummond, *RD banc. fin. 2004. 361* (la liberté d'émettre « toutes valeurs mobilières »). – Allegaert, *Bull. Joly 2005. 340* (de la propriété des valeurs mobilières).

SOUS-SECTION 2 *Inscription en compte*

§ 1er *Dispositions générales*

Art. L. 211-3 Les titres financiers, émis en territoire français et soumis à la législation française, sont inscrits dans un compte-titres tenu soit par l'émetteur, soit par l'un des intermédiaires mentionnés aux 2° à 7° de l'article L. 542-1.

Art. L. 211-4 Le compte-titres est ouvert au nom d'un ou de plusieurs titulaires, propriétaires des titres financiers qui y sont inscrits.

Par dérogation, le compte-titres peut être ouvert :

1. Au nom d'un fonds commun de placement, d'un fonds de placement immobilier ou d'un fonds commun de titrisation, la désignation du fonds pouvant être valablement substituée à celle de tous les copropriétaires ;

2. Au nom d'un intermédiaire inscrit agissant pour le compte du propriétaire des titres financiers, mentionné au septième alinéa de l'article L. 228-1 du code de commerce et dans les conditions prévues par ce même code.

Art. L. 211-5 La procédure d'identification des propriétaires de titres de capital est fixée aux articles L. 228-2 à L. 228-3-4 du code de commerce.

(Ord. nº 2009-107 du 30 janv. 2009, art. 4) « La procédure d'identification mentionnée au premier alinéa est applicable aux organismes de placement collectif, qu'ils aient ou non la forme de société par actions, et peut être exercée par leur société de gestion. Pour l'ensemble de ces organismes, cette procédure est applicable, nonobstant l'absence de stipulations spécifiques dans les statuts ou le règlement. La demande d'identification est exercée soit directement auprès des établissements teneurs de compte-conservateurs, soit par l'intermédiaire du dépositaire central. »

§ 2 *Tenue de compte-conservation*

Art. L. 211-6 Le compte-titres est tenu par l'émetteur lorsque la loi l'exige ou lorsque l'émetteur le décide. Dans les autres cas, il est tenu au choix du propriétaire des titres par l'émetteur ou par un intermédiaire mentionné à l'article L. 211-3.

Un décret en Conseil d'État précise les conditions d'application du présent article. – *V. art. R. 211-1 s. C. mon. fin.*

Art. L. 211-7 Les titres financiers admis aux opérations d'un dépositaire central peuvent être inscrits dans un compte-titres tenu par un intermédiaire mentionné à l'article L. 211-3, sauf décision contraire de l'émetteur.

Les titres financiers qui ne sont pas admis aux opérations d'un dépositaire central doivent être inscrits dans un compte-titres tenu par l'émetteur au nom du propriétaire des titres. Toutefois, sauf lorsque la loi ou l'émetteur l'interdit, les parts ou actions d'organismes de placement collectif peuvent être inscrites dans un compte-titres tenu par un intermédiaire mentionné à l'article L. 211-3.

Art. L. 211-8 Le teneur de compte-conservateur de titres financiers peut, dans les conditions fixées par le règlement général de l'Autorité des marchés financiers, confier à un tiers tout ou partie de ses tâches.

§ 3 *Protection du titulaire du compte*

Art. L. 211-9 Le teneur de compte-conservateur sauvegarde les droits des titulaires des comptes sur les titres financiers qui y sont inscrits. Il ne peut utiliser ces titres pour son propre compte que dans les conditions prévues au 6° de l'article L. 533-10.

Art. L. 211-10 En cas d'ouverture d'une procédure de redressement ou de liquidation judiciaire d'un intermédiaire mentionné à l'article L. 211-3, l'administrateur judiciaire ou le liquidateur, conjointement avec l'administrateur provisoire ou le liquidateur nommé, le cas échéant, par *(Ord. n° 2010-76 du 21 janv. 2010, art. 18)* « l'Autorité de contrôle prudentiel », vérifie titre financier par titre financier que l'ensemble des titres financiers figurant en compte chez un dépositaire central ou chez un autre intermédiaire au nom de l'intermédiaire défaillant, quelle que soit la nature des comptes ouverts chez ces derniers, sont en nombre suffisant pour que l'intermédiaire puisse remplir ses obligations vis-à-vis des titulaires de compte.

En cas d'insuffisance du nombre de ces titres, il est procédé titre financier par titre financier à une répartition proportionnelle entre les titulaires de compte concernés ; ceux-ci peuvent faire virer à un compte-titres tenu par un autre intermédiaire ou par l'émetteur les titres dont ils obtiennent restitution.

Pour la créance correspondant aux titres financiers qui, faute d'une encaisse suffisante chez le dépositaire central ou chez un autre intermédiaire, n'auront pu être restitués aux titulaires de compte, ceux-ci sont dispensés de la déclaration prévue à l'article L. 622-24 du code de commerce.

Le juge commissaire est informé du résultat de la vérification opérée par l'administrateur judiciaire ou le liquidateur et, le cas échéant, de la répartition proportionnelle des titres financiers ainsi que des virements effectués à la demande des titulaires de compte. – *V. art. L. 613-31.*

Art. L. 211-11 Aucune saisie, même à titre conservatoire, n'est admise sur les comptes ouverts auprès d'un dépositaire central.

Aucune mesure d'exécution forcée ou conservatoire menée à l'encontre d'un intermédiaire mentionné à l'article L. 211-3 n'est admise sur les titres financiers inscrits sur un compte, ouvert à son nom dans les livres d'un autre intermédiaire mentionné au même article, lorsqu'ils ne sont pas la propriété du premier intermédiaire.

Art. L. 211-12 Sous réserve des dispositions de l'article L. 211-11, les saisies de titres financiers sont régies par les dispositions de la loi n° 91-650 du 9 juillet 1991 portant réforme des procédures civiles d'exécution.

BIBL. ► HOONAKKER, *Dr. et patr. janv. 2009. 64* (saisie des droits d'associé et des valeurs mobilières).

§ 4 *Dispositions transitoires*

Art. L. 211-13 Les dispositions de la présente sous-section ne concernent pas les obligations émises avant le 3 novembre 1984, amortissables par tirage au sort de numéros. Elles ne concernent pas non plus les rentes perpétuelles sur l'État, détenues sous forme nominative, émises avant cette date.

Les détenteurs de titres financiers émis avant la même date ne peuvent exercer les droits attachés à leurs titres que si ceux-ci ont été inscrits en compte par l'émetteur ou présentés à un intermédiaire mentionné à l'article L. 211-3 en vue de leur inscription en compte. Dans des conditions définies par décret, les émetteurs ou les intermédiaires doivent procéder à la vente des droits correspondant aux titres financiers non présentés ou dont les titulaires sont inconnus ou n'ont pas été atteints depuis la même date du 3 novembre 1984. Le produit de la vente est consigné jusqu'à restitution éventuelle aux ayants droit.

SOUS-SECTION 3 *Transmission*

§ 1er *Négociabilité*

Art. L. 211-14 A l'exception des parts des sociétés civiles de placement immobilier mentionnées à l'article L. 214-50 et des parts des sociétés d'épargne forestière mentionnées à l'article L. 214-85, les titres financiers sont négociables.

Art. L. 211-15 Les titres financiers se transmettent par virement de compte à compte.

Art. L. 211-16 Nul ne peut revendiquer pour quelque cause que ce soit un titre financier dont la propriété a été acquise de bonne foi par le titulaire du compte-titres dans lequel ces titres sont inscrits.

§ 2 *Transfert de propriété*

Art. L. 211-17 Le transfert de propriété de titres financiers résulte de l'inscription de ces titres au compte-titres de l'acquéreur.

Lorsque les titres financiers sont admis aux opérations d'un dépositaire central ou livrés dans un système de règlement et de livraison d'instruments financiers mentionné à l'article L. 330-1, le transfert de propriété résulte de l'inscription des titres au compte-titres de l'acquéreur, à la date et dans les conditions définies par le règlement général de l'Autorité des marchés financiers.

Par dérogation aux alinéas précédents, lorsque le système de règlement et de livraison assure la livraison des titres financiers en prévoyant un dénouement irrévocable en continu, le transfert n'intervient au profit de l'acquéreur que lorsque celui-ci a réglé le prix. Tant que l'acquéreur n'a pas réglé le prix, l'intermédiaire qui a reçu les titres financiers en est le propriétaire. Le règlement général de l'Autorité des marchés financiers précise les modalités particulières de transfert de propriété applicables dans le cas prévu au présent alinéa.

Art. L. 211-17-1 *(L. n° 2010-1249 du 22 oct. 2010, art. 27-I)* I. — L'acheteur et le vendeur d'instruments financiers mentionnés au I de l'article L. 211-1 sont, dès l'exécution de l'ordre, définitivement engagés, le premier à payer, le second à livrer, à la date mentionnée au II du présent article.

(L. n° 2013-100 du 28 janv. 2013, art. 36) « Sans préjudice du règlement (UE) n° 236/2012 du Parlement européen et du Conseil, du 14 mars 2012, sur la vente à découvert et certains aspects des contrats d'échange sur risque de crédit, » il est interdit à un vendeur d'instruments financiers mentionnés au I de l'article L. 211-1 et admis à la négociation sur un marché réglementé d'émettre un ordre de vente s'il ne dispose pas sur son compte des instruments financiers appelés à être cédés, ou s'il n'a pas pris les mesures nécessaires auprès d'une tierce partie afin de disposer d'assurances raisonnables sur sa capacité à livrer ces instruments financiers, au plus tard à la date prévue pour la livraison consécutive à la négociation.

Il peut être dérogé au présent article dans des conditions prévues par décret après avis motivé du collège de l'Autorité des marchés financiers.

Le prestataire auquel l'ordre est transmis peut exiger, lors de la réception de l'ordre ou dès son exécution, la constitution dans ses livres, à titre de couverture, d'une provision en espèces en cas d'achat, en instruments financiers objets de la vente en cas de vente.

II. — En cas de négociation d'instruments financiers mentionnés au II de l'article L. 211-1, le transfert de propriété résulte de l'inscription au compte de l'acheteur.

Cette inscription a lieu à la date de dénouement effectif de la négociation mentionnée dans les règles de fonctionnement du système de règlement et de livraison lorsque le compte du teneur de compte conservateur de l'acheteur, ou le compte du mandataire de ce teneur de compte conservateur, est crédité dans les livres du dépositaire central.

Cette date de dénouement des négociations et simultanément d'inscription en compte intervient au terme d'un délai inférieur à deux jours de négociation après la date d'exécution des ordres. Il peut être dérogé à ce délai, pour des raisons techniques, dans les cas énumérés par le règlement général de l'Autorité des marchés financiers.

Cette même date s'applique lorsque les instruments financiers de l'acheteur et du vendeur sont inscrits dans les livres d'un teneur de compte conservateur commun.

Les deuxième et troisième alinéas du présent II prennent effet à la date d'entrée en vigueur d'un dispositif d'harmonisation équivalent au niveau européen.

III. — L'Autorité des marchés financiers peut prononcer les sanctions prévues aux II et III de l'article L. 621-15 à l'encontre de toute personne physique ou morale qui exécute une opération ayant pour objet ou pour effet de contrevenir aux dispositions des I et II du présent article.

Art. L. 211-18 En cas de livraison de titres financiers contre règlement d'espèces, le défaut de livraison ou de règlement constaté à la date et dans les conditions définies dans le règlement général de l'Autorité des marchés financiers ou, à défaut, par une convention entre les parties délie de plein droit de toute obligation la partie non défaillante vis-à-vis de la partie défaillante, nonobstant toute disposition législative contraire.

Lorsqu'un intermédiaire mentionné à l'article L. 211-3 procède à la livraison des titres ou au paiement du prix en se substituant à son client défaillant, il acquiert la pleine propriété des titres financiers ou des espèces reçus de la contrepartie. Les dispositions du livre VI du code de commerce ne font pas obstacle à l'application du présent article. Aucun créancier du client défaillant ne peut opposer un droit quelconque sur ces titres financiers ou espèces.

Art. L. 211-19 Pour chaque ordre de négociation, cession ou mutation d'un titre financier inscrit dans un compte tenu par l'émetteur et admis aux opérations d'un dépositaire central, ou pour toute autre modification affectant l'inscription en compte dudit titre financier, l'intermédiaire mentionné à l'article L. 211-3 établit un bordereau de références nominatives. Ce bordereau indique les éléments d'identification du donneur d'ordre, la nature juridique de ses droits et les restrictions dont le titre financier peut être frappé et porte un code permettant de déterminer l'opération à laquelle il se rattache.

Le règlement général de l'Autorité des marchés financiers détermine les modalités et les délais de circulation du bordereau de références nominatives entre l'intermédiaire, le dépositaire et l'émetteur.

SOUS-SECTION 4 *Nantissement de comptes-titres*

Art. L. 211-20 I. — Le nantissement d'un compte-titres est réalisé, tant entre les parties qu'à l'égard de la personne morale émettrice et des tiers, par une déclaration signée par le titulaire du compte. Cette déclaration comporte les énonciations fixées par décret. Les titres financiers figurant initialement dans le compte nanti, ceux qui leur sont substitués ou les complètent en garantie de la créance initiale du créancier nanti, de quelque manière que ce soit, ainsi que leurs fruits et produits en toute monnaie, sont compris dans l'assiette du nantissement. Les titres financiers et les sommes en toute monnaie postérieurement inscrits au crédit du compte nanti, en garantie de la créance initiale du créancier nanti, sont soumis aux mêmes conditions que ceux y figurant initialement et sont considérés comme ayant été remis à la date de déclaration de nantissement initiale. Le créancier nanti peut obtenir, sur simple demande au teneur de compte, une attestation de nantissement de *(Ord. n° 2009-107 du 30 janv. 2009, art. 5-I)* « compte-titres », comportant inventaire des titres financiers et sommes en toute monnaie inscrits en compte nanti à la date de délivrance de cette attestation.

II. – Le compte nanti prend la forme d'un compte spécial ouvert au nom du titulaire et tenu par un intermédiaire mentionné à l'article L. 211-3, un dépositaire central ou, le cas échéant, l'émetteur.

A défaut d'un compte spécial, sont réputés constituer le compte nanti les titres financiers mentionnés au premier alinéa, ainsi que les sommes en toute monnaie ayant fait l'objet d'une identification à cet effet par un procédé informatique.

III. – Lorsque les titres financiers figurant dans le compte nanti sont inscrits dans un compte tenu par l'émetteur et que celui-ci n'est pas une personne autorisée à recevoir des fonds du public au sens de l'article L. 312-2, les fruits et produits mentionnés au I versés en toute monnaie doivent être inscrits au crédit d'un compte spécial ouvert au nom du titulaire du compte nanti dans les livres d'un intermédiaire mentionné à l'article L. 211-3 ou d'un établissement de crédit. Ce compte spécial est réputé faire partie intégrante du compte nanti à la date de signature de la déclaration de nantissement. Le créancier nanti peut obtenir, sur simple demande au teneur du compte spécial, une attestation comportant l'inventaire des sommes en toute monnaie inscrites au crédit de ce compte à la date de la délivrance de cette attestation.

IV. – Le créancier nanti définit avec le titulaire du compte-titres les conditions dans lesquelles ce dernier peut disposer des titres financiers et des sommes en toute monnaie figurant dans le compte nanti. Le créancier nanti bénéficie en toute hypothèse d'un droit de rétention sur les titres financiers et sommes en toute monnaie figurant au compte nanti.

V. – Le créancier nanti titulaire d'une créance certaine, liquide et exigible peut, pour les titres financiers, français ou étrangers, négociés sur un marché réglementé, les parts ou actions d'organismes de placement collectif, ainsi que pour les sommes en toute monnaie, réaliser le nantissement, civil ou commercial, huit jours – ou à l'échéance de tout autre délai préalablement convenu avec le titulaire du compte – après mise en demeure du débiteur remise en mains propres ou adressée par courrier recommandé. Cette mise en demeure du débiteur est également notifiée au constituant du nantissement lorsqu'il n'est pas le débiteur ainsi qu'au teneur de compte lorsque ce dernier n'est pas le créancier nanti. La réalisation du nantissement intervient selon des modalités fixées par décret. – *V. C. mon. fin., art. D. 211-10 s.*

Pour les instruments financiers autres que ceux mentionnés à l'alinéa précédent, la réalisation du nantissement intervient conformément aux dispositions de l'article L. 521-3 du code de commerce.

VI. – Les dispositions du V du présent article relatives à la réalisation du nantissement s'appliquent aux nantissements de titres financiers constitués antérieurement au 4 juillet 1996.

1. Mise en demeure. Le défaut de mise en demeure, par le créancier gagiste d'un compte d'instruments financiers, du débiteur fait obstacle à la réalisation du gage, de sorte que le premier doit restituer au second l'intégralité du portefeuille de titres indûment réalisés. • Com. 18 nov. 2008 : *Bull. civ. IV, n° 196 ; D. 2008. AJ 3009 ; JCP 2009. I. 150, n° 22, obs. Delebecque ; Gaz. Pal. 2009. 1255, note Chabot ; RJDA 2009, n° 232.*

2. Droit de rétention. Le droit de rétention sur les instruments financiers ne résulte pas de la possession matérielle de la chose mais d'une disposition légale, de sorte qu'il n'est pas soumis à l'exigence du maintien de la possession de la chose qui en est l'objet, et le désistement, même volontaire, du compte titre faisant l'objet du droit de rétention ne peut entraîner la perte de ce droit. • Reims, 11 mai 2009 : *RD banc. fin. 2009, n° 210, obs. Bonneau.*

SOUS-SECTION 5 *Formes particulières de transmission*

§ 1er *Adjudication*

Art. L. 211-21 Les adjudications publiques volontaires ou forcées de titres financiers sont faites, si ces titres sont admis aux négociations sur un marché réglementé, par les prestataires de services d'investissement membres du marché réglementé où ces titres sont négociés et, dans le cas contraire, par un prestataire de services d'investissement ou par un notaire.

Même en cas de dispositions statutaires contraires, les dispositions du présent article s'appliquent aux adjudications pour défaut de libération d'actions.

Les dispositions du présent article ne sont pas applicables aux adjudications de titres de la dette publique effectuées pour le compte de l'État.

§ 2 *Prêt de titres financiers*

Art. L. 211-22 Les dispositions de l'article L. 211-24 sont applicables aux prêts de titres financiers qui remplissent les conditions suivantes :

1. Le prêt porte sur des titres financiers ;
2. Le prêt porte sur des titres financiers qui ne sont pas susceptibles de faire l'objet, pendant la durée du prêt, du détachement d'un droit à dividende ou du paiement d'un intérêt soumis à la retenue à la source prévue au 1° de l'article 119 *bis* ou à l'article 1678 *bis* du code général des impôts ou ouvrant droit au crédit impôt prévu au *b* du 1 de l'article 220 du même code, d'un amortissement, d'un tirage au sort pouvant conduire au remboursement ou d'un échange ou d'une conversion prévus par le contrat d'émission ;
3. Le prêt est soumis aux dispositions des articles 1892 à 1904 inclus du code civil ;
4. Les titres financiers sont empruntés par une personne morale soumise de plein droit à un régime réel d'imposition, par un organisme de placement collectif, ou par une personne, société ou institution non résidente ayant un statut comparable.

Les parties peuvent convenir de remises complémentaires, en pleine propriété, d'espèces ou de titres financiers, pour tenir compte de l'évolution de la valeur des titres financiers prêtés.

Art. L. 211-23 Le régime de la rémunération allouée en paiement de prêts de titres financiers est fixé par les dispositions du 2 du I de l'article 38 *bis* du code général des impôts.

Art. L. 211-24 Lorsque les titres financiers sont prêtés par une entreprise, ils sont prélevés par priorité sur les titres de même nature acquis ou souscrits à la date la plus récente.

La créance représentative des titres financiers prêtés est inscrite distinctement au bilan à la valeur d'origine de ces titres.

A l'expiration du prêt, les titres financiers restitués sont inscrits au bilan à cette même valeur.

La provision pour dépréciation constituée antérieurement, le cas échéant, sur les titres financiers prêtés n'est pas réintégrée lors du prêt. Elle doit figurer sur une ligne distincte au bilan et demeurer inchangée jusqu'à la restitution de ces titres.

Art. L. 211-25 Les titres financiers empruntés et la dette représentative de l'obligation de restitution de ces titres sont inscrits distinctement au bilan de l'emprunteur au prix du marché au jour du prêt.

Art. L. 211-26 Lorsque l'emprunteur cède des titres financiers, ceux-ci sont prélevés par priorité sur les titres de même nature empruntés à la date la plus ancienne. Les achats ultérieurs de titres de même nature sont affectés par priorité au remplacement des titres empruntés.

A la clôture de l'exercice, les titres financiers empruntés qui figurent au bilan de l'emprunteur et la dette représentative de l'obligation de restitution qui résulte des contrats en cours sont inscrits au prix que ces titres ont sur le marché à cette date.

A l'expiration du prêt, les titres financiers empruntés sont réputés restitués à la valeur pour laquelle la dette représentative de l'obligation de restitution figure au bilan.

§ 3 *Pension*

Art. L. 211-27 La pension est l'opération par laquelle une personne morale, un fonds commun de placement, un fonds de placement immobilier ou un fonds commun de titrisation cède en pleine propriété à une autre personne morale, à un fonds commun de placement, à un fonds de placement immobilier ou à un fonds commun de titrisation, moyennant un prix convenu, des titres financiers et par laquelle le cédant et le cessionnaire s'engagent respectivement et irrévocablement, le premier à reprendre les titres, le second à les rétrocéder pour un prix et à une date convenus.

Art. L. 211-28 La pension porte sur des titres financiers qui ne sont pas susceptibles de faire l'objet, pendant toute la durée de l'opération :

1. Du détachement d'un droit à dividende, ouvrant droit au crédit d'impôt prévu au *b* du 1 de l'article 220 du code général des impôts ;

2. Du paiement d'un intérêt soumis à la retenue à la source prévue au 1 de l'article 119 *bis* ou à l'article 1678 *bis* du code général des impôts ou ouvrant droit à un crédit d'impôt prévu au *b* du 1 de l'article 220 du même code.

L'amortissement, le tirage au sort conduisant au remboursement, l'échange, la conversion ou l'exercice d'un bon de souscription mettent fin à l'opération de pension.

Art. L. 211-29 La pension devient opposable aux tiers dès la livraison, dont les modalités sont fixées par décret, des titres financiers. *— V. art. D. 211-15 C. mon. fin.*

Art. L. 211-30 Au terme fixé pour la rétrocession, le cédant paye le prix convenu au cessionnaire et ce dernier rétrocède les titres financiers au cédant ; si le cédant manque à son obligation de payer le prix de la rétrocession, les titres restent acquis au cessionnaire et si le cessionnaire manque à son obligation de rétrocéder les titres, le montant de la cession reste acquis au cédant.

Art. L. 211-31 La rémunération du cessionnaire, quelle qu'en soit la forme, constitue un revenu de créance. Elle est traitée sur le plan comptable comme des intérêts.

Lorsque la durée de la pension couvre la date de paiement des revenus attachés aux titres financiers donnés en pension, le cessionnaire les reverse au cédant qui les comptabilise parmi les produits de même nature.

Art. L. 211-32 La pension entraîne, chez le cédant, d'une part, le maintien à l'actif de son bilan des titres financiers mis en pension et, d'autre part, l'inscription au passif du bilan du montant de sa dette vis-à-vis du cessionnaire ; ces titres et cette dette sont individualisés à une rubrique spécifique dans la comptabilité du cédant. En outre, le montant des titres financiers mis en pension, ventilé selon la nature des actifs concernés, doit figurer dans les documents annexés aux comptes annuels.

Art. L. 211-33 Les titres financiers reçus en pension ne sont pas inscrits au bilan du cessionnaire ; celui-ci enregistre à l'actif de son bilan le montant de sa créance sur le cédant.

Lorsque le cessionnaire cède des titres financiers qu'il a lui-même reçus en pension, il constate au passif de son bilan le montant de cette cession représentatif de sa dette de titres financiers qui, à la clôture de l'exercice, est évaluée au prix de marché de ces actifs. Les écarts de valeur constatés sont retenus pour la détermination du résultat imposable de cet exercice.

Lorsque le cessionnaire donne en pension des titres financiers qu'il a lui-même reçus en pension, il inscrit au passif de son bilan le montant de sa dette à l'égard du nouveau cessionnaire.

Les montants représentatifs des créances et dettes mentionnées au présent article sont individualisés dans la comptabilité du cessionnaire.

Art. L. 211-34 Pour l'application des articles L. 211-27 à L. 211-33, les effets publics ou privés sont assimilés à des titres financiers.

Toutefois, seuls les établissements de crédit peuvent prendre ou mettre en pension les effets privés.

SECTION III *Contrats financiers*

Art. L. 211-35 Nul ne peut, pour se soustraire aux obligations qui résultent de contrats financiers, se prévaloir de l'article 1965 du code civil, alors même que ces opérations se résoudraient par le paiement d'une simple différence.

SECTION IV *Règles communes applicables aux opérations sur instruments financiers*

§ 1er *Compensation et cessions de créances*

Art. L. 211-36 *[I. –]* Les dispositions du présent paragraphe sont applicables :

1° Aux obligations financières résultant d'opérations sur instruments financiers lorsque l'une au moins des parties à l'opération est un établissement de crédit, un prestataire de services d'investissement, un établissement public, une collectivité territoriale, une institution, une personne ou entité bénéficiaire des dispositions de l'article L. 531-2, une chambre de compensation, un établissement non résident ayant un statut comparable, une organisation ou organisme financier international dont la France ou la Communauté européenne est membre ;

2° Aux obligations financières résultant de tout contrat donnant lieu à un règlement en espèces ou à une livraison d'instruments financiers lorsque toutes les parties appartiennent à l'une des catégories de personnes mentionnées à l'alinéa précédent, à l'exception des personnes mentionnées aux alinéas *(Ord. n° 2009-107 du 30 janv. 2009, art. 5-I)* « *c* à *n* » du 2° de l'article L. 531-2 ;

3° Aux obligations financières résultant de tout contrat conclu dans le cadre d'un système mentionné à l'article L. 330-1.

(L. n° 2010-1249 du 22 oct. 2010, art. 28-I) « II. – Pour l'application de la présente section, sont également des instruments financiers les contrats d'option, contrats à terme ferme, contrats d'échange et tous autres contrats à terme autres que ceux mentionnés au III de l'article L. 211-1, à condition que, lorsque ces instruments doivent être réglés par livraison physique, ils fassent l'objet d'un enregistrement par une chambre de compensation reconnue ou d'appels de couverture périodiques. »

Art. L. 211-36-1 I. – Les conventions relatives aux obligations financières mentionnées *(Ord. n° 2009-107 du 30 janv. 2009, art. 5-I)* « à l'article L. 311-36 » sont résiliables, et les dettes et les créances y afférentes sont compensables. Les parties peuvent prévoir l'établissement d'un solde unique, que ces obligations financières soient régies par une ou plusieurs conventions ou conventions-cadres.

II. – Les modalités de résiliation, d'évaluation et de compensation des opérations et obligations mentionnées *(Ord. n° 2009-107 du 30 janv. 2009, art. 5-I)* « à l'article L. 211-36 et au I du présent article » sont opposables aux tiers. Ces modalités peuvent être notamment prévues par des conventions ou conventions-cadres. Toute opération de résiliation, d'évaluation ou de compensation faite en raison d'une procédure civile d'exécution ou de l'exercice d'un droit d'opposition est réputée être intervenue avant cette procédure.

III. – *Abrogé par L. n° 2010-1249 du 22 oct. 2010, art. 28-II. – V. le II de l'art. L. 211-36.*

Art. L. 211-37 La cession de créances afférentes aux obligations financières mentionnées à l'article L. 211-36 est opposable aux tiers du fait de la notification de la cession au débiteur. La cession de contrats afférents aux obligations financières mentionnées à l'article L. 211-36 est opposable aux tiers du fait de l'accord écrit des parties.

§ 2 *Garantie des obligations financières*

Art. L. 211-38 I. — A titre de garantie des obligations financières présentes ou futures mentionnées à l'article L. 211-36, les parties peuvent prévoir des remises en pleine propriété, opposables aux tiers sans formalités, d'instruments financiers, effets, créances, contrats ou sommes d'argent, ou la constitution de sûretés sur de tels biens ou droits, réalisables, même lorsque l'une des parties fait l'objet d'une des procédures prévues par le livre VI du code de commerce, ou d'une procédure judiciaire ou amiable équivalente sur le fondement d'un droit étranger, ou d'une procédure civile d'exécution ou de l'exercice d'un droit d'opposition.

Les dettes et créances relatives à ces garanties et celles afférentes à ces obligations sont alors compensables conformément au I de l'article L. 211-36-1.

II. — Lorsque les garanties mentionnées au I sont relatives aux obligations financières mentionnées aux 2° et 3° de l'article *(L. n° 2009-526 du 12 mai 2009, art. 138-XII)* « L. 211-36 » :

1° La constitution de telles garanties et leur opposabilité ne sont subordonnées à aucune formalité. Elles résultent du transfert des biens et droits en cause, de la dépossession du constituant ou de leur contrôle par le bénéficiaire ou par une personne agissant pour son compte ;

2° L'identification des biens et droits en cause, leur transfert, la dépossession du constituant ou le contrôle par le bénéficiaire doivent pouvoir être attestés par écrit ;

3° La réalisation de telles garanties intervient à des conditions normales de marché, par compensation, appropriation ou vente, sans mise en demeure préalable, selon les modalités d'évaluation prévues par les parties dès lors que les obligations financières couvertes sont devenues exigibles.

III. — L'acte prévoyant la constitution des sûretés mentionnées au I peut définir les conditions dans lesquelles le bénéficiaire de ces sûretés peut utiliser ou aliéner les biens ou droits en cause, à charge pour lui de restituer au constituant des biens ou droits équivalents. Les sûretés concernées portent alors sur les biens ou droits équivalents ainsi restitués comme si elles avaient été constituées dès l'origine sur ces biens ou droits équivalents. Cet acte peut permettre au bénéficiaire de compenser sa dette de restitution des biens ou droits équivalents avec les obligations financières au titre desquelles les sûretés ont été constituées, lorsqu'elles sont devenues exigibles.

Par biens ou droits équivalents, on entend :

1° Lorsqu'il s'agit d'espèces, une somme de même montant et dans la même monnaie ;

2° Lorsqu'il s'agit d'instruments financiers, des instruments financiers ayant le même émetteur ou débiteur, faisant partie de la même émission ou de la même catégorie, ayant la même valeur nominale, libellés dans la même monnaie et ayant la même désignation, ou d'autres actifs, lorsque les parties le prévoient, en cas de survenance d'un fait concernant ou affectant les instruments financiers constitués en sûreté.

Lorsqu'il s'agit d'autres biens ou droits que ceux mentionnés aux 1° et 2°, la restitution porte sur ces mêmes biens ou droits.

IV. — Les modalités de réalisation et de compensation des garanties mentionnées au I et des obligations mentionnées à l'article L. 211-36 sont opposables aux tiers. Toute réalisation ou compensation effectuée en raison d'une procédure civile d'exécution ou de l'exercice d'un droit d'opposition est réputée être intervenue avant cette procédure.

Art. L. 211-39 Les droits ou obligations du constituant, du bénéficiaire ou de tout tiers relatifs aux garanties mentionnées au I de l'article L. 211-38 portant sur des titres financiers sont déterminés par la loi de l'État où est situé le compte dans lequel ces titres sont remis ou constitués en garantie.

§ 3 *Disposition commune*

Art. L. 211-40 Les dispositions du livre VI du code de commerce, ou celles régissant toutes procédures judiciaires ou amiables équivalentes ouvertes sur le fondement de droits étrangers, ne font pas obstacle à l'application des dispositions de la présente section.

SECTION V *Régime des instruments financiers étrangers*

Art. L. 211-41 Sont assimilés aux titres financiers mentionnés à l'article L. 211-1 tous les instruments équivalents ou droits représentatifs d'un placement financier dans une entité émis sur le fondement de droits étrangers.

CHAPITRE II *Titres de capital* *(Ord. n° 2009-15 du 8 janv. 2009, art. 1er).*

Art. L. 212-1 A *(Ord. n° 2009-15 du 8 janv. 2009, art. 1er)* Les titres de capital émis par les sociétés par actions comprennent les actions et les autres titres donnant ou pouvant donner accès au capital ou aux droits de vote.

SECTION I *Les actions* *(Ord. n° 2009-15 du 8 janv. 2009, art. 1er).*

SOUS-SECTION 1 *Actions de numéraire et d'apport*

Art. L. 212-1 Les différentes formes d'actions sont définies par l'article L. 228-7 du code de commerce reproduit ci-après : *— V. cet art., supra.*

SOUS-SECTION 2 *Actions à forme nominative obligatoire*

Art. L. 212-2 Les actions de numéraire relèvent des dispositions de l'article L. 228-9 du code de commerce, reproduit ci-après : *— V. cet art., supra.*

(L. n° 2012-387 du 22 mars 2012, art. 17-IV) « Le non-respect du premier alinéa peut entraîner l'annulation de ladite action. »

Art. L. 212-3 I. — *(Ord. n° 2004-604 du 24 juin 2004, art. 52-V)* « Sous réserve des dispositions » *(Ord. n° 2009-15 du 8 janv. 2009, art. 1er)* « de l'article L. 211-7 », les actions émises en territoire français et soumises à la législation française, des sociétés par actions, autres que les SICAV *(Ord. n° 2005-1278 du 13 oct. 2005, art. 5)* « ou les sociétés de placement à prépondérance immobilière à capital variable », qui ne sont pas admises aux négociations sur un marché réglementé revêtent la forme nominative.

II. — Cette obligation doit être satisfaite dans un délai de six mois à compter de la date d'émission des actions concernées ou de la date à laquelle celles-ci ont cessé d'être admises *(Ord. n° 2004-604 du 24 juin 2004, art. 52-V)* « aux opérations d'un dépositaire central. »

Passé ce délai, les détenteurs d'actions qui ne satisfont pas à l'obligation prévue au I, ne peuvent exercer les droits attachés à ces titres, que si ceux-ci ont été présentés à la société émettrice ou un intermédiaire habilité en vue de leur mise sous forme nominative.

III. — Les sociétés émettrices doivent, dans un délai d'un an, à partir de l'expiration *du délai prévu* au II, procéder à la vente des droits correspondant aux actions non présentées, dans des conditions fixées par décret. Le produit de la vente est consigné jusqu'à restitution éventuelle aux ayants droit. *— V. Décr. n° 82-893 du 18 oct. 1982 (D. et BLD 1982. 446), mod. par Décr. n° 83-1167 du 27 déc. 1983 (D. et ALD 1984. 57).*

IV. — Lorsqu'ils ne justifient pas avoir effectué toute diligence pour assurer l'application effective des présentes dispositions, les gérants, le président du conseil d'administration ou du directoire de la société émettrice sont, pour l'application des droits de mutation par décès et de l'impôt de solidarité sur la fortune présumés, sauf preuve contraire, être les propriétaires des actions qui ne revêtiraient pas la forme nominative ou qui n'auraient pas été vendues dans les conditions prévues au III. – *[L. n° 81-1160 du 30 déc. 1981, art. 94 (I), al. 1er, 3 (en partie) et 4 à 7.]*

Art. L. 212-4 L'obligation imposée à certaines actions de revêtir la forme nominative est réputée satisfaite lorsque sont réalisées les conditions définies à l'article L. 228-2 du code de commerce.

SOUS-SECTION 3 *Actions de préférence (Ord. n° 2004-604 du 24 juin 2004, art. 52-VI).*

Art. L. 212-5 *(Ord. n° 2004-604 du 24 juin 2004, art. 52-VI)* Les règles relatives à la création des actions de préférence sont fixées par les articles L. 228-11 à L. 228-20 du code de commerce.

SOUS-SECTION 4 *Dispositions applicables aux catégories de titres en voie d'extinction (Ord. n° 2004-604 du 24 juin 2004, art. 52-VII).*

Art. L. 212-6 *(Ord. n° 2004-604 du 24 juin 2004, art. 52-VII)* Les règles relatives à la création d'actions de priorité sont fixées par les articles L. 228-29-8 à L. 228-29-10 et L. 228-35-1 du code de commerce.

Art. L. 212-6-1 *(Ord. n° 2004-604 du 24 juin 2004, art. 52-VII)* Les règles relatives à la création d'actions à dividende prioritaire sans droit de vote sont fixées par les articles L. 228-29-8 à L. 228-29-10 et L. 228-35-2 à L. 228-35-11 du code de commerce.

Art. L. 212-6-2 *(Ord. n° 2004-604 du 24 juin 2004, art. 52-VII)* Les règles relatives aux certificats d'investissement et aux certificats de droit de vote sont fixées par les dispositions des articles L. 228-29-8 à L. 228-35 du code de commerce.

Art. L. 212-6-3 *(Ord. n° 2004-604 du 24 juin 2004, art. 52-VII)* Afin d'assurer l'égalité des porteurs de certificats d'investissement ou de certificats de droit de vote et la transparence du marché, le règlement général de l'Autorité des marchés financiers détermine :

1° Les conditions applicables aux procédures d'offre publique et de demande de retrait portant sur des certificats d'investissement ou des certificats de droit de vote admis aux négociations sur un marché réglementé ou qui ont cessé d'être négociés sur un marché réglementé, lorsque le ou les actionnaires majoritaires de la société émettrice de ces certificats détiennent seul ou de concert au sens des dispositions de l'article L. 233-10 du code de commerce une fraction déterminée du capital et des droits de vote ;

2° Les conditions dans lesquelles, à l'issue d'une procédure d'offre publique ou de demande de retrait, les certificats d'investissement ou les certificats de droit de vote non présentés par leurs porteurs, dès lors qu'ils ne représentent pas plus de 5 % du capital ou des droits de vote, sont transférés aux actionnaires majoritaires à leur demande, et les détenteurs indemnisés.

Cet art. reprend une partie de l'ancien art. L. 212-12 désormais abrogé (Ord. n° 2004-604 du 24 juin 2004, art. 52-VII et VIII).

Art. L. 212-6-4 *(Ord. n° 2004-604 du 24 juin 2004, art. 52-VII)* En cas de mise en œuvre du 2° de l'article L. 212-6-3, l'évaluation des titres est faite selon les méthodes objectives pratiquées en cas de cession d'actifs et tient compte, selon une pondération appropriée à chaque cas, de la valeur des actifs, des bénéfices réalisés, de la valeur boursière, de l'existence de filiales et des perspectives d'activité. L'indemnisation est

égale, par titre, au résultat de l'évaluation précitée ou, s'il est plus élevé, au prix proposé lors de l'offre ou de la demande de retrait. Le montant de l'indemnisation revenant aux détenteurs non identifiés est consigné.

V. note ss. art. L. 212-6-3.

SECTION II *Les autres titres donnant ou pouvant donner accès au capital ou aux droits de vote* (*Ord. n° 2009-15 du 8 janv. 2009, art. 1er*).

Les sous-sections 1, 2, 3, 4 et 5 sont abrogées et leurs art. L. 212-7, L. 212-8, L. 212-9, L. 212-10, L. 212-11 et L. 212-12 sont remplacés par un art. L. 212-7 (Ord. n° 2004-604 du 24 juin 2004, art. 52-VIII).

Art. L. 212-7 *(Ord. n° 2004-604 du 24 juin 2004, art. 52-VIII)* **Les règles relatives à l'émission de titres donnant accès au capital et aux titulaires de ces titres sont fixées par les articles L. 228-91 à L. 228-106 du code de commerce relatifs aux valeurs mobilières donnant accès au capital.**

Art. L. 212-8 à L. 212-12 *Abrogés par Ord. n° 2004-604 du 24 juin 2004, art. 52-VIII.*

SECTION III *Régimes particuliers d'accès au capital en faveur du personnel salarié*

Art. L. 212-13 à L. 212-17 – *V. C. sociétés.*

CHAPITRE III *Titres de créance*

Art. L. 213-1 A *(Ord. n° 2009-15 du 8 janv. 2009, art. 1er)* **Les titres de créance représentent chacun un droit de créance sur la personne morale ou le fonds commun de titrisation qui les émet.**

(L. n° 2010-1249 du 22 oct. 2010, art. 76-I) **« Par dérogation à l'article 1300 du code civil et à l'article L. 228-74 du code de commerce, peuvent être acquis et conservés par leurs émetteurs aux fins de favoriser la liquidité desdits titres :**

« 1° Les titres de créances négociables ;

« 2° Les titres de créance ne donnant pas accès au capital admis aux négociations sur un marché réglementé ou sur un système multilatéral de négociation qui se soumet aux dispositions législatives et réglementaires visant à protéger les investisseurs contre les opérations d'initiés, les manipulations de cours et la diffusion de fausses informations dans les conditions déterminées par le règlement général de l'Autorité des marchés financiers.

« Pendant le temps de leur conservation par l'émetteur, tous les droits attachés aux titres de créance visés au 2° sont suspendus.

« Le règlement général de l'Autorité des marchés financiers détermine les conditions dans lesquelles l'émetteur rend public le rachat d'une quantité de titres de créance visés au 2°.

« Un décret détermine la durée maximale de détention des titres de créance visés au 2° acquis ou conservés par l'émetteur.

« Un émetteur ne peut détenir plus de 15 % d'une même émission d'un titre de créance visé au 2°.

« Un décret détermine les conditions dans lesquelles l'émetteur peut racheter des titres de créances négociables qu'il a émis et doit informer la Banque de France de ces rachats. »

SECTION I *Les titres de créances négociables*

RÉP. SOCIÉTÉS v° *Titres de créances négociables*, par BONNEAU.

Art. L. 213-1 **Les titres de créances négociables sont des titres** *(Ord. n° 2009-15 du 8 janv. 2009, art. 1er)* **« financiers » émis au gré de l'émetteur, négociables sur un mar-**

ché réglementé ou de gré à gré, qui représentent chacun un droit de créance *(Abrogé par Ord. nº 2009-15 du 8 janv. 2009, art. 1er) « pour une durée déterminée ». – [L. nº 91-716 du 26 juill. 1991, art. 19 (I).]*

Art. L. 213-2 *(Ord. nº 2009-15 du 8 janv. 2009, art. 1er)* Les titres de créances négociables sont inscrits dans un compte-titres tenu par un intermédiaire mentionné à l'article L. 211-3.

Art. L. 213-3 Sont habilités à émettre des titres de créances négociables :

1. Les établissements de crédit, les entreprises d'investissement et la caisse des dépôts et consignations, sous réserve de respecter les conditions fixées à cet effet par le *(L. nº 2003-706 du 1er août 2003, art. 46-I)* « ministre chargé de l'économie » ;

2. Les entreprises autres que celles mentionnées au 1, sous réserve de remplir les conditions de forme juridique, de capital *(Abrogé par L. nº 2003-706 du 1er août 2003, art. 36-I) « , de durée d'existence »* et de contrôle des comptes requises *(Ord. nº 2009-80 du 22 janv. 2009, art. 2-I, en vigueur le 1er avr. 2009)* « pour procéder à une offre au public de titres financiers ou à une admission de titres financiers aux négociations sur un marché réglementé et dont le capital social est précisé par décret », ou des conditions équivalentes pour les entreprises ayant un siège social à l'étranger ;

(Ord. nº 2009-80 du 22 janv. 2009, art. 2-I, en vigueur le 1er avr. 2009) « 3. Les entreprises du secteur public dès lors qu'elles remplissent les conditions fixées au 2 ;

« 4. Les entreprises du secteur public ne disposant pas de capital social mais qui sont autorisées à procéder à une offre au public ; »

5. Les groupements d'intérêt économique et les sociétés en nom collectif, composés exclusivement de sociétés par actions satisfaisant aux conditions prévues au 2 ;

6. Les institutions de la Communauté européenne et les organisations internationales *(Abrogé par L. nº 2003-706 du 1er août 2003, art. 36) « dont la France est membre »* ;

7. La caisse d'amortissement de la dette sociale instituée par l'article 1er de l'ordonnance nº 96-50 du 24 janvier 1996 relative au remboursement de la dette sociale ;

8. *(L. nº 2001-420 du 15 mai 2001)* « Les collectivités locales et leurs groupements, »

9. *(L. nº 2003-706 du 1er août 2003, art. 37)* « Les associations régies par la loi du 1er juillet 1901 relative au contrat d'association ou par les articles 21 à 79 du code civil local applicable dans les départements du Bas-Rhin, du Haut-Rhin et de la Moselle et répondant aux conditions prévues pour l'émission d'obligations par appel public à l'épargne ;

« 10. Les États ;

« 11. Les *(Ord. nº 2008-556 du 13 juin 2008, art. 16-II)* « organismes de titrisation » ; »

12. *(L. nº 2006-1640 du 21 déc. 2006, art. 38)* « L'Agence centrale des organismes de sécurité sociale. »

Un décret précise les conditions que doivent remplir les émetteurs mentionnés aux 2, 3, 4, *(L. nº 2003-706 du 1er août 2003, art. 37)* « 5, 6, 7, » *(L. nº 2006-1640 du 21 déc. 2006, art. 38)* « 8, 9 » *(Ord. nº 2009-80 du 22 janv. 2009, art. 2-I, en vigueur le 1er avr. 2009)* « , 10, 11 et 12 » et fixe les conditions d'émission des titres de créances négociables. – *[L. nº 91-716 du 26 juill. 1991, art. 19 (III).] – V. art. D. 213-1, D. 213-7 et D. 213-8.*

Art. L. 213-4 *(L. nº 2003-706 du 1er août 2003, art. 36-II)* Les émetteurs de titres de créances négociables établissent préalablement à leur première émission de tels titres une documentation financière, qui porte sur leur activité, leur situation économique et financière ainsi que sur le programme d'émission. Cette documentation financière, rédigée en français, est déposée auprès de la Banque de France, qui est chargée de veiller au respect par les émetteurs des conditions d'émission prévues à l'article L. 213-3. Un décret fixe les conditions d'application du présent article ainsi que les cas et conditions dans lesquels la documentation financière peut être rédigée dans une langue usuelle en matière financière autre que le français. — *V. art. D. 213-2 et D. 213-11.*

Art. L. 213-4-1 *(L. n° 2010-1249 du 22 oct. 2010, art. 76-II)* **L'émetteur ne peut constituer un gage quelconque sur ses propres titres de créances négociables.**

SECTION II *Les obligations*

RÉP. SOCIÉTÉS v° *Obligation,* par Lecourt.

SOUS-SECTION 1 *Règles générales*

Art. L. 213-5 Les obligations sont des titres négociables qui, dans une même émission, confèrent les mêmes droits de créance pour une même valeur nominale. — *[L. n° 66-537 du 24 juill. 1966, art. 284.]*

Art. L. 213-6 **L'émission d'obligations à lots doit être autorisée par la loi.**

(L. n° 2003-706 du 1er août 2003) **« Toute émission faite en violation des dispositions du présent article est nulle. Sans préjudice de l'action en responsabilité contre les mandataires sociaux, le ministère public ainsi que tout intéressé peut exercer l'action en nullité. »** — *[L. n° 66-537 du 24 juill. 1966, art. 292.]*

Art. L. 213-6-1 *(L. n° 2006-387 du 31 mars 2006, art. 26-III)* **Tout acte qui interrompt la prescription des intérêts à l'égard de l'un des porteurs d'obligations émises en France par toute collectivité privée ou publique, société commerciale ou civile, française ou étrangère, profite aux autres obligataires du même emprunt.**

Ce même acte interrompt également au profit du Trésor la prescription des impôts et taxes qui peuvent lui être dus sur les intérêts visés au premier alinéa.

Art. L. 213-6-2 *(L. n° 2006-387 du 31 mars 2006, art. 26-III)* **La décision judiciaire définitive rendue en faveur de l'un des porteurs d'obligations émises en France par toute collectivité privée ou publique, ou par toute société commerciale ou civile, française ou étrangère, et concernant les droits communs des obligataires, peut acquérir force exécutoire au profit de tout obligataire qui n'a pas figuré dans l'instance par une ordonnance du président du tribunal de grande instance dans la circonscription duquel l'affaire a été portée en première instance.**

TITRE II **Les produits d'épargne**

CHAPITRE III *Bons de caisse*

RÉP. COM. v° *Bon de caisse,* par Lecourt.

Art. L. 223-1 **L'émission, l'exposition, la mise en vente ou en circulation, par voie d'offre au public, de bons à ordre ou au porteur comportant engagement par un commerçant de payer à échéance déterminée et délivrés en contrepartie d'un prêt, sont régies par les dispositions du présent chapitre.**

Ces bons ne peuvent être souscrits à plus de cinq années d'échéance. — *[Décr.-L. du 25 août 1937, art. 1er.]*

1. Prescription. S'agissant de bons de caisse à ordre, la prescription de l'action cambiaire en vertu de l'art. L. 511-78 C. com. laisse subsister l'action en paiement fondée sur le rapport fondamental assimilable à un prêt d'argent, et celle-ci n'est pas éteinte dès lors que la prescription décennale résultant de l'art. L. 110-4 C. com. n'est pas acquise. • Paris, 6 janv. 1993 : *Dr. sociétés 1993, n° 104, obs. Hovasse.* – V. aussi • Com. 21 mars 1995 : *cité note 2 ss. art. L. 110-4 C.*

com. ♦ V. toutefois, retenant la prescription triennale abrégée • TGI Nantes, 21 mai 2003 : *Banque et Droit mai-juin 2005. 78, obs. Guillot* (conf. par • Rennes, 6 janv. 2005 : *ibid. mai-juin 2006. 85, obs. Guillot*). – V. aussi • Com. 27 nov. 2005 : *JCP E 2006, n° 22, p. 959, obs. Mathey ; RD banc. fin. 2006, n° 1, obs. Crédot et Samin.*

La mise en possession du gage portant sur un bon de caisse est réalisée et le demeure tant que celui-ci est resté en la possession du créancier ou d'un tiers convenu entre les parties. Le maintien du gage entre les mains du créancier ou du tiers convenu, en ce qu'il emporte reconnaissance tacite permanente du droit du créancier par le débiteur, interrompt la prescription. • Com. 31 oct. 2006 : *Bull. civ. IV, n° 212 ; D. 2006. AJ 3052, obs. Delpech ; RTD com. 2007. 439, obs. Bouloc ; RD banc. fin. 2007, n° 16, obs. Legeais ; RJDA 2007, n° 290.*

2. Opposition. L'opposition pratiquée sur les bons de caisse au porteur émis par un établissement de crédit est régie par les dispositions de droit commun applicables aux obligations. • Com. 14 déc. 2004 : *Bull. civ. IV, n° 220 ; D. 2005. AJ 213, obs. Lienhard ; JCP E 2005, n° 47, p. 1972, obs. Stoufflet ; RTD com. 2005. 391, obs. Cabrillac ; RJDA 2005, n° 446.*

3. Paiement. Un bon de caisse anonyme est toujours payable en espèces, au porteur quel qu'il soit, le banquier n'ayant pas à vérifier son identité ni à exiger, au moment du paiement, la remise de l'original du certificat de dépôt puisque celui-ci ne confère aucun droit à paiement direct, ce droit étant incorporé dans le titre lui-même. • Com. 30 nov. 2004 : *RJDA 2005, n° 447.*

4. Secret bancaire. Sur ce point, V. note 13 ss. art. L. 511-33 C. mon. fin.

Art. L. 223-2 Les titres remis aux prêteurs mentionnent, outre le nom du greffe du tribunal de commerce où l'émetteur est immatriculé, son numéro d'identification au registre du commerce et des sociétés, les nom, prénoms et adresse de l'émetteur, l'objet de son commerce, le lieu où il l'exploite et l'enseigne de l'établissement, et s'il s'agit d'une société, la forme, la dénomination, le capital et le lieu du siège social de la société émettrice.

Les titres reproduisent, en outre, le dernier bilan de l'émetteur, certifié sincère par ce dernier. – *[Décr.-L. du 25 août 1937, art. 2.]*

Art. L. 223-3 L'émission des bons mentionnés à l'article L. 223-1 est interdite aux particuliers et aux sociétés qui n'ont pas établi le bilan de leur troisième exercice commercial. – *[Décr.-L. du 25 août 1937, art. 3.]*

Sur le monopole des établissements de crédit pour l'émission de bons de caisse, V. note 4 ss. art. L. 511-5 C. mon. fin.

Art. L. 223-4 Les dispositions du présent chapitre ne sont pas applicables aux établissements de crédit ni aux sociétés dont les emprunts sont soumis à un régime légal ou réglementaire spécial ou bénéficient de la garantie de l'État, des départements, des communes ou des établissements publics. – *[Décr.-L. du 25 août 1937, art. 6.]*

TITRE III **Dispositions pénales**

CHAPITRE PREMIER ***Infractions relatives aux instruments financiers***

SECTION I ***Infractions relatives aux titres***

SOUS-SECTION 1 *Obligations*

Art. L. 231-1 Les infractions relatives aux obligations sont prévues et sanctionnées dans les conditions fixées par *(Ord. n° 2005-429 du 6 mai 2005, art. 42)* « l'article L. 245-9 » du code de commerce.

CHAPITRE II *Infractions relatives aux produits d'épargne*

SECTION UNIQUE *Bons de caisse*

RÉP. COM. v° *Bon de caisse,* par LECOURT.

Art. L. 232-1 Est puni des peines prévues par les articles 313-1, 313-7 et 313-8 du code pénal le fait, pour l'émetteur, de reproduire un bilan inexact et faussement certifié sincère dans le cas prévu par le deuxième alinéa de l'article L. 223-2. – *[Décr.-L. du 25 août 1937, art. 4.]*

LIVRE III **Les services**

TITRE PREMIER **Les opérations de banque, les services de paiement et l'émission et la gestion de monnaie électronique** *(L. n° 2013-100 du 28 janv. 2013, art. 5-I).*

CHAPITRE PREMIER *Dispositions générales*

SECTION I *Définition des opérations de banque*

RÉP. COM. v° *Banques et établissements de crédit,* par H. AUBRY.

Art. L. 311-1 Les opérations de banque comprennent la réception de fonds du public, les opérations de crédit, ainsi que *(Ord. n° 2009-866 du 15 juill. 2009, art. 3, en vigueur le 1er nov. 2009)* « les services bancaires de paiement ». – *[L. n° 84-46 du 24 janv. 1984, art. 1er, al. 2.]*

BIBL. ▶ BOUTHINON-DUMAS, *RTD com. 2009. 59* (la directive sur les services de paiement et la concurrence entre les établissements de paiement et les banques).

V. note 1 ss. art. L. 511-4.

SECTION II *Définition des opérations connexes aux opérations de banque*

RÉP. COM. v° *Banques et établissements de crédit,* par H. AUBRY.

Art. L. 311-2 *(Ord. n° 2005-429 du 6 mai 2005, art. 43)* « Les établissements de crédit peuvent aussi effectuer les opérations connexes à leur activité telles que : »

1. Les opérations de change ;

2. Les opérations sur or, métaux précieux et pièces ;

3. Le placement, la souscription, l'achat, la gestion, la garde et la vente de valeurs mobilières et de tout produit financier ;

4. Le conseil et l'assistance en matière de gestion de patrimoine ;

5. Le conseil et l'assistance en matière de gestion financière, l'ingénierie financière et d'une manière générale tous les services destinés à faciliter la création et le développement des entreprises, sous réserve des dispositions législatives relatives à l'exercice illégal de certaines professions ;

6. Les opérations de location simple de biens mobiliers ou immobiliers pour les établissements habilités à effectuer des opérations de crédit-bail ;

(Ord. nº 2009-866 du 15 juill. 2009, art. 3, en vigueur le 1er nov. 2009) « **7. Les services de paiement mentionnés au II de l'article L. 314-1** ».

(L. nº 2013-100 du 28 janv. 2013, art. 5-II) « **8. L'émission et la gestion de monnaie électronique.** »

Lorsqu'il constitue la fourniture de services d'investissement au sens de l'article L. 321-1, l'exercice des opérations connexes et de l'activité de conservation est subordonné à l'agrément préalable prévu à l'article L. 532-1. – *[L. nº 84-46 du 24 janv. 1984, art. 5.]*

Banque et service boursier en ligne. En l'absence de convention particulière, l'étendue des obligations de la banque pour son site internet n'est pas définie. La banque n'est pas tenue au paiement des plus-values virtuelles affichées sur son site internet en raison du dysfonctionnement de celui-ci ayant fait apparaître des erreurs sur le solde d'opérations, le site affichant un résultat positif alors que le résultat était négatif, dès lors que le site ne contenait aucune erreur sur la fluctuation des titres, de sorte que, grâce à sa consultation quotidienne des cours de bourse, le client avait connaissance du résultat réel débiteur. • Noumea, 4 janv. 2007 : *JCP E 2007, nº 42, p. 11.*

SECTION III ***Définition des opérations de mise à disposition de la clientèle ou de gestion de moyens de paiement*** *(Ord. nº 2009-866 du 15 juill. 2009, art. 3).*

Art. L. 311-3 Sont considérés comme moyens de paiement tous les instruments qui permettent à toute personne de transférer des fonds, quel que soit le support ou le procédé technique utilisé. – *[L. nº 84-46 du 24 janv. 1984, art. 4.]*

(Ord. nº 2009-866 du 15 juill. 2009, art. 3, en vigueur le 1er nov. 2009) « **Les opérations de mise à disposition de la clientèle ou de gestion de moyens de paiement comprennent les services bancaires de paiement mentionnés à l'article L. 311-1** *(L. nº 2013-100 du 28 janv. 2013, art. 5-II)* « **, les activités d'émission et de gestion de monnaie électronique** » **et les services de paiement dont la liste figure au II de l'article L. 314-1.** »

Sur la monnaie électronique, V. Règl. CRBF nº 2002-13 relatif à la monnaie électronique et aux établissements de monnaie électronique. – ***C. mon. fin.***

Sur le porte-monnaie électronique Moneo, V. Avis nº 03-A-17 du Conseil de la concurrence (D. 2003. AJ 2635).

BIBL. ▶ MUNOZ, *LPA 28 août 2000* (interrogations sur le paiement électronique). – MARTIN, *RD banc. fin. 2003. 65* (de la [fausse] monnaie électronique). – GRYNBAUM, *ibid. 183 ; CCE 2003, nº 40* (le porte-monnaie électronique, un instrument de paiement indiscret). – SÉRIAUX, *RTD civ. 2004. 225* (conception juridique d'une opération économique : le paiement). – S. PIEDELIÈVRE, *AJ fam. 2006. 275* (instruments de paiement et famille). – MAY et VINCENT-MOREAU, *Banque et Droit janv.-févr. 2011. 15* (une deuxième chance pour la monnaie électronique).

Chèques cadeaux. Si aux termes des art. L. 311-1 et L. 311-3 C. mon. fin., les moyens de paiement sont des instruments qui, quel que soit le support ou le procédé utilisé, permettent à toute personne de transférer des fonds, les chèques cadeaux, dans la mesure où ils sont dépourvus de tout caractère fongible et liquide et ne représentent pas une valeur monétaire, pas même après inscription en compte pour une utilisation ultérieure de leurs montants à des fins indifférenciées, ne sont pas des instruments de paiement mais des moyens de transférer des créances sur des débiteurs prédéterminés. • Com. 6 juin 2001 : *Bull. civ. IV, nº 111 ; D. 2001. AJ 2124, obs. Delpech ; D. 2002. Somm. 635, obs. R. Martin ; RTD com. 2001. 741, obs. Cabrillac ; Gaz. Pal. 23-27 déc. 2001, p. 31, note Guével.* ♦ V. déjà, jugeant que les chèques cadeaux ne peuvent être qualifiés de moyens de paiement, ce dont il résulte que l'intervention de la société qui les commercialise auprès d'une clientèle d'entreprises, de comités d'entreprise, de collectivités et d'associations ne constitue pas une opération de banque au sens de la loi, V. • T. com. Nanterre, 20 nov. 1998 : *D. 1999. IR 57 ; D. Affaires 1999. 212, obs. X. D. et A. M. ; RTD com. 1999. 168, obs. Cabrillac ; JCP E 2000, nº 26, p. 1039, obs. Gavalda et Stoufflet.*

Art. L. 311-4 *(Ord. nº 2009-866 du 15 juill. 2009, art. 3, en vigueur le 1er nov. 2009)* **Ne sont pas considérées comme mise à disposition ou gestion de moyens de paiement les activités suivantes :**

1º La réalisation d'opérations de paiement exécutées au moyen d'un appareil de télécommunication ou d'un autre dispositif numérique ou informatique, lorsque l'opérateur du système de télécommunication numérique ou informatique n'agit pas en seule qualité d'intermédiaire. Cette condition est remplie lorsque les biens ou les services achetés sont livrés et doivent être utilisés au moyen de cet appareil de télécommunication, ou de ce dispositif numérique ou informatique ;

2º Les opérations de paiement entre une entreprise mère et sa filiale, ou entre filiales d'une même entreprise mère, ou au sein d'un groupe, sans qu'aucun autre prestataire de services de paiement qu'une entreprise du même groupe ne fasse office d'intermédiaire.

CHAPITRE II *Comptes et dépôts*

RÉP. COM. vis *Dépôt et compte en banque,* par CABRILLAC et BONHOMME.

BIBL. ▸ GRUA, *D. 1999. Chron. 256* (qu'est-ce qu'un compte en banque ?). – WATINE-DROUIN, *Clés pour le siècle, Dalloz, 2000, p. 1479* (les comptes bancaires des époux). – NAUDIN, *AJ fam. 2006. 273* (les comptes bancaires et la famille). – CH. CLÉMENT, *D. 2007. 1805* (solidarité et compte bancaire). – SYNVET, *Dr. et patr. juill.-août 2007. 62* (le nantissement de compte). – LASSERRE CAPDEVILLE, *RD banc. fin. mars-avr. 2008. 11* (le compte en banque du mineur). – Dossier, *AJ fam. 2011. 399* (séparation et compte bancaire).

SECTION I **Droit au compte et relations avec le client** *(L. nº 2001-1168 du 11 déc. 2001).*

SOUS-SECTION 1 *Droit au compte (Ord. nº 2009-866 du 15 juill. 2009, art. 4).*

BIBL. ▸ PRÜM, *RD banc. fin. 2003. 153* (distinction entre compte de dépôt et compte courant). – CAUSSE, *ibid. 315* (l'obligation de restitution du banquier dépositaire peut-elle être payante ?). – BOUCRIS-MAITRAL, *D. 2006. 820* (autonomie bancaire : entre protection et collusion des époux). – BOUTEILLER, *RLDA sept. 2008. 59* (la convention de compte et la médiation bancaire). – LASSERRE CAPDEVILLE, *LPA 21 juill. 2011* (extension légale du droit au compte par la loi du 17 mai 2011).

Art. L. 312-1 **Toute personne physique ou morale domiciliée en France, dépourvue d'un compte de dépôt, a droit à l'ouverture d'un tel compte dans l'établissement de crédit de son choix** *(Abrogé par L. nº 2005-516 du 20 mai 2005, art. 16-IV et L. nº 2008-776 du 4 août 2008, art. 145-XI, 1º, en vigueur le 1er janv. 2009)* ***« ou auprès des services financiers de La Poste ou »*** *(Abrogé par Ord. nº 2005-429 du 6 mai 2005, art. 44)* ***« du Trésor public ».*** *(L. nº 2011-525 du 17 mai 2011, art. 52)* **« Toute personne physique de nationalité française résidant hors de France, dépourvue d'un compte de dépôt, bénéficie également du droit à l'ouverture d'un tel compte dans l'établissement de crédit de son choix. »**

L'ouverture d'un tel compte intervient après remise auprès de l'établissement de crédit d'une déclaration sur l'honneur attestant le fait que le demandeur ne dispose d'aucun compte. *(L. nº 2008-776 du 4 août 2008, art. 145-XI, 2º, 3º et 4º, en vigueur le 1er janv. 2009)* **« En cas de refus de la part de l'établissement choisi, la personne peut saisir la Banque de France afin qu'elle lui désigne un établissement de crédit situé à proximité de son domicile ou d'un autre lieu de son choix, en prenant en considération les parts de marché de chaque établissement concerné, dans un délai d'un jour ouvré à compter de la réception des pièces requises. L'établissement de crédit qui a refusé l'ouverture d'un compte informe le demandeur que celui-ci peut demander à la Banque de France de lui désigner un établissement de crédit pour lui ouvrir un compte. Il lui propose, s'il s'agit d'une personne physique, d'agir en son nom et pour son**

compte en transmettant la demande de désignation d'un établissement de crédit à la Banque de France ainsi que les informations requises pour l'ouverture du compte.

« L'Association française des établissements de crédit et des entreprises d'investissement, mentionnée à l'article L. 511-29, adopte une charte d'accessibilité bancaire afin de renforcer l'effectivité du droit au compte. Cette charte précise les délais et les modalités de transmission par les établissements de crédit à la Banque de France des informations requises pour l'ouverture d'un compte. Elle définit les documents d'information que les établissements de crédit doivent mettre à disposition de la clientèle et les actions de formation qu'ils doivent réaliser. — *V. Arr. 18 déc. 2008 portant homologation de la charte d'accessibilité pour renforcer l'effectivité du droit au compte (JO 26 déc.) au* ***C. consom.***

« La charte d'accessibilité bancaire, homologuée par arrêté du ministre chargé de l'économie, après avis du comité consultatif du secteur financier et du comité consultatif de la législation et de la réglementation financières, est applicable à tout établissement de crédit. Le contrôle du respect de la charte est assuré par *(Ord. nº 2010-76 du 21 janv. 2010, art. 18)* **« l'Autorité de contrôle prudentiel » et relève de la procédure prévue à l'article** *(L. nº 2010-1249 du 22 oct. 2010, art. 17)* **« L. 612-31 ».**

« Les établissements de crédit ne peuvent limiter les services liés à l'ouverture d'un compte de dépôt aux services bancaires de base que dans des conditions définies par décret. »

En outre, l'organisme désigné par la Banque de France, limitant l'utilisation du compte de dépôt aux services bancaires de base, exécute sa mission dans des conditions tarifaires fixées par décret. — *V. art. D. 312-5 et D. 312-6.*

Toute décision de clôture de compte à l'initiative de l'établissement de crédit désigné par la Banque de France doit faire l'objet d'une notification écrite et motivée adressée au client et à la Banque de France pour information. Un délai minimum de *(L. nº 2010-737 du 1er juill. 2010, art. 38-II)* **« deux mois »** *[ancienne rédaction : quarante-cinq jours]* **doit être consenti obligatoirement au titulaire du compte.**

Ces dispositions s'appliquent aux interdits bancaires. — *[L. nº 84-46 du 24 janv. 1984, art. 58, al. 1 à 6.]*

V. aussi C. mon. fin., art. R. 312-1 s.

Sur l'institution d'un service bancaire universel au regard des règles de concurrence, V. Cons. conc., avis, nº 05-A-08 du 31 mars 2005 : BOCC 28 oct. 2005 ; D. 2005. 1077 ; AJDA 2005. 1222, obs. Jeanneney ; JCP E 2005, nº 47, p. 1972, obs. Mathey ; RDLC 2005, nº 3, p. 146, obs. Gosset-Grainville.

BIBL. ▶ SAMIN, *Banque et Droit janv.-févr. 1999, p. 3 ; ibid. sept.-oct. 1999. 26* (aspects juridiques de la tarification des services bancaires). – MINSIEUX, *JCP E 1999, nº 12, p. 521* (euro et services bancaires). – BOUILHOL, *Banque et Droit nov.-déc. 2000. 3* (aspects juridiques de l'*e-banking*).

1. Facturation des frais de conversion bancaire en euros. Sur les engagements des établissements de crédit à ne prendre aucune mesure discriminatoire vis-à-vis de l'euro, V. : Rép. min. nº 6655 : *JO Sénat Q, 27 août 1998, p. 2273 ; D. Affaires 1998. 1584.*

2. Affectation spéciale. Sur la réforme résultant de la L. nº 98-657 du 29 juill. 1998, V. Cabrillac, *RTD com. 1998. 897* .

3. Usages bancaires. En l'absence d'adhésion d'une cliente, co-titulaire avec son époux d'un compte joint, aux usages bancaires qui ne feraient aucune obligation aux banques d'informer ses clients de la décision prise par l'autre cotitulaire, de se désolidariser du fonctionnement du compte, la banque devait informer sa cliente de la décision que lui avait notifiée son époux et qui avait eu pour effet de mettre fin à la convention de compte joint dont elle était gestionnaire. • Com. 4 mai 1999 : *Bull. civ. IV, nº 90 ; D. 2000. 191, note Djoudi ; D. Affaires 1999. 939, obs. X. D. ; LPA 17 juin 1999, obs. L. C. ; JCP E 2000, nº 23, p. 895, note Neau-Leduc ; RTD com. 1999. 731, obs. Cabrillac* .

4. Ordre de virement. **BIBL.** Gracia, *LPA 18 avr. 2008* (la nature du virement : la qualification juridique d'un procédé extralégal). ♦ RÉP. COM. vº *Virement*, par BONHOMME. ♦ Il appartient au banquier, dépositaire des fonds que lui a confiés son client et qui, à ce titre, a l'obligation de ne les restituer qu'à celui qui les lui a confiés ou, conformément aux indications de paiement de ce dernier, d'établir, en cas de contestation, qu'il a reçu du déposant l'ordre d'effectuer le virement contesté. • Com. 16 sept. 2008 : *JCP E 2009, nº 22, p. 13, obs. Stoufflet ;*

CCC 2008, n° 267, obs. Leveneur ; RJDA 2008, n° 1300. ♦ Un établissement de crédit n'est tenu d'exécuter un ordre de virement, ne serait-ce qu'en vue de la restitution de fonds indûment perçus par son client, que si à la date de cet ordre il existe sur le compte des fonds disponibles, soit en raison de l'état créditeur du compte, soit en raison de l'existence d'un découvert autorisé. • Com. 19 déc. 2000 : *Bull. civ. IV, n° 193 ; D. 2001. AJ 920, obs. Avena-Robardet ; D. 2002. Somm. 640, obs. R. Martin ; JCP E 2001, n° 31-35, p. 1331, obs. Stoufflet ; RTD com. 2001. 749, obs. Cabrillac* . ♦ Lorsqu'elle exécute, de manière ponctuelle, un ordre de virement bien qu'il n'existe pas de provision préalable suffisante, la banque consent, à due concurrence, une simple facilité de caisse à son client, sur la demande implicite de celui-ci. • Com. 28 févr. 2006 : *Bull. civ. IV, n° 54 ; R. 2006, p. 367 ; D. 2006. AJ 854, obs. Avena-Robardet ; RTD com. 2006. 458, obs. Legeais ; RTD civ. 2006. 769, obs. Mestre et Fages ; JCP E 2006, n° 14-15, p. 666 ; RJDA 2006, n° 688.* ♦ Sur une action en répétition de l'indu d'une banque qui a exécuté deux fois le même ordre de virement : • Com. 24 sept. 2003 : *RJDA 2004, n° 138* • Civ. 1re, 16 mai 2006 : *Bull. civ. I, n° 248 ; Banque et Droit sept.-oct. 2006. 47, obs. Bonneau.* ♦ Jugeant que la banque ne peut se faire justice elle-même en débitant d'office le compte crédité par erreur, mais doit utiliser les voies de droit à sa disposition, V. • Paris, 5 janv. 2006 : *RJDA 2006, n° 754.* ♦ Il appartient à la banque du destinataire du virement, dûment avertie du caractère indu du virement qu'elle était susceptible de recevoir, de prendre toute disposition utile pour que, dans l'hypothèse où ils lui seraient effectivement transférés, les fonds litigieux ne soient pas inscrits au crédit du compte de son client. • Com. 8 mars 2005 : *RJDA 2005, n° 868 ; Dr. et patr. déc. 2005. 102, obs. Mattout et Prüm.* ♦ Le donneur d'ordre est dessaisi de la somme objet du virement par son inscription au crédit du compte du banquier du bénéficiaire. • Com. 8 juill. 2003 : *Bull. civ. IV, n° 117 ; RD banc. fin. 2004, n° 60, obs. Crédot et Gérard ; LPA 15 janv. 2004, obs. E. C.* ♦ En effet, le virement vaut paiement dès réception des fonds par le banquier du bénéficiaire qui les détient pour le compte de son client. • Com. 3 févr. 2009 : *Bull. civ. IV, n° 16 ; D. 2009. AJ 493, obs. Avena-Robardet ; D. 2010. Pan. 1047, obs. D. R. Martin ; RTD com. 2009. 417, obs. Legeais ; RTD civ. 2009. 533, obs. Fages ; JCP E 2009, n° 11, p. 12, note Stoufflet ; JCP 2009. II. 10045, note Barbiéri ; CCC 2009, n° 95, obs. Leveneur ; RJDA 2009, n° 667.* ♦ Viole les art. 1134 et 1937 C. civ. une cour d'appel qui rejette les demandes en restitution des sommes correspondant à vingt-quatre virements et en dommages-intérêts alors qu'elle-même a relevé qu'aucun ordre écrit relatif aux virements litigieux n'était signé des personnes ayant pouvoir de faire fonctionner les comptes des sociétés débitées et qu'à supposer qu'aucune faute ne soit imputable à la banque dans l'exécution des virements litigieux cette circonstance n'était pas de nature à la décharger de son obligation de ne restituer les fonds qu'aux déposants ou à leurs mandataires. • Com. 3 nov. 2004 : *Bull. civ. IV, n° 187 ; D. 2005. 579, note Naudin ; D. 2004. AJ 3063, obs. Avena-Robardet ; D. 2006. Pan. 163, obs. Martin ; JCP E 2005, n° 21, p. 865, obs. Stoufflet ; LPA 17 janv. 2006, obs. E. C. ; Gaz Pal. 2005. Somm. 2045, obs. S. Piedelièvre ; RJDA 2005, n° 311 ; RTD com. 2005. 150, obs. Cabrillac* . ♦ En l'absence de faute de la part du déposant, ou d'un préposé de celui-ci, et même s'il n'a lui-même commis aucune faute, le banquier n'est pas libéré envers le client qui lui a confié des fonds quand il se défait de ces derniers sur présentation d'un faux ordre de paiement revêtu dès l'origine d'une fausse signature. • Com. 8 nov. 2005 : *JCP E 2006, n° 22, p. 962, obs. Stoufflet ; RJDA 2006, n° 315.* – V. aussi en matière de chèque, note 22 ss. art. L. 131-38.

Le silence prolongé après la réception des avis d'opération de virement fait présumer l'acceptation par le client de l'existence et l'exécution des opérations comme la régularité des écritures portées sur le relevé ; mais cette présomption n'est pas irréfragable et peut être écartée si le titulaire du compte justifie d'éléments de nature à la combattre. • Montpellier, 19 sept. 2003 : *RD banc. fin. 2004, n° 4, obs. Crédot et Gérard ; Banque et Droit mars-avr. 2005. 56, obs. Guillot.* – V. aussi • Com. 7 janv. 2004 : *ibid., n° 60, obs. Crédot et Gérard.* ♦ Si la réception sans protestation ni réserve des avis d'opéré et des relevés de compte fait présumer l'existence et l'exécution des opérations qu'ils indiquent, elle n'empêche pas le client, pendant le délai convenu ou, à défaut, pendant le délai de prescription, de reprocher à celui qui a effectué ces opérations d'avoir agi sans mandat. • Com. 10 févr. 1998 : *D. 1998. IR 63 ; D. Affaires 1998. 424, obs. V. A.-R. ; RTD com. 1998. 394, obs. Cabrillac* . ♦ L'absence de protestation du client dans le délai d'un mois de la réception des relevés de compte n'emporte, selon la convention des parties (qui stipule que l'accord du client sur les opérations portées au compte serait présumé résulter de l'absence de réclamation de la part de celui-ci dans le délai d'un mois de la réception de son relevé de compte), qu'une présomption d'accord du client sur les opérations y figurant laquelle ne prive pas celui-ci de la faculté de rapporter, pendant la durée de prescription légale, la preuve d'éléments propres à l'écarter. • Com. 3 nov. 2004 : *préc.* ♦ V. aussi, jugeant abusive la clause qui donne à penser au client que, passé le délai de trois mois, aucune contestation ne pourrait plus être reçue, car le silence gardé par le client pendant ce délai n'emporte qu'une présomption simple d'acceptation par le client des opérations inscrites sur le relevé, susceptible d'être contredite par la preuve contraire. • TGI Paris, 9 nov. 2005 : *cité note 12 ss. art. R. 132-2 C. consom., v° Ventes commerciales.*

4 bis. Ordre de virement électronique : vérifications. L'établissement bancaire bénéficiaire d'un ordre de virement, même électronique, ne peut se borner avant d'en affecter le montant au profit de l'un de ses clients, à un traitement automatique sur son seul numéro de compte, dès lors qu'il est inclus dans les enregistrements reçus du donneur d'ordre et qu'il n'a pas été exclu de tout contrôle avec l'assentiment de ce dernier. • Com. 29 janv. 2002 : *D. 2002. AJ 717, obs. Lienhard ; ibid. 2003. Somm. 1289, obs. Boujeka ; RTD com. 2002. 354, obs. Cabrillac ; JCP E 2003, n° 11, p. 465, obs. Stoufflet ; CCE 2002, n° 85, obs. Grynbaum.* – V. aussi • Com. 9 juill. 2002 : *D. 2003. Somm. 1289, obs. Boujeka ; ibid. 2002. AJ 2676 ; LPA 12 sept. 2002, obs. E.C. ; RTD com. 2002. 710, obs. Cabrillac ; RJDA 2003, n° 60*

4 ter. Forme de l'ordre de virement. Aucun texte n'impose qu'un ordre de virement, même émanant d'un non-commerçant, soit rédigé par écrit. • Com. 19 juin 2007 : *RD banc. fin. 2007, n° 208, obs. Crédot et Samin ; RJDA 2007, n° 1139.* ♦ L'utilisation d'un ordre oral (en l'espèce par téléphone) implique l'urgence et rend difficile pour l'établissement de crédit d'assurer toutes les vérifications souhaitables et spécifiquement de demander la confirmation écrite de l'ordre. • TGI Paris, 3 sept. 2003 : *Banque et Droit mai-juin 2005. 76, obs. Guillot.* ♦ Pour un ordre de virement comportant à l'origine un blanc-seing, V. • Com. 28 févr. 2006 : *préc. note 4.* ♦ Pour un ordre de virement donné par fax et partiellement illisible, engageant la responsabilité de la banque, V. • Paris, 7 sept. 2006 : *JCP E 2006. IV. 3080.* ♦ Bien que la banque ait été imprudente en se satisfaisant de l'accord oral de sa cliente pour remettre des fonds prélevés sur son compte par son conjoint, la titulaire du compte ne justifie d'aucun appauvrissement ni, *a fortiori*, d'une appropriation illicite des sommes. • Colmar, 27 sept. 2006 : *JCP 2007. IV. 1694.*

5. Tenue de compte. Sur la responsabilité d'un établissement de crédit qui, après avoir crédité par erreur le compte d'un client puis contrepassé l'écriture sans l'informer, a commis un abus de droit en mettant en œuvre une interdiction bancaire pour le rejet d'un chèque et en résiliant le contrat de prêt qui les liait pour échéance impayée, V. • Com. 13 mars 2001 : *Bull. civ. IV, n° 56 ; JCP E 2001, n° 31-35, p. 1334, obs. Stoufflet ; LPA 10 mai 2001 obs. E. C.* (et sur renvoi • Paris, 5 mars 2003 : *RJDA 2003, n° 990,* qui s'en tient à la notion de faute). ♦ Commet une faute envers son client la banque qui, à la demande d'un locataire, restitue à ce dernier le montant du dernier virement de loyer effectué selon lui par erreur, alors que son client le lui avait interdit. • Paris, 20 sept. 2002 : *BRDA 2002, n° 21, p. 8.* ♦ Même sous un régime communautaire, la banque commet une faute en permettant au conjoint du titulaire d'un compte personnel de disposer des sommes figurant au crédit de ce compte, alors qu'il n'a pas reçu de procuration. • Civ. 1re, 3 juill. 2001 : *Bull. civ. I, n° 198 ; D. 2002. 1102 note Comangès ; JCP E 2003, n° 11, p. 464, obs. Stoufflet.* – V. aussi • Com. 11 mars 2003 : *D. 2004. 1479, note Laugier ; JCP N 2003, n° 48, p. 1732, obs. Casey ; LPA 5 juill. 2004, note Laugier ; RJDA 2003, n° 988.* ♦ Comp. • Civ. 1re, 18 févr. 2003 : *D. 2003. Somm. 1864, obs. Brémond ; JCP N 2003, n° 48, p. 1731, obs. Casey ; RTD civ. 2003. 536, obs. Vareille* (clause de prélèvement automatique). ♦ Le banquier dépositaire des fonds prêtés à son client par un établissement tiers en vue d'un emploi déterminé, n'engage pas sa responsabilité en procédant aux paiements ordonnés par son client à d'autres fins. • Com. 11 févr. 2003 : *RD banc. fin. 2003, n° 175, obs. Crédot et Gérard ; RJDA 2003, n° 759.* ♦ Sur la responsabilité de la banque dans la tenue d'un compte de réserve, V. • TI Paris, 5 juin 2001 : *Banque et Droit janv.-févr. 2003. 66, obs. Guillot.* ♦ Sur l'effet de la solidarité passive dans le cadre d'un compte joint, V. • Com. 8 févr. 2005 : *Bull. civ. IV, n° 20 ; D. 2005. AJ 771, obs. Avena-Robardet ; D. 2006. Pan. 161, obs. Martin ; JCP E 2005, n° 21, p. 866, obs. Stoufflet ; CCC 2005, n° 106, obs. Leveneur ; Gaz. Pal. 2006. Somm. 1954, obs. F.B ; RTD com. 2005. 396, obs. Legeais ; RJDA 2005, n° 609.* ♦ Sur la responsabilité de la banque pour manquement à son obligation de surveillance lors de la réception et de l'emploi des capitaux d'un compte ouvert au nom d'un majeur en curatelle, V. • Besançon, 8 juin 2001 : *JCP N 2003, n° 10, p. 401, obs. Fossier.*

Sur l'obligation de vigilance du banquier en dépit de son devoir de non-ingérence, V. • Com. 25 mars 2003 : *RJDA 2003, n° 989.* ♦ Mais son devoir de non-ingérence interdit à la banque de s'immiscer dans les affaires de son client, comme de procéder à des investigations notamment sur la nature et la cause des encaissements, sauf anomalie manifeste qu'il lui appartient de signaler à son client conformément à l'obligation de surveillance qui lui incombe. • Paris, 14 mai 2003 : *RD banc. fin. 2004, n° 3, obs. Crédot et Gérard.* ♦ La banque dépositaire, à laquelle le déposant donne l'ordre de lui restituer tout ou partie des fonds déposés, a l'obligation de procéder à cette restitution, ni l'ancienneté des relations entretenues avec le déposant, ni les habitudes antérieures de celui-ci quant aux opérations qu'il pratiquait sur son compte ne devant conduire la banque à s'interroger sur la cause et l'opportunité des retraits ordonnés et à s'immiscer dans les affaires de l'intéressé. • Com. 21 sept. 2004 : *RD banc. fin. 2005, n° 3, obs. Crédot et Gérard ; Banque et Droit janv.-févr. 2006. 67, obs. Guillot.* ♦ En vertu de l'art. R. 312-1 C. mon. fin., la banque doit informer le titulaire du compte de ce que, au cas où le solde du compte en espèces associé à un PEA ne permettrait pas le financement de l'ordre d'acquisition, celui-ci serait exécuté par prélèvement des sommes nécessaires sur son compte de dépôt. • Com. 4 mars 2008 : *Bull. civ. IV, n° 49 ; D. 2008. Chron. C. cass. 1233, obs. Bélaval ; ibid. AJ 842, obs. Delpech ; JCP E 2008, n° 24, p. 22, obs. Causse ; RJDA 2008, n° 839.*

6. *Clôture du compte.* Jugeant que l'absence de procuration d'un époux justifiant la clôture du compte de l'autre époux (plan d'épargne logement) n'exclut pas une possibilité de ratification (même tacite) par ce dernier de la clôture de son compte : • Civ. 1re, 6 mai 2003 : *Bull. civ. I, n° 106 ; D. 2003. Somm. 1865, obs. Brémond ; JCP E 2003, n° 27, p. 1119 ; RJDA 2003, n° 1107.* ♦ L'écoulement d'un délai de vingt jours entre la formalisation, par un ordre explicite, d'une demande de clôture de compte épargne et le virement du solde créditeur sur un compte courant caractérise une faute de la banque dès lors qu'en application des conditions générales du compte épargne la clôture peut intervenir à tout moment, peu important que le calcul des intérêts et des prélèvements libératoires soient effectués par quinzaine. • Versailles, 11 mai 2004 : *BICC 2005, n° 297.* ♦ La clôture du compte épargne étant motivée par un événement concernant un autre compte, en l'occurrence la situation débitrice du compte de dépôt, et non par réunion des conditions d'une résiliation de plein droit, une banque commet une faute en clôturant d'office le compte épargne après en avoir viré le solde pour alimenter le compte de dépôt. • Com. 22 nov. 2005 : *Bull. civ. IV, n° 229 ; JCP E 2006, n° 22, p. 961, obs. Coudert ; LPA 12 févr. 2007, obs. E. C.* ♦ Sur la prescription d'une clôture de compte, V. note ss. art. 2 de la L. n° 77-4 du 3 janv. 1977, citée ss. art. L. 110-4 C. com.

7. *Droit au compte.* En l'absence de disposition légale particulière, toute partie à un contrat à durée indéterminée peut, sans avoir à motiver sa décision, mettre fin unilatéralement à celui-ci, sauf à engager sa responsabilité en cas d'abus ; si elle considère que cette faculté de résiliation discrétionnaire et arbitraire constitue une source potentielle de discrimination, une société n'établit pas, ni même ne prétend, que la décision de la banque qui a été assortie d'un délai de préavis de 90 jours suffisant à permettre à sa cliente de retrouver un nouveau banquier procéderait d'un motif illégitime ou d'une volonté de nuire. • Com. 26 janv. 2010 : *Bull. civ. IV, n° 18 ; D. 2010. AJ 379 ; RTD com. 2010. 762, obs. Legeais ; JCP E 2010, n° 1496, spéc. n° 6, obs. Stoufflet ; LPA 7 juill. 2010, note Pomade ; Gaz. Pal. 2010. 2299, obs.. Rouaud ; RJDA 2010, n° 470.* ♦ Pour un arrêt précisant que le droit au compte ne se confond pas avec la possibilité de retrouver dans un autre établissement des comptes courants fonctionnant dans des conditions semblables, V. • Paris, 23 janv. 2002 : *Banque et Droit janv.-févr. 2004. 63, obs. Guillot.* ♦ Un établissement bancaire peut valablement refuser de recevoir les dépôts relatifs à la libération des apports en numéraire d'une société en formation, cette opération n'entrant pas dans le cadre du « droit au compte » qui ne concerne que le compte ordinaire de dépôt (Rép. min. n° 89139 : *JOAN Q, 20 juin 2006, p. 6639 ; D. 2006. 1884 ; Rev. sociétés 2006. 686 ; Banque et Droit juill.-août 2006. 46, obs. Storck ; BRDA 2006, n° 15-16, p. 3 ; Bull. Joly 2006. 1093*).

8. *Procuration.* Aucune disposition législative ou réglementaire n'exige qu'une procuration soit recueillie en la présence d'un représentant de l'établissement de crédit teneur de compte. • Com. 28 avr. 2004 : *Bull. civ. IV, n° 73 ; D. 2004. AJ 1524 ; JCP E 2004, n° 20-21, p. 786 ; RTD com. 2004. 579, obs. Legeais ; RJDA 2004, n° 1151.* ♦ La procuration sur un compte bancaire, n'entraînant pas la renonciation du mandant à la propriété des fonds retirés à l'aide de celle-ci, n'opère pas de ce fait tradition. • Civ. 1re, 3 mai 2006 : *Bull. civ. I, n° 210 ; D. 2006. AJ 1526, obs. Avena-Robardet ; JCP E 2006, n° 23, p. 1000 ; RJDA 2006, n° 1064.* ♦ Le fait que le compte ait été administré par l'époux ne caractérise pas le pouvoir de le faire fonctionner donné à ce dernier par le titulaire du compte. • Com. 30 oct. 2007 : *RJDA 2008, n° 562.* ♦ Une banque a manqué à son obligation de vigilance et de diligence en admettant qu'un mineur, ne bénéficiant pas de la signature sur son compte épargne et sur son PEL, effectue des prélèvements importants ainsi que des virements sur une courte période, en se présentant au guichet de la banque, sans se préoccuper de l'absence d'autorisation de son représentant légal. • Pau, 12 déc. 2005 : *LPA 31 janv. 2007, note Lasserre Capdeville et Lecourt.*

Les époux exerçant en commun leur autorité parentale sur leur enfant légitime, la femme administratrice légale des biens de sa fille mineure, avait le pouvoir de retirer seule les fonds déposés sur le compte de l'intéressée, et ce, même en l'absence de dépôt de signature, dans la mesure où ses pouvoirs procédaient des dispositions légales relatives à l'autorité parentale et à l'administration légale et non du dépôt de signature ou de la signature de la convention de compte. • Paris, 23 nov. 2006 : *Banque et Droit janv.-févr. 2008. 46, obs. Guillot.* ♦ Il résulte des art. 371-1, 382, 383, 488 et 1147 C. civ. que l'administration légale des biens de l'enfant mineur par ses parents cesse de plein droit à sa majorité ; le banquier ne peut exécuter un ordre de paiement émis par une personne qui n'a pas qualité pour représenter le titulaire du compte. • Civ. 1re, 9 janv. 2008 : *Bull. civ. I, n° 7 ; JCP E 2008, n° 14, p. 8, note Lasserre Capdeville ; Banque et Droit mars-avr. 2008. 13, obs. Bonneau.*

9. Unité du compte. L'unité d'un compte n'est incompatible ni avec l'existence de chapitres libellés en devises étrangères dès lors que, celles-ci étant convertibles, une balance peut être calculée à chaque établissement de solde, ni avec l'existence d'intérêts différenciés selon les opérations auxquelles ils se rapportent, ni avec l'établissement de relevés séparés pendant le cours du fonctionnement de ce compte. • Com. 28 sept. 2004 : *Bull. civ. IV, n° 166 ; D. 2004. AJ 2933, obs. Delpech ; D. 2006. Pan. 162, obs. Martin ; JCP E 2004, n° 43, p. 1660 ; LPA 11 mai 2005, obs. E. C. ; RJDA 2005, n° 183 ; RTD com. 2005. 153, obs. Legeais.* ♦ Sur la mise en œuvre d'une convention de fusion de comptes, V. • Com. 23 juin 2004 : *RJDA 2005, n° 68.* ♦ Sur les contradictions d'une banque dans la mise en œuvre d'une convention d'unité de compte, V. • Com. 8 mars 2005 : *Bull. civ. IV, n° 44 ; D. 2005. AJ 883, obs. Delpech ; ibid. Pan. 2843, obs. Fauvarque-Cosson ; D. 2006. Pan. 163, obs. Martin ; JCP E 2005, n° 47, p. 1973, obs. Mathey ; RTD com. 2005. 397, obs. Legeais ; LPA 27 sept. 2005, note Dagorne-Labbe ; RJDA 2005, n° 870.*

10. Donation. Le virement fait sur un compte sur lequel le *solvens* a procuration ne réalise pas une dépossession irrévocable. • Civ. 1re, 14 déc. 2004 : *Bull. civ. I, n° 317 ; D. 2005. 626, note Noblot ; RTD com. 2005. 394, obs. Cabrillac.*

11. Fusion de compte. Sur les conditions de mise en œuvre d'une convention de fusion de comptes de copropriété, V. • Com. 17 janv. 2006 : *Bull. civ. IV, n° 8 ; R. 2006, p. 363 ; D. 2006. AJ 440, obs. Delpech ; RTD com. 2006. 459, obs. Legeais , AJDI 2006. 914, note Capoulade ; JCP E 2006, n° 9, p. 405 ; RJDA 2006, n° 568.* ♦ Sur la responsabilité de la banque qui, dans le cadre d'un mandat de gestion, n'a pas mis en œuvre une convention prévoyant la compensation de comptes bancaires, V. • Paris, 15 janv. 2009 : *RJDA 2009, n° 569.*

12. Transformation d'un compte joint. Le décès du cotitulaire d'un compte joint ne prive pas le titulaire survivant du droit de continuer à faire fonctionner le compte ; il appartient seulement à la banque qui clôture le compte d'en aviser chacun des héritiers du cotitulaire décédé. Le fait que la banque ait modifié l'intitulé du compte joint en compte personnel du titulaire survivant équivaut à avoir clôturé le compte joint. • Paris, 6 avr. 2006 : *Banque et Droit sept.-oct. 2007. 51, obs. Guillot.* ♦ Considérant comme abusif le fait de permettre à une banque ou un établissement financier de ne pas rendre effective immédiatement la dénonciation d'un compte joint par l'un des cotitulaires du compte, V. le *r* de l'annexe [abrogée] visée par l'art. L. 132-1 **C. consom.**

SOUS-SECTION 2 *Relations des établissements de crédit avec le client* (Ord. *n° 2009-866 du 15 juill. 2009, art. 4*).

Art. L. 312-1-1 I. – *(L. n° 2004-1484 du 30 déc. 2004, art. 106)* « **Les établissements de crédit sont tenus d'informer leur clientèle et le public sur les conditions générales et tarifaires applicables aux opérations relatives à la gestion d'un compte de dépôt, selon des modalités fixées par un arrêté du ministre chargé de l'économie** *(Abrogé par Ord. n° 2009-866 du 15 juill. 2009, art. 4)* « *et des finances* ». – *V. Arr. 29 juill. 2009.* – ***C. mon. fin.***

« **La gestion d'un compte de dépôt des personnes physiques n'agissant pas pour des besoins professionnels est réglée par une convention écrite passée entre le client et son établissement de crédit ou les services financiers de La Poste** *(Abrogé par Ord. n° 2009-*

866 du 15 juill. 2009, art. 4) ***« pour tout compte ouvert à compter du 28 février 2003. L'acceptation de ce contrat est formalisée par la signature du ou des titulaires du compte ».***

(L. n° 2010-737 du 1er juill. 2010, art. 16-II, en vigueur le 1er mai 2011) « Lorsqu'un relevé de compte est diffusé en application des stipulations de la convention visée à l'alinéa précédent et que celui-ci indique, à titre d'information, qu'un montant de découvert est autorisé, il mentionne immédiatement après, dans les mêmes caractères, le taux annuel effectif global au sens de l'article L. 313-1 du code de la consommation, quelle que soit la durée du découvert autorisé considéré. »

(Abrogé par Ord. n° 2009-866 du 15 juill. 2009, art. 4) ***« Pour les comptes ouverts avant cette date et n'ayant pas fait l'objet d'une convention signée ou tacitement approuvée, un projet de convention de compte de dépôt est fourni au client à sa demande. L'acceptation de ce contrat est formalisée par la signature du ou des titulaires du compte dans un délai maximal de trois mois après l'envoi. »***

« Jusqu'au 31 décembre 2009, les établissements de crédit et les services financiers de La Poste sont tenus d'informer au moins une fois par an les clients n'ayant pas de convention de compte de dépôt de la possibilité d'en signer une.

« Les principales stipulations que la convention de compte de dépôt doit comporter, notamment les conditions générales et tarifaires d'ouverture, de fonctionnement et de clôture, sont précisées par un arrêté du ministre chargé de l'économie *(Abrogé par Ord. n° 2009-866 du 15 juill. 2009, art. 4)* ***« et des finances »***. — *V. Arr. 29 juill. 2009.* — ***C. mon. fin.***

(Ord. n° 2009-866 du 15 juill. 2009, art. 4) « Avant que le client ne soit lié par cette convention, l'établissement de crédit l'informe desdites conditions sur support papier ou sur un autre support durable. L'établissement de crédit peut s'acquitter de cette obligation en fournissant au client une copie du projet de convention de compte de dépôt.

« Si, à la demande du client, cette convention est conclue par un moyen de communication à distance ne permettant pas à l'établissement de crédit de se conformer au précédent alinéa, ce dernier satisfait à ses obligations aussitôt après la conclusion de la convention de compte de dépôt.

« L'acceptation de la convention de compte de dépôt est formalisée par la signature du ou des titulaires du compte.

« Lorsque l'établissement de crédit est amené à proposer à son client de nouvelles prestations de services de paiement dont il n'était pas fait mention dans la convention de compte de dépôt, les informations relatives à ces nouvelles prestations font l'objet d'un contrat-cadre de services de paiement régi par les dispositions des sections II à IV du chapitre IV du présent titre relatives au contrat-cadre de services de paiement ou d'une modification de la convention de compte de dépôt dans les conditions mentionnées au II du présent article. »

II. — *(Ord. n° 2009-866 du 15 juill. 2009, art. 4)* « Tout projet de modification de la convention de compte de dépôt est communiqué sur support papier ou sur un autre support durable au client au plus tard deux mois avant la date d'application envisagée. Selon les modalités prévues dans la convention de compte de dépôt, l'établissement de crédit informe le client qu'il est réputé avoir accepté la modification s'il ne lui a pas notifié, avant la date d'entrée en vigueur proposée de cette modification, qu'il ne l'acceptait pas ; dans ce cas, l'établissement de crédit précise également que, si le client refuse la modification proposée, il peut résilier la convention de compte de dépôt sans frais, avant la date d'entrée en vigueur proposée de la modification. »

(Abrogé par Ord. n° 2009-866 du 15 juill. 2009, art. 4) (L. n° 2008-3 du 3 janv. 2008, art. 24-I) ***« Dans les mêmes conditions, au cours du mois de janvier de chaque année, est porté à la connaissance des personnes physiques et des associations un document distinct récapitulant le total des sommes perçues par l'établissement de crédit au cours de l'année civile précédente au titre de produits ou services dont ces personnes bénéficient dans le cadre de la gestion de leur compte de dépôt, y compris les intérêts perçus au titre d'une position***

débitrice de celui-ci. Ce récapitulatif distingue, pour chaque catégorie de produits ou services liés à la gestion du compte de dépôt, le sous-total des frais perçus et le nombre de produits ou services correspondant. » – *Un premier récapitulatif est porté à la connaissance de ses bénéficiaires au plus tard le 31 janv. 2009 (L. nº 2008-3 du 3 janv. 2008, art. 24-I).*

(Ord. nº 2009-866 du 15 juill. 2009, art. 4) **« III. – Le client peut résilier la convention de compte de dépôt à tout moment, sauf stipulation contractuelle d'un préavis qui ne peut dépasser trente jours.**

« Au-delà de douze mois, la convention de compte de dépôt peut être résiliée sans frais. Dans les autres cas, les frais de résiliation doivent être proportionnés aux coûts induits par cette résiliation.

« L'établissement de crédit résilie une convention de compte de dépôt conclue pour une durée indéterminée moyennant un préavis d'au moins deux mois. Les frais régulièrement imputés pour la prestation de services de paiement ne sont dus par le client qu'au prorata de la période échue à la date de résiliation de la convention de compte de dépôt. S'ils ont été payés à l'avance, ces frais sont remboursés au prorata. »

(L. nº 2010-737 du 1er juill. 2010, art. 37) **« Avec l'accord du client, la convention de compte peut être adaptée avant l'expiration du délai de deux mois mentionné au II lorsqu'il bénéficie de la procédure de surendettement afin de faciliter l'exécution des mesures de traitement prévue au titre III du livre III du code de la consommation. L'association française des établissements de crédit, mentionnée à l'article L. 511-29 du présent code, adopte des normes professionnelles qui précisent les modalités et la durée du maintien du compte de dépôt et les adaptations, en particulier des moyens de paiement, de nature à en faciliter le fonctionnement et à éviter les incidents.**

« Ces normes, homologuées par le ministre de l'économie, après avis du comité consultatif du secteur financier et du comité consultatif de la législation et de la réglementation financières, sont applicables par tout établissement de crédit. Le contrôle du respect de ces normes est assuré par l'Autorité de contrôle prudentiel et relève de la procédure prévue à l'article *(L. nº 2010-1249 du 22 oct. 2010, art. 17)* **« L. 612-31 ». »** – *V. Arr. 24 mars 2011. –* ***C. consom.*** *ou* ***C. mon. fin.***

(Ord. nº 2009-866 du 15 juill. 2009, art. 4) **« IV. – A tout moment de la relation contractuelle, l'établissement de crédit fournit à la demande de l'utilisateur les termes de la convention de compte de dépôt sur support papier ou sur un autre support durable.**

« L'établissement de crédit ne peut refuser la fourniture au client d'une convention établie sur support papier.

« V. – Pour chaque opération de paiement mentionnée à l'article L. 314-2 relevant d'une convention de compte de dépôt et ordonnée par le payeur, le prestataire de services de paiement fournit à celui-ci, à sa demande, des informations sur le délai d'exécution maximal de cette opération spécifique, sur les frais qu'il doit payer et, le cas échéant, sur le détail de ces frais. »

Les dispositions issues de l'Ord. nº 2009-866 du 15 juill. 2009 sont entrées en vigueur le 1er nov. 2009 (Ord. préc., art. 21). – Sur les modalités de l'entrée en vigueur, V. Ord. préc., art. 19 et 20. – ***C. mon. fin.***

V. Recomm. CCA nº 2005-02 relative aux conventions de compte de dépôt (BOCC 20 sept. 2005). – ***C. consom.***

Sur les différentes clientèles visées par l'art. L. 312-1-1 C. mon. fin., V. Rép. min. nº 1617, JO Sénat Q 8 janv. 2009 ; RD banc. fin. 2009, nº 81, obs. Crédot et Samin.

V. aussi art. L. 122-4 C. consom., vº Ventes commerciales.

BIBL. ▶ Stoufflet, *RD banc. fin. 2003. 122* (la Charte relative aux conventions de compte de dépôt). – Tchotourian, *Banque et Droit mai-juin 2003. 6* (même thème). – Piedelièvre, *RTD com. 2003. 467* (même thème). – Crédot et Gérard, *RD banc. fin. 2003, nº 212* (L. nº 2003-706 de sécurité financière). – Brunengo-Basso, *Dr. et patr. janv. 2004. 73* (même thème). – Revet,

RDC 2004. 607 (droit législatif, droit réglementaire et droit néo-corporatif). – MATHEY, *CCC 2005. Chron. 5* (les relations des banques avec leur clientèle : les conventions de compte). – ROUTIER, *D. 2006. 985* (multiplication des frais et commissions de banque). – RAYMOND, *RD banc. fin. mai-juin 2006. 41* (clauses abusives dans les conventions de compte de dépôt). – MALABAT, *RLDA mars 2008. 83* (devoirs du banquier et complicité d'abus de faiblesse). ▶ Loi n° 2008-3 du 3 janv. 2008 : BOUTEILLER, *RLDA févr. 2008. 30* (les nouvelles mesures régissant les relations entre les établissements de crédit et leurs clients). – Rédaction D.O., *JCP E 2008, n° 12-13, p. 25* (loi Chatel : dispositions concernant, notamment, le secteur bancaire). – SAINT-ALARY, *RLDA sept. 2008. 66* (aspects juridiques et pratiques de la tarification bancaire). – LASSERRE CAPDEVILLE, *LPA 16 déc. 2010* (loi de régulation bancaire et financière et tarification bancaire). – DÉFOSSEZ, *RD banc. fin. 2011. Dossier 15* (l'encadrement de la tarification des instruments de paiement).

Jurisprudence antérieure à l'Ord. n° 2009-866 du 15 juill. 2009.

1. Tarif bancaire. La banque est libre de fixer le prix qu'elle entend pratiquer dès lors que le client, qui bénéficiait d'un préavis d'un mois pour résilier son contrat, avait été tenu informé du changement de politique de la banque plus de six mois avant l'échéance, disposant ainsi du temps nécessaire pour s'adresser à la concurrence, de sorte qu'il n'était pas démontré en quoi il avait été contraint de se soumettre aux conditions de la banque en renouvelant un contrat qu'il restait libre de ne pas poursuivre. • Civ. 1re, 30 juin 2004 : *Bull. civ. I, n° 190 ; D. 2005. 1828, note D. Mazeaud ; D. 2004. AJ 2150, obs. Avena-Robardet ; D. 2006. Pan. 165, obs. Martin ; JCP E 2005, n° 21, p. 864, obs. Mathey ; CCC 2004, n° 150, obs. Leveneur ; RTD com. 2004. 800, obs. Legeais ; RTD civ. 2004. 749, obs. Gautier ; RJDA 2005, n° 94 ; RDC 2005. 275, note Stoffel-Munck* (location de coffre-fort), qui casse • Paris, 24 oct. 2000 : *D. 2001. AJ 302, obs. Delpech ; ibid. Somm. 3236, obs. D. Mazeaud*. ♦ Les parties peuvent convenir que le prix soit unilatéralement fixé par l'une d'entre elles, seul pouvant être sanctionné l'abus dans l'exercice de ce droit, lequel ne peut résulter que de circonstances particulières révélant un comportement déloyal motivé par un intérêt illégitime. • Versailles, 25 janv. 2006 : *Banque et Droit mai-juin 2007. 64, obs. Guillot* (sur renvoi de • Civ. 1re, 30 juin 2004 : *préc.*). ♦ Jugeant qu'une banque est parfaitement en droit de prélever des frais et commissions dont les montants sont spécifiés dans les conditions appliquées aux opérations bancaires de particuliers, remises au titulaire du compte et acceptées lors de la souscription de la convention : • Com. 23 juin 2004 : *RD banc. fin. 2004, n° 227, obs. Crédot et Gérard.*

Dès lors que la convention de compte comportait une clause permettant à la banque de procéder à la tarification de services jusqu'alors gratuits, ainsi que relative à la manière dont ces modifications devaient être portées à la connaissance des clients, une cour d'appel a reconnu exactement que l'absence de protestation des clients équivalait à une acceptation tacite des nouveaux tarifs. • Civ. 1re, 25 nov. 2003 : *RD banc. fin. 2004, n° 190, obs. Crédot et Gérard ; Banque et Droit mai-juin 2005. 79, obs. Guillot.* ♦ Sur la multiplication des frais et commissions de banque, V. • TGI Niort, 9 janv. 2006 : *cité note 13 ss. art. R. 132-1 C. consom., v° Ventes commerciales.*

2. Modification de la convention de compte. Est abusive, la clause prévoyant que chaque titulaire ne dispose que d'un délai d'un mois à compter de la notification de modifications de la convention de compte pour les refuser et dénoncer la convention et que, à défaut, la modification sera considérée à son égard comme définitivement approuvée. Ce délai apparaît nettement insuffisant et n'est de toute façon pas conforme aux délais applicables en cas de modification tarifaire, soit trois mois de prévenance avant la date d'application du changement projeté et deux mois pour refuser cette modification. • TGI Paris, 9 nov. 2005 : *cité note 12 ss. art. R. 132-2 C. consom., v° Ventes commerciales.* ♦ Une clause qui se borne à prévoir l'information par voie de circulaire de modifications substantielles apportées à la convention, sans que le client ait été prévenu à l'avance et ainsi mis en mesure, avant leur application, de les apprécier pour ensuite mettre pertinemment en œuvre, dans le délai fixé, son droit de les refuser, limite de façon inappropriée les droits légaux du consommateur de dénoncer la convention et, partant, a pour effet de créer un déséquilibre significatif entre les droits et obligations des parties au détriment du consommateur. • Civ. 1re, 28 mai 2009 : *cité note 7 ss. art. L. 133-15 C. mon. fin.* ♦ V. aussi art. L. 122-4 C. consom., v° *Ventes commerciales.*

3. Interprétation de la convention. Dénature la clause d'une convention de compte de dépôt se rapportant exclusivement aux obligations de conseil du banquier relatives aux chèques sans provision, la juridiction de proximité qui étend ces obligations au cas où le banquier avait consenti une facilité de caisse à son client. • Com. 24 juin 2008 : *RJDA 2008, n° 1087.*

4. Compte d'instruments financiers. Il résulte de l'art. L. 312-1-1, et de l'Arr. du 8 mars 2005 pris pour son application (remplacé par l'Arr. du 29 juill. 2009), que la procédure de modification tarifaire qu'il prévoit ne s'applique qu'aux seuls comptes de dépôt et ne concerne pas les comptes d'instruments financiers. • Com. 6 juill. 2010 : *Bull. civ. IV, n° 117 ; D. 2010. Actu. 1861, obs. Delpech ; JCP E 2010, n° 2008, spéc. n° 42, obs. Causse ; Banque et Droit sept.-oct. 2010. 41, et les obs. ; Dr. sociétés 2010, n° 208, obs. Mortier.*

5. Restitution de chéquiers. La clause de la convention de compte bancaire qui stipule que l'établissement financier peut à tout moment demander au titulaire la restitution de son chéquier sans préciser les modalités de cette restitution est abusive, ces modalités ne pouvant être abandonnées à la seule discrétion du banquier. • TGI Paris, 9 nov. 2005 : *cité note 12 ss. art. R. 132-2 C. consom., v° Ventes commerciales.*

6. Octroi et retrait de la carte bancaire. La clause qui se borne à affirmer que la délivrance d'une carte bancaire est subordonnée à l'agrément de l'établissement et à l'absence d'inscription au fichier des cartes bancaires géré par la Banque de France et que la banque peut à tout moment retirer la carte ou ne pas la renouveler, ce qui donne à l'établissement bancaire un pouvoir discrétionnaire dans l'octroi et le retrait de la carte bancaire, ne répond pas aux exigences de l'art. 2, 4 *a)* de l'Arr. du 8 mars 2005. • TGI Paris, 9 nov. 2005 : *préc. note 5.*

Art. L. 312-1-2 *(L. n° 2001-1168 du 11 déc. 2001, en vigueur le 12 déc. 2002)* **I. — 1. Est interdite la vente ou offre de vente de produits ou de prestations de services groupés sauf lorsque les produits ou prestations de services inclus dans l'offre groupée peuvent être achetés individuellement ou lorsqu'ils sont indissociables.**

2. Est interdite toute vente ou offre de vente de produits ou de prestations de services faite au client et donnant droit à titre gratuit, immédiatement ou à terme, à une prime financière ou en nature de produits, biens ou services dont la valeur serait supérieure à un seuil fixé, en fonction du type de produit ou de service offert à la clientèle, par un règlement pris par arrêté du ministre chargé de l'économie, pris après avis du *(L. n° 2003-706 du 1er août 2003, art. 46-V)* **« Comité consultatif institué à l'article »** *(Ord. n° 2005-429 du 6 mai 2005, art. 45)* **« L. 614-1 ».** *— Pour la sanction, V. art. L. 351-1.*

(Ord. n° 2009-866 du 15 juill. 2009, art. 4, en vigueur le 1er nov. 2009) **« Ces dispositions s'appliquent également aux services de paiement mentionnés au II de l'article L. 314-1. »**

II. *— Abrogé par Ord. n° 2009-866 du 15 juill. 2009, art. 4, à compter du 1er nov. 2009. — V. désormais art. L. 316-1 C. mon. fin.*

La location d'un coffre-fort doit être regardée comme un acte d'administration du patrimoine des personnes placées en curatelle ou en tutelle (Décr. n° 2008-1484 du 22 déc. 2008, annexe I, JO 31 déc.). — **C. civ.**

BIBL. ▶ SAINT-ALARY, *Banque et Droit mars-avr. 2002. 12* (le nouveau dispositif sur les ventes groupées et les ventes à prime doit-il inquiéter les banques ?). – LUCAS DE LEYSSAC, *RD banc. fin., nov.-déc. 2002. 349* (de quelques aspects de l'art. 13 de la loi MURCEF). – BICHOT, *RGDA 2002, p. 625* (vers la fin des assurances en inclusion des cartes bancaires ?). – BOUTEILLER, *JCP E 2003, n° 9, p. 352* (mise en œuvre des nouvelles relations entre les banques et leurs clients). – GIRARDIN et GRISON, *CCC 2004. Chron. 18* (techniques de vente et de promotion des produits et services bancaires).

Location de coffre-fort. RÉP. COM. v° *Coffre-fort*, par PIEDELIÈVRE. ♦ Pour un arrêt retenant le caractère « indivisible » du contrat de location de coffre-fort et d'ouverture de compte bancaire, V. • Com. 21 janv. 2004 : *RD banc. fin. 2004, n° 57, obs. Crédot et Gérard.* ♦ L'art. 1722 C. civ. n'est pas applicable au contrat par lequel la banque loue à un client un compartiment ou un coffre-fort dont elle assume la surveillance et auquel le client ne peut accéder qu'avec le concours du banquier. • Com. 11 oct. 2005 : *Bull. civ. IV, n° 206 ; D. 2005. AJ 2869, obs. Delpech ; RTD com. 2006. 177, obs. Legeais ; JCP E 2005, n° 46, p. 1915 ; LPA 23 déc. 2005, p. 13, note Rouvière ; CCC 2006, n° 19, obs. Leveneur ; RJDA 2006, n° 183 ; RDC 2006. 335, obs. Bénabent ; AJDI 2006. 118 ; Loyers et copr. 2006, n° 28, obs. Vial-Pedroletti.*

Arrêté du 11 août 2003, *fixant le seuil de la valeur des primes visées au I de l'article L. 312-1-2 du code monétaire et financier.* **Art. 1er** La valeur maximale de la prime financière ou en nature visée au deuxième alinéa de l'article L. 312-1-2 du code monétaire et financier est déterminée en fonction du prix net, toutes taxes comprises, du produit ou de la prestation de service vendu ou offert à la vente et dont le client bénéficie ou peut bénéficier dans le cadre de la gestion d'un compte de dépôt, dans les conditions suivantes : 15 % du prix net, toutes taxes comprises, si celui-ci est inférieur ou égal à 100 € ; 15 € plus 1 % du prix net, toutes taxes comprises, si celui-ci est supérieur à 100 €. Lorsque le produit ou la prestation de service vendu ou offert à la vente ne donne pas lieu au paiement d'un prix mais expose son bénéficiaire à des frais ultérieurs, la prime ne peut excéder 80 €.

La valeur de la prime ne doit en aucun cas dépasser 80 € et s'entend du prix habituellement facturé ou, à défaut, de la valeur vénale, toutes taxes comprises pour le produit, le bien ou la prestation de service constituant la prime.

Lorsque le contrat est une prestation de service à exécution successive, la prime dont le montant est déterminé dans les conditions ci-dessus peut être offerte au client chaque année.

Art. L. 312-1-3 *et* L. 312-1-4 *Abrogés par Ord. n° 2009-866 du 15 juill. 2009, art. 4.*

SECTION II *Fonds reçus du public*

Art. L. 312-2 Sont considérés comme fonds reçus du public les fonds qu'une personne recueille d'un tiers, notamment sous forme de dépôts, avec le droit d'en disposer pour son propre compte, mais à charge pour elle de les restituer. Toutefois, ne sont pas considérés comme fonds reçus du public :

1. Les fonds reçus ou laissés en compte par les associés en nom ou les commanditaires d'une société de personnes, les associés ou actionnaires détenant au moins 5 % du capital social, les administrateurs, les membres du directoire et du conseil de surveillance ou les gérants ainsi que les fonds provenant de prêts participatifs ;

2. Les fonds qu'une entreprise reçoit de ses salariés sous réserve que leur montant n'excède pas 10 % de ses capitaux propres. Pour l'appréciation de ce seuil, il n'est pas tenu compte des fonds reçus des salariés en vertu de dispositions législatives particulières. – *[L. n° 84-46 du 24 janv. 1984, art. 2.]*

BIBL. ► CAUSSE, *RD banc. fin. 2003, p. 315* (l'obligation de restitution du banquier dépositaire peut-elle être payante ?). – HOVASSE, *JCP E 2010, n° 1284* (comptes courants d'associés et monopole des banques).

1. Obligation de restitution. Il résulte de la combinaison des art. 1239 et 1937 C. civ. que le banquier ne peut être dégagé de son obligation de restitution qu'en procédant à des paiements entre les mains du véritable créancier ou de celui qui a reçu pouvoir de ce dernier. • Paris, 18 mars 1992 : *D. 1993. Somm. 57, obs. Vasseur.* ♦ Il s'ensuit que les virements ne sont opposables au titulaire du compte qu'à la condition d'avoir été exécutés sur son ordre, sauf à l'établissement de crédit, si l'ordre se révèle être un faux, à apporter la preuve de la faute de la victime. • Même arrêt. ♦ En disposant à son profit des fonds inscrits au compte litigieux sans titre l'y autorisant, une banque a commis une faute envers sa cliente. • Com. 11 juill. 2006 : *RTD com. 2006. 891, obs. Legeais ; RJDA 2006, n° 1255.* – V. aussi : • Com. 31 oct. 2006 : *RCA 2007, n° 20.* ♦ Il appartient à la banque d'établir qu'elle avait restitué le titre litigieux à son client. • Com. 26 janv. 2010 : *RJDA 2010, n° 781* • 19 sept. 2006 : *RJDA 2007, n° 83* • 9 févr. 2010 : *RJDA 2010, n° 994.* ♦ La remise d'une chose déposée à une autre personne que celle qui a été indiquée par le déposant pour la recevoir n'a pas pour effet de libérer le dépositaire de son obligation de restituer la chose au déposant, sans que ce dernier ait à démontrer l'existence d'un préjudice. • Com. 16 juin 2009 : *RD banc. fin. 2009,* *n° 179, obs. Crédot et Samin ; Banque et Droit sept.-oct. 2009. 21, obs. Bonneau.*

2. *Fonds laissés en compte.* Sur la conformité aux art. L. 312-2 s. C. mon. fin. de la situation d'une société actionnaire détenant plus de 5 % du capital d'une autre société, mais n'en détenant pas le contrôle au sens de l'art. L. 233-3 C. com., qui laisse les fonds en compte courant chez la société émettrice, V. *Dossier ANSA juill.-août 1999, n° 3010.*

3. *Effet d'une remise en compte.* L'inscription du montant d'un prêt, ainsi que celle de l'ouverture de crédit, au crédit du compte courant de l'emprunteur n'a d'autre effet que de mettre à disposition de celui-ci les concours consentis, sans entraîner l'extinction des cautionnements souscrits pour garantir les dettes de remboursement. • Com. 13 mai 2003 : *RD banc. fin. 2003, n° 129, obs. Crédot et Gérard ; JCP E 2004, n° 3, p. 78, obs. Simler.* ♦ Comp., jugeant que dès lors qu'il n'est pas soutenu qu'une stipulation contractuelle aurait exclu la fusion de la remise litigieuse dans le compte courant, l'effet novatoire de l'inscription, au crédit de ce compte, de la somme avancée par la banque à sa cliente, a éteint, à due concurrence, la dette garantie par la caution : • Com. 1er juill. 2003 : *Bull. civ. IV, n° 113 ; D. 2004. 48, note Djoudi ; JCP E 2004, n° 3, p. 78, obs. Simler ; RTD com. 2003. 799, obs. Cabrillac.*

4. *Exercice illégal de l'activité bancaire.* V. note 4 ss. art. L. 511-5.

5. *Nature du droit du déposant.* Une demande de restitution de fonds ne peut être formée par voie de revendication, la seule voie ouverte au créancier d'une somme d'argent étant de déclarer sa créance à la procédure collective de son débiteur (droit de créance et non droit de propriété). • Com. 4 févr. 2003 : *cité note 23 bis ss. art. L. 621-43 ancien C. com., cité ss. art. L. 622-24 C. com.*

6. *Preuve du dépôt.* La preuve d'un dépôt en banque peut être faite contre le banquier par tous les moyens. • Com. 8 mars 2005 : *RD banc. fin. 2005, n° 155, obs. Crédot et Gérard.* ♦ Pour l'application d'une clause de la convention de compte liant la banque à son client et ne reconnaissant aucune valeur au ticket de remise dans un automate bancaire, V. • Paris, 31 janv. 2008 : *JCP E 2008, n° 48, p. 11, obs. Mathey.* ♦ Une banque ne peut contester le dépôt effectué par son client dès lors qu'elle se trouve dans l'impossibilité de produire le procès-verbal d'inventaire qui, selon la convention, faisait foi jusqu'à preuve contraire. • Montpellier, 16 oct. 2007 : *JCP E 2008, n° 48, p. 12, obs. Mathey.*

7. *Action civile de la banque.* Les manœuvres frauduleuses employées, qui ont eu pour effet de déposséder la banque de fonds détenus pour le compte de clients auxquels elle était tenue de les représenter, étant directement à l'origine du préjudice invoqué, la cour d'appel a méconnu le sens et la portée de l'art. 2 C. pr. pén. en déclarant irrecevable la constitution de partie civile de la banque. • Crim. 14 nov. 2007 : *Bull. crim. n° 277 ; AJ pénal 2008. 42 ; JCP E 2008, n° 12-13, p. 14, note Lasserre Capdeville ; ibid. n° 24, p. 15, obs. Routier ; Gaz. Pal. 2008. 3432, obs. Y. M. ; RJDA 2008, n° 699.*

8. *Abus de confiance.* L'appropriation indue par la banque du solde créditeur d'un compte clôturé caractérise le délit d'abus de confiance, peu important que durant le fonctionnement du compte l'établissement ait eu la libre disposition des fonds. • Crim 20 juill. 2011 : *Bull. crim. n° 158 ; D. 2011. Actu. 2242, note Lasserre Capdeville ; RTD com. 2011. 805, obs. Bouloc ; RSC 2011. 832, obs. Matsopoulou ; JCP 2011, n° 1226, note Samin et Torck ; RDC 2012. 557, obs. Malabat.*

Art. L. 312-3 *Abrogé par L. n° 2007-1774 du 17 déc. 2007, art. 7-I.* — **V. C. mon. fin.**

SECTION III *Garantie des déposants*

Art. L. 312-4 à L. 312-18 *V.* **C. mon. fin.**

CHAPITRE III *Crédits*

SECTION I *Dispositions générales*

SOUS-SECTION 1 *Définition*

Art. L. 313-1 Constitue une opération de crédit tout acte par lequel une personne agissant à titre onéreux met ou promet de mettre des fonds à la disposition d'une autre personne ou prend, dans l'intérêt de celle-ci, un engagement par signature tel qu'un aval, un cautionnement, ou une garantie.

Sont assimilés à des opérations de crédit le crédit-bail, et, de manière générale, toute opération de location assortie d'une option d'achat. – *[L. nº 84-46 du 24 janv. 1984, art. 3.]*

BIBL. ▸ BEY, *RJDA 1997, p. 103* (crédit-bail avec convention de trésorerie). – ANSALONI, *JCP E 2008, nº 38, p. 11* (crédit revolving et spécialité quant à la créance garantie des sûretés réelles). – ROUTIER, *D. 2008. 2960* (le prêt entre particuliers sur internet : un financement alternatif ?). – ANSALONI, *Banque et Droit mars-avr. 2013. 18* (le risque de crédit, critère de la notion d'opération de crédit).

1. Opération de crédit. En ce sens que l'affacturage constitue une opération de crédit, V. • Versailles, 24 nov. 1989 : *JCP E 1991. I. 91, nº 36, obs. Gavalda et Stoufflet.* ♦ De même, estimant que la cession de créance par bordereau Dailly constitue une opération de crédit au sens de l'art. L. 313-1 C. mon. fin., le tranfert de créance étant l'instrument juridique d'une avance de fonds dont la créance transmise assure à la fois la garantie et le remboursement, V. Rép. min. nº 4067, *JOAN Q, 27 janv. 2003, p. 600 ; JCP E 2003, nº 7-8, p. 294.* ♦ Pour un arrêt considérant que l'opération, par laquelle un fournisseur se limite à assurer, par ses ristournes, le remboursement des avances qu'il a permis à l'un de ses clients d'obtenir de sa banque, ne peut être analysée comme une opération de crédit, V. • Paris, 14 avr. 1999 : *D. 2000. Somm. 456, obs. Synvet ; RJDA 1999, nº 981.* ♦ Dans le même sens, s'agissant du cautionnement délivré par ce fournisseur, en vue de garantir lesdites avances, dès lors que cette garantie ne donnait pas lieu à la perception de commissions. • Même arrêt.

Lorsqu'une entreprise d'investissement permet à un investisseur intervenant sur un marché à règlement différé de reporter d'un mois boursier sur l'autre ses positions, en inscrivant au débit de son compte espèces la moins-value constatée lors du report, et que, en raison d'une couverture insuffisante, cette inscription a pour conséquence un solde débiteur du compte, l'entreprise doit être regardée, dès lors qu'elle ne fait pas diligence pour obtenir du donneur d'ordres l'apurement de ce débit, comme mettant des fonds à la disposition de l'investisseur au sens de l'art. L. 313-1. • CE 25 juill. 2007 : *RFDA 2007. 1211, concl. Guyomar ; JCP E 2007, nº 40, p. 16 ; ibid., nº 45, p. 12, obs. Stoufflet ; Banque et Droit mars-avr. 2008. 26, et les obs. ; RJDA 2008, nº 834.* ♦ La circonstance qu'un solde débiteur ne s'accompagne pas de la perception d'intérêts n'est pas de nature à exclure que l'opération ait un caractère onéreux, celui-ci pouvant découler de la perception de commissions de report, rendue possible par les facilités ainsi accordées. • Même décision. – V. aussi : • Com. 26 juin 2012 : *JCP E 2012, nº 1486, note Bonneau ; RJDA 2012, nº 1084 et p. 950, rapport Riffault-Silk.* ♦ Le fait qu'un opérateur téléphonique vende un terminal téléphonique à un prix inférieur au prix de vente du constructeur avec, pour contrepartie, une période d'engagement pour le consommateur n'est pas assimilable à une opération de crédit telle que définie à l'art. L. 313-1. * Rép. min. nº 84327 : *JOAN Q, 23 nov. 2010, p. 12715 ; Dalloz actualité, 13 déc. 2010, obs. Fleuriot.*

V. aussi note 3 ss. art. L. 511-7.

2. Opération de crédit à titre onéreux. Sur cette notion, V. note 3 ss. art. L. 511-5.

3. Opération de banque. Sur cette notion, V. note 1 ss. art. L. 511-5.

SOUS-SECTION 2 *Taux d'intérêt*

§ 1er *Taux de l'intérêt légal*

Art. L. 313-2 **Le taux de l'intérêt légal est, en toute matière, fixé par décret pour la durée de l'année civile.** – *Taux fixé à 0,04 % pour l'année 2013 (Décr. nº 2013-178 du 27 févr. 2013, JO 1er mars).*

Il est égal, pour l'année considérée, à la moyenne arithmétique des douze dernières moyennes mensuelles des taux de rendement actuariel des adjudications de bons du Trésor à taux fixe à treize semaines. – *[L. nº 75-619 du 11 juill. 1975, art. 1er.]*

Art. L. 313-3 **En cas de condamnation pécuniaire par décision de justice, le taux de l'intérêt légal est majoré de cinq points à l'expiration d'un délai de deux mois à compter du jour où la décision de justice est devenue exécutoire, fût-ce par provision.** *(Ord.*

n° 2006-461 du 21 avr. 2006, art. 15, en vigueur le 1er janv. 2007), **« Cet effet est attaché de plein droit au jugement d'adjudication sur saisie immobilière, quatre mois après son prononcé. »**

Toutefois, le juge de l'exécution peut, à la demande du débiteur ou du créancier, et en considération de la situation du débiteur, exonérer celui-ci de cette majoration ou en réduire le montant. – *[L. n° 75-619 du 11 juill. 1975, art. 3.]*

1. Point de départ du taux majoré. BIBL. Lobin, *D. 1978. Chron. 13.* – Latil, *Gaz. Pal. 1994. 1. Doctr. 170.* ♦ Le taux majoré d'intérêt légal ne court qu'à l'expiration d'un délai de deux mois à compter de la signification de la décision de condamnation, bien que le jugement ait été assorti de l'exécution provisoire. • Civ. 2e, 4 avr. 2002 : *Bull. civ. II, n° 69 ; D. 2002. AJ 1484, obs. Lienhard ; Rev. huiss. 2002. 298, obs. Hoonakker.* ♦ Considérant que n'a pas donné de base légale à sa décision au regard de l'art. 503 NCPC [renommé C. pr. civ.], ensemble l'art. 3 [C. mon. fin., art. L. 313-3], la cour d'appel qui a majoré de cinq points le montant des intérêts au taux légal de la somme allouée sans rechercher à quelle date avait été effectuée la notification de l'arrêt de condamnation, V. • Civ. 3e, 3 juin 1992 : *Bull. civ. III, n° 189 ; RTD civ. 1992. 640, obs. Perrot ; JCP 1994. II. 22221, note Enama.* ♦ Pour un jugement ne pouvant, en vertu de l'art. 503 NCPC [renommé C. pr. civ.], être exécuté qu'après avoir été notifié à ceux auxquels il est opposé, la majoration des intérêts n'est due que deux mois après la signification de l'arrêt de la cour d'appel. • Paris, 6 nov. 1992 : *BICC 1993, n° 713.* ♦ Sur les effets de la suspension de l'exécution provisoire d'un jugement sur le point de départ du taux majoré, V. • Com. 8 déc. 2009 : *Dalloz jurisprudence.*

2. Fonds de garantie contre les accidents. Viole l'art. 3 [C. mon. fin., art. L. 313-3] et l'art. L. 421-8-1 C. assur. (en vertu duquel les délais prévus audit art. 3 ne courent à l'encontre du Fonds de garantie contre les accidents qu'à compter du jour où celui-ci a reçu les éléments justifiant son intervention), l'arrêt qui refuse de déclarer le Fonds de garantie tenu au paiement de la majoration de cinq points au motif que l'art. 3 concerne exclusivement les parties condamnées. • Civ. 1re, 3 nov. 1993 : *Bull. civ. I, n° 310 ; D. 1994. IR 5.*

3. Réformation partielle en appel. Au cas de réformation partielle en appel, lorsque le jugement est assorti de l'exécution provisoire, la majoration du taux s'applique à la condamnation dans la mesure où elle est confirmée. • Civ. 1re, 18 déc. 1990 : *Bull. civ. I, n° 299.* ♦ Sur les conséquences de l'annulation par la Cour de cassation d'une décision du premier président d'une cour d'appel qui, par ordonnance, avait estimé que les conséquences manifestement excessives au préjudice des banques en cause provoquées par l'application de l'exécution provisoire justifiaient l'arrêt de celle-ci, V. • Dijon, 3 sept. 2002 : *JCP E 2003, n° 10. p. 390.*

3 bis. Obligation de restitution. L'arrêt de cassation constitue une décision de justice faisant naître un droit à restitution de la somme versée en exécution de la décision cassée, de telle sorte que les dispositions de l'art. L. 313-3 sont applicables à la créance de restitution après signification de cet arrêt. • Civ. 2e, 20 janv. 2011 : *Bull. civ. II, n° 17 ; Dalloz actualité, 4 févr. 2011, obs. Avena-Robardet ; JCP 2011, n° 377, note Barbiéri ; Procédures 2011, n° 87, obs. Perrot ; Dr. et proc. 2011. 99, note Lauvergnat.*

4. Exonération de la majoration. Pour une application de l'art. 3, al. 2 [C. mon. fin., art. L. 313-3, al. 2], V. • TGI Paris, 8 mars 1993 : *Rev. huiss. 1993. 682 ; D. 1993. Somm. 278, obs. Julien.* ♦ Jugeant que même si la condamnation des banques en cause au paiement de sommes considérables ne va pas les mettre définitivement en péril et entraîner leur dépôt de bilan, il existe un risque certain de perturbations graves dans l'équilibre financier de ces organismes bancaires justifiant que la majoration des intérêts soit réduite de deux points, V. • Dijon, 3 sept. 2002 : *préc. note 3.* ♦ L'art. L. 313-3 C. mon. fin. s'applique aux dettes d'aliments à défaut d'exclusion expresse, contrairement à l'art. 1244-1 C. civ. • Civ. 2e, 22 mars 2012 : *Bull. civ. II, n° 56 ; D. 2012. Actu. 945 ; Dr. et proc. 2012. 181, note Vinckel.*

5. Juge de l'exécution. Aux termes de l'art. 88 de la loi du 9 juill. 1991 et par dérogation aux dispositions de l'art. L. 313-3, la demande d'exonération ou de réduction des intérêts à taux majoré, formée par le débiteur, après la publication d'un commandement aux fins de saisie immobilière, constitue un incident de saisie, relevant de la compétence de la chambre des criées du TGI et non du JEX. • Limoges, 3 déc. 2003 : *BICC 2004, n° 354.* ♦ L'art. L. 313-3, al. 2, ne distingue pas selon que les intérêts sont dus pour la période antérieure ou postérieure à la décision du juge de l'exécution. • Civ. 2e, 6 juin 2013 : *pourvoi n° 12-20.129.*

§ 2 *Taux effectif global*

Art. L. 313-4 *(L. n° 2003-721 du 1er août 2003 art. 32-II)* **Les règles relatives au taux effectif global des crédits sont fixées par les articles L. 313-1 et L. 313-2 du code de la consommation ci-après reproduits :** – *V. ces art., v° Prêts d'argent – Intérêts des capitaux.*

Pour une bibl., V. § 3 Taux de l'usure et v° Prêts d'argent – Intérêts des capitaux.

Sur le délit de non-mention du TEG dans un contrat de prêt tel qu'issu de la L. n° 2003-721 du 1er août 2003, V. Circ. CRIM 03-15/G3 (JUS D 03 30 212 C) du 18 déc. 2003 (D. 2004. 124 ; RD banc. fin. 2004, n° 100, obs. Portier ; BRDA 2004, n° 1, p. 13).

§ 3 *Taux de l'usure*

RÉP. COM. v° *Usure*, par S. Piedelièvre.

BIBL. ▶ Bouloc, *RD banc. fin. 2003. 387* (L. n° 2003-721 pour l'initiative économique). – Caramalli, *LPA 25 août 2003* (même thème). – Robert, *Dr. pénal 2004, n° 26* (même thème). – Piedelièvre, *JCP E 2003, n° 42, p. 1658* (même thème). – Portier, *RD banc. fin. 2004, n° 100* (circulaire du 18 déc. 2003). – Stoufflet, *ibid., n° 101* (incidences internationales de la réforme de l'usure). – N. Ferrier, *RTD com. 2005. 219* ✎ (incertitudes du régime de l'usure liées à sa codification).

Art. L. 313-5 La définition du taux de l'usure est fixée par l'article L. 313-3 du code de la consommation, ci-après reproduit : – *V. cet art., v° Prêts d'argent – Intérêts des capitaux.*

Art. L. 313-5-1 *(L. n° 2003-721 du 1er août 2003, art. 32-II)* **Pour les découverts en compte, constitue un prêt usuraire** *(L. n° 2005-882 du 2 août 2005, art. 7-II)* **« à une personne physique agissant pour ses besoins professionnels ou » à une personne morale se livrant à une activité industrielle, commerciale, artisanale, agricole ou professionnelle non commerciale tout prêt conventionnel consenti à un taux effectif global qui excède, au moment où il est accordé, de plus du tiers, le taux effectif moyen pratiqué au cours du trimestre précédent par les établissements de crédit pour les opérations de même nature comportant des risques analogues telles que définies par l'autorité administrative après avis du Conseil national du crédit et du titre.** – *V. Arr. 24 août 2006, ss. art. L. 313-3 C. consom., v° Prêts d'argent – Intérêts des capitaux.*

Les conditions de calcul et de publicité des taux effectifs moyens mentionnés au premier alinéa sont fixées par décret.

Absence de sanctions pénales. L'art. L. 313-5-1 ne fait aucune référence à l'art. L. 313-5 C. consom. visant les sanctions pénales. • Montpellier, 16 déc. 2003 : *cité ss. art. L. 315-5-2.*

Art. L. 313-5-2 *(L. n° 2003-721 du 1er août 2003)* **Lorsqu'un prêt conventionnel est usuraire, les perceptions excessives au regard des articles L. 313-4 et L. 313-5-1 sont imputées de plein droit sur les intérêts normaux et subsidiairement sur le capital de la créance.**

Si la créance est éteinte en capital et intérêts, les sommes indûment perçues doivent être restituées avec intérêts légaux du jour où elles auront été payées.

Sur l'aménagement de l'usure pour les personnes morales tel qu'issu de la L. n° 2003-721 du 1er août 2003, V. Circ. CRIM 03-15/G3 (JUS D 03 30 212 C) du 18 déc. 2003 (D. 2004. 124 ; RD banc. fin. 2004, n° 100, obs. Portier ; BRDA 2004, n° 1, p. 13).

Sur les opérations de prêts d'argent, V. v° Prêts d'argent – Intérêts des capitaux.

Personnes morales. Pour les découverts en compte accordés à des personnes morales, prévus par l'art. L. 313-5-1 C. mon. fin., un prêt usuraire encourt la seule sanction civile de restitution des perceptions excessives, en application de l'art. L. 313-5-2. • Crim. 3 nov. 2005 : ☖ *Bull. crim. n° 277 ; D. 2006. AJ 138, obs. Lienhard* ✎ *; RTD com. 2006. 499, obs. Bouloc* ✎ *; AJ pénal 2006. 217, obs. Royer* ✎ *; JCP E 2006, n° 22, p. 964, obs. Coudert ; RJDA 2006, n° 454.* ♦ L'art.

L. 313-5-2 visant les découverts en compte précisés à l'art. L. 313-5-1, institue seulement des sanctions civiles. • Montpellier, 16 déc. 2003 : cité note 2 ss. art. L. 313-3 C. consom., v° *Prêts d'argent – Intérêts des capitaux*.

SOUS-SECTION 3 *Fichier des incidents de paiement caractérisés*

Art. L. 313-6 Les règles relatives au fichier des incidents de paiement caractérisés sont fixées par les articles L. 333-4 et L. 333-5 du code de la consommation, ci-après reproduits : – *V. au **C. mon. fin.** ou au **C. consom.***

SECTION II *Catégories de crédits et opérations assimilées* (*Ord. n° 2005-429 du 6 mai 2005, art. 46*).

SOUS-SECTION 1 *Crédit-bail*

RÉP. COM. v^{is} *Crédit-bail immobilier ; Crédit-bail mobilier*, par DURANTON.

RÉP. CIV. v° *Crédit-bail*, par SCHÜTZ.

BIBL. GÉN. ▶ DAUPHIN, *CCC 1997. Chron. 2* (essor de la location longue durée : un contrat de location-service). – HARRICHAUX-RAMU, *RJDA 1997. 103* (crédit-bail avec convention de trésorerie). – COHEN-STEINER, *JCP N 2001, n° 25, p. 1060* (crédit-bail immobilier : six ans d'application de la réforme de 1994). – LE CORRE-BROLY, *Gaz. Pal. 2005. Doctr. 1010* (déclaration de créance du bailleur financier et du crédit-bailleur). – FERRY, *JCP E 2007, n° 23, p. 25* (mise en place d'un crédit-bail de titres de société). – KAMINA, *CCE 2007. Étude 18* (location financière et crédit-bail de logiciels). – ANSALONI et BILLIET, *RD banc. fin. 2009. Étude 35* (remarques sur le conflit entre le privilège du bailleur d'immeuble et le *leasing* de biens d'équipement). – RUY, *CCC 2009. Étude 13* (location de matériel sans option d'achat à l'épreuve du droit des contrats). – REYGROBELLET, *Rev. sociétés 2010. 419* (crédit-bail portant sur les parts sociales d'une SCI). – MARTIN et GÉRARD GODARD, *RLDA mai 2011. 81* (crédit-bail portant sur un immeuble loué).

Art. L. 313-7 Les opérations de crédit-bail mentionnées par la présente sous-section sont :

1. Les opérations de location de biens d'équipement ou de matériel d'outillage achetés en vue de cette location par des entreprises qui en demeurent propriétaires, lorsque ces opérations, quelle que soit leur qualification, donnent au locataire la possibilité d'acquérir tout ou partie des biens loués, moyennant un prix convenu tenant compte, au moins pour partie, des versements effectués à titre de loyers ;

2. Les opérations par lesquelles une entreprise donne en location des biens immobiliers à usage professionnel, achetés par elle ou construits pour son compte, lorsque ces opérations, quelle que soit leur qualification, permettent aux locataires de devenir propriétaires de tout ou partie des biens loués, au plus tard à l'expiration du bail, soit par cession en exécution d'une promesse unilatérale de vente, soit par acquisition directe ou indirecte des droits de propriété du terrain sur lequel ont été édifiés le ou les immeubles loués, soit par transfert de plein droit de la propriété des constructions édifiées sur le terrain appartenant audit locataire.

En cas d'opération de crédit-bail sur le droit au renouvellement d'un bail, ce droit ne peut être invoqué que par le crédit-bailleur, par dérogation aux dispositions de l'article *(Ord. n° 2000-912 du 18 sept. 2000, art. 3)* « L. 145-8 du code de commerce ». Les autres droits et obligations que le locataire tient des dispositions du décret précité sont répartis par contrat entre le propriétaire, le crédit-bailleur et le crédit-preneur. *[;]*

3. Les opérations de location de fonds de commerce, d'établissement artisanal ou de l'un de leurs éléments incorporels, assorties d'une promesse unilatérale de vente moyennant un prix convenu tenant compte, au moins pour partie, des versements effectués à titre de loyers, à l'exclusion de toute opération de location à l'ancien propriétaire du fonds de commerce ou de l'établissement artisanal. *[;]– [L. n° 66-455 du 2 juill. 1966, art. 1er.]*

(L. nº 2005-882 du 2 août 2005, art. 27-I) « **4. Les opérations de location de parts sociales ou d'actions prévues aux articles L. 239-1 à L. 239-5 du code de commerce, assorties d'une promesse unilatérale de vente moyennant un prix convenu tenant compte, au moins pour partie, des versements effectués à titre de loyers.** »

A. NATURE JURIDIQUE DU CRÉDIT-BAIL

Sur un crédit-bail de droit commun, non soumis à la loi du 2 juill. 1966 et désormais aux art. L. 313-7 s., V. Recomm. CCA nº 86-01 du 17 janv. 1986, concernant les contrats de location avec option d'achat ou contrats de location avec promesse de vente de biens de consommation *(BOCC 11 mars)*. – **C. consom.**

1. Exigence d'une promesse de vente. Pour relever de la loi du 2 juill. 1966 [C. mon. fin., art. L. 313-7 s., L. 515-2 s. et L. 571-13], les contrats de location doivent comporter une promesse unilatérale de vente de la part du bailleur donnant au locataire la possibilité d'acquérir tout ou partie des biens loués. • Com. 14 avr. 1972 : *Bull. civ. IV, nº 105 ; JCP 1972. II. 17269, note Alfandari.* ♦ Sur l'exclusion d'une location avec promesse unilatérale d'achat, V. • Com. 30 mai 1989 : *Bull. civ. IV, nº 167 ; RTD com. 1990. 93, obs. Bouloc.* ♦ ... D'une location ne contenant aucune promesse unilatérale au profit du locataire, une telle promesse n'ayant été consentie qu'après la cession du matériel et du contrat par un avenant postérieur régulièrement enregistré. • Com. 28 juin 2005 : *RJDA 2005, nº 1378.* ♦ ... D'une location sans option d'achat, V. • Civ. 1re, 11 oct. 1989 : *Bull. civ. I, nº 327 ; D. 1991. 225, note Ancel ; RTD com. 1990. 244, obs. Bouloc.* ♦ Il importe peu que l'option puisse être levée à plusieurs échéances. • Com. 8 déc. 1987 : *RTD com. 1988. 490, obs. Hémard et Bouloc ; JCP 1988. II. 21065, note Bey.* ♦ En l'absence de promesse de vente l'opération est disqualifiée en location pure et simple. • Com. 13 juin 1977 : *Bull. civ. IV, nº 164 ; D. 1977. IR 454* ♦ Est un contrat de crédit-bail, au sens de l'art. 1er [C. mon. fin., art. L. 313-7], le contrat qui offre au locataire une option d'achat avec pour seule condition de faire connaître au bailleur sa décision un mois avant l'expiration du contrat, ce dont il résulte que cette option n'est pas soumise à l'agrément du bailleur, cette clause s'interprétant en une promesse unilatérale de vente. • Com. 4 juin 1996 : *D. Affaires 1996. 1165* • 13 mai 1997 : *RJDA 1997, nº 1231.* ♦ Le contrat par lequel un établissement de crédit achète à un artisan ses locaux, puis les lui donne en location avec une faculté de rachat au terme du contrat, constitue un contrat de crédit-bail, malgré la qualification de « cession-bail » retenue par les parties. • Civ. 3e, 19 mai 1999 : *Bull. civ. III, nº 117 ; D. Affaires 1999. 1078.* ♦ Dans le cadre d'un crédit-bail immobilier, il n'est pas nécessaire que la cession de l'immeuble intervienne au profit du locataire initial de celui-ci, mais elle peut être faite au profit d'un tiers substitué, qui est éventuellement le sous-locataire de cet immeuble. • Civ. 3e, 19 oct. 2011 : *Bull. civ. III, nº 173 ; Dalloz actualité, 2 nov. 2011, obs. Delpech ; D. 2011. Actu. 2652 ; JCP E 2011, nº 1885 ; RJDA 2012, nº 197 ; Constr.-Urb. 2011, nº 182, obs. Sizaire.*

2. Abus de confiance. En l'absence d'option d'achat à l'expiration du contrat, le locataire qui ne restitue pas le bien dont il a disposé est susceptible d'avoir commis un abus de confiance. • Crim. 12 nov. 1979 : *D. 1980. IR 202* ♦ Comp. : note 4.

3. Acquisition préalable du bailleur. Le crédit-bailleur doit être un acquéreur des biens qu'il donne en location, ce qui exclut l'application de la loi du 2 juill. 1966 [C. mon. fin., art. L. 313-7 s., L. 515-2 s. et L. 571-13] au cas où un fabricant conclut une opération portant sur sa propre production. • Com. 13 avr. 1976 : *D. 1976. 695, note Lucas de Leyssac.* ♦ La condition étant remplie, il importe peu que le bien ait été acheté par son utilisateur, puis revendu au crédit-bailleur qui l'a remis à sa disposition. • Rennes, 30 nov. 1976 : *D. 1978. 302, note Parléani.* ♦ Sur le lease-back, V. note 8. ♦ En revanche, n'est pas une opération de crédit-bail au sens de la loi du 2 juill. 1966 [C. mon. fin., art. L. 313-7 s., L. 515-2 s. et L. 571-13], l'opération conclue par un locataire, tirerait-il son propre droit d'un contrat de crédit-bail, le second contrat n'étant qu'une sous-location. • Com. 14 mai 1985 : *D. 1986. IR 324 ; Gaz. Pal. 1985. 1. 284, note Bey.* ♦ V. note 4.

Est nul comme étant dépourvu d'objet le contrat de crédit-bail dans lequel, n'étant pas propriétaire des matériels loués, le crédit-bailleur n'a pu en transmettre la jouissance et l'usage au preneur, sans qu'il y ait lieu de rechercher s'il pouvait justifier de sa bonne foi lors de l'achat de ces équipements. • Com. 10 janv. 1995 : *RJDA 1995, nº 609.*

4. Exclusion de la sous-location. La sous-location n'est pas une opération de crédit-bail. • Com. 11 mai 1982 : *D. 1983. 271, note Witz ; JCP 1983. II. 20074, note Bey.* ♦ En l'absence de convention contraire, le preneur peut commettre un abus de confiance s'il procède à une sous-location du bien sans l'accord du crédit-bailleur. • Com. 14 févr. 1979 : *D. 1979. IR 177,* *obs. Roujou de Boubée ; ibid. 215, obs. Puech.* ♦ V. note 5.

5. *Crédit-bail adossé.* Le crédit-bail est dit adossé lorsque l'utilisateur a la faculté de sous-louer le bien. • Versailles, 14 avr. 1988 : *Gaz. Pal. 1988. 2. Somm. 462.*

6. *Location à l'utilisateur.* Le crédit-bail suppose nécessairement que le bien soit loué à l'utilisateur ce qui exclut que la convention puisse comporter une clause de réserve de propriété, laquelle caractérise un contrat de vente. • Com. 19 juin 1978 : *Bull. civ. IV, n° 141.* ♦ Dès lors que des fournitures, pour lesquelles un acompte a été réglé, sont destinées à la vente, il ne peut y avoir, pour le paiement du solde restant, formation d'un contrat de crédit-bail ; la destination à la vente est en effet inconciliable avec l'économie du crédit-bail, et la loi du 2 juill. 1966 [C. mon. fin., art. L. 313-7 s., L. 515-2 s. et L. 571-13], manifestement détournée de son objectif, est inapplicable au litige. Il n'en résulte cependant pas que la nullité du crédit-bail puisse être demandée, une telle sanction n'ayant pas été prévue par cette loi. • Nîmes, 27 févr. 1992 : *BICC 1992, n° 1730.*

Sur l'absence du privilège du bailleur, V. • Paris, 5 mars 1985 : *D. 1985. IR 492* • 17 janv. 1985 : *JCP E 1985. II. 14551, note Bey.*

7. *Rente viagère.* Le fait que le crédit-preneur reste tenu du paiement des échéances d'une rente viagère jusqu'à la date de réalisation de la promesse de vente est sans effet sur l'objet du contrat de crédit-bail, ce mode d'acquisition n'étant pas de nature à affecter le droit de propriété du crédit-preneur en cas de levée d'option. • Civ. 3e, 4 mai 2000 : *Bull. civ. III, n° 95 ; D. 2000. AJ 326, obs. Faddoul ; RDI 2000. 358, obs. Saint-Alary-Houin ; Banque et Droit 2000. 45, obs. Rontchevsky.*

8. *Lease-back.* V. Parléani, *RTD com. 1973. 699.* ♦ Sur la distinction avec le crédit-bail, V. • Com. 14 janv. 1992 : *RJDA 1992, n° 372* • Civ. 3e, 19 mai 1999 : *préc. note 1.*

9. *Usure.* Les redevances dues par l'utilisateur ont la nature d'un loyer et non pas d'intérêts et ne relèvent pas de la législation sur l'usure. • Toulouse, 8 mai 1970 : *JCP E 1970. II. 16481, note Bey* • Rouen, 3 juill. 1970 : *D. 1971. 465.*

B. BIENS OBJETS DU CRÉDIT-BAIL

10. *Biens d'équipement.* Une voiture automobile, fût-elle de tourisme, constitue un bien d'équipement, dès lors qu'elle est utilisée pour le fonctionnement de la société locataire. • Com. 15 déc. 1975 : *D. 1976. 407, note Lucas de Leyssac.*

11. *Immeubles.* BIBL. Champigny, *Gaz. Pal. 1978. 1. Doctr. 74.* – Pédamon, *RTD com. 1979. 710.* – Rives-Lange et Contamine-Raynaud, *RDI 1979. 324.* – Armand-Prévost, *RJ com. 1983. 205.* – Mathely et Charrière, *Banque 1969. 443.* – Montuori et Cohen, *ibid. 1979. 488.* – Depondt, *Gaz. Pal. 1992. 2. Doctr. 899.* ♦ Excluant l'ouverture du crédit-bail immobilier aux particuliers désirant acquérir un local à usage mixte d'habitation et professionnel, V. Rép. min. n° 28538 : *JOAN Q, 2 nov. 2004, p. 8634 ; BRDA 2004, n° 23, p. 10.* ♦ Le contrat de crédit-bail immobilier s'analyse comme une location d'un immeuble à usage professionnel suivie, le cas échéant, d'une cession. • Civ. 3e, 19 oct. 2011 : *préc. note 1.*

12. *Exclusion du statut des baux commerciaux.* V. art. L. 313-9 et note 1 ss. cet art.

13. *Enregistrement.* L'opération de crédit-bail immobilier échappe par son essence aux dispositions de l'art. 1840 A CGI [abrogé, V. désormais art. 1589-2 C. civ., ss. art. L. 143-23 C. com.], et n'a donc pas à être enregistrée dans les dix jours de l'acte comme une promesse unilatérale de vente. • Civ. 3e, 3 nov. 1981 : *Bull. civ. III, n° 173 ; RDI 1982. 272, obs. Lancereau et Stoufflet ; ibid. 274, obs. Dagot ; D. 1982. IR 409, obs. Vasseur ; JCP 1982. II. 19867, note Bey.*

14. *Publicité foncière.* V. note 2 ss. art. L. 313-10.

15. *Fonds de commerce.* BIBL. Derruppé, *RTD com. 1986. 320.* – Zenati, *ibid. 450.* – Bey, *JCP E 1987. II. 14860.* – Daublon, *Defrénois 1986. 625.* – Guingand, *Banque 1986. 566.* – Raffray, *JCP N 1986. II. 377.* ♦ Sur les éléments incorporels du fonds de commerce, V. Derruppé, *RTD com. 1990. 24 et 187* ; Brault, *Gaz. Pal. 1989. 1. Doctr. 18.*

16. *Logiciels.* BIBL. Carneroli, *LPA 3 juill. 2000.* ♦ Le crédit-bail de logiciel est juridiquement impossible, au motif que le leasing nécessite que le bien ait été acheté et que le preneur ait la faculté de l'acquérir, ce qui n'est pas le cas de logiciels indépendants de leur support et qui ne sont donc pas susceptibles d'appropriation privative par le preneur. • Pau, 8 juin 1995 : *Juris-Data n° 045346.* ♦ V. aussi • Aix-en-Provence, 12 sept. 1986 : *Gaz. Pal. 1987. 1. 341, note Bey.*

17. *Service public.* Le caractère accessoire au contrat de crédit-bail de la convention tripartite litigieuse (entre une commune, une société de restauration et une société de crédit-bail) eu égard à son objet purement financier, le fait que la convention tripartite ne contient aucune clause exorbitante de droit commun, et encore qu'elle n'a pas pour objet de faire participer le crédit-bailleur à l'exécution du service public et enfin que son objet purement financier n'en faisait pas un contrat d'occupation du domaine public, militent pour reconnaître à cette convention le caractère d'un contrat de droit privé. • Civ. 1re, 28 mai 2008 : *Bull. civ. I, n° 159 ; D. 2008. AJ 1627, obs. Delpech ; JCP E 2008, n° 27, p. 14 ; RJDA 2009, n° 422.*

C. NULLITÉ OU RÉSILIATION DU CRÉDIT-BAIL

BIBL. Boyer, *RJ com. 1980. 333 ; ibid. 1981. 41.*

18. Manœuvres dolosives. Le représentant du vendeur d'un matériel en crédit-bail, qui avait été chargé par l'établissement de crédit de proposer ses financements aux clients potentiels puis de les recommander à son approbation n'étant pas, pour la conclusion des contrats, un tiers, les manœuvres dolosives de ce représentant, viciant le consentement des clients, sont opposables à l'établissement de crédit. • Com. 24 mai 1994 : *Bull. civ. IV, n° 184* • 13 juin 1995 : *RJDA 1995, n° 1404.* ♦ La clause du contrat de financement selon laquelle « aucune des difficultés pouvant naître des relations de l'emprunteur avec son fournisseur de biens ne sera opposable » à l'établissement de crédit n'a pu avoir pour effet de rendre les manœuvres dolosives commises par le négociateur des financements inopposables à l'établissement de crédit. • Com. 24 mai 1994 : *préc.* ♦ Dès lors qu'existe un lien étroit entre une société de crédit et un fournisseur, que ce dernier a accompli des diligences relevant normalement de la société de crédit et qu'il apparaît aux yeux des tiers comme agissant au nom de celle-ci, il en résulte que le dol commis par le fournisseur est une cause de nullité du contrat de financement, même si les manœuvres ont été exercées à l'insu de la société de crédit. • Lyon, 28 mai 1993 : *BICC 1993, n° 1044.* ♦ Un contrat de crédit-bail consacrant un rapport tripartite qui lie indissociablement le vendeur du matériel, l'acquéreur de celui-ci et son locataire, l'existence d'une procédure pénale engagée par le locataire justifie qu'il soit sursis à statuer sur la demande en résiliation de location formée par le crédit-bailleur à son encontre dès lors que l'information ouverte peut remettre en cause la validité du crédit-bail en caractérisant des manœuvres dolosives commises par le vendeur et susceptibles alors d'être opposées au bailleur. • TGI Saintes, 24 oct. 1997 : *JCP 1998. IV, n° 2452.*

19. Vice du consentement. Dès lors qu'un vendeur agit en tant que mandataire apparent d'un organisme de financement, ses manœuvres dolosives, après avoir entraîné l'annulation du contrat de vente de fournitures, peuvent atteindre le contrat de crédit-bail accompagnant le contrat principal. • Agen, 5 mars 1997 : *JCP E 1997. Pan. n° 1304.* ♦ Un fournisseur ayant conclu un contrat de concession avec les personnes à qui il avait livré du matériel, en vue de son exploitation, tandis que, pour assurer le financement de cette opération, une tierce société en devenait propriétaire et le donnait en location aux concessionnaires, l'annulation pour dol du contrat de location peut être prononcée, dès lors qu'est retenue l'existence de manœuvres dolosives, imputables au bailleur et déterminantes du consentement des intéressés à cette location, sans qu'une telle annulation constitue la conséquence de l'annulation du contrat de concession. • Com. 24 nov. 1992 : *Bull. civ. IV, n° 368.*

En revanche, doit être cassé l'arrêt qui retient que l'annulation de la vente, pour vice du consentement, prive de cause le contrat de crédit-bail, alors que, sauf cause de nullité l'affectant directement, le contrat de crédit-bail n'est que résilié en conséquence de l'annulation du contrat de vente. • Com. 15 mars 1994 : *Bull. civ. IV, n° 109 ; D. 1994. IR 86 ; JCP 1994. II. 22339, note Labarthe ; Defrénois 1994. 1127, obs. Delebecque ; CCC 1994, n° 135, note Leveneur.* ♦ Sur la question de l'annulation pour cause illicite d'un contrat de crédit-bail, V. • Com. 11 mars 2003 : *RJDA 2003, n° 996.* ♦ V. aussi, en ce sens que l'annulation de la vente entraîne nécessairement à la date de son prononcé la résiliation du crédit-bail, sous réserve de l'application des clauses contractuelles régissant cette résiliation, • Paris, 20 janv. 1995 : *D. 1995. IR 41.*

La clause du contrat de crédit-bail donnant au preneur mandat pour acheter le matériel loué et prévoyant que ce dernier serait solidairement tenu avec le fournisseur du remboursement au bailleur du prix d'acquisition du matériel dans tous les cas d'annulation judiciaire de la vente permet la condamnation solidaire au remboursement à la suite de l'annulation de la vente pour dol du fournisseur, peu important que le preneur n'ait pas manqué à ses obligations contractuelles. • Com. 27 juin 1995 : *RJDA 1995, n° 1406.*

20. Délivrance. Si la résolution de la vente pour non-conformité ou vice caché d'un matériel délivré entraîne la résiliation du crédit-bail, l'absence de délivrance de la chose louée prive cette convention de son objet de sorte que celle-ci est nulle, d'une nullité absolue ne pouvant être couverte, ni par une clause de non-recours, ni par l'établissement d'un procès-verbal de livraison contraire à la réalité. • Aix-en-Provence, 13 juin 1991 : *BICC 15 nov. 1991.* – V. aussi • Com. 16 juill. 1991 : *RJDA 1991, n° 940.*

Sauf fraude de sa part, les manquements du

preneur à ses obligations de mandataire du bailleur engagent sa responsabilité mais ne le privent pas du droit d'opposer au bailleur l'exception de manquement à l'obligation de délivrance incombant à celui-ci. • Com. 13 déc. 1994 : *RJDA 1995, n° 464.* ♦ Le fait que le crédit-preneur ne prenne pas possession du matériel et ne retourne pas le procès-verbal de réception n'entraîne pas la résolution du contrat de vente et ne fait pas obstacle à l'entrée en vigueur du contrat de location. • Versailles, 6 mai 1997 : *D. Affaires 1997. 1117.*

Doit être cassé l'arrêt qui, après avoir constaté que le bon de livraison avait été signé par le locataire et le fournisseur, déboute le crédit-bailleur de sa demande en paiement au motif qu'il est tenu d'une obligation de délivrance, sans même rechercher si les dispositions du contrat ne mettaient pas à la charge exclusive du fournisseur l'obligation de délivrer le matériel et ne limitaient pas les obligations du crédit-bailleur au paiement du prix au seul vu du bon de livraison. • Civ. 1re, 24 févr. 1998 : *Bull. civ. I, n° 74.*

21. Action directe du preneur. BIBL. Arbellot, *LPA 10 août 1998* (exercice de l'action en garantie des vices cachés). ♦ Par une clause du contrat de crédit-bail, les bailleur et locataire peuvent convenir avec le vendeur que le locataire agira directement en garantie contre le vendeur au cas de vice de la chose. • Com. 3 janv. 1971 : *JCP 1973. II. 17300, note Leloup* • 26 janv. 1977 : *Bull. civ. IV, n° 28.* ♦ ... Et en résolution de la vente. • Com. 2 févr. 1981 : *Gaz. Pal. 1981. 1. Pan. 198.* ♦ Cette clause vaut renonciation du locataire à la garantie légale du bailleur. • Com. 24 mai 1994 : *CCC 1994, n° 192, obs. Leveneur.* ♦ La clause de délégation de maîtrise d'ouvrage en matière de crédit-bail immobilier au profit du crédit-preneur, si elle est inefficace, prive d'effet la clause limitative de responsabilité et de transfert des risques de l'opération de construction au profit du crédit-bailleur ; ces clauses doivent dès lors être réputées non écrites et le contrat s'exécuter comme un crédit-bail ordinaire. • Civ. 3e, 13 sept. 2006 : *Bull. civ. III, n° 176 ; D. 2006. 2787, obs. Delpech ; RTD com. 2006. 898, obs. Legeais ; JCP E 2006, n° 41, p. 1722 ; RJDA 2006, n° 1260.* ♦ La clause par laquelle le locataire est mandaté par le bailleur pour exercer en son nom tous recours contre le constructeur ou le vendeur, à l'exclusion de l'action en résolution, est une clause léonine et doit être annulée. • Poitiers, 24 févr. 1993 : *JCP 1993. IV. 1459.*

22. Garantie du vendeur. Par la clause par laquelle le crédit-bailleur délègue au locataire tous ses droits et actions contre le constructeur ou le fournisseur concerné, le crédit-bailleur a transféré au locataire ses droits contre le fournisseur relatifs à la garantie des vices cachés, et l'assignation en résolution du contrat de vente du fournisseur, par le preneur, qui invoque, avec le bailleur, la clause en question, opère signification de la cession de créance de garantie. • Com. 4 juin 1996 : *Bull. civ. IV, n° 156 ; D. 1996. 630, note Bilhau ; JCP 1996. II. 22744, note Taillens-Dessalle.* ♦ Le vendeur ne peut pas invoquer ce contrat entre le crédit-preneur et le crédit-bailleur, auquel il n'a pas été partie, pour prétendre être dégagé envers l'acheteur de la garantie qu'il lui doit. • Com. 7 juin 1994 : *CCC 1994, n° 244, obs. Leveneur ; RJDA 1994, n° 244.* ♦ Le mandat d'ester en justice donné par un crédit-bailleur à un crédit-preneur ne peut conférer à l'action engagée par ce dernier à l'encontre du fabricant sur le fondement d'un manquement à l'obligation de délivrance et subsidiairement de la garantie des vices cachés, une nature contractuelle au sens de la Conv. de Bruxelles du 27 sept. 1968. • Civ. 1re, 17 janv. 2006 : *Bull. civ. I, n° 19 ; D. 2006. IR 322.*

Le mandat consenti au crédit-preneur par le crédit-bailleur pour l'exercice des recours contre le fournisseur ayant pour contrepartie la renonciation du preneur au bénéfice de la garantie du bailleur, il est soumis aux mêmes conditions de déchéance que l'aurait été le droit de mettre en jeu cette garantie, sauf stipulation conventionnelle la faisant renaître en contrepartie de la caducité du mandat. • Com. 8 déc. 1992 : *Bull. civ. IV, nos 396 et 397 ; JCP 1993. II. 22045, note Béhar-Touchais ; JCP E 1993. II. 435, note Legeais (2 arrêts) ; D. 1993. IR 3 (2 arrêts).* ♦ Ainsi, se trouve légalement justifié l'arrêt qui retient que le crédit-preneur a mandat du crédit-bailleur pour exercer les recours contre le fournisseur, et ce, même après la résiliation du crédit-bail. • Com. 8 déc. 1992 : *Bull. civ. IV, n° 396 ; D. et JCP E préc. (2e arrêt).* ♦ *Contra*, jugeant que le crédit-preneur est sans qualité pour exercer l'action en résolution de la vente, dès lors que la résiliation du contrat de crédit-bail a mis fin au mandat, V. • Civ. 1re, 23 juin 1992 : *Bull. civ. I, n° 196 ; Gaz. Pal. 1993. 1. 37, note Cousin.* ♦ En l'absence de stipulation contraire, la résiliation du contrat de crédit-bail met fin au mandat donné par le crédit-bailleur au crédit-preneur pour l'exercice de l'action en garantie contre le fournisseur. • Com. 11 juill. 2006 : *Bull. civ. IV, n° 173 ; D. 2007. 413, note Mislawski ; RTD com. 2006. 896, obs. Legeais ; JCP E 2007, n° 5, p. 22, note Leveneur ; Gaz. Pal. 2007. 561, obs. Tellier ; CCC 2006, n° 247, obs. Leveneur ; Banque et Droit sept.-oct. 2006. 71, obs. Rontchevsky ; RJDA 2007, n° 389.*

Lorsqu'il n'a pas usé de la faculté, que lui ménage le contrat de crédit-bail, de devenir propriétaire du bien qui en est l'objet, le preneur, qui, en vertu du mandat reçu du crédit-bailleur pour l'exercice des recours contre le fournisseur, a demandé judiciairement l'annulation de la vente avant l'expiration du crédit-bail, est recevable à poursuivre cette action ultérieurement. • Com. 27 juin 1995 : *préc. note 19.* ♦ Le refus du bénéfice de la garantie conventionnelle opposé par l'acquéreur en crédit-bail d'une machine qui s'est révélée être atteinte de vices cachés ne lui interdit pas d'invoquer les manquements du vendeur à ses obligations légales. • Com. 28 juin 1994 : *Bull. civ. IV, n° 248.* ♦ Viole les art. 1134, 1603 et 1615 C. civ., l'arrêt qui, pour rejeter l'action en résolution du contrat de vente et de crédit-bail d'un crédit-preneur de matériel, retient qu'il en est devenu propriétaire par la levée d'option d'achat à la fin du crédit-bail, alors qu'en qualité de sous-acquéreur de la chose qu'il prétendait non conforme au contrat, il jouissait de tous les droits et actions attachés à cette chose, qui appartenaient à son auteur. • Com. 4 juin 1991 : *Bull. civ. IV, n° 206.*

23. Bailleur exonéré de garantie. **BIBL.** Harichaux-Ramu, *RTD com. 1978. 209.* – Boyer, *RJ com. 1980. 333 ; ibid. 1981. 41.* ♦ Le crédit-bailleur peut, par une stipulation expresse du contrat, s'exonérer de la garantie des vices cachés de l'art. 1721 C. civ., dès lors que le locataire a un recours direct contre le vendeur du bien avec lequel il a déterminé les caractéristiques de celui-ci. • Com. 30 oct. 1973 : *Bull. civ. IV, n° 303* • 7 mai 1974 : *ibid., n° 147* • Civ. 3e, 15 janv. 2003 : *RJDA 2003, n° 628.* ♦ Comp., en ce sens qu'il ne résulte pas de l'obligation de résultat souscrite par le crédit-preneur en tant que mandataire du bailleur dans le choix du matériel que le crédit-preneur se soit porté garant de l'absence de vices cachés : • Com. 27 juin 1995 : *Quot. jur. 28 sept. 1995, p. 3 ; RJDA 1995, n° 1403.* ♦ Comp. aussi, jugeant que le mandat donné par le crédit-bailleur au preneur de discuter des caractéristiques du bien et le prix avec le vendeur soumet le preneur à la responsabilité du mandataire des art. 1991 s. C. civ. : • Com. 11 mai 1981 : *Bull. civ. IV, n° 214.* ♦ V. aussi note 21.

Le crédit-bailleur n'ayant jamais délégué au crédit-preneur la maîtrise d'ouvrage sur l'immeuble, les clauses d'exonération de responsabilité du crédit-bailleur et de transfert des risques de l'opération de construction au crédit-preneur devaient être réputées non écrites. • Civ. 3e, 13 sept. 2006 : *préc. note 21.*

24. Vérifications du preneur. Le preneur en signant un certificat de réception qu'il sait inexact commet une faute l'obligeant à réparer le préjudice subi par la société de crédit-bail qui a, en conséquence, versé le prix du matériel au fournisseur tombé ultérieurement en cessation des paiements. • Civ. 1re, 5 nov. 1980 : *Gaz. Pal. 1981. 1. Pan. 86.* ♦ Sur la portée du procès-verbal de réception, V. • Civ. 1re, 5 juill. 1989 : *Bull. civ. I, n° 273 ; RTD com. 1990. 247, obs. Bouloc.* ♦ Le preneur qui a choisi le matériel ne peut en principe reprocher au crédit-bailleur de ne pas avoir respecté un devoir de conseil. • Riom, 15 juin 1988 : *Gaz. Pal. 1989. 1. 146.* ♦ De même, le preneur qui a signé le bon attestant de la livraison du matériel loué, bien qu'il ne lui eût pas été livré, document valant contractuellement bon à payer pour le bailleur, qui a réglé le prix au fournisseur, ne peut se prévaloir de son erreur ou de sa négligence à l'encontre du crédit-bailleur, qui a exécuté son obligation. • Civ. 1re, 2 nov. 1994 : *Bull. civ. I, n° 312.* ♦ En signant prématurément la reconnaissance de livraison de façon à déterminer le crédit-bailleur à verser sans motif le prix des équipements objets du contrat, le crédit-preneur a fait preuve d'imprudence et sa responsabilité se trouve donc engagée. • Colmar, 30 mai 2006 : *JCP E 2006, n° 41, p. 1722.*

25. Obligation du vendeur. En tant qu'intermédiaire professionnel et vendeur du matériel litigieux, le vendeur est tenu à l'égard de l'acquéreur d'une obligation d'information et de garantie sur la réalité de l'opération de financement dont il avait eu l'initiative. • Com. 26 oct. 1993 : *Bull. civ. IV, n° 361 ; RTD com. 1994. 350, obs. Bouloc.*

26. Résiliation du crédit-bail. **BIBL.** Bey, *Gaz. Pal. 1992. 2. Doctr. 568.* – Virassamy, *JCP E 1992. II. 137* (clauses contractuelles aménageant l'après-contrat). ♦ La résolution du contrat de vente entraîne nécessairement la résiliation du contrat de crédit-bail, sous réserve de l'application de clauses ayant pour objet de régler les conséquences de cette résiliation. • Cass., ch. mixte, 23 nov. 1990 (2 arrêts) : *D. 1991. 121, note Larroumet ; JCP E 1991. II. 111, note Legeais* • Com. 22 mai 1991 : *Bull. civ. IV, n° 169.* – Comp. : • Civ. 1re, 11 avr. 1995 : *Bull. civ. I, n° 169 ; D. 1995. IR 142 ; JCP E 1995. II. 754, note Del Sol.* ♦ ... Ces clauses elles-mêmes étant soumises à l'application éventuelle des dispositions de l'art. 1152, al. 2, C. civ. • Com. 21 mars 1995 : *Bull. civ. IV, n° 94 ; D. 1995. IR 106.*

La clause d'un contrat de crédit-bail qui n'a pour objet que de régler les conséquences de la résolution de la vente du matériel en mettant à la charge du crédit-preneur l'obligation de garantir les restitutions dont le vendeur était tenu envers le crédit-bailleur doit recevoir exécution. • Cass., ch. mixte, 3 mars 1989 : *D. 1990. 301, note Dupuis-Toubol ; JCP 1989. II. 21365.* ♦ Sont ainsi valables : la clause prévoyant qu'en cas de résiliation du crédit-bail en conséquence de la résolution de la vente, le preneur serait tenu à la fois au remboursement du prix d'achat et au versement d'une indemnité. • Com. 12 oct. 1993 : *Bull. civ. IV, n° 327 ; JCP E 1994. II. 548, note Legeais.* ♦ V. aussi • Com. 4 janv. 1994 : *Bull. civ. IV, n° 5 ; D. 1994. IR 47* (clause visant la « non-réalisation de l'opération de crédit-bail »). ♦ ... La clause prévoyant, dans ce cas, que le preneur serait, non seulement, solidairement débiteur avec le vendeur, envers le bailleur, de la restitution du prix de vente du bien, mais encore des sommes nécessaires pour obtenir le montant total des loyers et la valeur résiduelle, c'est-à-dire représentatives de la rentabilité escomptée de l'opération. • Com. 26 oct. 1993 : *Bull. civ. IV, n° 359 ; D. 1993. IR 249 ; JCP E 1994. II. 548, note Legeais.* ♦ En revanche, les stipulations contractuelles prévoyant l'absence de responsabilité du crédit-bailleur en cas de fonctionnement défectueux de la chose louée et celles régissant les suites de l'interruption du paiement du loyer par le crédit-preneur n'apparaissent pas avoir eu pour objet de régler les conséquences de la résolution du contrat de vente. • Com. 26 oct. 1993 : *Bull. civ. IV, n° 360 ; D. 1993. IR 253 ; JCP E 1994. II. 548, note Legeais.*

C'est seulement dans le cas de faute lourde équipollente à une fraude que le crédit-preneur cesse d'être investi du droit de demander la résiliation du crédit-bail en conséquence de la résolution de la vente, une faute simple ne justifiant éventuellement que l'allocation de dommages-intérêts. • Com. 1er juin 1993 : *Bull. civ. IV, n° 215 ; D. 1993. IR 163.*

27. Paiement des loyers. Le juge doit rechercher si, jusqu'à la décision prononçant la résolution, le paiement des loyers par le crédit-preneur n'avait pas eu sa contrepartie dans l'exécution de ses propres obligations par le bailleur. • *Com. 22 mai 1991 : préc. note 26* • 6 avr. 1993 : *RJDA 1993, n° 928.* ♦ Le preneur obtenant la résiliation d'un bail ou d'un crédit-bail en conséquence de la résolution du contrat de vente est dispensé du paiement des loyers à compter du jour de sa demande judiciaire en résolution de la vente. • Com. 12 oct. 1993 : *Bull. civ. IV, n° 327 ; D. 1993. IR 238 ; JCP E 1994. II. 548, note Legeais* ♦ V. aussi, considérant que la demande du preneur en restitution du montant de la reprise du bien loué doit être rejetée dès lors qu'il est établi que cette somme avait été affectée au paiement des loyers, • Com. 15 déc. 1998 : *RJDA 1999, n° 215.* ♦ Le preneur doit être condamné au paiement des mensualités du crédit-bail conclu en vue du financement de l'achat d'un véhicule, dès lors qu'il n'établit pas avoir obtenu la résiliation du contrat de vente pour inexécution de l'obligation de conformité ou de délivrance du véhicule litigieux. • Civ. 1re, 28 janv. 1997 : *Bull. civ. I, n° 32 ; RJDA 1997, n° 534.* ♦ De même, le preneur ne peut cesser le paiement des loyers, en raison de la défaillance du vendeur du matériel loué, dès lors que le contrat de vente n'est pas résolu. • Com. 7 déc. 1993 : *RJDA 1994, n° 550.*

28. Contrats interdépendants. Lorsqu'un contrat de crédit-bail porte sur deux appareils mais prévoit un loyer et une durée unique, il forme un tout qu'il est impossible de dissocier. • Aix-en-Provence, 1er mars 1994 : *JCP 1994. IV. 1856.* ♦ Sur la résiliation d'un contrat de crédit-bail, en cas de résiliation d'un contrat de publicité qui lui est interdépendant, et ce, malgré une stipulation contractuelle prévoyant le contraire, V. • Com. 15 févr. 2000 : *Bull. civ. IV, n° 29 ; D. 2000. Somm. 364, obs. Delebecque ; JCP 2000. I. 272, n° 9, obs. Constantin ; Banque et Droit 2000. 44, obs. Rontchevsky ; RJ com. 2000. 366, note Salvat.* ♦ Sur les effets, sur le contrat de crédit-bail, de la résiliation d'un contrat de coopération liant le vendeur au crédit-preneur, en cas d'indivisibilité conventionnelle entre ces contrats, V. • Com. 26 nov. 1996 : *RJDA 1997, n° 300.* – V. déjà • Com. 4 avr. 1995 : *Bull. civ. IV, nos 115 et 116.* – V. rapp. Leclercq, *RJDA 1995. 414.*

29. Clause d'apport preneur. La clause dite « d'apport preneur », par laquelle une certaine somme d'argent apportée par le crédit-preneur est affectée à la garantie de la parfaite exécution de toutes les obligations contractées par celui-ci et en particulier du paiement des loyers et indemnités de résiliation, n'empêche pas le crédit-bailleur de se prévaloir, en cas d'impayés, de l'application de la clause résolutoire. • Paris, 17 janv. 2002 : *RJDA 2002, n° 801.*

30. Assurance. Lorsque l'assureur s'est engagé à informer le bailleur au cas de défaut de paiement des primes, il peut être condamné à verser au crédit-bailleur le montant de l'indemnité d'assurance à titre de dommages et intérêts. • Paris, 6 mars 1984 : *Gaz. Pal. 1984. 1. 14, note Bey.*

31. Escroquerie. Constitue les manœuvres frauduleuses constitutives du délit d'escroquerie prévu et puni par l'art. 405 ancien C. pén. [nouv. C. pén., art. 313-1] la fourniture aux établissements de crédit et de crédit-bail, parties civiles, de fausses factures et de bons de livraisons fictifs faisant croire à l'existence de matériels inexistants ou d'équipements neufs qui sont, en vérité, d'occasion, par des individus qui n'ont eu pour but que de réapprovisionner leur trésorerie défaillante. • Paris, 1er déc. 1988 : *Gaz. Pal. 1990. 2. Somm. 599, obs. Bey.*

32. Enrichissement sans cause. Dès lors que le crédit-bailleur dispose d'une action contre les cautions du crédit-preneur, dont il n'est pas établi qu'elles étaient insolvables, bien que vainement mises en demeure, l'action *de in rem verso* dirigée contre ce dernier est irrecevable. • Com. 10 oct. 2000 : *Bull. civ. IV, n° 150 ; D. 2000. AJ 409, obs. Avena-Robardet ; Dr. et patr. févr. 2001. 111, obs. Chauvel.*

33. Réserve de propriété. L'établissement de crédit qui procède au refinancement en crédit-bail d'un bien acquis par le preneur n'est pas tenu de rechercher l'existence d'une clause de réserve de propriété. • Com. 19 nov. 2002 : *RJDA 2003, n° 424.*

34. Imprévision. Le crédit-bailleur n'avait pas l'obligation de proposer un protocole modifiant le contrat initial de crédit-bail immobilier suite à l'apparition de difficultés du marché locatif de bureaux dont il ne peut être tenu pour responsable, V. • Civ. 3e, 10 déc. 2003 : *AJDI 2004. 127*. ♦ Le crédit-preneur ne peut invoquer un cas de force majeure lié à une grève pour demander l'exonération du paiement de ses obligations liées à la clause de résiliation dans la mesure où, compte tenu de la situation économique en Guadeloupe, les mouvements de grève n'avaient rien d'imprévisible ni d'irrésistible. Il appartenait ainsi au crédit-preneur de prévoir cette éventualité au moment de la conclusion du contrat. • Basse-Terre, 27 nov. 2006 : *JCP 2007. IV. 2409.*

35. Bonne foi. Dès lors que ses constatations et appréciations font ressortir que le crédit-bailleur détenait, au moment de la conclusion du cautionnement, des informations sur la viabilité de l'opération entreprise par la société emprunteuse dirigée par les cautions, que, par suite de circonstances exceptionnelles, ces dernières ignoraient, une cour d'appel a pu en déduire que ce crédit-bailleur avait manqué à son obligation de contracter de bonne foi à l'égard de ces cautions. • Com. 20 sept. 2005 : *Bull. civ. IV, n° 176 ; D. 2006. Pan. 2863, obs. Crocq ; RTD com. 2005. 822, obs. Legeais ; JCP E 2006, n° 4, p. 180, note Legeais ; LPA 23 janv. 2006, obs. Houtcieff ; Gaz. Pal. 2006. Somm. 1956, obs. B. B. ; Banque et Droit nov.-déc. 2005. 76, obs. Rontchevsky ; RJDA 2006, n° 65.*

D. INDEMNITÉ DE RÉSILIATION

36. Évaluation. Est légalement justifiée la décision qui, se référant aux stipulations contractuelles, fixe la valeur des biens repris par le crédit-bailleur, à la suite de la résiliation du contrat aux torts du locataire, à celle du prix dégagé par leur revente. • Com. 26 avr. 1994 : *RJDA 1994, n° 950.* ♦ Sur l'inclusion dans l'indemnité de résiliation de la TVA et des intérêts légaux, V. • Com. 11 mai 1993 : *Bull. civ. IV, n° 177* • Civ. 1re, 7 mars 1995 : *Bull. civ. I, n° 115.*

37. Clauses pénales. Constitue une clause pénale, réductible en vertu de l'art. 1152, al. 2, C. civ. en cas d'excès, la majoration des charges financières pesant sur le débiteur de loyers d'un matériel acquis en crédit-bail, résultant de l'anticipation de l'exigibilité des redevances dès la date de la résiliation éventuelle du contrat, stipulée à la fois comme un moyen de le contraindre à l'exécution et comme l'évaluation conventionnelle et forfaitaire du préjudice futur subi par le crédit-bailleur du fait de l'accroissement de ses frais ou risques à cause de l'interruption des paiements prévus. • Com. 5 juill. 1994 : *Bull. civ. IV, n° 253 ; D. 1994. IR 214* • 18 avr. 2000 : *RJDA 2000, n° 745.* ♦ Il en va de même d'une clause prévoyant, en cas de résiliation anticipée du contrat, le paiement d'une indemnité égale à la totalité des loyers restant à échoir postérieurement à la résiliation, majorée du montant de la valeur vénale du matériel en fin de location et d'une commission de 20 % du montant des sommes perçues du nouvel acquéreur du matériel. • Com. 24 mai 2005 : *BRDA 2005, n° 14, p. 7.* ♦ La clause d'un contrat de crédit-bail qui évalue de façon forfaitaire le préjudice subi par le crédit-bailleur est une clause pénale. • Basse-Terre, 27 nov. 2006 : *préc. note 34.* ♦ Sur le pouvoir de réduction du juge d'une pénalité manifestement excessive, V. • Versailles, 26 févr. 1999 : *RJDA 1999, n° 645.*

38. Prescription. L'action tendant à la résiliation du crédit-bail et à la restitution du bien étant distincte, par son objet, de l'action en paiement de sommes dues au titre du contrat résilié, la mise en œuvre de l'une n'a pas pour effet d'interrompre le cours de la prescription de l'autre. • Com. 4 juill. 2006 : *Bull. civ. IV, n° 168 ; D. 2006. AJ 2459, obs. Delpech ; RTD com. 2007. 438, obs. Bouloc*. ♦ La prescription quinquennale de l'art. 2277 C. civ. est applicable à une action en paiement de loyers de crédit-bail, créances payables à termes périodiques, mais pas à l'action en recouvrement de l'indemnité contractuelle de résiliation. • Com. 24 nov. 1992 : *Bull. civ. IV, n° 369 ; D. 1993. IR 12 ; JCP 1993. II. 22078, note Banial.*

E. DESTRUCTION ET DÉGRADATIONS

39. Destruction du matériel. Sur la validité de la clause d'un contrat de crédit-bail prévoyant, en cas de destruction du matériel même par force majeure, le paiement par le locataire des loyers restant à courir, déduction faite de l'indemnité d'assurance, V. • Civ. 1re, 17 nov. 1998 : *Bull. civ. I, n° 322 ; D. 2000. Somm. 46, obs. Pizzio ; CCC 1999, n° 21, obs. Leveneur ; LPA 6 oct. 1999, obs. Martin.*

40. Entretien de l'immeuble. Les art. L. 313-7 s. C. mon. fin. régissant le crédit-bail immobilier ne contenant pas de disposition spéciale sur les obligations du crédit-preneur quant à l'entretien de l'immeuble, il peut être fait application des dispositions de l'art. 1732 C. civ. pour des dégradations survenues dans les locaux pendant leur occupation par le crédit-preneur postérieurement à la résiliation du contrat. • Civ. 3e, 2 mars 2005 : *Bull. civ. III, n° 55 ; RTD com. 2005. 580, obs. Legeais ; JCP 2006. II. 10037, note Hardouin-Le Goff ; RJDA 2005, n° 879 ; RDC 2005. 1087, obs. Seube.*

F. INFLUENCE DU REDRESSEMENT OU DE LA LIQUIDATION JUDICIAIRES

41. Effets d'une procédure collective. **BIBL.** Marion-Fondanèche, *Gaz. Pal. 1982. 2. Doctr. 571.* – Tamboise, *Defrénois 1983. 148.* – Chaput, *Dr. sociétés 1997. Chron. 3.* ♦ Le fait que le crédit-bailleur d'un véhicule, qui n'était pas intervenu à l'acte de vente du fonds de commerce du preneur soumis à une procédure de liquidation judiciaire, n'avait pas été tenu au courant de la clause prévoyant la reprise du crédit-bail par le repreneur et ne l'avait pas acceptée, ait appréhendé ce véhicule dans les locaux du repreneur, où il se trouvait du seul fait de la cession, ne suffit pas à prouver la novation par changement de débiteur. • Com. 8 mars 1994 : *RJDA 1994, n° 771.*

V. aussi C. com., art. L. 624-10, L. 626-18, al. 4 et L. 642-7.

G. ENGAGEMENT DE RACHAT PAR LE FOURNISSEUR

42. Engagement de rachat. L'engagement, non prouvé, du vendeur de reprendre le matériel avant le terme du contrat ne peut avoir d'effet à l'égard du crédit-bailleur. • Paris, 15 déc. 1990 : *JCP E 1991. Pan. 368.* ♦ V. aussi • Com. 4 janv. 1995 : *LPA 11 oct. 1995, note Calendini.*

43. Replacement du matériel. Le crédit-bailleur, en imposant au locataire défaillant l'obligation de restituer le matériel loué et de régler immédiatement une indemnité égale à la totalité des loyers qui auraient dû être versés jusqu'au terme du contrat, déduction faite du prix de revente ou de replacement du matériel, contracte implicitement mais nécessairement l'obligation d'œuvrer à cette revente ou à ce replacement au mieux des intérêts économiques des deux parties. • Paris, 9 oct. 1997 : *RJDA 1998, n° 96.*

Art. L. 313-8 **En cas de cession de biens compris dans une opération de crédit-bail, et pendant la durée de l'opération, le cessionnaire est tenu aux mêmes obligations que le cédant qui en reste garant.** – *[L. n° 66-455 du 2 juill. 1966, art 1er-1.]*

BIBL. ▶ Bey, *RJDA 1992. 651.* – Harrichaux-Ramu, *RTD com. 1978. 209* (transfert des garanties). – Montuori et Cohen, *Banque 1979. 488* (transmission du crédit-bail immobilier).

Art. L. 313-9 **Les dispositions des deuxième et troisième alinéas de l'article 3-1 du décret n° 53-960 du 30 septembre 1953** *[C. com., art. L. 145-4]* **modifié et complété par la loi n° 65-356 du 12 mai 1965, ne sont pas applicables aux contrats de crédit-bail immobilier.**

Ces contrats prévoient, à peine de nullité, les conditions dans lesquelles leur résiliation pourra, le cas échéant, intervenir à la demande du preneur. – *[L. n° 66-455 du 2 juill. 1966, art. 1er-2.]*

1. Exclusion du statut des baux commerciaux. **BIBL.** Hohl et Letellier, *JCP E 1999, n° 20, p. 852.* ♦ Par sa spécificité, la convention de crédit-bail, en ce qu'elle tend essentiellement à l'acquisition des murs, n'entre pas dans le champ d'application du Décr. du 30 sept. 1953. • Civ. 3e, 10 juin 1980 : *Bull. civ. III, n° 113 ; D. 1980. 566, note Guyon ; D. 1981. IR 20, obs. Vasseur ; JCP 1981. II. 19655, note Bey ; RTD com. 1982. 249, obs. Pédamon* • 7 mai 1997 : *D. Affaires 1997. 723 ; CCC 1997, n° 144, obs. Leveneur.* ♦ Les dispositions du Décr. de 1953 relatives au bail commercial permettant de suspendre éventuellement les effets de la clause résolutoire ne sont pas applicables au contrat de crédit-bail immobilier. • TGI Nîmes, réf., 6 mars 2002 : *Banque et Droit mai-juin 2002. 45, note Rontchevsky* • Paris, 4 oct. 2006 : *RJDA 2007, n° 282.*

Le contrat conclu entre le crédit-preneur et un sous-occupant titulaire du bail, par ailleurs commerçant inscrit au RCS et exploitant d'un fonds de commerce dans les lieux loués, étant un contrat distinct du contrat de crédit-bail obéissant à des règles qui lui sont propres, il faut en déduire que le contrat de location consenti par la société crédit-preneuse est un contrat de bail soumis au statut des baux commerciaux. • Civ. 3e, 10 déc. 2002 : *D. 2003. AJ 136, obs. Rouquet ; Loyers et copr. 2003, n° 36, obs. Brault ; JCP N 2003, n° 17, p. 653, note Garçon ; Rev. loyers 2003. 84, obs. Quément ; Administrer avr. 2003. 34, obs. Boccara et Lipman-Boccara.* ♦ Ainsi, l'inapplicabilité du décret de 1953 au crédit-preneur ne saurait permettre au crédit-preneur, qui a consenti un contrat de sous-location à un tiers afin de lui permettre d'exercer des activités commerciales dans les locaux loués, d'échapper aux conséquences de son engagement en invoquant l'inopposabilité de la situation ainsi née au crédit-bailleur. • Versailles, 17 juin 1997 : *D. Affaires 1997. 994.* – V. Bac, *JCP E 1997, n° 42, p. 374.* ♦ Le contrat de sous-occupation consenti à un commerçant par un crédit-preneur est soumis au statut des baux commerciaux de telle sorte que le premier a droit, en cas de refus de renouvellement, au paiement d'une indemnité d'éviction, si les conditions de ce droit sont réunies. • Paris, 28 juin 2000 : *AJDI 2000. 1006, obs. Blatter.*

Sur la révision triennale, V. Armand-Prévost, *JCP 1980. II. 19327* ; Calon, *ibid. 1977. I. 2842* ; Guyon, *ibid. 1974. I. 2628* ; Bey, *ibid. 1978. II. 18932 ; ibid. 1979. II. 19212* ; Lefebvre, *ibid. 1982. I. 3064.* ♦ Sur la validité et la portée de la clause par laquelle le crédit-bailleur s'oblige envers les crédits-preneurs à leur garantir l'exclusivité de leur activité dans l'ensemble immobilier, V. • Civ. 3e, 12 avr. 1995 : *RJDA 1995, n° 870.*

2. Clause de résiliation impérative. **BIBL.** E. Cohen, *Gaz. Pal. 1996. 2. Doctr. 975.* – Cohen-Steiner, *JCP E 2001, n° 13, p. 661.* ♦ Viole l'art. 1er-2, al. 2 [C. mon. fin., art. L. 313-9, al. 2], la stipulation qui, sous le couvert d'une possibilité de résiliation anticipée à l'initiative du locataire, tend à l'exécution de toutes les clauses du contrat, supposé non résilié, dans le seul intérêt du crédit-bailleur, dès lors qu'elle prévoit que si le preneur use de la faculté qui lui est laissée, il sera redevable à son cocontractant d'une indemnité égale au cumul des loyers révisés restant à courir jusqu'au terme du bail. • Civ. 3e, 27 avr. 1988 : *Bull. civ. III, n° 81 ; JCP 1989. II. 21171, note Bey.* – V. aussi • Civ. 3e, 27 nov. 1996 : *Bull. civ. III, n° 228 ; JCP 1997. I. 4039, n° 9, obs. Virassamy.* ♦ Comp., admettant la validité d'une clause au motif qu'elle ne met pas à la charge du preneur des obligations équivalentes à celles de l'exécution du contrat jusqu'au terme prévu, et que, égale au cumul des loyers restant à courir, l'indemnité est parfaitement déterminable : • Paris, 1er mars 1991 : *D. 1991. IR 94.* – V. aussi • Paris, 9 nov. 2001 : *RJDA 2002, n° 426* • Civ. 3e, 23 juin 2004 : *JCP E 2004, n° 37, p. 1367.* ♦ Comp. aussi, retenant pour un crédit-bail consenti pour une durée de quinze ans, la validité d'une clause de résiliation anticipée prévoyant le paiement d'une indemnité égale à la totalité des loyers restant dus jusqu'à l'expiration contractuelle du bail mais sans qu'elle puisse être supérieure au montant cumulé de cinq annuités entières de loyers : • Civ. 3e, 19 avr. 2000 : *Bull. civ. III, n° 86 ; CCC 2000, n° 121, obs. Leveneur.* ♦ N'est pas contraire aux dispositions de l'art. L. 313-9, al. 2, la clause de résiliation anticipée mettant à la charge du preneur la seule obligation de payer le capital restant dû représentant une somme sensiblement inférieure au cumul des loyers restant à courir jusqu'au terme du contrat puisqu'elle ne comprend pas les intérêts. • Civ. 3e, 27 juin 2001 : *Bull. civ. III, n° 85 ; AJDI 2002. 699, note Cohet-Cordet ; JCP E 2001, n° 39, p. 1505 ; Banque et Droit nov.-déc. 2001. 41, obs. Rontchevsky.* ♦ Est valable la clause qui prévoit que le preneur continuera à supporter les loyers et charges tant que l'immeuble ne pourra être reloué ou vendu, dès lors qu'il suffit au preneur pour ne pas être tenu de les acquitter, de faire preuve de diligences normales pour proposer la relocation ou la vente du bien, • Civ. 3e, 18 nov. 1998 : *Bull. civ. III, n° 219 ; D. 1999. IR 12 ; D. Affaires 1999. 169, obs. J. F.* ♦ V. aussi • Civ. 3e, 5 mai 1999 : *Bull. civ. III, n° 107 ; D. 1999. IR 149 ; D. Affaires 1999. 991.*

Viole l'art. 1er-2, al. 2 [C. mon. fin., art. L. 313-9, al. 2], l'arrêt qui, pour rejeter l'exception de nullité du crédit-bail invoquée par le preneur poursuivi en paiement de l'indemnité de résiliation, retient que les obligations du preneur en cas de poursuite du contrat sont plus onéreuses qu'en cas de résiliation à son initiative, en prenant en compte dans le calcul du coût de l'exécution du contrat, le coût de la levée de l'option finale. • Civ. 3e, 1er juill. 1998 : *Bull. civ. III, n° 152 ; D. 1999. 327, note Schneider ; D. Affaires 1998. 1642, obs. V. A.-R. ; RJDA 1998, n° 1149 ; Banque et Droit nov.-déc. 1998. 37, obs. Rontchevsky.* ♦ Sanctionnant un arrêt pour avoir approuvé le choix de l'expert de retenir la valeur actualisée des loyers, qui vise l'effet produit par la clause de résiliation, c'est-à-dire son résultat économique concret et réel, au lieu de la valeur nominale, tout en relevant que cette actualisation n'était pas prévue au contrat : • Civ. 3e, 30 juin 2004 : *Bull. civ. III, n° 141 ; D. 2004. AJ*

2226, obs. Avena-Robardet ; JCP E 2004, n° 43, p. 1686, concl. Gariazzo ; Banque et Droit sept.-oct. 2004. 79, obs. Rontchevsky ; RTD com. 2004. 798, obs. Legeais ; AJDI 2004. 893 ; RJDA 2004, n° 1369.

3. Régime de la nullité. La nullité édictée par l'art. 1er-2, al. 2 [C. mon. fin., art. L. 313-9, al. 2], destinée à protéger les droits du crédit-preneur, est relative et relève des dispositions de l'art. 1304 C. civ. • Civ. 3e, 15 mai 1996 : *Bull. civ. III, n° 116 ; D. 1996. IR 153 ; Defrénois 1996. 1076, obs. Bénabent ; CCC 1996, n° 138, obs. Leveneur.* ♦ En ce sens que la nullité du contrat de crédit-bail ne peut être qu'étendue aux cautionnements qui en sont l'accessoire reconnu indivisible par le crédit-bailleur lui-même, V. • Paris, 14 mai 1998 : *D. 1998. IR 195 ; D. Affaires 1998. 1484, obs. X. D.* ♦ La nullité du contrat de crédit bail-immobilier édictée par l'art. 1er-2, al. 2, de la loi de 1966 [C. mon. fin., art. L. 313-9, al. 2], étant une nullité relative, l'associé de la société civile immobilière crédit-preneur qui n'est pas poursuivi sur le fondement du contrat de crédit-bail mais sur le fondement de l'obligation résultant de sa qualité d'associé, n'est pas recevable à remettre en cause le contrat de crédit-bail immobilier. • Civ. 3e, 28 mars 2001 : *Bull. civ. III, n° 39 ; Banque et Droit juill.-août 2001. 58, obs. Rontchevsky.*

La faute du crédit-bailleur consistant à avoir omis d'insérer dans le contrat une clause définissant les modalités de résiliation anticipée du crédit-bail par le preneur ne peut pas servir de fondement à la résiliation du contrat. • Civ. 3e, 25 mai 2005 : *RJDA 2006, n° 322.* ♦ La nullité d'un contrat de crédit-bail immobilier dont la clause de résiliation n'assurerait pas au preneur une faculté effective de résiliation doit, lorsqu'elle est invoquée, être prononcée, même si aucune des parties n'a revendiqué l'application de cette clause. • Civ. 3e, 13 juill. 1999 : *Bull. civ. III, n° 174 ; D. 1999. AJ 18, obs. J. F. ; JCP 1999. IV. 2697.*

4. Résiliation par le crédit-bailleur. L'art. L. 313-9, al. 2, C. mon. fin., qui vise à permettre la sortie anticipée du preneur, ne s'applique pas en cas de résiliation du contrat par le crédit-bailleur consécutive au défaut de paiement des loyers par le preneur. • Paris, 9 nov. 2001 : *préc. note 2.*

5. Indemnité de résiliation anticipée. L'indemnité de résiliation anticipée ne constitue pas une clause pénale. • Civ. 3e, 27 juin 2001 : *préc. note 2.* ♦ Comp., jugeant qu'en l'absence de contestation du débiteur, l'indemnité de résiliation fixée par la clause résolutoire d'un contrat de crédit-bail immobilier, qui constitue une clause pénale, est certaine, liquide et exigible dès que la résiliation du contrat est acquise. • Civ. 3e, 4 janv. 2006 : *Bull. civ. III, n° 6 ; D. 2006. AJ 228, obs. Lienhard ; JCP N 2006, n° 36, p. 1546, obs. S. Piedelièvre ; RJDA 2006, n° 826.*

6. Prescription. Le point de départ du délai de prescription de l'action en nullité prévue à l'art. 1er-2, al. 2, est la date de conclusion du contrat de crédit-bail. • Civ. 3e, 4 oct. 2000 : *Bull. civ. III, n° 157 ; D. 2000. AJ 402 ; JCP N 2000, n° 42, p. 1504 ; Banque et Droit nov.-déc. 2000. 49, obs. Rontchevsky ; Dr. et patr. févr. 2001. 109, obs. Chauvel.* ♦ Si la caution du crédit-preneur peut assigner les crédit-bailleurs en nullité du contrat de crédit-bail, l'action introduite plus de cinq ans après la conclusion du contrat est prescrite. • Civ. 3e, 4 avr. 2001 : *Bull. civ. III, n° 46 ; Banque et Droit juill.-août 2001. 58, obs. Rontchevsky.*

7. Exception de nullité. En ce sens que l'exception de nullité du contrat de crédit-bail, au motif que la clause de résiliation anticipée n'assurerait pas une faculté effective de résiliation, ne peut plus être présentée après l'expiration du délai de prescription lorsque le contrat a déjà été exécuté, et jugeant que le délai de prescription s'applique aussi aux cautions, V. • Civ. 3e, 30 janv. 2002 : *Bull. civ. III, n° 24 ; D. 2002. AJ 802, obs. Avena-Robardet ; JCP 2003. II. 10089, note Padé ; Banque et Droit mars-avr. 2002. 51, obs. Rontchevsky ; CCC 2002, n° 89, obs. Leveneur.*

8. Pouvoirs du juge des référés. Une assignation invoquant la nullité du contrat de crédit-bail au motif que la clause sur la résiliation anticipée à l'initiative du preneur serait nulle ne met pas en évidence une contestation sérieuse pouvant conduire le juge des référés à considérer que la demande en constatation de l'acquisition de la clause résolutoire pour non-paiement des loyers excède ses pouvoirs. • Civ. 3e, 13 juin 2001 : *RJDA 2001. n° 1176.*

9. Office du juge. Jugeant que la clause résolutoire est un mécanisme purement contractuel organisant la résiliation automatique des contrats en cas de manquement de l'une des parties à ses obligations, que sa mise en œuvre est régie par les seules stipulations du contrat, et qu'à défaut en ce domaine du crédit-bail d'un texte particulier lui en donnant le pouvoir, le juge ne saurait s'immiscer dans l'exécution du contrat en modifiant les effets qu'ont voulu lui donner les parties pour notamment suspendre l'application de la clause litigieuse : • Paris, 21 janv. 2004 : *AJDI 2004. 297.*

Art. L. 313-10 Les opérations mentionnées à l'article L. 313-7 sont soumises à une publicité dont les modalités sont fixées par décret. Ce décret précise les conditions dans lesquelles le défaut de publicité entraîne l'inopposabilité aux tiers. — *[L. n° 66-455 du 2 juill. 1966, art. 1er-3.] — V. art. R. 313-3 s.*

BIBL. ▶ ADELLE et BERNARD, *Dr. et patr. juin 1995. 54.* – R. MARTIN, *JCP 1998. I. 121* (location et possession : du bien loué et revendu).

1. Publicité impérative. **BIBL.** Bey, *Gaz. Pal. 1987. 2. Doctr. 650 ; JCP E 1973. II. 10869.* – La Haye, *Gaz. Pal. 1987. 1. Doctr. 7.* ♦ Le caractère occasionnel d'une opération de crédit-bail n'exclut pas la publicité, qui est obligatoire. • Com. 15 déc. 1975 : *Bull. civ. IV, n° 301 ; D. 1976. 407, note Lucas de Leyssac ; ibid. 678, note Caporale.*

2. Publicité immobilière. **BIBL.** Dagot, *JCP N 1985. Prat. 285.*

3. Publicité comptable. **BIBL.** Gavalda et Crémieux-Israël, *Gaz. Pal. 1987. 2. Doctr. 650.* – Delvaille, *RF compt. 1987, n° 185.*

4. Nationalité des parties. L'obligation de publicité ne s'applique pas à un contrat de crédit-bail conclu entre deux sociétés étrangères, quand bien même le client aurait donné le bien en sous-location à une société française. • Com. 11 mai 1982 : *Bull. civ. IV, n° 170 ; D. 1983. 271, note Witz ; RTD com. 1983. 273, obs. Pédamon ; JCP 1983. II. 20074, note Bey.*

5. Résiliation d'un crédit-bail immobilier. Pour devenir opposable aux tiers, la résiliation d'un contrat de crédit-bail immobilier n'a pas à être soumise à la formalité préalable de la publicité foncière du Décr. du 4 janv. 1955, qui n'est exigée que pour les actes portant bail d'une durée de plus de douze années, s'il a une durée inférieure. • Rennes, 10 juill. 1986 : *JCP 1987. II. 20784, note Bey.*

6. Absence de publicité. V. • Civ. 2e, 15 mars 1989 : *Gaz. Pal. 1990. 2. Somm. 352, obs. Bey.*

7. Redressement et liquidation judiciaires. **BIBL.** Le Corre-Broly, *JCP E 1997. I. 621.* – Cordier, *RJDA 1999, p. 939.* – V. aussi, § F ss. art. L. 313-7. ♦ Le droit de propriété du crédit-bailleur sur le bien donné en location n'est opposable aux créanciers du preneur, à défaut des formalités de publicité, que si le crédit-bailleur établit qu'ils en avaient connaissance antérieurement à l'ouverture de la procédure collective. • Com. 12 avr. 1988 : *Bull. civ. IV, n° 126 ; Gaz. Pal. 1988. 1. 155* • 17 mai 1988 : *JCP 1988. II. 21117, note Bey.* ♦ Jugeant que le crédit-bailleur ne doit pas se contenter de démontrer que le représentant des créanciers avait connaissance du contrat, mais qu'il doit établir cette connaissance chez chacun des créanciers avant l'ouverture de la procédure collective, V. • Com. 29 avr. 1997 : *Bull. civ. IV, n° 112 ; JCP 1997. IV. 1268.* ♦ Pour un arrêt ayant admis, lors de la liquidation judiciaire du cessionnaire de l'entreprise en redressement, que la publication du jugement arrêtant le plan de cession avait suffisamment informé les créanciers, V. • Com. 11 févr. 1997 : *D. Affaires 1997. 347.* ♦ Considérant que le droit de propriété du crédit-bailleur n'est opposable aux créanciers du locataire mis en redressement judiciaire que si les contrats de crédit-bail ont été publiés avant le jugement d'ouverture de la procédure collective, V. • Com. 11 mai 1999 : *Bull. civ. IV, n° 96 ; D. 2000. Somm. 95, obs. Honorat ; JCP E 1999, n° 27-28, p. 1173, obs. Crocq ; JCP 1999. I. 177, n° 16, obs. Cabrillac ; LPA 14 sept. 1999, note Courtier.* ♦ En cas de novation d'un contrat de crédit-bail, après homologation d'un plan de continuation ultérieurement résolu, la connaissance du droit de propriété du crédit-bailleur, sur le bien objet du contrat nové, par chacun des créanciers, ne résulte ni de la continuation par l'administrateur du contrat initial ni de la déclaration de créance du crédit-bailleur au passif du redressement judiciaire. • Com. 7 déc. 2004 : *RJDA 2005, n° 432.* ♦ Pour l'opposabilité aux créanciers du repreneur des droits du crédit-bailleur sur le matériel objet du contrat de crédit-bail, en cas de cession de ce contrat dans le cadre d'un plan de cession, V. • Com. 28 oct. 2008 : *Bull. civ. IV, n° 179 ; D. 2008. AJ 2866, obs. Lienhard ; RJDA 2009, n° 772.*

V. aussi C. com., art. L. 624-10. ♦ Sur la qualité pour agir du représentant des créanciers, V. note 2 *bis* ss. art. L. 622-20 C. com. ♦ Sur l'inopposabilité du crédit-bail immobilier non publié aux créanciers du crédit-preneur, représentés par un liquidateur judiciaire, V. note 5 *bis* ss. art. L. 622-20 C. com.

Art. L. 313-11 Pour les opérations de crédit-bail en matière mobilière, les inscriptions prises en vertu de l'article L. 313-10 se prescrivent par cinq ans, sauf renouvellement. — *[L. n° 66-455 du 2 juill. 1966, art. 1er-4.]*

SOUS-SECTION 2 *Crédits aux entreprises*

§ 1 *Crédit d'exploitation*

Art. L. 313-12 **Tout concours à durée indéterminée, autre qu'occasionnel, qu'un établissement de crédit consent à une entreprise, ne peut être réduit ou interrompu que sur notification écrite et à l'expiration d'un délai de préavis fixé lors de l'octroi du concours.** *(L. nº 2003-721 du 1er août 2003, art. 24)* **« Ce délai ne peut, sous peine de nullité de la rupture du concours, être inférieur à** *(L. nº 2009-1255 du 19 oct. 2009, art. 1er)* **« soixante jours. Dans le respect des dispositions légales applicables, l'établissement de crédit fournit, sur demande de l'entreprise concernée, les raisons de cette réduction ou interruption, qui ne peuvent être demandées par un tiers, ni lui être communiquées. » L'établissement de crédit ne peut être tenu pour responsable des préjudices financiers éventuellement subis par d'autres créanciers du fait du maintien de son engagement durant ce délai. »** — *V. art. D. 313-14-1.*

L'établissement de crédit n'est pas tenu de respecter un délai de préavis, que l'ouverture de crédit soit à durée indéterminée ou déterminée, en cas de comportement gravement répréhensible du bénéficiaire du crédit ou au cas où la situation de ce dernier s'avérerait irrémédiablement compromise.

Le non-respect de ces dispositions peut entraîner la responsabilité pécuniaire de l'établissement de crédit. — *[L. nº 84-46 du 24 janv. 1984, art. 60.]*

Sur l'obligation d'information de la caution, V. C. mon. fin., art. L. 313-22.

Sur la responsabilité des fournisseurs de crédit, V. C. com., art. L. 650-1

RÉP. COM. vº *Responsabilité du banquier*, par PASQUALINI.

DALLOZ RÉFÉRENCE *Obligations et responsabilités du banquier*, par ROUTIER, 2011/2012, 3e éd.

BIBL. ▶ BOUCHERY, *Dr. et patr. févr. 1998. 53* (responsabilité des banques dans les procédures : comment prévenir le risque de rupture ou de soutien abusif ?). – BON-GARCIN, *Cah. dr. entr. 1998, nº 6, p. 4* (abus de droit dans les contrats de crédit). – R. MARTIN, *Banque et Droit nov-déc. 1999. 3* (de la causalité dans la responsabilité civile du prêteur). – PIEDELIÈVRE, *Dr. et patr., janv. 2001. 62* (responsabilité liée à une opération de crédit). – GUYON, *RD banc. fin. 2002. 369* (rupture abusive de crédit). – PORACCHIA, *Dr. et patr. sept. 2003. 94* (responsabilité des conseils et contrôleurs). – CRÉDOT et GÉRARD, *RD banc. fin. 2003, nº 211* (L. nº 2003-721 pour l'initiative économique). – Œuvre collective, *RJ com. 2003. 339, spéc. 352* (même thème). – LEGEAIS, *RTD com. 2003. 787* (même thème). – LASSERRE CAPDEVILLE, *Banque et Droit mars-avr. 2005. 11* (que reste-t-il du devoir de non-ingérence du banquier ?). – BOURDALLE et LASSERRE CAPDEVILLE, *ibid. mai-juin 2006. 17* (développement jurisprudentiel de l'obligation de mise en garde du banquier). – CABOTTE, *JCP E 2006, nº 41, p. 1713* (établissements de crédit créanciers : dix ans d'évolution législative). – LASSERRE CAPDEVILLE, *Banque et Droit mai-juin 2007. 25* (le banquier dispensateur de crédit face au principe de proportionnalité) ; *ibid. juill.-août 2007-7* (l'obligation de sécurtié du banquier). – BOUCARD, *RD banc. fin. sept.-oct. 2007. 24* (le devoir de mise en garde du banquier à l'égard de l'emprunteur et de sa caution : présentation didactique). – COHEN, *ibid. 73* (les principes d'un crédit responsable). – Dossier, *RD banc. fin. nov.-déc. 2007. 73* (le devoir de mise en garde du banquier). – J. DANIEL, *LPA 18 févr. 2008* (même thème). – DJOUDI et BOUCARD, *D. 2008. 500* (la protection de l'emprunteur profane). – GALLOIS-COCHET, *RLDA févr. 2008. 107* (le devoir de mettre en garde le client). – LEGEAIS, *ibid. 113* (le devoir du banquier d'éclairer son client). – BOUTEILLER, *JCP E 2008, nº 16, p. 13* (la faute du banquier et les moyens de défense de la caution poursuivie). – REIFEGERSTE, *LPA 9 oct. 2008* (la rupture de crédit aux entreprises). – BOYER et VALLANSAN, *JCP E 2008, nº 42, p. 10* (de quelques conséquences pratiques de l'obligation de mise en garde de l'un des co-débiteurs solidaires qualifié de non averti). – STORCK, *RLDA oct. 2008. 82* (l'obligation d'information, de conseil et de mise en garde du banquier dispensateur de crédit). – BURY, *Gaz. Pal. 2009. 896* (la bonne foi dans la relation contractuelle du banquier avec son client). – AZDDOU, *LPA 1er févr. 2010* (l'emprunteur averti en matière bancaire). – BOISMAIN, *JCP 2010. 301* (l'obligation de mise en garde du banquier dispensateur de crédit). – LEGEAIS, *RD banc. fin. 2010. Étude 4* (responsabilité du banquier en matière de crédit). – BAZIN, *Banque et Droit mars-avr. 2010. 23* (retour sur le devoir de mise en garde du prêteur). – GUERCHOUN, *RLDC juin 2010. 25* (le devoir de mise en garde de la caution par le banquier dispensateur de crédit). – FAVARIO, *RD banc. fin. 2010. Étude 12* (contours jurisprudentiels du devoir de mise en garde du banquier à l'égard de l'emprunteur non averti). – ALBARIAN, *LPA 30 déc. 2010* (droit de rupture unilatérale des contrats bancaires pour cause de perte de confiance : exemple de l'ouverture de crédit). – LAMANDA, *Mélanges Tricot, Dalloz/Litec, 2011, p. 21* (responsabilité du banquier dans la délivrance du crédit). – MARTY, *JCP E 2011, n° 1250* (les clauses d'événements défavorables et de déchéance du terme dans les contrats de financement). – GOURIO, *Dr. et patr. nov. 2011. 55* (le devoir de mise en garde du banquier menacé d'éviction par le devoir d'abstention).

► Loi n° 2005-845 du 26 juill. 2005 : CARAMALLI, *LPA 18 avr. 2005* (réforme du soutien abusif de crédit dans le projet de loi de sauvegarde des entreprises). – LEGEAIS, *JCP E 2005, n° 42, p. 1747* (les concours consentis à une entreprise en difficulté). – ROUTIER, *Gaz. Pal. 2005. Doctr. 3012* (cantonnement de la responsabilité pour soutien abusif). – BONHOMME, *Mélanges Bouloc, Dalloz, 2006, p. 59* (place des établissements de crédit dans les nouvelles procédures collectives). – STOUFFLET et MATHEY, *RD banc. fin. janv.-févr. 2006, p. 54* (dispositions applicables aux concours financiers). – GEROSA, *LPA 17 févr. 2006* (nouveau rôle pour le banquier face aux entreprises en difficulté). – HOANG, *D. 2006. 1458* (de la suppression du dispositif prétorien de la responsabilité pour soutien abusif). – DORLEAC, *LPA 22 sept. 2006* (le banquier et la nouvelle loi de sauvegarde). – VIDAL, *RD banc. fin. nov.-déc. 2006. 87* (responsabilité civile du banquier dans la faillite de son client). – TURCZYNSKI, *LPA 20 mars 2007* (le soutien abusif). – LAISNEY, *RLDA avr. 2010. 60* (nouvelles incertitudes sur la responsabilité du banquier pour soutien abusif). ► Pour une bibl. complète, V. au-dessous de l'art. L. 650-1 C. com.

I. RUPTURE DES CONCOURS BANCAIRES ACCORDÉS AUX ENTREPRISES

A. CHAMP D'APPLICATION

1. Notion d'entreprise. Les dispositions de l'art. L. 313-12 ne concernent que les concours à durée indéterminée consentis à une entreprise et non à des particuliers. • Paris, 5 juin 2008 : *JCP E 2009, n° 24, p. 13, obs. Routier.* ♦ Pour une application du texte à une entreprise artisanale, V. • Com. 10 juin 1997 : *D. Affaires 1997. 896 ; RD bancaire et bourse 1997. 218, obs. Crédot et Gérard ; RTD com. 1997. 657, obs. Cabrillac.*

2. Concours bancaires : insuffisance d'un simple accord de principe. Dès lors qu'une banque n'avait donné à une SCI, qui sollicitait son concours, qu'un accord de principe l'obligeant seulement à poursuivre de bonne foi les négociations entreprises avec celle-ci, ce dont il se déduisait que les conditions définitives de l'octroi de son concours restaient à préciser, n'est pas abusif le refus d'accorder le prêt dès lors que la SCI n'a pas respecté les obligations convenues. • Com. 2 juill. 2002 : *RJDA 2003, n° 52 ; RTD civ. 2003. 76, obs. Mestre et Fages.* ♦ Une banque sollicitée pour le financement d'une opération ne peut se voir reprocher une faute en l'absence d'accord sur le principe du financement sollicité et dès lors qu'il n'est pas démontré qu'elle ait fait preuve de mauvaise foi durant la période des pourparlers. • Montpellier, 28 sept. 2004 : *RD banc. fin. 2005, n° 159, obs. Crédot et Gérard.* ♦ Pour une rupture de pourparlers préalables à une ouverture de crédit, V. • Com. 8 nov. 2005 : *JCP E 2006, n° 22, p. 963, obs. Dumoulin ; RD banc. fin. 2006, n° 7, obs. Crédot et Gérard ; RJDA 2006, n° 490.*

3. Découvert autorisé. La permanence des soldes négatifs d'un compte courant qui fonctionne constamment en position débitrice montre l'existence d'un découvert autorisé par la banque à hauteur du solde moyen. • Paris, 31 janv. 1991 : *D. 1992. 298, note Tridi.* ♦ V. aussi, déduisant l'existence d'un découvert important habituellement consenti de la caution donnée par le président de la société à la banque. • Com. 2 juin 1992 : *Bull. civ. IV, n° 212.* ♦ Comp., déduisant de la brève durée d'un découvert (deux mois) son caractère de tolérance exceptionnelle : • Com. 30 juin 1992 : *Bull. civ. n° 251.* ♦ Un banquier, qui a mis fin à l'autorisation de découvert octroyé à son client, n'a pas consenti un nouveau découvert en acceptant un plan d'apurement de la dette proposé par le débiteur, lequel peut être dénoncé sans que l'art. L. 313-12 ait vocation à s'appliquer : • Com. 18 juin 2002 : *Banque et Droit nov.-déc. 2002. 54, obs. Bonneau ; RJDA 2003, n° 414.* ♦ Rejetant la responsabilité de la banque, la preuve n'étant pas rapportée d'une tolérance à concurrence du montant allégué, le concours octroyé devant s'analyser comme un concours occasionnel, V. • Com. 19 juin 2007 : *JCP E 2007, n° 46, p. 18, obs. Dumoulin ; RD banc. fin. 2007, n° 212, obs. Crédot et Samin ; RJDA 2007, n° 1140.*

4. Montant du découvert autorisé. Pour déterminer le montant du découvert tacitement consenti, les juges ne sont pas tenus d'adopter la méthode dite « du plus fort découvert ». • Com. 16 janv. 1990 : *Banque 1990. 538, note Rives-Lange.* ♦ En présence de dépassements seulement ponctuels, le recours à une telle méthode est exclu, • Com. 4 mars 1997 : *Bull. civ. IV, n° 61 ; D. Affaires 1997. 473 ; RD bancaire et bourse 1997. 116, obs. Crédot et Gérard ; Rev. huiss. 1998. 669, note Courtier.* ♦ Dès lors que la banque a toléré avec continuité que le montant du découvert consenti à son client fût constamment supérieur au montant initialement déterminé par écrit, elle ne pouvait rompre brutalement ce crédit à une époque où le montant utilisé était en régression par rapport à ce qu'elle avait antérieurement accordé. • Com. 23 oct. 2001 : *RJDA 2002, n° 292.* ♦ Comp., en ce sens que ne constitue pas une rupture abusive de crédit le refus de paiement d'un créancier qui, s'il avait eu lieu, aurait généré un découvert supérieur au montant du découvert moyen autorisé par la banque, les dépassements ponctuels dont a pu bénéficier le client dans le passé, qui ne constituaient que des concours occasionnels laissés à la discrétion de la banque, ne pouvant être pris en compte. • Com. 17 juill. 2001 : *RJDA 2002, n° 78.* ♦ De la même façon, viole l'art. L. 313-12, la cour d'appel qui, pour retenir la responsabilité de la banque à la suite du rejet d'un chèque pour défaut de provision a pris en compte un découvert moyen tacitement autorisé et tenu compte d'un solde débiteur limité compte tenu d'un versement ultérieur, se fondant ainsi sur une remise postérieure à la date de présentation du chèque pour apprécier l'existence de la provision. • Com. 12 mai 2004 : *cité note 6 ss. art. L. 131-4.* ♦ Une banque, qui est libre de ne pas laisser s'aggraver le déficit du compte au-delà du montant autorisé, n'a, en rejetant les ordres de virement litigieux, commis aucune faute. • Com. 11 juill. 2006 : *Bull. civ. IV, n° 170 ; RTD com. 2006. 889, obs. Legeais ; JCP E 2006, n° 38, p. 1569 ; RJDA 2006, n° 1256.*

5. *Opérations de bourse.* Sur la distinction entre autorisation de découvert et opération d'achat sur le marché à règlement mensuel, V. • Paris, 11 mars 2003 : *Banque et Droit sept.-oct. 2003. 51, obs. de Vauplane et Daigre.* ♦ En laissant son client acheter des titres alors que le solde de son compte titres s'est constamment dégradé, la banque a consenti un concours dont la rupture brutale sans information est constitutive d'une faute. • Paris, 9 déc. 2003 : *Banque et Droit mai-juin 2004. 28, obs. de Vauplane et Daigre (2e esp.).*

6. *Ligne de crédit.* Une ligne de crédit documentaire import constitue une forme de crédit ou de concours justiciable de l'art. L. 313-12. • Lyon, 13 janv. 2005 : *JCP E 2005, n° 47, p. 1976, obs. Stoufflet.*

7. *Non-renouvellement des formules de chèques.* L'absence de renouvellement des formules de chèques n'est pas constitutive d'une rupture de crédit. • Com. 6 mai 1997 : *Bull. civ. IV, n° 116 ; D. Affaires 1997. 760 ; JCP E 1997. II. 996, note Legeais ; RTD com. 1997. 488, obs. Cabrillac.*

8. *Non-renouvellement d'un crédit à durée déterminée.* Une cour d'appel a pu considérer qu'une banque n a pas commis de faute en ne renouvelant pas une nouvelle fois ses crédits après avoir constaté que cette banque avait refusé de les maintenir après l'expiration du terme pour lequel ils avaient été consentis et relevé que la situation du débiteur était très obérée, qu'il n'était pas parvenu à trouver les concours d'autres entreprises et que la poursuite du soutien bancaire aurait pu être tenue pour abusive. • Com. 3 déc. 1991 : *Bull. civ. IV, n° 368 ; Banque 1992. 842, obs. Rives-Lange.* ♦ Un crédit consenti pour une durée déterminée prend fin sans préavis au terme convenu, ce qui est le cas de l'ouverture de crédit consentie pour les besoins de la poursuite de l'exploitation de l'entreprise durant la période d'observation et qui a trouvé nécessairement son terme à la date du jugement qui y a mis fin. • Com. 3 mai 2006 : *RJDA 2006, n° 1158.* ♦ Il appartient au juge de rechercher si les relations ayant existé entre la banque et son client étaient de nature à entraîner la croyance de celui-ci dans la reconduction du crédit : • Com. 21 sept. 2004 : *RD banc. fin. 2004, n° 229, obs. Crédot et Gérard ; Banque et Droit janv.-févr. 2006. 67, obs. Guillot.*

B. RÉDUCTION OU INTERRUPTION DES CONCOURS BANCAIRES MOYENNANT UN PRÉAVIS SUFFISANT

9. *Notification écrite.* Sur la nécessité d'une notification écrite, V. • Com. 22 mai 2002 : *Banque et Droit nov.-déc. 2002. 54, obs. Bonneau ; BRDA 2002, n° 12, p. 8.* ♦ De simples lettres de mise en garde au client contre les insuffisances de sa structure financière ne constituent pas une notification en des termes non équivoques de la décision de ne plus accorder de crédit. • Com. 18 mai 1993 : *Bull. civ. IV, n° 189 ; Rev. huiss. 1993. 1415, note Courtier ; Banque 1993. 100, obs. Guillot.* ♦ V. aussi note 19.

10. *Dispense de motivation de la rupture (jurispr. antérieure à la L. n° 2009-1255 du 19 oct. 2009).* BIBL. Mathey, *JCP E 2010, n° 1550* (vers une remise en cause de la liberté du banquier en matière de crédit ?). ♦ L'art. L. 313-12 n'exige pas que le banquier invoque, dans la lettre de notification de la rupture, le motif de sa décision. • Com. 22 févr. 2005 : *JCP E 2006, n° 22, p. 965, obs. Salgueiro ; RJDA 2005, n° 744.* ♦ Si l'art. L. 313-12 n'exige pas que le banquier invoque, dans sa lettre de notification de la rupture, le motif de sa décision, force est de constater que l'établissement de crédit ne démontre pas l'existence d'un comportement gravement répréhensible de son client ou sa situation irrémédiablement compromise à la date de la rupture. • Paris, 3 juill. 2008 : *Gaz. Pal. 2009. 505, note Routier.*

11. Aménagements conventionnels de la rupture. Sur la possibilité d'aménager par une convention écrite les modalités de la dénonciation d'un découvert, V. • Com. 10 juin 1997 : *préc. note 1.* ♦ Pour une rupture fautive, les causes autorisant la banque à mettre fin aux concours bancaires limitativement énoncés à l'acte de prêt ne visant pas le motif invoqué : • Com. 13 mars 2007 : *Bull. civ. IV, n° 86 ; D. 2007. AJ 1020, obs. Lienhard ; JCP E 2008, n° 37, p. 28, note Paclot et Roussel Galle.*

12. Effet de la notification. La cessation de l'ouverture de crédit ne pouvant prendre effet que du jour de la réception par le crédité de la notification de la rupture, commet une faute la banque qui n'honore pas les chèques émis avant la date de réception de l'avis de rupture, dès lors que leur paiement n'entraîne pas un dépassement du montant du crédit promis. • Paris, 24 juin 1992 : *Banque 1992. 1057, obs. Rives-Lange.* ♦ Sur le respect par la banque de son obligation de notification lors de l'interruption des concours bancaires ayant entraîné la résiliation de la convention initiale sans mise en demeure préalable d'en exécuter les obligations, V. • Com. 8 oct. 2002 : *Bull. civ. IV, n° 138 ; LPA 10 janv. 2003, obs. E. C. ; RJDA 2003, n° 105.*

13. Durée et respect du préavis (jurispr. antérieure à la L. n° 2009-1255 du 19 oct. 2009). En l'absence d'indication du délai de préavis lors de l'octroi d'un crédit, afin de déterminer les cas où la rupture de crédit peut être fautive, il convient de rechercher la commune intention des parties pour la fixation du délai de préavis et, en cas d'impossibilité de l'établir, quel était le délai convenable pour que le client puisse trouver un nouveau banquier. • Com. 19 juin 2001 : *Bull. civ. IV, n° 118 ; D. 2001. AJ 2407, obs. Avena-Robardet ; JCP E 2003, n° 11, p. 467, obs. Stoufflet ; RTD com. 2001. 960, obs. Cabrillac.* ♦ Dès lors qu'une banque respecte une durée de préavis suffisamment longue pour permettre au titulaire du compte de prendre ses dispositions, la rupture de l'ouverture de crédit ne peut pas être considérée comme abusive au seul motif qu'elle n'est pas justifiée, ♦ Sur l'inapplicabilité de l'art. L. 442-6-I-5e C. com., V. • T. com Paris, 24 janv. 2013 : *cité note 24 ss. art. L. 442-6 C. com.* ♦ V. • Com. 27 oct. 1998 : *RJDA 1998, n° 1399.* ♦ V. désormais sur le délai minimum de 60 jours de préavis, art. D. 313-14-1 C. mon. fin.

14. Exclusion du préavis par accord de volonté des parties. Lorsque la décision de réduire le découvert n'est pas unilatérale mais résulte d'un accord de volonté des parties (accord de désengagement) la nécessité d'un préavis est exclue. • Com. 14 janv. 1992 : *Bull. civ. IV, n° 11 ; Rev. dr. bancaire 1992. 72, obs. Crédot et Gérard.* ♦ V. aussi note 11.

C. COMPORTEMENT GRAVEMENT RÉPRÉHENSIBLE OU SITUATION IRRÉMÉDIABLEMENT COMPROMISE

15. Comportement gravement répréhensible établi. Constituent des comportements gravement répréhensibles : la cession, dans le cadre de la loi Dailly du 2 janv. 1981, de créances manifestement éteintes. • Aix-en-Provence, 14 déc. 1990 : *Banque 1991. 657, obs. Rives-Lange.* ♦ ... La présentation à la banque par un dirigeant, caution de la société emprunteuse, d'une fausse attestation notariée certifiant sa solvabilité. • Poitiers, 5 déc. 1990 : *Dr. sociétés 1992, n° 112, obs. Chaput.* ♦ ... Le fonctionnement du compte sans versements au crédit, l'aggravation permanente de la situation et la carence de la société à fournir les documents et la sûreté demandés. • Com. 2 juin 1992 : *Bull. civ. IV, n° 213 ; Defrénois 1992. 1577, obs. J. Honorat.* ♦ ... Des dépassements importants et répétés des autorisations de trésorerie consenties nonobstant les rappels et mises en garde répétés du banquier. • Com. 2 nov. 1994 : *RJDA 1995, n° 310.* ♦ ... Le refus de remédier aux dysfonctionnements dans la mobilisation des créances « Dailly », de se conformer aux modalités de suivi de ces créances fixées par les parties et de fournir les documents comptables indispensables à l'examen des concours à court terme réclamés par la banque. • Com. 26 nov. 2002 : *RJDA 2003, n° 422, (2e esp.).* ♦ ... L'ouverture auprès d'un établissement bancaire tiers d'un compte destiné à recevoir la dotation mensuelle que le client s'était engagé à céder à la banque en contrepartie de divers concours. • Com. 5 nov. 2002 : *ibid. (1re esp.).* ♦ ... La participation à un circuit d'effets de complaisance. • Com. 14 févr. 2006 : *RJDA 2006, n° 689.* ♦ ... La production de compte de résultats non sincère. • Com. 20 juin 2006 : *cité note ss. art. L. 123-13 C. com.*

16. Comportement gravement répréhensible non établi. Ne constituent pas le comportement gravement répréhensible prévu à l'art. 60, al. 2 [C. mon. fin., art. L. 313-12, al. 2] : ... la mise en examen de l'emprunteur pour faux et escroquerie, une mise en examen ne suffisant pas, en raison de la présomption d'innocence, à établir sa culpabilité. • Rouen, 6 mai 1999 : *JCP E 2000, n° 26, p. 1014.* ♦ ... La perte de confiance des banquiers, qu'elle soit fondée ou pas. • Même arrêt. ♦ ... Le comportement d'une société, qui n'avait pas laissé s'aggraver la situation de son compte et avait commencé à apurer sa dette de façon significative. • Com. 8 mars 2005 : *RJDA 2005, n° 875.*

17. Situation irrémédiablement compromise établie. L'impossibilité de l'entreprise de faire face à la poursuite de son exploitation caractérise suffisamment la situation irrémédiablement compromise visée par l'art. 60, al. 2 [C. mon. fin., art. L. 313-12, al. 2]. • Douai, 17 janv. 1991 : *Banque 1991. 657, obs. Rives-Lange.* ♦ La légitimité d'une brusque rupture d'une ouverture de crédit peut résulter des termes de la requête tendant à la désignation d'un mandataire *ad hoc* pour aider au redressement de l'entreprise, ainsi que de la situation irrémédiablement compromise d'autres sociétés du groupe. • Paris, 24 juin 1992 : *préc. note 12.* – V. aussi • Com. 28 mars 1995 : *Banque 1995. 91, obs. Guillot.* ♦ Dès lors que la situation du bénéficiaire de l'autorisation de découvert en compte courant était irrémédiablement compromise, il importe peu que le montant du solde débiteur de ce compte ait été, au moment de la dénonciation par la banque, inférieur à celui du découvert autorisé. • Com. 8 juill. 1997 : *D. Affaires 1997. 1077.*

18. Situation irrémédiablement compromise et procédure collective. L'adoption d'un plan de continuation, assorti d'un report de l'exigibilité des créances, et de diverses mesures de restructuration, est impropre à exclure que l'entreprise ait été en situation irrémédiablement compromise, avant l'ouverture de la procédure de redressement judiciaire, lors de la rupture de ses crédits par la banque. • Com. 19 oct. 1999 : *Bull. civ. IV, n° 167 ; D. 1999. AJ 74, obs. J.F. ; RTD com. 2000. 155. obs. Cabrillac.* ♦ Mais la notion de situation irrémédiablement compromise, dispensant de préavis l'établissement de crédit qui souhaite interrompre une ouverture de crédit, ne saurait se confondre avec celle de cessation des paiements ou avec l'état de redressement judiciaire, V. • Paris, 28 oct. 1998 : *RD bancaire et bourse 1999. 30, obs. crit. Crédot et Gérard.* ♦ Sur la non-assimilation de l'état de cessation des paiements aux circonstances légalement prévues comme justificatives de la rupture sans préavis, V. aussi • Com. 25 mars 2003 : *RJDA 2003, n° 994.* ♦ En écartant l'existence d'une situation irrémédiablement compromise, un arrêt antérieur n'a pas statué sur l'état de cessation des paiements. • Com. 31 mars 2004 : *Bull. civ. IV, n° 64 ; D. 2004. AJ 1231, obs. Avena-Robardet ; RTD com. 2004. 582, obs. Legeais ; JCP E 2004, n° 23, p. 887 ; RJDA 2004, n° 1347.*

19. Notification obligatoire de la rupture. Si, en raison de la situation irrémédiablement compromise d'une société cliente, la banque est dispensée de respecter un délai de préavis, elle n'en est pas moins tenue de lui notifier l'interruption de son concours. • Com. 19 févr. 1991 : *D. 1992. Somm. 27, obs. Vasseur ; RTD com. 1991. 421, obs. Cabrillac et Teyssié ; Banque 1991. 431, obs. Rives-Lange.* ♦ La banque doit mettre en demeure le débiteur de combler le déficit avant de sanctionner le dépassement du découvert par la clause résolutoire prévue dans la convention, dès lors que cette dernière ne comportait aucune dispense de mise en demeure. • Paris, 20 déc. 2007 : *RJDA 2008, n° 701.*

20. Situation irrémédiablement compromise non établie. Si des informations précises concernant des dangers croissants justifiaient des inquiétudes de la part de la banque, celle-ci ne pouvait pour autant considérer la situation de sa cliente comme étant prochainement et irrémédiablement compromise. • Com. 2 nov. 1994 : *RJDA 1995, n° 311.* ♦ Ayant relevé l'importance des capitaux propres et des réserves, l'existence d'apports en compte courant faits par le dirigeant, le fait que ce dernier ait pris diverses mesures, notamment de délocalisation de la fabrication et de diversification de la production, ainsi que l'absence d'inscription de privilège du Trésor et de l'Urssaf, les juges ont pu retenir que la situation de l'entreprise n'était pas irrémédiablement compromise au moment de la rupture de crédit. • Com. 17 juil. 2001 : *RJDA 2002, n° 79.* ♦ Il appartient à la banque de démontrer en quoi la situation de son client était irrémédiablement compromise, sachant que cette preuve ne peut résulter de la seule apparition d'un résultat déficitaire, d'autant qu'il ressort des documents comptables fournis par le client que ce dernier a procédé à d'importantes modifications des conditions de son exploitation. • Grenoble, 29 mars 2001 : *JCP E 2002, n° 14, 553.*

D. SANCTION DE LA RUPTURE ABUSIVE DES CONCOURS BANCAIRES

21. Intervention du juge des référés. Le juge des référés, par application de l'art. 873 NCPC [renommé C. pr. civ.], peut, devant le péril imminent que provoque la brusque cessation, par une banque, de la garantie financière qu'elle accordait depuis plusieurs années à une agence immobilière, prendre la mesure conservatoire de prolonger la garantie financière. • Aix-en-Provence, 23 févr. 1996 : *Gaz. Pal. 1996. 2. 367.*

22. Réparation du dommage causé au client. BIBL. Poitrinal, *Dr. et patr. sept. 1994. 41.*

♦ Le banquier qui interrompt brusquement le crédit ouvert à un client sans que les conditions légales soient réunies commet un abus de droit l'obligeant à réparer le dommage causé à son client. • Com. 13 janv. 1987 : *D. 1987. IR 17 ; Rev. dr. bancaire 1987. 53, obs. Crédot et Gérard.* ♦ V. aussi • Com. 2 oct. 1990 : *Bull. civ. IV, n° 221* • 5 mars 1996 : *D. 1996. IR 97 ; D. Affaires 1996. 485.* ♦ La banque qui, en dehors des cas prévus par l'al. 2 de l'art. L. 313-22, interrompt un crédit sans préavis engage sa responsabilité pour rupture abusive, V. • Com. 10 oct. 2000 : *Dr. sociétés 2001, n° 3, obs. Bonneau.* ♦ Est responsable une banque qui, connaissant la situation difficile d'une société, a pourtant diminué puis interrompu soudainement son concours dans des circonstances anormales en utilisant, pour justifier son comportement, des lettres qui n'ont pas été expédiées aux dates indiquées parmi lesquelles figurait celle dénonçant le concours adressée non aux dirigeants, mais au seul directeur administratif, le retrait brusque du concours ayant entraîné inéluctablement la déclaration de cessation des paiements, V. • Com. 5 janv. 1999 : *Bull. civ. IV, n° 3 ; JCP E 1999, n° 7, p. 297 ; RTD com. 1999. 476, obs. Cabrillac.*

23. Procédure collective. Sur l'exercice de l'action en responsabilité en cas de redressement et de liquidation judiciaires de la victime de la rupture abusive de crédit, V. note 8 ss. art. L. 626-25 C. com. ♦ L'action engagée par son client contre l'établissement de crédit qui a abusivement rompu son concours est une action en responsabilité contractuelle que le débiteur en redressement judiciaire a qualité pour exercer seul, à la condition que celle-ci tende à la réparation d'un préjudice distinct de celui des créanciers. • Com. 13 mars 2007 : *D. 2007. AJ 1020, obs. Lienhard ; RJDA 2007, n° 880 ; Bull. Joly 2007. 839, obs. F.-X. Lucas.*

24. Exigence d'un lien de causalité. Une rupture fautive de crédit étant intervenue après la date de l'état de cessation des paiements fixée par le jugement d'ouverture de la procédure collective, c'est à bon droit qu'une cour d'appel, se fondant sur la date de survenance de cet état et non sur celle de sa constatation, en déduit que la faute du banquier était sans relations de cause à effet avec la cessation d'activité de la société débitrice. • Com. 3 nov. 1992 : *JCP 1993. II. 21993, note Vidal.* ♦ Pour un arrêt établissant un lien de causalité entre une rupture de crédit et la liquidation judiciaire de la société débitrice, dès lors qu'une corrélation avait pu être établie entre la rupture, la connaissance qu'en ont eue les fournisseurs, les autres banquiers, et une baisse importante du chiffre d'affaires, V. • Com. 14 déc. 1999 : *Bull. civ. IV, n° 230 ; D. 2000. AJ 90, obs. Faddoul ; RTD com. 2000. 157, obs. Cabrillac ; JCP E 2000, n° 27, p. 1087, obs. Gavalda et Stoufflet.* ♦ Pour l'absence de responsabilité d'une banque dans le suicide de son client, qui imputait son geste au comportement de la banque, en l'absence de lien de causalité entre la faute de cette dernière, résultant d'une rupture de crédit sans préavis, et le geste du client, V. • Com. 4 déc. 2001 : *D. 2002. AJ 719 ; RD banc. fin. 2002, n° 5, obs. Crédot et Gérard ; Banque et Droit mars-avr. 2002. 56, obs. Bonneau.*

25. Incidence à l'égard de la caution. La caution du débiteur peut être indemnisée de la perte d'une chance de ne pas être poursuivie. • Paris, 27 janv. 1995 : *JCP 1995. IV. 1420.* ♦ La caution peut obtenir réparation du préjudice subi en cas de rupture abusive des crédits consentis au débiteur principal dès lors que la rupture a aggravé la dette de ce dernier. • Com. 21 juin 2005 : *RD banc. fin. 2005, n° 169, obs. Legeais.* ♦ Jugeant que le retrait brutal de tout concours par la banque créancière, sans raisons suffisantes, après qu'elle a obtenu d'être garantie par un cautionnement, entraîne la nullité de celui-ci pour absence de cause, V. • Paris, 6 juin 2003 : *RTD com. 2004. 143, obs. Legeais ; Banque et Droit mars-avr. 2004. 51, obs. Jacob.*

26. Responsabilité délictuelle de la banque à l'égard des tiers. Sur la responsabilité délictuelle d'une banque à l'égard des tirés ayant subi un dommage du fait de l'inexécution de la convention initiale, constitutive d'une rupture abusive de crédit, V. • Paris, 28 sept. 1998 : *Gaz. Pal. 11-12 déc. 1998, p. 31.*

26 bis. Prescription. Sur la prescription de l'action en responsabilité pour rupture abusive de crédit, V. • Com. 9 mai 2007 : *Bull. civ. IV, n° 120 ; D. 2007. AJ 1497, obs. Delpech ; RTD com. 2007. 581, obs. Legeais ; JCP E 2007, n° 46, p. 18, obs. Dumoulin ; RJDA 2007, n° 1178.*

27. Responsabilité des fournisseurs de crédits non banquiers. V. note 25 ss. art. L. 330-2 C. com.

II. RESPONSABILITÉ BANCAIRE EN MATIÈRE D'OCTROI DE CRÉDIT

Jurisprudence antérieure à la L. n° 2005-845 du 26 juill. 2005. – V. également, art. L. 650-1 C. com.

BIBL. Caramalli, *LPA 18 avr. 2005* (réforme du soutien abusif de crédit dans le projet de loi de sauvegarde des entreprises). – Legeais, *JCP E 2005, n° 42, p. 1747* (les concours consentis à une entreprise en difficulté). – Routier, *Gaz. Pal. 2005.*

Doctr. 3012 (cantonnement de la responsabilité pour soutien abusif). – Bonneau, *Banque et Droit janv.-févr. 2006. 61* (L. n° 2005-845 du 26 juill. 2005). – Stoufflet et Mathey, *RD banc. fin. janv.-févr. 2006, p. 54* (dispositions applicables aux concours financiers). – Hoang, *D. 2006. 1458* ✎ (de la suppression du dispositif prétorien de la responsabilité pour soutien abusif). – Bury, *RD banc. fin. mai-juin 2007. 65* (exigence d'un consentement libre et éclairé et recentrage de l'obligation d'informer du banquier). – Macorig-Venier, *RLDA févr. 2008. 119* (le soutien abusif). – Attard, *RTD com. 2011. 11* (champ d'application du devoir de conseil du banquier). – Juredieu, *Gaz. Pal. 2011. 603* (perte d'une chance et devoir de mise en garde du banquier). – Mathey, *JCP E 2011, n° 1542* (devoir de mise en garde du banquier à l'égard de l'emprunteur professionnel). – Vabres, *JCP 2012, n° 1052* (le devoir de ne pas contracter dans le secteur bancaire et financier).

27 bis. Pouvoir discrétionnaire. BIBL. Legeais, *RJ com. 2008. 427* (sur le droit au crédit). ♦ Hors le cas où il est tenu par un engagement antérieur, le banquier est toujours libre, sans avoir à justifier sa décision qui est discrétionnaire, de proposer ou de consentir un crédit quelle qu'en soit la forme, de s'abstenir ou de refuser de le faire. • Cass., ass. plén., 9 oct. 2006 : *Bull. civ., n° 11 ; BICC 15 déc. 2006, p. 19, rapp. Petit, avis Lafortune ; D. 2007. Pan. 758, obs. D.-R. Martin* ✎ *; D. 2006. AJ 2525, obs. Delpech* ✎ *; RTD com. 2007. 207, obs. Legeais* ✎ *; RTD civ. 2007. 145, obs. Gautier* ✎ *; JCP 2006. II. 10175, note Bonneau ; RJDA 2007, n° 50* (cassation de • Paris, 30 sept. 2005 : *cité note 59, v° Contrats d'affaires*). – Dans la même affaire, V. aussi • T. arb. Paris, 7 juill. 2008 : *RLDA déc. 2008. 27, note Forti.* ♦ Mais si la décision de consentir ou non un crédit est discrétionnaire, cette faculté ne peut s'exercer que dans le respect des dispositions d'ordre public édictées par le code pénal, lequel interdit les discriminations fondées sur l'âge et ne prévoit pas d'exception à cette interdiction en matière de crédit. • HALDE, Délib. n° 2010-206 du 27 sept. 2010 : *Banque et Droit mai-juin 2011. 26, obs. Bonneau.* ♦ Ne rompt pas abusivement les pourparlers et ne commet pas de faute la banque qui, sans qu'il soit démontré qu'elle s'était engagée à le consentir, refuse un prêt dans le délai de trois semaines à compter de la date à laquelle elle a été mise en possession des documents nécessaires à sa prise de décision, peu important que les pourparlers avec l'emprunteur se soient étalés sur plusieurs mois. • Versailles, 14 févr. 2008 : *JCP E 2008, n° 11, p. 21.* ♦ Pour le non-respect d'un engagement d'accorder un crédit, V. • Reims, 5 mars 2007 : *RTD com. 2007. 820, obs. Legeais* ✎. ♦ V. aussi note 1 ss. art. L. 511-4 C. mon. fin.

A. PRINCIPE DE NON-IMMIXTION ET DEVOIR DE VIGILANCE DU BANQUIER

28. Principe de non-immixtion. Le banquier n'a pas à s'immiscer dans les affaires de son client. • Com. 11 mai 1999 : *Bull. civ. IV, n° 95 ; D. 1999. IR 155* ✎ *; D. Affaires 1999. 990, obs. J. F. ; JCP E 1999, n° 29, p. 1218, obs. Bouteiller ; ibid., n° 43, p. 1730, note Legeais ; LPA 15 juin 1999, obs. L. C. ; RJDA 1999. 495, concl. Piniot ; Defrénois 1999. 997, obs. Delebecque.* ♦ Un établissement de crédit, qui n'a pas, en sa qualité de prêteur ou de garant, à s'immiscer dans les affaires de son client, ne commet pas de faute du seul fait de l'octroi d'un concours à une entreprise concurrente. • Com. 19 nov. 2002 : *Bull. civ. IV, n° 167 ; D. 2003. AJ 420* ✎ *; JCP E 2003, n° 3, p. 105 ; RTD com. 2003. 150, obs. Legeais* ✎ *; RJDA 2003, n° 421.* – V. aussi Gibirila, *RLDA févr. 2000, p. 8.* ♦ Une banque n'est tenue que d'une obligation de moyens lors de la recherche de renseignements commerciaux et elle n'a pas à se substituer à son client dans la prise de décision. • Com. 25 mars 2003 : *RJDA 2003, n° 1117.* ♦ Une banque, n'ayant pas mission d'effectuer une étude de marché ni à s'immiscer dans la gestion de son client, professionnel averti, et qui a procédé aux diligences normales à partir du compte prévisionnel et d'éléments fournis par ce dernier, ne méconnaît pas son devoir de renseignement. • Com. 26 mars 2002 : *Banque et Droit 2003. 64, obs. Guillot.* – V. aussi • Civ. 1re, 12 juill. 2007 : *D. 2008. Chron. C. cass 645, obs. Creton* ✎ *; RD banc. fin. 2007, n° 182, obs. Legeais.* ♦ Considérant que le banquier n'a pas à se substituer à son client pour apprécier la rentabilité de l'usage auquel ce professionnel destine les fonds qu'il met à sa disposition, sauf dans l'hypothèse où le client aurait expressément sollicité son avis ou bien dans le cas où ce dernier disposerait d'éléments d'information, inconnus de l'emprunteur, faisant apparaître de façon évidente les conséquences néfastes du projet qu'il finance. • Paris, 8 mars 2002 : *D. 2003. Somm. 345, obs. Martin* ✎ *; ibid. 2002. AJ 2049* ✎.

Une clause contenue dans un contrat de prêt consenti à une société civile de construction-vente ayant pour seul objet de contrôler l'emploi des fonds empruntés pour le financement d'une opération immobilière n'est pas susceptible de conférer à la banque un pouvoir de direction sur l'activité de son client ; dès lors, les demandes tendant à la condamnation de la banque pour soutien abusif et pour immixtion dans la gestion de la société emprunteuse doivent être rejetées. • Com. 30 oct. 2007 : *Bull. civ. IV, n° 227 ; D. 2007. AJ 2870, obs. Delpech* ✎ *; RDI 2008. 34, obs. Heugas-Darraspen* ✎ *; JCP E*

2007, n° 49, p. 15 ; RJDA 2008, n° 182.

29. *Devoir de vigilance et droit d'information du banquier.* Il est de la plus élémentaire prudence que les banques, dans le souci de ne pas compromettre les relations commerciales en accordant inconsidérément des crédits à un client dont la situation aurait été désespérée, exigent d'une société anonyme qui sollicite des concours très importants, la présentation de bilans dont la régularité et la sincérité se trouvent certifiées par des commissaires aux comptes. • Com. 22 mai 1985 : *Bull. civ. IV, n° 165.* ♦ Sur le devoir de vigilance, V. aussi • Com. 18 janv. 1994 : *Bull. Joly 1994. 323.* ♦ Sur le droit d'information de la banque sur la situation de la société, V., considérant comme non fautif le fait de se renseigner auprès des clients, • Com. 31 mai 1994 : *Bull. Joly 1994. 967, note Bonneau ; Rev. sociétés 1995. 496, note Stoufflet ; Rev. dr. bancaire 1994. 236, obs. Crédot et Gérard.* ♦ Pour la réticence dolosive d'une banque résultant d'un défaut d'information des cautions sur l'état du fonds de commerce acquis au moyen du prêt cautionné et sur le caractère illusoire des engagements de remboursement pris par l'emprunteur, V. • Paris, 12 oct. 2001 : *BRDA 2001, n° 22, p. 6.* ♦ Pour une solution inverse dès lors que l'opération financée l'était sur la base d'un prévisionnel sérieux, • Com. 11 juin 2003 : *RD banc. fin. 2003, n° 225, obs. Legeais.* ♦ Sur l'obligation de conseil du banquier envers les associés mineurs d'une société civile emprunteuse, V. • Civ. 3e, 28 sept. 2005 : *JCP E 2006, n° 22, p. 962, obs. Mathey ; Rev. sociétés 2006. 103, note Dom .* ♦ V. et comp. notes 39 s.

A privé sa décision de base légale au regard de l'art. 1147 C. civ. une cour d'appel qui a accueilli la demande de dommages-intérêts des emprunteurs, alors qu'à la date de leur octroi, les prêts litigieux auraient été excessifs au regard des facultés de remboursement des emprunteurs, compte tenu des revenus produits par les locations escomptées des biens acquis au moyen de ces prêts, ce dont elle aurait pu déduire que l'établissement de crédit avait manqué à son devoir de mise en garde. • Com. 3 mai 2006 : *Bull. civ. IV, n° 101 ; D. 2006. 1618, note J. François ; JCP E 2006, n° 23, p. 996, note Legeais ; JCP 2006. II. 10122, note Gourio ; LPA 5 mars 2007, obs. E. C. ; Banque et Droit juill.-août 2006. 53, obs. Rontchevsky ; RJDA 2006, n° 159.* ♦ Une cour d'appel, qui retient que des époux se sont engagés dans une opération commerciale importante à laquelle ils sont directement impliqués et qu'ils ne démontrent pas que la crédit-bailleresse ait eu sur leur situation et leurs facultés de remboursement raisonnablement prévisibles en l'état du succès escompté de l'opération entreprise par la SCI des informations qu'eux-mêmes auraient ignorées, constatations dont il se déduit que les intéressés détenaient toutes les informations utiles pour leur permettre d'apprécier la portée des engagements qu'ils souscrivaient, a pu décider que la crédit-bailleresse n'était tenue d'aucun devoir de mise en garde à l'égard de ces cautions. • Com. 3 mai 2006 : *Bull. civ. IV, n° 103 ; eod. loc. (3e esp.).* – V. aussi : • Com. 12 déc. 2006 : *Bull. civ. IV, n° 243 ; RTD com. 2007. 214, obs. Legeais ; RDI 2007. 270, obs. Heugas-Darraspen ; JCP E 2007, n° 10, p. 10, note Legeais ; RJDA 2007, n° 388.* ♦ Il revient à la banque de rechercher si la charge du remboursement du prêt, en s'ajoutant aux autres charges du fonds, peut être supportée par l'exploitation du fonds à l'acquisition duquel le prêt était affecté, peu important que les emprunteurs, profanes, aient disposé des mêmes informations que la banque. • Com. 20 juin 2006 : *Bull. civ. IV, n° 145 ; D. 2006. AJ 1887, obs. Delpech (2e esp.) ; RTD com. 2006. 645, obs. Legeais ; JCP E 2006, n° 36, p. 1466, note Legeais ; JCP 2006. II. 10122, note Gourio (4e esp.) ; RJDA 2006, n° 1258.* – V. aussi : • Civ. 1re, 12 juill. 2006 : *Bull. civ. I, n° 398 ; JCP E 2007, n° 3, p. 16, note Le Goff (1re esp.) ; CCC 2007, n° 38, obs. Raymond ; LPA 12 oct. 2006, note Boismain ; RJDA 2007, n° 87.* ♦ Sur l'obligation de motivation des juges du fond, V. • Civ. 1re, 13 févr. 2007 : *Bull. civ. I, n° 59 ; D. 2007. AJ 723, obs. Avena-Robardet ; RTD com. 2007. 427, obs. Legeais ; JCP E 2007, n° 13, p. 20 ; RJDA 2007, n° 881.* ♦ La banque qui consent un prêt à un emprunteur non averti est tenu à son égard, lors de la conclusion du contrat, d'un devoir de mise en garde en considération de ses capacités financières et des risques de l'endettement né de l'octroi du prêt, dont elle ne peut être dispensée par la présence au côté de l'emprunteur d'une personne avertie, peu important qu'elle soit tiers ou partie. • Civ. 1re, 30 avr. 2009 : *Bull. civ. I, n° 85 ; D. 2009. AJ 1351, obs. Avena-Robardet ; RTD com. 2009. 604, obs. Legeais ; JCP E 2009, n° 24, p. 18, note Legeais ; JCP 2009. n° 38, p. 25, avis Mellottée ; Gaz. Pal. 2009. 1979, note Piedelièvre ; RJDA 2009, n° 882 ; RLDA juill. 2009. 37, obs. Bazin.* ♦ Prive sa décision de base légale au regard de l'art. 1147 C. civ. la cour d'appel qui retient qu'un établissement bancaire qui consent un prêt n'est débiteur d'aucune obligation à l'égard du professionnel emprunteur, sans préciser si l'intéressé était un emprunteur non averti et, dans l'affirmative, si, conformément au devoir de mise en garde auquel elle était tenue à son égard lors de la conclusion du contrat, la banque justifiait avoir satisfait à cette obligation à raison des capacités financières de l'emprunteur et des risques de l'endettement né de l'octroi des prêts. • Cass., ch. mixte, 29 juin 2007 : *Bull. civ. n°s 7 et 8 ; R. 2007, p. 409 ; BICC 15 oct. 2007, p. 12, rapp. Betch, avis Maynial ; D. 2007. 2081, note S. Piedelièvre ; RTD com. 2007. 579, obs. Legeais ; RTD civ. 2007. 779, obs. Jourdain ; JCP E 2007, n° 38, p. 11, note Legeais ; JCP 2007. II. 10146, note Gourio ; LPA 30 nov. 2007, note Chendeb ; CCC 2008, Étude 5, par Guyader ; Dr. et patr. oct. 2007. 42, note Le Goff ; RJDA 2007, n° 1142 ; RLDA oct. 2007. 32, note Devèze* (2 arrêts) • Civ. 1re, 6 déc. 2007 : *Bull. civ. I, n° 379 ; D. 2008. AJ 80, obs. Avena-Robardet ; RTD com. 2008. 163, obs. Legeais ; JCP E 2008, n° 3, p. 12 ; RJDA 2008, n° 317 ; RLDA févr. 2008. 35, note Bazin* • Com. 11 déc. 2007 : *Bull. civ. IV, n° 260 ; D. 2008. Pan. 2822, obs. Vasseur ; RTD com. 2008. 165, obs. Legeais ; JCP E 2008, n° 6, p. 10, note Legeais ; JCP 2008. II. 10055, note Gourio ; RJDA 2008, n° 447.* ♦ Les juges du fond doivent préciser si les emprunteurs étaient des emprunteurs non avertis et, dans l'affirmative, si conformément au devoir de mise en garde dont il était tenu à leur égard lors de la conclusion du contrat, le banquier justifiait avoir satisfait à cette obligation au regard non seulement des « charges du prêt » mais aussi de leurs capacités financières et du risque de l'endettement né de l'octroi du prêt. • Civ. 1re, 18 sept. 2008 : *Bull. civ. I, n° 203 ; D. 2008. AJ 2343, obs. Avena-Robardet ; RTD com. 2008. 830, obs. Legeais ; JCP E 2008, n° 42, p. 16, note Legeais ; Gaz. Pal. 2008. 3990, note Huchet ; RLDA déc. 2008. 30, note Bazin.* – V. aussi • Civ. 1re, 24 sept. 2009 : *Bull. civ. I, n° 181 ; Dalloz actualité, 7 oct. 2009, obs. Avena-Robardet ; D. 2009. AJ 2341 ; JCP E 2009, n° 44-45, p. 22 ; LPA 19 févr. 2010, note Dagorne-Labbe ; RJDA 2010, n° 280.* ♦ Mais faute d'avoir mis la cour d'appel en mesure de constater l'existence d'un risque d'endettement né de l'octroi de la somme prêtée, l'emprunteur n'est pas fondé à lui reprocher d'avoir omis de rechercher s'il était non averti et, dans l'affirmative, si la banque avait satisfait à son devoir de mise en garde. • Civ. 1re, 18 févr. 2009 : *Bull. civ. I, n° 36 ; D. 2009. Chron. C. cass. 756, obs. Creton ; ibid. 1179, note Lasserre Capdeville ; RTD com. 2009. 422, obs. Legeais ; RTD civ. 2009. 536, obs. Jourdain ; RDI 2009. 235, obs. Heugas-Darraspen ; JCP E 2009, n° 15, p. 20, note S. Piedelièvre ; JCP 2009. II. 10091, note Gourio ; RJDA 2009, n° 467.* ♦ Dès lors qu'il est constaté qu'à la date de la conclusion du contrat le crédit était adapté au regard des capacités financières des emprunteurs et du risque de l'endettement né de l'octroi de ce prêt, il en résulte que la banque, en l'absence d'un tel risque, n'était pas tenue à l'égard de ceux-ci d'un devoir de mise en garde. • Com. 7 juill. 2009 : *Bull. civ. IV, n° 92 ; D. 2009. Chron. C. cass. 2580, obs. Bélaval ; ibid. 2318, note Lasserre Capdeville ; RTD com. 2009. 795, obs. Legeais ; JCP E 2009, n° 41, p. 21, note Legeais ; RJDA 2009, n° 1110.* ♦ Les juges n'ont pas à rechercher, au préalable, si le débiteur avait la qualité d'emprunteur non averti s'ils font apparaître que le crédit était adapté aux capacités financières de celui-ci. • Civ. 1re, 19 nov. 2009 : *Bull. civ. I, n° 232 ; D. 2010. Chron. C. cass. 530, obs. Creton ; RTD civ. 2010. 109, obs. Jourdain ; JCP E 2009, n° 49, p. 14, note Legeais ; LPA 30 avr. 2010, note Brusorio-Aillaud ; Gaz. Pal. 2010. 240, note Guerchoun ; RJDA 2010, n° 995.* ♦ ... Mais ils doivent le faire dans le cas contraire. • Civ. 1re, 19 nov. 2009 : *Bull. civ. I, n° 231 ; eod. loc.* ♦ Le banquier auquel il appartient de démontrer qu'il a rempli son obligation de mise en garde est dispensé de cette obligation s'il établit que son client a la qualité d'emprunteur averti. • Com. 17 nov. 2009 : *Bull. civ. IV, n° 144 ; D. 2009. AJ 2926 ; RJDA 2010, n° 281.*

B. FAUTES DU BANQUIER

1° OCTROI DE CRÉDIT AUX ENTREPRISES

30. Soutien artificiel d'une entreprise en situation irrémédiablement compromise. Une cour d'appel ne peut retenir la responsabilité d'une banque par des motifs impropres à caractériser que celle-ci avait soit pratiqué une politique de crédit ruineux, soit apporté un soutien artificiel à des entreprises dont elle connaissait ou aurait dû connaître, si elle s'était informée, la situation irrémédiablement compromise. V. • Com. 26 mars 2002 : *Banque et Droit sept.-oct. 2002, p. 47, obs. Bonneau.* ♦ Une cour d'appel a légalement justifié sa décision de rejeter l'action en responsabilité contre une banque en constatant qu'à aucun moment elle n'avait accordé ou maintenu un crédit à une entreprise dont elle savait ou aurait dû savoir, en faisant preuve d'une diligence normale, que la situation était irrémédiablement compromise, ou octroyé, en connaissance de cause, un crédit dont le coût était insupportable pour l'équilibre de la trésorerie de la société et incompatible pour elle avec toute rentabilité. V. • Com. 24 sept. 2003 : *Bull. civ. IV, n° 136 ; D. 2003. AJ 2568 ; JCP E 2004, n° 6, p. 231, note Lamoril ; Banque et Droit nov.-déc. 2003. 50, obs. Rontchevsky ; RJDA 2004, n° 227 ; Dr. sociétés 2004, n° 52, obs Trébulle ; Bull. Joly 2003. 1260, note Barbièri.*

Dès lors qu'il est constaté que les marges de l'entreprise demeuraient suffisantes pour couvrir les coûts correspondants et laisser subsister un résultat d'exploitation positif, la concomitance entre l'état de cessation des paiements et le manque d'avenir de la société n'était pas suffisamment établie, de telle sorte que le liquidateur de la société ne pouvait invoquer la responsabilité quasi-délictuelle de la banque pour soutient abusif. • Versailles, 29 sept. 2006 : *BICC 15 févr. 2007, n° 349 ; JCP E 2006, n° 51-52, p. 2200.* ♦ Le maintien par un banquier d'un niveau de découvert élevé, ou l'accord d'un découvert excédant les conventions écrites passées, ne constitue pas en soi une faute au titre d'un soutien abusif, alors que la société n'était pas en cessation de paiement, à tout le moins pas à la connaissance dudit banquier, et qu'il n'était pas rapporté la preuve de sa connaissance d'une situation irrémédiablement compromise. • Nîmes, 26 janv. 2006 : *Banque et Droit mai-juin 2007. 66, obs. Guillot.* ♦ Mais le professionnel de la banque qui éprouve de vives inquiétudes à l'égard de son débiteur qui se trouve dans une situation difficile caractérisée par le dépassement du découvert autorisé ainsi que par l'impossibilité de produire son bilan doit, à défaut de rompre l'ensemble des concours accordés, limiter au moins le montant des concours. • Lyon, 1er juin 2006 : *BICC 15 nov. 2006, n° 2265.*

31. Financement d'une opération dépourvue de viabilité. Pour engager la responsabilité de la banque les juges doivent constater qu'au moment de son octroi, le crédit était destiné à financer une opération dépourvue de viabilité : • Com. 7 janv. 2004 : *Bull. civ. IV, n° 2 ; D. 2004. AJ 345 ; JCP E 2004, n° 10, p. 346 ; RTD com. 2004. 354, obs. Legeais ; RJDA 2004, n° 622* (crédit-relais). ♦ Commet une faute le créancier qui consent un prêt en vue d'une opération immobilière qu'il sait non viable (crédit-bail immobilier). • Com. 23 juin 1998 : *Bull. civ. IV, n° 208.* – V. aussi • Com. 20 sept. 2005 : *Bull. civ. IV, n° 177 ; Banque et Droit nov.-déc. 2005. 76, obs. Rontchevsky* (crédit-bail mobilier). ♦ Engage sa responsabilité à l'égard de crédit-preneurs le crédit-bailleur n'ayant pas vérifié si le prévisionnel annoncé était réaliste ou fantaisiste et si le crédit était adapté à la situation financière de l'entreprise. • Dijon, 18 sept. 1997 : *D. Affaires 1998. 1086, obs. X. D.* ♦ Mais l'action en responsabilité dirigée contre une banque sur le fondement de l'octroi de crédits excessifs doit être rejetée dès lors que l'analyse de la situation financière de l'emprunteur, telle que pouvait la connaître cet établissement de crédit, permet de déduire qu'eu égard aux finalités des emprunts contractés (acquisition et rénovation d'immeubles), dont le montant devait être couvert par le prix de revente d'immeubles, ceux-ci n'étaient pas disproportionnés par rapport aux capacités de remboursement de l'emprunteur. • Com. 11 mai 1999 : *JCP E 1999, n° 43, p. 1730, note Legeais.* ♦ Retenant la responsabilité de la banque au motif que, s'il appartient aux banques de prendre des risques pour accompagner le développement économique, ces risques ne doivent pas être déraisonnables, les banques devant vérifier les possibilités de réalisation des projets qu'elles financent : • Paris, 26 nov. 2002 : *RTD com. 2003. 348, obs. Legeais.* – V. aussi • Paris, 14 mai 2003 : *Bull. Joly 2003. 1015 ; RJDA 2004, n° 881.* ♦ Comp., jugeant qu'il n'appartient pas à la banque, qui elle-même prend un risque, de se substituer à son client pour apprécier les risques de l'entreprise envisagée : • Grenoble, 16 avr. 2003 : *JCP E 2004, n° 15-16, p. 593.* ♦ V. aussi, n'engageant pas la responsabilité de la banque dès lors qu'il n'était pas établi que le budget prévisionnel établi par le gérant ne constituait pas un document sérieux donnant des informations suffisantes sur le projet et sa rentabilité prévisible à la date de l'octroi des concours : • Com. 25 avr. 2006 : *RTD com. 2006. 646, obs. Legeais.* ♦ Sur la responsabilité d'une banque pour le crédit octroyé pour financer un plan de cession, V. • Com. 27 sept. 2005 : *RJDA 2005, n° 1376.* ♦ Sur la responsabilité de la banque en cas de disproportion de la garantie demandée, V. note 52.

32. Crédit consenti à une société en formation. La circonstance que le crédit de trésorerie ait été accordé à une entreprise, avant toute activité et pour en permettre le démarrage, afin de financer l'activité d'achat et de revente de produits, n'est pas de nature à elle seule à caractériser un comportement fautif de la banque. • Com. 22 mars 2005 : *Bull. civ. IV, n° 68 ; D. 2005. AJ 1020, obs. Lienhard* (2e esp.) *; JCP E 2005, n° 47, p. 1975, obs. Dumoulin ; Gaz. Pal. 2006. Somm. 1953, obs. B. M. ; Banque et Droit mai-juin 2005. 62, obs. Rontchevsky ; RTD com. 2005. 402, obs. Legeais ; RJDA 2005, n° 874 ; RDC 2005. 838, obs. Houtcieff ; Bull. Joly 2005. 1213, obs. Lucas.* ♦ Si la banque qui finance un projet de création d'entreprise a une obligation d'information à l'égard de l'emprunteur, il ne lui appartient pas de se faire juge de l'opportunité du crédit, en particulier de ne pas avoir fourni des documents prévisionnels ou des études de marché, alors que ces diligences incombent au premier chef au créateur d'entreprise. • Paris, 19 mai 2005 : *Gaz. Pal. 2006. Somm. 1264, obs. Vray.*

33. Soutien abusif : illustrations. A commis une faute entraînant sa responsabilité dans l'aggravation du passif de la société à l'encontre de laquelle a été ouverte une procédure collective, une banque qui a continué d'accorder à une société, dont il importe peu que la situation n'ait pas alors été irrémédiablement compromise, des crédits considérables, et les a même accrus à certains moments, en méconnaissance des résultats d'une étude à laquelle elle avait elle-même fait procéder, et alors que n'apparaissait aucune contrepartie dans la gestion de l'entreprise. • Com. 2 mai 1983 : *Bull. civ. IV, n° 127 ; D. 1984. IR 12, obs. Derrida ; ibid. 89, obs. Vasseur.* – V. aussi • Com. 26 janv. 1993 : *RTD com. 1993. 345, obs. Cabrillac et Teyssié.* ♦ Et, pour une banque associée de SCI, V. • Com. 8 oct. 1991 : *D. 1993. Somm. 357, obs. Magnin.* ♦ Sur la responsabilité d'un banquier pour soutien ruineux, dès lors qu'en participant à des financements par crédits de « cavalerie » il avait permis à un emprunteur, alors même que sa situation n'était pas irrémédiablement compromise, de se constituer une trésorerie fictive et ce, à un coût excessif, V. • Com. 6 oct. 1998 : *D. Affaires 1998. 1904.* ♦ Comp., pour des exemples de financements jugés non abusifs, • Com. 15 juin 1993 : *Bull. civ. IV, n° 240* • 10 oct. 2000 : *RD banc. fin. 2001, n° 7, obs. Crédot et Gérard* • 9 mai 2001 : *RJDA 2001, n° 1019* (et sur renvoi : • Versailles, 22 avr. 2003 : *RJDA 2003, n° 993)* • 22 mai 2001 : *RD banc. fin. 2001, n° 179, obs. Crédot et Gérard ; JCP E 2003, n° 11, p. 466, obs. Stoufflet* • 6 juin 2001 : *RJDA 2001, n° 1242* • 20 nov. 2001 : *JCP E 2002, n° 1, p. 2.* ♦ Commet une faute de nature à engager sa responsabilité la banque qui, bien que disposant d'informations qui auraient dû alerter sa vigilance et lui faire renforcer ses contrôles, maintient, sans garanties sérieuses, des facilités de caisse, créant ainsi, par un concours financier abusif, une apparence trompeuse de solvabilité de l'entreprise, mise en liquidation judiciaire, au détriment de ceux qui avaient contracté avec elle. • Com. 18 janv. 1994 : *Bull. Joly 1994. 323.* ♦ Pour une banque n'ayant pas tenu compte d'un rapport d'audit, • Com. 26 mars 1996 : *Bull. civ. IV, n° 95 ; D. Affaires 1996. 580.* ♦ Pour un exemple de soutien abusif à un groupe de sociétés, V. • Dijon, 18 juill. 2000 : *RD banc. fin. 2000, n° 188, obs. crit. Crédot et Gérard* (partiellement censurée par • Com. 19 nov. 2003 : *RTD com. 2004. 145, obs. Legeais ; RD banc. fin. 2004, n° 192, obs. Crédot et Gérard*). ♦ Sur la condamnation d'un établissement de crédit alors même que le crédit en cause ayant aggravé le passif de la société irrémédiablement conduite au redressement judiciaire avait été octroyé, non à celle-ci, mais à sa société-mère, V. • Com. 25 mars 2003 : *Bull. civ. IV, n° 50 ; D. 2003. AJ 1291 ; JCP E 2004, n° 25, p. 1007, note Croze ; RTD com. 2003. 557, obs. Legeais ; ibid. 748, obs. Champaud et Danet ; Rev. sociétés 2003. 859, note Daigre ; Dr. sociétés 2003, n° 186, obs. Trébulle ; Bull. Joly 2003. 765, note Dom ; RJDA 2003, n° 982.*

34. Connaissance de la situation irrémédiablement compromise. Ne donne pas de base légale à sa décision, au regard de l'art. 1147 C. civ., l'arrêt qui, pour retenir la responsabilité d'une banque dans l'octroi d'un découvert excessif en compte courant, retient que le banquier ne pouvait ignorer, à la date de cet octroi, que la situation du chef d'entreprise était « très obérée », sans relever que la banque savait que la situation de l'entreprise était irrémédiablement compromise, et, sans rechercher, dans le cas où elle l'aurait été, si par suite de circonstances exceptionnelles, le chef d'entreprise l'ignorait. • Com. 11 mai 1999 : *préc. note 28.* ♦ Une cour d'appel a pu exclure la responsabilité civile d'une banque dans l'octroi de crédits en relevant que la preuve n'est pas rapportée de ce que au moment de l'octroi des crédits, la situation du fonds de commerce était irrémédiablement compromise. • Com. 18 févr. 1997 : *Bull. civ. IV, n° 53.* ♦ Rappr., s'agissant d'un créancier fournisseur qui a reporté les échéances de lettres de change : • Com. 30 oct. 2000 : *Bull. civ. IV, n° 170 ; D. 2001. AJ 231.* ♦ Dès lors que la connaissance de la situation irrémédiablement compromise par la banque n'est pas établie, il ne saurait lui être reproché d'avoir participé à la survie artificielle d'une entreprise en lui consentant des facilités de trésorerie sans commune mesure avec l'importance du passif généré hors du concours bancaire. • Orléans, 31 mai 2001 : *RD banc. fin. 2002, n° 78, obs. Crédot et Gérard.* ♦ Il ne peut être fait grief à une banque, même si elle n'ignorait rien de la situation compromise d'une personne morale, d'avoir, aux côtés des pouvoirs publics dans le cadre d'un projet de restructuration approuvé par le trésorier-payeur général, accordé un concours bancaire que sollicitait lui-même le chef d'entreprise désireux de maintenir l'activité de sa société. • Com. 9 nov. 1993 : *Bull. civ. IV, n° 384 ; Gaz. Pal. 1994. 2. 638, note J.-P.M. ; Dr. sociétés 1994, n° 30, obs. Chaput.*

Le caractère abusif du soutien bancaire accordé au débiteur principal s'apprécie à la date des concours pour lesquels la caution a fourni sa garantie. • Rennes, 24 févr. 2004 : *JCP E 2004, n° 49, p. 1904.* ♦ Pour rechercher l'éventuelle faute de la banque, il convient de se situer à la date de l'octroi du crédit pour apprécier si la situation de l'entreprise était irrémédiablement compromise, une insuffisance de trésorerie, même grave, ne suffisant pas à caractériser une situation sans issue. • Paris, 15 déc. 1995 : *D. 1996. IR 65 ; RJDA 1996, n° 656.* – V. aussi • Rouen, 13 sept. 2001 : *RJDA 2002, n° 542.* ♦

Sur la notion de situation irrémédiablement compromise, en cas d'octroi de crédit à une société ayant été mise en liquidation judiciaire trois mois après cet octroi, V. • Paris, 1er déc. 1998 : *RD bancaire et bourse 1999. 30, obs. crit. Crédot et Gérard.* ♦ L'existence d'un soutien abusif est établie lorsqu'il est prouvé qu'une banque, au jour de l'ouverture d'un crédit consenti à une société, mise par la suite en redressement judiciaire, aurait pu ou dû prévoir l'aggravation de la situation financière de cette société ou que cet octroi y a contribué substantiellement, ce qui n'est pas le cas, lorsqu'au jour de l'octroi du crédit, une assemblée générale a décidé la continuation de la société malgré un actif net devenu inférieur à la moitié du capital social. • Paris, 11 déc. 2001 : *BICC 2002, n° 839.* ♦ Une mesure d'interdiction bancaire ne suffisant pas à caractériser la situation obérée de l'emprunteur, une banque n'est pas tenue à un devoir de mise en garde à son égard. • Com. 3 juill. 2012 : *Bull. civ. IV, n° 142 ; D. 2012. Actu. 1878, obs. Avena-Robardet ; RTD com. 2012. 599, obs. Legeais ; JCP E 2012, n° 1519, note Legeais ; LPA 12 oct. 2012, note Laulier ; RJDA 2013, n° 151.*

35. Appréciation du soutien abusif. Jugeant que l'appréciation du soutien abusif doit être faite en considération de la situation de la société emprunteuse mais aussi de celles auxquelles elle est liée, et plus précisément celles dont elle est associée et donc solidairement et indéfiniment responsable : • Paris, 14 mai 2003 : *préc. note 31.* ♦ L'appréciation de la gravité de la situation de l'entreprise soutenue par la banque ressortit à l'appréciation souveraine des juges du fond. • Com. 1er févr. 1994 : *RJDA 1994, n° 683.*

36. Soutien abusif de fournisseurs de crédit non banquiers. Une caisse de mutualité sociale agricole engage sa responsabilité à l'égard des créanciers de l'entreprise à laquelle elle a conféré une apparence trompeuse de solvabilité en accordant des délais de paiement à un de ses ressortissants dont elle savait ou aurait dû savoir la situation irrémédiablement compromise. • Com. 10 déc. 2003 : *D. 2004. AJ 136, obs. Delpech ; JCP E 2004, n° 7, p. 282, note Legeais ; JCP 2004. II. 10057, note Bugada ; Gaz. Pal. 2004. 434, avis Lafortune ; RTD com. 2004. 139, obs. Legeais ; Bull. Joly 2004. 491, note Lucas ; RJDA 2004, n° 595.* – Comp. • Com. 30 oct. 2000 : *préc. note 34* (connaissance de la situation irrémédiablement compromise du bénéficiaire du crédit non établie). ♦ Pour des concédants fournissant à leur concessionnaire une trésorerie fictive, V. note 25 ss. art. L. 330-2 C. com.

37. Défaut de contrôle de l'affectation des fonds. Une banque ne peut favoriser, consciemment ou imprudemment, au mépris des termes des contrats de mandat et de prêt, l'utilisation du montant de ce prêt pour d'autres fins que le financement des travaux auquel il est destiné. • Com. 18 mai 1993 : *Bull. civ. IV, n° 190 ; D. 1993. 609, note Bénabent ; RTD com. 1994. 84, obs. Cabrillac et Teyssié.* ♦ Comp., jugeant, à propos d'un prêt contractuellement soumis à l'Ord. n° 67-838 du 28 sept. 1967 [C. mon. fin., art. L. 313-36 s.], qu'aucune disposition ne prévoit la nullité d'un contrat de prêt qui a financé un objet différent de celui apparemment prévu mais entrant cependant dans le champ de l'activité économique de l'emprunteur : • Paris, 19 sept. 1995 : *D. Affaires 1995. 110.* ♦ V. aussi, refusant la condamnation pour soutien abusif, dès lors que le prêt a été consenti à titre personnel aux associés, qui ont seuls pris l'initiative d'injecter les capitaux obtenus dans la société, • Com. 12 nov. 1996 : *RJDA 1997, n° 236.* ♦ ... Ou dès lors que l'emprunteur n'ignorait pas la véritable destination des fonds prêtés et que la banque n'avait pas agi contrairement à ses instructions, • Com. 23 mai 2006 : *RTD com. 2006. 648, obs. Legeais.* ♦ Jugeant que le gérant est tenu de rembourser le prêt dès lors que l'acte de prêt avait été conclu par lui et que le prêteur avait remis les fonds au notaire pour être affectés par celui-ci selon les instructions de l'emprunteur (affectation à la société) • Civ. 1re, 22 juin 2004 : *Bull. civ. I, n° 175 ; D. 2004. IR 2477 ; JCP E 2004, n° 50, p. 1984, note S. Piedelièvre ; CCC 2004, n° 153 ; BRDA 2004, n° 13, p. 9.* ♦ Pour l'absence de responsabilité d'une banque à l'égard d'entrepreneurs qui n'avaient pas été payés des travaux faits pour le compte de la SCI emprunteuse, aux motifs que cette dernière avait la libre disposition des fonds empruntés et que la clause contractuelle prévoyant l'exigibilité anticipée des sommes empruntées en cas d'emploi à un autre objet que celui indiqué avait été stipulée dans le seul intérêt du prêteur, V. • Com. 27 mars 2001 : *Banque et Droit mars-avr. 2002. 61, obs. Guillot.* – Et sur renvoi • Paris, 23 oct. 2002 : *RD banc. fin. 2003, n° 103, obs. Crédot et Gérard ; Banque et Droit mai-juin 2004. 54, obs. Guillot.* ♦ V. aussi, écartant la responsabilité de la banque, en l'absence d'engagement de celle-ci d'opérer un contrôle *a posteriori* de l'utilisation effective des fonds : • Com. 3 juill. 2001 : *RJDA 2001, n° 1243.* – V. aussi • Com. 23 janv. 2007 : *Bull. civ. IV, n° 7 ; RTD com. 2007. 432, obs. Legeais ; RDI 2007. 268, obs. Heugas-Darraspen ; JCP E 2007, n° 22, p. 18, obs. Stoufflet ; RJDA 2007, n° 1272.* ♦ ... Et jugeant que la clause contractuelle faisant référence à l'emploi des fonds n'est stipulée que dans le seul intérêt du prêteur : • Com. 8 juill. 2003 : *RJDA 2004, n° 86* • 20 juin 2006 : *RTD com. 2006. 649, obs. Legeais* ; *RD banc. fin. 2006, n° 189, obs. Crédot et Samin* • 14 nov. 2006 : *JCP E 2007, n° 22, p. 18, obs. Stoufflet.* ♦ Sur la clause de contrôle d'emploi des fonds et les risques d'immixtion de la banque, V. • Com. 30 oct. 2007 : *préc. note 28.* ♦ Sur la responsabilité à l'égard de la caution, V. note 51.

38. Délégation. Sur la responsabilité d'une banque délégataire de créance qui, tenue d'une obligation d'information et de conseil vis-à-vis de l'emprunteur délégant, commet une faute en versant les fonds prêtés à la société déléguée alors qu'elle connaissait la situation irrémédiablement compromise de cette société, et en n'alertant pas l'emprunteur du risque qu'il encourt dans ces conditions à donner son accord pour une telle réalisation du prêt bancaire. • Dijon, 30 janv. 1998 : *JCP E 1998, n° 51, p. 1997.*

2° OCTROI DE CRÉDIT AUX PARTICULIERS

39. Devoir de conseil et de mise en garde. La présentation d'une offre préalable conforme à la législation sur les prêts immobiliers aux consommateurs ne dispense pas l'établissement de crédit de son devoir de conseil à l'égard de l'emprunteur, en particulier lorsqu'il apparaît que les charges du prêt sont excessives par rapport à la modicité des ressources du consommateur. • Civ. 1re, 27 juin 1995 : *Bull. civ. I, n° 288 ; D. 1995. IR 178 ; JCP E 1996. II. 772, note Legeais.* – Sur cet arrêt, V. Scholastique, *Defrénois 1996. 689.* ♦ Manque à son devoir de mise en garde, la banque qui, n'ayant pas vérifié les capacités financières d'emprunteurs profanes, accorde à ceux-ci un prêt excessif au regard de leurs capacités financières. • Civ. 1re, 12 juill. 2005 : *Bull. civ. I, n° 327 ; D. 2005. 3084, note Parance* (3e esp.) ; *ibid. AJ 2276, obs. Delpech* (2e esp.) ; *D. 2006. Pan. 167, obs. Martin* ; *RTD com. 2005. 820, obs. Legeais* ; *JCP E 2005, n° 38, p. 1521, note Legeais* (1re esp.) ; *JCP 2005. II. 10140, note Gourio* (2e esp.) ; *RJDA 2006, n° 319 ; RDI 2006. 123, obs. Heugas-Darraspen* (1re esp.) • 2 nov. 2005 : *Bull. civ. I, n° 397 ; D. 2005. AJ 3084, obs. Avena-Robardet* ; *RTD com. 2006. 171, obs. Legeais* ; *JCP E 2005, n° 50, p. 2147 ; RJDA 2006, n° 452.* ♦ Une banque, en fournissant à son client un conseil inadapté à sa situation personnelle dont elle avait connaissance, a commis une faute sans laquelle ce dernier n'aurait pas procédé aux opérations génératrices de pertes. • Com. 8 avr. 2008 : *Bull. civ. IV, n° 77 ; D. 2008. AJ 1202, obs. Delpech* ; *JCP E 2008, n° 49, p. 16, obs. Causse ; RD banc. fin. 2008, n° 96, obs. Crédot et Samin.* ♦ Jugeant que la mise en garde faite par une banque à deux époux quant à leurs facultés de remboursement (prévisibilité d'un endettement excessif) ne peut bénéficier à l'établissement de crédit qui a finalement octroyé le prêt : • Civ. 1re, 8 juin 2004 : *Bull. civ. I, n° 166 ; D 2004. AJ 1897* ; *JCP E 2004, n° 40, p. 1543, note Legeais ; JCP 2004. II. 10142, note Dagorne-Labbe ; Gaz. Pal. 2005. 1183, note Boucard ; RTD com. 2004. 581, obs. Legeais* ; *RJDA 2004, n° 1367.*

Ayant constaté que l'emprunteur avait dissimulé à la société de crédit l'existence de prêts en cours de remboursement, de sorte que les éléments d'information qu'il avait, sur la demande de cette société, portés à la connaissance de celle-ci étaient compatibles avec l'octroi de l'ouverture de crédit litigieuse, le tribunal en a exactement déduit que l'emprunteur, eu égard à sa déloyauté que la banque ne pouvait normalement déceler, n'était pas fondé à imputer, de ce chef, à la société un manquement au devoir de mise en garde auquel est tenu le professionnel du crédit à l'égard de son client non averti. • Civ. 1re, 30 oct. 2007 : *Bull. civ. I, n° 330 ; D. 2008. Chron. C. cass. 645, obs. Creton* ; *ibid. 256, note Bazin* ; *D. 2007. AJ 2871, obs. Avena-Robardet* ; *RTD com. 2008. 163, obs. Legeais* , *RDI 2008. 35, obs. Heugas-Darraspen* ; *JCP E 2007, n° 51-52, p. 12, note Legeais ; JCP 2008. II. 10055, note Gourio ; RJDA 2008, n° 565.* • 25 juin 2009 : *Bull. civ. I, n° 139 ; RJDA 2010, n° 422.*

40. Devoir d'éclairer le choix de l'emprunteur. La banque auprès de laquelle un client a ouvert un compte de dépôt, un compte d'épargne logement et un plan d'épargne populaire, est tenue, en tant que gestionnaire de ces comptes, d'éclairer son client sur les avantages et inconvénients du choix qui s'offre à celui-ci, pour couvrir le solde débiteur de son compte de dépôt, entre le recours au crédit et la mobilisation de l'épargne figurant sur ses autres comptes. • Civ. 1re, 12 juill. 2005 : *Bull. civ. I, n° 326 ; D. 2005. 3094, note Parance* (4e esp.) ; *ibid. AJ 2276, obs. Delpech* (4e esp.) ; *D. 2006. Pan. 167, obs. Martin* ; *RTD com. 2005. 820, obs. Legeais* ; *JCP E 2005, n° 38, p. 1521, note Legeais* (2e esp.) ; *JCP 2005. II. 10140, note Gourio* (3e esp.) ; *RDI 2006. 123, obs. Heugas-Darraspen* (4e esp.).

41. Emprunteur averti. Une cour d'appel qui a relevé que des époux, cadres supérieurs clients d'une banque, ayant créé une société qui avait pour objet la réalisation d'opérations immobilières, étaient des emprunteurs avertis, qu'aux revenus certains dont ils faisaient état au titre de leurs emplois devaient être ajoutés les revenus allant raisonnablement leur échoir au titre de leurs activités professionnelles secondaires et qu'en outre les époux percevaient d'autres revenus tirés de diverses activités a pu en déduire que l'établissement de crédit n'avait pas commis de faute en consentant aux emprunteurs un prêt dont les échéances étaient supérieures à leurs revenus. • Civ. 1re, 12 juill. 2005 : *Bull. civ. n° 324 ; D. 2005. 3094, note Parance (2e esp.) ; ibid. AJ 2276, obs. Delpech (1re esp.) ; D. 2006. Pan. 167, obs. Martin ; RTD com. 2005. 820, obs. Legeais ; JCP E 2005, n° 38, p. 1521, note Legeais (4e esp.) ; JCP 2005. II. 10140, note Gourio (1re esp.) ; RDI 2006. 123, obs. Heugas-Darraspen (2e esp.).* ♦ C'est à bon droit qu'une cour d'appel énonce que, ne prétendant pas que l'établissement de crédit prêteur aurait eu sur sa situation financière des renseignements que lui-même aurait ignorés, un emprunteur averti ne peut faire grief à cette banque de lui avoir accordé un prêt qu'il avait lui-même sollicité. • Civ. 1re, 12 juill. 2005 : *Bull. civ. n° 325 ; D. 2005. 3094, note Parance (1re esp.) ; ibid. AJ 2276, obs. Delpech (3e esp.) ; D. 2006. Pan. 167, obs. Martin ; RTD com. 2005. 820, obs. Legeais ; JCP E 2005, n° 38, p. 1521, note Legeais (3e esp.) ; JCP 2005. II. 10140, note Gourio (4e esp.) ; RDI 2006. 123, obs. Heugas-Darraspen (3e esp.).* – V. aussi • Civ. 1re, 21 févr. 2006 : *Bull. civ. I, n° 91 ; D. 2006. 1618, note J. François (1re esp.) ; RTD com. 2006. 462, obs. Legeais ; JCP E 2006, n° 13, p. 611, note Legeais ; RJDA 2006, n° 820.* ♦ Une cour d'appel, relevant que les prêts litigieux avaient été souscrits par une personne assistée de son conjoint, présent lors de la signature des actes, lequel exerçait alors des fonctions de cadre supérieur au sein même de l'établissement prêteur et présentait, de ce fait, toute compétence pour apprécier la portée des obligations ainsi contractées par rapport aux capacités pécuniaires du ménage a pu décider, en l'état de ces constatations et appréciations, dont il se déduisait que l'intéressée avait été en mesure d'obtenir de son conjoint toutes les informations utiles pour lui permettre d'apprécier l'opportunité des engagements qu'elle souscrivait pour l'amélioration de son propre patrimoine, que la banque, qui n'avait dès lors aucun devoir de mise en garde, n'avait pas commis de faute. • Com. 3 mai 2006 : *Bull. civ. IV, n° 102 ; D. 2006. 1618, note J. François ; ibid. AJ 1445, obs. Delpech (2e esp.) ; JCP E 2006, n° 23, p. 996, note Legeais ; JCP 2006. II. 10122, note Gourio ; LPA 5 mars 2007, obs. E. C. ; RJDA 2006, n° 1159.* ♦ Sur l'obligation de rechercher si l'intéressé peut être considéré comme un emprunteur averti, indépendamment de savoir s'il était moins bien informé sur sa situation financière que ne l'était le banquier, V. • Civ. 1re, 27 juin 2006 : *Bull. civ. I, n° 331 ; D. 2006. AJ 1887, obs. Delpech (1re esp.) ; JCP 2006. IV. 2603 ; Banque et Droit sept.-oct. 2006. 49, obs. Bonneau.* ♦ Appréciant la qualité d'emprunteur averti d'une personne morale au regard du dirigeant de celle-ci, V. • Paris, 5 févr. 2009 : *RJDA 2009, n° 572.* ♦ Est emprunteur averti le client qui dispose soit d'une expérience du type d'opération pour laquelle il demande un nouveau financement, soit d'un savoir-faire professionnel en relation au moins indirecte avec les opérations de crédit, soit d'une tactique de gestion – domestique ou entrepreneuriale, selon les cas – qui traduit une volonté forte d'aboutir dans son projet sur le moyen et le long terme ; le caractère averti ou pas du client s'analyse par surcroît en considération de la complexité de l'opération et de la clarté de l'information dont la banque est, en toute hypothèse, débitrice. • Paris, 14 mai 2009 : *RJDA 2010, n° 169.*

C. MISE EN JEU DE LA RESPONSABILITÉ DU BANQUIER

42. Prescription. La prescription d'une action en responsabilité court à compter de la réalisation du dommage ou de la date à laquelle il est révélé à la victime si celle-ci établit qu'elle n'en avait pas eu précédemment connaissance ; le dommage résultant d'un manquement à l'obligation de mise en garde consistant en une perte de chance de ne pas contracter se manifeste dès l'octroi des crédits. • Com. 26 janv. 2010 : *Bull. civ. IV, n° 21 ; D. 2010. 934, note Lasserre Capdeville ; ibid. AJ 578, obs. Avena-Robardet ; JCP E 2010, n° 1153, note Legeais ; JCP 2010, n° 354, note Gourio ; Gaz. Pal. 2010. 829, note S. Piedelièvre ; RJDA 2010, n° 580 ; RDC 2010. 843, note Borghetti.* ♦ Sur l'application à l'action en responsabilité contre la banque de la prescription commerciale, V. note 6 ss. art. L. 110-4 C. com.

43. Opposabilité du secret bancaire. Sur l'opposabilité du secret bancaire par le banquier partie au procès, V. note 15 ss. art. L. 511-33 C. mon. fin. ♦ Pour un arrêt refusant d'ordonner la communication du dossier de l'analyse faite par la banque lors de la mise en place du financement, au motif que la charge de la preuve incombait à la caution, V. • Versailles, 19 févr. 1998 : *Banque et Droit sept.-oct. 1998. 34, obs. Guillot.*

1° ACTION EN RESPONSABILITÉ DES CRÉANCIERS DU BÉNÉFICIAIRE DU CRÉDIT

44. *Apparence trompeuse de solvabilité.* Sur la prise en compte de la création, par la banque, d'une apparence trompeuse de solvabilité à l'égard des tiers, V. • Com. 18 juin 1996 : *Bull. civ. IV, n° 174 ; D. Affaires 1996. 1059 ; JCP E 1996. II. 896, note Legeais.*

45. *Étendue de la réparation du préjudice.* L'établissement de crédit qui a fautivement retardé l'ouverture de la procédure collective de son client n'est tenu de réparer que l'aggravation de l'insuffisance d'actif qu'il a ainsi contribué à créer. • Com. 22 mars 2005 : *Bull. civ. IV, n° 67 ; D. 2005. AJ 1020, obs. Lienhard (1re esp.) ; RTD com. 2005. 578, obs. Legeais ; JCP E 2005, n° 47, p. 1975, obs. Dumoulin ; Gaz. Pal. 2006. Somm. 1953, obs. B. M. ; RJDA 2005, n° 873 (1re esp.) ; Bull. Joly 2005. 1212, obs. Lucas.* ♦ Comp. note 5 *quater* ss. art. L. 622-20 C. com. ♦ Le banquier qui a permis par ses agissements la continuation d'une exploitation déficitaire et a contribué à la création d'un passif supplémentaire est tenu de réparer le préjudice qu'il a causé aux créanciers de la société et non à ceux de l'associé. • Aix-en-Provence, 21 juin 2007 : *JCP E 2007, n° 48, p. 14.* ♦ Le passif créé postérieurement à la cessation des concours bancaires doit être pris en considération dans l'évaluation du préjudice car la poursuite de l'activité n'a été rendue possible que grâce au crédit antérieurement et abusivement accordé. • Même arrêt.

46. *Procédure collective.* BIBL. Hoang, *D. 2012. 2034* (octroi abusif de crédit et exclusion de responsabilité de l'art. L. 650-1 C. com.). ♦ Lorsqu'une procédure de sauvegarde, de redressement judiciaire ou de liquidation judiciaire est ouverte, les créanciers ne peuvent être tenus pour responsables des préjudices subis du fait des concours consentis, sauf les cas de fraude, d'immixtion caractérisée dans la gestion du débiteur ou de disproportion des garanties prises que si les concours consentis sont en eux-mêmes fautifs. • Com. 27 mars 2012 : *cité note 1 bis ss. art. L. 650-1 C. com.* ♦ Le maintien du compte en position largement débitrice constitue une fraude à la loi, en l'espèce aux dispositions de l'art. L. 313-12 C. mon. fin. Selon les dispositions de l'art. L. 650-1 C. com., la banque créancière ne peut, de ce simple fait, bénéficier de l'exonération de responsabilité édictée par les dispositions de cet article. • T. com. Nanterre, 19 juin 2009 : *Gaz. Pal. 2010. 1069, obs. Routier ; RD banc. fin. 2010, n° 208, obs. Crédot et Samin* (infirmé par • Versailles, 12 mai 2011 : *Rev. proc. coll. 2011, n° 205, obs. Martin-Serf*). ♦ Sur l'exercice de l'action en responsabilité en cas de redressement et de liquidation judiciaires, V. note 1 ss. art. L. 622-20 C. com

47. *Compétence territoriale.* V. note 5 *ter* ss. art. L. 622-20 C. com.

2° ACTION EN RESPONSABILITÉ DU BÉNÉFICIAIRE DU CRÉDIT

48. *Vice du consentement.* Sur la nécessité, lorsque la faute de la banque est invoquée par le bénéficiaire du crédit, d'apporter la preuve d'un vice du consentement, V. • Com. 24 janv. 1995 : *RJDA 1995, n° 605.* – V. aussi • Versailles, 18 déc. 1998 : *RJDA 1999, n° 320.*

49. *Emprunteur averti.* Un emprunteur ne saurait invoquer le manquement à son obligation de conseil de la banque qui lui avait octroyé un crédit, dès lors que, homme d'affaires expérimenté, il connaissait les risques inhérents aux opérations dont il avait pris l'initiative. • Com. 11 mai 1999 : *JCP E 1999, n° 43, p. 1730, note Legeais.* ♦ Rejetant la responsabilité de la banque dès lors qu'il n'est pas démontré qu'elle aurait eu des informations sur les capacités de remboursement de l'emprunteur ou sur les risques de l'opération financée que, par suite de circonstances exceptionnelles, celui-ci aurait pu ignorer : • Com. 1er juill. 2003 : *RJDA 2004, n° 82 (2 arrêts).* ♦ V. aussi, sur la prise en compte de la connaissance par l'emprunteur des risques encourus s'agissant d'un prêt contracté par des parents pour aider leur enfant à rembourser un prêt destiné à financer l'acquisition d'un fonds de commerce, • Com. 9 oct. 2001 : *RJDA 2002, n° 345.* ♦ Sur l'absence de responsabilité d'une banque dans l'octroi d'un prêt à l'épouse du dirigeant d'une société se trouvant dans une situation irrémédiablement compromise au su de la banque, la bénéficiaire du prêt l'ayant demandé en toute connaissance de ses difficultés, V. • Com. 9 avr. 2002 : *RJDA 2002, n° 795.* – V. aussi • Civ. 1re, 12 juill. 2005 : *préc. note 41 (2 arrêts).*

49 bis. *Préjudice de l'emprunteur.* Le préjudice né du manquement par un établissement de crédit à son obligation de mise en garde s'analyse en la perte d'une chance de ne pas contracter. • Com. 20 oct. 2009 : *Bull. civ. IV, n° 127 ; D. 2009. 2971, note Houtcieff ; ibid. AJ 2607, obs. Delpech ; JCP E 2009, n° 46, p. 12, note Legeais ; JCP 2009, n° 48, p. 29, note S. Piedelièvre ; CCC 2010, n° 34, obs. G. R. ; LPA 19 févr. 2010, note Dagorne-Labbe ; LPA 5 mars 2010, note Serlooten ; Gaz. Pal. 2009. 3779, note*

Guerchoun ; Banque et Droit nov.-déc. 2009. 62, obs. Rontchevsky ; RJDA 2010, n° 68 ; RDC 2010. 30, obs. D. Mazeaud ; ibid. 610, obs. Borghetti. ♦ Le préjudice réparé s'analyse en une perte de chance dont la cour d'appel évalue souverainement le montant. • Com. 26 janv. 2010 : *RJDA 2010, n° 423.*

3° ACTION EN RESPONSABILITÉ DE LA CAUTION

BIBL. Paul, *Dr. et patr. juin 2002. 40* (ampleur de la décharge directe de la caution en raison de la faute du créancier) – Arlie, *LPA 24 sept. 2002* (responsabilité civile du banquier : une voie étroite de libération pour la caution). – Farge, *D. 2003. 892* (recours personnel de la caution : la voie possible d'un renouveau du cautionnement). – Roman, *ibid. 2156* (la caution et l'action paulienne) ; *Dr. et patr. mars 2004. 50* (les moyens de défense de la caution : l'importance accrue des aspects procéduraux). – Gallois-Cochet, *JCP 2006. I. 175* (responsabilité civile du banquier comme moyen de défense de la caution en cas de cession de créance). – SDECC, *BICC 15 janv. 2010, p. 31* (les obligations du banquier au regard des cautions). – Crédot et Bouteiller, *JCP E 2010, n° 1785* (de quel manquement au devoir de mise en garde la caution peut-elle se prévaloir ?).

50. Défaut d'information de la caution. Manque à son obligation de renseignement l'établissement de crédit qui omet d'informer les cautions de l'arrêt par le débiteur principal du paiement des cotisations du contrat d'assurance de groupe couvrant les risques invalidité-décès souscrits par ce dernier en même temps que l'emprunt, et les met dans l'impossibilité de se substituer au débiteur principal dans le paiement de cotisations et donc de maintenir le contrat. • Civ. 1re, 27 juin 1995 : *Bull. civ. I, n° 281.*

51. Absence de contrôle de l'affectation des fonds. Sur la responsabilité d'une banque à l'égard de la caution d'un prêt affecté, l'établissement de crédit n'ayant effectué aucun contrôle quant à l'affectation des fonds, V. • Com. 26 avr. 2000 : *BRDA 2000, n° 11, p. 8* • 10 juill. 2001 : *RD banc. fin. 2001, n° 221, obs. Legeais.* ♦ V., au contraire, écartant la responsabilité de la banque à l'égard de la caution en l'absence de clause d'affectation dans l'acte de prêt, • Com. 17 juill. 2001 : *RD banc. fin. 2001, n° 220, obs. Legeais.* ♦ Sur l'effet relatif de la convention d'affectation, V. • Com. 8 oct. 2002 : *Bull. civ. IV, n° 137 ; RTD com. 2003. 144, obs. Cabrillac ; LPA 10 janv. 2003, obs. E. C.* ♦ V. aussi note 37.

52. Cautionnement disproportionné. La sanction de la disproportion entre la situation de la caution et le montant de son engagement souscrit envers un établissement de crédit ne peut être recherchée que sur le terrain de la responsabilité civile du banquier et ne saurait consister en l'annulation du cautionnement. • Civ. 1re, 29 juin 2004 : *Bull. civ. I, n° 185.* ♦ Mais des cautions dirigeantes, n'ayant jamais prétendu ni démontré que la banque envers laquelle ils avaient souscrit un cautionnement auraient eu sur leurs revenus, leurs patrimoines et leurs facultés de remboursement raisonnablement prévisibles en l'état du succès escompté de l'opération immobilière entreprise par la société, des informations qu'eux-mêmes auraient ignorées, ne sont pas fondées à rechercher la responsabilité civile de cette banque en raison d'une disproportion entre le montant de leur engagement et leur capacité financière. • Com. 8 oct. 2002 : *Bull. civ. IV, n° 136 ; D. 2003. 414, note Koering ; JCP 2003. II. 10017, note Picod ; RTD civ. 2003. 125, obs. Crocq.*

53. Caution avertie. Lorsqu'en qualité de dirigeant de la société cautionnée la caution avait une parfaite connaissance de la situation de l'entreprise, elle ne peut reprocher à la banque d'avoir accordé des crédits inconsidérés. • Com. 15 févr. 1994 : *Bull. civ. IV, n° 60 ; Rev. dr. bancaire 1994. 236, obs. Crédot et Gérard.* ♦ Ainsi, le gérant de société, caution solidaire des dettes sociales et assigné en exécution de ses engagements par la banque, ne peut, à défaut de circonstances exceptionnelles, mettre en œuvre la responsabilité de cette dernière pour soutien abusif de crédit. • Com. 12 nov. 1997 : *Bull. civ. IV, n° 284 ; D. Affaires 1998. 22, obs. X. D. ; JCP E 1998, n° 5, p. 182, note Legeais ; Bull. Joly 1998. 105, note Delebecque ; RTD com. 1999. 683, obs. Champaud et Danet.* – V. Niki, *LPA 8 mars 1996.* ♦ Dans le même sens s'agissant d'associés fondateurs et bailleurs de fonds de la société, V. • Com. 15 oct. 2002 : *RJDA 2003, n° 190.* ♦ Pour un arrêt ayant en revanche admis la responsabilité d'un établissement de crédit-bail envers des cautions dirigeantes en présence de circonstances exceptionnelles (connaissance par la banque d'informations sur la non-viabilité de l'opération non transmises aux cautions), V. • Com. 20 sept. 2005 : *préc. note 31.* ♦ Jugeant qu'une caution dirigeante peut se prévaloir du dol commis par un établissement de crédit dans l'octroi d'un prêt, V. • Com. 23 juin 1998 : *JCP E 1998, n° 47, p. 1831, note Legeais ; ibid. 1999, n° 17, obs. Gavalda et Stoufflet.* ♦ Sur l'étendue du contrôle opéré par la Cour de cassation en matière de qualification de caution avertie, V. • Com. 3 févr. 2009 : *JCP 2009. II. 10081, note Legeais ; RJDA 2009, n° 571.*

54. Préjudice de la caution. En dehors des cas visés par l'art. 2037 [2314] C. civ., la faute du créancier ne peut donner lieu qu'à l'allocation de dommages et intérêts à la mesure du préjudice subi. • Civ. 1re, 17 mars 1998 : *Bull. civ. I, n° 114 ; D. Affaires 1998. 668, obs. J. F. ; Dr. sociétés 1998, n° 84, note Bonneau.* ♦ Le préjudice né du manquement par un établissement de crédit à son obligation de mise en garde s'analyse en la perte d'une chance de ne pas contracter. • Com. 20 oct. 2009 : *préc. note 49 bis* • 1er déc. 2009 : *Gaz. Pal. 2010. 330, obs. Dumont-Lefrand ; Dr. et patr. sept. 2010. 89, obs. Dupichot.*

55. Défense au fond ou demande reconventionnelle de la caution. La caution qui, poursuivie en paiement par le créancier, demande à être déchargée de son obligation en raison de la faute commise par celui-ci à l'encontre du débiteur principal, sans prétendre obtenir un avantage autre que le simple rejet de la prétention de son adversaire, peut procéder par voie de défense au fond ; elle peut aussi, par voie de demande reconventionnelle, demander à être déchargée indirectement en sollicitant des dommages et intérêts puis la compensation entre le montant de sa dette et celui des dommages et intérêts. • Com. 26 oct. 1999 : *Bull. civ. IV, n° 182 ; D. 2000. Somm. 340, obs. Jobard-Bachellier ; JCP 1999. II. 10262, note Legeais ; Procédures 2000, n° 36, obs. H. C. ; RTD com. 2000. 157, obs. Cabrillac* • 26 avr. 2000 : *Bull. civ. IV, n° 80 ; D. 2000. 665, note Grimaldi ; RD banc. fin. 2000, n° 151, obs. Legeais* • Civ. 1re, 4 oct. 2000 : *Bull. civ. I, n° 233 ; D. 2000. AJ 401, obs. Avena-Robardet ; RD banc. fin. 2000, n° 223, obs. Legeais ; Banque et Droit mars-avr. 2001. 45, obs. Jacob.* ♦ Comp. en ce sens que lorsqu'elle se situe en dehors du cadre de l'art. 2037 [2314] C. civ., la caution ne peut agir en responsabilité à l'encontre de la banque pour faute de cette dernière envers la société, que par voie de demande reconventionnelle et non pas par voie d'exception. • Com. 22 avr. 1997 : *Bull. civ. IV, n° 96 ; D. Affaires 1997. 666 ; LPA 4 mars 1998, note D. Boccara* • Civ. 1re, 24 juin 1997 : *Bull. civ. I, n° 211 ; D. Affaires 1997. 958.* – V. déjà • Com. 16 mars 1993 : *Bull. civ. IV, n° 102 ; D. 1993. Somm. 314, obs. Aynès* • 25 juin 1996 : *Bull. civ. IV, n° 193 ; D. Affaires 1996. 1091 ; JCP 1996. II. 22687, rapp. Rémery* (donneur d'aval). – V. aussi Haehl, *RTD com. 1990. 275*. ♦ Les demandes reconventionnelles et les moyens de défense étant formés de la même manière à l'encontre des parties à l'instance, la cour d'appel doit répondre à la demande de la caution qui invoque la faute du créancier pour s'opposer au paiement, quelle qu'en soit la qualification procédurale. • Cass., ch. mixte, 21 févr. 2003 : *Bull. civ., n° 3 ; D. 2003. AJ 829, obs. Avena-Robardet ; JCP E 2003, n° 28-29, p. 1194, note Legeais ; RJDA 2003, p. 495, concl. de Gouttes ; JCP 2003. II. 10103, note Boucard ; RTD com. 2003. 353, obs. Legeais ; Gaz. Pal. 2003. Somm. 2482, obs. S. Piedelièvre ; Procédures 2003, n° 118, obs. Croze.*

La caution qui demande reconventionnellement des dommages-intérêts à une banque, en raison du préjudice personnel qu'elle allègue contre cette dernière, n'est pas tenue de mettre en cause le débiteur principal ou les organes de la procédure collective de celui-ci. • Com. 25 juin 1996 : *D. Affaires 1996. 1068 ; JCP E 1997. II. 900, note Legeais.*

56. Défense de la caution à une action paulienne de la banque. Dès lors que la banque justifie d'un principe certain de créance, la faute de cette dernière ne peut être invoquée par voie d'exception dans le cadre d'une défense à une action paulienne. • Cass., ch. mixte, 21 févr. 2003 : *Bull. civ. n° 2 ; D. 2003. AJ 829, obs. Avena-Robardet ; RJDA 2003, p. 495, concl. de Gouttes ; JCP E 2004, n° 3, p. 77, obs. Simler.*

57. Autres recours de la caution. Avant même d'avoir payé, la caution qui dispose contre le débiteur d'une créance personnelle d'indemnité, peut agir contre celui-ci, bien qu'il soit lui-même poursuivi en paiement par le créancier. • Com. 21 janv. 2003 : *Bull. civ. IV, n° 8 ; D. 2003. AJ 620 ; JCP E 2003, n° 11, p. 438 ; RDC 2003. 177, obs. Houtcieff ; RJDA 2003, n° 642.* ♦ La caution, poursuivie en paiement par le créancier, dispose, avant même d'avoir payé, d'une créance personnelle d'indemnité contre les héritiers de l'emprunteur, de sorte que du chef de cette créance, elle était recevable à agir, par voie oblique, contre la compagnie d'assurance en exécution du contrat d'assurance. • Civ. 1re, 25 mai 2005 : *JCP E 2005, n° 29, p. 1220 ; RD banc. fin. 2005, n° 122, obs. Legeais ; Banque et Droit juil.-août 2005. 62, obs. Rontchevsky ; RJDA 2005, n° 1151.*

58. Cumul des actions. Jugeant que, en matière de responsabilité bancaire en ce qui concerne l'octroi de crédit, la caution peut se prévaloir du devoir de mise en garde et de la responsabilité fondée sur le soutien abusif de crédit de l'art. L. 650-1 C. com., V. • Versailles, 26 mai 2011 : *RD banc. fin. 2012, n° 7, obs. Legeais.*

Art. L. 313-12-1 *(L. n° 2009-1255 du 19 oct. 2009, art. 2)* **Les établissements de crédit fournissent aux entreprises qui sollicitent un prêt ou bénéficient d'un prêt une explication sur les éléments ayant conduit aux décisions de notation les concernant, lorsqu'elles en font la demande. Ces explications ou éléments ne peuvent pas être demandés par un tiers, ni lui être communiqués.**

BIBL. ▶ Mathey, *JCP E 2010, n° 1550* (vers une remise en cause de la liberté du banquier en matière de crédit ?).

Art. L. 313-12-2 *(L. n° 2009-1255 du 19 oct. 2009, art. 5)* **La Banque de France publie chaque trimestre, à partir du volume des encours de crédits et des nouveaux crédits consentis par les établissements de crédit aux entreprises, un document faisant apparaître la part et le volume de ceux consentis :**

– aux entreprises créées depuis moins de trois ans ;

– aux petites et moyennes entreprises.

Les données précisent, pour chaque catégorie, le nombre d'entreprises concernées.

§ 2 *Prêts participatifs*

RÉP. SOCIÉTÉS v° *Prêt participatif*, par Quievy.

BIBL. GÉN. ▶ Faugérolas, *JCP E 1991. I. 84* (subordination des créances). – Bachelot, *Dr. sociétés 1995. Chron. 6* (problèmes posés par la pratique). – Ansaloni, *Banque et Droit janv.-févr. 2012. 19* (retour sur la subordination des créances). ▶ Loi n° 2005-882 du 2 août 2005 : Lécuyer, *Dr. sociétés 2005. Chron. 12* (aspects de droit commun des sociétés).

Art. L. 313-13 **L'État, sous réserve des articles L. 313-18 à L. 313-20** *[,]* **les établissements de crédit, les sociétés commerciales,** *(L. n° 2005-882 du 2 août 2005, art. 11-I)* **« les établissements publics dont la liste est fixée par décret en Conseil d'État, »** *(Ord. n° 2001-350 du 19 avr. 2001)* **« les sociétés et mutuelles d'assurances,** *(L. n° 2005-882 du 2 août 2005, art. 11-I)* **« les associations sans but lucratif mentionnées au 5 de l'article L. 511-6, » les mutuelles et unions régies par le code de la mutualité » et les institutions relevant du titre II et du titre III du livre IX du code de la sécurité sociale peuvent consentir sur leurs ressources disponibles à long terme des concours aux entreprises** *(L. n° 2005-882 du 2 août 2005, art. 11-I)* **« artisanales, industrielles ou commerciales » sous forme de prêts participatifs régis par les articles L. 313-14 à L. 313-20. Les dispositions du présent article ne font pas obstacle à l'application des dispositions pénales du titre IV du livre II du code de commerce.** – *[L. n° 78-741 du 13 juill. 1978, art. 24.] – V. art. R. 313-14-1.*

(L. n° 2005-882 du 2 août 2005, art. 11-I) **« L'attribution d'un prêt participatif à une entreprise individuelle n'emporte pas, par elle-même, constitution d'une société entre les parties au contrat. »**

1. *Champ d'application.* Les prêts participatifs n'étant consentis qu'aux entreprises industrielles et commerciales, les personnes physiques non commerçantes, seraient-elles les dirigeants sociaux de ces entreprises, ne peuvent contracter de tels prêts. • Com. 7 mars 1995 : *Bull. civ. IV, n° 72 ; D. 1995. IR 88 ; Bull. Joly 1995. 519, note Couret ; Rev. sociétés 1995. 703, note J.-F. Barbièri ; Dr. sociétés 1995, n° 130, note Bonneau.* ♦ Sur la qualification de prêt participatif dans l'hypothèse d'une société en formation, peu important à cet égard que le prêt n'ait pas été repris ultérieurement par la société, V. • Com. 18 juin 2002 : *RJDA 2002, n° 1310 ; Banque et Droit nov.-déc. 2002. 54, obs. Bonneau.* ♦ Jugeant que pour qualifier le prêt litigieux il convient de ne pas s'arrêter au sens littéral des termes de la convention mais de rechercher quelle avait été la commune intention des parties, V. • Même arrêt.

2. *Garantie.* La garantie prise sur le patrimoine d'un tiers à l'entreprise industrielle ou commerciale bénéficiaire du prêt ne peut exclure la qualification de prêt participatif. • Com. 7 avr. 2009 : *D. 2010. Pan. 1049, obs. D. R. Martin ; Banque et Droit juill.-août 2009. 19, obs. Bonneau ; RJDA 2009, n° 995.* ♦ L'établissement de crédit qui accorde un prêt participatif garanti par la Société française d'assurance du capital-risques des petites et moyennes entreprises (SOFARIS), accepte par là même les modalités et conditions de cette garantie qui sont définies par une convention passée le 2 déc. 1982 entre l'État et la SOFARIS et par une note d'instruction de cette dernière. • Civ. 1re, 19 avr. 1988 : *Bull. civ. I, n° 109 ; JCP 1989. II. 21176, note Delebecque.* ♦ Mais, ni la loi du 13 juill. 1978 [C. mon. fin., art. L. 313-13 s.], ni la convention du 2 déc. 1982, ni les conditions d'intervention de la SOFARIS n'excluent la possibilité pour un créancier de recueillir un cautionnement dès lors que celui-ci est conforme aux conditions particulières retenues par la SOFARIS. • Metz, 17 juin 1993 : *Dr. sociétés 1993, n° 220, note Bonneau.* ♦ Dans le cadre d'une opération de prêt participatif, la SOFARIS, qui ne remboursera les établissements prêteurs qu'après épuisement des poursuites contre l'emprunteur et ses garants, n'a ni la qualité de coobligé ni celle de cofidejusseur à l'égard de la caution : elle a la qualité de créancier en raison de la part de risque qu'elle assume dans l'opération de crédit. • Même arrêt. ♦ V. aussi, sur les conditions de l'intervention de la SOFARIS dans l'octroi d'un prêt participatif, • Com. 17 oct. 1995 : *RJDA 1996, n° 87.*

Sur la validité du cautionnement consenti par un tiers, antérieurement à la convention conclue (en 1982) entre l'État et la Caisse nationale des marchés de l'État (CNME) et sa circulaire d'application, excluant un tel cautionnement, V. • Com. 11 juin 1996 : *Bull. civ. IV, n° 171 ; D. Affaires 1996. 897.*

V. note 2 ss. art. L. 313-16.

Sous-§ 1 Régime général

Art. L. 313-14 Les prêts participatifs sont inscrits sur une ligne particulière du bilan de l'organisme qui les consent et de l'entreprise qui les reçoit *(L. n° 2005-882 du 2 août 2005, art. 11-II)* « et qui, en outre, les mentionne dans l'annexe prévue à l'article L. 123-12 du code de commerce ».

Ils sont, au regard de l'appréciation de la situation financière des entreprises qui en bénéficient, assimilés à des fonds propres. – *[L. n° 78-741 du 13 juill. 1978, art. 25.]*

Assimilation à des fonds propres. BIBL. Crémieux-Israël, *Rev. sociétés 1983. 751.* ♦ V. aussi : Rép. min. n° 30623 : *JOAN Q, 8 août 1983, p. 3488.*

Art. L. 313-15 En cas de liquidation amiable, de liquidation judiciaire *(L. n° 2005-845 du 26 juill. 2005, art. 165)* « , de sauvegarde » ou de redressement judiciaire par cession de l'entreprise débitrice, les prêts participatifs ne sont remboursés qu'après désintéressement complet de tous les autres créanciers privilégiés ou chirographaires. *(L. n° 2005-882 du 2 août 2005, art. 11-III)* « Sauf stipulations contractuelles contraires ayant requis l'accord global de l'ensemble des titulaires de prêts participatifs ceux-ci sont, pour les répartitions à intervenir, placés sur le même rang. » – *[L. n° 78-741 du 13 juill. 1978, art. 26.] – V. C. com., art. L. 228-36, al. 4.*

Art. L. 313-16 En cas *(L. n° 2005-845 du 26 juill. 2005, art. 165-II)* « de procédures de sauvegarde ou » de redressement judiciaire par continuation de l'entreprise débitrice, le remboursement des prêts participatifs et le paiement des rémunérations prévues sont suspendus pendant toute la durée de l'exécution *(L. n° 2005-845 du 26 juill. 2005, art. 165-II)* « des plans de sauvegarde ou de redressement judiciaire ». – *[L. n° 78-741 du 13 juill. 1978, art. 27, al. 1er.]*

1. Applicabilité au redressement judiciaire. Jugé que les dispositions de l'art. 27 [C. mon. fin., art. L. 313-16] ne peuvent être étendues aux plans de redressement par continuation prévus par la loi du 25 janv. 1985 [C. com., art. L. 621-62 s. anciens], dès lors qu'un tel plan ne peut être assimilé ni à un concordat, ni à une suspension provisoire des poursuites. • Lyon, 26 juill. 1991 : *RJDA 1992, n° 90.* – *Contra* : Rép. min. : *JOAN Q, 31 août 1987, p. 4922 ; Rev. sociétés 1987. 637.*

2. Cautionnement spécial. Le caractère des prêts participatifs et le régime auquel, en vertu des art. 26 et 27 de la loi du 13 juill. 1978 [C. mon. fin., art. L. 313-15 et L. 313-16], ils sont soumis en cas d'ouverture d'une procédure collective, ne permettent pas de faire entrer pareils prêts dans le champ des cautionnements qui n'ont pas été consentis spécialement pour leur garantie, même si ces cautionnements ont été stipulés sans limitation quant à la nature et au montant des engagements du débiteur. • Com.

9 juin 1992 : *Bull. civ. IV, n° 233 ; D. 1992. IR 198 ; Rev. sociétés 1993. 93, note Delebecque ; Banque 1992. 1167, obs. Rives-Lange ; Rev. proc. coll. 1992. 404, obs. Soinne* • 24 oct. 1995 : *Bull. Joly 1996. 149, note Couret.* ♦ L'établissement de crédit qui accorde un prêt participatif garanti par SOFARIS accepte les modalités et conditions limitatives des sûretés prévues par la convention du 2 déc. 1982 entre l'État et SOFARIS, laquelle ne prévoit pas l'éventualité du cautionnement consenti par le dirigeant de l'entreprise emprunteuse. • Civ. 1re, 8 juill. 1997 : *Bull. civ. I, n° 237 ; D. Affaires 1997. 1003.* – Dans le même sens, V. • Com. 27 oct. 1998 : *Bull. civ. IV, n° 267 ; D. Affaires 1999. 207, obs. X. D. ; Dr. sociétés 1999, n° 50, obs. Bonneau.* ♦ Comp., ayant jugé que ni les dispositions du code civil, ni celles de la loi du 13 juill. 1978 [C. mon. fin., art. L. 313-13 s.] ne faisaient obstacle à ce que le remboursement d'un prêt participatif soit garanti par un cautionnement, sous réserve que celui-ci soit consenti spécialement à cette fin et qu'une restriction au champ d'application du contrat de cautionnement, fixé par la loi, ne pouvait résulter d'une instruction ministérielle, • Com. 31 mai 1994 : *D. 1994. IR 172 ; Dr. sociétés 1994, n° 150, note Bonneau.* ♦ Comp. aussi • Com. 20 mai 1997 : *Bull. civ. IV, n° 152 ; D. Affaires 1997. 830 ; Bull. Joly 1997. 808, note J.-F. Barbièri ; Dr. sociétés 1997, n° 140, note Bonneau ; RTD com. 1997. 492, obs. Cabrillac ; JCP E 1997. Pan. 668, obs. Bouteiller.*

3. Action récursoire. La circonstance que l'action récursoire du cautionné à l'encontre du débiteur principal soit limitée, puisque le créancier participatif ne bénéficie que d'une créance de dernier rang, n'a pas pour autant pour effet de priver le cautionné de toute action récursoire au sens de l'art. 2028 [2305] C. civ., pas plus que le créancier participatif n'est privé d'action contre le débiteur principal. • Com. 20 mai 1997 : *préc. note 2.*

4. Sous-cautionnement. Le sous-cautionnement souscrit au profit des cautions d'un prêt participatif doit être spécialement consenti à cette fin. • Com. 20 mai 1997 : *préc. note 2.*

Art. L. 313-17 Sans préjudice des articles L. 313-1 à L. 313-6 du code de la consommation *[relatifs à l'usure]*, l'intérêt fixe du prêt participatif peut être majoré dans les conditions qui sont déterminées par le contrat, notamment par le jeu d'une clause de participation au bénéfice net de l'emprunteur *(L. n° 2005-882 du 2 août 2005, art. 11-IV)* « ou au bénéfice réalisé par l'emprunteur lors de l'utilisation des biens dont l'acquisition a été financée totalement ou partiellement par ce prêt ou à la plus-value réalisée lors de leur cession ou sous forme de rétrocession de la marge réalisée ». *– V. ces art., v° Prêts d'argent – Intérêts des capitaux.*

(L. n° 2005-882 du 2 août 2005, art. 11-IV) « Lorsqu'une clause de participation au bénéfice net de l'entreprise est prévue, elle s'exerce sous la forme d'un prélèvement prioritaire, pour les personnes physiques, sur le bénéfice comptable et, pour les sociétés, sur le bénéfice distribuable avant toute autre affectation.

« Dans les cas où l'approbation des assemblées spéciales mentionnées aux articles L. 225-99 et L. 228-35-6 du code de commerce ou des assemblées générales des masses constituées en application de l'article L. 228-103 du même code est nécessaire, cette clause est approuvée par l'assemblée générale extraordinaire. Dans les autres cas, elle est approuvée par les associés statuant selon les conditions requises pour l'approbation des comptes. »

Sous-§ 2 Prêts participatifs accordés par l'État

Art. L. 313-18 L'octroi de prêts participatifs par l'État est subordonné à des engagements précis et datés de la part de l'emprunteur en matière industrielle ou commerciale ainsi qu'en matière financière.

Si le contenu ou l'échéancier des engagements ne sont pas respectés, le remboursement du prêt devient exigible, sauf dans le cas prévu à l'article L. 313-16. *– [L. n° 78-741 du 13 juill. 1978, art. 31.]*

Art. L. 313-19 L'intérêt fixe du prêt participatif est majoré, dans les conditions qui sont déterminées par le contrat, par le jeu d'une clause de participation, notamment au bénéfice net de l'emprunteur.

Cette participation constitue une charge de l'exercice.

Le taux effectif global de la rémunération versée par l'emprunteur à l'État ne peut être inférieur au taux moyen des intérêts rémunérant les comptes courants des associés de la société emprunteuse. – *[L. n° 78-741 du 13 juill. 1978, art. 32.]*

Art. L. 313-20 Le montant de chaque prêt participatif accordé par l'État est rendu public chaque année. – *[L. n° 78-741 du 13 juill. 1978, art. 33, al. 1er.]*

§ 3 *Garanties des crédits aux entrepreneurs individuels*

Art. L. 313-21 A l'occasion de tout concours financier qu'il envisage de consentir à un entrepreneur individuel pour les besoins de son activité professionnelle, l'établissement de crédit qui a l'intention de demander une sûreté réelle sur un bien non nécessaire à l'exploitation ou une sûreté personnelle consentie par une personne physique doit informer par écrit l'entrepreneur de la possibilité qui lui est offerte de proposer une garantie sur les biens nécessaires à l'exploitation de l'entreprise *(L. n° 2010-658 du 15 juin 2010, art. 10)* « ou de solliciter une garantie auprès d'un autre établissement de crédit, d'une entreprise d'assurance habilitée à pratiquer les opérations de caution ou d'une société de caution mutuelle mentionnée aux articles L. 515-4 à L. 515-12. L'établissement de crédit » indique, compte tenu du montant du concours financier sollicité, le montant de la garantie qu'il souhaite obtenir.

A défaut de réponse de l'entrepreneur individuel dans un délai de quinze jours ou en cas de refus par l'établissement de crédit de la garantie proposée par l'entrepreneur individuel, l'établissement de crédit fait connaître à ce dernier le montant chiffré des garanties qu'il souhaite prendre sur les biens non nécessaires à l'exploitation de l'entreprise ou auprès de tout autre garant. En cas de désaccord de l'entrepreneur, l'établissement de crédit peut renoncer à consentir le concours financier sans que sa responsabilité puisse être mise en cause.

L'établissement de crédit qui n'a pas respecté les formalités prévues aux premier et deuxième alinéas ne peut dans ses relations avec l'entrepreneur individuel se prévaloir des garanties qu'il aurait prises. En cas de garantie constituée par une sûreté immobilière ou mobilière donnant lieu à publicité, l'établissement de crédit ne peut plus s'en prévaloir à compter de la radiation de l'inscription de la sûreté – *[L. n° 84-46 du 24 janv. 1984, art. 60-1.]*

BIBL. ▶ Rubellin, *JCP 1995. I. 3856.*

1. Entrepreneur individuel. Dès lors que la sûreté réelle prise sur un bien non nécessaire à l'exploitation n'a pas été demandée par la banque, mais offerte par l'entrepreneur individuel, il ne peut être reproché à la banque de ne pas avoir respecté les dispositions de l'art. 60-1 [C. mon. fin., art. L. 313-21]. • Bordeaux, 4 avr. 2001 : *Banque et Droit mars-avr. 2002. 62, obs. Guillot.*

2. Caution. Après avoir énoncé que la sanction prévue en cas de non-respect des formalités qu'édicte l'art. L. 313-21 ne s'applique que dans les relations entre la banque et l'entrepreneur individuel, la cour d'appel en a exactement déduit que la caution ne pouvait s'en prévaloir. • Com. 3 juin 2009 : *Bull. civ. IV, n° 72 ; D. 2009. AJ 1601, obs. Avena-Robardet ; RTD com. 2009. 797, obs. Legeais ; JCP 2010, n° 4, obs. Simler ; RJDA 2009, n° 1010.*

Art. L. 313-21-1 *(L. n° 2005-842 du 26 juill. 2005, art. 18-I)* Les sociétés retenues pour contribuer à la création d'activités ou au développement des emplois dans le cadre d'une convention passée avec l'État en application *(Ord. n° 2007-329 du 12 mars 2007, art. 3)* « des articles L. 1233-84 à L. 1233-89 » du code du travail ainsi que les sociétés agréées par le ministre chargé de l'économie sont autorisées à consentir des garanties partielles au profit d'établissements de crédit octroyant des prêts pour des projets de développement d'entreprises situées dans des bassins d'emploi connaissant des difficultés économiques ou révélant une fragilité économique, ainsi qu'aux sociétés de caution mutuelle artisanales qui cautionnent de tels projets.

Les conditions d'application de ces dispositions, notamment en ce qui concerne l'agrément et l'étendue des garanties, sont fixées par décret en Conseil d'État. – *V. C. mon. fin., art. R. 518-65 s.* – ***C. mon. fin.***

§ 4 *Régime des engagements de garantie (L. n° 2010-737 du 1er juill. 2010, art. 26-I).*

Art. L. 313-22 Les établissements de crédit ayant accordé un concours financier à une entreprise, sous la condition du cautionnement par une personne physique ou une personne morale, sont tenus au plus tard avant le 31 mars de chaque année de faire connaître à la caution le montant du principal et des intérêts, commissions, frais et accessoires restant à courir au 31 décembre de l'année précédente au titre de l'obligation bénéficiant de la caution, ainsi que le terme de cet engagement. Si l'engagement est à durée indéterminée, ils rappellent la faculté de révocation à tout moment et les conditions dans lesquelles celle-ci est exercée.

Le défaut d'accomplissement de la formalité prévue à l'alinéa précédent emporte, dans les rapports entre la caution et l'établissement tenu à cette formalité, déchéance des intérêts échus depuis la précédente information jusqu'à la date de communication de la nouvelle information. Les paiements effectués par le débiteur principal sont réputés, dans les rapports entre la caution et l'établissement, affectés prioritairement au règlement du principal de la dette. – *[L. n° 84-148 du 1er mars 1984, art. 48.]*

Sur l'extension du domaine d'application de l'art. L. 313-22 à compter du 1er sept. 1994, V. L. n° 94-126 du 11 févr. 1994, art. 47, II, al. 2, après les notes de jurisprudence.

Sur l'extension de la compétence de la commission de surendettement des particuliers désormais habilitée à traiter la situation de surendettement des personnes physiques caractérisée par l'impossibilité manifeste pour le débiteur de bonne foi de faire face à l'engagement qu'il a donné de cautionner ou d'acquitter solidairement la dette d'un entrepreneur individuel ou d'une société, V. C. consom., art. L. 330-1. – ***C. consom.***

RÉP. COM. v° *Cautionnement commercial,* par Piette.

BIBL. ▸ Le Corre-Broly, *LPA 17 août 1998* (faculté de résiliation de la caution). – Cerles, *Banque et Droit mars-avr. 1999. 3* (incidences sur les cautionnements de personnes physiques de la loi relative à la lutte contre les exclusions). – Brémont et Jobard-Bachellier, *RTD com. 1999. 327* (cautionnement d'activités professionnelles : de l'utilité du droit de la responsabilité pour assurer l'équilibre des intérêts des contractants). – Meyer, *Dr. sociétés 2001. Chron. 26* (information des cautions et mise en jeu des garanties en cas de redressement ou de liquidation judiciaires du débiteur principal et/ou du garant). – Vuillemin-Gonzalez, *D. 2001. 3338* (la réticence dolosive des établissements bancaires à l'égard des cautions). – Picod, *D. 2002. 1971* (réflexions sur la sanction de l'obligation d'information bénéficiant aux cautions d'entreprises). – Mignot, *Dr. et patr. déc. 2002. 30* (nature du cautionnement réel à la lumière de la pratique contractuelle bancaire). – Houtcieff, *RTD civ. 2003. 3* (remarques sur la considération de la personne du créancier par la caution). – Cerles, *Dr. et patr. juill.-août 2003. 54* (protection de la caution personnelle). – Legeais, *Mélanges Bouloc, Dalloz, 2006, p. 599* (la caution dirigeante). – Picod, *Mélanges Simler, Dalloz-Litec, 2006, p. 395* (l'évolution de l'obligation d'information de la caution pendant l'exécution du contrat). – Routier, *LPA 29 mars 2006* (défaut d'information justifiant le non-paiement du banquier). – Djoudi, *RD banc. fin. mai-juin 2007. 60* (sanction de l'obligation d'information annuelle de la caution). – Bouteiller, *JCP E 2008, n° 16, p. 13* (la faute du banquier et les moyens de défense de la caution poursuivie). – Delattre-Beynet, *Dr. et patr. juill.-août 2008. 82* (cautionnement et entreprise : difficultés pratiques). – SDECC, *BICC 15 janv. 2010, p. 31* (obligations du banquier au regard des cautions).

▸ Sur la L. n° 2003-721 du 1er août 2003 : V. bibl. à l'art. L. 341-1 C. consom., reproduit ss. les notes de jurisprudence suivantes.

1. Ordre public. Les parties ne peuvent déroger aux dispositions d'ordre public de l'art. 48 [C. mon. fin., art. L. 313-22]. • Com. 14 déc. 1993 : *Bull. civ. IV, n° 467.* ♦ Comp., sur la possibilité, pour la caution, de renoncer à sa faculté de révocation : • Versailles, 9 nov. 1995 : *D. 1996. IR 17.*

2. *Application dans le temps.* BIBL. Élie, *LPA 17 oct. 2003.* ♦ L'art. 48 [C. mon. fin., art. L. 313-22] est applicable aux effets des cautionnements souscrits antérieurement à l'entrée en vigueur de la loi du 1er mars 1984. • Com. 18 févr. 1992 : *CCC 1992, n° 114, note Leveneur ; JCP 1992. I. 3623, n° 5, obs. Simler et Delebecque* • Civ. 1re, 27 juin 1995 : *Bull. civ. I, n° 282 ; Dr. sociétés 1995, n° 180, note Bonneau ; RJDA 1996, n° 105.* ♦ Cependant, la loi de 1984 [C. mon. fin., art. L. 313-22], qui ne présente aucun caractère interprétatif, ne peut entraîner la déchéance du droit aux intérêts conventionnels qu'à compter de son entrée en vigueur (V. art. 62). • Civ. 1re, 10 juin 1992 : *Bull. civ. I, n° 175.* – V. aussi • Com. 27 oct. 1998 : *Bull. civ. IV, n° 255 ; D. 1998. IR 251 ; D. Affaires 1999. 794, obs. J. F. ; Dr. sociétés 1999, n° 33, obs. Bonneau.* ♦ Pour la consécration du caractère non interprétatif des dispositions introduites dans l'art. 48 de la loi de 1984 [C. mon. fin., art. L. 313-22] par l'art. 114 de la loi du 25 juin 1999, de sorte qu'à défaut de disposition expresse de la loi de 1999, celle-ci n'est pas applicable à des situations consommées avant la date de son entrée en vigueur, V. • Civ. 1re, 18 mars 2003 : *Bull. civ. I, n° 81 ; D. 2003. AJ 1035, obs. Lienhard ; JCP E 2004, n° 3, p. 76, obs. Simler ; LPA 25 avr. 2003, note Coudert ; Gaz. Pal. 2003. 2337, note Sainte-Rose ; RJDA 2003, n° 1014 (2e esp.)* • Com. 29 avr. 2003 : *Bull. civ. IV, n° 62 ; D. 2003. AJ 1562 ; JCP E 2004, n° 3, p. 76, obs. Simler ; LPA 14 déc. 2004, note Rodière-Granger ; RJDA 2003, n° 1016* • Civ. 1re, 2 juin 2004 : *Bull. civ. I, n° 156 ; D. 2004. AJ 1807 ; JCP E 2004, n° 31, p. 1222 ; RJDA 2004, n° 1383.*

3. *Application dans le temps : règlements effectués par les cautions.* Même si, eu égard au caractère d'ordre public des dispositions de la loi de 1984, les dispositions de l'art. 48 telles que modifiées par la loi du 25 juin 1999 [C. mon. fin., art. L. 313-22], aux termes desquelles les paiements effectués par le débiteur principal sont réputés dans les rapports entre la caution et l'établissement financier affectés prioritairement au règlement du principal, sont applicables aux cautionnements antérieurs, celles-ci ne sont pas applicables aux règlements effectués par les cautions. • Paris, 16 juin 2000 : *D. 2000. AJ 347, obs. Lienhard ; JCP 2001. I. 315, n° 5, obs. Simler et Delebecque.* ♦ Considérant que le nouvel art. 48 [C. mon. fin., art. L. 313-22] ne s'applique qu'aux règlements intervenus postérieurement à son entrée en vigueur, V. • Versailles, 31 mars 2000 : *RD banc. fin. 2001, n° 12, obs. Crédot et Gérard.* ♦ Pour des décisions reconnaissant à l'art. 114 de la loi du 25 juin 1999 une valeur de texte interprétatif, V. • Pau, 8 févr. 2001 : *RJDA 2002, n° 201* • TGI Versailles, 17 déc. 1999 *Banque et Droit nov.-déc. 2000. 53, obs. crit. Guillot ; JCP 2001. I. 315, n° 5, obs. Simler et Delebecque* • Rennes, 20 déc. 2002 : *JCP E 2003, n° 43, p. 1694* • Colmar, 12 déc. 2002 : *JCP E 2003, n° 49, p. 1339.*

I. CHAMP D'APPLICATION

BIBL. Piotraut, *JCP N 1992. I. 243.* – J.-M. Fernandez, *LPA 27 févr. 1998.* – Schiller, *RD banc. fin. 2002. 154* (la définition de l'entreprise au secours de la caution). ♦ Sur l'extension du domaine d'application de l'art. L. 313-22 C. mon. fin., à compter du 1er sept. 1994, V. L. n° 94-126 du 11 févr. 1994, art. 47, II, al. 2, *infra.*

A. ÉTABLISSEMENT DE CRÉDIT

4. *Société d'affacturage.* Une société d'affacturage qui bénéficie du cautionnement d'une personne physique garantissant le solde débiteur du compte courant de l'adhérent, est soumise à l'obligation prévue par l'art. 48 [C. mon. fin., art. L. 313-22]. • Versailles, 24 nov. 1989 : *JCP 1990. II. 21498, note Estoup.* ♦ V. aussi note 6. ♦ Tel n'est pas le cas, en revanche, d'un organisme de caution mutuelle. • Paris, 4 mars 1992 : *JCP E 1992. Pan. 463* • Pau, 3 avr. 2007 : *BICC 15 mars 2008, n° 461.*

5. *Créanciers n'ayant pas la qualité d'établissement de crédit.* L'art. 48 [C. mon. fin., art. L. 313-22] ne s'applique qu'au cas de concours financier consenti par un établissement de crédit ; V., excluant ce texte quand le prêteur est un mandataire d'une banque, • Paris, 15 déc. 1994 : *Rev. dr. bancaire 1995. 151, obs. Contamine-Raynaud.* ♦ ... Lorsque la société intimée n'est pas « l'établissement de crédit ayant accordé le concours financier » mais un organisme de caution mutuelle venant aux droits du garant de deuxième rang, sans autres obligations envers les cofidéjusseurs que celles prévues aux art. 2025 s. [2302 s.] C. civ., • Toulouse, 6 oct. 1997 : *JCP E 1998, n° 7-8, p. 246.* ♦ ... Les compagnies d'assurances qui ne sont pas habilitées à pratiquer des opérations de crédit et ne peuvent consentir des prêts aux collectivités locales que par une dérogation légale particulière, • Com. 26 oct. 1999 : *Bull. civ. IV, n° 183 ; D. 1999. AJ 88, obs. V. A.-R. ; JCP E 2001, n° 27, p. 1088, obs. Gavalda et Stoufflet ; CCC 2000, n° 20, obs. Leveneur ; RTD com. 2000. 158, obs. Cabrillac.* ♦ ... La Caisse des dépôts et consignations, • Rouen, 30 mai 2001 : *RD banc. fin. 2001, n° 227, obs. Cerles ; RJDA 2002, n° 99.* ♦ ... L'État, même lorsqu'il consent un prêt par l'intermédiaire d'un établissement habilité comme tel dans le cadre du Décr. du 15 juill.

1960 portant organisation du compte spécial « prêts du fonds de développement économique et social ». • Com. 23 nov. 2004 : *RJDA 2005, n° 462.* ♦ Ayant relevé qu'une société était intervenue en qualité de caution principale et non d'établissement de crédit ayant accordé un crédit financier, une cour d'appel écarte, à bon droit, l'application de l'art. L. 313-22. • Com. 13 févr. 2007 : *cité note 1 ss. art. L. 341-6 C. consom.*

B. CONCOURS FINANCIER

6. Découvert en compte. Étant de principe admis qu'un découvert de compte s'analyse en un concours financier, les cessions Dailly, tout comme l'affacturage, sont soumises aux dispositions de l'art. 48 [C. mon. fin., art. L. 313-22], alors même que ces opérations sont gérées en compte courant. • Paris, 31 oct. 1997 : *D. Affaires 1997. 1420.*

7. Exclusion du cautionnement bancaire. Les dispositions de l'art. 48 [C. mon. fin., art. L. 313-22] ne sont applicables qu'aux seuls « concours financiers » ; n'entre pas dans cette catégorie le cautionnement accordé par un établissement de crédit, qui constitue une garantie et non une opération de crédit. • Com. 3 déc. 2003 : *Bull. civ. IV, n° 188 ; D. 2004. AJ 206, obs. Avena-Robardet ; JCP E 2004, n° 6, p. 200 ; RJDA 2004, n° 476.* ♦ V. aussi, jugeant que l'art. 48 [C. mon. fin., art. L. 313-22] ne s'applique pas au cautionnement en contrepartie d'une garantie bancaire. • Paris, 29 avr. 1997 : *D. Affaires 1997. 761 ; RTD civ. 1997. 704, obs. Bandrac et Crocq .*

8. Exclusion du crédit-bail. Les dispositions de l'art. 48 [C. mon. fin., art. L. 313-22] ne sont pas applicables en faveur de la caution du crédit-preneur qui s'acquitte de loyers. • Com. 30 nov. 1993 : *Bull. civ. IV, n° 435 ; Defrénois 1994. 1173, obs. Aynès ; Rev. dr. bancaire 1994. 130, obs. Contamine-Raynaud ; LPA 12 mai 1995, note Courtier* • Civ. 1re, 12 déc. 1995 : *Bull. civ. I, n° 457 ; D. Affaires 1996. 176 ; Dr. sociétés 1996, n° 52, obs. Bonneau.* ♦ V. aussi, à propos d'une location avec promesse d'achat • Versailles, 19 déc. 1996 : *D. Affaires 1997. 274 ; RD bancaire et bourse 1997, p. 222, obs. Contamine-Raynaud.* ♦ Malgré l'extension des dispositions de l'art. 48 de la loi de 1984, devenu l'art. L. 313-22 C. mon. fin., par l'art. 47 (II) de la loi de du 1er mars 1994, au cautionnement à durée indéterminée, consenti par une personne physique pour garantir une dette professionnelle d'un entrepreneur individuel, le gérant qui s'est porté caution de sa société, dans le cadre d'un contrat de crédit-bail, ne peut invoquer les dispositions de l'art. précité. • Com. 29 mai 2001 : *Bull. civ. IV, n° 106 ; D. 2001. AJ 2122, obs. Avena-Robardet .* ♦ Le crédit-bail ne constituant pas un concours financier, l'art. 48 [C. mon. fin., art. L. 313-22] n'est pas applicable : • Civ. 3e, 23 juin 2004 : *JCP E 2004, n° 37, p. 1367 ; Banque et Droit sept.-oct. 2004. 86, obs. Bonneau ; RJDA 2004, n° 1382.*

8 bis. Exclusion des obligations aux dettes. Sauf disposition contractuelle expresse, les dispositions de l'art. L. 313-22 ne sont applicables qu'aux concours financiers accordés à une entreprise sous la condition du cautionnement par une personne physique ou morale (inapplicabilité aux obligations aux dettes sociales). • Com. 9 déc. 2008 : *RTD com. 2009. 393, obs. Monsèrié-Bon ; JCP 2009. I. 150, n° 5, obs. Simler ; Dr. sociétés 2009, n° 27, obs. Mortier.*

C. ENTREPRISE

9. Exercice d'une activité économique. L'exercice d'une activité économique libérale constitue, au sens de l'art. L. 313-22, une entreprise, peu important qu'elle soit en voie de création. • Civ. 1re, 12 mars 2002 : *Bull. civ. I, n° 86 ; D. 2002. AJ 1199, obs. Lienhard ; JCP 2002. I. 162, n° 2, obs. Simler et Delebecque ; Banque et Droit juill.-août 2002, p. 40, obs. Rontchevsky ; Dr. sociétés 2002, n° 126, obs. Bonneau ; LPA 17 janv. 2003, note Marmayou ; RJ com. 2003. 276, note Courtier.* (agent d'assurance) • 23 mars 2004 : *Bull. civ. I, n° 94 ; JCP E 2005, n° 5, p. 177, obs. Simler ; RJDA 2004, n° 902* (notaire). ♦ En effet, l'entreprise, au sens de la loi, ne se réduit pas aux seules sociétés commerciales, mais englobe également : les personnes physiques ou morales ayant une activité artisanale, agricole ou libérale. • Fort-de-France, 13 déc. 1996 : *BICC 1997, n° 546.* ♦ ... Les personnes physiques ayant contracté un prêt destiné à permettre l'acquisition d'un fonds de commerce ou des parts de la société propriétaire du fonds. • Com. 20 févr. 2001 : *Rev. proc. coll. 2002. 1988, obs. Léguevaques.* ♦ Mais les dispositions de l'art. 48 [C. mon. fin., art. L. 313-22] ne s'appliquent qu'aux prêts consentis à des entreprises ou à des commerçants. • Paris, 29 mai 1990 : *Rev. dr. bancaire 1990. 242, obs. Contamine-Raynaud.*

10. Société civile immobilière. Pour l'application de l'art. L. 313-22 aux sociétés civiles immobilières ayant une activité économique, V. • Civ. 1re, 12 mars 2002 : *préc. note 9* • 15 mars 2005 : *Bull. civ. I, n° 130 ; D. 2005. AJ 1080, obs. Chevrier ; JCP E 2005, n° 23, p. 1003, obs. Simler ; AJDI 2005. 489, obs. Cohet-Cordey ; RJDA 2005, n° 1043 ; RDC 2005. 841, obs. Houtcieff ; Bull. Joly 2005. 1220.*

♦ Constitue une entreprise au sens de l'art. 48 [C. mon. fin., art. L. 313-22] une SCI ayant pour objet l'acquisition d'un immeuble, sa location et la souscription d'un emprunt pour y procéder. • Civ. 1re, 5 mai 2004 : *JCP E 2005, n° 24, p. 1003, obs. Simler ; RJDA 2004, n° 1163.* ♦ *Contra*, considérant que la notion d'entreprise, au sens de l'art. L. 313-22, étant caractérisée par la réunion des moyens matériels et humains mis en œuvre dans une organisation spécifique afin de produire, de façon répétée, des biens ou des services, tel n'est pas le cas d'une SCI, dont la seule activité a consisté en l'achat d'un logement déjà loué et à emprunter pour financer cette unique acquisition : • Paris, 7 juin 2002 : *D. 2002. AJ 2677 ; RJDA 2003, n° 319.* ♦ Ne constitue pas une entreprise au sens de l'art. L. 313-22 la SCI destinée seulement à être propriétaire de la maison d'habitation de ses deux associés. • Aix-en-Provence, 14 nov. 2006 : *RD banc. fin. 2007, n° 179, obs. Cerles* • 11 sept. 2007 : *JCP 2008. II. 10028, note Pellier ; RJDA 2008, n° 855 ; Bull. Joly 2008. 401, obs. Barbièri.* ♦ Appliquant l'art. 48 [C. mon. fin., art. L. 313-22] à une association ayant une activité économique (édition d'une revue), • Paris, 11 févr. 1997 : *JCP 1997. I. 4033, n° 6, obs. Simler.* – Dans le même sens, V. • Civ. 1re, 12 mars 2002 : *préc. note 9* • Paris, 13 mars 2001 : *D. 2001. AJ 1796* • Civ. 1re, 16 janv. 2001 : *Bull. civ. IV, n° 3.* ♦ En revanche, l'art. 48 [C. mon. fin., art. L. 313-22] ne concerne pas une ouverture de crédit en compte courant octroyé à titre personnel à un entrepreneur individuel. • Civ. 1re, 9 mai 1996 : *Bull. civ. I, n° 192 ; D. 1996. IR 157 ; D. Affaires 1996. 775.*

11. Concours financiers à une entreprise : illustrations. Le fait que la banque ait consenti des crédits à un commerçant pour les besoins de son exploitation suffit à caractériser l'octroi de concours financiers à une entreprise. • Com. 18 févr. 1997 : *Bull. civ. IV, n° 53 ; Bull. Joly 1997. 414, note Delebecque.* ♦ Caractérise l'octroi de concours financiers à une entreprise au sens de l'art. L. 313-22 le prêt qui, bien que soumis aux dispositions des art. L. 312-1 s. C. consom., est assorti d'un nantissement sur fonds de commerce et de la caution d'un distributeur de boissons, de telle sorte qu'il a été consenti pour les besoins de l'exploitation d'un fonds de commerce de bar-débit de boissons. • Civ. 1re, 4 févr. 2003 : *Bull. civ. I, n° 34 ; D. 2003. AJ 689 ; JCP E 2003, n° 13, p. 538 ; RJDA 2003, n° 882.* ♦ Dès lors qu'il est relevé que le contrat constatant le prêt consenti par la banque aux emprunteurs stipulait que celui-ci était « destiné à être incorporé dans la SARL par voie d'augmentation de capital », il en résulte qu'au regard de sa destination, expressément entrée dans le champ contractuel, un tel prêt, fût-il qualifié de personnel, s'analysait en un concours financier à une entreprise. • Civ. 1re, 29 juin 2004 : *Bull. civ. I, n° 186 ; D. 2004. AJ 2498 ; JCP E 2005, n° 5, p. 176 obs. Simler ; RTD com. 2004. 748, obs. Champaud et Danet ; ibid. 801, obs. Legeais ; RJDA 2005, n° 78.*

D. CAUTIONNEMENT

12. Subordination du concours financier au cautionnement. C'est dans l'exercice de son pouvoir souverain d'appréciation qu'une cour d'appel a retenu qu'en raison de leur montant et de leur date de régularisation, des cautionnements étaient la condition d'un prêt au sens de l'art. 48 de la loi du 1er mars 1984 [C. mon. fin., art. L. 313-22]. • Civ. 1re, 10 déc. 2002 : *Bull. civ. I, n° 303 ; JCP E 2003, n° 6, p. 246 ; RDC 2003. 179, obs. Houtcieff ; BRDA 2003, n° 1, p. 9.* ♦ L'application de l'art. 48 [C. mon. fin., art. L. 313-22] ne suppose pas nécessairement que la garantie de la caution ait été donnée à l'occasion d'une obligation déterminée souscrite par le débiteur cautionné ; l'information prescrite par ce texte doit être donnée à la caution pour toute dette du débiteur principal qu'elle garantit par son engagement. Il importe peu que les cautions aient déclaré que leurs engagements avaient été signés « indépendamment du contrat de prêt ou de découvert autorisé » consenti par la banque. • Paris, 12 juin 1992 : *JCP 1993. II. 21988, note Croze.* ♦ L'obligation d'information édictée par l'art. 48 [C. mon. fin., art. L. 313-22] est applicable aux établissements de crédit qui ont demandé un cautionnement en vue de maintenir une ouverture de crédit. • Com. 11 avr. 1995 : *Bull. civ. IV, n° 119 ; D. 1995. 588, note Picod ; Dr. sociétés 1995, n° 126, note Leveneur, ibid. n° 159, note Bonneau.* ♦ Sur la nécessité de caractériser la subordination du prêt au cautionnement donné antérieurement, V. • Civ. 1re, 1er déc. 1998 : *Bull. civ. I, n° 337 ; JCP 1999. IV. 1119 ; Dr. sociétés 1999, n° 33, obs. Bonneau.* ♦ Le fait que les concours accordés au débiteur principal soient postérieurs à la signature du cautionnement est sans incidence sur l'application de l'art. L. 313-22, dès lors que la fourniture de la caution a été la condition du crédit. • Paris, 11 janv. 2008 : *JCP E 2008, n° 12-13, p. 13.*

13. Cautionnement donné par acte authentique. Les dispositions de l'art. 48 [C. mon. fin., art. L. 313-22] s'appliquent aux contrats de cautionnement conclus sous forme d'un acte authentique. • Versailles, 22 juin 1995 : *RJDA 1995, n° 1423.*

14. Cautionnement réel. **BIBL.** Gallois, *D. 2010. 335* (quelle proportionnalité pour les sûretés réelles ?). ♦ Une sûreté réelle consentie pour garantir la dette d'un tiers n'impliquant aucun engagement personnel à satisfaire à l'obligation d'autrui et n'étant pas dès lors un cautionnement, les dispositions de l'art. L. 313-22 ne sont pas applicables à l'hypothèque consentie par le garant. • Civ. 1re, 7 févr. 2006 : *Bull. civ. I, n° 53 ; D. 2006. 1543, note Bonnet (1re esp.) ; JCP E 2006, n° 51-52, p. 2191, obs. Simler ; RJDA 2006, n° 835 ; Dr. et proc. 2006. 234, note Salati* • Com. 7 mars 2006 : *Bull. civ. IV, n° 59 ; D. 2006. AJ 782, obs. Lienhard ; JCP E 2006, n° 51-52, p. 2191, obs. Simler ; RJDA 2006, n° 836.* ♦ Le cautionnement réel, fourni par celui qui consent la constitution d'une hypothèque pour garantir le remboursement de la dette d'un tiers, est une sûreté réelle et non un cautionnement personnel, de sorte que les dispositions de l'art. 48 [C. mon. fin., art. L. 313-22] ne lui sont pas applicables. • Civ. 1re, 1er févr. 2000 : *Bull. civ. I, n° 33 ; D. 2001. Somm. 694, obs. Aynès ; JCP 2000. I. 257, n° 9, obs. Simler et Delebecque ; Defrénois 2000. 831, note Piedelièvre* • 29 févr. 2000 : *Bull. civ. I, n° 69 ; D. 2000. 829, note Bonnet*. – V. aussi Tacchini-Laforest, *LPA 10 avr. 2000* ; Likillimba, *JCP E 2001, n° 10, p. 406* ; Mignot, *Dr. et patr. déc. 2002. 30.* ♦ Comp., retenant le caractère mixte du cautionnement réel, • Civ. 1re, 15 mai 2002 : *Bull. civ. I, n° 129 ; D. 2002. 1780, note Barbérot et Somm. 3337, obs. Aynès ; JCP 2002. II. 10109, concl. Petit et note Piedelièvre ; LPA 27 mars 2003, note Arlie ; Defrénois 2003. 413, obs. Théry.* – Sur cet arrêt, V. François, *Defrénois 2002. 1208* ; Brémond, *JCP N 2002, n° 47, p. 1623* ; Savouré, *Dr. et patr. juill.-août 2003. 72.* ♦ Comp., jugeant qu'une sûreté consentie pour garantir la dette d'un tiers n'impliquant aucun engagement personnel à satisfaire l'obligation d'autrui, n'est pas un cautionnement et échappe à l'emprise de l'art. 1415 C. civ. • Cass., ch. mixte, 2 déc. 2005 : *Bull. civ. n° 7 ; D. 2006. 729, avis Sainte-Rose, note Aynès ; RTD civ. 2006. 357, obs. Vareille ; ibid. 594, obs. Crocq ; JCP 2005. II. 10183, note Simler ; LPA 10 févr. 2006, note Prigent ; CCC 2006, n° 62, obs. Leveneur ; Defrénois 2006. 1600, note Champenois ; RJDA 2006, n° 197 ; RDC 2006. 454, obs. Grimaldi ; ibid. 458, obs. Houtcieff.* – V. aussi Simler, *JCP 2006. I. 172* • Com. 21 févr. 2006 : *Bull. civ. IV, n° 42 ; D. 2006. 1543, note Bonnet (2e esp.) ; JCP E 2006, n° 51-52, p. 2191, obs. Simler ; RJDA 2006, n° 834* • Civ. 3e, 15 févr. 2006 : *Bull. civ. III, n° 35 ; D. 2006. AJ 716, obs. Avena-Robardet (1re esp.) ; JCP E 2006, n° 51-52, p. 2191, obs. Simler ; RJDA 2006, n° 588.* ♦ Pour la non-application de l'art. 48 [C. mon. fin., art. L. 313-22] à un nantissement de titres constitué au profit d'une banque par le gérant d'une société, V. • Paris, 17 févr. 1998 : *RTD com. 1998. 397, obs. Cabrillac*.

Mais ne donne pas de base légale à sa décision une cour d'appel qui, pour rejeter la demande des cautions sur le fondement de l'art. L. 313-22, se borne à affirmer que le cautionnement solidaire fourni par les cautions qui ont consenti à la banque la constitution d'une hypothèque conventionnelle pour garantir le remboursement de la dette d'une société est une sûreté réelle et non pas un cautionnement personnel, de sorte que les dispositions de l'art. L. 313-22 ne sont pas applicables, sans rechercher si les cautions, tout en constituant l'un de leurs biens en garantie des dettes de la société, n'avaient pas en outre voulu se porter cautions personnelles de ces dettes. • Com. 21 mars 2006 : *Bull. civ. IV, n° 72 ; D. 2006. AJ 913, obs. Avena-Robardet ; RTD com. 2007. 227, obs. Martin-Serf ; JCP E 2006, n° 18, p. 811 ; LPA 31 mai 2006, note Prigent ; RJDA 2006, n° 953 ; Bull. Joly 2006. 1007, note Macorig-Venier ; RDI 2006. 203, obs. Heugas-Darraspen*. ♦ Sur la possibilité de consentir à la fois un cautionnement et une sûreté réelle, V. • Civ. 1re, 7 févr. 2006 : *RD banc. fin. 2006, n° 61, obs. Legeais ; RJDA 2006, n° 1265.*

La banque qui fait souscrire une hypothèque sur un bien pour garantir la dette d'un tiers n'est pas tenue d'un devoir de mise en garde à l'égard du constituant, que celui-ci soit ou non averti. • Com. 24 mars 2009 : *Bull. civ. IV, n° 43 ; D. 2009. 1661, note Borga ; RTD com. 2009. 425, obs. Legeais ; JCP E 2009, n° 16-17, p. 17, note Legeais ; Gaz. Pal. 2009. 1982, note Piedelièvre ; Dr. et patr. sept. 2009. 48, note Pailler ; Banque et Droit mai-juin 2009. 60, obs. Rontchevsky ; RLDA mai 2009. 31, note Bazin.*

15. Signataire d'un billet à ordre. L'art. 48 [C. mon. fin., art. L. 313-22] ne s'applique pas au signataire d'un billet à ordre qui est tenu sur le fondement du droit cambiaire. • Paris, 31 mars 1992 : *JCP E 1992. Pan. 598.* ♦ L'aval qui garantit le paiement d'un titre cambiaire ne constitue pas le cautionnement d'un concours financier accordé par un établissement de crédit à une entreprise : dès lors une personne, en sa qualité d'avaliste, ne peut pas se prévaloir des dispositions de l'art. L. 313-22. • Com. 16 juin 2009 : *Bull. civ. IV, n° 79 ; D. 2009. AJ 1755, obs. Delpech ; RTD com. 2009. 605 et 798, obs. Legeais ; RTD civ. 2009. 759, obs. Crocq ; JCP E 2010. 1035, note Dumont-Lefrand ; Gaz. Pal. 2009. 2588, note Piedelièvre ; Banque et Droit juill.-août 2009. 43, obs. Rontchevsky ; RJDA 2009, n° 891.*

16. Garantie du remboursement d'obligations à terme. Dès lors qu'elle garantissait le remboursement d'obligations à terme, la caution ne disposait pas de la faculté de révocation de son engagement ; ainsi les dispositions de l'art. 48 [C. mon. fin., art. L. 313-22] portant sur cette faculté n'étaient pas applicables. • Com. 28 juin 2004 : *RJDA 2004, n° 755.*

E. BÉNÉFICIAIRES DE L'INFORMATION

17. Caution dirigeant de la société garantie. L'obligation d'information prévue par l'art. 48 [C. mon. fin., art. L. 313-22] doit être respectée, même lorsque le cautionnement a été souscrit par un dirigeant de la société cautionnée en connaissant exactement la situation. • Com. 25 mai 1993 : *Bull. civ. IV, n° 203 ; D. 1994. 177, note Ngafaounain ; Bull. Joly 1993. 759 ; JCP 1993. II. 22147, note Croze ; Dr. sociétés 1993, n° 155, note Bonneau* • Civ. 1re, 27 févr. 1996 : *Bull. civ. I, n° 109 ; Dr. sociétés 1996, n° 143, note Bonneau.* ♦ *Contra*, jugeant que l'art. 48 [C. mon. fin., art. L. 313-22] n'a pas à s'appliquer lorsque la caution, dirigeant de la société cautionnée, ne pouvait ignorer le montant des engagements de la société puisque sa qualité le rendait destinataire des relevés de compte et lui permettait de connaître la position du débiteur principal : • Montpellier, 3 mai 1990 : *Banque 1991. 92, obs. Rives-Lange* • Rennes, 10 avr. 1991 : *Rev. dr. bancaire 1992. 80, obs. Contamine-Raynaud* • Paris, 12 juin 1992 : *préc. note 12* • Dijon, 11 févr. 1993 : *Gaz. Pal. 1994. 1. Somm. 196* • Com. 26 nov. 2002 : *Bull. Joly 2003. 140, obs. Scholer.* – V. Villani, *RTD com. 1995. 291*. ♦ Comp. aussi : l'arrêt ayant retenu qu'en sa qualité de dirigeant de la société parfaitement au fait des engagements de celle-ci, il n'est pas fondé à invoquer la violation de l'art. L. 313-22 ; qu'ainsi, et quelle que soit la valeur de cette réponse, il a été satisfait aux exigences de l'art. 455 C. pr. civ. • Com. 25 nov. 2008 : *Rev. sociétés 2009. 106, obs. Stoufflet ; JCP E 2008, n° 51-52, p. 14, note Bonneau ; JCP 2009. I. 150, n° 5, obs. Simler.*

Sur l'assimilation d'une caution dirigeante, ex-salariée et expérimentée, à une caution non dirigeante, V. • Caen, 20 juin 2002 : *RD banc. fin. 2002, n° 178, obs. Legeais.* – V. aussi : • Com. 9 juill. 2002 : *Bull. Joly 2002. 1168, note Constantin.* ♦ V. aussi note 24.

18. Pluralité de cautions. Si l'emprunteur a plusieurs cautions solidaires pour le même prêt, l'établissement de crédit a l'obligation d'informer personnellement chacune d'elles, sans que la circonstance que l'une des cautions ne puisse se prévaloir de ce texte soit opposable aux autres en raison de la représentation mutuelle des codébiteurs. • Com. 17 mai 1994 : *Bull. civ. IV n° 176 ; Dr. sociétés 1994, n° 164, note Bonneau.* ♦ V. aussi en matière de cautionnement solidaire, note 40.

19. Héritiers de la caution. Les prescriptions de l'art. 48 [C. mon. fin., art. L. 313-22], devant être respectées jusqu'à l'extinction de la dette, sont applicables à l'égard des héritiers de la caution. • Com. 9 déc. 1997 : *Bull. civ. IV, n° 323 ; D. Affaires 1998. 245, obs. X. D. ; RD bancaire et bourse 1998. 102, obs. Crédot et Gérard.* – V. aussi • Civ. 1re, 6 nov. 2001 : *Bull. civ. I, n° 264 ; D. 2003. Somm. 342, obs. Martin ; RTD com. 2002. 143, obs. Cabrillac et 320, obs. Champaud et Danet ; JCP E 2002, n° 16-17, p. 679, note Legeais ; Banque et Droit janv.-févr. 2002. 38, obs. Rontchevsky ; Defrénois 2002. 540, note Brémond ; Dr. sociétés 2002, n° 20, note Bonneau.*

20. Cautions ayant la qualité d'établissement financier. Dès lors que l'acte de caution ne prévoit aucune obligation d'information de la caution sur l'évolution de la situation financière de la société cautionnée, la seule obligation légale à cet égard résulte de l'art. 48 [C. mon. fin., art. L. 313-22], dont la jurisprudence considère qu'il n'a pas vocation à s'appliquer aux établissements financiers s'étant portés cautions, ceux-ci étant particulièrement bien placés pour connaître et apprécier l'état de leur caution et client. • T. com. Paris, 1er avr. 1997 : *Gaz. Pal. 12-13 août 1997, p. 14.*

II. OBLIGATION D'INFORMATION

A. CONTENU

21. Intégralité des mentions exigées par le texte. Une cour d'appel ne donne pas de base légale à sa décision considérant qu'une banque avait rempli son obligation d'information envers la caution en retenant que les notifications adressées à celle-ci détaillent son engagement et le montant des concours utilisés par la société cautionnée, sans rechercher si les notifications contenaient les autres mentions exigées par l'art. 48 [C. mon. fin., art. L. 313-22]. • Com. 22 juin 1993 : *Bull. civ. IV, n° 257.* ♦ V. aussi notes 31 s.

22. Intérêts échus. L'obligation d'information prévue par l'art. 48 [C. mon. fin., art. L. 313-22] n'a trait qu'aux intérêts échus postérieurement à l'engagement de la caution. • Com. 6 déc. 1994 : *RJDA 1995, n° 489.*

23. Cessation du paiement de primes d'assurances. Le principe selon lequel l'établissement de crédit doit informer la caution de l'emprunteur adhérent à l'assurance de la cessation du paiement des primes n'est pas applicable lorsque, l'emprunteur n'étant pas adhérent, la gérante de la société emprunteuse a souscrit l'assurance en sa seule qualité de caution. • Riom, 20 févr. 2002 : *JCP 2003. IV. 1534.*

24. Obligation de conseil à l'égard du dirigeant-caution. BIBL. Buy, *Dr. et patr. juill.-août 2003. 58* (cautionnement et cession de contrôle). ♦ La banque n'est tenue ni d'une obligation d'information ni d'une obligation de conseil sur la persistance, faute de novation, des engagements de la caution du dirigeant de la société à la suite de la cession de ses actions au nouveau dirigeant qui s'est porté caution solidaire de toutes sommes que cette société pourrait devoir à la banque, avec substitution de garantie. • Com. 29 janv. 2002 : *Bull. civ. IV, n° 21 ; D. 2002. Somm. 3335, obs. Aynès ; JCP 2002. I. 184, p. 2117, obs. Barthez ; Banque et Droit mars-avr. 2002. 50, obs. Rontchevsky ; RTD civ. 2003. 124, obs. Crocq*. ♦ Ni la bonne foi devant régir les relations entre la banque et la caution, ni le devoir d'information n'imposent à la banque d'avertir l'ancien dirigeant de l'octroi d'un nouveau prêt, le cautionnement qu'il a souscrit garantissant toutes les dettes, y compris les dettes futures de la société et ne cessant pas avant que la caution ne révoque expressément celui-ci. • Com. 8 janv. 2008 : *Bull. civ. IV, n° 1 ; D. 2008. AJ 474, obs. Avena-Robardet ; RTD com. 2008. 569, obs. Champaud et Danet ; RTD civ. 2008. 329, obs. Crocq ; RJDA 2008, n° 573 ; Bull. Joly 2008. 182, note Barbiéri ; RJ com. 2008. 204, obs. Macorig-Venier.* ♦ V. aussi note 17.

25. Information sur les effets de la prescription. L'art. L. 312-22 ne prévoit pas d'information portant sur les effets de la prescription. • Com. 25 févr. 2004 : *JCP E 2004, n° 18, p. 691 ; RD banc. fin. 2004, n° 117, obs. Legeais* (substitution de la prescription trentenaire à la prescription décennale, consécutive à l'admission de la créance, dans les rapports entre le créancier et le débiteur en liquidation judiciaire).

26. Information sur l'évolution du risque. Les banques ne sont pas tenues d'une obligation contractuelle d'information sur l'évolution du risque, en dehors du cadre légal fixé par la loi du 1er mars 1984. • Toulouse, 22 juin 1994 : *JCP 1995. IV. 224.* ♦ L'envoi de la lettre d'information prévue par l'art. L. 313-22 est la seule obligation d'information dont la banque est redevable envers la caution. • Com. 26 mai 2004 : *RD banc. fin. 2004, n° 235, obs. Legeais ; RJDA 2004, n° 1265.* ♦ Sur l'absence d'obligation de la banque de renseigner les cautions sur l'évolution de la solvabilité du débiteur principal, V. • Com. 7 avr. 1992 : *Bull. civ. IV, n° 148 ; Rev. sociétés 1992. 722, note Legeais ; JCP 1993. II. 22009, note Picod ; Bull. Joly 1992. 679, note Delebecque.*

B. DURÉE

27. Extinction de la dette. L'établissement de crédit ayant accordé un concours financier au sens de l'art. L. 313-22 est tenu de fournir à la caution les informations prévues par ce texte jusqu'à extinction de la dette et au plus tard avant le 31 mars de chaque année dès lors que la dette existait au 31 décembre, fût-elle née au cours de l'exercice. • Com. 25 nov. 2008 : *Bull. civ. IV, n° 198 ; D. 2009. AJ 15, obs. Avena-Robardet ; JCP 2009. I. 150, n° 5, obs. Simler ; RJDA 2009, n° 267 ; RJ com. 2009. 226, obs. Macorig-Venier.* ♦ Une caution, tenue à titre personnel, en vertu de l'art. 1153, al. 3, C. civ., des intérêts au taux légal à compter de la première mise en demeure qu'elle a reçue, bénéficie néanmoins des dispositions de l'art. 48 [C. mon. fin., art. L. 313-22], jusqu'à l'extinction de la dette, ce dont il résulte que l'établissement de crédit, qui a omis de lui fournir les informations requises, est déchu, pour cette période, des intérêts au taux conventionnel. • Com. 2 nov. 1993 : *Bull. civ. IV, n° 370.* ♦ V. aussi note 42. ♦ Les prescriptions de l'art. 48 [C. mon. fin., art. L. 313-22] étant applicables jusqu'à l'extinction de la dette garantie par le cautionnement, doit être déboutée de sa demande en paiement d'intérêts au taux conventionnel afférents à une période postérieure à l'introduction de l'instance dirigée contre la caution de son cocontractant, la société d'affacturage qui ne s'est pas conformée aux exigences légales. • Com. 30 nov. 1993 : *Bull. civ. IV, n° 434 ; Banque mars 1994. 98, obs. Guillot ; Rev. dr. bancaire 1994. 131, obs. Contamine-Raynaud.* – V. aussi • Com. 25 avr. 2001 : *Bull. civ. IV, n° 76 ; D. 2001. AJ 1793, obs. Avena-Robardet (2e esp.) ; RTD com. 2001. 752, obs. Bouloc ; Dr. sociétés 2001, n° 125, obs. Bonneau* • Civ. 1re, 6 nov. 2001 : *Bull. civ. I, n° 265 ; D. 2003. Somm. 342, obs. Martin ; Dr. sociétés 2002, n° 20, note Bonneau ; RTD com. 2002. 143, obs. Cabrillac.* ♦ Dans le même sens, lorsque le cautionnement a été souscrit par un dirigeant de la société cautionnée connaissant exactement la situation, la décision d'admission de la créance, passée en force de chose jugée, ne lui interdisant pas d'invoquer l'exception personnelle tirée de l'inobservation par l'établissement de crédit des obligations dont il était tenu à son égard, V. • Com. 25 juin 2002 : *Bull. Joly 2002. 1166, note Constantin ; D. 2002. AJ 2676 ; RJDA 2002, n° 1319.* ♦ L'information est due après comme avant le jugement de condamnation de la caution, quand bien même le jugement la condamnant au paiement du principal et des intérêts au taux conventionnel aurait acquis force de chose jugée. • Cass., ch. mixte, 17 nov.

2006 : *Bull. civ. n° 9 ; BICC 1er févr. 2007, p. 44, rapp. Aldigé, avis Jobard ; D. 2007. 842, note Libchaber (1re esp.) ; JCP E 2007, n° 25, p. 10, obs. Simler ; LPA 25 mai 2007, note Prigent ; Banque et Droit janv.-févr. 2007. 46, obs. Rontchevsky ; RJDA 2007, n° 398 ; Defrénois 2007. 544, obs. Théry.* ♦ L'établissement de crédit est tenu de respecter, jusqu'à l'extinction du cautionnement, l'obligation d'information, mise à sa charge par l'art. L. 313-22, et dont le jugement servant de fondement aux poursuites ne le dispensait pas. • Civ. 2e, 4 juill. 2007 : *Bull. civ. II, n° 188 ; D. 2007. AJ 2098, obs. Avena-Robardet ; JCP E 2007, n° 38, p. 15.* ♦ *Contra*, jugeant qu'en cas de condamnation de la caution à payer la banque bénéficiaire de la garantie, l'obligation contractuelle initiale de la caution est remplacée par celle résultant de la condamnation irrévocable à payer les dettes garanties, de sorte que, pour ces dettes, la banque n'est plus tenue, à compter de la condamnation, de se conformer à l'obligation d'information. • Civ. 1re, 13 déc. 2005 : *Bull. civ. I, n° 488 ; D. 2006. Pan. 2863, obs. Crocq ; RTD com. 2006. 466, obs. Legeais ; JCP E 2006, n° 18, p. 855, n° 6, obs. Simler ; RJDA 2006, n° 702.* ♦ V. jugeant que l'obligation d'information pèse sur l'établissement de crédit jusqu'à l'extinction de la dette garantie par le cautionnement, peu important la mise en redressement judiciaire du débiteur principal. • Com. 21 janv. 2003 : *RJDA 2003, n° 641.* ♦ ... Ou le prononcé de la liquidation judiciaire. • Com. 3 juin 2009 : *Gaz. Pal. 2009. 2735, obs. P.-M. I.*

28. Absorption de la banque bénéficiaire. Sur le sort de l'obligation d'information de la caution en cas d'absorption de la banque bénéficiaire de cette garantie lors d'une opération d'apport partiel d'actif, V., déclarant la société absorbante déchue du droit aux intérêts contractuels, les lettres d'informations adressées à la caution ne contenant pas les informations prescrites par l'art. 48 [C. mon. fin., art. L. 313-22] : • Versailles, 17 sept. 1998 : *JCP E 1999, n° 14, p. 624, note Varin.*

C. MODALITÉS ET PREUVE DE L'INFORMATION

29. Forme de l'information. L'art. 48 [C. mon. fin., art. L. 313-22] n'impose aucune forme particulière pour porter à la connaissance de la caution les informations mentionnées à cet art. • Com. 25 avr. 2001 : *Bull. civ. IV, n° 73 ; D. 2001. AJ 1793, obs. Avena-Robardet (1re esp.) ; Procédures 2001, n° 124, obs. Croze.*

30. Formules bancaires. Sur la validité de formules bancaires précisant qu'en cas de révocation de l'engagement, le concours pourrait être réduit ou supprimé, V. : Rép. min. n° 21791 : *JO Sénat Q. 24 sept. 1992, p. 2181.*

31. Exigence d'une information complète. Une banque ne peut s'affranchir de son obligation d'information en adressant des relevés de compte ne portant pas l'intégralité des informations dues. • Com. 5 oct. 1993 : *D. 1993. IR 230 ; Dr. sociétés 1994, n° 3, obs. Bonneau.* ♦ L'information doit comporter une ventilation de la dette entre principal et accessoires, sans qu'il y ait lieu d'opérer une distinction selon la nature du concours financier, compte courant ou prêt amortissable, de façon à fournir à la caution, aux fins de sa protection, une information utile sur le montant de ses engagements. • Versailles, 14 oct. 1999 : *D. 2000. AJ 6*. ♦ S'agissant d'un découvert en compte courant, l'information annuelle relative au principal et aux intérêts due à la caution par l'établissement de crédit doit comprendre, le cas échéant, le montant de l'autorisation de découvert, le solde du compte arrêté au 31 decembre de l'année précédente et le taux de l'intérêt applicable à cette date. • Com. 10 janv. 2012 : *Bull. civ. IV, n° 1 ; D. 2012. Pan. 1578, obs. Crocq ; RTD com. 2012. 178, obs. Legeais ; RDI 2012. 221, note Heugas-Darraspen ; JCP 2012, n° 327, note Simler ; Gaz. Pal. 2012. 946, obs. Dumont-Lefrand ; RJDA 2012. n° 432 ; Rev. proc. coll. 2012, n° 56, obs. Patureau et Perot-Reboul ; Dr. et proc. 2012. 126, note Piedelièvre.* ♦ V. aussi note 21.

32. Exemples d'information insuffisante. Les lettres d'information sur lesquelles ne sont mentionnés que la date d'échéance finale et le montant restant dû en capital ne constituent pas une information conforme aux dispositions de l'art. L. 313-22. • Pau, 8 févr. 2001 : *préc. note 3.*

N'est pas valable l'information adressée par simple lettre indiquant que la banque tient à la disposition de la caution, « sur simple demande écrite de sa part », le montant de l'exercice écoulé des différents engagements garantis. • Paris, 2 févr. 1996 : *D. 1996. IR 78.* ♦ Pour d'autres exemples d'information insuffisante, V. • Paris, 31 oct. 1997 : *préc. note 6* (mise en demeure ou assignation) • 12 févr. 1998 : *Gaz. Pal. 1999. 1. Somm. 262* (même motif) • 2 oct. 1990 : *D. 1990. IR 240* (relevés de compte imprécis) • Metz, 15 mars 1991 : *Rev. dr. bancaire 1992. 80, obs. Contamine-Raynaud* (tableau d'amortissement) • Paris, 28 juin 1988 : *D. 1988. IR 202* (listing informatique à date incertaine) • Limoges, 25 mars 1996 : *BICC 1996, n° 726* (même motif) • Paris, 19 nov. 1992 : *RJDA 1993, n° 1069* (listing envoyé par courrier simple, auquel se réfère une attestation d'un commissaire aux comptes), conf. par • Com. 11 avr. 1995 : *préc. note 12* • Nancy, 15 sept. 1997 : *JCP 1998. I. 149, n° 4, obs. Simler et Delebecque* (listing et procès-verbal de constat de l'envoi des courriers) • Paris, 27 juin 1997 : *JCP E 1997. Pan. 1085* (relevés habituels, ne précisant pas la période) • Chambéry, 4 mars 1997 : *JCP 1997. IV. 2494* (relevés sur lesquels les opérations ne figurent qu'avec des numéros de code) • Paris, 24 avr. 1998 : *Gaz. Pal. 1998. 2. Somm. 618* (listing informatique sans indication sur l'envoi, sa forme, sur le destinataire et sans ventilation entre principal et intérêts).

33. Exemples d'information suffisante. Pour des décisions jugeant l'information suffisante, V. • Paris, 19 nov. 1987 : *D. 1988. Somm. 278* (sommations chiffrées) • Rouen, 9 nov. 1994 : *RJDA 1995, n° 1137 ; JCP 1995. IV. 300* (relevé de compte détaillé, rappelant les informations données et leur date). ♦ Jugeant suffisant l'envoi de tickets informatiques, s'agissant d'une caution dirigeant : • Paris, 21 janv. 1992 : *préc. note 7* • Versailles, 4 déc. 1998 : *RJDA 1999, n° 339.* ♦ V. également, considérant comme suffisante la production d'une liste informatique sur laquelle figurent les éléments requis par la loi, • Versailles, 14 mai 1998 : *Banque et Droit janv.-févr. 1999. 53, obs. Guillot.* ♦ Une banque, en produisant la photocopie des listes d'informations sur lesquelles figurent les nom et adresse de la caution, les indications afférentes au montant restant dû sur le principal et les intérêts du prêt, apporte la preuve qu'elle a accompli son obligation d'information sans qu'il lui incombe de prouver que la caution a effectivement reçu l'information, V. • Douai, 27 avr. 2000 : *JCP E 2001, n° 39, p. 1501.*

33 bis. Exigence d'une information exacte. Les inexactitudes et erreurs qui affectent l'information donnée aux cautions disqualifient totalement l'information annuelle délivrée à celles-ci et doit conduire à la déchéance des intérêts conventionnels réclamés. • Rouen, 18 déc. 2008 : *Banque et Droit mars-avr. 2009. 32, obs. Bonneau.*

34. Charge et objet de la preuve. Il appartient à la banque d'établir la preuve du contenu et de la date des informations données aux cautions (insuffisance d'une attestation d'un huissier). • Com. 11 avr. 1995 : *préc. note 12.* ♦ En revanche, il n'incombe pas à l'établissement de crédit d'apporter la preuve que la caution a effectivement reçu l'information envoyée. • Civ. 1re, 2 oct. 2002 : *Bull. civ. I, n° 225 ; D. 2002. AJ 3011 ; CCC 2003, n° 21, obs. Leveneur ; RJDA 2003, n° 189* • 25 nov. 1997 : *Bull. civ. I, n° 326 ; D. 1998. IR 2 ; D. Affaires 1998. 23, obs. X. D. ; RTD com. 1998. 185, obs. Cabrillac ; RTD civ. 1998. 154, obs. Crocq* • Com. 17 oct. 2000 : *Bull. civ. IV, n° 154 ; D. 2001. Somm. 698, obs. Aynès ; JCP E 2001, n° 47, p. 1834, obs. Bouteiller.* ♦ C'est à la caution qui prétend ne pas avoir reçu la lettre d'information dont la copie est produite par la banque qu'il incombe d'établir ce fait. • Paris, 16 déc. 1998 : *RJDA 1999, n° 339 (3e esp.).*

35. Moyens de preuve. L'information prévue par l'art. 48 [C. mon. fin., art. L. 313-22] constitue un fait qui peut être prouvé par tous moyens et notamment par une lettre simple. • Com. 17 juin 1997 : *Bull. civ. IV, n° 188 ; D. 1997. IR 165 ; D. Affaires 1997. 929 ; Bull. Joly 1997. 866, note Le Cannu ; JCP E 1997. II. 1007, note Legeais.* ♦ Un acte de cautionnement ayant prévu que l'information serait donnée à la caution par lettre simple et que la caution devrait aviser la banque avant le 31 mars au cas où elle ne l'aurait pas reçue, jugé que la banque n'était pas tenue de se préconstituer la preuve de l'envoi de l'information et que sa carence ne saurait être déduite de la simple affirmation de la caution. • Limoges, 18 déc. 1995 : *BICC 1996, n° 677.* ♦ Comp., en ce sens que l'organisme doit justifier d'un accusé de réception postal : • Paris, 27 juin 1997 : *préc. note 32* • 7 avr. 1999 : *Banque et Droit nov.-déc. 1999. 59, obs. Guillot.* ♦ Comp. aussi, considérant qu'une banque qui produit seulement le double des lettres qu'elle soutient avoir envoyées à la caution mais qui ne remet aucun justificatif de cet envoi n'apporte pas la preuve de son obligation d'information : • Paris, 6 nov. 1998 : *RJDA 1999, n° 339 (1re esp.).* ♦ Pour un arrêt ayant jugé qu'une banque justifie avoir informé la caution dès lors qu'il résulte des relevés du compte de la société, débitrice principale, que cette société a payé, par prélèvement effectué sur son compte, des frais d'information de la caution et qu'elle n'a pas protesté contre cette opération de débit, V. • Rouen, 9 nov. 1994 : *préc. note 33.* – V. aussi • Besançon, 11 sept. 1998 : *RTD com. 1998. 904, obs. Cabrillac ; JCP E 1998, n° 41, p. 1569, obs. Bouteiller.* ♦ *Contra,* jugeant que l'allégation de la banque selon laquelle l'imputation des frais d'information sur le compte courant de la société n'a fait l'objet d'aucune contestation de la part de cette dernière, n'est pas suffisante pour démontrer l'information effective des cautions, la banque ne justifiant par ailleurs pas de l'envoi de lettres personnalisées et encore moins du contenu de l'information. • Colmar, 12 déc. 2002 : *préc. note 3.*

36. Appréciation des juges du fond. Les juges du fond disposent d'un pouvoir souverain pour apprécier si la caution a été informée. • Com. 27 nov. 1991 : *Gaz. Pal. 1992. 2. Pan. 212* (information par lettre simple jugée probante) • 11 avr. 1995 : préc. note 12. ♦ Mais manque de base légale l'arrêt qui estime qu'une banque a respecté son obligation d'information dès lors que les notifications qu'elle a adressées à la caution détaillent « son engagement et le montant des concours utilisés par la société cautionnée », sans rechercher si les notifications contiennent les autres mentions exigées par le texte. • Com. 22 juin 1993 : *Bull. civ. IV, n° 257 ; D. 1993. IR 210 ; Dr. sociétés 1993, n° 197, note Bonneau* • 14 juin 2005 : *RD banc. fin. 2005, n° 166, obs. Cerles ; Gaz. Pal. 2005. 3443, note Daussy-Roman* (absence de mention de la faculté de révocation). ♦ Pour rejeter la demande de la caution tendant à la déchéance des intérêts conventionnels, l'arrêt retient que la banque justifie avoir satisfait à son obligation d'information annuelle par le biais de relevés de situations informatiques ainsi que par une lettre à laquelle était annexé un décompte détaillé des sommes dues à cette date ; en se déterminant par de tels motifs qui ne permettent pas à la Cour de cassation de vérifier que les informations ont été fournies par la banque à la caution jusqu'à l'extinction de la dette garantie et qu'elles ont répondu aux prescriptions de l'art. L. 312-22, la cour d'appel n'a pas donné de base légale à sa décision. • Com. 19 févr. 2008 : *RD banc. fin. 2008, n° 42, obs. Legeais.* ♦ C'est dans l'exercice de son pouvoir souverain d'appréciation qu'une cour d'appel retient, sans inverser la charge de la preuve, que le créancier qui produit la copie de la lettre d'information datée ne justifie pas de son envoi et n'établit donc pas avoir accompli son obligation d'information pour l'année concernée. • Com. 28 oct. 2008 : *Bull. civ. IV, n° 176 ; D. 2008. AJ 2931, obs. Avena-Robardet ; D. 2009. Pan. 2714, obs. Bretzner ; RTD civ. 2009. 146, obs. Crocq ; JCP E 2008, n° 48, p. 17 ; RJDA 2009, n° 138 ; RDC 2009. 208, obs. Houtcieff.*

III. SANCTIONS DU DÉFAUT D'INFORMATION

A. DÉCHÉANCE DU DROIT AUX INTÉRÊTS

37. Déchéance des seuls intérêts. Sauf dol ou faute lourde du dispensateur de crédit, l'omission des informations prévues par l'art. L. 313-22 est sanctionnée par la seule déchéance des intérêts, mais le prêteur ne saurait être débouté de sa demande de paiement. • Com. 25 avr. 2001 (3e esp.) : *Bull. civ. IV, n° 75 ; D. 2001. AJ 1795, obs. Avena-Robardet ; ibid. 2003. Somm. 342, obs. Martin ; RTD com. 2001. 751, obs. Bouloc ; Defrénois 2001. 1407, note Brémond ; RTD civ. 2001. 922, obs. Crocq.* – V. aussi • Civ. 1re, 6 nov. 2001 : *préc. note 19* • Com. 11 juin 2002 : *D. 2002. Somm. 3335, obs. Aynès* • Civ. 1re, 10 déc. 2002 : *préc. note 12* • 4 févr. 2003 : *Bull. civ. I, n° 35 ; JCP E 2003, n° 42, p. 1672, note Gentili-Picard ; CCC 2003, n° 83, obs. Leveneur.* ♦ En condamnant la caution pour une somme correspondant aux échéances impayées, en l'absence d'accomplissement par la banque de l'obligation d'information prévue par l'art. L. 313-22, une cour d'appel, qui s'est déterminée sans rechercher si les échéances impayées ne comprenaient pas pour partie des intérêts contractuels, dont elle avait prononcé la déchéance, n'a pas donné de base légale à sa décision. • Com. 4 oct. 2005 : *Bull. civ. IV, n° 201 ; D. 2005. AJ 2804, obs Delpech.* ♦ En ce sens que l'art. 48 [C. mon. fin., art. L. 313-22] instaurant une sanction autonome quasi délictuelle applicable en déduction du montant de la seule créance encore due par la caution, cette sanction ne peut être invoquée par la caution qui a déjà réglé l'intégralite de la créance garantie, V. • Versailles, 17 sept. 1998 : *RJDA 1998, n° 1416.*

Mais pour obtenir gain de cause, encore faut-il que la demande de la caution vise précisément à obtenir la déchéance des intérêts (non-respect de l'information annuelle invoqué par la caution, non pas pour obtenir la déchéance, mais pour tenter de démontrer que son cautionnement souscrit en faveur d'une société ne pouvait être étendu à la société nouvellement dénommée). • Com. 20 juin 2006 : *D. 2006. AJ 1886, obs. Avena-Robardet ; RD banc. fin. 2006, n° 195, obs. Cerles ; Dr. et proc. 2006. 302.*

38. Intérêts inscrits en compte courant. La déchéance des intérêts s'applique même lorsque ceux-ci ont été inscrits en compte courant. • Com. 25 mai 1993 : *préc. note 17* • 27 oct. 1998 : *préc. note 2.* ♦ ... Peu important la position du compte pendant la période au cours de laquelle l'obligation n'a pas été respectée. • Com. 28 janv. 2004 : *RJDA 2004, n° 756.* ♦ Ainsi, la caution ne saurait être condamnée au paiement du solde débiteur du compte courant cautionné, alors que le relevé de compte fait mention d'« agios ». • Com. 12 juin 2001 : *RJDA 2001, n° 1260.* ♦ Toutefois, si, au cours de la période litigieuse, le solde du compte est redevenu créditeur, la déchéance des intérêts ne saurait avoir pour conséquence la répétition de sommes antérieurement payées par le débiteur. • Versailles, 23 janv. 1997 : *JCP 1997. I. 4033, n° 6, obs. Simler.* ♦ La somme due par la caution étant, en application de la L. n° 99-532 du 25 juin 1999 entrée en vigueur le 30 suivant, calculée après imputation des versements sur le capital, la banque doit, la réouverture des débats étant ordonnée à cet effet, fournir un nouveau décompte des montants dus par la caution, distinguant, tant sur le compte courant que sur le prêt consenti, la déchéance des intérêts, antérieurement à cette date et l'imputation des versements sur le capital, postérieurement. • Versailles, 21 févr. 2008 : *JCP E 2008, n° 14, p. 11.*

39. *Apurement partiel de la dette.* Lorsqu'une partie de la dette en principal et intérêts se trouve éteinte par suite d'une collocation d'ordre amiable, les cautions recherchées postérieurement à cette opération pour le paiement du reliquat de la dette en principal et intérêts ne peuvent opposer à l'établissement de crédit créancier la déchéance d'intérets visée par l'art. 48 [C. mon. fin., art. L. 313-22] que pour ceux échus après la date de cet apurement partiel de la dette. • Bordeaux, 13 févr. 1996 : *BICC 1996, n° 676.*

40. *Exception personnelle à la caution.* S'agissant d'une exception personnelle la déchéance du droit aux intérêts peut être opposée par la caution solidaire, nonobstant la chose jugée par l'admission définitive de la créance à la procédure collective du débiteur. • Com. 22 avr. 1997 : *Bull. civ. IV, n° 97 ; D. Affaires 1997. 671 ; RTD com. 1997. 489, obs. Cabrillac*. ♦ L'exception tirée de l'inobservation par la banque de l'obligation d'information prescrite par l'art. L. 313-22 est personnelle à la caution qui l'invoque et ne profite pas aux autres cautions, fussent-elles solidaires. • Civ. 1re, 9 nov. 2004 : *Bull. civ. I, n° 252 ; D. 2004. AJ 3135 ; JCP E 2005, n° 25, p. 1004, obs. Simler ; LPA 28-29 mars 2005, obs. D.H. ; Gaz. Pal. 2005. Somm. 2058, obs. S. Piedelièvre ; RJDA 2005, n° 463.*

41. *Recevabilité en appel.* La demande d'une caution visant à obtenir la déchéance des intérêts, faute de respect de l'art. L. 313-22, tend à faire écarter la prétention articulée par la banque relativement aux intérêts litigieux ; par suite elle est recevable pour la première fois en appel. • Civ. 1re, 12 avr. 2005 : *Procédures 2005, n° 186, obs. Croze.*

42. *Absence de déchéance des intérêts moratoires dus par la caution.* Les dispositions de l'art. 48 [C. mon. fin., art. L. 313-22] concernent les intérêts dus par la caution en cette dernière qualité et non ceux dus par la caution par application de l'art. 1153, al. 3, C. civ., après qu'elle eut été mise en demeure d'exécuter son engagement. • Com. 25 juin 1991 : *Bull. civ. IV, n° 233* • 17 mai 1994 : *préc. note 18.* ♦ De même, la déchéance des intérêts prévue à l'art. 48 [C. mon. fin., art. L. 313-22] ne peut être étendue aux intérêts au taux légal auxquels, en vertu de l'art. 1153, al. 3, C. civ., la caution est tenue à titre personnel, à compter de la première mise en demeure qu'elle reçoit. • Civ. 1re, 9 déc. 1997 : *D. 1998. IR 27 ; D. Affaires 1998. 148, obs. X. D.* • 12 mars 2002 : *D. 2002. AJ 1342*. ♦ Le défaut d'accomplissement de la formalité prévue à l'art. 48 [C. mon. fin., art. L. 313-22] ne fait pas obstacle à l'action en paiement exercée par l'établissement contre la caution pour les autres sommes dues en vertu du cautionnement. • Com. 25 mai 1993 : *Bull. civ. IV, n° 205 ; Dr. sociétés 1993, n° 197, note Bonneau* • 11 juin 1996 : *Bull. civ. IV, n° 164 ; D. 1996. IR 170* • Civ. 1re, 31 mars 1998 : *Bull. civ. I, n° 134 ; D. 1998. IR 116 ; D. Affaires 1998. 799, obs. S. P. ; JCP 1999. I. 116, obs. Simler.* – V. aussi Bonneau, *Dr. sociétés 1998. Chron. 8.* ♦ Dans le même sens, V. • Civ. 1re, 17 nov. 1998 : *Bull. civ. I, n° 321 ; D. 1999. IR 51 ; D. Affaires 1999. 30, obs. X. D. ; JCP 1999. I. 116, obs. Simler ; Dr. sociétés 1999, n° 33, obs. Bonneau.* ♦ V. aussi note 27.

B. AUTRES SANCTIONS

43. *Responsabilité du banquier.* L'omission des informations prévues par l'art. L. 313-22 ne peut à elle seule être sanctionnée que par la déchéance des intérêts, et une cour d'appel, sans constater le caractère dolosif de l'omission d'information imputée à la banque, ou un manquement distinct de celle-ci, ne peut allouer à la caution une indemnité du montant égal à celui de son engagement de caution. • Civ. 1re, 10 déc. 2002 : *préc. note 12.* ♦ L'art. L. 313-22 ne saurait être invoqué pour fonder la recherche en responsabilité du banquier. • Com. 17 juin 2001 : *Rev. proc. coll. 2002. 199, obs. Léguevaques.*

44. *Nullité ou révocation du cautionnement.* La sanction prévue par l'art. 48 [C. mon. fin., art. L. 313-22] est la privation du droit à percevoir des intérêts au taux contractuel échus depuis la dernière information et non la nullité de l'acte de cautionnement. • Paris, 6 nov. 1998 : *RJDA 1999, n° 339.* ♦ L'absence d'information ne permet pas à la caution de révoquer unilatéralement son engagement. • Même arrêt. ♦ Même si elle avait révoqué l'engagement de caution litigieux avant les premiers incidents de paiement, la caution était néanmoins tenue de garantir, dans la limite du montant de cet engagement, le remboursement du prêt consenti antérieurement à une telle révocation par la banque au débiteur principal, de sorte que la caution ne pouvait être regardée comme ayant perdu une chance d'échapper à cette obligation. • Civ. 1re, 10 déc. 2002 : *préc. note 12.* ♦ Sur la nullité du cautionnement en cas d'erreur de la caution sur la solvabilité du débiteur principal ou de dol du créancier, V. v° *Contrats d'affaires (généralités)*, notes 45 et 61.

Loi nº 94-126 du 11 février 1994, *relative à l'initiative et à l'entreprise individuelle.* **Art. 47** II. — Les stipulations de solidarité et de renonciation au bénéfice de discussion figurant dans un contrat de cautionnement d'une dette contractuelle professionnelle consenti par une personne physique au bénéfice d'un entrepreneur individuel sont réputées non écrites si l'engagement de la caution n'est pas limité à un montant global, expressément et contractuellement déterminé, incluant le principal, les intérêts, les frais et accessoires.

En cas de cautionnement à durée indéterminée consenti par une personne physique pour garantir une dette professionnelle d'un entrepreneur individuel, le créancier doit respecter les dispositions prévues à l'article 48 de la loi nº 84-148 du 1er mars 1984 relative à la prévention et au règlement amiable des difficultés des entreprises *[C. mon. fin., art. L. 313-22]. — V. ce texte.*

(L. nº 98-657 du 29 juill. 1998) « Lorsque le cautionnement est consenti par une personne physique pour garantir une dette professionnelle d'un entrepreneur individuel ou d'une entreprise constituée sous forme de société, le créancier informe la caution de la défaillance du débiteur principal dès le premier incident de paiement non régularisé dans le mois de l'exigibilité de ce paiement. A défaut, la caution ne saurait être tenue au paiement des pénalités ou intérêts de retard échus entre la date de ce premier incident et celle à laquelle elle en a été informée. »

Les dispositions du premier alinéa seront applicables aux contrats conclus après l'entrée en vigueur de la présente loi *[publiée au JO 13 févr.]* et celles du second alinéa aux créanciers mentionnés à cet alinéa à compter du 1er septembre 1994.

BIBL. ▶ D. MARTIN, *Rev. dr. bancaire 1994. 50.* – LEGEAIS, *JCP E 1998, nº 44, p. 1724* (réforme du cautionnement par la loi du 29 juill. 1998 relative à la lutte contre les exclusions). – PIEDELIÈVRE, *JCP 1998. I. 170* (même thème). – CRÉDOT, *Banque et Droit nov.-déc. 1998 ; LPA 21 mai 1999* (même thème). – SEIGNEUR, *ibid. 7 mai 1999.* – CERLES, *Banque et Droit mars-avr. 1999. 3.* – B. AUBERT, *CCC 1999. Chron. 7.*

Caution dirigeante. L'obligation d'information prévue par l'art. 47, II, al. 3, de la loi du 11 févr. 1994, qui impose à tout créancier d'aviser la caution de la défaillance du débiteur principal dès le premier incident de paiement, non régularisé dans le mois de l'exigibilité de ce paiement, doit être respectée même lorsque le cautionnement a été souscrit par un dirigeant de la société cautionnée en connaissant exactement la situation. • Com. 27 nov. 2007 : *Bull. civ. IV, nº 253 ; D. 2008. Pan. 2108, obs. Crocq ; ibid. AJ 7, obs. Avena-Robardet ; RTD com. 2008. 169, obs. Legeais ; RTD civ. 2008. 330, obs. Crocq ; JCP E 2008, nº 2, p. 23 ; RJDA 2008, nº 326 ; Dr. et patr. oct. 2008. 92, obs. Aynès et Dupichot ; RJ com. 2008. 40, obs Macorig-Venier.*

Code de la consommation

(L. nº 93-949 du 26 juill. 1993)

BIBL. ▶ Loi du 1er août 2003 pour l'initiative économique : AVENA-ROBARDET, *D. 2003. 2083*. – HOUTCIEFF, *JCP 2003. I. 161.* – TRÉBULLE, *Dr. sociétés 2003, nº 157.* – AYNÈS, *Dr. et patr. nov. 2003. 28.* – PRÜM, *RD banc. fin. 2003. 269.* – LEGEAIS, *ibid., nº 178.* – Œuvre collective, *RJ com. 2003. 339, spéc. 350.* – LEGEAIS, *JCP E 2003, nº 41, p. 1610* (le code de la consommation siège d'un nouveau droit commun du cautionnement). – ROMAN, *Gaz. Pal. 2003. Doctr. 3435* (une réforme malvenue). – PASQUALINI, *LPA 3 févr. 2004* (imparfait nouveau droit du cautionnement). – PICOD, *Dr. et proc. 2004. 4* (obligation de vigilance des créanciers professionnels) ; *ibid. 255* (mention manuscrite). – TRICOT-CHAMARD, *JCP 2004. I. 112* (vicissitudes de la mention manuscrite). – MOREAU, *Gaz. Pal. 2004. Doctr. 1829.* – FENOUILLET, *RDC 2004. 304.* – HOUTCIEFF, *ibid. 408.* – DELEBECQUE, *RJ com. 2004. 226* (existe-t-il encore un droit du cautionnement ?). – CERLES et SÉJEAN, *Mélanges Simler, Dalloz-Litec, 2006, p. 273* (cautionnement : du code civil au code de la consommation ou les illusions de la protection). – BOUTEILLER, *JCP E 2008, nº 16, p. 13* (faute du banquier et moyens de défense de la caution poursuivie). – AVENA-ROBARDET, *D. 2008. 2657* (réforme du cautionnement : interprétation de la jurisprudence). – PELLIER, *LPA 16 juill. 2009* (de quelques difficultés suscitées par les mentions manuscrites en matière de cautionnement envers un créancier professionnel). – BESNARD GOUDET, *Dr. sociétés 2010. Étude 16* (coexistence de deux régimes pour les cautions dirigeants). – DUMERY, *RLDC févr. 2011. 27* (cautionnement et code de la consommation : d'une ambition protectrice à un éclatement progressif).

TITRE IV (du Livre III). CAUTIONNEMENT

Art. L. 341-1 *(L. n° 98-657 du 29 juill. 1998)* Sans préjudice des dispositions particulières, toute personne physique qui s'est portée caution est informée par le créancier professionnel de la défaillance du débiteur principal dès le premier incident de paiement non régularisé dans le mois de l'exigibilité de ce paiement. Si le créancier ne se conforme pas à cette obligation, la caution ne saurait être tenue au paiement des pénalités ou intérêts de retards échus entre la date de ce premier incident et celle à laquelle elle en a été informée.

V. aussi, s'agissant des opérations de crédit à la consommation et de crédit immobilier, C. consom., art. L. 313-9. — ***C. civ.*** *ou* ***C. consom.***

1. *Application dans le temps.* L'obligation d'information prévue par l'art. L. 341-1 issu de la L. n° 98-657 du 29 juill. 1998 ne peut s'appliquer aux situations consommées antérieurement à la date de son entrée en vigueur sauf à conférer à cette disposition un caractère rétroactif qu'elle ne comporte pas. • Com. 13 févr. 2007 : *cité note 1 ss. art. L. 341-6 C. consom.*

2. *Pénalités.* L'indemnité forfaitaire de 10 % du capital échu en retard prévue au contrat de prêt constitue une pénalité au sens de l'art. L. 341-1. • Civ. 1re, 19 juin 2013 *pourvoi n° 12-18.478.*

Art. L. 341-2 *(L. n° 2003-721 du 1er août 2003, art. 11-II, en vigueur le 5 févr. 2004)* Toute personne physique qui s'engage par acte sous seing privé en qualité de caution envers un créancier professionnel doit, à peine de nullité de son engagement, faire précéder sa signature de la mention manuscrite suivante, et uniquement de celle-ci : « En me portant caution de X..., dans la limite de la somme de... couvrant le paiement du principal, des intérêts et, le cas échéant, des pénalités ou intérêts de retard et pour la durée de..., je m'engage à rembourser au prêteur les sommes dues sur mes revenus et mes biens si X... n'y satisfait pas lui-même. »

V. aussi, s'agissant des opérations de crédit à la consommation et de crédit immobilier, C. consom., art. L. 313-7. — ***C. civ.*** *ou* ***C. consom.***

1. *Application dans le temps.* Les dispositions des art. L. 341-2 et L. 341-3, qui ne sont entrées en vigueur que six mois après la promulgation de la loi, n'ont pas vocation à régir les contrats souscrits antérieurement à leur entrée en vigueur. • Rennes, 19 déc. 2003 : *JCP E 2004, n° 36, p. 1339, obs. Simler ; RD banc. fin. 2004, n° 115, obs. Legeais ; Bull. Joly 2004. 1218, note Routier ; RJDA 2005, n° 326.* – V. aussi • Paris, 22 oct. 2004 : *D. 2004. AJ 2994 (2 arrêts) ; JCP E 2005, n° 1-2, p. 8 ; Gaz. Pal. 2005. 1105, note de Granvilliers.*

2. *Domaine d'application.* Toute personne physique, qu'elle soit ou non avertie, doit, dès lors qu'elle s'engage par acte sous seing privé en qualité de caution envers un créancier professionnel, faire précéder sa signature, à peine de nullité de son engagement, qu'il soit commercial ou civil, des mentions manuscrites exigées par les art. L. 341-2 et L. 341-3. • Com. 10 janv. 2012 : *Bull. civ. IV, n° 2 ; D. 2012. Actu. 276, obs. Avena-Robardet ; RTD com. 2012. 177, obs. Legeais ; Rev. sociétés 2012. 286, note Riassetto ; JCP E 2012, n° 1114 ; RJDA 2012, n° 433.* ♦ L'art. L. 341-2 n'opère aucune distinction parmi les cautions, dont la validité de l'engagement est soumise à l'exigence de la mention d'information légale ; dès lors, cette disposition n'est pas réservée aux personnes ayant agi en qualité de consommateur. • Lyon, 15 févr. 2007 : *BICC 15 juin 2007, n° 1334.* ♦ Nonobstant le caractère commercial du cautionnement consenti par le gérant d'une société, son engagement doit répondre aux exigences de forme prescrites à peine de nullité, dès lors que le créancier ne conteste pas sa qualité de créancier professionnel. • Même arrêt. ♦ Conçu en des termes généraux, l'art. L. 341-2 est applicable à toute personne physique qui s'engage par acte sous seing privé en qualité de caution envers un créancier professionnel, sans que soient exclus de son champ application certains actes sous seing privé en raison de leur nature commerciale ou certaines personnes physiques en raison de leur fonction ou de leurs liens avec l'entreprise débitrice. • Amiens, 11 oct. 2007 : *Banque* *et Droit mars-avr. 2008. 44, obs. Jacob.* ♦ Mais l'art. L. 341-2 ne s'applique qu'à l'égard d'une personne qui s'est engagée en qualité de caution et non de coemprunteur. • Aix-en-Provence, 4 sept. 2008 : *LPA 21 avr. 2009, note Pellier.* ♦ Appliquant les art. L. 341-2 et L. 341-3 à un billet à ordre irrégulier, V. • Com. 5 juin 2012 : *cité note 3 ss. C. com., art. L. 512-2.*

3. Contenu de la mention. La nullité d'un engagement de caution souscrit par une personne physique envers un créancier professionnel est encourue du seul fait que la mention manuscrite portée sur l'engagement de caution n'est pas identique aux mentions prescrites par les art. L. 341-2 et L. 341-3, à l'exception de l'hypothèse dans laquelle ce défaut d'identité résulterait d'erreur matérielle. • Com. 5 avr. 2011 : *Bull. civ. IV, n° 55 ; D. 2011. Actu. 1132, obs. Avena-Robardet ; JCP E 2011, n° 1395, note Bouteiller ; CCC 2011, n° 204, obs. Raymond ; Gaz. Pal. 2011. 1485, note Denizot ; RJDA 2011, n° 577, p. 6 ; RLDA juin 2011. 27, note Albiges.* ♦ L'apposition d'une virgule entre la formule caractérisant l'engagement de caution et celle relative à la solidarité n'affecte pas la portée des mentions manuscrites conformes aux dispositions légales. • Com. 5 avr. 2011 : *Bull. civ. IV, n° 54 ; eod. loc.* ♦ *Contra*, jugeant que les mentions énoncées aux art. L. 341-2 et L. 341-3 C. consom. doivent être successivement apposées par la caution sans être mêlées dans une formule unique : • Paris, 5 mars 2009 : *JCP 2009. I. 150, n° 4, obs. Simler ; RJDA 2009, n° 678* • Rennes, 22 janv. 2010 : *JCP E 2010. 1189, note Bouteiller ; ibid., n° 1677, spéc. n° 2, obs. Simler ; RD banc. fin. 2010, n° 93, obs. Legeais ; Banque et Droit mars-avr. 2010. 64, obs. Rontchevsky ; RJDA 2010, n° 678.* ♦ La mention « Je soussigné M... déclare me porter caution de...... » au lieu et place de « En me portant caution de...... » n'affectant ni le sens, ni la portée de la mention prescrite, ne rend pas nul l'engagement de la caution. • Paris, 3 juin 2010 : *RD banc. fin. 2011, n° 16, obs. Cerles.* ♦ De la même façon, l'ajout de précisions quant au débiteur dans la mention manuscrite exigée par l'article L. 341-2 ne suffit pas à obtenir l'annulation du cautionnement. • Com. 16 oct. 2012 : *Bull. civ. IV, n° 184 ; Dalloz actualité, 5 nov. 2012, obs. Avena-Robardet ; JCP 2012, n° 1405, note Dumery ; CCC 2013, n° 16, obs. Raymond.* ♦ Sur l'évocation du caractère « personnel et solidaire » du cautionnement, d'une part, et la substitution du terme « banque » à ceux de « prêteur » et de « créancier », d'autre part, V. • Civ. 1re, 10 avr. 2013 : *D. 2013. 1460, note Lasserre Capdeville et Piette ; JCP E 2013, n° 1268, note Legeais.* ♦ Ne contrevient pas aux dispositions d'ordre public de l'art. L. 341-2 l'acte de cautionnement solidaire qui, à la suite de la mention prescrite par ce texte, comporte celle prévue par l'art. L. 341-3, suivie de la signature de la caution. • Com. 27 mars 2012 : *CCC 2012, n° 159, obs. Raymond* (cassation de : • Bourges, 1er juill. 2010 : *JCP E 2010, n° 2042, obs. crit. Bouteiller*).

3 bis. Rédaction de la mention. Jugeant que la mention manuscrite doit, à peine de nullité, être rédigée par la caution elle-même et non par une tierce personne, et ce même si la signature de la caution n'était pas contestée : • Com. 13 mars 2012 : *Gaz. Pal. 2012. 942, obs. Albiges ; RD banc. fin. 2012, n° 85, obs. Cerles.*

4. Nullité. Est nul l'engagement de caution, pris par acte sous seing privé par une personne physique envers un créancier professionnel, qui ne comporte pas la mention manuscrite exigée par ce texte (indifférence de l'aveu). • Com. 28 avr. 2009 : *Bull. civ. IV, n° 56 ; D. 2009. AJ 1351, obs. Avena-Robardet ; RTD com. 2009. 796, obs. Legeais ; JCP E 2009, n° 28-29, p. 13, note S. Piedelièvre ; JCP 2009, n° 48, p. 45, obs. Simler ; RJDA 2009, n° 795 ; RDC 2009. 1444, note Fenouillet ; Procédures 2009, n° 200, obs. H. C.* • Civ. 1re, 25 juin 2009 : *Bull. civ. I, n° 138 ; D. 2009. Chron. C. cass. 2068, obs. Creton ; ibid. AJ 1820, obs. Avena-Robardet ; RTD com. 2009. 601, obs. Legeais ; JCP E 2009, n° 35, p. 13, obs. Legeais ; CCC 2010, n° 25, obs. Raymond ; RJDA 2010, n° 76 ; RDC 2009. 1444, note Fenouillet.* ♦ La violation du formalisme des art. L. 341-2 et L. 341-3, qui a pour finalité la protection des intérêts de la caution, est sanctionnée par une nullité relative, à laquelle elle peut renoncer par une exécution volontaire de son engagement irrégulier, en connaissance du vice l'affectant. • Com. 5 févr. 2013 : *BICC 1er juin 2013, n° 779 ; D. 2013. 1113, note Libchaber ; JCP E 2013, n° 1174, note Le Gac-Pech ; CCC 2013, n° 124, obs. Raymond ; RJDA 2013, n° 452.*

En retenant que le non-respect de l'art. L. 341-2 constituait une erreur de droit qui n'est pas susceptible d'entraîner la nullité de la transaction, alors que l'exclusion de l'erreur de droit comme cause de nullité de la transaction ne concerne que la règle applicable aux droits objet de la contestation qu'elle a pour but de terminer, et non les engagements souscrits pour garantir l'exécution de la transaction, la cour d'appel a violé le texte susvisé. • Civ. 1re, 8 mars 2012 : *D. 2012. Chron. C. cass. 2050, obs. Creton ; ibid. 1102, note Thibierge ; Rev. sociétés 2012. 421, note Riassetto ; JCP E 2012, n° 1239, note Legeais ; JCP 2012, n° 517, note Piedelièvre ; CCC 2012, n° 158, obs. Raymond ; RJDA 2012, n° 716 ; Bull. Joly 2012. 478, note Houtcieff.*

5. Créancier professionnel. **BIBL.** Gout, *RLDC déc. 2009. 24* (notion de créancier professionnel dans le droit du cautionnement). ♦ Au sens des art. L. 341-2 et L. 341-3, le créancier professionnel s'entend de celui dont la créance est née dans l'exercice de sa profession ou se trouve en rapport direct avec l'une de ses activités professionnelles, même si celle-ci n'est pas principale. • Civ. 1re, 9 juill. 2009 : *Bull. civ. I, n° 173 ; D. 2009. Chron. C. cass. 2067, obs. Creton ; ibid. 2198, note Piedelièvre ; ibid. AJ 2032, obs. Delpech ; RTD com. 2009. 601 et 796, obs. Legeais ; RTD civ. 2009. 758, obs. Crocq ; JCP E 2009, n° 37, p. 13, note Legeais ; CCC 2009, n° 255, obs. Raymond ; LPA 21 oct. 2009, note Cuperlier ; Gaz. Pal. 2009. 3075, note Dagorne-Labbe ; RJDA 2010, n° 76 ; RDC 2009. 1444, note Fenouillet ; Bull. Joly 2009. 1048, note Houtcieff ; Dr. sociétés 2009. Pratique 9, par Cerles ; Dr. et proc. 2009. 362, obs. Y. Picod.*

Art. L. 341-3 *(L. n° 2003-721 du 1er août 2003, art. 11-II, en vigueur le 5 févr. 2004)* Lorsque le créancier professionnel demande un cautionnement solidaire, la personne physique qui se porte caution doit, à peine de nullité de son engagement, faire précéder sa signature de la mention manuscrite suivante : « En renonçant au bénéfice de discussion défini à l'article *(Ord. n° 2006-346 du 23 mars 2006, art. 54)* « 2298 » du code civil et en m'obligeant solidairement avec X..., je m'engage à rembourser le créancier sans pouvoir exiger qu'il poursuive préalablement X... ».

V. aussi, s'agissant des opérations de crédit à la consommation et de crédit immobilier, C. consom., art. L. 313-8. — ***C. civ.*** *ou* ***C. consom.***

1. Contenu de la mention. Doit être annulé le cautionnement dont la mention manuscrite s'écarte considérablement des prescriptions de l'art. L. 341-3, en omettant notamment de préciser la renonciation au bénéfice de discussion et de division. • Amiens, 11 oct. 2007 : *cité note 2 ss. art. L. 341-2 C. consom.* ♦ Comp., jugeant qu'une simple insuffisance des mentions prescrites par la loi suffit au prononcé automatique de cette nullité dès lors que le juge n'a pas à apprécier la gravité ou la portée de l'insuffisance reprochée, même dans l'hypothèse où la caution est une caution avertie : • Orléans, 8 févr. 2007 : *BICC 1er déc. 2008, n° 1827 ; Dr. sociétés 2008, n° 70, obs. M.-L. C. ; RJ com. 2009. 224, obs. Macorig-Venier.* ♦ V. aussi note 3 ss. art. L. 341-2 C. consom.

2. Acte authentique. Les dispositions de l'art. L. 341-3 ne s'appliquent pas aux cautionnements consentis par acte authentique. • Com. 6 juill. 2010 : *Bull. civ. IV, n° 118 ; D. 2010. 2129, note S. Piedelièvre ; Dalloz actualité, 21 juill. 2010, obs. Avena-Robardet ; RTD civ. 2010. 593, obs. Crocq ; JCP E 2010, n° 1764, note Legeais ; JCP 2010, n° 789, obs. Barbièri ; CCC 2010, n° 263, obs. Raymond ; Banque et Droit juill.-août 2010. 44, obs. Rontchevsky ; RJDA 2010, n° 1186 ; RJ com. 2011. 320, obs. Macorig-Venier ; Dr. et proc. 2010. 261, note Picod.* ♦ A l'inverse des dispositions de l'art. L. 341-5, celles de l'art. L. 341-3 ne s'appliquent pas aux cautionnements consentis par acte authentique. • Cass., avis, 8 avr. 2010 : *D. 2010. Actu. 1068, obs. Avena-Robardet ; JCP N 2010, n° 1231, note Barbiéri ; RD banc. fin. 2010, n° 134, obs. Cerles ; RJDA 2010, n° 876.*

3. Sanction. La solidarité ne constituant qu'une modalité spécifique du cautionnement, la sanction de l'inobservation de la mention imposée par l'art. L. 341-3 n'est pas la nullité du cautionnement mais l'impossibilité pour le créancier de se prévaloir de cette solidarité. L'engagement souscrit dans le respect des dispositions de l'art. L. 341-2 demeure valable comme cautionnement simple. • Bourges, 19 nov. 2009 : *JCP E 2010, n° 1677, spéc. n° 4, obs. Simler* (conf. par • Com. 8 mars 2011 : *Bull. civ. IV, n° 31 ; D. 2011. 1193, note Picod ; ibid. Actu. 812, obs. Avena-Robardet ; JCP E 2011, n° 1270, note Legeais ; LPA 14-15 juill. 2011, note Brignon ; RJDA 2011, n° 466 ; RJ com. 2011. 324, obs. Macorig-Venier*).

Art. L. 341-4 *(L. n° 2003-721 du 1er août 2003, art. 11-II)* Un créancier professionnel ne peut se prévaloir d'un contrat de cautionnement conclu par une personne physique dont l'engagement était, lors de sa conclusion, manifestement disproportionné à ses biens et revenus, à moins que le patrimoine de cette caution, au moment où celle-ci est appelée, ne lui permette de faire face à son obligation.

V. aussi, s'agissant des opérations de crédit à la consommation et de crédit immobilier, C. consom., art. L. 313-10. — ***C. civ.*** *ou* ***C. consom.***

BIBL. ▸ Atias, *D. 2003. 2620* (impossibilité de se prévaloir d'un engagement valable). – Bakouche, *CCC 2004, Chron. 5* (proportionnalité dans le cautionnement à l'épreuve de la loi et de la jurisprudence). – Piette, *Dr. et patr. juin 2004. 44* (sanction du cautionnement disproportionné). – Maury, *LPA 28 juill. 2006* (principe de proportionnalité dans le cautionnement). – Crocq, *Mélanges Simler, Dalloz-Litec, 2006, p. 291* (sûretés et proportionnalité). – SDECC, *BICC 15 janv. 2010, p. 31* (obligations du banquier au regard des cautions). – Mairot, *LPA 13 déc. 2012* (la proportionnalité ou la recherche d'équilibre).

1. Application dans le temps. L'art. L. 341-4 n'est pas applicable aux cautionnements souscrits antérieurement à son entrée en vigueur. • Cass., ch. mixte, 22 sept. 2006 : *Bull. civ. n° 7 ; BICC 15 nov. 2006, p. 30, rapp. Marais, avis Allix ; D. 2007. Pan. 764, obs. D.-R. Martin ; D. 2006. Pan. 2858, obs. Crocq ; ibid. AJ 2391, obs. Avena-Robardet ; RTD com. 2006. 900, obs. Legeais ; RTD civ. 2006. 799, obs. Crocq ; JCP 2006. II. 10180, note Houtcieff ; JCP E 2006, n° 51-52, p. 2192, obs. Simler ; Gaz. Pal. 2007. 458, note de Granvilliers ; CCC 2006, n° 250, obs. Raymond ; Dr. et patr. janv. 2007. 22, note Aynès ; Dr. et proc. mars-avr. 2007. 105, obs. Salati ; Defrénois 2007. 546, obs. Théry ; RJDA 2007, n° 658 ; RLDA nov. 2006. 49, note Aynès ; Bull. Joly 2007. 47, obs. Macorig-Venier ; RJ com. 2007. 56.* ♦ Le législateur n'a pas disposé expressément que l'art. L. 341-4 s'appliquait aux cautionnements souscrits avant son entrée en vigueur ; et en l'absence de tout élément probant porté à la connaissance de la cour, il n'est pas établi l'intention non équivoque du législateur d'appliquer le nouveau texte aux engagements de caution souscrits antérieurement à son entrée en vigueur. • Caen, 10 juin 2004 : *D. 2004. AJ 2437, obs. Avena-Robardet ; JCP E 2004, n° 40, p. 1515 ; RD banc. fin. 2004, n° 198, obs. Legeais ; ibid., n° 237, obs. Cerles ; Banque et Droit nov.-déc. 2004. 48, obs. Rontchevsky ; RTD civ. 2004. 757, obs. Crocq ; RJDA 2004, n° 1387* • Versailles, 24 mai 2005 : *JCP E 2005, n° 38, p. 1528 ; RJDA 2005, n° 1153.* – V. aussi • Paris, 22 oct. 2004 : *préc. note 1 ss. art. L. 341-2* • 28 oct. 2004 : *JCP E 2005, n° 24, p. 1003, obs. Simler* • Versailles, 15 mai 2008 : *Bull. Joly 2009. 241, note S. Piedelièvre.* ♦ *Contra,* jugeant que l'art. L. 341-4 est d'application immédiate, y compris au contrat en cours, sans distinction selon la personne physique et le crédit en cause, privé ou professionnel, ni selon que le cautionnement résulte d'un acte authentique ou sous seing privé. • Rennes, 19 déc. 2003 : *préc. note 1 ss. art. L. 341-2* • 18 févr. 2005 : *CCC 2005, n° 155, obs. Raymond ; RD banc. fin. 2005, n° 129, obs. Legeais ; RJDA 2006, n° 332* • Douai, 25 janv. 2006 : *cité note 4.* ♦ Dans le même sens, mais qui subordonne l'application de la loi nouvelle à la condition que l'instance ait été engagée après la promulgation de la loi du 1er août 2003, V. • Paris, 2 déc. 2005 : *D. 2006. AJ 295, obs. Avena-Robardet ; RTD civ. 2006. 366, obs. Théry ; JCP E 2006, n° 19, p. 854, n° 5, obs. Simler.*

1 bis. Ordre public. L'art. L. 341-4 édicte une norme dont la méconnaissance par le juge étranger n'est pas contraire à la conception française de l'ordre public international. • Civ. 1re, 30 janv. 2013 : *D. 2013. Actu. 371 ; JCP E 2013, n° 1160, obs. Akchoti.*

2. Forme du cautionnement. L'art. L. 341-4 pose un principe général de proportionnalité et s'applique, que le cautionnement ait été recueilli sous la forme authentique ou sous seing privé. • Rennes, 18 févr. 2005 : *préc. note 1.*

3. Contrat d'affacturage. La caution ne peut invoquer la disproportion au sens de l'art. L. 341-4, lorsqu'elle garantit, non un prêt bancaire au montant connu mais un contrat d'affacturage pouvant entraîner un découvert de compte de l'adhérent, situation aléatoire et non prévisible ne permettant pas d'affirmer que la proportion entre les ressources de la caution et son engagement pouvait être évaluée au moment de la formation du contrat. • Douai, 8 déc. 2005 : *BICC 2006, n° 1335.*

4. Aval. L'aval, en ce qu'il garantit le paiement d'un titre dont la régularité n'est pas discutée, constitue un engagement cambiaire gouverné par les règles propres du droit du change, de sorte que l'avaliste n'est pas fondé à rechercher la responsabilité de la banque pour manquement au devoir de mise en garde ni pour violation de l'art. L. 341-4. • Com. 30 oct. 2012 : *Bull. civ. IV, n° 195 ; D. 2012. Actu. 2588, obs. Delpech ; RTD com. 2013. 124 obs. Legeais ; JCP E 2012, n° 1749 ; CCC 2013, n° 66, obs. Raymond ; RJDA 2013, n° 156.* ♦ Comp., jugeant que l'art. L. 341-4 est applicable au dirigeant de société qui s'est porté avaliste d'un billet à ordre souscrit par sa société au profit d'une banque, peu important le caractère commercial de l'aval souscrit et les spécificités de la garantie cambiaire, dès lors que, dans leurs rapports, l'engagement souscrit par le dirigeant envers la banque constitue un cautionnement au sens de l'art. L. 341-4 : • Douai, 25 janv. 2006 : *BICC 2006, n° 2053.*

5. Créancier professionnel. L'art. L. 341-4 est applicable à un fournisseur de matériaux à un entrepreneur : • Chambéry, 31 oct. 2006 : *JCP E 2007, n° 25, p. 10, obs. Simler.* ♦ Comp., jugeant qu'ayant relevé que les vendeurs qui avaient cédé leur fonds de commerce moyennant un prix payé pour partie par un crédit octroyé par eux n'avaient pas la qualité de créanciers professionnels, une cour d'appel en déduit à bon droit que ceux-ci n'avaient pas commis de faute en faisant souscrire un engagement de cautions prétendument disproportionné à leurs revenus et patrimoine. • Com. 13 nov. 2007 : *Bull. civ. IV, n° 236 ; D. 2007. AJ 3066, obs. Avena-Robardet ; D. 2008. Pan. 2108, obs. Crocq ; RTD com. 2008. 167, obs. Legeais ; RTD civ. 2008. 328, obs. Crocq ; JCP E 2007, n° 51-52, p. 14 ; Banque et Droit janv.-févr. 2008. 52, obs. Rontchevsky ; RJDA 2008, n° 325 ; Dr. et patr. oct. 2008. 92, obs. Aynès et Dupichot.*

6. Caution dirigeante. L'art. L. 341-4 bénéficie à toutes les cautions personnes physiques, y compris donc à une caution dirigeante d'une société qui garantit les dettes de celle-ci envers un professionnel. • Paris, 1er juin 2007 : *RJDA 2007, n° 1280* • 25 janv. 2008 : *RJDA 2008, n° 575.*

7. Caractère disproportionné. La disproportion s'apprécie lors de la conclusion du contrat de cautionnement au regard du montant de l'engagement ainsi souscrit et des biens et revenus de chaque caution, et en prenant en considération l'endettement global de la caution, y compris celui résultant d'engagements de caution. • Com. 22 mai 2013 : *D. 2013. Actu. 1340, obs. Avena-Robardet ; JCP E 2013. Actu. 428.* ♦ Jugeant qu'il convient d'apprécier le caractère manifestement disproportionné, d'une part, au moment de la conclusion de l'engagement de la caution et, d'autre part, au moment où la caution est appelée. • Paris, 1er juin 2007 : *préc. note 6.* ♦ La preuve du caractère disproportionné peut résulter des avis d'imposition relatifs à plusieurs années. • Même arrêt. ♦ Lorsque les dispositions de l'art. 1415 C. civ. sont écartées, les engagements des cautions s'apprécient tant au regard de leurs biens et revenus propres que de ceux de la communauté. • Com. 5 févr. 2013 : *BICC 1er juin 2013, n° 807 ; D. 2013. 1253, note Molière ; JCP 2013, n° 417, note Gout ; CCC 2013, n° 125, obs. Raymond.*

L'engagement de caution conclu par une personne physique au profit d'un créancier professionnel ne doit pas être manifestement disproportionné aux biens et revenus déclarés par la caution, dont le créancier, en l'absence d'anomalies apparentes, n'a pas à vérifier l'exactitude. • Com. 14 déc. 2010 : *Bull. civ. IV, n° 198 ; D. 2011. Actu. 156, obs. Avena-Robardet ; JCP E 2011, n° 1061 ; JCP E 2011, n° 1117, note Legeais ; ibid., n° 1394, spéc. n° 31, obs. Salgueiro ; Gaz. Pal. 2011. 473, obs. Pailler ; RJDA 2011, n° 348.*

8. Retour à meilleure fortune. Sur l'absence d'application de l'art. L. 341-4, *in fine*, V. • Paris, 9 avr. 2009 : *RJDA 2009, n° 1009.*

9. Sanction. Selon l'art. L. 341-4, la sanction du caractère manifestement disproportionné de l'engagement de la caution est l'impossibilité pour le créancier professionnel de se prévaloir de cet engagement ; il en résulte que cette sanction, qui n'a pas pour objet la réparation d'un préjudice, ne s'apprécie pas à la mesure de la disproportion. • Com. 22 juin 2010 : *Bull. civ. IV, n° 112 ; D. 2010. 1985, note Houtcieff ; ibid. Actu. 1620, obs. Avena-Robardet ; RTD com. 2010. 552, obs. Champaud et Danet ; RTD civ. 2010. 593, obs. Crocq ; JCP E 2010, n° 1678, note Legeais ; RJDA 2010, n° 1106 ; CCC 2010, n° 263, obs. Raymond ; RLDA sept. 2010. 35, note Guyader ; Bull. Joly 2010. 808, obs. Houtcieff.*

Art. L. 341-5 *(L. n° 2003-721 du 1er août 2003, art. 11-II, en vigueur le 5 févr. 2004)* Les stipulations de solidarité et de renonciation au bénéfice de discussion figurant dans un contrat de cautionnement consenti par une personne physique au bénéfice d'un créancier professionnel sont réputées non écrites si l'engagement de la caution n'est pas limité à un montant global, expressément et contractuellement déterminé, incluant le principal, les intérêts, les frais et accessoires.

1. Application dans le temps. Les art. L. 341-4 et L. 341-5 issus de la L. n° 2003-721 du 1er août 2003 ne sont pas applicables aux cautionnements souscrits antérieurement à son entrée en vigueur. • Com. 13 févr. 2007 : *Bull. civ. IV, n° 31 ; D. 2007. AJ 652, obs. Avena-Robardet ; RTD com. 2007. 432, obs. Legeais ; Rev. sociétés 2007. 534, note Stoufflet ; JCP E 2007, n° 25, p. 10, obs. Simler ; LPA 6 août 2007, obs. Houtcieff ; CCC 2007, n° 112, obs. Raymond ; RJDA 2007, n° 658 ; Dr. et proc. 2007. 233, obs. Picod.*

2. Acte authentique. Les dispositions de l'art. L. 341-5 sont applicables à tous les cautionnements solidaires consentis par des personnes physiques au profit de créanciers professionnels, peu important qu'ils soient constatés par acte authentique. • Com. 6 juill. 2010 : *cité note 2 ss. art. L. 341-3 C. consom.* – V. aussi • Cass., avis, 8 avr. 2010 : *eod. loc.*

Art. L. 341-6 *(L. n° 2003-721 du 1er août 2003, art. 11-II, en vigueur le 5 févr. 2004)* Le créancier professionnel est tenu de faire connaître à la caution personne physique, au plus tard avant le 31 mars de chaque année, le montant du principal et des intérêts, commissions, frais et accessoires restant à courir au 31 décembre de l'année précédente au titre de l'obligation garantie, ainsi que le terme de cet engagement. Si l'engagement est à durée indéterminée, il rappelle la faculté de révocation à tout moment et les conditions dans lesquelles celle-ci est exercée. A défaut, la caution ne saurait être tenue au paiement des pénalités ou intérêts de retard échus depuis la précédente information jusqu'à la date de communication de la nouvelle information.

1. Application dans le temps. L'art. L. 341-6 issu de la L. n° 2003-721 du 1er août 2003 ne peut entraîner la déchéance du droit aux intérêts conventionnels qu'à compter de la date de son entrée en vigueur et n'est pas applicable aux situations consommées avant cette date. • Com. 13 févr. 2007 : *Bull. civ. IV, n° 32 ; D. 2007. AJ 651, obs. Avena-Robardet ; RTD com. 2007. 432, obs. Legeais ; RTD civ. 2007. 370, obs. Crocq ; JCP E 2007, n° 25, p. 10, obs. Simler.*

2. Faculté de révocation. Dès lors qu'elle tend à priver d'effet l'exercice de la faculté de révoquer unilatéralement le cautionnement à durée indéterminée, la clause litigieuse est nulle, de sorte que, ne pouvant recevoir application, elle n'est pas de nature à affecter la validité du cautionnement. • Civ. 1re, 7 mars 2006 : *Bull. civ. I, n° 132 ; D. 2006. AJ 981, obs. Avena-Robardet ; RTD civ. 2006. 762, obs. Mestre et Fages ; CCC 2006, n° 125, obs. Leveneur ; Banque et Droit mai-juin 2006. 76, obs. Rontchevsky ; RJDA 2006 n° 950 ; RDC 2007. 428, obs. Houtcieff.*

Art. L. 313-22-1 *(L. n° 2010-737 du 1er juill. 2010, art. 26-II, en vigueur le 1er mai 2011)* **Les établissements de crédit ayant fourni un cautionnement, un aval ou une garantie, que ces derniers soient d'origine légale, réglementaire ou conventionnelle, disposent de plein droit et dans tous les cas d'un recours contre le client donneur d'ordre de l'engagement, ses coobligés et les personnes qui se sont portées caution et, pour les paiements effectués au titre de leur engagement, de la subrogation dans les droits du créancier prévue au 3° de l'article 1251 du code civil.**

L'art. L. 313-22-1 s'applique aux contrats dont l'offre a été émise après la date d'entrée en vigueur (L. n° 2010-737 du 1er juill. 2010, art. 61-I).

BIBL. ▶ Simler, *JCP 2011, n° 130* (la loi rétablit le recours du garant contre le constructeur que la Cour de cassation a cru devoir lui refuser). – Berly, *RDI 2011. 109* (l'entrée en vigueur de l'art. L. 313-22-1 C. mon. fin.).

Application dans le temps. L'art. L. 313-22-1, issu de la loi du 1er juill. 2010 et relatif aux recours à l'encontre des cautions des établissements de crédit ayant accordé des garanties, a un caractère interprétatif. • Civ. 3e, 19 mars 2013 : *RDI 2013. 313, obs. Heugas-Darraspen ; JCP 2013, n° 585, obs. Simler.*

SECTION III *Procédures de mobilisation des créances professionnelles*

SOUS-SECTION 1 *Cession et nantissement des créances professionnelles*

RÉP. COM. v° *Cession et nantissement de créances professionnelles*, par Dumas et Cohen-Branche.

BIBL. GÉN. ▶ Chvika, *D. 2000. Chron. 615* (déclin de la négociabilité des instruments de paiement et de crédit). – Le Maigat, *RD banc. fin. 2002. 92* (protection du débiteur cédé face au caractère occulte de la cession Dailly). – Malaurie et Aynès, *Defrénois 2002. 915* (cessions de créances simplifiées). – Crocq, *Dr. et patr. juill.-août 2002. 80* (efficacité incertaine de la cession Dailly). – Malecki, *Mélanges Guyon, Dalloz, 2003, p. 767* (bordereau Dailly et droit des procédures collectives). – Legeais, *Mélanges AEDBF III, 2003, p. 219* (avenir du « Dailly »). – Stoufflet, *RD banc. fin. 2003. 67* (financements par cession de créances futures). – Attal, *Dr. et patr. mai 2005. 34* (validité et utilités de la cession de créance future à titre de garantie). – Lasbordes - de Virville, *RD banc. fin. mars-avr. 2006. 54* (risques encourus par le banquier cessionnaire). – Fille-Lambie et Laisney, *Banque et Droit juill.-août 2010. 3* (le nantissement de créance, supplétif ou alternative à la cession Dailly ?). – Ansault, *Journ. sociétés mars 2012. 12* (la cession Dailly dans la tourmente des procédures collectives).

Art. L. 313-23 **Tout crédit qu'un établissement de crédit consent à une personne morale de droit privé ou de droit public, ou à une personne physique dans l'exercice par celle-ci de son activité professionnelle, peut donner lieu au profit de cet établis-**

sement, par la seule remise d'un bordereau, à la cession ou au nantissement par le bénéficiaire du crédit, de toute créance que celui-ci peut détenir sur un tiers, personne morale de droit public ou de droit privé ou personne physique dans l'exercice par celle-ci de son activité professionnelle.

Peuvent être cédées ou données en nantissement les créances liquides et exigibles, même à terme. Peuvent également être cédées ou données en nantissement les créances résultant d'un acte déjà intervenu ou à intervenir mais dont le montant et l'exigibilité ne sont pas encore déterminés.

Le bordereau doit comporter les énonciations suivantes :

1. La dénomination, selon le cas, « acte de cession de créances professionnelles » ou « acte de nantissement de créances professionnelles » ;

2. La mention que l'acte est soumis aux dispositions des articles L. 313-23 à L. 313-34 ;

3. Le nom ou la dénomination sociale de l'établissement de crédit bénéficiaire ;

4. La désignation ou l'individualisation des créances cédées ou données en nantissement ou des éléments susceptibles d'effectuer cette désignation ou cette individualisation, notamment par l'indication du débiteur, du lieu de paiement, du montant des créances ou de leur évaluation et, s'il y a lieu, de leur échéance.

Toutefois, lorsque la transmission des créances cédées ou données en nantissement est effectuée par un procédé informatique permettant de les identifier, le bordereau peut se borner à indiquer, outre les mentions indiquées aux 1, 2 et 3 ci-dessus, le moyen par lequel elles sont transmises, leur nombre et leur montant global.

En cas de contestation portant sur l'existence ou sur la transmission d'une de ces créances, le cessionnaire pourra prouver, par tous moyens, que la créance objet de la contestation est comprise dans le montant global porté sur le bordereau.

Le titre dans lequel une des mentions indiquées ci-dessus fait défaut ne vaut pas comme acte de cession ou de nantissement de créances professionnelles au sens des articles L. 313-23 à L. 313-34. — *[L. n° 81-1 du 2 janv. 1981, art. 1er.]*

Sur la mobilisation des créances par les sociétés de crédit foncier, V. C. mon. fin., art. L. 515-13, III, et D. 515-10. — ***C. mon. fin.***

I. CONDITIONS DE FOND DE LA CESSION DE CRÉANCES PROFESSIONNELLES

A. QUANT AUX PARTIES À LA CESSION

1. Qualité du cédant. Pour l'application de la loi du 2 janv. 1981 [C. mon. fin., art. L. 313-23 s.], dès lors que tant le cédant que le débiteur sont des personnes morales, peu important qu'elles soient soumises au droit public, ou au droit privé, l'opération de crédit est valable sans qu'il y ait lieu de vérifier que la créance est née dans l'exercice de leurs activités professionnelles, une telle condition ne s'imposant que lorsque soit le cédant soit le débiteur est une personne physique. • Com. 3 janv. 1996 : *Bull. civ. IV, n° 3 ; D. 1996. IR 46 ; D. Affaires 1996. 231.* ♦ Pour une cession de créance effectuée par un préposé de la société cédante, V. • Com. 20 mars 2007 : *Bull. civ. IV, n° 90 ; RTD com. 2007. 423, obs. Legeais ; JCP E 2007, n° 18, p. 16 ; RJDA 2007, n° 771.*

2. Qualité du cessionnaire. La cession de créances par bordereau Dailly constitue une opération de crédit au sens de l'art. L. 313-1 C. mon. fin. ; à ce titre le cessionnaire doit obligatoirement être un établissement de crédit tel que défini par l'art. L. 511-1 C. mon. fin., ou un des services ou institutions énumérés à l'art. L. 518-1, qui peuvent effectuer des opérations de banque dans la mesure où ils y sont autorisés par leur statut : Rép. min. n° 4067 : *JOAN Q, 27 janv. 2003, p. 600 ; JCP E 2003, n° 7-8, p. 294.*

B. QUANT AU DÉBITEUR

3. Exercice d'une activité professionnelle. La vérification que la créance est née dans l'exercice d'une activité professionnelle ne s'impose que lorsque soit le cédant soit le débiteur est une personne physique. • Com. 3 janv. 1996 : *préc. note 1.*

C. QUANT AUX CRÉANCES CÉDÉES

1° NATURE DES CRÉANCES CÉDÉES

4. Indifférence de la nature de la créance. Les dispositions de la loi du 2 janv. 1981 [C. mon. fin., art. L. 313-23 s.] concernent la cession à un établissement de crédit de toute créance détenue par une personne morale de droit public, quelle que soit la nature de cette créance, et non seulement les cessions de créances de nature contractuelle. • CAA Nantes, 29 juin 2001 : *JCP E 2002, n° 2, 43.* ♦ Solution confirmée par : • CE 7 avr. 2004 : *JCP E 2004, n° 18, p. 690 ; RJDA 2004, n° 1114 ; LPA 12 juill. 2004, obs. Vidal ; RDC 2005. 843, note Brunet,* qui reconnaît au cessionnaire la possibilité de se prévaloir de la créance qu'il avait acquise pour en poursuivre le recouvrement sur la base du nouveau fondement juridique né de la constatation de la nullité du contrat à l'origine de ladite créance. ♦ Sur la cession d'une subvention ministérielle, V. • T. com. Paris, 24 mai 1988 : *Banque 1988. 1057.* ♦ ... D'une créance sur l'État, résultant de crédits de TVA, V. • CAA Paris,12 nov. 1993 : *LPA 29 août 1994, concl. Mendras.* ♦ ... D'une créance déterminable, V. • T. com. Saint-Étienne, 7 oct. 1986 : *Banque 1987. 91.*

5. Subvention. L'engagement pris par une collectivité locale de verser une subvention annuelle à un organisme de droit public ou de droit privé constituant une base suffisante pour que le bénéficiaire d'un tel engagement puisse se considérer comme titulaire d'une créance sur ladite collectivité locale, résultant d'un acte à intervenir au montant et à l'exigibilité non encore déterminés, comme prévu à l'art. 1er [C. mon. fin., art. L. 313-23], est légale la cession à un établissement de crédit d'une telle créance. • TA Strasbourg, 28 sept. 1993 : *JCP E 1994. Pan. 4 ; RJDA 1994, n° 318 ; RTD com. 1994. 333, obs. Cabrillac et Teyssié.*

6. Cession en garantie. La cession de créance professionnelle peut être utilisée afin de garantir le remboursement d'un crédit accordé antérieurement par le cessionnaire au cédant. • Com. 24 avr. 1990 : *Bull. civ. IV, n° 118 ; D. 1990. IR 118 ; RTD com. 1990. 442, obs. Cabrillac et Teyssié.* – Comp. : • Besançon, 12 juin 1991 : *Rev. dr. bancaire 1991. 229, obs. crit. Crédot et Gérard ; RTD com. 1991. 623, obs. crit. Cabrillac et Teyssié.*

6 bis. Opération dite de « défaisance ». Le rachat par une société des créances impayées détenues par une autre en vue de les recouvrer pour son propre compte s'analyse en une opération assimilable à l'escompte de titre de créance et, par conséquent, à une opération de crédit consentie à la société cédante pour les besoins de son exploitation et l'exercice de son activité professionnelle. • Versailles, 24 mai 2005 : *JCP E 2005, n° 38, p. 1527.*

2° CARACTÈRES DES CRÉANCES CÉDÉES

7. Créances éteintes. Des créances éteintes, du fait de leur paiement antérieur au bordereau les visant, ne peuvent faire l'objet d'aucune cession. • Com. 20 févr. 1996 : *D. Affaires 1996. 455 ; RTD com. 1996. 309, obs. Cabrillac.*

8. Créances échues. Les cessions de créances échues sont, en principe, autorisées, même à titre de garantie. • Com. 8 janv. 1991 : *Bull. civ. IV, n° 8 ; D. 1991. IR 44 ; RJ com 1993. 190, note Fenouillet ; RTD com. 1991. 271, obs. Cabrillac et Teyssié.*

9. Créances futures. Bien que n'étant pas encore exigible, est parfaitement cessible une créance résultant d'un contrat d'affacturage, alors qu'après le dénouement de la totalité des opérations d'affacturage, cette créance deviendra exigible. • Paris, 26 mai 1994 : *D. 1994. IR 207.* ♦ De même, les opérations liées à un dépôt-vente peuvent être cédées. • Versailles, 14 déc. 1995 : *D. Affaires 1996. 264.* ♦ L'art. L. 313-23 autorise la cession d'une créance à naître dans la mesure où elle est identifiable, ce qui est le cas de la créance cédée, les négociations entre la société cédante et son client étant suffisamment avancées pour tenir la conclusion du marché pour certaine, cette conclusion étant d'ailleurs intervenue quelque mois plus tard, peu important qu'elle soit intervenue pour un montant moindre que le marché escompté. • Colmar, 18 mars 2008 : *JCP E 2008, n° 41, p. 16.*

10. Créances éventuelles. Le bénéficiaire d'une cession de créance ne peut exiger le paiement de celle-ci que si le cédant possède un droit né et actuel sur le débiteur cédé et, s'agissant d'une créance reposant sur un acte non encore intervenu, lorsque la créance est devenue exigible. Lorsqu'une telle créance éventuelle s'éteint, la cession de créance devient dépourvue d'effet juridique. Il en irait ainsi, selon ce jugement, même dans le cas d'acceptation de la créance par le débiteur cédé selon la procédure prévue à l'art. 6 [C. mon. fin., art. L. 313-29], une telle acceptation ne pouvant pas avoir pour effet de transformer en droits acquis au bénéfice du cessionnaire les droits seulement éventuels initialement détenus par le cédant sur le débiteur et qui ne se sont pas réalisés. • TA Strasbourg, 28 sept. 1993 : *préc. note 5.* ♦ V. aussi, sur l'inefficacité d'une acceptation portant sur une créance éventuelle, V. • Com. 1er déc. 1998 : *D. Affaires 1999. 376, obs. J. F.* ♦ Comp., considérant qu'en cas de cession de créance à terme, le cessionnaire ne devient propriétaire de la créance qu'à concurrence des droits conférés à l'échéance par le cédant au débiteur ; que les exceptions liées à l'existence de malfaçons et pénalités de retard sont opposables au cessionnaire à défaut d'acceptation, • Colmar, 25 mars 1994 : *RJ com. 1994. 255, note L. R.* ♦ En ce sens qu'il ne peut y avoir deux cessions successives d'une même créance lorsque la première cession portait sur une créance éventuelle demeurée à l'état de virtualité, V. • Paris, 15 févr. 1999 : *JCP E 1999, n° 14, p. 597, obs. Bouteiller.*

3° CONVENTIONS PRÉALABLES

11. Sélection des créances. L'établissement de crédit, alors même qu'existe une « convention-cadre », conserve le droit de refuser la transmission des créances présentées. • Com. 8 déc. 1987 : *Bull. civ. IV, n° 264 ; Rev. dr. bancaire 1988. 90.* ♦ Son refus ne saurait, toutefois, être exercé de manière intempestive, sous peine de dégénérer en abus. • Paris, 3 mars 1992 : *Gaz. Pal. 1994. 2. Somm. 729.* ♦ Encourt la cassation l'arrêt qui condamne une banque à « traiter » des actes de cessions de créances sans rechercher si la convention d'escompte de créances professionnelles permettait à l'établissement de crédit de rejeter ou de refuser certaines des créances présentées par son client. • Com. 26 janv. 1999 : *RJDA 1999, n° 323.* ♦ Sur l'exercice par la banque de sa faculté, contractuellement prévue, de refuser, après examen, la mobilisation de créances Dailly, V. • Com. 20 nov. 2001 : *Banque et Droit mars-avr. 2003. 64, obs. Guillot.* ♦ Lorsque le cédant s'est engagé dans la convention à ne céder que des créances résultant d'actes déjà intervenus, la violation par lui de cet engagement ne saurait être retenue à faute contre la banque cessionnaire qui en est la victime, dont il n'est pas établi qu'elle se soit montrée négligente ou imprudente dans ses relations avec le cédant. • Versailles, 14 déc. 1995 : *préc. note 9.*

11 bis. Clause interdisant la cession de la créance. BIBL. Renfert et Brun, *RTDF 2009, n° 3, p. 37* (les clauses prohibant la cession de créances en droit français et en droit comparé). ♦ V. note 10 ss. art. L. 313-28 C. mon. fin. et art. L. 442-6, II, C. com. déclarant nuls les clauses ou contrats prévoyant pour un producteur, un commerçant, un distributeur, un industriel ou un artisan la possibilité d'interdire au cocontractant la cession à des tiers des créances qu'il détient sur lui.

II. CONDITIONS DE FORME DE LA CESSION DE CRÉANCES PROFESSIONNELLES

A. MENTIONS OBLIGATOIRES

12. Dénomination de l'acte. A défaut d'être expressément dénommés « Acte de cession de créances professionnelles », des bordereaux ne valent pas comme tels. • Com. 8 nov. 1994 : *RJDA 1995, n° 320* (pour des bordereaux ne précisant pas s'il s'agit d'« actes de cession de créances professionnelles » ou d'« actes de nantissement de créances professionnelles »). ♦ Ainsi, ne vaut pas comme acte de cession de créances professionnelles le bordereau intitulé « bordereau de cession de créances », dans lequel l'adjectif « professionnelles » a été omis. • Lyon, 7 mai 1992 : *BICC 1993, n° 157.* ♦ Pour un bordereau de cession comportant la dénomination « acte de cession de créance de la loi Dailly » et comportant la mention qu'il est soumis à la loi du 2 janv. 1984, V. • Com. 11 juill. 2000 : *Bull. civ. IV, n° 141 ; D. 2000. AJ 339, obs. Lienhard ; JCP E 2001, n° 31-35, p. 1331, obs. Stoufflet ; RTD com. 2000. 992, obs. Cabrillac.*

13. Nom ou dénomination sociale du bénéficiaire. N'est pas conforme au texte, l'acte de cession comportant la mention « Agence République du Groupe X » comme énonciation de la dénomination sociale de l'établissement de crédit bénéficiaire, V. • Com. 23 oct. 2001 : *Bull. civ. IV, n° 172 ; D. 2001. AJ 3430, obs. Lienhard ; ibid. 2002. Somm. 2046, obs. Lemée ; RTD com. 2002. 141, obs. Cabrillac.*

14. Désignation ou individualisation des créances. Pour valoir acte de cession, le bordereau doit comporter les éléments permettant d'individualiser les créances cédées ; cette condition n'est pas remplie lorsque la différenciation entre les créances effectivement cessibles et les autres se révèle impossible à l'examen du bordereau. • Com. 13 oct. 1992 : *Bull. civ. IV, n° 301 ; JCP E 1993. II. 395, note Stoufflet.* ♦ ... Ou lorsque les bordereaux de cession ne comportaient que l'indication du montant global des créances cédées en renvoyant, pour l'identification et l'individualisation de celles-ci, à des documents annexes que le cessionnaire n'établissait pas avoir joints. • Com. 3 oct. 2006 : *Bull. civ. IV, n° 193 ; D. 2007. Pan. 764, obs. D.-R. Martin ; D. 2006. AJ 2731, obs. Avena-Robardet ; JCP E 2007, n° 22, p. 20, obs. Coudert.* ♦ La cession de créance est nulle faute de désignation certaine de celle-ci, dès lors que le bordereau comporte plusieurs mentions erronées et que les autres mentions sont insuffisantes pour permettre l'identification de la créance par le cessionnaire ainsi que par le débiteur désigné, même après comparaison avec divers autres documents contractuels ou comptables aisément disponibles. • Com. 21 juin 1994 : *Bull. civ. IV, n° 223 ; JCP 1994. IV. 2100.* ♦ Sont insuffisamment individualisées les créances de primes d'État à la culture, dès lors que n'étaient données aucune précision particulière, ni aucune distinction des montants pour chacun des postes génériquement exprimés : • Paris, 30 oct. 1998 : *Gaz. Pal. 12-14 déc. 1999, Somm., p. 29, obs. Vray.* ♦ Lorsque c'est l'option « énonciation incluse » qui est cochée, l'espace destiné à l'individualisation des créances à l'aide de mentions préimprimées doit être dûment rempli de sorte que sont irréguliers les bordereaux dont les espaces dévolus à l'individualisation sont vierges ou ne comportent que la mention « listing joint » ou « listing » et qui ne mentionnent pas le nombre de créances cédées. • Rouen, 11 oct. 2005 : *Banque et Droit janv.-févr. 2006. 59, obs. Bonneau.*

En revanche, le défaut d'indication de la raison sociale du débiteur cédé ne suffit pas à invalider le bordereau qui permet l'individualisation de la créance par la mention de ses éléments essentiels et du numéro d'adhérent du cédé au sein d'une société coopérative créancière. • Paris, 17 nov. 1992 : *JCP E 1993. II. 428, note Larroumet.* – V. aussi • Com. 21 sept. 2004 : *RD banc. fin. 2005, n° 12, obs. Cerles.* ♦ En ce sens que la mention de l'adresse du débiteur n'est pas obligatoire, • Com. 3 déc. 1996 : *Rev. dr. bancaire 1997. 73, obs. Campana et Calendini.* ♦ La désignation du débiteur cédé n'est pas une mention obligatoire du bordereau, mais seulement l'un des moyens alternatifs susceptibles de permettre aux parties d'effectuer l'identification des créances cédées. • Com. 1er févr. 2011 : *Bull. civ. IV, n° 10 ; D. 2011. Actu. 508, obs. Delpech ; RTD com. 2011. 395, obs. Legeais ; JCP E 2011, n° 1394, spéc. n° 23, obs. Stoufflet ; Gaz. Pal. 2011. 1758, obs. Houin-Bressand ; RJDA 2011, n° 456.*

15. Cession par un procédé informatique. N'est pas valable le bordereau qui, lorsque la transmission des créances cédées est effectuée par un procédé informatique permettant de les identifier, n'indique pas, notamment, le moyen par lequel ces créances sont transmises. • Com. 21 mars 1995 : *RJDA 1995, n° 1013.* ♦ Si la transmission des créances professionnelles cédées peut être effectuée par un procédé informatique tel qu'un « listing », joint au bordereau, permettant de les individualiser, le bordereau de cession n'en doit pas moins être lui-même revêtu de toutes les mentions exigées par la loi en ce cas, c'est-à-dire, outre l'indication du moyen par lequel les créances sont transmises, le nombre et le montant global des cessions. • Com. 20 févr. 2007 : *Bull. civ. IV, n° 48 ; D. 2008. Pan. 882, obs. D. R. Martin ; D. 2007. AJ 793, obs. Delpech ; RTD com. 2007. 423, obs. Legeais ; JCP E 2007, n° 22, p. 21, obs. Stoufflet ; RJDA 2007, n° 542.*

16. Effets de l'individualisation des créances. Un acte de cession de créances comportant toutes les mentions exigées par l'art. 1er, § 4 [C. mon. fin., art. L. 313-23, § 4], c'est au débiteur cédé, demandeur à l'exception, d'établir l'inexistence des créances ainsi individualisées. • Com. 13 déc. 1994 : *Bull. civ. IV, n° 373 ; D. 1995. IR 10 ; JCP E 1995. II. 733, note Virassamy ; RJ com. 1995. 316, note Malecky.* – Comp. : • Com. 18 oct. 1994 : *cité note 13 ss. art. L. 313-28* • 18 févr. 1997 : *ibid. note 14.*

B. SANCTION DE L'OMISSION DES MENTIONS OBLIGATOIRES

17. Inopposabilité de la cession au débiteur. Le titre dans lequel l'une des mentions exigées par l'art. L. 313-23 fait défaut ne vaut pas comme acte de cession au sens de ses dispositions. • Com. 13 nov. 2003 : *RD banc. fin. 2004, n° 165, obs. Cerles ; RJDA 2004, n° 466.* – V. aussi • Com. 9 avr. 1991 : *Bull. civ. IV, n° 121 ; D. 1991. IR 124 ; RTD com. 1991. 421, obs. Cabrillac et Teyssié.* ♦ En l'absence de production des bordereaux de cession de créances revêtus de toutes les mentions exigées par l'art. L. 313-23, fût-elle justifiée par une impossibilité matérielle, les cessions litigieuses, à les supposer même établies, n'étaient pas opposables aux tiers, ce dont il résultait que le cessionnaire ne pouvait demander le paiement au débiteur cédé sur le fondement de documents qu'il ne présentait pas. • Com. 25 févr. 2003 : *Bull. civ. IV, n° 27 ; JCP E 2003, n° 16, p. 681 ; RTD com. 2003. 555, obs. Cabrillac ; LPA 7 juill. 2003, obs. E. C. ; ibid. 22 déc. 2004, note Lasbordes de Virville ; RJDA 2003, n° 765.* ♦ La sanction prévue par le dernier al. de l'art. L. 313-23 n'est pas la nullité des actes, mais leur inopposabilité aux tiers. • Rouen, 11 oct. 2005 : *préc. note 14.*

Bien que le bordereau ne soit pas valable en tant qu'acte de cession de créance professionnelle, dès lors qu'il ne mentionne pas que l'acte est soumis aux dispositions des art. L. 313-23 à L. 313-34 C. mon. fin., la banque ne se trouve pas pour autant privée du droit d'agir, le débiteur s'étant obligé par écrit, dans un acte d'acceptation de la cession notifiée, à régler le montant de la facture. • Metz, 8 févr. 2006 : *JCP E 2006, n° 45, p. 1874.*

18. Validité de la cession entre les parties. Si au cas où l'une des énonciations exigées a été omise, la cession est inopposable aux tiers, elle reste valable entre les parties. • Rouen, 6 mars 1986 : *D. 1988. Somm. 279, obs. Vasseur.* – V. note 1 ss. art. L. 313-27.

III. INFRACTIONS PÉNALES

19. Fausses factures. BIBL. Dekeuwer, *JCP E 1995. I. 451.* ♦ Constitue un faux en écriture de commerce pénalement punissable l'altération de la vérité dans un document valant titre ; constituent des titres les factures jointes à l'appui des bordereaux de cession de créances prévus par l'art. 1er [C. mon. fin., art. L. 313-23]. • Crim. 30 mars 1992 : *Bull. crim. n° 132 ; D. 1994. Somm. 157, obs. Roujou de Boubée ; JCP E 1992. Pan. 1355, obs. Véron.*

20. Escroquerie. BIBL. Dekeuwer, *JCP E 1995. I. 451.* ♦ Les documents produits à l'appui de bordereaux prévus par l'art. 1er [C. mon. fin., art. L. 313-23] peuvent servir de base à des poursuites du chef d'escroquerie lorsqu'ils affirment l'existence de créances fictives ou devenues sans valeur. • Crim. 22 févr. 1993 : *Bull. crim. n° 84.* ♦ Dans le même sens, pour un bordereau faisant état de créances inexistantes ou sorties du patrimoine du cédant, V. • Crim. 22 févr. 1993 : *Bull. crim. n° 83 ; RTD com. 1993. 695, obs. Cabrillac et Teyssié ; JCP E 1994. II. 530, note Véron.* ♦ La remise d'un bordereau faisant état de créances fictives en vue d'obtenir des fonds d'un établissement de crédit constitue une escroquerie. • Crim. 5 déc. 2001 : *RJDA 2002, n° 800.* ♦ Les factures jointes à l'appui des bordereaux étant des titres, l'utilisation, en connaissance de cause, de factures fictives pour obtenir par leur escompte une ouverture de crédit, constitue une escroquerie. • Crim. 6 avr. 1994 : *Bull. crim. n° 134 ; D. 1994. IR 54.* ♦ L'utilisation de factures fictives ou inexistantes à l'appui de bordereaux de cession de créances dans le but d'obtenir une ouverture de crédit est de nature à matérialiser des manœuvres frauduleuses constitutives du délit d'escroquerie. • Versailles, 30 mai 2001 : *Banque et Droit juill.-août 2002. 49, obs. Guillot.* ♦ Dans le même sens, s'agissant de la remise à l'établissement bancaire de bordereaux de créances, comme ayant été payées, sur lesquels sont inscrites des créances ne faisant plus partie au jour de la remise du patrimoine du cédant. • Même arrêt.

Art. L. 313-24 Même lorsqu'elle est effectuée à titre de garantie et sans stipulation d'un prix, la cession de créance transfère au cessionnaire la propriété de la créance cédée.

Sauf convention contraire, le signataire de l'acte de cession ou de nantissement est garant solidaire du paiement des créances cédées ou données en nantissement. — *[L. n° 81-1 du 2 janv. 1981, art. 1er-1.]*

Les dispositions du 1er al. de l'art. L. 313-24 facilitant le crédit aux entreprises sont de caractère interprétatif (L. n° 84-46 du 24 janv. 1984, art. 62).

BIBL. ▸ Tchotourian, *RJDA 2006. 331* (cession à titre de garantie : entre cession et garantie fiduciaire). – Aynès, *D. 2007. 961* (cession de créance à titre de garantie : quel avenir ?). – Adelle, *RD banc. fin. 2007. Analyse 5* (cession de créances en garantie et fiducie). – Auckenthaler, *JCP E 2007, n° 40, p. 13* (cession de créance en garantie). – Emy, *D. 2008. 2886* (opposabilité d'une cession de créance). – Lasbordes-de Virville, *RD banc. fin. janv.-févr. 2009. 81* (cession de créance à titre de garantie). – Marjoult, *Banque et Droit janv.-févr. 2009. 9* (renouveau proche de la cession de créance à titre de garantie). – Bloch, *Mélanges Tricot, Dalloz/Litec, 2011, p. 3* (renforcement de la cession de créances à titre de garantie ?).

I. CESSION EN GARANTIE

1. Cession en garantie d'un crédit antérieur. La cession de créance professionnelle peut être utilisée afin de garantir le remboursement d'un crédit accordé antérieurement par le cessionnaire au cédant. • Com. 24 avr. 1990 : *Bull. civ. IV, n° 118 ; D. 1990. IR 118 ; RTD com. 1990. 442, obs. Cabrillac et Teyssié.* – Comp. : • Besançon, 12 juin 1991 : *Rev. dr. bancaire 1991. 229, obs. crit. Crédot et Gérard ; RTD com. 1991. 623, obs. crit. Cabrillac et Teyssié.* ♦ Sur la validité de la cession de créances échues à titre de garantie V. • Com. 8 janv. 1991 : *préc. note 8 ss. art. L. 313-23.*

2. Nantissement temporaire. Il ne résulte pas des art. 1-1 et 4 [C. mon. fin., art. L. 313-24 et L. 313-27], qu'un nantissement de créance ne puisse être constitué à titre temporaire par une mention portée sur le bordereau. • Com. 16 mai 2000 : *Bull. civ. IV, n° 106 ; D. 2000. AJ 296, obs. Faddoul ; ibid. Somm. 392, obs. Piedelièvre ; JCP 2001. II. 10517, note Favier ; RTD com. 2000. 993, obs. Cabrillac.*

3. Rétrocession de créances cédées en garantie. Sur la nécessité, pour le banquier cessionnaire, de respecter les formalités de l'art. 1690 C. civ. lors de la rétrocession de créances au cédant, V. • Versailles, 1er mars 2001 : *RTD com. 2001. 960, obs. Cabrillac.* ♦ C'est seulement lorsque la cession de créance a été effectuée à titre de garantie que le cédant d'origine peut retrouver la propriété de la créance cédée sans formalité particulière dans la mesure où la garantie prend fin lorsque son bénéficiaire n'a plus de créance à faire valoir ou lorsqu'il y renonce. • Civ. 1re, 19 sept. 2007 : *Bull. civ. I, n° 275 ; D. 2007. AJ 2532, obs. Delpech ; RTD com. 2008. 162, obs. Legeais ; JCP E 2007,* n° 42, p. 10 ; LPA 15 janv. 2008, note Rakotovahiny.* ♦ La cession de créance effectuée à titre de garantie prend fin sans formalité particulière pour les sommes excédant la créance qui reste due à la banque cessionnaire par le cédant. • Com. 9 févr. 2010 : *Bull. civ. IV, n° 34 ; D. 2010. AJ 578, obs. Delpech ; RTD com. 2010. 770, obs. Legeais ; RTD civ. 2010. 360, obs. Crocq ; JCP 2011, n° 112, note Aynès ; Gaz. Pal. 2010. 2246, obs. Bonhomme ; RJDA 2010, n° 997.*

3 bis. Restitution de la créance. V. art. 2011 s. C. civ., v° *Fiducie.* ♦ Si la cession de créance faite à titre de garantie, qui implique la restitution du droit cédé au cas où la créance garantie viendrait à être payée, n'opère qu'un transfert provisoire de la titularité de ce droit, l'éventualité de la restitution de la créance au cédant reste subordonnée à l'épuisement de l'objet de la garantie consentie. • Com. 22 nov. 2005 : *Bull. civ. IV, n° 330 ; D. 2006. Pan. 2861, obs. Crocq ; RTD com. 2006. 169, obs. Legeais ; JCP E 2006, n° 14-15, p. 673, obs. Cabrillac ; LPA 12 févr. 2007, obs. E. C. ; Gaz. Pal. 2006. Somm. 1975, obs. F. B. ; Defrénois 2006. 601, obs. Savaux ; RJDA 2006, n° 325.* ♦ Dès lors que la banque cessionnaire d'une créance professionnelle à titre de garantie a elle-même soutenu que l'ensemble des obligations réciproques qu'elle avait avec son client était fondu dans un compte courant unique, et que la cour d'appel constate que les sommes litigieuses correspondant aux créances cédées et encaissées sont entrées en compte au nom de la société cédante à la date des versements, il en résulte qu'elles sont entrées au crédit de son compte courant sans que la banque établisse ni même allègue les avoir portées dans un compte spécial indisponible à son propre nom. Ainsi, la cour d'appel, faisant ressortir que la banque n'était pas fondée à invoquer la compensation entre sa dette correspondant au solde créditeur du compte courant de son client et sa créance résultant de ses engagements par signature, qui n'étaient qu'éventuels, a exactement jugé que la banque n'était pas en droit de refuser la restitution du solde créditeur du compte courant. • Com. 4 juill. 2006 : *Bull. civ. IV, n° 158 ; D. 2007. Pan. 760, obs. D.-R. Martin ; RTD com. 2006. 894, obs. Legeais ; JCP E 2006, n° 41, p. 1719, note Ansaloni ; RJDA 2007, n° 91.* ♦ En dehors des cas prévus par la loi, l'acte par lequel un débiteur cède et transporte à son créancier, à titre de garantie, tous ses droits sur des créances, constitue un nantissement de créance. • Com. 19 déc. 2006 : *Bull. civ. IV, n° 250 ; R. 2006, p. 370 ; D. 2007. 319, note Dammann et Podeur ; ibid. 344, note Larroumet ; RTD com. 2007. 217, obs. Legeais ; RTD civ. 2007. 160, obs. Crocq ; AJDI 2007. 757, obs. Cohet-Cordey ; JCP E 2007, n° 5, p. 13, rapport Cohen-Branche, note Legeais ; LPA 27 févr. 2007, note Prigent ; Gaz. Pal. 2007. 1903, obs. Piedelièvre ; RJDA 2007, n° 474 ; Defrénois 2007. 448, obs. Savaux ; RDC 2007. 273, obs. Laithier.* – Sur cet arrêt, V. aussi, Beuzelin, *Dr. et patr.* sept. *2007. 74* (cession de loyer à titre de garantie ou nantissement de créance, que faire ?). ♦ Dès lors qu'une cession de loyers en garantie du remboursement d'un prêt a été signifiée au locataire conformément aux dispositions de l'art. 1690 C. civ., le cessionnaire a la qualité de créancier nanti. • Com. 26 mai 2010 : *Bull. civ. IV, n° 94 ; D. 2010. 2201, note Borga ; RTD com. 2010. 595, obs. Legeais ; RTD civ. 2010. 597, obs. Crocq ; Gaz. Pal. 2010. 2902, obs. Albigès ; RJDA 2010, n° 945 ; RDC 2010. 1338, obs. Aynès.* – Sur cet arrêt, V. aussi Mathieu, *RD banc. fin. 2010. Étude 22* (le nantissement de créances notifié : une sûreté devenue absolue ?).

II. GARANTIE SOLIDAIRE DU CÉDANT

4. Recours en garantie du cessionnaire contre le cédant. Le cédant d'une créance professionnelle, en sa qualité de garant solidaire du paiement des créances cédées à l'égard du banquier cessionnaire, de même que les cautions du cédant, sont tenus des mêmes obligations que le débiteur cédé. • Com. 26 mars 2002 : *RD banc. fin. 2003, n° 20, obs. Cerles.* ♦ Il n'y a pas lieu de déduire du montant de la déclaration de créance du banquier cessionnaire de créances professionnelles à titre de garantie au redressement judiciaire du cédant, les créances pour lesquelles il ne justifie pas qu'elles n'ont pas été recouvrées depuis l'ouverture de la procédure collective, dès lors que le cédant, en sa qualité de garant solidaire des créances cédées à l'égard du banquier cessionnaire, est tenu des mêmes obligations que le débiteur cédé, V. • Com. 4 déc. 2001 : *Bull. civ. IV, n° 192 ; D. 2002. AJ 210, obs. Lienhard ; Banque et Droit mars-avr. 2002. 56, obs. Bonneau* ♦ Le non-respect, par le cessionnaire, des formes dans le recouvrement de la créance acquise ne le prive pas du droit, reconnu par la loi, d'agir contre le cédant et la caution. • Com. 17 déc. 1996 : *Bull. civ. IV, n° 312 ; Quot. jur. 23 janv. 1997, p. 6, note P.M. ; RTD com. 1997. 301, obs Cabrillac ; RJDA 1997, n° 550.*

5. Indifférence d'une compensation entre le cédant et le débiteur cédé. L'extinction de la créance par compensation ne fait pas disparaître l'obligation de garantie • Com. 26 avr. 1994 : *RJDA 1994, n° 952 ; JCP 1994. IV. 1582.*

6. Option du cessionnaire. La solidarité existant entre le cédant et le débiteur cédé confère au cessionnaire le droit d'exercer son recours contre le cédant ou le cédé sans avoir à justifier de son choix. • Paris, 17 avr. 1992 : *JCP 1992. II. 22019, note Legeais* • Chambéry, 27 oct. 1993 : *BICC 1993, n° 1363.* ♦ Le cessionnaire, qui a notifié la cession au débiteur cédé, bénéficie du recours en garantie contre le cédant et sa caution, sans avoir à justifier préalablement d'une poursuite judiciaire à l'encontre du débiteur cédé. • Com. 14 mars 2000 : *Bull. civ. IV, n° 55 ; D. 2000. AJ 236, obs. Faddoul ; JCP E 2000, n° 20, p. 774 ; RTD com. 2000. 996, obs. Cabrillac*. – Dans le même sens, en l'absence de notification des cessions de créances, V. • Com. 11 déc. 2001 : *Bull. civ. IV, n° 196 ; D. 2003. Somm. 342, obs. Martin ; RD banc. fin. 2002, n° 92, obs. Cerles.* ♦ Comp., retenant que lorsque le cessionnaire a notifié la cession conformément à l'art. 5, le recours en garantie contre le cédant ne doit lui être ouvert qu'après demande amiable de paiement à l'échéance au débiteur cédé, son exercice n'est nullement subordonné à l'engagement simultané de poursuites contre ce dernier : • Paris, 22 janv. 1993 : *D. 1993. IR 106.* – En ce sens déjà, • Paris, 29 sept. 1989 : *D. 1990. Somm. 230, obs. Vasseur ; RTD com. 1990. 76, obs. Cabrillac et Teyssié*.

Si le cessionnaire d'une créance professionnelle qui a notifié la cession en application de l'art. L. 313-28 bénéficie d'un recours en garantie contre le cédant, garant solidaire, sans avoir à justifier préalablement d'une poursuite judiciaire contre le débiteur cédé ou même de sa mise en demeure, il est cependant tenu de justifier d'une demande amiable adressée à ce débiteur ou de la survenance d'un événement rendant impossible le paiement, la circonstance que le cédant ait autorisé la banque, par convention cadre, à débiter son compte, si le débiteur cédé laissait impayée sa créance à l'échéance, n'étant pas susceptible d'exonérer la banque notificatrice de cette démarche amiable. • Com. 18 sept. 2007 : *Bull. civ. IV, n° 197 ; D. 2007. AJ 2532, obs. Delpech ; RTD com. 2007. 821, obs. Legeais ; JCP E 2007, n° 46, p. 19, obs. Stoufflet ; RJDA 2008, n° 79 ; RLDA janv. 2008. 31, note Grimonprez.* ♦ Si la banque cessionnaire d'une créance professionnelle qui a notifié la cession est tenue de justifier auprès du cédant d'une démarche amiable adressée au débiteur cédé ou de la survenance d'un événement rendant impossible ce paiement, son action en paiement à l'encontre du cédant, garant solidaire, n'est pas subordonnée à l'obligation de justifier préalablement des exceptions qui lui ont été opposées lorsqu'elle a présenté au paiement les créances cédées. • Com. 7 avr. 2009 : *JCP E 2009, n° 44-45, p. 14, obs. Stoufflet ; Banque et Droit sept.-oct. 2009. 23, obs. Bonneau ; RJDA 2009, n° 884.* ♦ Sur la validité d'une clause en vertu de laquelle le cédant s'interdisait d'exiger de la banque l'accomplissement d'une formalité quelconque ou une intervention de quelque nature que ce soit auprès du débiteur cédé et la déchargeait de toute responsabilité en cas de non-recouvrement, pour quelque motif que ce soit, des créances cédées, V. • Com. 5 juin 2012 : *Bull. civ. IV, n° 112 ; D. 2012. 1860, note Landais ; RTD com. 2012. 600, obs. Legeais ; JCP E 2012, n° 1560, note Marty ; LPA 31 oct. 2012, note Rakotovahiny ; RJDA 2012, n° 795.*

7. Nature de la dette de garantie du cédant. Selon les dispositions de l'art. L. 313-24, al. 2, sauf convention contraire, le signataire de l'acte de cession est garant solidaire du paiement des créances cédées, ce dont il résulte qu'en l'absence de collusion frauduleuse entre le cessionnaire et le cédant, la dette n'a pas une nature délictuelle (recevabilité de l'action en paiement du banquier cessionnaire contre la caution du cédant, dans l'hypothèse où l'une des créances cédées avait déjà été payée et l'autre cédée précédemment à un autre établissement bancaire). • Com. 22 janv. 2002 : *Bull. civ. IV, n° 16 ; D. 2002. AJ 954, obs. Avena-Robardet ; RTD com. 2002. 357, obs. Cabrillac ; Banque et Droit mai-juin 2002. 50, obs. Bonneau.*

7 bis. Portée de la dette de garantie du cédant. La garantie, à laquelle le cédant est tenu lors du paiement en application de l'al. 2 de l'art. L. 313-24, porte non seulement sur la solvabilité du débiteur cédé mais également sur l'existence de la créance cédée. • Com. 1er févr. 2011 : *Bull. civ. IV, n° 11 ; D. 2011. Actu. 509, obs. Delpech ; RTD com. 2011. 394, obs. Legeais ; JCP E 2011, n° 1394, spéc. n° 24, obs. Stoufflet ; Gaz. Pal. 2011. 1759, obs. Houin-Bressand ; RJDA 2011, n° 457.*

8. Assignation du débiteur cédé en redressement judiciaire. Le cédant, bien qu'il demeure garant du paiement de la créance, ne peut se substituer au cessionnaire pour assigner le débiteur en redressement judiciaire, et les délais accordés par le cessionnaire lui sont opposables. • Com. 8 janv. 1991 : *Bull. civ. IV, n° 8 ; D. 1991. IR 44 ; RJ com. 1993. 190, note Fenouillet ; RTD com. 1991. 271, obs. Cabrillac et Teyssié*.

9. Procédure collective contre le débiteur cédé. Le cessionnaire qui n'a pas déclaré sa créance à la procédure collective du débiteur cédé n'est pas privé de son recours en garantie contre le cédant et sa caution. • Com. 14 mars 2000 : *préc. note 6.* ♦ La cession de créance, même effectuée à titre de garantie, transférant au cessionnaire la propriété de la créance cédée, le cédant n'a plus qualité pour déclarer cette créance à la procédure collective ouverte contre le débiteur cédé. • Com. 1er mars 2005 : *RJDA 2005, n° 881.* ♦ En application de l'art. L. 313-24, le cessionnaire bénéficie d'un recours en garantie contre le cédant peu important que le débiteur cédé ait reconnu sa dette dans un effet de commerce dès lors qu'il ne l'a pas payé. • Com. 27 févr. 2007 : *Gaz. Pal. 2007. 2773, obs. R. B.* ♦ Lorsque la cession de créance professionnelle est effectuée à titre de garantie d'un crédit, le cédant reste tenu, en sa qualité de débiteur principal, vis-à-vis de l'établissement cessionnaire lui ayant accordé le crédit, peu important que la créance cédée n'ait pas été déclarée au passif du débiteur cédé. • Com. 20 oct. 2009 : *Bull. civ. IV, n° 128 ; D. 2009. AJ 2611, obs. Lienhard ; RTD com. 2010. 422, obs. Martin-Serf ; JCP E 2009, n° 49, p. 16 ; RJDA 2010, n° 780.*

10. Redressement ou liquidation judiciaires du cédant. BIBL. D. Schmidt, *Rev. dr. bancaire 1987. 83.* – Malecki, *Mélanges Guyon, Dalloz, 2003, p. 767*. ♦ Il résulte de la solidarité instituée à l'al. 2 de l'art. L. 313-24, que l'admission des créances cédées au passif de la procédure collective du créancier cédant est opposable au débiteur cédé. • Com. 28 avr. 2004 : *RJDA 2004, n° 1143.* ♦ Mais l'autorité de la chose jugée attachée à la décision d'admission de la créance du cessionnaire au passif de la procédure collective du cédant ne fait pas obstacle à ce que le débiteur cédé puisse opposer au cessionnaire l'exception d'inexécution de son obligation par le cédant. • Com. 1er avr. 2008 : *Bull. civ. IV, n° 73 ; D. 2008. AJ 1138, et les obs. ; D. 2009. Pan. 1052, obs. D. R. Martin ; RTD com. 2008. 401, obs. Legeais ; ibid. 2009. 208, obs. Martin-Serf ; JCP E 2008, n° 22, p. 15 ; Gaz. Pal. 2008. 2752, obs. R. B. ; ibid. 2762, obs. P.-M. L ; RJDA 2008, n° 830.* ♦ Sur les nullités de la période suspecte, V. art. L. 632-1 et L. 632-2 C. com., et sur les droits du cessionnaire en cas de procédure collective du cédant, V. note 17 *bis* ss. art. L. 622-21 C. com. ♦ Sur l'effet à l'égard du débiteur cédé de l'extinction de la créance, faute de déclaration à la procédure collective du cédant, V. note 6 ss. art. L. 621-46 ancien C. com. cité ss. art. L. 622-26 C. com.

Art. L. 313-25 **Le bordereau est signé par le cédant. La signature est apposée soit à la main, soit par tout procédé non manuscrit. Le bordereau peut être stipulé à ordre.**

La date est apposée par le cessionnaire. – *[L. n° 81-1 du 2 janv. 1981, art. 2.] — V. art. R. 313-19.*

1. Absence de signature. BIBL. Gavalda, *JCP E 1989. II. 15374.* ♦ Si l'irrégularité formelle d'un bordereau, qui porte un cachet humide et une signature dont il n'est pas possible de dire si elle a été apposée à la main ou incorporée au cachet, peut avoir des incidences quant à l'opposabilité de la cession aux tiers, elle n'affecte en rien l'efficacité de la cession entre les parties. • TGI Colmar, 13 mars 1987 : *D. 1988. Somm. 279, obs. Vasseur ; RTD com. 1988. 100, obs. Cabrillac et Teyssié.*

2. Délégation de signature. Le défaut de pouvoir du signataire d'un bordereau de cession de créances Dailly est sanctionné par une inopposabilité qui ne peut être invoquée que par le cédant lui-même. • Com. 21 sept. 2010 : *Bull. civ. IV, n° 138 ; D. 2011. Pan. 1653, obs. D. R. Martin ; D. 2010. Actu. 2220, obs. Delpech ; RTD com. 2010. 759, obs. Legeais ; JCP E 2010, n° 2099, note Rodriguez ; RJDA 2011, n° 75.* ♦ Sur la validité du bordereau Dailly signé par un préposé disposant d'une délégation de signature *ad hoc* et informelle, V. • Paris, 12 sept. 2000 : *D. 2000. AJ 410 ; RTD com. 2001. 204, obs. Cabrillac.*

Art. L. 313-26 **Le bordereau n'est transmissible qu'à un autre établissement de crédit.** – *[L. n° 81-1 du 2 janv. 1981, art. 3.]*

Art. L. 313-27 *(L. n° 2003-706 du 1er août 2003, art. 67)* **« La cession ou le nantissement prend effet entre les parties et devient opposable aux tiers à la date apposée sur le bordereau lors de sa remise, quelle que soit la date de naissance, d'échéance ou d'exigibilité des créances, sans qu'il soit besoin d'autre formalité, et ce quelle que soit la loi applicable aux créances et la loi du pays de résidence des débiteurs. »**

A compter de cette date, le client de l'établissement de crédit bénéficiaire du bordereau ne peut, sans l'accord de cet établissement, modifier l'étendue des droits attachés aux créances représentées par ce bordereau.

(L. n° 2003-706 du 1er août 2003, art. 67) **« La remise du bordereau entraîne de plein droit le transfert des sûretés, des garanties et des accessoires attachés à chaque créance,**

y compris les sûretés hypothécaires, et son opposabilité aux tiers sans qu'il soit besoin d'autre formalité. »

En cas de contestation de la date portée sur le bordereau, l'établissement de crédit rapporte, par tous moyens, l'exactitude de celle-ci. – *[L. n° 81-1 du 2 janv. 1981, art. 4.]*

BIBL. ▸ D'AMBRA, *RJ com. 1993. 45* (notion de tiers). – LE MAIGAT, *RD banc. fin. 2002. 92* (protection du débiteur cédé face au caractère occulte de la cession Dailly). – BONNEAU, *Banque et Droit sept.-oct. 2003. 74* (loi de sécurité financière du 1er août 2003). – CABRILLAC, *RTD com. 2003. 784* (même thème). – BUREAU, *RDC 2004. 445* (conflits de lois relatifs à l'opposabilité des transferts de créance par bordereau). – DECKON, *RTD com. 2005. 649* (notification de la cession de créances professionnelles). – DE KERGOMMEAUX, *RTDF 2006, n° 1, p. 108* (cession Dailly de créances futures : où en est-on ?).

I. PRISE D'EFFET DE LA CESSION DES CRÉANCES ET OPPOSABILITÉ AUX TIERS

1. *Date portée sur le bordereau.* L'opération ne produit ses effets, tant à l'égard des parties qu'à l'égard des tiers, qu'avec l'apposition de la date sur le bordereau, conformément au texte. • Com. 28 oct. 1986 : *D. 1986. 592, note Vasseur ; RTD com. 1987. 89, obs. Cabrillac et Teyssié ; JCP 1987. II. 20735, note Stoufflet* • 12 oct. 1993 : *Bull. civ. IV, n° 328 ; D. 1993. IR 237 ; Rev. dr. bancaire 1993. 247, obs. crit. Crédot et Gérard ; Banque déc. 1993. 92, obs. Guillot* • 14 juin 2000 : *Bull. civ. IV, n° 121 ; D. 2000. AJ 372 ; JCP E 2001, p. 518, note Virassamy ; RTD com. 2000. 992, obs. Cabrillac*. ♦ La qualité de cessionnaire, au sens de la loi de 1981 [C. mon. fin., art. L. 313-23 s.], ne pouvant être opposée par un établissement de crédit, vis-à-vis d'un tiers, qu'à compter de la date portée par lui sur le bordereau de cession, l'établissement ne peut, avant la date du bordereau, notifier la cession et utilement inviter en cette qualité, le débiteur à l'accepter. • Com. 8 févr. 2000 : *Bull. civ. IV, n° 27 ; D. 2000. 567, note Chazal , et AJ 131, obs. Faddoul ; RTD civ. 2000. 877, obs. Crocq ; RD banc. fin. 2000, n° 50, obs. Crédot et Gérard.*

2. *Contestation de la date.* En cas de contestation de la date qu'il a apposée sur le bordereau (afin de rendre inopérante une saisie-arrêt), l'établissement de crédit doit en établir, par tout moyen, l'exactitude. • TGI Paris, réf., 11 août 1988 : *Banque 1988. 1056, obs. Rives-Lange*. – V. aussi • Paris, 16 nov. 1988 : *D. 1990. Somm. 227, obs. Vasseur* • CAA Paris, 26 sept. 1991 : *RJDA 1992, n° 375* • Orléans, 15 mars 2007 : *RJDA 2007, n° 884*. ♦ Jugeant que le cédant ainsi que sa caution ne peuvent pas se prévaloir d'une contestation sur la date apposée sur un bordereau de cession de créances professionnelles pour rejeter le recours exercé contre eux par le cessionnaire : • Com. 3 juill. 2012 : *Bull. civ. IV, n° 143 ; D. 2012. Actu. 1876, obs. Delpech ; JCP E 2012, n° 1561 ; RJDA 2012, n° 1102.*

3. *Pluralité de dates.* Lorsque le bordereau porte plusieurs dates, il y a lieu de lui donner effet à celle dont l'établissement de crédit démontre qu'elle correspond au jour où il a accepté la cession. • Com. 7 déc. 1993 : *Bull. civ. IV, n° 448 ; D. 1994. IR 13 ; RTD com. 1994. 535, obs. Cabrillac et Teyssié*.

4. *Sanction de l'absence de date.* Malgré le silence de la loi, qui n'a pas prévu de sanction en cas d'absence de date, cette irrégularité doit priver de tout effet un bordereau qui en est dépourvu. Il importe peu que la date manquante puisse être établie par d'autres éléments de preuve, et la date de notification ne saurait suppléer la date du bordereau, V. • Com. 14 juin 2000 : *préc. note 1* • Nîmes, 23 mai 1991 : *JCP 1991. IV. 421 ; RTD com. 1992. 430, obs. Cabrillac et Teyssié*.

II. TRANSMISSION DES CRÉANCES CÉDÉES AVEC LEURS SÛRETÉS ET ACCESSOIRES

A. TRANSMISSION DES CRÉANCES CÉDÉES

5. *Inefficacité d'une opposition ultérieure.* En application de l'art. 4, al. 1er [C. mon. fin., art. L. 313-27, al. 1er], la créance détenue sur un centre hospitalier en exécution d'un marché de travaux étant sortie du patrimoine de l'entrepreneur principal à la date portée sur le bordereau, l'opposition ultérieure, en vertu de l'art. 9 du Décr. du 18 août 1807 [abrogé par Décr. n° 93-977 du 31 juill. 1993], était sans effet. • CE 17 févr. 1993 : *D. 1993. IR 73 ; RTD com. 1993. 348, obs. Cabrillac et Teyssié*. – Rappr. : • CAA Nantes, 27 déc. 2002 : *RJDA 2003, n° 766*. ♦ V. aussi note 12.

6. *Cession de créances nées d'un contrat à exécution successive.* Il résulte des art. L. 313-23, L. 313-24 et L. 313-27 C. mon. fin. que, même si son exigibilité n'est pas encore déterminée, la créance peut être cédée et que, sortie du patrimoine du cédant, son paiement n'est pas affecté par l'ouverture de la procédure collective de ce dernier postérieurement à cette date.

• Com. 7 déc. 2004 : *Bull. civ. IV, n° 213 ; D. 2005. 230, note Larroumet ; JCP E 2005, n° 6, p. 231, note Raby ; RJDA 2005, n° 441 ; RTD com. 2005. 155, obs. Cabrillac ; ibid. 415, obs. Martin-Serf ; Defrénois 2005. 997, obs. Gibirila.* ♦ V. aussi, jugeant opposable la cession à la date mentionnée sur le bordereau : • Metz, 12 sept. 2001 : *Banque et Droit nov.-déc. 2002. 58, obs. Guillot ; RD banc. fin. 2003, n° 2, obs. Crédot et Gérard.* ♦ Rappr. • Cass., ch. mixte, 22 nov. 2002 : *cité note 34 ss. art. L. 622-21 C. com.* • Com. 8 juill. 2003 : *D. 2003. AJ 2094, obs. Lienhard ; JCP E 2004, n° 6, p. 229, obs. Cabrillac ; RTD civ. 2003. 708, obs. Mestre et Fages ; RJDA 2003, n° 1123* • 5 nov. 2003 : *Bull. civ. IV, n° 165 ; D. 2003. AJ 2964 ; RTD com. 2004. 371, obs. Martin-Serf ; RJDA 2004, n° 455.* ♦ Même lorsqu'elle est effectuée à titre de garantie et sans stipulation d'un prix, la cession de créance transfère au cessionnaire la propriété de la créance cédée et prend effet entre les parties et devient opposable aux tiers à la date apposée sur le bordereau et, étant sortie du patrimoine du cédant, son paiement n'est pas affecté par l'ouverture de la procédure collective de celui-ci postérieurement à cette date. • Com. 22 nov. 2005 : *cité note 3 bis ss. art. L. 313-24.* ♦ V. aussi note 17 *bis* ss. art. L. 622-21 C. com.

7. Subrogation du cessionnaire dans les droits du cédant. Le cessionnaire de la créance, qui peut se prévaloir de l'ensemble des droits du cédant dans lesquels il a été subrogé, est fondé, en cas de nullité d'un marché public [en exécution duquel les créances ont été cédées], à demander à la collectivité publique le paiement du montant des dépenses qui ont été utiles à la collectivité envers laquelle il s'était engagé. • CAA Nantes, 29 juin 2001 : *préc. note 4 ss. art. L. 313-23.*

8. Compensation. La caution solidaire, également créancière du cédant, ne peut se soustraire à l'action en paiement diligentée contre elle par le banquier cessionnaire, en invoquant une compensation entre la dette de garantie de la caution et la créance acquise par elle. • Com. 14 janv. 2004 : *LPA 29 déc. 2004, note Loyer.*

9. Modification de l'étendue des droits attachés aux créances. L'avoir établi au débiteur cédé pour annuler la facture cédée dans les formes prévues par la loi du 2 janv. 1981 [C. mon. fin., art. L. 313-23 s.] est inopposable à la banque cessionnaire dans la mesure où il n'est pas la conséquence directe d'un défaut, allégué seulement comme partiel, de fourniture des matériels vendus par le cédant. • Com. 8 nov. 1994 : *D. 1995. IR 10.* ♦ Comp. • Paris, 29 mars 1994 : *D. 1994. IR 112 ; RJDA 1994, n° 1055.* ♦ Le cédant, ainsi que le prescrit l'art. 4, ne pouvant modifier l'étendue des droits cédés, il en résulte que n'est pas opposable à la banque cessionnaire l'avoir établi sans son accord, annulant une deuxième facture postérieurement à la cession de créance, V. • Rennes, 3 sept. 1997 : *JCP E 1999, n° 4, p. 166, obs. Belleil.*

9 bis. Caution. La caution solidaire d'une société à laquelle est consentie une convention d'escompte ne peut être tenue au titre de la garantie donnée au profit de la banque que des créances cédées à cette banque avant l'apport de son fonds de commerce à une autre banque. • Com. 19 févr. 2013 : *BICC 15 juin 2013, n° 840 ; Dalloz actualité, 18 mars 2013, obs. Avena-Robardet ; D. 2013. Actu. 564 ; JCP E 2013, n° 1175 ; RJDA 2013, n° 518.*

B. TRANSMISSION DES ACCESSOIRES DES CRÉANCES CÉDÉES

10. Action directe et responsabilité à l'égard d'une caution. En s'abstenant d'exercer l'action directe du sous-traitant, cédant, à l'encontre du maître de l'ouvrage, la banque créancière a perdu un droit dans lequel la caution avait vocation à être subrogée au sens de l'art. 2037 [2314] C. civ. • Com. 14 janv. 2004 : *JCP E 2005, n° 5, p. 179, obs. Simler ; RD banc. fin. 2004, n° 122, obs. Cerles ; Gaz. Pal. 2004. 555, note Raby ; ibid. Somm. 1258, obs. S. Piedelièvre.*

11. Clause d'arbitrage. La clause d'arbitrage international, valable par le seul effet de la volonté des cocontractants, est transmise au cessionnaire avec la créance, telle que cette créance existe dans les rapports entre le cédant et le débiteur cédé. • Civ. 1re, 5 janv. 1999 : *Bull. civ. I, n° 1 ; D. 1999. IR 31 ; D. Affaires 1999. 291, obs. X. D. ; Cah. dr. entr. 1999, n° 2, p. 28, obs. Raynard ; Defrénois 1999. 752, obs. Delebecque.* – V. aussi • Civ. 2e, 20 déc. 2001 : *Bull. civ. II, n° 198 ; D. 2002. IR 251 ; RTD com. 2002. 279, obs. Loquin.* – V. Pradel, *D. 2003. 569.*

III. CONFLITS ENTRE LE CESSIONNAIRE ET UN TIERS INVOQUANT UN DROIT SUR LES CRÉANCES CÉDÉES

A. CONFLIT ENTRE CESSIONNAIRE ET CRÉANCIER SAISISSANT OU BÉNÉFICIAIRE D'UN AVIS À TIERS DÉTENTEUR

12. Conflits entre un cessionnaire de créance et un créancier saisissant. Indépendamment de sa notification au débiteur cédé, la cession prend effet entre les parties et devient opposable aux tiers à la date portée sur le bordereau, ce dont il résulte que les créances cédées étant sorties, à cette date, du patrimoine du cédant par un acte opposable au créancier saisissant, elles n'étaient plus susceptibles d'être appréhendées par ce dernier. • Com. 26 nov. 2003 : *Bull. civ. IV, n° 176 ; D. 2004. Somm. 1485, obs. Taormina ; ibid. AJ 133 ; JCP E 2004, n° 4, p. 104 ; RTD com. 2004. 138, obs. Cabrillac ; RJDA 2004, n° 467.*

13. Conflit entre cessionnaire et bénéficiaire d'un avis à tiers détenteur. Dans le cas de la cession, par un sous-traitant, de créances détenues sur l'entrepreneur principal, que celui-ci, débiteur cédé, n'a pas à obtempérer à un avis à tiers détenteur, dès lors que ce dernier ne peut avoir d'effet que sur les sommes appartenant ou devant appartenir au redevable de l'impôt et que ledit entrepreneur principal avait reçu les notifications des cessions de créances antérieurement à la notification de l'avis à tiers détenteur ; ... que, d'autre part, cet avis ne peut porter sur des créances n'existant pas au jour de la notification : • Com. 13 févr. 1996 : *Banque avr. 1996. 91, obs. Guillot.* ♦ Ne saurait produire le moindre effet l'avis à tiers détenteur reçu par le débiteur cédé à une date postérieure à celle figurant sur les bordereaux de cession de créances. • T. com. Paris, 10 nov. 1999 : *Banque et Droit juill.-août 2000. 61, obs. Guillot ; RD banc. fin. 2000, n° 77, obs. Delleci.*

B. CONFLIT ENTRE CESSIONNAIRES SUCCESSIFS DES CRÉANCES

14. Bordereaux successifs : primauté du premier cessionnaire. BIBL. Cabrillac, *D. 1990. Chron. 127.* – Larroumet, *JCP E 1990. II. 15877.*

♦ A compter de la date portée sur le bordereau, la créance est passée du patrimoine du cédant à celui du cessionnaire, de sorte que le cédant ne pouvait plus transmettre une seconde fois une créance qu'il ne détenait plus. • Paris, 4 janv. 1990 : *D. 1990. Somm. 233, obs. Vasseur .* ♦ Le second cessionnaire qui a reçu le paiement indu doit donc répétition. • Même arrêt. ♦ Du fait de la première cession, le deuxième cessionnaire, ne pouvant avoir la qualité de créancier du débiteur de la créance cédée et recevoir paiement de celui-ci en cette qualité, doit, malgré sa bonne foi, rembourser au débiteur la somme indûment reçue. • Com. 5 juill. 1994 : *Bull. civ. IV, n° 251.*

15. Situation du débiteur cédé. Le débiteur ayant reçu notification d'une cession de créance de la part d'une banque doit lui en payer le montant sans avoir à chercher si un autre établissement n'a pas bénéficié d'une cession de créance antérieure. Mais, si avant d'en exécuter le paiement, il a reçu, pour une même dette, notification de deux cessions de créances concurrentes de la part de deux banques, il ne peut en payer le montant qu'à l'établissement dont le titre est le plus ancien. • Com. 12 janv. 1999 : *Bull. civ. IV, n° 8 ; D. Affaires 1999. 336, obs. X. D. ; RJDA 1999, n° 216 ; RTD com. 1999. 479, obs. Cabrillac .* ♦ Comp., lorsque la créance cédée a fait l'objet d'une fraction, de telle sorte que la cession portait sur deux créances distinctes, V. • CE 9 mai 2005 : *RJDA 2006, n° 324 ; Gaz. Pal. 2006. 1082.*

16. Fraude du cédant. La cession de la même créance professionnelle à deux établissements bancaires dans le cadre de la loi du 2 janv. 1981 [C. mon. fin., art. L. 313-23 s.] peut constituer une manœuvre frauduleuse constitutive du délit d'escroquerie. • Paris, 12 nov. 1990 : *Gaz. Pal. 1991. 2. 595, note Marchi ; JCP E 1992. I. 154, n° 9, obs. Gavalda et Stoufflet.*

C. CONFLIT ENTRE CESSIONNAIRE ET AFFACTUREUR (FACTOR)

17. Primauté du premier cessionnaire des créances. Est justifiée la demande d'une banque, cessionnaire de créances professionnelles selon les modalités prévues par la loi du 2 janv. 1981 [C. mon. fin., art. L. 313-23 s.], qui réclame à une société d'affacturage à qui ces mêmes créances avaient été cédées ultérieurement, le montant des sommes que cette dernière avait perçues du débiteur. • Com. 19 mai 1992 : *Bull. civ. IV, n° 190 ; RTD com. 1992. 655, obs. Cabrillac et Teyssié .* ♦ V. aussi, s'agissant d'une société d'affacturage ayant encaissé, en vertu du mandat accessoire prévu au contrat d'affacturage, des créances antérieurement cédées à une banque par bordereau, • Paris, 30 mai 1997 : *RTD com. 1997. 661, obs. Cabrillac ; JCP E 1997. Pan. 1243.*

Une créance cédée à un factor dans le cadre d'un contrat d'affacturage ne prenant naissance qu'à l'exécution de la commande qui lui sert de cause, il en résulte que cette cession est inopposable au bénéficiaire d'une cession de la même créance, postérieure au contrat d'affacturage, mais réalisée antérieurement à l'exécution de la commande, dans le cadre de la loi du 2 janv. 1981 [C. mon. fin., art. L. 313-23 s.]. • Versailles, 14 mars 1991 : *BICC 1991, n° 1268.* ♦ Un arrêt ne peut rejeter la demande en paiement du cessionnaire de créances, faisant par ailleurs l'objet d'une convention d'affacturage, sans rechercher si, pour chacune d'entre elles, la date du bordereau était antérieure à la cession au profit du factor. • Com. 3 janv. 1996 : *Bull. civ. IV, n° 2 ; D. 1996. IR 69 ; D. Affaires 1996. 265 ; JCP 1996. II. 22682, note Stoufflet ; RTD com. 1996. 311, obs. Cabrillac .* ♦ Si la cession qui transfère au cessionnaire la propriété des créances professionnelles cédées prend effet entre les parties et devient opposable aux tiers aux dates portées sur les bordereaux, la subrogation par laquelle l'affactureur acquiert la propriété de créances transférées est également opposable aux tiers sans autre formalité. Le conflit créé par le double transfert des mêmes créances ne peut être réglé que par l'antériorité des droits, et l'affactureur, qui a été subrogé en premier lieu, doit l'emporter sur le cessionnaire des créances professionnelles. • Paris, 1er juill. 1993 : *JCP E 1993. Pan. 1254.* – V. déjà • Paris, 25 sept. 1989 : *D. 1990. Somm. 234, obs. Vasseur.*

18. *Connaissance par le cessionnaire d'une convention d'affacturage conclue par le cédant.* En l'absence de fraude, il ne saurait être fait grief au cessionnaire Dailly de ne pas avoir refusé d'acquérir les créances litigieuses au motif qu'il connaissait l'existence d'une convention générale d'affacturage, comportant une clause d'exclusivité, conclue entre le cédant et un tiers. • Com. 3 janv. 1996 : *préc. note 17.* ♦ V. déjà, approuvant un arrêt ayant décidé que, même parfaitement informée de l'existence du contrat d'affacturage, la banque n'était pas tenue, au regard des règles de prudence ordinaires, d'aviser la société d'affacturage de toute cession de créance opérée à son profit, • Com. 19 mai 1992 : *RJDA 1992, n° 855.*

19. *Mobilisation de créances distinctes.* N'a pas fait une double cession de factures et doit donc être relaxé du chef d'escroquerie le prévenu, président du conseil d'administration d'une société mise en redressement judiciaire, qui n'a fait qu'utiliser les possibilités offertes par la loi du 2 janv. 1981 [C. mon. fin., art. L. 313-23 s.] en mobilisant auprès d'une banque des créances qui faisaient l'objet d'un contrat d'affacturage passé avec une autre société, dès lors que les obligations attachées aux créances étaient successives, distinctes et avaient des causes juridiques différentes, ce qui lui permettait de les mobiliser en deux temps. • Paris, 20 juin 1994 : *JCP E 1994. Pan. 1360.* ♦ Comp. note 19 ss. art. L. 313-23.

19 bis. *Répétition de l'indu.* L'affactureur n'est pas tenu de restituer les fonds litigieux au débiteur cédé qui les avait réglés entre ses mains, dès lors qu'il les avait reçus en qualité de mandataire et que cette réception faisait obstacle à une quelconque répétition de l'indu, seul le mandant bénéficiaire du règlement étant tenu à remboursement. • Com. 2 oct. 2007 : *Bull. civ. IV, n° 209 ; D. 2007. AJ 2604, obs. Delpech ; RTD com. 2008. 161, obs. Legeais ; JCP E 2008, n° 9, p. 8, note Huchet ; RJDA 2008, n° 83 ; Dr. et proc. 2008, suppl. Droit du recouvrement. 12, obs. Piedelièvre.*

D. CONFLIT ENTRE CESSIONNAIRE ET PORTEUR D'UN EFFET DE COMMERCE

20. *Conflit entre cessionnaire et porteur d'une traite acceptée.* BIBL. Cabrillac, *Rev. dr. bancaire 1987. 75.* – Martin et Synvet, *JCP E 1987. II. 14940.* – Guillot et Vaugasse, *Banque 1991. 267.* ♦ Dans le conflit qui oppose le banquier escompteur d'une lettre de change acceptée par le tiré et le banquier cessionnaire de la même créance par bordereau Dailly, le banquier escompteur est, en sa qualité de porteur de bonne foi, en droit d'en percevoir le montant sans qu'il y ait lieu de tenir compte de l'antériorité de l'acquisition de la créance. • Com. 19 déc. 2000 : *Bull. civ. IV, n° 200 ; D. 2001. AJ 1022, obs. Delpech ; RTD com. 2001. 737, obs. Cabrillac ; LPA 1er févr. 2001, obs. E. C.* ♦ V. aussi considérant que lorsqu'une même créance professionnelle a donné lieu à une cession en application de la loi du 2 janv. 1981 [C. mon. fin., art. L. 313-23 s.] et au tirage d'une traite qui a été acceptée et escomptée, le cessionnaire ne peut émettre aucune revendication entre les mains du banquier escompteur qui, conformément à l'art. 121 [C. com., art. L. 511-12], bénéficie, en tant que porteur de bonne foi de l'effet, de l'inopposabilité des exceptions. • Paris, 9 mai 1997 : *RD bancaire et bourse 1997, p. 217, obs. Crédot et Gérard.*

21. *Conflit entre cessionnaire et porteur d'une lettre de change-relevé.* S'agissant de lettres de change-releve, qui ne sont pas soumises à acceptation, les droits du tiers-porteur d'une lettre de change non acceptée n'étant définitivement acquis qu'à l'arrivée de l'échéance si la provision est alors constituée, le conflit doit se régler en faveur du cessionnaire du bordereau, dès lors que l'échéance de la traite est postérieure à la date portée sur le bordereau. • Paris, 2 juin 1995 : *Rev. dr. bancaire 1996. 9, obs. Crédot et Gérard.* ♦ V., confirmant cette solution, tout en excluant qu'une lettre de change-relevé-papier ne puisse par nature être acceptée, • Com. 30 juin 1998 : *Bull. civ. IV, n° 212 ; D. Affaires 1998. 1448, obs. X. D.* ♦ Pour le cas de la cession d'une créance doublée de l'émission d'une traite sur le débiteur cédé, V. notes 17 s. ss. art. L. 511-7 C. com.

22. *Conflit entre cessionnaire et porteur de billet à ordre.* Un souscripteur de billets à ordre qui n'a pas encore payé les montants de ces billets, avant d'avoir reçu notification de cession de créances pour les mêmes contreparties, doit opposer au bénéficiaire de ces billets, qui en est resté porteur, l'exception tenant à cette notification et l'obligeant à payer le cessionnaire.

• Com. 10 mars 1998 : *D. 1998. 620, note Goyet ; RTD com. 1998. 648, obs. Cabrillac ; RJDA 1998, n° 906.* ♦ La souscription de billets à ordre antérieure à la notification de la cession de créance n'est pas libératoire vis-à-vis du cessionnaire de la créance. • Même arrêt.

E. CONFLIT ENTRE CESSIONNAIRE ET BANQUIER RÉCEPTIONNAIRE DES FONDS

23. Absence d'obligation de restitution du banquier réceptionnaire. BIBL. Calendini, *Rev. dr. bancaire 1996. 218.* ♦ Le banquier réceptionnaire (c'est-à-dire le banquier du cédant) ne peut être condamné à verser au banquier cessionnaire le montant des paiements reçus, inscrits en compte courant, alors qu'il avait reçu les paiements au nom et pour le compte de son client, qui en était destinataire, de sorte qu'il n'était pas tenu à restitution envers le tiers qu'est le cessionnaire (cassation de l'arrêt pour violation des art. 1937 et 1993 C. civ.). • Com. 4 juill. 1995 : *Bull. civ. IV, n° 203 ; D. 1996. Somm. 208, obs. S. Piedelièvre ; D. Affaires 1995. 79, chron. Bonneau ; JCP 1995. II. 22553, note Legeais ; JCP E 1995. II. 738, note Stoufflet ; RTD civ. 1996. 192, obs. Gautier.* – Dans le même sens : • Com. 19 déc. 2000 : *Bull. civ. IV, n° 195 ; D. 2001. AJ 375 ; LPA 1er févr. 2001, obs. E. C. ; JCP 2002. II. 10013, note Verges* • 23 avr. 2003 : *Bull. civ. IV, n° 56 ; JCP E 2003, n° 24, p. 976 ; Banque et Droit juill.-août 2003. 67, obs. Bonneau ; RTD com. 2003. 556, obs. Cabrillac ; LPA 7 juill. 2003, obs. E. C. ; RJDA 2003, n° 1005.* ♦ Le banquier réceptionnaire de paiements litigieux au nom et pour le compte de ses clients, qui en étaient destinataires, pour les porter au crédit de leur compte courant n'est pas tenu à restitution envers le cessionnaire Dailly auquel les créances ont été précédemment cédées. • Com. 30 janv. 2001 : *Bull. civ. IV, n° 26 ; D. 2001. AJ 1238, obs. Delpech.* ♦ La cause du contrat de dépôt étant la remise de la chose qui en est l'objet, la cession antérieure des créances litigieuses ne saurait priver de cause le contrat de dépôt au titre duquel leur encaissement pouvait être envisagé par le banquier réceptionnaire. • Même arrêt. ♦ Le banquier cessionnaire est sans droit à réclamer au banquier réceptionnaire restitution de sommes correspondant à des créances, dès lors que le règlement de celles-ci par le débiteur cédé est intervenu avant la date de leur cession. • Com. 20 févr. 1996 : *D. Affaires 1996. 455 ; RTD com. 1996. 309, obs. Cabrillac.* ♦ Comp., réservant l'hypothèse où la somme n'a pas été confondue : • Com. 25 mars 1997 : *Bull. civ. IV, n° 84 ; D. 1997. 481, note crit. D. Martin ; JCP E 1997. 991, note Pétel.*

23 bis. Lorsque les fonds ont été encaissés par le cédant en qualité de mandataire de la banque cessionnaire, les actes de disposition de ces sommes sont opposables à celle-ci et le cédant ne doit reverser le montant en cause qu'à concurrence du solde disponible à la date de la réclamation. • Paris, 10 juin 1994 : *Banque mars 1995. 88, note Guillot ; Rev. dr. bancaire 1995. 78, obs. Campana et Calendini ; RJ com. 1995. 329, note Grua.* ♦ ... Sauf faute démontrée de l'établissement réceptionnaire : • Paris, 19 mai 1995 : *BICC 1995, n° 1306.* ♦ Comp. aussi, subordonnant la restitution à la mauvaise foi ou la faute du banquier réceptionnaire : • Rennes, 18 janv. 1995 : *Rev. dr. bancaire 1995. 78, obs. Campana et Calendini.*

F. CONFLIT ENTRE CESSIONNAIRE ET SOUS-TRAITANT DU CÉDANT

24. Inopposabilité au sous-traitant de la cession de créances consentie par l'entrepreneur principal. BIBL. Bachelot, *Banque et Droit 1989. 155.* – Chaput, *Rev. proc. coll. 1989. 363.* – Peisse, *Gaz. Pal. 1989. 1. Doctr. 146.* – Synvet, *JCP 1990. I. 3425.* – Hauptmann, *RJ com. 1992. 45 et 106.* ♦ En application des dispositions de l'art. 13-1, al. 2, de la loi du 31 déc. 1975 (V. ce texte, v° *Sous-traitance*), l'entrepreneur principal ne peut céder à un banquier les créances résultant du contrat avec le maître de l'ouvrage au-delà des sommes qui lui sont dues au titre des travaux qu'il effectue personnellement, sauf obtention préalable par écrit d'un cautionnement, à défaut de quoi la cession, par l'entrepreneur principal, de la part de la créance correspondant à sa dette envers le sous-traitant est inopposable au sous-traitant, et dès lors la date du bordereau, de la notification ou de l'exercice de l'action directe est sans incidence. • Com. 22 nov. 1988 : *Bull. civ. IV, n° 317 ; D. 1989. 212, note Bénabent ; ibid. Somm. 189, obs. Vasseur ; RTD com. 1989. 281, obs. Martin-Serf ; JCP E 1989. II. 15574, note Dubois ; RJ com. 1988. 252, note Gavalda* • 26 avr. 1994 : *Bull. civ. IV, n° 152 ; D. 1994. IR 128 ; Banque déc. 1994. 92, obs. Guillot* • 16 mai 1995 : *Bull. civ. IV, n° 141.* – V. aussi • Com.1er déc. 1992 : *Bull. civ. IV, n° 380* • Civ. 3e, 18 mars 1992 : *Bull. civ. III, n° 97 ; D. 1992. IR 135* • Com. 3 déc. 2002 : *RTD civ. 2003. 130, obs. Crocq ; RJDA 2003, n° 533.*

Que le maître de l'ouvrage soit, ou non, une entreprise publique, les établissements de crédit, porteurs des créances cédées par les entreprises principales, que leur antériorité ait été établie, ou non, ne disposent pas, du fait de cette subrogation, de plus de droits que leurs cédants et ne peuvent donc pas s'opposer au paiement du sous-traitant agissant pour obtenir le paiement direct du maître de l'ouvrage qui ne s'y oppose pas. • Com. 20 juin 1989 : *Bull. civ. IV, n° 195 ; D. 1990. 246, note Virassamy, et Somm. 236, obs. Vasseur* ; *Banque 1989. 859, obs. Rives-Lange*. – V. aussi • Civ. 3ᵉ, 12 mai 1993 : *Bull. civ. III, n° 64 ; D. 1993. IR 159.* ♦ Cependant, la conclusion postérieure du sous-marché ne peut engendrer une indisponibilité rétroactive de la créance du prix des travaux sous-traités. • Paris, 10 avr. 1991 : *Banque 1991. 656, obs. Rives-Lange* • 19 mars 1993 : *ibid. nov. 1993. 98, obs. Guillot.*

Dans la mesure où la cession de créance litigieuse intervenue sans l'obtention du cautionnement exigé par l'art. 13-1 de la loi du 31 déc. 1975 est inopposable au sous-traitant et que le cessionnaire ne pouvait alors lui opposer aucun droit sur les sommes payées par le maître de l'ouvrage au titre des prestations sous-traitées, cette cession ne pouvait, par elle-même, avoir été source d'aucun préjudice pour le sous-traitant, ce dont il résultait que les conditions de mise en œuvre de la responsabilité délictuelle de la banque ne se trouvaient pas réunies. • Com. 26 mai 2004 : *Bull. civ. IV, n° 102 ; D. 2004. AJ 2040, obs. Chevrier* ; *JCP E 2004, n° 30, p. 1176 ; Gaz. Pal. 2005. Somm. 2132, obs. Peisse ; LPA 10 mai 2005, obs. E. C. ; RJDA 2004, n° 1212.* – V. aussi note 8 ss. art. L. 313-28, et note 6 ss. art. 8, notes ss. art. 13-1 et note 1 ss. art. 15 de la L. n° 75-1334 du 31 déc. 1975, v° *Sous-traitance.* ♦ Sur la responsabilité d'une banque cessionnaire Dailly à l'égard d'une caution garantissant ses avances à un sous-traitant, V. note 10.

25. Preuve de l'antériorité du sous-traité. L'antériorité d'un sous-traité conclu dans le cadre d'un marché public ne peut être appréciée au regard de la notification prévue à l'art. 5 [C. mon. fin., art. L. 313-28], mais en considération de la date figurant sur le bordereau, date à laquelle la cession devient opposable aux tiers. • CAA Paris, 22 nov. 1994 : *JCP E 1995. Pan. 189.*

26. Preuve de la régularité de la cession de créances consentie par l'entrepreneur principal. C'est à la banque cessionnaire qu'il appartient de démontrer que la créance qui lui a été cédée l'a été dans le respect des dispositions de l'art. 13-1 de la loi du 31 déc. 1975, et qu'elle correspond à des sommes dues au titre des travaux que l'entrepreneur principal a effectués personnellement. • Versailles, 22 sept. 1994 : *JCP E 1995. Pan. 486.*

G. CONFLIT ENTRE CESSIONNAIRE ET FOURNISSEUR INVOQUANT UNE CLAUSE DE RÉSERVE DE PROPRIÉTÉ

27. Droit propre du vendeur sur la créance du prix de revente. BIBL. Cabrillac, *D. 1988. Chron. 255.* – Chaput, *Rev. proc. coll. 1989. 363.* – Genty, *Banque et Droit 1988. 97.* – Martin, *D. 1986. Chron. 323.* – Hauptmann, *RJ com. 1992. 45.* ♦ La cession de créance effectuée en application de l'art. L. 313-27 C. mon. fin. ne peut pas faire échec à l'action en revendication du vendeur initial sur des marchandises pour lesquelles il dispose d'une réserve de propriété. • CE 25 juin 2003 : *RJDA 2003, n° 1234.* ♦ L'action en revendication ne peut être exercée par l'établissement cessionnaire à l'égard du sous-acquéreur, le vendeur initial, bénéficiaire de la clause de réserve de propriété, pouvant se prévaloir d'un droit propre sur la créance du prix de revente dès le jour de la revente. • Com. 20 juin 1989 : *Bull. civ. IV, n° 197 ; D. 1989. 431, note Pérochon ; RTD com. 1989. 702, obs. Martin-Serf ; RJ com. 1989. 364, note Gallet.*

28. Exclusion de la revendication en cas de règlement du prix des marchandises. Dès lors qu'en paiement du prix de marchandises vendues avec une clause de réserve de propriété, l'acheteur remet à son vendeur des lettres de change acceptées, le règlement en valeur du prix desdites marchandises fait obstacle à l'action en revendication du prix. • Com. 9 janv. 1990 : *Bull. civ. IV, n° 9 ; D. 1990. Somm. 121, obs. Cabrillac* . ♦ V. aussi notes ss. art. L. 624-18 C. com.

H. CONFLIT ENTRE CESSIONNAIRE ET TITULAIRE DU PRIVILÈGE DE PLUVIÔSE

29. Créance de travaux publics (C. trav., art. L. 3253-22). Les droits des bénéficiaires d'une cession de créance professionnelle sur le titulaire d'un marché public ne sont primés par le privilège résultant, au profit des fournisseurs des entrepreneurs de travaux publics, de l'art L. 143-6 C. trav., que si le fournisseur justifie d'un agrément exprès donné par l'autorité compétente aux fournitures dont le privilège garantit le paiement, porté sur le registre des agréments antérieurement à la date de la signification de la cession de créance au comptable public assignataire désigné dans le marché. • Com. 5 avr. 2005 : *Bull. civ. IV, n° 78 ; D. 2005. 2090, note Barthez* ; *RTD com. 2005. 570, obs Cabrillac* ; *JCP E 2005, n° 47, p. 1976, obs Mathey ; Gaz. Pal. 2006. Somm. 1975, obs. F. B. ; RJDA 2005, n° 1037.*

Art. L. 313-28 L'établissement de crédit peut, à tout moment, interdire au débiteur de la créance cédée ou nantie de payer entre les mains du signataire du bordereau. A compter de cette notification, dont les formes sont fixées par le décret en Conseil d'État prévu à l'article L. 313-35, le débiteur ne se libère valablement qu'auprès de l'établissement de crédit. – *[L. n° 81-1 du 2 janv. 1981, art. 5.] – V. art. R. 313-15 s.*

I. ABSENCE DE NOTIFICATION DE LA CESSION

1. Notification facultative. La notification de la cession de créances étant, au regard de l'art. 5 [C. mon. fin., art. L. 313-28], une faculté pour la banque cessionnaire, le non accomplissement de cette formalité n'est pas constitutif de faute à l'égard des cautions du cédant. • Com. 18 nov. 1997 : *Bull. civ. IV, n° 293 ; D. 1998. Somm. 140, obs. Bénabent ; D. Affaires 1998. 72, obs. X. D. ; JCP E 1998, n° 4, p. 97, obs. Bouteiller ; ibid. 1999, n° 17, p. 764, obs. Cabrillac et Stoufflet* • 11 déc. 2001 : *D. 2003. Somm. 342, obs. Martin ; JCP 2002. IV. 1166 ; Banque et Droit mars-avr. 2002. 55, obs. Bonneau.* ♦ ... Ou du débiteur cédé. • Com. 26 mai 2004 : *RJDA 2004, n° 1258.*

Sur les conséquences de l'absence de notification d'une cession de créances consentie au profit des membres d'un pool bancaire, V. • Com. 5 oct. 2004 : *RD banc. fin. 2005, n° 45, obs. Cerles ; ibid., n° 78, obs. Crédot ; RJDA 2005, n° 1141* • 6 sept. 2002 : *RTD com. 2003. 349, obs. Legeais ; JCP E 2003, n° 5, p. 199.*

2. Refus du bénéfice de cession d'actions. L'art. 2037 [2314] C. civ. n'étant applicable qu'en présence de droits qui comportent un droit préférentiel conférant un avantage particulier au créancier pour le recouvrement de sa créance, la caution d'un compte courant de société ne peut en bénéficier lorsque ladite société a cédé par bordereau Dailly, à une banque créancière, une créance sur un tiers qui, faute d'avoir reçu notification de cette cession, a payé sa dette au tiers créancier, V. • Civ. 1re, 30 sept. 1997 : *JCP 1998. I. 103, n° 15, obs. Simler.*

II. FORME ET DESTINATAIRE DE LA NOTIFICATION

3. Notification par tout moyen. La notification de la cession de créances Dailly peut être faite par tout moyen. • Com. 21 sept. 2010 : *cité note 2 ss. art. L. 313-25.* ♦ La lettre recommandée ne constitue pas un élément de validité de la notification mais un simple élément de preuve. La notification peut être valablement adressée à l'établissement secondaire du débiteur qui a bénéficié de la prestation ayant donné naissance à la créance cédée. • Paris, 15 oct. 1993 : *Banque janv. 1994. 92, obs. Guillot ; RTD com. 1994. 82, obs. Cabrillac et Teyssié.* ♦ Sur la possibilité de notifier oralement la cession en s'en faisant donner acte par le débiteur, V. Cabrillac et Teyssié, obs. préc.

4. Mentions de la notification. V., note 3 ss. art. R. 313-15 C. mon. fin. ♦ Une demande en paiement formée par une banque à l'encontre du débiteur de la créance cédée ne vaut pas notification si elle omet les mentions nécessaires. • Com. 7 janv. 1997 : *Bull. civ. IV, n° 2 ; RTD civ. 1997. 474, obs. Crocq.*

5. Marchés publics. Lorsque la créance résulte d'un marché public, la notification doit être adressée au comptable public assignataire désigné dans le marché public et non au maire. • CAA Paris, 23 mai 1995 : *JCP 1995. II. 22552, note crit. Eckert.*

5 bis. CPAM. Les comptables des caisses primaires d'assurance maladie (CPAM) ont, à l'exclusion des ordonnateurs, seuls qualité pour recevoir notification des cessions de créances, ce dont il résulte que les notifications adressées directement aux caisses ne leur sont pas opposables. • Com. 3 oct. 2006 : *cité note 14 ss. art. L. 313-23 C. mon. fin.*

III. EFFETS DE LA NOTIFICATION

A. ABSENCE D'OBLIGATION D'INFORMATION À LA CHARGE DU DÉBITEUR CÉDÉ

6. Silence du débiteur cédé. La notification prévue à l'art. 5 [C. mon. fin., art. L. 313-28] n'entraînant pas, à la charge du débiteur cédé, une obligation d'information, au profit du cessionnaire, sur l'existence et la valeur des créances cédées, viole ledit article et l'art. 1382 C. civ. l'arrêt qui condamne, en raison de son silence, un débiteur à payer à une banque une partie des créances cédées, alors qu'il n'a été constaté aucun comportement frauduleux du débiteur au préjudice de la banque cessionnaire. • Com. 24 mars 1992 : *Bull. civ. IV, n° 128 ; D. 1992. IR 130 ; JCP 1992. II. 21938, note Legeais* • 23 mars 1993 : *Bull. civ. IV, n° 112 ; D. 1993. IR 93* • 29 nov. 1994 : *Bull. civ. IV, n° 352 ; D. 1995. IR 3 ; Banque févr. 1995. 91, obs. Guillot ; RJ com. 1995. 315, note Malecki.* ♦ Il en va ainsi alors même que la notification invitait le destinataire à préciser les raisons qu'il pourrait avoir de ne pas payer. • Com. 24 mai 1994 : *RTD com. 1994. 761, obs. Cabrillac ; Banque oct. 1994. 94, obs. Guillot.* ♦ En l'absence d'acceptation de la cession de créance dans les formes prévues par l'art. 6 [C. mon. fin., art. L. 313-29], le fait par un professionnel de ne pas émettre de réserves à la suite de la notification du bordereau ne peut avoir pour effet de le priver du droit d'opposer à la demande en paiement de l'établissement de crédit les exceptions fondées sur ses rapports personnels avec le signataire du bordereau. • Com. 3 nov. 1992 : *Bull. civ. IV, n° 337 ; D. 1992. IR 275.* ♦ ... Même si l'inexécution du contrat, sur lequel est fondée la créance litigieuse, est apparue postérieurement à la notification de la cession. • Com. 9 févr. 1993 : *Bull. civ. IV, n° 51 ; D. 1993. IR 58* • 15 juin 1993 : *cité note 9* • 9 nov. 1993 : *Bull. civ. IV, n° 385* • 8 févr. 1994 : *ibid., n° 55.* ♦ Même si la preuve est libre en matière commerciale, le seul silence du débiteur cédé dans les semaines qui ont suivi la notification de la cession ne peut pas suffire à établir l'existence de la créance du cédant dès lors qu'il n'est produit ni bon de commande ni bon de livraison des marchandises litigieuses et que, par lettre, le gérant de la société a affirmé que la facture en question avait été établie par erreur. • Paris, 8 mars 2002 : *RJDA 2003, n° 57.*

7. *Faute ou légèreté du débiteur cédé.* Pour un arrêt retenant la responsabilité : d'une compagnie d'assurance, débiteur cédé, qui avait, antérieurement à la notification, pris l'initiative de faire connaître à la banque cessionnaire son engagement à payer une somme complémentaire à l'assurée, et ce sans formuler les réserves adéquates eu égard aux possibilités d'évolution du dossier après enquête, et qui s'était, ensuite, abstenue de l'avertir de la survenance de faits nouveaux de nature à justifier la dénégation de sa dette : • Com. 13 févr. 1996 : *JCP 1996. II. 22725, note Routier ; Banque avr. 1996. 92, obs. Guillot ; RJDA 1996, n° 664.* ♦ ... D'un entrepreneur principal, débiteur cédé auquel la cession de créances afférentes à des travaux sous-traités avait été notifiée, qui avait reconnu sans réserve l'existence des créances cédées alors qu'il avait connaissance du paiement d'une de ces créances par le maître de l'ouvrage directement entre les mains du sous-traitant et du défaut d'exécution des travaux correspondant aux autres créances : • Com. 2 déc. 1997 : *D. 1998. IR 79 ; D. Affaires 1998. 470, obs. X. D. ; RTD com. 1998. 395, obs. Cabrillac.* ♦ ... Du maître de l'ouvrage qui avait fait croire à l'établissement cessionnaire qu'il se considérait comme débiteur du cédant alors que la créance se trouvait éteinte par l'ordre de paiement qu'il avait préalablement donné : • Com. 28 avr. 2004 : *RJDA 2004, n° 1159.* ♦ En revanche, un débiteur cédé ne peut refuser de payer alors qu'il a reconnu dans un courrier produit aux débats le bien-fondé de la créance cédée. • Com. 18 mars 1997 : *Banque et Droit juill.-août 1997. 48, obs. Guillot.*

B. INTERDICTION DE PAYER ENTRE LES MAINS DU SIGNATAIRE DU BORDEREAU

8. *Portée de l'interdiction faite au débiteur cédé.* Le paiement direct du sous-traitant (qui avait cédé sa créance sur l'entrepreneur principal) par le maître de l'ouvrage, sur présentation par l'entrepreneur principal, après réception par celui-ci de la notification de la cession, d'une situation mensuelle de travaux, ne saurait constituer un paiement effectué par le débiteur cédé en violation de l'art. 5 [C. mon. fin., art. L. 313-28]. • Com. 4 avr. 1995 : *Bull. civ. IV, n° 112 ; RJDA 1995, n° 1131.* ♦ Le paiement effectué par le débiteur cédé au cédant postérieurement à la notification n'a aucun caractère libératoire. • Com. 17 mars 2004 : *LPA 17 déc. 2004, note Tchotourian* ♦ Le débiteur cédé, qui en dépit des notifications de cessions de créances, a effectué le paiement entre les mains du cédant, et a, par là même, renoncé à faire valoir la moindre exception fondée sur ses rapports avec ledit cédant, ne peut faire valoir, à l'encontre du cessionnaire, ces exceptions résultant d'événements survenus postérieurement au paiement qui aurait dû être fait entre ses mains. • Paris, 23 févr. 2000 : *D. 2000. AJ 178, obs. Faddoul.*

C. OPPOSABILITÉ DES EXCEPTIONS

9. *Opposabilité au cessionnaire des exceptions inhérentes à la créance cédée.* Sur les conditions de l'exception de compensation, V. notes 13 à 15. ♦ La notification de la cession d'une créance professionnelle, dès lors que cette cession n'a pas été acceptée par le débiteur, ne fait pas obstacle à l'exercice ultérieur par lui des exceptions fondées sur ses rapports personnels avec le cédant, en particulier sur la compensation entre créances connexes dont ils seraient réciproquement titulaires. • Com. 15 juin 1993 : *Bull. civ. IV, n° 242 ; D. 1993. 495, note Larroumet.* ♦ En cas de cession de créance, en la forme prévue par la L. n° 81-1 du 2 janv. 1981 [C. mon. fin., art. L. 313-23 s.], non acceptée par le débiteur, celui-ci peut invoquer contre la banque cessionnaire l'exception d'inexécution des obligations du cédant ou la compensation de sa créance avec la créance connexe cédée, même si l'exception ou la compensation sont apparues postérieurement à la notification de la cession. • Com. 8 févr. 1994 : *Bull. civ. IV, n° 55 ; D. 1994. IR 64 ; JCP 1995. II. 22455, note Ammar* • 29 nov. 1994 : *Bull. civ. IV, n° 352 ; D. 1995. IR 3 ; RJ com. 1995. 315, note Malecki.* ♦ Il en est ainsi, par exemple, en cas de résolution amiable du contrat de vente, quand bien même le matériel objet de la vente aurait été livré et sans que le débiteur ait à en établir la non-conformité, dès lors qu'il n'est pas allégué que la résolution de la vente a été conclue en fraude des droits de la banque. • Com. 30 mai 1995 : *Bull. civ. IV, n° 157.* ♦ A défaut de signature d'un acte d'acceptation de la cession de la créance professionnelle, le débiteur cédé peut opposer au cessionnaire les exceptions qu'il pouvait invoquer à l'égard du cédant. • Poitiers, 30 avr. 1986 : *D. 1987. Somm. 144, obs. Vasseur ; Defrénois 1986. 1354, obs. J. Honorat* • Versailles, 10 nov. 1987 : *D. 1988. Somm. 281, obs. Vasseur* • 15 déc. 1989 : *D. 1990. IR 36* • Paris, 10 oct. 1991 : *D. 1992. IR 49*. ♦ ... Même s'il connaissait l'existence de la cession. • Com. 30 juin 1992 : *Bull. civ IV, n° 252.* ♦ ... A charge pour lui de rapporter la preuve de l'exception invoquée. • Com. 3 janv. 1991 : *ibid., n° 2.* – V. aussi note 13. ♦ ... Sous réserve de la fraude aux droits du cessionnaire (à propos d'un accord amiable entre le cédant et le débiteur cédé, reconnaissant l'inexécution). • Com. 7 févr. 1995 : *Quot. jur. 6 avr. 1995, p. 3.*

Le débiteur cédé, qui est informé de la création d'un groupement d'entreprises, constitutif d'une société en participation, et de la désignation, au sein de ce groupement, d'un mandataire commun, peut, lorsque les créances ont été cédées par un membre du groupement n'ayant pas la qualité de gérant, opposer au cessionnaire lui réclamant paiement de la créance commune la non-conformité de cette prétention au pacte social, et ce jusqu'à dissolution du groupement, V. • Com. 20 nov. 2001 : *Bull. civ. IV, n° 180 ; D. 2002. AJ 96 ; Rev. sociétés 2002. 316, note Daigre ; RD banc. fin. 2002, n° 3, obs. Crédot et Gérard ; Banque et Droit mars-avr. 2002. 54, obs. Bonneau.* ♦ La banque ne peut se prévaloir d'une violation des dispositions de l'art. L. 313-28, dans la mesure où le débiteur cédé oppose valablement l'irrégularité de la cession de créance, l'acte de cession étant nul pour avoir été signé par le dirigeant de la société créancière qui au moment de la cession avait cessé son activité du fait de l'adoption d'un plan de cession et fait l'objet d'une radiation d'office du RCS. • Metz, 5 févr. 2009 : *JCP E 2009, n° 25, p. 18.*

10. Clause interdisant la cession de créance. BIBL. Renfert et Brun, *RTDF 2009, n° 3, p. 37* (les clauses prohibant la cession de créances en droit français et en droit comparé). ♦ Le débiteur cédé, qui n'a pas accepté la cession de créance, peut opposer à l'établissement de crédit cessionnaire les exceptions fondées sur ses rapports personnels avec le cédant (et notamment la clause interdisant au cédant de céder la créance sans le consentement du cédé) : • Com. 22 oct. 2002 : *RD banc. fin. 2003, n° 3, obs. Crédot et Gérard ; RTD civ. 2003. 129, obs. Crocq*. ♦ *Contra*, considérant que la banque cessionnaire d'une créance née d'un contrat souscrit entre le cédé et le cédant n'est pas engagée par la clause d'agrément figurant dans ledit contrat, par laquelle il est interdit au cocontractant du cédé de céder ses créances sans le consentement écrit et préalable de ce dernier, sauf si elle l'avait acceptée, ce que le cédé n'établissait pas. • Com. 21 nov. 2000 : *Bull. civ. IV, n° 180 ; D. 2001. AJ 123, obs. Avena-Robardet ; ibid. 2003. Somm. 343, obs. Martin ; JCP E 2001, n° 31-35, p. 1332, obs. Stoufflet ; RTD civ. 2001. 933, obs. Crocq ; Defrénois 2001. 635, note Billiau.* – V. Licari, *RJ com. 2002. 66.*

V. art. L. 442-6-II C. com., déclarant nuls les clauses ou contrats prévoyant pour un producteur, un commerçant, un distributeur, un industriel ou un artisan la possibilité d'interdire au cocontractant la cession à des tiers des créances qu'il détient sur lui.

11. Clause de substitution. L'exception de substitution est opposable aux banques cessionnaires, même si cette substitution est intervenue postérieurement aux cessions, dès lors que la clause de substitution de débiteur était antérieure auxdites cessions. • Paris, 26 janv. 1996 : *D. Affaires 1996, p. 352 ; RJ com. 1996. 188, note Grua ; RTD com. 1996. 310, obs. Cabrillac*.

12. Compte courant. Le débiteur cédé ne peut opposer au cessionnaire l'existence d'une convention de compte courant conclue avec le cédant et faisant obstacle à ce que les créances soient cédées à un tiers, en l'absence de véritable compte courant, V. • Com. 9 oct. 2001 : *Bull. civ. IV, n° 159 ; D. 2001. AJ 3191, obs. Delpech ; LPA 14 nov. 2001, note E. C. ; Banque et Droit janv.-févr. 2002. 46, obs. Bonneau ; RD banc. fin. 2004, n° 107, obs. Crédot et Gérard.* ♦ Une société ne peut refuser de payer certaines factures cédées par bordereau Dailly au prétexte que la banque cessionnaire n'a pas produit le détail d'un sous-compte, dès lors que la banque, conformément à la convention-cadre de cession de créances, n'avait pas l'obligation mais seulement la faculté de porter les opérations réalisées dans des comptes distincts qui constituaient autant de chapitres du compte courant du client. • Paris, 17 mars 2009 : *RJDA 2009, n° 773.*

12 bis. Acompte. Le débiteur-cédé est fondé à se prévaloir, pour obtenir restitution de l'acompte versé, de la disparition de la créance consécutive à la résolution de la vente ayant donné naissance à la créance cédée par voie de bordereau Dailly. • Com. 11 juill. 2006 : *D. 2006. AJ 2788, obs. Delpech*.

13. Charge de la preuve. Sauf acceptation de la cession par le prétendu débiteur, il incombe à celui qui invoque contre lui la créance de la prouver. • Com. 18 oct. 1994 : *Bull. civ. IV, n° 290 ; D. 1994. IR 247* • 18 févr. 1997 : *Bull. civ. IV, n° 54 ; D. Affaires 1997. 377 ; RTD com. 1997. 299, obs. Cabrillac*. – Comp. : • Com. 13 déc. 1994 : *cité note 16 ss. art. L. 313-23.* ♦ Si l'existence même de la créance cédée et non acceptée est contestée, c'est à celui qui l'invoque de la prouver. • Com. 14 juin 2000 : *Bull. civ. IV, n° 122 ; D. 2000. AJ 366 ; RTD com. 2000. 994, obs. Cabrillac ; JCP E 2001, n° 31-35, p. 1334, obs. Stoufflet.* ♦ Si son existence est reconnue par le débiteur prétendu ou tenue pour établie par la juridiction saisie, la contestation ne portant plus que sur le montant de la dette, il incombe au débiteur d'apporter la preuve de l'inexécution incomplète ou défectueuse de la contrepartie contractuellement prévue. • Même arrêt. – V. aussi • Com. 3 janv. 1991 : *préc. note 9.* ♦ La banque cessionnaire n'est pas tenue de justifier du non-paiement des créances litigieuses. • Com. 4 déc. 2001 : *cité note 4 ss. art. L. 313-24.*

14. Exception de compensation : règles générales. **BIBL.** Neveu, *Banque et Droit 1989. 139.* – Ammar, *ibid. janv.-févr. 1996, p. 9.* ♦ Le débiteur est en droit d'opposer l'exception de compensation au cessionnaire lorsque les créances dont il invoque la compensation sont connexes avec ses dettes litigieuses ou, sinon, lorsque ses créances sont, antérieurement à la notification de la cession, devenues certaines, liquides et exigibles, ces dernières conditions étant nécessaires pour qu'il y ait compensation légale. • Com. 14 déc. 1993 : *Bull. civ. IV, n° 469 ; D. 1994. 269, note Larroumet* • 6 oct. 1998 : *Bull. civ. IV, n° 225 ; D. 1998. IR 243 ; D. Affaires 1998. 1903, obs. X. D. ; JCP E 1998, n° 47, p. 1806, obs. Morvan ; Rev. huiss. 1999. 467, obs. Herbert ; RTD com. 1999. 163, obs. Cabrillac*. – V. aussi • Com. 15 juin 1993 : *préc. note 9.* ♦ Si la compensation conventionnelle n'est pas opposable au cessionnaire Dailly, tiers au contrat, le débiteur cédé peut néanmoins lui opposer la compensation légale dès lors que sa créance sur le cédant est devenue certaine, liquide et exigible avant la notification de la cession. • Com. 29 oct. 2003 : *cité note 3 ss. art. L. 313-29.* ♦ L'émission d'effets de commerce et leur remise à l'escompte n'impliquent pas renonciation à la compensation légale. • Com. 21 mars 1995 : *Bull. civ. IV, n° 95 ; D. 1996. Somm. 34, obs. Cabrillac ; Rev. huiss. 1995. 1082, note Hesbert.* ♦ En revanche, en cas d'émission de lettre de change pour le recouvrement de l'une des créances, si le tiré peut bénéficier de la compensation légale indépendamment de toute considération du terme indiqué sur l'effet lorsqu'il ne l'a pas accepté, en cas d'acceptation la compensation légale ne peut intervenir entre lui et le porteur qu'à compter de l'échéance mentionnée sur le titre cambiaire, ou de l'accord par lequel ils ont tous deux renoncé à ce terme. • Com. 6 oct. 1998 : *préc.*

15. Compensation de créances connexes. En matière de compensation pour créances connexes, les juges ne sont pas obligés de vérifier la liquidité et l'exigibilité des créances. • Com. 12 nov. 1996 : *JCP 1997. IV. 24.* – V. aussi • Com. 24 juin 1997 : *RJDA 1997, n° 1515* • Civ. 3e, 30 mars 1989 : *RTD com. 1990. 77, obs. Cabrillac et Teyssié*. ♦ Sur cette condition de connexité, V. • Paris, 17 nov. 1992 : *JCP E 1993. II. 428, note Larroumet.*

16. Compensation de créances non connexes. Une cession de créance, qui n'a pas été acceptée par le débiteur, empêche seulement la compensation des créances non connexes postérieures à la notification • Com. 26 avr. 1994 : *RJDA 1994, n° 952 ; Banque déc. 1994. 91, obs. Guillot.* ♦ V. déjà, admettant la compensation jusqu'à la notification, • Paris, 28 sept. 1990 : *D. 1990. IR 232 ; RTD com. 1991. 80, obs. Cabrillac et Teyssié* • 25 nov. 1986 : *D. 1986. IR 485 ; RTD com. 1987. 92, obs. Cabrillac et Teyssié ; Banque 1987. 196, obs. Rives-Lange ; Rev. dr. bancaire 1987. 51, obs. Crédot et Gérard.* ♦ Comp., prenant en compte la date de la cession : • Com. 21 nov. 1989 : *D. 1990. Somm. 231, obs. Vasseur ; RTD com. 1990. 236, obs. Cabrillac et Teyssié* • Paris, 28 juin 1988 : *D. 1989. Somm. 185, obs. Vasseur ; RTD com. 1989. 508, obs. Cabrillac et Teyssié.* – V. encore • Com. 18 juill. 1989 : *Bull. civ. IV, n° 227 ; D. 1990, préc. ; JCP E 1991. II. 108, note M. Goré.* ♦ Sur le rejet de l'exception de compensation légale, dès lors que la créance alléguée par le débiteur n'a été établie que postérieurement à la notification, V. • Com. 4 avr. 1995 : *Bull. civ. IV, n° 112.*

17. Défaut de recouvrement des créances cédées. Une banque bénéficiaire d'un cautionnement omnibus garantissant les dettes d'une entreprise n'engage pas sa responsabilité à l'égard de la caution en s'abstenant de poursuivre le recouvrement d'hypothétiques créances cédées après que les débiteurs eurent refusé de payer les factures au motif que celles-ci n'avaient pas été acceptées et que les travaux correspondants n'avaient pas été réalisés ou achevés, V. • Com. 10 oct. 1995 : *D. 1995. IR 256 ; Rev. huiss. 1996. 311, note Courtier ; RTD com. 1996. 100, obs. Cabrillac*.

18. Délégation. BIBL. Grimonet et Fayner, *Banque et Droit 1989. 55* (cession de créance professionnelle et délégation imparfaite : efficacité respective).

Art. L. 313-29 Sur la demande du bénéficiaire du bordereau, le débiteur peut s'engager à le payer directement : cet engagement est constaté, à peine de nullité, par un écrit intitulé : « Acte d'acceptation de la cession ou du nantissement d'une créance professionnelle ».

Dans ce cas, le débiteur ne peut opposer à l'établissement de crédit les exceptions fondées sur ses rapports personnels avec le signataire du bordereau, à moins que l'établissement de crédit, en acquérant ou en recevant la créance, n'ait agi sciemment au détriment du débiteur. — *[L. nº 81-1 du 2 janv. 1981, art. 6.] — V. art. R. 313-19.*

Sur la possibilité d'utiliser la procédure d'injonction de payer lorsque l'engagement résulte de l'acceptation d'une cession de créance conformément à la loi du 2 janv. 1981, V. C. pr. civ., art. 1405 s. — ***C. pr. civ.***

BIBL. ► HOCQUET DE LAJARTRE, *RTD com. 1996. 211* (protection des droits du débiteur cédé). – LE MAIGAT, *RD banc. fin. 2002. 92* (protection du débiteur cédé face au caractère occulte de la cession Dailly).

I. ACCEPTATION DU DÉBITEUR

1. Domaine de l'acceptation. BIBL. Jeanneney et Ayache, *Banque et Droit nov.-déc. 2004. 26* (cessions Dailly et créances publiques). ♦ Pour des arrêts appliquant l'art. L. 313-29 à une créance née d'un acte de droit public, V. • CE 25 juin 2003 : *AJDA 2003. 1729, concl. Le Chatelier ; JCP E 2003, nº 30, p. 1214 ; RTD com. 2003. 792, obs. Cabrillac ; RD banc. fin. 2004, nº 124, obs. Cerles ; RJDA 2003, nº 1235 ; RTD civ. 2004. 330, obs. Crocq* • 19 nov. 2004 : *JCP E 2004, nº 51, p. 1998* (société d'économie mixte) • CAA Paris, 23 mai 1995 : *JCP 1995. II. 22552, note crit. Eckert.*

2. Demande de l'acceptation. La demande d'acceptation prévue à l'art. 6 de la loi du 2 janv. 1981 [C. mon. fin., art. L. 313-29] n'entraîne pas, à la charge du débiteur cédé, une obligation d'information au profit du cessionnaire, sur l'existence et la valeur des créances cédées. • Com. 23 mars 1993 : *Bull. civ. IV, nº 112.*

3. Formalisme légal de l'acte d'acceptation. L'engagement direct du débiteur doit être constaté dans un écrit signé de celui-ci, intitulé « acte d'acceptation de la cession ou du nantissement d'une créance professionnelle ». • Versailles, 28 janv. 1987 : *D. 1988. Somm. 280, obs. Vasseur ; RTD com. 1987. 554, obs. Cabrillac et Teyssié ; Banque 1987. 726, obs. Rives-Lange* • Rouen, 6 mars 1986 : *D. 1988. Somm. 279, obs. Vasseur.* ♦ Les actes d'acceptation ne sont valables que s'ils sont exactement rédigés dans les termes énoncés par la loi (à propos d'un acte intitulé « acte(s) d'acceptation d'une créance cédée »). • Com. 5 nov. 1991 : *Bull. civ. IV, nº 329 ; D. 1991. IR 270.* ♦ A défaut, et en dépit de l'engagement de payer qu'il comporte, l'acte ne vaut pas acceptation de la cession par le débiteur cédé. • Com. 29 oct. 2003 : *Bull. civ. IV, nº 157 ; D. 2004. Somm. 1969, obs. Boujeka ; JCP E 2004, nº 22, p. 864, note Malecki ; ibid. nº 20-21, p. 816, obs. Stoufflet ; RTD com. 2004. 137, obs. Cabrillac ; LPA 11 mars 2004, obs. E. C. ; RJDA 2004, nº 360.* ♦ En revanche, est conforme aux prescriptions de l'art. 6 [C. mon. fin., art. L. 313-29] la mention qui n'indique que l'acceptation d'une « cession » dès lors qu'elle correspond à la nature de l'opération en cause et que, par conséquent, il ne s'agit pas d'un nantissement. • Com. 22 févr. 1994 : *Bull. civ. IV, nº 69.* ♦ Le débiteur cédé qui n'a pas accepté la cession de créance ne peut être condamné au paiement au motif qu'il avait connaissance de la cession. • Com. 30 juin 1992 : *ibid., nº 252.*

4. Acceptation par le débiteur cédé d'une lettre de change. L'acceptation d'une lettre de change par le tiré n'entre pas dans les prévisions de l'art. 6 [C. mon. fin., art. L. 313-29] relatif à l'acceptation de la créance par le débiteur cédé. En conséquence, le tiré accepteur d'une lettre de change émise en règlement d'une créance elle-même cédée dans les formes prévues par la loi du 2 janv. 1981 peut opposer au bénéficiaire les exceptions fondées sur ses rapports personnels avec le tireur dès lors que celui-ci n'a émis l'effet que pour le compte de celui-là. • Com. 29 nov. 1994 : *Bull. civ. IV, nº 353 ; RTD com. 1995. 172, obs. Cabrillac.*

5. Preuve de l'acceptation. L'écrit, constituant aux termes de l'art. 6 [C. mon. fin., art. L. 313-29] l'acte d'acceptation d'une cession ou d'un nantissement de créance professionnelle, peut, dès lors que son intégrité et l'imputabilité de son contenu à l'auteur désigné ont été vérifiées ou ne sont pas contestées, être établi et conservé sur tout support, y compris par télécopies. • Com. 2 déc. 1997 : *Bull. civ. IV,* *n° 315 ; D. 1998. 192, note Martin* ; *D. Affaires 1998. 149, obs. X. D.* ; *JCP 1998. II. 10097, obs. Grynbaum* ; *JCP E 1998, n° 5, p. 178, note Bonneau* ; *Quot. jur. 3 févr. 1998, note L. C.* ; *RTD com. 1998. 187, obs. Cabrillac*. – V. aussi Catala et Gautier, *JCP 1998, n° 21-22, p. 905*. ♦ Sur l'applicabilité de l'art. 1326 C. civ. à l'acceptation, V. • Paris, 13 févr. 1991 : *RTD com. 1991. 272, obs. crit. Cabrillac et Teyssié*.

6. Dol. A défaut de caractériser des manœuvres frauduleuses auxquelles le cessionnaire aurait eu recours pour faire signer l'acceptation, le débiteur de la créance cédée, pour échapper au paiement, ne peut prétendre avoir été victime d'un dol. • Paris, 13 nov. 1990 : *D. 1991. 594, note D. Martin*.

7. Acceptation conditionnelle. Dès lors que l'exigibilité de la créance est subordonnée à la livraison d'un bien déterminé et que le débiteur cédé ne s'est engagé à payer le cessionnaire que sous la même condition, l'exception d'inexécution est opposable dans les rapports entre l'établissement acceptant et le cessionnaire. • Com. 2 juin 1992 : *Bull. civ. IV, n° 215*. – V. déjà • Com. 14 nov. 1989 : *D. 1990. Somm. 227, obs. Vasseur*. – Comp., sur renvoi : • Versailles, 11 avr. 1991 : *RTD com. 1991. 624, obs. Cabrillac et Teyssié*. ♦ V. aussi, appliquant l'art. 6, al. 2 [C. mon. fin., art. L. 313-29, al. 2], après avoir constaté que le débiteur cédé avait donné son acceptation à la cession de créance d'un montant déterminé et non subordonné à l'exécution de travaux, • Com. 3 déc. 1991 : *Bull. civ. IV, n° 370* ; *Banque 1992. 644, obs. Rives-Lange*. ♦ S'il est admis que le débiteur acceptant une cession de créances professionnelles peut valablement opposer au cessionnaire l'exception d'inexécution résultant de ses rapports avec le créancier cédant, c'est à la condition que son acceptation de la cession ait été assortie de condition ou réserve ; ne constitue pas une telle condition une clause s'analysant en un terme incertain ayant pour seul effet de suspendre l'exigibilité de la créance jusqu'à l'arrivée du terme, sans affecter l'existence même de la créance. • Versailles, 17 juin 2004 : *BICC 2004, n° 1832* ; *JCP E 2004, n° 41, p. 1563*.

II. EFFETS DE L'ACCEPTATION

8. Inopposabilité des exceptions. Le débiteur cédé ayant donné son acceptation à la cession de créance d'un montant déterminé, il doit payer à l'échéance la somme prévue sans pouvoir opposer à l'établissement de crédit cessionnaire des exceptions fondées sur ses rapports personnels avec le cédant. • Com. 3 déc. 1991 : *préc. note 7*. ♦ Il résulte de l'art. 1165 C. civ. que le débiteur cédé, qui a accepté la cession de la créance effectuée selon les modalités prévues par la loi du 2 janv. 1981 [C. mon. fin., art. L. 313-23 s.], ne peut, pour échapper au paiement de la dette, se prévaloir du non-respect par le cédant ou le cessionnaire des conventions intervenues entre eux. • Com. 19 mai 1992 : *Bull. civ. IV, n° 189* ; *JCP 1992. IV. 2039*. ♦ Comp., jugeant que doit être considérée comme une exception opposable l'irrégularité de la cession en contradiction avec la clause exigeant l'agrément préalable à toute cession de créance stipulée dans les conditions générales du débiteur cédé. • Metz, 23 mars 2005 : *JCP 2005. II. 10172, note Dannenberger*. ♦ Dès lors que le bordereau de cession est irrégulier, il en résulte que l'engagement de payer du débiteur cédé ne vaut pas acceptation de la cession de créance au sens de l'art. L. 313-29, celui-ci étant alors fondé à opposer au cessionnaire les exceptions tirées de ses rapports personnels avec le cédant. • Com. 16 oct. 2007 : *Bull. civ. IV, n° 217* ; *D. 2007. AJ 2728, obs. Delpech* ; *JCP 2007. IV. 3088* ; *RJDA 2008, n° 77* ; *Dr. et proc. 2008, suppl. Droit du recouvrement. 12, obs. Piedelièvre*.

9. Mauvaise foi du cessionnaire. Il résulte de l'art. 6 [C. mon. fin., art. L. 313-29] que la bonne ou mauvaise foi de l'établissement de crédit cessionnaire doit s'apprécier au moment de la cession de créance. • Com. 1er déc. 1998 : *D. Affaires 1999. 376, obs. J. F.* ♦ ... Indépendamment de toute référence à la convention-cadre. • Com. 6 juin 2001 : *RJDA 2001, n° 1250*. – V. aussi • Com. 4 janv. 1994 : *RTD com. 1994. 334, obs. Cabrillac*. ♦ La mauvaise foi de l'établissement de crédit cessionnaire doit s'apprécier de la même manière que pour l'application de l'art. L. 511-1 C. com., V. • Com. 24 avr. 1990 : *Bull. civ. IV, n° 118* ; *D. 1990. Somm. 228, obs. Vasseur* • 2 déc. 1997 : *préc. note 5* (connaissance par la banque de la situation irrémédiablement compromise de son client, non établie en l'espèce). ♦ Le débiteur cédé, qui accepte une cession Dailly, peut opposer les exceptions inhérentes à la créance litigieuse au banquier cessionnaire dont la mauvaise foi résultait, entre autres indices, de sa connaissance certaine de l'imminence du prononcé du jugement d'ouverture de la procédure collective du cédant. • Versailles, 11 sept. 1997 : *D. Affaires 1997. 1462*.

10. Référé-provision. Le juge des référés qui constate que la bonne foi du cessionnaire au jour de la cession ne peut pas être sérieusement contestée peut lui accorder une provision. • Com. 4 janv. 1994 : *préc. note 9*.

11. Effets d'une acceptation irrégulière. Sur une éventuelle opposition au paiement du cédant par le cédé, V. Cabrillac, *D. 1985. 328, II* ;

Vasseur, *D. 1988. Somm. 280* ; Rives-Lange, *Banque 1987. 727.* ♦ La responsabilité du débiteur cédé peut être engagée s'il a donné sans aucune réserve une acceptation irrégulière. • Com. 2 déc. 1997 : *D. Affaires 1998. 472.*

Art. L. 313-29-1 *(L. nº 2009-179 du 17 févr. 2009, art. 12)* **« Lorsque tout ou partie de la rémunération due en vertu d'un contrat de partenariat ou d'un contrat mentionné au premier alinéa de l'article L. 6148-5 du code de la santé publique au titre des coûts d'investissement, lesquels comprennent notamment les coûts d'étude et de conception, les coûts de construction et ses coûts annexes, les frais financiers intercalaires, et des coûts de financement, est cédé en application des articles L. 313-23 à L. 313-29 du présent code, le contrat peut prévoir que** *(Abrogé par L. nº 2010-1249 du 22 oct. 2010, art. 72-II)* ***« 80 % au maximum de »*** **cette cession fait l'objet de l'acceptation prévue à l'article L. 313-29** *(L. nº 2010-1249 du 22 oct. 2010, art. 72-II)* **« , dans la limite prévue à l'article L. 313-29-2 ».**

« L'acceptation *(L. nº 2010-1249 du 22 oct. 2010, art. 72-II)* **« prévue à l'article L. 313-29 » est subordonnée à la constatation par la personne publique contractante que les investissements ont été réalisés conformément aux prescriptions du contrat. »** *(L. nº 2008-735 du 28 juill. 2008, art. 42)* **« A compter de cette constatation, et à moins que le cessionnaire, en acquérant ou en recevant la créance, n'ait agi sciemment au détriment du débiteur public, aucune compensation ni aucune exception fondée sur les rapports personnels du débiteur avec le titulaire du contrat de partenariat ou du contrat mentionné au premier alinéa de l'article L. 6148-5 du code de la santé publique, telles que l'annulation, la résolution ou la résiliation du contrat, ne peut être opposée au cessionnaire, excepté la prescription quadriennale relevant de la loi nº 68-1250 du 31 décembre 1968 relative à la prescription des créances sur l'État, les départements, les communes et les établissements publics.**

« Le titulaire du contrat est tenu de se libérer auprès de la personne publique contractante des dettes dont il peut être redevable à son égard du fait de manquements à ses obligations contractuelles et, notamment, du fait des pénalités qui ont pu lui être infligées ; l'opposition à l'état exécutoire émis par la personne publique n'a pas d'effet suspensif dans la limite du montant ayant fait l'objet de la garantie au profit du cessionnaire. »

L'art. L. 313-29-1, tel qu'il résulte de la L. nº 2008-735 du 28 juill. 2008, s'applique aux projets de contrat de partenariat pour lesquels un avis d'appel public à la concurrence est envoyé à la publication postérieurement à la date de publication de la loi précitée (JO 29 juill.).

L'art. L. 313-29-1 est applicable aux établissements publics de santé, aux structures de coopération sanitaire dotées de la personnalité morale publique et aux groupements d'intérêt public, ainsi qu'aux organismes de droit privé ou public mentionnés à l'art. L. 124-4 CSS (Ord. nº 2004-559 du 17 juin 2004, art. 19, mod. par L. nº 2008-735 du 28 juill. 2008, art. 15).

Pour une définition des contrats de partenariat, V. CGCT, art. L. 1414-1. — **CGCT.**

BIBL. ▸ Ord. nº 2004-559 du 17 juin 2004 : Toledo-Wolfsohn, *RD banc. fin. mars-avr. 2005, Dossier, p. 73, spéc. nos 13 s.* (garanties des partenariats publics-privés). – Noguellou, *Dr. et patr. oct. 2005. 44* (cession de créance et partenariats public-privé). – Zerbib, *RD banc. fin. juill.-août 2006. 51* (cession de créances dans les PPP). ▸ L. nº 2008-735 du 28 juill. 2008 : Legeais, *RTD com. 2008. 834* (régime de la cession dans les contrats de partenariat public-privé). ▸ L. nº 2009-179 du 17 févr. 2009 : Levoyer, *JCP E 2010. 1239* (cession de créances : un moyen de financement particulier des partenariats publics-privés).

Art. L. 313-29-2 *(L. nº 2010-1249 du 22 oct. 2010, art. 72-III)* **Lorsque la personne publique contractante accepte, dans les conditions prévues à l'article L. 313-29-1 ou à l'article L. 515-21-1, une ou plusieurs cessions de créances qui portent chacune sur tout ou partie de la rémunération due au titre des coûts d'investissement et des coûts de financement mentionnés aux mêmes articles L. 313-29-1 ou L. 515-21-1, l'engagement global de la personne publique au titre de cette ou ces acceptations ne peut**

dépasser 80 % de la rémunération due au titre des coûts d'investissement et des coûts de financement définis ci-avant.

SOUS-SECTION 2 *Mobilisation des crédits par le cessionnaire ou le nanti*

§ 1er *Dispositions générales*

Art. L. 313-30 L'établissement de crédit cessionnaire ou nanti de créances professionnelles dans les conditions prévues à l'article L. 313-23 peut, à tout moment, émettre des titres destinés à la mobilisation de tout ou partie des crédits consentis.

Les porteurs successifs de ces titres bénéficient des droits énumérés aux articles L. 313-31 à L. 313-33 sous la condition que les bordereaux aient été mis à la disposition de l'organisme qui assure le financement conformément aux conventions intervenues entre celui-ci et l'établissement prêteur. – *[L. n° 81-1 du 2 janv. 1981, art. 8.]*

Art. L. 313-31 Les opérations de crédit à court terme n'ayant pas entraîné une cession ou un nantissement de créances professionnelles en faveur de l'établissement de crédit prêteur peuvent donner lieu à l'émission par celui-ci de titres destinés à la mobilisation de tout ou partie des crédits consentis.

Les porteurs successifs de ces titres bénéficient des droits énumérés aux articles L. 313-32 et L. 313-33 sous la condition que les bordereaux constatant ces crédits aient été mis à la disposition de l'organisme qui assure le financement, conformément aux conventions intervenues entre celui-ci et l'établissement prêteur ; ces bordereaux qui sont dénommés « actes de cession de créances financières » sont soumis, en tant que de besoin, aux dispositions des articles L. 313-23 à L. 313-29. – *[L. n° 81-1 du 2 janv. 1981, art. 9.]*

Art. L. 313-32 Les porteurs successifs des titres créés par un établissement de crédit en application des articles L. 313-30 et L. 313-31 bénéficient des droits prévus en matière d'endossement par les articles L. 511-8 à L. 511-14 du code de commerce. – *[L. n° 81-1 du 2 janv. 1981, art. 10.]*

Les créances professionnelles visées par la loi du 2 janv. 1981 [C. mon. fin., art. L. 313-23 s.] ne sont pas assimilables à des effets de commerce. V. • Com. 15 déc. 1992 : *Bull. civ. IV, n° 408* • 8 nov. 1994 : *D. 1994. IR 267.*

Art. L. 313-33 Les droits attachés aux titres de mobilisation portent sur l'intégralité des créances désignées sur les bordereaux ; ils portent également sur tous intérêts et frais accessoires ainsi que sur les garanties assortissant ces créances. – *[L. n° 81-1 du 2 janv. 1981, art. 11.]*

Sauf stipulation contractuelle contraire dont il *appartient au cédant* d'établir l'existence, les droits attachés aux titres de mobilisation portent sur l'intégralité des créances désignées sur les bordereaux et aussi sur tous intérêts frais accessoires ainsi que sur les garanties assortissant ces créances. • Com. 24 sept. 2002 : *LPA 11 févr. 2003, note Tchotourian.*

Art. L. 313-34 A compter de la mise à la disposition de l'organisme de financement des bordereaux et pendant la durée de celle-ci, l'établissement de crédit ne peut, sauf stipulation contraire, transmettre les créances représentées par les bordereaux, sous quelque forme que ce soit. – *[L. n° 81-1 du 2 janv. 1981, art. 12.]*

Art. L. 313-35 Un décret en Conseil d'État fixe les modalités d'application des articles L. 313-23 à L. 313-34. – *[L. n° 81-1 du 2 janv. 1981, art. 13, 2e phrase.] – V. art. R. 313-15 s.*

§ 2 *Mobilisation des crédits à moyen terme*

Art. L. 313-36 Les avances à moyen terme consenties par un établissement de crédit et faisant l'objet, au moins pour partie, d'un accord de réescompte de l'institut d'émission peuvent donner lieu à la signature, par l'emprunteur, de contrats fixant le montant des avances et les conditions de leur utilisation et de leur amortissement, ainsi que, le cas échéant, à la signature d'effets à échéances diverses. — *[Ord. n° 67-838 du 28 sept. 1967, art. 25.]*

Lorsqu'un contrat de prêt précise qu'il est soumis aux prescriptions de l'Ord. n° 67-838 du 28 sept. 1967 portant réforme du crédit aux entreprises [C. mon. fin., art. L. 313-36 s.], cette seule mention n'emporte aucune conséquence quant au caractère spécifique du crédit susceptible d'être accordé par la banque, dès lors qu'aucune référence à des prêts bonifiés, avec la garantie ou l'aide de l'État relatifs à des prêts à l'artisanat ou au crédit des petites et moyennes entreprises, n'y est mentionnée. • Paris, 19 sept. 1995 : *D. Affaires 1995. 110.*

Art. L. 313-37 Lorsque les établissements de crédit qui ont accordé des avances mentionnées à l'article L. 313-36 émettent des titres destinés à la mobilisation de tout ou partie de ces avances, les porteurs de ces titres bénéficient des droits énumérés à l'article L. 313-38 à condition que les contrats ou effets aient été mis à la disposition de l'organisme qui assure le réescompte, conformément aux conventions intervenues entre celui-ci et l'établissement prêteur. — *[Ord. n° 67-838 du 28 sept. 1967, art. 26.]*

Art. L. 313-38 Les porteurs de titres créés par les établissements de crédit bénéficient des droits prévus par les articles L. 511-8 à L. 511-14 du code de commerce en matière d'endossement.

Leur droit porte sur l'intégralité des créances nées au profit de l'établissement de crédit du fait des contrats passés ou des effets souscrits pour la réalisation des avances ; il porte également sur tous intérêts et frais accessoires ainsi que sur les garanties assortissant ces avances, même s'ils résultent d'actes distincts des contrats ou effets.

Ce droit est exercé par préférence et à égalité de rang par les porteurs des titres de mobilisation créés au profit de l'organisme qui assure le réescompte des avances consenties. — *[Ord. n° 67-838 du 28 sept. 1967, art. 27.]*

Art. L. 313-39 Les contrats prévus à l'article L. 313-36, qui bénéficient des mêmes avantages cambiaires que les effets auxquels ils se substituent, ne peuvent ouvrir droit à opposition. — *[Ord. n° 67-838 du 28 sept. 1967, art. 28.]*

Art. L. 313-40 A compter de la mise à la disposition de l'organisme réescompteur des contrats ou effets et pendant la durée de celle-ci, l'établissement de crédit titulaire des créances mentionnées à l'article L. 313-38 ne peut, sauf clause contraire des conventions prévues à l'article L. 313-37, transmettre ces créances sous quelque forme que ce soit. — *[Ord. n° 67-838 du 28 sept. 1967, art. 29.]*

Art. L. 313-41 Doivent faire référence aux articles L. 313-36 à L. 313-41 les contrats ou effets représentatifs des avances ainsi que, sous peine pour le porteur de se voir privé du droit mentionné à l'article L. 313-38, les titres de mobilisation. — *[Ord. n° 67-838 du 28 sept. 1967, art. 30.]*

§ 3 *Mobilisation des créances hypothécaires et assimilées*

Art. L. 313-42 Sont soumis aux dispositions du présent paragraphe les billets à ordre émis par les établissements de crédit pour mobiliser des créances à long terme destinées au financement d'un bien immobilier situé en France ou dans les autres États de l'Espace économique européen et garanties :

— par une hypothèque de premier rang ou une sûreté immobilière conférant une garantie au moins équivalente ;

— ou par un cautionnement consenti par un établissement de crédit ou une entreprise d'assurance n'entrant pas dans le périmètre de consolidation défini à l'article L. 233-16 du code de commerce dont relève l'établissement de crédit émetteur du billet à ordre.

(Ord. n° 2005-429 du 6 mai 2005, art. 47) « Sont assimilées *[assimilés]* aux créances mentionnées ci-dessus les parts ou titres de créances émis par des *(Ord. n° 2008-556 du 13 juin 2008, art. 16-II)* « organismes de titrisation », dès lors que l'actif de ces fonds *[organismes]* est composé, à hauteur de 90 % au moins, de créances de même nature, à l'exclusion des parts spécifiques ou titres de créances supportant le risque de défaillance des débiteurs des créances. »

Les créances mobilisées par des billets à ordre doivent respecter, à compter du 1er janvier 2002, les conditions prévues au I de l'article L. 515-14 selon des modalités déterminées par un décret en Conseil d'État. Ce décret précise les conditions dans lesquelles la quotité peut être dépassée si le montant desdites créances excède celui des billets à ordre qu'elles garantissent. – *[L. n° 69-1263 du 31 déc. 1969, art. 16 (I).] – V. art. R. 313-20 s.*

Art. L. 313-43 Les contrats constituant ces créances avec leurs garanties, les avenants à ces contrats qui ont pu être passés pour fournir au prêteur des garanties supplémentaires et les effets signés par l'emprunteur pour assurer le respect de ses obligations, s'il existe de tels effets, doivent être mis par l'établissement prêteur à la disposition du porteur du billet à ordre, si celui-ci en fait la demande, pour un montant en capital égal au montant en capital du billet à ordre.

L'établissement prêteur assume la garde des contrats et effets mis à la disposition du porteur du billet à ordre et réalise cette mise à disposition en conservant, sous un dossier au nom de ce dernier, une liste nominative, visant les articles L. 313-42 à L. 313-49, de chacune des créances correspondant aux contrats et effets ci-dessus, avec indication, tenue à jour, de leur montant. – *[L. n° 69-1263 du 31 déc. 1969, art. 16 (II).]*

Art. L. 313-44 I. – Sauf application de l'article L. 313-46, l'organisme prêteur recouvre, à due concurrence, la libre disposition des créances mentionnées à l'article L. 313-43 au fur et à mesure de leur exigibilité ou de leur remboursement, ou à son initiative. Il est tenu, tant que le billet à ordre demeure en circulation, de remplacer sans discontinuité les contrats et effets dont il recouvre la libre disposition par un égal montant en capital d'autres titres de créances mis à la disposition du porteur du billet à ordre dans les conditions prévues à l'article L. 313-43.

II. – Les titres de créances mis à la disposition du porteur du billet à ordre conformément au I sont substitués de plein droit, par voie de subrogation réelle, aux titres de créances dont l'organisme prêteur recouvre la libre disposition. Cette substitution préserve les droits du porteur du billet à ordre et notamment emporte les effets prévus à l'article L. 313-45, même si la signature des nouveaux titres de créances mis à la disposition de ce porteur est postérieure à la signature du billet à ordre. – *[L. n° 69-1263 du 31 déc. 1969, art. 16 (III).]*

Art. L. 313-45 La mise à la disposition au profit du porteur du billet à ordre de créances ou d'effets emporte, sans autre formalité, constitution de gage au profit des porteurs successifs.

Le droit du porteur du billet à ordre s'exerce sur l'intégralité des créances nées au profit de l'organisme prêteur du fait des contrats et des effets qui ont été mis à la disposition de ce porteur en application du présent paragraphe, sans autre formalité. Il porte également sur tous intérêts et frais accessoires ainsi que sur les garanties hypothécaires ou autres assortissant les prêts, même si ces garanties résultent d'actes distincts des contrats ou des effets.

Ce droit est exercé par le porteur du billet à ordre par préférence à l'organisme prêteur et, au cas où une même créance serait partagée entre plusieurs porteurs de billets à ordre, à égalité de rang entre ces porteurs.

Pendant la mise à disposition au profit du porteur du billet à ordre, l'organisme prêteur ne peut transmettre ces créances ou ces effets sous quelque forme que ce soit. – *[L. nº 69-1263 du 31 déc. 1969, art. 16 (IV).]*

Art. L. 313-46 A défaut de paiement à l'échéance soit du montant du billet à ordre, soit du montant des intérêts attachés à ce billet, et indépendamment des recours qu'il peut exercer contre l'organisme prêteur, le porteur du billet à ordre obtient, sur sa demande et contre restitution de ce billet, la remise de la liste nominative prévue à l'article L. 313-43 et, le cas échéant, des effets mis à sa disposition en exécution du présent paragraphe. Cette remise lui transfère, sans autre formalité, la propriété des créances avec les intérêts, les avantages et les garanties qui y sont attachés dans la limite des droits qu'il tient du billet à ordre qu'il a détenu. – *[L. nº 69-1263 du 31 déc. 1969, art. 16 (V).]*

Art. L. 313-47 Pour la radiation des inscriptions, aucune pièce justificative n'est exigée à l'appui des énonciations de l'acte de mainlevée établissant qu'il y a eu mise à la disposition ou remise en propriété si lesdites énonciations sont certifiées exactes dans cet acte. Les bénéficiaires de la mise à la disposition ou de la remise en propriété ne sont pas considérés comme parties intéressées, au sens de l'article *(Ord. nº 2006-346 du 23 mars 2006, art. 54)* « 2440 » du code civil, si l'acte de mainlevée ne fait pas état de l'opération intervenue à leur profit. – *[L. nº 69-1263 du 31 déc. 1969, art. 16 (VI).]*

Art. L. 313-48 En garantie du paiement à l'échéance, soit du montant du billet à ordre mentionné à l'article L. 313-42, soit du montant des intérêts attachés à ce billet, le porteur de ce billet peut demander à l'organisme prêteur de mettre à sa disposition des contrats constituant des créances à long terme, avec leurs garanties, s'ajoutant à ceux déjà mis à disposition en vertu de l'article L. 313-43, pour un montant convenu, dès lors que ces contrats peuvent donner lieu à la création de billets à ordre ayant les caractéristiques de ceux mentionnées à l'article L. 313-42.

Les contrats ainsi mis à titre de garantie à disposition du porteur d'un billet mentionné à l'article L. 313-42, sont indiqués à ce porteur, en même temps que la mise à disposition des contrats, selon la procédure décrite aux articles L. 313-43 et L. 313-44.

Les effets de cette mise à disposition à titre de garantie sont ceux précisés aux articles L. 313-45 à L. 313-47.

Les articles L. 313-44 à L. 313-46 sont applicables nonobstant toutes dispositions contraires, et notamment celles du livre VI du code de commerce. Ces dispositions s'appliquent aux mobilisations effectuées avant le 29 juin 1999 en application des dispositions du présent paragraphe. – *[L. nº 69-1263 du 31 déc. 1969, art. 16 (VI bis et VII).]*

Art. L. 313-49 *(Ord. nº 2010-76 du 21 janv. 2010, art. 18)* « L'Autorité de contrôle prudentiel » est chargée de veiller au respect par les établissements de crédit des dispositions des articles L. 313-42 à L. 313-48. – *[L. nº 69-1263 du 31 déc. 1969, art. 16 (VIII).]*

SECTION IV *Garantie des cautions*

Art. L. 313-50 et L. 313-51 *V. C. mon. fin.*

CHAPITRE IV *Les services de paiement*

(Ord. nº 2009-866 du 15 juill. 2009, art. 5, en vigueur le 1er nov. 2009)

Art. L. 314-1 à L. 314-16 *V. au C. mon. fin.*

CHAPITRE V *L'émission et la gestion de monnaie électronique*

(L. nº 2013-100 du 28 janv. 2013, art. 5-V)

Art. L. 315-1 à L. 315-8 *V. au C. mon. fin.*

CHAPITRE VI *Médiation*

(Ord. n° 2009-866 du 15 juill. 2009, art. 6, en vigueur le 1er nov. 2009)

Art. L. 316-1 Tout établissement de crédit *(L. n° 2013-100 du 28 janv. 2013, art. 5-VI)* « , de monnaie électronique » ou de paiement désigne un ou plusieurs médiateurs chargés de recommander des solutions aux litiges avec des personnes physiques n'agissant pas pour des besoins professionnels, relatifs aux services fournis et à l'exécution de contrats conclus dans le cadre du présent titre et du titre II du présent livre et relatifs aux produits mentionnés aux titres Ier et II du livre II. Les médiateurs sont choisis en raison de leur compétence et de leur impartialité.

Le médiateur est tenu de statuer dans un délai de deux mois à compter de sa saisine. Celle-ci suspend la prescription conformément aux conditions de l'article 2238 du code civil. Les constatations et les déclarations que le médiateur recueille ne peuvent être ni produites ni invoquées dans la suite de la procédure sans l'accord des parties. Cette procédure de médiation est gratuite. L'existence de la médiation et ses modalités d'accès doivent faire l'objet d'une mention portée sur la convention de compte de dépôt mentionnée au I de l'article L. 312-1-1, sur le contrat-cadre de services de paiement prévu à l'article L. 314-12 *(L. n° 2013-100 du 28 janv. 2013, art. 5-VI)* « y compris sur le contrat mentionné au premier alinéa de l'article L. 315-7, sur les relevés de compte, ainsi que sur le support mis à disposition du détenteur sur lequel la monnaie électronique est stockée. »

Le compte rendu annuel d'activité établi par chaque médiateur est transmis au gouverneur de la Banque de France et au président du comité consultatif institué à l'article L. 614-1. – *Anc. art. L. 315-1 (L. n° 2013-100 du 28 janv. 2013, art. 5-IV).*

BIBL. ▶ BOUTEILLER, *RLDA févr. 2008. 30* (les nouvelles mesures régissant les relations entre les établissements de crédit et leurs clients : loi du 3 janv. 2008). – Rédaction D.O., *JCP E 2008, n° 12-13, p. 25* (loi Chatel : dispositions concernant, notamment, le secteur bancaire). – BOUTEILLER, *RLDA sept. 2008. 59* (la convention de compte et la médiation bancaire). – MANSILLON, *RD banc. fin. 2010. Étude 5* (la médiation bancaire).

CHAPITRE VII *Contrôle et dispositions communes*

(Ord. n° 2009-866 du 15 juill. 2009, art. 7, en vigueur le 1er nov. 2009)

Art. L. 317-1 *(L. n° 2013-100 du 28 janv. 2013, art. 5-VII)* « Des agents de la Banque de France commissionnés par le ministre chargé de l'économie et des fonctionnaires habilités à relever les infractions aux dispositions des articles L. 113-3, L. 121-35 et L. 122-1 du code de la consommation sont qualifiés pour procéder dans l'exercice de leurs fonctions à la recherche et à la constatation par procès-verbal des infractions aux dispositions des articles L. 312-1-1, L. 312-1-2, L. 314-12, L. 314-13 et L. 315-6 à L. 315-8 du présent code. »

Les fonctionnaires habilités mentionnés au premier alinéa sont compétents pour rechercher et constater les infractions aux dispositions *(L. n° 2010-737 du 1er juill. 2010, art. 38-II)* « des articles L. 112-11 et L. 112-12 ».

Les fonctionnaires habilités mentionnés au premier alinéa sont également compétents pour rechercher et constater les infractions aux dispositions des articles L. 312-1-1, L. 312-1-2, *(L. n° 2013-100 du 28 janv. 2013, art. 5-VII)* « L. 314-12, L. 314-13 et L. 315-6 à L. 315-8 » commises par les succursales de prestataires de services de paiement ayant leur siège social ou leur administration centrale dans un autre État membre de *(L. n° 2013-100 du 28 janv. 2013, art. 5-VII)* « l'Union » européenne ou dans un autre État partie à l'accord sur l'Espace économique européen implantées en France métropolitaine, dans les départements d'outre-mer, *(Ord. n° 2013-79 du 25 janv. 2013, art. 1er, en vigueur le 1er janv. 2014)* « dans le Département de Mayotte » *(Abrogé par L. n° 2013-100 du 28 janv. 2013, art. 5-VII)* « , à Saint-Barthélemy » ou à Saint-Martin.

Ces agents peuvent accéder à tous les locaux à usage professionnel et demander la communication des livres et tous autres documents professionnels et en prendre copie, recueillir sur convocation ou sur place les renseignements et justifications. Ils ne peuvent accéder à ces locaux qu'entre huit heures et vingt heures. En cas d'opposition du responsable des lieux, la visite ne peut se dérouler qu'avec l'autorisation du procureur de la République du tribunal de grande instance dans le ressort duquel sont situés les locaux. Le secret professionnel ne peut être opposé aux agents agissant dans le cadre des pouvoirs qui leur sont conférés par le présent article.

Pour les infractions sanctionnées pénalement, les procès-verbaux sont transmis au procureur de la République dans les cinq jours suivant leur établissement. Dans tous les cas, une copie du procès-verbal est remise à l'intéressé. — *Anc. art. L. 316-1 (L. n° 2013-100 du 28 janv. 2013, art. 5-IV).*

Art. L. 317-2 Il incombe au prestataire de services de paiement de prouver qu'il a satisfait aux exigences en matière d'information prescrites aux chapitres II et IV du présent titre. — *Anc. art. L. 316-2 (L. n° 2013-100 du 28 janv. 2013, art. 5-IV).*

Art. L. 317-3 Les dispositions du I de l'article L. 312-1-1 et des articles L. 312-1-2 et *(L. n° 2013-100 du 28 janv. 2013, art. 5-VII)* « L. 316-1 » s'appliquent aux prestataires de services de paiement mentionnés à l'article L. 521-1 ainsi qu'aux institutions et services mentionnés à l'article L. 518-1. Elles sont d'ordre public.

Leurs modalités d'application sont précisées par un décret en Conseil d'État.

Les établissements de crédit informent leurs clients des conditions dans lesquelles la convention de compte de dépôt peut être signée. — *Anc. art. L. 316-3 (L. n° 2013-100 du 28 janv. 2013, art. 5-IV).*

TITRE IV Démarchage, colportage et fourniture à distance de services financiers *(Ord. n° 2005-648 du 6 juin 2005, art. 5).*

Art. L. 341-1 à L. 343-2 *V. au* ***C. mon. fin.*** *ou au* ***C. consom.***

TITRE V Dispositions pénales

CHAPITRE PREMIER *Infractions relatives au droit au compte et aux relations avec le client* (L. n° 2001-1168 du 11 déc. 2001, art. 13-II).

Art. L. 351-1 *(L. n° 2004-1484 du 30 déc. 2004, art. 106)* « Est puni d'une amende fiscale de 75 € le fait de méconnaître l'une des obligations *(Ord. n° 2009-866 du 15 juill. 2009, art. 8, en vigueur le 1er nov. 2009)* « mentionnées aux deuxième, *(L. n° 2010-737 du 1er juill. 2010, art. 16-II)* « quatrième, cinquième et huitième » alinéas du I de l'article L. 312-1-1 *(L. n° 2010-737 du 1er juill. 2010, art. 38-II)* « et, lorsque le client est une personne physique agissant pour des besoins non professionnels, » à l'article L. 314-12 et au II de l'article L. 314-13 ». Cette amende est prononcée et recouvrée suivant les règles applicables à la taxe sur la valeur ajoutée. Le contentieux est suivi par l'administration qui a constaté l'infraction.

« Est puni de la peine d'amende prévue pour les contraventions de la cinquième classe le fait de méconnaître l'une des obligations mentionnées *(Ord. n° 2009-866 du 15 juill. 2009, art. 8, en vigueur le 1er nov. 2009)* « au premier alinéa du I, au II de l'article L. 312-1-1 » *(L. n° 2010-737 du 1er juill. 2010, art. 38-II)* « , au III de l'article L. 314-13 lorsque le client est une personne physique agissant pour des besoins non professionnels » *(L. n° 2013-100 du 28 janv. 2013, art. 7)* « , au VII de l'article L. 314-13 et aux articles L. 315-5 à L. 315-8 » ou l'une des interdictions édictées au I de l'article L. 312-1-2. »

(Abrogé par L. nº 2009-526 du 12 mai 2009, art. 125-XIV) (L. nº 2001-1168 du 11 déc. 2001) ***« Les personnes morales peuvent être déclarées responsables pénalement dans les conditions prévues par l'article 121-2 du code pénal des infractions définies à l'alinéa précédent. Les peines encourues par les personnes morales sont l'amende, suivant les modalités prévues par l'article 131-38 du code pénal. »***

(L. nº 2001-1168 du 11 déc. 2001) **« Avant d'engager l'action publique tendant à l'application de la sanction pénale prévue au présent article, le parquet peut saisir pour avis le comité de la médiation bancaire s'il l'estime nécessaire** *(Abrogé par Ord. nº 2009-866 du 15 juill. 2009, art. 8, à compter du 1er nov. 2009)* ***« [,] mentionné au II de l'article L. 312-1-3 »*****. En cas de dépôt d'une plainte avec constitution de partie civile portant sur des infractions aux dispositions mentionnées au premier alinéa, le procureur de la République peut, avant de prendre ses réquisitions, saisir pour avis le comité de la médiation bancaire. Les réquisitions sont transmises au juge d'instruction après avis du comité.**

« En cas de citation directe à l'audience du tribunal correctionnel par la victime pour les infractions visées à l'alinéa précédent, le président peut, avant tout examen au fond, saisir le comité de la médiation bancaire pour avis. Cet avis est transmis aux parties et au tribunal par le comité et versé au dossier.

« Le comité de la médiation bancaire se prononce dans un délai de six semaines au plus tard après la réception de la demande d'avis. Dans son avis, il apprécie notamment la gravité des faits ainsi que leur éventuel caractère répétitif. »

Les dispositions de l'art. L. 351-1 sont entrées en vigueur un an après la publication de la L. nº 2001-1168 du 11 déc. 2001 (loi préc., art. 13-III).

BIBL. ▶ Pansier et Charbonneau, *LPA 17 déc. 2001.*

Art. L. 351-2 et L. 351-3 *Abrogés par L. 2007-1774 du 17 déc. 2007, art. 8-I.*

CHAPITRE III *Infractions relatives au démarchage*

Art. L. 353-1 à L. 353-6 *V. au* ***C. mon. fin.***

LIVRE V Les prestataires de services

TITRE PREMIER Établissements du secteur bancaire

CHAPITRE PREMIER *Règles générales applicables aux établissements de crédit*

RÉP. COM. vº *Banques et établissements de crédit,* par H. Aubry.

BIBL. GÉN. ▶ Clément, *RTD com. 1997. 203* (le banquier, vecteur d'informations). – Arnaud-Faraut, *JCP E 1999, nº 12, p. 523* (prix et moyens de paiement en euros). – Sousi, *Banque et Droit sept.-oct. 2000. 13* (codification des directives relatives aux établissements de crédit). – Trébulle, *RD banc. fin. 2000. 114* (incidence de la réforme de la preuve sur le droit bancaire). – Moreiro Gonzalez, *RTD eur. 2001. 529* (codification de la réglementation communautaire relative à l'activité des établissements de crédit). – Cohen-Branche, *RD banc. fin. 2009. Étude 19* (responsabilité civile du banquier en droit français).

V. Arr. du 20 févr. 2007 relatif aux exigences de fonds propres applicables aux établissements de crédit et aux entreprises d'investissement. — ***C. mon. fin.***

SECTION I *Définitions et activités*

Art. L. 511-1 Les établissements de crédit sont des personnes morales qui effectuent à titre de profession habituelle des opérations de banque au sens de l'article L. 311-1.

Ils peuvent aussi effectuer des opérations connexes à leurs activités, au sens de l'article L. 311-2. — *[L. n° 84-46 du 24 janv. 1984, art. 1er, al. 1er.]*

Opérations connexes. Jugeant que la recherche d'un acquéreur pour les actions d'une société ou d'un groupe de sociétés fait partie des opérations connexes qui entrent dans le secteur d'activité librement accessible aux établissements de crédit, V. • Paris, 13 juin 2003 : *JCP E 2004, n° 20-21, p. 811, obs. Stoufflet.*

Art. L. 511-2 Les établissements de crédit peuvent, en outre, dans des conditions définies par le *(L. n° 2003-706 du 1er août 2003, art. 46-VI)* **« ministre chargé de l'économie », prendre et détenir des participations dans des entreprises existantes ou en création.** — *[L. n° 84-46 du 24 janv. 1984, art. 6.] — V. Règl. CRBF n° 90-06 du 20 juin 1990 relatif aux participations des établissements de crédit dans le capital d'entreprises.* — ***C. mon. fin.***

BIBL. ▶ SAMIN, *Banque et Droit janv.-févr. 2001. 3* (réglementation applicable aux établissements de crédit lors des prises de participation dans les entreprises non financières).

Art. L. 511-3 Les établissements de crédit ne peuvent exercer à titre habituel une activité autre que celles mentionnées aux articles L. 311-1, L. 311-2 et L. 511-2 que dans des conditions définies par le *(L. n° 2003-706 du 1er août 2003, art. 46-VI)* **« ministre chargé de l'économie ».** — *V. Règl. CRBF n° 86-21 du 24 nov. 1986 relatif aux activités non bancaires.* — ***C. mon. fin.***

Ces opérations doivent, en tout état de cause, demeurer d'une importance limitée par rapport à l'ensemble des activités habituelles de l'établissement et ne pas empêcher, restreindre ou fausser le jeu de la concurrence sur le marché considéré. — *[L. n° 84-46 du 24 janv. 1984, art. 7.]*

Art. L. 511-4 *Al. 1er abrogé par Ord. n° 2010-76 du 21 janv. 2010, art. 5. — V. C. mon. fin., art. L. 612-22, ci-dessous.*

Les articles L. 420-1 à L. 420-4 du code de commerce s'appliquent aux établissements de crédit pour leurs opérations de banque et leurs opérations connexes définies à l'article L. 311-2 *(L. n° 2013-100 du 28 janv. 2013, art. 9)* **« , aux établissements de monnaie électronique pour l'émission et la gestion de monnaie électronique et leurs opérations mentionnées à l'article L. 526-2 »** *(Ord. n° 2009-866 du 15 juill. 2009, art. 9, en vigueur le 13 nov. 2008)* **« ainsi qu'aux établissements de paiement pour leurs services de paiement et leurs services connexes définis à l'article L. 522-2 ». Les infractions à ces dispositions sont poursuivies dans les conditions fixées par les articles L. 442-5, L. 443-2, L. 443-3, L. 462-5 à L. 462-8, L. 463-1 à L. 463-7, L. 464-1 à L. 464-8, L. 470-1 à L. 470-8 du code de commerce. La notification de griefs prévue à l'article L. 463-2 du même code est communiquée à** *(Ord. n° 2010-76 du 21 janv. 2010, art. 18)* **« l'Autorité de contrôle prudentiel » qui rend son avis dans un délai de deux mois.** *(L. n° 2008-776 du 4 août 2008, art. 96-II, A, 2°, en vigueur le 1er nov. 2009)* **« Dans l'hypothèse où l'Autorité de la concurrence prononce une sanction à l'issue de la procédure prévue aux articles L. 463-2, L. 463-3 et L. 463-5 du code de commerce, elle indique, le cas échéant, les raisons pour lesquelles elle s'écarte de l'avis de** *(Ord. n° 2010-76 du 21 janv. 2010, art. 18)* **« l'Autorité de contrôle prudentiel ». »** — *[L. n° 84-46 du 24 janv. 1984, art. 89.]*

L'examen des affaires de concentration notifiées avant la date de la première réunion de l'Autorité de la concurrence et l'examen des affaires de pratiques anticoncurrentielles ayant donné lieu à une notification de griefs ou à une proposition de non-lieu avant cette même date se poursuivent selon les règles de procédure en vigueur antérieurement à cette date. Le collège de l'Autorité de la concurrence est substitué au collège du Conseil de la concurrence pour l'examen de ces affaires, y compris pour les affaires en délibéré (Ord. n° 2008-1161 du 13 nov. 2008, art. 5-III).

BIBL. ▶ GAVALDA, *D. 1985. Chron. 265* (soumission des ententes interbancaires à la commission de la concurrence). – CRUT, *Vie judiciaire, 26 oct. 1981* (banques et règles de concurrence dans le marché commun). – EHLERMANN, *RTD eur. 1993. 457* (le secteur bancaire et le droit européen de la concurrence). – MAIGRE, *Rev. Conc. consom. juill.-août 1997, p. 26* (banque et concurrence). – DAMY, *D. 2003. 1828* (concentrations bancaires : compétence controversée des autorités). – Parléani, *RD banc. fin. 2003-239* (affaire Crédit Agricole/Crédit Lyonnais). – L. et V. Vogel, *JCP E 2003, n° 28-29, p. 1179* (même thème). – Damy, *CCC 2003. Chron. 12* (dispositions concurrentielles dans la loi de sécurité financière). – Claudel, *RTD com. 2003. 718* (même thème). – Krimmer, *LPA 7 nov. 2003* (soumission des concentrations bancaires au droit commun). – Parléani, *RD banc. fin. 2004, n° 103* (règl. CE 139/2004 et concentration bancaire). – Gunther, *RLC 2006, n° 7, p. 98* (ententes et accords interbancaires). – Arnaud, *RTDF déc. 2006. 79* (le rôle du CECEI en cas d'OPA bancaire et le contrôle des concentrations). – Théophille, *ibid. 84* (contrôle des concentrations et offres publiques : aspects procéduraux). – Pellet, *ibid. 88* (comment le droit de la concurrence analyse-t-il la concentration entre les sociétés de bourses). – Oster, *RLC janv.-mars 2009. 89* (le contrôle des concentrations en temps de crise : quelle marge de manœuvre pour le pouvoir politique ?). – Billard et Jolvensal, *Banque et Droit nov.-déc. 2009. 9* (l'analyse de la concurrence au plan local dans le cadre du contrôle des concentrations bancaires). – Brunet et Duprey, *RLC janv.-mars 2010. 9* (secteur bancaire et contrôle des concentrations : entre rupture et continuité). – Éréséo, *LPA 9 nov. 2012* (banque et concurrence : deux années particulièrement mouvementées).

1. *Refus de vente.* Il résulte du rapprochement des al. 1 et 2 de l'art. 89 [C. mon. fin., art. L. 511-4] ci-dessus que les dispositions des art. 30 [C. consom., art. L. 122-1] et 36 [dans sa rédaction antérieure à la loi du 1er juill. 1996] de l'Ord. n° 86-1243 du 1er déc. 1986, relatives au refus de vente, ne sont pas applicables aux opérations de banque prévues à l'art. 1er de la loi du 24 janv. 1984 [C. mon. fin., art. L. 311-1], lesquelles comprennent les opérations de crédit. • Civ. 1re, 11 oct. 1994 : *Bull. civ. I, n° 289 ; D. 1994. IR 241.* ♦ Rappr., jugeant que le banquier est toujours libre, sans avoir à justifier sa décision qui est discrétionnaire, de proposer ou de consentir un crédit : • Cass., ass. plén., 9 oct. 2006 : *cité note 27 bis ss. art. L. 313-12 C. mon. fin.* ♦ L'offre de crédit présentée parmi d'autres (offres d'assurance) ne constitue pas un refus de vente ou une vente subordonnée, mais une opération particulière de banque relevant de la loi de 1984 [C. mon. fin., art. L. 311-1] et qui, comme telle, échappe aux art. 30 et 36 préc. • Paris, 12 nov. 1996 : *D. Affaires 1996. 1369.* ♦ Pour la reconnaissance du caractère indivisible du contrat de location de coffre-fort et d'ouverture de compte bancaire alors même que les opérations de location de coffre-fort ne sont pas mentionnées au nombre des opérations connexes aux opérations de banque dans l'art. L. 311-1 C. mon. fin., V. • Com. 21 janv. 2004 : *RD banc. fin. 2004, n° 57, obs. Crédot et Gérard.*

2. *Pratique anticoncurrentielle.* Il résulte du rapprochement et de la combinaison des art. L. 410-1 C. com. et L. 511-1 C. mon. fin., que, comme l'exprime l'art. L. 511-4, al. 1er, l'ensemble des dispositions du livre IV du code de commerce ne s'appliquent qu'aux activités annexes des établissements de crédit telles qu'elles sont définies à l'art. L. 511-3 C. mon. fin., et que, comme l'exprime l'art. 511-4, al. 2, seules les dispositions du titre deuxième du livre IV du code de commerce, relatives aux pratiques anticoncurrentielles, et non celles du titre troisième du même livre, relatives aux concentrations, sont applicables aux opérations de banque et aux opérations connexes des établissement de crédit. • CE 16 mai 2003 : *D. 2003. AJ 1433 ; JCP 2003. II. 10126, note Toutoul ; RFDA 2004. 109, concl. Goulard ; RD banc. fin. 2003. 239, note Parléani ; CCC 2003, n° 125, obs. Malaurie-Vignal ; RJDA 2003, n° 1256 ; Europe 2003, n° 248, obs. Pietri.* – Sur cet arrêt, V. Vilmart, *JCP E 2003, n° 25, p. 1017.* ♦ V. aussi note 16 ss. art. L. 420-1 C. com.

3. *Concentration.* V. C. mon. fin., art. L. 612-22, ci-dessous.

4. *Droit communautaire.* Le fait que les banques interviennent dans les transferts internationaux de capitaux ne suffit pas pour les faire reconnaître comme des entreprises chargées de la gestion de services d'intérêt économique général, au sens de l'art. 90-2 du traité de Rome (actuel art. 106-2 TFUE depuis l'entrée en vigueur du traité de Lisbonne ; V. Décr. n° 2009-1466 du 1er déc. 2009, *JO 2 déc.*) ; il en résulte qu'elles entrent dans le champ d'application des art. 85 et 86 du traité (actuels art. 101 et 102 TFUE, depuis l'entrée en vigueur du traité de Lisbonne ; V. Décr. n° 2009-1466 du 1er déc. 2009, *JO 2 déc.*) ; il pourrait en être différemment dans la mesure où elles établiraient qu'elles gèrent, ce faisant, un service d'intérêt économique général dont elles seraient chargées en vertu d'un acte de la puissance publique. • CJCE 14 juill. 1981 : *D. 1982. IR 122, obs. Vasseur ; RTD eur. 1982. 740, obs. Gavalda.*

5. *Avis de l'Autorité de contrôle prudentiel.* Les rapporteurs de l'Autorité de la concurrence ne sont pas tenus de répondre aux arguments développés par l'Autorité de contrôle prudentiel dans ses avis consultatifs dans la mesure où l'obligation de motivation qui résulte de l'art. L. 511-4, *in fine*, s'impose à l'Autorité de la concurrence et non aux services d'instruction. • Aut. conc., n° 10-D-28, du 20 sept. 2010.

Code monétaire et financier Art. L. 612-22 *(Ord. nº 2010-76 du 21 janv. 2010, art. 1er-II)* Lorsqu'une opération de concentration concernant, directement ou indirectement, une personne soumise au contrôle de l'Autorité de contrôle prudentiel fait l'objet d'un examen approfondi en application du dernier alinéa du III de l'article L. 430-5 du code de commerce, l'Autorité de la concurrence recueille, avant de se prononcer en application de l'article L. 430-7 du même code, l'avis de l'Autorité de contrôle prudentiel. L'Autorité de la concurrence communique à cet effet à l'Autorité de contrôle prudentiel toute saisine relative à de telles opérations. L'Autorité de contrôle prudentiel transmet son avis à l'Autorité de la concurrence dans un délai d'un mois suivant la réception de cette communication. L'avis de l'Autorité de contrôle prudentiel est rendu public dans les conditions fixées à l'article L. 430-10 du code de commerce.

Art. L. 511-4-1 *V. au C. mon. fin.*

SECTION II *Interdictions*

Art. L. 511-5 Il est interdit à toute personne autre qu'un établissement de crédit d'effectuer des opérations de banque à titre habituel.

Il est, en outre, interdit à toute entreprise autre qu'un établissement de crédit de recevoir du public des fonds à vue ou à moins de deux ans de terme. — *[L. nº 84-46 du 24 janv. 1984, art. 10.] — V. C. mon. fin., art. L. 571-3.*

BIBL. ▶ ADELLE, *RD banc. fin. 2005. Chron. 6* (le monopole bancaire constitue-t-il une restriction excessive aux crédits syndiqués en France ?). – ROUTIER, *D. 2008. 2960* (le prêt entre particuliers sur internet : un financement alternatif ?). – BOUTHINON-DUMAS, *RTD com. 2009. 59* (la directive sur les services de paiement et la concurrence entre les établissements de paiement et les banques). – DOUAOUI-CHAMSEDDINE, *LPA 9 juill. 2009* (la correspondance à l'épreuve du monopole bancaire et de l'exigence d'une cause licite). – HOVASSE, *JCP E 2010. 1284* (comptes courants d'associés et monopole des banques). – MARTIN et GÉRARD GODARD, *RLDA mai 2011. 86* (contours du monopole bancaire notamment au sein d'un groupe de sociétés).

1. Nécessité de caractériser des opérations de banque. Le fait d'avoir consenti plusieurs prêts successifs à une société ne peut suffire à qualifier l'exercice illégal de la profession de banquier ; encore faut-il rechercher si de tels prêts constituent des opérations de banque au sens des art. 1 à 4 [C. mon. fin., art. L. 311-1, L. 311-3, L. 312-2 et L. 313-1] et s'ils sont effectués à titre habituel. • Crim. 2 mai 1994 : *Bull. crim. nº 158.* ♦ Sur la nécessité, pour établir le délit d'exercice illégal, de caractériser l'existence d'opérations passées au débit ou au crédit de comptes ouverts à des tiers permettant le transfert de fonds au sens des art. 1er et 4 de la loi du 24 janv. 1984 [C. mon. fin., art. L. 311-1 et L. 311-3], V. • Crim. 26 févr. 1998 : *Bull. crim. nº 77 ; D. Affaires 1998. 1045, obs. V. A.-R. ; Rev. huiss. 1999. 415, obs. Bazin ; RTD com. 1998. 958, obs. Bouloc ; JCP E 1999, nº 17, p. 759, obs. Gavalda et Stoufflet.* ♦ V. sur renvoi, considérant que la gestion des moyens de paiement doit s'entendre de tous actes matériels et juridiques d'administration destinés à la conservation des effets, à la sauvegarde et à l'exercice des droits qui y sont attachés, de l'émission au paiement : • Paris, 13 sept. 1999 : *D. 1999. AJ 60, obs. X.D. ; ibid. 2000. Somm. 455, obs. Martin ; JCP E 2000, nº 26, p. 1039, obs. Gavalda et Stoufflet.* ♦ Comp., dans la même affaire : • Crim. 21 sept. 1994 : *cité note 4.* ♦ Il résulte des art. 1er, 10, 11 et 15 [C. mon. fin., art. L. 511-1, L. 511-5, L. 511-6 et L. 511-10], que les organismes collecteurs de la participation des employeurs à l'effort de construction ne sont pas des établissements de crédit. • Civ. 1re, 15 juin 1999 : *Bull. civ. I, nº 204 ; D. 1999. IR 196 ; D. Affaires 1999. 1208, obs. C. R.* ♦ Jugeant que si les entreprises régies par le code des assurances peuvent, en application de l'art. L. 511-6 C. mon. fin., effectuer des opérations de banque, elles ne constituent pas pour autant des établissements de crédit en application des art. L. 511-1, L. 311-1, L. 511-5 et L. 511-6 du même code : • Com.

24 mars 2004 : *Banque et Droit juill.-août 2004. 55, obs. Rontchevsky ; RD banc. fin. 2004, n° 162, obs. Cerles ; RJDA 2004, n° 846.*

2. Indifférence d'un préjudice pour le client. L'exercice illégal de la profession de banquier ne suppose pas nécessairement pour les clients créanciers une perte financière ni un détournement punissable. • Crim. 3 nov. 1994 : *Bull. crim. n° 345 ; D. 1995. IR 25 ; JCP 1995. II. 22445, note Pollaud-Dulian ; JCP E 1996. I. 525, n° 1, obs. Gavalda et Stoufflet.*

3. Caractère habituel des opérations de banque. Le caractère habituel des opérations de banque effectuées par des personnes non agréées suppose la recherche de clientèle, et l'incrimination prévue par la loi du 24 janv. 1984 [C. mon. fin., art. L. 511-5 s.] a pour objet de réprimer les prêteurs d'habitude se présentant comme des professionnels auprès de plusieurs emprunteurs éventuels. • Paris, 26 juin 1995 : *Rev. dr. bancaire 1996. 233, obs. Crédot et Gérard.* ♦ Sur la caractérisation du caractère habituel, V., considérant comme insuffisante la seule constatation que le prévenu a consenti plusieurs prêts successifs à une même société, • Crim. 5 févr. 1995 : *ibid. 1995. 77, obs. Campana et Calendini.* ♦ Est coupable d'opération de banque effectuée à titre habituel le prévenu qui prête régulièrement des sommes d'argent à des particuliers sur une période brève dont il obtenait remboursement en se faisant remettre au moment de la mise à disposition des fonds des chèques qu'il disposait au fur et à mesure en vue de leur encaissement, ce qui lui permet de percevoir une rémunération sur les sommes prêtées, le fait de ne pas effectuer de démarchage étant indifférent quant à la constitution de l'infraction. • Pau, 8 juill. 2004 : *JCP 2004. IV. 3543.*

Le fait pour toute personne non agréée de consentir à titre habituel sur neuf années, neuf prêts successifs contenant la remise de fonds à titre onéreux à la disposition d'un même client, en des termes révélant chez le prêteur la connaissance des règles de droit applicables aux contrats, est insuffisant à caractériser le caractère habituel des opérations de banque effectuées. • Com. 3 déc. 2002 : *Bull. civ. IV, n° 182 ; D. 2003. AJ 202 ; JCP E 2003, n° 23, p. 953, note Dondero ; RTD com. 2003. 344, obs. Legeais ; LPA 4 mars 2003, note E. C. ; Gaz. Pal. 2003. Somm. 2475, obs. S. Piedelièvre ; RJDA 2003, n° 532 ; RDI 2003. 255, obs. Heugas-Darraspen.* ♦ Pour la condamnation du dirigeant d'une société de distribution de bières et d'un de ses salariés pour avoir effectué des opérations de banque en recevant des fonds d'anciens exploitants de débits de boissons ou de particuliers disposant de liquidités qu'ils désiraient placer et pour avoir accordé des prêts à de futurs exploitants pour leur permettre de financer l'acquisition de leur fonds de commerce, V. • Crim. 3 juin 2004 : *Bull. crim. n° 147 ; D. 2004. 2782, note Dondero ; JCP E 2004, n° 32-35, p. 1271 ; Gaz. Pal. 2005. 421, note Monnet ; RTD com. 2004. 795, obs. Legeais.*

Sur la cassation, pour absence de base légale au regard des art. L. 312-2, L. 313-1 et L. 511-5 C. mon. fin., d'un arrêt qui, pour rejeter l'exception de nullité d'un prêt, consenti par une personne exerçant à titre habituel des opérations de crédit sans avoir la qualité d'établissement de crédit, retient que la condamnation pénale du prêteur pour avoir effectué des opérations de banque à titre habituel n'était pas établie et qu'il résultait des pièces produites que celui-ci ne prêtait que des fonds provenant de son « patrimoine privé personnel » ce qui ne pouvait constituer un exercice illégal de la profession de banquier, sans rechercher si le prêteur ne se livrait pas habituellement à des opérations de crédit à titre onéreux, V. • Com. 27 févr. 2001 : *Bull. civ. IV, n° 46 ; D. 2001. AJ 1097, obs. Lienhard ; D. 2002. Somm. 636, obs. Synvet ; JCP E 2001, n° 17, p. 682 ; LPA 10 mai 2001, note E. C.*

4. Illustrations. Constituent le délit, lorsqu'elles sont exercées à titre habituel : des opérations d'achats de créances à terme par un non-banquier. • Crim. 20 févr. 1984 : *Bull. crim. n° 62 ; RTD com. 1984. 316, obs. Cabrillac et Teyssié ; D. 1985. IR 327, obs. Vasseur.* ♦ ... L'émission de bons de caisse et de l'ouverture de comptes à court terme. • Paris, 12 mars 1992 : *Dr. sociétés 1992, n° 193, obs. Hovasse.* ♦ ... La pratique du versement d'espèces contre la remise de chèques au porteur, qui caractérise la gestion de moyens de paiement. • Crim. 21 sept. 1994 : *Bull. crim. n° 301 ; Rev. dr. bancaire 1995. 77, obs. Campana et Calendini.* ♦ Comp., dans la même affaire : • Crim. 26 févr. 1998 : *préc. note 1.* ♦ Sont à bon droit condamnés pour complicité d'exercice illégal de la profession de banquier les prévenus qui ont recueilli diverses sommes d'argent en espèces auprès de particuliers, les ont transmises à un coprévenu en sachant que celui-ci avait pour activité habituelle de recevoir des fonds du public, sous forme de dépôts, à charge de placer les capitaux ainsi recueillis. • Crim. 21 mars 1996 : *Bull. crim. n° 126.* ♦ Comp., considérant que dès lors que la prévenue, qui proposait à ses clients des placements à haut rendement sur un marché international de garanties interbancaires, ne pouvait pas librement disposer des fonds à elle versés par ses victimes, dans la mesure où elle avait fait signer à ses clients une convention de fiducie l'habilitant à ouvrir des sous-comptes au nom de chacun des investisseurs et à affecter les sommes qui lui étaient confiées aux seuls placements prévus par la convention, elle n'a donc pas « reçu des fonds du public », ce qui fait obstacle à sa condamnation pour exercice illégal d'une activité bancaire : • Paris, 25 févr. 1999 : *D. 2000. Somm. 455, obs. Synvet*. ♦ Commet le délit d'exercice illégal de la profession de banquier le gérant d'une société exploitant plusieurs bureaux de change qui, moyennant une rémunération et sous le couvert de transactions fictives d'achats et ventes de devises, d'une part, a émis des chèques et des ordres de virement au bénéfice d'une société exportant du matériel informatique qui lui remettait en contrepartie les espèces reçues de ses clients, et, d'autre part, s'est fait délivrer des chèques par une seconde société et son dirigeant en échange d'espèces. • Crim. 17 oct. 2007 : *RJDA 2008, n° 315*. ♦ Pour avoir, par l'intermédiaire de sociétés de change dont ils étaient les dirigeants, transféré de France en Chine des fonds remis par leur clientèle, les prévenus doivent être déclarés coupables d'exercice illégal de la profession de banquier. • Crim. 14 janv. 2009 : *RJDA 2009, n° 665*. ♦ Sur l'exercice de la profession de banquier par un notaire, V. note 7 ss. art. L. 110-1 C. com.

5. Chèques cadeaux. Sur la commercialisation de chèques cadeaux, V. note ss. art. L. 311-3 C. mon. fin.

6. Sanction civile. L'interdiction pesant sur toute personne autre qu'un établissement de crédit d'effectuer à titre habituel des opérations de crédit-bail protégeant, non seulement l'intérêt général et celui des établissements de crédit, mais aussi celui des crédits-preneurs, sont dès lors recevables les actions engagées par ceux-ci en annulation des conventions conclues en infraction à la règle précitée. • Com. 19 nov. 1991 : *Bull. civ. IV, n° 347 ; D. 1993. Somm. 53, obs. Rives-Lange ; Banque 1992. 427, obs. Rives-Lange ; JCP E 1992. I. 154, n° 5, obs. Gavalda et Stoufflet*. – V. aussi • Crim. 3 nov. 1994 : *préc. note 2*. ♦ Mais compte tenu de la transparence des opérations de banque et de l'ancienneté des relations professionnelles unissant les prévenus aux prêteurs, ces derniers n'ont pu se méprendre sur la qualité des prévenus, brasseurs et non banquiers, et se sont ainsi délibérément affranchis des garanties que pouvaient leur offrir un véritable établissement de crédit. • Crim. 3 juin 2004 : *préc. note 3*. ♦ Nul ne pouvant être puni d'une peine qui n'est pas prévue par la loi, les juges ne pouvaient pas sanctionner le prévenu de l'interdiction d'exercer la profession d'expert-comptable et de commissaire aux comptes pendant cinq ans dans la mesure où cette peine complémentaire n'est pas prévue par l'art. L. 571-3 C. mon. fin. réprimant le délit reproché. • Crim. 11 févr. 2009 : *Gaz. Pal. 2009. 3144, obs. Lasserre Capdeville*. ♦ Dès lors que l'infraction à l'interdiction d'effectuer à titre habituel des opérations de banque ne porte atteinte qu'à l'intérêt général et à celui de la profession de banquier, n'est pas recevable l'action du Conseil supérieur de l'ordre des experts-comptables. • Même arrêt.

Sur l'absence de nullité des opérations de banque effectuées par des établissements non agréés, V. note 2 ss. art. L. 511-10 C. mon. fin.

7. Sanctions pénales. V. art. L. 571-3 C. mon. fin.

Art. L. 511-6 **Sans préjudice des dispositions particulières qui leur sont applicables, les interdictions définies à l'article L. 511-5 ne concernent ni les institutions et services énumérés à l'article L. 518-1, ni les entreprises régies par le code des assurances, ni les sociétés de réassurance,** *(L. n° 2003-706 du 1er août 2003, art. 35)* **« ni les organismes agréés soumis aux dispositions du livre II du code de la mutualité pour les opérations visées au *e* du 1° de l'article L. 111-1 dudit code, » ni les entreprises d'investissement,** *(L. n° 2013-100 du 28 janv. 2013, art. 9)* **« ni les établissements de monnaie électronique, »** *(Ord. n° 2009-866 du 15 juill. 2009, art. 9, en vigueur le 1er nov. 2009)* **« ni les établissements de paiement, » ni les organismes collecteurs de la participation des employeurs à l'effort de construction pour les opérations prévues par le code de la construction et de l'habitation, ni les** *(Ord. n° 2008-556 du 13 juin 2008, art. 16-II)* **« organismes de titrisation »** *(L. n° 2003-706 du 1er août 2003, art. 58)* **« , ni les organismes de placement collectif en valeurs mobilières »** *(Ord. n° 2005-1278 du 13 oct. 2005, art. 5)* **« [,] ni les organismes de placement collectif immobilier ».**

L'interdiction relative aux opérations de crédit ne s'applique pas :

1. Aux organismes sans but lucratif qui, dans le cadre de leur mission et pour des motifs d'ordre social, accordent, sur leur ressources propres, des prêts à conditions préférentielles à certains de leurs ressortissants ;

2. Aux organismes qui, pour des opérations définies à l'article L. 411-1 du code de la construction et de l'habitation, et exclusivement à titre accessoire à leur activité de

constructeur ou de prestataire de services, consentent aux personnes physiques accédant à la propriété le paiement différé du prix des logements acquis ou souscrits par elles ;

3. Aux entreprises qui consentent des avances sur salaires ou des prêts de caractère exceptionnel consentis pour des motifs d'ordre social à leurs salariés ;

(Abrogé par L. n° 2008-776 du 4 août 2008,art. 35-I, 5°) « ***4. Aux fonds communs de placement à risque qui, dans les conditions prévues à l'article L. 214-36, consentent des avances en compte courant aux sociétés dans lesquelles ils détiennent une participation ;*** » – *[L. n° 84-46 du 24 janv. 1984, art. 11.]*

(L. n° 2008-776 du 4 août 2008, art. 81-IV, 4°) « 5. Aux associations sans but lucratif et aux fondations reconnues d'utilité publique accordant sur ressources propres et sur *(L. n° 2010-737 du 1er juill. 2010, art. 25, en vigueur le 1er sept. 2010)* « ressources empruntées des prêts pour la création, le développement et la reprise d'entreprises dont l'effectif salarié ne dépasse pas un seuil fixé par décret ou pour la réalisation de projets d'insertion par des personnes physiques.

« Ces associations et fondations ne sont pas autorisées à procéder à l'offre au public d'instruments financiers. Elles peuvent financer leur activité par ces ressources empruntées auprès des établissements de crédit et des institutions ou services mentionnés à l'article L. 518-1 ainsi qu'auprès de personnes physiques, dûment avisées des risques encourus. Les prêts consentis par les personnes physiques sont non rémunérés et ne peuvent être d'une durée inférieure à deux ans.

« Ces associations et fondations sont habilitées dans des conditions définies par décret en Conseil d'État. Elles indiquent dans leur rapport annuel le montant et les caractéristiques des prêts qu'elles financent ou qu'elles distribuent répondant à la définition visée au III de l'article 80 de la loi n° 2005-32 du 18 janvier 2005 de programmation pour la cohésion sociale et bénéficiant à ce titre de garanties publiques. » – *V. ce texte au* ***C. mon. fin.*** *– V. pour application, C. mon. fin., art. R. 518-57 s. ; Arr. 3 juill. 2002 (JO 12 juill.).*

(L. n° 2005-842 du 26 juill. 2005, art. 18-II) « 6. Aux personnes morales pour les prêts participatifs qu'elles consentent en vertu des articles L. 313-13 à L. 313-17 et aux personnes morales mentionnées à l'article L. 313-21-1 pour la délivrance des garanties prévues par cet article. »

Art. L. 511-7 *(L. n° 2003-706 du 1er août 2003, art. 70)* « I. – » Les interdictions définies à l'article L. 511-5 ne font pas obstacle à ce qu'une entreprise, quelle que soit sa nature, puisse :

1. Dans l'exercice de son activité professionnelle consentir à ses contractants des délais ou avances de paiement ;

2. Conclure des contrats de location de logements assortis d'une option d'achat ;

3. Procéder à des opérations de trésorerie avec des sociétés ayant avec elle, directement ou indirectement, des liens de capital conférant à l'une des entreprises liées un pouvoir de contrôle effectif sur les autres ;

4. *(Ord. n° 2009-15 du 8 janv. 2009, art. 4)* « Émettre des titres financiers ; »

5. Émettre des *(Ord. n° 2009-866 du 15 juill. 2009, art. 9, en vigueur le 1er nov. 2009)* « instruments de paiement » délivrés pour l'achat auprès d'elle *(Ord. n° 2009-866 du 15 juill. 2009, art. 9, en vigueur le 1er nov. 2009)* « ou auprès d'entreprises liées avec elle par un accord de franchise commerciale », d'un bien ou d'un service déterminé ;

6. *(L. n° 2001-420 du 15 mai 2001)* « Remettre des espèces en garantie d'une opération sur instruments financiers ou d'une opération de prêt de titres régies par les dispositions *(Ord. n° 2009-15 du 8 janv. 2009, art. 4)* « des articles L. 211-36 et L. 211-36-1 » ;

7. *(L. n° 2001-420 du 15 mai 2001)* « Prendre ou mettre en pension des instruments financiers et effets publics *(Ord. n° 2009-15 du 8 janv. 2009, art. 4)* « mentionnés aux articles L. 211-27 et L. 211-34 ». – *Sur les opérations de pension, V. C. mon. fin., art. L. 432-12 s.* – ***C. mon. fin.***

(L. n° 2003-706 du 1er août 2003, art. 70) « II. – » *(Ord. n° 2009-866 du 15 juill. 2009, art. 9, en vigueur le 1er nov. 2009 ; Ord. n° 2010-76 du 21 janv. 2010, art. 18)* **« L'Autorité de contrôle prudentiel peut exempter d'agrément une entreprise fournissant des services bancaires de paiement, pour l'acquisition de biens ou de services dans les locaux de cette entreprise ou dans le cadre d'un accord commercial avec elle, s'appliquant à un réseau limité de personnes acceptant ces services bancaires de paiement ou pour un éventail limité de biens ou de services. »**

(L. n° 2003-706 du 1er août 2003, art. 70) **« Pour accorder l'exemption,** *(Ord. n° 2010-76 du 21 janv. 2010, art. 18)* **« l'Autorité de contrôle prudentiel » doit notamment prendre en compte la sécurité des moyens de paiement, les modalités retenues pour assurer la protection des utilisateurs, le montant unitaire et les modalités de chaque transaction. »**

(Abrogé par L. n° 2013-100 du 28 janv. 2013, art. 9) ***« Lorsque l'entreprise bénéficiaire de l'exemption gère ou met à disposition des moyens de paiement sous forme de monnaie électronique :***

« 1° La capacité maximale de chargement du support électronique mis à la disposition des porteurs à des fins de paiement ne peut excéder un montant fixé par arrêté du ministre chargé de l'économie ;

« 2° Un rapport d'activité, dont le contenu est fixé par arrêté du ministre chargé de l'économie, est fourni annuellement à la Banque de France. »

BIBL. ▶ RIVES-LANGE et OHL, *Banque 1985. 439* (monopole bancaire et liberté). – OHL, *RJ com. nov. 1989. 33* (opérations de trésorerie). – TOUSSAINT, DUVAL et SIMONS, *LPA 14-16 déc. 1988* (prêts intra-groupes). – KOLIFRATH, *Banque et Droit mai-juin 1996.3*. – TEBOUL, *RJ com. 2005. 114* (financement des entreprises en difficulté pendant la période de prévention).

1. Lien de capital. Sur les opérations autorisées entre des sociétés unies, directement ou indirectement, par des liens de capital conférant à l'une d'elles un pouvoir de contrôle effectif sur les autres, V. • Paris, 29 mai 1986 : *Gaz. Pal. 1986. 2. 479 ; Rev. dr. bancaire 1987. 93, obs. Jeantin et Viandier.* ♦ V. aussi, en ce sens que la condition de l'art. 12 (3°) [C. mon. fin., art. L. 511-7 (3)] est réalisée, dès lors que la société gérante détient plus de 40 % du capital de la société détentrice du compte, • Paris, 12 juin 1996 : *Rev. dr. bancaire 1996. 234, obs. Crédot et Gérard.* ♦ Dès lors que la personne physique, qui dirigeait les deux sociétés, détenait une participation majoritaire dans le capital de l'une et une participation à égalité dans le capital de l'autre, il en résulte que les conditions du contrôle effectif prévues par l'art. L. 511-7 (3) étaient remplies entre ces deux sociétés sœurs, peu important que ce contrôle soit assuré par une personne physique en qualité d'entrepreneur individuel ou de dirigeant de société. • Com. 10 déc. 2003 : *D. 2004. Somm. 2930, obs. Hallouin ; RD banc. fin. 2004, n° 55, obs. Crédot et Gérard ; Rev. sociétés 2004. 669, note Daigre ; Bull. Joly 2004. 503, note Moulin ; Banque et Droit juill.-août 2004. 47, obs. Urban.*

2. Bons et cartes. Il ne résulte pas des dispositions de l'art. L. 511-7-I, 5 qui autorise l'émission par les entreprises de bons et cartes délivrés pour l'achat auprès d'elles-mêmes d'un bien ou d'un service déterminé, que la diffusion de chèques-cadeaux multi-enseignes permettant d'acquérir un bien ou un service auprès de l'un quelconque des distributeurs partenaires est une opération de banque. • Com. 6 juin 2001 : *Bull. civ. IV, n° 111 ; D. 2001. AJ 2124, obs. Delpech ; Gaz. Pal. 23-27 déc. 2001, p. 31, note Guével.* ♦ Sur l'application de l'art. 12 (5°) [C. mon. fin., art. L. 511-7 (5)] à des chèques-cadeaux, V. • T. com. Nanterre, 20 nov. 1998 : *D. 1999. IR 57 ; D. Affaires 1999. 212, obs. X. D. et A. M.* ♦ V. aussi note ss. art. L. 311-3.

L'exception prévue à l'art. L. 511-7-I, 5 permet aux entreprises d'émettre librement des cartes prépayées mono-enseigne mais ne s'applique pas aux cartes prépayées multi-enseignes. Les émetteurs de cartes prépayées multi-enseignes peuvent alors solliciter une exemption d'agrément en application du II de l'art. L. 511-7, la rédaction nouvelle issue de l'Ord. du 15 juill. 2009 devant aboutir à l'évolution de la doctrine de l'Autorité de contrôle prudentiel (anciennement CECEI), qui n'accordera plus qu'une importance secondaire à l'exclusivité des relations commerciales pour accorder l'agrément. • Aut. conc. n° 10-D-07 du 2 mars 2010.

3. Avances ou délais de paiement. L'art. 12 (1°) [C. mon. fin., art. L. 511-7 (1)], en couvrant de façon large les crédits consentis par un fournisseur à sa clientèle même s'ils sont stipulés remboursables avec intérêts ou s'ils ne sont pas directement liés au règlement d'une vente déterminée, tels les prêts consentis pour l'installation d'un équipement d'un détaillant en contrepartie d'un accord d'approvisionnement, autorise les fournisseurs à accorder à leur clientèle des avances sur ristournes. • Paris, 14 avr. 1999 : *RJDA 1999, n° 981.* ♦ V. aussi, jugeant que l'engagement pris par un fournisseur de cautionner, sans perception d'une commission, à concurrence de 50 %, le prêt consenti par une banque à un distributeur pour financer l'acquisition ou les besoins du fonds de commerce ne constitue pas une opération prohibée par l'art. L. 511-5 C. mon. fin. lorsqu'elle est pratiquée à titre habituel dès lors que, non purement financière, elle n'est que le complément indissociable d'un contrat d'approvisionnement exclusif, entrant dans l'activité commerciale ordinaire du distributeur et se trouve par là permise par l'art. L. 511-7 • Paris, 22 mai 2003 : *RJDA 2004, n° 604 ; Lettre distrib. oct. 2003, p. 1, obs. Ferrier* • Poitiers, 7 avr. 2009 : *JCP E 2010, n° 1496, spéc. n° 5, obs. Stoufflet.* ♦ De même, doit être considéré licite et comme entrant dans l'activité commerciale ordinaire du distributeur le prêt consenti par le brasseur créancier et destiné à l'acquisition du fonds de commerce exploité par la société débitrice principale en contrepartie de l'accord d'approvisionnement exclusif dont il est le complément indissociable. • Colmar, 29 juin 2005 : *JCP E 2006, n° 22, p. 957, obs. Salgueiro ; RD banc. fin. 2006, n° 52, obs. Crédot et Samin.*

Art. L. 511-8 Il est interdit à toute entreprise autre qu'un établissement de crédit d'utiliser une dénomination, une raison sociale, une publicité ou, d'une façon générale, des expressions faisant croire qu'elle est agréée en tant qu'établissement de crédit, ou de créer une confusion en cette matière.

Il est interdit à un établissement de crédit de laisser entendre qu'il appartient à une catégorie autre que celle au titre de laquelle il a obtenu son agrément ou de créer une confusion sur ce point. — *[L. n° 84-46 du 24 janv. 1984, art. 14.] — Pour les sanctions pénales, V. C. mon. fin., art. L. 571-3.*

Sur les interdictions pesant sur les membres du conseil d'administration et du conseil de surveillance d'un établissement de crédit, V. C. mon. fin., art. L. 500-1. — ***C. mon. fin.***

BIBL. ▶ Lasserre Capdeville, *Banque et Droit sept.-oct. 2011. 9* (quelle utilité aux délits prévus par l'art. L. 511-8 ?).

SECTION III *Conditions d'accès à la profession*

SOUS-SECTION 1 *Agrément*

Art. L. 511-9 Les établissements de crédit sont agréés en qualité de banque, de banque mutualiste ou coopérative, de caisse de crédit municipal, de société financière ou d'institution financière spécialisée.

Sont seules habilitées d'une façon générale à recevoir du public des fonds à vue ou à moins de deux ans de terme : les banques, les banques mutualistes ou coopératives et les caisses de crédit municipal.

Les banques peuvent effectuer toutes les opérations de banque.

Les banques mutualistes ou coopératives et les caisses de crédit municipal peuvent effectuer toutes les opérations de banque dans le respect des limitations qui résultent des textes législatifs et réglementaires qui les régissent. — *[L. n° 84-46 du 24 janv. 1984, art. 18, al. 1er à 4.]*

1. Banques étrangères. **BIBL.** Sousi-Roubi, *Rev. dr. bancaire 1987. 47.* – London, *RTD eur. 1987. 593.* – Jeantin, *Cah. dr. entr. 1991, n° 2.* – Deschanel et Fernandez-Bollo, *D. 1993. Chron. 125.* – Bloch, *JCP E 1992. I. 175.* – Crédot et Gérard, *Rev. dr. bancaire 1992. 201.* – Perrot, *ibid. 1995. 164* (agrément unique et contrôle des établissements de crédit dans l'espace communautaire). – Tison, *ibid. 171* (libre prestation de services et nullité d'opérations bancaires pour défaut d'agrément).

2. Crédit municipal. Bien qu'elles aient le caractère d'établissements publics administratifs à vocation sociale, les caisses de crédit municipal constituent des établissements du secteur bancaire soumis aux règles générales des établissements de crédit et au contrôle de l'ancienne Commission bancaire. • CE 28 juill. 2004 : *JCP E 2004, n° 38, p. 1416.* ♦ Ayant relevé que les caisses de crédit municipal sont des établissements publics à caractère administratif, ayant pour mission de combattre l'usure et d'assurer un service public à vocation principalement sociale et locale et que les contrats conclus entre le crédit municipal et une société, portant sur l'installation et l'exploitation de distributeurs de billets installés pour certains hors site, ouverts à n'importe quel utilisateur, ne pouvaient contribuer à combattre l'usure ou à favoriser une aide sociale et n'avaient donc pas pour objet de faire participer son bénéficiaire à l'exécution du service public, une cour d'appel a légalement justifié sa décision rejetant l'exception d'incompétence des juridictions de l'ordre judiciaire soulevée par le crédit municipal. • Civ. 1re, 20 févr. 2007 : *Bull. civ. I, n° 73 ; D. 2008. Pan. 871, obs. Synvet ; D. 2007. AJ 794, obs. Delpech ; JCP 2007. IV. 1637 ; AJDA 2007. 932 ; RJDA 2007, n° 1174.*

3. Habilitation. L'éventuelle méconnaissance par un établissement de crédit des limites de son habilitation n'est pas de nature à entraîner la nullité des contrats qu'il conclut. • Com. 26 janv. 2010 : *Dalloz jurisprudence.*

Art. L. 511-10 Avant d'exercer leur activité, les établissements de crédit doivent obtenir l'agrément délivré par *(Ord. n° 2010-76 du 21 janv. 2010, art. 18)* « l'Autorité de contrôle prudentiel » mentionné *(Ord. n° 2010-76 du 21 janv. 2010, art. 5)* « au 1° *(L. n° 2010-1249 du 22 oct. 2010, art. 12-III)* « du II » de l'article L. 612-1 ».

(Ord. n° 2010-76 du 21 janv. 2010, art. 18) « L'Autorité de contrôle prudentiel » vérifie si l'entreprise satisfait aux obligations prévues aux articles L. 511-11, L. 511-13 et L. 511-40 et l'adéquation de la forme juridique de l'entreprise à l'activité d'établissement de crédit. Elle prend en compte le programme d'activités de cette entreprise, les moyens techniques et financiers qu'elle prévoit de mettre en œuvre ainsi que la qualité des apporteurs de capitaux et, le cas échéant, de leurs garants.

(Ord. n° 2010-76 du 21 janv. 2010, art. 18) « L'Autorité » apprécie également l'aptitude de l'entreprise requérante à réaliser ses objectifs de développement dans des conditions compatibles avec le bon fonctionnement du système bancaire et qui assurent à la clientèle une sécurité satisfaisante.

(L. n° 2001-420 du 15 mai 2001) « Pour fixer les conditions de son agrément, *(Ord. n° 2010-76 du 21 janv. 2010, art. 18)* « l'Autorité de contrôle prudentiel » peut prendre en compte la spécificité de certains établissements de crédit appartenant au secteur de l'économie sociale et solidaire. Elle apprécie notamment l'intérêt de leur action au regard des missions d'intérêt général relevant de la lutte contre les exclusions ou de la reconnaissance effective d'un droit au crédit. »

(Ord. n° 2010-76 du 21 janv. 2010, art. 18) « L'Autorité » peut limiter l'agrément qu'elle délivre à l'exercice de certaines opérations définies par l'objet social du demandeur.

(L. n° 2001-420 du 15 mai 2001) « Enfin, *(Ord. n° 2010-76 du 21 janv. 2010, art. 18)* « l'Autorité » peut assortir l'agrément délivré de conditions particulières visant à préserver l'équilibre de la structure financière de l'établissement et le bon fonctionnement du système bancaire *(Ord. n° 2004-1201 du 12 nov. 2004, art. 5)* « en tenant compte, le cas échéant, des objectifs de la surveillance complémentaire prévue par le chapitre VII du titre Ier du livre V du présent code ». Elle peut aussi subordonner l'octroi de l'agrément au respect d'engagements souscrits par l'établissement requérant. »

(Ord. n° 2010-76 du 21 janv. 2010, art. 18) « L'Autorité » peut refuser l'agrément lorsque l'exercice de la mission de surveillance de l'entreprise requérante est susceptible d'être entravé soit par l'existence de liens de capital ou de contrôle directs ou indirects entre l'entreprise et d'autres personnes physiques ou morales, soit par l'existence de dispositions législatives ou réglementaires d'un État qui n'est pas partie à l'accord sur l'Espace économique européen et dont relèvent une ou plusieurs de ces personnes.

(Ord. n° 2010-76 du 21 janv. 2010, art. 18) « L'Autorité » peut, en outre, refuser l'agrément si les personnes mentionnées à l'article L. 511-13 ne possèdent pas *(L. n° 2001-420 du 15 mai 2001)* « l'honorabilité et la compétence nécessaires ainsi que l'expérience » adéquate à leur fonction. – *[L. n° 84-46 du 24 janv. 1984, art. 15, al. 1er à 6.]*

Dernier al. *abrogé par Ord. n° 2009-897 du 24 juill. 2009, art. 1er.*

BIBL. ▶ Laroche, *RLDA févr. 2008. 89* (liberté d'établissement bancaire). – Ricard, *RD banc. fin. 2009. Étude 37* (à défaut d'agrément, les opérations bancaires, financières et d'assurance doivent-elles subir le même sort ?).

1. Refus d'agrément. Sur un refus d'agrément pour défaut d'honorabilité et d'expérience, V. • CE 9 nov. 1990 : *D. 1992. Somm. 19, obs. Vasseur ; Rev. dr. bancaire 1991. 64, obs. Crédot et Gérard.* ♦ Si le conseil des marchés financiers, lorsqu'il vérifie que la condition tenant à l'honorabilité des dirigeants de la société qui présente son programme d'activité est remplie, peut prendre en compte l'existence ou l'absence d'une condamnation pénale ou d'une sanction disciplinaire, il n'est pas lié par ces éléments (refus d'approbation du CMF ayant entraîné un refus d'agrément du CECEI). • CE 16 févr. 2005 : *D. 2005. Pan. 2604, obs. Reinhard et Thomasset-Pierre ; JCP E 2006, n° 16, p. 716, obs. Deprez-Graff ; Gaz. Pal. 2006. Somm. 1970, obs. F. B. ; RD banc. fin. 2005, n° 117, obs. Crédot et Gérard.*

2. Portée de l'absence d'agrément. La seule méconnaissance par un établissement de crédit de l'exigence d'agrément, au respect de laquelle l'art. 15 de la L. n° 84-46 du 24 janv. 1984, devenu les art. L. 511-10, L. 511-14 et L. 612-2 C. mon. fin., subordonne l'exercice de son activité, n'est pas de nature à entraîner la nullité des contrats qu'il a conclus. • Cass., ass. plén., 4 mars 2005 : *Bull. civ. n° 2 ; BICC 15 juin 2005, p. 5, rapp. Paloque, concl. de Gouttes ; D. 2005. 785, obs. Sousi , et AJ 836, obs. Delpech ; D. 2006. Pan. 156, obs. Synvet ; JCP 2005. II. 10062, concl. de Gouttes ; JCP E 2005, n° 18-19, p. 766, note Bonneau ; LPA 8 juin 2005, note Veverka ; RTD com. 2005. 400, obs. Legeais ; RJDA 2005, n° 743 ; RDC 2005. 1046, obs. Frison-Roche* • Com. 7 juin 2005 : *Bull. civ. IV, n° 125 ; D. 2005. AJ 1694 ; RTD com. 2005. 574, obs. Legeais ; JCP E 2005, n° 38, p. 1527 ; RJDA 2005, n° 1138.* ♦ ... Et ce, quelle que soit la nationalité de cet établissement, fût-il non communautaire. • Com. 3 juill. 2007 : *Bull. civ. IV, n° 182 ; D. 2008. Pan. 873, obs. Synvet ; D. 2007. AJ 2029, obs. Avena-Robardet ; RTD com. 2007. 814, obs. Legeais ; RTD civ. 2008. 66, obs. Jacques ; JCP E 2007, n° 45, p. 11, obs. Stoufflet ; RJDA 2007, n° 1138.*

3. Libre prestation de services. La libre prestation de services, en tant que principe fondamental du traité CE (devenu le TFUE, depuis l'entrée en vigueur du traité de Lisbonne), ne peut être limitée que par des réglementations justifiées par des raisons impérieuses d'intérêt général, et s'appliquant à toute personne ou entreprise exerçant une activité sur le territoire de l'État destinataire, dans la mesure où cet intérêt n'est pas sauvegardé par les règles auxquelles le prestataire est soumis dans l'État membre où il est établi, de telles exigences devant, d'une part, être objectivement nécessaires pour assurer le respect des règles applicables dans le secteur considéré et pour protéger les intérêts que ces règles ont pour but de sauvegarder et ne devant pas, d'autre part, aller au-delà de ce qui est nécessaire pour atteindre ces objectifs. • Paris, 14 juin 2000 *D. 2000. 614, note Sousi ; ibid. Somm. 451, obs. Synvet ; RTD com. 2000. 988, obs. Cabrillac* ♦ Si l'exigence d'un agrément constitue une restriction à la libre prestation de services, celle d'un établissement stable est en fait la négation même de cette liberté dès lors qu'elle a pour conséquence d'enlever tout effet utile à l'art. 49 du Traité dont l'objet est precisément d'éliminer les restrictions à la libre prestation de services de la part des personnes non établies dans l'État sur le territoire duquel la prestation doit être fournie. Pour qu'une telle exigence soit admise, il faut qu'elle constitue une condition indispensable pour atteindre l'objectif recherché. • Même arrêt.

Dès lors qu'un établissement belge n'était pas agréé en Belgique pour y octroyer des prêts hypothécaires à taux variable, un agrément eût été nécessaire à cet établissement pour exercer en France l'activité qu'il n'était pas autorisé à pratiquer dans son État d'origine. • Com. 28 nov. 2006 : *Bull. civ. IV, n° 230 ; D. 2007. Pan. 755, obs. Synvet ; ibid. AJ 13, obs. Avena-Robardet ; RTD com. 2007. 209, obs. Legeais ; JCP E 2007, n° 3, p. 19 ; LPA 12 mars 2007, obs. M.-É Mathieu.*

4. Moyen inopérant. La méconnaissance par un établissement de crédit étranger de l'exigence d'agrément, au respect de laquelle il est tenu par l'art. L. 511-10, n'étant pas de nature à entraîner la nullité des contrats de prêts par lui conclus, la responsabilité d'une SCP d'avocats et d'une SCP d'avoués ne peut être retenue pour ne pas avoir soumis ce moyen à la cour d'appel. • Civ. 1re, 31 janv. 2008 : *Bull civ. I, n° 31 ; D. 2008. 1448, note A. Aynès ; ibid. AJ 488, obs. Avena-Robardet ; D. 2009. Pan. 1044, obs. Synvet ; JCP E 2008, n° 23, p. 15, note Buy ; JCP 2008. II. 10074, note Sim ; LPA 10 avr. 2008, note Lasserre Capdeville ; Dr. et proc. 2008. 158, obs. Fricero ; Procédures 2008, n° 144, obs. Croze.*

Sur des questions de procédure civile touchant la matière, V. aussi • Cass., ass. plén., 21 déc. 2006 : *Bull. civ. n° 14 ; BICC 1er mars 2007, p. 50, rapp. Loriferne, avis de Gouttes (2e esp.) ;*

D. 2007. AJ 160, obs. Avena-Robardet ; JCP E 2007, n° 17, p. 31, note Fleury-Le-Gros (1re esp.) ; JCP 2007. II. 10016, note Guyader (1re esp.) ; RLDA avr. 2007. 35, note G'Sell-Macrez.

Art. L. 511-11 Les établissements de crédit doivent disposer d'un capital libéré ou d'une dotation versée d'un montant au moins égal à une somme fixée par le *(L. n° 2003-706 du 1er août 2003, art. 46-VI)* « ministre chargé de l'économie ». — *[L. n° 84-46 du 24 janv. 1984, art. 16, al. 1er.] — V. Règl. CRBF n° 92-14 du 23 déc. 1992 relatif au capital minimum des établissements de crédit. — **C. mon. fin.***

Art. L. 511-12 Lorsqu'une entreprise relevant du droit d'un État qui n'est pas membre de la Communauté européenne demande, en application du 1 de l'article *(Ord. n° 2005-429 du 6 mai 2005, art. 52)* « L. 611-1 », à prendre dans un établissement de crédit ou une entreprise d'investissement une participation ayant pour effet de faire de celui-ci ou celle-ci sa filiale, ou lorsqu'une filiale directe ou indirecte d'une telle entreprise sollicite son agrément auprès *(Ord. n° 2010-76 du 21 janv. 2010, art. 18)* « de l'Autorité de contrôle prudentiel », celle-ci limite ou suspend sa décision sur demande du Conseil ou de la Commission de la Communauté européenne, si ces autorités le lui demandent après avoir constaté que les établissements de crédit ou entreprises d'investissement ayant leur siège social dans un État membre n'ont pas accès au marché de cet État tiers ou n'y bénéficient pas du même traitement que les établissements de crédit qui y ont leur siège.

Lorsque *(Ord. n° 2010-76 du 21 janv. 2010, art. 18)* « l'Autorité » limite ou suspend sa décision dans les conditions prévues à l'alinéa précédent, l'agrément accordé par l'autorité compétente d'un État partie à l'accord sur l'Espace économique européen non membre de la Communauté européenne n'emporte, pendant la période de limitation ou de suspension, aucun effet juridique sur le territoire de la République française ; en particulier les dispositions des articles L. 511-21 à L. 511-28 ne s'appliquent pas aux établissements concernés. — *[L. n° 84-46 du 24 janv. 1984, art. 15-1.]*

Art. L. 511-12-1 *(Ord. n° 2009-897 du 24 juill. 2009, art. 1er)* « I. — Les modifications dans la répartition du capital d'un établissement de crédit doivent être notifiées à *(Ord. n° 2010-76 du 21 janv. 2010, art. 18)* « l'Autorité de contrôle prudentiel ».

« Les prises ou extensions de participations, directes ou indirectes, dans un établissement de crédit doivent être autorisées par *(Ord. n° 2010-76 du 21 janv. 2010, art. 18)* « l'Autorité de contrôle prudentiel ».

« Lorsqu'une diminution ou cession de participation, directe ou indirecte, lui est notifiée, *(Ord. n° 2010-76 du 21 janv. 2010, art. 18)* « l'Autorité de contrôle prudentiel » vérifie que cette opération ne remet pas en cause les conditions auxquelles est subordonné l'agrément délivré à l'établissement de crédit.

« Un décret en Conseil d'État détermine notamment les critères d'appréciation, par *(Ord. n° 2010-76 du 21 janv. 2010, art. 18)* « l'Autorité de contrôle prudentiel », des opérations mentionnées au deuxième alinéa. Les modalités des procédures mentionnées au présent I sont précisées par l'arrêté prévu à l'article L. 611-1. — *V. C. mon. fin., art. R. 511-3-2. — **C. mon. fin.***

« II. — Toute autre modification des conditions » *(L. n° 2001-420 du 15 mai 2001)* « auxquelles était subordonné l'agrément délivré à un établissement de crédit doit faire l'objet, selon les cas, d'une autorisation préalable *(Ord. n° 2010-76 du 21 janv. 2010, art. 18)* « de l'Autorité de contrôle prudentiel », d'une déclaration ou d'une notification, dans les conditions fixées par un *(L. n° 2003-706 du 1er août 2003, art. 46-VI)* « arrêté du ministre chargé de l'économie ».

« Dans les cas où une autorisation doit être délivrée, elle peut, elle-même, être assortie de conditions particulières répondant aux finalités mentionnées au sixième alinéa de l'article L. 511-10 ou subordonnée au respect d'engagements pris par l'établissement. »

Dernier al. abrogé par Ord. n° 2009-897 du 24 juill. 2009, art. 1er.

Art. L. 511-13 L'administration centrale de tout établissement de crédit soumis au présent agrément doit être située sur le même territoire national que son siège statutaire.

La détermination effective de l'orientation de l'activité des établissements de crédit doit être assurée par deux personnes au moins *(L. n° 2001-420 du 15 mai 2001)* « qui doivent satisfaire à tout moment aux conditions prévues à l'article L. 511-10 ».

Les établissements de crédit dont le siège social est à l'étranger désignent deux personnes au moins auxquelles ils confient la détermination effective de l'activité de leur succursale en France. — *[L. n° 84-46 du 24 janv. 1984, art. 17.]*

BIBL. ▸ SAMIN, *Banque et Droit mars-avr. 2000. 22* (dirigeants responsables).

Art. L. 511-13-1 *(L. n° 2005-842 du 26 juill. 2005, art. 13-I)* Sans préjudice des dispositions de l'article L. 229-4 du code de commerce, *(Ord. n° 2010-76 du 21 janv. 2010, art. 18)* « l'Autorité de contrôle prudentiel » est également compétente pour s'opposer, conformément aux dispositions du 14 de l'article 8 et de l'article 19 du règlement (CE) n° 2157/2001 du Conseil du 8 octobre 2001 relatif au statut de la société européenne (SE), au transfert de siège social d'un établissement de crédit constitué sous forme de société européenne immatriculée en France et dont résulterait un changement du droit applicable ainsi qu'à la constitution d'une société européenne par voie de fusion impliquant un établissement de crédit agréé en France. Cette décision est susceptible de recours devant le Conseil d'État. — *V. le Règl. préc. au* ***C. sociétés.***

Sur la société européenne, V. C. com., art. L. 229-1 s.

Art. L. 511-13-2 *(L. n° 2008-649 du 3 juill. 2008, art. 19)* Sans préjudice des dispositions de l'article 26-6 de la loi n° 47-1775 du 10 septembre 1947 portant statut de la coopération, *(Ord. n° 2010-76 du 21 janv. 2010, art. 18)* « l'Autorité de contrôle prudentiel » est compétente pour s'opposer, conformément au paragraphe 14 de l'article 7 et à l'article 21 du règlement (CE) n° 1435/2003 du Conseil, du 22 juillet 2003, relatif au statut de la société coopérative européenne (SEC), au transfert de siège social d'un établissement de crédit constitué sous forme de société coopérative européenne immatriculée en France et dont résulterait un changement du droit applicable ainsi qu'à la constitution d'une société coopérative européenne par voie de fusion impliquant un établissement coopératif de crédit agréé en France. Cette décision est susceptible de recours devant le Conseil d'État. — *V. le Règl. préc. au* ***C. sociétés*** 🏛.

Art. L. 511-14 *(Ord. n° 2010-76 du 21 janv. 2010, art. 18)* « L'Autorité » statue dans un délai de douze mois à compter de la réception de la demande d'agrément. Tout refus d'agrément est notifié au demandeur.

(Ord. n° 2010-76 du 21 janv. 2010, art. 18) « L'Autorité de contrôle prudentiel » établit et tient à jour la liste des établissements de crédit qui est publiée au *Journal officiel* de la République française. — *[L. n° 84-46 du 24 janv. 1984, art. 15, al. 7 et 8.]*

Art. L. 511-15 *(L. n° 2001-420 du 15 mai 2001)* « Le retrait d'agrément est prononcé par *(Ord. n° 2010-76 du 21 janv. 2010, art. 18)* « l'Autorité de contrôle prudentiel » à la demande de l'établissement. Il peut aussi être décidé d'office par *(Ord. n° 2010-76 du 21 janv. 2010, art. 5)* « l'Autorité » si l'établissement ne remplit plus les conditions ou les engagements auxquels était subordonné son agrément ou une autorisation ultérieure, ou si l'établissement n'a pas fait usage de son agrément dans un délai de douze mois ou lorsqu'il n'exerce plus son activité depuis au moins six mois. »

Le retrait d'agrément prend effet à l'expiration d'une période dont la durée est déterminée par *(Ord. n° 2010-76 du 21 janv. 2010, art. 18)* « l'Autorité de contrôle prudentiel ».

Pendant cette période :

1. L'établissement de crédit demeure soumis au contrôle de *(Ord. n° 2010-76 du 21 janv. 2010, art. 18)* « l'Autorité de contrôle prudentiel » et, le cas échéant, *(L.*

n° 2003-706 du 1er août 2003, art. 46-V) « de l'Autorité des marchés financiers ». *(Ord. n° 2010-76 du 21 janv. 2010, art. 18)* « L'Autorité de contrôle prudentiel » peut prononcer à son encontre les sanctions disciplinaires prévues à l'article *(Ord. n° 2010-76 du 21 janv. 2010, art. 5)* « L. **612-39** », y compris la radiation ;

2. L'établissement ne peut effectuer que les opérations de banque et de services d'investissement *(Ord. n° 2009-866 du 15 juill. 2009, art. 9, en vigueur le 1er nov. 2009)* « ainsi que *(L. n° 2013-100 du 28 janv. 2013, art. 9)* « les opérations de gestion de monnaie électronique déjà émise et » les services de paiement » strictement nécessaires à l'apurement de sa situation et doit limiter les autres activités mentionnées *(Ord. n° 2009-866 du 15 juill. 2009, art. 9)* « aux 1 à 6 de l'article L. **311-2** et aux articles L. **511-2** et L. **511-3** » ;

3. Il ne peut faire état de sa qualité d'établissement de crédit qu'en précisant que son agrément est en cours de retrait. – *[L. n° 84-46 du 24 janv. 1984, art. 19 (I, II et III).]*

BIBL. ▶ Djoudi, *JCP 1996. I. 3936*. – Ladouce, *RD banc. fin. 2003. 186* (du non-usage par le CECEI du retrait d'office de l'agrément bancaire).

Art. L. 511-16 Dans le cas prévu à l'article L. 511-15 les fonds reçus du public mentionnés à l'article L. 312-2, dans la mesure où ils ne peuvent être reçus à titre habituel que par un établissement de crédit, ainsi que les titres émis par cet établissement qui ne sont pas négociables sur un marché réglementé, sont remboursés par l'établissement à leur échéance ou, si cette échéance est postérieure à l'expiration de la période mentionnée au deuxième alinéa de l'article L. 511-15, à la date fixée par *(Ord. n° 2010-76 du 21 janv. 2010, art. 18)* « l'Autorité de contrôle prudentiel ». Au terme de cette période, l'entreprise perd la qualité d'établissement de crédit et doit avoir changé sa dénomination sociale. Les opérations de banque autres que la réception de fonds du public *(Ord. n° 2009-866 du 15 juill. 2009, art. 9, en vigueur le 1er nov. 2009)* « et les services de paiement » que l'entreprise a conclues ou s'est engagée à conclure avant la décision de retrait d'agrément peuvent être menées à leur terme.

(L. n° 2003-706 du 1er août 2003, art. 74) « Par dérogation aux dispositions des 4° et 5° de l'article 1844-7 du code civil, la dissolution anticipée d'un établissement de crédit ne peut être prononcée qu'après obtention du retrait de son agrément par *(Ord. n° 2010-76 du 21 janv. 2010, art. 18)* « l'Autorité de contrôle prudentiel ». Par dérogation aux articles L. 123-1 et L. 237-3 du code de commerce, la publication et l'inscription modificative au registre du commerce et des sociétés concernant le prononcé de cette dissolution doivent mentionner la date de la décision de retrait d'agrément par *(Ord. n° 2010-76 du 21 janv. 2010, art. 18)* « l'Autorité de contrôle prudentiel ». Jusqu'à la clôture de sa liquidation, l'établissement reste soumis au contrôle de *(Ord. n° 2010-76 du 21 janv. 2010, art. 18)* « l'Autorité de contrôle prudentiel », qui peut prononcer l'ensemble des sanctions prévues à l'article L. **613-21** *[L. 612-39]* du présent code. Il ne peut faire état de sa qualité d'établissement de crédit sans préciser qu'il est en liquidation. » – *[L. n° 84-46 du 24 janv. 1984, art. 19 (IV et V).]*

Art. L. 511-17 La radiation d'un établissement de crédit de la liste des établissements de crédit agréés peut être prononcée à titre de sanction disciplinaire par *(Ord. n° 2010-76 du 21 janv. 2010, art. 18)* « l'Autorité de contrôle prudentiel ».

La radiation entraîne la liquidation de la personne morale, lorsque celle-ci a son siège social en France. Dans le cas des succursales d'établissements ayant leur siège hors de l'Espace économique européen, la radiation entraîne la liquidation des éléments du bilan et du hors-bilan de la succursale. Afin de préserver les intérêts de la clientèle, *(Ord. n° 2010-76 du 21 janv. 2010, art. 18)* « l'Autorité de contrôle prudentiel » peut reporter la liquidation au terme d'un délai qu'elle fixe.

Tout établissement qui a fait l'objet d'une radiation demeure soumis au contrôle de *(Ord. n° 2010-76 du 21 janv. 2010, art. 18)* « l'Autorité de contrôle prudentiel » jusqu'à la clôture de la liquidation. Il ne peut effectuer que les opérations strictement nécessaires à l'apurement de sa situation. Il ne peut faire état de sa qualité d'établissement de crédit qu'en précisant qu'il a fait l'objet d'une mesure de radiation. – *[L. n° 84-46 du 24 janv. 1984, art. 19-1.]*

Art. L. 511-18 Le *(L. n° 2003-706 du 1er août 2003, art. 46-VI)* « ministre chargé de l'économie » précise les conditions d'application des articles L. 511-15 à L. 511-17. Il fixe notamment les modalités selon lesquelles :

1. Les décisions de retrait d'agrément et de radiation sont portées à la connaissance du public ;

2. Outre la faculté de recourir aux autres modes légaux de cession et d'opposabilité aux tiers, la cession de créances résultant des opérations de crédit mentionnées à l'article L. 313-1 peut être rendue opposable aux tiers par accord écrit du débiteur ou par décision de *(Ord. n° 2010-76 du 21 janv. 2010, art. 18)* « l'Autorité de contrôle prudentiel » ;

3. Les plans et comptes d'épargne logement, les livrets d'épargne d'entreprise, les plans et livrets d'épargne populaire, les plans d'épargne en actions, ainsi que les engagements par signature peuvent être transférés, sans préjudice des droits des titulaires ou bénéficiaires, à un ou plusieurs autres établissements de crédit ;

4. Les instruments financiers inscrits en compte auprès de l'établissement peuvent être transférés chez un autre prestataire de services d'investissement ou chez l'émetteur ;

5. Les opérations prévues *(Ord. n° 2009-866 du 15 juill. 2009, art. 9, en vigueur le 1er nov. 2009)* « aux 1 à 6 de l'article L. 311-2 et aux articles L. 511-2 et L. 511-3 » sont limitées. – *[L. n° 84-46 du 24 janv. 1984, art. 19-2.] – V. Règl. CRBF n° 96-13 du 20 déc. 1996 relatif aux modifications de situation des établissements de crédit et des entreprises d'investissement autres que les sociétés de gestion de portefeuille. –* ***C. mon. fin.***

Art. L. 511-19 Lorsque des établissements de crédit ayant leur siège social à l'étranger ouvrent des bureaux ayant une activité d'information, de liaison ou de représentation, l'ouverture de ces bureaux doit être préalablement notifiée *(Ord. n° 2010-76 du 21 janv. 2010, art. 18)* « à l'Autorité de contrôle prudentiel ».

Ces bureaux peuvent faire état de la dénomination ou de la raison sociale de l'établissement de crédit qu'ils représentent. – *[L. n° 84-46 du 24 janv. 1984, art. 9.]*

BIBL. ▶ STOUFFLET et GAUVIN, *RD banc. fin. 2005. Chron. 19* (le bureau de représentation, bras séculier des banques étrangères en France).

Art. L. 511-20 *(Ord. n° 2004-1201 du 12 nov. 2004, art. 5)* I. – Est une filiale d'un établissement de crédit, d'une entreprise d'investissement, d'une compagnie financière ou d'une compagnie financière holding mixte l'entreprise sur laquelle est exercé un contrôle exclusif au sens de l'article L. 233-16 du code de commerce, ou une influence dominante en raison de l'existence de liens de solidarité importants et durables résultant d'engagements financiers, de dirigeants ou de services communs.

II. – Constitue une participation le fait de détenir, directement ou indirectement, au moins 20 % des droits de vote ou du capital d'une entreprise, ou un ensemble de droits dans le capital d'une entreprise qui, en créant un lien durable avec celle-ci, est destiné à contribuer à l'activité de la société.

III. – Est un groupe l'ensemble d'entreprises composé d'une entreprise mère, de ses filiales et des entités dans lesquelles l'entreprise mère ou ses filiales détiennent des participations, ainsi que des entités liées de telle sorte que leurs organes d'administration, de direction ou de surveillance sont composés en majorité des mêmes personnes ou qu'elles sont placées sous une direction unique en vertu d'un contrat ou de clauses statutaires. Les établissements affiliés à un réseau et l'organe central au sens de l'article L. 511-31 sont considérés comme faisant partie d'un même groupe pour l'application du présent code. Il en est de même pour les entités appartenant à des groupes coopératifs régis par les dispositions similaires dans la législation qui leur est applicable.

IV. – L'expression : « groupe financier » désigne l'ensemble ne constituant pas un conglomérat financier formé par les filiales, directes ou indirectes, d'un établissement de crédit, d'une entreprise d'investissement, ou d'une compagnie financière, et par les entreprises à caractère financier sur lesquelles l'entreprise mère exerce un contrôle conjoint au sens de l'article L. 233-16 du code de commerce.

Les entreprises à caractère financier mentionnées à l'alinéa précédent sont définies par voie réglementaire.

V. — L'expression : « groupe mixte » désigne l'ensemble formé par les filiales, directes ou indirectes, d'une entreprise mère qui n'est pas une compagnie financière, un établissement de crédit, une entreprise d'investissement ou une compagnie financière holding mixte au sens de l'article L. 517-4 mais dont l'une au moins des filiales est un établissement de crédit ou une entreprise d'investissement. L'entreprise mère d'un groupe mixte est une compagnie mixte.

SOUS-SECTION 2 *Libre établissement et libre prestation de services sur le territoire des États parties à l'accord sur l'Espace économique européen*

Art. L. 511-21 à L. 511-28 *V. au* ***C. mon. fin.***

SECTION V *Le secret professionnel*

Art. L. 511-33 *(L. nº 2008-776 du 4 août 2008, art. 154-I)* Tout membre d'un conseil d'administration et, selon le cas, d'un conseil de surveillance et toute personne qui à un titre quelconque participe à la direction ou à la gestion d'un établissement de crédit ou d'un organisme mentionné au 5 de l'article L. 511-6 ou qui est employée par l'un de ceux-ci est tenu au secret professionnel.

Outre les cas où la loi le prévoit, le secret professionnel ne peut être opposé ni à *(Ord. nº 2010-76 du 21 janv. 2010, art. 18)* « l'Autorité de contrôle prudentiel », ni à la Banque de France, ni à l'autorité judiciaire agissant dans le cadre d'une procédure pénale.

Les établissements de crédit peuvent par ailleurs communiquer des informations couvertes par le secret professionnel, d'une part, aux agences de notation pour les besoins de la notation des produits financiers et, d'autre part, aux personnes avec lesquelles ils négocient, concluent ou exécutent les opérations ci-après énoncées, dès lors que ces informations sont nécessaires à celles-ci :

1º Opérations de crédit effectuées, directement ou indirectement, par un ou plusieurs établissements de crédit ;

2º Opérations sur instruments financiers, de garanties ou d'assurance destinées à la couverture d'un risque de crédit ;

3º Prises de participation ou de contrôle dans un établissement de crédit ou une entreprise d'investissement ;

4º Cessions d'actifs ou de fonds de commerce ;

5º Cessions ou transferts de créances ou de contrats ;

6º Contrats de prestations de services conclus avec un tiers en vue de lui confier des fonctions opérationnelles importantes ;

7º Lors de l'étude ou l'élaboration de tout type de contrats ou d'opérations, dès lors que ces entités appartiennent au même groupe que l'auteur de la communication.

Outre les cas exposés ci-dessus, les établissements de crédit peuvent communiquer des informations couvertes par le secret professionnel au cas par cas et uniquement lorsque les personnes concernées leur ont expressément permis de le faire.

Les personnes recevant des informations couvertes par le secret professionnel, qui leur ont été fournies pour les besoins d'une des opérations ci-dessus énoncées, doivent les conserver confidentielles, que l'opération susvisée aboutisse ou non. Toutefois, dans l'hypothèse où l'opération susvisée aboutit, ces personnes peuvent à leur tour communiquer les informations couvertes par le secret professionnel dans les mêmes conditions que celles visées au présent article aux personnes avec lesquelles elles négocient, concluent ou exécutent les opérations énoncées ci-dessus.

Le procureur de la République, le juge d'instruction ou le tribunal saisi peuvent obtenir des parties, de toute administration, de tout établissement financier, ou de toute personne détenant des fonds du prévenu, la communication des renseignements utiles de nature financière ou fiscale, sans que puisse être opposée l'obligation au secret (C. pén., art. 132-22).

Sur l'inopposabilité du secret professionnel : ... au juge-commissaire et au tribunal, dans le cadre d'une procédure de redressement ou de liquidation judiciaires, V. C. com., art. L. 623-2 et L. 651-4. — ... au président du TGI, dans le cadre d'une procédure de conciliation, V. C. com., art. L. 611-2 et L. 611-6. — ... à la commission départementale d'examen des situations de surendettement des particuliers, V. C. consom., art. L. 331-3. — ***C. consom.*** *— ... au juge dans le cadre d'une procédure de divorce, s'agissant de fixer une prestation compensatoire, une pension alimentaire ou de liquider un régime matrimonial, V. C. civ., art. 259-3. —* ***C. civ.***

Sur le secret professionnel des établissements de paiement, V. C. mon. fin., art. L. 522-19. — Sur la levée du secret bancaire ou professionnel dans le cadre de la lutte contre le blanchiment des capitaux provenant du trafic des stupéfiants, V. C. mon. fin., art. L. 562-8. — ***C. mon. fin.***

Sur le droit de communication de l'administration fiscale, V. LPF, art. L. 83. — ***C. pr. fisc.***

Sur l'obligation de renseignement du tiers saisi dans le cadre de la procédure de saisie-attribution, V. C. pr. exéc., art. L. 123-1, L. 162-1 et L. 211-3. — ***C. pr. exéc.***

RÉP. COM. v° *Responsabilité du banquier*, par Pasqualini.

DALLOZ RÉFÉRENCE *Obligations et responsabilités du banquier*, par Routier, 2010/2011, 3ᵉ éd.

BIBL. ▶ Matsopoulou, *RD banc. fin. 2004. 50* (le banquier face au juge pénal français). - Chemla et Bouretz, *ibid. 205* (référé probatoire et secret bancaire). - Bouloc, *Gaz. Pal. 2004. Doctr. 1813* (principe et limite du secret professionnel du banquier). - Moreau, *ibid. 1817* (secret bancaire et communication de pièces). - Delleci, *ibid. 1819* (... et procédures civiles d'exécution). - Baillot, *LPA 3 févr. 2005* (secret professionnel opposé aux notaires : l'hypothèse des services financiers). - Legrand, *JCP E 2005, n° 26, p. 1105* (le secret bancaire ou la théorie de la relativité). - Stoufflet, *Gaz. Pal. 2005. Doctr. 1661* (application du secret bancaire dans les relations intracommunautaires et internationales). - Partsch, *ibid. 1686* (le secret bancaire et le droit communautaire). - Lasserre Capdeville, *RLDA févr. 2008. 101* (le secret bancaire en 2007). - Saintourens, *Procédures 2008. Dossier 11* (la saisie des avoirs bancaires). - Neau-Leduc, *RD banc. fin. 2010. Dossier 2* (secret bancaire et frontières). - Caprioli, *ibid. 3* (les flux transfrontières des données à caractère personnel en matière bancaire). - Routier, *RLDA mai 2010. 55* (le secret bancaire face au juge civil et commercial). - Lasserre Capdeville, *ibid. 64* (... au juge pénal). - Durand, *ibid. 71* (... à l'administration fiscale). - Morel-Maroger, *RD banc. fin. 2011. Étude 10* (protection des données personnelles des clients des banques : bilan et perspectives). - Bouloc, *RLDA févr. 2012. 102* (transparence du patrimoine et secret professionnel).

▶ Loi n° 2008-776 du 4 août 2008 : Fatier, *LPA 26 sept. 2008* (la réforme du secret bancaire). - Lasserre Capdeville, *AJ pénal 2009. 165* (le secret bancaire en 2009 : un principe en voie de disparition ?). - Lécuyer, *RJ com. 2010. 317* (l'évidence du secret bancaire).

I. DOMAINE DU SECRET BANCAIRE

1. *Personnes tenues.* L'art. L. 511-33 soumet au secret professionnel toute personne employée dans un établissement de crédit auquel est assimilée une personne morale intervenant sur le marché monétaire interbancaire. • Paris, 15 nov. 2002 : *JCP E 2003, n° 11, p. 438.* ♦ En communiquant des éléments sensibles et confidentiels propriétés de la banque à une salariée d'un concurrent direct, un salarié a manifestement violé le secret bancaire qui s'imposait à lui en vertu des art. L. 511-33 et L. 571-4 C. mon. fin. • Cons. prud'h. Nanterre, 15 sept. 2005 : *RD banc. fin. 2006, n° 82, obs. Caprioli.*

1 bis. *Personnes protégées.* Le secret professionnel du banquier est seulement institué dans la perspective de la protection des intérêts de son client et n'a pas strictement pour but de protéger la comptabilité interne de l'établissement bancaire. • Poitiers, 2 nov. 2005 : *BICC 2006, n° 1334.*

A. INFORMATIONS COUVERTES

2. *Informations confidentielles.* Commet les délits de violation du secret bancaire, de manquement à la sécurité informatique, de divulgation d'informations nominatives susceptibles de porter atteinte à la réputation des personnes le directeur d'un établissement de crédit qui communique à des commerçants, qui ont reçu délégation afin de remettre au nom de ce dernier l'offre préalable de crédit, une liste informatique de personnes, clients de l'établissement de crédit supposés présenter un risque quant à l'octroi d'un éventuel crédit. • Rennes, 13 janv. 1992 : *D. 1993. Somm. 54, obs. Vasseur* ; *D. 1994. Somm. 287, obs. Maisl* ; *JCP E 1993. II. 432, note Gavalda.* ♦ Le secret ne s'étend pas à toutes les informations que les établissements bancaires seraient susceptibles de connaître dans le cadre de leur activité professionnelle, mais seulement à celles qui portent sur des renseignements confidentiels présentant un caractère privé, tels que la vie privée ou la fortune des particuliers. • Poitiers, 2 nov. 2005 : *préc. note 1 bis.*

3. *Verso de chèques.* En divulgant les informations figurant au verso des chèques litigieux, une banque porte atteinte au secret professionnel dont bénéficient le ou les tiers bénéficiaires des titres. • Com. 8 juill. 2003 : *Bull. civ. IV, n° 119 ; D. 2003. AJ 2170, obs. Avena-Robardet* ; *RTD com. 2003. 783, obs. Cabrillac* ; *JCP E 2004, n° 27, p. 1109, note Gibirila ; LPA 15 janv. 2004, obs. E. C. ; RJDA 2004, n° 210 ; Dr. et proc. 2004. 22, obs. Salati.* ♦ Le secret professionnel autorise l'établissement de crédit à refuser la communication du verso d'un chèque demandée par les héritiers du tireur. • Com. 13 juin 1995 : *Bull. civ. IV, n° 172 ; D. 1995. IR 166* ; *Banque oct. 1995. 93, obs. Guillot* • 5 oct. 2004 : *RTD civ. 2005. 135, obs. Mestre et Fages* ; *RJDA 2005, n° 67.* – V. aussi note 13. ♦ Pour l'impossibilité d'enjoindre à une banque d'identifier le bénéficiaire d'un chèque de banque ou de fournir les clés d'identification de ce bénéficiaire, alors que celle-ci fait valoir que ces renseignements sont détenus par un autre établissement de crédit, V. • Com. 26 févr. 2002 : *Bull. civ. IV, n° 40 ; RD banc. fin. 2002, n° 75, obs. Crédot et Gérard ; Banque et Droit sept.-oct. 2002, p. 45, obs. Bonneau.* ♦ Comp., jugeant que, lorsque les bénéficiaires de la communication sont également clients de la banque, ils peuvent disposer des informations qui les concernent directement, à savoir des extraits de comptes faisant apparaître les virements opérés en faveur d'un autre client de la banque et les titres de paiement sur lesquels ce dernier est mentionné en qualité de bénéficiaire, sans pour autant que soient communiqués des renseignements confidentiels sur cette personne. • Lyon, 29 nov. 1995 : *JCP 1997. IV. 168.* ♦ Le banquier ne peut se prévaloir du secret professionnel à l'encontre de son client émetteur d'un chèque acquitté, qui se prétend victime d'un détournement, pour lui refuser la communication de la copie du chèque recto verso, sauf à priver le client de la possibilité de vérifier les conditions dans lesquelles son ordre a été exécuté par son mandataire. • Paris 17 oct. 1995 : *Rev. dr. bancaire 1997. 68, obs. Crédot et Gérard.*

4. *Permanence du secret.* L'obligation au secret à laquelle est tenu le banquier ne cesse pas avec la résiliation du contrat de garde conclu avec son client. • Civ. 1re, 2 juin 1993 : *Bull. civ. I, n° 197.* ♦ Le secret bancaire ne cesse pas avec la disparition de la personne qui en bénéficie et s'étend aux personnes qui ont eu le pouvoir de faire fonctionner le compte, et constitue un empêchement légitime opposable au juge civil. • Com. 25 févr. 2003 : *Bull. civ. IV, n° 26 ; D. 2003. AJ 1162, obs. Avena-Robardet* ; *RTD com. 2003. 343, obs. Legeais* ; *RTD civ. 2003. 477, obs. Hauser* ; *JCP 2003. II. 10195, note Ayissi Manga ; RJDA 2003, n° 756 ; Procédures 2003, n° 135, obs. Perrot.*

5. *Croyance légitime du banquier.* Les banquiers qui communiquent sur la demande du frère du titulaire d'un compte ouvert chez eux des relevés de comptes en croyant légitimement qu'il s'agissait d'une demande du titulaire lui-même ne se rendent pas coupables de violation de secret professionnel dans la mesure où ils n'avaient pas conscience de communiquer des informations couvertes par le secret. • Grenoble, 9 févr. 2000 : *JCP E 2001, n° 11, p. 444.*

6. *Secret bancaire et secret de l'instruction.* Le banquier n'a pas à révéler à son client une information parvenue à sa connaissance dans l'exercice de sa profession à laquelle la loi a conféré un caractère confidentiel ; il en est ainsi des informations couvertes par le secret de l'instruction. • Com. 10 déc. 2003 : *Bull. civ. IV, n° 201 ; D. 2004. AJ 209, obs. Delpech* ; *RTD com. 2004. 351, obs. Legeais* ; *JCP E 2004, n° 20-21, p. 812, obs. Stoufflet ; Gaz. Pal. 2004. Somm. 1995, obs. S. Piedelièvre ; RJDA 2004, n° 461.* ♦ Commet le délit de violation du secret professionnel le banquier qui informe son client d'une réquisition adressée par un officier de police judiciaire à l'établissement bancaire. • Crim. 30 janv. 2001 : *Bull. crim. n° 29 ; RTD com. 2001. 787, obs. Bouloc* ; *JCP E 2001, n° 31-35, p. 1328, obs. Stoufflet.*

B. INFORMATIONS NON COUVERTES

7. *Informations à caractère factuel.* Si le secret bancaire couvre tous les renseignements d'ordre privé, notamment la situation médicale des clients, dans le cadre d'une demande de prêt, il ne s'étend pas aux éléments purement factuels relatifs à la demande de prêt, ses modalités précises et la réponse motivée donnée par la banque. • Versailles, 23 mars 1994 : *D. 1994. Somm. 328, obs. crit. Vasseur* ; *Banque févr. 1995. 89, obs. Guillot.* ♦ Comp., pour un arrêt ayant jugé qu'était constitutif d'une violation de l'art. 57 [C. mon. fin., art. L. 511-33], le fait, pour un banquier, d'avoir révélé les difficultés qu'il avait eues à joindre son client en vue d'une régularisation de situation, • Paris, 24 sept. 1996 : *Rev. dr. bancaire 1997. 67, obs. Crédot et Gérard.* ♦ Si, dans le cadre d'une procédure civile, le secret bancaire s'oppose à ce que le banquier communique des informations confidentielles d'ordre privé relatives aux clients de l'établissement, il n'en va pas de même d'informations qui n'auraient pas ce caractère, et qui ne présenteraient qu'un caractère factuel. En effet, l'intérêt supérieur de la justice exprimé par l'art. 10 C. civ. limite la portée du secret bancaire qui ne revêt pas un caractère absolu, et commande que dans une circonstance qui ne se heurte à aucun obstacle légitime, les renseignements sollicités puissent être fournis à un expert lui-même astreint au secret. • TGI Carpentras, réf., 17 sept. 1997 : *BICC 1998, n° 263 ; D. 1998. 625, note Staes* . ♦ En ce sens que l'état civil d'un client ne constitue pas une information confidentielle couverte par le secret professionnel du banquier, V. • Paris, 6 févr. 1998 : *RD bancaire et bourse 1998. 175, obs. Crédot et Gérard.* ♦ L'obligation au secret professionnel à laquelle sont tenus les établissements de crédit leur interdit de fournir à un client qui en formule la demande des renseignements autres que simplement commerciaux d'ordre général et économique sur la solvabilité d'un autre de leurs clients. • Com. 18 sept. 2007 : *Bull. civ. IV, n° 195 ; D. 2007. AJ 2466, obs. Delpech ; JCP E 2008, n° 24, p. 13, obs. Stoufflet ; RJDA 2008, n° 80.*

8. Renseignements entre banquiers. BIBL. Piot, *RJ com. 1977. 349.* – Vasseur, *Banque 1983. 443.* ♦ L'usage permet à un banquier d'obtenir des renseignements d'un autre banquier sur la « position générale » de l'un de ses clients, mais ce dernier engagerait sa responsabilité éventuelle si les informations étaient erronées. • Com. 9 janv. 1978 : *D. 1978. IR 308, obs. Vasseur* • 9 juin 1980 : *D. 1981. IR 192, obs. Vasseur* • 24 nov. 1983 : *D. 1984. IR 707, obs. Vasseur ; RTD com. 1984. 321, obs. Cabrillac et Teyssié.* ♦ Ne seraient pas couvertes par le secret des indications objectives d'ordre général. • Com. 5 févr. 1962 : *Banque 1962. 169.* – Conf. • Paris, 6 févr. 1975 : *D. 1975. 318, note Vezian.* ♦ En revanche, les conditions à la clôture d'un compte et la révélation du découvert subsistant sont des renseignements couverts par le secret, qui ne peuvent être divulgués. • Toulouse, 6 févr. 1980 : *D. 1981. IR 18, obs. Vasseur.* ♦ Sur l'obligation d'information du banquier, V. • Com. 9 avr. 1973 : *JCP 1973. II. 17555, note Gavalda.* – V. aussi Gavalda et Stoufflet, *JCP 1981. I. 3048.*

9. Responsabilité civile du fait des renseignements bancaires. Engage sa responsabilité envers son client le banquier qui, par courrier adressé au président du conseil d'administration de la société avec laquelle ce client se trouvait en relations d'affaires, fait part des difficultés qu'il rencontre pour joindre ce dernier aux fins de régularisation de sa situation avant toute instance judiciaire. • Paris, 24 sept. 1996 : *Rev. dr. bancaire 1996. 235, obs. Crédot et Gérard.* ♦ Par ailleurs, le banquier qui donne des renseignements inexacts sur la solvabilité d'un de ses clients engage sa responsabilité, peu important – dès lors qu'il a accepté de répondre à la demande dont il était saisi – que les renseignements aient été donnés à titre gratuit ou onéreux. • Rouen, 20 déc. 1995 : *RJDA 1996, n° 531 ; Rev. dr. bancaire 1997. 67, obs. Crédot et Gérard.* ♦ Engage sa responsabilité la banque qui a fourni aux créanciers des renseignements inexacts voire frauduleux en déclarant une somme rendue indisponible diminuée de chèques litigieux inscrits au débit du compte. • Civ. 2e, 13 févr. 2003 : *Bull. civ. II, n° 40 ; JCP E 2003, n° 14, p. 585 ; Gaz. Pal. 2003. Somm. 3248, obs. Brenner ; RJDA 2003, n° 774.* ♦ La banque a commis une faute engageant sa responsabilité délictuelle lors de la fourniture de renseignements à un candidat prêteur dès lors que son interprétation a conclu à une situation financière excellente alors que la régularité des paiements par la société cliente n'était permise que par l'augmentation du découvert à un rythme plus rapide que celle du chiffre d'affaires. • T. com. Paris, 11 janv. 1994 : *Dr. sociétés 1994, n° 204, obs. Chaput.* ♦ On ne saurait reprocher à un établissement financier d'avoir dissimulé aux repreneurs la situation de la société dont elle était l'unique banquier et de leur avoir sciemment consenti un prêt en vue de la prise de contrôle, dès lors que les parties avaient, dès le début des pourparlers, évoqué le risque de dépôt de bilan. • T. com. Paris, 14 juin 1994 : *eod. loc.*

V. aussi note 2 ss. art. L. 163-10 C. mon. fin.

II. OPPOSABILITÉ DU SECRET BANCAIRE

A. OPPOSABILITÉ AUX TIERS

10. Associés d'une société. Le secret professionnel est opposable à l'associé d'une SARL demandant communication de documents relatifs à la société. • Paris, 20 mars 1990 : *D. 1992. Somm. 31, obs. Vasseur* . ♦ Comp., jugeant que le secret professionnel ne peut être opposé à l'associé d'une SCP, fondé, en application de l'art. 1855 C. civ., à obtenir communication de tout document intéressant la société, • TGI La Rochelle, ord., 15 juin 1993 : *JCP 1994. IV. 1686.*

11. Ancien dirigeant d'une société. Sur l'opposabilité du secret bancaire dans le cadre d'une expertise *in futurum* à l'ancienne dirigeante d'une SARL ayant fait l'objet d'une procédure de liquidation judiciaire, V. • Com. 16 janv. 2001 : *Bull. civ. IV, n° 12 ; D. 2001. AJ 545, obs. Lienhard ; ibid. 2003. Somm. 340, obs. Synvet ; JCP E 2003, n° 11, p. 463, obs. Stoufflet ; Dr. sociétés 2001, n° 55, obs. Bonneau ; RJ com. 2001. 133, note Moulin.*

11 bis. Syndicat de copropriété. Ayant relevé qu'un syndic avait déposé les fonds relevant de la gestion du syndicat de copropriété non sur un compte individualisé mais sur un sous-compte lui appartenant, la banque a considéré à juste titre le syndicat comme un tiers et lui a opposé le secret bancaire, dont il en résultait l'impossibilité pour elle de lui communiquer les relevés afférents au sous-compte. • Paris, 17 oct. 2008 : *JCP E 2009, n° 22, p. 14, obs. Routier.*

12. Commissaire à l'exécution du plan. Un établissement de crédit est tenu d'opposer le secret bancaire au commissaire à l'exécution du plan agissant dans l'intérêt collectif des créanciers : • Com. 10 déc. 2002 : *Bull. civ. IV, n° 194 ; D. 2003. AJ 134 ; RTD com. 2003. 147, obs. Legeais ; LPA 17 déc. 2002, concl. Lafortune ; JCP E 2003, n° 20, p. 849, obs. Cabrillac ; RJDA 2003, n° 531.* ♦ Comp. note 1 ss. art. L. 623-2 C. com. s'agissant de la situation du juge-commissaire.

12 bis. Caution. Dès lors qu'il appartient au banquier d'établir l'existence et le montant de la créance dont il réclame le paiement à la caution ou à ses ayants droit, ceux-ci sont en droit d'obtenir la communication par lui des documents concernant le débiteur principal nécessaires à l'administration d'une telle preuve, sans que puisse leur être opposé le secret bancaire. • Com. 16 déc. 2008 : *Bull. civ. IV, n° 206 ; D. 2009. 784, note Lasserre Capdeville ; RTD civ. 2009. 147, obs. Crocq ; JCP E 2009, n° 3, p. 11, note Bonneau ; LPA 29 mai 2009, note Chabot ; Banque et Droit janv.-févr. 2009. 45, obs. Rontchevsky ; RJDA 2009, n° 666 ; Dr. et proc. 2009. 171, obs. Picod.* ♦ *Contra :* Si la banque peut communiquer aux ayants droit de la caution les pièces afférentes aux comptes de celle-ci, la banque oppose valablement le secret bancaire à la communication d'informations sur les comptes du débiteur principal, même s'il est en liquidation judiciaire, peu important l'éventuelle qualité d'associé des ayants droit de l'associé caution. • Colmar, 7 juin 2007 : *JCP E 2008, n° 41, p. 16.* ♦ Bien que n'étant pas tiers par rapport au débiteur, leur droit d'information sur sa situation ne peut s'exercer que sur les documents et dans les conditions strictement fixés par l'art. L. 313-22 C. mon. fin., conciliant les exigences du secret bancaire et les devoirs du créancier envers les cautions. • Même arrêt.

13. Inopposabilité aux héritiers d'une personne physique. Jugé que le secret bancaire ne peut être opposé aux héritiers car ceux-ci continuent la personne du défunt et disposent des mêmes droits à l'encontre du banquier. • TGI Paris, 10 juill. 1991 : *D. 1993. Somm. 55, obs. Vasseur ; JCP E 1992. I. 154, n° 14, obs. Gavalda et Stoufflet* • Paris, 1er juill. 2003 : *RTD com. 2004. 136, obs. Legeais.* ♦ Si le secret bancaire entourant la souscription de bons anonymes par le *de cujus* doit être préservé, ce droit étant personnel au défunt et n'étant pas transmis aux héritiers dans le patrimoine de celui-ci, il doit néanmoins être strictement entendu pour permettre aux héritiers d'accéder aux informations relatives au patrimoine actuel du *de cujus* de sorte qu'un compromis est nécessaire. • Pau, 15 mai 2006 : *JCP 2006. II. 10156, note Lasserre Capdeville ; JCP E 2006, n° 48, p. 2029, n° 5, obs. Salgueiro.* ♦ La banque ne doit ainsi communiquer que les numéros des bons souscrits et les numéros des bons effectivement payés sans que soit nommé le ou les bénéficiaires s'ils sont autres que le souscripteur. • Même arrêt. ♦ En divulguant la date de remboursement des bons de caisse, une banque porte atteinte au secret dont le porteur est seul bénéficiaire, à l'exception du souscripteur, qui s'était dessaisi des bons, ou de ses héritiers. • Com. 30 mai 2007 : *Bull. civ. IV, n° 144 ; D. 2007. AJ 1722, obs. Avena-Robardet ; JCP E 2007, n° 31-34, p. 16 ; RJDA 2007, n° 1004.*

13 bis. Conjoint. Le banquier n'a pas à informer un époux emprunteur sur l'état du compte personnel de son conjoint co-emprunteur. • Paris, 26 oct. 2007 : *JCP E 2008, n° 48, p. 10, obs. Routier.* ♦ Le conjoint divorcé ne peut demander communication de pièces concernant les relations bancaires ayant existé entre son ancien conjoint et sa banque. • Reims, 25 mars 2008 : *JCP E 2008, n° 48, p. 10, obs. Routier.*

B. OPPOSABILITÉ AU JUGE CIVIL

14. Motif ou empêchement légitime. Il résulte de la combinaison de l'art. L. 511-33 C. mon. fin. et de l'art. 10 C. civ. que le pouvoir du juge civil d'ordonner à une partie ou à un tiers de produire tout document qu'il estime utile à la manifestation de la vérité est limité par l'exigence d'un motif légitime tenant notamment au secret professionnel. • Com. 25 févr. 2003 : *préc. note 4* • 8 juill. 2003 : *préc. note 3.* ♦ V. aussi, infirmant une ordonnance enjoignant à une banque, dans le cadre de la liquidation du régime matrimonial d'époux divorcés, de communiquer l'identité et les coordonnées de la personne ayant encaissé, sur un compte ouvert dans ses livres, un chèque débité du compte joint ouvert au nom des époux dans une autre banque : • Com. 18 févr. 2004 : *Bull. civ. IV, n° 33 ; JCP E 2004, n° 17, p. 642 ; Banque et Droit mai-juin 2004. 49, obs. Bonneau ; LPA 27 juill. 2004, obs. E. C. ; RJDA 2004, n° 878.* ♦ Sur la protection du secret bancaire, dans le cadre d'une procédure de référé, V. • T. com. Paris, 7 sept. 1999 : *JCP E 2000, n° 26, p. 1040, obs. Gavalda et Stoufflet ; Banque et Droit mai-juin 2000. 54, obs. Guillot.* ♦ Le secret bancaire visé à l'art. L. 511-33 est opposable au juge civil lequel n'est pas en mesure d'ordonner la production d'information sur les comptes du débiteur sur le fondement de l'art. 145 NCPC [renommé C. pr. civ.]. • Colmar, 7 juin 2007 : *D. 2008. Pan. 2828, obs. Bretzner ; JCP E 2008, n° 2, p. 21, note Simler ; Banque et Droit nov.-déc. 2007. 59, obs. Rontchevsky.* ♦ L'exception à la règle du secret bancaire résultant des dispositions de l'art. 259-3 C. civ. ne pouvant être étendue à des cas non prévus par la loi, V. infirmant un jugement qui autorisait, dans le cadre d'une procédure de divorce, des recherches auprès d'une banque sur le compte d'une société dont l'un des époux était porteur de parts : • Aix-en-Provence, 20 mars 2000 : *Banque et Droit janv.-févr. 2001. 53, obs. Guillot.*

15. *Banquier partie au procès.* S'il est légitime d'exiger de la banque qu'elle démontre avoir délivré le crédit confirmé conformément aux engagements bénéficiant aux acquéreurs, en revanche, en tant qu'ils étaient relatifs au fonctionnement d'un compte bancaire ou susceptibles de comporter des informations dont la banque avait eu connaissance dans l'exercice de son activité professionnelle, les documents réclamés pour permettre d'établir la destination donnée aux fonds perçus par le promoteur pour construire la résidence inachevée étaient couverts par le secret bancaire dont le requérant n'était pas bénéficiaire et ce secret constituait un empêchement légitime opposable au juge civil hors les cas, qui n'étaient pas réalisés en l'espèce, prévus par la loi, ce dont il se déduisait que bien qu'ayant la qualité de partie au litige, la banque était fondée à l'opposer pour refuser la communication sollicitée. • Com. 25 janv. 2005 : *Bull. civ. IV, n° 13 ; D. 2005. AJ 485, obs. Avena-Robardet ; RTD com. 2005. 395, obs. Legeais ; RTD civ. 2005. 384, obs. Mestre et Fages ; JCP E 2005, n° 47, p. 1971, obs. Salgueiro ; LPA 16 janv. 2006, obs. E. C. ; RJDA 2005, n° 607.* ♦ V. aussi jugeant que la production, à la demande du débiteur cédé, de documents concernant les relations du banquier cessionnaire avec la société cédante et une autre société se heurte au secret bancaire auquel est tenu un établissement de crédit envers son client, qui ne cesse pas du seul fait que cet établissement est partie à un procès, dès lors que son contradicteur n'est pas le bénéficiaire du secret auquel le client n'a lui-même pas renoncé. • Com. 13 nov. 2003 : *JCP E 2004, n° 20-21, p. 812, obs. Stoufflet ; Banque et Droit mars-avr. 2004. 57, obs. Bonneau ; RD banc. fin. 2004, n° 152, obs. Crédot et Gérard.* ♦ Comp., jugeant que le secret professionnel n'est pas opposable lorsque la demande est dirigée contre la banque, non pas en sa qualité de tiers confident, mais en celle de partie au procès en responsabilité intenté contre elle par les créanciers de la société soumise à une procédure collective. • Com. 19 juin 1990 : *Bull. civ. IV, n° 179 ; D. 1992. Somm. 32, obs. Vasseur ; RD bancaire et bourse 1991, n° 27, obs. Crédot et Gérard.* ♦ Une cour d'appel peut ordonner la production en copie recto verso de chèques, dès lors que la communication intervient dans un litige opposant les banquiers respectivement présentateur et tiré des chèques litigieux aux tireurs, lesquels leur reprochaient un comportement fautif en l'absence de vérification des endossements frauduleux opérés par leur comptable, de sorte que les règles du secret bancaire ne pouvaient être invoquées. • Com. 11 oct. 2011 : *Bull. civ. IV, n° 153 ; D. 2011. Actu. 2532, obs. Avena-Robardet ; JCP 2011, n° 1388, note Lasserre Capdeville ; RJDA 2012, n° 81.*

Le secret professionnel ne peut être invoqué qu'au bénéfice du client de l'établissement, puisqu'il est institué pour sa protection ; dès lors le détenteur du secret bancaire ne peut opposer les obligations qui s'imposent à lui à ce titre lorsqu'il est partie au procès. • Paris, 15 nov. 2002 : *préc. note 1.* ♦ Le secret bancaire ne revêt pas un caractère absolu et ne dispense pas les parties à un litige de l'obligation d'apporter leur concours à la justice en vue de la manifestation de la vérité. • Paris, 26 sept. 2001 : *D. 2003. Somm. 340, obs. Synvet .* ♦ V. aussi, ordonnant la communication à l'administrateur et au représentant des créanciers, sur le fondement de l'art. 145 NCPC [renommé C. pr. civ.], du dossier interne de la banque concernant les concours consentis à l'entreprise en redressement judiciaire, • Bordeaux, 9 oct. 1992 : *D. 1994. Somm. 327, obs. crit. Vasseur*, conf. par • Com. 11 avr. 1995 : *préc. note 16.* ♦ Pour un autre exemple de mesure d'instruction ordonnée sur le fondement de l'art. 145, V. • Paris, 23 févr. 1996 : *Banque et Droit juill.-août 1996. 44, obs. Guillot ; Rev. dr. bancaire 1996. 235, obs. Crédot et Gérard.* – V. aussi • Paris, 26 sept. 2001 : *préc.* ♦ Comp., à défaut de motif légitime : • Bordeaux, 11 mars 1993 : *D. 1994. Somm. 329, obs.*

Vasseur • Paris, 31 oct. 2003 : *cité note 8 bis, ss. art. 145 C. pr. civ., v° Tribunaux de commerce. – Contra* : • T. com. Paris, réf., 20 sept. 1995 : *Banque et Droit janv.-févr. 1996. 34, obs. Guillot.*

III. EXCEPTIONS AU SECRET BANCAIRE

16. Renonciation du client. BIBL. Bonneau, *Rev. dr. bancaire 1995. 94.* ♦ Le secret professionnel du banquier est de simple protection de son client et celui-ci peut y renoncer. • Com. 11 avr. 1995 : *Bull. civ. IV, n° 121 ; D. 1996. 573, note Matsopoulou* . ♦ Le client d'une banque peut toujours renoncer à la protection du secret bancaire à condition d'y consentir librement et de manière expresse au vu d'une information complète lui permettant de prendre sa décision de manière éclairée. • CE 30 déc. 2009 : *AJDA 2010. 460* ; *CCE 2010, n° 36, obs. Lepage ; RD banc. fin. 2010, n° 86, obs. Mathey.* ♦ Le client concerné peut renoncer pour lui-même au secret, les informations sur les tiers restant couvertes par le secret. • Poitiers, 2 nov. 2005 : *préc. note 1 bis.* ♦ Un mandataire *ad hoc*, judiciairement désigné pour représenter la société dans la procédure collective pour l'exercice de ses droits et actions propres, ayant déclaré expressément renoncer au nom de la société au secret bancaire, la banque se trouve déliée de ce secret en ce qui concerne l'ensemble des opérations passées avec la société. • Paris, 23 juin 2006 : *JCP E 2007, n° 22, p. 14, obs. Salgueiro.* ♦ V. aussi les décisions citées notes 13 et 15.

Il appartient au mari de communiquer spontanément tous les éléments de sa situation financière et, à défaut, le notaire chargé de la liquidation du régime matrimonial, représentant chacun des ex-époux, est en droit de solliciter des organismes financiers tous éléments concernant la situation financière de ses clients sans que puisse lui être opposé le secret professionnel. • Poitiers, 13 mars 2007 : *JCP E 2007, n° 45, p. 12, obs. Salgueiro.*

A. DÉROGATIONS LÉGALES DIVERSES

17. Procédure pénale. Il résulte de l'art. 57, al. 2 [C. mon. fin., art. L. 511-33, al. 2], que les officiers de police judiciaire agissant sur réquisitions du procureur de la République dans le cadre d'une enquête préliminaire ne peuvent se voir opposer le secret bancaire ; en toute hypothèse, la violation éventuelle d'un tel secret serait sans incidence sur la régularité de la procédure. • Crim. 27 avr. 1994 : *Bull. crim. n° 152 ; D. 1994. 402, note Gavalda* ; *Bull. Joly Bourse 1994. 469, note Bonneau.* ♦ Jugeant que l'art. 57 [C. mon. fin., art. L. 511-33] ne dispense pas le banquier de répondre aux demandes d'informations des services de police agissant sur commission rogatoire, V. • T. corr. Tarbes, 7 oct. 1997 : *JCP E 1999, n° 17, p. 760, obs. Gavalda et Stoufflet.* ♦ Le législateur ne visant que le cadre d'une procédure pénale, le secret est maintenu dans les autres procédures. • TGI Arras, 9 avr. 1987 : *Rev. dr. bancaire 1987. 91, obs. Crédot et Gérard* • TGI Paris, 20 nov. 1990 : *D. 1992. Somm. 31, obs. Vasseur* • Limoges, 27 déc. 1995 : *BICC 1996, n° 564.*

18. Droit de communication des douanes. V. art. 65 et 455 C. douanes. – **C. pén.** ♦ Le secret professionnel des établissements de crédit prévu par l'art. 57 [C. mon. fin., art. 511-33] n'est pas opposable aux agents des douanes exerçant le droit de communication prévu par l'art. 65 C. douanes. • Crim. 3 mai 2001 : *Bull. crim. n° 107 ; D. 2001. IR 2875.* ♦ Le droit de communication des douanes ne peut s'exercer qu'à la condition que les documents demandés se rapportent à des opérations régulières ou irrégulières relevant de la compétence du service des douanes ; tel n'est pas le cas d'une étude faite à la demande d'une banque par l'un de ses agents sur la situation financière d'un client, document dont le prévenu, se prévalant du secret professionnel, a refusé la communication. • Crim. 25 janv. 1977 : *D. 1977. 666, note Vasseur ; RTD com. 1977. 770, obs. Cabrillac et Rives-Lange ; JCP 1977. II. 18651, note Gavalda.* ♦ Sur le droit de communication dans le cadre de la réglementation financière avec l'étranger, V. • Crim. 30 janv. 1975 : *RTD com. 1975. 346, obs. Cabrillac et Rives-Lange ; JCP 1975. II. 18137, note Gavalda.*

19. Droit de communication du juge-commissaire. V. note ss. art. L. 623-2 C. com.

B. PROCÉDURES CIVILES D'EXÉCUTION

BIBL. Hök, *Rev. crit. DIP 2006. 301* (saisie de compte et de créance transfrontalière). – Cuperlier, *RTD civ. 2007. 485* (réflexions critiques sur l'insaisissabilité d'une ouverture de crédit). – François-Marsal, *RLDA juin 2008. 66* (peut-on saisir des ouvertures de crédit (libres propos) ? – Fricero, *Dr. et proc. nov. 2010, suppl., p. 3* (saisie en compte bancaire : le modèle de la saisie-attribution). – Hoonakker, *ibid., p. 10* (saisie conservatoire en compte bancaire).

20. Saisie conservatoire. L'art. L. 145-6 C. trav. n'est pas applicable aux sommes versées sur un compte bancaire, même si elles proviennent des rémunérations du travail ; la saisie de ces sommes est réglementée par l'art. 44 du Décr. n° 92-755 du 31 juill. 1992 [désormais C. pr. exéc., art. R. 112-5]. • Civ. 2e, 24 juin 2004 : *Bull. civ. II, n° 323 ; D. 2004. IR 2088 ; RTD civ. 2004. 780, obs. Perrot ; JCP E 2004, n° 37, p. 1370 ; Gaz. Pal. 2005. Somm. 1419, obs. Brenner ; RJDA 2004, n° 1261 ; Procédures 2004, n° 207, obs. Perrot.* ♦ Les renseignements auxquels le tiers saisi est tenu sont mentionnés sur l'acte de saisie, ce qui implique que, sauf motif légitime, ils soient donnés sur-le-champ. • Civ. 2e, 7 nov. 2002 : *Bull. civ. II, n° 249 ; D. 2002. IR 3189 ; RD banc. fin. 2003, n° 39, obs. Delleci. – Contra* : • Paris, 7 sept. 2000 : *D. 2000. IR 270.* ♦ Le tiers saisi qui n'a pas eu connaissance de la saisie conservatoire, la signification de celle-ci ayant été faite en mairie, ne peut ni encourir la sanction prévue par l'art. 238, al. 1er, du Décr. du 31 juill. 1992 [désormais C. pr. exéc., art. R. 211-5], ni avoir commis une négligence fautive au sens du 2e al. du même texte. • Civ. 2e, 13 juin 2002 : *Bull. civ. II, n° 128 ; D. 2002. IR 2102*. ♦ Sur la validité d'une saisie conservatoire alors que la notification n'a pas été faite au siège social de la banque mais au lieu de son établissement gestionnaire du financement de la société débitrice, V. • Civ. 2e, 7 nov. 2002 : *Bull. civ. II, n° 248 ; D. 2003. Somm. 1474, obs. Taormina ; Gaz. Pal. 2003. Somm. 3248, obs. Brenner ; RJDA 2003, n° 773.* ♦ Mais ayant relevé que la fonction du service était cantonnée à la gestion d'une catégorie précise et limitée d'opérations parmi lesquelles ne figurait pas la tenue des comptes, l'arrêt retient exactement que ce dernier ne pouvait recevoir un procès-verbal de saisie conservatoire sur les comptes de la débitrice saisie, de sorte que la saisie n'avait pas été valablement faite entre ses mains. • Civ. 2e, 22 mars 2006 : *Bull. civ. II, n° 87 ; D. 2006. IR 1189 ; JCP E 2006, n° 18, p. 830 ; RJDA 2007, n° 194 ; Procédures 2006, n° 135, obs. Perrot.* ♦ Sur l'opposabilité au créancier saisissant d'une centralisation de trésorerie entraînant la remontée quotidienne du solde sur un compte pivot, V. • TGI Évreux, 7 janv. 2003 : *Banque et Droit juill.-août 2004. 63, obs. Guillot.* ♦ Sur la responsabilité de la banque qui a procédé à une saisie conservatoire sur le compte titres de son débiteur, au-delà des sommes garanties, V. • Civ. 2e, 29 janv. 2004 : *RTD com. 2004. 780, obs. Storck*. ♦ Une banque commet une faute en n'informant pas le juge d'instruction de l'indisponibilité des titres résultant de la saisie. • Civ. 2e, 23 nov. 2006 : *Bull. civ. II, n° 328 ; D. 2007. AJ 91 ; JCP E 2007, n° 3, p. 20 ; Gaz. Pal. 2007. 3442, obs. Brenner.*

21. Saisie-attribution : obligation de renseignement. Sur l'obligation du tiers saisi de déclarer au créancier l'étendue de ses obligations à l'égard du débiteur, ainsi que, lorsqu'il s'agit d'un établissement habilité par la loi à tenir des comptes de dépôt, le solde du ou des comptes du débiteur au jour de la saisie, V. C. pr. exéc., art. L. 162-1, L. 211-3 et R. 211-4. ♦ Sur la responsabilité civile du tiers saisi pour non-fourniture de renseignements sans motif légitime, négligence fautive ou déclaration inexacte ou mensongère, V. C. pr. exéc., art. R. 211-5. – **C. pr. exéc.**

L'art. 47 de la L. n° 91-650 du 9 juill. 1991 [C. pr. exéc., art. L. 162-1] ne concerne que les saisies-attributions pratiquées entre les mains des établissements habilités par la loi à tenir des comptes de dépôt. Ayant relevé qu'une société d'affacturage ne constituait pas un tel établissement, une cour d'appel a exactement retenu, sans se contredire, que les obligations prescrites par ce texte ne lui etaient pas applicables. • Civ. 2e, 5 avr. 2007 : *Bull. civ. II, n° 88 ; D. 2007. AJ 1278 ; JCP E 2007, n° 20-21, p. 15 ; Gaz. Pal. 2007. 3442, obs. Brenner ; Dr. et proc. 2007. 283, obs. Lefort.* ♦ Si l'art. 57 de la loi du 24 janv. 1984 [C. mon. fin., art. L. 511-33] impose aux établissements de crédit une obligation de secret, en revanche, l'art. 24, al. 2, de la loi du 9 juill. 1991 [C. pr. exéc., art. L. 123-1, al. 2] a mis à la charge du tiers saisi une obligation de concours loyal à la mesure d'exécution et les sanctions de non-respect de cette obligation relèvent du JEX par application de l'art. L. 311-12-1 COJ. • Versailles, 9 oct. 1996 : *BICC 1997, n° 325.* ♦ Dès lors le secret bancaire ne saurait être opposé au créancier poursuivant et le JEX peut ordonner la production de l'historique des opérations effectuées sur les comptes dont le débiteur est titulaire pour vérifier la réalité et la cause de leur position débitrice au jour de la saisie-attribution. • Même arrêt. – V. aussi • TGI Draguignan, 20 févr. 2001 : *Banque et Droit janv.-févr. 2002. 51 obs. Guillot.* ♦ Justifie légalement sa décision au regard de l'art. 47 de la L. n° 91-650 du 9 juill. 1991 [C. pr. exéc., art. L. 162-1], la cour d'appel qui pour condamner une banque à fournir les relevés du ou des comptes détenus par elle, au nom du débiteur, au jour de la saisie, retient que l'obligation de renseignement de l'établissement de crédit ne porte pas sur les seuls comptes de dépôts enregistrant des créances de sommes d'argent et que cette obligation découlant de la loi, la banque n'est pas fondée à opposer le secret bancaire à la demande du créancier tendant à connaître la nature et la position des comptes ouverts dans ses livres au nom du débiteur. • Civ. 2e, 1er juill. 1999 : *D. 1999. IR 210 ; D. Affaires 1999. 1362, obs. J. F. ; Gaz. Pal. 6-8 févr. 2000, p. 11, obs. Véron ; RD banc. fin. 2000, n° 24, obs. Delleci.* ♦ V. déjà retenant que l'obligation de renseignement s'étend à tous les comptes ouverts au nom du débiteur et, même si l'huissier qui procède à la saisie ne connaît pas le numéro et la nature de ces comptes, il appartient au tiers saisi de les identifier. • Caen, 21 févr. 1995 : *BRDA 1995, n° 21, p. 13.* ♦ C'est sans excéder ses pouvoirs ni violer le principe de territorialité des procédures d'exécution qu'une cour d'appel a retenu que la banque, tiers saisi, devait déclarer l'ensemble des sommes dues au débiteur dès lors que celles-ci sont dues par la personne morale elle-même, peu important la localisation en France ou à l'étranger des succursales, elles-mêmes non constituées en sociétés distinctes, dans lesquelles les comptes sont tenus. • Civ. 2e, 30 janv. 2002 : *JCP E 2003, n° 15, p. 663, note Cuniberti.* – V. aussi Delleci, *RD banc. fin. 2003, n° 179.* ♦ La banque, qui a seule la personnalité morale, est dépositaire des fonds détenus dans une succursale située à l'étranger et la circonstance que les fonds sont déposés dans une telle succursale est, pour l'application de la loi n° 91-650 du 9 juill. 1991 (codifiée au C. pr. exéc.), sans incidence sur l'effet d'attribution au profit du créancier saisissant de la créance de somme d'argent à la restitution de laquelle est tenue la banque tiers saisi en sa qualité de dépositaire. • Civ. 2e, 14 févr. 2008 : *Bull. civ. II, n° 36 ; D. 2008. Chron. C. cass. 2383, obs. Sommer ; ibid. Pan. 2567, obs. Bollée ; D. 2009. Pan. 1049, obs. Synvet ; RTD com. 2008. 601, obs. Legeais ; RTD civ. 2008. 357, obs. Perrot ; JCP E 2009, n° 13, p. 12, note Huchet ; Gaz. Pal. 2008. 3543, obs. Brenner ; RJDA 2008, n° 571 ; Defrénois 2009. 2091, note Théry ; RLDA juin 2008. 29, note Cuniberti ; Dr. et proc. 2008. 331, obs. Salati.* ♦ Jugeant que la saisie attribution pratiquée entre les mains d'un établissement habilité à tenir des comptes de dépôt peut porter sur des créances conditionnelles ou à terme dès lors que la créance du débiteur existe au jour de la saisie, V. • Civ. 2e, 28 mai 2003 : *Bull. civ. II, n° 166 ; D. 2004. Somm. 1490, obs. Taormina ; JCP E 2003, n° 31, p. 1262 ; Gaz. Pal. 2004. Somm. 1384, obs. Brenner ; RJDA 2003, n° 1010 ; Procédures 2003, n° 169, obs. Perrot* (pour un virement effectué au bénéfice de la société débitrice avant la saisie mais non encore inscrite au compte au moment de celle-ci). ♦ Ayant constaté que des chèques dont l'origine n'était pas précisée étaient versés régulièrement sur le compte saisi, une cour d'appel peut retenir que l'insaisissabilité ne portait pas sur la totalité du solde créditeur. • Civ. 2e, 14 oct. 2004 : *D. 2004. IR 2894 ; JCP E 2004, n° 48, p. 1858.* ♦ La fraction inutilisée de l'ouverture de crédit n'est pas saisissable (à propos d'une saisie-arrêt, régime antérieur à la L. n° 91-650 du 9 juill. 1991). • Civ. 2e, 18 nov. 2004 : *Bull. civ. II, n° 501 ; D. 2005. Pan. 1604, obs. Taormina ; D. 2006. Pan. 166, obs. Martin ; RTD com. 2005. 154, obs. Legeais ; JCP E 2005, n° 21, p. 867, obs. Salgueiro ; RJDA 2005, n° 1277.* ♦ Jugeant que l'insaisissabilité de l'intégralité d'un solde de compte bancaire nécessite la preuve qu'il soit uniquement alimenté par des créances insaisissables. • Civ. 2e, 24 mars 2005 : *Bull. civ. II, n° 80 ; RD banc. fin. 2005, n° 107, obs. S. Piedelièvre ; RJDA 2005, n° 886* • 7 juin 2006 : *Procédures 2006, n° 235, obs. Perrot.* ♦ Lorsque les sommes insaisissables versées sur un compte proviennent de créances à échéance périodique, l'insaisissabilité porte sur toute les sommes insaisissables comprises dans le solde créditeur du compte. • Civ. 2e, 12 juill. 2007 : *Bull. civ. II, n° 211 ; D. 2008. Chron. C. cass. 656, obs. Sommer ; ibid. Pan. 1170, obs. Leborgne ; RTD civ. 2007. 814, obs. Perrot ; Gaz. Pal. 2008. 3540, obs. Brenner ; Dr. et proc. 2007. 357, obs. Salati ; RJDA 2007, n° 1146.* ♦ En cas de saisie-attribution d'un compte bancaire ouvert au seul nom de l'époux qui s'est porté caution, sans le consentement de l'autre, il incombe au banquier, en cas de contestation, de rapporter la preuve qu'il était alimenté exclusivement par des revenus de son titulaire. • Civ. 1re, 17 janv. 2006 : *D. 2006. 1277, note Bonnet ; LPA 9 oct. 2006, obs. Chamoulaud-Trapiers ; Dr. et proc. 2006. 276, obs. Hoonakker.* ♦ Sur l'impossibilité de donner effet à une saisie pratiquée au siège français d'une banque sur des fonds détenus par une succursale à l'étranger, V. • Paris, 31 mars 2005 : *Banque et Droit sept.-oct. 2006. 75, obs. Guillot.*

22. *Tiers saisi.* Seule la signification du procès-verbal de saisie-attribution matérialisée par la remise du procès-verbal à une personne habilitée à le recevoir, et non la simple présentation de l'acte par l'huissier, constitue la banque tiers saisie et contraint le banquier à son obligation de renseignement. • Limoges, 28 sept. 2000 : *D. 2000. IR 264 ; RD banc. fin. 2000, n° 74, obs. Delleci.* – V. aussi • Civ. 2e, 13 juin 2002 : *préc. note 20* • 23 sept. 2004 : *D. 2004. IR 2765* (annulation d'une saisie-attribution dès lors que le tiers saisi n'avait pas été en mesure de remplir son obligation de renseignement). ♦ Mais l'absence d'habilitation de l'employé préposé à recevoir les huissiers de justice constitue une faute caractérisée établissant la violation volontaire des dispositions légales par l'établissement bancaire. • Lyon, 17 févr. 2005 : *Droit et procédures 2006. 100, obs. Bourdillat.* ♦ Sur la pluralité d'une saisie de compte bancaire et l'effet attributif, V. • Paris, 18 nov. 2004 : *RD banc. fin. 2005, n° 104, obs. S. Piedelièvre ; Banque et Droit mai-juin 2006. 87, obs. Guillot ; Dr. et proc. 2004. 106, obs. Bourdillat.* ♦ Jugeant que le tiers saisi n'a pas qualité pour apprécier la validité d'un acte de mainlevée émanant d'un huissier, V. • TI Cholet, 25 janv. 2002 : *Banque et Droit mai-juin 2003. 65, obs. Guillot.* ♦ Jugeant que lorsque la saisie-attribution porte sur un compte de mandataire, la banque est le tiers juridiquement saisi qui doit par suite l'information prévue par la loi, V. • Paris, 14 nov. 2002 : *RD banc. fin. 2003, n° 85, obs. Delleci ; Banque et Droit juill.-août 2004. 62, obs. Guillot.* ♦ Comp., jugeant qu'en cas de saisie d'un compte CARPA, seule la CARPA a la qualité de tiers saisi et non la banque auprès de laquelle a été ouvert le compte de cette dernière : • Civ. 2e, 9 janv. 2003 : *Bull. civ. II, n° 4 ; D. 2004. Somm. 1495, obs. Taormina ; ibid. 2825, obs. Blanchard ; Gaz. Pal. 2003. 1. 467, note Bonnet ; ibid. Pan. 2864, obs. Crocq ; LPA 9 oct. 2006, obs. Chamoulaud-Trapiers ; RJDA 2003, n° 637.*

23. Limites de l'obligation de renseignement. Sur les motifs légitimes du tiers saisi à ne pas répondre ou à répondre en retard, V. • Civ. 2e, 17 oct. 2002 : *Bull. civ. II, n° 231 ; D. 2003. Somm. 1470, obs. Taormina ; RD banc. fin. 2003, n° 38, obs. Delleci ; Banque et Droit janv.-févr. 2004. 61, obs. Guillot.* ♦ Ainsi le tiers saisi est fondé à se prévaloir des causes d'inefficacité de la saisie et, notamment, de l'inexistence de la dette. • Civ. 2e, 10 mars 2004 : *RD banc. fin. 2004, n° 180, obs. S. Piedelièvre ; RJDA 2004, n° 895.* ♦ Sur l'impossibilité pour le JEX, d'enjoindre à un établissement de crédit, tiers saisi, de produire à titre de mesure d'instruction avant tout procès, les relevés de comptes dont le débiteur saisi est titulaire dans ses livres et le détail des opérations effectuées sur ces comptes, V. • Civ. 2e, 11 mars 1999 : *Bull. civ. II, n° 49 ; Gaz. Pal. 11-12 févr. 2000, p. 33, obs. Véron.* ♦ La demande de communication des relevés d'opérations bancaires pour une période de plus de quatre ans avant la saisie-attribution excède les obligations du tiers saisi et ne saurait être accueillie par le JEX. • Civ. 2e, 28 sept. 2000 : *RD banc. fin. 2001, n° 25, obs Delleci.*

24. Condamnation au paiement des causes de la saisie. Le tiers saisi qui ne satisfait pas à l'obligation légale de renseignement n'encourt pas, s'il n'est tenu, au jour de la saisie, à aucune obligation envers le débiteur, de condamnation au paiement des causes de la saisie, sur le fondement de l'al. 1er de l'art. 60 du Décr. du 31 juill. 1992 [désormais C. pr. exéc., art. R. 211-5, al. 1er]. • Civ. 2e, 3 oct. 2002 : *Bull. civ. II, n° 207 ; D. 2003. Somm. 1471, obs. Taormina ; RD banc. fin. 2003, n° 38, obs. Delleci.* ♦ La caducité de la saisie privant celle-ci de tous ses effets, le tiers saisi ne peut être tenu rétroactivement aux obligations qui lui sont imposées par la loi et ne peut dès lors être condamné, sur le fondement de l'art. 60, al. 2, du Décr. du 31 juill. 1992 [désormais C. pr. exéc., art. R. 211-5, al. 2], au paiement de dommages-intérêts. • Civ. 2e, 21 déc. 2006 : *Bull. civ. II, n° 372 ; D. 2007. AJ 315, obs. Avena-Robardet ; D. 2008. Pan. 1173, obs. Leborgne ; RTD civ. 2007. 180, obs. Perrot ; JCP E 2007, n° 9, p. 23 ; Dr. et proc. 2007. 164, note Lefort.* ♦ Sur la condamnation d'une banque, tiers saisi, ayant déclaré tardivement l'étendue de ses obligations à l'égard du debiteur, V. • Civ. 2e, 5 juil. 2001 : *Procédures 2001, n° 159, obs. Perrot.* ♦ Jugeant que seule une absence de déclaration ou une déclaration mensongère peut entraîner la condamnation du tiers saisi au paiement des retenues qui auraient dû être opérées dans le cadre d'une saisie des rémunérations (art. L. 145-8 et L. 145-9 C. trav.), V. • Civ. 2e, 11 juill. 2002 : *Bull. civ. II, n° 173 : D. 2002. IR 2382.* ♦ ... Le tiers saisi ne pouvant s'y soustraire en invoquant le défaut de déclaration de sa créance par le saisissant au passif de la procédure collective du débiteur, ouverte entre-temps. • Com. 23 nov. 2004 : *D. 2004. AJ 3222 ; Gaz. Pal. 2005. Somm. 1424, obs. Brenner ; RJDA 2005, n° 452.* ♦ La banque qui a fourni des renseignements incomplets en omettant de déclarer un compte mais qui a exactement déclaré un autre compte ne peut être condamnée au paiement des causes de la saisie, mais seulement à des dommages-intérêts. • Agen, 7 févr. 2007 : *BICC 1er mai 2008, n° 811.* ♦ Sur la sanction de l'obligation de renseignement du tiers saisi et sur le défaut de communication des pièces justificatives, V. • Civ. 2e, 5 juill. 2000 : *Bull. civ. II, n° 116* (condamnation à des dommages et intérêts pour fourniture de renseignements incomplets) • 5 juill. 2000 : *Bull. civ. II, n° 115* (même sanction pour une déclaration inexacte ou mensongère) • 20 déc. 2001 : *Bull. civ. II, n° 205 ; RTD civ. 2002. 363, obs. Perrot ; Banque et Droit mars-avr. 2003. 67, obs. Guillot* (même sanction en cas de refus de fourniture des pièces justificatives) • 6 mai 2004 : *Bull. civ. II, n° 218 ; D. 2004. IR 1856 ; RTD civ. 2004. 560, obs. Perrot ; JCP E 2004, n° 26, p. 1032 ; Gaz. Pal. 2005. Somm. 1422, obs. Brenner ; Defrénois 2004. 1549, note Lefort* (absence de sanction). ♦ Jugeant qu'il appartient au créancier saisissant d'établir que la déclaration du tiers saisi est inexacte, mensongère ou emprunt d'une négligence fautive, et non au JEX de procéder par injonction à l'encontre du tiers saisi. • Paris, 20 mars 2003 : *D. 2003 IR 1268.* ♦ Sur l'obligation du tiers saisi de respecter les obligations issues de l'art. 48 du Décr. du 31 juill. 1992 [désormais C. pr. exéc., art. R. 162-9] imposant de laisser à la disposition de l'époux commun en biens une somme équivalant au montant des gains et salaires versés au cours du mois précédant la saisie, V. • Civ. 2e, 27 mai 2004 : *Bull. civ. II, no 252 ; RD banc. fin. 2004, no 218, obs. S. Piedelièvre ; Gaz. Pal. 2005. Somm. 1418, obs. Brenner* (retard de mise à disposition du salaire).

CHAPITRE V *Les sociétés financières*

SECTION I *Dispositions communes*

Art. L. 515-1 Les sociétés financières mentionnées à l'article L. 511-9 ne peuvent recevoir du public des fonds à vue ou à moins de deux ans de terme, sauf si elles y sont autorisées à titre accessoire dans les conditions définies par le *(L. no 2003-706 du 1er août 2003, art. 46-VI)* « ministre chargé de l'économie ».

Les sociétés financières ne peuvent effectuer que les opérations de banque résultant soit de la décision d'agrément qui les concerne, soit des dispositions législatives et réglementaires qui leur sont propres. — *[L. no 84-46 du 24 janv. 1984, art. 18, al. 5 et 6.]*

Pour la validité d'une garantie à première demande souscrite par une société agréée pour réaliser des opérations de crédit-bail immobilier, la société ne pouvant utilement exciper de la nullité de l'engagement souscrit dès lors qu'elle n'effectuait pas cette opération de crédit à titre habituel, V. • Com. 20 nov. 2001 : *LPA 25-26 déc. 2001 ; RJDA 2002, no 431.*

SECTION II *Les sociétés de crédit-bail mobilier et immobilier*

V. bibl. reproduite avant art. L. 313-7.

Art. L. 515-2 Les opérations de crédit-bail mentionnées à l'article L. 313-7 ne peuvent être faites à titre habituel que par des entreprises commerciales agréées en qualité d'établissement de crédit.

Les entreprises de crédit-bail immobilier sont des entreprises qui gèrent à titre de profession habituelle des sociétés créées en vue de la réalisation non habituelle des opérations mentionnées à l'article L. 313-7. Elles sont soumises aux dispositions de l'alinéa précédent. — *[L. no 66-455 du 2 juill. 1966, art. 2, al. 1er et 3.]*

BIBL. ▶ SAINT-ALARY, *RTD com. 1967. 1103.* – TIXIER, *D. 1968. Chron. 137.* – THANH, *JCP E 1970. II. 8137.* ▶ Sur le redressement judiciaire et les SICOMI : SENTEX, *RJ com. 1986. 121.*

1. Opérations sur fonds de commerce. Sur la possibilité, pour un particulier, de conclure une location de fonds de commerce assortie d'une promesse de vente, V. : Rép. min. no 47605 : *JOAN Q, 9 déc. 1991, p. 5098 ; RTD com. 1992. 161, obs. Derruppé.*

2. Sanctions. L'interdiction pesant sur toute personne autre qu'un établissement de crédit d'effectuer à titre habituel des opérations de crédit-bail protégeant non seulement l'intérêt général et celui des établissements de crédit, mais aussi celui des crédits-preneurs, sont recevables les actions engagées par ces derniers et tendant à l'annulation des conventions conclues en infraction à cette règle. • Com. 19 nov. 1991 : *Bull. civ. IV, no 347 ; D. 1993. Somm. 53, obs. Vasseur ; Banque 1992. 427, obs. Rives-Lange ; JCP E 1992. I. 154, no 5, obs. Gavalda et Stoufflet.* – Dans le même sens : • Com. 27 févr. 1996 : *D. Affaires 1996. 552* • Paris, 24 sept. 1992 : *RJDA 1992, no 1043* • Aix-en-Provence, 11 juin 1992 : *ibid. 1993, no 334* • 27 oct. 1994 : *JCP 1995. IV. 712.* – *Contra* : • Civ. 1re, 13 oct. 1982 : *D. 1983. IR 186, obs. Vasseur* • 24 févr. 1993 : *JCP E 1993. I. 302, no 2, obs. Gavalda et Stoufflet* (espèce soumise à la loi abrogée du 13 juin 1941).

3. Opérations occasionnelles. Une société coopérative dont l'objet est d'apporter une aide technique et matérielle à ses adhérents en leur louant des matériels nécessaires à leur exploitation ne peut valablement soutenir qu'elle n'est pas habilitée à conclure des contrats de crédit-bail, alors que toute entreprise sans statut particulier peut valablement effectuer de telles opérations à titre occasionnel. • Rouen, 12 janv. 1995 : *JCP E 1995. Pan. 940 ; RJDA 1995, no 1126.* ♦ V. note 1 ss. art. L. 313-10.

Art. L. 515-3 Les personnes ou entreprises mentionnées à l'article L. 515-2 qui contreviennent aux dispositions du présent code ou des règlements pris pour leur application sont passibles des sanctions disciplinaires prévues par l'article *(Ord. n° 2010-76 du 21 janv. 2010, art. 5)* « L. **612-39** ». – *[L. n° 66-455 du 2 juill. 1966, art. 5.]*

BIBL. ▸ BÉRAUDO, *JCP E 1995. I. 458.* – SCHÜTZ, *CCC 1996. Chron. 3.*

SECTION III *Les sociétés de caution mutuelle*

SOUS-SECTION 1 *Objet*

Art. L. 515-4 Des sociétés de caution mutuelle peuvent être constituées entre commerçants, industriels, fabricants, artisans, sociétés commerciales et membres des professions libérales. Elles ont pour objet de cautionner leurs membres à raison de leurs opérations professionnelles.

En outre, des sociétés de caution mutuelle peuvent être constituées entre propriétaires d'immeubles ou de droits immobiliers. Elles ont pour objet de cautionner leurs membres à raison de prêts contractés pour l'accession à la propriété ou l'aménagement et la réparation de leurs immeubles.

Les sociétés mentionnées aux premier et deuxième alinéas sont autorisées à effectuer au profit de leurs membres, à l'occasion d'une opération de cautionnement et en relation directe avec celle-ci, les opérations de conseil mentionnées au 5 de l'article L. 311-2, sans toutefois qu'il puisse y avoir obligation pour le demandeur d'une caution d'accepter un service de conseil.

La caution peut être donnée par l'aval ou l'endos des effets de commerce et billets créés, souscrits ou endossés par les membres des sociétés ou sous toute autre forme.

Le capital des sociétés de caution mutuelle est formé de parts nominatives qui peuvent être de valeur inégale sans cependant qu'aucune d'entre elles puisse être inférieure à *(L. n° 2001-1276 du 28 déc. 2001)* « 1,5 € », et à la souscription desquelles peuvent concourir, en dehors des membres qui participent aux avantages de la société, des membres non participants qui n'ont droit qu'à la rémunération de leurs apports.

Les sociétés ne sont constituées qu'après versement du quart du capital souscrit. Par dérogation aux dispositions de l'article 12 de la loi n° 47-1775 du 10 septembre 1947 portant statut de la coopération, la libération du surplus se fait par appels successifs des quarts non encore versés au fur et à mesure de l'accroissement des opérations de cautionnement mutuel de manière à permettre à la société de proportionner le montant du fonds social au volume des opérations traitées. – *[L. du 13 mars 1917, art. 1er.]* – *V. L. n° 47-1775 du 10 sept. 1947.* – ***C. sociétés.***

Aucune des dispositions de la loi du 13 mars 1917, de la loi du 10 sept. 1947, de la loi du 24 juill. 1966, de la loi du 24 janv. 1984 ne réserve le monopole de l'activité de garantie mutuelle aux sociétés de caution mutuelle soumises à la loi du 13 mars 1917 et à la loi du 10 sept. 1947 portant statut de la coopération. • Paris, 7 nov. 2003 : *JCF E 2004 n° 1-2, p. 6.*

SOUS-SECTION 2 *Statuts*

Art. L. 515-5 Les sociétés de caution mutuelle sont des sociétés commerciales. – *[L. du 13 mars 1917, art. 6 (partie).]*

Les dispositions non codifiées de l'art. 6 de la loi du 13 mars 1917 prévoyaient que les sociétés de caution mutuelle devaient tenir des livres conformément aux prescriptions du code de commerce. Cette mention ne figure plus dans l'art. codifié.

Art. L. 515-6 Les statuts déterminent le siège et le mode d'administration de la société, les conditions nécessaires à la modification de ces statuts et à la dissolution de la société, la composition du capital et la proportion dans laquelle chacun des membres contribue à sa constitution.

Ils règlent l'étendue et les conditions de la responsabilité qui incombe à chacun des sociétaires dans des engagements de la société.

Les statuts réservent aux sociétaires le droit de se retirer et de réclamer le remboursement des parts leur appartenant. Toutefois, il ne pourra être fait usage de ce droit qu'en fin d'exercice, moyennant un préavis de trois mois et sous réserve que le remboursement de ces parts n'ait pas pour effet de réduire le capital de la société à un montant inférieur à celui du capital minimum auquel elle est astreinte en sa qualité d'établissement de crédit.

Le remboursement ne peut excéder ni la valeur, à cette époque, des parts du membre démissionnaire, ni leur valeur nominale. La plus-value, s'il y en a, reste acquise au fonds de réserve, sur lequel le membre remboursé n'a aucun droit. — *[L. du 13 mars 1917, art. 2.]*

Art. L. 515-7 Les statuts prévoient que le conseil d'administration détermine pour chaque sociétaire le montant maximum des cautions qui peuvent être accordées et limitent la durée pour laquelle ces cautions sont données.

Ils stipulent expressément que le conseil d'administration peut refuser la caution demandée, ou ne l'accorder qu'en prenant les garanties qu'il juge utiles. — *[L. du 13 mars 1917, art. 3.]*

Le texte de l'art. 3 [C. mon. fin., art. L. 515-7], spécial aux sociétés de caution mutuelle, est impératif ; sa portée ne peut être limitée au fonctionnement interne de la société de caution mutuelle et la loi du 13 mars 1917 [C. mon. fin., art. L. 512-2 s. et L. 515-4 s.] ne peut être ignorée d'une banque. • Com. 18 oct. 1994 : *Bull. civ. IV, n° 307 ; D. 1994. IR 248 ; Dr. sociétés 1995, n° 5, note Bonneau.*

SOUS-SECTION 3 *Emploi des fonds*

Art. L. 515-8 Le capital, les fonds de réserve et le fonds de garantie sont affectés à la garantie des cautions données par la société de manière à servir de provision pour les effets, billets et engagements, à défaut de règlement. Les administrateurs sont tenus, avant de commencer à donner aucune caution, d'énoncer, dans une déclaration déposée en double au greffe du tribunal d'instance du siège de la société, l'emploi qu'ils ont fait du capital (placements en valeurs ou dépôts en banque). Il est donné récépissé de cette déclaration. L'un des exemplaires est transmis par les soins du juge du tribunal d'instance au greffe du tribunal de commerce de l'arrondissement.

Chaque année, une déclaration dans les mêmes formes doit faire connaître l'emploi du capital et du fonds de réserve.

Les statuts déterminent les modalités de constitution, de fonctionnement et de restitution du fonds de garantie. — *[L. du 13 mars 1917, art. 4.] — V. C. mon. fin., art. R. 571-2. —* ***C. mon. fin.***

Art. L. 515-9 Les statuts déterminent les prélèvements et commissions perçus au profit de la société sur les opérations faites par elle.

Il est constitué, selon les modalités prévues au premier alinéa de l'article L. 232-10 du code de commerce, un fonds de réserve dit « réserve légale », égal à la moitié du capital social.

Sous réserve de la possibilité de servir au capital effectivement versé un intérêt fixé par les statuts, les excédents d'exploitation sont mis en réserve ou ristournés aux sociétaires au prorata des opérations effectuées avec eux.

A la dissolution de la société, le fonds de réserve et le reste de l'actif net sont partagés entre les sociétaires, proportionnellement à leurs souscriptions, à moins que les statuts n'en aient affecté l'emploi à une œuvre de crédit. — *[L. du 13 mars 1917, art. 5.]*

SOUS-SECTION 4 *Publicité*

Art. L. 515-10 Les conditions de publicité prescrites pour les sociétés commerciales ordinaires sont remplacées, à l'égard des sociétés de caution mutuelle, par les dispositions suivantes :

1. Avant toute opération, les statuts, avec la liste complète des administrateurs ou directeurs et des sociétaires, indiquant leurs nom, profession, domicile et le montant

de chaque souscription, sont déposés en trois exemplaires au greffe du tribunal d'instance dans le ressort duquel la société a son siège. Il en est donné récépissé ;

2. Chaque année, dans la première quinzaine de février, le directeur ou un administrateur de la société dépose de même, en trois exemplaires, un état mentionnant le nombre des membres de la société à cette date et la liste des mutations intervenues parmi les administrateurs ou directeurs et les sociétaires depuis le dernier dépôt effectué, et, en outre, un tableau sommaire des recettes et des dépenses ainsi que des opérations réalisées au cours de l'année précédente ;

3. Un exemplaire de ces documents est, par les soins du juge du tribunal d'instance, déposé au greffe du tribunal de commerce de l'arrondissement ;

4. Les documents déposés au greffe du tribunal d'instance et du tribunal de commerce, par application du présent article et de l'article L. 515-8, sont communiqués à tout requérant. – *[L. du 13 mars 1917, art. 7.]* – *V. C. mon. fin., art. R. 571-2.* – ***C. mon. fin.***

V. note 3 ss. art. L. 123-9 C. com.

Art. L. 515-11 Les administrateurs d'une société de caution mutuelle sont personnellement responsables du préjudice résultant de la violation des statuts ou des dispositions de la présente section. – *[L. du 13 mars 1917, art. 9, al. 1er.]*

Art. L. 515-12 Les modalités d'application de la présente section sont fixées par décret en Conseil d'État. – *[L. du 13 mars 1917, art. 15.]*

CHAPITRE IX *Les intermédiaires en opérations de banque et en services de paiement* *(L. nº 2010-1249 du 22 oct. 2010, art. 36-VII).*

Art. L. 519-1 à L. 519-6 *V. au* ***C. mon. fin.***

TITRE II Les prestataires de services de paiement, les changeurs manuels et les émetteurs de monnaie électronique *(L. nº 2013-100 du 28 janv. 2013, art. 10-I).*

CHAPITRE PREMIER *Les prestataires de services de paiement*

(Ord. nº 2009-866 du 15 juill. 2009, art. 11, en vigueur le 1er nov 2009)

Art. L. 521-1 à L. 521-4 *V. au* ***C. mon. fin.***

CHAPITRE II *Les établissements de paiement*

(Ord. nº 2009-866 du 15 juill. 2009, art. 12, en vigueur le 1er nov. 2009)

Art. L. 522-1 à L. 522-20 *V. au* ***C. mon. fin.***

CHAPITRE III *Les agents*

(Ord. nº 2009-866 du 15 juill. 2009, art. 13, en vigueur le 1er nov. 2009)

Art. L. 523-1 à L. 523-6 *V. au* ***C. mon. fin.***

CHAPITRE IV *Les changeurs manuels* *(Ord. nº 2009-104 du 30 janv. 2009, art. 1er).*

(Ord. nº 2009-866 du 15 juill. 2009, art. 10-I)

Art. L. 524-1 à L. 524-7 *V. au* ***C. mon. fin.***

CHAPITRE V *Les émetteurs de monnaie électronique*

(L. n° 2013-100 du 28 janv. 2013, art. 11)

Art. L. 525-1 *à* L. 525-13 *V. au* ***C. mon. fin.***

CHAPITRE VI *Les établissements de monnaie électronique*

(L. n° 2013-100 du 28 janv. 2013, art. 12)

Art. L. 526-1 *à* L. 526-40 *V. au* ***C. mon. fin.***

TITRE V Intermédiaires en biens divers

Art. L. 550-1 Est soumise aux dispositions des articles L. 550-2, L. 550-3, L. 550-4, L. 550-5 et L. 573-8 :

1. Toute personne qui, directement ou indirectement, par voie de publicité ou de démarchage, propose à titre habituel à des tiers de souscrire des rentes viagères ou d'acquérir des droits sur des biens mobiliers ou immobiliers lorsque les acquéreurs n'en n'assurent pas eux-mêmes la gestion ou lorsque le contrat offre une faculté de reprise ou d'échange et la revalorisation du capital investi ;
2. Toute personne qui recueille des fonds à cette fin ;
3. Toute personne chargée de la gestion desdits biens.

Ces articles ne s'appliquent pas aux opérations déjà régies par des dispositions particulières et notamment aux opérations d'assurance et de capitalisation régies par le code des assurances, aux opérations de crédit différé, aux opérations régies par le code de la mutualité et par le code de la sécurité sociale, aux opérations donnant normalement droit à l'attribution en propriété ou en jouissance de parties déterminées d'un ou plusieurs immeubles bâtis. — *[L. n° 83-1 du 3 janv. 1983, art. 36.]*

(L. n° 2003-706 du 1er août 2003, art. 54-1) « Les personnes mentionnées au présent article sont soumises aux dispositions des articles L. 341-1 à L. 341-17 et L. 353-1 à L. 353-5 lorsqu'elles agissent par voie de démarchage. »

Faculté de reprise. Si elle n'était pas mentionnée dans le contrat lui-même, une faculté de reprise n'en était pas moins offerte aux clients démarchés, dès lors qu'il est constaté que la faculté de rachat, principal argument de vente pour emporter le consentement des acquéreurs, était confirmée dans son principe et dans ses modalités dans des courriers produits à l'appui de leur plainte par les victimes. • Crim. 25 oct. 2006 : *Bull. crim. n° 255 ; D. 2006. AJ 2986, obs. Chevrier ; RTD com. 2007. 469, obs. Bouloc ; AJ pénal 2006. 507, obs. M.-E. C. ; JCP 2006. IV. 3255 ; RJDA 2007, n° 565.*

Art. L. 550-2 Seules des sociétés par actions peuvent, à l'occasion des opérations mentionnées à l'article L. 550-1, recevoir des sommes correspondant aux souscriptions des acquéreurs ou aux versements des produits de leurs placements. Ces sociétés doivent justifier, avant toute publicité ou démarchage, qu'elles disposent d'un capital intégralement libéré d'un montant au moins égal à celui exigé *(Abrogé par Ord. n° 2009-80 du 22 janv. 2009, art. 5, à compter du 1er avr. 2009)* ***« des sociétés faisant publiquement appel à l'épargne »*** par l'article L. 224-2 du code de commerce. — *[L. n° 83-1 du 3 janv. 1983, art. 36-1.]*

Art. L. 550-3 Préalablement à toute publicité ou à tout démarchage, un document destiné à donner toute information utile au public sur l'opération proposée, sur la personne qui en a pris l'initiative et sur le gestionnaire, doit être établi dans des conditions déterminées par décret. — *V. art. R. 550-1.*

Lorsque l'épargnant n'a pas reçu le document d'information préalablement à la conclusion du contrat, ou lorsque les clauses de ce contrat ne sont pas conformes au contenu du document d'information, le juge peut lui accorder des dommages-intérêts ou prononcer la résolution du contrat.

Les projets de documents d'information et les projets de contrat type sont déposés auprès de *(L. n° 2003-706 du 1er août 2003, art. 46-V)* « l'Autorité des marchés financiers » qui exerce, dans les conditions fixées par le présent code son contrôle auprès de l'ensemble des entreprises qui participent à l'opération et détermine si celle-ci présente le minimum de garanties exigé d'un placement destiné au public.

La commission *[L'autorité]* peut limiter ou préciser les conditions de la publicité pour tenir compte de la nature des produits et des garanties offertes.

Elle dispose d'un délai de trente jours, qu'elle peut porter à soixante jours par décision motivée, à compter du dépôt, pour formuler ses observations. La publicité ou le démarchage ne peuvent être entrepris que si les observations de la commission *[l'autorité]* ont été respectées ou, à défaut d'observation, lorsque le délai ci-dessus est écoulé. Une copie des documents diffusés est remise à *(L. n° 2003-706 du 1er août 2003, art. 46-V)* « l'Autorité des marchés financiers ».

Toute personne qui propose de se substituer au gestionnaire des biens ou à la personne tenue à l'exécution des engagements mentionnés au 1 de l'article L. 550-1 doit déposer un projet de document d'information et un projet de contrat type à *(L. n° 2003-706 du 1er août 2003, art. 46-V)* « l'Autorité des marchés financiers » qui exerce son contrôle dans les conditions prévues au troisième alinéa ci-dessus.

En cas de modification des conditions dans lesquelles est assurée la gestion des biens ou l'exécution des engagements, l'accord des titulaires de droits sur ces modifications n'est valablement donné qu'après que ceux-ci ont été spécialement informés des changements proposés, de leur portée et de leur justification, dans un document déposé à *(L. n° 2003-706 du 1er août 2003, art. 46-V)* « l'Autorité des marchés financiers ». Celle-ci peut demander que ce document soit mis en conformité avec ses observations.

Lorsque *(L. n° 2003-706 du 1er août 2003, art. 46-V)* « l'Autorité des marchés financiers » constate que l'opération proposée au public n'est plus conforme au contenu du document d'information et du contrat type ou ne présente plus les garanties prévues au présent article, elle peut ordonner, par une décision motivée, qu'il soit mis fin à tout démarchage ou publicité concernant l'opération. — *[L. n° 83-1 du 3 janv. 1983, art. 37.]*

Le dirigeant d'une société agréée comme intermédiaire en biens divers qui se substitue à une autre société pour réaliser une partie de l'activité de celle-ci sans en informer la COB commet une infraction à l'art. L. 550-3 C. mon. fin. • Crim. 4 sept. 2002 : *Banque et Droit mars-avr. 2003. 35, obs. de Vauplane et Daigre.*

Art. L. 550-4 A la clôture de chaque exercice annuel, le gestionnaire établit, outre ses propres comptes, l'inventaire des biens dont il assure la gestion, et dresse l'état des sommes perçues au cours de l'exercice pour le compte des titulaires de droits. Il établit un rapport sur son activité et sur la gestion des biens.

Il dresse le bilan et le compte de résultat et l'annexe. Les comptes sont contrôlés par un commissaire aux comptes qui en certifie la sincérité et la régularité.

Les documents mentionnés au deux premiers alinéas sont transmis aux détenteurs des droits et à *(L. n° 2003-706 du 1er août 2003, art. 46-V)* « l'Autorité des marchés financiers » dans les trois mois suivant la clôture de l'exercice. — *[L. n° 83-1 du 3 janv. 1983, art. 38.] — V. art. R. 550-2.*

Art. L. 550-5 Le commissaire aux comptes est désigné pour six exercices à la demande du gestionnaire par décision de justice prise après avis de *(L. n° 2003-706 du 1er août 2003, art. 46-V)* « l'Autorité des marchés financiers ». En cas de faute ou d'empêchement, le commissaire aux comptes peut être relevé de ses fonctions par décision de justice à la demande du gestionnaire ou de tout titulaire des droits. *(Abrogé par Ord. n° 2005-1126 du 8 sept. 2005, art. 21)* ***« Les articles L. 225-218 à L. 225-225 du code de commerce sont applicables.***

« Le commissaire aux comptes révèle au procureur de la République les faits délictueux dont il a eu connaissance sans que sa responsabilité puisse être engagée par cette révélation.

« Les travaux accomplis dans l'exercice de sa mission sont rémunérés dans des conditions fixées par décret. » — [L. nº 83-1 du 3 janv. 1983, art. 39.] — V. art. R. 550-3.

TITRE VII Dispositions pénales

CHAPITRE PREMIER *Dispositions relatives aux établissements du secteur bancaire*

SECTION I *Dispositions générales*

Art. L. 571-1 *(L. nº 2009-526 du 12 mai 2009, art. 125-XIV)* **« Les personnes morales déclarées responsables pénalement, dans les conditions prévues par l'article 121-2 du code pénal, des infractions définies aux articles L. 571-3, L. 571-4, L. 571-6 à L. 571-9, L. 571-14 et L. 571-16 encourent, outre l'amende suivant les modalités prévues par l'article 131-38 du code pénal, les peines prévues par l'article 131-39 du même code. »**

L'interdiction mentionnée au 2° de l'article 131-39 du code pénal porte sur l'activité dans l'exercice ou à l'occasion de l'exercice de laquelle l'infraction a été commise. — *[L. nº 84-46 du 24 janv. 1984, art. 84-1.]*

Art. L. 571-2 Les autorités judiciaires saisies de poursuites relatives à des infractions prévues aux articles L. 571-3 à L. 571-9 et L. 571-14 à L. 571-16 peuvent, en tout état de la procédure, demander à *(Ord. nº 2010-76 du 21 janv. 2010, art. 18)* **« l'Autorité de contrôle prudentiel » tous avis et informations utiles.** — *[L. nº 84-46 du 24 janv. 1984, art. 85, al. 1er.]*

1. Partie civile. V. note 3 ss. art. L. 571-4.

2. Intervention accessoire du ministre. L'art. 85 [C. mon. fin., art. L. 571-2] ne prévoyant pas une action devant la juridiction civile aux fins d'annulation d'opérations de banque pratiquées par d'autres que les établissements de crédit, l'intervention du ministre de l'économie au soutien d'un pourvoi visant une opération financière pratiquée par une société est irrecevable. • Com. 1er oct. 1996 : *Bull. civ. IV, nº 218 ; D. 1997. 225, note D. Martin ; D. Affaires 1996. 1325 ; JCP E 1996. II. 892, note Bonneau ; ibid. 1998, nº 9, p. 319, obs. Gavalda et Stoufflet ; RTD com. 1997. 124, obs. Cabrillac.*

Art. L. 571-3 Le fait, pour toute personne, de méconnaître l'une des interdictions prescrites par les articles L. 511-5 et L. 511-8 est puni de trois ans d'emprisonnement et de 375 000 € d'amende.

Le tribunal peut ordonner l'affichage ou la diffusion de la décision prononcée dans les conditions prévues par l'article 131-35 du code pénal. — *[L. nº 84-46 du 24 janv. 1984, art. 75.]*

1. Exercice illégal. V. notes ss. art. L. 511-5 C. mon. fin.

2. Droit transitoire. V. • Crim. 16 déc. 1985 : *D. 1986. IR 314, obs. Vasseur.*

3. Complice. Pour être punissable, la complicité d'une infraction d'habitude n'exige pas l'aide ou l'assistance du prévenu à au moins deux actes de l'infraction principale. • Crim. 19 mars 2008 : *Bull. crim. nº 70 ; D. 2008.1665, note Lasserre Capdeville ; ibid. AJ 1278, obs. Lavric ; D. 2009. Pan. 1045, obs. Synvet ; AJ pénal 2008. 234 ; JCP E 2008, nº 31-34, p. 8, note J.-H. Robert ; ibid., nº 48, p. 10, obs. Coudert ; Gaz. Pal. 2008. 3387, note Huchet ; RD banc. fin. 2008, nº 129, obs. Crédot et Samin ; Dr. pénal 2008, nº 79, obs. Véron, et nº 89, obs. J.-H. Robert ; Dr. et patr. sept. 2008. 93, obs. Mattout et Prüm.*

Art. L. 571-4 *(L. nº 2008-776 du 4 août 2008, art. 154-III)* Le fait, pour tout dirigeant d'un établissement de crédit ou d'une des personnes morales ou filiales mentionnées à *(Ord. nº 2010-76 du 21 janv. 2010, art. 5)* « l'article L. 612-26 », de ne pas répondre, après mise en demeure, aux demandes d'informations de *(Ord. nº 2010-76 du 21 janv. 2010, art. 18)* « l'Autorité de contrôle prudentiel », de mettre obstacle de quelque manière que ce soit à l'exercice par celle-ci de sa mission de contrôle ou de lui communiquer des renseignements inexacts est puni d'un an d'emprisonnement et de 15 000 € d'amende.

Le fait pour les personnes mentionnées aux articles L. 511-33 et L. 511-34 de méconnaître le secret professionnel est sanctionné par les peines prévues à l'article 226-13 du code pénal.

1. Caractère intentionnel. Si le délit de transmission de renseignements inexacts à l'ancienne Commission bancaire est un délit intentionnel, on ne saurait pour autant exiger du dirigeant un dol spécial. • Paris, 7 juin 1993 : *RTD com. 1994. 331, obs. Cabrillac et Teyssié.*

1 bis. Délégation de pouvoirs. BIBL. Dreyer, *D. 2004. 937* (les pouvoirs délégués afin d'exonérer pénalement le chef d'entreprise). ♦ Dès lors qu'est caractérisée une participation directe du directeur général adjoint d'un établissement de crédit à l'infraction de l'art. 79 [C. mon. fin., art. L. 571-4], les juges ne sont pas tenus de se prononcer sur les effets d'une délégation de pouvoirs invoquée, nécessairement inopérante. • Crim. 20 mars 1995 : *Bull. crim. nº 114 ; D. 1995. IR 117.* ♦ Pour une violation du secret bancaire par un employé de banque, V. • Com. 5 oct. 2004 : *cité note 3 ss. art. L. 511-33.*

2. Montage frauduleux. Constituent les délits d'obstacle au contrôle de l'ancienne Commission bancaire et de communication à cet organisme de renseignements inexacts les agissements de dirigeants d'une banque consistant, après avertissement de cette commission relatif à une insuffisance des fonds propres nets au regard de la réglementation applicable à la division des risques notamment au sujet d'un groupe, à avoir organisé la création de quatre sociétés sans activité réelle contrôlées par les dirigeants de ce groupe, afin de donner l'apparence d'une conformité avec les impératifs de ratios. • Paris, 22 sept. 1993 : *D. 1994. Somm. 321, obs. Vasseur ; JCP E 1994. Pan. 38.* ♦ La complicité d'un des salariés de la banque est établie dès lors que par ses conseils techniques, il a sciemment aidé au montage des sociétés fictives et a participé à l'établissement des états trimestriels concernant les ratios de division des risques. • Même arrêt. ♦ Dans la même affaire, V., en première instance, • T. corr. Paris, 4 juill. 1991 : *D. 1992. Somm. 359, obs. Vasseur ; RTD com. 1991. 620, obs. Cabrillac et Teyssié.*

3. Constitution de partie civile de l'AFB. Est recevable la constitution de partie civile de l'Association Française des Banques s'il lui apparaît que les intérêts généraux ou collectifs de la profession bancaire se trouvent atteints directement, en l'occurrence par des agissements frauduleux pénalement répréhensibles sur le fondement de la loi du 24 janv. 1984 [C. mon. fin., art. L. 571-4]. • Paris, 22 sept. 1993 : *préc. note 2* (infirmant, sur ce point, • T. corr. Paris, 4 juill. 1991 : *préc. note 2*).

Art. L. 571-5 Les dispositions des articles *(Ord. nº 2005-429 du 6 mai 2005, art. 75)* « L. 820-5, L. 820-6 et L. 820-7 » du code de commerce sont applicables aux commissaires aux comptes *(Ord. nº 2009-866 du 15 juill. 2009, art. 14)* « des » établissements de crédit, des entreprises d'investissement, *(L. nº 2013-100 du 28 janv. 2013, art. 14)* « des établissements de monnaie électronique, » *(Ord. nº 2009-866 du 15 juill. 2009, art. 14)* « des établissements de paiement » et des compagnies financières, quelle que soit leur forme juridique. – *[L. nº 84-46 du 24 janv. 1984, art. 79-1.]*

Les modifications issues de l'Ord. nº 2009-866 du 15 juill. 2009 sont entrées en vigueur le 1er nov. 2009 (Ord. préc., art. 21).

Art. L. 571-6 Le fait, pour les dirigeants d'un établissement de crédit, de ne pas, pour chaque exercice, dresser l'inventaire, établir des comptes annuels et un rapport de gestion dans les conditions prévues à l'article L. 511-35 est puni de 15 000 € d'amende. – *[L. nº 84-46 du 24 janv. 1984, art. 80.]*

Art. L. 571-7 Le fait, pour les dirigeants d'un établissement de crédit, de ne pas provoquer la désignation des commissaires aux comptes de l'établissement ou de ne pas les convoquer à toute assemblée générale est puni de deux ans d'emprisonnement et de 30 000 € d'amende.

Est puni de cinq ans d'emprisonnement et de 75 000 € d'amende, le fait, pour tout dirigeant d'un établissement de crédit ou pour toute personne au service de l'établissement, de mettre obstacle aux vérifications ou contrôles des commissaires aux comptes ou de leur refuser la communication sur place de toutes les pièces utiles à l'exercice de leur mission, et notamment de tous contrats, livres, documents comptables et registres de procès-verbaux. – *[L. n° 84-46 du 24 janv. 1984, art. 81.]*

Art. L. 571-8 Le fait, pour les dirigeants d'un établissement de crédit, de ne pas publier les comptes annuels dans les conditions prévues à l'article L. 511-37 est puni d'une amende de 15 000 €. – *[L. n° 84-46 du 24 janv. 1984, art. 82.]*

Art. L. 571-9 Le fait, pour les dirigeants d'un établissement de crédit, de ne pas établir les comptes sous forme consolidée, conformément à l'article L. 511-36, est puni de 15 000 € d'amende. – *[L. n° 84-46 du 24 janv. 1984, art. 83.]*

SECTION IV *Sociétés de crédit-bail*

Art. L. 571-13 Est puni des peines prévues par l'article L. 571-3 le fait, pour toute personne, soit directement soit pour le compte d'une société, d'exercer les activités définies à l'article L. 515-2 sans se conformer aux dispositions du titre Ier du présent livre ou des règlements pris pour leur application. – *[L. n° 66-455 du 2 juill. 1966, art. 4.]*

SECTION VI *Intermédiaires en opérations de banque*

Art. L. 571-15 et L. 571-16 *V. au* ***C. mon. fin.***

CHAPITRE II *Prestataires de services de paiement, changeurs manuels et émetteurs de monnaie électronique* (*L. n° 2013-100 du 28 janv. 2013, art. 14*).

SECTION I *Changeurs manuels* (*Ord. n° 2009-866 du 15 juill. 2009, art. 14*).

Art. L. 572-1 à L. 572-4 *V. au* ***C. mon. fin.***

SECTION II *Prestataires de services de paiement*

(*Ord. n° 2009-866 du 15 juill. 2009, art. 14, en vigueur le 1er nov. 2009*)

Art. L. 572-5 à L. 572-12 *V. au* ***C. mon. fin.***

SECTION III *Émetteurs de monnaie électronique*

(*L. n° 2013-100 du 28 janv. 2013, art. 14*)

Art. L. 572-13 à L. 572-22 *V. au* ***C. mon. fin.***

DEUXIÈME PARTIE : *RÉGLEMENTAIRE*

(*Décr. n° 2005-1007 du 2 août 2005*)

LIVRE PREMIER La monnaie

TITRE PREMIER Dispositions générales

CHAPITRE PREMIER *L'unité monétaire*

Le présent chapitre ne comprend pas de dispositions réglementaires.

CHAPITRE II *Règles d'usage de la monnaie*

SECTION I *L'indexation*

Art. D. 112-1 L'indexation sur le niveau général des prix autorisée pour certains produits et prêts par l'article L. 112-3 est mise en œuvre en utilisant l'indice des prix à la consommation pour l'ensemble des ménages, hors tabac, publié mensuellement par l'Institut national de la statistique et des études économiques.

Peut être également utilisé l'indice harmonisé des prix à la consommation, hors tabac, de la zone euro calculé mensuellement par l'office statistique des Communautés européennes à Luxembourg (EUROSTAT) et publié par l'agence France Trésor. – *[Décr. nº 98-816 du 11 sept. 1998, art. 1er.]*

Art. D. 112-2 *(Décr. nº 2008-1139 du 4 nov. 2008, art. 6)* Les activités mentionnées dans la seconde phrase du premier alinéa de l'article L. 112-2 du code monétaire et financier sont les activités commerciales *(Décr. nº 2011-2028 du 29 déc. 2011, art. 6)* « et les activités artisanales.

« Les activités mentionnées au deuxième alinéa de l'article L. 112-2 sont les activités tertiaires autres que les activités commerciales et artisanales mentionnées au premier alinéa du présent article. Elles recouvrent notamment les activités des professions libérales et celles effectuées dans des entrepôts logistiques. »

SECTION II *Pouvoir libératoire*

Art. R. 112-2 Les règles relatives au pouvoir libératoire des pièces en euro sont prévues par l'article 11 du règlement (CE) nº 974-98 du Conseil du 3 mai 1998 concernant l'introduction de l'euro.

SECTION III *Interdiction du paiement en espèces de certaines créances*

Art. D. 112-3 *(Décr. nº 2010-662 du 16 juin 2010)* Le montant prévu à l'article L. 112-6 est fixé :

1º A 3 000 euros lorsque le débiteur a son domicile fiscal en France ou agit pour les besoins d'une activité professionnelle ;

2º A 15 000 euros lorsque le débiteur justifie qu'il n'a pas son domicile fiscal en France et n'agit pas pour les besoins d'une activité professionnelle.

BIBL. ▶ CUTAJAR, *JCP 2010, nº 718* (à propos du Décr. du 16 juin 2010).

Art. D. 112-4 *(Décr. nº 2011-114 du 27 janv. 2011, art. 1er)* Le montant prévu au troisième alinéa de l'article L. 112-6 relatif à l'achat au détail de métaux ferreux et non ferreux est fixé à 500 €.

Art. R. 112-5 *(Décr. nº 2013-232 du 20 mars 2013, art. 1er, en vigueur le 1er avr. 2013)* I. – Le seuil mentionné à l'article L. 112-6-1 est fixé à 10 000 euros. – *Seuil fixé à 3 000 € à compter du 1er janv. 2015 (Décr. préc., art. 3-II).*

II. – Outre les informations habituellement fournies en vue de l'exécution d'une opération de paiement, le payeur à l'origine du virement prévu à l'article L. 112-6-1 transmet à son prestataire de services de paiement son nom, le nom du bénéficiaire du virement ainsi qu'un libellé d'opération comportant l'objet du paiement et la désignation de l'acte. Ce libellé est repris dans toute opération de paiement subséquente jusqu'à sa communication au bénéficiaire du virement par son prestataire de services de paiement.

....

TITRE II La monnaie fiduciaire

Art. D. 121-1 *à* R. 123-3 *V. au* ***C. mon. fin.***

TITRE III Les instruments de la monnaie scripturale

CHAPITRE PREMIER *Le chèque bancaire* (*Décr. n° 2006-1115 du 5 sept. 2006, art. 3*).

SECTION I *Dispositions générales* (*Décr. n° 2006-1115 du 5 sept. 2006, art. 3*).

Art. R. 131-1 Au sens du présent chapitre, le terme « banquier » désigne les établissements de crédit et les institutions, services ou personnes habilités à tenir des comptes sur lesquels des chèques peuvent être tirés. — *[Décr. n° 92-456 du 22 mai 1992, art. 1er.]*

Art. R. 131-1-1 (*Décr. n° 2006-1115 du 5 sept. 2006, art. 3*) La Banque de France et les autorités de contrôle propres à chaque catégorie d'établissements tirés veillent, conformément aux dispositions législatives en vigueur, au respect par les banquiers des dispositions du présent chapitre. — *[Décr. n° 92-456 du 22 mai 1992, art. 42.]*

SECTION II *Création et forme du chèque* (*Décr. n° 2006-1115 du 5 sept. 2006, art. 3*).

Art. R. 131-2 La certification résulte de l'apposition sur le chèque par le tiré d'une formule comportant, outre sa signature, les mentions relatives à la certification et à la date de celle-ci, au montant pour lequel le chèque a été établi et à la désignation de l'établissement tiré. Ces mentions doivent être apposées au moyen d'un procédé de marquage ou d'impression indélébile offrant toute garantie de sécurité.

Dans tous les cas où la remise d'un chèque certifié est exigée, il peut être valablement satisfait à cette exigence par la remise d'un chèque émis dans les conditions prévues par le troisième alinéa de l'article L. 131-7 (*Abrogé par Décr. n° 2006-1115 du 5 sept. 2006, art. 3*) ***« ou d'un chèque émis sur le compte courant postal d'un chef de centre de chèques postaux »***. — *[Décr. n° 92-456 du 22 mai 1992, art. 32.]*

Jugeant que lors de l'établissement d'un chèque de banque, l'établissement de crédit n'a pas à remplir les obligations légales imposées au seul chèque certifié de l'art. 32 du Décr. du 22 mai 1992 [C. mon. fin., art. R. 131-2] mais doit satisfaire aux obligations plus souples du Décr.-loi du 30 oct. 1935 : • Paris, 3 sept. 2002 : *Banque et Droit mars-avr. 2004, 63. obs. Guillot.*

SECTION III *Transmission* (*Décr. n° 2006-1115 du 5 sept. 2006, art. 3*).

La présente section ne comprend pas de dispositions réglementaires.

SECTION IV *Aval* (*Décr. n° 2006-1115 du 5 sept. 2006, art. 3*).

La présente section ne comprend pas de dispositions réglementaires.

SECTION V *Présentation et paiement* (*Décr. n° 2006-1115 du 5 sept. 2006, art. 3*).

SOUS-SECTION 1 *Délais de présentation et échéances de paiement* (*Décr. n° 2006-1115 du 5 sept. 2006, art. 3*).

Art. R. 131-3 Les délais prévus par le présent chapitre ne comprennent pas le jour qui leur sert de point de départ. — *[Décr.-L. du 30 oct. 1935, art. 60.]*

Sur l'application de l'art. 60 du Décr.-L. du 30 oct. 1935 [C. mon. fin., art. R. 131-3] au délai conventionnel interbancaire de rejet en compensation, V. • Com. 3 mai 2000 : *cité note 7 ss. art. L. 131-59 C. mon. fin.*

Art. R. 131-4 La présentation et le protêt d'un chèque ne peuvent être faits qu'un jour ouvrable.

Lorsque le dernier jour du délai fixé pour l'accomplissement des actes relatifs au chèque, et notamment pour la présentation ou pour l'établissement du protêt, est un jour férié légal, ce délai est prorogé jusqu'au premier jour ouvrable qui en suit l'expiration. Les jours fériés intermédiaires sont compris dans la computation du délai.

Aux jours fériés légaux sont assimilés les jours où, aux termes des dispositions en vigueur, aucun paiement ne peut être exigé ni aucun protêt dressé. — *[Décr.-L. du 30 oct. 1935, art. 59.]*

SOUS-SECTION 2 *Procédures de vérification auprès de la Banque de France (Décr. n° 2006-1115 du 5 sept. 2006, art. 3).*

Art. R. 131-5 Toute personne à laquelle est remis un chèque pour le paiement d'un bien ou d'un service peut, directement ou par l'intermédiaire d'un mandataire, vérifier auprès de la Banque de France si ce chèque n'a pas été déclaré comme volé ou perdu, n'a pas été tiré sur un compte clôturé ou émis par une personne frappée d'une interdiction judiciaire ou bancaire.

Le service ainsi rendu donne lieu à rémunération. — *[Décr. n° 92-467 du 26 mai 1992, art. 1er.]*

V. Arr. 24 juill. 1992 relatif au traitement automatisé des informations sur la régularité des chèques mis en œuvre par la Banque de France. — **C. mon. fin.**

Art. R. 131-6 La Banque de France attribue à chaque personne souhaitant procéder ou faire procéder par un mandataire aux vérifications mentionnées à l'article R. 131-5 un code d'accès au fichier constitué à cet effet. — *[Décr. n° 92-467 du 26 mai 1992, art. 2.]*

Art. R. 131-7 La personne qui consulte le fichier indique le code d'accès qui lui est attribué. S'il s'agit d'un mandataire, celui-ci mentionne son propre code d'accès et celui du bénéficiaire du chèque.

L'interrogation comporte les renseignements suivants tels qu'ils figurent sur le chèque présenté :

a) Le numéro de la formule ;

b) L'identification précise du tiré ;

c) Les coordonnées bancaires du tireur. — *[Décr. n° 92-467 du 26 mai 1992, art. 3.]*

Art. R. 131-8 La réponse de la Banque de France est transmise sans délai à la personne qui consulte le fichier. S'il s'agit d'un mandataire, celui-ci en informe sans délai son mandant.

Lorsque la Banque de France constate que l'émission d'un chèque n'est pas régulière pour une des causes mentionnées au premier alinéa de l'article R. 131-5, elle en informe la personne qui a consulté le fichier sans indiquer la nature de l'irrégularité, enregistre l'ensemble des éléments d'identification mentionnés à l'article R. 131-7 et les conserve pendant une durée minimale de deux mois. — *[Décr. n° 92-467 du 26 mai 1992, art. 4.]*

Art. R. 131-9 La Banque de France précise à toute personne qui effectue les vérifications prévues par la présente sous-section que la diffusion et la conservation, par quiconque, des informations obtenues sont interdites sous peine des sanctions prévues par l'article 226-21 du code pénal. — *[Décr. n° 92-467 du 26 mai 1992, art. 5.]*

SECTION VI **Chèque barré** *(Décr. nº 2006-1115 du 5 sept. 2006, art. 3).*

La présente section ne comprend pas de dispositions réglementaires.

SECTION VII **Recours en cas de non-paiement** *(Décr. nº 2006-1115 du 5 sept. 2006, art. 3).*

La présente section ne comprend pas de dispositions réglementaires.

SECTION VIII **Établissement de chèques en plusieurs exemplaires** *(Décr. nº 2006-1115 du 5 sept. 2006, art. 3).*

La présente section ne comprend pas de dispositions réglementaires.

SECTION IX **Altération** *(Décr. nº 2006-1115 du 5 sept. 2006, art. 3).*

La présente section ne comprend pas de dispositions réglementaires.

SECTION X **Prescription** *(Décr. nº 2006-1115 du 5 sept. 2006, art. 3).*

La présente section ne comprend pas de dispositions réglementaires.

SECTION XI **Protêt** *(Décr. nº 2006-1115 du 5 sept. 2006, art. 3).*

Art. R. 131-10 Les dispositions *(Décr. nº 2007-431 du 25 mars 2007, art. 2)* « des articles R. 511-2 à R. 511-11 du code de commerce » sont applicables au protêt dressé faute de paiement d'un chèque.

SECTION XII **Incidents de paiement et sanctions**

SOUS-SECTION 1 *Enregistrement par les banquiers des incidents de paiement de chèques tenant à un défaut de provision suffisante (Décr. nº 2006-1115 du 5 sept. 2006, art. 3).*

Art. R. 131-11 Le tiré qui refuse en tout ou en partie le paiement d'un chèque pour défaut de provision suffisante enregistre l'incident au plus tard le deuxième jour ouvré suivant le refus de paiement. Lorsque le titulaire a émis le chèque au mépris d'une interdiction toujours en vigueur, ce délai expire au plus tard le cinquième jour ouvré suivant le refus de paiement.

Le tiré procède dans les mêmes conditions à un enregistrement lorsque le paiement du chèque est refusé pour un autre motif si la provision est, par ailleurs, insuffisante pour en permettre le paiement.

Le nouveau refus de paiement d'un chèque ayant déjà fait l'objet d'un enregistrement n'est pas enregistré. — *[Décr. nº 92-456 du 22 mai 1992, art. 2.]*

Art. R. 131-12 L'enregistrement par le banquier tiré des incidents de paiement de chèques tenant à un défaut de provision suffisante comporte, pour chaque incident, les renseignements suivants :

1º Le numéro du compte, l'indication qu'il s'agit d'un compte individuel ou d'un compte collectif ainsi que les éléments permettant l'identification précise du tiré ;

2º Le nom ou la dénomination ou raison sociale du titulaire du compte, son adresse ainsi que :

a) S'il s'agit d'une personne physique, ses prénoms, date et lieu de naissance et, le cas échéant, le nom d'usage, lorsqu'il est connu du tiré ;

b) S'il s'agit d'une personne morale, sa forme juridique ;

c) En outre, le numéro national d'identification des entreprises prévu par les dispositions réglementaires en vigueur, s'il s'agit d'une entreprise individuelle ou d'une personne morale qui en est pourvue ;

3º Le numéro du chèque ;

4º Le montant du chèque exprimé en euros et, le cas échéant, sa date de création lorsque le titulaire du compte a émis le chèque au mépris d'une interdiction d'émettre toujours en vigueur lors du refus de paiement ;

5° La date du refus de paiement du chèque ;

6° La cause du refus de paiement et le montant de l'insuffisance de la provision ;

7° L'indication, s'il y a lieu, que le chèque a été émis au mépris d'une injonction faite en application de l'article L. 131-73, ou en violation d'une interdiction prononcée en application de l'article L. 163-6 ;

8° L'indication, s'il y a lieu, que le compte sur lequel le chèque a été émis était clôturé lors du refus de paiement.

L'enregistrement est complété par la date de régularisation de l'incident dès que celle-ci intervient.– *[Décr. n° 92-456 du 22 mai 1992, art. 3.]*

Sur la déclaration à la Banque de France des violations des interdictions d'émettre des chèques, V. C. mon. fin., art. R. 131-36.

Art. R. 131-13 Tout banquier qui reçoit de la Banque de France, en application de l'article R. 131-42, avis d'une interdiction d'émettre des chèques concernant une personne titulaire de compte dans son établissement enregistre cet avis au plus tard le troisième jour ouvré suivant cette réception. Il mentionne également la date à laquelle cette interdiction lui a été notifiée. Il enregistre dans les mêmes conditions les levées d'interdiction. – *[Décr. n° 92-456 du 22 mai 1992, art. 4.]*

Art. R. 131-14 Les incidents sont enregistrés dans l'ordre chronologique, chacun étant affecté d'un numéro pris dans une série annuelle ininterrompue. Les enregistrements prévus par les articles R. 131-12 et R. 131-13 sont conservés et doivent pouvoir être justifiés pendant un an à compter de la date de régularisation ou, à défaut, pendant cinq ans à compter de l'injonction. – *[Décr. n° 92-456 du 22 mai 1992, art. 5.]*

SOUS-SECTION 2 *Injonction et régularisation (Décr. n° 2011-243 du 4 mars 2011).*

Art. R. 131-15 Le tiré qui a refusé en tout ou en partie le paiement d'un chèque pour défaut de provision suffisante adresse au titulaire du compte l'injonction prévue par l'article L. 131-73 par lettre recommandée avec demande d'avis de réception.

Il lui précise le numéro et le montant du chèque dont le règlement n'a pu être assuré, ainsi que la situation du compte à la date du refus de paiement.

Il lui enjoint de restituer à tous les banquiers dont il est le client les formules de chèques en sa possession et en celle de ses mandataires. Il lui interdit d'émettre à l'avenir des chèques, sauf des chèques de retrait ou certifiés, jusqu'à la régularisation effectuée dans les conditions prévues par les articles R. 131-20 à R. 131-22 ou, à défaut, pendant cinq ans à compter de l'injonction.

Il informe par tout moyen tout mandataire que le titulaire, à sa demande, lui aura fait connaître comme étant en possession de chèques utilisables sur le compte qu'il ne lui est plus possible, jusqu'à régularisation, d'émettre des chèques sur ce compte.

En cas de refus de paiement du même chèque lors d'une nouvelle présentation, le tiré n'adresse pas de lettre d'injonction. – *[Décr. n° 92-456 du 22 mai 1992, art. 6.]* – *V. Arr. 20 avr. 2011 (JO 29 avr.).* – ***C. mon. fin.***

1. Délai d'injonction. V. note 4 ss. art. L. 131-73 C. mon. fin.

2. Obligations du banquier. En vertu des dispositions des art. 6 s. du décret de 1992 [C. mon. fin., art. R. 131-15 s.], le tiré qui a refusé le paiement d'un chèque pour défaut de provision suffisante n'a d'autre obligation que d'adresser au titulaire du compte, par lettre recommandée avec demande d'avis de réception, l'injonction prévue par l'art. L. 131-73 C. mon. fin., ce qui a été fait à la suite de l'émission de chèques sans provision ayant ultérieurement donné lieu à régularisation. • Com. 6 mai 2002 : *Banque et Droit sept.-oct. 2002, p. 47, obs. Bonneau.* ♦ En ce sens que, sauf circonstances particulières, l'établissement de crédit ne commet pas de faute en ne retirant pas les formules de chèques à l'auteur de chèques sans provision qui avaient donné lieu à régularisation, V. • Même arrêt.

Art. R. 131-16 La lettre d'injonction précise les moyens par lesquels la faculté de régularisation peut être exercée. – *[Décr. n° 92-456 du 22 mai 1992, art. 7.]*

Al. 2 et 3 abrogés par Décr. n° 2011-243 du 4 mars 2011.

Art. R. 131-17 Lorsqu'un incident de paiement survient sur le même compte après un précédent incident non régularisé, une nouvelle injonction est adressée au moyen d'une lettre simple. Il est précisé au titulaire que l'interdiction en cours continuera de s'exécuter jusqu'à régularisation de tous les chèques impayés *(Abrogé par Décr. n° 2011-243 du 4 mars 2011)* ***« et paiement, le cas échéant, de la ou des pénalités libératoires afférentes à chaque chèque rejeté et dont le montant est indiqué ».*** – *[Décr. n° 92-456 du 22 mai 1992, art. 8.] – V. Arr. 20 avr. 2011 (JO 29 avr). –* ***C. mon. fin.***

Art. R. 131-18 Les injonctions prévues par le présent paragraphe sont adressées par le tiré au titulaire de compte alors même que le compte sur lequel le chèque ou les chèques ont été tirés a été clôturé. Cette obligation cesse à l'issue d'un délai d'un an à compter de la date de clôture de compte. – *[Décr. n° 92-456 du 22 mai 1992, art. 9.]*

Compte clôturé. Si, aux termes de l'art. 9 du décret de 1992 [C. mon. fin., art. R. 131-18], l'obligation pour la banque d'émettre des injonctions en application de la loi cesse à l'issue d'un délai d'un an à compter de la date de clôture du compte, cette disposition, qui ne saurait être interprétée comme offrant à la banque, à compter de ce délai, une faculté perpétuelle de déclencher une procédure d'interdiction bancaire, signifie seulement qu'un an après la clôture du compte, la procédure prévue par la loi et le décret cesse d'être applicable, les titres émis sur le compte clôturé n'ayant plus la valeur de chèques et ne pouvant être traités comme tels. • Paris, 12 janv. 1999 : *D. 1999. Somm. 148, obs. Cabrillac ; D. Affaires 1999. 557, obs. X. D.* ♦ V. note 2 ss. art. L. 131-4 C. mon. fin.

Art. R. 131-19 *Abrogé par Décr. n° 2011-243 du 4 mars 2011.*

Art. R. 131-20 Lorsque le titulaire du compte a réglé entre les mains du bénéficiaire le montant du chèque impayé, il doit justifier du règlement par la remise de ce chèque au tiré *(Abrogé par Décr. n° 2011-243 du 4 mars 2011)* ***«, ainsi que, le cas échéant, du paiement de la pénalité libératoire ».*** – *[Décr. n° 92-456 du 22 mai 1992, art. 11.]*

Art. R. 131-21 Dans le cas où le chèque rejeté a été payé lors d'une nouvelle présentation, le tireur en fait état auprès du tiré. *(Abrogé par Décr. n° 2011-243 du 4 mars 2011)* ***« Il justifie aussi, le cas échéant, du paiement de la pénalité libératoire. »*** – *[Décr. n° 92-456 du 22 mai 1992, art. 12.]*

Art. R. 131-21-1 *(Décr. n° 2010-1304 du 29 oct. 2010, art. 11-I)* En application des articles L. 332-4 et L. 332-11 du code de la consommation, l'effacement d'une créance correspondant au montant d'un chèque impayé vaut régularisation de l'incident. Le tireur justifie auprès du tiré de cet effacement par la remise de l'attestation mentionnée aux articles R. 334-18 et R. 334-76 du même code.

Art. R. 131-22 Dans les cas autres que ceux prévus par les *(Décr. n° 2010-1304 du 29 oct. 2010, art. 11-I)* « articles R. 131-20, R. 131-21 et R. 131-21-1 », la régularisation de l'incident est acquise lorsqu'est constituée, à la demande du tireur, une provision bloquée affectée au paiement effectif du chèque *(Abrogé par Décr. n° 2011-243 du 4 mars 2011)* ***« et que le tireur justifie auprès du tiré du paiement de la pénalité libératoire s'il en est redevable ».***

La provision mentionnée au premier alinéa redevient disponible à l'issue d'un délai d'un an, si elle n'a pas été utilisée par l'effet d'une nouvelle présentation du chèque impayé, ou immédiatement lorsque le titulaire du compte justifie du règlement par la remise du chèque au tiré.

Lorsque la régularisation concerne un incident survenu sur un compte clôturé, le tiré demeure seul compétent pour la constater et pour accomplir les formalités prévues par les articles R. 131-23 et R. 131-31.

Les justifications des régularisations effectuées en application des *(Décr. nº 2010-1304 du 29 oct. 2010, art. 11-I)* **« articles R. 131-20, R. 131-21 et R. 131-21-1 » et du présent article sont conservées pendant un an par le tiré.** – *[Décr. nº 92-456 du 22 mai 1992, art. 13.]*

BIBL. ► YOUEGO, *RD banc. fin. sept.-août 2005. 41* (régularisation de l'incident d'émission du chèque sans provision).

Il résulte de la combinaison des art. L. 131-73, L. 131-74 C. mon. fin. et de l'art. 13 du décret de 1992 [C. mon. fin., art. R. 131-22] que l'affectation d'un versement du tireur en priorité à la constitution d'une provision pour paiement d'un chèque impayé suppose que le tireur ait opté pour cette modalité de régularisation en demandant à cet effet que la provision soit bloquée. • Com. 22 févr. 2005 : *Bull. civ. IV, nº 30 ; D. 2005. AJ 708, obs. Avena-Robardet ; JCP E 2005, nº 21, p. 865, obs. Stoufflet ; LPA 25 mars 2005, rapp. Cohen-Branche ; Gaz. Pal. 2006. Somm. 1976, obs. F.B. ; RD banc. fin. 2005, nº 31, obs. Crédot et Gérard ; Banque et Droit juill.-août 2005. 67, obs. Bonneau ; ibid. sept.-oct. 2006. 74, obs. Guillot ; RTD com. 2005. 393, obs. Cabrillac ; RJDA 2005, nº 756 ; Dr. et proc. 2005. 183.* ♦ Aux termes des art. 11 s. du décret de 1992 [C. mon. fin., art. R. 131-20 s.], faute de constitution d'une provision bloquée affectée au paiement effectif du chèque, ou faute de diligence de la part du tireur pour qu'intervienne le paiement, il n'y a pas régularisation de l'incident de paiement, le simple crédit du compte étant insuffisant ; il en résulte que le simple virement sur un compte débiteur d'une somme suffisante pour couvrir le solde débiteur, alors que préalablement la banque a procédé au rejet du chèque en raison de ce solde, ne vaut pas régularisation. • Toulouse, 6 avr. 1999 : *JCP E 1999, nº 40, p. 1557 ; RTD com. 1999. 932, obs. Cabrillac.*

Art. R. 131-23 *(Décr. nº 2011-243 du 4 mars 2011)* **« Lorsqu'il a été procédé, selon les modalités prévues par la présente sous-section, à la régularisation de tous les incidents survenus sur le compte, un document attestant de cette régularisation est remis ou adressé par le tiré au titulaire. »**

Le titulaire du compte est également informé de la situation dans laquelle il se trouve au regard des dispositions applicables en matière de prévention et de répression des infractions en matière de chèques.

Il est précisé au titulaire du compte qu'il ne recouvre la faculté d'émettre des chèques qu'à la condition qu'il ne soit pas sous le coup d'une interdiction judiciaire ou d'une injonction qui lui aurait été notifiée par un banquier à la suite d'un incident qui aurait été constaté sur un autre compte. – *[Décr. nº 92-456 du 22 mai 1992, art. 14.] – V. Arr. 20 avr. 2011 (JO 29 avr.).* – ***C. mon. fin.***

Art. R. 131-24 Un arrêté conjoint du garde des sceaux, ministre de la justice, et du ministre chargé de l'économie précise les mentions que doivent comporter les injonctions, avis et autres documents prévus par *(Décr. nº 2011-243 du 4 mars 2011)* **« la présente sous-section ».** – *V. Arr. 20 avr. 2011 (JO 29 avr.).* – ***C. mon. fin.***

Les dispositions du présent paragraphe *[de la présente sous-section]* **reçoivent une application distincte pour chacun des comptes dont l'intéressé est titulaire.** – *[Décr. nº 92-456 du 22 mai 1992, art. 15.]*

Art. D. 131-25 *(Décr. nº 2007-1611 du 15 nov. 2007, art. 1er, en vigueur le 16 mai 2008)* **Les frais bancaires perçus par le tiré à l'occasion du rejet d'un chèque, pour défaut ou insuffisance de provision, comprennent l'ensemble des sommes facturées par le tiré au titulaire du compte, quelles que soient la dénomination et la justification de ces sommes.**

En particulier, les frais engendrés par l'obligation mise à la charge du tiré, au titre de l'article L. 131-73, d'informer le titulaire du compte du défaut de provision, sont inclus dans les frais mentionnés au premier alinéa dès lors qu'un incident de paiement est constitué. La facturation de l'envoi d'une lettre d'injonction ou d'une commission d'incident ou de rejet de chèque est également comprise dans ces mêmes frais.

Les frais bancaires perçus par le tiré à l'occasion du rejet d'un chèque ne peuvent excéder un montant de 30 € pour les chèques d'un montant inférieur ou égal à 50 € et un montant de 50 € pour les chèques d'un montant supérieur à 50 €.

Constitue un incident de paiement unique le rejet d'un chèque présenté au paiement à plusieurs reprises dans les 30 jours suivant le premier rejet.

BIBL. ▶ Bouteiller, *RLDA févr. 2008. 30* (les nouvelles mesures régissant les relations entre les établissements de crédit et leurs clients).

SOUS-SECTION 3 *Déclaration à la Banque de France des incidents de paiement et des régularisations (Décr. nº 2006-1115 du 5 sept. 2006, art. 3).*

Art. R. 131-26 L'avis de non-paiement pour défaut de provision suffisante établi en application de l'article L. 131-84 doit comporter tous les renseignements prévus aux 1º, 2º, 4º, 5º, 6º et 8º de l'article R. 131-12, ainsi que le numéro d'enregistrement de l'incident chez le tiré.

Cet avis est transmis à la Banque de France au plus tard le deuxième jour ouvré suivant le refus de paiement du chèque. Lorsque le titulaire du compte a émis le chèque au mépris d'une interdiction toujours en vigueur, ce délai expire au plus tard le cinquième jour ouvré suivant le refus de paiement.– *[Décr. nº 92-456 du 22 mai 1992, art. 16.]*

Dernier al. abrogé par Décr. nº 2011-243 du 4 mars 2011.

Art. R. 131-27 La Banque de France annule la déclaration d'incident de paiement sur la demande du tiré dans les cas suivants :

1º Lorsque le refus de paiement ou l'établissement de l'avis de non-paiement résulte d'une erreur du tiré ;

2º Lorsqu'il est établi par le titulaire du compte qu'un événement qui n'est pas imputable à l'une des personnes habilitées à tirer des chèques sur le compte a entraîné la disparition de la provision.

La mesure d'interdiction d'émettre des chèques mise en œuvre par le tiré cesse alors d'avoir effet.

La Banque de France avise le tiré qu'elle a procédé à l'annulation. Le tiré doit en informer son client et compléter l'enregistrement prévu par l'article R. 131-12 par la mention de l'annulation et de sa cause.

Lorsque le titulaire du compte lui demande de faire application de la procédure prévue par le présent article, le tiré, s'il donne suite, saisit la Banque de France au plus tard le dixième jour ouvré suivant cette demande. Il en avise son client dans le même délai. Son silence à l'issue du délai vaut refus. – *[Décr. nº 92-456 du 22 mai 1992, art. 17.]*

1. Annulation de la déclaration. L'interdiction faite par l'art. 33 de la L. nº 85-98 du 25 janv. 1985 [C. com., art. L. 622-7], à un débiteur mis en redressement judiciaire, de payer toute créance née antérieurement au jugement d'ouverture ne peut être considérée comme un cas d'annulation de déclaration d'incident de paiement par chèque au sens de l'art. 17 (2º) [C. mon. fin., art. R. 131-27, 2º], dès lors qu'elle n'est pas une cause de disparition de la provision du chèque émis avant ce jugement, mais constitue seulement un obstacle à l'exercice par le tireur de sa faculté de régularisation. • Paris, 24 avr. 1998 : *D. Affaires 1998. 1002, obs. X. D.* ♦ Pour un exemple de demande d'annulation, V. • Com. 27 mars 2001 : *BRDA 2001, nº 7, p. 9.*

2. Déclaration erronée. Le banquier qui a antérieurement adressé une déclaration d'incident erronée à la Banque de France a l'obligation d'en aviser celle-ci afin d'annulation dans les meilleurs délais (à propos du Décr. du 3 oct. 1975). • Paris, 30 mars 1977 : *D. 1978. IR 81.*

Art. R. 131-28 Les décisions mentionnées à l'article 103-1 du décret nº 85-1388 du 27 décembre 1985 relatif au redressement et à la liquidation judiciaires des entreprises *[abrogé]* sont, dans les deux jours ouvrés de leur notification à la Banque de France, transmises par celle-ci à chaque banquier ayant déclaré des incidents de paiement de chèques. — *V., désormais, C. com., art. R. 626-24.*

En cas de suspension des effets d'une mesure d'interdiction d'émettre des chèques, le tiré transmet à la Banque de France, au plus tard le deuxième jour ouvré suivant la réception de la décision du tribunal, les demandes d'annulation de chacune des déclarations des incidents mentionnés par cette décision.

En cas de résolution du plan prononcée en application de l'article L. 621-82 *[L. 626-27]* du code de commerce, le tiré, dans les mêmes délais, procède selon les modalités fixées par l'article R. 131-12 du présent code à un nouvel enregistrement des incidents de paiement dont il a demandé l'annulation dans les conditions prévues au deuxième alinéa ci-dessus. Il transmet les nouvelles déclarations de chacun de ces incidents à la Banque de France. La mesure d'interdiction d'émettre des chèques reprend effet à compter de sa date initiale. — *[Décr. nº 92-456 du 22 mai 1992, art. 17-1.]*

Art. R. 131-29 En cas de suspension des effets d'une mesure d'interdiction d'émettre des chèques en application de l'article L. 643-12 du code de commerce, le tiré transmet à la Banque de France, au plus tard le deuxième jour ouvré suivant la remise par le débiteur de l'expédition du jugement de clôture accompagnée du relevé des incidents de paiement, les demandes d'annulation de chacune des déclarations d'incidents concernant les chèques émis avant le jugement d'ouverture de la procédure. — *[Décr. nº 92-456 du 22 mai 1992, art. 17-2.]*

Art. R. 131-30 Si la mesure d'interdiction d'émettre des chèques ayant fait l'objet d'une suspension en application de l'article L. 643-12 du code de commerce reprend ses effets, l'ordonnance mentionnée à l'article 154-2 du décret nº 85-1388 du 27 décembre 1985 relatif au redressement et à la liquidation judiciaires des entreprises est, dans les deux jours ouvrés de sa notification à la Banque de France, transmise par celle-ci à chaque banquier ayant déclaré un ou des incidents de paiement, accompagnée du relevé d'incidents communiqué par le greffier.

Le tiré procède, au plus tard le deuxième jour ouvré suivant la réception de l'ordonnance et du relevé d'incidents, à un nouvel enregistrement des incidents de paiement dont il avait demandé l'annulation dans les conditions prévues à l article R. 131-29. Il transmet les nouvelles déclarations de chacun de ces incidents à la Banque de France. La mesure d'interdiction d'émettre des chèques reprend effet, pour la durée restant à courir, à compter de la délivrance du titre exécutoire mentionné au IV de l'article L. 622-32 du code de commerce *[désormais : au V de l'art. L. 643-11]*. — *[Décr. nº 92-456 du 22 mai 1992, art. 17-3.]*

Art. R. 131-31 Le tiré avise la Banque de France de la régularisation au plus tard le deuxième jour ouvré suivant la justification.

Lorsque le titulaire du compte a fait l'objet de plusieurs avis de non-paiement, le tiré informe la Banque de France par un seul avis de la régularisation de tous les incidents. — *[Décr. nº 92-456 du 22 mai 1992, art. 18.]*

En n'avisant la Banque de France de la régularisation opérée par la société émettrice du chèque sans provision que quatre mois plus tard, la banque tirée a commis une faute ayant causé un préjudice à la société dans la mesure où celle-ci était toujours inscrite sur le fichier national des chèques irréguliers accessible aux tiers, ce qui pouvait faire naître un doute sur sa solvabilité. • Versailles, 5 déc. 2002 : *RJDA 2003, nº 760.*

SOUS-SECTION 4 *Déclaration à la Banque de France des comptes clôturés et des vols ou pertes de formules de chèques (Décr. nº 2006-1115 du 5 sept. 2006, art. 3).*

Art. R. 131-32 Le banquier avise la Banque de France des clôtures de comptes autres que celles qui résultent d'un transfert dans son établissement et des oppositions à paiement mentionnées à l'article L. 131-84 dans le meilleur délai et au plus tard le premier jour ouvré suivant la clôture du compte ou l'opposition à paiement. A cette fin, il communique les renseignements prévus au 1° de l'article R. 131-12, ainsi que, s'il en a connaissance, les numéros des formules de chèque volées ou perdues.

Le banquier enregistre les faits et les renseignements mentionnés ci-dessus. Il conserve cet enregistrement pendant un délai d'un an à compter de l'avis. – *[Décr. n° 92-456 du 22 mai 1992, art. 19.]*

SOUS-SECTION 5 *Interdiction d'émettre des chèques prononcée par le juge pénal (Décr. n° 2006-1115 du 5 sept. 2006, art. 3).*

Art. R. 131-33 Lorsque l'interdiction prévue par l'article L. 163-6 a été prononcée, le ministère public notifie sans délai la décision exécutoire à la Banque de France qui en accuse réception. Cette notification comporte les renseignements suivants :

1° La référence du parquet ;

2° L'état civil complet du condamné, sa dernière adresse connue et, le cas échéant, le nom d'usage ;

3° L'indication de la juridiction qui a prononcé l'interdiction et la date de la décision ;

4° La durée de la mesure, sa date de prise d'effet ainsi que sa date d'expiration. – *[Décr. n° 92-456 du 22 mai 1992, art. 20.]*

SOUS-SECTION 6 *Déclaration à la Banque de France des violations des interdictions d'émettre des chèques (Décr. n° 2006-1115 du 5 sept. 2006, art. 3).*

Art. R. 131-34 Le tiré à qui est présenté au paiement un chèque émis sur un compte dont le titulaire est sous le coup d'une interdiction mise en œuvre à l'occasion d'un précédent incident doit en faire la déclaration à la Banque de France au plus tard le cinquième jour ouvré suivant la présentation. – *[Décr. n° 92-456 du 22 mai 1992, art. 21.]*

Dernier al. abrogé par Décr. n° 2011-243 du 4 mars 2011.

Art. R. 131-35 Le tiré à qui est présenté au paiement un chèque émis sur un compte dont le titulaire est sous le coup d'une interdiction prononcée en application de l'article L. 163-6 doit, lorsque la date de présentation du chèque est comprise dans la période d'application de cette mesure, en faire la déclaration à la Banque de France au plus tard le cinquième jour ouvré suivant la présentation. – *[Décr. n° 92-456 du 22 mai 1992, art. 22.]*

Art. R. 131-36 Les déclarations prescrites par les articles R. 131-34 et R. 131-35 doivent comporter tous les renseignements prévus aux 1°, 2°, 4°, 6° et 8° de l'article R. 131-12. – *[Décr. n° 92-456 du 22 mai 1992, art. 23.]*

Art. R. 131-37 Lorsque le chèque présenté au paiement doit être déclaré à la Banque de France en application des dispositions des articles R. 131-34 et R. 131-35 et que son paiement est refusé pour défaut de provision suffisante, la déclaration résulte d'une mention spéciale sur l'avis de non-paiement prévu par l'article R. 131-26, signalant que le chèque a été émis en infraction aux dispositions des articles L. 131-73 ou L. 163-6. – *[Décr. n° 92-456 du 22 mai 1992, art. 24.]*

SOUS-SECTION 7 *Information de l'autorité judiciaire par la Banque de France (Décr. n° 2006-1115 du 5 sept. 2006, art. 3).*

Art. R. 131-38 La Banque de France peut communiquer au procureur de la République et, s'il en fait la demande, lui communique les renseignements relatifs aux émissions de chèques qui lui ont été déclarées comme constituant une infraction à une interdiction résultant de l'application des articles L. 131-73 ou L. 163-6. – *[Décr. n° 92-456 du 22 mai 1992, art. 25.]*

Art. R. 131-39 Lorsque la Banque de France reçoit du ministère public notification d'une interdiction prononcée en application de l'article L. 163-6 concernant une personne qui se trouve déjà sous le coup de la même mesure en cours d'exécution, elle en avise le parquet qui l'a saisie en dernier lieu en faisant retour de la notification et en donnant tous renseignements utiles, sauf si la date de prise d'effet de la deuxième interdiction suit immédiatement la date d'expiration de la première. – *[Décr. n° 92-456 du 22 mai 1992, art. 38.]*

Art. R. 131-40 La Banque de France communique à tout magistrat et à tout officier de police judiciaire agissant sur instructions du procureur de la République ou sur commission rogatoire le relevé des incidents de paiement enregistrés au nom d'un titulaire de compte. – *[Décr. n° 92-456 du 22 mai 1992, art. 26.]*

Art. R. 131-41 La demande présentée en application de l'article R. 131-40 doit préciser :

1° Lorsqu'elle concerne une personne physique, son nom patronymique, ses prénoms, date et lieu de naissance et, le cas échéant, le nom d'usage ;

2° Lorsqu'elle concerne une personne morale, sa dénomination ou raison sociale, son numéro national d'entreprise si elle en est pourvue, l'adresse de son siège et sa forme juridique.

Dans sa réponse, la Banque de France indique, s'il y a lieu, que les chèques impayés lui ont été signalés comme ayant été émis en infraction aux dispositions des articles L. 131-73 ou L. 163-6. Elle indique également, s'il y a lieu, que la personne qui fait l'objet de la demande est frappée d'une interdiction d'émettre des chèques en application de l'un de ces articles et précise les caractéristiques de cette interdiction. – *[Décr. n° 92-456 du 22 mai 1992, art. 27.]*

SOUS-SECTION 8 *Information des banquiers, des établissements de monnaie électronique et des établissements de paiement par la Banque de France (Décr. n° 2013-383 du 6 mai 2013, art. 1er).*

Art. R. 131-42 La Banque de France informe tout banquier intéressé des interdictions d'émettre des chèques résultant de l'application des articles L. 131-73 ou L. 163-6, au plus tard le deuxième jour ouvré suivant la réception de l'avis envoyé par l'administration des impôts en application de l'article L. 131-85.

Dans les mêmes délais, la Banque de France informe tout banquier intéressé des levées des interdictions résultant de l'application de l'article L. 131-73, des annulations et des nouvelles déclarations d'incidents effectuées en application des articles R. 131-27 et R. 131-28, et des annulations effectuées en application de l'article R. 131-27.

Les banquiers sont réputés avoir connaissance des informations mentionnées aux alinéas ci-dessus au plus tard le troisième jour suivant leur réception.

Préalablement à l'enregistrement des informations mentionnées aux deux premiers alinéas, le banquier s'assure de la concordance entre ces informations et les éléments d'identification dont il dispose, notamment le numéro du compte, le nom, les prénoms, les date et lieu de naissance pour les personnes physiques, la désignation, la forme juridique, le numéro national d'entreprise si elle en est pourvue et l'adresse pour les personnes morales. Le banquier avise la Banque de France de l'enregistrement ou du défaut de concordance dans un délai maximum de trois jours ouvrés à compter de l'expiration du délai prévu au troisième alinéa. – *[Décr. n° 92-456 du 22 mai 1992, art. 28.]*

Art. R. 131-43 La Banque de France communique aux banquiers *(Décr. n° 2013-383 du 6 mai 2013, art. 1er)* « , aux établissements de monnaie électronique » *(Décr. n° 2010-257 du 12 mars 2010, art. 1er)* « et aux établissements de paiement », sur leur demande, les renseignements relatifs aux incidents de paiement de chèques enregistrés dans son fichier central au nom de toute personne désignée par le demandeur. – *[Décr. n° 92-456 du 22 mai 1992, art. 29.]*

Art. R. 131-44 Tout banquier doit interroger la Banque de France avant de procéder à la première délivrance de formules de chèques à un nouveau titulaire de compte.

Les réponses doivent être conservées pendant deux ans. – *[Décr. nº 92-456 du 22 mai 1992, art. 30.]*

Art. R. 131-45 La Banque de France diffuse à tous les banquiers, une fois par mois au moins, les renseignements sur les levées d'interdiction résultant de nouvelles décisions judiciaires.

Les destinataires sont réputés avoir connaissance des levées d'interdiction au plus tard le seizième jour suivant la diffusion par la Banque de France. – *[Décr. nº 92-456 du 22 mai 1992, art. 31.]*

SOUS-SECTION 9 *Dispositions diverses (Décr. nº 2006-1115 du 5 sept. 2006, art. 3).*

Art. R. 131-46 Le tiré qui a refusé en tout ou en partie le paiement d'un chèque pour défaut de provision suffisante doit établir à l'intention du bénéficiaire une attestation de rejet de ce chèque.

Cette attestation indique que le tireur est privé de la faculté d'émettre des chèques et qu'il ne la recouvrera qu'à l'issue d'un délai de cinq ans si le montant du chèque n'est pas payé *(Abrogé par Décr. nº 2011-243 du 4 mars 2011)* ***« et, le cas échéant, la pénalité libératoire acquittée ».***

Elle précise que le tiré n'est pas tenu de payer le chèque en application des 1 et 2 du I de l'article L. 131-81 et de l'article L. 131-82. Si le chèque a été émis au mépris d'une injonction adressée en application de l'article L. 131-73 ou en violation d'une interdiction prononcée en application de l'article L. 163-6, le tiré indique qu'il est en mesure de fournir les justifications prévues par le 1 du I de l'article L. 131-81.

L'attestation indique enfin qu'à défaut de paiement ou de constitution de la provision à l'issue du délai de trente jours à compter de la première présentation un certificat de non-paiement pourra être, sur demande du bénéficiaire, délivré dans les conditions de l'article L. 131-73. L'attestation est annexée au chèque lors de sa restitution au présentateur.

Les documents remis au bénéficiaire comportent les renseignements énumérés à l'article R. 131-12. – *[Décr. nº 92-456 du 22 mai 1992, art. 34.]*

Aucune disposition légale ou réglementaire ne s'oppose à ce que les griffes d'endos mais également les griffes de compensation soient apposées au verso du chèque. Cette pratique doit s'effectuer conformément aux recommandations de la profession bancaire en la matière et ne pas altérer la validité du chèque en tant qu'instrument de paiement (Rép. min. nº 11810 : *JOAN Q, 8 août 1994, p. 4062*).

Art. R. 131-47 Lorsque le tiré a refusé le paiement d'un chèque pour un motif autre que l'absence ou l'insuffisance de la provision et que celle-ci est par ailleurs insuffisante pour en permettre le paiement, il doit établir à l'intention du bénéficiaire un avis indiquant le motif précis du rejet et mentionnant l'insuffisance de la provision.

L'avis est annexé au chèque lors de la restitution de celui-ci au présentateur. – *[Décr. nº 92-456 du 22 mai 1992, art. 35.]*

Sur l'absence de responsabilité du banquier tiré, à l'égard du bénéficiaire, qui avait indiqué comme motif du rejet la non-conformité de la signature du tireur, V. • Com. 27 févr. 1996 : *RTD com. 1996. 302, obs. Cabrillac*. ♦ Le tiré est tenu d'informer le bénéficiaire du chèque du motif précis du rejet mentionnant l'insuffisance de provision de façon à le mettre en mesure d'engager une action en mainlevée dont l'issue favorable permettrait à son tour au porteur du chèque de représenter celui-ci au paiement. • Com. 21 janv. 2004 : *RD banc. fin. 2004, nº 59, obs. Crédot et Gérard.* ♦ Faute d'être représenté, aucun lien de causalité ne peut être établi entre le préjudice du porteur et une quelconque faute du tiré. • Même arrêt. ♦ V. note ss. C. mon. fin., art. R. 131-46.

Art. R. 131-48 Le certificat de non-paiement prévu par l'article L. 131-73 doit être conforme à un modèle fixé par arrêté conjoint du garde des sceaux, ministre de la justice, et du ministre chargé de l'économie. Il doit comporter tous renseignements permettant d'identifier le tireur et le tiré, ainsi que les numéro et montant du chèque dont le paiement a été refusé. Ce certificat est délivré par le tiré au plus tard quinze jours après la demande du porteur. — *V. Arr. 20 avr. 2011 (JO 29 avr.).* — **C. *mon. fin.***

Dans le cas d'une nouvelle présentation infructueuse et passé le délai de trente jours prévu à l'article L. 131-73, le banquier tiré délivre d'office le certificat de non-paiement au porteur du chèque, le cas échéant par l'intermédiaire du banquier de celui-ci. Cette délivrance se fera sans frais pour le porteur. — *[Décr. n° 92-456 du 22 mai 1992, art. 36.]*

Le certificat de non-paiement qui ne porterait pas la signature manuscrite du représentant de la banque ne serait pas établi conformément aux dispositions législatives et réglementaires qui lui sont applicables, et c'est alors aux tribunaux qu'il appartiendrait de tirer les conséquences de cette irrégularité (Rép. min. n° 6488 : *JOAN Q, 6 déc. 1993, p. 4832*). ♦ V., dans le même sens, pour d'autres défauts de conformité au modèle réglementaire (Rép. min. n° 12273 : *JOAN Q, 20 juin 1994, p. 3173*).

Art. R. 131-49 Lorsque le titulaire du compte est soumis à l'obligation d'immatriculation au registre du commerce et des sociétés ou au répertoire des métiers et que le montant du chèque impayé est supérieur à un montant déterminé par arrêté conjoint du garde des sceaux, ministre de la justice, et du ministre chargé de l'économie, le tiré dénonce au greffier du tribunal de commerce ou, le cas échéant, du tribunal de grande instance statuant en matière commerciale dans le ressort duquel se trouve le domicile du titulaire du compte, le certificat de non-paiement établi en application de l'article L. 131-73.

Le certificat de non-paiement fait l'objet d'une publicité par le greffier dans les conditions fixées par les articles L. 511-56 à L. 511-60 *(Décr. n° 2007-431 du 25 mars 2007, art. 2)* « et R. 511-2 à R. 511-11 » du code de commerce. — *[Décr. n° 92-456 du 22 mai 1992, art. 37.]* — *V. Arr. 20 avr. 2011 (JO 29 avr.).* — **C. *mon. fin.***

Art. R. 131-50 Le tiré doit être en mesure de justifier, pendant deux ans, de la date à laquelle il a remis ou adressé les formules de chèque au titulaire du compte. — *[Décr. n° 92-456 du 22 mai 1992, art. 39.]*

Art. R. 131-51 Lorsque le tiré reçoit une opposition qui n'est pas fondée sur l'un des motifs prévus par le deuxième alinéa de l'article L. 131-35 ou la confirmation écrite d'une telle opposition, il adresse au titulaire du compte une lettre lui indiquant la raison pour laquelle cette opposition ne peut être admise. — *[Décr. n° 92-456 du 22 mai 1992, art. 41.]*

CHAPITRE II *La lettre de change et le billet à ordre*
(Décr. n° 2010-257 du 12 mars 2010, art. 1er).

Le chapitre II ne contient plus de dispositions réglementaires.

Art. R. 132-1 *Abrogé par Décr. n° 2010-257 du 12 mars 2010, art. 1er.*

CHAPITRE III *Les règles applicables aux autres instruments de paiement*

(Décr. n° 2009-934 du 29 juill. 2009, art. 1er, en vigueur le 1er nov. 2009)

SECTION I *Champ d'application et définitions*

La présente section ne comprend pas de dispositions réglementaires.

SECTION II *Autorisation d'une opération de paiement*

Art. D. 133-1 Pour l'application de l'article L. 133-6, lorsqu'un instrument de paiement spécifique est utilisé pour donner le consentement, le payeur et le prestataire de services de paiement peuvent convenir de limites de dépenses pour les opérations de paiement exécutées avec ledit instrument de paiement.

Si la convention de compte de dépôt ou le contrat-cadre de services de paiement le prévoit, le prestataire de services de paiement peut se réserver le droit de bloquer l'instrument de paiement, pour des raisons objectivement motivées ayant trait à la sécurité de l'instrument de paiement, à la présomption d'une utilisation non autorisée ou frauduleuse de l'instrument de paiement ou au risque sensiblement accru que le payeur soit dans l'incapacité de s'acquitter de son obligation de paiement.

Dans ces cas, le prestataire de services de paiement informe, dans les formes convenues entre les parties, le payeur du blocage de l'instrument de paiement et des raisons de ce blocage, si possible avant que l'instrument de paiement ne soit bloqué et au plus tard immédiatement après, à moins que le fait de donner cette information ne soit pas acceptable pour des raisons de sécurité objectivement motivées ou soit interdite en vertu d'une autre législation communautaire ou nationale pertinente.

Le prestataire de services de paiement débloque l'instrument ou le remplace par un nouvel instrument de paiement dès lors que les raisons justifiant le blocage n'existent plus.

Le prestataire de services de paiement met en place les moyens appropriés permettant à l'utilisateur de demander à tout moment le déblocage de l'instrument de paiement.

SECTION III *Conditions d'exécution d'une opération de paiement*

Art. D. 133-2 Pour l'application de l'article L. 133-9, le prestataire de services de paiement peut établir une heure limite proche de la fin d'un jour ouvrable au-delà de laquelle tout ordre de paiement reçu est réputé reçu le jour ouvrable suivant.

SECTION IV *Délai d'exécution des opérations de paiement et dates de valeur*

La présente section ne comprend pas de dispositions réglementaires.

SECTION V *Obligations des parties en matière d'instruments de paiement*

Art. D. 133-3 Lorsqu'un utilisateur de services de paiement a utilisé les moyens mis à sa disposition par son prestataire de services de paiement conformément au II de l'article L. 133-15, pour l'informer de la perte, du vol ou du détournement de son instrument de paiement, le prestataire de services de paiement fournit au client, sur demande de ce dernier et pendant dix-huit mois à compter de l'information faite par celui-ci, les éléments lui permettant de prouver que ce dernier a procédé à cette information.

SECTION VI *Contestation et responsabilité en cas d'opération de paiement non autorisée*

La présente section ne comprend pas de dispositions réglementaires.

SECTION VII *Responsabilité en cas d'opération de paiement mal exécutée*

Art. D. 133-4 Lorsque la responsabilité d'un prestataire de services de paiement au titre de l'article L. 133-22 est imputable à un autre prestataire de services de paiement ou à un intermédiaire, ledit prestataire de services de paiement ou intermédiaire indemnise le premier prestataire de services de paiement pour toutes pertes subies ou toutes sommes payées en application de ce même article.

Des indemnisations financières supplémentaires peuvent être convenues entre les prestataires de services de paiement et les intermédiaires.

SECTION VIII *Modalités pratiques et délais en cas d'opérations de paiement non autorisées ou mal exécutées*

La présente section ne comprend pas de dispositions réglementaires.

SECTION IX *Remboursement d'une opération de paiement ordonnée par le bénéficiaire ou par le payeur qui donne un ordre de paiement par l'intermédiaire du bénéficiaire*

La présente section ne comprend pas de dispositions réglementaires.

SECTION X *Frais applicables*

Art. D. 133-5 Pour l'application du II de l'article L. 133-26, constitue un incident de paiement tout rejet d'un ordre de paiement reçu par le prestataire de services de paiement du payeur en raison d'un défaut ou d'une insuffisance de provision, quel que soit le moyen de paiement utilisé.

Art. D. 133-6 Pour les incidents de paiement autres que le rejet d'un chèque, les frais perçus par le prestataire de services de paiement du payeur au titre d'un incident ne peuvent excéder le montant de l'ordre de paiement rejeté, dans la limite d'un plafond de 20 €.

Les frais perçus par le prestataire de services de paiement du payeur à l'occasion d'un incident de paiement comprennent l'ensemble des sommes facturées par le prestataire de services de paiement du payeur au titulaire du compte, quelles que soient la dénomination et la justification de ces sommes.

Lorsque plusieurs demandes de paiement concernant la même opération de paiement ont été rejetées par le prestataire de services de paiement, le payeur peut demander le remboursement des frais perçus au titre de ces incidents au-delà du montant facturé pour le premier rejet. La preuve que ces demandes de paiement concernent la même opération de paiement est apportée par le payeur par tout moyen.

SECTION XI *Instruments réservés aux paiements de faibles montants*

Art. D. 133-7 Un instrument de paiement est considéré comme réservé à des paiements de faibles montants lorsque la convention de compte de dépôt ou le contrat-cadre de services de paiement relatif à cet instrument précise :
– qu'il permet de réaliser exclusivement des opérations de paiement ne dépassant pas unitairement 30 euros ;
– ou qu'il a une limite de dépenses de 150 euros ;
– ou qu'il ne permet pas de stocker plus de 150 euros.

CHAPITRE IV *La lettre de change et le billet à ordre*

Le présent chapitre ne comprend pas de dispositions réglementaires.

……………………………………………………………………………………

TITRE V Les relations financières avec l'étranger

Art. R. 151-1 *à* R. 153-12 *V. au* ***C. mon. fin.***

TITRE VI Dispositions pénales

CHAPITRE PREMIER *Infractions relatives à la prohibition du paiement en espèces de certaines créances*

Le présent chapitre ne comprend pas de dispositions réglementaires.

CHAPITRE II *Infractions relatives à la monnaie*

Art. R. 162-1 *à* R. 162-5 *V. au* ***C. mon. fin.***

CHAPITRE III *Infractions relatives aux chèques et aux autres instruments de la monnaie scripturale* (*Décr. n° 2009-934 du 29 juill. 2009, art. 2-I*).

Art. R. 163-1 Le fait d'exiger ou de provoquer, par quelque moyen que ce soit, directement ou indirectement, pour le paiement d'une somme supérieure à 15 euros, la remise d'un ou plusieurs chèques d'un montant inférieur ou égal à 15 euros est puni de l'amende prévue pour les contraventions de la 5e classe. La récidive de la contravention prévue au présent article est réprimée conformément à l'article 132-11 du code pénal. – *[Décr. n° 92-456 du 22 mai 1992, art. 40.]*

Art. R. 163-2 Le fait, pour toute personne, d'interroger la Banque de France sur la régularité d'un chèque en méconnaissance des conditions fixées par le premier alinéa de l'article R. 131-5 est puni de l'amende prévue par les contraventions de la 5e classe. La récidive de la contravention prévue au présent article est réprimée conformément à l'article 132-11 du code pénal.

La même peine est applicable au mandataire qui ne se conforme pas aux dispositions du premier alinéa de l'article R. 131-8. – *[Décr. n° 92-467 du 26 mai 1992, art. 6.]*

Art. R. 163-3 (*Décr. n° 2005-1738 du 30 déc. 2005, art. 1er-II, en vigueur le 1er janv. 2006*) Le fait, pour toute personne chargée à un titre quelconque de la direction ou de l'administration d'un des établissements ou services mentionnés à l'article L. 518-1 du code monétaire et financier, à l'exception du Trésor public, de facturer à un client pour ses opérations de paiement électronique en euros ou ses virements en euros d'un montant maximum de 50 000 euros opérés entre deux États membres des frais différents de ceux que l'établissement ou le service en cause lui facture pour des opérations nationales en euros à l'intérieur du territoire de l'État membre, de même nature et de même montant, pour lesquelles il dispose des mêmes renseignements, est puni de l'amende prévue pour les contraventions de 1re classe.

CHAPITRE IV *Infractions concernant la Banque de France*

Le présent chapitre ne comprend pas de dispositions réglementaires.

CHAPITRE V *Infractions à la législation sur les relations financières avec l'étranger*

Art. R. 165-1 *et* R. 165-2 *V. au* ***C. mon. fin.***

LIVRE II Les produits

TITRE PREMIER Les instruments financiers

CHAPITRE PREMIER *Définition et règles générales*

SECTION I *Définitions*

Art. D. 211-1 A *(Décr. nº 2009-297 du 16 mars 2009, art. 1er)* « Les contrats financiers mentionnés au III de l'article L. 211-1 sont : »

(Décr. nº 2007-904 du 15 mai 2007, art. 1er, en vigueur le 1er nov. 2007) « 1. Les contrats d'option, contrats à terme fermes, contrats d'échange, accords de taux futurs et tous autres contrats à terme relatifs à des instruments financiers, des devises, des taux d'intérêt, des rendements, des indices financiers ou des mesures financières qui peuvent être réglés par une livraison physique ou en espèces ;

« 2. Les contrats d'option, contrats à terme fermes, contrats d'échange, accords de taux futurs et tous autres contrats à terme relatifs à des marchandises qui doivent être réglés en espèces ou peuvent être réglés en espèces à la demande d'une des parties autrement qu'en cas de défaillance ou d'autre incident conduisant à la résiliation ;

« 3. Les contrats d'option, contrats à terme fermes, contrats d'échange et tous autres contrats à terme relatif *[relatifs]* à des marchandises qui peuvent être réglés par livraison physique, à condition qu'ils soient négociés sur un marché réglementé ou un système multilatéral de négociation ;

« 4. Les contrats d'options, contrats à terme fermes, contrats d'échange et tous autres contrats à terme relatifs à des marchandises qui peuvent être réglés par livraison physique, non mentionnés par ailleurs au 3, et non destinés à des fins commerciales, qui présentent les caractéristiques d'autres instruments financiers à terme, en tenant compte de ce que, notamment, ils sont compensés et réglés par l'intermédiaire d'une chambre de compensation reconnue ou font l'objet d'appels de couvertures périodiques ;

« 5. Les contrats à terme servant au transfert du risque de crédit ;

« 6. Les contrats financiers avec paiement d'un différentiel ;

« 7. Les contrats d'options, contrats à terme fermes, contrats d'échanges, accords de taux futurs et tous autres contrats à terme relatifs à des variables climatiques, à des tarifs de fret, à des autorisations d'émissions ou à des taux d'inflation ou d'autres statistiques économiques officielles qui doivent être réglés en espèces ou peuvent être réglés en espèces à la demande d'une des parties autrement qu'en cas de défaillance ou d'autre incident amenant la résiliation ;

« 8. Tout autre contrat à terme concernant des actifs, des droits, des obligations, des indices et des mesures, non mentionné par ailleurs aux 1 à 7 ci-dessus, qui présente les caractéristiques d'autres instruments financiers à terme, en tenant compte de ce que, notamment, il est négocié sur un marché réglementé ou un système multilatéral de négociation, est compensé et réglé par l'intermédiaire d'une chambre de compensation reconnue ou fait l'objet d'appels de couvertures périodiques. »

(Abrogé par Décr. nº 2009-297 du 16 mars 2009, art. 1er) « II. — Pour l'application de l'article L. 431-7, sont également des instruments financiers à terme les contrats d'options, contrats à terme fermes, contrats d'échanges et tous autres contrats à terme sur marchandises ou autorisations d'émission autres que ceux mentionnés au I, à condition qu'ils fassent l'objet, en suite de négociation, d'un enregistrement par une chambre de compensation reconnue ou d'appels de couvertures périodiques. »

SECTION II *Les titres financiers* (Décr. nº 2009-295 du 16 mars 2009, art. 1er).

SOUS-SECTION 1 *Conditions d'émission*

La présente sous-section ne comprend pas de dispositions réglementaires.

SOUS-SECTION 2 *Inscription en compte*

(Décr. n° 2009-295 du 16 mars 2009, art. 1er)

Art. R. 211-1 Les titres financiers ne sont matérialisés que par une inscription au compte de leur propriétaire.

Art. R. 211-2 Lorsque le compte-titres est tenu par l'émetteur, les titres financiers revêtent la forme nominative. Lorsqu'il est tenu par un intermédiaire mentionné à l'article L. 211-3, les titres financiers revêtent la forme au porteur.

Art. R. 211-3 Lorsque les émetteurs désignent un mandataire pour la tenue des comptes-titres qui leur incombe, ils publient au *Bulletin des annonces légales obligatoires* la dénomination et l'adresse de leur mandataire.

Art. R. 211-4 Un propriétaire de titres financiers nominatifs peut charger un intermédiaire mentionné à l'article L. 211-3 de tenir son compte-titres ouvert chez un émetteur. En ce cas, les inscriptions figurant sur ce compte-titres figurent également dans un compte d'administration tenu par cet intermédiaire. Le titulaire du compte-titres s'oblige à ne plus donner d'ordre qu'à ce dernier.

Art. R. 211-5 Les titres financiers à forme obligatoirement nominative ne peuvent être négociés sur un marché réglementé ou sur un système multilatéral de négociation qu'après avoir été placés en compte d'administration.

Les titres financiers qui ne revêtent pas la forme obligatoirement nominative ne peuvent être négociés sur un marché réglementé ou sur un système multilatéral de négociation que sous la forme au porteur.

Art. R. 211-6 Un dépositaire central ouvre des comptes aux émetteurs de titres financiers admis à ses opérations et aux intermédiaires mentionnés à l'article L. 211-3 qui acquièrent de ce fait la qualité d'adhérent.

Il assure, pour les titres financiers admis à ses opérations, la livraison par débit et crédit des comptes ouverts à ses adhérents.

Art. R. 211-7 Un dépositaire central peut créer des certificats représentatifs de titres financiers français ne pouvant circuler qu'à l'étranger.

Il peut déléguer ce droit à un adhérent pour une émission déterminée.

Art. R. 211-8 Lorsqu'un dépositaire central s'est affilié à un organisme étranger de même nature, il a la faculté, d'une part, de prévoir que les inscriptions nominatives de titres financiers étrangers se font sous le nom de son homologue étranger, d'autre part, de laisser les titres financiers étrangers au porteur ou assimilés en dépôt auprès de celui-ci.

Art. R. 211-9 Les règles relatives à l'identification des détenteurs de titres sont définies par les articles R. 228-3 à R. 228-6 du code de commerce.

SOUS-SECTION 3 *Transmission*

(Décr. n° 2009-297 du 16 mars 2009, art. 1er)

La présente sous-section ne comporte pas de dispositions réglementaires.

SOUS-SECTION 4 *Nantissement de comptes-titres*

(Décr. n° 2009-297 du 16 mars 2009, art. 1er)

Art. D. 211-10 La déclaration de nantissement d'un compte-titres tenu par un intermédiaire mentionné à l'article L. 211-3, un dépositaire central ou, le cas échéant, l'émetteur doit être datée et contenir :

1° La dénomination "Déclaration de nantissement de compte de titres financiers" ;

2° La mention que la déclaration est soumise aux dispositions de l'article L. 211-20 ;

3° Le nom ou la dénomination sociale ainsi que l'adresse du constituant et du créancier nanti ou de leur siège social s'il s'agit de personnes morales ;

4° Le montant de la créance garantie ou, à défaut, les éléments permettant d'assurer l'identification de cette créance ;

5° Les éléments d'identification du compte spécial prévu au II de l'article L. 211-20 lorsqu'un tel compte existe ;

6° La nature et le nombre des titres financiers inscrits initialement au compte nanti.

Art. D. 211-11 La mise en demeure prévue au V de l'article L. 211-20 contient, à peine de nullité, les indications suivantes :

1° Faute de paiement, le nantissement pourra être réalisé par le créancier dans les huit jours ou à l'échéance de tout autre délai préalablement convenu avec le titulaire du compte nanti ;

2° Le titulaire du compte nanti peut, jusqu'à l'expiration du délai mentionné ci-dessus, faire connaître au teneur de compte l'ordre dans lequel les sommes ou titres financiers devront être attribués en pleine propriété ou vendus, au choix du créancier.

Art. D. 211-12 Dans la limite du montant de la créance garantie et, le cas échéant, dans le respect de l'ordre indiqué par le titulaire du compte nanti, la réalisation du nantissement de ce compte prévue aux IV et V de l'article L. 211-20 intervient :

1° Pour les sommes en toute monnaie figurant dans le compte nanti, directement par transfert en pleine propriété au créancier nanti ;

2° Pour les titres financiers, français ou étrangers admis aux négociations sur un marché réglementé que le titulaire du compte nanti ou, à défaut, le créancier nanti a désignés, par vente sur un marché réglementé ou attribution en propriété de la quantité déterminée par le créancier nanti. Cette quantité est établie, par le créancier nanti, sur la base du dernier cours de clôture disponible sur un marché réglementé ;

3° Pour les parts ou actions d'organisme de placement collectif au sens du 3 du II de l'article L. 211-1, que le titulaire du compte nanti ou, à défaut, le créancier nanti a désignées, par présentation au rachat ou attribution en propriété de la quantité qu'il détermine. Cette quantité est établie, par le créancier nanti, sur la base de la dernière valorisation disponible desdites parts ou actions.

Le titulaire du compte nanti supporte tous les frais résultant de la réalisation du nantissement. Ces frais sont imputés sur le montant résultant de cette réalisation.

Art. D. 211-13 Lorsque, n'étant pas le teneur de compte mentionné au II de l'article L. 211-20, le créancier nanti a autorisé le titulaire du compte à disposer des titres financiers et des sommes en toute monnaie figurant dans le compte nanti, le titulaire du compte et le créancier nanti informent par écrit le teneur de compte des conditions de cette disposition. Le teneur de compte ne peut déroger aux instructions reçues sans l'accord du créancier nanti.

Lorsque, n'étant pas le teneur de compte mentionné au II de l'article L. 211-20, le créancier nanti estime réunies les conditions de la réalisation du nantissement, il demande par écrit au teneur de compte de procéder à cette réalisation dans les conditions prévues à l'article D. 211-12. Aux frais du créancier nanti, le teneur de compte exécute les instructions reçues.

Art. D. 211-14 Les dispositions des articles D. 211-10 à D. 211-13 ne s'appliquent pas aux nantissements portant sur des parts de sociétés civiles de placement immobilier ou des parts de sociétés d'épargne forestière, qui demeurent soumis aux dispositions des articles 1866 à 1868 du code civil.

SOUS-SECTION 5 *Formes particulières de transmission*
(Décr. n° 2009-297 du 16 mars 2009, art. 1er)

§ 1er *Adjudication*

Ce paragraphe ne comporte pas de dispositions réglementaires.

§ 2 *Prêt de titres financiers*

Ce paragraphe ne comporte pas de dispositions réglementaires.

§ 3 *Pension*

Art. D. 211-15 Les modalités de livraison mentionnées à l'article L. 211-29 sont arrêtées comme suit :

1° Les titres financiers ou effets créés matériellement sont dits livrés si, au moment de la mise en pension, ils sont effectivement et physiquement délivrés au cessionnaire ou à son mandataire ; s'agissant d'effets à ordre, ils doivent être préalablement endossés conformément à l'article L. 511-8 du code de commerce ;

2° Les titres financiers ou effets dématérialisés et ceux matériellement créés, conservés chez un dépositaire central, mais circulant par virement de compte à compte, sont dits livrés s'ils font l'objet, au moment de la mise en pension, d'une inscription à un compte ouvert au nom du cessionnaire chez un intermédiaire mentionné à l'article L. 211-3, chez un dépositaire central ou, le cas échéant, chez l'émetteur.

SECTION III ***Contrats financiers***
(Décr. n° 2009-297 du 16 mars 2009, art. 1er)

La présente section ne comprend pas de dispositions réglementaires.

SECTION IV ***Règles communes applicables aux opérations sur instruments financiers***
(Décr. n° 2009-297 du 16 mars 2009, art. 1er)

La présente section ne comprend pas de dispositions réglementaires.

SECTION V ***Régime des instruments financiers étrangers***
(Décr. n° 2009-297 du 16 mars 2009, art. 1er)

La présente section ne comprend pas de dispositions réglementaires.

CHAPITRE II ***Titres de capital*** *(Décr. n° 2009-295 du 16 mars 2009, art. 1er)*.

SECTION I ***Les actions*** *(Décr. n° 2009-295 du 16 mars 2009, art. 1er)*.

SOUS-SECTION 1 *Actions de numéraire et d'apport*

La présente sous-section ne comprend pas de dispositions réglementaires.

SOUS-SECTION 2 *Actions à forme nominative obligatoire*

La présente sous-section ne comprend pas de dispositions réglementaires.

SOUS-SECTION 3 *Actions de préférence*

Art. R. 212-1 Les règles relatives aux actions de préférence sont définies par les articles *(Décr. n° 2007-431 du 25 mars 2007, art. 2)* « R. 228-15 à R. 228-22 du code de commerce ».

SOUS-SECTION 4 *Dispositions applicables aux catégories de titres en voie d'extinction*

Art. R. 212-2 Les règles relatives aux actions à dividende prioritaire sans droit de vote sont définies par les articles *(Décr. n° 2007-431 du 25 mars 2007, art. 2)* « R. 228-40 à R. 228-48 du code de commerce ».

Art. R. 212-3 Les règles relatives aux certificats d'investissements sont définies par les articles *(Décr. n° 2007-431 du 25 mars 2007, art. 2)* « R. 228-33 à R. 228-39 du code de commerce ».

SECTION II ***Les autres titres donnant ou pouvant donner accès au capital ou aux droits de vote*** *(Décr. n° 2009-295 du 16 mars 2009, art. 1er).*

Art. R. 212-4 Les règles relatives aux titres donnant accès au capital sont définies par les articles *(Décr. n° 2007-431 du 25 mars 2007, art. 2)* « R. 228-87 à R. 228-95 du code de commerce ».

....

CHAPITRE III *Titres de créance*

SECTION I ***Les titres de créance négociables***

SOUS-SECTION I *Conditions d'émission des titres de créance négociables*

Art. D. 213-1 I. – Les titres de créance négociables définis à l'article L. 213-1 comprennent :

1° Les certificats de dépôt, d'une durée initiale inférieure ou égale à un an, émis par les établissements de crédit ainsi que par la Caisse des dépôts et consignations ;

2° Les billets de trésorerie, d'une durée initiale inférieure ou égale à un an, émis par des entreprises d'investissement et par les émetteurs mentionnés aux *(Décr. n° 2006-1655 du 22 déc. 2006)* « 2 à 10 » de l'article L. 213-3 ;

3° Les bons à moyen terme négociables, d'une durée initiale supérieure à un an, émis par l'ensemble des émetteurs mentionnés à l'article L. 213-3 *(Décr. n° 2006-1655 du 22 déc. 2006)* « , à l'exception de celui mentionné au 10 du même article ».

II. – La rémunération des titres de créance négociables est libre. Lorsque la rémunération varie en application d'une clause d'indexation qui ne porte pas sur un taux usuel du marché interbancaire, du marché monétaire ou du marché obligataire, cette clause doit être au préalable portée à la connaissance de la Banque de France.

Les émetteurs doivent faire connaître, le cas échéant, lors de l'émission, le taux de rendement actuariel annuel. – *[Décr. n° 92-137 du 13 févr. 1992, art. 1er, I et II.]*

Art. D. 213-2 La Banque de France veille au respect par les émetteurs de titres de créance négociables des conditions d'émission prévues par les articles L. 213-1 à L. 213-4, par la présente sous-section et par les arrêtés mentionnés *(Décr. n° 2006-817 du 7 juill. 2006, art. 1er)* « à l'article D. 213-7 ».

Pour l'exercice de cette mission, elle est informée de l'entrée de nouveaux émetteurs sur ce marché dans les conditions prévues *(Décr. n° 2006-817 du 7 juill. 2006, art. 1er)* « à l'article D. 213-3 » et elle reçoit communication immédiate par les émetteurs des documents établis en application de leurs obligations d'information conformément à l'article L. 213-4 et prévus par les *(Décr. n° 2006-817 du 7 juill. 2006, art. 1er)* « articles D. 213-9 à D. 213-12 ».

Elle peut suspendre ou interdire d'émission un émetteur qui manque au respect de ces dispositions. – *[Décr. n° 92-137 du 13 févr. 1992, art. 4.]*

Art. D. 213-3 Les émetteurs doivent rendre publique une notation de leur programme d'émission, obtenue auprès d'une agence spécialisée figurant sur une liste arrêtée par l'autorité administrative compétente ou, le cas échéant, disposer d'un garant bénéficiant d'une telle notation. — *V. Arr. 19 déc. 2006 (JO 28 déc.).*

Sont exemptés de cette obligation :

1° Les établissements de crédit et les entreprises d'investissement établis dans l'Espace économique européen ;

2° La Caisse des dépôts et consignations ;

3° Les émetteurs dont des titres sont admis aux négociations sur un marché réglementé de l'Espace économique européen ;

4° Les autres émetteurs bénéficiant d'un visa de l'Autorité des marchés financiers portant sur leur programme d'émission à la date d'entrée en vigueur de cette obligation, à condition de communiquer à la Banque de France les mises à jour périodiques de leur situation trimestrielle de trésorerie et de leur rapport semestriel sur leur activité et leur résultat.

Les émetteurs mentionnés au 4° bénéficient de cette exemption pour une durée d'un an à compter de l'entrée en vigueur de cette obligation.

L'ensemble des émetteurs informent la Banque de France, deux semaines au moins avant leur première émission, de leur intention d'entrer sur ce marché, par envoi de la documentation financière établie selon les modalités définies aux *(Décr. n° 2006-817 du 7 juill. 2006, art. 2)* « articles D. 213-9 à D. 213-12 ». — *[Décr. n° 92-137 du 13 févr. 1992, art. 6.]*

Art. D.* 213-4 L'autorité administrative compétente mentionnée à l'article D. 213-3 est le ministre chargé de l'économie. — *[Décr. n° 92-137 du 13 févr. 1992, art. 6.]*

Art. D. 213-5 Les titres de créance négociables peuvent bénéficier d'une garantie inconditionnelle à première demande dans les conditions fixées par les arrêtés mentionnés à l'article D. 213-7.

Lorsque les titres de créance négociables bénéficient d'une garantie, la documentation financière en fait mention et fournit, pour le garant, les mêmes renseignements que pour l'émetteur. — *[Décr. n° 92-137 du 13 févr. 1992, art. 10.]*

Art. D. 213-6 Les titres de créance négociables peuvent être émis en toute devise étrangère. La Banque de France peut toutefois décider de la suspension temporaire des émissions de titres libellés dans une devise déterminée si les circonstances le justifient. — *[Décr. n° 92-137 du 13 févr. 1992, art. 15.]*

Art. D. 213-7 Les conditions d'émission des titres de créances négociables prévues aux articles L. 213-1 à L. 213-4 et à la présente sous-section sont précisées, pour les entreprises d'investissement, les établissements de crédit et la Caisse des dépôts et consignations et pour les émetteurs mentionnés aux *(Décr. n° 2006-1655 du 22 déc. 2006)* « 2 à 10 » de l'article L. 213-3, par arrêtés du ministre chargé de l'économie. — *V. Arr. 16 févr. 2005. — **C. mon. fin.***

L'arrêté du ministre chargé de l'économie précisant les conditions d'émission des titres de créances négociables par les entreprises d'investissement, les établissements de crédit et la Caisse des dépôts et consignations est pris dans les conditions prévues à l'article L. 614-2. — *[Décr. n° 92-137 du 13 févr. 1992, art. 1er, III et IV.] — V. Arr. 31 déc. 1998. — **C. mon. fin.***

SOUS-SECTION 2 *Règles applicables à certains émetteurs*

Art. D. 213-8 Pour être habilitées à émettre des titres de créance négociables, les entreprises mentionnées au 2 de l'article L. 213-3 doivent appartenir à l'une des catégories suivantes :

1° Les entreprises revêtant la forme de sociétés par actions ou, pour celles dont le siège social est situé à l'étranger, une forme reconnue comme équivalente par l'autorité chargée par le présent décret de veiller au respect des conditions d'émission et disposant d'un capital dont la partie libérée est au moins égale à 225 000 euros ;

2° *(Décr. n° 2009-558 du 19 mai 2009, art. 1er-I)* « Les entreprises du secteur public dès lors qu'elles remplissent les conditions fixées au 1° ;

« 3° Les entreprises du secteur public qui ne disposent pas de capital social mais qui ont été autorisées à procéder à une offre au public de titres financiers ; »

4° Les sociétés coopératives agricoles et leurs unions disposant d'un capital dont la partie libérée est au moins égale à 225 000 euros ;

5° Les sociétés coopératives par actions disposant d'un capital dont la partie libérée est au moins égale à 225 000 euros. – *[Décr. n° 92-137 du 13 févr. 1992, art. 2.]*

En insérant un nouveau 3°, le Décr. n° 2009-558 du 19 mai 2009 a renuméroté les anciens 3° et 4° en 4° et 5°.

SOUS-SECTION 3 *Documentation financière et informations statistiques*

Art. D. 213-9 I. – Préalablement à l'émission, les émetteurs de titres de créance négociables déposent auprès de la Banque de France une documentation financière comprenant un dossier de présentation financière qui porte sur leur activité, leur situation financière ainsi que sur leur programme d'émission et les éléments prévus au III de cet article.

II. – Le dossier de présentation financière comprend :

1° Une présentation du programme d'émission avec, le cas échéant, la fiche de notation obtenue auprès d'une agence spécialisée figurant sur une liste arrêtée par le ministre chargé de l'économie ; – *V. Arr. 13 févr. 1992.* – ***C. mon. fin.***

2° Une fiche de renseignements sur la situation juridique et financière de l'émetteur ;

3° Une attestation des personnes physiques, avec indication de leur identité et de leur fonction dans la société, ou des personnes morales, avec indication de leur dénomination et de leur siège, qui assurent la responsabilité de la documentation financière et certifient qu'à leur connaissance son contenu est conforme à la réalité et ne comporte pas d'omission de nature à en altérer la portée.

III. – Outre le dossier de présentation financière, la documentation financière comprend les documents relatifs, s'il y a lieu, aux deux derniers exercices, mis à la disposition des actionnaires, incluant notamment les comptes annuels et, le cas échéant, les comptes consolidés, les rapports du conseil d'administration ou du directoire et du conseil de surveillance, selon le cas, et les rapports des commissaires aux comptes.

Les données comptables sont accompagnées de l'attestation des commissaires aux comptes, ou des personnes qui en tiennent lieu, sur la sincérité des informations données.

Lorsque l'émetteur est une société chargée, au sein d'un groupe, de gérer la trésorerie, ces mêmes renseignements sont fournis pour l'ensemble du groupe sur la base des comptes consolidés de la société consolidante.

Les données comptables consolidées sont établies dans des normes comptables internationalement reconnues ou dans les normes comptables françaises. Les émetteurs ayant leur siège social hors de France doivent fournir des informations équivalentes.

La Banque de France peut demander toute information complémentaire à l'émetteur, lorsque sa situation particulière le justifie. – *[Décr. n° 92-137 du 13 févr. 1992, art. 8.]*

Art. D. 213-10 Un arrêté du ministre chargé de l'économie précise les mentions obligatoires du dossier de présentation financière. Il peut prévoir des modalités spécifiques adaptées aux différentes catégories d'émetteurs. – *[Décr. n° 92-137 du 13 févr. 1992, art. 11.]* – *V. Arr. 13 févr. 1992.* – ***C. mon. fin.***

Art. D. 213-11 La documentation financière remise à la Banque de France, et mise à jour annuellement, est rédigée en français. La documentation financière peut être rédigée dans une langue usuelle en matière financière autre que le français, à condition qu'elle soit accompagnée d'un résumé en français, dans l'un ou l'autre des cas suivants :

1° Lorsque les titres de créance négociables sont placés exclusivement auprès d'investisseurs qualifiés au sens du *(Décr. n° 2012-1243 du 8 nov. 2012, art. 1er)* « II » de l'article L. 411-2 et *(Décr. n° 2012-1243 du 8 nov. 2012, art. 1er)* « de l'article D. 411-1 » ;

2° Lorsque les titres ne peuvent être souscrits ou acquis que pour un montant au moins équivalent à 200 000 euros ou à la contre-valeur de ce montant en devises.

Le résumé en français est établi sous la responsabilité de l'émetteur. Il comprend toutes les informations essentielles du dossier de présentation financière relatives notamment à l'activité, à la situation financière de l'émetteur et au programme d'émission ainsi que toute autre information essentielle figurant dans la documentation financière. — *[Décr. n° 92-137 du 13 févr. 1992, art. 12.]*

Art. D. 213-12 Les émetteurs mettent à jour chaque année leur documentation financière dans un délai de quarante-cinq jours après la tenue de l'assemblée générale des actionnaires, ou de l'organe qui en tient lieu, statuant sur les comptes du dernier exercice.

Toutefois, les émetteurs mettent immédiatement à jour leur documentation financière sur toute modification relative au plafond de leur encours, à leur notation, à l'identité du garant ou aux modalités de la garantie ainsi que sur tout fait nouveau susceptible d'avoir une incidence significative sur l'évolution des titres émis ou sur la bonne fin du programme d'émission. — *[Décr. n° 92-137 du 13 févr. 1992, art. 13.]*

Art. D. 213-13 Les émetteurs de titres de créance négociables communiquent sans délai et sans frais leur documentation financière et ses mises à jour aux établissements domiciliataires de leurs titres, à ceux qui assurent le rôle d'intermédiaires pour l'achat et la vente de ces titres, et à toute personne qui en fait la demande.

La Banque de France met en ligne sur son site internet les dossiers de présentation financière, leur mise à jour et, le cas échéant, le résumé mentionné *(Décr. n° 2006-817 du 7 juill. 2006, art. 3)* « à l'article D. 213-11 ». — *[Décr. n° 92-137 du 13 févr. 1992, art. 14.]*

Art. D. 213-14 Les émetteurs de titres de créance négociables communiquent à la Banque de France des informations statistiques sur leurs titres, dans les conditions définies par les arrêtés mentionnés *(Décr. n° 2006-817 du 7 juill. 2006, art. 4)* « à l'article D. 213-7 ».

La Banque de France assure régulièrement la diffusion de ces informations.

Les émetteurs de titres de créance négociables rendent compte à la Banque de France des remboursements anticipés de leurs titres. La Banque de France fixe la fréquence de la fourniture de ces informations. — *[Décr. n° 92-137 du 13 févr. 1992, art. 16.]*

SECTION II *Les obligations*

SOUS-SECTION 1 *Règles générales*

Art. R. 213-15 Les règles relatives aux obligations émises par les sociétés commerciales sont définies par les articles *(Décr. n° 2007-431 du 25 mars 2007, art. 2)* « R. 228-57 à R. 228-86 du code de commerce ». — *V. C. mon. fin., art. R. 231-1.*

Art. R. 213-16 Lorsqu'une émission obligataire est amortie selon un tableau qui indique le nombre de titres à amortir à chaque période et que les titres ne sont pas groupés en séries identifiées, le choix des titres amortis s'opère comme suit :

1° A une date de référence précédant le remboursement et fixée par le contrat d'émission, le teneur de comptes établit la liste des titulaires des comptes où figurent les titres. Les titulaires y sont classés dans l'ordre croissant de leur numéro de compte, ou dans tout autre ordre préalablement établi par le teneur de compte et notifié au dépositaire central chez qui l'émission a été déposée, et le nombre de leurs titres y est indiqué. La liste est datée et certifiée le jour même par la personne habilitée à cet effet par l'adhérent ;

2° Le lendemain de la date de référence, l'émetteur communique au dépositaire central le nombre de titres à amortir. Le dépositaire central calcule alors, jusqu'à la cinquième décimale, le rapport, dit d'amortissement, qui est le rapport du nombre de titres à amortir au nombre de titres en circulation. Pour déterminer le nombre de titres amortis à attribuer à chaque adhérent, il applique le rapport d'amortissement au nombre de titres inscrits au compte de chaque adhérent en arrondissant le résultat à l'unité inférieure et en répartissant le solde éventuel selon la règle du plus fort reste. Il notifie alors à chaque adhérent le rapport d'amortissement et le nombre de titres amortis qui lui est attribué ;

3° Au reçu de cette notification, l'adhérent procède à une première répartition des titres à amortir. Il applique le rapport d'amortissement au nombre de titres figurant dans chaque compte. Le résultat arrondi à l'unité inférieure est le nombre de titres amortis affecté au compte considéré au cours de cette première répartition ;

4° L'adhérent procède ensuite à une deuxième répartition. Il détermine sur la liste des titulaires de comptes un point de départ en multipliant le nombre total des titres de la liste par le nombre de cent-millièmes formé par la suite des cinq décimales du rapport d'amortissement et en l'arrondissant au nombre entier immédiatement supérieur. A partir du rang du titre correspondant à ce point de départ, l'adhérent affecte les titres à répartir aux titulaires figurant sur la liste dans l'ordre d'inscription, abstraction faite de ceux qui ont bénéficié de la première répartition ;

5° L'adhérent affecte le solde éventuel aux titulaires ayant bénéficié de la première répartition en suivant la règle du plus fort reste ;

6° L'adhérent conserve pendant dix ans la liste visée au 1° et l'indication du nombre de titres amortis au compte des titulaires y figurant. – *[Décr. nº 83-359 du 2 mai 1983, art. 9.]*

TITRE II Les produits d'épargne

CHAPITRE III *Bons de caisse*

Le présent chapitre ne comprend pas de dispositions réglementaires.

TITRE III Dispositions pénales

CHAPITRE PREMIER *Infractions relatives aux instruments financiers*

SECTION I *Infractions relatives aux titres*

SOUS-SECTION 1 *Obligations*

Art. R. 231-1 Les règles relatives aux infractions aux dispositions de l'article R. 213-13 *[R. 213-15]* sont définies à l'article 242 *[abrogé]* du décret nº 67-236 du 23 mars 1967 sur les sociétés commerciales.

CHAPITRE II *Infractions relatives aux produits d'épargne*

Le présent chapitre ne comprend pas de dispositions réglementaires.

LIVRE III Les services

TITRE PREMIER Les opérations de banque, les services de paiement et l'émission et la gestion de monnaie électronique *(Décr. n° 2013-383 du 6 mai 2013, art. 2).*

CHAPITRE PREMIER *Dispositions générales*

Le présent chapitre ne comprend pas de dispositions réglementaires.

CHAPITRE II *Comptes et dépôts*

SECTION I *Droit au compte et relations avec le client*

SOUS-SECTION 1 *Dispositions de droit commun*

Art. R. 312-1 Les établissements de crédit sont tenus de porter à la connaissance de leur clientèle et du public les conditions générales de banque qu'ils pratiquent pour les opérations qu'ils effectuent.

Lorsqu'ils ouvrent un compte, les établissements de crédit doivent informer leurs clients sur les conditions d'utilisation du compte, le prix des différents services auxquels il donne accès et les engagements réciproques de l'établissement et du client. – *[Décr. n° 84-708 du 24 juill. 1984, art. 7.]*

V. aussi, C. mon. fin., art. L. 312-1-1, et C. consom., art. L. 111-1 et L. 122-3, v° Ventes commerciales (dispositions générales).

BIBL. ► Fernandez, *LPA 9 mai 1997* (application de l'art. L. 122-3 C. consom.). – Samin, *Banque et Droit sept.-oct. 1999. 26* (aspects juridiques de la tarification des services bancaires).

1. Modalités d'information. Un établissement de crédit ayant omis de porter à la connaissance d'un nouveau client auquel il ouvre un compte les conditions d'utilisation de ce compte et le prix de ses différents services n'est pas déchu du droit de percevoir le prix de ses prestations de services et les frais y afférents, dès lors qu'il a, *a posteriori*, recueilli l'accord de son client sur son droit à leur perception et sur leur montant, accord pouvant résulter, pour l'avenir, de leur inscription sur un relevé d'opération dont la réception par le client n'a été suivie d'aucune protestation ou réserve de sa part. • Com. 13 mars 2001 : *Bull. civ. IV, n° 55 ; RTD com. 2001. 743, obs. Cabrillac ; JCP E 2001, n° 31-35, p. 1329, obs Stoufflet* • 19 juin 2001 : *JCP E 2003, n° 11, p. 464, obs. Stoufflet.* ♦ Comp. : C. mon. fin., art. L. 312-1-1.

2. Acceptation tacite. Pour un exemple d'acceptation tacite des conditions tarifaires (affichage dans l'agence, messages sur les relevés bancaires), V. • Paris, 16 oct. 1996 : *Rev. dr. bancaire 1997. 65, obs. Crédot et Gérard.*

3. Étendue de l'information. La banque doit informer le titulaire du compte de ce que, au cas où le solde du compte en espèces associé à un PEA ne permettrait pas le financement de l'ordre d'acquisition, celui-ci serait exécuté par prélèvement des sommes nécessaires sur son compte de dépôt. • Com. 4 mars 2008 : *cité note 5 ss. C. mon. fin., art. L. 312-1.*

Art. R. 312-2 *(Décr. n° 2009-1087 du 2 sept. 2009, art. 3)* « Le banquier doit, préalablement à l'ouverture d'un compte, vérifier le domicile et l'identité du postulant, qui est tenu de présenter un document officiel comportant sa photographie. Le banquier doit recueillir et conserver les informations suivantes : nom, prénoms, date et lieu de naissance du postulant, nature, date et lieu de délivrance du document présenté et nom de l'autorité ou de la personne qui l'a délivré ou authentifié.

« Pour l'ouverture d'un compte au nom d'une personne morale, le banquier demande la présentation de l'original ou l'expédition ou la copie de tout acte ou extrait de regis-

tre officiel datant de moins de trois mois constatant la dénomination, la forme juridique, l'adresse du siège social et l'identité des dirigeants. »

Pour l'application *(Décr. n° 2009-1087 du 2 sept. 2009, art. 3)* **« des dispositions du premier alinéa »,** *(Décr. n° 2007-893 du 15 mai 2007, art. 6, en vigueur le 1er juill. 2007)* **« l'adresse du centre communal ou intercommunal d'action sociale ou de l'organisme agréé au titre de l'article L. 264-2 du code de l'action sociale et des familles » figurant sur la carte nationale d'identité en application des dispositions du cinquième alinéa de l'article 2 du décret n° 55-1397 du 22 octobre 1955 instituant la carte nationale d'identité vaut justification du domicile.** *(Décr. n° 2007-893 du 15 mai 2007, art. 6, en vigueur le 1er juill. 2007)* **« Il en est de même de l'attestation d'élection de domicile présentée par la personne ne disposant pas d'un domicile stable instituée par le même article. »** – *[Décr. n° 92-456 du 22 mai 1992, art. 33.]*

V. C. mon. fin., art. L. 561-5 s., R. 561-5 s. – V. aussi CASF, art. D. 264-1 s. – **CASF.**

BIBL. ► RENUCCI, *RTD com. 1993. 441* (identité du cocontractant). – Note de la rédaction, *BRDA 2009, n° 18, p. 10* (Décr. n° 2009-1097 du 2 sept. 2009).

1. Vérification du domicile. V. pour une absence fautive de vérification du domicile, en raison de l'apparence douteuse de la pièce d'identité produite, • Com. 9 oct. 1985 : *Bull. civ. IV, n° 233.* ♦ Sur l'insuffisance de la seule présentation d'une carte de séjour, V. • Com. 3 avr. 1990 : *Bull. civ. IV, n° 105* • Paris, 25 avr. 1997 : *D. Affaires 1997. 1154.* ♦ ... D'une quittance de loyers, V. • Com. 17 oct. 1995 : *Bull. civ. IV, n° 231 ; D. 1995. IR 239 ; RTD com. 1996. 92, obs. Cabrillac ; Quot. jur. 7 déc. 1995, p. 5, note J.-P. D.* ♦ ... D'une attestation d'EDF-GDF, V. • Com. 12 mars 1996 : *D. Affaires 1996. 615.* ♦ ... D'un permis de conduire vieux de 14 ans et de la production d'un contrat établi par un opérateur téléphonique qui, à défaut de mentionner aucun numéro de téléphone, ne pouvait valoir justificatif sérieux de l'adresse du souscripteur. • Versailles, 4 déc. 2003 : *BICC 2004, n° 710 ; JCP E 2004, n° 11, p. 394.* ♦ La banque doit, à tout le moins, adresser au postulant une lettre dite « d'accueil ». • Com. 12 mars 1996 : *préc.* – V. aussi • Com. 21 janv. 1997 : *RJDA 1997, n° 670* • Limoges, 4 mars 1996 : *Gaz. Pal. 1996. 2. 437, note Talon.* ♦ Cependant, lorsqu'aucune circonstance particulière ne justifie que la vérification du domicile soit faite au moyen d'une lettre recommandée AR, l'envoi d'une lettre simple est suffisant. • Com. 6 avr. 1993 : *RJDA 1993, n° 533.* – V. aussi • Paris, 4 avr. 1997 : *Bull. Joly 1997. 681, note Garaud* (lettre simple confortée par un déplacement sur les lieux). ♦ Une banque ne peut se contenter, comme justification du domicile, d'une simple photocopie aisément falsifiable d'une facture d'électricité, d'autant que ce document, qui révélait une différence surprenante entre le siège de la société et le domicile de l'escroc et était libellé au nom d'une entité commerciale aurait dû éveiller à lui seul les soupçons. • Paris, 11 mars 1994 : *RJDA 1994, n° 546.* ♦ Pour de multiples négligences, V. • Com. 18 mai 1999 : *RD bancaire et bourse 1999. 120, obs. Crédot et Gérard ; JCP E 2000, n° 26, p. 1041, obs. Gavalda et Stoufflet.*

2. En ce sens que la vérification de domicile n'est pas obligatoire, s'agissant d'un compte ne permettant aucune autre opération de débit que le simple retrait au guichet, à l'exclusion de tout prélèvement effectué au moyen d'un chèque tiré sur ce compte, V. • Rouen, 29 juin 1997 : *BRDA 1997, n° 14, p. 7.*

2 bis. Titre de séjour. Sur le fondement de l'art. L. 312-1 C. mon. fin., qui institue la procédure du droit au compte applicable à « toute personne physique ou morale domiciliée en France », le Tribunal administratif de Paris a considéré, le 16 mars 2005, que la désignation d'un établissement de crédit n'était pas subordonnée à la régularité du séjour du demandeur en France et que la Banque de France ne pouvait donc pas opposer un refus à une demande de bénéfice du droit au compte au motif que le demandeur ne disposait pas d'un titre de séjour en cours de validité. (Rep. min. n° 65599, *JOAN Q, 22 nov. 2005, p. 10839 ; JCP E 2005, n° 50, p. 2147*). – V. le jugement cité : • TA Paris, ord., 16 mars 2005 : *RD banc. fin. 2008, n° 4, obs. Crédot et Samin.* ♦ Le récépissé de dépôt d'une demande de statut de réfugié ne constitue pas un document officiel permettant l'ouverture et le fonctionnement d'un compte bancaire. • Paris, 24 févr. 2006 : *JCP E 2006, n° 43, p. 2030, n° 12, obs. Salgueiro.* ♦ La Poste ne peut refuser l'accès au compte et la délivrance d'un RIB, au seul motif que le récépissé constatant le dépôt d'une demande de statut de réfugié était périmé, dès lors que le tenant pour une pièce officielle d'identité, elle n'avait exigé lors de l'ouverture du compte aucun autre document justificatif et qu'il n'existait aucun doute sur l'identité de la personne, ce dont il résultait que ce refus constituait un trouble manifestement illicite qu'il convenait de faire cesser. • Com. 18 déc. 2007 : *Bull. civ. IV, n° 270 ; D. 2008. AJ 287, obs. Avena-Robardet ; JCP E 2008, n° 24, p. 13, obs. Salgueiro ; RJDA 2008, n° 445.*

3. Vérification de l'identité. L'obligation de vérifier l'identité est d'autant plus impérieuse si le client est nouveau, si la somme versée à l'ouverture du compte est d'un montant anormalement important et, plus encore, si la banque est l'objet de demandes pressantes de retraits de fonds en espèces. • Paris, 11 mars 1994 : *préc. note 1.* ♦ Pour une absence de responsabilité de la banque dès lors qu'il est constaté que les pièces d'identité produites (carte d'identité et permis de conduire volés et falsifiés) avaient l'apparence de la sincérité, que l'escroc avait justifié de l'adresse indiquée en fournissant un abonnement souscrit à l'EDF et que les signatures apposées sur la carte d'identité et déposées à la banque présentaient une certaine similitude, une signature pouvant évoluer dans le temps alors que celle figurant sur la carte d'identité remontait à sept ans. V. • Nîmes, 25 nov. 2003 : *Banque et Droit mai-juin 2005. 77, obs. Guillot.* ♦ En revanche, engage sa responsabilité une banque qui, pour l'ouverture du compte litigieux où le client avait présenté une carte d'identité périmée portant une adresse différente de celle qu'il déclarait être la sienne, ne justifiait pas avoir vérifié l'exactitude de cette indication, ce dont il résultait qu'il lui incombait de faire preuve d'une vigilance particulière relativement au fonctionnement du compte. • Civ. 1re, 2 nov. 2005 : *Bull. civ. I, n° 400 ; D. 2006. AJ 62, obs. Avena-Robardet ; JCP E 2006, n° 22, p. 959, obs. Salgueiro ; RJDA 2006, n° 231.*

4. Société en formation. BIBL. Garaud, *Bull. Joly 1992. 728.* ♦ En ce sens que, pour engager la responsabilité du banquier qui ouvre un compte et remet un chéquier à une société en formation, il convient de rechercher si le banquier a manqué aux obligations qui lui incombent lors de l'ouverture du compte, dont seules peuvent être titulaires les personnes agissant au nom de la société en formation, V. • Com. 6 févr. 1990 : *Bull. civ. IV, n° 34 ; D. 1990. IR 49 ; Rev. sociétés 1990. 237, note Stoufflet ; Bull. Joly 1990. 352, note P.L.C.* ♦ Pour des exemples d'imprudence du banquier, V. • Com. 31 mai 1988 : *Rev. sociétés 1989. 39, note Stoufflet* (société dépourvue de toute trésorerie) • Paris, 29 janv. 1992 : *D. 1992. IR 121* (acceptation d'un projet de statuts sans valeur) • Com. 24 mars 1992 : *Bull. civ. IV, n° 124* (vérification limitée à l'identité de l'un des deux titulaires du compte), cassant • Paris, 5 oct. 1989 : *D. 1990. Somm. 119, obs. Cabrillac.* ♦ V., sur renvoi, considérant qu'il incombe au banquier d'apporter la preuve de l'exécution par lui des exigences légales et réglementaires sur la vérification de l'identité de tout nouveau client, ainsi que sur celle des indications le concernant dans les fichiers de la banque de France, avant la première délivrance de formules de chèques : • Com. 11 janv. 2000 : *Bull. civ. IV, n° 7 ; D. 2000. AJ 101, obs. Faddoul ; Banque et Droit mars-avr. 2000. 47, obs. M. Storck ; JCP E 2000, n° 26, p. 1041, obs. Gavalda et Stoufflet ; RD banc. fin. 2000, n° 49, obs. Crédot et Gérard.* ♦ En l'absence de toute circonstance particulière, il n'y a aucun motif de procéder à des recherches plus approfondies sur le compte du fondateur que la simple interrogation de la Banque de France. • Com. 6 mai 2002 : *RD banc. fin. 2002, n° 125, obs. Crédot et Gérard.* ♦ Sur l'obligation de vérifier la pertinence des mentions figurant sur l'extrait K *bis*, V. • Com. 19 juin 1990 : *Bull. civ. IV, n° 177 ; RTD com. 1991. 74, obs. Cabrillac et Teyssié.* ♦ Sur le refus non fautif d'une banque d'ouvrir un compte courant à une société qui venait de s'immatriculer alors qu'elle avait accepté d'ouvrir un compte dépôts à la même société en formation., V. • Versailles, 27 juin 2002 : *RTD com. 2003. 307, obs. Champaud et Danet ; RJDA 2002, n° 1308 ; Dr. sociétés 2003, n° 35, obs. Monnet.* ♦ Un établissement bancaire peut valablement refuser de recevoir les dépôts relatifs à la libération des apports en numéraire d'une société en formation (Rép. min. n° 89139 : *JOAN Q, 20 juin 2006, p. 6639 ; D. 2006. 1884 ; Rev. sociétés 2006. 686 ; Banque et Droit juill.-août 2006. 46, obs. Stork ; BRDA 2006, n° 15-16, p. 3 ; Bull. Joly 2006. 1093*). ♦ Pour une société étrangère, V. • Com. 26 mai 2004 : *RJDA 2004, n° 1253.* ♦ Pour un GIE, V. • Com. 14 mars 2006 : *RJDA 2006, n° 937.*

5. Société en participation. S'agissant d'une société non immatriculée, la banque remplit ses obligations en vérifiant l'identité des deux associés par la remise de leur carte nationale d'identité. • Paris, 4 avr. 1997 : *préc. note 1.*

6. Modification de l'intitulé du compte. Jugeant que les obligations prescrites par l'art. 33 du décret de 1992 (C. mon. fin., art. R. 312-2) doivent également être respectées lors de la modification de l'intitulé du compte (modification du statut du titulaire du compte déjà ouvert), V. • T. com. Nantes, 15 sept. 1997 : *JCP E 1999, n° 4, p. 167, obs. Belleil.*

7. Compte sur livret. L'obligation prévue à l'art. 30 [art. 33] du décret de 1992 (C. mon. fin., art. R. 312-2) est applicable à tout compte pouvant servir à l'encaissement d'un chèque, et, dès lors, à l'ouverture d'un compte sur livret. • Paris, 17 févr. 1989 : *RTD com. 1989. 700, obs. Cabrillac et Teyssié ; Gaz. Pal. 1989. 2. 521, note Piedelièvre* • T. com. Paris, 18 oct. 1990 : *Gaz.*

Pal. 1992. 2. Somm. 392.

8. Compte chèques postaux. Sur la portée des obligations de vigilance de La Poste, antérieurement au Décr. du 22 mai 1992, harmonisant, sur ce point, les obligations de La Poste et des banques, V. • Com. 3 juin 1998 : *Bull. civ. IV, n° 175 ; D. 1998. IR 169 ; D. Affaires 1998. 1258, obs. V. A.-R. ; RTD com. 1998. 902, obs. Cabrillac .* ♦ V. aussi • T. com. Nanterre, 26 févr. 1999 : *Annonces de la Seine, 31 mai 1999, p. 14.*

9. Comptes professionnels. Sur l'absence de responsabilité d'une banque pour avoir omis de vérifier la capacité d'un inspecteur d'assurance à ouvrir un compte professionnel ayant servi à réaliser des détournements, V. • Toulouse, 6 mai 1992 : *D. 1993. 555, note le Tourneau .* ♦ En sa qualité de professionnelle, une banque doit s'assurer, lors de l'ouverture du compte, de la régularité de la situation d'une société au regard des dispositions légales régissant la profession d'agent immobilier (détention d'une carte professionnelle) et lui faire ouvrir un compte affecté à la réception des fonds. • Paris, 6 nov. 2001 : *Banque et Droit janv.-févr. 2003. 66, obs. Guillot.*

10. Responsabilité civile du banquier. A supposer même qu'elle n'ait pas été la cause exclusive du dommage subi par l'émetteur (qui aurait insuffisamment libellé l'ordre), la négligence imputable à la banque pour avoir ouvert sans précaution suffisante le compte sur lequel l'auteur du détournement avait encaissé le chèque litigieux avait concouru au succès de la fraude commise par celui-ci • Com. 23 juin 2004 : *D. 2004. AJ 2373 ; RD banc. fin. 2004, n° 228, obs. Crédot et Gérard.* ♦ Pour un exemple de condamnation d'un banquier en raison du préjudice subi par le tireur d'un chèque payé une deuxième fois à son bénéficiaire à la suite d'une falsification, sa faute ayant permis à l'auteur de la falsification d'en obtenir le paiement, V. • Paris, 23 mars 1997 : *Gaz. Pal. 1997. 2. Somm. 334, obs. Vray.* – V. aussi • Paris, 25 avr. 1997 : *préc. note 1.* ♦ Retenant la responsabilité de la banque qui, en qualité de commettante, est civilement responsable de la faute de son agent dans l'exercice de ses fonctions (falsification de l'identité du titulaire du compte avec pour objectif de contourner son interdiction bancaire), V. • Nîmes, 16 mai 2002 : *JCP 2003. IV. 1264.* ♦ Il appartient à la banque, tant lors de l'ouverture du compte bancaire d'une personne morale que, le cas échéant, en cours de fonctionnement à l'occasion du changement de mandataire, de vérifier la conformité des pouvoirs de ses représentants à la loi et aux statuts de cette personne morale. • Com. 27 mai 2008 : *Bull. civ. IV, n° 105 ; D. 2008. AJ 1687, obs. Avena-Robardet ; JCP 2008. IV. 2175 ; RJDA 2008, n° 1299 ; Dr. sociétés 2008, n° 180 ; Bull. Joly 2008. 667, obs. Barbièri.*

11. Loi applicable. Sur la loi applicable en matière d'ouverture de comptes, V. • Com. 6 mars 2007 : *Banque et Droit juill.-août 2007. 37, obs. Affaki et Stoufflet.*

Art. R. 312-3 Lorsqu'un établissement de crédit, l'une des institutions ou l'un des services mentionnés à l'article L. 518-1 oppose un refus à une demande écrite d'ouverture de compte de dépôt, ce refus doit être formulé par écrit. L'avis de refus doit être remis à l'intéressé ou lui être adressé par lettre recommandée avec demande d'avis de réception. – *[Décr. n° 84-708 du 24 juill. 1984, art. 5.]*

Sur le modèle de lettre de refus d'ouverture de compte, V. l'annexe I à l'Arr. du 18 déc. 2008 portant homologation de la charte d'accessibilité pour renforcer l'effectivité au droit au compte (JO 26 déc.) au ***C. mon. fin.*** *ou* ***C. consom.***

Art. R. 312-4 Les règles relatives au solde bancaire insaisissable sont prévues aux articles *(Décr. n° 2012-783 du 30 mai 2012, art. 2, en vigueur le 1er juin 2012)* « R. 112-5, R. 162-2 à R. 162-8, et R. 213-10 du code des procédures civiles d'exécution » ci-après reproduits : – *V.* ***C. mon. fin.*** *ou* ***C. pr. exéc.***

SOUS-SECTION 2 *Services bancaires de base*

BIBL. ▶ STOUFFLET, *RD banc. fin. 2001. 116* (service bancaire de base).

Art. D. 312-5 Les services bancaires de base mentionnés aux troisième et quatrième alinéas de l'article L. 312-1 comprennent :

1° L'ouverture, la tenue et la clôture du compte ;

2° Un changement d'adresse par an ;

3° La délivrance à la demande de relevés d'identité bancaire *(Abrogé par Décr. n° 2006-384 du 27 mars 2006, art. 1er)* ***« ou postale »*** ;

4° La domiciliation de virements bancaires *(Abrogé par Décr. n° 2006-384 du 27 mars 2006, art. 1er)* « *ou postaux* » ;
5° L'envoi mensuel d'un relevé des opérations effectuées sur le compte ;
6° La réalisation des opérations de caisse ;
7° L'encaissement de chèques et de virements bancaires *(Abrogé par Décr. n° 2006-384 du 27 mars 2006, art. 1er)* « *ou postaux* » ;
8° Les dépôts et les retraits d'espèces au guichet de l'organisme teneur de compte ;
9° Les paiements par prélèvement, titre interbancaire de paiement ou virement bancaire *(Abrogé par Décr. n° 2006-384 du 27 mars 2006, art. 1er)* « *ou postal* » ;
10° Des moyens de consultation à distance du solde du compte ;
(Décr. n° 2006-384 du 27 mars 2006, art. 1er) « 11° Une carte de paiement dont chaque utilisation est autorisée par l'établissement de crédit qui l'a émise ; »
12° Deux formules de chèques de banque par mois ou moyens de paiement équivalents offrant les mêmes services. — *[Décr. n° 2001-45 du 17 janv. 2001, art. 1er.]*

Art. D. 312-6 Toute personne physique ou morale domiciliée en France ayant ouvert un compte de dépôt auprès d'un établissement désigné selon la procédure définie au deuxième alinéa de l'article L. 312-1 peut bénéficier des services bancaires mentionnés à l'article D. 312-5 sans contrepartie contributive de sa part. — *[Décr. n° 2001-45 du 17 janv. 2001, art. 2.]*

SECTION II *Fonds reçus du public*

La présente section ne comprend pas de dispositions réglementaires.

SECTION III *Garantie des déposants*

La présente section ne comprend pas de dispositions réglementaires.

CHAPITRE III *Crédits*

SECTION I *Dispositions générales*

SOUS-SECTION 1 *Définition*

La présente sous-section ne comprend pas de dispositions réglementaires.

SOUS-SECTION 2 *Taux d'intérêt*

§ 1er *Taux de l'intérêt légal*

Le présent paragraphe ne comprend pas de dispositions réglementaires.

§ 2 *Taux effectif global*

Art. R. 313-1 Les règles relatives au taux effectif global sont fixées par les articles R. 313-1 à R. 313-5 du code de la consommation ci-après reproduits : — *V. v° Prêts d'argent — Intérêt des capitaux.*

§ 3 *Taux de l'usure*

Art. D. 313-2 Les règles relatives au taux de l'usure sont prévues par les articles D. 313-6 à D. 313-8 du code de la consommation ci-après reproduits : — *V. v° Prêts d'argent — Intérêt des capitaux.*

SOUS-SECTION 3 *Fichier des incidents de paiement caractérisés*

La présente sous-section ne comprend pas de dispositions réglementaires.

SECTION II *Catégories de crédits et opérations assimilées*

SOUS-SECTION 1 *Crédit-bail*

RÉP. COM. v^is *Crédit-bail immobilier ; Crédit-bail mobilier,* par DURANTON.

RÉP. CIV. v° *Crédit-bail,* par CABRILLAC.

Art. R. 313-3 Les opérations de crédit-bail, mentionnées à l'article L. 313-7, sont soumises à une publicité. Celle-ci doit permettre l'identification des parties et des biens faisant l'objet de ces opérations. – *[Décr. n° 72-665 du 4 juil. 1972, art. 1er.]*

BIBL. ▸ V. ss. C. mon. fin., art. L. 313-10.

1. Identification des biens. Pour un exemple de publicité insuffisante, V. • Com. 5 déc. 1989 : *Gaz. Pal. 1990. 1. 160, note Bey.*

2. Portée des erreurs. N'empêchent pas l'identification du crédit-preneur des discordances dans l'orthographe de son nom et dans celle de la voie où est situé son domicile. • Com. 16 mai 1995 : *RJDA 1995, n° 1254 ; Rev. proc. coll. 1995. 467, obs. Soinne.* ♦ En revanche, la demande en revendication d'un crédit-bailleur a été rejetée, la publication portant sur un bien acquis par une personne physique indiquant, au titre de l'identité du crédit-preneur, l'enseigne sous laquelle il exerçait. • Com. 29 avr. 1997 : *Bull. civ. IV, n° 112 ; D. Affaires 1997. 835.*

3. Office du juge. Le juge, avant d'accueillir la demande en revendication de matériel ayant fait l'objet d'un contrat crédit-bail, doit rechercher si la publication de ce contrat au registre prévue à l'art. 2 du décret de 1972 [C. mon. fin., art. R. 313-4] a réellement été effectuée (en l'occurrence, le requérant avait produit le bordereau de sa demande). • Com. 13 janv. 1998 : *Bull. civ. IV, n° 15 ; D. Affaires 1998. 299, obs. V. A.-R.*

§ 1er *Publicité des opérations de crédit-bail en matière mobilière*

Art. R. 313-4 Pour les opérations de crédit-bail en matière mobilière, l'entreprise de crédit-bail demande la publication, au registre ouvert à cet effet au greffe du tribunal de commerce ou du tribunal de grande instance statuant commercialement, des renseignements prévus à l'article R. 313-3. – *[Décr. n° 72-665 du 4 juill. 1972, art. 2.]*

Art. R. 313-5 Lorsque le client de l'entreprise de crédit-bail est immatriculé au registre du commerce et des sociétés, la publication s'effectue auprès du greffe du tribunal dans le ressort duquel ce client est immatriculé à titre principal.

Lorsque le client n'est pas immatriculé au registre du commerce et des sociétés, la publication s'effectue auprès du greffe du tribunal de commerce ou du tribunal de grande instance statuant commercialement dans le ressort duquel est situé l'établissement de ce client bénéficiaire du crédit-bail. – *[Décr. n° 72-665 du 4 juill. 1972, art. 3.]*

Art. R. 313-6 Toute modification affectant les renseignements mentionnés à l'article R. 313-3 est publiée en marge de l'inscription existante au registre mentionné à l'article R. 313-4.

Dans le cas où cette modification implique un changement du tribunal territorialement compétent, l'entreprise de crédit-bail doit en outre faire reporter l'inscription modifiée sur le registre du greffe du nouveau tribunal. – *[Décr. n° 72-665 du 4 juill. 1972, art. 4.]*

Art. R. 313-7 Les inscriptions régulièrement faites en application des articles R. 313-4 et R. 313-6 prennent effet à leur date. – *[Décr. n° 72-665 du 4 juill. 1972, art. 5.]*

Art. R. 313-8 Les inscriptions sont radiées, soit sur justification de l'accord des parties, soit en vertu d'une décision juridictionnelle passée en force de chose jugée. – *[Décr. n° 72-665 du 4 juill. 1972, art. 6.]*

Art. R. 313-9 Le greffier délivre à tout demandeur une copie de l'état intégral ou des extraits des inscriptions modificatives. – *[Décr. n° 72-665 du 4 juill. 1972, art. 7.]*

Art. R. 313-10 Si les formalités de publicité n'ont pas été accomplies dans les conditions fixées aux articles R. 313-4 à R. 313-6, l'entreprise de crédit-bail ne peut opposer aux créanciers ou ayants cause à titre onéreux de son client, ses droits sur les biens dont elle a conservé la propriété, sauf si elle établit que les intéressés avaient eu connaissance de l'existence de ces droits. – *[Décr. n° 72-665 du 4 juill. 1972, art. 8.]*

1. Crédit-bail occasionnel. L'art. 8 du décret de 1972 [C. mon. fin., art. R. 313-10] est applicable au contrat de crédit-bail consenti à titre occasionnel par une entreprise sans statut particulier. • Rouen, 12 janv. 1995 : *RJDA 1995, n° 1126 ; JCP E 1995. Pan. 940.* – V. note 1 ss. art. L. 515-2 et note 2 ss. art. L. 313-10.

2. Crédit-bail aéronautique. V. • Civ. 2e, 15 mars 1989 : *Gaz. Pal. 1990. 2. Somm. 352, obs. Bey.*

2 bis. Sous-acquéreur. BIBL. Rolland, *Rev. huiss. 1998. 581.* ♦ Si la publicité prévue par le Décr. du 4 juill. 1972 [C. mon. fin., art. R. 313-3 s.] permet l'identification des parties au contrat et des biens objets de l'opération par les créanciers ou ayants cause à titre onéreux du client de l'entreprise de crédit-bail, il n'en est pas de même pour le sous-acquéreur, possesseur de bonne foi du bien mobilier, dont le droit de propriété demeure opposable au crédit-bailleur en dépit de l'accomplissement des formalités de publicité. • Com. 14 oct. 1997 : *Bull. civ. IV, n° 257 ; D. 2000. Somm. 74, obs. Pérochon et Mainguy ; D. Affaires 1997. 1322 ; JCP E 1998, n° 9, p. 327, note Leveneur.*

3. Portée de la sanction. Le crédit-preneur n'a pas qualité pour se prévaloir de l'éventuelle inobservation des mesures de publicité mises en place par le Décr. du 4 juill. 1972 [C. mon. fin., art. R. 313-3 s.] en vue de la protection des tiers au contrat. • Com. 16 mai 1995 : *Bull. civ. IV, n° 143 ; JCP 1995. II. 22497, note Clément ; Rev. proc. coll. 1995. 468, obs. Soinne.*

4. Redressement et liquidation judiciaires. V. note 7 ss. art. L. 313-10.

Art. R. 313-11 Les pièces justificatives qui doivent être présentées au greffier, ainsi que les modalités de publication ou de radiation et les modèles de bordereaux d'inscription, copies ou extraits sont fixés par arrêté conjoint du garde des sceaux, ministre de la justice, et du ministre chargé de l'économie. – *[Décr. n° 72-665 du 4 juill. 1972, art. 9.] – V. Arr. 4 juill. 1972. –* ***C. mon. fin.***

Production de l'extrait. A défaut de production de l'extrait du registre des publicités délivré par le greffe du tribunal de commerce, le droit du crédit-bailleur ne peut être opposable aux tiers sur la seule production du bordereau d'inscription remis par le greffe. • Com. 27 févr. 1990 : *Bull. civ. IV, n° 55 ; Gaz. Pal. 1990. 2. 547, note Cordier ; RTD com. 1990. 630, obs. Bouloc.* ♦ Sur le défaut de responsabilité du greffier, V. • TGI Paris, 14 oct. 1992 : *Gaz. Pal. 1993. 1. 160.*

§ 2 *Publicité des opérations de crédit-bail en matière immobilière*

Art. R. 313-12 Les contrats mentionnés au 2 de l'article L. 313-7 donnent lieu, selon les stipulations qu'ils comportent, à publicité obligatoire ou facultative, *(Décr. n° 2012-1462 du 26 déc. 2012, art. 35-IX, en vigueur le 1er janv. 2013)* « auprès du service de la publicité foncière » suivant les modalités fixées pour les contrats de même nature régis par les articles 28 et 37 du décret n° 55-22 du 4 janvier 1955 modifié portant réforme de la publicité foncière. – *[Décr. n° 72-665 du 4 juill. 1972, art. 10.] – V. ce texte au* ***C. civ.***

Publicité foncière. La demande en résiliation d'un contrat de crédit-bail immobilier n'est pas soumise à la publicité foncière. • Civ. 3e, 21 févr. 1996 : *Bull. civ. III, n° 55 ; D. 1996. Somm. 391, obs. S. Piedelièvre* • 27 mai 1998 : *RJDA 1998, n° 935 ; Banque et Droit janv.-févr. 1999. 50, obs. Rontchevsky.* – V. Frémont, *JCP N 1997. I. 861.*

Art. R. 313-13 Le défaut de publicité entraîne l'inopposabilité aux tiers dans les conditions prévues à l'article 30 du décret du 4 janvier 1955 précité. – *[Décr. n° 72-665 du 4 juill. 1972, art. 11.] – V. ce texte au* **C. civ.**

Inopposabilité. Sur l'inopposabilité aux créanciers du crédit-preneur mis en liquidation judiciaire, d'un contrat de crédit-bail immobilier non publié, V. note 5 *bis* ss. art. L. 621-43 ancien C. com., cité ss. art. L. 622-24 C. com.

§ 3 *Publicité comptable des opérations de crédit-bail*

Art. R. 313-14 I. – Les sociétés commerciales qui recourent à des opérations de crédit-bail pour se procurer des biens d'équipement, des matériels ou des immeubles à usage professionnel et qui ne bénéficient pas du régime de présentation simplifiée, tel qu'il est prévu à l'article *[aux articles]* L. 123-16 *(Décr. n° 2007-431 du 25 mars 2007, art. 2)* « et R. 123-200 » du code de commerce, mentionnent dans l'annexe prévue à l'article L. 123-12 du même code les informations suivantes :

1° La valeur de ces biens au moment de la signature du contrat ;

2° Le montant des redevances afférentes à l'exercice ainsi que le montant cumulé des redevances des exercices précédents ;

3° Les dotations aux amortissements qui auraient été enregistrées pour ces biens au titre de l'exercice clos s'ils avaient été acquis par l'entreprise ainsi que le montant cumulé des amortissements qui auraient été effectués au titre des exercices précédents ;

4° L'évaluation à la date de clôture du bilan des redevances restant à payer ainsi que du prix d'achat résiduel de ces biens stipulé aux contrats.

Les informations prévues aux 1° à 4° sont ventilées selon les postes du bilan dont auraient relevé les biens en cause ; les informations prévues au 4° sont ventilées selon les échéances à un an au plus, à plus d'un an et cinq ans au plus et à plus de cinq ans. – *Sur les sanctions pénales, V. art. R. 351-5.*

II. – Les autres personnes morales et les personnes physiques ayant la qualité de commerçants doivent, en distinguant les opérations de crédit-bail mobilier et les opérations de crédit-bail immobilier :

1° Faire apparaître séparément, dans leur compte de résultat, les loyers correspondant à l'exécution des contrats relatifs aux opérations précitées ;

2° Évaluer dans l'annexe et à la date de clôture du bilan le montant total des redevances leur restant à supporter en exécution des obligations stipulées dans un ou plusieurs contrats de crédit-bail. – *[Décr. n° 72-665 du 4 juill. 1972, art. 12.]*

Sur les sociétés autorisées à prendre la dénomination de « sociétés immobilières pour le commerce et l'industrie », V. Ord. n° 67-837 du 28 sept. 1967, art. 5 (D. 1967. 378 ; BLD 1967. 670), mod. par L. n° 88-1149 du 23 déc. 1988, art. 74-I (D. et ALD 1989. 19). – ***C. sociétés.***

SOUS-SECTION 2 *Crédits aux entreprises*

Art. R. 313-14-1 *(Décr. n° 2006-697 du 14 juin 2006)* Les établissements publics mentionnés à l'article L. 313-13 sont les établissements publics de l'État à caractère industriel et commercial dont l'objet les autorise à participer au financement de l'activité économique.

Art. D. 313-14-1 *(Décr. n° 2005-1743 du 30 déc. 2005, art. 1er, en vigueur le 1er juin 2006)* Le délai de préavis minimal mentionné à la deuxième phrase du premier alinéa de l'article L. 313-12 est de soixante jours pour toutes les catégories de crédits.

BIBL. ▸ S. PIEDELIÈVRE, *D. 2006. 434* (préavis en cas de rupture de crédit à durée indéterminée).

SECTION III *Procédures de mobilisation des créances professionnelles*

SOUS-SECTION 1 *Cession et nantissement des créances professionnelles*

Art. R. 313-15 La notification prévue à l'article L. 313-28 peut être faite par tout moyen.

La notification au débiteur d'une créance cédée ou nantie, en application des articles L. 313-23 à L. 313-35, comporte les mentions obligatoires suivantes :

1° Dans les conditions prévues par les articles L. 313-23 à L. 313-35 du code monétaire et financier, le nom du cédant ou de la personne qui consent le nantissement, comme suit :

"Nous a cédé/nanti la/les créance(s)" ;

2° La désignation de la (ou les) créance(s) cédée(s) ou nantie(s), comme suit :

"Dont vous êtes débiteur envers lui/elle.

"Conformément aux dispositions de l'article L. 313-28, nous vous demandons de cesser, à compter de la présente notification, tout paiement au titre de cette/ces créance(s) à ..." ;

3° Le mode de règlement et l'indication de la personne à l'ordre de laquelle ce règlement doit être effectué, comme suit :

"En conséquence, le règlement de votre dette (indication du mode de règlement) devra être effectué à l'ordre de ... (indication de la personne à l'ordre de laquelle le règlement doit être effectué)." — *[Décr. nº 81-862 du 9 sept. 1981, art. 2, al. 1er et annexe I.]*

1. Forme de la notification. La notification par lettre recommandée ne constitue pas un élément de validité de la notification, mais un simple élément de preuve. • Paris, 15 oct. 1993 : *Banque janv. 1994. 92, obs. Guillot ; RTD com. 1994. 82, obs. Cabrillac et Teyssié*. ♦ Pour une notification résultant de l'apposition, par le cessionnaire, d'un « papillon jaune » sur la facture émise par le cédant, V. • Paris, 15 déc. 1994 : *RJDA 1995, nº 471.* ♦ V. note ss. art. R. 313-18. ♦ Sur l'absence d'effets d'une notification faite en langue étrangère, V. • T. com. Paris, 15 sept. 1993 : *RTD com. 1994. 536, obs. Cabrillac et Teyssié*.

2. Destinataire. Est valable la notification adressée à l'établissement destinataire des factures correspondant aux créances cédées et non au siège social de l'entreprise. • Paris, 15 oct. 1993 : *préc. note 1.* ♦ De même est valable la notification faite à un service de la SNCF autre que celui chargé du paiement. • Paris, 17 févr. 1995 : *Banque juin 1995. 94, obs. Guillot.*

2 bis. La cession, par une entreprise à une banque, d'une créance correspondant à un crédit de TVA dont l'entreprise est titulaire, doit faire l'objet d'une notification au comptable signataire de la dépense, et non au receveur des impôts. • TA Lille, 10 déc. 1998 : *JCP E 1999, nº 30-34, p. 1301, note D. F.*

3. Mentions obligatoires. Les documents adressés par une banque cessionnaire à une société débitrice doivent, pour valoir notification et interdiction de payer au cédant signataire du bordereau, mentionner expressément, outre la référence à la L. nº 81-1 du 2 janv. 1981 [C. mon. fin., art. L. 313-23 s.], la désignation du créancier cédant, celle de la créance ou des créances cédées, une interdiction de payer ces créances entre les mains du créancier signataire du bordereau de cession. • Com. 7 janv. 1997 : *Bull. civ. IV, nº 2 ; D. Affaires 1997. 183 ; RTD com. 1997. 300, obs. Cabrillac*. ♦ En revanche, l'annexe I du décret de 1981 [C. mon. fin., art. R. 313-15, al. 2 s.] n'oblige pas le bénéficiaire du bordereau qui adresse un acte d'acceptation à rappeler les dispositions de l'art. 6 de la loi relatives aux effets de l'acceptation et notamment à l'impossibilité pour le débiteur qui accepte d'opposer au cessionnaire les exceptions fondées sur ses rapports avec le cédant. • Paris, 13 nov. 1990 : *D. 1991. 594, note D. Martin*.

Art. R. 313-16 Lorsque la créance est cédée en vertu d'un contrat d'affacturage, la société d'affacturage doit, dans le cadre de la notification au débiteur cédé de cette cession de créance, en application des articles L. 313-23 à L. 313-35, faire figurer sur la facture afférente à la créance qui lui a été cédée, les mentions obligatoires suivantes :

1° Le nom de la société d'affacturage, comme suit :

"La créance relative à la présente facture a été cédée à ... dans le cadre des articles L. 313-23 à L. 313-35 du code monétaire et financier" ;

2° Le mode de règlement, comme suit :

"Le paiement doit être effectué par chèque, traite, billets, etc., établi à l'ordre de (nom de la société d'affacturage ou de son mandataire)... et adressé à ... ou par virement au compte n° ... chez ... *(Abrogé par Décr. n° 2006-1115 du 5 sept. 2006, art. 3)* *« ou au CCP n° ... ».* – *[Décr. n° 81-862 du 9 sept. 1981, art. 2, al. 2 et annexe II.]*

Art. R. 313-17 Lorsque la créance est cédée ou nantie au titre d un marché public, la notification doit être faite entre les mains du comptable assignataire désigné dans les documents contractuels. Elle doit comporter les mentions obligatoires suivantes, conformément aux articles L. 313-23 à L. 313-35 : – *La notification prévue à l'art. L. 313-28 C. mon. fin. est adressée au comptable public assignataire désigné dans le marché. – V. C. marchés, art. 108 (Décr. n° 2006-975 du 1er août 2006 ; JO 4 août). –* ***C. marchés.***

1° Dans les conditions prévues par les articles L. 313-23 à L. 313-35 du code monétaire et financier, le titulaire du marché/le sous-traitant/le bénéficiaire de la facture ci-dessous désigné comme suit (raison sociale et adresse de l'entreprise cédante) :

"Nous a cédé/nanti en totalité/en partie par bordereau en date du... la (les) créance(s) suivante(s) :

"Marché n°..."

2° L'indication de la commande, comme suit :

"Bon de commande n°...

"Ordre de service n°... (préciser en cas de marché à commandes ou marchés de clientèle).

"Acompte ou facture...

"Sous-traité n° (1)...

"Lieu d'exécution...

"Administration contractante..."

3° Le montant ou l'évaluation de la créance cédée ou nantie, comme suit :

"En cas de cession ou de nantissement total : montant ou évaluation :

"En cas de cession ou de nantissement partiel, désignation de la part du marché ou du sous-traité : montant ou évaluation :

"Conformément aux dispositions de l'article L. 313-28, nous vous demandons de cesser, à compter de la réception de la présente notification, tout paiement au titre de cette (ces) créance(s) à ... (raison sociale et adresse de l'entreprise cédante)."

4° Le mode de règlement, comme suit :

"En conséquence, le règlement des sommes revenant à l'entreprise ci-dessus devra être effectué à ... (indication de la personne à l'ordre de laquelle il doit être effectué et du mode de règlement)." – *[Décr. n° 81-862 du 9 sept. 1981, art. 2, al. 3 et annexe III.]*

Sur le certificat de cessibilité des créances issues de marchés publics, V. Arr. 28 août 2006 (JO 29 août). – ***C. marchés.***

1. Défaut de notification. A défaut de notification de la cession au comptable assignataire, la demande en paiement de la banque cessionnaire d'un bordereau Dailly doit être déclarée irrecevable, l'acceptation de la cession par le débiteur n'ayant aucune influence sur les droits du porteur et les obligations du comptable. • Riom, 27 sept. 1994 : *JCP 1995. IV. 94 ; RJDA 1995, n° 472.*

2. Destinataire de la notification. Un établissement public, débiteur d'une créance professionnelle cédée, n'ayant pas transmis à son comptable les notifications de créances adressées par la banque cessionnaire et s'étant acquitté de sa dette en réglant le cédant, alors même qu'il avait déjà connaissance de la cession, la banque est fondée à se prévaloir de fautes de nature à engager la responsabilité pécuniaire de l'établissement public à son égard. • CAA Paris, 9 juill. 1992 : *JCP E 1992. Pan. 1317.* ♦ Toutefois, la banque ayant elle-même commis une faute en adressant la notification à l'établissement public et non à son comptable assignataire, la responsabilité doit être partagée. • Même arrêt. – Sur cet arrêt, V. Blais, *Dr. adm. avr. 1995, p. 1.* – V. aussi • TGI Paris, 12 mai 1993 : *BICC 1993, n° 1166.* ♦ Comp., jugeant que le maire de la commune, à qui les notifications avait été adressées, n'était pas tenu de les transmettre au comptable : • CAA Paris, 23 mai 1995 :

JCP 1995. II. 22552, note Eckert. ♦ La notification ayant été effectuée auprès d'une autorité administrative incompétente, l'acquéreur de la créance cédée ne peut s'en prévaloir à l'encontre de l'exception de compensation qui a éteint la créance sur l'État. • CAA Paris, 12 nov. 1993 : *JCP E 1994. Pan. 134 ; LPA 29 août 1994, concl. Mendras.* ♦ L'action en répétition de l'indu n'est pas recevable : V. • Com. 21 oct. 1997 : *RD bancaire et bourse 1998. 10, obs. Crédot et Gérard.* ♦ S'il résulte de l'art. 189 C. marchés [abrogé] que la notification de la cession de créances doit être adressée par le cessionnaire au comptable public assignataire désigné dans le marché et que celui-ci doit en conséquence payer à l'établissement de crédit le montant de la créance cédée telle qu'elle résulte de l'exécution du contrat de marché public, l'engagement facultatif prévu par l'art. 6 de la loi du 2 janv. 1981 [C. mon. fin., art. L. 313-29], laquelle ne modifie pas les règles de répartition de compétences entre les ordonnateurs et les comptables publics, qui a pour effet la renonciation du maître de l'ouvrage à certaines garanties qu'il tient du marché, ne peut pas être souscrit par le comptable public mais par le représentant qualifié de l'administration contractante. • CAA Bordeaux, 28 déc. 1995 : *JCP E 1996. II. 818, concl. Bousquet ; RJDA 1996, n° 1080.* – V. C. marchés, art. 108 (Décr. n° 2006-975 du 1er août 2006 ; *JO 4 août*). – **C. marchés.**

3. Forme de la notification. La notification à la personne publique de la cession d'une créance née de l'exécution d'un marché public qui est entaché de nullité doit être effectuée dans les conditions de droit commun prévues par l'art. 2 du Décr. du 9 sept. 1981, et non dans les formes propres aux marchés publics, prévues par l'art. 189 C. marchés [abrogé]. • CAA Nantes, 29 juin 2001 : *JCP E 2002, n° 2, 43.* ♦ Comp., jugeant que les dispositions de l'art. 2 du Décr. du 9 sept. 1981, qui ne concernent que la forme de la notification, ne dispensent pas de l'obligation de l'adresser à son destinataire selon les règles applicables, notamment en matière de comptabilité publique : • CAA Douai, 29 avr. 2003 : *JCP E 2003, n° 39, p. 1516.*

Art. R. 313-17-1 *(Décr. n° 2006-22 du 5 janv. 2006, art. 1er)* Lorsque la créance est cédée ou nantie au titre d'un contrat de partenariat ou d'un contrat mentionné au premier alinéa de l'article L. 6148-5 du code de la santé publique, la notification est faite entre les mains du comptable public assignataire désigné dans les documents contractuels. Elle comporte les mentions obligatoires suivantes :

"1° Dans les conditions prévues par les articles L. 313-23 à L. 313-35 du code monétaire et financier, le titulaire du contrat de partenariat ou d'un contrat mentionné au premier alinéa de l'article L. 6148-5 du code de la santé publique (raison sociale et adresse du titulaire du contrat de partenariat ou du contrat mentionné au premier alinéa de l'article L. 6148-5 du code de la santé publique, le cédant) nous a cédé / a nanti, en totalité / en partie, par bordereau en date du ...., la créance relative au contrat de partenariat ou au contrat mentionné au premier alinéa de l'article L. 6148-5 du code de la santé publique signé le .... par (nom de la collectivité publique contractante) ;

"2° Le montant de la créance cédée ou nantie est de .... ;

"3° Conformément aux dispositions de l'article L. 313-28 du code monétaire et financier, nous vous demandons de cesser, à compter de la réception de la présente notification, tout paiement au titre de cette créance, à (raison sociale et adresse du cédant) ;

"4° En conséquence, le règlement des sommes revenant à l'entreprise désignée ci-dessus devra être effectué à (désignation de l'établissement cessionnaire et du mode de règlement)."

Art. R. 313-17-2 *(Décr. n° 2006-22 du 5 janv. 2006, art. 1er)* Si la créance cédée comporte une part représentant une fraction du coût des investissements, définie en application de l'article L. 313-29-1 du code monétaire et financier, la notification mentionnée à l'article R. 313-17-1 comporte, outre les mentions prévues à cet article, la mention obligatoire suivante :

"La part fixée contractuellement à l'article n° ..... du contrat de partenariat ou du contrat mentionné au premier alinéa de l'article L. 6148-5 du code de la santé publique, en application de l'article L. 313-29-1 du code monétaire et financier, est cédée en totalité / en partie pour un montant de ...."

Art. R. 313-18 En cas de litige, l'établissement qui a notifié doit apporter la preuve de la connaissance par le débiteur de la notification. Cette preuve est établie selon les règles de preuve applicables au débiteur de la créance cédée ou nantie. – *[Décr. nº 81-862 du 9 sept. 1981, art. 2, al. 4.]*

Preuve de la notification. La preuve de la notification peut être faite par tout moyen, et résulter notamment : du fait que le cédé a reconnu avoir reçu du cessionnaire le pli contenant la notification. • Paris, 15 sept. 1992 : *RJ com. 1994. 248, note X. Vincent.* ♦ ... D'une lettre recommandée avec accusé de réception ou de tout autre moyen permettant de donner date certaine. • CAA Paris, 23 mai 1995 : *cité note 2 ss. art. R. 313-17.* ♦ Mais la preuve que la notification comportait les mentions obligatoires ne résulte pas de la seule production de l'accusé de réception de la lettre recommandée. • Versailles, 31 oct. 1996 : *RJDA 1997, nº 538.*

SOUS-SECTION 2 *Mobilisation des crédits par le cessionnaire ou le nanti*

§ 1er *Dispositions générales*

Art. R. 313-19 La disposition du deuxième alinéa de l'article L. 313-25, selon laquelle la date de cession ou de nantissement est apposée par le cessionnaire, peut ne pas s'appliquer aux cessions de créances financières prévues à l'article L. 313-31.

L'engagement pris par le débiteur de payer directement le cessionnaire de créances financières selon les règles posées par l'article L. 313-29 est constaté par un écrit intitulé :

« Acte d'acceptation de la cession d'une créance financière ». – *[Décr. nº 81-862 du 9 sept. 1981, art. 3.]*

Sur le recouvrement des créances par la procédure d'injonction de payer, V. C. pr. civ., art. 1405. – ***C. pr. civ.***

§ 2 *Mobilisation des crédits à moyen terme*

Le présent paragraphe ne comprend pas de dispositions réglementaires.

§ 3 *Mobilisation des créances hypothécaires et assimilées*

Art. R. 313-20 *(Décr. nº 2007-745 du 9 mai 2007, art. 1er)* I. – Une créance garantie au sens de l'article L. 313-42 ne peut être mobilisée par application des dispositions de cet article que dans la limite du plus petit des montants ci-dessous :

1. Le montant du capital restant dû de cette créance ;

2. Le produit de la quotité de financement définie au II et de la valeur du bien financé ou apporté en garantie.

II. – La quotité mentionnée au 2 du Ier est égale à :

1. 60 % de la valeur du bien financé pour les créances cautionnées ou du bien apporté en garantie pour les créances hypothécaires ;

2. 80 % de la valeur du bien pour les prêts mis à la disposition du porteur du billet à ordre par la société émettrice de ce billet qui ont été consentis à des personnes physiques pour financer la construction ou l'acquisition de logements ou pour financer à la fois l'acquisition d'un terrain à bâtir et le coût des travaux de construction de logements.

Sont assimilés à la construction de logements les travaux ayant pour objet, en vue de la réalisation d'un logement, la création ou la transformation d'une surface habitable, par agrandissement ou par remise en état.

III. – L'évaluation des biens financés ou apportés en garantie correspondant aux créances mobilisées est faite par les émetteurs de billets à ordre selon les modalités prévues par un arrêté du ministre chargé de l'économie. – *[Décr. nº 2000-664 du 17 juill. 2000, art. 1er.]*

Art. R. 313-21 *(Décr. n° 2007-745 du 9 mai 2007, art. 1er)* La quotité mentionnée au 2 du II de l'article R. 313-20 est portée à :

1. 90 % de la valeur du bien lorsque le montant des créances mobilisées excède de 25 % au moins celui des billets à ordre qu'elles garantissent ;

2. 100 % de la valeur du bien apporté en garantie, pour les prêts bénéficiant de la garantie du fonds de garantie à l'accession sociale à la propriété mentionné à l'article L. 312-1 du code de la construction et de l'habitation ou de toute personne qui viendrait à s'y substituer ou les prêts couverts, pour la partie excédant la quotité fixée, par un cautionnement répondant aux conditions posées à l'article L. 313-42 du présent code ou par la garantie d'une ou plusieurs personnes publiques mentionnées à l'article L. 515-15 du présent code. – *[Décr. n° 2000-664 du 17 juill. 2000, art. 2.]*

Art. R. 313-22 Une sûreté immobilière, conférant une garantie équivalente à une hypothèque de 1er rang au sens de l'article L. 313-42, est celle qui confère au créancier, quelle que soit la situation juridique du débiteur, le droit de faire procéder à la vente de l'immeuble grevé par cette sûreté dans quelques mains qu'il se trouve et de se faire payer sur le prix de vente par préférence aux autres créanciers. – *[Décr. n° 2000-664 du 17 juill. 2000, art. 3.]*

Art. R. 313-23 *Abrogé par Décr. n° 2007-745 du 9 mai 2007, art. 1er.*

Art. R. 313-24 Pour l'application du 2° du I de l'article L. 515-14, les créances cautionnées éligibles sont celles dont un établissement de crédit ou une entreprise d'assurances détenant des capitaux propres d'au moins 12 millions d'euros est caution solidaire.

Le montant total des créances cautionnées mobilisées ne peut dépasser *(Décr. n° 2007-745 du 9 mai 2007, art. 1er)* « 35 % » du montant total des créances mises à disposition au profit de l'établissement détenteur des billets à ordre émis en application des articles L. 313-42 à L. 313-48. – *[Décr. n° 2000-664 du 17 juill. 2000, art. 5.] – V. C. mon. fin., art. L. 515-14. – **C. mon. fin.***

Art. R. 313-25 Le contrat d'émission des obligations émises en application de l'article L. 313-42 mentionne explicitement :

1° La finalité de la mobilisation ;

2° L'objet exclusif de l'établissement de crédit émetteur ;

3° La dérogation prévue *(Décr. n° 2011-922 du 1er août 2011, art. 11)* « au 2° du IV de l'article R. 214-21 » ;

4° Le privilège dont bénéficie l'établissement de crédit émetteur conformément aux dispositions des articles L. 313-42 à L. 313-49. – *[Décr. n° 2000-664 du 17 juill. 2000, art. 7.]*

SECTION IV *Garantie des cautions*

Art. D. 313-26 à D. 313-31 *V. au* ***C. mon. fin.***

CHAPITRE IV *Les services de paiement* *(Décr. n° 2009-934 du 29 juill. 2009, art. 2-II).*

Art. R. 314-1 *V. au* ***C. mon. fin.***

CHAPITRE V *L'émission et la gestion de monnaie électronique*

(Décr. n° 2013-383 du 6 mai 2013, art. 2)

Art. R. 315-1 *V. au* ***C. mon. fin.***

CHAPITRE VI *Médiation* (*Décr. n° 2013-383 du 6 mai 2013, art. 2*)

Le présent chapitre ne comprend pas de dispositions réglementaires.

CHAPITRE VII *Contrôle et dispositions communes* (*Décr. n° 2013-383 du 6 mai 2013, art. 2*)

Le présent chapitre ne comprend pas de dispositions réglementaires.

TITRE IV Démarchage, colportage et fourniture à distance de services financiers (*Décr. n° 2005-1540 du 25 nov. 2005, art. 5*).

Art. D. 341-1 *à* R. 341-16 *V. au* ***C. mon. fin.***

TITRE V Dispositions pénales

CHAPITRE PREMIER *Infractions relatives au droit au compte et aux relations avec le client*

Art. D. 351-1 Les amendes fiscales sanctionnant les infractions mentionnées aux articles L. 351-2 et L. 351-3 sont recouvrées comme en matière de timbre et, notamment, suivant les dispositions prévues au titre IV du livre des procédures fiscales. – *[Décr. n° 56-1071 du 23 oct. 1956, art. 4.]*

Art. D. 351-2 L'action du Trésor pour la constatation des infractions mentionnées aux articles L. 351-2 et L. 351-3 est prescrite à l'expiration du délai prévu au deuxième alinéa de l'article L. 188 du livre des procédures fiscales. – *[Décr. n° 56-1071 du 23 oct. 1956, art. 5.]*

Art. R. 351-3 Le pouvoir de statuer sur les demandes formées par les contrevenants à l'effet d'obtenir la remise des amendes encourues est réservé à l'autorité administrative compétente. Cette dernière statue sur demande transmise conjointement par le directeur général des impôts et le directeur général du Trésor et de la politique économique. – *[Décr. n° 56-1071 du 23 oct. 1956, art. 6.]*

Les tables de concordance fournies par le ministère de l'Économie et l'art. D. 351-4 mentionnent un art. D. 351-3 en lieu et place de l'art. R. 351-3 prévu par le Décr. n° 2005-1007 du 2 août 2005 (JO 25 août, annexe, p. 34062).*

Art. D.* 351-4 L'autorité administrative compétente mentionnée à l'article D. 351-3 est le ministre chargé de l'économie. – *[Décr. n° 56-1071 du 23 oct. 1956, art. 6.]*

Art. R. 351-4 Le fait, pour tout dirigeant de droit ou de fait, d'une société commerciale mentionnée à l'article R. 313-14 de contrevenir aux obligations mentionnées au I de cet article, ou pour toute autre personne morale ou personne physique ayant la qualité de commerçant, de contrevenir aux obligations mentionnées au II dudit article est puni de l'amende prévue pour les contraventions de la 5e classe.

La récidive de la contravention au présent article est réprimée conformément à l'article 132-11 du code pénal. – *[Décr. n° 72-665 du 4 juill. 1972, art. 13.]*

Art. R. 351-5 (*Décr. n° 2005-1738 du 30 déc. 2005, art. 2, en vigueur le 1er janv. 2006*) Le fait, pour toute personne chargée à un titre quelconque de la direction ou de l'administration d'un établissement de crédit, ou d'un des établissements ou services mentionnés à l'article L. 518-1 du code monétaire et financier, à l'exception du Trésor public, de méconnaître l'obligation consistant, pour tout compte ayant vocation à recevoir des opérations initiées par des tiers, à indiquer sur le relevé de compte adressé au client, ou en annexe à celui-ci, le numéro international de compte bancaire (IBAN) du client et le code d'identification de banque (BIC) de l'établissement est puni de l'amende prévue par les contraventions de 1re classe.

CHAPITRE III *Infractions relatives au démarchage et à la fourniture à distance de services financiers* (*Décr. n° 2005-1450 du 25 nov. 2005*).

Art. R. 353-1 *V. au* ***C. mon. fin.***

LIVRE V Les prestataires de services

TITRE PREMIER Établissement du secteur bancaire

CHAPITRE PREMIER *Règles générales applicables aux établissements de crédit*

SECTION I *Définitions et activités*

La présente section ne comprend pas de dispositions réglementaires.

SECTION II *Interdictions*

Art. R. 511-1 et R. 511-2 *V. au* ***C. mon. fin.***

SECTION III *Conditions d'accès à la profession*

Art. R. 511-3 à R. 511-5 *V. au* ***C. mon. fin.***

CHAPITRE V *Les sociétés financières*

SECTION I *Dispositions communes*

La présente section ne comprend pas de dispositions réglementaires.

SECTION II *Les sociétés de crédit-bail mobilier et immobilier*

La présente section ne comprend pas de dispositions réglementaires.

SOUS-SECTION 1 *Objet*

La présente sous-section ne comprend pas de dispositions réglementaires.

SOUS-SECTION 2 *Statuts*

La présente sous-section ne comprend pas de dispositions réglementaires.

SECTION III *Les sociétés de caution mutuelle*

Art. R. 515-1 (*Ord. n° 2010-76 du 21 janv. 2010, art. 18*) « L'Autorité de contrôle prudentiel » peut, après avis de l'organe central, délivrer un agrément collectif à une banque mutualiste et coopérative pour elle-même et pour les sociétés de caution mutuelle lui accordant statutairement l'exclusivité de leur cautionnement, si ces sociétés ont conclu avec cette banque mutualiste et coopérative une convention de nature à garantir leur liquidité et leur solvabilité.

Dans ce cas, le respect des règles arrêtées par le ministre chargé de l'économie prises pour l'application de l'article L. 611-1 est apprécié collectivement. – *[Décr. n° 84-708 du 24 juill. 1984, art. 14.]*

SOUS-SECTION 3 *Emploi des fonds*

La présente sous-section ne comprend pas de dispositions réglementaires.

SOUS-SECTION 4 *Publicité*

La présente sous-section ne comprend pas de dispositions réglementaires.

CHAPITRE IX *Les intermédiaires en opérations de banque et en services de paiement* *(Décr. n° 2009-934 du 29 juill. 2009, art. 3).*

Le présent chapitre ne comprend pas de dispositions réglementaires.

TITRE II Les prestataires de services de paiement et les changeurs manuels *(Décr. n° 2009-934 du 29 juill. 2009, art. 3).*

CHAPITRE PREMIER *Les prestataires de services de paiement*

(Décr. n° 2009-934 du 29 juill. 2009, art. 3)

Art. D. 521-1 *V. au* ***C. mon. fin.***

CHAPITRE II *Les établissements de paiement*

Art. D. 522-1 à D. 522-3 *V. au* ***C. mon. fin.***

CHAPITRE III *Les agents*

Le présent chapitre ne comprend pas de dispositions réglementaires.

CHAPITRE IV *Les changeurs manuels*

Art. D. 524-1 et D. 524-2 *V. au* ***C. mon. fin.***

CHAPITRE V *Les émetteurs de monnaie électronique*

Art. D. 525-1 ***et*** **D. 525-2** *V. au* ***C. mon. fin.***

CHAPITRE VI *Les établissements de monnaie électronique*

Art. D. 526-1 ***à*** **D. 526-4** *V. au* ***C. mon. fin.***

TITRE V Intermédiaires en biens divers

Art. R. 550-1 Le document d'information qui doit être déposé par tout intermédiaire en biens divers préalablement à *(Décr. n° 2009-557 du 19 mai 2009, art. 1er-VI)* « toute offre au public » ou à tout démarchage pour proposer l'acquisition de droits ou de biens dans les conditions prévues à l'article L. 550-3 doit comporter toutes les indications utiles à l'information des épargnants.

Il décrit notamment la nature et l'objet de l'opération proposée. Il donne l'identité de son initiateur et des personnes qui seront chargées de la gestion des biens.

Il indique le montant des frais de toute nature qui seront supportés directement ou indirectement par l'épargnant. Il précise les modalités de revente des droits et des biens acquis. – *[Décr. n° 83-358 du 2 mai 1983, art. 1er.]*

Art. R. 550-2 Pour l'application de l'article L. 550-4, le gestionnaire doit présenter des comptes en distinguant selon la nature, la catégorie ou le mode de gestion des biens. Ces documents sont adressés, avec les observations des commissaires aux comptes, aux détenteurs des droits. – *[Décr. n° 83-358 du 2 mai 1983, art. 3.]*

Art. R. 550-3 Le commissaire aux comptes mentionné à l'article L. 550-2 est désigné par ordonnance sur requête du président du tribunal de commerce du lieu du domicile ou du siège social du gestionnaire, après avis de l'Autorité des marchés financiers. Ce tribunal est compétent pour relever les commissaires aux comptes de leurs fonctions dans les cas prévus à l'article L. 550-5. – *V. cet art.*

Pour l'exercice de sa mission, le commissaire aux comptes est soumis aux dispositions du *(Décr. n° 2007-431 du 25 mars 2007, art. 2)* « titre II du livre VIII du code de commerce ». – *[Décr. n° 83-358 du 2 mai 1983, art. 2.]*

Code général de la propriété des personnes publiques

Art. L. 1126-1 Sont acquis à l'État, à moins qu'il ne soit disposé de ces biens par des lois particulières :

1° Le montant des coupons, intérêts ou dividendes, atteints par la prescription quinquennale ou conventionnelle et afférents à des actions, parts de fondateur, obligations ou autres valeurs mobilières négociables, émises par toute société commerciale ou civile ou par toute collectivité privée ou publique.

2° Les actions, parts de fondateur, obligations et autres valeurs mobilières des mêmes collectivités, lorsqu'elles sont atteintes par la prescription trentenaire ou conventionnelle ;

3° Les dépôts de sommes d'argent et, d'une manière générale, tous avoirs en espèces dans les banques, les établissements de crédit et tous autres établissements qui reçoivent des fonds en dépôt ou en compte courant, lorsque ces dépôts ou avoirs n'ont fait l'objet de la part des ayants droit d'aucune opération ou réclamation depuis trente années ;

4° Les dépôts de titres et, d'une manière générale, tous avoirs en titres dans les banques et autres établissements qui reçoivent des titres en dépôt ou pour tout autre cause lorsque ces dépôts ou avoirs n'ont fait l'objet, de la part des ayants droit, d'aucune opération ou réclamation depuis trente années. – *[C. dom. Ét, art. L. 27]*.

(L. n° 2006-1640 du 21 déc. 2006, art. 18-I) « 5° Les sommes dues au titre de contrats d'assurance sur la vie comportant des valeurs de rachat ou de transfert et n'ayant fait l'objet, à compter du décès de l'assuré ou du terme du contrat, d'aucune demande de prestation auprès de l'organisme d'assurance depuis trente années. »

Art. L. 1126-2 *V. au* ***C. sociétés.***

Art. L. 1126-3 Les banques, les établissements de crédit et tous autres établissements qui reçoivent soit des fonds en dépôt ou en compte courant, soit des titres en dépôt ou pour tout autre cause sont tenus de remettre *(L. n° 2009-526 du 12 mai 2009, art. 121-I)* « au Trésor public » tous les dépôts ou avoirs en espèces ou en titres, qui n'ont fait l'objet, de la part des ayants droit, d'aucune opération ou réclamation depuis trente ans et qui n'ont pas été déposés dans un établissement habilité à cet effet par décret. – [*C. dom. Ét, art. R. 47, al. 1er.*]

Art. L. 2222-21 Les agents désignés par l'autorité administrative compétente ont droit de prendre communication au siège des banques, établissements ou collectivités mentionnés aux *(L. nº 2006-1640 du 21 déc. 2006, art. 18-I)* « 1° à 5° » de l'article L. 1126-1, ou dans leurs agences ou succursales, de tous registres, délibérations et documents quelconques pouvant servir au contrôle des sommes ou titres à remettre à l'État.

Art. L. 2222-22 Toute contravention aux dispositions des articles L. 1126-2 et L. 1126-3, et tout refus de communication dans le cadre des dispositions de l'article L. 2222-21 sont punis de l'amende prévue à l'article 1734 du code général des impôts.

Les règles applicables en matière domaniale régissent le recouvrement de l'amende ainsi que la présentation, l'instruction et le jugement des réclamations.

V. aussi CGPPP, art. R. 1126-2 s. – ***C. sociétés*** *ou* ***CGPPP***.

Code des procédures civiles d'exécution

PARTIE LÉGISLATIVE

(Ord. nº 2011-1895 du 19 déc. 2011, en vigueur le 1er juin 2012)

RÉP. SOCIÉTÉS vº *Saisie de droits sociaux et de valeurs mobilières*, par Jeantin et Théry.

BIBL. GÉN. ▸ Loi nº 91-650 du 9 juill. 1991 : Le Cannu, *RTD civ. 1993. 87* (numéro spécial) ; *Bull. Joly 1992. 1169 ; ibid. 1992. 1275* (droits d'associé et valeurs mobilières non cotées) ; *ibid. 1993. 16* (mesures conservatoires) ; *LPA 22 déc. 1999* (saisie des valeurs mobilières). – Théry, *JCP E 1993. I. 239.* – Putman, *ibid. 305.* – Baraderie, *Gaz. Pal. 1992. 2. Doctr. 910* (nantissement judiciaire). – R. Martin, *D. 1994. Chron. 322* (lieu de l'adjudication forcée des droits d'associés). – Thomasset-Pierre, *JCP E 1995. I. 467* (articulation avec le droit des sociétés). – Delebecque, *Rev. sociétés 1999. 599* (nantissement et saisie). – Perrot-Reboul, *D. 2000. Chron. 353* (saisissabilité des instruments financiers).

Saisie des droits incorporels

Art. L. 231-1 Tout créancier muni d'un titre exécutoire constatant une créance liquide et exigible peut faire procéder à la saisie et à la vente des droits incorporels, autres que les créances de sommes d'argent, dont son débiteur est titulaire. – [*L. nº 91-950 du 9 juill. 1991, art. 59.*]

Art. L. 233-1 Seuls sont admis à faire valoir leurs droits sur le prix de la vente les créanciers saisissants ou opposants qui se sont manifestés avant la vente. – [*L. nº 91-950 du 9 juill. 1991, art. 60.*]

V. C. pr. exéc., art. R 232-1 à R. 233-9.

Saisies conservatoires

Art. L. 521-1 La saisie conservatoire peut porter sur tous les biens mobiliers, corporels ou incorporels, appartenant au débiteur.

Elle les rend indisponibles.

Sous réserve des dispositions de l'article L. 523-1 [*relatif aux saisies portant sur une créance ayant pour objet une somme d'argent*], un bien peut faire l'objet de plusieurs saisies conservatoires. – [*L. nº 91-650 du 9 juill. 1991, art. 74 et 75, al. 2.*]

Art. L. 522-1 Le créancier qui a obtenu ou possède un titre exécutoire constatant une créance liquide et exigible peut faire procéder à la vente des biens qui ont été rendus indisponibles jusqu'à concurrence du montant de sa créance. — *[L. n° 91-650 du 9 juill. 1991, art. 76, al. 1er.]*

V. C. pr. exéc., art. R. 524-1 et R. 524-1 à R. 524-6.

Sûretés judiciaires

Art. L. 531-1 Une sûreté judiciaire peut être constituée à titre conservatoire sur les immeubles, les fonds de commerce, les actions, parts sociales et valeurs mobilières. — *[L. n° 91-650 du 9 juill. 1991, art. 77.]*

Art. L. 531-2 Les biens grevés d'une sûreté judiciaire demeurent aliénables. Le prix en est payé et distribué dans les conditions fixées par décret en Conseil d'État. — *V. C. pr. exéc., art. R. 251-1. — **C. pr. civ.***

Toutefois, en cas de vente de valeurs mobilières inscrites sur un compte tenu et géré par un intermédiaire habilité, le prix peut être utilisé pour acquérir d'autres valeurs qui sont alors subrogées aux valeurs vendues. — *[L. n° 91-650 du 9 juill. 1991, art. 79.]*

V. C. pr. exéc., art. R. 531-1 à R. 533-6.

Art. L. 532-1 Les sûretés judiciaires sont opposables aux tiers du jour de l'accomplissement des formalités de publicité prescrites par décret en Conseil d'État. — *[L. n° 91-650 du 9 juill. 1991, art. 78, al. 1er.]*

Art. L. 533-1 La publicité provisoire cesse de produire effet si, dans un délai fixé par décret, elle n'a pas été confirmée par une publicité définitive. — *[L. n° 91-650 du 9 juill. 1991, art. 78, al. 2.]*

PARTIE RÉGLEMENTAIRE

(Décr. n° 2012-783 du 30 mai 2012, en vigueur le 1er juin 2012)

BIBL. ► Décr. n° 92-755 du 31 juill. 1992 : LE CANNU, *Bull. Joly 1992. 1169* (saisie-vente des valeurs mobilières : les règles nouvelles). — PÉROT-REBOUL, *D. 2000. Chron. 253* (exécution forcée des instruments financiers). — HOONAKKER, *Dr. et patr. janv. 2009. 64* (la saisie des droits d'associés et des valeurs mobilières). — BRENNER, *ibid. 69* (vente des droits d'associé et des valeurs mobilières). — MARCHISIO et ZADGORSKA, *Bull. Joly Bourse 2012. 91* (saisie-vente de valeurs mobilières cotées : un mode de recouvrement attractif altéré par une réglementation lacunaire).

Saisie des droits incorporels

Art. R. 231-1 Sauf dispositions contraires, la saisie des droits incorporels est régie par le présent titre dans la mesure où leur spécificité n'y met pas obstacle.

Opérations de saisie

Art. R. 232-1 Les droits d'associé et les valeurs mobilières dont le débiteur est titulaire sont saisis auprès de la société ou de la personne morale émettrice. — *[Décr. n° 92-755 du 31 juill. 1992, art. 178.]*

Art. R. 232-2 Les valeurs mobilières nominatives dont les comptes sont tenus par un mandataire de la société sont saisies auprès de ce mandataire.

La société est tenue de faire connaître à l'huissier de justice le nom du mandataire chargé de la tenue de ses comptes. — *[Décr. n° 92-755 du 31 juill. 1992, art. 179.]*

Art. R. 232-3 Les valeurs mobilières au porteur sont saisies auprès de l'intermédiaire habilité chez qui l'inscription a été prise.

Si le titulaire de valeurs nominatives a chargé un intermédiaire habilité de gérer son compte, la saisie est opérée auprès de ce dernier. – *[Décr. n° 92-755 du 31 juill. 1992, art. 180.]*

Art. R. 232-4 La saisie peut aussi être opérée auprès d'un intermédiaire habilité pour l'ensemble des valeurs mobilières inscrites en compte au nom du débiteur. – *[Décr. n° 92-755 du 31 juill. 1992, art. 181.]*

Art. R. 232-5 Le créancier procède à la saisie par la signification d'un acte qui contient à peine de nullité :

1° Les nom et domicile du débiteur ou, s'il s'agit d'une personne morale, sa dénomination et son siège social ;

2° L'indication du titre exécutoire en vertu duquel la saisie est pratiquée ;

3° Le décompte des sommes réclamées en principal, frais et intérêts échus ainsi que l'indication du taux des intérêts ;

4° L'indication que la saisie rend indisponibles les droits pécuniaires attachés à l'intégralité des parts ou valeurs mobilières dont le débiteur est titulaire ;

5° La sommation de faire connaître l'existence d'éventuels nantissements ou saisies. – *[Décr. n° 92-755 du 31 juill. 1992, art. 182.]*

Art. R. 232-6 Dans un délai de huit jours et à peine de caducité, la saisie est portée à la connaissance du débiteur par acte d'huissier de justice.

Cet acte contient à peine de nullité :

1° Une copie du procès-verbal de saisie ;

2° L'indication, en caractères très apparents, que les contestations sont soulevées, à peine d'irrecevabilité, par une assignation qui doit être dénoncée par lettre recommandée avec demande d'avis de réception à l'huissier de justice ayant procédé à la saisie dans le délai d'un mois qui suit la signification de l'acte avec la date à laquelle expire ce délai ;

3° La désignation du juge de l'exécution du domicile du débiteur, compétent pour statuer sur la contestation ;

4° L'indication, en caractères très apparents, que le débiteur dispose d'un délai d'un mois pour procéder à la vente amiable des valeurs saisies dans les conditions prévues soit à l'article R. 233-3, soit, s'il s'agit de droits d'associés ou de valeurs mobilières non admises aux négociations sur un marché réglementé ou sur un système multilatéral de négociation, aux articles R. 221-30 à R. 221-32 ;

5° Si la saisie porte sur des valeurs mobilières admises aux négociations sur un marché réglementé, l'indication qu'il peut, en cas de vente forcée et jusqu'à la réalisation de celle-ci, faire connaître au tiers saisi l'ordre dans lequel elles sont vendues ;

6° La reproduction des articles R. 221-30 à R. 221-32 et R. 233-3. – *[Décr. n° 92-755 du 31 juill. 1992, art. 183.]*

Art. R. 232-7 A peine d'irrecevabilité, la contestation est dénoncée le même jour, par lettre recommandée avec demande d'avis de réception, à l'huissier de justice qui a procédé à la saisie.

L'auteur de la contestation en informe le tiers saisi par lettre simple. – *[Décr. n° 92-755 du 31 juill. 1992, art. 183-1.]*

Art. R. 232-8 L'acte de saisie rend indisponibles les droits pécuniaires du débiteur.

Celui-ci peut en obtenir la mainlevée en consignant auprès de la Caisse des dépôts et consignations une somme suffisante pour désintéresser le créancier. Cette somme est spécialement affectée au profit du créancier saisissant. – *[Décr. n° 92-755 du 31 juill. 1992, art. 184.]*

Opérations de vente

Art. R. 233-1 La vente forcée est effectuée à la demande du créancier sur la présentation d'un certificat délivré par le greffe ou établi par l'huissier de justice qui a procédé à la saisie attestant qu'aucune contestation n'a été formée dans le mois suivant la dénonciation de la saisie ou, le cas échéant, d'un jugement rejetant la contestation soulevée par le débiteur. – *[Décr. nº 92-755 du 31 juill. 1992, art. 185.]*

Art. R. 233-2 En cas de pluralité de saisies, le produit de la vente est réparti entre les créanciers qui ont procédé à une saisie avant la vente.

Toutefois, si une saisie conservatoire a été pratiquée avant la saisie qui a conduit à la vente, le créancier prend part à la distribution du prix mais les sommes qui lui reviennent sont consignées auprès de la Caisse des dépôts et consignations jusqu'à ce qu'il ait obtenu un titre exécutoire. – *[Décr. nº 92-755 du 31 juill. 1992, art. 186.]*

Valeurs mobilières admises aux négociations sur un marché réglementé ou sur un système multilatéral de négociation

Art. R. 233-3 Le débiteur peut, dans le mois de la signification qui lui a été faite, donner l'ordre de vendre les valeurs mobilières saisies. Le produit de la vente est indisponible entre les mains de l'intermédiaire habilité pour être affecté spécialement au paiement du créancier.

Si les sommes provenant de la vente suffisent à désintéresser le ou les créanciers, l'indisponibilité cesse pour le surplus des valeurs mobilières saisies. – *[Décr. nº 92-755 du 31 juill. 1992, art. 187.]*

Art. R. 233-4 Jusqu'à la réalisation de la vente forcée, le débiteur peut indiquer au tiers saisi l'ordre dans lequel les valeurs mobilières sont vendues. A défaut, aucune contestation n'est recevable sur leur choix. – *[Décr. nº 92-755 du 31 juill. 1992, art. 188.]*

Droits d'associé et valeurs mobilières non admises aux négociations sur un marché réglementé ou sur un système multilatéral de négociation

Art. R. 233-5 A défaut de vente amiable dans les conditions prévues aux articles R. 221-30 à R. 221-32, la vente est faite sous forme d'adjudication. – *[Décr. nº 92-755 du 31 juill. 1992, art. 189.]*

Art. R. 233-6 Il est établi un cahier des charges en vue de la vente qui contient, outre le rappel de la procédure antérieure :

1º Les statuts de la société ;

2º Tout document nécessaire à l'appréciation de la consistance et de la valeur des droits mis en vente.

Les conventions instituant un agrément ou créant un droit de préférence au profit des associés ne s'imposent à l'adjudicataire que si elles figurent dans le cahier des charges. – *[Décr. nº 92-755 du 31 juill. 1992, art. 190.]*

Art. R. 233-7 Une copie du cahier des charges est notifiée à la société qui en informe les associés.

Le même jour, une sommation est notifiée, s'il y a lieu, aux autres créanciers opposants d'avoir à prendre connaissance du cahier des charges chez la personne chargée de la vente.

Tout intéressé peut formuler auprès de cette dernière des observations sur le contenu du cahier des charges. Ces observations ne sont plus recevables à l'expiration d'un délai de deux mois à compter de la notification prévue au premier alinéa.

Les associés qui entendent se prévaloir des dispositions du deuxième alinéa de l'article 1868 du code civil en informent la personne chargée de la vente. – *[Décr. nº 92-755 du 31 juill. 1992, art. 191.]*

Art. R. 233-8 La publicité indiquant les jour, heure et lieu de la vente est effectuée par voie de presse et, si nécessaire, par voie d'affiches.

Cette publicité est effectuée un mois au plus et quinze jours au moins avant la date fixée pour la vente.

Le débiteur, la société et, s'il y a lieu, les autres créanciers opposants sont informés de la date de la vente par voie de notification. – *[Décr. n° 92-755 du 31 juill. 1992, art. 192.]*

Art. R. 233-9 Les procédures légales et conventionnelles d'agrément, de préemption ou de substitution sont mises en œuvre conformément aux dispositions propres à chacune d'elles. – *[Décr. n° 92-755 du 31 juill. 1992, art. 193.]*

Saisies conservatoires

Art. R. 521-1 Sur présentation, selon le cas, de l'autorisation du juge ou du titre en vertu duquel la loi permet une mesure conservatoire, une saisie peut être pratiquée sur les biens meubles corporels ou incorporels appartenant au débiteur, même s'ils sont détenus par un tiers ou s'ils ont fait l'objet d'une saisie conservatoire antérieure. – *[Décr. n° 92-755 du 31 juill. 1992, art. 220.]*

Saisie conservatoire des droits d'associé et des valeurs mobilières

Art. R. 524-1 Le créancier procède à la saisie par la signification d'un acte à l'une des personnes mentionnées aux articles R. 232-1 à R. 232-4 selon le cas.

Cet acte contient à peine de nullité :

1° Les nom et domicile du débiteur ou, s'il s'agit d'une personne morale, sa dénomination et son siège social ;

2° L'indication de l'autorisation ou du titre en vertu duquel la saisie est pratiquée ;

3° Le décompte des sommes pour lesquelles la saisie est pratiquée ;

4° L'indication que la saisie rend indisponibles les droits pécuniaires attachés à l'intégralité des parts ou valeurs mobilières dont le débiteur est titulaire ;

5° La sommation de faire connaître l'existence d'éventuels nantissements ou saisies. – *[Décr. n° 92-755 du 31 juill. 1992, art. 244.]*

Art. R. 524-2 Dans un délai de huit jours, à peine de caducité, la saisie conservatoire est dénoncée au débiteur par acte d'huissier de justice.

Cet acte contient à peine de nullité :

1° Une copie de l'autorisation du juge ou du titre en vertu duquel la saisie a été pratiquée ; toutefois, s'il s'agit d'une obligation notariée ou d'une créance de l'État, des collectivités territoriales ou de leurs établissements publics, il est seulement fait mention de la date, de la nature du titre ainsi que du montant de la dette ;

2° Une copie du procès-verbal de saisie ;

3° La mention, en caractères très apparents, du droit qui appartient au débiteur, si les conditions de validité de la saisie ne sont pas réunies, d'en demander la mainlevée au juge de l'exécution du lieu de son domicile ;

4° La désignation de la juridiction devant laquelle seront portées les autres contestations, notamment celles relatives à l'exécution de la saisie ;

5° La reproduction des articles R. 511-1 à R. 512-3. – *[Décr. n° 92-755 du 31 juill. 1992, art. 245.]*

Art. R. 524-3 Les dispositions de l'article R. 232-8 sont applicables. – *[Décr. n° 92-755 du 31 juill. 1992, art. 246.]*

Art. R. 524-4 Le créancier qui obtient un titre exécutoire constatant l'existence de sa créance signifie au débiteur un acte de conversion qui contient à peine de nullité :

1° La référence au procès-verbal de saisie conservatoire ;

2° L'énonciation du titre exécutoire ;

3° Le décompte distinct des sommes à payer en principal, frais et intérêts échus, ainsi que l'indication du taux des intérêts ;

4° Un commandement d'avoir à payer cette somme, faute de quoi il sera procédé à la vente des biens saisis ;

5° L'indication, en caractères très apparents, que le débiteur dispose d'un délai d'un mois pour procéder à la vente amiable des valeurs saisies dans les conditions prescrites soit à l'article R. 233-3, soit, s'il s'agit de droits d'associés ou de valeurs mobilières non admises aux négociations sur un marché réglementé ou sur un système multilatéral de négociation, aux articles R. 221-30 à R. 221-32 ;

6° Si la saisie porte sur des valeurs mobilières admises aux négociations sur un marché réglementé, l'indication qu'il peut, en cas de vente forcée et jusqu'à la réalisation de celle-ci, faire connaître au tiers saisi l'ordre dans lequel elles seront vendues ;

7° La reproduction des articles R. 221-30 à R. 221-32 et R. 233-3. – *[Décr. n° 92-755 du 31 juill. 1992, art. 247.]*

Art. R. 524-5 Une copie de l'acte de conversion est signifiée au tiers saisi. – *[Décr. n° 92-755 du 31 juill. 1992, art. 248.]*

Art. R. 524-6 La vente est effectuée selon les modalités fixées aux articles R. 233-3 à R. 233-9. – *[Décr. n° 92-755 du 31 juill. 1992, art. 249.]*

Sûretés judiciaires

Art. R. 531-1 Sur présentation de l'autorisation du juge ou du titre en vertu duquel la loi permet qu'une mesure conservatoire soit pratiquée, une sûreté peut être prise sur un immeuble, un fonds de commerce, des parts sociales ou des valeurs mobilières appartenant au débiteur. – *[Décr. n° 92-755 du 31 juill. 1992, art. 250.]*

Publicité provisoire

Art. R. 532-1 L'inscription provisoire d'hypothèque est opérée par le dépôt *(Décr. n° 2012-1462 du 26 déc. 2012, art. 35-XII, en vigueur le 1er janv. 2013)* « au service de la publicité foncière » de deux bordereaux dans les conditions prévues par l'article 2428 du code civil. Elle contient, en outre, l'indication du capital de la créance et de ses accessoires. – *[Décr. n° 92-755 du 31 juill. 1992, art. 251.] – Pour le Bas-Rhin, le Haut-Rhin et la Moselle, V. C. pr. exéc., art. R. 534-1.*– ***C. pr. exéc.***

Art. R. 532-2 L'inscription provisoire de nantissement sur un fonds de commerce est opérée par le dépôt au greffe du tribunal de commerce de deux bordereaux sur papier libre contenant :

1° La désignation du créancier, son élection de domicile dans le ressort du tribunal de commerce où se trouve situé le fonds et la désignation du débiteur ;

2° L'indication de l'autorisation ou du titre en vertu duquel l'inscription est requise ;

3° L'indication du capital de la créance et de ses accessoires. – *[Décr. n° 92-755 du 31 juill. 1992, art. 252.]*

Art. R. 532-3 Le nantissement des parts sociales est opéré par la signification à la société d'un acte contenant :

1° La désignation du créancier et celle du débiteur ;

2° L'indication de l'autorisation ou du titre en vertu duquel la sûreté est requise ;

3° L'indication du capital de la créance et de ses accessoires.

En outre, s'il s'agit d'une société civile immatriculée, l'acte de nantissement est publié au registre du commerce et des sociétés.

Le nantissement grève l'ensemble des parts à moins qu'il ne soit autrement précisé dans l'acte. – *[Décr. n° 92-755 du 31 juill. 1992, art. 253.]*

Art. R. 532-4 Le nantissement des valeurs mobilières est opéré par la signification d'une déclaration à l'une des personnes mentionnées aux articles R. 232-1 à R. 232-4 selon le cas.

Cette déclaration contient :

1° La désignation du créancier et du débiteur ;

2° L'indication de l'autorisation ou du titre en vertu duquel la sûreté est requise ;

3° L'indication du capital de la créance et de ses accessoires.

Le nantissement grève l'ensemble des valeurs mobilières à moins qu'il ne soit autrement précisé dans l'acte. – *[Décr. n° 92-755 du 31 juill. 1992, art. 254.]*

Art. R. 532-5 A peine de caducité, huit jours au plus tard après le dépôt des bordereaux d'inscription ou la signification du nantissement, le débiteur en est informé par acte d'huissier de justice.

Cet acte contient à peine de nullité :

1° Une copie de l'ordonnance du juge ou du titre en vertu duquel la sûreté a été prise ; toutefois, s'il s'agit d'une obligation notariée ou d'une créance de l'État, des collectivités territoriales ou de leurs établissements publics, il n'est fait mention que de la date, de la nature du titre et du montant de la dette ;

2° L'indication, en caractères très apparents, que le débiteur peut demander la mainlevée de la sûreté comme il est dit à l'article R. 512-1 ;

3° La reproduction des articles R. 511-1 à R. 512-3 et R. 532-6. – *[Décr. n° 92-755 du 31 juill. 1992, art. 255.]*

Art. R. 532-6 Lorsque le créancier est déjà titulaire d'un titre exécutoire, la mainlevée de la publicité provisoire peut être demandée jusqu'à la publicité définitive, laquelle ne peut intervenir moins d'un mois après la signification de l'acte prévu à l'article R. 532-5. – *[Décr. n° 92-755 du 31 juill. 1992, art. 256.]*

Art. R. 532-7 La publicité provisoire conserve la sûreté pendant trois ans. Elle peut être renouvelée pour la même durée.

Le renouvellement est effectué dans les conditions prévues aux articles 61 et suivants du décret n° 55-1350 du 14 octobre 1955 pris pour l'application du décret n° 55-22 du 4 janvier 1955 portant réforme de la publicité foncière, pour l'inscription provisoire d'hypothèque, et dans les mêmes formes que la publicité initiale pour les autres sûretés judiciaires. – *[Décr. n° 92-755 du 31 juill. 1992, art. 257.] – V. Décr. n° 55-1350 du 14 oct. 1955.* – ***C. civ.***

Art. R. 532-8 Si le bien est vendu avant que la publicité définitive ait été accomplie, le créancier titulaire de la sûreté judiciaire jouit des mêmes droits que le titulaire d'une sûreté conventionnelle ou légale. Toutefois, la part qui lui revient dans la distribution du prix est consignée auprès de la Caisse des dépôts et consignations.

Cette part lui est remise s'il justifie de l'accomplissement de la publicité définitive dans le délai prévu. A défaut, elle est remise aux créanciers en ordre de la recevoir ou au débiteur. – *[Décr. n° 92-755 du 31 juill. 1992, art. 258.]*

Art. R. 532-9 Lorsque la valeur des biens grevés est manifestement supérieure au montant des sommes garanties, le débiteur peut faire limiter par le juge les effets de la sûreté provisoire s'il justifie que les biens demeurant grevés ont une valeur double du montant de ces sommes. – *[Décr. n° 92-755 du 31 juill. 1992, art. 259.]*

Publicité définitive

Art. R. 533-1 La publicité provisoire doit être confirmée par une publicité définitive. Cette publicité donne rang à la sûreté à la date de la formalité initiale, dans la limite des sommes conservées par cette dernière. – *[Décr. n° 92-755 du 31 juill. 1992, art. 260.]*

Art. R. 533-2 La publicité définitive est opérée, pour l'hypothèque, conformément à l'article 2428 du code civil et, pour le nantissement du fonds de commerce, conformément aux articles L. 143-16 et R. 143-6 et suivants du code de commerce.

Il n'est dû *(Décr. n° 2012-1462 du 26 déc. 2012, art. 35-XII, en vigueur le 1er janv. 2013)* « qu'un seul émolument ou qu'une seule contribution de sécurité immobilière prévue à l'article 879 du code général des impôts » pour les inscriptions provisoire et définitive. – *[Décr. n° 92-755 du 31 juill. 1992, art. 261.] – Pour le Bas-Rhin, le Haut-Rhin et la Moselle, V. C. pr. exéc., art. R. 534-1.* – ***C. pr. exéc.***

Art. R. 533-3 La publicité définitive du nantissement des parts sociales et valeurs mobilières est opérée dans les mêmes formes que la publicité provisoire.

Après avoir accompli cette formalité, le créancier peut demander l'agrément du nantissement, s'il y a lieu. – *[Décr. n° 92-755 du 31 juill. 1992, art. 262.]*

Art. R. 533-4 La publicité définitive est effectuée dans un délai de deux mois courant selon le cas :

1° Du jour où le titre constatant les droits du créancier est passé en force de chose jugée ;

2° Si la procédure a été mise en œuvre avec un titre exécutoire, du jour de l'expiration du délai d'un mois mentionné à l'article R. 532-6 ou, si une demande de mainlevée a été formée, du jour de la décision rejetant cette contestation ; toutefois, si le titre n'était exécutoire qu'à titre provisoire, le délai court comme il est dit au 1° ;

3° Si le caractère exécutoire du titre est subordonné à une procédure d'exequatur, du jour où la décision qui l'accorde est passée en force de chose jugée.

Le créancier présente tout document attestant que les conditions prévues ci-dessus sont remplies. – *[Décr. n° 92-755 du 31 juill. 1992, art. 263.]*

Art. R. 533-5 Si, après la vente du bien, le prix en a été régulièrement versé pour être distribué, la publicité définitive est remplacée par la signification du titre du créancier à la personne chargée de la répartition du prix, dans le délai de deux mois prévu à l'article R. 533-4. – *[Décr. n° 92-755 du 31 juill. 1992, art. 264.]*

Art. R. 533-6 A défaut de confirmation dans le délai, la publicité provisoire est caduque et sa radiation peut être demandée au juge de l'exécution.

En cas d'extinction de l'instance introduite par le créancier ou si sa demande est rejetée, la radiation est demandée au juge saisi du fond ; à défaut, elle est ordonnée par le juge de l'exécution.

La radiation est effectuée sur présentation de la décision passée en force de chose jugée.

Les frais sont supportés par le créancier.

Si la part du créancier titulaire de la sûreté provisoire a été consignée, elle est remise, selon le cas, aux créanciers en ordre de la recevoir ou au débiteur. – *[Décr. n° 92-755 du 31 juill. 1992, art. 265.]*

Décret n° 48-1683 du 30 octobre 1948,

Fixant certaines caractéristiques des valeurs mobilières.

V. le texte de ce décret au ***C. sociétés.***

Décret n° 49-1470 du 10 novembre 1949,

Relatif à la forme des valeurs mobilières.

Art. 1er Les titres ou certificats d'actions émis par une société, compagnie ou entreprise quelconque, financière, commerciale, industrielle ou civile, sont tirés d'un registre à souche.

Art. 2 Toute société, compagnie ou entreprise qui est convaincue d'avoir émis une action en contravention de l'article 1er est passible d'une amende égale à 10 p. 100 du montant de cette action.

Art. 3 Les titres d'obligations souscrits par les départements, communes, établissements publics et sociétés, sous quelque dénomination que ce soit, dont la cession, pour être parfaite à l'égard des tiers, n'est pas soumise aux dispositions de l'article 1690 du code civil, sont tirés d'un registre à souche.

Art. 4 Toute contravention à l'article 3 ci-dessus est passible, contre les départements, communes, établissements publics et sociétés, d'une amende égale à 10 p. 100 du montant du titre.

Décret n° 59-1053 du 7 septembre 1959,

Portant simplification de la gestion des titres nominatifs d'emprunts.

Art. 1er *(Décr. n° 70-145 du 17 févr. 1970)* « Lorsque l'amortissement d'un emprunt est réalisé par séries désignées à l'aide de lettres ou de numéros de séries ou par tirage de nombres de un ou plusieurs chiffres formant la terminaison des numéros des titres, la personne morale émettrice a la faculté de ne plus faire figurer sur les certificats nominatifs les numéros individuels ; dans ce cas les lettres ou numéros de séries ou terminaisons sont seuls mentionnés. »

(Décr. n° 63-1166 du 21 nov. 1963) « Cette faculté est également offerte lorsque l'amortissement est réalisé par réduction uniforme de la valeur nominale de chaque titre ou par remboursement, en une fois, de la totalité de l'emprunt à l'expiration de sa durée. »

Art. 2 *(Décr. n° 70-145 du 17 févr. 1970)* « Lors de toute conversion au porteur de certificats nominatifs, y compris ceux déjà émis, comportant l'indication de numéros individuels, les titres au porteur délivrés peuvent comporter des numéros individuels différents de ceux des titres déposés lors de la conversion au nominatif sous condition, s'il y a lieu, du maintien des lettres, des numéros de séries ou des terminaisons des titres. »

(Décr. n° 63-1166 du 21 nov. 1963) « De même, et sous les mêmes conditions, les certificats nominatifs qui sont délivrés à la suite d'une opération quelconque peuvent ne plus comporter l'indication des numéros individuels des titres. »

Art. 3 *(Décr. n° 64-970 du 14 sept. 1964)* Lors de toute opération de conversion au nominatif, les déposants sont tenus, néanmoins, d'inscrire sur le bordereau de conversion prévu à l'article 52 du décret n° 55-1595 du 7 décembre 1955, outre les lettres ou numéros de série s'il y a lieu, les numéros individuels des titres classés par séries et dans l'ordre numérique, sauf s'il s'agit de titres précédemment remis avec fongibilité à l'un des organismes ou établissements visés à l'article 5 du décret susvisé du 4 août 1949. – *V. Arr. 19 déc. 1955 (D. 1956. 26 ; BLD 1956. 47).*

Art. 4 Lors du dépôt pour conversion au nominatif d'un titre appartenant à un emprunt de la catégorie prévue à l'article 1er, la personne morale émettrice est tenue de vérifier que ce titre ne fait l'objet d'aucune opposition encore valable. Au cas où elle aurait accepté ou livré un titre frappé d'opposition, elle serait responsable dans les conditions du droit commun.

Toute publication d'opposition postérieure au dépôt d'un titre est sans effet et l'opposant qui en a été antérieurement dépossédé ne pourra exercer aucune action en revendication.

Art. 5 Les dispositions du présent décret sont applicables *dans les départements algériens.*

Art. 6 Lorsque la personne morale émettrice entendra user de la faculté prévue au présent décret, il devra être fait mention de son intention soit dans l'arrêté d'autorisation pour les emprunts soumis à l'autorisation du ministre des finances et des affaires économiques *ou du délégué général du Gouvernement en Algérie*, soit dans la notice publiée au *Bulletin des annonces légales obligatoires* pour les emprunts des sociétés.

Art. 7 La liste des emprunts émis antérieurement à l'entrée en vigueur du présent décret auxquels ses dispositions seront applicables fera l'objet d'une publication, par arrêté du ministre des finances et des affaires économiques *ou du délégué général du Gouvernement en Algérie*, inséré au *Journal officiel* de la République française *et au Recueil des actes administratifs de la délégation générale du Gouvernement en Algérie*.

Pour les emprunts émis par des sociétés, mention de chaque emprunt compris dans l'arrêté prévu ci-dessus sera faite, en outre, à la diligence de la société intéressée, au *Bulletin des annonces légales obligatoires*.

Décret n° 65-961 du 5 novembre 1965,

Pris pour l'application de certains articles du code civil et relatif au dépôt et à la gestion des fonds et des valeurs mobilières des mineurs.

V. le texte de ce décret au ***C. civ.***

Loi n° 76-519 du 15 juin 1976,

Relative à certaines formes de transmission des créances.

V. le texte de cette loi au ***C. civ.***

Loi de finances pour 1980 n° 80-30 du 18 janvier 1980,

Art. 67 ....

II. — Dans les publicités relatives à l'émission, à la souscription ou au remboursement des bons ou titres mentionnés à l'article 125 A *[bons du Trésor, bons de caisse et autres titres assimilés]* du code général des impôts ou de titres analogues, il ne peut en aucun cas et sous aucune forme être indiqué que l'émission, la souscription, le remboursement de tels titres ou le paiement des intérêts peuvent s'effectuer de manière anonyme. Il en est de même lors du démarchage pour de tels titres.

Toute personne qui contrevient à cette interdiction est punie d'une amende de 45 000 € par infraction.

Un décret précise, en tant que de besoin, les conditions d'application du présent article et notamment les obligations des établissements payeurs.

Décret n° 83-359 du 2 mai 1983,

Pris pour l'application de l'article 94, II, de la loi de finances pour 1982 (n° 81-1160 du 30 décembre 1981) et relatif au régime des valeurs mobilières [C. mon. fin., art. L. 211-4].

Art. 20 Les emprunts d'État amortissables par tirage de tranches et les emprunts des PTT amortissables par tirage de finales de numéros sont assimilés à des obligations amortissables par tirage au sort de numéros de titres.

Dix-huit mois à dater de la publication du présent décret, les dispositions du décret susvisé du 21 février 1948 ne seront plus applicables qu'à ces emprunts.

Art. 21 Les articles 1er, 10 à 22, 45 à 48 du décret susvisé du 7 décembre 1955 *[nº 55-1595 relatif au régime des titres nominatifs]* sont abrogés.

Dix-huit mois à dater de la publication du présent décret *[JO 3 mai]*, les articles 3 à 9, 23 à 44, 49 à 61 du même décret ne seront plus applicables qu'aux obligations françaises amortissables par tirage au sort de numéros de titres ou assimilées.

Art. 22 Dix-huit mois à dater de la publication du présent décret *[JO 3 mai]*, les articles 5, alinéas 2 et 3, 7, 9 à 13, 15, 16, 17, alinéa 2, 18 à 35 du décret susvisé du 4 août 1949 ne seront plus applicables qu'aux obligations amortissables par tirage au sort de numéros de titres ou assimilées et aux valeurs étrangères admises aux opérations de la Sicovam.

Art. 23 Cinq ans après la publication du présent décret *[JO 3 mai]*, les dispositions du décret susvisé du 11 janvier 1956 ne seront plus applicables qu'aux obligations françaises amortissables par tirage au sort de numéros de titres et aux valeurs mobilières étrangères.

A l'expiration de ce même délai, les dispositions du décret susvisé du 27 novembre 1964 ne seront plus applicables qu'aux emprunts d'État et des PTT non soumis aux dispositions du présent décret.

V. Circ. 8 août 1983 (D. et ALD 1983. 441) relative à l'application des dispositions de l'art. 94-II de la loi de finances pour 1982 (nº 81-1160 du 30 déc. 1981 ; C. mon. fin., art. L. 211-4) et du décret nº 83-359 du 2 mai 1983 relatif au régime des valeurs mobilières.

Sur l'émission de valeurs mobilières par certaines associations, V. C. mon. fin., art. L. 213-8 s., D. 213-17 s. — ***C. mon. fin.*** *— V. aussi Arr. 27 janv. 1986 (D. et ALD 1986. 236).*

Loi nº 85-695 du 11 juillet 1985,

Portant diverses dispositions d'ordre économique et financier.

Art. 13 II. — La garantie de l'État peut être accordée à des emprunts obligataires émis par le détenteur de billets à ordre représentatifs de prêts consentis pour le financement d'opérations immobilières, garantis par une hypothèque ou par un privilège immobilier de premier rang, dès lors que ces prêts représentent une quotité de financement maximale fixée par décret ou que le montant des contrats constituant les créances mises à disposition en garantie du paiement de l'échéance de ces billets excède le montant de ces mêmes billets dans une proportion minimale fixée par décret. — *V. Décr. nº 85-854 du 7 août 1985 (D. et ALD 1985. 474).*

Les billets à ordre visés à l'alinéa précédent sont créés à des conditions fixées conformément aux dispositions de l'article 16 de la loi nº 69-1263 du 31 décembre 1969 précitée.

III. — Les emprunts obligataires visés au paragraphe II ci-dessus peuvent être émis par une société ou par un groupement d'intérêt économique ayant reçu un agrément spécial par arrêté du ministre chargé de l'économie, des finances et du budget.

(L. nº 2006-872 du 13 juill. 2006, art. 36) « IV. — Lorsque la garantie de l'État n'est pas accordée, les sommes ou valeurs provenant des billets à ordre ci-dessus sont affectées, par priorité et en toutes circonstances, au service du paiement en intérêts et en capital de ces emprunts. Elles sont portées dans un compte spécialement dédié pour les recevoir ouvert par le porteur des billets à ordre et sur lequel les créanciers de ce dernier, autres que les porteurs des obligations visées au II, ne peuvent poursuivre le paiement de leurs créances.

« V. — Les dispositions du livre VI du code de commerce, ou celles régissant toutes procédures judiciaires ou amiables équivalentes ouvertes sur le fondement de droits étrangers, ne font pas obstacle à l'application du IV. »

COMMERCE (ORGANISATION)

RÉP. COM. v° *Commerce et industrie,* par GUIBAL.

Code général des impôts

Art. 302 *octies* *(L. n° 85-1403 du 30 déc. 1985)* Quiconque exerce une activité lucrative sur la voie ou dans un lieu public sans avoir en France de domicile ou de résidence fixe depuis plus de six mois est tenu de se faire connaître à l'administration fiscale et de déposer une somme en garantie du recouvrement des impôts et taxes dont il est redevable. Le récépissé qui lui est délivré en contrepartie doit être produit à toute réquisition des fonctionnaires et magistrats désignés à l'article L. 225 du Livre des procédures fiscales. — *V., pour application, CGI, Ann. III, art. 111 quaterdecies s.* — **CGI.**

....

Art. 1788 *(Ord. n° 2005-1512 du 7 déc. 2005, art. 18)* Les infractions à l'article 302 *octies* sont passibles d'une amende de 750 €.

Code du travail

Travail dissimulé

Art. L. 8221-6 *(Ord. n° 2007-329 du 12 mars 2007)* I. — Sont présumés ne pas être liés avec le donneur d'ordre par un contrat de travail dans l'exécution de l'activité donnant lieu à immatriculation ou inscription :

1° Les personnes physiques immatriculées au registre du commerce et des sociétés, au répertoire des métiers, au registre des agents commerciaux ou auprès des unions de recouvrement des cotisations de sécurité sociale et d'allocations familiales pour le recouvrement des cotisations d'allocations familiales ;

2° Les personnes physiques inscrites au registre des entreprises de transport routier de personnes, qui exercent une activité de transport scolaire prévu par l'article L. 213-11 du code de l'éducation ou de transport à la demande conformément à l'article *(Ord. n° 2010-1307 du 28 oct. 2010, art. 3)* « L. 3111-13 du code des transports » ;

3° Les dirigeants des personnes morales immatriculées au registre du commerce et des sociétés et leurs salariés.

(L. n° 2008-776 du 4 août 2008, art. 11-I) « 4° Les personnes physiques relevant de l'article L. 123-1-1 du code de commerce ou du V de l'article 19 de la loi n° 96-603 du 5 juillet 1996 relative au développement et à la promotion du commerce et de l'artisanat. » — *V. cette loi, App., v° Artisans.*

II. — L'existence d'un contrat de travail peut toutefois être établie lorsque les personnes mentionnées au I fournissent directement ou par une personne interposée des prestations à un donneur d'ordre dans des conditions qui les placent dans un lien de subordination juridique permanente à l'égard de celui-ci.

(L. n° 2011-1906 du 21 déc. 2011, art. 125) « Dans ce cas, la dissimulation d'emploi salarié est établie si le donneur d'ordre s'est soustrait intentionnellement par ce moyen à l'accomplissement des obligations incombant à l'employeur mentionnées à l'article L. 8221-5.

« Le donneur d'ordre qui a fait l'objet d'une condamnation pénale pour travail dissimulé en application du présent II est tenu au paiement des cotisations et contributions sociales à la charge des employeurs, calculées sur les sommes versées aux personnes

mentionnées au I au titre de la période pour laquelle la dissimulation d'emploi salarié a été établie. »

Sous réserve des décisions juridictionnelles passées en force de chose jugée les cotisations dues au titre des rémunérations versées avant le 1er janv. 2005 aux personnes mentionnées ci-dessus ne peuvent donner lieu à recouvrement forcé (L. no 2005-157 du 23 févr. 2005, art. 63-II).

BIBL. ▶ BARTHÉLÉMY, *JCP E 2009, no 18, p. 42* (statut de l'auto-entrepreneur, présomption renforcée d'absence de contrat de travail et développement de la création d'entreprise).

Présomption de non-salariat. La disposition de l'art. L. 120-3 [devenu L. 8221-6] dans sa rédaction résultant de la loi du 1er août 2003, qui institue une présomption de non-salariat pour les personnes inscrites au RCS, n'est pas applicable aux relations contractuelles antérieures à son entrée en vigueur. • Soc. 22 mars 2006 : *Bull. civ. V, no 119 ; JCP E 2006, no 24, p. 1087, note Puigelier.* ♦ Une inscription au RCS n'exclut pas la qualité de salarié dès lors que l'intéressé a été soumis à une période d'essai, travaille trente-cinq heures par semaine, bénéficie en contrepartie d'une rémunération mensuelle et de l'avantage en nature que constitue un logement, reçoit des directives précises quant à l'exécution de sa tâche et est tenu d'obtenir un accord pour fixer sa période de congés. • Même arrêt. ♦ V. aussi • Crim. 14 févr. 2006 : *Bull. crim. no 43 ; RTD com. 2006. 688, obs. Bouloc ; JCP E 2006, no 26, p. 1181, note Boulmier* (sous-traitant immatriculé au répertoire des métiers). ♦ En déduisant le statut de salarié de l'absence d'immatriculation au registre des agents commerciaux et d'affiliation au régime des travailleurs indépendants, sans caractériser l'existence d'un lien de subordination entre les intéressés et la société, la cour d'appel a violé les art. L. 242-1 CSS et L. 121-1 [L. 1221-1 et L. 1221-3 nouv.] C. trav. alors applicable. • Civ. 2e, 12 févr. 2009 : *Bull. civ. II, no 43 ; D. 2009. AJ 571 ; JCP E 2009, no 13, p. 43 ; RLDA janv. 2010. 71, obs. Grignon.*

Art. L. 8221-6-1 *(L. no 2008-776 du 4 août 2008, art. 11-II)* **Est présumé travailleur indépendant celui dont les conditions de travail sont définies exclusivement par lui-même ou par le contrat les définissant avec son donneur d'ordre.**

Code de l'environnement

Production et distribution de produits générateurs de déchets

....

Art. L. 541-10-2 *(L. no 2005-1720 du 30 déc. 2005, art. 87)* **A compter du 1er janvier 2006, toute personne qui fabrique, importe ou introduit sur le marché national à titre professionnel des équipements électriques et électroniques ménagers relevant des catégories mentionnées à l'annexe I A et à l'annexe I B de la directive 2002/96/CE du Parlement européen et du Conseil, du 27 janvier 2003, relative aux déchets d'équipements électriques et électroniques est tenue de pourvoir ou contribuer à la collecte, à l'enlèvement et au traitement des déchets d'équipements électriques et électroniques ménagers indépendamment de leur date de mise sur le marché. Dans le cas où les équipements sont vendus sous la seule marque d'un revendeur, ce dernier est tenu de pourvoir ou contribuer à la collecte, à l'enlèvement et au traitement des déchets d'équipements électriques et électroniques en substitution de la personne qui fabrique, importe ou introduit sur le marché national ces équipements.** *(L. no 2010-788 du 12 juill. 2010, art. 191)* **« Ces dispositions s'appliquent quelle que soit la technique de vente utilisée, notamment la vente à distance et la vente électronique. »**

Les coûts de collecte sélective des déchets d'équipements électriques et électroniques ménagers supportés par les collectivités territoriales sont compensés par un organisme coordonnateur agréé qui leur reverse la fraction équivalente de la contribution financière qu'il reçoit des personnes mentionnées au premier alinéa.

Al. abrogé par L. no 2013-344 du 24 avr. 2013.

(Ord. no 2010-1579 du 17 déc. 2010, art. 9-I) **« Le traitement »** *(L. no 2008-757 du 1er août 2008, art. 10)* **« des déchets d'équipements électriques et électroniques ména-**

gers » issus des collectes sélectives *(L. n° 2010-788 du 12 juill. 2010, art. 191)* « et de la reprise gratuite par les distributeurs, lors de la vente d'un équipement électrique et électronique ménager, des équipements électriques et électroniques usagés que lui cède le consommateur, dans la limite de la quantité et du type d'équipement vendu, » *(Ord. n° 2012-34 du 11 janv. 2012, art. 16, en vigueur le 1er juill. 2013)* « est assuré par des systèmes auxquels les personnes mentionnées au premier alinéa contribuent financièrement *[ancienne rédaction : est accomplie par des systèmes auxquels ces personnes contribuent financièrement]* » de manière proportionnée et qui sont agréés ou approuvés par arrêtés conjoints des ministres chargés de l'économie, de l'industrie, de l'écologie et des collectivités territoriales. *(L. n° 2010-788 du 12 juill. 2010, art. 191)* « Un décret en Conseil d'État détermine la sanction applicable en cas d'infraction aux dispositions du présent *(L. n° 2013-344 du 24 avr. 2013)* « alinéa *[ancienne rédaction : article]* ». »

(L. n° 2013-344 du 24 avr. 2013) « Jusqu'au 1er janvier 2020, les personnes mentionnées au premier alinéa du présent article ainsi que leurs acheteurs successifs font apparaître, jusqu'au consommateur final, sur les factures de vente de tout nouvel équipement électrique et électronique ménager, en sus du prix unitaire du produit, le coût unitaire supporté pour la gestion des déchets collectés sélectivement issus des équipements électriques et électroniques ménagers mis sur le marché avant le 13 août 2005.

« Ce coût unitaire est strictement égal au coût de la gestion desdits déchets. Il ne peut faire l'objet de réfaction. Les acheteurs répercutent à l'identique ce coût jusqu'au client final. Ce dernier en est informé sur le lieu de vente ou en cas de vente à distance, par tout procédé approprié. »

Art. L. 541-10-3 *(L. n° 2006-1666 du 21 déc. 2006, art. 69)* A compter du 1er janvier 2007, toutes les personnes physiques ou morales qui mettent sur le marché national à titre professionnel des produits textiles d'habillement, des chaussures ou du linge de maison neufs destinés aux ménages sont tenues de contribuer ou de pourvoir au recyclage et au traitement des déchets issus de ces produits. *— V. l'avis listant, de manière non exhaustive et seulement indicative, les produits qui relèvent du champ d'application de l'art. L. 541-10-3 C. envir. (JO 21 août 2008).*

Les personnes visées au premier alinéa accomplissent cette obligation :

— soit en contribuant financièrement à un organisme agréé par arrêté conjoint des ministres chargés de l'écologie et de l'industrie qui passe convention avec les opérateurs de tri et les collectivités territoriales ou leurs groupements en charge de *(Ord. n° 2010-1579 du 17 déc. 2010, art. 9-II)* « la gestion » des déchets et leur verse un soutien financier pour les opérations de recyclage et de traitement des déchets visés au premier alinéa qu'ils assurent ;

— soit en mettant en place, dans le respect d'un cahier des charges, un système individuel de recyclage et de traitement des déchets visés au premier alinéa approuvé par arrêté conjoint des ministres chargés de l'écologie et de l'industrie.

Les modalités d'application du présent article, notamment le mode de calcul de la contribution, les conditions dans lesquelles est favorisée l'insertion des personnes rencontrant des difficultés au regard de l'emploi ainsi que les sanctions en cas de non-respect de l'obligation visée au premier alinéa sont fixées par décret en Conseil d'État. *— V. C. envir., art. R. 543-214 s. —* ***C. envir.***

Art. L. 541-10-4 *(L. n° 2010-788 du 12 juill. 2010, art. 198)* A compter du 1er janvier 2011, toute personne physique ou morale qui fabrique, importe ou introduit sur le marché national des produits chimiques pouvant présenter un risque significatif pour la santé et l'environnement est tenue de prendre en charge, ou faire prendre en charge par des sociétés spécialisées, techniquement et financièrement la collecte et le traitement des déchets ménagers desdits produits (contenants et contenus). Ces produits doivent faire l'objet d'une signalétique appropriée afin d'éviter aux usagers de les faire collecter en mélange avec les déchets municipaux résiduels. *(Abrogé par L. n° 2012-1509 du 29 déc. 2012, art. 20-I)* ***« A partir du 1er janvier 2011, tout émetteur sur le marché ne respectant pas cette obligation est soumis à la taxe générale sur les activités polluantes. »***

Les modalités d'application du présent article sont fixées par décret. – *V. C. envir., art. R. 543-228 s.* – ***C. envir.***

Art. L. 541-10-5 *(L. n° 2010-788 du 12 juill. 2010, art. 199)* Au plus tard le 1er janvier 2011, un dispositif harmonisé de consignes de tri sur les emballages ménagers est défini pour être mis en œuvre au plus tard au 1er janvier 2015 par décret en Conseil d'État après avis de la commission d'harmonisation et de médiation des filières de collecte sélective et de traitement des déchets du Conseil national des déchets.

Au plus tard le 1er janvier 2012, tout produit recyclable soumis à un dispositif de responsabilité élargie des producteurs fait l'objet d'une signalétique commune informant le consommateur que ce produit relève d'une consigne de tri.

Au plus tard le 1er juillet 2011, tout établissement de vente au détail de plus de 2 500 mètres carrés proposant en libre-service des produits alimentaires et de grande consommation se dote, à la sortie des caisses, d'un point de reprise des déchets d'emballage issus des produits achetés dans cet établissement.

Art. L. 541-10-6 *(L. n° 2010-788 du 12 juill. 2010, art. 200)* A compter du 1er janvier *(L. n° 2010-1657 du 29 déc. 2010, art. 28)* « 2012 », toute personne physique ou morale qui fabrique, importe ou introduit sur le marché des éléments d'ameublement assure la prise en charge de la collecte, *(Ord. n° 2010-1579 du 17 déc. 2010, art. 9-III)* « et du traitement des déchets issus » desdits produits en fin de vie soit sous la forme d'initiative individuelle, soit sous la forme d'un financement des éco-organismes agréés qui en assurent la gestion. *(Abrogé par L. n° 2012-1509 du 29 déc. 2012, art. 20-I)* ***« A partir du 1er juillet** (L. n° 2010-1657 du 29 déc. 2010, art. 28)* ***« 2012 », tout émetteur sur le marché ne respectant pas cette obligation est soumis à la taxe générale sur les activités polluantes. »***

(L. n° 2012-1509 du 29 déc. 2012, art. 20-I) « A compter de l'entrée en vigueur de l'agrément, par arrêté des ministres chargés de l'environnement et de l'industrie, des initiatives individuelles et des éco-organismes mentionnés au premier alinéa et jusqu'au 1er janvier 2021, les personnes mentionnées au premier alinéa du présent article ainsi que leurs acheteurs successifs font apparaître, jusqu'au consommateur final, sur les factures de vente de tout élément d'ameublement, en sus du prix unitaire du produit, le coût unitaire supporté pour la gestion des déchets d'éléments d'ameublement mis sur le marché avant le 1er janvier 2013. Ce coût unitaire est strictement égal au coût de la gestion desdits déchets. Il ne peut faire l'objet de réfaction. Les acheteurs répercutent à l'identique ce coût jusqu'au client final. Ce dernier en est informé sur le lieu de vente ou, en cas de vente à distance, par tout procédé approprié. »

Un décret en Conseil *[d']* État précise les conditions d'application du présent article. – *V. C. envir., art. R. 543-240 s.* – ***C. envir.***

Art. L. 541-10-7 *(L. n° 2010-788 du 12 juill. 2010, art. 193)* Toute personne physique ou morale qui met sur le marché national des bouteilles de gaz destinées à un usage individuel les assortit d'une consigne ou d'un système équivalent favorisant leur réutilisation et prend en charge la gestion des déchets issus de ces bouteilles.

Un décret détermine les conditions d'application du présent article. Le présent article entre en vigueur le 1er janvier 2011.

Art. L. 541-10-8 *(L. n° 2010-788 du 12 juill. 2010, art. 205)* Les producteurs qui mettent sur le marché des pneumatiques, associés ou non à d'autres produits, sont tenus de prendre en charge la collecte et le traitement des déchets issus de ces pneumatiques, que les distributeurs ou détenteurs tiennent à leur disposition, dans la limite des tonnages mis sur le marché l'année précédente. Pour répondre à cette obligation, les producteurs mettent en place des systèmes individuels de collecte et de traitement de ces déchets ou contribuent financièrement à des organismes créés afin de permettre aux producteurs de remplir collectivement leurs obligations de collecte et de traitement. *(Abrogé par L. n° 2012-1509 du 29 déc. 2012, art. 20-I)* ***« Les producteurs ne res-***

pectant pas cette obligation sont soumis à la taxe générale sur les activités polluantes à compter du 1er janvier 2011. »

Les personnes qui distribuent à titre commercial aux utilisateurs finaux des pneumatiques sont tenues de reprendre gratuitement les déchets qui en sont issus dans la limite des tonnages et des types de pneumatiques distribués l'année précédente.

....

Prévention des nuisances lumineuses

Art. R. 583-2 *(Décr. n° 2011-831 du 12 juill. 2011)* Afin de prévenir, réduire et limiter les nuisances lumineuses et les consommations d'énergie, les dispositions, prévues aux articles L. 583-2 et L. 583-3, s'appliquent aux installations lumineuses destinées aux usages suivants :

....

— éclairage des bâtiments, recouvrant à la fois l'illumination des façades des bâtiments et l'éclairage intérieur émis vers l'extérieur de ces mêmes bâtiments ;

....

— éclairage événementiel extérieur, constitué d'installations lumineuses temporaires utilisées à l'occasion d'une manifestation artistique, culturelle, commerciale ou de loisirs ;

....

Arrêté du 25 janvier 2013

Relatif à l'éclairage nocturne des bâtiments non résidentiels afin de limiter les nuisances lumineuses et les consommations d'énergie.

V. aussi Circ. du 5 juin 2013, n° NOR : DEVP1314507C (BO 2013-11 du 25 juin 2013).

Art. 1er Le présent arrêté s'applique aux installations d'éclairage des bâtiments non résidentiels, recouvrant à la fois l'éclairage intérieur émis vers l'extérieur de ces bâtiments et l'illumination des façades de bâtiments, à l'exclusion des installations d'éclairage destinées à assurer la protection des biens lorsqu'elles sont asservies à des dispositifs de détection de mouvement ou d'intrusion.

Art. 2 Les éclairages intérieurs de locaux à usage professionnel sont éteints une heure après la fin de l'occupation de ces locaux.

Les illuminations des façades des bâtiments sont éteintes au plus tard à 1 heure.

Les éclairages des vitrines de magasins de commerce ou d'exposition sont éteints au plus tard à 1 heure ou une heure après la fin de l'occupation de ces locaux si celle-ci intervient plus tardivement.

Art. 3 Les éclairages des vitrines de magasins de commerce ou d'exposition peuvent être allumés à partir de 7 heures ou une heure avant le début de l'activité si celle-ci s'exerce plus tôt.

Les illuminations des façades des bâtiments ne peuvent être allumées avant le coucher du soleil.

Art. 4 Les préfets peuvent déroger aux dispositions des deux derniers alinéas de l'article 2 la veille des jours fériés chômés, durant les illuminations de Noël, lors d'événements exceptionnels à caractère local définis par arrêté préfectoral et dans les zones touristiques d'affluence exceptionnelle ou d'animation culturelle permanente mentionnées à l'article L. 3132-25 du code du travail.

Art. 5 L'irrégularité, au regard des prescriptions définies aux articles 2 à 4 du présent arrêté, du fonctionnement d'une installation lumineuse est constatée visuellement par l'autorité compétente mentionnée à l'article L. 583-3 du code de l'environnement.

Art. 6 Les dispositions du présent arrêté entrent en vigueur le 1er juillet 2013.

Code du cinéma et de l'image animée

(Ord. n° 2009-901 du 24 juill. 2009)

Implantation et construction des établissements de spectacles cinématographiques

BIBL. ▶ Mouron, *AJDA 2010. 1862* (les salles de cinéma, entre l'art et l'industrie). – Le Roy, *JCP E 2011, n° 1157* (autorisation d'ouverture de salles de cinéma : le Conseil d'État entre culture et zone de chalandise).

Art. L. 212-6 Les créations, extensions et réouvertures au public d'établissements de spectacles cinématographiques doivent répondre aux exigences de diversité de l'offre cinématographique, d'aménagement culturel du territoire, de protection de l'environnement et de qualité de l'urbanisme, en tenant compte de la nature spécifique des œuvres cinématographiques. Elles doivent contribuer à la modernisation des établissements de spectacles cinématographiques et à la satisfaction des intérêts du spectateur tant en ce qui concerne la programmation d'une offre diversifiée que la qualité des services offerts.

Les art. L. 212-6 à L. 212-9 reprennent les art. 30-1 à 30-3 C. ind. cin. issus de la L. n° 2008-776 du 4 août 2008 entrés en vigueur le 25 nov. 2008. — Les demandes d'autorisation présentées avant la date d'entrée en vigueur des dispositions précitées sont instruites et les autorisations accordées dans les conditions prévues par les dispositions en vigueur avant cette date (L. n° 2008-776 du 4 août 2008, art. 105-III ; Décr. n° 2008-1212 du 24 nov. 2008, art. 8). — V. L. n° 73-1193 du 27 déc. 1973, art. 36-1 à 36-5 au ***C. com.****, éd. 2008 ou antérieures.*

Art. L. 212-7 Sont soumis à autorisation, préalablement à la délivrance du permis de construire s'il y a lieu et avant réalisation si le permis de construire n'est pas exigé, les projets ayant pour objet :

1° La création d'un établissement de spectacles cinématographiques comportant plusieurs salles et plus de 300 places et résultant soit d'une construction nouvelle, soit de la transformation d'un immeuble existant ;

2° L'extension d'un établissement de spectacles cinématographiques comportant plusieurs salles et ayant déjà atteint le seuil de 300 places ou devant le dépasser par la réalisation du projet à l'exception des extensions représentant moins de 30 % des places existantes et s'effectuant plus de cinq ans après la mise en exploitation ou la dernière extension ;

3° L'extension d'un établissement de spectacles cinématographiques comportant plusieurs salles et ayant déjà atteint le seuil de 1 500 places ou devant le dépasser par la réalisation du projet ;

4° La réouverture au public, sur le même emplacement, d'un établissement de spectacles cinématographiques comportant plusieurs salles et plus de 300 places et dont les locaux ont cessé d'être exploités pendant deux années consécutives.

V. note ss. art. L. 212-6 CCIA.

Art. L. 212-8 Pour l'appréciation des seuils mentionnés à l'article L. 212-7, sont regardées comme faisant partie d'un même établissement de spectacles cinématographiques, qu'elles soient ou non situées dans des bâtiments distincts et qu'une même personne en soit ou non le propriétaire ou l'exploitant, les salles de spectacles cinématographiques qui sont réunies sur un même site et qui :

1° Soit ont été conçues dans le cadre d'une même opération d'aménagement foncier, que celle-ci soit réalisée en une ou plusieurs tranches ;

2° Soit bénéficient d'aménagements conçus pour permettre à une même clientèle l'accès à celles-ci ;

3° Soit font l'objet d'une gestion commune des éléments de leur exploitation, notamment par la création de services collectifs ou l'utilisation habituelle de pratiques et publicités commerciales communes ;

4° Soit sont réunies par une structure juridique commune, contrôlée directement ou indirectement par au moins un associé, exerçant sur elle une influence au sens de l'article L. 233-16 du code de commerce ou ayant un dirigeant de droit ou de fait commun.

V. note ss. art. L. 212-6 CCIA.

Art. L. 212-9 Dans le cadre des principes définis à l'article L. 212-6, les commissions d'aménagement commercial statuant en matière cinématographique se prononcent sur les deux critères suivants :

1° L'effet potentiel sur la diversité cinématographique offerte aux spectateurs dans la zone d'influence cinématographique concernée, évalué au moyen des indicateurs suivants :

a) Le projet de programmation envisagé pour l'établissement de spectacles cinématographiques objet de la demande d'autorisation et, le cas échéant, le respect des engagements de programmation éventuellement souscrits en application des articles L. 212-19 et L. 212-20 ;

b) La nature et la diversité culturelle de l'offre cinématographique proposée dans la zone concernée, compte tenu de la fréquentation cinématographique ;

c) La situation de l'accès des œuvres cinématographiques aux salles et des salles aux œuvres cinématographiques pour les établissements de spectacles cinématographiques existants ;

2° L'effet du projet sur l'aménagement culturel du territoire, la protection de l'environnement et la qualité de l'urbanisme, évalué au moyen des indicateurs suivants :

a) L'implantation géographique des établissements de spectacles cinématographiques dans la zone d'influence cinématographique et la qualité de leurs équipements ;

b) La préservation d'une animation culturelle et le respect de l'équilibre des agglomérations ;

c) La qualité environnementale appréciée en tenant compte des différents modes de transports publics, de la qualité de la desserte routière, des parcs de stationnement ;

d) L'insertion du projet dans son environnement ;

e) La localisation du projet.

V. note ss. art. L. 212-6 CCIA.

Aménagement cinématographique. Il appartient aux commissions d'aménagement commercial statuant en matière cinématographique, lorsqu'elles se prononcent sur les dossiers de demande d'autorisation, d'apprécier la conformité du projet aux objectifs et principes énoncés par la loi, au vu des critères d'évaluation et indicateurs mentionnés à l'art. L. 212-9 CCIA, parmi lesquels ne figure plus la densité d'équipement en salles de spectacles cinématographiques dans la zone d'attraction du projet. • CE 9 févr. 2011 : *AJDA 2011. 301, obs. Grand*. ♦ Dès lors qu'il est constaté que le nouvel équipement sera desservi par trois lignes d'autobus, une navette desservant l'aéroport, qu'il se situe à proximité d'une gare SNCF et bénéficiera d'une desserte par la future ligne du tramway, il en résulte que le moyen tiré de l'insuffisance des conditions d'accès au site du projet n'est pas fondé. • Même décision.

Art. L. 212-10 Les règles relatives aux commissions d'aménagement commercial statuant en matière cinématographique et aux modalités de délivrance de l'autorisation prévue par les dispositions de la présente section sont fixées par les articles L. 751-1 à L. 751-7, L. 752-3-1, L. 752-7 et L. 752-14 à L. 752-22 du code de commerce.

Art. L. 212-11 Les règles relatives à l'emprise au sol des surfaces, bâties ou non, affectées aux aires de stationnement annexes d'un établissement de spectacles cinématographiques soumis à l'autorisation prévue à l'article L. 212-7 du présent code, installé ou non sur le même site qu'un commerce soumis à l'autorisation prévue à l'article L. 752-1 du code de commerce, sont fixées par l'article L. 111-6-1 du code de l'urbanisme.

Art. L. 212-12 Les règles relatives à la compatibilité de l'autorisation prévue à l'article L. 212-7 avec les schémas de cohérence territoriale sont fixées à l'article *(L. n° 2010-788 du 12 juill. 2010, art. 17-V)* « L. 122-1-15 *[ancienne rédaction : L. 122-1]* » du code de l'urbanisme.

Art. L. 212-13 Lorsque le permis de construire porte sur un projet de création, d'extension ou de réouverture au public d'un établissement de spectacles cinématographiques soumis à l'autorisation prévue à l'article L. 212-7, le permis ne peut être accordé avant la délivrance de cette autorisation et sa mise en œuvre ne peut être entreprise avant l'expiration des recours entrepris contre ladite autorisation.

....

Groupements, ententes et engagements de programmation cinématographique

(Ord. n° 2009-1358 du 5 nov. 2009, art. 1er)

Art. L. 212-19 La constitution d'un groupement ou d'une entente de programmation destiné à assurer la programmation des œuvres cinématographiques dans les établissements de spectacles cinématographiques est subordonnée à la délivrance d'un agrément préalable par le président du Centre national du cinéma et de l'image animée.

L'agrément ne peut être délivré qu'à des groupements ou ententes qui ne font pas obstacle au libre jeu de la concurrence. Il ne peut être délivré aux groupements ou ententes de programmation associant deux ou plusieurs exploitants d'établissements de spectacles cinématographiques d'importance nationale.

Art. L. 212-20 La délivrance de l'agrément prévu à l'article L. 212-19 est subordonnée à l'homologation par le président du Centre des engagements de programmation mentionnés au 1° de l'article L. 212-23.

Art. L. 212-21 Tout établissement de spectacles cinématographiques membre d'un groupement ou d'une entente de programmation est lié à ce groupement ou à cette entente par un contrat de programmation. Ce contrat doit prévoir le versement par l'établissement au groupement ou à l'entreprise pilote de l'entente, en contrepartie des prestations fournies, d'une redevance de programmation qui tient compte des ressources de l'établissement et des services qui lui sont procurés.

Art. L. 212-22 Les engagements de programmation cinématographique ont pour objet d'assurer la diversité de l'offre cinématographique et la plus large diffusion des œuvres cinématographiques conforme à l'intérêt général.

Art. L. 212-23 Sont des engagements de programmation cinématographique pour l'application de la présente section :

1° Les engagements souscrits par les groupements ou ententes de programmation mentionnés à l'article L. 212-19 et homologués par le président du Centre national du cinéma et de l'image animée ;

2° Les engagements souscrits par les exploitants d'établissements de spectacles cinématographiques qui assurent directement et uniquement la programmation des établissements de spectacles cinématographiques dont ils possèdent le fonds de commerce, et homologués par le président du Centre national du cinéma et de l'image animée ;

3° Les projets de programmation, mentionnés à l'article L. 212-9, sur la base desquels les commissions d'aménagement commercial statuant en matière cinématographique ont accordé des autorisations en application de l'article L. 212-7 ;

4° Tout projet de programmation sur la base duquel un exploitant d'établissement de spectacles cinématographiques a bénéficié d'une aide financière du Centre national du cinéma et de l'image animée attribuée sous forme sélective.

Art. L. 212-24 I. – L'homologation prévue aux 1° et 2° de l'article L. 212-23 est délivrée par le président du Centre national du cinéma et de l'image animée en fonction de la conformité des engagements de programmation à l'objet défini à l'article L. 212-22. Il est tenu compte de la position du souscripteur dans la ou les zones d'attraction dans lesquelles il exerce son activité.

Les engagements de programmation homologués par le président du Centre national du cinéma et de l'image animée sont publiés.

II. – Sont tenus de souscrire et de faire homologuer leurs engagements de programmation ceux des exploitants mentionnés au 2° de l'article L. 212-23 dont l'activité est susceptible de faire obstacle au libre jeu de la concurrence et à la plus large diffusion des œuvres, en raison de leur importance sur le marché national ou du nombre de salles d'un établissement qu'ils exploitent.

III. – Les projets de programmation mentionnés au 3° de l'article L. 212-23 sont notifiés au président du Centre national du cinéma et de l'image animée.

Art. L. 212-25 La mise en œuvre des engagements de programmation mentionnés aux 1° et 2° de l'article L. 212-23 fait l'objet d'un examen par le médiateur du cinéma dans les conditions prévues à l'article L. 213-5.

Le président du Centre national du cinéma et de l'image animée assure le contrôle du respect des engagements de programmation mentionnés à l'article L. 212-23.

Art. L. 212-26 Un décret en Conseil d'État, pris après avis de l'Autorité de la concurrence, fixe les modalités d'application de la présente section. Il précise notamment :

1° Les modalités de délivrance et de retrait de l'agrément des groupements ou ententes de programmation ;

2° Les autres obligations du contrat de programmation conclu entre un groupement et les entreprises qui en sont membres ou entre les entreprises membres d'une entente ;

3° Les modalités de souscription, de notification, d'homologation et de contrôle des engagements de programmation. – *V. Décr. n° 2010-781 du 8 juill. 2010 (JO 10 juill.).*

Loi du 2-17 mars 1791,

Portant suspension de tous les droits d'aides, de toutes les maîtrises et jurandes et établissement des droits de patente.

Art. 7 A compter du 1er avril prochain, il sera libre à toute personne de faire tel négoce ou d'exercer telle profession, art ou métier qu'elle trouvera bon ; mais elle sera tenue de se pourvoir auparavant d'une patente, d'en acquitter le prix, et de se conformer aux règlements de police qui sont ou pourront être faits.

Sur l'impossibilité d'installer des distributeurs automatiques de boissons et de produits alimentaires payants dans les établissements scolaires à compter du 1er sept. 2005, V. L. n° 2004-806 du 9 août 2004, art. 30 (JO 11 août).

BIBL. ► KDHIR, *D. 1994. Chron. 30*. – LOMBARD, *ibid. 163* (liberté de concurrence entre opérateurs publics et privés). – TRUCHET, *D. Affaires 1996. 731* (liberté d'entreprendre des personnes publiques). – FRAISSINIER-AMIOT, *RLDA mai 2012. 100* (le principe de proportionnalité protecteur de la liberté d'entreprendre face à l'activité normative de l'État).

Racolage. L'arrêté du préfet de police du 26 juin 1933 qui interdit sur la voie publique l'offre d'opérations commerciales et notamment le racolage des clients éventuels aux abords des lieux et des immeubles destinés à l'exploitation d'un commerce, comportement de nature à troubler l'ordre, la tranquillité publique ainsi que la liberté et la commodité de la circulation, n'entrave en rien le principe de la liberté du commerce et de l'industrie. • Crim. 8 avr. 1992 : *D. 1992. IR 217 ; Gaz. Pal. 1993. 1. 8, note Doucet.* ♦ Sur des manœuvres de racolage ou de drainage de la clientèle d'un opticien bénéficiant d'un agrément de la Sécurité sociale pour la fourniture d'articles d'optique-lunetterie, V. • Metz, 7 oct. 2002 : *JCP E 2003, n° 9, p. 343.*

Décret du 30 septembre 1928,

Portant institution d'une carte d'identité spéciale pour les personnes se livrant à des transactions dans les foires et marchés de bétail, à l'exception des producteurs et de leurs représentants.

Art. 1er Toute personne se livrant à des transactions commerciales, achats ou ventes, dans les foires et marchés de bétail, à l'exception des producteurs et de leurs représentants, est tenue de présenter, à toute réquisition des magistrats et fonctionnaires visés à l'article 3 ci-après, et à défaut des justifications et carte de commerce prévue par l'article 7 de la loi de finances du 31 décembre 1921, une carte d'identité spéciale, dont le modèle est annexé au présent décret, et qui sera délivrée au requérant sur sa demande et à ses frais par le préfet ou le sous-préfet de son domicile.

Art. 2 La carte d'identité spéciale sera valable pour un an sur toute l'étendue du territoire et renouvelable chaque année.

Elle est passible, au moment de sa délivrance et de son renouvellement, du droit de timbre prévu par l'article 6 du décret du 3 août 1926.

Art. 3 Le droit de réquisition prévu à l'article 1er est exercé par les maires, adjoints et tous officiers ou agents de police municipale ou judiciaire, et tous agents chargés de la surveillance des foires et marchés.

Art. 4 A défaut de la remise immédiate de la carte d'identité, un récépissé provisoire tenant lieu de carte devra être remis au requérant contre consignation du droit de timbre auquel est soumise la délivrance de la carte.

Ce récépissé, établi sur papier libre, devra comporter toutes les indications prévues pour la carte elle-même par le présent décret.

Le récépissé provisoire devra être échangé sans frais, auprès de l'autorité qui l'a délivré, contre une carte d'identité réglementaire.

Sur la carte professionnelle délivrée aux personnes exerçant des activités relatives à certaines opérations portant sur les immeubles et les fonds de commerce, V. L. n° 70-9 du 2 janv. 1970, art. 3, et Décr. n° 72-678 du 20 juill. 1972, art. 1er à 10, 80 s. — ***C. baux.***

En ce qui concerne les cartes d'identité pour les étrangers, V. v° Étrangers.

Décret n° 53-933 du 30 septembre 1953,

Relatif au statut, à l'organisation et au fonctionnement des organismes d'intervention économique de caractère privé.

Art. 1er *(Décr. n° 59-1221 du 23 oct. 1959)* Lorsqu'elles ne sont pas exécutées par l'État ou par des établissements publics nationaux, les opérations destinées :

Soit à assurer, faciliter ou régulariser sous le contrôle de l'État l'approvisionnement, l'acquisition, le stockage, la répartition ou la vente de matières premières, de produits industriels ou agricoles ;

Soit à réaliser les compensations et péréquations de prix instituées dans un secteur d'activité en application de la réglementation des prix, ne peuvent être faites par des entreprises ou organismes privés qu'en vertu de conventions conclues avec le ministre des finances et des affaires économiques sur avis conforme du ou des ministres responsables.

TITRE PREMIER Des conventions

Art. 2 Les entreprises ou organismes privés habilités à passer les conventions prévues à l'article 1er sont :

Soit des sociétés professionnelles ou interprofessionnelles dont le régime est défini au titre II du présent décret ;

Soit des entreprises ou organismes agréés par le ministre des finances en raison des garanties de solvabilité qu'ils présentent et qui acceptent de se soumettre aux obligations et responsabilités prévues aux articles 5, 6, 7 et 8 ci-dessous.

Art. 3 *(Décr. no 59-1221 du 23 oct. 1959)* « Les conventions sont conclues pour une durée limitée ne pouvant en aucun cas excéder cinq années. Elles stipulent notamment :

« 1° La nature des matières ou produits qui font l'objet de la convention, les opérations qui peuvent être exécutées et, le cas échéant, les conditions de cession de ces marchandises ;

« 2° Les conditions générales de financement.

« La garantie de l'État ne peut être accordée, dans le cadre des lois en vigueur, qu'avec l'agrément du ministre des finances et des affaires économiques. »

En ce qui concerne les opérations traitées par les sociétés professionnelles ou interprofessionnelles pour le compte et sur l'ordre de personnes privées, les fonds sociaux ne peuvent en aucun cas être engagés ;

3° Les modalités de rémunération des entreprises destinées à couvrir les frais de fonctionnement et l'intérêt du capital engagé ;

4° Les modalités de résiliation des conventions ; cette résiliation peut toujours, avant l'échéance du terme et après préavis, être demandée par l'État.

Art. 4 Les fonds dont l'entreprise dispose pour l'exécution des opérations prévues par la convention sont placés au Trésor, sauf dérogation expresse prévue par le ministre des finances et le ministre chargé des affaires économiques. Toutefois, le placement des fonds disponibles en bons à court terme émis par le Trésor ou émis avec la garantie de l'État peut être autorisé par le *(Décr. no 2012-1247 du 7 nov. 2012, art. 2)* « contrôleur budgétaire » prévu à l'article 6 ci-après.

Art. 5 Le personnel des entreprises et organismes visés par l'article 2 du présent décret est régi par les lois, règlements et conventions applicables au personnel des branches d'activité intéressées.

Art. 6 Auprès des entreprises et organismes visés à l'article 2 sont nommés :

1° Un commissaire du Gouvernement désigné par le ou les ministres responsables parmi les fonctionnaires et agents placés sous leurs ordres. Le commissaire du Gouvernement transmet les instructions du ou des ministres responsables et s'assure de l'exécution des opérations confiées à la société. Il dispose des mêmes pouvoirs d'investigation sur pièces et sur place que le *(Décr. no 2012-1247 du 7 nov. 2012, art. 2)* « contrôleur budgétaire » ;

2° Un *(Décr. no 2012-1247 du 7 nov. 2012, art. 2)* « contrôleur budgétaire » exerçant le contrôle économique et financier dans les conditions fixées par l'ordonnance du 23 novembre 1944 et les textes qui l'ont complétée ou modifiée.

Sont obligatoirement communiquées au commissaire du Gouvernement et au *(Décr. no 2012-1247 du 7 nov. 2012, art. 2)* « contrôleur budgétaire », trois jours au moins avant leur exécution :

1° Les décisions se rapportant aux opérations prévues par la convention, prises par l'assemblée générale des actionnaires ou par le conseil d'administration si l'entreprise est une société anonyme ;

2° Les décisions de toute nature se rapportant à l'objet de la convention et dont le commissaire du Gouvernement ou le *(Décr. no 2012-1247 du 7 nov. 2012, art. 2)* « contrôleur budgétaire » ont préalablement demandé la communication.

Le *(Décr. n° 2012-1247 du 7 nov. 2012, art. 2)* « contrôleur budgétaire » et le commissaire du Gouvernement peuvent opposer leur veto à l'exécution des décisions qui leur sont notifiées. Il ne peut être passé outre à cette opposition, tant qu'elle n'a pas été levée par le ou les ministres intéressés.

Art. 7 Les opérations sont décrites en comptabilité selon les prescriptions du plan comptable général, compte tenu des instructions données à cet effet par le *(Décr. n° 2012-1247 du 7 nov. 2012, art. 2)* « contrôleur budgétaire ». Chaque convention fait l'objet d'une comptabilité distincte.

Les opérations de compensation et de péréquation de prix sont suivies distinctement.

Les opérations se rapportant à chaque convention sont vérifiées chaque année sur place par une commission présidée par un magistrat de la cour des comptes et dont la composition est fixée par arrêté concerté du ministre des finances et du ministre chargé des affaires économiques.

Cette commission dispose des pouvoirs d'investigation les plus étendus, notamment sur tous les registres et documents de toute nature de l'entreprise. Elle établit annuellement un rapport transmis aux ministres intéressés ainsi qu'aux commissions des finances de l'Assemblée nationale et du *Conseil de la République.*

Art. 8 *(Décr. n° 59-1221 du 23 oct. 1959)* Les conventions précisent dans quelles conditions est assuré l'équilibre financier des opérations qu'elles ont pour objet de définir. A défaut de stipulation contraire, à l'expiration de chaque convention, les bonis ou les pertes éventuels sont répartis entre le budget de l'État *et celui de l'Algérie* suivant l'origine des opérations.

TITRE II Des sociétés professionnelles et interprofessionnelles

Art. 9 Les sociétés professionnelles et interprofessionnelles visées par l'article 2 du présent décret sont constituées sous forme de sociétés anonymes à capital fixe ou variable.

L'objet de ces sociétés est limité à la réalisation des opérations qui leur sont confiées, dans le cadre des conventions visées au titre Ier du présent décret, par le ou les ministres responsables.

Les statuts de ces sociétés sont approuvés dans chaque cas particulier par arrêté concerté du ministre des finances, du ministre chargé des affaires économiques et du ou des ministres intéressés.

Art. 10 Les actions, obligatoirement nominatives, ne peuvent être souscrites que par des personnes physiques ou morales de nationalité française, intervenant réellement et directement dans la production, l'achat, le stockage, la transformation ou la vente des produits sur lesquels porte l'activité de la société, ainsi que par les organismes professionnels correspondants.

Les statuts fixent la répartition du capital de la société entre les différentes catégories d'actionnaires, sans que cette disposition puisse faire obstacle à l'admission de nouveaux membres.

Art. 11 Les statuts précisent les règles de cession ou de transmission des actions, parmi lesquelles figurent obligatoirement l'autorisation expresse du conseil d'administration et la possibilité pour ce dernier d'imposer la cession d'une partie des actions détenues par certains actionnaires.

Le ministre des finances, le ministre chargé des affaires économiques et le ou les ministres responsables requièrent conjointement l'application des clauses des statuts prévoyant l'exclusion de membres de la société.

Art. 12 La nomination du président du conseil d'administration, des administrateurs et du directeur général n'est définitive qu'après approbation du ministre des finances, du ministre chargé des affaires économiques et du ou des ministres responsables. Cette approbation peut être retirée à tout moment ; le conseil d'administration est tenu de procéder à une nouvelle nomination, dans un délai de huit jours et sous la même condition d'approbation.

Art. 13 Les opérations financières des sociétés professionnelles sont exécutées par les soins d'un agent comptable, chef de la comptabilité générale, nommé par le président de la société, sur agrément du ministre des finances.

L'agent comptable exécute les ordres et instructions qui lui sont donnés par le président de la société. Toutefois, il est personnellement et pécuniairement responsable de la justification de ses opérations, conformément aux usages du commerce ; il peut être déclaré pécuniairement responsable par la commission prévue à l'article 7 s'il n'a pas obtenu le visa préalable du commissaire du Gouvernement ou du *(Décr. no 2012-1247 du 7 nov. 2012, art. 2)* « contrôleur budgétaire » avant d'exécuter toute décision devant être soumise à l'examen préalable de l'un de ces deux fonctionnaires.

La rémunération de l'agent comptable est fixée par la convention.

Art. 14 Les décisions portant dissolution anticipée des sociétés professionnelles ou interprofessionnelles et fixant les modalités de leur liquidation doivent être approuvées par le ministre des finances, par le ministre chargé des affaires économiques et par le ou les ministres responsables. Ceux-ci peuvent provoquer conjointement cette dissolution après préavis de trois mois et sous réserve des droits des tiers.

(Décr. no 59-1221 du 23 oct. 1959) « Lors de la liquidation, l'actif et le passif des sociétés professionnelles ou interprofessionnelles sont pris en charge par le Trésor dans les conditions prévues à l'article 36 de la loi du 6 février 1953 relative aux comptes spéciaux du Trésor. Toutefois, en ce qui concerne les sociétés ayant exercé une partie de leur activité *en Algérie,* le ministre des finances et des affaires économiques et *le ministre chargé de l'Algérie* peuvent convenir d'une répartition de leur actif et de leur passif entre le budget de l'État *et celui de l'Algérie.* »

TITRE III Dispositions transitoires et dispositions diverses

Art. 15 Tout organisme, toute entreprise privée qui effectue actuellement des opérations visées à l'article 1er du présent décret devra, avant le 31 mars 1954, conclure avec l'État une ou plusieurs conventions conformes aux dispositions du présent décret. Toutefois ces conventions pourront, à titre exceptionnel, pour une période limitée au maximum à deux années et pour tenir compte des engagements contractuels existants, admettre des dérogations aux dispositions du présent décret. Ces dérogations devront être expressément stipulées et approuvées par le ministre des finances, le ministre chargé des affaires économiques et le ou les ministres responsables.

Tout organisme, toute entreprise privée qui effectuerait à compter du 1er avril 1954 des opérations prévues à l'article 1er, sans avoir passé des conventions avec l'État, serait réputé le faire à titre privé. Il ne pourrait, en aucun cas, recevoir de produits d'aucune taxe parafiscale, ni percevoir à titre obligatoire aucune cotisation, ni exécuter aucune opération de compensation ou de péréquation de prix faite en application de la réglementation des prix, ni prétendre représenter, en quelque manière que ce soit, les pouvoirs publics dans l'organisation des marchés.

Décret no 53-962 du 30 septembre 1953,

Tendant à soumettre à certaines conditions techniques et financières la création, l'extension et le transfert d'établissements commerciaux.

Art. 1er En vue d'assurer la protection de la santé publique et la bonne conservation des marchandises, la création, l'extension et le transfert des fonds de commerce ayant pour objet, en tout ou en partie, la vente des produits alimentaires, pourront être assujettis à des conditions techniques d'installation ou d'équipement.

Ces conditions seront fixées par décret pris sur rapport du ministre des finances et des affaires économiques, du ministre de l'industrie et du commerce, du ministre de la santé publique et de la population, du ministre de l'agriculture et du secrétaire d'État au commerce, après consultation du conseil supérieur du commerce et du conseil supérieur d'hygiène publique de France.

Art. 2 L'immatriculation ou, le cas échéant, la déclaration modificative au registre du commerce et des sociétés, ne pourront être effectuées que sur présentation d'une justification attestant qu'il a été satisfait aux conditions fixées par l'article 1er ci-dessus.

Art. 3 Les dispositions de l'article 1er pourront être étendues, suivant la même procédure, et après consultation des organisations professionnelles intéressées, à tous les fonds de commerce de produits alimentaires.

Art. 4 Toute infraction aux dispositions précédentes sera constatée et réprimée conformément à la législation sur la répression des fraudes.

Art. 5 Des décrets en Conseil d'État pourront éventuellement assujettir l'exercice de certaines professions commerciales ou certaines formes d'entreprises commerciales à la constitution de sûretés personnelles ou réelles, en vue de garantir l'exécution des obligations fiscales, sociales ou professionnelles inhérentes à l'activité considérée.

Les modalités d'application du présent article seront déterminées par un décret qui fixera notamment les conditions suivant lesquelles les intéressés devront justifier avoir satisfait à l'obligation prévue ci-dessus.

Loi no 73-1193 du 27 décembre 1973,

D'orientation du commerce et de l'artisanat.

TITRE PREMIER Principes d'orientation

CHAPITRE PREMIER *Orientations économiques et formation professionnelle*

Art. 1er La liberté et la volonté d'entreprendre sont les fondements des activités commerciales et artisanales. Celles-ci s'exercent dans le cadre d'une concurrence claire et loyale. — *Sur la concurrence déloyale, V. ss. L. no 63-628 du 2 juill. 1963 art. 2 vo Concurrence.* *(L. no 96-603 du 5 juill. 1996, art. 1er)* « Le commerce et l'artisanat ont pour fonction de satisfaire les besoins des consommateurs, tant en ce qui concerne les prix que la qualité des services et des produits offerts. Ils doivent participer au développement de l'emploi et contribuer à accroître la compétitivité de l'économie nationale, animer la vie urbaine et rurale et améliorer sa qualité. »

Les pouvoirs publics veillent à ce que l'essor du commerce et de l'artisanat permette l'expansion de toutes les formes d'entreprises, indépendantes, groupées ou intégrées, en évitant qu'une croissance désordonnée des formes nouvelles de distribution ne provoque l'écrasement de la petite entreprise et le gaspillage des équipements commerciaux *(L. no 96-603 du 5 juill. 1996, art. 1er)* « et ne soit préjudiciable à l'emploi ». — *V. C. com., art. L. 750-1.*

Art. 2 Pour rendre effective la liberté d'entreprendre, les pouvoirs publics, dans le cadre des enseignements scolaires et universitaires et de l'apprentissage, organisent la formation initiale de ceux qui se destinent à l'exercice d'une profession commerciale ou artisanale. Cette formation a pour objet de dispenser les connaissances de base et les éléments d'une culture générale incluant les données scientifiques et techniques, de préparer à une qualification et à son perfectionnement ultérieur.

Facteur d'amélioration de la compétitivité et des services rendus, la formation continue des commerçants et artisans doit leur permettre d'actualiser, d'adapter et de perfectionner leurs connaissances, de tenir compte de l'évolution des conditions du marché, des méthodes de commercialisation et de gestion et d'assurer leur promotion économique et sociale. A cet effet, l'État, les collectivités locales, les établissements publics, les établissements d'enseignement, les associations, les organisations professionnelles et les entreprises concourent soit par une assistance technique et financière, soit en tant que dispensateur de formation, à cette formation continue.

Art. 3 *Al. 1er abrogé par L. no 96-603 du 5 juill. 1996, art. 2.*

Les pouvoirs publics favorisent, par leur concours technique et financier, la première installation des jeunes commerçants et artisans ainsi que la conversion des commerçants et artisans atteints par les mutations économiques.

....

TITRE III Dispositions économiques

CHAPITRE II *L'équipement commercial*

Art. 36 En vue de préserver l'animation commerciale du centre des villes, les communes de moins de 100 000 habitants et les communes classées "communes touristiques" bénéficient d'une priorité pour l'obtention de prêts de la caisse d'aide à l'équipement des collectivités locales (CAECL) et de la Caisse des dépôts et consignations pour l'aménagement de parcs de stationnement.

....

CHAPITRE IV *Adaptation et modernisation des entreprises*

Art. 47 Des dispositions particulières sont prises pour faire bénéficier de conditions privilégiées de crédit les commerçants qui veulent reconvertir leur activité ou s'intégrer à une des formes du commerce indépendant associé, ainsi que les jeunes qui veulent s'installer en tant que chef d'entreprise commerciale et justifient de leur qualification dans la profession.

Ils pourront, en particulier, percevoir des prêts du fonds de développement économique et social et des sociétés de développement régional.

Un arrêté des ministres intéressés précise, en tant que de besoin, les conditions d'application du présent article.

Art. 48 En vue d'aider les artisans, des concours financiers particuliers sont destinés à faciliter :

L'installation en qualité de chef d'entreprise des jeunes qui justifient d'une formation professionnelle suffisante ;

La reconversion des chefs d'entreprise ayant subi avec succès un stage de conversion ou de promotion professionnelle au sens des paragraphes 1° et 3° de l'article 10 de la loi du 16 juillet 1971 portant organisation de la formation professionnelle continue dans le cadre de l'éducation permanente ;

L'installation d'entreprises dans des zones artisanales situées à l'intérieur des zones urbaines nouvelles ou rénovées.

Les artisans peuvent percevoir en particulier des prêts du fonds de développement économique et social.

Art. 49 Au terme des stages de conversion ou de promotion professionnelle organisés dans les conditions prévues à l'article 10 (1° et 3°) de la loi n° 71-575 du 16 juillet 1971 *[portant organisation de la formation professionnelle continue dans le cadre de l'éducation permanente]*, les commerçants et artisans bénéficieront en priorité d'un prêt d'installation et d'équipement.

Art. 50 *Abrogé par Ord. n° 2004-637 du 1er juill. 2004, art. 10.*

Art. 51 Une aide particulière sera instituée en faveur des entreprises artisanales de sous-traitance, situées dans les régions déterminées par arrêté et qui désirent transférer leur installation dans les zones ou régions où peut être attribuée la prime de développement régional instituée par le décret n° 72-270 du 11 avril 1972 ou la prime de localisation créée par le décret n° 72-271 du 11 avril 1972, ainsi que dans les zones à économie rurale dominante définies en application du décret n° 67-938 du 24 octobre 1967 et la zone d'économie montagnarde définie par le décret n° 61-650 du 23 juin 1961.

Un décret définit les mesures propres à :

Éviter que les sous-traitants ne subissent les conséquences de la défaillance du donneur d'ordres et notamment du titulaire d'un marché public ;

Inciter les entreprises artisanales à participer directement ou par voie de sous-traitance aux marchés publics.

Art. 52 Les commerçants et artisans dont la situation est compromise de façon irrémédiable du fait d'une opération d'équipement collectif engagée par une collectivité publique ou un organisme en dépendant, et en priorité, du fait d'une opération de rénovation urbaine, peuvent recevoir une aide pour leur reconversion lorsqu'ils ne bénéficient pas d'une indemnisation directe. – *Comp. : C. urb., art. L. 318-3 reprenant l'alinéa ci-dessus.* – ***C. urb.***

Un décret détermine les conditions, notamment de ressources et d'ancienneté d'établissement, que devront remplir les demandeurs pour avoir vocation à l'aide ; il fixe la composition des commissions qui statueront sur les demandes. – *V. Décr. n° 74-64 du 28 janv. 1974 (D. et BLD 1974. 84).*

Loi n° 2004-575 du 21 juin 2004,

Pour la confiance dans l'économie numérique.

RÉP. COM. v° *Internet et commerce électronique (Droit de la concurrence)*, par ARHEL.

BIBL. GÉN. ▶ AYMA, *LPA 3 juill. 2003* (la revente sur le web). – Colloque, *LPA 6 févr. 2004* (internet, commerce et droit). – PENNEAU, *ibid. 13 mai 2004, p. 3* (contrat électronique et protection du cybercontractant). – GRIMAUX, *CCE 2004. Chron. 10* (détermination de la date de conclusion du contrat par voie électronique). – GRYNBAUM, *ibid., n° 78* (projet de loi) ; *D. 2004. 2213* (loi économie numérique). – DJOUDI (ss. la DIR), *RD banc. fin. 2004. 282* (commerce électronique et opérations bancaires). – DJOUDI et LOISEAU, *ibid. 292* (l'état du paiement en ligne). – Numéro spécial, *CCE sept. 2004*. – STOFFEL-MUNCK, *ibid. Chron. 30* (réforme des contrats du commerce électronique). – CACHARD, *ibid. Chron. 31* (définition et loi applicable). – STOFFEL-MUNCK, *JCP E 2004, n° 38, p. 1428* (réforme des contrats du commerce électronique). – MATHEY, *CCC 2004. Chron. 13*. – VERBIEST et WÉRY, *D. 2004. 2981* (commerce électronique par téléphonie mobile : m-commerce). – HUET, *JCP 2004. I. 178* (modification du code civil). – HUGON, *CCC 2004. Chron. 15* (responsabilité des acteurs de l'internet). – FENOUILLET, *RDC 2004. 955* (commerce électronique et droit de la consommation). – CAPRIOLI, *CCE 2005. Chron. 7* (commerce à distance sur l'internet et protection des données à caractère personnel). – POILLOT-PERUZZETTO, *RJ com. 2005. 36* (dispositions de droit international privé relatives au commerce électronique). – PASSA, *CCE 2005. Chron. 17* (le contrat électronique international). – BUREAU, *RDC 2005. 450*. – Débats, *RDC 2005. 533* (le contrat selon la LCEN du 21 juin 2004). – CAPRIOLI et AGOSTI, *LPA 3 juin 2005* (confiance dans l'économie numérique). – MANARA, *D. 2005.*

2867 (de quelques recommandations quant au commerce électronique entre particuliers). – Castets-Renard, *Defrénois 2006. 1529* (le formalisme du contrat électronique). – Blaise et Huet, Le code de commerce 1807-2007, Livre du bicentenaire, *Dalloz, 2007, p. 423* (commerce électronique et code de commerce). – Manara, *LPA 15 oct. 2007* (la notification, outil de performance dans le commerce électronique). – Savary et Dubuisson, *RLDA avr. 2009. 21* (un site internet est-il un fonds de commerce ?). – Debet, *Mélanges Payet, Dalloz, 2011, p. 129* (encadrement juridique du commerce électronique : réflexions sur les sources du droit). – Mendoza-Caminade, *Cah. dr. entr. 2012, n° 3, p. 20* (l'entreprise face aux risques liés au cybercommerce).

Art. 14 **Le commerce électronique est l'activité économique par laquelle une personne propose ou assure à distance et par voie électronique la fourniture de biens ou de services.**

Entrent également dans le champ du commerce électronique les services tels que ceux consistant à fournir des informations en ligne, des communications commerciales et des outils de recherche, d'accès et de récupération de données, d'accès à un réseau de communication ou d'hébergement d'informations, y compris lorsqu'ils ne sont pas rémunérés par ceux qui les reçoivent.

Une personne est regardée comme étant établie en France au sens du présent chapitre lorsqu'elle s'y est installée d'une manière stable et durable pour exercer effectivement son activité, quel que soit, s'agissant d'une personne morale, le lieu d'implantation de son siège social.

Pour l'achat et la revente par un site web de produits destinés à être commercialisés en dehors de l'Union européenne, V. • Paris, 19 janv. 2005 : *D. 2005. AJ 1221, obs. Manara* ; *JCP 2005. II. 10105, note Chabert ; CCE 2005, n° 157, obs. Chabert ; Lettre distrib. mai 2005, p. 1, obs. Raynard.* ♦ Le simple fait de se rendre sur un site internet afin de consulter celui-ci sans encore présenter une quelconque demande, telle qu'une commande ou une réservation, ne saurait engager l'internaute dans des liens contractuels avec la société propriétaire de ce site. En effet, en l'absence, à ce stade de la consultation, de toute demande de la part de l'internaute et de toute offre de la part du propriétaire du site, il n'existe aucune relation de nature contractuelle ; dès lors, la simple visite d'un site web n'en rend pas les conditions d'utilisation opposables à l'internaute. • Paris, 23 mars 2012 : *D. 2012. Actu. 1060, obs. Manara* ; *CCE 2012, n° 76, obs. Debet.*

Art. 15 **I. — Toute personne physique ou morale exerçant l'activité définie au premier alinéa de l'article 14 est responsable de plein droit à l'égard de l'acheteur de la bonne exécution des obligations résultant du contrat, que ces obligations soient à exécuter par elle-même ou par d'autres prestataires de services, sans préjudice de son droit de recours contre ceux-ci.**

Toutefois, elle peut s'exonérer de tout ou partie de sa responsabilité en apportant la preuve que l'inexécution ou la mauvaise exécution du contrat est imputable soit à l'acheteur, soit au fait, imprévisible et insurmontable, d'un tiers étranger à la fourniture des prestations prévues au contrat, soit à un cas de force majeure.

II. — *V. art. L. 121-20-3 C. consom., v° Ventes commerciales — VI Distance (ventes à).*

Responsabilité de plein droit. Pour une application à un fournisseur d'accès à internet, au visa de l'art. 1147 C. civ., mais où l'art. 15 de la L. n° 2004-575 est cité *in extenso*, V. • TGI Paris, 26 juin 2007 : *D. 2007. AJ 2157, obs. Manara*.

Art. 16 **I. — L'activité définie à l'article 14 s'exerce librement sur le territoire national à l'exclusion des domaines suivants :**

1° Les jeux d'argent, y compris sous forme de paris et de loteries, légalement autorisés ;

2° Les activités de représentation et d'assistance en justice ;

3° Les activités exercées par les notaires en application des dispositions de l'article 1er de l'ordonnance n° 45-2590 du 2 novembre 1945 relative au statut du notariat.

II. — En outre, lorsqu'elle est exercée par des personnes établies dans un État membre de la Communauté européenne autre que la France, l'activité définie à l'article 14 est soumise au respect :

1° Des dispositions relatives au libre établissement et à la libre prestation des services à l'intérieur de la Communauté européenne dans le domaine de l'assurance, prévues aux articles L. 361-1 à L. 364-1 du code des assurances ;

2° Des dispositions relatives à la publicité et au démarchage des organismes de placement collectif en valeurs mobilières, prévues à l'article L. 214-12 du code monétaire et financier ; — *V. cet art. au **C. mon. fin.** ou au **C. sociétés.***

3° Des dispositions relatives aux pratiques anticoncurrentielles et à la concentration économique, prévues aux titres II et III du livre IV du code de commerce ;

4° Des dispositions relatives à l'interdiction ou à l'autorisation de la publicité non sollicitée envoyée par courrier électronique ;

5° Des dispositions du code général des impôts ;

6° Des droits protégés par le code de la propriété intellectuelle.

Art. 17 L'activité définie à l'article 14 est soumise à la loi de l'État membre sur le territoire duquel la personne qui l'exerce est établie, sous réserve de la commune intention de cette personne et de celle à qui sont destinés les biens ou services.

L'application de l'alinéa précédent ne peut avoir pour effet :

1° De priver un consommateur ayant sa résidence habituelle sur le territoire national de la protection que lui assurent les dispositions impératives de la loi française relatives aux obligations contractuelles, conformément aux engagements internationaux souscrits par la France. Au sens du présent article, les dispositions relatives aux obligations contractuelles comprennent les dispositions applicables aux éléments du contrat, y compris celles qui définissent les droits du consommateur, qui ont une influence déterminante sur la décision de contracter ;

2° De déroger aux règles de forme impératives prévues par la loi française pour les contrats créant ou transférant des droits sur un bien immobilier situé sur le territoire national ;

3° De déroger aux règles déterminant la loi applicable aux contrats d'assurance pour les risques situés sur le territoire d'un ou plusieurs États parties à l'accord sur l'Espace économique européen et pour les engagements qui y sont pris, prévues aux articles L. 181-1 à L. 183-2 du code des assurances.

Art. 18 Dans les conditions prévues par décret en Conseil d'État, des mesures restreignant, au cas par cas, le libre exercice de leur activité par les personnes mentionnées *(L. n° 2007-297 du 5 mars 2007, art. 40-II)* « aux articles 14 et 16 » peuvent être prises par l'autorité administrative lorsqu'il est porté atteinte ou qu'il existe un risque sérieux et grave d'atteinte au maintien de l'ordre et de la sécurité publics, à la protection des mineurs, à la protection de la santé publique, à la préservation des intérêts de la défense nationale ou à la protection des personnes physiques qui sont des consommateurs ou des investisseurs autres que les investisseurs appartenant à un cercle restreint définis à l'article L. 411-2 du code monétaire et financier. — *V. cet art. au **C. mon. fin.** ou au **C. sociétés.***

Art. 19 Sans préjudice des autres obligations d'information prévues par les textes législatifs et réglementaires en vigueur, toute personne qui exerce l'activité définie à l'article 14 est tenue d'assurer à ceux à qui est destinée la fourniture de biens ou la prestation de services un accès facile, direct et permanent utilisant un standard ouvert aux informations suivantes :

1° S'il s'agit d'une personne physique, ses nom et prénoms et, s'il s'agit d'une personne morale, sa raison sociale ;

2° L'adresse où elle est établie, son adresse de courrier électronique, ainsi que *(L. n° 2008-3 du 3 janv. 2008, art. 29-III, en vigueur le 1er juin 2008)* « des coordonnées téléphoniques permettant d'entrer effectivement en contact avec elle » ;

3° Si elle est assujettie aux formalités d'inscription au registre du commerce et des sociétés ou au répertoire des métiers, le numéro de son inscription, son capital social et l'adresse de son siège social ;

4° Si elle est assujettie à la taxe sur la valeur ajoutée et identifiée par un numéro individuel en application de l'article 286 *ter* du code général des impôts, son numéro individuel d'identification ;

5° Si son activité est soumise à un régime d'autorisation, le nom et l'adresse de l'autorité ayant délivré celle-ci ;

6° Si elle est membre d'une profession réglementée, la référence aux règles professionnelles applicables, son titre professionnel, l'État membre dans lequel il a été octroyé ainsi que le nom de l'ordre ou de l'organisme professionnel auprès duquel elle est inscrite.

Toute personne qui exerce l'activité définie à l'article 14 doit, même en l'absence d'offre de contrat, dès lors qu'elle mentionne un prix, indiquer celui-ci de manière claire et non ambiguë, et notamment si les taxes et les frais de livraison sont inclus. Le présent alinéa s'applique sans préjudice des dispositions régissant *(L. n° 2008-3 du 3 janv. 2008, art. 39-V, en vigueur le 1er juin 2008)* « les pratiques commerciales trompeuses » prévues à l'article L. 121-1 du code de la consommation, ni des obligations d'information sur les prix prévues par les textes législatifs et réglementaires en vigueur.

Les infractions aux dispositions du présent article sont recherchées et constatées dans les conditions fixées par *(L. n° 2011-525 du 17 mai 2011, art. 177-VI)* « les articles L. 450-1, » L. 450-2, L. 450-3, L. 450-4, L. 450-7, L. 450-8, L. 470-1 et L. 470-5 du code de commerce.

1. Pseudonyme. Les actes de commercialisation litigieux s'étant effectués sous un pseudonyme, contrevenant à l'art. 19 de la L. n° 2004-575 du 21 juin 2004 qui impose de mentionner l'identité du fournisseur de biens sur internet et les flacons en cause ne portant pas les mentions permettant d'identifier le fabricant et cela en contravention des dispositions de l'art. L. 121-1 C. consom., le tribunal considère qu'il s'agit d'actes de concurrence déloyale vis-à-vis des demanderesses qui ont pour activité la fabrication et la commercialisation de parfums. • TGI Paris, 10 oct. 2007 : *D. 2007. AJ 2804, obs. Manara*. – V. aussi • Paris, 6 nov. 2009 : *CCE 2010, n° 48, obs. Debet.*

2. Coordonnées. L'art. 5, § 1, sous c), de la Dir. n° 2000/31/CE du 8 juin 2000 (« directive sur le commerce électronique »), doit être interprété en ce sens que le prestataire de services est tenu de fournir aux destinataires du service, dès avant toute conclusion de contrat avec ces derniers, en sus de son adresse de courrier électronique, d'autres informations permettant une prise de contact rapide ainsi qu'une communication directe et efficace. Ces informations ne doivent pas obligatoirement correspondre à un numéro de téléphone. Elles peuvent résider dans un formulaire de contact électronique, au moyen duquel les destinataires du service peuvent s'adresser sur l'internet au prestataire de services et auquel celui-ci répond par courrier électronique, sauf dans des situations où un destinataire du service, se trouvant, après la prise de contact par voie électronique avec le prestataire de services, privé d'accès au réseau électronique, demande à ce dernier l'accès à une voie de communication non électronique. • CJCE 16 oct. 2008 : *D. 2008. AJ 2716, obs. Manara ; CCE 2009, n° 26, obs. Stoffel-Munck ; Europe 2008, n° 417, obs. Kauff-Gazin.*

Sur les contrats sous forme électronique, V. C. civ., art. 1369-1 à 1369-11 et 1325, al. 5. – **C. civ.**

Loi n° 2005-882 du 2 août 2005,

En faveur des petites et moyennes entreprises.

Art. 60 I. – Le commerce équitable s'inscrit dans la stratégie nationale de développement durable.

II. – Au sein des activités du commerce, de l'artisanat et des services, le commerce équitable organise des échanges de biens et de services entre des pays développés et

des producteurs désavantagés situés dans des pays en développement. Ce commerce vise à l'établissement de relations durables ayant pour effet d'assurer le progrès économique et social de ces producteurs.

III. — Les personnes physiques ou morales qui veillent au respect des conditions définies ci-dessus sont reconnues par une commission dont la composition, les compétences et les critères de reconnaissance des personnes précitées sont définis par décret en Conseil d'État. — *V. Décr. n° 2007-986 du 15 mai 2007, ci-dessous.*

BIBL. ▶ BLIN-FRANCHOMME, *RLDA janv. 2007. 73* (pratiques commerciales : l'émergence juridique du commerce équitable). – NAHON, *RLDA juill. 2007. 51* (commerce équitable : après l'émergence vient la reconnaissance). – RAYMOND, CCC *2007. Repère 8* (commerce « équitable »). – GRANDVUILLEMIN, *JCP E 2007, n° 51-52, p. 34* (commerce équitable : comment réguler un marché alternatif ?). – PÉDAMON, Le code de commerce 1807-2007, Livre du bicentenaire, *Dalloz, 2007, p. 141* (le commerce équitable).

V., relatif à l'examen, au regard des règles de concurrence, des modalités de fonctionnement de la filière du commerce équitable en France, Cons. conc., avis, n° 06-A-07 du 22 mars 2006 : JCP E 2007, n° 30, p. 40, obs. Trébulle ; CCC 2006, n° 90, obs. Malaurie-Vignal ; RLDA mai 2006. 48, obs. Méar ; RDLC 2006, n° 2, p. 85, obs. Debroux ; Lettre distrib. juin 2006, p. 2.

Décret n° 2007-986 du 15 mai 2007,

Pris pour l'application de l'article 60 de la loi n° 2005-882 du 2 août 2005 en faveur des petites et moyennes entreprises et relatif à la reconnaissance des personnes veillant au respect des conditions du commerce équitable.

Art. 1er Il est créé une Commission nationale du commerce équitable. Elle est chargée d'accorder une reconnaissance aux personnes qui veillent au respect, par les organismes se prévalant de leur participation à des échanges de biens et services entrant dans le champ du commerce équitable, des conditions mentionnées à l'article 60 de la loi du 2 août 2005 susvisée.

....

Art. 6 Pour reconnaître les personnes physiques ou morales qui veillent au respect des conditions du commerce équitable, la commission se fonde sur les critères suivants :

I. — Objectif : la personne physique ou morale a pour objectif, dans le respect des principes du développement durable, de permettre aux producteurs défavorisés des pays en développement d'améliorer leurs conditions de vie, et aux organisations de producteurs de renforcer leur capacité d'action et de négociation vis-à-vis des marchés et des pouvoirs publics.

II. — Indépendance : la personne physique ou morale qui sollicite la reconnaissance veille au respect des conditions du commerce équitable, à l'exclusion de toute activité de production, de transformation ou de distribution de produits ou de services marchands relevant du commerce équitable. L'activité de la personne physique ou morale qui sollicite la reconnaissance comporte des actions d'information et de sensibilisation du public aux enjeux du commerce équitable.

III. — Transparence : la personne physique ou morale qui sollicite la reconnaissance met à la disposition de toute personne qui en fait la demande l'ensemble des informations relatives à son mode de fonctionnement, concernant notamment les modalités de contrôle et de prise de décision suite aux contrôles du respect des conditions du commerce équitable.

IV. — Présence auprès des producteurs dans les pays en développement : la personne physique ou morale veille à l'existence d'un système de contrôle effectif du respect des conditions du commerce équitable, y compris dans les pays où sont situés les producteurs. Ce contrôle porte sur la structure de l'organisation des producteurs, sur son caractère démocratique, et sur la transparence de la gestion des revenus générés par le commerce équitable, en vue d'atteindre les objectifs de développement économique, social et environnemental.

V. — Contrôles effectués auprès des importateurs : la personne physique ou morale veille au respect par les importateurs de conditions minimales relatives au prix d'achat, à la continuité des commandes et à leur préfinancement.

VI. — Accompagnement et sensibilisation : la personne physique ou morale veille à l'existence de prestations d'accompagnement des producteurs, visant à les renforcer dans leurs compétences techniques et économiques, dans leur organisation et dans leur capacité d'action et de négociation vis-à-vis des marchés et des pouvoirs publics, et de prestations de sensibilisation du public aux enjeux du commerce équitable.

Art. 7 Les personnes qui sollicitent la reconnaissance de la Commission nationale du commerce équitable présentent à l'appui de leur demande un dossier dont les éléments sont définis par arrêté du ministre chargé du commerce, pris après avis de la commission. *— V. Arr. 3 oct. 2011, ci-dessous.*

La reconnaissance est prononcée pour une durée de trois ans renouvelable.

La personne à laquelle la commission a accordé sa reconnaissance peut faire état publiquement de la mention : "reconnu par la Commission nationale du commerce équitable".

Arrêté du 3 octobre 2011,

Relatif à la composition du dossier présenté par les personnes sollicitant la reconnaissance de la Commission nationale du commerce équitable.

Art. 1er La demande de reconnaissance par la Commission nationale du commerce équitable comporte les éléments suivants :

1° Informations relatives à la personne physique ou morale :

— le numéro unique d'identification du demandeur, et l'identité du demandeur, soit, pour une personne physique, le nom, les prénoms, l'adresse, les numéros de téléphone et de télécopieur, l'adresse électronique et, pour une personne morale, la raison sociale, la forme juridique, l'adresse du siège social, les numéros de téléphone et de télécopieur, l'adresse électronique ;

— un extrait d'immatriculation au registre du commerce et des sociétés ou d'une immatriculation équivalente dans un pays étranger ou, à défaut, si la société est en cours de constitution, une copie des statuts enregistrés auprès des services fiscaux ;

— le nombre de salariés y compris éventuellement expatriés, le chiffre d'affaires global, la composition du capital social ;

— s'il s'agit d'une association, le récépissé délivré par la préfecture ainsi que son objet, son siège social, son numéro SIRET et le nom de son président ;

— le dernier rapport d'activités du demandeur, accompagné du bilan et du compte de résultats ;

— tout élément financier démontrant que la personne dispose des ressources nécessaires pour exercer son activité de manière indépendante ;

— les statuts ou tout autre document, notamment le rapport du commissaire aux comptes s'il y a lieu, établissant l'absence d'activités de production, de transformation et de distribution ;

— le cahier des charges décrivant les engagements économiques, sociaux et environnementaux et les démarches choisies vis-à-vis des producteurs, des travailleurs et de l'ensemble des opérateurs concernés. Les engagements sont, quand cela est possible, exprimés en chiffres.

2° Informations relatives aux dispositifs de veille et de garantie :

— procédures de veille mises en œuvre, indicateurs de progrès et moyens de mesure ;

— description détaillée des contrôles réalisés sur les transactions commerciales du commerce équitable ;

— certification éventuelle du système de garantie, complétée par l'attestation d'accréditation et la portée de l'accréditation de l'organisme certificateur concerné ;

— le cas échéant, place et modalités de l'évaluation mise en œuvre pour le fonctionnement du système de garantie. Le caractère participatif et progressif du système de garantie doit être documenté.

Art. 2 Le demandeur apporte des informations sur les actions menées directement ou indirectement auprès des organisations de producteurs et auprès des consommateurs. La demande décrit l'échelonnement pluriannuel et le caractere progressif de la démarche ainsi que des résultats, et précise les éléments suivants :

— l'accompagnement et les moyens mis en œuvre auprès des organisations de producteurs et des producteurs défavorisés en vue d'améliorer les modes de production, la gestion, la comptabilité ;

— les actions menées et les résultats obtenus en matière de développement économique durable. La prime éventuelle de développement, les actions d'appui utilisant le préfinancement, le soutien pour l'accès aux marchés, la diversification des débouchés, la consolidation économique des organismes producteurs sont exposés ;

— les actions menées et les résultats obtenus en matière de développement social durable, les démarches de progrès en matière de conditions de vie et de travail ;

— les actions menées et les résultats obtenus en matière de développement environnemental, au regard de la conservation et de la valorisation de la biodiversité, de l'utilisation durable des ressources naturelles, de la gestion des sols, de l'eau et de l'air ;

— la présentation des actions d'information auprès de différents publics, et les éléments de mesure de l'impact de ces actions.

Art. 3 Le dossier de demande de reconnaissance est adressé au secrétariat de la commission. La complétude du dossier est vérifiée.

Si le dossier est complet, un accusé de réception est adressé au demandeur, qui est informé de la date d'examen de sa demande par la commission.

Si le dossier est incomplet, le secrétariat de la commission adresse un courrier indiquant au demandeur les informations, pièces ou éléments manquants.

Dès réception de toutes les informations et pièces requises, le secrétariat accuse réception du dossier complet et informe le demandeur de la date d'examen de sa demande par la commission.

Art. 8 La reconnaissance peut être retirée à tout moment lorsque la personne reconnue cesse de remplir les conditions requises. S'il apparaît à la commission que la personne est susceptible de satisfaire à nouveau à ces conditions dans un délai raisonnable, elle peut décider de ne prononcer qu'une suspension de la reconnaissance. La suspension ou le retrait est prononcé dans les formes prévues à l'article 5 et après que la personne intéressée a été mise à même de présenter ses observations.

La mesure de suspension peut être levée sur demande de la personne, dans les mêmes formes.

Art. 9 Les décisions de refus, de suspension et de retrait de la reconnaissance sont motivées.

Les décisions de la commission, signées du président, sont notifiées au ministre chargé du commerce et au demandeur ou au titulaire de la reconnaissance

Les décisions accordant la reconnaissance ainsi que celles prononçant la suspension et le retrait sont publiées sous forme d'avis au *Journal officiel* de la République française.

Loi n° 2006-11 du 5 janvier 2006,

D'orientation agricole (JO 6 janv.).

Art. 47 Afin de protéger l'environnement et d'encourager le développement des produits biodégradables, un décret détermine les conditions de l'interdiction, à compter du 1er janvier 2010, de la distribution au consommateur final, à titre gratuit ou onéreux, de sacs de caisse à usage unique en plastique non biodégradable.

Il détermine également les conditions de vérification de la biodégradabilité des sacs susceptibles d'être commercialisés ou distribués.

Un décret, pris dans les douze mois suivant la publication de la présente loi, détermine, dans le respect des règles définies dans le cadre de l'Union européenne, les usages du plastique pour lesquels l'incorporation dans celui-ci de matières d'origine végétale est rendue obligatoire. Il précise les taux d'incorporation croissants imposés.

Loi n° 2008-776 du 4 août 2008,

De modernisation de l'économie.

Art. 51 Pour les besoins de l'analyse statistique et économique, les entreprises peuvent être distinguées selon les quatre catégories suivantes :
– les microentreprises ;
– les petites et moyennes entreprises ;
– les entreprises de taille intermédiaire ;
– les grandes entreprises.

Un décret précise les critères permettant de déterminer la catégorie d'appartenance d'une entreprise. – *V. Décr. n° 2008-1354 du 18 déc. 2008, ci-dessous.*

BIBL. ▸ BEYNEIX et HÉBERT, *RTD com. 2012. 671* (prise en compte de l'entrepreneuriat par le droit).

Décret n° 2008-1354 du 18 décembre 2008,

Relatif aux critères permettant de déterminer la catégorie d'appartenance d'une entreprise pour les besoins de l'analyse statistique et économique.

Art. 1er La notion d'entreprise utilisée pour l'application de l'article 51 de la loi de modernisation de l'économie susvisée est celle du règlement (CEE) du Conseil du 15 mars 1993 susvisé *[relatif aux unités statistiques d'observation et d'analyse du système productif dans la Communauté]*, c'est-à-dire la plus petite combinaison d'unités légales qui constitue une unité organisationnelle de production de biens et de services jouissant d'une certaine autonomie de décision, notamment pour l'affectation de ses ressources courantes.

Art. 2 Les données retenues pour déterminer la catégorie d'entreprise au sein de laquelle une entreprise doit être affectée pour les besoins de l'analyse statistique et économique sont celles afférentes au dernier exercice comptable clôturé et sont calculées sur une base annuelle. Elles sont prises en compte à partir de la date de clôture des comptes et se conforment aux définitions suivantes :

— l'effectif correspond au nombre d'unités de travail par année (UTA), c'est-à-dire au nombre de personnes ayant travaillé dans l'entreprise considérée ou pour le compte de cette entreprise à temps plein pendant toute l'année considérée. Le travail des personnes n'ayant pas travaillé toute l'année, ou ayant travaillé à temps partiel, quelle que soit sa durée, ou le travail saisonnier, est compté comme fractions d'UTA ;

— le chiffre d'affaires retenu est calculé hors taxe sur la valeur ajoutée (TVA) et hors autres droits ou taxes indirects, pour le montant des facturations effectuées à l'endroit de personnes physiques et de personnes morales extérieures au périmètre de définition de l'entreprise, au sens de l'article 1er du présent décret ;

— le total de bilan est considéré pour sa valeur consolidée au sein du périmètre de définition de l'entreprise, au sens de l'article 1er du présent décret.

Art. 3 La catégorie des microentreprises est constituée des entreprises qui :
— d'une part occupent moins de 10 personnes ;
— d'autre part ont un chiffre d'affaires annuel ou un total de bilan n'excédant pas 2 millions d'euros.

La catégorie des petites et moyennes entreprises (PME) est constituée des entreprises qui :
— d'une part occupent moins de 250 personnes ;
— d'autre part ont un chiffre d'affaires annuel n'excédant pas 50 millions d'euros ou un total de bilan n'excédant pas 43 millions d'euros.

La catégorie des entreprises de taille intermédiaire (ETI) est constituée des entreprises qui n'appartiennent pas à la catégorie des petites et moyennes entreprises, et qui :
— d'une part occupent moins de 5 000 personnes ;
— d'autre part ont un chiffre d'affaires annuel n'excédant pas 1 500 millions d'euros ou un total de bilan n'excédant pas 2 000 millions d'euros.

La catégorie des grandes entreprises (GE) est constituée des entreprises qui ne sont pas classées dans les catégories précédentes.

Art. 4 Lorsque les conditions dans lesquelles les statistiques ont été élaborées ne permettent pas d'appliquer intégralement la notion d'entreprise ou de déterminer précisément la catégorie dont relève une entreprise dans le respect des dispositions du présent décret, une définition permettant une bonne approximation de cette notion peut être retenue. Cette définition doit alors être jointe aux données publiées de façon à permettre d'apprécier le degré d'approximation qui en résulte.

Loi n° 2012-1270 du 20 novembre 2012,

Relative à la régulation économique outre-mer et portant diverses dispositions relatives aux outre-mer.

Art. 4 Dans les collectivités relevant de l'article 73 de la Constitution et dans les collectivités d'outre-mer de Saint-Barthélemy, de Saint-Martin, de Saint-Pierre-et-Miquelon et de Wallis-et-Futuna, les entreprises de grande distribution ont l'obligation de réserver une surface de vente dédiée aux productions régionales.

COMMERCE MARITIME

Dispositions générales

Code des transports

(Ord. n° 2010-1307 du 28 oct. 2010)

Art. L. 5000-1 *à* L. 5000-4 *(Définitions)*.

Art. L. 5611-1 *à* L. 5611-4 *(Registre international français)*.

Décret n° 46-2583 du 21 novembre 1946,

Relatif aux attributions des consuls dans leurs rapports avec la marine marchande (D. 1946. 456 ; BLD 1946. 781). – Mod. par Décr. n° 64-12 du 4 janv. 1964 (D. 1964. 70 ; BLD 1964. 80), Décr. n° 2006-1721 du 23 déc. 2006 (JO 30 déc.).

I Affrètement et transports maritimes

RÉP. COM. v^{is} *Affrètement maritime*, par CONFAVREUX ; *Navigation maritime*, par TOURET.

Code des transports

(Ord. n° 2010-1307 du 28 oct. 2010)

Art. L. 4421-1 *et* L. 4421-2 *(Entreprises de transport fluvial de marchandises)*.

Art. L. 4451-1 *à* L. 4453-1 *(Contrat de transport fluvial de marchandises)*.

Art. L. 4461-1 *à* L. 4463-3 *(Contrôle et sanctions)*.

Sur l'exercice de la profession de courtier de fret fluvial, V. C. transp., art. L. 4441-1 et L. 4441-2, ss. art. L. 131-11 C. com.

Art. L. 5422-1 *à* L. 5422-26 *(Contrat de transport maritime de marchandises)*.

Art. L. 5423-1 *à* L. 5423-14 *(Contrat d'affrètement)*.

Décret n° 66-1078 du 31 décembre 1966,

Sur les contrats d'affrètement et de transport maritimes.

Décret du 25 mars 1937,

Portant promulgation de la convention internationale pour l'unification de certaines règles en matière de connaissement, signée à Bruxelles, le 25 août 1924 (DP 1937. 4. 16, commentaire H. Aubrun ; BLD 1937. 329 ; Add. 544). – V. Décr. n° 77-809 du 8 juill. 1977 (JO 20 juill.)

portant publication du protocole, fait à Bruxelles le 23 févr. 1968, modifiant cette convention ; Décr. n° 87-235 du 3 avr. 1987 (JO 5 avr.) portant publication du protocole, fait à Bruxelles le 21 déc. 1979, modifiant cette convention.

V. la convention internationale pour l'unification de certaines règles en matière de transport de passagers par mer du 29 avr. 1961, publiée par Décr. n° 65-533 du 1er juill. 1965 (D. 1965. 210 ; BLD 1965. 368).

Arrêté du 20 juillet 1960,

Relatif au connaissement fluvial (JO 28 juill.).

Décret n° 65-612 du 22 juillet 1965,

Relatif aux transports maritimes 🏛.

Code de la défense

(Ord. n° 2004-1374 du 20 déc. 2004)

Art. L. 2213-5 *à* L. 2213-8 🏛.

Loi n° 83-1119 du 23 décembre 1983,

Relative aux mesures pouvant être prises en cas d'atteinte aux intérêts maritimes et commerciaux de la France 🏛.

V. Décr. n° 75-693 du 23 juill. 1975 (JO 3 août) portant publication de la convention relative à la responsabilité civile dans le domaine du transport maritime de matières nucléaires, signée à Bruxelles le 17 déc. 1971.

V. L. n° 81-348 du 15 avr. 1981 (JO 16 avr.) autorisant l'approbation de la convention des Nations unies sur le transport de marchandises par mer, faite à Hambourg, le 31 mars 1978.

V. L. n° 85-541 du 22 mai 1985 (D. et ALD 1985. 313 ; Rect. 1986. 135) relative à l'application du code de conduite des conférences maritimes établi par la convention des Nations Unies conclue à Genève le 6 avr. 1974. — V. aussi Décr. n° 87-861 du 21 oct. 1987 (D. et ALD 1987. 431) portant application de cette loi.

V. Décr. n° 86-1371 du 23 déc. 1986 (D. et ALD 1987. 71) portant publication de la convention de 1976 sur la limitation de la responsabilité en matière de créances maritimes, faite à Londres le 19 nov. 1976.

II Armement

RÉP. COM. v^is^ *Armateur*, par CORBIER ; *Navire (Copropriété de)* par PASQUALINI.

Code des transports

(Ord. n° 2010-1307 du 28 oct. 2010)

Art. L. 5411-1 *à* L. 5413-5 *(Entreprises d'armement maritime)* 🏛.

Décret nº 69-679 du 19 juin 1969,

Relatif à l'armement et aux ventes maritimes 🏛.

III Assurances maritimes

RÉP. COM. v° *Assurance maritime*, par BERR.

Code des transports

(Ord. nº 2010-1307 du 28 oct. 2010)

Art. L. 5425-1 *(Assurances maritimes)* 🏛.

Code des assurances

(L. nº 67-522 du 3 juill. 1967 ; Décr. nº 76-666 du 16 juill. 1976) (Décr. nº 76-667 du 16 juill. 1976)

Art. L. 171-1 *à* L. 174-6 🏛.

Art. R. 171-1 *à* R. 172-6 🏛.

IV Événements de mer

RÉP. COM. v° *Événements de mer*, par MONTAS.

Code des transports

(Ord. nº 2010-1307 du 28 oct. 2010)

Art. L. 5131-1 *à* L. 5131-7 *(Abordage)* 🏛.

Art. L. 5132-1 *à* L. 5132-13 *(Assistance)* 🏛.

Art. L. 5133-1 *à* L. 5133-19 *(Avaries)* 🏛.

Art. L. 5141-1 *à* L. 5141-7 *(Navires abandonnés)* 🏛.

V. aussi Décr. nº 87-830 du 6 oct. 1987.

Art. L. 5142-1 *à* L. 5142-8 *(Épaves)* 🏛.

V. aussi Décr. nº 61-1547 du 26 déc. 1961.

Décret nº 68-65 du 19 janvier 1968,

Relatif aux événements de mer 🏛.

V Infractions maritimes — Tribunaux maritimes

RÉP. COM. v° *Tribunaux maritimes commerciaux,* par NDENDE et DAOULAS.

RÉP. PÉN. v° *Marine marchande,* par TOURET.

Code des transports

(Ord. n° 2010-1307 du 28 oct. 2010)

Art. L. 5531-1 *à* L. 5531-19 *(Police intérieure et discipline de bord)* 🏛.

Code disciplinaire et pénal de la marine marchande

(L. 17 déc. 1926 ; DP 1927. 4. 270)

Selon des modalités fixées par décret, et au plus tard le 1er janv. 2015, l'intitulé de la loi du 17 déc. 1926 portant code disciplinaire et pénal de la marine marchande est remplacé par l'intitulé suivant : « Loi du 17 décembre 1926 relative à la répression en matière maritime (Ord. n° 2012-1218 du 2 nov. 2012, art. 17-I et 21). Les titres Ier à IV sont remplacés par ceux issus de l'Ord. préc. et les art. 30-1, 30-2, 36 bis, 36 ter, 39, 59, 62-1, 63, 64, 66, 69, 86, 88, 89, 90-1, 91, 92, 93, 94 et 96 sont abrogés (Ord. préc., art. 18-II). Dans toutes les dispositions législatives en vigueur, les références au code disciplinaire et pénal de la marine marchande sont remplacées par les références à la loi relative à la répression en matière maritime (Ord. préc., art. 17-II).

Art. 1er *à* 96 🏛.

Loi du 17 décembre 1926,

Relative à la répression en matière maritime 🏛.

V. note ci-dessus.

Décret n° 56-1219 du 26 novembre 1956,

Sur les tribunaux maritimes commerciaux et la forme de procéder devant ces tribunaux 🏛.

Décret n° 60-799 du 2 août 1960,

Modifiant diverses dispositions de la loi du 17 décembre 1926 portant code disciplinaire et pénal de la marine marchande 🏛.

VI Navires (statut)

RÉP. COM. vis *Navire,* par DELEBECQUE ; *Navire (Saisie et vente publique),* par RACINE ; *Hypothèque et privilèges maritimes,* par DELEBECQUE.

Code des transports

(Ord. n° 2010-1307 du 28 oct. 2010)

Art. L. 4111-1 *à* L. 4111-8 *(Immatriculation des bateaux de navigation intérieure)* 🏛.

V. Décr. 3 avr. 1919 (DP 1921. 4. 252 ; BLD 1919. 241), mod. par Décr. 8 déc. 1919 (BLD 1919. 902), Décr. 23 févr. 1922 (BLD 1922. 123), Décr. n° 60-1141 du 17 oct. 1960 (D. 1960. 360 ; Rect. 367 ; BLD 1960. 789), Décr. n° 80-307 du 29 avr. 1980 (D. et BLD 1980. 189), L. n° 92-1336 du 16 déc. 1992, art. 154 et 155 (D. et ALD 1993. 52).

V. aussi Décr. n° 83-209 du 10 mars 1983 (D. et ALD 1983. 181) portant publication de la convention relative à l'immatriculation des bateaux de navigation intérieure, faite à Genève le 25 janv. 1965.

Art. L. 4121-1 à L. 4121-4 *(Droits réels sur les bateaux de navigation intérieure)*.

Art. L. 4122-1 à L. 4122-21 *(Hypothèques et privilèges sur les bateaux de navigation intérieure)*.

Art. L. 4142-1 à L. 4143-1 *(Sanctions)*.

Art. L. 5111-1 à L. 5111-4 *(Identification des navires)*.

Art. L. 5112-1 *(Francisation)*.

Art. L. 5113-1 à L. 5113-6 *(Construction des navires)*.

Art. L. 5114-1 à L. 5114-5 *(Propriété des navires)*.

Art. L. 5114-6 *(Hypothèques maritimes)*.

Art. L. 5114-7 à L. 5114-19 *(Privilèges sur navire)*.

Art. L. 5114-20 à L. 5114-29 *(Saisie)*.

Art. L. 5114-30 à L. 5114-50 *(Copropriété)*.

Art. L. 5121-1 à L. 5121-11 *(Régime général de responsabilité)*.

Art. L. 5122-1 à L. 5122-24 *(Responsabilité civile des exploitants de navires nucléaires)*.

Art. L. 5122-25 à L. 5122-30 *(Responsabilité civile pour les dommages résultant de la pollution par les hydrocarbures)*.

Art. L. 5231-1 à L. 5235-1 *(Titres de navigation maritime)*.

Loi n° 67-5 du 3 janvier 1967,

Portant statut des navires et autres bâtiments de mer.

La L. n° 67-5 du 3 janv. 1967 est abrogée à l'exception des art. 2 à 4, y compris les art. 3 et 3-1 dans leur rédaction issue de la L. n° 75-300 du 29 avr. 1975, et 43 à 57 (Ord. n° 2010-1307 du 28 oct. 2010, art. 7, 51°).

Art. 2 à 4 *(Francisation)*.

Art. 43 à 57 *(Hypothèques maritimes)*.

Décret n° 67-967 du 27 octobre 1967,

Portant statut des navires et autres bâtiments de mer.

Code des douanes

(Décr. nº 48-1985 du 8 déc. 1948)

Art. 257 *à* 260 🏛.

VII Ventes maritimes

RÉP. COM. vº *Ventes maritimes*, par CORBIER.

Code des transports

(Ord. nº 2010-1307 du 28 oct. 2010)

Art. L. 5424-1 *à* L. 5424-11 *(Ventes maritimes)* 🏛.

Décret nº 69-679 du 19 juin 1969,

Relatif à l'armement et aux ventes maritimes.

Art. 31 *et* 32 V. *Décr. nº 66-1078 du 31 déc. 1966, art. 37 et 50, I – Affrètement et transports maritimes.*

CONCURRENCE

I Droit interne

Sur la liberté des prix et de la concurrence, V. C. com., livre IV.

Loi de finances n° 63-628 du 2 juillet 1963,

Rectificative pour 1963 portant maintien de la stabilité économique et financière.

Art. 2 I. — Tout commerçant, industriel ou artisan qui introduit une action en réparation du préjudice subi du fait d'actes de concurrence déloyale ou illicite, peut, en outre, demander suivant une procédure qui sera fixée par décret en Conseil d'État que, en attendant qu'il soit définitivement statué au fond, la cessation des agissements reprochés au défendeur soit ordonnée à titre provisoire et sous astreinte comminatoire.

Les dispositions qui précèdent ne sont pas applicables en matière de propriété industrielle.

II. — Les juridictions ayant statué sur les actions visées au paragraphe précédent pourront en outre ordonner la publication de leurs décisions, soit par affichage en certains lieux qu'elles fixeront, soit par insertion intégrale ou par extraits dans les journaux qu'elles désigneront. — *Sur l'applicabilité de ce texte, V. note 38.*

RÉP. COM. v° *Concurrence déloyale*, par PICOD, AUGUET et DORANDEU.

BIBL. ▸ GERNEZ-RYSSEN, *Defrénois 1993. 1161* (légitimité des restrictions à la concurrence en droit commercial et social). – PICOD, *JCP E 1994. I. 349* (obligation de non-concurrence de plein droit et contrats n'emportant pas transfert de clientèle). – FRISON-ROCHE, *RJDA 1994, p. 483* (principes originels du droit de la concurrence déloyale et du parasitisme). – MACCIONI, *JCP 1996. I. 3934* (l'image de marque). – MALAURIE-VIGNAL, *D. 1997. Chron. 207* (protection des informations privilégiées et du savoir-faire). – IZORCHE, *RTD com. 1998. 17* (fondements de la sanction de la concurrence déloyale et du parasitisme). – LE TOURNEAU, *ibid. 83* (de la spécificité du préjudice concurrentiel). – BERGE, *Cah. dr. entr. 2000, n° 3, p. 5* (droit communautaire de la concurrence et concurrence déloyale). – Colloque du 6 déc. 2000, *Gaz. Pal. 9-10 nov. 2001* (concurrence déloyale : amendes civiles ou « dommages punitifs » ?). – SCHMIDT-SZALEWSKI, *Mélanges Guyon, Dalloz, 2003, p. 993* (développements de l'action en concurrence déloyale). – PAYET, *1804-2004 Le Code civil, Dalloz, 2004, p. 715* (code civil et concurrence). – CONDOMINES, *D. 2004. 2842* (contester en justice la publicité d'un concurrent : une arme à double tranchant). – ALTERMAN et ZIMMERMANN, *RJ com. 2004. 345* (concurrence déloyale sur internet). – BECKER, *Gaz. Pal. 2005. Doctr. 1561* (nouvelle loi allemande du 7 juill. 2004 contre la concurrence déloyale). – FASQUELLE et MÉSA, *D. 2005. 2666* (projet de nouvel art. 1371 C. civ. dans le rapport Catala). – BÉLOT, *LPA 28 déc. 2005* (pour une reconnaissance de la notion de préjudice économique en droit français). – M.-É. ANCEL, *CCE 2006. Étude 23* (le contentieux international de la concurrence déloyale dans la jurisprudence récente). – BÉLOT, *LPA 6 déc. 2006* (pour une meilleure protection des valeurs économiques). – CORDIER, *CCE 2006. Étude. 37* (le recours en garantie du distributeur contrefacteur). – PICOD, Travaux de l'Association Henri Capitant, La concurrence, *SLC, 2006, p. 151* (la concurrence déloyale). – CALAIS-AULOY, *Mélanges Serra, Dalloz, 2006, p. 59* (concurrence déloyale et protection des consommateurs). – GUINCHARD, *ibid., p. 229* (de la loyauté de la concurrence à la loyauté de la procédure). – MATHIEU-IZORCHE, *ibid., p. 257* (un nouveau cas de concurrence déloyale : l'abus de mauvais caractère). – PASSA, *ibid., p. 289* (protection de la dénomination sociale et du nom commercial par l'action en concurrence déloyale). – PICOD, *ibid., p. 359* (plaidoyer pour une consécration législative de la concurrence déloyale). – BÉLOT, *D. 2007. 1681* (l'évaluation du préjudice économique). – AZZI, *RTD civ. 2007. 227* (relations entre la responsabilité civile délictuelle et les droits subjectifs). – VAN DEN BULCK, *CCE 2007. Étude 26* (quel régime juridique pour l'*ambush marketing* ?). – MARINO, *ibid. 27* (internet et concurrence déloyale). – BLARY-CLÉMENT, *D. 2008.*

961 (loyauté commerciale, loyauté conjugale [note ss. Civ. 1re, 17 oct. 2007]). – Picod, *RLC avr.-juin 2008. 168* (concurrence déloyale et pratiques anticoncurrentielles : affinités ou divergences ? approche juridique). – Rey, *ibid. 175* (... approche économique). – Arcelin-Lécuyer, *D. 2008. 1501* (de la difficulté d'appréhender l'opportunisme commercial : l'exemple de l'« *ambush marketing* »). – Pironon, *Mélanges Gaudemet-Tallon, Dalloz, 2008, p. 545* (les pratiques commerciales déloyales entre DIP et droit communautaire). – Bélot, *D. 2008. 1569* (l'évaluation du préjudice économique subi par une entreprise nouvelle ou innovante). – Mathey, *RTD civ. 2008. 205* (les droits et libertés fondamentaux des personnes morales de droit privé). – Toporkoff, *LPA 11-12 nov. 2008* (rôle des associations professionnelles dans la défense des intérêts de leurs membres contre le dénigrement collectif) ; *LPA 30-31 août 2011* (idem). – Decocq, *RJ com. 2010. 88* (concurrence déloyale et parasitisme : deux régimes autonomes ?). – de Maison Rouge, *BRDA 2010, n° 8, p. 18* (révélation de secrets d'affaires : quel recours privilégier ?). – Arcelin-Lécuyer, *JCP E 2010, n° 1741* (coupe du monde de football 2010 : l'embuscade des *Bavaria Girls*...). – Granvuillemin, *LPA 24 nov. 2011* (déontologie et concurrence déloyale). – Bruguière, *Annonces de la Seine 30 avr. 2012* (rôle de l'analyse économique et financière dans l'évaluation des préjudices subis par une entreprise). – Malaurie-Vignal, *D. 2012. 1415* (réflexions sur la protection du patrimoine informationnel de l'entreprise contre le piratage économique) ; *RLC avr.-juin 2012. 138* (publicité et concurrence déloyale). – Régis, *BICC 1er mai 2013, p. 6* (le préjudice économique des entreprises).

V. C. civ., art. 1382 et 1383. — **C. civ.**

Code de la consommation

Art. L. 120-1 *(L. n° 2008-3 du 3 janv. 2008, art. 39-I)* I. — Les pratiques commerciales déloyales sont interdites. Une pratique commerciale est déloyale lorsqu'elle est contraire aux exigences de la diligence professionnelle et qu'elle altère, ou est susceptible d'altérer de manière substantielle, le comportement économique du consommateur normalement informé et raisonnablement attentif et avisé, à l'égard d'un bien ou d'un service.

(L. n° 2008-776 du 4 août 2008, art. 83-I) « Le caractère déloyal d'une pratique commerciale visant une catégorie particulière de consommateurs ou un groupe de consommateurs vulnérables en raison de l'infirmité mentale ou physique, de leur âge ou de leur crédulité, s'apprécie au regard de la capacité moyenne de discernement de la catégorie ou du groupe.

« II. — Constituent, en particulier, des pratiques commerciales déloyales, les pratiques commerciales trompeuses définies aux articles L. 121-1 et L. 121-1-1 et les pratiques commerciales agressives définies aux articles L. 122-11 et L. 122-11-1. »

V. Note de service DGCCRF n° 2009-07 du 29 janv. 2009, BRDA 2009, n° 10, p. 11.

Sur les pratiques commerciales trompeuses, V. C. consom., art. L. 121-1 s., v° Publicité commerciale. — Sur les pratiques commerciales agressives, V. C. com., art. L. 122-11, et L. 122-11-1 s., v° Ventes commerciales.

BIBL. ▶ Loi n° 2008-3 du 3 janv. 2008 : Montfort, *RLDA janv. 2008. 53* (loyauté des pratiques commerciales : concurrents, agissez en cessation !). ▶ Pour une bibliographie détaillée, V. C. **consom.**

I. PRINCIPE DE LIBERTÉ DU COMMERCE ET DES PRIX

1. *Démarchage de la clientèle d'autrui.* Le démarchage de la clientèle d'autrui qui ne s'accompagne pas d'un acte déloyal est par application du principe de la liberté du commerce libre. • Com. 24 oct. 2000 : *BRDA 2000, n° 21, p. 12.* ♦ V. déjà considérant qu'une entreprise ne bénéficie d'aucun droit privatif sur sa clientèle et que la simple démarche de la clientèle d'un concurrent est licite dès lors qu'elle ne s'accompagne d'aucun acte déloyal. • Paris, 26 févr. 1991 : *D. 1991. IR 101* • 27 mai 1992 : *D. 1993. Somm. 155, obs. Izorche* • 27 mars 1996 : *RJDA 1996, n° 959.* ♦ Le principe fondamental de la liberté du commerce permet de s'attacher les clients d'un concurrent sans que puisse être engagée la responsabilité de l'instigateur du déplacement ainsi opéré, dans la mesure où aucune clientèle ne peut faire l'objet d'un droit privatif. L'application de ce principe n'est limité que par l'obligation de respecter les usages loyaux du commerce, dont la preuve de la violation incombe à l'ancien employeur, V. • Paris, 9 juin 1999 : *LPA 20 mars 2000, p. 14, obs. Reboul.* ♦ Le fait pour un ancien employé ayant créé sa propre entreprise d'avoir conservé un carnet sur lequel étaient consignés les noms des clients de son employeur n'est pas susceptible à lui seul de constituer un procédé de désorganisation constitutif de concurrence déloyale. • Même arrêt.

2. Reproduction des produits d'autrui. En vertu du principe de la liberté du commerce et de l'industrie, la copie, même servile, d'un modèle non protégeable à raison de sa banalité, de son caractère exclusivement utilitaire ou de son appartenance au domaine public n'est pas en elle-même un fait de concurrence déloyale. • Paris, 15 janv. 1997 : *D. 1999. Somm. 99, obs. Izorche* ; *RJDA 1997, n° 982.* – V. aussi • Com. 29 nov. 1994 : *RJDA 1995, n° 791.* ♦ V. encore note 36.

3. Création d'une entreprise concurrente. La concomitance de la démission de plusieurs salariés, qui ont créé une entreprise concurrente, ne caractérise pas la faute de concurrence déloyale dès lors qu'ils n'avaient pas accompli de démarches de nature à nuire à l'entreprise, ni d'actes effectifs de concurrence alors qu'ils étaient encore liés par leur contrat de travail. • Com. 24 mars 1998 : *Bull. civ. IV, n° 112 ; D. 1999. Somm. 113, obs. Libchaber ; LPA 19 août 1998, p. 13, obs. Malaurie-Vignal.* ♦ La création d'une société concurrente par des salariés encore liés à leur employeur par un contrat de travail, ne constitue, en soi, un acte de concurrence déloyale qu'autant que cette création a pour effet de concurrencer dans des conditions déloyales l'activité de l'entreprise de l'employeur. • Paris, 25 sept. 2000 : *D. 2001. Somm. 1313, obs. Serra*. ♦ V. aussi notes 38 s.

4. Liberté des prix. La liberté des prix est la règle et un fabricant ne commet pas un acte de concurrence déloyale en vendant des produits à un prix inférieur à ceux de l'un de ses concurrents, sacrifiant ainsi la séduction de la clientèle par la présentation pour préférer une séduction par le prix. • Versailles, 20 oct. 1993 : *RJDA 1994, n° 751.* ♦ La seule pratique d'un prix inférieur ne constitue pas en soi un acte de concurrence déloyale, dès lors qu'il n'est pas démontré que ce prix soit dérisoire ou excéderait les usages du commerce soumis au principe de l'économie libérale. • Paris, 3 juill. 1996 : *RJDA 1996, n° 1422* • 25 sept. 1996 : *D. Affaires 1996. 1218.* ♦ V. désormais, sur la prohibition des prix de vente abusivement bas, C. com., art. L. 420-5.

Sur la condamnation d'un parfumeur, ayant mis en place un système de cartes de fidélité conduisant à des rabais permanents, V. • Dijon, 11 févr. 1997 : *JCP 1997. IV. 1981.*

II. CONDAMNATION DE LA CONCURRENCE DÉLOYALE

A. THÉORIE GÉNÉRALE DE LA CONCURRENCE DÉLOYALE

5. Fondement juridique. L'action en concurrence déloyale trouve son fondement dans les art. 1382 et 1383 C. civ., lesquels impliquent l'existence d'une faute commise par le défendeur et également celle d'un préjudice souffert par le demandeur. • Versailles, 8 déc. 1994 : *D. 1995. Somm. 261, obs. Serra*. – V. déjà • Com. 29 mai 1967 : *Bull. civ. III, n° 209.*

L'action en concurrence déloyale est fondée non sur une présomption de responsabilité au sens de l'art. 1384 C. civ., mais sur les art. 1382 et 1383 du même code. • Paris, 29 janv. 2003 : *D. 2004. Somm. 1157, obs. Picod* • 21 juin 2006 : *D. 2006. Pan. 2930, obs. Picod*. ♦ La circonstance que la publicité mensongère soit érigée en délit par les dispositions des art. L. 121-1 s. C. consom. ne fait pas obstacle à une action fondée uniquement sur l'art. 1382 C. civ. • Versailles, 10 févr. 2004 : *CCC 2004, n° 145, obs. Raymond.*

6. Auteur de l'acte. L'action en concurrence déloyale pouvant être mise en œuvre quel que soit le statut juridique de l'auteur de la faute alléguée, une telle action peut valablement être engagée à l'encontre d'une association soumise à la loi du 1er juill. 1901. • Com. 30 mai 2000 : *D. 2001. 2587, note Serra ; CCC 2000, n° 161, obs. Malaurie-Vignal.* – V. aussi • Versailles, 16 déc. 2004 : *BICC 2005, n° 980 ; D. 2005. Pan. 2465, obs. Dorandeu*. ♦ Une mutuelle d'assurance qui fait croire que les seuls barèmes de réparation automobile sérieux sont publiés dans une revue déterminée, et que l'agrément peut être retiré si on ne se réfère pas à ces barèmes, commet une faute en contribuant par cette fausse information à détourner au bénéfice de cette revue la clientèle d'une revue concurrente. • Paris, 20 sept. 1996 : *D. 1997. Somm. 238, obs. Izorche*. ♦ Pour un arrêt retenant un acte de concurrence déloyale à l'encontre d'un agent d'assurance ayant détourné la clientèle d'un autre agent, alors même que cette faute ne profitait pas à celui qui l'avait commise, V. • Com. 21 mars 2000 : *Bull. civ. IV, n° 65 ; D. 2000. 625, note Serra ; CCC 2000, n° 127, obs. Malaurie-Vignal.* ♦ Le refus de France Télécom d'attribuer à une société le code télématique « vacances », est déloyal dès lors que des codes génériques avaient été consentis, au mépris de ses propres règles, à d'autres entreprises. • Com. 25 janv. 2000 : *CCC 2000, n° 63, obs. Malaurie-Vignal.*

7. Rapport de concurrence et clientèle commune. Une cour d'appel n'a pas à caractériser une situation de concurrence directe ou effective entre les sociétés, lesquelles ne sont pas des conditions de l'action en concurrence déloyale qui exige seulement l'existence de faits fautifs générateurs d'un préjudice. • Com. 12 févr. 2008 : *Bull. civ. IV, n° 32 ; D. 2008. 2573, note Picod ; ibid. AJ 610, obs. Chevrier ; JCP E 2009, n° 2, p. 12, obs. Caron ; ibid., n° 30, p. 21, obs. Decocq ; CCC 2008, n° 103, obs. Malaurie-Vignal ; LPA 17 oct. 2008, note Mendoza-Caminade ; RJDA 2008, n° 735 ; CCE 2008, n° 63, obs. Caron ; RDLC 2009, n° 1, p. 130, obs. Morel.* ♦ L'existence d'un lien entre une association et ses adhérents auquel toute notion de clientèle est étrangère est impropre à écarter l'existence d'actes de concurrence déloyale d'un ancien salarié de l'association. • Com. 8 nov. 1994 : *Bull. civ. IV, n° 325 ; CCC 1995, n° 6, obs. Vogel.* ♦ La circonstance que la clientèle que se disputent les opérateurs soit réputée être celle d'un tiers est indifférente pour accueillir une action en concurrence déloyale, laquelle suppose seulement que soit établie l'existence de faits fautifs générateurs d'un préjudice. • Com. 30 mai 2000 : *CCC 2000, n° 161, obs. Malaurie-Vignal.* ♦ Viole l'art. 1382 C. civ. en ajoutant à la loi une condition qu'elle ne comporte pas l'arrêt qui rejette une action en concurrence déloyale pour dénigrement au motif que les parties ne sont pas en situation de concurrence. • Com. 20 nov. 2007 : *D. 2008. Pan. 255, obs. Picod ; CCC 2008, n° 51, obs. Malaurie-Vignal.* ♦ V. aussi, jugeant que l'entreprise visée par un dénigrement peut être concurrente ou non de celle qui en est l'auteur : • Versailles, 9 sept. 1999 : *D. 2000. Somm. 311, obs. Serra .* ♦ Comp., jugeant que faute de clientèle commune, les sociétés en cause n'étaient pas en situation de concurrence et qu'en conséquence l'une ne peut reprocher à l'autre de s'être livrée à des actes de concurrence déloyale à son égard. • Com. 19 nov. 2002 : *Bull. civ. IV, n° 171 ; JCP E 2003, n° 3, p. 107 ; RJDA 2003, n° 211.* ♦ Jugeant que la situation de concurrence nécessaire pour fonder une action en concurrence déloyale ne pouvait être retenue, dès lors que les parties n'exerçaient pas la même activité et n'utilisaient pas le même circuit de distribution : • Com. 25 avr. 2006 : *D. 2006. Pan. 2930, obs. Picod ; CCC 2006, n° 141, obs. Malaurie-Vignal ; RDLC 2006, n° 3, p. 109, obs. Fasquelle et Morel.* ♦ Rejetant l'action en contrefaçon de marque et en concurrence déloyale au motif que le fait reproché ne tendait pas à l'obtention d'un avantage direct ou indirect de nature économique et qu'il était, en conséquence, étranger à la vie des affaires, V. • Com. 10 mai 2011 : *Bull. civ. IV, n° 72 ; D. 2011. Actu. 1410 ; RDT 2011. 649, obs. Marié ; CCC 2011, n° 157, obs. Malaurie-Vignal ; Gaz. Pal. 2011. 1742, obs. Marino ; RJDA 2011, n° 742 ; RLDA juill.-août 2011. 21, obs. Mpindi ; Prop. ind. 2011, n° 72, obs. Tréfigny-Goy.* ♦ Sur la nécessité d'une situation de concurrence pour que puisse prospérer l'action en concurrence déloyale, V. aussi : • Paris, 10 sept. 1997 : *D. 1997. IR 215* (à propos de la mise à disposition par France Télécom de codes d'accès Télétel). ♦ V. aussi les décisions citées notes 23 et 57.

B. ÉLÉMENTS CONSTITUTIFS DE LA CONCURRENCE DÉLOYALE

1° FAUTE

8. Absence d'élément intentionnel. La caractérisation de la faute de concurrence déloyale n'exige pas la constatation d'un élément intentionnel. • Com. 12 mai 2004 : *Bull. civ. IV, n° 88 ; JCP E 2004, n° 27, p. 1082 ; Gaz. Pal. 2005. Somm. 571, obs. Guével ; RDLC déc. 2004. 69, obs. Fasquelle ; RJDA 2004, n° 1279 (1re esp.) ; Bull. Joly 2004. 1103, note Larrieu.* ♦ L'action en concurrence déloyale suppose seulement l'existence d'une faute, sans requérir un élément intentionnel. • Com. 26 avr. 1994 : *Bull. civ. IV, n° 151* • 3 mai 2000 : *RCA 2000, n° 212* • 19 sept. 2006 : *CCC 2006, n° 234, obs. Malaurie-Vignal ; RJDA 2006, n° 1285 ; RCA 2006, n° 328.* – V. déjà • Civ. 18 avr. 1958 : *D. 1959. 87, note Derrida* • Com. 17 oct. 1984 : *D. 1985. IR 384, obs. Serra* • 6 nov. 1990 : *Bull. civ. IV, n° 262 ; D. 1992. Somm. 49, obs. Serra* • 3 juill. 2001 : *RJDA 2002, n° 113.* ♦ Dans le même sens, retenant la responsabilité d'une entreprise au motif qu'elle pratiquait des prix inférieurs à ses prix de revient, V. • Com. 3 mai 2000 : *Bull. civ. IV, n° 93 ; D. 2001. Somm. 1312, obs. Serra ; CCC 2000, n° 111, obs. Malaurie-Vignal.* ♦ Les actes de concurrence déloyale peuvent aussi résulter d'une simple faute d'imprudence ou de négligence. • Dijon, 25 mars 1994 : *JCP 1994. IV. 1702.* – V. aussi • Civ. 2e, 2 avr. 1997 : *cité note 16* • Paris, 21 oct. 1998 : *RJDA 1999, n° 110* • 8 oct. 1992 : *D. 1994. Somm. 223, obs. Serra .* ♦ Pour un comportement de mauvaise foi caractérisant la faute constitutive d'actes de concurrence déloyale, V. • Com. 7 avr. 1998 : *D. 1999. Somm. 128, obs. Schmidt-Szalewski .*

9. Faisceau de présomptions. L'action en concurrence déloyale n'étant pas fondée sur une présomption de responsabilité, une cour d'appel ne peut, en se déterminant sur un faisceau de présomptions de fautes, condamner un comptable démissionnaire engagé par un concurrent. • Com. 13 mai 1997 : *JCP E 1998, n° 3, p. 79, note Fourgoux.* ♦ Mais pour retenir l'existence d'actes de concurrence déloyale, les juges du fond apprécient souverainement la valeur des présomptions qui leur sont soumises. • Civ. 1re, 23 janv. 2001 : *Bull. civ. I, n° 6.*

10. Charge de la preuve. Il appartient au demandeur d'apporter la preuve positive des agissements déloyaux et non à l'intimé de rapporter la preuve négative de l'absence de telles pratiques. • Amiens, 29 janv. 2004 : *BICC 2004, n° 1834.*

2° PRÉJUDICE

11. Spécificité du préjudice. Il s'infère nécessairement des actes déloyaux constatés l'existence d'un préjudice, fût-il seulement moral. • Com. 9 févr. 1993 : *Bull. civ. IV, n° 53 ; JCP E 1994. II. 545, note Danglehant ; CCC 1993, n° 49, note Vogel* • 27 févr. 1996 : *D. 1997. Somm. 104, obs. Serra ; RJDA 1996, n° 732.* – V. aussi • Com.1er avr. 1997 : *D. Affaires 1997. 598* • Paris, 29 avr. 1998 : *D. 1999. Somm. 99, obs. Izorche* • 22 févr. 2000 : *CCC 2000, n° 81, obs. Malaurie-Vignal* • Com. 9 oct. 2001 : *RTD civ. 2002. 304, obs. Jourdain ; CCC 2002, n° 6, obs. Malaurie-Vignal* (pour une clause de non-concurrence). ♦ V. également, dans le cas d'une publicité comparative illicite, considérant que le dénigrement commis, générateur d'un trouble commercial, entraîne nécessairement un préjudice. • Com. 14 juin 2000 : *Bull. civ. IV, n° 126 ; BRDA 2000, n° 15-16, p. 9.* ♦ ... Sauf pour l'auteur de tels actes, à établir que ces faits n'ont pas généré de dommages. • Com. 8 juill. 1997 : *BRDA 1997, n° 23, p. 11.* ♦ Comp. sur la nécessité pour le demandeur de prouver l'existence d'un préjudice : V. • Com. 19 juill. 1976 : *JCP 1976. II. 18507, note R. D. M.* • 25 févr. 1992 : *Bull. civ. IV, n° 88.*

A été jugée recevable la demande d'une société dénigrée qui ne fonde son action en réparation ni sur la baisse de son chiffre d'affaires, ni sur la perte de clientèle, mais sur l'atteinte portée à son enseigne par la campagne de dénigrement entreprise par un groupe commercial et qui la visait nommément, car tendant à l'indemnisation d'un dommage effectif causé à un bien incorporel compris dans ses éléments d'actif, valorisé par ses investissements et sa politique commerciale. • Paris, 29 mars 1993 : *D. 1994. Somm. 223, obs. Serra.* – V. aussi • Paris, 3 avr. 1995 : *D. 1996. Somm. 254, obs. Picod ; Gaz. Pal. 1996. 1. Somm. 145.*

Le droit de la concurrence est dans l'intérêt final du consommateur ; le commerçant qui orchestre une promotion publicitaire tendant à induire en erreur le consommateur sur la nature ou la qualité du produit se rend coupable d'une manœuvre de concurrence déloyale qui justifie sa condamnation à des dommages et intérêts à l'égard d'un autre commerçant concurrent. • Paris, 25 mai 2011 : *Prop. ind. 2011, n° 75, obs. Larrieu.*

12. Nature du préjudice. L'effet relatif des contrats n'interdit pas aux tiers d'invoquer la situation de fait créée par les conventions auxquelles ils n'ont pas été parties, si cette situation de fait leur cause un préjudice de nature à fonder une action en responsabilité délictuelle (préjudice résultant du non-respect par un distributeur agréé des exigences de la distribution sélective) : • Com. 1er juill. 2003 : *cité note 64 ss. art. L. 330-2 C. com.* – V. aussi • Com. 11 janv. 2005 : *D. 2006. Pan. 516, obs. Ferrier ; JCP E 2005, n° 31-34, p. 1327, obs. Mainguy ; CCC 2005, n° 89, obs. Malaurie-Vignal ; Dr. et patr. juin 2005. 114, obs. P. Mousseron ; RDC 2005. 768, obs. Béhar-Touchais* • 5 avr. 2005 : *cité note 170, v° Contrats d'affaires* (absence de préjudice du fait de la violation d'une clause de non-concurrence) • 29 janv. 2008 : *CCC 2008, n° 97, obs. Malaurie-Vignal.* ♦ En revanche, la concurrence déloyale par détournement de clientèle reprochée aux dirigeants ayant fait l'objet d'une action de la société elle-même, les actionnaires, n'ayant aucun droit personnel sur la clientèle qui constitue l'actif de la société, doivent être déboutés dès lors qu'ils ne justifient pas d'un préjudice distinct. • Paris, 6 déc. 2002 : *Bull. Joly 2003. 474, obs. Barbièri.*

13. Entreprise en difficulté. Jugeant qu'une entreprise en difficulté bénéficie de la protection offerte par le droit de la concurrence déloyale, V. • Com. 12 oct. 2004 : *RDLC 2005, n° 1, p. 75, obs. Fasquelle et Morel.*

3° LIEN DE CAUSALITÉ

14. Exigence et appréciation du lien de causalité. Le lien de causalité entre des agissements fautifs (parasitisme) et les difficultés financières de la société victime doit être établi. • Com. 30 janv. 2001 : *Bull. civ. IV, n° 27 ; D. 2001. 1939, note le Tourneau ; CCC 2001, n° 58, obs. Malaurie-Vignal ; JCP 2001. I. 340, n° 29, obs. Viney.* ♦ Les juges du fond établissent l'existence d'un lien de causalité entre la faute et le préjudice dès lors qu'ils constatent la corrélation entre l'installation concurrente et la diminution du chiffre d'affaires du commerçant et écartent formellement d'autres causes de cette baisse. • Com. 29 nov. 1976 : *Bull. civ.*

IV. n° 300. ♦ Comp. : • Com. 30 nov. 1976 : *ibid., n° 303* • 11 févr. 1980 : *D. 1980. IR 441* • 29 juin 1993 : *Bull. civ. IV, n° 270.*

III. ACTES DE CONCURRENCE DÉLOYALE

A. DÉNIGREMENT

1° NOTION DE DÉNIGREMENT

15. Définition. Le dénigrement consiste à porter atteinte à l'image de marque d'une entreprise ou d'un produit désigné ou identifiable afin de détourner la clientèle, en usant de propos et d'arguments répréhensibles ayant ou non une base exacte, diffusés ou émis de manière à toucher les clients de l'entreprise visée, concurrente ou non de celle qui en est l'auteur. • Versailles, 9 sept. 1999 : *préc. note 7.* ♦ La diffusion par un laboratoire pharmaceutique d'un art. paru dans la presse et critiquant un produit parapharmaceutique concurrent auprès de pharmacies distribuant ledit produit avec un marque-page mentionnant en gros caractères « cet art. vous concerne... » constitue un acte de dénigrement dans la mesure où il n'a pas pour finalité l'information des consommateurs, mais traduit une intention de dénigrer le laboratoire concurrent. • Com. 23 mars 1999 : *CCC 1999, n° 91, obs. Malaurie-Vignal ; LPA 8 nov. 1999, p. 10, obs. Reboul ; Gaz. Pal. 19-20 mai 2000, p. 26, obs. Grelier-Lenain.* ♦ Mais ne constituent pas un dénigrement les propos tenus dans la presse faisant état, pour les comparer, des méthodes de vente, des choix stratégiques et d'implantation de deux sociétés, alors que ces propos s'analysent en une appréciation critique de la politique commerciale d'un concurrent et que les termes employés ne sont pas outranciers et qu'aucune critique n'est portée sur les produits. • Paris, 24 nov. 2004 : *JCP E 2005, n° 10, p. 405 ; Gaz. Pal. 2005. Somm. 2183, obs. Roiland ; BRDA 2005, n° 10, p. 11.* ♦ De la même façon, la publication de critiques, même sévères, concernant du vin ne peut constituer une faute caractérisant un dénigrement dans le contexte d'un débat public. • Civ. 2e, 16 juin 2005 : *Bull. civ. II, n° 156 ; D. 2005. 2916, note Agostini ; JCP 2005. IV. 2744* (cassation de • Lyon, 13 août 2003 : *Gaz. Pal. 2005. 346, note Goni*). ♦ Comp., jugeant que l'assimilation d'un vin à un « picrate » « à peine buvable » voire « d'imbuvable » s'apparente à un dénigrement manifestement excessif dans la mesure où ce vin avait été régulièrement récompensé, avait fait l'objet d'une dégustation organisée, et où l'appréciation avait été portée de manière péremptoire sans détailler les qualités et les défauts gustatifs de ce vin. • Civ. 1re, 5 juill. 2006 : *Bull. civ. I, n° 356 ; D. 2007. Pan. 1040, obs. Massis ; JCP 2006. IV. 2682.* ♦ Ne constitue pas un acte de concurrence déloyale le fait pour un fournisseur d'établir à l'adresse d'un client un tableau comparatif non objectif entre deux produits dès lors que celui-ci n'est pas destiné à être diffusé et que le client conserve la possibilité d'interroger le deuxième fournisseur potentiel. • Lyon, 30 nov. 2006 : *BICC 1er avr. 2007, n° 748.*

16. Dénigrement et liberté d'expression. BIBL. Derieux, *LPA 28 mai 2003* (libre critique et dénigrement fautif). – Geiger, *D. 2007. 884* (de la proportionnalité de la libre critique). – Fraissinier-Amiot, *RLDA mai 2010. 81* (la liberté d'expression des entreprises à l'aune des droits de l'homme européens). ♦ V. aussi note 33. ♦ Les propos, mettant en cause les véhicules d'une marque automobile, qui s'inscrivaient dans le cadre d'une émission satirique diffusée par une entreprise de communication audiovisuelle et ne pouvaient être dissociés de la caricature faite de son P-DG, relèvent de la liberté d'expression sans créer aucun risque de confusion entre la réalité et l'œuvre satirique de sorte que l'entreprise de communication audiovisuelle n'a commis aucune faute. • Cass., ass. plén., 12 juill. 2000 : *Bull. civ. n° 7 ; JCP 2000. II. 10439, note Lepage ; LPA 14 août 2000, p. 4, note Derieux ; RTD civ. 2000. 842, obs. Jourdain ; Defrénois 2002. 602, note Brun et Piedelièvre.* – V. l'arrêt de renvoi : • Reims, 9 févr. 1999 : *D. 1999. 449, note Edelman ; JCP 1999. II. 10144, note Bigot.* – V. aussi dans la même affaire : • Civ. 2e, 2 avr. 1997 : *Bull. civ. II, n° 113 ; D. 1997. 411, note crit. Edelman ; D. Affaires 1997. 570,* cassant • Paris, 14 mars 1995 : *BICC 1995, n° 971 ; D. 1996. Somm. 252, obs. Izorche* (caricatures dans une émission télévisée quotidienne, pouvant jeter le discrédit sur une marque d'automobiles). – V. concl. Kessous, *RJDA 1997, p. 398.* – V. aussi Gridel, *D. 1993. Chron. 183* ; Sabireau-Perez, *D. Affaires 1998. 1683* (liberté de la presse et liberté de la concurrence).

De même, l'information sur les propriétés objectives que le consommateur peut attendre d'un produit, dont le caractère mensonger n'est pas soulevé, dès lors qu'elle est donnée en termes mesurés, fussent-elles destinées à remédier aux conséquences de l'usage d'un autre produit non concurrent, ne constitue pas un dénigrement caractérisant un trouble manifestement illicite. • Com. 15 janv. 2002 : *Bull. civ. IV, n° 9 ; JCP 2002. I. 186, n° 3, obs. Viney ; Gaz. Pal. 2003. Somm. 1896, obs. Roiland ; RJDA 2002, n° 709* (référence au pouvoir tachant du café dans les publicités d'un dentifrice). – Sur cet arrêt, V. Champalaune, *RJDA 2002. 495.* ♦ Les annonces publiées dans un journal sur le thème de « l'excès d'énergie peut être dangereux » n'ont pas un caractère dénigrant dans la mesure où elles ne mettent pas en cause les services offerts par le groupe NRJ tant aux auditeurs qu'aux annonceurs publicitaires, mais expriment seulement l'hostilité à la concentration en cours dans le secteur radiophonique de la bande FM. • Paris, 26 janv. 2001 : *Gaz. Pal. 21-22 nov. 2001. Somm. 42.* ♦ Mais l'utilisation d'une marque réputée dans le domaine du sport sur un site internet dénigrant cette activité montre l'intention de dénigrer une entité déterminée et non pas seulement l'activité sportive en soi. • TGI Paris, 8 sept. 2003 : *LPA 23 mai 2005, p. 17, obs. P. M.* ♦ Pour une hypothèse où l'auteur d'un propos dénigrant tentait de se retrancher derrière la liberté d'expression et la responsabilité d'un journaliste pour échapper à sa propre responsabilité, V. • Paris, 20 nov. 2003 : *Gaz. Pal. 2004. Somm. 1273, obs. Roiland.* ♦ La liberté d'expression et le caractère se voulant humoristique des propos tenus n'autorisent cependant pas une atteinte à la réputation d'une marque. • Paris, 7 mai 2004 : *Gaz. Pal. 2007. 2024, obs. Staeffen.* ♦ Des messages contradictoires sur la façon dont une personne exerce son activité de voyante, postés sur un forum consacré à l'astrologie, s'ils constituent effectivement une critique, parfois virulente, de la qualité et du prix de ses prestations, s'inscrivent dans le cadre d'une discussion entre internautes libres d'exprimer leur opinion. • Paris, 14 nov. 2007 : *BICC 15 nov. 2008, n° 1775.* – V. aussi • Paris, 15 mai 2008 : *BICC 15 nov. 2008, n° 1776.*

17. Distinction entre dénigrement et diffamation. Les appréciations, mêmes excessives, touchant les produits, les services ou les prestations d'une entreprise industrielle n'entrent pas dans les prévisions de la diffamation mais du dénigrement dès lors qu'elles ne concernent pas la personne physique ou morale. • Civ. 2e, 5 juill. 2000 : *Bull. civ. II, n° 109 ; D. 2000. AJ 359, obs. Marmontel.* ♦ Des allégations de « faux certificats » et de « faux rapports » constituent un dénigrement et non une diffamation, mêmes si elles visent le gérant, dans la mesure où elles n'ont pour objet que de mettre en cause la qualité des prestations fournies par la société victime, qu'elles émanent d'une société concurrente de la même spécialité exerçant dans le même secteur d'activité et sont proférées dans le but manifeste d'en détourner la clientèle. • Civ. 1re, 5 déc. 2006 : *Bull. civ. I, n° 532 ; D. 2008. 672, note Valette-Ercole ; JCP E 2007, n° 9, p. 20, note Tiquant ; CCC 2007, n° 54, obs. Malaurie-Vignal ; RJDA 2007, n° 422 ; RDLC 2007, n° 2, p. 127, obs. Fasquelle et Morel.* ♦ Ayant retenu qu'un art. portait sur un produit une appréciation générale très négative, dépassant les limites du billet d'humeur et faisant référence à une enquête qui ne concernait pas le produit en cause, que les propos dénigrants et l'amalgame erroné avec cette enquête avaient jeté le discrédit sur ce produit, que l'éditeur de cet art. avait manqué à son devoir de prudence et d'objectivité, une cour d'appel a décidé à bon droit que cette société avait commis une faute de nature à engager sa responsabilité. • Civ. 2e, 8 avr. 2004 : *Bull. civ. II, n° 182 ; RJDA 2004, n° 914* • 7 oct. 2004 : *Bull. civ. II, n° 445 ; JCP 2004. IV. 3157.* ♦ L'art. 29 de la loi du 29 juill. 1881 sur la liberté de la presse dispose que toute allégation ou imputation d'un fait qui porte atteinte à l'honneur ou à la considération de la personne ou du corps auquel le fait est imputé est une diffamation. Par suite, la courte prescription prévue par l'art. 65 de cette loi ne peut être écartée au motif que les propos litigieux tenus par une société dans une revue qu'elle édite visaient uniquement une autre revue en tant que produit concurrentiel de nature commerciale, à l'exclusion de toute mise en cause personnelle des responsables de cette revue, alors que les allégations de vol et de spoliation portaient atteinte à l'honneur et à la considération de la société à laquelle elles étaient imputées. • Civ. 2e, 19 juin 1996 : *Bull. civ. II, n° 153 ; D. Affaires 1996. 1056.* – V. aussi • Cass., ass. plén., 12 juill. 2000 : *préc. note 16.* ♦ V. la loi du 29 juill. 1881 au **C. pén.**

18. Dénigrement et publicité comparative. V. v° *Publicité commerciale*, C. consom., art. L. 121-8 s.

2° ÉLÉMENTS CONSTITUTIFS DU DÉNIGREMENT

19. Informations péjoratives ou malveillantes. Se rend coupable de concurrence déloyale le responsable d'une société qui, dans une interview publiée par une revue, dénigre un concurrent alors que ce dénigrement n'émane pas d'une personne étrangère au milieu professionnel qui n'aurait en vue que d'informer le plus exactement possible le public des avantages et des inconvénients respectifs de chacun des modes de distribution, mais d'un concurrent qui se garde d'émettre la moindre réserve sur les méthodes de sa propre société. • Paris, 20 févr. 1992 : *D. 1993. Somm. 155, obs. Izorche.* ♦ De même, se rend coupable de concurrence déloyale la société qui, dans sa publicité commerciale effectuée par lettre circulaire, donne des informations malveillantes de nature à jeter le discrédit sur un concurrent en le dénigrant et en faisant référence aux termes de sa publicité, ce qui permet d'identifier parfaitement la personne morale visée et cela d'autant plus facilement que son nom est cité dans cette même lettre. • Paris, 15 déc. 1994 : *D. 1995. Somm. 261,* *obs. Serra*. – V. aussi • Dijon, 12 sept. 1995 : *JCP 1996. IV. 630* • Paris, 5 juin 1996 : *CCC 1997, n° 16, obs. Raymond* (identification par les prénoms utilisés). ♦ L'utilisation dans un catalogue de noms ayant un rapport direct et certain avec une entreprise concurrente, pour désigner des produits, constitue une action positive de dénigrement destinée à nuire à ce concurrent en faisant croire qu'il s'agit de produits qu'il fabrique, afin d'en détourner la clientèle, V. • Paris, 1er oct. 1997 : *D. Affaires 1997. 1348.*

Sur le caractère déloyal de l'emploi du qualificatif « véritable » pour désigner un produit, tendant à jeter le discrédit sur les produits concurrents, V. • Paris, 10 avr. 1996 : *Gaz. Pal. 1996. 2. Somm. 495.* ♦ Pour un exemple de dénigrement indirect (message se présentant comme la critique du discours d'un tiers à la fois défavorable à l'auteur du message et favorable à un concurrent de celui-ci), V. • T. com. Paris, 14 févr. 1996 : *D. 1997. Somm. 234, obs. Izorche*. ♦ Pour un exemple de dénigrement direct et indirect au moyen de slogans publicitaires portant à la fois sur une société, sur les prix et les services de celle-ci, V. • Paris, 5 mars 1999 : *LPA 8 nov. 1999, p. 6, obs. Reboul.* ♦ Pour un exemple de dénigrement d'une société cotée par des analyses financières, diffusées pendant de nombreuses années par une banque d'affaires, qui comportaient de nombreuses inexactitudes ou omissions, V. • T. com. Paris, 12 janv. 2004 : *D. 2004. 335, note Couret ; Banque et Droit janv.-févr. 2004. 31, obs. de Vauplane et Daigre ; RD banc. fin. 2004, n° 104, obs. Crédot et Gérard ; Dr. sociétés 2004, n° 66, obs. Bonneau ; LPA 28 avr. 2004, obs. Le Bars ; Rev. sociétés 2004. 297, note F.-L. Simon ; Bull. Joly 2004. 388, note Schmidt ; RTD com. 2004. 337, obs. Rontchevsky ; RJDA 2004, n° 424 ; Bull. Joly Bourse 2004. 185, note Schmidt ; RSC 2005. 97, obs. Riffault-Silk.*

La forme humoristique d'un spot publicitaire n'excuse en rien l'appréciation péjorative portée sur un produit dès lors qu'elle n'apporte rien à la force du message (dénigrement du sucre incarné par un personnage lui donnant une image caricaturale et dévalorisante), V. • Versailles, 2 juin 2004 : *RJDA 2004, n° 1405* (conf. par • Com. 30 janv. 2007 : *CCC 2007, n° 103, obs. Malaurie-Vignal ; RJDA 2007, n° 576 ; RCA 2007, n° 108 ; Lettre distrib. avr. 2007, p. 4*). ♦ Mais l'image d'une parure faite de pilules et de gélules (pour dénoncer l'onérosité de la vente en officine) si elle est sans doute d'une ironie un peu agressive ne dépasse manifestement pas les limites de ce qui est permis en matière d'expression humoristique. • Com. 13 oct. 2009 : *Dalloz actualité, 29 oct. 2009, obs. Chevrier ; CCC 2010, n° 21, obs. M. M.-V. ; RLDA janv. 2010. 39, note Rousset.*

20. Atteinte à l'image ou à la réputation d'autrui. V., pour des agissements condamnables : • Paris, 9 déc. 1992 : *D. 1994. Somm. 223, obs. Serra ; Gaz. Pal. 1994. 1. Somm. 58* (dénigrement des professionnels de l'immobilier) • Versailles, 17 mai 1994 : *D. 1995. 539 ; Gaz. Pal. 1995. 1. 49, note Junqua-Lamarque* (dénigrement de producteurs de programmes par la société FR 3), conf. par • Com. 21 mai 1996 : *D. 1997. Somm. 85, obs. Hassler et Lapp ; D. Affaires 1996. 871* • Versailles, 1er juill. 2004 : *D. 2004. IR 2764* (atteinte à l'image d'une compagnie aérienne par le photomontage d'un de ses avions en train de s'écraser).

21. Critique de produits ou services. Pour des exemples : • Douai, 26 sept. 1956 : *RTD com. 1959. 108, obs. Roubier et Chavanne* (le vrai cinémascope) • Paris, 17 nov. 1970 : *D. 1972. 73, note Guinchard* (le seul apéritif naturel) • 4 nov. 1976 : *D. 1977. 405, note Vuitton ; RTD com. 1977. 319, obs. Chavanne et Azéma* (produits qualifiés d'invendables) • Versailles, 12 févr. 1990 : *D. 1990. 264, note Serra* (dénigrement des lessives sans phosphates dans une campagne publicitaire lancée par un producteur de phosphates). – V. aussi Biolay, *Gaz. Pal. 1991. 2. Doctr. 716* • Paris, 24 sept. 1996 : *D. 1997. Somm. 235, obs. Izorche ; D. Affaires 1996. 1189* (comparaison, par un fabricant de cigarettes, en termes de risques pour la santé, entre la consommation de biscuits et l'inhalation passive de tabac) • Com. 1er déc. 1998 : *RJDA 1999, n° 112*, conf. de • Paris, 28 oct. 1996 : *D. 1996. IR 258* (dénigrement du port de manteaux de fourrure au profit de produits de substitution) • Versailles, 30 janv. 1997 : *D. 1999. Somm. 93, obs. Izorche ; D. Affaires 1997. 436* (dénigrement par l'utilisation, par un fabricant, de l'appellation « compote fraîche »), conf. sur ce point par • Com. 12 janv. 1999 : *D. 1999. IR 114 ; Gaz. Pal. 17-18 nov. 1999, p. 36, obs. Staeffen et Veyssières* • Paris, 21 sept. 1998 : *LPA 18 juin 1999, p. 24, obs. Petitier* (dénigrement par un concessionnaire de pompes funèbres résultant de l'apposition sur sa vitrine d'une affiche portant la mention « stop aux mensonges »). • Civ. 1re, 30 mai 2006 : *Bull. civ. I, n° 274 ; D. 2007. Pan. 1040, obs. Massis ; Gaz. Pal. 2006. 4177* (commentaires d'un test comparatif publié dans une revue).

22. Publicité d'une action ou d'une décision de justice. BIBL Bout, *RLC 2005, n° 1, p. 152* (action en justice, instrument de concurrence déloyale). ♦ Est fautive la dénonciation faite à la clientèle d'une action judiciaire n'ayant pas donné lieu à une décision de justice. • Com. 12 mai 2004 : *Bull. civ. IV, n° 87 ; D. 2004. AJ 1524 ; JCP E 2004, n° 48, p. 1877, obs. Caron ;*

CCC 2004, n° 112, obs. Malaurie-Vignal ; RDLC déc. 2004. 69, obs. Fasquelle ; RJDA 2004, n° 1279 ; RLC 2005, n° 1, p. 110, obs. Chagny. ♦ Le simple fait de dénoncer à la clientèle les agissements d'un concurrent nommément désigné comme contrefacteur, alors qu'aucune décision de justice ne vient en établir la réalité, constitue un « dénigrement » contraire aux usages loyaux du commerce engageant la responsabilité de celui qui y procède. • Paris, 3 avr. 1995 : *préc. note 11.* ♦ Le fait de donner une publicité à une décision de justice non définitive relative à une contrefaçon de marque constitue un dénigrement ouvrant droit à réparation. • Bastia, 6 déc. 1999 : *BICC n° 1298.* ♦ Est constitutif d'un acte de concurrence déloyale, l'utilisation, par l'un des adversaires, de l'existence d'une instance judiciaire en cours, dans la concurrence qui oppose les deux entreprises en cause pour l'obtention d'un marché à l'étranger, afin d'introduire un doute dans l'esprit d'un client dans un pays dans lequel les questions de responsabilité sont particulièrement sensibles et sont susceptibles d'engendrer des frais exorbitants. • T. com. Paris, 2 févr. 1998 : *Gaz. Pal. 15-16 oct. 1999, p. 4.*

Un fournisseur ne peut user de manière excessive du droit de faire publier la condamnation d'un des membres de son réseau de distribution exclusive. Tel est le cas, lorsqu'il est établi que l'importance de l'encart réservé à cette publication ainsi que la mention très apparente de la marque du commerçant condamné constituent un détournement de l'information tant à des fins publicitaires que de dénigrement. • Aix-en-Provence, 13 mars 1997 : *JCP 1997. IV. 2305.* ♦ Doit être condamnée pour dénigrement une entreprise faisant état, sur son site internet, d'une procédure en cours à l'encontre d'un concurrent, alors qu'aucune condamnation n'est encore intervenue. • T. com. Nantes, ord., 12 juill. 2005 : *Gaz. Pal. 2006. Somm. 523, obs. Tellier-Loniewski et Revel de Lambert.* ♦ Comp. les décisions citées notes 23, 77 et 79.

23. Site internet. **BIBL.** Thoré, *Gaz. Pal. 2003. 1. Doctr. 53* (indemnisation du préjudice de l'entreprise victime de dénigrement sur internet). – Alterman et Zimmermann, *RJ com. 2004. 345* (concurrence déloyale sur internet). – Marino, *CCE 2007. Étude 27* (internet et concurrence déloyale). – Guégan, *RLDC déc. 2008. 15* (de la libre critique d'une entreprise, à partir de sa marque, par les associations de protection de l'environnement). ♦ Les associations qui agissent conformément à leur objet, dans un but d'intérêt général et de santé publique par des moyens proportionnés à cette fin, n'abusent pas de leur droit de libre expression (*affaire Greenpeace c/ Areva*). • Civ. 1re, 8 avr. 2008 : *Bull. civ. I, n° 104 ; D. 2008. 2402, note Neyret ; ibid. Pan. 2898, obs. Brun ; ibid. AJ 1207, obs. Lavric ; RTD civ. 2008. 487, obs. Jourdain ; JCP 2008. II. 10106, note Hugon ; CCE 2008, n° 77, obs. Caron ; BRDA 2008, n° 8, p. 9 ; RLDC juin 2008. 24, obs. Gaudin ; RCA 2008, n° 183.* ♦ Si la création au sein d'un site d'un lien hypertexte permettant l'accès direct à d'autres sites n'est pas, en soi, de nature à engager la responsabilité de l'exploitant du site d'origine à raison du contenu du site auquel il renvoie, il en est toutefois autrement lorsque la création de ce lien procède d'une démarche délibérée et malicieuse, entreprise en toute connaissance de cause par l'exploitant du site d'origine, lequel doit alors répondre du contenu dénigrant du site auquel il s'est, en créant ce lien, volontairement et délibérément associé. • Paris, 19 sept. 2001 : *D. 2002. AJ 643, obs. Manara ; JCP E 2003, n° 4, p. 172, obs. S. P.-N.* ♦ Le caractère automatique des résultats affichés et l'absence de toute analyse de contenu excluent de la part du moteur de recherche une intention de nuire ou délictueuse, que ce soit de diffamer ou de dénigrer. • Paris, 19 mars 2009 : *D. 2009. AJ 1275, obs. Manara ; RJDA 2009, n° 1129.* ♦ Pour un site dont le contenu a été jugé dénigrant pour un distributeur de cycles, V. • TGI Paris, 9 juill. 2002 : *CCE 2003, Actualités, p. 4.*

La diffusion sur un site internet d'une décision de justice rendue entre les parties ne constitue pas un acte de concurrence déloyale dès lors qu'il n'est pas démontré que les parties ont la même activité et s'adressent à la même clientèle et qu'aucune atteinte n'a été portée à l'honneur et à la considération par la diffusion d'une décision de justice défavorable. • Colmar, 3 sept. 2002 : *JCP E 2002, n° 50, p. 1987 et 1990 ; ibid. 2003, n° 4, p. 175, obs. S. C. ; CCE 2002, n° 143, obs. Grynbaum ; Gaz. Pal. 2003. 2367, note Pradère.* ♦ Pour le dénigrement d'une société concurrente dans des publications et sur un site internet, pouvant constituer le délit de diffusion de fausses informations (C. mon. fin., art. L. 465-1) : • T. corr. Paris, 9 janv. 2004 : *RTD com. 2004. 782, obs. Rontchevsky ; Bull. Joly Bourse 2004. 255, note Ducouloux-Favard.* ♦ Pour la responsabilité de l'entreprise dont le salarié crée un site web personnel illicite, V. • Aix-en-Provence, 13 mars 2006 : *D. 2006. AJ 1284, obs. Manara ; JCP 2006. II. 10168, note Maetz ; CCE 2006, n° 81, obs. Grynbaum.* ♦ Se rend coupable de dénigrement jetant le discrédit sur l'ensemble des produits d'un fabricant, le vendeur de produits sur internet qui remplace les avis négatifs exprimés par les internautes par une mention précisant que le fournisseur avait indiqué ne pas souhaiter que ces avis figurent dans la rubrique « avis sur le produit » et qu'il n'avait donc pas d'autre choix que de supprimer tous les avis positifs et négatifs sur les produits de celui-ci. • Com. 24 nov. 2009 : *Bull. civ. IV, n° 150 ; RTD com. 2010. 599, obs. Bouloc ; CCC 2010, n° 75, obs. Malaurie-Vignal ; RJDA 2010, n° 447 ; RDLC 2010, n° 2, p. 102, obs. Roberval.*

Pour la condamnation en référé, pour dénigrement, fut-ce involontairement, de la société Google du fait de son logiciel « google suggest », V. • T. com. Paris, ord., 7 mai 2009 : *JCP E 2009, n° 40, p. 20, note Bourgeois ; Gaz. Pal. 2009. 3288, obs. Marcellesi et Platon ; CCE 2010, n° 4, obs. Debet.* – Ordonnance partiellement réformée par • Paris, 9 déc. 2009 : *CCE 2010, n° 49, obs. Debet.*

24. Dénigrement de personnes identifiables. Une cour d'appel ne peut décider que deux sociétés étaient la cible d'une campagne publicitaire de dénigrement réalisée par voie d'annonces parues dans des magazines sans établir que les annonces litigieuses permettaient l'identification, par les consommateurs, des sociétés s'estimant victimes. • Com. 19 juin 2001 : *Bull. civ. IV, n° 121* (cassation de • Paris, 12 févr. 1999 : *D. 2000. Somm. 311, obs. Serra ; Gaz. Pal. 23-27 mai 1999, p. 32, obs. Grelier-Lenain ; LPA 5 nov. 1999, p. 18, obs. Etner)* (dénigrement des aspirateurs à sac). ♦ Mais la victime du dénigrement peut être suffisamment désignée malgré le caractère générique de la campagne publicitaire. • Versailles, 12 févr. 1990 : *préc. note 21.* – V. aussi : • TGI Paris, 9 mai 2001 : *RJDA 2002, n° 112* (propos agressifs tant à l'égard de son ancien supérieur hiérarchique que d'autres cadres de la société, celle-ci n'étant pas expressément citée mais aisément identifiable) • T. com. Paris, 22 oct. 1999 : *Gaz. Pal. 17-18 nov. 1999, p. 26* (dénigrement des hamburgers et plus généralement de la restauration rapide).

Il appartient au juge de rechercher si les propos tenus à la clientèle, même exacts, qui n'étaient pas donnés en termes généraux mais visaient l'intervention des salariés d'une société concurrente, n'étaient pas de nature à jeter le discrédit sur cette société : • Com. 12 mai 2004 : *Bull. civ. IV, n° 88 ; D. 2004. AJ 1810 ; JCP E 2004, n° 27, p. 1082 ; Gaz. Pal. 2005. Somm. 571, obs. Guével ; RJDA 2004, n° 1279 (1re esp.) ; Bull. Joly 2004. 1103, note Larrieu.* ♦ En utilisant des éléments du décor de paquets de cigarettes d'une marque, à titre d'illustration, sur un mode humoristique, dans des affiches et des timbres diffusés à l'occasion d'une campagne générale de prévention dénonçant les dangers de la consommation du tabac, produit nocif pour la santé, une association, agissant, conformément à son objet, dans un but de santé publique, par des moyens proportionnés à ce but, n'abuse pas de son droit de libre expression. • Civ. 2e, 19 oct. 2006 : *Bull. civ. II, n° 282 ; D. 2006. IR 2691 ; JCP 2006. II. 10195, note Pollaud-Dulian ; JCP E 2007, n° 25, p. 23, note Raynaud (2e esp.) ; LPA 18 sept. 2008, note Guérin-Seysen ; Gaz. Pal. 2007. 435, avis Kessous, note E. B. ; ibid. 1362, obs. Kouchner ; ibid. 2141, obs. Staeffen ; CCC 2007, n° 22, obs. Malaurie-Vignal ; RJDA 2007, n° 221 et p. 123, rapp. Grignon Dumoulin ; RCA 2007, n° 3* (cassation de • Paris, 14 janv. 2005 : *D. 2005. Pan. 2463, obs. Auguet ; Gaz. Pal. 2006. 554, et les obs.*). ♦ Le constructeur automobile dont l'un des véhicules a été utilisé dans un spot publicitaire pour une marque concurrente ne saurait reprocher à ce concurrent d'avoir, pour les seuls besoins de son film, occulté la marque du véhicule concerné, à plus forte raison alors que celui-ci a été modifié dans son aspect extérieur ; il ne saurait davantage voir sa demande de dénigrement prospérer faute de démontrer en quoi la campagne publicitaire critiquée aurait permis son identification. • Paris, 24 janv. 2008 : *Gaz. Pal. 2008. 4135, obs. Pauvert.*

25. Diffusion des propos dénigrants. Le dénigrement suppose une diffusion des informations à la clientèle ; dès lors une documentation interne à l'entreprise ne saurait en constituer le support. • Paris, 27 févr. 1984 : *Ann. propr. ind. 1984. 209* • 1er juill. 1991 : *D. 1992. Somm. 341, obs. Izorche* • 3 juill. 1991 : *ibid.* • 1er déc. 2004 : *D. 2005. Pan. 2463, obs. Auguet.* ♦ Comp., en ce sens qu'un document ne peut être considéré comme interne, dès lors qu'il est adressé aux salariés de l'entreprise : • Versailles, 17 oct. 1996 : *BRDA 1996, n° 21, p. 16,* conf. par • Com. 17 nov. 1998 : *RJDA 1999, n° 358.* – Comp. aussi • Versailles, 3 juill. 1991 : *BRDA 1996, n° 21, p. 16.* ♦ Dès lors que les propos dénigrants ont été adressés à un blog, qui est un lieu de discussion accessible partout et par tous comme une page web, l'auteur du courriel ne peut prétendre que ce message aurait un caractère privé. • Poitiers, 18 mars 2008 : *CCC 2009, n° 23, obs. M. M.-V.* ♦ Pour une condamnation pour dénigrement sur *Twitter*, sans que le tribunal s'interroge sur le caractère public ou privé des messages (*tweets*) incriminés, V. • T. com. Paris, 26 juill. 2011 : *CCE 2011, n° 83, obs. Debet.*

B. CONFUSION

1° NOTION DE CONFUSION

26. Imitation. Une société qui commercialise un produit de même nature ayant la même finalité et dans un même conditionnement que celui d'un concurrent, alors que cette reprise n'est nullement justifiée par des nécessités techniques, commet à tout le moins une faute de négligence en imitant plusieurs caractéristiques d'un produit qui venait d'être lancé par une autre société. • Paris, 3 avr. 1998 : *D. 1999. Somm. 95, obs. Izorche*. ♦ L'imitation pure et simple du produit d'un concurrent n'est pas en soi fautive ; elle ne le devient que si elle est source de confusion. • Com. 27 janv. 2009 : *CCC 2009, n° 79, obs. Malaurie-Vignal ; RDLC 2009, n° 2, p. 133, obs. Mesa ; Propr. ind. 2009, n° 29, obs. Larrieu.* ♦ En l'absence de pratiques déloyales destinées à fausser le jeu de la libre concurrence, la simple similitude de présentation des produits, qui s'inscrivait dans des courants de mode le plus souvent éphémères dont chaque commerçant essaie de bénéficier, ne peut traduire un comportement déloyal. • Com. 7 juin 2011 : *CCC 2011, n° 189, obs. Malaurie-Vignal ; RJDA 2011, n° 858.*

27. Licéité d'une simple similitude avec les produits d'un concurrent. La concurrence exercée par une société qui commercialise des pièces de rechange, non protégées par un droit privatif, adaptables au produit d'un concurrent est licite et, en l'absence de possibilité de confusion dans l'esprit de la clientèle, la correspondance existant entre les références des produits des deux sociétés qui se justifie par le caractère interchangeable de la production litigieuse appelant une certaine équivalence dans l'identification des composants ne présente pas un caractère déloyal. • Com. 16 mai 2000 : *Bull. civ. IV, n° 103.* ♦ Le simple fait de copier la prestation d'autrui ne constitue pas comme tel un acte de concurrence fautif, le principe étant qu'une prestation qui ne fait pas ou ne fait plus l'objet de droits de propriété intellectuelle peut être librement reproduite. • Paris, 18 oct. 2000 : *D. 2001. 850, note Passa*. ♦ Un fabricant ne peut valablement incriminer la reproduction à l'identique de ses produits si cet agissement n'a pas été commis dans le seul but de tromper le public sur l'origine de la marchandise et de détourner ainsi sa clientèle ou de profiter indûment de ses investissements. • Paris, 15 janv. 1997 : *préc. note 2.* ♦ N'est pas fautif en soi, au regard du principe de la liberté du commerce et de l'industrie, le fait de commercialiser à un prix moindre et dans un environnement différent, des produits identiques à ceux d'un concurrent, s'agirait-il de copies serviles, dès lors qu'il n'existe aucun droit privatif. • Orléans, 12 mai 2005 : *RJDA 2005, n° 1401.*

28. Exigence d'une clientèle commune. La confusion n'existe pas lorsque la clientèle est distincte. • Civ. 1re, 3 mars 1982 : *D. 1983. IR 98, obs. Colombet.* ♦ L'existence de circuits de distribution différents pour des produits de beauté n'exclut pas l'existence d'une clientèle commune. • Paris, 3 avr. 1998 : *préc. note 26.* ♦ En ce sens que le risque de confusion peut être caractérisé alors même que les entreprises concurrentes ayant une dénomination identique ont des clientèles nationale pour l'une et locale pour l'autre, V. • Com. 16 janv. 2001 : *CCC 2001, n° 60, obs. Malaurie-Vignal.* ♦ Considérant qu'aucune confusion n'est possible dans l'esprit du public entre l'activité de deux entreprises lorsque celles-ci n'exercent pas dans le même secteur géographique, V. • Com. 19 déc. 2000 : *Bull. civ. IV, n° 205.* ♦ Un risque de confusion existe si les deux sociétés exercent des activités qui s'adressent à la même clientèle, peu important qu'elles soient ou non directement concurrentes, dans la mesure où la clientèle peut être incitée à penser que la même société a deux départements spécialisés. • Versailles, 9 févr. 2006 : *RJDA 2006, n° 776.* ♦ Il y a un risque de confusion dès lors que les deux sociétés exercent dans la même zone géographique et ont la même activité, sans qu'il y ait à rechercher si elles ont les même clients. • Com. 27 janv. 2009 : *D. 2009. Pan. 1446, obs. Picod ; CCC 2009, n° 78, obs. Malaurie-Vignal ; RDLC 2009, n° 2, p. 136, obs. Mesa.* ♦ Le chef de concurrence déloyale par détournement de la clientèle du titulaire de la marque antérieure ne peut être retenu dans la mesure où celle-ci est attirée par le prix bas tandis que celle du titulaire de la marque internationale litigieuse s'intéresse au haut de gamme. • Aix-en-Provence, 6 nov. 2008 : *JCP E 2009, n° 14, p. 16.*

2° ILLUSTRATION DE LA CONFUSION

a. Imitation des signes de ralliement de la clientèle ou de la publicité

29. Nom commercial. Le nom commercial n'est protégé que s'il est connu ou utilisé sur le territoire français. • Com. 17 juill. 1984 : *Bull. civ. IV, n° 239.* ♦ Un groupe de lettres sans signification, présentant un caractère arbitraire, est protégeable en cas de risque de confusion phonétique avec un autre sigle (SAPRA et CEEPRA). • Com. 16 juill. 1991 : *Bull. civ. IV, n° 266 ; RJDA 1991, n° 922.* ♦ La protection dont bénéficie le nom commercial contre tout risque de confusion avec une dénomination voisine s'étend à toutes les utilisations qui peuvent en être faites et sur tous les supports où il est susceptible d'être utilisé (utilisation d'un nom commercial pour désigner un service Minitel). • Paris, 7 avr. 1995 : *RJDA 1995, n° 1312.* ♦ Sur la condamnation de l'utilisation d'un nom de domaine imitant le nom commercial et l'enseigne d'un concurrent bénéficiant d'une antériorité d'usage de ces signes, V. • Com. 7 juill. 2004 : *cité note 34.*

30. Dénomination sociale. Le caractère original ou distinctif d'une dénomination sociale, d'une enseigne, ou d'un nom commercial n'est pas une condition du succès de l'action en concurrence déloyale, mais seulement un critère éventuel d'appréciation de la faute et du risque de confusion. • Com. 10 mai 2006 : *RJDA 2006, n° 1024.* – V. aussi • Com. 12 juin 2007 : *cité note 36.* ♦ Une société ayant pris pour dénomination, en lui adjoignant un préfixe, un vocable de notoriété industrielle, qui constitue l'élément essentiel, dominant et caractéristique du groupe de deux mots employés par une autre société pour son appellation, les juges du fond peuvent admettre que cette dernière société est fondée à s'opposer à l'usage de la dénomination adoptée sciemment par l'autre société, dès lors qu'ils ont également relevé que cette dernière appellation était propre à créer une confusion préjudiciable aux intérêts de la société demanderesse, contraire à la sécurité des relations commerciales, le vocable notoire (Nobel) inclus dans la dénomination de chacune de ces sociétés créant une similitude sur la foi de laquelle le public est fondé à croire à une parenté entre celles-ci. • Com. 6 janv. 1969 : *D. 1969. 454.* ♦ L'atteinte au nom commercial ou à la dénomination de fantaisie d'une personne morale nom commercial découle aussi bien d'une faute caractérisée par une intention de nuire ou une imitation consciente de la dénomination d'une autre société que d'une négligence fautive caractérisée par un défaut de recherche d'une antériorité éventuelle. • TGI Strasbourg, 12 avr. 1989 : *D. 1993. Somm. 117, obs. Burst.*

Pour un exemple de concurrence déloyale résultant de l'utilisation par une société de la dénomination sociale d'une autre société comme code d'accès de son service de messagerie, V. • Paris, 29 mars 2000 : *LPA 23 mars 2001, p. 5, obs. Fraudin.* ♦ Sur un risque de confusion entre deux sociétés ayant la même dénomination à la suite de l'extension de son activité par l'une d'elles, V. • Com. 12 mai 2004 : *Rev. sociétés 2004. 904, note Passa ; RJDA 2004, n° 1119.* ♦ Comp., refusant de retenir l'existence d'un acte de concurrence déloyale à l'encontre d'une société faisant usage de la même dénomination sociale qu'une autre société, dans la mesure où elles sont localisées dans des secteurs géographiques éloignés et où leurs activités respectives s'exercent dans des secteurs différents, aucun élément ne permettant de dire qu'elles recouvrent une clientèle commune. • Besançon, 11 déc. 2001 : *JCP 2002. IV. 1800.* – V. aussi • Versailles, 15 févr. 2007 : *JCP 2007. IV. 2912.*

31. Nom patronymique. BIBL. Pansier et Salvia, *Gaz. Pal. 2007. 2956* (usage commercial du nom de famille). ♦ Le fait de se servir de son nom patronymique dans l'exercice d'un commerce similaire à celui d'un homonyme constitue, en l'absence de mesures distinctives propres à éviter la confusion, un acte de concurrence déloyale. • Com. 6 avr. 1954 : *D. 1954. 386.* ♦ Justifie sa décision la cour d'appel qui, ayant constaté l'antériorité et la notoriété d'un nom commercial et ayant souverainement retenu le risque de confusion existant entre l'utilisation de ce nom commercial et le commerce d'une société, a décidé, sans prononcer d'interdiction, de réglementer par l'adjonction du prénom l'usage du nom patronymique dans les activités professionnelles de l'intéressé. • Com. 5 nov. 1985 : *Bull. civ. IV, n° 261 ; D. 1987. Jur. 22, note Burst (1re esp.).* – V. aussi • TGI Paris, 4 juill. 1984 : *D. 1985. 293, note S. M.-P. ; D. 1986. IR 86, obs. Burst* • Com. 12 févr. 2002 : *Bull. civ. IV, n° 32 ; D. 2003. Somm. 1032, obs. Picod ; JCP E 2002, n° 12, p. 473.* – Comp. : Colombet, *D. 1989. Chron. 31* ; Agostini, *JCP 1987. I. 3284.* ♦ Sur le dépôt d'un nom commercial à titre de marque, V. • Com. 1er déc. 1987 : *JCP 1988. II. 21081, note Agostini.* ♦ Sur l'usage d'un nom patronymique dans une dénomination sociale, V. • Dijon, 28 févr. 2002 : *RJDA 2003, n° 261.*

En utilisant, dans un lien internet, le nom du gérant d'une société concurrente pour promouvoir ses propres produits, une société a nécessairement généré une confusion dans l'esprit des internautes et a ainsi commis un acte de concurrence déloyale susceptible de générer un détournement de clientèle et, par là même, une distorsion dans le jeu normal du marché considéré, les sites offrant des produits analogues. • Paris, 17 oct. 2007 : *CCE 2008, n° 41, obs. Chagny ; RJDA 2008, n° 965.*

32. Enseigne. RÉP. COM. v° *Enseigne*, par OLSZAK. ♦ Pour être valable sur le plan juridique et susceptible de protection, l'enseigne doit, comme la marque, être distinctive et non générique, ni nécessaire. Mais l'association de termes génériques ou banaux (Hôtel résidence Saint-Honoré) peut constituer une dénomination distinctive susceptible d'être à ce titre l'objet d'un droit privatif. • Paris, 20 déc. 1989 : *D. 1993. Somm. 115, obs. Burst.* ♦ V. aussi, pour la protection d'une enseigne de restaurant notoire (La Tour d'Argent) : • Com., 16 juin 1992 : *Bull. civ. IV, n° 241 ; RJDA 1992, n° 965.*

Le terme téléachat qui désigne une technique commerciale d'achat à distance à l'aide de différents moyens de communication (radio ou télévision) est à disposition de tous et il ne peut donc figurer seul à peine d'entretenir la confusion d'où pourrait naître une concurrence déloyale. • T. com. Nanterre, 13 avr. 1995 :

D. 1996. Somm. 180, obs. Gavalda et Lucas de Leyssac . ♦ De même, une société de grande distribution peut ouvrir un magasin portant l'enseigne « parapharmacie », dès lors que la notion de parapharmacie vise l'ensemble des produits dont la vente n'est pas réservée aux pharmaciens d'officine et qui sont, par le choix des fabricants, vendus dans le circuit de la distribution pharmaceutique. • Versailles, 2 mai 1996 : *BRDA 1996, n° 19, p. 15.*

33. Marque notoire et liberté d'expression. BIBL. Brunet-Stoclet, *Gaz. Pal. 2003. Doctr. 2133* (délicat équilibre entre liberté d'expression et droit des marques). – Brunot et Walon, *ibid. 2157* (même thème). – Geiger, *JCP 2004. I. 150* (les droits fondamentaux, garanties de la cohérence du droit de la propriété intellectuelle ?). ♦ La représentation caricaturale ou parodique d'une marque figurative notoire (Monsieur Propre) ne relève pas de la contrefaçon mais elle ne doit pas être spécialement destinée à susciter une réaction commerciale positive des clients en faveur d'une autre société. • Paris, 9 sept. 1998 : *D. Affaires 1998, 960.* ♦ Sur l'imitation de marque notoire à des fins polémiques, V. • TGI Paris, 30 janv. 2004 : *D. 2004. AJ 879* ; *CCE 2004, n° 39, obs. Caron* (conf. par • Paris, 16 nov. 2005 : *D. 2006. Pan. 787, obs. Tréfigny* , partiellement censurée par • Com. 8 avr. 2008 : *Bull. civ. IV, n° 79 ; D. 2008. AJ 1274, obs. Daleau* ; *RTD civ. 2008. 487, obs. Jourdain* ; *JCP E 2008, n° 22, p. 18 ; CCE 2008, n° 77, obs. Caron ; LPA 23 mars 2009, obs. P.M.*) • 9 juill. 2004 : *JCP E 2004, n° 47, p. 1835, note Leroux ; CCE 2004, n° 110, obs. Caron ; Gaz. Pal. 2004. Somm. 3928, obs. Staeffen ; LPA 23 oct. 2006, p. 15 ; RCA 2008, n° 183* • Paris, 26 févr. 2003 : *D. 2003. 1831, note Edelman* , *et Somm. 2685, obs. Durrande ; CCE 2003, n° 38, obs. Caron (2 arrêts)* • 30 avr. 2003 : *D. 2003. AJ 1760, obs. Manara* ; *JCP E 2003, n° 42, p. 1665, obs. Boespflug, Greffer et Barthelemy ; Defrénois 2004. 49, obs. Raynouard ; RJDA 2003, n° 892* • TGI Paris, réf., 2 août 2002 : *JCP E 2003, n° 4, p. 172, obs. Vivant ; CCE 2002, n° 141, obs. Caron ; LPA 28 janv. 2003, p. 16, obs. Amouzou ; RJDA 2003, n° 203* • 8 juill. 2002 : *D. 2002. AJ 2801, obs. Manara* ; *JCP E 2003, n° 4, p. 172, obs. Vivant ; CCE 2002, n° 141, obs. Caron ; RJDA 2003, n° 203.* – V. aussi Schahl et Bresson, *D. 2004. 556.*

Sur le choix d'une marque et sur la protection des marques enregistrées, V. CPI, art. L. 711-3, L. 711-4 et L. 713-1 s. – **CPI**.

34. Noms de domaine (internet). BIBL. Alterman et Zimmermann, *RJ com. 2004. 345* (concurrence déloyale sur internet). – Tardieu-Guigues, *Cah. dr. entr. 2003, n° 3, p. 14* (protection des noms de domaine). – Manara, *D. 2007. 1740* (le décret relatif à l'attribution des noms de domaine français). – Marino, *CCE 2007. Étude 27* (internet et concurrence déloyale). ♦ RÉP. COM. v° *Nom de domaine*, par MANARA.

Un nom de domaine est susceptible de protection par application de l'art. 1382 C. civ. et ce pour éviter le risque de confusion. • Paris, 25 mai 2005 : *D. 2005. AJ 1846, obs. Manara* ; *JCP E 2006, n° 5, p. 234, obs. Tardieu-Guigues ; LPA 23 oct. 2006, p. 20 ; RJDA 2006, n° 722 ; RLC 2005, n° 5, p. 78, obs. Bouvel ; CCE 2005, n° 181, obs. Caron* • Lyon, 31 janv. 2008 : *cité note 51.* ♦ L'utilisation d'un nom commercial dans un nom de domaine, qui porte atteinte à la fonction d'identification ou de publicité du nom commercial antérieurement utilisé par un concurrent exerçant dans un même secteur d'activité et sur une même zone géographique, constitue un acte de concurrence déloyale. • Com. 7 juill. 2004 : *Bull. civ. IV, n° 149 ; D. 2004. AJ 2151, obs. Manara* ; *JCP E 2005, n° 8, p. 333, note Duard-Berton ; CCE 2004, n° 111, obs. Caron ; RDLC déc. 2004. 68, obs. Fasquelle ; RJDA 2004, n° 1274 ; RLC 2005, n° 1, p. 115, obs. Sélinsky.* – V. aussi : • Com. 22 févr. 2005 : *D. 2005. AJ 885, obs. Manara* ; *RLC 2005, n° 3, p. 91, obs. Delord.* ♦ Le simple enregistrement en « .com » d'un nom de domaine préalablement enregistré en « .fr » ne constitue pas une atteinte aux droits du titulaire de ce nom de domaine dès lors qu'il n'est pas constaté que les sociétés en litige exerçaient des activités identiques ou concurrentes et qu'il en résultait un risque de confusion. • Com. 13 déc. 2005 : *Bull. civ. IV, n° 254 ; D. 2006. AJ 63, obs. Manara* ; *ibid. Pan. 2930, obs. Picod ; JCP E 2006, n° 6-7, p. 289, note Caron ; CCC 2006, n° 26, obs. Malaurie-Vignal ; CCE 2006, n° 21, obs. Caron ; RJDA 2006, n° 472 ; RLDA févr. 2006. 20, note Azéma ; RDLC 2006, n° 2, p. 103, obs. Fasquelle et Morel.* ♦ L'adjonction du suffixe « fr » (milka.fr) n'altère pas l'identité des signes puisqu'il s'agit d'une simple extension nécessaire à tout nom de domaine. • Versailles, 27 avr. 2006 : *D. 2007. Pan. 1994, obs. Tréfigny* ; *JCP E 2006, n° 29, p. 1263.* ♦ Retenant comme un acte de contrefaçon l'utilisation, par un distributeur exclusif, de la marque de son fournisseur en tant que nom de domaine sur le Web, V. • TGI Nanterre, 20 mars 2000 : *D. 2000. AJ 287, obs. Manara* . ♦ Comp., jugeant qu'un distributeur a le droit d'enregistrer et d'utiliser un nom de domaine incorporant la marque de son fournisseur dès lors que le site web utilisant ce nom promeut et vend des produits revêtus de cette marque et que ce site n'est pas source de confusion, • Centre d'arbitrage et de médiation de l'OMPI, 20 déc. 2001 : *D. 2002. AJ 1275, obs. Manara*. ♦ Les noms de domaine pouvant avoir ou non une fonction distinctive, l'action en concurrence déloyale ne peut protéger contre le risque de confusion qu'en cas de signe présentant un caractère d'originalité suffisant. • Douai, 9 sept. 2002 : *D. 2003. AJ 62, obs. Manara ; CCE 2002, n° 141, obs. Caron.* ♦ *Contra :* • TGI Lille, 10 juill. 2001 : *D. 2001. AJ 2410, obs. Manara*. ♦ A propos d'un conflit entre un nom commercial antérieur et un nom de domaine constitué par un même terme générique, V. • T. com. Paris, 25 avr. 2003 : *LPA 9 août 2004, p. 14, note Mendoza-Caminade.* ♦ Pour des exemples de conflit entre noms de domaine, V. • Paris, 8 oct. 2003 : *D. 2004. Somm. 1157, obs. Auguet* • 15 févr. 2006 : *CCC 2006, n° 93, obs. Malaurie-Vignal.* ♦ La simple reproduction du terme « plagne » dans le nom de domaine d'un site web privé est insuffisant pour établir un risque de confusion avec la marque « La Plagne, toute la montagne en 10 stations » déposée par l'Office du tourisme de La Plagne, dès lors que de nombreux sites l'incluant l'utilisent comme nom commun pour désigner une petite plaine en pays de montagne ou comme nom géographique. • Paris, 28 janv. 2003 : *D. 2003. AJ 690, obs. Manara ; JCP E 2004, n° 4, p. 125, obs. E. T.-G. ; RJDA 2003, n° 550.* ♦ Sur le classement d'un professionnel dans un annuaire directement à la lettre initiale de la marque distribuée et non à celle de sa propre dénomination, V. • Paris, 15 mai 1998 : *RJDA 1999, n° 107* • TGI Paris, 22 févr. 2001 : *Gaz. Pal. 21-22 nov. 2001, p. 68.* ♦ Comp., pour l'utilisation publicitaire d'une marque comme référence nécessaire : • CJCE 23 févr. 1999 : *D. Affaires 1999. 901, obs. E. C.*

En ce sens que constitue un agissement déloyal l'utilisation du procédé de « métaname » ou « métatag », consistant à enregistrer dans le code source d'un site le nom d'un concurrent de manière à ce que les moteurs de recherches orientent les internautes sur les deux sites, V. • Paris, 13 mars 2002 : *D. 2002. AJ 1752, obs. Manara ; ibid. 2003. Somm. 1030, obs. Auguet ; JCP 2003, n° 4, p. 172, obs. S. A.-D. ; CCE 2002, n° 99, obs. Grynbaum* • 12 janv. 2005 : *RLC 2005, n° 3, p. 90, obs. A. B.* • TGI Paris, 22 mai 2006 : *Gaz. Pal. 2006. 3387, obs. Stutzmann.* ♦ Comp., jugeant que l'utilisation de la dénomination d'un concurrent à titre de métabalise d'un site n'emporte pas détournement de clientèle : • Paris, 9 mars 2005 : *D. 2005. AJ 1021, obs. Manara ; D. 2006. Pan. 2931, obs. Picod ; JCP E 2006, n° 1, p. 26, obs. Caron.* – V. aussi Schahl et Bresson, *D. 2004. 556* ; Sardain, *CCE 2005. Chron. 21* (contrefaçon du fait des liens hypertextes). ♦ A propos de noms de domaines génériques, V. : • Com. 23 janv. 2007 : *D. 2007. AJ 794, obs. Manara ; JCP E 2007, n° 20-21, p. 9, note Larrieu ; CCC 2007, n° 100, obs. Malaurie-Vignal ; LPA 30 juin 2008, obs. Daverat ; RJDA 2007, n° 421 ; CCE 2007, n° 55, obs. Caron* (argus.fr) • 20 févr. 2007 : *eod loc ; RJDA 2007, n° 570 ; CCE 2007, n° 93, obs. Caron* (decathlon.pl).

35. Publicité. La reprise d'une idée publicitaire par un concurrent n'est constitutive de concurrence déloyale que s'il y a, d'une part, un risque de confusion et, d'autre part, une faute. • Paris, 17 nov. 1992 : *JCP E 1993. II. 418, note Greffe ; RJ com. 1993. 369, note Hassler* • Versailles, 24 nov. 1994 : *D. 1995. Somm. 262, obs. Serra ; RJDA 1995, n° 386.* ♦ Prétendre être le numéro un dans son secteur d'activité n'est pas en soi déloyal, et il appartient à celui qui le conteste de démontrer que ce slogan est emprunt de fausseté. • Paris, 1er oct. 1997 : *préc. note 19.* ♦ Pour des exemples de condamnations en raison de publicités exploitant le même concept ou le même slogan publicitaire qu'un concurrent, V. • T. com. Paris, 5 juill. 1995 : *Gaz. Pal. 1995. 2. Somm. 591* • 1er mars 1996 : *ibid. 1996. 2. Somm. 533* • TG Meaux, 16 sept. 1995 : *D. Affaires 1996. 128* • Paris, 9 mai 2001 : *Gaz. Pal. 15-16 mai 2002, p. 22* • Versailles, 15 févr. 2001 : *ibid. 21-22 nov. 2001, p. 38, obs. Roiland* • Com. 17 juill. 2001 : *ibid., p. 49.* ♦ La proximité des expressions utilisées dans un même secteur d'activité et ciblées pour une même catégorie de lecteurs engendre un risque de confusion. • Paris, 23 juin 2006 : *JCP E 2006, n° 41, p. 1735 ; Lettre distrib. nov. 2006, p. 3.* ♦ V. refusant de retenir un acte de concurrence déloyale en cas d'imitation partielle d'un slogan publicitaire : • Paris, 2 juin 2000 : *CCE 2001, n° 18, obs. Decocq.* ♦ Retenant le risque de confusion résultant de la présentation des gammes de chemisiers selon des modalités identiques, de l'utilisation des mêmes bustes, de l'imitation de l'aménagement des magasins et de l'exposition des panneaux publicitaires du concurrent en prenant le soin de dissimuler à l'aide d'un crayon feutre la dénomination de celui-ci, V. • Com. 28 nov. 2006 : *Bull. civ. IV, n° 233 ; JCP E 2007, n° 3, p. 36 ; RJDA 2007, n° 423 (3e esp.).* ♦ Pour des cas de parasitisme, V. note 60.

b. Imitation des produits ou de leur conditionnement

36. Imitation des produits. L'originalité d'un produit n'est pas une condition de l'action en concurrence déloyale à raison de sa copie, cette circonstance n'étant que l'un des facteurs possibles d'appréciation de l'existence d'une faute par création d'un risque de confusion. • Com.

12 juin 2007 : *Bull. civ. IV, n° 159 ; R. 2007, p. 427 ; BICC 15 oct. 2007, n° 2046, et les obs. ; D. 2008. Pan. 253, obs. Picod ; D. 2007. AJ 1723, obs. Chevrier ; JCP E 2007, n° 43-44, p. 14, obs. Caron ; JCP 2007. II. 10181, note Malaurie-Vignal ; RJDA 2008, n° 466 ; CCE 2007, n° 107, obs. Caron ; Dr. et patr. oct. 2007. 120, obs. Velardocchio ; RLC oct.-déc. 2007. 82, note Chagny ; RDLC 2007, n° 3, p. 110, obs. Morel et Fasquelle* • 10 févr. 2009 : *Bull. civ. IV, n° 18 ; BICC 15 juin 2009, n° 815, et les obs. ; D. 2009. AJ 626, obs. Chevrier ; JCP E 2009, n° 14, p. 16 ; CCC 2009, n° 134, obs. Malaurie-Vignal ; RJDA 2009, n° 482 ; Lettre distrib. mars 2009, p. 3.* ♦ Si le seul fait de proposer à la vente des produits imités constitue une concurrence déloyale prohibée, c'est à la condition que l'imitation ait pour effet de créer une confusion, V. • Versailles, 27 juin 1996 : *D. 1997. Somm. 237, obs. Izorche.* ♦ ... Ou s'accompagne d'actes de parasitisme caractérisés. • Com. 8 juill. 2003 : *CCC 2003, n° 161, note Malaurie-Vignal.* ♦ Sur cette question, V. Toporkoff, *D. Affaires 1997. 949.* ♦ Doit être condamné pour concurrence déloyale un imitateur qui, non content d'avoir emprunté un modèle de pull-over présentant un dessin original, recherche la confusion, s'adresse à une même clientèle et pratique des prix comparables, après avoir obtenu des échantillons de l'initiateur du modèle litigieux. • Douai, 7 sept. 2006 : *BICC 15 déc. 2006, n° 2444.* ♦ Commet un acte déloyal le concurrent qui imite ou reproduit un aspect distinctif, non compris dans le dépôt de la marque, d'un produit marqué ou d'un élément extérieur du produit marqué, par exemple les documents commerciaux, ce dont il résulte un risque de confusion visuelle. • Colmar, 20 févr. 2002 : *JCP E 2002, n° 49, p. 1942.* ♦ Sur le risque de confusion semblant être délibérément recherché par une société ayant commercialisé une compilation d'œuvres musicales sans indiquer de manière suffisamment apparente que les morceaux reproduits n'étaient pas des originaux, V. • Paris, 21 juin 2000 : *D. 2001. Somm. 1231, obs. Izorche.* ♦ Sur l'absence de confusion entre un médicament générique et son « princeps », V. • Paris, 29 mars 2001 : *D. 2002. Somm. 1259, obs. Serra.* ♦ Sur la confusion créée par la présentation d'un guide local comme une nouvelle formule d'un guide existant, V. • Paris, 6 mai 1987 : *D. 1987. IR 40.* ♦ ... Celle résultant de la présentation d'un whisky, laissant croire à l'achat d'un produit écossais, V. • Versailles, 4 nov. 1993 : *BICC 1994, n° 159 ; Gaz. Pal. 1994. 2. Somm. 746* • Dijon, 12 janv. 1995 : *JCP E 1995. Pan. 808.* ♦ ... De bonbons jaunes, commercialisés sous l'appellation « Cachou », V. • Com. 24 janv. 1995 : *Bull. civ. IV, n° 25.* ♦ Sur l'absence de confusion entre les films « Tarzan » et leur parodie en dessin animé « Tarzoon la honte de la jungle », V. • TGI Paris, 3 janv. 1978 : *D. 1979. 99, note Desbois.* ♦ Sur une confusion dans le secteur de la bande dessinée, V. • Paris, 1er juill. 2005 : *JCP E 2006, n° 1, p. 26, obs. Caron ; RDLC 2005, n° 4, p. 89, obs. Fasquelle et Morel.* – Comp. • Paris, 14 avr. 1999 : *cité note 61.*

37. *Imitation du conditionnement.* Le bien-fondé d'une action en concurrence déloyale engagée en raison de la similitude du conditionnement de produits concurrents s'apprécie d'après les ressemblances et non d'après les différences, le juge devant rechercher si l'impression d'ensemble est de nature à établir une confusion dans l'esprit de la clientèle. • Com. 21 juin 1994 : *RJDA 1994, n° 1401* • 17 mars 2004 : *JCP E 2004, n° 48, p. 1877, obs. Caron ; LPA 27 juin 2005, obs. Bacchichetti et Dom ; Lettre distrib. mai 2004, p. 4* (reprise d'éléments caractéristiques du conditionnement) • Versailles, 8 nov. 2001 : *D. 2003. Somm. 1032, obs. Dorandeu.* ♦ Comp., appréciant la faute au regard de chacun des éléments de similitude : • Versailles, 20 oct. 1993 : *préc. note 4.* ♦ V. aussi, jugeant que ne constituent pas des actes de concurrence déloyale les emballage et présentation de produits similaires à ceux d'un concurrent, dès lors que les étiquettes sont bien différentes. • Grenoble, 12 sept. 2002 : *JCP 2002. IV. 3085.* ♦ Précisant que le risque de confusion s'apprécie pour un consommateur d'attention moyenne qui ne dispose pas en même temps des produits litigieux : • Com. 3 juill. 2001 : *RJDA 2002, n° 113.* ♦ ... Sauf lorsque le produit en cause est destiné à une clientèle déterminée, auquel cas l'existence du risque de confusion doit s'apprécier en fonction de la clientèle visée. • Com. 24 mai 1994 : *RJDA 1994, n° 988* • 8 oct. 2002 : *RJDA 2003, n° 451.*

C. DÉSORGANISATION

1° CRÉATION D'UNE ENTREPRISE CONCURRENTE

38. *Liberté du travail et de la création d'entreprise.* Le droit d'exercer une activité professionnelle est une liberté fondamentale. • Soc. 17 déc. 2004 : *cité note 84.* ♦ Un ancien employeur ne saurait faire échec au droit qu'a tout salarié qui n'est plus lié à lui, et qui n'est débiteur d'aucune clause de non-concurrence, de passer au service de tel de ses concurrents de son choix, quelle que puisse être la répercussion de ce changement d'employeur sur une clientèle dont la liberté reste entière, sauf à démontrer l'existence de manœuvres déloyales. • Paris, 8 nov. 1996 : *D. 1997. Somm.*

241, obs. Serra • Com. 11 févr. 2003 : *Bull. civ. IV, n° 17 ; D. 2003. AJ 692 ; JCP E 2003, n° 14, p. 588 ; BRDA 2003, n° 5, p. 11.* ♦ L'employeur ne saurait se plaindre d'une concurrence déloyale de la part d'une société créée par son ancien salarié, alors qu'il ne démontre pas la faute qu'aurait commise ce dernier qui, alors qu'il était dégagé de son obligation de fidélité, s'est vu confier la commercialisation de produits antérieurement accordés à son ancien employeur sans que soient démontrées des manœuvres déloyales de sa part. • Versailles, 29 juin 1993 : *D. 1994. Somm. 217, obs. Serra*. ♦ Il ne saurait être interdit au salarié d'une société de se porter acquéreur d'actions d'une autre société, fût-il porteur majoritaire. • Soc. 8 nov. 1989 : *D. 1990, Somm. 333, obs. Serra*. – V. aussi • Versailles, 22 mars 2001 : *BRDA 2001, n° 9, p. 8.*

39. Restrictions résultant des clauses de non-concurrence. En présence d'une action intentée par un gérant de SNC, doit être approuvé l'arrêt qui déclare non fondées l'action sociale et l'action personnelle en concurrence déloyale exercées contre l'associé cogérant, à défaut d'invoquer la clause de non-concurrence pourtant prévue au contrat. • Com. 15 mai 2007 : *LPA 19 déc. 2007, note Cocquempot.* ♦ Dès lors que les statuts n'interdisaient pas aux associés d'exercer une activité concurrente et que l'obligation de loyauté d'un associé doit être appréciée au vu de l'importance de celui-ci pour la société, il y a lieu de considérer que l'associé n'était pas lié par une clause de non-concurrence implicite rendant fautive sa prise de participation dans une autre société. • Rouen, 19 nov. 2009 : *D. 2010. Pan. 2540, obs. Picod ; Rev. sociétés 2010. 297, note Brès ; RJDA 2010, n° 147.* ♦ Sauf stipulation contraire, l'associé d'une SARL n'est, en cette qualité, tenu ni de s'abstenir d'exercer une activité concurrente de celle de la société ni d'informer celle-ci d'une telle activité et doit seulement s'abstenir d'actes de concurrence déloyale. • Com. 15 nov. 2011 : *Bull. civ. IV, n° 188 ; D. 2011. Actu. 2865, obs. Lienhard ; D. 2012. 134, note Favario ; ibid. Pan. 2763, obs. Picod ; RTD com. 2012. 134, obs. Constantin ; Rev. sociétés 2012. 292, note Godon ; JCP E 2011, n° 1893, note Couret et Dondero ; CCC 2012, n° 41, obs. Malaurie-Vignal ; Gaz. Pal. 2012. 255, note Albiges ; ibid. 576, note Saintourens ; RJDA 2012, n° 164 ; RDLC 2012, n° 1, p. 135, obs. Mesa ; Dr. sociétés 2012, n° 24, obs. Roussille ; Bull. Joly 2012. 112, note Le Nabasque* • 19 mars 2013 : *D. 2013. Chron. C. cass. 1172, obs. Pietton ; Rev. sociétés 2013. 358, obs. Prévost ; JCP E 2013, n° 1258, note Mortier ; RJDA 2013, n° 514.* ♦ La nullité de la clause de non-concurrence ne fait pas obstacle à l'action en responsabilité engagée par l'employeur contre son ancien salarié en raison d'actes de concurrence déloyale de ce dernier lui portant préjudice. • Soc. 31 oct. 2012 : *CCC 2013, n° 28, obs. Malaurie-Vignal ; RJDA 2013, n° 76.* ♦ Sur les limites apportées à la liberté d'entreprendre par les clauses de non-concurrence, V. notes 83 s.

39 bis. Restrictions résultant d'une clause de non-sollicitation. V. note 94.

40. Agissements d'anciens salariés. **BIBL.** Serret, *Dr. soc. 1994. 759.* ♦ Si le fait pour un salarié de préparer l'exercice d'une activité concurrente de celle de son employeur n'est pas fautif, c'est à la condition qu'il n'accomplisse aucun acte effectif de concurrence avant le terme de son contrat de travail. • Com. 9 oct. 2001 : *CCC 2002, n° 7, obs. Malaurie-Vignal* • 13 mars 2001 : *D. 2002. Somm. 1264, obs. Picod*. ♦ Sur la concurrence déloyale d'un ancien comptable salarié d'une association s'étant établi à son compte apres avoir démissionné, V. • Com. 8 nov. 1994 : *Bull. civ. IV, n° 325 ; D. 1995. Somm. 209, obs. Serra ; CCC 1995, n° 6, note Vogel.* ♦ V. aussi, jugeant, à propos d'experts-comptables, que des transferts de dossiers de clients de l'ancien employeur au nouveau, effectués en méconnaissance des règles déontologiques de la profession, suffisent à établir l'acte de concurrence déloyale, • Com. 29 avr. 1997 : *Bull. civ. IV, n° 111 ; D. 1997. 459, note Serra ; D. Affaires 1997. 695 ; LPA 22 juill. 1998, p. 26, note Goffaux* • 18 avr. 2000 : *BRDA 2000, n° 14, p. 10* • 12 juill. 2011 : *D. 2011. 2782, note A. Robert ; ibid. Pan. 2967, obs. Picod ; CCC 2011, n° 211, obs. Malaurie-Vignal ; RJDA 2011, n° 1085 ; RDLC 2011, n° 4, p. 130, obs. Mesa.* ♦ V. aussi, pour un ancien salarié d'une banque qui avait systématiquement démarché ses anciens clients en utilisant notamment son ancien code d'accès minitel au fichier clients, • Com. 19 déc. 2000 : *Banque et Droit nov.-déc. 2001. 46, obs. Guillot.* ♦ Pour l'utilisation des programmes sources d'un logiciel de comptabilité enregistrés sur disquette, V. • Crim. 9 sept. 2003 : *Gaz. Pal. 2004. Somm. 1338, obs. Delvoie.* ♦ ... Pour l'utilisation d'informations techniques et commerciales recueillies par l'ancien salarié dans le cadre de ses fonctions et relatives au contenu des offres présentées par son ancien employeur, V. • Com. 2 mai 2007 : *RJDA 2007, n° 1300.* – V. aussi • Versailles, 25 nov. 2010 *RJDA 2011, n° 747.* ♦ ... Pour le détournement de correspondances électroniques en installant sur les ordinateurs de l'ancienne société des règles de messagerie qui déroutaient les courriels en provenance de certaines adresses électroniques ou empêchaient la réception de ceux contenant certains mots-clé comme « devis », « tarif » ou « commande », V. • Versailles, 8 oct. 2008 : *RJDA 2009, n° 281.* ♦ ... Pour la conservation par un salarié de l'adresse e-mail de son ancien employeur, V. • Com. 31 mars 2009 : *CCC 2009, n° 169, obs. Malaurie-Vignal.* ♦ Sur la concurrence déloyale d'anciens salariés ayant créé leur propre société, V. aussi • Com. 13 févr. 1990 : *RTD com. 1990. 207* • 5 févr. 1991 : *Bull. Joly 1991. 631, note Le Cannu* • 24 mars 1998 : *Bull. civ. IV, n° 111 ; D. 1999. Somm. 105, obs. Serra ; LPA 19 août 1998, p. 11, obs. Malaurie-Vignal et Etner* • 2 mai 2007 : *RJDA 2007, n° 1029* • Paris, 24 févr. 1994 : *JCP E 1994. Pan. 539* • Versailles, 24 nov. 1994 : *Bull. Joly 1995. 186.* ♦ Sur les effets d'une clause de confidentialité, V. • Dijon, 6 avr. 2000 : *D. 2002. Somm. 1271, obs. Robinne*. – V. aussi note 96. ♦ Le « directeur de magasin » salarié qui, après l'expiration d'un contrat de travail ne contenant aucune clause de non-concurrence, installe un commerce concurrent à une centaine de mètres dans la même rue, manque à la plus élémentaire des obligations de loyauté. • Paris, 7 mars 1995 : *RJ com. 1996. 147, note Guével.* ♦ *Contra*, jugeant licite l'installation d'un franchiseur à proximité immédiate du fonds de son ancien franchisé, • Paris, 21 avr. 2000 : *D. 2002. Somm. 1264, obs. Auguet*.

41. Agissements d'anciens dirigeants. BIBL. Daille-Duclos, *JCP E 1998, n° 39, p. 1486.* ♦ Sur le devoir de l'ancien dirigeant (mandataire social) à l'égard de l'entreprise qu'il a quittée (à propos de démissions massives des salariés de cette société pour rejoindre la société créée par l'ex-dirigeant, dont certains avaient été déliés de leur clause de non-concurrence durant le mandat de l'ex-dirigeant), V. • Com. 24 févr. 1998 : *Bull. civ. IV, n° 86 ; D. Affaires 1998. 850, obs. M. B. ; RTD com. 1998. 612, obs. Champaud et Danet ; JCP 1998. II. 10003, note Kéita ; Bull. Joly 1998. 813, note Petit* • Aix-en-Provence, 4 mars 2005 : *JCP E 2006, n° 9, p. 429.* ♦ Pour un arrêt considérant qu'un gérant de SARL manque à son obligation de loyauté s'il crée une société concurrente de celle dans laquelle il exerçait les fonctions de directeur général et d'administrateur, V. • Com. 6 juin 2001 : *CCC 2001, n° 158, note Malaurie-Vignal.* – V. aussi : • Com. 12 févr. 2002 : *préc. note 31* • Soc. 16 mai 2007 : *BRDA 2007, n° 13, p. 2.* ♦ Les actes de concurrence du gérant constituent des manquements à son obligation de loyauté et de fidélité. • Com. 15 nov. 2011 : *préc. note 39.* ♦ Pour une violation de la clause de non-concurrence commise par les cédants de parts sociales d'une société qui, lors de la cession du contrôle de la société, s'étaient engagés à ne pas débaucher de personnel ni démarcher la clientèle, V. • Paris, 2 févr. 2010 : *RJDA 2010, n° 962* (conf. sur ce point par • Com. 29 mars 2011 : *RJDA 2011, n° 706*). ♦ Mais jugeant que le père et son fils, anciens dirigeants d'une société, n'ont commis aucune faute à l'égard de celle-ci en créant une société concurrente dès lors qu'au moment de cette création le père n'avait plus aucune fonction au sein de la première société et que le fils, révoqué et évincé de celle-ci, et bien qu'en détenant encore 50 %, n'avait d'autre solution que de s'investir dans une nouvelle activité professionnelle. • Com. 17 janv. 2006 : *RJDA 2006, n° 774.*

42. Responsabilité de l'entreprise concurrente. Si la responsabilité des anciens salariés est de nature contractuelle, celle de la société elle-même ne peut être recherchée que sur le fondement des art. 1382 et 1383 C. civ. • Com. 18 janv. 1994 : *D. 1996. Somm. 253, obs. Picod ; CCC 1994, n° 112, note Leveneur.* – V. aussi • Limoges, 21 oct. 1996 : *BICC 1997, n° 315.* ♦ Sur la responsabilité de la société dont le gérant a commis des actes de concurrence déloyale, V. • Com. 4 mai 1999 : *BRDA 1999, n° 14, p. 3.* ♦ Même solution pour avoir laissé un de ses salariés se servir des renseignements qu'il détenait de son ancien employeur. • Paris, 24 oct. 2002 : *RJDA 2003, n° 555.* ♦ Mais, jugeant qu'une société n'est pas fautive du seul fait qu'elle a été fondée par l'associé d'une société concurrente, faute de démontrer l'existence d'une faute qui lui est personnellement imputable, distincte de celle retenue à la charge de l'associé : • Com. 3 déc. 2002 : *Dr. sociétés 2003, n° 84, obs. Trébulle.* ♦ Sur la concurrence déloyale d'une société ayant désigné comme PDG le responsable démissionnaire d'un département d'une entreprise concurrente qui n'était pas encore dégagé de tout lien contractuel avec son ancien employeur dans la mesure où aucune dispense de préavis n'était établie, V. • Paris, 28 févr. 2001 : *BRDA 2001, n° 9, p. 8.* ♦ Dans le même sens, pour un gérant démissionnaire devant respecter un préavis, V. • Com. 12 févr. 2002 : *préc. note 31.*

Constitue un acte de concurrence déloyale le fait, pour une société, de détourner la clientèle d'une autre société en utilisant frauduleusement le fichier de celle-ci copié par d'anciens employés. • Versailles, 19 févr. 1998 : *RJDA 1998, n° 811* • 26 nov. 2009 : *RJDA 2010, n° 892* • Paris, 24 oct. 2002 : *préc.* ♦ Dans le même sens, s'agissant d'anciens actionnaires d'une SA ayant constitué leur propre société en s'appropriant la clientèle de la SA par détournement de fichiers : • Com. 20 oct. 1998 : *RJDA 1999, n° 109.* ♦ En revanche, ne donne pas de base légale à sa décision condamnant un employeur pour concurrence déloyale une cour d'appel qui, sans établir le caractère confidentiel des informations qui auraient été détenues par la salariée et qui auraient relevé d'un savoir-faire propre à l'employeur qu'elle avait quitté, n'a fait que constater le démarchage non fautif de la clientèle et des prestataires de services d'un concurrent. • Com. 11 févr. 2003 : *préc. note 38.* ♦ Le fait que des clients de l'agence concurrente aient spontanément suivi la salariée en raison de ses qualités humaines et de son dévouement ne saurait constituer une faute imputable à son nouvel employeur. • Dijon, 18 avr. 2006 : *JCP E 2006, n° 37, p. 1528.* ♦ L'acquisition d'un fonds de commerce, faite sans déloyauté et dans le respect du droit de préemption conféré au franchiseur, ne constitue pas une faute de nature à rendre l'acquéreur complice de la rupture, même fautive, du contrat de franchise par le cédant. • Com. 15 mai 2007 : *Bull. civ. IV, n° 129 ; D. 2007. AJ 1498, obs. Chevrier ; D. 2008. Pan. 2199, obs. Ferrier ; RTD com. 2008. 173, obs. Bouloc ; RTD civ. 2007. 794, obs. Gautier ; JCP E 2008, n° 15, p. 24, obs. Ereseo ; CCC 2007, n° 204, obs. Malaurie-Vignal ; RJDA 2007, n° 1222.* ♦ Sur d'autres actions en concurrence déloyale contre un concurrent d'un franchiseur pour sa part prise dans la rupture des contrats de franchise, V. • Com. 23 janv. 2007 : *D. 2008. Pan. 2199, obs. Ferrier ; RJDA 2007, n° 574 (2e esp.)* • 23 janv. 2007 : *eod. loc (1re esp.)* • 23 janv. 2007 : *eod. loc (3e esp.).*

43. Responsabilité d'un tiers. Sur l'action en responsabilité d'une société à l'encontre de l'un de ses client qui avait confié son projet à deux ex-salariés qui venaient de créer une société exerçant une activité concurrente de celle de leur ancien employeur, V. • Com. 26 mars 2002 : *Bull. civ. IV, n° 60 ; BRDA 2002, n° 8, p. 12.* ♦ En l'absence de faute de concurrence déloyale, doit être écartée l'action dirigée contre le tiers qui se serait rendu complice de ces agissements. • Com. 15 mai 2007 : *préc. note 39.*

2° DÉBAUCHAGE

BIBL. Labarthette, *D. 2005. 1231* (le débauchage du personnel, parent pauvre de l'action en concurrence déloyale). – Poumarède, *RTD com. 2012. 651* (sanction de l'embauche déloyale d'un salarié d'une entreprise concurrente).

44. Liberté du travail et liberté d'embauche. L'existence de manœuvres déloyales ne peut résulter de la seule constatation de l'embauche par un concurrent des représentants démissionnaires, de l'attribution à ce personnel de fonctions identiques et du transfert d'une partie importante de la clientèle dans les mois ayant suivi l'embauche dès lors qu'il n'est pas démontré de façon concrète que ces faits ont entraîné la désorganisation du fonctionnement de l'entreprise concurrente V. • Com. 9 mars 1999 : *D. 2000. Somm. 321, obs. Picod ; CCC 1999, n° 73, obs. Malaurie-Vignal.* ♦ V. aussi • Com. 21 janv. 1997 : *RJDA 1997, n° 738* • Paris, 22 oct. 1997 : *Gaz. Pal. 1998. 2. Somm. 510* • 19 févr. 1999 : *LPA 5 nov. 1999, p. 14, obs. Reboul* • 6 oct. 1999 : *ibid. 18 juill. 2000, p. 22* • 25 janv. 2000 : *CCC 2000, n° 62, obs. Malaurie-Vignal* • 2 mai 2001 : *D. 2002. Somm. 1272, obs. Robinne* • 3 avr. 2002 : *D. 2003. Somm. 1031, obs. Robinne.* ♦ Il appartient ainsi au juge de vérifier de façon concrète si le transfert des employés a entraîné une véritable désorganisation de l'entreprise concurrente et non une simple perturbation. • Com. 20 sept. 2011 : *D. 2011. Actu. 2396, obs. Chevrier ; JCP E 2011, n° 1719 ; CCC 2011, n° 256, obs. Malaurie-Vignal ; RLDC nov. 2011. 24, obs. Bugnicourt ; RDLC 2011, n° 4, p. 131, obs. Roberval ; Prop. ind. 2011, n° 96 obs. Larrieu.* ♦ Il n'est pas interdit de discuter et d'arrêter les clauses d'un contrat de travail et de s'engager à embaucher le salarié d'une entreprise concurrente avant même que ce salarié ait manifesté à cette dernière son intention de la quitter. • Paris, 17 avr. 1996 : *Gaz. Pal. 1996. 2. Somm. 495.* ♦ De la même façon, le départ de deux salariés occupant des postes subalternes et embauchés depuis moins de deux ans, suite à une offre d'emploi publiée, ne caractérise pas une manœuvre tendant à désorganiser l'entreprise concurrente. • Colmar, 20 févr. 2002 : *préc. note 36.* ♦ Le fait que le nouveau titulaire d'un marché de nettoyage ait repris le personnel de l'ancien ne saurait être constitutif d'un acte de débauchage, dès lors que cette reprise s'est faite en application de la convention collective nationale des entreprises de propreté. • Colmar, 7 févr. 2006 : *JCP E 2006, n° 20-21, p. 923.* ♦ Aucun agissement constitutif de concurrence déloyale ne peut être retenu dès lors qu'il est établi que la clientèle s'est déplacée spontanément d'un concurrent à l'autre sans que ce déplacement soit la conséquence de manœuvres déloyales. • Rennes, 28 mars 2006 : *JCP 2006. IV. 3461.* ♦ Le recrutement massif de salariés libres de tout engagement ne saurait à lui seul, hors toute manœuvre déloyale, constituer un fait caractéristique de concurrence déloyale. • Com. 26 sept. 2006 : *RJDA 2007, n° 207.* ♦ Il n'y a pas de débauchage de salariés dès lors que l'employée a quitté de son plein gré l'entreprise et que les conditions salariales largement supérieures proposées par le concurrent (progression de 38 %) ne sont pas anormalement élevées.

• Pau, 18 sept. 2008 : *JCP 2009. IV. 1276.* ♦ V. encore, posant des conditions très strictes pour reconnaître l'existence d'un débauchage déloyal : • Com. 23 oct. 2007 : *D. 2008. Pan. 254, obs. Picod* ; *CCC 2008, n° 22, obs. Malaurie-Vignal* ; *RJDA 2008, n° 205* • 29 janv. 2008 : *cité note 92.*

45. Débauchage fautif. Est fautive l'embauche massive de salariés désorganisant une entreprise concurrente. • Com. 18 déc. 2001 : *RJDA 2002, n° 578.* ♦ L'embauche simultanée de plusieurs salariés d'une même entreprise par une entreprise concurrente pour y remplir les mêmes fonctions et ce après avoir offert des conditions de rémunération plus favorables constitue, indépendamment de toute clause de non-concurrence, un acte de concurrence déloyale. • Paris, 17 févr. 1993 : *D. 1994. Somm. 223, obs. Serra* . – Comp. • Amiens, 22 mars 2004 : *JCP E 2005, n° 13, p. 551.* ♦ ... A moins que ce soit l'ancien employeur qui soit à l'origine du départ des salariés consécutivement à la réorganisation de son entreprise. • Com. 2 juill. 2002 : *Lettre distrib. nov. 2002, p. 4.* ♦ ... Ou en raison d'un mauvais fonctionnement de l'entreprise antérieur au départ de salariés. • Com. 9 févr. 1999 : *cité note 88.* ♦ En embauchant uniquement les salariés de son concurrent dans un moment crucial, un entrepreneur désorganise nécessairement de façon importante ledit concurrent, en le mettant dans l'obligation de recruter de nouveaux salariés qui n'ont ni la connaissance des produits ni celles des territoires ou clients. • Douai, 29 sept. 2005 : *BICC 2005, n° 2332* ; *RJDA 2006, n° 463.* ♦ Sur la condamnation sur le fondement de la concurrence déloyale d'un ancien salarié qui, ayant créé sa propre société, a détourné la clientèle de son ancien employeur et débauché plusieurs de ses anciens collègues, V. • Paris, 2 déc. 1998 : *LPA 5 nov. 1999, p. 10, obs. Reboul* • Colmar, 14 déc. 2004 : *JCP E 2005, n° 35, p. 1380.* ♦ Si la démission concomitante de deux salariés d'un même service composé de trois personnes et la création d'une entreprise concurrente n'est pas fautive, le débauchage par ces derniers de la troisième et dernière personnes dans un secteur où les compétences sont rares, contribue à désorganiser volontairement le service et constitue un acte de concurrence déloyale. • Versailles, 25 juin 2009 : *RJDA 2010, n° 94.* ♦ La cour d'appel prive sa décision de base légale en retenant que le débauchage de salariés présentait un caractère déloyal en raison de l'anormalité économique des conditions d'embauche proposées par le nouvel employeur, sans répondre aux conclusions de ce dernier faisant valoir que les conditions d'embauche des salariés concernés n'étaient pas plus avantageuses que celles que leur garantissaient leur ancien emploi. • Com. 10 nov. 2009 : *CCC 2010, n° 10, obs. Malaurie-Vignal* ; *RLDA janv. 2010. 43, obs. Anadon.*

Sur la désorganisation de l'entreprise d'un concurrent par les débauchages de son personnel, V. aussi, • Com. 8 nov. 1988 : *Gaz. Pal. 1989. 1. Pan. 7* • 12 déc. 1995 : *Quot. jur. 7 mars 1996, p. 2* • Paris, 20 nov. 1984 : *D. 1984. IR 444, obs. Serra* • 11 janv. 1989 : *D. 1989. IR 53* • 10 avr. 1995 : *D. 1996. Somm. 248, obs. Serra* • 29 mai 1998 : *LPA 18 juin 1999, p. 20, obs. Reboul* • 22 sept. 2000 : *D. 2002. AJ 1271, obs. Robinne* • 15 oct. 2008 : *CCC 2009, n° 105, obs. Malaurie-Vignal* • Toulouse, 25 mars 2008 : *CCC 2008, n° 246, obs. M. M.-V.* ♦ Comp. : art. L. 1237-3 C. trav. ♦ Sur la compétence, V. notes 69 et 70.

3° AUTRES AGISSEMENTS DÉSORGANISANT L'ENTREPRISE OU SON ACTIVITÉ

46. Reprise massive des produits. La reprise massive des produits d'un concurrent peut être constitutive d'un acte de concurrence déloyale. • Com. 5 oct. 1976 : *D. 1977. IR 5* ; *RTD com. 1977. 150, obs. Hémard.*

47. Rabais et prix d'appel. Constituent des actes de concurrence déloyale les pratiques d'un client détaillant qui a effectué des soldes sans autorisation avec des rabais importants à un endroit précis, alors que le distributeur en gros commercialisait les vêtements de la même marque à proximité et qu'une telle circonstance incitait la clientèle à se diriger de préférence vers le premier magasin, la distance séparant les deux boutiques étant relativement faible. • Com. 18 oct. 1994 : *Bull. civ. IV, n° 299* ; *D. 1995. IR 12* ; *JCP 1994. IV. 2582.* ♦ En revanche, n'est pas déloyale à l'égard des boulangers la distribution gratuite mais exceptionnelle de pains par un grand magasin. • Riom, 6 juin 1990 : *JCP E 1991. I. 31, n° 4, obs. Azéma.* ♦ Pour un acte de concurrence déloyale résultant de la commercialisation par une entreprise de la copie servile d'un produit à un prix inférieur à celui proposé par un concurrent, ce qui lui a permis de remporter le marché, causant ainsi à l'autre entreprise un préjudice constitué par la privation des gains résultant desdits marchés, V. • Com. 16 janv. 2001 : *CCC 2001, n° 59, obs. Malaurie-Vignal.* ♦ V. aussi, sur la diffusion, à proximité immédiate des boutiques du concurrent, de copies serviles à prix inférieurs, • Paris, 19 janv. 1996 : *D. Affaires 1996. 348.* ♦ Ne donne pas de base légale à sa décision, au regard de l'art. 1382 C. civ., la cour d'appel qui n'avait pas à prendre en considération les sujétions imposées à une société de télévision en raison de ses missions spécifiques pour justifier les prix anormalement bas qu'elle pratiquait dans le domaine de la production audiovisuelle au profit de tiers, et ne recherche pas si de tels agissements pouvaient constituer une faute à l'égard de ses concurrents. • Com. 28 janv. 1992 : *Bull. civ. IV, n° 50 ; D. 1995. 538*. – V., sur renvoi, • Versailles, 17 mai 1994 : *D. 1995. 539 ; Gaz. Pal. 1995. 1. 49, note Junqua-Lamarque.* ♦ Le fait de vendre un produit contrefait à seulement la moitié du prix publié de son modèle ne caractérise aucune faute constitutive de concurrence déloyale. • Civ. 1re, 3 avr. 2001 : *Bull. civ. I, n° 95.*

Après avoir constaté qu'une société reproche sur le fondement de l'art. 1382 C. civ. à une autre société de consentir à ses filiales des prix anormalement bas ayant pour conséquence de la désavantager et que ce grief n'est pas différent de celui soumis à l'avis du Conseil de la concurrence et écarté par le tribunal sur le fondement des dispositions du code de commerce, une cour d'appel, qui a relevé que la société plaignante ne conteste plus que les pratiques qu'elle incrimine ne contreviennent pas aux dispositions des art. L. 420-1, L. 420-2 et L. 420-5 C. com., et qui a retenu que cette société n'invoque aucun fait déloyal autre qu'une pratique de prix, qualifié d'« anormalement bas », désorganisant le marché, a pu statuer comme elle l'a fait en rejetant la demande en responsabilité pour concurrence déloyale. • Com. 6 déc. 2005 : *Bull. civ. IV, n° 242 ; D. 2006. Pan. 2929, obs. Auguet ; ibid. AJ 138, obs. Chevrier ; JCP 2006. II. 10048, note Reifegerste ; CCC 2006, n° 48, obs. Malaurie-Vignal ; RJDA 2006, n° 599 ; RDLC 2006, n° 1, p. 150, obs. Fasquelle et Morel ; Lettre distrib. févr. 2006, p. 3.* ♦ Pour des auto-entrepreneurs, qui vendaient des articles sur un site de vente en ligne, condamnés par voie de référé pour concurrence déloyale pour avoir pratiqué des prix trop bas : • T. com. Béziers, 19 juill. 2010 : *D. 2010. Actu. 1996, obs. Delpech ; CCE 2010, n° 97, obs. Debet ; RJDA 2010, n° 1189.* ♦ Sur la sanction civile des prix de vente abusivement bas, V. désormais, C. com., art. L. 420-5.

48. Marque d'appel. Pour apprécier si la société, qui a fait distribuer un catalogue publicitaire comportant une page dans laquelle était annoncée la vente de montres de marque dans divers magasins portant son enseigne, s'est rendue coupable de la pratique de marque d'appel, il convient de rechercher si l'état des stocks détenus par le distributeur dans l'ensemble de ses locaux est suffisant pour assurer la disponibilité à bref délai de tous les produits faisant l'objet de la publicité. • Com. 30 janv. 2001 : *Bull. civ. IV, n° 28 ; D. 2002. Somm. 1262, obs. Picod*. – V. aussi • Com. 19 mai 1998 : *Bull. civ. IV, n° 157* (parfumeur non agréé n'ayant en stock que deux flacons de parfum). ♦ Sur la condamnation pour concurrence déloyale d'une grande surface ayant utilisé dans sa campagne promotionnelle une marque d'appel, V. • Paris, 3 sept. 1999 : *D. 1999. AJ 30 ; LPA 18 juill. 2000, obs. Etner.* ♦ Est constitutive d'une faute de pratique de marque d'appel toute offre publicitaire portant sur des produits de marque dont le distributeur ne dispose pas en quantité suffisante pour satisfaire la clientèle. • TGI Paris, 15 déc. 2006 : *Gaz. Pal. 2007. 4223, obs. Staeffen.*

49. Captation ou détournement de la clientèle. Constitue un acte de concurrence déloyale le démarchage systématique de la clientèle d'une entreprise, accompagné d'un débauchage massif et sélectif du personnel, de la création d'une confusion entre les marchandises et services produits et de la similitude du catalogue et des tarifs. • Com. 19 nov. 1991 : *RJDA 1992, n° 213.* ♦ Suffit à caractériser une manœuvre déloyale engageant la responsabilité de son auteur, le fait d'annoncer dans un document publicitaire, de manière manifestement mensongère, la cessation des activités d'une société concurrente dans l'intention manifeste de récupérer sa clientèle. • Paris, 21 oct. 1998 : *RJDA 1999, n° 110.* ♦ ... De même que le fait de procéder à l'installation de panneaux publicitaires susceptibles de masquer la visibilité de ceux d'une entreprise concurrente. • Com. 29 mai 1967 : *D. 1967, Somm. 110.* ♦ Une compagnie d'assurance commet un acte de concurrence déloyale en favorisant les garagistes agréés par l'envoi systématique à ses adhérents de courriers et de notes indiquant les noms de ces garagistes et en prenant en charge leurs factures. • Paris, 29 sept. 1998 : *D. 1998. IR 243 ; CCC 1999, n° 6, obs. Malaurie-Vignal.* ♦ Pour une condamnation en référé pour acte de concurrence déloyale, en raison d'une publicité trompeuse sur les conditions d'octroi d'un crédit, V. • Versailles, 10 avr. 1995 : *CCC 1996, n° 81, note Vogel.* ♦ Sur un détournement de clientèle consécutif à la vente par un boucher d'articles de triperie, qui ne peut être légitimé par un arrêté de despécialisation, dont l'objet est de surmonter la crise de la « vache folle », V. • Paris, 17 févr. 1999 : *JCP 1999. IV. 2518 ; LPA 20 mars 2000, obs. Etner.*

La foire internationale d'une grande agglomération, qui ne pouvait ignorer les dates de la foire d'une ville moyenne voisine a franchi les limites de la concurrence déloyale et a fait preuve, à tout le moins, d'une désinvolture fautive en modifiant l'époque de sa manifestation la plaçant à l'intérieur des dates de la petite ville. • Rennes, 14 déc. 1993 : *JCP 1994. IV. 2588.* ♦ Pour un arrêt condamnant un établissement de crédit pour avoir incité les clients d'un autre établissement de crédit, encore tenus à l'égard de celui-ci, à se dégager par anticipation de leurs prêts et à conclure de nouveaux contrats avec lui, V. • Com. 15 févr. 1994 : *D. 1994. Somm. 323, obs. Vasseur*. ♦ S'il est légitime, pour le propriétaire d'une marque et d'une enseigne, de passer à la vente directe de ses produits, sans cesser pour autant de fournir son revendeur ordinaire, et s'il est légitime de le faire dans les lieux du meilleur achalandage, rien ne contraint ce propriétaire à retenir le magasin le plus proche possible de son revendeur. • Douai, 10 mai 2007 : *BICC 1er nov. 2007, n° 2223.*

Ne constitue pas des actes de concurrence déloyale la reproduction dans une revue de photographies diffusées sur internet alors que cette revue, qui comporte une centaine de pages, étant essentiellement constituée de photographies reproduites n'en représentant qu'une infime partie et n'étant pas mises en valeur, le public ne peut risquer de confondre les produits et les deux entreprises et être détourné de la consultation du site internet pour acheter la revue, d'autant que le site est en anglais tandis que la revue s'adresse à un public de langue française. • Paris, 14 déc. 2007 : *JCP E 2008, n° 9, p. 21.* ♦ Ne constitue pas un détournement de clientèle le fait pour les dirigeants d'un point de vente sous enseigne nationale d'envoyer un courrier aux clients d'un autre point de vente de cette même enseigne leur faisant connaître qu'ils pouvaient utiliser, dans leurs propres points de vente, la carte de fidélité développée par l'enseigne, alors que le retrait de la société requérante de l'enseigne avait privé la possibilité, pour la clientèle de ce point de vente, d'utiliser la carte de fidélité souscrite, de telle sorte que cet envoi postérieur à ce retrait correspondait à une information légitime de la clientèle et non à un détournement fautif de celle-ci. • Chambéry, 2 oct. 2007 : *JCP 2008. IV. 1683 ; CCC 2008, n° 98, obs. Malaurie-Vignal ; RJDA 2008, n° 900 ; Lettre distrib. sept. 2008, p. 3.*

50. *Couponnage croisé.* Est déloyale la pratique dite du « couponnage croisé » (délivrance de bons de réduction à valoir sur des produits directement concurrents de ceux achetés par le consommateur, identifiés au passage à la caisse par la lecture des codes-barres). • Com. 18 nov. 1997 : *Bull. civ. IV, n° 294 ; D. 1998. 260, note Bout ; ibid. Somm. 224, obs. Serra ; D. Affaires 1998. 192, obs. E. P. ; JCP 1998. II. 10026, note Gautier ; CCC 1998, n° 6, obs. Vogel ; ibid., n° 15, obs. Raymond* (V. l'arrêt cassé : • Aix-en-Provence, 30 juin 1995 : *D. 1997. 39, note Parléani ; D. 1996. Somm. 178, obs. Gavalda et Lucas de Leyssac ; CCC 1995, n° 145, note Vogel ; Bull. Aix-en-Provence 1995, n° 2, p. 7, note Mouralis et Stoffel-Munck* ; et le jugement infirmé : • T. com. Marseille, 2 févr. 1995 : *BRDA 1995, n° 5, p. 12*). – V. sur renvoi : • Lyon, 5 nov. 2001 : *RJDA 2002, n° 329.* – Dans le même sens : Rép. min. n° 28423 : *JOAN Q, 4 sept. 1995, p. 3813.* – V. Cas, *D. 1996. Chron. 59* ; Toporkoff, *D. Affaires 1995. 167* (arguments échangés par les parties) ; Gautier, *JCP 1995. I. 3860 ;* E. Petit, *Bull. act. Lamy droit économique, juill. 1995, p. 3 ;* Fabre, *Cah. dr. entr. 1998, n° 2, p. 36* (le couponning). ♦ Sur l'absence de règles expresses autorisant un distributeur à pratiquer des relevés de prix pratiqués par un concurrent à l'aide d'un lecteur optique de codes-barres, V. • Com. 16 juill. 1991 : *BID 1995, n° 12, p. 18.* – V. désormais • Com. 4 oct. 2011 : *cité note 1 quinquies ss. C. consom., art. L. 121-14, App., v° Publicité commerciale.*

51. *Inobservation d'une réglementation.* BIBL. Clamour, *RLC 2006, n° 7, p. 30* (principe de libre concurrence dans l'octroi des dérogations individuelles à la règle du repos dominical). ♦ Une cour d'appel peut condamner pour concurrence déloyale des sociétés qui n'ont pas respecté la réglementation fixant le prix du livre et ont ainsi causé un préjudice à une autre société commercialisant des ouvrages de même nature. • Com. 1er avr. 1997 : *Bull. civ. IV, n° 87 ; RJDA 1997, n° 862* • Paris, 23 mai 2007 : *cité note 1 ss. art. 6 de la L. n° 81-766 du 10 août 1981 infra.* ♦ V. aussi pour la vente en ligne de support d'enregistrement par des sociétés étrangères qui, bien que non tenues d'acquitter la rémunération pour copie privée, doivent exercer leur commerce d'une façon saine et honnête : • T. com. Bobigny, 15 sept. 2005 : *D. 2005. AJ 2674, obs. Manara ; CCE 2005, n° 168, obs. Caron.* – *Contra* : • Paris, 22 mars 2007 : *D. 2007. AJ 1076, obs. Manara ; JCP E 2007, n° 19, p. 19 ; CCE 2007, n° 70, obs. Caron ; RJ com. 2007. 192, obs. Alterman* (décision cassée par • Civ. 1re, 27 nov. 2008 : *Bull. civ. I, n° 268 ; D. 2008. AJ 3081, obs. Manara ; RTD com. 2009. 131, obs. Pollaud-Dulian ; JCP E 2009, n° 11, p. 23, note Beyneix ; CCC 2009, n° 18, obs. Malaurie-Vignal ; RLDC févr. 2009. 18, obs. Bugnicourt ; Prop. ind. 2009, n° 17, obs. Larrieu ; Lettre distrib. déc. 2008, p. 2*). ♦ Pour une condamnation sur le fondement de la concurrence déloyale, d'une société en cas de non-respect du taux de TVA en vigueur : • Lyon, 31 janv. 2008 : *JCP 2008. II. 10136, note Chabert ; CCC 2008, n° 240, obs. Malaurie-Vignal.* ♦ ... Du repos dominical, V. • Com. 26 janv. 1999 : LPA 4 nov. 1999, p. 11, obs. Reboul • Nîmes, 28 févr. 2002 : *BICC 2004, n° 530.* ♦ ... De la réglementation sur l'équipement commercial. • Com. 19 juin 2001 : *Bull. civ. IV, n° 123 ; Gaz. Pal. 2003. 1. Somm. 1154, obs. Guével ; Cah. dr. entr. 2002, n° 5, p. 34, obs. Des-*

tours. – V. aussi • Civ. 1re, 22 févr. 2005 : *cité note 76* • 6 juill. 2011 : *RJDA 2012, n° 98.* ♦ ... De celle régissant l'activité de taxi. • Nîmes, 19 avr. 2011 : *RJDA 2011, n° 659.* ♦ De l'interdiction faite aux médecins de toute publicité directe ou indirecte. • Civ. 1re, 5 juill. 2006 : *JCP 2006. IV. 2688.* ♦ ... Ou d'un concurrent du concessionnaire exclusif du service extérieur des pompes funèbres pour méconnaissance du monopole concédé, V. • Com. 23 oct. 2001 : *JCP E 2001, n° 48, p. 1890 ; RJDA 2002, n° 243.* ♦ Mais le seul fait de ne pas se conformer à une norme que certains professionnels ont librement décidé d'instaurer entre eux sans qu'elle s'impose en droit à tous les opérateurs du marché ne peut être constitutif de concurrence déloyale. • Com. 23 avr. 2003 : *RJDA 2003, n° 1137.* ♦ Jugeant que la plateforme eBay ne cherche aucunement à nuire à la profession de brocanteur dès lors qu'il n'est pas établi qu'elle soutiendrait, encouragerait ou inciterait les vendeurs à ne pas se déclarer comme professionnels auprès des autorités et qu'au contraire les mesures importantes mises en place par eBay montrent bien son intention de lutter contre le paracommercialisme et de favoriser le respect des lois et règlements par ses utilisateurs. • T. com. Paris, 11 déc. 2009 : *CCE 2010, n° 26, obs. Stoffel-Munck ; Propr. ind. 2010, n° 19, obs. Larrieu.* ♦ Jugeant que le covoiturage n'est pas constitutif de concurrence déloyale au détriment des transporteurs professionnels, V. • Com. 12 mars 2013 : *Dalloz actualité, 27 mars 2013, obs. Delpech ; D. 2013. Chron. C. cass. 1180, obs. Lecaroz ; JCP E 2013, n° 1231 ; RLDA mai 2013. 40, obs. Lalot.*

La solution du litige fondé sur une action en concurrence déloyale n'impose pas qu'il soit statué préalablement sur la violation des dispositions du code général des impôts, du code du travail, du code pénal et du code de la sécurité sociale entraînant les faits de concurrence déloyale. • Com. 3 oct. 2006 : *CCC 2007, n° 24, obs. Malaurie-Vignal ; RCA 2007, n° 2.* ♦ Pour une référence au non-respect de la législation environnementale (installations classées), V. • Crim. 5 déc. 2006 : *JCP E 2007, n° 30, p. 39, obs. Trébulle.* ♦ Pour une entreprise qui, dans l'exercice de son activité, s'était affranchie du respect des exigences administratives et donc des coûts en résultant (nécessité d'un agrément), V. • Com. 2 mai 2007 : *JCP E 2007, n° 43-44, p. 15, obs. Caron.* ♦ Pour une agence matrimoniale qui se présentait comme la seule du département à être agréée par la Fédération française matrimoniale alors qu'il n'existe aucun organisme reconnu officiellement comme étant habilité à délivrer un quelconque agrément dans ce domaine d'activité, V. • Riom, 11 juin 2008 : *JCP 2009. IV. 1809.*

52. *Violation d'un réseau de distribution sélective.* V. notes 74 s. ss. C. com., art. L. 330-2.

52 bis. *Non-respect du « day one ».* L'offre de jeu vidéo avant la date de sortie prévue par l'éditeur constitue une désorganisation du marché à laquelle il peut être mis fin en référé. • T. com. Paris, réf., 17 oct. 2006 : *CCE 2006, n° 159, obs. Grynbaum ; CCC 2007, n° 7, obs. Malaurie-Vignal.*

53. *Concurrence déloyale de l'administration et d'opérateurs publics.* BIBL. Lucas de Leyssac, *D. 1995. Chron. 288* . – Junqua-Lamarque, *Gaz. Pal. 1995. 2. Doctr. 981.* ♦ Constitue un acte de concurrence déloyale la commercialisation par l'Administration, en faisant largement état de sa qualité dans les plaquettes publicitaires, d'un logiciel élaboré par ses soins et contrefaisant le logiciel d'une entreprise privée. En effet, la mission de service public dont est investie l'Administration n'a pas pour effet de la dispenser de respecter les règles du marché dès lors qu'en commercialisant ce logiciel elle exerce une activité de droit privé. • Paris, 31 mai 1995 : *JCP E 1995. Pan. 1219.* ♦ En revanche, une activité qui s'exerce en application d'un arrêté municipal dont la légalité n'a pas été remise en cause, ne peut être considérée comme illicite et constituer de ce seul fait une concurrence déloyale. • Com. 13 nov. 2003 : *RJDA 2004, n° 494.* ♦ N'est pas fautif le prêt gratuit de matériel médical à ses assurés, pratiqué par une caisse primaire d'assurance maladie, organisme privé chargé de la gestion d'un service public, dès lors qu'il est conforme à son objet social, et que cette activité licite est exercée en dehors de tout agissement déloyal de la part dudit organisme, au seul bénéfice des assurés du régime général de la sécurité sociale qui s'adressent à lui, en sorte qu'est exclu l'exercice d'un monopole par la caisse. • Soc. 13 janv. 1994 : *Bull. civ. V, n° 7.* ♦ Le concessionnaire de service public ne peut utilement invoquer un principe général de protection contre la concurrence par le concédant, indépendamment de toute clause contractue le posant une telle obligation à ce dernier. • CE 10 oct. 2007 : *AJDA 2007. 2350, note Nicinski ; JCP E 2007, n° 51-52, p. 26, note Guettier ; JCP E 2008, n° 10, p. 24, obs. Laquièze ; CCC 2008 Chron. 1, n° 6, obs. Marson ; LPA 28 juill. 2008, obs. Baghestani-Perrey ; RJDA 2008, n° 1010 ; RLC janv.-mars 2008. 70, obs. Clamour ; RDLC 2008, n° 1, p. 201, obs. Glatt et Du Marais.*

D. PARASITISME

BIBL. Saint-Gall, *Rev. int. propr. ind. 1956. 19.* – Dupichot, *Gaz. Pal. 1987. 1. Doctr. 637.* – Korman, *ibid. 1988. 2. Doctr. 703*. – le Tourneau, *D. 1993. Chron. 310* ; *D. 2000. Chron. 403* (retour sur le parasitisme) ; *CCC 2001. Chron. 1*. – Véron, *Cah. dr. entr. 1988, n° 1*. – Mousseron, *Entretiens de Nanterre, ibid. 1992, n° 6*. – Malaurie-Vignal, *JCP 1995. I. 3888* (parasitisme et notoriété d'autrui) ; *D. 1996. Chron. 177* (parasitisme des investissements et du travail d'autrui). – le Tourneau, *Dr. et patr. oct. 1999. 97* (contribution du parasitisme à la défense de la marque). – Passa, *D. 2000. Chron. 297* (propos dissidents sur la sanction du parasitisme économique). – Binn et Hueber, *CCC 2000. Chron. 13* (comment sauver la théorie du parasitisme ?). – G. et I. Parléani, *Mélanges Gavalda, Dalloz, 2001, p. 243* (2001, la tentation du Moyen Age : l'exemple du parasitisme). – Bonnefond, *CCC 2001. Chron. 4* (parasitisme et concurrence déloyale : il faut garder le cap). – Malaurie-Vignal, *CCC 2001. Chron. 15* (réflexions sur la théorie du parasitisme économique). – Huillier, *Gaz. Pal. 7-8 nov. 2001, p. 6* (le parasitisme parasite-t-il la propriété intellectuelle ?). – Frion, *CCC 2002. Chron. 15*. – Poumarède, *LPA 28 oct. 2005* (sanction du « pillage » de travaux universitaires par la théorie du parasitisme). – Mésa, *RDLC 2007, n° 2, p. 52* (parasitisme économique et contrefaçon : critère et utilité d'une distinction). – Rizzo, *Dr. et patr. mars 2008, p. 36, spéc. p. 43* (le droit de citation en matière sportive). – Le Stanc, *Propr. ind. 2010. Repère 6* (pour en finir avec le parasitisme... mais y parviendra-t-on ?). – de Dampierre, *CCE 2010. Fiche pratique 14* (protection de la valeur économique par le parasitisme). – Mésa, *RDLC 2011, n° 3, p. 82* (de la complexité et des conséquences des rapports entre concurrence parasitaire et parasitisme économique). – Larrieu, *Propr. ind. 2012. Alerte 36* (rapport sur la copie parasitaire en Europe).

1° NOTION DE PARASITISME

54. Exploitation du travail, des investissements ou de la notoriété d'autrui. Le parasitisme économique se définit comme l'ensemble des comportements par lesquels un agent économique s'immisce dans le sillage d'un autre afin de tirer profit, sans rien dépenser, de ses efforts et de son savoir-faire. • Com. 26 janv. 1999 : *D. 2000. 87, note Serra* ; *D. Affaires 1999. 508, obs. Emery* ; *LPA 4 nov. 1999, obs. Petitier* • Paris, 16 mai 2008 : *CCE 2008, n° 110, obs. Caron*. ♦ Le parasitisme est caractérisé par la circonstance selon laquelle une personne, à titre lucratif et de façon injustifiée, s'inspire ou copie la valeur économique d'autrui, individualisée et procurant un avantage concurrentiel fruit d'un savoir-faire, d'un travail intellectuel et d'investissements. • Paris, 18 mai 2005 : *JCP E 2006, n° 1, p. 27, obs. Caron* ; *RJDA 2005, n° 1296* ; *Lettre distrib. juill.-août 2005, p. 2* • 16 avr. 2008 : *JCP E 2009, n° 2, p. 12, obs. Caron* ; *CCE 2008, n° 110, obs. Caron*. ♦ Constitue un agissement parasitaire le fait, pour un agent économique, de s'introduire sur un marché, avec ou sans risque de confusion, mais en utilisant une valeur économique d'autrui, fruit d'un investissement en argent ou en travail. • Versailles, 20 oct. 1993 : *préc. note 4*. ♦ Comp., jugeant que ne peut être parasitaire celui qui, par ses comportements ne crée aucune confusion dans l'esprit du consommateur entre deux marchés différents, même si, selon la jurisprudence, il s'immisce dans le sillage d'un autre : • T. com. Paris, 17 mars 2006 : *Gaz. Pal. 2007. 2124, et les obs*. ♦ Bien que la revente hors réseau de produits acquis régulièrement par une personne physique ou morale, en dépit des droits d'exclusivité dont bénéficie à sa connaissance un concessionnaire déterminé, ne constitue pas en soi un acte de concurrence déloyale, un tel comportement est en revanche entaché de parasitisme économique s'il est établi que la personne visée s'appuie sans contrepartie sur les initiatives, efforts et renom légitimes d'un concurrent en vue d'entamer les positions commerciales de celui-ci. • Paris, 14 janv. 1998 : *Gaz. Pal. 1998. 2. Somm. 510*. ♦ Constitue une faute au sens de l'art. 1382 C. civ., engageant la responsabilité de son auteur, le simple fait de s'appuyer sur les initiatives et les efforts d'un concurrent pour entamer ses positions commerciales. Tel est le cas, lorsque, dans la réalisation d'un objet, l'auteur met en sommeil ses facultés créatrices et conduit un processus d'élaboration asservi à l'imitation de l'œuvre d'autrui, cette démarche fournissant l'impulsion au travail créateur et lui servant de guide. • Paris, 18 mai 1989 : *D. 1990. 340, note Cadiet* ; *ibid. Somm. 75, obs. Serra*. – V. la solution contraire en présence d'un réel effort d'innovation : • Com. 18 juin 2002 : *Lettre distrib. févr. 2003, p. 4*. ♦ Caractérise un comportement parasitaire fautif le fait de s'approprier les fonctionnalités d'un logiciel conçu et mis au point par une société en utilisant le travail de recherche et en détournant le savoir-faire de personnes avec lesquelles elle avait entretenu des relations contractuelles, ce qui lui avait permis de réaliser des économies importantes au détriment de ces personnes. • Civ. 1re, 13 déc. 2005 : *Bull. civ. I, n° 499*.

55. Reproduction non fautive de la prestation d'autrui. Si le fait de copier la prestation d'autrui procure nécessairement à celui qui le pratique des économies, il ne saurait à lui seul être tenu pour fautif sauf à vider de toute substance le principe selon lequel toute prestation qui ne fait pas ou ne fait plus l'objet de droits de propriété intellectuelle peut être librement reproduite, lui-même étroitement lié à la règle fondamentale de la liberté de la concurrence. • Paris, 18 oct. 2000 : *préc. note 27.* ♦ N'est pas fautif le seul fait de commercialiser des produits identiques à ceux distribués par un concurrent. • Com. 9 juill. 2002 : *CCC 2003, n° 7, obs. Malaurie-Vignal.* – V. aussi le Tourneau, *D. 2001. Chron. 1226*. ♦ Une entreprise ne peut se plaindre d'un comportement parasitaire d'un concurrent dans la mesure où elle ne dispose pas d'un positionnement particulier sur le marché par rapport à ces concurrences et qu'aucun investissement intellectuel particulier n'a été fourni pour la mise au point des modèles litigieux somme toute banal et standard. • Dijon, 15 sept. 2005 : *JCP E 2005, n° 47, p. 2004.* – V. aussi • Riom, 16 févr. 2005 : *JCP E 2005, n° 49, p. 2095.* ♦ Une entreprise ne saurait être admise à incriminer le simple fait de la commercialisation par l'un de ses concurrents de produits appartenant au même genre que ceux qu'elle distribue dans la mesure où elle ne justifie pas de la notoriété dont elle se prévaut et qu'il n'existe pas de risque de confusion entre les produits. • Paris, 27 avril 2001 : *Propr. ind. 2002, n° 10, obs. Greffe.* ♦ Un concept consistant en une méthode de commercialisation doit être apprécié dans son ensemble et l'usurpation d'un seul des trois éléments de ce concept, au demeurant d'utilisation courante, ne suffit pas à caractériser un acte de parasitisme économique. • Com. 26 janv. 1999 : *préc. note 54.* ♦ Sur cette distinction, V. aussi • Paris, 24 mars 1999 : *LPA 4 nov. 1999, obs. Etner.* – Comp. • Paris, 8 sept. 2004 : *RDLC déc. 2004. 71, obs. Mitchell.* ♦ Sur les difficultés d'appréhender, sous l'angle du parasitisme, l'appropriation d'une idée ou d'un concept commercial consécutive à une rupture de pourparlers, V. • Nîmes, 17 avr. 2008 : *Lettre distrib. oct. 2008, p. 5.*

Le simple fait de reprendre les éléments d'une brique de jeu afin de permettre la construction de meubles modulaires visuellement comparables à ceux pouvant être réalisés en miniature par l'imbrication de briques et d'opérer ainsi, sans impératif technique ou fonctionnel, la transposition de l'univers du jouet à celui du meuble ne saurait suffire à caractériser des agissements parasitaires dès lors que cette transposition ne relève pas du savoir-faire de la fabrication de jouets adaptés aux enfants mais d'efforts et d'investissements particuliers compte tenu des contraintes spécifiques en matière d'ameublement, notamment en créant un système d'attache propre capable de supporter le poids de ces briques. • Com. 3 mai 2012 : *RJDA 2012, n° 909.*

56. Absence de droit privatif. L'action en concurrence déloyale peut être intentée même par celui qui ne peut se prévaloir d'un droit privatif. • Com. 22 oct. 2002 : *Bull. civ. IV, n° 149 ; D. 2002. AJ 3142, obs. Chevrier ; ibid. 2003. Somm. 1031, obs. Serra ; JCP E 2003, n° 13, p. 563, note Mainguy ; CCC 2003, n° 6, obs. Malaurie-Vignal ; RJDA 2003, n° 209.* ♦ V. aussi • Com. 8 juill. 2003 : *RJDA 2004, n° 108* • 26 mai 2004 : *JCP E 2004, n° 48, p. 1877, obs. Caron* • T. com. Nancy, 9 déc. 2002 : *Lettre distrib. avr. 2003, p. 3* • T. com. Lyon, 6 sept. 2002 : *ibid.* ♦ L'offre d'une copie servile d'une célèbre montre porte manifestement atteinte à l'image de marque de cette montre qu'elle vulgarise et déprécie de telle sorte que cet usage, en ce qu'il affecte l'image, qualifiée de prestigieuse, d'un produit notoire, ne fût-il plus couvert par un droit privatif, est fautif. • Com. 22 oct. 2002 : *Bull. civ. IV, n° 152 ; D. 2002. AJ 3142, obs. Chevrier ; JCP E 2003, n° 13, p. 563, note Mainguy ; CCC 2003, n° 8, obs. Malaurie-Vignal ; RJDA 2003, n° 210.* – Sur cet arrêt, V. aussi Bonnefont, *CCC 2004. Chron. 3.* – V. aussi • Paris, 14 juin 2006 : *CCE 2006, n° 153, obs. Caron.* ♦ L'action en contrefaçon et l'action en concurrence déloyale ne constituent pas, sous des formes différentes, l'exercice d'un même droit et ne tendent pas aux mêmes fins, la première a pour fondement l'atteinte à un droit privatif tandis que la seconde sanctionne une faute commise à l'encontre d'une personne qui ne peut justifier d'un droit privatif ou en tout cas qui peut justifier d'une faute distincte de l'atteinte portée à un tel droit. • Paris, 14 mai 2003 : *JCP E 2003, n° 47, p. 1863, obs. Caron.* ♦ Le licencié d'une marque, qui ne dispose pas personnellement d'un droit privatif sur le titre de propriété industrielle, est recevable à agir en concurrence déloyale et parasitaire, peu important que les éléments sur lesquels il fonde sa demande soient les mêmes que ceux que le titulaire de la marque aurait pu opposer. • Com. 22 mars 2005 : *D. 2005. Pan. 2462, obs. Auguet ; CCC 2005, n° 132, obs. Malaurie-Vignal ; RDLC 2005, n° 2, p. 67, obs. Fasquelle et Mésa ; CCE 2005, n° 101, obs. Caron.* ♦ Après avoir écarté le grief de contrefaçon pour défaut de droits privatifs, il appartient à une cour d'appel de rechercher, comme elle y était invitée, si la réalisation et l'exploitation d'une imitation servile d'un modèle, après rupture des relations contractuelles, ne caractérisaient pas un comportement déloyal ou parasitaire visant à tirer profit des efforts et investissements déployés. • Civ. 1re, 20 mars 2007 : *Bull. civ. I, n° 119 ; D. 2008. Pan. 253, obs. Auguet ; D. 2007. AJ 1138, obs. Chevrier ; JCP E 2007, n° 18, p. 25 ; CCE 2007, n° 107, obs. Caron ; RJDA 2007, n° 1024 ; RDLC*

2007, n° 2, p. 130, obs. Fasquelle et Mesa • Com. 6 nov. 2007 : *CCE 2008, n° 5, obs. Ch. C.* (brevet) • 10 févr. 2009 : *préc. note 36.*

57. Absence de situation concurrentielle. Les agissements parasitaires d'une société peuvent être constitutifs d'une faute au sens de l'art. 1382 C. civ., même en l'absence de toute situation de concurrence. Ainsi, caractérise une faute l'imitation d'une formule publicitaire utilisée depuis plusieurs années, indéniablement réalisée par la mise en œuvre d'un slogan publicitaire qui n'est que l'adaptation du précédent aux produits commercialisés par la société parasite, pour les besoins d'une publicité, dans le but évident de profiter à moindre coût de l'impact des campagnes promotionnelles du parasité, même si les protagonistes ne sont pas en situation de concurrence. • Com. 30 janv. 1996 : *Bull. civ. IV, n° 32 ; D. 1997. 232, note Serra ; D. Affaires 1996. 257 ; CCC 1996, n° 41, note Vogel.* ♦ Les juges peuvent, dans ce cas, accorder des dommages-intérêts en raison de la banalisation du slogan et de la perte de rentabilité des investissements publicitaires, sans rechercher l'existence d'un préjudice commercial résultant de la perte de clientèle. • Même arrêt. ♦ V. aussi • Paris, 29 sept. 1995 : *cité note 60* • 11 mars 1998 : *cité note 61.* ♦ Le parasitisme ne nécessite pas que l'agent économique se situe dans une relation de concurrence directe avec celui qu'il qualifie de parasite. • Com. 7 avr. 2009 : *RJDA 2009, n° 908.*

2° ILLUSTRATION DU PARASITISME

58. Reproduction des produits d'autrui. La fabrication de produits ayant des caractéristiques techniques identiques et leur vente dans une présentation extérieure semblable sans que cela soit justifié par aucune nécessité constitue un acte de concurrence déloyale. • Com. 14 déc. 1999 : *Propr. ind. 2002, n° 11, obs. Schmidt-Szalewski.* ♦ Constituent des actes de parasitisme, les agissements d'un grossiste consistant en l'importation et la commercialisation de copies serviles de thermostats d'ambiance portant son nom dans le but de détourner la clientèle de la société adverse qui avait commercialisé avant lui les mêmes produits, tout en profitant des efforts mis en œuvre par cette dernière pour mettre au point les produits concernés. • Rennes, 28 janv. 1998 : *JCP E 1998, n° 50, p. 1252.* ♦ Sur la condamnation pour parasitisme d'une société alors qu'il est constaté à la fois une fabrication à l'identique et une commercialisation à un prix nettement inférieur, ce dont il résulte qu'elle s'est placée dans le sillage de son concurrent et avait profité de ses investissements. • Com. 8 juill. 2003 : *préc. note 36.* ♦ Si la vente de produits adaptables sur des machines concurrentes n'est pas en soi interdite, il est toutefois nécessaire, pour le commerçant qui entend fabriquer ou distribuer de tels produits, d'informer le client sur leur origine différente. • Paris, 17 sept. 1999 : *CCC 1999, n° 176, obs. Malaurie-Vignal.* ♦ La reproduction de propos tenus lors d'un entretien, publié par un autre journal, sans aucune indication de source, constitue un comportement parasitaire. • Civ. 1re, 22 oct. 2009 : *Dalloz actualité, 24 nov. 2009, obs. Égéa ; RTD com. 2010. 107, obs. Pollaud-Dulian ; Propr. ind. 2010, n° 11, obs. Larrieu.* ♦ La fabrication de pièces de rechange identiques à celles fabriquées par un concurrent et adaptables aux produits qu'il fabrique n'est ni déloyale ni parasitaire dès lors que la preuve d'une appropriation déloyale du travail d'autrui n'est pas rapportée. • Com. 16 mai 2000 : *Bull. civ. IV, n° 103 ; D. 2001. Somm. 1309, obs. Auguet ; CCC 2000, n° 160, obs. Malaurie-Vignal ; JCP E 2001, n° 28, p. 1189, note Ambroise-Castérot.* – V. aussi Lambert, *RJ com. 2002. 4* (la pièce détachée en droit économique). ♦ Le fait de reproduire le modèle d'une société concurrente n'est répréhensible que s'il est démontré que cette reproduction n'a été faite que dans le but de tromper le public sur l'origine d'une marchandise et de détourner ainsi la clientèle d'un concurrent ou de profiter indûment des investissements, des efforts de recherche et de création de celui-ci. • Paris, 15 janv. 1997 : *préc. note 2.* ♦ Sur la licéité d'une similitude justifiée par un souci de normalisation, V. aussi • Com. 7 mars 1989 : *Bull. civ. IV, n° 77 ; D. 1990. Somm. 76, obs. Serra* • 29 mars 1994 : *Bull. civ. IV, n° 125 ; D. 1995. Somm. 209, obs. Serra.* – Comp. : • Paris, 7 nov. 1994 : *BRDA 1995, n° 10, p. 13.*

59. Exploitation du travail ou des investissements d'autrui. Pour l'utilisation d'un code d'accès à un service télématique, similaire au code d'accès d'un autre service, • Paris, 20 sept. 1991 : *D. 1993. Somm. 153, obs. Izorche.* ♦ ... Pour une émission de télévision similaire à une autre émission diffusée par une chaîne concurrente, • Versailles, 11 mars 1993 : *D. 1993. Somm. 244, obs. Hassler*, conf. par • Com. 7 févr. 1995 : *D. 1997. Somm. 105, obs. Picod ; JCP 1995. II. 22411, note le Tourneau.* ♦ ... Pour la publication parasitaire d'études statistiques, • Paris, 22 mai 1990 : *D. 1990. IR 175.* ♦ ... Pour l'utilisation parasitaire des plans d'un chalet concurrent, • Civ. 1re, 5 juill. 2006 : *Bull. civ. I, n° 360 ; RTD com. 2007. 79, obs. Pollaud-Dulian ; JCP 2006. IV. 2686 ; CCC 2006, n° 196, obs. Malaurie-Vignal.* ♦ ... Pour des actes de parasitisme dans le domaine de la joaillerie, • Paris, 12 mars 1992 : *JCP E 1992. Pan. 565.* ♦ ... Dans le secteur de la presse, • Paris, 23 juin

2004 : *RTD com. 2004. 731, obs. Pollaud-Dulian* • 21 mars 2008 : *RJDA 2008, n° 1197* • Com. 1er juill. 2008 : *CCC 2008, n° 241, obs. Malaurie-Vignal ; RJDA 2008, n° 1325.* ♦ ... Ou des agences immobilières, • TGI Paris, 3 oct. 2003 : *CCE 2004, n° 28, obs. Grynbaum.* ♦ Sur les actes de concurrence parasitaire d'une société qui a non seulement repris à son compte les concepts pédagogiques et commerciaux d'une autre société mais également démarqué, ligne par ligne, dans sa brochure de présentation celle diffusée par sa concurrente, cherchant ainsi à se placer dans le sillage de celle-ci pour profiter de ses efforts d'innovation et des investissements par elle consacrés à la mise au point de nouvelles prestations, V. • Paris, 20 nov. 1996 : *D. 1999. Somm. 94, obs. Izorche*. ♦ De même, si une société ne peut revendiquer un monopole sur la couleur rouge et des lettres blanches, il n'en subsiste pas moins qu'il est incontestable que cette société, par l'effet d'investissements publicitaires substantiels, distingue ses produits, de manière intensive et depuis de nombreuses années par un cartouche rouge sur lequel est inscrite sa dénomination en lettres blanches ; cette assemblage de couleurs constitue donc un élément d'identification des produits aux yeux de la clientèle, sa reprise ne saurait être fortuite et procède de la volonté délibérée de se placer dans le sillage du concurrent. • Paris, 18 mai 2005 : *préc. note 54.* ♦ La ressemblance frappante du livre imitant, qui ne pouvait être le fruit du hasard, ne pouvait que résulter du dessein de l'éditeur de reproduire les caractéristiques essentielles du livre du concurrent, de telle sorte qu'un air de famille situait le livre imitant au niveau du livre imité dont la notoriété était ainsi exploitée fautivement. • Paris, 19 déc. 2007 : *RJDA 2008, n° 1067.*

Sur un détournement de savoir-faire et de documentation technique constitutif d'actes de concurrence parasitaire, V. • Paris, 16 juin 1999 : *LPA 20 mars 2000, p. 11, obs. Reboul.* ♦ Sur l'imitation du style d'un artiste, V. • Paris, 10 sept. 2004 : *RTD com. 2004. 734, obs. Pollaud-Dulian*. ♦ Pour une absence de parasitisme dans la seule citation de titres dans une revue de presse, V. • T. com. Paris, 28 févr. 1980 : *D. 1982. IR 43, obs. Colombet.* ♦ Comp., pour une banque de données de titres de journaux ou d'articles, valide au regard de la loi du 11 mars 1957 [désormais codifiée au CPI] : • Cass., ass. plén., 30 oct. 1987 : *D. 1988. 21, concl. Cabannes, et Somm. 206, obs. Colombet.* ♦ Les emprunts faits par une société à la liste d'adresses d'un annuaire, dès lors qu'ils ne constituent pas une reprise systématique de cette liste, ne caractérisent pas un comportement parasitaire. • Civ. 1re, 5 mai 1998 : *D. 1999. Somm. 98, obs. Izorche ; LPA 18 juin 1999, obs. Reboul.* ♦ La mise en vente de produits obtenus par un tel canal (distributeur non agréé) et commercialisés dans de telles conditions (entrepôt) est constitutive de parasitisme dès lors que le distributeur s'est affranchi des contraintes pesant sur les membres du réseau de distribution sélective, tout en bénéficiant de leurs investissements et de leurs efforts pour assurer le renom de la marque. • Paris, 8 juin 2005 : *RLC 2005, n° 4, p. 88, obs. André.* – V. aussi pour des ventes *via* le réseau internet : • TGI Strasbourg, 8 janv. 2008 : *CCE 2008, n° 55, obs. Chagny.*

60. Exploitation de la publicité d'autrui. Pour la reprise d'un concept publicitaire, • Paris, 3 mai 2000 : *BRDA 2000, n° 19, p. 10.* ♦ Comp. : • Versailles, 27 sept. 1995 : *D. 1997. Somm. 83, obs. Hassler et Lapp*. ♦ ... Pour l'imitation du concept publicitaire d'un concurrent, V. • Paris, 10 mars 2000 : *Gaz. Pal. 21-22 nov. 2001, p. 40* (films faisant appel à des ressorts différents). ♦ ... Pour la reprise dans un slogan publicitaire de la marque « Dessine-moi... », V. • Paris, 2 avr. 2003 : *Gaz. Pal. 2004. Somm. 1352, obs. Saya-Salvador.* ♦ ... Pour un film publicitaire contrefaisant une vidéo-musique, • T. com. Nanterre, 25 juin 1996 : *D. 1998. Somm. 127, obs. Hassler et Lapp*. ♦ ... Ou un film de cinéma, • Paris, 8 sept. 2004 : *D. 2004. AJ 2574 ; LPA 23 mai 2005, note Daverat ; ibid. 12 sept. 2005, note Poumarède ; Gaz. Pal. 2004. Somm. 4011, obs. Greffe ; ibid. 2006. Somm. 583, obs. Tellier-Loniewski et Mauriello ; RTD com. 2004. 732, obs. Pollaud-Dulian ; RJDA 2005, n° 475.* ♦ ... Pour une idée publicitaire reprise par une agence concurrente pour le compte du même annonceur, • Paris, 30 avr. 1997 : *Gaz. Pal. 1998. 1. Somm. 320.* ♦ ... Pour l'utilisation du jeu de mots ou d'images précédemment utilisé par un concurrent dans le cadre de la même activité, V. • Versailles, 15 févr. 2001 : *Gaz. Pal. 21-22 nov. 2001, p. 38, obs. Roiland.* ♦ ... Pour des agissements parasitaires résultant, en dehors de toute situation de concurrence entre les produits, du plagiat d'une publicité, V. • Paris, 29 sept. 1995 : *D. 1996. Somm. 251, obs. Izorche*. ♦ ... Pour l'implantation de panneaux publicitaires masquant ceux d'un concurrent, • Paris, 28 janv. 1998 : *Gaz. Pal. 25-26 nov. 1998, p. 30* • Versailles, 12 mars 1998 : *ibid., p. 31.* ♦ ... Pour l'utilisation de la photographie du dépliant publicitaire d'un concurrent pour une publicité dans les pages jaunes de l'annuaire téléphonique, • Versailles, 26 sept. 1991 : *D. 1992. Somm. 344, obs. Izorche*. ♦ Comp., pour l'utilisation dans un catalogue de photographies publiées dans les catalogues d'un concurrent : • Versailles, 11 févr. 1987 : *D. 1988. Somm. 201, obs. Colombet.* ♦ ...

Pour un catalogue d'accessoires et de mobilier de maison utilisant une présentation et des slogans voisins de ceux d'un concurrent : • Versailles, 16 janv. 1997 : *D. Affaires 1997. 565.*

61. Exploitation de la notoriété d'autrui. Pour des actes de parasitisme commis par une cristallerie qui s'est installée à Baccarat à côté de l'usine concurrente afin de profiter de sa renommée, • Nancy, 21 févr. 1980 : *D. 1980. IR 556 ; RTD com. 1981. 79, obs. Chavanne et Azéma* et sur pourvoi, • Com. 17 mai 1982 : *ibid. 1982. 553.* ♦ ... Sur l'interdiction de l'exploitation par un fabricant de parfums de luxe de la notoriété et de l'effet attractif de l'appellation champagne, • Paris, 15 déc. 1993 : *D. 1994. 145, note Bout ; JCP 1994. II. 22229, note Pollaud-Dulian.* ♦ ... Pour la distribution de produits de luxe par un distributeur non agréé, • Paris, 22 sept. 2004 : *D. 2005. Pan. 149, obs. Ferrier.* ♦ ... Pour l'usage illicite d'une marque désignant des produits similaires, • Paris, 18 juin 1992 : *JCP E 1992. Pan. 1020.* ♦ ... Pour l'utilisation d'une semelle rouge pour certains de ses souliers par une marque de prêt-à-porter afin de créer volontairement une confusion non pas entre sa semelle et la marque notoire mais bien entre sa chaussure et les souliers de la marque notoire. • TGI Paris, 4 nov. 2008 : *CCC 2009, n° 133, obs. Malaurie-Vignal.* ♦ ... Pour l'incorporation dans un jeu vidéo d'éléments directement empruntés au tournoi de Roland-Garros sur lequel la FFT avait pu légitimement conférer des droits et demeurait à même d'en consentir à nouveau. • Paris, 28 sept. 2007 : *RJDA 2008, n° 734.* – V. aussi en matière de paris en ligne : • TGI Paris, 30 mai 2008 : *cité note 63.*

Manifeste une volonté de parasitisme et constitue donc une faute de concurrence déloyale le fait de vendre des produits revêtus illicitement d'une marque à des prix très inférieurs à ceux pratiqués pour les produits revêtus licitement de la marque, en faisant une promotion dans une vitrine située à proximité d'un magasin vendant dans des conditions normales les produits revêtus de la marque litigieuse. • Com. 21 juin 1994 : *Bull. civ. IV, n° 229 ; D. 1994. IR 201.* ♦ Est un agissement parasitaire le fait, pour un ancien commercial, de se présenter comme un spécialiste de la marque. • Com. 29 juin 1993 : *D. 1995. Somm. 211, obs. Picod.* – Comp. : • Com. 25 avr. 1983 : *D. 1984. 449, note Daverat ; JCP 1983. II. 20090, note Chavanne.* ♦ S'il n'est pas interdit de fabriquer et de commercialiser des produits compatibles avec ceux d'un concurrent, l'utilisation abusive de cet argument comme moyen de vente constitue, à l'évidence, un comportement parasitaire fautif, puisque en agissant ainsi, les sociétés en cause ont utilisé la notoriété et les efforts techniques et commerciaux de l'entreprise concurrente et ont cherché à accaparer la clientèle de celle-ci. • Versailles, 26 sept. 1996 : *D. 1999. Somm. 99, obs. Izorche* • 14 janv. 1999 : *RJDA 1999, n° 492* • TGI Lyon, 17 mars 2005 : *Lettre distrib. avr. 2005, p. 3.* ♦ V. aussi, pour des lames de rasoir, détachables du rasoir, vendues séparément et exclusivement adaptables sur ces rasoirs, mais dont le conditionnement reprend la combinaison de couleurs utilisée par des rasoirs d'une marque donnée : • Com. 3 juill. 2001 : *Bull. civ. IV, n° 132 ; D. 2001. AJ 2892, obs. Chevrier.* ♦ ... Pour le dépôt, par le bénéficiaire d'un contrat de licence d'exploitation d'une marque pour des produits et services limitativement énumérés, de la même marque pour des services et produits non protégés, • Com. 4 juill. 1995 : *Bull. civ. IV, n° 205.*

Pour l'imitation des étiquettes d'un concurrent, • Colmar, 13 mai 1994 : *D. 1995. 96, note Burst.* ♦ ... L'imitation d'un conditionnement de chocolat, • Com. 27 juin 1995 : *Bull. civ. IV, n° 193.* ♦ ... Pour l'utilisation ostensible par une société de pompes funèbres du nom de son directeur commercial Michel Leclerc, • Paris, 12 juill. 1993 : *D. 1993. IR 192* • Aix-en-Provence, 19 mai 1994 : *D. 1995. Somm. 212, obs. Izorche.* ♦ ... Pour l'utilisation, dans une brochure, de la référence aux championnats internationaux de France de tennis pour se placer dans le sillage de la Fédération française de tennis, • Paris, 20 nov. 1995 : *D. 1996. IR 6.* ♦ ... Pour une utilisation commerciale d'une contrefaçon du Petit Larousse Illustré et du Dictionnaire Le Petit Robert (l'ouvrage Maxidico), constitutive d'un agissement parasitaire, V. • T. com. Paris, 5 janv. 1998 : *D. Affaires 1998. 162, obs. E. P. ; LPA 19 août 1998, obs. Malaurie-Vignal et Etner.* ♦ ... Pour l'utilisation, par une entreprise de vente par correspondance, de produits authentiques d'une marque notoirement connue, comme lot dans une loterie publicitaire. • Versailles, 19 nov. 1998 : *D. Affaires 1999. 381, obs. C. R. ; Gaz. Pal. 23-27 mai 1999, p. 26, obs. Staeffen ; LPA 4 nov. 1999, obs. Reboul.* ♦ ... Pour l'emploi, par un constructeur automobile, d'un slogan publicitaire le faisant bénéficier de l'impact de la marque concurrente, V. • Versailles, 10 mars 1995 : *D. 1996. 489, note Picod.* – V. aussi • Paris, 24 mai 1995 : *D. 1996. Somm. 252, obs. Izorche* • 26 juin 1996 : *D. 1997. Somm. 236, obs. Izorche ; D. Affaires 1996. 1157.* ♦ ... Pour la condamnation de la volonté parasitaire d'une société qui, en vue de vendre ses propres produits, a associé ceux-ci à l'imagerie, notoirement connue du grand public, d'un personnage de bande dessinée et à son univers spécifique tel que voulu par ses auteurs : • Paris, 14 avr. 1999 : *D. 2000.*

Somm. 314, obs. Izorche. ♦ ... Pour des agissements parasitaires résultant de l'utilisation d'une référence, implicite mais non équivoque, à une autre entreprise notoirement connue, mais non concurrente en raison de l'absence d'une clientèle commune, en vue de bénéficier indûment des efforts réalisés par celle-ci et notamment de la réputation attachée à son image, V. • Paris, 11 mars 1998 : *D. 1999. Somm. 97, obs. Izorche*. ♦ Dans le même sens, V. • Paris, 10 mars 1999 : *LPA 21 mars 2000, obs. Reboul et Fraudin.*

Mais l'utilisation, par un constructeur automobile, de la dénomination « caisse d'épargne » dans une publicité ne constitue pas un acte de parasitisme, cette expression, mentionnée dans des caractères totalement identiques au reste de la phrase publicitaire, étant entendue dans le sens commun en dehors de toute référence à un établissement précis dès lors que le vocabulaire employé, s'il rappelle les valeurs auxquelles peut être attachée la clientèle du demandeur, correspond tout aussi parfaitement aux priorités définies par le constructeur lors de la conception et la réalisation de son véhicule. • TGI Paris, 16 nov. 1998 : *D. 1999. IR 59 ; D. Affaires 1999. 328, obs. A. M. ; LPA 4 nov. 1999, obs. Etner.* ♦ Sous réserve des droits à l'image personnels du compétiteur et en l'absence de restrictions particulières convenues entre les organisateurs et les participants de la course ou les sponsors, en ce qui concerne l'utilisation du nom et de l'image du vainqueur, la publicité d'une entreprise qui se présente comme partenaire officiel d'une compétition sportive et salue la victoire du vainqueur en occultant le nom des sponsors ne constitue pas un détournement des efforts consentis par ceux-ci, V. • Paris, 17 mars 2000 : *D. 2001. Somm. 1232, obs. Izorche*.

62. Aménagement intérieur d'un magasin. Pour une condamnation en raison de la reproduction de l'architecture intérieure d'un concurrent : • Paris, 25 juin 1997 : *D. 1999. Somm. 96, obs. Izorche ; D. Affaires 1997. 926* • T. com. Nancy, 9 déc. 2002 : *préc. note 56* • T. com. Lyon, 6 sept. 2002 : *ibid.* ♦ Pour une condamnation résultant de la reproduction servile d'un projet de stand en dur devant prendre place dans un salon professionnel, V. • Paris, 10 déc. 2009 : *RJDA 2010, n° 445.* ♦ Comp., refusant de déduire la qualification de parasitisme de la seule similitude de l'architecture d'intérieur de l'espace culturel d'une grande surface, • TGI Paris, 21 févr. 1996 : *D. 1997. Somm. 107, obs. Picod ; D. Affaires 1996. 383 ; CCC 1996, n° 42, note Vogel.* ♦ Aucun acte de parasitisme ne peut être retenu à l'encontre d'un commerçant ayant installé dans la galerie marchande d'un hypermarché un espace de vente de produits cosmétiques, d'hygiène et de diététique, signalé par des enseignes portant en lettres blanches sur fond vert le terme « parapharmacie », et composé d'un mobilier où prédominent ces mêmes couleurs, magasin fonctionnant de manière autonome par rapport à l'hypermarché et à l'entrée duquel est apposé un panneau portant l'inscription « pharmacien conseil », dès lors que la mise en place de cet espace répond au caractère spécifique des produits offerts à la vente et aux exigences imposées par les fabricants, et que le logo en forme de L de couleur blanche sur fond vert, qui évoque pour le consommateur l'appartenance à un circuit de grande distribution, ne présente aucune similitude avec la croix verte, marque collective dont est titulaire le Conseil national de l'ordre des pharmaciens. • Paris, 27 nov. 1998 : *D. 1999. 661, note Fallet et Fouassier ; LPA 4 nov. 1999, obs. Etner*, conf. par • Com. 16 janv. 2001 : *Bull. civ. IV, n° 13 ; D. 2001. AJ 777, obs. Rondey ; JCP N 2001, n° 19, p. 903, obs. Hugot ; CCC 2001, n° 43, obs. Malaurie-Vignal ; LPA 16 mai 2001, note Fouassier.* ♦ Sur la question du droit d'auteur portant sur l'aménagement intérieur d'un magasin, V. • Civ. 1re, 17 juin 2003 : *Bull. civ. I, n° 149 ; D. 2003. AJ 2014 ; JCP E 2004, n° 26, p. 1049, obs. Greffe ; RTD com. 2004. 271, obs. Pollaud-Dulian ; LPA 15 juin 2004, obs. Bacchichetti* • Paris, 26 oct. 2005 : *RTD com. 2006. 80, obs. Pollaud-Dulian ; Lettre distrib. févr. 2006, p. 3.*

63. Agissement parasitaire sur internet. **BIBL.** Alterman et Zimmermann, *RJ com. 2004. 345* (concurrence déloyale sur internet). – Marino, *CCE 2007. Étude 27* (internet et concurrence déloyale). – Bomsel, *Propr. ind. 2012. Étude 9* (luxe et parasitisme sur internet). ♦ Pour un cas particulier de concurrence parasitaire sur internet, V. • TGI Versailles, 22 oct. 1998 : *D. 1999. Somm. 118, obs. Hassler et Lapp*. ♦ Pour une décision retenant que la mise en vente aux enchères sur internet de noms de domaine reproduisant des marques notoires révèle une volonté de parasitisme, ces agissements à des fins de pur commerce au détriment des sociétés titulaires de marques renommées leur occasionnant un trouble manifestement illicite en leur causant un préjudice d'image, V. • TGI Nanterre, réf., 31 janv. 2000 : *D. 2001. 292, note Gallot le Lorier et Varet*. ♦ Sur l'action en parasitisme exercée contre un huissier ayant créé son propre site internet de dépôt en ligne de règlements de jeux et concours en reprenant une page du site concurrent, V. • Aix-en-Provence, 17 avr. 2002 : *JCP 2003. II. 10095, note Bosco ; CCE 2002, n° 116, obs. Grynbaum ; Dr. et patr. déc. 2003. 99, obs. Caprioli ; Gaz. Pal. 2003. 1. Somm. 1155, obs. Guével.* ♦ Pour la reproduction et l'utilisation des CGV d'un site de ventes privées en ligne qui devait son succès, notamment, à la relation de confiance nouée avec la clientèle et basée sur ces conditions générales de ventes, V. • Paris, 24 sept. 2008 : *CCE 2009, n° 25, obs. Debet ; RJDA 2009, n° 278 ; RLC avr.-juin 2009. 96, obs. Chagny ; Lettre distrib. janv. 2009, p. 2.* – V. aussi • T. com. Paris, 22 juin 2012 : *CCE 2012, n° 108, obs. Debet ; ibid., n° 112, obs. Chagny.* ♦ Sur l'extraction d'une partie substantielle de la base de données d'un concurrent, V. • Versailles, 11 avr. 2002 : *Dr. et patr. juin 2003. 92, obs. Caprioli* • Civ. 1re, 5 mars 2009 : *Bull. civ. I, n° 46 ; RTD com. 2009. 724, obs. Pollaud-Dulian ; JCP E 2009, n° 15, p. 29 ; CCE 2009, n° 43, obs. Caron ; RDLC 2009, n° 2, p. 134, obs. Mesa.* ♦ Sur les sanctions du détournement d'une adresse électronique, V. • Paris, 15 déc. 2004 : *D. 2005. AJ 709, obs. Manara ; JCP E 2005, n° 11, p. 458.* ♦ ... Ou pour avoir recopié l'architecture et une partie du contenu d'un site internet concurrent, V. • TGI Paris, 25 avr. 2007 : *Tourisme & Droit mars 2008. 6, obs. J. C.* ♦ Pour la condamnation d'un site de paris en ligne pour s'être placé délibérément dans le sillage de la FFT pour tirer profit, sans bourse délier, des investissements réalisés par cette dernière pour organiser et promouvoir le tournoi de Roland-Garros : • TGI Paris, 30 mai 2008 : *D. 2008. AJ 1619, obs. Manara ; CCE 2008, n° 103, obs. Debet ; LPA 23 mars 2009, obs. XD* • 5 févr. 2008 : *Tourisme et Droit juill. 2008. 11, obs. J. C.* – *Contra* : • T. prem. inst. Liège, 28 avr. 2008 : *CCE 2008, n° 103, obs. Debet.* ♦ Comp., jugeant que l'activité commerciale de paris sportifs en ligne ne peut s'exercer que si les équipes de football engagées dans des matchs sur lesquels les consommateurs sont appelés à parier sont identifiés, de telle sorte qu'en désignant ces équipes, la société organisatrice ne se place pas dans le sillage d'une de ces équipes qui ne peut lui interdire par ce biais d'exercer son activité. • Paris, 11 déc. 2009 : *RTD com. 2010. 298, obs. Azéma ; JCP E 2010, n° 1404, note Fontaine et Bourgeois.* ♦ V. aussi, notes 34 et 63 *bis*.

63 bis. Publicité sur internet à partir de mots-clés. BIBL. Alterman et Herzog, *RJ com. 2006. 368* (panorama de la jurisprudence *Google* sur les liens commerciaux). – Singh, *JCP E 2007, n° 14-15, p. 9* (contrefaçon de marque résultant du choix de mots-clés commandant l'affichage de liens promotionnels sur internet). – Gavanon et Huet, *D. 2008. 1529* (conflits entre liens commerciaux et marques : leçons à tirer de la saga judiciaire Google). – Cordier, *CCE 2008. Prat. 8* (le contrat de référencement : quelques références du *ranking*) ; *CCE 2009. Étude 27* (les liens sponsorisés devant la CJCE : point d'étape et de réflexion sur la notion d'hébergement). – Bosco, *CCE 2011. Étude 7* (Google et le droit de la concurrence : avis de tempête !). – Prault, *Propr. ind. 2012. Étude 17* (référencement sur internet, menace ou opportunité pour les titulaires de droits de propriété intellectuelle ?). ♦ Il résulte du constat dressé par l'Agence pour la protection des programmes (APP) qu'en recherchant le nom du produit Jean-Paul Gaultier sur le site internet ebay, l'internaute est conduit à la vente du parfum Inmate for men, proposé avec les mentions « style Gauthier », « dans le style Gauthier », et d'un autre constat dressé par l'APP que le parfum J.P. L'homme est vendu sur d'autres sites internet comme une fragrance inspirée de l'eau de toilette originale Mâle Jean-Paul Gaultier, au prix de 7 euros au lieu de 40 à 60 euros, qu'une société a cherché, par la commercialisation d'eaux de toilette présentées comme équivalentes, à se placer dans le sillage de la société commercialisant les parfums Gaultier, en s'appropriant à moindres frais les investissements financiers engagés par cette dernière. • Com. 1er juill. 2008 : *JCP E 2008, n° 37, p. 14 ; Lettre distrib. sept. 2008, p. 3.* ♦ Sur la condamnation pour concurrence déloyale du moteur de recherche Google pour avoir proposé aux internautes ayant saisi le terme « Vuitton », sous l'appellation liens commerciaux, des annonces publicitaires pour des sites commercialisant des produits contrefaisant la marque de maroquinerie, V. • TGI Paris, 4 févr. 2005 : *D. 2005. 1037, note Hugon ; CCE 2005, n° 117, obs. Stoffel-Munck ; LPA 23 oct. 2006, p. 17 ; Lettre distrib. févr. 2005, p. 4.* – Sur cette question, Manara, *D. 2005. 2066.* ♦ Rappr. : • TGI Paris, 12 juill. 2006 : *D. 2007. Pan. 1997, obs. Tréfigny ; CCE 2006, n° 144, obs. Grynbaum ; RLC janv.-févr. 2007. 16, note Brault et Proust ; Lettre distrib. sept. 2006, p. 3* • 7 janv. 2009 : *D. 2009. AJ 293, obs. Manara ; Lettre distrib. févr. 2009, p. 3.* ♦ Pour un renvoi à la CJCE sous forme de questions préjudicielles, V. • Com. 20 mai 2008 : *Bull. civ. IV, n° 101 ; D. 2009. 1065, note Gavanon et Huet ; JCP E 2008, n° 26, p. 16 ; Gaz. Pal. 2008. 3454, obs. Prud'homme et Collin ; CCC 2008, n° 187, obs. Malaurie-Vignal ; CCE 2009, n° 4, obs. Caron ; LPA 23 mars 2009, obs. P.M. ; RJDA 2008, n° 963.* ♦ Et la réponse : les art. 5, § 1, a), de la Dir. n° 89/104/CEE du 21 déc. 1988, et 9, § 1, a), du Règl. (CE) n° 40/94 du 20 déc. 1993 doivent être interprétés en ce sens que le titulaire d'une marque est habilité à interdire à un annonceur de faire, à partir d'un mot clé identique à ladite marque que cet annonceur a, sans le consentement dudit titulaire, sélectionné dans le cadre d'un service de référencement sur internet de la publicité pour des produits ou des services identiques à ceux pour lesquels ladite marque est enregistrée, lorsque ladite publicité ne permet pas ou permet seulement difficilement à l'internaute moyen de savoir si les produits ou les services visés par l'annonce proviennent du titulaire de la marque ou d'une entreprise économiquement liée à celui-ci ou, au contraire, d'un tiers. • CJUE 23 mars 2010 : *BICC 15 juin 2010, n° 807 ; D. 2010. Actu. 885, obs. Manara ; ibid. Pan. 1971, obs. Tréfigny-Goy ; RTD eur. 2010. 707, obs. Aubert de Vincelles ; ibid. 952, obs. Treppoz ; JCP E 2010. Actu. 186, obs. Schaffner et Sautter ; JCP 2010, n° 642, note Marino ; Gaz. Pal. 2010. 1104, note Brunot ; CCC 2010, n° 132, obs. Malaurie-Vignal ; CCE 2010. Étude 12, par Bonet ; ibid., n° 70, obs. Caron ; ibid. n° 88, obs. Stoffel-Munck ; RJDA 2010. 659, note Cadio et Gendreau ; Prop. ind. 2010, n° 3, obs. Tréfigny-Goy ; ibid., n° 38, obs. Folliard-Monguiral ; ibid., n° 45, obs. Larrieu ; Europe 2010, n° 181, obs. Idot.* – V. aussi : • CJUE 25 mars 2010 : *Prop. ind. 2010, n° 39, obs. Folliard-Monguiral ; Europe 2010, n° 188, obs. L. I.* ♦ Dès lors qu'il est constaté que le signe incriminé, tel qu'il apparaît à l'utilisateur du moteur de recherche, constitue à tout le moins une imitation de cette marque, et ce pour des produits ou services identiques ou similaires à ceux désignés dans l'enregistrement, qu'il est relevé que la circonstance que ces sites figurent dans une colonne séparée sous le titre « liens commerciaux », et qu'ils apparaissent en marge, en haut et à droite des résultats de recherche traditionnels, n'est pas de nature à éviter tout risque de confusion pour un utilisateur moyennement attentif du moteur de recherche, il s'en déduit que la cour d'appel, qui a fait ainsi ressortir que l'annonce incriminée, tout en ne suggérant pas l'existence d'un lien économique, restait à tel point vague sur l'origine des produits ou des services en cause qu'un internaute normalement informé et raisonnablement attentif n'était pas en mesure de savoir, sur la base du lien promotionnel et du message commercial qui y était joint, si l'annonceur était un tiers par rapport au titulaire de la marque ou, bien au contraire, économiquement lié à celui-ci, et que par conséquent elle ne permettait pas, ou ne permettait que difficilement, à l'internaute moyen de savoir si les produits ou les services visés par l'annonce provenaient du titulaire de la marque ou d'une entreprise économiquement liée, ce dont résultait en l'espèce une atteinte à la fonction d'identification d'origine de la marque, a pu retenir l'existence d'une contrefaçon. • Com. 13 juill. 2010 : *Bull. civ. IV, n° 123 ; BICC 1er déc. 2010, nos 1757 à 1760, et le communiqué ; D. 2010. Pan. 1972, obs. Tréfigny-Goy ; ibid. 2545, obs. Picod ; JCP E 2010, n° 1961, note Caron ; Gaz. Pal. 2010. 3101, note Brunot ; CCC 2010, nos 229 à 231, obs. Malaurie-Vignal ; CCE 2010, n° 93, obs. Caron ; BRDA 2010, n° 20, p. 13 ; RDLC 2010, n° 4, p. 153, obs. Mesa ; Propr. ind. 2010, n° 66, obs. Tréfigny-Goy (4 arrêts).* ♦ Déclencher l'affichage d'un lien promotionnel vers un site sur lequel sont proposés à la vente des produits et des services identiques à ceux pour lesquels une marque est saisie sur un moteur par un internaute à des fins de recherche constitue un usage de cette marque par l'annonceur ; toutefois, un tel usage, en l'absence de toute référence explicite ou implicite à la marque, ne porte pas atteinte à la fonction essentielle d'indication d'origine de ces produits et services. • Paris, 2 févr. 2011 : *D. 2011. Actu. 741, obs. Manara ; CCE 2011, n° 52, obs. Caron ; RJDA 2011, n° 856.* ♦ En favorisant la création de liens orientant vers leur site, le plaçant de ce fait en tête des moteurs de recherche, les défendeurs ont commis des actes de concurrence déloyale en privant le site appartenant au demandeur, qui exerce dans le même secteur d'activité, d'être normalement visité. • Douai, 5 oct. 2011 : *D. 2011. Actu. 2861, obs. crit. Manara , D. 2012. Pan. 2346, obs. Larrieu ; RJDA 2012, n° 355, Prop. ind. 2012, n° 9, obs. Larrieu.* ♦ Les utilisateurs du moteur de recherche Google savent que les annonces publicitaires apparaissent concomitamment aux résultats naturels et permettent la mise en œuvre de la concurrence. Pour que celle-ci soit qualifiée de déloyale, il faut démontrer que le libellé de l'annonce a eu pour objet de détourner par des moyens déloyaux les clients du résultat naturel vers l'annonce publicitaire. • TGI Paris, 27 mars 2012 : *JCP E 2012, n° 1374, note Bourgeois.*

L'art. 6 de la Dir. n° 89/104/CEE doit être interprété en ce sens que, lorsque l'usage par des annonceurs de signes identiques ou similaires à des marques en tant que mots clés dans le cadre d'un service de référencement sur internet est susceptible d'être interdit en application de l'art. 5 de ladite directive, ces annonceurs ne sauraient, en règle générale, se prévaloir de l'exception énoncée à cet art. 6, § 1, pour échapper à une telle interdiction ; il incombe toutefois à la juridiction nationale de vérifier, eu égard aux circonstances propres à l'espèce, s'il n'y a effectivement aucun usage au sens dudit art. 6, § 1, qui puisse être considéré comme ayant été fait conformément aux usages honnêtes en matière industrielle ou commerciale. • CJUE 8 juill. 2010 : *Gaz. Pal. 2010. 3358, note Maréchal ; Dr. et patr. oct. 2010. 96, obs. Velardocchio ; Propr. ind. 2010, n° 64, obs. Folliard-Monguiral.* ♦ L'art. 7 de la Dir. n° 89/104/CEE doit être interprété en ce sens que le titulaire d'une marque n'est pas habilité à interdire à un annonceur de faire, à partir d'un signe identique ou similaire à ladite marque que cet annonceur a sans le consentement dudit titulaire sélectionné en tant que mot clé dans le cadre d'un service de référencement sur internet, de la publicité pour la revente de produits fabriqués par ce titulaire et mis dans le commerce dans l'Espace économique européen par celui-ci ou avec son consentement, à moins qu'il n'existe un motif légitime, au sens du § 2 dudit article, qui justifie que ledit titulaire s'y oppose, tel qu'un usage dudit signe laissant penser qu'il existe un lien économique entre le revendeur et le titulaire de la marque ou un usage portant une atteinte sérieuse à la renommée de la marque. • Même arrêt.

Les art. 5, § 1, a), de la Dir. n° 89/104/CEE et 9, § 1, a), du Règl. (CE) n° 40/94 du 20 déc. 1993, doivent être interprétés en ce sens que le titulaire d'une marque est habilité à interdire à un concurrent de faire, à partir d'un mot clé identique à cette marque que ce concurrent a, sans le consentement dudit titulaire, sélectionné dans le cadre d'un service de référencement sur internet, de la publicité pour des produits ou des services identiques à ceux pour lesquels ladite marque est enregistrée, lorsque cet usage est susceptible de porter atteinte à l'une des fonctions de la marque (fonctions d'origine, de publicité et d'investissement). • CJUE 22 sept. 2011 : *D. 2011. Actu. 2332, obs. Manara* ; *D. 2012. Pan. 1362, obs. Durrande* ; *RTD com. 2012. 103, obs. Azéma* ; *JCP E 2012, n° 1058, note Bourgeois ; Gaz. Pal. 2012. 427, obs. Marino ; CCE 2011, n° 112, obs. Caron ; BRDA 2011, n° 21, p. 15, et les obs. ; RLDA nov. 2011. 23, obs. Filiol de Raimond ; Europe 2011, n° 432, obs. Idot.*

IV. EXERCICE DE L'ACTION EN CONCURRENCE DÉLOYALE

BIBL. Doucet, *Gaz. Pal. 1964. 2. Doctr. 105* (prescription et nature juridique de l'action).

64. Droit international privé. Au regard des règles du droit international privé, la loi applicable à des faits de concurrence déloyale est celle du lieu où les faits allégués se sont produits et ont pu affecter le marché. • Paris, 1er oct. 2008 : *D. 2009. Pan. 1449, obs. Auguet* ; *CCC 2009, n° 19, obs. Malaurie-Vignal.* ♦ L'action en concurrence déloyale fondée sur la diffusion en France de journaux étrangers est soumise au droit français. • Paris, 21 juin 2000 : *D. 2002. Somm. 1389, obs. Audit.* ♦ Sur l'application de l'art. 1382 C. civ. à des analyses financières d'une banque étrangère visant une société cotée française, V. • T. com. Paris, 12 janv. 2004 : *préc. note 19.* ♦ Sur la compétence française pour une action d'une société danoise reprochant à des sociétés française et anglaise des actes de concurrence déloyale, V. • Civ. 1re, 6 mai 2003 : *Bull. civ. I, n° 101 ; Gaz. Pal. 2004. 405, concl. Sainte-Rose ; ibid. 2003. Somm. p. 4013, obs. Niboyet.* ♦ L'action en indemnisation engagée par une société française contre une société monégasque étant fondée sur la concurrence déloyale, c'est-à-dire une relation non contractuelle, tandis que l'art. 14 C. civ., s'applique aux « obligations contractées » par un étranger et un Français, ce texte ne saurait fonder la compétence des tribunaux français. • Aix-en-Provence, 28 févr. 2006 : *JCP 2006. IV. 3218.* ♦ V. Règl. CE n° 864/2007 du 11 juill. 2007, art. 4, *infra*.

65. Abus. BIBL. Deharo, *RJ com. 2011. 183* (utilisation frauduleuse de la procédure : état de la jurisprudence). ♦ Une entreprise en position dominante n'abuse pas de sa domination au sens de l'art. L. 420-2 C. com. en agissant en concurrence déloyale contre son concurrent. • Cons. conc. n° 02-D-35 du 13 juin 2002 : *BOCC 30 sept. 2002 ; CCC 2002, n° 174, obs. Malaurie-Vignal.* – V. aussi note 12 ss. art. L. 420-2. ♦ V., retenant que l'action en concurrence déloyale et parasitaire intentée par le demandeur procède d'une intention de nuire et peut être assimilée à une tentative de déstabilisation d'un concurrent : • T. com. Roubaix, 14 oct. 2004 : *RLC 2005, n° 2, p. 87, obs. André ; Lettre distrib. nov. 2004, p. 3.*

65 bis. Autorité de la chose jugée. Le juge pénal, statuant en matière de tromperie sur les qualités substantielles d'un produit, ne peut décider sur le fait de concurrence déloyale, de telle sorte que la règle de l'autorité de la chose jugée au pénal sur le civil doit être écartée. • Com. 3 mai 2006 : *Bull. civ. IV, n° 105 ; D. 2006. Pan. 2927, obs. Valette* ; *JCP E 2006, n° 26, p. 1160 ; RJDA 2006, n° 1186.*

A. SPÉCIFICITÉ DE L'ACTION EN CONCURRENCE DÉLOYALE

66. Subsidiarité de l'action. Une cour d'appel, ayant relevé les ressemblances existant entre les produits offerts à la vente, leur emballage et l'étiquette les présentant et ayant retenu que la société en cause avait, par cette ressemblance volontairement créée, voulu tirer bénéfice d'une assimilation erronée, par la clientèle, entre les produits d'une société concurrente et les siens, alors qu'elle n'avait pas à appliquer le droit des marques pour statuer sur la demande de réparation du préjudice causé par une faute, a pu déduire de ces constatations et appréciations que le comportement de la société en cause permettait, notamment par l'imitation de la marque, la présentation de son produit dans des conditions créant une confusion sur son origine dans l'esprit de la clientèle et caractérisait une concurrence déloyale. • Com. 12 juill. 1993 : *Bull. civ. IV, n° 294 ; RJDA 1993, n° 1107.*

67. Distinction entre l'action en concurrence déloyale et l'action en contrefaçon. **BIBL.** Durrande, *D. 1984. Chron. 187.* – Schmidt-Szalewski, *RTD com. 1994. 455*. – Roubin-Devrieudt, *LPA 6 janv. 1997.* – Chagny, *RLC oct.-déc. 2009. 87* (quelle concurrence pour l'action en concurrence déloyale et l'action en contrefaçon ?). ♦ La recevabilité de l'action en concurrence déloyale est indépendante de la recevabilité de l'action en contrefaçon. • Civ. 1re, 10 avr. 2013 *D. 2013. Actu. 993.* ♦ L'action en concurrence déloyale et l'action en contrefaçon procèdent de causes différentes et ne tendent pas aux mêmes fins ; la seconde n'est pas l'accessoire, la conséquence ou le complément de la première. • Com. 22 sept. 1983 : *Bull. civ. IV, n° 236* • Paris, 18 avr. 1989 : *D. 1990. Somm. 77, obs. Serra*. ♦ Comp., en ce sens qu'à l'expiration de la protection attachée à un certificat d'utilité publique, seule l'action en concurrence déloyale pour copie servile du produit est possible ; que cette action tend aux mêmes fins que l'action initiale en contrefaçon et qu'elle est donc virtuellement comprise dans la demande initiale : • Com. 24 nov. 1987 : *Bull. civ. IV, n° 245 ; D. 1987. IR 257.* ♦ L'art. 716-6 CPI, qui déroge aux règles de droit commun applicables en matière de référé, ne concerne que les actions en contrefaçon de marques introduites selon les règles particulières et ne saurait être appliqué à des actes de concurrence déloyale fussent-ils connexes à des actes de contrefaçon. • Com. 3 déc. 2002 : *Bull. civ. IV, n° 189 ; D. 2003. Somm. 2690, obs. Durrande ; ibid. AJ 72 ; JCP 2003. IV. 1182 ; CCE 2003, n° 24, obs. Caron.* ♦ Jugeant que l'action en concurrence déloyale ne nécessite pas l'originalité, V. • Com. 12 juin 2007 : *préc. note 36.* – V. aussi • Com. 10 mai 2006 : *préc. note 30.* ♦ Sur le droit privatif, V. note 56.

68. Cumul des actions en concurrence déloyale et en contrefaçon. **BIBL.** Caron, *JCP 2010. 235* (articulation de l'action en contrefaçon et de l'action en concurrence déloyale ou parasitisme). ♦ Il peut être décidé que des faits de vente d'un produit portant une marque contrefaite constituent une concurrence déloyale distincte de la contrefaçon résultant de l'usage pendant la même période de documents portant ladite marque. • Com. 18 oct. 1994 : *Bull. civ. IV, n° 298 ; JCP 1994. IV. 2557.* ♦ Ainsi, en vendant, en vue de leur commercialisation à l'étranger, des bouteilles de vin portant une marque contrefaite, cette vente étant un fait distinct de la contrefaçon, une société a commis des actes de concurrence déloyale envers une autre personne morale qui, en sa qualité de licenciée de la marque litigieuse en France pour les vins et sirops, était seule habilitée à vendre ces produits portant la marque. • Même arrêt. ♦ Caractérise une faute distincte de la contrefaçon la cour d'appel qui relève qu'au-delà des actes de contrefaçon retenus à l'encontre d'une société celle-ci avait voulu tirer parti de la réputation d'une entreprise et perturber ainsi l'organisation et les sources de revenus de cette dernière. • Civ. 1re, 25 mai 2004 : *Bull. civ. I, n° 154 ; D. 2004. 1893. note crit. Bouche ; D. 2005. Pan. 2462, obs. Auguet ; JCP 2004. II. 10170, note Lucas.*

En ce sens qu'une action en concurrence déloyale peut être le complément d'une demande initiale en contrefaçon si le demandeur rapporte la preuve de faits distincts, V. • Com. 6 déc. 1984 : *Bull. civ. IV, n° 335* • 3 juin 2003 : *JCP E 2003, n° 32-35, p. 1315.* – V. aussi • Paris, 22 févr. 1995 : *D. 1996. Somm. 250, obs. Izorche* • Versailles, 4 mai 1995 : *D. 1996. Somm. 248, obs. Serra* • Paris, 3 oct. 1997 : *D. Affaires 1997. 1364* • Versailles, 4 mars 1999 : *D. 2001. Somm. 1314, obs. Izorche*. ♦ Tel n'est pas le cas, par exemple, de la seule copie servile d'un vêtement. • Paris, 3 juill. 1996 : *préc. note 4.* ♦ ... Ni de la reprise du titre d'une émission dans un journal. • TGI Paris, 16 mars 1999 : *LPA 21 mars 2000, obs. Reboul et Fraudin.* ♦ ... Ni de celle du climat et de l'esprit d'un thème musical. • TGI Paris, 1er juin 2004 : *JCP E 2005, n° 51-52, p. 2215, obs. Ratovo ; LPA 18 août 2005, note Poumarède.* ♦ L'imitation d'une marque notoirement connue ne constituant pas le même fait que son emploi, seul visé par l'art. L. 713-5 CPI, le dépositaire d'une telle marque est recevable à agir, quant à une telle imitation, dans les termes du droit commun. • Com. 11 mars 2003 : *D. 2003. Somm. 2688, obs. Durrande ; JCP E 2003, n° 47, p. 1863, obs. Caron ; JCP 2004. II. 10034, note Debat ; CCC 2003, n° 126, obs. Malaurie-Vignal ; Rev. sociétés 2003. 557, note Pollaud-Dulian ; RJDA 2003, n° 891 ; CCE 2003, n° 105, obs. Caron* (et sur renvoi • Orléans, 2 juill. 2004 : *CCE 2004, n° 101, obs. Caron ; RJDA 2005, n° 206 ; LPA 16 mars 2005. note Larère et Koné-Loumeau ; ibid. 20 oct. 2005, note Poumarède*). ♦ Comp., toutefois, jugeant qu'indépendamment de la contrefaçon de l'image publicitaire, un contrefacteur s'était aussi rendu coupable de parasitisme en profitant à moindre coût des efforts de conception et de réalisation publicitaire de la victime et les avait ainsi dévalorisés, V. • Civ. 1re, 19 oct. 2004 *LPA 31 août 2005, note Poumarède.* ♦ L'exploitant d'une marque, qui ne dispose pas d'un droit privatif sur le titre de propriété industrielle, est recevable à agir en concurrence déloyale, peu important que les éléments sur lesquels il fonde sa demande soient les mêmes que ceux que le titulaire de la marque a opposés au titre de la contrefaçon. • Com. 13 déc. 2005 : *RJDA 2006, n° 473.* ♦ De la même façon, les actes de contrefaçon par imitation d'une marque constituent des actes de concurrence déloyale à l'égard de la société titulaire d'une licence d'exploitation de cette marque. • Paris, 13 févr. 2009 : *CCC 2009, n° 170, obs. Malaurie-Vignal.*

B. PROCÉDURE

1° COMPÉTENCE

69. Compétence des juridictions civiles et commerciales. Les actions en matière de concurrence déloyale ne relèvent pas de la compétence du Conseil de la concurrence, mais de celle des juridictions civiles et commerciales. • T. com. Nanterre, réf., 6 mars 1991 : *Gaz. Pal. 1991. 2. 639, note Guyot-Sionnest.* ♦ ... Sauf si les pratiques se rattachent à une action concertée de caractère anticoncurrentiel ou à l'exploitation abusive d'une position dominante ou d'un état de dépendance économique. • Cons. conc. n° 93-D-05 du 27 avr. 1993 : *BOCC 5 juin 1993.* ♦ ... Il en va ainsi lorsque l'acte déloyal a contribué à aggraver les effets perturbateurs d'un abus de position dominante. • Cons. conc. n° 04-D-09 du 31 mars 2004 : *BOCC 6 sept. 2004 ; D. 2004. AJ 1232.* ♦ Tout dénigrement mis en œuvre par une entreprise en position dominante, s'il peut relever de la concurrence déloyale et engager la responsabilité de l'entreprise vis-à-vis de ses concurrents, n'est pas nécessairement constitutif d'un abus sanctionné au titre de l'art. L. 420-2 C. com. ; pour qu'un dénigrement puisse être qualifié d'abus de position dominante, il convient que soit établi un lien entre la domination de l'entreprise et la pratique de dénigrement. • Cons. conc. n° 07-D-33 du 15 oct. 2007 : *cité note 9 bis ss. art. L. 464-2* • Aut. conc. n° 09-D-21 du 23 juin 2009.

Les actes de concurrence déloyale peuvent être appréciés par la juridiction civile lorsque le défendeur n'est pas commerçant (artisan). • Paris, 12 sept. 1991 : *D. 1992. Somm. 352, obs. Serra* • Versailles, 14 sept. 2006 : *JCP E 2007, n° 47, p. 24, obs. Azarian et Saintourens ; RJDA 2007, n° 307* (conf. par • Com. 11 mars 2008 : *Bull. civ. IV, n° 57 ; D. 2008. AJ 980, obs. Chevrier ; JCP E 2008, n° 36, p. 23, note Lebel ; CCC 2008, n° 169, obs. Malaurie-Vignal ; RJDA 2008, n° 743*). ♦ Le juge des référés commerciaux n'est pas compétent pour statuer sur une demande d'interdiction de l'usage d'une dénomination commerciale fondée sur la concurrence déloyale, dès lors que le défendeur se prévaut d'une marque ressemblante enregistrée et publiée avant l'introduction de l'instance (compétence du TGI en application de l'art. L. 716-3 CPI). • Paris, 27 nov. 2002 : *BICC 2003, n° 937.* ♦ Dès lors que l'action en concurrence déloyale met la juridiction saisie dans l'obligation d'apprécier la contrefaçon ou l'imitation d'un produit protégé par un dépôt de marque, l'action relève de la compétence du TGI. • Com. 20 févr. 2007 : *Bull. civ. IV, n° 58 ; JCP E 2007, n° 43-44, p. 14, obs. Caron ; CCE 2007, n° 106, obs. Caron ; Dr. et patr. oct. 2007. 120, obs. Velardocchio.* ♦ La mesure de constat sollicitée étant liée de façon indissociable à des actes de contrefaçon de marque, le juge compétent pour connaître de l'affaire au fond était, en application de l'art. L. 716-3 CPI, le TGI et en conséquence seul le président de ce tribunal était compétent pour ordonner une mesure d'instruction sur le fondement de l'art. 145 C. pr. civ. • Com. 20 nov. 2012 : *Bull. civ. IV, n° 208 ; Dalloz actualité, 30 nov. 2012, obs. Chevrier ; D. 2012. Actu. 2798 ; CCE 2013, n° 24, obs. Caron ; RLDA janv. 2013. 44, obs. Mathonnière.* ♦ Dans un litige où il est reproché au concédant d'une marque « à titre d'enseigne » d'avoir enfreint l'interdiction contractuelle d'exploiter la marque sur le territoire concédé avec la complicité d'une société tierce dont la responsabilité quasi-délictuelle est recherchée, l'exploitation litigieuse doit s'apprécier exclusivement au regard de la commune intention des parties lors de la conclusion du contrat de licence ; une telle appréciation demeurant exclusive de toute question de marque, au sens de l'art. L. 716-3 CPI, c'est à bon droit que le tribunal de commerce saisi s'est déclaré compétent. • Versailles, 25 mars 2004 : *BICC 2004, n° 1648.* ♦ L'art. L. 331-1 CPI vient confirmer cette compétence exclusive des tribunaux de grande instance en matière d'action et demande en matière de propriété littéraire et artistique, y compris lorsque ces actions et demandes portent à la fois sur une question de propriété littéraire et artistique et une question connexe de concurrence déloyale ; il s'agit ainsi d'une compétence d'attribution d'ordre public. • T. com. Lille, réf., 20 déc. 2007 : *CCE 2008, n° 50, obs. Caron.* ♦ Mais, en l'état des constatations faisant ressortir que seule la violation de l'obligation de ne pas divulguer un savoir-faire était imputée à une société lors de l'action en concurrence déloyale et qu'aucune contrefaçon du brevet n'était incriminée, la cour d'appel a retenu à bon droit la compétence du tribunal de commerce. • Com. 7 juin 2011 : *BICC 1er nov. 2011, n° 1342 ; JCP 2011, n° 977, spéc. n° 1, obs. Caron.*

Il appartient à la juridiction judiciaire de déterminer si les pratiques incriminées (activités commerciales étrangères aux missions statutaires) se détachent de la mission de service public conférée à une fédération sportive et constituent des actes de concurrence illicite ou déloyale. • Civ. 1re, 11 févr. 2003 : *D. 2003. IR 665 ; JCP E 2003, n° 14, p. 588 ; RJDA 2003, n° 667.* – V.

aussi : • Com. 11 févr. 2003 : *Bull. civ. IV, n° 20 ; D. 2003. IR 864* ; *JCP E 2003, n° 14, p. 589 ; RJDA 2003, n° 799* (maison funéraire) • Nîmes, 23 janv. 2003 : *JCP E 2004, n° 26, p. 1032* (laboratoire départemental vétérinaire). ♦ V. note 25 ss. C. com., art. L. 410-1.

Sur le tribunal compétent pour connaître des actions civiles et des demandes connexes de concurrence déloyale en matière de propriété littéraire et artistique (CPI, art. L. 331-1), de dessins et modèles (CPI, art. L. 521-3-1), de brevets d'invention (CPI, art. L. 615-17), d'obtentions végétales (CPI, art. L. 623-31), de marques (CPI, art. L. 716-3) et d'indications géographiques (CPI, art. L. 722-8), V. **CPI**. – Pour l'entrée en vigueur, faute des décrets d'application, V. • T. com. Paris, 23 oct. 2008 : *CCE 2009, n° 3, obs. Caron* • TGI Paris, 26 nov. 2008 : *ibid.*

70. Compétence de la juridiction prud'homale. L'action dirigée contre la société créée par l'ancien salarié, fondée sur la complicité de celle-ci dans la violation de la clause de non-concurrence relève de la compétence du tribunal de commerce et suppose que soit tranchée la question préalable de la violation de la clause de non-concurrence laquelle relève de la compétence exclusive de la juridiction prud'homale. • Com. 6 mai 2003 : *Bull. civ. IV, n° 67 ; D. 2004. Somm. 1154, obs. Bugada* ; *Dr. sociétés 2004, n° 18, obs. Trébulle ; Procédures 2003, n° 258, obs. Croze.* ♦ Le différend qui oppose l'employeur à un ancien salarié au sujet de l'inexécution d'une obligation figurant dans l'accord transactionnel réglant les conséquences de la rupture du contrat de travail relève de la compétence exclusive du conseil des prud'hommes (actes de démarchage auprès de clients de l'ancien employeur). • Com. 15 nov. 2011 : *Bull. civ. IV, n° 187 ; Dalloz actualité, 24 nov. 2011, obs. Delpech ; CCC 2012, n° 40, obs. Malaurie-Vignal ; RJDA 2012, n° 221.* ♦ Sur la compétence du conseil de prud'hommes en cas d'action en concurrence déloyale formée contre un représentant de commerce par son employeur, V. • Com. 24 janv. 1977 : *D. 1977. IR 174.* ♦ Sur la compétence du conseil de prud'hommes, s'agissant de demandes de dommages et intérêts intentées par l'ancien employeur contre ses salariés, V. • Soc. 15 mai 1974 : *D. 1974. 702, note Serra.* ♦ La juridiction commerciale n'est pas compétente pour connaître de l'action en concurrence déloyale introduite contre un ancien salarié, auquel il est reproché d'avoir établi des devis pour le compte de la société qu'il était en train de constituer et d'avoir détourné des commandes alors qu'il était toujours au service du plaignant. • Colmar, 26 juin 2007 : *BICC 15 janv. 2008, n° 79.* ♦ En revanche, sur l'incompétence du conseil de prud'hommes à connaître de l'action engagée contre le nouvel employeur, V. • Soc. 3 juill. 1968 : *Cah. prud'h. 1968. 219* • Com. 27 mars 2001 : *D. 2002. Somm. 1258, obs. Serra* • Paris, 13 nov. 1991 : *JCP E 1992. Pan. 56.* ♦ Saisie d'un litige opposant deux sociétés commerciales, et la juridiction prud'homale n'étant pas saisie par les parties au contrat de travail, il appartient à la juridiction saisie de trancher la contestation, formée en défense par la société mise en cause, relative à l'applicabilité de la clause figurant au contrat de travail qui lui était opposé. • Com. 8 avr. 2008 : *pourvoi n° 07-11.821.* ♦ L'absence de décision de la juridiction prud'homale sur la validité ou la nullité des clauses de non-concurrence et sur la violation par les salariés concernés de leur obligation de non-concurrence n'empêche pas la juridiction commerciale de trancher cette question lors de l'instance opposant les employeurs successifs constitués en sociétés commerciales. • Com. 14 mai 2013 : *D. 2013. Actu. 1284, obs. Chevrier* ; *JCP E 2013, n° 1351.* ♦ Ayant relevé que les faits de concurrence déloyale imputés aux sociétés commerciales ainsi qu'à leurs dirigeants et associés étaient susceptibles de relever de la compétence au fond du tribunal de commerce, peu important dès lors qu'une partie des faits litigieux aient pu être commis par les dirigeants en leur qualité de salariés, la cour d'appel a légalement justifié sa décision en estimant que le juge des requêtes pouvait ordonner une mesure d'instruction, dès lors que le fond du litige était de nature à relever, ne serait-ce qu'en partie, de la compétence de la juridiction à laquelle il appartient. • Civ. 2e, 7 juin 2012 : *Bull. civ. II, n° 101 ; Dalloz actualité, 12 juill. 2012, obs. Tahri.*

70 bis. Droit international : internet. BIBL. Pironon, *Gaz. Pal. 2007. 3548* (l'internet et la mondialisation). – Pollaud-Dulian, *Gaz. Pal. 2008. 3601* (à propos des conflits de juridictions en matière de contrefaçon par internet). ♦ Sur la compétence juridictionnelle en matière de concurrence déloyale sur internet, V. : • Civ. 1re, 9 déc. 2003 : *Bull. civ. I, n° 245 ; D. 2004. AJ 276, obs. Manara* ; *RTD com. 2004. 281, obs. Pollaud-Dulian* ; *JCP 2004. II. 10055, note Chabert ; LPA 23 févr. 2005, note Brière ; CCE 2004, n° 40, obs. Caron* • Com. 20 mars 2007 : *Bull. civ. IV, n° 91 ; Rev. crit. DIP 2008. 322, note Treppoz* ; *JCP 2007. II. 10088, note Ancel ; CCC 2007, n° 150, obs. Malaurie-Vignal ; CCE 2007, n° 119, obs. Caron (2e esp.)* • Paris, 6 juin 2007 : *JCP 2007. II. 10151, note M.-E. Ancel ; LPA 8 nov. 2007, note Mendoza-Caminade ; CCE 2007, n° 119, obs. Caron (3e esp.), et Étude 23, par M.-E. Ancel ; RJDA 2007, n° 1045 ; RCA 2007, n° 183* • Com. 10 juill. 2007 : *Bull. civ. IV, n° 189 ; BICC 15 nov. 2007, n° 2279, et les obs. ;*

D. 2007. AJ 2112, obs. Daleau ; *Rev. crit. DIP 2008. 322, note Treppoz* ; *JCP E 2007, n° 42, p. 13, note Passa* ; *JCP 2007. II. 10161, note Chabert* ; *CCC 2007, n° 275, obs. Malaurie-Vignal* ; *CCE 2007, n° 119, obs. Caron (1re esp.)* ; *RJDA 2008, n° 90* • Versailles, 26 juin 2008 : *D. 2008. AJ 2284, obs. Manara* • Com. 9 mars 2010 : *Bull. civ. IV, n° 46* ; *D. 2010. 1183, note Lardeux* ; *JCP E 2011, n° 1135, spéc. n° 1, obs. Ballot-Léna* ; *CCC 2010, n° 204, obs. Malaurie-Vignal* ; *CCE 2010, n° 47, obs. Caron* ; *RJDA 2010, n° 691* ; *RDLC 2010, n° 3, p. 114, obs. Mesa* ; *Propr. ind. 2010, n° 44, obs. Larrieu* ; *JDI 2010. 870, note Usunier.* ♦ V. aussi, en matière de propriété littéraire et artistique (contrefaçon) : • Paris, 9 nov. 2007 : *D. 2008. AJ 8, obs. Manara* ; *RTD com. 2008. 95, obs. Gaudrat* ; *ibid. 311, obs. Pollaud-Dulian* ; *JCP 2008. II. 10016, note Chabert* ; *JCP E 2008, n° 38, p. 24, obs. H.-J. Lucas* • 18 juin 2008 : *JCP 2008. II. 10180, note Chabert* • T. com. Paris, 30 juin 2008 : *JCP 2008. II. 10168, note Vuitton* ; *LPA 3 nov. 2008, note Malan* ; *CCE 2008, n° 113, obs. Debet* ; *LPA 23 mars 2009, obs. PM* ; *RJDA 2008, n° 1327* ; *Lettre distrib. juill.-août 2008, p. 2, et les obs.* ; *RLDC sept. 2008. 23, obs. Gaudin.*

2° RECEVABILITÉ DE L'ACTION

71. Intérêt à agir. L'action en concurrence déloyale suppose que les parties en cause s'adressent à une clientèle, au moins potentielle, en proposant des produits ou des services suffisamment identifiés. • Paris, 13 avr. 2005 : *D. 2005. Pan. 2465, obs. Dorandeu.* ♦ Sur l'existence du préjudice, V. notes 11 s. ♦ Sur le rapport de concurrence, V. notes 7 et 57.

72. Qualité pour agir. La société mère d'un groupe n'a pas qualité pour agir sur le fondement d'une action en concurrence déloyale contre une société directement concurrente d'une de ses filiales, dès lors qu'elle n'est susceptible de subir qu'un préjudice par ricochet. *A fortiori*, elle ne peut pas agir pour le compte de sa filiale qui est dotée de la personnalité morale et est juridiquement indépendante. • Versailles, 19 févr. 1998 : *préc. note 42.* ♦ La situation donnant lieu à fin de non-recevoir se trouve toutefois régularisée et l'action doit être déclarée recevable, car la filiale, dont la qualité et l'intérêt à agir ne sont pas contestables, est intervenue aux débats avant qu'une décision définitive ne soit rendue et a déclaré faire siennes les écritures prises jusque-là par la société mère. • Même arrêt.

73. Syndicat professionnel. Des syndicats professionnels des métiers de la fourrure sont fondés à demander l'interdiction de la diffusion d'un film publicitaire réalisé par une société de vente de vêtements par correspondance qui présente un mannequin dont le manteau de fourrure se transforme en une quinzaine de visons qui sautent à terre, pour entourer le catalogue de vente de la société. • Paris, 28 oct. 1996 : *RJDA 1997, n° 739.* ♦ Mais il a été jugé qu'un syndicat professionnel n'étant habilité à agir que pour obtenir la réparation de l'atteinte portée à l'intérêt collectif de la profession, il en résulte que le syndicat, qui ne dénonce pas une infraction à la réglementation mais une campagne promotionnelle qui aurait été constitutive de concurrence déloyale, invoque le préjudice subi par ses membres et ne caractérise pas une atteinte propre à l'intérêt collectif de la profession, de telle sorte que l'action doit être déclarée irrecevable. • Com. 24 nov. 2009 : *D. 2010. Pan. 2547, obs. Auguet* ; *CCC 2010, n° 48, obs. Malaurie-Vignal* ; *RJDA 2010, n° 186.* ♦ Sur l'action des organismes interprofessionnels, V. C. com., art. L. 470-7.

73 bis. Association. V. note 6.

3° MESURES PROVISOIRES

74. Saisine du juge des référés. Bien que l'art. 2 de la loi du 2 juill. 1963 ne soit pas en vigueur en l'absence de décrets pris pour son application, la victime de pratiques déloyales est recevable à saisir le juge des référés, selon le droit commun. V., par exemple, • Com. 24 mars 1981 : *Bull. civ. IV, n° 161.* ♦ Le fait que les dispositions de l'arr. du 2 sept. 1977 relatif à la publicité des prix [remplacé par Arr. 31 déc. 2008, relatif aux annonces de réduction de prix à l'égard des consommateurs (JO 13 janv. 2009), V. C. **consom.**] et de l'art. L. 121-1 C. consom. sur la publicité mensongère soient sanctionnées pénalement ne fait pas obstacle à ce que le juge des référés puisse prescrire en la matière les mesures qui s'imposent pour faire cesser un trouble manifestement illicite. • Com. 19 oct. 1999 : *Bull. civ. IV, n° 175.*

75. Mesures conservatoires ou de remise en état. Il appartient au juge des référés commerciaux de prendre, sur le fondement de l'art. 873 NCPC [renommé C. pr. civ.], toutes les mesures nécessaires pour faire cesser toute action de nature à jeter le discrédit sur un concurrent ou sur les produits qu'il fabrique. Par suite, le juge des référés peut valablement enjoindre à une société de cesser sous astreinte toute diffusion d'un spot publicitaire dont le scénario est de nature à jeter le doute dans l'esprit du public sur les qualités d'une voiture. • Paris, 25 sept. 1991 : *RJDA 1992, n° 793.* ♦ Le risque indéniable de confusion entre deux émissions de télévision justifie de faire droit à la demande d'interdiction de diffusion sollicitée en référé.

• T. com. Nanterre, 27 août 1992 : *D. 1993. Somm., 245, obs. Hassler* • 25 sept. 1992 : *ibid.* • Versailles, 11 mars 1993 : *ibid.* et sur pourvoi • Com. 7 févr. 1995 : *préc. note 59.* ♦ Pour d'autres illustrations, V. notamment : • Com. 19 oct. 1999 : *préc. note 74* • Douai, 2 oct. 1995 : *RJDA 1996, n° 301* • Paris, 28 oct. 1996 : *préc. note 73.*

En matière de concurrence déloyale, la nécessité d'agir rapidement afin de mettre un terme, si elles sont démontrées, aux pratiques illicites, causant chaque jour un préjudice important et d'éviter la disparition de documents établis lors de la création de la société suspectée de concurrence déloyale, justifie qu'une mesure de saisie de documents soit ordonnée en application de l'art. 875 NCPC [renommé C. pr. civ.] (V. cet art., v° *Tribunaux de commerce*). • Dijon, 20 févr. 2007 : *BICC 1er juill. 2007, n° 1445.* ♦ Mais la saisie d'objets litigieux chez des clients de la société défenderesse à une action en concurrence déloyale ayant été diligentée par le demandeur à ses risques et périls, ce dernier doit réparation du préjudice commercial résultant de l'atteinte portée à l'image de marque. • Limoges, 14 juin 2004 : *JCP 2005. IV. 2597 ; RD banc. fin. 2005, n° 26, obs. S. Piedelièvre.*

76. Mesures d'instruction in futurum. La simple éventualité d'une action en concurrence déloyale autorise le juge judiciaire à ordonner des mesures d'instruction afin de conserver des éléments de preuve. • Civ. 1re, 22 févr. 2005 : *D. 2005. Pan. 2465, obs. Dorandeu ; RLC 2005, n° 3, p. 89, note André ; RJDA 2005, n° 910.* ♦ Pour la désignation d'un huissier de justice pour se rendre aux sièges des sociétés soupçonnées de concurrence déloyale aux fins de constatations, remises de documents et auditions de personnes, V. • Civ. 2e, 15 janv. 2009 : *Bull. civ. II, n° 15 ; D. 2009. Chron. C. cass. 2071, obs. Sommer ; ibid. 1455, note Mouy ; RTD civ. 2009. 364, obs. Perrot ; JCP E 2009, n° 30, p. 19, obs. Decocq ; JCP 2009. I. 142, n° 10, obs. Serinet ; Procédures 2009, n° 72, obs. Perrot ; Dr. et proc. 2009. 154, obs. Desdevises ; Bull. Joly 2009. 355, note Staes.* ♦ Pour un refus d'expertise motivé par la nécessité de préserver la liberté d'entreprendre et le secret de la correspondance professionnelle, V. • Pau, 15 févr. 2005 : *JCP 2005. IV. 3039.* ♦ V. aussi l'art. 145 C. pr. civ., v° *Tribunaux de commerce.*

C. EFFETS DE L'ACTION EN CONCURRENCE DÉLOYALE

77. Prévention et réparation du préjudice. L'action en concurrence déloyale, action en responsabilité civile, autorise celui qui l'exerce à solliciter tant une condamnation à des dommages et intérêts qu'une injonction à l'encontre de l'auteur du comportement incriminé et une publication de la décision sanctionnant celui-ci. • Paris, 10 avr. 1995 : *préc. note 45.* ♦ Comp. note 22. ♦ Jugeant qu'une cour d'appel peut ordonner qu'il soit mis fin à des manœuvres de concurrence déloyale sans rechercher si les clients se sont définitivement détournés de l'entreprise victime de ces manœuvres. • Com. 19 nov. 1991 : *préc. note 49.* ♦ Pour une condamnation à restituer, sous astreinte, le courrier électronique reçu sur le site parasitaire ainsi que les recettes afférentes à son exploitation, V. • TGI Grasse, 2 nov. 2005 : *D. 2005. AJ 3011, obs. Manara.*

78. Injonction de cesser les agissements déloyaux. Les juges du fond peuvent faire défense à l'auteur d'actes de concurrence déloyale de continuer à fabriquer, vendre ou faire vendre des modèles de meubles. • Com. 21 nov. 1972 : *cité note 81.* ♦ Une cour d'appel peut interdire à l'auteur d'agissements parasitaires de faire usage d'une marque de quelque façon que ce soit. • Com. 29 juin 1993 : *D. 1995, Somm. 211, obs. Picod.* ♦ L'interdiction de faire usage d'une marque, tendant à faire cesser un comportement parasitaire, ne s'applique que dans les conditions de vente constituant ce comportement. • Com. 26 mars 1996 : *D. Affaires 1996. 672.*

78 bis. Astreintes. L'astreinte ayant été prononcée pour faire cesser un comportement constitutif de concurrence déloyale au détriment du cédant, il en résulte qu'elle n'est pas l'accessoire du droit cédé. • Com. 3 mars 2009 : *Bull. civ. IV, n° 28 ; D. 2009. Pan. 1448, obs. Picod ; ibid. AJ 818, obs. Chevrier ; JCP E 2009, n° 30, p. 20, obs. Decocq ; Gaz. Pal. 2009. 3305, obs. Brenner ; RD banc. fin. 2009, n° 99, obs. S. Piedelièvre ; RDLC 2009, n° 2, p. 132, obs. Roberval ; Procédures 2009, n° 164, obs. H. C.* ♦ Aucune disposition légale n'a pour effet de rendre incessible l'astreinte, mesure de contrainte destinée à vaincre la résistance opposée à l'exécution de l'obligation qu'elle assortit ; si l'action en concurrence déloyale, fondée sur l'art. 1382 C. civ., faute d'être un accessoire du droit sur le titre ayant fait l'objet de la cession, n'a pu être transmise avec ce titre, il est loisible aux parties de convenir à cette occasion de la cession de la créance assortie d'astreinte. • Civ. 2e, 7 juill. 2011 : *Bull. civ. II, n° 157 ; D. 2011. Pan. 2968, obs. Auguet ; Dr. et proc. 2011. 244, obs. Putman ; RDLC 2011, n° 4, p. 132, obs. Roberval.*

79. Mesures de publicité. La victime d'actes de concurrence déloyale peut obtenir la publication, dans une ou plusieurs publications, de la décision de condamnation de leur auteur aux frais de celui-ci. • TGI Paris, 18 nov. 1987 : *Gaz. Pal. 1989, 1, Somm. 14* • 9 mai 2001 : *RJDA 2002, n° 112* (condamnation de l'auteur d'un dénigrement fautif à publier le dispositif du jugement dans deux journaux et à l'afficher pendant un mois sur la page d'accueil de son site internet). – V. aussi • Paris, 26 janv. 2005 : *D. 2005. Pan. 2466, obs. Dorandeu.* ♦ La réparation du préjudice subi par la victime d'actes de concurrence déloyale peut consister en une diffusion d'extraits d'une décision de justice sur les ondes de radios périphériques. • Paris, 17 nov. 1970 : *D. 1972. 78, note Guinchard.* – V. aussi notes 22 et 77.

80. *Préjudice matériel et moral.* BIBL. Stoffel-Munck, *Mélanges le Tourneau, Dalloz, 2008, p. 959* (le préjudice moral des personnes morales). ♦ Pour un exemple de réparation du préjudice matériel (perte de recettes publicitaires évaluées à 50 millions de francs) et du préjudice moral (évalué à 5 millions de francs) résultant du plagiat d'une émission de télévision, V. • Com. 7 févr. 1995 : *préc. note 59.* ♦ V. aussi, déniant tout préjudice commercial mais acceptant de réparer le préjudice moral : • Colmar, 24 mai 2006 : *JCP E 2006, n° 41, p. 1735.* ♦ V. cassant un arrêt retenant que s'agissant de sociétés elles ne peuvent prétendre à un quelconque préjudice moral au titre d'actes de concurrence déloyale : • Com. 15 mai 2012 : *Bull. civ. IV, n° 101 ; D. 2012. 2285, note Dondero ; ibid. Actu. 1403, obs. Delpech ; Rev. sociétés 2012. 620, note Stoffel-Munck ; JCP E 2012, n° 1510, note Mortier ; JCP 2012, n° 1012, note Wester-Ouisse ; CCC 2012, n° 205, obs. Malaurie-Vignal ; LPA 3 sept. 2012, note Bascoulergue ; Gaz. Pal. 2012. 2279, obs. Zattara-Gros ; RJDA 2012, n° 769 ; Dr. sociétés 2012, n° 137, obs. Mortier ; Bull. Joly 2012. 536, note Barbièri ; RLDA sept. 2012. 10, note Marpeau et Nezam.*

81. *Évaluation du préjudice.* BIBL. Haas et de Tissot, *LPA 30 mai 2006* (un euro ce n'est pas une indemnité commerciale !). – Bélot, *D. 2007. 1681* (l'évaluation du préjudice économique). ♦ Il appartient aux juridictions du fond de réparer, dans les limites des conclusions des parties, le préjudice économique dont elles reconnaissent le principe. • Crim. 8 mars 2005 : *Bull. crim. n° 76 ; D. 2005. IR 1050 ; RDLC 2005, n° 3, p. 88, obs. Fasquelle et Mésa.* ♦ Les juges du fond apprécient souverainement le préjudice, tant matériel que moral, subi par le créateur de modèles de meubles du fait des agissements de concurrence déloyale d'un fabricant. • Com. 21 nov. 1972 : *D. 1973. Somm. 55.* ♦ Les juges du fond ne sont pas tenus de confier à un expert le soin d'évaluer le préjudice. • Com. 6 déc. 1967 : *Bull. civ. III, n° 408.* ♦ Le fait que des comportements constitutifs de concurrence déloyale portent atteinte à l'image de marque et entraînent quasi mécaniquement des transferts d'achats et un manque à gagner tangible peut être établi par des études économiques. • Colmar, 13 mai 1994 : *D. 1995. 96, note Burst .* ♦ Sur l'évaluation du préjudice résultant de l'usurpation frauduleuse du savoir-faire d'une entreprise concurrente, V. • Paris, 27 sept. 2000 : *D. 2001. Somm. 1309, obs. Auguet .* ♦ Pour la prise en compte de la baisse du chiffre d'affaires, de la marge réalisée habituellement par la société et les investissements publicitaires déployés pour contrecarrer les effets de la concurrence déloyale, V. • Paris, 16 déc. 2004 : *D. 2005. Pan. 2466, obs. Dorandeu.* ♦ Sur l'impossibilité d'indemniser les préjudices commercial et moral par un montant forfaitaire, V. • Civ. 3e, 12 déc. 2007 : *AJDI 2008. 314* • Com. 23 nov. 2010 : *RJDA 2011, n° 364 ; RDLC 2011, n° 1, p. 140, obs. Mesa ; Propr. ind. 2011, n° 20, obs. Larrieu.* ♦ Un comportement parasitaire génère nécessairement un préjudice, fût-il moral, dont les juges du fond déterminent souverainement les modalités réparatrices. • Civ. 1re, 22 oct. 2009 : *Bull. civ. I, n° 209 ; D. 2009. AJ 2685 ; JCP 2009, n° 47, p. 20.* ♦ Le préjudice subi du fait d'actes de concurrence déloyale et de parasitisme ne s'identifie pas à l'économie réalisée par l'auteur de ces actes. • Com. 21 févr. 2012 : *D. 2012. Pan. 2767, obs. Picod ; CCC 2012, n° 122, obs. Malaurie-Vignal ; RJDA 2012, n° 727.*

82. *Appel en garantie.* Le fournisseur de produits dont l'étiquette a été considérée comme constitutive de concurrence déloyale doit décharger le revendeur des condamnations prononcées à son encontre. • Colmar, 13 mai 1994 : *préc. note 81.*

V. CLAUSE DE NON-CONCURRENCE

BIBL. Serra, *D. 1983. Chron. 51 ; D. 1987. Chron. 113 ; D. 1996. Chron. 245 ; RTD com. 1998. 7* (fondements et régime de l'obligation de non-concurrence). – Champaud, *RJ com. 1986. 161.* – Amiel-Donat, *CCC juill. 1992. 1.* – Youego, *JCP N 1998. p. 202* (transmissibilité d'une clause de non-concurrence). – Stulz, *LPA 24 oct. 2003* (deux années de jurisprudence évolutive). – Trébulle, *Dr. sociétés 2003. Chron. 6* (clause de non-concurrence dans un acte de cession de droits sociaux). – Reynès, *D. 2004. 1543* (renonciation à la clause de non-concurrence : portée des arrêts du 10 juill. 2002). – Mémeteau, *D. 2005. 899* (société de médecins et non-concurrence). – Méar, *RLDA mars 2006. 38* (renforcement jurisprudentiel en faveur des clauses de non-concurrence). – Pinna, *JCP 2006.*

I. 192 (la mesure du préjudice consécutif à l'exécution d'une obligation de non-concurrence illicite). – Gomy, *Mélanges Serra, Dalloz 2006, p. 199* (autonomie de la clause de non-concurrence post-contractuelle en droit du travail). – Martinon, Le code de commerce 1807-2007, Livre du bicentenaire, *Dalloz, 2007, p. 527* (vers une harmonisation des jurisprudences sociale et commerciale ? à propos des conditions de validité de la clause de non-concurrence). – Damy et Pelli, *JCP E 2008, n° 1, p. 37 ; JCP 2008. I. 133* (clause de non-concurrence dans les relations de travail). – Pignarre, *RDT 2009. 151* (contrepartie financière de la clause de non-concurrence et droit des obligations : jeux d'influences). – Mazan et Samson, *JCP E 2009, n° 14, p. 10* (contrat de collaborateur libéral et clause de non-concurrence). – Pellier, *LPA 10 juill. 2009* (idem). – Depincé, *RTD com. 2009. 259* (la clause de non-concurrence post-contractuelle et ses alternatives). – Petkova, *JCP E 2009, n° 44-45, p. 42* (clause de non-concurrence : interaction entre les actions en justice). – Beckhard-Cardoso et Desplats, *JCP E 2010. 1157* (non-concurrence : trois clauses, deux chambres, une question). – Stulz, *LPA 1er-2 sept. 2011* (la clause de non-concurrence : du contrat de travail au contrat commercial). – Brès, *RTD com. 2011. 463* (l'obligation de non-concurrence de plein droit de l'associé). – Guenzoui, *LPA 24 nov. 2011* (moralisation des clauses de non-concurrence ?). – Chagny et Fourgoux, *RLDA févr. 2012. 62* (les clauses de non-concurrence : approche pratique). – Marsin-Rose, *JCP E 2012, n° 1713* (obligation de non-concurrence en droit des sociétés). – Gomy, *RLC oct.-déc. 2012. 67* (préjudice lié à la stipulation d'une clause de non-concurrence post-contractuelle nulle). – Morlaas-Courties et Roque, *RLDA janv. 2013. 79* (exigence d'une contrepartie financière pour la validité des clauses de non-concurrence stipulées dans les contrats d'affaires).

RÉP. COM. v° *Concurrence (Obligation de non-)*, par PICOD, AUGUET et GOMY.

A. VALIDITÉ DES CLAUSES DE NON-CONCURRENCE

83. *Exigence de proportionnalité.* Lorsqu'elle a pour effet d'entraver la liberté de se rétablir d'un salarié, actionnaire ou associé de la société qui l'emploie, la clause de non-concurrence signée par lui n'est licite que si elle est indispensable à la protection des intérêts légitimes de l'entreprise, limitée dans le temps et dans l'espace, qu'elle tient compte des spécificités de l'emploi du salarié et comporte l'obligation pour la société de verser à ce dernier une contrepartie financière, ces conditions étant cumulatives • Com. 15 mars 2011 : *Bull. civ. IV, n° 39 ; D. 2011. 1261, note Picod ; ibid. Pan. 2760, obs. Lamazerolles ; RTD com. 2011. 361, obs. Constantin ; RTD civ. 2011. 348, obs. Fages ; Rev. sociétés 2011. 620, note Godon ; RDT 2011. 306, obs. Auzero ; JCP E 2011, n° 1409, note Couret et Dondero ; JCP 2011, n° 692, note Khodri ; CCC 2011, n° 138, obs. Malaurie-Vignal ; RJDA 2011, n° 549 ; Bull. Joly 2011. 524, note Le Cannu ; RJ com. 2011. 289, obs. Monsèrié-Bon ; RLDA mai 2011. 52, note Canut ; RLDC mai 2011. 16, obs. Paulin ; RTDF 2011, n° 3, p. 91, obs. Poracchia* (cassation de l'arrêt estimant que la validité d'une clause de non-concurrence insérée dans un pacte d'actionnaires n'est pas subordonnée à l'existence d'une contrepartie financière). – Pour un pacte d'actionnaires respectant l'obligation de contrepartie financière à une clause de non-concurrence, V. • Paris, 24 janv. 2012 : *BRDA 2012, n° 4, p. 2.* ♦ Une clause de non-concurrence ne saurait être déclarée licite aux motifs qu'elle est limitée dans le temps et dans l'espace et que la licéité des restrictions aux libertés individuelles qu'elle stipule est reconnue, sans que soit recherché si cette clause, même avec ces caractéristiques, n'est pas disproportionnée au regard de l'objet du contrat. • Com. 4 janv. 1994 : *Bull. civ. IV, n° 4 ; D. 1995. 205, note Serra* • 16 déc. 1997 : *JCP E 1998, n° 7-8, p. 252 ; CCC 1998, n° 39, obs. Leveneur ; Bull. Joly 1998. 351, note Granier* • 9 juill. 2002 : *D. 2003. Somm. 902, obs. Auguet ; CCC 2003, n° 5, obs. Malaurie-Vignal ; RJDA 2002, n° 1228* • 12 mars 2002 : *D. 2003. Somm. 903, obs. Dorandeu* • 17 déc. 2002 : *D. 2004. Somm. 1156, obs. Auguet , JCP E 2003, n° 28-29, p. 1196, note Moracchini-Zeidenberg.* ♦ ... Et elle ne doit pas apporter une restriction excessive à la liberté d'exercice de l'ex-collaborateur. • Com. 4 juin 2002 : *D. 2003. Somm. 902, obs. Auguet ; CCC 2002, n° 140, obs. Malaurie-Vignal ; RJDA 2002, n° 1228.* ♦ V. aussi considérant que ne donne pas de base légale à sa décision au regard de l'art. 1131 C. civ., la cour d'appel qui décide qu'une clause de non-concurrence est licite sans rechercher si cette clause était proportionnée aux intérêts légitimes à protéger, • Civ. 1re, 11 mai 1999 : *D. 2000. Somm. 312, obs. Serra ; Defrénois 1999. 992, obs. Mazeaud* • Paris, 26 avr. 2000 : *D. 2002. Somm. 1262, obs. Gomy .* ♦ Il revient au juge de vérifier de façon concrète si la clause de non-concurrence a pour effet d'empêcher un ancien locataire-gérant d'exercer son activité professionnelle. • Com. 3 oct. 2006 : *D. 2008. Pan. 248, obs. Gomy .* ♦ Sur l'illicéité d'une clause de non-concurrence souscrite par un sous-traitant qui, par sa généralité, est susceptible d'entraver la liberté du commerce et de la concurrence, V. • Paris, 7 févr. 2001 : *D. 2002. Somm. 1266, obs. Auguet* . ♦ Pour une hypothèse où le cumul de la limitation géographique particulièrement large avec le domaine d'activité conduisait à une impossibilité totale pour le salarié de trouver un emploi en rapport avec son expérience. • Riom, 4 avr. 2006 : *JCP E 2006, n° 42, p. 1805.* ♦ En étendant l'interdiction de non-concurrence à toutes les régions dans lesquelles elle exercera son activité le jour de la cessation du contrat de travail, l'entreprise a créé une condition potestative dans la mesure où elle a mis la salariée dans l'impossibilité de connaître à l'avance l'étendue des interdictions qu'elle devait respecter. • Nîmes, 13 déc. 2006 : *JCP 2007. IV. 1942.* ♦ Jugeant que le montant de l'indemnité de non-concurrence versée ne constitue pas un critère permettant d'apprécier la proportionnalité de la clause de non-concurrence. • Com. 21 sept. 2004 : *RDLC 2005, n° 1, p. 77, obs. Fasquelle et Charrière.* ♦ Comp., estimant que le montant de la contrepartie financière doit être déterminé proportionnellement à la durée et à l'intensité de l'atteinte portée à la liberté professionnelle du salarié au regard de ses revenus professionnels antérieurs : • Versailles, 20 févr. 2003 : *BICC 2003, n° 819.* ♦ Pour l'appréciation d'une clause de non-concurrence stipulée dans un contrat de remplacement, V. • Aix-en-Provence, 18 oct. 2007 : *JCP E 2008, n° 39, p. 21, note Pellier.* ♦ Sur l'application du critère de proportionnalité aux clauses de non-concurrence des agents commerciaux, V. note 1 ss. art. L. 134-14 C. com.

84. Contrat de travail. Conformément au principe fondamental de libre exercice d'une activité professionnelle et à l'art. L. 120-2 [L. 1121-1 nouv.] C. trav., une clause de non-concurrence n'est licite que si elle est indispensable à la protection des intérêts légitimes de l'entreprise, limitée dans le temps et dans l'espace, qu'elle tient compte des spécificités de l'emploi du salarié et comporte l'obligation pour l'employeur de verser au salarié une contrepartie financière, ces conditions étant cumulatives. • Soc. 10 juill. 2002 : *Bull. civ. V, n° 239 ; D. 2002. 2491, note Serra* , *et Somm. 3111, obs. Pélissier* ; *GADT 2008. 240* ; *CCC 2002, n° 141, obs. Malaurie-Vignal ; JCP E 2003, n° 12, p. 508, obs. Morvan ; ibid. n° 15, p. 654, obs. Masquefa ; LPA 22 août 2002, p. 10, note Picca et Sauret ; ibid. 31 janv. 2003, p. 16, note Damas ; Defrénois 2002. 1619, obs. Libchaber ; RDC 2003. 17, obs. Rochfeld* • 18 sept. 2002 : *Bull. civ. V, n° 273* • 23 janv. 2003 : *Bull. civ. V, n° 27 ; D. 2003. IR 531* ; *JCP E 2003, n° 12, p. 497.* • 27 mars 2013 : *D. 2013. Actu. 924 (pour un gérant succursaliste).* – V. aussi Chautard et Le Berre, *JCP E 2002, n° 51-52, p. 2046.* ♦ ... Y compris pour les contrats conclus avant ce revirement : • Soc. 17 déc. 2004 : *Bull. civ. V, n° 346 ; D. 2005. Pan. 2457, obs. Bugada* ; *ibid. IR 110, obs. Guiomard* ; *RTD civ. 2005. 625, obs. Théry* ; *JCP E 2005, n° 29, p. 1239, obs. Morvan ; CCC 2005, n° 44, obs. Malaurie-Vignal ; LPA 16 mai 2005, obs. Pignarre ; RDC 2005. 871, note Debet ; Lettre distrib. févr. 2005, p. 1, obs. P.-H. Mousseron ; RTD civ. 2005. 159, obs. Gautier* ; *Procédures 2005, n° 70, obs. Croze* • 30 mars 2005 : *RDLC 2005, n° 4, p. 92, obs. Fasquelle et Charrière* • 25 févr. 2004 : *BRDA 2004, n° 10, p. 6* • 7 janv. 2003 : *RDC 2003. 145, obs. Radé.* ♦ V., sur la problématique de la rétroactivité de ce revirement de jurisprudence, Radé, *D. 2005. 988* . ♦ Sur les effets de ce revirement sur la validité d'une transaction intervenue pour régler un litige portant sur une clause de non-concurrence dépourvue de contrepartie financière, V. • Douai, 15 déc. 2005 : *JCP 2006. IV. 2871.* – V. aussi • Soc. 1er juill. 2009 : *JCP E 2009, n° 43, p. 42, note Béal.* ♦ ... Sachant que le montant contractuel de la contrepartie financière fait la loi des parties. • Com. 21 sept. 2004 : *RJDA 2005, n° 97.* ♦ *Contra,* lorsque la clause de non-concurrence est insérée dans une convention distincte du contrat de travail, V. • Soc. 30 nov. 2005 : *RDLC 2006, n° 1, p. 153, obs. Fasquelle et Charrière.* ♦ Mais une contrepartie financière dérisoire équivaut à une absence de contrepartie. • Soc. 15 nov. 2006 : *Bull. civ. V, n° 341 ; D. 2006. IR 2946* ; *RDT 2007. 95, obs. Pélissier* ; *JCP 2007. II. 10039, note Corrignan-Carsin ; CCC 2007, n° 21, obs. Malaurie-Vignal ; RDLC 2007, n° 1, p. 110, obs. Fasquelle et Charrière.* ♦ ... Qui justifie l'annulation de la clause sans permettre au juge, sous couvert de l'appréciation du caractère dérisoire de la contrepartie pécuniaire, de substituer son appréciation du montant de cette contrepartie à celle fixée par les parties. • Soc. 16 mai 2012 : *Bull. civ. V, n° 153 ; D. 2012. Pan. 2765, obs. Robine* ; *RDT 2012. 488, note Géniaut* ; *Dr. soc. 2012. 784, note Radé* ; *JCP 2012, n° 681 ; Gaz. Pal. 2012. 2102, note Le Gac-Pech ; RDC 2013. 74, obs. Génicon.* ♦ Le montant de la contrepartie financière ne peut dépendre uniquement de la durée d'exécution du contrat ni son paiement intervenir avant la rupture. • Soc. 7 mars 2007 : *Bull. civ. V, n° 44 ; R. 2007, p. 349 ; BICC 1er juill. 2007, n° 1385, et la note ; D. 2007. 1708, note Lefranc-Hamoniaux* ; *RDT 2007. 308, obs. Auzero* ; *JCP 2007. II. 10077, note Corrignan-Carsin ; RLDA janv. 2008. 73, obs. Bourdeau ; RLC oct.-déc. 2007. 85, obs. Chagny ; RDLC 2007, n° 2, p. 131, obs. Fasquelle et Charrière ; RDC 2007. 825, obs. Radé.* ♦ Le paiement de la contrepartie financière ne pouvant intervenir avant la rupture du contrat de travail, seul doit être pris en considération le montant qu'il était prévu de verser après la rupture. • Soc. 22 juin 2011 : *Bull. civ. V, n° 159 ; D. 2011. Pan. 2964, obs. Robinne ; JCP E 2011, n° 1731, obs. Malaurie-Vignal ; RLDC oct. 2011. 13, obs. Paulin.* ♦ Pour une clause de non-concurrence sans contrepartie financière « rattrapée » par la convention collective des VRP qui, elle, en prévoit une, V. • Soc. 10 mars 2004 : *Bull. civ. V, n° 83 ; JCP E 2004, n° 20-21, p. 794 ; RDC 2004. 725, obs. Radé ; Cah. dr. entr. 2004, n° 3, p. 34, obs. Grignon.* ♦ Mais la validité de la clause de non-concurrence doit être appréciée à la date de sa conclusion et la convention collective intervenue postérieurement ne peut avoir pour effet de couvrir la nullité qui l'affecte. • Soc. 28 sept. 2011 : *Bull. civ. V, n° 196 ; D. 2012. Pan. 2764, obs. Robinne ; Dr. soc. 2012. 92, obs. Mouly ; JCP 2011, n° 1125 ; RLDC 2011. 14, obs. Paulin.* ♦ Pour la condamnation du créancier de l'obligation de non-concurrence dépourvue de contrepartie financière au paiement de dommages-intérêts « pour contrepartie financière » de la clause de non-concurrence, V. • Soc. 8 déc. 2009 : *Bull. civ. V, n° 277 ; D. 2010. AJ 97 ; JCP E 2010, n° 4, p. 49 ; Bull. Joly 2010. 328, obs. Barbièri.* ♦ Est nulle la clause de non-concurrence qui ne prévoit le versement d'une contrepartie pécuniaire qu'en cas de rupture du contrat de travail à l'initiative de l'employeur. • Soc. 9 mai 2006 : *RDT 2006. 171, obs. Auzero* • 31 mai 2006 : *Bull. civ. V, n° 198 ; D. 2007. Pan. 180, obs. Condemine ; JCP E 2006, n° 38, p. 1590, note Béal ; LPA 11 oct. 2006, note Beyneix ; RDLC 2006, n° 3, p. 110, obs. Fasquelle et Charrière.* ♦ ... Ou à l'initiative du salarié. • Soc. 27 févr. 2007 : *Bull. civ. V, n° 32 ; D. 2007. Pan. 2262, obs. Desbarats ; JCP E 2008, n° 15, p. 25, obs. Mouly ; LPA 13 avr. 2007, note Pierroux ; RLDA janv. 2008. 74, obs. Bourdeau.* ♦ La contrepartie financière de la clause de non-concurrence étant une condition de sa validité, le bénéfice de cette contrepartie ne peut pas être subordonné à l'absence de faute grave ou lourde. • Soc. 10 déc. 2008 : *D. 2009. 1256, note Pignarre.* ♦ Une cour d'appel ne peut débouter un salarié, lié par une clause de non-concurrence, de sa demande relative à la contrepartie financière au motif que le contrat de travail exclut le bénéfice de l'indemnité qu'il institue au cas où le salarié serait licencié pour faute grave, alors que, le salarié lié par une clause de non-concurrence devant bénéficier d'une contrepartie financière, les parties ne peuvent dissocier les conditions d'ouverture de l'obligation de non-concurrence de celles de son indemnisation. • Soc. 28 juin 2006 : *Bull. civ. V, n° 231 ; D. 2006. IR 1989 ; JCP E 2006, n° 35, p. 1444 ; CCC 2006, n° 202, obs. Malaurie-Vignal ; RDLC 2006, n° 4, p. 88, obs. Fasquelle et Charrière* • 25 janv. 2012 : *Bull. civ. V, n° 20 ; D. 2012. Pan. 2764, obs. Robinne ; JCP 2012, n° 182, obs. Lefranc-Hamoniaux.* ♦ De même, une convention collective ne peut déroger à la loi pour interdire, en cas de faute grave, au salarié soumis à une clause de non-concurrence de bénéficier d'une contrepartie financière. • Soc. 4 juin 2008 : *Bull. civ. V, n° 123 ; D. 2008. AJ 1771 ; D. 2009. Pan. 1443, obs. Robinne ; JCP 2008. Actu 434, obs. Miara ; RLDA oct. 2008. 77, obs. Darmaisin.* ♦ Il en va également ainsi de l'art. 75 du code de commerce local (Alsace-Moselle) en vertu de l'art. 6, 1, du Pacte international relatif aux droits économiques, sociaux et culturels du 16 déc. 1966. • Soc. 16 déc. 2008 : *Bull. civ. V, n° 251 ; D. 2009. AJ 233, et les obs. ; ibid. Pan. 1443, obs. Robinne ; JCP E 2009, n° 6, p. 46.* ♦ Comp., jugeant que, dans la mesure où la contrepartie financière d'une clause de non-concurrence n'en est pas un élément constitutif mais une exception aux conditions normales d'application de cette dernière, la disposition privant le salarié licencié pour une faute grave ou lourde de cette indemnité compensatrice n'entraîne pas la nullité de ladite clause ; il y a seulement lieu de déclarer ladite disposition non écrite. • Limoges, 8 mars 2004 : *BICC 2006, n° 1444.* ♦ V. aussi, jugeant que la clause de non-concurrence minorant la contrepartie financière en cas de licenciement pour faute n'est pas nulle, mais doit être réputée non écrite en ses seules dispositions minorant la contrepartie en cas de faute : • Soc. 8 avr. 2010 : *Bull. civ. V, n° 92 ; D. 2010. Actu. 1085, obs. Perrin ; JCP E 2010, n° 1667, note Béal et Klein ; RLDA juill.-août 2010. 58, obs. Canut ; RDC 2010. 1199, note Géninon.* ♦ La cour d'appel qui constate qu'une clause de non-concurrence n'était assortie d'aucune contrepartie financière, en déduit exactement que son exécution était de nature à caractériser un trouble manifestement illicite, et peut la déclarer inopposable au salarié. • Soc. 25 mai 2005 : *Bull. civ. V, n° 180 ; D. 2005. Pan. 2456, obs. Robinne ; ibid. IR 1585, obs. Chevrier ; JCP E 2005, n° 29, p. 1244 ; CCC 2005, n° 168, obs. Malaurie-Vignal ; LPA 8 juill. 2005, p. 11, note Touchent ; RDLC 2005, n° 3, p. 90, obs. Fasquelle et Charrière ; RDC 2005. 1108, obs. Radé.* ♦ Seul le salarié peut se prévaloir de la nullité de la clause de non-concurrence ne comportant pas de contrepartie financière. • Soc. 25 janv. 2006 : *Bull. civ. V, n° 25 ; D. 2006. Pan. 2926, obs. Robinne ; JCP E 2006, n° 9, p. 433 ; RLC 2006, n° 7, p. 60, obs. Chagny.* – V. aussi • Riom, 19 déc. 2006 : *JCP E 2007, n° 23, p. 45.* ♦ ... Il s'ensuit qu'un nouvel employeur ne peut former, en invoquant une telle nullité, tierce opposition au jugement qui a statué sur cette action. • Soc. 2 févr. 2006 : *Bull. civ. V, n° 56 ; D. 2006. IR 471 ; JCP E 2006, n° 10, p. 484.* – V. en matière de clause de non-sollicitation, note 94.

Sur la qualification juridique de la contrepartie financière en indemnité compensatrice de salaire dont l'action en paiement se prescrit par cinq ans, V. • Soc. 26 sept. 2002 : *Bull. civ. V, n° 283 ; D. 2003. Somm. 905, obs. Fadeuilhe* • 17 mai 2006 : *Bull. civ. V, n° 177 ; D. 2007. Pan. 181, obs. Condemine ; JCP E 2006, n° 47, p. 1999, note Vachet.* ♦ Sur l'obligation de payer la contrepartie financière de la clause de non-concurrence d'un salarié mis à la retraite, V. • Angers, 20 avr. 2004 : *JCP 2004. IV. 3276.* ♦ ... Ou qui a retrouvé un emploi, V. • Soc. 10 mars 2004 : *D. 2005. Pan. 2456, obs. Gomy.* ♦ L'indemnisation du débiteur en cas d'illicéité de la clause est indépendante de la possibilité ou de l'impossibilité pour celui-ci d'exercer un emploi concurrent. • Soc. 12 juill. 2006 : *RDLC 2006, n° 4, p. 87, obs. Fasquelle.* ♦ La stipulation dans le contrat de travail d'une clause de non-concurrence nulle cause nécessairement un préjudice au salarié. • Soc. 12 janv. 2011 : *Bull. civ. V, n° 15 ; D. 2011. Pan. 2965, obs. Robinne ; JCP E 2011, n° 1085, note Beyneix.* ♦ Le respect par un salarié d'une clause de non-concurrence illicite lui cause « nécessairement » un préjudice dont il appartient au juge d'apprécier l'étendue. • Soc. 11 janv. 2006 : *Bull. civ. V, n° 8 ; R. 2006, p. 262 ; D. 2006. IR 249 ; RTD civ. 2006. 311, obs. Mestre et Fages ; JCP E 2006, n° 10, p. 482, note Grosser ; LPA 13 mars 2006, obs. Picca et Sauret ; CCC 2006, n° 74, obs. Malaurie-Vignal ; RLC 2006, n° 7, p. 60, obs. Chagny* • 15 mars 2006 : *D. 2006. Pan. 2925, obs. Robinne ; JCP 2006. IV. 1842 ; RLDA mai 2006. 46, obs. Méar* • 22 mars 2006 : *Bull. civ. V, n° 120 ; D. 2006. IR 1063 ; JCP 2006. I. 166, n° 3, obs. Stoffel-Munck ; Gaz. Pal. 2006. Somm. 2107, obs. Boubli ; RDLC 2006, n° 2, p. 105, obs. Fasquelle et Charrière.* ♦ Comp., jugeant seulement qu'il « peut » prétendre à des dommages-intérêts. • Soc. 18 mars 2003 : *Bull. civ. V, n° 98 ; D. 2003. IR 1007 ; JCP E 2003, n° 21-22, p. 883 ; Dr. et patr. juin 2003. 105, obs. Antonmattei* • 19 oct. 2005 : *RDLC 2006, n° 1, p. 152, obs. Fasquelle et Charrière* • Lyon, 2 mai 2005 : *BICC 2005, n° 1368* • Paris, 6 avr. 2005 : *JCP 2005. IV. 3214.* ♦ Le salarié ne peut prétendre au paiement de l'indemnité de non-concurrence que pour la période pendant laquelle il a respecté son obligation, et, le cas échéant, au versement de dommages-intérêts en réparation du préjudice que lui a causé l'inexécution par l'employeur de son obligation de verser la contrepartie financière à laquelle il était tenu. • Soc. 25 févr. 2003 : *Bull. civ. V, n° 65 ; D. 2003. IR 738 ; JCP E 2003, n° 23, p. 958, note Corrignan-Carsin ; LPA 28 juill. 2003, obs. Picca et Sauret ; Gaz. Pal. 2003. Somm. 2007, obs. Boubli.* – V. aussi • Soc. 5 mai 2004 : *Bull. civ. V, n° 124 ; LPA 26 juill. 2004, obs. Picca et Sauret ; JCP 2004. IV. 2324.* • Com. 21 sept. 2004 : *Bull. Joly 2004. 1494, note Favario* • Soc. 2 mars 2005 : *JCP E 2005, n° 26, p. 1125, note Béal et Giroud.* ♦ Si la dispense tardive de l'obligation de non-concurrence ne décharge pas l'employeur de son obligation d'en verser au salarié la contrepartie pécuniaire, celle-ci ne lui est due que pour la période pendant laquelle il a respecté ladite clause. • Soc. 13 sept. 2005 : *Bull. civ. V, n° 251 ; D. 2006. 1357, note Séchier-Dechevrens ; ibid. Pan. 414, obs. Leclerc ; D. 2005. IR 2546, obs. Chevrier.* ♦ En l'absence de fixation par le contrat de travail ou la convention collective des modalités de renonciation au bénéfice de la clause de non-concurrence, l'employeur doit notifier dans un délai raisonnable qu'il renonce à l'application de cette clause ; ce délai court à compter de la date à laquelle l'employeur a eu connaissance de la prise d'acte de la rupture par le salarié. • Soc. 13 juin 2007 : *Bull. civ. V, n° 98 ; BICC 15 oct. 2007, n° 2050, et les obs. ; D. 2007. AJ 1874 ; RDT 2007. 579, obs. Pélissier ; JCP E 2007, n° 41, p. 40, note Mel ; JCP 2007. II. 10170, note Blanc-Jouvan ; CCC 2007, n° 247, obs. Malaurie-Vignal ; RLDA sept. 2007. 64, obs. Darmaisni.* ♦ En cas de rupture du contrat de travail avec dispense d'exécution du préavis par le salarié, la date à partir de laquelle celui-ci est tenu de respecter l'obligation de non-concurrence, la date d'exigibilité de la contrepartie financière de la clause de non-concurrence et la date à compter de laquelle doit être déterminée la période de référence pour le calcul de cette indemnité sont celles du départ effectif de l'entreprise. • Soc. 13 mars 2013 : *D. 2013. Actu. 778 ; Dr. soc. 2013. 455, obs. Mouly ; JCP 2013, n° 381, obs. Lefranc-Hamoniaux ; LPA 4 juin 2013, note Hemadache.*

La nullité de la clause de non-concurrence ne fait pas obstacle à l'action en responsabilité engagée par l'employeur contre son ancien salarié dès lors qu'il démontre que ce dernier s'est livré à des actes de concurrence déloyale illicite. • Soc. 14 déc. 2005 : *Bull. civ. IV, n° 363 ; D. 2006. IR 98 ; JCP E 2006, n° 4, p. 212 ; RJDA 2006, n° 502 ; RLDA févr. 2006. 57, obs. Darmaisin ; RLC 2006, n° 7, p. 60, obs. Chagny.*

85. Attestation de non-concurrence. N'est pas licite la disposition contractuelle qui subordonne l'obligation pour l'employeur de verser au salarié une contrepartie pécuniaire de la clause de non-concurrence à la condition préalable que le salarié lui fournisse pour chaque trimestre une attestation de présence de son nouvel employeur ou une attestation de non-emploi, dès lors que cette obligation naît de l'existence même d'une obligation de non-concurrence et qu'une telle condition a pour conséquence de faire présumer que la clause de non-concurrence n'est pas respectée jusqu'à ce que le salarié rapporte la preuve contraire. • Poitiers, 15 juin 2004 : *BICC 2004, n° 1836.*

86. Contrat de franchise. Justifie légalement sa décision par laquelle elle déclare valide une clause de non-concurrence stipulée dans un contrat de franchise, la cour d'appel qui, d'une part, a recherché à juste titre si cette clause était nécessaire pour maintenir l'identité commune ou la réputation du réseau et, d'autre part, a retenu que la clause litigieuse n'interdisait nullement la poursuite d'une activité identique sous une autre enseigne et procurait seulement au franchiseur un délai d'un an pendant lequel l'implantation par l'ancien franchisé d'une enseigne renommé concurrente ne serait pas possible, de sorte qu'il pourrait reconstituer son réseau localement. • Com. 22 févr. 2000 : *CCC 2000, n° 92, obs. Leveneur.* ♦ V. aussi note 46 ss. art. L. 330-3 C. com.

87. Vente de lot d'un centre commercial. Dès lors que la répartition des commerces dans le centre commercial d'un ensemble immobilier en copropriété n'est pas le fait du règlement de copropriété, la clause de non-concurrence insérée dans l'acte de vente d'un lot ne peut être annulée sur le fondement des dispositions de l'art. 8, al. 2 et 9, de la loi du 10 juill. 1965 qui sont inapplicables. • Civ. 3e, 9 nov. 1982 : *Bull. civ. III, n° 215.*

VI. EFFETS DES CLAUSES DE NON-CONCURRENCE

88. Portée d'une clause de non-concurrence. Une clause de non-concurrence qui apporte une restriction aux principes de la liberté fondamentale d'exercer une activité professionnelle et de la liberté d'entreprendre est d'interprétation stricte et ne peut être étendue au-delà de ses prévisions, la perception d'indemnités à l'expiration du contrat de travail ne faisant pas obstacle à ce principe d'interprétation. • Soc. 17 janv. 2006 : *Bull. civ. V, n° 15.* ♦ Une clause de non-concurrence interdisant à un salarié d'une entreprise, après son départ, de travailler dans un secteur géographique déterminé pendant une période limitée, fait obstacle à ce que ce dernier, même s'il est employé dans une entreprise située en dehors de la zone d'interdiction, effectue des travaux commandés par des clients de son ancienne société résidant dans le secteur géographique visé par la clause de non-concurrence. • Com. 9 févr. 1999 : *Bull. civ. IV, n° 42 ; D. 2000. Somm. 323, obs. Auguet ; LPA 11 nov. 1999, obs. Etner.* ♦ Comp. jugeant que la clause qui prohibe une réinstallation directe ou indirecte n'interdit ni le rachat de la clientèle d'un médecin installé dans la zone interdite dès lors que le débiteur s'est réinstallé à la limite extérieure du périmètre, ni l'exercice d'une vacation hebdomadaire au service radiologique d'un hôpital situé dans la zone interdite dès lors qu'elle ne constitue pas une réinstallation de cabinet privé : • Bordeaux, 28 févr. 2006 : *CCC 2006, n° 115, obs. Malaurie-Vignal.* ♦ Une clause de non-concurrence qui interdit seulement à des salariés de détourner ou de tenter de détourner la clientèle, les fournisseurs ou d'autres salariés de leur ancienne société, ne pose en revanche aucune interdiction de se faire embaucher par une société concurrente dès lors que c'est pour y exercer de nouvelles activités. • Paris, 2 févr. 2000 : *D. 2002. Somm. 1260, obs. Serra .* – Rappr. • Paris, 1er juill. 2004 : *JCP 2004. IV. 3370.* ♦ La clause de non-concurrence ne peut concerner que la société cocontractante de l'intéressé et non les autres sociétés du groupe. • Soc. 22 mai 1995 : *Bull. civ. V, n° 162 ; JCP 1995. II. 22544, note Adour ; Bull. Joly 1995. 749, note Arseguel et Fadeuilhe.* ♦ Comp., jugeant que des filiales ayant violé la clause de non-concurrence au su de la société mère et avec son accord, si ce n'était à son instigation, celle-ci, qui s'était engagée à ne pas s'intéresser directement ou indirectement à un fonds concurrent, devait répondre de ces agissements. • Com. 11 mars 2003 : *RJDA 2003, n° 595.* ♦ En estimant qu'un salarié d'une enseigne de distribution n'a pas violé l'obligation de non-concurrence à laquelle il était soumis en étant embauché dans un magasin de la même enseigne, alors que l'intégration dans un même réseau de distribution ne suffit pas en elle-même à exclure l'existence d'un état de concurrence entre les entreprises qui en font partie, la cour d'appel, à laquelle il appartenait de vérifier concrètement l'existence d'une situation de concurrence entre les deux magasins concernés, a privé sa décision de base légale. • Soc. 16 mai 2012 : *Bull. civ. V, n° 152 ; D. 2012. Chron. C. cass. 1768, obs. Ducloz ; RDT 2012. 418, note Ferrier ; JCP E 2012, n° 1466, note Beyneix ; CCC 2012, n° 204, obs. Malaurie-Vignal ; RJDA 2012, n° 934.* ♦ Une clause de non-rétablissement portant sur une activité n'interdit pas la pratique accessoire de cette activité, exercée concomitamment avec une activité principale (travaux de plomberie-zinguerie pour un chauffagiste). • Lyon, 28 oct. 2007 : *BICC 1er mars 2008, n° 298.* ♦ Une clause de non-concurrence insérée dans un bail commercial ne peut avoir pour effet d'interdire au preneur de solliciter la déspécialisation partielle. • Civ. 3e, 15 févr. 2012 : *Bull. civ. III, n° 29 ; D. 2012. Actu. 551, obs. Rouquet ; RTD com. 2012. 507, obs. Monéger ; AJDI 2012. 665, note Planckeel ; JCP E 2012, n° 1400, note Grignon ; CCC 2012, n° 91, obs. Malaurie-Vignal ; RJDA 2012, n° 648 ; RLDA oct. 2012. 49, note Gomy ; RDC 2012. 867, obs. Seube ; Rev. loyers 2012. 160, note Raclet.* ♦ En vertu de l'effet relatif des contrats, un locataire ne peut pas être personnellement tenu d'exécuter un engagement de non-concurrence contracté par le bailleur à l'égard d'un centre commercial, dès lors qu'il exerce son activité conformément à la clause de destination de son bail. • Caen, 4 oct. 2012 : *RJDA 2013, n° 90.*

Un gérant, cédant de parts sociales, viole l'obligation de non-concurrence qu'il a souscrite en exerçant les fonctions de gérant dans une société sous-traitante de celle dont il a cédé les parts et qui a modifié postérieurement à la cession son activité pour créer des activités concurrentielles de celles de la première société. • Com. 17 déc. 2002 : *Bull. Joly 2003. 302, obs. Couret ; RJDA 2003, n° 601.* ♦ Jugeant que l'obligation de non-concurrence ne s'étend pas à l'épouse d'un ex-salarié d'une société lié par une clause de non-concurrence : • Paris, 1er oct. 2003 : *CCC 2004, n° 22, obs. Malaurie-Vignal.* ♦ Le seul fait pour un salarié d'acquérir en communauté de biens avec son épouse un fonds de commerce dont l'activité est la même que celle de son employeur ne constitue pas en lui-même un manquement à l'obligation de loyauté dès lors que l'intéressé n'a pas participé à l'activité du fonds de commerce exploité par son épouse. • Com. 20 mars 2007 : *CCC 2007, n° 157, obs. Malaurie-Vignal.* ♦ Pour un sort différent réservé aux cédants d'un fonds de commerce selon qu'ils exercent, dans un fonds concurrent, une activité de salarié ou qu'ils en sont associés majoritaires, même non gérants, V. • Com. 21 janv. 2004 : *RJDA 2004, n° 522 ; Lettre distrib. mars 2004, p. 3.* ♦ Dès lors que la clause de non-concurrence interdit au cédant de s'intéresser « directement ou indirectement » à tout établissement concurrent, la clause doit être interprétée comme assujettissant non seulement la société, cédant les parts sociales, expressément mentionnée dans l'acte de cession, mais également le gérant de la société. • Nancy, 18 févr. 2004 : *D. 2005. Pan. 2455, obs. Picod ; CCC 2005, n° 27, obs. Malaurie-Vignal.* ♦ *Contra*, jugeant que l'ancien dirigeant de la société cédant n'étant pas partie à l'acte de cession dans lequel était stipulée la clause litigieuse, qu'il n'y était pas visé nommément et qu'il ne l'avait jamais acceptée, la clause de non-concurrence lui est inopposable. • Com. 11 juill. 2006 : *D. 2006. Pan. 2923, obs. Gomy ; Dr. sociétés 2006, n° 176, obs. Lécuyer.* ♦ V. aussi pour une clause de non-concurrence insérée dans un protocole de cession d'actions : • Nancy, 28 nov. 2007 : *JCP 2008. IV. 2546 ; RJDA 2009, n° 352.* ♦ Jugeant qu'une clause de non-concurrence figurant dans les statuts d'une société n'est pas opposable au dirigeant non associé nommé en cours de vie sociale s'il n'est pas démontré qu'il l'a acceptée, V. • Com. 10 juill. 2012 : *RJDA 2012, n° 1076 ; Dr. sociétés 2013, n° 19, obs. Mortier ; Bull. Joly 2013. 31, note Barbièri.* ♦ La clause de non-concurrence interdisant au débiteur de l'obligation d'apporter son concours directement ou par personne interposée dans le domaine scientifique à des entreprises susceptibles de concurrencer son ancienne société, une cour d'appel a interprété souverainement les termes ambigus de cette clause en considérant que le seul fait de devenir actionnaire d'une société concurrente ne constituait pas, en lui-même et compte tenu du contexte dans lequel il était intervenu, une violation de la clause de non-concurrence. • Com. 2 déc. 2008 : *Bull. Joly 2009. 350, obs. Poracchia ; Lettre distrib. janv. 2009, p. 2.* ♦ Une clause interdisant de créer, d'exploiter, de s'intéresser directement ou indirectement, à quelque titre que ce soit, même comme associé commanditaire, à une activité concurrente, n'interdit pas de devenir salarié dès lors que les termes employés évoquent une exploitation personnelle ou tout au moins un intéressement à l'exploitation de l'entreprise concurrente. • Paris, 8 janv. 2009 : *RJDA 2009, n° 307 ; Bull. Joly 2009. 753, obs. Poracchia.*

Une cour d'appel, qui constate que la clause de non-concurrence imposée par le bailleur initial à tous ses locataires a disparu des baux consentis ultérieurement à une société locataire du même immeuble, a pu en déduire que le bailleur, qui s'est exonéré de l'obligation qui pesait sur lui d'insérer cette clause dans les baux concernés par la zone de non-concurrence, a commis une faute dans l'exécution du bail, rendant de fait impossible le respect de ladite clause et qu'il y a lieu en conséquence de prononcer la résolution de la clause de non-concurrence insérée dans le bail liant le preneur à la SCI bailleresse à compter de la date de l'assignation. • Civ. 3e, 3 mai 2007 : *Bull. civ. III, n° 67 ; D. 2007. 2068, note Rochfeld ; ibid. AJ 1335, obs. Rouquet ; D. 2008. Pan. 1648, obs. Rozès ; JCP E 2007, n° 35, p. 21, note Auque ; JCP 2007. II. 10179, note Roussille ; LPA 27 juin 2007, note Berlioz ; LPA 2 oct. 2007, note Humann ; Gaz. Pal. 2007. 2533, note Barbier, et 2552, note Guerchoun ; CCC 2007, n° 181, obs. Malaurie-Vignal ; Dr. et patr. sept. 2007. 92, obs. Stoffel-Munck ; RJDA*

2007, n° 939 ; Defrénois 2007. 1379, obs. Ruet ; ibid. 2008. 1940, note Boulogne-Yang-Ting ; Dr. et proc. 2007. 236 ; RDC 2007. 1210, obs. Seube ; RLDA sept. 2007. 23, note G. François ; RLDA oct. 2007. 49, note Augagneur ; Rev. loyers 2007. 336, note Quément.

La stipulation de dommages et intérêts en cas de non-respect de l'interdiction de réinstallation ne fait pas obstacle à ce que le créancier de l'obligation poursuive l'exécution de la convention nonobstant l'absence de disposition contractuelle l'y autorisant expressément, cette exécution étant en l'espèce réalisable par la seule cessation de l'activité contrevenant à la clause. • Bordeaux, 11 déc. 2007 : *RTD com. 2008. 776, obs. Champaud et Danet ; Dr. sociétés 2008, n° 115, obs. Coquelet.* ♦ Ayant pour objet d'indemniser le salarié qui, après rupture du contrat de travail, est tenu d'une obligation qui limite ses possibilités d'exercer un emploi, la contrepartie de la clause de non-concurrence n'est pas due en cas de rupture du contrat de travail à la suite du décès du salarié. • Soc. 29 oct. 2008 : *Bull. civ. V, n° 207 ; D. 2008. AJ 2947 ; D. 2009. Pan. 1443, obs. Robinne ; JCP E 2008, n° 48, p. 49 ; RLDA mars 2009. 59, obs. Canut ; Lettre distrib. nov. 2008, p. 4.*

89. Réduction proportionnelle. En présence d'une clause de non-concurrence insérée dans un contrat de travail, même indispensable à la protection des intérêts légitimes de l'entreprise, le juge peut, lorsque cette clause ne permet pas au salarié d'exercer une activité conforme à sa formation et à son expérience professionnelle, en restreindre l'application en en limitant l'effet dans le temps, l'espace ou ses autres modalités. • Soc. 18 sept. 2002 : *Bull. civ. V, n° 272 ; D. 2002. 3229, note Serra ; ibid. Somm. 3111, obs. Pélissier ; JCP E 2003, n° 12, p. 509, obs. Morvan ; RDC 2003. 150, obs. Radé.*

90. Cessation d'activité. La cessation volontaire d'activité de l'entreprise n'a pas pour effet de décharger de plein droit le salarié de son obligation de non concurrence. • Soc. 5 avr. 2005 : *Bull. civ. V, n° 118 ; D. 2005. Pan. 2456, obs. Gomy ; JCP E 2005, n° 23, p. 984 ; Gaz. Pal. 2005. Somm. 2254, obs. Boubli ; RDC 2005. 765, obs. Radé ; RDLC 2005, n° 3, p. 91, obs. Fasquelle et Charrière ; RJDA 2005, n° 1066* • 7 mars 2007 : *D. 2008. Pan. 250, obs. Robinne ; JCP E 2007, n° 39, p. 18, note Arcelin.* ♦ Rappr., sanctionnant la violation de la clause de non-concurrence même si le bénéficiaire n'a pas subi de préjudice : • Civ. 1re, 10 mai 2005 : *Bull. civ. I, n° 201 ; RTD civ. 2005. 594, obs. Mestre et Fages ; ibid. 600, obs. Jourdain ; CCC 2005, n° 184, obs. Leveneur ; RJDA 2005, n° 930 ; RDC 2006. 326, obs. D. Mazeaud* • 31 mai 2007 : *Bull. civ. I, n° 212 ; D. 2007. 2784, note Lisanti ; ibid. Pan. 2974, obs. Fauvarque-Cosson ; ibid. AJ 1725, obs. Gallmeister ; RTD civ. 2007. 568 obs. Fages et 776, obs. Jourdain ; JCP E 2008, n° 15, p. 26, obs. Mouly ; CCC 2007, n° 230, obs. Leveneur ; RJDA 2007, n° 1191 ; RDC 2007. 1118, obs. Laithier, et 1140, obs. Carval ; RCA 2007, n° 234.* ♦ L'obligation au paiement de l'indemnité compensatrice de non-concurrnce qui est liée à la cessation d'activité du salarié, au respect de la clause de non-concurrence et à l'absence de renonciation de l'employeur, ne peut être affectée par les circonstances de la rupture du contrat de travail et la possibilité pour le salarié de reprendre ou non une activité concurrentielle (départ à la retraite). • Soc. 24 sept. 2008 : *Bull. civ. V, n° 176 ; D. 2008. AJ 2437 ; JCP E 2008, n° 41, p. 9 ; RLDA nov. 2008. 58.* ♦ L'activité de chirurgien-dentiste, exempt de limite d'âge ou de durée, exige seulement la réunion des conditions de diplôme et de nationalité prévues au code de la santé publique et l'absence d'interdiction légale ou disciplinaire d'exercice, de sorte que la renonciation du débiteur de l'obligation de non-concurrence à une activité qu'il lui eût été loisible de continuer ou reprendre plus tard constituait à la date de sa formation, la cause de l'engagement pécuniaire litigieux, distincte des mobiles, indifférents en l'espèce, qui l'avaient amené à céder son cabinet. • Civ. 1re, 3 avr. 2007 : *Bull. civ. I, n° 139 ; RTD civ. 2007. 556, obs. Fages ; JCP E 2007, n° 39, p. 18, note Arcelin ; JCP E 2008, n° 15, p. 25, obs. Mouly ; LPA 1er févr. 2008, note Bonnet.* ♦ Pour une renonciation du créancier de l'obligation de non-concurrence, V. • Bordeaux, 17 janv. 2007 : *D. 2008. Pan. 249, obs. Gomy.*

91. Transmission de la clause de non-concurrence. La clause de non-concurrence souscrite par un membre d'une profession libérale au profit d'un confrère à l'occasion de la cession des éléments constitutifs de son cabinet doit être, sauf clause contraire, présumée comprise parmi les droits transmis par le cessionnaire lorsqu'il vient à son tour à procéder à la même opération au profit d'un tiers. • Civ. 1re, 3 déc. 1996 : *Bull. civ. I, n° 436 ; D. 1997. 131, rapp. Chartier, note Serra.* ♦ Jugeant que la clause de non-concurrence convenue à l'occasion de la vente d'un fonds de commerce se transmet de plein droit sauf clause contraire, aux acquéreurs successifs de ce fonds, V. • Lyon, 6 nov. 1998 : *RJDA 2000, n° 7.* ♦ Comp., sur l'absence de transmission d'une clause de non-concurrence à l'acquéreur ou au locataire-gérant du fonds de commerce, V. note 27 ss. C. com., art. L. 141-5. ♦ L'interdiction faite à l'acquéreur d'un fonds de l'affecter à un usage déterminé peut revêtir le caractère d'une servitude établie par le fait de l'homme attachée au fonds dans l'intérêt d'un autre fonds et est valable pourvu que ce service ne soit pas contraire à l'ordre public. • Com. 15 juill. 1987 : *Bull. civ. IV, n° 184.* ♦ Sur le sort d'une clause de non-concurrence en cas de cession d'actions, V. • Com. 11 mars 2003 : *Bull. Joly 2003. 666, note Massart.*

92. Responsabilité du tiers complice. Il s'infère nécessairement un préjudice de la participation d'une société à la violation d'une clause de non-concurrence. • Com. 17 déc. 2007 : *CCC 2008, n° 86, obs. M. M.-V.* ♦ Toute personne qui emploie sciemment un salarié en violation d'une clause de non-concurrence souscrite par ce dernier commet une faute délictuelle à l'égard de la victime de l'infraction et doit être condamnée à réparer le préjudice subi, indépendamment d'un détournement effectif de la clientèle. • Com. 5 févr. 1991 : *préc. note 40* • 21 mars 1995 : *RJDA 1995, n° 926.* – Rappr., sur la responsabilité d'un employeur ayant été négligent en recrutant comme directeur commercial, l'ancien gérant d'une société avec laquelle il était précédemment lié par un accord de distribution, sans vérifier que la résiliation amiable du contrat de travail du nouvel embauché, notamment quant à la renonciation à la clause de non-concurrence dont il avait connaissance, avait été effective. • Versailles, 29 juin 2000 : *D. 2001. Somm. 1234, obs. Picod*. ♦ Sur la responsabilité d'un franchiseur ayant eu connaissance de l'embauche par un de ses distributeurs d'un salarié lié par une clause de non-concurrence, V. • Com. 22 févr. 2000 : *CCC 2000, n° 81, obs. Malaurie-Vignal.* ♦ Sur la responsabilité de sociétés s'étant abstenues de vérifier si les personnes nouvellement recrutées étaient libres de tout engagement à l'égard de leur précédent employeur et notamment, si elles n'étaient pas liées par une clause de non-concurrence, V. • Paris, 10 janv. 2001 : *D. 2001. Somm. 1311, obs. Serra* • 25 oct. 2000 : *ibid.* ♦ Sur la preuve de la connaissance par le nouvel employeur de la clause de non-concurrence et son obligation de vérifier la liberté du salarié embauché, V. • Com. 18 déc. 2001 : *D. 2002. AJ 644, obs. Chevrier ; ibid. 2003. Somm. 1029, obs. Picod ; CCC 2002, n° 59, obs. Malaurie-Vignal.* ♦ Sur la question de savoir si l'illicéité d'une clause de non-concurrence pour absence de contrepartie financière rend celle-ci inopposable au second employeur auquel on ne peut alors reprocher un acte de concurrence déloyale, V. • Com. 6 févr. 2007 : *RLDA mars 2007. 42, obs. Anadon* • 29 janv. 2008 : *Bull. civ. IV, n° 22 ; D. 2008. AJ 540, obs. Chevrier ; RDT 2008. 453, obs. Chagny ; JCP E 2008, n° 10, p. 27 ; CCC 2008, n° 111, obs. M. M.-V. ; RJDA 2008, n° 605 ; Bull. Joly 2008. 234.*

93. Cumul d'actions en responsabilité. L'action en concurrence déloyale dirigée contre l'employeur ayant embauché un salarié lié par une clause de non-concurrence est recevable nonobstant l'existence d'une action contractuelle de l'ancien employeur contre le salarié, ces deux actions, l'une délictuelle, l'autre contractuelle, qui tendent à la réparation d'un préjudice différent pouvant se cumuler. • Com. 24 mars 1998 : *Bull. civ. IV, n° 112 ; D. 1999. Somm. 113, obs. Libchaber ; LPA 19 août 1998, obs. Malaurie-Vignal.* ♦ L'action en concurrence déloyale engagée contre le nouvel employeur du salarié devant la juridiction commerciale, qui n'a ni le même objet, ni la même cause et qui n'oppose pas les mêmes parties, ne fait pas obstacle à ce que l'ancien employeur agisse contre son ancien salarié en réparation du préjudice qu'il lui a causé par sa faute. • Soc. 28 janv. 2005 : *Bull. civ. V, n° 36 ; D. 2005. Pan. 2462, obs. Auguet ; JCP E 2005, n° 40, p. 1661, note Depingé ; ibid. n° 26, p. 114, obs. Caron ; CCC 2005, n° 65, obs. Malaurie-Vignal ; LPA 8 mars 2005, obs. Picca et Sauret ; RJDA 2005, n° 635 ; RDLC 2005, n° 2, p. 68, obs. Fasquelle et Mésa* • 24 mai 2005 : *CCC 2005, n° 167, obs. Malaurie-Vignal ; RDLC 2005, n° 3, p. 89, obs. Fasquelle et Mésa.* ♦ Mais la responsabilité pour concurrence déloyale suppose une faute caractérisée par des agissements distincts de la seule violation d'une éventuelle obligation de non-concurrence sanctionnée par la perte de l'indemnité compensatrice. • Civ. 1re, 18 janv. 2005 : *D. 2005. Pan. 2462, obs. Auguet ; JCP E 2005, n° 26, p. 1114, obs. Caron ; CCC 2005, n° 88, obs. Malaurie-Vignal ; LPA 15 mai 2006, obs. Bacchichetti.*

94. Clause de non-sollicitation. La clause de non-sollicitation ne constitue pas une clause de non-concurrence dont elle n'est ni une variante, ni une précision de celle-ci. • Com. 11 juill. 2006 : *D. 2006. Pan. 2925, obs. Gomy ; RTD civ. 2007. 111, obs. Mestre et Fages ; JCP E 2006, n° 36, p. 1487 ; CCC 2006, n° 232, obs. Malaurie-Vignal ; RJDA 2006, n° 1199 ; RDLC 2006, n° 4, p. 86, obs. de La Laurencie et Sanglé-Ferrière.* ♦ Une clause de non-sollicitation, par laquelle les clients de l'employeur s'engagent pour une durée déterminée à ne pas recourir aux services de ses salariés ou collaborateurs quand bien même ceux-ci auraient quitté l'entreprise, ne constitue pas une clause de non-concurrence. • Lyon, 12 juill. 2005 : *D. 2006. Pan. 2925, obs. Gomy ; JCP E 2006, n° 16, p. 726, note Stoffel-Munck ; ibid., n° 23, p. 1003, obs. Vivant, Mallet-Poujol et Bruguière ; CCE 2006, n° 26, obs. Stoffel-*

Munck • Paris, 11 févr. 2010 : *CCC 2010, n° 262, obs. M. M.-V.* ♦ Dès lors qu'en exécution de la clause de non-sollicitation conclue entre son employeur et la société le salarié n'avait pas pu être engagé par cette dernière, il en résulte que cette clause avait porté atteinte à sa liberté de travailler et que son employeur devait l'indemniser du préjudice qu'il lui avait ainsi causé. • Soc. 2 mars 2011 : *CCC 2011, n° 139, obs. Malaurie-Vignal.* ♦ Seul le salarié peut se prévaloir du trouble qu'est susceptible de lui causer une clause de non-sollicitation ne comportant pas de contrepartie financière. • Com. 10 mai 2006 : *Bull. civ. IV, n° 116 ; D. 2006. Pan. 2925, obs. Gomy ; ibid. AJ 1526, obs. Chevrier ; RTD civ. 2007. 111, obs. Mestre et Fages ; JCP E 2006, n° 36, p. 1497, note Vatinet ; JCP 2006. I. 176, n° 14, obs. Grosser ; CCC 2006, n° 164, obs. Malaurie-Vignal ; RJDA 2006, n° 1108 ; RDLC 2006, n° 3, p. 111, obs. Fasquelle et Charrière.* – V. en matière de clause de non-concurrence, note 84. ♦ Le fait pour le salarié d'être en période d'essai à l'égard du fournisseur ne lui retire pas la qualité de collaborateur de ce dernier, de telle sorte que le client viole l'interdiction prévue dans la clause de non-sollicitation en l'embauchant. • Paris, 14 déc. 2005 : *BRDA 2006, n° 10, p. 9 ; Lettre distrib. juill.-août 2006, p. 4.* ♦ Pour une difficulté à distinguer clause de non-concurrence et clause de non-sollicitation, V. • Soc. 13 juin 2007 : *CCC 2007, n° 248, obs. Malaurie-Vignal.* ♦ V. aussi pour un engagement, de la part d'un PDG révoqué, de ne pas démarcher les clients ou les collaborateurs du groupe, constitutif d'un engagement de non-concurrence reconnu comme tel par tous les organes de la société alors même qu'à défaut d'engagement de sa part, l'ancien dirigeant n'était tenu par aucune obligation, légale ou conventionnelle, de nature à restreindre sa liberté de travailler pour un groupe concurrent : • TGI Paris, 27 janv. 2009 : *JCP E 2009, n° 8-9, p. 45.* ♦ Pour une obligation de non-sollicitation figurant dans une clause de non-concurrence, V. • Com. 11 mars 2008 : *RJDA 2008, n° 981.* ♦ La clause de clientèle *contenant une interdiction faite au salarié de* contracter avec les clients de son ancien employeur, y compris dans le cas où ces derniers envisageraient spontanément, en dehors de toute sollicitation ou démarchage, de contracter directement ou indirectement avec lui, s'analyse en une clause de non-concurrence. • Soc. 27 oct. 2009 : *Bull. civ. V, n° 232 ; Dalloz actualité, 13 nov. 2009, obs. crit. Perrin ; JCP 2010, n° 1-2, p. 33, note Corrignan-Carsin ; CCC 2009, n° 288, obs. Malaurie-Vignal ; RJDA 2010, n° 113* • 15 févr. 2012 : *RJDA 2012, n° 639.* – V. aussi • Soc. 9 mars 2011 : *CCC 2011, n° 163, obs. N. M.*

Pas plus que le juge du principal, le juge des référés n'a pas le pouvoir, à la demande d'un tiers, d'ordonner la résiliation d'un contrat de travail conclu en violation d'une clause de non-sollicitation ni de prendre une mesure entraînant la rupture de celui-ci. • Soc. 18 nov. 2009 : *Dalloz actualité, 3 déc. 2009, obs. Perrin.*

95. Clause de respect de clientèle. **BIBL.** Castronovou, *RDT 2010. 507* (clause de clientèle et clause de non-concurrence). ♦ Cette clause, qui interdit au salarié ou à l'associé de considérer comme personnels pendant la durée du contrat de travail, ou de conserver comme personnels après la rupture de celui-ci, les clients de la société pour lesquels il a travaillé, n'est pas une clause de non-concurrence en ce qu'elle n'interdit pas au salarié de s'engager auprès d'un employeur concurrent ou de créer une entreprise concurrente après la rupture. • Aix-en-Provence, 7 nov. 2006 : *JCP E 2007, n° 27-28, p. 47.* ♦ Cette clause, qui doit se distinguer de la clause de non-concurrence qu'elle ne constitue pas, n'a pas été respectée par le salarié qui a conservé des mandats de commissaire aux comptes détenus à titre personnel pendant l'exécution du contrat de travail, et a ainsi détourné une partie de la clientèle devant revenir à la société. • Même arrêt. ♦ Pour une clause de propriété commerciale interdisant de démarcher un client ou ancien client de l'employeur, V. • Paris, 2 avr. 2008 : *JCP 2009. IV. 1942.*

Sur le portage salarial, V. art. L. 1251-64 C. trav., issu de la L. n° 2008-596 du 25 juin 2008 portant modernisation du marché du travail (*JO 26 juin*).

96. Clause de confidentialité. Une clause de confidentialité destinée à protéger le savoir-faire propre à l'entreprise peut valablement prévoir qu'elle s'appliquera après la fin du contrat de travail. • Soc. 19 mars 2008 : *RLDA juill.-août 2008. 55, note Cornesse.* ♦ L'inexécution par le salarié de l'obligation de confidentialité postérieurement à son départ de l'entreprise le rend responsable du préjudice qui en résulte pour celle-ci, même en l'absence de faute lourde. • Même décision. ♦ L'obligation de secret professionnel figurant au contrat doit être distinguée de l'obligation de non-concurrence qui interdit d'être embauché par un concurrent après la rupture du contrat de travail. • Nîmes, 19 mars 2008 : *JCP E 2008, n° 38, p. 47.* ♦ Cette obligation de confidentialité, indispensable à la protection des intérêts légitimes de l'entreprise, n'empêche pas le salarié de travailler pour le compte d'une autre entreprise après la rupture du contrat et ne saurait dès lors être assimilée à une obligation de non-concurrence de sorte que la demande du salarié concernant le paiement d'une contrepartie financière doit être rejetée. • Même décision. ♦ En application d'une clause de confidentialité, un salarié est tenu d'une obligation de loyauté vis-à-vis de son ancien employeur, prohibant tout propos préjudiciable auprès de tiers relativement à ce dernier en vue de nuire à sa réputation. • TGI Béthune, 14 déc. 2010 : *CCE 2011, n° 48, obs. Caprioli.*

Règlement CE n° 864/2007 du 11 juillet 2007,

Sur la loi applicable aux obligations non contractuelles (« Rome II »).

BIBL. ▶ Duintjer Tebbens, *Rev. crit. DIP 1994. 451* (les conflits de lois en matière de publicité déloyale à l'épreuve du droit communautaire). – Pironon, *Europe 2008. Étude 2* (l'entrée du droit de la concurrence dans le règlement « Rome II » : bonne mauvaise idée ?). – Mélin, *LPA 5 août 2008, spéc. p. 7* (concurrence déloyale et actes restreignant la libre concurrence). – Luciani, *JCP E 2008, n° 48, p. 18* (regards critiques sur l'art. 6 relatif à la loi applicable à la concurrence déloyale et aux actes restreignant la libre concurrence). – Béhar-Touchais, *RLC janv.-mars 2010. 31* (l'art. 6 du Règl. Rome II et les pratiques restrictives de concurrence internationales).

Art. 4 *Règle générale.* 1. Sauf dispositions contraires du présent règlement, la loi applicable à une obligation non contractuelle résultant d'un fait dommageable est celle du pays où le dommage survient, quel que soit le pays où le fait générateur du dommage se produit et quels que soient le ou les pays dans lesquels des conséquences indirectes de ce fait surviennent

2. Toutefois, lorsque la personne dont la responsabilité est invoquée et la personne lésée ont leur résidence habituelle dans le même pays au moment de la survenance du dommage, la loi de ce pays s'applique.

3. S'il résulte de l'ensemble des circonstances que le fait dommageable présente des liens manifestement plus étroits avec un pays autre que celui visé aux paragraphes 1 ou 2, la loi de cet autre pays s'applique. Un lien manifestement plus étroit avec un autre pays pourrait se fonder, notamment, sur une relation préexistante entre les parties, telle qu'un contrat, présentant un lien étroit avec le fait dommageable en question.

....

Art. 6 *Concurrence déloyale et actes restreignant la libre concurrence.* 1. La loi applicable à une obligation non contractuelle résultant d'un acte de concurrence déloyale est celle du pays sur le territoire duquel les relations de concurrence ou les intérêts collectifs des consommateurs sont affectés ou susceptibles de l'être.

2. Lorsqu'un acte de concurrence déloyale affecte exclusivement les intérêts d'un concurrent déterminé, l'article 4 est applicable.

3. a) La loi applicable à une obligation non contractuelle résultant d'un acte restreignant la concurrence est celle du pays dans lequel le marché est affecté ou susceptible de l'être.

b) Lorsque le marché est affecté ou susceptible de l'être dans plus d'un pays, le demandeur en réparation qui intente l'action devant la juridiction du domicile du défendeur peut choisir de fonder sa demande sur la loi de la juridiction saisie, pourvu que le marché de cet État membre compte parmi ceux qui sont affectés de manière directe et substantielle par la restriction du jeu de la concurrence dont résulte l'obligation non contractuelle sur laquelle la demande est fondée. Lorsque le demandeur, conformément aux règles applicables en matière de compétence judiciaire, cite plusieurs défendeurs devant cette juridiction, il peut uniquement choisir de fonder sa demande sur la loi de cette juridiction si l'acte restreignant la concurrence auquel se rapporte l'action intentée contre chacun de ces défendeurs affecte également de manière directe et substantielle le marché de l'État membre de cette juridiction.

4. Il ne peut être dérogé à la loi applicable en vertu du présent article par un accord tel que mentionné à l'article 14.

....

Art. 14 *Liberté de choix.* 1. Les parties peuvent choisir la loi applicable à l'obligation non contractuelle :

a) par un accord postérieur à la survenance du fait générateur du dommage ; ou

b) lorsqu'elles exercent toutes une activité commerciale, par un accord librement négocié avant la survenance du fait générateur du dommage.

Ce choix est exprès ou résulte de façon certaine des circonstances et ne porte pas préjudice aux droits des tiers.

2. Lorsque tous les éléments de la situation étaient, au moment de la survenance du fait générateur du dommage, localisés dans un pays autre que celui dont la loi a été choisie, le choix d'une loi par les parties ne peut porter atteinte à l'application des dispositions auxquelles la loi de cet autre pays ne permet pas de déroger par accord.

3. Lorsque tous les éléments de la situation étaient, au moment de la survenance du fait générateur du dommage, localisés dans un ou plusieurs États membres, le choix par les parties de la loi d'un pays tiers ne peut, le cas échéant, porter atteinte à l'application des dispositions du droit communautaire auxquelles il ne peut être dérogé par un accord, et telles qu'elles ont été mises en œuvre dans l'État membre du for.

BIBL. ▶ Boskovic, *D. 2009. 1639* ✎ (l'autonomie de la volonté dans le règlement Rome II).

Art. 15 *Portée de la loi applicable.* La loi applicable à une obligation non contractuelle en vertu du présent règlement régit notamment :

a) les conditions et l'étendue de la responsabilité, y compris la détermination des personnes susceptibles d'être déclarées responsables des actes qu'elles commettent ;

b) les causes d'exonération, de limitation et de partage de responsabilité ;

c) l'existence, la nature et l'évaluation des dommages, ou la réparation demandée ;

d) dans les limites des pouvoirs conférés au tribunal par le droit procédural de l'État dont il relève, les mesures que ce tribunal peut prendre pour assurer la prévention, la cessation du dommage ou sa réparation ;

e) la transmissibilité du droit à réparation, y compris par succession ;

f) les personnes ayant droit à réparation du dommage qu'elles ont personnellement subi ;

g) la responsabilité du fait d'autrui ;

h) le mode d'extinction des obligations ainsi que les règles de prescription et de déchéance fondées sur l'expiration d'un délai, y compris les règles relatives au point de départ, à l'interruption et à la suspension d'un délai de prescription ou de déchéance.

Art. 16 *Dispositions impératives dérogatoires.* Les dispositions du présent règlement ne portent pas atteinte à l'application des dispositions de la loi du for qui régissent impérativement la situation, quelle que soit la loi applicable à l'obligation non contractuelle.

....

Art. 26 *Ordre public du for.* L'application d'une disposition de la loi d'un pays désignée par le présent règlement ne peut être écartée que si cette application est manifestement incompatible avec l'ordre public du for.

....

Art. 31 *Application dans le temps.* Le présent règlement s'applique aux faits générateurs de dommages survenus après son entrée en vigueur.

Art. 32 *Date d'application.* Le présent règlement est applicable à partir du 11 janvier 2009, à l'exception de l'article 29, lequel est applicable à partir du 11 juillet 2008.

Loi n° 81-766 du 10 août 1981,

Relative au prix du livre.

Art. 1er Toute personne physique ou morale qui édite ou importe des livres est tenue de fixer, pour les livres qu'elle édite ou importe, un prix de vente au public.

Ce prix est porté à la connaissance du public. Un décret précisera, notamment, les conditions dans lesquelles il sera indiqué sur le livre et déterminera également les obligations de l'éditeur ou de l'importateur en ce qui concerne les mentions permettant l'identification du livre et le calcul des délais prévus par la présente loi. — *V. Décr. n° 81-1068 du 3 déc. 1981.* — **C. *consom.***

Tout détaillant doit offrir le service gratuit de commande à l'unité. Toutefois, et dans ce seul cas, le détaillant peut ajouter au prix effectif de vente au public qu'il pratique les frais ou rémunérations correspondant à des prestations supplémentaires exceptionnelles expressément réclamées par l'acheteur et dont le coût a fait l'objet d'un accord préalable.

Les détaillants doivent pratiquer un prix effectif de vente au public compris entre 95 p. 100 et 100 p. 100 du prix fixé par l'éditeur ou l'importateur.

Dans le cas où l'importation concerne des livres édités en France, le prix de vente au public fixé par l'importateur est au moins égal à celui qui a été fixé par l'éditeur.

(L. n° 85-500 du 13 mai 1985) « Les dispositions de l'alinéa précédent ne sont pas applicables aux livres importés en provenance d'un État membre de la Communauté européenne *(L. n° 93-1420 du 31 déc. 1993, en vigueur le 1er janv. 1994)* « ou d'un autre État partie à l'accord sur l'Espace économique européen », sauf si des éléments objectifs, notamment l'absence de commercialisation effective dans cet État, établissent que l'opération a eu pour objet de soustraire la vente au public aux dispositions du quatrième alinéa du présent article. » — *V. Circ. 10 janv. 1990 (D. et ALD 1990. 105).*

1. Droit communautaire. BIBL. Focsaneanu, *JCP E 1985. II. 14498.* – Grelon, *RTD eur. 1987. 405.* – Pouchard, *RTD eur. 2001. 63* (les systèmes de prix fixe du livre dans les zones linguistiques transnationales au regard du droit communautaire). ♦ Sur la conformité de la loi du 10 août 1981 au traité de Rome, V. • CJCE 3 oct. 2000 : *JCP 2000, n° 45, Actualités, p. 2007* • 10 janv. 1985 : *JCP 1985. II. 20395, note Develleunes* • Com. 5 mai 1987 : *Bull. civ. IV, nos 108 et 109* • Crim. 19 déc. 1988 : *Bull. crim. n° 435* • Paris, 11 avr. 1988 : *D. 1988. IR 126.* ♦ V. aussi • CE 22 nov. 1991 : *D. 1992. IR 11.* ♦ V., en matière d'aides d'État, Berlin et Adam, *RLDA avr. 2008. 39* ; Cheynel, *RLC avr.-juin 2008. 40* ; Coutrelis, *RLDA juin 2008. 43.*

1 bis. Internet. Les dispositions de la loi relative au prix du livre sont applicables à une société qui a pour objet la commercialisation de livres via internet. • TGI Versailles, réf., 5 juill. 2001 : *Gaz. Pal. 2003. 1. Somm. 587, obs. Noguier.* ♦ V. aussi Rép. min. n° 39991 : *JOAN Q, 10 avr. 2000, p. 2321.*

1 ter. Partitions musicales. La loi du 10 août 1981, qui est d'interprétation stricte puisque dérogeant au principe de la liberté des prix, ne s'applique pas aux partitions musicales, qui n'y sont pas visées. • Civ. 1re, 28 janv. 2010 : *Bull. civ. I, n° 23 ; D. 2010. AJ 379, obs. Gallmeister* ; *JCP E 2011, n° 1135, spéc. n° 17, obs. Decocq ; CCC 2010, n° 88, obs. Leveneur ; RJDA 2010, n° 787.*

2. Vente par les adhérents d'une association. Une campagne publicitaire contraire à la loi du 10 août 1981 et génératrice d'un trouble manifestement illicite, décidée et coordonnée par une association regroupant les exploitants de magasins distribuant leurs produits sous une même enseigne, peut être interdite par voie de référé. • Com. 2 oct. 1990 : *Bull. civ. IV, n° 225 ; RTD com. 1991. 429, obs. Bouloc*. ♦ En revanche, viole l'art. 1er de la loi du 1er juill. 1901, l'arrêt qui fait défense à une association, sous astreinte, de laisser vendre ou exposer des livres édités en France à un prix non conforme à la loi de 1981, alors qu'une association a une personnalité distincte de celle de ses membres et que les agissements visés étaient imputables aux sociétés adhérentes de l'association. • Même arrêt.

2 bis. Notion de prix effectif. La notion de prix effectif s'entend d'une contrepartie monétaire de la fourniture d'un livre, indépendamment de tout amalgame avec la fourniture d'une autre marchandise ou d'un service que sa remise viserait à promouvoir, la somme à payer pour l'obtenir étant précisément minorée à cette fin. • Versailles, 2 févr. 1996 : *D. 1996. IR 142 ; CCC 1996, n° 179, obs. Raymond.* ♦ Pour les faits, V. note 2 ss. art. 8. ♦ V. aussi, dans la même affaire, jugeant que faute d'avoir fourni à la cour d'appel des éléments de nature à apprécier différemment le prix retenu, le vendeur ne pouvait utilement lui reprocher d'avoir retenu le prix apparent que l'acheteur devait acquitter au titre de la prime, et non le prix effectif du livre vendu. • Com. 29 janv. 2002 : *Bull. civ. IV, n° 23 ; D. 2002. AJ 885, obs. Chevrier ; Lettre distrib. mars 2002, p. 4 ; Légipresse 2002, p. 67, note Pollaud-Dulian.*

2 ter. Le détaillant pratiquant un prix effectif de vente au public non compris entre 95 % et 100 % du prix fixé par l'éditeur ou l'importateur doit être puni d'une peine d'amende, hypothèse dans laquelle se situe celui qui vend des livres à un prix supérieur à 100 % du prix fixé par l'éditeur ou l'importateur. • Crim. 3 avr. 2001 : *Bull. crim. n° 91 ; Dr. pénal 2001, n° 104, obs. Robert ; RTD com. 2001. 793, obs. Bouloc ; RJDA 2001, n° 1268.*

3. Remises supérieures à 5 %. Est illicite la mise sur le marché d'un ouvrage au prix fixé par l'éditeur, mais accompagné d'un livre, offert en prime, en ramenant le prix réel à un montant inférieur à 95 p. 100 du prix fixé par l'éditeur. • Paris, 4e ch. A, 25 oct. 1994 : *Gaz. Pal. 1995. 2. Somm. 492.* ♦ Le pourvoi contre cet arrêt, qui invoquait que l'art. 1er, al. 3, ne s'applique qu'aux détaillants, a été rejeté, au motif que l'éditeur n'avait pas fixé le prix de vente des dictionnaires diffusés ou les avait commercialisés sans respecter le prix de vente indiqué. • Com. 1er avr. 1997 : *Bull. civ. IV, n° 87 ; D. 1998. Somm. 218, obs. Serra ; D. Affaires 1997. 598.*

4. En ce sens que la loi du 10 août 1981, ne faisant aucune distinction entre les différentes catégories de détaillants, que la vente de livres soit leur activité principale, accessoire ou occasionnelle, et ne permettant pas que ces dispositions soient écartées lors d'opérations promotionnelles, est donc applicable à l'opération consistant en la remise d'un livre moyennant le versement d'une somme d'argent, à des automobilistes ayant fait un plein d'essence, cette opération devant s'analyser, quelle que soit la qualification qu'en donnent les parties, en un contrat de vente et ce, peu important que cette vente soit consécutive à la conclusion préalable d'un autre contrat, V. • Versailles, 28 janv. 1999 : *D. 1999. IR 71 ; D. Affaires 1999. 449, obs. E. P. ; LPA 8 nov. 1999, obs. Etner.* – Conf. par • Com. 29 janv. 2002 : *préc. note 2 bis.*

5. La remise de 25 albums de bandes dessinées à celui qui n'en a payé que 20 au prix public ne constitue pas une vente avec prime mais une vente avec rabais, en violation des dispositions de l'art. 1er, al. 4, dès lors que cette vente ne remplit pas les conditions de l'art. 6, dans la mesures où l'auteur de l'offre n'est pas, au sens de ce texte l'éditeur ou l'importateur et que ces ventes ne portent pas sur des livres faisant l'objet d'une édition exclusivement réservée à la vente par courtage. • Paris, 10 mai 2000 : *D. 2000. AJ 372, obs. Petit ; JCP 2001. II. 10471, note Pollaud-Dulian ; Gaz. Pal. 11-12 août 2000, p. 20, obs. Vray.* – Conf. par • Com. 13 mars 2001 : *Bull. civ. IV, n° 59 ; D. 2001. AJ 1241, obs. Chevrier ; RTD com. 2001. 756, obs. Bouloc ; Gaz. Pal. 21-22 nov. 2001, p. 77 ; CCC 2001, n° 152, obs. Raymond.*

6. Obligation de l'éditeur. L'éditeur ne peut se prévaloir des dispositions de la loi du 10 août 1981 qu'autant qu'il s'y est lui-même conformé, la démonstration que le détaillant n'a pas pratiqué « un prix effectif de vente au public compris entre 95 % et 100 % du prix fixé par l'éditeur » étant à sa charge et supposant que puisse être déterminé avec certitude et précision, dans les conditions prévues par la loi et les textes pris pour son application, le prix de vente au public fixé par l'éditeur. • Paris, 8 déc. 2000 : *Gaz. Pal. 21-22 nov. 2001, p. 50, note Pezé.*

L'obligation qui pèse sur l'editeur de fixer, pour les livres qu'il édite, un prix de vente au public à partir duquel les détaillants doivent pratiquer le prix effectif, ne fait pas obstacle à ce que cet éditeur consente un remboursement partiel à ceux qui achètent simultanément plusieurs livres qu'il édite, pourvu que ce remboursement s'applique à tous les acheteurs quel que soit le détaillant auprès duquel ils se sont fournis. • Com. 26 févr. 2008 : *Bull. civ. IV, n° 48 ; D. 2008. AJ 779, obs. Delpech ; RTD com. 2008. 839, obs. Bouloc ; JCP E 2008, n° 15, p. 28 ; CCC 2008, n° 151, obs. Leveneur ; ibid., n° 193, obs. Raymond ; RJDA 2008, n° 1315.* ♦ ... Considérant cette condition non remplie en l'espèce : • Paris, 6 mars 2009 : *D. 2009. AJ 1018, obs. Delpech .*

7. Livre numérique. Sur un système de prix unique pour le livre numérique, V. • Aut. conc. n° 09-A-56 du 18 déc. 2009 : *CCE 2010, n° 35, obs. Chagny.*

Art. 2 **Par dérogation aux dispositions de l'article 37 (1°)** *[abrogé par L. n° 85-1408 du 30 déc. 1985 ; V., désormais, C. com., art. L. 442-6]* **de la loi n° 73-1193 du 27 décembre 1973 modifiée, les conditions de vente établies par l'éditeur ou l'importateur, en appliquant un barème d'écart sur le prix de vente au public hors taxes, prennent en compte la qualité des services rendus par les détaillants en faveur de la diffusion du**

livre. Les remises correspondantes doivent être supérieures à celles résultant de l'importance des quantités acquises par les détaillants.

Art. 3 (*L. n° 2003-517 du 18 juin 2003, en vigueur le 1er août 2003*) **Par dérogation aux dispositions du quatrième alinéa de l'article 1er et sous réserve des dispositions du dernier alinéa, le prix effectif de vente des livres peut être compris entre 91 % et 100 % du prix de vente au public lorsque l'achat est réalisé :**

1° Pour leurs besoins propres, excluant la revente, par l'État, les collectivités territoriales, les établissements d'enseignement, de formation professionnelle ou de recherche, les syndicats représentatifs ou les comités d'entreprise ;

2° Pour l'enrichissement des collections des bibliothèques accueillant du public, par les personnes morales gérant ces bibliothèques. Le prix effectif inclut le montant de la rémunération au titre du prêt en bibliothèque assise sur le prix public de vente des livres prévue à l'article L. 133-3 du code de la propriété intellectuelle.

Le prix effectif de vente des livres scolaires peut être fixé librement dès lors que l'achat est effectué par une association facilitant l'acquisition de livres scolaires par ses membres ou, pour leurs besoins propres, excluant la revente, par l'État, une collectivité territoriale ou un établissement d'enseignement. — *V. Décr. n° 85-862 du 8 août 1985.* — ***C. consom.***

Jusqu'à l'expiration d'un délai d'un an à compter de la date d'entrée en vigueur de la loi du 18 juin 2003, le prix effectif de vente mentionné au 1er al. de l'art. 3 de la L. n° 81-766 du 10 août 1981 peut être compris entre 88 % et 100 % du prix de vente au public fixé par l'éditeur ou l'importateur (L. n° 2003-517 du 18 juin 2003, art. 6, al. 2).

Les dispositions prévues aux trois premiers alinéas de l'art. 3 ne s'appliquent pas aux marchés publics dont l'avis d'appel public à la concurrence a été envoyé à la publication avant la date d'entrée en vigueur de la loi du 18 juin 2003. Les marchés publics en cours d'exécution à la date d'entrée en vigueur de la loi précitée et les marchés publics dont l'avis d'appel public à la concurrence a été envoyé à la publication avant cette même date doivent être résiliés au plus tard un an après l'entrée en vigueur de la loi du 18 juin 2003 dès lors qu'ils comportent des dispositions non conformes aux trois premiers alinéas de l'art. 3 de la L. n° 81-766 du 10 août 1981(L. n° 2003-517 du 18 juin 2003, art. 6, al. 3 et 4).

1. Livres scolaires. Les critères fixés par le Décr. n° 85-862 du 8 août 1985 sont précis et excluent les ouvrages couramment utilisés par les étudiants, tels les codes juridiques, qui ne sont pas des manuels scolaires, au sens d'un ouvrage édité pour répondre au programme d'une classe, indiqué comme tel sur sa couverture, et conformément au programme officiel de l'éducation nationale. • TGI Paris, 5 juill. 2011 : *RG n° 10/01701.*

2. Associations. L'art. 3, al. 1er [désormais al. 4], qui prévoit une exception à l'art. 1er au bénéfice des associations, facilitant l'acquisition des livres scolaires pour leurs membres, ne vise nullement les membres de ces associations pris individuellement. • Paris, 24 sept. 1997 : *D. 1997. IR 225 ; D. Affaires 1997. 1246.*

Art. 4 Toute personne qui publie un livre en vue de sa diffusion par courtage, abonnement ou par correspondance moins de neuf mois après la mise en vente de la première édition fixe, pour ce livre, un prix de vente au public au moins égal à celui de cette première édition.

1. Si la loi confie à l'éditeur le soin de fixer le prix de vente au public du livre qu'il publie, elle ne laisse nullement entendre qu'il peut modifier à son gré et à son seul bénéfice le prix de vente au détail d'une même édition. • T. com. Paris, 1er oct. 1997 : *Gaz. Pal. 12-13 août 1998, p. 6.*

2. Les dispositions de l'art. 4 ne s'appliquent pas aux publications successives de deux ouvrages distincts (à propos d'ouvrages différenciés, malgré l'accord de partenariat entre l'éditeur et France Loisirs et l'identité du thème, par leur titre, leur couverture et une partie de leur contenu). • Paris, 20 janv. 1999 : *D. Affaires 1999. 327, obs. E. P. ; JCP 1999. II. 10149, note E. D.*

3. Les livres ne peuvent être vendus à des prix réduits au-delà des limites légalement autorisées, sous couvert de ventes à primes par courtage, abonnement ou correspondance, et de telles ventes ne peuvent intervenir, avant l'expiration du délai de neuf mois, que pour des livres édités exclusivement en vue d'une telle diffusion hors librairie. • Com. 13 mars 2001 : *Bull. civ. IV, n° 59 ; D. 2001. AJ 1241, obs. Chevrier ; RTD com. 2001. 756, obs. Bouloc*. ♦ V. l'arrêt confirmé, qui avait retenu la violation de l'art. 4 par un club de livres également éditeur d'ouvrages ayant offert à ses acquéreurs, sous le couvert de « points cadeaux », la possibilité d'acquérir un autre exemplaire du même titre ou un ouvrage comparable, à un prix qui serait payé par l'addition des réductions de 20 à 25 % ainsi consenties sur le prix public de vente de la première édition : • Paris, 10 mai 2000 : *D. 2000. AJ 372, obs. Petit ; JCP 2001. II. 10471, note Pollaud-Dulian ; Gaz. Pal. 11-12 août 2000, p. 20, obs. Vray.*

Art. 5 **Les détaillants peuvent pratiquer des prix inférieurs au prix de vente au public mentionné à l'article 1er sur les livres édités ou importés depuis plus de deux ans, et dont le dernier approvisionnement remonte à plus de six mois.**

Le délai de deux ans prévu à l'art. 5 est calculé en se référant à la date du dépôt légal mentionné sur les ouvrages (Rép. min. : *JOAN Q, 4 mars 1996, p. 1784).*

Art. 6 **Les ventes à prime ne sont autorisées, sous réserve des dispositions de la loi n° 51-356 du 20 mars 1951 modifiée et de la loi n° 73-1193 du 27 décembre 1973 modifiée** *[abrogée par Ord. n° 86-1243 du 1er déc. 1986 ; V. désormais C. consom., art. L. 121-35, v° Ventes commerciales, IX – Primes ou cadeaux (ventes avec)]*, **que si elles sont proposées, par l'éditeur ou l'importateur, simultanément et dans les mêmes conditions à l'ensemble des détaillants ou si elles portent sur des livres faisant l'objet d'une édition exclusivement réservée à la vente par courtage, par abonnement ou par correspondance.**

BIBL. ▸ Feldman, *D. 2007. 2311* (la loi Lang est-elle à la page ?).

1. Frais de port. La prise en charge par le vendeur du coût afférent à l'exécution de son obligation de délivrance du produit vendu ne constitue pas une prime. • Com. 6 mai 2008 : *cité note 8 ss. art. L. 121-35 C. consom., v° Ventes commerciales, IX – Primes ou cadeaux (ventes avec)* (conf. par • Paris, 9 avr. 2009 : *eod. loc*). ♦ ... Cassant l'arrêt qui avait jugé que les frais de port étant normalement à la charge de l'acheteur, le seul fait pour le vendeur, dans un but de promotion et d'incitation à l'achat, d'annoncer au client auquel le lie un contrat à titre onéreux, qu'il assume lui-même le paiement de la livraison et d'en faire un service gratuit, caractérise la prime au sens des art. 6 de la loi du 10 août 1981 et L. 121-35 C. consom. • Paris, 23 mai 2007 : *eod. loc.* • TGI Versailles, 11 déc. 2007 : *ibid.*

2. Bon d'achat. Sur une prime consistant en un bon d'achat, V. • Com. 20 nov. 2007 : *cité note 4 ss. art. L. 121-35 C. consom., v° Ventes commerciales, IX – Primes ou cadeaux (ventes avec).*

3. Rabais. Sur la distinction entre vente à prime et vente à rabais, V. note 5 ss. art. 1er, et note 3 ss. art. 4.

Art. 7 **Toute publicité annonçant des prix inférieurs au prix de vente au public mentionné à l'article 1er (alinéa 1er) est interdite hors des lieux de vente.**

BIBL. ▸ Ackad, *RLC janv.-mars 2013. 38* (les *newsletters* annonçant des rabais sur le prix du livre sont-elles licites ?).

Art. 8 **En cas d'infraction aux dispositions de la présente loi, les actions en cessation ou en réparation peuvent être engagées, notamment par tout concurrent, association agréée de défense des consommateurs ou syndicat des professionnels de l'édition ou de la diffusion de livres ainsi que par l'auteur ou toute organisation de défense des auteurs.**

1. Notion de concurrent. Un concurrent est, vis-à-vis d'un agent économique offrant sur un marché un bien donné, celui, qui, s'adressant à la même demande, offre un bien susceptible d'être comparé au premier ou d'en être rapproché par une démarche analogique ou de substitution déclenchant chez l'acheteur potentiel un arbitrage ou un choix, et la situation de concurrence s'entend de deux offreurs proposant des biens assez similaires ou rapprochables pour prétendre à la satisfaction du même intérêt ou du même besoin ; il en est ainsi de l'intérêt ou du besoin qui peut s'attacher à la lecture d'une bande dessinée ayant un thème assez notoire pour être attractif indépendamment des titres ou scénarios adoptés. • Versailles, 2 févr. 1996 : *D. 1998. Somm. 222, obs. Serra* ; *CCC 1996, n° 179, obs. Raymond.*

2. Liste non exhaustive. L'adverbe « notamment » indiquant sans ambiguïté que l'énumération de l'art. 8 n'est pas limitative, un éditeur, directement intéressé à la distribution des ouvrages de librairie et en particulier des dictionnaires, dont il justifie être un des éditeurs les plus connus, peut être considéré comme un concurrent, au sens de ce texte, d'un autre éditeur mettant en vente des dictionnaires. • Paris, 25 oct. 1994 : *D. 1995. IR 22* ; *Gaz. Pal. 1995. 2. Somm. 492.* ♦ La liste de l'art. 8 n'étant pas limitative dès lors qu'est employé le terme « notamment », et la demande formée dans le cadre de la présente instance ayant pour finalité la défense d'intérêts collectifs visés dans l'objet de l'association, à savoir la défense de divers professionnels du livre en rapport avec la L. du 10 août 1981, la fin de non-recevoir soulevée pour défaut d'intérêt à agir doit être rejetée. • TGI Paris, 5 juill. 2011 : *RG n° 10/01701.*

Est recevable l'action d'un éditeur de bandes dessinées contre une compagnie pétrolière offrant aux automobilistes faisant, dans ses stations-services, un plein de carburant d'au moins 30 litres, la faculté d'acquérir pour la somme de 6 F des bandes dessinées d'une série vendue chez les détaillants au prix de 53 F. • Versailles, 2 févr. 1996 : *préc. note 1.*

Art. 9 **Les dispositions de la présente loi ne font pas obstacle à l'application, le cas échéant, de l'ordonnance n° 45-1483 du 30 juin 1945 modifiée relative aux prix** *[abrogée par Ord. n° 86-1243 du 1er déc. 1986 ; V., désormais, C. com., art. L. 442-6]*, **à l'exception toutefois des premier et deuxième alinéas du 4° de l'article 37 de ladite ordonnance.**

Art. 10 **Un décret détermine les modalités d'application de la présente loi aux départements d'outre-mer, compte tenu des sujétions dues à l'éloignement de ces départements.**

(L. n° 2002-1575 du 30 déc. 2002) **« Le prix des livres scolaires est identique en métropole et dans les départements d'outre-mer. »**

Art. 10 *bis* *(L. n° 85-500 du 13 mai 1985)* **Un décret en Conseil d'État détermine les peines d'amendes contraventionnelles applicables en cas d'infraction aux dispositions de la présente loi.** — *V. Décr. n° 85-556 du 29 mai 1985.* — **C. *consom.***

Art. 11 **(al. 1er) La présente loi entrera en vigueur à la date du 1er janvier 1982, y compris pour l'ensemble des livres édités ou importés antérieurement à cette date.**

Art. 11-1 *(Ord. n° 2007-1801 du 21 déc. 2007, art. 13-I)* **La présente loi est applicable à Mayotte à compter du 1er janvier 2009.**

V. Circ. 30 déc. 1981 (D. et BLD 1982. 65), partiellement annulée par décision du Conseil d'État n° 40531 du 8 févr. 1985 (D. et ALD 1985. 462).

Loi n° 2011-590 du 26 mai 2011,

Relative au prix du livre numérique.

BIBL. ▸ Note de la rédaction, *BRDA 2011, n° 10, p. 16* (réglementation du prix du livre numérique). – KERJEAN, *CCE 2011. Étude 15* (vers une nouvelle exception culturelle française). – POLLAUD-DULIAN, *RTD com. 2011. 556* (présentation de la loi). – GEORGES et DE CARVALHO, *RLC avr.-juin 2012. 125* (une loi d'exception pour préserver la création éditoriale). – LE MORE, *ibid. 175* (incidences des règles de concurrence sur le marché du livre numérique). – DE MUIZON, *ibid. 177* (analyse économique : application au livre numérique).

Art. 1er **La présente loi s'applique au livre numérique lorsqu'il est une œuvre de l'esprit créée par un ou plusieurs auteurs et qu'il est à la fois commercialisé sous sa forme numérique et publié sous forme imprimée ou qu'il est, par son contenu et sa**

composition, susceptible d'être imprimé, à l'exception des éléments accessoires propres à l'édition numérique.

Un décret précise les caractéristiques des livres entrant dans le champ d'application de la présente loi. – *V. Décr. n° 2011-1499 du 10 nov. 2011, art. 1er, infra.*

Art. 2 Toute personne établie en France qui édite un livre numérique dans le but de sa diffusion commerciale en France est tenue de fixer un prix de vente au public pour tout type d'offre à l'unité ou groupée. Ce prix est porté à la connaissance du public.

Ce prix peut différer en fonction du contenu de l'offre et de ses modalités d'accès ou d'usage.

Le premier alinéa ne s'applique pas aux livres numériques, tels que définis à l'article 1er, lorsque ceux-ci sont intégrés dans des offres proposées sous la forme de licences d'utilisation et associant à ces livres numériques des contenus d'une autre nature et des fonctionnalités. Ces licences bénéficiant de l'exception définie au présent alinéa doivent être destinées à un usage collectif et proposées dans un but professionnel, de recherche ou d'enseignement supérieur dans le strict cadre des institutions publiques ou privées qui en font l'acquisition pour leurs besoins propres, excluant la revente.

Un décret fixe les conditions et modalités d'application du présent article. – *V. Décr. n° 2011-1499 du 10 nov. 2011, art. 2 s., infra.*

Art. 3 Le prix de vente, fixé dans les conditions déterminées à l'article 2, s'impose aux personnes proposant des offres de livres numériques aux acheteurs situés en France.

Art. 4 Les ventes à primes de livres numériques ne sont autorisées, sous réserve des dispositions de l'article L. 121-35 du code de la consommation *[V. cet art., v° Ventes commerciales, IX – Primes ou cadeaux (ventes avec)]*, que si elles sont proposées par l'éditeur, tel que défini à l'article 2, simultanément et dans les mêmes conditions à l'ensemble des personnes mentionnées à l'article 3.

Art. 5 Pour définir la remise commerciale sur les prix publics qu'il accorde aux personnes proposant des offres de livres numériques aux acheteurs situés en France, l'éditeur, tel que défini à l'article 2, tient compte, dans ses conditions de vente, de l'importance des services qualitatifs rendus par ces derniers en faveur de la promotion et de la diffusion du livre numérique par des actions d'animation, de médiation et de conseil auprès du public.

Art. 6 *V. CPI, art. L. 132-5.* – ***CPI.***

Art. 7 Un décret en Conseil d'État détermine les peines d'amende contraventionnelle applicables en cas d'infraction aux dispositions de la présente loi. – *V. Décr. n° 2012-146 du 30 janv. 2012, infra.*

Art. 8 Un comité de suivi composé de deux députés et deux sénateurs, désignés par les commissions chargées des affaires culturelles auxquelles ils appartiennent, est chargé de suivre la mise en œuvre de la présente loi. Après consultation du comité de suivi et avant le 31 juillet de chaque année, le Gouvernement présente au Parlement un rapport annuel sur l'application de la présente loi au vu de l'évolution du marché du livre numérique comportant une étude d'impact sur l'ensemble de la filière.

Ce rapport vérifie notamment si l'application d'un prix fixe au commerce du livre numérique profite au lecteur en suscitant le développement d'une offre légale abondante, diversifiée et attractive, et favorise une rémunération juste et équitable de la création et des auteurs, permettant d'atteindre l'objectif de diversité culturelle poursuivi par la présente loi.

Art. 9 La présente loi est applicable en Nouvelle-Calédonie.

Décret n° 2011-1499 du 10 novembre 2011,

Pris en application de la loi n° 2011-590 du 26 mai 2011 relative au prix du livre numérique.

Art. 1er Les éléments accessoires propres à l'édition numérique mentionnés au premier alinéa de l'article 1er de la loi du 26 mai 2011 susvisée s'entendent des variations typographiques et de composition, des modalités d'accès aux illustrations et au texte telles que le moteur de recherche associé, les modalités de défilement ou de feuilletage des éléments contenus, ainsi que des ajouts de textes ou de données relevant de genres différents, notamment sons, musiques, images animées ou fixes, limités en nombre et en importance, complémentaires du livre et destinés à en faciliter la compréhension.

Art. 2 Au sens du deuxième alinéa de l'article 2 de la loi du 26 mai 2011 susvisée :
— le contenu d'une offre peut être composé de tout ou partie d'un ou plusieurs livres numériques ainsi que de fonctionnalités associées ;
— les modalités d'accès au livre numérique s'entendent des conditions dans lesquelles un livre numérique est mis à disposition sur un support d'enregistrement amovible ou sur un réseau de communication au public en ligne, notamment par téléchargement ou diffusion en flux ("streaming") ;
— les modalités d'usage du livre numérique se rapportent notamment au caractère privé ou collectif de cet usage, à la durée de mise à disposition du livre numérique, à la faculté d'impression, de copie et de transfert du livre numérique sur divers supports de lecture.

Art. 3 L'éditeur tel que mentionné à l'article 2 de la loi du 26 mai 2011 susvisée est tenu de faire connaître à toute personne qui propose des offres de livres numériques le prix ou les barèmes de prix de ces offres. Ces barèmes doivent permettre d'identifier les différents critères pris en compte pour déterminer le prix d'une offre. Ces critères se rapportent au contenu de l'offre et aux modalités d'accès et d'usage mentionnés à l'article 2.

A cette fin, l'éditeur mentionné à l'alinéa précédent fait figurer dans une base de données rendue accessible aux personnes qui proposent des offres de livres numériques la description de chaque offre et la mention du prix ou des barèmes qui lui sont associés.

Lorsque le livre numérique est commercialisé sur un support d'enregistrement amovible, l'éditeur indique le prix de vente sur ce support.

Art. 4 Le prix de vente au public d'une offre de livre numérique, communiqué par l'éditeur dans les conditions prévues à l'article 3, doit être porté à la connaissance des personnes auxquelles cette offre est destinée de manière non équivoque, visible et lisible.

Dans le cas d'un usage individuel de l'offre, l'information sur le prix de vente fait apparaître la somme totale toutes taxes comprises qui doit être effectivement payée par le consommateur. Dans le cas d'un usage collectif de l'offre, le prix est fixé en application du barème établi par l'éditeur.

La personne qui propose une offre de livre numérique sur son site de vente en ligne y indique le prix ou le barème.

Décret n° 2012-146 du 30 janvier 2012,

Relatif aux infractions à la loi n° 2011-590 du 26 mai 2011 relative au prix du livre numérique.

Art. 1er Sont punis de l'amende prévue pour les contraventions de la troisième classe :

1° Le fait, pour une personne établie en France qui édite un livre numérique dans le but de sa diffusion commerciale en France, de ne pas fixer un prix de vente au public

pour chacune des offres qu'elle propose au sens de l'article 2 de la loi n° 2011-590 du 26 mai 2011 relative au prix du livre numérique et sous réserve des exceptions prévues au troisième alinéa de cet article ;

2° Le fait de proposer une offre de livre numérique aux acheteurs situés en France sans respecter le prix fixé dans les conditions prévues au 1°.

Art. 2 Les dispositions du présent décret sont applicables en Nouvelle-Calédonie.

II Droit communautaire

Traité de Rome du 25 mars 1957,

Instituant la Communauté économique européenne. — Publié par Décr. n° 58-84 du 28 janv. 1958 (D. 1958. 73 ; BLD 1958. 121). — Devenu le traité sur le fonctionnement de l'Union européenne, depuis le traité de Lisbonne publié par Décr. n° 2009-1466 du 1er déc. 2009 (JO 2 déc.).

Règles de concurrence applicables aux entreprises

RÉP. COMMUNAUTAIRE v^is^ *Abus de position dominante,* par BOSCO ; *Concurrence (mise en œuvre par les autorités et juridictions nationales),* par ARHEL ; *Concurrence (procédure devant la Commission),* par COLLIN, MARCINKOWSKI et LAJNET ; *Ententes,* par BLAISE, *Politique de concurrence,* par KOVAR et POILLOT-PERUZZETTO ; *Restrictions horizontales de concurrence,* par MOREAU ; *Restrictions verticales de concurrence,* par FERRIER.

RÉP. COM. v° *Accords de distribution (droit de la concurrence),* par ARHEL.

BIBL. GÉN. ► LOY, *RTD eur. 1980. 438.* – LAURENT, *CCC 1993. Chron. 6* (nouveau régime des plaintes fondées sur les art. 85 et 86). – IDOT, *RTD eur. 1993. 581* (les mesures provisoires en droit de la concurrence) ; *D. 1994. Chron. 37* (principe de subsidiarité). – TROCHU, *D. 1995. Chron. 179* (incidence du droit communautaire sur la rédaction des contrats de distribution). – ARHEL, *LPA 30 nov. 2001* (influence de la réforme communautaire des restrictions verticales sur le droit national). – DEVELLENNES et KIRIAZIS, *ibid. 18 déc. 2001, p. 20* (vers un réseau international de la concurrence). – VIENNOIS, *RTD com. 2002. 1* (portée du droit communautaire de la concurrence et le mythe du champ d'application exclusif du droit national). – BRIAND-MÉLÉDO, *ibid. 2004. 205* (droit de la concurrence, droit constitutionnel substantiel de l'UE). – MAYER-ROBITAILLE, *RTD eur. 2004. 477* (le statut ambivalent au regard de la politique communautaire de concurrence des accords de nature culturelle et des aides d'État relatives à la culture). – COURIVAUD, *CCC 2005. Chron. 1* (la PAC est-elle soluble dans la concurrence ?). – PRIÉTO, *RDLC 2005, n° 1, p. 20* (quelle concurrence face à la mondialisation économique ?). – DEJOIE, *JCP N 2005, n° 41, p. 1652* (application du droit communautaire de la concurrence aux réglementations notariales). – DURANDE et MONTESA LLOREDA, *RDLC 2005, n° 4, p. 34* (les droits des tiers dans les procédures concurrences devant la Commission européenne). – FASQUELLE et MÉSA, *RDLC 2006, n° 1, p. 33* (livre vert de la Commission sur les actions en dommages et intérêts pour infraction aux règles communautaires sur les ententes et les abus de position dominante). – KOVAR, *D. 2006. 919* (quand la Cour de justice invite à s'intéresser à nouveau aux notions d'entreprise et d'activité économique). – PRIÉTO, *D. 2006. 1603* (pouvoir de marché et liberté des entreprises, les fondements de la politique de concurrence). – COUTRELIS et GIACOBBO, *RDLC 2006, n° 2, p. 66* (accès au dossier en droit communautaire de la concurrence). – PUEL et FRANÇOIS-MARTIN, *ibid., n° 3, p. 80* (méthodologie d'une démarche de clémence). – LÉVÊQUE, *ibid., n° 4, p. 31* (l'efficacité multiforme des programmes de clémence). – DE BROCA, *ibid., p. 37* (nouvelles lignes directrices de la Commission en matière d'amendes). – ANADON, *RLDA janv. 2007. 43* (une politique de clémence communautaire renforcée). – RODA, *CCC 2007. Étude 4* (clémence communautaire : apports de la communication du 8 déc. 2006). – PRIETO, *JCP 2007. I. 132* (l'Europe et le droit de la concurrence). – FERRY-MACCARIO et BOUSKILA,

Gaz. Pal. 2007. 2229 (le droit de la concurrence communautaire, entre sécurité juridique et équité : l'exemple des prix prédateurs). – VILMART, *JCP E 2007, n° 20-21, p. 16* (procédures alternatives aux sanctions en droit communautaire de la concurrence). – CHEYNEL, *RLC oct.-déc. 2007. 33* (l'autonomie procédurale des juridictions nationales en train de se réduire comme peau de chagrin ?). – KAZZI, *CCC 2007. Étude 15* (l'analyse des barrières à l'entrée : entre convergences et risques). – RUBIO, *RTD eur. 2007. 597* (les instruments de *soft law* dans les politiques communautaires : vecteur d'une meilleure articulation entre la politique de la concurrence et la politique de cohésion économique et sociale). – RIVEL, *D. 2008. 237* (la règle de raison et le droit communautaire de la concurrence, « *inelegantia juris* ?) ». – DEBROUX, *RDLC 2008, n° 1, p. 42* (sanction des cartels en droit communautaire). – KRENZER, *RLC avr.-juin 2008. 111* (présomption de responsabilité des sociétés mères du fait de leurs filiales en droit communautaire des pratiques anticoncurrentielles). – KIPIANI, *ibid. 114* (procédure d'engagements en matière de pratiques anticoncurrentielles : état des lieux). – TIERNO CENTELLA et CUZIAT, *RDLC 2008, n° 2, p. 76* (procédure de transaction communautaire). – IDOT, *Mélanges Gaudemet-Tallon, Dalloz, 2008, p. 85* (réflexions sur la *soft law* en droit de la concurrence). – BRUNET et CANIVET (ss. la dir.), *LGDJ, 2008* (le nouveau droit communautaire de la concurrence). – BARBIER DE LA SERRE, *RLC juill.-août 2008. 56* (place des tiers dans le référé communautaire en matière de concurrence). – VON DANWITZ, *RDLC 2008, n° 4, p. 31* (la protection des droits fondamentaux lors de la mise en œuvre décentralisée du droit communautaire de la concurrence). – PIETRINI, *RLC oct.-déc. 2009. 153* (le recours à la négociation en droit de la concurrence : l'exemple des programmes de clémence). – DUTHEIL DE LA ROCHÈRE, *Liber amicorum Larroumet, Economica, 2010, p. 111* (concurrence et activités d'intérêt général dans l'Union européenne). – TRUCHOT, *Just. et cass. 2009. 187* (services publics et droit communautaire de la concurrence). – DECOCQ, *ibid. 294* (l'influence des droits nationaux sur le droit communautaire de la concurrence). – ARCELIN-LÉCUYER, *RLDA avr. 2010. 57* (l'entreprise et le groupe de sociétés en droit communautaire de la concurrence). – BARBIER DE LA SERRE, *RLC janv.-mars 2010. 57* (le traité de Lisbonne, les droits fondamentaux et le droit processuel de la concurrence). – BAILLEUX, *RTD eur. 2010. 31* (entre Luxembourg et Strasbourg, actualités du respect des droits fondamentaux dans la mise en œuvre du droit de la concurrence). – NÉRON, *RLC avr.-juin 2010. 116* (vers le renforcement de l'interdépendance des droits communautaires de la concurrence et de la consommation). – IDOT, *Europe 2010. Étude 11* (le Règl. n° 1049/2001 doit-il s'appliquer aux « procédures concurrences » ?). – GIRGENSON et GRELIER, *RLC oct.-déc. 2011. 66* (même thème). – IDOT, *RSC 2012. 315* (répression des pratiques anticoncurrentielles par les institutions de l'UE).

Art. 101 **1. Sont incompatibles avec le marché commun et interdits tous accords entre entreprises, toutes décisions d'associations d'entreprises, et toutes pratiques concertées, qui sont susceptibles d'affecter le commerce entre États membres et qui ont pour objet ou pour effet d'empêcher, de restreindre ou de fausser le jeu de la concurrence à l'intérieur du marché commun, et notamment ceux qui consistent à :**

***a*) Fixer de façon directe ou indirecte les prix d'achat ou de vente ou d'autres conditions de transaction ;**

***b*) Limiter ou contrôler la production, les débouchés, le développement technique ou les investissements ;**

***c*) Répartir les marchés ou les sources d'approvisionnement ;**

***d*) Appliquer, à l'égard de partenaires commerciaux, des conditions inégales à des prestations équivalentes en leur infligeant de ce fait un désavantage dans la concurrence ;**

***e*) Subordonner la conclusion de contrats à l'acceptation, par les partenaires, de prestations supplémentaires qui, par leur nature ou selon les usages commerciaux, n'ont pas de lien avec l'objet de ces contrats.**

2. *Les accords* ou décisions interdits en vertu du présent article sont nuls de plein droit.

3. Toutefois, les dispositions du paragraphe 1 peuvent être déclarées inapplicables :

— à tout accord ou catégorie d'accords entre entreprises,

— à toute décision ou catégorie de décisions d'associations d'entreprises et

— à toute pratique concertée ou catégorie de pratiques concertées,

qui contribuent à améliorer la production ou la distribution des produits ou à promouvoir le progrès technique ou économique, tout en réservant aux utilisateurs une partie équitable du profit qui en résulte, et sans :

***a*) Imposer aux entreprises intéressées des restrictions qui ne sont pas indispensables pour atteindre ces objectifs ;**

***b*) Donner à ces entreprises la possibilité, pour une partie substantielle des produits en cause, d'éliminer la concurrence.** – *[Traité CE, art. 85, puis art. 81.]*

Le traité d'Amsterdam du 2 oct. 1997 ayant opéré une renumérotation du traité de Rome, les art. 85, 86 et 177 sont devenus respectivement les art. 81, 82 et 234 (V. traité d'Amsterdam du 2 oct. 1997, art. 12 ; JOCE C 340 du 10 nov. 1997). — Le traité de Lisbonne du 13 déc. 2007 a opéré une renumérotation du traité de Rome, les art. 81, 82 et 234 devenant respectivement les art. 101, 102 et 267 (JOUE C 306 du 17 déc. 2007 ; V. la loi de ratification n° 2008-125 du 13 févr. 2008, JO 14 févr. et le Décr. de publication n° 2009-1466 du 1er déc. 2009, JO 2 déc.).

V. note ss. art. 102.

Pour l'application de l'art. 101, § 3 [anc. art. 81, § 3], V. notamment, Règl. CE n° 2790/1999 du 22 déc. 1999 concernant l'application de l'art. 81 § 3 à des catégories d'accords verticaux et de pratiques concertées (JOCE L 336 du 29 déc.), entré en vigueur le 1er juin 2000. — V. les lignes directrices sur les restrictions verticales, Communication Comm. CE, 24 mai 2000 (JOCE 13 oct. 2000, n° C 291, p. 1). — ...Règl. CE n° 1400/2002 du 31 juill. 2002 concernant l'application de l'art. 81 § 3, du traité à des catégories d'accords verticaux et de pratiques concertées dans le secteur de l'automobile (JOCE L 203 du 1er août) en vigueur à compter du 1er oct. 2002 et Règl. CE n° 1475/95 du 28 juin 1995 relatif à des catégories d'accords de distribution et de service de vente et d'après-vente de véhicules automobiles *(JOCE L 145 du 29 juin 1995) qui expirait le 30 sept. 2002. — ... Règl. CE n° 240/96 du 31 janv. 1996 relatif à des catégories d'accords de* transfert de technologie *(JOCE L 31 du 9 févr.). —* ***C. eur. concurrence.*** *— ... Règl. CE n° 487/2009 du 25 mai 2009 concernant l'application de l'art. 81 § 3 à des catégories d'accords et de pratiques concertées dans le domaine des transports aériens (JOUE L 148 du 11 juin). — ... Règl. UE n° 267/2010 du 24 mars 2010 concernant l'application de l'art. 101 § 3 TFUE à certaines catégories d'accords, de décisions et de pratiques concertées dans le secteur des assurances (JOUE L 83 du 30 mars). — ... Règl. UE n° 330/2010 du 20 avr. 2010, concernant l'application de l'art. 101 § 3 TFUE à des catégories d'accords verticaux et de pratiques concertées (JOUE L 102 du 23 avr., V. infra). — ... Règl. UE n° 461/2010 du 27 mai 2010, concernant l'application de l'art. 101 § 3 TFUE à des catégories d'accords verticaux et de pratiques concertées dans le secteur automobile (JOUE L 129 du 28 mai, V. infra). — Sur la distribution de véhicules automobiles, V. aussi, notes 81 s. ss. C. com., art. L. 330-2.*

Sur certains aspects du traitement des affaires de concurrence résultant de l'expiration du traité CECA (23 juill. 2002) qui sont désormais soumis aux règles du traité CE ainsi qu'aux règles de procédure et au droit dérivé du traité CE, V. Communication Comm. CE, 26 juin 2002 (JOCE 26 juin, n° C 152, p. 5). — Jugeant que la Commission ne peut pas fonder une décision « concurrence » sur l'art. 65 du traité CECA après l'expiration de ce dernier, V. TPICE 25 oct. 2007, Europe 2007, n° 323, obs. Simon, et n° 354, obs. Idot ; RDLC 2008, n° 1, p. 107, obs. Sarrazin. — Jugeant que les règles de compétence et de procédure à l'égard des pratiques éventuellement mises en œuvre dans les secteurs du charbon et de l'acier relèvent des dispositions du droit commun de la concurrence, que ce soit dans l'ordre communautaire ou dans l'ordre national, V. Cons. conc. n° 08-D-32 du 16 déc. 2008, BOCC 5 févr. 2009 ; conf. par Paris, 19 janv. 2010, RG n° 2009/00334.

V. aussi les Lignes directrices sur l'applicabilité de l'art. 101 TFUE aux accords de coopération horizontale (JOUE C 11 du 14 janv. 2011) : JCP E 2011, n° 1134, note Vilmart ; CCC 2011. Étude 4, par Wilhelm et Lorieul, LPA 17 juin 2011, note Schallenberg.

BIBL. ► GASTINEL, *D. 1996. Chron. 53* (plaidoyer pour la reconnaissance de l'effet direct à l'art. 85, § 3). – LIANOS, *RTD eur. 2000. 239* (la confusion des infractions de l'art. 81, § 1). – ARHEL, *LPA 4 déc. 2000, p. 7* (modernisation des règles relatives aux ententes et abus de position dominante). – HALIMI-DECHELETTE, *CCC 2000. Chron. 6* (même thème). – FOURGOUX, *JCP E 2001, n° 20-21, p. 821* (modernisation du droit communautaire de la concurrence). – ARHEL, *LPA 29 janv. 2002* (activité des juridictions communautaires en droit de la concurrence – 4e trimestre 2001) ; *LPA 22 févr. 2002* (procédures de clémence dans les droits européens de la concurrence). – POILLOT-PERUZZETTO, *CCC 2002. Chron. 32* (nouvelle communication sur les accords d'importance mineure), *ibid., n° 160* (soumission des secteurs du charbon et de l'acier aux règles du traité CE). – Cot, *RJDA 2004, p. 603* (notion d'entente dans la jurisprudence communautaire récente). – Idot, *LPA 1er févr. 2005* (les nouveaux règlements d'exemption). – Prieto, Roda, Gauer, Lemaire, Girard et Idot, *RDLC 2005, n° 3, p. 12* (politiques de clémence en Europe). – Barbier de la Serre, *RLC janv.-mars 2008. 79* (projet de règlement communautaire en matière de transactions). – Vilmart, *ibid. 166* (projet de création d'une transaction communautaire dans le domaine des ententes). – Muguet-Poullennec et Barbier de la Serre, *RLC oct.-déc. 2008. 17* (sanction des contributions actives et conscientes à la réalisation d'un cartel). – Decocq, *RJ com. 2011. 256* (l'imbroglio juridique de l'expiration du traité CECA).

Art. 102 Est incompatible avec le marché commun et interdit, dans la mesure où le commerce entre États membres est susceptible d'en être affecté, le fait pour une ou plusieurs entreprises d'exploiter de façon abusive une position dominante sur le marché commun ou dans une partie substantielle de celui-ci.

Ces pratiques abusives peuvent, notamment, consister à :

a) Imposer de façon directe ou indirecte des prix d'achat ou de vente ou d'autres conditions de transaction non équitables ;

b) Limiter la production, les débouchés ou le développement technique au préjudice des consommateurs ;

c) Appliquer à l'égard de partenaires commerciaux des conditions inégales à des prestations équivalentes, en leur infligeant de ce fait un désavantage dans la concurrence ;

d) Subordonner la conclusion de contrats à l'acceptation, par les partenaires, de prestations supplémentaires, qui, par leur nature ou selon les usages commerciaux, n'ont pas de lien avec l'objet de ces contrats. – *[Traité CE, art. 86, puis art. 82.]*

V. note ss. art. 101.

V. la Communication relative aux orientations sur les priorités retenues par la Commission pour l'application de l'art. 82 du traité CE [art. 102 TFUE] aux pratiques d'éviction abusives des entreprises dominantes (JOUE C 45 du 24 févr. 2009).

Sur les pouvoirs dont disposent le ministre chargé de l'économie, les fonctionnaires qu'il a désignés et habilités et l'Autorité de la concurrence, pour l'application des art. 81 à 83 du traité de Rome [art. 101 à 103 TFUE], et sur les règles de procédure applicables, V. C. com., art. L. 470-6.

BIBL. ▸ Hawk, *RDLC 2005, n° 3, p. 33* (regards croisés sur l'art. 82 CE et la section 2 du Sherman Act). – Calvet, *RLC 2005, n° 4, p. 131* (abus de position dominante : plaidoyer pour le bien-être du consommateur). – Wachsmann, Sarrazin, Wezenbeek, Paulis, Géradin et Whish, *RDLC 2005, n° 4, p. 10* (quelle réforme pour l'art. 82 CE ?). – Ehlermann, *RDLC 2006, n° 2, p. 1* (projet de lignes directrices sur l'application de l'art. 82 CE). – Lévêque, *RLC avr.-juin 2007. 111* (quel test de preuve pour l'art. 82 ?). – Chagny et Choisy, *CCE 2009. Étude 5* (tarifs des droits musicaux et abus de position dominante). – Dumont et Marthan, *ibid. 7* (la tarification des sociétés de gestion collective à l'épreuve de l'art. 82 CE).

▸ Communication de la Commission européenne : Arhel, *JCP E 2008, n° 51-52, p. 3* (projet de communication sur l'application de l'art. 82 CE aux abus d'exclusion de position dominante). – Bosco, *CCC 2009, n° 50* (la Commission publie sa communication tant attendue !). – Choné, *Europe 2009. Étude 3* (premiers regards sur les orientations de la Commission pour l'application de l'art. 82 CE aux pratiques d'éviction). – Sibony, *RDLC 2009, n° 1, p. 118* (intégration de l'analyse économique à la qualification d'abus de position dominante). – Montet, *RLC avr.-juin 2009. 118* (appliquer l'art. 82 CE aux évictions abusives).

Règlement CE n° 1-2003 du 16 décembre 2002,

Relatif à la mise en œuvre des règles de concurrence prévues aux articles 81 et 82 du traité de Rome du 25 mars 1957 (actuels art. 101 et 102 TFUE, depuis l'entrée en vigueur du traité de Lisbonne ; V. Décr. n° 2009-1466 du 1er déc. 2009, JO 2 déc.).

RÉP. COMMUNAUTAIRE v° *Concurrence (procédure devant la Commission)*, par Collin, Marcinkowski et Lajnet.

BIBL. ► ARHEL, *LPA 4 déc. 2000* (modernisation des règles relatives aux ententes et abus de position dominante). – J.-C. FOURGOUX, *RJ com. 2002. 51* (nouvel antitrust européen : espoirs et craintes). – IDOT, *Europe 2003. Chron. 2* (premières vues sur le nouveau règlement antitrust). – KOVAR, *D. 2003. 478*. – IDOT, *JCP E 2003, n° 4, p. 145*. – DAVID, *Bull. act. Lamy droit économique, janv. 2003, p. 1*. – FERRIER, *Lettre distrib. janv. 2003, p. 1*. – POILLOT-PERUZZETTO, *CCC 2003, n° 45*. – NOURISSAT, *Procédures 2003, n° 64*. – ARHEL, *LPA 2 avr. 2003*. – REIFEGERSTE, *JCP 2003. I. 125* (articulation du droit communautaire et du droit national de la concurrence). – DERAINS, *Gaz. Pal. 2003. Doctr. 1520* (l'arbitre, la commission et la Cour : questions de procédure). – RINCAZAUX, *Bull. act. Lamy droit économique, mai et juin 2003, p. 1* (même thème). – POILLOT-PERUZZETTO, *RTD com. 2003. 397*. – PARLÉANI, *JCP E 2003, n° 28-29, p. 1192*. – CASCALES, *LPA 3 juill. 2003*. –VIENNOIS, *Cah. dr. entr. 2003, n° 5, p. 1* (rapports entre droit communautaire de la concurrence et droit national). – ARHEL, *ibid. 30 déc. 2003, p. 4* (réseau européen de la concurrence). – FAVRET, *AJDA 2004. 177* (renforcement du rôle des autorités nationales). – RIOU, *Cah. dr. entr. 2004, n° 2, p. 28* (mise en œuvre par les autorités nationales de concurrence, révolution ou évolution ?). – MEFFRE et LAMY, *D. 2004. 1295* (réflexions du praticien). – POILLOT-PERUZZETTO, *CCC 2004. Chron. 8* (les réformes de fond à l'occasion des réformes de procédure en droit communautaire de la concurrence). – DECOCQ, *RJ com. 2004. 274* (réforme du droit processuel européen des pratiques anticoncurrentielles). – RIFFAULT-SILK, *Cah. dr. entr. 2004, n° 3, p. 1* (quel modèle pour l'application des nouvelles règles communautaires ?). – NOURISSAT et WTTERWULGHE (ss. la DIR), *Thèmes & commentaires, Dalloz 2004* (actes du colloque du 4 mars 2004 de l'Université de Lyon 3). – BÉHAR-TOUCHAIS, *LPA 5 oct. 2004* (internormativité et droit de la concurrence). – CANIVET, *RDLC déc. 2004. 21* (organisation des juridictions nationales pour l'application du droit communautaire de la concurrence). – LASSERRE, *ibid. 29* (les adaptations nécessaires du Conseil de la concurrence). – ARHEL, *JCP E 2004, n° 51, p. 2010* (adaptation du droit national au droit communautaire de la concurrence). – MEFFRE et GUET, *D. 2005. 361* (contrôle *a posteriori* de la licéité des accords par le juge national : questions de procédure). – PAULIS et GAUER, *RDLC 2005, n° 1, p. 32* (principe du *ne bis in idem*). – IDOT, *Europe 2005. Chron. 4* (réforme du droit antitrust en Europe : un an de pratique). – LASSERRE, *RDLC 2005, n° 3, p. 42* (le Conseil de la concurrence dans le réseau communautaire). – J.-C. FOURGOUX, *RLC août-oct. 2005. 123* (quel rôle désormais pour les juridictions nationales ?). – GERADIN et N. PETIT, *RTD eur. 2005. 795* (droit de la concurrence et recours en annulation à l'ère post-modernisation). – RIFFAULT-SILK, *RLC janv.-mars 2006. 84* (les actions privées en droit de la concurrence). – BARBIER DE LA SERRE, *RLC oct.-déc. 2006. 14* (lignes directrices de 2006 pour le calcul des amendes). – LEMAIRE, *Europe 2006. Étude 12* (la clémence : nouvelle étape de la convergence des droits de la concurrence en Europe). – MONÉGER, *CCC 2006. Dossier 29* (relations entre les autorités communautaires et nationales). – SCHWARZE, *RTD eur. 2007. 1* (les sanctions imposées pour les infractions au droit européen de la concurrence selon l'art. 23 du Règl. n° 1-2003 à la lumière des principes généraux de droit). – BATTISTA et ROQUES, *RLC janv.-mars 2008. 136* (les inspections communautaires en matière de concurrence). – KRENZER, *RDLC 2008, n° 3, p. 55* (premières applications des nouvelles lignes directrices communautaires pour le calcul des amendes). – LEMAIRE, *LPA 17 déc. 2009* (premier bilan de l'application du Règl. n° 1/2003). – FROT et SAUTEL, *RLDA déc. 2011. 35* (demander réparation d'un préjudice causé par une pratique anticoncurrentielle). – CHRIST et GAUER, *RDLC 2012, n° 4, p. 29* (infractions procédurales en droit européen de la concurrence). – IDOT, *RSC 2013. 167* (procédures quasi répressives en droit européen de la concurrence).

V. Règl. CE n° 773/2004 du 7 avr. 2004, relatif aux procédures mises en œuvre par la Commission en application des art. 81 et 82 du traité CE, infra. — V. aussi Communication de la Commission sur la coopération entre la Commission et les juridictions nationales pour l'application des art. 81 et 82 du traité CE ; Projet de Communication de la Commission relative au traitement par la Commission des plaintes déposées au titre des art. 81 et 82 du traité CE ; Communication de la Commission relative à des orientations informelles sur des questions nouvelles qui se posent dans des affaires individuelles au regard des art. 81 et 82 du traité CE (lettres d'orientation) ; Lignes directrices relatives à la notion d'affectation du commerce figurant aux art. 81 et 82 du traité CE ; Lignes directrices concernant l'application de l'art. 81, § 3, du traité CE (JOUE, n° C 101 du 27 avr.). — Sur ces textes, V. Poillot-Peruzzetto, CCC 2004, n° 98 ; Idot, Europe 2004. Chron. 6 et Procédures 2004. Chron. 10 ; L et J. Vogel, JCP E 2004, n° 39, p. 1474 ; Viennois, LPA 22 sept. 2004 ; Van der Woude, RDLC déc. 2004. 54. — V. aussi BEEI 2004, n° 3, p. 2, 10 et 12 s.

V. Communication de la Commission concernant les bonnes pratiques relatives aux procédures d'application des art. 101 et 102 TFUE (JOUE C 308 du 20 oct. 2011 ; BRDA 2011, n° 20, p. 10 ; RLC janv.-mars 2012. 67, note Barbier de la Serre et Chassaing).

CHAPITRE PREMIER *Principes*

Art. 1er *Application des articles 81 et 82 [101 et 102] du traité.* **1. Les accords, décisions et pratiques concertées visés à l'article 81, paragraphe 1, du traité** *[art. 101, § 1]* **qui ne remplissent pas les conditions de l'article 81, paragraphe 3, du traité** *[art. 101, § 3]* **sont interdits, sans qu'une décision préalable soit nécessaire à cet effet.**

2. Les accords, décisions et pratiques concertées visés à l'article 81, paragraphe 1, du traité *[art. 101, § 1]* **qui remplissent les conditions de l'article 81, paragraphe 3, du traité** *[art. 101, § 3]* **ne sont pas interdits, sans qu'une décision préalable soit nécessaire à cet effet.**

3. L'exploitation abusive d'une position dominante visée à l'article 82 du traité *[art. 102]* **est interdite, sans qu'une décision préalable soit nécessaire à cet effet.**

Restriction par objet. Des accords verticaux contraires à l'art. 101, § 1, TFUE peuvent être anticoncurrentiels « par objet » au sens de cette disposition si, à la suite d'un examen individuel et concret de la teneur et de l'objectif de ces accords ainsi que du contexte économique et juridique dans lequel ils s'inscrivent, il apparaît que ceux-ci sont, par leur nature même, nuisibles au bon fonctionnement du jeu normal de la concurrence sur l'un des marchés concernés. • CJUE 14 mars 2013 : *Dalloz actualité, 3 mai 2013, obs. Constantin.*

Art. 2 *Charge de la preuve.* **Dans toutes les procédures nationales et communautaires d'application des articles 81 et 82 du traité** *[art. 101 et 102]*, **la charge de la preuve d'une violation de l'article 81, paragraphe 1, ou de l'article 82 du traité** *[art. 101, § 1 ou art. 102]* **incombe à la partie ou à l'autorité qui l'allègue. En revanche, il incombe à l'entreprise ou à l'association d'entreprises qui invoque le bénéfice des dispositions de l'article 81, paragraphe 3, du traité** *[art. 101, § 3]* **d'apporter la preuve que les conditions de ce paragraphe sont remplies.**

BIBL. ▶ SIBONY et BARBIER DE LA SERRE, *RTD eur. 2007. 205* (charge de la preuve et théorie du contrôle en droit communautaire de la concurrence : pour un changement de perspective).

Art. 3 *Rapport entre les articles 81 et 82 du traité [art. 101 et 102] et les droits nationaux de la concurrence.* **1. Lorsque les autorités de concurrence des États membres ou les juridictions nationales appliquent le droit national de la concurrence à des accords, des décisions d'associations d'entreprises ou des pratiques concertées au sens de l'article 81, paragraphe 1, du traité** *[art. 101, § 1]* **susceptibles d'affecter le commerce entre États membres au sens de cette disposition, elles appliquent également l'article 81 du traité** *[art. 101]* **à ces accords, décisions ou pratiques concertées. Lorsque les autorités de concurrence des États membres ou les juridictions nationales appliquent le droit national de la concurrence à une pratique abusive interdite par l'article 82 du traité, elles appliquent également l'article 82 du traité** *[art. 102]*.

2. L'application du droit national de la concurrence ne peut pas entraîner l'interdiction d'accords, de décisions d'associations d'entreprises ou de pratiques concertées qui sont susceptibles d'affecter le commerce entre États membres, mais qui n'ont pas pour effet de restreindre la concurrence au sens de l'article 81, paragraphe 1, du traité *[art. 101, § 1]*, **ou qui satisfont aux conditions énoncées à l'article 81, paragraphe 3, du traité** *[art. 101, § 3]* **ou qui sont couverts par un règlement ayant pour objet l'application de l'article 81, paragraphe 3, du traité** *[art. 101, § 3]*. **Le présent règlement n'empêche pas les États membres d'adopter et de mettre en œuvre sur leur territoire des lois nationales plus strictes qui interdisent ou sanctionnent un comportement unilatéral d'une entreprise.**

3. Sans préjudice des principes généraux et des autres dispositions du droit communautaire, les paragraphes 1 et 2 ne s'appliquent pas lorsque les autorités de concur-

rence et les juridictions des États membres appliquent la législation nationale relative au contrôle des concentrations, et ils n'interdisent pas l'application de dispositions de droit national qui visent à titre principal un objectif différent de celui visé par les articles 81 et 82 du traité *[art. 101 et 102]*.

1. Affectation du commerce communautaire. **BIBL.** Bosco, Luc, Rincazaux et Cardonnel, *RDLC 2011, nº 2, p. 17* (affectation du commerce entre États membres : une question d'actualité). ♦ Il appartient à la défenderesse de faire la démonstration que l'accord est susceptible d'affecter le commerce entre États membres et a pour objet ou pour effet d'empêcher, de restreindre ou de fausser le jeu de la concurrence à l'intérieur du marché commun. • TGI Strasbourg, 3 févr. 2005 : *CCC 2005, nº 139, obs. crit. Poillot-Peruzzetto ; RDC 2005. 1033, obs. Idot.* ♦ Les termes « susceptible d'affecter » énoncés par les art. 101 et 102 TFUE supposent que l'accord ou la pratique abusive en cause permette, sur la base d'un ensemble d'éléments objectifs de droit ou de fait, d'envisager avec un degré de probabilité suffisant qu'il puisse exercer une influence directe ou indirecte, actuelle ou potentielle, sur les courants d'échanges entre États membres, sans que soit exigée la constatation d'un effet réalisé sur le commerce intracommunautaire. • Com. 31 janv. 2012 : *Bull. civ. IV, nº 16 ; D. 2013. Pan. 733, obs. Ferrier ; D. 2012. Actu. 429, obs. Chevrier ; JCP E 2012, nº 1165 ; CCC 2012, nº 103, obs. Decocq ; RJDA 2012, nº 531 ; RLC avr.-juin 2012. 33, obs. Cholet ; RLDA mars 2012. 50, obs. Mathonnière ; RLC juill.-sept. 2012. 97, obs. Cheynel.* ♦ Une potentialité d'affectation indirecte suffit pour imposer l'application du droit de l'Union, à condition par ailleurs que cette potentialité d'affectation puisse être caractérisée et qu'elle soit sensible. • Aut. conc. nº 11-D-07 du 24 févr. 2011 : *RLC juill.-août 2011. 15, note Venayre.* ♦ Il n'est pas nécessaire, pour que le droit de l'Union soit applicable à une entente verticale, de démontrer que les distributeurs qu'elle concerne sont implantés en tous points du territoire national ; il doit en revanche être relevé que la politique commerciale de l'entreprise porte sur une gamme de produits susceptibles d'être vendus sur l'ensemble du territoire et tend à régir les relations de cette entreprise avec la généralité de ses revendeurs, indépendamment de leur point d'implantation géographique exact. • Aut. conc. nº 11-D-19 du 15 déc. 2011.

En se déterminant par des motifs pris de la seule taille des entreprises et du lieu de leurs activités, insuffisants à établir le caractère sensible de l'affectation du commerce entre États membres, lequel, en l'état d'une entente ne couvrant qu'une partie d'un tel État, devait être apprécié en priorité au regard du volume de ventes affecté par la pratique par rapport au volume de ventes global des produits en cause à l'intérieur de cet État, la cour d'appel a privé sa décision de base légale. • Com. 1er mars 2011 : *Bull. civ. IV, nº 29 ; D. 2011. Actu. 813, obs. Chevrier ; RTD eur. 2011. 420, obs. Idot ; JCP E 2011. Act. 128 ; CCC 2011, nº 120, obs. Bosco ; Gaz. Pal. 2011. 2931, et les obs. ; RJDA 2011, nº 579 ; RLC avr.-juin 2011. 30, obs. Sélinsky et Cholet ; RDLC 2011, nº 2, p. 105, obs. Jalabert-Doury ; Europe 2011. Alerte 26, par Idot* (sur renvoi • Paris, 28 mars 2013 : *cité note 4 ss. art. R. 464-17*). ♦ Comp., jugeant qu'en l'état de pratiques cumulées d'entente et d abus de position dominante commises sur une partie seulement d'un État membre le caractère sensible de l'affectation du commerce intracommunautaire résulte d'un ensemble de critères, parmi lesquels la nature des pratiques, la nature des produits concernés et la position de marché des entreprises en cause, le volume de ventes global concerné par rapport au volume national n'étant qu'un élément parmi d'autres, • Com. 31 janv. 2012 : *préc.* – Pour une application : • Aut. conc. nº 12-D-08 du 6 mars 2012. ♦ Cette approche vaut à plus forte raison pour les pratiques concernant l'ensemble d'un État membre. • Aut. conc. nº 12-D-24 du 13 déc. 2012 : *cité note 8 ss. art. L. 464-2 C com.*

2. Loi nationale plus stricte. L'art. 3 (2) précise que le présent règlement n'empêche pas les États membres d'adopter et de mettre en œuvre sur leur territoire des lois nationales plus strictes. L'art. L. 420-2, al. 2, C. com. vise les pratiques d'abus de dépendance économique qui constituent une catégorie d'infractions distincte de celle des ententes anticoncurrentielles prévue par les art. L. 420-1 C. com. et 81 du traité CE (actuel art. 101 TFUE). Par ailleurs, l'infraction d'abus de dépendance économique de l'art. L. 420-2, al. 2, C. com. n'a pas d'équivalent en droit communautaire de la concurrence. Dans ces conditions, les pratiques dénoncées peuvent être appréciées au regard de l'art. L. 420-2, sans en rechercher au préalable la conformité avec les art. L. 420-1 C. com., 81 du traité CE (devenu art. 101 TFUE) et le Règl. nº 2790/1999 du 22 déc. 1999. • Aut. conc. nº 10-D-08 du 3 mars 2010 : *CCC 2010, nº 123, obs. Malaurie-Vignal ; RLC avr.-juin 2010. 93, note Boy.*

Les art. 101, § 1, TFUE et 3, § 2, du Règl. nº 1/2003 doivent être interprétés en ce sens qu'ils ne s'opposent pas à ce qu'une autorité nationale de concurrence applique l'art. 101, § 1, à un accord entre entreprises qui est susceptible d'affecter le commerce entre États membres, mais qui n'atteint pas les seuils fixés par la Commission européenne dans sa communication concernant les accords d'importance mineure (*de minimis*), pourvu que cet accord constitue une restriction sensible de la concurrence au sens de cette disposition. • CJUE 13 déc. 2012 : *D. 2013. 473, note Vincent ; AJDA 2013. 340, et les obs. ; JCP E 2013, n° 1020, note Maréchal ; CCC 2013, n° 41, obs. Decocq ; RJDA 2013, n° 261 ; CCE 2013, n° 28, obs. Chagny ; RJ com. janv.-févr. 2013. 52, note Decocq ; RLC avr.-juin 2013. 26, obs. Robin ; RLDA mars 2013. 37, obs. de Romanet ; Europe 2013, n° 88, obs. Idot.* – Réponse à une question préjudicielle de : • Com. 10 mai 2011 : *BOCC 22 juill. 2011 ; Dalloz actualité, 19 mai 2011, obs. Chevrier ; RJDA 2011, n° 843 ; RDLC 2011, n° 3, p. 105, obs. Debroux ; Europe 2011, n° 260, obs. Idot ; RLDA juill.-août 2011. 61, obs. Mathonnière ; RDC 2011. 1208, note Idot.*

L'art. L. 442-6-I-5°, doit être interprété et appliqué en considération du droit communautaire dont les impératifs priment les règles générales et spéciales du droit français ; ces impératifs résultant de la combinaison des règles de la concurrence des art. 81 et 82 du traité de Rome [devenus 101 et 102 TFUE] et du Règl. n° 1400/2002 du 31 juill. 2002 justifient le préavis abrégé d'un an, peu important la durée des relations antérieures entre les parties. • Paris, 11 mai 2011 : *RDLC 2011, n° 3, p. 123, obs. Éréséo.* – Comp. • Versailles, 4 sept. 2012 : *cité note 24 ss. art. L. 442-6 C. com.*

3. Question prioritaire de constitutionnalité. Ne sont pas des dispositions législatives entrant dans le champ de la QPC les règlements communautaires, de telle sorte que la question posée qui tend à contester la conformité à la Constitution du Règl. CE n° 1/2003 n'est pas recevable. • Cass., QPC, 18 juin 2010 : *RLC janv.-févr. 2011. 68, note Mexis.*

CHAPITRE II *Compétences*

Art. 5 *Compétence des autorités de concurrence des États membres.* **Les autorités de concurrence des États membres sont compétentes pour appliquer les articles 81 et 82 du traité** *[art. 101 et 102]* **dans des cas individuels. À cette fin, elles peuvent, agissant d'office ou saisies d'une plainte, adopter les décisions suivantes :**

– ordonner la cessation d'une infraction,

– ordonner des mesures provisoires,

– accepter des engagements,

– infliger des amendes, astreintes ou toute autre sanction prévue par leur droit national.

Lorsqu'elles considèrent, sur la base des informations dont elles disposent, que les conditions d'une interdiction ne sont pas réunies, elles peuvent également décider qu'il n'y a pas lieu pour elles d'intervenir.

RÉP. COMMUNAUTAIRE v° *Concurrence (mise en œuvre par les autorités et juridictions nationales)*, par ARHEL.

Compétence des autorités nationales. L'art. 5 du Règl. n° 1/2003 du 16 déc. 2002 doit être interprété en ce sens qu'il s'oppose à ce qu'une autorité de concurrence nationale, lorsque, afin d'appliquer l'art. 102 TFUE, elle examine si les conditions d'application de cet article sont réunies et que, à la suite de cet examen, elle estime qu'une pratique abusive n'a pas eu lieu, puisse prendre une décision concluant à l'absence de violation dudit article. • CJUE 3 mai 2011 : *BICC 1er oct. 2011, n° 1061 ; Dalloz actualité, 6 juin 2011, obs. Constantin ; AJDA 2011. 1621, obs. Aubert, Broussy et Donnat ; RTD eur. 2011. 841, obs. Blaise ; JCP 2011, n° 597, obs. Picod ; CCC 2011, n° 173, obs. Decocq ; RJDA 2011, n° 963 ; RDLC 2011, n° 3, p. 173, obs. Lemaire ; RLC juill.-sept. 2011. 23, obs. Robin ; ibid. 70, obs. Barbier de la Serre ; RJ com. 2011. 473, note Decocq ; RLDA juin 2011. 42, obs. Mathonnière ;* Europe 2011, n° 258, obs. Idot ; *RDC 2011. 1201, note Idot.* ♦ L'art. 5, al. 2, est d'application directe et s'oppose à l'application d'une règle de droit national qui imposerait de clore une procédure relative à l'application de l'art. 102 TFUE par une décision constatant l'absence de violation dudit article. • Même arrêt.

Art. 6 *Compétence des juridictions nationales.* Les juridictions nationales sont compétentes pour appliquer les articles 81 et 82 du traité *[art. 101 et 102]*.

CHAPITRE III *Décisions de la Commission*

....

CHAPITRE IV *Coopération*

Art. 11 *Coopération entre la Commission et les autorités de concurrence des États membres.* 1. La Commission et les autorités de concurrence des États membres appliquent les règles communautaires de concurrence en étroite collaboration.

2. La Commission transmet aux autorités de concurrence des États membres une copie des pièces les plus importantes qu'elle a recueillies en vue de l'application des articles 7, 8, 9 et 10 et de l'article 29, paragraphe 1. Si l'autorité de concurrence d'un État membre en fait la demande, la Commission lui fournit une copie des autres documents existants qui sont nécessaires à l'appréciation de l'affaire.

3. Lorsqu'elles agissent en vertu de l'article 81 ou 82 du traité *[art. 101 et 102]*, les autorités de concurrence des États membres informent la Commission par écrit avant ou sans délai après avoir initié la première mesure formelle d'enquête. Cette information peut également être mise à la disposition des autorités de concurrence des autres États membres.

4. Au plus tard trente jours avant l'adoption d'une décision ordonnant la cessation d'une infraction, acceptant des engagements ou retirant le bénéfice d'un règlement d'exemption par catégorie, les autorités de concurrence des États membres informent la Commission. À cet effet, elles communiquent à la Commission un résumé de l'affaire, la décision envisagée ou, en l'absence de celle-ci, tout autre document exposant l'orientation envisagée. Ces informations peuvent aussi être mises à la disposition des autorités de concurrence des autres États membres. Sur demande de la Commission, l'autorité de concurrence concernée met à la disposition de la Commission d'autres documents en sa possession nécessaires à l'appréciation de l'affaire. Les informations fournies à la Commission peuvent être mises à la disposition des autorités de concurrence des autres États membres. Les autorités nationales de concurrence peuvent également échanger entre elles les informations nécessaires à l'appréciation d'une affaire qu'elles traitent en vertu de l'article 81 ou 82 du traité *[art. 101 ou 102]*.

5. Les autorités de concurrence des États membres peuvent consulter la Commission sur tout cas impliquant l'application du droit communautaire.

6. L'ouverture par la Commission d'une procédure en vue de l'adoption d'une décision en application du chapitre III dessaisit les autorités de concurrence des États membres de leur compétence pour appliquer les articles 81 et 82 du traité *[art. 101 et 102]*. Si une autorité de concurrence d'un État membre traite déjà une affaire, la Commission n'intente la procédure qu'après avoir consulté cette autorité nationale de concurrence.

BIBL. ▶ ZARKA, *D. 2007. 1738* (à propos du rôle prépondérant de la commission dans la recherche des infractions aux règles de concurrence). – ZIVY, *RDLC 2007, nº 4, p. 50* (quel schéma institutionnel pour la régulation de la concurrence ? Portrait de famille européenne).

1. Consultation. Aucun texte n'impose au Conseil de la concurrence d'informer la Commission européenne de la procédure en cours dès lors qu'il envisageait de prendre une décision de non-lieu, l'art. 11 § 4 ne prévoyant pas l'obligation d'informer la Commission dans cette hypothèse. • Paris, 23 janv. 2007 : *cité note 6 ss. art. L. 450-6 C. com.*

2. Information. En l'absence d'affectation du commerce entre les États membres, le droit communautaire n'est pas applicable et par voie de conséquence la procédure d'information prévue à l'art. 11 § 3 n'a pas à être mise en œuvre tandis que la Commission européenne n'a pas compétence pour dessaisir le Conseil de la concurrence. • Cons. conc. nº 08-D-12 du 21 mai 2008 :

BOCC 14 nov. 2008 ; RDLC 2008, n° 3, p. 143, obs. Gstalter. ♦ … Par ailleurs, cette abstention ne peut pas être considérée comme portant atteinte aux droits de la défense des entreprises visées, dès lors que les chances d'obtenir une décision plus favorable au niveau communautaire sont purement hypothétiques. • Paris, 29 sept. 2009 : *BOCC 9 oct. 2009 ; Dalloz actualité, 5 oct. 2009, obs. Chevrier ; RLC janv.-mars 2010. 72, obs. Cheynel.*

3. Accès aux pièces. C'est en acceptant d'aller au-delà du débat contradictoire organisé par le code de commerce que l'Autorité de la concurrence a demandé à la Commission européenne, sur le fondement des art. 11 et 12 du Règl. n° 1/2003, qui pourtant ne régissent pas l'accès des parties ou des tiers à un dossier ouvert par une autorité membre du REC, mais organisent la coopération, et notamment l'échange d'informations confidentielles, entre autorités de concurrence et à l'initiative de ces dernières, de transférer à l'Autorité les pièces du dossier que la Commission européenne avait constitué. • Aut. conc. n° 11-D-17 du 8 déc. 2011.

4. Dessaisissement. L'ouverture par la Commission européenne d'une procédure, au titre du chapitre III du Règl. n° 1/2003, à l'encontre d'une entente ne dessaisit pas, en vertu de l'art. 11, § 6, lu en combinaison avec l'art. 3, § 1, du même règlement, l'autorité de concurrence de l'État membre concerné de sa compétence pour sanctionner, par application du droit national de la concurrence, les effets anticoncurrentiels produits par cette entente sur le territoire dudit État membre au cours de périodes antérieures à l'adhésion de ce dernier à l'Union européenne. • CJUE 14 févr. 2012 : *Dalloz actualité, 23 mars 2012, obs. Constantin ; RTD eur. 2012. 453, obs. Idot* ; *CCC 2012, n° 99, obs. Decocq ; RLC avr.-juin 2012. 81, obs. Barbier de la Serre ; RLDA mars 2012. 52, obs. Mathonnière ; Europe 2012, n° 151, obs. Idot.* ♦ Le principe *ne bis in idem* ne fait pas obstacle à ce que les entreprises ayant participé à une entente soient condamnées à des amendes par l'autorité nationale de concurrence de l'État membre concerné, aux fins de sanctionner les effets produits par cette entente sur le territoire de ce dernier avant qu'il n'adhère à l'Union européenne, dès lors que les amendes infligées aux membres de cette entente par une décision de la Commission européenne prise avant l'adoption de la décision de ladite autorité nationale de concurrence n'avaient pas pour objet de réprimer lesdits effets. • Même arrêt.

Art. 12 *Échanges d'informations.* 1. Aux fins de l'application des articles 81 et 82 du traité *[art. 101 ou 102]*, la Commission et les autorités de concurrence des États membres ont le pouvoir de se communiquer et d'utiliser comme moyen de preuve tout élément de fait ou de droit, y compris des informations confidentielles.

2. Les informations échangées ne peuvent être utilisées comme moyen de preuve qu'aux fins de l'application de l'article 81 ou 82 du traité *[art. 101 ou 102]* et pour l'objet pour lequel elles ont été recueillies par l'autorité qui transmet l'information. Toutefois, lorsque le droit national de la concurrence est appliqué dans la même affaire et parallèlement au droit communautaire de la concurrence, et qu'il aboutit au même résultat, les informations échangées en vertu du présent article peuvent également être utilisées aux fins de l'application du droit national de la concurrence.

3. Les informations transmises en vertu du paragraphe 1 ne peuvent être utilisées comme moyen de preuve pour infliger une sanction à une personne physique que lorsque :

— la loi de l'autorité qui transmet l'information prévoit des sanctions similaires en cas de violation de l'article 81 ou 82 du traité *[art. 101 ou 102]* ou, si tel n'est pas le cas, lorsque

— les informations ont été recueillies d'une manière qui assure le même niveau de protection des droits de la défense des personnes physiques que celui qui est reconnu par les règles nationales de l'autorité destinataire. Dans ce cas, cependant, les informations échangées ne peuvent être utilisées par l'autorité destinataire pour infliger des peines privatives de liberté.

Utilisation des informations. La protection qui est assurée par les dispositions de l'art. 12, 3°, vise expressément et exclusivement les personnes physiques. • Paris, 24 nov. 2009 : *BOCC 30 déc. 2009 ; Dalloz actualité, 30 nov. 2009, obs. Chevrier ; CCC 2010, n° 16, obs. Decocq ; ibid., n° 54, obs. Bosco ; RDLC 2010, n° 1, p. 160, obs. Momège ; RLC avr.-juin 2010. 83, obs. Barbier de la Serre.* ♦ Les dispositions du droit de l'Union en matière d'ententes, et en particulier le Règl. (CE) n° 1/2003 du 16 déc. 2002, doivent être interprétées en ce sens qu'elles ne s'opposent pas à ce qu'une personne, lésée par une infraction au droit de la concurrence de l'Union et cherchant à obtenir des dommages et intérêts, obtienne l'accès aux documents relatifs à une procédure de clémence concernant l'auteur de cette infraction. Il appartient toutefois aux juridictions des États membres, sur la base de leur droit national, de déterminer les conditions dans lesquelles un tel accès doit être autorisé ou refusé en mettant en balance les intérêts protégés par le droit de l'Union. • CJUE 14 juin 2011 : *BICC 1er oct. 2011, n° 1060 ; AJDA 2011. 1620, obs. Aubert, Broussy et Donnat ; RTD eur. 2011. 844, obs. Blaise ; JCP 2011, n° 733, obs. F. Picod ; CCC 2011, n° 198, obs. Decocq ; Gaz. Pal. 2011. 2922, et les obs. ; RDLC 2011, n° 3, p. 177, obs. Lemaire ; RLC oct.-déc. 2011. 59, note Barbier de la Serre et Quiles ; RLC janv.-mars 2012. 146, note Roseau et Masmi-Dazi ; Europe 2011, n° 308, obs. Idot ; RDC 2011. 1201, note Idot.* ♦ Le droit de l'Union, en particulier le principe d'effectivité, s'oppose à une disposition du droit national en vertu de laquelle l'accès aux documents figurant dans le dossier afférent à une procédure nationale relative à l'application de l'art. 101 TFUE, y compris aux documents communiqués dans le cadre d'un programme de clémence, de tiers n'étant pas parties à cette procédure et envisageant d'engager des recours en dommages et intérêts à l'encontre de participants à une entente est subordonné au seul consentement de toutes les parties à ladite procédure, sans qu'aucune possibilité d'effectuer une mise en balance des intérêts en présence soit laissée aux juridictions nationales. • CJUE 6 juin 2013 : *JCP 2013, n° 717, obs. Picod.*

Art. 13 *Suspension ou clôture de la procédure.* **1. Lorsque les autorités de concurrence de plusieurs États membres sont saisies d'une plainte ou agissent d'office au titre de l'article 81 ou 82 du traité** *[art. 101 ou 102]* **à l'encontre d'un même accord, d'une même décision d'association ou d'une même pratique, le fait qu'une autorité traite l'affaire constitue pour les autres autorités un motif suffisant pour suspendre leur procédure ou rejeter la plainte. La Commission peut également rejeter une plainte au motif qu'une autorité de concurrence d'un État membre la traite.**

2. Lorsqu'une autorité de concurrence d'un État membre ou la Commission est saisie d'une plainte contre un accord, une décision d'association ou une pratique qui a déjà été traitée par une autre autorité de concurrence, elle peut la rejeter.

....

Art. 15 *Coopération avec les juridictions nationales.* **1. Dans les procédures d'application de l'article 81 ou 82 du traité** *[art. 101 ou 102]*, **les juridictions des États membres peuvent demander à la Commission de leur communiquer des informations en sa possession ou un avis au sujet de questions relatives à l'application des règles communautaires de concurrence.**

2. Les États membres transmettent à la Commission copie de tout jugement écrit rendu par des juridictions nationales statuant sur l'application de l'article 81 ou 82 du traité *[art. 101 ou 102]*. **Cette copie est transmise sans délai lorsque le jugement complet est notifié par écrit aux parties.**

3. Les autorités de concurrence des États membres, agissant d'office, peuvent soumettre des observations écrites aux juridictions de leur État membre respectif au sujet de l'application de l'article 81 ou 82 du traité *[art. 101 ou 102]*. **Avec l'autorisation de la juridiction en question, elles peuvent aussi présenter des observations orales. Lorsque l'application cohérente de l'article 81 ou 82 du traité** *[art. 101 ou 102]* **l'exige, la Commission, agissant d'office, peut soumettre des observations écrites aux juridictions des États membres. Avec l'autorisation de la juridiction en question, elle peut aussi présenter des observations orales.**

Afin de leur permettre de préparer leurs observations, et à cette fin uniquement, les autorités de concurrence des États membres et la Commission peuvent solliciter la juridiction compétente de l'État membre afin qu'elle leur transmette ou leur fasse transmettre tout document nécessaire à l'appréciation de l'affaire.

4. Le présent article est sans préjudice des pouvoirs plus étendus que le droit national confère aux autorités de concurrence des États membres de présenter des observations aux juridictions.

BIBL. ▶ Claudel, *RDLC 2012, n° 4, p. 38* (procédure d'*amicus curiae* : bilan en demi-teinte de la pratique européenne et française). – Pietrini, *CCC 2013. Dossier 10* (relations entre juges de droit commun et autorités de concurrence : approche européenne).

Amicus curiae. Pour une application du § 3 de l'art. 15 par la Commission européenne, V. • Paris, 7 juin 2007 : *Gaz. Pal. 2008. 423, et les obs.* • Paris, 29 oct. 2009 : *BOCC 13 nov. 2009 ; RDLC 2010, n° 1, p. 161, obs. Momège.* ♦ L'art. 15 § 3, premier alinéa, troisième phrase, doit être interprété en ce sens qu'il autorise la Commission européenne à soumettre d'office des observations écrites à une juridiction d'un État membre dans une procédure relative à la possibilité de déduire des bénéfices imposables le montant d'une amende ou une partie de celle ci que la Commission a infligée pour la violation de l'art. 81 CE ou 82 CE (actuels art. 101 et 102 TFUE). • CJCE 11 juin 2009 : *JCP 2010, n° 5, p. 248, obs. Bringuier-Fau ; Gaz. Pal. 2009. 3183, obs. Vialens ; CCC 2009, n° 199, obs. Decocq ; RLDA juill. 2009. 51, obs. Anadon ; RDLC 2009, n° 3, p. 120, note Maitrepierre ; RLC oct.-déc. 2009. 68, note Barbier de la Serre et Lavedan ; Europe 2009, n° 322, obs. Idot.*

Art. 16 *Application uniforme du droit communautaire de la concurrence.* **1. Lorsque les juridictions nationales statuent sur des accords, des décisions ou des pratiques relevant de l'article 81 ou 82 du traité** *[art. 101 ou 102]* **qui font déjà l'objet d'une décision de la Commission, elles ne peuvent prendre de décisions qui iraient à l'encontre de la décision adoptée par la Commission. Elles doivent également éviter de prendre des décisions qui iraient à l'encontre de la décision envisagée dans une procédure intentée par la Commission. À cette fin, la juridiction nationale peut évaluer s'il est nécessaire de suspendre sa procédure. Cette obligation est sans préjudice des droits et obligations découlant de l'article 234 du traité** *[art. 267]***.**

2. Lorsque les autorités de concurrence des États membres statuent sur des accords, des décisions ou des pratiques relevant de l'article 81 ou 82 du traité *[art. 101 ou 102]* **qui font déjà l'objet d'une décision de la Commission, elles ne peuvent prendre de décisions qui iraient à l'encontre de la décision adoptée par la Commission.**

CHAPITRE V *Pouvoirs d'enquête*

....

Art. 22 *Enquêtes par les autorités de concurrence des États membres.* **1. Une autorité de concurrence d'un État membre peut exécuter sur son territoire toute inspection ou autre mesure d'enquête en application de son droit national au nom et pour le compte de l'autorité de concurrence d'un autre État membre afin d'établir une infraction aux dispositions de l'article 81 ou 82 du traité** *[art. 101 ou 102]***. Le cas échéant, les informations recueillies sont communiquées et utilisées conformément à l'article 12.**

2. Sur demande de la Commission, les autorités de concurrence des États membres procèdent aux inspections que la Commission juge indiquées au titre de l'article 20, paragraphe 1, ou qu'elle a ordonnées par voie de décision prise en application de l'article 20, paragraphe 4. Les agents des autorités de concurrence des États membres chargés de procéder aux inspections, ainsi que les agents mandatés ou désignés par celles-ci, exercent leurs pouvoirs conformément à leur législation nationale.

Les agents et les autres personnes les accompagnant mandatés par la Commission peuvent, sur sa demande ou sur celle de l'autorité de concurrence de l'État membre sur le territoire duquel l'inspection doit être effectuée, prêter assistance aux agents de l'autorité concernée.

BIBL. ▶ David, *RDLC 2008, n° 4, p. 39* (la coopération entre autorités nationales au sein du réseau européen de concurrence). – Barreau, *CCC 2011. Étude 13* (participation française au réseau européen de concurrence après la LME : une inopportune divergence ?) – Krenzer, *RLC oct.-déc. 2011. 135* (coopération des autorités de concurrence en matière d'inspections dans l'UE). – Philippe, Trabucchi et Gordon, *RLC avr.-juin 2013. 120* (avancées et prochains défis des programmes de clémence au sein du REC).

Réseau européen de concurrence. Les dispositions de l'art. 22 organisent, en ce qui concerne les inspections supposant l'emploi de moyens coercitifs, trois étapes qui relèvent d'un contrôle distinct : la demande d'assistance formulée par l'autorité qui souhaite en bénéficier ; l'autorisation et le déroulement de l'inspection mise en œuvre par l'autorité destinataire de la demande d'assistance ; l'utilisation des informations obtenues par l'autorité pour le compte de laquelle l'inspection a été réalisée. La première et la troisième étape sont soumises au droit national applicable dans l'État demandeur de l'assistance, sous le contrôle des juridictions compétentes de cet État ; la deuxième est régie par le droit national applicable dans l'État destinataire de la demande d'assistance, sous le contrôle des juridictions compétentes de cet autre État. • Cons. conc. n° 08-D-30 du 4 déc. 2008 : *BOCC 5 févr. 2009 ; CCC 2009, n° 56, obs. Decocq ; RDLC 2009, n° 1, p. 109, obs. Nicolas-Vullierme, et p. 193, obs. Gstalter ; RLC avr.-juin 2009. 67, note Barbier de la Serre.* ♦ En l'absence de toute disposition fixant les conditions dans lesquelles une telle demande d'assistance doit être établie, il revient au rapporteur général de l'Autorité de la concurrence de présenter les informations qui lui paraissent essentielles pour que l'autorité sollicitée puisse se déterminer. • Paris, 24 nov. 2009 : *BOCC 30 déc. 2009 ; Dalloz actualité, 30 nov. 2009, obs. Chevrier ; CCC 2010, n° 16, obs. Decocq ; ibid., n° 54, obs. Bosco ; RDLC 2010, n° 1, p. 160, obs. Momège ; RLC avr.-juin 2010. 74, obs. Barbier de la Serre.* ♦ Les dispositions des art. L. 450-1 et L. 452-4 C. com. ne subordonnent pas à une autorisation judiciaire préalable la demande d'assistance formée par le rapporteur de l'Autorité de la concurrence auprès d'une autorité d'un autre État membre dans le cadre de la procédure d'entraide prévue par l'art. 22 du Règl. n° 1/2003 ; en outre, ce règlement ne subordonne pas l'exécution d'une mesure d'enquête à l'autorisation préalable d'un juge de l'État pour le compte duquel la mesure est effectuée. • Paris, 28 mars 2013 : ☞ *cité note 4 ss. art. R. 464-17.* ♦ Les dispositions des art. 22 du Règl. n° 1/2003 et L. 450-1 C. com. n'interdisent pas en son principe l'assistance des agents qui exécutent une mesure d'enquête par des agents de l'État membre au nom et pour le compte duquel est effectuée la mesure. • Même arrêt.

....

CHAPITRE XI *Dispositions transitoires, modificatives et finales*

Art. 34 *Dispositions transitoires.* **1. Les demandes présentées à la Commission en application de l'article 2 du règlement n° 17 et les notifications faites en application des articles 4 et 5 dudit règlement, ainsi que les demandes et notifications correspondantes faites en application des règlements (CEE) n° 1017/68** *[abrogé et remplacé par Règl. CE n° 169/2009 du 26 févr. 2009]*, **(CEE) n° 4056/86 et (CEE) n° 3975/87, sont caduques à compter de la date d'application du présent règlement.**

2. Les actes de procédure accomplis en application du règlement n° 17 et des règlements (CEE) n° 1017/68 *[abrogé et remplacé par Règl. CE n° 169/2009 du 26 févr. 2009]*, **(CEE) n° 4056/86 et (CEE) n° 3975/87 conservent leurs effets pour l'application du présent règlement.**

Art. 35 *Désignation des autorités de concurrence des États membres* **1. Les États membres désignent l'autorité ou les autorités de concurrence compétentes pour appliquer les articles 81 et 82 du traité** *[art. 101 et 102]* **de telle sorte que les dispositions du présent règlement soient effectivement respectées. Les mesures nécessaires pour doter ces autorités du pouvoir d'appliquer lesdits articles sont prises avant le 1er mai 2004. Des juridictions peuvent figurer parmi les autorités désignées.**

2. Lorsque l'application du droit communautaire en matière de concurrence est confiée à des autorités administratives et judiciaires nationales, les États membres peuvent assigner différentes compétences et fonctions à ces différentes autorités nationales, qu'elles soient administratives ou judiciaires.

3. Les effets de l'article 11, paragraphe 6, s'appliquent aux autorités désignées par les États membres, y compris aux juridictions qui exercent des fonctions portant sur la préparation et l'adoption des types de décisions prévus à l'article 5 Les effets de l'article 11, paragraphe 6 ne s'appliquent pas aux juridictions lorsqu'elles statuent en qualité d'instances de recours contre les types de décisions visés à l'article 5.

4. Nonobstant le paragraphe 3, dans les États membres où, en vue de l'adoption de certains types de décisions visés à l'article 5, une autorité saisit une autorité judiciaire distincte et différente de l'autorité chargée des poursuites, et pour autant que les conditions énoncées au présent paragraphe soient remplies, les effets de l'article 11, paragraphe 6, sont limités à l'autorité chargée des poursuites en question, qui doit retirer sa demande auprès de l'autorité judiciaire lorsque la Commission ouvre une procédure. Ce retrait doit effectivement mettre fin à la procédure nationale.

Autorité de concurrence nationale. L'art. 35 du Règl. n° 1/2003 du 16 déc. 2002 doit être interprété en ce sens qu'il s'oppose à une réglementation nationale qui n'accorde pas la faculté à une autorité de concurrence nationale de participer, en tant que partie défenderesse, à une procédure judiciaire dirigée contre la décision dont cette autorité est l'auteur. Il appartient aux autorités de concurrence nationales de mesurer la nécessité et l'utilité de leur intervention au regard de l'application effective du droit de la concurrence de l'Union. Toutefois, la non-comparution systématique de l'autorité de concurrence nationale à de telles procédures judiciaires compromet l'effet utile des art. 101 et 102 TFUE. • CJUE 7 déc. 2010 : *BICC 1er mars 2011, n° 206 ; AJDA 2011. 272, obs. Aubert, Broussy et Donnat ; RTD eur. 2011. 418, obs. Idot ; JCP E 2011, n° 1301, spéc. n° 38, obs. Decocq ; CCC 2011, n° 37, obs. Decocq ; Gaz. Pal. 2011. 1588, et les obs. ; RDLC 2011, n° 1, p. 179, note Maitrepierre ; RLC avr.-juin 2011. 477, obs. Barbier de la Serre ; Europe 2011, n° 71, obs. Idot ; RDC 2011. 1201, note Idot.* ♦ En l'absence de réglementation de l'Union, les États membres demeurent compétents, conformément au principe de l'autonomie procédurale, pour désigner le ou les organes relevant de l'autorité de concurrence nationale qui disposent de la faculté de participer, en tant que partie défenderesse, à une procédure devant une juridiction nationale dirigée contre la décision dont cette autorité est l'auteur, tout en garantissant le respect des droits fondamentaux et la pleine effectivité du droit de la concurrence de l'Union. • Même décision. ♦ Sur les conséquences de cette décision en droit interne, V. C. com., art. R. 464-11, R. 464-19, R. 464-21, R. 464-28.

Art. 45 *Entrée en vigueur.* Le présent règlement entre en vigueur le vingtième jour suivant celui de sa publication au *Journal officiel des Communautés européennes* *[JOCE L 1 du 4 janv. 2003.]*

Il est applicable à partir du 1er mai 2004.

Règlement CEE n° 17-62 du 6 février 1962,

Premier règlement d'application des articles 85 et 86 du Traité (actuels art. 101 et 102 TFUE).

Art. 9 *Compétence.* 1. Sous réserve du contrôle de la décision par la Cour de justice, la Commission a compétence exclusive pour déclarer les dispositions de l'article 85 *[devenu art. 101]*, paragraphe 1, inapplicables conformément à l'article 85 *[101]*, paragraphe 3, du traité.

2. La Commission est compétente pour appliquer les dispositions de l'article 85 *[désormais 101]*, paragraphe 1, et de l'article 86 *[devenu art. 102]* du traité, même si les délais prévus à l'article 5, paragraphe 1, et à l'article 7, paragraphe 2, pour procéder à la notification ne sont pas expirés.

3. Aussi longtemps que la Commission n'a engagé aucune procédure en application des articles 2, 3 ou 6, les autorités des États membres restent compétentes pour appliquer les dispositions de l'article 85 *[101]*, paragraphe 1, et de l'article 86 *[102]* conformément à l'article 88 *[104]* du traité, même si les délais prévus à l'article 5, paragraphe 1, et à l'article 7, paragraphe 2, pour procéder à la notification ne sont pas expirés.

Le traité de Lisbonne du 13 déc. 2007 (JOUE C 306 du 17 déc. 2007) a opéré une renumérotation du traité de Rome du 25 mars 1957 (V. la loi de ratification n° 2008-125 du 13 févr. 2008, JO 14 févr., et le Décr. de publication n° 2009-1466 du 1er déc. 2009, JO 2 déc.).

1. Primauté communautaire. **BIBL.** Guérin et Decocq, *JCP 1983. I. 3108.* – Fourgoux, *RJ com. 1989. 145* (inutilité du droit interne ?). – Idot, *Cah. dr. entr. 1991, n° 2.* ♦ Au cas de conflit entre les règles communautaires et les législations nationales, la solution repose sur l'application du principe de la primauté de la règle communautaire. • CJCE 15 juill. 1964, *Costa c/ Enel : Rec. CJCE, p. 1141* • 13 févr. 1969 : *ibid., p. 1* • Crim. 14 janv. 1980 : *RTD com. 1982. 288, obs. Hémard et Bouloc.* ♦ En vertu du principe de primauté, une décision de la CJCE s'impose au juge national sans que puisse être opposé un principe général du droit, tel que le principe de la confiance légitime. • Com. 22 oct. 2002 : *Bull. civ. IV, n° 147 ; RJDA 2003, n° 100.* ♦ V. aussi, consacrant l'existence d'une « légalité d'urgence » destinée à assurer la primauté du droit communautaire : • CE 18 juin 2003 : *Europe 2003, n° 288, obs. Cassia.* ♦ ... Mais affirmant la primauté des dispositions constitutionnelles sur le droit communautaire : • CE 30 juill. 2003 : *Europe 2004, n° 30, obs. Cassia et Saulnier.* ♦ La primauté communautaire sur le droit national, indiquée à l'art. 3 du Règl. n° 1/2003, s'applique à la répression des pratiques anticoncurrentielles pour laquelle les autorités communautaires et les autorités nationales de concurrence ont une compétence parallèle. Ce principe n'inclut pas les décisions rendues en matière de contrôle des concentrations qui relèvent de la compétence exclusive et alternative des autorités nationales ou communautaires, selon la dimension des opérations de concentration. • Cons. conc. n° 05-D-32 du 22 juin 2005 : *BOCC 14 mars 2006.*

En présence de comportements d'entreprises contraires à l'art. 81, § 1, CE (actuel art. 101, § 1, TFUE), qui sont imposés ou favorisés par une législation nationale qui en légitime ou en renforce les effets, une autorité nationale de la concurrence : a l'obligation de laisser inappliquée cette législation nationale ; ne peut infliger de sanctions aux entreprises concernées pour des comportements passés lorsque ceux-ci leur ont été imposés par cette législation nationale ; peut infliger des sanctions aux entreprises concernées pour leurs comportements ultérieurs à la décision de laisser inappliquée cette législation nationale, une fois que cette décision est devenue définitive à leur égard ; peut infliger des sanctions aux entreprises concernées pour leurs comportements passés lorsqu'ils ont été simplement facilités ou encouragés par cette législation nationale, tout en tenant dûment compte des spécificités du cadre normatif dans lequel les entreprises ont agi. • CJCE 9 sept. 2003 : *JCP E 2003, n° 40, p. 1554 ; CCC 2003, n° 188, obs. Poillot-Peruzzetto ; LPA 29 janv. 2004, obs. Arhel ; AJDA 2004. 75, obs. Charbit ; RJDA 2003, n° 1132 ; Europe 2003, n° 366, obs. Idot.* ♦ Sur la question, V. aussi Charbit, *RDLC 2006, n° 2, p. 44* (l'entente « automatique »).

La primauté du Traité communautaire ne s'exerce que dans la mesure où la loi nationale édicte des règles incompatibles avec celui-ci, ce qui n'est pas le cas de l'Ord. du 1er déc. 1986. • Paris, 10 mai 1990 : *D. 1991. Somm. 252, obs. Gavalda et Lucas de Leyssac.*

1 bis. Caractère de loi de police économique. Les dispositions de l'art. 85 [désormais art. 101] ont le caractère de loi de police économique prescrites pour mettre en œuvre un ordre économique communautaire de la concurrence impératif, sans se limiter à la seule protection d'un intérêt particulier ; en conséquence, l'action en nullité du contrat de concession automobile, au regard de l'art. 1129 C. civ. (avant les arrêts d'Assemblée plénière du 1er déc. 1995 : V. note 10 ss. art. L. 330-2 C. com.) et du Règl. n° 123/85 du 12 déc. 1984 [abrogé], intentée par le concessionnaire, se prescrivait par trente ans. • Paris, 4 févr. 1994 : *D. 1994. IR 92.*

2. Autorités des États membres. **BIBL.** Berlin, *RTD eur. 1991. 1, 211 et 379* (l'application du droit communautaire de la concurrence par les autorités françaises). ♦ Les autorités des États membres, y compris dans certains États membres les juridictions spécialement chargées d'appliquer la législation nationale sur la concurrence ou de contrôler la légalité de cette application par les autorités administratives, sont également compétentes pour appliquer les dispositions des art. 85 et 86 [art. 101 et 102] du Traité. • CJCE 30 janv. 1974, *BRT c/ Sabam : Rec. CJCE, p. 51.* – Comp. : • Com. 22 mars 1979 : *JCP E 1980. II. 13212, note Jeantet.* ♦ Sur la compétence pour appliquer l'art. 85, § 3 [art. 101, § 3], V. art. 9, § 1 du Règl. du 6 févr. 1962.

2 bis. La Direction générale de la concurrence est en France au nombre des autorités visées par l'art. 9 § 3. • Com. 16 mai 1995 : *Bull. civ. IV, n° 148.*

En revanche, la restriction prévue à l'art. 9, § 3 du règlement du 6 févr. 1962 ne s'applique pas à la cour d'appel, statuant sur un recours formé contre le jugement d'un tribunal de commerce, qui ne constitue pas « une autorité d'un État membre » au sens dudit règlement. • Com. 18 févr. 1992 : *Bull. civ. IV, n° 78.* ♦ Dès lors, aucune règle communautaire ne s'oppose à ce qu'une juridiction judiciaire nationale statue sur la validité d'un accord au regard des dispositions de l'art. 81, § 1er du Traité [art. 101, § 1er], lorsque cet accord a fait l'objet d'une notification en vertu de l'art. 81, § 3 [art. 101, § 3], ni même lorsqu'une procédure a été engagée par la Commission. • Com. 1er juill. 2003 : *Bull. civ. IV, n° 114 ; CCC 2004, n° 12, obs. Poillot-Peruzzetto ; RJDA 2003, n° 1131.* ♦ V., excluant aussi les juridictions nationales des « autorités des États membres » visées à l'art. 9, § 3. • Crim. 16 mai 1991 : *Bull. crim. n° 211.* ♦ Jugeant que les juridictions ne sont pas compétentes pour retirer le bénéfice d'un règlement d'exemption par catégorie, V. • T. com. Paris, 13 mars 2008 : *RDLC 2008, n° 3, p. 140, obs. Lemaire ; RLC oct.-déc. 2008. 106 et 116, obs. Cheynel.*

En ce sens que le juge des référés est compétent pour appliquer l'art. 86 [art. 102], V. • Com. 13 oct. 1993 : *CCC 1993, n° 220, note Vogel.*

Sur le rôle des juridictions nationales dans l'application des art. 85 et 86 [101 et 102], V. Comm. CEE n° 93/C 39/05 du 13 févr. 1993, *JOCE C 39 du 13 févr. 1993 ; CCC 1993, n° 57.*

Sur la coopération entre la Commission et les autorités de la concurrence d'un État membre pour le traitement d'affaires relevant des art. 85 et 86 [101 et 102], V. Comm. CEE n° 97/C 313/03 du 15 oct. 1997, *JOCE C 313 du 15 oct. 1997 ; CCC 1997, n° 179, obs. Vogel.*

Lorsqu'une juridiction nationale se prononce sur un accord ou une pratique dont la compatibilité avec les art. 85, § 1 et 86 du Traité (art. 101, § 1 et 102) font l'objet d'une décision de la Commission, elle ne peut pas prendre une décision allant à l'encontre de celle de la Commission, même si cette dernière est en contradiction avec la décision rendue par une juridiction nationale de première instance. • CJCE 14 déc. 2000 : *D. 2001. 1863, note Fourgoux ; Gaz. Pal. 3-5 févr. 2002. Somm. 28, note Vialens.* ♦ Il résulte de l'obligation de coopération loyale qu'il appartient à la juridiction nationale d'apprécier, en cas de recours en annulation formé par le destinataire d'une décision de la Commission, s'il y a lieu de surseoir à statuer jusqu'à ce qu'une décision définitive soit rendue sur ledit recours ou de déférer une question préjudicielle à la Cour. • Même arrêt.

3. Application conjointe des législations nationale et communautaire. Le Conseil de la concurrence étant une autorité nationale de concurrence au sens de l'art. 9 du Règl. CEE du 6 févr. 1962, et donc compétent pour appliquer les art. 85-1 et 86 [art. 101-1 et 102] du traité de Rome, il doit, lorsqu'il est saisi de comportements anticoncurrentiels susceptibles d'affecter le commerce entre États membres, se prononcer sur la base des droits national et communautaire qui définissent des infractions distinctes, dont les fondements et la qualification sont différents ; dès lors, la règle *non bis in idem* ne peut trouver application. • Cons. conc. n° 95-D-76 du 29 nov. 1995 : *BOCC 15 mai 1996 ; CCC 1996, n° 111, obs. Vogel.*

Sur la référence faite par le Conseil de la concurrence au Règl. CE n° 2790/99 pour l'examen d'un contrat de distribution sélective dont l'application est limitée au territoire national, V. • Cons. conc. n° 01-D-45 du 19 juill. 2001 : *BOCC 24 sept. 2001 ; RJDA 2002, n° 103 ; Europe 2002, n° 59, obs. Idot* • n° 03-D-53 du 26 nov. 2003 : *BOCC 13 févr. 2004 ; D. 2004. 1441, note Sabirau-Perez* • n° 03-D-60 du 17 déc. 2003 : *BOCC 13 févr. 2004 ; JCP E 2004, n° 13, p. 520, note Arhel* • n° 03-D-69 du 26 déc. 2003 : *BOCC 13 févr. 2004 ; JCP E 2004, n° 22, p. 867, note Arhel ; CCC 2004, n° 43, obs. Malaurie-Vignal.* – V. aussi, Idot, *Europe 2004, n° 260.*

3 bis. Engagement d'une procédure. La compétence des autorités nationales cesse, pour l'application des art. 85, § 1 et 86 [art. 101, (§ 1) et 102], lors de l'engagement d'une procédure par la Commission, lequel ne saurait résulter d'un simple envoi d'une demande d'attestation négative. • CJCE 6 févr. 1973, *Haecht : Gaz. Pal. 1973. 2. 651.* ♦ Comp., pour le dépôt d'une plainte : • Com. 26 mars 1979 : *JCP 1979. II. 19249, note Jeantet.* ♦ ... Ou d'une information : • Paris, 26 janv. 1963 : *D. 1963. 189, note Robert ; JCP 1963. II. 13103, concl. Desangles.*

Mais, si l'ouverture d'une procédure par la Commission des Communautés européennes met fin à la compétence des autorités nationales pour apprécier les faits au regard du droit communautaire, celles-ci demeurent en revanche compétentes pour apprécier les faits qui leur sont soumis au regard du droit national en veillant à ce que cette appréciation ne puisse porter préjudice à l'application pleine et uniforme du droit communautaire et à l'effet des actes d'exécution de celui-ci. • Cons. conc. n° 96-D-57 du 1er oct. 1996 : *BOCC 11 févr. 1997 ; CCC 1997, n° 46, obs. Vogel.* ♦ La Commission peut ouvrir une procédure soit d'office, soit sur plainte des États membres ou de toute personne physique ou morale justifiant d'un intérêt légitime à agir, tel le client final acheteur de biens ou de services qui justifie avoir été ou être susceptible d'être lésé dans ses intérêts économiques du fait d'une pratique anticoncurrentielle. • TPICE 7 juin 2006 : *JCP 2006. II. 10185, note Zarka ; RJDA 2006, n° 961.*

4. Question préjudicielle. Pour des applications de l'art. 177 [art. 267] du Traité, V. • Com. 22 mars 1979 : *JCP E 1980. II. 13212, note Jeantet* • TGI Alençon, 5 août 1987 : *D. 1988. Somm. 291, obs. Gavalda et Lucas de Leyssac.* ♦ S'il appartient au seul juge national d'apprécier la nécessité et la pertinence des questions préjudicielles qu'il pose à la Cour de justice, cette dernière doit cependant être informée de manière circonstanciée des raisons qui amènent le juge national à considérer que la réponse à ces questions est nécessaire pour lui permettre de rendre sa décision. • CJCE 21 janv. 2003 : *Europe 2003, n° 89, obs. Gautier ; Procédures 2003, n° 66, obs. Nourissat.* ♦ Sur l'impossibilité pour les autorités nationales de concurrence de poser des questions préjudicielles, V. • CJCE 31 mai 2005 : *CCC 2005, n° 152, obs. Poillot-Peruzzetto ; RDLC 2005, n° 3, p. 116, obs. Momège ; Europe 2005, n° 256, obs. Idot ; RJ com. 2005. 516, obs. Decocq ; BEEI 2005, n° 4, p. 10.* – Sur cet arrêt, V. aussi, Barbier de la Serre, *RLC 2005, n° 4, p. 59* ; Grall et Grass, *Bull. act. Lamy droit économique nov. 2005, p. 1.*

5. Utilisation des informations recueillies par les autorités communautaires. En ce sens que les juges nationaux ont la possibilité d'utiliser les informations recueillies par les autorités communautaires, au titre des moyens de preuve, dans le cadre d'une procédure judiciaire nationale, mais que cette possibilité n'est pas ouverte aux autorités administratives nationales de concurrence, V. • TPICE 18 sept. 1996 : *CCC 1996, n° 189, note Vogel.* – V. déjà • CJCE 16 juill. 1992 : *CCC 1992, n° 185.*

Règlement CE n° 2790-1999 du 22 décembre 1999,

Concernant l'application de l'article 81, paragraphe 3, du traité à des catégories d'accords verticaux et de pratiques concertées (JOCE L 336 du 29 déc.). — Le traité de Lisbonne a renuméroté les articles du traité de Rome, l'art. 81, § 3 étant devenu l'art. 101, § 3 TFUE (V. Décr. n° 2009-1466 du 1er déc. 2009, JO 2 déc.) 🏛.

Le Règl. (CE) n° 2790-1999 du 22 déc. 1999 a expiré le 31 mai 2010 et est remplacé depuis le 1er juin 2010 par le Règl. (UE) n° 330-2010 du 20 avr. 2010 (V. infra). — L'interdiction énoncée à l'art. 101, § 1, TFUE ne s'applique pas, pendant la période allant du 1er juin 2010 au 31 mai 2011, aux accords qui, au 31 mai 2010, sont déjà en vigueur et ne remplissent pas les conditions d'exemption prévues par le Règl. (UE) n° 330-2010 du 20 avr. 2010, mais satisfont à celles qui sont prévues par le Règl. (CE) n° 2790-1999 du 22 déc. 1999 (Règl. n° 330-2010 du 20 avr. 2010, art. 9).

BIBL. ▶ FERRIER, *Cah. dr. entr. 1999, n° 5, p. 7* (effets cumulatifs de réseaux au regard des restrictions verticales). – ARHEL, *LPA 7 janv. 2000* (restrictions verticales : une réforme en profondeur) ; *JCP E 2000, n° 29, p. 1174* (lignes directrices sur les restrictions verticales) ; *LPA 6 oct. 2000* (restrictions verticales : le marché pertinent). – BENSOUSSAN, *D. 2000. Chron. 629* (franchise : l'exclusivité territoriale vidée de sa substance). – HÉNIN et DELESALLE, *LPA 22 mars 2000* (modernisation des règles communautaires : les accords verticaux). – FABRE, *D. 2001. 461* (contrats de distribution et internet à la lumière du nouveau règlement communautaire). – BRETZNER, *D. 2001. 1603* (application rétroactive du règl. CE n° 2790/1999 du 22 déc. 1999).

Règlement CE n° 1400-2002 du 31 juillet 2002,

Concernant l'application de l'article 81, paragraphe 3, du traité à des catégories d'accords verticaux et de pratiques concertées dans le secteur automobile (JOCE L 203 du 1er août) 🏛.

Le Règl. n° 1400-2002 du 31 juill. 2002 devait expirer le 31 mai 2010. Toutefois, en vertu de l'art. 101, § 3, du traité, l'art. 101, § 1, du traité ne s'applique pas, du 1er juin 2010 au 31 mai 2013, aux accords verticaux relatifs aux conditions auxquelles les parties peuvent acheter, vendre ou revendre des véhicules automobiles neufs, qui satisfont aux conditions d'exemption prévues par le Règl. (CE) n° 1400-2002 concernant spécifiquement les accords verticaux d'achat, de vente ou de revente de véhicules automobiles neufs (Règl. n° 461-2010 du 27 mai 2010, art. 2). Ce n'est qu'à partir du 1er juin 2013 que le Règl. (UE) n° 330-2010 du 20 avr. 2010 (V. ce texte, infra) s'appliquera.

BIBL. ▶ FERRIER, *Lettre distrib. févr. 2002, p. 1.* – HERMEL, *LPA 22 mars 2002.* – ARHEL, *ibid. 29 mars 2002, p. 7 ; CCC 2002. Chron. 18.* – MOREAU et SERGANT, *D. 2002. 2725* . – Actes du Colloque du 8 mars 2002, *Cah. dr. entr. 2002, n° 5, p. 7.* – POILLOT-PERUZZETTO, *RTD com. 2002. 750* . – IDOT, *JCP E 2002, n° 50, p. 2000.* – ARHEL, *LPA 27 nov. 2002* (brochure explicative). – VAN GINDERACHTER, *Gaz. Pal. 2003. Doctr. 651* (réforme audacieuse mais équilibrée). – L. VOGEL, *ibid. 658* (de quelques questions juridiques). – BOURGEON, *ibid. 674* (quel avenir pour les réseaux de marque automobiles ?). – BENTEYN et CARLI, *JCP E 2003, n° 28-29, p. 1182* (rupture par le concédant). – PARLÉANI, *ibid., p. 1191.* – FOURGOUX et VILMART, *Gaz. Pal. 2003. 1515* (l'arbitrage et le règlement amiable des différends dans le règl. CE 1400/2002). – Dossier spécial, *LPA 29 nov. 2003* (même thème). – CHAMPALAUNE, *Cah. dr. entr. 2003, n° 5, p. 15* (réforme de l'exemption des « accords automobiles » au regard du droit des contrats). – GOYER, *ibid., p. 20* (... au regard du droit de la concurrence). – FERRÉ, *ibid., p. 23* (... au regard de la propriété intellectuelle). – IDOT, *RDC 2003. 65* (nouveau règlement automobile). – BARBET, *Rev. conc. consom. janv.-mars 2005, Débats, p. 12* (point de vue d'un économiste). – BOURGEON, *ibid., p. 16* (impact sur les structures de la distribution) ; *ibid. 59* (observations sur le rapport d'évaluation de la Commission sur le Règl. n° 1400/2002). – ERESEO, *Lettre distrib. oct. 2005, p. 1* (désorganisation en marche des réseaux de distribution automobile).

Règlement CE n° 139-2004 du 20 janvier 2004,

Relatif au contrôle des opérations de concentration entre entreprises (JOUE n° L 24 du 29 janv.) .

RÉP. COMMUNAUTAIRE v° *Concentrations,* par PERUZZETTO-POILLOT.

RÉP. COM. v° *Concentration,* par ARHEL.

BIBL. GÉN. ▸ L. et J. VOGEL, *JCP E 2002, n° 6, p. 271* (réforme du contrôle communautaire des concentrations). – MEDDEB, *CCC 2002. Chron. 6* (contrôle communautaire des concentrations : aperçu des dernières évolutions et des réformes actuelles). – BRAULT et BUHART, *LPA 6 sept. 2002.* – ARHEL, *JCP E 2003, n° 3, p. 15* (proposition de nouveau règlement) ; *LPA 31 janv. 2003* (même thème). – FERNÁNDEZ RODRIGUEZ, *Mélanges Moderne, Dalloz, 2004, p. 1201* (la concentration des entreprises et le juge communautaire). – BRUNET, *RTD eur. 2004. 1* (la double réforme du contrôle communautaire des concentrations). – IDOT, *Europe 2004. Chron. 3.* – L. et J. VOGEL, *JCP E 2004, n° 10, p. 357.* – FOREST, *BEEI 2004, n° 2, p. 7.* – DECOCQ, *RJ com. 2004. 270* (refonte du contrôle des concentrations). – LOWE, *LPA 13 juill. 2004* (principes et perspectives du contrôle communautaire des concentrations). – GUERSENT et WINCKLER, *RLC 2005, n° 1, p. 12.* – JORDA, *AJDA 2005. 179* (modernisation du droit communautaire des concentrations). – LÉVÊQUE, *RDLC 2005, n° 4, p. 20* (analyse statistique du contrôle européen des concentrations). – BARBIER DE LA SERRE, *RLC 2006, n° 6, p. 56* (contrôle des concentrations et procédure accélérée). – OSTER, *JCP E 2006, n° 11, p. 517* (la menace du recours à l'art. 22 du règlement communautaire sur les concentrations). – KIRCH et LIO SOON SHUN, *RDLC 2007, n° 4, p. 45* (mise en œuvre de l'art. 22 : le point de vue français est-il contraire à la pratique communautaire ?). – WILHELM et VEVER, *CCC 2007. Étude 13* (la notion de concentration en droit interne et communautaire : tentative de définition). – Note de la rédaction, *BRDA 2008, n° 13, p. 10* (procédure de transaction communautaire). – WINCKLER, *RLC juill.-sept. 2008. 9* (concentration et champions nationaux : du nouveau sur l'art. 21). – LÜBKING, *RLC juill.-sept. 2012. 8* (acquisitions de participations minoritaires : une lacune des règles européennes sur les concentrations ?)

V. aussi Règl. CE n° 802/2004 du 7 avr. 2004, concernant la mise en œuvre du Règl. CE n° 139/2004 relatif au contrôle des concentrations entre entreprises (JOUE n° L 133 du 30 avr. ; rect. JOUE n° L 172 du 6 mai) . *— Sur ce texte, V. BEEI 2004, n° 3, p. 14.*

V. aussi note 2 ss. art. L. 430-3 C. com.

Règlement CE n° 773-2004 du 7 avril 2004,

Relatif aux procédures mises en œuvre par la Commission en application des articles 81 et 82 du traité CE (JOUE L 123 du 27 avr. 2004). — Le traité de Lisbonne a renuméroté les articles du traité de Rome qui sont devenus les art. 101 et 102 TFUE (V. Décr. n° 2009-1466 du 1er déc. 2009, JO 2 déc.) .

Modifié par Règl. CE n° 1792/2006 du 23 oct. 2006 (JOUE L 362 du 20 déc. 2006), Règl. CE n° 622/2008 du 30 juin 2008 (JOUE L 171 du 1er juill. 2008)

BIBL. ▸ ARHEL, *JCP E 2008, n° 28-29, p. 3* (la Commission européenne se dote d'un système de transaction). – Note de la rédaction, *BRDA 2008, n° 13, p. 10* (procédure de transaction communautaire). – LEDOUX et RODA, *CCC 2008. Étude 10* (adoption par la Commission européenne d'une procédure de « transaction » en matière d'ententes). – Barbier de la Serre, *RLC oct.-déc. 2008. 95* (le dispositif communautaire en matière de transactions). – Jazottes, *RTD com. 2009. 230* (procédure dite de transaction).

Règlement CE n° 802-2004 du 21 avril 2004,

Concernant la mise en œuvre du règlement CE n° 139/2004 du Conseil relatif au contrôle des concentrations entre entreprises (JOUE L 133 du 30 avr. 2004 ; rect. JOUE L 172 du 6 mai).

Règlement UE n° 330-2010 du 20 avril 2010,

Concernant l'application de l'article 101, paragraphe 3, du traité sur le fonctionnement de l'Union européenne à des catégories d'accords verticaux et de pratiques concertées.

Pour la période allant du 1er juin 2010 au 31 mai 2011, V., pour les accords en vigueur au 31 mai 2010, le Règl. (CE) n° 2790-1999 du 22 déc. 1999, supra.

V. les Lignes directrices sur les restrictions verticales (JOUE C 130 du 19 mai 2010).

RÉP. COMMUNAUTAIRE v° *Accords de distribution*, par Ferrier.

BIBL. ▸ Projet de règlement : Idot, *D. 2001. 1370* (futur « règlement d'application des art. 81 et 82 CE » : chronique d'une révolution annoncée). – Atelier de la concurrence, *Rev. conc. consom. janv.-mars 2005. Débats* (nouvelle approche des restrictions verticales : évolution ou révolution ?). – Gurin, *RLC avr.-juin 2009. 112* (l'avenir du règlement d'exemption et de la distribution en ligne). – Abenhaim et N. Petit, *RDLC 2009, n° 3, p. 39* (l'exemption des engagements d'exclusivité au « seuil » de la réforme du droit des accords verticaux : quelle part de marché ?). – Chagny, *RLC oct.-déc. 2009. 17* (réformes des règles applicables aux restrictions verticales : adaptation plutôt que révolution !). – Vanard, *ibid. 21* (desseins européens pour la distribution en ligne). ▸ Règl. n° 330/2010 du 20 avr. 2010 : Raud et Notté, *JCP E 2010, n° 327 ; CCC 2010. Prat. 2* (nouveau règlement d'exemption par catégorie des restrictions verticales). – Friedel et Toulouse, *Journ. sociétés mai 2010. 53* (confirmation et modernisation des règles de concurrence applicables aux accords de distribution). – Idot, *Europe 2010, n° 212* (règlement d'exemption sur les accords verticaux). – Philippe et Trabucchi, *Gaz Pal. 4-5 juin 2010, p. 11* (le nouveau règlement d'exemption verticale et ses lignes directrices) – Vilmart, *JCP E 2010, n° 1556* (la nouvelle exemption des accords de distribution : une insécurité grandissante). – Chagny et Choisy, *JCP 2010, n° 774 ; CCE 2010. Étude 17* (quels changements pour la distribution en ligne ?). – Redon et Comert, *BRDA 2010, n° 12, p. 13* (les apports du nouveau règlement). – Dossier, *Journ. sociétés juill. 2010. 15* (réforme du règlement sur les restrictions verticales). – Dieny, *RLDA juill.-août 2010. 44* (accords de distribution : d'un règlement à l'autre, les principaux changements à retenir). – Idot, *Europe 2010. Étude 8* (aperçu du nouveau régime des accords verticaux). – Malaurie-Vignal, *CCC 2010. Étude 9* (étude du Règl. n° 330/2010). – Toussaint-David, *Cah. dr. entr. 2010, n° 4, p. 28* (nouvelles règles de concurrence communautaires applicables aux réseaux de distribution). – L. et J. Vogel, *RLDA sept. 2010. 40* (le nouveau droit de la distribution automobile). – Decocq, *RJ com. 2010. 434* (nouvelles règles de concurrence applicables aux contrats de distribution). – Grall et Lamy, *RLC oct.-déc. 2010. 17* (internet et la question du *dual pricing*). – Gurin, *JCP E 2011, n° 1027* (nouvelles règles relatives aux restrictions verticales). – Vilmart, *ibid., n° 1028* (les nouveaux risques pour la distribution sélective des produits cosmétiques). – Ferrier, *ibid., n° 1029* (la distribution sélective dans le cadre du nouveau règlement d'exemption).

Art. 1er *Définitions.* **1. Aux fins du présent règlement, on entend par :**

a) « accord vertical », un accord ou une pratique concertée entre deux ou plusieurs entreprises opérant chacune, aux fins de l'accord ou de la pratique concertée, à un niveau différent de la chaîne de production ou de distribution, et relatif aux conditions auxquelles les parties peuvent acheter, vendre ou revendre certains biens ou services ;

b) « restriction verticale », une restriction de concurrence dans un accord vertical entrant dans le champ d'application de l'article 101, paragraphe 1, du traité ;

c) « entreprise concurrente », un concurrent actuel ou potentiel ; « concurrent actuel », une entreprise présente sur le même marché en cause ; « concurrent potentiel », une entreprise qui, en l'absence de l'accord vertical, pourrait entreprendre, de façon réaliste et non selon une possibilité purement théorique, les investissements supplémentaires nécessaires ou supporter les autres coûts de transformation nécessaires pour pénétrer sur le marché en cause rapidement en cas d'augmentation légère, mais permanente, des prix relatifs ;

d) « obligation de non-concurrence », toute obligation directe ou indirecte interdisant à l'acheteur de fabriquer, d'acheter, de vendre ou de revendre des biens ou des services qui sont en concurrence avec les biens ou les services contractuels, ou toute obligation directe ou indirecte imposant à l'acheteur l'obligation d'acquérir auprès du fournisseur ou d'une autre entreprise désignée par le fournisseur plus de 80 % de ses achats annuels en biens ou en services contractuels et en biens et en services substituables sur le marché en cause, calculés sur la base de la valeur ou, si cela est de pratique courante dans le secteur, du volume des achats qu'il a effectués au cours de l'année civile précédente ;

e) « système de distribution sélective », un système de distribution dans lequel le fournisseur s'engage à ne vendre les biens ou les services contractuels, directement ou indirectement, qu'à des distributeurs sélectionnés sur la base de critères définis, et dans lequel ces distributeurs s'engagent à ne pas vendre ces biens ou ces services à des distributeurs non agréés dans le territoire réservé par le fournisseur pour l'opération de ce système ;

f) « droits de propriété intellectuelle », les droits de propriété industrielle, les savoir-faire, les droits d'auteur et les droits voisins ;

g) « savoir-faire », un ensemble secret, substantiel et identifié d'informations pratiques non brevetées, résultant de l'expérience du fournisseur et testées par celui-ci ; dans ce contexte, « secret » signifie que le savoir-faire n'est pas généralement connu ou facilement accessible ; « substantiel » se réfère au savoir-faire qui est significatif et utile à l'acheteur aux fins de l'utilisation, de la vente ou de la revente des biens ou des services contractuels ; « identifié » signifie que le savoir-faire est décrit d'une façon suffisamment complète pour permettre de vérifier s'il remplit les conditions de secret et de substantialité ;

h) « acheteur », entre autres, une entreprise qui, en vertu d'un accord relevant de l'article 101, paragraphe 1, du traité, vend des biens ou des services pour le compte d'une autre entreprise ;

i) « client de l'acheteur », une entreprise non partie à l'accord qui achète les biens ou services contractuels à un acheteur partie à l'accord.

2. Aux fins du présent règlement, les termes « entreprise », « fournisseur » et « acheteur » comprennent leurs entreprises liées respectives.

Sont considérées comme « entreprises liées » :

a) les entreprises dans lesquelles une partie à l'accord dispose, directement ou indirectement :

i) de plus de la moitié des droits de vote, ou

ii) du pouvoir de désigner plus de la moitié des membres du conseil de surveillance, du conseil d'administration ou des organes représentant légalement l'entreprise, ou

iii) du droit de gérer les affaires de l'entreprise ;

b) les entreprises qui, dans une entreprise partie à l'accord, disposent, directement ou indirectement, des droits ou des pouvoirs énumérés au point a) ;

c) les entreprises dans lesquelles une entreprise visée au point b) dispose, directement ou indirectement, des droits ou des pouvoirs énumérés au point a) ;

d) les entreprises dans lesquelles une entreprise partie à l'accord et une ou plusieurs des entreprises visées aux points a), b) ou c), ou dans lesquelles deux ou plus de deux de ces dernières entreprises disposent ensemble des droits ou des pouvoirs énumérés au point a) ;

e) les entreprises dans lesquelles les droits ou les pouvoirs énumérés au point a) sont détenus conjointement par :

i) des parties à l'accord ou leurs entreprises liées respectives visées aux points a) à d), ou

ii) une ou plusieurs des parties à l'accord ou une ou plusieurs des entreprises qui leur sont liées visées aux points a) à d) et un ou plusieurs tiers.

Art. 2 *Exemption.* 1. Conformément à l'article 101, paragraphe 3, du traité, et sous réserve des dispositions du présent règlement, l'article 101, paragraphe 1, du traité est déclaré inapplicable aux accords verticaux.

La présente exemption s'applique dans la mesure où ces accords contiennent des restrictions verticales.

2. L'exemption prévue au paragraphe 1 ne s'applique qu'aux accords verticaux conclus entre une association d'entreprises et ses membres, ou entre une telle association et ses fournisseurs, si tous ses membres sont détaillants de biens et sous réserve qu'aucun des membres individuels de cette association, conjointement avec ses entreprises liées, ne réalise un chiffre d'affaires annuel total qui dépasse 50 millions d'euros. Les accords verticaux conclus par ces associations sont couverts par le présent règlement sans préjudice de l'application de l'article 101 du traité aux accords horizontaux conclus par les membres de l'association et aux décisions adoptées par l'association.

3. L'exemption prévue au paragraphe 1 s'applique aux accords verticaux contenant des dispositions concernant la cession à l'acheteur ou l'utilisation par l'acheteur de droits de propriété intellectuelle, à condition que ces dispositions ne constituent pas l'objet principal de ces accords et qu'elles soient directement liées à l'utilisation, à la vente ou à la revente de biens ou de services par l'acheteur ou ses clients. L'exemption s'applique sous réserve qu'en relation avec les biens ou les services contractuels, ces dispositions ne comportent pas de restrictions de concurrence ayant un objet identique à celui de restrictions verticales non exemptées en vertu du présent règlement.

4. L'exemption prévue au paragraphe 1 ne s'applique pas aux accords verticaux conclus entre entreprises concurrentes. Toutefois, l'exemption s'applique lorsque des entreprises concurrentes concluent entre elles un accord vertical non réciproque et que :

a) le fournisseur est un producteur et un distributeur de biens, tandis que l'acheteur est un distributeur et non une entreprise qui fabrique des biens concurrents ; ou que

b) le fournisseur est un prestataire de services à plusieurs niveaux d'activité commerciale, tandis que l'acheteur fournit ses biens ou services au stade de la vente au détail et n'est pas une entreprise concurrente au niveau de l'activité commerciale où il achète les services contractuels.

5. Le présent règlement ne s'applique pas aux accords verticaux faisant l'objet d'un autre règlement d'exemption par catégorie, sauf si ce dernier le prévoit.

Art. 3 *Seuil de part de marché.* 1. L'exemption prévue à l'article 2 s'applique à condition que la part de marché détenue par le fournisseur ne dépasse pas 30 % du marché en cause sur lequel il vend les biens ou services contractuels et que la part de marché détenue par l'acheteur ne dépasse pas 30 % du marché en cause sur lequel il achète les biens ou services contractuels.

2. Aux fins du paragraphe 1, lorsque, aux termes d'un accord multipartite, une entreprise achète les biens ou services contractuels à une entreprise partie à l'accord et vend les biens ou services contractuels à une autre entreprise partie à l'accord, la part de marché de la première entreprise doit respecter le seuil de part de marché prévu dans ce paragraphe, en tant qu'acheteur et fournisseur, pour que l'exemption prévue à l'article 2 s'applique.

Art. 4 *Restrictions retirant le bénéfice de l'exemption par catégorie — restrictions caractérisées.* L'exemption prévue à l'article 2 ne s'applique pas aux accords verticaux qui, directement ou indirectement, isolément ou cumulés avec d'autres facteurs sur lesquels les parties peuvent influer, ont pour objet :

a) de restreindre la capacité de l'acheteur de déterminer son prix de vente, sans préjudice de la possibilité pour le fournisseur d'imposer un prix de vente maximal ou de recommander un prix de vente, à condition que ces derniers n'équivaillent pas à un prix de vente fixe ou minimal sous l'effet de pressions exercées ou d'incitations par l'une des parties ;

b) de restreindre le territoire sur lequel, ou la clientèle à laquelle, un acheteur partie à l'accord peut vendre les biens ou services contractuels sans préjudice d'une restriction quant à son lieu d'établissement, sauf s'il s'agit de :

i) restreindre ses ventes actives sur un territoire ou à une clientèle que le fournisseur s'est exclusivement réservés ou qu'il a alloués à un autre acheteur, lorsque cette restriction ne limite pas les ventes réalisées par les clients de l'acheteur,

ii) restreindre les ventes aux utilisateurs finals par un acheteur agissant en tant que grossiste sur le marché,

iii) restreindre les ventes par les membres d'un système de distribution sélective à des distributeurs non agréés, dans le territoire réservé par le fournisseur pour l'opération de ce système, et

iv) restreindre la capacité de l'acheteur de vendre des composants destinés à l'incorporation à des clients qui pourraient les utiliser pour la fabrication de biens analogues à ceux qui sont produits par le fournisseur ;

c) de restreindre les ventes actives ou les ventes passives aux utilisateurs finals par les membres d'un système de distribution sélective qui agissent en tant que détaillants sur le marché, sans préjudice de la possibilité d'interdire à un membre du système d'exercer ses activités à partir d'un lieu d'établissement non autorisé ;

d) de restreindre les fournitures croisées entre distributeurs à l'intérieur d'un système de distribution sélective, y compris entre des distributeurs agissant à des stades commerciaux différents ;

e) de restreindre, dans le cadre d'un accord entre un fournisseur de composants et un acheteur qui incorpore ces composants, la capacité du fournisseur de vendre ces composants en tant que pièces détachées à des utilisateurs finals, à des réparateurs ou à d'autres prestataires de services qui n'ont pas été désignés par l'acheteur pour la réparation ou l'entretien de ses biens.

Art. 5 *Restrictions exclues.* 1. L'exemption prévue à l'article 2 ne s'applique pas aux obligations suivantes contenues dans des accords verticaux :

a) toute obligation directe ou indirecte de non-concurrence dont la durée est indéterminée ou dépasse cinq ans ;

b) toute obligation directe ou indirecte interdisant à l'acheteur, à l'expiration de l'accord, de fabriquer, d'acheter, de vendre ou de revendre des biens ou des services ;

c) toute obligation directe ou indirecte imposée aux membres d'un réseau de distribution sélective de ne pas vendre les marques de fournisseurs concurrents déterminés.

Aux fins du premier alinéa du paragraphe 1, point a), une obligation de non-concurrence tacitement renouvelable au-delà d'une période de cinq ans est considérée comme ayant été conclue pour une durée indéterminée.

2. Par dérogation au paragraphe 1, point a), la limitation de la durée à cinq ans n'est toutefois pas applicable lorsque les biens ou services contractuels sont vendus par l'acheteur à partir de locaux et de terrains dont le fournisseur est propriétaire ou que le fournisseur loue à des tiers non liés à l'acheteur, à condition que la durée de l'obligation de non-concurrence ne dépasse pas la période d'occupation des locaux et des terrains par l'acheteur.

3. Par dérogation au paragraphe 1, point b), l'exemption prévue à l'article 2 s'applique à toute obligation directe ou indirecte interdisant à l'acheteur, à l'expiration

de l'accord, de fabriquer, d'acheter, de vendre ou de revendre des biens ou des services, lorsque les conditions suivantes sont remplies :

a) l'obligation concerne des biens ou des services en concurrence avec les biens ou services contractuels ;

b) l'obligation est limitée aux locaux et aux terrains à partir desquels l'acheteur a exercé ses activités pendant la durée du contrat ;

c) l'obligation est indispensable à la protection d'un savoir-faire transféré par le fournisseur à l'acheteur ;

d) la durée de l'obligation est limitée à un an à compter de l'expiration de l'accord.

Le paragraphe 1, point b), ne porte pas atteinte à la possibilité d'imposer, pour une durée indéterminée, une restriction à l'utilisation et à la divulgation d'un savoir-faire qui n'est pas tombé dans le domaine public.

Art. 6 *Non-application du présent règlement.* Conformément à l'article 1 *bis* du règlement n° 19/65/CEE, la Commission peut déclarer, par voie de règlement, lorsque des réseaux parallèles de restrictions verticales similaires couvrent plus de 50 % d'un marché en cause, que le présent règlement ne s'applique pas aux accords verticaux qui comportent des restrictions spécifiques concernant ce marché.

Art. 7 *Application du seuil de part de marché.* Aux fins de l'application du seuil de part de marché prévu à l'article 3, les règles suivantes s'appliquent :

a) la part de marché du fournisseur est calculée sur la base de données relatives à la valeur des ventes sur le marché et la part de marché de l'acheteur est calculée sur la base de données relatives à la valeur des achats sur le marché. A défaut, la détermination de la part de marché de l'entreprise considérée peut s'effectuer sur la base d'estimations fondées sur d'autres informations fiables relatives au marché, y compris le volume des ventes et des achats sur celui-ci ;

b) la part de marché est calculée sur la base de données relatives à l'année civile précédente ;

c) la part de marché du fournisseur inclut les biens ou les services fournis aux distributeurs verticalement intégrés aux fins de la vente ;

d) si la part de marché est initialement inférieure ou égale à 30 %, mais franchit ensuite ce seuil sans dépasser 35 %, l'exemption prévue à l'article 2 continue à s'appliquer pendant deux années civiles consécutives suivant l'année pendant laquelle le seuil de 30 % a été dépassé pour la première fois ;

e) si la part de marché est initialement inférieure ou égale à 30 % mais dépasse ensuite 35 %, l'exemption prévue à l'article 2 continue à s'appliquer pendant une année civile suivant l'année pendant laquelle le seuil de 35 % a été dépassé pour la première fois ;

f) le bénéfice des points d) et e) ne peut pas être combiné de manière à dépasser une période de deux années civiles ;

g) la part de marché détenue par les entreprises visées à l'article 1er, paragraphe 2, second alinéa, point e), doit être imputée à parts égales à chaque entreprise disposant des droits ou des pouvoirs énumérés à l'article 1er, paragraphe 2, second alinéa, point a).

Art. 8 *Application du seuil de chiffre d'affaires.* 1. Le chiffre d'affaires annuel total au sens de l'article 2, paragraphe 2, résulte de l'addition du chiffre d'affaires, hors taxes et autres redevances, réalisé au cours de l'exercice précédent par la partie à l'accord vertical concernée et du chiffre d'affaires réalisé par ses entreprises liées, en ce qui concerne tous les biens et services. A cette fin, il n'est pas tenu compte des transactions intervenues entre la partie à l'accord vertical et ses entreprises liées ni de celles intervenues entre ces dernières entreprises.

2. L'exemption prévue à l'article 2 reste applicable si, pendant une période de deux exercices annuels consécutifs, le seuil du chiffre d'affaires annuel total n'est pas dépassé de plus de 10 %.

Art. 9 *Période de transition.* L'interdiction énoncée à l'article 101, paragraphe 1, du traité ne s'applique pas, pendant la période allant du 1er juin 2010 au 31 mai 2011, aux accords qui, au 31 mai 2010, sont déjà en vigueur et ne remplissent pas les conditions d'exemption prévues par le présent règlement, mais satisfont à celles qui sont prévues par le règlement (CE) nº 2790/1999. – *V. ce Règl., supra.*

Art. 10 *Période de validité.* Le présent règlement entre en vigueur le 1er juin 2010.
Il expire le 31 mai 2022.

Règlement UE nº 461-2010 du 27 mai 2010,

Concernant l'application de l'article 101, paragraphe 3, du traité sur le fonctionnement de l'Union européenne à des catégories d'accords verticaux et de pratiques concertées dans le secteur automobile.

Pour la période allant du 1er juin 2010 au 31 mai 2013, V. le Règl. (CE) nº 1400/2002 du 31 juill. 2002, supra.

V. les Lignes directrices supplémentaires sur les restrictions verticales dans les accords de vente et de réparation de véhicules automobiles et de distribution de pièces de rechange de véhicules automobiles (JOUE C 138 du 28 mai 2010).

RÉP. COMMUNAUTAIRE vº *Automobile,* par Éréséo et Ferré.

BIBL. ▸ J. Vogel, *RDLC 2008, nº 4, p. 64* (vers un retour de la distribution automobile au droit commun des restrictions verticales ?) ; *RLDA déc. 2008. 55* (quel avenir juridique pour la distribution automobile ?). – Idot, *RDC 2010. 625* (le nouveau régime pour la distribution automobile se profile...). – Raud et Notté, *JCP E 2010. Actu. 304* (nouveau règlement d'exemption par catégorie dans le secteur de l'automobile). – Arhel, *LPA 8 juill. 2010* (réforme des restrictions verticales). – Le Monnier de Gouville et François-Martin, *Journ. sociétés juill. 2010. 34* (réforme du règlement d'exemption par catégorie dans le secteur automobile). – Idot, *Europe 2010. Étude 8* (aperçu du nouveau régime des accords verticaux). – Arhel, *CCC 2010. Étude 10* (restrictions verticales : alignement partiel du secteur de l'automobile sur le régime général). – Lambert, *JCP E 2010, nº 1985* (la pièce de rechange automobile). – Dossier, *RLC janv.-févr. 2011. 107* (nouveau cadre réglementaire européen applicable au secteur automobile).

CHAPITRE PREMIER *Dispositions communes*

Art. 1er *Définitions.* 1. Aux fins du présent règlement, on entend par :

a) « accord vertical », un accord ou une pratique concertée entre deux ou plusieurs entreprises opérant chacune, aux fins de l'accord ou de la pratique concertée, à un niveau différent de la chaîne de production ou de distribution, et relatif aux conditions auxquelles les parties peuvent acheter, vendre ou revendre certains biens ou services ;

b) « restriction verticale », une restriction de concurrence dans un accord vertical entrant dans le champ d'application de l'article 101, paragraphe 1, du traité ;

c) « réparateur agréé », un prestataire de services de réparation et d'entretien de véhicules automobiles qui opère au sein du système de distribution créé par un fournisseur de véhicules automobiles ;

d) « distributeur agréé », un distributeur de pièces de rechange pour véhicules automobiles qui opère au sein du système de distribution créé par un fournisseur de véhicules automobiles ;

e) « réparateur indépendant »,

i) un prestataire de services de réparation et d'entretien de véhicules automobiles qui n'opère pas au sein du système de distribution créé par le fournisseur des véhicules automobiles dont il assure la réparation ou l'entretien ;

ii) un réparateur agréé opérant au sein du système de distribution d'un fournisseur donné dans tous les cas où il fournit des services de réparation ou d'entretien de véhicules automobiles provenant d'un autre fournisseur au système de distribution duquel il n'appartient pas ;

f) « distributeur indépendant »,

i) un distributeur de pièces de rechange pour véhicules automobiles qui n'opère pas au sein du système de distribution créé par le fournisseur des véhicules automobiles pour lesquels il distribue des pièces de rechange ;

ii) un distributeur agréé opérant au sein du système de distribution d'un fournisseur donné dans tous les cas où il distribue des pièces de rechange pour véhicules automobiles provenant d'un autre fournisseur au système de distribution duquel il n'appartient pas ;

g) « véhicule automobile », un véhicule autopropulsé à trois roues ou plus destiné à être utilisé sur la voie publique ;

h) « pièces de rechange », des biens qui sont destinés à être montés dans ou sur un véhicule automobile pour remplacer des composants de ce véhicule, y compris des biens tels que les lubrifiants qui sont nécessaires à l'utilisation d'un véhicule automobile, à l'exception du carburant ;

i) « système de distribution sélective », un système de distribution dans lequel le fournisseur s'engage à ne vendre les biens ou les services contractuels, directement ou indirectement, qu'à des distributeurs sélectionnés sur la base de critères définis, et dans lequel ces distributeurs s'engagent à ne pas vendre ces biens ou ces services à des distributeurs non agréés sur le territoire sur lequel le fournisseur a décidé d'appliquer ce système.

2. Aux fins du présent règlement, les termes « entreprise », « fournisseur », « constructeur », « fabricant » et « acheteur » comprennent leurs entreprises liées respectives.

Par « entreprises liées », il faut entendre :

a) les entreprises dans lesquelles une partie à l'accord détient, directement ou indirectement :

i) plus de la moitié des droits de vote, ou

ii) le pouvoir de désigner plus de la moitié des membres du conseil de surveillance, du conseil d'administration ou des organes représentant légalement l'entreprise, ou

iii) le droit de gérer les affaires de l'entreprise ;

b) les entreprises qui, dans une entreprise partie à l'accord, détiennent, directement ou indirectement, les droits ou les pouvoirs énumérés au point a) ;

c) les entreprises dans lesquelles une entreprise visée au point b) détient, directement ou indirectement, les droits ou les pouvoirs énumérés au point a) ;

d) les entreprises dans lesquelles une partie à l'accord et une ou plusieurs des entreprises visées aux points a), b) ou c), ou deux ou plusieurs de ces dernières, détiennent ensemble les droits ou les pouvoirs énumérés au point a) ;

e) les entreprises dans lesquelles les droits ou les pouvoirs énumérés au point a) sont détenus conjointement par :

i) des parties à l'accord ou leurs entreprises liées respectives visées aux points a) à d), ou

ii) une ou plusieurs des parties à l'accord ou une ou plusieurs de leurs entreprises liées visées aux points a) à d), et un ou plusieurs tiers.

CHAPITRE II *Accords verticaux portant sur l'achat, la vente ou la revente de véhicules automobiles neufs*

Art. 2 *Application du règlement (CE) n° 1400/2002.* En vertu de l'article 101, paragraphe 3, du traité, l'article 101, paragraphe 1, du traité ne s'applique pas, du 1er juin 2010 au 31 mai 2013, aux accords verticaux relatifs aux conditions auxquelles les parties peuvent acheter, vendre ou revendre des véhicules automobiles neufs, qui satisfont aux conditions d'exemption prévues par le règlement (CE) n° 1400/2002 concernant spécifiquement les accords verticaux d'achat, de vente ou de revente de véhicules automobiles neufs.

Art. 3 *Application du règlement (UE) n° 330/2010.* Le règlement (UE) n° 330/2010 s'applique aux accords verticaux portant sur l'achat, la vente ou la revente de véhicules automobiles neufs à partir du 1er juin 2013.

CHAPITRE III *Accords verticaux dans le secteur de l'après-vente automobile*

Art. 4 *Exemption.* Conformément à l'article 101, paragraphe 3, du traité, et sous réserve des dispositions du présent règlement, l'article 101, paragraphe 1, du traité ne s'applique pas aux accords verticaux relatifs aux conditions auxquelles les parties peuvent acheter, vendre ou revendre des pièces de rechange de véhicules automobiles, ou fournir des services de réparation et d'entretien de véhicules automobiles, qui satisfont aux conditions d'exemption prévues par le règlement (UE) n° 330/2010 et qui ne contiennent aucune des restrictions caractérisées énumérées à l'article 5 du présent règlement.

La présente exemption s'applique dans la mesure où ces accords contiennent des restrictions verticales.

Art. 5 *Restrictions retirant le bénéfice de l'exemption par catégorie – restrictions caractérisées.* L'exemption prévue à l'article 4 ne s'applique pas aux accords verticaux qui, directement ou indirectement, isolément ou cumulés avec d'autres facteurs sur lesquels les parties peuvent influer, ont pour objet :

a) la restriction de la vente de pièces de rechange pour véhicules automobiles par les membres d'un système de distribution sélective à des réparateurs indépendants qui utilisent ces pièces pour la réparation et l'entretien d'un véhicule automobile ;

b) la restriction convenue entre un fournisseur de pièces de rechange, d'outils de réparation, d'équipements de diagnostic ou d'autres équipements, et un constructeur automobile, qui limite la faculté du fournisseur de vendre ces produits à des distributeurs agréés ou indépendants, à des réparateurs agréés ou indépendants ou à des utilisateurs finals ;

c) la restriction convenue entre un constructeur automobile qui utilise des composants pour le montage initial des véhicules automobiles et le fournisseur de ces composants, qui limite la faculté du fournisseur d'apposer effectivement et visiblement sa marque ou son logo sur les composants fournis ou sur les pièces de rechange.

CHAPITRE IV *Dispositions finales*

Art. 6 *Non-application du présent règlement.* Conformément à l'article 1er *bis* du règlement n° 19/65/CEE, la Commission peut déclarer, par voie de règlement, lorsque des réseaux parallèles de restrictions verticales similaires couvrent plus de 50 % d'un marché en cause, que le présent règlement ne s'applique pas aux accords verticaux qui comportent des restrictions spécifiques concernant ce marché.

Art. 7 *Surveillance et rapport d'évaluation.* La Commission surveille l'application du présent règlement et établit un rapport sur son fonctionnement au plus tard le 31 mai 2021, en particulier sous l'angle des conditions énoncées à l'article 101, paragraphe 3, du traité.

Art. 8 *Période de validité.* Le présent règlement entre en vigueur le 1er juin 2010. Il expire le 31 mai 2023.

CONTRATS D'AFFAIRES (GÉNÉRALITÉS)

Plan des annotations

I. Principes essentiels du droit des contrats d'affaires
n°s 1 *bis* à 8

A. Principe de la liberté contractuelle
n°s 1 *bis* à 4

1° Fondement

2° Valeur

B. Principe de sécurité des transactions juridiques
n°s 5 à 8

1° Fondement

2° Illustrations en matière contractuelle

3° Limites

II. Droit international privé : loi applicable au contrat
n°s 9 à 15

III. Formation du contrat : conditions
n°s 16 à 112

A. Capacité de contracter
n°s 16 et 17

B. Volonté d'être juridiquement lié
n°s 18 et 19

C. Accord des volontés
n°s 20 à 42

1° Principe du consensualisme

2° Pourparlers

3° Contrats préparatoires (accord de principe, lettre d'intention, promesse de contrat, pacte de préférence)

4° Rencontre des volontés

a) Offre et acceptation

b) Accord des parties sur les éléments essentiels

c) Etendue de l'accord

d) Documents publicitaires

e) Conditions générales

f) Renouvellement du contrat

D. Vices du consentement
n°s 43 à 72

1° Erreur (art. 1110 C. civ.)

a) Erreurs sanctionnées

b) Erreurs indifférentes

2° Dol (art. 1116 C. civ.)

a) Comportements non sanctionnés

b) Comportements sanctionnés

c) Sanctions du dol

3° Violence (art. 1112- 1115 C. civ.)

a) Exigence d'une contrainte illégitime

b) Prise en considération de la personnalité de la victime

c) Sanctions de la violence

E. Contenu du contrat
n°s 73 à 112

1° Objet des obligations contractuelles (art. 1128-1130 C. civ.)

a) Règles générales

b) Règles particulières concernant la fixation du prix

2° Cause de l'obligation et cause du contrat (art. 1131-1133 C. civ.)

a) Généralités

b) Contrôle de l'existence de la cause de l'obligation

c) Sanction des clauses contredisant une obligation essentielle du contrat

d) Contrôle de la licéité de la cause

3° Prohibition des clauses abusives (art. L. 132-1 C. consom.)

4° Conformité du contrat à l'ordre public

IV. Sanctions des conditions de validité du contrat
n°s 113 à 128

A. Inexistence
n° 113

B. Nullité
n°s 114 à 128

1° Distinction entre nullité relative et nullité absolue

a) Nullité relative

b) Nullité absolue

2° Exception de nullité

3° Effets de la nullité

a) Etendue de la nullité

b) Rétroactivité de la nullité

c) Restitutions

V. Effets du contrat entre les parties
n°s 129 à 155 *ter*

A. Détermination du contenu du contrat
n°s 129 à 139

1° Interprétation du contrat (art. 1135 et 1156 à 1164 C. civ.)

a) Pouvoirs des juges du fond

b) Obligations d'origine prétorienne

c) Usages

2° Qualification du contrat

B. Durée du contrat
n°s 140 et 141

C. Force obligatoire du contrat (art. 1134, al. 1er et 2, C. civ.)
n°s 142 à 150

1° Irrévocabilité du contrat

a) Principe d'irrévocabilité

b) Tempéraments

2° Intangibilité du contrat

a) Principe du refus de la révision pour imprévision

b) Tempéraments

D. Obligation de bonne foi dans l'exécution du contrat (art. 1134, al. 3, C. civ.)
n°s 151 à 155 *ter*

1° Caractère général de l'obligation de bonne foi

2° Illustrations

3° Limites

VI. Effets des contrats à l'égard des tiers (art. 1165-1167 C. civ.)
n°s 156 à 195

A. Principe de l'effet relatif du contrat
n°s 156 à 166

1° Situation des tiers absolus

2° Situation des ayants cause

a) Transmission des droits et obligations aux ayants cause à titre universel

1. Principe : transmission à l'ayant cause à titre universel de l'ensemble des droits et obligations de son auteur

2. Tempérament : contrats *intuitu personae*

b) Transmission des créances et dettes aux ayants cause à titre particulier

1. Créances

2. Dettes

3° Bénéficiaire d'une stipulation pour autrui

B. Opposabilité du contrat
n°s 167 à 170

1° Opposabilité du contrat aux tiers

2° Opposabilité du contrat par les tiers

C. Groupes de contrat et ensembles contractuels
n°s 171 à 179 *bis*

1° Indivisibilité des contrats appartenant à un même ensemble contractuel

a) Principes

1. Absence d'indivisibilité entre contrats économiquement liés

2. Indivisibilité résultant de la volonté des parties

b) Illustrations

2° Actions directes en paiement et en responsabilité

a) Actions directes en paiement

b) Actions directes en responsabilité

D. Règles protectrices des tiers
n°s 180 à 192

1° Fraude aux droits des tiers

a) Action paulienne (art. 1167 C. civ.)

b) Adage *Fraus omnia corrumpit*

2° Simulation (art. 1321 C. civ.)

a) Notion

b) Effets de la simulation entre les parties

c) Effets de la simulation à l'égard des tiers

3° Action oblique (art. 1166 C. civ.)

E. Promesse de porte-fort (art. 1120 C. civ.)
n°s 193 à 195

VII. Règles propres aux contrats synallagmatiques
n°s 196 à 224

A. Exception d'inexécution
n°s 196 à 201

1° Conditions de mise en œuvre

2° Effets

B. Résolution (art. 1184 C. civ.)
n°s 202 à 221 *bis*

1° Option du créancier

2° Conditions de la résolution

a) Principe de la résolution judiciaire

b) Tempéraments

1. Impossibilité d'exécution

2. Clause résolutoire

3. Clause de résiliation unilatérale sans motif

4. Rupture unilatérale

3° Effets de la résolution

a) Date d'effet de la résolution

b) Appréciation de la gravité des fautes respectives des parties

c) Rétroactivité de la résolution

1. Principe

2. Tempéraments

d) Extension de la résolution d'un contrat à d'autres contrats

e) Renonciation

C. Théorie des risques
n°s 222 à 224

VIII. Novation et délégation (art. 1271-1281 C. civ.)
n°s 225 à 233 *bis*

A. Novation
n°s 225 à 228

1° Conditions

2° Effets

B. Délégation
n°s 229 à 233 *bis*

1° Conditions

2° Effets

IX. Cession de contrat
n°s 234 à 236

X. Responsabilité contractuelle (art. 1147 C. civ.)
n°s 237 à 277

A. Principe de non-cumul des responsabilités contractuelle et délictuelle
n° 237

B. Conditions de la responsabilité contractuelle
n°s 238 à 258

1° Faute contractuelle : distinction entre obligation de moyens et obligation de résultat

a) Obligation de moyens

b) Obligation de résultat

c) Obligation de résultat atténuée

2° Mise en demeure du débiteur

a) Principe : exigence d'une mise en demeure du débiteur

b) Tempéraments

3° Causes d'exonération : force majeure (art. 1148 C. civ.)

a) Notion

1. Définition jurisprudentielle

2. Aménagements contractuels

b) Effets de la force majeure

4° Exigence d'un dommage réparable en relation de cause à effet avec la faute contractuelle

C. Effets de la responsabilité contractuelle
n°s 259 à 277

1° Principes généraux gouvernant la réparation du dommage

a) Diversité des modes de réparation

b) Etendue de la réparation

2° Aménagements contractuels

a) Clauses allégeant ou supprimant les obligations

b) Clauses élusives ou limitatives de responsabilité

c) Clause abrégeant la prescription

3° Clause pénale

a) Notion de clause pénale susceptible de révision

b) Révision de la clause pénale

DALLOZ ACTION *Droit de la responsabilité et des contrats*, par LE TOURNEAU (ss. la dir.), Dalloz, 2012/2013, 9e édition.

1. Les contrats d'affaires ne sont plus aujourd'hui exclusivement ceux passés entre commerçants, mais plus généralement tous ceux qui sont conclus à raison de l'activité professionnelle de chacune des parties.

Le droit de la consommation, et en particulier la prohibition des clauses abusives, n'est pas applicable à ces contrats où le principe de la liberté contractuelle peut donner sa pleine mesure et où les prévisions et attentes légitimes des parties ne doivent pas être remises en cause.

I. PRINCIPES ESSENTIELS DU DROIT DES CONTRATS D'AFFAIRES

A. PRINCIPE DE LA LIBERTÉ CONTRACTUELLE

1° FONDEMENT

1 bis. Principe : tout ce qui n'est pas contraire à une règle d'ordre public (art. 6 C. civ.) est permis. Le principe de la liberté contractuelle (liberté de conclure ou de ne pas conclure le contrat, liberté du choix du cocontractant, liberté quant au contenu du contrat) est habituellement déduit des art. 6 (*a contrario* : tout ce qui n'est pas interdit par une règle d'ordre public est permis) et 1134 C. civ. En ce sens, V. : J.-M. Mousseron, Un principe de départ, la liberté contractuelle, *Cah. dr. entr. 1995, n° 2, p. 6.* ♦ Ainsi, un concédant a le droit de traiter avec le cocontractant de son choix et n'est pas tenu de motiver sa décision, ni de communiquer les critères selon lesquels le choix de son concessionnaire est exercé. • Com. 7 avr. 1998 : *Bull. civ. IV, n° 126 ; RTD civ. 1999. 79, obs. J. Mestre . – Contra* : • Com. 5 oct. 2004 : *cité note 21 ss. art. L. 330-2 C. com.*

2° VALEUR

2. *Valeur constitutionnelle ?* Le principe de la liberté contractuelle n'a pas en lui-même valeur constitutionnelle. • Cons. const. 20 mars 1997 : *JCP 1997. I. 4039, n° 1, obs. M. Fabre-Magnan.* ♦ Aucune norme de valeur constitutionnelle ne garantit le principe de la liberté contractuelle. • Décis. COB, 11 avr. 1995 : *Bull. Joly Bourse 1995. 386 et 365, Chron. Rontchevsky ; RTD civ. 1996. 151, obs. J. Mestre .* ♦ Mais le législateur ne saurait porter atteinte à l'économie des conventions et contrats légalement conclus, une atteinte d'une gravité telle qu'elle méconnaisse manifestement la liberté découlant de l'art. 4 de la Déclaration des droits de l'homme et du citoyen de 1789 (liberté de pouvoir faire tout ce qui ne nuit pas à autrui). • Cons. const. 10 juin 1998 : *JCP 1998. I. 179, n° 14, obs. B. Mathieu et M. Verpaux, RTD civ. 1999. 78, obs. J. Mestre .* ♦ Le législateur ne saurait, sans méconnaître les exigences résultant des art. 4 et 16 de la Déclaration des droits de l'homme et du citoyen de 1789, porter aux contrats légalement conclus une atteinte qui ne soit justifiée par un motif d'intérêt général suffisant. • Cons. const. 13 janv. 2003 : *JO 18 janv. 2003 ; D. 2003. 638, note Mathieu ; RDC 2003. 9, note Revet.* ♦ V. aussi Molfessis, Les sources constitutionnelles du droit des obligations *in* Le renouvellement des sources du droit des obligations, *Travaux de l'association H. Capitant, LGDJ 1996. 65.*

3. *Dérogations au principe de la liberté contractuelle.* Des obligations dérogatoires au principe de la liberté contractuelle (en l'espèce obligation d'achat de titres cotés) ne peuvent résulter que de prescriptions législatives expresses et impératives. • Paris, 25 juin 1998 : *JCP E 1998. 1307, n° 12, obs. A. Viandier et J.-J. Caussain ; RTD com. 1998. 890, obs. Rontchevsky* (à propos de l'offre publique de retrait prévue par la réglementation boursière édictée par le Conseil des bourses de valeurs).

4. *Refus de vente.* Sur la sanction du refus de vente entre professionnels, V. art. L. 420-2 C. com. et entre un professionnel et un consommateur, V. art. L. 122-1 C. consom., v° *Ventes commerciales (Dispositions générales).* ♦ Le refus de vente allégué par une société à l'encontre d'une société constitue un fait de nature à engager la responsabilité délictuelle de cette dernière. • Com. 9 avr. 1996 : *Bull. civ. IV, n° 116 ; Defrénois 1997. 329, obs. Delebecque ; RTD civ. 1997. 118, obs. J. Mestre .*

B. PRINCIPE DE SÉCURITÉ DES TRANSACTIONS JURIDIQUES

1° FONDEMENT

5. *Jurisprudence communautaire.* D'une manière générale, pour être bien acceptées et efficaces, les règles de droit doivent présenter une certaine sécurité, par leur accessibilité et leur cohérence et ne doivent pas surprendre les sujets de droit dans leurs pratiques, leurs prévisions et leurs attentes (V. notamment J. Carbonnier, La part du droit dans l'angoisse contemporaine, *Flexible droit, LGDJ 9e éd., 1998, p. 193* ; F. Pollaud-Dullian, A propos de la sécurité juridique, *RTD civ. 2001. 487)* . ♦ Le principe de sécurité juridique n'est visé expressément par aucun texte à valeur constitutionnelle ou législative mais la jurisprudence communautaire s'y réfère comme à un principe général. V. en ce sens • CJCE 21 juin 1988, Aff. 257/86 : *Rec., p. 3249* • 28 avr. 1993, Aff. C 306/91 : *Rec., p. 2151.*

2° ILLUSTRATIONS EN MATIÈRE CONTRACTUELLE

6. *Application jurisprudentielle de la loi dans le temps.* Les effets d'un contrat sont régis, en principe, par la loi en vigueur à l'époque à laquelle il a été conclu. • Com. 15 juin 1962 : *Bull. civ. III, n° 313 ; GAJC 11e éd., 2000. I, n° 3-6, p. 25.* ♦ Les juges du fond ne peuvent appliquer une loi nouvelle aux effets à venir de contrats conclus antérieurement, sans caractériser les raisons d'une application immédiate de la loi que sa nature d'ordre public ne peut à elle seule justifier. • Civ. 1re, 17 mars 1998 : *Bull. civ. I, n° 115 ; RTD civ. 1999. 378, obs. J. Mestre .* ♦ En l'absence de volonté contraire du législateur, les contrats demeurent soumis à la loi en vigueur lors de leur conclusion, sous réserve d'impératives considérations d'ordre public, absentes en ce qui concerne le contrat d'édition. • Civ. 1re, 4 déc. 2001 : *Bull. civ. I, n° 307.* – Comp. • Cass., ch. mixte, 13 mars 1981 : *D. 1981. 309, note A. Bénabent ; GAJC II, n° 261,* jugeant que l'action directe instituée en faveur des sous-traitants par la loi du 31 déc. 1975 trouve son fondement dans la volonté législative et non dans les contrats conclus entre les parties, de sorte qu'elle est ouverte aux sous-traitants, même si leur contrat a été conclu avant l'entrée en vigueur de ladite loi. ♦ V. texte préc., v° *Sous-traitance*. ♦ S'agissant de l'art. 26 de la L. n° 2001-1168 du 11 déc. 2001, qui a modifié le 3e al. de l'art. L. 145-38 C. com., V. la note ss. cet art.

7. Travaux législatifs préparatoires. Sur le refus du législateur d'appliquer rétroactivement la prohibition de la clause minière, en vertu du principe de sécurité juridique, V. Travaux préparatoires de la L. n° 99-245 du 30 mars 1999 relative à la responsabilité en matière de dommages consécutifs à l'exploitation minière et à la prévention des risques miniers après la fin de l'exploitation : *JO Sénat CR, 28 janv. 1999, p. 428 ; RTD civ. 1999. 483, obs. Ch. Jamin.*

3° LIMITES

8. Absence de valeur constitutionnelle. Aucune norme constitutionnelle ne garantit un principe dit de « confiance légitime ». • Cons. const. 30 déc. 1996 : *RTD civ. 1997. 416, obs. Mestre* . ♦ La sécurité juridique ne saurait consacrer un droit acquis à une jurisprudence figée, l'évolution de la jurisprudence relevant de l'office du juge dans l'application du droit. • Civ. 1re, 21 mars 2000 : *Bull. civ. I, n° 97 ; D. 2000. 593, note crit. Atias ; RTD civ. 2000. 592, obs. approb. Gautier* (à propos de la garantie des vices cachés dans la vente). ♦ L'exigence d'une contrepartie financière à la clause de non-concurrence répond à l'impérieuse nécessité d'assurer la sauvegarde et l'effectivité de la liberté fondamentale d'exercer une activité professionnelle ; cette exigence est d'application immédiate et la clause de non-concurrence qui ne comporte pas une telle contrepartie doit être annulée. • Soc., 17 déc. 2004 : *cité note 84 ss. L. n° 63-628 du 2 juill. 1963, v° Concurrence.* ♦ V. aussi : • Cass., ass. plén., 21 déc. 2006 : *Bull. civ., n° 14 ; BICC 1er mars 2007, p. 50, rapp. Loriferne, avis de Goutte ; D. 2007. AJ 160, obs. Avena-Robardet ; RTD civ. 2007. 72, obs. Chevrier ; JCP E 2007, n° 17, p. 31, note Fleury-Le-Gros ; JCP 2007. II. 10016, note Guyader ; RLDA févr. 2007. 42, obs. Nahon ; ibid. avr. 2007. 35, note G'Sell-Macrez.* ♦ Sur l'aménagement des revirements de jurisprudence, V. Mouly, *JCP 1994. I. 3776, n° 11* (le revirement pour l'avenir) ; Heuzé, *JCP 2005. I. 130* (à propos du rapport sur les revirements de jurisprudence) ; Radé, *D. 2005. 988* (de la rétroactivité des revirements de jurisprudence).

II. DROIT INTERNATIONAL PRIVÉ : LOI APPLICABLE AU CONTRAT

9. Contrat international. Tout contrat international est nécessairement rattaché à la loi d'un État. • Civ. 21 juin 1950 : *D. 1951. 749, note J. Hamel ; JCP 1950. II. 5812, note Lévy.* ♦ Un contrat passé entre des Français domiciliés en France, qui soumet au droit français les rapports des parties entre elles, n'a pas, même si l'un des contractants est appelé à s'expatrier, le caractère d'un contrat international. • Civ. 1re, 7 oct. 1980 : *Bull. civ. I, n° 242.*

10. Loi d'autonomie. La loi applicable aux contrats, soit en ce qui concerne leur formation, soit quant à leurs effets et conditions, est celle que les parties ont adoptée. • Civ. 31 mai 1932 : *DP 1933. I. 169, note Crémieu.* ♦ Entre personnes de nationalités différentes, la loi du lieu où le contrat est intervenu et doit être exécuté est, en principe, celle à laquelle il faut s'attacher, à moins que ne se dégage une intention contraire soit de la convention, soit des circonstances de la cause. • Même arrêt.

11. Localisation par le juge. Les juges du fond apprécient souverainement la localisation du rapport contractuel. • Com. 8 juill. 1981 : *Bull. civ. IV, n° 311.* ♦ V. aussi note 47 ss. art. L. 330-2 C. com.

12. Domaine de la loi du contrat. La mise en œuvre de la loi d'autonomie de la volonté étant exclusive de tout renvoi, la prescription extinctive de l'action fondée sur le contrat est soumise à la loi désignée par les parties. • Civ. 1re, 11 mars 1997 : *Bull. civ. I, n° 84 ; D. 1998. 406, note E. Agostini ; Rev. crit. DIP 1997. 702, note B. Ancel* .

13. Règles de forme. Les dispositions de la loi française qui constituent des règles de forme sont applicables à tout contrat passé en France lorsque n'est pas établie la volonté des parties de soumettre la forme de leur contrat à la loi qui régit au fond celui-ci ou à leur loi nationale. • Civ. 1re, 10 déc. 1974 : *Bull. civ. I, n° 339 ; D. 1975. 480 ; Rev. crit. DIP 1975. 474, note A. P.* (règles applicables aux cessions amiables de fonds de commerce).

14. Loi applicable et compétence juridictionnelle. La détermination de la loi applicable au contrat et celle de la juridiction compétente ne sont pas liées. • Soc. 29 nov. 1978 : *Bull. civ. V, n° 804.* ♦ Pour la compétence des juridictions italiennes alors que la loi française est applicable, V. • Civ. 1re, 17 juin 2003 : *Bull. civ. I, n° 144 ; JCP E 2003, n° 36, p. 1358 ; RTD com. 2004. 396, obs. Delebecque* (contrat d'agence commerciale).

14 bis. Loi étrangère et office du juge. Il appartient au juge saisi de l'application d'un droit étranger de procéder à sa mise en œuvre et, spécialement, d'en rechercher la teneur, afin de trancher le litige selon ce droit. • Civ. 1re, 18 sept. 2002 : *Bull. civ. I, n° 202 ; D. 2002. IR 2716* ; *LPA 6 févr. 2003, note Mélin ; Banque et Droit nov.-déc. 2003. 65, obs. Affaki et Stoufflet.* – Sur cet arrêt, V. aussi Lardieux, *D. 2003. Chron. 1513* .

15. Conventions internationales. V. notamment Convention de Rome du 19 juin 1980 relative à la loi applicable aux obligations contractuelles (sur cette convention V. H. Gaudemet-Tallon, *RTD eur. 1981. 215* ; P. Lagarde, *Rev. crit. DIP 1991. 287*). ♦ ... Convention de Vienne du 11 avr. 1980 sur les contrats de vente internationale de marchandises, v° *Ventes commerciales – X. Ventes internationales de marchandises.* ♦ ... Convention de la Haye du 20 juin 2005 sur les accords d'élection du for (sur cette convention, V. notamment *Rev. crit. DIP 2010. 83 :* Choix de la loi applicable aux contrats du commerce international : Des principes de la Haye ?).

III. FORMATION DU CONTRAT : CONDITIONS

A. CAPACITÉ DE CONTRACTER

16. Exigence de la personnalité juridique. Un groupe de sociétés, dépourvu de la personnalité morale, et donc de la capacité de contracter, ne peut ouvrir un compte bancaire. Par conséquent, l'administrateur judiciaire d'un groupe de sociétés à l'encontre duquel a été ouverte une procédure collective n'a pas la capacité d'ouvrir un compte bancaire au nom du redressement judiciaire du groupe. • Com. 2 avr. 1996 : *Bull. civ. IV, n° 113 ; Bull. Joly 1996. 510, note P. Le Cannu.*

17. Principe de spécialité des personnes morales. La capacité de toute personne morale est limitée par le principe de la spécialité selon lequel elle ne peut accomplir valablement les actes qui ne correspondent pas à son objet, tel qu'il est défini par ses statuts. Il en résulte qu'une organisation syndicale, qui ne peut assurer la défense d'intérêts purement privés, ne peut valablement se porter caution du remboursement d'un prêt contracté par une société commerciale. • Paris, 25 oct. 1994 : *D. 1995. IR 8.* ♦ Dès lors qu'il est établi que des banques créancières avaient souhaité obtenir une décision de cautionnement à l'unanimité des associés d'une société civile immobilière et que la volonté d'engager celle-ci résultait de 75 % des associés, ce qui correspondait au montant des parts détenues par un seul associé, une cour d'appel en a déduit à bon droit que la société civile immobilière n'était pas engagée dans un acte conforme à son objet social (nullité du cautionnement hypothécaire donné par la société civile immobilière). • Civ. 3e, 25 mars 1998 : *Bull. civ. III, n° 74 ; Bull. Joly 1998. 635, note A. Couret ; Banque et Droit janv.-févr. 1999. 47, obs. N. Rontchevsky.*

B. VOLONTÉ D'ÊTRE JURIDIQUEMENT LIÉ

BIBL. Albertini, *D. 2004. 230* (les mots qui vous engagent...). – Revet, *RDC 2004. 29* (prise d'effets du contrat).

18. Engagement d'honneur : un engagement plus ou moins obligatoire. L'engagement d'honneur peut être considéré comme obligatoire. V. en ce sens • Com. 23 déc. 1968 : *Bull. civ. IV, n° 374 ; D. 1969. Somm. 71* (engagement pris « sur l'honneur » de rembourser le solde débiteur d'un compte bancaire). ♦ En s'engageant, fût-ce moralement, « à ne pas copier » les produits commercialisés par la société X..., une société avait exprimé la volonté non équivoque et délibérée de s'obliger envers la société concurrente ; une cour d'appel en a donc exactement déduit que cette clause avait une valeur contraignante pour l'intéressée et qu'elle lui était juridiquement opposable. • Com. 23 janv. 2007 : *Bull. civ. IV, n° 12 ; D. 2007. AJ 442, obs. Delpech* ; *JCP E 2008, n° 35, p. 16, obs. Simler ; RJDA 2007, n° 589 ; CCE 2007, n° 54, obs. Caron ; Defrénois 2007. 1027, obs. Savaux ; RLDA mars 2007. 23, obs. Lefèvre ; RDC 2007. 697, obs. Laithier.* ♦ Comp. • Com. 28 févr. 1983 : *Bull. civ. IV, n° 86* (nullité de l'engagement de « faire un geste » dont l'objet n'est ni déterminé, ni déterminable).

19. Engagement unilatéral : un engagement obligatoire. BIBL. Simon, *RTD civ. 2006. 209* (spécificité du contrat unilatéral). ♦ L'engagement pris par une entreprise de vente par correspondance organisatrice d'une loterie de verser une somme d'argent correspondant à un numéro gagnant certifié justifie sa condamnation à payer cette somme. • Civ. 1re, 28 mars 1995 : *Bull. civ. I, n° 149 ; D. 1995. Somm. 227, obs. Delebecque* .

C. ACCORD DES VOLONTÉS

1° PRINCIPE DU CONSENSUALISME

20. Fondements et illustrations. Le contrat est formé en principe, en droit français, par le seul consentement des parties sans qu'aucune formalité ne soit nécessaire. Ce principe est déduit de l'art. 1108 C. civ. qui n'impose pas de forme pour la conclusion d'un contrat. En application de ce principe, V. considérant que le consentement des parties à une vente n'est soumis à aucune condition de forme : • Civ. 3e, 27 mai 1990 : *Bull. civ. III, n° 225.* ♦ Si le contrat d'assurance doit, dans un but probatoire, être rédigé par écrit, il constitue un contrat consensuel qui est parfait dès la rencontre des volontés de l'assureur et de l'assuré. • Civ. 1re, 9 mars 1999 : *Bull. civ. I, n° 80 ; RCA 1999, n° 163, note Groutel.* ♦ Le prêt consenti par un professionnel du crédit n'est pas un contrat réel. • Civ. 1re, 28 mars 2000 : *Bull. civ. I, n° 105 ; D. 2000. 482, note S. Piedelièvre.* – V. aussi Grua, *D. 2003. 1492* ; Sabathier, *RTD com. 2005. 29* (espoirs suscités par la remise en cause du caractère réel du contrat de prêt). ♦ ... De sorte que la preuve du contrat de prêt requiert seulement que soit établi l'accord de volontés. • Civ. 1re, 27 juin 2006 : *D. 2007. Pan. 759, obs. D.-R. Martin ; CCC 2006, n° 221, obs. Leveneur.* ♦ ... L'obligation de l'emprunteur trouve alors sa justification présumée dans la signature de celui qui se présente comme tel. • Civ. 1re, 5 juill. 2006 : *Bull. civ. I, n° 358 ; D. 2007. 50, note Ghestin ; ibid. Pan. 759, obs. D.-R. Martin ; RTD com. 2006. 887, obs. Legeais ; JCP 2006. IV. 2684 ; Banque et Droit nov.-déc. 2006. 22, obs. Bonneau ; RJDA 2007, n° 86 ; RLDA nov. 2006. 47, obs. Rakotovahiny.* ♦ Comp., jugeant que si le prêt consenti par un professionnel du crédit est un contrat consensuel, il appartient au prêteur qui sollicite l'exécution de l'obligation de restitution de l'emprunteur d'apporter la preuve de l'exécution préalable de son obligation de remise des fonds. • Civ. 1re, 14 janv. 2010 : *Bull. civ. I, n° 6 ; D. 2010. Chron. C. cass. 2097, obs. Creton ; ibid. 620, note J. François ; ibid. AJ 259, obs. Avena-Robardet ; RTD com. 2010. 763, obs. Legeais ; RDI 2010. 203, obs. Heugas-Darraspen ; JCP E 2010, n° 1465, note Dissaux ; ibid., n° 1496, spéc. n° 9, obs. Routier ; Gaz. Pal. 2010. 417, obs. Piedelièvre ; ibid. 1033, obs. Houtcieff ; Dr. et patr. sept. 2010. 105, obs. Mattout ; RD banc. fin. 2010, n° 45, obs. Lagarde ; RJDA 2010, n° 421 ; RLDC mars 2010. 13, obs. Le Gallou.* ♦ Le prêt consenti par un professionnel du crédit n'étant pas un contrat réel, c'est dans l'obligation souscrite par le prêteur que l'obligation de l'emprunteur trouve sa cause, dont l'existence, comme l'exactitude, doit être appréciée au moment de la conclusion du contrat. • Civ. 1re, 19 juin 2008 : *Bull. civ. I, n° 174 ; D. 2008. Chron. C. cass. 2369, obs. Creton ; ibid. AJ 1825, obs. Delpech ; RTD com. 2008. 602, obs. Legeais ; JCP E 2008, n° 30, p. 10, note Legeais ; JCP 2008. II. 10150, note Constantin ; Gaz. Pal. 2008. 3398, note S. Piedelièvre ; CCC 2008, n° 255, obs. Leveneur ; RDC 2008. 1129, obs. Laithier, Banque et Droit sept.-oct. 2008. 31, obs. Bonneau ; Defrénois 2008. 1967, obs. Savaux ; RJDA 2009, n° 464 ; RLDA sept. 2008. 42, obs. Chemin-Bomben ; RDC 2009. 188, obs. Puig* • Com. 7 avr. 2009 : *Bull. civ. IV, n° 54 ; D. 2009. 2080, note Ghestin ; ibid. 2009. AJ 1203, obs. Avena-Robardet ; D. 2010. Pan. 1049, obs. D. R. Martin ; RTD com. 2009. 598, obs. Legeais ; JCP 2009, n° 27, p. 27, note Lasserre Capdeville ; JCP E 2009, n° 44-45, p. 11, obs. Stoufflet ; Banque et Droit juill.-août 2009. 13, obs. Bonneau ; Defrénois 2009. 1942, note François ; Dr. et patr. juill.-août 2009. 87, obs. Ayrès ; RLDA mai 2009. 38, obs. Carolle-Brisson.* – V. aussi, Chénede, *D. 2008. 2555* (la cause de l'obligation dans le contrat de prêt réel et dans le contrat de prêt consensuel). ♦ Comp., jugeant que le prêt qui n'est pas consenti par un établissement de crédit est un contrat réel qui suppose la remise d'une chose : • Civ. 1re, 7 mars 2006 : *Bull. civ. I, n° 138 ; D. 2007. Pan. 759, obs D.-R. Martin ; JCP E 2006, n° 31-34, p. 1378, note S. Piedelièvre ; CCC 2006, n° 128, obs. Leveneur ; RJDA 2006, n° 941 ; Dr. et patr. oct. 2006. 91, obs. Stoffel-Munck ; RDC 2006. 778, obs. Puig.* ♦ La cause du contrat de prêt étant constituée par la remise de la chose, laquelle est aussi une condition de formation du prêt demeuré un contrat réel lorsque celui-ci, comme en l'espèce, a été consenti par un particulier, une cour d'appel qui constate que l'emprunteur ne rapportait pas la preuve du non-versement de la somme litigieuse n'a pas inversé la charge de la preuve. • Civ. 1re, 19 juin 2008 : *Bull. civ. I, n° 175 ; D. 2008. Chron. C. cass. 2368, obs. Creton ; ibid. AJ 1827, obs. Delpech ; RTD com. 2008. 603, obs. Legeais ; JCP E 2008, n° 31-34, p. 26 ; RJDA 2009, n° 465 ; Defrénois 2008. 1967, obs. Savaux ; RLDA sept. 2008. 41. obs. Chemin-Bomben ; RDC 2009. 183, obs. Puig.* – V. aussi, Chénedé, *préc.* ♦ La convention (prêt réel non consenti par un établissement de crédit) n'est pas moins valable quoique la cause n'en soit pas exprimée, de sorte qu'il incombe à ceux qui ont signé des reconnaissances de dette et prétendent, pour contester l'existence de la cause de celles-ci, que les sommes qu'elles mentionnent ne leur ont pas été remises d'apporter la preuve de leurs allégations. • Civ. 1re, 14 janv. 2010 : *Bull. civ. I, n° 7 ; D. 2010. Chron. C. cass. 2097, obs. Creton ; ibid. 620, note J. François ; ibid. AJ 259, obs. Avena-Robardet ; JCP E 2010, n° 1465, note Dissaux ; LPA 25 janv. 2011, note Cayol ; Gaz. Pal. 2010. 1033, obs. Houtcieff ; RJDA 2010, n° 420.* ♦ Comp. aussi, jugeant que l'ouverture de crédit, qui constitue une promesse de prêt, donne naissance à un prêt, à concurrence des fonds utilisés par le client : • Com. 21 janv. 2004 : *cité note 2 ss. art. L. 311-13 C. consom., v° Ventes commerciales (V. Crédit [ventes à]).* ♦ Quand un prêt est consenti par un professionnel du crédit, le contrat n'est formé que s'il y a accord sur ses éléments essentiels. Dès lors, si la page internet d'une banque mentionne bien le montant, la durée et le taux d'intérêt du prêt négocié, il manque un élément essentiel du contrat, à savoir les garanties de remboursement. • Lyon, 22 mars 2007 : *BICC 15 mars 2008, n° 471.*

2° POURPARLERS

21. Principe : liberté de rupture des pourparlers. Le principe dicté par la liberté contractuelle est la liberté de rompre les négociations préparatoires à la conclusion ou au renouvellement d'un contrat. Pour un cas de rupture de pourparlers jugée non fautive, V. • Com. 9 mars 1999 : *Bull. civ. IV, n° 54 ; D. Affaires 1999. 757, obs. X. D.* (rupture par une banque de pourparlers en vue du renouvellement d'une ouverture de crédit, les propositions non excessives de la banque ayant été refusées et celle-ci ayant laissé un délai de préavis raisonnable).

22. Tempérament : sanction de la rupture abusive de pourparlers. BIBL. Deshayes, *RTD com. 2004. 187* (dommage précontractuel). – Menu, *LPA 1er févr. 2006* (réflexions sur le préjudice précontractuel). – Messaï-Bahri, *ibid. 24 juill. 2006* (sanction de l'inexécution des avant-contrats). – Ghestin, *JCP 2007. I. 155* (responsabilité délictuelle pour rupture abusive des pourparlers) ; *ibid. 157* (dommages réparables à la suite de la rupture abusive des pourparlers) ; *Études Viney, LGDJ, 2008, p. 455* (responsabilité contractuelle pour rupture des pourparlers). ♦ La jurisprudence contemporaine admet cependant que la rupture des pourparlers peut engager la responsabilité délictuelle de son auteur (art. 1382 C. civ.) dans certaines circonstances. V. par exemple • Com. 22 févr. 1994 : *Bull. civ. IV, n° 72 ; RTD civ. 1994. 850, obs. Mestre* (prolongation fautive des pourparlers) • Civ. 1re, 6 janv. 1998 : *Bull. civ. I, n° 7 ; JCP 1998. II. 10066, note Fages* (brutalité de la rupture de pourparlers brefs en vue de la cession d'actions intervenue la veille de la date fixée pour la signature de l'acte) • Com. 15 oct. 2002 : *RJDA 2003, n° 218 ; RTD civ. 2003. 282, obs. Mestre et Fages* (partage de responsabilité) • Agen, 21 août 2002 : *JCP 2003. II. 10162, note Lecourt* (rupture de pourparlers sur le point d'aboutir). ♦ Considérant qu'une rupture de pourparlers peut être considérée comme fautive dès lors qu'elle se trouve dépourvue de motif légitime, sans qu'il soit nécessaire de rapporter la preuve d'une volonté de nuire : • Com. 11 juill. 2000 : *CCC 2000, n° 174, note Leveneur.* ♦ Pour une rupture fautive de pourparlers préalables à une cession d'actions, V. • Com. 21 janv. 2004 : *RJDA 2004, n° 565.*

Mais les circonstances constitutives d'une faute commise dans l'exercice du droit de rupture unilatérale des pourparlers précontractuels n'étant pas la cause du préjudice consistant dans la perte de chance de réaliser les gains que permettait d'espérer la conclusion du contrat, aucune indemnité n'est due à ce titre. • Com. 26 nov. 2003 : *Bull. civ. IV, n° 186 ; D. 2004. 869, note Dupré-Dallemagne ; ibid. Somm. 2922, obs. Lamazerolles ; GAJC II 2008. 1, note Terré et Lequette ; JCP E 2004, n° 20-21, p. 818, note Stoffel-Munck ; Rev. sociétés 2004. 325, note Mathey ; Dr. et patr. mars 2004. 102, obs. Poracchia ; Dr. sociétés 2004, n° 37, obs. Trébulle ; RTD civ. 2004. 80, obs. Mestre et Fages ; RJDA 2004, n° 511 ; RDC 2004. 257, obs. D. Mazeaud ; Bull. Joly 2004. 849, note Daigre* • Civ. 3e, 28 juin 2006 : *Bull. civ. III, n° 164 ; R. 2006, p. 399 ; D. 2006. 2963, note D. Mazeaud ; ibid. Pan. 2639, obs. Amrani Mekki ; RTD civ. 2006. 754, obs. Mestre et Fages ; ibid. 770, obs. Jourdain ; JCP E 2006, n° 37, p. 1524, note Deshayes ; ibid., n° 51-52, p. 2201, note Leveneur ; CCC 2006, n° 223, obs. Leveneur ; JCP N 2006, n° 46, p. 1977, note Brusorio ; LPA 11 oct. 2006, note Prigent ; RJDA 2007, n° 3 ; Dr. et patr. mars 2007. 26, note Chauvel ; Defrénois 2006. 1858, obs. Libchaber ; RDC 2006. 1069, obs. D. Mazeaud ; Dr. sociétés 2006, n° 156, obs. Lécuyer ; RCA 2006, n° 287, obs. Hocquet-Berg ; RTDF déc. 2006. 128, note Louit et Henriot* • 7 janv. 2009 : *Bull. civ. III, n° 5 ; D. 2009. AJ 297 ; RJDA 2009, n° 162 ; RDC 2009. 480, obs. Laithier ; Administrer avr. 2009. 38, note Bérenger.* ♦ Ayant retenu que la faute consistait dans la rupture abusive de pourparlers au préjudice d'une société, le juge ne pouvait pas indemniser celle-ci de la perte d'une chance de réaliser les gains que permettait d'espérer la conclusion du contrat. • Com. 18 sept. 2012 : *D. 2012. Actu. 2241, obs. Delpech ; RJDA 2013, n° 2 ; Gaz. Pal. 2013. 364, obs. Tosi-Dupriet.*

3° CONTRATS PRÉPARATOIRES (ACCORD DE PRINCIPE, LETTRE D'INTENTION, PROMESSE DE CONTRAT, PACTE DE PRÉFÉRENCE)

BIBL. D. Mazeaud, *RDC 2005. 61* (exécution des contrats préparatoires). – de Ravel d'Esclapon, *Defrénois 2012. 615* (de quelques difficultés terminologiques dans les avant-contrats).

a. Accord de principe et accord provisoire

23. Accord non obligatoire. Un accord de principe, ne comportant pas d'engagement ferme, n'oblige pas à conclure le contrat. • Soc. 24 mars 1958 : *JCP 1958. II. 10868, note Carbonnier* (engagement de réintégration dans une entreprise). ♦ Dans le même sens, • Civ. 1re, 3 juill. 1996 : *Bull. civ. I, n° 287 ; RTD civ. 1997. 659, obs. Mestre* (engagement d'une réduction de prix dont le montant n'était pas déterminé).

23 bis. Accord provisoire. Ayant constaté qu'aucune des parties ne s'était souciée de faire dresser le bilan d'activité stipulé à l'accord provisoire relatif à l'exploitation d'une clinique, ni ne prouvait que le seuil de rentabilité auquel était subordonné le sort de la convention avait été ou non atteint, le juge du fond a fait ressortir la caducité du contrat et, partant, la perte de valeur juridique des obligations qu'il contenait. • Civ. 1re, 7 nov. 2006 : *Bull. civ. I, n° 457 ; JCP 2007. I. 161, note Serinet ; RDC 2007. 259, obs. Laithier ; RLDC juin 2008. 73, note Merland.*

b. Lettre d'intention

24. Engagement contractuel obligatoire. V. art. 2322 C. civ., v° *Garantie autonome (ou indépendante).* ♦ Malgré son caractère unilatéral, une lettre d'intention peut, selon ses termes, lorsqu'elle a été acceptée par son destinataire, et eu égard à la commune intention des parties, constituer à la charge de celui qui l'a souscrite, un engagement contractuel de faire ou de ne pas faire pouvant aller jusqu'à l'obligation d'assurer un résultat, si même elle ne constitue pas un cautionnement. • Com. 21 déc. 1987 : *Bull. civ. IV, n° 281 ; D. 1989. 112, note Brill.*

c. Promesse unilatérale ou promesse synallagmatique de contrat

25. Distinction entre promesse unilatérale et promesse synallagmatique. BIBL. Ngoumtsa Anou, *RLDC mars 2011. 69* (promesses *unilatérales et promesses synallagmatiques de* vente : questions de frontière). ♦ La promesse de contrat constitue un véritable contrat qui peut être, selon les cas, unilatéral ou synallagmatique. La promesse de contrat vaut contrat en principe lorsqu'il y a accord complet des parties sur les éléments essentiels. • Com. 17 févr. 1982 : *Bull. civ. IV, n° 64 ; D. 1983. 484, note J. Schmidt* (la promesse de concession d'une licence de brevet d'invention vaut licence de brevet d'invention). ♦ La promesse de vente ne contenant pas en contrepartie de l'engagement de vendre un engagement corrélatif d'acheter à la charge du bénéficiaire, nécessaire pour constituer une promesse synallagmatique, ne peut être considérée comme une telle promesse. • Com. 25 avr. 1989 : *Bull. civ. IV, n° 136* (promesse de vente d'un fonds de commerce). – V. aussi • Civ. 3e, 26 juin 2002 : *RTD civ. 2003. 77, obs. Mestre et Fages.* ♦ L'engagement de vendre qui figure dans un accord constituant une transaction comportant des concessions réciproques des parties ne constitue pas une promesse unilatérale de vente. • Civ. 3e, 26 mars 2003 : *cité ss. art. 1589-2 C. civ., ss. art. L. 143-23.* – V. aussi • Cass., ass. plén., 24 févr. 2006 : *ibid.*

L'échange d'une promesse unilatérale d'achat et d'une promesse unilatérale de vente réalise une promesse synallagmatique de vente valant vente définitive dès lors que les deux promesses réciproques ont le même objet et qu'elles sont stipulées dans les mêmes termes. • Com. 22 nov. 2005 : *Bull. civ. IV, n° 234 ; D. 2007. Pan. 271, obs. Hallouin et Lamazerolles ; D. 2006. AJ 149, obs. Lienhard ; ibid. Pan. 2639, obs. Amrani Mekki ; RTD civ. 2006. 302, obs. Mestre et Fages ; Rev. sociétés 2006. 521, note Barbièri ; JCP E 2005, n° 11, p. 529, note Constantin ; Defrénois 2006. 605, obs. Libchaber ; RJDA 2006. 339, rapp. Betch, avis Main ; ibid. 794, note Dauriac ; Dr. et patr. oct. 2006. 30, note C. Grimaldi ; Bull. Joly 2006. 377, avis Betch, note Couret et Cesbron ; RLDA févr. 2006. 17, obs. Alves ; RDC 2006. 383, obs. Brun.* – V. aussi Moury, *D. 2005. 2793* (menaces sur les promesses unilatérales de vente et d'achat croisées). ♦ En présence de promesses croisées de vente et d'achat d'actions, la vente est parfaite dès l'accord des parties sur la chose et sur le prix. • Versailles, 19 janv. 2006 : *Bull. Joly 2006. 949.* ♦ Les promesses réciproques et irrévocables de céder et d'acheter des actions dans des délais différents forment une promesse synallagmatique de vente avec une date de transfert de propriété reportée au moment de la levée de l'option par l'une ou l'autre partie, date qui détermine le moment de fixation de la valeur de l'action. • Versailles, 9 oct. 2007 : *Bull. Joly 2008. 39, note P. Mousseron.*

La faculté de substitution stipulée dans une promesse de vente est sans effet sur le caractère unilatéral ou synallagmatique du contrat. • Civ. 3e, 28 juin 2006 : *Bull. civ. III, n° 166 ; R. 2006, p. 331 ; D. 2006. 2439, note Béhar-Touchais ; RTD civ. 2006. 755, obs. Mestre et Fages ; AJDI 2007. 594, note Cohet-Cordey ; JCP 2007. II. 10015, note Pillet ; JCP N 2006, n° 35, p. 1265, note Le Magueresse ; LPA 21 nov. 2006, note Eeckhoudt ; RJDA 2007, n° 24 ; Dr. et patr. avr. 2007. 122, obs. Mallet-Bricourt ; Defrénois 2006. 1851, obs. Savaux ; RDC 2006. 1096, obs. Dauriac* • 4 juill. 2007 : *Bull. civ. III, n° 126 ;*

D. 2007. 3045, note Chiariny-Daudet ; *JCP N 2007, n° 47, p. 19, obs. Piedelièvre* ; *RJDA 2007, n° 1203*.

26. Sanction de la rupture d'une promesse unilatérale de contrat. BIBL. Mainguy, *RTD civ. 2004. 1* (efficacité de la rétractation de la promesse). – Collart-Dutilleul, *RDC 2004. 15* (durée des promesses de contrat). – Molfessis, *D. 2012. 231* (de la prétendue rétractation du promettant dans la promesse unilatérale de vente). – Bus, *AJDI 2012. 249* (fléchissement du consentement dans les promesses unilatérales de vente). ♦ Le manquement du promettant à son obligation de maintenir son offre pendant toute la durée contractuelle s'analyse en la violation d'une obligation de faire qui ne peut se résoudre qu'en dommages-intérêts. • Civ. 3e, 28 oct. 2003 : *RDC 2004. 270, obs. D. Mazeaud*. ♦ Dans le cadre d'une promesse unilatérale de vente, la levée de l'option par le bénéficiaire postérieurement à la rétractation du promettant exclut toute rencontre des volontés de vendre et d'acquérir et la demande en réalisation forcée de la vente doit en conséquence être rejetée. • Civ. 3e, 15 déc. 1993 : *Bull. civ. III, n° 174* ; *D. 1994. 507, note Bénac-Schmidt* ; *RTD civ. 1994. 584, obs. Mestre* ; *JCP 1995. II. 22366, note crit. D. Mazeaud* • 11 mai 2011 : *Bull. civ. III, n° 77* ; *D. 2011. 1457, note D. Mazeaud* ; *ibid. 1460, note Mainguy* ; *RTD civ. 2011. 532, obs. Fages* ; *AJDI 2012. 55, note Cohet-Cordey* ; *JCP E 2011, n° 1849, note Schiller* ; *CCC 2011, n° 185, obs. Leveneur* ; *Gaz. Pal. 2011. 2391, obs. Houtcieff* ; *RJDA 2011, n° 690* ; *Defrénois 2011. 1023, obs. Aynès* ; *Bull. Joly 2011. 652, note Mazeaud* ; *RDC 2011. 1133, note Laithier*. ♦ Même solution pour une promesse unilatérale de cession d'action : • Com. 13 sept. 2011 : *D. 2012. 130, note Gaudemet* ; *RTD civ. 2011. 758, obs. Fages* ; *Rev. sociétés 2012. 22, note Fages* ; *JCP E 2011, n° 1826, obs. Deboissy et Wicker* ; *JCP 2011, n° 1353, note Heymann* ; *CCC 2011, n° 253, obs. Leveneur* ; *RJDA 2012, n° 25* ; *Dr. sociétés 2011, n° 211, obs. Mortier*. ♦ Jugeant que la faculté de substitution stipulée dans une promesse unilatérale de vente ne peut plus être exercée après la levée de l'option : • Civ. 3e, 19 déc. 2001 : *RDC 2004. 683, obs. Collart-Dutilleul*. ♦ Justifie sa décision une cour d'appel qui, après avoir constaté que les parties avaient renoncé d'un commun accord à leur projet initial, déduit du seul fait que le bénéficiaire de la promesse avait occupé les locaux que celui-ci est redevable d'une indemnité d'occupation indépendamment de toute faute de sa part. • Civ. 3e, 3 juill. 2002 : *D. 2002. IR 2518* ; *JCP E 2003, n° 14, p. 605, obs. Raynard* ; *RTD civ. 2002. 804, obs. Mestre et Fages* ; *RJDA 2002, n° 971* ; *Defrénois 2002. 1532, obs. Dagorne-Labbe* ; *Administrer juin 2003. 69, obs. Le Fichant*. ♦ Sur la durée de validité d'une promesse unilatérale de vente et la distinction entre le délai de réalisation des conditions suspensives et le délai de levée de l'option, V. • Civ. 3e, 8 oct. 2003 : *Bull. civ. III, n° 176* ; *D. 2004. 2002, note Dupichot* ; *JCP E 2003, n° 48, p. 1893* ; *JCP N 2005, n° 21, p. 961, note Dagot* ; *CCC 2004, n° 3, obs. Leveneur* ; *RTD civ. 2003. 697, obs. Mestre et Fages* ; *RJDA 2004, n° 145*. – V. aussi • Civ. 1re, 13 juill. 2004 : *Bull. civ. I, n° 204* ; *D. 2005. 1009, note Bories* ; *JCP E 2004, n° 50, p. 1979, concl. Sainte-Rose* ; *ibid. 2005, n° 11, p. 470, obs. Bories* ; *CCC 2004, n° 172, obs. Leveneur* ; *RTD civ. 2004. 734, obs. Mestre et Fages* ; *RJDA 2004, n° 1186* ; *Defrénois 2004. 1396, obs. Aubert* ; *Rev. sociétés 2005. 378, note Bonnet* (événement incertain). ♦ Sur l'exigence de bonne foi du promettant invoquant la défaillance de l'acheteur pour réclamer la caducité de la promesse, V. • Civ. 3e, 23 juin 2004 : *Bull. civ. III, n° 132* ; *RTD civ. 2005. 776, obs. Mestre et Fages (1re esp.)* ; *CCC 2004, n° 154, obs. Leveneur* ; *RJDA 2005, n° 16*. ♦ L'obligation de bonne foi suppose l'existence de liens contractuels, ceux-ci cessant lorsque la condition suspensive auxquels ils étaient soumis a défailli. • Civ. 3e, 14 sept. 2005 : *Bull. civ. III, n° 166* ; *D. 2006. 761, note D. Mazeaud* ; *RTD civ. 2005. 776, obs. Mestre et Fages (2e esp.)* ; *JCP E 2005, n° 51-52, p. 2218, note Binctin* ; *JCP 2005. II. 10173, note Loiseau* ; *CCC 2006, n° 1, obs. Leveneur* ; *LPA 1er déc. 2005, note Messai-Bahri* ; *RJDA 2006, n° 124* ; *Defrénois 2005. 1912, obs. Dagorne-Labbe* ; *ibid. 2006. 249, note Tchendjou* ; *Dr. et patr. janv. 2006. 87, obs. Aynès* ; *Administrer mars 2006. 41, obs. Canu* ; *RDC 2006. 314, obs. Laithier*. ♦ Les parties peuvent librement renoncer d'un commun accord aux modalités de levée d'option convenues dans une promesse unilatérale de vente. • Civ. 3e, 6 déc. 2005 : *RJDA 2006, n° 761*.

26 bis. Liquidation judiciaire du promettant. La liquidation judiciaire du promettant est sans effet sur la promesse de vente qu'il a consentie alors qu'il était maître de ses biens et ne prive pas le bénéficiaire de son droit de lever l'option d'achat. • Com. 7 mars 2006 : *Bull. civ. IV, n° 63* ; *D. 2006. AJ 859, obs. Lienhard* ; *JCP 2006. I. 185, n° 11, obs. Cabrillac et Pétel* ; *JCP N 2007, n° 4, p. 29, note Coutant-Lapalus* ; *RJDA 2006, n° 811* ; *RLDA avr. 2006. 21, obs. Lefèvre et Vasa* ; *Bull. Joly 2006. 1137, obs. Sholer*.

d. Pacte de préférence

BIBL. Dossier, *Dr. et patr. janv. 2006. 35* (pacte de préférence : liberté ou contrainte ?). – Kenfack, *Defrénois 2007. 1003* (renforcement de la vigueur du pacte de préférence). – Dumont-Lefrand, *AJDI 2009. 175* (bail commercial et pacte de préférence). – Piazzon, *RTD civ. 2009. 433* (retour sur la violation des pactes de préférence). – Kenfack, *Defrénois 2012. 622* (retour du pacte de préférence dans le droit commun des contrats ?).

27. Éléments constitutifs. Il n'est pas dans la nature du pacte de préférence de prédéterminer le prix du contrat envisagé et qui ne sera conclu, ultérieurement, que s'il advient que le promettant en décide ainsi, et la stipulation d'un délai n'est pas davantage une condition de validité du pacte de préférence. • Civ. 1re, 6 juin 2001 : *Bull. civ. I, n° 166 ; RTD civ. 2001. 587, obs. Mestre et Fages*. ♦ La condition potestative doit émaner de celui qui s'oblige et la prédétermination du prix du contrat envisagé et la stipulation d'un délai ne sont pas des conditions de validité du pacte de préférence. • Civ. 3e, 15 janv. 2003 : *Bull. civ. III, n° 9 ; D. 2003. 1190, note Kenfack ; JCP E 2004, n° 11, p. 418, obs. P. Mousseron ; JCP 2003. II. 10129, note Fischer-Achoura ; CCC 2003, n° 71, obs. Leveneur ; Dr. et patr. mai 2003, p. 11, obs. Chauvel ; LPA 1er sept. 2003, obs. Breluque ; RDC 2003. 45, obs. D. Mazeaud ; Defrénois 2003. 852, obs. Libchaber ; RJDA 2003, n° 371 ; Administrer mai 2004. 53, obs. Le Fichant.* ♦ Pour des solutions en matière de purge d'un pacte de préférence, V. • Civ. 3e, 29 janv. 2003 : *JCP E 2004, n° 11, p. 418, obs. P. Mousseron ; Defrénois 2003. 1267, obs. Aubert ; RJDA 2003, n° 372 ; Dr. et patr. mai 2003, p. 113, obs. Chauvel ; LPA 1er oct. 2003, note Dagorne-Labbe ; ibid. 20 sept. 2004, p. 6, note Rakotovahiny ; RTD civ. 2003. 497, obs. Mestre et Fages*, et *517, obs. Gautier* • 12 mai 2004 : *RJDA 2004, n° 1102.*

27 bis. Exercice du pacte. Un contrat stipulant que le droit de préemption sera exercé par lettre recommandée avec demande d'avis de réception, il en résulte que l'art. 651 NCPC [renommé C. pr. civ.] est sans application à cette notification, qui n'est pas de nature contentieuse. • Com. 3 oct. 2006 : *Bull. civ. IV, n° 204 ; D. 2006. AJ 2603, obs. Lienhard ; RTD civ. 2007. 142, obs. Gautier*.

28. Droits du bénéficiaire. BIBL. Bérenger, *Administrer juill. 2007. 19* (libres propos sur la protection du bénéficiaire d'un pacte de préférence). ♦ L'acceptation de l'offre de vente formulée en exécution d'un pacte de préférence vaut vente. • Civ. 3e, 22 sept. 2004 : *Bull. civ. III, n° 157 ; JCP E 2005, n° 11, p. 468, obs. Raynard ; CCC 2005, n° 3, obs. Leveneur ; LPA 31 janv. 2006, note Martin (2e esp.) ; Dr. et patr. déc. 2004. 85, obs. Chauvel ; Defrénois 2004. 1725, obs. Libchaber ; JCP N 2006, n° 14, p. 711, note Dagot ; RJDA 2005, n° 15 ; RTD civ. 2005. 122, obs. Mestre et Fages ; Administrer nov. 2005. 46, obs. Le Fichant.* ♦ Le pacte de préférence ne confère aucun moyen de contrainte au bénéficiaire, hormis le droit de répondre en priorité à l'offre de contracter formulée par le promettant aux conditions fixées par ce dernier. • Civ. 1re, 6 juin 2001 : *préc. note 27.* ♦ Le pacte de préférence constituant une créance de nature personnelle, la cession du contrat de bail ordonnée par le jugement arrêtant le plan de cession du preneur mis en redressement judiciaire n'emporte pas transmission au profit du cessionnaire du pacte de préférence inclus dans ce bail. • Com. 13 févr. 2007 : *Bull. civ. IV, n° 38 ; D. 2007. AJ 648, obs. Lienhard ; RTD civ. 2007. 367, obs. Gautier ; AJDI 2007. 654, obs. Dumont-Lefrand ; JCP E 2007, n° 10, p. 21, obs. Le Bars (1re esp.) ; JCP 2007. II. 10114, note Thullier ; RJDA 2007, n° 826 ; RLDA mars 2007. 25, obs. Lefèvre ; Rev. loyers 2007. 215, note Quément.* ♦ Le liquidateur, autorisé par le juge-commissaire à céder des biens du débiteur, doit respecter le pacte de préférence stipulé au profit d'un tiers. • Com. 13 févr. 2007 : *Bull. civ. IV, n° 34 ; eod. loc. (2e esp.) ; AJDI 2007. 655, obs. Dumont-Lefrand ; JCP E 2007, n° 50, p. 27, note Garçon ; JCP N 2007, n° 42, p. 31, obs. Vauvillé ; CCC 2007, n° 116, obs. Leveneur ; RJDA 2007, n° 826 ; RLDA mars 2007. 26, obs. Lefèvre ; Loyers et copr. 2007, n° 105, obs. Brault.*

L'acquéreur étant censé connaître l'existence du pacte de préférence en raison de l'opposabilité aux tiers des actes de donation-partage qui ont été publiés à la conservation des hypothèques, une cour d'appel peut décider que l'acquéreur a commis une faute de négligence en omettant de s'informer précisément des obligations mises à la charge de son vendeur. • Civ. 1re, 11 juill. 2006 : *Bull. civ. I, n° 389 ; D. 2006. 2510, note Gautier ; ibid. Pan. 2644, obs. Fauvarque-Cosson ; RTD civ. 2006. 759, obs. Mestre et Fages ; AJDI 2007. 226, note Cohet-Cordey ; JCP 2006. II. 10191, note Mekki ; JCP N 2007, n° 7, p. 18, note Kenfack ; RJDA 2006, n° 1211 ; Defrénois 2006. 1890, note Hébert.* ♦ Si le bénéficiaire d'un pacte de préférence est en droit d'exiger l'annulation du contrat passé avec un tiers en méconnaissance de ses droits et d'obtenir sa substitution à l'acquéreur, c'est à la condition que ce tiers ait eu connaissance, lorsqu'il a contracté, de l'existence du pacte de préférence et de l'intention du bénéficiaire de s'en prévaloir. • Cass., ch. mixte, 26 mai 2006 : *Bull. civ. n° 4 ; BICC 1er août 2006, p. 23, rapp. Bailly, avis Sarcelet ;*

D. 2006. 1861, note Gautier ; ibid. 1864, note Mainguy ; GAJC II 2008. 653, note Terré et Lequette ; RTD civ. 2006. 550, obs. Mestre et Fages ; Rev. sociétés 2006. 808, note Barbièri ; JCP E 2006, n° 38, p. 1585, note Delebecque ; JCP 2006. II. 10142, note Leveneur ; LPA 18 sept. 2006, note Houbron ; LPA 11 janv. 2007, note Paulin ; Gaz. Pal. 2006. 3203, note Bérenger ; CCC 2006, n° 153, obs. Leveneur ; Defrénois 2006. 1206, obs. Savaux ; RDC 2006. 1080, obs. D. Mazeaud ; ibid. 1131, obs. Collart-Dutilleul ; Bull. Joly 2006. 1072, note Le Nabasque ; JCP N 2006, n° 29, p. 1417, note Thullier ; ibid., n° 36, p. 1542, obs. S. Piedelièvre ; Gaz. Pal. 2006. 2525, note Dagorne-Labbe ; Dr. et patr. oct. 2006. 94, obs. Stoffel-Munck ; RJDA 2006. 796, note Chauvin ; RLDA sept. 2006. 10, note Velardocchio ; RTDF sept. 2006. 81, obs. Louit • Civ. 3e, 31 janv. 2007 : *Bull. civ. III, n° 16 ; D. 2007. Chron. C. cass. 1301, obs. Monge et Nési ; ibid. 1698, note Mainguy ; ibid. AJ 579 ; AJDI 2007. 772, obs. Cohet-Cordey ; JCP E 2007, n° 11, p. 28 ; Gaz. Pal. 2007. 1894, obs. Brault ; CCC 2007, n° 116, obs. Leveneur ; RJDA 2007, n° 597 ; Administrer juill. 2007. 44, obs. Zalewski* • 14 févr. 2007 : *Bull. civ. III, n° 25 ; D. 2007. 2444, note Théron ; RTD civ. 2007. 366, obs. Gautier ; ibid. 768, obs. Fages ; JCP E 2007, n° 19, p. 30, note Lécuyer ; ibid., n° 17, p. 23, n° 21, obs. Kenfack ; JCP 2007. II. 10143, note Bert ; Defrénois 2007. 1048, obs. Libchaber ; Dr. sociétés 2007, n° 63, obs. Lécuyer ; RLDA avr. 2007. 16, obs. Faussurier ; RDC 2007. 701, obs. D. Mazeaud.* ♦ Comp., antérieurement, la violation d'un pacte de préférence, générateur d'obligations de faire et de ne pas faire, se résout en dommages-intérêts en cas d'inexécution de la part du débiteur. • Com. 7 mars 1989 : *Bull. civ. IV, n° 79 ; D. 1989. 231, concl. Jéol ; JCP 1989. II. 21316, concl. Jéol, note Reinhard ; RTD civ. 1990. 70, obs. Mestre* (pacte de préemption entre actionnaires). ♦ ... Aux termes de l'art. 1142 C. civ., toute obligation de faire ou de ne pas faire se résout en dommages-intérêts en cas d'inexécution de la part du débiteur, de sorte que viole ce texte la cour d'appel qui, pour dire que le bénéficiaire d'un pacte de préférence était substitué à l'acquéreur, retient que les droits de ce bénéficiaire sont opposables au tiers acquéreur dans la mesure où celui-ci a commis une fraude. • Civ. 3e, 30 avr. 1997 : *Bull. civ. III, n° 96 ; D. 1997. 475, note crit. D. Mazeaud .* ♦ ... L'art. 1143 C. civ. [réparation en nature] n'est pas applicable à la violation d'un pacte de préférence. • Civ. 1re, 10 juill. 2002 : *Bull. civ. I, n° 192 ; RTD civ. 2003. 107, obs. Gautier ; LPA 1er avr. 2003, note Bernheim-Desvaux ; JCP 2002. IV. 2523 ; RJDA 2003, n° 14.*

4° RENCONTRE DES VOLONTÉS

a. Offre et acceptation

1. Offre de contracter

29. Notion et caractères. Une offre est une proposition de contracter ferme et précise. C'est par une appréciation souveraine qu'une cour d'appel décide que la lettre d'une société, accompagnée d'un document contractuel, adressée à un commerçant, constituait une offre précise, complète et ferme, dont l'acceptation par le commerçant était établie par la signature qu'il avait apposée sous ce contrat sans aucune réserve et avant toute rétractation de l'offre. • Com. 29 juin 1993 : *Bull. civ. IV, n° 271* (contrat de distribution sélective). ♦ Entre commerçants, une proposition de contracter ne constitue une offre que si elle indique la volonté de son auteur d'être lié en cas d'acceptation. • Com. 6 mars 1990 : *Bull. civ. IV, n° 74 ; JCP 1990. II. 21583, note Gross ; RTD civ. 1990. 463, obs. Mestre .* ♦ Jugeant qu'une proposition de contracter ne constitue une offre que si elle exprime la volonté de son auteur de s'engager en cas d'acceptation de son destinataire, V. • Com. 3 juin 2003 : *RDC 2004. 633, obs. D. Mazeaud.* ♦ En vertu de la clause de confirmation figurant dans les conditions générales de vente du vendeur, l'acheteur n'a formulé qu'une offre d'achat, révocable comme telle jusqu'à ce que la vente devienne parfaite par l'acceptation du vendeur. • Même arrêt. ♦ L'envoi par télécopie d'un projet d'accord assorti de la mention « pour commentaire avant édition des originaux » ne constitue pas une offre ferme mais qu'une étape de la négociation visant à la conclusion du contrat. • Versailles, 25 sept. 2003 : *JCP E 2003, n° 47, p. 1840.* ♦ Les mentions « sous réserve de contrat », « sous réserve d'audit » et « offre indicative » témoignent, en l'espèce, de l'absence de proposition ferme. • Paris, 9 mars 2004 : *RJDA 2004, n° 1331.* ♦ Des documents relatifs à des aménagements paysagers qui ne constituent que des esquisses et ne sont signés ni du vendeur ni de l'acquéreur n'entrent pas dans le champ contractuel, peu important qu'ils aient été déposés au rang des minutes du notaire. • Civ. 3e, 7 nov. 2007 : *RJDA 2008, n° 219.* ♦ Les dispositions du règlement général du Conseil des marchés financiers concernant les offres publiques d'acquisition intègrent les exigences du droit civil relatives à la détermination de l'offre. • Paris, 17 juin 1999 : *Dr. sociétés 1999, n° 153, note H. Hovasse ; Banque et Droit nov.-déc. 1999. 38, obs. Bonneau ; Rev. sociétés 1999. 629, note Bucher ; RTD com. 1999. 710, obs. Rontchevsky .*

30. Révocation. L'offre est librement révocable, tant qu'elle n'a pas été acceptée valablement. • Civ. 3e, 3 févr. 1919 : *DP 1923. I. 126.* ♦ ... Sauf si celui de qui elle émane s'est expressément ou implicitement engagé à ne pas la retirer avant un certain délai. • Civ. 1re, 17 déc. 1958 : *Bull. civ. I, no 579 ; RTD civ. 1959. 336, obs. J. Carbonnier.* ♦ La révocation abusive de l'offre peut être sanctionnée par la condamnation de l'offrant à payer des dommages-intérêts au destinataire de l'offre. • Soc. 22 mars 1972 : *D. 1972. 468.* ♦ Une cour d'appel ne peut condamner un fournisseur au paiement de dommages-intérêts pour refus de livraison en retenant qu'il a publié une offre de vente dénuée de toutes réserves et que le contrat s'est formé valablement par l'acceptation, sans répondre aux conclusions de l'auteur de l'offre qui soutenait être en droit de refuser une commande provenant d'un professionnel. • Com. 3 déc. 2003 : *JCP E 2005, no 3, p. 82, note Serna.* ♦ En l'état d'une offre mentionnant « réponse immédiate souhaitée », une cour d'appel, par une interprétation souveraine que l'imprécision de ces stipulations rendait nécessaire, en a déduit que l'offre avait été faite sans stipulation de terme et qu'elle devait être acceptée dans un délai raisonnable, apprécié compte tenu de la nature du bien et de la qualité de l'acquéreur. • Civ. 3e, 25 mai 2005 : *Bull. civ. III, no 117 ; D. 2005. Pan. 2837, obs. Amrani Mekki ; RTD civ. 2005. 772, obs. Mestre et Fages ; JCP E 2005, no 49, p. 2093, note Grosser ; LPA 31 janv. 2006, note Martin (1re esp.) ; RJDA 2005, no 1335 ; RDC 2005. 1071, obs. Collart-Dutilleul ; ibid. 2006. 311, obs. D. Mazeaud.*

2. Acceptation

31. Notion. L'acceptation est l'agrément pur et simple de l'offre. Toute réponse différente de l'offre est une contre-proposition qui ne forme pas le contrat. • Civ. 1re, 12 mars 1985 : *Bull. civ. I, no 89* (contre-proposition faite par le client d'une agence de publicité pour une publicité différente de celle figurant dans l'offre) • Civ. 3e, 16 sept. 2003 : *RJDA 2004, no 29.* ♦ Faute de signature par le bénéficiaire d'une proposition d'achat d'un acte tenu par les parties pour obligatoire, celui-ci n'a pas exprimé son consentement à la vente par la simple acceptation de la proposition d'achat et n'est pas engagé envers le vendeur. • Civ. 3e, 6 mai 2003 : *RJDA 2003, no 822.* ♦ Dès lors qu'aucun accord n'intervient entre les parties sur un contrat essentiel à la réalisation de leur projet, les réserves initialement émises par l'une des parties ne peuvent être levées ; en conséquence, le contrat initial n'est pas valablement formé. • Poitiers, 14 mai 2003 : *Gaz. Pal. 2004. Somm. 626, obs. Paillard.* ♦ Mais lorsque le vendeur renvoie à l'acheteur un courrier annonçant qu'il n'acceptait pas trois des clauses figurant dans les conditions générales d'achat, il faut considérer que le vendeur a, implicitement mais nécessairement, accepté les autres conditions générales d'achat, d'autant que le vendeur avait retourné parafé un exemplaire de ces conditions en ne biffant que les trois clauses litigieuses. • Nancy, 12 juill. 2005 : *JCP 2006. IV. 1262.* ♦ Sur la vente à l'agréage, V. • Civ. 1re, 21 nov. 2006 : *Bull. civ. I, no 512 ; D. 2007. Pan. 2966, obs. Mekki ; RTD com. 2007. 437, obs. Bouloc ; JCP 2006. IV. 3491 ; CCC 2007, no 66, obs. Leveneur ; LPA 23 mars 2007, note Liperini ; RJDA 2007, no 249* (cassation de • Bordeaux, 27 avr. 2004 : *D. 2005. 155, note Bahans et Monjucq ; RJDA 2005, no 531*) et l'art. 1587 **C. civ.**

32. Silence. En principe, le silence ne vaut pas acceptation. • Civ. 25 mai 1870 : *DP 1870. I. 257 ; GAJC II 2008. 24.* ♦ Le fait qu'une société ait accordé sa franchise à un certain nombre de commerçants ne la rend pas redevable des factures de marchandises livrées à ces derniers, même si elle a reçu sans protester les factures litigieuses, dès lors qu'elle n'a pas manifesté la volonté de les régler. • Com. 3 juill. 1990 : *Bull. civ. IV, no 201.* ♦ Mais le silence peut valoir acceptation dans certaines circonstances : notamment lorsque les parties étaient en relations d'affaires antérieures. V. par exemple • Com. 23 nov. 1999 : *Bull. civ. IV, no 210 ; CCC 2000, no 40, note Leveneur ; JCP 2000. I. 10326, note Chazal* (clause de non-responsabilité figurant sur toutes les factures d'une société, celle-ci et son contractant se trouvant dans le cadre de relations professionnelles habituelles). • Civ. 1re, 24 mai 2005 : *Bull. civ. I, no 223 ; D. 2006. 1025, note Bensamoun ; JCP 2005. I. 194, no 1, obs. Pérès-Dourdou ; CCC 2005, no 165, obs. Leveneur ; RDC 2005. 1007, obs. D. Mazeaud.* ♦ ... Ou lorsqu'un usage oblige le destinataire de l'offre à exprimer un refus. V. par exemple • Req. 22 mars 1920 : *S. 1920. 1 208.* ♦ En effet, si le silence ne vaut pas à lui seul acceptation, il n'en est pas de même lorsque les circonstances permettent de donner à ce silence la signification d'une acceptation. • Civ. 1re, 4 juin 2009 : *Bull. civ. I, no 113 ; D. 2009. 2137, note Labarthe ; ibid. AJ 1694, obs. Gallmeister ; D. 2010. Pan. 226, obs. Amrani Mekki ; RTD civ. 2009. 530, obs. Fages ; JCP E 2009, no 39, p. 29, note Duloum ; RJDA 2009, no 1032 ; RDC 2009. 1330, note Génicon.* ♦ Une cour d'appel a ainsi condamné une personne morale à régler une facture, qui tenait compte du rabais habituellement consenti, qu'elle n'avait pas contesté et dont elle s'était bornée à invoquer un prix excessif seulement plusieurs mois après la cessation des relations entre les parties. • Com. 26 mai

1987 : *Bull. civ. IV, n° 128.* ♦ Considérant également que le silence observé au terme d'une période d'essai sur le sort du contrat rend celui-ci parfait, V. • Civ. 1re, 13 oct. 1998 : *Bull. civ. I, n° 304 ; CCC 1998, n° 161, note Leveneur ; RTD civ. 1999. 376, obs. Mestre* (à propos de la vente d'un animal). ♦ Mais le fait qu'une offre n'ait pas été acceptée pendant un délai de 32 mois peut légitimement faire croire à l'offreur qu'elle ne valait plus, n'ayant pas été acceptée dans un délai raisonnable. • Paris, 25 nov. 2005 : *RJDA 2006, n° 331.* ♦ Pour une offre d'achat à prix indéterminé faite par le locataire-gérant au propriétaire du fonds de commerce, ne valant pas acceptation du prix proposé ultérieurement par le propriétaire, V. • Paris, 25 oct. 2006 : *RJDA 2007, n° 241.*

3. Contrats entre absents

33. Formation du contrat au moment de l'émission de l'acceptation. Dans un contrat conclu par correspondance, la formation de la promesse est réalisée et le contrat rendu parfait par l'acceptation des propositions faites, dès l'instant où cette acceptation a lieu. Ainsi, le tribunal compétent *ratione loci* pour connaître d'un litige relatif au contrat de louage de services conclu par correspondance entre une société et un de ses agents est le tribunal du lieu où les propositions de contrat de la société ont été acceptées par l'agent et où ce dernier a rempli ses fonctions. • Req. 21 mars 1932 : *DP 1933. I. 65, note E. Sallé de la Marnierre ; GAJC II, n° 144-145.* ♦ Faute de stipulation contraire, un contrat devient parfait non par la réception de l'acceptation par le pollicitant, mais par l'émission de l'acceptation. • Com. 7 janv. 1981 : *Bull. civ. IV, n° 14 ; RTD civ. 1981. 849, obs. F. Chabas ; GAJC II, n° 144-145.*

b. Accord des parties sur les éléments essentiels

34. Indifférence du défaut d'accord sur les modalités accessoires du contrat. L'accord des volontés des parties sur les éléments essentiels du contrat entraîne la conclusion de celui-ci. La vente est parfaite entre le vendeur et l'acheteur dès qu'ils sont convenus de la chose et du prix, le défaut d'accord sur les éléments accessoires du contrat ne pouvant empêcher sa formation, à moins que les parties n'aient entendu reporter celle-ci jusqu'à la fixation de ces modalités. • Req. 1er déc. 1885 : *S. 1887. 1. 167 ; GAJC II, n° 146.* ♦ V. dans le même sens • Civ. 1re, 26 nov. 1962 : *Bull. civ. I, n° 504* (à propos d'une vente) • Civ. 3e, 22 févr. 1982 : *Gaz. Pal. 1982. 2. Pan. 219* (accord des parties sur la durée et le montant du loyer d'un bail). ♦ Mais, en vertu de leur pouvoir souverain d'appréciation, les juges du fond peuvent estimer que certaines modalités, ordinairement accessoires, ont été tenues par l'une des parties comme des éléments constitutifs de son consentement et qu'à défaut d'accord sur ces points, le contrat ne s'est pas formé. • Civ. 3e, 2 mai 1978 : *D. 1979. 317, note J. Schmidt.*

c. Étendue de l'accord

35. Inopposabilité des clauses et réserves non acceptées. Les parties ne sont pas liées par les clauses dont elles n'ont pas eu connaissance et qu'elles n'ont pas acceptées. Un contractant n'est pas lié par une clause d'intérêts de retard stipulée dans une facture adressée après la conclusion du contrat. • Com. 14 janv. 1975 : *Bull. civ. IV, n° 11.* ♦ Une société ayant acheté des extincteurs n'est pas liée par un contrat d'entretien du matériel figurant dans une facture adressée après la conclusion du contrat de vente. • Com. 26 févr. 1991 : *CCC 1991, n° 105, note Leveneur ; RTD civ. 1992. 78, obs. Mestre* . ♦ Une réserve non incluse dans une offre publique de vente d'un terrain à bâtir publiée dans un journal à l'initiative d'une commune est inopposable au destinataire de l'offre. • Civ. 3e, 1er juill. 1998 : *D. Affaires 1998. 1528, obs. J. F.* ♦ Ne donne pas de base légale à sa décision, au regard des art. 1108, 1134 et 1341 C. civ., la cour qui rejette la demande en garantie formée par un éleveur en se fondant exclusivement, pour faire application d'une clause limitative de garantie, sur les relations d'affaires suivies, sans constater que la vente au titre de laquelle la garantie avait été sollicitée se serait référée, de façon directe ou indirecte, à cette clause limitative de garantie. • Civ. 1re, 18 oct. 2005 : *Bull. civ. I, n° 377 ; RTD com. 2006. 469, obs. Bouloc ; RTD civ. 2006. 107, obs. Mestre et Fages* .

d. Documents publicitaires

36. Valeur contractuelle. BIBL. Juaristi et Marteau, *Bull. Joly Bourse 2010. 67* (publicité des produits financiers). ♦ Les documents publicitaires peuvent avoir une valeur contractuelle dès lors que, suffisamment précis et détaillés, ils ont eu une influence sur le consentement du cocontractant. • Civ. 1re, 6 mai 2010 : *D. 2011. Pan. 475, obs. Amrani Mekki ; RTD civ. 2010. 580, obs. Gautier ; JCP 2010, n° 922, note Labarthe ; CCC 2010, n° 200 ; Gaz. Pal. 2010. 2404, obs. Houtcieff ; Dr. et patr. févr. 2011. 67, obs. Stoffel-Munck ; RDC 2010. 1197, obs. D. Mazeaud.* ♦ Les documents publicitaires ont en principe une valeur contractuelle. Il a ainsi été jugé qu'une société est engagée par ses documents publicitaires garantissant que les chèques libellés au moyen de la machine qu'elle vend sont infalsifiables, alors que, malgré l'utilisation de cette machine, deux chèques ont pu être falsifiés. • Com. 17 juin 1997 : *Bull. civ. IV, n° 195 ; D. 1998. 248, note Pignarre et Paisant ; CCC 1997, n° 177, note Leveneur ; RTD civ. 1998. 363, obs. Mestre .* ♦ V. encore • Civ. 1re, 27 févr. 1996 : *RTD civ. 1997. 118, obs. Mestre* (inopposabilité d'une clause contractuelle contredisant un engagement figurant dans un document publicitaire). – Comp. • Civ. 1re, 19 oct. 1999 : *Bull. civ. I, n° 289 ; D. 2000. Somm. 357, obs. D. Mazeaud* (une société n'est pas engagée par ses documents publicitaires équivoques). ♦ Relevant que les qualités annoncées par la plaquette publicitaire eu égard à la situation de l'immeuble par rapport aux bruits extérieurs, à les supposer déterminantes du consentement des acquéreurs, n'étaient pas trompeuses ; les normes minimales légales étant respectées et la preuve que le contrat comportait d'autres clauses n'étant pas rapportée : • Civ. 3e, 26 oct. 2005 : *RDI 2006. 189, obs. F. G. T.*

La publicité délivrée par la personne qui propose à son client de souscrire des parts de fonds commun de placement doit être cohérente avec l'investissement proposé et mentionner le cas échéant les caractéristiques les moins favorables et les risques inhérents aux options qui peuvent être le corollaire des avantages énoncés. L'obligation d'information qui pèse sur ce professionnel ne peut être considérée comme remplie par la remise de la notice visée par la Commission des opérations de bourse [désormais l'Autorité des marchés financiers] lorsque la publicité ne répond pas à ces exigences. • Com. 24 juin 2008 : *Bull. civ. IV, n° 127 ; D. 2008. 2697, note Houtcieff ; ibid. AJ 1892, obs. Delpech ; D. 2009. Pan. 1054, obs. D. R. Martin ; RTD civ. 2008. 670, obs. Fages ; JCP E 2008, n° 42, p. 13, note Mathey ; ibid., n° 35, p. 20, obs. Roussille ; ibid. Étude 27, par Mathey ; ibid., n° 49, p. 16, obs. Causse ; RD banc. fin. 2008. Étude 17, par Causse ; ibid. Étude 20, par Roussille ; ibid. Étude 27, par Matley ; RLDA sept. 2008. 35, note S. Piedelièvre ; RDC 2009. 107, obs. Carval ; Dr. et patr. sept. 2008. 98, obs. Mattout et Prüm ; Dr. sociétés 2009, n° 12, obs. Bonneau ; Bull. Joly Bourse 2008. 398, note Guyader.* ♦ Comp. : il revient au juge de préciser en quoi les informations mentionnées sur un document publicitaire auraient été incomplètes, inexactes ou trompeuses (affaire *Bénéfic*). • Com. 19 sept. 2006 : *Bull. civ. IV, n° 187 ; D. 2007. Pan. 761, obs. Synvet ; D. 2006. AJ 2395, obs. Delpech ; RTD com. 2006. 870, obs. Storck ; JCP E 2007, n° 4, p. 11, note Gourio ; ibid. 2006, n° 48, p. 2035, n° 40, obs. Mathey ; RD banc. fin. 2007, n° 44, obs. Torck ; Banque et Droit nov.-déc. 2006. 27 ; ibid. 46, obs. Bussière ; Dr. et patr. mars 2007. 96, obs. Mattout et Prüm ; RJDA 2007, n° 59 ; Bull. Joly Bourse janv.-févr. 2007. 24, note Riassetto et Storck ; RLDA déc. 2006. 27, note Merville ; RDC 2007. 305, obs. Viney ; Dr. sociétés 2007, n° 13, obs. Bonneau* • 15 mai 2007 : *RTD com. 2008. 145, obs. Storck ; JCP E 2007, n° 45, p. 13, obs. Routier* (relaxe) • Nîmes, 8 févr. 2007 : *ibid.* (condamnation) • Paris, 29 janv. 2009 : *CCC 2009, n° 118, obs. Raymond ; Banque et Droit mars-avr. 2009. 33, et les obs.* (condamnation).

e. Conditions générales

37. Adhésion du cocontractant. Une cour d'appel a pu déduire qu'un acquéreur avait adhéré aux conditions générales de vente d'une société, dès lors qu'il avait, sur un bon de commande, apposé sa signature sous une mention imprimée précisant qu'il reconnaissait en avoir pris connaissance et les accepter. • Civ. 1re, 3 déc. 1991 : *Bull. civ. I, n° 342.*

38. Contradiction entre conditions générales des contractants. Deux clauses attributives de juridictions figurant sur des documents contractuels étant inconciliables, une cour d'appel ne pouvait rejeter l'exception d'incompétence territoriale soulevée par une partie prétendant que la clause attributive de juridiction qui lui était opposée n'avait pas été acceptée par elle. • Com. 20 nov. 1984 : *Bull. civ. IV, n° 313.* ♦ La contradiction entre les conditions générales de vente et les conditions générales d'achat des parties exclut l'existence de tout accord sur la clause de réserve de propriété invoquée par le vendeur, de sorte que ce dernier ne peut se prévaloir du silence opposé par l'acheteur au reçu des factures et des accusés de réception de commandes comportant la clause. • Com. 3 déc. 1996 : *Bull. civ. IV, n° 299.* ♦ Il appartient aux juges du fond de rechercher si les conditions d'achat de l'acheteur avaient été connues et acceptées par le vendeur lorsque la vente était devenue parfaite. • Com. 28 avr. 1998 : *RJDA 1998, n° 938.*

39. Primauté des conditions particulières sur les conditions générales. En présence de différences entre les conditions particulières et les conditions générales d'un contrat d'assurance, les conditions particulières prévalent sur les conditions générales. • Civ. 1re, 9 févr. 1999 : *Bull. civ. I, n° 44 ; RTD civ. 1999. 836, obs. J. Mestre .*

f. Renouvellement du contrat

40. Conditions. Une simple demande d'information sur les intentions d'une société quant au renouvellement d'un contrat ne constitue pas, faute de préciser les éléments essentiels de celui-ci, une offre susceptible d'acceptation. • Civ. 1re, 24 nov. 1998 : *Bull. civ. I, n° 328 ; D. 1999. Somm. 110, obs. Ph. Delebecque*.

41. Tacite reconduction. La tacite reconduction d'un contrat n'entraîne pas la prorogation du contrat primitif, mais donne naissance à une convention nouvelle. • Civ. 3e, 10 juin 1998 : *Bull. civ. III, n° 119 ; RTD civ. 1999. 94, obs. Mestre* (à propos d'un bail). ♦ Celle-ci, sauf clauses contraires, est à durée indéterminée. • Com. 18 févr. 1992 : *Gaz. Pal. 1992. 2. Pan. 170.* ♦ ... Et elle comporte les mêmes stipulations que le contrat originaire • Soc. 27 avr. 1964 : *D. 1965. 213, note A. Rouast.* ♦ V. aussi : • Civ. 1re, 15 nov. 2005 : *cité note 141.*

42. Absence de motivation du non-renouvellement du contrat. S'agissant d'un contrat à durée déterminée, la société défenderesse n'a pas à donner de motifs au non-renouvellement du contrat passé avec la société demanderesse, qu'ils soient fallacieux ou non sérieux, ils ne sauraient constituer un abus, l'examen des motifs de rupture invoqués étant inutile. • Com. 25 avr. 2001 : *D. 2002. Somm. 3237, obs. D. Mazeaud ; RTD civ. 2002. 99, obs. J. Mestre et B. Fages*.

D. VICES DU CONSENTEMENT

BIBL. Attuel-Mendès, *JCP 2007. I. 188* (la difficile articulation entre protection classique et protection spéciale du consentement).

1° ERREUR (*art. 1110 C. civ.*)

a. Erreurs sanctionnées

1. Erreur obstacle

BIBL. Fr. Durand, *LPA 25 mars 2010* (nullité pour erreur-obstacle).

43. Erreur matérielle. L'erreur matérielle empêchant la rencontre des volontés entraîne la nullité du contrat. V. par exemple • Com. 15 févr. 1961 : *Bull. civ. III, n° 91* (erreur matérielle sur le montant d'une ristourne dans une vente de fuel) • 14 janv. 1969 : *Bull. civ. IV, n° 13 ; D. 1970. 458, note M. Pédamon* (confusion entre nouveaux et anciens francs) • Orléans, 13 mai 2004 : *RTD civ. 2005. 589, obs. Mestre et Fages ; JCP E 2005, n° 25, p. 1060 ; CCE 2004, n° 144, obs. Stoffel-Munck* • Pau, 6 juin 2005 : *JCP 2005. IV. 3420* (confusion entre euros et francs). ♦ N'exprime pas le consentement du vendeur un prix résultant d'une erreur purement matérielle d'étiquetage informatique prouvée par le prix proposé par ses concurrents. • TI Strasbourg, 24 juill. 2002 : *D. 2003. AJ 2434, obs. Manara ; CCE 2004, n° 7, obs. Grynbaum ; ibid. n° 30, obs. Thioye* (vente sur internet).

2. Erreur sur les qualités substantielles

44. Notion. L'erreur sur la qualité substantielle s'entend non seulement de celle qui porte sur la matière même dont la chose est composée, mais aussi et plus généralement de celle qui a trait aux qualités substantielles en considération desquelles les parties ont contracté. La jurisprudence est constante en ce sens : V. par exemple, en matière de vente • Com. 20 oct. 1970 : *JCP 1971. II. 16916, note J. Ghestin.*

45. Illustration. Annulation, pour erreur sur la substance de la chose, de la cession de la quasi-totalité des actions représentant le capital d'une société ayant pour objet l'exploitation de carrières qui, après avoir cédé à une autre personne morale la quasi-totalité de ses actifs, dans l'ignorance de l'acquéreur, se trouvait privée de la possibilité de réaliser l'objet social, d'avoir une activité économique et donc de toute rentabilité. • Com. 1er oct. 1991 : *Bull. civ. IV, n° 277 ; D. 1992. 190, note Virassamy ; JCP 1992. II. 21860, note Viandier.* ♦ V. aussi dans le même sens, • Com. 17 oct. 1995 : *Bull. civ. IV, n° 244 ; RTD civ. 1996. 148, obs. Mestre*. ♦ Sur l'annulation d'un cautionnement pour erreur de la caution sur la viabilité de l'entreprise, celle-ci ayant été présentée comme une société en difficulté alors qu'elle se trouvait dans une situation irrémédiablement compromise, V. • Com. 1er oct. 2002 : *Bull. civ. IV, n° 131 ; D. 2003. Jur. 1617, note Picod ; JCP 2003. I. 124, n° 3, obs. Simler ; ibid. II. 10072, note Buy ; Banque et Droit janv.-févr. 2003. 49, obs. Rontchevsky ; RD banc. fin. 2003, n° 13, obs. Legeais ; Bull. Joly 2002. 1306, note Constantin ; Defrénois. 2003. 410, obs. Théry.* – V. sur cet arrêt Tanger, *Banque et Droit mai-juin 2004. 13.* – V. aussi • Com. 10 déc. 2002 : *Bull. Joly 2003. 411, obs. Scholer ; RJDA 2003, n° 539* • 1er oct. 2002 : *Bull. Joly 2002. 1304, note Constantin.* ♦ Même solution en présence d'une clause énonçant pourtant que la caution ne fait pas de la solvabilité du débiteur cautionné la condition déterminante de son engagement. • Civ. 1re, 13 mai 2003 : *Bull. civ. I, n° 114 ; D. 2004. 262, note Mazuyer ; ibid. 2003. AJ 2308, obs. Avena-Robardet ; JCP 2003. II. 10144, note Desgorces ; Banque et Droit sept.-oct. 2003. 68, obs. Rontchevsky ; RD banc. fin. 2003, n° 179, obs. Legeais ; Dr. et patr. févr. 2004. 125, obs. Chauvel ; Defrénois 2003. 1568, obs. Libchaber ; RJDA 2003, n° 1243* (application combinée de l'erreur et du dol).

46. Erreur sur la qualité substantielle et garantie des vices cachés. L'action en nullité pour erreur sur la qualité substantielle n'est pas soumise aux dispositions spéciales de l'art. 1648 C. civ. (action à intenter dans un bref délai), peu important que l'erreur invoquée fût la conséquence d'un vice caché rendant la chose impropre à l'usage auquel elle était destinée. • Civ. 1re, 28 juin 1988 : *D. 1989. 450, note Lapoyade-Deschamps ; GAJC I, n° 253-254.* ♦ L'erreur sur une qualité substantielle, lorsqu'elle ne s'analyse pas en une défectuosité intrinsèque compromettant l'usage normal de la chose ou son bon fonctionnement, n'est pas un vice caché. • Civ. 1re, 14 déc. 2004 : *Bull. civ. I, n° 326 ; RTD com. 2005. 586, obs. Bouloc.* ♦ Mais il a été jugé que la garantie des vices cachés constituant l'unique fondement de l'action exercée pour défaut de la chose vendue la rendant impropre à sa destination normale, la responsabilité du vendeur ne pouvait être recherchée sur le fondement de l'erreur. • Civ. 3e, 7 juin 2000 : *CCC 2000, n° 159, note Leveneur ; GAJC II, n° 253-254.*

3. Erreur de droit

47. Notion. Il y a erreur sur la substance lorsque le consentement d'une partie a été déterminé par l'idée fausse que cette partie avait de la nature des droits dont elle croyait se dépouiller ou qu'elle croyait acquérir par l'effet du contrat. La jurisprudence est constante en ce sens. V. par exemple • Civ. 17 déc. 1930 : *DP 1932. 1. 161, note Laurent.* ♦ Mais l'erreur de droit n'est pas sanctionnée en matière de transaction (art. 2052, al. 2, C. civ.) et une cour d'appel considère à juste titre que l'ignorance de la caution condamnée à paiement par jugement définitif, de ce que la créance, non déclarée au passif de la procédure collective du débiteur principal était éteinte, est une erreur de droit. • Civ. 1re, 19 déc. 2000 : *Bull. civ. I, n° 334 ; D. 2001. AJ 629, obs. V. Avena-Robardet.*

48. Illustration. Il y a erreur de droit lorsqu'une offre d'indemnité d'éviction a été formulée par le propriétaire d'un immeuble dans la croyance erronée que le statut des baux commerciaux était applicable à la location. • Com. 28 nov. 1968 : *D. 1968. 177.*

4. Erreur sur la cause

49. Illustration. Justifie l'annulation de l'acte pour vice du consentement l'erreur commise sur la cause de son engagement par une société qui avait accepté de régler la dette d'un tiers en ignorant que celui-ci n'était pas susceptible d'être poursuivi. • Civ. 1re, 2 avr. 1996 : *Bull. civ. I, n° 159 ; RTD civ. 1996. 909, obs. J. Mestre.*

5. Erreur sur la personne

50. Domaine. L'erreur sur la personne est prise en considération dans les contrats conclus *intuitu personae.* • Civ. 2e, 13 avr. 1972 : *Bull. civ. II, n° 91 ; D. 1973. 2, note J. Robert* (nullité de la convention d'arbitrage conclue par une partie dans l'ignorance que l'arbitre désigné avait été le conseil de l'adversaire). ♦ Pour une erreur sur l'identité professionnelle, V. • Saint-Denis de La Réunion, 6 oct. 1989 : *JCP 1990. II. 21504, note Putman ; RTD civ. 1990. 647, obs. Mestre.* ♦ Pour l'annulation d'un cautionnement pour erreur sur la personne du débiteur, V. • Com. 19 nov. 2003 : *Bull. civ. IV, n° 172 ; D. 2004. Somm. 2037, obs. Jobart-Bachellier ; ibid. AJ 60, obs. Avena-Robardet ; Banque et Droit janv.-févr. 2004. 50, obs. Rontchevsky ; RD banc. fin. 2004, n° 63, obs. Legeais ; JCP E 2004, n° 36, p. 1340, obs. Simler ; RTD civ. 2004. 80, obs. Mestre et Fages, RJDA 2004, n° 937.*

b. Erreurs indifférentes

1. Erreur sur le motif

51. Indifférence du motif non érigé en condition du contrat. L'erreur sur un motif du contrat extérieur à l'objet de celui-ci n'est pas une cause de nullité de la convention, quand bien même ce motif aurait été déterminant, alors même que ce motif était connu de l'autre partie, faute d'une stipulation expresse qui aurait fait entrer ce motif dans le champ contractuel en l'érigeant en condition de ce contrat. • Civ. 1re, 13 févr. 2001 : *Bull. civ. I, n° 31 ; RTD civ. 2001. 352, obs. Mestre et Fages ; GAJC II 2008. 54, note Terré et Lequette* • Civ. 3e, 24 avr. 2003 : *Bull. civ. III, n° 82 ; D. 2004. 450, note Chassagnard ; JCP E 2003, n° 41, p. 1626, note Wintgen ; LPA 4 juin 2004, note D.-R. Martin ; Dr. et patr. sept. 2003. 116, obs. Chauvel ; RTD civ. 2003. 699, obs. Mestre et Fages, et 723, obs. Gautier ; RDC 2003. 42, obs. D. Mazeaud ; RJDA 2003, n° 805 ; Administrer févr. 2005. 55, obs. Garcia* (achat immobilier réalisé dans un but manqué de défiscalisation) • Com. 30 mai 2006 : *CCC 2006, n° 224, obs. Leveneur* • 12 déc. 2006 : *BRDA 2007, n° 9, p. 5.* ♦ Comp. • Com. 1er oct. 2002 : *préc. note 45.*

2. Erreur inexcusable

52. Principe. L'erreur n'est cause de nullité que dans la mesure où elle est excusable. La jurisprudence prend à cet égard en considération les compétences de la victime. Ainsi a été jugé inexcusable l'erreur commise par une société qui avait engagé un directeur alors qu'elle pouvait aisément découvrir que la société qu'il dirigeait antérieurement avait déposé son bilan. • Soc. 3 juill. 1990 : *Bull. civ. V, n° 329 ; D. 1991. 507, note Mouly ; RTD civ. 1991. 315, obs. Mestre*. ♦ Commet une erreur inexcusable le tailleur qui achète du velours d'ameublement pour confectionner des vêtements. • Com. 4 juill. 1973 : *D. 1974. 538, note Ghestin.* ♦ Il entre dans la compétence d'un marchand de biens, professionnel de la vente, de savoir déterminer et contrôler la conversion d'un prix négocié en francs, en euros. • Civ. 3e, 4 juill. 2007 : *Bull. civ. III, n° 123 ; D. 2007. 2847, note Rias ; ibid. Pan. 2967, obs. Amrani-Mekki ; RJDA 2007, n° 1204 ; Administrer janv. 2008. 73, note Bérenger* (et sur renvoi : • Poitiers, 17 déc. 2008 : *JCP N 2009, n° 8-9, p. 16, note Prod'homme*).

53. Tempéraments. L'erreur sur l'existence de la cause, fût-elle inexcusable, justifie l'annulation de l'engagement pour défaut de cause. • Civ. 1re, 10 mai 1995 : *Bull. civ. I, n° 194 ; RTD civ. 1995. 880, obs. J. Mestre*. ♦ Considérant également que le dol rend toujours excusable l'erreur provoquée. • Civ. 3e, 21 févr. 2001 : *Bull. civ. III, n° 20 ; D. 2001. 2702, note D. Mazeaud ; ibid. Somm. 3236, obs. L. Aynès ; Defrénois 2001. 703, obs. R. Libchaber ; RTD civ. 2001. 353, obs. J. Mestre et B. Fages*. – Sur cet arrêt, V. aussi Mouly, *D. 2003. 2023*. ♦ Dans le même sens : • Com. 29 oct. 2003 : *Dr. sociétés 2004, n° 36, obs. Trébulle.*

3. Erreur sur la valeur

54. Illustration. L'erreur qui ne porte pas sur les qualités substantielles de l'objet du contrat mais seulement sur sa valeur, ne constitue pas une cause de nullité de la convention. • Com. 26 mars 1974 : *Bull. civ. IV, n° 108* (à propos d'une cession d'actions). ♦ Une cour d'appel a retenu, à bon droit, que l'appréciation erronée de la rentabilité économique de l'opération n'était pas constitutive d'une erreur sur la substance de nature à vicier le consentement de la SCI à qui il appartenait d'apprécier la valeur économique et les obligations qu'elle souscrivait. • Civ. 3e, 31 mars 2005 : *Bull. civ. III, n° 81 ; Dr. et patr. oct. 2005. 40, obs. Stoffel-Munck.*

2° DOL *(art. 1116 C. civ.)*

55. Notion. Le dol est une erreur provoquée *par une malhonnêteté* (manœuvres, mensonges, réticence). Il doit émaner du cocontractant ou de son représentant : pour un dol commis par le représentant d'une personne morale, V. • Com. 13 juin 1995 : *Bull. civ. IV, n° 175* • 13 nov. 2002 : *Banque et Droit mars-avr. 2003. 52, obs. Jacob ; RTD civ. 2003. 322, obs. Crocq* (dol du débiteur principal vis-à-vis de la caution et non du créancier). ♦ La caution ne peut opposer les exceptions qui sont purement personnelles au débiteur principal. Dès lors, la caution, qui n'a pas été partie au contrat de vente du fonds de commerce, n'est pas recevable à invoquer la nullité relative tirée du dol affectant le consentement du débiteur principal et qui, destinée à protéger ce dernier, constitue une exception purement personnelle. • Cass., ch. mixte, 8 juin 2007 : *Bull. civ. n° 5 ; R. 2007, p. 420 ; BICC 15 sept. 2007, p. 38, rapp. Pinot, avis de Gouttes ; D. 2008. 514, note Andreu ; D. 2007. 2201, note Houtcieff ; ibid. AJ 1782, obs. Avena-Robardet ; RTD com. 2007. 585, obs. Legeais ; ibid. 835, obs. Martin-Serf ; RTD civ. 2008. 331, obs. Crocq ; AJDI 2008. 699, obs. Cohet-Cordey ; JCP E 2007, n° 27-28, p. 9, note S. Piedelièvre ; JCP 2007. II. 10138, note Simler ; LPA 25 juill. 2007, note Prigent ; LPA 6 août 2007, obs. Houtcieff ; CCC 2007, n° 269, obs. Leveneur ; RD banc. fin. 2007, n° 145, obs. Cerles ; Banque et Droit juill.-août 2007. 48, obs. Jacob ; RJDA 2008, n° 327 ; Dr. et patr. sept. 2007. 85, obs. Stoffel-Munck ; Dr. et proc. 2007. 295, obs. Picod ; RDC 2007. 1226, obs. Houtcieff ; RLDA sept. 2007. 35, note Bouteiller.* ♦ De plus, le dol doit avoir été déterminant du consentement. • Civ. 1re, 13 févr. 1967 : *Bull. civ. I, n° 58.* ♦ Sur le dol incident, V. • Civ. 3e, 22 juin 2005 : *Bull. civ. III, n° 137 ; JCP N 2006, n° 13, p. 661, note Kenfack ; LPA 24 janv. 2006, note Théron ; ibid. 17 oct. 2006, p. 16, note Chardeaux ; RDC 2005. 1025, obs. Stoffel-Munck ; RJDA 2006, n° 15.*

55 bis. Dol et garantie des vices cachés. L'action en garantie des vices cachés n'est pas exclusive de l'action en nullité pour dol. • Civ. 1re, 6 nov. 2002 : *Bull. civ. I, n° 260 ; CCC 2003 n° 38, obs. Leveneur ; LPA 28 juill. 2003, note Staeger.*

a. Comportements non sanctionnés

56. Exagérations habituelles en matière commerciale. Les exagérations ne dépassant pas ce qui est habituel dans les relations commerciales ne constituent pas un dol. • Com. 13 déc. 1994 : *CCC 1995, n° 48, note L. Leveneur.*

57. Insistance. En l'absence d'artifice, de fraude, de mensonge ou de tromperie, la seule insistance manifestée par une partie pour convaincre l'autre de lui vendre un fonds de commerce n'est pas constitutive d'une manœuvre dolosive. • Com. 2 juin 1981 : *Bull. civ. IV, n° 259.* ♦ Jugeant qu'il n'y a pas dol lorsque des époux, de santé fragile, démarchés à domicile, s'estiment victimes d'un harcèlement de plusieurs heures de la part des démarcheurs avant de conclure le contrat, ceci d'autant moins que les acheteurs n'ont pas fait usage de la faculté de rétractation : • Montpellier, 17 déc. 2002 : *CCC 2003, n° 147, obs. Raymond ; JCP 2004. IV. 2345.*

58. Information couverte par un secret légitime. Ne constitue pas un dol la non-révélation à une assemblée générale d'actionnaires, délibérant sur un projet de fusion, d'une information couverte par le secret défense (négociation d'un contrat en matière d'armement) alors que le dirigeant de la société concernée, interrogé sur ce point, avait répondu qu'il lui était impossible de s'exprimer. • Com. 3 juin 1998 : *Bull. civ. IV, n° 178.*

59. Silence de l'acheteur. BIBL. Bérenger, *Administrer avr. 2007. 13* (l'acheteur d'un immeuble est-il tenu d'une obligation d'information au profit du vendeur ?). ♦ Aucune obligation d'information ne pesant sur l'acheteur, sa réticence dolosive ne saurait être retenue, lorsque celui-ci n'a pas fait connaître à son vendeur la grande valeur des photographies achetées. • Civ. 1re, 3 mai 2000 : *Bull. civ. I, n° 131 ; CCC 2000, n° 140, note Leveneur ; RTD civ. 2000. 566, obs. Mestre et Fages* • Civ. 3e, 17 janv. 2007 : *Bull. civ. III, n° 5 ; D. 2007. 1051, note D. Mazeaud ; ibid. Pan. 2969, obs. Mekki ; RTD civ. 2007. 335, obs. Mestre et Fages ; JCP E 2007, n° 14-15, p. 13, note Jamin ; CCC 2007, n° 117, obs. Leveneur ; RJDA 2007, n° 599 ; Dr. et patr. sept. 2007. 84, obs. Stoffel-Munck ; Defrénois 2007. 443, obs. Savaux ; ibid. 959, obs. Dagorne-Labbe ; RDC 2007. 703, obs. Laithier.* – Sur cet arrêt, V. aussi Chauvel, *Dr. et patr. janv. 2008. 24* (la réticence sur la valeur de la chose : vente et contrats impliquant la plus grande bonne foi). ♦ Aucun texte n'oblige une entreprise à informer son cocontractant du fait qu'elle fait l'objet d'un redressement judiciaire. • Com. 24 sept. 2003 : *RDC 2004. 260, obs. D. Mazeaud ; RJDA 2004, n° 189.* ♦ ... A moins que la situation financière de l'entreprise était un élément déterminant, qui peut être démontré par l'existence d'une clause d'*intuitu personae*. • Paris, 30 janv. 2008 : *RJDA 2008, n° 881.*

Une cour d'appel a pu retenir l'existence d'une réticence dolosive d'un dirigeant de société, à l'égard d'un associé qui lui avait confié le reclassement de ses titres, en relevant qu'il avait caché à celui-ci qu'il avait engagé des négociations pour la revente des mêmes titres à un prix supérieur, ce qui constituait un manquement au devoir de loyauté qui s'impose au dirigeant d'une société à l'égard de tout associé, en particulier lorsqu'il en est intermédiaire, pour le reclassement de sa participation. • Com. 27 févr. 1996 : *Bull. civ. IV, n° 65 ; D. 1996. 518, note Ph. Malaurie ; JCP 1996. II. 22 665, note Ghestin.* – Rappr. • Paris, 30 sept. 2005, *(affaire Crédit Lyonnais c/ Bernard Tapie) : D. 2005. 2945, note Lagarde ; ibid. AJ 2740, obs. Delpech ; RTD com. 2006. 175, obs. Legeais ; JCP E 2005, n° 46, p. 1908, note Viandier ; Dr. et patr. sept. 2006. 84, obs. Mattout et Prüm ; RJDA 2006, n° 135* (cassé par • Cass., ass. plén., 9 oct. 2006 : *cité note 27 bis ss. art. L. 313-12 C. mon. fin., v° Banque et financement de l'entreprise*). ♦ Le cessionnaire de titres d'une société n'est tenu d'informer le cédant, ni des négociations tendant à l'acquisition par un tiers d'autres titres de la même société, ni de celles qu'il conduit lui-même avec ce tiers en vue de lui céder ou de lui apporter les titres faisant l'objet de la cession. • Com. 12 mai 2004 : *Bull. civ. IV, n° 94 ; D. 2004. AJ 1599 ; Bull. Joly 2004. 1114, note Schmidt.* ♦ Le contrat ne se référant pas au critère du taux de fréquentation d'un site internet pour déterminer le prix de cession, l'acheteur ne peut reprocher un dol au vendeur sur le seul constat de l'effondrement rapide de la fréquentation du site. • Paris, 20 nov. 2003 : *CCE 2004, n° 159, obs. Stoffel-Munck.* ♦ Jugé également que la réticence dolosive rend toujours excusable l'erreur provoquée. • Civ. 3e, 21 févr. 2001 : *préc. note 53.*

b. Comportements sanctionnés

1. Manœuvres ou mensonges

60. Illustrations. Les juges du fond peuvent prononcer la nullité d'un contrat de vente, alors même que l'erreur commise par l'acquéreur ne portait pas sur les qualités substantielles de la chose, dès lors qu'il est constaté que la plaque du constructeur apposée sur une remorque a été remplacée par une plaque en laiton sur laquelle ont été frappés des numéros ne correspondant pas à un matériel construit par le fabricant et que la carte grise de la remorque correspond à celle portée sur la fausse plaque, de tels artifices ayant surpris par dol le consentement de l'acquéreur. • Com. 19 déc. 1961 : *D. 1962. 240.* ♦ Pour la sanction d'un mensonge, V., par exemple • Com. 29 mai 1973 : *D. 1973. IR 180.*

2. Réticence dolosive et manquement à l'obligation de contracter de bonne foi

61. Illustrations. BIBL. Lardeux, *D. 2012. 2986* (la réticence dolosive n'est pas un dol comme les autres). ♦ Constitue une réticence dolosive la non-révélation à l'acquéreur d'un fonds de commerce de parfumerie des clauses dites d'environnement de marques stipulées dans les contrats de distribution passés par le cédant avec des producteurs de parfums en vertu desquelles la résiliation de l'un de ces contrats entraîne celle des autres. • Com. 4 mai 1993 : *Bull. civ. IV, n° 163 ; RTD civ. 1994. 93, obs. Mestre*. ♦ Le dirigeant d'une société commerciale commet une réticence dolosive en cachant à un associé, dont il achète les titres, qu'il avait engagé des négociations pour la vente des mêmes titres à un prix supérieur. • Com. 27 févr. 1996 : *préc. note 59.* ♦ Manque à son obligation de contracter de bonne foi et commet ainsi un dol par réticence la banque qui, sachant que la situation de son débiteur est irrémédiablement compromise ou à tout le moins lourdement obérée, omet de porter cette information à la connaissance de la caution, l'incitant ainsi à s'engager. • Civ. 1re, 18 févr. 1997 : *Bull. civ. I, n° 61 ; Bull. Joly 1997. 411, note Delebecque.* ♦ Sur la nullité d'une cession de parts sociales pour dol, V. • Com. 17 juin 2003 : *RJDA 2003, n° 1078 (1re esp.)* • 8 juill. 2003 : *RJDA 2004, n° 51* • Amiens, 28 janv. 2003 : *JCP E 2003, n° 40, p. 1556 ; RJDA 2003, n° 1078 (2e esp.)* • Paris, 14 févr. 2003 : *RJDA 2003, n° 965* (rejet) • 4 juill. 2003 : *JCP E 2004, n° 17, p. 675, note Constantin ; RTD com. 2004. 326 ; RJDA 2004, n° 315.* ♦ Pour la condamnation, pour réticence dolosive, d'une société qui, à l'occasion d'une augmentation de capital, avait fait appel à un consultant financier spécialisé chargé de la recherche de partenaires financiers auquel elle avait dissimulé la lourde condamnation frappant l'un de ses dirigeants, V. • Com. 7 févr. 2012 : *Bull. civ. IV, n° 24 ; D. 2012. 918, note Couret et Dondero ; RTD civ. 2012. 313, obs. Fages ; Rev. sociétés 2012. 429, note Schlumberger ; JCP E 2012, n° 1263, note Le Gac-Pech ; RJDA 2012, n° 557 ; RLDA mars 2012. 17, obs. Mpindi ; Dr. sociétés 2012, n° 57, obs. Mortier ; Bull. Joly 2012. 390, note Gallois-Cochet ; RLDC avr. 2012. 13, obs. Pouliquen ; Defrénois 2012. 455, obs. Seube.*

61 bis. Manquement à l'obligation de renseignement du vendeur professionnel. Le vendeur professionnel est tenu d'une obligation de renseignement à l'égard de l'acheteur et il lui incombe de prouver qu'il a exécuté cette obligation. • Civ. 1re, 15 mai 2002 : *Bull. civ. I, n° 132 ; CCC 2002, n° 135, obs. Leveneur.*

62. Manquement à une obligation légale d'information. Une cour d'appel ne peut annuler des contrats de location-gérance en raison d'un manquement à l'obligation précontractuelle d'information prévue par l'art. 1er de la loi du 31 déc. 1989 (codifié à l'art. L. 330-3 C. com.) sans rechercher si le défaut d'information a eu pour effet de vicier le consentement du cocontractant. • Com. 10 févr. 1998 : *Bull. civ. IV, n° 71 ; D. 1998. Somm. 334, obs. Ferrier ; CCC 1998, n° 55, note Leveneur.* ♦ Dans le même sens, V. • Com. 21 nov. 2000 : *CCC 2001, n° 20, note Leveneur.* ♦ Le manquement à une obligation précontractuelle d'information, à le supposer établi, ne peut suffire à caractériser le dol par réticence, si ne s'y ajoutent la constatation du caractère intentionnel de ce manquement et une erreur déterminante provoquée par celui-ci. En conséquence, ne peut être accueilli le moyen qui se borne à invoquer des manquements d'une banque à son obligation précontractuelle d'information, sans alléguer que ces manquements auraient été commis sciemment dans l'intention de provoquer dans l'esprit de son cocontractant une erreur déterminante de son consentement. • Com. 28 juin 2005 : *Bull. civ. IV, n° 140 ; D. 2006. 2774, note Chauvel ; D. 2005. Pan. 2837, obs. Amrani Mekki et Fauvarque-Cosson ; RTD civ. 2005. 591, obs. Mestre et Fages.*

c. Sanctions du dol

63. Nullité du contrat. Le dol constitue un vice du consentement dont la sanction n'est pas la résolution mais l'annulation du contrat. • Civ. 1re, 22 avr. 1997 : *Bull. civ. I, n° 129* (annulation de la vente d'un véhicule de collection pour dol). ♦ L'acheteur qui invoque la nullité de la vente fondée sur les manœuvres dolosives du vendeur ne peut se voir opposer sa propre turpitude. • Civ. 1re, 22 juin 2004 : *Bull. civ. I, n° 182 ; JCP 2005. II. 10006, note Eyraud ; LPA 22 juin 2005, note Chardeaux ; Dr. et patr. janv. 2005. 52, note Sauvat.* ♦ La prescription extinctive trentenaire de l'art. 2262 [ancien] C. civ. n'est pas applicable à l'action en nullité pour dol régie par le seul art. 1304 du même code, sauf à priver d'effectivité l'exercice de l'action prévue par ce texte. • Civ. 1re, 24 janv. 2006 : *Bull. civ. I, n° 28 ; R. 2006, p. 251 ; D. 2006. 626, note Wintgen ; ibid. IR 395, obs. Gallmeister ; RTD civ. 2006. 320, obs. Mestre et Fages ; JCP 2006. II. 10036, note Mekki ; CCC 2006, n° 80, obs. Leveneur ; LPA 11 août 2006, note Dagorne-Labbe ; ibid. 3 oct. 2006, note Bon ; Gaz. Pal. 2006. 2566, note Seysen-Guérin ; Defrénois 2006. 583, obs. Savaux ; RJDA 2006, n° 862 ; RDC 2006. 708, obs. D. Mazeaud.*

64. Réduction du prix. L'acquéreur d'un fonds de commerce pouvant invoquer le dol pour conclure seulement à une réduction de prix, son action intentée sur ce fondement ne peut être déclarée irrecevable au motif qu'elle ne tendait pas à l'annulation de la vente. • Com. 14 mars 1972 : *D. 1972. 653, note J. Ghestin.*

65. Action en responsabilité délictuelle. La victime du dol peut exercer une action en responsabilité délictuelle pour obtenir des dommages-intérêts en réparation de son préjudice, plutôt que la nullité du contrat. • Com. 18 oct. 1994 : *Bull. civ. IV, n° 293 ; D. 1995. 180, note Atias*. ♦ La victime d'un dol dans une cession d'actions peut demander des dommages-intérêts sur le fondement de l'art. 1382 C. civ. • Com. 5 déc. 2000 : *RJDA. 2001, n° 323.* ♦ L'action en dommages-intérêts, fondée sur l'art. 1382 C. civ., est soumise à la prescription décennale de l'art. 2270-1 [2226 nouv.] du même code. • Com. 27 janv. 1998 : *RTD civ. 1998. 904, obs. Mestre*.

66. Cumul de sanctions. La victime d'un dol peut obtenir la nullité du contrat et des dommages-intérêts pour réparer le préjudice résultant du comportement de son cocontractant. • Com. 4 janv. 2000 : *CCC 2000, n° 79, note L. Leveneur.*

3° VIOLENCE (art. 1112-1115 C. civ.)

a. Exigence d'une contrainte illégitime

1. Contrainte économique

67. Abus de puissance économique. **BIBL.** Parléani, *Mélanges Guyon, Dalloz, 2003, p. 881* (violence économique, vertus contractuelles, vices concurrentiels). – Laithier, *LPA 22 et 23 nov. 2004* (conditions de la violence économique). – Beyneix, *LPA 25 août 2006* (unification prétorienne du vice de violence économique en droit privé). ♦ Les juges du fond ne peuvent annuler un contrat de concession exclusive de vente sans préciser en quoi les agissements du concédant, en position de force économique, sont illégitimes. • Com. 20 mai 1980 : *Bull. civ. IV, n° 212.* ♦ La cessation de la fabrication d'un produit pour obtenir la régularisation par contrat des relations entre un fabricant et un distributeur n'est pas une menace illégitime, dès lors que le fabricant n'a pas refusé pendant cette période de satisfaire les commandes et que la cessation des relations envisagée présentait pour lui un risque économique. • Com. 21 févr. 1995 : *Bull. civ. IV, n° 50 ; JCP E 1996. I. 523, n° 2, obs. M. Mousseron.* ♦ Constitue une violence caractérisée le fait de provoquer les difficultés financières d'une société pour en prendre le contrôle au moyen d'une augmentation de capital imposée aux actionnaires par la menace d'une ruine de la société. • Com. 18 févr. 1997 : *Bull. civ. IV, n° 59.* ♦ La contrainte économique se rattache à la violence et non à la lésion. • Civ. 1re, 30 mai 2000 : *Bull. civ. I, n° 169 ; D. 2000. 879, note Chazal ; Defrénois 2000. 1124, obs. Delebecque.* ♦ Seule l'exploitation abusive d'une situation de dépendance économique, faite pour tirer profit de la crainte d'un mal menaçant directement les intérêts légitimes de la personne, peut vicier de violence son consentement. • Civ. 1re, 3 avr. 2002 : *Bull. civ. I, n° 108 ; D. 2002. 1860, note Gridel ; ibid. 1862, note Chazal ; ibid. Somm. 2844, obs Mazeaud ; CCC 2002, n° 121, obs. Leveneur ; Gaz. Pal. 2003. 1. 444, note Rovinski.* ♦ Rejetant la notion de contrainte économique dans une relation bancaire, V. • Com. 3 oct. 2006 : *JCP E 2007, n° 22, p. 18, obs. Langlais-Lassalas ; RJDA déc. 2006. 38, obs. Chemin-Bomben.* ♦ Une transaction ne peut être annulée en cas de dépendance économique de l'une des parties que si l'autre partie a exploité abusivement cette situation. • Com. 16 oct. 2007 : *RJDA 2008, n° 343.*

68. Sanction de l'abus de position dominante et de l'abus de dépendance économique. Sur la nullité des actes passés sur l'emprise d'un abus de position dominante ou d'un abus de dépendance économique, V. art. L. 420-2 et L. 420-3 C. com.

2. Menace de l'exercice d'une action en justice

69. Principe. La menace de l'exercice d'une action en justice ne constitue pas en principe une violence. Ainsi doit être validée la convention passée par une ancienne directrice de magasin, placée dans l'alternative de régler une dette ou de faire l'objet d'actions civiles et pénales à la suite d'irrégularités constatées dans sa gestion • Com. 30 janv. 1974 : *D. 1974. 382.*

70. Tempérament : sanction de l'abus d'une voie de droit. L'exercice d'une voie de droit ne constitue une violence que s'il y a abus de cette voie de droit, soit en la détournant de son but, soit en l'usant pour obtenir une promesse ou un avantage sans rapport ou hors de proportion avec l'engagement primitif. • Civ. 3e, 17 janv. 1984 : *Bull. civ. III, n° 13* (violence écartée en l'espèce).

b. Prise en considération de la personnalité de la victime

71. Illustrations : personnes ayant l'expérience des affaires. La violence n'est pas caractérisée à l'égard d'une ancienne directrice de magasin ayant l'expérience des affaires et l'âge suffisant pour résister à une intimidation et ne pas succomber à la crainte irraisonnée de subir des poursuites pénales. • Com. 30 janv. 1974 : *préc. note 69.* ♦ Un homme d'affaires avisé, assisté de son conseiller financier lors de la signature de billets à ordre, tant comme dirigeant social qu'à titre d'avaliste, n'apporte pas la preuve que son consentement ait été vicié par une assignation de sa société en liquidation des biens alors qu'elle n'était pourtant pas en état de cessation des paiements. • Soc. 20 janv. 1994 : *Bull. civ. V, n° 17.*

c. Sanctions de la violence

72. Nullité du contrat ou action en responsabilité civile. La violence peut non seulement être sanctionnée par la nullité de la convention, mais aussi par la condamnation de son auteur à payer des dommages-intérêts à la victime sur le fondement de la responsabilité délictuelle. Sur le principe de la recevabilité d'une telle action en dommages-intérêts de la victime de la violence, V. • Com. 18 févr. 1997 : *Bull. civ. IV, n° 59.*

E. CONTENU DU CONTRAT

1° OBJET DES OBLIGATIONS CONTRACTUELLES (art. 1128-1130 C. civ.)

a. Règles générales

1. Détermination de l'objet

73. Caractère déterminable de la quotité de l'objet. La quotité de l'objet de l'obligation issue d'un contrat doit pouvoir être déterminée en vertu des clauses de celui-ci par voie de relation avec des éléments qui ne dépendent plus ni de l'une, ni de l'autre des parties. • Com. 12 déc. 1989 : *Bull. civ. IV, n° 318.* ♦ Est nul le contrat de création d'un point de location et de vente de cassettes vidéo qui laisse au loueur la possibilité discrétionnaire de fixer l'objet de la convention. • Com. 19 nov. 1996 : *Bull. civ. IV, n° 275 ; D. 1997. 609, note Zelveci-Duhamel.* ♦ En revanche, est valide la clause d'une cession d'actions stipulant que les acquéreurs s'engagent à se substituer dans les cautionnements personnels des vendeurs, dès lors que l'obligation conjointement souscrite par les cessionnaires, portant sur l'ensemble des contrats, a un objet déterminé. • Com. 1er avr. 1997 : *Bull. civ. IV, n° 90 ; D. Affaires 1997. 633 ; Defrénois 1997. 1437, note A. Bénabent.*

73 bis. Absence d'objet – Appréciation. Dès lors que l'objet de la promesse réside dans la délivrance des actions et que celles-ci existent toujours à l'époque de la levée de l'option, il importe peu qu'elles aient perdu toute leur valeur à la suite du prononcé du redressement judiciaire de la société. • Versailles, 13 nov. 2003 : *RJDA 2004, n° 990.*

2. Licéité de l'objet

74. Biens hors du commerce. La concession d'un emplacement sur un marché est un bien hors du commerce qui n'est ni cessible, ni saisissable. • Com. 7 mars 1978 : *Bull. civ. IV, n° 84.* ♦ Mais le contrat de cession d'étals sur un marché, qui s'analyse comme une présentation d'un successeur par le bénéficiaire d'un droit de place à l'autorité municipale octroyante, ne contrevient en rien à l'inaliénabilité du domaine public. • Civ. 1re, 5 déc. 1995 : *Bull. civ. I, n° 445 ; RTD civ. 1996. 603, obs. Mestre ; Defrénois 1996. 643, obs. Delebecque.*

La marchandise contrefaite ne peut faire l'objet d'une vente. • Com. 24 sept. 2003 : *Bull. civ. IV, n° 147 ; D. 2003. 2683, note Caron ; JCP E 2004, n° 4, p. 136, note Castets-Renard ; RTD com. 2004. 284, obs. Pollaud-Dulian ; RTD civ. 2003. 703, obs. Mestre et Fages ; ibid. 2004. 117, obs. Revet ; LPA 28 mai 2004, note Tricoire et note Parance ; CCE 2004, n° 32, obs. Stoffel-Munck ; RDC 2004. 263, obs. Stoffel-Munck, et 337, obs. Brun.* ♦ La vente est dépourvue d'objet lorsqu'elle porte sur des choses hors du commerce telles que des produits périmés. • Com. 16 mai 2006 : *Bull. civ. IV, n° 124 ; D. 2006. AJ 1683, obs. Lienhard ; RTD civ. 2006. 552, obs. Mestre et Fages ; JCP E 2006, n° 26, p. 1169 ; BRDA 2006, n° 13, p. 6.* ♦ ... Ou un fichier informatisé contenant des données à caractère personnel mais n'ayant pas fait l'objet d'une déclaration auprès de la CNIL. • Com. 25 juin 2013 : *pourvoi n° 12-17.037.* ♦ Jugeant que l'investiture d'un candidat politique et l'exercice des fonctions électives sont des choses hors du commerce, V. • Civ. 1re, 3 nov. 2004 : *Bull. civ. I, n° 237 ; D. 2004. IR 3037 ; JCP 2004. IV. 3384 ; Defrénois 2004. 1730, obs. J.-L. Aubert ; CCC 2005, n° 39, obs. Leveneur ; RTD civ. 2005. 125, obs. Mestre et Fages ; RDC 2005. 263, obs. Mazeaud.* ♦ Sur la vente sur le marché de l'occasion de produits remis à des professionnels à titre de promotion et interdits de vente, V. • Paris 29 juin 2007 : *CCE 2007, n° 131, obs. Caron.*

75. Licéité de la cession de clientèle civile. BIBL. Chabot, *RLDA juill. 2009. 109* (retour sur le fonds d'exercice libéral). ♦ Si la cession de la clientèle médicale, à l'occasion de la constitution ou de la cession d'un fonds libéral d'exercice de la profession n'est pas illicite, c'est à la condition que soit sauvegardée la liberté de choix du patient, condition souverainement appréciée par les juges du fond. • Civ. 1re, 7 nov. 2000 : *Bull. civ. I, n° 283 ; CCC 2001, n° 18, obs. Leveneur ; RTD civ. 2001. 130, obs. Mestre et Fages* • 19 nov. 2002 : *D. 2003. IR 43 et les obs. ; RJDA 2003, n° 376.*

76. Exigence de proportionnalité de la clause de non-concurrence. Est illicite et nulle la clause de non-concurrence interdisant à un salarié d'exercer en métropole et dans les territoires d'outre-mer une activité identique à celle qui avait été la sienne pendant une vingtaine d'années, cette clause étant disproportionnée par rapport à l'objet du contrat liant ce salarié à la société. • Com. 4 janv. 1994 : *Bull. civ. IV, n° 4.*

b. Règles particulières concernant la fixation du prix

BIBL. Ruet, *LPA 21 juill. 2005* (les quatre fonctions du prix). – Rakotovahiny, *LPA 3 déc. 2007* (la condition potestative dans l'indétermination du prix de vente).

77. Unité monétaire et réglementation de l'indexation. Sur l'unité monétaire : l'euro dans les contrats internes, V. art. L. 111-1 C. mon. fin., v° *Banque et financement de l'entreprise.* ♦ Sur la réglementation de l'indexation (prohibition de principe de toute indexation dont l'indice n'est pas en relation directe avec l'objet du contrat ou avec l'activité de l'une des parties), V. art. L. 112-1 à L. 112-3 C. mon. fin., *eod. loc.* ♦ Il a ainsi été jugé qu'un prêt consenti en France ne peut valablement porter sur une somme d'argent exprimée en francs suisses, le prêt étant alors illicite par son objet et frappé de nullité. • Civ. 1re, 12 janv. 1988 : *RTD civ. 1988. 740, obs. Mestre ; GAJC II, n° 230-232.* ♦ Toutefois, considérant que la fixation d'une créance en monnaie étrangère est en relation directe avec l'activité de banquier, alors même que le contrat est purement interne, V. • Com. 22 mai 2001 : *Bull. civ. IV, n° 98.* ♦ Jugeant qu'il n'y a pas eu d'échange de consentement sur la prestation monétaire, l'acheteur entendant donner une somme en francs et le vendeur recevoir une somme en euros pour le même produit : • Orléans, 13 mai 2004 : *préc. note 43.* ♦ Viole l'art. 1134 C. civ., la cour d'appel qui, s'agissant de contrats de change à terme de roubles contre des dollars US dont l'indice de référence avait disparu au moment du dénouement de l'opération, s'est substituée aux parties pour leur imposer l'application d'un taux de change de référence non prévu par les contrats et qui n'avait pas fait l'objet d'un accord entre elles. • Com. 16 nov. 2004 : *RTD civ. 2006. 117, obs. Mestre et Fages (1re esp.) ; JCP E 2005, n° 40, p. 1630, note Stoufflet et Durox.* ♦ Comp., recherchant la commune intention des parties : • Civ. 3e, 12 janv. 2005 : *Bull. civ. III, n° 4 ; D. 2005. Pan. 2836, obs. Fauvarque-Cosson ; RTD civ. 2006. 117, obs. Mestre et Fages (2e esp.).*

78. Inapplicabilité de l'art. 1129 C. civ. au prix. L'art. 1129 C. civ. n'est pas applicable à la détermination du prix. • Cass., ass. plén., 1er déc. 1995 : *Bull. civ. n° 9, D. 1996. 13, concl. Jéol et note Aynès ; JCP 1996. II. 22565, note Ghestin ; Defrénois 1996. 747, obs. Delebecque ; RTD civ. 1996. 153, obs. Mestre ; GAJC II, n° 151-154.* ♦ Viole l'art. 1129 C. civ. par fausse application la cour d'appel qui annule la conclusion d'un prêt prévoyant le paiement d'une indemnité de remboursement anticipé aux motifs que l'objet de cette indemnité est indéterminé et que le taux d'amortissement ne mentionnait pas de façon claire et précise ses modalités de calcul. • Civ. 1re, 6 mars 2001 : *Bull. civ. I, n° 54 ; Defrénois 2001. 696, obs. Savaux.* – V. aussi • Civ. 1re, 12 mai 2004 : *RDC 2004. 925, obs. D. Mazeaud.* ♦ Pour une critique de la solution retenue par l'assemblée plénière, V. notamment : A. Brunet et A. Ghozi, *D. 1998. Chron. 1* (la jurisprudence de l'assemblée plénière sur le prix du point de vue de la théorie du contrat).

La vente n'est pas parfaite dès lors que si les parties étaient convenues de la chose, le prix, quoique déterminable selon une procédure choisie d'un commun accord, demeurait inconnu et qu'il était constant que la procédure tendant à la détermination du prix selon les modalités choisies par les parties n'avait pas été engagée. • Civ. 3e, 12 sept. 2006 : *LPA 8 nov. 2006, note Boismain.*

79. Contrat-cadre et indétermination du prix des contrats d'application. Lorsqu'une convention prévoit la conclusion de contrats ultérieurs, l'indétermination du prix de ces contrats dans la convention initiale n'affecte pas, sauf dispositions légales particulières, la validité de celle-ci, l'abus dans la fixation du prix ne donnant lieu qu'à résiliation ou indemnisation (à propos de contrats de location-entretien d'installations téléphoniques). • Cass., ass. plén., 1er déc. 1995 : *Bull. civ., n° 7 (2 arrêts) ; D. 1996. 13, concl. M. Jéol et note L. Aynès ; JCP 1996. II. 22565, concl. M. Jéol, note J. Ghestin ; Defrénois 1996. 747, obs. Ph. Delebecque.* ♦ V. ultérieurement dans le même sens, • Com. 11 juin 1996 : *Bull. civ. IV, n° 165 ; D. 1996. Somm. 323, obs. L. Aynès.* ♦ La conclusion d'un contrat de franchisage faisant référence au tarif en vigueur au jour des commandes d'approvisionnement à venir n'affecte pas la validité du contrat, l'abus dans la fixation du prix ne donnant lieu qu'à résiliation ou indemnisation. • Cass., ass. plén., 1er déc. 1995 : *Bull. civ., n° 8 ; D. 1996. 13, concl. M. Jéol, note L. Aynès ; JCP 1996. II. 22565, note J. Ghestin ; Defrénois 1996. 747, obs. Ph. Delebecque.* ♦ V. encore dans le même sens, • Com. 21 janv. 1997 : *D. 1997. 414, note C. Jamin*, écartant l'abus du franchiseur qui a laissé au franchisé la liberté de négocier le prix selon la loi du marché, en choisissant parmi une liste élargie de fournisseurs.

80. Abus dans la fixation du prix : illustrations. **BIBL.** Aubert de Vincelles, *D. 2006. 2629* (pour une généralisation, encadrée, de l'abus dans la fixation du prix). ♦ Pour des exemples de résiliation du contrat, assortie de dommages-intérêts en raison d'un abus caractérisé dans la fixation du prix, V. • Versailles, 27 janv. 2000 : *RTD civ. 2000. 570, obs. Mestre et Fages* • Paris, 19 mai 2000 : *ibid.* qui se fondent sur une pluralité d'indices pour retenir l'abus tels que des données juridiques (longue durée des contrats, clauses d'exclusivité), le comportement du cocontractant (pratiques de majoration arbitraire de prix) et données économiques (état du marché et existence d'offres concurrentes). ♦ Pour les tarifs bancaires, V. note ss. art. L. 312-1-1 C. mon. fin., v° *Banque et financement de l'entreprise*.

81. Exigence de détermination du prix dans certains contrats. L'indétermination du prix entraîne la nullité du contrat lorsqu'un texte particulier, autre que l'art. 1129 C. civ. exige la fixation du prix au moment de la conclusion du contrat. V. notamment pour la vente (art. 1591 C. civ.) • Com. 14 déc. 1999 : *Bull. civ. IV, n° 234 ; CCC 2000, n° 60, note Leveneur* (annulation d'une cession de parts sociales dont la fixation du prix définitif nécessitait l'établissement d'un bilan contradictoire sans que les parties aient prévu la désignation d'un expert pour faire l'estimation en cas de désaccord). ♦ Il ne peut être fait grief à une cour d'appel d'avoir débouté une partie de sa demande en annulation d'un contrat de vente pour indétermination du prix, dès lors qu'elle a constaté que le prix était déterminable en fonction d'éléments ne dépendant pas de la seule volonté de l'une des parties, mais par référence à un prix du marché dont elle a souverainement estimé qu'il s'entendait, dans l'intention des parties, des cotations officielles significatives du marché considéré. • Civ. 1re, 14 déc. 2004 : *Bull. civ. I, n° 327 ; RTD com. 2005. 586, obs. Bouloc ; RJDA 2006, n° 247.* ♦ Pour la rémunération due à l'agent immobilier en exécution d'un mandat soumis aux art. 1er et 6 de la L. n° 70-9 du 2 janv. 1970 et aux art. 72 et 73 du Décr. n° 72-678 du 20 juill. 1972, V. • Civ. 1re, 9 nov. 1999 : *Bull. civ. I, n° 292 ; RTD civ. 2000. 320, obs. Mestre et Fages*. – V. textes préc. au **C. civ.**

82. Illicéité de la fixation d'un prix minimum de vente d'un produit. Justifie sa décision d'annulation d'un contrat de franchise la cour d'appel qui relève que, par l'effet d'une clause d'approvisionnement exclusif, les prix étaient déterminés par le franchisé dans des conditions contraires à l'art. 34 de l'Ord. du 1er déc. 1986 sur la concurrence [codifié à l'art. L. 442-5 C. com.] prohibant le fait d'imposer, directement ou indirectement, un caractère minimal au prix de revente d'un produit ou au prix d'une prestation de services. • Com. 7 oct. 1997 : *JCP 1998. II. 10110, note Mainguy ; CCC 1998, n° 2, note Leveneur.*

82 bis. Fixation du prix par un tiers. BIBL. Moury, *Rev. sociétés 2005. 513* (détermination du prix par les tiers estimateurs des art. 1592 et 1843-4 C. civ.). ♦ Le tiers expert chargé de déterminer le prix d'une cession d'actions agit comme mandataire commun dans le strict respect de la mission qui lui est confiée. La nature de cette mission, qui tend à obtenir dans les meilleurs délais la détermination d'un prix conditionnant la validité même de la vente, emporte pouvoir de ce tiers expert d'appliquer le contrat et, sauf exclusion claire et précise, de donner, nonobstant toute saisine du juge judiciaire, leur sens aux clauses de ce dernier dans la mesure où elles se rattachent à la mission confiée, sauf à priver celle-ci de tout intérêt. • Paris, 17 sept. 2004 : *D. 2005. Pan. 3051, obs. Clay ; JCP E 2005, n° 4, p. 134, note Bonneau ; RTD com. 2005. 260, obs. Loquin ; Bull. Joly 2005. 49, note Rontchevsky ; RTD civ. 2005. 154, obs. Gautier ; RJDA 2005, n° 564.*

Le prix fixé par un tiers désigné en application de l'art. 1592 C. civ. s'impose aux parties et ne peut être remis en cause par celles-ci qu'en cas d'erreur grossière. • Com. 6 juin 1950 : *Bull. civ. III, n° 205* • Paris, 22 mars 2002 : *RJDA 2004, n° 567.* ♦ Solution identique à l'égard du juge : • Com. 19 avr. 2005 : *Bull. civ. IV, n° 95 ; D. 2005. Pan. 2953, obs. Hallouin et Lamazerolles ; ibid. AJ 1289, obs. Lienhard ; RTD civ. 2005. 613, obs. Gautier ; JCP E 2005, n° 38, p. 1551, note Lécuyer ; Banque et Droit mai-juin 2005. 56, obs. Storck ; RJDA 2005, n° 986 ; Dr. et patr. déc. 2005. 93, obs. Poracchia ; Bull. Joly 2005. 1392, obs. Le Nabasque ; Defrénois 2005. 1497, note Gibirila ; Procédures 2005, n° 118, obs. Hovasse.* ♦ Mais si l'erreur grossière est une condition de la remise en cause de la détermination du prix, elle n'en est pas une de la mise en cause de la responsabilité du mandataire chargé de celle-ci. • Com. 4 févr. 2004 : *D. 2004. 2330, note Bloud-Rey ; JCP E 2004, n° 17, p. 660, obs. Caussain, Deboissy et Wicker ; JCP 2004. II. 10087, note Castets-Renard ; LPA 21 déc. 2004, note Fischer-Achoura ; Rev. sociétés 2004. 863, note Moury ; CCC 2004, n° 56, obs. Leveneur ; RTD civ. 2004. 310, obs. Gautier ; Dr. sociétés 2004, n° 63, obs. Hovasse ; RJ com. 2004. 174, obs. Monsérié-Bon ; RJDA 2004, n° 688 ; Bull. Joly 2004. 814, note Le Nabasque.* ♦ Le vendeur est alors en droit d'obtenir réparation du préjudice que lui cause la sous-évaluation fautive du bien vendu. • Même arrêt. ♦ Il s'infère du caractère définitif de l'évaluation effectuée par le tiers expert que l'obligation incombant au tiers arbitre est une obligation de moyens et que celle-ci ne peut porter que sur la diligence de l'exécution de sa mission à l'exclusion de son résultat. • Versailles, 27 sept. 2005 : *D. 2005. AJ 2942, obs. Delpech* ; *RJDA 2006, n° 123.*

L'erreur grossière commise par l'expert conduit à écarter son rapport mais ne permet pas au juge de nommer un nouvel expert, ni de fixer le prix des parts sociales (s'agissant de l'application de l'art. 1843-4 C. civ.). • Civ. 1re, 25 nov. 2003 : *Bull. civ. I, n° 243 ; D. 2004. AJ 3053, obs. Lienhard* ; *Dr. et patr. mars 2004. 106, obs. Poracchia ; JCP E 2004, n° 17, p. 661, obs. Caussain, Deboissy et Wicker ; Gaz. Pal. 2004. 1088, note Nurit ; RTD com. 2004. 116, obs. Monsérié-Bon* ; *RTD civ. 2004. 308, obs. Gautier* ; *RJDA 2004, n° 568 ; Defrénois 2004. 1152, note Gibirila ; RDC 2004. 750, obs. Cadiet ; Rev. sociétés 2004. 93, note Chartier* ; *Dr. sociétés 2004, n° 95, obs. Trébulle ; Procédures 2004, n° 8, obs. Croze* • Com. 30 nov. 2004 : *Bull. civ. IV, nos 210 et 211 ; D. 2005. AJ 81* ; *JCP E 2005, n° 4, p. 139, obs. Hovasse ; RTD com. 2005. 124, obs. Monsèrié-Bon* ; *RJDA 2005, n° 270 ; RJ com. 2005. 30, obs. Monsèrié-Bon ; Bull. Joly 2005. 383, note Le Nabasque ; Procédures 2005, n° 15, obs. Croze ; Defrénois 2005. 890, obs. Hovasse.* – V. cet art., v° *Sociétés commerciales*, et, pour des annotations, V. **C. sociétés.** ♦ Sur l'indépendance du tiers par rapport aux parties, V. • Com. 5 oct. 2004 : *RJDA 2004, n° 1307 ; Bull. Joly 2005. 262, note Giorgini.* ♦ Sur le respect du principe de la contradiction, V. • Com. 19 avr. 2005 : *préc.*

2° CAUSE DE L'OBLIGATION ET CAUSE DU CONTRAT (art. 1131 à 1133 C. civ.)

a. Généralités

83. Notion fonctionnelle. BIBL. Lagarde, *D. 2007. 740* (utilité de la théorie de la cause). ♦ La cause est à la fois un instrument de protection des contractants (cause de l'obligation) et un instrument de protection de l'ordre public (cause du contrat). Il a ainsi été jugé que si la cause de l'obligation de l'acheteur réside bien dans le transfert de propriété et dans la livraison de la chose vendue, en revanche la cause du contrat de vente consiste dans le mobile déterminant, c'est-à-dire celui en l'absence duquel l'acquéreur ne se serait pas engagé. • Civ. 1re, 12 juill. 1989 : *Bull. civ. I, n° 293 ; JCP 1990. II. 21546, note Dagorne-Labbe ; Defrénois 1990. 358, obs. Aubert ; RTD civ. 1990. 468, obs. Mestre* ; *GAJC II 2008. 95, note Terré et Lequette.* ♦ La cause permet aussi parfois de justifier l'indivisibilité de deux contrats. V. par exemple • Com. 15 févr. 2000 : *Bull. civ. IV, n° 29 ; D. 2000. Somm. 364, obs. Delebecque* ; *JCP 2000. I. 272, n° 9, obs. Constantin ; Banque et Droit sept.-oct. 2000. 44, obs. Rontchevsky* (anéantissement de la clause excluant l'indivisibilité entre un contrat de prestations de publicité et un contrat de financement alors que le premier était la seule cause du second). – V. aussi Groupes de contrats et ensembles contractuels, nos 171 s.

84. Présomption d'existence et de licéité de la cause. En vertu de l'art. 1132 C. civ. qui constitue une présomption que la cause de l'obligation invoquée existe et n'est pas illicite, c'est au souscripteur d'un engagement non causé qu'il appartient d'établir l'absence ou l'illicéité de la cause. • Com. 13 oct. 1975 : *Bull. civ. IV, n° 231.* ♦ Une convention étant valable, quoique la cause n'en soit pas exprimée, c'est au souscripteur qu'il appartient d'établir l'absence ou l'illicéité de la cause. • Civ. 1re, 21 juin 2005 : *Bull. civ. I, n° 270 ; D. 2005. IP. 1960* ; *Defrénois 2005. 1998, obs. Libchaber ; RDC 2005. 1013, obs. D. Mazeaud ; RJDA 2006, n° 497.*

85. Fausse cause. BIBL. Binet, *RTD civ. 2004. 655* . ♦ Dans les rapports entre les parties, la preuve de la fausseté de la cause exprimée à l'acte doit être administrée par écrit, dans les conditions prévues par l'art. 1341 C. civ. • Com. 14 mars 2006 : *Bull. civ. IV, n° 66 ; D. 2006. IR 948* ; *RJDA 2006, n° 747* • Civ. 1re, 23 févr. 2012 : *Bull. civ. I, n° 36 ; D. 2012. 993, note Donnette* ; *JCP 2012, n° 271 ; Gaz. Pal. 2012. 1000, obs. Houtcieff ; RJDA 2012, n° 558 ; RLDC avr. 2012. 13, obs. Pouliquen.* ♦ Il résulte des art. 1315, al. 1er, et 1132 C. civ., que lorsque la cause de l'obligation est démontrée fausse, il incombe au bénéficiaire de prouver que sa créance repose sur une autre créance licite et que, à défaut de faire cette preuve il doit succomber dans ses prétentions. • Civ. 1re, 20 déc. 1988 : *Bull. civ. I, n° 369 ; D. 1990. 241, note Marguénaud* . ♦ La fausseté partielle de la cause n'entraîne pas l'annulation de l'obligation (engagement unilatéral), mais sa réduction à la mesure de la fraction subsistante. • Civ. 1re, 11 mars 2003 : *Bull. civ. I, n° 67 ; JCP E 2003, n° 28-29, p. 1200, note Rochfeld ; RTD civ. 2003. 287, obs. Mestre et Fages* ; *RDC 2003. 39, obs. D. Mazeaud.* ♦ Comp., jugeant que dans un contrat synallagmatique, la fausseté partielle de la cause ne peut entraîner la réduction de l'obligation : • Civ. 1re, 31 mai 2007 : *Bull. civ. I, n° 211 ; R. 2007, p. 435 ; D. 2007. Chron. C. cass. 2333, obs. Creton* ; *ibid. 2574, note Ghestin* ; *ibid. AJ 1724, obs. Gallmeister* ; *RTD com. 2008. 170, obs. Bouloc* ; *RTD civ. 2007. 566, obs. Fages* ; *JCP E 2007, n° 49, p. 31, note Constantin ; Gaz. Pal. 2007. 3259, note Dagorne-Labbe ; RJDA 2008, n° 102 ; Dr. et patr sept. 2007. 86, obs. Stoffel-Munck ; RDC 2007. 1103, obs. Laithier.*

b. *Contrôle de l'existence de la cause de l'obligation*

1. Moment où s'apprécie l'existence de la cause

86. Date où l'obligation est souscrite. L'existence de la cause d'une obligation doit s'apprécier à la date à laquelle elle est souscrite. • Civ. 3e, 17 juill. 1996 : *Bull. civ. III, n° 193 ; Defrénois 1996. 1357, obs. Ph. Delebecque.* ♦ La cause de l'engagement de la caution est fixée au moment de la conclusion du contrat. • Com. 8 nov. 1972 : *D. 1973. 753, note Ph. Malaurie.*

2. Contrats synallagmatiques

87. Obligation réciproque non dérisoire du cocontractant. Dans les contrats synallagmatiques, l'obligation de chaque contractant trouve sa cause dans l'obligation, envisagée par lui comme devant être effectivement exécutée de l'autre contractant ; cette cause fait défaut quand la promesse de l'une des parties n'est pas exécutée ou s'avère nulle, ou de réalisation impossible. • Civ. 30 déc. 1941 : *D. 1942. 98* • Com. 11 janv. 2005 : *Dr. sociétés 2005, n° 126, obs. Trébulle.* ♦ Est nul pour absence de cause le contrat par lequel un distributeur souscrit envers un fournisseur un engagement d'approvisionnement exclusif pendant cinq ans et pour une quantité minimale déterminée en contrepartie d'un engagement dérisoire (engagement d'obtenir un prêt et de le cautionner). • Com. 14 oct. 1997 : *D. 1998. Somm. 333, obs. Ferrier (2e esp.) ; Defrénois 1998. 1040, obs. D. Mazeaud ; RJDA 1998, n° 164.* ♦ L'acquisition par le bailleur du droit au bail mis en vente par son locataire, laquelle permet au premier de recouvrer la jouissance matérielle des lieux loués, a une cause. • Civ. 3e, 13 oct. 2004 : *D. 2005. 1617, note Monteiro ; ibid. Pan. 1092, obs. Rozès ; D. 2004. AJ 3140, obs. Rouquet ; JCP E 2005, n° 11, p. 473, obs. Dumont-Lefrand ; CCC 2005, n° 22, obs. Leveneur ; RJDA 2005, n° 12 ; AJDI 2005. 302, obs. Dumont ; Rev. loyers 2004. 688, obs. Vaissié ; RJ com. 2005. 143, obs. Auque ; Loyers et copr. 2005, n° 31, obs. Brault ; RDC 2005. 356, obs. Seube ; ibid. 1009, obs. D. Mazeaud.* ♦ La cause d'une reconnaissance de dette est constituée par l'obligation préexistante en contrepartie de laquelle le souscripteur de l'acte a consenti à s'engager. • Com. 14 mars 2006 : *préc. note 85.* ♦ Lorsque la convention par laquelle l'inventeur d'un procédé de gravure par laser autorise une société à le commercialiser est muette sur l'incidence des évolutions et améliorations ultérieurement apportées sans l'intervention du premier, et que la preuve de l'abandon du procédé n'est pas rapportée, la cause de l'obligation aux redevances stipulées demeure. • Civ. 1re, 21 nov. 2006 : *Bull. civ. I, n° 501 ; RTD civ. 2007. 105, obs. Mestre et Fages.*

3. Contrats réels

88. Prêt. La cause de l'obligation de l'emprunteur réside dans la mise à sa disposition du montant du prêt, quand bien même celui-ci aurait été affecté à l'achat d'un bien déterminé, et qu'il n'était pas prétendu, en l'espèce, que le vendeur et le prêteur avaient agit de concert. • Com. 5 mars 1996 : *Bull. civ. IV, n° 75 ; D. 1996. Somm. 327, obs. R. Libchaber.*

89. Dépôt. La cause du contrat de dépôt est la remise de la chose qui en est l'objet. • Com. 30 janv. 2001 : *D. 2001. AJ 1238, obs. X. Delpech.*

4. Contrats aléatoires

90. Aléa couru par chacune des parties. Est nulle pour absence de cause la convention aléatoire, dès lors que l'une des parties n'a couru aucun aléa. • Civ. 1re, 18 oct. 1953 : *JCP 1953. II. 7761* (contrat de généalogiste). ♦ V. aussi • Civ. 1re, 9 nov. 1999 : *Bull. civ. I, n° 293* (nullité d'un contrat d'assurance pour absence d'aléa).

5. Cause et économie du contrat

91. Absence de cause résultant de l'impossibilité d'exécuter le contrat selon l'économie voulue par les parties. Est nul pour absence de cause le contrat de location de cassettes vidéo pour l'exploitation d'un commerce, dès lors que l'exécution du contrat selon l'économie voulue par les parties était impossible, situation démontrant l'absence de contrepartie réelle. • Civ. 1re, 3 juill. 1996 : *Bull. civ. I, n° 286 ; D. 1997. 500, note Reigné ; Defrénois 1996. 1015, obs. Delebecque ; JCP 1997. I. 4015, n° 4, obs. Labarthe.* ♦ Est sans portée la clause contractuelle stipulée en contradiction avec l'économie générale d'une convention. • Com. 15 févr. 2000 : *Bull. civ. IV, n° 29 ; D. 2000. Somm. 364, obs. Delebecque ; JCP 2000. I. 272, n° 9, obs. Constantin ; Banque et Droit sept.-oct. 2000. 44, obs. Rontchevsky* (clause écartant l'indivisibilité entre un contrat de prestations de publicité et un contrat de financement, le premier étant la seule cause du second). ♦ Ne donne pas de base légale à sa décision, au regard de l'art. 1131 C. civ., la cour d'appel qui annule un contrat dit d'achat de bandes sonores, sans rechercher si, même sans se référer au contrat d'édition, le contrat de cession ne s'inscrivait pas dans le cadre d'une opération économique constituant un ensemble contractuel indivisible, de sorte qu'il ne pouvait être annulé pour absence de cause. • Civ. 1re, 13 juin 2006 : *Bull. civ. I, n° 306 ; D. 2007. 277, note Ghestin ; D. 2006. Pan. 2642, obs. Fauvarque-Cosson et Amrani Mekki ; Dr. et patr. sept. 2007. 88, obs. Stoffel-Munck ; RDC 2007. 256, obs. D. Mazeaud.*

6. Sanction des clauses conférant à un contractant un avantage dépourvu de contrepartie

92. Clause dite « réclamation de la victime » dans le contrat d'assurance. Le versement des primes pour la période qui se situe entre la prise d'effet du contrat d'assurance et son expiration a pour contrepartie nécessaire la garantie des dommages qui trouvent leur origine dans un fait qui s'est produit pendant cette période. Il s'ensuit qu'aboutissant à priver l'assuré du bénéfice de l'assurance en raison d'un fait qui ne lui est pas imputable et à créer un avantage illicite, comme dépourvu de cause, au profit du seul assureur ayant perçu sans contrepartie les primes, doit être réputée non écrite la stipulation de la police selon laquelle le dommage est garanti seulement si la réclamation de la victime a été formulée pendant la période de validité du contrat. • Civ. 1re, 19 déc. 1990 : *Bull. civ. I, n° 303 ; JCP 1991 II. 21656, note J. Bigot.* ♦ V. aussi • Civ. 1re, 16 déc. 1997 : *Bull. civ. I, n° 370 ; D. 1998. 287, note Y. Lambert-Faivre ; JCP 1998. I. 144, n° 26, obs. G. Viney.*

93. Dates de valeur dans une convention de compte bancaire. Est sans cause la perception par le banquier d'intérêts par le jeu des dates de valeur sur les remises et retraits d'espèces, sur un compte bancaire, ces opérations n'impliquant pas que, même pour le calcul des intérêts, les dates de crédit ou de débit soient différées ou avancées. • Com. 6 mars 1993 : *Bull. civ. IV, n° 138 ; D. 1993. 310, note Ch. Gavalda .* ♦ V. aussi • Com. 10 janv. 1995 : *Bull. civ. IV, n° 8.*

7. Sanction de l'absence de cause

94. Caractère relatif de la nullité pour absence de cause. La demande en nullité du contrat pour défaut de cause ne vise que la protection des intérêts de la partie demanderesse, de sorte que cette nullité relative est soumise à la prescription de cinq ans. • Civ. 1re, 20 févr. 2001 : *Bull. civ. I, n° 39* • Civ. 3e, 29 mars 2006 : *D. 2007. 477, note Ghestin ; RJDA 2006, n° 1106 ; RDC 2006. 1072, obs. D. Mazeaud.* ♦ V. déjà en ce sens • Civ. 1re, 9 nov. 1999 : *Bull. civ. I, n° 293* (nullité relative du contrat d'assurance en cas d'absence d'aléa).

Sur la sanction de la fausse cause, V. • Civ. 1re, 11 mars 2003 : *préc. note 85.*

c. Sanction des clauses contredisant une obligation essentielle du contrat

95. Clause limitative de responsabilité contredisant la portée d'une obligation essentielle. BIBL. Albertini, *JCP E 2012, n° 1760* (validité et efficacité des clauses limitatives de responsabilité entre professionnels). ♦ Viole l'art. 1131 C. civ., la cour d'appel qui fait application d'une clause limitative de responsabilité, alors qu'en raison du manquement du débiteur à une obligation essentielle (en l'occurrence obligation de célérité), cette stipulation, qui contredit la portée de l'engagement pris, doit être réputée non écrite. • Com. 22 oct. 1996, *Affaire Chronopost : Bull. civ. IV, n° 261 ; D. 1997. 121, note A. Sériaux ; D. 1997. Somm. 175, obs. Ph. Delebecque ; JCP 1997. II. 22881, note D. Cohen ; GAJC II, n° 156* (V. sur renvoi, • Caen, 5 janv. 1999 : *D. 2000. Somm. 294, obs. B. Mercadal ; JCP 2000. I. 1999, n° 14, obs. G. Viney*) • 9 juin 2009 : *RJDA 2009, n° 811.* ♦ Ne donne pas de base à sa décision au regard de l'art. 1131 C. civ., une cour d'appel, qui, pour débouter l'expéditeur de sa demande d'indemnisation, à la suite de la perte des marchandises pendant le transport, n'a pas recherché si la clause limitative d'indemnisation dont se prévalait la société Chronopost, qui n'était pas prévue par un contrat-type établi par décret, ne devait pas être réputée non écrite par l'effet d'un manquement du transporteur à une obligation essentielle du contrat. • Com. 30 mai 2006 : *cité note 6 ss. art. L. 133-8 C. com.* ♦ Ayant relevé que la clause litigieuse limitait l'indemnisation pour la seule coupure inopinée de courant, sauf en cas de faute lourde du fournisseur, la cour d'appel a pu retenir que cette stipulation n'avait pas pour effet de vider de toute substance l'obligation essentielle de fourniture d'électricité, caractérisant ainsi l'absence de contrariété entre ladite clause et la portée de l'engagement souscrit. • Com. 18 déc. 2007 : *Bull. civ. IV, n° 265 ; D. 2008. AJ 154, obs. Delpech ; RTD civ. 2008. 310, obs. Jourdain ; JCP 2008. I. 125, n° 14, obs. Stoffel-Munck ; RJDA 2008, n° 371 ; RLDA juin 2008. 37, note Boillot ; RCA 2008, n° 94.* – Sur cet arrêt, V. aussi D. Mazeaud, *D. 2008. 1776* (clauses limitatives de réparation : les quatre saisons).

d. Contrôle de la licéité de la cause

96. Notion de cause illicite. La cause est illicite quand elle est contraire à l'ordre public, sans qu'il soit nécessaire qu'elle soit prohibée par la loi. • Civ. 4 déc. 1929 : *DH 1930. 50 ; GAJC II, n° 8* (nullité d'un contrat tentant à l'exploitation des malades au moyen d'une publicité intense et par l'emploi de qualificatifs destinés à impressionner le public).

97. Cause illicite et réglementation particulière. Les dispositions du code de commerce (art. L. 223-19, al. 4) mettant à la charge du gérant d'une SARL les conséquences préjudiciables d'une convention non autorisée par l'assemblée des associés, ne font pas obstacle à la poursuite de la nullité pour illicéité de la cause d'un contrat conclu par la société. • Com. 22 mai 2001 : *Bull. Joly 2001. 988, note F.-X. Lucas ; RTD civ. 2002. 90, obs. J. Mestre et B. Fages.*

98. Sanction. Un contrat peut être annulé pour cause illicite ou immorale lorsque l'une des parties n'a pas eu connaissance du caractère illicite ou immoral du motif déterminant de la conclusion du contrat. • Civ. 1re, 7 oct. 1998 : *Bull. civ. I, n° 285 ; D. 1999. Somm. 110, obs. Delebecque ; CCC 1999, n° 1, note Leveneur ; GAJC II 2008. 130, note Terré et Lequette* • 1er mars 2005 : *CCC 2005, n° 124, obs. Leveneur ; RJDA 2005, n° 785.* ♦ Mais en cas d'accord concerté, la cause illicite ne permet pas de se soustraire à la restitution (consécutive à la caducité d'une promesse de vente sous seing privé). • Civ. 3e, 25 févr. 2004 : *D. 2005. 2205, note Tchendjou ; RDC 2004. 635, obs. Mazeaud, et 689, obs. Brun ; RTD civ. 2004. 279, obs. Mestre et Fages ; RJDA 2004, n° 799.* ♦ La cause illicite d'une obligation ne fait pas obstacle à l'action en répétition résultant de la nullité d'un acte de prêt qui a pour effet de remettre les parties dans la situation initiale. • Com. 3 oct. 2006 : *JCP 2006. IV. 3105 ; RJDA 2007, n° 193.*

99. Illustrations. Il résulte des dispositions de l'art. 1133 C. civ., déclarant que la cause est illicite quand elle est prohibée par la loi ou contraire à l'ordre public, et des dispositions de la réglementation boursière, qu'une société ne peut, par un procédé quelconque, faire échec, ou tenter de faire échec à l'offre publique qu'elle a été tenue d'initier. • Décis. COB, 11 avr. 1995 : *Bull. Joly Bourse 1995. 386 et 365. chron. Rontchevsky ; RTD civ. 1996. 151, obs. Mestre.* ♦ Est illicite la cause d'une convention tendant à l'exercice d'un trafic d'influence. • Paris, 30 sept. 1993 : *RTD civ. 1994. 96, obs. Mestre.* ♦ Toute clause qui tend à réduire la durée de la garantie de l'assureur à un temps inférieur à la durée de la responsabilité de l'assuré est génératrice d'une obligation sans cause, comme telle illicite et réputée non écrite. • Civ. 1re, 2 juin 2004 : *Bull. civ. I, n° 155 ; D. 2004. IR 1708 ; RDC 2004. 927, obs. D. Mazeaud.* ♦ En revanche, n'est pas nulle comme ayant une cause contraire aux bonnes mœurs la libéralité consentie à l'occasion d'une relation adultère. • Cass., ass. plén., 29 oct. 2004 : *Bull. civ., n° 12 ; D. 2004. 3175, note Vigneau ; AJ fam. 2005. 23, obs. Bicheron ; JCP 2004. II. 10011, note Chabas ; Defrénois 2004. 1732, note Libchaber ; ibid. 2005. 234, obs. S. Piedelièvre ; CCC 2005, n° 40, obs. Leveneur ; RTD civ. 2005. 104, obs. Hauser ; LPA 7 juin 2005, note Pimont ; Gaz. Pal. 2004. 3786, avis Allix.* – V. sur la question, *RDC 2005. 1273* (que reste-t-il des bonnes mœurs en droit des contrats ?).

3° PROHIBITION DES CLAUSES ABUSIVES (art. L. 132-1 C. consom.)

100. V. v° *Ventes commerciales (Dispositions générales).*

101. Exclusion des contrats en rapport direct avec l'activité professionnelle. Un contractant ne peut se prévaloir des dispositions relatives aux clauses abusives (art. L. 132-1 C. consom.) lorsque le contrat qu'il a conclu a un rapport direct avec son activité professionnelle. Jurisprudence constante depuis • Civ. 1re, 24 janv. 1995 : *D. 1995. 327, note G. Paisant* (contrat de fourniture d'électricité passé entre un imprimeur et EDF). ♦ V. aussi • Civ. 1re, 17 nov. 1998 : *Bull. civ. I, n° 322 ; D. Affaires 1999. 372 ; CCC 1999, n° 21, note L. Leveneur* (contrat de crédit-bail conclu par le crédit-preneur dans le cadre de son activité professionnelle). ♦ L'existence d'un rapport direct entre le contrat conclu et l'activité professionnelle d'un contractant relève de l'appréciation souveraine des juges du fond. • Civ. 1re, 1er déc. 1998 : *Bull. civ. I, n° 339 ; D. 2000. Somm. 39, obs. J.-P. Pizzio.*

102. Exclusion des contrats conclus entre commerçants. La réglementation sur les clauses abusives ne trouve pas à s'appliquer lorsque la clause litigieuse figure dans un contrat conclu entre deux commerçants dans le cadre de leurs relations professionnelles habituelles. • Com. 23 nov. 1999 : *Bull. civ. IV, n° 210 ; CCC 2000, n° 40, note L. Leveneur ; JCP 2000. II. 10326, note J.-P. Chazal.*

103. Sanction. Sur la prohibition dans les contrats conclus entre professionnels des clauses contredisant une obligation essentielle ou procurant un avantage illicite comme dépourvu de cause, V. notes 92 et 93.

4° CONFORMITÉ DU CONTRAT À L'ORDRE PUBLIC

104. Interdiction de déroger aux règles d'ordre public. Il ne peut être dérogé ni par voie d'usage, ni par des conventions particulières aux règles qui intéressent l'ordre public. • Com. 17 oct. 1995 : *Bull. civ. IV, n° 245* (cassation de la décision ayant écarté l'application d'un texte d'ordre public, imposant un prix minimum, en se fondant sur l'existence d'un usage en vigueur dans une branche d'activité selon lequel les rapports entre les parties sont régies sur la base d'accords de gré à gré).

105. Nullité du contrat contraire à une règle d'ordre public. La violation d'une règle intéressant l'ordre public entraîne la nullité du contrat en application de l'art. 6 C. civ. Viole ce texte et les dispositions d'ordre public relatives à la vente à crédit, dont l'application peut être demandée par toute personne y ayant intérêt, la cour d'appel qui déboute un établissement de crédit de sa demande en nullité des contrats de vente et de financement aux motifs qu'il était étranger au contrat de vente, de même que le vendeur était étranger au contrat de financement. • Com. 1er mars 1983 : *Bull. civ. IV, n° 93.* ♦ La seule méconnaissance par un établissement de crédit de l'exigence d'agrément, au respect de laquelle l'art. 15 de la L. n° 84-46 du 24 janv. 1984, devenu les art. L. 511-10, L. 511-14 et L. 612-2 C. mon. fin., subordonne l'exercice de son activité, n'est pas de nature à entraîner la nullité des contrats qu'il a conclus. • Cass., ass. plén., 4 mars 2005 : *cité note 2 ss. art. L. 511-10 C. mon. fin., v° Banque et financement de l'entreprise.*

106. Renonciation à des dispositions d'ordre public de protection. S'il est interdit de renoncer par avance aux règles de protection établies par la loi sous le sceau de l'ordre public, il est en revanche permis de renoncer aux effets acquis de telles règles. • Civ. 1re, 17 mars 1998 : *Bull. civ. I, n° 120 ; JCP 1998. II. 10 148, note S. Piedelièvre* (à propos de la violation des dispositions du code de la consommation).

107. Prohibition des pratiques anticoncurrentielles. Sur la prohibition des conventions et clauses constitutives d'une entente ou d'un abus de puissance économique ou de dépendance économique, V. art. L. 420-1 à L. 420-3 C. com. ♦ Pour une illustration, V. • Com. 18 févr. 1992 : *Bull. civ. IV, n° 78 ; JCP E 1992. II. 344, note M. Béhar-Touchais ; RTD civ. 1992. 759, obs. J. Mestre* (nullité de la clause de restitution en nature de cuves, prêtées par une société pétrolière à un pompiste, en raison de son effet anticoncurrentiel).

108. Exercice illégal d'une activité réglementée. Lorsqu'un contrat de crédit-bail a été conclu en infraction à l'interdiction pesant sur toute personne autre qu'un établissement de crédit d'effectuer à titre habituel des opérations de crédit-bail, le crédit-preneur est recevable à exercer l'action en nullité dans la mesure où la règle violée protège non seulement l'intérêt général et celui des établissements de crédit, mais aussi celui du crédit-preneur. • Com. 19 nov. 1991 : *Bull. civ. IV, n° 347 ; RTD civ. 1992. 381, obs. J. Mestre.*

109. Manquement aux exigences d'un texte assorti d'une sanction pénale. La nullité d'un contrat ne saurait résulter du seul manquement aux exigences d'un texte assorti d'une infraction pénale. • Civ. 1re, 15 déc. 1998 : *Bull. civ. I, n° 366 ; RTD civ. 1999. 383, obs. J. Mestre.*

110. Contrôle de la conformité du contenu du contrat aux dispositions de la Conv. EDH. En vertu des dispositions de l'art. 8 Conv. EDH, toute personne a droit au respect de son domicile, et le libre choix du domicile personnel et familial est l'un des attributs de ce droit, de sorte qu'une restriction à cette liberté par l'employeur n'est valable qu'à la condition d'être indispensable à la protection des intérêts légitimes de l'entreprise et proportionnée, compte tenu de l'emploi occupé et du travail demandé, au but recherché. • Soc. 12 janv. 1999 : *Bull. civ. V, n° 7 ; RTD civ. 1999. 395, obs. J. Mestre.*

111. Violation de règles déontologiques. Les règles de déontologie, dont l'objet est de fixer les devoirs des membres de la profession, ne sont assorties que de sanctions disciplinaires et n'entraînent pas à elles seules la nullité des contrats conclus en infraction à leurs dispositions. • Civ. 1re, 5 nov. 1991 : *Bull. civ. I, n° 297 ; JCP E 1992. II. 255, note A. Viandier ; RTD civ. 1992. 383, obs. J. Mestre* (manquement déontologique d'un expert comptable). ♦ V. aussi • Civ. 1re, 30 mars 1994 : *Bull. civ. I, n° 125 ; RTD civ. 1995. 100, obs. J. Mestre* (manquement au statut du notariat).

112. Fraude à la loi. En vertu du principe *fraus omnia corrumpit*, une cour d'appel doit rechercher, lorsqu'elle y est invitée, si les actes incriminés (contrats de société et bail) ne procédaient pas d'une collusion entre ceux qui les avaient souscrits en vue de porter frauduleusement atteinte aux droits successoraux d'une personne. • Civ. 1re, 17 mars 1992 : *Bull. civ. I, n° 86 ; D. 1992. Somm. 401, obs. Ph. Delebecque.* ♦ Mais une cour d'appel ne peut annuler un contrat en raison d'une fraude à la loi sans constater que tous les contractants ont concouru à la fraude. • Com. 28 janv. 1998 : *Bull. civ. IV, n° 36* (demande de nullité d'un contrat de société en raison d'une fraude aux droits de l'épouse d'un associé). ♦ Une stipulation imposée par le bailleur à son locataire, faisant dépendre la validité d'un bail du maintien d'une clause d'indexation illicite, peut être considérée comme une fraude à la loi. Les juges peuvent dans ces conditions, estimer que l'annulation de la clause d'indexation n'entraîne pas la nullité du bail, même si les parties l'ont qualifiée de déterminante. • Civ. 3e, 6 juin 1972 : *D. 1973. 151, note Ph. Malaurie.*

IV. SANCTIONS DES CONDITIONS DE VALIDITÉ DU CONTRAT

A. INEXISTENCE DU CONTRAT

113. Absence d'un élément essentiel du contrat. Une vente nulle pour défaut de prix sérieux, qui serait dépourvue d'existence légale, n'est susceptible ni de prescription, ni de confirmation. • Civ. 16 nov. 1932 : *DH 1933. 4 ; S. 1934. 1. 1, note Esmein.* ♦ Le prix stipulé n'étant pas sérieux, l'acte était inexistant, ce qui pouvait être invoqué par tous ceux qui y avaient intérêt. • Civ. 1re, 20 oct. 1981 : *Bull. civ. I, no 301 ; D. 1983. 73, note Larroumet.* ♦ La vente consentie sans prix sérieux est affectée d'une nullité qui, étant fondée sur l'absence d'un élément essentiel de ce contrat, est une nullité absolue soumise à la prescription trentenaire de droit commun. • Com. 23 oct. 2007 : *Bull. civ. IV, no 226 ; D. 2008. 954, note Chantepie ; D. 2007. AJ 2812, obs. Delpech ; JCP E 2008, no 9, p. 35, note Lécuyer ; JCP 2008. I. 104, no 7, obs. Wintgen ; ibid. II. 10024, note Roget ; CCC 2008, no 65, obs. Leveneur ; LPA 6 févr. 2008, obs. Houtcieff ; Defrénois 2007. 1729, obs. Libchaber ; Banque et Droit nov.-déc. 2007. 66, obs. Stork ; Dr. et patr. juin 2008. 36, note Chauvel ; RJDA 2008, no 115 ; Dr. sociétés 2007, no 209, obs. Lécuyer ; RLDA janv. 2008. 13, obs. Faussurier ; Bull. Joly 2008. 90, note Couret.* ♦ L'existence, dans une vente, d'un prix qui n'est pas dérisoire, n'exclut pas l'existence d'une donation déguisée susceptible d'entraîner la nullité de la vente consentie. • Civ. 1re, 29 janv. 2002 : *Bull. civ. I, no 31 ; D. 2003. 2591, note Najjar.* ♦ Retenant exactement qu'aucun échange de consentement n'étant intervenu entre un établissement de crédit et un incapable majeur, il n'y a pas eu de contrat de prêt entre eux, le prêteur ne pouvait inscrire un gage sur l'automobile acquise avec les fonds qu'il avait versés, du chef d'un contrat inexistant. • Civ. 1re, 5 mars 1991 (1re esp.) : *D. 1993. 508, note Collet.* ♦ Mais il a été jugé qu'une société fictive est une société nulle et non inexistante. • Com. 16 juin 1992 (2e esp.) : *Bull. civ. IV, no 243 ; D. 1993. 508, note Collet.* ♦ Jugé également qu'un bail entaché du vice de perpétuité ne peut être considéré comme inexistant. • Civ. 3e, 15 déc. 1999 : *Bull. civ. III, no 242 ; CCC 2000, no 77, note Leveneur.*

B. NULLITÉ DU CONTRAT

1° DISTINCTION ENTRE NULLITÉ RELATIVE ET NULLITÉ ABSOLUE

a. Nullité relative

114. Protection d'un intérêt particulier. La nullité est relative lorsque la règle transgressée protège un intérêt individuel (incapacité, vice du consentement, absence de cause, règle d'ordre public de protection). La nullité ne peut alors être invoquée que par la personne protégée par la loi et est susceptible de disparaître en cas de confirmation. ♦ Ainsi, la nullité édictée par l'art. 1-2, al. 2 de la loi du 2 juill. 1966 (codifié à l'art. L. 313-9, al. 2, C. mon. fin., sanctionnant l'absence d'une faculté effective de résiliation anticipée dans les contrats de crédit-bail immobilier) destinée à protéger les droits du crédit-preneur est relative et relève des dispositions de l'art. 1304 C. civ. • Civ. 3e,15 mai 1996 : *Bull. civ. III, no 116* • 4 oct. 2000 : *Bull. civ. III, no 157 ; Banque et Droit nov.-déc. 2000. 45, obs. N. Rontchevsky.* ♦ Considérant que les dispositions d'ordre public relatives à l'usure et celles de l'art. 1907 C. civ. qui imposent respectivement la mention ou la fixation écrite du taux effectif global ou du taux de l'intérêt conventionnel ont été édictées dans le seul intérêt de l'emprunteur, de sorte que leur violation est sanctionnée par la nullité relative de la reconnaissance de l'obligation de payer des intérêts conventionnels, V. • Com. 29 mars 1994 : *Bull. civ. IV, no 134 ; RJ com. 1994. 234, note F. Grua.*

115. Titulaire de l'action en nullité relative. La nullité relative ne peut être invoquée que par la personne que la loi a entendu protéger. La nullité édictée par l'art. 1-2, al. 2 de la loi du 2 juill. 1966, en matière de crédit-bail immobilier (aujourd'hui art. L. 313-9, al. 2, C. mon. fin.) est une nullité relative, de sorte qu'un tiers n'est pas recevable à remettre en cause le contrat. • Civ. 3e, 28 mars 2001 : *Bull. civ. III, no 39 ; Banque et Droit juill.-août 2001. 58, obs. N. Rontchevsky* (irrecevabilité de l'action en nullité engagée par l'associé de la société civile immobilière ayant conclu le contrat de crédit-bail immobilier).

116. Prescription de l'action en nullité relative. Dès lors qu'une nullité est relative et relève des dispositions de l'art. 1304 C. civ., le point de départ de la prescription quinquennale ne peut être fixé (en l'absence d'une disposition particulière) à une date différente de celle de la conclusion de l'acte. • Civ. 3e, 4 oct. 2000 : *Bull. civ. III, no 157 ; Banque et Droit nov.-déc. 2000. 45, obs. N. Rontchevsky.*

b. Nullité absolue

117. Protection de l'intérêt général. La nullité est absolue lorsque la règle transgressée protège l'intérêt général. ♦ Tel est le cas d'une indexation prohibée par la loi, qui, atteinte d'une nullité absolue, n'est susceptible ni de confirmation, ni de ratification : • Com. 3 nov. 1988 : *Bull. civ. IV, n° 287 ; D. 1989. 93, note Malaurie.*

118. Titulaire de l'action en nullité absolue. La nullité d'un contrat peut être demandée par toute personne invoquant un droit contraire à celui né du contrat irrégulier. • Com. 1er mars 1983 : *Bull. civ. IV, n° 93* (nullité d'un contrat de vente conclu en infraction à la réglementation du crédit demandée par l'établissement de crédit).

119. Prescription de l'action en nullité absolue. L'action en nullité absolue d'un contrat se prescrit par 30 ans. • Civ. 3e, 15 déc. 1999 : *Bull. civ. III, n° 242 ; CCC 2000, n° 77, note L. Leveneur* (contrat de bail entaché d'un vice de perpétuité).

2° EXCEPTION DE NULLITÉ

120. Domaine. Si l'exception de nullité est en principe perpétuelle, elle peut seulement jouer pour faire échec à la demande d'exécution d'un contrat qui n'a pas été exécuté. • Civ. 1re, 1er déc. 1998 : *Bull. civ. I, n° 338* (prêt) • Com. 6 juin 2001 : *Bull. civ. IV, n° 113* (prêt) • Civ. 3e, 30 janv. 2002 : *cité note 7 ss. art. L. 313-9 C. mon. fin., v° Banque et financement de l'entreprise* • Civ. 1re, 25 mars 2003 : *Bull. civ. I, n° 88 ; D. 2003. IR 1077 ; JCP E 2003, n° 23, p. 930 ; Banque et Droit juill.-août 2003. 66, obs. Bonneau ; RJDA 2004, n° 212* (prêt) • Civ. 3e, 9 juill. 2003 : *Bull. civ. III, n° 149 ; RJDA 2003, n° 923* (bail). ♦ ... Pour se déterminer ainsi, il convient toutefois de rechercher si la nullité invoquée est une nullité relative, alors que seule une telle qualification la rend inopposable en cas d'exécution de l'obligation découlant de l'acte. • Civ. 1re, 20 mai 2009 : *Bull. civ. I, n° 96 ; D. 2009. AJ 1479, obs. Gallmeister ; D. 2010. Pan. 231, obs. Amrani Mekki ; Gaz. Pal. 2010. 290, obs. Houtcieff ; RJDA 2010, n° 325 ; RDC 2009. 1348, note Genicon.* ♦ Mais il a été jugé que le principe selon lequel la prescription d'une action en nullité n'éteint pas le droit d'opposer celle-ci comme exception en défense à une action principale permet à un preneur d'opposer au bailleur la nullité d'un bail signé en violation de dispositions d'ordre public du droit des sociétés, alors même que l'action en nullité n'aurait pas été exercée dans le délai de prescription. • Civ. 3e, 2 déc. 1998 : *Bull. civ. III, n° 226 ; RTD civ. 1999. 617, obs. Mestre.*

3° EFFETS DE LA NULLITÉ

a. Étendue de la nullité

121. Nullité intégrale ou partielle du contrat comportant une clause irrégulière. Critère. La jurisprudence prononce la nullité intégrale du contrat comportant une clause irrégulière lorsque celle-ci a été la condition impulsive et déterminante de l'acte. Il a ainsi été jugé qu'une vente dont le prix payable à terme était indexé sur l'or devait être intégralement annulée, dès lors qu'aux termes de l'art. 1172 C. civ., toute condition prohibée par la loi est nulle et rend nulle la convention qui en dépend, et qu'il en est ainsi, au moins, lorsque la clause illicite a été, dans l'esprit des parties, une condition essentielle de leur accord de volonté et que sa suppression aurait pour conséquence de bouleverser l'économie du contrat, la cour d'appel relevant que dans la commune intention des parties, la clause illicite présentait bien un caractère impulsif et déterminant. • Civ. 1re, 24 juin 1971 : *Bull. civ. I, n° 405 , JCP 1972. II. 17191, note J. Ghestin.* ♦ Considérant que doit être censuré l'arrêt qui décide que la nullité d'une clause d'indexation contenue dans un contrat de location-gérance d'un fonds de commerce ne s'étend pas à ce dernier, alors qu'une de ses stipulations précisait que chacune de ses clauses constituait une condition déterminante du contrat sans laquelle les parties n'auraient pas contracté, V. • Com. 27 mars 1990 : *Bull. civ. IV, n° 93 ; D. 1991. 289, note F.-X. Testu ; RTD civ. 1991. 112, note J. Mestre.* ♦ La jurisprudence décide cependant souvent que la clause selon laquelle l'annulation d'une stipulation devra entraîner l'annulation de l'intégralité du contrat est frauduleuse ou illicite et doit être réputée non écrite. Il a ainsi été jugé qu'une stipulation, imposée par le bailleur à son locataire, faisant dépendre la validité d'un bail du maintien d'une clause d'indexation illicite, peut être considérée comme une fraude à la loi, et les juges du fond peuvent, dans ces conditions, estimer que l'annulation de la clause d'indexation n'entraîne pas la nullité du bail, même si les parties l'ont qualifiée de déterminante. • Civ. 3e 6 juin 1972 : *D. 1973. 151, note Ph. Malaurie.* ♦ De même, après avoir relevé que la clause de fourniture exclusive de bière, générale et absolue stipulée dans un bail, portait atteinte au droit au renouvellement en assurant au bailleur, en raison de la menace d'annulation du bail tout entier, la pérennité d'une stipulation interdite par une disposition d'ordre public, une cour d'appel a décidé, à bon droit, nonobstant le fait que les parties étaient convenues que cette clause était essentielle, que son annulation ne devait pas entraîner celle du bail. • Civ. 3e, 31 janv. 2001 : *RJDA 2001, n° 428 ; JCP 2001. I. 354, n° 1, obs. Y.-M. Serinet.*

122. Substitution d'une clause licite à une clause illicite. Une cour d'appel, recherchant la commune intention des parties, a souverainement retenu que leur volonté a essentiellement porté sur le principe de l'indexation et que la stipulation du choix de l'indice en constituant une application, il y avait lieu de substituer à l'indice annulé, un indice admis par la loi. • Civ. 3e, 22 juill. 1987 : *Bull. civ. III, n° 151.* ♦ V. aussi • Lyon, 9 juill. 1990 : *D. 1991. 47, note Ph. Malaurie.*

123. Clause réputée non écrite. La jurisprudence déclare non écrites les clauses contractuelles donnant à l'une des parties un avantage illicite, tel qu'un avantage dépourvu de contrepartie ou qui sont contraires à l'économie ou à une obligation essentielle du contrat. Jugé que doit être réputée non écrite la stipulation d'une police d'assurance aboutissant à priver l'assuré du bénéfice de l'assurance en raison d'un fait qui ne lui est pas imputable et à créer un avantage illicite, comme dépourvu de cause, au profit du seul assureur ayant perçu sans contrepartie les primes. • Civ. 1re, 19 déc. 1990 : *Bull. civ. I, n° 303 ; JCP 1991. II. 21656, note J. Bigot.* ♦ La clause limitative de responsabilité qui contredit l'obligation essentielle du contrat doit être réputée non écrite par application de l'art. 1131 C. civ. • Com. 22 oct. 1996 : *Bull. civ. IV, n° 261 ; D. 1997. 121, note A. Sériaux ; D. 1997. Somm. 175, obs. Ph. Delebecque ; JCP 1997. II. 22881, note D. Cohen ; GAJC II, n° 156.* ♦ Est sans portée la clause contractuelle stipulée en contradiction avec l'économie générale d'une convention. • Com. 15 févr. 2000 : *Bull. civ. IV, n° 29 ; Banque et Droit sept.-oct. 2000. 44, obs. N. Rontchevsky.*

b. Rétroactivité de la nullité

124. Effacement rétroactif du contrat. La nullité, qu'elle soit invoquée par voie d'action ou par voie d'exception, emporte, en principe, l'effacement rétroactif du contrat. • Civ. 1re, 16 juill. 1998 : *Bull. civ. I, n° 251 ; D. 1999. 361, note P. Fronton.* ♦ Il est de principe que l'annulation d'un contrat qui a investi une personne de la propriété d'un immeuble entraîne l'annulation de tous les droits réels que cette même personne a concédés sur ledit immeuble. • Req. 13 févr. 1900 : *S. 1900. 1. 449, note Tissier* (nullité de l'hypothèque consentie par le propriétaire dont le titre a été ultérieurement annulé).

c. Restitutions

125. Principe : remise en état en nature ou par équivalent. Dans le cas où un contrat nul a cependant été exécuté, les parties doivent être remises dans l'état dans lequel elles se trouvaient avant cette exécution, et lorsque cette remise en état se révèle impossible, la partie qui a bénéficié d'une prestation qu'elle ne peut restituer doit s'acquitter du prix correspondant à cette prestation. Une cour d'appel qui, après avoir retenu la vileté d'un prix de la vente d'arbres plantés, constate que l'acheteur en a pris livraison et qu'ainsi la restitution en nature est impossible, décide exactement que le vendeur est en droit d'obtenir paiement de la valeur réelle des arbres livrés. • Civ. 1re, 16 mars 1999 : *Bull. civ. I, n° 95.* ♦ Les restitutions réciproques, conséquences nécessaires de la nullité d'un contrat de vente, peuvent être exécutées en nature ou en valeur, de sorte qu'en l'état de ventes successives, encourt la cassation l'arrêt qui, après avoir prononcé la nullité de la dernière vente, décide que le dernier vendeur était irrecevable à demander à son tour la nullité de la vente, au motif que celui-ci, qui avait repris possession du véhicule, l'avait revendu à un tiers et qu'il était désormais dans l'impossibilité d'en assurer la restitution à son vendeur. • Civ. 1re, 11 juin 2002 : *Bull. civ. I, n° 163 ; D. 2002. 3108, note Rakotovahiny ; CCC 2002, n° 156, obs. Leveneur ; RTD civ. 2003. 284, obs. Mestre et Fages.* ♦ En cas d'annulation d'un bail pour un motif étranger au comportement du preneur, l'indemnité d'occupation due représente la contrepartie de la jouissance des lieux. • Civ. 3e, 1er juill. 1987 : *Bull. civ. III, n° 134.* ♦ En cas d'exécution de contrats nuls, les parties doivent être remises dans l'état où elles étaient auparavant par restitution des prestations réciproquement exécutées. Dans une telle situation, une société pétrolière qui avait conclu un contrat de fournitures de carburants et lubrifiants et deux contrats de prêt ne peut être tenue de verser à la partie qui avait contracté avec elle une rémunération ou une indemnisation de pertes d'exploitation sans lien avec la fourniture des produits livrés. • Com. 24 sept. 2003 : *Bull. civ. IV, n° 138 ; JCP 2004. II. 10026, note Kéita.* ♦ L'annulation d'une cession d'actions confère au vendeur, dans la mesure où la remise des actions en nature n'est plus possible, le droit d'en obtenir la remise en valeur au jour de l'acte annulé. • Com. 14 juin 2005 : *Bull. civ. IV, n° 130 ; D. 2005. AJ 1775, obs. Lienhard ; RTD civ. 2005. 778, obs. Mestre et Fages ; Rev. sociétés 2006. 66, note Mathey ; JCP E 2005, n° 50, p. 2159, obs. Caussain, Deboissy et Wicker ; JCP E 2006, n° 9, p. 427, note Wintgen ; Dr. sociétés 2005, n° 158, obs. Hovasse ; Bull. Joly 2005. 1400, obs. Le Cannu ; RJDA 2006, n° 279.*

126. Particularisme du contrat réel. Tant que les parties n'ont pas été remises en l'état antérieur à la conclusion de leur convention annulée, l'obligation de restituer inhérente au contrat de prêt demeure valable, et le cautionnement en considération duquel le prêt a été consenti subsiste tant que cette obligation valable n'est pas éteinte. • Com. 17 nov. 1982 : *Bull. civ. IV, n° 357 ; D. 1983. 572, note Contamine-Raynaud.* ♦ La solidarité passive stipulée au prêt conserve ses effets pour garantir les éventuelles restitutions consécutives à l'annulation du contrat. • Com. 3 oct. 2006 : *Bull. civ. IV, n° 203.*

127. Tempéraments. Viole l'art. 1371 C. civ. la cour d'appel qui, ayant constaté qu'une partie s'était rendue coupable d'un dol, n'en déduit pas que cette faute la prive de l'action *de in rem verso*. • Com. 19 mai 1998 : *Bull. civ. IV, n° 160.* ♦ En présence des turpitudes réciproques des deux parties (vendeur d'un fonds de commerce poursuivi pour proxénétisme et acquéreur connaissant cette situation), il y a lieu de déclarer d'office irrecevable la demande en garantie de l'une dirigée contre l'autre. • Com. 27 avr. 1981 : *Bull. civ. IV, n° 187 ; D. 1982. 51, note le Tourneau ; RTD civ. 1982. 418, obs. Chabas.*

128. Responsabilité civile délictuelle du cocontractant qui avait connaissance de la cause de nullité. Celui qui contracte en connaissant les vices du contrat peut engager sa responsabilité délictuelle sur le fondement de l'art. 1382 C. civ. et peut être tenu de payer des dommages-intérêts à son cocontractant si celui-ci ignorait la cause de nullité du contrat et si l'annulation lui a causé un préjudice. ♦ Il a ainsi été jugé qu'un franchiseur doit payer des dommages-intérêts à un franchisé en raison de l'annulation du contrat qui comportait des engagements manifestement potestatifs de la part du franchiseur. • Paris, 1er déc. 1989 : *D. 1990. IR 19.* ♦ Jugeant que la nullité d'un contrat pour insanité d'esprit n'exclut pas l'action en responsabilité contre le contractant dont la faute a été caractérisée : • Civ. 1re, 28 janv. 2003 : *Dr. et patr. janv. 2004. 84, obs. Chabas.*

V. EFFETS DU CONTRAT ENTRE LES PARTIES

A. DÉTERMINATION DU CONTENU DU CONTRAT

1° INTERPRÉTATION DU CONTRAT (art. 1135 et 1156 à 1164 C. civ.)

a. Pouvoirs des juges du fond

129. Pouvoir souverain d'interprétation des juges du fond. Les juges du fond ont un pouvoir souverain pour apprécier les clauses d'un contrat. • Cass., sect. réun., 2 févr. 1808, *arrêt Lubert : GAJC II, n° 159* (à propos d'un contrat de société). ♦ La méconnaissance par les juges du fond d'une directive d'interprétation des contrats (art. 1156 à 1164 C. civ.) ne saurait à elle seule donner ouverture à cassation. • Com. 19 janv. 1981 : *Bull. civ. IV, n° 34.*

130. Réserve de la dénaturation. Il n'est pas permis aux juges du fond, lorsque les termes d'une convention sont clairs et précis, de dénaturer les obligations qui en résultent et de modifier les stipulations qu'elle renferme. • Civ. 15 avr. 1872 : *S. 1872. 1. 232 ; GAJC II 2008. 156, note Terré et Lequette.* ♦ V. aussi • Civ. 1re, 12 juin 2001 : *Bull. civ. I, n° 172 ; Banque et Droit sept.-oct. 2001. 43, obs N. Rontchevsky* (cassation d'un arrêt pour dénaturation de la clause d'un cautionnement relative à sa durée).

b. Obligations d'origine prétorienne

131. Obligations de renseignement et de conseil. Manque à son obligation de renseignement le professionnel qui vend à un bijoutier un système d'alarme non conforme aux prescriptions des compagnies d'assurance, sans informer son client sur les conséquences de son achat au regard de la couverture du risque de vol. • Com. 25 mai 1993 : *Bull. civ. IV, n° 211 ; D. 1994. Somm. 10, obs. J. Kullmann.* ♦ Mais une banque ne manque pas à son devoir d'information à l'égard d'une société importante, habituée au négoce international, qui était apte à mesurer les conséquences d'une garantie autonome. • Com. 3 mai 2000 : *Bull. civ. IV, n° 90 ; Banque et Droit juill.-août 2000. 55, obs. A. Prüm et N. Rontchevsky.* ♦ V. également considérant qu'une banque n'a pas d'obligation de conseil à l'égard d'un client averti ayant une grande maîtrise des opérations boursières. • Com. 18 févr. 1997 : *Bull. civ. IV, n° 51.* ♦ A l'égard d'un acheteur professionnel, l'obligation d'information du fabricant n'existe que dans la mesure où la compétence de cet acheteur ne lui donne pas les moyens d'apprécier la portée exacte des caractéristiques techniques des biens qui lui sont livrés. • Civ. 1re, 3 juin 1998 : *Bull. civ. I, n° 198 ; D. Affaires 1998. 1172, obs. J. F.*

132. Obligation de sécurité juridique. Considérant qu'une agence de publicité doit conseiller utilement son client sur le plan de la sécurité juridique et qu'elle doit, en conséquence, obtenir de l'auteur du modèle choisi pour une maquette publicitaire, l'autorisation nécessaire pour permettre une exploitation sans risque de celle-ci par son client, V. • Com. 30 nov. 1993 : *Bull. civ. IV, n° 445.*

c. Usages

RÉP. COM. V° *Usages commerciaux*, par SALAH.

133. Reconnaissance d'un usage. BIBL. Terré, Le code de commerce 1807-2007, Livre du bicentenaire, *Dalloz, 2007, p. 37* (coutume et commerce). – Mousseron, *RJ com. 2011. 21* (faut-il dissocier les usages du commerce international des usages du commerce ?). – Chassot, *Cah. just. 1/2011. 89* (quelle place pour la coutume dans un monde globalisé ?). – Bourdeau, *RJDA 2011. 459* (l'invocabilité des usages professionnels en matière contractuelle). – Dossier, *Journ. sociétés nov. 2011. 11* (les usages professionnels). ♦ Les juges du fond apprécient souverainement l'existence et la portée d'un usage professionnel général s'imposant aux parties à un contrat à défaut de conventions contraires. • Com. 25 janv. 1972 : *D. 1972. 423.*

134. Usage général commun à tous les commerçants. Justifie légalement sa décision, la cour d'appel qui, procédant à l'interprétation d'une offre de cession d'entreprise, laquelle ne portait pas la mention hors taxes ou toutes taxes comprises, retient que, selon un usage constant entre commerçants, les prix s'entendent hors taxes, sauf convention contraire. • Com. 9 janv. 2001 : *Bull. civ. IV, n° 8 ; CCC 2001, n° 70 (1re esp.), note Leveneur.* ♦ Sur la prise en compte « d'usages en vigueur dans les réseaux de distribution » permettant de considérer que le fournisseur qui a pris une participation minoritaire au capital d'un distributeur peut en être exclu en cas de résiliation du contrat de distribution même en l'absence de clause d'exclusion dans les statuts, V. • Grenoble, 16 sept. 2010 : *JCP E 2011, n° 1267, note Mousseron.*

135. Usage particulier. En l'état de ses constatations selon lesquelles les parties à un contrat étaient des professionnels exerçant dans le même secteur d'activité, justifie légalement sa décision au regard des art. 1134 et 1135 C. civ. la cour d'appel qui, après avoir relevé qu'un usage, établi par les attestations d'une chambre des métiers, laisse la propriété d'un outil conçu spécialement à son fabricant, retient que le maître de l'ouvrage ne peut se prévaloir de sa propriété. • Com. 9 janv. 2001 : *Bull. civ. IV, n° 9 ; CCC 2001, n° 70 (2e esp.), note Leveneur.* ♦ Mais les juges du fond ne sauraient faire application d'un usage prévu par le contrat type *applicable aux professionnels* de la publicité et à leurs partenaires habituels sans vérifier que l'annonceur était informé de cet usage et que son comportement indiquait qu'il y avait adhéré. • Com. 16 déc. 1997 : *Bull. civ. IV, n° 339 ; D. Affaires 1998. 146, obs. J. F.* • Versailles, 6 mai 2003 : *RJDA 2003, n° 1133* (partenaire occasionnel). ♦ L'envoi par le courtier au vendeur et à l'acheteur de la « lettre de confirmation » sans qu'il y ait de leur part un accord formel équivaut, suivant l'usage ancien et constant en Bordelais, à une vente parfaite, sauf protestation dans un bref délai fixé par les usages loyaux et constants de la profession à 48 heures de la réception de cette lettre. • Com. 13 mai 2003 : *Bull. civ. IV, n° 82 ; D. 2004. 414, note Bahans et Menjucq ; JCP E 2004, n° 11, p. 421, obs. Masquefa-Neazu-Leduc ; CCC 2003, n° 124, obs. Leveneur ; RTD civ. 2003. 727, obs. Gautier ; RJDA 2003, n° 1038.* ♦ Sur les usages en matière de calcul de l'indemnité d'éviction, V. • Civ. 3e, 17 déc. 2003 : *Bull. civ. III, n° 237 ; D. 2004. AJ 213, obs. Rouquet ; JCP E 2004, n° 8-9, p. 299 ; RJDA 2004, n° 280.* – V. aussi note ss. art. L. 145-14 C. com. au **C. baux**.

136. Valeur d'un usage. Un usage bancaire ne saurait prévaloir contre des dispositions d'ordre public. • Com. 18 mars 1997 : *CCC 1997, n° 124, note G. Raymond* (calcul du taux effectif global). ♦ Afin de vérifier si le lieu de livraison est déterminé en vertu du contrat au sens de l'art. 5 du Règl. CE n° 44/2001 du 22 déc. 2000, la juridiction nationale saisie doit prendre en compte tous les termes et toutes les clauses pertinents de ce contrat qui sont de nature à désigner de manière claire ce lieu, y compris les termes et les clauses généralement reconnus et consacrés par les usages du commerce international, tels que les Incoterms. • CJUE 9 juin 2011 : *D. 2011. Pan. 2434, obs. d'Avout ; ibid. Actu. 1694, obs. Delpech ; RTD com. 2011. 813, obs. Marmisse-d'Abbadie d'Arrast ; ibid. 2012. 213, obs. Delebecque ; JCP E 2011, n° 1702, note Martel ; ibid., n° 1745, spéc. n° 7, obs. Nourissat ; RJDA 2011, n° 759 ; RLDA oct. 2011. 63, note Radtke ; RLDA nov. 2011. 63, note Combet ; RJ com. 2011. 565, note Berlioz ; Procédures 2011, n° 304, obs. Nourissat ; Europe 2011, n° 335, obs. Idot ; RDC 2012. 173, note Treppoz.* ♦ Sur la reconnaissance d'un usage mais son inapplication par le juge faute d'avoir été repris dans une clause contractuelle, V. • Civ. 3e, 26 mars 2013 : *JCP E 2013, n° 1344, note Mousseron.*

2° QUALIFICATION DU CONTRAT

137. Contrôle de la Cour de cassation. La qualification du contrat est une opération de droit sur laquelle la Cour de cassation exerce son contrôle. ♦ Il appartient aux juges du fond de donner ou restituer son exacte qualification à un acte sans s'arrêter à la dénomination que les parties en auraient proposée. • Com. 14 mai 1985 : *Bull. civ. IV, n° 153* (promesse de vente)

• 21 déc. 1987 : *Bull. civ. IV, n° 281 ; D. 1989. 112, note J.-P. Brill* (lettre de confort).

138. Double qualification. Le contrat qui transfère la propriété de films à l'acheteur avant que ces films soient soumis au travail du professionnel présente pour partie le caractère d'une vente et ne peut être, dans son ensemble, qualifié de contrat de louage d'ouvrage. • Civ. 1re, 6 juin 1990 : *Bull. civ. I, n° 145* (application de la prohibition des clauses abusives au contrat de vente). ♦ V. dans le même sens, • Civ. 1re, 25 janv. 1989 : *Bull. civ. I, n° 43.*

139. Qualification globale. Dans le cadre d'un mandat, le fait que le mandataire reçoive des fonds pour le compte de son mandant, ne constitue pas un contrat de dépôt au sein du contrat de mandat, mais l'exécution même de ce dernier. • Com. 1er juin 1993 : *Bull. civ. IV n° 221, JCP 1993 I. 3709, n° 1, obs. G. Virassamy.* ♦ Lorsqu'un transporteur assume une obligation de prendre des mesures de sécurité concernant la chose transportée, qui est distincte du transport, la qualification globale reste celle de contrat de transport. • Com. 14 mars 1995 : *CCC 1995, n° 101, note L. Leveneur* (application de la prescription annale).

B. DURÉE DU CONTRAT

140. Principe de prohibition des engagements perpétuels. Un bail d'une durée de 99 ans, renouvelable au gré du preneur, est entaché d'un vice de perpétuité et l'action en nullité absolue de ce chef se prescrit par 30 ans. • Civ. 3e, 15 déc. 1999 : *Bull. civ. III, n° 242 ; CCC 2000, n° 77, note Leveneur.* ♦ Est nul le contrat de location d'une installation téléphonique comportant une clause qui impose une durée illimitée aux obligations des parties. • Com. 3 janv. 1989 : *Bull. civ. IV, n° 3.* ♦ Ne constitue pas un engagement perpétuel le contrat de 25 ans entre une clinique et un médecin dès lors que cette durée est inférieure à la moyenne de la vie professionnelle et ne porte ainsi aucune atteinte à la liberté individuelle. • Civ. 1re, 20 mai 2003 : *Bull. civ. I, n° 124 ; D. 2004. Somm. 598, obs. Penneau ; JCP E 2004, n° 12, p. 463, obs. André ; CCC 2003, n° 123, obs. Leveneur ; RJDA 2003, n° 1162 ; Cah. dr. entr. 2004, n° 1, p. 45, obs. Mouly.* ♦ Sur la limitation de durée des clauses d'approvisionnement exclusif, V. art. L. 330-1 et L. 330-2 C. com.

141. Terme et reconduction. Sur la condition et le terme, V. art. 1168 à 1188 **C. civ.** ♦ La tacite reconduction d'un contrat de durée déterminée, dont le terme extinctif a produit ses effets, donne naissance à un nouveau contrat, de durée indéterminée, et dont les autres éléments ne sont pas nécessairement identiques. • Civ. 1re, 15 nov. 2005 : *Bull. civ. I, n° 413 ; D. 2006. 587, note Mekki ; ibid. Pan. 2647, obs. Fauvarque-Cosson ; RTD civ. 2006. 114, obs. Mestre et Fages ; JCP E 2006, n° 27-28, p. 1215, obs. André ; CCC 2006, n° 43, obs. Leveneur ; RJDA 2006, n° 504 ; Dr. et patr. oct. 2006. 98, obs. Stoffel-Munck ; Defrénois 2006. 828, obs. Le Gallou ; RDC 2006. 696, obs. Laithier.* ♦ Sur la prolongation du contrat, V. Bénabent, *RDC 2004. 117.*

C. FORCE OBLIGATOIRE DU CONTRAT (art. 1134, al. 1 et 2, C. civ.)

1° IRRÉVOCABILITÉ DU CONTRAT

a. Principe d'irrévocabilité

142. Vente. La révocation d'une vente ne peut résulter que de l'accord exprès ou tacite du vendeur et de l'acquéreur. • Civ. 3e, 22 nov. 1983 : *Bull. civ. III, n° 239 ; RTD civ. 1985. 161, obs. J. Mestre.*

143. Contrats à durée déterminée. Un contrat à exécution successive et à durée déterminée doit être exécuté jusqu'à son terme, de sorte qu'un franchiseur engage sa responsabilité contractuelle en portant atteinte à la clause d'exclusivité pendant le délai de préavis prévu dans le contrat pour écarter le renouvellement de celui-ci. • Com. 12 nov. 1996 : *D. Affaires 1997. 248 ; RJDA 1997, n° 343.* – V. aussi dans le même sens • Com. 9 juill. 1996 : *RJDA 1996, n° 1438.*

143 bis. Suspension de la résiliation du contrat par le juge des référés. En adoptant comme mesure conservatoire la poursuite des effets du contrat, fût-il dénoncé, le juge des référés ne fait qu'user du pouvoir que lui confère l'art. 873, al. 1er, NCPC [renommé C. pr. civ.]. Il ne peut cependant le faire qu'en fixant à sa mesure un terme certain. • Civ. 1re, 7 nov. 2000 : *Bull. civ. I, n° 286 ; D. 2001. 256, note Billiau et Jamin ; ibid. Somm. 1137, obs. Mazeaud ; CCC 2001, n° 19, note Leveneur ; Defrénois 2001. 437, obs. Savaux.* ♦ Une cour d'appel, qui retient qu'il importe peu qu'une société qui refuse d'exécuter ses engagements contractuels ait engagé une action judiciaire en contestation de la validité de ceux-ci, dès lors qu'elle est tenue de se conformer au principe selon lequel le contrat conclu doit être exécuté par chacune des parties tant qu'il n'a pas été statué sur sa validité par les juges du fond compétents et que nul ne peut se faire justice à soi-même, caractérise l'existence d'un trouble manifestement illicite et ne fait qu'user de ses pouvoirs qui lui sont conférés par l'al. 1 de l'art. 873 du NCPC [renommé C. pr. civ.] en prescrivant à cette société, à titre de mesure conservatoire ou de remise en état, l'obligation d'exécuter ses obligations contractuelles. • Civ. 1re, 15 juin 2004 : cité note 5 ss. art. 873 C. pr. civ., v° *Tribunaux de commerce.* ♦ Si l'art. 873 NCPC [renommé C. pr. civ.] donne pouvoir au juge des référés d'ordonner la reprise des relations contractuelles, c'est seulement lorsque le contractant a mis en œuvre l'exécution d'inexécution dans des conditions constitutives d'un trouble manifestement illicite ou si le droit du contractant au maintien des effets du contrat n'est pas sérieusement contestable. • Paris, 2 mai 2001 : *BICC 2001, n° 1221.*

143 ter. Pouvoirs des juges du fond. La partie envers laquelle un engagement contractuel n'a point été exécuté a la faculté de forcer l'autre à l'exécution de la convention lorsque celle-ci est possible ; le prononcé de mesures d'interdiction et de retrait, sous astreinte, destinées à assurer une telle exécution et le respect des engagements souscrits, entre dans les pouvoirs des juges du fond tenus de trancher le litige, tel que déterminé par les prétentions des parties, conformément aux règles de droit qui lui sont applicables. • Civ. 1re, 16 janv. 2007 : *Bull. civ. I, n° 19 ; D. 2007. 1119, note Gout ; ibid. Pan. 2973, obs. Fauvarque-Cosson ; JCP E 2007, n° 26, p. 23, note Mekki ; CCC 2007, n° 144, obs. Leveneur ; RDC 2007. 719, obs. D. Mazeaud ; ibid. 741, obs. Viney.*

b. Tempéraments

144. Révocation conventionnelle. Un accord révocatoire n'est soumis à aucune condition de forme. Il peut être tacite et résulter des circonstances dont l'appréciation appartient aux juges du fond. • Civ. 1re, 22 nov. 1960 : *Bull. civ. I, n° 510 ; D. 1961. 89, note Holleaux.* ♦ Rien n'interdit qu'une personne s'engage envers une autre avec une faculté de dédit gratuite. • Com. 30 oct. 2000 : *D. 2001. Somm. 3241, obs. Mazeaud ; CCC 2001, n° 21, note Leveneur.*

145. Contrats à durée indéterminée. Les contrats à exécution successive conclus sans détermination de durée peuvent être rompus unilatéralement par chacune des parties. Il résulte de l'art. 1134 C. civ. que, dans les contrats à exécution successive dans lesquels aucun terme n'a été prévu, la résiliation unilatérale est, sauf abus sanctionné par l'al. 3 du même texte, offerte aux deux parties. • Civ. 1re, 5 févr. 1985 : *Bull. civ. I, n° 54 ; RTD civ. 1986. 105, obs. J. Mestre.* ♦ Le caractère abusif de la rupture ne saurait résulter du fait qu'elle s'est produite hors des cas prévus au contrat. • Com. 31 mai 1994 : *Bull. civ. IV, n° 194.* ♦ Le respect du préavis contractuel n'exclut pas l'abus en raison des circonstances. • Com. 20 janv. 1998 : *Bull. civ. IV, n° 40 ; D. 1998. 413 (2e esp.) note Ch. Jamin ; CCC 1998, n° 56, note L. Leveneur ; RTD civ. 1998. 675, obs. J. Mestre* (contrat de concession rompu par le concédant après deux ans, alors que le redressement espéré de la concession déficitaire, impliquait, compte tenu des investissements exigés, que le concessionnaire bénéficie d'une période relativement longue d'exploitation pour assurer la pérennité de son entreprise).

146. Gravité du comportement du cocontractant. BIBL. Amrani-Mekki, *LPA 12 et 13 août 2002.* ♦ La gravité du comportement d'une partie à un contrat peut justifier que l'autre partie y mette fin de façon unilatérale à ses risques et périls, peu important que le contrat soit à durée déterminée ou non. • Civ. 1re, 20 févr. 2001 : *cité note 212* (à propos de la résiliation unilatérale d'un contrat passé entre une société et une personne à laquelle elle confiait des expertises). ♦ V. déjà dans le même sens, • Civ. 1re, 13 oct. 1998 : *cité note 212,* précisant que la gravité du comportement du cocontractant n'est pas nécessairement exclusive d'un préavis (résiliation unilatérale par une clinique d'un contrat conclu avec un médecin).

2° INTANGIBILITÉ DU CONTRAT

a. Principe du refus de la révision pour imprévision

147. Interdiction aux juges du fond de réviser le contenu d'un contrat. BIBL. Fauvarque-Cosson, *RDC 2004. 67.* – D. Mazeaud, *LPA 30 juin 2005.* – Juhan, *RLDC suppl. mars 2009. 23* (vers un droit à la renégociation ?). – J.-A. Robert et Charluteau, *RLDC juill.-août 2009. 51* (la théorie de l'imprévision et le bouleversement économique dans les contrats commerciaux et industriels). – Lequette, *Liber amicorum Larroumet, Economica, 2010, p. 266* (de l'efficacité des clauses de *hardship*). – Magar, *D. 2010. 1959* (ingénierie juridique : pratique des clauses de rencontre et renégociation). – Savaux, *RDC 2010. 1057* (introduction de la révision ou de la résiliation pour imprévision). – Mekki, *JCP 2010, nos 1219 et 1257* (*hardship* et révision des contrats). – Haeri et Razavi, *Gaz. Pal. 2010. 3870* (la prévision dans le contrat). – Deffains et Ferey, *RTD civ. 2010. 719* (pour une théorie économique de l'imprévision en droit des contrats). – Titone, Coulon et Dary, *JCP E 2011, n° 1435* (circonstances économiques et déséquilibre contractuel). ♦ La règle que consacre l'art. 1134 C. civ. est générale et absolue et régit les contrats dont l'exécution s'étend à des époques successives, de même que ceux de toute autre nature. Dans aucun cas, il n'appartient aux tribunaux, quelque équitable que puisse leur paraître leur décision, de prendre en considération le temps et les circonstances pour modifier les conventions des parties et substituer des clauses nouvelles à celles qui ont été librement acceptées par les contractants. • Civ. 6 mars 1876, *affaire du canal de Craponne : DP 1876. 1. 193, note Giboulot ; GAJC II 2008. 183, note Terré et Lequette.* ♦ Dans le même sens • Com. 18 déc. 1979 : *Bull. civ. IV, n° 339 ; RTD civ. 1980. 780, obs. Cornu* (cassation d'un arrêt ayant révisé le tarif d'un contrat de magasinage en raison de l'évolution des circonstances économiques). ♦ Comp., jugeant que justifie légalement sa décision la cour d'appel qui, pour juger que le sous-concessionnaire avait rompu unilatéralement le contrat, relève que ce dernier mettait en cause le déséquilibre financier existant dès la conclusion du contrat et non le refus injustifié du concédant et du concessionnaire de renégocier les modalités du sous-traité au mépris de leur obligation de loyauté et d'exécution de bonne foi : • Civ. 1re, 16 mars 2004 : *Bull. civ. I, n° 86 ; D. 2004. 1754, note D. Mazeaud ; JCP E 2004, n° 20-21, p. 817, note Renard-Payen ; JCP 2004. I. 173, n° 22, obs. Ghestin ; RTD civ. 2004. 290, obs. Mestre et Fages ; RDC 2004. 642, obs. Mazeaud ; LPA 28 juin 2004, note Gavoty et Edwards ; CCE 2004, n° 119, obs. Stoffel-Munck.* – V. aussi Ghestin, *D. 2004. 2239, spéc. nos 24 s.* ; Aynès, *RJ com. 2005. 397.* ♦ En statuant sans rechercher, comme elle y était invitée, si l'évolution des circonstances économiques, et notamment l'augmentation du coût des matières premières et des métaux et leur incidence sur celui des pièces de rechange, n'avait pas eu pour effet, compte tenu du montant de la redevance payée, de déséquilibrer l'économie générale du contrat tel que voulu par les parties lors de sa signature et de priver de toute contrepartie réelle l'engagement souscrit par le débiteur, ce qui était de nature à rendre sérieusement contestable l'obligation dont le demandeur sollicitait l'exécution, la cour d'appel a privé sa décision de base légale. • Com. 29 juin 2010 : *D. 2010. 2481, note D. Mazeaud ; ibid. 2485, note Genicon ; ibid. Pan. 481, obs. Fauvarque-Cosson ; RTD civ. 2010. 782, obs. Fages ; JCP E 2010, n° 2108, note Le Gac-Pech ; ibid., n° 2134, spéc. n° 6, obs. Seube ; JCP 2010, n° 1056, note Favario ; ibid. 2011, n° 63, spéc. n° 8, obs. Ghestin ; Dr. et patr. févr. 2011. 68, obs. Stoffel-Munck ; Defrénois 2011. 811, obs. Seube ; RDC 2011. 34, note Savaux.*

b. Tempéraments

148. Tempéraments légaux. Certains textes admettent la révision du contrat (V. par exemple art. L. 131-5 CPI, concernant la cession de droits d'exploitation d'une œuvre de l'esprit) ou reconnaissent au juge le pouvoir de réviser une clause du contrat (V. notamment art. 1152 C. civ.).

149. Tempéraments jurisprudentiels. **BIBL.** Pons, *LPA 8 avr. 2008* (réflexions sur la modification d'un élément essentiel du contrat par les parties). ♦ La Cour de cassation reconnaît aux juges du fond le pouvoir de réduire les honoraires des mandataires et des prestataires de services lorsqu'ils sont excessifs. Jugeant que le mandat est un contrat gratuit dans sa nature et, dans le cas de convention contraire, il appartient aux tribunaux, à la différence du contrat de louage, de réduire le salaire convenu lorsqu'il est hors de proportion avec le service rendu. • Civ. 29 janv. 1867 : *S. 1867. 1. 245 ; GAJC II, n° 266.* ♦ V. aussi • Com. 2 mars 1993 : *D. 1994. Somm. 11, obs. J. Kullmann* (contrat de conseil en organisation et en gestion) • Civ. 1re, 3 mars 1998 : *Bull. civ. I, n° 85 ; D. Affaires 1998. 576, obs. V. A.-R. ; Defrénois 1998. 134, obs. J.-L. Aubert* (honoraires d'avocat).

Pour tenter de corriger le déséquilibre contractuel occasionné par le contrat de fourniture d'énergie régissant en termes précis et non équivoques les conditions d'approvisionnement en vapeur de la société appelante par la société intimée, et dans l'intérêt général de la réduction des émissions de gaz à effet de serre, l'obligation d'exécuter le contrat de bonne foi doit inciter les parties à reprendre les négociations interrompues. • Nancy, 26 sept. 2007 : *D. 2008. 1120, note Boutonnet ; JCP 2008. II. 10091, note Lamoureux.*

150. Tempéraments conventionnels. **BIBL.** Laude (ss. la dir.), *LPA 11 juin 2004* (propos sur l'avenant). ♦ La clause de sauvegarde *(hardship)* permet à l'une des parties de demander un réaménagement du contrat en cas de changement intervenu dans les données initiales sur lesquelles reposait l'équilibre du contrat. • Paris, 28 sept. 1976 : *JCP 1978. II. 18810, note J. Robert* (renégociation d'un prix). – V. aussi • Nancy, 26 sept. 2007 : *D. 2008. Pan. 2972, obs. Amrani Mekki ; RTD civ. 2008. 295, obs. Fages.* ♦ Mais la clause prévoyant l'obligation pour les parties de se rencontrer en cas d'événement affectant l'économie du contrat n'oblige aucunement le cocontractant à accepter les modifications proposées par l'autre et pas davantage les parties à réviser le contrat, mais en autorise seulement la possibilité. • Angers, 27 janv. 2004 : *RTD civ. 2006. 112, obs. Mestre et Fages ; RJDA 2005, n° 1068 ; CCE 2004, n° 145, obs. Stoffel-Munck* (conf. par • Com. 3 oct. 2006 : *D. 2007. 765, note D. Mazeaud*).

D. OBLIGATION DE BONNE FOI DANS L'EXÉCUTION DU CONTRAT (art. 1134, al. 3, C. civ.)

1° CARACTÈRE GÉNÉRAL DE L'OBLIGATION DE BONNE FOI

151. Obligation s'imposant à tout contractant. L'obligation de répondre avec loyauté et sincérité aux questions posées par un assureur à l'occasion de l'adhésion à une assurance relève de l'obligation de bonne foi qui s'impose en matière contractuelle et nul ne saurait voir sa responsabilité engagée pour n'avoir pas rappelé le principe ou les conséquences de sa transgression à une autre partie. • Civ. 1re, 28 mars 2000 : *Bull. civ. I, n° 101 ; D. 2000. 574, note Beignier ; RCA 2000, n° 244, note Groutel.* ♦ V. aussi : • Civ. 3e, 14 sept. 2005 : *préc. note 26.*

151 bis. Neutralisation des clauses contractuelles invoquées de mauvaise foi. BIBL. Ancel, *Mélanges Tricot, Dalloz/Litec, 2011, p. 61* (sanctions du manquement à la bonne foi dans l'exécution du contrat). – Mazeaud, *Mélanges Payet, Dalloz, 2011, p. 439* (sécurité juridique *versus* moralité contractuelle : affaire classée ?). ♦ La clause prévoyant un forfait de dommages-intérêts est inapplicable en cas d'inexécution délibérée de la part du débiteur. • Civ. 1re, 4 févr. 1969 : *D. 1969. 601, note J. Mazeaud.* ♦ Une clause résolutoire est inefficace lorsqu'elle est invoquée par un créancier de mauvaise foi. • Civ. 3e, 15 févr. 1976 : *Bull. civ. III, n° 465 ; RTD civ. 1977. 340, obs. G. Cornu.* ♦ Mais si la règle selon laquelle les conventions doivent être exécutées de bonne foi permet au juge de sanctionner l'usage déloyal d'une prérogative contractuelle, elle ne l'autorise pas à porter atteinte à la substance même des droits et obligations légalement convenus entre les parties. • Com. 10 juill. 2007 : *Bull. civ. IV, n° 188 ; R. 2007, p. 436 ; D. 2007. Chron. C. cass. 2770, obs. Salomon ; ibid. 2839, note Stoffel-Munck, et 2844, note Gautier ; ibid. AJ 1955, obs. Delpech ; GAJC II 2008. 173, note Terré et Lequette ; RTD com. 2007. 786, obs. Le Cannu et Dondero ; RTD civ. 2007. 773, obs. Fages ; JCP E 2007, n° 46, p. 32, note Mainguy ; JCP 2007. II. 10154, note Houtcieff ; ibid. Act. 340, obs. Chabas ; LPA 6 févr. 2008, obs. Houtcieff ; CCC 2007, n° 294, obs. Leveneur ; Dr. et patr. sept. 2007. 94, obs. Stoffel-Munck ; Defrénois 2007. 1454, obs. Savaux ; RJDA 2007, n° 1057 ; RDC 2007. 1107, obs. Aynès, et 1110, obs. D. Mazeaud ; Dr. sociétés 2007, n° 180, obs. Hovasse ; Bull. Joly 2007. 1187, note Couret ; RLDA oct. 2007. 14, obs. Faussurier ; RTDF 2007, n° 3, p. 132, obs. Louit et Sibille* • Civ. 3e, 9 déc. 2009 : *Bull. civ. III, n° 275 ; D. 2010. Chron. C. cass. 1103, obs. Monge ; ibid. 476, note Billemont ; ibid. AJ 87, obs. Rouquet ; RTD civ. 2010. 105, obs. Fages ; Defrénois 2010. 593, note Ruet ; BRDA 2010, n° 2, p. 7 ; RDC 2010. 561, obs. Laithier ; ibid. 564, obs. D. Mazeaud ; ibid. 666, obs. Seube.*

Sur l'exception d'illégalité d'une clause contractuelle, V. Atias, *D. 2008. 1013* (inexécution du contrat ou respect de la loi ?).

2° ILLUSTRATIONS

152. Contrats de coopération. En privant, en l'absence de tout cas de force majeure, un distributeur agréé des moyens de pratiquer des prix concurrentiels, une société pétrolière n'a pas exécuté le contrat de bonne foi et doit dédommager son cocontractant du préjudice subi. • Com. 3 nov. 1992 : *Bull. civ. IV n° 338 ; JCP 1993. II. 22164, note G. Virassamy ; Defrénois 1993. 1377, obs. J.-L. Aubert ; RTD civ. 1993. 124, obs. J. Mestre.* ♦ Manque à son obligation de loyauté et à son obligation de mettre l'agent commercial en mesure d'exécuter son mandat le mandant qui n'a pas pris des mesures concrètes pour permettre à son mandataire de pratiquer des prix concurrentiels. • Com. 24 nov. 1998 : *Bull. civ. IV, n° 277 ; JCP 1999. II. 10210, note Y. Picod ; Defrénois 1999. 371, obs. D. Mazeaud ; RTD civ. 1999. 98, obs. J. Mestre.*

Sur la distinction entre, d'une part, le déséquilibre financier existant dès la conclusion du contrat et, d'autre part, le refus injustifié d'un cocontractant de prendre en compte une modification imprévue des circonstances économiques et ainsi de renégocier les modalités du sous-traité au mépris de son obligation de loyauté et d'exécution de bonne foi, V. • Civ. 1re, 16 mars 2004 : *préc. note 147.*

153. Contrat d'édition. Le fait, pour un éditeur, de minorer, au moyen de prestations fictives, de manière illégitime, les redevances que les auteurs auraient dû percevoir caractérise un manquement à l'exécution de bonne foi du contrat d'édition. • Civ. 1re, 11 janv. 2000 : *Bull. civ. I, n° 6.*

154. Contrat de mise à disposition d'une carte de crédit. Une cour d'appel ne peut condamner une société titulaire d'une carte accréditive à payer à l'établissement financier émetteur de celle-ci des dépenses effectuées avec cette carte par un ancien salarié indélicat, sans rechercher si l'établissement émetteur, après avoir reçu une opposition à l'utilisation de la carte, avait mis en œuvre tous les moyens en sa disposition pour éviter que des retraits et ordres de paiement soient effectués. • Com. 20 oct. 1998 : *Bull. civ. IV, n° 244 ; JCP E 1999. 1101, note J. Devèze ; Defrénois 1999. 368, obs.*

Ph. Delebecque ; CCC 1999, n° 2, note L. Leveneur ; RTD civ. 1999. 390, obs. J. Mestre.

155. Contrat de travail. L'employeur, tenu d'exécuter de bonne foi le contrat de travail, a le devoir d'assurer l'adaptation des salariés à l'évolution de leurs emplois. • Soc. 25 févr. 1992 : *D. 1992. 390, note M. Défossez et Somm. 294, obs. A. Lyon-Caen.* ♦ Manque à son obligation d'exécuter de bonne foi le contrat de travail l'employeur qui fait un usage abusif de la clause de mobilité incluse dans ce contrat. • Soc. 18 mai 1999 : *JCP E 2000. 40, note C. Puigelier ; RTD civ. 2000. 326, obs. J. Mestre et B. Fages.*

3° LIMITES

155 bis. Absence d'obligation d'assistance du concessionnaire envers un concédant. Le concédant n'est pas tenu d'une obligation d'assistance du concessionnaire en vue de sa reconversion. • Com. 6 mai 2002 : *cité note 30 ss. art. L. 330-2 C. com.*

155 ter. Absence de prise en compte de l'intérêt commun. L'intérêt commun à l'essor de deux entreprises non liées par un contrat de mandat est sans incidence sur les conditions de l'arrêt de leur collaboration. • Com. 8 janv. 2002 : *Bull. civ. IV, n° 1 ; CCC 2002, n° 87, obs. Leveneur.*

VI. EFFETS DES CONTRATS À L'ÉGARD DES TIERS (art. 1165-1167 C. civ.)

A. PRINCIPE DE L'EFFET RELATIF DU CONTRAT

1° SITUATION DES TIERS ABSOLUS

156. Absence d'obligation à la charge des tiers. Une société ne peut être condamnée à payer des travaux commandés par une autre société. • Civ. 1re, 15 févr. 2000 : *Bull. civ. I, n° 47.*

157. Absence de créance au profit des tiers. Un architecte ne peut demander l'application d'une clause pénale figurant dans un contrat auquel il n'est pas partie. • Civ. 3e, 13 nov. 1974 : *Gaz. Pal. 1975. 1. 210, note A. Plancqueel.*

2° SITUATION DES AYANTS CAUSE

a. Transmission des droits et obligations aux ayants cause à titre universel

1. Principe : transmission à l'ayant cause à titre universel de l'ensemble des droits et obligations de son auteur

158. Illustration : obligation de non-concurrence. L'obligation de non-concurrence souscrite par le cédant des parts d'une société ayant pour objet l'exploitation d'un fonds de commerce est transmise à sa veuve en l'absence d'une renonciation de celle-ci à la succession. • Com. 17 mai 1971 : *Bull. civ. IV, n° 133.*

Sur la transmission universelle de patrimoine résultant d'une fusion, d'une scission ou apport partiel d'actif placé sous le régime des scissions, V. art. L. 236-3 C. com.

2. Tempérament : contrats *intuitu personae*

159. Illustration. C'est à bon droit qu'une cour d'appel décide que la loi du 10 juill. 1965 sur la copropriété, excluant toute substitution du syndic sans un vote explicite de l'assemblée générale des copropriétaires, ne permet pas à une société titulaire d'un mandat de syndic de dessaisir les copropriétaires de leur pouvoir exclusif de désignation du syndic, par le moyen d'une opération de fusion-absorption ayant pour résultat, après disparition de sa personnalité morale, de lui substituer la société absorbante, personne morale distincte. • Com. 30 mai 2000 : *Bull. civ. IV, n° 113 ; D. 2000. AJ 320, obs. Boizard ; JCP 2000. II. 10401, note Viandier ; Dr. sociétés 2000, n° 113, note Bonneau ; Bull. Joly 2000. 841, note Coquelet.* ♦ Après avoir précisé que le contrat d'agent revendeur prévoyait qu'il était conclu *intuitu personae* et que les droits et obligations du revendeur n'étaient pas cessibles ou transférables sans accord préalable et écrit du concessionnaire, la cour d'appel a justement décidé qu'en l'absence d'un tel accord, la société absorbante ne pouvait se prévaloir du contrat en cause. • Com. 13 déc. 2005 : *cité note 21 ss. art. L. 330-2 C. com.*

b. Transmission des créances et dettes aux ayants cause à titre particulier

1. Créances

160. Principe : absence de transmission à l'ayant cause à titre particulier des créances de son auteur. En dehors des cas exceptionnels pour lesquels il est disposé autrement par des textes spéciaux, l'aliénation d'un bien à titre particulier n'a pas pour effet de transférer à l'acquéreur les droits déjà nés sur la tête du disposant à l'occasion de la jouissance ou de l'exploitation de ce bien, mais qui ne font pas corps avec lui et n'affectent pas sa constitution. • Civ. 12 janv. 1937 : *DH 1937. 99.* ♦ La vente d'un immeuble n'entraîne pas de plein droit transfert à l'acquéreur des droits et actions que le vendeur pouvait avoir à l'encontre d'un locataire en raison de dégradations causées à l'immeuble avant la vente. • Civ. 3e, 18 juin 1997 : *Bull. civ. III, n° 149 ; RTD civ. 1997. 964, obs. P.-Y. Gautier.*

161. Tempéraments : droits et actions attachés à la chose. Le sous-acquéreur jouit de tous les droits et actions attachés à la chose qui appartenait à son auteur et dispose contre les locataires d'ouvrages d'une action contractuelle fondée sur un manquement à leurs obligations envers le maître de l'ouvrage. • Civ. 3e, 26 mai 1992 : *Bull. civ. III, n° 168.*

161 bis. Clause de non-concurrence. La clause de non-concurrence souscrite par un membre d'une profession libérale au profit d'un confrère à l'occasion de la cession des éléments constitutifs de son cabinet, doit être, sauf clause contraire, présumée comprise parmi les droits transmis par le cessionnaire lorsqu'il vient, à son tour, à procéder à la même opération au profit d'un tiers. • Civ. 1re, 3 déc. 1996 : *Bull. civ. I, n° 436 ; D. 1997. 151, rapp. Y. Chartier, note Y. Serra ; JCP 1997. II. 22799, note J.-J. Daigre ; Defrénois 1997. 327, obs. Ph. Delebecque.* ♦ La clause de non-concurrence convenue à l'occasion de la vente d'un fonds de commerce se transmet de plein droit, sauf clause contraire, aux acquéreurs successifs de ce fonds. • Lyon, 6 nov. 1998 : *RJDA 2000, n° 7.*

2. Dettes

162. Principe : absence de transmission à l'ayant cause à titre particulier des dettes de son auteur. Le successeur ou l'ayant cause à titre particulier n'est pas de plein droit et comme tel directement tenu des obligations personnelles de son auteur. • Civ. 15 janv. 1918 : *DP 1918 1. 17.* ♦ L'acquéreur d'un bien n'est pas tenu d'acquitter tout ou partie du prix de la vente précédente. • Com. 4 nov. 1965 : *Bull. civ. III, n° 556.* ♦ L'acquéreur de parts sociales ne succède pas de plein droit aux obligations personnelles de son auteur. • Com. 1er avr. 1997 : *RTD civ. 1998. 375, obs. J. Mestre.* ♦ La clause de non-concurrence à laquelle est tenu l'exploitant d'un fonds de commerce n'est pas transmise au cessionnaire du fonds, sauf si la clause est insérée dans l'acte de cession et expressément acceptée par le cessionnaire. • Com. 1er avr. 1997 : *Bull. civ. IV, n° 89 ; D. 1998. Somm. 111, obs. R. Libchaber.*

163. Tempéraments : cession de dette. Procédant à une interprétation souveraine de la volonté des parties, une cour d'appel a pu retenir que l'apport d'un fonds de commerce à une société s'était accompagné d'une cession de l'obligation de garantie dont l'apporteur était tenu à l'égard de ses clients acquéreurs. • Civ. 1re, 4 juill. 1995 : *Bull. civ. I, n° 306 ; RTD civ. 1996. 416, obs. P.-Y. Gautier.*

164. Tempéraments : obligation revêtant le caractère d'une servitude. L'interdiction faite à l'acquéreur d'un fonds de l'affecter à un usage déterminé, peut revêtir le caractère d'une servitude établie par le fait de l'homme attachée au fonds dans l'intérêt d'un autre fonds et est valable, pourvu que ce service n'ait rien de contraire à l'ordre public. • Com. 15 juill. 1987 : *Bull. civ. IV, n° 184.*

3° BÉNÉFICIAIRE D'UNE STIPULATION POUR AUTRUI

165. Action directe du bénéficiaire. Le bénéficiaire d'une stipulation pour autrui dispose d'une action directe et personnelle à l'encontre du promettant en réparation du préjudice que lui cause l'inexécution par celui-ci, de l'obligation qu'il a contractée à son égard, quand bien même la convention entre le stipulant et le promettant n'aurait prévu aucune réparation au profit du bénéficiaire. • Com. 23 mai 1989 : *Bull. civ. IV, n° 164.*

166. Obligation du bénéficiaire de la stipulation en cas d'acceptation. La stipulation pour autrui n'exclut pas, dans le cas d'acceptation par le bénéficiaire, qu'il soit tenu de certaines obligations. • Civ. 1re, 8 déc. 1987 : *Bull. civ. I, n° 343 ; D. 1989. Somm. 233, obs. J.-L. Aubert.* – V. Vacrate, *Dr. et patr. juill.-août 2003. 44.*

B. OPPOSABILITÉ DU CONTRAT

1° OPPOSABILITÉ DU CONTRAT AUX TIERS

167. Opposabilité aux tiers de la situation de fait créée par le contrat. Si, en principe, les conventions n'ont d'effet qu'à l'égard des parties, elles constituent des faits juridiques dont peuvent être déduites des conséquences en droit à l'égard des tiers. • Civ. 1re, 10 mai 2005 : *D. 2006. 1156, note Guégan-Lécuyer.* ♦ Si en principe, les conventions ne nuisent ni ne profitent à ceux qui n'y ont pas été parties, le juge peut toutefois considérer que les clauses d'un contrat ont pour effet de créer une situation de fait vis-à-vis des tiers. • Com. 19 oct. 1954 : *D. 1956. 78.* ♦ Le contractant victime de l'inexécution du contrat peut demander sur le terrain de la responsabilité délictuelle réparation de son préjudice au tiers à la faute duquel il estime que le dommage est imputable. • Civ. 1re, 26 janv. 1999 : *Bull. civ. I, n° 32 ; D. 1999. Somm. 263, obs. Delebecque.* ♦ Le locataire bénéficiaire d'une clause d'exclusivité qui lui a été consentie par son bailleur est en droit d'exiger que ce dernier fasse respecter cette clause par ses autres locataires, même si ceux-ci ne sont pas parties au contrat contenant cette stipulation. • Civ. 3e, 4 mai 2006 : *Bull. civ. III, n° 107 ; D. 2006. AJ 1454, obs. Rouquet ; D. 2007. Pan. 1831, obs.*

Rozès ; RTD civ. 2006. 553, obs. Mestre et Fages ; JCP E 2006, n° 42, p. 1780, note Raynard ; RDC 2006. 1154, obs. Seube ; RJ com. 2007. 138, obs. Auque ; Rev. loyers 2006. 328, obs. Humblot-Gignoux.

168. Responsabilité du tiers complice de l'inexécution. Toute personne qui, avec connaissance, aide autrui à enfreindre les obligations contractuelles (contrat de bière avec clause d'exclusivité) pesant sur lui commet une faute délictuelle à l'égard de la victime de l'infraction. • Com. 11 oct. 1971 : *D. 1972. 120, note Y. Serra.* ♦ Mais la preuve de l'existence d'une clause de non-concurrence est à la charge de celui qui l'invoque et une cour d'appel n'a pas à rechercher si un employeur pouvait légitimement ignorer l'existence d'une clause de non-concurrence qui aurait été usuelle dans le secteur d'activité concerné, dès lors que la question du caractère usuel des clauses de non-concurrence dans ce même secteur n'a pas été discutée. • Com. 18 déc. 2001 : *Bull. civ. IV, n° 200.*

2° OPPOSABILITÉ DU CONTRAT PAR LES TIERS

169. Opposabilité par les tiers de la situation créée par le contrat. Les tiers à un contrat peuvent invoquer à leur profit, comme un fait juridique, la situation créée par ce contrat. • Com. 22 oct. 1991 : *Bull. civ. IV, n° 302 ; D. 1993. 181, note J. Ghestin* (caution admise à se prévaloir d'une convention passée entre la banque créancière et une autre banque).

170. Responsabilité civile d'un contractant à l'égard des tiers en cas d'exécution défectueuse du contrat. BIBL. Sindres, *JDI 2010. 411* (violation du contrat au préjudice des tiers en DIP). ♦ Le tiers à un contrat peut invoquer, sur le fondement de la responsabilité délictuelle, un manquement contractuel dès lors que ce manquement lui a causé un dommage. • Cass., ass. plén., 6 oct. 2006 : *Bull. civ., n° 9 ; BICC 1er déc. 2006, p. 41, note et rapp. Assié, avis Gariazzo ; D. 2006. 2825, note Viney ; ibid. IR 2484, obs. Gallmeister ; GAJC II 2008. 244, note Terré et Lequette ; RTD civ. 2007. 115, obs Mestre et Fages ; ibid. 123, obs. Jourdain ; JCP 2006. II 10181, avis Gariazzo, note Billiau ; JCP E 2007, n° 1, p. 11, note Auque ; CCC 2007, n° 63, obs. Leveneur ; LPA 22 janv. 2007, note Lacroix ; LPA 16 mai 2007, note Depadt-Sebag ; RJDA 2007, n° 18 et p. 3, rapp. Assié ; RLDA déc. 2006. 70, note P. Jacques ; Rev. loyers 2006. 509, obs. Prigent ; Administrer mars 2007. 31, note Bérenger ; RDC 2007. 269, obs. D. Mazeaud, et 279, obs. Carval.* – Sur cet arrêt, V. aussi Bloch, *RCA 2006. Étude 17 ;* Reygrobellet, *RLDA janv. 2007. 19 ;* Débats, *RDC 2007. 537* • Com. 6 mars 2007 : *Bull. civ. IV, n° 84 ; D. 2007. AJ 1078, obs. Chevrier ; JCP E 2007, n° 16, p. 26 ; RJDA 2007, n° 693 ; RDC 2007. 1137, obs. Carval* • Civ. 3e, 12 sept. 2007 : *RJDA 2007, n° 1253 ; RLDA févr. 2008. 10, note Arnaud-Grossi et Mestre.* ♦ Les tiers à un contrat sont fondés à invoquer l'exécution défectueuse de celui-ci lorsqu'elle leur a causé un dommage, sans avoir à rapporter d'autre preuve. • Civ. 1re, 18 juill. 2000 : *Bull. civ. I, n° 221 ; CCC 2000, n° 175, note Leveneur ; RTD civ. 2001. 146, obs. Jourdain .* ♦ V. dans le même sens, • Civ. 1re, 13 févr. 2001 : *Bull. civ. I, n° 35.* ♦ Comp., jugeant qu'un tiers ne peut, sur le fondement de la responsabilité délictuelle, se prévaloir de l'inexécution du contrat qu'à a condition que cette inexécution constitue un manquement à son égard au devoir général de ne pas nuire à autrui : • Com. 5 avr. 2005 : *Bull. civ. IV, n° 81 ; D. 2005. Pan. 2848, obs. Amrani Mekki et Fauvarque-Cosson ; CCC 2005, n° 149, obs. Leveneur ; RTD civ. 2005. 602, obs. Jourdain ; RJDA 2005, n° 935 ; RDC 2005. 687, obs. D. Mazeaud* • 8 oct. 2002 : *RCA 2003, n° 2.* ♦ V. pour le non-respect d'un contrat de distribution sélective par un distributeur agréé : • Com. 1er juill. 2003 : *cité note 64 ss. art. L. 330-2 C. com.*

C. GROUPES DE CONTRATS ET ENSEMBLES CONTRACTUELS

1° INDIVISIBILITÉ DES CONTRATS APPARTENANT À UN MÊME ENSEMBLE CONTRACTUEL

a. Principes

1. Absence d'indivisibilité entre contrats économiquement liés

171. Vente et prêt. En l'absence de précision des parties, la vente n'est pas la cause du prêt contracté pour financer l'acquisition du bien. • Com. 5 mars 1996 : *Bull. civ. IV, n° 75 ; CCC 1996, n° 135, note L. Leveneur ; D. 1996. Somm. 327, obs. R. Libchaber*

2. Indivisibilité résultant de la volonté des parties

172. Contrats intimement liés dans l'esprit des parties. BIBL. Aubert de Vincelles, *RDC 2007. 983* (réflexions sur les ensembles contractuels : un droit en devenir). – Bros, *D. 2009. 960* (les contrats interdépendants : actualité et perspectives). ♦ Ayant souverainement constaté que les deux actes de vente et de prêt, qui avaient été passés le même jour par-devant notaire, étaient intimement liés, les juges du fond ont retenu que les parties avaient entendu subordonner l'existence du prêt à la réalisation de la vente, en vue de laquelle il avait été conclu. Ainsi les deux contrats répondaient à une cause unique, de sorte que la cour d'appel retient à bon droit, non que l'obligation de l'emprunteur est dépourvue de cause, mais que l'annulation du contrat de vente avait entraîné la caducité du prêt. • Civ. 1re, 1er juill. 1997 : *Bull. civ. I, n° 224 ; D. 1998. 32, note Aynès*. ♦ L'indivisibilité entre deux contrats portant l'un sur un logiciel de base et l'autre sur un logiciel d'application peut être déduite de ce que les parties ont envisagé globalement la réalisation du système informatique et de ce que leur apport porte sur un ensemble indissociable. • Com. 8 janv. 1991 : *Bull. civ. IV, n° 20 ; RTD civ. 1991. 528*. ♦ Les contrats concomitants ou successifs qui s'inscrivent dans une opération incluant une location financière sont interdépendants ; dès lors, sont réputées non écrites les clauses des contrats inconciliables avec cette interdépendance. • Cass., ch. mixte, 17 mai 2013 : *D. 2013. Actu. 1273, obs. Delpech ; JCP 2013, n° 673, note Buy ; ibid., n° 674, note Seube ; BRDA 2013, n° 10, p. 13.*

Ayant retenu que les quatre contrats litigieux étaient interdépendants, dans la mesure où ils poursuivaient tous le même but et n'avaient aucun sens indépendamment les uns des autres, les prestations de maintenance et de formation ne se concevant pas sans les licences sur lesquelles elles portaient et l'acquisition de ces licences par la société cliente n'ayant aucune raison d'être si le contrat de mise en œuvre n'était pas exécuté, la cour d'appel n'avait pas à relever que la société Oracle en était informée, dès lors que cette société avait elle-même conclu les quatre contrats concernés. • Com. 13 févr. 2007 : *Bull. civ. IV, n° 43 ; D. 2007. Pan. 2975, obs. Fauvarque-Cosson ; ibid. AJ 654, obs. Delpech ; JCP E 2007, n° 10, p. 17, obs. Roussille ; ibid., n° 45, p. 17, note Huet ; JCP 2007. II. 10063, note Serinet ; CCE 2007. Étude 22, par Huet ; Gaz. Pal. 2007. 3295, note Forgeron et Lukic ; Defrénois 2007. 1042, obs. Libchaber ; RJDA 2007, n° 928 ; RDC 2007. 707, obs. D. Mazeaud ; RJ com. 2008. 187, note Alterman et Herzog.* ♦ La résiliation des contrats de location et de maintenance n'entraîne pas, lorsque ces contrats constituent un ensemble contractuel complexe et indivisible, la résolution du contrat de vente mais seulement sa *caducité*, l'acquéreur devant restituer le bien vendu et le vendeur son prix, sauf à diminuer celui-ci d'une indemnité correspondant à la dépréciation subie par la chose en raison de l'utilisation que l'acquéreur en a faite et à tenir compte du préjudice subi par l'acquéreur par suite de l'anéantissement de cet ensemble contractuel. • Com. 5 juin 2007 : *Bull. civ. IV, n° 156 ; D. 2007. AJ 1723, obs. Delpech ; RTD com. 2008. 173, obs. Bouloc ; RTD civ. 2007. 569, obs. Fages ; JCP E 2008, n° 19, p. 21, obs. Vivant, Mallet-Poujol et Bruguière ; JCP 2007. II. 10184, note Serinet ; RJDA 2008, n° 217.* ♦ V. aussi, pour une autre approche subjective de l'indivisibilité contractuelle : • Com. 18 déc. 2007 : *Bull. civ. IV, n° 268 ; D. 2008. AJ 158, obs. Delpech ; RTD com. 2008. 404, obs. Legeais ; JCP 2008. I. 136, n° 21, obs. Mekki ; RJDA 2008, n° 979.* ♦ La commune intention des parties ayant été de rendre divisibles les deux conventions, il en résulte que la disparition de l'une ne pouvait priver de cause les obligations nées de l'autre. • Civ. 1re, 28 oct. 2010 : *Bull. civ. I, n° 213 ; D. 2011. Chron. C. cass. 628, obs. Creton ; D. 2010. Actu. 2703, obs. Delpech ; D. 2011. 566, note Mazeaud ; RTD com. 2011. 400, obs. Legeais ; JCP E 2011, n° 1326, note Aubert de Vincelles ; CCC 2011, n° 4 ; RJDA 2011, n° 375 ; RLDC févr. 2011. 7, note G. et L.-F. Pignarre ; Defrénois 2011. 808, obs. Seube.*

Sur l'ensemble contractuel indivisible formé par des contrats d'exploitation et d'approvisionnement, bien que conclus à des dates et pour des durées différentes, V. • Civ. 1re, 4 avr. 2006 : *Bull. civ. I, n° 190 ; D. 2006. 2656, note Boffa ; ibid. Pan. 2641, obs. Amrani Mekki ; Defrénois 2006. 1194, obs. Aubert ; RJDA 2006, n° 985 ; RDC 2006. 700, obs. D. Mazeaud.* – V. aussi • Caen 12 mai 2010 : *CCC 2011, n° 8, obs. Mathey.* ♦ Sur l'interdépendance entre les contrats de bail et de cession du fonds de commerce, V. • Com. 16 oct. 2007 : *BRDA 2007, n° 21, p. 6.* ♦ Sur l'indivisibilité de l'ensemble formé par les contrats de panonceau et d'approvisionnement et l'adhésion à l'association des centres du distributeur, V. • Civ. 1re, 13 nov. 2008 : *D. 2009. AJ 98 ; JCP 2009, n° 45, p. 30, obs. Deboissy et Wicker ; CCC 2009, n° 7, obs. Mathey ; Dr. sociétés 2009, n° 25, obs. Mortier ; Bull. Joly 2009. 572, note Rubellin.*

b. Illustrations

173. Crédit-bail. La résolution du contrat de vente entraîne nécessairement la résiliation du contrat de crédit-bail, sous réserve de l'application des clauses ayant pour objet de régler les conséquences de cette résiliation. • Cass., ch. mixte, 23 nov. 1990 : *Bull. civ., n° 3 ; D. 1991. 121, note Ch. Larroumet ; JCP 1991. II. 21642, note D. Legeais ; GAJC II, n° 272-273.* ♦ Une cour d'appel justifie sa décision de prononcer la résiliation du contrat de financement liant une société de crédit-bail à un utilisateur d'un service de publicité télématique, dès lors qu'elle relève que la société de publicité avait cessé toute prestation et le contrat avait ainsi été résilié, que le matériel financé était destiné à être exploité par cette société, qu'il s'agissait d'un matériel très spécifique et que la seule cause du contrat de financement était constituée par le contrat de prestation de publicité télématique. • Com. 15 févr. 2000 : *Bull. civ. IV, n° 29 ; D. 2000. Somm. 364, obs. Ph. Delebecque ; RTD civ. 2000. 325, obs. J. Mestre et B. Fages ; Banque et Droit sept.-oct. 2000. 45, obs. N. Rontchevsky.*

174. Indivisibilité entre les statuts d'une association et un contrat de panonceau. Doit être rejetée la demande formée par un adhérent à une association de centres distributeurs ayant signé avec celle-ci un contrat lui conférant l'usage d'un panonceau et visant à faire annuler la décision de l'association de le radier, dès lors que les statuts de l'association et le contrat de panonceau forment un ensemble indivisible, la résiliation du contrat emportant radiation de l'association. • Civ. 1re, 3 déc. 1996 : *Bull. civ. I, n° 424 ; JCP 1997. II. 22815, note Ph. Reigné ; CCC 1997, n° 42, obs. L. Leveneur.*

175. Contrat d'édition. Sur la résolution de contrats d'édition de chansons, à la demande de l'auteur des paroles, en raison de la résolution précédemment prononcée des contrats d'édition conclus par l'auteur de la musique, dès lors qu'elle relève souverainement l'interdépendance de ces contrats, conclus par chacun des coauteurs pour l'exploitation des œuvres communes, V. • Civ. 1re, 3 avr. 2001 : *Bull. civ. I, n° 94.*

2° ACTIONS DIRECTES EN PAIEMENT ET EN RESPONSABILITÉ

a. Actions directes en paiement

176. Mandataire substitué. Le mandant pouvant agir directement en vertu de l'art. 1994, al. 2, C. civ. contre la personne que le mandataire s'est substitué, le substitué jouit, par voie de conséquence, d'une action personnelle et directe contre le mandant pour obtenir le remboursement de ses avoirs et frais et le paiement de la rétribution qui lui est due. • Civ. 1re, 27 déc. 1967 : *D. 1961. 491, note J. Bigot ; GAJC II, n° 268.*

b. Actions directes en responsabilité

177. Groupes de contrats translatifs de propriété. Le maître de l'ouvrage, comme le sous-acquéreur, jouit de tous les droits et actions attachés à la chose qui appartenait à son auteur et dispose donc, à cet effet, contre le fabricant, d'une action contractuelle directe fondée sur la non-conformité de la chose livrée. • Cass., ass. plén., 7 févr. 1986 : *Bull. civ., n° 2 ; D. 1986. 293, note A. Bénabent ; JCP 1986. II. 20616, note Ph. Malinvaud ; GAJC II, n° 252.* ♦ Même solution dans tous les groupes de contrats translatifs de propriété. V. par exemple • Civ. 1re, 27 janv. 1993 : *Bull. civ. I, n° 45 ; JCP 1993. I. 3684, n° 5, obs. J. Ghestin* (action rédhibitoire). ♦ L'action résolutoire résultant d'un même défaut de conformité se transmet avec la chose livrée, de sorte qu'elle peut être exercée par le sous-acquéreur à la fois contre le vendeur intermédiaire et contre le vendeur originaire, à l'égard duquel le sous-acquéreur dispose d'une action directe contractuelle. • Civ. 1re, 20 mai 2010 : *Bull. civ. I, n° 119 ; D. 2010. 1757, note Deshayes ; ibid. Actu. 1416, obs. Delpech ; RTD civ. 2010. 554, obs. Fages ; JCP E 2010, n° 1791, note Boucard ; RJDA 2010. 784, note Ruy ; Gaz. Pal. 2010. 2410, obs. Houtcieff ; RLDC juill.-août 2010. 14, obs. Le Gallou ; RDC 2010. 1317, obs. Brun.* ♦ L'action directe étant fondée sur le contrat de vente conclu entre le fabricant et le vendeur intermédiaire, la clause attributive de compétence figurant dans ce contrat est opposable au maître de l'ouvrage. • Civ. 3e, 30 oct. 1991 : *Bull. civ. III, n° 251.* ♦ Une clause de non-garantie opposable par un vendeur intermédiaire à son propre acquéreur ne peut faire obstacle à l'action directe de l'acquéreur final contre le vendeur originaire, dès lors qu'aucune clause de non-garantie n'a été stipulée lors de la première vente. • Civ. 3e, 16 nov. 2005 : *Bull. civ. III, n° 222 ; D. 2006. 971, note R. Cabrillac ; RJDA 2006, n° 528.*

178. Solutions propres aux chaînes internationales de vente. Sur l'application de la Convention de Bruxelles, relative à la compétence des juridictions, V. considérant que l'action du sous-acquéreur contre le fabricant, qui n'est pas le vendeur, n'est pas de nature contractuelle : • CJCE 17 juin 1992 : *JCP 1992. II. 21927, note Ch. Larroumet ; D. 1993. Somm. 214, obs. J. Kullmann ; Rev. crit. DIP 1992. 726, note H. Gaudemet-Tallon.* ♦ Le sous-acquéreur n'a pas d'action directe contre le vendeur initial dans le cadre d'une chaîne internationale de contrats dont la vente originaire est régie par la Convention de Vienne du 11 avr. 1980 sur la vente internationale de marchandises. • Civ. 1re, 5 janv. 1999 : *Bull. civ. I, n° 6 ; D. 1999. 383, obs. C. Witz ; JCP 2000. I. 1999, n° 19, obs. G. Viney.*

179. Groupes de contrats non translatifs de propriété. Le sous-traitant n'étant pas contractuellement lié au maître de l'ouvrage, les juges du fond ne peuvent décider que celui-ci ne dispose à l'encontre du sous-traitant que d'une action nécessairement contractuelle. • Cass., ass. plén., 12 juill. 1991 : *Bull. civ. n° 5 ; D. 1991. 549, note J. Ghestin ; JCP 1991. II. 21743, note G. Viney ; RTD civ. 1991. 750, obs. P. Jourdain.*

♦ L'architecte lié par une convention au maître de l'ouvrage n'est pas contractuellement lié à l'entreprise qui a réalisé les travaux, de sorte que son action contre celle-ci n'a pas un fondement contractuel, même s'ils ont l'un et l'autre participé à la réalisation d'une même opération immobilière en exécution d'un groupe de contrats. • Civ. 1re, 16 févr. 1994 : *Bull. civ. I, n° 72 ; Defrénois 1994. 798, obs. Ph. Delebecque.* ♦ Le sous-traitant engageant sa responsabilité vis-à-vis du maître de l'ouvrage sur le fondement délictuel, une cour d'appel retient à bon droit que le fournisseur de ce sous-traitant doit, à l'égard du maître de l'ouvrage, répondre de ses actes sur le même fondement. • Civ. 3e, 28 nov. 2001 : *Bull. civ. III, n° 137 ; RTD civ. 2002. 104, obs. P. Jourdain ; JCP 2002. II. 10037, note Mainguy ; ibid. I. 186, n° 1, obs. Viney.* – V. Laronde-Clérac, *CCC 2003, Chron. 6.*

179 bis. Cession de créance. BIBL. F. Petit, *D. 2006. 2819* (réflexions sur la sécurité dans la cession de créance). – Pinna, *RTD civ. 2008. 229* (la mobilisation de la créance indemnitaire). ♦ La cession de créance a pour effet d'emporter de plein droit transfert de tous les accessoires de ladite créance, notamment les actions en justice qui lui sont attachées. • Civ. 1re, 10 janv. 2006 : *Bull. civ. I, n° 6 ; D. 2006. AJ 365, obs. Delpech ; RTD civ. 2006. 552, obs. Mestre et Fages ; JCP E 2006, n° 8, p. 357 ; LPA 31 oct. 2006, note Mecarelli ; Defrénois 2006. 597, obs. Savaux ; Dr. et patr. janv. 2007. 83, obs. Lacan ; BRDA 2006, n° 5, p. 7 ; RLDA juin 2006. 48, obs. Viney ; Dr. et proc. 2006. 147, obs. Putman.* – V. aussi Bert, *D. 2006. 2129* (regards sur la transmission de l'action en justice). ♦ ... Ou, sauf stipulation contraire, l'action en responsabilité, contractuelle ou délictuelle, qui en est l'accessoire, fondée sur la faute antérieure d'un tiers, dont est résultée la perte ou la diminution de la créance, à l'exclusion des actions extrapatrimoniales, incessibles ou strictement personnelles au cédant. • Civ. 1re, 24 oct. 2006 : *Bull. civ. I, n° 433 ; D. 2006. AJ 2787, obs. Avena-Robardet ; RTD civ. 2007. 122, obs. Mestre et Fages ; JCP E 2007, n° 22, p. 20, obs. Mathey ; BRDA 2006, n° 22, p. 8 ; RDC 2007. 291, obs. Viney.* – V. aussi : • Civ. 1re, 19 juin 2007 : *Bull. civ. I, n° 239 ; D. 2007. AJ 1958, obs. Delpech ; RTD civ. 2008. 301, obs. Fages ; JCP E 2007, n° 38, p. 20 ; CCC 2007, n° 270, obs. Leveneur ; RJDA 2007, n° 1083* • Com. 3 juin 2008 : *RJDA 2008, n° 1250.* ♦ Il résulte de l'art. 1692 C. civ. que la cession de créance transfère au cessionnaire les droits et actions appartenant au cédant et attachés à la créance cédée, notamment le titre exécutoire obtenu par le cédant à l'encontre de la caution garantissant le paiement de la créance. • Com. 5 févr. 2008 : *Bull. civ. IV, n° 26 ; D. 2008. AJ 542, obs. Delpech ; RTD civ. 2008. 301, obs. Fages ; JCP E 2008, n° 35, p. 15, obs. Simler ; RD banc. fin. 2008, n° 37, obs. Legeais ; ibid., n° 54, obs. S. Piedelièvre ; Banque et Droit mars-avr. 2008. 47, obs. Jacob ; RJDA 2008, n° 512 ; RLDA mars 2008. 36, obs. Chemin-Bomben.*

D. RÈGLES PROTECTRICES DES TIERS

1° FRAUDE AUX DROITS DES TIERS

a. Action paulienne (art. 1167 C. civ.)

180. Insolvabilité du débiteur. Une cour d'appel ne donne pas de base légale à sa décision au regard de l'art. 1167 C. civ. en déclarant inopposable à un créancier une donation-partage faite par une caution, en retenant que celle-ci ne pouvait ignorer qu'elle portait ainsi atteinte aux droits de son créancier en diminuant de manière notable les biens qui pouvaient répondre de ses engagements, sans rechercher en outre si, à la date d'introduction de la demande, ce donateur, disposait encore de biens suffisants pour désintéresser le créancier. • Com. 14 nov. 2000 : *Bull. civ. IV, n° 173 ; Bull. Joly 2001. 153, note Delebecque ; Defrénois 2001. 240, obs. Libchaber ; Banque et Droit mars-avr. 2001. 44, obs. Rontchevsky.* ♦ Le créancier qui n'est pas investi de droits particuliers sur certains biens de son débiteur, ne peut faire révoquer les actes accomplis en fraude de ses droits que s'il établit, au jour de l'acte litigieux, l'insolvabilité au moins apparente du débiteur, outre sa conscience de causer un préjudice au créancier en appauvrissant son patrimoine. • Civ. 1re, 6 mars 2001 : *Bull. civ. I, n° 51 ; D. 2001. Somm. 3243, obs. Delebecque.* ♦ Mais l'action paulienne est recevable même si le débiteur n'est pas insolvable, dès lors que l'acte frauduleux a eu pour effet de rendre impossible l'exercice du droit spécial dont disposait le créancier. • Civ. 1re, 18 juill. 1995 : *D. 1996. 391, note Agostini (2e esp.) ; Defrénois 1995. 1410, obs. Delebecque* • Civ. 3e, 12 oct. 2005 : *Bull. civ. III, n° 189 ; D. 2005. AJ 2871, obs. Delpech.*

181. Fraude paulienne. La fraude paulienne n'implique pas nécessairement l'intention de nuire, mais résulte de la seule connaissance que le débiteur et son cocontractant à titre onéreux ont du préjudice causé au créancier par l'acte litigieux. • Civ. 1re, 17 oct. 1979 : *JCP 1981. II. 19627, note J. Ghestin ; GAJC II, n° 237.* ♦ Dans le même sens, • Civ. 1re, 14 févr. 1995 : *D. 1996. 391, note E. Agostini (1re esp.)*.

182. Complicité du tiers. Lorsqu'il s'agit d'un acte à titre onéreux, le créancier qui exerce l'action paulienne doit prouver la complicité de fraude du tiers-acquéreur. • Civ. 1re, 27 juin 1984 : *Bull. civ. I, no 211.*

183. Exercice de l'action. L'action paulienne peut être exercée par un créancier contre tous les actes faits en fraude de ses droits par son débiteur, même si celui-ci fait l'objet d'une procédure collective. • Com. 8 oct. 1996 : *Bull. civ. IV, no 227 ; D. 1997. 87, note Dérrida ; JCP 1997. I. 4002, no 11, obs. Jamin, et I. 4004, no 10, obs. Pétel.* ♦ En application de l'art. 46 de la loi du 25 janv. 1985 (C. com., art. L. 621-39 ancien), le droit conféré aux créanciers par l'art. 1167 C. civ. peut également être exercé, en leur nom et dans leur intérêt collectif, par le représentant des créanciers. Le commissaire à l'exécution du plan trouve dans les pouvoirs qui lui sont conférés par l'art. L. 621-68 [ancien] C. com., en vue de poursuivre les actions exercées par le représentant des créanciers pour la défense de leur intérêt collectif, qualité pour engager également en leur nom une action tendant aux mêmes fins. • Com. 13 nov. 2001 : *Bull. civ. IV, no 178 ; D. 2001. 3617, obs. Lienhard ; RTD com. 2002. 151, obs. Saint-Alary-Houin.*

184. Conséquences de l'action. L'inopposabilité paulienne autorise le créancier poursuivant, par décision de justice et dans la limite de sa créance, à échapper aux effets d'une aliénation opérée en fraude de ses droits, afin d'en faire éventuellement saisir l'objet entre les mains du tiers. • Civ. 1re, 30 mai 2006 : *Bull. civ. I, no 268 ; R. 2006, p. 396 ; D. 2006. 2717, note G. François ; JCP E 2006, no 41, p. 1732, note Dagorne-Labbe ; JCP 2006. II. 10150, note Desgorges ; LPA 4 oct. 2006, note Prigent ; LPA 3 janv. 2007, note Gibirila ; RJDA 2007, no 96 ; Defrénois 2006. 1863, obs. Libchaber.* ♦ Comp. jugeant que l'admission de la fraude paulienne a pour effet de révoquer rétroactivement l'acte frauduleux, ce qui entraîne le retour du bien aliéné dans le patrimoine du débiteur où le créancier demandeur pourra seul éventuellement le saisir. Toutefois, la révocation ne se produisant que dans l'intérêt de ce créancier et à la mesure de cet intérêt, l'aliénation subsiste au profit du tiers acquéreur pour tout ce qui excède l'intérêt du créancier demandeur. • Civ. 1re, 1er juill. 1975 : *Bull. civ. I, no 213.*

b. Adage Fraus omnia corrumpit

185. Inopposabilité aux tiers des conventions entachées de fraude à leurs droits. Ayant retenu que les actionnaires d'une société holding avaient entrepris de céder tous leurs titres, constitutifs d'une minorité de blocage, à un tiers, en recourant à l'interposition d'une autre société, que par le biais des deux cessions, en apparence licites, ils avaient permis à ce tiers de détenir une participation minoritaire, que l'une et l'autre des parties avaient de connivence tenté d'échapper à l'obligation d'agrément figurant dans les statuts de la société holding, obligation qui était connue par elles, une cour d'appel peut en déduire que les conventions passées entre les actionnaires et le tiers étaient entachées de fraude. • Com. 27 juin 1989 : *Bull. civ. IV, no 209 ; D. 1990. 314, note J. Bonnard* (inopposabilité à la société holding de la cession frauduleuse de la minorité de blocage).

2o SIMULATION (art. 1321 C. civ.)

a. Notion

186. Simulation conventionnelle et prête-nom. Le terme de simulation peut s'appliquer soit à la simulation conventionnelle, soit au prête-nom. • Civ. 1re, 11 févr. 1976 : *Bull. civ. I, no 64.*

b. Effets de la simulation entre les parties

187. Principe de validité de la simulation. La simulation n'est pas en soi une cause de nullité de l'acte qui en est l'objet. • Civ. 1re, 11 juill. 1979 : *Bull. civ. I, no 209.* ♦ Mais, en vertu de l'art. 1840 A CGI [*abrogé. V. désormais art. 1589-2 C. civ., ss. art. L. 143-23 C. com.*], est nulle toute convention qui porte dissimulation de tout ou partie du prix de vente d'un immeuble ou d'un fonds de commerce, quels que soient les mobiles de cette dissimulation. • Civ. 3e, 18 mars 1981 : *Bull. civ. III, no 61.*

c. Effets de la simulation à l'égard des tiers

188. Inopposabilité de la contre-lettre aux tiers. Les juges du fond violent les prescriptions de l'art. 1321 C. civ. en faisant produire effet, au détriment d'un ayant cause à titre particulier, de bonne foi, des conventions secrètes contraires à l'acte ostensible. • Civ. 15 mai 1944 : *DA 1944. 86* (cession de créance). ♦ Mais, si le tiers a sciemment participé à la simulation, il ne peut se prévaloir de l'acte ostensible contre les personnes ayant agi en qualité de prête-nom. • Civ. 3e, 8 juill. 1992 : *Bull. civ. III, no 246 ; JCP 1993. II. 21982, note G. Wiederkehr.*

189. Faculté d'invoquer l'acte secret. Les tiers qui y ont intérêt ont le droit de se prévaloir de l'acte secret. • Com. 14 mai 1985 : *Bull. civ. IV, no 153* (inopposabilité de l'acte apparent à l'administration fiscale).

190. Déclaration de simulation. La défense de prouver par témoin ou par présomption contre et outre le contenu à l'acte ne concerne que les parties contractantes ; l'acquéreur véritable d'un bien est admis à faire la preuve de la simulation contre l'acquéreur fictif par tous les moyens. • Com. 30 juin 1980 : *Bull. civ. IV, n° 279.*

3° ACTION OBLIQUE (art. 1166 C. civ.)

191. Principe. L'action oblique permet au créancier de faire valoir tous les droits de son débiteur lorsque ce dernier néglige de s'en prévaloir. • Civ. 1re, 14 déc. 1971 : *JCP 1972. II. 17102, note G. Goubaux.* ♦ Mais jugé que pendant toute la durée de la liquidation judiciaire, les droits et actions du débiteur concernant son patrimoine sont exercés par le liquidateur auquel aucun créancier ne peut se substituer pour recouvrer, fût-ce par voie oblique, une créance de la personne soumise à cette procédure collective. • Com. 3 avr. 2001 : *Bull. civ. IV, n° 71 ; D. 2001. AJ 1728.*

192. Exception : droits exclusivement attachés à la personne. En vertu de l'art. 1166 C. civ., les créanciers ne peuvent exercer les droits exclusivement attachés à la personne de leur débiteur et l'exercice d'un droit de rachat d'une assurance vie, qui constitue une révocation de bénéficiaire, est un droit exclusivement attaché à la personne. • Com. 25 oct. 1994 : *Bull. civ. IV, n° 311.*

E. PROMESSE DE PORTE-FORT (art. 1120 C. civ.)

193. Promesse d'obtenir l'engagement d'autrui. Celui qui se porte fort pour un tiers promet le fait de celui-ci et s'engage à le procurer. • Civ. 3e, 7 mars 1978 : *Bull. civ. III, n° 108.* ♦ La promesse de porte-fort est un engagement personnel autonome d'une personne qui promet à son contractant d'obtenir l'engagement d'un tiers à son égard. • Civ. 1re, 25 janv. 2005 : *Bull. civ. I, n° 43 ; D. 2005. IR 387 ; JCP 2006. II. 10021, note Simler ; RD banc. fin. 2005, n° 92, obs. Cerles ; Banque et Droit mars-avr. 2005. 41, obs. Rontchevsky ; RTD civ. 2005. 391, obs. Mestre et Fages.* ♦ Le porte-fort contracte une obligation de résultat. • Même arrêt.

193 bis. Porte-fort de ratification. Celui qui se porte fort pour un tiers en promettant la ratification d'un engagement est tenu d'une obligation autonome dont il se trouve déchargé dès la ratification par le tiers, tandis que celui qui se *porte fort de* l'exécution d'un engagement par un tiers s'engage accessoirement à l'engagement principal souscrit par le tiers à y satisfaire si le tiers ne l'exécute pas lui-même. • Com. 13 déc. 2005 : *Bull. civ. IV, n° 256 ; D. 2006. Pan. 2857, obs. Crocq ; ibid. AJ 298, obs. Delpech ; RTD civ. 2006. 305, obs. Mestre et Fages ; JCP E 2006, n° 9, p. 408, note Grosser ; ibid., n° 19, p. 858, obs. Simler ; LPA 24 avr. 2006, note Prigent ; CCC 2006, n° 63, obs. Leveneur ; Banque et Droit mars-avr. 2006. 60, obs. Rontchevsky ; RD banc. fin. 2006, n° 17, obs. Legeais ; RJDA 2006. 787, note Libchaber ; Dr. et patr. oct. 2006. 96, obs. Stoffel-Munck ; Defrénois 2006. 414, note Savaux ; Bull. Joly 2006. 482, obs. Barbièri ; RLDA mars 2006. 35, obs. Chemin-Bomben.* – V. aussi Arlie, *D. 2006. 2244* (pour une juste conception du porte-fort d'exécution).

194. Porte-fort d'exécution. En l'état d'une cession d'actions, la cour d'appel qui relève que la société cessionnaire s'était portée fort pour un tiers de faire bénéficier le cédant d'un contrat de travail jusqu'à l'âge de soixante ans, et que le contrat souscrit avait été rompu par le tiers, alors que le salarié était âgé de cinquante-cinq ans, ce dont il résultait qu'il n'y avait pas eu ratification de l'engagement pris par le promettant, en déduit exactement que celui-ci n'était pas déchargé de son obligation à l'égard du bénéficiaire de la promesse. • Civ. 1re, 18 avr. 2000 : *Bull. civ. I, n° 115 ; RTD civ. 2000. 832, obs. J. Mestre et B. Fages.* ♦ La ratification de la promesse de porte-fort peut être tacite. • Cass., ass. plén., 22 avr. 2011 : *D. 2011. Actu. 1218, obs. Delpech ; RTD civ. 2011. 795, obs. Théry ; RJDA 2011, n° 676 ; Bull. Joly 2011. 567, note Couret.*

195. Situation du tiers. La personne pour qui l'on s'est porté fort est un tiers à l'acte conclu sans son consentement et n'est engagée par un tel acte qu'autant qu'elle accepte de tenir l'engagement. • Com. 25 janv. 1994 : *Bull. civ. IV, n° 32 ; Defrénois 1994. 792, obs. Ph. Delebecque.*

VII. RÈGLES PROPRES AUX CONTRATS SYNALLAGMATIQUES

A. EXCEPTION D'INEXÉCUTION

1° CONDITIONS DE MISE EN ŒUVRE

196. Obligations dérivant d'un même contrat. L'interdépendance des obligations résultant d'un contrat synallagmatique, qui donne le droit à l'une des parties de ne pas exécuter son obligation quand l'autre n'exécute pas la sienne, suppose essentiellement des obligations dérivant d'un même contrat. • Req. 14 mai 1938 : *DH 1938. 419.* ♦ Dès lors que les parties avaient passé des conventions distinctes, cession de marques et moyens de fabrication d'une part et vente de stocks d'autre part, l'inexécution par l'une des parties des obligations contractées quant à la vente du stock ne permet pas à son cocontractant de suspendre le paiement des redevances constituant la contrepartie de la cession, dûment exécutée, des marques et moyens de fabrication. • Com. 26 nov. 1973 : *Bull. civ. IV, n° 340.* ♦ Mais l'inexécution d'une convention peut être justifiée, si le cocontractant n'a lui-même pas satisfait à une obligation contractuelle, même découlant d'une convention distincte, dès lors que l'inexécution de cette dernière est liée à celle de la première. • Com. 12 juill. 2005 : *cité note 44 ss. C. com., art. L. 330-3.*

197. *Exigence d'une créance certaine, liquide et exigible.* Des preneurs ne peuvent refuser le paiement de fermages échus, qui constituent une créance certaine, liquide et exigible, en opposant au bailleur l'inexécution par lui de travaux qui représentent une créance incertaine. • Soc. 7 juill. 1955 : *D. 1957. 1, note R. Savatier.* ♦ Les juges du fond ne peuvent condamner l'acquéreur de marchandises, qui se prévaut de l'exception d'inexécution, à en payer le prix sans rechercher si le vendeur avait exécuté ses obligations et, si, le cas échéant, son inexécution était d'une gravité suffisante pour affranchir l'acheteur de ses obligations corrélatives. • Com. 16 juill. 1980 : *Bull. civ. IV, n° 297.*

198. *Bonne foi.* Les juges du fond qui relèvent qu'un métayer a rempli ses obligations dans toute la mesure où l'attitude de ses cocontractants lui a permis de les exécuter, en déduisent exactement que ceux-ci sont mal fondés à se prévaloir de l'exception d'inexécution. • Civ. 3e, 5 mars 1970 : *Bull. civ. III, n° 173.*

199. *Absence de mise en demeure.* Une société étant en droit d'opposer à une autre société l'exception d'inexécution de ses obligations corrélatives, une cour d'appel n'avait pas à exiger une mise en demeure préalable. • Com. 10 déc. 1979 : *Bull. civ. IV, n° 327.*

200. *Absence de contrôle préalable du juge.* L'inexécution de ses obligations par l'une des parties à un contrat est de nature à affranchir l'autre partie de ses obligations corrélatives et autorise celle-ci, non seulement à poursuivre en justice la résolution du contrat, mais aussi à refuser provisoirement de fournir les prestations qui lui incombent, sans que l'exercice de cette faculté soit subordonné à l'autorisation et au contrôle d'un juge. • Paris, 2 mai 2001 : *BICC 2001, n° 1221.*

2° EFFETS

201. *Suspension de l'exécution.* Sur la condamnation à des dommages-intérêts pour rupture abusive de contrat d'un fabricant qui, lié par un contrat de distribution exclusive à durée indéterminée, avait, en invoquant l'inexécution de ses obligations par le distributeur, confié à un tiers la distribution exclusive des mêmes produits dans le même territoire, alors que l'exception d'inexécution lui permettait non pas de rompre le contrat conclu avec le distributeur, mais seulement d'en suspendre l'exécution en distribuant provisoirement dans le secteur en cause, par lui-même ou par un tiers, les produits concédés. • Com. 1er déc. 1992 : *Bull. civ. IV, n° 392 ; RTD civ. 1993. 578, obs. J. Mestre.* ♦ V. Pinna, *RTD civ. 2003. 31* (exception pour risque d'inexécution) ; Cuzacq, *LPA 7 mai 2003* (notion de riposte proportionnée).

B. RÉSOLUTION (art. 1184 C. civ.)

1° OPTION DU CRÉANCIER

202. *Exécution ou résolution.* En cas d'inexécution par l'une des parties, l'autre partie conserve la faculté d'option entre la résolution du contrat et son exécution supposée encore possible tant qu'elle n'a pas renoncé à l'une ou à l'autre ; des conclusions prises à fin de résolution n'impliquent pas nécessairement à elles seules, et en l'absence de toute autre circonstance révélatrice de sa volonté, une renonciation définitive de sa part au droit d'exiger la chose ou le fait promis. • Civ. 6 janv. 1932 : *DH 1932. 114.* ♦ Jugeant que l'option entre exécution forcée ou résolution du contrat est à la disposition exclusive du créancier demandeur, sans que le juge, saisi d'une demande en résolution d'une vente pour non-paiement du prix, puisse condamner l'acquéreur à payer le solde du prix de vente. • Civ. 3e, 29 oct. 2003 : *Bull. civ. III, n° 186 ; RJDA 2004, n° 271.*

202 bis. *Ordre public.* L'art. 1184 C. civ. n'est pas d'ordre public et un contractant peut renoncer par avance au droit de demander la résolution judiciaire du contrat. • Civ. 3e, 3 nov. 2011 : *Bull. civ. III, n° 178, D. 2011. Actu. 2795 ; RTD civ. 2012. 114, obs. Fages ; JCP 2012, n° 63, note Grosser ; CCC 2012, n° 36, obs. Leveneur ; LPA 19 janv. 2012, note Delobel ; ibid. 28-29 mai 2012, note Pignatari ; Gaz. Pal. 2012. 289, obs. Houtcieff ; RDA 2012, n° 125 ; RLDC janv. 2012. 17, obs. Paulin.*

2° CONDITIONS DE LA RÉSOLUTION

a. Principe de la résolution judiciaire

203. *Appréciation souveraine de la gravité de l'inexécution par les juges du fond.* Lorsque le contrat ne contient aucune clause expresse de résolution, il appartient aux tribunaux de rechercher, dans les termes du contrat et dans l'intention des parties, quelles sont l'étendue et la portée de l'engagement souscrit par celle d'entre elles qui y aurait manqué complètement, et, en cas d'inexécution partielle, d'apprécier, d'après les circonstances de fait, si cette inexécution a assez d'importance pour entraîner la résolution ou si elle ne sera suffisamment réparée par une condamnation à des dommages-intérêts ; et, à cet égard, le pouvoir d'appréciation des juges du fait est souverain. • Civ. 14 avr. 1891 : *DP 1891. 1. 329, note M. Planiol ; GAJC II, n° 176.* ♦ Le juge peut prononcer la résolution judiciaire en cas d'inexécution partielle d'un contrat, dès lors qu'elle porte sur une obligation déterminante de la conclusion du contrat. • Com. 2 juill. 1996 : *Bull. civ. IV, n° 198 ; JCP 1996. I. 3983, n° 14, obs. Ch. Jamin ; Defrénois 1999. 1364, obs. D. Mazeaud.*

204. Absence de prise en considération de la force majeure. L'art. 1184 C. civ. ne distingue pas entre les causes d'inexécution des conventions, et n'admet pas la force majeure comme faisant obstacle à la résolution pour le cas où l'une des deux parties ne satisfait pas à son engagement ; qu'en effet, dans un contrat synallagmatique, l'obligation de l'une des parties a pour cause l'obligation de l'autre et réciproquement, en sorte que, si l'obligation de l'une n'est pas remplie, quel qu'en soit le motif, l'obligation de l'autre devient sans cause. • Civ. 14 avr. 1891 : *préc. note 203.*

205. Action en résolution. Pour l'exercice de l'action en résolution, l'acte introductif d'instance suffit à mettre en demeure la partie qui n'a pas exécuté son engagement, sans qu'il soit nécessaire de faire précéder cet acte d'une sommation ou d'un commandement. • Civ. 1re, 23 janv. 2001 : *CCC 2001, n° 69, note L. Leveneur.*

b. Tempéraments

1. Impossibilité d'exécution

206. Absence de nécessité d'une demande en résolution judiciaire. Une demande de résolution judiciaire du contrat n'est pas nécessaire en cas d'impossibilité d'exécution. • Com. 28 avr. 1982 : *Bull. civ. IV, n° 145 ; RTD civ. 1983. 340, obs. F. Chabas.*

2. Clause résolutoire

207. Exigence d'une clause non équivoque. La clause résolutoire de plein droit, qui permet aux parties de soustraire la résolution d'une convention à l'appréciation du juge doit être exprimée de manière non équivoque, faute de quoi les juges recouvrent leur pouvoir d'appréciation. • Civ. 1re, 25 nov. 1986 : *RTD civ. 1987. 313, obs. J. Mestre.* ♦ Pour une clause résolutoire claire et précise ne soulevant aucune contestation sérieuse, V. • Civ. 3e, 2 avr. 2003 : *Bull. civ. III, n° 78 ; Loyers et copr. 2003, n° 146, obs. Vial-Pedroletti ; Rev. loyers 2003. 347, obs. Rémy.*

208. Absence de pouvoir d'appréciation des juges du fond en présence d'une clause résolutoire de plein droit. En présence d'une clause résolutoire de plein droit, le juge n'a pas à apprécier la gravité du manquement contractuel. Sur la cassation d'un arrêt n'ayant pas appliqué une clause résolutoire stipulée dans un bail sans vérifier si le locataire avait sollicité, conformément aux clauses du bail, l'autorisation expresse et par écrit du bailleur qui était requise pour faire réaliser des travaux. • Civ. 3e, 26 sept. 2001 : *Bull. civ. III, n° 102 ; D. 2001. AJ 3047, obs. Rouquet.* ♦ V. toutefois lorsque l'inexécution invoquée lors de la mise en œuvre de la clause résolutoire résulte d'un cas de force majeure : • Civ. 3e, 6 mai 2003 : *RJDA 2003, n° 1163* • 20 janv. 1985 : *Bull. civ. III, n° 148.*

209. Absence de contrôle de la proportionnalité de la sanction. Une clause résolutoire sanctionnant l'inexécution par une partie de ses obligations ne constitue pas une clause pénale au sens de l'art. 1152 C. civ., de sorte qu'elle doit être appliquée sans qu'il soit nécessaire de rechercher si cette sanction est proportionnée ou non à la gravité du manquement invoqué. • Civ. 3e, 20 juill. 1989 : *Bull. civ. III, n° 172.*

210. Clause résolutoire et bonne foi. Les conventions doivent être exécutées de bonne foi et une clause résolutoire n'est pas acquise si elle a été mise en œuvre de mauvaise foi par le créancier. En ce sens, V. • Civ. 1re, 31 janv. 1995 : *Bull. civ. I, n° 57 ; D. 1995. 389, note Jamin ; Defrénois 1995. 749, obs. Delebecque ; RTD civ. 1995. 623, obs. Mestre*, cassant un arrêt ayant retenu qu'un prêteur était fondé à se prévaloir de la clause résolutoire, sans rechercher s'il était de bonne foi, alors que le montant principal du prêt avait été remboursé et que le créancier avait attendu plusieurs années après que sa créance fut exigible pour délivrer un commandement aux fins de saisie immobilière. ♦ De même, un concessionnaire n'agit pas de mauvaise foi en appliquant une clause résolutoire à un distributeur agréé, dès lors que le manquement contractuel de celui-ci est avéré. • Com. 18 mars 1997 : *D. Affaires 1997. 628.*

Mais viole l'art. 1134 C. civ. la cour d'appel qui, pour débouter un bailleur de sa demande aux fins de faire constater l'acquisition de la clause résolutoire insérée au bail et visée dans un commandement de payer des loyers arriérés délivré au preneur, retient que ce dernier est un débiteur de bonne foi, alors qu'elle relève que la totalité des causes du commandement n'avait pas été réglée dans le délai d'un mois imparti par celui-ci. • Civ. 3e, 10 mars 1993 : *D. 1993. 357, note Bihr*. ♦ V. aussi, jugeant qu'en cas d'inexécution de son engagement par le débiteur sa bonne foi est sans incidence sur l'acquisition de la clause résolutoire. • Civ. 3e, 24 sept. 2003 : *Bull. civ. III, n° 161 ; JCP E 2004, n° 26, p. 1055, note Kéita ; CCC 2003, n° 174, obs. Leveneur ; RJDA 2004, n° 10 ; Defrénois 2004. 139, note Dagorne-Labbe ; Dr. et patr. juill.-août 2004. 40, note Aynès ; RDC 2004. 644, obs. Mazeaud ; RTD civ. 2003. 707, obs. Mestre et Fages ; JCP N 2004, n° 15, p. 630, note Leveneur.*

210 bis. Suspension de la clause résolutoire et octroi de nouveaux délais. Viole l'art. L. 145-41 C. com. une cour d'appel qui, pour accorder rétroactivement à un locataire un nouveau délai pour régler l'arriéré de loyers et le loyer courant et débouter en conséquence la société bailleresse de sa demande tendant à la constatation de l'acquisition de la clause résolutoire, retient qu'en application de l'art. 488 NCPC [renommé C. pr. civ.], l'ordonnance ayant accordé des délais de paiement au débiteur et suspendu les effets de la clause, bien que passée en force de chose jugée, n'a pas au principal l'autorité de la chose jugée et ne fait donc pas obstacle à ce qu'il soit statué sur l'acquisition de la clause résolutoire par la juridiction saisie au fond du même litige, alors que, constatant que les délais octroyés par l'ordonnance de référé ayant suspendu la réalisation de la clause résolutoire n'avaient pas été respectés, cette cour, saisie au fond, ne pouvait accorder de nouveaux délais. • Civ. 3e, 2 avr. 2003 : *Bull. civ. III, n° 77 ; D. 2003. AJ 1366, obs. Rouquet ; JCP E 2003, n° 31, p. 1289, concl. Guérin ; LPA 30 déc. 2003, note Kéita ; AJDI 2003. 583, obs. Blatter ; RJDA 2003, n° 700 ; Rev. loyers 2003. 356, obs. Quément ; Administrer juin 2003. 29, obs. Boccara et Lipman-Boccara.* ♦ Sur la valeur d'une ordonnance de référé suspendant les effets d'une clause résolutoire, V. • Civ. 3e, 25 févr. 2004 : *Bull. civ. III, n° 39 ; D. 2004. AJ 1086 ; RJDA 2004, n° 678 ; Administrer mai 2004. 23, obs. Boccara et Lipman-Boccara.*

3. Clause de résiliation unilatérale sans motif

211. Efficacité. Après avoir constaté qu'avaient été respectées les conditions de forme de la résiliation d'un contrat conclu entre un médecin et un centre médico-chirurgical stipulant une faculté de résiliation unilatérale pour chacune des parties, viole la loi des parties et l'art. 1134 C. civ. la cour d'appel qui, retenant la compétence et la notoriété du médecin et le fait qu'aucun reproche ne lui avait été adressé pendant douze ans, en déduit que la résiliation est sans motif et caractéristique d'un abus de droit. • Civ. 1re, 3 avr. 2001 : *Bull. civ. I, n° 98 ; D. 2001. Somm. 3240, obs. D. Mazeaud ; RTD civ. 2001. 584, obs. Mestre et Fages.* ♦ Sauf dispense expresse et non équivoque, une clause résolutoire de plein droit ne peut être acquise au créancier sans la délivrance préalable, et non intervenue en l'espèce, d'une mise en demeure restée sans effet, l'assignation en justice ne palliant aucunement l'absence de sommation ainsi requise. • Civ. 1re, 3 févr. 2004 : *Bull. civ. I, n° 27 ; JCP 2004. II. 10149, note Treppoz ; CCC 2004, n° 55, obs. Leveneur ; LPA 14 oct. 2005, note Martin (2e esp.).* ♦ Les juges du fond ont un pouvoir souverain pour décider si les manquements imputés à un contractant sont ou non d'une gravité suffisante pour justifier la résolution du contrat. • Même arrêt.

4. Rupture unilatérale

212. Rupture justifiée par la gravité du comportement du cocontractant. **BIBL.** Amrani-Mekki, *LPA 12 et 13 août 2002 ; Defrénois 2003. 369.* – Dai Do et Chang, *LPA 9 avr. 2004.* – Dossier, *Dr. et patr. mai 2004. 55.* – Lachièze, *JCP 2010, n° 3, p. 24* (résolution unilatérale dans les contrats spéciaux). – Chauviré, *RLDC oct. 2010. 7* (quelle sanction pour la rupture unilatérale du contrat en l'absence de comportement grave ?). ♦ La gravité du comportement d'une partie à un contrat peut justifier que l'autre partie y mette fin de façon unilatérale à ses risques et périls, que le contrat soit à durée déterminée ou non. • Civ. 1re, 20 févr. 2001 : *Bull. civ. I, n° 40 ; D. 2001. 1568, note Jamin, et Somm. 3239, obs. Mazeaud ; Defrénois 2001. 705, obs. Savaux* • 28 oct. 2003 : *JCP 2004. II. 10108, note Lachièze ; CCC 2004, n° 4, obs. Leveneur ; Defrénois 2004. 378, obs. Libchaber ; RJDA 2004, n° 666 ; RDC 2004. 273, obs. Aynès, et 277, obs. D. Mazeaud.* ♦ V. déjà en ce sens • Civ. 1re, 13 oct. 1998 : *Bull. civ. I, n° 300 ; D. 1999. 197, note Jamin, et Somm. 115, obs. Delebecque ; JCP 1999. II. 10133, note Rzepecki,* précisant que la gravité du comportement du cocontractant n'est pas nécessairement exclusive d'un delai de préavis. ♦ Il a ainsi été jugé qu'est justifiée la résiliation unilatérale d'un contrat de fourniture de services en cas de refus persistant d'un abonné de régler ses factures. • Civ. 1re, 9 juil. 2002 : *Bull. civ. I, n° 187 ; JCP E 2003, n° 16, p. 717, note Lachièze ; BRDA 2002, n° 15-16, p. 7.* ♦ Comp. considérant que même en cas de manquement grave à l'exécution des obligations de son contractant, une partie ne peut être admise à rompre unilatéralement un contrat, avant d'avoir obtenu une décision de justice, que si l'urgence imposait la résolution immédiate des relations contractuelles : • Nancy, 20 nov. 2000 : *JCP 2002. II. 10113, note Jamin.*

3° EFFETS DE LA RÉSOLUTION

a. Date d'effet de la résolution

213. Date de l'inexécution des obligations contractuelles. Le contrat est résilié à la date où le débiteur a cessé d'exécuter ses obligations contractuelles. • Civ. 1re, 1er juill. 1963 : *Gaz. Pal. 1963. 2. 388.* ♦ La résolution judiciaire pour absence d'exécution ou exécution imparfaite dès l'origine entraîne l'anéantissement rétroactif du contrat. • Civ. 3e, 30 avr. 2003 : *Bull. civ. III, n° 87 ; D. 2003. IR 1408 ; JCP E 2003, n° 48, p. 1908, obs. Monéger ; ibid. 2004, n° 1-2, p. 35, note Kéita ; Defrénois 2003. 1175, obs. Savaux ; Loyers et copr. 2003, n° 196, obs. Vial-Pedroletti ; RTD civ. 2003. 501, obs. Mestre et Fages ; RJDA 2003, n° 694 ; RDC 2004. 365, obs. Seube.* ♦ Les juges du fond peuvent décider que le contrat est résilié à compter de la date à partir de laquelle les deux parties avaient cessé de remplir leurs obligations. • Civ. 1re, 6 mars 1996 : *Bull. civ. I, n° 118 ; Defrénois 1996. 1025, obs. Delebecque.* ♦ Mais la résiliation d'un bail ne prend effet que du jour de la décision judiciaire qui la prononce. • Civ. 3e, 13 mai 1998 : *Bull. civ. III, n° 98 ; CCC 1998, n° 113, note Leveneur.*

b. Appréciation de la gravité des fautes respectives des parties

214. Appréciation souveraine des juges du fond. En présence de fautes distinctes incombant tant à l'une des parties qu'à l'autre, les juges du fond fixent, dans l'exercice de leur pouvoir souverain, la proportion dans laquelle chacune est tenue d'assurer réparation à l'autre de ses fautes ou peut être déchargée partiellement de ses obligations quand son contractant n'a pas rempli totalement les siennes. • Com. 6 mars 1984 : *Bull. civ. IV, n° 92.*

215. Réfaction du contrat. Saisis d'une action en réduction de prix exercée par un commerçant ayant acquis des marchandises défectueuses, les juges du fond ont un pouvoir souverain d'appréciation pour fixer le montant de la réfaction à lui accorder, et ils ont ainsi pu, sans se contredire, constater à la fois que la marchandise livrée n'était pas conforme dans la proportion des deux tiers et que, cependant, plus de la moitié en avait été revendue dans des conditions normales. • Com. 23 mars 1971 : *D. 1974. 40, note M. Alter.* ♦ Ayant relevé qu'un rapport d'expertise avait mis en évidence la mauvaise qualité de la prestation d'une société de conseil en gestion d'entreprise et que les honoraires réclamés par celle-ci en vertu du contrat conclu avec sa cliente étaient disproportionnés au regard de la petite taille de cette entreprise, une cour d'appel a souverainement considéré, sans violer les dispositions des art. 1134 et 1184 C. civ., que les sommes déjà versées rémunéraient suffisamment les travaux effectués. • Com. 2 mars 1993 : *Bull. civ. IV, n° 83.*

c. Rétroactivité de la résolution

1. Principe

216. Anéantissement rétroactif du contrat. BIBL. Wintgen, *Defrénois 2004. 692* (indemnité de jouissance et anéantissement rétroactif). – Kessler, *JCP 2004. I. 154* (restitution en nature et indemnité de jouissance). ♦ L'assignation introduite par l'acquéreur en résolution d'une vente pour non-conformité ne peut être déclarée sans objet au motif que le contrat aurait déjà été rompu par le jeu d'une clause résolutoire de plein droit, alors que la résolution pour non-conformité tend à l'anéantissement du contrat au jour de sa conclusion et que la clause résolutoire disparaît avec lui. • Civ. 3e, 24 nov. 1999 : *Bull. civ. III, n° 228 ; D. 2000. Somm. 291, obs. C. Caron.* ♦ Dès lors qu'est résolu le contrat qui contenait une clause de non-concurrence à son profit, le demandeur ne peut prétendre qu'à des dommages-intérêts mais non à l'exécution de l'obligation de non-concurrence. • Civ. 1re, 29 nov. 1989 : *Bull. civ. I, n° 365 ; D. 1990. Somm. 335, obs. Serra.* ♦ Le paiement de l'indemnité d'éviction au locataire commercial incombant au propriétaire, cette indemnité doit être restituée à l'acquéreur et être mise à la charge du vendeur de l'immeuble occupé par le locataire dès lors que, par l'effet de l'annulation de la vente, le vendeur est censé n'avoir pas perdu sa qualité de propriétaire. • Civ. 1re, 5 mai 2004 : *Bull. civ. I, n° 127 ; AJDI 2004. 883, obs. Dumont ; RJDA 2004, n° 964.* ♦ Le vendeur n'est pas fondé, en raison de l'effet rétroactif de l'annulation de la vente, à obtenir une indemnité correspondant à la seule occupation de l'immeuble. • Cass., ch. mixte, 9 juill. 2004 : *cité note 264 bis.* ♦ Toutefois, l'effet rétroactif de la résolution d'une vente oblige l'acheteur à indemniser le vendeur de la dépréciation subie par le bien à raison de l'utilisation qui en est faite, mais pas de celle due à la vétusté. • Civ. 1re, 8 mars 2005 : *Bull. civ. I, n° 128 ; RJDA 2006, n° 126.*

217. Restitutions réciproques. Lorsqu'un contrat synallagmatique est résolu pour inexécution de ses obligations par l'une des parties, les choses doivent être remises au même état que si les obligations nées du contrat n'avaient jamais existé. • Com. 12 oct. 1982 : *JCP 1984. II. 20166, note G. Signoret.* ♦ Mais si la résolution d'un contrat entraîne, en principe, la restitution des fournitures réciproques, celle-ci n'est obligatoire que dans la mesure où l'exécution partielle du contrat ne l'a pas rendue impossible en fait. • Civ. 1re, 1er juill. 1963 : *préc. note 213.* ♦ La résiliation du contrat a pour effet, comme la résolution, d'anéantir le contrat et de remettre les parties dans l'état où elles se trouvaient antérieurement sous la seule réserve de l'impossibilité pratique (résiliation d'un contrat d'édition). • Civ. 1re, 7 juin 1995 : *Bull. civ. I, n° 244.*

2. Tempéraments

218. Maintien des actes d'administration. La résolution d'une vente opère rétroactivement et atteint les actes passés sur la chose vendue par l'acquéreur dont le droit est résolu, à la seule exception des actes d'administration. • Soc. 9 juin 1952 : *Bull. civ. IV, n° 542.*

219. Contrats successifs. La résiliation d'un contrat successif n'opère que pour l'avenir. • Civ. 1re, 1er oct. 1996 : *Bull. civ. I, n° 332* (contrat de crédit-bail). ♦ Si, dans un contrat synallagmatique à exécussion successive, la résiliation judiciaire n'opère pas pour le temps où le contrat a été régulièrement exécuté, la résolution judiciaire pour absence d'exécution ou exécution imparfaite dès l'origine entraîne l'anéantissement rétroactif du contrat. • Civ. 3e, 30 avr. 2003 : *préc. note 213.*

220. Contrats à exécution échelonnée. Dans les contrats à exécution échelonnée, la résolution pour inexécution partielle atteint l'ensemble du contrat ou certaines de ses tranches seulement, suivant que les parties ont voulu faire un marché indivisible, ou fractionné en une série de contrats. • Civ. 1re, 3 nov. 1983 : *Bull. civ. I, n° 252 ; RTD civ. 1985. 166, obs. J. Mestre.* ♦ Mais eu égard à la gravité du manquement imputable à une société de surveillance, dont l'un des agents a commis des vols dans les locaux qu'il était chargé de surveiller, il ne saurait être fait droit à la demande en paiement de la redevance pour la surveillance effectuée bien que la résiliation pour inexécution partielle atteigne, en l'espèce, l'ensemble du contrat. • Com. 11 déc. 1990 : *Bull. civ. IV, n° 316 ; RTD civ. 1991. 527, obs. J. Mestre.*

d. Extension de la résolution d'un contrat à d'autres contrats

221. Résolution des contrats indivisibles. Sur la résolution de contrats d'édition de chansons, à la demande de l'auteur des paroles, en raison de la résolution précédemment prononcée des contrats d'édition conclus par l'auteur de la musique, dès lors qu'est établie l'interdépendance de ces contrats, conclus par chacun des coauteurs pour l'exploitation des œuvres communes, V. • Civ. 1re, 3 avr. 2001 : *Bull. civ. I, n° 94.* ♦ Justifie légalement sa décision une cour d'appel qui, pour rejeter la demande formée par un adhérent à une association de centres distributeurs ayant signé avec celle-ci un contrat lui conférant l'usage d'un panonceau et visant à faire annuler la décision de l'association de le radier, retient que les statuts de l'association et le contrat de panonceau forment un ensemble indivisible, la résiliation du contrat emportant radiation de l'association. • Civ. 1re, 3 déc. 1996 : *Bull. civ. I, n° 424 ; JCP 1997. II. 22815, note Reigné ; CCC 1997, n° 42, obs. Leveneur.*

e. Renonciation

221 bis. Absence d'équivoque. La renonciation au bénéfice d'un jugement prononçant la résolution judiciaire d'une vente à terme ne peut pas résulter de l'acceptation par le vendeur de versements sur le prix de vente effectués ultérieurement par l'acquéreur en exécution de la même décision. • Civ. 3e, 9 juill. 2003 : *RJDA 2004, n° 33.* ♦ Pour la renonciation au bénéfice d'une clause résolutoire : • Civ. 3e, 4 mars 1992 : *RJDA 1992, n° 319.*

C. THÉORIE DES RISQUES

222. Règle générale : les risques sont supportés par le débiteur. L'art. 1184 C. civ. ne distingue pas entre les causes d'inexécution des conventions et n'admet pas la force majeure comme faisant obstacle à la résolution pour le cas où l'une des parties ne satisfait pas à son engagement. Il a ainsi été jugé que dans un bail à complant, le bailleur était libéré de son obligation dès lors que le locataire, qui s'était engagé à planter des vignes n'avait pu exécuter son obligation en raison du phylloxera. • Civ. 14 avr. 1891 : *DP 1891. 1. 329 ; GAJC, n° 176.*

223. Règle propre aux contrats emportant transfert de la propriété d'un corps certain : les risques pèsent sur le propriétaire. Dès lors qu'un éditeur justifie de l'envoi de livres à l'acquéreur par la production du bordereau d'expédition des ouvrages, la preuve de l'exécution du contrat est rapportée et les risques doivent être supportés par l'acheteur, lequel doit alors régler la somme réclamée par l'éditeur. • Civ. 1re, 19 nov. 1991 : *Bull. civ. I, n° 325.* ♦ Ainsi, en dépit d'une livraison intervenue, les risques de perte d'une chose restent à la charge du vendeur, toujours propriétaire en application de la clause de réserve de propriété stipulée dans le contrat. • Com. 19 oct. 1982 : *Bull. civ. IV, n° 321 ; RTD civ. 1984. 515, obs. J. Huet.* ♦ Mais si la vente d'un corps certain met la chose vendue aux risques de l'acheteur, le vendeur, qui a l'obligation de la délivrer et de la conserver jusqu'à la délivrance, est tenu de prouver, en cas de perte, le cas fortuit qu'il allègue. • Com. 19 mars 1963 : *Bull. civ. III, n° 167 ; D. 1963. 345 ; RTD civ. 1963. 566, obs. G. Cornu* • 12 mai 2004 : *cité note 8 ss. art. L. 141-3 C. com.* (vente de fonds de commerce). ♦ V. aussi, dans une vente en l'état futur d'achèvement, dans laquelle le transfert de propriété, s'il s'opère le jour de la vente sur le terrain et les constructions existantes, ne s'effectue pas sur les ouvrages non encore réalisés, et dans laquelle l'obligation de construire est un élément prédominant, le transfert des risques ne s'opérant sur le bien acquis que lors de la livraison des immeubles construits et avant celle-ci, les risques pesant sur le vendeur qui en est débiteur. • Civ. 3e, 11 oct. 2000 : *Bull. civ. III, n° 163 ; JCP 2001. II. 10465, note Ph. Malinvaud.*

224. Aménagements conventionnels. Justifie légalement sa décision rejetant la demande du vendeur d'un navire, qui avait péri par naufrage avant sa livraison à l'acquéreur, tendant au paiement du prix de vente, la cour d'appel qui relève que les parties avaient entendu déroger à la règle légale de transfert des risques de la chose, et retient que le transfert de propriété était soumis à la livraison du navire. • Civ. 1re, 4 juill. 1995 : *Bull. civ. I, n° 305 ; D. Affaires 1995. 16.*

VIII. NOVATION ET DÉLÉGATION (art. 1271-1281 C. civ.)

A. NOVATION

1° CONDITIONS

225. Nécessité d'une obligation ancienne. La novation n'a lieu que si l'obligation ancienne à laquelle est substituée la nouvelle est valable ; si la première obligation est nulle, la seconde est dépourvue de cause et ne produit aucun effet. • Civ. 1re, 7 nov. 1995 : *Bull. civ. I, n° 387 ; Defrénois 1996. 356, obs. Ph. Delebecque ; RTD civ. 1996. 619, obs. J. Mestre.*

226. Nécessité d'une obligation nouvelle. La novation n'a lieu que si une obligation valable est substituée à l'obligation ancienne. Il en résulte qu'en cas d'annulation de la convention novatoire, la première obligation retrouve son efficacité et il en est ainsi même lorsque le créancier savait que l'obligation nouvelle était annulable de son propre fait. • Com. 14 mai 1996 : *Bull. civ. IV, n° 138 ; D. 1996. Somm. 334, obs. R. Libchaber ; JCP 1997. II. 22895, note F. Jacob.* ♦ Quelle que soit l'intention des parties, une modification dans le montant de la dette ne suffit pas à caractériser la novation. • Civ. 1re, 20 nov. 1967 : *Bull. civ. I, n° 335 ; D. 1969. 321, note A. Gomaa.*

227. Intention de nover. La novation ne se présume pas. Elle doit résulter clairement des actes et, en cas d'emprunt, il ne suffit pas, pour l'opérer, de modifier les modalités de remboursement. • Civ. 1re, 2 déc. 1997 : *Bull. civ. I, n° 345 ; D. 1998. 549, note C. Caron.* ♦ Il n'est pas nécessaire que l'intention de nover soit exprimée en termes formels, dès lors qu'elle est certaine. • Civ. 3e, 15 janv. 1975 : *Bull. civ. III, n° 16* (intention de nover résultant de la correspondance échangée par les parties). ♦ Mais en l'absence d'actes positifs et non équivoques d'un assureur impliquant qu'il ait su qu'une nouvelle société se substituait à son cocontractant, la volonté de nover n'est pas établie. • Civ. 1re, 28 nov. 1995 : *Bull. civ. I, n° 435 ; RTD civ. 1996. 618, obs. J. Mestre.* ♦ Dans le même sens, V. • Rennes, 24 janv. 2002 : *JCP 2002. IV. 2782.*

2° EFFETS

228. Cautionnement. La novation opérée à l'égard de l'une des cautions n'a pas pour effet de libérer le débiteur principal et, par suite, pas davantage les autres cautions solidaires, sauf convention contraire. • Com. 7 déc. 1999 : *Bull. civ. IV, n° 219 ; D. 2001. Somm. 697, obs. L. Aynès ; JCP 2000. II. 10377, note S. Piedelièvre.*

B. DÉLÉGATION

1° CONDITIONS

229. Volonté du créancier de décharger le débiteur initial de la dette. Conformément à l'art. 1275 C. civ., la novation par changement de débiteur ne peut avoir lieu qu'au moyen d'une manifestation expresse de volonté du créancier déclarant décharger de la dette le débiteur initial. Dans l'exercice de leur pouvoir souverain d'appréciation de l'intention de nover, les juges du fond peuvent estimer insuffisante une simple signature du créancier au regard d'une mention du contrat de prêt indiquant le changement de débiteur. • Civ. 1re, 4 nov. 1982 : *Bull. civ. I, n° 317.* ♦ La seule acceptation de la substitution par le créancier d'un nouveau débiteur au premier, même si elle n'est assortie d'aucune réserve, n'implique pas, en l'absence de déclaration expresse, que ce créancier ait entendu décharger le débiteur originaire de sa dette. • Civ. 3e, 12 déc. 2001 : *Bull. civ. III, n° 153 ; D. 2002. 984, note M. Billiau et Ch. Jamin.* – V. aussi : • Com. 29 janv. 2002 : *Bull. civ. IV,* *n° 21 ; D. 2002. AJ 716, obs. Lienhard*.

230. Engagement du délégué. Le consentement du délégué à la délégation de créance, s'il doit être certain pour distinguer celle-ci de l'indication de paiement, peut être tacite. • Com. 16 avr. 1996 : *Bull. civ. IV, n° 120 ; D. 1996. 571, note C. Larroumet* *et Somm. 333, obs. L. Aynès* *; JCP 1996. II. 22689, note M. Billiau.* ♦ Après avoir retenu que l'opération litigieuse était une délégation et que le délégué s'était engagé en toute connaissance de cause à l'égard du délégataire, il importe peu que le délégué ait été ou non débiteur à l'égard du délégant. • Com. 21 juin 1994 : *Bull. civ. IV, n° 225 ; D. 1995. Somm. 91, obs. L. Aynès* *; RTD civ. 1995. 113, obs. J. Mestre*.

230 bis. Incidence d'un avis à tiers détenteur. En présence des créances d'une société délégataire et du Trésor public, toutes deux admises au passif de la liquidation judiciaire d'une société délégante, justifie légalement sa décision la cour d'appel qui, pour rejeter les demandes de la société délégataire tendant à obtenir la mainlevée des avis à tiers détenteurs et à l'attribution des loyers dus antérieurement à l'ouverture de la procédure collective, retient que la délégation de paiement des loyers a pris effet et était opposable aux tiers à compter de la date d'acceptation par la société délégataire du paiement fait par le preneur, mais que cette délégation imparfaite a laissé subsister la créance de la société délégante, qui n'est pas sortie de son patrimoine, ce qui a permis au Trésor public de bénéficier de l'effet attributif des avis à tiers détenteurs sur les loyers dus par le preneur. • Com. 29 avr. 2002 : *Bull. civ. IV, n° 72 ; D. 2002. AJ 1835, obs. F. B.* *et 2673, note Houtcieff* *; Act. proc. coll. 2002, n° 12, obs. Monsérié-Bon ; Banque et Droit juill.-août 2002, p. 41, obs. Rontchevsky.* – V. aussi : Gourio, *RD banc. fin. 2003, p. 326.*

2° EFFETS

231. Inopposabilité des exceptions tirées des rapports entre délégant et délégué. Dans la délégation de créance, le délégué ne peut opposer au délégataire les exceptions nées dans ses rapports avec le délégant ; c'est donc à bon droit qu'une cour d'appel retient que l'engagement de la société déléguée n'était pas affecté par la fraude imputée à la société délégante, dès lors qu'il n'était pas soutenu que la société délégataire avait pris part à celle-ci. • Com. 22 avr. 1997 : *Bull. civ. IV, n° 98 ; JCP 1998. II. 10050, note Ch. Lachièze.*

232. Obligation du délégué de payer la dette du délégant. Sauf convention contraire, le délégué est seulement obligé au paiement de la dette du délégant envers le délégataire, et il se trouve déchargé de son obligation lorsque la créance de ce dernier est atteinte par la prescription. • Civ. 1re, 17 mars 1992 : *Bull. civ. I, n° 84 ; D. 1992. 481, note Aynès* *; JCP 1992. II. 21922, note Billiau (1re esp.) ; RTD civ. 1992. 765, obs. Mestre*. ♦ Comp., jugeant que l'obligation du délégué est une obligation personnelle, indépendante de l'obligation du délégant, de sorte que l'extinction de la créance du délégataire contre le délégant pour defaut de déclaration au passif de sa liquidation judiciaire laisse subsister l'obligation distincte du délégué : • Com., 7 déc. 2004 : *cité note 26 ss. ancien art. L. 621-46 C. com., cité ss. art. L. 622-26 C. com.*

233. Rapports entre délégataire et créanciers du délégant. BIBL. Marty, *LPA 30 nov. 2006* (délégation de débiteur à titre de garantie et reprise de dette).♦ Si la créance du délégant sur le délégué s'éteint, non pas du fait de l'acceptation par le délégataire de l'engagement du délégué à son égard mais seulement par le fait de l'exécution de la délégation, ni le délégant, ni ses créanciers, ne peuvent avant la défaillance du délégué envers le délégataire, exiger payement. Il en résulte que la saisie-arrêt effectuée entre les mains du délégué par les créanciers du délégant ne peut avoir pour effet de priver le délégataire, dès son acceptation, de son droit exclusif à un paiement immédiat par le délégué, sans concours avec les créanciers saisissants et que la consignation des sommes saisies-arrêtées, que le délégué prétendrait opérer, ne le libère pas envers le délégataire. • Com. 16 avr. 1996 : *Bull. civ. IV, n° 120 ; D. 1996. 571, note C. Larroumet* *; D. 1996. Somm. 333, obs. L. Aynès* *; JCP 1996. II. 22689, note M. Billiau.* ♦ Même solution à propos de la saisie-attribution : • Com. 14 févr. 2006 : *Bull. civ. IV, n° 37 ; D. 2007. Pan. 757, obs. D.-R. Martin* *; D. 2006. Pan. 2862, obs. Crocq* *; ibid. AJ 650, obs. Delpech* *; RTD civ. 2006. 319, obs. Mestre et Fages* *; JCP E 2006, n° 20-21, p. 919, note Lachièze ; JCP 2006. II. 10145, note Roussille ; RJDA 2006. 685, rapp. Tric ; RD banc. fin. 2006, n° 104, obs. Cerles ; Banque et Droit mai-juin 2006. 74, obs. Rontchevsky ; Dr. et patr. juill.-août 2006. 95, obs. Crocq ; RLDA avr. 2006. 32, obs. Chemin-Bomben.*

233 bis. La délégation imparfaite ayant laissé subsister dans le patrimoine du délégant sa créance sur le délégué permet par conséquent au liquidateur du délégant de revendiquer la créance déléguée qui reste saisissable par les créanciers du délégant. • Com. 29 avr. 2002 : *Bull. civ. IV, n° 72 ; RD banc. fin. 2002, n° 135, obs. Cerles.*

IX. CESSION DE CONTRAT

234. *Notion : remplacement d'un contractant par un tiers au cours de l'exécution du contrat.* La substitution d'un tiers au bénéficiaire d'une promesse unilatérale de vente prévoyant cette faculté ne constitue pas une cession de créance. • Civ. 3e, 13 juill. 1999 : *Bull. civ. III, n° 180 ; D. 2000. 195, note E. Jeuland* ; *JCP 1999. II. 10207, note M.-C. Psaume.*

235. *Conditions.* Le cédé doit consentir à la substitution de son cocontractant dans le contrat lui-même ou ultérieurement. • Com. 6 mai 1997 : *Bull. civ. IV, n° 117 ; D. 1997. 588, note M. Billiau et Ch. Jamin* (cassation de l'arrêt condamnant le cédé à payer le cocontractant substitué sans rechercher si dans le contrat conclu entre les parties ou ultérieurement, le cédé avait donné son accord à la substitution). ♦ Le fait qu'un contrat ait été conclu en considération de la personne du cocontractant ne fait pas obstacle à ce que les droits et obligations de ce dernier soient transférés à un tiers, dès lors que l'autre partie y a consenti. • Com. 7 janv. 1992 : *Bull. civ. IV, n° 3 ; D. 1992. Somm. 278, note L. Aynès ; CCC 1992, n° 110, note L. Leveneur ; RTD civ. 1992. 762, obs. J. Mestre*. ♦ Dans le même sens, • Civ. 1re, 6 juin 2000 : *Bull. civ. I, n° 173 ; Defrénois 2000. 1125, obs. Ph. Delebecque ; D. 2001. 1345, note D. Krajeski*.

236. *Effets.* La cession d'un contrat synallagmatique permet au cédé de poursuivre directement le cessionnaire qui est tenu envers lui en vertu du contrat transmis. • Civ. 1re, 14 déc. 1982 : *Bull. civ. I, n° 360 ; D. 1983. 416, note L. Aynès.* ♦ Les droits et obligations transférés au cessionnaire à l'occasion d'une cession de contrat à laquelle le cédant a consenti ne le sont que dans la limite de l'acte de cession. • Com. 9 juin 1998 : *RTD civ. 1999. 101, obs. J. Mestre*. ♦ En cas de cession de contrat à exécution successive, le cessionnaire est tenu des créances correspondant à la période de jouissance postérieure à la date d'effet de la cession, peu important l'exigibilité de ces créances, antérieure à cette date. • Com. 6 janv. 1998 : *Bull. civ. IV, n° 7.*

X. RESPONSABILITÉ CONTRACTUELLE (art. 1147 C. civ.)

A. PRINCIPE DU NON-CUMUL DES RESPONSABILITÉS CONTRACTUELLE ET DÉLICTUELLE

237. *Dommage subi par une partie à un contrat en raison de l'inexécution de celuici : exclusion de la responsabilité délictuelle.* Les art. 1382 s. C. civ. sont sans application lorsque la faute a été commise dans l'exécution d'une obligation résultant d'un contrat. • Civ. 11 janv. 1922 : *DP 1922. 1. 16 ; GAJC II, n° 177.* ♦ Le créancier d'une obligation contractuelle ne peut se prévaloir contre le débiteur de cette obligation, quand bien même il y aurait intérêt, des règles de la responsabilité délictuelle. • Civ. 1re, 11 janv. 1989 : *Bull. civ. I, n° 3 ; JCP 1989. II. 21326, note Ch. Larroumet (1re esp.).* ♦ Une agence immobilière est responsable du dommage subi par toutes les parties à une opération dont l'échec est imputable à ses fautes professionnelles, le fondement de cette responsabilité étant contractuel à l'égard de ses clients et délictuelle à l'égard des autres parties. • Civ. 1re, 16 déc. 1992 : *Bull. civ. I, n° 316 ; RTD civ. 1993. 362, obs. P. Jourdain*. ♦ Mais en dehors de l'exécution du contrat de transport, la responsabilité du transporteur à l'égard du voyageur est soumise aux règles de la responsabilité délictuelle. • Civ. 1re, 7 mars 1989 : *Bull. civ. I, n° 118 ; D. 1991. 1, note Ph. Malaurie*. ♦ Jugé aussi que le commerçant n'est pas tenu à l'égard des personnes se trouvant dans son magasin d'une obligation contractuelle de sécurité. • Civ. 1re, 29 mai 1996 : *Bull. civ. I, n° 227 ; RTD civ. 1997. 140, obs. P. Jourdain*.

B. CONDITIONS DE LA RESPONSABILITÉ CONTRACTUELLE

1° FAUTE CONTRACTUELLE : DISTINCTION ENTRE OBLIGATION DE MOYENS ET OBLIGATION DE RÉSULTAT

a. Obligation de moyens

238. *Agence de publicité.* Caractérise le manquement d'une agence de publicité à son obligation de moyens, sans contrevenir aux dispositions de la loi du 11 mars 1957 relative à la propriété littéraire et artistique, une cour d'appel qui constate qu'un film publicitaire diffusé par cette agence donnait une image peu attrayante des produits de son client et qui en déduit que l'agence n'a pas organisé avec tous les soins qu'impliquait le service des intérêts de son client la campagne publicitaire dont il lui avait confié l'organisation. • Com. 9 oct. 1990 : *Bull. civ. IV, n° 234.*

239. *Experts-comptables et commissaires aux comptes.* Sur la responsabilité : d'un expert-comptable, ayant inscrit au bilan, au titre des immobilisations, en ce qui concerne la valeur d'un fonds de commerce, non pas le prix déclaré lors de la cession, mais le prix fixé après le redressement opéré par l'Administration fiscale, ce qui a entraîné un redressement fiscal, V. • Com. 29 janv. 1991 : *Bull. civ. IV, n° 46.* ♦ ... D'un commissaire aux comptes à l'égard d'une société dont il avait certifié les comptes de façon hâtive et fautive, compte tenu d'une importante écriture de régularisation du compte client, dont l'anormalité aurait dû attirer son attention, alors qu'un examen sérieux, conforme aux normes professionnelles, l'aurait conduit à formuler toutes réserves, V. • Com. 19 oct. 1999 : *Bull. civ. IV, n° 176.*

240. Avocats. L'avocat, qu'il soit ou non désigné au titre de l'aide juridictionnelle, n'est tenu que d'une obligation de moyens. • Civ. 1re, 7 oct. 1998 : *Bull. civ. I, n° 282.*

b. Obligation de résultat

241. Sous-traitants. Contractuellement tenu à l'égard de l'entrepreneur principal, de l'obligation d'exécuter un ouvrage exempt de vices, le sous-traitant est responsable des malfaçons dues aux défectuosités du matériau employé à moins qu'il ne justifie d'une cause étrangère qui ne peut lui être imputée. • Civ. 3e, 23 oct. 1984 : *Bull. civ. III, n° 171 ; RTD civ. 1986. 136, obs. Huet.* ♦ V. dans le même sens • Civ. 3e, 15 janv. 1992 : *Bull. civ. III, n° 21* (obligation de résultat du sous-traitant d'un sous-traitant). – V. également, v° *Sous-traitance*, L. n° 75-1334 du 31 déc. 1975, art. 3, notes 18 s.

242. Lettre d'intention. V. art. 2322 C. civ., v° *Garantie autonome (ou indépendante).* ♦ Ayant relevé qu'une lettre d'intention contenait l'intention ferme d'une société-mère de faire le nécessaire pour que sa filiale dispose d'une trésorerie suffisante lui permettant de faire face à ses engagements au titre des crédits de trésorerie et de découvert envers sa banque, ce dont elle a déduit que la société-mère s'obligeait à l'obtention du résultat, une cour d'appel, qui ne s'est pas fondée sur l'autorisation du conseil d'administration, a pu décider que le souscripteur de la lettre avait garanti à la banque le remboursement de la dette en cas de défaillance de l'emprunteur. • Com. 26 févr. 2002 : *Bull. civ. IV, n° 43 ; D. 2002. Somm. 3331, obs. Aynès ; ibid. AJ 1273, obs. Lienhard ; JCP 2002. I. 162, obs. Simler ; RD banc. fin. 2002, n° 93, obs. Cerles.* – *Contra* : • Paris, 19 nov. 2002 : *RJDA 2004, n° 480 ; Dr. sociétés 2003, n° 101, obs. Trébulle.* ♦ La société-mère qui, dans une lettre d'intention, prend l'engagement de faire le nécessaire envers le bénéficiaire de ladite lettre pour mener l'opération à bonne fin, s'engage à un tel résultat. • Com. 9 juill. 2002 : *Bull. civ. IV, n° 117 ; D. 2002. Somm. 3332, obs. Aynès ; ibid. AJ 2327, obs. Lienhard ; ibid. 2003. 545, note Dondero ; JCP E 2003, n° 6, p. 278, note Ferreira ; Rev. sociétés 2003. 124, note Brocard ; LPA 11 sept. 2002, obs. E.C. ; LPA 1er-2 janv. 2003, obs. Gibirila ; Dr. et patr. déc. 2002. 91 ; RTD com. 2002. 714, obs. Cabrillac ; Defrénois. 2002. 1614, obs. Libchaber ; RD banc. fin. 2002, n° 181, obs. Legeais ; Dr. sociétés 2002, n° 188, obs. Bonneau ; Bull. Joly 2002. 1175, obs. Barbièri.* – V. aussi Mathieu-Bouyssou, Goetz et Partouche, *RD banc. fin. 2003. n° 60* ; Cerles, *ibid. 126* • 17 déc. 2002 : *JCP E 2004, n° 3, p. 79, obs. Simler ; RD banc. fin. 2003, n° 73, obs. Cerles ; RJDA 2003, n° 1185.* ♦ Mais la lettre d'intention par laquelle une société-mère se contente d'affirmer la capacité de sa filiale à faire face à ses engagements envers une banque et s'oblige à surveiller la gestion de celle-ci ne constitue qu'une obligation de moyens. • Versailles, 7 mars 2002 : *Bull. Joly 2002. 784, note Le Cannu.*

c. Obligation de résultat atténuée

243. Garagistes-réparateurs. L'obligation de résultat qui pèse sur le garagiste en ce qui concerne la réparation des véhicules emporte à la fois présomption de faute et présomption de causalité entre la faute et le dommage, et il appartient au garagiste de démontrer qu'il n'a pas commis de faute. • Civ. 1re, 2 févr. 1994 : *Bull. civ. I, n° 41 ; JCP 1994. II. 22294, 2e esp., note Ph. Delebecque.* ♦ V. dans le même sens, • Civ. 1re, 8 déc. 1998 : *Bull. civ. I, n° 343 ; CCC 1999, n° 38, note Leveneur.*

2° MISE EN DEMEURE DU DÉBITEUR

a. Principe : exigence d'une mise en demeure du débiteur

244. Retard apporté à la restitution d'une chose. Les juges du fond décident à bon droit qu'une mise en demeure par écrit est nécessaire pour faire courir les dommages-intérêts dus à raison du retard apporté à la restitution de la chose déposée. En effet, le code civil, au titre du dépôt, n'a édicté aucune disposition exceptionnelle dérogeant aux règles générales établies par ses art. 1139 et 1146. • Civ. 6 juill. 1908 : *DP 1909. 1. 510.*

245. Exécution d'une obligation requérant le concours du créancier. Les dommages-intérêts ne sont dus que lorsque le débiteur est en demeure de remplir son obligation et il en est ainsi spécialement lorsque l'exécution de l'obligation requiert le concours du créancier. • Com. 28 mai 1996 : *Bull. civ. IV, n° 145.*

b. Tempéraments

246. Obligations de ne pas faire. Une cour d'appel ne peut subordonner à une mise en demeure la résiliation d'un bail en cas d'infraction aux clauses imposant au preneur une obligation de ne pas faire. • Civ. 3e, 25 oct. 1968 : *JCP 1969. II. 16062, note J. Prieur.*

247. Refus d'exécution du débiteur. Une mise en demeure est inutile quand le débiteur prend l'initiative de déclarer à son créancier qu'il refuse d'exécuter son obligation. • Req. 4 janv. 1927 : *DH 1927. 65.*

248. Dispense conventionnelle de mise en demeure. Les juges du fond ont un pouvoir souverain pour constater, d'après les circonstances de la cause et l'intention des parties, l'existence d'une clause selon laquelle la chose que le débiteur s'était engagé à donner, ne pouvait plus l'être après l'expiration du délai imparti pour la livraison. • Civ. 18 oct. 1927 : *DH 1927. 510.*

3o CAUSES D'EXONÉRATION : FORCE MAJEURE (art. 1148 C. civ.)

a. Notion

1. Définition jurisprudentielle

249. Impossibilité d'exécution. Le cas de force majeure s'entend des événements qui rendent l'exécution de l'obligation impossible, mais non de ceux qui la rendent seulement plus onéreuse. • Civ. 4 août 1915 : *DP 1916. 1. 22.* ♦ Les difficultés financières et de fonctionnement d'une entreprise ne peuvent à elles seules caractériser la force majeure permettant de rompre un contrat de travail sans dommages-intérêts. • Soc. 20 févr. 1996 : *Bull. civ. V, no 59 ; D. 1996. 633, note Puigelier.* ♦ La force majeure n'exonère le débiteur de ses obligations que pendant le temps où elle l'empêche de donner ou de faire ce à quoi il s'est obligé. • Civ. 3e, 22 févr. 2006 : *Bull. civ. III, no 46 ; D. 2006. 2972, note Beaugendre ; ibid. AJ 782, obs. Rouquet ; D. 2007. Pan. 1828, obs. Rozès ; RTD civ. 2006. 764, obs. Mestre et Fages ; JCP E 2006, no 20-21, p. 899, obs. Kenfack ; RJDA 2006, no 509 ; Defrénois 2006. 1418, obs. Ruet ; RDC 2006. 763, obs. Seube ; ibid. 829, obs. Carval* • 13 juin 2007 : *AJDI 2008. 197, obs. Kessler.*

250. Extériorité de l'événement. Le débiteur répond des personnes auxquelles il fait appel pour exécuter sa prestation. Ainsi, une société ne peut, en raison du vol de son préposé dont elle doit contractuellement répondre envers son cocontractant, se prévaloir de la limitation contractuelle d'indemnisation prévue à son profit. • Com. 17 nov. 1981 : *Bull. civ. IV, no 398 ; JCP 1982. II. 19811, note D. Tardieu-Naudet.* ♦ Ne constitue pas une cause étrangère justifiant l'inexécution de ses obligations par une clinique à la suite de la rupture du contrat d'exclusivité la liant à un médecin anesthésiste, le refus de deux chirurgiens de collaborer avec ce médecin, dès lors qu'ils assumaient dans la société un rôle prépondérant de direction. • Civ. 1re, 3 févr. 1993 : *Bull. civ. I, no 61 ; D. 1994. 265, note A. Dorsner-Dolivet ; RTD civ. 1994. 873, obs. P. Jourdain.* ♦ Mais constitue un cas de force majeure un mouvement de grève de grande ampleur, affectant l'ensemble du secteur public et nationalisé et par là même, extérieur à l'entreprise, que celle-ci n'avait pu prévoir et qu'elle ne pouvait ni empêcher en satisfaisant les revendications de ses salariés, compte tenu de la maîtrise du gouvernement sur ces décisions relatives aux rémunérations, ni surmonter d'un point de vue technique. • Civ. 1re, 24 janv. 1995 : *Bull. civ. I, no 54 ; D. 1995. 327, note G. Paisant ; JCP 1995. I. 3893, no 1, obs. G. Viney.* ♦ Constitue une cause étrangère exonérant un port des obligations contractées à l'égard d'entreprises de manutention, la cessation du travail subite de grutiers effectuée dans des conditions illicites, qui n'a pas été qualifiée de grève par les juges du fond. • Civ. 1re, 11 juin 1996 : *Bull. civ. I, no 242 ; Dr. soc. 1997, note P.-H. Antonmattéi.* ♦ Le débiteur répond également en principe des matériels utilisés pour exécuter son obligation. L'effondrement de la toiture d'un poulailler sous le poids de la neige, en raison d'un vice caché de conception, ne résulte pas d'un phénomène extérieur à l'activité des éleveurs propriétaires du poulailler. • Civ. 1re, 19 juill. 1988 : *Bull. civ. I, no 249 ; RTD civ. 1989. 97, obs. P. Jourdain.* ♦ Le seul fait que le vice inhérent à une technique, qui avait fait l'objet d'un agrément et qui a été utilisée par un entrepreneur, n'était pas encore connu à l'époque de la construction, ne constitue pas une cause étrangère exonératoire de responsabilité. • Civ. 3e, 17 mai 1983 : *Bull. civ. III, no 115.* ♦ L'existence d'un vice caché ne saurait être assimilée à un cas de force majeure, lequel a nécessairement une origine extérieure à la chose louée. • Civ. 3e, 2 avr. 2003 : *Bull. civ. III, no 74 ; D. 2003. IR 1135.* ♦ Sur la responsabilité du fait des produits défectueux, V. art. 1386-1 à 1386-18 **C. civ.**

251. Imprévisibilité de l'événement. Le retard de l'Administration pour délivrer une autorisation est un événement prévisible. • Com. 26 oct. 1954 : *D. 1955. 213, note J. Radouant.* ♦ Si l'irrésistibilité de l'événement est, à elle seule, constitutive de la force majeure lorsque sa prévision ne saurait permettre d'en empêcher les effets, il n'en est plus ainsi lorsque n'ont pas été prises toutes les précautions possibles que la prévisibilité de l'événement rendait nécessaires. Il s'ensuit qu'un vol à main armée commis dans un hôtel dont le coffre a été dévalisé, ne constituait pas un cas de force majeure, dès lors que l'hôtelier ou ses préposés n'avaient pas effectué un contrôle strict des entrées. • Civ. 1re, 9 mars 1994 : *Bull. civ. I, n° 91 ; RTD civ. 1994. 871, obs. P. Jourdain*. ♦ Comp., réaffirmant l'exigence d'imprévisibilité, • Cass., ass. plén., 14 avr. 2006 : *cité note 252.*

252. Irrésistibilité de l'événement. L'irrésistibilité de l'événement est à elle seule constitutive de la force majeure lorsque sa prévision ne saurait permettre d'en empêcher les effets, sous réserve que le débiteur ait pris toutes les mesures requises pour éviter la réalisation de cet événement. • Com. 1er oct. 1997 : *Bull. civ. IV, n° 240, RTD civ. 1998. 121, obs. Jourdain* (cassation d'un arrêt ayant considéré que l'agression à main armée dont avait été victime un transporteur, ne constituait pas un cas de force majeure). ♦ *Contra*, jugeant l'irrésistibilité insuffisante et réaffirmant l'exigence du critère de l'imprévisibilité, V. • Cass., ass. plén., 14 avr. 2006 : *Bull. civ. n° 5 ; BICC 1er juill. 2006, p. 34, rapp. Petit, avis de Gouttes ; D. 2006. 1566, chron. Noguéro ; ibid. 1577, note Jourdain ; ibid. Pan. 1933, obs. Brun ; ibid. IR 1131, obs. Gallmeister ; RTD civ. 2006. 775, obs. Jourdain ; JCP 2006. II. 10087, note Grosser ; JCP E 2006, n° 35, p. 1423, obs. Legros ; CCC 2006, n° 152, obs. Leveneur ; LPA 6 juill. 2006, note Le Magueresse ; Defrénois 2006. 1212, obs. Savaux ; Gaz. Pal. 2006. 2496, avis de Gouttes ; RJDA 2006. 679, rapp. Petit ; RDC 2006. 1083, obs. Laithier ; ibid. 1207, obs. Viney ; RCA 2006. Étude 6, note Bloch.* – V. aussi • Cass., ass. plén., 14 avr. 2006 : *Bull. civ. n° 6 ; BICC 1er juill. 2006, p. 21, rapp. Petit, avis de Gouttes ; D. 2006. 1577, note Jourdain ; ibid. IR 1131, obs. Gallmeister ; RTD civ. 2006. 775, obs. Jourdain ; JCP 2006. II. 10087, note Grosser ; JCP E 2006, n° 35, p. 1423, obs. Legros ; LPA 6 juill. 2006, note Le Magueresse ; Defrénois 2006. 1212, obs. Savaux ; Gaz. Pal. 2006. 2496, avis de Gouttes ; RJDA 2006, n° 753 (2e esp.) ; RDC 2006. 1083, obs. Laithier.* ♦ Seul un événement présentant un caractère imprévisible, lors de la conclusion du contrat, et irrésistible dans son exécution, est constitutif d'un cas de force majeure. • Civ. 1re, 30 oct. 2008 : *Bull. civ. I, n° 243 ; D. 2008. AJ 2935, obs. Gallmeister ; RTD civ. 2009. 126, obs. Jourdain ; JCP E 2009, n° 8-9, p. 28, note Leveneur ; JCP 2008. II. 10198, note Grosser ; CCC 2009, n° 3, obs. Leveneur ; LPA 29 juin 2009, note Dagorne-Labbe ; Defrénois 2008. 2509, obs. Savaux ; ibid. 2009. 824, obs. Dagorne-Labbe ; RJDA 2009, n° 699 ; RDC 2009. 62, obs. Genicon ; RCA 2008, n° 351, obs. Bloch.* ♦ En déduisant le caractère irrésistible de l'incendie d'un entrepôt de son imprévisibilité et en se bornant à relever que le transporteur avait pris toutes les mesures requises pour éviter la réalisation de l'événement, une cour d'appel n'a pas dit en quoi l'événement avait été irrésistible. • Com. 5 juill. 2005 : *RJDA 2005, n° 1192.* ♦ Un ouragan d'une violence exceptionnelle peut constituer un événement de force majeure exonérant un entrepreneur de charpentes de toute responsabilité à l'égard du maître de l'ouvrage. • Civ. 3e, 11 mai 1994 : *Bull. civ. III, n° 94.*

253. Fait d'un tiers ou de la victime. Le fait d'un tiers ne revêt le caractère d'un cas fortuit ou d'une force majeure que s'il n'a pu être ni prévu, ni empêché dans ses conséquences. • Req. 2 mars 1927 : *DP 1927. 1. 121, note L. Mazeaud.* ♦ La faute de la victime, si elle ne constitue pas la cause unique du dommage, ne peut totalement exonérer de sa responsabilité le fabricant d'un appareil dont le défaut de conception et de fabrication rendait l'utilisation dangereuse. • Civ. 1re, 9 oct. 1991 : *Bull. civ I, n° 259 ; D. 1992. Somm. 403, obs. A. Penneau*. ♦ Dès lors que la faute commise par l'une des deux parties condamnées *in solidum* à réparer un dommage est entièrement absorbée par celle, plus grave, commise par l'autre partie, il n'y a pas lieu d'opérer un partage de responsabilité. • Civ. 1re, 13 janv. 2004 : *Bull. civ. I, n° 16.*

2. Aménagements contractuels

254. Assimilation conventionnelle à la force majeure des obstacles rencontrés dans l'exécution. Des obstacles rencontrés par le débiteur dans l'exécution de son obligation peuvent être conventionnellement assimilés à la force majeure prévue à la convention. • Com. 8 juill. 1981 : *Bull. civ. IV, n° 312 , RTD civ. 1982. 426, obs. G. Durry.*

b. Effets de la force majeure

BIBL. Grimaldi, *D. 2009. 1298* (la force majeure invoquée par le créancier dans l'impossibilité d'exercer son droit).

255. Exonération totale du débiteur. La preuve d'un événement de force majeure entraîne l'exonération totale du débiteur. Jurisprudence constante : V. par exemple • Civ. 3e, 11 mai 1994 : *Bull. civ. III, n° 94.*

256. Suspension du contrat en cas d'impossibilité temporaire d'exécution. La force majeure ne fait obstacle à l'exécution des obligations qu'autant qu'elle empêche le débiteur de donner ou de faire ce à quoi il était obligé. Il en résulte que si l'empêchement est momentané, le débiteur n'est pas libéré et l'exécution de l'obligation est seulement suspendue jusqu'au moment où la force majeure vient à cesser. • Req. 12 déc. 1922 : *DP 1924 1. 186.*

4° EXIGENCE D'UN DOMMAGE RÉPARABLE EN RELATION DE CAUSE À EFFET AVEC LA FAUTE CONTRACTUELLE

257. Exigence d'un préjudice ayant un lien direct avec la faute contractuelle. Une faute contractuelle n'implique pas nécessairement par elle-même l'existence d'un dommage en relation de cause à effet avec cette faute. • Civ. 1re, 18 nov. 1997 : ⚖ *Bull. civ. I, n° 317 ; D. Affaires 1998. 20, obs. S.P.* ♦ Des dommages-intérêts ne peuvent être alloués que si le juge, au moment où il statue, constate qu'il est résulté un préjudice de la faute contractuelle. • Civ. 3e, 3 déc. 2003 : ⚖ *Bull. civ. III, n° 221 ; D. 2005. Pan. 186, obs. D. Mazeaud* ✎ *; AJDI 2004. 204, obs. Beaugendre* ✎ *; CCC 2004, n° 38, obs. Leveneur ; LPA 24 mai 2004, obs. Teilliais ; RTD civ. 2004. 295, obs. Jourdain* ✎ *; RDC 2004. 280, obs. Stoffel-Munck, et 359, obs. Seube.*

258. Exigence d'un préjudice juridiquement réparable. Même en présence de la faute commise par un conseil juridique qui a présenté un dossier au-delà d'une date limite, il n'y a pas de préjudice réparable dès lors qu'indemniser la victime de cette faute conduirait à tenir pour licite un régime d'aide déclaré contraire aux règles du droit communautaire. • Civ. 1re, 12 mai 1993 : ⚖ *Bull. civ. I, n° 165.*

C. EFFETS DE LA RESPONSABILITÉ CONTRACTUELLE

1° PRINCIPES GÉNÉRAUX GOUVERNANT LA RÉPARATION DU DOMMAGE

a. Diversité des modes de réparation

259. Décharge de l'obligation. Poursuivi par son sous-traitant en paiement du prix de travaux sous-traités, un entrepreneur a la faculté de demander à être déchargé de cette obligation en invoquant la faute du cocontractant dans l'exécution de ses propres obligations, sans prétendre à un autre avantage que le simple rejet de la prétention adverse, sans être tenu de formuler une demande reconventionnelle en dommages-intérêts. • Civ. 3e, 3 mai 2001 : ⚖ *Bull. civ. III, n° 57 ; JCP 2002. I. 122, n° 6, obs. G. Viney.*

260. Droit à des dommages-intérêts. L'inexécution donne lieu à dommages-intérêts, peu important qu'elle n'ait pas été fautive. • Com. 30 juin 1992 : ⚖ *Bull. civ. IV, n° 258.*

261. Obligations de faire : réparation pécuniaire ou en nature. Le débiteur d'une obligation de faire peut échapper à l'exécution forcée dans les termes des art. 1142 s. C. civ. qui régissent ces obligations et les juges du fond énoncent à bon droit que les tribunaux peuvent d'office substituer une réparation en argent à l'exécution en nature seule demandée. • Civ. 1re, 30 juin 1965 : *Gaz. Pal. 1965. 2. 329, note E. K.* ♦ Lorsque l'exécution en nature est devenue impossible, un vendeur est à bon droit condamné à exécuter son obligation de délivrance en deniers en payant à son acheteur une indemnité équivalente à la valeur actuelle de la chose vendue. • Com. 5 oct. 1993 : ⚖ *Bull. civ. IV, n° 313.* ♦ Encourt la cassation l'arrêt qui, après avoir reconnu la validité du droit de préemption conféré à des actionnaires d'une société anonyme en cas de transfert de la propriété des actions en vertu d'un pacte de préférence passé avec d'autres actionnaires, a mis à néant les conventions par lesquelles ces derniers avaient accordé à un tiers des options d'achat irrévocables lui permettant d'acquérir le contrôle de la société et a ordonné la substitution des actionnaires bénéficiaires du droit de préemption à ce tiers dans la propriété des actions, sans retenir que l'acquisition des titres de la société faite par le tiers résultait d'une collusion frauduleuse entre cédants et cessionnaires. • Com. 7 mars 1989 : *préc. note 28.* ♦ Comp. : • Cass., ch. mixte, 26 mai 2006 : ⚖ *ibid.*

262. Obligations de ne pas faire. Ne donne pas de base légale à son arrêt, la cour d'appel qui, pour réformer la décision des premiers juges, ayant interdit l'exercice d'une profession dans une zone géographique déterminée en exécution d'une clause d'un contrat, se borne à énoncer que la seule sanction de l'inexécution de l'obligation est, selon la convention, l'octroi de dommages-intérêts, sans se prononcer sur la possibilité d'exécution de l'obligation d'abstention prévue au contrat. • Com. 20 janv. 1981 : *Bull. civ. IV, n° 41.*

263. Exécution aux frais du débiteur. En l'absence de mise en demeure adressée au bailleur d'avoir à effectuer des travaux et de décisions de justice autorisant le preneur à les faire exécuter, le bailleur n'est pas tenu d'en supporter la charge. • Civ. 3e, 20 mars 1991 : ⚖ *Bull. civ. III, n° 94 ; RTD civ. 1991. 735, obs. J. Mestre* ✎.

b. Étendue de la réparation

264. Réparation du seul dommage prévisible. Les dispositions de l'art. 1150 C. civ., qui limitent la responsabilité du débiteur, concernent seulement la prévision ou la prévisibilité des éléments constitutifs du dommage et non l'équivalent monétaire destiné à le réparer. • Com. 4 mars 1965 : *D. 1965. 449 ; JCP 1965. II.*

14219, note R. Rodière (valeur du mobilier confié à un garde-meuble et détruit par un incendie supérieure à celle déclarée par le client dans le contrat).

264 bis. Réparation de la seule partie de bonne foi. La partie de bonne foi à un contrat de vente annulé peut seule demander la condamnation de la partie fautive à réparer le préjudice qu'elle a subi en raison de la conclusion du contrat annulé. • Cass., ch. mixte, 9 juill. 2004 : *BICC 1er nov. 2004, p. 35, rapp. Pinot, avis Guérin ; D. 2004. 2175, note Tuaillon ; JCP E 2005, n° 1-2, p. 44, note Serinet ; JCP 2004. II. 10190, note G. François ; CCC 2004, n° 168, obs. Leveneur ; LPA 16 mai 2005, obs. Pimont ; RJDA 2005, n° 116 ; Defrénois 2004. 1402, note Libchaber ; RTD civ. 2005. 125, obs. Mestre et Fages ; AJDI 2005. 331, note Cohet-Cordey ; RDC 2005. 280, note Stoffel-Munck* (visa du seul art. 1382 C. civ.).

265. Réparation intégrale. Une fois le dommage déterminé dans sa nature et dans son étendue, il importe uniquement d'assurer à la victime une indemnisation intégrale par le versement de l'équivalent monétaire dudit dommage au jour de sa réparation. • Com. 16 févr. 1954 : *D. 1954. 534, note R. Rodière.* ♦ Assure la réparation intégrale du préjudice subi une cour d'appel qui estime ce préjudice au jour où il s'est produit, et l'actualise au jour où elle statue en fonction de l'évolution d'un indice. • Com. 2 nov. 1993 : *Bull. civ. IV, n° 380.*

266. Perte d'une chance. La réparation de la perte d'une chance doit être mesurée à la chance perdue et ne peut être égale à l'avantage qu'aurait procuré cette chance si elle s'était réalisée. • Civ. 1re, 16 juill. 1998 : *Bull. civ. I, n° 260.* ♦ Statuant sur l'action en responsabilité engagée par une société contre le commissaire aux comptes qui n'avait pas signalé d'importants détournements commis par l'un des cogérants, et ayant retenu que le préjudice de la société résultant de la perte d'une chance était distinct de celui résultant des détournements eux-mêmes, une cour d'appel justifie légalement sa décision selon laquelle le commissaire aux comptes ne saurait être tenu de rembourser les sommes détournées ou le coût global qui en est résulté pour la société. • Com. 19 oct. 1999 : *Bull. civ. IV, n° 176.*

267. Préjudice distinct du retard. Les juges du fond ne peuvent allouer des dommages-intérêts distincts des intérêts moratoires sans constater l'existence, pour le créancier, d'un préjudice indépendant du retard apporté au paiement par le débiteur et causé par sa mauvaise foi. • Civ. 1re, 21 juin 1989 : *Bull. civ. I, n° 251.*

2° AMÉNAGEMENTS CONTRACTUELS

a. Clauses allégeant ou supprimant les obligations

268. Inefficacité des clauses supprimant une obligation essentielle du contrat. Ne peuvent recevoir application les exclusions qui annulent les effets d'une garantie formellement accordée par une police d'assurance. • Civ. 1re, 21 mai 1990 : *Bull. civ. I, n° 114.* ♦ L'exploitant d'un parc de stationnement ne peut écarter par une clause contractuelle son obligation essentielle consistant à assurer la jouissance paisible d'un emplacement. • Civ. 1re, 23 févr. 1994 : *Bull. civ. I, n° 76.*

b. Clauses élusives ou limitatives de responsabilité

269. Principe de validité. Seuls le dol ou la faute lourde de la partie qui invoque, pour se soustraire à son obligation, une clause d'irresponsabilité insérée au contrat et acceptée par l'autre partie, peuvent faire échec à l'application de ladite clause. • Com. 15 juin 1959 : *Bull. civ. III, n° 265 ; D. 1960. 97, note R. Rodière ; GAJC II, n° 165.* ♦ Un contrat conclu entre deux commerçants dans le cadre de relations professionnelles habituelles n'étant pas soumis aux dispositions du code de la consommation, la clause d'irresponsabilité qui y est insérée ne revêt pas de caractère abusif sans que les juges soient tenus de rechercher si elle ne procure pas au débiteur de l'obligation un avantage excessif. • Com. 23 nov. 1999 : *Bull. civ. IV, n° 210 ; CCC 2000, n° 40, note L. Leveneur ; JCP 2000. II. 10326, note J.-P. Chazal.*

270. Inefficacité en cas de faute dolosive. Le débiteur commet une faute dolosive lorsque, de propos délibéré, il se refuse à exécuter ses obligations contractuelles, même si ce refus n'est pas dicté par l'intention de nuire à son cocontractant. • Civ. 1re, 4 févr. 1969 : *D. 1969. 601, note J. Mazeaud* (condamnation du débiteur à payer des dommages-intérêts supérieurs au montant de la clause pénale stipulée au contrat). ♦ Le débiteur ne peut se prévaloir de la limitation contractuelle d'indemnisation prévue à son profit en cas de vol commis par son préposé. • Com. 17 nov. 1981 : *Bull. civ. IV, n° 398 ; JCP 1982. II. 19811, note D. Tardieu-Naudet.*

271. Inefficacité en cas de faute lourde. La faute lourde, assimilable au dol, empêche le contractant auquel elle est imputable, de limiter la réparation du préjudice qu'il a causé au dommage prévu ou prévisible lors du contrat et de s'en affranchir par une clause de non-responsabilité. Elle résulte d'un comportement d'une extrême gravité, confinant au dol et dénotant l'inaptitude du débiteur de l'obligation à l'accomplissement de sa mission contractuelle. • Com. 3 avr. 1990 : *Bull. civ. IV, n° 108.* ♦ Constitue une faute lourde l'omission de l'inscription du numéro de téléphone d'un annonceur dans l'édition professionnelle de l'annuaire des abonnés au téléphone, dès lors qu'il est constaté que le régisseur de la publicité ne se livrait à aucune vérification et que la mention omise était un élément essentiel de l'obligation inexécutée. • Com. 9 mai 1990 : *Bull. civ. IV, n° 142 ; RTD civ. 1990. 666, obs. Jourdain.* – V. aussi : • Civ. 1re, 4 avr. 2006 : *RTD civ. 2006. 773, obs. Jourdain ; LPA 26 oct. 2006, note Meyzeaud-Garaud.* ♦ Ayant relevé que l'obligation faite à une société de télésurveillance d'appeler si possible les responsables du magasin en cas d'intervention dynamique, avait été stipulée au contrat par une clause expresse, de sorte qu'elle en constituait une des conditions substantielles, une cour d'appel peut, dès lors, décider que le manquement à cette obligation constituait une faute lourde engageant la responsabilité de la société, V. • Civ. 1re, 2 déc. 1997 : *Bull. civ. I, n° 349 ; D. 1998. Somm. 200, obs. D. Mazeaud ; JCP 1998. I. 144, n° 10, obs. Viney.* ♦ Les dispositions exonératoires de responsabilités prévues par l'art. L. 13 CPCE [abrogé par L. n° 2005-516 du 20 mai 2005, art. 19-V] ne s'imposent que dans le cas où La Poste, ou le transporteur que celle-ci s'est substitué, n'a commis aucune faute lourde dans l'exécution de sa mission. • Cass., ass. plén., 30 juin 1998 : *Bull. civ. n° 2 ; JCP 1998. II. 10146, note Delebecque ; D. 1999. Somm. 262, obs. D. Mazeaud ; RTD civ. 1999. 119, obs. Jourdain* • Civ. 1re, 19 sept. 2007 : *Bull. civ. I, n° 290 ; D. 2008. 395, note Nadaud ; JCP 2007. II. 10176, note Delebecque.*

272. Inefficacité en cas de manquement à une obligation essentielle. BIBL. Grimaldi, *RDC 2008. 1095* (les clauses portant sur une obligation essentielle). – Gavanon, *JCP E 2010. Actu 331* (validité des clauses limitatives de responsabilité et la salutaire nécessité d'un équilibre contractuel contrôlé par les juges). ♦ Viole l'art. 1131 C. civ. la cour d'appel qui fait application d'une clause limitative de responsabilité, alors qu'en raison du manquement du débiteur à une obligation essentielle (en l'occurrence obligation de célérité), cette stipulation, qui contredit la portée de l'engagement pris, doit être réputée non écrite. • Com. 22 oct. 1996, *Affaire Chronopost : cité note 6 ss. art. L. 133-8 C. com.* ♦ V. sur renvoi, jugeant que l'effacement de la clause limitative de responsabilité du contrat pour retard de livraison entraîne l'application du plafond légal d'indemnisation que seule une faute lourde du transporteur pouvait tenir en échec : • Com. 9 juill. 2002 : *cité ss. art. L. 1432-4 C. transp., reproduit ss. art. L. 133-5 C. com.* (cassation de • Caen, 5 janv. 1999 : *cité note 6 ss. art. L. 133-8 C. com.*). ♦ Sur l'office du juge quant à la recherche d'un manquement à une obligation essentielle, V. • Com. 30 mai 2006 : *cité note 6 ss. art. L. 133-8.* ♦ Doit être réputée non écrite la clause de non-responsabilité insérée dans les conditions générales d'un contrat de forage qui est en totale opposition avec l'obligation de résultat née du contrat. • Toulouse, 23 oct. 2001 : *LPA 13 mai 2002, note Buy* (décision se référant expressément à l'arrêt Chronopost). ♦ Mais, même pour une entreprise de transport rapide, la faute lourde de nature à tenir en échec la limitation d'indemnisation prévue par le contrat-type ne saurait résulter du seul retard de livraison. • Cass., ch. mixte, 22 avr. 2005 : *cité note 2 ss. art. L. 133-8 C. com.* ♦ ... Ni du seul fait pour le transporteur de ne pouvoir fournir d'éclaircissements sur la cause du retard. • Cass., ch. mixte, 22 avr. 2005 : *ibid.* ♦ Dès lors, la faute lourde de nature à tenir en échec la limitation d'indemnisation prévue par le contrat-type messagerie applicable à la cause ne saurait résulter du seul manquement à une obligation contractuelle, fût-elle essentielle, mais doit se déduire de la gravité du comportement du débiteur. • Com. 21 févr. 2006 : *ibid.* • 13 juin 2006 : *ibid.* ♦ Le manquement à une obligation essentielle est de nature à faire échec à l'application de la clause limitative de réparation. • Com. 13 févr. 2007 : *préc. note 172.* ♦ Jugeant au contraire dans la même affaire, sur renvoi après cassation, que la clause de réparation n'a pas pour effet de décharger par avance le prestataire du manquement à une obligation essentielle lui incombant ou de vider de toute substance cette obligation, mais seulement de fixer un plafond d'indemnisation qui n'est pas dérisoire : • Paris, 26 nov. 2008 : *JCP E 2009, n° 27, p. 19, obs. Vivant, Mallet-Poujol et Bruguière ; Gaz. Pal. 2009. 1438, obs. Forgeron et Michau ; CCE 2009, n° 37, obs. Stoffel-Munck ; RJ com. 2009. 20, note Alterman ; RDC 2009. 1010, note Genicon.* ♦ En effet, seule est réputée non écrite la clause limitative de réparation qui contredit la portée de l'obligation essentielle souscrite par le débiteur ; en l'espèce, la clause limitative de réparation ne vidait pas de toute substance l'obligation essentielle de telle sorte que la cour d'appel a ainsi légalement justifié sa décision. • Com. 29 juin 2010 : *Bull. civ. IV, n° 115 ; D. 2010. 1832, note D. Mazeaud ; ibid. Actu. 1707, obs. Delpech ; RTD civ. 2010. 555, obs. Fages ; JCP E 2010, n° 1790, note Stoffel-*

Munck ; JCP 2010, n° 787, note Houtcieff ; CCC 2010, n° 220, obs. Leveneur ; LPA 16 août 2010, note Dupont-Le Bail ; LPA 7-8 sept. 2010, note Grimaldi ; LPA 13 sept. 2010, note Siri ; LPA 30 sept. 2010, note Barnaud ; CCE 2010, n° 99, obs. Stoffel-Munck ; RJDA 2010. 1059, note Megret ; RJ com. 2010. 422, note Alterman ; RLDC nov. 2010. 16, note Pimont ; RDC 2010. 1220, note Laithier ; ibid. 1253, note Deshayes. – V. aussi : Burgard, *LPA 22 sept. 2010* (l'avènement de la notion d'obligation essentielle dans le contrat ; *LPA 13 oct. 2010* (suites de l'arrêt *Faurecia*) ; Daille-Duclos, *JCP E 2010, n° 1814* (clauses limitatives de responsabilité : un nouvel avenir ?) ; Bloch, *RCA 2010. Étude 11* (l'ère post-Chronopost : le retour aux sources).

Pour des clauses de limitation de recours portant atteinte à l'obligation essentielle de la convention, V. • Saint-Denis de la Réunion, 21 févr. 2005 : *RJDA 2007, n° 652, et p. 559, note Zuin* • 20 févr. 2006 : *ibid.*

c. Clause abrégeant la prescription

272 bis. Application même en cas de faute lourde. Une disposition contractuelle abrégeant le délai de prescription reçoit application même en cas de faute lourde. • Com. 12 juill. 2004 : *cité note 14 bis ss. art. L. 133-6 C. com.*

3° CLAUSE PÉNALE

a. Notion de clause pénale susceptible de révision

273. Évaluation forfaitaire de l'indemnité due en cas d'inexécution d'une obligation contractuelle. Constitue une clause pénale la clause d'un contrat par laquelle les parties évaluent forfaitairement et d'avance l'indemnité à laquelle donnera lieu l'inexécution de l'obligation contractée. • Civ. 1re, 10 oct. 1995 : *Bull. civ. I, n° 347 ; D. 1996. Somm. 116, obs. Delebecque ; JCP 1996. II. 22580, note Paisant.* – Rappr. : • Civ. 3e, 21 mai 2008 : *Bull. civ. III, n° 94 ; D. 2008. AJ 1619 ; RTD com. 2008. 610, obs. Legeais ; JCP 2008. IV. 2121 ; Banque et Droit juill.-août 2002, p. 41, obs. Rontchevsky.* ♦ La stipulation selon laquelle le taux d'intérêts sera majoré en cas de défaillance de l'emprunteur constitue une clause pénale. • Com. 18 mai 2005 : *Bull. civ. IV, n° 106.* ♦ Ayant relevé que la clause dont se prévaut EDF ne prévoit pas le règlement d'une indemnisation forfaitaire, mais fixe un plafond d'indemnisation « dans la limite du préjudice subi par le client », la cour d'appel en a exactement déduit que cette clause constitue une clause limitative de responsabilité, et non une clause pénale. • Com. 18 déc. 2007 : *préc. note 95.*

274. Indemnités non susceptibles de révision (exemples). Ne constituent pas une clause pénale susceptible de révision : l'indemnité d'immobilisation stipulée dans une promesse unilatérale de vente. • Civ. 3e, 5 déc. 1984 : *Bull. civ. III, n° 207 ; D. 1985. 544, note Bénac-Schmidt.* ♦ ... La clause prévoyant qu'un contractant pourrait mettre fin au contrat à tout moment, moyennant le versement d'une indemnité. • Civ. 1re, 6 mars 2001 : *Bull. civ. I, n° 56 ; D. 2001. Somm. 3243, obs. Delebecque.* ♦ ... Le dépôt de garantie versé en exécution d'un contrat. • Civ. 3e, 28 mars 1990 : *D. 1991. 187, note R. Cabrillac.* ♦ ... La pénalité instituée non par une convention, mais par un texte. • Civ. 3e, 5 déc. 2001 : *Bull. civ. III, n° 146 ; RJDA 2002, n° 130* (pénalité prévue par l'art. L. 442-5 CCH). ♦ ... La clause qui stipule que l'acompte sur le prix versé par les acquéreurs restera la propriété du vendeur en cas de renonciation de leur part, ce dernier étant tenu, en cas de renonciation lui incombant, d'en payer le double. • Civ. 3e, 15 févr. 2006 : *Bull. civ. III, n° 43 ; JCP N 2006, n° 36, p. 1544, obs. S. Piedelièvre ; RJDA 2006, n° 503.*

La clause d'un plan d'épargne populaire stipulant qu'en cas de retrait de fonds ou de transfert dans un autre établissement bancaire avant la fin de la 8e année, les intérêts ne seraient pas entièrement versés et qu'il serait pratiqué sur les intérêts calculés une reprise, ne sanctionne pas l'inexécution d'une obligation contractuelle dès lors que le transfert du plan d'épargne constituait une simple faculté ouverte à l'épargnant, en sorte que l'indemnité forfaitaire convenue par avance ne constitue pas une peine contractuelle. • Civ. 1re, 12 juil. 2005 : *Bull. civ. I, n° 320 ; D. 2005. AJ 2218, obs. Delpech ; RTD civ. 2005. 781, obs. Mestre et Fages.*

274 bis. Application de la clause pénale. La clause pénale, sanction du manquement d'une partie à ses obligations, s'applique du seul fait de cette inexécution. • Civ. 3e, 20 déc. 2006 : *Bull. civ. III, n° 256 ; D. 2007. AJ 371 ; RDC 2007. 749, obs. Carval* (cassation de l'arrêt ayant rejeté la demande d'application d'une clause pénale au motif que la preuve n'était pas rapportée que le retard de 47 jours dans la livraison de la maison ait causé un préjudice à l'acquéreur).

274 ter. Autonomie de la clause pénale. La caducité d'un acte n'affecte pas la clause pénale qui y est stipulée et qui doit précisément produire effet en cas de défaillance fautive de l'une des parties. • Com. 22 mars 2011 : *Bull. civ. IV, n° 49 ; D. 2011. 2179, note Hontebeyrie ; RTD civ. 2011. 345, obs. Fages ; Rev. sociétés 2011. 626, note Moury ; JCP E 2011, n° 1410, note Mortier ; Bull. Joly*

2011. 553, note Barbièri ; Defrénois 2011. 1489, obs. Seube ; RDC 2011. 826, obs. Savaux.

b. Révision de la clause pénale

275. Refus de révision. Les juges du fond n'ont pas à motiver spécialement leur décision lorsque, faisant application pure et simple des conventions, ils refusent de modifier la peine forfaitairement convenue. • Civ. 1re, 12 juill. 2001 : *Bull. civ. I, n° 218 ; JCP E 2002. 459, note Leveneur (1re esp.).*

276. Réduction de la peine convenue. Ne donne pas de base légale à sa décision, la cour d'appel qui, sans se fonder sur la disproportion manifeste entre l'importance du préjudice effectivement subi et le montant conventionnellement fixé, réduit le montant de la clause pénale en se déterminant par des motifs tirés du comportement du débiteur de la pénalité, de tels motifs étant impropres à justifier à eux seuls le caractère manifestement excessif du montant de la clause pénale. • Com. 11 févr. 1997 : *Bull. civ. IV, n° 47.* ♦ Mais le juge ne fait qu'user de son pouvoir souverain lorsqu'il fixe, fût-ce en le réduisant à un franc, le montant de la condamnation qu'il prononce au titre de la clause pénale. • Même arrêt.

277. Augmentation de la peine convenue. Le juge ne peut augmenter la peine convenue que si celle-ci est manifestement dérisoire. • Com. 10 juill. 2001 : *JCP E 2002. 459, note L. Leveneur (2e esp.).* ♦ Mais le débiteur peut être condamné à des dommages-intérêts supérieurs au montant de la clause pénale prévue au contrat lorsqu'il commet une faute dolosive, en se refusant délibérément à exécuter ses obligations contractuelles, même si ce refus n'est pas dicté par l'intention de nuire à son cocontractant. • Civ. 1re, 4 févr. 1969 : *préc. note 270.*

ÉTRANGERS

RÉP. COM. v° *Commerçant étranger,* par CHIRONNIER.

Code de l'entrée et du séjour des étrangers et du droit d'asile

L'Ord. n° 45-2658 du 2 nov. 1945, relative aux conditions d'entrée et de séjour des étrangers en France, a été codifiée au code de l'entrée et du séjour des étrangers et du droit d'asile, entré en vigueur le 1er mars 2005 (Ord. n° 2004-1248 du 24 nov. 2004). — V. **CESEDA** *ou* **C. pén.**, *App., v° Étrangers.*

Carte de séjour temporaire autorisant l'exercice d'une activité professionnelle

Art. L. 313-10 *(L. n° 2006-911 du 24 juill. 2006, art. 12-II)* La carte de séjour temporaire autorisant l'exercice d'une activité professionnelle est délivrée :

1° ....

2° A l'étranger qui vient exercer une profession commerciale, industrielle ou artisanale, à condition notamment qu'il justifie d'une activité économiquement viable et compatible avec la sécurité, la salubrité et la tranquillité publiques et qu'il respecte les obligations imposées aux nationaux pour l'exercice de la profession envisagée. Elle porte la mention de la profession que le titulaire entend exercer. Un décret en Conseil d'État fixe les conditions d'application du présent 2° ;

3° A l'étranger qui vient exercer une activité professionnelle non soumise à l'autorisation prévue à l'article L. 341-2 *[L. 5221-2, L. 5221-3, L. 5221-11 nouv.]* du code du travail et qui justifie pouvoir vivre de ses seules ressources.

Elle porte la mention de l'activité que le titulaire entend exercer ;

4°, 5° et 6° ....

Qualification professionnelle. Un ressortissant algérien doit se voir refuser la délivrance d'un certificat de résidence en vue d'exercer la gérance d'une société au motif qu'il ne dispose pas des qualifications professionnelles requises par le décret d'application de la loi de 1996 relative au développement et à la promotion du commerce et de l'artisanat. • CE 23 nov. 2011 : *Dalloz actualité, 1er déc. 2011, obs. Grand.*

....

Art. R. 313-3-1 *(Décr. n° 2007-912 du 15 mai 2007, art. 1er)* L'étranger résidant hors de France qui sollicite le bénéfice des dispositions du 2° de l'article L. 313-10 présente sa demande auprès des autorités diplomatiques ou consulaires françaises territorialement compétentes dans son pays de résidence.

L'étranger titulaire d'une carte de séjour ne l'autorisant pas à exercer une activité commerciale, industrielle ou artisanale, qui sollicite le bénéfice des dispositions précitées, présente sa demande au préfet du département de son lieu de résidence.

....

Art. R. 313-16 *(Décr. n° 2007-912 du 15 mai 2007, art. 2)* I. — Lorsque l'activité industrielle, commerciale ou artisanale est exercée en France par une personne morale, les dispositions du 2° de l'article L. 313-10 sont applicables à :

1° L'associé tenu indéfiniment ou indéfiniment et solidairement des dettes sociales ;

2° L'associé ou le tiers ayant le pouvoir de diriger, gérer ou le pouvoir général d'engager à titre habituel la personne morale ;

3° Le représentant légal des associations régies par la loi du 1er juillet 1901 qui émettent des obligations et exercent une activité économique depuis au moins deux ans ;

4° Le représentant légal des associations de change manuel ;

5° L'administrateur ou le représentant permanent d'un groupement d'intérêt économique à objet commercial ;

6° La personne physique ayant le pouvoir d'engager une personne morale de droit étranger au titre :

— d'un établissement, d'une succursale, d'une représentation commerciale implantée en France ;

— d'une agence commerciale d'un État, collectivité ou établissement public étranger établi en France et effectuant des actes de commerce.

II. — Lorsque l'activité est exercée par une personne physique, les dispositions du 2° de l'article L. 313-10 sont applicables à la personne ayant le pouvoir d'engager, à titre habituel, un commerçant ou un artisan personne physique.

Art. R. 313-16-1 *(Décr. n° 2007-912 du 15 mai 2007, art. 2)* L'étranger qui envisage de créer une activité ou une entreprise doit présenter à l'appui de sa demande les justificatifs permettant d'évaluer la viabilité économique du projet.

L'étranger qui envisage de participer à une activité ou une entreprise existante doit présenter les justificatifs permettant de s'assurer de son effectivité et d'apprécier la capacité de cette activité ou de cette société à lui procurer des ressources au moins équivalentes au salaire minimum de croissance correspondant à un emploi à temps plein.

Dans tous les cas, l'étranger doit justifier qu'il respecte la réglementation en vigueur dans le domaine d'activité en cause.

Un arrêté du ministre *(Décr. n° 2008-223 du 6 mars 2008)* « chargé de l'immigration » et du ministre chargé des finances fixe la liste des pièces justificatives que l'étranger doit produire.

Arrêté du 12 septembre 2007,

Relatif aux documents à produire pour la délivrance de la carte de séjour temporaire autorisant l'exercice d'une activité commerciale, industrielle ou artisanale.

Art. 1er Les pièces justificatives produites à l'appui d'une demande de délivrance de la carte de séjour temporaire autorisant l'exercice d'une activité commerciale, industrielle ou artisanale, prévue au 2° de l'article L. 313-10 du code de l'entrée et du séjour des étrangers et du droit d'asile, sont énoncées dans la liste annexée au présent arrêté.

Art. 2 L'arrêté du 26 mars 1998 relatif aux documents à produire pour la délivrance de la carte d'identité de commerçant étranger est abrogé.

ANNEXE

LISTE DES DOCUMENTS À PRODUIRE POUR LA DÉLIVRANCE DE LA CARTE DE SÉJOUR AUTORISANT L'EXERCICE D'UNE ACTIVITÉ COMMERCIALE, INDUSTRIELLE OU ARTISANALE

I. DOCUMENTS À PRODUIRE PAR L'ÉTRANGER SOLLICITANT UNE CARTE DE SÉJOUR POUR L'EXERCICE D'UNE PREMIÈRE OU D'UNE NOUVELLE ACTIVITÉ COMMERCIALE, INDUSTRIELLE OU ARTISANALE

A. Documents généraux

1. ÉTRANGER RÉSIDANT HORS DE FRANCE

a) Documents à présenter auprès des autorités diplomatiques ou consulaires françaises :

1. Trois formulaires de demande de visa de long séjour dûment remplis et signés.
2. Quatre photographies de face, tête nue, de format 3,5 x 4,5 cm, récentes et parfaitement ressemblantes.
3. Un original du passeport en cours de validité et 2 photocopies des pages contenant les données personnelles.

4. Le formulaire CERFA de demande complété.

5. Un extrait du casier judiciaire ou pièce équivalente du pays dont est ressortissant le demandeur.

6. Une déclaration sur l'honneur de non-condamnation pour les autres pays dans lesquels le demandeur a résidé pendant les dix dernières années.

7. Une déclaration sur l'honneur de non-faillite dans le pays d'origine et pour les autres pays dans lesquels le demandeur a résidé pendant les dix dernières années.

8. Un quitus fiscal si le demandeur a résidé en France et l'a quittée depuis moins de quatre années.

9. Le cas échéant, les pièces justificatives relatives à la capacité du demandeur à exercer l'activité commerciale, industrielle ou artisanale envisagée.

b) Documents à présenter auprès des services préfectoraux :

1. Justificatifs relatifs à l'état civil : un extrait d'acte de naissance ou une copie intégrale de l'acte de naissance traduit en français par un interprète agréé. Si le demandeur est marié ou divorcé et ne dispose pas d'un passeport mentionnant son nouveau nom, une copie en sus de l'acte de mariage ou de l'acte de divorce traduit en français par un interprète agréé.

2. Le passeport en cours de validité revêtu du visa pour un séjour d'une durée supérieure à trois mois pour l'exercice d'une activité commerciale, industrielle ou artisanale.

3. Justificatifs relatifs au domicile : selon le cas, un acte de propriété ou un bail de location accompagné d'une copie de la pièce d'identité du bailleur ou une attestation sur l'honneur d'hébergement du logeur accompagnée d'une quittance d'électricité ou de gaz de moins de trois mois au nom de ce dernier et d'une copie de sa pièce d'identité.

4. Un certificat médical délivré dans les conditions fixées par arrêté du ministre chargé de la santé.

5. Trois photographies de face, tête nue, de format 3,5 x 4,5 cm, récentes et parfaitement ressemblantes.

2. ÉTRANGER RÉSIDANT RÉGULIÈREMENT EN FRANCE SOUS COUVERT D'UNE CARTE DE SÉJOUR NE L'AUTORISANT PAS À EXERCER UNE ACTIVITÉ COMMERCIALE, INDUSTRIELLE OU ARTISANALE

1. Le titre de séjour en cours de validité.

2. Le passeport en cours de validité.

3. Justificatifs relatifs au domicile : selon le cas, un acte de propriété ou un bail de location accompagné d'une copie de la pièce d'identité du bailleur ou une attestation sur l'honneur d'hébergement du logeur accompagnée d'une quittance d'électricité ou de gaz de moins de trois mois au nom de ce dernier et d'une copie de sa pièce d'identité.

4. Le formulaire CERFA de demande complété.

5. Une déclaration sur l'honneur de non-condamnation pour les autres pays dans lesquels le demandeur a, le cas échéant, résidé pendant les dix dernières années.

6. Une déclaration sur l'honneur de non-faillite dans le pays d'origine et pour les autres pays dans lesquels le demandeur a, le cas échéant, résidé pendant les dix dernières années.

7. Un bordereau de situation fiscale relatif au paiement de l'impôt sur le revenu en France.

8. Le cas échéant, les pièces justificatives relatives à la capacité du demandeur à exercer l'activité commerciale, industrielle ou artisanale envisagée.

9. Trois photographies de face, tête nue, de format 3,5 x 4,5 cm, récentes et parfaitement ressemblantes.

B. Documents relatifs à l'activité à présenter auprès des autorités diplomatiques ou consulaires françaises (étranger résidant hors de France) ou auprès des services préfectoraux (étranger résidant régulièrement en France)

1. POUR L'EXERCICE D'UNE ACTIVITÉ EN NOM PROPRE

Dans tous les cas :

1. Une présentation sur papier libre du projet, accompagnée d'un budget prévisionnel pluriannuel.

2. Un justificatif de l'engagement de cautionnement pris par un établissement de crédit ou une entreprise d'assurance agréée pour se porter caution et ayant leur siège en France, ou une attestation de solde créditeur d'un compte au nom du demandeur ouvert auprès d'un établissement de crédit ayant son siège social en France.

En outre, le requérant doit fournir :

a) En cas de création d'activité :

1. Une copie de la promesse de bail commercial portant mention de l'activité ou du contrat de sous-location portant mention de l'activité et éventuellement de l'autorisation du propriétaire des locaux ou de toute autre pièce relative aux locaux affectés à l'activité.

2. Le cas échéant, une copie du contrat de domiciliation.

b) En cas de reprise d'un fonds de commerce :

1. Une copie de la promesse ou du contrat de vente du fonds.

c) En cas de location-gérance :

1. Une copie de la promesse ou du contrat de location-gérance.

2. Un extrait de l'inscription au registre du commerce et des sociétés ou au répertoire des métiers du précédent exploitant (datant de moins de trois mois).

3. Une copie du bail établi au nom du propriétaire du fonds.

2. POUR L'EXERCICE D'UNE ACTIVITÉ EN SOCIÉTÉ

Dans tous les cas :

1. Une présentation sur papier libre du projet, accompagnée d'un budget prévisionnel pluriannuel.

2. Un justificatif de l'engagement de cautionnement pris par un établissement de crédit ou une entreprise d'assurance agréée pour se porter caution et ayant leur siège en France, ou bien une attestation de solde créditeur d'un compte au nom du demandeur ouvert auprès d'un établissement de crédit ayant son siège social en France.

En outre, le requérant doit fournir :

a) En cas de création d'une société de droit français :

1. Une copie de la promesse de bail commercial portant mention de l'activité ou du contrat de sous-location portant mention de l'activité et éventuellement de l'autorisation du propriétaire des locaux ou de toute autre pièce relative aux locaux affectés à l'activité.

2. Une copie du projet de statuts de la société faisant apparaître le projet de répartition du capital social.

b) En cas de création d'une société de droit français, filiale d'une société étrangère :

1. Un justificatif de la nomination ou, éventuellement, une lettre d'intention de l'organe compétent pour la nomination.

2. Une copie des statuts de la personne morale de droit étranger et des bilans des deux derniers exercices clos ou, éventuellement, une attestation d'une banque du pays du siège de la personne morale de droit étranger justifiant l'existence d'un compte ouvert au nom de la personne morale.

3. Une copie de la promesse de bail commercial portant mention de l'activité ou du contrat de sous-location portant mention de l'activité et éventuellement de l'autorisation du propriétaire des locaux ou de toute autre pièce relative aux locaux affectés à l'activité.

4. Une copie du projet de statuts de la société faisant apparaître le projet de répartition du capital social.

c) En cas de création d'un établissement d'une personne morale étrangère :

1. Un justificatif de nomination ou une lettre d'intention de l'organe compétent pour la nomination.

2. Une copie des statuts de la personne morale de droit étranger et des bilans des deux derniers exercices clos ou, éventuellement, une attestation d'une banque du pays du siège de la personne morale de droit étranger justifiant l'existence d'un compte ouvert au nom de la personne morale.

3. EN CAS D'INSERTION DANS UNE ENTREPRISE OU UNE ACTIVITÉ EXISTANTE EN FRANCE

1. Un justificatif de la nomination ou, éventuellement, une lettre d'intention de l'organe compétent pour la nomination.

2. Un extrait d'enregistrement de l'entreprise au registre du commerce et des sociétés de moins de trois mois ou un extrait d'inscription de l'activité au répertoire des métiers de moins de trois mois, selon le cas.

3. Une copie des statuts de l'entreprise, le cas échéant.

4. Un bordereau de situation fiscale de l'entreprise (P 237).

5. Une attestation de compte à jour de l'entreprise délivrée par l'URSSAF.

6. Si le demandeur a le statut de salarié, l'original du contrat de travail accompagné d'une copie.

7. Si le demandeur n'a pas le statut de salarié, un document certifié par un expert-comptable ou un centre de gestion agréé attestant du montant de la rémunération perçue par le prédécesseur dans les mêmes fonctions ou une personne exerçant les mêmes fonctions dans l'entreprise.

II. DOCUMENTS À PRODUIRE PAR L'ÉTRANGER DEMANDANT LE RENOUVELLEMENT DE LA CARTE DE SÉJOUR POUR POURSUIVRE L'EXERCICE DE LA MÊME ACTIVITÉ COMMERCIALE, INDUSTRIELLE OU ARTISANALE

A. Documents généraux

1. Le titre de séjour en cours de validité.
2. Le passeport en cours de validité.
3. Justificatifs relatifs au domicile : selon le cas, un acte de propriété ou un bail de location accompagné d'une copie de la pièce d'identité du bailleur ou une attestation sur l'honneur d'hébergement du logeur accompagnée d'une quittance d'électricité ou de gaz de moins de trois mois au nom de ce dernier et d'une copie de sa pièce d'identité.
4. Trois photographies de face, tête nue, de format 3,5 × 4,5 cm, récentes et parfaitement ressemblantes.

B. Documents relatifs à l'activité

1. POUR CONTINUER L'ACTIVITÉ CRÉÉE PAR LE DEMANDEUR

1. Une copie du contrat de bail ou de domiciliation.
2. Un bordereau de situation fiscale de l'entreprise (P 237).
3. Une attestation d'assurance portant, selon la nature de l'activité, sur le local occupé, sur le véhicule ou sur tout autre bien nécessaire à l'activité.
4. Un avis d'imposition sur le revenu, le cas échéant.
5. Si le demandeur a le statut de salarié, les fiches de salaire des trois derniers mois ou, en l'absence d'avis d'imposition, des douze derniers mois.
6. Si le demandeur n'a pas le statut de salarié, un extrait du livre de compte établissant la rémunération versée au cours des trois derniers mois ou, en l'absence d'avis d'imposition, des douze derniers mois.

2. POUR CONTINUER DE PARTICIPER À UNE ACTIVITÉ OU UNE ENTREPRISE EXISTANTE

1. Un avis d'imposition sur le revenu, le cas échéant.
2. Si le demandeur a le statut de salarié, les fiches de salaire des trois derniers mois ou, en l'absence d'avis d'imposition, des douze derniers mois.
3. Si le demandeur n'a pas le statut de salarié, un extrait du livre de compte établissant la rémunération versée au cours des trois derniers mois ou, en l'absence d'avis d'imposition, des douze derniers mois.

Art. R. 313-16-2 *(Décr. n° 2007-912 du 15 mai 2007, art. 2)* Lorsque l'étranger présente un projet tendant à la création d'une activité ou d'une entreprise, l'autorité diplomatique ou consulaire ou le préfet compétent saisit pour avis le trésorier-payeur général du département dans lequel l'étranger souhaite réaliser son projet.

Art. R. 313-16-3 *(Décr. n° 2007-912 du 15 mai 2007, art. 2)* Lors de la demande de délivrance ou de renouvellement de la carte de séjour prévue au 2° de l'article L. 313-10, le préfet vérifie la compatibilité de l'activité en cause avec la sécurité, la salubrité et la tranquillité publiques ainsi que, le cas échéant, l'absence de condamnation ou de décision emportant en France, l'interdiction d'exercer une activité commerciale.

Art. R. 313-16-4 *(Décr. n° 2007-912 du 15 mai 2007, art. 2)* L'étranger titulaire de la carte de séjour temporaire prévue au 2° de l'article L. 313-10 qui cesse définitivement toute activité commerciale, industrielle ou artisanale est tenu d'en informer la préfecture.

Art. R. 313-17 *(Décr. n° 2007-1292 du 30 août 2007, art. 2)* Pour l'application du 3° de l'article L. 313-10, l'étranger qui vient en France pour y exercer une activité professionnelle non soumise à l'autorisation prévue à l'article L. 341-2 *[L. 5221-2, L. 5221-3, L. 5221-11 nouv.]* du code du travail présente, outre les pièces prévues à l'article R. 313-1, celles justifiant qu'il dispose de ressources d'un niveau au moins équivalant au salaire minimum de croissance correspondant à un emploi à temps plein.

Dans les cas où il envisage d'exercer une activité réglementée, il justifie satisfaire aux conditions d'accès à l'activité en cause.

Carte de résident

Art. L. 314-4 Lorsqu'elle a été délivrée à un étranger résidant sur le territoire de la France métropolitaine, la carte de résident en cours de validité confère à son titulaire le droit d'exercer, sur ce territoire, la profession de son choix, dans le cadre de la législation en vigueur. *(Abrogé par L. n° 2007-1631 du 20 nov. 2007, art. 18) « Les titulaires de la carte de résident sont dispensés de l'autorisation prévue à l'article L. 122-1 du code de commerce. » — (Ord. n° 45-2658 du 2 nov. 1945, art. 17).*

Carte de résident pour contribution économique exceptionnelle

Art. L. 314-15 *(L. n° 2008-776 du 4 août 2008, art. 124-I)* L'étranger qui apporte une contribution économique exceptionnelle à la France peut, sous réserve de la régularité du séjour, se voir délivrer la carte de résident.

(L. n° 2011-672 du 16 juin 2011, art. 30) « Le conjoint, s'il est âgé d'au moins dix-huit ans, d'un étranger titulaire du titre de séjour mentionné au premier alinéa bénéficie de plein droit de la carte de résident susmentionnée. »

Un décret en Conseil d'État définit les modalités d'application du présent article. Il détermine notamment les motifs pour lesquels la carte peut être retirée.

Activités professionnelles non salariées

Art. L. 322-2 Des décrets en Conseil d'État peuvent soumettre à autorisation l'exercice par les étrangers de certaines activités professionnelles non salariées. — *[Ord. n° 45-2658 du 2 nov. 1945, art. 7, al. 2.]*

Art. L. 322-3 *(Abrogé par L. n° 2007-1631 du 20 nov. 2007, art. 45) L'exercice en France de la profession de commerçant par un étranger est régi par les dispositions des articles L. 122-1, L. 122-2 et L. 122-3* [abrogé] *du code de commerce ci-après reproduites :*

....

Art. R. 322-3 *(Décr. n° 2006-1378 du 14 nov. 2006)* L'exercice par un étranger d'une profession commerciale, industrielle ou artisanale est autorisé dans les conditions définies par les articles *(Décr. n° 2007-431 du 25 mars 2007, art. 2)* « R. 122-1 à R. 122-17 du code de commerce ».

Restitution des titres de séjour et de travail

Art. D. 331-10 *(Décr. n° 2006-1378 du 14 nov. 2006)* Les titres de séjour et de travail mentionnés à l'article D. 331-8 *[devant être restitués en cas d'aide publique à la réinsertion des travailleurs étrangers qui quittent la France pour regagner leur pays d'origine]* sont, selon le cas, ceux délivrés en application des dispositions du présent code, des dispositions du titre IV du livre III et du titre II du livre VIII *[titre II du livre II de la partie V et titre II du livre IV de la partie III nouv.]* du code du travail reproduites à l'article L. 322-1 du présent code, des dispositions des articles L. 122-1 à L. 122-3 du code de commerce reproduites à l'article L. 322-3 du présent code ou des stipulations des traités et accords internationaux.

Regroupement familial

Art. L. 431-1 *(al. 2)* Le titre de séjour délivré à la personne autorisée à séjourner au titre du regroupement familial confère à son titulaire, dès la délivrance de ce titre, le droit d'exercer toute activité professionnelle de son choix dans le cadre de la législation en vigueur. – *[Ord. n° 45-2658 du 2 nov. 1945, art. 30 bis.]*

Décret-loi du 17 juin 1938,

Tendant à assurer la protection du commerce français (DP 1938. 4. 337).

Art. 1er Les étrangers autorisés à résider sur le territoire français qui voudront y exercer une *(L. 8 oct. 1940)* « profession industrielle, commerciale ou artisanale », jouiront, dans le cadre des lois et règlements, d'un traitement équivalent à celui qui s'applique dans leur pays d'origine aux étrangers et spécialement aux Français de la même profession.

(L. 8 oct. 1940) « Dans les différentes catégories d'industries, de commerce ou d'artisanat, un pourcentage du nombre des étrangers y exerçant leur activité pourra, s'il y a lieu, être fixé après avis des chambres de commerce, des groupements économiques et des chambres de métiers. »

Des décrets contresignés par les ministres intéressés fixeront les conditions d'application des dispositions qui précèdent.

Dans la mesure où la réglementation fixée par ces décrets ne serait pas compatible avec les conventions internationales, des négociations seront engagées en vue d'adapter les conventions existantes aux dispositions du présent décret.

Toute infraction aux prescriptions des décrets prévues par le présent article sera punie d'une amende de 3 750 € et d'un emprisonnement de six mois ou d'une de ces deux peines seulement. En cas de récidive, les peines seront portées au double.

Le tribunal pourra, en outre, ordonner la fermeture de l'établissement.

Art. 5 *Abrogé par Ord. n° 2005-428 du 6 mai 2005, art. 3. – V. art. L. 128-3 C. com.*

Loi n° 54-404 du 10 avril 1954,

Portant réforme fiscale (D. 1954. 160 ; Rect. 209 ; BLD 1954. 363 ; Rect. 482).

Art. 38 I. La délivrance ou, le cas échéant, le renouvellement de la carte de séjour des étrangers et de la carte spéciale des étrangers exerçant une profession industrielle ou commerciale ne peut être effectué que si les requérants justifient avoir satisfait aux obligations qui leur incombent en vertu de la législation fiscale et de celle relative à la sécurité sociale.

II. Les modalités d'application du présent article seront fixées par arrêtés interministériels.

Loi n° 68-678 du 26 juillet 1968,

Relative à la communication de documents et renseignements d'ordre économique, commercial, industriel, financier ou technique à des personnes physiques ou morales étrangères (L. n° 80-538 du 16 juill. 1980).

BIBL. ▶ NÉVOT, *Rev. crit. DIP 1981. 15* (remarques sur la loi du 16 juill. 1980). – COHEN-TANUGI *ibid. 1983. 9* (les juridictions américaines face aux lois interdisant la communication de renseignements économiques). – BARLOW, *JCP E 2007, n° 43-44, p. 45* (loi du 26 juill. 1968 : un état des lieux). – DUBERTRET, *Banque et Droit janv.-févr. 2010. 3* (le transfert d'information d'ordre économique ou à caractère personnel). – HAERI, *Gaz. Pal. 2012. 626* (laissez la loi de blocage tranquille !).

Art. 1er *(L. n° 80-538 du 16 juill. 1980)* Sous réserve des traités ou accords internationaux, il est interdit à toute personne physique de nationalité française ou résidant

habituellement sur le territoire français et à tout dirigeant, représentant, agent ou préposé d'une personne morale y ayant son siège ou un établissement de communiquer par écrit, oralement ou sous toute autre forme, en quelque lieu que ce soit, à des autorités publiques étrangères, les documents ou les renseignements d'ordre économique, commercial, industriel, financier ou technique dont la communication est de nature à porter atteinte à la souveraineté, à la sécurité, aux intérêts économiques essentiels de la France ou à l'ordre public, précisés par l'autorité administrative en tant que de besoin. — *V. Arr. 20 nov. 1980 (D. et BLD 1981. 194) fixant la liste des documents et renseignements relatifs au transport et au travail aériens dont la communication est interdite à des autorités publiques étrangères lorsqu'ils sont de nature à compromettre les intérêts commerciaux essentiels des entreprises de transport et de travail aériens et de la France.*

Aux fins mentionnées aux III, IV et V de l'art. 32 de la L. n° 2010-853 du 23 juill. 2010 en ce qui concerne la coopération administrative et pénale en matière de contrôle des prestataires de services en application du chapitre VI de la Dir. 2006/123/CE du 12 déc. 2006 relative aux services dans le marché intérieur, les autorités françaises compétentes sont dispensées de l'application de la L. n° 68-678 du 26 juill. 1968 (L. n° 2010-853 du 23 juill. 2010, art. 32-VII).

1. Renseignements d'ordre économique. Reconnaissant la responsabilité d'un avocat, correspondant en France d'un avocat américain, dans la collecte illicite de « renseignements d'ordre économique, commercial, industriel, financier ou technique » auprès d'un ancien administrateur d'une mutuelle d'assurances, qui auraient pu servir à la constitution de preuves dans le cadre d'une procédure à l'étranger (affaire *Executive life*) : • Paris, 28 mars 2007 : *CCE 2008, n° 14, obs. Caprioli* (conf. par • Crim. 12 déc. 2007 : *Bull. crim. n° 309 ; D. 2008. Pan. 2830, obs. Delebecque ; RTD com. 2008. 639, obs. Bouloc ; Rev. sociétés 2008. 882, note Barlow ; Rev. crit. DIP 2008. 626, note Chilstein ; JCP E 2008, n° 35, p. 21, note Danis ; JCP 2008. I. 181, n° 8, obs. J.-H. Robert ; Banque et Droit sept.-oct. 2008. 52, obs. Affaki et Stoufflet ; CCE 2008, n° 47, obs. É. A. C. ; RJDA 2008, n° 477 ; Dr. pénal 2008, n° 47, obs. J.-H. Robert*).

2. Convention de La Haye. L'incrimination de l'art. 1er *bis* de la L. n° 68-678 du 26 juill. 1968, qui vise à limiter les abus pouvant être commis dans la recherche de la preuve, ne constitue pas « une entrave disproportionnée aux droits de la défense » ; l'exercice de ces droits est assuré par les garanties attachées aux procédures instaurées par la Convention de La Haye du 18 mars 1970 sur l'obtention des preuves à l'étranger en matière civile et commerciale. • Paris, 28 mars 2007 : *préc. note 1.*

Art. 1 *bis* *(L. n° 80-538 du 16 juill. 1980)* **Sous réserve des traités ou accords internationaux et des lois et règlements en vigueur, il est interdit à toute personne de demander, de rechercher ou de communiquer, par écrit, oralement ou sous toute autre forme, des documents ou renseignements d'ordre économique, commercial, industriel, financier ou technique tendant à la constitution de preuves en vue de procédures judiciaires ou administratives étrangères ou dans le cadre de celles-ci.**

Art. 2 *(L. n° 80-538 du 16 juill. 1980)* **Les personnes visées aux articles 1er et 1er *bis* sont tenues d'informer sans délai le ministre compétent lorsqu'elles se trouvent saisies de toute demande concernant de telles communications.** — *V. Décr. n° 81-550 du 12 mai 1981 (D. et BLD 1981. 262).*

Art. 3 *(L. n° 80-538 du 16 juill. 1980)* **Sans préjudice des peines plus lourdes prévues par la loi, toute infraction aux dispositions des articles 1er et 1er *bis* de la présente loi sera punie d'un emprisonnement de six mois et d'une amende de 18 000 € ou de l'une de ces deux peines seulement.**

Pour des dérogations aux lois nos 68-678 du 26 juill. 1968 et 80-538 du 16 juill. 1980, V. C. mon. fin., art. L. 511-25, L. 612-6, L. 613-12 s. et L. 613-20-1. — **C. mon. fin.** — *V. aussi C. assur., art. L. 363-1.* — ***C. assur.***

FACTURES

Code général des impôts

Art. 237 *sexies* *(L. n° 2002-1576 du 30 déc. 2002)* **1. Les produits et charges correspondant aux pénalités de retard mentionnées** *(Décr. n° 2011-645 du 9 juin 2011, art. 1er)* **« à l'article L. 441-3 et au I de l'article L. 441-6 » du code de commerce sont respectivement rattachés, pour la détermination du résultat imposable à l'impôt sur le revenu ou à l'impôt sur les sociétés, à l'exercice de leur encaissement et de leur paiement.**

(L. n° 2004-1484 du 30 déc. 2004, art. 35) **« 2. Les dispositions du 1 s'appliquent aux pénalités de retard afférentes à des créances et dettes nées à compter de la date d'entrée en vigueur de la loi n° 2001-420 du 15 mai 2001 relative aux nouvelles régulations économiques. »**

Art. 289-0 *(L. n° 2012-1510 du 29 déc. 2012, art. 62-I-D, en vigueur le 1er janv. 2013)* **I. — Les règles de facturation prévues à l'article 289 s'appliquent aux opérations réputées situées en France en application des articles 258 à 259 D, à l'exclusion de celles qui sont réalisées par un assujetti qui a établi le siège de son activité économique dans un autre État membre ou qui y dispose d'un établissement stable à partir duquel la livraison de biens ou la prestation de services est effectuée ou, à défaut, son domicile ou sa résidence habituelle, et pour lesquelles l'acquéreur ou le preneur établi en France est redevable de la taxe, sauf si l'assujetti leur a donné mandat pour facturer en son nom et pour son compte.**

II. — Elles s'appliquent également aux opérations dont le lieu d'imposition n'est pas situé en France qui sont réalisées par un assujetti qui a établi le siège de son activité économique en France ou qui y dispose d'un établissement stable à partir duquel la livraison de biens ou la prestation de services est effectuée ou, à défaut, son domicile ou sa résidence habituelle :

1° Lorsque l'acquéreur ou le preneur établi dans un autre État membre est redevable de la taxe, sauf si l'assujetti leur a donné mandat pour facturer en son nom et pour son compte ;

2° Ou lorsque la livraison de biens ou la prestation de services est réputée ne pas être effectuée dans l'Union européenne en application du titre V de la directive 2006/112/CE du Conseil du 28 novembre 2006 relative au système commun de taxe sur la valeur ajoutée.

Art. 289 *(L. n° 2002-1576 du 30 déc. 2002, en vigueur le 1er juill. 2003)* **I. — 1. Tout assujetti est tenu de s'assurer qu'une facture est émise, par lui-même, ou en son nom et pour son compte, par son client ou par un tiers :**

***a)* Pour les livraisons de biens ou les prestations de services qu'il effectue pour un autre assujetti, ou pour une personne morale non assujettie** *(L. n° 2007-1824 du 25 déc. 2007, art. 59)* **« , et qui ne sont pas exonérées en application des articles 261 à 261 E » ;**

***b)* Pour les livraisons de biens visées aux articles 258 A et 258 B et pour les livraisons de biens exonérées en application du I de l'article 262 *ter* et II de l'article 298 *sexies* ;**

***c)* Pour les acomptes qui lui sont versés avant que l'une des opérations visées aux *a* et *b* ne soit effectuée** *(L. n° 2012-1510 du 29 déc. 2012, art. 62-I-E, en vigueur le 1er janv. 2013)* **« , à l'exception des livraisons de biens exonérées en application du I de l'article 262 *ter* et du II de l'article 298 *sexies* » ;**

***d)* Pour les livraisons aux enchères publiques de biens d'occasion, d'œuvres d'art, d'objets de collection ou d'antiquité.**

(L. n° 2012-1510 du 29 déc. 2012, art. 62-I-E, en vigueur le 1er janv. 2013) « 2. Les factures peuvent être matériellement émises par le client ou par un tiers lorsque l'assujetti leur donne mandat à cet effet. Sous réserve de son acceptation par l'assujetti, chaque facture est alors émise en son nom et pour son compte.

« Un décret en Conseil d'État précise les modalités particulières d'application du premier alinéa *(Abrogé par Décr. n° 2013-463 du 3 juin 2013, art. 1er)* « ***du présent 2*** » lorsque le mandataire est établi dans un pays avec lequel il n'existe aucun instrument juridique relatif à l'assistance mutuelle ayant une portée similaire à celle prévue par la directive 2010/24/UE du Conseil du 16 mars 2010 concernant l'assistance mutuelle en matière de recouvrement des créances relatives aux taxes, impôts, droits et autres mesures et par le règlement (UE) n° 904/2010 du Conseil du 7 octobre 2010 concernant la coopération administrative et la lutte contre la fraude dans le domaine de la taxe sur la valeur ajoutée. »

3. La facture est, en principe, émise dès la réalisation de la livraison ou de la prestation de services.

(L. n° 2012-1510 du 29 déc. 2012, art. 62-I-E, en vigueur le 1er janv. 2013) « Pour les livraisons de biens exonérées en application du I de l'article 262 *ter* et du II de l'article 298 *sexies* et pour les prestations de services pour lesquelles la taxe est due par le preneur en application de l'article 196 de la directive 2006/112/CE du Conseil du 28 novembre 2006 relative au système commun de taxe sur la valeur ajoutée, la facture est émise au plus tard le 15 du mois suivant celui au cours duquel s'est produit le fait générateur.

« Elle peut être établie de manière périodique pour plusieurs livraisons de biens ou prestations de services distinctes réalisées au profit d'un même acquéreur ou preneur pour lesquelles la taxe devient exigible au cours d'un même mois civil. Cette facture est établie au plus tard à la fin de ce même mois. »

4. L'assujetti doit conserver un double de toutes les factures émises.

5. Tout document ou message qui modifie la facture initiale, émise en application de cet article *(Abrogé par L. n° 2012-1510 du 29 déc. 2012, art. 62-I-E, à compter du 1er janv. 2013)* « ***ou de l'article 289 bis*** », et qui fait référence à la facture initiale de façon spécifique et non équivoque est assimilé à une facture. Il doit comporter l'ensemble des mentions prévues au II.

(Abrogé par L. n° 2012-1510 du 29 déc. 2012, art. 62-I-E, à compter du 1er janv. 2013) « ***Un décret en Conseil d'État détermine et fixe les conditions et modalités d'application du présent I.*** » — *V. CGI, Ann. II, art. 242 nonies, infra.*

II. — Un décret en Conseil d'État fixe les mentions obligatoires qui doivent figurer sur *(L. n° 2012-1510 du 29 déc. 2012, art. 62-I-E, en vigueur le 1er janv. 2013)* « les factures ». Ce décret détermine notamment les éléments d'identification des parties, les données concernant les biens livrés ou les services rendus et celles relatives à la détermination de la taxe sur la valeur ajoutée. — *V. CGI, Ann. II, art. 242 nonies A, infra.*

III. — L'entraîneur bénéficiaire des sommes mentionnées au *(L. n° 2010-237 du 9 mars 2010, art. 16-XIX)* « 4° du III de l'article 257 » s'assure qu'une facture est émise au titre des gains réalisés et y ajoute le montant de la taxe sur la valeur ajoutée.

IV. — Les montants figurant sur la facture peuvent être exprimés dans toute monnaie, pour autant que le montant de taxe à payer *(L. n° 2012-1510 du 29 déc. 2012, art. 62-I-E, en vigueur le 1er janv. 2013)* « ou à régulariser » soit déterminé en euros en utilisant le mécanisme de conversion prévu au 1 *bis* de l'article 266.

Lorsqu'elle est rédigée dans une langue étrangère, le service des impôts peut, à des fins de contrôle, exiger une traduction en français, dans les conditions prévues au deuxième alinéa de l'article 54.

V. — *(L. n° 2012-1510du 29 déc. 2012, art. 62-I-E, en vigueur le 1er janv. 2013)* « L'authenticité de l'origine, l'intégrité du contenu et la lisibilité de la facture doivent être assurées à compter de son émission et jusqu'à la fin de sa période de conservation.

« VI. — Les factures électroniques sont émises et reçues sous une forme électronique quelle qu'elle soit. Elles tiennent lieu de factures d'origine pour l'application de l'article 286 et du présent article. Leur transmission et *[leur]* mise à disposition sont soumises à l'acceptation du destinataire.

« VII. — Pour satisfaire aux conditions prévues au V, l'assujetti peut émettre ou recevoir des factures :

« 1° Soit sous forme électronique en recourant à toute solution technique autre que celles prévues aux 2° et 3°, ou sous forme papier, dès lors que des contrôles documentés et permanents sont mis en place par l'entreprise et permettent d'établir une piste d'audit fiable entre la facture émise ou reçue et la livraison de biens ou prestation de services qui en est le fondement ; — *V. LPF, art. L. 13 D et L. 13 E.* — ***C. pr. fisc.***

« 2° Soit en recourant à la procédure de signature électronique avancée définie au *a* du 2 de l'article 233 de la directive 2006/112/CE du Conseil du 28 novembre 2006 précitée en ce qui concerne les règles de facturation. Un décret précise les conditions d'émission, de signature et de stockage de ces factures ; — *V. CGI, Ann. III, art. 96 F, infra.*

« 3° Soit sous la forme d'un message structuré selon une norme convenue entre les parties, permettant une lecture par ordinateur et pouvant être traité automatiquement et de manière univoque, dans des conditions précisées par décret. » — *V. CGI, Ann. III, art. 96 G, infra.*

Sur les pouvoirs d'enquête de l'Administration pour rechercher les manquements aux règles de facturation, V. LPF, art. L. 80 F à L. 80 J. — ***C. pr. fisc.***

BIBL. ▸ Pizzorno, *Cah. dr. entr. 1993, n° 6* (aspects fiscaux des escomptes et pénalités). – Donsimoni, *LPA 9 févr. 1998* (contradiction entre l'art. 289 CGI et l'art. 31 Ord. 1er déc. 1986).

Art. 289 *bis* *Abrogé par L. n° 2012-1510 du 29 déc. 2012, art. 62-I-F, à compter du 1er janv. 2013.– V.* ***C. com.****, éd. 2013 ou antérieures.*

BIBL. ▸ Piette-Coudol, *Gaz. Pal. 1992. 2. Doctr. 804 ; ibid. 1993. 1. Doctr. 62 et 397* (facture par message électronique). – Caprioli, *Cah. dr. entr. 1993, n° 1* (dématérialisation de la facture). – Caprioli et Roquilly, *ibid. 1994, n° 4* (dématérialisation des documents commerciaux). – Boulanger, *Gaz. Pal. 1999. Doctr. p. 1469* (contrôle des systèmes de télétransmission de factures) ; *ibid. 2004. Doctr. 84* (nouveau régime fiscal de la télétransmission des factures).

Art. 1737 *(Ord. n° 2005-1512 du 7 déc. 2005, art. 13-IV)* I. — Entraîne l'application d'une amende égale à 50 % du montant :

1. Des sommes versées ou reçues, le fait de travestir ou dissimuler l'identité ou l'adresse de ses fournisseurs ou de ses clients, les éléments d'identification mentionnés aux articles 289 et 289 B et aux textes pris pour l'application de ces articles ou de sciemment accepter l'utilisation d'une identité fictive ou d'un prête-nom ;

2. De la facture, le fait de délivrer une facture ne correspondant pas à une livraison ou à une prestation de service réelle ;

3. De la transaction, le fait de ne pas délivrer une facture. Le client est solidairement tenu au paiement de cette amende. Toutefois, lorsque le fournisseur apporte, dans les trente jours de la mise en demeure adressée par l'administration fiscale, la preuve que l'opération a été régulièrement comptabilisée, il encourt une amende réduite à 5 % du montant de la transaction ;

4. De la transaction, le fait de ne pas délivrer une note en violation des dispositions de l'article 290 *quinquies*.

Les dispositions des 1 à 3 ne s'appliquent pas aux ventes au détail et aux prestations de services faites ou fournies à des particuliers.

Les dispositions des 1 à 4 s'appliquent aux opérations réalisées dans le cadre d'une activité professionnelle.

II. — Toute omission ou inexactitude constatée dans les factures ou documents en tenant lieu mentionnés aux articles 289 et 290 *quinquies* donne lieu à l'application d'une amende de 15 €. Toutefois, le montant total des amendes dues au titre de chaque facture ou document ne peut excéder le quart du montant qui y est ou aurait dû y être mentionné.

Art. 1751 1. *Abrogé par Ord. nº 86-1243 du 1er déc. 1986, art. 60-IX.*

2. *(Ord. nº 86-1243 du 1er déc. 1986)* « Dans tous les cas où est relevée l'infraction aux règles de facturation telles que prévues » *(Décr. nº 2001-435 du 21 mai 2001)* « aux articles L. 441-3 à L. 441-5 du code de commerce », l'entreprise de l'auteur du délit peut être placée sous séquestre jusqu'à l'exécution de la décision définitive. La mesure de séquestre pourra être étendue à l'ensemble du patrimoine de l'auteur du délit.

La mise sous séquestre peut être ordonnée par le juge d'instruction ou par le tribunal correctionnel saisis, en tout état de la procédure, sur réquisition du procureur de la République. Elle peut l'être également, hors le cas de la saisine du juge d'instruction ou du tribunal correctionnel, par le président du tribunal statuant en référé dans les conditions prévues aux articles 485 et 486 du *(L. nº 2007-1787 du 20 déc. 2007, art. 26-IV ; Décr. nº 2008-294 du 1er avr. 2008)* « code de procédure civile ». Dans tous les cas, la décision ordonnant le séquestre est, de plein droit, exécutoire par provision et sur minute, avant enregistrement.

Le séquestre est confié au service des domaines dans les formes et conditions prévues par la loi validée du 5 octobre 1940, relative aux biens mis sous séquestre en conséquence d'une mesure de sûreté générale.

3. Un décret pris sur le rapport du garde des sceaux, ministre de la justice, du ministre de l'économie et des finances et du secrétaire d'État au budget détermine les conditions d'application du présent article. – *V. CGI, Annexe III, art. 406 A 12 à 406 A 16.* – **CGI**.

ANNEXE II : ***Dispositions revêtant la forme de décret en Conseil d'État***

Art. 242 *nonies* *(Décr. nº 2013-346 du 24 avr. 2013, art. 1er)* Pour l'application du deuxième alinéa du 2 du I de l'article 289 du code général des impôts :

a) Un mandat écrit et préalable doit être établi ;

b) L'assujetti en informe l'administration par écrit en indiquant le nom et l'adresse du client ou tiers ainsi mandaté lorsque ce dernier établit de manière régulière des factures au nom et pour le compte de cet assujetti. A cette fin, il dépose un état auprès de son service des impôts dans les mêmes délais que sa déclaration de résultats ou de bénéfices ;

c) Les factures concernées sont émises dès la réalisation de la livraison de biens ou de la prestation de services sans que puisse être utilisée la possibilité de délivrer des factures périodiques dans les conditions prévues au troisième alinéa du 3 du I de l'article 289 du code général des impôts.

Art. 242 *nonies* A *(Décr. nº 2013-346 du 24 avr. 2013, art. 2)* « I. – » *(Décr. nº 2003-632 du 7 juill. 2003, art. 1er-III)* Les mentions obligatoires qui doivent figurer sur les factures en application du II de l'article 289 du code général des impôts sont les suivantes :

1º Le nom complet et l'adresse de l'assujetti et de son client ;

2º Le numéro individuel d'identification attribué à l'assujetti en application de l'article 286 *ter* *(Décr.nº 2013-346 du 24 avr. 2013, art. 2)* « du code précité » et sous lequel il a effectué la livraison de biens ou la prestation de services ;

3º Les numéros d'identification à la taxe sur la valeur ajoutée du vendeur et de l'acquéreur pour les livraisons désignées au I de l'article 262 *ter* *(Décr. nº 2013-346 du 24 avr. 2013, art. 2)* « du code précité » ;

4º *Le numéro* d'identification à la taxe sur la valeur ajoutée du prestataire ainsi que celui fourni par le preneur pour les prestations pour lesquelles le preneur est redevable de la taxe *(Abrogé par Décr. nº 2013-346 du 24 avr. 2013, art. 2) « en application du 1 et du 2 de l'article 283 du code général des impôts »* ;

5º Lorsque le redevable de la taxe est un représentant fiscal au sens de l'article 289 A *(Décr. nº 2013-346 du 24 avr. 2013, art. 2)* « du code précité », le numéro individuel d'identification attribué à ce représentant fiscal en application de l'article 286 *ter* du même code, ainsi que son nom complet et son adresse ;

6° *(Décr. n° 2013-346 du 24 avr. 2013, art. 2)* « Sa date d'émission » ;

7° Un numéro unique basé sur une séquence chronologique et continue ; la numérotation peut être établie dans ces conditions par séries distinctes lorsque les conditions d'exercice de l'activité de l'assujetti le justifient ; l'assujetti doit faire des séries distinctes un usage conforme à leur justification initiale ;

8° Pour chacun des biens livrés ou des services rendus, la quantité, la dénomination précise, le prix unitaire hors taxes et le taux de taxe sur la valeur ajoutée légalement applicable ou, le cas échéant, le bénéfice d'une exonération ;

9° Tous rabais, remises, ristournes ou escomptes acquis et chiffrables lors de l'opération et directement liés à cette opération ;

10° La date à laquelle est effectuée, ou achevée, la livraison de biens ou la prestation de services ou la date à laquelle est versé l'acompte visé au *c* du 1 du I de l'article 289 *(Décr. n° 2013-346 du 24 avr. 2013, art. 2)* « du code précité », dans la mesure où une telle date est déterminée et qu'elle est différente de la date d'émission de la facture ;

11° Le montant de la taxe à payer et, par taux d'imposition, le total hors taxe et la taxe correspondante mentionnés distinctement ;

12° En cas d'exonération *(Abrogé par Décr. n° 2013-346 du 24 avr. 2013, art. 2)* *« **ou lorsque le client est redevable de la taxe ou lorsque l'assujetti applique le régime de la marge bénéficiaire** »*, la référence à la disposition pertinente du code général des impôts ou à la disposition correspondante *(Décr. n° 2013-346 du 24 avr. 2013, art. 2)* « de la directive 2006/112/CE du Conseil du 28 novembre 2006 relative au système commun de taxe sur la valeur ajoutée » ou à toute autre mention indiquant que l'opération bénéficie d'une mesure d'exonération *(Abrogé par Décr. n° 2013-346 du 24 avr. 2013, art. 2)* *« **, d'un régime d'autoliquidation ou du régime de la marge bénéficiaire** »* ;

(Décr. n° 2013-346 du 24 avr. 2013, art. 2) « 13° Lorsque l'acquéreur ou le preneur est redevable de la taxe, la mention : "Autoliquidation" ;

« 14° Lorsque l'acquéreur ou le preneur émet la facture au nom et pour le compte de l'assujetti, la mention *[:]* "Autofacturation" ;

« 15° Lorsque l'assujetti applique le régime particulier des agences de voyage, la mention *[:]* "Régime particulier - Agences de voyages" ;

« 16° En cas d'application du régime prévu par l'article 297 A du code précité, la mention "Régime particulier - Biens d'occasion", "Régime particulier - Objets d'art" ou "Régime particulier - Objets de collection et d'antiquité" selon l'opération considérée ; »

17° Les caractéristiques du moyen de transport neuf telles qu'elles sont définies au III de l'article 298 *sexies* *(Décr. n° 2013-346 du 24 avr. 2013, art. 2)* « du code précité » pour les livraisons mentionnées au II de ce même article ;

18° De manière distincte, le prix d'adjudication du bien, les impôts, droits, prélèvements et taxes ainsi que les frais accessoires tels que les frais de commission, d'emballage, de transport et d'assurance demandés par l'organisateur à l'acheteur du bien, pour les livraisons aux enchères publiques visées au *d* du 1 du I de l'article 289 *(Décr. n° 2013-346 du 24 avr. 2013, art. 2)* « du code précité » effectuées par un organisateur de ventes aux enchères publiques agissant en son nom propre, soumises au régime de la marge bénéficiaire mentionné à l'article 297 A du même code. Cette facture ne doit pas mentionner de taxe sur la valeur ajoutée. — *En créant les 13° à 16°, le Décr. n° 2013-346 du 24 avr. 2013 a renuméroté les anciens 13° et 14° en 17° et 18°.*

(Décr. n° 2013-346 du 24 avr. 2013, art. 2) « II. — Les factures dont le montant est inférieur ou égal à 150 € hors taxe ainsi que celles mentionnées au 5 du I de l'article 289 du code général des impôts peuvent ne pas comporter les mentions énoncées aux 2° et 12° du I du présent article.

« Les dispositions du premier alinéa ne s'appliquent pas :

« *a)* Aux livraisons de biens visées aux articles 258 A et 258 B du code précité ;

« *b)* Aux livraisons de biens exonérées en application du I de l'article 262 *ter* et du II de l'article 298 *sexies* du même code ;

« *c)* Aux livraisons de biens et prestations de services visées au 1° du II de l'article 289-0 du code précité pour lesquelles, toutefois, la facture peut ne pas comporter les mentions visées au 9° du I du présent article, le prix unitaire hors taxe, le taux de la taxe applicable et son montant. »

ANNEXE III : ***Dispositions revêtant la forme de décret en Conseil d'État***

Art. 96 F *(Décr. n° 2013-350 du 25 avr. 2013, art. 1er)* I. — 1. Les factures émises dans les conditions mentionnées au 2° du VII de l'article 289 du code général des impôts tiennent lieu de factures d'origine lorsque l'authenticité de leur origine et l'intégrité de leur contenu sont garanties au moyen d'une signature électronique avancée fondée sur un certificat électronique qualifié et créée par un dispositif sécurisé de création de signature électronique.

La signature électronique est une donnée sous forme électronique, qui est jointe ou liée logiquement à d'autres données électroniques et qui sert de méthode d'authentification du signataire et de l'origine des informations.

Le signataire est une personne physique qui détient et met en œuvre le moyen de création de la signature électronique précitée et qui agit soit pour son propre compte, soit pour celui d'une personne physique ou morale qu'il représente.

2. La signature électronique avancée doit satisfaire aux exigences suivantes :

a Être propre au signataire ;

b Permettre d'identifier le signataire ;

c Être créée par des moyens que le signataire puisse garder sous son contrôle exclusif ;

d Garantir le lien avec les factures auxquelles elle s'attache, de telle sorte que toute modification ultérieure de ces factures soit détectable.

3. La signature électronique avancée est créée par un dispositif sécurisé de création de signature électronique. Elle repose sur un certificat électronique qualifié qui est délivré par un prestataire de service de certification.

II. — Le dispositif sécurisé de création de signature électronique mentionné au 3 du I remplit les conditions suivantes :

1. Il garantit par des moyens techniques et des procédures appropriés que les données de création de signature électronique :

a Ne peuvent être établies plus d'une fois et que leur confidentialité est assurée ;

b Ne peuvent être trouvées par déduction et que la signature électronique est protégée contre toute falsification ;

c Peuvent être protégées de manière satisfaisante par le signataire contre toute utilisation par des tiers.

2. Il n'entraîne aucune altération du contenu de l'acte à signer et ne fait pas obstacle à ce que le signataire en ait une connaissance exacte avant de le signer.

3. Il est certifié conforme aux exigences définies aux 1 et 2 :

a Soit dans les conditions prévues par le décret n° 2002-535 du 18 avril 2002 relatif à l'évaluation et à la certification de la sécurité offerte par les produits et les systèmes des technologies de l'information. La délivrance du certificat de conformité est rendue publique ;

b Soit par un organisme désigné à cet effet par un État membre de l'Union européenne.

III. — Le certificat électronique qualifié mentionné au 3 du I comporte :

1. Une mention indiquant que ce certificat est délivré à titre de certificat électronique qualifié.

2. L'identité du prestataire de services de certification électronique ainsi que l'État dans lequel il est établi.

3. Le nom du signataire ou un pseudonyme, celui-ci devant alors être identifié comme tel.

4. Le cas échéant, l'indication de la qualité du signataire, en fonction de l'usage auquel le certificat électronique est destiné.

5. Les données de vérification de signature électronique qui correspondent aux données de création de signature électronique.

6. L'indication du début et de la fin de la période de validité du certificat électronique.

7. Le code d'identité du certificat électronique.

8. La signature électronique avancée du prestataire de services de certification électronique qui délivre le certificat électronique.

9. Le cas échéant, les conditions d'utilisation du certificat électronique, notamment le montant maximum des transactions pour lesquelles ce certificat peut être utilisé.

IV. – Le prestataire de services de certification électronique doit :

1. Faire la preuve de la fiabilité des services de certification électronique qu'il fournit.

2. Assurer le fonctionnement, au profit des personnes auxquelles le certificat électronique est délivré, d'un service d'annuaire recensant les certificats électroniques des personnes qui en font la demande.

3. Assurer le fonctionnement d'un service permettant à la personne à qui le certificat électronique a été délivré de révoquer sans délai et avec certitude ce certificat.

4. Veiller à ce que la date et l'heure de délivrance et de révocation d'un certificat électronique puissent être déterminées avec précision.

5. Employer du personnel ayant les connaissances, l'expérience et les qualifications nécessaires à la fourniture de services de certification électronique.

6. Appliquer des procédures de sécurité appropriées.

7. Utiliser des systèmes et des produits garantissant la sécurité technique et cryptographique des fonctions qu'ils assurent.

8. Prendre toute disposition propre à prévenir la falsification des certificats électroniques.

9. Dans le cas où il fournit au signataire des données de création de signature électronique, garantir la confidentialité de ces données lors de leur création et s'abstenir de conserver ou de reproduire ces données.

10. Veiller, dans le cas où sont fournies à la fois des données de création et des données de vérification de la signature électronique, à ce que les données de création correspondent aux données de vérification.

11. Conserver, éventuellement sous forme électronique, toutes les informations relatives au certificat électronique qui pourraient s'avérer nécessaires pour faire la preuve en justice de la certification électronique.

12. Utiliser des systèmes de conservation des certificats électroniques garantissant que :

a L'introduction et la modification des données sont réservées aux seules personnes autorisées à cet effet par le prestataire ;

b L'information peut être contrôlée quant à son authenticité ;

c L'accès du public à un certificat électronique ne peut avoir lieu sans le consentement préalable du titulaire du certificat ;

d Toute modification de nature à compromettre la sécurité du système peut être détectée.

13. Vérifier, d'une part, l'identité de la personne à laquelle un certificat électronique est délivré, en exigeant d'elle la présentation d'un document officiel d'identité, d'autre part, la qualité dont cette personne se prévaut et conserver les caractéristiques et références des documents présentés pour justifier de cette identité et de cette qualité.

14. S'assurer au moment de la délivrance du certificat électronique :

a. Que les informations qu'il contient sont exactes ;

b Que le signataire qui y est identifié détient les données de création de signature électronique correspondant aux données de vérification de signature électronique contenues dans le certificat.

15. Avant la conclusion d'un contrat de prestation de services de certification électronique, informer par écrit, le cas échéant par voie électronique, la personne demandant la délivrance d'un certificat électronique :

a Des modalités et des conditions d'utilisation du certificat ;

b Du fait qu'elle s'est soumise ou non au processus de qualification volontaire des prestataires de services de certification électronique ;

c Des modalités de contestation et de règlement des litiges.

16. Fournir aux personnes qui se fondent sur un certificat électronique les éléments de l'information prévue au 15 qui leur sont utiles.

V. — Les factures, la signature électronique à laquelle elles sont liées ainsi que le certificat électronique y attaché sont conservés dans leur forme et contenu originels par l'entreprise chargée de s'assurer qu'une facture est émise au sens du I de l'article 289 du code général des impôts, dans les conditions et dans les délais fixés par l'article L. 102 B du livre des procédures fiscales.

Art. 96 F *bis* *(Décr. n° 2013-350 du 25 avr. 2013, art. 2)* L'entreprise destinataire de factures électroniques dont l'authenticité de l'origine et l'intégrité du contenu sont garantis *[garanties]* au moyen d'une signature électronique dans les conditions prévues au 1° ou au 2° du VII de l'article 289 du code général des impôts :

1° Vérifie la signature électronique apposée sur les factures au moyen des données de vérification contenues dans le certificat électronique ;

2° S'assure de l'authenticité et de la validité du certificat attaché à la signature électronique ;

3° Conserve les factures, la signature électronique à laquelle elles sont liées ainsi que le certificat électronique y attaché dans leur forme et contenu originels, dans les conditions et dans les délais fixés par l'article L. 102 B du livre des procédures fiscales.

Art. 96 G *(Décr. n° 2013-350 du 25 avr. 2013, art. 3)* I. — Pour l'application du 3° du VII de l'article 289 du code général des impôts, les factures transmises par voie électronique qui se présentent sous la forme d'un message structuré selon une norme convenue entre les parties, permettant une lecture par ordinateur et pouvant être traité automatiquement et de manière univoque, constituent, sous réserve des II et III, des documents tenant lieu de factures d'origine.

II. — Les entreprises qui transmettent leurs factures dans les conditions prévues au I recourent à un système de télétransmission répondant à des normes équivalentes à celle définie à l'article 2 de la recommandation 1994/820/CE de la Commission du 19 octobre 1994 concernant les aspects juridiques de l'échange de données informatisées, lorsque l'accord relatif à cet échange prévoit l'utilisation de procédures garantissant l'authenticité de l'origine et l'intégrité des données.

III. — L'entreprise doit s'assurer que les informations émises en application du I, par elle-même, ou par un tiers ou client mandaté à cet effet, sont accessibles et conservées dans leur forme et contenu originels et dans l'ordre chronologique de leur émission dans les conditions et dans les délais fixés par l'article L. 102 B du livre des procédures fiscales.

L'entreprise destinataire de ces informations doit, quelle que soit la personne qui les a reçues en son nom et pour son compte, s'assurer qu'elles sont accessibles et conservées dans leur forme et contenu originels et dans l'ordre chronologique de leur réception dans les conditions et dans les délais fixés par l'article L. 102 B précité.

L'entreprise, qui émet ou reçoit des factures dans les conditions mentionnées au I, doit, quelle que soit la personne qui a matériellement émis ou reçu les messages, en son nom et pour son compte, s'assurer qu'est tenue et conservée sur support informatique, pendant le délai fixé au premier alinéa du I de l'article L. 102 B précité, une liste récapitulative séquentielle de tous les messages émis et reçus et de leurs anomalies éventuelles.

IV. — Les systèmes de télétransmission des factures prévus par le présent article respectent les spécifications fixées par arrêté du ministre chargé du budget.

Art. 96 H *(Décr. n° 99-337 du 3 mai 1999, art. 1er)* **La liste récapitulative mentionnée au III de l'article** *(Décr. n° 2013-350 du 25 avr. 2013, art. 4)* **« 96 G » du code général des impôts est restituable sur** *(Décr. n° 2013-350 du 25 avr. 2013, art. 4)* **« écran » ou sur support informatique. La restitution doit pouvoir être effectuée d'une façon sélective en fonction des informations obligatoires que la liste doit comporter.**

Art. 96 I *(Décr. n° 2013-350 du 25 avr. 2013, art. 5)* **Les factures sous forme papier ou électronique, dont l'authenticité de l'origine, l'intégrité du contenu et la lisibilité sont assurées par des contrôles visés au 1° du VII de l'article 289 du code général des impôts ainsi que les éléments constitutifs de ces contrôles sont conservés dans leur forme et contenu originels par l'entreprise chargée de s'assurer qu'une facture est émise au sens du I de l'article 289 précité et par l'entreprise destinataire de ces factures, dans les conditions et dans les délais fixés par l'article L. 102 B du livre des procédures fiscales.**

Art. 96 I *bis* *(Décr. n° 2013-350 du 25 avr. 2013, art. 6)* **Les informations des factures, sous forme papier ou électronique, émises et reçues doivent être identiques. Sur demande de l'administration, elles sont restituées en langage clair par l'entreprise chargée de s'assurer qu'une facture est émise au sens du I de l'article 289 du code général des impôts, quelle que soit la personne qui a émis les factures en son nom et pour son compte. Elles sont, en outre, restituées dans les mêmes conditions par l'entreprise destinataire de ces factures, quelle que soit la personne qui les a reçues en son nom et pour son compte.**

Les informations des factures sous forme électronique sont, à la demande de l'administration, restituables sur écran, sur support informatique ou sur papier. La restitution porte sur l'intégralité des informations émises et reçues, qu'elles soient obligatoires ou facultatives. Elle doit pouvoir être opérée de manière sélective

Les données sont restituées lisiblement en mode caractères, en langage clair et intelligible.

Livre des procédures fiscales

Art. L. 246 Les infractions aux règles de la facturation constatées dans les conditions prévues au premier alinéa de l'article L. 450-1 et aux articles L. 450-2 et L. 450-3 du code de commerce, sont poursuivies pénalement dans le délai le plus bref selon les procédures de la comparution immédiate, de l'information ou de la citation directe. – *[Ord. n° 86-1243 du 1er déc. 1986.]*

Code de commerce

(Ord. n° 2000-912 du 18 sept. 2000)

Art. L. 441-3 *à* L. 441-5 *V. ces art., supra.*

Art. L. 470-2 *à* L. 470-4 *V. ces art., supra.*

Art. R. 441-3 *V. cet art., supra.*

Sur les factures de complaisance, V. CGI, art. 1737, supra.

Sur l'emploi obligatoire de la langue française dans les factures, V. L. n° 94-665 du 4 août 1994, art. 2, v° Ventes commerciales (Dispositions générales), en note ss. C. consom., art. L. 114-1.

FIDUCIE

Code civil

DE LA FIDUCIE

RÉP. SOCIÉTÉS v° *Fiducie*, par B. FRANÇOIS.

BIBL. GÉN. ▶ TCHOTOURIAN, *RJDA 2006. 331* (la cession à titre de garantie, entre cession et garantie fiduciaire). – M.-É. MATHIEU, *Dr. et patr. févr. 2007. 22* (vers un contrat de fiducie dans le code civil ?). – NAHON, *RLDA févr. 2007. 38* (la fiducie à la française : mythe ou réalité). – PRÜM, *RD banc. fin. 2007. Alerte 1* (l'arrivée annoncée de la fiducie). – COURTIER, *Gaz. Pal. 2007. 234* (la fiducie et le principe d'unité du patrimoine). – M.-É. MATHIEU, *LPA 12 mars 2007* (les établissements de crédit : de nouveaux fiduciaires ?). – DUPICHOT, *JCP E 2007, n° 12, p. 3* (opération fiducie sur le sol français). – BOUTEILLER, *ibid., n° 13, p. 15* (loi instituant la fiducie). – PELLIER, *LPA 21 mars 2007* (regard sur la fiducie-sûreté). – AYNÈS, *D. 2007. 961* ; *Dr. et patr. avr. 2007. 28* (la cession de créance à titre de garantie : quel avenir ?). – BARRIÈRE, *Bull. Joly 2007. 440 et 556* (la fiducie). – SORTAIS, *RJ com. 2007. 118* (libres propos comparatifs sur la fiducie). – PRIGENT, *AJDI 2007. 280* (premiers pas en fiducie dans le code civil). – KUHN, *Dr. et patr. avr. 2007. 32* (une fiducie française). – CHARVILLAT-CARREZ, *RLDA avr. 2007. 31* (introduction de la fiducie à la française). – ADELLE, *RD banc. fin. 2007. Analyse 5* (l'adoption de la fiducie a-t-elle remédié à la prohibition des cessions de créances en garantie de droit commun ?). – DE KERGOMMEAUX et VAN GALLEBAERT, *RTDF 2007, n° 1, p. 40* (la fiducie, enfin !). – PEZARD, *ibid., p. 45* (de l'utilité de la fiducie en droit financier). – DELFOSSE, *Defrénois 2007. 581* (premières vues sur la fiducie). – Dossier, *D. 2007. 1347* (enfin la fiducie à la française !). – JAMIN, *D. 2007. 1492* (l'avocat, le fiduciaire et le tiers). – DAMMANN et ROUSSEL, *Cah. dr. entr. 2007, n° 3, p. 9* (table ronde : les nouvelles opportunités). – ATTAL, *RJ com. 2007. 206* (regard sur la jurisprudence récente en matière de cession fiduciaire de créance à l'aune du nouveau contrat de fiducie). – PIEDELIÈVRE, *Gaz. Pal. 2007. 1526* (timide consécration de la fiducie par la loi du 19 févr. 2007). – BERTRAN DE BALANDA et SORENSEN, *RLDA juin 2007. 35* (essai d'analyse critique du point de vue des sûretés). – BLANLUET et LE GALL, *JCP 2007. I. 169* ; *Dr. sociétés 2007. Études 9 et 10* (la fiducie, une œuvre inachevée). – LIBCHABER, *Defrénois 2007. 1094 et 1194* (les aspects civils de la fiducie). – Colloque, *JCP E 2007, n° 36* (la fiducie, révolution juridique et pratique des affaires). – AYNÈS, *Dr. et patr. sept. 2007. 66* (le nantissement de créance, entre gage et fiducie). – DOM, *Rev. sociétés 2007. 481* (la fiducie-gestion et le contrat de société : éléments de comparaison). – CERLES, *RD banc. fin. sept.-oct. 2007. 29* (la fiducie, nouvelle reine des sûretés ?). – MARINI, *RJ com. 2007. 392* (la fiducie à la française). – F.-X. LUCAS et SÉNÉCHAL, *D. 2008. 29* (fiducie vs sauvegarde). – LEGEAIS, *Rev. sociétés 2007. 687* (la réforme des sûretés, la fiducie et les procédures collectives). – CHAMPAUD et DANET, *RTD com. 2007. 728* (nature et portée sociétale de la fiducie en tant que technique juridique de « substitution fidéicommissaire ») ; *ibid. 734* (la fiducie entrepreneuriale). – Dossier, *Dr. et patr. juin 2008. 45* (le contrat de fiducie et l'opération fiduciaire). – DAMMANN et PODEUR, *Mélanges AEDBF-France, Revue Banque Édition, 2008, p. 139* (fiducie-sûreté : droit positif et perspectives d'avenir). – LEAVY, *Banque et Droit janv.-févr. 2009. 14* (quels pouvoirs et devoirs pour le fiduciaire ?). – JADAUD, *LPA 10 juin 2009* (le régime juridique de la fiducie). – KACZMAREK, *D. 2009. 1845* (propriété fiduciaire et droits des intervenants à l'opération). – OLLARD, *RSC 2009. 545* (la fiducie : aspects de droit pénal). – RAZAVI, *LPA 23 août 2010* (recherche sur la fiducie en droit privé). – PRIGENT, *Defrénois 2010. 1555* (constitution d'une fiducie-sûreté). – Colloque, *RTDF 2010, n° 4, p. 86* (avenir de la fiducie : de la théorie à la pratique). – GALLIEZ et POUZENC, *Dr. et patr. sept. 2011. 34* (fiducie-sûreté : modes d'emploi). – NETTER, *Banque et Droit nov.-déc. 2011. 6* (la fiducie sur contrat de concession). – HINFRAY, *AJDI 2012. 85* (fiducie et bail commercial en droit français). – Dossier, *Dr. et patr. mars 2012. 43* (utilisations pratiques de la fiducie-gestion).

▶ Loi n° 2008-776 du 4 août 2008 : BARRIÈRE, *JCP E 2008, n° 35, p. 3* (fiducie : brèves observations sur sa refonte et sa retouche par la loi de modernisation de l'économie). – ROUSSEL, LARCHER, HOAREAU et DOBIGNY, *JCP E 2008, n° 40, p. 9* (de la fiducie à l'EIRL). – DAMMANN et

PODEUR, *D. 2008. 2300* (le nouveau paysage du droit des sûretés : première étape de la réforme de la fiducie et du gage sans dépossession). – DAMMANN et PODEUR, *Bull. Joly 2008. 652* (fiducie-gestion et pacte d'actionnaire). – SORTAIS, *RJ com. 2008. 432* (du nouveau en matière de fiducie). – ROUSSEL, *Dr. et patr. déc. 2008. 28* (intérêts et limites de la fiducie après la LME, au sens du droit des sûretés). – PANDO, *LPA 23 janv. 2009* (la fiducie est enfin accessible aux personnes physiques). – LAUVERGNAT, *Dr. et proc. 2009. 68* (réflexions sur la généralisation du recours à la fiducie par la LME). ▶ Ord. n° 2009-112 du 30 janv. 2009 : GRIMALDI et DAMMANN, *D. 2009. 670* (la fiducie sur ordonnances). – DUPICHOT, *JCP 2009. I. 132* (la fiducie-sûreté en pleine lumière). – REBATTET, *Dr. et patr. avr. 2009. 24* (un nouvel outil pour la construction de la fiducie). – AYNÈS, *RLDC mai 2009. 67* (le régime juridique de la fiducie). – ANDREU, *LPA 5 juin 2009* (les insuffisances de la nomenclature légale des sûretés réelles : à propos de l'Ord. du 30 janv. 2009). ▶ Loi n° 2009-526 du 12 mai 2009 : RAYNOUARD, *JCP N 2009, n° 24, p. 3* (ultimes modifications de la fiducie). – ROMANET, *Banque et Droit mai-juin 2009 12* (la fiducie : bilan et perspective). – PRIGENT, *AJDI 2009. 421* (deuxième pas en fiducie). – BERTHEUIL-DESFOSSÉS, FABRE, HOUDARD et POUZENC, *JCP N 2009, n° 26, p. 18* (sûreté et gestion – constituants personnes physiques). – BARRIÈRE, *JCP E 2009, n° 36, p. 18* (la fiducie-sûreté). – BURGARD, *LPA 24 août 2009* (la fiducie après la loi du 4 août 2008, l'ordonnance du 30 janv. 2009 et la loi du 12 mai 2009). – KAN-BALIVET, *Dr. et patr. oct. 2009. 70* (les clés du contrat de fiducie-gestion). – MALLET-BRICOUT, *ibid. 79* (quelle efficacité pour la nouvelle fiducie-sûreté ?). – MARLY, *RTDF 2009, n° 3, p. 72* (fiducie-sûreté sur titre vs nantissement de compte-titres). – LEGRAND, *Banque et Droit nov.-déc. 2009. 19* (la fiducie-sûreté : le bilan d'une aventure législative de 3 ans). – ROUSSEL, *JCP N 2009, n° 52, p. 40* (combinaison fiducie et entreprise à patrimoine affecté). – RAYNOUARD et JOURDAIN-THOMAS, *JCP N 2010. 1063* (la fiducie, nouvel outil de gestion et de sûreté). – BOUTIRON, *Dr. et patr. mars 2010. 60* (la fiducie, technique de protection du patrimoine personnel de l'entrepreneur ?). – Dossier, *Dr. et patr. mai 2010. 51* (quel avenir pour la fiducie ?).

Art. 2011 *(L. n° 2007-211 du 19 févr. 2007, art. 1er)* **La fiducie est l'opération par laquelle un ou plusieurs constituants transfèrent des biens, des droits ou des sûretés, ou un ensemble de biens, de droits ou de sûretés, présents ou futurs, à un ou plusieurs fiduciaires qui, les tenant séparés de leur patrimoine propre, agissent dans un but déterminé au profit d'un ou plusieurs bénéficiaires.**

A compter du 1er févr. 2009, le contrat de fiducie par une personne sous curatelle doit être regardé comme un acte de disposition (Décr. n° 2008-1484 du 22 déc. 2008, annexe I, JO 31 déc.). — ***C. civ.*** *— V. sur cette question,. Massip, Defrénois 2009. 1549 (le contrat de fiducie, les mineurs et les majeurs protégés).*

Les éléments d'actif et de passif transférés dans le cadre de l'opération mentionnée à l'art. 2011 forment un patrimoine d'affectation. Les opérations affectant ce dernier font l'objet d'une comptabilité autonome chez le fiduciaire. Le contrôle de la comptabilité autonome est exercé par un ou plusieurs commissaires aux comptes nommés par le fiduciaire lorsque le ou les constituants sont eux-mêmes tenus de désigner un commissaire aux comptes. Le rapport du commissaire aux comptes est présenté au fiduciaire. Le commissaire aux comptes est délié du secret professionnel à l'égard des commissaires aux comptes des parties au contrat de fiducie (L. n° 2007-211 du 19 févr. 2007, art. 12-I et 12-III).

BIBL. ▶ FORRAY, *LPA 13 nov. 2007* (exégèse complémentaire de l'art. 2011 C. civ.). ▶ Fiducie et finance islamique : CHARLIN, *JCP E 2009, n° 41, p. 14* (fiducie, *sukuk* et autres murabaha ou ijara). – F.-X. LUCAS, *Bull. Joly 2009. 825* (la fiducie au Pays de l'or noir). – LIENHARD, *D. 2009. 2412* (censure formelle du Conseil constitutionnel). – AYNÈS et CROCQ, *D. 2009. 2559* (la fiducie préservée des audaces du législateur). – MALLET-BRICOUT, *Liber amicorum Larroumet, Economica, 2010, p. 297* (fiducie et propriété). – RAYNOUARD, *JCP N 2010. 1063* (lorsque le Conseil constitutionnel sauve le code civil d'un alinéa inutile et inefficace). – MALLET-BRICOUT, *JCP E 2010. 1191* (le fiduciaire propriétaire ?). – BERTRAN DE BALANDA et BOURABIAT, *Dr. et patr. mai 2010. 84* (fiducie et finance islamique). – BOUGHIDA, *Journ. sociétés juin 2010. 11* (même thème). – BARRIÈRE, *JCP E 2011, n° 1203* (propriété, fiducie et *sukuk*).

Procédure collective du constituant. Sauf stipulation contraire, le contrat de fiducie emporte transfert de propriété des biens concernés dans le patrimoine d'affectation du fiduciaire pendant la durée du contrat, de sorte qu'au jour de l'ouverture postérieure du redressement judiciaire, les actifs correspondants mis en fiducie, sont déjà sortis du patrimoine du constituant, lorsque celui-ci est placé en procédure collective. • Paris, 4 nov. 2010 : AJDI 2012. 778, note Hinfray ; JCP 2011, n° 71, obs. Ruiz.

Art. 2012 *(L. n° 2007-211 du 19 févr. 2007, art. 1er)* **La fiducie est établie par la loi ou par contrat. Elle doit être expresse.**

(Ord. n° 2009-112 du 30 janv. 2009, art. 1er, en vigueur le 1er févr. 2009) **« Si les biens, droits ou sûretés transférés dans le patrimoine fiduciaire dépendent de la communauté existant entre les époux ou d'une indivision, le contrat de fiducie est établi par acte notarié à peine de nullité. »**

Art. 2013 *(L. n° 2007-211 du 19 févr. 2007, art. 1er)* **Le contrat de fiducie est nul s'il procède d'une intention libérale au profit du bénéficiaire. Cette nullité est d'ordre public.**

Art. 2014 *(Abrogé par L. n° 2008-776 du 4 août 2008, art. 18-I, 1°, à compter du 1er févr. 2009)* (L. n° 2007-211 du 19 févr. 2007, art. 1er) ***Seules peuvent être constituants les personnes morales soumises de plein droit ou sur option à l'impôt sur les sociétés. Les droits du constituant au titre de la fiducie ne sont ni transmissibles à titre gratuit, ni cessibles à titre onéreux à des personnes autres que des personnes morales soumises à l'impôt sur les sociétés.***

BIBL. ▶ Hohl, *JCP E 2007, n° 36, p. 11* (exclusion critiquable des personnes physiques comme constituants de fiducie).

Art. 2015 *(L. n° 2007-211 du 19 févr. 2007, art. 1er)* **Seuls peuvent avoir la qualité de fiduciaires les établissements de crédit mentionnés à l'article L. 511-1 du code monétaire et financier, les institutions et services énumérés à l'article L. 518-1 du même code, les entreprises d'investissement mentionnées à l'article L. 531-4 du même code ainsi que les entreprises d'assurance régies par l'article L. 310-1 du code des assurances.** — *V. C. mon. fin., art. L. 511-1, v° Banque et financement de l'entreprise. — V. C. mon. fin., art. L. 518-1 et L. 531-4. —* ***C. mon. fin.***

(L. n° 2008-776 du 4 août 2008, art. 18-I, 2°, en vigueur le 1er févr. 2009) **« Les membres de la profession d'avocat peuvent également avoir la qualité de fiduciaire. »**

Les personnes mentionnées à l'art. 2015 établissent des comptes annuels conformément aux dispositions des art. L. 123-12 à L. 123-15 C. com. (L. n° 2007-211 du 19 févr. 2007, art. 12-II, mod. par L. n° 2008-776 du 4 août 2008, art. 18-I, 2°).

Dans les conditions prévues par l'art. 38 de la Constitution, le Gouvernement est autorisé à prendre par voie d'ordonnance, dans un délai de six mois à compter de la publication de la L. n° 2008-776 du 4 août 2008 (JO 5 août), les mesures complémentaires afin d'étendre aux avocats la qualité de fiduciaire (L. n° 2008-776 du 4 août 2008, art. 18-I, 2°). — V. Ord. n° 2009-112 du 30 janv. 2009 (JO 31 janv.) modifiant les art. 53 et 66-5 de la L. n° 71-1130 du 31 déc. 1971. — ***C. pr. civ.*** *— V. aussi Décr. n° 2009-1627 du 23 déc. 2009 (JO 26 déc.) et Décr. n° 2011-1319 du 18 oct. 2011 (JO 20 oct.) modifiant le Décr. n° 91-1197 du 27 nov. 1991. —* ***C. avocats.***

BIBL. ▶ Champaud et Danet, *RTD com. 2007. 737* (qualités et compétences professionnelles pour l'exercice des fonctions de « fiduciaire »). - Chambaz, *RLDC janv. 2009. 27* (l'avocat et la fiducie). - Uettwiller, *Dr. et patr. mars 2009. 26* (avocat et fiducie). - Berger, *RLDC mai 2009. 69* (l'avocat fiduciaire). - Tandeau de Marsac, *Gaz. Pal. 2009. 2405* (l'avocat et la fiducie). - Sand, *JCP 2010, n° 4, p. 145* (dernières précisions concernant les conditions d'exercice de la qualité de fiduciaire par les avocats). - Rajot, *RCA 2010. Alerte 3* (l'exercice de la fiducie ouverte aux avocats). - de Belval et Joly, *RLDA mars 2010. 90* (quelques observations sur l'avocat et la fiducie). - Valentin, *LPA 7 avr. 2010* (avocat fiduciaire, évidemment). - Dargent, *D. 2011. Actu. 2548* (activité fiduciaire des avocats : garanties financières).

Art. 2016 *(L. n° 2007-211 du 19 févr. 2007, art. 1er)* **Le constituant ou le fiduciaire peut être le bénéficiaire ou l'un des bénéficiaires du contrat de fiducie.**

Art. 2017 *(L. n° 2007-211 du 19 févr. 2007, art. 1er)* **Sauf stipulation contraire du contrat de fiducie, le constituant peut, à tout moment, désigner un tiers chargé de s'assurer de la préservation de ses intérêts dans le cadre de l'exécution du contrat et qui peut disposer des pouvoirs que la loi accorde au constituant.**

(Ord. n° 2009-112 du 30 janv. 2009, art. 2, en vigueur le 1er févr. 2009) **« Lorsque le constituant est une personne physique, il ne peut renoncer à cette faculté. »**

Art. 2018 *(L. n° 2007-211 du 19 févr. 2007, art. 1er)* **Le contrat de fiducie détermine, à peine de nullité :**

1° Les biens, droits ou sûretés transférés. S'ils sont futurs, ils doivent être déterminables ;

2° La durée du transfert, qui ne peut excéder *(L. n° 2008-776 du 4 août 2008, art. 18-I, 3°)* **« quatre-vingt-dix-neuf** *[ancienne rédaction : trente-trois ans] » ans* **à compter de la signature du contrat ;**

3° L'identité du ou des constituants ;

4° L'identité du ou des fiduciaires ;

5° L'identité du ou des bénéficiaires ou, à défaut, les règles permettant leur désignation ;

6° La mission du ou des fiduciaires et l'étendue de leurs pouvoirs d'administration et de disposition.

BIBL. ► DE LAJARTE, *RLDC mai 2009. 71* (nature juridique des droits du bénéficiaire d'un contrat de fiducie).

Art. 2018-1 *(L. n° 2008-776 du 4 août 2008, art. 18-I, 4°)* **Lorsque le contrat de fiducie prévoit que le constituant conserve l'usage ou la jouissance d'un fonds de commerce ou d'un immeuble à usage professionnel transféré dans le patrimoine fiduciaire, la convention conclue à cette fin n'est pas soumise aux dispositions des chapitres IV et V du titre IV du livre Ier du code de commerce, sauf stipulation contraire.**

Art. 2018-2 *(L. n° 2008-776 du 4 août 2008, art. 18-I, 4°)* **La cession de créances réalisée dans le cadre d'une fiducie est opposable aux tiers à la date du contrat de fiducie ou de l'avenant qui la constate. Elle ne devient opposable au débiteur de la créance cédée que par la notification qui lui en est faite par le cédant ou le fiduciaire.**

Art. 2019 *(L. n° 2007-211 du 19 févr. 2007, art. 1er)* **A peine de nullité, le contrat de fiducie et ses avenants sont enregistrés dans le délai d'un mois à compter de leur date au service des impôts du siège du fiduciaire ou au service des impôts des non-résidents si le fiduciaire n'est pas domicilié en France.** – *V. CGI, art. 238 quater L et Décr. n° 2007-725 du 7 mai 2007 (JO 8 mai) au* **CGI.**

Lorsqu'ils portent sur des immeubles ou des droits réels immobiliers, ils sont, sous la même sanction, publiés dans les conditions prévues aux articles 647 et 657 du code général des impôts.

La transmission des droits résultant du contrat de fiducie et, si le bénéficiaire n'est pas désigné dans le contrat de fiducie, sa désignation ultérieure doivent, à peine de ***nullité, donner lieu*** **à un acte écrit enregistré dans les mêmes conditions.**

Art. 2020 *(L. n° 2007-211 du 19 févr. 2007, art. 1er)* **Un registre national des fiducies est constitué selon des modalités précisées par décret en Conseil d'État.**

BIBL. ► LIENHARD, *D. 2010. 571* (Décr. du 2 mars 2010).

Décret n° 2010-219 du 2 mars 2010,

Relatif au traitement automatisé de données à caractère personnel dénommé « Registre national des fiducies ».

Art. 1er Un traitement automatisé de données à caractère personnel dénommé « Registre national des fiducies » est mis en œuvre par le ministre chargé du budget (direction générale des finances publiques).

Ce traitement a pour finalité de centraliser les informations relatives aux contrats de fiducie nécessaires pour faciliter les contrôles permettant la lutte contre l'évasion fiscale, le blanchiment des capitaux et le financement du terrorisme.

Art. 2 Les informations traitées sont les suivantes :

1° Nom, prénoms, adresse, date et lieu de naissance des personnes physiques ayant la qualité de constituant, de fiduciaire et, le cas échéant, des personnes physiques désignées dans le contrat de fiducie comme bénéficiaires ;

2° Dénomination sociale, numéro SIREN et adresse du siège social ou de l'établissement des personnes morales ayant la qualité de constituant, de fiduciaire et, le cas échéant, des personnes morales désignées dans le contrat de fiducie comme bénéficiaires ;

3° Date et numéro de l'enregistrement du contrat de fiducie et de ses avenants et identification du service des impôts auprès duquel la formalité a été accomplie ;

4° Le cas échéant, date d'accomplissement des formalités de la publicité foncière, numéro de publication et identification du service auprès duquel les formalités ont été accomplies.

Art. 3 Les informations sont conservées dix ans après l'extinction du contrat de fiducie.

Art. 4 Sont autorisés à accéder aux données mentionnées à l'article 2 les agents de la direction générale des finances publiques chargés de la mise en œuvre du traitement individuellement désignés et spécialement habilités à cette fin.

Art. 5 Sont destinataires des informations faisant l'objet du traitement, pour l'exercice des missions qui leur sont confiées, le juge d'instruction, le procureur de la République, les officiers de police judiciaire, les agents des douanes mentionnés à l'article 28-1 du code de procédure pénale, les agents du service TRACFIN et les agents habilités de la direction générale des finances publiques chargés du contrôle et du recouvrement en matière fiscale.

Art. 6 Les consultations du traitement automatisé aux fins d'accéder aux données traitées font l'objet d'un enregistrement comprenant l'identification du consultant, la date, l'heure et l'objet de la consultation. Ces informations sont conservées pendant un délai de trois ans.

Art. 7 Le droit d'accès et le droit de rectification, prévus par la loi du 6 janvier 1978 susvisée, s'exercent auprès du service des impôts auprès duquel le contrat de fiducie a été enregistré.

Le droit d'opposition prévu par l'article 38 de la même loi ne s'applique pas au présent traitement.

Art. 2021 *(L. n° 2007-211 du 19 févr. 2007, art. 1er)* **Lorsque le fiduciaire agit pour le compte de la fiducie, il doit en faire expressément mention.**

De même, lorsque le patrimoine fiduciaire comprend des biens ou des droits dont la mutation est soumise à publicité, celle-ci doit mentionner le nom du fiduciaire ès qualités.

Art. 2022 *(L. n° 2008-776 du 4 août 2008, art. 18-I, 5°, en vigueur le 1er févr. 2009)* Le contrat de fiducie définit les conditions dans lesquelles le fiduciaire rend compte de sa mission au constituant.

Toutefois, lorsque pendant l'exécution du contrat le constituant fait l'objet d'une mesure de tutelle, le fiduciaire rend compte de sa mission au tuteur à la demande de ce dernier au moins une fois par an, sans préjudice de la périodicité fixée par le contrat. Lorsque pendant l'exécution du contrat le constituant fait l'objet d'une mesure de curatelle, le fiduciaire rend compte de sa mission, dans les mêmes conditions, au constituant et à son curateur.

Le fiduciaire rend compte de sa mission au bénéficiaire et au tiers désigné en application de l'article 2017, à leur demande, selon la périodicité fixée par le contrat.

Art. 2023 *(L. n° 2007-211 du 19 févr. 2007, art. 1er)* Dans ses rapports avec les tiers, le fiduciaire est réputé disposer des pouvoirs les plus étendus sur le patrimoine fiduciaire, à moins qu'il ne soit démontré que les tiers avaient connaissance de la limitation de ses pouvoirs.

Art. 2024 *(L. n° 2007-211 du 19 févr. 2007, art. 1er)* L'ouverture d'une procédure de sauvegarde, de redressement judiciaire ou de liquidation judiciaire au profit du fiduciaire n'affecte pas le patrimoine fiduciaire. — *V. art. L. 622-23-1 C. com.*

BIBL. ▶ MACORIG-VENIER, *Rev. proc. coll. 2011. Dossier 10* (les biens fiduciaires [biens distraits des procédures]).

Art. 2025 *(L. n° 2007-211 du 19 févr. 2007, art. 1er)* Sans préjudice des droits des créanciers du constituant titulaires d'un droit de suite attaché à une sûreté publiée antérieurement au contrat de fiducie et hors les cas de fraude aux droits des créanciers du constituant, le patrimoine fiduciaire ne peut être saisi que par les titulaires de créances nées de la conservation ou de la gestion de ce patrimoine.

En cas d'insuffisance du patrimoine fiduciaire, le patrimoine du constituant constitue le gage commun de ces créanciers, sauf stipulation contraire du contrat de fiducie mettant tout ou partie du passif à la charge du fiduciaire.

Le contrat de fiducie peut également limiter l'obligation au passif fiduciaire au seul patrimoine fiduciaire. Une telle clause n'est opposable qu'aux créanciers qui l'ont expressément acceptée.

Art. 2026 *(L. n° 2007-211 du 19 févr. 2007, art. 1er)* Le fiduciaire est responsable, sur son patrimoine propre, des fautes qu'il commet dans l'exercice de sa mission.

BIBL. ▶ DELEBECQUE, *Dr. et patr. nov. 2009. 42* (la responsabilité du fiduciaire). – BORGA, *RLDA mars 2010. 83* (le fiduciaire responsable).

Art. 2027 *(L. n° 2007-211 du 19 févr. 2007, art. 1er ; L. n° 2008-776 du 4 août 2008, art. 18-I, 6°)* « En l'absence de stipulations contractuelles prévoyant les conditions de son remplacement, si le fiduciaire manque à ses devoirs ou met en péril les intérêts *qui lui sont confiés ou encore* s'il fait l'objet d'une procédure de sauvegarde ou de redressement judiciaire », le constituant, le bénéficiaire ou le tiers désigné en application de l'article 2017 peut demander en justice la nomination d'un fiduciaire provisoire ou solliciter le remplacement du fiduciaire La décision judiciaire faisant droit à la demande emporte de plein droit dessaisissement du fiduciaire *(L. n° 2008-776 du 4 août 2008, art. 18-I, 6°)* « originaire et transfert du patrimoine fiduciaire en faveur de son remplaçant ».

Art. 2028 *(L. n° 2007-211 du 19 févr. 2007, art. 1er)* Le contrat de fiducie peut être révoqué par le constituant tant qu'il n'a pas été accepté par le bénéficiaire.

Après acceptation par le bénéficiaire, le contrat ne peut être modifié ou révoqué qu'avec son accord ou par décision de justice.

Art. 2029 *(L. n° 2008-776 du 4 août 2008, art. 18-I, 7°, en vigueur le 1er févr. 2009)* Le contrat de fiducie prend fin par le décès du constituant personne physique, par la survenance du terme ou par la réalisation du but poursuivi quand celle-ci a lieu avant le terme. – *V. toutefois C. civ., art. 2372-1.*

Lorsque la totalité des bénéficiaires renonce à la fiducie, il prend également fin de plein droit, sauf stipulations du contrat prévoyant les conditions dans lesquelles il se poursuit. Sous la même réserve, il prend fin lorsque le fiduciaire fait l'objet d'une liquidation judiciaire ou d'une dissolution ou disparaît par suite d'une cession ou d'une absorption et, s'il est avocat, en cas d'interdiction temporaire, de radiation ou d'omission du tableau.

BIBL. ▶ Prigent, *Defrénois 2011. 48* (extinction d'une fiducie-sûreté dont le constituant s'est acquitté de sa dette).

Art. 2030 *(L. n° 2007-211 du 19 févr. 2007, art. 1er)* Lorsque le contrat de fiducie prend fin en l'absence de bénéficiaire, les droits, biens ou sûretés présents dans le patrimoine fiduciaire font de plein droit retour au constituant.

(L. n° 2008-776 du 4 août 2008, art. 18-I, 8°, en vigueur le 1er févr. 2009) « Lorsqu'il prend fin par le décès du constituant, le patrimoine fiduciaire fait de plein droit retour à la succession. »

Art. 2031 *(Abrogé par L. n° 2008-776 du 4 août 2008, art. 18-I, 9°, à compter du 1er févr. 2009)* (L. n° 2007-211 du 19 févr. 2007, art. 1er) ***En cas de dissolution du constituant, lorsque les ayants droit ne sont pas des personnes morales soumises à l'impôt sur les sociétés, le patrimoine fiduciaire ne peut être attribué à ces ayants droit ès qualités avant la date à laquelle le contrat de fiducie prend fin. Dans cette situation, les droits des ayants droit au titre de la fiducie ne sont pas transmissibles à titre gratuit entre vifs ni cessibles à titre onéreux.***

Propriété mobilière cédée à titre de garantie

Art. 2372-1 *(L. n° 2009-526 du 12 mai 2009, art. 138-X)* La propriété d'un bien mobilier ou d'un droit peut être cédée à titre de garantie d'une obligation en vertu d'un contrat de fiducie conclu en application des articles 2011 à 2030.

Par dérogation à l'article 2029, le décès du constituant personne physique ne met pas fin au contrat de fiducie constitué en application de la présente section.

Art. 2372-2 *(Ord. n° 2009-112 du 30 janv. 2009, art. 5, en vigueur le 1er févr. 2009)* En cas de fiducie conclue à titre de garantie, le contrat mentionne à peine de nullité, outre les dispositions prévues à l'article 2018, la dette garantie et la valeur estimée du bien ou du droit transféré dans le patrimoine fiduciaire.

Art. 2372-3 *(Ord. n° 2009-112 du 30 janv. 2009, art. 5, en vigueur le 1er févr. 2009)* A défaut de paiement de la dette garantie et sauf stipulation contraire du contrat de fiducie, le fiduciaire, lorsqu'il est le créancier, acquiert la libre disposition du bien ou du droit cédé à titre de garantie.

Lorsque le fiduciaire n'est pas le créancier, ce dernier peut exiger de lui la remise du bien, dont il peut alors librement disposer, ou, si le contrat de fiducie le prévoit, la vente du bien ou du droit cédé et la remise de tout ou partie du prix.

La valeur du bien ou du droit cédé est déterminée par un expert désigné à l'amiable ou judiciairement, sauf si elle résulte d'une cotation officielle sur un marché organisé au sens du code monétaire et financier ou si le bien est une somme d'argent. Toute clause contraire est réputée non écrite.

Art. 2372-4 *(Ord. n° 2009-112 du 30 janv. 2009, art. 5, en vigueur le 1er févr. 2009)* Si le bénéficiaire de la fiducie a acquis la libre disposition du bien ou du droit cédé en application de l'article 2372-3, il verse au constituant, lorsque la valeur mentionnée au dernier alinéa de cet article excède le montant de la dette garantie, une somme égale à la différence entre cette valeur et le montant de la dette, sous réserve du paiement préalable des dettes nées de la conservation ou de la gestion du patrimoine fiduciaire.

Sous la même réserve, si le fiduciaire procède à la vente du bien ou du droit cédé en application du contrat de fiducie, il restitue au constituant la part du produit de cette vente excédant, le cas échéant, la valeur de la dette garantie.

Art. 2372-5 *(Ord. n° 2009-112 du 30 janv. 2009, art. 5, en vigueur le 1er févr. 2009)* La propriété cédée en application de l'article 2372-1 peut être ultérieurement affectée à la garantie de dettes autres que celles mentionnées par l'acte constitutif pourvu que celui-ci le prévoie expressément.

(L. n° 2009-526 du 12 mai 2009, art. 138-X) « Le constituant peut l'offrir en garantie, non seulement au créancier originaire, mais aussi à un nouveau créancier, encore que le premier n'ait pas été payé. Lorsque le constituant est une personne physique, le patrimoine fiduciaire ne peut alors être affecté en garantie d'une nouvelle dette que dans la limite de sa valeur estimée au jour de la recharge. »

A peine de nullité, la convention de rechargement établie selon les dispositions de l'article 2372-2 est enregistrée sous la forme prévue à l'article 2019. La date d'enregistrement détermine, entre eux, le rang des créanciers.

Les dispositions du présent article sont d'ordre public et toute clause contraire à celles-ci est réputée non écrite.

BIBL. ▶ Crocq, *D. 2009. 716* ✎ (nouvelle fiducie-sûreté : une porte ouverte sur une prochaine crise des *subprimes* en France ?).

Art. 2372-6 *(Abrogé par L. n° 2009-526 du 12 mai 2009, art. 138-X)* (Ord. n° 2009-112 du 30 janv. 2009, art. 5, en vigueur le 1er févr. 2009) ***Les dispositions de la présente section ne sont pas applicables aux fiducies constituées à titre de garantie par les personnes morales.***

Propriété immobilière cédée à titre de garantie

Art. 2488-1 *(L. n° 2009-526 du 12 mai 2009, art. 138-X)* La propriété d'un bien immobilier peut être cédée à titre de garantie d'une obligation en vertu d'un contrat de fiducie conclu en application des articles 2011 à 2030.

Par dérogation à l'article 2029, le décès du constituant personne physique ne met pas fin au contrat de fiducie constitué en application du présent chapitre.

Art. 2488-2 *(Ord. n° 2009-112 du 30 janv. 2009, art. 7, en vigueur le du 1er févr. 2009)* En cas de fiducie conclue à titre de garantie, le contrat mentionne à peine de nullité, outre les dispositions prévues à l'article 2018, la dette garantie et la valeur estimée de l'immeuble transféré dans le patrimoine fiduciaire.

Art. 2488-3 *(Ord. n° 2009-112 du 30 janv. 2009, art. 7, en vigueur le du 1er févr. 2009)* A défaut de paiement de la dette garantie et sauf stipulation contraire du contrat de fiducie, le fiduciaire, lorsqu'il est le créancier, acquiert la libre disposition du bien cédé à titre de garantie.

Lorsque le fiduciaire n'est pas le créancier, ce dernier peut exiger de lui la remise du bien, dont il peut alors librement disposer, ou, si la convention le prévoit, la vente du bien et la remise de tout ou partie du prix.

La valeur du bien est déterminée par un expert désigné à l'amiable ou judiciairement. Toute clause contraire est réputée non écrite.

Art. 2488-4 *(Ord. n° 2009-112 du 30 janv. 2009, art. 7, en vigueur le du 1er févr. 2009)* Si le bénéficiaire de la fiducie a acquis la libre disposition du bien en application de l'article 2488-3, il verse au constituant, lorsque la valeur mentionnée au dernier alinéa de cet article excède le montant de la dette garantie, une somme égale à la différence entre cette valeur et le montant de la dette, sous réserve du paiement préalable des dettes nées de la conservation ou de la gestion du patrimoine fiduciaire.

Sous la même réserve, si le fiduciaire procède à la vente du bien en application du contrat de fiducie, il restitue au constituant la part du produit de cette vente excédant, le cas échéant, la valeur de la dette garantie.

Art. 2488-5 *(Ord. nº 2009-112 du 30 janv. 2009, art. 7, en vigueur le du 1er févr. 2009)* **La propriété cédée en application de l'article 2488-1 peut être ultérieurement affectée à la garantie de dettes autres que celles mentionnées par l'acte constitutif pourvu que celui-ci le prévoie expressément.**

(L. nº 2009-526 du 12 mai 2009, art. 138-X) **« Le constituant peut l'offrir en garantie, non seulement au créancier originaire, mais aussi à un nouveau créancier, encore que le premier n'ait pas été payé. Lorsque le constituant est une personne physique, le patrimoine fiduciaire ne peut alors être affecté en garantie d'une nouvelle dette que dans la limite de sa valeur estimée au jour de la recharge. »**

A peine de nullité, la convention de rechargement établie selon les dispositions de l'article 2488-2 est publiée sous la forme prévue à l'article 2019. La date de publication détermine, entre eux, le rang des créanciers.

Les dispositions du présent article sont d'ordre public et toute clause contraire à celles-ci est réputée non écrite.

BIBL. ▸ CROCQ, *D. 2009. 716* (nouvelle fiducie-sûreté : une porte ouverte sur une prochaine crise des *subprimes* en France ?).

Art. 2488-6 *(Abrogé par L. nº 2009-526 du 12 mai 2009, art. 138-X)* (Ord. nº 2009-112 du 30 janv. 2009, art. 7, en vigueur le 1er févr. 2009) ***Les dispositions du présent chapitre ne sont pas applicables aux fiducies constituées à titre de garantie par les personnes morales.***

GARANTIE AUTONOME (OU INDÉPENDANTE)

RÉP. COM. v[is] *Garantie à première demande,* par S. PIEDELIÈVRE ; *Garanties financières professionnelles,* par MERLAND.

BIBL. ▶ GAVALDA et STOUFFLET, *RTD com. 1980. 1.* – BONTOUX, *Banque 1982. 171.* – MOULY, *ibid. 1987. 1166.* – RIVES-LANGE, *ibid. 1985. 902.* – STOUFFLET, *RJ com., n° spéc., févr. 1982. 76 ; Rev. dr. bancaire 1995. 132* (convention des Nations unies sur les garanties indépendantes et les lettres de crédit *stand-by*). – COURTIER, *LPA 23 mai 1994.* – S. PIEDELIÈVRE, *RTD com. 1993. 615* (règles uniformes de la CCI). – LEUDAIS, *Gaz. Pal. 1994. 2. Doctr. 853* (même thème). – GRELON et DAL FARRA, *CCC 1994. Chron. 2* (sort des contrats en cas d'embargo) ; *Rev. dr. bancaire 1994. 98* (sort des garanties financières). – CERLES, *D. Affaires 1998. 747* (garanties bancaires : contre le mélange des genres). – BERNUT-POUILLET, *Banque et Droit mai-juin 2000. 12* (garanties internationales). – RAWACH, *RD banc. fin. 2000. 57* (licéité des garanties à première demande au regard du droit à la consommation). – CHAIGNE, DAI DO et CHANG, *LPA 17 juill. 2002* (garanties à première demande en droit français : recours du garant après le paiement). – AYNÈS, *LPA 26 mai 2005* (évolution des garanties financières). – CABOTTE, *ibid., p. 13* (garanties du financement de l'entreprise : aspects internationaux). – RONTCHEVSKY, *Mélanges Boubc, Dalloz, 2006, p. 987* (pour l'application du principe de cohérence aux garanties « première demande » souscrites par des établissements de crédit). – LACHIÈZE, *D. 2006. 234* (la délégation-sûreté). – RONTCHEVSKY, *Banque et Droit janv.-févr. 2006. 17* (les sûretés personnelles à l'épreuve de la loi de sauvegarde des entreprises). – DJOUDI, *RD banc. fin. mars-avr. 2006. 71* (la garantie à première demande et les risques du banquier garant). – JACOB, *Mélanges Simler, Dalloz-Litec, 2006, p. 341* (l'avenir des garanties autonomes en droit interne, 15 ans après). – HOUIN-BRESSAND, *Mélanges AEDBF-France, Revue Banque Édition, 2008, p. 249* (le crédit par signature). – MATTOUT, *D. 2010. 1296* (révision des Règles uniformes de la CCI relatives aux garanties sur demande). – PIEDELIÈVRE, *RTD com. 2010. 513* (nouvelles règles de la CCI relatives aux garanties à première demande). – ANDREU, *RLDC févr. 2012. 25* (conventions de non-compensation et garanties autonomes).

▶ Ord. n° 2006-346 du 23 mars 2006 : RONTCHEVSKY, *D. 2006. 1303* (réception de la garantie autonome et de la lettre d'intention). – HOUTCIEFF, *JCP E 2006, suppl. au n° 20, p. 7 ; RD banc. fin. mai-juin 2006. 56* (les sûretés personnelles). – PRÜM, *RD banc. fin. mai-juin 2006. 1* (autonomie légale des garanties à première demande) ; *Mélanges Simler, Dalloz-Litec, 2009, p. 409* (consécration légale des garanties autonomes). – ZALEWSKI, *Rev. loyers 2006. 271* (bail d'habitation et garantie autonome). – STOUFFLET, *Rev. sociétés 2006. 473* (reconnaissance de deux types de garanties issues de la pratique : la garantie autonome et la lettre d'intention). – GALLOIS-COCHET, *RLDA mars 2007. 68* (garantie autonome et lettre d'intention : neuf mois après). – PUIG, *LPA 27 mars 2008* (les garanties autonomes). – BLOT, *ibid.* (les garanties autonomes face à la pratique bancaire).

Code civil

Art. 2321 *(Ord. n° 2006-346 du 23 mars 2006, art. 6)* **La garantie autonome est l'engagement par lequel le garant s'oblige, en considération d'une obligation souscrite par un tiers, à verser une somme soit à première demande, soit suivant des modalités convenues.**

Le garant n'est pas tenu en cas d'abus ou de fraude manifestes du bénéficiaire ou de collusion de celui-ci avec le donneur d'ordre.

Le garant ne peut opposer aucune exception tenant à l'obligation garantie.

Sauf convention contraire, cette sûreté ne suit pas l'obligation garantie.

La garantie autonome définie à l'art. 2321 C. civ. ne peut être souscrite à l'occasion d'un crédit relevant des chapitres Ier et II du titre Ier du livre III du code de la consommation (C. consom., art. L. 313-10-1).

1. Validité de la garantie autonome. L'engagement contracté par la banque garante, s'il est à première demande, ne constitue pas un cautionnement mais une garantie autonome qui prive la banque de la faculté de se prévaloir, en l'état, des exceptions que le donneur d'ordre pouvait opposer au bénéficiaire tenant à l'inexécution du contrat les unissant. • Com. 20 déc. 1982 : *Bull. civ. IV, n° 417 ; D. 1983. 365, note Vasseur (1re esp.) ; RTD com. 1983. 446, obs. Cabrillac et Teyssié ; GAJC, 11e éd., T. 2, n° 279-280 (1re esp.).*

2. *Délimitation contractuelle.* L'engagement à première demande de la banque est régi par les seules dispositions de la lettre de garantie. • Com. 20 déc. 1982 : *préc. note 1 (2e esp.).* – V. note 24.

2 *bis. Cause de l'engagement.* L'engagement d'un garant à première demande est causé, dès lors que le donneur d'ordre a un intérêt économique à la conclusion du contrat de base, peu important qu'il n'y soit pas partie. • Com. 19 avr. 2005 : *Bull. civ. IV, n° 91 ; D. 2005. Pan. 2086, obs. Crocq ; ibid. AJ 1285 ; RTD com. 2005. 582, obs. Legeais ; LPA 18 mai 2005, rapp. Cohen-Branche ; ibid. 21 mars 2006, p. 4, obs. Pimont ; JCP E 2005, n° 24, p. 1009, note Stoufflet ; JCP 2005. II. 10075, note S. Piedelièvre ; RD banc. fin. 2005, n° 133, obs. Cerles ; Banque et Droit mai-juin 2005. 63, obs. Jacob ; Dr. et patr. févr. 2006. 131, obs. Dupichot ; Bull. Joly 2005. 1221 ; RJDA 2006, n° 198.* ♦ Le garant ne peut prétendre se soustraire à son engagement en invoquant la nullité de son engagement pour défaut de cause, faute d'établir que le contrat commercial qu'il invoque aurait eu une relation directe avec la garantie offerte, laquelle a sa cause dans l'opération de financement bancaire. • Versailles, 8 avr. 2004 : *BICC 2005, n° 1634.*

I. QUALIFICATION DE GARANTIE AUTONOME

A. CRITÈRES DE L'AUTONOMIE

3. *Autonomie de l'objet de l'obligation du garant et inopposabilité des exceptions.* L'acte par lequel une banque s'engage à payer à une autre le montant d'effets avalisés par celle-ci, sans objections ni exceptions, constitue une garantie à première demande et non un cautionnement, peu important qu'il ait été fait référence dans l'engagement à l'opération juridique génératrice de l'obligation. • Com. 7 oct. 1997 : *Bull. civ. IV, n° 242 ; D. Affaires 1997. 1323 ; JCP E 1998, n° 6, p. 226, note Legeais ; RD bancaire et bourse 1998. 17, obs. Contamine-Raynaud ; RTD com. 1998. 189, obs. Cabrillac.* ♦ Un engagement ne peut être qualifié de garantie autonome que s'il n'implique pas une appréciation des modalités d'exécution du contrat de base pour l'évaluation des montants garantis ou pour la détermination des durées de validité et s'il comporte une stipulation de l'inopposabilité des exceptions. • Com. 27 juin 2000 : *CCC 2000, n° 155, obs. Leveneur ; RD banc. fin. 2000, n° 225, obs. Mattout.* ♦ Dans le même sens, précisant que ces références ne doivent impliquer aucune appréciation des modalités d'exécution du contrat de base pour évaluer les montants garantis ou déterminer la durée de validité de la garantie, V. • Com. 30 janv. 2001 : *Bull. civ. IV, n° 25 ; D. 2001. AJ 1024 ; JCP E 2001, n° 13, p. 568, note Legeais ; Bull. Joly 2001. 484, note Le Nabasque ; Defrénois 2001. 1319, note Piedelièvre.* ♦ Ainsi, une garantie autonome n'est pas éteinte, en cas d'ouverture d'une procédure collective à l'encontre du donneur d'ordre même lorsque le créancier bénéficiaire de la garantie autonome ne déclare pas au passif sa créance. • Même arrêt. ♦ Des garanties stipulées irrévocables et inconditionnelles, nonobstant toute contestation du donneur d'ordre ou d'un tiers, dont l'étendue, fixée au moment de leurs conclusions, est indépendante, dans son exécution, d'éventuelles défaillances du débiteur, ne sont pas privées d'autonomie par de simples références au contrat de base. • Com. 18 mai 1999 : *Bull. civ. IV, n° 102 ; JCP E 2000, n° 27, p. 1088, obs. Gavalda et Stoufflet ; RD bancaire et bourse 1999. 127, obs. Contamine-Raynaud ; JCP 1999. II. 10199, note Stoufflet.* ♦ Dans le même sens, requalifiant un acte de cautionnement en garantie indépendante, V. • Com. 11 juin 2002 : *Bull. civ. IV, n° 101 ; D. 2002. Somm. 3332, obs. Aynès ; ibid. 2003. Somm. 343, obs. Martin ; RD banc. fin. 2002, n° 176, obs. Legeais.* – V. aussi • Paris, 1er déc. 1998 : *RJDA 1999, n° 475 ; RD bancaire et bourse 1999. 103, obs. Contamine-Raynaud* • 12 mars 1999 : *JCP 1999. I. 156, n° 6, obs. Simler et Delebecque* • 28 avr. 2000 : *RD banc. fin. 2000, n° 196, obs. Legeais.* ♦ Mais la référence au contrat litigieux n'affecte pas le caractère autonome de l'engagement mais ne sert qu'à identifier la sûreté afin d'empêcher qu'elle ne soit mise en cause à propos d'une opération qui lui resterait totalement étrangère. • Paris, 2 avr. 2004 : *RD banc. fin. 2004, n° 232, obs. Cerles.*

4. *Défaut d'autonomie de l'engagement ayant pour objet la propre dette du débiteur principal.* Une garantie n'est pas autonome dès lors que l'engagement du garant a pour objet la propre dette du débiteur principal. • Com. 5 déc. 1995 : *RJDA 1996, n° 386* • 11 mars 1997 : *Bull. civ. IV, n° 67 ; D. Affaires 1997. 472 ; Rev. dr. bancaire 1997. 123, obs. Contamine-Raynaud* • 9 déc. 1997 : *D. Affaires 1998. 199, obs. S. P. ; Rev. dr. bancaire 1998. 66, obs. Contamine-Raynaud ; JCP E 1999, n° 17, p. 765, obs. Gavalda et Stoufflet.* – V. aussi

• Civ. 1re, 13 mars 1996 : *Rev. dr. bancaire 1996. 123, obs. Contamine-Raynaud* • 6 juill. 2004 : *Bull. civ. I, n° 199 ; D. 2004. AJ 2373 ; JCP E 2004, n° 39, p. 1462 ; RD banc. fin. 2004, n° 196, obs. Legeais ; RJDA 2005, n° 76.* ♦ V. aussi • Paris, 6 juill. 2001 : *D. 2001. AJ 2820, obs. Avena-Robardet*, refusant de retenir la qualification de garantie autonome pour un engagement signé du garant faisant référence au contrat de base et à la dette du débiteur principal indiquée comme étant l'obligation garantie.

5. Mentions expresses. Le caractère de la garantie doit être expressément prévu par les parties et ne saurait être présumé. • Com. 20 déc. 1982 : *préc. note 1* • 27 oct. 1981 : *JCP 1981. II. 19702, note Bouloy* • 26 janv. 1993 : *Bull. civ. IV, n° 28 ; D. 1995. Somm. 13, obs. Vasseur* • 1er déc. 1998 : *JCP E 1999, n° 17, p. 765, obs. Gavalda et Stoufflet.* ♦ Le critère de la distinction entre un cautionnement et une garantie à première demande ne saurait reposer sur le seul intitulé de l'acte mais réside dans l'objet de l'obligation qui doit être, s'agissant d'une garantie autonome, indépendante du contrat de base tandis que le cautionnement porte sur l'obligation du débiteur principal. • Com. 16 juin 2004 : *RD banc. fin. 2004, n° 232, obs. Cerles.* ♦ Le terme caution n'exclut pas nécessairement la qualification de garantie, s'il est complété par une disposition expresse qui ne suppose aucune mention sacramentelle. • Com. 8 déc. 1987 : *Bull. civ. IV, n° 261 ; D. 1988. Somm. 240, obs. Vasseur ; ibid. 274, obs. Aynès* • 2 févr. 1988 : *Bull. civ. IV, n° 55 ; D. 1988. Somm. 274, obs. Aynès* • 22 mai 1991 : *D. 1992. Somm. 233, obs. Vasseur* • 3 nov. 1992 : *Bull. civ. IV, n° 335 ; D. 1993. Somm. 96, obs. Vasseur ; JCP 1993. II. 22082, note Delebecque ; JCP E 1993. II. 454, note Jacob* • 1er févr. 1994 : *D. 1995. Somm. 11, obs. Vasseur* • Paris, 12 oct. 2001 : *RD banc. fin. 2002, n° 88, obs. Cerles.* ♦ Comp. : • Com. 5 déc. 1989 : *D. 1990. Somm. 208, obs. Vasseur (2 arrêts)* • Paris, 3 avr. 1990 : *D. 1990. Somm. 197, obs. Vasseur*, conf. par • Com. 28 janv. 1992 : *Bull. civ. IV, n° 35 ; D. 1992. Somm. 234, obs. Vasseur.* – V. aussi • Com. 19 mai 1992 : *Bull. civ. IV, n° 187 ; D. 1993. Somm. 103, obs. Vasseur ; Rev. dr. bancaire 1992. 214, obs. Contamine-Raynaud* • 18 avr. 2000 : *Banque et Droit nov.-déc. 2000. 46, obs. Prüm ; Dr. et patr. juin 2001. 91, obs. Saint-Alary.*

Sur la portée de l'expression « à première demande », V. • Paris, 3 avr. 1990 : *D. 1991. Somm. 191, obs. Vasseur* • Com. 10 mai 1994 : *Bull. civ. IV, n° 171 ; D. 1995. Somm. 12, obs. Vasseur* • 13 déc. 1994 : *D. 1995. 209, rapp. Le Dauphin, note Aynès* • Grenoble, 28 mai 2001 : *JCP 2002. IV. 3082* • Com. 5 nov. 2002 : *Bull. Joly 2003. 30, obs. Couret ; RJDA 2003, n° 217* • 6 mai 2003 : *JCP E 2004, n° 14, p. 574, note Guerchoun* • 8 oct. 2003 : *JCP E 2004, n° 36, p. 1341, obs. Simler ; RD banc. fin. 2004, n° 15, obs. Cerles ; RJDA 2004, n° 361* • Paris, 28 juin 2002 : *RD banc. fin. 2003, n° 72, obs. Cerles.* ♦ ... Du terme « garant e autonome », V. • Com. 14 juin 2000 : *RD banc. fin. 2000, n° 226, obs. Mattout* • Paris, 12 févr. 1993 : *D. 1993. IR 121.* ♦ ... D'une mention manuscrite relative à une caution solidaire, et contredisant la mention dactylographiée se référant à une garantie à première demande, V. • Com. 8 juin 1993 : *Bull. civ. IV, n° 225 ; D. 1993. Somm. 313, obs. Aynès ; D. 1994. Somm. 11, obs. Vasseur.*

Sur le pouvoir souverain d'interprétation des juges du fond face aux mentions stipulées, V. • Com. 25 juin 2002 : *D. 2002. Somm. 3333, obs. Aynès ; JCP 2003. I. 124, n° 10, obs. Simler ; Banque et Droit janv.-févr. 2003. 53, obs. Prüm ; RD banc. fin. 2002, n° 183, obs. Cerles ; RJDA 2002, n° 1318* • 20 nov. 2001 : *JCP 2003. I. 124, n° 10, obs. Simler ; RJDA 2002, n° 431* • 2 juin 2004 : *RD banc. fin. 2004, n° 231, obs. Cerles.*

6. Autonomie des contre-garanties. La contre-garantie est une obligation autonome, tant par rapport à la garantie de premier rang que par rapport au contrat de base. • Com. 27 nov. 1984 : *D. 1985. 269, note Vasseur* • 8 nov. 1994 : *Bull. civ. IV, n° 322 ; D. 1995. IR 3* • Paris, 8 nov. 1988 : *D. 1990. Somm. 206, obs. Vasseur* • 23 nov. 1990 : *D. 1991. IR 30* • 19 févr. 1991 : *Bull. civ. IV, n° 76.* – Comp. : • Com. 3 avr. 1990 : *D. 1991. Somm. 195, obs. Vasseur.* ♦ Sur l'incidence de la disqualification de garanties indépendantes en cautionnement à l'égard des contre-garanties, V. • Paris, 3 avr. 2002 : *D. 2002. AJ 1750, obs. Avena-Robardet ; Banque et Droit janv.-févr. 2003. 54, obs. Prüm.* ♦ Sur l'absence de lien de connexité entre la demande en annulation de la contre-garantie autonome d'un crédit à la consommation et la demande en réduction du contrat de crédit lui-même, V. • Civ. 1re, 27 juin 2000 : *Bull. civ. I, n° 197 ; RD banc. fin. 2000, n° 198, obs. Mattout ; Banque et Droit nov.-déc. 2000. 48, obs. Prüm.* – V. aussi note 36. ♦ Un engagement de contre-garantir des cautions doit être analysé comme un sous-cautionnement dès lors qu'il a pour objet la dette même du débiteur garanti, que son étendue est tributaire de celle de l'obligation du débiteur garanti ; ceci permet de le distinguer d'un engagement de garantie autonome dont l'objet est distinct de celui du débiteur principal. • Lyon, 24 mars 2005 : *BICC 2006, n° 324.* ♦ L'appel, sans fraude ni abus manifeste, de la garantie ou contre-garantie, fait obstacle à ce que le garant, ou contre-garant, demande, sur le fondement de l'inexécution par le bénéficiaire du contrat de base, la restitution de ce qu'il a versé en exécution de son obligation autonome. • Com. 4 juill. 2006 : *Bull. civ. IV, n° 164 ; D. 2006. AJ 2097, obs. Delpech ; RTD com. 2006. 901, obs. Legeais ; JCP E 2006, n° 36, p. 1469 ; RD banc. fin. 2006, n° 199, obs. Cerles ; Banque et Droit sept.-oct. 2006. 68, obs. Jacob ; ibid. nov.-déc. 2006. 44, obs. Affaki et Stoufflet ; RJDA 2006, n° 1266.*

B. DISTINCTION ENTRE GARANTIE AUTONOME ET CAUTIONNEMENT

BIBL. Maleville, *JCP E 2002, n° 29, p. 1233* (le point sur la confusion entre cautionnement et garantie indépendante). – Piette, *LPA 30 juill. 2010* (rédaction d'une garantie autonome, conseils pratiques pour éviter la requalification en cautionnement). – Juillet, *JCP E 2010, n° 2124* (critère de distinction du cautionnement et de la garantie autonome).

7. Requalification en cautionnement. En dépit de l'intitulé de l'acte, l'engagement qui se réfère à la dette du débiteur principal n'est pas autonome. • Civ. 1re, 23 févr. 1999 : *Bull. civ. I, n° 64 ; D. 1999. IR 80 ; D. Affaires 1999. 593, obs. J. F. ; CCC 1999, n° 69, obs. Leveneur ; RD bancaire et bourse 1999. 102, obs. Contamine-Raynaud ; JCP E 1999, n° 40, p. 1584, obs. Delebecque et Simler ; JCP 1999. II. 10189, note Ginestet.* ♦ L'engagement de payer la propre dette du débiteur en cas de défaillance de celui-ci est un cautionnement, quelles que soient par ailleurs les clauses de renonciation, V. • Com. 25 juin 2002 : *préc. note 5.* ♦ N'est pas de nature à modifier la qualification en cautionnement la clause « sans pouvoir différer le paiement ou soulever de contestation pour quelque motif que ce soit », dès lors qu'il est constaté que la banque avait entendu garantir la dette de remboursement d'une société en cas de défaillance de celle-ci. • Com. 8 oct. 2003 : *JCP 2004. II. 10069, note Gutierrez-Lacour ; RD banc. fin. 2004, n° 15, obs. Cerles ; LPA 17 mai 2004, obs. Barthez.* ♦ Dès lors que l'acte litigieux est rédigé de manière imprécise et ambiguë et exige d'être interprété, le principe posé à l'art. 1162 C. civ., selon lequel la convention s'interprète contre celui qui a stipulé et en faveur de celui qui a contracté l'obligation, conduit à interpréter l'acte dans le sens du cautionnement plutôt que dans le sens de la garantie à première demande. • Versailles, 4 mars 1999 : *D. Affaires 1999. 940 ; RJDA 1999, n° 721.* ♦ Dès l'instant où l'acte par lequel une personne s'engage à garantir les engagements d'une société s'intitule « garantie à première demande, mais fait référence de façon précise aux conditions chiffrées du contrat de crédit-bail garanti, et prévoit que la mise en œuvre de la garantie sera subordonnée à la défaillance du débiteur, il convient de restituer à l'acte sa véritable qualification (cautionnement). • Aix-en-Provence, 23 mars 1995 : *JCP 1995. IV. 1981 ; Bull. Aix-en-Provence 1995, n° 1, p. 176, obs. Cayron.* – Dans le même sens : • Paris, 15 sept. 1995 : *D. Affaires 1995. 87 ; Gaz. Pal. 1996. 2. 435, note Piedelièvre.*

8. Requalification en garantie autonome. En s'obligeant à payer une certaine somme, dès la demande du créancier, et sans pouvoir soulever aucune contestation que ce soit, une société financière, professionnelle avertie, a contracté non un simple cautionnement mais une garantie autonome, en dépit de l'utilisation des termes « caution solidaire » qui ne traduisent nullement la volonté de la société, laquelle, transmettant son engagement, a, de nouveau, précisé qu'il s'agissait d'un acte de garantie à première demande. • Com. 20 nov. 2001 : *RJDA 2002, n° 431.* ♦ Pour la requalification en garantie indépendante d'une convention dite de participation aux risques d'une opération de crédit : • Com. 11 juin 2002 : *préc. note 3.* ♦ N'est pas un cautionnement au sens strict la garantie souscrite contenant la clause selon laquelle le garant s'engage irrévocablement et inconditionnellement au paiement de la somme de 800 000 F au maximum dans la seule mesure où le bénéficiaire attesterait que la somme demandée lui est due par la société débitrice principale, s'interdisant de discuter ou de différer l'exécution de sa garantie pour quelque motif que ce soit, V. • Lyon, 12 sept. 2002 : *RD banc. fin. 2003, n° 110, obs. Legeais.* ♦ L'exigence d'une demande « justifiée », qui ne confère pas au garant une quelconque faculté d'en discuter le bien fondé, ne suffit pas à exclure la qualification de garantie autonome. • Com. 12 juill. 2005 : *cité note 23.* ♦ La garantie autonome justifiée se distingue du cautionnement dès lors que la poursuite du garant n'implique pas une appréciation de l'exécution du contrat principal. • Com. 7 juin 2006 : *RD banc. fin. 2006, n° 134, obs. Legeais ; ibid., n° 159, obs. Cerles.* – V. aussi • CE 6 juin 2007 : *RD banc. fin. 2007, n° 224, obs. Cerles.*

C. DISTINCTION ENTRE GARANTIE AUTONOME ET CRÉDIT DOCUMENTAIRE

RÉP. COM. v° *Crédit documentaire*, par STOUFFLET.

BIBL. Hesbert, *LPA 1er oct. 2001.* – Illescas-Ortiz, *Mélanges Gavalda, Dalloz, 2001, p. 173* (les garanties indépendantes, les lettres de crédit *stand-by* et la bonne foi dans le commerce international). – Chatraoui, *RD banc. fin. mars-avr. 2006. 63* (crédit documentaire électronique). – Baccar, *RLDA févr. 2007. 29* (la notion de l'original dans les règles et usances uniformes relatives aux crédits documentaires). – Affaki, *Banque et Droit mars-avr. 2007. 3* (le nouveau droit des crédits documentaires : les RUU 600). – Mattout, *ibid. 22* (même thème). – Legeais, *RTD com. 2007. 577* (même thème). – Dossier spécial, *RD banc. fin. janv.-févr. 2008. 57* (le crédit documentaire en 2008). – Baccar, *RLDA mars 2008. 29* (examen de la complétude des documents dans le crédit documentaire) ; *RD banc. fin. 2008. Dossier 25* (la compatibilité interdocumentaire dans la lettre de crédit) ; *ibid. Étude 28* (la clause d'ouverture du crédit documentaire : une clause sensible). – Baccar, *RD banc. fin. 2009. Étude 29* (crédits documentaires : le traitement des instructions manifestement ambiguës par le banquier) ; *ibid. Étude 36* (le danger des conditions non documentaires dans la lettre de crédit commerciale). – Baccar, *RD banc. fin. 2010. Étude 13* (la précision des instructions de l'importateur, solution à la menace d'insécurité) ; *ibid. Étude 24* (responsabilité du banquier lors de la transmission d'un accréditif) ; *ibid. 2011. Étude 1* (la révision des instructions dans le crédit documentaire) ; *ibid. 2011. Étude 26* (insécurité du crédit documentaire et réparation du préjudice de l'importateur). – Baccar, *RD banc. fin. 2012. Étude 13* (la suffisance des documents subsidiaires dans le crédit documentaire).

9. Spécificité du crédit documentaire. Constitue non une garantie à première demande mais une garantie documentaire, l'engagement pris par une banque française de garantir, sous certaines conditions, le remboursement d'avances liées à un achat de munitions destinées à un acheteur irakien, dès lors qu'il résulte des actes de garantie que l'observation, par le garant, de son engagement, est liée à la production d'une sentence arbitrale énonçant que l'inexécution, par le vendeur, de ses obligations, est imputable à la politique du Gouvernement français. • Com. 16 mai 1995 : *JCP E 1995. II. 734, note Leveneur ; RJDA 1995, n° 1267.* ♦ Jugeant qu'il n'existe aucun lien de droit entre le banquier émetteur d'un crédit documentaire, fût-il irrévocable, et le vendeur tant que celui-ci n'a pas reçu de celui-là la notification du crédit ouvert, et qu'il n'était pas soutenu, ni démontré que le vendeur avait reçu du garant un accréditif, dont aurait pu découler son droit direct à l'égard de la banque. • Com. 3 juin 2003 : *Dr. et patr. nov. 2003. 100, obs. P. Mousseron ; RJDA 2003, n° 1233.* ♦ Jugeant que c'est la banque qui a ouvert un crédit documentaire qui est la débitrice de cette obligation entre les mains de laquelle une saisie peut être pratiquée : • Com. 3 juin 2003 : *RD banc. fin. 2003, n° 238, obs. Delleci ; RJDA 2004, n° 93.*

Sur le formalisme dans le crédit documentaire, V. • Com. 5 déc. 2000 : *Bull. civ. IV, n° 190 ; D. 2001. AJ 374, obs. Avena-Robardet* • 7 janv. 2004 : *Bull. civ. IV, n° 1 ; D. 2004. AJ 345 ; JCP E 2004, n° 10, p. 346 ; RTD com. 2004. 359, obs. Legeais ; RJDA 2004, n° 613 ; RTD civ. 2005. 357, obs. Remy-Corlay* • Paris, 11 mars 2003 : *Banque et Droit janv.-févr. 2004. 67, obs. Affaki et Stoufflet* • 6 févr. 2002 : *ibid. mai-juin 2004. 62, obs. Affaki et Stoufflet* • Aix-en-Provence, 8 avr. 2004 : *ibid. sept.-oct. 2004. 93, obs. Affaki et Stoufflet.* ♦ Sur les obligations de la banque confirmatrice, V. • Paris, 3 sept. 2002 : *JCP 2003. II. 10027, note Chabert* • Dijon, 14 mars 2003 : *JCP E 2003, n° 42, p. 1646* • Versailles, 25 oct. 2007 : *RJDA 2008, n° 569 ; Banque et Droit sept.-oct. 2008. 57, obs. Affaki et Stoufflet.* ♦ Le client ne peut reprocher à son banquier un manquement à son obligation de mise en garde, dès lors qu'il a l'habitude du crédit documentaire dont il connaît les mécanismes. • Com. 4 juill. 2006 : *Bull. civ. IV, n° 157 ; D. 2006. AJ 2309, obs. Delpech ; RTD com. 2006. 899, obs. Legeais ; ibid. 948, obs. Delebecque ; JCP E 2006, n° 36, p. 1470 ; Banque et Droit nov.-déc. 2006. 42, obs. Affaki et Stoufflet ; RJDA 2006, n° 1262.* – Comp. en matière de crédit « ordinaire » et de crédit aux particuliers, notes 29 et 39 s. ss. art. L. 313-12 C. mon. fin., v° *Banque et financement de l'entreprise.* ♦ Sur le principe d'autonomie du contrat de vente par rapport au crédit documentaire, V. • Versailles, 13 déc. 2002 : *RTD com. 2003. 351, obs. Legeais* • Com. 27 sept. 2005 : *RTD com. 2006. 174, obs. Legeais ; Banque et Droit janv.-févr. 2006. 79, obs. Stoufflet.* ♦ Dès lors que certaines des incohérences affectant les documents présentés par le bénéficiaire d'un crédit documentaire ne pouvaient être comprises et résolues par le simple examen formel incombant aux établissements émetteur ou confirmateur du crédit mais nécessitaient l'analyse des conditions d'exécution du contrat de base que ceux-ci n'avaient pas à connaître, une cour d'appel ne pouvait condamner solidairement les deux établissements de crédit aux sommes réclamées par le bénéficiaire. • Com. 28 mars 2006 : *Bull. civ. IV, n° 78 ; D. 2006. AJ 1284, obs. Delpech ; RTD com. 2006. 464, obs. Legeais ; RTD com. 2008. 211, obs. Delebecque ; JCP E 2006, n° 18, p. 810 ; LPA 5 mars 2007, obs. E. C. ; Banque et Droit juill.-août 2006. 78, obs. Affaki et Stoufflet ; RJDA 2006, n° 1065* (lettre de crédit *stand by*). – V. aussi • Com. 14 mars 2006 : *RLDA juin 2006. 52, obs. Chemin-Bomben.* ♦ Sur l'exception de fraude en matière de crédit documentaire, V. note 31 *bis*. ♦ Sur l'application des règles et usances uniformes à une banque notificatrice d'un crédit documentaire, V. • Com. 12 mars 2002 : *Bull. civ. IV, n° 51 ; D. 2002. AJ 2049 ; LPA 4 déc. 2002, obs. Chanteloup* • 3 mars 2004 : *Bull. civ. IV, n° 43 ; JCP E 2004, n° 19, p. 738 ; LPA 28 juill. 2004, obs. E. C. ; RJDA 2004, n° 887 ; RTD com. 2004. 848, obs. Delebecque ; RTD civ. 2005. 357, obs. Remy-Corlay*. ♦ Sur le critère de la « condition documentaire », V. • Com. 6 févr. 2007 : *Bull. civ. IV, n° 17 ; D. 2007. AJ 723, obs. Delpech ; RTD com. 2007. 428, obs. Legeais ; ibid. 2008. 211, obs. Delebecque ; JCP E 2007, n° 12, p. 13 ; Banque et Droit mars-avr. 2007. 47, obs. Affaki et Stoufflet ; RJDA 2007, n° 541.*

D. SPÉCIFICITÉ DE CERTAINES GARANTIES FINANCIÈRES ET PROFESSIONNELLES

10. *Autonomie des garanties des professionnels de l'immobilier.* En raison de son autonomie, la garantie financière exigée des personnes exerçant des activités relatives à certaines opérations portant sur les immeubles et les fonds de commerce et affectée au remboursement des fonds, effets et valeurs qu'elles ont reçus, n'est pas éteinte lorsqu'en cas de redressement ou de liquidation judiciaires de l'agent immobilier, le client ne déclare pas au passif sa créance de restitution de la somme versée et, en conséquence, ce client peut assigner directement le garant. • Cass., ass. plén., 4 juin 1999 : *cité note 27 ss. ancien art. L. 621-46 C. com., cité ss. art. L. 622-36 C. com.* ♦ Dans le même sens, • Civ. 3e, 12 déc. 1997 : *Bull. civ. III, n° 53* (garantie extrinsèque d'achèvement en matière de promotion immobilière) • 28 nov. 2001 : *ibid., n° 139* (garantie d'achèvement d'un lotissement) • 3 oct. 2001 : *ibid., n° 111 ; Banque et Droit mars-avr. 2002. 49, obs. Jacob* (« cautionnement solidaire » substitué à la retenue de garantie en matière de marché de travaux) • Com. 25 févr. 2004 : *RD banc. fin. 2004, n° 206, obs. Cerles* (garantie d'achèvement du code de l'urbanisme). ♦ Comp., jugeant que le cautionnement en remplacement de la retenue de garantie délivré en faveur d'une entreprise titulaire d'un marché de travaux privé, ayant pour objet de garantir l'obligation de bonne exécution par l'entrepreneur des travaux définis au contrat de base, ne constitue pas une garantie autonome : • Com. 6 mai 2003 : *RD banc. fin. 2003, n° 187, obs. Cerles ; RJDA 2003, n° 1124.* ♦ Jugeant que la garantie de livraison à prix et délais convenus d'une maison individuelle a un caractère accessoire de sorte que les garants sont libérés de toute obligation en raison du défaut de déclaration de la créance du maître de l'ouvrage au passif de la liquidation judiciaire du constructeur. • Civ. 3e, 23 juin 2004 : *Bull. civ. III, n° 127 ; JCP 2004. I. 188, n° 11, obs. Simler.*

11. *Autonomie des garanties prévues par le code des marchés publics.* Le cautionnement donné par une banque en faveur d'une commune pour garantir la bonne exécution d'un marché public conclu avec une entreprise constitue une garantie autonome de la situation de l'entreprise en redressement judiciaire... et constitutive d'une obligation autonome. • CE 14 juin 2000 : *cité note 29 ss. art. L. 621-46 ancien C. com., cité ss. art. L. 622-36 C. com.*

II. RÉGIME DES GARANTIES AUTONOMES

12. *Validité dans les relations internes.* S'agissant de relations entre professionnels, la garantie indépendante est valablement contractée pour garantir un contrat de base qui n'est pas affecté d'extranéité. • Com. 13 déc. 1983 : *D. 1984. 420, note Vasseur* • 8 déc. 1987 : *préc. note 5* • 2 févr. 1988 : *ibid.* ♦ Pour une garantie autonome de droit interne consentie par un établissement de crédit, V. • Paris, 18 déc. 1991 : *D. 1993. Somm. 106, obs. Vasseur*, conf. par • Com. 1er févr. 1994 : *préc. note 5.*

13. *Validité des garanties autonomes souscrites par des personnes physiques.* BIBL. Simler, *JCP E 1991. I. 90.* – Delebecque, *Bull. Joly, 1992. 374 et 606.* – Daigre, *Cah. dr. entr. 1992, n° 6.* – Monachon-Duchene, *Gaz. Pal. 1994. 2. Doctr. 1410.* – Mouly, *Mélanges Breton-Derrida, p. 267*. – Leguevaques, *Dr. et patr. avr. 1997. 34.* ♦ La garantie à première demande peut être souscrite par une personne physique en dépit de son extrême rigueur. • Paris, 5e ch. A, 5 avr. 1994 : *D. 1994. IR 136 ; JCP E 1994. II. 603, note S. Piedelièvre* • Paris, 5e ch. C, 12 févr. 1993 : *préc. note 3.* ♦ La mise en jeu d'une garantie autonome, par laquelle une personne physique, gérante de la société locataire, s'est portée garante de sommes dues à première demande écrite du loueur de voitures, n'est pas subordonnée à la défaillance du débiteur principal. • Civ. 1re, 12 déc. 2000 : *CCC 2001, n° 54, obs. Leveneur.* ♦ Sur la validité d'une garantie à première demande exigée par une société de crédit-bail de l'épouse du gérant de la société locataire, V. déjà • Paris, 3e ch. B, 27 juin 1990 : *JCP E 1991. II. 119, note Hassler ; Gaz. Pal. 1990. 2. 691, note Robinot et Lafortune ; D. 1992. 30, note Blanc ; D. 1991. Somm. 193, obs. Vasseur*.

13 bis. *Transmissibilité.* Sur la cessibilité des garanties financières professionnelles, V. • Civ. 2e, 21 oct. 2004 : *D. 2005. 692, note S. Cabrillac ; JCP E 2004, n° 52-53, p. 2076, note*

Béhar-Touchais ; Defrénois 2005. 1226, note Barthez.

13 ter. Procédure collective. Le caractère autonome d'une garantie exclut la connexité entre la créance du garant à l'encontre du débiteur et toute créance de celui-ci à l'encontre du garant. • Com. 19 déc. 2006 : *Bull. civ. IV, n° 249 ; D. 2007. AJ 158, obs. Lienhard ; RTD com. 2007. 450, obs. Martin-Serf ; JCP E 2007, n° 6-7, p. 30 ; LPA 28 déc. 2007, note Delrieu ; RD banc. fin. 2007, n° 53, obs. Crédot et Samin ; Banque et Droit janv.-févr. 2007. 49, obs. Jacob.*

A. FORMATION DE LA GARANTIE

1° CONSENTEMENT

14. Exigence d'un consentement éclairé du garant. Il est nécessaire, en raison du caractère particulièrement contraignant que la garantie autonome comporte pour le garant, que celui-ci soit parfaitement informé, à la date à laquelle il contracte, de la portée et de la nature de son engagement, cette exigence s'imposant quelle que soit la nature civile ou commerciale de cet engagement (à propos d'un gérant de société s'étant porté garant de l'exécution d'un contrat de crédit-bail) : V. • Paris, 3e ch. B, 5 févr. 1992 : *D. 1993. Somm. 107, obs. Vasseur ; Banque 1992. 844, obs. Rives-Lange* • TI Bauge, 20 août 1991 : *Gaz. Pal. 1994. 2. Somm. 728.* ♦ Il incombe au professionnel du crédit qui réclame, de façon inhabituelle, une garantie de cette nature à un particulier pour sûreté d'un contrat de prêt aussi courant que modeste, de veiller à ce que le garant ait une pleine connaissance de la portée de son engagement, notamment en le distinguant du cautionnement dont il entend éviter les contraintes destinées à protéger la caution. • Paris, 15e ch. A, 16 avr. 1996 : *D. 1996. IR 165 ; D. Affaires 1996. 774 ; JCP E 1997. I. 633, n° 10, obs. Simler et Delebecque.* ♦ L'engagement souscrit par deux personnes physiques, non commerçantes, pour garantir vis-à-vis du crédit-bailleur les obligations de paiement contractées par le preneur en cas de carence de celui-ci dans leur exécution, constitue, quelle que soit la qualification donnée par le créancier dans le document soumis à l'adhésion des obligés, des actes de cautionnement et non des garanties à première demande, • Paris, 5e ch. A, 26 janv. 1993 : *D. 1993. IR 93.* – Rappr. : • Paris, 5e ch. C, 12 févr. 1993 : *préc. note 6.* ♦ L'engagement personnel contracté par les associés d'une société locataire-gérant en vue de garantir le reversement des sommes encaissées par la société constitue une garantie à première demande mais dont la portée quant à la nature des obligations garanties est limitée à la seule période de location-gérance. • Com. 12 mai 1992 : *Bull. Joly 1992. 930, note Delebecque.*

15. Dol. La méconnaissance de l'obligation d'une banque, bénéficiaire d'une garantie, de renseigner le garant peut constituer une réticence dolosive ou fautive. • Com. 18 déc. 1990 : *D. 1991. Somm. 193, obs. Vasseur.* – Comp. : • Com. 26 janv. 1993 : *D. 1995. Somm. 14, obs. Vasseur* • Paris, 27 juin 1990 : *préc. note 13.* ♦ Pour l'annulation d'une garantie autonome pour dol si elle a été emise en considération d'un contrat dissimulé au garant, V. • Com. 14 mai 2008 : *JCP E 2008, n° 49, p. 14, obs. Salgueiro ; ibid., n° 50, p. 17, obs. Simler ; RD banc. fin. 2008, n° 111, obs. Legeais ; Banque et Droit sept.-oct. 2008. 81, obs. Rontchevsky.*

16. Obligation de conseil. Sur l'absence de responsabilité d'une banque n'ayant pas pris l'initiative d'informer sa cliente des conséquences de sa demande de garantie, dès lors que celle-ci avait donné des instructions laissant présumer de sa part la connaissance de la portée des engagements, V. • Com. 3 mai 2000 : *Bull. civ. IV, n° 90 ; D. 2000. AJ 286, obs. Faddoul ; RTD com. 2000. 996, obs. Cabrillac ; Banque et Droit juill.-août 2000. 55, obs. Prüm et Rontchevsky ; RD banc. fin. 2000, n° 155, obs. Mattout.*

2° CAPACITÉ ET POUVOIR

17. Époux communs en biens. L'art. 1415 C. civ. est applicable à la garantie à première demande qui, comme le cautionnement, est une sûreté personnelle, laquelle consiste en un engagement par lequel le garant s'oblige, en considération d'une obligation souscrite par un tiers, à verser une somme déterminée, et est donc de nature à appauvrir le patrimoine de la communauté. • Civ. 1re, 20 juin 2006 : *Bull. civ. I, n° 313 ; D. 2006. 2539, note Courdier-Cuisinier ; ibid. AJ 1815, obs. Avena-Robardet ; RTD com. 2006. 902, obs. Legeais ; RTD civ. 2006. 593, obs. Crocq ; ibid. 816, obs. Vareille ; AJ fam. 2006. 330, obs. Hilt ; JCP E 2006, n° 40, p. 1664, note Gout ; JCP 2006. II. 10141, note S. Piedelièvre ; JCP N 2006, n° 39, p. 1711, note Brémond ; LPA 29 août 2006, note Prigent, RD banc. fin. 2006, n° 133, obs. Legeais ; ibid., n° 158, obs. Cerles ; Banque et Droit juill.-août 2006. 56, obs. Jacob ; Defrénois 2006. 1617, obs. Champenois ; RDC 2006. 1193, obs. Houtcieff ; RJDA 2007, n° 196 ; Dr. et proc. mars-avr. 2007. 102, obs. Picod ; Bull. Joly 2006. 1389, obs. Lécuyer ; RJ com. 2007. 59.* ♦ En ce sens que l'art. 1415 C. civ., qui exige le consentement exprès des deux époux pour les cautionnements engageant les biens communs, doit être étendu aux garanties à première demande, V. • Versailles, 19 mai 1994 : *Bull. Joly 1994. 963, note Le Cannu* • Paris, 3 nov. 1994 : *D. 1995. 532, note Lecène-Marénaud* . – *Contra* : • Douai, 30 juin 1994 : *JCP 1996. I. 3908, n° 14, obs. Simler.* – V. S. Piedelièvre, *JCP N 1996. I. 1319.*

18. Autorisation du conseil d'administration. La garantie indépendante constitue une garantie au sens de l'art. 98 de la loi du 24 juill. 1966 sur les sociétés commerciales [C. com., art. L. 225-35] et doit donc être soumise à l'autorisation du conseil d'administration lorsqu'elle est souscrite par une société anonyme. • Com. 26 janv. 1993 : *D. 1995. Somm. 17, obs. Vasseur* ; *Bull. Joly 1993. 569, note Delebecque.*

18 bis. Délibération d'un conseil municipal. La délibération du conseil municipal suffit à fonder et à établir l'engagement de garantie autonome donné par la commune, indépendamment de sa reprise dans un acte ultérieur. • Civ. 1re, 9 janv. 2007 : *Bull. civ. I, n° 3 ; D. 2007. AJ 301* ; *AJDA 2007. 118* ; *JCP 2007. I. 158, n° 1, obs. Simler.*

19. Relations bancaires internationales. Peu importe que la banque ait été abusée par un ancien directeur ayant signé le télex et les divers documents nécessaires, dès lors que, dans le domaine des relations bancaires internationales, il est d'usage que les banques soient valablement engagées lorsque des télex testés ont été échangés, conformément aux règles de sécurité existant en la matière et, en particulier, en utilisant la clé télégraphique convenue. • Versailles, 9 juin 1994 : *BICC 1994, n° 1107 ; D. 1995. Somm. 15, obs. Vasseur* . – V. déjà • Paris, 29 juin 1990 : *D. 1993. Somm. 98, obs. Vasseur* .

3° PREUVE

20. Mention manuscrite du garant. La garantie à première demande constituant un acte unilatéral de la part du garant, les dispositions de l'art. 1326 C. civ., qui imposent la mention manuscrite de la somme garantie en toutes lettres et en chiffres, doivent être respectées. • Com. 22 oct. 1996 : *D. Affaires 1996. 1412* • Rouen, 19 févr. 1992 : *D. 1993. Somm. 108, obs. Vasseur* • Dijon, 26 févr. 1992 : *D. 1992. Somm. 399, obs. Fortis* • Paris, 28 janv. 1994 : *Dr. sociétés 1994, n° 128, note Bonneau.* – *Contra* : • Grenoble, 9 sept. 1996 : *JCP 1997. I. 4033, n° 10, obs. crit. Simler.*

21. Éléments extrinsèques. La preuve d'un engagement, serait-il autonome, peut résulter de la souscription d'un acte écrit, même imparfait au regard des exigences de l'art. 1326 C. civ., dès lors qu'en tant que commencement de preuve par écrit il est complété par un élément extrinsèque établissant que la personne engagée avait une exacte conscience de la nature et de la portée de l'obligation. • Com. 10 janv. 1995 : *Bull. civ. IV, n° 13 ; D. 1995. 201, note Aynès* ; *JCP 1995. II. 22397, note Billiau ; Bull. Joly 1995. 247, note Delebecque ; Gaz. Pal. 1996. 1. 144, note S. Piedelièvre.* ♦ La preuve parfaite d'actes intitulés « Garantie autonome » peut être déduite de l'intérêt patrimonial des actionnaires dont l'un se présente comme le représentant de la société débitrice et des caractéristiques du contrat de crédit-bail mentionnées dans l'*instrumentum* commun à la dette principale et au cautionnement : • Civ. 1re, 12 janv. 1999 : *Dr. sociétés 1999, n° 48, obs. Bonneau.*

B. MISE EN JEU DE LA GARANTIE

1° APPEL DE LA GARANTIE

22. Entrée en vigueur et caducité de la garantie. Une garantie autonome ne peut être mise en œuvre avant la date par elle prévue. • Com. 5 févr. 1985 : *Bull. civ. IV, n° 45.* ♦ Sur la caducité d'une demande présentée après la date d'expiration de l'engagement, V. • Paris, 2 avr. 1987 : *D. 1988. Somm. 248, obs. Vasseur.* ♦ Sur le terme extinctif, V. aussi • Com. 18 mars 1997 : *RJDA 1997, n° 937.* ♦ Jugeant qu'en cas de dénonciation de la garantie avant la date prévue, le garant engage sa responsabilité envers le donneur d'ordre : • Com. 23 mai 2006 : *JCP E 2006, n° 48, p. 2036, n° 47, obs. Stoufflet ; RD banc. fin. 2006, n° 135, obs. Legeais.*

23. Forme de l'appel en garantie. Au vu des stipulations de la garantie, une cour d'appel fait une exacte application de la loi du contrat en décidant que des conclusions prises par l'avocat devant les juges peuvent valoir appel en garantie. • Com. 24 mars 1992 : *Bull. civ. IV, n° 123 ; D. 1993. Somm. 99, obs. Vasseur* . ♦ Une demande de prorogation de la garantie (demande « prorogez ou payez ») ne saurait équivaloir, en l'absence de stipulations contraires, à un appel en garantie. • Com. 24 janv. 1989 : *D. 1989. Somm. 159, obs. Vasseur ; RTD com. 1990. 79, obs. Cabrillac et Teyssié* ; *JCP 1990. II. 21425, note Mattout et Prüm* • Paris, 23 juin 1995 : *JCP E 1995. II. 735, note Affaki,* conf. par • Civ. 1re, 24 févr. 1998 : *JCP 1998. I. 149, n° 10, obs. Simler et Delebecque.* – *Contra* : • Paris, 28 juin 1993 : *JCP E 1993. I. 302, n° 17, obs. Gavalda et Stoufflet.* – Comp., aussi : • Paris, 9 janv. 1991 : *D. 1991. Somm. 196, obs. Vasseur* . ♦ Pour une mise en œuvre de la garantie subordonnée à l'envoi d'une lettre recommandée, V. • Com. 12 juill. 2005 : *Bull. civ. IV, n° 161 ; D. 2005. AJ 2214, obs. Delpech* ;

RTD com. 2005. 823, obs. Legeais ; JCP E 2005, n° 51-52, p. 2206, obs. Simler ; RD banc. fin. 2005, n° 172, obs. Cerles ; RJDA 2005, n° 1286.

24. Inopposabilité des exceptions. Le garant ne peut se prévaloir de l'exécution de ses obligations par le donneur d'ordre. • Com. 21 mai 1985 : *D. 1986. 213, note Vasseur ; Banque 1986. 87, obs. Rives-Lange.* ♦ Le caractère autonome de la garantie et de la contre-garantie données par des banques leur interdit, ainsi qu'à l'entrepreneur, d'exciper des exceptions que ce dernier peut opposer au maître de l'ouvrage, sauf dans le cas de fraude manifeste. • Com. 10 juin 1986 : *Bull. civ. IV, n° 117 ; D. 1987. 17, note Vasseur.* ♦ Le garant ne peut se prévaloir de la nullité du contrat de base, ni de sa résolution. • Paris, 13 févr. 1987 : *D. 1987. Somm. 172, obs. Vasseur.* ♦ S'agissant d'une garantie annexée à un contrat de location financière, le débiteur de la garantie ne peut se prévaloir du fait que la créance du bailleur n'a pas été déclarée dans la procédure collective du locataire, V. • Nancy, 22 sept. 1997 : *RTD com. 1998. 655, obs. Cabrillac*. ♦ Le garant ne peut bénéficier de l'exception de subrogation prévue à l'art. 2037 [2314] C. civ. en faveur de la caution ni de la règle de l'art. 48 de la loi du 1er mars 1984 relative à l'information annuelle de la caution [C. mon. fin., art. L. 313-22]. • Même arrêt. ♦ Une garantie autonome n'est pas éteinte, en cas d'ouverture d'une procédure collective à l'encontre du donneur d'ordre même lorsque le créancier bénéficiaire de la garantie autonome ne déclare pas au passif sa créance. • Com. 30 janv. 2001 : *préc. note 3.* – V. aussi les décisions citées notes 10 et 11. ♦ Une banque, qui a souscrit une garantie autonome, ne peut pas utilement faire valoir que le bénéficiaire de la garantie a commis une faute en ne déclarant pas sa créance au titre du contrat de base garanti dans le cadre de la procédure collective du donneur d'ordre ni prétendre avoir de ce fait subi un préjudice. • Com. 9 juin 2004 : *Bull. civ. IV, n° 118 ; JCP E 2004, n° 32-35, p. 1271 ; Banque et Droit sept.-oct. 2004. 77, obs. Rontchevsky ; RD banc. fin. 2004, n° 203, obs. Cerles ; Rev. sociétés 2004. 894, note Pariente ; LPA 10 mai 2005, obs. E. C. ; RJDA 2004, n° 1389.* ♦ Sur les différences avec le cautionnement, V. aussi C. civ., art. 2288 s. – **C. civ.**

25. Garantie documentaire. Les parties commerçantes peuvent subordonner l'effectivité d'un crédit documentaire à une condition suspensive. • Com. 22 mars 2011 : *JCP E 2011, n° 1745, spéc. n° 5, obs. Béguin ; RJDA 2011, n° 652.* ♦ Le garant peut subordonner la mise en œuvre de la garantie à la remise de documents. • Com. 20 févr. 1985 : *D. 1986. IR 153, obs. Vasseur* • Paris, 24 janv. 1984 : *D. 1984. IR 203, obs. Vasseur.* ♦ ... A des justifications. • Paris, 24 nov. 1981 : *D. 1982. 296, note Vasseur ; JCP 1982. II. 19876, note Stoufflet* • 14 janv. 1993 : *JCP 1993. II. 22069, note Dumesnil-Rossi.* ♦ ... A la production d'une transaction ou d'une décision de justice. • Paris, 27 mai 1991 : *JCP E 1992. Pan. 114.* – V. aussi • Com. 19 févr. 1991 : *JCP 1991. II. 21670, note Vasseur* • 21 févr. 1995 : *RJDA 1995, n° 883* • Com. 30 janv. 2001 : *BRDA 2001, n° 4, p. 7.* ♦ Lorsque la seule condition mise à l'exécution est l'envoi d'une copie de la correspondance du bénéficiaire réclamant l'exécution à hauteur des montants fixés, sa réalisation suffit à justifier l'action. • Com. 27 févr. 1990 : *D. 1990. Somm. 213, obs. Vasseur*. – Comp. : note 9.

26. Monnaie de paiement. Est régulier l'appel en dollars américains d'une garantie à première demande souscrite en dinars libyens, dès lors que cette dernière monnaie n'est pas convertible et que le paiement a été effectué à New York. • Com. 4 juill. 1995 : *Bull. civ. IV, n° 200 ; D. 1996. 249, note S. Piedelièvre ; D. Affaires 1995. 42 ; Rev. crit. DIP 1996. 452, note Libchaber ; Rev. dr. bancaire 1995. 222, obs. Contamine-Raynaud. – Contra* : • Paris, 24 oct. 1989 : *D. 1990. Somm. 203, obs. Vasseur ; JCP E 1990. II. 15700, note Vallens.* ♦ Mais le défaut de convertibilité d'une monnaie ne constitue pas un cas d'impossibilité avérée d'exécuter une contre-garantie dès lors que le débiteur de la garantie se dit à même d'en disposer pour effectuer le paiement auquel il est tenu. • Com. 5 oct. 2004 : *RD banc. fin. 2005, n° 13, obs. Cerles ; RJDA 2005, n° 1155.*

2° INEFFICACITÉ DES MOYENS PROCÉDURAUX INCONCILIABLES AVEC L'AUTONOMIE DE LA GARANTIE

27. Mise sous séquestre. Les garanties à première demande ayant un caractère autonome, qui interdit au garant de se prevaloir des exceptions que le donneur d'ordre serait en droit d'opposer, il n'y a lieu à référé relativement à la demande de séquestre chez la banque garante des fonds correspondant à la garantie formée par le donneur d'ordre. • Paris, 7 nov. 1983 : *D. 1984. IR 205, obs. Vasseur* • 3 déc. 1984 : *Banque 1985. 93, obs. Rives-Lange ; RTD com. 1985. 342, obs. Cabrillac et Teyssié.* ♦ Comp. : • Paris, 13 oct. 1988 : *D. 1990. Somm. 211, obs. Vasseur*. – *Contra* : • Paris, 2 juin 1982 : *D. 1983. 437, note Vasseur.*

28. Saisie conservatoire ou saisie-attribution. Le donneur d'ordre ne saurait faire procéder à la saisie-arrêt de la créance du bénéficiaire sur la banque garante. • Paris, 25 mars 1982 : *D. 1982. IR 497, obs. Vasseur ; RTD com.*

1983. 103, obs. Cabrillac et Teyssié. ♦ V. cependant, pour une créance ayant une origine étrangère au contrat de base, • Paris, 26 mars 1986 : *D. 1986. 374, note Vasseur.* ♦ Sur l'absence de validité d'une saisie conservatoire initiée par un donneur d'ordre sur les sommes versées par le contre-garant, V. • Com. 15 juin 1999 : *Bull. civ. IV, n° 126 ; D. 2000. 112, note Picod ; D. Affaires 1999. 1328, obs. J. F. ; JCP E 1999, n° 38, p. 1462, obs. Bouteiller, et 2000, n° 27, p. 1088, obs. Gavalda et Stoufflet.* – Rappr. • Paris, 23 juin 2004 : *Banque et Droit sept.-oct. 2004. 95, obs. Affaki et Stoufflet.*

3° *SANCTION DE LA FRAUDE ET DE L'APPEL MANIFESTEMENT ABUSIF DE LA GARANTIE*

29. *Neutralisation de la garantie.* BIBL. Stoufflet, *Mélanges Tricot, Dalloz/Litec, 2011, p. 49* (les exceptions opposables au bénéficiaire d'une garantie bancaire autonome ou d'un crédit documentaire). ♦ L'exercice de la garantie peut être écarté par la démonstration d'une fraude ou d'un abus manifeste de son bénéficiaire. • Com. 10 juin 1986 : *Bull. civ. IV, n° 117 ; D. 1987. 17, note Vasseur* • 20 janv. 1987 : *Bull. civ. IV, n° 19 ; JCP 1987. II. 20764, note Stoufflet ; D. 1987. Somm. 117, obs. Vasseur ; RTD com. 1987. 234, obs. Cabrillac et Teyssié* • 7 juin 1994 : *Bull. civ. IV, n° 203 ; D. 1995. Somm. 20, obs. Vasseur ; JCP 1994. II. 22312, note Stoufflet* • Versailles, 10 oct. 1997 : *BICC 1998, n° 720.* ♦ Le juge ne pouvant que, soit suspendre le versement de la garantie en raison de la fraude, soit refuser la suspension, sans pouvoir assortir cette décision de modalités, doit être cassé l'arrêt qui, tout en retenant que l'appel d'une garantie à première demande est frauduleux, déboute le bénéficiaire de sa demande tendant au paiement immédiat de la garantie et subordonne le paiement à la délivrance par le bénéficiaire d'un cautionnement bancaire du même montant. • Com. 6 nov. 1990 : *Bull. civ. IV, n° 258 ; D. 1991. 109, concl. Jéol , et Somm. 201, obs. Vasseur ; JCP 1991. II. 21360, concl. Jéol.*

30. *Illustration de l'abus manifeste.* Il en est ainsi de la reconnaissance de l'exécution satisfaisante des travaux objet du contrat de base. • Com. 10 juin 1986 : *préc. note 29.* ♦ ... En cas d'inexécution de son obligation par le donneur d'ordre. • Com. 12 janv. 1993 : *Bull. civ. IV, n° 1 ; D. 1995. 24, note Vasseur* • Paris, 27 juin 1988 : *D. 1989. Somm. 151, obs. Vasseur.* ♦ ... Lorsque l'appel en garantie est fondé sur le refus par une société de souscrire un projet de contrat non conforme au cahier des charges. • Com. 2 déc. 1997 : *Bull. civ. IV, n° 312 ; D. Affaires 1998. 107, obs. V. A.-R. ; CCC 1998, n° 41, note Leveneur ; JCP 1998. II. 10165, note Hanna ; ibid. E 1999, n° 17, p. 764, obs. Cabrillac et Stoufflet ; Gaz. Pal. 20-22 déc. 1998, p. 8, obs. Piedelièvre.* ♦ Est frauduleux l'appel en garantie pour des motifs autres que ceux prévus. • T. com. Paris, 1er août 1984 : *JCP 1984. II. 20526, note Azencot.*

31. *Abus manifeste en matière de contre-garantie.* S'agissant de contre-garantie, il appartient au garant de rapporter la preuve d'une collusion frauduleuse entre le bénéficiaire et la banque garante de premier rang. • Com. 11 déc. 1985 : *D. 1986. 213, note Vasseur ; JCP 1988. II. 20593, note Stoufflet* • 9 oct. 2001 : *Bull. civ. IV, n° 158 ; D. 2001. AJ 3193 ; Banque et Droit janv.-févr. 2002. 40, obs. Jacob ; RTD com. 2002. 144, obs. Cabrillac.* ♦ V. aussi • Paris, 14 déc. 1987 : *D. 1988. Somm. 249, obs. Vasseur* • Com. 10 janv. 1989 : *Bull. civ. IV, n° 9* • 29 mars 1994 : *D. 1995. Somm. 20, obs. Vasseur* • 12 déc. 1995 : *Bull. civ. IV, n° 289 ; D. Affaires 1996. 202* • Paris, 26 avr. 2007 : *Banque et Droit nov.-déc. 2007. 48, obs. Affaki et Stoufflet.* ♦ Le concert frauduleux ne peut résulter de ce qu'une banque est nationalisée, la nationalisation ne pouvant suffire à faire considérer cet organisme comme une émanation de l'État. • Com. 6 avr. 1993 : *D. 1995. Somm. 20, obs. Vasseur* • 29 mars 1994 : *préc.* – V. aussi • Com. 4 juill. 1995 : *BRDA 1995, n° 17, p. 8.*

Il revient au juge de rechercher si l'appel de garantie formulé par le maître de l'ouvrage est manifestement abusif ou frauduleux et, à supposer qu'il le fût, si, à la date où l'avait appelé la contregarantie, le garant ne pouvait avoir lui-même aucun doute sur la réalité de ce caractère manifestement abusif ou frauduleux. • Com. 26 nov. 2003 : *Bull. civ. IV, n° 175 ; D. 2004. AJ 133 ; JCP E 2004, n° 36, p. 1342, obs. Simler ; Gaz. Pal. 2004. Somm. 1993, obs. S. Piedelièvre ; RD banc. fin. 2004, n° 68, obs. Cerles ; Banque et Droit janv.-févr. 2004. 51, obs. Jacob ; ibid. 66, obs. Affaki et Stoufflet ; RTD com. 2004. 146, obs. Legeais ; RJDA 2004, n° 479.* ♦ Lorsqu'il est évident qu'en appelant la contre-garantie, la banque étrangère de premier rang avait manifestement connaissance de l'abus de droit commis par le bénéficiaire dans la mise en œuvre de la garantie de premier rang, il y a lieu de faire défense à la banque française d'exécuter sa contre-garantie, tant qu'une décision au fond ne sera pas intervenue. • Paris, 17 juin 1992 : D. 1995. Somm. 19, obs. Vasseur. ♦ Sur le sursis à statuer sur la demande en paiement d'une contre-garantie dès lors que le donneur d'ordre a déposé plainte avec constitution de partie civile pour faux contre la banque contre-garante, V. • Paris, 13 janv. 1989 : *D. 1990. Somm. 211, obs. Vasseur .*

31 bis. Abus manifeste en matière de crédit documentaire. En raison de l'autonomie du crédit documentaire par rapport au contrat de base, le donneur d'ordre ne peut en paralyser la réalisation, lorsqu'il est stipulé irrévocable, qu'en établissant une fraude portant sur la mise en place ou l'exécution de ce crédit documentaire. Dans ce cas, il peut faire obstacle à l'exécution par la banque de ses engagements en recourant à une saisie conservatoire, sous réserve de justifier d'une créance sur le bénéficiaire du crédit documentaire, paraissant fondée en son principe et des circonstances susceptibles d'en menacer le recouvrement. • Com. 16 déc. 2008 : *Bull. civ. IV, n° 205 ; D. 2009. AJ 161, obs. Delpech ; RTD com. 2009. 192, obs. Legeais ; ibid. 647, obs. Delebecque ; JCP E 2009, n° 5, p. 21, note Stoufflet ; RD banc. fin. 2009, n° 100, obs. S. Piedelièvre ; Banque et Droit janv.-févr. 2009. 45, obs. Jacob ; ibid. mai-juin 2009. 42, obs. Affaki et Stoufflet ; RJDA 2009, n° 575 ; RDC 2009. 1204, note Racine.* ♦ Le droit pour le donneur d'ordre de se prévaloir d'une fraude affectant les documents d'un crédit documentaire avant son exécution pour en paralyser le paiement n'est pas subordonné à la condition que cette fraude soit décelable par la banque émettrice au terme d'un simple examen formel. • Com. 25 avr. 2006 : *Bull. civ. IV, n° 95 ; D. 2006. AJ 1366, obs. Delpech ; JCP 2006. IV. 2120 ; Banque et Droit juill.-août 2006. 79, obs. Affaki et Stoufflet ; RJDA 2006, n° 943.* ♦ Un crédit documentaire réalisable par acceptation étant seulement exécuté par le paiement de l'effet accepté, la fraude, découverte antérieurement à ce règlement, fait échec à l'obligation de paiement de la banque acceptante au titre du crédit documentaire, hors la circonstance ou cet effet serait présenté par un tiers porteur de bonne foi, non partie au crédit. • Com. 11 oct. 2005 : *Bull. civ. IV, n° 205 ; D. 2005. AJ 2802, obs. Delpech ; RTD com. 2006. 172, obs. Legeais ; JCP E 2005, n° 47, p. 1980, note Stoufflet ; Gaz. Pal. 2006. Somm. 1951, obs. F. B. ; Banque et Droit janv.-févr. 2006. 71, obs. Affaki ; RJDA 2005, n° 1380 et p. 1139, rapp. Cohen-Branche.*

La banque émettrice peut, quelle qu'ait été sa pratique antérieure, refuser de lever les réserves et notifier son refus d'exécution du crédit documentaire, même si elle avait usé de la faculté laissée à sa discrétion de solliciter l'avis du donneur d'ordre, et si celui-ci lui avait notifié sa décision de renoncer aux irrégularités ou non-conformités. • Com. 20 juin 2006 : *Bull. civ. IV, n° 144 ; D. 2006. AJ 2238, obs. Delpech ; RTD com. 2006. 899, obs. Legeais ; ibid. 948, obs. Delebecque ; RTD civ. 2006. 733, obs. Remy-Corlay ; JCP E 2006, n° 45, p. 1872, note Stoufflet ; RJDA 2006, n° 1261.* ♦ A moins d'être informée d'une fraude avant la réalisation du crédit documentaire – intervenue à la date de négociation des effets émis par le bénéficiaire – la banque émettrice est tenue de couvrir la banque acceptante. • T. com. Nancy, 19 sept. 2005 : *Banque et Droit mars-avr. 2007. 66, obs. Guillot.*

32. Abus manifeste non établi. Le risque manifeste de fraude ou d'abus n'autorise pas la suspension de l'obligation au paiement. • Com. 5 févr. 1991 : *Bull. civ. IV, n° 49 ; D. 1991. Somm. 199, obs. Vasseur.* ♦ L'existence d'un abus manifeste ne peut être retenu par une cour d'appel ayant relevé le caractère équivoque de la raison, tenant à la non-terminaison des travaux, invoquée pour appeler la garantie : • Com.18 déc. 1990 : *D. 1991. Somm. 198, obs. Vasseur.* ♦ Seuls la fraude ou l'abus manifeste dans la mise en œuvre de la garantie sont susceptibles de mettre en échec une garantie autonome et de rendre illicite son exécution ; tel n'est pas le cas de griefs tirés des conditions d'exécution du contrat de base : • Com. 25 mars 2003 : *JCP E 2004, n° 3, p. 79, obs. Simler ; RJDA 2003, n° 1021.* – V. aussi • Com. 28 nov. 1995 : *Bull. civ. IV, n° 270 ; D. Affaires 1996. 120 ; Rev. huiss. 1996. 604, note Courtier.* ♦ Ne peut invoquer le caractère abusif de la demande de garantie émise au profit d'un avaliste de billet à ordre, le garant qui fonde l'abus sur le fait que le bénéficiaire prétendait devant un juge que son engagement d'avaliste ne devait pas être mis en jeu, et non sur la certitude, judiciairement constatée, que cette prétention était fondée. • Com. 7 oct. 1997 : *préc. note 3.* ♦ Comp., décidant qu'il convient de surseoir à statuer en raison de la procédure pénale en cours devant se prononcer sur la suspicion de fraude caractérisant le contrat principal, fraude de nature à paralyser la mise en jeu de la garantie : • Paris, 20 mai 2005 : *Banque et Droit sept.-oct. 2005. 80, obs. Affaki et Stoufflet.* ♦ En ce sens que l'abus ne peut procéder du montant de la somme réclamée, V. • Paris, 2 mars 1990 : *D. 1990. Somm. 209, obs. Vasseur.* ♦ Sauf fraude ou abus, le créancier qui bénéficie d'une pluralité de sûretés (cautionnement et garantie à première demande) ne commet pas de faute en choisissant le moyen d'obtenir le paiement de sa créance. • Com. 2 juin 2004 : *Bull. civ. IV, n° 106 ; D. 2004. Somm. 2708, obs. Aynès ; ibid. AJ 1807 ; JCP E 2005, n° 21, p. 871, obs. Mathey ; Gaz. Pal. 2004. 3245, note S. Piedelièvre ; RD banc. fin. 2004, n° 164, obs. Legeais ; CCC 2004, n° 122, obs. Leveneur ; RJDA 2004, n° 1263.* ♦ Pour des motifs politiques, • T. com. Paris, 12 févr 1982 : *D. 1982. 504, note Vasseur.* ♦ Pour une société ayant pu de bonne foi croire en l'existence d'un préjudice, ce qui excluait qu'elle ait commis un abus manifeste en appelant la garantie autonome, V. • Com. 30 oct. 2007 : *JCP E 2008, n° 35, p. 16, obs. Simler ; RD banc. fin. 2007, n° 223, obs. Legeais ; RJDA 2008, n° 949.*

4° RECOURS

33. Recours du donneur d'ordre. Le donneur d'ordre d'une garantie à première demande est recevable à demander la restitution de son montant au bénéficiaire, à charge pour lui d'établir que le bénéficiaire en a reçu indûment le paiement, par la preuve de l'exécution de ses propres obligations contractuelles, ou par celle de l'imputabilité de l'inexécution du contrat à la faute du cocontractant bénéficiaire de la garantie ou par la nullité du contrat de base, et ce sans avoir à justifier d'une fraude ou d'un abus manifeste, comme en cas d'opposition préventive à l'exécution de la garantie par le garant. • Com. 7 juin 1994 : *Bull. civ. IV, n° 202 ; D. 1995. Somm. 19, obs. Vasseur ; JCP E 1994. II. 637, note Leveneur.* – V. aussi • Paris, 22 juin 1978 : *D. 1979. 259, note Vasseur* • T. com. Paris, réf., 6 mars 1987 : *D. 1988. Somm. 249, obs. Vasseur.* ♦ Comp. notes 27, 28 et 41.

Sur le recours du donneur d'ordre contre le garant ou le contre-garant, V. • Com. 7 juin 1994 : *D. 1995. Somm. 21, obs. Vasseur* (exigeant cette fois la preuve du caractère manifestement abusif de l'appel de la garantie) • 17 mars 2004 : *JCP 2004. I. 188, n° 12, obs. Simler* (concernant l'indemnisation du donneur d'ordre par le garant de premier rang qui avait connaissance de l'appel des garanties autonomes internationales en violation manifeste du contrat). ♦ Le donneur d'ordre d'une garantie autonome à première demande, tenu de rembourser son contre-garant des sommes versées en exécution de cette contre-garantie, est en droit d'agir en responsabilité contre le garant de premier rang, qui, en payant le bénéficiaire, n'a pas respecté les conditions définies dans la garantie de premier rang. • Com. 30 mars 2010 : *Bull. civ. IV, n° 65 ; D. 2010. 2274, note Houin-Bressand ; ibid. Actu. 957, obs. Delpech ; RTD com. 2010. 593, obs. Legeais ; JCP 2010, n° 567, note Gout ; JCP E 2010, n° 1677, spéc. n° 9, obs. Simler ; Gaz. Pal. 2010. 2319, obs. Morel-Maroger* et *Pailler ; Banque et Droit mai-juin 2010. 42, obs. Rontchevsky ; RJDA 2010, n° 783 ; RLDC sept. 2010. 31, note Netter ; RDC 2010. 1345,* note *Barthez.* ♦ L'indépendance de la contre-garantie à l'égard de la garantie de premier rang n'interdit pas au donneur d'ordre, tenu au titre de la garantie autonome à première demande, d'agir en responsabilité contre l'un quelconque des garants qui, par sa faute, l'a contraint de payer. • Même arrêt.

34. Recours du garant. Sur l'engagement du donneur d'ordre de rembourser à première demande le garant de toutes sommes qu'il aurait été amené à payer, V. • Riom, 14 mai 1980 : *D. 1981. 336 (1re esp.), note Vasseur.* ♦ Mais le donneur d'ordre n'est tenu d'aucune obligation de remboursement envers sa banque qui n'a pas respecté les termes de la garantie. • Com. 6 févr. 1990 : *D. 1990. 467, note D. Martin , et Somm. 213, obs. Vasseur ; Bull. civ. IV, n° 33* • Paris, 25 févr. 1985 : *D. 1985. IR 244, obs. Vasseur.* ♦ Sur les conséquences d'un défaut de déclaration de créance du bénéficiaire à la procédure collective du donneur d'ordre, V. • Com. 9 juin 2004 : *préc. note 24.*

35. Recours du contre-garant. Pour la recevabilité de la tierce opposition formée par le garant de premier rang contre la décision du juge des référés qui, interdisant au contre-garant de payer le bénéficiaire, lui faisait courir le risque de devoir lui-même s'exécuter, V. • Com. 9 oct. 2001 : *préc. note 31.*

35 bis. Prescription. En l'absence de clause contraire, non invoquée en l'espèce, l'exigibilité de la contre-garantie n'est pas subordonnée à l'exécution par son bénéficiaire, garant de premier rang, de son propre engagement, de telle sorte que le délai de prescription du recours du garant contre le contre-garant a commencé à courir du jour de l'exigibilité de la contre-garantie. • Com. 13 sept. 2011 : *Bull. civ. IV, n° 128 ; D. 2011. Actu. 2268, obs. Delpech ; JCP E 2012, n° 1052, spéc. n° 10, obs. Simler ; Gaz. Pal. 2011. 3092, obs. Pailler ; ibid. 3620, obs. Dumont-Lefrand ; RJDA 2011, n° 1075 ; RD banc. fin. 2011, n° 200, obs. Cerles ; Banque et Droit nov.-déc. 2011. 51, obs. Rontchevsky ; RLDC nov. 2011. 36, obs. Ansault ; Journ. sociétés nov. 2011. 57, obs. Hontebeyrie.*

5° COMPÉTENCE

36. Loi applicable. En l'absence de désignation de la loi applicable, la loi régissant les relations donneur d'ordre-garant est la loi de la résidence du garant. • TGI Paris, 26 janv. 1983 : *D. 1983. IR 297, obs. Vasseur.* ♦ Il convient de rechercher dans la loi que les parties ont voulu appliquer à leur engagement de garantie, si celui-ci doit être qualifié de garantie indépendante ou d'engagement accessoire au contrat principal. • Civ. 1re, 13 oct. 1993 : *Rev. crit. DIP 1997. 685, note Jobard-Bachellier* .

37. Compétence internationale. Sur la compétence internationale de la juridiction du domicile du garant, V. • Paris, 25 févr. 1988 : *D. 1989.*

Somm. 150, obs. Vasseur. ♦ Sur la portée du règlement CEE n° 3541-92 du 7 déc. 1992, V. • Paris, 23 juin 1995 : *préc. note 23*, conf. par • Civ. 1re, 24 févr. 1998 : *ibid.* – V. aussi Vasseur, *D. 1995. Chron. 43*.

38. Compétence du juge judiciaire. V., s'agissant d'un litige entre une société et la COFACE : • Paris, 23 nov. 1990 : *D. 1991. Somm. 192, obs. Vasseur*, conf. par • Civ. 1re, 18 nov. 1992 : *Bull. civ. I, n° 279 ; D. 1995. Somm. 14, obs. Vasseur*.

39. Compétence du TGI. S'agissant d'une garantie indépendante donnée par le président-directeur général d'une société qui s'est porté garant de sommes dues par la société, elle ne saurait être considérée comme l'accessoire d'une opération commerciale, de sorte que le tribunal de grande instance est compétent pour connaître du litige opposant le garant au bénéficiaire de la garantie. • Versailles, 11 févr. 1993 : *D. 1993. IR 97.* ♦ Dans le même sens, pour le gérant d'une SARL, V. • Aix-en-Provence, 15 avr. 1993 : *JCP E 1993. Pan. 1386.* – V. aussi • Dijon, 6 mai 1994 : *BICC 1994, n° 1254 ; JCP E 1995. Pan. 65.*

40. Compétence territoriale. Le tribunal territorialement compétent pour se prononcer sur la mise en œuvre d'une garantie autonome est, en application de l'art. 5 (1°) de la Convention de Bruxelles du 27 sept. 1968, le tribunal du lieu où se réalise la remise des fonds par le banquier ayant accordé sa garantie. • Poitiers, 11 mars 1992 : *Bull. Joly 1993. 779.*

41. Pouvoirs du juge des référés. Hors le cas de fraude ou d'abus manifeste, le juge des référés ne peut ordonner ni le sursis à exécution de la garantie indépendante. • Com. 5 mai 1988 : *D. 1988. 430, note Vasseur ; Rev. dr. bancaire 1989. 134, obs. Contamine-Raynaud.* ♦ ... Ni la restitution d'une somme payée par le donneur d'ordre au titre de la garantie. • Com. 7 juin 1994 : *D. 1995. Somm. 21, obs. Vasseur*. ♦ ... Ni une exonération partielle de la banque de son obligation de garantie. • Com. 25 mars 2003 : *préc. note 32.* ♦ V. *aussi, même en présence* d'une clause dans le contrat de base donnant compétence à un tribunal arbitral, pour apprécier sur le fond la régularité de la mise en œuvre de la garantie accordée, • Paris, 6 mars 1991 : *D. 1992. Somm. 241, obs. Vasseur*. ♦ Sur la compétence du juge des référés, au regard de l'art. 873, al. 2, C. pr. civ., pour apprécier la fraude manifeste, V. • Com. 31 mai 2011 : *JCP E 2011, n° 1583, note Legeais ; Gaz. Pal. 2011. 2941. obs. Dumont-Lefrand ; Dr. et patr. févr. 2012. 90, obs Dupichot ; RD banc. fin. 2011, n° 167, obs Legeais ; Banque et Droit sept.-oct. 2011. 43, obs. Rontchevsky.*

III. AUTRES GARANTIES PERSONNELLES

42. Lettre d'intention ou de confort. V. ci-dessous, art. 2322 C. civ.

43. Codébiteur solidaire (C. civ., art. 1216). Sur l'engagement de codébiteur solidaire non intéressé à la dette, V. • Civ. 1re, 17 nov. 1999 : *Bull. civ. I, n° 309 ; D. 2000. 407, note Ancel ; JCP 2000. II. 10403, note Picod, et I. 209, obs. Simler ; Defrénois 2000. 718, obs. Delebecque ; Banque et Droit mars-avr. 2000. 42, obs. Rontchevsky.*

44. Engagement de payer la dette d'autrui. En dehors de tout défaut de paiement ou de manquement à ses obligations par cet autrui, V. • T. com. Paris, 23 mars 1992 : *D. 1993. Somm. 95, obs. Vasseur*. – V. aussi • Com. 7 oct. 1997 : *préc. note 3.* – V. également note 4 ss. art. L. 642-11 C. com.

45. Engagement de racheter un bien. Une banque ayant consenti un prêt à un emprunteur pour l'acquisition d'un matériel et une convention étant intervenue le même jour entre le prêteur, l'emprunteur et le fournisseur, aux termes de laquelle le fournisseur s'engage, sur première réquisition de la banque, à racheter à l'acquéreur le matériel vendu et à en verser directement le prix au prêteur il n'y a pas eu constitution de gage, faute de dépossession du débiteur, l'engagement souscrit par l'acquéreur de revendre au fournisseur le matériel dont il conserve la possession ne pouvant constituer un pacte commissoire défini et prohibé par l'art. 2078 C. civ. • Civ. 1re, 4 janv. 1995 : *RJ com. 1996. 56, note Calendini.* ♦ Sur l'engagement d'une société mère de se substituer à sa filiale défaillante dans tous les droits et obligations nés d'un contrat de crédit-bail immobilier, V. • Paris, 4 oct. 2002 : *Bull. Joly 2003. 294, note Rontchevsky.*

46. Garantie bancaire sui generis. Pour la reconnaissance de garanties bancaires *sui generis* dont les conditions découlent de la seule volonté des parties, V. • T. féd. Suisse, 13 avr. 1993 : *D. 1995. Somm. 12, obs. Vasseur*.

Sur la paralysie des effets des garanties indépendantes se rapportant à des contrats dont l'exécution a été empêchée en raison des mesures d'embargo prises contre l'Irak, V. L. n° 91-716 du 26 juill. 1991, art. 45 (D. et ALD 1991. 355) ; Règl. CEE n° 3541-92 du 7 déc. 1992 (JOCE L. 361 du 10 déc.).

BIBL. ▶ Grelon et Dal Farra, *CCC 1994. Chron. 2* (sort des contrats en cas d'embargo) ; *Rev. dr. bancaire 1994. 98* (sort des garanties financières).

Art. 2322 *(Ord. n° 2006-346 du 23 mars 2006, art. 7)* **La lettre d'intention est l'engagement de faire ou de ne pas faire ayant pour objet le soutien apporté à un débiteur dans l'exécution de son obligation envers son créancier.**

BIBL. ▶ D. Mazeaud, *Mélanges Jeantin, Dalloz 1999, p. 341* (variations sur une garantie épistolaire et indemnitaire : la lettre d'intention). – Pariente, *Mélanges Guyon, Dalloz, 2003 p. 861* (les lettres d'intention). – De Laender, *RD banc. fin. mars-avr. 2006. 68* (les lettres d'intention et le risque du banquier). – Le Cannu, *RTD com. 2006. 421* (les lettres d'intention conquises par le code civil). – Rontchevsky, *Mélanges Simler, Dalloz-Litec 2006, p. 417* (faire le nécessaire). – Jambort, *Bull. Joly 2007. 669* (les lettres d'intention sont-elles mortes ?). – Pomart, *LPA 27 mars 2008* (la lettre d'intention après l'ordonnance du 23 mars 2006). – Simler, *RJDA juill. 2007. 739* (le nouvel art. 2322 C. civ. et le régime de la lettre d'intention).

Lettre d'intention. V. • Versailles, 5 mai 1988 : *JCP 1988. II. 21112, note Estoup* • Com. 23 oct. 1990 : *Bull. civ. IV, n° 256 ; D. 1992. Somm. 34, obs. Vasseur ; Rev. sociétés 1991. 86, note Delebecque ; JCP 1991. II. 21684, note Larroumet* • 7 oct. 1997 : *Bull. civ. IV, n° 248 ; D. Affaires 1997. 1421 ; JCP E 1998, n° 20-21, p. 810, note Legeais* • 26 janv. 1999 : *Bull. civ. IV, n° 31 ; D. 1999. 577, note Aynès ; D. Affaires 1999. 344, note M. B. ; JCP 1999. II. 10087, note Legeais* • 26 févr. 2002 : *Bull. civ. IV, n° 43 ; D. 2002. Somm. 3331, obs. Aynès ; ibid. AJ 1273, obs. Lienhard ; LPA 18 avr. 2002, note E. C.* • Versailles, 27 avr. 2006 : *RJDA 2006, n° 1072.* – V. aussi Vasseur, *RJ com., févr. 1982, n° spéc., p. 104* ; Najjar, *D. 1989. Chron. 217* ; Baillod, *RTD com. 1992. 547* ; B. Saint-Alary, *Dr. et patr. juill.-août 1995. 30* ; S. Piedelièvre : *ibid. janv. 1996. 56.* ♦ V. aussi, v° *Contrats d'affaires (généralités)*, notes 24 et 242.

PRÊTS D'ARGENT — INTÉRÊTS DES CAPITAUX

Les dispositions des lois n° 56-760 du 2 août 1956, n° 66-1010 du 28 déc. 1966 relative à l'usure, aux prêts d'argent et à certaines opérations de démarchage, n° 75-619 du 11 juill. 1975 relative au taux d'intérêt légal, et n° 78-741 du 13 juill. 1978 relative à l'orientation de l'épargne vers le financement des entreprises ont été codifiées dans le code monétaire et financier (Ord. n° 2000-1223 du 14 déc. 2000).

Dans le souci de maintenir l'unité de cette codification, les dispositions législatives codifiées relatives aux prêts d'argent et intérêts des capitaux (art. L. 312-3, L. 313-2 s.) *sont reproduites au v° Banque et financement de l'entreprise.*

RÉP. COM. v° *Intérêts des capitaux*, par S. PIEDELIÈVRE.

BIBL. GÉN. ▶ Dossier, *RD banc. fin. mars-avr. 2007. 67 s.* (la rémunération du crédit en Europe). – MARTIN et GÉRARD GODARD, *RLDA mai 2011. 92* (retour sur la notion d'intérêt conventionnel dans le contrat de prêt d'argent).

Code de la consommation

Le taux d'intérêt

Le taux effectif global

Art. L. 313-1 Dans tous les cas, pour la détermination du taux effectif global du prêt, comme pour celle du taux effectif pris comme référence, sont ajoutés aux intérêts les frais, commissions ou rémunérations de toute nature, directs ou indirects, y compris ceux qui sont payés ou dus à des intermédiaires intervenus de quelque manière que ce soit dans l'octroi du prêt, même si ces frais, commissions ou rémunérations correspondent à des débours réels.

Toutefois, pour l'application des articles L. 312-4 à L. 312-8, les charges liées aux garanties dont les crédits sont éventuellement assortis ainsi que les honoraires d'officiers ministériels ne sont pas compris dans le taux effectif global défini ci-dessus, lorsque leur montant ne peut être indiqué avec précision antérieurement à la conclusion définitive du contrat. – *V. ces art. au* ***C. consom.*** *ou au* ***C. civ.***

(L. n° 2010-737 du 1er juill. 2010, art. 12, en vigueur le 1er mai 2011) **« Pour les contrats de crédit entrant dans le champ d'application du chapitre Ier du présent titre, le taux effectif global, qui est dénommé "Taux annuel effectif global", ne comprend pas les frais d'acte notarié. »**

En outre, pour les prêts qui font l'objet d'un amortissement échelonné le taux effectif global doit être calculé en tenant compte des modalités de l'amortissement de la créance.

Un décret en Conseil d'État déterminera les conditions d'application du présent article. – *[L. n° 66-1010 du 28 déc. 1966, art. 3.]* – *V. art. R. 313-1 à R. 313-5 infra.*

Les dispositions issues de la L. n° 2010-737 du 1er juill. 2010 s'appliquent aux contrats dont l'offre a été émise après la date d'entrée en vigueur (L. préc., art. 61-I).

BIBL. ▶ LUTZ, *D. 2009. 2955* (taux débiteur et TAEG dans la directive européenne sur le crédit aux consommateurs). – CAUSSE, *JCP E 2010, n° 1576* (la coopération bancaire ravalée à une fraction du TEG ?).

1. Méthode de détermination du TEG. Seuls doivent entrer en compte les éléments formant un tout avec l'acte de prêt. • Com. 3 oct. 1995 : *Rev. huiss. 1996. 1378, note Hesbert.* ♦ Il convient de rechercher en quoi la prestation est indépendante de l'opération de crédit, peu important que le service comporte ou non un risque. • Crim. 10 sept. 2003 : *JCP E 2004, n° 20-21, p. 815, obs. Stoufflet ; RD banc. fin. 2003, n° 219, obs. Crédot et Gérard ; ibid. 2004,* *n° 191, obs. Crédot et Gérard ; RJDA 2004, n° 607* (et sur renvoi • Lyon, 30 juin 2004 : *Banque et Droit nov.-déc. 2005. 88, obs. Guillot*, pour une commission d'encaissement des effets de commerce). ♦ C'est à bon droit qu'une banque a exclu du calcul du TEG le montant de la participation au fonds de garantie de l'organisme de cautionnement au motif qu'elle ne pouvait être établie avec précision antérieurement à la conclusion du contrat de prêt. • Versailles, 22 févr. 2006 : *Banque et Droit mai-juin 2007. 68, obs. Guillot*. ♦ V. aussi, sur la méthode de calcul du TEG, • Crim. 8 juin 1977 : *cité note 3*.

I. ÉLÉMENTS INCLUS DANS LE TEG

2. *Éléments intervenus dans l'octroi du crédit.* Il résulte de l'art. L. 313-1 que, pour la détermination du TEG, il y a lieu d'ajouter aux intérêts les frais, commissions ou rémunérations de toute nature, directs ou indirects, intervenus dans l'octroi du prêt. • Civ. 1re, 27 sept. 2005 : *Bull. civ. I, n° 347 ; D. 2005. AJ 2670, obs. Delpech ; Gaz. Pal. 2005. 4097, concl. Sainte-Rose ; JCP E 2005, n° 44-45, p. 1872 ; Banque et Droit janv.-févr. 2006. 59, obs. Bonneau ; RJDA 2006, n° 178 ; Defrénois 2005. 2003, obs. Savaux ; ibid. 2006. 332, obs. S. Piedelièvre ; Dr. et patr. sept. 2006. 82, obs. Mattout et Prüm*. – V. aussi : • Civ. 1re, 23 nov. 2004 : *cité note 5*. ♦ ... Y compris ceux payés à des intermédiaires qui sont intervenus de quelque manière que ce soit dans l'octroi du prêt, même si ces frais, commissions ou rémunérations correspondent à des débours réels. • Com. 14 déc. 2004 : *D. 2005. AJ 276, obs. Avena-Robardet ; RD banc. fin. 2005, n° 36, obs. Crédot et Gérard ; Banque et Droit mars-avr. 2005. 47, obs. Bonneau ; BRDA 2005, n° 3, p. 9*.

3. *Rémunération d'intermédiaires.* Sur la prise en compte de la rémunération versée à des intermédiaires, V. • Com. 14 déc. 2004 : *préc. note 2* • Crim. 8 juin 1977 : *D. 1977. IR 423, obs. Puech ; JCP 1978. II. 18875, note Husset* • Civ. 1re, 12 juin 1990 : *D. 1990. IR 180 ; RTD com. 1990. 618, obs. Cabrillac et Teyssié*. ♦ Ces sommes sont prises en compte qu'elles soient, ou non, stipulées par des actes distincts du prêt. • Crim. 5 juin 1989 : *Bull. crim. n° 237* • 12 nov. 1998 : *ibid. n° 297 ; D. 1999. IR 42 ; D. Affaires 1999. 257, obs. X. D. ; RD bancaire et bourse 1999. 68, obs. Crédot et Gérard*. ♦ ... Fût-ce par un accord verbal. • Crim. 30 janv. 1975 : *Defrénois 1975. 696, note Morin*. ♦ ... Qu'elles soient intégralement payées au moment du prêt, ou qu'elles le soient ultérieurement, par versements échelonnés. • Crim. 5 juin 1989 : *préc.*

4. *Commissions.* Sur l'inclusion des commissions liées à l'opération de crédit, V. • Dijon, 27 janv. 2004 : *JCP E 2005, n° 21, p. 868, obs. Lassalas-Langlais* • Paris, 17 nov. 2005 : *JCP E 2006, n° 22, p. 964, obs. Lassalas-Langlais*.

5. *Primes d'assurance.* Les frais relatifs à l'assurance-incendie ne sont intégrés dans la détermination du TEG que lorsque la souscription d'une telle assurance est imposée à l'emprunteur comme une condition de l'octroi du prêt, et non à titre d'obligation dont l'inexécution est sanctionnée par la déchéance du terme. • Civ. 1re, 6 févr. 2013 : *BICC 1er juin 2013, n° 806 ; D. 2013. Actu. 429 ; RDI 2013. 207, obs. Heugas-Darraspen ; JCP E 2013, n° 1159, note Bouteiller et Crédot ; JCP N 2013, n° 1067, note Lepeltier ; RJDA 2013, n° 446*. – Sur l'inclusion des frais d'assurance-incendie exigée par le prêteur, V. aussi • Civ. 1re, 23 nov. 2004 : *Bull. civ. I, n° 289 ; JCP E 2005, n° 3, p. 61 ; RD banc. fin. 2005, n° 6, obs. Crédot et Gérard ; Banque et Droit mars-avr. 2005. 46, obs. Bonneau ; RJDA 2005, n° 746*. – Sur cet arrêt, V. aussi Lutz et Berg, *D. 2005. 841*. ♦ Il incombe ainsi à la banque, qui avait subordonné l'octroi du crédit à la souscription d'une assurance, de s'informer auprès du souscripteur du coût de celle-ci avant de procéder à la détermination du taux effectif global dans le champ duquel un tel coût entrait impérativement. • Civ. 1re, 13 nov. 2008 : *Bull. civ. I, n° 262 ; D. 2008. AJ 3006, obs. Avena-Robardet ; D. 2009. Pan. 1051, obs. D. R. Martin ; RTD com. 2009. 188, obs. Legeais ; JCP E 2009, n° 24, p. 12, obs. Lassalas-Langlais ; JCP N 2009, n° 1-2, p. 42, note Lepeltier ; Banque et Droit janv.-févr. 2009. 22, obs. Bonneau ; BRDA 2008, n° 24, p. 8 ; Dr. et patr. mars 2009. 101, obs. Mattout et Prüm ; RLDA janv. 2009. 36, obs. Chemin-Bomben*. – *Contra* : • Orléans, 6 avr. 2006 : *JCP E 2006, n° 48, p. 2033, n° 35, obs. Stoufflet ; RD banc. fin. 2006, n° 127, obs. Crédot et Samin ; Banque et Droit juill.-août 2007. 55, obs. Guillot*. ♦ ... Des primes d'assurance vie, lorsque la souscription en a été exigée par le prêteur, V. • Crim. 12 oct. 1976 : *D. 1976. IR 288 ; RTD com. 1977. 144, obs. Cabrillac et Rives-Lange ; Gaz. Pal. 1976. 2. 762*. – V. cependant • Paris, 11 janv. 1982 : *D. 1982. IR 413, obs. Vasseur ; Gaz. Pal. 1982. 1. 131, note Marchi*. ♦ V. aussi • Civ. 1re, 21 janv. 1992 : *Bull. civ. I, n° 22 ; D. 1992. IR 72 ; RJDA 1992, n° 371 (2e et 3e esp.)*.

La somme payée par l'emprunteur au titre de la constitution d'un fonds de garantie créé par une société de caution mutuelle pour garantir la bonne exécution du prêt, et dont le montant est déterminé lors de la conclusion du prêt, est imposée comme une condition d'octroi de celui-ci de sorte qu'elle doit être prise en compte pour le calcul du TEG. • Civ. 1re, 9 déc. 2010 : *Bull. civ. I, n° 257 ; D. 2011. 720, note Lasserre Capdeville ; ibid. Actu. 7, obs. Avena-Robardet ; RTD com. 2011. 618, obs. Legeais ; JCP E 2011, n° 1009, note Legeais ; CCC 2011, n° 79, obs. Raymond ; RJDA 2011, n° 174 ; RLDA févr. 2011. 25, note Bouteiller* (cassation de • Dijon, 19 mars 2009 : *JCP E 2009, n° 44-45, p. 12, obs. Routier ; RD banc. fin. 2009, n° 187, obs. Crédot et Samin*). ♦ Sur l'inclusion des frais d'adhésion à une convention de cautionnement mutualiste, constituant elle-même un investissement avec le prêt garanti, ces frais étant par ailleurs parfaitement déterminables puisque d'un montant de 0,70 % du montant initial du prêt. • Paris, 6 oct. 2005 : *JCP E 2005, n° 46, p. 1915.*

6. *Frais de notaire et d'inscription hypothécaire (Jurispr. antérieure à la L. n° 2010-737du 1er juill. 2010).* Dès lors qu'à la date de l'acte, les frais de notaire et d'inscription hypothécaire étaient déterminables, ceux-ci doivent être compris dans le calcul du TEG. • Civ. 1re, 30 mars 2005 : *Bull. civ. I, n° 161 ; D. 2005. 2757, note Biardeaud et Flores ; ibid. AJ 1148, obs. Chevrier ; D. 2006. Pan. 165, obs. Martin ; RTD com. 2005. 575, obs. Legeais ; JCP E 2005, n° 47, p. 1974, obs. Lassalas-Langlais ; Banque et Droit juill.-août 2005. 69, obs. Bonneau ; RJDA 2006, n° 176 ; RDI 2005. 435, obs. Heugas-Darraspen* (cassation de • Paris, 9 nov. 2001 : *D. 2002. AJ 211, obs. Lienhard*). ♦ Jugeant que l'approximation est exclusive de la précision visée à l'art. L. 313-1, al. 2, V. • Nîmes, 28 janv. 2003 : *Banque et Droit sept.-oct. 2004. 88, obs. Guillot* (émoluments proportionnels du notaire et droits de timbre non déterminés avant la signature de l'acte notarié). ♦ Seules les charges liées aux garanties dont le crédit est assorti ainsi que les honoraires d'officiers ministériels, qui ne sont pas déterminables à la date de l'acte de prêt, ne sont pas compris dans le TEG. • Civ. 1re, 28 juin 2007 : *Bull. civ. I, n° 248 ; D. 2007. AJ 2029, obs. Avena-Robardet ; RTD com. 2007. 816, obs. Legeais ; JCP E 2007, n° 46, p. 16, obs. Mathey ; CCC 2007, n° 266, obs. Raymond ; Banque et Droit sept.-oct. 2007. 28, obs. Bonneau ; BRDA 2007, n° 15-16, p. 8 ; RLDA sept. 2007. 42, obs. Chemin-Bomben.* ♦ V. le 3e al. de l'art. L. 313-1.

7. *Autres frais.* Sur l'inclusion des frais afférents à la souscription de parts sociales, V. • Civ. 1re, 9 déc. 2010 : *Bull. civ. I, n° 258 ; D. 2011. Actu. 7, obs. Avena-Robardet ; RTD com. 2011. 617, obs. Legeais ; JCP E 2011, n° 1009, note Legeais ; CCC 2011, n° 55, obs. Leveneur ; ibid., n° 79, obs. Raymond ; LPA 17 févr. 2011, note Lasserre Capdeville ; ibid. 29 avr. 2011, note Bargue ; RJDA 2011, n° 174 ; RLDA févr. 2011. 25, note Bouteiller* • 23 nov. 2004 : *préc. note 5* • 6 déc. 2007 : *Bull. civ. I, n° 381 ; D. 2008. AJ 81, obs. Rondey ; RTD com. 2008. 159, obs. Legeais ; RDI 2008. 266, obs. Heugas-Darraspen ; JCP E 2008, n° 24, p. 16, obs. Lassalas-Langlais ; Banque et Droit mars-avr. 2008. 15, obs. Bonneau ; RJDA 2008, n° 704 ; Dr. et patr. mars 2008. 76, obs. Mattout et Prüm.* – *Contra* : • Orléans, 6 avr. 2006 : *ibid.* • 16 janv. 2009 : *RD banc. fin. 2009, n° 118, obs. Crédot et Samin* • TI Poitiers, 13 mars 2009 : *ibid.* ♦ ... Des frais de forçage prélevés sur le compte à l'occasion de chaque opération effectuée au-delà du découvert autorisé. • Com. 5 févr. 2008 : *Bull. civ. IV, n° 25 ; D. 2008. AJ 609, obs. Rondey ; D. 2009. Pan. 1051, obs. D. R. Martin ; RTD com. 2008. 399, obs. Legeais ; RDI 2008. 266, obs. Heugas-Darraspen ; JCP E 2008, n° 24, p. 16, obs. Routier ; RD banc. fin. 2008, n° 66, obs. Crédot et Samin ; Banque et Droit mai-juin 2008. 20, obs. Bonneau ; RJDA 2008, n° 568 ; Dr. et patr. sept. 2008. 96, obs. Mattout et Prüm ; RLDA mars 2008. 36, obs. Chemin-Bomben.* ♦ ... Des frais d'une franchise liée à la prise d'un risque par la banque du fait de la prorogation du terme de l'échéance du prêt consenti. • Versailles, 8 févr. 2005 : *RJDA 2006, n° 691.* ♦ ... Des frais de dossier. • Paris, 18 nov. 2005 : *JCP E 2006, n° 22, p. 964, obs. Lassalas-Langlais.* ♦ ... D'une prime dite de « réaménagement » intégrée ultérieurement au capital restant dû. • Civ. 1re, 27 févr. 2007 : *Bull. civ. I, n° 84 ; D. 2008. AJ 879, obs. D. R. Martin ; D. 2007. AJ 938 obs. Rondey ; RTD com. 2007. 427, obs. Legeais ; RDI 2008. 36, obs. Heugas-Darraspen ; JCP E 2007, n° 46, p. 16, obs. Mathey ; LPA 12 nov. 2007, obs. Claret ; RD banc. fin. 2007, n° 141, obs. Crédot et Samin ; Banque et Droit juill.-août 2007. 17, obs. Bonneau ; RJDA 2007, n° 651.* – Comp., pour une indemnité pour remboursement anticipé : • Civ. 1re, 27 sept. 2005 : *préc. note 2.* ♦ Sur l'inclusion des dates de valeurs dans le calcul du TEG, V. • T. com. Rouen, 11 sept. 2006 : *Banque et Droit nov.-déc. 2007. 53, obs. Guillot.*

II. ÉLÉMENTS EXCLUS DU TEG

8. *Éléments étrangers à l'octroi du crédit.* N'ont pas à être pris en compte pour la détermination du TEG le prix de services, distincts du crédit, qui consistent, soit à tenir les comptes du client, soit à rémunérer le service de caisse assuré par le banquier et ne constituant pas la contrepartie du crédit. • Com. 14 déc. 2004 : *préc. note 2.* ♦ Sur l'exclusion : de l'indemnité de remboursement anticipé, dont la mise en œuvre est éventuelle et donc étrangère aux frais intervenus dans l'octroi du prêt, V. • Civ. 1re, 27 sept. 2005 : *préc. note 2.* – Comp., pour une prime de réaménagement : • Civ. 1re, 27 févr. 2007 : *préc. note 7.* ♦ ... De la TVA sur les agios, • Bordeaux, 22 janv. 1980 : *JCP 1980. IV. 392.* ♦ ... De la commission de compte, V. • Com. 14 déc. 2004 : *préc.* • Aix-en-Provence, 29 sept. 1990 : *JCP E 1991. I. 91, n° 27, obs. Gavalda et Stoufflet.* ♦ ... De la commission d'agrément, V. • Paris, 12 janv. 1996 : *D. 1996. IR 72 ; D. Affaires 1996. 266.* ♦ ... Du coût d'une assurance facultative dont la souscription ne conditionne pas l'octroi du prêt, V. • Civ. 1re, 8 nov. 2007 : *Bull. civ. I, n° 349 ; D. 2007. AJ 2944, obs. Rondey ; RTD com. 2008. 159, obs. Legeais ; JCP 2007. IV. 3211 ; RJDA 2008, n° 186 ; Banque et Droit janv.-févr. 2008. 23, obs. Bonneau.* ♦ Les commissions de gestion de compte décomposées en commission de compte, frais de gestion et TVA afférente, qui rémunèrent des prestations distinctes du découvert, n'ont pas à être prises en compte dans le calcul du TEG. • T. com. Rouen, 11 sept. 2006 : *préc. note 7.* ♦ ... Comme la commission d'intervention (Rép. min. n° 735 : *JO Sénat Q 27 avr. 2010, p. 2828 ; RD banc. fin. 2010, n° 169, obs. Crédot et Samin*).

9. Indexation du capital prêté. L'indexation du capital prêté ne doit pas être prise en compte pour la détermination du TEG. • Civ. 1re, 21 janv. 1992 : *préc. note 5.*

10. Clauses pénales. Sur l'exclusion des clauses pénales motivées par la défaillance de l'emprunteur, V. • Com. 22 févr. 1977 : *D. 1977. IR 244.*

Art. L. 313-2 Le taux effectif global déterminé comme il est dit à l'article L. 313-1 doit être mentionné dans tout écrit constatant un contrat de prêt régi par la présente section.

Toute infraction aux dispositions du présent article sera punie d'une amende de 4 500 €. – *[L. n° 66-1010 du 28 déc. 1966, art. 4 et 16, al. 1er.]*

V. C. civ., art. 1907, al. 2. – ***C. civ.***

BIBL. ▶ VASSEUR, *D. 1988. Chron. 157.* – D'ORNANO, *Gaz. Pal. 1988. 2. 610.* – SCHMIDT et LUTZ, *Rev. dr. bancaire 1988. 143.* – SERHAL et CEKICI, *Banque et Droit juill.-août 2009. 11* (l'application du TEG aux contrats de financement islamique).

1. Intérêts et clause pénale. Le taux d'intérêt annuel d'un emprunt, qui est prévu contractuellement par les parties, constitue la rémunération du banquier et s'analyse en une des caractéristiques principales du prêt dont il fait partie intégrante ; il ne peut donc être assimilé à la majoration conventionnelle qui sanctionne le non-paiement des échéances et relève de la clause pénale qui seule est susceptible de réduction. • Versailles, 7 oct. 1999 : *BICC 2000, n° 934.* ♦ Mais la stipulation selon laquelle le taux sera majoré en cas de défaillance de l'emprunteur constitue une clause pénale. • Com. 18 mai 2005 : *Bull. civ. IV, n° 106 ; Banque et Droit sept.-oct. 2006. 76, obs. Guillot.* ♦ Sur la notion de clause pénale dans les contrats de prêt, V. • Com. 9 mai 2001 : *Bull. civ. IV, n° 86 ; D. 2001. AJ 1945* (indemnité forfaitaire due en cas d'exigibilité anticipée d'un prêt qualifiée de clause pénale). ♦ Le transfert d'un plan d'épargne populaire dans un autre établissement bancaire constituant une faculté pour l'épargnant, la clause prévoyant que dans ce cas les intérêts ne seraient pas entièrement versés et qu'une reprise serait pratiquée sur les intérêts calculés ne sanctionne pas l'inexécution d'une obligation contractuelle et ne constitue pas une peine contractuelle. • Civ. 1re, 12 juill. 2005 : *Bull. civ. I, n° 320 ; D. 2005. AJ 2218, obs. X. Delpech ; RTD civ. 2005. 781, obs. Mestre et Fages.*

2. Indexation et taux d'intérêt. Sur la validité de contrats internes (prêts immobiliers) stipulés en écus et comportant un taux d'intérêt variable, V. • Civ. 1re, 13 avr. 1999 : *Bull. civ. I, n° 135 ; D. 2000. Somm. 365, obs. Libchaber ; D. Affaires 1999. 870, obs. X. D.* ♦ Sur l'indexation des annuités de l'intérêt et de l'amortissement du capital d'un prêt, V. • Civ. 1re, 21 janv. 1992 : *Bull. civ. I, n° 22 ; D. 1992. IR 72 ; RJDA 1992, n° 371 (3 arrêts).* ♦ Sur la distinction entre prêt bancaire de monnaie étrangère et prêt indexé sur une monnaie étrangère (validité d'une ouverture de crédit comportant une clause d'indexation sur une monnaie étrangère, qui était en relation directe avec l'activité de banquier de l'un des contractants), V. • Com. 22 mai 2001 : *Bull. civ. IV, n° 98 ; D. 2001. AJ 2127 ; Defrénois 2001. 1068, obs. Libchaber.* ♦ Sur la réglementation de l'indexation, V. art. L. 112-3 C. mon. fin., v° *Banque et financement de l'entreprise.* ♦ Sur la validité de la clause de variation du taux, V. note 9. ♦ La clause d'indexation prévue au contrat, faisant partie intégrante de la stipulation d'intérêts conventionnelle nulle, ne peut s'appliquer au taux légal substitué au taux conventionnel. • Civ. 1re, 22 juill. 1986 : *Bull. civ. I, n° 219.*

3. *Dates de valeur.* BIBL. Ferry, *Rev. dr. bancaire 1993. 106.* – Mouly, *RJDA 1993. 503 ; Rev. dr. bancaire 1994. 227.* – Le Calvez, *D. 2002. 1891* (dates de valeur et usure). ♦ En dehors des remises de chèques en vue de leur encaissement, la pratique des « dates de valeur » ne permet pas à une banque de faire naître à la charge du titulaire d'un compte courant une obligation de payer des intérêts dès lors que les opérations concernées (remises d'espèces ou retraits) n'impliquent pas que, même pour le calcul des intérêts, les dates de crédit ou de débit soient différées ou avancées. • Com. 6 avr. 1993 : *Bull. civ. IV, n° 138 ; D. 1993. 310, note Gavalda ; JCP 1993. II. 22062, note Stoufflet* • 29 mars 1994 : *Bull. civ. IV, n° 134 ; D. 1994. 611, note Gavalda ; RJ com. 1994. 234, note Grua ; Banque juill.-août 1994. 91, obs. Guillot* • 10 janv. 1995 : *Bull. civ. IV, n° 8 ; D. 1995. 229, note Gavalda ; D. 1996. Somm. 114, obs. Libchaber ; Banque févr. 1995. 93, obs. Guillot* • 15 oct. 1996 : *RJDA 1997, n° 80.* – V. aussi • Civ. 1re, 10 mars 1998 : *Bull. civ. I, n° 96 ; D. Affaires 1998. 761, obs. X. D.* ♦ Le titulaire d'un compte bancaire est en droit de disposer du montant d'un virement fait à son profit dès que la banque l'a reçu, sans devoir attendre l'écoulement d'un délai supplémentaire. • Com. 27 juin 1995 : *Bull. civ. IV, n° 192 ; D. 1996. 383, note Romani ; ibid. Somm. 114, obs. Libchaber ; D. Affaires 1995. 24 ; Banque janv. 1996. 80, obs. Guillot.* ♦ Commet, dès lors, une faute la banque qui rejette un effet tiré sur son client, en raison de l'insuffisance du solde du compte de celui-ci à la date de présentation de l'effet, alors qu'un virement d'un montant suffisant pour assurer le paiement de cet effet était parvenu antérieurement. • Même arrêt. ♦ V. également, en ce sens qu'il convient de distinguer, parmi les opérations effectuées sur le compte, entre celles qui impliquent que, même pour le calcul des intérêts, les dates de crédit ou de débit soient différées ou avancées, et celles pour lesquelles de tels décalages de date ne sont pas justifiés. • Com. 7 juin 1994 : *Banque, juill.-août 1994. 91, obs. Guillot ; D. 1994. IR 183 ; RTD com. 1994. 758, obs. Cabrillac* • 21 mai 1996 : *RTD com. 1996. 507, obs. Cabrillac* (visant expressément, à titre d'exception, les remises de chèques en vue de leur encaissement). ♦ Pour un autre arrêt en ce sens, pris sous le visa de l'art. 1131 C. civ., V. • Com. 5 mai 1998 : *Bull. civ. IV, n° 148 ; RTD com. 1998. 904, obs. Cabrillac ; JCP E 1999, n° 17, p. 762, obs. Gavalda et Stoufflet ; RJDA 1998, n° 1146.* – V. aussi • Paris, 14 mars 2000 : *RD banc. fin. 2001, n° 9, obs. Crédot et Gérard.* ♦ Pour les mêmes solutions malgré l'instauration du système d'échange d'image-chèque (EIC), V. • TGI Paris, 18 mai 2004 : *D. 2004. 2288, note Boujeka ; Banque et Droit sept.-oct. 2004. 84, obs. Bonneau (4 arrêts) ; RJDA 2004, n° 1365 (2 arrêts).* ♦ ... Et depuis la mise en place du système interbancaire de télécompensation (SIT) : • Paris, 6 janv. 2006 : *RJDA 2006, n° 938 ; Banque et Droit mars-avr. 2007. 65, obs. Guillot* (conf. par • Com. 11 déc. 2007 : *JCP E 2008, n° 11, p. 19, note Crédot et Samin ; CCC 2008, n° 60, obs. G. R. ; RJDA 2008, n° 316*). ♦ Comp., jugeant que, s'agissant de remise de chèques, le fait que les dates de crédit ou de débit soient différées ou avancées est justifié par le délai requis par le traitement des chèques et les nécessaires contrôles auxquels est tenu de procéder l'établissement teneur de compte, celui-ci étant en droit de payer les chèques lors de l'encaissement des sommes correspondantes : • Paris, 5 juill. 1996 : *JCP E 1996. Pan. 1235.* ♦ Dans le même sens, ne distinguant pas selon que le chèque est porté au crédit ou au débit du compte, V. Rép. min. n° 41027 : *JOAN Q, 30 sept. 1996, p. 5173.* ♦ Lorsque les parties ne contestent pas les délais retenus par une banque pour le calcul des dates de valeur, il n'y a pas lieu de soulever d'office la question de savoir si, en fait, l'usage de l'informatique permet de procéder aux opérations de présentation et de vérification des chèques dans des délais qui conduiraient à réduire l'espace de temps séparant leur remise et leur inscription au crédit ou au débit des comptes et à modifier en conséquence les dates de valeur. • Paris, 5 juill. 1996 : *préc.* ♦ En ce sens que le décalage ne constitue pas une condition potestative, au sens de l'art. 1174 C. civ., V. • Paris, 7 déc. 1994 : *RJDA 1995, n° 462.* ♦ ... Ni une clause abusive : • TGI Paris, 18 mai 2004 : *préc. (2e et 4e esp.).* – V. toutefois note 14 ss. art. R. 132-2 C. consom., *v° Ventes commerciales (Dispositions générales).*

Sur la date de valeur d'une opération de paiement par chèque libellée en euros, V. C. mon. fin., art. L. 131-1-1, v° *Banque et financement de l'entreprise.*

I. EXIGENCE D'UNE MENTION ÉCRITE DU TEG

4. *Ordre public.* Il importe peu, en l'absence de l'écrit prévu par la loi, que le titulaire du compte ait eu la possibilité de connaître, par d'autres modes, le taux appliqué par la banque dans des situations semblables à la sienne. • Com. 13 juin 1995 : *RJDA 1995, n° 1397.* ♦ En l'état d'un prêt contracté en Espagne entre une banque espagnole et des emprunteurs de nationalité française, le défaut de la mention du TEG qui a pour objet l'information du consommateur, alors que d'autres informations sont mentionnées dans l'acte espagnol, ne peut être considéré comme contraire aux fondements de l'ordre public français. • Pau, 1er mars 2001 : *D. 2002. Somm. 639, obs. Synvet* ✎. ♦ Sur la sanction de l'absence d'écrit, V. notes 16 s.

A. CHAMP D'APPLICATION

5. Application générale. Le taux de l'intérêt conventionnel doit être fixé par écrit. Cette règle, prescrite pour la validité même de la stipulation d'intérêt, est d'application générale. • Civ. 1re, 9 févr. 1988 : *Bull. civ. I, n° 34 ; GAJC II 2008. 800, note Terré et Lequette ; JCP 1988. II. 21026, note Gavalda et Stoufflet ; Banque 1988. 590, note Rives-Lange.* ♦ Outre le fait que ces dispositions permettent le calcul du taux de l'usure, il ne peut être constaté que celles-ci feraient partie du dispositif protecteur des seuls consommateurs dont les dispositions sont regroupées spécifiquement à cette fin au sein de cet ensemble législatif et réglementaire ces dispositions, à portée générale, restent en conséquence applicables. • Paris, 26 févr. 1999 : *D. Affaires 1999. 631, obs. X. D. ; RD bancaire et bourse 1999. 119, obs. Crédot et Gérard.* – Dans le même sens, V. • Paris, 9 nov. 2001 : *D. 2002. AJ 211, obs. Lienhard* ✎. ♦ En se livrant sans agrément aucun à des opérations habituelles de banque, il est constant qu'en l'absence d'établissement d'un acte écrit à l'occasion des prêts consentis à des particuliers, le prévenu a violé les art. L. 313-1, L. 313-2 et R. 313-3 C. consom., infraction commise à chaque fois que le prévenu prêtait une somme d'argent, de quelque montant que fût le capital. • Pau, 8 juill. 2004 : *JCP 2004. IV. 3543.*

6. Compte courant. Il ne peut être dérogé à la règle selon laquelle le taux de l'intérêt conventionnel doit être fixé par écrit, même en matière d'intérêts afférents au solde débiteur d'un compte courant. • Civ. 1re, 9 févr. 1988 : *préc. note 5* • Com. 12 avr. 1988 : *D. 1988. 309, concl. Jéol ; RTD com. 1988. 475, obs. Cabrillac et Teyssié* • 12 févr. 1991 : *JCP 1991. II. 21740, note Amlon* • 4 mai 1993 : *Bull. civ. IV, n° 162 ; D. 1993. IR 146 ; RJ com. 1993. 335, note Grua* • 11 juin 2003 : *Bull. civ. IV, n° 94 ; JCP E 2004, n° 20-21, p. 814, obs. Stoufflet ; RJDA 2003, n° 1223* • Paris, 24 févr. 1998 : *Gaz. Pal. 11-12 déc. 1998, Somm., p. 24, obs. Piedelièvre* • Rennes, 23 oct. 1998 : *JCP E 2000, n° 27, p. 1077, obs. Lucas ; RD banc. fin. 2000, n° 142, obs. Crédot et Gérard.* ♦ Si les dispositions de l'art. 4 de la loi du 28 déc. 1966 et du Décr. du 4 sept. 1985 relatives au TEG et à son calcul ont effectivement été intégrées, dans le cadre de l'œuvre de codification au code de la consommation, il ne peut en être pour autant conclu qu'elles ne seraient pas applicables à une convention d'ouverture de compte courant d'une société commerciale. • Paris, 26 févr. 1999 : *préc. note 5.* ♦ L'exercice par l'affacturé de la faculté, que lui ouvrait le contrat, de prélever des sommes sur le disponible de son compte courant par anticipation de l'échéance moyenne des règlements de ses acheteurs le fait bénéficier d'avances entrant dans le champ d'application de l'art. L. 313-2. • Civ. 1re, 30 mai 2006 : *Bull. civ. I, n° 277 ; JCP E 2006, n° 48, p. 2038, note Ansaloni ; CCC 2006, n° 168, obs. Raymond ; RJDA 2007, n° 280.* ♦ Mais la position débitrice d'un compte courant d'associé coopérateur, dont la vocation est de faciliter les échanges commerciaux de biens agricoles, ne peut pas être assimilée à un emprunt ; par suite, l'obligation de fixer par écrit le TEG n'est pas applicable au solde débiteur d'un compte courant d'associé coopérateur. • Civ. 1re, 21 févr. 2006 : *RJDA 2006, n° 552 ; Dr. sociétés 2006, n° 87, obs. Lucas ; RD rur. 2006, n° 107, obs. Barbiéri.* ♦ Sur les modalités de la stipulation du taux d'intérêt pour les découverts en compte courant, V. note 12.

7. Prêts à finalité professionnelle. Il ne résulte pas de l'art. L. 313-2, qui s'est borné à reprendre, dans le cadre de la codification à droit constant réalisée par la L. n° 93-949 du 26 juill. 1993, les règles générales, applicables à tous les prêts, figurant jusque-là dans les art. 1er à 7 de la L. n° 66-1010 du 28 déc. 1966 qu'elle abrogeait, que les prêts à finalité professionnelle soient exclus du champ d'application de ce texte. • Com. 5 oct. 2004 : *Bull. civ. IV, n° 180 ; D. 2004. AJ 2711* ✎ *; RTD com. 2005. 153, obs. Legeais* ✎ *; JCP E 2005, n° 4, p. 131, note S. Piedelièvre ; CCC 2005, n° 2, obs. Leveneur ; Banque et Droit janv.-févr. 2005. 68, obs. Bonneau ; LPA 11 mai 2005, obs. E. C. ; RJDA 2005, n° 185* • Civ. 1re, 3 avr. 2007 : *CCC 2007, n° 221, obs. Raymond.* ♦ Une cour d'appel ajoute à l'art. L. 313-2 une restriction qu'il ne comporte pas en jugeant que l'acte notarié à finalité professionnelle n'est pas soumis à l'obligation légale de mentionner le TEG. • Civ. 1re, 22 janv. 2002 : *Bull. civ. I, n° 23 ; D. 2002. 2670, note Debet* ✎ *; RTD civ. 2002. 287, obs. Mestre et Fages* ✎ *; Banque et Droit mars-avr. 2002. 54, obs. Bonneau ; JCP N 2002, n° 39, p. 1341, note Leveneur ; JCP E 2003, n° 11, p. 466, obs. Stoufflet* • 30 oct. 2008 : *RJDA 2009, n° 468.* ♦ *Contra*, considérant que ces dispositions ne sauraient être invoquées pour un crédit consenti à une société civile immobilière dans le cadre de son activité habituelle d'achat et de revente d'immeubles : • Poitiers, 17 févr. 1998 : *RD bancaire et bourse 1999. 119, obs. Crédot et Gérard.*

8. Cautionnement. Il importe peu que la mention manuscrite n'indique pas le taux des intérêts du prêt cautionné dès lors qu'en sa qualité de caution, l'épouse avait paraphé et signé l'acte de prêt dans lequel figurait ce taux. • Civ. 1re, 29 oct. 2002 : *JCP E 2002, n° 51-52, p. 2033 ; RDI 2003. 340, obs. Heugas-Darraspen*.

B. DÉTERMINATION DU TAUX D'INTÉRÊT

9. *Clause de variation du taux.* BIBL. Ghestin, *JCP 1993. I. 3714* (crédit à la consommation et nullité des clauses de révision des taux). – Lagarde, *D. 2004. 2702* (crédit à la consommation : licéité de la clause de variation du taux de l'intérêt ?). ♦ L'art. 1129 C. civ. n'étant pas applicable à la détermination du prix, le taux de l'intérêt convenu dans une convention d'ouverture de compte courant peut varier en fonction de l'évolution du taux de base bancaire. • Com. 9 juill. 1996 : *Bull. civ. IV, n° 205 ; D. 1996. IR 191 ; D. Affaires 1996. 1029 ; JCP 1996. II. 22721, note Stoufflet ; Rect. JCP E 1996. II. 893 bis ; CCC 1996, n° 182, note Leveneur.* ♦ Dans le même sens, précisant qu'une telle clause de variation est soumise aux règles générales de l'abus de droit, V. • Paris, 12 janv. 1996 : *D. 1996. Somm. 324, obs. D. Mazeaud ; D. Affaires 1996. 266 ; Defrénois 1996. 754, obs. D. Mazeaud.* – V. aussi • T. com. Nanterre, 27 oct. 1995 : *D. 1996. IR 11 ; D. Affaires 1996. 17.* ♦ Sur l'inapplicabilité de l'art. 1129 C. civ. à la fixation du prix et la sanction de l'abus dans la fixation du prix, V. • Cass., ass. plén., 1er déc. 1995 : *(4 arrêts) cités notes 78 et 79, v° Contrats d'affaires (généralités).* ♦ Sur la portée de ces arrêts en matière de prêt, V. Stoufflet, *Rev. dr. bancaire 1996. 2* ; Crédot et Gérard, *ibid. 46* ; Finel, *JCP 1996. I. 3957.* ♦ *Contra*, considérant qu'en application de l'art. 1129 C. civ., est nulle la clause d'une convention de crédit utilisable par fractions qui prévoit la variabilité du taux d'intérêt selon des données fixées unilatéralement par la banque : • Paris, 13 avr. 1998 : *RJDA 1999, n° 822.* ♦ En ce sens que lorsque le taux d'intérêt conventionnel est déterminé au moment de la formation du contrat, seule la clause de variation qui l'affecte doit être annulée, le taux déterminé à la conclusion du contrat se substituant alors au taux variable. • Même arrêt. ♦ V. aussi considérant que la banque qui consent un prêt dont le taux est fixé par référence à un taux variable doit donner à titre indicatif le montant du TEG calculé sur le taux en cours lors de la souscription du prêt augmenté des frais, et qu'à défaut il y a lieu de substituer au taux convenu le taux d'intérêt légal : • Paris, 22 déc. 2000 : *RJDA 2001, n° 494.* ♦ Sur la non-application de l'art. 1129 C. civ. à la clause d'un contrat de prêt prévoyant le paiement d'une indemnité financière de remboursement anticipé, V. • Civ. 1re, 14 juin 2000 : *Bull. civ. I, n° 184 ; D. 2001. Somm. 1136, obs. Mazeaud ; RTD civ. 2000. 830, obs. Mestre et Fages ; Dr. et patr. 2001. 86, obs. Chauvel.* – Dans le même sens, V. • Civ. 1re, 6 mars 2001 : *Bull. civ. I, n° 54 ; D. 2001. AJ 1172, obs. Avena-Robardet ; Defrénois 2001. 696, obs. Savaux.*

10. *Application erronée du TEG indiqué.* Sur l'assimilation de l'application d'un TEG erroné au défaut de mention du TEG, V. • Com. 17 janv. 2006 : *Bull. civ. IV, n° 11 ; D. 2006. AJ 439, obs. Avena-Robardet ; RTD com. 2006. 460, obs. Legeais ; JCP E 2006, n° 47, p. 1975, note Mathey ; ibid. n° 22, p. 960, obs. Stoufflet ; RJDA 2006, n° 692.* ♦ Sur la prescription de l'action en nullité en cas de mention d'un TEG erroné, V. note 18.

C. LOCALISATION ET MODALITÉS DE LA STIPULATION DU TAUX D'INTÉRÊT

11. *Offre de prêt.* La mention du TEG pratiqué peut figurer sur l'offre qui fait corps avec le prêt. • Com. 18 mai 2005 : *RD banc. fin. 2005, n° 158, obs. Crédot et Gérard ; Banque et Droit sept.-oct. 2005. 71, obs. Bonneau.*

12. *Découverts en compte courant.* En cas d'ouverture de crédit en compte courant, l'obligation de payer dès l'origine ces agios conventionnels par application du TEG exige non seulement que soit porté sur un document écrit préalable à titre indicatif le TEG mais aussi que le TEG appliqué soit porté sur les relevés périodiques, reçus par l'emprunteur sans protestation ni réserve ; à défaut de cette première exigence, les agios ne sont dus qu'à compter de l'information régulièrement reçue, valant seulement pour l'avenir, et à défaut de la seconde exigence, la seule mention indicative de ce taux ne vaut pas, s'agissant d'un compte courant, reconnaissance d'une stipulation d'agios conventionnels. • Com. 20 févr. 2007 : *Bull. civ. IV, n° 47 ; R. 2007, p. 414 ; D. 2008. AJ 879, obs. D. R. Martin ; D. 2007. AJ 796, obs. Rondey ; RTD com. 2007. 426, obs. Legeais ; JCP E 2007, n° 16, p. 18 ; RJDA 2007, n° 1005 (1re esp.)* • 22 mai 2007 : *cité note 18* • 8 janv. 2008 : *JCP E 2008, n° 24, p. 13, obs. Stoufflet ; RD banc. fin. 2008, n° 34, obs. Crédot et Samin* • 10 juin 2008 : *Bull. civ. IV, n° 119 ; JCP E 2008, n° 48, p. 12, obs. Dumoulin ; RD banc. fin. 2008, n° 102, obs. Crédot et Samin ; Banque et Droit juill.-août 2008. 15, obs. Bonneau.* ♦ L'art. L. 313-2, s'il impose la mention du TEG dans tout écrit constatant un prêt, ne fait pas obligation au prêteur, en cas de stipulation de révision du taux d'intérêt originel selon l'évolution d'un indice objectif, d'informer l'emprunteur de la modification du TEG résultant d'une telle révision. • Civ. 1re, 20 déc. 2007 : *Bull. civ. I, n° 396 ; R. 2007, p. 419 ; D. 2008. Chron. C. cass. 645, obs. Creton ; ibid. AJ 286, obs. Avena-Robardet ; RTD com. 2008. 159, obs. Legeais ; JCP E 2008, n° 7-8, p. 14, note Gourio ; Gaz. Pal. 2008. 933, note S. Piedelièvre ; RJDA 2008, n° 566.* ♦ *Contra*, jugeant que le caractère automatique de la variation du TEG en fonction de la modification du taux de base décidée par la banque dans un acte notarié de prêt ne dispense pas celle-ci de faire figurer le taux effectif appliqué sur les relevés reçus par l'emprunteur. • Civ. 1re, 19 oct. 2004 : *Bull. civ. I, n° 229 ; D. 2004. AJ 2932, obs. Avena-Robardet ; RTD com. 2005. 152, obs. Cabrillac ; JCP E 2004, n° 51, p. 2032, avis Cavarroc ; JCP 2004. II. 10194, note Raby ; Gaz. Pal. 2005. Somm. 2188, obs. S. Piedelièvre ; CCC 2005, n° 26, obs. Leveneur ; RJDA 2005, n° 187 ; Defrénois 2005. 602, obs. Dagorne-Labbe.* – Sur cet arrêt, V. aussi Lutz et Berg, *D. 2005. 841*. ♦ Si, pour les découverts en compte, la mention du TEG doit être portée, à titre indicatif, dans la convention d'ouverture de compte ou de crédit ou tout autre document, celle du TEG appliqué doit aussi figurer sur les relevés périodiques du compte. • Com. 5 oct. 2004 : *préc. note 7.* ♦ V. aussi, exigeant qu'outre la mention, à titre indicatif, dans la convention d'ouverture de crédit ou dans tout autre document, du TEG correspondant à des exemples chiffrés, le TEG appliqué figure sur les relevés périodiques de compte, • Com. 9 juill. 1996 : *préc. note 9* • 21 oct. 1997 : *RD bancaire et bourse 1998. 10, obs. Crédot et Gérard* • 1er juin 1999 : *RJDA 1999, n° 983.* ♦ Le document en question doit avoir été reçu par le titulaire du compte préalablement à la perception d'agios. • Com. 24 juin 1997 : *D. Affaires 1997. 959 ; JCP E 1998, n° 6, p. 224, note Bertran de Balanda.*

Pour les intérêts échus après la date d'entrée en vigueur du Décr. du 4 sept. 1985, qui a déterminé le mode de calcul du TEG lorsqu'il s'agit d'un découvert en compte, un tel taux ne peut être appliqué qu'après qu'il a été préalablement mentionné par écrit, au moins à titre indicatif, par un ou plusieurs exemples chiffrés, soit dans la convention de crédit, soit dans un relevé d'opérations ou d'agios dont les calculs d'intérêts inclus peuvent valoir exemple pour l'avenir jusqu'à notification d'un nouveau TEG, soit dans tout autre document. Après la date d'entrée en vigueur du décret précité, la réception sans protestation ni réserve, par le bénéficiaire d'un découvert en compte, des relevés comportant indication du TEG appliqué pour le calcul des intérêts portés au débit ne peut suppléer l'absence de fixation préalable par écrit de ce taux et l'indication qui en est alors inscrite ne peut être retenue pour efficiente que pour les intérêts échus postérieurement. • Com. 6 avr. 1999 : *Bull. civ. IV, n° 82 ; D. 1999. IR 121 ; D. Affaires 1999. 829, obs. J. F. ; LPA 15 juin 1999 ; JCP 1999. II. 10173, note Auckenthaler ; RD bancaire et bourse 1999. 97, obs. Crédot et Gérard* – V. aussi • Com. 4 juin 2002 : *LPA 18 déc. 2002, note Tchotourian.* ♦ Comp., imposant simplement des indications suffisamment exemplaires pour informer, exactement et préalablement, les titulaires du compte sur le TEG des opérations postérieures : • Com. 9 mars 1999 : *Bull. civ. IV, n° 54 ; D. Affaires 1999. 757, obs. X. D. ; LPA 13 avr. 1999 ; RD bancaire et bourse 1999. 97, obs. Crédot et Gérard* • Paris, 24 mai 2000 : *Banque et Droit 2000. 52, obs. Guillot.* ♦ V. aussi, considérant que la convention doit contenir des exemples concrets, fussent-ils indicatifs : • Paris, 19 mars 1999 : *JCP E 1999, n° 36, p. 1367.* ♦ V. encore, jugeant que les mentions figurant sur les « arrêtés de compte courant » valent exemples indicatifs pour l'avenir jusqu'à notification d'un nouveau TEG : • Com. 4 juin 2002 : *LPA 18 déc. 2002, note Tchotourian.*

Sur la restitution des intérêts indûment perçus en matière de découvert en compte courant, V. note 21.

13. Acceptation tacite du taux d'intérêt. La reconnaissance de l'obligation de payer des intérêts conventionnels afférents au solde débiteur d'un compte courant peut, en l'absence d'indication dans la convention d'ouverture de compte courant, résulter de la réception sans protestation ni réserve des relevés de compte par l'emprunteur, dès lors que les taux de ces intérêts y sont indiqués. • Com. 18 févr. 2004 : *Bull. civ. IV, n° 38 ; JCP E 2004, n° 17, p. 642 ; LPA 27 juill. 2004, obs. E. C. ; RJDA 2004, n° 880* • 14 déc. 2004 : *Bull. civ. IV, n° 228 ; D. 2005. AJ 276, obs. Avena-Robardet ; JCP E 2005, n° 8, p. 330, note Raby ; Defrénois 2005. 602, obs. Dagorne-Labbe ; RJDA 2005, n° 608.* ♦ Il a été jugé qu'est valable le taux d'intérêt conventionnel, dès lors que la convention prévoyait que le taux d'intérêt serait stipulé dans un document correspondant au concours qui serait mis à la disposition du titulaire du compte, et que son mandataire avait reçu, en conséquence, une lettre fixant ce taux pour le crédit qui lui était consenti, et qu'il avait effectivement utilisé ce crédit dont les conditions avaient été ainsi précisées. • Com. 18 févr. 1997 : *Bull. civ. IV, n° 52 ; D. Affaires 1997. 474.* ♦ Considérant que la réception sans protestations ni réserves de relevés de compte comportant à la fois indication du taux d'intérêt conventionnel et du TEG vaut acceptation tacite des taux même en l'absence de fixation préalable, V. • Com. 3 mai

2000 : *Banque et Droit janv.-févr. 2001. 50, obs. Guillot.*

14. *Acte de prorogation du prêt.* Le TEG doit également être mentionné dans un avenant prévoyant une prorogation du délai d'exigibilité en contrepartie d'une augmentation de un point du taux d'intérêt stipulé à l'acte de prêt initial. • Com. 15 oct. 1996 : *Bull. civ. IV, n° 232 ; D. 1997. Somm. 171, obs. Aynès ; D. Affaires 1996. 1321 ; JCP E 1997. II. 921, note Pollaud-Dulian.* ♦ Comp., jugeant que dans le cas d'une convention d'ouverture de crédit ayant continué à produire ses effets après la date prévue initialement, aux conditions d'origine, en l'absence de toute modification du taux d'intérêt stipulé dans l'accord initial, dont il n'est pas discuté qu'il s'agissait d'un TEG, l'exigence d'un écrit mentionnant ce taux n'a pas lieu de s'appliquer aux accords de prorogations successivement intervenus. • Com. 9 juill. 2002 : *Bull. civ. IV, n° 118 ; D. 2002. AJ 2735 ; RTD com. 2002. 713, obs. Cabrillac ; LPA 12 sept. 2002, obs. E.C. ; RJDA 2003, n° 54.*

15. *Forme de la mention du TEG.* L'inscription au recto du contrat des lettres « TEG », dont le détail est donné au verso, est suffisante. • Civ. 1re, 9 janv. 1985 : *Bull. civ. I, n° 15 ; JCP 1986. II. 20532, note Pitou.* ♦ Comp., en ce sens que la seule indication par écrit des éléments composant le TEG, mais non du montant de ce taux, est insuffisante : • Com. 17 oct. 1995 : *RJDA 1996, n° 84.* ♦ V. aussi, pour l'insuffisance d'une simple référence au taux bancaire : • Paris, 8 janv. 1992 : *JCP E 1992. Pan. 187.* ♦ V. encore • Com. 13 déc. 1994 : *Quot. jur. 16 févr. 1995, p. 3.* ♦ V. aussi note 9.

II. SANCTION DE L'ABSENCE DE MENTION DU TEG

16. *Nullité de la seule stipulation du taux d'intérêt.* L'exigence d'un écrit mentionnant dans le contrat le TEG est une condition de validité de la stipulation d'intérêts (insuffisance d'une stipulation d'intérêts mentionnant le taux conventionnel et l'intérêt de retard). • Civ. 1re, 22 janv. 2002 : *Bull. civ. I, n° 22 ; Banque et Droit mai-juin 2002. 50, obs. Bonneau.* – V. aussi • Civ. 1re, 29 juin 2004 : *JCP E 2004, n° 47, p. 1838, note Leveneur ; CCC 2004, n° 138, obs. Leveneur ; ibid., n° 165, obs. Raymond (1re esp.) ; RJDA 2005, n° 69.* ♦ ... Mais pas de la convention de prêt. • Com. 12 juill. 2005 : *RJDA 2005, n° 1269.* ♦ A défaut d'écrit mentionnant le TEG, le contrat n'est pas nul, mais le taux d'intérêt stipulé dans le contrat ne pouvant être appliqué, il convient de faire application du taux d'intérêt légal à compter de la date du prêt. • Civ. 1re, 24 juin 1981 : *D. 1982. 397, note Boizard ; JCP 1982. II. 19713, note Vasseur ; RTD com. 1981. 809, obs. Cabrillac et Teyssié.* – Dans le même sens : • Civ. 1re, 21 janv. 1992 : *Bull. civ. IV, n° 22 ; D. 1992. IR 72. RJDA 1992, n° 371 (2e et 3e esp.)* • 6 mai 1997 : *RJDA 1997, n° 1062* • Com. 25 mars 2003 : *RJDA 2003, n° 995.* ♦ Une cour d'appel ne peut se borner à ordonner la restitution des sommes trop perçues par la banque en retenant que celle-ci a seulement commis une erreur dans l'application du taux d'intérêt en calculant les intérêts sur la base 360 jours au lieu de l'année civile, ce dont il se déduisait que le taux d'intérêt indiqué n'avait pas été effectivement appliqué de sorte que les exigences légales relatives à l'indication préalable et par écrit du TEG n'avaient pas été respectées. • Com. 17 janv. 2006 : *préc. note 10.* ♦ L'erreur entachant le TEG dont la mention est exigée dans un contrat de prêt est exclusivement sanctionnée par la substitution au taux d'intérêt contractuel du taux de l'intérêt légal ; dès lors, c'est à bon droit qu'une cour d'appel décide qu'une telle erreur n'affectait pas le recouvrement des cotisations d'assurance litigieuses. • Civ. 1re, 19 sept. 2007 : *Bull. civ. I, n° 291 ; D. 2007. AJ 2466, obs. Avena-Robardet ; RTD com. 2008. 160, obs. Legeais ; JCP E 2007, n° 46, p. 16, obs. Mathey ; RJDA 2008, n° 181.* ♦ Sur l'application du taux légal, V. note 19.

17. *Nullité relative.* La méconnaissance des dispositions d'ordre public de l'art. 4 [C. consom., art. L. 313-2], édictées dans le seul intérêt de l'emprunteur, est sanctionnée par la nullité relative de la clause de stipulation des intérêts conventionnels. • Civ. 1re, 21 janv. 1992 : *Bull. civ. I, n° 22 ; D. 1992. IR 72 ; RJDA 1992, n° 371 (1re esp.).* – Dans le même sens : • Com. 12 mars 2002 : *RJDA 2002, n° 796.* ♦ Le prêteur n'est pas recevable à se prévaloir des dispositions de l'art. 4 [C. consom. art. L. 313-2]. • Civ. 1re, 21 févr. 1995 : *Bull. civ. I, n° 97 ; D. 1995. IR 98.* • Com. 3 mai 1995 : *Bull. civ. IV, n° 128 ; D. 1997. 124, note Eudier.* ♦ Il n'appartient pas au juge de soulever d'office une nullité relevant soit d'un intérêt privé, soit d'un ordre public de protection, comme tel est le cas de l'art. 4 [C. consom., art. L. 313-2] ci-dessus, édicté dans l'intérêt exclusif de l'emprunteur. • Paris, 20 juin 1991 : *Banque 1991. 872, obs. Rives-Lange* • Com. 3 mai 1995 : *préc.* – Comp. • TI Vienne, 22 sept. 2000 : *CCC, n° 181, obs. Raymond.* ♦ V., depuis la L. n° 2008-3 du 3 janv. 2008, l'art. L. 141-4 C. consom., v° *Ventes commerciales.*

18. *Prescription de l'action en nullité.* **BIBL.** Note de la rédaction, *BRDA 2009, n° 2, p. 14* (annulation d'une clause d'intérêts). ♦ L'action en nullité de la clause de stipulation des intérêts conventionnels s'éteint si elle n'a pas été exercée pendant cinq ans à compter de la signature du contrat de prêt. • Civ. 1re, 21 janv. 1992 : *préc. note 17* • Com. 12 mars 2002 : *ibid.* ♦ Comp., jugeant que la reconnaissance de l'obligation de payer des intérêts conventionnels, point de départ de l'action en nullité, peut résulter de la réception sans protestation ni réserve des relevés de compte par l'emprunteur : • Com. 29 mars 1994 : *préc. note 3* • 11 juin 2003 : *préc. note 6.* ♦ Après avoir constaté que la mention du TEG figurant dans chacun des actes de prêt était erronée, une cour d'appel en déduit exactement que le délai de la prescription quinquennale de l'action en annulation des stipulations d'intérêts litigieuses commençait de courir à compter de la révélation à l'emprunteur d'une telle erreur, de sorte que ladite action engagée dans l'année de cette révélation était recevable : • Civ. 1re, 7 mars 2006 : *Bull. civ. I, n° 135 ; D. 2006. AJ 913, obs. Avena-Robardet ; JCP E 2006, n° 16, p. 719 ; JCP N 2006, n° 36, p. 1546, obs. S. Piedelièvre ; RJDA 2006, n° 940.*

Il résulte des dispositions des art. 1304 et 1907 C. civ., ensemble l'art. L. 313-2 C. consom., qu'en cas d'octroi d'un crédit à un consommateur ou à un non professionnel, la prescription de l'action en nullité de la stipulation de l'intérêt conventionnel engagée par celui-ci en raison d'une erreur affectant le TEG, court, de même que l'exception de nullité d'une telle stipulation contenue dans un acte de prêt ayant reçu un commencement d'exécution, à compter du jour où l'emprunteur a connu ou aurait dû connaître cette erreur ; qu'ainsi le point de départ de la prescription est la date de la convention lorsque l'examen de sa teneur permet de constater l'erreur, ou lorsque tel n'est pas le cas, la date de la révélation de celle-ci à l'emprunteur. • Civ. 1re, 11 juin 2009 : *Bull. civ. I, n° 125 ; BICC 1er déc. 2009, n° 1563, et les obs. ; D. 2009. 2728, note Grimonprez ; ibid. AJ 1689, obs. Avena-Robardet ; RTD com. 2009. 600 et 792, obs. Legeais ; JCP E 2009, n° 37, p. 11, note Gourio ; RJDA 2009, n° 883 ; Defrénois 2009. 1929, note S. Piedelièvre.* ♦ L'action en nullité d'un prêt fondée sur une erreur ou un dol résultant de l'erreur affectant la stipulation du TEG se prescrit, dans les relations entre professionnels, dans le délai de cinq ans à compter du jour où l'emprunteur a connu ou aurait dû connaître le vice affectant ce taux ; s'agissant d'un prêt, le point de départ de cette prescription est la date de la convention. • Com. 17 mai 2011 : *Bull. civ. IV, n° 77 ; D. 2011. Actu. 1477, obs. Avena-Robardet ; RTD civ. 2011. 590, obs. Perrot ; JCP E 2011, n° 1559, note Lasserre Capdeville ; RJDA 2011, n° 955.* ♦ La prescription de l'action en nullité de la stipulation de l'intérêt conventionnel engagée par un emprunteur qui a obtenu un concours financier pour les besoins de son activité professionnelle court à compter du jour où il a connu ou aurait dû connaître le vice affectant le TEG ; le point de départ de cette prescription est, s'agissant d'un prêt, la date de la convention et, dans les autres cas, la réception de chacun des écrits indiquant ou devant indiquer le TEG appliqué. • Com. 10 juin 2008 : *Bull. civ. IV, nos 116, 117 et 118 ; D. 2008. 2200, note Y. Gérard et Pinot ; ibid. 2202, note D.-R. Martin ; ibid. AJ 1761, obs. Avena-Robardet ; RTD com. 2008. 604, obs. Legeais ; JCP E 2008, n° 41, p. 11, note Gourio et N. Aynès ; ibid., n° 49, p. 12, obs. Stoufflet ; JCP 2008. Actu. 448, obs. Roussille ; RJDA 2009, n° 380.* ♦ Ainsi, en cas d'ouverture de crédit en compte courant, la réception de chacun des relevés indiquant ou devant indiquer le TEG appliqué constitue le point de départ du délai de cette prescription. • Com. 10 juin 2008 : *eod. loc.* • 16 mars 2010 : *cité note 20.* ♦ Comp., jugeant qu'à défaut du respect de la mention du taux réellement appliqué, la seule mention indicative de ce taux dans le document préalable ne vaut pas reconnaissance d'une stipulation d'agios conventionnels, de sorte que la prescription quinquennale de l'action en nullité de la stipulation de ce taux commence seulement à courir à compter de la réception des relevés périodiques mentionnant le TEG appliqué. • Com. 22 mai 2007 : *Bull. civ. IV, n° 135 ; R. 2007, p. 414 ; BICC 1er oct. 2007, n° 1908, et les obs. ; D. 2007. AJ 1654, obs. Avena-Robardet ; RTD com. 2007. 574, obs. Legeais ; JCP E 2007, n° 35, p. 17, note Berlioz ; RJDA 2007, n° 1005 (2e esp.) ; Procédures 2007, n° 198, obs. H. C.*

L'exception de nullité peut seulement jouer pour faire échec à la demande d'exécution d'un acte juridique qui n'a pas encore été exécuté c'est dès lors à bon droit qu'une cour d'appel, saisie d'une demande de remboursement des sommes restant dues au titre d'une ouverture de crédit dont les intérêts conventionnels avaient déjà été payés par prélèvement sur le compte courant de la débitrice principale, a, après avoir relevé que la nullité de la clause de stipulation d'intérêts avait été soulevée pour la première fois en dehors du délai de prescription, déclaré la débitrice principale et la caution irrecevables en leur demande d'annulation de la clause. • Com. 6 juin 2001 : *Bull. civ. IV, n° 113* • 28 févr. 2006 : *RJDA 2006, n° 821.* ♦ Comp., jugeant que la nullité de la stipulation d'intérêts peut être soulevée par voie d'exception contre le prêteur, même si l'action en nullité est prescrite en vertu de l'art. 1304 C. civ. • Limoges, 19 sept. 1994 : *Rev. dr. bancaire 1996. 25, obs. Crédot et Gérard.*

19. Application du taux légal. En toute matière, le taux de l'intérêt légal est fixé pour la durée de l'année civile et en conséquence, le taux applicable est celui fixé par la loi en vigueur au moment où il est acquis et il doit, en conséquence, subir les modifications successives que la loi lui apporte. • Civ. 1re, 21 janv. 1992 : *préc. note 16.* ♦ V. aussi, pour l'application du taux légal au solde débiteur du compte courant, • Civ. 1re, 9 févr. 1988 : *préc. note 5* • Paris, 24 févr. 1998 : *préc. note 6.* ♦ En cas d'annulation de la stipulation d'intérêts conventionnelle, la clause d'indexation prévue au contrat, faisant partie intégrante de la stipulation d'intérêts nulle, ne peut s'appliquer au taux légal substitué au taux conventionnel. • Civ. 1re, 22 juill. 1986 : *préc. note 2.*

20. Restitution des intérêts indûment perçus. Les restitutions consécutives à une annulation ne relevant pas de la répétition de l'indu mais seulement des règles de la nullité, il en résulte que l'action en restitution de sommes indûment perçues au titre d'intérêts conventionnels non stipulés régulièrement à la convention de compte courant est la conséquence de l'action en nullité de la clause ou des conditions de compte relatives à la stipulation d'intérêts conventionnels laquelle ne peut être engagée que dans le délai de cinq ans à compter de la reconnaissance de l'obligation de payer les intérêts. • Civ. 1re, 24 sept. 2002 : *Bull. civ. I, n° 218 ; D. 2003. 369, note Aubert ; RTD civ. 2003. 284, obs. Mestre et Fages ; JCP 2002. IV. 2702 ; Defrénois. 2003. 185, note Aubert ; RJDA 2004, n° 1368 (1re esp.).* ♦ Mais l'action en restitution des intérêts perçus indûment par application de dates de valeurs dépourvues de cause peut être engagée dans un délai de cinq ans à partir de leur perception, peu important l'absence de demande en nullité de la stipulation d'intérêts conventionnels. • Com. 16 mars 2010 : *Bull. civ. IV, n° 58 ; D. 2010. AJ 823, obs. Avena-Robardet ; JCP E 2010, n° 1524, note D. R. Martin ; ibid. n° 1577, obs. Leveneur ; CCC 2010, n° 150, obs. Leveneur ; RJDA 2010, n° 670 ; Gaz. Pal. 2010. 2146. note Lasserre Capdeville.* ♦ Sur la restitution des intérêts indûment perçus, V. aussi • Com. 17 janv. 2006 : *préc. note 10,* et V. note 2 ss. art. L. 313-4 C. consom. ♦ Sur la restitution des intérêts du solde débiteur d'un compte courant, V. note 21.

21. Restitution des intérêts afférents au solde débiteur d'un compte courant. A l'égard des intérêts afférents au solde débiteur d'un compte courant, les effets de la règle ne remontent pas au-delà de la date d'entrée en vigueur du Décr. du 4 sept. 1985 [C. consom., art. R. 313-1 s.], qui a déterminé le mode de calcul du TEG lorsqu'il s'agit d'un découvert en compte. • Com. 12 avr. 1988 : *préc. note 6* • 2 mai 1989 : *Gaz. Pal. 1990. 2. Somm. 344, obs. Tardieu-Naudet* • 9 avr. 1991 : *Bull. civ. IV, n° 134* • 10 mars 1992 : *Bull. civ. IV, n° 107* • 11 juin 2003 : *préc. note 6* • Versailles, 25 janv. 1996 : *JCP 1996. IV. 1088.* ♦ *Contra*, jugeant que la répétition des intérêts indus ne doit pas être limitée à la période postérieure à l'entrée en vigueur du Décr. du 4 sept. 1985, le TEG institué par ce texte ne différant du précédent que par son mode de calcul et demeurant un intérêt conventionnel soumis à la formalité de l'écrit : • Paris, 28 juin 1989 : *D. 1989. 563, note D. Martin.* – V. aussi • Montpellier, 22 sept. 1988 : *D. 1989. 150, note Gavalda* • Versailles, 18 janv. 1990 : *JCP 1990. II. 21539, note Stoufflet.* ♦ La suspension de l'application de la loi du 28 déc. 1966 au Décr. d'application du 4 sept. 1985 ne concerne que les comptes courants, la loi étant par ailleurs immédiatement applicable aux autres conventions de crédit. • Com. 24 mai 1994 : *RJDA 1994, n° 1166.* ♦ Sur la stipulation d'intérêts en matière de découvert en compte courant, V. notes 6 et 12.

Code de la consommation

Art. R. 313-1 *(Décr. n° 2011-135 du 1er févr. 2011, art. 1er, en vigueur le 1er mai 2011)* I. — Le calcul du taux effectif global repose sur l'hypothèse que le contrat de crédit restera valable pendant la durée convenue et que le prêteur et l'emprunteur rempliront leurs obligations selon les conditions et dans les délais précisés dans le contrat de crédit. Pour les contrats de crédit comportant des clauses qui permettent des adaptations du taux d'intérêt et, le cas échéant, des frais entrant dans le taux effectif global mais ne pouvant pas faire l'objet d'une quantification au moment du calcul, le taux effectif global est calculé en partant de l'hypothèse que le taux d'intérêt et les autres frais resteront fixes par rapport au niveau initial et s'appliqueront jusqu'au terme du contrat de crédit.

II. — Pour les opérations de crédit destinées à financer les besoins d'une activité professionnelle ou destinées à des personnes morales de droit public ainsi que pour celles mentionnées à l'article L. 312-2, le taux effectif global est un taux annuel, proportionnel au taux de période, à terme échu et exprimé pour cent unités monétaires. Le taux de période et la durée de la période doivent être expressément communiqués à l'emprunteur.

Le taux de période est calculé actuariellement, à partir d'une période unitaire correspondant à la périodicité des versements effectués par l'emprunteur. Il assure, selon la méthode des intérêts composés, l'égalité entre, d'une part, les sommes prêtées et, d'autre part, tous les versements dus par l'emprunteur au titre de ce prêt, en capital, intérêts et frais divers, ces éléments étant, le cas échéant, estimés.

Lorsque la périodicité des versements est irrégulière, la période unitaire est celle qui correspond au plus petit intervalle séparant deux versements. Le plus petit intervalle de calcul ne peut cependant être inférieur à un mois.

Lorsque les versements sont effectués avec une fréquence autre qu'annuelle, le taux effectif global est obtenu en multipliant le taux de période par le rapport entre la durée de l'année civile et celle de la période unitaire. Le rapport est calculé, le cas échéant, avec une précision d'au moins une décimale.

Si le crédit prend la forme d'une ouverture de droits de tirage destinée à financer les besoins d'une activité professionnelle, le taux effectif global est calculé sur la totalité des droits mis à la disposition du client.

III. — Pour toutes les opérations de crédit autres que celles mentionnées au II, le taux effectif global est dénommé "taux annuel effectif global" et calculé à terme échu, exprimé pour cent unités monétaires, selon la méthode d'équivalence définie par la formule figurant en annexe au présent article. La durée de la période doit être expressément communiquée à l'emprunteur. *— V. l'annexe au* **C. consom.** *— V. aussi, pour les modalités d'application, Décr. n° 2002-928 du 10 juin 2002. —* **C. consom.**

Le taux annuel effectif global est calculé actuariellement et assure, selon la méthode des intérêts composés, l'égalité entre, d'une part, les sommes prêtées et, d'autre part, tous les versements dus par l'emprunteur au titre de ce prêt pour le remboursement du capital et le paiement du coût total du crédit au sens du 5° de l'article L. 311-1, ces éléments étant, le cas échéant, estimés.

Les frais d'acte notarié établis en application du décret n° 78-262 du 8 mars 1978 portant fixation du tarif des notaires ne sont pas pris en compte pour le calcul de ce taux. *— V. l'ancienne rédaction au* **C. consom.**

Jurisprudence antérieure au Décr. n° 2011-135 du 1er févr. 2011.

1. Périodicité non annuelle. V. déjà, jugeant que, lorsque le TEG est exprimé par une périodicité non annuelle, seule la méthode proportionnelle, qui consiste à multiplier le taux par le nombre de périodes comprises dans l'année, peut être utilisée, • Civ. 1re, 9 janv. 1985 : *Bull. civ. I, n° 15 ; JCP 1986. II. 20532, note Pitou.*

2. Année bancaire. Le taux annuel de l'intérêt doit être déterminé par référence à l'année civile, laquelle comporte 365 ou 366 jours (et non pas 360, selon l'usage bancaire). • Com. 10 janv. 1995 : *Bull. civ. IV, n° 8 ; D. 1995. 229, note Gavalda ; Banque févr. 1995. 93, obs. Guillot ; JCP 1995. II. 22475, note Auckenthaler ; Rev. dr. bancaire 1995. 80, obs. Crédot et Gérard* • 18 mars 1997 : *D. Affaires 1997. 706 ; CCC 1997, n° 124, obs. Raymond* • Paris, 12 janv. 1996 : *D. 1996. IR 72 ; D. Affaires 1996. 266.* – V. Plateaux, *Gaz. Pal. 1996. 2. Doctr. 859.* ♦ Les juges du fond ne peuvent alors se contenter d'ordonner le paiement de la différence obtenue entre les deux calculs, l'un sur la base de l'année civile, l'autre sur celui de 360 jours, mais doivent considérer que le taux d'intérêt indiqué n'avait pas été effectivement appliqué de sorte que les exigences légales relatives à l'indication préalable et par écrit du TEG n'avaient pas été respectées. • Com. 17 janv. 2006 : *cité note 10 ss. art. L. 313-2 C. consom.* • 14 févr. 2006 : *JCP E 2006, n° 22, p. 960, obs. Stoufflet ; Dr. et patr. sept. 2006. 82, obs. Mattout et Prüm.* ♦ En retenant que le TEG mentionné dans l'acte constatant le prêt a été déterminé conformément aux dispositions de l'art. R. 313-1, à partir du taux de période trimestriel, sur la base d'une année civile, en fonction de la durée réelle du prêt, la cour d'appel s'est implicitement référée à une année comportant 365 ou 366 jours. • Com. 8 juill. 2008 : *JCP E 2008, n° 39, p. 28 ; Banque et*

Droit sept.-oct. 2008. 28, obs. Bonneau. ♦ Mais si le TEG doit être calculé sur la base de l'année civile, rien n'interdit aux parties de convenir d'un taux d'intérêt conventionnel calculé sur une autre base. Ayant relevé qu'il était expressément mentionné dans l'acte de prêt que les intérêts conventionnels seront calculés sur la base de 360 jours, l'arrêt retient, à bon droit, que ces modalités, qui sont librement convenues entre les parties, ne peuvent être remises en cause. • Com. 24 mars 2009 : *Bull. civ. IV, n° 44 ; D. 2009. AJ 1016, obs. Avena-Robardet ; RTD com. 2009. 422, obs. Legeais ; JCP E 2009, n° 26, p. 18, note Bouteiller ; LPA 10 juin 2009, note Rousset ; Gaz. Pal. 2009. 1980, note Piedelièvre ; RD banc. fin. 2009, n° 116, obs. Crédot et Samin ; Banque et Droit mai-juin 2009. 22, obs. Bonneau ; RLDA mai 2009. 39, obs. Carolle-Brisson.* ♦ En application combinée des art. 1907, al. 2 C. civ., L. 313-1, L. 313-2 et R. 313-1 C. consom., le taux de l'intérêt conventionnel mentionné par écrit dans l'acte de prêt consenti à un consommateur ou un non-professionnel doit, comme le TEG, sous peine de se voir substituer l'intérêt légal, être calculé sur la base de l'année civile. • Civ. 1re, 19 juin 2013 : *pourvoi n° 12-16.651.*

3. Portée de l'entrée en vigueur du Décr. du 4 sept. 1985. V. notes 1 s. ss. art. L. 313-2 C. consom.

Art. R. 313-1-1 *(Décr. n° 2008-449 du 7 mai 2008)* Lorsqu'il s'agit d'une avance réalisée dans le cadre d'un contrat d'affacturage, le taux effectif global est un taux annuel, proportionnel au taux de période et exprimé pour cent unités monétaires.

Le montant de l'avance à prendre en considération pour le calcul du taux effectif global est rapporté, selon la méthode des nombres, à une période d'un jour.

Ce taux est calculé selon la formule figurant en annexe au présent article. — *V. cette annexe (JO 11 mai) au* ***C. consom.***

Art. R. 313-2 *(Décr. n° 2011-135 du 1er févr. 2011, art. 2, en vigueur le 1er mai 2011)* Pour une autorisation de découvert ou une facilité de découvert, lorsque le taux annuel effectif global est calculé avant leur utilisation, le calcul est effectué selon la méthode définie par la formule figurant en annexe au présent code et mentionnée au III de l'article R. 313-1.

Après utilisation d'une autorisation de découvert, d'une facilité de découvert ou d'un dépassement, le taux annuel effectif global est calculé en rapportant le montant du crédit à prendre en considération, selon la méthode des nombres définie par le B de l'annexe du décret n° 2002-928 du 10 juin 2002 pris en application de l'article 1er du décret n° 2002-927 du 10 juin 2002, à une période d'un jour à l'expiration de laquelle il est réputé remboursé en même temps que les agios y afférents. A cet effet, chacun des soldes débiteurs successivement inscrits en compte au cours de l'intervalle séparant deux arrêtés contractuels est multiplié par sa propre durée en jours. — *V. Décr. n° 2002-928 du 10 juin 2002.* — ***C. consom.***

Pour les découverts destinés à financer les besoins d'une activité professionnelle, le taux effectif global est calculé en rapportant le montant du crédit à prendre en considération, selon la méthode des nombres mentionnée à l'alinéa précédent, à une période d'un jour à l'expiration de laquelle il est réputé remboursé en même temps que les agios y afférents. A cet effet, chacun des soldes débiteurs successivement inscrits en compte au cours de l'intervalle séparant deux arrêtés contractuels est multiplié par sa propre durée en jours. — *V. l'ancienne rédaction au* ***C. consom.***

Jurisprudence antérieure au Décr. n° 2011-135 du 1er févr. 2011.

Si pour les intérêts échus après la date d'entrée en vigueur du Décr. du 4 sept. 1985, qui a déterminé le mode de calcul du TEG lorsqu'il s'agit d'un découvert en compte, un tel taux ne peut être appliqué qu'après qu'il a été préalablement mentionné par écrit et si, en l'absence de toute indication de ce taux dans la convention de crédit, cette exigence suppose qu'il soit, à tout le moins, fixé dans un document postérieur, tels des relevés d'opérations ou d'agios, cette mention, qui n'est alors efficiente que pour les intérêts échus postérieurement, ne vaut toutefois jamais qu'à titre indicatif et de référence aux bases de calcul utilisées, le TEG étant susceptible de variations puisque incluant des éléments de calcul dépendant eux-mêmes des conditions d'utilisation du découvert, lesquelles ne peuvent être déterminées à l'avance. • Com 8 nov. 2005 : *Bull. civ. IV, n° 217 ; RTD com 2006. 168, obs. Legeais ; JCP E 2006, n° 22, p. 960, obs. Lassalas-Langlais ; RD banc. fin. 2006, n° 5, obs. Crédot et Gérard ; Banque et droit mars-avr. 2006. 67, obs. Bonneau ; RJDA 2006, n° 317 ; RLDA janv. 2006. 36, obs. Chemin-Bomben.*

Art. R. 313-3 Lorsqu'il s'agit d'une opération d'escompte, le taux de période s'entend du rapport qui s'établit entre les intérêts et frais divers dus par l'emprunteur au titre de l'escompte et le montant de l'effet escompté. La période est égale au nombre de jours de calendrier, de la date de négociation exclue jusqu'à la date réelle d'échéance de l'effet incluse ; cette période ne peut être retenue pour une durée inférieure à dix jours.

Art. R. 313-4 Lorsque le montant des opérations mentionnées aux articles R. 313-2 et R. 313-3 est inférieur à un montant fixé par arrêté du ministre chargé de l'économie et des finances, il peut être perçu pour chaque opération un minimum forfaitaire qui n'est pas pris en compte pour déterminer le taux effectif global ; ce minimum doit être porté à la connaissance de l'emprunteur. – *[Décr. n° 85-944 du 4 sept. 1985, art. 4.]*

Art. R. 313-5 Lorsque l'octroi d'un prêt est subordonné à une phase d'épargne préalable, le taux effectif global est calculé sans tenir compte de cette phase d'épargne. – *[Décr. n° 85-944 du 4 sept. 1985, art. 5.]*

BIBL. GÉN. ▶ SCHMIDT et LUTZ, *Banque 1986. 863.* – RAFFRAY, *JCP N 1986. Prat. 9631.*

Le taux d'usure

RÉP. COM. v° *Usure,* par S. PIEDELIÈVRE.

Art. L. 313-3 Constitue un prêt usuraire tout prêt conventionnel consenti à un taux effectif global qui excède, au moment où il est consenti, de plus du tiers, le taux effectif moyen pratiqué au cours du trimestre précédent par les établissements de crédit pour des opérations de même nature comportant des risques analogues, telles que définies par l'autorité administrative après avis du Conseil national du crédit. *(L. n° 2010-737 du 1er juill. 2010, art. 1er)* « Les catégories d'opérations pour les prêts aux particuliers n'entrant pas dans le champ d'application des articles L. 312-1 à L. 312-3 sont définies à raison du montant des prêts. » – *V. Arr. 24 août 2006, ci-dessous.*

Les crédits accordés à l'occasion de ventes à tempérament sont, pour l'application de la présente section, assimilés à des prêts conventionnels et considérés comme usuraires dans les mêmes conditions que les prêts d'argent ayant le même objet.

Les conditions de calcul et de publicité des taux effectifs moyens visés au premier alinéa sont fixées par la voie réglementaire. – *[L. n° 66-1010 du 28 déc. 1966, art. 1er.] – V. C. consom., art. D. 313-6 à D. 313-9. –* ***C. consom.***

(L. n° 2010-737 du 1er juill. 2010, art. 1er) « Des mesures transitoires, dérogeant aux alinéas précédents, peuvent être mises en œuvre par le ministre chargé de l'économie, sur proposition motivée du gouverneur de la Banque de France, pour une période ne pouvant excéder huit trimestres consécutifs, en cas de :

« – variation d'une ampleur exceptionnelle du coût des ressources des établissements de crédit ;

« – modifications de la définition des opérations de même nature mentionnées au premier alinéa. – *V. Arr. 22 mars 2011. –* ***C. consom.***

« Un comité, présidé par le gouverneur de la Banque de France, est chargé de suivre et d'analyser, notamment au regard du mode de fixation des taux de l'usure, le niveau et l'évolution des taux d'intérêt des prêts aux particuliers. Le comité examine également les modalités de financement des établissements de crédit et analyse le niveau, l'évolution et les composantes de leurs marges. Outre le gouverneur de la Banque de France, le comité comprend un député, un sénateur et le directeur général du Trésor et de la politique économique. Il se réunit à l'initiative de son président au moins une fois par trimestre et pendant deux ans. Il établit un rapport annuel qui est remis au Parlement et au Gouvernement. »

(L. n° 2003-721 du 1er août 2003, art. 32-I) « Les dispositions du présent article et celles des articles L. 313-4 à L. 313-6 ne sont pas applicables aux prêts accordés *(L. n° 2005-882 du 2 août 2005, art. 7-I)* « à une personne physique agissant pour ses besoins professionnels ou » à une personne morale se livrant à une activité indus-

trielle, commerciale, artisanale, agricole ou professionnelle non commerciale. » – *V. art. L. 313-5-1 C. mon. fin., v° Banque et financement de l'entreprise.*

Les dispositions issues de la L. n° 2010-737 du 1er juill. 2010 s'appliquent à compter du premier jour du troisième trimestre civil suivant le jour de sa publication (L. préc., art. 61-I ; JO 2 juill.).

BIBL. ► LE CALVEZ, *D. 2002. 1891* (les dates de valeur et l'usure : touche pas à mon taux !). – BRAGANTINI-BONNET, *JCP E 2008, n° 19, p. 13, spéc. n° 8* (l'anatocisme conventionnel). ► Loi n° 2003-721 du 1er août 2003 : BOULOC, *RD banc. fin. 2003. 387.* – CARAMALLI, *LPA 25 août 2003.* – ROBERT, *Dr. pénal. 2004, n° 26.* – PIEDELIÈVRE, *JCP E 2003, n° 42, p. 1658.* – LEGEAIS, *RTD com. 2003. 786* . – N. FERRIER, *ibid. 2005. 219* (incertitudes du régime de l'usure liées à sa codification). – LASSERRE CAPDEVILLE, *RLDA oct. 2008. 98* (le prêt usuraire). ► Loi n° 2010-737 du 1er juill. 2010 : LAGARDE, *RD banc. fin. 2011, n° 46* (taux d'usure et crédit *revolving* : de quelques difficultés pratiques...).

1. Application de la loi dans le temps. Sur l'application dans le temps de la loi « Neiertz » du 31 déc. 1989, qui a modifié l'art. 1er de la loi du 28 déc. 1966, codifié à l'art. L. 313-3 C. consom., V. • Com. 26 mars 2002 : *Bull. civ. IV, n° 57 ; D. 2002. AJ 1341, obs. Lienhard ; JCP E 2002, n° 22, p. 903, note Gourio ; Banque et Droit juill.-août 2002. 46, obs. Bonneau.* ♦ Sur l'application dans le temps de la loi « initiative économique » du 1er août 2003, qui a supprimé le délit d'usure à l'encontre des personnes morales, V. • Montpellier, 16 déc. 2003 : *cité note 2.*

I. CHAMP D'APPLICATION DU TAUX USURAIRE

2. Personne morale. Jugeant qu'en vertu de l'art. 32 de la L. n° 2003-721 du 1er août 2003, le délit d'usure ne s'applique plus aux découverts en compte et aux lignes d'escompte consentis aux personnes morales, V. • Montpellier, 16 déc. 2003 : *RD banc. fin. 2004. 136, note Bouloc.* ♦ Sur les sanctions civiles, V. C. mon. fin., art. L. 313-5-2, v° *Banque et financement de l'entreprise.*

3. Prêt international. **BIBL.** Crédot et Gérard, *LPA 15 mai 1989.* – Cafritz et Tene, *Bull. Joly Bourse 2003. 7.* ♦ Les offres de prêt émises à l'étranger proposées par des intermédiaires et acceptées en France, de sorte que les contrats ont été formés sur le territoire national, sont soumises à la loi française. • Crim. 28 nov. 1996 : *Bull. crim. n° 437.* ♦ Pour le rejet de la demande en nullité d'un prêt contracté, à un taux usuraire, entre une banque espagnole et des emprunteurs de nationalité française, la banque ayant, en cours d'instance, renoncé au taux initial puis recalculé sa créance en fonction d'un taux inférieur au seuil de l'usure en France, V. • Pau, 1er mars 2001 : *D. 2002. Somm. 639, obs. Synvet* .

4. Emprunts obligataires. **BIBL.** Caramalli, *D. 2002. 1413* . – *Dossier ANSA oct. 2002, n° 3158.*

5. Découvert en compte. Les dispositions de la loi s'appliquent à un découvert en compte. • Aix-en-Provence, 17 déc. 1986 : *JCP 1987. II. 20795, note Stoufflet,* conf. par • Com. 12 avr. 1988 : *D. 1989. 309, concl. Jéol ; JCP 1988. II. 21026, note Gavalda.* ♦ V. désormais art. L. 313-5-1 C. mon. fin., v° *Banque et financement de l'entreprise.* ♦ La position débitrice d'un compte courant d'associé coopérateur, dont la vocation est de faciliter les échanges commerciaux de biens agricoles, ne peut pas être assimilée à un emprunt ; par suite, les dispositions des art. L. 313-3 et L. 313-4 C. consom. relatives au taux d'usure ne sont pas applicables au solde débiteur d'un compte courant d'associé coopérateur. • Civ. 1re, 21 févr. 2006 : *cité note 6 ss. art. L. 313-2 C. consom.* ♦ Sur les intérêts afférents au solde débiteur d'un compte courant, V. notes 6, 12 et 21 ss. art. L. 313-2 C. consom.

6. Ouverture de crédit. La loi ne s'applique que si, dans une ouverture de crédit, les fonds mis à la disposition de l'emprunteur sont utilisés. • Com. 17 mai 1982 : *Bull. civ. IV, n° 181.*

7. Crédit-bail. Il a été jugé que les opérations de crédit-bail, par leur nature, ne relevaient pas des dispositions légales. • Rouen, 3 juill. 1970 : *D. 1971. 455, note Dessens* • Toulouse, 8 mai 1970 : *JCP 1970. II. 16481, note E.M.B.*

8. Opérations aléatoires. La loi est inapplicable aux prêts aléatoires, tels qu'une rémunération correspondant à un pourcentage d'une plus-value éventuelle dans la vente d'un fonds de commerce. • Paris, 11 mars 1967 : *JCP 1968. II. 15334, note H.B.* ♦ ... Ou un pourcentage de recettes du film financé par le prêt. • Com. 4 oct. 1977 : *Bull. civ. IV, n° 218 ; D. 1978. IR 168, obs. Vasseur.*

9. Titres de créance. Pour l'avis du ministre de l'économie estimant que le taux de l'usure ne s'applique pas aux émissions de titres de créance visés à l'art. L. 211-1, I-2 C. mon. fin., V. Rép. min. n° 1827 : *JO Sénat Q, 2 janv. 2003, p. 41 ; D. 2003. 259 ; LPA 15 janv. 2003, obs. Caramalli ; JCP E 2003, n° 5, p. 200 ; RD banc. fin. 2003, n° 90, obs.*

Portier ; Dr. sociétés 2003, n° 95, obs. Bonneau ; BRDA 2003, n° 2, p. 8 ; Bull. Joly Bourse 2003. 111.

10. Clause pénale. La clause pénale, fixant les dommages et intérêts dus par le débiteur qui n'exécute pas son obligation, ne joue que comme sanction de cette inexécution et n'est donc pas soumise aux dispositions des textes réprimant l'usure. • Com. 22 févr. 1977 : *D. 1977. IR 244.*

II. APPRÉCIATION DU CARACTÈRE USURAIRE DU TAUX

11. Date d'appréciation du caractère usuraire. Le caractère usuraire d'un prêt au sens de l'art. L. 313-3 s'apprécie au moment où ce prêt est consenti. Il en résulte que la cour d'appel qui écarte le caractère usuraire d'un prêt en comparant le TEG de ce prêt au taux d'usure en vigueur pour la période où il a été consenti justifie légalement sa décision. • Com. 26 mars 2002 : *préc. note 1* • Riom, 13 déc. 2006 : *JCP E 2007, n° 22, p. 25.* ♦ V. aussi, jugeant que le délit d'usure doit s'apprécier au moment de la conclusion des différents contrats ou conventions (pour une convention de compte et un découvert en compte). • TGI Sarreguemines, 23 nov. 2001 : *Banque et Droit janv.-févr. 2003. 65, obs. Guillot,* conf. par • Metz, 21 mars 2002 : *ibid. mai-juin 2003. 64, obs. Guillot.* ♦ Pour caractériser le délit d'usure, le TEG doit être apprécié au moment où chaque prêt est consenti ; des prêts successifs, même consentis par la même société de crédit, ne peuvent donc être appréciés globalement. • Paris, 11 janv. 1982 : *D. 1982. IR 413, obs. Vasseur ; Gaz. Pal. 1982. 1. 131, note Marchi.* ♦ Le délit d'usure n'est constitué qu'au moment où le prêt est consenti c'est-à-dire la date à laquelle le contrat devient parfait. S'agissant d'un crédit à la consommation, en l'absence de clause d'agrément de l'emprunteur, le contrat de prêt devient parfait à la date d'acceptation de l'offre préalable par l'emprunteur et dans le cas d'un crédit immobilier, il convient de retenir la même date (Rép. min. n° 27268 : *JO Sénat 8 févr. 2001, p. 523*).

12. Méthode d'appréciation du caractère usuraire. Il appartient aux juges du fond de rechercher le taux effectif global du prêt, puis de le comparer avec le taux de référence publié en application de la L. n° 66-1010 du 28 déc. 1966 [partiellement codifié aux art. L. 313-1 s. C. consom.]. • Civ. 1re, 22 avr. 1997 : *Bull. civ. I, n° 124 ; D. Affaires 1997. 698 ; CCC 1997, n° 141, note Raymond.* ♦ Sur la nécessité de se référer au TEG pratiqué au cours du trimestre « précédent », V. • Crim. 14 janv. 1997 : *CCC 1997, n° 108, obs. Raymond.* ♦ Sur les éléments inclus dans l'évaluation du TEG, V. notes ss. art. L. 313-1 C. consom.

Arrêté du 24 août 2006, *fixant les catégories de prêts servant de base à l'application de l'article L. 313-3 du code de la consommation et de l'article L. 313-5-1 du code monétaire et financier, relatifs à l'usure.* **Art. 1er** Les catégories d'opérations de même nature comportant des risques analogues visées à l'article L. 313-3, premier alinéa, du code de la consommation sont les suivantes :

Pour les prêts aux particuliers entrant dans le champ d'application des articles L. 312-1 à L. 312-3 du code de la consommation relatifs au crédit immobilier :

— prêts à taux fixe ;

— prêts à taux variable ;

— prêts-relais.

Pour les prêts aux particuliers n'entrant pas dans le champ d'application des articles L. 312-1 à L. 312-3 du code de la consommation relatifs au crédit immobilier : *(Arr. 22 mars 2011, art. 1er, en vigueur le 1er avr. 2011)* « — prêts d'un montant inférieur ou égal à 3 000 euros ;

« — prêts d'un montant supérieur à 3 000 euros et inférieur ou égal à 6 000 euros ;

« — prêts d'un montant supérieur à 6 000 euros. »

Pour les prêts accordés aux personnes physiques agissant pour leurs besoins professionnels et aux personnes morales ayant une activité industrielle, commerciale, artisanale, agricole ou professionnelle non commerciale :

— découverts en compte.

Pour les prêts aux personnes morales n'ayant pas d'activité industrielle, commerciale, artisanale, agricole ou professionnelle non commerciale :

— prêts consentis en vue d'achats ou de ventes à tempérament ;

— prêts d'une durée initiale supérieure à deux ans, à taux variable ;
— prêts d'une durée initiale supérieure à deux ans, à taux fixe ;
— découverts en compte ;
— autres prêts d'une durée initiale inférieure ou égale à deux ans.

Art. 2 L'arrêté du 25 juin 1990 fixant les catégories de prêts servant à l'application de la loi n° 66-1010 du 28 décembre 1966 relative à l'usure, aux prêts d'argent et à certaines opérations de démarchage et de publicité est abrogé.

Art. L. 313-4 Lorsqu'un prêt conventionnel est usuraire, les perceptions excessives au regard des articles L. 313-1 à L. 313-3 sont imputées de plein droit sur les intérêts normaux alors échus et subsidiairement sur le capital de la créance.

Si la créance est éteinte en capital et intérêts, les sommes indûment perçues doivent être restituées avec intérêts légaux du jour où elles auront été payées. – *[L. n° 66-1010 du 28 déc. 1966, art. 5.]*

1. Absence de nullité. Une caution solidaire ne saurait invoquer un taux usuraire pour se prétendre libérée de l'obligation principale, laquelle n'est pas annulée de ce seul fait. • Civ. 1re, 19 juill. 1978 : *Gaz. Pal. 1978. 2. Somm. 417.* ♦ V. aussi notes 16 s. ss. art. L. 313-2 C. consom.

2. Restitution des excédents d'intérêts. Le prêteur doit restituer les excédents d'intérêts indûment perçus, V. : • Com. 17 mai 1982 : *Bull. civ. IV, n° 181.* ♦ La banque qui a imputé unilatéralement au débit du compte de son client des intérêts que celui-ci n'avait pas payés volontairement ne peut invoquer à son encontre les dispositions de l'art. 1906 C. civ. • Com. 23 oct. 1990 : *D. 1991. 73, note Gavalda ; JCP E 1991. II. 106, note Stoufflet ; Bull. civ. IV, n° 249* (V. l'arrêt confirmé : • Montpellier, 22 sept. 1988 : *D. 1989. 150, note Gavalda*). ♦ Cet art. ne s'oppose pas à la répétition de la partie des intérêts illégalement perçue, au regard de l'art. 1907 C. civ. et de l'art. 4 de la loi du 28 déc. 1966 [C. consom., art. L. 313-2], selon lesquels le taux légal est seul applicable en l'absence de stipulation écrite. • Com. 9 avr. 1991 : *Bull. civ. IV, n° 134 ; D. 1991. 385, note Vasseur* • 10 mars 1992 : *RJDA 1992, n° 722* • 9 nov. 1993 : *D. 1993. IR 257* • 18 juin 1996 : *D. Affaires 1996. 1030* • Civ. 1re, 8 juin 1994 : *Bull. civ. I, n° 205* • Poitiers, 6 mai 1992 : *JCP 1992. IV. 2943.* ♦ Sur la restitution des excédents d'intérêts, V. aussi note 20 ss. art. L. 313-2 C. consom.

3. Pouvoir d'appréciation du juge civil. Sur le pouvoir d'appréciation du juge civil de fixer le taux d'usure dans la limite du taux maximal constaté par le juge pénal, V. • Reims, 29 oct. 1979 : *D. 1981. 355, note Boizard.*

4. Prescription. La sanction de l'usure ne consiste pas dans la nullité de la stipulation d'intérêts mais dans l'imputation des perceptions excessives sur les intérêts normaux alors échus et subsidiairement sur le capital de la créance, et si la créance est éteinte en capital et intérêts, dans leur restitution avec intérêt au taux légal du jour où elles auront été payées, de sorte que la prescription applicable à l'action fondée sur l'art. L. 313-4 C. consom. est celle prévue par l'art. L. 110-4 C. com. • Com. 11 oct. 2011 : *Bull. civ. IV, n° 156 ; D. 2011. Actu. 2533 ; JCP E 2012, n° 1349, spéc. n° 13, obs. Routier ; RJDA 2012, n° 196 ; Banque et Droit janv.-févr. 2012. 33, obs. Bonneau.*

Art. L. 313-5 Quiconque consent à autrui un prêt usuraire ou apporte sciemment à quelque titre et de quelque manière que ce soit, directement ou indirectement, son concours à l'obtention ou à l'octroi d'un prêt usuraire ou d'un prêt qui deviendrait usuraire au sens de l'article L. 313-3 du fait de son concours est puni d'un emprisonnement de deux ans et d'une amende de 45 000 € ou de l'une de ces deux peines seulement.

En outre, le tribunal peut ordonner :

1° La publication intégrale, ou par extraits, de sa décision, aux frais du condamné, dans les journaux qu'il désigne, ainsi que l'affichage de cette décision dans les conditions prévues à l'article 131-35 du code pénal ;

2° La fermeture, provisoire ou définitive, de l'entreprise dont l'une des personnes chargées de l'administration ou de la direction est condamnée en application de l'alinéa premier du présent article, assortie éventuellement de la nomination d'un administrateur ou d'un liquidateur ;

(L. n° 2008-776 du 4 août 2008, art. 71-II, 5°) **« 3° L'interdiction, suivant les modalités prévues par l'article 131-27 du code pénal, soit d'exercer une fonction publique ou d'exercer l'activité professionnelle ou sociale dans l'exercice ou à l'occasion de l'exercice de laquelle l'infraction a été commise, soit d'exercer une profession commerciale ou industrielle, de diriger, d'administrer, de gérer ou de contrôler à un titre quelconque, directement ou indirectement, pour son propre compte ou pour le compte d'autrui, une entreprise commerciale ou industrielle ou une société commerciale. Ces interdictions d'exercice peuvent être prononcées cumulativement. »**

En cas de fermeture, le tribunal fixe la durée pendant laquelle le délinquant ou l'entreprise doit continuer à payer à son personnel les salaires, indemnités et rémunérations de toute nature auxquels celui-ci avait droit jusqu'alors ; cette durée ne saurait excéder trois mois.

La prescription de l'action publique en ce qui concerne le délit visé au premier alinéa ci-dessus court à compter du jour de la dernière perception, soit d'intérêt, soit de capital. — *[L. n° 66-1010 du 28 déc. 1966, art. 6.]*

1. Personnes punissables. Pour la condamnation d'un conseil financier, V. • Paris, 29 mai 1976 : *Gaz. Pal. 1977. 1. 308, note Guth.* ♦ En revanche, un directeur d'agence bancaire ne peut pas être tenu pour responsable d'usure s'il n'a pas, en connaissance de cause, participé d'une manière quelconque, directement ou indirectement, à l'établissement ni au suivi des intérêts facturés par la banque. • Crim. 2 oct. 2002 : *JCP E 2002, n° 50, p. 1986 ; Dr. pénal 2003, n° 11, obs. Robert ; RTD com. 2003. 147, obs. Legeais ; ibid. 386, obs. Bouloc ; Gaz. Pal. 2003. Somm. 2569, et les obs. ; RJDA 2003, n° 297 ; RSC 2003. 109, obs. Renucci et Ambroise-Castérot.*

2. Prescription. Le délit d'usure commence à courir à compter du jour de la dernière perception, soit d'intérêts, soit de capital et le recouvrement de sommes en exécution d'une décision judiciaire ne peut être considéré comme la perception, soit d'intérêts, soit de capital au sens de l'art. L. 313-5. • Crim. 2 oct. 2002 : *préc. note 1* • 16 nov. 2005 : *JCP 2006. II. 10111 ; ibid. I. 159, n° 21, obs. Robert ; Dr. pénal 2006, n° 43, obs. Robert.* ♦ L'action publique contre l'infraction de délit d'usure se prescrit par trois années à compter du jour de la perception des derniers intérêts relatifs aux opérations critiquées et/ou du dernier remboursement de capital de l'opération critiquée. • TGI Sarreguemines, 23 nov. 2001 : *Banque et Droit janv.-févr. 2003. 65, obs. Guillot,* conf. par • Metz, 21 mars 2002 : *ibid. mai-juin 2003. 64, obs. Guillot.* ♦ L'infraction est prescrite depuis la dénonciation de la convention de compte par la banque dès lors qu'il est constaté qu'à partir de cette date aucun remboursement de capital relatif aux opérations de crédit critiquées n'avait été perçu. • TGI Sarreguemines, 23 nov. 2001 : *préc.* ♦ La prescription n'est pas suspendue pendant la procédure de règlement judiciaire, le débiteur n'étant pas dans l'impossibilité d'agir en justice. • Crim. 15 mars 1994 : *Bull. crim. n° 98 ; D. 1994. IR 124.* ♦ Lorsque des opérations d'escompte sont effectuées dans le cadre d'un compte courant à un taux éventuellement usuraire, la prescription du délit d'usure commence à courir à compter de la perception des derniers intérêts relatifs auxdites opérations d'escompte et non à compter de la date de la clôture du compte courant et de son apurement. • Crim. 26 sept. 1996 : *Bull. crim. n° 357 ; RJDA 1996, n° 1502 ; RTD com. 1997. 337, obs. Bouloc.*

Art. L. 313-6 *(Abrogé par L. n° 2011-525 du 17 mai 2011, art. 67-I)* ***En tout état de la procédure d'enquête préliminaire ou de la procédure d'instruction ou de jugement, les autorités judiciaires compétentes pourront saisir, si elles l'estiment utile, une commission consultative dont la composition sera fixée par arrêté et qui donnera tous avis tant sur le taux effectif moyen visé à l'alinéa premier de l'article L. 313-3 que sur le taux effectif global pratiqué dans l'espèce considérée.*** — [L. n° 66-1010 du 28 déc. 1966, art. 7.]

Code de la consommation

Art. D. 313-6 Les taux effectifs moyens qui ont été pratiqués au cours d'un trimestre civil par les établissements de crédit pour les catégories d'opérations de même nature comportant des risques analogues, telles que définies par l'arrêté du ministre chargé de l'économie et des finances prévu par l'article L. 313-3, sont calculés par la Banque de France. Le ministre chargé de l'économie et des finances fait procéder à la publication au *Journal officiel* de la République française de ces taux ainsi que des seuils de l'usure correspondant qui serviront de référence pour le trimestre suivant ; il procède, le cas échéant, aux corrections des taux observés, conformément aux dispositions du deuxième alinéa de l'article D. 313-7. – *[Décr. n° 90-506 du 25 juin 1990, art. 1er.]*

Pour la détermination des seuils de l'usure applicables au troisième trimestre 2002 aux opérations de crédit pour lesquelles le taux effectif global est calculé selon la méthode équivalente, V. Décr. n° 2002-928 du 10 juin 2002 (JO 11 juin).

Art. D. 313-7 La Banque de France procède chaque trimestre à une enquête, portant sur les prêts en *(Décr. n° 2005-1007 du 2 août 2005, art. 4-I)* « euros », destinée à collecter auprès des établissements de crédit les données nécessaires au calcul des taux effectifs moyens. Ce calcul est effectué selon une moyenne arithmétique simple des taux effectifs globaux observés. Les prêts dont les taux sont réglementés, administrés ou bonifiés par l'État ne sont pas pris en compte. Pour ce qui concerne les entreprises, les prêts ne sont pas pris en compte pour le calcul du taux effectif moyen lorsqu'ils sont supérieurs à des montants définis par arrêté du ministre chargé de l'économie et des finances. – *V. 1er Arr. du 25 juin 1990 (D. et ALD 1990. 272), mod. par Arr. du 19 juill. 1993 (JO 31 juill.), Arr. du 20 juin 1994 (JO 25 juin), Arr. du 3 sept. 2001 (JO 11 sept.).*

En cas de variation d'une ampleur exceptionnelle du coût des ressources des établissements de crédit, les taux effectifs moyens observés par la Banque de France peuvent être corrigés pour tenir compte de cette variation. Ces taux sont publiés au plus tard dans les quarante-cinq jours suivant la constatation de cette variation. – *[Décr. n° 90-506 du 25 juin 1990, art. 2.]*

Art. D. 313-8 Les prêteurs doivent porter à la connaissance des emprunteurs les seuils de l'usure correspondant aux prêts qu'ils leur proposent. Les établissements de crédit tiennent cette information à la disposition de leur clientèle comme pour les conditions générales de banque visées à l'article R. 312-1 du code monétaire et financier. – *[Décr. n° 90-506 du 25 juin 1990, art. 3.] – V. cet art., v° Banque et financement de l'entreprise.*

Loi n° 98-657 du 29 juillet 1998,

Relative à la lutte contre les exclusions.

Art. 113 L'établissement financier qui offre ou consent un prêt ou un crédit personnalisé à un mineur sans l'autorisation du juge des tutelles ou, s'agissant des actes de la vie courante, du représentant légal, est redevable d'une amende fiscale d'un montant égal au quintuple du montant de la créance figurant au contrat. Cette amende est recouvrée conformément aux dispositions prévues aux articles 1724 et 1724 A du code général des impôts.

En cas de défaut, ou d'insuffisance de paiement, les dispositions de l'article 1727 du même code sont applicables.

Sur le crédit à la consommation, V. C. consom., art. L. 311-1 s., v° Ventes commerciales, V. – Crédit (ventes à).

PUBLICITÉ COMMERCIALE

DALLOZ RÉFÉRENCE *Droit de la publicité et de la promotion des ventes,* par FABRE, BONNET-DESPLAN, SERMET et GENTY, 2009, 4e édition.

Loi no 93-122 du 29 janvier 1993,

Relative à la prévention de la corruption et à la transparence de la vie économique et des procédures publiques.

RÉP. COM. vo *Contrat de publicité,* par HASSLER.

BIBL. GÉN. ► M. MALAURIE, *D. 1993. Chron. 215* ⌀. – BONNET-DESPLAN, *Cah. dr. entr. 1993, no 6.* – FABRE ET MAINGUY, *ibid., no 27.* – BIOLAY, *JCP E 1993. I. 249.* – LUCAS DE LEYSSAC, *RJ com. 1993. 128.* – J.-L. FOURGOUX, *Gaz. Pal. 1994. 2. Doctr. 887.* – MISSE, *ibid. 18-20 avr. 1999, p. 32* (internet, un espace commercial). – PECNARD et COUSIN, *LPA 23 mai 2003* (droit de la concurrence et les nouveaux équilibres issus de la loi Sapin). – NOSSEREAU et PECNARD, *ibid.* (loi Sapin et perspectives dans le contexte européen). – CARITOUX et VOISSET, *ibid.* (loi Sapin à l'épreuve de l'imagination des publicitaires). – BOULET, *CCE 2011. Prat. 16* (contrat d'achat d'espace publicitaire).

Art. 20 Tout achat d'espace publicitaire ou de prestation ayant pour objet l'édition ou la distribution d'imprimés publicitaires ne peut être réalisé par un intermédiaire que pour le compte d'un annonceur et dans le cadre d'un contrat écrit de mandat.

Ce contrat fixe les conditions de la rémunération du mandataire en détaillant, s'il y a lieu, les diverses prestations qui seront effectuées dans le cadre de ce contrat de mandat et le montant de leur rémunération respective. Il mentionne également les autres prestations rendues par l'intermédiaire en dehors du contrat de mandat et le montant global de leur rémunération. Tout rabais ou avantage tarifaire de quelque nature que ce soit accordé par le vendeur doit figurer sur la facture délivrée à l'annonceur et ne peut être conservé en tout ou partie par l'intermédiaire qu'en vertu d'une stipulation expresse du contrat de mandat.

Même si les achats mentionnés au premier alinéa ne sont pas payés directement par l'annonceur au vendeur, la facture est communiquée directement par ce dernier à l'annonceur. — *Sur les sanctions, V. art. 25.*

1. Domaine d'application. Il ressort de l'art. 20 qu'une agence de publicité peut intervenir, soit comme intermédiaire, notamment lorsqu'elle fait réaliser par une autre entreprise l'édition d'imprimés publicitaires pour le compte d'un annonceur qui finance la prestation, auquel cas l'agence est soumise aux dispositions de la loi du 29 janv. 1993, soit comme prestataire, notamment, lorsqu'elle assure elle-même la prestation, auquel cas l'agence est soustraite à ces dispositions. • CE 10 juill. 1996 : *D. 1996. IR 220* ⌀. ♦ Dans le même sens, V. : Rép. min. no 3079 : *JOAN Q,* 13 sept. 1993, p. 2945.

1 bis. La société qui exerce l'activité « d'entreprise de publicité, placement d'éditions et d'impressions d'objets publicitaires », ainsi que « la prise en régie d'espaces publicitaires », laquelle n'est pas une agence de publicité, n'agit pas en tant qu'intermédiaire et n'est donc pas soumise aux dispositions de la loi du 29 janv. 1993. • Paris, 22 févr. 2001 : *Gaz. Pal. 21-22 nov. 2001, p. 28.*

2. Sur la situation du fabricant d'enveloppes pour courrier publicitaire, V. : Rép. min. no 5510 : *JOAN Q,* 27 déc. 1993, p. 4749.

3. Portée du contrat de mandat. En application des dispositions des art. 20 et 21, le contrat de mandat exclut l'existence de tout contrat, notamment de commission, liant le mandataire au vendeur d'espaces publicitaires. • Paris, 6 oct. 1995 : *D. 1996. IR 268 ; RJ com. 1996. 156, note Hassler.* ♦ Dès lors qu'un contrat de mandat prévoit expressément que l'annonceur réglera l'achat d'espace à l'agence et que celle-ci réglera, après vérification, les factures émises par le vendeur d'espace, l'annonceur ne peut invoquer un quelconque mandat apparent qu'aurait présenté l'agence, celle-ci ayant agi dans la seule application du contrat de mandat. C'est donc à juste titre qu'un tribunal de commerce condamne, à titre provisionnel, un annonceur à payer à un vendeur d'espaces publicitaires le montant du coût des insertions non réglées par l'agence de publicité mise en liquidation judiciaire à laquelle il avait fait appel afin de souscrire des ordres d'insertion relatifs aux espaces publicitaires dans les annuaires officiels de France Télécom. • Même arrêt. ♦ V. aussi • Versailles, 4 févr. 1999 : *JCP E 1999, n° 26, p. 1129.* ♦ Pour une décision rejetant la demande en paiement du solde des achats d'espaces restant dû au support en raison de l'impossibilité pour ce dernier de prouver que les prestations fournies pour l'annonceur avaient ou non été réglées par l'agence de publicité, celle-ci effectuant auprès du support des paiements globaux sans détail des annonceurs ayant payé et des sommes réglées pour chacun d'entre eux, V. • Com. 16 oct. 2001 : *RJDA 2002, n° 323.*

Une agence de publicité chargée par un annonceur, en vertu d'un mandat conçu en des termes généraux, d'effectuer un achat d'espace publicitaire, a valablement pu accepter pour le compte de ce dernier une clause attributive de compétence territoriale dans la mesure où cette clause n'emporte aucune conséquence juridique sur les droits dont disposait l'annonceur. • Paris, 22 mars 2000 : *BRDA 2000, n° 10, p. 12.*

4. Le contrat concernant une campagne publicitaire conclu par un annonceur avec une agence de publicité ne satisfait pas aux exigences de l'art. 20, dès lors qu'il prévoit de se référer à des documents extérieurs afin de fixer le détail des prestations proposées, le montant de la rémunération de l'agence et les précisions concernant les prestations d'achat d'espaces publicitaires. • Civ. 1re, 24 févr. 1998 : *Bull. civ. I, n° 75 ; D. Affaires 1998. 905, obs. E. P. ; CCC 1998, n° 69, note Leveneur ; RJDA 1998, n° 917.* ♦ La loi du 29 janv. 1993 n'interdit pas aux parties de convenir que le prix sera facturé au mandataire. • Com. 30 nov. 2004 : *Gaz. Pal. 2005. Somm. 2209, obs. Biolay.* ♦ S'il résulte de l'art. 20, al. 3, que le vendeur d'espaces publicitaires doit communiquer directement ses factures à l'annonceur, cette obligation n'a pas pour sanction la perte du droit à rémunération dont le vendeur est titulaire à l'encontre de l'annonceur. • Com. 4 oct. 2011 : *Bull. civ. IV, n° 149 ; D. 2011. Actu. 2534, obs. Chevrier ; RTD com. 2011. 789, obs. Bouloc ; JCP E 2011, n° 1771 ; CCC 2012, n° 1, obs. Leveneur ; Gaz. Pal. 2012. 1589, obs. Greffe ; RJDA 2011, n° 1077 ; RLDA nov. 2011. 44, obs. Mathonnière. – Contra*, rejetant la demande de paiement faite par le vendeur d'espaces à l'annonceur, faute pour le vendeur d'établir qu'il avait communiqué directement la facture litigieuse à l'annonceur, ainsi que le lui impose l'art. 20, al. 3, de la loi : • Versailles, 16 oct. 2008 : *RJDA 2009, n° 389.*

5. Mobilisation de créances. La loi Sapin n'interdit pas à l'agence de publicité de mobiliser les factures émises sur l'annonceur. • Paris, 5 juin 1998 : *JCP E 1998, n° 27, p. 1073.* ♦ Jugeant que, la créance sur les annonceurs détenue par l'agence étant contractuellement certaine, elle pouvait être acceptée par l'affactureur sans qu'il puisse lui être reproché un manquement au devoir de contrôle, V. • Com. 29 oct. 2002 : *Bull. civ. IV, n° 156 ; D. 2002. AJ 3269, obs. Chevrier ; JCP E 2002, n° 50, p. 1988 ; RTD com. 2003. 361, obs. Bouloc ; RJDA 2003, n° 330.*

6. Personne publique. Sur les règles de compétence s'agissant d'un contrat passé entre un EPIC et une régie publicitaire, V. • Civ. 1re, 17 juin 2003 : *JCP E 2003, n° 36, p. 1358 ; RJDA 2003, n° 1057.*

7. Droit d'auteur. L'art. L. 132-31 CPI ne s'applique pas aux rapports entre l'annonceur et l'agence de publicité, ces dispositions régissant les seuls contrats consentis par l'auteur, personne physique, dans l'exercice de son droit d'exploitation et non ceux que peuvent conclure, avec des sous-exploitants, les cessionnaires ou les personnes investies par la loi sur les œuvres collectives de ce droit. • Civ. 1re, 8 déc. 2009 : *Bull. civ. I, n° 239 ; D. 2010. AJ 89, obs. Daleau ; RTD com. 2010. 118, obs. Pollaud-Dulian ; JCP E 2010, n° 4, p. 31, note Caron ; CCE 2010, n° 12, obs. Caron* • Paris 19 mai 2010 : *Gaz. Pal. 2010. 2962, obs. Greffe.*

8. Responsabilité. L'action en réparation dirigée contre une agence de publicité qui n'a pas respecté le contenu de l'annonce publicitaire ne relève pas de la responsabilité délictuelle mais de la responsabilité contractuelle, régie par l'art. 1147 C. civ. • Aix-en-Provence, 3 juill. 2008 : *BICC 15 févr. 2010, n° 226.* ♦ L'agence n'a pas commis de faute en modifiant unilatéralement le contenu du message puisqu'elle était tenue de se soumettre à une recommandation du Bureau de vérification de la publicité, qui lui en intimait l'ordre. • Même arrêt.

Art. 21 Le mandataire mentionné au premier alinéa de l'article 20 ne peut ni recevoir d'autre paiement que celui qui lui est versé par son mandant pour la rémunération de l'exercice de son mandat ni aucune rémunération ou avantage quelconque de la part du vendeur.

Rémunération. Il ne saurait être soutenu que les dispositions de l'art. 21 ont été détournées lorsqu'une régie publicitaire consent une remise à un annonceur qui recourt à l'intermédiaire d'une agence de publicité, dès lors que cette remise, dont bénéficie le seul annonceur, n'est que la contrepartie de l'économie de coût commercial réalisée par la régie et ne constitue donc pas la rémunération de l'agence de publicité, cette dernière, librement fixée par l'agence et l'annonceur, pouvant être valablement inférieure ou supérieure au montant de la remise. • Versailles, 4 févr. 1999 : *JCP E 1999, n° 26, p. 1129.*

Art. 22 Le prestataire qui fournit des services de conseil en plan média ou de préconisation de support d'espace publicitaire ne peut recevoir aucune rémunération ni avantage quelconque de la part du vendeur d'espace.

Art. 23 Le vendeur d'espace publicitaire en qualité de support ou de régie rend compte directement à l'annonceur dans le mois qui suit la diffusion du message publicitaire des conditions dans lesquelles les prestations ont été effectuées.

En cas de modification devant intervenir dans les conditions de diffusion du message publicitaire, le vendeur d'espace publicitaire avertit l'annonceur et recueille son accord sur les changements prévus. Il lui rend compte des modifications intervenues.

Dans le cas où l'achat d'espace publicitaire est effectué par l'intermédiaire d'un mandataire, les obligations prévues à l'alinéa précédent incombent tant au vendeur à l'égard du mandataire qu'au mandataire à l'égard de l'annonceur.

Art. 24 Toute personne qui fournit des services de conseil en plan média ou de préconisation de support d'espace publicitaire doit indiquer dans ses conditions générales de vente les liens financiers qu'elle entretient ou que son groupe entretient avec des vendeurs mentionnés à l'article 20, en précisant le montant de ces participations. *— Sur les sanctions, V. art. 25.*

Art. 25 1° Est puni d'une amende de 30 000 € le fait :

a) Pour tout annonceur ou tout intermédiaire de ne pas rédiger de contrat écrit conforme aux dispositions des deux premiers alinéas de l'article 20 ;

b) Pour la personne qui fournit des services de conseil en plan média ou de préconisation de support d'espace publicitaire, de ne pas indiquer dans ses conditions générales de vente les informations prévues à l'article 24.

2° Est puni des sanctions prévues à l'article 31 de l'ordonnance n° 86-1243 du 1er décembre 1986 relative à la liberté des prix et de la concurrence *[C. com., art. L. 441-4 et L. 441-5]*, le fait pour un vendeur de ne pas communiquer directement la facture à l'annonceur conformément aux dispositions du troisième alinéa de l'article 20.

3° Est puni d'une amende de 300 000 € le fait :

a) Pour toute personne qui fournit des services de conseil en plan média ou de préconisation de support d'espace publicitaire, de préconiser ou de réaliser un achat d'espace publicitaire, pour le compte d'un annonceur, auprès d'un vendeur d'espace publicitaire avec lequel elle entretient ou avec lequel son groupe entretient des liens financiers, en donnant sciemment à cet annonceur des informations fausses ou trompeuses sur les caractéristiques ou sur le prix de vente de l'espace publicitaire du support préconisé ou des supports qui lui sont substituables ;

b) Pour tout mandataire mentionné à l'article 20, de recevoir une rémunération ou un avantage quelconque d'autres personnes que son mandant ;

c) Pour tout vendeur mentionné à l'article 20, d'accorder une rémunération ou un avantage quelconque au mandataire ou au prestataire de l'annonceur ;

d) Pour toute personne qui fournit des services de conseil en plan média ou de préconisation de support d'espace publicitaire, de recevoir une rémunération ou un avantage quelconque de la part du vendeur d'espace publicitaire.

Pour les infractions prévues aux 1°, 2° et 3° ci-dessus, les personnes morales peuvent être déclarées responsables, conformément à l'article 121-2 du code pénal. Elles encourent également la peine d'exclusion des marchés publics, pour une durée de cinq ans au plus, en application du 5° de l'article 131-39 du code pénal.

(L. n° 2011-525 du 17 mai 2011, art. 177-II) **« Les fonctionnaires désignés à l'article L. 450-1 du code de commerce peuvent procéder aux enquêtes nécessaires à l'application du présent chapitre selon les modalités prévues aux articles L. 450-2 à L. 450-4, L. 450-7 et L. 450-8 du même code. »**

Application dans le temps. Les dispositions de l'al. 2 du *d)* du 3° de l'art. 25, prévoyant, par référence expresse aux art. 121-2 et 131-39 C. pén., la responsabilité pénale des personnes morales qui exercent une activité d'intermédiaire en publicité sans passer de contrat de mandat écrit et qui encourent en ce cas la peine d'exclusion des marchés publics, ne peuvent recevoir application avant le 1er mars 1994, date du report de l'entrée en vigueur du code pénal initialement fixée au 1er sept. 1993. • Crim. 18 mai 1999 : *D. 1999. IR 194* ; *D. Affaires 1999. 1075* ; *Dr. pénal 1999, n° 114, obs. J.-H. Robert.*

Art. 26 **Pour l'application des articles 20 à 25 de la présente loi, la régie publicitaire est considérée comme vendeur d'espace.**

Le mandataire mentionné à l'article 20 n'est pas considéré comme agent commercial au sens de l'article 1er de la loi n° 91-593 du 25 juin 1991 relative aux rapports entre les agents commerciaux et leurs mandants *[C. com., art. L. 134-1].*

L'expression « achat d'espace publicitaire » n'a pas pour effet de limiter la responsabilité du directeur de publication établie par la loi du 29 juillet 1881 sur la liberté de la presse.

Art. 27 **Les dispositions du présent chapitre** *[des art. 20 à 28 de la loi n° 93-122 du 29 janv. 1993]* **s'appliquent quel que soit le lieu d'établissement de l'intermédiaire, dès lors que le message publicitaire est réalisé au bénéfice d'une entreprise française et qu'il est principalement reçu sur le territoire français.**

Application territoriale. Jugeant que les deux critères exposés à l'art. 27 sont cumulatifs et que le contrat écrit de mandat n'a donc pas lieu de s'appliquer lorsque l'annonceur est une société située à l'étranger, V. • Versailles, 6 mai 2003 : *Gaz. Pal. 2003. Somm. 3988, obs. Saya-Salvador* ; *RJDA 2003, n° 1133* ; *Lettre distrib. oct. 2003, p. 2.*

V. Circ. 28 oct. 1993 relative aux modalités d'application de la loi n° 93-122 du 29 janv. 1993 à la publicité financière dans la presse écrite (JO 23 nov.).

Loi n° 2004-575 du 21 juin 2004,

Pour la confiance dans l'économie numérique.

BIBL. GÉN. ▶ Colloque, *LPA 6 févr. 2004* (internet, commerce et droit) – GRYNBAUM, *D. 2004. 2213* (loi économie numérique). – SAUPHANOR-BROUILLAUD, *RD banc. fin. 2004. 284* (démarchage et publicité en ligne du crédit à la consommation). – Numéro spécial, *CCE sept. 2004*. – COBLENCE, *ibid. Chron. 25* (statut de la publicité dans la loi LCEN). – MATHEY, *CCC 2004. Chron. 13*. – VERBIEST et WÉRY, *D. 2004. 2981* (commerce électronique par téléphonie mobile : m-commerce). – CAPRIOLI et AGOSTI, *LPA 3 juin 2005* (confiance dans l'économie numérique).

Art. 20 **Toute publicité, sous quelque forme que ce soit, accessible par un service de communication au public en ligne, doit pouvoir être clairement identifiée comme telle. Elle doit rendre clairement identifiable la personne physique ou morale pour le compte de laquelle elle est réalisée.**

L'alinéa précédent s'applique sans préjudice des dispositions réprimant *(L. n° 2008-3 du 3 janv. 2008, art. 39-V)* **« les pratiques commerciales trompeuses » prévues à l'article L. 121-1 du code de la consommation.**

Identification d'une publicité. Le cheminement comportant la nécessité d'ouvrir plusieurs fenêtres, notamment en cliquant sur des rubriques comme « Qui sommes-nous ? » ou « plus d'explications sur les résultats », est incompatible avec les dispositions de l'art. 20 et revêt un caractère manifestement illicite. • Com. 29 nov. 2011 : *RJDA 2012, n° 344.* – V. aussi • Com.

4 déc. 2012 : *Dalloz actualité, 13 déc. 2012, obs. Manara ; JCP E 2013, n° 1040 ; CCC 2013, n° 68, obs. Raymond ; RJDA 2013, n° 270 ; CCE 2013, n° 14, obs. Loiseau ; RLDA janv. 2013. 43, obs. Mathonnière ; Propr. ind. 2013, n° 18, obs. Larrieu.*

Art. 21 *V. C. consom., art. L. 121-15-1 à L. 121-15-3, infra.*

Art. 22 I. — L'article L. 33-4-1 du code des postes et télécommunications *[code des postes et des communications électroniques]* **est ainsi rédigé :** *— L'art. L. 33-4-I CPCE, issu de la loi n° 2004-575 du 21 juin 2004, art. 22-I, a été renuméroté L. 34-5 par la loi n° 2004-669 du 9 juill. 2004, art. 10-I.*

Art. L. 34-5 [ancien art. L. 33-4-1] *(Ord. n° 2011-1012 du 24 août 2011, art. 8-I)* « Est interdite la prospection directe au moyen de systèmes automatisés d'appel ou de communication, d'un télécopieur ou de courriers électroniques utilisant les coordonnées d'une personne physique, abonné ou utilisateur, qui n'a pas exprimé préalablement son consentement à recevoir des prospections directes par ce moyen. »

Pour l'application du présent article, on entend par consentement toute manifestation de volonté libre, spécifique et informée par laquelle une personne accepte que des données à caractère personnel la concernant soient utilisées à fin de prospection directe.

Constitue une prospection directe l'envoi de tout message destiné à promouvoir, directement ou indirectement, des biens, des services ou l'image d'une personne vendant des biens ou fournissant des services.

Toutefois, la prospection directe par courrier électronique est autorisée si les coordonnées du destinataire ont été recueillies *(Abrogé par Ord. n° 2011-1012 du 24 août 2011, art. 8-II) « directement »* auprès de lui, dans le respect des dispositions de la loi n° 78-17 du 6 janvier 1978 relative à l'informatique, aux fichiers et aux libertés, à l'occasion d'une vente ou d'une prestation de services, si la prospection directe concerne des produits ou services analogues fournis par la même personne physique ou morale, et si le destinataire se voit offrir, de manière expresse et dénuée d'ambiguïté, la possibilité de s'opposer, sans frais, hormis ceux liés à la transmission du refus, et de manière simple, à l'utilisation de ses coordonnées *(Ord. n° 2011-1012 du 24 août 2011, art. 8-II)* « au moment où elles » sont recueillies et chaque fois qu'un courrier électronique de prospection lui est adressé *(Ord. n° 2011-1012 du 24 août 2011, art. 8-II)* « au cas où il n'aurait pas refusé d'emblée une telle exploitation ».

Dans tous les cas, il est interdit d'émettre, à des fins de prospection directe, des messages au moyen *(Ord. n° 2011-1012 du 24 août 2011, art. 8-III)* « de systèmes automatisés d'appel ou de communication », télécopieurs et courriers électroniques, sans indiquer de coordonnées valables auxquelles le destinataire puisse utilement transmettre une demande tendant à obtenir que ces communications cessent sans frais autres que ceux liés à la transmission de celle-ci. Il est également interdit de dissimuler l'identité de la personne pour le compte de laquelle la communication est émise et de mentionner un objet sans rapport avec la prestation ou le service proposé.

La Commission nationale de l'informatique et des libertés veille, pour ce qui concerne la prospection directe utilisant les coordonnées *(Ord. n° 2011-1012 du 24 août 2011, art. 8-IV)* « d'un abonné ou » d'une personne physique, au respect des dispositions du présent article en utilisant les compétences qui lui sont reconnues par la loi n° 78-17 du 6 janvier 1978 précitée. A cette fin, elle peut notamment recevoir, par tous moyens, les plaintes relatives aux infractions aux dispositions du présent article.

Les infractions aux dispositions du présent article sont recherchées et constatées dans les conditions fixées par *(L. n° 2011-525 du 17 mai 2011, art. 177-VIII)* « les articles L. 450-1, » L. 450-2, L. 450-3, L. 450-4, L. 450-7, L. 450-8, L. 470-1 et L. 470-5 du code de commerce.

Un décret en Conseil d'État précise en tant que de besoin les conditions d'application du présent article, notamment eu égard aux différentes technologies utilisées.

II. *— V. art. L. 121-20-5 C. consom., v° Ventes commerciales — VI Distance (vente à).*

III. — Sans préjudice des articles L. 33-4-1 *[L. 34-5]* **du code des postes et télécommunications** *[code des postes et des communications électroniques]* **et L. 121-20-5 du code de la consommation tels qu'ils résultent des I et II du présent article, le consentement des personnes dont les coordonnées ont été recueillies avant la publication de la pré-**

sente loi, dans les conditions prévues par la loi n° 78-17 du 6 janvier 1978 relative à l'informatique, aux fichiers et aux libertés, à l'utilisation de celles-ci à fin de prospection directe peut être sollicité, par voie de courrier électronique, pendant les six mois suivant la publication de la présente loi. A l'expiration de ce délai, ces personnes sont présumées avoir refusé l'utilisation ultérieure de leurs coordonnées personnelles à fin de prospection directe si elles n'ont pas manifesté expressément leur consentement à celle-ci.

1. Adresse électronique. Le fait d'identifier des adresses électroniques et de les utiliser, même sans les enregistrer dans un fichier, pour les adresser à leurs titulaires constitue une collecte déloyale de données nominatives. • Crim. 14 mars 2006 : *Bull. crim. n° 69 ; D. 2006. IR 1066 ; RTD com. 2006. 925, obs. Bouloc ; AJ pénal 2006. 260, obs. Roussel ; JCP 2006. IV. 1819 ; Gaz. Pal. 2006. 2815, obs. Bensoussan-Brule ; CCE 2006, n° 131, obs. Lepage ; RD banc. fin. 2006, n° 145, obs. Caprioli ; RJDA 2006, n° 982.*

2. Prospection par télécopie. Doit être sanctionnée la société qui n'apporte aucune garantie permettant d'établir qu'elle collectait et traitait les données à caractère personnel de manière loyale et licite ; qui n'apporte aucun élément de réponse attestant qu'elle aurait cessé toute prospection commerciale par télécopie auprès de personnes physiques n'ayant pas préalablement donné leur accord pour être démarchées ; n'avait procédé à l'accomplissement d'aucune formalité préalable ; ne garantissait pas la prise en compte automatique et immédiate des demandes d'opposition. • Délib. CNIL n° 2007-352 du 22 nov. 2007 : *RJDA 2008, n° 956.*

Art. 23 *V. dernier al. de l'art. L. 121-20-4 C. consom., v° Ventes commerciales — VI Distance (ventes à).*

Art. 24 *V. dernière phrase de l'art. L. 121-27 C. consom., v° Ventes commerciales — VII Domicile (ventes à).*

Code de la consommation

Pratiques commerciales trompeuses

RÉP. COM. v° *Publicité fausse ou de nature à induire en erreur - Publicité comparative,* par CARREAU.

BIBL. GÉN. ▶ Loi n° 2008-3 du 3 janv. 2008 : MONTFORT, *RLDA janv. 2008. 53* (loyauté des pratiques commerciales : concurrents, agissez en cessation !). - Note de la rédaction, *BRDA 2008, n° 2, p. 20* (pratiques commerciales trompeuses). - FOURNIER, *Dr. pénal 2008. Étude 4* (de la publicité fausse aux pratiques commerciales trompeuses). - RAYMOND, *JCP E 2008, n° 12-13, p. 17, spéc. p. 19 ; CCC 2008. Étude 3* (les modifications au droit de la consommation apportées par la loi n° 2008-3 du 3 janv. 2008). - CANNARSA, *JCP 2008. I. 180* (le droit commun à la rencontre du droit de la consommation). - LASSERRE CAPDEVILLE, *LPA 21 nov. 2008* (substitution du délit de pratiques commerciales trompeuses au délit de publicité fausse ou de nature à induire en erreur). - GENTY, *Journ. sociétés sept. 2010. 20* (pratiques commerciales trompeuses).

Pour des annotations de jurisprudence et de bibliographie relatives aux pratiques commerciales trompeuses et à la publicité trompeuse, V. ***C. consom.***

Sur les pratiques commerciales déloyales, V. C. consom., art. L. 120-1, v° Concurrence, ss. L. n° 63-628 du 2 juill. 1963, art. 2. — Sur les pratiques commerciales agressives, V. C. consom., art. L. 122-11 s., v° Ventes commerciales (Dispositions générales).

V. Note de service DGCCRF n° 2009-07 du 29 janv. 2009, BRDA 2009, n° 10, p. 11.

V. aussi Dir. 2005/29/CE du Parlement européen et du Conseil du 11 mai 2005 relative aux pratiques commerciales déloyales des entreprises vis-à-vis des consommateurs (JOUE 11 juin, n° L. 149).

Art. L. 121-1 *(L. n° 2008-3 du 3 janv. 2008, art. 39-II)* **I. — Une pratique commerciale est trompeuse si elle est commise dans l'une des circonstances suivantes :**

1° Lorsqu'elle crée une confusion avec un autre bien ou service, une marque, un nom commercial, ou un autre signe distinctif d'un concurrent ;

2° Lorsqu'elle repose sur des allégations, indications ou présentations fausses ou de nature à induire en erreur et portant sur l'un ou plusieurs des éléments suivants :

a) L'existence, la disponibilité ou la nature du bien ou du service ;

b) Les caractéristiques essentielles du bien ou du service, à savoir : ses qualités substantielles, sa composition, ses accessoires, son origine, sa quantité, son mode et sa date de fabrication, les conditions de son utilisation et son aptitude à l'usage, ses propriétés et les résultats attendus de son utilisation, ainsi que les résultats et les principales caractéristiques des tests et contrôles effectués sur le bien ou le service ;

c) Le prix ou le mode de calcul du prix, le caractère promotionnel du prix et les conditions de vente, de paiement et de livraison du bien ou du service ;

d) Le service après-vente, la nécessité d'un service, d'une pièce détachée, d'un remplacement ou d'une réparation ;

e) La portée des engagements de l'annonceur, la nature, le procédé ou le motif de la vente ou de la prestation de services ;

f) L'identité, les qualités, les aptitudes et les droits du professionnel ;

g) Le traitement des réclamations et les droits du consommateur ;

3° Lorsque la personne pour le compte de laquelle elle est mise en œuvre n'est pas clairement identifiable.

II. — Une pratique commerciale est également trompeuse si, compte tenu des limites propres au moyen de communication utilisé *(L. n° 2008-776 du 4 août 2008, art. 83-II)* « et des circonstances qui l'entourent », elle omet, dissimule ou fournit de façon inintelligible, ambiguë ou à contretemps une information substantielle ou lorsqu'elle n'indique pas sa véritable intention commerciale dès lors que celle-ci ne ressort pas déjà du contexte.

Dans toute communication commerciale *(L. n° 2008-776 du 4 août 2008, art. 83-II)* « constituant une invitation à l'achat et » destinée au consommateur mentionnant le prix et les caractéristiques du bien ou du service proposé, sont considérées comme substantielles les informations suivantes :

1° Les caractéristiques principales du bien ou du service ;

2° L'adresse et l'identité du professionnel ;

3° Le prix toutes taxes comprises et les frais de livraison à la charge du consommateur, ou leur mode de calcul, s'ils ne peuvent être établis à l'avance ;

4° Les modalités de paiement, de livraison, d'exécution et de traitement des réclamations des consommateurs, dès lors qu'elles sont différentes de celles habituellement pratiquées dans le domaine d'activité professionnelle concerné ;

5° L'existence d'un droit de rétractation, si ce dernier est prévu par la loi.

III. — Le I est applicable aux pratiques qui visent les professionnels.

Art. L. 121-1-1 *(L. n° 2008-776 du 4 août 2008, art. 84-I)* Sont réputées trompeuses au sens de l'article L. 121-1 les pratiques commerciales qui ont pour objet :

1° Pour un professionnel, de se prétendre signataire d'un code de conduite alors qu'il ne l'est pas ;

2° D'afficher un certificat, un label de qualité ou un équivalent sans avoir obtenu l'autorisation nécessaire ;

3° D'affirmer qu'un code de conduite a reçu l'approbation d'un organisme public ou privé alors que ce n'est pas le cas ;

4° D'affirmer qu'un professionnel, y compris à travers ses pratiques commerciales, ou qu'un produit ou service a été agréé, approuvé ou autorisé par un organisme public ou privé alors que ce n'est pas le cas ou de ne pas respecter les conditions de l'agrément, de l'approbation ou de l'autorisation reçue ;

5° De proposer l'achat de produits ou la fourniture de services à un prix indiqué sans révéler les raisons plausibles que pourrait avoir le professionnel de penser qu'il ne pourra fournir lui-même, ou faire fournir par un autre professionnel, les produits ou services en question ou des produits ou services équivalents au prix indiqué, pendant une période et dans des quantités qui soient raisonnables compte tenu du produit ou du service, de l'ampleur de la publicité faite pour le produit ou le service et du prix proposé ;

6° De proposer l'achat de produits ou la fourniture de services à un prix indiqué, et ensuite :

a) De refuser de présenter aux consommateurs l'article ayant fait l'objet de la publicité ;

b) Ou de refuser de prendre des commandes concernant ces produits ou ces services ou de les livrer ou de les fournir dans un délai raisonnable ;

c) Ou d'en présenter un échantillon défectueux, dans le but de faire la promotion d'un produit ou d'un service différent ;

7° De déclarer faussement qu'un produit ou un service ne sera disponible que pendant une période très limitée ou qu'il ne sera disponible que sous des conditions particulières pendant une période très limitée afin d'obtenir une décision immédiate et priver les consommateurs d'une possibilité ou d'un délai suffisant pour opérer un choix en connaissance de cause ;

8° De s'engager à fournir un service après-vente aux consommateurs avec lesquels le professionnel a communiqué avant la transaction dans une langue qui n'est pas une langue officielle de l'État membre de l'Union européenne dans lequel il est établi et, ensuite, assurer ce service uniquement dans une autre langue sans clairement en informer le consommateur avant que celui-ci ne s'engage dans la transaction ;

9° De déclarer ou de donner l'impression que la vente d'un produit ou la fourniture d'un service est licite alors qu'elle ne l'est pas ;

10° De présenter les droits conférés au consommateur par la loi comme constituant une caractéristique propre à la proposition faite par le professionnel ;

11° D'utiliser un contenu rédactionnel dans les médias pour faire la promotion d'un produit ou d'un service alors que le professionnel a financé celle-ci lui-même, sans l'indiquer clairement dans le contenu ou à l'aide d'images ou de sons clairement identifiables par le consommateur ;

12° De formuler des affirmations matériellement inexactes en ce qui concerne la nature et l'ampleur des risques auxquels s'expose le consommateur sur le plan de sa sécurité personnelle ou de celle de sa famille s'il n'achète pas le produit ou le service ;

13° De promouvoir un produit ou un service similaire à celui d'un autre fournisseur clairement identifié de manière à inciter délibérément le consommateur à penser que le produit ou le service provient de ce fournisseur alors que tel n'est pas le cas ;

14° De déclarer que le professionnel est sur le point de cesser ses activités ou de les établir ailleurs alors que tel n'est pas le cas ;

15° D'affirmer d'un produit ou d'un service qu'il augmente les chances de gagner aux jeux de hasard ;

16° D'affirmer faussement qu'un produit ou une prestation de services est de nature à guérir des maladies, des dysfonctionnements ou des malformations ;

17° De communiquer des informations matériellement inexactes sur les conditions de marché ou sur les possibilités de trouver un produit ou un service, dans le but d'inciter le consommateur à acquérir celui-ci à des conditions moins favorables que les conditions normales de marché ;

18° D'affirmer, dans le cadre d'une pratique commerciale, qu'un concours est organisé ou qu'un prix peut être gagné sans attribuer les prix décrits ou un équivalent raisonnable ;

19° De décrire un produit ou un service comme étant "gratuit", "à titre gracieux", "sans frais" ou autres termes similaires si le consommateur doit payer quoi que ce soit d'autre que les coûts inévitables liés à la réponse à la pratique commerciale et au fait de prendre possession ou livraison de l'article ;

20° D'inclure dans un support publicitaire une facture ou un document similaire demandant paiement qui donne au consommateur l'impression qu'il a déjà commandé le produit ou le service commercialisé alors que tel n'est pas le cas ;

21° De faussement affirmer ou donner l'impression que le professionnel n'agit pas à des fins qui entrent dans le cadre de son activité commerciale, industrielle, artisanale ou libérale, ou se présenter faussement comme un consommateur ;

22° De créer faussement l'impression que le service après-vente en rapport avec un produit ou un service est disponible dans un État membre de l'Union européenne autre que celui dans lequel le produit ou le service est vendu.

Le présent article est applicable aux pratiques qui visent les professionnels.

V. Note de service DGCCRF n° 2009-07 du 29 janv. 2009, BRDA 2009, n° 10, p. 11.

BIBL. ▶ Note de la rédaction, *BRDA 2008, n° 18, p. 11* (LME : mesures en droit de la consommation). – Bruschi, *RLDA nov. 2008. 37* (renforcement de la protection des consommateurs). – Rochfeld, *RTD civ. 2008. 732* (du droit de la consommation au droit de la régulation du marché : des dangers des listes et de l'harmonisation maximale). – Ambroise-Castérot, *AJ pénal 2009. 22* (les nouvelles pratiques commerciales déloyales après la loi LME du 4 août 2008).

Art. L. 121-2 Les *(L. n° 2011-525 du 17 mai 2011, art. 94-XII)* « agents de la concurrence, de la consommation et de la répression des fraudes », ceux de la direction générale de l'alimentation du ministère de l'agriculture et ceux du service de métrologie au ministère de l'industrie sont habilités à constater, au moyen de procès-verbaux *(Ord. n° 2005-1086 du 1er sept. 2005, art. 3)* « sur l'ensemble du territoire national », *(L. n° 2008-776 du 4 août 2008, art. 83-III)* « les pratiques commerciales trompeuses. » *(L. n° 2008-3 du 3 janv. 2008, art. 39-II)* « Ils peuvent exiger du responsable d'une pratique commerciale la mise à leur disposition ou la communication de tous les éléments propres à justifier les allégations, indications ou présentations inhérentes à cette pratique. » Ils peuvent également exiger de l'annonceur, de l'agence de publicité ou du responsable du support la mise à leur disposition des messages publicitaires diffusés.

Les procès-verbaux dressés en application du présent article sont transmis au procureur de la République. – *[L. n° 73-1193 du 27 déc. 1973, art. 44, II, al. 1er et 2.]*

Art. L. 121-3 La cessation de la *(L. n° 2008-3 du 3 janv. 2008, art. 39-II)* « pratique commerciale trompeuse » peut être ordonnée par le juge d'instruction ou par le tribunal saisi des poursuites, soit sur réquisition du ministère public, soit d'office. La mesure ainsi prise est exécutoire nonobstant toutes voies de recours. Mainlevée peut en être donnée par la juridiction qui l'a ordonnée ou qui est saisie du dossier. La mesure cesse d'avoir effet en cas de décision de non-lieu ou de relaxe.

Les décisions statuant sur les demandes de mainlevée peuvent faire l'objet d'un recours devant la chambre d'accusation ou devant la cour d'appel selon qu'elles ont été prononcées par un juge d'instruction ou par le tribunal saisi des poursuites.

La chambre d'accusation ou la cour d'appel statue dans un délai de dix jours à compter de la réception des pièces. – *[L. n° 73-1193 du 27 déc. 1973, art. 44, II, al. 3 à 5.]*

Art. L. 121-4 En cas de condamnation, le tribunal ordonne la publication du jugement. Il peut, de plus, ordonner la diffusion, aux frais du condamné, d'une ou de plusieurs annonces rectificatives. Le jugement fixe les termes de ces annonces et les modalités de leur diffusion et impartit au condamné un délai pour y faire procéder ; en cas de carence et sans préjudice des pénalités prévues à l'article L. 121-7, il est procédé à cette diffusion à la diligence du ministère public aux frais du condamné. – *[L. n° 73-1193 du 27 déc. 1973, art. 44, II, al. 6.]*

Art. L. 121-5 *(L. n° 2008-3 du 3 janv. 2008, art. 39-II)* La personne pour le compte de laquelle la pratique commerciale trompeuse est mise en œuvre est responsable, à titre principal, de l'infraction commise.

Le délit est constitué dès lors que la pratique commerciale est mise en œuvre ou qu'elle produit ses effets en France.

Art. L. 121-6 *(L. nº 2008-776 du 4 août 2008, art. 83-IV)* Les pratiques commerciales trompeuses sont punies des peines prévues au premier alinéa de l'article L. 213-1. – *V. cet art. au* ***C. consom.***

L'amende peut être portée à 50 % des dépenses de la publicité ou de la pratique constituant le délit.

Les dispositions de l'article L. 213-6 prévoyant la responsabilité pénale des personnes morales sont applicables à ces infractions. – *V. cet art. au* ***C. consom.***

Art. L. 121-7 Pour l'application de l'article L. 121-6, le tribunal peut demander tant aux parties qu'à l'annonceur la communication de tous documents utiles. En cas de refus, il peut ordonner la saisie de ces documents ou toute mesure d'instruction appropriée. Il peut en outre prononcer une astreinte pouvant atteindre 4 500 € par jour de retard à compter de la date qu'il a retenue pour la production de ces documents.

Les pénalités prévues au premier alinéa de l'article L. 121-6 sont également applicables en cas de refus de communication des éléments de justification ou des publicités diffusées, demandés dans les conditions prévues au premier alinéa de l'article L. 121-2, de même qu'en cas d'inobservation des décisions ordonnant la cessation de la *(L. nº 2008-3 du 3 janv. 2008, art. 39-II)* « pratique commerciale » ou de non-exécution dans le délai imparti des annonces rectificatives. – *[L. nº 73-1193 du 27 déc. 1973, art. 44, II, al. 11 et 12.]*

Code de l'environnement

(Ord. nº 2000-914 du 18 sept. 2000).

Art. L. 541-34 Lorsque l'absence de matériaux *(Ord. nº 2010-1579 du 17 déc. 2010, art. 18-IV)* « issus de déchets valorisés » ou la faible teneur en materiaux de cette sorte n'est pas de nature à modifier les qualités substantielles d'un produit toute publicité fondée sur cette caractéristique est interdite. Elle est constatée et réprimée dans les conditions prévues aux articles L. 121-2 à L. 121-7 du code de la consommation.

Publicité

RÉP. COM. vº *Publicité fausse ou de nature à induire en erreur – Publicité comparative*, par CARREAU.

Art. L. 121-8 *(Ord. nº 2001-741 du 23 août 2001)* Toute publicité qui met en comparaison des biens ou services en identifiant, implicitement ou explicitement, un concurrent ou des biens ou services offerts par un concurrent n'est licite que si :

1º Elle n'est pas trompeuse ou de nature à induire en erreur ;

2º Elle porte sur des biens ou services répondant aux mêmes besoins ou ayant le même objectif ;

3º Elle compare objectivement une ou plusieurs caractéristiques essentielles, pertinentes, vérifiables et représentatives de ces biens ou services, dont le prix peut faire partie.

(Abrogé par L. nº 2011-525 du 17 mai 2011, art. 45) ***« Toute publicité comparative faisant référence à une offre spéciale doit mentionner clairement les dates de disponibilité des biens ou services offerts, le cas échéant la limitation de l'offre à concurrence des stocks disponibles et les conditions spécifiques applicables. »***

V. notes 1 s. ss. art. L. 121-14.

Art. L. 121-9 *(Ord. nº 2001-741 du 23 août 2001)* La publicité comparative ne peut :

1º Tirer indûment profit de la notoriété attachée à une marque de fabrique, de commerce ou de service, à un nom commercial, à d'autres signes distinctifs d'un concurrent ou à l'appellation d'origine ainsi qu'à l'indication géographique protégée d'un produit concurrent ;

2° Entraîner le discrédit ou le dénigrement des marques, noms commerciaux, autres signes distinctifs, biens, services, activité ou situation d'un concurrent ;

3° Engendrer de confusion entre l'annonceur et un concurrent ou entre les marques, noms commerciaux, autres signes distinctifs, biens ou services de l'annonceur et ceux d'un concurrent ;

4° Présenter des biens ou des services comme une imitation ou une reproduction d'un bien ou d'un service bénéficiant d'une marque ou d'un nom commercial protégé.

Art. L. 121-10 *(Ord. n° 2001-741 du 23 août 2001)* Pour les produits bénéficiant d'une appellation d'origine ou d'une indication géographique protégée, la comparaison n'est autorisée qu'entre des produits bénéficiant chacun de la même appellation ou de la même indication.

Art. L. 121-11 Il est interdit de faire figurer des annonces comparatives telles que définies aux articles L. 121-8 et L. 121-9 sur des emballages, des factures, des titres de transport, des moyens de paiement ou des billets d'accès à des spectacles ou à des lieux ouverts au public. – *[L. n° 92-60 du 18 janv. 1992, art. 10, I, al. 4.]*

Art. L. 121-12 *(Ord. n° 2001-741 du 23 août 2001)* Sans préjudice des dispositions de l'article L. 121-2, l'annonceur pour le compte duquel la publicité comparative est diffusée doit être en mesure de prouver dans un bref délai l'exactitude matérielle des énonciations, indications et présentations contenues dans la publicité.

Communication préalable. V. note 5 ss. art. L. 121-14.

Art. L. 121-13 Les insertions réalisées dans la presse pour une publicité définie aux articles L. 121-8 et L. 121-9 ne donnent pas lieu à l'application de l'article 13 de la loi du 29 juillet 1881 sur la liberté de la presse et de l'article 6 de la loi n° 82-652 du 29 juillet 1982 sur la communication audiovisuelle *[V. ces art., relatifs au droit de réponse, au* ***C. pén.****].* – *[L. n° 92-60 du 18 janv. 1992, art. 10, I, al. 6.]*

Art. L. 121-14 Sans préjudice de l'application de l'article 1382 du code civil, les infractions aux dispositions des articles L. 121-8 à L. 121-12 sont, le cas échéant, punies des peines prévues, d'une part, aux articles L. 121-1 à L. 121-7 et, d'autre part, aux articles *(L. n° 92-1336 du 16 déc. 1992)* « L. 716-9 et L. 716-12 du code de la propriété intellectuelle ». – *V. ces art. au* ***CPI.***

Un décret en Conseil d'État précise en tant que de besoin les modalités d'application des articles L. 121-8 à L. 121-13. – *[L. n° 92-60 du 18 janv. 1992, art. 10-II et 10, III, al. 2.]*

V. Dir. 2006/114/CE du 12 déc. 2006 en matière de publicité trompeuse et de publicité comparative (JOUE L 376 du 27 déc. 2006). – ***C. consom.***

DALLOZ RÉFÉRENCE *Droit de la publicité et de la promotion des ventes,* par FABRE, BONNET-DESPLAN, SERMET et GENTY, 2009, 4ᵉ édition.

BIBL. ► Réglementation de la publicité comparative : FILY, *BID 1995, n° 2, p. 39* (sanctions applicables). – MONTEIRO, *Gaz. Pal. 1996. 1. Doctr. 607* (droit des marques et publicité comparative). – DE CANDÉ, *D. 2000. Chron. 33* (publicité comparative et médicaments). – FOURGOUX, *Liber amicorum Calais-Auloy, Dalloz, 2004, p. 399* (information ou manipulation). – ARCELIN, *RLC oct.-déc. 2007. 130 ; janv.-mars 2008. 177* (la publicité comparative, à la croisée des intérêts des consommateurs et des concurrents). – GRYNBAUM, *RLC avr.-juin 2012. 146* (publicité et internet).

1. ***Publicités comparatives visées.*** Jugé que, même si une publicité comparative figure dans une revue principalement destinée aux professionnels, elle est soumise à la loi du 18 janv. 1992 [C. consom., art. L. 121-8 s.], l'intitulé de celle-ci ne limitant pas son champ d'application aux rapports entre professionnels et consommateurs. • TGI Paris, 18 nov. 1992 : *RJDA 1993, n° 73*. – *Contra* : • T. com. Paris, 14 sept. 1992 : *ibid. 1992, n° 1181* • T. com. Nanterre, réf., 21 avr. 1997 : *Quot. Jur. 26 févr. 1998, p. 8*. – V. aussi • T. com. Nanterre, 19 déc. 1997 : *Bull. act. Lamy droit économique févr. 1998, p. 5* • Versailles, 10 sept. 1998 : *D. Affaires 1998. 1895, obs. V. A.-R. ; LPA 26 nov. 1999, obs. Etner*. – Comp. également : • T. com. Paris, 16 mai 1995 : *CCC 1995, n° 214, obs. Raymond ; Gaz. Pal. 1996. 1. Somm. 51*.

La publication d'un guide de spécialités pharmaceutiques comparables ne constitue pas une publicité commerciale dès lors qu'elle ne vise qu'à présenter des informations sur des médicaments non au grand public mais aux seuls médecins. • Paris, 23 oct. 1996 : *Gaz. Pal. 1997. 1. 352, concl. Benas*. ♦ V. aussi, excluant de la réglementation une publicité parue exclusivement dans la presse médicale et s'adressant aux médecins en tant que prescripteurs, • T. com. Nanterre, réf., 21 avr. 1997 : *préc.* ♦ Dans le même sens, s'agissant de la reproduction dans une brochure publicitaire d'éléments scientifiques, • Paris, 15 mai 1998 : *D. Affaires 1998. 1311 ; CCC 1998, n° 171, obs. Raymond ; LPA 26 nov. 1999, obs. Etner*. ♦ Comp., considérant qu'une publicité comparative se référant à la comparaison de l'efficacité de médicaments, caractéristique essentielle, significative, pertinente et vérifiable, est manifestement licite dès lors qu'elle repose sur une étude comparative, sur des éléments statistiques, et que la différence significative dont elle fait état a déjà fait l'objet d'une publication. • Versailles, 3 avr. 1998 : *D. Affaires 1998. 1168, obs. V. A.-R. ; LPA 28 juin 1999, obs. Etner* • 18 févr. 1999 : *JCP E 1999, n° 16, p. 697 ; LPA 26 nov. 1999, obs. Etner ; CCC 2000, n° 72, obs. Raymond* • 15 nov. 2001 : *JCP E 2002, n° 8-9, 341 ; BRDA 2002, n° 3, p. 14* (mais jugeant la comparaison non objective). ♦ Sur la notion de caractéristique essentielle, V. • Versailles, 22 mai 1998 : *D. Affaires 1998. 1439, obs. V. A.-R. ; LPA 28 juin 1999, obs. Etner*.

1 *bis*. En ce sens que constitue une publicité comparative, au sens de la loi, le sondage faisant apparaître des chiffres comparés de parts de marché pour deux publications, dès lors qu'il n'est pas une simple étude technique mais qu'il reprend des données de cette étude et des commentaires qui y sont apportés, V. • T. com. Paris, 16 mai 1995 : *préc. note 1*, conf. par • Paris, 22 oct. 1997 : *D. Affaires 1997. 1458*. ♦ Il importe peu que le document n'ait pas eu d'objectif de promotion. • T. com. Paris, 3 oct. 1995 : *Gaz. Pal. 1996. 2. Somm. 535*. ♦ Ne peut être considérée comme une simple lettre d'information l'annonce qui, s'appuyant sur et exploitant les résultats de l'étude annexée, contient l'affirmation d'un meilleur rapport qualité/prix et d'une plus grande compétitivité des prestations de publicité du magazine de l'annonceur par rapport aux concurrents de celui-ci et ce même si son envoi a été limité à un certain nombre de professionnels faisant insérer des annonces dans le magazine dès lors qu'il est acquis que cette lettre a fait l'objet d'une large diffusion. • Versailles, 10 sept. 1998 : *préc. note 1*. ♦ Constituent une publicité des tableaux comparatifs des prix et caractéristiques d'imprimantes de marques concurrentes présentés à des revendeurs multimarques par les représentants commerciaux d'un des fabricants de ces produits, dans la mesure où loin d'être destinés à l'usage exclusivement interne de l'entreprise, ils avaient été présentés à certains revendeurs, peu important que la diffusion de ces tableaux n'eût pas été systématique. • Versailles, 9 déc. 2004 : *BRDA 2005, n° 9, p. 12*. ♦ En présentant la spécialité paroxétine G Gam comme le générique du Deroxat, la société G Gam informait le public que cette spécialité avait la même composition qualitative et quantitative en principe actif, la même forme pharmaceutique que la spécialité de référence, et que sa bioéquivalence avec cette spécialité était démontrée, ce dont il résulte qu'elle procédait à une comparaison de caractéristiques essentielles, pertinentes, vérifiables et représentatives de ces produits. • Com. 26 mars 2008 : *Bull. civ. IV, n° 71 ; D. 2008. 1524, note Azéma ; ibid. AJ 1139, obs. Rondey ; JCP E 2008, n° 20, p. 20 ; CCC 2008, n° 171, obs. G. R. ; RJDA 2008, n° 959 ; Lettre distrib. juin 2008, p. 4*.

1 *ter*. Ne constitue pas une publicité comparative : l'apposition sur la devanture d'une pharmacie d'un bandeau annonçant « parapharmacie moins chère qu'une para » dès lors que l'emploi du terme « para » employé comme diminutif de parapharmacie, ne permet pas à lui seul d'identifier ou de reconnaître l'enseigne du magasin de parapharmacie situé à proximité de l'officine et que cette publicité ne s'appuie sur aucune opinion ou appréciation individuelle ou collective. • Versailles, 21 nov. 1997 : *BICC 1998, n° 857 ; JCP E 1998, n° 10, p. 350 ; Gaz. Pal. 1998. 1. Somm. 374*. ♦ ... Le message diffusé à l'adresse du grand public dans un film publicitaire en faveur de l'énergie nucléaire, et à l'évidence de fiction, dès lors que les personnes visées n'ignorent pas les inconvénients de l'énergie nucléaire, ni les inconvénients économiques et environnementaux de l'industrie pétrolière. • Paris, 17 mars 1998 : *D. 1998. IR 119 ; LPA 19 août 1998, obs. Malaurie-Vignal*. ♦ ... L'affichage de listes de prix sur un stand d'information installé dans la galerie marchande d'un hypermarché dont l'objet est d'informer les clients de l'hypermarché de l'évolution des prix pratiqués au sein de celui-ci à l'occasion d'un changement d'enseigne, et non de procéder à une comparaison entre les prix pratiqués par l'hypermarché et ceux de magasins concurrents. • Paris, 19 mai 1999 : *RJDA 1999, n° 1262.* ♦ ... L'exposition par une grande surface d'un caddy rempli de produits provenant de son magasin et d'un autre caddy contenant les mêmes produits provenant de chez un concurrent avec indication des prix de l'un et de l'autre au motif que le concurrent n'est ni identifié, ni identifiable. • Aix-en-Provence, 21 déc. 2001 : *CCC 2002, n° 83, obs. Raymond.* ♦ Sur la question de savoir si le fait de se dire « numéro un » peut être qualifié de publicité comparative, V. • Rennes, 6 sept. 1995 : *Gaz. Pal. 1996. 1. 535* • T. com. Paris, 6 nov. 2002 : *CCC 2003, n° 101, obs. Raymond ; Gaz. Pal. 2003. Somm. 3901, obs. Joseph* (conf. par • Paris, 4 mai 2006 : *Gaz. Pal. 2006. 4166, obs. Joseph*). ♦ La loi n'interdit pas de citer dans une publicité un tiers, même s'il est concurrent ; cela ne suffit pas à conférer à une publicité le caractère de publicité comparative dès lors qu'elle n'énumère aucun produit ou service offert au consommateur en en citant les prix ou tarifs. • T. com. Paris, 3 nov. 2004 : *CCE 2005, n° 12, obs. Grynbaum.*

2. Comparateur de prix. **BIBL.** Manara, *D. 2007. 789* (les sites comparateurs de prix sous surveillance). – Collard, *LPA 23 juill. 2007* (à propos du site « quiestlemoinscher.com »). ♦ Sur des comparateurs de prix disponibles sur internet, V. : • T. com. Paris, réf., 7 juin 2006 : *Gaz. Pal. 2006. 3479, obs. Avignon ; CCC 2007, n° 28, obs. Debet* • T. com. Nanterre, réf., 7 déc. 2006 : *eod. loc.* • T. com. Paris, 29 mars 2007 : *JCP E 2008, n° 3, p. 18, obs. Joly ; Gaz. Pal. 2007. 4227, obs. Biolay ; CCE 2007, n° 95, obs. Debet* • Paris, 18 juin 2008 : *CCE 2008, n° 104, obs. Debet* • Versailles, 11 févr. 2009 : *CCE 2009, n° 89, obs. Debet* (condamnation du site Kelkoo.fr).

3. Relevés de prix. **BIBL.** Lamazerolles, *JCP E 2010, n° 1471* (le droit de relevé les prix chez un concurrent à la lumière de la jurisprudence). ♦ La fixation des prix par le libre jeu de la concurrence commande que les concurrents puissent comparer leurs prix et en conséquence en faire pratiquer des relevés par leurs salariés dans leurs magasins respectifs. • Com. 4 oct. 2011 : *Bull. civ. IV, n° 146 ; D. 2011. 2900, note Durez ; ibid. Actu. 2462, obs. Chevrier ; JCP E 2012, n° 1074, note Lamazerolles ; CCC 2012, n° 7, obs. Malaurie-Vignal ; LPA 8 déc. 2011, note Quiroga-Galdo ; LPA 14 mars 2012, note Dubarry ; RJDA 2012. 3, rapp. Michel-Amsellem ; RDLC 2011, n° 4, p. 101, obs. Jalabert-Doury ; ibid., p. 106, obs. Éréséo* (cassation de • Montpellier, 18 mai 2010 : *JCP 2010, n° 892, obs. Durand,* qui avait écarté l'existence d'un usage commercial constituant une restriction licite au droit de propriété). – *Contra* • Com. 16 juill. 1991 : *cité note 50 ss. L. n° 63-628 du 2 juill. 1963, art. 2, App., v° Concurrence.* ♦ Le fait que par le passé les relevés de prix pratiqués aient pu conduire à des actes de publicité comparative illicite, ne saurait justifier que, à titre préventif ou à titre de rétorsion, un distributeur interdise toute entrée et tout relevé de prix, dès lors que ce n'est pas la qualité des relevés faits qui a été mise en cause mais l'exploitation fallacieuse qui en a été faite ultérieurement. • Amiens, 18 déc. 2012 : *JCP E 2013, n° 1069.* ♦ La société entendant pratiquer des relevés de prix a, en tant qu'acteur économique un intérêt né, actuel, direct et personnel à observer les prix pratiqués par ses concurrents, cet intérêt pouvant exister indépendamment de l'existence d'un litige né et actuel. Cette pratique ayant pour but de s'informer et non de procéder à des contrôles, elle n'est pas réservée aux seuls agents de l'État. • Rennes, 3 févr. 2009 : *CCC 2009, n° 259, obs. G. R.* ♦ Le fait d'opérer un relevé des prix pratiqués par un distributeur concurrent ne porte pas atteinte au respect du domicile de la personne morale ou encore à son droit de propriété, dès lors que les locaux professionnels dans lesquels les informations sont prises sont des surfaces libres d'accès au public, et que les actions de relevés, qui ne peuvent être sérieusement assimilées à des perquisitions, ne résultent pas du fait de l'autorité publique, ou à des constats d'huissiers, ne pouvant constituer des preuves devant être produites en justice, et ne sauraient être soumises à une autorisation préalable quelconque. • Même arrêt. ♦ Bien que la pratique des relevés de prix par un acteur économique chez un concurrent n'a pas été définitivement consacrée par la loi de modernisation de l'économique, l'usage n'en existe pas moins et le fait que cette proposition n'ait pas été suivie n'a pas pour effet de l'interdire, y compris par un procédé informatique et non seulement manuel, les relevés devant cependant être réalisés dans des conditions n'occasionnant pas de troubles dans le magasin. • Même arrêt • Rouen, 24 févr. 2011 : *CCC 2011, n° 181, obs. G. R.*

4. Identification du concurrent. Jugé qu'une publicité peut être qualifiée de comparative, même si l'entreprise visée par la comparaison n'est pas nommément désignée, dès lors que cette entreprise est aisément identifiable. • TGI Paris, 18 nov. 1992 : *préc. note 1.* – V. aussi • Versailles, 18 févr. 1999 : *JCP E 1999, n° 16, p. 697* • 27 juin 2002 : *CCC 2003, n° 65, obs. Raymond* • T. com. Nanterre, 27 mai 2005 : *BRDA 2005, n° 20, p. 9 ; Lettre distrib. juill.-août 2005,* *p. 2* (allégation litigieuse suivie d'un astérisque renvoyant à une étude Sofrès portant sur la comparaison de 24 laboratoires pharmaceutiques dûment identifiés et nommés).

Une publicité générale visant la clientèle d'un marché donné ne répond pas à la définition de l'art. L. 121-8 C. consom., qui vise un concurrent identifié. • T. com. Nanterre, 6 févr. 2004 : *CCC 2004, n° 117, obs. Raymond.* ♦ Constitue toutefois une publicité comparative, la campagne publicitaire menée par un opérateur privé, à propos des nouveaux tarifs d'une prestation, fondée sur la comparaison, présumée favorable, avec d'autres tarifs pratiqués mais dont la provenance n'est pas précisée, dès lors que, s'agissant du marché des télécommunications récemment ouvert à la concurrence mais encore largement dominé par l'opérateur public précédemment détenteur d'un monopole, cette comparaison renvoie nécessairement, dans l'esprit du public, aux tarifs de l'opérateur public, en raison de sa notoriété. • Versailles, 26 mars 1999 : *JCP E 1999, n° 44-45, p. 1753 ; Gaz. Pal. 17-18 nov. 1999, p. 33,* conf. par • Com. 27 mars 2001 : ☎ *Gaz. Pal. 21-22 nov. 2001, p. 67.* ♦ Comp., estimant que la situation particulière du marché de la téléphonie mobile qui ne comporte que trois opérateurs en France, ne permet pas de considérer que le message de l'un d'entre eux visant à séduire la clientèle des deux autres constituerait nécessairement une publicité comparative en l'absence de tout élément permettant d'identifier l'image, la marque, les services particuliers ou les caractéristiques spécifiques de l'un ou l'autre de ces concurrents : • T. com. Nanterre, 6 févr. 2004 : *préc.* ♦ V. également, dans d'autres affaires opposant des opérateurs téléphoniques, • Versailles, 27 juin 2002 : *JCP E 2003, n° 2, p. 56* • Aix-en-Provence, 21 déc. 2001 : *CCC 2002, n° 83, obs. Raymond* • T. com. Nanterre, 19 oct. 1999 : *Gaz. Pal. 19-20 mai 2000, p. 26, obs. Grelier-Lenain* • Paris, 5 mars 2003 : *Gaz. Pal. 2003. Somm. 3990, obs. Biolay.*

La publication par un magazine d'un art. représentant la photographie d'un mannequin portant des vêtements d'une marque de luxe à côté de celle d'un autre mannequin portant des vêtements du même genre, mais d'une marque de grande diffusion, dont les prix et les points de vente étaient indiqués, constitue une publicité comparative et non un art. d'information dans la mesure où ces informations étaient manifestement destinées à inciter les lecteurs à acheter les produits dits de substitution. • Paris, 8 déc. 1999 : *BRDA 2000, n° 8, p. 11.* ♦ Comp. jugeant que ce type de présentation a un caractère incitatif à la vente qui ne saurait avoir pour effet de conférer à cette revue la qualité d'annonceur, et ne peut par conséquent être définie comme une publicité comparative illicite (condamnation pour usage illicite de marque). • TGI Paris, 19 sept. 1997 : *Gaz. Pal. 1998. 1. Somm. 372, obs. Staeffen.*

Pour un arrêt excluant les règles concernant la publicité comparative, de même que le dénigrement, s'agissant d'une annonce identifiant le concurrent direct et unique, d'une manière amusante et spirituelle, sans le nommer, V. • Versailles, 26 juin 1997 : *D. Affaires 1997. 1037 ; Gaz. Pal. 1997. 2, obs. A. C.*

5. Suppression légale de l'exigence de communication préalable. V. désormais, art. L. 121-12 C. consom. issu de l'Ord. du 31 août 2001, n'exigeant plus de communication préalable au concurrent visé par la publicité comparative. ♦ Jugeant que la suppression de l'obligation de communication préalable par l'Ord. du 31 août 2001, n'a pas d'effet rétroactif, V. • Paris, 18 janv. 2002 : *D. 2002. AJ 1345 ; Lettre distrib. mars 2002, p. 4* • Versailles, 27 juin 2002 : *préc. note 4.* ♦ Estimant qu'il pèse sur l'auteur de la publicité comparative une obligation de vigilance renforcée puisque la suppression de l'obligation de communication préalable ne lui permet plus de valider *a priori* la licéité de la publicité : • Dijon, 23 mai 2006 : *JCP E 2006, n° 36, p. 1487 ; Lettre distrib. sept. 2006, p. 4.*

6. Responsabilité civile. La publication d'une publicité comparative qui ne satisfait pas aux conditions posées par l'art. 10 [C. consom., art. L. 121-8 s.] cause un préjudice à l'entreprise visée ouvrant droit à réparation. • TGI Paris, 18 nov. 1992 : *préc. note 1.* ♦ Le responsable du dénigrement est autant celui qui le réalise, sans être le concurrent, que celui qui en profite (le concurrent). • T. com. Paris, 3 oct. 1995 : *Gaz. Pal. 1996. 2. Somm. 495.* ♦ Pour des condamnations sur le fondement de la concurrence déloyale, V. • Orléans, 29 nov. 1994 : *JCP 1995. IV. 1214* • Versailles, 20 nov. 1997 : *RJDA 1998, n° 355.* ♦ Pour une condamnation pour contrefaçon par l'usage de la marque d'un concurrent dans une plaquette publicitaire comparative déclarée illicite en raison d'un défaut de loyauté et d'objectivité, V. • Versailles, 15 nov. 2001 : *JCP E 2002, n° 8-9, p. 345.* ♦ La publicité ne portant que sur les produits vendus en ligne, particulièrement sur les sites internet rueducommerce.com et fnac.com, il s'ensuit que la SA Fnac, dont l'activité n'est pas visée, ne justifie du seul fait de sa dénomination sociale et de la prétendue titularité des marques eponymes d'aucun intérêt à agir. • Paris, 23 juin 2006 : *JCP E 2006, n° 45, p. 1894, note du Crest ; Lettre distrib. déc. 2006, p. 3.* ♦ Pour rejeter la demande tendant à voir juger qu'une société avait, en publiant un tableau comparatif, commis des actes de concurrence déloyale en procédant à une publicité comparative illicite, l'arrêt avait retenu que l'exigence de concurrence qui présidait à la reconnaissance de la publicité comparative n'était pas remplie. En statuant ainsi, alors qu'elle avait constaté que la première société avait pour activité la vente sur internet de compléments alimentaires de différentes marques et que la seconde société commercialisait sous ses marques des compléments nutritionnels par l'intermédiaire de son site internet, ce dont il résultait que ces sociétés se trouvaient en situation de concurrence, la cour d'appel a violé l'art. L. 121-8 C. consom. • Com. 24 nov. 2009 : *Bull. civ. IV, n° 150 ; D. 2009. AJ 2926, obs. Manara ; BRDA 2009, n° 24, p. 12 ; RDLC 2010, n° 2, p. 102, obs. Roberval.*

7. Publicités comparatives illicites. Pour être licite, la comparaison doit reposer sur des critères appropriés, c'est-à-dire sur des caractéristiques à la fois essentielles, pertinentes, vérifiables et représentatives des services concernés. • Com. 18 déc. 2007 : *Bull. civ. IV, n° 269 ; D. 2008. AJ 157, obs. Rondey ; JCP E 2008, n° 6, p. 27 ; CCC 2008, n° 148, obs. Raymond ; RJDA 2008, n° 723.* ♦ N'est pas licite la publicité comparative résultant d'une étude non exhaustive applicable à un seul site et ne faisant apparaître d'effet d'économie qu'en négligeant le coût de l'investissement nécessaire pour la réalisation des installations indispensables à l'utilisation du gaz alors que la publicité litigieuse a étendu une appréciation à l'ensemble des locaux de la capitale pouvant être chauffés soit au gaz, soit à la vapeur. • TGI Paris, 18 nov. 1992 : *BICC 1993, n° 651.* ♦ ... La publicité comparative portant sur les prix, fondée sur la moyenne pondérée tirée de relevés de prix de produits regroupés selon les critères propres à chacun des instituts de mesure, ces produits ne retrouvant leur individualité que si l'on a accès au détail des relevés, communication dont ne bénéficie par hypothèse pas le consommateur lorsque la méthode indiciaire a pu être utilisée. • Aix-en-Provence, 20 mars 1997 : *D. Affaires 1997. 789.* ♦ Par ailleurs, cet arrêt a jugé que la référence, en avril 1993, aux prix relevés durant le trimestre précédent ne répond pas, par son caractère rétrospectif et en raison de l'extrême variabilité des prix dans le secteur de la grande distribution, à cette exigence. • Même arrêt.

Ne satisfait pas à la condition de « produits identiques » la publicité qui compare des produits qui ne sont pas identiques quant à leur marque ou leur origine. • Crim. 16 oct. 1996 : *Bull. crim. n° 364 ; CCC 1997, n° 36, obs. Raymond ; JCP 1997. IV. 433.* ♦ De la même façon, est illicite la publicité comparative qui ne concerne pas des produits identiques vendus dans des conditions semblables, qui ne se limite pas à une comparaison objective et dont la durée des offres tarifaires n'est pas précisée. • Même arrêt. ♦ Si le prix peut être la caractéristique principale sur laquelle la publicité entend faire porter l'attention du consommateur, il n'en reste pas moins que l'exigence d'objectivité suppose que le consommateur puisse avoir connaissance des caractéristiques propres à justifier les différences de prix ; il ne s'agit pas alors de faire porter la comparaison sur ces derniers éléments mais simplement d'informer objectivement le consommateur lorsque le prix est la seule caractéristique comparée. • Com. 31 oct. 2006 : *cité note 14.* ♦ Considérant qu'est illicite la publicité comparative sur le prix de produits vendus en grande surface prenant la forme d'un tract qui porte sur la comparaison du prix de produits génériques, sans précision ni de marque, ni de qualité, ni d'origine, V. • Orléans, 27 mai 1999 : *CCC 2000, n° 36, obs. Raymond* • Agen, 23 mai 2005 : *ibid. 2006, n° 40, obs. Raymond* (caddy comparatif). ♦ Il en va de même des produits dits « d'appel ou de premier prix », identifiés par une appellation générale (Porto, Whisky, etc.), dont il n'est pas établi qu'ils aient eu le même fabricant, la même présentation ni les mêmes caractéristiques. • Nancy, 14 févr. 1996 : *JCP 1997. IV. 1181.* ♦ Jugeant qu'une publicité comparative n'est licite que lorsque les termes de la comparaison sont clairement énoncés, V. • T. com. Paris, 7 mai 2003 : *CCC 2004, n° 31, obs. Raymond.* ♦ Sanctionnant une publicité comparative portant sur des prix de produits non identiques, V. • T. com. Nanterre, 19 oct. 1999 : *préc. note 4* • Versailles, 27 juin 2002 : *ibid.* ♦ V. désormais la nouvelle rédaction de l'art. L. 121-8, 2°, n'exigeant plus que des « biens ou services répondant aux mêmes besoins ou ayant le même objectif » ; et pour une application. • Paris, 4 déc. 2002 : *CCC 2003, n° 65, obs. Raymond.* ♦ ... Une publicité comparative menée sur le marché des télécommunications et imputant à une société des pratiques tarifaires héritées d'une situation monopolistique révolue alors que la désuétude prêtée aux tarifs de cette société ne correspondait pas à la réalité. • Versailles, 26 mars 1999 : *préc. note 4,* conf. par • Com. 27 mars 2001 : *Gaz. Pal. 21-22 nov. 2001, p. 67.*

V. aussi, pour une comparaison entre des audiences de deux stations de radio, déformant les résultats d'un sondage, • Paris, 24 janv. 1995 : *D. 1996. Somm. 73, obs. Hassler.* – Comp. : • TGI Paris, 31 mai 1996 : *D. 1998. Somm. 131, obs. Hassler et Lapp ; RJDA 1996, n° 1409,* conf. par • Paris, 3 sept. 1999 : *D. 1999. AJ 30 ; Gaz. Pal. 19-20 mai 2000, p. 42, obs. Grelier-Lenain.* ♦ ... Ou excluant alternativement d'un tableau comparatif certaines écoles lorsque, dans l'une ou l'autre des différentes matières enseignées, leur taux de réussite était meilleur que celui de l'établissement de formation. • Paris, 23 mai 2003 : *RJDA 2003, n° 1258.*

L'information relative à l'importance de la diffusion d'une revue constituant une caractéristique significative, pertinente et vérifiable, une revue informatique ne satisfait pas aux exigences de l'art. L. 121-8 dès lors qu'elle se présente dans une publicité comme le « numéro un » en diffusion, sans donner aucune information de cette nature sur la revue concurrente, et remplace le chiffre de diffusion de celle-ci par un point d'interrogation, lequel fait volontairement planer un doute sur la diffusion du concurrent et sur le fait que ses dirigeants pourraient être à l'origine de ce doute pour dissimuler un mauvais résultat. • Paris, 1er juill. 1998 : *D. 1998. IR 197 ; D. Affaires 1998. 1636, obs. C. R. ; LPA 28 juin 1999, obs. Etner.*

Sur l'appréciation du caractère déloyal d'une publicité comparative, V. aussi • Com. 18 juin 1996 : *Bull. civ. IV, n° 185 ; D. 1997. Somm. 237, obs. Izorche* • Paris, 4 déc. 2002 : *préc.*

Le comparé, qui est en droit de vérifier le caractère loyal, véridique, objectif de la publicité, justifie d'un intérêt légitime au sens de l'art. 145 du NCPC [renommé C. pr. civ.] à obtenir avant tout procès, la preuve des faits dont pourrait dépendre la solution du litige. • Paris, 8 oct. 1997 : *D. Affaires 1997. 1318.*

8. Dénigrement. Une comparaison de prix n'entraîne le discrédit d'un concurrent, au sens de l'art. 3 *bis*, § 1, de la Dir. modifiée du 10 sept. 1984, ni au motif que l'écart de prix entre les produits comparés est supérieur à l'écart de prix moyen ni en raison du nombre de comparaisons effectuées. • CJCE 8 avr. 2003 : *cité note 13.* ♦ Si l'exagération propre à toute publicité n'enfreint pas, en elle-même, les règles de loyauté de la concurrence, la revendication d'exclusivités ou de propriétés superlatives ne peut être admise si de telles insertions aboutissent, par un dénigrement indirect, à dépouiller les concurrents des mêmes vertus. • *Douai, 2 oct. 1995 : D. 1996. 99, note J.-C. Fourgoux ; D. 1996. Somm. 179, obs. Gavalda et Lucas de Leyssac ; Gaz. Pal. 1996. 1. 77, note Massoni ; CCC 1995, n° 184, obs. Vogel ; ibid., n° 213, obs. Raymond.* ♦ Par ailleurs, l'outrance ayant ses limites, celles-ci interdisent de fabuler sur de prétendues supériorités, et la vérification objective de l'absence de telles ou telles qualités permet sans conteste de considérer que la publicité visée est fausse ou de nature à induire en erreur. • Même arrêt. ♦ V. aussi, pour des ajouts aux observations d'une étude scientifique de commentaires mettant en avant le produit objet de la publicité et des propos alarmistes sur les produits concurrents, créant une rumeur dénigrante • Versailles, 15 nov. 2001 : *JCP E 2002, n° 8-9, 341 ; RJDA 2002, n° 569.* ♦ S'agissant d'une campagne publicitaire par laquelle une société de vente à distance a vanté les mérites de son nouveau service de livraison rapide en rapprochant sa prestation dite le « 24 heures gratuit » de celle proposée par son concurrent dite « le 48 heures chrono », il y a lieu de resituer les deux prestations proposées dans le cadre général de l'ensemble des prestations offertes par les deux firmes qui, à côté du service de livraison à domicile sans garantie particulière de délai, proposent toutes deux un service de livraison sous 24 heures qui est payant et un service de livraison gratuit sur site sans supplément de prix sous 48 heures pour la Redoute, qui l'assortit d'une garantie de remboursement sous forme d'un chèque cadeau égal au montant des articles commandés dans l'hypothèse d'une non-livraison dans les délais, et sous 24 heures pour les 3 Suisses, qui n'offre aucune « garantie » équivalente, et qui limite l'accès de ce service aux titulaires de certaines cartes. • Même arrêt. – V. aussi Fabre, *Cah. dr. entr. 1995, n° 6, p. 35.*

Sur le dénigrement résultant, d'une publicité comportant le sigle Leclerc et la mention « A peine plus loin, mais tellement moins cher », placée à environ 15 mètres du parking « Géant Casino », à 30 mètres environ de l'entrée principale de la cafétéria « Géant Casino » et à 6 mètres de l'entrée, V. • T. com. Chalon-sur-Saône, 12 oct. 1995 : *Gaz. Pal 1995. 2. Somm. 611.* – V. aussi • T. com. Paris, réf., 25 juill. 1995 : *ibid. 1996. 1. Somm. 35.*

S'agissant d'une publicité faite par une radio, représentant une radio concurrente comme quille sur le point de tomber sous le coup d'une boule symbolisant la première radio, V. • Paris, 10 sept. 1999 : *CCC 2000, n° 89, obs. Raymond.*

Le dénigrement résultant, pour une société concurrente, d'une publicité comparative illicite, est générateur d'un trouble commercial et entraîne nécessairement un préjudice. • Com. 14 juin 2000 : *Bull. civ. IV, n° 126 ; BRDA 2000, n° 15-16, p. 9.*

9. Décret d'application. La publication d'un décret d'application de l'art. 10 [C. consom., art. L. 121-8 s.] n'est pas prévue, V. : Rép. min. n° 22498, *JO Sénat Q, 5 nov. 1992, p. 2482.*

10. Conflits de lois. La loi applicable à la responsabilité extra-contractuelle est celle du lieu où le fait dommageable s'est produit ; ce lieu s'entend aussi bien de celui du fait générateur du dommage que du lieu de réalisation de ce dernier (application de la loi française à une publicité émise aux États-Unis et diffusée en France). • Civ. 1re, 14 janv. 1997 : *Bull. civ. I, n° 14 ; D. 1997. 177, note Santa-Croce ; D. Affaires 1997. 215 ; Rev. crit. DIP 1997. 504, note Bischoff ; JCP 1997. II. 22903, note Muir Watt.*

11. Compatibilité avec la Convention EDH. Les art. L. 121-8 s. C. consom. ne sont pas inconciliables avec l'art. 10 de la Conv. EDH [V. cet art. au **Mégacode civ.**], dès lors que cette réglementation constitue une mesure nécessaire à la protection de la réputation ou des droits d'autrui, justifiant une restriction à la liberté d'expression. • Crim. 16 oct. 1996 : *préc. note 7.*

12. Référé. En ce sens que le juge des référés ne peut intervenir en matière de publicité comparative que s'il existe à l'évidence dans le message publicitaire une comparaison visant une autre entreprise, V. • Paris, 2 juill. 1997 : *CCC 1997, n° 185, obs. Raymond.* ♦ Pour un arrêt considérant que l'éventuelle nécessité d'un pluriel, s'agissant des « caractéristiques » mentionnées à l'art. L. 121-8 C. consom., nécessite une interprétation dépassant l'aptitude du juge des référés, V. • Versailles, 22 mai 1998 : *préc. note 1.* ♦ Dans un cadre de libre concurrence entre les différents opérateurs présents sur un marché, les publicités effectuées par l'un d'entre eux pour convaincre les consommateurs d'utiliser ses services plutôt que ceux de ses concurrents ne constituent pas un dommage imminent au sens de l'art. 873, al. 1er NCPC [renommé C. pr. civ.], permettant au juge des référés commerciaux d'interdire, pour ce seul motif, la diffusion des publicités incriminées. • Paris, 4 déc. 2002 : *préc. note 7.*

13. Droit communautaire. Le bénéfice qu'un annonceur tire de la publicité comparative n'est pas susceptible à lui seul de constituer un élément déterminant dans l'appréciation de la légalité du comportement de l'annonceur. • CJCE 23 févr. 2006 : *CCE 2006, n° 128, obs. Chabert ; Lettre distrib. juin 2006, p. 2.* ♦ Toute publicité qui met en comparaison des biens ou services en identifiant, implicitement ou explicitement, un concurrent n'est licite que si elle ne tire pas indûment profit de la notoriété attachée à une marque, à un nom commercial ou à d'autres signes distinctifs d'un concurrent, V. • CJCE 25 oct. 2001 : *RTD com. 2002. 402, obs. Luby .* ♦ L'art. 7, § 2, de la Dir. du 10 sept. 1984 s'oppose à l'application à la publicité comparative de dispositions nationales plus strictes en matière de protection contre la publicité trompeuse en ce qui concerne la forme et le contenu de la comparaison, sans qu'il y ait lieu d'établir des distinctions entre les différents éléments de la comparaison, c'est-à-dire les indications relatives à l'offre de l'annonceur, les indications relatives à l'offre du concurrent et le rapport entre ces offres. • CJCE 8 avr. 2003 : *RTD com. 2003. 844, obs. Luby ; JCP E 2004, n° 43, p. 1682, n° 21, obs. Parléani ; Gaz. Pal. 2003. Somm. 3992, obs. Biolay ; ibid. 2004. Somm. 2027, obs. L.C.F. ; RJDA 2003, n° 787 ; Europe 2003, n° 223, obs. Rigaux et Idot.* ♦ L'art. 3 *bis*, § 1, de cette directive doit être interprété en ce sens que, si l'annonceur est en principe libre d'indiquer ou non dans une publicité comparative la marque des produits concurrents, il appartient toutefois au juge national de vérifier si, dans des circonstances particulières, caractérisées par l'importance de la marque dans le choix de l'acheteur et par l'importante différence, en terme de notoriété, entre les marques respectives des produits comparés, l'omission de la marque la plus renommé est susceptible de s'avérer trompeuse. • Même arrêt. ♦ Ce même art. ne s'oppose pas à ce que les produits comparés soient achetés par des canaux de distribution différents, ni à ce que la publicité reproduise, outre le nom du concurrent, son sigle et une image de la façade de son magasin, si cette publicité respecte les conditions de licéité fixées par le droit communautaire. • Même arrêt.

La circonstance que plusieurs concurrents de l'annonceur ou des biens ou des services qu'ils offrent puissent être identifiés comme étant concrètement visés par le message publicitaire est sans pertinence en vue de la reconnaissance du caractère comparatif de la publicité. • CJCE 19 avr. 2007 : *D. 2007. AJ 1418, obs. Rondey ; JCP E 2008, n° 21, p. 30, obs. Mainguy ; CCC 2007, n° 161, obs. Raymond ; BRDA 2007, n° 10, p. 12 ; Dr. pénal 2008. Chron. 4, n° 53, par Lepage ; Europe 2007, n° 170, obs. Simon.* ♦ L'existence d'un rapport de concurrence entre l'annonceur et l'entreprise qui est identifiée dans le message publicitaire ne peut pas être établie indépendamment des biens ou des services offerts par celle-ci. • Même arrêt. ♦ Une publicité qui fait référence à un type de produits sans pour autant identifier un concurrent ou les biens offerts par ce dernier n'est pas illicite au regard de l'art. 3 *bis*, § 1, de la Dir. 84/450 ; les conditions de licéité d'une telle publicité doivent alors être examinées à la lumière d'autres dispositions, indépendamment du fait que cela pourrait impliquer une moindre protection des consommateurs ou des entreprises concurrentes. • Même arrêt. ♦ N'est pas illicite toute comparaison qui, pour des produits n'ayant pas d'appellation d'origine, se rapporte à des produits bénéficiant d'une telle appellation. • Même arrêt.

Lorsque les conditions requises à l'art. 5 § 1, sous *b)*, de la Dir. 89/104 du 21 déc. 1988 pour interdire l'usage d'un signe identique ou similaire à une marque enregistrée sont réunies, il est exclu que la publicité comparative dans laquelle ce signe est utilisé satisfasse à la condition de licéité énoncée à l'art. 3 *bis*, § 1, sous *d)*, de la Dir. 84/450 du 10 sept. 1984. • CJCE 12 juin 2008 : *D. 2008. AJ 1824, et les obs.* ; *JCP E 2008, n° 25, p. 6 ; Gaz. Pal. 2008. 4182, obs. Staeffen et Delucenay ; CCE 2008, n° 132, obs. Caron ; RJDA 2008, n° 1063 ; Europe 2008, n° 281, obs. Idot.* ♦ L'art. 5, § 1, sous *a)*, de la Dir. n° 89/104 doit être interprété en ce sens que le titulaire d'une marque enregistrée est habilité à faire interdire l'usage par un tiers, dans une publicité comparative qui ne satisfait pas à toutes les conditions de licéité énoncées à l'art. 3 *bis*, § 1, de la Dir. 84/450/CEE du 10 sept. 1984, en matière de publicité trompeuse et de publicité comparative, d'un signe identique à cette marque pour des produits ou des services identiques à ceux pour lesquels ladite marque a été enregistrée, même lorsque cet usage n'est pas susceptible de porter atteinte à la fonction essentielle de la marque, qui est d'indiquer la provenance des produits ou services, à condition que ledit usage porte atteinte ou soit susceptible de porter atteinte à l'une des autres fonctions de la marque. • CJCE 18 juin 2009 : *JCP 2009, n° 28, p. 25, obs. F. Picod ; CCE 2009, n° 111, obs. Caron ; RJDA 2009, n° 1125 ; Dr. et patr. oct. 2009. 110, obs. Velardocchio ; Europe 2009, n° 330, obs. Idot.* ♦ L'art. 3 *bis*, § 1, précité, doit être interprété en ce sens qu'un annonceur qui mentionne de manière explicite ou implicite, dans une publicité comparative, que le produit qu'il commercialise constitue une imitation d'un produit portant une marque notoirement connue présente « un bien ou un service comme une imitation ou une reproduction », au sens de cet art. 3 *bis*, § 1, sous *h)*. Le profit réalisé par l'annonceur grâce à une telle publicité comparative illicite doit être considéré comme « indûment tiré » de la notoriété attachée à cette marque, au sens dudit art. 3 *bis*, § 1, sous *g)*. • Même arrêt.

14. Assortiment de produits. BIBL. Boulet, *CCE 2007. Étude 24* (publicité comparative d'assortiments de produits). ♦ La condition de licéité de la publicité comparative posée par l'art. 3 *bis*, § 1, ss. *b)*, de la Dir. n° 84/450/CEE du 10 sept. 1984, telle que modifiée par la Dir. n° 97/55/CE du 6 oct. 1997, doit être interprétée en ce sens qu'elle ne s'oppose pas à ce qu'une publicité comparative porte collectivement sur des assortiments de produits de consommation courante commercialisés par deux chaînes de grands magasins concurrentes pour autant que lesdits assortiments soient constitués, de part et d'autre, de produits individuels qui, envisagés par paires, satisfont individuellement à l'exigence de comparabilité que pose cette condition. • CJCE 19 sept. 2006 : *BICC 15 janv. 2007, n° 14 ; D. 2006. AJ 2394, obs. Chevrier* ; *JCP E 2006, n° 41, p. 1734 ; Gaz. Pal. 2007. 1409, note Bille ; CCC 2006, n° 240, obs. Raymond ; RJDA 2006, n° 1277 ; Europe 2006, n° 334, obs. Bouveresse ; RLDA nov. 2006. 59, obs. Cheynel.* ♦ En relevant que sous couvert d'une comparaison de produits dits de consommation courante, une société avait entrepris une démarche consistant à rechercher des prix inférieurs pratiqués par son enseigne par rapport à ceux de son concurrent alors que l'exigence d'objectivité aurait impliqué de sélectionner préalablement un panel représentatif des produits couramment consommés, puis d'en faire ensuite la comparaison, en terme de prix, la cour d'appel qui constate que la publicité comparative manquait d'objectivité, loin d'avoir ajouté une condition à la loi, a justifié sa décision. • Com. 31 oct. 2006 : *Bull. civ. IV, n° 207 ; JCP E 2006, n° 50, p. 2156 ; CCC 2007, n° 32, obs. Malaurie-Vignal ; RJDA 2007, n° 415 ; RDLC 2007, n° 1, p. 108, obs. Fasquelle et Morel.* – V. aussi • Pau, 15 juin 2006 : *CCC 2006, n° 252, obs. Raymond.* ♦ S'agissant de produits vendus en grande surface, une comparaison objective exige deux conditions qui sont cumulatives, à savoir d'une part que les produits choisis soient représentatifs des achats moyens en grande surface, d'autre part qu'ils soient suffisamment nombreux pour permettre la généralisation. Tel n'est pas le cas d'une campagne publicitaire comparative portant sur vingt-trois produits seulement, aucun d'entre eux ne concernant les liquides et les produits frais, ce qui ne correspond pas aux achats d'un consommateur ordinaire, et alors, d'autre part, que le nombre des produits retenus est insuffisant par rapport aux milliers de produits généralement référencés dans une grande surface. • TGI Chalon-sur-Saône, 24 juin 1994 : *Gaz. Pal. 1996. 1. Somm. 272.* ♦ La comparaison du coût de deux chariots de produits de consommation courante provenant de deux enseignes concurrentes doit être faite de manière objective, sur des produits présentant les mêmes caractéristiques essentielles. • Crim. 9 mai 2007 : *Bull. crim. n° 119 ; D. 2007. 2144, note Arcelin* ; *ibid. AJ 1658, obs. Rondey* ; *RTD com. 2008. 199, obs. Bouloc* ; *AJ pénal 2007. 326, obs. Rondey* ; *JCP E 2008, n° 21, p. 30, obs. Mainguy ; CCC 2007, n° 314, obs. Raymond ; Gaz. Pal. 2007. 2759, obs. M. B. ; RJDA 2007, n° 905 ; Dr. pénal 2008. Chron. 4, n° 54, par Lepage* • 13 janv. 2009 : *CCC 2009, n° 154, obs. G. R. ; Dr. pénal 2009, n° 51, obs. J.-H. Robert.* ♦ La reproduction des seuls tickets de caisse ne permet pas au consommateur de s'assurer que les produits comparés, qui, pour certains, présentaient des différences de qualité, de poids, de contenance et de composition, et qui étaient placés dans des chariots recouverts d'un film plastifié, présentaient les mêmes caractéristiques essentielles, de sorte que leur comparaison ne pouvait être opérée de façon objective. • Crim. 4 mars 2008 : *Bull. crim. n° 57 ; D. 2008. AJ 1051, obs. Rondey ; RTD com. 2008. 882, obs. Bouloc ; AJ pénal 2008. 279, obs. Rondey ; JCP 2008. IV. 1682 ; CCC 2008, n° 171, obs. G. R. ; RJDA 2008, n° 860 ; Dr. pénal 2008, n° 69, obs. J.-H. Robert.*

L'art. 3 *bis*, § 1, sous b), de la Dir. 84/450/CEE du 10 sept. 1984 doit être interprété en ce sens que la seule circonstance que les produits alimentaires diffèrent quant à leur comestibilité et quant au plaisir qu'ils procurent au consommateur, en fonction des conditions et du lieu de leur fabrication, de leurs ingrédients et de l'identité de leur fabricant, n'est pas de nature à exclure que la comparaison de tels produits puisse satisfaire à l'exigence édictée par ladite disposition et voulant que ceux-ci répondent aux mêmes besoins ou aient le même objectif, c'est-à-dire qu'ils présentent entre eux un degré d'interchangeabilité suffisant. • CJUE 18 nov. 2010 : *JCP E 2010, n° 637 ; CCC 2011, n° 61, obs. Malaurie-Vignal ; RDLC 2011, n° 1, p. 138, obs. Mitchell ; Europe 2011, n° 31, obs. Rigaux.*

15. Preuve. Sur la charge de la preuve, V. • Com. 18 mai 1993 : *Bull. civ. IV, n° 199 ; D. 1994. Somm. 172, obs. Gavalda et Lucas de Leyssac ; JCP 1994. II. 22243, note Dekeuwer ; CCC 1993, n° 168, note Raymond.*

Art. L. 121-15 **Est, en outre, interdite toute publicité portant :**

1° Sur une opération commerciale soumise à autorisation au titre soit *(L. n° 96-603 du 5 juill. 1996)* **« des articles 26, 27, 28, 29 et 30 de la loi n° 96-603 du 5 juillet 1996 relative au développement et à la promotion du commerce et de l'artisanat** *[C. com., art. L. 310-1, L. 310-2, L. 310-3, L. 310-4 et L. 310-7]*, **soit des articles 29 et 32 » de la loi n° 73-1193 du 27 décembre 1973 d'orientation du commerce et de l'artisanat** *[C. com., art. L. 752-1 et L. 752-16]*, *(Abrogé par Ord. n° 2004-274 du 25 mars 2004, art. 32-I)* ***« soit de l'ordonnance n° 45-2088 du 11 septembre 1945 relative aux foires et salons[,] »*** **et qui n'a pas fait l'objet de cette autorisation ;**

2° Sur une opération commerciale dont la réalisation nécessite l'emploi de personnel salarié requérant une autorisation au titre du chapitre Ier du titre II du livre II *[chapitre II du titre III du livre I de la partie III nouv.]* **du code du travail** *[relatif au repos hebdomadaire]* **et réalisée sans l'obtention préalable de cette autorisation, ou qui est en infraction avec les articles 41 *a* et 41 *b*, 105 *a* à 105 *i* du code des professions applicable dans les départements de la Moselle, du Bas-Rhin et du Haut-Rhin ;**

3° Sur une opération commerciale réalisée ou devant être réalisée en infraction avec les dispositions de l'article L. 221-17 *[L. 3132-29 nouv.]* **du code du travail** *[fermeture ordonnée par arrêté préfectoral pendant la durée du repos hebdomadaire]*.

(Ord. n° 2004-274 du 25 mars 2004, art. 32-II) **« 4° Sur une manifestation commerciale soumise à la déclaration prévue à l'article L. 762-2 du code de commerce et qui n'a pas fait l'objet de cette déclaration. »**

Tout annonceur qui effectue ou fait effectuer une publicité interdite en vertu des alinéas précédents est puni d'une amende de 37 500 €. Le maximum de l'amende peut être porté à 50 p. 100 du montant des dépenses consacrées à la publicité illégale.

Le tribunal peut ordonner la cessation de la publicité interdite aux frais des personnes reconnues coupables des infractions définies aux alinéas qui précèdent. — *[L. n° 89-1008 du 31 déc. 1989, art. 8, al. 1er à 3 et 5 et 6.]*

Sur la poursuite des infractions définies à l'art. L. 121-15 C. consom., V. L. n° 89-1008 du 31 déc. 1989, art. 9, al. 1er, ss. C. com., art. L. 310-7.

Art. L. 121-15-1 *(L. n° 2004-575 du 21 juin 2004, art. 21)* **Les publicités, et notamment les offres promotionnelles, telles que les rabais, les primes ou les cadeaux, ainsi que les concours ou les jeux promotionnels, adressés par courrier électronique, doivent pouvoir être identifiés de manière claire et non équivoque dès leur réception par leur destinataire, ou en cas d'impossibilité technique, dans le corps du message.** *(Ord. n° 2011-1012 du 24 août 2011, art. 32)* **« Ces messages doivent indiquer une adresse ou moyen électronique permettant effectivement au destinataire de transmettre une demande visant à obtenir que ces publicités cessent. »**

BIBL. ▸ Passa, *LPA 6 févr. 2004* (règles générales du commerce électronique et leur application dans les rapports avec les consommateurs). – Penneau, *ibid. 13 mai 2004*, (contrat électronique et protection du cybercontractant).

Art. L. 121-15-2 *(L. nº 2004-575 du 21 juin 2004, art. 21)* **Sans préjudice des dispositions réprimant** *(L. nº 2008-3 du 3 janv. 2008, art. 39-II)* **« les pratiques trompeuses » prévues à l'article L. 121-1, les conditions auxquelles sont soumises la possibilité de bénéficier d'offres promotionnels ainsi que celle de participer à des concours ou à des jeux promotionnels, lorsque ces offres, concours ou jeux sont proposés par voie électronique, doivent être clairement précisées et aisément accessibles.**

Art. L. 121-15-3 *(L. nº 2004-575 du 21 juin 2004, art. 21)* **Les articles L. 121-15-1 et L. 121-15-2 sont également applicables aux publicités, offres, concours ou jeux à destination des professionnels.**

Les infractions aux dispositions des articles L. 121-15-1 et L. 121-15-2 sont passibles des peines prévues à l'article L. 121-6. Elles sont recherchées et constatées dans les conditions prévues à l'article L. 121-2. Les articles L. 121-3 et L. 121-4 sont également applicables.

Loteries publicitaires

DALLOZ RÉFÉRENCE *Droit de la publicité et de la promotion des ventes*, par Fabre Bonnet-Desplan, Sermet et Genty, 2009, 4e édition.

BIBL. GÉN. ▸ L. nº 2011-525 du 17 mai 2011 : Voisset et Duperray, *LPA 5 avr. 2011* (promotion des ventes : entre réforme *a minima* et attentisme, l'insécurité juridique subsiste). – Petit, *LPA 23 mai 2011* (promotion des ventes : une loi de simplification pour tout compliquer !). – Falkman, *CCC 2011. Alerte 64* (avancée juridique ou casse-tête à venir ?). – Bazin, *Dr. et proc. 2011. 226* (l'huissier de justice et les loteries après la loi du 17 mai 2011).

Art. L. 121-36 **Les opérations publicitaires réalisées par voie d'écrit qui tendent à faire naître l'espérance d'un gain attribué à chacun des participants, quelles que soient les modalités de tirage au sort, ne peuvent être pratiquées que si elles n'imposent aux participants aucune contrepartie financière ni dépense sous quelque forme que ce soit.** *(L. nº 2011-525 du 17 mai 2011, art. 45)* **« Lorsque la participation à cette opération est conditionnée à une obligation d'achat, la pratique n'est illicite que dans la mesure où elle revêt un caractère déloyal au sens de l'article L. 120-1. »**

Le bulletin de participation à ces opérations doit être distinct de tout bon de commande de bien ou de service. – *[L. nº 89-421 du 23 juin 1989, art. 5, al. 1er et 2.]*

1. Espérance d'un gain. **BIBL.** Benoît et Delbarre, *BRDA 1996, nº 4, p. 15.* ♦ N'entrent pas seulement dans les prévisions de l'art. L. 121-36 les loteries dans lesquelles chaque participant gagne un lot. • Crim. 30 oct. 1995 : *Bull. crim. nº 334 ; D. 1996. IR 33 ; Gaz. Pal. 1996. 2. 440, note Misse* • 1er oct. 1997 : *Bull. crim. nº 323 ; D. 1997. IR 257 ; D. Affaires 1997. 1417 ; CCC 1998, nos 13 et 124, note Raymond.* – V. aussi Rép. min. nº 2220 : *JOAN Q, 23 sept. 2002 ; BID 2002, nº 10, p. 42.*

1 bis. Participation financière. La Dir. 2005/29/CE du 11 mai 2005 relative aux pratiques commerciales déloyales doit être interprétée en ce sens qu'elle s'oppose à une réglementation nationale, telle que celle en cause au principal (loi allemande), qui prévoit une interdiction de principe, sans tenir compte des circonstances spécifiques du cas d'espèce, des pratiques commerciales faisant dépendre la participation des consommateurs à un concours ou à un jeu promotionnels de l'acquisition d'un bien ou d'un service. • CJUE 14 janv. 2010 : *D. 2010. AJ 258, obs. Chevrier ; JCP E 2010. 1044 ; CCC 2010, nº 84, obs. Raymond ; Gaz. Pal. 2010. 1043, obs. Pezé ; RJDA 2010, nº 300 ; Dr. et proc. 2010. 115, note de la Asuncion Planes ; RLDA avr. 2010. 37, note Grall et Camilleri ; RDC 2010. 1290, note Aubert de Vincelles ; Europe 2010. nº 120, obs. Meister.* – V. aussi Razavi et Falkman, *CCC 2010. Alerte 22* (ventes subordonnées ventes avec primes et loteries sont-elles désormais licites par principe ?) ; Voisset et Duperray, *LPA 5 avr. 2011* (promotion des ventes : entre réforme *a minima* et attentisme, l'insécurité juridique subsiste) ; Petit, *LPA 23 mai 2011* (promotion des ventes : une loi de simplification pour tout compliquer !) ; Note de la rédaction, *BRDA 2011, n° 9, p. 16* (mesure en matière de réglementation économique). ♦ La possibilité de participer à un jeu-concours doté d'un prix, liée à l'achat d'un journal, ne constitue pas une pratique commerciale déloyale au sens de l'art. 5, § 2, de la Dir. n° 2005/29/CE, du seul fait que cette possibilité de participer à un jeu représente, au moins pour une partie des consommateurs concernés, le motif déterminant qui les a incités à acheter ce journal. • CJUE 9 nov. 2010 : *D. 2011. Pan. 975, obs. Sauphanor-Brouillaud* ; *RDLC 2011, n° 1, p. 127, obs. Roberval ; Europe 2011, n° 30, obs. Idot.* ♦ V. l'ajout apporté par la L. n° 2011-525 du 17 mai 2011 au 1er al. de l'art. L. 121-36, *in fine*.

En ce sens que les dépenses exposées pour entrer en possession de ce qui n'est qu'une libéralité n'entrent pas dans le champ d'application de l'art. L. 121-36, dès lors qu'elles ne sont pas exigées pour participer au tirage, mais déboursées volontairement et postérieurement au tirage, V. • Paris, 9 mars 1995 : *CCC 1995, n° 158, obs. crit. Raymond.* ♦ Pour la condamnation d'une entreprise de vente par correspondance, organisatrice d'une loterie avec prétirage, qui indiquait dans ses documents publicitaires des mentions s'analysant en une invitation pressante à passer plusieurs commandes, mais n'imposant toutefois aux participants aucune contrepartie financière, V. • Paris, 16 nov. 1999 : *BRDA 2000, n° 3, p. 10.* ♦ Pour une ambiguïté liée à la question de savoir si le gain d'un ordinateur était ou non soumis à la souscription d'un contrat d'abonnement à internet, V. • TGI Paris, 27 avr. 2001 : *Gaz. Pal. 2003. Somm. 1974, obs. Vray.*

2. Bulletin de participation distinct. L'appréciation du caractère distinctif des documents relève du pouvoir souverain du juge du fond. • Crim. 5 avr. 1995 : *Bull. crim. n° 151* (V. l'arrêt confirmé : • Paris, 10 mars 1994 : *CCC 1994, n° 232, note Raymond*) • Crim. 30 oct. 1995 : *préc. note 1* • Crim. 14 nov. 2000 : *BID 2001, n° 11, p. 15.* – V. aussi • T. corr. Paris, 9 janv. 1998 : *RJDA 1998, n° 654 ; Gaz. Pal. 1998. 1. Somm. 346, obs. Pezé.*

En ce sens que le bon de commande ne doit pas nécessairement être séparé du bulletin de participation, qu'ils peuvent figurer sur une même page à condition qu'il soit clairement indiqué que la participation au jeu n'est pas subordonnée à une commande, V. • Crim. 5 oct. 1995 : *BID 1998, n° 9, p. 47.* ♦ V. aussi, jugeant qu'il n'est pas nécessaire que le bon de participation soit séparé du bon de commande d'une façon matérielle, ni qu'un prédécoupage soit effectué, V. • Paris, 13e ch. B, 30 juin 1995 : *RJDA 1996, n° 434* • Paris, 8e ch. B, 6 nov. 1996 : *D. Affaires 1997. 407.* – *Contra* : • Paris, 13e ch. A, 12 sept. 1994 : *INC Hebdo, n° 871, p. 12.*

2 bis. Loterie à « double entrée ». Les loteries à « double entrée » offrant cumulativement, au choix du consommateur, deux accès de participation, l'un gratuit (bon de participation remis gratuitement sur demande), l'autre onéreux (bon de participation dans le conditionnement d'un produit ou lié à un achat) ne peuvent être considérées comme illicites. • Paris, 14 nov. 2003 : *Gaz. Pal. 2004. Somm. 1345, obs. Elsen ; ibid. 3988, obs. Pezé ; RJDA 2004, n° 638 ; Lettre distrib. mars 2004, p. 4.* ♦ Il n'est nullement exigé une égalité des conditions d'accès entre la voie gratuite et la voie payante, laquelle est par nature impossible à définir, mais un accès réel et effectif à la voie gratuite permettant de bénéficier d'une équivalence de chance de gain. • Même arrêt. ♦ Le fait que l'accès gratuit n'ait été ouvert qu'à raison d'une possibilité de jeu par personne et par semaine ne peut suffire à rendre inégalitaire cette voie d'accès, étant observé que l'organisateur démontre que la fréquentation moyenne de ses établissements est d'environ une fois toutes les quatre semaines. • Même arrêt.

3. Document trompeur. En présentant de façon affirmative la simple éventualité du gain d'un lot important, une société de vente par correspondance commet une faute de nature à engager sa responsabilité, dès lors qu'il est justifié que le destinataire de cette information a subi un préjudice constitué par la personnalisation du document envoyé et la vaine croyance dans l'acquisition d'une somme importante. • Civ. 2e, 3 mars 1988 : *Bull. civ. II, n° 57 ; D. 1988. Somm. 405, obs. Aubert.* ♦ V. aussi, pour une omission de porter à la connaissance des participants certaines clauses du règlement, • Civ. 2e, 18 déc. 1996 : *Bull. civ. II, n° 307 ; D. Affaires 1997. 407.* ♦ ... Pour un document ne mentionnant un pré-tirage qu'au recto, en caractères infimes et dans un texte confus et sur plusieurs lignes, • Crim. 4 déc. 2001 : *BID 2001, n° 10, p. 29.* ♦ ... Pour une confusion volontairement entretenue entre les deux sens du mot « règlement », le destinataire étant persuadé recevoir le règlement du gain annoncé et non le règlement du jeu, • Paris, 7 avr. 2006 : JCP 2006. *IV. 2088.* ♦ Pour d'autres exemples, V. • Paris, 7 mars 1997 : *Gaz. Pal. 1997. 2. 408, obs. M. Vray* • 27 juin 1997 : *D. Affaires 1997. 1112* • Versailles, 11 janv. 1996 : *RJDA 1996, n° 563* • Caen, 24 mars 1998 : *JCP E 1998, n° 39, p. 1477* • TGI Paris, 13 nov. 2000 : *BID 2002, n° 2, p. 9.*

♦ V. aussi, pour : un document ne faisant pas allusion à une quelconque division du gain annoncé entre divers attributaires, • Civ. 2e, 28 juin 1995 : *Bull. civ. II, n° 225 ; D. 1996. 180, note Mouralis ; CCC 1995, n° 195, note Raymond.* ♦ … Un document trompeur quant au lot gagné, • Dijon, 12 mai 1995 : *JCP 1996. IV. 174* • Civ. 2e, 14 janv. 1998 : *Rev. huiss. 1998. 1127, obs. Bazin.* – Comp. : • Paris, 6 nov. 1996 : *préc. note 2.* ♦ Pour une appréciation *in concreto*, tenant compte du caractère « averti » du consommateur, V. • Aix-en-Provence, 30 avr. 1997 : *BID 1998, n° 2, p. 19.* ♦ V., considérant que le consommateur moyen ne peut plus être considéré comme l'homme actif, instruit, diligent, ainsi qu'était le « bon père de famille » dans le code Napoléon, mais comme un être plus vulnérable auquel doivent être présentés de façon claire tous les termes du marché et tous les risques auxquels il s'expose : • Bourges, 5 oct. 1998 : *Gaz. Pal. 23-27 mai 1999, p. 33, obs. Pezé.* ♦ Sur l'obligation pour le destinataire de documents invitant à la participation à une loterie, de lire l'ensemble des documents reçus et notamment les règlements de jeux, V. • Dijon, 8 déc. 1998 : *Gaz. Pal. 30 janv.-1er févr. 2000, p. 9, obs. Peisse ; JCP 1999. IV. 3092.*

Bien qu'aucun texte n'interdise de mettre en œuvre deux loteries en même temps, cette dualité crée un risque de confusion qui, dès lors que celle-ci est entretenue, ne peut résulter du hasard et relève de la malhonnêteté au moins intellectuelle, constituant ainsi une faute. • Toulouse, 15 déc. 1997 : *JCP 1998. IV, n° 2043.* ♦ Le fait de qualifier de gros chèque mis en jeu, un chèque d'un montant dérisoire, relève de l'abus de langage et par conséquent de la malhonnêteté. • Même arrêt.

Pour un jugement condamnant également l'huissier chargé de contrôler la régularité de l'opération, V. • TI Périgueux, 28 févr. 1997 : *CCC 1997, n° 69, note Raymond.* – V. Bazin, *Rev. huiss. 1998. 524.*

Pour un arrêt refusant de retenir la complicité de publicité mensongère d'un huissier qui n'avait commis qu'une simple imprudence et *non une faute professionnelle* en laissant apposer son macaron et son sceau sur le règlement d'une loterie publicitaire et sur les documents envoyés au public, alors qu'il ignorait aussi bien l'envoi que la présentation définitive de ces documents, V. • Paris, 8 oct. 1997 : *Gaz. Pal. 17-19 mai 1998, p. 27, obs. Vray.* ♦ V. également • Reims, 21 avr. 1999 : *BICC 2000, n° 570.*

4. Préjudice. Le préjudice moral du consommateur est constitué par la profonde déception qu'il a ressentie à la suite de l'annonce qu'il n'avait pas gagné la somme promise, ce préjudice étant à la mesure de l'espérance du gain qu'il avait pu entretenir, déception d'autant plus grande que la tromperie dont il a été victime émane d'une grande entreprise à laquelle des millions de consommateurs font confiance. • Paris, 27 oct. 1995 : *D. 1995. IR 251.* – V. aussi • TGI Paris, 31 janv. 1996 : *Gaz. Pal. 1996. 1. Somm. 266* • Bordeaux, 7 sept. 1995 : *Cah. jurispr. Aquitaine 1996, n° 1, p. 77* • 31 janv. 2001 : *BICC n° 1122.* ♦ En raison de ses attentes et de sa déception, la destinataire a subi un préjudice moral qui, certes, n'est pas égal à la perte du gain annoncé et ne peut donc être indemnisé par une somme équivalente. • Bordeaux, 18 nov. 2003 : *Gaz. Pal. 2004. Somm. 2071, obs. Vray.* ♦ Pour la réparation de la perte d'une chance de participer aux jeux proposés, V. • TI Paris, 23 nov. 1995 : *CCC 1996, n° 92, obs. Raymond.* ♦ La gagnante ne justifiant pas d'un préjudice autre que celui résultant du non-paiement du gain (dont le versement a été ordonné accompagné des intérêts au taux légal et capitalisation de ceux-ci), il n'est pas fait droit à sa demande de dommages-intérêts. • Lyon, 4 oct. 2007 : *JCP 2008. IV. 2250.*

5. Responsabilité quasi contractuelle. **BIBL.** ▸ Autem, *CCC 1999, Chron. 11* (quel fondement pour la responsabilité des sociétés de vente par correspondance en matière de loterie avec pré-tirage ?). – le Tourneau et Zabalza, *ibid. 2002, Chron. 22* (le réveil des quasi-contrats à propos des loteries publicitaires). – Brun, *Liber amicorum Calais-Auloy, Dalloz, 2004, p. 191* (foire aux qualifications pour une introuvable sanction). – Tchendjou, *Mélanges Aubert, Dalloz, 2005, p. 311* (responsabilité civile des organisateurs de loteries publicitaires). – Burgard, *LPA 5 nov. 2010* (loteries publicitaires : le nouveau visage du quasi-contrat ?). ♦ Les quasi-contrats étant des faits purement volontaires de l'homme dont il résulte un engagement quelconque envers un tiers, l'organisateur d'une loterie qui annonce un gain à une personne dénommée sans mettre en évidence l'existence d'un aléa s'oblige, par ce fait purement volontaire, à le délivrer. • Cass., ch. mixte, 6 sept. 2002 : *Bull. civ., n° 4 ; D. 2002. 2963, note Mazeaud ; ibid. AJ 2531, obs. Lienhard ; GAJC II 2008. 568, note Terré et Lequette ; Cah. dr. entr. 2002, n° 5, p. 38, n° 20, obs. Mainguy ; Gaz. Pal. 15-16 nov. 2002, p. 5, concl. de Gouttes ; JCP 2002. II. 10173, note Reifegerste ; ibid. I. 186, n° 1, obs. Viney ; CCC 2002, n° 151, obs. Raymond ; ibid., Chron. 22, note le Tourneau et Zabalza ; RTD com. 2003. 355, obs. Bouloc ; CCE 2002, n° 156, obs. Stoffel-Munck ; Defrénois 2002. 1608, obs. Savaux ; LPA 24 oct. 2002, obs. Houtcieff* (cassation pour violation de l'art. 1371 C. civ. d'un arrêt qui avait retenu une faute délictuelle) • Civ. 1re, 18 mars 2003 : *Bull. civ.*

I, n° 85 ; D. 2003. IR 1009 ; JCP E 2003, n° 21-22, p. 882 ; CCC 2003, n° 1000, obs. Raymond ; RDC 2003. 80, obs. Fenouillet ; Defrénois 2003. 1168, obs. Libchaber ; RJDA 2003, n° 656 • Montpellier, 18 oct. 2005 : *CCC 2006, n° 58, obs. Raymond* • Civ. 1re, 13 juin 2006 : *Bull. civ. I, n° 308 ; D. 2006. IR 1772 ; JCP 2007. I. 104, n° 18, obs. Sauphanor-Brouillaud ; CCC 2006, n° 222, obs. Leveneur ; RJDA 2006, n° 1081 ; RDC 2006. 1115, obs. Fenouillet ; Lettre distrib. sept. 2006, p. 3* (l'existence de l'aléa doit être mis en évidence, à première lecture, dès l'annonce du gain) • Paris, 19 mars 2008 : *JCP E 2008, n° 28-29, p. 27, obs. Burgard.* – V. aussi Rép. min. n° 3728 : *JOAN Q, 25 nov. 2002 ; BID 2002, n° 12, p. 46* ; Terrier, *D. 2004. 1179* (la fiction au secours des quasi-contrats). ♦ Auparavant, considérant qu'une entreprise de vente par correspondance devait être condamnée au paiement d'une somme d'argent à un client dont l'attribution lui était attestée par une lettre, celle-ci ayant pris l'engagement de payer au client le prix en espèces représenté par la somme révélée au grattage et correspondant au numéro certifié gagnant qui lui avait été attribué V. • Civ. 1re, 28 mars 1995 : *Bull. civ. I, n° 150 ; D. 1996. 180, note Mouralis ; D. 1995. Somm. 227, obs. Delebecque*. ♦ V. aussi • Paris, 18 juin 1999 : *D. 1999. AJ 4, obs. C. R. ; JCP 2000. II. 322, note Psaume.* ♦ V. également sur la condamnation d'une société de vente par correspondance à exécuter son engagement contractuel du fait de la rencontre des volontés, dès lors qu'il se déduisait nécessairement des termes affirmatifs et non ambigus qu'elle avait utilisés, que celle-ci voulait faire entendre à sa cliente qu'elle avait gagné la somme promise, la société n'ayant pu se méprendre sur la portée d'un engagement aussi clairement affiché, • Civ. 2e, 11 févr. 1998 : *Bull. civ. II, n° 55 ; D. 1999. Somm. 109, obs. Libchaber ; JCP 1998. II. 10156, note Carducci ; Defrénois 2000. 1044, obs. Mazeaud* (confirmant • Toulouse, 14 févr. 1996 : *D. 1997. Somm. 168, obs. D. Mazeaud ; CCC 1996, n° 133, note Raymond*). ♦ V. également • Civ. 1re, 12 juin 2001 : *Bull. civ. I, n° 174 ; D. 2002. Somm. 1316, obs. Mazeaud ; JCP 2002. II. 10104, note Houtcieff* • Grenoble, 28 oct. 1996 : *JCP 1997. IV. 2050* • Aix-en-Provence, 5 janv. 2000 : *JCP E 2000, n° 50, p. 1982.* ♦ Rappr. • TGI Paris, 13 févr. 2002 : *RJDA 2002, n° 824 ; Gaz. Pal. 2003. Somm. 1943, obs. Pezé, conf. par* • Paris, 19 déc. 2003 : *RJDA 2004, n° 639.* ♦ Comp. confirmant un arrêt qui, après avoir retenu le caractère équivoque des documents publicitaires adressés par une entreprise de correspondance à l'un de ses clients, retient une absence de volonté certaine de la société d'attribuer la maison litigieuse au destinataire du courrier en allouant à ce dernier, en réparation du préjudice, une somme inférieure à la valeur de la maison : • Civ. 1re, 19 oct. 1999 : *Bull. civ. I, n° 289 ; D. 2000. Somm. 357, obs. Mazeaud ; JCP 2000. II. 10347, note Mehrez ; ibid. I. 241, n° 1, obs. Viney.* ♦ V. aussi • Douai, 28 juin 1999 : *JCP 2000. I. 241, n° 1, obs. Viney.*

6. Avait également été retenue la responsabilité délictuelle d'une entreprise de vente par correspondance ayant, à l'occasion de l'organisation d'une loterie, envoyé des documents dont la lecture hâtive pouvait créer, en raison de leur présentation équivoque, l'espérance d'un gain : • Civ. 2e, 26 oct. 2000 : *Bull. civ. II, n° 148 ; Defrénois 2001. 693, obs. Savaux.* ♦ Pour un arrêt retenant la responsabilité délictuelle d'un vendeur par correspondance ayant présenté à son client de façon affirmative et délibérément trompeuse la simple éventualité de gain d'un lot important qui ne constituait qu'un événement hypothétique, V. • Paris, 18 juin 1999 : *préc. note 5.*

7. Convention de Bruxelles. Les règles de compétence énoncées par la convention du 27 sept. 1968 concernant la compétence judiciaire et l'exécution des décisions en matière civile et commerciale doivent être interprétées en ce sens que l'action juridictionnelle par laquelle un consommateur vise à faire condamner, dans l'État contractant sur le territoire duquel il est domicilié et en application de la législation de cet État, une société de vente par correspondance établie dans un autre État contractant, à la remise d'un gain lorsque celle-ci lui avait adressé personnellement un envoi de nature à donner l'impression qu'un prix lui était attribué, est de nature contractuelle au sens de l'art. 13, al. 1er, point 3, de ladite convention. • CJCE 11 juill. 2002 : *JCP 2003. II. 10055, note Claret ; LPA 30 oct. 2003, obs. C. L.* – V. aussi • CJCE 20 janv. 2005 : *Rev. crit. DIP 2005. 493, note Jude ; JCP E 2005, n° 5, p. 159 ; CCC 2005, n° 100, obs. Raymond (2e esp.) ; Procédures 2005, n° 210, obs. Nourissat ; Dr. et patr. févr. 2006. 116, obs. Niboyet.*

Ayant relevé que la société belge de vente par correspondance avait adressé à un consommateur français plusieurs documents publicitaires lui annonçant un gain de 23 100 euros et qu'à la suite de ces envois, il avait effectué une commande qui a été exécutée, la cour d'appel en a justement déduit que celui-ci, en sa qualité de consommateur, pouvait saisir le tribunal de son domicile en application des art. 15 et 16 du Règl. n° 44/2001 pour l'obtention de sommes d'argent apparemment gagnées par lui. • Civ. 1re, 7 mai 2010 : *Bull. civ. I, n° 106 ; D. 2010. 2196, note Bolze et Perreau-Saussine ; ibid. Actu. 1292, obs. Gallmeister ; RTD civ. 2010. 808, obs. Théry ; Rev. crit. DIP 2010. 558, note Gaudemet-Tallon ; JCP 2010, n° 753, note Devers ; Gaz. Pal. 2010. 2838, avis Domingo ; RLDA juin 2010. 39, obs. D'Amore.* ♦ Ayant retenu, d'une part, que l'action du consommateur français tendait à obtenir l'exécution d'une obligation de payer un prix à la charge d'une société belge de vente par correspondance, la cour d'appel a fait application, à bon droit, de l'art. 5-1 du Règl. n° 44/2001 aux termes duquel, en matière contractuelle, l'action peut être intentée devant le tribunal du lieu où l'obligation qui sert de base à la demande a été ou doit être exécutée, et, d'autre part, ayant relevé que cette société s'était engagée à exécuter son obligation de paiement au domicile du « grand gagnant », la cour d'appel en a justement déduit que le consommateur, revendiquant cette qualité, pouvait assigner la société devant le tribunal de son domicile. • Civ. 1re, 7 mai 2010 : *Bull. civ. I, n° 107 ; D. 2010. 2196, note Bolze et Perreau-Saussine ; ibid. Actu. 1292, obs. Gallmeister ; Rev. crit. DIP 2010. 558, note Gaudemet-Tallon ; JCP 2010, n° 753, note Devers ; Gaz. Pal. 2010. 1667, obs. S. Piedelièvre ; RLDA juin 2010. 39, obs. D'Amore.*

8. Compétence territoriale. BIBL. ▸ Dutoit, *Mélanges Serra, Dalloz, 2006, p. 145* (le consommateur face aux promesses de gain non tenues : quel tribunal est compétent ?). ♦ Les options de compétence territoriale ouvertes au demandeur par l'art. 46 NCPC [renommé C. pr. civ.] sont d'interprétation stricte et ne s'appliquent pas aux actions fondées sur un quasi-contrat. • Civ. 2e, 7 juin 2006 : *Bull. civ. II, n° 149 ; D. 2006. IR 1841 ; RTD civ. 2007. 174, obs. Théry ; JCP 2006. I. 183, n° 9, obs. Serinet ; LPA 3 août 2006, note Pierroux ; RJDA 2007, n° 106 ; RDC 2006. 1117, obs. Fenouillet ; Procédures 2006, n° 175, obs. Perrot ; ibid. n° 241, obs. Croze ; RLDA sept. 2006. 54, obs. Méar* • 7 juin 2006 : *CCC 2006, n° 222, obs. Leveneur ; Dr. et patr. févr. 2007. 117, obs. Amrani-Mekki.* ♦ La loterie ne pouvant être regardée comme l'accessoire du contrat de vente conclu entre l'organisateur et le client, et l'obligation souscrite par l'organisateur de la loterie étant un paiement qui ne peut être assimilé à une livraison ou une prestation de service, il en résulte que les conditions d'application de l'art. 46 NCPC [renommé C. pr. civ.], qui permet de saisir, en matière contractuelle, la juridiction du lieu de la livraison effective de la chose ou du lieu d'exécution de la prestation de service, ne sont pas réunies et la détermination de la juridiction doit être effectuée selon les règles de droit commun. • Toulouse, 25 janv. 2005 : *JCP E 2005, n° 27-28, p. 1187.*

Art. L. 121-37 **Les documents présentant l'opération publicitaire ne doivent pas être de nature à susciter la confusion avec un document administratif ou bancaire libellé au nom du destinataire ou avec une publication de la presse d'information.**

Ils comportent un inventaire lisible des lots mis en jeu précisant, pour chacun d'eux, leur nature, leur nombre exact et leur valeur commerciale.

Ils doivent également reproduire la mention suivante : « Le règlement des opérations est adressé, à titre gratuit, à toute personne qui en fait la demande. » Ils précisent, en outre, l'adresse à laquelle peut être envoyée cette demande ainsi que le nom de l'officier ministériel auprès de qui ledit règlement a été déposé en application de l'article L. 121-38. — *[L. n° 89-421 du 23 juin 1989, art. 5, al. 3 à 5.]*

Document trompeur. Pour une loterie publicitaire annoncée par l'envoi d'un document intitulé notification officielle adressé à chaque destinataire sous une enveloppe à en-tête de la « Trésorerie Générale » V. • Crim. 18 févr. 1998 : *Bull. act. Lamy droit économique, mai 1998, p. 7.* ♦ V. notes 3 s. ss. art. L. 121-36.

Art. L. 121-38 **Le règlement des opérations ainsi qu'un exemplaire des documents adressés au public doivent être déposés auprès d'un officier ministériel qui s'assure de leur régularité. Le règlement mentionné ci-dessus est adressé, à titre gratuit, à toute personne qui en fait la demande.** — *[L. n° 89-421 du 23 juin 1989, art. 5 al. 7.]*

Responsabilité de l'huissier. V. • TI Périgueux, 28 févr. 1997 : *cité note 3 ss. art. L. 121-36.* — V. Rép. min. n° 2220 : *JOAN Q, 23 sept. 2002 ; BID 2002, n° 10, p. 42.*

Art. L. 121-39 **Un décret en Conseil d'État précise, en tant que de besoin, les conditions de présentation des documents mentionnés au premier alinéa de l'article L. 121-37.** — *[L. n° 89-421 du 23 juin 1989, art. 5, al. 6.] — V. art. R. 121-11 et R. 121-12, infra.*

Art. L. 121-40 *Abrogé par Ord. n° 2005-1086 du 1er sept. 2005, art. 4-II. — V. art. L. 141-1 C. consom., v° Ventes commerciales (Dispositions générales).*

Art. L. 121-41 **Seront punis d'une amende de 37 500 € les organisateurs des opérations définies au premier alinéa de l'article L. 121-36 qui n'auront pas respecté les conditions exigées par la présente section. Le tribunal peut ordonner la publication de sa décision, aux frais du condamné, par tous moyens appropriés. En cas d'infraction particulièrement grave, il peut en ordonner l'envoi à toutes les personnes sollicitées par lesdites opérations. Lorsqu'il en ordonne l'affichage, il y est procédé dans les conditions et sous les peines prévues par l'article 131-35 du code pénal.** — *[L. n° 89-421 du 23 juin 1989, art. 5, al. 8.]*

Dès lors que les faits sont distincts, puisque la publicité se présentait de manière individualisée, le dirigeant d'une société de vente par correspondance peut être poursuivi pour organisation de loterie publicitaire illicite, même s'il a déjà été condamné à l'occasion de la même campagne publicitaire. • Crim. 25 juin 1997 : *Bull. crim. n° 257 ; D. Affaires 1997. 1181.*

Code de la consommation

Art. R. 121-11 Lorsque les documents qui présentent une opération publicitaire par voie d'écrit tendant à faire naître l'espérance d'un gain attribué par tirage au sort aux participants comportent les éléments suivants ou certains d'entre eux :

1° Bon de commande ;

2° Extraits du règlement ;

3° Présentation des lots ;

4° Bulletin ou bon de participation.

Ces éléments doivent figurer chacun dans une partie distincte comportant en titre de manière particulièrement lisible celle des mentions sus-énumérées qui correspond à l'objet du document, à l'exclusion de toute autre mention. — *[Décr. n° 90-749 du 22 août 1990, art. 1er.]*

Art. R. 121-12 Les lots mis en jeu figurant dans l'inventaire prévus par l'article L. 121-37 sont présentés par ordre de valeur. — *[Décr. n° 90-749 du 22 août 1990, art. 2.]*

Publicité et pratiques commerciales concernant les préparations pour nourrissons

Art. L. 121-50 à L. 121-53 *V. C. consom.*

Appellation de boulanger et enseigne de boulangerie

Art. L. 121-80 *(L. n° 98-405 du 25 mai 1998)* **Ne peuvent utiliser l'appellation de « boulanger » et l'enseigne commerciale de « boulangerie » ou une dénomination susceptible de porter à confusion, sur le lieu de vente du pain au consommateur final ou dans des publicités à l'exclusion des documents commerciaux à usage strictement professionnel, les professionnels qui n'assurent pas eux-mêmes, à partir de matières premières choisies, le pétrissage de la pâte, sa fermentation et sa mise en forme ainsi que la cuisson du pain sur le lieu de vente au consommateur final ; les produits ne peuvent à aucun stade de la production ou de la vente être surgelés ou congelés.**

BIBL. ► LE BRIERO, *JCP E 2000, n° 9, p. 558* (l'entreprise boulangère par rapport au droit).

Art. L. 121-81 *(L. n° 98-405 du 25 mai 1998)* **Cette dénomination peut également être utilisée lorsque le pain est vendu de façon itinérante par le professionnel, ou sous sa responsabilité, qui remplit les conditions précisées à l'article L. 121-80.**

Art. L. 121-82 *(L. nº 98-405 du 25 mai 1998)* La recherche et la constatation des infractions aux dispositions des articles L. 121-80 et L. 121-81 sont exercées dans les conditions prévues à l'article L. 121-2 et punies des peines prévues à l'article L. 213-1 et, le cas échéant, au second alinéa de l'article L. 121-6. *— V. C. consom., art. L. 121-2, L. 121-6 et L. 213-1 —* ***C. consom.*** *ou* ***C. pén.***

Code de l'environnement

Production et distribution de produits générateurs de déchets

....

Art. L. 541-10-1 *(L. nº 2007-1822 du 24 déc. 2007, art. 84)* I. — A compter du 1er juillet 2008, tout donneur d'ordre qui émet ou fait émettre des imprimés papiers, y compris à titre gratuit, à destination des utilisateurs finaux, contribue à la collecte, à la valorisation et à l'élimination des déchets d'imprimés papiers, ménagers et assimilés ainsi produits.

La contribution peut prendre la forme de prestations en nature, dans les conditions prévues au deuxième alinéa du IV.

II. — Sont exclus de l'assiette de la contribution visée au I :

1° Les imprimés papiers dont la mise sur le marché par une personne publique ou une personne privée, dans le cadre d'une mission de service public, résulte exclusivement d'une obligation découlant d'une loi ou d'un règlement ;

2° Les livres, entendus comme un ensemble imprimé, illustré ou non, publié sous un titre, ayant pour objet la reproduction d'une œuvre de l'esprit d'un ou plusieurs auteurs en vue de l'enseignement, de la diffusion de la pensée et de la culture ;

3° Les publications de presse, au sens de l'article 1er de la loi nº 86-897 du 1er août 1986 portant réforme du régime juridique de la presse, conformes aux dispositions du premier alinéa et des 1°, 2°, 3° et 5° de l'article 72 de l'annexe III au code général des impôts, sous réserve de ne pas constituer une des publications désignées aux *a*, *c*, *d* et *e* du 6° du même article 72. L'encartage publicitaire accompagnant une publication de presse n'est exclu que s'il est annoncé au sommaire de cette publication.

III. — Jusqu'au 31 décembre 2009, sont également exclus de la contribution visée au I les envois de correspondances au sens de l'article L. 1 du code des postes et des communications électroniques, à l'exception du publipostage.

(L. nº 2008-1425 du 27 déc. 2008, art. 126) « Jusqu'au 31 décembre 2009, sont également exclus de la contribution visée au I les catalogues de vente par correspondance envoyés nominativement. »

A compter du 1er janvier 2010, dans des conditions fixées par décret, tout metteur sur le marché de papiers à usage graphique, transformés, manufacturés, conditionnés et destinés à être imprimés par ou pour le compte d'utilisateurs finaux contribue à la collecte, à la valorisation et à l'élimination des déchets papiers, ménagers et assimilés ainsi produits.

IV. — Sous sa forme financière, la contribution *(L. nº 2009-1674 du 30 déc. 2009, art. 83-I)* « prévue au présent article » est versée à un organisme agréé par les ministères chargés de l'environnement, des collectivités territoriales, de l'économie et de l'industrie, qui verse aux collectivités territoriales une participation financière aux coûts de collecte, de valorisation et d'élimination qu'elles supportent.

La contribution en nature repose sur le principe du volontariat des établissements publics de coopération intercommunale assurant l'élimination des déchets. Elle consiste en la mise à disposition d'espaces de communication au profit des établissements de coopération intercommunale assurant l'élimination des déchets ménagers qui le souhaitent. Ces espaces de communication sont utilisés pour promouvoir la collecte, la valorisation et l'élimination des déchets.

Les contributions financières et en nature sont déterminées suivant un barème fixé par décret.

V. – *Abrogé par L. nº 2012-1509 du 29 déc. 2012, art. 20-I.*

VI. – Pour l'application du présent article, on entend par :

1º Imprimés papiers, tout support papier imprimé, à l'exception des papiers d'hygiène, d'emballage, de décoration, des affiches, des papiers à usage fiduciaire et des notices d'utilisation ou modes d'emploi ;

2º Papiers à usage graphique destinés à être imprimés, les papiers à copier, les papiers graphiques, les enveloppes et les pochettes postales, à l'exception des papiers carbone, autocopiant et stencils ;

3º Metteur sur le marché, toute personne donneuse d'ordre qui émet ou fait émettre des papiers à usage graphique transformés, manufacturés, conditionnés et destinés à être imprimés, dont la collecte et le traitement relèvent de la compétence des collectivités territoriales et de leurs groupements ;

4º Donneur d'ordre, la personne à l'origine de la politique générale promotionnelle, d'annonce, d'information ou commerciale, ou au nom ou sous l'appellation de laquelle cette politique a été menée ;

5º Utilisateur final, la personne, physique ou morale, qui consomme un produit manufacturé mis sur le marché.

Les modalités d'application du présent article sont fixées par décret. – *V. C. envir., art. D. 543-207 s. – V. C. douanes, art. 266 sexies à 266 undecies et 266 quaterdecies.*

Frais de ramassage des prospectus. L'art. L. 541-3 C. envir. qui permet au maire de faire assurer d'office l'exécution des travaux nécessaires aux frais du responsable en cas de pollution des sols ou d'abandon de déchets ne peut servir de base légale au recouvrement des sommes engagées par une commune pour le ramassage de prospectus sur la voie publique auprès de l'entreprise qui a diffusé ces prospectus. • TA Versailles, 6 mars 2009 : *AJDA 2009. 1105, concl. Grimaud.*

Code pénal

Distribution d'argent à des fins publicitaires sur la voie publique

Art. 431-29 *(L. nº 2011-267 du 14 mars 2011, art. 50)* La distribution sur la voie publique, à des fins publicitaires, de pièces de monnaie ou de billets de banque ayant cours légal est puni *[punie]* de six mois d'emprisonnement et 30 000 € d'amende.

Le fait d'annoncer publiquement, par tout moyen, qu'il sera procédé sur la voie publique, à des fins publicitaires, à la distribution de pièces de monnaie ou de billets de banque ayant cours légal est puni de trois mois d'emprisonnement et 15 000 € d'amende.

Dans le cas prévu par le premier alinéa, la peine d'amende peut être portée au double des sommes ayant été distribuées.

Code monétaire et financier Art. R. 162-3 Le fait d'utiliser comme support d'une publicité quelconque des pièces de monnaie ou des billets de banque ayant cours légal en France ou émis par les institutions étrangères ou internationales habilitées à cette fin est réprimé conformément à l'article R. 642-4 du code pénal.

Art. 431-30 *(L. nº 2011-267 du 14 mars 2011, art. 50)* Les personnes morales déclarées responsables pénalement, dans les conditions prévues par l'article 121-2, des infractions définies à la présente section encourent, outre l'amende suivant les modalités prévues par l'article 131-38, la peine d'affichage de la décision prononcée ou de

diffusion de celle-ci soit par la presse écrite, soit par tout moyen de communication au public par voie électronique.

....

Art. R. 642-4 **Le fait d'utiliser comme support d'une publicité quelconque des pièces de monnaie ou des billets de banque ayant cours légal en France ou émis par les institutions étrangères ou internationales habilitées à cette fin est puni de l'amende prévue pour les contraventions de la 2e classe.**

Les personnes coupables de la contravention prévue au présent article encourent également la peine complémentaire de confiscation de la chose qui a servi ou était destinée à commettre l'infraction ou de la chose qui en est le produit.

(Décr. n° 2010-671 du 18 juin 2010) **« Les personnes morales déclarées responsables pénalement, dans les conditions prévues par l'article 121-2, de l'infraction définie au présent article encourent, outre l'amende suivant les modalités prévues par l'article 131-41, la peine de confiscation de la chose qui a servi ou était destinée à commettre l'infraction ou de la chose qui en est le produit. »**

La peine de confiscation est obligatoire pour les signes monétaires visés au premier alinéa du présent article en application des articles 131-21 et 131-48. Les dispositions du troisième alinéa de l'article 442-13 sont applicables.

Sur la publicité portant sur des opérations de crédit, V. v° Ventes commerciales, V. — Crédit (ventes à), C. consom., art. L. 311-4 et L. 311-5 ; ... la publicité faite par les franchisés, V. C. com., art. A. 441-1 ; ... la publicité relative aux opérations de soldes, V. C. com., art. L. 310-3-II et R. 310-17, et v° Ventes commerciales, XV — Soldes, liquidations et ventes au déballage ; ... l'utilisation de marques dans les textes publicitaires, V. C. consom., art. L. 115-33 au ***C. consom.*** *; ... la publicité portant sur l'alcool, l'édition littéraire, le cinéma, la presse, la distribution, V. L. n° 86-1067 du 30 sept. 1986, art. 27 et 33, v° Ventes commerciales, VI —Distance (ventes à) et Décr. n° 92-280 du 27 mars 1992, art. 8, mod. par Décr. n° 2003-960 du 7 oct. 2003 au* ***C. consom.*** *; ... les messages publicitaires télévisés ou radiodiffusés et les actions de promotion en faveur de boissons avec ajouts de sucre, de sel ou d'édulcorants de synthèse et de produits alimentaires manufacturés, V. CSS, art. L. 2133-1 au* ***CSS*** *ou au* ***C. consom.***

Sur l'emploi obligatoire de la langue française dans la publicité, V. L. n° 94-665 du 4 août 1994, art. 2, v° Ventes commerciales (Dispositions générales), en note ss. C. consom., art. L. 114-1.

Sur les mentions obligatoires et notamment le numéro d'identification de l'entreprise, devant figurer sur les documents publicitaires, V. C. com., art. R. 123-237.

Sur la publicité, les enseignes et préenseignes, V. C. envir., art. L. 581-1 s. — ***C. envir.***

Sur les taxes communales sur la publicité (taxe sur les emplacements publicitaires et taxe sur les affiches publicitaires), V. CGCT, art. L. 2333-6 s. — ***CGCT.***

SOCIÉTÉS COMMERCIALES

RÉP. SOCIÉTÉS v° *Société (contrat de)*, par MASSART.

Code civil

LIVRE III

TITRE IX De la société

(L. n° 78-9 du 4 janv. 1978)

RÉP. COM. v° *Société (Contrat de)*, par MASSART.

CHAPITRE PREMIER *Dispositions générales*

(L. n° 78-9 du 4 janv. 1978)

Art. 1832 *(L. n° 85-697 du 11 juill. 1985)* La société est instituée par deux ou plusieurs personnes qui conviennent par un contrat d'affecter à une entreprise commune des biens ou leur industrie en vue de partager le bénéfice ou de profiter de l'économie qui pourra en résulter.

Elle peut être instituée, dans les cas prévus par la loi, par l'acte de volonté d'une seule personne.

Les associés s'engagent à contribuer aux pertes. – *V. art. 1844-10.*

BIBL. ▸ FAVARIO, *Rev. sociétés 2008. 53* (regards civilistes sur le contrat de société).

Art. 1832-1 *(L. n° 82-596 du 10 juill. 1982)* « Même s'ils n'emploient que des biens de communauté pour les apports à une société ou pour l'acquisition de parts sociales, deux époux seuls ou avec d'autres personnes peuvent être associés dans une même société et participer ensemble ou non à la gestion sociale. » *(Abrogé, à compter du 1er juill. 1986, par L. n° 85-1372 du 23 déc. 1985)* ***« Toutefois, cette faculté n'est ouverte que si les époux ne doivent pas, l'un et l'autre, être indéfiniment et solidairement responsables des dettes sociales. »*** – *V. art. 1844-10.*

Les avantages et libéralités résultant d'un contrat de société entre époux ne peuvent être annulés parce qu'ils constitueraient des donations déguisées, lorsque les conditions en ont été réglées par un acte authentique.

Art. 1832-2 *(L. n° 82-596 du 10 juill. 1982)* Un époux ne peut, sous la sanction prévue à l'article 1427 *[la nullité]*, employer des biens communs pour faire un apport à une société ou acquérir des parts sociales non négociables sans que son conjoint en ait été averti et sans qu'il en soit justifié dans l'acte.

La qualité d'associé est reconnue à celui des époux qui fait l'apport ou réalise l'acquisition.

La qualité d'associé est également reconnue, pour la moitié des parts souscrites ou acquises, au conjoint qui a notifié à la société son intention d'être personnellement associé. Lorsqu'il notifie son intention lors de l'apport ou de l'acquisition, l'acceptation

ou l'agrément des associés vaut pour les deux époux. Si cette notification est postérieure à l'apport ou à l'acquisition, les clauses d'agrément prévues à cet effet par les statuts sont opposables au conjoint ; lors de la délibération sur l'agrément, l'époux associé ne participe pas au vote et ses parts ne sont pas prises en compte pour le calcul du quorum et de la majorité.

Les dispositions du présent article ne sont applicables que dans les sociétés dont les parts ne sont pas négociables et seulement jusqu'à la dissolution de la communauté.

Lorsque les parts ont été souscrites ou acquises par un époux avant la date d'entrée en vigueur de la loi n° 82-596 du 10 juill. 1982, la notification faite par le conjoint d'un associé en application de l'art. 1832-2 C. civ. est soumise aux mêmes conditions d'agrément que celles qui régissent à la date d'entrée en vigueur de la loi n° 82-596 du 10 juill. 1982 la transmission des parts d'un associé à son conjoint (art. 20 de la loi).

Art. 1833 *(L. n° 78-9 du 4 janv. 1978)* **Toute société doit avoir un objet licite et être constituée dans l'intérêt commun des associés.** *– V. art. 1844-10, infra.*

Art. 1834 *(L. n° 78-9 du 4 janv. 1978)* **Les dispositions du présent chapitre sont applicables à toutes les sociétés, s'il n'en est autrement disposé par la loi en raison de leur forme ou de leur objet.**

Art. 1835 *(L. n° 78-9 du 4 janv. 1978)* **Les statuts doivent être établis par écrit. Ils déterminent, outre les apports de chaque associé, la forme, l'objet, l'appellation, le siège social, le capital social, la durée de la société et les modalités de son fonctionnement.**

Art. 1836 *(L. n° 78-9 du 4 janv. 1978)* **Les statuts ne peuvent être modifiés, à défaut de clause contraire, que par l'accord unanime des associés.**

En aucun cas, les engagements d'un associé ne peuvent être augmentés sans le consentement de celui-ci.

Art. 1837 *(L. n° 78-9 du 4 janv. 1978)* **Toute société dont le siège est situé sur le territoire français est soumise aux dispositions de la loi française.**

Les tiers peuvent se prévaloir du siège statutaire, mais celui-ci ne leur est pas opposable par la société si le siège réel est situé en un autre lieu.

Art. 1838 *(L. n° 78-9 du 4 janv. 1978)* **La durée de la société ne peut excéder quatre-vingt-dix-neuf ans.**

Art. 1839 *(L. n° 78-9 du 4 janv. 1978)* **Si les statuts ne contiennent pas toutes les énonciations exigées par la législation ou si une formalité prescrite par celle-ci pour la constitution de la société a été omise ou irrégulièrement accomplie, tout intéressé est recevable à demander en justice que soit ordonnée, sous astreinte, la régularisation de la constitution. Le ministère public** *(L. n° 2009-526 du 12 mai 2009, art. 10-I)* **« peut » agir aux mêmes fins.**

Les mêmes règles sont applicables en cas de modification des statuts.

L'action aux fins de régularisation prévue à l'alinéa premier se prescrit par trois ans à compter de l'immatriculation de la société ou de la publication de l'acte modifiant les statuts.

Art. 1840 *(L. n° 78-9 du 4 janv. 1978)* **Les fondateurs, ainsi que les premiers membres des organes de gestion, de direction ou d'administration, sont solidairement responsables du préjudice causé soit par le défaut d'une mention obligatoire dans les**

statuts, soit par l'omission ou l'accomplissement irrégulier d'une formalité prescrite pour la constitution de la société.

En cas de modification des statuts, les dispositions de l'alinéa précédent sont applicables aux membres des organes de gestion, de direction ou d'administration alors en fonction.

L'action se prescrira par dix ans, à compter du jour où l'une ou l'autre, selon le cas, des formalités visées à l'alinéa 3 de l'article 1839 aura été accomplie.

Art. 1841 *(L. n° 78-9 du 4 janv. 1978)* Il est interdit aux sociétés n'y ayant pas été autorisées par la loi de *(Ord. n° 2009-80 du 22 janv. 2009, art. 15, en vigueur le 1er avr. 2009)* « procéder à une offre au public des titres financiers » ou d'émettre des titres négociables, à peine de nullité des contrats conclus ou des titres émis.

Art. 1842 *(L. n° 78-9 du 4 janv. 1978)* Les sociétés autres que les sociétés en participation visées au chapitre III jouissent de la personnalité morale à compter de leur immatriculation.

Jusqu'à l'immatriculation, les rapports entre les associés sont régis par le contrat de société et par les principes généraux du droit applicable aux contrats et obligations.

Art. 1843 *(L. n° 78-9 du 4 janv. 1978)* Les personnes qui ont agi au nom d'une société en formation avant l'immatriculation sont tenues des obligations nées des actes ainsi accomplis, avec solidarité si la société est commerciale, sans solidarité dans les autres cas. La société régulièrement immatriculée peut reprendre les engagements souscrits, qui sont alors réputés avoir été dès l'origine contractés par celle-ci.

Art. 1843-1 *(L. n° 78-9 du 4 janv. 1978)* L'apport d'un bien ou d'un droit soumis à publicité pour son opposabilité aux tiers peut être publié dès avant l'immatriculation et sous la condition que celle-ci intervienne. A compter de celle-ci, les effets de la formalité rétroagissent à la date de son accomplissement.

Art. 1843-2 *(L. n° 78-9 du 4 janv. 1978)* Les droits de chaque associé dans le capital social sont proportionnels à ses apports lors de la constitution de la société ou au cours de l'existence de celle-ci.

(L. n° 82-596 du 10 juill. 1982) « Les apports en industrie ne concourent pas à la formation du capital social mais donnent lieu à l'attribution de parts ouvrant droit au partage des bénéfices et de l'actif net, à charge de contribuer aux pertes. »

Art. 1843-3 *(L. n° 78-9 du 4 janv. 1978)* Chaque associé est débiteur envers la société de tout ce qu'il a promis de lui apporter en nature, en numéraire ou en industrie.

Les apports en nature sont réalisés par le transfert des droits correspondants et par la mise à la disposition effective des biens.

Lorsque l'apport est en propriété, l'apporteur est garant envers la société comme un vendeur envers son acheteur.

Lorsqu'il est en jouissance, l'apporteur est garant envers la société comme un bailleur envers son preneur. Toutefois, lorsque l'apport en jouissance porte sur des choses de genre ou sur tous autres biens normalement appelés à être renouvelés pendant la durée de la société, le contrat transfère à celle-ci la propriété des biens apportés, à charge d'en rendre une pareille quantité, qualité et valeur ; dans ce cas, l'apporteur est garant dans les conditions prévues à l'alinéa précédent.

L'associé qui devait apporter une somme dans la société et qui ne l'a point fait devient de plein droit et sans demande, débiteur des intérêts de cette somme à compter du jour où elle devait être payée et ce sans préjudice de plus amples dommages-intérêts, s'il y a lieu. *(L. n° 2001-420 du 15 mai 2001)* « En outre, lorsqu'il n'a pas été procédé dans un délai légal aux appels de fonds pour réaliser la libération intégrale du capital, tout intéressé peut demander au président du tribunal statuant en référé soit d'enjoindre sous astreinte aux administrateurs, gérants et dirigeants de procéder à ces appels de fonds, soit de désigner un mandataire chargé de procéder à cette formalité. »

L'associé qui s'est obligé à apporter son industrie à la société lui doit compte de tous les gains qu'il a réalisés par l'activité faisant l'objet de son apport.

Art. 1843-4 *(L. n° 78-9 du 4 janv. 1978)* Dans tous les cas où sont prévus la cession des droits sociaux d'un associé, ou le rachat de ceux-ci par la société, la valeur de ces droits est déterminée, en cas de contestation, par un expert désigné, soit par les parties, soit à défaut d'accord entre elles, par ordonnance du président du tribunal statuant en la forme des référés et sans recours possible.

Art. 1843-5 *(L. n° 88-15 du 5 janv. 1988)* Outre l'action en réparation du préjudice subi personnellement, un ou plusieurs associés peuvent intenter l'action sociale en responsabilité contre les gérants. Les demandeurs sont habilités à poursuivre la réparation du préjudice subi par la société ; en cas de condamnation, les dommages-intérêts sont alloués à la société.

Est réputée non écrite toute clause des statuts ayant pour effet de subordonner l'exercice de l'action sociale à l'avis préalable ou à l'autorisation de l'assemblée ou qui comporterait par avance renonciation à l'exercice de cette action.

Aucune décision de l'assemblée des associés ne peut avoir pour effet d'éteindre une action en responsabilité contre les gérants pour la faute commise dans l'accomplissement de leur mandat.

Art. 1844 *(L. n° 78-9 du 4 janv. 1978)* Tout associé a le droit de participer aux décisions collectives.

Les copropriétaires d'une part sociale indivise sont représentés par un mandataire unique, choisi parmi les indivisaires ou en dehors d'eux. En cas de désaccord, le mandataire sera désigné en justice à la demande du plus diligent.

Si une part est grevée d'un usufruit, le droit de vote appartient au nu-propriétaire, sauf pour les décisions concernant l'affectation des bénéfices où il est réservé à l'usufruitier.

Les statuts peuvent déroger aux dispositions des deux alinéas qui précèdent.

Art. 1844-1 *(L. n° 78-9 du 4 janv. 1978)* La part de chaque associé dans les bénéfices et sa contribution aux pertes se déterminent à proportion de sa part dans le capital social et la part de l'associé qui n'a apporté que son industrie est égale à celle de l'associé qui a le moins apporté, le tout sauf clause contraire.

Toutefois, la stipulation attribuant à un associé la totalité du profit procuré par la société ou l'exonérant de la totalité des pertes, celle excluant un associé totalement du profit ou mettant à sa charge la totalité des pertes sont réputées non écrites. – *V. art. L. 235-1 C. com.*

Art. 1844-2 *(L. n° 78-753 du 17 juill. 1978)* Il peut être consenti hypothèque ou toute autre sûreté réelle sur les biens de la société en vertu de pouvoirs résultant de délibérations ou délégations établies sous signatures privées alors même que la constitution de l'hypothèque ou de la sûreté doit l'être par acte authentique.

Art. 1844-3 *(L. n° 78-9 du 4 janv. 1978)* La transformation régulière d'une société en une société d'une autre forme n'entraîne pas la création d'une personne morale nouvelle. Il en est de même de la prorogation ou de toute autre modification statutaire.

Art. 1844-4 *(L. nº 78-9 du 4 janv. 1978)* Une société, même en liquidation, peut être absorbée par une autre société ou participer à la constitution d'une société nouvelle, par voie de fusion.

Elle peut aussi transmettre son patrimoine par voie de scission à des sociétés existantes ou à des sociétés nouvelles.

Ces opérations peuvent intervenir entre des sociétés de forme différente.

Elles sont décidées, par chacune des sociétés intéressées, dans les conditions requises pour la modification de ses statuts.

Si l'opération comporte la création de sociétés nouvelles, chacune de celles-ci est constituée selon les règles propres à la forme de société adoptée.

Art. 1844-5 *(L. nº 81-1162 du 30 déc. 1981)* « La réunion de toutes les parts sociales en une seule main n'entraîne pas la dissolution de plein droit de la société. Tout intéressé peut demander cette dissolution si la situation n'a pas été régularisée dans le délai d'un an. Le tribunal peut accorder à la société un délai maximal de six mois pour régulariser la situation. Il ne peut prononcer la dissolution si, au jour où il statue sur le fond, cette régularisation a eu lieu. »

L'appartenance de l'usufruit de toutes les parts sociales à la même personne est sans conséquence sur l'existence de la société.

(L. nº 88-15 du 5 janv. 1988) « En cas de dissolution, celle-ci entraîne la transmission universelle du patrimoine de la société à l'associé unique, sans qu'il y ait lieu à liquidation. Les créanciers peuvent faire opposition à la dissolution dans le délai de trente jours à compter de la publication de celle-ci. Une décision de justice rejette l'opposition ou ordonne soit le remboursement des créances, soit la constitution de garanties si la société en offre et si elles sont jugées suffisantes. La transmission du patrimoine n'est réalisée et il n'y a disparition de la personne morale qu'à l'issue du délai d'opposition ou, le cas échéant, lorsque l'opposition a été rejetée en première instance ou que le remboursement des créances a été effectué ou les garanties constituées. »

(L. nº 2001-420 du 15 mai 2001) « Les dispositions du troisième alinéa ne sont pas applicables aux sociétés dont l'associé unique est une personne physique. »

Les dispositions de l'art. 1844-5 relatives à la dissolution judiciaire ne sont pas applicables en cas de réunion en une seule main de toutes les parts d'une SARL (V. C. com., art. L. 223-4). Pour les sociétés civiles dénommées « exploitations agricoles à responsabilité limitée », V. C. rur., art. L. 324-1, al. 1er. — C. ***sociétés.***

Art. 1844-6 *(L. nº 78-9 du 4 janv. 1978)* La prorogation de la société est décidée à l'unanimité des associés, ou, si les statuts le prévoient, à la majorité prévue pour la modification de ceux-ci.

Un an au moins avant la date d'expiration de la société, les associés doivent être consultés à l'effet de décider si la société doit être prorogée.

A défaut, tout associé peut demander au président du tribunal, statuant sur requête, la désignation d'un mandataire de justice chargé de provoquer la consultation prévue ci-dessus.

Art. 1844-7 *(L. nº 78-9 du 4 janv. 1978)* La société prend fin :

1º Par l'expiration du temps pour lequel elle a été constituée, sauf prorogation effectuée conformément à l'article 1844-6 ;

2º Par la réalisation ou l'extinction de son objet ;

3º Par l'annulation du contrat de société ;

4º Par la dissolution anticipée décidée par les associés ;

5º Par la dissolution anticipée prononcée par le tribunal à la demande d'un associé pour justes motifs, notamment en cas d'inexécution de ses obligations par un associé, ou de mésentente entre associés paralysant le fonctionnement de la société ;

6° Par la dissolution anticipée prononcée par le tribunal dans le cas prévu à l'article 1844-5 ;

7° *(L. n° 88-15 du 5 janv. 1988)* **« Par l'effet d'un jugement ordonnant la liquidation judiciaire** *(Abrogé par L. n° 2005-845 du 26 juill. 2005, art. 189)* ***« ou la cession totale des actifs de la société »*** **;**

8° *(L. n° 85-98 du 25 janv. 1985, en vigueur le 1er janv. 1986)* **« Pour toute autre cause prévue par les statuts ».**

BIBL. ▶ LE NABASQUE, *Actes pratiques avr. 1998, p. 24* (pouvoirs des dirigeants des sociétés dissoutes). – LIENHARD, *D. 2002. 380* (liquidation judiciaire des sociétés : vers la fin de la dualité de liquidateurs ?). – DELENEUVILLE, *D. 2006. 1233* (constitution de partie civile de la victime en liquidation judiciaire). – LEGROS, *Mélanges Tricot, Dalloz/Litec, 2011, p. 507* (domaine d'application de l'art. 1844-7, 7°, C. civ.).

Jurisprudence relative à l'art. 1844-7 (7°)

1. Liquidation judiciaire ou cession totale des actifs. Dès lors que l'art. 1844-7 (7°) dispose, notamment, que la société prend fin par l'effet d'un jugement ordonnant la liquidation judiciaire, que la société est en liquidation dès l'instant de sa dissolution pour quelque cause que ce soit, et que les pouvoirs du conseil d'administration et du directoire ou des gérants prennent fin à la date de la dissolution de la société, un arrêt ne peut retenir que le jugement de liquidation n'a pas pour effet la dissolution de la société et que le conseil d'administration et le directoire sont seulement dessaisis dans les conditions prévues à l'art. 152 de la loi du 25 janv. 1985 [C. com., art. L. 622-9]. • Com. 3 juin 1997 : *D. 1998. 348, note Kenfack ; D. Affaires 1997. 838 ; Bull. Joly 1997. 768, note Calendini ; RJ com. 1998. 190, note Granier.* ♦ Selon l'art. 391 de la loi du 24 juill. 1966 [C. com., art. L. 237-2], la personnalité morale d'une société dissoute subsiste aussi longtemps que les droits et obligations à caractère civil ne sont pas liquidés. Il résulte de l'art. 403 de la même loi [C. com., art. L. 237-15] que les pouvoirs du Conseil d'administration, du directoire ou des gérants prennent fin à la date de la dissolution de la société. • Paris, 2 juill. 1999 : *D. Affaires 1999. 1462, obs. A. L.* ♦ En raison du prononcé de la liquidation judiciaire de la société, la personne agissant comme ancien gérant n'a plus qualité pour convoquer l'assemblée des associés. • Com. 17 juill. 2001 : *Bull. civ. IV, n° 152 ; D. 2001. AJ 2519, obs. Lienhard ; D. 2002. Somm. 3261, obs. Hallouin ; LPA 24 sept. 2001, note Cerati-Gauthier ; Dr. sociétés 2001, n° 158, note Bonneau ; Bull. Joly 2001. 1108, note Chazal ; JCP E 2002, 121, n° 7, obs. Pétel ; Rev. sociétés 2002. 52, note Saintourens.*

En ce sens que la société ne peut être représentée que par son liquidateur amiable, et non par le représentant des créanciers et le commissaire à l'exécution du plan, V. • Versailles, 27 mars 1997 : *Rev. sociétés 1997. 626, obs. Guyon ; RJDA 1997, n° 1208.* – V. aussi • Aix-en-Provence, 12 juin 1997 : *Gaz. Pal. 1998. I. 94, note Latil.*

2. Une société ne perd pas son existence légale en application de l'art. 1844-7 du seul fait qu'elle a été l'objet d'un plan de cession dans le cadre d'un redressement judiciaire, dès lors que la cession était partielle et que la société est redevenue *in bonis* à la suite de la cession. • Paris, 6 mai 1993 : *Dr. sociétés 1993, n° 203, obs. Chaput.* ♦ Sur la désignation d'un liquidateur en cas de plan de cession totale, V. • Poitiers, 7 déc. 1993 : *Rev. proc. coll. 1994. 220, obs. Soinne.*

2 bis. Il y a lieu à désignation d'un liquidateur conformément à l'art. 1844-7 (7°) dès lors qu'il est relevé que le plan de cession constituait un plan de cession totale « à caractère économique », qui excluait pour les débiteurs la possibilité de toute continuation même partielle de leurs entreprises, ce dont il résultait que les biens non compris dans la cession étaient indifférents à la poursuite de l'activité. • Com. 26 nov. 2002 : *RJDA 2003, n° 412.* ♦ V. l'arrêt cassé refusant la désignation d'un liquidateur au motif que si le tribunal a ordonné un plan de cession totale à caractère économique, il n'a pas pour autant statué sur la cession de tous les actifs des sociétés. • Douai, 18 févr. 1999 : *D. Affaires 1999. 599, obs. P. P. ; Bull. Joly 1999. 769, note Le Cannu ; Act. proc coll. 2000, n° 69, obs. Regnaut-Moutier.*

3. Il résulte de l'art. 1844-7 (7°) que les contrats non repris par le plan de cession prennent nécessairement fin au jour de la décision de cession. • Paris, 17 mai 1994 : *RJ com. 1995. 73, note X. Vincent* • T. com. Paris, 29 sept. 1993 : *ibid. 1995. 119, note X. Vincent ; Rev. proc. coll. 1996. 479, obs. crit. Soinne.*

4. Lors d'une procédure de redressement judiciaire, le fait qu'il y ait eu cession des actifs, ce qui entraîne la disparition de la société pour l'avenir, n'enlève rien à ses droits et obligations préexistants et ne fait pas disparaître en l'espèce l'intérêt qu'elle a à agir avec l'assistance de son administrateur devenu commissaire à l'exécution du plan de cession. En conséquence, la demande de ladite société n'est donc pas irrecevable pour défaut de qualité à agir en paiement de la créance. • Paris, 3 nov. 1994 : *Dr. sociétés 1995, n° 99, obs. Chaput.* ♦ V. art. 1844-8, al. 3. ♦ La personne morale dissoute reste habile à exercer ses droits propres, dont celui de se constituer partie civile dans le but d'établir la culpabilité de l'auteur d'un crime ou d'un délit dont elle serait victime, tandis que le liquidateur judiciaire exerce les droits et actions du débiteur concernant son patrimoine pendant toute la durée de la liquidation judiciaire. • Douai, 2 mars 2006 : *D. 2006. AJ 981, obs. Lienhard.*

4 bis. L'assignation délivrée à la demande de la société débitrice après le prononcé de sa liquidation judiciaire est nulle, l'art. 1844-7 (7°) ayant emporté dissolution de celle-ci et perte de sa capacité d'agir en justice. • Paris, 18 déc. 1996 : *Dr. sociétés 1998, n° 43, obs. Chaput.* ♦ L'irrégularité de fond affectant, pour défaut de capacité à agir en justice, la validité d'une telle assignation, est couverte par la décision qui, avant que le juge ne statue, en arrête l'exécution provisoire. • Com. 3 juin 1998 : *Bull. civ. IV, n° 177 ; D. 1998. IR 180 ; D. Affaires 1998. 1136, obs. A. L. ; Dr. sociétés 1998, n° 137, note Bonneau.* ♦ Comp., jugeant que la régularisation de la nullité de fond affectant l'appel formé au nom de la société en liquidation par une personne autre que son liquidateur doit intervenir avant l'expiration du délai d'appel : • Com. 14 déc. 1999 : *D. 2000. AJ 65* ♦ V. aussi : • Paris, 7 oct. 2003 : *D. 2003. AJ 2768* • 7 mars 2003 : *ibid. 1038, obs. Lienhard ; Dr. sociétés 2003, n° 128, obs. Legros ; RD banc. fin. 2003, n° 145, obs. Lucas.*

4 ter. Est irrecevable le pourvoi formé au nom d'une société par son dirigeant, contre le jugement ayant prononcé la mise en liquidation judiciaire de celle-ci, seul un liquidateur amiable ou un mandataire *ad hoc* ayant le pouvoir d'exercer ce recours. • Com. 16 mars 1999 : *Bull. civ. IV, n° 66 ; D. 2000. 513, note Kenfack ; Bull. Joly 1999. 1118, note Randoux ; RTD com. 2000. 130, obs. Champaud et Danet* • 11 juin 2003 : *RJDA 2003, n° 962* (1re esp.) • 12 avr. 2005 : *Bull. civ. IV, n° 87 ; D. 2005. AJ 1150, obs. Lienhard ; Dr. sociétés 2005, n° 157, obs. Legros ; RD banc. fin. 2005, n° 99, obs. Lucas ; Bull. Joly 2005. 1218, obs. Le Cannu ; Procédures 2005, n° 254, obs. Laporte.* ♦ Dans le même sens • Aix-en-Provence, 14 oct. 1999 : *D. 1999. AJ 102* • Paris, 9 nov. 1999 : *RJDA 2000, n° 275.* ♦ Comp., en ce sens que les art. 1844-7 (7°) C. civ., 391 et 403 de la loi de 1966 [C. com., art. L. 237-2 et L. 237-15] ne peuvent avoir pour effet, sauf dispositions statutaires en ce sens, de priver les mandataires sociaux de représenter la personne morale en appel en vue, précisément, de l'anéantissement de la décision qui est à l'origine de la perte de leur pouvoir : • Paris, 2 juill. 1999 : *préc. note 1.*

Pour les besoins de l'instance en révision à laquelle elle est partie, la société débitrice dissoute à la suite du jugement arrêtant le plan de cession totale de ses actifs et dont la personnalité morale subsiste doit être représentée à l'instance par un administrateur *ad hoc* désigné à la demande des auteurs du recours en révision. • Civ. 2e, 6 mai 1999 : *Bull. civ. II, n° 88 ; D. 1999. IR 160 ; D. Affaires 1999. 908 ; Dr. sociétés 1999, n° 125, note Bonneau ; Bull. Joly 1999. 990, note Le Cannu ; Rev. sociétés 1999. 817, note Chartier.* ♦ L'ancien président légal de la société, bien que privé de ses pouvoirs de représentation dès le prononcé de la liquidation judiciaire de la société, demeure une personne habilitée à recevoir la signification de l'arrêt confirmant le jugement de liquidation judiciaire. • Com. 30 juin 2004 : *D. 2004. 2429, note Derrida, Julien et Renucci ; ibid. AJ 2043, obs. Lienhard ; JCP E 2005, n° 1-2, p. 27, obs. Pétel ; Dr. et patr. janv. 2005. 107, obs. Lissarague ; RJDA 2004, n° 1218 ; Dr. sociétés 2005, n° 8, obs. Legros ; LPA 8 mars 2005, note Derrida, Julien et Renucci ; Procédures 2004, n° 212, obs. Laporte* • 12 avr. 2005 : *préc.* – Rappr. : • Paris, 16 sept. 2003 : *D. 2004. 130, note Derrida et Julien ; LPA 14 juin 2004, note Derrida et Julien* (délai des voies de recours).

4 quater. La dissolution d'une société induite par la cession totale de ses actifs, ayant pour effet de mettre un terme au mandat de ses organes sociaux, celle-ci ne peut à ce stade être représentée que par un administrateur *ad hoc*, même si conformément à l'art. 1844-8, al. 3, C. civ., la personnalité morale de la société survit pour les besoins de la liquidation. • Versailles, 30 nov. 2000 : *BICC 2001, n° 612.* ♦ V. aussi • Com. 12 juill. 2004 : *D. 2004. AJ 2154 ; JCP E 2004, n° 40, p. 1520.*

La désignation d'un mandataire chargé de représenter la société peut intervenir à tout moment au cours de l'instance. • Civ. 3e, 31 mai 2000 : *Bull. civ. III, n° 120 ; D. 2000. AJ 355, obs. Boizard ; RTD com. 2000. 680, obs. Monsèrié-Bon ; Dr. sociétés 2000, n° 134, obs. Bonneau.* ♦ Peut être saisi d'une demande de désignation d'un mandataire *ad hoc* chargé de représenter une société dissoute par l'effet d'un jugement ordonnant la liquidation judiciaire ou la cession totale de ses actifs, soit le tribunal compétent pour statuer sur l'action exercée par cette société, soit le tribunal de la procédure collective. • Com. 21 mars 2006 : *Bull. civ. IV, n° 76 ; D. 2006. AJ 1043, obs. Lienhard ; Rev. sociétés 2006. 912, note Roussel Galle ; JCP E 2006, n° 19, p. 873 ; RD banc. fin. 2006, n° 110, obs. Lucas* (action en responsabilité contre le liquidateur). ♦ L'ancien représentant légal de la société dissoute par l'effet d'un plan de cession totale a qualité, comme tout intéressé, pour demander la désignation d'un mandataire *ad hoc* chargé de représenter cette société pour l'exercice de ses droits propres. • Com. 2 juin 2004 : *D. 2004. AJ 1815, obs. Lienhard ; JCP E 2004, n° 43, p. 1690, note Vinckel ; Dr. et patr. oct. 2004. 118, obs. Monsèrié-Bon ; RJDA 2004, n° 986 ; Dr. sociétés 2005, n° 8, obs. Legros ; Bull. Joly 2004. 1368, note Pétel.* ♦ Dans le cas où le jugement désignant le liquidateur amiable d'une société est annulé, le pourvoi formé par la société qu'il représentait est irrecevable dès lors que la situation n'a pas été régularisée par l'intervention d'un autre liquidateur amiable ou d'un mandataire *ad hoc*. • Com. 19 nov. 2003 : *RJDA 2004, n° 825.* ♦ Pour l'irrecevabilité de l'appel formé par le gérant d'une société en liquidation judiciaire contre la décision du juge-commissaire admettant les créances déclarées, V. • Civ. 3e, 17 nov. 2004 : *D. 2004. AJ 3143 ; Rev. sociétés 2005. 690, note Le Corre ; JCP E 2004, n° 52-53, p. 2051 ; Dr. sociétés 2005, n° 42, obs. Trébulle ; Bull. Joly 2005. 362, note Lucas.* ♦ La mission du mandataire *ad hoc* désigné à l'effet de représenter la société au cours des opérations de liquidation judiciaire inclut la représentation de la société dans le suivi et l'exécution des opérations de liquidation judiciaire mais également la représentation de la société pour exercer les pouvoirs propres du débiteur afin d'interjeter appel du jugement prononçant la liquidation judiciaire. • Com. 24 janv. 2006 : *RD banc. fin. 2006, n° 72, obs. Lucas ; Dr. Sociétés 2006, n° 74, obs. Legros.*

4 quinquies. Article 534 C. pr. civ. Sur le recours du dirigeant de la société à l'art. 534 NCPC [renommé C. pr. civ.], V. • Com. 28 janv. 2004 : *Dr. sociétés 2004, n° 103, obs. Legros ; Act. proc. coll. 2004, n° 6* • Paris, 26 mars 2004 : *D. 2004. AJ 1168 ; Act. proc. coll. 2004, n° 61, obs. Vallansan* • 7 mars 2003 : *D. 2003. AJ 1038, obs. Lienhard.* ♦ *Contra* : • Paris, 24 mai 2002 : *D. 2002. AJ 2055, obs. Lienhard.*

5. Association. Une association ne prend pas fin par l'effet du jugement ordonnant sa liquidation judiciaire ; il en résulte que l'appel est valablement formé par l'association, laquelle peut exercer, en vertu de son droit propre, un recours contre l'ordonnance du juge-commissaire ayant relevé l'un de ses créanciers de la forclusion, pourvu qu'elle le fasse contre le liquidateur ou en sa présence. • Com. 8 juill. 2003 : *D. 2003. AJ 2173 ; JCP E 2003, n° 40, p. 1554 ; Rev. sociétés 2003. 887, note Le Cannu ; Dr. sociétés 2003, n° 187, obs. Lucas ; Bull. Joly 2004. 103, note Neau-Leduc ; RJDA 2004, n° 60 ; RDC 2004. 399, obs. Lucas* • 14 déc. 2004 : *JCP E 2005, n° 17, p. 713, note Lucas ; Dr. sociétés 2005, n° 67, obs. Legros (1re esp.).*

6. Rapatrié surendetté. Les conséquences de la dissolution de la société en application de l'art. 1844-7, 7° doivent être écartées s'agissant d'une SCI cogérée par deux rapatriés ayant déposé un dossier auprès de la commission nationale de désendettement des rapatriés dans le délai fixé par le Décr. du 4 juin 1999. • Com. 10 mars 2004 : *Dr. sociétés 2004, n° 122, obs. Lucas.*

7. Extinction du passif. V. note 3 *bis* ss. art. L. 653-11 C. com.

8. Prescription. Jugeant que la prescription applicable en matière de dissolution (C. civ., art. 1859) doit être étendue à la liquidation judiciaire dans la mesure où, en application de l'art. 1844-7, 7°, le jugement ordonnant la liquidation judiciaire emporte dissolution de la société et que le jugement de liquidation judiciaire et la dissolution sont tous deux soumis à des formalités de publicité, V. • Civ. 3e, 13 nov. 2003 : *D. 2004. AJ 64 ; RJDA 2004, n° 172 ; RTD com. 2004. 114, obs. Monsèrié-Bon ; Bull. Joly 2004. 212, note Le Cannu ; Rev. sociétés 2004. 149, obs. Barbiéri.*

9. Situation antérieure à la loi du 5 janv. 1988. Aucune disposition antérieure à l'art. 1844-7, 7°, dans sa rédaction résultant de la loi du 4 janv. 1978, ne prévoyait que la liquidation des biens d'une société entraînait de plein droit sa dissolution ; dès lors, dans le cas où une telle procédure collective avait été clôturée pour extinction de passif avant que ledit texte ne fût en vigueur, la personne morale n'avait pas pris fin par l'effet du jugement ayant ordonné sa liquidation des biens, et l'attribution en nature de ses actions à des cohéritiers constituait une modalité valable de partage de la succession de leur auteur. • Com. 16 nov. 1993 : *Bull. civ. IV, n° 413 ; JCP 1994. IV. 173 ; Bull. Joly 1994. 89.* ♦ Avant l'intervention de la L. n° 88-15 du 5 janv. 1988, la cession totale des actifs n'entraînant pas la dissolution de la société, les dirigeants de celle-ci avaient le pouvoir de la représenter en justice. • Cass., ass. plén., 31 mars 1995 : *Bull. civ., n° 2 ; D. 1995. 321, concl. Jéol, note Derrida ; Quot. jur. 2 mai 1995, p. 3, note P. M. ; BICC 15 mai 1995, p. 7, concl. Jéol, note Borra ; Gaz. Pal. 1995. 2. 410, concl. Jéol ; Bull. Joly 1995. 780, concl. Jéol, note Jeantin.*

10. Contrariété à la Conv. EDH. La France a été condamnée pour violation de l'art. 6, § 1, de la Conv. EDH, au motif que le dirigeant d'une société en liquidation judiciaire, qui n'a plus, selon la jurisprudence, la capacité d'agir au nom de la société, voit son droit d'accès à un tribunal limité de manière excessive. • CEDH 8 mars 2007 : *D. 2007. AJ 871, obs. Lienhard ; RTD com. 2007. 454, obs. Vallens ; JCP E 2007, n° 38, p. 22, obs. Pétel ; JCP 2007. II. 10187, note Monsallier-Saint-Mleux ; Dr. sociétés 2007, n° 172, note Lécuyer ; ibid., n° 216, obs. Legros ; Bull. Joly 2007. 820, note F.-X. Lucas.*

Art. 1844-8 *(L. n° 78-9 du 4 janv. 1978)* **La dissolution de la société entraîne sa liquidation, hormis les cas prévus à l'article 1844-4** *(L. n° 88-15 du 5 janv. 1988)* **« et au troisième alinéa de l'article 1844-5 ». Elle n'a d'effet à l'égard des tiers qu'après sa publication.**

Le liquidateur est nommé conformément aux dispositions des statuts. Dans le silence de ceux-ci, il est nommé par les associés ou, si les associés n'ont pu procéder à cette nomination, par décision de justice. Le liquidateur peut être révoqué dans les mêmes conditions. La nomination et la révocation ne sont opposables aux tiers qu'à compter de leur publication. Ni la société ni les tiers ne peuvent, pour se soustraire à leurs engagements, se prévaloir d'une irrégularité dans la nomination ou dans la révocation du liquidateur, dès lors que celle-ci a été régulièrement publiée.

La personnalité morale de la société subsiste pour les besoins de la liquidation jusqu'à la publication de la clôture de celle-ci.

Si la clôture de la liquidation n'est pas intervenue dans un délai de trois ans à compter de la dissolution, le ministère public ou tout intéressé peut saisir le tribunal, qui fait procéder à la liquidation ou, si celle-ci a été commencée, à son achèvement.

Art. 1844-9 *(L. n° 78-9 du 4 janv. 1978)* **Après paiement des dettes et remboursement du capital social, le partage de l'actif est effectué entre les associés dans les mêmes proportions que leur participation aux bénéfices, sauf clause ou convention contraire.**

Les règles concernant le partage des successions, y compris l'attribution préférentielle, s'appliquent aux partages entre associés.

Toutefois, les associés peuvent valablement décider, soit dans les statuts, soit par une décision ou un acte distinct, que certains biens seront attribués à certains associés. A défaut, tout bien apporté qui se retrouve en nature dans la masse partagée est attribué, sur sa demande, et à charge de soulte s'il y a lieu, à l'associé qui en avait fait l'apport. Cette faculté s'exerce avant tout autre droit à une attribution préférentielle.

Tous les associés, ou certains d'entre eux seulement, peuvent aussi demeurer dans l'indivision pour tout ou partie des biens sociaux. Leurs rapports sont alors régis, à la clôture de la liquidation, en ce qui concerne ces biens, par les dispositions relatives à l'indivision.

Art. 1844-10 *(L. n° 78-9 du 4 janv. 1978)* **La nullité de la société ne peut résulter que de la violation des dispositions des articles 1832, 1832-1, alinéa 1er, et 1833, ou de l'une des causes de nullité des contrats en général.**

Toute clause statutaire contraire à une disposition impérative du présent titre, dont la violation n'est pas sanctionnée par la nullité de la société, est réputée non écrite.

La nullité des actes ou délibérations des organes de la société ne peut résulter que de la violation d'une disposition impérative du présent titre ou de l'une des causes de nullité des contrats en général.

Art. 1844-11 *(L. nº 78-9 du 4 janv. 1978)* L'action en nullité est éteinte lorsque la cause de la nullité a cessé d'exister le jour où le tribunal statue sur le fond en première instance, sauf si cette nullité est fondée sur l'illicéité de l'objet social.

Art. 1844-12 *(L. nº 78-9 du 4 janv. 1978)* En cas de nullité d'une société ou d'actes ou délibérations postérieurs à sa constitution, fondée sur un vice de consentement ou l'incapacité d'un associé, et lorsque la régularisation peut intervenir, toute personne, y ayant intérêt, peut mettre en demeure celui qui est susceptible de l'opérer, soit de régulariser, soit d'agir en nullité dans un délai de six mois à peine de forclusion. Cette mise en demeure est dénoncée à la société.

La société ou un associé peut soumettre au tribunal saisi dans le délai prévu à l'alinéa précédent, toute mesure susceptible de supprimer l'intérêt du demandeur notamment par le rachat de ses droits sociaux. En ce cas, le tribunal peut, soit prononcer la nullité, soit rendre obligatoires les mesures proposées si celles-ci ont été préalablement adoptées par la société aux conditions prévues pour les modifications statutaires. Le vote de l'associé dont le rachat des droits est demandé est sans influence sur la décision de la société.

En cas de contestation, la valeur des droits sociaux à rembourser à l'associé est déterminée conformément aux dispositions de l'article 1843-4.

Art. 1844-13 *(L. nº 78-9 du 4 janv. 1978)* Le tribunal, saisi d'une demande en nullité, peut, même d'office, fixer un délai pour permettre de couvrir les nullités. Il ne peut prononcer la nullité moins de deux mois après la date de l'exploit introductif d'instance.

Si, pour couvrir une nullité, une assemblée doit être convoquée ou une consultation des associés effectuée, et s'il est justifié d'une convocation régulière de cette assemblée ou de l'envoi aux associés du texte des projets de décision accompagné des documents qui doivent leur être communiqués, le tribunal accorde par jugement le délai nécessaire pour que les associés puissent prendre une décision.

Art. 1844-14 *(L. nº 78-9 du 4 janv. 1978)* Les actions en nullité de la société ou d'actes et délibérations postérieurs à sa constitution se prescrivent par trois ans à compter du jour où la nullité est encourue.

Art. 1844-15 *(L. nº 78-9 du 4 janv. 1978)* Lorsque la nullité de la société est prononcée, elle met fin, sans rétroactivité, à l'exécution du contrat.

A l'égard de la personne morale qui a pu prendre naissance, elle produit les effets d'une dissolution prononcée par justice.

Art. 1844-16 *(L. nº 78-9 du 4 janv. 1978)* Ni la société ni les associés ne peuvent se prévaloir d'une nullité à l'égard des tiers de bonne foi. Cependant, la nullité résultant de l'incapacité ou de l'un des vices du consentement est opposable même aux tiers par l'incapable et ses représentants légaux, ou par l'associé dont le consentement a été surpris par erreur, dol ou violence.

Art. 1844-17 *(L. nº 78-9 du 4 janv. 1978)* L'action en responsabilité fondée sur l'annulation de la société ou des actes et délibérations postérieurs à la constitution se prescrit par trois ans à compter du jour où la décision d'annulation est passée en force de chose jugée.

La disparition de la cause de nullité ne met pas obstacle à l'exercice de l'action en dommages-intérêts tendant à la réparation du préjudice causé par le vice dont la société, l'acte ou la délibération était entaché. Cette action se prescrit par trois ans à compter du jour où la nullité a été couverte.

V., pour l'application des articles ci-dessus, Décr. nº 78-704 du 3 juill. 1978, art. 1er à 29. – ***C. civ.*** *ou* ***C. sociétés.***

CHAPITRE II *De la société civile*

Art. 1845 à 1870-1 *V., pour application des art. 1845 à 1870-1, Décr. n° 78-704 du 3 juill. 1978, art. 30 à 57. —* ***C. civ.*** *ou* ***C. sociétés.***

CHAPITRE III *De la société en participation*

(L. n° 78-9 du 4 janv. 1978)

Pour des annotations de jurisprudence, V. ***C. sociétés.***

Art. 1871 *(L. n° 78-9 du 4 janv. 1978)* **Les associés peuvent convenir que la société ne sera point immatriculée. La société est dite alors « société en participation ». Elle n'est pas une personne morale et n'est pas soumise à publicité. Elle peut être prouvée par tous moyens.**

Les associés conviennent librement de l'objet, du fonctionnement et des conditions de la société en participation, sous réserve de ne pas déroger aux dispositions impératives des articles 1832, 1832-1, 1833, 1836 (2e alinéa), 1841, 1844 (1er alinéa) et 1844-1 (2e alinéa).

Sur l'exercice sous forme de sociétés en participation des professions libérales soumises à un statut législatif ou réglementaire ou dont le titre est protégé, V. L. n° 90-1258 du 31 déc. 1990, art. 22 et 23. — V. aussi, pris en application de ces dispositions, les Décr. n° 2004-852 (avocat), n° 2004-853 (avoué), n° 2004-854 (commissaire-priseur judiciaire), n° 2004-855 (huissier de justice) et n° 2004-856 (notaire) du 23 août 2004 (JO 25 août). — ***C. sociétés.***

BIBL. ▶ BERTREL, *Dr. et patr. oct. 2004. 26.* - MAURY, *D. 2005. 645* (sociétés holdings dans le domaine juridique et judiciaire).

Art. 1871-1 *(L. n° 78-9 du 4 janv. 1978)* **A moins qu'une organisation différente n'ait été prévue, les rapports entre associés sont régis, en tant que de raison, soit par les dispositions applicables aux sociétés civiles, si la société a un caractère civil, soit, si elle a un caractère commercial, par celles applicables aux sociétés en nom collectif.**

Art. 1872 *(L. n° 78-9 du 4 janv. 1978)* **A l'égard des tiers, chaque associé reste propriétaire des biens qu'il met à la disposition de la société.**

Sont réputés indivis entre les associés les biens acquis par emploi ou remploi de deniers indivis pendant la durée de la société et ceux qui se trouvaient indivis avant d'être mis à la disposition de la société.

Il en est de même de ceux que les associés auraient convenu de mettre en indivision.

Il peut en outre être convenu que l'un des associés est, à l'égard des tiers, propriétaire de tout ou partie des biens qu'il acquiert en vue de la réalisation de l'objet social.

Art. 1872-1 *(L. n° 78-9 du 4 janv. 1978)* **Chaque associé contracte en son nom personnel et est seul engagé à l'égard des tiers.**

Toutefois, si les participants agissent en qualité d'associés au vu et au su des tiers, chacun d'eux est tenu à l'égard de ceux-ci des obligations nées des actes accomplis en cette qualité par l'un des autres, avec solidarité, si la société est commerciale, sans solidarité dans les autres cas.

Il en est de même **de l'associé qui, par son immixtion, a laissé croire au cocontractant qu'il entendait s'engager à son égard, ou dont il est prouvé que l'engagement a tourné à son profit.**

Dans tous les cas, en ce qui concerne les biens réputés indivis en application de l'article 1872 (alinéas 2 et 3), sont applicables dans les rapports avec les tiers, soit les dispositions du chapitre VI *[VII]* **du titre Ier du livre III du présent code, soit, si les**

formalités prévues à l'article 1873-2 ont été accomplies, celles du titre IX *bis* du présent livre, tous les associés étant alors, sauf convention contraire, réputés gérants de l'indivision.

Art. 1872-2 *(L. n° 78-9 du 4 janv. 1978)* Lorsque la société en participation est à durée indéterminée, sa dissolution peut résulter à tout moment d'une notification adressée par l'un d'eux à tous les associés, pourvu que cette notification soit de bonne foi, et non faite à contretemps.

A moins qu'il n'en soit autrement convenu, aucun associé ne peut demander le partage des biens indivis en application de l'article 1872 tant que la société n'est pas dissoute.

Art. 1873 *(L. n° 78-9 du 4 janv. 1978)* Les dispositions du présent chapitre sont applicables aux sociétés créées de fait.

Loi n° 65-566 du 12 juillet 1965,

Modifiant l'imposition des entreprises et des revenus des capitaux mobiliers.

Art. 47 Les rapports présentés et les propositions de résolution soumises aux assemblées générales d'associés ou d'actionnaires en vue de l'affectation des résultats de chaque exercice, doivent mentionner le montant des dividendes qui ont été mis en distribution au titre des trois exercices précédents et celui du crédit d'impôt ou de l'avoir fiscal correspondant. – *Comp. : CGI, art. 243 bis.* – **CGI.**

Loi n° 80-834 du 24 octobre 1980,

Créant une distribution d'actions en faveur des salariés des entreprises industrielles et commerciales (D. et BLD 1980. 381). – V., pour application, Décr. n° 80-935 du 26 nov. 1980 (D. et BLD 1980. 419). – ***C. sociétés.***

Loi n° 83-675 du 26 juillet 1983,

Relative à la démocratisation du secteur public.

V. ***C. sociétés.***

Loi n° 84-148 du 1er mars 1984,

Relative à la prévention et au règlement amiable des difficultés des entreprises. – V. aussi art. L. 611-1 s. C. com.

CHAPITRE XI *Dispositions diverses*

Art. 57 Les dispositions de l'article 219-3 *[C. com., art. L. 822-10]*, troisième alinéa, de la loi du 24 juillet 1966 précitée ne sont pas applicables aux personnes occupant un emploi salarié qui étaient inscrites sur la liste des commissaires aux comptes à la date de la promulgation de la présente loi.

. . . .

Art. 59 Un décret en Conseil d'État adaptera, pour les banques et les entreprises de réassurance, les dispositions des articles 340-1, 341-1 et 341-2 de la loi du 24 juillet 1966 précitée *[C. com., art. L. 232-2, L. 232-7 et L. 232-8]*, en particulier la forme et le contenu des documents qui doivent être établis.

L'application de la présente loi aux entreprises d'assurance et de capitalisation s'effectue dans les conditions prévues par l'article L. 310-3 du code des assurances.

Loi n° 90-1258 du 31 décembre 1990,

Relative à l'exercice sous forme de sociétés des professions libérales soumises à un statut législatif ou réglementaire ou dont le titre est protégé. — ***C. sociétés.***

SOUS-TRAITANCE

RÉP. COM. v° *Sous-traitance*, par ABBATUCCI.

Loi n° 75-1334 du 31 décembre 1975,

Relative à la sous-traitance.

BIBL. GÉN. ▶ DJOUDI, *D. 1992. Chron. 215* (sous-traitance dans le contexte européen). – PANSIER, *LPA 14 déc. 2001* (modifications apportées par la loi MURCEF du 11 déc. 2001). – ABBATUCCI, *RDI 2002. 488* (responsabilité du maître de l'ouvrage à l'égard des sous-traitants). – ROULET, *Gaz. Pal. 2003. Doctr. 1463* (responsabilités et assurances en opération de sous-traitance) ; *ibid. 2005. Doctr. 1504* (quelques évolutions significatives de la protection des sous-traitants). – MALINVAUD, *RDI 2006. 165* (droits et obligations des sous-traitants dans les marchés privés). – ABBATUCCI, *ibid. 417* (garantie de paiement des sous-traitants : avancées obtenues grâce à la concertation professionnelle). – ROULET, *Gaz. Pal. 2006. 3614* (sous-traitance en chaîne, chaîne de difficultés) ; *ibid. 2007. 3150* (cotraitant conjoint, sous-traitant transparent : frères jumeaux ?). – CHARLES, *RLDC oct. 2010* (sous-traitance : nécessité fait loi ?). – AUGAGNEUR, *RLDA nov. 2010. 37* (quelle réforme pour la sous-traitance ?). – MALINVAUD, *RDI 2011. 525* (sous-traitance et principe de réalité).

TITRE PREMIER Dispositions générales

Art. 1er Au sens de la présente loi, la sous-traitance est l'opération par laquelle un entrepreneur confie par un sous-traité, et sous sa responsabilité, à une autre personne appelée sous-traitant *(L. n° 2001-1168 du 11 déc. 2001)* **« l'exécution de tout ou partie du contrat d'entreprise ou d'une partie du marché public conclu avec le maître de l'ouvrage. »**

Al. 2 abrogé par Ord. n° 2010-1307 du 28 oct. 2010, art. 7, 60°. – V. désormais C. transp., art. L. 1432-13, infra.

BIBL. ▶ PÉRINET-MARQUET, *JCP 1989. I. 3399*. – ROULET, *Gaz. Pal. 2003. Doctr. 1467* (le « contrat de sous-traitance »). – RUELLAN, *JCP E 2007, n° 42, p. 17* (mise à disposition de matériel et de personnel : distinction entre contrat de sous-traitance et contrat de location). – CARO, *Gaz. Pal. 2009. 1087* (sous-traitance de pose, mode normal d'exécution des travaux dans le BTP).

1. Loi applicable. S'agissant de la construction d'un immeuble en France, la loi du 31 déc. 1975 relative à la sous-traitance, en ses dispositions protectrices du sous-traitant, est une loi de police au sens des dispositions combinées de l'art. 3 C. civ. et des art. 3 et 7 de la Convention de Rome du 19 juin 1980 sur la loi applicable aux obligations contractuelles. • Cass., ch. mixte, 30 nov. 2007 : *Bull. civ. n° 12 ; R. 2007, p. 481 ; BICC 1er avr. 2008, p. 29, rapp. Monéger, avis Guérin ; D. 2008. 753, note Boyault et Lemaire ; ibid. Pan. 1510, obs. Courbe ; ibid. AJ 5, obs. Delpech ; RTD com. 2008. 456, obs. Delebecque ; RDI 2007. 511, avis Guérin ; ibid. 2008. 38, note Charbonneau ; JCP E 2008, n° 6, p. 23, note Berlioz ; JCP 2008. II. 10000, note d'Avout ; CCC 2008, n° 94, obs. Leveneur ; LPA 16 avr. 2008, note Lardeux ; RJDA 2008, n° 519 ; RLDA janv. 2008. 57, note Nourissat et Pellegrini ; Dr. et patr. mars 2008. 88, obs. Mallet-Bricout ; ibid. 82, note Mattout et Prüm ; Constr.-Urb. 2008. Alerte 1, par Durand-Pasquier* • Civ. 3e, 30 janv. 2008 : *Bull. civ. III, n° 16 ; D. 2008. Pan. 2565, obs. Bollée ; ibid. AJ 478, obs. Delpech ; RDI 2008. 272, obs. Périnet-Marquet ; JCP 2008. I. 161, n° 1, obs. Lecourt ; Gaz. Pal. 2008. 1079, obs. Niboyet ; RJDA 2008, n° 518 ; Defrénois 2009. 75, obs. Périnet-Marquet* • 8 avr. 2008 : *RJDA 2008, n° 907 ; Dr. et patr. déc. 2008. 93, obs. M.-E. Ancel ; JDI 2008. 1073, note Perreau-Saussine* • 25 févr. 2009 : *Bull. civ. III, n° 50 ; D. 2009. AJ 806, obs. Delpech ; RDI 2009. 353, obs. Périnet-Marquet ; Rev. crit. DIP 2009. 728, note Ancel ; JCP E 2009, n° 15, p. 31 ; RJDA 2009, n° 736 ; Constr.-Urb. 2009, n° 59, obs. Sizaire* • Paris, 12 févr 2009 : *RJDA 2009, n° 737.* ♦ *Contra* : • Com. 19 déc. 2006 : *cité note 1 ss. art. 13-1* • Civ. 1re, 23 janv. 2007 : *cité note 1 ss. art. 12.* ♦ Comp. aussi, jugeant que l'objet du contrat de sous-traitance étant la construction d'un ouvrage technique de nature immobilière ressortissant de la catégorie des ouvrages de génie civil en France, par application de l'art. 4-3 de la Conv. de Rome du 19 juin 1980, ce contrat présente des liens plus étroits avec la France, lieu de situation de l'immeuble objet du contrat. • Colmar, 16 mars 2006 : *JCP 2006. IV. 2963.*

Sur la reconnaissance des lois de police, V. art. 9 du Règl. CE n° 593/2008 du Parlement européen et du Conseil du 17 juin 2008 sur la loi applicable aux obligations contractuelles (Rome I ; JOUE L 177 du 4 juill. 2008).

2. Marché public. Sur l'obligation de ne pas sous-traiter entièrement un marché public, V. Rép. min. n° 5145, *JOAN Q, 27 janv. 2003, p. 537 ; BRDA 2003, n° 3, p. 8.* ♦ Sur la distinction entre sous-traitance et marché de fournitures, V. • CE 26 sept. 2007 : *cité note 1 ss. art. 6* • CAA Nantes, 30 déc. 1999 : *RJDA 2000, n° 653* • CAA Douai, 3 juin 2002 : *RJDA 2003, n° 717.*

2 bis. Sous-traitance interdite. Pour une demande de nullité du contrat de sous-traitance passé entre deux sociétés en raison de leur cause illicite résultant de l'interdiction de sous-traiter prévue au contrat principal, V. • Com. 31 mars 2009 : *RJDA 2009, n° 806.*

I. DÉFINITION DE LA SOUS-TRAITANCE

3. Nature du contrat principal. Dès lors que le contrat principal n'est pas un contrat d'entreprise, conclu entre un maître d'ouvrage et un entrepreneur, mais un contrat de fourniture de marchandise, conclu entre un acheteur et un fournisseur, le cocontractant du fournisseur ne peut, quelle que soit la nature de ses relations contractuelles, se prévaloir des dispositions de la loi du 31 déc. 1975. • Civ. 3e, 4 juin 2003 : *Bull. civ. III, n° 121 ; CCC 2003, n° 138, obs. Leveneur ; JCP E 2003, n° 32-35, p. 1313 ; Gaz. Pal. 2004. Somm. 1290, obs. Peisse ; RJDA 2003, n° 1173.*

4. Critères de la sous-traitance. Dès lors que le contrat ne prévoit que des services effectués selon les instructions reçues, il n'a pas la nature d'une vente mais d'une sous-traitance. • Civ. 3e, 5 févr. 1985 : *Bull. civ. III, n° 23 ; D. 1986. 499, note Huet* • 3 juin 1992 : *Bull. civ. III, n° 187* • Versailles, 24 avr. 2003 : *RDI 2004. 102, obs. Périnet-Marquet*. ♦ Est un sous-traitant la société qui se voit confier des travaux portant sur la finition de l'ouvrage, soumis à des spécifications et non compatibles avec une production en série. • Com. 5 févr. 1991 : *Bull. civ. IV, n° 53 ; D. 1992. Somm. 112, obs. Bénabent*. ♦ V. conf. pour une fabrication, • Com. 4 juill. 1989 : *Bull. civ. IV, n° 210 ; D. 1990. 246, note Virassamy* • 17 mars 1998 : *Bull. civ. IV, n° 104 ; D. Affaires 1998. 841, obs. J. F. ; CCC 1998, n° 88, note Leveneur ; RJDA 1998, n° 859 ; LPA 18 nov. 1998, obs. Lehman* • Civ. 3e, 30 oct. 1991 : *Bull. civ. III, n° 257 ; D. 1992. Somm. 112, obs. Bénabent* • 3 janv. 1995 : *Bull. civ. IV, n° 2 ; D. 1995. IR 47 ; JCP 1995. I. 3880, n° 1, obs. Labarthe.* – Comp. : • Civ. 3e, 18 janv. 1983 : *Bull. civ. III, n° 15 ; RTD civ. 1983. 552, obs. Rémy.* ♦ ... Et aussi, estimant que le critère de l'absence de stock n'est pas en lui-même déterminant, V. • Civ. 3e, 20 nov. 2002 : *BRDA 2002, n° 24, p. 7.* ♦ Pour la fourniture par un constructeur d'enrobés spécifiques à un chantier déterminé et comportant une mise en œuvre particulière sous sa seule responsabilité, V. • Civ. 3e, 9 juin 1999 : *Bull. civ. III, n° 135 ; D. Affaires 1999. 1396, obs. J. F. ; Dr. et patr. janv. 2000. 94, obs. Chauvel.* ♦ V. note 11 ss. art. 3. ♦ V. aussi • Com. 7 juin 1994 : *Bull. civ. IV, n° 203 ; D. 1994. IR 182.*

Sur la question de savoir si la fourniture et la pose d'éléments de menuiserie constituent un contrat d'entreprise, V. • Civ. 3e, 31 janv. 1996 : *Bull. civ. I, n° 28 ; D. Affaires 1996. 351 ; JCP 1996. I. 3983, n° 10, obs. Labarthe* • 20 nov. 2002 : *préc.* – V. aussi • Basse-Terre, 18 juin 1997 : *Gaz. Pal. 1998. 1. Somm. 325, obs. Vray.* ♦ Est un contrat de sous-traitance le contrat qui confère au fournisseur une participation active à l'exécution du contrat d'entreprise (réalisation de panneaux avec des éléments présentant de nombreuses caractéristiques spécifiques, permettant une adaptation spécifique à la structure et à la configuration du bâtiment). • Rennes, 20 sept. 2001 : *JCP 2002. IV. 2263.* ♦ En revanche, n'est pas un contrat de sous-traitance le contrat par lequel un fournisseur s'engage à livrer une chose sans accomplir un acte de production ou de service se rattachant à l'ouvrage. • Civ. 3e, 21 avr. 1982 : *Bull. civ. III, n° 102 ; RTD civ. 1983. 552, obs. Rémy.* ♦ Des adaptations à réaliser pour chaque commande en fonction de mesures précises n'impliquent pas pour autant une technique de fabrication spécifique à cette commande, rendant impossible la substitution d'un produit équivalent, et ne sont pas incompatibles avec une production en série normalisée. • Civ. 3e, 2 juill. 2008 : *RJDA 2009, n° 191.*

II. QUALIFICATION DE LA SOUS-TRAITANCE

5. Ordre public. Les parties ne sont pas libres de soumettre un contrat de louage de chose à la loi du 31 déc. 1975. • Paris, 22 mai 1990 : *D. 1990. IR 159.* ♦ Comp. considérant que les parties à un contrat n'entrant pas dans le champ d'application de la loi du 31 déc. 1975 peuvent néanmoins l'y soumettre volontairement : • Rouen, 14 mai 1998 : *RJDA 1999, n° 39.*

6. *Preuve.* La preuve du contrat de sous-traitance, comme celle du contrat d'entreprise, n'est soumise à aucun formalisme par la loi et peut donc être faite par tout moyen. • Toulouse, 11 avr. 2005 : *BICC 2005, n° 2096.* ♦ Le contrat de sous-traitance étant un contrat d'entreprise de droit privé, il ne nécessite aucune forme particulière et peut être purement verbal ; il se forme dès que l'offre faite par l'entrepreneur principal est acceptée par le sous-traitant, sachant que cet accord de volonté peut être tacite et résulter de l'exécution du contrat par le sous-traitant. • Douai, 29 juin 2005 : *JCP E 2006, n° 4, p. 203.*

7. *Appréciation par les juges du fond.* Sur le pouvoir souverain d'appréciation des juges du fond, V. • Crim. 29 oct. 1985 : *Bull. crim. n° 335.* ♦ Mais la seule affirmation des juges du fond selon laquelle la société sous-traitante a fourni un travail spécifique conforme aux exigences du marché ne suffit pas à caractériser l'existence d'un contrat d'entreprise. • Civ. 3e, 11 mai 2005 : *Bull. civ. III, n° 102 ; D. 2005. IR 1507 ; RDI 2005. 287, obs. Périnet-Marquet ; JCP E 2005, n° 26, p. 1119 ; RJDA 2005, n° 1179 ; RDC 2005. 1111, note Puig ; Defrénois 2006. 56, obs. Périnet-Marquet.*

8. *Distinction avec d'autres contrats.* Sur la distinction par rapport au contrat de travail, V. • Soc. 27 févr. 1992 : *RJDA 1992, n° 702* • 8 juill. 2003 : *D. 2004. Somm. 383, obs. Pasquier ; JCP E 2003, n° 40, p. 1557 ; RJDA 2004, n° 40* (l'inscription au RCS ne constitue qu'une simple présomption de non-salariat). ♦ ... Au prêt de main-d'œuvre illicite, V. • Crim. 3 déc. 1991 : *D. 1994. Somm. 147, obs. Bénabent* • 17 juin 2003 : *JCP E 2004, n° 3, p. 90, note Robert* • 17 févr. 2004 : *RJDA 2004, n° 975* • Paris, 21 mai 1999 : *RDI 1999. 651, obs. Malinvaud et Boubli* • 2 mai 2002 : *ibid. 2003. 62, obs. Périnet-Marquet* • Rouen, 25 avr. 2002 : *RJDA 2003, n° 133* (le contrôle exercé par le donneur d'ordre n'est pas en lui-même exclusif de la qualification de sous-traitance). ♦ ... A la prestation de services, V. • Com. 12 mars 1991 : *Bull. civ. IV, n° 101 ; D. 1992. Somm. 112, obs. Bénabent.* ♦ ... Au louage de materiel avec mise à la disposition du personnel apte à le faire fonctionner, V. • Com. 1er déc. 1992 : *CCC 1993, n° 70, note Leveneur ; D. 1994. Somm. 147, obs. Bénabent.* ♦ ... A l'étude et au montage d'échafaudages mis à la disposition d'un locateur d'ouvrage, V. • Civ. 3e, 23 janv. 2002 : *Bull. civ. III, n° 10 ; Defrénois 2002. 1027, obs. Périnet-Marquet ; Gaz. Pal. 2003. Somm. 1909, obs. Peisse* • Versailles, 13 déc. 1999 : *D. 2000. AJ 95, obs. Faddoul ; RDI 2000. 178, obs. Boubli et Malinvaud* • 2 mai 2000 : *RDI 2001. 573, obs. Boubli* • Civ. 3e, 28 mai 2002 : *ibid. 2003. 62, obs. Périnet-Marquet* • CAA Lyon, 11 mai 2006 : *RJDA 2007, n° 149.* ♦ ... A la société créée de fait, V. • Com. 17 nov. 1970 : *Bull. civ. IV, n° 308.* ♦ ... A la cotraitance, V. • Versailles, 25 janv. 2008 : *BICC 1er juin 2008, n° 962.*

9. *Construction navale.* Sur l'application de la loi aux contrats de sous-traitance conclus dans le cadre d'un contrat à forfait de construction navale, quelle que soit la qualification retenue pour ce dernier, contrat d'entreprise ou contrat de vente à livrer, V. • Rouen, 14 mai 1998 : *JCP E 1999, n° 26, p. 1129.*

10. *Responsabilité de l'entrepreneur principal.* V. note 30 ss. art. 3.

11. *Construction à forfait.* Les dispositions de l'art. 1793 C. civ. ne sont pas applicables à une convention de sous-traitance entre deux entreprises. • Civ. 3e, 15 févr. 1983 : *Bull. civ. III, n° 44.* ♦ Comp. • Civ. 3e, 5 juin 1996 : *Bull. civ. III, n° 136 ; RTD civ. 1997. 446, obs. Gautier.* ♦ En l'absence d'un contrat de sous-traitance signé des parties, la volonté des parties de se soumettre aux dispositions de l'art. 1793 C. civ. ne peut être tirée de la simple mention, sur l'offre de travaux en sous-traitance, des termes prix global et forfaitaire, alors que cette offre, ni aucun autre document entre l'entrepreneur principal et son sous-traitant, ne fait référence à cet article qui concerne en principe le marché conclu entre le maître d'ouvrage et l'entrepreneur. • Aix-en-Provence, 19 janv. 2012 : *Constr.-Urb. 2012, n° 115, obs. Sizaire.*

Code des transports

(Ord. n° 2010-1307 du 28 oct. 2010)

Art. L. 1432-13 *(Ord. n° 2010-1307 du 28 oct. 2010)* Les dispositions de la loi n° 75-1334 du 31 décembre 1975 relative à la sous-traitance sont applicables aux opérations de transport. Dans ce cas, le donneur d'ordre initial est assimilé au maître d'ouvrage et le transporteur qui fait appel à un transporteur sous-traitant est assimilé à l'entrepreneur principal. — *[L. n° 75-1334 du 31 déc. 1975, art. 1er, al. 2.]*

....

Art. L. 3224-1 *(Ord. n° 2010-1307 du 28 oct. 2010)* S'il n'exécute pas un contrat de transport avec ses propres moyens, le transporteur public routier de marchandises peut le sous-traiter, pour tout ou partie, à une autre entreprise de transport public routier de marchandises sous sa responsabilité.

Le transporteur public routier de marchandises ne peut recourir à la sous-traitance que s'il a la qualité de commissionnaire de transport au sens du 1° de l'article L. 1411-1 ou dans des cas exceptionnels définis par décret en Conseil d'État. Les responsabilités du transporteur routier qui recourt à la sous-traitance sont celles prévues par le code de commerce pour les commissionnaires de transport. — *V. Décr. n° 99-752 du 30 août 1999, art. 15 s., ss. art. L. 133-5 C. com.*

Le contrat de sous-traitance est soumis à l'ensemble des règles et conditions applicables au transport public de marchandises. La rémunération du transporteur principal est calculée conformément aux règles applicables aux contrats d'affrètement conclus par les commissionnaires de transport régis par les dispositions de la section 2 du chapitre II du titre III du livre IV de la première partie. — *[L. n° 82-1153 du 30 déc. 1982, art. 33, al. 1er à 3.]*

Sur la sous-traitance dans le domaine du transport routier de marchandises, V. aussi C. transp., art. L. 3221-3, L. 3221-4, L. 3241-1 s., L. 3242-4, L. 3242-5, ss. art. L. 133-5 C. com.

Sur la sous-traitance dans le domaine du transport fluvial de marchandises, V. C. transp., art. L. 4452-1, App., v° Commerce maritime .

Art. 2 **Le sous-traitant est considéré comme entrepreneur principal à l'égard de ses propres sous-traitants.**

BIBL. ► MALINVAUD, *Mélanges Moderne, Dalloz, 2004, p. 591* (les garanties de paiement du sous-traitant en chaîne).

V. notes 2 s. ss. art. 13-1.

Art. 3 **L'entrepreneur qui entend exécuter un contrat ou un marché en recourant à un ou plusieurs sous-traitants doit, au moment de la conclusion et pendant toute la durée du contrat ou du marché, faire accepter chaque sous-traitant et agréer les conditions de paiement de chaque contrat de sous-traitance par le maître de l'ouvrage ; l'entrepreneur principal est tenu de communiquer le ou les contrats de sous-traitance au maître de l'ouvrage lorsque celui-ci en fait la demande.**

Lorsque le sous-traitant n'aura pas été accepté ni les conditions de paiement agréées par le maître de l'ouvrage dans les conditions prévues à l'alinéa précédent, l'entrepreneur principal sera néanmoins tenu envers le sous-traitant mais ne pourra invoquer le contrat de sous-traitance à l'encontre du sous-traitant.

Sur la sous-traitance dans la construction de maison individuelle, V. CCH, art. L. 231-13 et L. 241-9. — **CCH.**

FORM. PR. COM. v° *Demande d'agrément du sous-traitant*, par VERNHET.

BIBL. ► BERLY, *RDI 1995. 483* (situation du maître de l'ouvrage privé en cas de sous-traitance irrégulière). - DEVAUX, *LPA 7 sept. 1998* (acceptation et agrément tacite du sous-traitant). - ROULET, *Gaz. Pal. 2004. Doctr. 848* (le maître de l'ouvrage doit-il motiver son refus d'acceptation du sous-traitant ?).

I. ACCEPTATION DU SOUS-TRAITANT ET AGRÉMENT DES CONDITIONS DE PAIEMENT

1. Marché public. V. art. 112 s. C. marchés (Décr. n° 2006-975 du 1er août 2006 ; *JO 4 août*). ♦ La décision de la personne publique d'agréer et d'accepter les sous-traitants que lui propose le titulaire du marché est une décision récognitive, les droits du sous-traitant trouvant leur origine uniquement dans les relations contractuelles existant entre le titulaire du marché et lui-même. • TA Saint-Denis de la Réunion, 21 déc. 2009 : *AJDA 2010. 1653, note Benoiton* . ♦ V. aussi • CE 2 juin 1989 : *D. 1990. 229, note crit. Bénabent* . ♦ Sur le privilège dit « de Pluviôse » (C. marchés, art. 110), V. • Paris, 25 janv. 1977 : *D. 1977. 401, note D.*

Martin • Com. 4 févr. 1992 : *Bull. civ. IV, n° 62 ; D. 1994. Somm. 151, obs. Bénabent*. – V. aussi note 7 ss. art. 6.

2. *Double objet de l'agrément.* L'exercice, par le sous-traitant, de l'action directe contre le maître de l'ouvrage suppose non seulement que ce dernier ait accepté le sous-traitant, mais encore qu'il ait agréé les conditions de paiement du contrat de sous-traitance. • Civ. 3e, 1er avr. 1992 : *Bull. civ. III, n° 110 ; D. 1994. Somm. 148, obs. Bénabent*.

A. PROCÉDURE D'AGRÉMENT

3. *Initiative de l'agrément.* Sur le fait que l'obligation de faire accepter le sous-traitant incombe à l'entrepreneur principal et que l'abstention de celui-ci de révéler sa présence au maître de l'ouvrage ne constitue pas une abstention fautive, V. • Cass., ch. mixte, 13 mars 1981 : *Bull. civ. n° 2 ; D. 1981. 309, note Bénabent (3e esp.).* ♦ Sur la responsabilité du maître d'œuvre en cas de non-signalement au maître de l'ouvrage de la présence d'un sous-traitant non agréé sur le chantier, V. • Civ. 3e, 10 févr. 2010 : *Bull. civ. III, n° 35 ; Dalloz actualité, 17 févr. 2010, obs. Delpech ; RDI 2010. 547, obs. Périnet-Marquet ; JCP E 2010, n° 1293 ; RCA 2010, n° 115.* ♦ Sur la connaissance du sous-traitant par le maître de l'ouvrage, V. notes 8 s. ss. art. 14-1. ♦ Sur l'absence d'initiative incombant au sous-traitant, V. note 15 ss. art. 14-1.

4. *Sous-traitance en chaîne.* En ce sens que le sous-traitant de premier rang n'est pas obligé de faire accepter le sous-traitant de second rang par l'entreprise principale, qui ne possède pas la qualité de maître de l'ouvrage au sens de l'art. 12, V. • Civ. 3e, 17 juill. 1987 : *Bull. civ. III, n° 148.* ♦ Viole l'art. 3 l'arrêt qui, pour déclarer irrecevable la demande en paiement formée par un sous-traitant de second rang, retient que le comportement fautif de l'entrepreneur principal ne peut résulter du non-respect de la procédure à l'égard du sous-traitant de premier rang, alors que ce fait a mis le sous-traitant de second rang dans l'impossibilité de se faire agréer par le maître de l'ouvrage. • Civ. 3e, 9 déc. 1998 : *Bull. civ. III, n° 236 ; D. Affaires 1999. 792, obs. J. F. ; Gaz. Pal. 18-19 août 1999, Somm., p. 19, obs. Peisse.* ♦ V. aussi, considérant qu'il appartient au premier entrepreneur principal qui a traité avec le maître de l'ouvrage de soumettre à son acceptation chaque sous-traitant et de faire agréer les conditions de paiement de chaque sous-traité par le maître de l'ouvrage. • Versailles, 16 janv. 1997 : *D. Affaires 1997. 376.* ♦ Tout entrepreneur principal, à quelque niveau qu'il se situe dans la chaîne de sous-traitance, est pleinement responsable de la soumission de la demande d'acceptation, qui doit être effectuée à sa diligence en application des art. 2 et 3, al. 1er. • Même arrêt.

5. *Groupement momentané d'entreprises.* **BIBL.** Roulet, *Gaz. Pal. 2007. 3150* (cotraitant conjoint, sous-traitant transparent : frères jumeaux ?). ♦ Le mandataire commun d'un groupement momentané d'entreprises n'est tenu, en vertu de la loi du 31 déc. 1975, d'aucune obligation vis-à-vis des sous-traitants de ses cotraitants, sans constater l'existence d'un mandat spécial donné par les entrepreneurs regroupés au mandataire commun à l'effet de procéder lui-même, en cette qualité, aux formalités nécessaires à l'acceptation de ces sous-traitants et à l'agrément des conditions de paiement de leur contrat par le maître de l'ouvrage. • Civ. 3e, 28 sept. 2005 : *Bull. civ. III, n° 179 ; RDI 2005. 442, obs. Boubli , ibid. 2006. 475, obs. Périnet-Marquet ; JCP E 2005, n° 44-45, p. 1872 ; Gaz. Pal. 2006. Somm. 2014, obs. Peisse ; RJDA 2006, n° 20 ; RLDA janv. 2006. 16, obs. Alves ; Administrer mars 2007. 47, note Valdès.* ♦ En l'absence de mandat spécial donné par les entreprises groupées pour les formalités nécessaires à l'acceptation des sous-traitants et à l'agrément de ses conditions de paiement, il ne peut être reproché au mandataire commun de n'avoir pas informé le maître de l'ouvrage de l'intervention du sous-traitant sur le chantier. • Paris, 17 janv. 2008 : *JCP 2008. IV. 1326.*

6. *Date de l'agrément.* L'art. 3 n'exige pas que l'acceptation et l'agrément soient préalables ou concomitants à la conclusion du contrat de sous-traitance. • Cass., ch. mixte, 13 mars 1981 : *Bull. civ. n° 3 ; D. 1981. 309, note Bénabent (1re esp.) ; JCP 1981. II. 19568, concl. Toubas et note Flécheux.* ♦ L'acceptation du sous-traitant par le maître de l'ouvrage et l'agrément des conditions de paiement peuvent intervenir lors de l'exercice de l'action directe, c'est-à-dire encore après le jugement d'ouverture d'une procédure collective à l'encontre de l'entrepreneur principal. • Civ. 3e, 31 mars 1993 : *Bull. civ. III, n° 48 ; D. 1994. Somm. 148, obs. Bénabent* • 4 janv. 1996 : *RJDA 1996, n° 783.*

7. *Modalités de l'agrément.* L'acceptation par le maître de l'ouvrage ne suppose pas un agrément exprès et peut être tacite. • Civ. 3e, 18 juill. 1984 : *Bull. civ. III, n° 142.* ♦ Cependant, l'acceptation tacite ne peut résulter que d'actes manifestant sans équivoque la volonté du maître de l'ouvrage d'accepter le sous-traitant. • Com. 14 juin 1988 : *Bull. civ. IV, n° 200* • 27 févr. 1990 : *ibid., n° 53* • Civ. 3e, 30 oct. 1991 : *Bull. civ. III, n° 257 ; D. 1992. Somm. 114, obs. Bénabent* • 7 oct. 1998 :

Bull. civ. III, n° 190 ; D. Affaires 1998. 1902 ; RJDA 1998, n° 1218 • 3 mars 1999 : *Bull. civ. III, n° 56 ; D. 1999. IR 91* ; *D. Affaires 1999. 755, obs. J. F. ; CCC 1999, n° 89, obs. Leveneur ; Defrénois 1999. 1129, obs. Périnet-Marquet*. – V. également • Versailles, 30 mai 1996 : *BICC 1996, n° 1329* • Rouen, 18 mars 1999 : *BRDA 1999, n° 15-16, p. 6* • Versailles, 21 nov. 2005 : *RJDA 2006, n° 408*. ♦ La seule présence du sous-traitant sur le chantier, même au vu et au su du maître de l'ouvrage, ne peut constituer une preuve formelle de l'acceptation du sous-traitant. • Versailles, 17 mars 1994 : *Gaz. Pal. 1994. 2. Somm. 582* • 5 nov. 1999 : *RDI 2000. 53, obs. Malinvaud et Boubli*. – Dans le même sens : • Orléans, 12 avr. 1995 : *JCP 1996. IV. 1660*. – V. aussi • Paris, 29 sept. 1992 : *D. 1993. IR 39* • Civ. 3e, 11 janv. 1995 : *RJDA 1995, n° 281*. ♦ La volonté d'accepter le sous-traitant ne saurait résulter de l'envoi par celui-ci au maître de l'ouvrage d'une copie de la mise en demeure qu'il avait adressée à l'entrepreneur principal. • Civ. 3e, 8 nov. 2000 : *RDI 2001. 57, obs. Périnet-Marquet* ; *BRDA 2000, n° 23, p. 8*. ♦ La seule mention du nom du représentant du sous-traitant sur le compte rendu de chantier ne suffit pas à reconnaître l'existence d'un agrément et d'une acceptation tacite du sous-traitant. • Colmar, 1er mars 2007 : *JCP 2007. IV. 1704*. ♦ Ne donne pas de base légale à sa décision au regard de l'art. 3, la cour d'appel qui pour accueillir l'action directe du sous-traitant, retient qu'il résulte de la signature des procès-verbaux de réception, que le maître de l'ouvrage a non seulement agréé tacitement la présence du sous-traitant sur les chantiers, mais également les conditions de paiement des travaux exécutés par lui. • Civ. 3e, 3 mars 1999 : *préc.* ♦ En revanche, le maître de l'ouvrage qui donne directement des ordres au sous-traitant, sans passer par l'intermédiaire de l'entrepreneur principal a accepté sans équivoque ledit sous-traitant. • Com. 29 avr. 1997 : *D. 1998. 326, note Chenut* ; *BRDA 1997, n° 10, p. 10* • Versailles, 16 déc. 1994 : *RDI 1995. 750, obs. Malinvaud et Boubli*.

V. aussi, dès lors que la signature du contrat de sous-traitance démontre que le maître de l'ouvrage a agréé le sous-traitant, même si cela n'a pas été formalisé par un écrit, que l'agrément a été imposé par l'entrepreneur principal dans une lettre comme une des conditions préalables à la régularisation de la commande et que, en outre, l'établissement de tous les documents techniques et d'exécution, établis sous la direction et le contrôle du maître d'œuvre, mandataire direct du maître de l'ouvrage, démontre que, dès le début du chantier et au cours de son avancement, le sous-traitant a été agréé par le maître de l'ouvrage. • Versailles, 16 janv. 1997 : *D. 1997. IR 88 ; D. Affaires 1997. 373*. – V. également • Com. 17 mars 1998 : *Bull. civ. IV, n° 104 ; D. Affaires 1998. 841, obs. J. F. ; CCC 1998, n° 88, note Leveneur ; RJDA 1998, n° 859*. ♦ Mais le fait qu'un maître d'œuvre ait suivi et coordonné le chantier n'implique pas que celui-ci ait reçu mandat du maître de l'ouvrage d'accepter pour son compte les sous-traitants et d'accepter les conditions de paiement du sous-traité. • Civ. 3e, 13 sept. 2005 : *Bull. civ. III, n° 162 ; RDI 2006. 473, obs. Périnet-Marquet* ; *JCP 2005. IV. 3174 ; CCC 2006, n° 5, obs. Leveneur ; RJDA 2006, n° 137 ; Administrer août-sept. 2007. 65, obs. Artz*.

8. *Agrément des conditions de paiement.* Sur l'exigence de l'agrément des conditions de paiement du contrat de sous-traitance, V. note 2. ♦ L'acceptation des conditions de paiement doit être réputée acquise lorsque celles-ci sont conformes aux conditions habituelles en la matière et admises ordinairement par le maître de l'ouvrage. • Versailles, 4 janv. 1996 : *BICC 1996, n° 629*. ♦ En acceptant de régler le sous-traitant dans le cadre de l'action directe sans remettre en cause les conditions de forme de sa mise en œuvre, le maître de l'ouvrage est réputé avoir régulièrement agréé les conditions de paiement. • Versailles, 3 sept. 1999 : *RDI 2000. 53, obs. Malinvaud et Boubli*. ♦ Mais un courrier du maître de l'ouvrage qui précise au sous-traitant qu'il est accepté si certaines conditions sont mises en œuvre, et qui présente les dispositions de la loi de 1975 qui viendraient à s'appliquer le cas échéant, ne constitue ni un agrément tacite ni un agrément exprès des conditions de paiement du sous-traitant. • Rennes, 21 févr. 2006 : *JCP 2006. IV. 2489*. ♦ Sur la sanction du défaut d'agrément des conditions de paiement, V. note 14.

9. *Refus d'agrément.* Le maître de l'ouvrage n'est pas tenu d'accepter le sous-traitant ni d'agréer ses conditions de paiement. • Civ. 3e, 25 sept. 2002 : *Bull. civ. III, n° 177 ; RJDA 2003, n° 134*. ♦ Le refus d'agrément peut être discrétionnaire et n'a pas à être motivé, sous réserve de l'application de la théorie de l'abus de droit. • Paris, 25 mars 1993 : *D. 1994. Somm. 149, obs. Bénabent*. ♦ Ainsi, le maître de l'ouvrage n'engage pas sa responsabilité lorsque, le sous-traitant lui ayant été présenté, il refuse de l'accepter et d'agréer ses conditions de paiement. • Civ. 3e, 25 sept. 2002 : *préc.* ♦ Mais les juges du fond doivent rechercher si les motifs du refus d'agréer un sous-traitant, dont le caractère discrétionnaire est limité par un éventuel abus de droit, ne sont pas fallacieux et fabriqués avec des moyens frauduleux. • Civ. 3e, 2 févr. 2005 : *Bull. civ. III, n° 24 ; RDI 2005. 291,* obs. Périnet-Marquet ; JCP 2005. II. 10077, avis Guérin ; Gaz. Pal. 2005. 4270, obs. Peisse ; RJDA 2005, n° 550. ♦ L'abus dans le refus d'agrément engage la responsabilité civile du maître d'ouvrage. • Civ. 3e, 10 févr. 2009 : *RDI 2009. 354, obs. Périnet-Marquet ; RDC 2009. 1132, obs. Puig.*

B. CONSÉQUENCE DU DÉFAUT D'AGRÉMENT

1° RELATIONS ENTRE L'ENTREPRENEUR PRINCIPAL ET LE SOUS-TRAITANT

10. Responsabilité de l'entrepreneur principal. Les dirigeants d'une société entrepreneur principal sont personnellement responsables du défaut de présentation du sous-traitant à l'agrément du maître de l'ouvrage, V. • Douai, 16 avr. 1992 : *D. 1994. Somm. 149, obs. Bénabent .*

11. Indifférence sur la qualification du contrat. L'absence de contrat écrit de sous-traitance et d'agrément ne suffit pas à écarter la qualification de sous-traitance pour retenir l'existence d'un contrat de vente. • Versailles, 14 janv. 1988 : *D. 1988. IR 41.*

12. Résiliation ou exécution du contrat. Le sous-traitant qui n'a pas été agréé ne peut à la fois se prévaloir du contrat de sous-traitance pour obtenir le paiement des travaux qu'il a exécutés et le rejeter pour échapper à ses obligations contractuelles. • Civ. 3e, 13 avr. 1988 : *Bull. civ. III, n° 72 ; D. 1998. 521, note Dubois ; JCP 1989. II. 21302, note D. Martin ; Gaz. Pal. 1988. 2. 606, note Caro et Sablier* • 10 janv. 1990 : *Bull. civ. III, n° 17* • 23 avr. 1992 : *ibid., n° 135 ; D. 1994. Somm. 153, obs. Bénabent .* ♦ V. aussi note 13.

13. Faculté de résiliation unilatérale. Si la sanction de la sous-traitance irrégulière déduite de l'art. 3 réside dans la faculté de résiliation unilatérale ouverte au sous-traitant pendant toute la durée du contrat, cette faculté ne peut plus être exercée par un sous-traitant qui a exécuté le sous-traité et a accepté le règlement du prix convenu. • Civ. 3e, 24 avr. 2003 : *JCP 2004. II. 10042, note Caro, Sablier et Abbatucci ; AJDA 2003. 1486, note Dreyfus ; RJDA 2003, n° 1060 ; RDI 2003. 463, obs. Degoffe et Dreyfus .*

14. Inopposabilité au sous-traitant. L'absence de la double acceptation exigée par l'art. 3 de la loi du 31 déc. 1975 ne permet pas à l'entrepreneur principal d'invoquer le contrat de sous-traitance à l'encontre du sous-traitant et constitue une contestation sérieuse faisant obstacle à l'intervention du juge des référés. • Com. 4 juill. 1989 : *Bull. civ. IV, n° 212.* ♦ La sanction du défaut d'agrément est l'interdiction pour l'entrepreneur d'invoquer le contrat de sous-traitance à l'encontre du sous-traitant. • Versailles, 27 oct. 1988 : *D. 1989. 375, note Dubois.* ♦ L'entrepreneur principal ne peut, par conséquent, prétendre que celui-ci a commis des infractions aux stipulations contractuelles. • Paris, 1er mars 1988 : *D. 1988. 521, note Dubois.* ♦ Toutefois, le sous-traitant est tenu envers l'entrepreneur principal de l'obligation contractuelle de livrer exempts de vices les ouvrages dont il a reçu ou dont il réclame le paiement, alors même que le maître de l'ouvrage ne l'aurait pas accepté et n'aurait pas agréé les conditions de paiement. • Civ. 3e, 13 avr. 1988 : *Bull. civ. III, n° 73 ; D. 1988. 521, note Dubois ; JCP 1989. II. 21302, note D. Martin ; Gaz. Pal. 1988. 2. 606, note Caro et Sablier* • 3 juin 1992 : *Bull. civ. III, n° 188 ; D. 1994. Somm. 153, obs. Bénabent .* ♦ Lorsque le sous-traitant est accepté mais que ses conditions de paiement ne sont pas agréées, la sanction de l'inopposabilité du sous-traité est applicable. • Paris, 29 mai 1992 : *RDI 1994. 249, obs. Malinvaud et Boubli* • 27 mai 1993 : *ibid.* ♦ Comp., jugeant que l'entrepreneur principal qui n'a pas fait agréer les conditions de paiement du sous-traitant ne peut se prévaloir des clauses du contrat instituant des pénalités de retard : • Paris, 29 mai 1992 : *préc.* ♦ ... Ou rejetant une demande de l'entrepreneur principal qui reprochait au sous-traitant des malfaçons et un retard dans les travaux exécutés : • Paris, 27 mai 1993 : *préc.* ♦ V. note 13.

2° RELATIONS ENTRE LE SOUS-TRAITANT ET LE MAÎTRE DE L'OUVRAGE

15. Exclusion de l'action directe. Un sous-traitant, dont le maître d'ouvrage n'avait jamais eu connaissance, et qui ne s'est manifesté auprès de ce dernier qu'après le redressement judiciaire de l'entreprise principale, ne peut rechercher la responsabilité du maître de l'ouvrage, lequel n'est plus en mesure de mettre en demeure l'entreprise principale mise en redressement judiciaire. • Civ. 3e, 22 juin 2011 : *Bull. civ. III, n° 110 ; Dalloz actualité, 7 juill. 2011, obs. Dreveau ; D. 2011. Actu. 1819 ; RDI 2011. 618, obs. Perinet-Marquet ; JCP E 2011, n° 1582 ; RJDA 2011, n° 911 ; Bull. Joly Entrep. diff. 2011. 327, note Bonhomme.* ♦ Si le maître de l'ouvrage peut opposer au sous-traitant exerçant l'action directe à son encontre l'absence de l'acceptation et de l'agrément, il n'en est de même ni de l'entrepreneur principal qui a manqué à son obligation de faire accepter le sous-traitant et agréer les conditions de paiement du contrat de sous-traitance, ni des créanciers de cet entrepreneur. • Cass., ch. mixte, 13 mars 1981 : *préc. note 6* • Civ. 3e, 1er juin 1988 : *Bull. civ. III, n° 101* • 25 févr. 1998 : *ibid., n° 47 ; D. Af-*

faires 1998. 618, obs. J. F. ; CCC 1998, n° 71, note Leveneur ; Gaz. Pal. 20-22 déc. 1998, p. 19, obs. Peisse • Com. 12 févr. 1991 : *Bull. civ. IV, n° 63.* ♦ En matière de marchés publics, V. • CE 2 juin 1989 : *préc. note 1.*

16. Enrichissement sans cause. V. note 4 ss. art. 12.

17. Pratique anticoncurrentielle. L'inobservation des art. 2 C. marchés [abrogé] et 3 ci-dessus ne saurait, en soi, constituer des pratiques prohibées par l'art. 7 de l'Ord. n° 86-1243 du 1er déc. 1986 [C. com., art. L. 420-1], mais seulement dans la mesure où elle fausserait le jeu de la concurrence en induisant en erreur le maître de l'ouvrage sur la réalité et l'étendue du champ de ses choix. • Paris, 5 juill. 1994 : *D. 1994. IR 220 ; BOCC 29 juill. 1994.* – V. désormais art. 112 s. **C. marchés.**

II. OBLIGATIONS ET RESPONSABILITÉ DU SOUS-TRAITANT

A. À L'ÉGARD DE L'ENTREPRENEUR PRINCIPAL

18. Obligation de résultat. Le sous-traitant est contractuellement tenu envers l'entrepreneur principal d'une obligation de résultat dont il ne peut s'exonérer que par la preuve d'une cause étrangère. • Civ. 3e, 12 sept. 2007 : *Bull. civ. III, n° 138 ; D. 2007. AJ 2388, obs. Forest ; JCP E 2007, n° 41, p. 26* • 22 juin 2010 : *RDI 2010. 550, obs. Périnet-Marquet ; Constr.-Urb. 2010, n° 131, obs. Pagès-de Varenne.* ♦ Le sous-traitant est tenu à l'égard de l'entrepreneur principal d'une obligation de résultat qui inclut l'exécution d'un ouvrage exempt de vices cachés lors de la réception et sera responsable des malfaçons, s'il ne justifie d'une cause étrangère qui ne peut lui être imputée. • Civ. 3e, 3 déc. 1980 : *Bull. civ. III, n° 188 ; RDI 1981. 224, obs. Malinvaud et Boubli* • 14 janv. 1987 : *JCP 1987. IV. 94* • 17 déc. 1997 : *D. Affaires 1998. 291, obs. J. F.* • 4 nov. 1999 : *RDI 2000. 55, obs. Malinvaud et Boubli* • 6 déc. 2000 : *BRDA 2001, n° 1, p. 7.* ♦ ... Et ce, même lorsque le maître de l'ouvrage n'a pas formellement accepté le sous-traitant, ni agréé les conditions de paiement. • Versailles, 14 janv. 1999 : *JCP E 1999, n° 14, p. 601.* ♦ Ainsi, même si le contrat de sous-traitance ne comporte pas les garanties prévues par la loi du 31 déc. 1975, le sous-traitant reste tenu envers celui avec lequel il a contracté dans la mesure où il ne peut se prévaloir à la fois du contrat de sous-traitance pour obtenir le paiement du prix des travaux réalisés et le rejeter pour échapper à ses obligations contractuelles. • Montpellier, 14 déc. 2000 : *JCP 2002. IV. 1255.* ♦ Même en cas d'absence d'acceptation par le maître de l'ouvrage ou d'agrément des conditions de paiement, le sous-traitant d'un sous-traitant est tenu, à l'égard de ce dernier, d'une obligation contractuelle de livrer, exempts de vices, les ouvrages dont il a reçu paiement. • Civ. 3e, 15 janv. 1992 : *Bull. civ. III, n° 21 ; D. 1994. Somm. 153, obs. Bénabent.* ♦ Sur la possibilité, pour le maître de l'ouvrage, d'invoquer cette obligation de résultat, V. • Chambéry, 18 janv. 1988 : *D. 1988. 380, note Dubois.*

Mais l'obligation de résultat du sous-traitant à l'égard de l'entrepreneur principal ne concerne que la réalisation de sa propre prestation contractuelle à l'exclusion d'éventuels dommages aux tiers (trouble de voisinage), sauf stipulation spéciale du contrat. • Civ. 3e, 26 avr. 2006 : *Bull. civ. IV, n° 100 ; R. 2006, p. 325 ; D. 2006. 2504, note Karila ; ibid. Pan. 2368, obs. Reboul-Maupin ; ibid. IR 1251, obs. Delpech ; RTD civ. 2006. 573, obs. Jourdain ; RDI 2006. 251, note Malinvaud ; ibid. 476, obs. Périnet-Marquet ; JCP E 2006, n° 22, p. 973 ; CCC 2006, n° 154 ; RJDA 2006, n° 1091 ; Dr. et patr. avr. 2007. 119, obs. Mallet-Bricout ; RCA 2006, n° 213, obs. Groutel ; Constr.-Urb. 2006, n° 134, obs. Pagès-de Varenne.*

19. Devoir de conseil. **BIBL.** Charbonneau, *RDI 2010. 593* (de l'obligation de conseil du sous-traitant). ♦ Un sous-traitant, spécialiste de la fabrication et de la pose de charpentes, étant tenu en cette qualité d'une obligation de conseil envers l'entrepreneur principal, ne peut faire valoir, pour s'exonérer de sa responsabilité à la suite de désordres, qu'il n'a fait que suivre les instructions données par l'entrepreneur principal. • Civ. 3e, 12 mars 1997 : *D. 1997. IR 94* • 23 févr. 2000 : *BRDA 2000, n° 8, p. 6.* ♦ Un sous-traitant manque à son obligation de conseil en n'avertissant pas les intervenants des risques encourus du fait du choix d'un procédé inadapté. • Civ. 3e, 10 déc. 2003 : *JCP E 2004, n° 7, p. 252* • Paris, 15 janv. 2004 : *BICC 2004, n° 1533* (travaux supplémentaires nécessaires à la bonne tenue de l'ouvrage). ♦ V. aussi, obligeant le sous-traitant à clairement informer le maître de l'ouvrage des risques inhérents à l'absence de réalisation de peintures anti-corrosion, sans qu'il puisse se retrancher sur le fait qu'il avait proposé en option la réalisation de telles peintures : • Civ. 3e, 3 mars 2004 : *JCP E 2004, n° 19, p. 741 ; Administrer août-sept. 2005. 55, obs. Artz.* ♦ Ainsi, le sous-traitant doit, soit refuser d'effectuer les travaux, soit faire expressément des réserves écrites après avoir conseillé et informé le maître de l'ouvrage sur les risques présentés. • Civ. 3e, 9 juin 2004 : *RDI 2004. 448, obs. Périnet-Marquet.* ♦ Mais la responsabilité du sous-traitant n'est pas engagée dès lors qu'il n'est pas démontré qu'il avait une compétence supérieure à celle de l'entreprise conceptrice impliquant un devoir de conseil à l'égard de l'entreprise principale. • Civ. 3e, 16 sept. 2003 : *RDI 2003. 583, obs. Malinvaud*. ♦ Il appartient à l'entrepreneur sous-traitant de se renseigner lui-même sur les contraintes spécifiques que va avoir à supporter le matériel qu'il installe. • Civ. 3e, 14 déc. 2004 : *RJDA 2005, no 694.*

20. Contrôle technique. Sur la détermination conventionnelle des obligations de contrôle technique, V. • Paris, 18 févr. 1977 : *JCP 1977. II. 18675, note Malinvaud.*

21. Pénalités de retard. Sur une condamnation motivée par les pénalités de retard dues par l'entrepreneur principal au maître de l'ouvrage, V. • Paris, 20 janv. 1988 : *JCP 1988. II. 21045, note Robine et Viandier.*

22. Clauses de non-garantie. Lorsque les parties sont des professionnels de même spécialité, les clauses de non-garantie des vices cachés sont licites. • Com. 8 oct. 1973 : *JCP 1975. II. 17297, note Ghestin.*

23. Recours de l'entrepreneur principal. Le recours de l'entrepreneur principal contre son sous-traitant n'est pas régi par les dispositions des art. 1792 s. C. civ., mais par la responsabilité contractuelle de droit commun. • Paris, 21 mars 2008 : *JCP 2008. IV. 1806.* ♦ Lorsque le sous-traitant lui-même, dans un courrier adressé à l'entrepreneur principal, a reconnu que des reprises devaient être effectuées, et qu'il n'établit pas avoir satisfait à son obligation de résultat de livrer un ouvrage achevé exempt de vices en rapportant la preuve de la réalisation des travaux d'achèvement demandés, l'entrepreneur principal peut valablement lui réclamer le remboursement des frais exposés pour l'achèvement de l'ouvrage. • Versailles, 14 janv. 1999 : *préc. note 18.* ♦ Dès lors que les produits fabriqués par le sous-traitant se sont révélés défectueux, celui-ci ne saurait invoquer un manquement de l'entrepreneur principal à son obligation de contrôle pour échapper au remboursement des frais de réparations que ce dernier avait engagés. • Com. 25 juin 2002 : *BRDA 2002, no 14, p. 8.* ♦ Une cour d'appel ne saurait limiter le recours de l'entrepreneur principal à l'encontre de son sous-traitant en se basant sur le fait que le sous-traité ne porte, en pourcentage de coût, que sur 65 % des travaux prévus par le marché principal. • Civ. 3e, 10 déc. 2003 : *Bull. civ. III, no 227 ; JCP E 2004, no 7, p. 253 ; Defrénois 2005. 58, obs. Périnet-Marquet (3e esp.) ; Gaz. Pal. 2004. Somm. 3356, obs. Peisse.* ♦ Mais l'entrepreneur principal est tenu de rembourser le sous-traitant dès lors que ce dernier a dû faire face à des dépenses imprévues du fait du comportement de l'entrepreneur principal. • Poitiers, 8 févr. 2005 : *JCP 2005. IV. 3262.* – Comp., en matière de garde du chantier, • Paris, 1er oct. 2004 : *RDI 2005. 48, obs Boubli*.

Condamné à réparer le préjudice subi par l'entrepreneur principal à la suite des désordres survenus sur les travaux sous-traités, le sous-traitant était en droit d'obtenir la restitution par cet entrepreneur des sommes réellement déboursées, sans que soit prise en compte la valeur de l'ouvrage. • Civ. 3e, 13 sept. 2006 : *Bull. civ. III, no 175 ; D. 2006. IR 2277 ; RDI 2007. 420, obs. Boubli et Périnet-Marquet ; JCP 2006. II. 10198, note Traullé ; RJDA 2007, no 43 ; Constr.-Urb. 2006 no 214, obs. Sizaire.*

24. Prescription. Le sous-traitant est tenu vis-à-vis de l'entrepreneur principal d'une obligation de résultat soumise a la prescription de droit commun. • Civ. 3e, 13 juin 1990 : *D. 1992. Somm. 119, obs. Bénabent ; JCP 1991. II. 21715, note Bloch.* ♦ Pour un entrepreneur agissant en garantie contre un sous-traitant, le délai de prescription ne peut courir que du jour où lui-même a été assigné par le maître de l'ouvrage. • Civ. 3e, 29 janv. 1992 : *Bull. civ. III, no 32 ; D. 1994. Somm. 153, obs. Bénabent*. ♦ L'action en garantie exercée par l'entrepreneur principal à l'encontre de son sous-traitant n'est pas enfermée dans le délai de dix ans à compter de la réception à laquelle il est étranger. • Civ. 3e, 26 avr. 2006 : *Bull. civ. IV, no 103 ; JCP E 2006, no 22, p. 973 ; LPA 7 févr. 2007, note Zavaro ; RJDA 2007, no 42 ; RDI 2006. 272, obs. Leguay ; ibid. 476, obs. Périnet-Marquet ; Gaz. Pal. 2007. 3376, obs. Peisse ; Constr.-Urb. 2006, no 135, obs. Pagès-de Varenne.* ♦ L'action récursoire de l'entrepreneur principal envers le sous-traitant en raison des désordres de nature décennale est soumise au délai de prescription de dix ans ; l'action engagée par le maître de l'ouvrage avant l'expiration du délai décennal n'a pas pour effet de rendre recevable l'action récursoire de l'entrepreneur principal exercée hors de ce délai. • Paris, 1er déc. 2006 : *JCP 2007. IV. 1112.*

25. Action contre le sous-traitant de second rang. Sur l'absence de lien contractuel entre l'entrepreneur principal et le sous-traitant de son sous-traitant, V. • Civ. 3e, 13 déc. 1989 : *D. 1991. 25, note Kullmann ; JCP 1990. II. 21554, note Bouilloux-Lafont.* ♦ V. aussi : • TA Melun, 22 févr. 2005 : *RDI 2006. 238, obs. Moderne*.

B. À L'ÉGARD DU MAÎTRE DE L'OUVRAGE

26. Nature de l'action. BIBL. Jamin, *D. 1991. Chron. 263*. – Jourdain, *D. 1992. Chron. 149*. – Larroumet, *JCP 1991. I. 3531.* – Laronde-

Clérac, *CCC 2003. Chron. 6.* ♦ Le sous-traitant n'étant pas contractuellement lié au maître de l'ouvrage, viole l'art. 1165 C. civ. l'arrêt qui retient que le maître de l'ouvrage ne dispose contre le sous-traitant que d'une action nécessairement contractuelle dans la limite de ses droits et de l'engagement du débiteur substitué. • Cass., ass. plén., 12 juill. 1991 : *Bull. civ., n° 5 ; D. 1991. 549, note Ghestin , et Somm. 321, obs. Aubert ; JCP 1991. II. 21743, note Viney ; Defrénois 1991. 1301, note Aubert* • Civ. 3e, 22 juin 1988 : *Bull. civ. III, n° 115 ; JCP 1988. II. 21225, note Jourdain* • 28 mars 1990 : *D. 1991. 25, note Kullmann* • 18 nov. 1992 : *JCP 1993. IV. 240* • 22 mai 1997 : *Gaz. Pal. 18-19 août 1999, Somm., p. 17, obs. Peisse* • 10 janv. 2001 : *JCP 2001. IV. 1378* • Civ. 1re, 7 juill. 1992 : *ibid. I, n° 221 ; D. 1994. Somm. 153, obs. Bénabent* • 23 juin 1992 : *Bull. civ. I, n° 195* • Com. 4 mai 1993 : *ibid. IV, n° 173.* – *Contra* : • Civ. 1re, 8 mars 1988 : *Bull. civ. I, n° 202 ; JCP 1988. II. 21007, note Jourdain* • Com. 17 févr. 1987 : *Bull. civ. IV, n° 44 ; D. 1987. 543, note Jourdain ; JCP 1987. II. 20892, note Dubois.* ♦ Le maître de l'ouvrage qui n'est pas lié par un contrat de louage d'ouvrage avec le sous-traitant ne dispose contre celui-ci que d'une action en responsabilité délictuelle pour faute prouvée. • Civ. 3e, 10 janv. 2001 : *RDI 2001. 166, obs. Périnet-Marquet et 179, obs. Malinvaud* . ♦ La responsabilité du sous-traitant est engagée envers le maître de l'ouvrage, non sur le fondement des art. 1792 s. C. civ., mais sur celui de la responsabilité quasi délictuelle. • Civ. 3e, 17 nov. 2004 : *Administrer mai 2006. 35, obs. Fouret.* ♦ Le maître de l'ouvrage ne dispose contre le sous-traitant que d'une action de nature quasi délictuelle. • Com. 13 oct. 2009 : *JCP E 2010, n° 1526, note Cayol ; RDC 2010. 585, note Deshayes.*

L'action qu'exerce le maître de l'ouvrage à l'encontre du sous-traitant d'un constructeur n'est pas l'*action oblique*, puisque ce constructeur ne pourrait tout au plus exercer à l'encontre de ses sous-traitants qu'une action en garantie, secondaire et subsidiaire par rapport à l'action principale qu'exerce le maître de l'ouvrage à son encontre, directement subordonnée à celle-ci et qui n'a pas pour objet de sauvegarder ce droit faisant partie de son patrimoine. • Versailles, 25 mars 1994 : *BICC 1994, n° 606 ; RDI 1994. 661, obs. Malinvaud et Boubli* . ♦ Sur l'action propre quasi délictuelle d'un *architecte contre le sous-traitant* pour défaut de conformité des produits livrés, V. • Civ. 3e, 9 janv. 1991 : *JCP 1991. IV. 83.* ♦ L'action en réparation d'une commune contre le sous-traitant, à raison de la non-conformité du véhicule dont elle a passé commande, ne constitue pas un litige relatif à un travail public et le sous-traitant n'étant pas lié par contrat à la commune il n'appartient pas à la juridiction administrative de statuer sur l'action en responsabilité quasi délictuelle engagée par la commune, le litige relevant de la compétence de la juridiction judiciaire. • T. confl. 17 déc. 2012 : *BRDA 2012, n° 24, p. 6.*

27. Inopposabilité des limitations de responsabilité. Si le maître de l'ouvrage qui agit contre le sous-traitant exerce l'action que le vendeur intermédiaire lui a transmise avec la propriété de la chose livrée, le sous-traitant qui n'est pas lié contractuellement au maître de l'ouvrage ne peut invoquer les limitations éventuellement prévues dans le contrat principal passé entre le maître de l'ouvrage et le vendeur intermédiaire. • Com. 22 mai 2002 : *Bull. civ. IV, n° 89 ; D. 2002. Somm. 2843, obs. Delebecque ; RTD com. 2003. 156, obs. Bouloc ; RTD civ. 2003. 94, obs. Jourdain ; Gaz. Pal. 2003. 1. Somm. 554, obs. Peisse.*

28. Prescription. Le sous-traitant n'étant pas contractuellement lié au maître de l'ouvrage, le délai de prescription de l'action en responsabilité du maître de l'ouvrage contre le sous-traitant court, conformément à l'art. 2270-1 [2226 nouv.] C. civ., à compter de la manifestation du dommage ou de son aggravation, et non à compter de la réception de l'ouvrage. • Montpellier, 9 déc. 2003 : *BICC 2004, n° 249.*

29. Responsabilité du fournisseur du sous-traitant. Dès lors que le sous-traitant engage sa responsabilité vis-à-vis du maître de l'ouvrage sur le fondement délictuel, le fournisseur de ce sous-traitant doit, à l'égard du maître de l'ouvrage, répondre de ses actes sur le même fondement : • Civ. 3e, 28 nov. 2001 : *Bull. civ. III, n° 137 ; D. 2002. 1442, note Karila ; JCP 2002. II. 10037, note Mainguy ; ibid. I. 186, n° 1, obs. Viney ; Defrénois 2002. 255, obs. Libchaber.* – *Contra* : • Cass., ass. plén., 7 févr. 1986 : *D. 1986. Jur. 293, note Bénabent ; JCP 1986. II. 20616, note Malinvaud.* ♦ V. également, retenant que le maître de l'ouvrage dispose contre le fournisseur de matériaux d'une action contractuelle, celui-ci pouvant alors lui opposer la prescription décennale applicable entre commerçants ou entre commerçant et non commerçant dont le délai a commencé à courir à compter de la livraison des matériaux à l'entrepreneur, • Civ. 3e, 26 juin 2002 : *CCC 2002, n° 173, obs. Leveneur ; RJDA 2002, n° 125 ; RTD civ. 2003. 103, obs. Jourdain* • 12 déc. 2001 : *RTD civ. 2002. 303, obs. Jourdain* . ♦ Comp. • Paris, 10 janv. 2002 : *JCP 2002. I. 186, n° 1, obs. Viney.*

29 bis. Responsabilité in solidum. Un sous-traitant ne peut être condamné *in solidum* avecd'autres locateurs d'ouvrage que si les travaux relevant des lots dont il était titulaire ont indissociablement concouru, avec ceux ressortissant aux autres lots, à la création de l'entier dommage. • Civ. 3e, 23 sept. 2009 : *Bull. civ. III, no 197 ; RDI 2010. 548, obs. Périnet-Marquet*.

III. RESPONSABILITÉ DE L'ENTREPRENEUR PRINCIPAL

30. Responsabilité à l'égard du maître de l'ouvrage. Les fautes d'exécution du sous-traitant engagent la responsabilité de l'entrepreneur principal envers le maître de l'ouvrage. • Civ. 3e, 13 mars 1991 : *Bull. civ. III, no 91 ; D. 1992. Somm. 118, obs. Bénabent*. ♦ La démonstration d'une faute du sous-traitant suffit à entraîner la responsabilité de l'entrepreneur principal sans que la faute personnelle de ce dernier n'ait à être démontrée. • Civ. 3e, 23 juin 1999 : *Bull. civ. III, no 148 ; Defrénois 1999. 1135, obs. Périnet-Marquet* • 11 mai 2006 : *Bull. civ. III, no 119 ; JCP E 2006, no 24, p. 1067 ; RJDA 2006, no 1019 ; RDC 2006. 1214, obs. Viney (1re esp.) ; RDI 2006. 312, obs. Malinvaud ; Gaz. Pal. 2007. 3376, obs. Peisse ; RCA 2006, no 233 ; Constr.-Urb. 2006, no 170, obs. Pagès-de Varenne.*

31. Responsabilité à l'égard des tiers. Ayant retenu que la société entrepreneur principal n'avait pas veillé au respect par son sous-traitant des instructions qui lui avaient été données quant à la qualité des soudures à réaliser, une cour d'appel a pu en déduire que les sociétés clientes du maître de l'ouvrage étaient fondées à invoquer l'exécution défectueuse par l'entrepreneur principal de son contrat. • Civ. 3e, 27 mars 2008 : *Bull. civ. III, no 58 ; D. 2008. AJ 1052, obs. Delpech ; RDI 2008. 239, obs. Noguellou ; JCP E 2008, no 19, p. 32 ; Gaz. Pal. 2009. 1392, obs. M. P. ; RJDA 2008, no 1022 ; Defrénois 2009. 81, obs. Périnet-Marquet ; RCA 2008, no 195 ; Constr.-Urb. 2008, no 81, obs. Pagès-de Varenne.* ♦ L'entrepreneur principal n'est pas responsable envers les tiers des dommages causés par son sous-traitant dont il n'est pas le commettant. • Civ. 3e, 22 sept. 2010 : *Bull. civ. III, no 166 ; D. 2010. Actu. 2227, obs. Delpech ; RDI 2010. 604, obs. Perinet-Marquet ; JCP E 2010, no 1897 ; CCC 2010, no 267, obs. Leveneur ; Constr.-Urb. 2010, no 144, obs. Pagès-de Varenne ; RCA 2010, no 308.* ♦ Sur la responsabilité encourue par l'entrepreneur principal en raison de dommages causés par le sous-traitant à ces tiers, V. aussi • Civ. 3e, 17 mars 1999 : *JCP 2000. II. 10427, note Lasbordes* • 8 sept. 2009 : *Bull. civ. III, no 181 ; D. 2010. 239, note Cissaux ; JCP E 2009, no 41, p. 33 ; Gaz. Pal. 2009. 3788, note Cartier ; RJDA 2009, no 1080 ; RDC 2010. 70, obs. Carval ; Constr.-Urb. 2009, no 131, obs. Pagès-de Varenne ; RCA 2009, no 313, obs. Brusorio Aillaud.* ♦ L'entrepreneur principal ne peut exercer de recours subrogatoire contre les sous-traitants que pour la fraction de la dette dont il ne doit pas assumer la charge définitive ; et il lui incombe d'établir la faute contractuelle éventuelle de ses sous-traitants. • Civ. 3e, 26 avr. 2006 : *préc. note 18.*

Code civil

Art. 1792-4-2 (*Ord. no 2005-658 du 8 juin 2005, art. 2 ; L. no 2008-561 du 17 juin 2008, art. 1er-I*) Les actions en responsabilité dirigées contre un sous-traitant en raison de dommages affectant un ouvrage ou des éléments d'équipement d'un ouvrage mentionnés aux articles 1792 et 1792-2 se prescrivent par dix ans à compter de la réception des travaux et, pour les dommages affectant ceux des éléments d'équipement de l'ouvrage mentionnés à l'article 1792-3, par deux ans à compter de cette même réception. — *Ancien art. 2270—2 C. civ.*

BIBL. ▶ Karila, *D. 2005. Chron. 2236*. – Malinvaud, *RDI 2005. 237*. – Bertolaso et Menard, *Contr.-Urb. 2006. Étude 20* (le sort du sous-traitant après l'Ord. du 8 juin 2005). – Gavin-Millan-Oosterlynck, *RDI 2006. 259*. – Charbonneau, *Constr.-Urb. 2008. Étude 8* (synthèse du régime des actions en responsabilité contre les sous-traitants participant à la construction d'un ouvrage). – Marais, *RDI 2009. 361* (application dans le temps de l'art. 2270-2 devenu 1792-4-2 C. civ.).

Application dans le temps. Si l'ordonnance du 8 juin 2005, prise en son art. 2, est d'application immédiate pour les contrats conclus antérieurement, cette application immédiate ne peut avoir pour effet, sauf à violer le principe de non-rétroactivité des lois, d'appliquer une prescription, acquise en vertu des nouveaux principes, au litige en cours. • Civ. 3e, 8 sept. 2010 : *Bull. civ.*

III, n° 151 ; Dalloz actualité, 23 sept. 2010, obs. Delpech ; RDI 2010. 548, obs. Périnet-Marquet ; JCP E 2010, n° 1873 ; RJDA 2011, n° 36 ; Constr.-Urb. 2010, n° 143, et Repère 10, par Pagès-de Varenne.

Art. 1792-4-3 *(L. n° 2008-561 du 17 juin 2008, art. 1er-II)* En dehors des actions régies par les articles 1792-3, 1792-4-1 et 1792-4-2, les actions en responsabilité dirigées contre les constructeurs désignés aux articles 1792 et 1792-1 et leurs sous-traitants se prescrivent par dix ans à compter de la réception des travaux.

BIBL. ► MALINVAUD, *RDI 2008. 368* (prescription et responsabilité des constructeurs après la réforme du 17 juin 2008).

TITRE II Du paiement direct

Art. 4 Le présent titre s'applique aux marchés passés par l'État, les collectivités locales, les établissements et entreprises publics.

*Sur la sous-traitance des marchés publics, V. C. marchés, art. 112 s. — **C. marchés.***

*Le délai de paiement du sous-traitant bénéficiant du paiement direct en application du titre II de la L. n° 75-1334 du 31 déc. 1975 est identique à celui applicable au titulaire. Ce délai court à compter de la date à laquelle le pouvoir adjudicateur a connaissance de l'acceptation expresse ou implicite par le titulaire des pièces justificatives servant de base au paiement direct. Pour les marchés soumis au code des marchés publics, le délai de paiement du sous-traitant court à compter de la réception par le pouvoir adjudicateur de l'accord, total ou partiel, du titulaire sur le paiement demandé, ou de l'expiration du délai mentionné au deuxième alinéa de l'art. 116 du même code si, pendant ce délai, le titulaire n'a notifié aucun accord ni aucun refus, ou encore de la réception par le pouvoir adjudicateur de l'avis postal mentionné au troisième alinéa du même article (Décr. n° 2013-269 du 29 mars 2013, art. 6). — **C. marchés.***

BIBL. ► GOHON, *RDI 1996. 139*. – ABATUCCI, *Dr. adm. 1999. Chron. 11* (sous-traitance dans les marchés publics). – OLIVIER, *Contrats et marchés publics 2001, Chron. 2* (paiement direct du sous-traitant). – CARO, *Gaz. Pal. 2007. 310* (le nouveau code des marchés publics et le paiement direct du sous-traitant). – ROULET, *ibid. 313* (même thème). – POURCEL, *Constr.-Urb. 2009. Étude 11* (à propos du droit à sous-traiter dans les marchés publics). – CARO, *Gaz. Pal. 2012. 1317* (substitution du sous-traitant en cours d'exécution du marché public). – DIDRICHE, *AJCT 2013. 178* (sous-traitance dans les marchés publics).

1. Domaine : entreprise publique. Sur la notion d'entreprise publique, V. • Com. 5 févr. 1991 : *Bull. civ. IV, n° 52 ; Rev. sociétés 1991. 741, note Debène* • 27 févr. 1990 : *ibid. IV, n° 54* • 12 janv. 1988 : *ibid., n° 16.* – Comp. : • Civ. 3e, 21 févr. 1984 : *Bull. civ. III, n° 45* • 2 oct. 2002 : *ibid., n° 198 ; RDI 2003. 63, obs. Périnet-Marquet ; RJDA 2003, n° 135* • Paris, 30 mai 2002 : *RDI 2003. 63, obs. Périnet-Marquet* • CE 19 nov. 2004 : *cité note 2 ss. art. 9.*

2. Stipulation conventionnelle. Aucune disposition ne prohibe une stipulation conventionnelle qui permette au sous-traitant ayant conclu un contrat n'entrant pas dans le champ d'application du titre II d'être payé de ses travaux directement par le maître de l'ouvrage. • Civ. 3e, 3 févr. 1988 : *Bull. civ. III, n° 30.* ♦ La stipulation d'une clause de paiement direct dans un contrat de sous-traitance, lorsque le maître de l'ouvrage n'appartient pas à l'une des catégories définies par l'art. 4, n'a pas pour effet de soumettre la convention au titre II de la loi et, partant, de priver le sous-traitant de l'exercice de l'action directe prévue au titre III. • Com. 15 oct. 1996 : *Bull. civ. IV, n° 234 ; D. 1996. IR 252 ; D. Affaires 1996. 1386 ; Gaz. Pal. 20-22 déc. 1998, p. 19, obs. Peisse.*

3. Paiement direct. **BIBL.** Téboul, *JCP E 1989. II. 15588* (aspects de droits administratifs). ♦ Sur le paiement direct du sous-traitant pour les travaux supplémentaires qu'il a exécutés et qui étaient indispensables à la réalisation de l'ouvrage et pour les dépenses résultant des sujétions imprévues qui ont bouleversé l'économie générale du marché, V. • CE 24 juin 2002 : *RJDA 2002, n° 1141* • 3 mars 2010 : *AJDA 2010. 1532, note Aubert ; JCP E 2010, n° 1511, note Linditch ; RJDA 2010, n° 506.*

4. Compétence juridictionnelle. Les litiges

relatifs au paiement direct au sous-traitant par le maître de l'ouvrage du prix des travaux concernant l'exécution d'un marché public relèvent de la compétence administrative. En revanche, il n'appartient qu'à la juridiction judiciaire de connaître de l'action dirigée par un sous-traitant contre l'entreprise titulaire du marché, dès lors que cette action est fondée sur le contrat de sous-traitance, lequel présente le caractère d'un contrat de droit privé, bien qu'il soit relatif à l'exécution de travaux publics. • T. confl. 2 juin 2008 : *Bull. civ. n° 16 ; AJDA 2008. 2448, note Eveillard ; RFDA 2008. 1074 ; RJDA 2008, n° 908.*

Les litiges auxquels peuvent donner lieu les contrats de sous-traitance relèvent des juridictions judiciaires s'agissant des conflits s'élevant entre le sous-traitant et l'entrepreneur principal ayant la qualité de personnes privées. • CE 20 oct. 1982 : *Dr. adm. 1982, n° 425* • T. confl. 26 sept. 2005 : *Bull. civ. n° 29.* ♦ La juridiction judiciaire est seule compétente pour connaître de l'action en responsabilité quasi-délictuelle du maître de l'ouvrage contre le sous-traitant d'un marché de travaux publics. • T. confl. 18 juin 2007 : *Bull. civ. n° 24 ; AJDA 2007. 2125, note Boucher et Bourgeois-Machureau.* ♦ L'action en paiement directe introduite par le sous-traitant à l'encontre du maître de l'ouvrage, SA d'économie mixte, qui l'a acceptée, relève de la compétence de la juridiction judiciaire. • T. confl. 20 juin 2005 : *Bull. civ. n° 23 ; RFDA 2005. 1055 ; JCP E 2005, n° 37, p. 1476 ; RJDA 2006, n° 27.* ♦ Sur la compétence des juridictions administratives pour déterminer l'étendue des droits du sous-traitant au paiement direct d'un marché de travaux publics, V. • CE 17 mars 1982 : *AJDA 1982. 727.* ♦ ... Pour l'exercice de l'action directe, V. • Versailles, 6 juin 1984 : *Gaz. Pal. 1985. 2. Somm. 319.*

Art. 5 Sans préjudice de l'acceptation prévue à l'article 3, l'entrepreneur principal doit, lors de la soumission, indiquer au maître de l'ouvrage la nature et le montant de chacune des prestations qu'il envisage de sous-traiter *(L. n° 2001-1168 du 11 déc. 2001)* « ainsi que les sous-traitants auxquels il envisage de faire appel.

« En cours d'exécution du marché, l'entrepreneur principal peut faire appel à de nouveaux sous-traitants, à la condition de les avoir déclarés préalablement au maître de l'ouvrage. »

Absence d'identification du sous-traitant. L'absence de mention du nom ou de la dénomination sociale du sous-traitant, lors de la soumission de l'offre, ne constitue pas une irrégularité substantielle de nature à entraîner la nullité du marché conclu. • TA Nice, 4 mars 2005 : *AJDA 2005. 1253.*

Art. 6 Le sous-traitant *(L. n° 2001-1168 du 11 déc. 2001)* « direct du titulaire du marché » qui a été accepté et dont les conditions de paiement ont été agréées par le maître de l'ouvrage, est payé directement par lui pour la part du marché dont il assure l'exécution.

Toutefois les dispositions de l'alinéa précédent ne s'appliquent pas lorsque le montant du contrat de sous-traitance est inférieur à un seuil qui, pour l'ensemble des marchés prévus au présent titre, est fixé à *(Ord. n° 2000-916 du 19 sept. 2000)* « 600 € » ; ce seuil peut être relevé par décret en Conseil d'État en fonction des variations des circonstances économiques. En deçà de ce seuil, les dispositions du titre III de la présente loi sont applicables.

En ce qui concerne les marchés industriels passés par le ministère de la défense, un seuil différent peut être fixé par décret en Conseil d'État.

Ce paiement est obligatoire même si l'entrepreneur principal est en état de liquidation des biens *[liquidation judiciaire]*, de règlement judiciaire *[sauvegarde ou redressement judiciaire] ou de suspension provisoire des poursuites.*

(L. n° 2001-1168 du 11 déc. 2001) « Le sous-traitant qui confie à un autre sous-traitant l'exécution d'une partie du marché dont il est chargé est tenu de lui délivrer une caution ou une délégation de paiement dans les conditions définies à l'article 14. »

1. Agrément du sous-traitant. Le maître de l'ouvrage n'a pas l'obligation d'informer le sous-traitant de son acceptation et de l'agrément des conditions de paiement. • Civ. 3e, 7 mai 1997 : *Bull. civ. III, n° 97 ; D. 1997. IR 145 ; D. Affaires 1997. 731 ; Gaz. Pal. 18-19 août 1999, Somm., p. 20, obs. Peisse.* ♦ Le juge administratif, statuant en application des dispositions de l'art. L. 521-1 CJA (référé-suspension) ne saurait faire droit à la demande présentée par l'entreprise principale à l'effet d'obtenir la suspension de la décision par laquelle une société d'économie mixte, maître de l'ouvrage délégué, a refusé d'accepter une entreprise en qualité de sous-traitant. • CE 4 déc. 2002 : *RJDA 2003, n° 257.* ♦ Lorsque, comme il en a la faculté, l'entrepreneur principal ne présente un sous-traitant au maître de l'ouvrage, en vue de son agrément, qu'en cours d'exécution du marché, le sous-traitant n'est en droit de prétendre au paiement direct que pour les seules prestations exécutées postérieurement à cet agrément. • CAA Versailles, 2 mai 2007 : *RDI 2007. 427, obs. Dreyfus ; LPA 4 déc. 2007, note Gérard.* ♦ Le sous-traitant n'est en droit de prétendre au paiement direct par le maître de l'ouvrage, sur le fondement des art. 5 et 6 de la L. n° 75-1334 du 31 déc. 1975, que des travaux exécutés postérieurement à la date à compter de laquelle le contrat de sous-traitance desdits travaux a été agréé par le maître de l'ouvrage. • CAA Lyon, 22 sept. 2011 : *cité note 3 ss. art. 11.*

Une entreprise qui exécute des prestations relevant de simples fournitures et non d'un contrat d'entreprise ne bénéficie pas du droit au paiement direct, même si elle a été agréée en tant que sous-traitant par le maître de l'ouvrage qui a accepté ses conditions de paiement. • CE 26 sept. 2007 : *AJDA 2007. 2384, note Gérard ; RFDA 2008. 277, concl. Boulouis, note Moderne ; JCP E 2007, n° 48, p. 39 ; RJDA 2008, n° 37.*

2. Effets du paiement direct. L'institution dans les marchés publics d'un paiement direct du sous-traitant par le maître de l'ouvrage ne fait pas disparaître le contrat de sous-traitance et laisse au sous-traitant la faculté d'agir en paiement contre l'entrepreneur principal ou de solliciter la fixation de sa créance, sans être contraint d'épuiser auparavant les voies de recours contre le maître de l'ouvrage. • Civ. 3e, 3 déc. 2008 : *Bull. civ. III, n° 193 ; D. 2008. AJ 3083, obs. Delpech ; RDI 2009. 355, obs. Périnet-Marquet ; JCP E 2009, n° 4, p. 34 ; Gaz. Pal. 2009. 1547, obs. M. P. ; BRDA 2009, n° 2, p. 6 ; Dr. et patr. mars 2009. 112, obs. Mallet-Bricout ; RDC 2009. 633, obs. Puig ; RLDC févr. 2009. 12, obs. Maugeri ; Constr.-Urb. 2009, n° 10, obs. Sizaire.* ♦ L'institution, dans les marchés passés par l'État, les collectivités locales, les établissements et entreprises publics, d'un paiement direct du sous-traitant par le maître de l'ouvrage n'a pas pour effet de décharger l'entrepreneur principal de son obligation contractuelle au paiement des travaux réalisés. • Civ. 3e, 10 mai 1991 : *Bull. civ. III, n° 131 ; D. 1992. Somm. 115, obs. Bénabent .* ♦ Le droit au paiement direct du sous-traitant agréé fait obstacle à ce que le titulaire du marché obtienne le paiement intégral de toutes les prestations effectuées en exécution du marché. • CE 21 févr. 2003 : *JCP E 2003, n° 38, p. 1484, obs. Guibal.*

3. Recevabilité de la demande. La procédure de paiement direct ne faisant pas disparaître le contrat de sous-traitance et laissant au sous-traitant la faculté d'agir contre l'entrepreneur principal, sans être contraint d'épuiser auparavant les voies de recours contre le maître de l'ouvrage, est recevable la demande d'un sous-traitant qui, admis au bénéfice du paiement direct et ayant reçu des acomptes du maître de l'ouvrage, assigne l'entrepreneur principal en paiement du solde du marché. • Civ. 3e, 15 janv. 1992 : *Bull. civ. III, n° 20 ; D. 1994. Somm. 150, obs. Bénabent .*

4. Clause de délégation. Dès lors qu'un contrat de sous-traitance stipule que l'entrepreneur principal est dégagé de toute obligation de paiement vis-à-vis du sous-traitant à concurrence des sommes dont le paiement direct par le maître de l'ouvrage est prévu, la demande en paiement dirigée par le sous-traitant contre l'entrepreneur principal doit être rejetée puisque la clause constitue une délégation parfaite par laquelle le créancier a expressément déchargé son débiteur, que cette délégation a été acceptée par le maître de l'ouvrage et qu'elle était exclusive de toute action en paiement contre l'entrepreneur principal. • Civ. 3e, 15 déc. 1993 : *Bull. civ. IV, n° 169 ; D. 1994. Somm. 150, obs. Bénabent , et 215, obs. Penneau.*

5. Absence de dette de l'entrepreneur principal. La demande de paiement direct doit être rejetée, dès lors qu'à la date de la réception de la copie de la mise en demeure adressée à l'entrepreneur principal, le maître de l'ouvrage n'était plus redevable d'aucune somme envers cet entrepreneur. • Civ. 3e, 7 mai 1997 : *préc. note 1.*

6. Portée du paiement direct en cas de cession de la créance du sous-traitant. V. note 8 ss. art. L. 313-28 C. mon. fin., v° *Banque et financement de l'entreprise.*

7. Privilège de pluviôse. La revendication du « privilège de pluviôse » par le fournisseur d'une entreprise titulaire d'un marché de travaux publics, a un autre objet et un autre fondement que la demande en paiement direct. • CE 3 juin 2005 : cité note 4 ss. art. 8.

Art. 7 **Toute renonciation au paiement direct est réputée non écrite.**

Renonciation. S'il résulte des art. 6 et 7 de la L. n° 75-1334 du 31 déc. 1975 que le sous-traitant agréé dispose d'un droit au paiement direct par le maître d'ouvrage, ces art. ne font pas obstacle à ce que le paiement de ce sous-traitant soit directement effectué par le titulaire du marché, éteignant ainsi à due concurrence la créance du sous-traitant sur le maître d'ouvrage. • CE 23 mai 2011 : *RJDA 2012, n° 161.*

Art. 8 L'entrepreneur principal dispose d'un délai de quinze jours, comptés à partir de la réception des pièces justificatives servant de base au paiement direct, pour les revêtir de son acceptation ou pour signifier au sous-traitant son refus motivé d'acceptation.

Passé ce délai, l'entrepreneur principal est réputé avoir accepté celles des pièces justificatives ou des parties de pièces justificatives qu'il n'a pas expressément acceptées ou refusées.

Les notifications prévues à l'alinéa 1er sont adressées par lettre recommandée avec accusé de réception.

1. Notification des pièces justificatives. La mise en œuvre de la procédure de paiement direct par le maître de l'ouvrage au sous-traitant oblige le sous-traitant, qu'il ait ou non expressément déchargé l'entrepreneur principal de toute obligation de paiement à concurrence des sommes dont le paiement direct par le maître de l'ouvrage était prévu, à notifier à l'entrepreneur principal les pièces justificatives servant de base à ce paiement. • Civ. 3e, 4 janv. 2006 : *Bull. civ. III, n° 4 ; RDI 2006. 472, obs. Périnet-Marquet ; Gaz. Pal. 2006. 4071, obs. Peisse ; RJDA 2006, n° 529 ; Constr.-Urb. 2006, n° 38, obs. Sizaire.* ♦ La présomption de l'art. 8, al. 2, ne s'applique qu'aux pièces justificatives de l'exécution des prestations sous-traitées et pas à d'autres éléments telles des pénalités de retard. • Civ. 3e, 30 mars 1994 : *Bull. civ. IV, n° 71.*

2. Acceptation des pièces justificatives. L'acceptation des pièces justificatives pour le paiement direct n'implique pas, de la part de l'entrepreneur principal, renonciation dans ses rapports avec le sous-traitant à invoquer le bénéfice du contrat qui les lie et, notamment, à se prévaloir de l'inexécution des travaux ou de leur mauvaise exécution. • Versailles, 28 mars 2002 : *RDI 2003. 64, obs. Périnet-Marquet.*

3. Demande du sous-traitant au maître de l'ouvrage. Si les dispositions de l'art. 8 et celles de l'art. 186 *ter* du code des marchés publics permettent au sous-traitant de s'adresser directement au maître d'ouvrage pour obtenir le paiement direct des sommes qui lui sont dues au titre du contrat de sous-traitance, lorsque le titulaire du marché ne s'est pas acquitté de ses obligations dans un délai de quinze jours, elles n'ont ni pour objet, ni pour effet de rendre irrecevable une demande adressée par le sous-traitant au maître d'ouvrage avant l'expiration de ce délai. • CE 31 oct. 1999 : *RJDA 2000, n° 654 ; LPA 12 juill. 2004, obs. Vidal.* ♦ Si l'entrepreneur principal n'a ni opposé un refus motivé à la demande de paiement du sous-traitant dans le délai de quinze jours suivant la réception, ni transmis cette demande au maître de l'ouvrage, le sous-traitant doit lui-même envoyer « en temps utile » sa demande de paiement au maître de l'ouvrage. • CE 10 déc. 2003 : *RJDA 2004, n° 556 ; LPA 12 juill. 2004, obs. Vidal.*

Il ressort des dispositions de l'art. 8 de la loi du 31 déc. 1975 et du code des marchés publics que si l'entrepreneur principal dispose d'un délai de quinze jours à compter de la date à laquelle il a été saisi, par le sous-traitant, d'une demande tendant à son paiement direct par le maître d'ouvrage, pour faire connaître son acceptation ou son refus motivé, il doit, faute d'avoir formulé un tel refus dans ce délai, être regardé comme ayant accepté définitivement la demande de paiement ; dès lors, le refus qu'il exprimerait après l'expiration du délai de quinze jours ne saurait constituer le refus motivé, au sens de ces dispositions, sur lequel le maître d'ouvrage peut régulièrement fonder son refus de payer au sous-traitant les sommes demandées. • CE 21 févr. 2011 : *RDI 2011. 274, obs. Braconnier ; AJDA 2011. 416, obs. R. G. ; AJCT 2011. 357, obs. Hul ; Gaz. Pal. 2011. 2120, note Caro ; RJDA 2011, n° 534.*

4. Contrôle de la créance du sous-traitant. Sur le contrôle de la créance du sous-traitant par le maître de l'ouvrage, V. • CE 28 avr. 2000 : *AJDA 2000. 844, obs. Caro ; Coll. terr. 2000, n° 243, obs. Célérier.* ♦ S'il est loisible au maître de l'ouvrage de soumettre au maître d'œuvre les demandes d'acompte et les pièces justificatives présentées par un sous-traitant au titre du paiement direct, aux fins de contrôler le montant de la créance de ce dernier, aucune disposition législative ou réglementaire alors en vigueur n'imposait leur transmission au maître d'œuvre par le sous-traitant ou le titulaire du marché à peine d'irrecevabilité de la demande de paiement direct. • CE 3 juin 2005 : *RJDA 2005, n° 1103.*

5. Responsabilité de l'entrepreneur principal. En refusant de transmettre le décompte au maître de l'ouvrage, l'entrepreneur cause un préjudice, dont il doit réparation, au sous-traitant qui ne peut obtenir paiement du maître de l'ouvrage. • Versailles, 31 janv. 1991 : *D. 1992. Somm. 118, obs. Bénabent*. ♦ En revanche, la responsabilité contractuelle de l'entrepreneur principal ne peut être engagée, dès lors que celui-ci a transmis toutes les réclamations de son sous-traitant au maître de l'ouvrage, organisé une réunion avec lui sur les travaux en litige et indiqué par écrit au sous-traitant que les travaux supplémentaires n'étaient pris en compte qu'à la condition d'avoir été commandés par le maître de l'ouvrage. • Civ. 3e, 31 mars 1993 : *Bull. civ. III, no 49 ; D. 1994. Somm. 150, obs. Bénabent*.

6. Cession de la créance du sous-traitant. Il ne peut pas utilement être reproché à l'entrepreneur d'avoir transmis au maître de l'ouvrage une situation qu'il avait vérifiée dès lors que le sous-traitant bénéficiait du paiement direct sur remise de situations mensuelles présentées à l'entrepreneur principal (à propos d'un entrepreneur informé de la cession de sa créance par le sous-traitant, celle-ci lui ayant été notifiée). • Com. 4 avr. 1995 : *Bull. civ. IV, no 112 ; RJDA 1995, no 1131.*

7. Refus de paiement du maître de l'ouvrage. L'art. 8 ne crée pas, à la charge de l'entrepreneur principal, une obligation de payer les travaux à la place du maître de l'ouvrage qui s'est refusé à le faire. • Civ. 3e, 31 mars 1993 : *préc. note 5.* • Versailles, 28 mars 2002 : *préc. note 2.*

Art. 9 **La part du marché pouvant être nantie par l'entrepreneur principal est limitée à celle qu'il effectue personnellement.**

Lorsque l'entrepreneur envisage de sous-traiter une part du marché ayant fait l'objet d'un nantissement, l'acceptation des sous-traitants prévue à l'article 3 de la présente loi est subordonnée à une réduction du nantissement à concurrence de la part que l'entrepreneur se propose de sous-traiter.

1. Réduction du nantissement. Un entrepreneur principal ayant sous-traité une part du marché à un sous-traitant qui a été accepté par le maître de l'ouvrage, mais le nantissement de l'ensemble du marché n'ayant fait l'objet d'aucune réduction en conséquence, il s'ensuit que l'acceptation en qualité de sous-traitant ne pouvait légalement intervenir et que le sous-traitant ne saurait bénéficier de la procédure de paiement direct. • CE 2 juin 1989 : *D. 1990. 229, note crit. Bénabent*.

2. Cession de créance. La limitation de la part de marché pouvant être nantie par l'entrepreneur principal doit être regardée comme concernant également les cessions consenties par celui-ci en application de la loi du 2 janv. 1981 [C. mon. fin., art. L. 313-23 s.]. • CE 19 nov. 2004 : *JCP E 2004, no 51, p. 1998 ; RJDA 2005, no 125.* ♦ Si le maître de l'ouvrage (société d'économie mixte) fait valoir que les travaux auxquels se rapportent les créances cédées à la banque par l'entreprise ont été en partie sous-traités par cette dernière, cette circonstance n'est pas de nature à justifier le rejet de la demande en paiement présentée par le cessionnaire, dès lors qu'il n'est pas contesté que les travaux ainsi sous-traités ne sont pas au nombre de ceux pour l'exécution desquels le sous-traitant a été accepté en cette qualité en vertu d'une annexe à l'acte d'engagement du marché et n'ont fait, préalablement à la cession des créances litigieuses, l'objet d'aucune acceptation de la part du maître de l'ouvrage. • Même décision.

L'acceptation du cessionnaire de la créance constitue non pas une condition suspensive au paiement direct du sous-traitant agréé lorsqu'il livre des prestations incluses dans le montant de la créance cédée par le titulaire du marché, mais une condition préalable à l'agrément. • CAA Lyon, 11 mai 2006 : *RFDA 2006. 849*.

Art. 10 **Le présent titre s'applique :**

Aux marchés sur adjudication ou sur appel d'offres dont les avis ou appels sont lancés plus de trois mois après la publication de la présente loi ;

Aux marchés de gré à gré dont la signature est notifiée plus de six mois après cette même publication.

TITRE III De l'action directe

BIBL. ▶ Courtier, *LPA 31 juill. 1996.* – Lisanti-Kalczynski, *JCP 2003. I. 102.* – Laronde-Clérac, *CCC 2003. Chron. 6.*

Art. 11 **Le présent titre s'applique à tous les contrats de sous-traitance qui n'entrent pas dans le champ d'application du titre II.**

1. Montant du contrat. L'action directe n'est accordée aux sous-traitants de marchés passés par l'État, les collectivités locales, les établissements et entreprises publics, que si, leur contrat de sous-traitance étant inférieur à 4 000 F (600 €), la procédure du paiement direct leur est fermée. • Civ. 3e, 12 janv. 1982 : *D. 1982. 384, note Bénabent* • CE 17 mars 1982 : *D. 1983. IR 238, obs. Delvolvé ; JCP 1983. II. 20100, note Flécheux.*

2. Clause de paiement direct. V. note 3 ss. art. 4.

3. Articulation des titres II et III. Le titre II, relatif au paiement direct, s'applique aux marchés passés par l'État, les collectivités locales, les établissements et entreprises publics sauf lorsque le montant de la sous-traitance est inférieur à 600 euros ; le titre III, relatif à l'action directe, s'applique, selon l'art. 11, à tous les contrats de sous-traitance qui n'entrent pas dans le champ d'application du titre II ; il en résulte que les champs d'application des titres II et III sont exclusifs l'un de l'autre ; par suite, le sous-traitant ne saurait valablement soutenir que, en admettant qu'il ne remplisse pas les conditions requises pour bénéficier du paiement direct pour un marché entrant dans le champ d'application du titre II, il peut néanmoins se prévaloir des dispositions du titre III ouvrant une action directe au sous-traitant à l'encontre du maître de l'ouvrage, notamment de son art. 14-1. • CAA Lyon, 22 sept. 2011 : *AJDA 2012. 342.*

Art. 12 **Le sous-traitant a une action directe contre le maître de l'ouvrage si l'entrepreneur principal ne paie pas, un mois après en avoir été mis en demeure, les sommes qui sont dues en vertu du contrat de sous-traitance ; copie de cette mise en demeure est adressée au maître de l'ouvrage.**

Toute renonciation à l'action directe est réputée non écrite.

Cette action directe subsiste même si l'entrepreneur principal est en état de liquidation des biens *[liquidation judiciaire]*, **de règlement judiciaire** *[sauvegarde ou redressement judiciaire]* ***ou de suspension provisoire des poursuites.***

(L. no 94-475 du 10 juin 1994) **« Les dispositions du deuxième alinéa de l'article 1799-1 du code civil sont applicables au sous-traitant qui remplit les conditions édictées au présent article. »** *— La loi no 94-475 du 10 juin 1994 entre en vigueur à une date fixée par décret et au plus tard le 1er oct. 1994 (art. 99).*

FORM. PR. COM. vis *Mise en demeure de payer un sous-traitant (par lettre recommandée ou par acte d'huissier) ; Assignation au fond à fin d'action directe (devant le tribunal de commerce ou le TGI)*, par Vernhet.

1. Loi de police. **BIBL.** Heuzé, *Rev. crit. DIP 1996. 243* (la loi applicable aux actions directes dans les groupes de contrats : l'exemple de la sous-traitance internationale). – Niggemann et Jonglez de Ligne, *RLDC déc. 2008. 67* (lois de police : entre protectionnisme et loyauté contractuelle). ♦ S'agissant de la construction d'un immeuble en France, la loi du 31 déc. 1975, en ses dispositions protectrices du sous-traitant, est une loi de police. • Cass., ch. mixte, 30 nov. 2007 : *cité note 1 ss. art. 1er.* ♦ *Contra*, jugeant que l'art. 12 de la loi du 31 déc. 1975 n'est pas une loi de police régissant impérativement la situation au sens de l'art. 7-2 de la Convention de Rome du 19 juin 1980. • Civ. 1re, 23 janv. 2007 : *Bull. civ. I, no 33 ; D. 2007. 2008, note Borysewicz et Loncle ; ibid. Pan. 2568, obs. Bollée ; ibid. AJ 503, obs. Gallmeister ; RTD com. 2007. 631, obs. Delebecque ; RDI 2007. 418, obs. Boubli et Périnet-Marquet ; JCP E 2007, no 9, p. 22 ; LPA 21 août 2007, note Mahinga ; Banque et Droit juill.-août 2007. 3, note Bessis ; RJDA 2007, no 610 ; Dr. et patr. déc. 2007. 82, obs. M.-E. Ancel ; RJ com. 2007. 333, obs. Attal ; RDC 2007. 879, obs Deumier.* ♦ V. aussi pour l'art. 13-1 de la loi : • Com. 19 déc. 2006 : *cité note 4 ss. art. 13-1.*

2. Ordre public. Sur la nullité d'une renonciation à l'action directe, V. • Civ. 3e, 27 sept. 1983 : *Bull. civ. III, no 170* • 4 déc. 1984 : *ibid., no 204.*

3. Décharge de l'entrepreneur. L'action directe du sous-traitant contre le maître de l'ouvrage n'a pas pour effet de décharger l'entrepreneur principal de son obligation contractuelle au paiement des travaux réalisés par le sous-traitant. • Civ. 3e, 25 nov. 1998 : *Bull. civ. III, no 222 ; D. 1999. 50, note D.-R. Martin ; Gaz. Pal. 18-19 août 1999, Somm., p. 19, obs. Peisse.*

4. Enrichissement sans cause. L'action du sous-traitant contre le maître de l'ouvrage ne peut être fondée sur l'enrichissement sans cause.

• Civ. 3e, 9 déc. 1992 : *Bull. civ. IV, no 319 ; D. 1994. Somm. 152, obs. Bénabent*. ♦ L'action du sous-traitant en paiement du solde du prix sur le fondement de l'enrichissement sans cause est irrecevable dès lors qu'il est établi qu'il avait disposé d'une action directe qu'il n'avait pu exercer qu'en raison de son absence d'agrément par le maître de l'ouvrage. • Civ. 3e, 4 déc. 2002 : *Bull. civ. III, no 247 ; JCP E 2003, no 5, p. 201 ; RJDA 2003, no 379*. – V., dans le même sens, en cas de marché public, • Amiens, 8 janv. 1987 : *D. 1987. 336, note Dubois* • CE 9 mars 1984 : *AJDA 1984. 400, note Sablier et Caro*. ♦ Comp., rejetant le pourvoi contre un arrêt ayant admis l'action *de in rem verso* du sous-traitant non agréé : • Civ. 3e,11 juin 1985 : *D. 1986. 456, note Dubois*.

I. CONDITIONS D'OUVERTURE DE L'ACTION DIRECTE

5. Agrément du sous-traitant. V. notes 6 s. ss. art. 3 et note 1 ss. art. 6.

6. Action directe contre le seul maître de l'ouvrage. Sur l'irrecevabilité d'une action directe contre l'entrepreneur principal, V. • Civ. 3e, 12 juill. 1989 : *Bull. civ. III, no 167*.

7. Sous-traitance en chaîne. Les sous-traitants, quel que soit leur rang, n'ont une action directe que contre celui pour le compte de qui la construction est réalisée et qui conserve la qualité de maître de l'ouvrage. • Civ. 1re, 26 oct. 2011 : *cité note 21 ss. art. L. 721-3 C. com.* ♦ L'action directe est accordée aux sous-traitants du sous-traitant sans distinction selon leur rang, à l'encontre du maître de l'ouvrage, qui reste toujours le même quelle que soit la succession des sous-traitants. • Civ. 3e, 29 mai 1980 : *D. 1980. 443, note Bénabent* • Cass., ch. mixte, 18 juin 1982 : *JCP 1982. II. 19858, concl. Sadon et note G. F.* ♦ V. aussi • Com. 19 mai 1998 : *Bull. civ. IV, no 158 ; D. Affaires 1998. 1315, obs. J. F. ; RJDA 1998, no 1108 ; JCP E 1999, no 5, p. 217, obs. Mainguy*.

8. Exigence d'une mise en demeure. Sur l'inefficacité de simples lettres d'opposition, même recommandées, V. • Civ. 3e, 8 juin 1982 : *Bull. civ. III, no 144* • 4 janv. 1996 : *ibid., no 2 ; D. 1996. IR 44 ; D. Affaires 1996. 175 ; JCP 1996. II. 22696, note Ammar* • Com. 12 mai 1992 : *Bull. civ. IV, no 178 ; D. 1994. Somm. 152, obs. Bénabent* • 12 mars 1996 : *RJDA 1996, no 917*. ♦ Comp., désormais, disposant que la mise en demeure peut résulter d'une lettre missive, s'il en ressort une interpellation suffisante : C. civ., art. 1139, 1146 et 1153, mod. par L. no 91-650 du 9 juill. 1991 (applicable à compter du 1er janv. 1993). ♦ Considérant comme étant une interpellation suffisante la lettre recommandée avec accusé de réception par laquelle le sous-traitant a demandé à l'entrepreneur principal de lui régler promptement un certain nombre de factures pour un montant déterminé, et l'a informé de la mise en œuvre de la procédure d'action directe, V. • Versailles, 3 févr. 2000 : *BRDA 2000, no 10, p. 7*. ♦ Sur l'inefficacité de la présentation au paiement d'une lettre de change, V. • Com. 3 juill. 1990 : *Bull. civ. IV, no 199*.

9. Actes équivalents à la mise en demeure. Sont équivalents à la mise en demeure : la production au passif de la procédure collective de l'entrepreneur principal. • Com. 12 mai 1992 : *préc. note 8* • 9 mai 1995 : *Bull. civ. IV, no 131 ; D. 1995. IR 163*. ♦ ... La dénonciation d'une saisie-arrêt au mandataire liquidateur de l'entrepreneur principal et la déclaration du solde de la créance du sous-traitant. • Paris, 13 mars 1992 : *RJDA 1992, no 584*. ♦ ... L'assignation de l'entrepreneur principal. • Versailles, 16 déc. 1993 : *RDI 1994. 249, obs. Malinvaud et Boubli*. ♦ ... La déclaration de créance à la procédure collective ouverte à l'encontre de l'entrepreneur principal. • Paris, 21 oct. 1998 : *JCP E 1998, no 47, p. 1809*. ♦ ... A la condition qu'elle ait été faite antérieurement à l'action directe contre le maître de l'ouvrage ; la simple information de ce dernier de l'ouverture de la procédure collective de l'entrepreneur ne saurait pallier la méconnaissance de la formalité prévue par le texte. • Colmar, 16 mars 2006 : *JCP 2006. IV. 2963*. – V. aussi : • Orléans, 23 nov. 2006 : *RJDA 2007, no 477*.

10. Régularisation. Le défaut de respect des formalités prévues par l'art. 12 peut faire l'objet d'une régularisation. • Paris, 13 mars 1992 : *préc. note 9*. ♦ Mais dès lors que ces formalités n'ont pas été respectées, le maître de l'ouvrage ne peut valablement opposer au mandataire-liquidateur de l'entrepreneur principal le paiement qu'il a pris l'initiative d'effectuer entre les mains du sous-traitant. • Civ. 3e, 13 déc. 1995 : *Bull. civ. III, no 256 ; D. 1996. IR 36 ; D. Affaires 1996. 199* • 6 déc. 2006 : *Bull. civ. III, no 241 ; D. 2007. AJ 82 ; JCP E 2007, no 5, p. 24 ; RJDA 2007, no 478*. – V. aussi • Paris, 20 sept. 2006 : *RDI 2007. 422, obs. Boubli et Périnet-Marquet*.

11. Inutilité d'une mise en cause. Les art. 12 et 13 ne subordonnent pas la recevabilité de l'action directe à la mise en cause de l'entrepreneur principal ou de son représentant dans l'instance opposant le sous-traitant au maître de l'ouvrage. • Com. 6 mai 1996 : *RJDA 1996, no 1192*.

12. Redressement et liquidation judi-

ciaires. **BIBL.** Gatsi, *JCP E 2000, n° 8, p. 308.* ♦ La mise en demeure adressée à un entrepreneur principal dessaisi par l'effet d'un jugement de liquidation des biens [liquidation judiciaire] est inopérante. • Civ. 3e, 3 juill. 1996 : *Bull. civ. III, n° 170 ; D. Affaires 1996. 1123 ; LPA 25 oct. 1996, note Coffy de Boisdeffre ; Gaz. Pal. 20-22 déc. 1998, p. 19, obs. Peisse.* ♦ Sur l'absence de nécessité d'une déclaration des créances des sous-traitants au passif de la procédure collective ouverte à l'encontre de l'entrepreneur principal, V. note 22 ss. art. L. 621-43 ancien, cité ss. art. L. 622-24 C. com., et note 29 *bis* ss. art. L. 621-46 ancien, cité ss. art. L. 622-26 C. com. – V. déjà • Civ. 3e, 29 févr. 1984 : *Bull. civ. III, n° 56.* ♦ Sur la possibilité, cependant, de produire concomitamment à titre conservatoire, V. • Versailles, 29 sept. 1988 : *D. 1988. IR 262.* ♦ V. aussi note 9.

Sur la possibilité d'adresser une mise en demeure malgré l'ouverture d'une procédure collective, V. note 43 ss. art. L. 622-21 C. com. ♦ La créance produite pour un montant inférieur à celui de la demande présentée dans l'action directe laisse subsister les droits du sous-traitant contre le maître de l'ouvrage. • Com. 11 avr. 1995 : *Bull. civ. IV, n° 120 ; D. 1995. IR 124 ; BRDA 1995, n° 9, p. 8 ; Quot. jur. 30 mai 1995, p. 2.* ♦ Sur l'absence de droit de priorité du sous-traitant sur les sommes que l'entrepreneur a reçues du maître de l'ouvrage, V. • Civ. 3e, 9 janv. 1991 : *D. 1992. Somm. 116, obs. Bénabent.* ♦ Sur l'exclusion de la règle de l'arrêt du cours des intérêts en cas d'action directe, V. • Paris, 18 déc. 1990 : *D. 1991. IR 48* (loi de 1967, art. 39).

13. Rétrocession d'honoraires par l'entrepreneur principal. L'usage consistant à subordonner la rétribution des missions sous-traitées au versement par le maître de l'ouvrage des honoraires dus à l'architecte, n'est pas de nature à priver le sous-traitant de la mise en œuvre de l'action directe contre le maître de l'ouvrage, en cas de non-paiement de la rémunération par l'architecte ; par conséquent, le recours par le sous-traitant à cette procédure ne peut en soi être considéré comme fautif même si les parties étaient jusqu'alors dans une relation d'affaires qui semblait l'exclure, sous réserve toutefois d'un comportement particulier révélant l'intention de nuire par le truchement de cette procédure. • Colmar, 17 déc. 1998 : *BICC 1999, n° 776 ; RDI 2000. 54, obs. Malinvaud et Boubli.*

II. OBJET DE L'ACTION DIRECTE

14. Prestations fournies au titre du marché principal. Le sous-traitant peut réclamer au maître de l'ouvrage la totalité des sommes dont celui-ci reste redevable à l'égard de l'entrepreneur principal, sans distinction suivant l'origine des prestations fournies au titre du marché principal, d'où résulte cette dette. • Cass., ch. mixte, 18 juin 1982 : *préc. note 7* • Civ. 3e, 29 mai 1991 : *Bull. civ. III, n° 159 ; D. 1992. Somm. 117, obs. Bénabent* • Paris, 13 oct. 1993 : *RJDA 1994, n° 158.* ♦ Si les obligations du maître de l'ouvrage à l'égard du sous-traitant sont limitées à ce qu'il doit à l'entrepreneur principal, la loi ne faisant aucune distinction suivant l'origine des prestations fournies au titre du marché principal d'où résulte cette dette, il en résulte que l'action du sous-traitant n'est pas limitée aux sommes dues par le maître de l'ouvrage à l'entrepreneur principal sur les seuls travaux exécutés par le sous-traitant, mais qu'il doit être tenu compte de l'ensemble des dettes du maître de l'ouvrage vis-à-vis de l'entrepreneur principal pour le chantier en cause. • Lyon, 15 juin 2000 : *BICC 2000, n° 1404.* ♦ Mais les art. 1er, 12 et 13 de la loi ne conférant d'action directe au sous-traitant que sur les sommes dues au titre du contrat d'entreprise dont l'exécution lui a été confiée, l'assiette de cette action ne s'étend pas aux sommes susceptibles d'être dues par le maître de l'ouvrage au même entrepreneur au titre d'autres marchés. • Com. 10 déc. 2003 : *Bull. civ. IV, n° 203 ; D. 2004. AJ 212 ; JCP E 2004, n° 7, p. 253 ; Defrénois 2005. 58, obs. Périnet-Marquet ; Gaz. Pal. 2004. Somm. 3355, obs. Peisse ; RJDA 2004, n° 420 ; RDI 2004. 442, obs. Périnet-Marquet.*

15. Prestations contractuellement prévues. Sur l'exclusion du paiement correspondant à des travaux supplémentaires non approuvés par le maître de l'ouvrage, V. • Civ. 3e, 13 mai 1992 : *Bull. civ. III, n° 149 ; D. 1994. Somm. 151, obs. Bénabent.* ♦ V. aussi • Civ. 3e, 5 juin 1996 : *Gaz. Pal. 1998. 2. Somm. 523, obs. Peisse* • Paris, 9 févr. 2000 : *RDI 2000. 179, obs. Boubli et Malinvaud.*

16. Totalité des sommes dues. Les obligations du maître de l'ouvrage sont limitées à ce qu'il doit encore à l'entrepreneur principal à la date de la réception de la copie de la mise en demeure. • Civ. 3e, 15 févr. 1983 : *D. 1983. 483, note Bénabent* • 29 mai 1991 : *préc. note 14* • 3 juin 1992 : *Bull. civ. III, n° 187.* ♦ Le maître de l'ouvrage doit établir la date et le montant du règlement des travaux à l'entrepreneur principal pour se décharger envers le sous-traitant. • Civ. 3e, 8 nov. 2006 : *Bull. civ. III, n° 219 ; RDI 2007. 421, obs. Boubli et Périnet-Marquet ; JCP E 2006, n° 50, p. 2155 ; RJDA 2007, n° 150.* ♦ Sur les conditions d'opposabilité au sous-traitant des créances de pénalité ou d'indemnité, V., exigeant que ces créances soient certaines, • Civ. 3e, 10 juill. 1996 : *Bull. civ. III, n° 179 ; D. Affaires 1996. 1161.* ♦ Comp., sur la nécessité également de créances liquides et exigibles : • Civ. 3e, 18 mars 1992 : *Bull. civ. III, n° 97 ; D. 1994. Somm. 151, obs. Bénabent.* ♦ Cependant, l'art. 12 n'impose pas que les sommes dont le paiement est demandé à l'entrepreneur soient exigibles à la date de la mise en demeure. • Civ. 3e, 13 déc. 1983 : *Bull. civ. III, n° 259.* ♦ V. aussi, jugeant que si deux dettes sont connexes, le juge ne peut pas, pour écarter la demande de compensation entre les sommes dues par le maître de l'ouvrage et celles dues par le sous-traitant, retenir que l'une des dettes ne réunit pas les conditions de liquidité et d'exigibilité : • Civ. 3e, 6 mai 2003 : *LPA 8 déc. 2003, obs. Claret ; RJDA 2004, n° 304 ; RDI 2003. 454, obs. Boubli et Périnet-Marquet.* ♦ En ce sens que la recevabilité de l'action directe suppose que la créance ne corresponde pas à des prestations nécessaires à l'achèvement du chantier, V. • Civ. 3e, 3 juill. 1996 : *Bull. civ. III, n° 169 ; CCC 1996, n° 201, note Leveneur.*

17. Paiement antérieur. Le sous-traitant n'a pas à démontrer que la facture dont il réclame paiement n'a pas déjà été réglée à l'entrepreneur principal par le maître de l'ouvrage. • Versailles, 22 sept. 1994 : *JCP E 1995. Pan. 486.*

18. Sommes payées en vertu d'un jugement. Le maître de l'ouvrage est tenu, envers le sous-traitant, au titre de l'action directe, alors même qu'il a payé l'entrepreneur principal en exécution d'un jugement assorti de l'exécution provisoire, ce paiement n'étant pas libératoire du maître de l'ouvrage à l'égard du sous-traitant qui exerce l'action directe. • Paris, 26 sept. 2002 : *RDI 2003. 263, obs. Périnet-Marquet.*

19. Fonds sous séquestre. Viole les art. 12 et 13 de la loi, ainsi que les art. 1956 et 1963 C. civ., l'arrêt retenant que le séquestre des fonds susceptibles de représenter le solde de la créance de l'entrepreneur principal fait échapper ces fonds à l'action directe du sous-traitant engagée postérieurement à la décision ordonnant ce séquestre, alors que le séquestre n'équivaut pas à un paiement, V. • Civ. 3e, 6 janv. 1999 : *Bull. civ. III, n° 1 ; D. 1999. IR 41 ; D. Affaires 1999. 512, obs. J. F.*

20. Intérêts. Aucune disposition de la loi du 31 déc. 1975 ne fait obstacle au paiement d'intérêts suivant les règles du droit commun sur les créances concernées par l'action directe. • Paris, 18 déc. 1990 : *D. 1991. IR 48.* ♦ Mais l'envoi de la copie de la mise en demeure notifiée à l'entrepreneur principal ne constitue pas, à l'égard du maître de l'ouvrage, une sommation de payer au sens de l'art. 1153 C. civ. • Civ. 3e, 29 mai 1991 : *préc. note 14* • Com. 16 juill. 1991 : *Bull. civ. IV, n° 259 ; D. 1992. Somm. 117, obs. Bénabent* • Civ. 3e, 30 oct. 1991 : *Bull. civ. III, n° 256 ; D. 1992. Somm. 117, obs. Bénabent.*

III. CONFLITS DE DROITS

BIBL. Romani, *D. 1990. Chron. 179.*

21. Concours entre sous-traitants. La loi du 31 déc. 1975 n'ayant établi ni droit de priorité, ni privilège au profit de l'un des sous-traitants, en cas de concours entre eux, ils doivent être traités à égalité, dès lors qu'ils s'étaient manifestés avant paiement par le maître de l'ouvrage de certains d'entre eux ou décision judiciaire consacrant l'exercice à leur profit de l'action directe. • Civ. 3e, 11 févr. 1987 : *Bull. civ. III, n° 26 ; D. 1987. 256, note Bénabent.* ♦ La « transaction » passée par un maître de l'ouvrage avec des sous-traitants, prévoyant un paiement préférentiel à leur profit peut être annulée sur demande d'un autre sous-traitant ayant rempli les obligations mises à sa charge par l'art. 12. • Civ. 3e, 9 juin 1999 : *Bull. civ. III, n° 134.*

22. Créanciers nantis. Aucun texte ne confère au créancier, bénéficiaire d'un nantissement sur un marché entrant dans le champ d'application du titre III, une action directe sur la créance de l'entrepreneur principal à l'égard du maître de l'ouvrage. • Com. 19 mai 1980 : *D. 1980. 443, note Bénabent ; JCP 1980. II. 19440, note Flécheux.* ♦ Même si le sous-traitant n'a pas été agréé, il peut exciper de l'inopposabilité à son égard des privilèges résultant des nantissements consentis sur la créance de l'entrepreneur principal contre le maître de l'ouvrage. • Même arrêt. ♦ V. aussi note 15 ss. art. 3.

23. Porteur d'une lettre de change. V. note 15 ss. art. L. 511-7 C. com. ♦ En l'absence de mauvaise foi du banquier, l'art. 13-1 ne s'oppose pas à l'opération d'escompte au profit d'une banque, effectuée par un entrepreneur principal qui n'avait pas obtenu préalablement le cautionnement prévu par ce texte (à propos d'un billet à ordre). • Com. 5 mars 1991 : *Bull. civ. IV, n° 95 ; D. 1992. Somm. 28, obs. Vasseur ; JCP 1992. II. 21888, note Crionnet ; Gaz. Pal. 1992. 2. 445, note Montout.* – Comp. : • Com. 12 févr. 1991 : *Bull. civ. IV, n° 63.* ♦ Sur l'inopposabilité, sur le fondement de l'art. L. 512-8 C. com., du règlement d'un billet à ordre au bénéficiaire d'une action directe, V. • Civ. 3e, 6 déc. 2011 : *RDI 2012. 507, obs. Périnet-Marquet.*

24. Cessionnaire d'un « bordereau Dailly ». Sur le rejet de la demande en paiement, formée par une banque pour une créance qui lui a été cédée par un entrepreneur et au règlement de laquelle le débiteur cédé a opposé les paiements exécutés par lui au profit de sous-traitants ayant exercé l'action directe, les sous-traitants ayant été agréés et leurs conditions de paiement acceptées par le débiteur cédé, V. • Com. 22 mai 2001 : *Bull. civ. IV, n° 95 ; RJDA 2001, n° 1210.* ♦ V. aussi notes 24 s. ss. art. L. 313-27 C. mon. fin., v° *Banque et financement de l'entreprise.*

25. Affacturage. La société d'affacturage ne peut opposer au sous-traitant exerçant l'action directe la subrogation dans la partie de la créance relative aux travaux qu'il a exécutés. • Com. 5 févr. 1991 : *Bull. civ. IV, n° 53 ; Rev. dr. bancaire 1991. 100, obs. Crédot et Gérard.* – V. déjà • Com. 22 nov. 1988 : *Bull. civ. IV, n° 318 ; D. 1989. 212, note Bénabent.* ♦ Sur la responsabilité du maître de l'ouvrage ayant agi de façon trompeuse à l'égard de l'affactureur subrogé dans les droits de l'entrepreneur principal, V. • Com. 7 juin 1994 : *RJDA 1994, n° 1140.*

26. Compte courant. Sur la possibilité pour la banque cessionnaire de la créance d'un sous-traitant de poursuivre l'entreprise principale, à laquelle elle avait notifié la cession, en paiement de la créance, lorsque le contrat liant l'entrepreneur principal et le sous-traitant prévoit que toutes les opérations résultant de son exécution sont comptabilisées dans le compte courant unique et indivisible ouvert au nom du sous-traitant, V. • Com. 9 oct. 2001 : *Bull. civ. IV, n° 159 ; JCP E 2001, n° 47, p. 1840.*

Art. 13 **L'action directe ne peut viser que le paiement correspondant aux prestations prévues par le contrat de sous-traitance et dont le maître de l'ouvrage est effectivement bénéficiaire.**

Les obligations du maître de l'ouvrage sont limitées à ce qu'il doit encore à l'entrepreneur principal à la date de la réception de la copie de la mise en demeure prévue à l'article précédent.

FORM. PR. COM. v° *Avis au maître d'ouvrage de la mise en demeure adressée à l'entrepreneur principal*, par Vernhet.

V. notes 14 à 20 ss. art. 12.

Art. 13-1 *(L. n° 81-1 du 2 janv. 1981)* **L'entrepreneur principal ne peut céder ou nantir les créances résultant du marché ou du contrat passé avec le maître de l'ouvrage qu'à concurrence des sommes qui lui sont dues au titre des travaux qu'il effectue personnellement.**

(L. n° 84-46 du 24 janv. 1984) **« Il peut, toutefois, céder ou nantir l'intégralité de ces créances sous réserve d'obtenir, préalablement et par écrit, le cautionnement personnel et solidaire visé à l'article 14 de la présente loi vis-à-vis des sous-traitants. »**

I. CHAMP D'APPLICATION

1. Loi de police. Les prescriptions résultant de l'art. 13-1 ne peuvent être valablement opposées aux banques cessionnaires qu'à la condition que la loi française soit applicable au contrat liant le cédant et le sous-traitant. • Com. 19 déc. 2006 : *Bull. civ. IV, n° 251 ; JCP E 2007, n° 22, p. 21 ; Banque et Droit juill.-août 2007. 38, obs. Affaki et Stoufflet ; Dr. et patr. déc. 2007. 83, obs. M.-E. Ancel.* ♦ Il convient de caractériser l'existence d'un lien de rattachement de l'opération avec la France au regard de l'objectif de protection des sous-traitants poursuivi par la loi de 1975. • Com. 27 avr. 2011 : *Bull. civ. IV, n° 60 ; D. 2011. 1654, note Le Bos ; ibid. Pan. 2438, obs. d'Avout ; ibid. Actu. 1277, obs. Delpech ; RTD com. 2012. 214, obs. Delebecque ; RDI 2011. 620, obs. Perinet-Marquet ; Rev. crit. DIP 2011. 497, rapport Maîtrepierre, note Ance. ; JCP E 2011, n° 1745, spéc. n° 4, obs. Nourissat ; LPA 22 juill. 2011, note Legrand ; Gaz. Pal. 2011. 2182, note Guerchoun ; RJDA 2011, n° 710 ; RJ com. 2011. 577, note Berlioz ; RDC 2011. 1294, note Racine ; Bull. Joly Entrep. diff. 2011. 325, note Bonhomme ; JDI 2012. 148, note de Vareilles-Sommières.* ♦ V. aussi pour l'art. 12 de la loi : • Civ. 1re, 23 janv. 2007 : *cité note 1 ss. art. 12.* ♦ *V., contra,* jugeant que la loi de 1975 est une loi de police : • Cass., ch. mixte, 30 nov. 2007 : *cité note 1 ss. art. 1er.*

2. Exclusion des rapports ne concernant pas le sous-traitant. Les dispositions de l'art. 13-1, par lesquelles le législateur a entendu préserver le droit d'action directe du sous-traitant, n'ont pas vocation à s'appliquer dans un litige ne concernant que les rapports entre l'entrepreneur principal, créancier cédant, le maître de l'ouvrage, débiteur cédé et la banque cessionnaire de la créance. • Paris, 23 févr. 2000 : *D. 2000. AJ 178, obs. Faddoul*. ♦ En l'absence de tout conflit entre les sous-traitants et le banquier cessionnaire, le débiteur cédé n'est pas fondé à se prévaloir des dispositions de l'art. 13-1, al. 2 de la loi du 31 déc. 1975. • Com. 18 juin 2002 : *RD banc. fin. 2002, n° 174, obs. Crédot et Gérard.*

En l'absence d'exercice de son action directe par le sous-traitant, le débiteur cédé n'est pas fondé à se prévaloir à l'encontre du cessionnaire de la violation de l'art. 13-1, le bénéfice de cette inopposabilité étant réservé au seul sous-traitant. • Com. 3 déc. 2002 : *RTD civ. 2003. 130, obs. Crocq* ; *RJDA 2003, n° 533.* ♦ Seul le sous-traitant peut se prévaloir des dispositions des art. 13-1 et 14 de la L. du 31 déc. 1975 et cette loi ne met aucune obligation à la charge du cessionnaire de la créance résultant du marché sous-traité envers le maître de l'ouvrage. • Com. 13 nov. 2007 : *cité note 12 bis ss. art. L. 132-8 C. com.* • 13 nov. 2007 : *pourvoi n° 06-16.429.*

3. Sous-traitant de premier rang. Le sous-traitant de premier rang, considéré, aux termes de l'art. 2, comme un entrepreneur principal à l'égard de son sous-traitant, ne peut, selon l'art. 13-1, céder les créances résultant du marché que pour le prix des travaux qu'il a effectués personnellement. • Com. 4 janv. 1994 : *RJDA 1994, n° 649 ; Rev. dr. bancaire 1994. 127, obs. Crédot et Gérard.*

4. Sous-traitance occulte. La cession de créance consentie par un entrepreneur principal à un tiers est inopposable au sous-traitant, même occulte, dès lors que la créance de l'entrepreneur principal sur le maître de l'ouvrage ne correspond pas à des travaux effectués personnellement par cet entrepreneur. • Civ. 3e, 9 juin 1999 : *Bull. civ. III, n° 135 ; D. Affaires 1999. 1396, obs. J. F. ; Dr. et patr. 2000. 94, obs. Chauvel.* ♦ La cession étant intervenue en fraude des droits du sous-traitant, l'entrepreneur principal ne peut opposer à ce dernier aucun droit sur les sommes payées à ce titre par le maître de l'ouvrage. • Même arrêt. – V. aussi • Civ. 3e, 30 janv. 2007 : *RDI 2007. 416, obs. Boubli et Périnet-Marquet*.

Dès lors que le crédit-preneur, maître d'ouvrage délégué, avait l'obligation, en vertu des stipulations du contrat de crédit-bail, de veiller à la mise en œuvre des dispositions protectrices de la L. n° 75-1334 du 31 déc. 1975 à l'égard des sous-traitants, cela englobait nécessairement les dispositions concernant les cessions de créances visées à l'art. 13-1 de la loi. • Civ. 3e, 6 juill. 2010 : *RDI 2010. 545, obs. Périnet-Marquet* ; *RJDA 2010, n° 1099.*

II. SANCTION

5. Inopposabilité de la cession de créance. En l'absence du cautionnement personnel et solidaire prévu par l'art. 14, la cession par l'entrepreneur principal de créances correspondant à des travaux qu'il a sous-traités est inopposable au sous-traitant. Peu importe qu'une telle cession et le paiement effectué pour en assurer l'exécution soient intervenus antérieurement à l'exercice de l'action directe du sous-traitant contre le maître de l'ouvrage. • Com. 16 mai 1995 : *Bull. civ. IV, n° 141 ; Rev. huiss. 1996. 84, note Courtier ; RTD civ. 1995. 937, obs. Croq* ; *D. 1995. IR 155.* ♦ Les cessions de créance pratiquées en contravention à l'interdiction édictée par l'art. 13-1 ne sont pas nulles mais seulement inopposables aux sous-traitants concernés. • Com. 3 déc. 2002 : *préc. note 2.*

V. aussi notes 24 s. ss. art. L. 313-27 C. mon. fin., v° *Banque et financement de l'entreprise.* ♦ V. notes 21 à 23 ss. art. 12 et note ss. art. 15.

6. Tribunal compétent. Sur le point de savoir si le litige relève des tribunaux judiciaires ou administratifs, V. • Civ. 1re, 18 juill. 2000 : *RJDA 2001, n° 108.* ♦ Comp. • Civ. 1re, 25 févr. 2003 : *RJDA 2003, n° 668.*

Art. 14 **A peine de nullité du sous-traité, les paiements de toutes les sommes dues par l'entrepreneur au sous-traitant, en application de ce sous-traité, sont garantis par une caution personnelle et solidaire obtenue par l'entrepreneur d'un établissement qualifié, agréé dans des conditions fixées par décret. Cependant, la caution n'aura pas lieu d'être fournie si l'entrepreneur délègue le maître de l'ouvrage au sous-traitant dans les termes de l'article 1275 du code civil, à concurrence du montant des prestations exécutées par le sous-traitant.**

A titre transitoire, la caution pourra être obtenue d'un établissement figurant sur la liste fixée par le décret pris en application de la loi n° 71-584 du 16 juillet 1971 concernant les retenues de garantie.

BIBL. ▸ SIMLER, *RDI 1996. 149* (délégation du maître de l'ouvrage). – ABBATUCCI, *RDI 2010. 31* (influence de la crise sur les garanties des constructeurs et des sous-traitants) ;

RDI 2013. 41 (garanties de paiement des sous-traitants). – Seifert *RCA 2013. Formule 4* (obligation du maître de l'ouvrage de veiller à ce que l'entrepreneur principal fournisse une caution au sous-traitant).

1. Champ d'application. L'art. 14 n'est pas applicable à un contrat de sous-traitance intervenu pour l'exécution d'un marché public. • Civ. 3e, 24 avr. 2003 : *JCP 2004. II. 10042, note Caro, Sablier et Abbatucci ; AJDA 2003. 1486, note Dreyfus ; RJDA 2003, n° 1060* • 13 janv. 2009 : *RDI 2009. 355, obs. Périnet-Marquet*. ♦ L'obligation pour l'entrepreneur principal d'obtenir une caution pour les contrats de sous-traitance relevant du titre III de la loi du 31 déc. 1975 n'est pas subordonnée à l'exercice de l'action directe ou à l'acceptation du sous-traitant par le maître de l'ouvrage. • Civ. 3e, 14 oct. 1992 : *Bull. civ. III, n° 273 ; D. 1994. Somm. 148, obs. Bénabent*. ♦ De même, l'obligation d'obtenir préalablement un cautionnement ne se limite pas aux seuls cas où l'entrepreneur principal cède ou nantit l'intégralité des créances résultant du contrat passé avec le maître de l'ouvrage. • Civ. 3e, 18 juill. 2001 : *RJDA 2001, n° 1211 ; RDI 2002. 56, obs. Périnet-Marquet*.

Viole l'art. 14 l'arrêt qui, pour rejeter le moyen tiré de la nullité du sous-traité concernant un chantier, opposée par le sous-traitant à la demande de l'entrepreneur principal, tendant à faire constater la résolution de ce sous-traité et obtenir le paiement de dommages et intérêts, retient que l'entrepreneur n'est pas tenu de fournir caution avant le début des travaux et que le sous-traitant ne pouvait plus invoquer la nullité d'un contrat qu'il n'avait pas exécuté et qui était résolu avant qu'il ne puisse se prévaloir du défaut de caution. • Civ. 3e, 30 mars 1994 : *Bull. civ. IV, n° 71 ; D. 1994. IR 105.*

2. Ordre public. Le sous-traitant ne peut renoncer aux droits que lui confère l'art. 14, et sont nuls et de nul effet, quelle qu'en soit la forme, les clauses, stipulations et arrangements qui auraient pour effet de faire échec à ces dispositions. • Civ. 3e, 11 oct. 1989 : *Bull. civ. III, n° 189 ; D. 1990. 119, note Caro et Sablier* • 4 févr. 2004 : *cité note 8* • Versailles, 22 févr. 1990 : *D. 1992. Somm. 113, obs. Bénabent*. ♦ Un sous-traitant ne pouvant renoncer aux dispositions d'ordre public de la loi du 31 déc. 1975, une cour d'appel ne peut retenir qu'ayant eu communication du cahier des clauses administratives particulières stipulant que le maître de l'ouvrage n'accepterait pas de délégation de paiement et ayant été informé de l'absence de cautionnement, le sous-traitant avait ainsi accepté l'absence de garantie de paiement si bien qu'il ne pouvait pas arguer de ses propres erreurs pour agir contre le maître de l'ouvrage. • Civ. 3e, 9 juill. 2003 : *Bull. civ. III, n° 153 ; JCP E 2003, n° 40, p. 1553 ; Dr. et patr. nov. 2003. 87, obs. Chauvel ; Gaz. Pal. 2004. Somm. 1293, obs. Peisse ; Defrénois 2004. 448, obs. Périnet-Marquet ; RJDA 2004, n° 553 ; RDI 2004. 105, obs. Périnet-Marquet*.

3. Nature du cautionnement. Malgré les termes utilisés, le cautionnement de l'art. 14, imposé par la loi et dont la conclusion intervient entre le débiteur et le garant, ne constitue pas une caution au sens des art. 2011 s. [2288 s.] C. civ. • Paris, 27 sept. 2002 : *RDI 2003. 263, obs. Périnet-Marquet*. ♦ La garantie de livraison de l'ouvrage, prise en application de l'art. L. 231-6 CCH, s'analyse en un cautionnement d'un caractère particulier stipulé en faveur du maître de l'ouvrage en cas de défaillance du constructeur, et en aucun cas en une garantie de paiement en faveur des sous-traitants. • Civ. 3e, 15 janv. 2003 : *Bull. civ. III, n° 1 ; Gaz. Pal. 2003. Somm. 3905, obs. Peisse ; RDI 2003. 268, obs. Périnet-Marquet*.

4. Forme du cautionnement. **BIBL.** Guerchoun, *D. 2005. 1154* (interdiction des cautions-flottes en matière de sous-traitance). ♦ Viole les art. 14 et 15 de la loi du 31 déc. 1975 la cour d'appel qui, pour rejeter la demande en nullité du sous-traité, retient que ce contrat comporte en annexe un modèle de caution établi par une banque (caution-flotte), sans relever l'existence d'un engagement de caution personnel et solidaire, pour l'entrepreneur principal, signé par l'établissement bancaire. • Civ. 3e, 11 oct. 1989 : *préc. note 2*. – V. dans la même affaire • Rouen, 10 sept. 1991 : *inédit* • Civ. 3e, 20 oct. 1993 : *RDI 1994. 52, obs. Malinvaud et Boubli*. ♦ La caution personnelle et solidaire, garantissant le paiement de toutes les sommes dues par l'entrepreneur principal au sous-traitant en application du sous-traité, doit comporter le nom de ce sous-traitant et le montant du marché garanti (refus du système de la caution-flotte). • Civ. 3e, 18 déc. 2002 : *Bull. civ. III, n° 267 ; D. 2003. 1158, note Caro et Sablier ; Gaz. Pal. 2003. Somm. 3917, obs. Peisse ; RDI 2003. 85, obs. Berly ; ibid. 264, obs. Périnet-Marquet ; JCP E 2003, n° 7-8, p. 297 ; Defrénois 2003. 1270, obs. Périnet-Marquet ; RJDA 2003, n° 381* (et sur renvoi • Paris, 30 juin 2004 : *RDI 2005. 288, obs. Périnet-Marquet*) • 15 déc. 2004 : *Bull. civ. III, n° 242 ; D. 2005. IR 460 ; RDI 2005. 288, obs. Périnet-Marquet ; JCP E 2005, n° 6, p. 210 ; RJDA 2005, n° 256*. ♦ ... Ce qui exclut l'existence d'une stipulation pour autrui. • Civ. 3e,

18 déc. 2002 : *D. 2003. 1158, note Caro et Sablier*. ♦ *Contra*, validant un système de cautions de sous-traitance par attestations mis en place entre un entrepreneur principal et une banque : • Civ. 3e, 20 juin 2012 : *Bull. civ. III, n° 99 ; Dalloz actualité, 5 sept. 2012, obs. Garcia ; RDI 2012. 508, note Berly ; RJDA 2012, n° 957 ; Constr.-Urb. 2012, n° 152, obs. Sizaire.* ♦ Sur les obligations du maître de l'ouvrage s'agissant de l'identité de l'organisme caution, V. • Civ. 3e, 18 juin 2003 : *cité note 12 ss. art. 14-1.*

5. Nature de la nullité. Le contrat est nul, dès lors que le cautionnement n'a pas été fourni lors de la conclusion et il importe peu qu'un acte de cautionnement ait été obtenu par l'entrepreneur après que le sous-traitant eut invoqué la nullité dans une lettre de mise en demeure. • Civ. 3e, 17 juill. 1996 : *Bull. civ. III, n° 192 ; D. Affaires 1996. 1191.* ♦ Dans le même sens, lorsque l'acte de cautionnement a été obtenu par l'entrepreneur concomitamment à la délivrance de l'assignation en nullité du sous-traité. • Civ. 3e, 7 févr. 2001 : *Bull. civ. III, n° 15 ; RDI 2001. 163, obs. Périnet-Marquet*. – V. aussi • Civ. 3e, 5 mai 2011 : *RDI 2011. 619, obs. Perinet-Marquet*. ♦ De même, il importe que le sous-traitant ait reçu de l'entrepreneur principal le paiement intégral de ses prestations telles que contractuellement prévues. • Civ. 3e, 12 mars 1997 : *Bull. civ. III, n° 55 ; D. Affaires 1997. 504.* ♦ Comp., en ce sens que la nullité prévue par l'art. 14 n'étant que relative, le sous-traitant ne peut plus s'en prévaloir dès lors qu'il a donné *quitus* à l'entrepreneur principal des paiements reçus par une reconnaissance de paiement sous réserve, laquelle vaut effectivement confirmation du marché de sous-traitance exécuté : • Orléans, 12 déc. 1994 : *JCP 1995. IV. 1215.* ♦ La nullité du contrat ne peut être prononcée alors que l'entrepreneur principal avait mis en demeure le sous-traitant de venir signer le contrat et que seul le refus du sous-traitant de signer les documents avait empêché l'entrepreneur de justifier du cautionnement. • Civ. 3e, 14 nov. 2001 : *Bull. civ. III, n° 130 ; RDI 2002. 55, obs. Périnet-Marquet*. – Comp. • Com., 12 juill. 2005 : *Bull. civ. IV, n° 164 ; D. 2005. AJ 2380, obs. Chevrier ; JCP E 2005, n° 40, p. 1637 ; RJDA 2005, n° 1213* • Civ. 3e, 25 mai 2011 : *Bull. civ. III, n° 84 ; Dalloz actualité, 15 juin 2011, obs. Dreveau ; JCP E 2011, n° 1509 ; BRDA 2011, n° 11, p. 7.*

6. Action en nullité. L'action en nullité est soumise à la prescription quinquennale prévue à l'art. 1304 C. civ. et le délai court – hormis les exceptions édictées par ce texte – à compter de la date de conclusion du sous-traité et non à compter de la date du complet paiement du marché. • Civ. 3e, 20 févr. 2002 : *Bull. civ. III, n° 43 ; D. 2002. AJ 1347, obs. Chevrier ; Defrénois 2002. 1027, obs. Périnet-Marquet ; Gaz. Pal. 2003. Somm. 1908, obs. Peisse ; RDI 2003. 64, obs. Périnet-Marquet*. ♦ Comp., jugeant que la loi de 1975 ne prévoit aucun délai de forclusion pour invoquer la nullité qui peut l'être même après la levée des réserves, dans le délai de prescription de droit commun. • Versailles, 22 févr. 1990 : *préc. note 2.* ♦ *Contra*, jugeant que l'entreprise ne peut agir en nullité qu'au cours de l'exécution du contrat, soit qu'elle n'ait pas encore achevé son travail, soit que le prix n'en ait pas été entièrement soldé par l'entrepreneur principal, • Rouen, 14 juin 1990 : *D. 1992. Somm. 113, obs. Bénabent (2e esp.)*.

7. Effets de la nullité. Le sous traitant étant fondé à refuser de poursuivre l'exécution d'un contrat nul, il en résulte que la nullité rétroactive du sous traité interdisait à l'entrepreneur principal de revendiquer un préjudice du fait de la rupture unilatérale du contrat et qu'en conséquence de cette nullité, le sous traitant était en droit de solliciter le paiement de la contre valeur des travaux qu'il avait réalisés. • Civ. 3e, 18 nov. 2009 : *Bull. civ. III, n° 252 ; D. 2010. 741, note Labarthe ; Dalloz actualité, 26 nov. 2009, obs. Delpech ; RDI 2010. 543, obs. Périnet-Marquet ; JCP E 2009, n° 51-52, p. 28 ; CCC 2010, n° 37, obs. Leveneur ; LPA 17 mai 2010, note Choné ; RJDA 2010, n° 240.* ♦ Lorsqu'un contrat de sous-traitance a été annulé, le sous-traitant est fondé à réclamer au titre de l'évaluation de ses prestations, dont la restitution est devenue impossible, le montant des sommes déboursées et les charges supportées. • Paris, 9 nov. 2001 : *RDI 2002. 51, obs. Périnet-Marquet*. ♦ En cas d'annulation du sous-traité, la rémunération du sous-traitant doit se faire non en fonction du prix qui avait été convenu entre les parties mais en fonction du juste coût des prestations réalisées. • Paris, 29 janv. 2004 : *RDI 2004. 443, obs. Périnet-Marquet (2e esp.)*. ♦ Jugeant que le montant des restitutions à verser à un sous-traitant, à la suite de l'annulation du contrat, peut se baser sur le rapport d'expertise prenant en compte les travaux réellement exécutés et le prix habituel de ces travaux : • Civ. 3e, 30 nov. 2011 : *Bull. civ. III, n° 204 ; Dalloz actualité, 19 déc. 2011, obs. Dreveau ; JCP E 2012, n° 1008 ; RJDA 2012, n° 287.* ♦ Mais, le sous-traitant ne pouvant se prévaloir du contrat de sous-traitance pour obtenir le paiement de ses travaux et le rejeter pour échapper à ses obligations contractuelles, il en résulte que le non-respect par l'entrepreneur principal des dispositions relatives aux garanties de paiement dues à son sous-traitant ne le prive pas du droit d'agir à son encontre en réparation des malfaçons affectant les travaux qu'il a réalisés. • Civ. 3e, 14 déc. 2011 : *Bull. civ. III, n° 213 ; Dalloz actualité, 13 janv. 2012, obs. Fleuriot ; D. 2012. Actu. 149 ; RDI 2012. 503, obs. Périnet-Marquet ; JCP E 2012, n° 1079 ; Gaz. Pal. 2012. 464, obs. Parmentier ; BRDA 2012, n° 4, p. 7 ; Constr.-Urb. 2012, n° 30, obs. Sizaire.*

Sur les effets de la nullité sur une garantie à première demande. V. • Paris, 14 janv. 1993 : *JCP 1993. II. 22069, note Dumesnil-Rossi.*

8. Délégation. Pour un arrêt exigeant l'accord du maître de l'ouvrage lors de la conclusion du sous-traité pour la délégation de paiement proposée par l'entrepreneur principal, V. • Civ. 3e, 4 févr. 2004 : *Bull. civ. III, n° 30 ; JCP E 2004, n° 14, p. 540 ; RJDA 2004, n° 703 ; Defrénois 2005. 58, obs. Périnet-Marquet ; Gaz. Pal. 2004. Somm. 3356, obs. Peisse ; RDI 2004. 441, obs. Périnet-Marquet.* ♦ L'acceptation du sous-traitant et l'agrément des conditions de paiement par le maître de l'ouvrage n'impliquent pas l'existence d'une délégation de paiement. • Civ. 3e, 26 sept. 2007 : *Bull. civ. III, n° 151 ; D. 2007. AJ 2533, obs. Delpech ; JCP 2008. I. 104, n° 17, obs. Barthez.* ♦ La clause de délégation de paiement qui stipule que « le maître de l'ouvrage ne procédera au règlement des situations présentées par le sous-traitant que sur ordre de l'entreprise principale » ne peut être opposée au sous-traitant dès lors que, le jour de la signature de la convention, le maître de l'ouvrage connaissait le montant des travaux sous-traités et savait qu'ils étaient achevés. • Civ. 3e, 23 mai 2007 : *Bull. civ. III, n° 81 ; RJDA 2007, n° 1092.* ♦ L'ordre de paiement n'est ni une condition de validité ni un élément constitutif de la délégation mais une modalité de son exécution. • Civ. 3e, 19 déc. 2012 : *Dalloz actualité, 14 janv. 2013, obs. Delpech ; D. 2013. Chron. C. cass. 1168, obs. Georget ; RDI 2013. 265, obs. Périnet-Marquet ; JCP 2013, n° 230, note Boffa ; Constr.-Urb. 2013, n° 23, obs. Sizaire.*

Art. 14-1 *(L. n° 86-13 du 6 janv. 1986)* **Pour les contrats de travaux de bâtiment et de travaux publics :**

— le maître de l'ouvrage doit, s'il a connaissance de la présence sur le chantier d'un sous-traitant n'ayant pas fait l'objet des obligations définies à l'article 3, *(L. n° 2001-1168 du 11 déc. 2001)* **« ou à l'article 6, ainsi que celles définies à l'article 5, mettre l'entrepreneur principal ou le sous-traitant en demeure de s'acquitter de ces obligations. Ces dispositions s'appliquent aux marchés publics et privés ; »**

— si le sous-traitant accepté, et dont les conditions de paiement ont été agréées par le maître de l'ouvrage dans les conditions définies par décret en Conseil d'État, ne bénéficie pas de la délégation de paiement, le maître de l'ouvrage doit exiger de l'entrepreneur principal qu'il justifie avoir fourni la caution.

Les dispositions ci-dessus concernant le maître de l'ouvrage ne s'appliquent pas à la personne physique construisant un logement pour l'occuper elle-même ou le faire occuper par son conjoint, ses ascendants, ses descendants ou ceux de son conjoint.

(L. n° 2005-845 du 26 juill. 2005, art. 186) **« Les dispositions du deuxième alinéa s'appliquent également au contrat de sous-traitance industrielle lorsque le maître de l'ouvrage connaît son existence, nonobstant l'absence du sous-traitant sur le chantier. Les dispositions du troisième alinéa s'appliquent également au contrat de sous-traitance industrielle. »**

FORM. PR. COM. vis *Demande de justification de la caution donnée ; Demande du maître de l'ouvrage à fin d'agrément*, par Vernhet.

BIBL. ▶ Périnet-Marquet, *JCP 1994. I. 3745.* – Berly, *RDI 1995. 483.* – Rollet, *Gaz. Pal. 1er-4 nov. 2000, p. 19.* – Houtcieff, *D. 2002. 1506.* – Abbatucci, *RDI 2002. 488* (responsabilité du maître de l'ouvrage à l'égard des sous-traitants). – Guérin, *Rapport 2002 de la Cour de cassation, p. 237* (même thème). – Gareau, *AJDI 2004. 271* (le maître de l'ouvrage et la garantie de paiement du sous-traitant). – Périnet-Marquet, *RDI 2005. 376* (sécurisation financière du sous-traitant).

1. Entrée en vigueur. L'art. 14-1 est d'application immédiate. • Civ. 3e, 13 juin 1990 : *Bull. civ. III, n° 144 ; D. 1990. 465, note Dubois, et 1992. Somm. 115, obs. Bénabent.*

2. Ordre public. Le maître de l'ouvrage ne peut, par le biais d'une stipulation contractuelle interdisant la sous-traitance, se dégager de l'application de la loi d'ordre public du 31 déc. 1975 et notamment des obligations découlant de son art. 14-1. • Paris, 23 avr. 2003 : *RDI 2004. 103, obs. Périnet-Marquet*.

I. CHAMP D'APPLICATION

3. Marché principal. En ce sens que seuls les travaux de bâtiments ou de travaux publics réalisés au titre de marché principal entrent dans le champ d'application de l'art. 14-1, V. • Civ. 3e, 2 oct. 2002 : *cité note 4.* ♦ Le maître de l'ouvrage n'est pas tenu des obligations de l'art. 14-1 à l'égard du locateur d'ouvrage qui, n'ayant pas exécuté une partie du marché principal, mais des travaux de réfection imputables à une faute de l'entrepreneur, n'avait pas agi en qualité de sous-traitant pour les travaux supplémentaires. • Civ. 3e, 15 déc. 2004 : *Bull. civ. III, no 243 ; JCP E 2005, no 6, p. 210 ; RJDA 2005, no 257 ; Gaz. Pal. 2005. 4269, obs. Peisse ; Defrénois 2006. 56, obs. Périnet-Marquet.* – V. aussi : • Civ. 3e, 14 avr. 2010 : *Bull. civ. III, no 86 ; Dalloz actualité, 17 mai 2010, obs. Dreveau ; D. 2010. Actu. 1209 ; RDI 2010. 543, obs. Périnet-Marquet ; JCP E 2010, no 1531 ; Gaz. Pal. 2010. 2672, note Caro ; RJDA 2010, no 744.*

4. Travaux de bâtiment. Ne constituent pas des travaux de bâtiment l'installation et la modification de machines. • Com. 12 mars 1996 : *RJDA 1996, no 917.* ♦ Dans le même sens, s'agissant de marchés d'achat de matériel à usage industriel, V. • Civ. 3e, 20 déc. 2000 : *RDI 2001. 164, obs. Périnet-Marquet* • Versailles, 8 janv. 1998 : *RJDA 1998, no 590.* ♦ Le contrat de maîtrise d'œuvre, bien que portant sur une prestation intellectuelle, et dont partie était sous-traitée, dès lors qu'il a été conclu pour l'exécution d'un programme de construction immobilière, peut entrer dans la catégorie des travaux de bâtiment. • Civ. 3e, 26 mai 2004 : *D. 2004. IR 1866 ; JCP E 2004, no 30, p. 1177 ; Gaz. Pal. 2005. Somm. 2133, obs. Peisse ; CCC 2004, no 124, obs. Leveneur ; RJDA 2004, no 1117 ; Defrénois 2005. 58, obs. Périnet-Marquet ; RDI 2004. 444, obs. Périnet-Marquet ; Administrer août-sept. 2005. 54, obs. Artz.* ♦ *Contra*, jugeant que le contrat de l'architecte avec le maître de l'ouvrage a pour objet une prestation intellectuelle et non une opération matérielle de « travaux » au sens du texte, V. • Paris, 3 juill. 2002 : *RDI 2003. 66, obs. Périnet-Marquet*. ♦ Sur la notion de travaux de bâtiment, V. aussi • Civ. 3e, 2 oct. 2002 : *Bull. civ. III, no 197 ; D. 2002. IR 2989 ; RDI 2003. 65, obs. Périnet-Marquet ; RJDA 2002, no 1269 ; Defrénois. 2003. 321, obs. Périnet-Marquet.* ♦ Sur l'application de l'art. 14-1 à des travaux de construction d'un atelier pour la réalisation d'une unité industrielle, V. • Civ. 3e, 9 déc. 1998 : *Bull. civ. III, no 236 ; D. Affaires 1999. 792, obs. J. F. ; Gaz. Pal. 18-19 août 1999, Somm., p. 18, obs. Peisse.*

5. Travaux publics. L'expression « travaux publics » figurant à l'art. 14-1 concerne les travaux de génie civil. • Civ. 3e, 4 juin 1997 : *Bull. civ. III, no 127 ; D. Affaires 1997. 1144 ; Gaz. Pal. 1998. 2. Somm. 522, obs. Peisse.* ♦ Jugeant que les travaux de génie civil dont se prévalait le sous-traitant n'étaient pas extérieurs mais intérieurs au bâtiment et ne pouvaient pas correspondre à des travaux publics, V. • Com. 26 mai 2004 : *JCP E 2004, no 30, p. 1176 ; Gaz. Pal. 2005. Somm. 2133, obs. Peisse ; RJDA 2004, no 12.*

5 bis. Marché public. Il résulte des dispositions des deux premiers alinéas de l'art. 14-1 qui, d'une part, ne portent pas sur les modalités de mise en œuvre de l'action directe, d'autre part, renvoient notamment à la procédure d'agrément des sous-traitants prévue aux art. 5 et 6 du titre II de la loi et, enfin, s'appliquent expressément aux marchés publics et privés, que le législateur a entendu, par dérogation aux dispositions de l'art. 11 de la même loi, que ces dispositions s'imposent à l'ensemble des marchés de sous-traitance, que leurs modalités de paiement relèvent du titre II ou du titre III de la L. du 31 déc. 1975. • CE 15 nov. 2012 : *AJDA 2012. 2254 ; RDI 2013. 83, note Galland ; RJDA 2013, no 230.*

6. Chaîne de contrats. L'art. 14-1 ne crée d'obligation qu'à l'égard du maître de l'ouvrage qui reste toujours le même quelle que soit la succession des sous-traitants. En conséquence, doit être cassé l'arrêt qui, pour accueillir la demande du sous-traitant de second rang en paiement du solde du prix, retient que l'entrepreneur principal avait nécessairement connaissance de l'existence du contrat de sous-traitance conclu par le sous-traitant de premier rang et que l'entrepreneur principal commet une faute en s'abstenant de mettre l'entreprise directement liée à ce sous-traitant en demeure de faire procéder à son acceptation par le maître de l'ouvrage. • Civ. 3e, 15 janv. 2003 : *Bull. civ. III, no 2 ; JCP E 2003, no 10, p. 394 ; Gaz. Pal. 2004. Somm. 1294, obs. Peisse ; RJDA 2003, no 718 ; RDI 2003. 268, obs. Périnet-Marquet* • 21 janv. 2004 : *RDI 2004. 445, obs. Périnet-Marquet*.

6 bis. Sous-traitance industrielle. Les dispositions du 2e al. de l'art. 14-1 s'appliquent au contrat de sous-traitance industrielle lorsque le maître de l'ouvrage connaît son existence, nonobstant l'absence du sous-traitant sur le chantier. • Civ. 3e, 7 nov. 2012 : *Bull. civ. III, no 163 ; Dalloz actualité, 19 nov. 2012, obs.*

Delpech ; D. 2012. Actu. 2736 ; RDI 2013. 266, obs. Périnet-Marquet ; JCP E 2012, n° 1765 ; CCC 2013, n° 27, obs. Leveneur. ♦ Pour une application du dernier al. de l'art. 14-1, V. aussi • Versailles, 13 déc. 2010 : *RJDA 2011, n° 533.*

II. OBLIGATION DU MAÎTRE DE L'OUVRAGE

7. Office du juge. Les juges du fond ne sont pas tenus de rechercher d'office si le maître de l'ouvrage a rempli les obligations mises à sa charge par l'art. 14-1, al. 3. • Civ. 3e, 25 sept. 2002 : *Bull. civ. III, n° 177 ; RJDA 2003, n° 134. 6 ; RDI 2003. 69, obs. Périnet-Marquet .*

8. Connaissance de la présence sur le chantier. L'appréciation de la connaissance du sous-traitant par le maître de l'ouvrage résulte d'une appréciation souveraine des juges du fond. • Civ. 3e, 12 févr. 2003 : *RDI 2003. 266, obs. Périnet-Marquet .* ♦ Sur la question de savoir qui, du maître de l'ouvrage personne morale ou de ses dirigeants ou actionnaires, doit avoir connaissance de la présence du sous-traitant sur le chantier, V. • Civ. 3e, 2 févr. 2005 : *Bull. civ. III, n° 23 ; RDI 2005. 290, obs. Périnet-Marquet ; Gaz. Pal. 2005. 4269, obs. Peisse ; JCP E 2005, n° 12, p. 500 ; RJDA 2005, n° 693 ; Administrer août-sept. 2007. 65, obs. Artz.* ♦ En cas de mandat, c'est en la personne de la SCI mandante, tenue, en sa qualité de maître de l'ouvrage, d'exécuter l'obligation légale imposée par l'art. 14-1, qu'il convient d'apprécier la connaissance de la présence du sous-traitant sur le chantier. • Civ. 3e, 4 févr. 2004 : *RDI 2004. 446, obs. Périnet-Marquet .*

9. Moment de la connaissance de l'intervention du sous-traitant. Le texte ne comporte aucune condition relative au moment de la connaissance de l'intervention du sous-traitant par le maître de l'ouvrage, V. • Civ. 3e, 2 oct. 2002 : *Bull. civ. III, n° 199 ; D. 2002. IR 2917 ; Gaz. Pal. 2003. Somm. 3917, obs. Peisse ; RJDA 2003, n° 22 ; RDI 2003. 67, obs. Périnet-Marquet ; Defrénois 2003. 323, obs. Périnet-Marquet.* ♦ En ce sens que l'action en réparation engagée par le sous-traitant contre le maître de l'ouvrage ne saurait être rejetée du seul fait que celui-ci n'avait pas eu connaissance de la présence du sous-traitant dès le premier jour de son intervention. • Civ. 3e, 9 juill. 2003 : *cité note 1 ss. art. 14.* ♦ ... Ou n'a eu connaissance de la présence du sous-traitant qu'après la fin des travaux. • Civ. 3e, 2 oct. 2002 : *préc.*

10. Preuve de la connaissance de l'intervention du sous-traitant. Le sous-traitant ayant effectué sur le chantier des travaux se chiffrant à près de 200 000 F [3 049 €], son intervention n'a pu ainsi être passée inaperçue au maître de l'ouvrage, d'autant que ce dernier a réceptionné sans aucune objection des matériaux livrés sur ledit chantier pour le compte du sous-traitant. • Bourges, 23 janv. 1996 : *JCP 1996. IV. 1661.* ♦ V. aussi, pour d'autres indices et éléments de preuve (ampleur et durée du chantier, présence sur le chantier de matériel, baraques et pancartes, émission de factures, attestations...), • Civ. 3e, 4 juin 1997 : *préc. note 5* • 1er déc. 2000 : *RDI 2000. 56, obs. Périnet-Marquet* • 16 déc. 2008 : *RDI 2009. 356, obs. Périnet-Marquet ; RJDA 2009, n° 336 ; RDC 2009. 636, obs. Puig.* ♦ Le maître de l'ouvrage a nécessairement connaissance de l'intervention de la société concernée sur le chantier puisqu'il a été destinataire d'une demande d'acompte de sa part. • Versailles, 25 janv. 2008 : *JCP E 2008, n° 10, p. 27.* ♦ En revanche, une délégation de paiement du maître de l'ouvrage au profit du sous-traitant pour des travaux lui ayant eté confiés à l'origine ne permet pas de déduire que le maître de l'ouvrage avait connaissance de la présence du sous-traitant sur le chantier pour la réalisation de nouveaux travaux. • Civ. 3e, 12 juin 2002 : *Bull. civ. III, n° 136 ; D. 2002. IR 2778 ; JCP E 2003, n° 9, p. 369, note Lutun ; Defrénois 2003. 323, obs. Périnet-Marquet ; Gaz. Pal. 2003. Somm. 1908, obs. Peisse ; Administrer févr. 2004. 39, note Valdès.* ♦ Même solution en présence d'un simple accord donné par le maître de l'ouvrage, dans le marché le liant à l'entrepreneur principal, à la réalisation de travaux en sous-traitance, dès lors qu'il n'est pas justifié de l'acceptation d'un sous-traitant particulier. • Civ. 3e, 12 juin 2002 : *RJDA 2002, n° 1270 ; RDI 2003. 67, obs. Périnet-Marquet .* ♦ Un sous-traitant qui ne fait état que de correspondances avec un bureau de contrôle, soit antérieures à la conclusion du contrat de sous-traitance, soit ne permettant pas de déterminer son intervention effective en cette qualité, soit largement postérieures à la fin de la mission de contrôle, ne rapporte pas la preuve que le maître de l'ouvrage savait que l'entrepreneur principal ne réalisait pas lui-même la prestation confiée à ce sous-traitant. • Versailles, 6 sept. 2001 : *JCP E 2002, n° 1, p. 8.* ♦ Les comptes rendus de chantier signalant la présence du sous-traitant mais qui n'ont pas été signés par les participants aux réunions ne sauraient constituer la preuve que le maître de l'ouvrage a effectivement été informé de ladite présence. • Rennes, 20 sept. 2001 : *JCP 2002. IV. 2263* • Colmar, 16 mars 2006 : *JCP E 2006, n° 41, p. 1735.* – Comp. • Lyon, 13 nov. 2007 : *BICC 15 janv. 2008, n° 84.*

10 bis. Identification par le maître de l'ouvrage. Ayant exactement retenu que l'application de l'art. 14-1 suppose que le sous-traitant ait été identifié par le maître de l'ouvrage, une cour d'appel retient souverainement que cette preuve n'est pas établie par la lettre du 21 déc. 1999, lettre adressée en recommandé et par laquelle le maître de l'ouvrage se plaignait à l'entrepreneur principal, de réclamations de la part des sous-traitants qui menaçaient d'enlever les équipements installés. • Civ. 3e, 7 nov. 2007 : *Bull. civ. III, n° 193 ; D. 2007. AJ 3003, obs. Delpech ; JCP E 2007, n° 50, p. 25 ; RJDA 2008, n° 268 ; Constr.-Urb. 2008, n° 48, obs. Charbonneau ; Defrénois 2009. 79, obs. Périnet-Marquet.*

11. Mise en demeure de l'entrepreneur principal. L'art. 14-1 n'édictant aucun formalisme, ne commet pas de faute le maître de l'ouvrage qui, par courrier, a mis en demeure l'entrepreneur principal de s'acquitter de ses obligations. • Metz, 12 févr. 1997 : *JCP 1998. IV. 1407.* ♦ Si le législateur n'exige pas expressément que la mise en demeure prenne la forme d'une lettre recommandée, encore faut-il en cas d'envoi d'une lettre simple, outre la mention d'une interpellation suffisante pour constituer une telle mise en demeure, que la réception de ladite lettre par l'entreprise principale soit, non pas possible ou probable, mais certaine, preuve à défaut de laquelle il est impossible de retenir l'existence d'une mise en demeure. • Paris, 10 avr. 2002 : *RDI 2003. 68, obs. Périnet-Marquet*. ♦ Comp., pour une analyse de la mise en demeure en une injonction personnelle donnée par le maître d'ouvrage à l'entrepreneur imposant, d'une part, que celle-ci soit adressée par lettre recommandée avec AR et, d'autre part, qu'elle vise nommément le sous-traitant concerné, seul un tel visa permettant de rendre effective la mise en demeure : • Paris, 30 janv. 1998 : *JCP E 1998, n° 15-16, p. 585.* ♦ Si la mise en demeure n'est soumise à aucun formalisme, encore faut-il qu'il s'agisse d'une véritable mise en demeure présentant un caractère comminatoire certain, et non pas d'une simple invitation laissée à la discrétion de l'entrepreneur principal. • Versailles, 16 mai 2002 : *RDI 2003. 68, obs. Périnet-Marquet ; BICC 2003, n° 176.* ♦ Ne satisfait pas à l'obligation légale le maître de l'ouvrage qui se borne à mentionner, même à plusieurs reprises, dans des comptes rendus de chantier à l'adresse de l'entrepreneur principal, le nom d'une entreprise sous-traitante, en indiquant « agréments de sous-traitants : à transmettre rapidement ». • Même arrêt. ♦ De même, ne vaut pas mise en demeure la lettre du maître de l'ouvrage « demandant » ou « exigeant » que l'entrepreneur fournisse caution. • Paris, 27 nov. 1996 : *RJDA 1997, n° 352.*

12. Vérification incombant au maître de l'ouvrage. Il appartient au maître de l'ouvrage de veiller à l'efficacité des mesures qu'il met en œuvre pour satisfaire aux obligations mises à sa charge par l'art. 14-1. • Civ. 3e, 21 nov. 2012 : *Bull. civ. III, n° 171 ; D. 2012. Actu. 2801, obs. Delpech ; D. 2013. Chron. C. cass. 1168, obs. Georget ; RDI 2013. 268, obs. Périnet-Marquet ; JCP E 2012, n° 1786 ; BRDA 2013, n° 2, p. 5.* ♦ L'obligation pesant sur le maître de l'ouvrage d'exiger de l'entrepreneur principal qu'il justifie avoir fourni la caution incluait la vérification non seulement de l'obtention par cet entrepreneur d'une caution bancaire, mais encore de la communication par lui au sous-traitant de l'identité de l'organisme caution et des termes de cet engagement. • Civ. 3e, 18 juin 2003 : *Bull. civ. III, n° 131 ; D. 2003. IR 1881 ; JCP E 2003, n° 36, p. 1361 ; Gaz. Pal. 2005. Somm. 2133, obs. Peisse ; RD banc. fin. 2003, n° 185, obs. Legeais ; Defrénois 2003. 1271, obs. Périnet-Marquet ; AJDI 2004. 320 ; RJDA 2003, n° 1061 ; RDI 2004. 105, obs. Périnet-Marquet*. ♦ La cour d'appel, qui n'a pas relevé les moyens mis en œuvre par le maître de l'ouvrage pour contraindre l'entrepreneur principal à respecter ses obligations en matière de sous-traitance, n'a pas donné de base légale à sa décision. • Civ. 3e, 8 sept. 2010 : *Bull. civ. III, n° 150 ; Dalloz actualité, 17 sept. 2010, obs. Delpech ; D. 2010. Actu. 2063 ; RDI 2010. 546, obs. Périnet-Marquet ; JCP E 2010, n° 1872 ; Gaz. Pal. 2011. 183, note Caro ; RJDA 2010, n° 1151 ; Constr.-Urb. 2011, n° 11, obs. Gareau.* ♦ Sur la forme du cautionnement, V. note 4 ss. art. 14. ♦ Le maître de l'ouvrage ne peut prétendre avoir satisfait à ses obligations vis-à-vis du sous-traitant par la seule mention de l'existence de l'obligation de fourniture de caution par l'entreprise principale dans les marchés conclus entre les parties. • Paris, 8 sept. 2006 : *JCP E 2006, n° 48, p. 2056.* ♦ Le respect des exigences légales impose que le maître de l'ouvrage veille à être en mesure de pouvoir vérifier par lui-même de l'existence et du contenu de la caution prise, sans se contenter sur ce point des affirmations de l'entreprise générale. • Paris, 4 juin 2004 : *RDI 2005. 291, obs. Périnet-Marquet*. ♦ Le maître de l'ouvrage qui ne demande pas à l'entrepreneur principal de justifier la fourniture d'une caution doit s'assurer que celui-ci a accepté la délégation de paiement au profit du sous-traitant. • Civ. 3e, 12 juin 2013 : *pourvoi n° 12-21.317.*

III. RESPONSABILITÉ DU MAÎTRE DE L'OUVRAGE

13. Responsabilité extracontractuelle du maître de l'ouvrage. BIBL. Périnet-Marquet, *RDI 1996. 159*. ♦ Le maître de l'ouvrage commet une faute en n'exigeant pas de l'entrepreneur principal la fourniture de la caution imposée par la loi. • Civ. 3e, 5 juin 1996 : *Bull. civ. III, no 134 ; D. 1996. IR 163 ; D. Affaires 1996. 836 ; JCP 1996. II. 22715, note Périnet-Marquet.* ♦ Commet une faute engageant sa responsabilité extracontractuelle le maître de l'ouvrage qui, ayant connaissance de l'existence du sous-traitant et de sa présence sur le chantier, s'abstient de mettre l'entrepreneur en demeure de faire procéder à l'acceptation du sous-traitant et à l'agrément des conditions de paiement de celui-ci. • Paris, 22 janv. 1991 : *D. 1992. 500, note Morvan, et Somm. 115, obs. Bénabent* • 12 févr. 1991 : *ibid.* ♦ Le maître de l'ouvrage doit ainsi réparer le préjudice subi par le sous-traitant, qui a été privé du droit d'exercer l'action directe, du fait du non-respect des dispositions de l'art. 14-1. • Mêmes arrêts. – Dans le même sens : • Versailles, 7 févr. 1992 : *JCP 1994. I. 3745 (annexe I)* • Toulouse, 26 mai 1997 : *BICC 1998, no 202* • Basse-Terre, 18 juin 1997 : *Gaz. Pal. 1998. 1. Somm. 325, obs. Vray.* ♦ Sur la responsabilité d'un maître d'ouvrage délégué apparent à l'égard du sous-traitant, V. • Civ. 3e, 12 janv. 2005 : *RDI 2005. 293, obs. Périnet-Marquet.*

14. Absence de faute du maître de l'ouvrage. Les dispositions de la loi du 31 déc. 1975 n'imposant d'obligation qu'à l'entrepreneur principal et non au maître de l'ouvrage, à l'exception de l'art. 14-1 inapplicable en l'espèce, et la société sous-traitante ne pouvant donc reprocher au maître de l'ouvrage de n'avoir pas mis l'entrepreneur principal en demeure de remplir ses obligations, la faute du maître de l'ouvrage n'était pas démontrée. • Civ. 3e, 4 déc. 2002 : *Bull. civ. III, no 246 ; JCP E 2003, no 5, p. 201 ; Gaz. Pal. 2004. Somm. 1294, obs. Peisse ; RJDA 2003, no 380 ; RDI 2003. 265, obs. Périnet-Marquet.* ♦ Considérant que le maître de l'ouvrage qui doit exiger de l'entrepreneur principal une justification de la fourniture de caution prévue à l'art. 14-1 se conforme à cette obligation en subordonnant la poursuite des travaux sous-traités à la fourniture du cautionnement et en retenant, sur les sommes qu'il doit à l'entrepreneur, le prix correspondant à ces travaux, le simple envoi d'une lettre recommandée de mise en demeure étant insuffisant, V. • Paris, 15 sept. 2000 : *AJDI 2000. 958 ; BRDA 2000, no 23, p. 8.* – V. aussi • Paris, 3 févr. 2003 : *RDI 2003. 456, obs. Boubli et Périnet-Marquet.* ♦ Le maître d'ouvrage, qui engage sa responsabilité personnelle s'il ne met pas l'entreprise en demeure de régulariser la situation des sous-traitants, est par conséquent en droit de sanctionner cette carence grave de l'entrepreneur par la rupture du contrat ; il ne peut lui être reproché d'y avoir procédé sans attendre une décision de justice au fond sur ce point. • Paris, 13 févr. 2013 : *Constr.-Urb. 2013, no 72, obs. Sizaire.* ♦ L'obligation de mettre en demeure l'entrepreneur principal de fournir une caution bancaire n'est prévue qu'en cas d'acceptation du sous-traitant. • Civ. 3e, 9 mai 2012 : *Bull. civ. III, no 68 ; Dalloz actualité, 7 juin 2012, obs. Garcia ; D. 2012. Actu. 1330 ; RDI 2012. 505, obs. Périnet-Marquet ; RJDA 2012, no 958 ; Gaz. Pal. 2012. 2778, obs. Parmentier ; Administrer mars 2013. 41, note Valdès.*

15. Absence de responsabilité partielle du sous-traitant. La loi du 31 déc. 1975 n'impose pas au sous-traitant de susciter son acceptation et l'agrément de ses conditions de paiement par le maître de l'ouvrage, ni d'exiger de l'entrepreneur principal une délégation de paiement ou la fourniture d'une caution (pas de partage de responsabilité). • Civ. 3e, 5 juin 1996 : *préc. note 17* • 14 avr. 1999 : *ibid.* • Versailles, 24 avr. 2003 : *BICC 2004, no 169.* ♦ Le sous-traitant n'est pas obligé de se manifester auprès du maître de l'ouvrage. • Civ. 3e, 29 janv. 1997 : *Bull. civ. III, no 25 ; D. 1997. IR 54 ; D. Affaires 1997. 310 ; Gaz. Pal. 20-22 déc. 1998, p. 19, obs. Peisse.* ♦ Non seulement un sous-traitant ne peut pas renoncer par avance à se prévaloir, à l'égard du maître de l'ouvrage, du non-respect par celui-ci de ses obligations légales, mais la loi de 1975 ne lui impose aucune obligation de déclarer sa présence ou d'exiger son agrément à l'égard du maître de l'ouvrage. • Toulouse, 7 juin 2004 : *BICC 2005, no 1085.* ♦ La responsabilité du maître de l'ouvrage est engagée sans qu'il puisse invoquer ni le fait qu'il ne se serait pas opposé à la délégation de paiement, ni la carence du sous-traitant à qui il n'incombe pas d'imposer la mise en place des garanties légales, cette abstention ne pouvant s'analyser en une renonciation du sous-traitant à ses droits, laquelle n'est d'ailleurs pas possible. • Versailles, 28 sept. 2005 : *BICC 2006, no 1451 ; RDI 2006. 473, obs. Périnet-Marquet.*

Manque de base légale, au regard de l'art. 14-1, l'arrêt qui, pour rejeter la demande d'une entreprise sous-traitante ayant assigné en paiement d'un solde de travaux le maître de l'ouvrage et l'entrepreneur principal, retient que, si le maître de l'ouvrage a eu connaissance de la présence du sous-traitant sur le chantier, le sous-traitant n'a pas adressé de mise en demeure préalable à l'action directe à l'entrepreneur principal et qu'il n'est pas contesté que le maître de l'ouvrage a payé l'ensemble des travaux dus à l'entrepreneur principal, sans rechercher à quelle date le maître de l'ouvrage avait eu connaissance de la présence du sous-traitant sur le chantier et avait payé l'intégralité des sommes dues à l'entrepreneur principal. • Civ. 3e, 5 juin 1996 : *Bull. civ. III, n° 135 ; D. 1996. IR 163* • 4 juin 1997 : *Bull. civ. III, n° 127 ; RJDA 1997, n° 1488.* ♦ V. aussi, jugeant que la cour d'appel ne pouvait rejeter la demande en paiement du sous-traitant, alors qu'elle avait constaté que l'entrepreneur principal avait été réglé postérieurement à la connaissance, par le maître de l'ouvrage, de la présence du sous-traitant sur le chantier, • Civ. 3e, 14 nov. 2001 : *Bull. civ. III, n° 131 ; RJDA 2002, n° 254 ; RDI 2002. 55, obs. Périnet-Marquet*. ♦ Sur l'absence de condition relative au moment de la connaissance de l'intervention du sous-traitant par le maître de l'ouvrage, V. note 9.

16. Action en responsabilité autonome du sous-traitant. Ajoute à l'art. 14-1 une condition relative au recouvrement préalable infructueux de la créance qu'il ne comporte pas une cour d'appel qui, pour rejeter sur le fondement de ce texte une demande en dommages-intérêts, retient que le sous-traitant ne justifie ni même n'allègue qu'il serait dans l'impossibilité de recouvrer sa créance auprès de l'entrepreneur principal, et ne fait notamment pas état d'une suspension des poursuites à l'encontre de cet entrepreneur qui l'empêcherait d'exercer une action en recouvrement, qu'il n'établit donc pas que la faute du maître de l'ouvrage, qui n'a pas mis en demeure l'entrepreneur principal de faire agréer les conditions de paiement du sous-traité, lui a causé un préjudice. • Civ. 3e, 26 nov. 2003 : *Bull. civ. III, n° 209 ; D. 2004. IR 190 ; JCP 2004. II. 10179, note Le Gars ; Defrénois 2004. 448, obs. Périnet-Marquet ; RJDA 2004, n° 419 ; RDI 2004. 106, obs. Périnet-Marquet*.

17. Réparation du préjudice du sous-traitant. Sur la réparation intégrale du préjudice : V. • Civ. 3e, 5 juin 1996 : *Bull. civ. III, n° 134 ; D. 1996. IR 163 ; D. Affaires 1996. 836 ; JCP 1996. II. 22715, note Périnet-Marquet* • 29 janv. 1997 : *ibid.* – V. aussi • Civ. 3e, 26 févr. 1997 : *D. Affaires 1997. 415* • 14 avr. 1999 : *Bull. civ. III, n° 94 ; D. Affaires 1999. 938 ; Defrénois 1999. 1130, obs. Périnet-Marquet ; Administrer août-sept. 2000. 30, note Valdes.* ♦ Dans le même sens, V. • Civ. 3e, 4 nov. 1999 : *RDI 2000. 54, obs. Malinvaud et Boubli* • 10 janv. 2001 : *RDI 2001. 165, obs. Périnet-Marquet*. ♦ V. aussi, condamnant le maître de l'ouvrage à payer au sous-traitant l'intégralité des sommes dues, • Versailles, 12e ch., 17 mars 1994 : *Gaz. Pal. 1994. 2. Somm. 582* • *16 janv. 1997 : D. 1997. IR 88 ; D. Affaires 1997. 373* • Bourges, 23 janv. 1996 : *préc. note 10.* ♦ Pour une décision calculant les sommes dues au sous-traitant en proportion des travaux réalisés lorsque le chantier n'a été réalisé que partiellement, V. • Paris, 21 févr. 2007 : *RDI 2007. 422, obs. Boubli et Périnet-Marquet*. ♦ Le maître d'ouvrage soumis aux obligations prévues à l'art. 14-1, qui ne met pas en demeure l'entrepreneur principal de fournir au sous-traitant agréé ne bénéficiant pas d'une délégation de paiement la caution prévue à l'art. 14, prive ce dernier d'une garantie sûre de paiement intégral et lui cause, par sa faute, un préjudice égal à la somme qu'il n'a pas recouvrée et dont il lui doit réparation en application des art. 1382 et 1383 C. civ. • Paris, 21 oct. 1998 : *JCP E 1998, n° 47, p. 1810.* ♦ Le préjudice du sous-traitant résultant de la faute commise par le maître d'ouvrage est, outre la perte de l'action directe, la perte du recours contre la caution, recours qui lui aurait assuré une quasi-certitude de paiement et constitue sa garantie principale. • Paris, 30 janv. 1998 : *préc. note 8.* ♦ Le préjudice à la perte d'une chance certaine d'avoir le droit d'exercer l'action directe et jugeant que la réparation peut équivaloir au montant de la facture impayée par le sous-traité admis à la procédure collective lorsqu'il ressort des circonstances que l'acceptation du sous-traitant par le maître de l'ouvrage eût été certaine : • Bordeaux, 23 nov. 1993 : *BICC 1994, n° 293 ; Gaz. Pal. 1994. 2. 613, note Caro et Sablier.* ♦ Sur la perte d'une chance, V. aussi • Montpellier, 8 oct. 1992 : *JCP 1994. I. 3745 (annexe II)* • Versailles, 4e ch., 10 déc. 1993 : *RDI 1994. 250, obs. Malinvaud et Boubli* • Paris, 17 janv. 2001 : *RDI 2001. 166, obs. Périnet-Marquet* • 31 déc. 2001 : *RDI 2003. 69, obs. Périnet-Marquet*. ♦ En ce sens que le sous-traitant conserve un recours qui doit produire les mêmes effets qu'une acceptation forcée du sous-traitant, V. • Toulouse, 22 nov. 1994 : *BICC 1995, n° 540 ; RDI 1995. 549, obs. Malinvaud et Boubli*. ♦ Pour un arrêt retenant que le non-respect des prescriptions de l'art. 14-1 n'est pas la cause du préjudice du sous-traitant dès lors que l'action directe se serait avérée infructueuse, V. • Civ. 3e, 26 janv. 2000 : *Bull. civ. III, n° 15 ; D. 2000. IR 77 ; RDI 2000. 179, obs. Boubli et Malinvaud ; BRDA 2000, n° 6, p. 9.*

18. Recours du maître de l'ouvrage. Jugeant que le maître de l'ouvrage, actionné par le sous-traitant sur le fondement de l'art. 14-1, peut se retourner contre celui avec lequel il avait signé une convention d'assistance : • Civ. 3e, 22 oct. 2002 : *RDI 2003. 267, obs. Périnet-Marquet*. ♦ ... Mais pas contre son assureur, dès lors qu'une clause de la police d'assurance exclut des garanties les responsabilités constitutives d'une violation délibérée par l'assuré des règles régissant l'exercice de sa profession. • Paris, 11 sept. 2002 : *RDI 2003. 267, obs. Périnet-Marquet*. ♦ Sur la possibilité pour le maître de l'ouvrage de se retourner contre son prestataire de service chargé d'une mission d'assistance, en cas de mise en œuvre de sa responsabilité fondée sur l'inobservation des dispositions de l'art. 14-1, V. • Paris, 12 avr. 2002 : *RDI 2003. 67, obs. Périnet-Marquet*.

Sur la mise en œuvre de la responsabilité du maître d'œuvre à l'égard du maître de l'ouvrage n'ayant pas respecté les obligations découlant de l'art. 14-1, V. • Civ. 3e, 18 juin 2003 : *RDI 2003. 457, obs. Boubli et Périnet-Marquet*. ♦ Le devoir de conseil du maître d'œuvre ne lui fait pas obligation d'informer le maître de l'ouvrage des conséquences du défaut d'agrément du sous-traitant. • Civ. 3e, 12 mars 2003 : *Bull. civ. III, no 43 ; D. 2008. AJ 981, obs. Delpech ; RDI 2008. 175, obs. Noguellou ; ibid. 270, obs. Périnet-Marquet ; JCP E 2008, no 19, p. 32 ; Gaz. Pal. 2009. 1392, obs. M. P. ; Defrénois 2009. 79, obs. Périnet-Marquet.*

TITRE IV Dispositions diverses

Art. 15 Sont nuls et de nul effet, quelle qu'en soit la forme, les clauses, stipulations et arrangements qui auraient pour effet de faire échec aux dispositions de la présente loi.

1. Cession de créance. Il résulte de l'art. 15 qu'une cession opérée au mépris des droits des sous-traitants (art. 13-1) leur est inopposable, même si elle a été acceptée par le cédé. • T. com. Paris, 2 mai 1995 : *RJ com. 1996. 137, note d'Ambra.* ♦ V. aussi • Com. 3 déc. 2002 : *RTD civ. 2003. 130, obs. Crocq*.

2. Cautionnement bancaire. Est sans effet la clause d'un cautionnement bancaire, consenti dans le cadre des dispositions de l'art. 14, qui subordonne la mise en œuvre de la garantie à la preuve de la défaillance de l'entrepreneur principal ainsi qu'à l'exercice préalable par le sous-traitant de l'action directe contre le maître de l'ouvrage. • Civ. 3e, 21 juin 2006 : *RDI 2007. 420, obs. Boubli et Périnet-Marquet ; RJDA 2006, no 1137.* ♦ Dès lors qu'elles permettent à la caution de se soustraire à son engagement, en violation des dispositions d'ordre public prévues par la loi, les conditions de mise en œuvre du cautionnement doivent être déclarées nulles. • Paris, 7 oct. 2011 : *RJDA 2012, no 286.* ♦ V. aussi note 2 ss. art. 14.

Art. 15-1 *(L. no 94-638 du 25 juill. 1994)* La présente loi est applicable à Mayotte. Elle s'applique aux contrats de sous-traitance conclus à partir du premier jour du douzième mois qui suit la publication de la loi no 94-638 du 25 juillet 1994 tendant à favoriser l'emploi, l'insertion et les activités économiques dans les départements d'outre-mer, à Saint-Pierre-et-Miquelon et à Mayotte *[JO 27 juill.]*.

Pour son application à la collectivité territoriale de Mayotte, il y a lieu de lire au premier alinéa de l'article 14 : « agréé dans les conditions fixées par arrêté du représentant du Gouvernement à Mayotte », au lieu de : « agréé dans des conditions fixées par décret ».

Art. 15-2 *(L. no 96-609 du 5 juill. 1996)* La présente loi est applicable à la collectivité territoriale de Saint-Pierre-et-Miquelon. Elle s'applique aux contrats de sous-traitance conclus à partir du 1er janvier 1997.

Pour son application à la collectivité territoriale de Saint-Pierre-et-Miquelon, il y a lieu de lire, au premier alinéa de l'article 14 : « agréé dans les conditions fixées par arrêté du préfet » au lieu de : « agréé dans des conditions fixées par décret ».

Art. 15-3 *(L. no 96-609 du 5 juill. 1996)* La présente loi, à l'exception du dernier alinéa de l'article 12, est applicable à la Nouvelle-Calédonie et dans les territoires de la Polynésie française sous réserve des dispositions suivantes :

I. – Il y a lieu de lire, au premier alinéa de l'article 14 : « agréé dans les conditions fixées par arrêté du haut-commissaire de la République » au lieu de : « agréé dans des conditions fixées par décret ».

II. – Elle s'applique aux contrats de sous-traitance conclus à partir du 1er janvier 1997.

Art. 15-4 *(Ord. nº 2010-137 du 11 févr. 2010, art. 1er)* La présente loi est applicable, dans les îles Wallis-et-Futuna, aux contrats passés par l'État et ses établissements publics sous réserve des dispositions suivantes :

Au premier alinéa de l'article 14, les mots : "des conditions fixées par décret" sont remplacés par les mots : "des conditions fixées, dans les îles Wallis-et-Futuna, par arrêté de l'administrateur supérieur".

Art. 16 Des décrets en Conseil d'État précisent les conditions d'application de la présente loi.

TRIBUNAUX DE COMMERCE

V. aussi C. com., art. L. 721-1 s.

BIBL. ▶ Décr. n° 2010-1165 du 1er oct. 2010 : CHOLET, *JCP E 2010, n° 558* (reforme de la procédure devant le tribunal de commerce). – FRICERO, *Dr. et proc. 2011. 2* (une justice conciliatoire modernisée). – CROZE, *JCP E 2012, n° 1659* (la communication électronique procédurale devant les tribunaux de commerce). – BLÉRY et TEBOUL, *JCP 2013, n° 67* (instruction des affaires devant le tribunal de commerce). – GERBAY, *JCP E 2013. Actu. 114* (à propos du Décr. n° 2012-1451 du 24 déc. 2012 et sur l'utilité du rapport d'audience). – GENTIN, *LPA 14 févr. 2013* (le renforcement du parquet, une alternative au projet d'échevinage ?).

Code de procédure civile

LIVRE PREMIER **Dispositions communes à toutes les juridictions**

TITRE VII **L'administration judiciaire de la preuve**

SOUS-TITRE II **Les mesures d'instruction**

CHAPITRE PREMIER *Dispositions générales*

SECTION I *Décisions ordonnant les mesures d'instruction*

Art. 145 **S'il existe un motif légitime de conserver ou d'établir avant tout procès la preuve de faits dont pourrait dépendre la solution d'un litige, les mesures d'instruction légalement admissibles peuvent être ordonnées à la demande de tout intéressé, sur requête ou en référé.**

BIBL. ▶ JEULAND, *D. 2000. Chron. 209* (expertise commerciale). – LACABARATS, *Bull. Joly 2008. 917* (les procédures d'urgence en droit des affaires).

I. COMPÉTENCE

1. Compétence matérielle. Le juge judiciaire des référés peut ordonner une mesure d'instruction, avant tout procès, dès lors que le fond du litige est de nature à relever, ne serait-ce qu'en partie, de la compétence des juridictions de l'ordre auquel il appartient. • Civ. 1re, 19 févr. 1991 : *Bull. civ. I, n° 70* • Rennes, 12 mars 2008 : *BICC 15 mars 2009, n° 429.* ♦ L'art. 145 a vocation à s'appliquer à toutes les matières dont la connaissance appartient, quant au fond, aux tribunaux civils. • Agen, 22 juin 2000 : *BICC 2006, n° 2166.* ♦ Le juge des référés ne peut ordonner de mesures d'instruction sur le fondement de l'art. 145 que si, à la date où il se prononce, le juge du fond n'est pas déjà saisi du procès en vue duquel la mesure est sollicitée. • Com. 15 nov. 1983 : *Bull. civ. IV, n° 307 ; Gaz. Pal. 1984. 1. Pan. 74, obs. Guinchard ; RTD civ. 1984. 561, obs. Perrot.* – V. aussi • Civ. 2e, 15 janv. 2004 : *D. 2004. 2172, note Foulon et Strickler* • Versailles, 19 oct. 2005 : *BICC 15 juill. 2007, n° 1471 ; Dr. et proc. 2006. 116.* ♦ L'absence d'instance au fond, qui constitue une condition de recevabilité de la demande, doit s'apprécier à la date de la saisine du juge. • Civ. 2e, 28 juin 2006 : *Bull. civ. II, n° 173 ; R. 2006 p. 430 ; D. 2006. IR 1914 ; JCP 2006. IV. 2623 ; Procédures 2006, n° 205, obs. Perrot ; Dr. et proc. 2006. 344, obs. Putman.* ♦ Un associé sollicitant une expertise *in futurum* afin d'établir que les décisions prises par une assemblée générale constituent un abus de majorité n'établit pas qu'il a un motif légitime à faire établir la preuve dont pourrait dépendre la solution du litige dès lors que cet associé a formé une demande reconventionnelle en nullité des assemblées dans le cadre d'une procédure actuellement pendante devant les juges du fond sur un autre fondement. En effet si l'associé obtient gain de cause sur la nullité de ces assemblées générales, l'annulation des votes par lesquels les décisions incriminées auront été adoptées rendra sans objet les vérifications sollicitées. • Paris, 29 févr. 2008 : *Rev. sociétés 2008. 433, obs. Urbain-Parleani ; Bull. Joly 2008. 659, note Godon.* ♦ Échappe à la compétence territoriale française la demande de mesure d'instruction qui, quoique dissociée de l'instance principale, n'est pas une demande précontentieuse sur laquelle il pourrait être statué par application de l'art. 145, dès lors qu'une juridiction étrangère se trouve saisie du litige ayant pour objet la qualité des produits vendus qu'il s'agit de vérifier. • Orléans, 27 mai 2004 : *Rev. crit. DIP 2005. 309, note Ancel*. ♦ Ayant relevé qu'une contre-expertise avait été ordonnée par la juridiction saisie de l'instance au fond, il n'appartient pas à une cour d'appel, en référé, d'étendre la nouvelle décision d'expertise. • Civ. 2e, 23 sept. 2004 : *Bull. civ. II, n° 421. D. 2004. IR 3039 ; JCP 2005. I. 125, n° 9, obs. Serinet.* – V. aussi • Civ. 2e, 5 juill. 2006 : *Bull. civ. II, n° 189 ; D. 2006. IR 1990 ; JCP 2006. IV. 2703* (mesures d'expertises ordonnées par le juge de la mise en état). ♦ En revanche, une instance en référé ne peut faire obstacle à l'application de l'art. 145. • Civ. 2e, 17 juin 1998 : *Bull. civ. II, n° 200 ; D. 1998. IR 194 ; D. Affaires 1998. 708, obs. S.P.*

Aucun texte relatif au bail commercial ne s'oppose à l'exercice par le juge des référés des pouvoirs que lui confère l'art. 145 dès lors qu'aucun juge du fond n'était saisi de la demande en cause. • Civ. 3e, 18 déc. 2002 : *Bull. civ. III, n° 271 ; JCP E 2003, n° 7-8, p. 295 ; Loyers et copr. 2003, n° 66, obs. Brault ; RJDA 2003, n° 240 ; Rev. loyers 2003. 152, obs. Gallet ; Administrer avr. 2003. 34, obs. Boccara et Lipman-Boccara.* ♦ Jugeant qu'un actionnaire minoritaire d'une SA peut valablement former une demande d'expertise en application de l'art. 145 NCPC [renommé C. pr. civ.], alors même qu'il dispose également du droit de solliciter une expertise de gestion sur le fondement de l'art. L. 225-231 C. com. : • Com. 18 oct. 2011 : *Bull. civ. IV, n° 165 ; D. 2011. Actu. 2596, obs. Lienhard ; RTD com. 2011. 766, obs. Le Cannu et Dondero ; JCP E 2012, n° 1002, note Randoux ; Gaz. Pal. 2012. 867, obs. Bléry ; RJDA 2012, n° 64 ; Banque et Droit nov.-déc. 2011. 55, note Urban ; Bull. Joly 2012. 116, note Dondero ; RTDF 2012, n° 1, p. 86, note Poracchia* • Paris, 25 oct. 2002 : *cité note 9.* – Comp. • Paris, 6 févr. 2008 : *Dr. sociétés 2008, n° 142, obs. Coquelet.* ♦ Même solution pour un associé d'une SARL, alors qu'il dispose de l'expertise régie par l'art. L. 223-37 C. com. • Nancy, 30 août 2005 : *Dr. sociétés 2006, n° 6, obs. Monnet* • Pau, 13 déc. 2005 : *RJDA 2007, n° 165 ; Bull. Joly 2006. 601, note Lecourt.* – Comp. • Grenoble, 29 mars 2006 : *RJDA 2006, n° 1043.* ♦ Sur ce thème, V. Moury, *Mélanges Jeantin, Dalloz, 1999, p. 297* (expertise de gestion : la concurrence indélicate de l'art. 145 NCPC). ♦ Les dispositions spéciales et d'ordre public des art. 306 et 314 NCPC [renommé C. pr. civ.] excluant l'application de l'art. 145, une expertise sollicitée sur le fondement de ce texte, qui a pour effet de mettre en cause la force probante d'un acte authentique, ne peut être ordonnée même préalablement à une procédure d'inscription de faux. • Civ. 1re, 11 juin 2003 : *Bull. civ. I, n° 139 ; D. 2003. IR 1808 ; RTD civ. 2003. 539, obs. Normand ; Defrénois 2003. 1174, obs. Aubert ; Procédures 2003, n° 216, obs. Perrot ; JCP 2003. IV. 2377 ; RTD civ. 2003. 503, obs. Mestre et Fages , et 539, obs. Normand ; RJDA 2004, n° 771.*

Une décision consécutive à une ordonnance de référé, prescrivant une expertise avant tout procès, constitue en elle-même une décision de référé soumise au régime de l'art. 145. • Versailles, 9 déc. 2004 : *Dr. et proc. 2005. 163, note Vinckel.* ♦ Le juge des référés qui a épuisé sa saisine lorsqu'il a ordonné cette expertise ne peut plus être saisi sur le fondement de l'art. 145 dès lors que le juge du fond connaît du litige en vue duquel la mesure d'instruction *in futurum* a été sollicité. • Même arrêt. ♦ L'exception de nullité du rapport d'expertise doit être soulevée dans l'instance au fond dans la perspective de laquelle la mesure d'instruction a été ordonnée ; dès lors, une action en nullité du rapport d'expertise exercée à titre principal n'est pas recevable. • Civ. 2e, 2 déc. 2004 : *Bull. civ. II, n° 513 ; D. 2005. Pan. 339, obs. Julien et Fricero ; Procédures 2005, n° 59, obs. Perrot.*

2. Compétence territoriale. Une clause attributive de compétence territoriale est inopposable à la partie qui saisit le juge des référés. • Civ. 2e, 17 juin 1998 : *Bull. civ. II, n° 200 ; D. 1998. IR 194 ; D. Affaires 1998. 708, obs. S.P.* ♦ Si le juge territorialement compétent pour statuer sur une demande de mesure d'instruction est le président de la juridiction appelée à connaître d'un litige éventuel sur le fond, il n'est pas interdit au demandeur de saisir en référé le président de la juridiction du lieu où doit être exécutée le mesure demandée. • Même arrêt. ♦ Une cour d'appel ne peut déclarer le président du tribunal de commerce de Paris incompétent pour ordonner une mesure d'expertise portant sur la comptabilité d'une société dont le siège social est à Paris au motif que ce tribunal étant incompétent pour statuer au fond, comme n'étant ni le tribunal du défendeur, ni celui de la prestation de services, l'est par voie de conséquence pour ordonner l'expertise sans répondre aux conclusions par lesquelles la partie demandant l'expertise faisait valoir que l'objet des vérifications réclamées se trouvait à Paris et que la compétence invoquée présentait donc une opportunité qui ne préjudiciait pas aux droits des parties. • Com. 1er juill. 1980 : *Bull. civ. IV, n° 284.*

3. Ordonnance sur requête. La demande de mesures d'instruction ne peut être accueillie sur requête qu'à la double condition qu'il soit justifié de l'urgence des mesures sollicitées et de l'existence de circonstances autorisant une dérogation au principe de la contradiction. • Civ. 2e, 7 mai 2008 : *Bull. civ. II, n° 104 ; D. 2008. Chron. C. cass. 2375, obs. Sommer ; ibid. Pan. 2829, obs. Bretzner ; RTD civ. 2008. 549, obs. Perrot ; RJDA 2008, n° 974 ; Procédures 2008, n° 228, obs. Perrot ; Bull. Joly 2009. 354, note Staes ; Lettre distrib. juill.-août 2008, p. 3.* ♦ Des mesures d'instruction urgentes ne peuvent être ordonnées par voie de requête que lorsque les circonstances exigent qu'elles ne soient pas prises contradictoirement. Par suite, ne donne pas de base légale à sa décision, la cour d'appel qui, pour accueillir la demande d'une société en désignation, par la procédure de l'ordonnance sur requête, d'un huissier de justice pour assister aux réunions d'un comité d'entreprise, retient que la procédure d'ordonnance sur requête est « parfaitement légale », bien que non contradictoire, la voie de la rétractation étant ouverte à tout intéressé, sans rechercher si la mesure sollicitée exigeait une dérogation à la règle du contradictoire. • Civ. 2e, 13 mai 1987 : *Bull. civ. II, n° 112 ; RTD civ. 1988. 181, obs. R. Perrot.* ♦ Comp., jugeant que l'urgence n'est pas une condition requise pour que soient ordonnées sur requête des mesures d'instruction sur le fondement de l'art. 145 et que la mission confiée à l'huissier de justice avait plus de chance de succès si elle était exécutée lorsque la partie adverse n'en était pas avertie, justifiant ainsi une dérogation au principe de la contradiction : • Civ. 2e, 15 janv. 2009 : *cité note 76 ss. art. 2 de la L. n° 63-628 du 2 juill. 1963, v° Concurrence* • Com. 8 déc. 2009 : *Rev. sociétés 2010. 158, note Barbiéri ; RJDA 2010, n° 312.* ♦ Il est dérogé par l'art. 145, sans que soit requise par ce texte la condition d'urgence, au caractère contradictoire des procédures lorsque la mesure sollicitée peut aboutir à la conservation ou à l'établissement d'une preuve dont peut dépendre la solution d'un litige. • Versailles, 11 mars 2008 : *Gaz. Pal. 2008. 3527, obs. Vray.* ♦ Les mesures d'instruction destinées à conserver ou à établir, avant tout procès, la preuve de faits dont pourrait dépendre la solution d'un litige, ne peuvent être ordonnées sur requête que lorsque les circonstances exigent qu'elles ne le soient pas contradictoirement. • Civ. 2e, 11 févr. 2010 : *Bull. civ. II, n° 32 ; Dr. et proc. 2010. 135.*

II. CONDITIONS DE MISE EN ŒUVRE

4. Autonomie. Lorsqu'il statue en application de l'art. 145, le juge des référés n'est pas soumis aux conditions posées par l'art. 872 NCPC [renommé C. pr. civ.]. • Cass., ch. mixte, 7 mai 1982 : *Bull. civ., n° 2 (1re esp.) ; D. 1982. 541, concl. J. Cabannes ; RTD civ. 1982. 788, obs. R. Perrot.* ♦ Les dispositions de l'art. 146 relatives aux mesures d'instruction ordonnées au cours d'un procès ne s'appliquent pas lorsque le juge est saisi d'une demande fondée sur l'art. 145 du même code. • Cass., ch. mixte, 7 mai 1982 : *Bull. civ. n° 2 (2e et 3e esp.)* • Civ. 2e, 8 mars 2006 : *Bull. civ. II, n° 70 ; D. 2006. IR 886 ; JCP 2006. IV. 1747 ; Gaz. Pal. 2007. 1345, obs. du Rusquec ; Procédures 2006, n° 97, obs. Perrot* • 10 juill. 2008 : *Bull. civ. II, n° 179 ; D. 2008. Chron. C. cass. 2375, obs. Sommer ; JCP 2008. IV. 2475 ; Procédures 2008, n° 265* • Paris, 22 mars 2006 : *AJDI 2006. 581.* ♦ L'art. 146 C. pr. civ. est sans application lorsque le juge est saisi sur le fondement de l'art. 145 du même code et que la mesure d'instruction sollicitée avant tout procès relève des seules dispositions de ce dernier texte. • Civ. 2e, 10 mars 2011 : *Bull. civ. II, n° 65 ; RJDA 2011, n° 669 ; Dr. et proc. 2011. 161.* ♦ Mais l'art. 145, sous prétexte que les dispositions de l'art. 146, al. 2 NCPC [renommé C. pr. civ.] ne sont pas applicables dans ce cas, ne doit pas devenir le moyen commode d'établir la preuve de faits qu'on allègue. • Versailles, 4 nov. 2004 : *RJ com. 2005. 80, note Travier.* ♦ Les dispositions des art. 150 et 170 NCPC [renommé C. pr. civ.] ne sont pas applicables lorsque la mesure d'instruction a été ordonnée sur le fondement de l'art. 145 du même code. • Civ. 2e, 8 févr. 2007 : *Bull. civ. II, n° 24 ; D. 2007. Chron. C. cass. 2339, obs. Vigneau ; Dr. et patr. janv. 2008. 107, obs. Amrani-Mekki.* ♦ Les dispositions de l'art. 226 de la loi du 24 juill. 1966 [C. com., art. L. 225-231] ne rendent pas irrecevables la demande de désignation d'un expert formée par des actionnaires d'une société anonyme sur le fondement de l'art. 145 NCPC [renommé C. pr. civ.]. • Com. 7 déc. 1981 : *Bull. civ. IV, n° 425 ; Rev. sociétés 1982. 521, note S. Michelin-Finielz.* ♦ L'existence de contestations sérieuses tirées des stipulations contractuelles ne constitue pas un obstacle à la mise en œuvre des dispositions de l'art. 145 ; l'application de ce texte n'exige aucun examen préalable de la recevabilité d'une éventuelle action ni des chances de succès du procès au fond. • Versailles, 22 janv. 2004 : *JCP 2004. IV. 2399.* ♦ La clause instituant, en cas de litige portant sur l'exécution du contrat d'architecte, un recours préalable à l'avis du conseil régional de l'ordre des architectes, n'est pas applicable à l'action fondée sur l'art. 145 dans le but de réunir des preuves et d'interrompre un délai. • Civ. 3e, 28 mars 2007 : *D. 2008. Pan. 2828, obs. Bretzner ; RTD civ. 2007. 807, obs. Théry ; Dr. et patr. janv. 2008. 108, obs. Amrani-Mekki ; Procédures 2007, nº 104, obs. Perrot.* ♦ La mise en œuvre de mesures d'instruction sur le fondement de l'art. 145 est soumise à la loi française et n'impose pas au juge de caractériser le motif légitime d'ordonner une mesure d'instruction au regard de la loi étrangère susceptible d'être appliquée à l'action au fond qui sera éventuellement engagée. • Civ. 1re, 4 juill. 2007 : *Bull. civ. I, nº 255 ; D. 2008. Pan. 2827, obs. Bretzner ; Rev. crit. DIP 2007. 840, note Muir Watt ; JCP 2007. IV. 2677 ; Procédures 2007, nº 215, obs. Perrot ; Dr. et patr. févr. 2008. 110, obs. M.-L. Niboyet.*

5. Exigence d'un motif légitime. Le motif légitime d'une mesure d'instruction avant tout procès s'apprécie au jour où le juge y a fait droit. • Civ. 2e, 12 juill. 2012 : *Bull. civ. I, nº 186 ; Dalloz actualité, 10 sept. 2012, obs. Kebir.* ♦ Le juge n'est pas tenu de caractériser la légitimité de la mesure au regard des différents fondements juridiques de l'action en vue de laquelle cette mesure est sollicitée. • Civ. 2e, 6 nov. 2008 : *Bull. civ. II, nº 234 ; RTD civ. 2009. 166, obs. Perrot ; JCP 2008. IV. 2943 ; RJDA 2009, nº 290 ; Procédures 2009, nº 37, obs. Perrot.* ♦ Ne donne pas de base légale à sa décision, au regard de l'art. 145, la cour d'appel qui, pour ordonner en référé une expertise, se borne à énoncer que la partie qui la demande a un motif légitime suffisant en l'état pour justifier pareille mesure, sans caractériser aucunement ce motif légitime. • Com. 18 oct. 1988 : *Bull. civ. IV, nº 280.* ♦ La procédure prévue par l'art. 145 n'est pas limitée à la conservation des preuves et peut tendre aussi à leur établissement. • Civ. 2e, 17 juin 1998 : *Bull. civ. II, nº 200 ; D. 1998. IR 194 ; D. Affaires 1998. 708, obs. S. P.*

Une cour d'appel peut rétracter une ordonnance sur requête dès lors qu'ayant constaté une absence de motif, tant de l'ordonnance sur requête que de la requête elle-même, sur les circonstances qui justifiaient que la mesure d'instruction demandée sur le fondement de l'art. 145 ne soit pas prise contradictoirement, elle n'a à procéder à aucune autre recherche ni à statuer sur les mérites d'une requête qui ne pouvait saisir régulièrement le juge. • Civ. 2e, 30 janv. 2003 : *Bull. civ. II, nº 25 ; D. 2003. IR 604 ; JCP 2002. IV. 1500.* ♦ Le recours à l'art. 145 n'est justifié que par la recherche ou la conservation des preuves pour un litige potentiel dont l'objet et le fondement sont suffisamment caractérisés. • Paris, 6 août 2003 : *cité note 6* • 30 juin 2004 : *RJDA 2005, nº 279* • Rennes, 1er mars 2007 : *RD transp. 2007, nº 138, obs. Staes.* ♦ Ainsi, si l'art. 145 prévoit qu'avant toute procédure au fond, une expertise peut être ordonnée afin de conserver la preuve de faits dont pourrait dépendre la solution d'un litige, encore faut-il que ce dernier soit susceptible de prendre naissance. • Bordeaux, 12 déc. 2006 : *JCP 2007. IV. 2533.* ♦ Tant que la société bailleresse n'a pas exercé le droit d'option, elle n'a pas d'intérêt légitime à demander une expertise dont la valeur ne sera au demeurant qu'une information. • Paris, 14 déc. 2007 : *AJDI 2008. 386.* ♦ Une demande de complément de l'expertise de gestion, précédemment demandée par une société actionnaire minoritaire (C. com., art. L. 225-231), par une mesure d'instruction *in futurum* concernant une opération effectuée par la filiale, doit être accueillie sans que la société soit tenue de justifier d'un intérêt distinct de son intérêt d'actionnaire minoritaire. • Com. 21 sept. 2004 : *Bull. Joly 2005. 73, note Godon.*

6. Illustrations du motif légitime. Dès lors que les allégations du demandeur présentaient un certain intérêt et que le rapport de l'expert l'ayant assisté démontrait des anomalies dans la gestion sociale, le caractère légitime de la demande d'instruction sollicitée, sur le fondement de l'art. 145, en vue d'examiner les relations commerciales, juridiques ou financières pouvant exister entre la société, la gérante et l'un des associés, est démontré. • Com. 5 nov. 1985 : *Bull. civ. IV, nº 260.* ♦ Le motif légitime est constitué par le souci d'éviter d'intenter à tort une procédure ou celui de se trouver éclairé sur la meilleure action à engager et à bien diriger, le tout en fonction d'une connaissance plus approfondie des éléments de fait, de sorte qu'est justifiée la demande de désignation de deux experts ayant pour mission de constater divers éléments relatifs aux formulaires de vote par correspondance rejetés lors de l'assemblée générale des actionnaires d'une société ayant décidé une augmentation de capital. • T. com. Versailles, réf., 3 août 1998 : *Bull. Joly Bourse 1998. 627, note S. Robineau.* ♦ En l'absence d'accord des parties concernant l'indemnité d'éviction offerte par le bailleur et l'indemnité d'occupation due par le locataire qui se maintien dans les lieux, les juges peuvent souverainement en déduire que le bailleur disposait d'un motif légitime pour solliciter une expertise aux fins d'évaluation de ces indemnités. • Civ. 3e, 18 déc. 2002 : *préc. note 1* • 18 déc. 2002 : *AJDI 2003. 115.* ♦ Jugeant que la diversité des voies de droit évoquées par les appelants montre que le cadre et les limites d'une éventuelle saisine des juges du fond ne sont ni clairement établis, ni aisément déterminables, de sorte qu'en réalité la demande tend, dans des conditions que n'autorise pas l'art. 145, à la recherche d'un fondement juridique pour une demande en justice ultérieure, V. • Paris, 6 août 2003 : *D. 2003. IR 2412* . ♦ Mais une controverse jurisprudentielle et doctrinale récente peut être constitutive d'un fondement juridique susceptible de caractériser le motif légitime au sens de l'art. 145. • Versailles, 14 avr. 2005 : *Dr. et proc. 2005. 347, obs. Lefort.*

7. Illustrations du défaut de motif légitime. Ne fait qu'user des pouvoirs qu'elle tient de l'art. 145 une cour d'appel qui, statuant en référé, rejette une demande d'expertise portant sur la marchandise livrée en exécution d'une vente, au motif que les défauts de cette marchandise n'autoriseraient pas l'acquéreur à refuser le paiement de la créance contestée par lui. • Com. 17 mars 1987 : *Bull. civ. IV, n° 73.* ♦ Une cour d'appel justifie sa décision, estimant qu'il n'y avait pas de motif légitime pouvant autoriser l'établissement de la preuve avant tout procès, en retenant que le demandeur avait déjà fait faire plusieurs constats et interrogé plusieurs personnes et qu'il lui était aisé de réunir lui-même les éléments de preuve supplémentaires. • Com. 18 févr. 1986 : *Bull. civ. IV, n° 26.* ♦ Le créancier d'un débiteur en redressement judiciaire non habilité à exercer les actions spécifiques des art. 107 et 108 de la loi du 25 janv. 1985 [C. com., art. L. 632-1 et L. 632-2] ne justifie pas d'un motif légitime au sens de l'art. 145 NCPC [renommé C. pr. civ.] pour demander l'institution d'une mesure d'instruction destinée à établir l'irrégularité alléguée d'actes préjudiciables aux créanciers accomplis par le débiteur au cours de la période suspecte et la connaissance de son état de cessation des paiements par ses cocontractants. • Com. 26 avr. 2000 : *Bull. civ. IV, n° 83 ; D. 2000. AJ 267, obs. Lienhard ; JCP 2000. I. 267, n° 6, obs. Cadiet.* ♦ Jugeant qu'une demande qui ne repose que sur la seule impossibilité d'exclure la survenance d'un préjudice éventuel ne constitue pas un motif légitime, V. • Paris, 31 oct. 2003 : *JCP E 2004, n° 11, p. 394 ; Banque et Droit sept.-oct. 2005. 40, obs. Daigre et de Vauplane.* ♦ Dès lors que les réponses données par la direction aux demandes formulées par les actionnaires sont circonstanciées, précises et cohérentes, ne prêtent pas à interprétation et démontrent la volonté de la direction de corriger certaines dérives ou erreurs et qu'il n'y a pas dépérissement des preuves, il n'y a pas lieu d'ordonner la mesure d'instruction sollicitée. • Com. 4 déc. 2007 : *D. 2008. AJ 78, obs. Lienhard ; RTD com. 2008. 133, obs. Le Cannu et Dondero ; JCP 2008. I. 138, n° 8, obs. Clay ; Bull. Joly 2008. 205, note Lecourt ; Procédures 2008, n° 114, obs. Croze.* ♦ Ayant constaté que le bailleur n'a pas exercé le droit d'option, conformément aux dispositions de l'art. L. 145-57 C. com., une cour d'appel a exactement déduit de ce seul motif qu'il n'existe pas en l'état un litige potentiel, au sens de l'art. 145 C. pr. civ. • Civ. 3e, 16 avr. 2008 : *Bull. civ. III, n° 72 ; D. 2008. AJ 1205, obs. Rouquet ; AJDI 2008. 843, note Blatter ; JCP 2008. II. 10193, note Foumarede ; LPA 1er juill. 2008, note Fraissinier-Amiot, Gaz. Pal. 2008. 2531, note Barbier ; RJDA 2008, n° 766 ; Procédures 2008, n° 174, obs. Junillon ; Loyers et copr. 2008, n° 133, obs. Brault ; Administrer juin 2008. 33, obs. Lipman-W. Boccara ; ibid. juill. 2008. 36, note Barbier.* ♦ Mais un bailleur ayant délivré congé avec offre de renouvellement est recevable à demander une expertise afin de déterminer le montant de l'indemnité d'éviction, dès lors qu'il a exercé son droit d'option à la date à laquelle il est statué. • Civ. 3e, 8 avr. 2010 : *Bull. civ. III, n° 79 ; D. 2011 Pan. 1796, obs. Dumont-Lefrand ; AJDI 2010. 720, obs. Rouquet ; JCP E 2010, n° 1502 ; RJDA 2010, n° 720 ; Dr. et proc. 2010. 210, obs. Vinckel.*

8. Secret des affaires. BIBL. Pierre-Maurice, *D. 2002. 3131* . ♦ Le secret des affaires ne constitue pas en lui-même un obstacle à l'application des dispositions de l'art. 145, dès lors que le juge constate que les mesures qu'il ordonne procèdent d'un motif légitime et sont nécessaires à la protection des droits de la partie qui les a sollicitées. • Civ. 2e, 7 janv. 1999 : *Bull. civ. II, n° 4 ; D. 1999. IR 34 ; D. Affaires 1999. 294, obs. V. A.-R. ; Procédures 1999, n° 60, note Perrot ; Bull. Joly 1999. 666, note F.-X. Lucas* • Paris, 7 mai 2008 : *D. 2008. Pan. 2827, obs. Bretzner* . ♦ Mais justifie son refus d'ordonner une expertise sollicitée, en application de l'art. 145 pour établir des faits constitutifs d'une concurrence déloyale commis par une société créée par deux anciens employés de la société demanderesse, la cour d'appel qui, appréciant l'opportunité de cette mesure, constate l'absence d'intérêt légitime de cette dernière société après avoir relevé que la diminution du chiffre d'affaires invoquée avait commencé avant le début de l'activité de l'entreprise concurrente, rejeté l'allégation que celle-ci aurait pratiqué des marges commerciales réduites et estimé que l'expertise demandée lui permettrait de connaître, malgré le secret des affaires, la structure commerciale de sa concurrente. • Com. 5 janv. 1988 : *Bull. civ. IV, n° 7 ; D. 1989. 354, note Virassamy.* ♦ Il ne peut être fait droit à une demande d'expertise *in futurum*, dès lors qu'elle implique la divulgation d'informations confidentielles concernant des tiers avant que tout agissement de nature à engager la responsabilité soit établi. • Limoges, 28 mars

2001 : *JCP 2001. II. 10614, note Puigelier.* ♦ Pour le secret des affaires soulevé par des fournisseurs d'un grand groupe de distribution pour s'opposer à des mesures d'expertises *in futurum* demandées par un partenaire commercial, V. • T. com. Paris, 26 oct. 2007 : *cité note 9.*

8 bis. Secret bancaire. BIBL. Chemla et Bouretz, *RD banc. fin. 2004. 205* (référé probatoire et secret bancaire). ♦ Si la mesure d'expertise demandée est relative au fonctionnement de la banque (gestionnaire d'un fonds commun de créances), elle est également afférente à de nombreux points relevant du secret bancaire (identité des entités faisant partie du portefeuille) qui constitue un empêchement légitime pour le juge civil qui ne peut ordonner qu'une mesure légalement admissible. • Paris, 31 oct. 2003 : *préc. note 7.* ♦ Sur le secret bancaire, V. aussi • Colmar, 7 juin 2007 : *cité note 14 ss. art. L. 511-33 C. mon. fin., v° Banque et financement de l'entreprise.*

8 ter. Secret professionnel. Sur le secret professionnel de l'expert-comptable se heurtant à la communication forcée de rapports d'audit ordonnée sur le fondement de l'art. 145 NCPC [renommé C. pr. civ.], V. • Com. 8 févr. 2005 : *Bull. civ. IV, n° 22 ; D. 2005. AJ 774, obs. Avena-Robardet ; JCP 2005. I. 183, n° 9, obs. Serinet ; Bull. Joly 2005. 937, note Barbièri.* ♦ Sur le secret professionnel qui couvre les enquêtes de la COB, V. • Com. 31 mai 2005 : *Banque et Droit sept.-oct. 2005. 42, obs. Daigre et de Vauplane* (solution transposable aux enquêtes de l'AMF).

8 quater. Vie privée. Le respect de la vie personnelle du salarié ne constitue pas en lui-même un obstacle à l'application de l'art. 145 dès lors que le juge constate que les mesures qu'il ordonne procèdent d'un motif légitime et sont nécessaires à la protection des droits de la partie qui les a sollicitées (accès à des messages électroniques d'un salarié suspecté d'actes de concurrence déloyale). • Soc. 23 mai 2007 : *Bull. civ. V, n° 84 ; R. 2007, p. 374 ; D. 2007. AJ 1590, obs. Fabre ; RTD civ. 2007. 637, obs. Perrot ; RDT 2007. 590, obs. de Quenaudon ; JCP E 2007, n° 41, p. 13, note Raynaud ; CCC 2007, n° 213, obs. Malaurie-Vignal ; LPA 29 avr. 2008, obs. Daverat ; RJDA 2008, n° 97 ; Procédures 2007, n° 159, obs. Perrot ; Dr. et patr. janv. 2008. 107, obs. Amrani-Mekki ; Dr. et proc. 2007. 277, obs. Hugon ; RDLC 2007, n° 4, p. 93, obs. Morel et Fasquelle* • 10 juin 2008 : *Bull. civ. V, n° 129 ; D. 2008. AJ 1834 ; RDT 2008. 602, obs. Varnek ; JCP 2008. Act. 453, obs. Dauxerre ; CCC 2008, n° 212, obs. Malaurie-Vignal ; CCE 2008, n° 128, obs. Lepage ; Procédures 2008, n° 232 ; Dr. et proc. 2008. 327, obs. Fricero ; RDLC 2009, n° 1, p. 131, obs. Morel.* ♦ *Contra*, jugeant que si les dispositions des art. 145 et 812 NCPC [renommé C. pr. civ.] permettent de solliciter de manière non contradictoire une mesure urgente, il n'en subsiste pas moins que l'autorisation obtenue ne dispense pas de veiller à ce que la mesure soit réalisée dans le respect des principes élémentaires de loyauté qui doivent présider le débat judiciaire. Notamment doivent être préservées la vie privée et la correspondance personnelle des personnes visées par la mesure. • Paris, 26 avr. 2006 : *Gaz. Pal. 2007. 1288, obs. Tellier et Stutzmann.* – V. aussi • Colmar, 16 janv. 2007 : *JCP 2007. IV. 2807 ; Dr. et proc. 2007. 359 ; CCC 2007, n° 219, obs. M. M.-V.*

III. MESURES D'INSTRUCTION

9. Mesures légalement admissibles. Les mesures d'instruction légalement admissibles, au sens de l'art. 145 NCPC [renommé C. pr. civ.], sont celles prévues par les art. 232 à 284-1 de ce code. • Civ. 2e, 8 févr. 2006 : *Bull. civ. II, n° 44 ; R. 2006, p. 431 ; D. 2006. Pan. 2931, obs. Auguet ; Dr. et proc. 2006. 216, note Fricero.* ♦ Il doit exister entre la mesure sollicitée et le litige futur un lien certain et suffisamment étroit pour en caractériser l'utilité. • Paris, 6 août 2003 : *préc. note 6.* ♦ Il résulte de la combinaison des art. 10 C. civ., et 11 et 145 NCPC [renommé C. pr. civ.], qu'il peut être ordonné à des tiers de produire tous documents qu'ils détiennent s'il existe un motif légitime de conserver ou d'établir avant tout procès la preuve des faits dont pourrait dépendre la solution du litige. • Civ. 1re, 31 mai 1988 : *Bull. civ. I, n° 168* (communication par une caisse primaire d'assurance maladie du nombre de clients ayant consulté un médecin auquel deux confrères reprochaient le non-respect d'une clause de non-rétablissement). ♦ Il entre dans les pouvoirs du juge des référés, saisi sur le fondement de l'art. 145, d'ordonner, aux conditions prévues par ce texte, une communication de pièces, et c'est sans violer les dispositions de l'art. 6 Conv. EDH qu'une cour d'appel a apprécié la légitimité des motifs invoqués par l'administrateur judiciaire et le représentant des créanciers d'une entreprise en redressement judiciaire au soutien de leur demande de communication, avant tout procès, de documents internes à une banque de nature à établir que celle-ci, tenue d'apporter son concours à cette mesure d'instruction, avait soutenu abusivement l'entreprise en difficulté. • Com. 11 avr. 1995 : *Bull. civ. IV, n° 121.* ♦ Les dispositions de l'art. 17 [C. com., art. L. 123-23] ont trait à la communication de l'ensemble des documents comptables et ne peuvent pas être invoquées pour faire échec au pouvoir du juge d'ordonner, sur le fondement de l'art. 145, les productions utiles. • Civ. 2e, 6 mai 1999 : *Bull. civ. II, n° 81 ; D. Affaires 1999. 1080, obs. V. A.-R.* ♦ Sur l'obligation faite à un fournisseur d'accès à internet de communiquer, sur le fondement de l'art. 145, des données permettant l'identification de l'utilisateur frauduleux d'une carte bancaire, V. • TGI Paris, réf., 1er févr. 2002 : *CCE 2003, n° 26, obs. Grynbaum.* ♦ ... Ou à l'éditeur d'un site internet de communiquer l'adresse IP d'un internaute auteur de propos dénigrants : • Paris, 11 juin 2004 : *D. 2004. IR 2893 ; JCP E 2004, n° 50, p. 1958.* ♦ Jugeant que les dispositions de l'art. 145 ne peuvent pas être utilisées pour procéder à une recherche d'informations sur les biens d'un débiteur par le biais d'une mesure d'instruction, V. • Civ. 2e, 13 févr. 2003 : *Bull. civ. II, n° 38 ; Gaz. Pal. 2003. Somm. 3259, obs. du Rusquec ; Procédures 2003, n° 116, obs. Perrot.* ♦ Sur une demande d'expertise *in futurum* présentée par des actionnaires, V. • T. com. Paris, 27 juin 2002 : *Dr. sociétés 2003, n° 2, obs. Trébulle* • Paris, 4 oct. 2002 : *ibid., n° 62, obs. Trébulle ; RTD com. 2004. 520, obs. Champaud et Danet* • 25 oct. 2002 : *Bull. Joly 2003. 213, note Couret ; RJDA 2004, n° 176.* ♦ Il est nullement interdit par l'art. 145 de saisir des documents utiles au litige chez les tiers qui sont des fournisseurs (litige entre Coop-Atlantique et Carrefour à propos de marges arrières). • T. com. Paris, 26 oct. 2007 : *Lettre distrib. janv. 2008, p. 2.* ♦ Lorsqu'une mesure d'expertise a été ordonnée au titre de l'art. 145, le juge chargé du contrôle des mesures d'instruction tient de l'art. 236 C. pr. civ. le pouvoir d'accroître ou restreindre la mission confiée au technicien. • Civ. 2e, 18 sept. 2008 : *Bull. civ. II, n° 199 ; RTD civ. 2008. 724, obs. Perrot ; Procédures 2008, n° 292, obs. Perrot.*

10. Mesures non légalement admissibles. Ayant relevé que la mesure d'instruction demandée s'analysait en une mesure générale d'investigation portant sur l'ensemble de l'activité d'une société et tendant à apprécier cette activité et à la comparer avec celle de sociétés ayant le même objet, une cour d'appel n'a fait qu'user des pouvoirs qu'elle tient de l'art. 145 en décidant que la mesure demandée excédait les prévisions de cet art.. • Civ. 2e, 7 janv. 1999 : *Bull. civ. II, n° 3.* – V. aussi • Com. 10 févr. 2009 : *RJDA 2009, n° 500.* ♦ Si le président du tribunal, statuant en référé sur le fondement de l'art. 145, peut imposer à une partie la production de pièces sous astreinte, en vue de permettre la solution d'un litige, il ne saurait ordonner de façon générale et en dehors des cas prévus par la loi, l'appréhension de ces documents par voie de confiscation ou de saisie. • Com. 16 juin 1998 : *Bull civ. IV, n° 192 ; D. 1998. IR 179 ; D. Affaires 1998. 1213, obs. S. P.* ♦ Doit être rétractée l'ordonnance sur requête qui confère à un huissier de justice une mission générale d'investigation et un pouvoir d'enquête, alors que cet officier ministériel ne peut se voir conférer le droit de saisir certains documents, mais seulement celui d'en solliciter la communication et de recueillir, sans pouvoir de contrainte, les déclarations de personnes nominativement désignées. • Paris, 14 nov. 2001 : *BICC 2002, n° 1239.* ♦ V. aussi : • Paris, 27 févr. 2002 : *BICC 2003, n° 64.* ♦ Le juge des référés, qui n'a pas le pouvoir d'ordonner des investigations générales sur les comptes bancaires d'une partie, peut en revanche ordonner une mesure d'instruction tendant à la recherche de documents déterminés et à leur examen si leur existence, sans être certaine, est au moins vraisemblable. • Paris, 20 févr. 2002 : *BICC 2003, n° 244.*

IV. RECOURS

11. Recours immédiat. L'art. 150 NCPC [renommé C. pr. civ.] (écartant le recours immédiat contre une décision ordonnant ou modifiant une mesure d'instruction) n'est pas applicable lorsque le juge des référés a épuisé sa saisine en prescrivant avant tout procès et en vertu de l'art. 145 du même code, les mesures destinées à établir la preuve de faits dont pourrait dépendre la solution d'un litige. • Cass., ch. mixte, 7 mai 1982 (3 arrêts) : *Bull. civ. n° 2 ; D. 1982. 541, concl. J. Cabannes ; RTD civ. 1982. 788, obs. Perrot.*

LIVRE II Dispositions particulières à chaque juridiction

TITRE III Dispositions particulières au tribunal de commerce

Pour des annotations de jurisprudence et de bibliographie relatives aux articles 853 s. du code de procédure civile ci-dessous reproduits, V. ***C. pr. civ.***

RÉP. COM. ET RÉP. PR. CIV. v° *Procédure commerciale*, par BRUSCHI.

Art. 853 Les parties se défendent elles-mêmes.

Elles ont la faculté de se faire assister ou représenter par toute personne de leur choix.

Le représentant, s'il n'est avocat, doit justifier d'un pouvoir spécial.

CHAPITRE PREMIER *La procédure devant le tribunal de commerce*

SECTION I *L'introduction de l'instance*

Art. 854 La demande en justice est formée par assignation, par la remise au greffe d'une requête conjointe ou par la présentation volontaire des parties devant le tribunal.

SOUS-SECTION 1 *L'assignation*

Art. 855 L'assignation contient, à peine de nullité, outre les mentions prescrites par l'article 56 :

1° Les lieu, jour et heure de l'audience à laquelle l'affaire sera appelée ;

2° Si le demandeur réside à l'étranger, les nom, prénoms et adresse de la personne chez qui il élit domicile en France.

(Décr. n° 2010-1165 du 1er oct. 2010, art. 7, en vigueur le 1er déc. 2010) « L'acte introductif d'instance mentionne en outre les conditions dans lesquelles le défendeur peut se faire assister ou représenter, s'il y a lieu, le nom du représentant du demandeur ainsi que les dispositions de l'article 861-2. »

FORM. PR. COM. v^is *Assignation au fond ; Assignation réitérée au fond délivrée à un unique défendeur à la demande du juge ou du demandeur ; Assignation réitérée au fond délivrée à l'un des défendeurs non cité à personne et défaillant,* par TRAVIER.

Art. 856 L'assignation doit être délivrée quinze jours au moins avant la date de l'audience.

Art. 857 Le tribunal est saisi, à la diligence de l'une ou l'autre partie, par la remise au greffe d'une copie de l'assignation.

Cette remise doit avoir lieu au plus tard huit jours avant la date de l'audience *(Décr. n° 2005-1678 du 28 déc. 2005, art. 21, en vigueur le 1er mars 2006)* « , sous peine de caducité de l'assignation constatée d'office par ordonnance, selon le cas, du président ou du juge rapporteur, ou, à défaut, à la requête d'une partie. »

Art. 858 En cas d'urgence, les délais de comparution et de remise de l'assignation peuvent être réduits par autorisation du président du tribunal.

Dans les affaires maritimes et aériennes, l'assignation peut être donnée, même d'heure à heure, sans autorisation du président, lorsqu'il existe des parties non domiciliées ou s'il s'agit de matières urgentes et provisoires.

FORM. PR. COM. v^is *Requête à fin d'assignation à bref délai ; Assignation au fond délivrée à bref délai,* par TRAVIER.

SOUS-SECTION 2 *La requête conjointe et la présentation volontaire des parties*

Art. 859 Les parties peuvent exposer leurs prétentions par requête conjointe ; elles peuvent aussi se présenter volontairement devant le tribunal pour les faire juger.

FORM. PR. COM. v° *Requête conjointe à fin de saisine du tribunal de commerce,* par TRAVIER.

Art. 860 Le tribunal est saisi soit par la remise de la requête conjointe, soit par la signature d'un procès-verbal constatant que les parties se présentent volontairement pour faire juger leurs prétentions.

Le procès-verbal contient les mentions prévues pour la requête conjointe à l'article 57.

SECTION II *L'instance*

SOUS-SECTION 1 *Dispositions générales*

(Décr. n° 2010-1165 du 1er oct. 2010, art. 7)

Les art. 860-1 à 861-2 C. pr. civ. entrent en vigueur le 1er déc. 2010 (Décr. préc., art. 17). Ils sont applicables dans les îles Wallis-et-Futuna (Décr. préc., art. 18-I).

BIBL. ▶ CHOLET, *JCP E 2010, n° 558* (la réforme de la procédure devant le tribunal de commerce). – FRICERO, *Dr. et proc. 2011. 2* (une justice conciliatoire modernisée).

Art. 860-1 La procédure est orale.

BIBL. ▶ CAUSSE, *Mélanges Tricot, Dalloz/Litec, 2011, p. 343* (l'oralité devant les tribunaux de commerce). ▶ DEHARO, *RJ com. 2010. 497* (oralité dans la procédure commerciale de première instance).

Art. 860-2 Si une conciliation entre les parties apparaît envisageable, la formation de jugement peut, avec l'accord des parties, désigner un conciliateur de justice à cette fin. Cette désignation peut revêtir la forme d'une simple mention au dossier.

Art. 861 En l'absence de conciliation, si l'affaire n'est pas en état d'être jugée, la formation de jugement la renvoie à une prochaine audience ou confie à l'un de ses membres le soin de l'instruire *(Abrogé par Décr. n° 2012-1451 du 24 déc. 2012, art. 12, à compter du 1er févr. 2013) « en qualité de juge rapporteur »*.

A moins que l'affaire ne soit jugée dès la première audience, le greffier avise par lettre simple les parties qui ne l'auraient pas été verbalement de la date des audiences ultérieures.

Art. 861-1 La formation de jugement qui organise les échanges entre les parties comparantes peut, conformément au second alinéa de l'article 446-1, dispenser une partie qui en fait la demande de se présenter à une audience ultérieure. Dans ce cas, la communication entre les parties est faite par lettre recommandée avec demande d'avis de réception ou par notification entre avocats et il en est justifié auprès du tribunal dans les délais qu'il impartit.

Art. 861-2 Sans préjudice des dispositions de l'article 68, la demande incidente tendant à l'octroi d'un délai de paiement en application de l'article 1244-1 du code civil peut être formée par déclaration faite, remise ou adressée au greffe, où elle est enregistrée. L'auteur de cette demande doit justifier avant l'audience que l'adversaire en a eu connaissance par lettre recommandée avec demande d'avis de réception. Les pièces que la partie invoque à l'appui de sa demande de délai de paiement sont jointes à la déclaration.

L'auteur de cette demande incidente peut ne pas se présenter à l'audience, conformément au second alinéa de l'article 446-1. Dans ce cas, le juge ne fait droit aux demandes présentées contre cette partie que s'il les estime régulières, recevables et bien fondées.

SOUS-SECTION 2 *Le juge chargé d'instruire l'affaire (Décr. n° 2012-1451 du 24 déc. 2012, art. 12, en vigueur le 1er févr. 2013).*

Art. 861-3 *(Décr. n° 2010-1165 du 1er oct. 2010, en vigueur le 1er déc. 2010)* Le *(Décr. n° 2012-1451 du 24 déc. 2012, art. 12, en vigueur le 1er févr. 2013)* « juge chargé d'instruire l'affaire » organise le cas échéant les échanges entre les parties comparantes dans les conditions et sous les sanctions prévues à l'article 446-2.

Il peut dispenser une partie de se présenter à une audience ultérieure dans les conditions prévues à l'article 861-1.

Art. 862 *(Décr. n° 2010-1165 du 1er oct. 2010, art. 7, en vigueur le 1er déc. 2010)* Le *(Décr. n° 2012-1451 du 24 déc. 2012, art. 12, en vigueur le 1er févr. 2013* « juge chargé d'instruire l'affaire » peut entendre les parties.

Il dispose des pouvoirs de mise en état prévus à l'article 446-3.

Art. 863 *(Décr. n° 2010-1165 du 1er oct. 2010, art. 7, en vigueur le 1er déc. 2010)* Le *(Décr. n° 2012-1451 du 24 déc. 2012, art. 12, en vigueur le 1er févr. 2013)* « juge chargé d'instruire l'affaire » constate la conciliation, même partielle, des parties.

Il peut également désigner un conciliateur de justice dans les conditions prévues à l'article 860-2.

Art. 864 Le *(Décr. n° 2012-1451 du 24 déc. 2012, art. 12, en vigueur le 1er févr. 2013)* « juge chargé d'instruire l'affaire » procède aux jonctions et disjonctions d'instance.

Art. 865 Le *(Décr. n° 2012-1451 du 24 déc. 2012, art. 12, en vigueur le 1er févr. 2013)* « juge chargé d'instruire l'affaire » peut ordonner, même d'office, toute mesure d'instruction.

Il tranche les difficultés relatives à la communication des pièces.

Il constate l'extinction de l'instance. En ce cas, il statue, s'il y a lieu, sur les dépens *(Décr. n° 2010-1165 du 1er oct. 2010, art. 7, en vigueur le 1er déc. 2010)* « et les demandes formées en application de l'article 700 ».

Art. 866 Les mesures prises par le *(Décr. n° 2012-1451 du 24 déc. 2012, art. 12, en vigueur le 1er févr. 2013)* « juge chargé d'instruire l'affaire » sont l'objet d'une simple mention au dossier ; avis en est donné aux parties.

Toutefois, dans les cas prévus à l'article précédent, le *(Décr. n° 2012-1451 du 24 déc. 2012, art. 12, en vigueur le 1er févr. 2013)* « juge chargé d'instruire l'affaire » statue par ordonnance motivée, sous réserve des règles particulières aux mesures d'instruction.

Art. 867 Les ordonnances du *(Décr. n° 2012-1451 du 24 déc. 2012, art. 12, en vigueur le 1er févr. 2013)* « juge chargé d'instruire l'affaire » n'ont pas, au principal, l'autorité de la chose jugée.

Art. 868 Les ordonnances du *(Décr. n° 2012-1451 du 24 déc. 2012, art. 12, en vigueur le 1er févr. 2013)* « juge chargé d'instruire l'affaire » ne sont susceptibles d'aucun recours indépendamment du jugement sur le fond.

Toutefois, elles peuvent être frappées d'appel, soit dans les cas et conditions prévus en matière d'expertise, soit dans les quinze jours de leur date lorsqu'elles constatent l'extinction de l'instance.

Art. 869 *(Décr. n° 2012-1451 du 24 déc. 2012, art. 12, en vigueur le 1er févr. 2013)* Le juge chargé d'instruire l'affaire la renvoie devant le tribunal dès que l'état de l'instruction le permet.

Art. 870 *(Décr. n° 2012-1451 du 24 déc. 2012, art. 12, en vigueur le 1er févr. 2013)* A la demande du président de la formation, le juge chargé d'instruire l'affaire fait un rapport oral de l'affaire à l'audience avant les plaidoiries. Ce rapport peut également être fait par le président de la formation ou un autre juge de la formation qu'il désigne.

Le rapport expose l'objet de la demande et les moyens des parties, précise les questions de fait et de droit soulevées par le litige et fait mention des éléments propres à éclairer le débat, sans faire connaître l'avis du juge qui en est l'auteur.

Art. 871 *(Décr. n° 2012-1451 du 24 déc. 2012, art. 12, en vigueur le 1er févr. 2013)*. Le juge chargé d'instruire l'affaire peut également, si les parties ne s'y opposent pas, tenir seul l'audience pour entendre les plaidoiries. Il en rend compte au tribunal dans son délibéré.

CHAPITRE II *Les pouvoirs du président*

SECTION I *Les ordonnances de référé*

RÉP. COM. v° *Référé commercial,* par BRUSCHI.

RÉP. PR. CIV. v° *Référé commercial,* par BRUSCHI.

Art. 872 **Dans tous les cas d'urgence, le président du tribunal de commerce peut, dans les limites de la compétence du tribunal, ordonner en référé toutes les mesures qui ne se heurtent à aucune contestation sérieuse ou que justifie l'existence d'un différend.**

Sur la possibilité, en référé, pour le président de la juridiction saisie de pratiques restrictives de vente d'enjoindre la cessation des agissements en cause ou d'ordonner toute autre mesure provisoire, V. C. com., art. L. 442-6.

FORM. PR. COM. v° *Assignation en référé fondée sur l'art. 872 C. pr. civ.,* par TRAVIER.

BIBL. ▸ LACABARATS, *Bull. Joly 2008. 917* (les procédures d'urgence en droit des affaires).

A. COMPÉTENCE

1. Compétence matérielle. Le juge des référés commerciaux n'est pas compétent pour statuer sur les difficultés d'exécution de ses propres décisions. • Com. 21 janv. 1992 : *Bull. civ. IV, n° 31.*

2. Compétence territoriale. Si, en principe, le juge des référés doit appartenir territorialement à la juridiction appelée à statuer sur le fond, cette compétence n'exclut pas celle du juge dans le ressort duquel est né l'incident ou celui dans le ressort duquel les mesures d'urgence doivent être prises. • Civ. 2e, 10 juill. 1991 : *Bull. civ. II, n° 223.*

B. URGENCE

3. Office du juge. Il incombe au juge, tenu de trancher le litige conformément aux règles de droit qui lui sont applicables, de relever d'office le défaut d'urgence là où la mesure requise est subordonnée à cette condition. • Com. 22 avr. 1966 : *Bull. civ. III, n° 189.* ♦ L'urgence de la mesure demandée peut résulter implicitement des constatations des juges du fond. • Com. 8 mars 1988 : *Bull. civ. IV, n° 98.*

4. Illustration. Dès lors qu'elle a relevé que les faits imputés au gérant d'une société étaient de nature à porter un préjudice irrémédiable aux intérêts de celle-ci et qu'ils induisaient une suspicion qui paralysait son administration, c'est à bon droit qu'une cour d'appel, statuant en matière de référé, a nommé un administrateur provisoire, ayant fait ressortir le péril menaçant la société et caractérisé l'urgence de cette nomination. • Com. 17 oct. 1989 : *Bull. civ. IV, n° 250.*

C. CONTESTATION SÉRIEUSE

5. Notion. L'absence de contestation sérieuse implique l'évidence de la solution qu'appelle le point contesté. • Com. 20 juill. 1971 : *Bull. civ. IV, n° 220.*

6. Contrôle de la Cour de cassation. L'existence d'une contestation sérieuse est soumise au contrôle de la Cour de cassation. V. considérant qu'il existe une contestation sérieuse si celle-ci porte sur le point de savoir si l'avocat d'une banque, ayant délivré une garantie de restitution d'acompte, peut, sans être muni d'un pouvoir spécial, former dans les conclusions déposées pour celle-ci une demande constituant un appel de la contre-garantie : • Com. 21 juin 1988 : *Bull. civ. IV, n° 213.*

7. Illustrations. La cour d'appel qui, ayant constaté qu'un acheteur mis en règlement judiciaire conteste devant la juridiction des référés la validité de la clause de réserve de propriété sur laquelle son vendeur s'est fondé pour obtenir la restitution des fournitures livrées, déclare à bon droit cette juridiction incompétente en retenant qu'en présence d'une contestation portant sur l'acceptation de ladite clause, la juridiction des référés ne pouvait trancher le litige sans excéder les limites de sa compétence. • Com. 21 févr. 1984 : *Bull. civ. IV, n° 73.* ♦ Viole l'art. 872 NCPC [renommé C. pr. civ.] la cour d'appel qui, saisie d'une demande dirigée par un entrepreneur principal contre un sous-traitant et fondée sur les clauses d'un contrat de sous-traitance, retient la compétence du juge des référés alors que les énonciations de l'arrêt faisaient apparaître l'existence d'une contestation sérieuse tenant à l'absence de la double acceptation exigée par l'art. 3 de la loi du 31 déc.

1975, à défaut de laquelle l'entrepreneur principal ne peut invoquer le contrat de sous-traitance à l'encontre du sous-traitant. • Com. 4 juill. 1989 : *Bull. civ. IV, n° 212.* ♦ Ayant constaté que les deux chèques déposés par le bénéficiaire avaient été égarés et relevé que ce dernier ne subissait aucun préjudice puisqu'ils avaient été portés au crédit de son compte, tandis que la banque ne pouvant identifier les comptes du ou des tireurs, n'avait pu obtenir paiement de ceux-ci, la cour d'appel a pu en déduire, sans trancher une contestation sérieuse, que le bénéficiaire ne pouvait, de bonne foi, s'opposer à la demande de renseignements de la banque, limitée aux noms et adresses des tireurs des deux chèques. • Com. 8 juill. 2003 : *RJDA 2004, n° 113.*

D. MESURES QUE JUSTIFIE L'EXISTENCE D'UN DIFFÉREND

8. Principe. Il résulte de l'art. 808 [872] NCPC [renommé C. pr. civ.] que dans tous les cas d'urgence, le juge des référés peut, même en présence d'une contestation sérieuse, ordonner les mesures justifiées par l'existence d'un différend. • Civ. 1re, 20 mars 1978 : *Bull. civ. I, n° 116.*

9. Illustrations. Sur la nomination d'un administrateur provisoire à une société anonyme, par une cour d'appel qui, statuant en matière de référé, constate que la mésentente existant entre les associés rendait anormal le fonctionnement de la société et considère que l'annulation, prévisible à brève échéance, de la désignation des dirigeants sociaux entraînerait de très graves conséquences pour la société auxquelles il fallait immédiatement porter remède. • Com. 17 janv. 1989 : *Bull. civ. IV, n° 28.* ♦ S'agissant d'actionnaires minoritaires d'une société holding qui invoquaient l'existence d'une action en nullité du protocole constitutif de cette dernière, et demandaient une mesure de séquestre des actions détenues par la société holding dans une filiale afin de garantir le maintien du *statu quo* pendant la durée de l'instance, en raison de l'urgence et en présence d'un litige grave, une telle mesure est de la compétence du juge des référés, dès lors qu'elle a pour but de prévenir un danger immédiat et demeure sans influence sur le fond du droit, et le droit de vote attaché aux actions entre dans les pouvoirs d'administration du séquestre, lorsque son exercice a un but conservatoire, dès lors, les intérêts des actionnaires étant en péril, il convient de désigner un séquestre ayant mission de prendre part aux assemblées générales de la filiale et par son vote, d'éviter la création d'une situation irréversible en attendant la décision des juges du fond. • Com. 15 févr. 1983 : *Bull. civ. IV, n° 67.* ♦ Dès lors que la vente des actions d'une société se trouvait parfaitement réalisée, la somme représentant le prix de vente étant provisoirement détenue par un séquestre, le différend provoqué quant à la vente des titres ne justifie pas la demande en référé d'ajournement de l'assemblée extraordinaire de la société émettrice, jusqu'à ce qu'il ait été statué sur la propriété des actions formée par la société cessionnaire. • Com. 19 mai 1987 : *Bull. civ. IV, n° 122.*

Art. 873 **Le président peut, dans les mêmes limites,** *(Décr. n° 87-434 du 17 juin 1987)* **« et même en présence d'une contestation sérieuse », prescrire en référé les mesures conservatoires ou de remise en état qui s'imposent, soit pour prévenir un dommage imminent, soit pour faire cesser un trouble manifestement illicite.**

Dans les cas où l'existence de l'obligation n'est pas sérieusement contestable, il peut accorder une provision au créancier, *(Décr. n° 85-1330 du 17 déc. 1985)* **« ou ordonner l'exécution de l'obligation même s'il s'agit d'une obligation de faire ».** — *Modification entrée en vigueur le 1er janv. 1986.*

FORM. PR. COM. v^is *Assignation en référé fondée sur l'art. 873, al. 1er, C. pr. civ. ; Assignation en référé fondée sur l'art. 873, al. 2, C. pr. civ.*, par TRAVIER.

I. RÉFÉRÉ AUX FINS DE PRÉVENIR UN DOMMAGE IMMINENT OU DE FAIRE CESSER UN TROUBLE MANIFESTEMENT ILLICITE (ART. 873, AL. 1er, C. PR. CIV.)

A. PRÉVENTION D'UN DOMMAGE IMMINENT

1. Appréciation souveraine. L'existence et l'imminence du dommage relèvent de l'appréciation souveraine du juge des référés. Dès lors que l'existence d'un dommage imminent auquel se trouvait exposé le chargeur est constaté, dommage tenant à l'impossibilité pour celui-ci de vérifier contradictoirement si les réserves exprimées par le capitaine du navire sur l'état de la marchandise étaient légitimes, une cour d'appel peut, sans excéder les pouvoirs qu'elle tenait de l'art. 873, applicable même en cas de contestation sérieuse, imposer au transporteur non de délivrer des documents de transport sans réserve, mais au cas où il s'y refuserait, de rester au port le temps nécessaire pour permettre à l'expert désigné de vérifier si des réserves avaient été émises au cours du chargement. • Com. 12 nov. 1985 : Bull. civ. IV, n° 271.

2. Indifférence de l'existence d'une contestation sérieuse. L'existence d'une contestation sérieuse ne fait pas obstacle à ce que le juge des référés prenne les mesures conservatoires ou de remise en état destinées à prévenir un dommage imminent pouvant résulter de la situation dont il est saisi. Dès lors, viole par fausse application, l'art. 873, al. 1er, l'arrêt qui, pour débouter un commerçant d'une demande tendant à faire défense à un autre commerçant d'importer et de vendre en France des produits d'une certaine marque, retient que le droit d'exclusivité invoqué et partant la concurrence déloyale reprochée, faisait l'objet d'une contestation sérieuse. • Com. 24 mars 1981 : *Bull. civ. IV, n° 161.*

3. Illustrations. Une cour d'appel n'a fait qu'user des pouvoirs qu'elle tenait des art. 808 et 809 [872 et 873] NCPC [renommé C. pr. civ.] en ordonnant qu'il soit sursis à la vente de meubles saisis par l'Administration fiscale après avoir relevé que le report de la vente était justifié par l'urgence à arrêter cette mesure d'exécution en raison du différend existant et pour prévenir le dommage imminent susceptible d'être subi par le redevable. • Com. 22 mars 1988 : *Bull. civ. IV, n° 121.* ♦ Le juge des référés, après avoir constaté l'existence d'une difficulté sérieuse ressortissant à la compétence du juge du fond, ne fait qu'user des pouvoirs qui lui sont conférés par l'art. 873, al. 1er, en ordonnant, à titre conservatoire, les mesures qu'il estime s'imposer pour prévenir le dommage imminent qu'il constate, ces mesures pouvant consister en l'exécution du contrat, en l'espèce la livraison des appareils par une partie à son cocontractant. • Com. 26 févr. 1991 : *Bull. civ. IV, n° 87.* ♦ En adoptant comme mesure conservatoire la poursuite des effets du contrat, fût-il dénoncé, le juge des référés ne fait qu'user du pouvoir que lui confère l'art. 873, al. 1er ; il ne peut cependant le faire qu'en fixant à sa mesure un terme certain. • Civ. 1re, 7 nov. 2000 : *Bull. civ. I, n° 286 ; D. 2001. 256, note Billiau et Jamin et Somm. 1137, obs. D. Mazeaud ; CCC 2001, n° 19, note Leveneur ; Defrénois 2001. 437, obs. E. Savaux.* ♦ Si l'art. 873 donne pouvoir au juge des référés d'ordonner la reprise des relations contractuelles, c'est seulement lorsque le contractant a mis en œuvre l'exception d'inexécution dans des conditions constitutives d'un trouble manifestement illicite ou si le droit du contractant au maintien des effets du contrat n'est pas sérieusement contestable. • Paris, 2 mai 2001 : *BICC 2001, n° 1221.* ♦ En ordonnant au concédant la poursuite de ses relations contractuelles avec le concessionnaire automobile, alors qu'elle relevait que le contrat de distribution avait été régulièrement résilié, sans constater la conclusion d'un nouveau contrat entre les parties, une cour d'appel a violé l'art. 873. • Com. 28 nov. 2006 : *Bull civ. IV, n° 234 ; D. 2007. AJ 13, obs. Chevrier ; RTD civ. 2007. 345, obs. Mestre et Fages ; JCP E 2007, n° 11, p. 24, obs. Mainguy et Respaud ; RJDA 2007, n° 428 ; RDC 2007. 415, obs. Béhar-Touchais ; Lettre distrib. févr. 2007, p. 4* (cassation de • Versailles, 15 déc. 2004 : *BICC 2005, n° 1097 ; JCP E 2005, n° 14, p. 600*). ♦ Pour une ordonnance imposant à Ebay de remettre en service les comptes ouverts sur son site par un vendeur alors que la plate-forme les avait suspendus pour violation des conditions générales d'utilisation de son site, V. • T. com. Paris, ord., 23 mai 2007 : *CCE 2007, n° 122, obs. Debet.*

B. CESSATION D'UN TROUBLE MANIFESTEMENT ILLICITE

4. Office du juge. Si l'existence d'une contestation sérieuse n'interdit pas au juge des référés de prendre les mesures prévues par l'art. 809, al. 1er (873, al. 1er) NCPC [renommé C. pr. civ.], le juge doit apprécier le caractère manifestement illicite du trouble en cause. • Com. 17 nov. 1998 : *Bull. civ. IV, n° 275 ; D. 1999. IR 15.* ♦ Saisi par une société commercialisant des produits de luxe au moyen d'un réseau de distribution sélective, d'une demande tendant à voir prescrire des mesures conservatoires pour faire cesser le trouble manifestement illicite que lui aurait causé la mise en vente de ces produits par un intermédiaire non agréé, le juge des référés est tenu de rechercher, afin de vérifier l'existence de ce trouble, si la société, à qui incombe la charge de la preuve, démontre, au moyen des éléments tirés de l'analyse de ses contrats, la licéité de son réseau de distribution considérée dans l'ensemble des conventions s'y rapportant. • Com. 27 oct. 1992 : *Bull. civ. IV, n° 330 ; D. 1992. 505, note A. Bénabent.* ♦ Jugeant qu'une cour d'appel, qui n'a pas recherché, comme cela lui était demandé, si la dépose de l'enseigne d'un franchiseur par l'acquéreur d'un fonds de commerce et l'apposition d'une enseigne concurrente ne constituaient pas un trouble manifestement illicite, n'a pas donné de base légale à sa décision, V. • Com. 23 avr. 2003 : *Lettre distrib. sept. 2003, p. 4.* ♦ C'est dans l'exercice de son pouvoir souverain qu'une cour d'appel a, en l'absence de trouble manifestement illicite, estimé qu'il n'y avait pas lieu d'ordonner la mesure sollicitée. • Civ. 2e, 21 juill. 1986 : *Bull. civ. II, n° 119* ♦ Jugeant que le juge des référés n'a pas le pouvoir d'ordonner la résiliation d'un contrat de travail (pour violation d'une clause de non-concurrence), V. • Soc. 13 mai 2003 : *Bull. civ. V, n° 161 ; D. 2004. Somm. 1154, obs. Bugada ; Gaz. Pal. 2004. Somm. 1403, obs. du Rusquec.*

5. Illustrations. Constituent un trouble manifestement illicite : la publicité d'une société fondée sur la publication tronquée des résultats d'enquêtes sur les prix dans les grandes surfaces de vente effectuées par une association de consommateurs. • Com. 19 janv. 1988 : *Bull. civ. IV, n° 44.* ♦ ... La publicité mettant en scène un acteur qui vantait la marque d'un café et dénonçait le caractère médiocre et dépassé des cafés expresso traditionnels en s'adressant à un supposé serveur portant le prénom d'une autre marque qui, elle, jouait la carte de la tradition. • Poitiers, 27 févr. 2001 : *JCP 2002. IV. 2213.* ♦ ... Le refus par un producteur de communiquer ses tarifs et ses conditions générales de vente. • Com. 13 févr. 1990 : *Bull. civ. IV, n° 43.* ♦ Mais dès lors que les relations commerciales entre les parties sont de nature à faire douter que les demandes de l'acheteur ont été faites de bonne foi, le juge des référés retient que le refus de vente ne constitue pas un trouble manifestement illicite. • Com. 9 mai 1990 : *Bull. civ. IV, n° 144.* ♦ Dès lors que, malgré l'apparente précipitation de la décision de vente des actions d'autocontrôle d'une société cotée, aucun fait ou acte susceptible de constituer un trouble manifestement illicite n'a été accompli par les dirigeants de ladite société, que les circonstances et incertitudes relevées quant aux modalités de la cession envisagée privent le péril invoqué de son caractère d'imminence requis pour la mise en œuvre de mesures de référé, la demande d'interdiction de la cession des actions d'autocontrôle doit être rejetée et le séquestre provisoire doit être levé. • Paris, 15 mars 2000 : *D. 2000. AJ 303, obs. Boizard ; JCP E 2000. 1046, note Viandier ; Bull. Joly Bourse 2000. 323, note Rontchevsky.* ♦ Doit être cassé l'arrêt rendu en référé qui a fait défense aux distributeurs d'une marque de dentifrice, dont l'emballage comportait des mentions prétendument constitutives de dénigrement à l'égard du café, en ce qu'elles faisaient référence à son pouvoir tachant, de poursuivre la distribution du produit en cause dans les emballages litigieux et de procéder à la diffusion d'annonces publicitaires comportant cette référence, alors que l'information, non arguée de caractère mensonger, est donnée en termes mesurés au consommateur sur les propriétés objectives qu'il peut attendre d'un produit, fussent-elles destinées à remédier aux conséquences de l'usage d'un autre produit non concurrent, n'est pas, en l'absence d'autres circonstances, constitutive d'un trouble manifestement illicite. • Com. 15 janv. 2002 : *RJDA 2002, n° 580.*

En retenant qu'il importait peu qu'une société ait engagé une action judiciaire en contestation de la validité de son engagement dès lors qu'elle était tenue de se conformer au principe selon lequel le contrat conclu doit être exécuté par chacune des parties tant qu'il n'a pas été statué sur la validité par les juges du fond compétents et que nul ne peut se faire justice à soi-même, une cour d'appel, caractérisant ainsi l'existence d'un trouble manifestement illicite, n'a fait qu'user des pouvoirs qui lui sont conférés par l'al. 1er de l'art. 873 en prescrivant à cette société, à titre de mesure conservatoire ou de remise en état, l'obligation d'exécuter ses obligations contractuelles. • Civ. 1re, 15 juin 2004 : *Bull. civ. I, n° 172 ; RTD civ. 2004. 508, obs. Mestre et Fages ; RJDA 2004, n° 1283.*

II. RÉFÉRÉ-PROVISION (ART. 873, AL. 2, C. PR. CIV.)

A. COMPÉTENCE

6. Pouvoirs du juge des référés commerciaux. Sauf cas limitativement prévus par la loi, le juge des référés commerciaux reste compétent pour accorder une provision même lorsque le juge du fond est saisi. • Com. 11 mai 1993 : *JCP 1994. II. 20275, note L. Lévy.* ♦ Sauf dans les cas déterminés par la loi, le juge des référés commerciaux a le pouvoir d'ordonner l'exécution d'une obligation non sérieusement contestable, même lorsque le juge du fond est saisi, et il lui appartient de rechercher si la contestation soulevée par le défendeur est sérieuse, sans pouvoir déduire ce caractère de la seule existence d'une instance pendante au fond. • Civ. 2e, 21 janv. 2010 : *Bull. civ. II, n° 21.*

7. Compétence territoriale. Le juge des référés compétent pour allouer une provision est celui du siège social du défendeur, quelle que soit la juridiction saisie par le demandeur pour connaître du fond du litige, compte tenu du lieu où le dommage a été constaté. • Com. 2 juill. 1989 : *Gaz. Pal. 1989. 2. Pan., p. 154.*

B. CONDITIONS

8. Urgence non requise. L'octroi d'une provision n'est pas subordonné à la constatation de l'urgence, mais seulement à celle de l'existence d'une obligation non sérieusement contestable. • Civ. 1re, 4 nov. 1976 : *Bull. civ. I, n° 330.* ♦ Statuant sur le fondement de l'art. 873, al. 2, une cour d'appel n'a pas à rechercher si la demande est fondée sur l'urgence. • Com. 7 mars 1995 : *Bull. civ. IV, n° 67.*

9. Tempérament : existence d'une convention d'arbitrage. Sur l'absence de base légale d'un arrêt de cour d'appel qui, statuant en référé, accueille une demande de provision fondée sur une promesse synallagmatique de cession de droits sociaux assortie d'une clause d'arbitrage, en retenant que les conditions de règlement du prix sont remplies et qu'aucune contestation sérieuse ne s'oppose au paiement de la provision, sans toutefois constater l'urgence, V. • Com. 29 juin 1999 : *Bull. civ. IV, n° 147 ; D. 1999. 649, note I. Najjar ; JCP 2000. II. 10228, note Vuitton ; RTD com. 2001. 56, obs. Dubarry et Loquin*. ♦ V. dans le même sens, • Civ. 1re, 6 mars 1990 : *Rev. arb. 1990. 633, note Gaudemet-Tallon* (arbitrage international) • 2 avr. 1997 : *D. Affaires 1997. 573 ; RTD com. 1997. 434, obs. Dubarry et Loquin* (arbitrage interne).

10. Obligation non sérieusement contestable : contrôle de la Cour de cassation. En énonçant, pour allouer une provision, que quel que soit le fondement contractuel ou quasi-délictuel de la responsabilité de la partie mise en cause, son obligation n'est pas sérieusement contestable, la cour d'appel ne met pas la Cour de cassation en mesure d'exercer son contrôle sur l'existence d'une obligation non sérieusement contestable. • Cass., ass. plén., 16 nov. 2001 : *Bull. civ. n° 13 ; D. 2002. 598, note Puigelier*.

11. Obligation non sérieusement contestable : illustrations. Dès lors que le principe même de l'obligation n'est pas sérieusement contestable, une provision peut être allouée même si le montant de l'obligation est encore sujet à controverse. • Civ. 2e, 10 nov. 1998 : *Procédures 1999, n° 4, note Perrot.* ♦ Viole les art. 1315 C. civ. et 873, al. 2, NCPC [renommé C. pr. civ.], l'arrêt statuant en matière de référé qui rejette la demande de provision formée par le tireur de lettres de change à l'encontre du tiré accepteur de ces effets au motif que le premier ne démontre pas que l'obligation du second n'est pas sérieusement contestable. • Com. 22 nov. 1994 : *Bull. civ. IV, n° 748.* ♦ Il appartient au juge des référés d'apprécier si l'éventualité d'une compensation est de nature à rendre sérieusement contestable la créance invoquée. • Civ. 1re, 11 mars 1986 : *Gaz. Pal. 1986. 1. Somm. 124.* ♦ Le juge des référés, saisi d'un incident de vérification d'écriture portant sur l'une des pièces produites à l'appui d'un référé-provision, a le pouvoir de se prononcer sur cette contestation dès lors qu'elle n'est pas sérieuse. • Civ. 2e, 21 janv. 1999 (2 arrêts) : *Bull. civ. II, n° 18* • 27 juin 2000 : *Procédures 2000, n° 211, obs. Perrot.* ♦ Les signatures apposées sur des bons de commande, dont l'authenticité était déniée, étant identiques à celle figurant sur une lettre adressée par l'acheteur à son fournisseur et les factures produites aux débats attestant tant de la réalité que de la date de la livraison des marchandises, l'obligation invoquée n'est pas sérieusement contestable. • Civ. 2e, 21 janv. 1999 : *Bull. civ. II, n° 18 (2e esp.).*

C. DÉCISION DU JUGE DES RÉFÉRÉS

12. Nature de la décision. Selon l'interprétation donnée à l'art. 24 de la Convention de Bruxelles du 27 sept. 1968 par la CJCE dans son arrêt du 17 nov. 1998, le paiement à titre de provision d'une contre-prestation contractuelle ne constitue pas une mesure provisoire, à moins que, d'une part, le remboursement au défendeur de la somme allouée soit garanti dans l'hypothèse où le demandeur n'obtiendrait pas gain de cause au fond de l'affaire et, d'autre part, la mesure sollicitée ne porte que sur des avoirs déterminés du défendeur se situant, ou devant se situer, dans la sphère de la compétence territoriale du juge saisi. • Civ. 1re, 13 avr. 1999 : *Bull. civ. I, n° 133.*

13. Montant de la provision. Le montant de la provision allouée en référé n'a d'autre limite que le montant non sérieusement contestable de la dette alléguée. • Com. 20 janv. 1980 : *Bull. civ. IV, n° 40 ; RTD civ. 1982. 679, obs. J. Normand.* ♦ Encourt la censure l'arrêt qui accorde une provision égale à la quasi-totalité de la créance invoquée tout en relevant que l'exception d'inexécution opposée par le defendeur, constituait, au moins pour partie une contestation sérieuse. • Civ. 1re, 18 janv. 1989 : *Bull. civ. I, n° 31.*

D. EFFETS DE LA CONDAMNATION AU PAIEMENT D'UNE PROVISION

14. Ouverture d'une procédure collective. L'inexécution d'une condamnation à provision peut fonder l'ouverture d'une procédure collective. • Com. 6 nov. 1979 : *Bull. civ. IV, n° 273.* ♦ Les créances constatées par des décisions de référé provisoires dont le sort définitif étant lié à une instance pendante devant les juges du fond sont litigieuses et ne peuvent être prises en compte pour déterminer le passif exigible. • Com. 22 févr. 1994 : *JCP 1994. I. 3799, n° 1, obs. Ph. Petel ; ibid. 1995. II. 699, note L. Lévy.*

15. Absence d'inscription sur l'état des créances. L'art. 873, al. 2, NCPC [renommé C. pr. civ.] ne donne pas au juge des référés le pouvoir, en cas d'arrêt des poursuites individuelles résultant d'une procédure collective, de constater la créance et d'en fixer le montant et les décisions rendues à titre provisoire par le juge des référés et accordant une provision, ne sont pas susceptibles d'être inscrites comme telles sur l'état des créances. • Versailles, 7 juin 1991 : *D. 1992. Somm. 252, obs. F. Derrida*.

Art. 873-1 *(Décr. n° 2005-1678 du 28 déc. 2005, art. 74, en vigueur le 1er mars 2006)* **A la demande de l'une des parties, et si l'urgence le justifie, le président saisi en référé peut renvoyer l'affaire à une audience dont il fixe la date pour qu'il soit statué au fond. Il veille à ce que le défendeur dispose d'un temps suffisant pour préparer sa défense. L'ordonnance emporte saisine du tribunal.**

Renvoi à une autre juridiction. La circonstance qu'il n'y a pas lieu à référé en application des art. 872 et 873 C. pr. civ. n'entraîne pas la nullité de l'assignation mais l'irrecevabilité de la demande présentée aux seules fins d'obtenir le renvoi devant une autre juridiction sur le fondement de l'art. 873-1 du même code. • Civ. 2e, 16 mai 2012 : *Dalloz actualité, 19 juin 2012, obs. Kebir.*

SECTION II *Les ordonnances sur requête*

Art. 874 Le président du tribunal de commerce est saisi par requête dans les cas spécifiés par la loi.

En matière de mesures conservatoires, V., notamment, C. pr. exéc., art. L. 511-3, R. 511-2 et R. 511-3. — ***C. pr. exéc.*** *ou* ***C. pr. civ.***

FORM. PR. COM. v° *Requête afin d'obtenir une ordonnance dans un des cas spécifiés par la loi*, par TRAVIER.

Art. 875 Le président peut ordonner sur requête, dans les limites de la compétence du tribunal, toutes mesures urgentes lorsque les circonstances exigent qu'elles ne soient pas prises contradictoirement.

FORM. PR. COM. v° *Requête afin d'obtenir une mesure urgente*, par TRAVIER.

1. Compétence territoriale. Sauf disposition légale contraire, le juge territorialement compétent pour rendre une ordonnance sur requête est le président de la juridiction saisie au fond ou celui du tribunal du lieu où la mesure demandée doit être exécutée. • Civ. 2e, 18 nov. 1992 : *Bull. civ. II, n° 266 ; D. 1993. 91, note Y. Chartier ; RTD civ. 1993. 648, obs. Perrot ; JCP 1993. I. 3678, n° 10, obs. L. Cadiet.*

2. Clause compromissoire. L'existence d'une clause compromissoire ne prive pas le président du tribunal de commerce du pouvoir qu'il tient de l'art. 875, d'ordonner sur requête toutes les mesures urgentes dont les circonstances exigent qu'elles ne soient pas prises contradictoirement. • Com. 10 mars 1998 : *Bull. civ. IV, n° 102 ; D. 1998. IR 101 ; RTD com. 1998. 834, obs. J.-C. Dubarry et E. Loquin*.

3. Exigence de circonstances justifiant une dérogation au principe de la contradiction. Les mesures urgentes prévues par l'art. 875 ne peuvent être ordonnées que lorsque les circonstances exigent qu'elles ne soient pas prises contradictoirement. Sur l'absence de base légale d'un arrêt qui, pour confirmer une ordonnance ayant refusé la rétractation d'une précédente ordonnance sur requête, retient que la procédure utilisée ainsi par un membre du conseil de surveillance d'une société anonyme pour obtenir le registre des procès-verbaux des réunions du conseil, a pris une « allure contradictoire » devant le juge des référés, sans rechercher si la mesure sollicitée exigeait une dérogation à la règle du contradictoire, V. • Com. 26 janv. 1999 : *Bull. civ. IV, n° 28 ; D. 1999. Somm. 213, obs. P. Julien ; Procédures 1999, p. 121, obs. Perrot.* ♦ Des mesures urgentes ne peuvent être ordonnées sur requête que lorsque les circonstances exigent qu'elles ne soient pas prises contradictoirement. Par suite, ne donne pas de base légale à sa décision la cour d'appel qui, pour accueillir la demande d'une société en désignation, par la procédure de l'ordonnance sur requête, d'un huissier de justice pour assister aux réunions d'un comité d'entreprise, retient que la procédure d'ordonnance sur requête est « parfaitement légale », bien que non contradictoire, la voie de la rétractation étant ouverte à tout intéressé, sans rechercher si la mesure sollicitée exigeait une dérogation à la règle du contradictoire. • Civ. 2e, 13 mai 1987 : *Bull. civ. II, n° 112 ; RTD civ. 1988. 181, obs. Perrot.* ♦ Mais après avoir énoncé que, par application de l'art. 875, le président peut ordonner sur requête toutes mesures urgentes lorsque les circonstances exigent qu'elles ne soient pas prises contradictoirement, la cour d'appel qui constate que ces conditions étaient remplies pour la désignation d'un huissier chargé d'assister à l'assemblée générale d'une société, compte tenu de la date de convocation des associés et de celle prévue de l'assemblée, en déduit exactement que l'ordonnance dont la rétractation était demandée avait été prise régulièrement. • Com. 22 mars 1988 : *Bull. civ. IV, n° 123.*

Art. 876 En cas d'urgence, la requête peut être présentée au domicile du président ou au lieu où il exerce son activité professionnelle.

CHAPITRE III *Dispositions diverses*

Art. 877 Les tribunaux de commerce ne connaissent pas l'exécution forcée de leurs jugements.

Art. 878 Le président du tribunal de commerce peut déléguer à un ou plusieurs membres de ce tribunal tout ou partie des pouvoirs qui lui sont dévolus par le présent titre.

Art. 878-1 *(Décr. n° 2008-522 du 2 juin 2008, art. 9)* Lorsque le tribunal de grande instance statue en matière commerciale en application de l'article L. 722-4 du code de commerce, les demandes sont formées, instruites et jugées conformément aux règles établies par le présent titre.

UNITÉS DE MESURE

RÉP. COM. v° *Instruments de mesure réglementés,* par RANC.

RÉP. PÉN. v° *Poids et mesures,* par KÉCHICHIAN.

Décret n° 61-501 du 3 mai 1961,

Relatif aux unités de mesure et au contrôle des instruments de mesure (D. 1961. 179 ; BLD 1961. 347).

Art. 1er *(Décr. n° 75-1200 du 4 déc. 1975)* Le système de mesures obligatoire en France est, sous réserve des dispositions du troisième alinéa ci-dessous, le système métrique décimal à sept unités de base appelé, par la conférence générale des poids et mesures, système international d'unités (SI).

(Décr. n° 2003-165 du 27 févr. 2003) « Il comporte les unités SI de base dénommées et définies à l'article 2 et les unités SI dérivées dénommées et définies à l'article 3. »

Est autorisé l'emploi d'unités hors système dénommées et définies à l'article 4.

Les unités définies dans les articles susmentionnés, les multiples ou sous-multiples décimaux de ces unités formés conformément à l'annexe du présent décret et les unités dites composées constituées en combinant ces diverses unités sont les seules unités légales.

....

Art. 5 La division décimale des unités est seule admise, sous réserve, toutefois, des dispositions de l'article 4 qui, outre la division décimale, prévoient d'autres divisions pour les unités d'angle et pour les unités de temps.

Pour les masses marquées, les mesures de capacité et la graduation de tout instrument de mesure, chaque unité et chaque multiple ou sous-multiple décimal ne peuvent avoir que leur double ou leur moitié.

Art. 6 La dénomination des multiples et sous-multiples des unités de mesure, ainsi que les symboles qui représentent les unités, leurs multiples et sous-multiples, sont fixés dans le tableau général des unités de mesure légales annexé au présent décret.

Les unités de mesure, leurs multiples et sous-multiples ne peuvent être désignés que par leurs noms ou leurs symboles tels qu'ils sont déterminés dans le présent décret et son tableau annexe ci-dessus visé.

Le tableau général des unités légales de mesure annexé au Décr. n° 61-501 du 3 mai 1961, a été modifié en dernier lieu par le Décr. n° 2009-1234 du 14 oct. 2009 (JO 16 oct.).

Art. 7 *Abrogé par Décr. n° 75-1200 du 4 déc. 1975.*

Art. 8 *(Décr. n° 2003-165 du 27 févr. 2003)* Il est interdit, sous réserve des nécessités du commerce international hors de l'Union européenne et des dérogations prévues au présent article et à l'article 13, d'employer des unités de mesure autres que les unités légales mentionnées au présent décret et dans son annexe pour la mesure des grandeurs dans les domaines de l'économie, de la santé et de la sécurité publique ainsi que dans les opérations à caractère administratif.

Toutefois, sans préjudice des dispositions de l'article 12, les indications exprimées en d'autres unités peuvent être ajoutées à l'indication en unité de mesure légale, à condition qu'elles soient exprimées en caractères de dimensions au plus égales à l'indication exprimée dans l'unité de mesure légale.

Les dispositions du présent article ne font pas obstacle à l'impression et à l'emploi de tables de concordance entre les unités.

Art. 9 L'interdiction d'emploi d'unités de mesure différentes des unités légales est applicable aux textes ou contrats administratifs établis par des autorités françaises et aux publications officielles. Il est procédé, à la demande du ministre de l'industrie, à la rectification des textes et contrats où ont été employées d'autres mesures que celles autorisées par le présent décret. Cette rectification peut, au cas où elle n'est pas opérée par l'autorité qui a établi le texte ou le contrat, être faite d'office par le ministre dont elle relève ou qui exerce sur elle la tutelle.

Art. 10 Pour les grandeurs mentionnées au tableau annexé au présent décret, les unités de mesure qui y sont définies sont les unités enseignées et utilisées dans les établissements scolaires.

Art. 11 *Abrogé par Décr. n° 88-682 du 6 mai 1988, art. 50.*

Art. 12 Il est interdit à toute personne publique ou privée :

1° De mettre en vente, livrer, commander, mettre en service, employer ou introduire en France des instruments de mesure qui ne sont pas conformes aux textes réglementaires et qui, notamment, comportent des inscriptions ou graduations autres que celles résultant de l'emploi des unités légales ;

2° De détenir de tels instruments dans ses magasins, boutiques, ateliers, établissements industriels ou commerciaux, sur la voie publique ou dans les chantiers, ports, gares, aéroports, halles, foires ou marchés.

(Décr. n° 2003-165 du 27 févr. 2003) « Les interdictions édictées au présent article ne s'appliquent pas aux objets destinés à des fins scientifiques ou présentant un caractère historique ou artistique sous réserve, dans ce cas, qu'ils ne puissent prêter à confusion avec les instruments soumis aux dispositions du décret du 3 mai 2001 susvisé.

« L'emploi d'unités de mesure qui ne sont plus légales est autorisé pour les produits et équipements mis sur le marché avant le 1er mars 1982 ou en service à cette date, ainsi que pour les pièces et parties de produits et d'équipements nécessaires pour compléter ou remplacer les produits ou les équipements ; cette autorisation n'est pas applicable aux dispositifs indicateurs des instruments de mesure, qui devront être gradués en unités légales. »

Art. 13 Des arrêtés du ministre de l'industrie, pris après avis ou sur proposition des autres ministres intéressés, pourront autoriser, quand un intérêt public le rendra nécessaire, des dérogations aux dispositions des articles 8, 9 et 12.

Ces arrêtés seront pris après avis de la commission technique des instruments de mesure.

Art. 14 *(Décr. n° 2003-165 du 27 févr. 2003)* Les infractions aux dispositions des articles 5, 6, 8, 10 et 12 du présent décret et à celles des textes pris pour son application sont punies de la peine d'amende prévue pour les contraventions de la 3e classe.

Les personnes coupables des infractions aux dispositions des articles 5, 6, 8, 10 et 12 du présent décret encourent également la peine complémentaire de la confiscation de la chose qui a servi ou était destinée à commettre l'infraction.

Les personnes morales peuvent être déclarées responsables pénalement, dans les conditions prévues par l'article 121-2 du code pénal, des infractions aux dispositions des articles 5, 6, 8, 10 et 12.

Les peines encourues par les personnes morales sont :

1° L'amende suivant les modalités prévues par l'article 131-41 du code pénal ;

2° La peine complémentaire de confiscation de la chose qui a servi ou était destinée à commettre l'infraction, conformément aux dispositions de l'article 131-43 du code pénal.

V. aussi C. pén., art. R. 643-2. – ***C. pén.***

Art. 15 *(Décr. n° 2009-1234 du 14 oct. 2009, art. 1er-IV)* Les articles 2, 3 et 4 définissant les unités légales de mesure et l'annexe intitulée "tableau général des unités légales de mesure" peuvent être modifiés par décret, après avis du Laboratoire national de métrologie et d'essais et de l'Académie des sciences.

Art. 16 Sont abrogés les lois du 1er août 1793, 18 germinal an III, 19 frimaire an VIII, les articles 2 à 6 de la loi du 4 juillet 1837 modifiée par celle du 15 juillet 1944, les lois du 11 juillet 1903, 22 juin 1909, les articles 1er, 2, 3, 5 et 7 de la loi du 2 avril 1919 modifiée par celle du 14 janvier 1948 et le décret du 28 février 1948 relatifs aux unités de mesure et à la vérification des poids et mesures.

Dans tous les textes législatifs ou réglementaires en vigueur, les références aux unités de mesure définies par la loi du 2 avril 1919 ou en application de cette loi sont remplacées par des références aux unités de mesure prévues et définies par le présent décret et les textes subséquents.

Art. 17 Le présent décret est applicable dans les départements de la Guadeloupe, de la Guyane, de la Martinique et de la Réunion.

(Décr. n° 2003-165 du 27 févr. 2003) « Le présent décret est applicable en Nouvelle-Calédonie, en Polynésie française, à Wallis-et-Futuna, dans les Terres australes et antarctiques et à Mayotte. »

Art. 18 Le présent décret entrera en vigueur le 1er janvier 1962.

Décret n° 2001-387 du 3 mai 2001,

Relatif au contrôle des instruments de mesure.

TITRE PREMIER Généralités

Art. 1er Sont soumis aux dispositions du présent décret, en application de la loi du 4 juillet 1837 susvisée, les instruments qui mesurent directement ou indirectement les grandeurs, rapports ou fonctions de ces grandeurs, dont les unités sont définies par le décret du 3 mai 1961 susvisé, appartiennent à une des catégories mentionnées en annexe au présent décret et sont utilisés pour l'une des opérations suivantes : fourniture d'eau et d'énergie, transactions commerciales, détermination de rémunérations, répartition de produits financiers, de charges financières, de biens ou de marchandises, expertises judiciaires, opérations de mesurage pouvant servir de base à des poursuites pénales ou à des décisions ou sanctions administratives, opérations fiscales, opérations de mesurage intéressant la santé, opérations de mesurage intéressant la sécurité des personnes, des animaux ou des biens, opérations de mesurage ayant pour objet de déterminer ou de vérifier des caractéristiques annoncées ou imposées.

On entend par instruments de mesure, au sens du présent décret, les instruments individuels, les machines d'essais, les parties d'instruments, les dispositifs complémentaires, les appareils associés directement ou indirectement aux instruments individuels ainsi que les ensembles de mesurage associant plusieurs de ces éléments.

Art. 2 Tout utilisateur a l'obligation d'assurer l'adéquation à l'emploi, l'exactitude, le bon entretien et le fonctionnement correct des instruments de mesure qu'il utilise dans le cadre de ses activités.

Art. 3 Pour chacune des catégories mentionnées en annexe, un arrêté du ministre chargé de l'industrie définit les caractéristiques des instruments ainsi que les conditions d'exactitude auxquelles doivent satisfaire les instruments neufs ou réparés, et les instruments en service.

Cet arrêté :

— détermine celles des opérations de contrôle définies à l'article 4 ci-après qui sont applicables ;

— fixe les moyens de vérification que les fabricants, installateurs, réparateurs, importateurs ou détenteurs doivent mettre à la disposition des agents chargés des opérations de contrôle ;

— fixe, s'il y a lieu, les conditions particulières propres à l'installation, à l'utilisation, à l'entretien ou au contrôle de certains instruments de la catégorie.

Art. 4 Les arrêtés prévus à l'article 3 ci-dessus soumettent les instruments de mesure d'une catégorie déterminée ou certains d'entre eux à l'une ou plusieurs des opérations suivantes :

— l'examen de type ;

— la vérification primitive ;

— la vérification de l'installation ;

— le contrôle en service.

Art. 5 Les opérations de contrôle prévues à l'article 4 ci-dessus sont effectuées à l'aide d'étalons ou de matériaux de référence reliés aux étalons nationaux, ou par application de méthodes de référence, dans les conditions et suivant les modalités fixées par le ministre chargé de l'industrie.

TITRE II Examen de type

Art. 6 L'examen de type est la validation de la conception de l'instrument, au vu des éléments présentés dans le dossier de demande et s'il y a lieu d'examens et d'essais réalisés sur un ou plusieurs exemplaires représentatifs du type d'instrument. L'examen de type est sanctionné par un certificat qui atteste que le type d'instrument répond aux exigences de sa catégorie et définit, s'il y a lieu, les conditions particulières de vérification ou d'utilisation de l'instrument. Dans ce cas, le certificat précise, en tant que de besoin, la manière dont celles-ci sont portées à la connaissance des détenteurs, réparateurs ou vérificateurs.

Le certificat d'examen de type est publié, sous forme d'extraits, au *Bulletin officiel* du ministère chargé de l'industrie.

Sauf dispositions particulières prévues par l'arrêté réglementant la catégorie, la durée de validité du certificat d'examen de type est de dix ans. Elle peut être fixée à une valeur inférieure dans le cadre de dispositions transitoires prévues par les arrêtés mentionnés à l'article 3 ci-dessus ou, après avis de la commission technique compétente mentionnée à l'article 48 ci-après, notamment lorsque l'emploi de nouvelles technologies justifie un réexamen de celui-ci après une période de confirmation.

La validité du certificat d'examen de type peut être prorogée pour des périodes n'excédant pas dix ans chacune. Lorsque la validité du certificat d'examen de type n'est pas prorogée, les instruments en service conformes à ce type continuent à pouvoir être utilisés et réparés.

Art. 7 L'examen de type est effectué par un organisme spécialisé désigné par le ministre chargé de l'industrie conformément à l'article 36 ci-après et le certificat d'examen de type est délivré par cet organisme. L'organisme adresse copie de ce certificat et de ses annexes au ministre chargé de l'industrie.

Toutefois, en l'absence d'organisme désigné, l'examen de type est réalisé par les services du ministre chargé de l'industrie et le certificat d'examen de type est délivré par le ministre chargé de l'industrie.

Les approbations de modèle prononcées avant l'entrée en vigueur du présent décret par le ministre chargé de l'industrie ainsi que les certificats d'examen de type délivrés en application du présent décret par le ministre chargé de l'industrie peuvent être prorogés ou modifiés par l'organisme mentionné au premier alinéa, lorsqu'il a été désigné.

Art. 8 La délivrance du certificat d'examen de type, sa prorogation ou sa modification peut nécessiter la réalisation d'essais par l'autorité d'examen définie à l'article 7 ci-dessus ou sous sa responsabilité. L'arrêté prévu à l'article 3 ci-dessus peut prévoir que les résultats d'essais fournis par le demandeur sont pris en compte par l'autorité d'examen, si des conditions précisées sont remplies.

Lorsqu'un instrument légalement fabriqué et commercialisé dans un autre État membre de l'Union européenne, dans un État partie à l'accord sur l'Espace économique européen ou dans un État ayant conclu un accord de reconnaissance à cet effet avec la France fait l'objet d'une demande d'examen de type, les essais effectués dans cet État sont acceptés s'ils présentent des garanties équivalentes aux essais prescrits en France et si leurs résultats peuvent être mis à la disposition de l'autorité d'examen définie à l'article 7 ci-dessus.

Lorsque le certificat d'examen de type est délivré par le ministre chargé de l'industrie, sa délivrance peut être subordonnée à la présentation de procès-verbaux d'essais et d'examens effectués par des organismes désignés par le ministre chargé de l'industrie conformément à l'article 36 ci-après.

Art. 9 Lorsqu'en raison de son principe de construction un instrument de mesure ne peut, notamment du fait des innovations technologiques qu'il comporte, être conforme à toutes les prescriptions réglementaires mais présente un niveau de qualité satisfaisant, le ministre chargé de l'industrie peut, après avis de la commission technique compétente mentionnée à l'article 48 ci-après, accorder une dérogation autorisant la délivrance d'un certificat d'examen de type à cet instrument.

(Décr. n° 2003-1264 du 23 déc. 2003, art. 31) « Le silence gardé pendant plus d'un an par le ministre chargé de l'industrie sur une demande de dérogation autorisant la délivrance d'un certificat d'examen de type vaut décision de rejet. »

Art. 10 Les éléments permettant de vérifier la conformité des instruments produits au type faisant l'objet de l'examen doivent être conservés par l'organisme ayant délivré le certificat d'examen de type pendant une durée supérieure de dix ans à la durée de validité du certificat. Ces éléments, tenus à la disposition des agents assermentés de l'État chargés du contrôle des instruments de mesure, peuvent être un exemplaire de l'instrument, des plans, schémas, pièces ou sous-ensemble d'instruments, programmes informatiques ou tous autres éléments déterminés par l'organisme ayant délivré le certificat d'examen de type.

Art. 11 Le bénéficiaire d'un certificat d'examen de type doit apposer, sur chaque instrument de ce type, la marque indiquée dans le certificat d'examen de type mentionné à l'article 6 ci-dessus. Cette marque atteste la conformité au type et est notamment requise pour l'exécution des autres opérations de contrôle prévues par l'arrêté mentionné à l'article 3 ci-dessus.

Art. 12 Sous réserve des dispositions prévues aux troisième, quatrième et dernier alinéas du présent article, ainsi qu'au dernier alinéa de l'article 6 ci-dessus, tout instrument de mesure appartenant à une catégorie soumise au régime de l'examen de type ne peut être mis sur le marché ou utilisé que s'il est conforme à un type ayant obtenu un certificat d'examen de type.

Toutefois, le ministre chargé de l'industrie peut autoriser la mise en service d'un nombre limité d'instruments d'un type pour lequel une demande d'examen de type a été présentée. Cette décision précise les dispositions de régularisation de la situation de ces instruments à la clôture de la procédure d'examen de type.

(Décr. n° 2003-1264 du 23 déc. 2003, art. 31) « Le silence gardé pendant plus d'un an par le ministre chargé de l'industrie sur une demande d'autorisation de mise en service vaut décision de rejet. »

L'examen de type n'est pas obligatoire pour les instruments légalement fabriqués et commercialisés dans un autre État membre de l'Union européenne, dans un autre État partie à l'accord sur l'Espace économique européen ou dans un État ayant conclu un accord de reconnaissance à cet effet avec la France, lorsque les prescriptions applicables à ces instruments dans l'autre État présentent des garanties équivalentes à celles qu'apporte l'examen de type défini à l'article 6 ci-dessus.

Les instruments en démonstration qui sont présentés ou exposés dans les expositions, foires ou salons et qui, bien que soumis au régime de l'examen de type, ne sont pas conformes à un type ayant obtenu un certificat d'examen de type doivent porter de façon apparente et lisible la mention : "Instrument non certifié". Cette disposition est applicable à la publicité faite sur ces instruments.

Lorsqu'une catégorie d'instruments figurant en annexe n'est réglementée qu'en vue de certaines des utilisations mentionnées à l'article 1er et lorsque l'arrêté réglementant cette catégorie le prévoit, des instruments de cette catégorie non conformes à un type ayant obtenu un certificat d'examen de type peuvent être mis sur le marché sous réserve qu'ils portent de façon apparente, lisible et indélébile, mention des restrictions d'usage correspondantes.

Art. 13 Lorsqu'il est constaté que les instruments conformes à un type ayant obtenu un certificat d'examen de type présentent des défauts, le ministre chargé de l'industrie peut, après avis de la commission technique compétente mentionnée à l'article 48 ci-après, enjoindre au titulaire du certificat d'examen de type de porter remède aux défauts constatés et de demander un nouvel examen de type. A titre conservatoire, le ministre chargé de l'industrie peut suspendre le bénéfice de la marque prévue à l'article 11 ci-dessus et ordonner la suspension de la mise sur le marché des instruments du type présentant ces défauts.

Le ministre chargé de l'industrie peut en outre mettre en demeure le bénéficiaire du certificat d'examen de type de remédier, dans un délai déterminé, aux défauts constatés sur les instruments en service. A l'expiration de ce délai et après avoir recueilli les observations écrites du bénéficiaire, le ministre peut interdire l'utilisation des instruments restant défectueux.

TITRE III Vérification primitive

Art. 14 La vérification primitive des instruments est l'opération de contrôle attestant que les instruments neufs ou réparés respectent les exigences de leur catégorie.

Art. 15 L'arrêté prévu à l'article 3 ci-dessus peut soumettre les instruments neufs à la vérification primitive. Il peut également soumettre les instruments réparés à cette vérification.

Les instruments ayant satisfait à la vérification primitive reçoivent une marque de vérification primitive dans des conditions fixées par un arrêté du ministre chargé de l'industrie.

Pour les instruments soumis au contrôle en service, l'arrêté réglementant la catégorie peut prévoir que la vérification primitive tient lieu de premier contrôle en service. Dans ce cas, sauf si cet arrêté en dispose autrement, la marque prévue à l'article 27 ci-après est apposée sur les instruments.

Art. 16 Lorsqu'en raison de leur principe de construction des instruments de mesure ne peuvent, notamment du fait des innovations technologiques qu'ils comportent, être conformes à toutes les prescriptions réglementaires mais présentent un niveau de qualité satisfaisant, ils peuvent être soumis à la vérification primitive si un certificat d'examen de type a été délivré conformément à l'article 9 ci-dessus.

Art. 17 Les instruments soumis au régime de la vérification primitive ne peuvent être exposés, ou mis sur le marché à titre gratuit ou onéreux qu'après avoir satisfait à cette vérification.

Toutefois, ne sont pas soumis à cette vérification :

— les instruments en démonstration qui sont présentés ou exposés dans les expositions, foires ou salons ;

– les instruments destinés à l'exportation ;

– les instruments légalement fabriqués et commercialisés dans un autre État membre de l'Union européenne, dans un État partie à l'accord sur l'Espace économique européen ou dans un État ayant conclu un accord de reconnaissance à cet effet avec la France et qui ont fait l'objet dans un de ces États d'une vérification présentant des garanties équivalentes à la vérification primitive définie à l'article 14 ci-dessus.

Art. 18 Sous réserve de l'article 19 ci-après, la vérification primitive consiste en une surveillance du système d'assurance de la qualité mis en œuvre par le fabricant ou le réparateur lorsque ce système a fait l'objet d'une approbation préalable.

L'approbation du système d'assurance de la qualité est prononcée par un organisme désigné par le ministre chargé de l'industrie conformément à l'article 36 ci-après. Le bénéficiaire de cette approbation doit se prêter à la surveillance de son système d'assurance de la qualité par l'organisme l'ayant approuvé.

En l'absence d'un organisme désigné pour l'approbation du système d'assurance de la qualité, cette approbation est délivrée, sur la base des mêmes exigences, par le préfet du département où se situe l'établissement de fabrication des instruments.

Art. 19 Le fabricant ou le réparateur peut également faire effectuer la vérification primitive sous la forme d'un contrôle de ses instruments, soit par un organisme spécialisé désigné par le ministre chargé de l'industrie conformément à l'article 36 ci-après, soit par un organisme agréé conformément à l'article 37 ci-après, selon les dispositions de l'arrêté réglementant la catégorie.

Le contrôle peut être un contrôle unitaire ou un contrôle statistique.

En l'absence d'organisme désigné ou agréé, la vérification primitive prévue au présent article est effectuée par un agent de l'État chargé du contrôle des instruments de mesure.

Art. 20 Le demandeur de la vérification primitive doit fournir, en tant que de besoin, la main-d'œuvre nécessaire, les moyens matériels de vérification, notamment les étalons, appareils étalons et matériaux de référence prévus à l'article 5 ci-dessus.

L'organisme ou l'agent effectuant la vérification primitive peut faire procéder à des essais ou démontages d'instruments ou de parties d'instruments en vue de vérifier leur conformité.

Art. 21 Sans préjudice de l'application de l'article 13 ci-dessus, lorsqu'il est constaté que les conditions requises pour la vérification primitive ne sont pas respectées ou que les instruments revêtus de la marque de vérification primitive ne respectent pas les exigences qui leur sont applicables, ou lorsque le fabricant, l'importateur ou le réparateur refuse de se soumettre aux contrôles dans les conditions prévues au titre VI du décret du 30 novembre 1944 susvisé, le ministre chargé de l'industrie peut, après avis de la commission technique compétente mentionnée à l'article 48 ci-après, ordonner la suspension de la vérification primitive et de la mise sur le marché des instruments d'un modèle donné. Le fabricant, l'importateur ou le réparateur des instruments est tenu de remettre en conformité les instruments en cause.

TITRE IV **Vérification de l'installation**

Art. 22 La vérification de l'installation d'un instrument est l'opération de contrôle attestant que l'instrument satisfait aux dispositions techniques qui lui sont applicables et que ses conditions d'installation en assurent une utilisation correcte et répondent aux prescriptions réglementaires.

Elle est sanctionnée par la délivrance d'un certificat dans des conditions fixées par arrêté du ministre chargé de l'industrie. Ce certificat peut spécifier des conditions techniques particulières de vérification et d'utilisation.

Art. 23 Sous réserve des dispositions de l'article 24 ci-après, la vérification de l'installation consiste en une surveillance du système d'assurance de la qualité mis en œuvre par l'installateur lorsque ce système a fait l'objet d'une approbation préalable. Le certificat prévu à l'article 22 ci-dessus est délivré par l'installateur.

L'approbation du système d'assurance de la qualité susmentionnée est prononcée par un organisme désigné par le ministre chargé de l'industrie conformément à l'article 36 ci-après. Le bénéficiaire de cette approbation doit se prêter à la surveillance de son système d'assurance de la qualité par l'organisme l'ayant approuvé.

En l'absence d'un organisme désigné pour l'approbation du système d'assurance de la qualité, cette approbation est délivrée, sur la base des mêmes exigences, par le préfet du département où se situe l'établissement principal de l'installateur.

Art. 24 La vérification de l'installation peut également consister dans l'examen, par un organisme désigné par le ministre chargé de l'industrie conformément à l'article 36 ci-après, des éléments caractérisant l'installation de l'instrument. Dans ce cas, le certificat prévu à l'article 22 ci-dessus est délivré par cet organisme.

A cet effet, l'installateur doit, préalablement à la mise en service de l'instrument, adresser à l'organisme un dossier contenant les plans d'installation et indiquant :
– le type et les caractéristiques de l'instrument ;
– le lieu d'installation ;
– les conditions d'utilisation ;
– les opérations qui seront réalisées avec l'instrument.

Le certificat de vérification de l'installation est délivré après que ce dossier a fait l'objet d'un examen par l'organisme susmentionné et qu'une inspection de l'instrument installé a été réalisée.

En l'absence d'un organisme désigné pour la vérification de l'installation, celle-ci est effectuée par la direction régionale de l'industrie, de la recherche et de l'environnement du lieu d'installation de l'instrument.

Art. 25 L'installateur doit apposer sa marque d'identification sur chaque instrument qu'il installe, après s'être assuré que l'instrument et son installation répondent aux prescriptions réglementaires applicables.

Lorsque l'arrêté mentionné à l'article 3 ci-dessus le prévoit, l'installateur doit adresser une déclaration d'installation à la direction régionale de l'industrie, de la recherche et de l'environnement du lieu d'installation, en vue de permettre le suivi ultérieur de l'instrument.

Cet arrêté précise les modalités de transmission, la forme et le contenu de cette déclaration, qui doit notamment mentionner :
– l'identification de l'instrument mis en service (catégorie, type, numéro de série) ;
– les caractéristiques métrologiques essentielles ;
– le lieu d'installation ;
– les opérations qui seront réalisées à l'aide de l'instrument ;
– la date de mise en service.

Art. 26 Lorsqu'il est constaté que des instruments ne sont pas installés conformément aux exigences réglementaires, ou que leur installation induit des défauts de mesurage, le préfet peut enjoindre à l'installateur de remédier à ces non-conformités ou à ces défauts et de soumettre à nouveau ces instruments à la vérification de l'installation.

TITRE V Contrôle en service

Art. 27 L'arrêté prévu à l'article 3 ci-dessus peut soumettre les instruments d'une catégorie au contrôle en service prévu par le présent titre, dont l'objet est d'assurer que les instruments conservent les qualités requises par cet arrêté.

Cet arrêté peut prévoir que le contrôle en service est composé d'une ou plusieurs des opérations suivantes :
– la vérification périodique, conformément aux articles 30 à 33 ci-après ;
– la révision périodique, conformément à l'article 34 ci-après ;
– le contrôle des instruments par leur détenteur, conformément à l'article 35 ci-après.

Les détenteurs d'instruments de mesure soumis au régime du contrôle en service sont tenus de faire effectuer ou, le cas échéant, d'effectuer ce contrôle. Le contrôle des instruments en service est attesté par l'apposition d'une marque de contrôle dans des conditions fixées par arrêté du ministre chargé de l'industrie.

Lorsque le contrôle en service fait apparaître que l'instrument ne satisfait pas aux dispositions techniques qui lui sont applicables, le détenteur est tenu soit de le mettre en conformité, soit de le mettre hors service. Lorsque la mise en conformité ne peut être faite sans délai, il est apposé sur l'instrument une marque dite de refus définie par un arrêté du ministre chargé de l'industrie.

Art. 28 L'arrêté prévu à l'article 3 ci-dessus peut prescrire que les instruments détenus dans des locaux autres que des locaux à usage exclusif d'habitation soient revêtus d'une mention apparente et lisible indiquant qu'ils ne sont pas soumis au contrôle en service et qu'ils ne peuvent être utilisés, même occasionnellement, pour une des opérations mentionnées à l'article 1er ci-dessus.

Art. 29 Sous réserve des dispositions des alinéas suivants, il est interdit de détenir des instruments soumis au régime du contrôle en service qui, par suite de circonstances imputables au détenteur, ne seraient pas revêtus d'une marque de contrôle en service en cours de validité et dont la mise hors service n'aurait pas été clairement indiquée.

Toutefois l'arrêté soumettant une catégorie d'instruments au contrôle en service peut prévoir que la marque de contrôle en service n'est obligatoire qu'à l'expiration d'une période commençant à la date d'apposition de la marque de vérification primitive ou de la marque européenne équivalente, la durée de cette période étant égale à la durée de validité de la marque de contrôle en service. Dans ce cas, la date d'apposition de la marque de vérification primitive ou de la marque européenne doit être portée sur l'instrument de façon visible.

Peuvent être provisoirement maintenus en service les instruments qui, appartenant à une catégorie réglementée postérieurement à leur installation, présenteraient des garanties d'exactitude reconnues suffisantes. La durée de ce maintien est fixée par le texte réglementant la catégorie en tenant compte de l'aptitude des instruments à conserver leurs qualités.

Art. 30 La vérification périodique des instruments est l'opération de contrôle consistant à vérifier, à intervalles réguliers, que les instruments restent conformes aux exigences qui leur sont applicables.

L'arrêté soumettant une catégorie d'instruments de mesure au régime de la vérification périodique fixe la périodicité de ladite vérification. La périodicité peut varier en fonction des conditions d'utilisation des instruments, de la technologie de leur fabrication ou de leur classe métrologique.

Art. 31 La vérification périodique est effectuée, soit par des organismes désignés par décision du ministre chargé de l'industrie conformément à l'article 36 ci-après, soit par des organismes agréés conformément à l'article 37 ci-après, selon les dispositions de l'arrêté réglementant la catégorie.

Toutefois, en l'absence d'organisme désigné ou agréé, la vérification périodique est effectuée par les *(Décr. n° 2009-1377 du 10 nov. 2009, art. 11)* « directions régionales des entreprises, de la concurrence, de la consommation, du travail et de l'emploi ».

Art. 32 Lorsque la vérification périodique est effectuée par un agent de l'État, elle a lieu aux jour, heure et lieu fixés par celui-ci.

Le détenteur doit fournir la main-d'œuvre et les moyens matériels nécessaires à la vérification exécutée par un agent de l'État.

Art. 33 L'arrêté soumettant au régime de la vérification périodique une catégorie d'instruments de mesure peut prévoir qu'il soit procédé à cette vérification en opérant un contrôle statistique de ces instruments lorsque ceux-ci constituent un parc entretenu par un organisme, ci-après dénommé gestionnaire, qui endosse la responsabilité de leur maintien dans leur état réglementaire. Il appartient alors au gestionnaire de répartir ces instruments, pour les besoins de ce contrôle, en lots homogènes.

Tous les instruments qui font partie d'un lot vérifié sont réputés avoir subi les épreuves de la vérification périodique.

Le gestionnaire ne peut soumettre des lots d'instruments à une vérification périodique statistique qu'à la condition d'avoir établi et de tenir à la disposition des agents de la direction régionale de l'industrie, de la recherche et de l'environnement les informations identifiant les instruments composant chacun des lots constitués.

Lorsque la vérification périodique consiste en un contrôle statistique l'arrêté mentionné au premier alinéa du présent article peut prévoir que la marque de contrôle en service prévue à l'article 27 ci-dessus n'est apposée que sur les instruments qui constituent les échantillons représentatifs des lots vérifiés.

Lorsqu'une vérification périodique consistant en un contrôle statistique fait apparaître que le lot vérifié ne satisfait pas aux dispositions techniques applicables aux instruments qui le composent, l'organisme responsable du lot doit prendre sans délai les mesures nécessaires pour remettre ce lot dans un état de qualité satisfaisant.

Art. 34 La révision périodique des instruments est l'opération par laquelle les instruments font, à intervalles réguliers, l'objet des opérations d'entretien nécessaires afin de les remettre en conformité avec les prescriptions applicables aux instruments réparés.

Elle donne lieu aux vérifications prévues pour les instruments réparés.

Art. 35 Le contrôle des instruments en service par leur détenteur est l'opération par laquelle le détenteur d'un instrument est tenu d'effectuer lui-même ou de faire effectuer sous sa responsabilité, à intervalles réguliers, certains contrôles des instruments qu'il utilise.

L'arrêté prévu à l'article 3 ci-dessus précise la nature, les modalités et la périodicité des contrôles qui doivent être effectués par le détenteur ou sous sa responsabilité.

Le détenteur doit tenir à la disposition des agents assermentés de l'État chargés du contrôle des instruments de mesure, les enregistrements de ces contrôles et des interventions réalisées.

L'arrêté prévu à l'article 3 ci-dessus peut prévoir que le détenteur adresse périodiquement à la direction régionale de l'industrie, de la recherche et de l'environnement, dans des conditions fixées par cet arrêté, un état des contrôles qu'il a effectués ou fait effectuer sur ses instruments.

TITRE VI Organismes

Art. 36 Les organismes désignés par le ministre chargé de l'industrie pour l'application du présent décret doivent :

– disposer des moyens et de l'équipement nécessaires à l'accomplissement des missions qui leur sont confiées ;

– présenter toute garantie d'intégrité et d'impartialité ;

– préserver la confidentialité de toute information obtenue dans l'exécution de leurs tâches ;

– être indépendants de toute personne ayant un intérêt direct ou indirect dans les instruments de mesure ;

– mettre en place et entretenir un système d'assurance de la qualité suffisant pour la surveillance prévue à l'article 38 ci-après.

La décision de désignation peut être rapportée par le ministre à la demande de l'organisme ou lorsque l'organisme n'a pas satisfait aux obligations mentionnées à l'alinéa précédent ou les a méconnues. Dans ces deux derniers cas, la décision ne peut être prise qu'après que l'organisme a été mis à même de présenter ses observations.

(Décr. n° 2003-1264 du 23 déc. 2003, art. 31) « Le silence gardé pendant plus d'un an par le ministre chargé de l'industrie sur une demande de désignation d'organismes de vérification vaut décision de rejet. »

Art. 37 Pour être agréés pour l'application du présent décret, les organismes doivent mettre en œuvre et entretenir un système d'assurance de la qualité suffisant notamment en ce qui concerne les moyens techniques, les procédures, les compétences et les garanties d'impartialité. L'arrêté prévu à l'article 3 ci-dessus peut prévoir des conditions particulières d'agrément.

La décision d'agrément est prononcée par le préfet du département où se situe le siège ou l'établissement principal de l'organisme, après une évaluation du système d'assurance de la qualité du demandeur par la direction régionale de l'industrie, de la recherche et de l'environnement. Lorsque l'organisme est implanté à l'étranger, le préfet compétent est désigné par le ministre chargé de l'industrie.

(Décr. n° 2003-1264 du 23 déc. 2003, art. 31) « Le silence gardé pendant plus d'un an par le préfet sur une demande d'agrément d'organismes vaut décision de rejet. »

Les organismes autorisés à réaliser des opérations semblables dans un autre État membre de l'Union européenne, dans un autre État partie à l'accord sur l'Espace économique européen ou dans un État ayant conclu un accord de reconnaissance à cet effet avec la France sont réputés satisfaire aux exigences ci-dessus lorsque l'agrément dont ils bénéficient dans cet État présente des garanties équivalentes à celles requises au titre du présent décret.

Art. 38 Les organismes désignés conformément à l'article 36 ci-dessus sont soumis à la surveillance du ministre chargé de l'industrie. Ils doivent adresser au service chargé de la métrologie légale, sur demande, toutes justifications nécessaires relatives à la qualité de leurs prestations. Les agents assermentés de l'État chargés du contrôle des instruments de mesure peuvent notamment assister aux essais et opérations effectuées par ces organismes et examiner la validité des moyens d'essais et d'étalonnage utilisés.

Les organismes agréés conformément à l'article 37 ci-dessus sont soumis à la surveillance de la direction régionale de l'industrie, de la recherche et de l'environnement de leur lieu d'intervention. Les agents assermentés de l'État chargés du contrôle des instruments de mesure peuvent effectuer des contrôles sur les instruments vérifiés par l'organisme agréé afin de s'assurer de la bonne exécution des opérations pour lesquelles l'organisme a été agréé.

L'arrêté prévu à l'article 3 ci-dessus peut prévoir que les organismes mettent à disposition des agents de l'État les moyens en personnel et en matériel nécessaires pour l'exécution de cette surveillance.

Tout organisme agréé doit tenir à la disposition des agents de la direction régionale de l'industrie, de la recherche et de l'environnement tous documents utiles, notamment :

– la liste des agents de l'organisme effectuant les opérations pour lesquelles il a été agréé, ainsi que les justifications relatives à leur qualification technique ;

– la liste des moyens matériels, et notamment des moyens étalons dont il dispose, ainsi que les justifications relatives à leur contrôle ;

– les procédures appliquées pour l'exécution des opérations pour lesquelles il a été agréé ;

– la liste des appareils vérifiés et les résultats de ces vérifications, ainsi que tout autre document prévu dans l'arrêté instituant la procédure d'agrément.

Art. 39 Si le bénéficiaire d'un agrément ne remplit pas ses obligations, si l'une des conditions qui ont présidé à la délivrance de l'agrément cesse d'être respectée ou si les prestations de l'organisme ne répondent pas aux exigences réglementaires, l'agrément peut être suspendu ou retiré après que l'intéressé a été mis à même de présenter ses observations.

TITRE VII Dispositions diverses

Art. 40 Le réparateur d'un instrument de mesure doit apposer sa marque d'identification sur l'instrument réparé ou modifié après s'être assuré qu'il répond aux exigences réglementaires, notamment aux conditions de la vérification primitive, et avant la remise en service.

Art. 41 Lorsque les conditions techniques ou d'usage d'un instrument ne permettent pas de respecter toutes les dispositions de la réglementation, une dérogation peut être accordée par le préfet du lieu d'installation dans les conditions suivantes :

– le détenteur ou l'installateur agissant pour le compte de ce dernier présente un dossier comprenant les plans détaillés de l'instrument et de son installation, ses caractéristiques, son usage, les dispositions qui ont été prises pour en permettre la vérification et une note expliquant les raisons de la dérogation demandée ;

– il soumet également ce dossier à l'organisme chargé de l'examen de type pour cette catégorie d'instrument et cet organisme adresse un rapport d'examen à la direction régionale de l'industrie, de la recherche et de l'environnement du lieu d'installation.

Le préfet, sur le rapport de la direction régionale de l'industrie, de la recherche et de l'environnement, notifie sa décision au demandeur.

Art. 42 Lorsqu'un instrument de mesure en service appartient à une catégorie soumise au régime de l'examen de type ou de la vérification de l'installation, toute modification de cet instrument ou de ses conditions d'installation de nature à affecter ses caractéristiques métrologiques est soumise aux mêmes opérations de contrôle que la fabrication ou l'installation d'instruments neufs.

Art. 42-1 *(Décr. n° 2006-447 du 12 avr. 2006, art. 24)* Dans le cadre des pouvoirs qui leur sont conférés par les chapitres II à VI du titre Ier du livre II du code de la consommation et dans les lieux mentionnés au premier alinéa de l'article L. 215-3 du même code, les agents de la sous-direction chargée de la métrologie du ministère chargé de l'industrie et les agents des *(Décr. n° 2009-1377 du 10 nov. 2009, art. 11)* « directions régionales des entreprises, de la concurrence, de la consommation, du travail et de l'emploi » peuvent procéder à des prélèvements d'échantillons des instruments énumérés à l'article 1er auprès des fabricants ou de leurs mandataires, importateurs ou revendeurs. Après contrôles, essais et épreuves, ces échantillons sont restitués à leur propriétaire.

Art. 43 Est puni de la peine d'amende prévue pour les contraventions de la 3e classe :

a) Le fait d'utiliser des instruments de mesure dans des conditions d'emploi différentes de celles établies, pour cette catégorie d'instruments, par l'arrêté prévu à l'article 3 ci-dessus ou par le certificat d'examen de type prévu à l'article 6 ci-dessus ;

b) Le fait d'apposer une marque d'examen de type sur un instrument non conforme au type correspondant à cette marque ;

c) Le fait de mettre en service un instrument soumis à la vérification de l'installation prévue à l'article 22 ci-dessus en n'ayant pas soumis l'instrument à ce contrôle ;

d) Le fait de mettre en service un instrument soumis à la déclaration d'installation prévue à l'article 25 ci-dessus en ayant omis cette formalité ;

e) Le fait, pour tout installateur ou réparateur, d'apposer sa marque sur un instrument sans s'être assuré qu'il répond aux exigences réglementaires ;

f) Le fait, pour tout responsable d'un organisme agréé en application de l'article 37 ci-dessus, de ne pas tenir à jour la liste des instruments vérifiés par lui.

V. aussi C. pén., art. R. 643-2. — ***C. pén.***

Art. 44 Les personnes coupables des infractions prévues par l'article 43 ci-dessus encourent également la peine complémentaire de confiscation de la chose qui a servi ou était destinée à commettre l'infraction.

Art. 45 Les personnes morales peuvent être déclarées responsables pénalement, dans les conditions prévues par l'article 121-2 du code pénal, des infractions prévues par l'article 43 ci-dessus.

Les peines encourues par les personnes morales sont :

1° L'amende, suivant les modalités prévues par l'article 131-41 du code pénal ;

2° La peine complémentaire de confiscation de la chose qui a servi ou était destinée à commettre l'infraction, conformément aux dispositions de l'article 131-43 du code pénal.

Art. 46 Dans tous les textes réglementaires en vigueur, l'expression "agents commissionnés pour le contrôle des instruments de mesure" est remplacée par "agents assermentés de l'État chargés du contrôle des instruments de mesure".

Art. 47 Les dispositions du présent décret applicables aux fabricants d'instruments de mesure sont également applicables aux importateurs.

Art. 48 Il est institué auprès du ministre chargé de l'industrie des commissions techniques spécialisées comprenant notamment des représentants des ministères concernés, des personnalités qualifiées en métrologie, des fabricants, des réparateurs et des utilisateurs.

Outre les cas où leur consultation est obligatoire en vertu des dispositions du présent décret ou d'autres textes réglementaires, les commissions donnent leur avis au ministre sur les questions qu'il leur soumet.

Art. 49 Des arrêtés du ministre chargé de l'industrie déterminent les modalités d'application du présent décret, notamment :

1° Les conditions dans lesquelles sont :

— présentées et instruites les demandes d'examen de type ;

— présentées et instruites les demandes d'agrément prévues à l'article 37 ci-dessus ;

— prononcés, notifiés et publiés les certificats d'examen de type, les décisions d'agrément ainsi que les mesures de suspension et de retrait ;

2° Les conditions dans lesquelles les marques d'identification sont attribuées aux fabricants, importateurs, installateurs, réparateurs et organismes désignés ou agréés ;

3° Les signes et documents au moyen desquels sont constatés les résultats des opérations prévues à l'article 4 ci-dessus ;

4° Les formalités applicables aux opérations d'importation et d'exportation des instruments de mesure ;

5° La composition et les modalités de fonctionnement des commissions spécialisées mentionnées à l'article 48 ci-dessus ;

6° Les conditions dans lesquelles les dispositions des réglementations antérieures continuent à être appliquées jusqu'à l'entrée en vigueur des arrêtés mentionnés à *l'article 3 ci-dessus.*

Art. 50 Sous réserve des dispositions de l'article 51 ci-après, les décrets et arrêtés réglementant les catégories d'instruments de mesure citées en annexe cessent d'avoir effet dès l'entrée en vigueur des arrêtés ministériels correspondant à chacune de ces catégories, pris en application du présent décret.

Pour l'application du présent décret, les approbations de modèles délivrées avant son entrée en vigueur ont valeur de certificats d'examen de type.

Art. 51 Lorsqu'un instrument est soumis à un règlement européen ou à un décret pris en application d'un règlement européen ou d'une directive européenne, les dispositions correspondantes du présent décret ne lui sont pas applicables.
(Décr. n° 2006-447 du 12 avr. 2006, art. 19-I) « Lorsque la réglementation relative au contrôle des instruments en service prévoit que les instruments doivent être revêtus d'une marque de contrôle en service ou être accompagnés d'un carnet métrologique, les conditions dans lesquelles ces formalités administratives peuvent être respectées sans entraver la mise sur le marché ou la mise en service des instruments portant le marquage de conformité prévu, en application des textes mentionnés à l'alinéa précédent, sont précisées par arrêté du ministre chargé de l'industrie. »

Art. 52 Le décret n° 88-682 du 6 mai 1988 modifié relatif au contrôle des instruments de mesure est abrogé.

ANNEXE

Mesures matérialisées de masse (poids).
Instruments de pesage à fonctionnement non automatique. – *V. Arr. 26 mai 2004 (JO 19 juin).*
Instruments de pesage à fonctionnement automatique. – *V. Arr. 28 avr. 2006 (JO 24 mai).*
(Décr. n° 2006-447 du 12 avr. 2006, art. 19-II) « Compteurs d'eau froide propre. – *V. Arr. 28 avr. 2006 (JO 24 mai).*
« Compteurs d'eau chaude propre. » – *V. Arr. 28 avr. 2006 (JO 24 mai).*
Ensembles de mesurage de liquides autres que l'eau. – *V. Arr. 28 avr. 2006 (JO 24 mai).*
Voludéprimomètres pour mesurage des volumes de gaz.
(Décr. n° 2006-447 du 12 avr. 2006, art. 19-II) « Compteurs de quantité de gaz combustible ou de gaz pur. – *V. Arr. 21 oct. 2010 (JO 10 nov.).*
« Dispositifs de conversion de volume de gaz combustible ou de gaz pur. »
Compteurs d'énergie électrique. – *V. Arr. 28 avr. 2006 (JO 24 mai).*
Compteurs d'énergie thermique. – *V. Arr. 3 sept. 2010 (JO 10 oct.).*
Appareils permettant de déterminer les quantités de chaleur fournies pour le chauffage des locaux.
(Abrogé par Décr. n° 2006-447 du 12 avr. 2006, art. 19-II) « *Instruments équipant les installations thermiques en vue de réduire la pollution atmosphérique et d'économiser l'énergie.* »
Mesures matérialisées de capacité pour liquides.
Mesures matérialisées de capacité pour grains.
Bouteilles utilisées comme récipients-mesures. – *V. Arr. 17 oct. 2011 (JO 1er nov.).*
Citernes, conteneurs et réservoirs récipients-mesures. – *V. Arr. 8 juill. 2003 (JO 20 juill.).*
Cuves de refroidisseurs de lait en vrac. – *V. Arr. 20 sept. 2010 (JO 29 sept.).*
Humidimètres pour grains de céréales et graines oléagineuses. – *V. Arr. 1er juill. 2010 (JO 5 août).*
Jaugeurs. – *V. Arr. 24 mars 2009 (JO 4 avr.).*
Alcoomètres, aréomètres pour alcool et tables alcoométriques.
(Décr. n° 2006-447 du 12 avr. 2006, art. 19-II) « Saccharimètres automatiques pour la réception des betteraves livrées aux sucreries et aux distilleries et balances proportionneuses. » – *V. Arr. 28 févr. 2008 (JO 8 mars).*
Réfractomètres utilisés pour mesurer la teneur en sucre des moûts de raisin naturels. – *V. Arr. 14 sept. 2011 (JO 24 sept.).*
Éthylomètres. – *V. Arr. 8 juill. 2003 (JO 20 juill.).*
Mesures matérialisées de longueur.
(Décr. n° 2006-447 du 12 avr. 2006, art. 19-II) « Odomètres. »
Machines planimétriques.
Chronotachygraphes.
Taximètres. – *V. Arr. 28 avr. 2006 (JO 24 mai).*
Cinémomètres de contrôle routier. – *V. Arr. 4 juin 2009 (JO 23 juin).*
Instruments destinés à mesurer la teneur en certains constituants des gaz d'échappement des véhicules à moteur. – *V. Arr. 28 avr. 2006 (JO 24 mai).*
Instruments destinés à mesurer l'opacité des émissions des véhicules équipés de moteur Diesel.

Manomètres utilisés pour le gonflage des pneumatiques des véhicules automobiles.

Sonomètres.

Ensembles de mesurage de masse de gaz.

Thermomètres utilisés par les agents de l'État pour le contrôle de la température des denrées périssables ou à l'occasion d'expertises portant sur les mêmes denrées. — *V. Arr. 23 oct. 2009 (JO 4 nov.).*

(Décr. n° 2003-330 du 7 avr. 2003, art. 1er) « Instruments de mesure de la distance entre véhicules ou ensembles de véhicules. » — *V. Arr. 19 août 2004 (JO 11 sept.).*

(Décr. n° 2006-447 du 12 avr. 2006, art. 19-II) « Instruments de mesure multidimensionnelle. » — *V. Arr. 28 avr. 2006 (JO 24 mai).*

V. Décr. n° 2006-447 du 12 avr. 2006 (JO 16 avr.) relatif à la mise sur le marché et à la mise en service de certains instruments de mesure, applicable aux compteurs d'eau, aux compteurs de gaz et aux dispositifs de conversion associés, aux compteurs d'énergie électrique active, aux compteurs d'énergie thermique, aux ensembles de mesurage continu et dynamique de quantités de liquides autres que l'eau, aux instruments de pesage à fonctionnement automatique, aux taximètres, aux mesures matérialisées, aux instruments de mesure dimensionnelle et aux analyseurs de gaz d'échappement. — Arr. 28 avr. 2006, fixant les modalités d'application du Décr. n° 2006-447 du 12 avr. 2006, mod. par Arr. 4 déc. 2006 (JO 15 déc.), Arr. 14 déc. 2009 (JO 19 déc.).

Ces instruments de mesure qui satisfont aux règles qui étaient applicables avant l'entrée en vigueur du décret précité (30 oct. 2006) peuvent être mis sur le marché ou mis en service jusqu'à l'expiration du terme de la validité de leur certificat d'examen de type ou, dans le cas d'une approbation de modèle à durée indéfinie, jusqu'au 30 oct. 2016 ; ces instruments reçoivent, selon le cas, le marquage de conformité relatif au contrôle d'effet national ou au contrôle CEE institué par le Décr. n° 73-788 du 4 août 1973 (Décr. n° 2006-447, 12 avr. 2006, art. 22). Sans préjudice de ces dispositions :

— sont notamment abrogés : le Décr. du 12 avr. 1955 (instruments mesureurs volumétriques de liquides autres que l'eau), le Décr. n° 72-145 du 18 févr. 1972 (ensemble à compteur turbine), le Décr. n° 73-791 du 4 août 1973 (contrôle des compteurs volumétriques de liquides autres que l'eau), le Décr. n° 75-906 du 16 sept. 1975 (mesures de longueur), le Décr. n° 75-1202 du 11 déc. 1975 (instruments de pesage) ;

— cessent notamment d'être applicables, en tant qu'elles concernent les instruments précédemment énumérés, les dispositions relatives à la mise sur le marché et à la mise en service des catégories d'instruments de mesure réglementées par les Décr. n° 65-487 du 18 juin 1965 (instruments de pesage), n° 72-388 du 4 mai 1972 (mesureurs de longueur) et n° 72-390 du 4 mai 1972 (machines planimétriques).

La législation relative au contrôle des instruments de mesure a été rendue applicable dans les départements du Bas-Rhin, du Haut-Rhin et de la Moselle par Ord. n° 45-1404 du 26 juin 1945 (JO 27 juin).

VENTES COMMERCIALES

RÉP. COM. v° *Ventes commerciales,* par BIHL.

Dispositions générales

V. aussi C. com., art. L. 441-6 et L. 442-6 relatifs à la communication des barèmes et conditions de vente et à la réparation civile des pratiques discriminatoires.

Code de la consommation

Le code de la consommation Dalloz comporte l'ensemble des textes, codifiés ou non, régissant la matière, assortis de commentaires, d'annotations de jurisprudence et de bibliographie. — ***C. consom.***

RÉP. PÉN. v° *Consommation,* par BIHL.

BIBL. GÉN. ▶ CALAIS-AULOY, *RTD civ. 1994. 239* (influence du droit de la consommation sur le droit civil des contrats) ; *ibid. 1998. 115* (même thème). – D. MAZEAUD, *RTD com. 1998. 95* (attraction du droit de la consommation). – CRAMIER, *LPA 12, 13 et 14 juin 2000* (essai sur la protection du contractant professionnel). – AMAR, *CCC 2003. Chron. 5* (une cause perdue : la protection des personnes morales par le droit de la consommation ?). – D. MAZEAUD, *Liber amicorum Calais-Auloy, Dalloz, 2004, p. 697* (droit commun du contrat et droit de la consommation). – LEVENEUR, Le code de commerce 1807-2007, Livre du bicentenaire, *Dalloz, 2007, p. 81* (code civil, code de commerce et code de la consommation).

Information des consommateurs

Obligation générale d'information

Art. L. 111-1 *(L. n° 2010-853 du 23 juill. 2010, art. 35-II)* **I. — Tout professionnel vendeur de biens doit, avant la conclusion du contrat, mettre le consommateur en mesure de connaître les caractéristiques essentielles du bien.**

II. — Le fabricant ou l'importateur de biens meubles doit informer le vendeur professionnel de la période pendant laquelle les pièces indispensables à l'utilisation des biens seront disponibles sur le marché. Cette information est obligatoirement délivrée au consommateur par le vendeur, avant la conclusion du contrat.

III. — En cas de litige portant sur l'application des I et II, il appartient au vendeur de prouver qu'il a exécuté ses obligations.

Art. L. 111-2 *(L. n° 2010-853 du 23 juill. 2010, art. 35-II)* **I. — Tout professionnel prestataire de services doit avant la conclusion du contrat et, en tout état de cause, lorsqu'il n'y** *[a]* **pas de contrat écrit, avant l'exécution de la prestation de services, mettre le consommateur en mesure de connaître les caractéristiques essentielles du service.**

II. — Le professionnel prestataire de services doit mettre à la disposition du consommateur ou lui communiquer, de manière claire et non ambiguë, les informations suivantes :

— nom, statut et forme juridique, adresse géographique de l'établissement, coordonnées permettant d'entrer en contact rapidement et de communiquer directement avec lui ;

– le cas échéant, le numéro d'inscription au registre du commerce et des sociétés ou au répertoire des métiers ;

– si son activité est soumise à un régime d'autorisation, le nom et l'adresse de l'autorité l'ayant délivrée ;

– s'il est assujetti à la taxe sur la valeur ajoutée et identifié par un numéro individuel en application de l'article 286 *ter* du code général des impôts, son numéro individuel d'identification ;

– s'il est membre d'une profession réglementée, son titre professionnel, l'État membre dans lequel il a été octroyé ainsi que le nom de l'ordre ou de l'organisme professionnel auprès duquel il est inscrit ;

– les conditions générales, s'il en utilise ;

– le cas échéant, les clauses contractuelles relatives à la législation applicable et la juridiction compétente ;

– le cas échéant, l'existence d'une garantie après-vente non imposée par la loi ;

– l'éventuelle garantie financière ou assurance de responsabilité professionnelle souscrite par lui, les coordonnées de l'assureur ou du garant ainsi que la couverture géographique du contrat ou de l'engagement.

Tout professionnel prestataire de services doit également communiquer au consommateur qui en fait la demande les informations complémentaires suivantes :

– en ce qui concerne les professions réglementées, une référence aux règles professionnelles applicables dans l'État membre de l'Union européenne sur le territoire duquel ce professionnel est établi et aux moyens d'y avoir accès ;

– des informations sur leurs *[ses]* activités pluridisciplinaires et leurs *[ses]* partenariats qui sont directement liés au service concerné et sur les mesures prises pour éviter les conflits d'intérêts. Ces informations figurent dans tout document d'information dans lequel le prestataire présente de manière détaillée ses services ;

– les éventuels codes de conduite auxquels il est soumis, l'adresse électronique à laquelle ces codes peuvent être consultés ainsi que les versions linguistiques disponibles ;

– les informations sur les conditions de recours à des moyens extrajudiciaires de règlement des litiges, lorsque ces moyens sont prévus par un code de conduite, un organisme professionnel ou toute autre instance.

III. – Au sens du II, un régime d'autorisation s'entend de toute procédure qui a pour effet d'obliger un prestataire ou un destinataire à faire une démarche auprès d'une autorité compétente en vue d'obtenir un acte formel ou une décision implicite relative à l'accès à une activité de services ou à son exercice.

IV. – Le II du présent article ne s'applique pas aux services mentionnés aux livres Ier à III et au titre V du livre V du code monétaire et financier ainsi qu'aux opérations pratiquées par les entreprises régies par le code des assurances, par les mutuelles et unions régies par le livre II du code de la mutualité et par les institutions de prévoyance et unions régies par le titre III du livre IX du code de la sécurité sociale.

V. – En cas de litige sur l'application des I et II du présent article, il appartient au prestataire de prouver qu'il a exécuté ses obligations.

Art. L. 111-3 *(L. nº 2010-853 du 23 juill. 2010, art. 35-II)* Les articles L. 111-1 et L. 111-2 s'appliquent sans préjudice des dispositions plus favorables aux consommateurs qui soumettent certaines activités à des règles particulières en matière d'information du consommateur. – *[L. nº 92-60 du 18 janv. 1992, art. 2, al. 3.]*

Sur l'information préalable aux opérations de vente de voyages ou de séjours, V. C. tourisme, art. L. 211-8 s. et R. 211-5 s. au **C. consom.** *– Sur l'information préalable à la vente ou à la location d'objets ou de dispositifs de protection contre le bruit et sur la nullité de plein droit des contrats portant sur des objets ou des dispositifs ne répondant pas aux prescriptions légales et réglementaires, V. C. envir., art. L. 571-2 à L. 571-4 au* **C. envir.** *– Sur les conventions de compte de dépôt, V. C. mon. fin., art. L. 312-1-1, vº Banque et financement de l'entreprise.*

Prix et conditions de vente

Art. L. 113-1 Les règles relatives à la détermination des prix sont fixées par les dispositions de l'article 1er de l'ordonnance n° 86-1243 du 1er décembre 1986 relative à la liberté des prix et de la concurrence *[C. com., art. L. 410-2]*, reproduites ci-après : — *V. art. L. 410-2 C. com.*

Art. L. 113-2 Les règles relatives au champ d'application de l'ordonnance n° 86-1243 du 1er décembre 1986 précitée sont fixées par l'article 53 de cette ordonnance *[C. com., art. L. 410-1]*, reproduit ci-après : — *V. art. L. 410-1 C. com.*

Art. L. 113-3 Tout vendeur de produit ou tout prestataire de services doit, par voie de marquage, d'étiquetage, d'affichage ou par tout autre procédé approprié, informer le consommateur sur les prix, les limitations éventuelles de la responsabilité contractuelle et les conditions particulières de la vente, selon des modalités fixées par arrêtés du ministre chargé de l'économie, après consultation du Conseil national de la consommation. — *V. les Arr. cités ss. ce même art. L. 113-3 au* ***C. consom.***

(L. n° 2012-1270 du 20 nov. 2012, art. 11-I) « Dans les collectivités relevant de l'article 73 de la Constitution et dans les collectivités d'outre-mer de Saint-Barthélemy, de Saint-Martin, de Saint-Pierre-et-Miquelon et de Wallis-et-Futuna, en cas de situation conjoncturelle où le prix de cession par leur producteur de produits agricoles périssables ou de produits issus de cycles courts de production est anormalement bas par rapport à la moyenne des prix observés lors de la période correspondante de la précédente campagne, l'observatoire des prix, des marges et des revenus mentionné au titre Ier A du livre IX du code de commerce peut proposer au représentant de l'État de rendre obligatoire l'affichage sur les lieux de vente du prix d'achat au producteur et du prix de vente au consommateur.

« Le premier alinéa du présent article » s'applique à toutes les activités visées au dernier alinéa de l'article L. 113-2. *(L. n° 2012-1270 du 20 nov. 2012, art. 11-I)* « Il » *(L. n° 2012-375 du 19 mars 2012, art. 3)* « est également applicable aux manquements au règlement (CE) n° 1008/2008 du Parlement européen et du Conseil, du 24 septembre 2008, établissant des règles communes pour l'exploitation de services aériens dans la Communauté. » — *[Ord. n° 86-1243 du 1er déc. 1986, art. 28 originel.]*

(L. n° 2001-1168 du 11 déc. 2001) « Les règles relatives à l'obligation de renseignements par les établissements de crédit, *(L. n° 2013-100 du 28 janv 2013, art. 23)* « les établissements de monnaie électronique, » *(Ord. n° 2009-866 du 15 juill. 2009, art. 16)* « les établissements de paiement » et les organismes mentionnés à l'article L. 518-1 du code monétaire et financier sont fixées par *(Abrogé par Ord. n° 2009-866 du 15 juill 2009, art. 16, à compter du 1er nov. 2009)* « *les I et II de* » l'article L. 312-1-1 *(Ord n° 2009-866 du 15 juill. 2009, art. 16, en vigueur le 1er nov. 2009)* « et les sections III et IV du chapitre IV du titre Ier du livre III » du même code. » — *V cet art., v° Banque et financement de l'entreprise.*

Les infractions aux arrêtés prévus à l'art. L. 113-3 ainsi qu'aux arrêtés ayant le même objet pris en application de l'Ord. n° 45-1483 du 30 juin 1945 sont punies de la peine d'amende prévue pour les contraventions de la 5e classe ; en cas de récidive, les peines d'amende prévues pour la récidive des contraventions de la 5e classe sont applicables (C. consom., art. R. 113-1). — V. art. L. 141-1.

V. Arr. 31 déc. 2008 relatif aux annonces de réduction de prix à l'égard des consommateurs (JO 13 janv. 2009). — ***C. consom.***

Sur l'information du consommateur dans le secteur de la franchise, V. C. com., art. A. 441-1.

V. aussi, pour les experts en automobile, Décr. n° 91-1315 du 27 déc. 1991, art. 1er (D. et ALD 1992. 37).

En ce qui concerne la constatation et la répression des infractions en matière de publicité et de prix des hôtels et restaurants, V. C. tourisme, art. L. 311-7, L. 311-8 et D. 311-10. — ***C. tourisme*** *ou* ***C. consom.***

Sur la publicité relative aux ventes en solde, V. C. com., art. L. 310-3 (II) et R. 310-17.

1. Non-abrogation des art. 1er et 2 de la loi du 3 avr. 1942. L'art. 28 de l'Ord. du 1er déc. 1986 [C. consom., art. L. 113-3], relatif à l'obligation de renseignement des prestataires de services, n'a pu avoir pour effet d'abroger les art. 1er et 2 de la loi du 3 avr. 1942, portant interdiction d'offrir aux victimes d'accidents, moyennant émoluments convenus au préalable, le bénéfice d'accords amiables ou de décisions judiciaires. • Crim. 3 juin 1992 : *D. 1992. IR 229.*

2. Légalité de l'arrêté du 17 oct. 1996. L'obligation d'information du consommateur instituée à l'art. L. 113-3, al. 1er, est mise à la charge de tous les prestataires de services, sans considération du caractère commercial ou libéral de leur activité et concerne notamment les prestations à caractère médical. • CE 27 avr. 1998 : *D. 1998. IR 182 ; BID 1998, n° 9, p. 21 ; CCC 1999, n° 15, obs. Raymond.* ♦ En revanche, l'obligation faite par l'Arrêté du 17 oct. 1996 au chirurgien esthétique et à la personne examinée de respecter un délai de réflexion avant la décision éventuelle d'intervention porte atteinte au principe de la liberté contractuelle et excède l'habilitation donnée par l'art. L. 113-3 au ministre chargé de l'Économie. Aucune autre disposition législative n'autorisant ce ministre à prendre de telles dispositions, celles-ci seront par suite entachées d'illégalité. • Même arrêt. – V. aussi, Cathelineau, *CCC 1999. Chron. 13.*

3. Non-respect de l'obligation d'affichage des prix. La société « l'Office des locataires » méconnaît les dispositions de l'arr. du 29 juin relatif à la publicité des prix pratiqués par des professionnels intervenant dans les transactions immobilières et commet ainsi l'infraction prévue par l'art. L. 113-3 et 33 du Décr. du 29 déc. 1986 en n'affichant pas le prix de ses prestations à l'entrée de son établissement et en ne le mentionnant pas dans les annonces. • Crim. 19 févr. 1997 : *Bull. crim. n° 71 ; D. Affaires 1997. 727.* ♦ Mais il ne paraît pas opportun de renforcer la réglementation actuelle en imposant aux agences immobilières l'affichage du taux moyen des commissions pratiqué dans la zone géographique concernée : Rép. min. n° 22887 : *JOAN Q, 13 oct. 2003, p. 7838 ; AJDI 2004. 144.* ♦ La circonstance que le prix avait fait l'objet d'une publicité par un autre procédé ne permet pas au vendeur de se dispenser de l'obligation de marquage du prix de façon lisible pour le consommateur. • Paris, 13 mai 2002 : *BID 2002, n° 12, p. 24.* ♦ La circonstance que le prix de vente soit en réalité négocié de façon très notable avec les acheteurs ne permet pas au vendeur de se dispenser de l'obligation d'affichage des prix. • Paris, 2 mars 2001 : *BID 2002, n° 2, p. 13.*

4. Absence de sanction civile. L'art. L. 113-3 n'édictant aucune sanction civile, la nullité d'un contrat de prestations de services ne peut résulter du seul manquement aux exigences d'informations. • Civ. 1re, 15 déc. 1998 : *Bull. civ. I, n° 366 ; D. 2000. Somm. 40, obs. Pizzio.* ♦ Comp., prononçant la nullité en application de l'art. 6 C. civ. de la vente de mobilier en raison de la méconnaissance des dispositions d'ordre public de l'art. L. 214-2, al. 1er, C. consom., exigeant diverses mentions sur certains documents commerciaux : • Civ. 1re, 7 déc. 2004 : *Bull. civ. I, n° 303 ; D. 2005. AJ 75, obs. Rondey ; RTD civ. 2005. 389, obs. Mestre et Fages ; JCP E 2005, n° 30, p. 1291, note Constantin ; JCP 2005. II. 10160, note Rzepecki ; LPA 7 sept. 2005, note Bazin ; CCC 2005, n° 59, obs. Raymond ; RJDA 2005, n° 469 ; Dr. et patr. mars 2005. 85, obs. Chauvel ; RDC 2005. 323, note Fenouillet.*

5. Arrêtés antérieurs maintenus en vigueur. Il avait été jugé que l'art. R. 113-1, al. 2, version codifiée de l'art. 33 du Décr. n° 86-1309 du 29 déc. 1986, ne faisant plus référence aux arrêtés pris en application de l'Ord. du 30 juin 1945, la violation de l'Arrêté du 2 sept. 1977 relatif aux annonces de réduction de prix n'était plus réprimée, V. • Dijon, 23 sept. 1998 : *D. 2000. Somm. 42, obs. Pizzio ; D. Affaires 1998. 1807, obs. E. P.* ♦ V. désormais art. R. 113-1, al. 2, issu du Décr. n° 99-513 du 16 juin 1999, 1re note rédactionnelle ss. art. L. 113-3.

Art. L. 113-4 *Tarification en matière de téléphonie mobile. — V. cet art. au* **C. consom.**

Information sur les délais de livraison

Art. L. 114-1 Dans tout contrat ayant pour objet la vente d'un bien meuble ou la fourniture d'une prestation de services à un consommateur, le professionnel doit, lorsque la livraison du bien ou la fourniture de la prestation n'est pas immédiate et si le prix convenu excède des seuils fixés par voie réglementaire, indiquer la date limite à laquelle il s'engage à livrer le bien ou à exécuter la prestation. — *Seuil fixé à 500 € (C. consom., art. R. 114-1).*

Le consommateur peut dénoncer le contrat de vente d'un bien meuble ou de fourniture d'une prestation de services par lettre recommandée avec demande d'avis de

réception en cas de dépassement de la date de livraison du bien ou d'exécution de la prestation excédant sept jours et non dû à un cas de force majeure.

Ce contrat est, le cas échéant, considéré comme rompu à la réception, par le vendeur ou par le prestataire de services, de la lettre par laquelle le consommateur l'informe de sa décision, si la livraison n'est pas intervenue ou si la prestation n'a pas été exécutée entre l'envoi et la réception de cette lettre. Le consommateur exerce ce droit dans un délai de soixante jours ouvrés à compter de la date indiquée pour la livraison du bien ou l'exécution de la prestation.

Sauf stipulation contraire du contrat, les sommes versées d'avance sont des arrhes, ce qui a pour effet que chacun des contractants peut revenir sur son engagement, le consommateur en perdant les arrhes, le professionnel en les restituant au double. — *[L. n° 92-60 du 18 janv. 1992, art. 3-I.] — Sur la réglementation des arrhes, V. C. civ., art. 1590 et C. consom., art. L. 131-1 à L. 131-3. —* ***C. civ.*** *ou* ***C. consom.***

BIBL. ► TRICKLIN, *JCP 1994. I. 3732* (art. L. 114-1, al. 4, relatif aux arrhes).

1. Notion de consommateur. Est un consommateur et peut par conséquent bénéficier de l'art. L. 114-1, un syndicat de copropriété qui, ayant pour objet la conservation d'un immeuble bâti en copropriété et l'administration des parties communes, n'a pas d'activités professionnelles à proprement parler. • Paris, 13 nov. 1997 : *D. 1998. IR 11 ; D. Affaires 1998. 60, obs. E.P.*

2. Absence d'indication de délai. La mention du délai de livraison ou d'exécution de la prestation de services n'est pas prescrite à peine de nullité par l'art. L. 114-4. • Civ. 1re, 28 mai 2009 : *CCC 2009, n° 256, obs. Raymond.* ♦ Mais en l'absence d'indication de délai de livraison dans le contrat de vente d'un bien meuble, l'acheteur peut obtenir la résolution du contrat sur le fondement de l'art. L. 114, dès lors que le délai de livraison qu'il avait exigé, et dont la durée était raisonnable, n'a pas été respecté par le vendeur. • Paris, 13 nov. 1997 : *préc. note 1.*

3. Mention du délai de livraison. Les mentions d'une livraison « fin juillet » et « début septembre » satisfont aux prescriptions légales de l'art. L. 114-1, les précisions apportées étant suffisantes pour assurer la légitime protection du consommateur au regard du respect par le professionnel des délais de livraison convenus par les parties. • Paris, 3 juill. 2001 : *D. 2001. AJ 2740, obs. Rondey.* – V. aussi : • Paris, 2 oct. 2003 : *RJDA 2004, n° 152 ; Lettre distrib. janv. 2004, p. 4* (solution implicite).

4. Délai de prévenance. La mention « délai de prévenance de deux mois » laisse les acquéreurs maîtres de décider de la date de la livraison, le fournisseur disposant alors d'un délai minimal de deux mois, constituant la date limite pour y procéder. • Rennes, 25 mars 2005 : *CCC 2006, n° 11, obs. Raymond.* ♦ Une telle mention ne peut cependant valoir date de livraison ; en l'absence de celle-ci, le consommateur ne peut cependant obtenir la résolution de la vente que s'il a mis en demeure le vendeur d'exécuter et que celui-ci n'y a pas satisfait dans un délai raisonnable. • Même arrêt.

5. Dépassement du délai de livraison. Jugeant que le délai prévu par l'art. L. 114-1 a un fondement contractuel et qu'aucun texte ne prévoit sa prorogation, contrairement au délai de renonciation prévu en matière de démarchage par l'art. L. 121-25 C. consom., V. • Paris, 2 oct. 2003 : *préc. note 3* (indifférence qu'un jour férié se soit trouvé au début et à la fin de la période de dépassement de la date de livraison prévue). ♦ Pour une résiliation, faute de livraison dans le délai prévu, d'un meuble conforme à la commande, V. • Paris, 21 janv. 1997 : *RJDA 1997, n° 630 ; CCC 1997, n° 104, obs. Raymond.* ♦ La lettre recommandée avec AR, adressée au vendeur, dans laquelle l'acheteur déclarait que, faute de livraison, il lui demandait la restitution de son acompte, vaut clairement dénonciation du contrat de vente par l'acheteur, pour non-respect du délai de livraison, de sorte que le contrat doit être considéré comme rompu à la date de réception de ce courrier. • Versailles, 5 juin 1998 : *BICC 1999, n° 358 ; D. Affaires 1998. 1355, obs. S. P.* – V. aussi : • Besançon, 15 janv. 2002 : *CCC 2002, n° 149, obs. Raymond.* ♦ Pour une dénonciation prématurée du contrat de vente alors que le délai de livraison fixé n'était pas encore dépassé et que, de plus, il n'y avait pas encore eu dépassement de cette date de livraison de plus de sept jours, V. • Versailles, 22 sept. 2000 : *D. 2002. Somm. 998, obs. Pignarre.*

6. Renonciation. Le fait de ne pas résilier le contrat de vente losqu'il a eu connaissance du retard de livraison, ainsi que l'art. L. 114-1 le lui permet, et de confirmer sans réserve la commande, ne sauraient, à eux seuls, constituer pour l'acquéreur une renonciation au droit de demander réparation de ce préjudice. • Civ. 1re, 12 mai 2004 : *RJDA 2004, n° 1309 ; RJDA 2005, n° 113 ; Lettre distrib. oct. 2004, p. 4.*

7. Droit de revenir sur son engagement. Il

appartient au juge du fond de dire en quoi les parties au contrat ont voulu renoncer à la qualification supplétive d'arrhes, prévue dans l'art. L. 114-1, al. 4, pour donner la qualification d'acompte aux sommes versées d'avance, à l'occasion de la commande. • Civ. 1re, 5 juill. 2006 : *CCC 2006, nº 237, obs. Raymond.* ♦ En application de l'art. 3, al. 4, de la loi du 18 janv. 1992 [C. consom., art. L. 114-1, al. 4], dont se prévaut l'acheteur d'un véhicule ayant signé le bon de commande, celui-ci a la faculté de revenir sur son engagement en perdant les 10 000 F versés d'avance à titre d'arrhes, de sorte qu'il convient de débouter le vendeur de ses demandes en paiement de la somme principale, sauf à préciser que les 10 000 F lui sont acquis (ledit acheteur, en réponse à une lettre recommandée avec accusé de réception du vendeur, avait fait savoir qu'il ne prendrait pas livraison « pour des raisons personnelles »). • Orléans, 13 avr. 1994 : *D. 1996. Somm. 11, obs. Paisant.*

8. Force majeure. Le retard de fabrication d'un constructeur automobile étant un événement prévisible, pour un arrêt retenant la responsabilité du concessionnaire automobile qui ne rapportait pas la preuve qu'il avait pris les mesures destinées à éviter le retard de livraison : • Versailles, 22 sept. 2000 : *RJDA 2001, nº 16.* ♦ Le choix du coloris par l'acheteur du meuble acheté et non livré dans le délai prévu, ne saurait constituer un cas de force majeure, car il n'est ni imprévisible ni irrésistible. • Versailles, 8 mars 2002 : *RJDA 2002, nº 748.*

Dans la désignation, l'offre, la présentation, le mode d'emploi ou d'utilisation, la description de l'étendue et des conditions de garantie d'un bien, d'un produit ou d'un service, ainsi que dans les factures et quittances, l'emploi de la langue française est obligatoire. — Les mêmes dispositions s'appliquent à toute publicité écrite, parlée ou audiovisuelle.

Les dispositions du présent art. ne sont pas applicables à la dénomination des produits typiques et spécialités d'appellation étrangère connus du plus large public. — La législation sur les marques ne fait pas obstacle à l'application des premier et troisième al. du présent art. aux mentions et messages enregistrés avec la marque (L. nº 94-665 du 4 août 1994, art. 2 ; applicable à compter de la date de publication du Décr. nº 95-240 du 3 mars 1995 [JO 5 mars]). — ***C. consom.***

La loi nº 94-665 du 4 août 1994 est d'ordre public et s'applique aux contrats conclus postérieurement à son entrée en vigueur (art. 20). — Sur l'application de la loi, V. Circ. 19 mars 1996 (JO 20 mars ; D. Affaires 1996. 467). — ***C. consom.***

Pratiques commerciales illicites

Refus et subordination de vente ou de prestation de services

Art. L. 122-1 **Il est interdit de refuser à un consommateur la vente d'un produit ou la prestation d'un service, sauf motif légitime, et de subordonner la vente d'un produit à l'achat d'une quantité imposée ou à l'achat concomitant d'un autre produit ou d'un autre service ainsi que de subordonner la prestation d'un service à celle d'un autre service ou à l'achat d'un produit** *(L. nº 2011-525 du 17 mai 2011, art. 45)* **« [,] dès lors que cette subordination constitue une pratique commerciale déloyale au sens de l'article L. 120-1 ».**

Cette disposition s'applique à toutes les activités visées au dernier alinéa de l'article L. 113-2. — *[Ord. nº 86-1243 du 1er déc. 1986, art. 30.]*

(L. nº 2001-1168 du 11 déc. 2001) **« Pour les établissements de crédit,** *(L. nº 2013-100 du 28 janv. 2013, art. 23)* **« les établissements de monnaie électronique, »** *(Ord. nº 2009-866 du 15 juill. 2009, art. 16, en vigueur le 1er nov. 2009)* **« les établissements de paiement » et les organismes mentionnés à l'article L. 518-1 du code monétaire et financier, les règles relatives aux ventes subordonnées sont fixées par le 1 du I de l'article L. 312-1-2 du même code. »** — *V. cet art., vº Banque et financement de l'entreprise.*

Les infractions à l'art. L. 122-1 sont punies des peines d'amende prévues pour les contraventions de la 5e classe ; en cas de récidive, les peines d'amende prévues pour la récidive des contraventions de la 5e classe sont applicables (C. consom., art. R. 121-13). — V. art. L. 141-1.

Sur la sanction pénale du refus discriminatoire de fourniture d'un bien ou d'un service fondé sur une distinction entre les personnes à raison de leur origine, de leur sexe, de leur situation de famille, de leur état de santé, de leur handicap, de leurs mœurs, de leurs opinions politiques, de leurs activités syndicales, de leur appartenance, vraie ou supposée, à une ethnie, une nation, une race ou une religion déterminée, ou de la subordination de la fourniture d'un bien ou d'un service à une condition fondée sur l'un de ces éléments, V. C. pén., art. 225-1 s. — ***C. pén.***

BIBL. ▶ TABAKA, *D. 2005. 1218* (ordinateurs et logiciels pré-installés : le spectre de la vente liée). – FELDMAN, *CCC 2009. Alerte 39* (le consommateur est-il pieds et poings liés à son logiciel ?). – STOFFEL-MUNCK, *JCP 2009, n° 27, p. 44* (l'infraction de vente liée à la dérive). – WILHELM et FERCHICHE, *CCC 2009. Étude 8* (le sort des ventes subordonnées et des ventes avec primes en droit français de la consommation, après l'arrêt de la CJCE du 23 avr. 2009). – CHAGNY, *D. 2009. 2561* (de l'assouplissement du régime des offres liées à l'achèvement d'un droit au marché ?). – BENOÎT et COMERT, *RJDA 2010. 559* (requiem pour le droit national des promotions ?). – TAUPIAC-NOUVEL, *RLDA avr. 2011. 69* (protection du consommateur dans les pratiques commerciales : une question d'appréciation). – LEGRAND et BLIN, *D. 2011. 2886* (offres conjointes d'ordinateurs équipés de logiciels : quelles perspectives ?).

▶ L. n° 2011-525 du 17 mai 2011 : VOISSET et DUPERRAY, *LPA 5 avr. 2011* (promotion des ventes : entre réforme *a minima* et attentisme, l'insécurité juridique subsiste). – PETIT, *LPA 23 mai 2011* (promotion des ventes : une loi de simplification pour tout compliquer !). – Note de la rédaction, *BRDA 2011, n° 9, p. 16* (mesure en matière de réglementation économique).

A. REFUS DE VENTE

1. Domaine. Sur l'inapplicabilité de l'art. L. 122-1 aux opérations de crédit, V. note 1 ss. art. L. 511-4 C. mon. fin., v° *Banque et financement de l'entreprise.* ♦ Le refus de reconduire un contrat de location à durée déterminée entrant dans le champ d'application des dispositions visées à l'art. L. 113-2 C. consom., constitue un refus de prestation de service au sens de l'art. L. 122-1 du même code. • Civ. 3e, 13 mai 2009 : *Bull. civ. III, n° 107 ; D. 2009. AJ 1538, obs. Delpech ; AJDI 2009. 703, note de La Vaissière ; JCP E 2009, n° 27, p. 34 ; CCC 2009, n° 207, obs. Raymond ; RJDA 2009, n° 900 ; RDC 2009. 1418, note Fenouillet ; Loyers et copr. 2009, n° 197, obs. Vial-Pedroletti.*

2. Notion de motif légitime. Sur la condamnation de pharmaciens poursuivis pour avoir, sans motif légitime, refusé à des consommateurs la vente de produits contraceptifs, un tel refus ne procédant nullement d'une impossibilité matérielle de satisfaire la demande en raison d'une indisponibilité des produits en stock mais étant opposé au nom de convictions éthiques et personnelles, V. • Crim. 21 oct. 1998 : *Bull. crim. n° 273 ; D. 1999. IR 16 ; D. Affaires 1999. 252, obs. C. R. ; CCC 1999, n° 33, obs. Raymond ; JCP 1999. II. 10163, note Freund ; JCP E 2000, n° 25, p. 990, obs. Garaud.* – V. dans le même sens • CEDH, 2 oct. 2001 : *JCP E 2002, n° 27, p. 1149, note Raynaud.* ♦ Est justifié le refus de prestation de services (accueil dans un établissement de cure) motivé par le fait que le client ne correspond pas à la catégorie de personnes pour lesquelles l'établissement est agréé. • Paris, 30 mai 2002 : *CCC 2002, n° 181, obs. Raymond.* ♦ Sur l'application du refus de vente dans la restauration, V. • Paris, 24 sept. 1991 : *JCP 1992. IV. 199.* – V. aussi Avis DGCCRF : *BID 1997, n° 9, p. 3.* ♦ Constitue un motif légitime le comportement insultant et l'impolitesse d'un consommateur : • Versailles, 7 mars 2003 : *Lettre distrib. mai 2003, p. 4.*

3. Refus discriminatoire en raison d'un handicap. Se rend coupable du délit de discrimination à l'égard d'une personne physique en raison de son handicap (art. 225-1 et 225-2 C. pén.), le directeur d'un restaurant qui refuse l'accès de son établissement à un client handicapé. • T. corr. Paris, 4 sept. 1995 : *RJDA 1996, n° 286.*

B. VENTES OU PRESTATIONS SUBORDONNÉES

4. Domaine. L'art. L. 122-1 C. consom. s'applique à la personne qui contracte en qualité de consommateur et non en qualité de professionnel, tel n'est pas le cas de celle qui réserve des nuits d'hôtel pour ses clients, le contrat de location ayant alors un rapport direct avec l'activité professionnelle exercée. • T. pol. Nantes, 16 mai 2000 : *BID 2002, n° 3, p. 14.*

5. Personnes publiques. La redevance d'utilisation temporaire du domaine public, laquelle n'est pas un acte commercial, fixée par le maire dans le cadre des pouvoirs qu'il tient de l'art. L. 2213-6 CGCT, échappe au code de la consommation, et notamment à son art. L. 122-1 qui, s'il s'applique aux personnes publiques, ne le fait qu'à l'égard de leurs activités de production, de distribution et de services. • Crim. 26 avr. 2006 : *cité note ss. art. L. 112-5 C. mon. fin., v° Banque et financement de l'entreprise.* ♦ Sur l'application de l'art. L. 122-1 aux prestations offertes par les mutuelles d'assurances, V. note 6 ss. art. L. 410-1 C. com. ♦ ... Aux services de la RATP et de la SNCF, V. • CE 13 mars 2002 : *Lebon 94 ; RTD com. 2002. 659, obs. Orsoni ; RFDA*

2003. 772, note Deffigier ∅. – V. aussi note 8 ss. art. L. 121-35 C. consom.

6. Illustrations. Sur la subordination : de l'admission au bénéfice d'une cure thermale à la qualité de curiste en traitement dans l'établissement, V. • Crim. 14 mai 1990 : *D. 1990. IR 180* ∅ • Paris, 21 mai 1991 : *Gaz. Pal. 1991. 2. 523, note Marchi.* ♦ ... De la conclusion d'un contrat avec une agence de voyage à la souscription d'une assurance garantissant les risques d'annulation du contrat et l'assistance aux personnes et aux biens. • Crim. 12 juin 1995 : *Bull. crim. n° 212 ; D. 1995. IR 203* ∅. ♦ En ce sens qu'est illicite le fait de proposer deux contrats présentés comme étant dépendants l'un de l'autre : • Grenoble, 4 févr. 2002 : *RJDA 2002, n° 699 ; Cah. dr. entr. 2002, n° 5, p. 37, n° 18, obs. Mainguy.* ♦ Sur l'interdiction faite à France Télécom de commercialiser des téléphones mobiles avec la fonction WAP qui ne comportaient pas la possibilité, clairement indiquée, de remplacer la préprogrammation du fournisseur d'accès à internet de l'opérateur – « *déWAPlockage* » – par un autre fournisseur d'accès au gré de l'utilisateur moyennant quelques manœuvres simples, V. • T. com. Paris, réf., 30 mai 2000 : *D. 2000. AJ 349, obs. Manara* ∅. – Rappr. en matière de « *délockage* » • Versailles, 4 oct. 2002 : *JCP E 2003, n° 9, p. 344.*

Sur l'application de l'art. L. 122-1 dans l'hôtellerie, V. • T. pol. Paris, 2 juill. 1993 : *BID 1994, n° 11, p. 31.* – V. aussi Rép. min. n° 10389 : *JO Sénat Q, 22 oct. 1998, p. 3380.* ♦ ... En matière de téléchargement payant de musique sur Internet : • TGI Nanterre, 15 déc. 2006 : *D. 2007. AJ 219, obs. Manara* ∅ *; JCP E 2007, n° 37, p. 20, obs. Ibrahim ; Gaz. Pal. 2007. 1177, note Tellier-Loniewski et Revel de Lambert ; CCC 2007, n° 76, obs. Raymond ; RJDA 2007, n° 568 ; CCE 2007, n° 64, obs. Caprioli.* ♦ ... En matière d'ordinateur et de logiciel informatique, V. notes ss. ce même art. au **C. consom.**

7. Sanction pénale. L'abrogation de l'art. 30 de l'Ord. du 1er déc. 1986 à la suite de sa codification à l'art. L. 122-1 C. consom., par la loi du 26 juill. 1993, ne modifiant ni la teneur des dispositions transférées, ni leur portée, il s'ensuit que l'art. 33 du Décr. du 29 déc. 1986 [C. consom., art. R. 121-13], pris en application de cette ordonnance et réprimant ladite infraction des peines d'amende prévues pour les contraventions de 5e classe, demeure applicable. • Crim. 12 juin 1995 : *préc. note 6.*

8. Compatibilité avec le droit communautaire. BIBL. Stoffel-Munck, *JCP 2009, n° 27, p. 44* (l'infraction de vente liée à la dérive). – Wilhelm et Ferchiche, *CCC 2009. Étude 8* (le sort des ventes subordonnées et des ventes avec primes en droit français après l'arrêt du 23 avr. 2009). – Razavi et Falkman, *CCC 2010. Alerte 22* (ventes subordonnées, ventes avec primes et loteries sont-elles désormais licites par principe ?). ♦ La Dir. 2005/29/CE du 11 mai 2005, relative aux pratiques commerciales déloyales des entreprises vis-à-vis des consommateurs, doit être interprétée en ce sens qu'elle s'oppose à une réglementation nationale qui, sauf certaines exceptions et sans tenir compte des circonstances spécifiques du cas d'espèce, interdit toute offre conjointe faite par un vendeur à un consommateur (droit belge). • CJCE 23 avr. 2009 : *D. 2009. AJ 1273, obs. E. Petit* ∅ *; RTD com. 2009. 607, obs. Bouloc* ∅ *; JCP 2009, n° 39, p. 39, obs. Chagny ; Gaz. Pal. 2010. 423, obs. S. Piedelièvre ; CCC 2009, n° 183, obs. Raymond ; RJDA 2009, n° 786 ; RLDA juill. 2009. 45, note Grall et Camilleri ; RDC 2009. 1458, note Aubert de Vincelles ; Lettre distrib. mai 2009, p. 1, obs. Delesalle et Lafont* • CJUE 11 mars 2010 : *Dalloz actualité, 15 avr. 2010, obs. Demunck ; CCE 2010, n° 63, obs. Chagny ; Gaz. Pal. 2010. 3032, et les obs ; RLDA avr. 2010. 45, obs. Anadon ; Europe 2010, n° 182, obs. Idot.* ♦ Appliquant cette jurisprudence en droit interne : • Paris, 14 mai 2009 : *D. 2009. AJ 1475, obs. E. Petit* ∅ *; JCP E 2009, n° 25, p. 5, note Roskis ; Gaz. Pal. 2009. 3193, note Prieur ; CCC 2009, n° 201, obs. Bosco ; CCE 2009, n° 68, obs. Stoffel-Munck ; BRDA 2009, n° 11, p. 12 ; Lettre distrib. mai 2009, p. 1, obs. Delesalle et Lafont ; RDLC 2009, n° 3, p. 132, obs. Berg et Tran-Thiet ; Europe 2009, n° 251, obs. Michel* (conf. par • Com. 13 juill. 2010 : *Bull. civ. IV, n° 127 ; D. 2010. Actu. 1934* ∅ *; Gaz. Pal. 2010. 2821, note Huertas ; JCP E 2010, n° 1820 ; CCC 2010, n° 253, obs. Malaurie-Vignal ; CCE 2010, n° 98, obs. Chagny ; RJDA 2011, n° 90*). ♦ ... Qui censure le jugement qui avait estimé que l'offre d'Orange Foot qui conditionne l'abonnement à la chaîne Orange Foot à un abonnement à internet Orange était constitutive d'une vente subordonnée prohibée par l'art. L. 122-1. • T. com. Paris, 23 févr. 2009 : *JCP 2009. I. 144, n° 9, obs. Grynfogel ; RDLC 2009, n° 2, p 193, obs. Berg et Tran-Thiet ; Lettre distrib. mars 2009, p. 2.* ♦ Pour une analyse sur le terrain du droit de la concurrence, V. • Aut. conc., avis, n° 09-A-42 du 7 juill. 2009 : *BOCC 3 août 2009 ; D. 2009. 1816, obs. Chevrier* ∅ *; JCP E 2009, n° 31-34, p. 12 ; CCC 2009, n° 229, obs. Bosco ; CCE 2009. Chron. 9, n° 10, par Maetz ; Lettre distrib. juill.-août 2009, p. 3.* – Sur cet avis, V. aussi Feldman, *D. 2009. 2114* ∅ (carton orange pour l'Autorité de la concurrence).

Il résulte de l'arrêt de la CJCE du 23 avr. 2009 que l'art. L. 122-1, qui interdit les offres conjointes sans tenir compte des circonstances spécifiques, doit être appliqué dans le respect des critères énoncés par la Dir. n° 2009/29/CE du 11 mai 2005 ; de telle sorte qu'en statuant comme elle l'a fait sans rechercher si la pratique commerciale dénoncée entrait dans les prévisions des dispositions de la directive relative aux pratiques commerciales déloyales, la juridiction de proximité n'a pas donné de base légale à sa décision. • Civ. 1re, 15 nov. 2010 : *Bull. civ. I, n° 232 ; D. 2010. Actu. 2765, obs. Delpech ; JCP E 2010, n° 2135, note Dupont ; CCC 2011, n° 9, obs. Malaurie-Vignal ; LPA 21 mars 2011, note Ay ; Gaz. Pal. 2011. 246, note Poissonnier ; ibid. 311, note Schurr ; CCE 2011, n° 5, obs. Stoffel-Munck ; RJDA 2011, n° 354.* V. l'ajout apporté par la L. n° 2011-525 du 17 mai 2011 au 1er al. de l'art. L. 122-1, *in fine.*

Ventes et prestations de services sans commande préalable *(Ord. n° 2005-648 du 6 juin 2005, art. 1er-II).*

Art. L. 122-2 *Abrogé par Ord. n° 2005-1086 du 1er sept. 2005, art. 4-II. — V. art. L. 141-1.*

Art. L. 122-3 *(L. n° 2011-525 du 17 mai 2011, art. 45)* **Il est interdit d'exiger le paiement immédiat ou différé de biens ou de services fournis par un professionnel ou, s'agissant de biens, d'exiger leur renvoi ou leur conservation, sans que ceux-ci aient fait l'objet d'une commande préalable du consommateur, sauf lorsqu'il s'agit d'un bien ou d'un service de substitution fourni conformément à l'article L. 121-20-3.**

La violation de cette interdiction est punie des peines prévues aux articles L. 122-12 à L. 122-14.

Tout contrat conclu consécutivement à la mise en œuvre de la pratique commerciale illicite visée au premier alinéa du présent article est nul et de nul effet.

Le professionnel doit, en outre, restituer les sommes qu'il aurait indûment perçues sans engagement exprès et préalable du consommateur. Ces sommes sont productives d'intérêts au taux légal calculé à compter de la date du paiement indu et d'intérêts au taux légal majoré de moitié à compter de la demande de remboursement faite par le consommateur.

BIBL. ▸ FERNANDEZ, *LPA 9 mai 1997* (contractualisation des conditions de facturation de services bancaires).

Extension du contrat. En subordonnant seulement à deux démarches préalables d'information des abonnés par les opérateurs de télécommunication l'extension de leur contrat au nouveau service des appels locaux, ce qui impliquait que le silence des abonnés vaudrait acceptation tacite de cette modification contractuelle, l'Autorité de régulation des télécommunications a méconnu les dispositions de l'art. L. 122-3. • CE 15 oct. 2003 : *RFDA 2003. 1259.*

Art. L. 122-4 **Les dispositions de l'article L. 122-3 ne font pas obstacle à la perception d'intérêts, de commissions ou de frais au titre de facilités de caisse ou de découverts bancaires prévus** *(L. n° 2001-1168 du 11 déc. 2001)* **« par la convention de compte instituée à l'article L. 312-1-1 du code monétaire et financier qui précise » le montant ou le mode de calcul de ces rémunérations.** — *V. l'art. L. 312-1-1 C. mon. fin., v° Banque et financement de l'entreprise.*

Il en est de même dans le cas où une modification des conditions initiales du contrat résulte de la mise en œuvre d'une clause de révision dont les modalités ont été expressément définies et ont recueilli l'accord des parties au moment de la signature du contrat. — *[L. n° 92-60 du 18 janv. 1992, art. 7, al. 2 et 3.]*

1. Rémunération du banquier. Sur l'information du client par la banque ayant affiché dans ses agences les principales commissions de service et lui ayant adressé des relevés de comptes sur lesquels figuraient un message qui faisait état de l'envoi d'une lettre d'information fournissant des précisions sur la perception des commissions contestées en cas de dépassement de découvert, V. • TI Lille, 2 mai 2001 : *Banque et Droit mai-juin 2002, p. 55, obs. Guillot.*

2. Modification des frais bancaires. Sur la condamnation d'une banque ayant prélevé des frais bancaires sans que les modifications tarifaires aient été préalablement portées à la connaissance de son client dans un relevé d'opérations dont la réception par lui n'aurait été suivie d'aucune protestation ou réserve. • Com. 14 mars 2006 : *JCP E 2006, n° 48, p. 2030, n° 16, obs. Lassalas-Langlais ; RJDA 2006, n° 939.*

Art. L. 122-5 Le paiement résultant d'une obligation législative ou réglementaire n'exige pas d'engagement exprès et préalable. – *[L. n° 92-60 du 18 janv. 1992, art. 7, al. 4.]*

Code de la consommation

Art. R. 122-1 Les règles relatives à la prohibition des envois forcés sont définies par l'article R. 635-2 du code pénal reproduit ci-après :

Art. R. 635-2 Le fait d'adresser à une personne, sans demande préalable de celle-ci, un objet quelconque accompagné d'une correspondance indiquant que cet objet peut être accepté contre versement d'un prix fixé ou renvoyé à son expéditeur, même si ce renvoi peut être fait sans frais pour le destinataire, est puni de l'amende prévue pour les contraventions de la 5e classe.

Les personnes coupables de la contravention prévue au présent article encourent également les peines complémentaires suivantes :

1° L'interdiction, pour une durée de trois ans au plus, d'émettre des chèques autres que ceux qui permettent le retrait de fonds par le tireur auprès du tiré ou ceux qui sont certifiés ;

2° La confiscation de la chose qui a servi ou était destinée à commettre l'infraction ou de la chose qui en est le produit.

(Décr. n° 2010-671 du 18 juin 2010, art. 4) « Les personnes morales déclarées responsables pénalement, dans les conditions prévues par l'article 121-2, de l'infraction définie au présent article encourent, outre l'amende suivant les modalités prévues par l'article 131-41, les peines suivantes :

« 1° L'interdiction, pour une durée de trois ans au plus, d'émettre des chèques autres que ceux qui permettent le retrait de fonds par le tireur auprès du tiré ou ceux qui sont certifiés ;

« 2° La confiscation de la chose qui a servi ou était destinée à commettre l'infraction ou de la chose qui en est le produit. »

La récidive de la contravention prévue au présent article est réprimée conformément aux articles 132-11 et 132-15.

Ventes ou prestations « à la boule de neige »

Art. L. 122-6 et L. 122-7 *V. I – Boule de neige (Ventes à la).*

Abus de faiblesse

Art. L. 122-8 Quiconque aura abusé de la faiblesse ou de l'ignorance d'une personne pour lui faire souscrire, par le moyen de visites à domicile, des engagements au comptant ou à crédit sous quelque forme que ce soit sera puni d'un emprisonnement de cinq ans et d'une amende de 9 000 € ou de l'une de ces deux peines seulement, lorsque les circonstances montrent que cette personne n'était pas en mesure d'apprécier la portée des engagements qu'elle prenait ou de déceler les ruses ou artifices déployés pour la convaincre à y souscrire, ou font apparaître qu'elle a été soumise à une contrainte. – *[L. n° 72-1137 du 22 déc. 1972, art. 7, al. 1er.]*

(L. n° 2008-776 du 4 août 2008, art. 71-II, 2°) « Les personnes physiques déclarées coupables encourent également à titre de peines complémentaires l'interdiction, suivant les modalités prévues par l'article 131-27 du code pénal, soit d'exercer une fonction publique ou d'exercer l'activité professionnelle ou sociale dans l'exercice ou à l'occasion de l'exercice de laquelle l'infraction a été commise, soit d'exercer une pro-

fession commerciale ou industrielle, de diriger, d'administrer, de gérer ou de contrôler à un titre quelconque, directement ou indirectement, pour leur propre compte ou pour le compte d'autrui, une entreprise commerciale ou industrielle ou une société commerciale. Ces interdictions d'exercice peuvent être prononcées cumulativement. »

1. Faiblesse de la victime. Pour être caractérisé, le délit d'abus de faiblesse suppose l'existence d'un état de faiblesse ou d'ignorance de la victime préalable à la sollicitation et indépendamment des circonstances dans lesquelles elle a été placée pour souscrire l'engagement, V. • Crim. 18 mai 1999 : *Gaz. Pal. 19-21 sept. 1999, p. 126, obs. Doucet* (cassant • Toulouse, 9 oct. 1997 : *BID 1998, n° 6, p. 62*) • Douai, 7 nov. 2002 : *CCC 2003, n° 117, obs. Raymond.* ♦ En ce sens que la faiblesse de la victime doit s'entendre non seulement d'une faiblesse définitive due à un état de santé physique ou psychique déficient, mais aussi d'une faiblesse passagère due à un état de fatigue, V. • Paris, 15 juin 1999 : *RJDA 1999, n° 1260.* ♦ Pour que l'infraction d'abus de faiblesse soit constituée, il est nécessaire que l'état de faiblesse psychologique soit apparente et que le vendeur ait conscience du préjudice occasionné. • Paris, 10 janv. 2005 : *CCC 2005, n° 195, obs. Raymond (2e esp.).* ♦ Le fait qu'une facture présentée par un prestataire paraisse manifestement très élevée au regard de la prestation n'est pas une circonstance suffisante pour caractériser le délit d'abus de faiblesse. • Paris, 24 janv. 1994 : *BID 1994, n° 11, p. 24.*

1 bis. Date d'appréciation. L'abus de faiblesse doit s'apprécier au regard de l'état de particulière vulnérabilité de la victime au moment où est accompli l'acte qui lui est gravement préjudiciable (décision rendue en application de l'art. 223-15-2 C. pén.). • Crim. 26 mai 2009 : *Bull. crim. n° 104 ; D. 2009. Chron. C. cass. 1720, obs. Degorce ; AJ pénal 2009. 357, obs. Lasserre Capdeville ; RSC 2009. 594, obs. Mayaud ; JCP 2009, n° 39, p. 19, note Salvage ; CCC 2009, n° 297, obs. Raymond ; Dr. pénal 2009, n° 118, obs. Véron.*

2. Exigence d'un engagement. Le délit d'abus de faiblesse suppose la souscription d'un engagement ; tel n'est pas le cas lorsqu'une mineure remet une fontaine en cuivre à un adulte contre la remise d'un chèque, V. • Bordeaux, 13 mai 1998 : *CCC 1999, n° 29, obs. Raymond.* ♦ Il en va en revanche ainsi d'une procuration sur comptes bancaires et de la signature d'un acte par lequel la victime cédait ses biens immobiliers en rente viagère alors que celle-ci n'a par la suite jamais été payée. • Crim. 7 nov. 2001 : *BID 2002, n° 10, p. 30.*

3. Illustrations. Pour un arrêt ayant pris en compte la méconnaissance de la langue française et l'état de nécessité, V. • Paris, 13 mai 1996 : *CCC 1996, n° 178, obs. Raymond,* conf. par • Crim. 5 août 1997 : *BID 1998, n° 4, p. 48 ; RSC 1999. 102, obs. Ottenhof.* ♦ Sur l'appréciation du degré de vulnérabilité de l'éventuelle victime d'un abus de faiblesse, V., s'agissant de personnes âgées : • Crim. 7 nov. 2001 : *BID 2002, n° 10, p. 32.* ♦ ... Et illettrées : • Crim. 29 avr. 2003 : *RJDA 2003, n° 887.* ♦ Mais l'âge de la victime (66 ans) n'est pas à lui seul une preuve de vulnérabilité pas plus que le taux d'incapacité de travail de 60 % indiqué sans autre précision, dès lors qu'il n'est pas établi que ses capacités intellectuelles seraient diminuées. • Pau, 26 juin 2001 : *BID 2002, n° 12, p. 31* • Rennes, 17 oct. 2003 : *CCC 2004, n° 85, obs. Raymond.*

4. Responsabilité pénale des dirigeants. Pour un arrêt retenant la responsabilité du dirigeant d'une société comme auteur d'un délit d'abus de faiblesse dans la mesure où l'agent commercial, seule personne avec qui la victime ait été en contact, s'était conformé aux directives de la société et avait exécuté le travail qui lui était attribué. • Crim. 1er févr. 2000 : *Bull. crim. n° 52 ; D. 2000. AJ 199, obs. Rondey ; Dr. pénal 2000, n° 59, obs. Robert ; CCC 2001, n° 14, obs. Raymond ; RTD com. 2000. 741, obs. Bouloc.* ♦ La délégation de responsabilité consentie à un directeur commercial n'exclut pas la responsabilité pénale du chef d'entreprise dès lors qu'il est à l'origine de la politique commerciale agressive mise en œuvre, sur ses directives, par des commerciaux encouragés par lui et motivés par un système d'intéressement. • Crim. 17 sept. 2002 : *RJDA 2003, n° 30 ; Dr. pénal 2003, n° 9, obs. Robert.*

Art. L. 122-9 **Les dispositions de l'article L. 122-8 sont applicables, dans les mêmes conditions, aux engagements obtenus :**

1° Soit à la suite d'un démarchage par téléphone ou télécopie ;

2° Soit à la suite d'une sollicitation personnalisée, sans que cette sollicitation soit nécessairement nominative, à se rendre sur un lieu de vente, effectuée à domicile et assortie de l'offre d'avantages particuliers ;

3° Soit à l'occasion de réunions ou d'excursions organisées par l'auteur de l'infraction ou à son profit ;

4° Soit lorsque la transaction a été faite dans des lieux non destinés à la commercialisation du bien ou du service proposé ou dans le cadre de foires ou de salons ;

5° Soit lorsque la transaction a été conclue dans une situation d'urgence ayant mis la victime de l'infraction dans l'impossibilité de consulter un ou plusieurs professionnels qualifiés, tiers ou *[au]* contrat. – *[L. n° 72-1137 du 22 déc. 1972, art. 7, al. 2 à 7.]*

Est puni de trois ans d'emprisonnement et de 375 000 € d'amende l'abus frauduleux de l'état d'ignorance ou de la situation de faiblesse soit d'un mineur, soit d'une personne dont la particulière vulnérabilité, due à son âge, à une maladie, à une infirmité, à une déficience physique ou psychique ou à un état de grossesse, est apparente ou connue de son auteur, soit d'une personne en état de sujétion psychologique ou physique résultant de l'exercice de pressions graves ou réitérées ou de techniques propres à altérer son jugement, pour conduire ce mineur ou cette personne à un acte ou à une abstention qui lui sont gravement préjudiciables.

Lorsque l'infraction est commise par le dirigeant de fait ou de droit d'un groupement qui poursuit des activités ayant pour but ou pour effet de créer, de maintenir ou d'exploiter la sujétion psychologique ou physique des personnes qui participent à ces activités, les peines sont portées à cinq ans d'emprisonnement et à 750 000 € d'amende (C. pén., art. 223-15-2).

BIBL. ▶ PIZZIO, *ALD 1992. 189.* – BIHL, *Gaz. Pal. 1992. 2. Doctr. 891.* – CHABRUX, *CCC 1994. Chron. 6* (sollicitation personnalisée).

1. Excursion. Sur la vente à des personnes âgées de matériel en vue du soulagement des rhumatismes dans le cadre d'une excursion organisée dans ce seul but, V. • Crim. 1er févr. 2000 : *préc. note 4 ss. art. L. 122-8 C. consom.* ♦ Pour une hypothèse de mise en scène destinée à convaincre des personnes invitées à une exposition de contracter à un prix élevé, ne constituant pas un abus de faiblesse, V. • Crim. 19 févr. 1997 : *Bull. crim. n° 70 ; D. Affaires 1997. 567 ; Rev. huiss. 1997. 1367, note Bazin.*

2. Situation d'urgence. S'agissant de l'intervention d'une société de dépannage en urgence précédant un départ imminent en congé : • Paris, 12 févr. 2001 : *BID 2002, n° 2, p. 12.* ♦ ... Ou de la conclusion d'un contrat de travaux suite à l'explosion de l'usine AZF : • TGI Toulouse, 11 sept. 2003 : *Rev. Conc. consom. 2004, n° 138, p. 4.* ♦ ... Ou encore d'un dépannage à domicile à une heure tardive et la réalisation de travaux non sollicités par des personnes âgées : • TGI Paris, 7 janv. 1998 : *BID 1998, n° 12, p. 27*

3. Démarchage. Dès lors que les prévenus se sont fait remettre par la victime des bons au porteur et un contrat d'assurance et lui ont fait signer une demande de rachat de ses bons, sans mentionner leur nombre, leur montant, ni leurs numéros, et sans lui délivrer aucun reçu, que d'autre part la contrepartie offerte reste incertaine, le remboursement des valeurs n'ayant pas été demandé au nom de la victime, et que les prévenus ont profité de la solitude et de l'affaiblissement des facultés de la victime, le délit d'abus de faiblesse est constitué. • Crim. 26 oct. 1999 : *Bull. crim. n° 232 ; CCC 2000, n° 102, obs. Raymond.*

Art. L. 122-10 Les dispositions des articles L. 122-8 et L. 122-9 sont applicables à quiconque aura abusé de la faiblesse ou de l'ignorance d'une personne pour se faire remettre, sans contreparties réelles, des sommes en numéraire ou par virement, des chèques bancaires ou postaux, des ordres de paiement par carte de paiement ou carte de crédit, ou bien des valeurs mobilières, au sens de l'article 529 du code civil. – *[L. n° 72-1137 du 22 déc. 1972, art. 7, al. 8.]*

Pratiques commerciales agressives

Art. L. 122-11 *(L. n° 2008-3 du 3 janv. 2008, art. 39-III)* I. — Une pratique commerciale est agressive lorsque du fait de sollicitations répétées et insistantes ou de l'usage d'une contrainte physique ou morale *(L. n° 2008-776 du 4 août 2008, art. 83-V)* « , et compte tenu des circonstances qui l'entourent » :

1° Elle altère ou est de nature à altérer de manière significative la liberté de choix d'un consommateur ;

2° Elle vicie ou est de nature à vicier le consentement d'un consommateur ;

3° Elle entrave l'exercice des droits contractuels d'un consommateur.

(L. n° 2008-776 du 4 août 2008, art. 83-V) « II. — Afin de déterminer si une pratique commerciale recourt au harcèlement, à la contrainte, y compris la force physique, ou à une influence injustifiée, les éléments suivants sont pris en considération :

« 1° Le moment et l'endroit où la pratique est mise en œuvre, sa nature et sa persistance ;

« 2° Le recours à la menace physique ou verbale ;

« 3° L'exploitation, en connaissance de cause, par le professionnel, de tout malheur ou circonstance particulière d'une gravité propre à altérer le jugement du consommateur, dans le but d'influencer la décision du consommateur à l'égard du produit ;

« 4° Tout obstacle non contractuel important ou disproportionné imposé par le professionnel lorsque le consommateur souhaite faire valoir ses droits contractuels, et notamment celui de mettre fin au contrat ou de changer de produit ou de fournisseur ;

« 5° Toute menace d'action alors que cette action n'est pas légalement possible. »

V. Note de service DGCCRF n° 2009-07 du 29 janv. 2009, BRDA 2009, n° 10, p. 11.

BIBL. ▶ Loi n° 2008-3 du 3 janv. 2008 : Note de la rédaction, *BRDA 2008, n° 2, p. 21* (pratiques commerciales agressives). – CONTE, *Dr. pénal 2008. Étude 3* (brèves observations à propos de l'incrimination des pratiques commerciales agressives). – RAYMOND, *JCP E 2008, n° 12-13, p. 17, spéc. p. 22 ; CCC 2008. Étude 3* (les modifications au droit de la consommation apportées par la loi n° 2008-3 du 3 janv. 2008). ▶ Loi n° 2008-776 du 4 août 2008 : Note de la rédaction, *BRDA 2008, n° 18, p. 11* (LME : mesures en droit de la consommation). – ROCHFELD, *RTD civ. 2008. 732* (du droit de la consommation au droit de la régulation du marché : des dangers des listes et de l'harmonisation maximale). – AMBROISE-CASTÉROT, *AJ pénal 2009. 22* (les nouvelles pratiques commerciales déloyales après la loi LME du 4 août 2008). – VANNI, *Journ. sociétés sept. 2010. 33* (pratiques commerciales agressives).

Art. L. 122-11-1 *(L. n° 2008-776 du 4 août 2008, art. 84-II)* Sont réputées agressives au sens de l'article L. 122-11 les pratiques commerciales qui ont pour objet :

1° De donner au consommateur l'impression qu'il ne pourra quitter les lieux avant qu'un contrat n'ait été conclu ;

2° D'effectuer des visites personnelles au domicile du consommateur, en ignorant sa demande de voir le professionnel quitter les lieux ou de ne pas y revenir, sauf si la législation nationale l'y autorise pour assurer l'exécution d'une obligation contractuelle ;

3° De se livrer à des sollicitations répétées et non souhaitées par téléphone, télécopieur, courrier électronique ou tout autre outil de communication à distance ;

4° D'obliger un consommateur qui souhaite demander une indemnité au titre d'une police d'assurance à produire des documents qui ne peuvent raisonnablement être considérés comme pertinents pour établir la validité de la demande ou s'abstenir systématiquement de répondre à des correspondances pertinentes, dans le but de dissuader ce consommateur d'exercer ses droits contractuels ;

5° Dans une publicité, d'inciter directement les enfants à acheter ou à persuader leurs parents ou d'autres adultes de leur acheter le produit faisant l'objet de la publicité ;

(Abrogé par L. n° 2011-525 du 17 mai 2011, art. 45) « 6° D'exiger le paiement immédiat ou différé de produits fournis par le professionnel sans que le consommateur les ait demandés, ou exiger leur renvoi ou leur conservation, sauf lorsqu'il s'agit d'un produit de substitution fourni conformément à l'article L. 121-20-3 ; »

7° D'informer explicitement le consommateur que s'il n'achète pas le produit ou le service, l'emploi ou les moyens d'existence du professionnel seront menacés ;

8° De donner l'impression que le consommateur a déjà gagné, gagnera ou gagnera en accomplissant tel acte un prix ou un autre avantage équivalent, alors que, en fait :

— soit il n'existe pas de prix ou autre avantage équivalent,

— soit l'accomplissement d'une action en rapport avec la demande du prix ou autre avantage équivalent est subordonné à l'obligation pour le consommateur de verser de l'argent ou de supporter un coût.

Art. L. 122-12 *(L. n° 2008-3 du 3 janv. 2008, art. 39-III)* Le fait de mettre en œuvre une pratique commerciale agressive est puni d'un emprisonnement de deux ans au plus et d'une amende de 150 000 € au plus.

Art. L. 122-13 *(L. n° 2008-3 du 3 janv. 2008, art. 39-III)* Les personnes physiques coupables du délit prévu à l'article L. 122-12 encourent une interdiction, pour une durée de cinq ans au plus, d'exercer directement ou indirectement une activité commerciale.

Art. L. 122-14 *(L. n° 2008-3 du 3 janv. 2008, art. 39-III)* Les personnes morales coupables du délit prévu à l'article L. 122-12 encourent les peines mentionnées à l'article 131-39 du code pénal.

Art. L. 122-15 *(L. n° 2008-3 du 3 janv. 2008, art. 39-III)* Lorsqu'une pratique commerciale agressive aboutit à la conclusion d'un contrat, celui-ci est nul et de nul effet.

Conditions générales des contrats

Arrhes et acomptes

Art. L. 131-1 *à* L. 131-3 *V. **C. consom.** ou **C. civ.***

Clauses abusives

Protection des consommateurs contre les clauses abusives

RÉP. COM. v° *Clauses abusives*, par CHAZAL.

Art. L. 132-1 *(L. n° 95-96 du 1er févr. 1995)* Dans les contrats conclus entre professionnels et non-professionnels ou consommateurs, sont abusives les clauses qui ont pour objet ou pour effet de créer, au détriment du non-professionnel ou du consommateur, un déséquilibre significatif entre les droits et obligations des parties au contrat.

(L. n° 2008-776 du 4 août 2008, art. 86-I) « Un décret en Conseil d'État, pris après avis de la commission instituée à l'article *(L. n° 2010-737 du 1er juill. 2010, art. 62)* « L. 534-1 » *[commission des clauses abusives]*, détermine une liste de clauses présumées abusives ; en cas de litige concernant un contrat comportant une telle clause, le professionnel doit apporter la preuve du caractère non abusif de la clause litigieuse. — *V. art. R. 132-2 et R. 132-2-1 C. consom., ci-dessous.*

« Un décret pris dans les mêmes conditions détermine des types de clauses qui, eu égard à la gravité des atteintes qu'elles portent à l'équilibre du contrat, doivent être regardées, de manière irréfragable, comme abusives au sens du premier alinéa. » — *V. art. R. 132-1 et R. 132-2-1 C. consom., ci-dessous. — V. l'ancienne annexe citée par l'al. 3 dans sa rédaction antérieure au **C. consom.***

Ces dispositions sont applicables quels que soient la forme ou le support du contrat. Il en est ainsi notamment des bons de commande, factures, bons de garantie, bordereaux ou bons de livraison, billets ou tickets, contenant des stipulations négociées librement ou non ou des références à des conditions générales préétablies.

Sans préjudice des règles d'interprétation prévues aux articles 1156 à 1161, 1163 et 1164 du code civil, le caractère abusif d'une clause s'apprécie en se référant, au moment de la conclusion du contrat, à toutes les circonstances qui entourent sa conclusion, de même qu'à toutes les autres clauses du contrat. Il s'apprécie également au regard de celles contenues dans un autre contrat lorsque la conclusion ou l'exécution de ces deux contrats dépendent juridiquement l'une de l'autre. — *V. ces art. au **C. civ.***

Les clauses abusives sont réputées non écrites.

L'appréciation du caractère abusif des clauses au sens du premier alinéa ne porte ni sur la définition de l'objet principal du contrat ni sur l'adéquation du prix ou de la rémunération au bien vendu ou au service offert *(Ord. n° 2001-741 du 23 août 2001)* **« pour autant que les clauses soient rédigées de façon claire et compréhensible ».**

Le contrat restera applicable dans toutes ses dispositions autres que celles jugées abusives s'il peut subsister sans lesdites clauses.

Les dispositions du présent article sont d'ordre public.

Les dispositions issues de la L. n° 2008-776 du 4 août 2008 entrent en vigueur à compter de la publication du décret visé au 3e alinéa, dans sa rédaction résultant de la loi précitée et, au plus tard, le 1er janv. 2009 (L. n° 2008-776 du 4 août 2008, art. 86-III). — V. Décr. n° 2009-302 du 18 mars 2009 (JO 20 mars) modifiant les art. R. 132-1 à R. 132-2-1, reproduits ci-dessous.

Sur la protection des consommateurs dans les opérations de vente de voyages ou de séjours, V. C. tourisme, art. L. 211-8 s. et R. 211-5 s. — ***C. tourisme*** *ou* ***C. consom.***

BIBL. ▶ Loi n° 95-96 du 1er févr. 1995 : PAISANT, *D. 1995. Chron. 99* et *223* (clauses pénales et clauses abusives). – GELOT, *Defrénois 1995. 1201* (incidences de la loi du 1er févr. 1995 sur la rédaction des contrats). – KARIMI, *JCP 1996. I. 3918* (application du droit commun en matière de clauses abusives après la loi du 1er févr. 1995). – LACHIÈZE, *LPA 2 juill. 2002* (clauses abusives et lésion). – HENRY, *D. 2003. 2557* (appréciation du rapport direct avec l'activité). – GHESTIN, *Liber amicorum Calais-Auloy, Dalloz, 2004, p. 447* (élimination des clauses abusives en l'absence de décret d'interdiction : un peu d'histoire). – PERDU, *AJDA 2004. 481* (juge administratif et protection des consommateurs). – LAGARDE, *JCP E 2006, n° 17, p. 776* (qu'est-ce qu'une clause abusive ?). – J.-L. FOURGOUX, *RLDA sept. 2006. 72* (clauses abusives : les écueils à éviter). – ERHARDT, *CCC 2007. Étude 1* (la clause de confirmation de commande à la lumière de la réglementation des clauses abusives). – LICARI, *Mélanges le Tourneau, Dalloz, 2008, p. 655* (quelques réflexions et propositions au sujet des clauses « déraisonnables » ou « abusives » dans les contrats conclus entre professionnels, à la lueur du droit comparé et des propositions savantes). – SAUPHANOR-BROUILLAUD, *CCC 2008. Étude 7* (clauses abusives dans les contrats de consommation : critères de l'abus). – WHITTAKER, *D. 2009. 1152* (clauses abusives et garanties des consommateurs). – THÉPOT, *RLDA juill.-août 2011. 76* (articulation des règles relatives à la prohibition des clauses abusives).

▶ Loi n° 2008-776 du 4 août 2008 : DELPECH, *D. 2008. 2220* (LME : renforcement du mécanisme de lutte contre les clauses abusives). – BRUSCHI, *RLDA nov. 2008. 37* (renforcement de la protection des consommateurs). – ROCHFELD, *RTD civ. 2008. 732* (du droit de la consommation au droit de la régulation du marché : des dangers des listes et de l'harmonisation maximale). ▶ Décr. n° 2009-302 du 18 mars 2009 : DURAFFOUR, *RLDA mars 2009. 43* (est-il possible d'encadrer réglementairement l'appréciation judiciaire du caractère abusif d'une clause contractuelle ?). – SAUPHANOR-BROUILLAUD, *JCP E 2009, n° 15, p. 3* (les nouvelles clauses « noires » et « grises »). – PAISANT, *JCP 2009, n° 28, p. 48* (décret portant listes noire et grise de clauses abusives). – ROCHFELD, *RTD civ. 2009. 383* (listes réglementaires noire et grise). – CARVAL, *RDC 2009. 1055* (la responsabilité contractuelle à l'épreuve des listes « noire » et « grise »). – AMRANI-MEKKI, *ibid. 1617* (quelques réflexions procédurales).

A. CHAMP D'APPLICATION

1. Droit commun. Pour un arrêt montrant qu'il n'est pas besion d'avoir recours à l'art. L. 132-1 pour déclarer nulle une clause contraire à l'ordre public, V. • Civ. 1re, 13 déc. 2005 : *RTD civ. 2006. 557, obs. Mestre et Fages ; JCP E 2006, n° 49, p. 2080, note Lamoureux ; CCC 2006, n° 35, obs. Raymond.*

2. Contrats administratifs. **BIBL.** Pellinghelli-Steichen, *LPA 14 juill. 1997.* – J. Huet, *ibid. 6 févr. 1998, p. 7* (détermination des clauses abusives dans les contrats de service public et moyens de leur élimination). – Amar, *CCC 2002. Chron. 2.* ♦ Les dispositions d'un cahier des charges type approuvé par décret avaient un caractère réglementaire, de sorte que les tribunaux de l'ordre judiciaire ne pouvaient, sans méconnaître le principe de la séparation des pouvoirs, déclarer que des clauses figurant dans ledit décret ou reprises dans un règlement du service d'eau sont abusives au sens de l'art. 35 [C. consom., art. L. 132-1]. • Civ. 1re, 31 mai 1988 : *Bull. civ. I, n° 161 ; D. 1988. Somm. 406, obs. Aubert.* ♦ Comp., sur la soumission à la législation sur les clauses abusives d'un contrat d'assurance soumis au contrôle du ministère de l'économie et des finances, pour être offert à une clientèle sans possibilité de modification au seul gré du souscripteur (contrat d'adhésion) : • Paris, 3 avr. 1996 : *D. 1996. IR 142.* ♦ V. aussi pour l'intégration du droit des clauses abusives dans le corps des normes soumis au contrôle du juge administratif (à propos d'un contrat de distribution d'eau), • CE 11 juill. 2001 : *RTD civ. 2001. 878, obs. Mestre et Fages ; AJDA 2001. 853, obs. Guyomar et Collin ; RTD com. 2002. 51, obs. Orsoni ; JCP 2001. I. 370, n° 1, obs. Sauphanor-Brouillaud ; LPA 24 avr. 2002, obs. Moulin.*

3. Loterie commerciale. Sur l'application de la législation des clauses abusives à un règlement de loterie, V. • Paris, 19 déc. 2003 : *RJDA 2004, n° 639* (jugeant que le lien contractuel se forme par le renvoi du bon de participation).

4. Notion de professionnel. Les dispositions de l'art. L. 132-1, dans sa rédaction antérieure à la L. n° 95-96 du 1er févr. 1995, selon lesquelles sont réputées non écrites, parce qu'abusives, certaines clauses des contrats conclus entre professionnels et non-professionnels ou consommateurs ne s'appliquent pas aux contrats de fourniture de biens ou de services (en l'espèce une assurance décès-invalidité) qui ont un rapport direct avec l'activité professionnelle exercée par le cocontractant. • Civ. 2e, 18 mars 2004 : *Bull. civ. II, n° 136 ; D. 2004. AJ 1018, obs. Rondey ; JCP 2004. II. 10106, note Bakouche ; CCC 2004, n° 76, obs. Leveneur ; ibid., n° 100, obs. Raymond ; RTD com. 2004. 802, obs. Bouloc ; RJDA 2004, n° 1395* (l'objet du contrat principal influence le contrat accessoire). – Comp. • Civ. 1re, 21 janv. 2003 : *cité ss. art. L. 133-2 C. consom.*

Celui qui, lors de la conclusion d'une opération, se prévaut de la qualité de professionnel dans un document extérieur au contrat contenant les clauses litigieuses ne peut dans cette même opération se prévaloir des dispositions de l'art. L. 132-1 C. consom., et les juges du fond ne sont pas tenus de vérifier les compétences professionnelles qui ont été déclarées par l'intéressé. • Civ. 1re, 22 mai 2002 : *Bull. civ. I, n° 143 ; D. 2002. AJ 2052 ; RTD com. 2003. 154, obs. Bouloc ; RTD civ. 2003. 90, obs. Mestre et Fages ; LPA 25 mars 2003, note Robine ; Gaz. Pal. 2003. 1. Somm. 1188, obs. Guével.* ♦ V., élaborant un critère ayant vocation à s'appliquer aux associations qui mènent une double activité, à la fois bénévole et commerciale : • Civ. 1re, 27 sept. 2005 : *Bull. civ. I, n° 347 ; D. 2006. 238, note Picod ; D. 2005. AJ 2670, obs. Delpech ; Gaz. Pal. 2005. 4097, concl. Sainte-Rose ; JCP 2006. I. 123, n° 1, obs. Sauphanor-Brouillaud ; CCC 2005, n° 215, obs. Raymond (1re esp.) ; ibid. 2006, n° 2, obs. Leveneur ; RD banc. fin. 2005, n° 202, obs. Crédot et Gérard ; RJDA 2006, n° 178 ; Defrénois 2005. 2003, obs. Savaux ; ibid. 2006. 332, obs. S. Piedelièvre ; RDC 2006. 359, obs. Bruschi.*

5. Notion de consommateur. BIBL. Leveneur, *CCC 1996. Chron. 4 ; ibid. 1994. Chron. 3.* – Paisant, *JCP 1993. I. 3655.* – Chazal, *D. 1997. Chron. 260.* – Paisant, *JCP 2003. I. 121.* – Amar, *CCC 2003, Chron. 5.* – Boujeka, *LPA 23 août 2004.* ♦ Les dispositions des art. L. 132-1 et L. 133-1 C. consom., et de l'art. 2 du Décr. du 24 mars 1978 [C. consom., art. R. 132-1], ne s'appliquent pas aux contrats de fourniture de biens ou de services qui ont un rapport direct avec l'activité professionnelle exercée par le cocontractant. • Civ. 1re, 24 janv. 1995 : *Bull. civ. I, n° 54 ; D. 1995. 327, note Paisant ; ibid. Somm. 229, obs. Delebecque , et 310, obs. Pizzio ; CCC 1995, n° 84, note Leveneur* • 3 janv. 1996 : *Bull. civ. I, n° 9 ; D. 1996. 228, note Paisant ; ibid. Somm. 325, obs. D. Mazeaud ; JCP 1996. II. 22654, note Leveneur* • 30 janv. 1996 : *Bull. civ. I, n° 55 ; D. 1996, préc. ; D. Affaires 1996. 258 ; JCP 1996. II. 22654, note Leveneur* • 17 nov. 1998 : *Bull. civ. I, n° 322 ; D. 2000. Somm. 46, obs. Pizzio ; D. Affaires 1999. 372 ; CCC 1999, n° 21, obs. Leveneur ; LPA 6 oct. 1999, obs. Martin.* ♦ V. aussi • Com. 23 nov. 1999 : *Bull. civ. IV, n° 210 ; JCP E 2000, n° 11, p. 263, note Neau-Leduc ; CCC 2000, n° 40, obs. Leveneur ; ibid., n° 69, obs. Raymond ; JCP 2000. II. 10326, note Chazal ; Defrénois 2000. 245, obs. Mazeaud* • 5 mars 2002 : *Bull. civ. I, n° 78 ; JCP 2002. II. 10123, note Paisant ; CCC 2002, n° 118, obs. Leveneur ; RTD civ. 2002. 291, obs. Mestre et Fages .* ♦ Pour des illustrations, V. notes ss. cet art. au **C. consom.**

6. Usage mixte. L'usage mixte par un salarié d'un véhicule loué à des fins privées, mais utilisé également dans l'exercice de sa profession, ne suffit pas à faire perdre à l'intéressé la qualité de consommateur. • Grenoble, 13 juin 1991 : *JCP 1992. II. 21819, note Paisant.* ♦ V. aussi pour une application du code de la consommation à un avocat ayant contracté avec une société de télésurveillance pour la sécurité de l'immeuble dans lequel il a son domicile mais aussi son cabinet professionnel : • Aix-en-Provence, 26 mai 2005 : *CCC 2006, n° 54, obs. Raymond.*

7. Personne morale. La notion de consommateur telle que définie à l'art. 2, *b)*, de la Dir. n° 93/13 du 5 avr. 1993 concernant les clauses abusives dans les contrats conclus avec les consommateurs, doit être interprétée en ce sens qu'elle vise exclusivement les personnes physiques. • CJCE 22 nov. 2001 : *D. 2002. Somm. 2929, obs. Pizzio et Franck ; ibid. AJ 90, obs.*

Rondey ; *RTD civ. 2002. 291, obs. Mestre et Fages* ; *RTD com. 2002. 404, obs. Luby* ; *JCP 2002. II. 10047, note Paisant ; CCC 2002, n° 18, obs. Raymond.* – V. aussi Luby, *CCC 2002. Chron. 14 ; ibid. 2004. Chron. 1.* ♦ Si, par arrêt du 22 nov. 2001, la CJCE réserve l'application de la Dir. n° 93/13 aux personnes physiques, la notion distincte de non-professionnel utilisée par le législateur français n'exclut pas les personnes morales de la protection contre les clauses abusives. • Civ. 1re, 15 mars 2005 : *Bull. civ. I, n° 135 ; D. 2005. 1948, note Boujeka* ; *ibid. AJ 887, obs. Rondey* ; *RTD com. 2005. 401, obs. Legeais* ; *JCP E 2005, n° 21, p. 855, note Bakouche ; JCP 2005. II. 10114, note Paisant ; CCC 2005, n° 100, obs. Raymond (1re esp.) ; LPA 12 mai 2005, note Bert ; Gaz. Pal. 2006. Somm. 2017, obs. B. B. ; Defrénois 2005. 2009, obs. Savaux ; Lettre distrib. avr. 2005, p. 1, obs. Lafont ; RDC 2005. 718, note Fenouillet ; RJDA 2006, n° 70.* ♦ *Contra*, jugeant que les dispositions de l'art. L. 132-1 ne s'appliquent pas aux contrats de fournitures de biens ou de services conclus entre sociétés commerciales. • Civ. 1re, 11 déc. 2008 : *JCP E 2009, n° 12, p. 18, note Raymond ; CCC 2009, n° 69, obs. Leveneur ; Dr. et proc. 2010, suppl n° 2, p. 3, obs. Y. Picod.* ♦ Le comité d'entreprise est une personne morale qui ne peut se prévaloir des dispositions du code de la consommation relatives aux clauses abusives. • Orléans, 16 juin 2008 : *JCP E 2009, n° 24, p. 33.*

B. SANCTION DES CLAUSES ABUSIVES

8. Compétence. L'appréciation du caractère abusif d'une clause contenue dans un modèle réglementaire appartient au seul juge administratif et constitue une condition préalable à l'appréciation du caractère abusif de la clause contractualisée par les contractants privés par application du modèle réglementaire, dont la validité au regard de la législation sur les clauses abusives reste cependant soumise à l'appréciation du juge judiciaire qui reste seul compétent après que le juge administratif se soit prononcé. • TI Bourganeuf, 8 déc. 2004 : *D. 2005. AJ 277, obs. Avena-Robardet* .

9. Recevabilité du moyen. Est irrecevable pour la première fois devant la Cour de cassation, comme mélangé de fait et de droit, le moyen tiré du caractère abusif d'une clause au regard de l'art. 35 [C. consom., art. L. 132-1]. • Civ. 1re, 3 déc. 1991 : *Bull. civ. I, n° 342* • 21 nov. 1995 : *ibid., n° 422.*

10. Pouvoir judiciaire. **BIBL.** J. Huet, *JCP 1992. I. 3592.* – Testu, *JCP 1993. I. 3673.* ♦ Sur la possibilité, pour le juge, avant l'intervention de la loi du 1er févr. 1995, d'annuler une clause répondant à la définition de l'art. L. 132-1, même si elle n'a pas été interdite par décret, V. notamment • Civ. 1re, 14 mai 1991 : *Bull. civ. I, n° 153 ; D. 1991. 449, note Ghestin* ; *ibid. Somm. 320, obs. Aubert* ; *JCP 1991. II. 21763, note Paisant.* ♦ Sur la répartition de compétence entre le juge du fond et le JEX, V. • TGI Bobigny, JEX, 26 sept. 2007 : *D. 2007. AJ 2730* ; *LPA 21 avr. 2008, note Lamoureux.* ♦ Sur le pouvoir du juge de se saisir d'office du caractère abusif d'une clause, V., depuis la L. n° 2008-3 du 3 janv. 2008, l'art. L. 141-4 C. consom.

11. Droit communautaire. Le juge national est tenu d'examiner d'office le caractère abusif d'une clause contractuelle dès qu'il dispose des éléments de droit et de fait nécessaires à cet effet. • CJCE 4 juin 2009 : *D. 2009. 2312, note Poissonnier* ; *RTD com. 2009. 794, obs. Legeais* ; *RTD civ. 2009. 684, obs. Remy-Corlay* ; *JCP E 2009, n° 42, p. 26, note Raschel ; JCP 2009, n° 42, p. 33, note Paisant ; Gaz. Pal. 2010. 421, obs. S. Piedelièvre ; RJDA 2009, n° 899 ; RDC 2009. 1467, note Aubert de Vincelles ; RLDA oct. 2009. 71, obs. Bernadskaya ; Procédures 2009, n° 275, obs. Nourissat ; Europe 2009, n° 334, obs. Michel et Meister.* ♦ La protection accordée par la Dir. n° 93/13 du 5 avr. 1993 concernant les clauses abusives implique que le juge national puisse apprécier d'office le caractère abusif d'une clause d'un contrat qui lui est soumis. • CJCE 27 juin 2000 : *BICC n° 1013 ; JCP E 2001, n° 30, p. 1281, note Carballo, Fidalgo et Paisant ; RTD civ. 2001. 878, obs. Mestre et Fages* . ♦ ... Il ne saurait donc être interdit au juge national, à l'expiration d'un délai de forclusion, de relever d'office le caractère abusif d'une clause insérée dans un contrat. • CJCE 21 nov. 2002 : *D. 2003. 486, note Nourissat* ; *ibid. 2002. AJ 3339, obs. Avena-Robardet* ; *CCC 2003, n° 31, obs. Raymond ; JCP E 2003, n° 7-8, p. 321, obs. Baude-Texidor et Fadlallah ; JCP 2003. II. 10082, note Paisant ; Gaz. Pal. 2003. 1711, note Flores et Biardeaud ; RTD com. 2003. 345, obs. Legeais* ; *ibid. 410, obs. Luby* ; *Europe 2003, n° 4, obs. Rigaux.* – V. sur cet arrêt, Fadlallah et Baude-Texidor, *D. 2003. 750* ; Luby, *CCC 2004. Chron. 1.* ♦ Le juge national qui a constaté d'office le caractère abusif d'une clause n'est pas tenu, afin de pouvoir tirer les conséquences de cette constatation, d'attendre que le consommateur, informé de ses droits, présente une déclaration demandant que ladite clause soit annulée ; il doit toutefois, en vertu du principe du contradictoire, en informer les parties au litige et leur donner la possibilité d'en débattre contradictoirement selon les formes prévues à cet égard par les règles nationales de procédure. • CJUE 21 févr. 2013 : *Dalloz actualité, 1er mars 2013, obs. Delpech ; D. 2013. Actu.*

568 ; *JCP E 2013, n° 1226, note Moracchini-Zeidenberg ; CCC 2013, n° 142, obs. Raymond ; RJDA 2013, n° 458 ; Europe 2013, n° 183, obs. Dupont-Lassalle.* ♦ Le juge national doit, afin de porter une appréciation sur le caractère éventuellement abusif de la clause contractuelle qui sert de base à la demande dont il est saisi, tenir compte de toutes les autres clauses du contrat. • Même décision.

Sur l'application dans l'espace de la Dir. n° 93/13 du 5 avr. 1993, V. • CJCE 9 sept. 2004 : *D. 2005. Pan. 610, obs. Nourissat* ; *Rev. crit. DIP 2005. 451, note Audit* ; *RDC 2005. 857, note Deumier.*

12. Action des associations. Les dispositions concernant les clauses abusives ayant pour objectif de protéger le consommateur contre des clauses qui lui sont imposées par un professionnel et qui confèrent à ce dernier un avantage excessif, lorsque l'acte litigieux n'a pas été conclu entre un professionnel et un consommateur, le vendeur et l'acquéreur étant des non-professionnels, les associations de consommateurs sont irrecevables à intervenir pour demander la suppression des clauses qui seraient abusives dans cet acte. • Civ. 1re, 4 mai 1999 : *Bull. civ. I, n° 147 ; D. 2000. Somm. 48, obs. Pizzio* ; *D. Affaires 1999. 985, obs. V. A.-R. ; Defrénois 1999. 1004, obs. Mazeaud ; JCP 1999. I. 171, n° 1, obs. Jamin ; ibid. II. 10205, note Paisant ; CCC 1999, nos 124, obs. Leveneur, et 134, obs. Raymond ; LPA 24 mars 2000, note Lawson-Body.*

Dès lors qu'elle a, dans l'exercice de son pouvoir souverain d'appréciation, constaté qu'il était établi que le type de contrat, présenté par un constructeur automobile et mis en œuvre par un garage, n'était plus proposé aux consommateurs, une cour d'appel en déduit exactement que l'action de l'association de consommateurs visant à faire déclarer abusives certaines clauses de ce contrat, recevable initialement par voie d'intervention, est devenue sans objet. • Civ. 1re, 13 mars 1996 : *Bull. civ. I, n° 134 ; D. 1996. IR 95 ; D. Affaires 1996. 610.* ♦ Est irrecevable à agir l'association dès lors que le type de contrat présenté par la société défenderesse n'était plus proposé au consommateur à la date de l'introduction de l'assignation en première instance, l'association ne pouvant poursuivre au moyen de cette action préventive l'annulation des clauses de contrats individuels déjà conclus. • Civ. 1re, 1er févr. 2005 : *Bull. civ. I, n° 62 ; D. 2005. AJ 487, obs. Rondey (3e esp.)* ; *JCP E 2005, n° 11, p. 457 ; CCE 2005, n° 85, obs. Stoffel-Munck.* ♦ Une cour d'appel qui constate, d'une part, qu'à la date à laquelle elle statuait, le contrat litigieux initialement destiné aux particuliers n'était plus proposé qu'à des professionnels et, d'autre part, que preuve n'était pas apportée que le contrat eût été proposé à des particuliers postérieurement à l'introduction de l'instance, en déduit justement que l'action de l'association, initialement recevable, était devenue sans objet. • Civ. 1re, 1er févr. 2005 : *Bull. civ. I, n° 59 ; D. préc. (4e esp.) ; JCP 2005. II. 10057, note Paisant (1re esp.) ; CCC 2005, n° 95, obs. Raymond (1re esp.) ; Dr. et patr. juin 2005. 99, obs. Chauvel.* – V. aussi • Civ. 1re, 1er févr. 2005 : *Bull. civ. I, n° 61 ; D. préc. (1re esp.) ; JCP E 2005, n° 11, p. 455 ; CCC 2005, n° 95, obs. Raymond (2e esp.).*

Une association agréée de défense des consommateurs exerçant l'action prévue à l'art. L. 421-6, est en droit de demander devant les juridictions civiles, outre la suppression des clauses abusives, la réparation, notamment par l'octroi de dommages-intérêts, de tout préjudice direct ou indirect à l'intérêt collectif des consommateurs. • Civ. 1re, 5 oct. 1999 : *Bull. civ. I, n° 260 ; D. 2000. 110, note Paisant* ; *ibid. 1999. AJ 52, obs. C. R.* ; *RJDA 1999, p. 943, concl. Sainte-Rose ; LPA 24 mars 2000, note Gaba ; CCC 1999, n° 182, obs. Raymond.* ♦ De la combinaison des art. L. 421-7 C. consom., 66 et 68 NCPC [C. pr. civ.], il résulte que si les associations agréées de consommateurs peuvent intervenir à l'instance introduite sur la demande initiale en réparation du préjudice subi par un ou plusieurs consommateurs, en raison de faits non constitutifs d'une infraction pénale, à l'effet notamment d'obtenir réparation du préjudice causé à l'intérêt collectif des consommateurs, en revanche elles ne peuvent, à cette fin, introduire l'instance. • Civ. 1re, 21 févr. 2006 : *Bull. civ. I, n° 95 ; R. 2006, p. 381 ; D. 2006. AJ 781, obs. Rondey* ; *RTD com. 2006. 906, obs. Bouloc* ; *AJDI 2006. 373* ; *JCP E 2006, n° 13, p. 621 ; RJDA 2006, n° 963 ; Dr. et proc. 2006. 335, obs. Bazin ; RLDA avr. 2006. 46, obs. Méar.*

13. Neutralisation des clauses abusives. BIBL. Kullmann, *D. 1993. Chron. 59* (clause réputée non écrite). – Cottereau, *JCP 1993. I. 3691* (même thème). ♦ Une clause abusive étant « réputée non écrite » et non « nulle », la prescription par cinq ans de l'action en nullité relative prévue par l'art. 1304 C. civ. n'est pas applicable à l'action tendant à la constatation du caractère abusif d'une clause. • Versailles, 9 nov. 2001 : *BRDA 2002, n° 3, p. 12.*

14. Commission des clauses abusives. Les recommandations de la Commission des clauses abusives ne sont pas génératrices de règles dont la méconnaissance ouvre la voie à la cassation. • Civ. 1re, 13 nov. 1996 : *Bull. civ. I, n° 399 ; D. 1997. Somm. 174, obs. Delebecque* ; *D. Affaires 1997. 46.* ♦ Les recommandations de la CCA n'ont, en tant que telles, aucune valeur législative ou coercitive. • Paris, 11 févr. 2009 : *RJDA 2009, n° 683.*

La Commission des clauses abusives, lorsqu'elle émet des recommandations, n'édicte pas des règles qui s'imposeraient aux particuliers ou aux autorités publiques, mais se borne à inviter les professionnels concernés à supprimer ou modifier les clauses dont elle estime qu'elles présentent un caractère abusif. • CE 16 janv. 2006 : *D. 2006. AJ 576, obs. Avena-Robardet ; AJDA 2006. 828, concl. Guyomar ; RTD civ. 2006. 307, obs. Mestre et Fages ; CCC 2006, n° 117, obs. Raymond ; LPA 15 sept. 2006, note Calandri ; RJDA 2006, n° 1175 ; RDC 2006. 670, note Pérès ; RLDA mars 2006. 46, obs. Méar.* ♦ Il n'appartient qu'au juge compétent, en cas de litige, de prononcer la nullité de telles clauses ; par suite, les recommandations émises par la commission ne constituant pas des décisions administratives susceptibles de faire l'objet d'un recours pour excès de pouvoir, le demandeur n'est pas recevable à en demander l'annulation. • Même arrêt.

Sur la CCA, V. art. L. 534-1 s. C. consom. et les recommandations au **C. consom.**

Code de la consommation

Art. R. 132-1 *(Décr. n° 2009-302 du 18 mars 2009)* Dans les contrats conclus entre des professionnels et des non-professionnels ou des consommateurs, sont de manière irréfragable présumées abusives, au sens des dispositions du premier et du troisième alinéas de l'article L. 132-1 et dès lors interdites, les clauses ayant pour objet ou pour effet de :

1° Constater l'adhésion du non-professionnel ou du consommateur à des clauses qui ne figurent pas dans l'écrit qu'il accepte ou qui sont reprises dans un autre document auquel il n'est pas fait expressément référence lors de la conclusion du contrat et dont il n'a pas eu connaissance avant sa conclusion ;

2° Restreindre l'obligation pour le professionnel de respecter les engagements pris par ses préposés ou ses mandataires ;

3° Réserver au professionnel le droit de modifier unilatéralement les clauses du contrat relatives à sa durée, aux caractéristiques ou au prix du bien à livrer ou du service à rendre ;

4° Accorder au seul professionnel le droit de déterminer si la chose livrée ou les services fournis sont conformes ou non aux stipulations du contrat ou lui conférer le droit exclusif d'interpréter une quelconque clause du contrat ;

5° Contraindre le non-professionnel ou le consommateur à exécuter ses obligations alors que, réciproquement, le professionnel n'exécuterait pas ses obligations de délivrance ou de garantie d'un bien ou son obligation de fourniture d'un service ;

6° Supprimer ou réduire le droit à réparation du préjudice subi par le non-professionnel ou le consommateur en cas de manquement par le professionnel à l'une quelconque de ses obligations ;

7° Interdire au non-professionnel ou au consommateur le droit de demander la résolution ou la résiliation du contrat en cas d'inexécution par le professionnel de ses obligations de délivrance ou de garantie d'un bien ou de son obligation de fourniture d'un service ;

8° Reconnaître au professionnel le droit de résilier discrétionnairement le contrat, sans reconnaître le même droit au non-professionnel ou au consommateur ;

9° Permettre au professionnel de retenir les sommes versées au titre de prestations non réalisées par lui, lorsque celui-ci résilie lui-même discrétionnairement le contrat ;

10° Soumettre, dans les contrats à durée indéterminée, la résiliation à un délai de préavis plus long pour le non-professionnel ou le consommateur que pour le professionnel ;

11° Subordonner, dans les contrats à durée indéterminée, la résiliation par le non-professionnel ou par le consommateur au versement d'une indemnité au profit du professionnel ;

12° Imposer au non-professionnel ou au consommateur la charge de la preuve, qui, en vertu du droit applicable, devrait incomber normalement à l'autre partie au contrat.

Art. R. 132-2 *(Décr. n° 2009-302 du 18 mars 2009)* Dans les contrats conclus entre des professionnels et des non-professionnels ou des consommateurs, sont présumées abusives au sens des dispositions du premier et du deuxième alinéas de l'article L. 132-1, sauf au professionnel à rapporter la preuve contraire, les clauses ayant pour objet ou pour effet de :

1° Prévoir un engagement ferme du non-professionnel ou du consommateur, alors que l'exécution des prestations du professionnel est assujettie à une condition dont la réalisation dépend de sa seule volonté ;

2° Autoriser le professionnel à conserver des sommes versées par le non-professionnel ou le consommateur lorsque celui-ci renonce à conclure ou à exécuter le contrat, sans prévoir réciproquement le droit pour le non-professionnel ou le consommateur de percevoir une indemnité d'un montant équivalent, ou égale au double en cas de versement d'arrhes au sens de l'article L. 114-1, si c'est le professionnel qui renonce ;

3° Imposer au non-professionnel ou au consommateur qui n'exécute pas ses obligations une indemnité d'un montant manifestement disproportionné ;

4° Reconnaître au professionnel la faculté de résilier le contrat sans préavis d'une durée raisonnable ;

5° Permettre au professionnel de procéder à la cession de son contrat sans l'accord du non-professionnel ou du consommateur et lorsque cette cession est susceptible d'engendrer une diminution des droits du non-professionnel ou du consommateur ;

6° Réserver au professionnel le droit de modifier unilatéralement les clauses du contrat relatives aux droits et obligations des parties, autres que celles prévues au 3° de l'article R. 132-1 ;

7° Stipuler une date indicative d'exécution du contrat, hors les cas où la loi l'autorise ;

8° Soumettre la résolution ou la résiliation du contrat à des conditions ou modalités plus rigoureuses pour le non-professionnel ou le consommateur que pour le professionnel ;

9° Limiter indûment les moyens de preuve à la disposition du non-professionnel ou du consommateur ;

10° Supprimer ou entraver l'exercice d'actions en justice ou des voies de recours par le consommateur, notamment en obligeant le consommateur à saisir exclusivement une juridiction d'arbitrage non couverte par des dispositions légales ou à passer exclusivement par un mode alternatif de règlement des litiges.

I. NÉCESSITÉ D'UNE VENTE

1. Contrat complexe. Lorsqu'un contrat présente, fût-ce partiellement, le caractère d'une vente, l'art. 2 [C. consom., art. R. 132-1] lui est applicable, dès lors que l'acte juridique présente, selon l'appréciation souveraine des juges du fond, un caractère indivisible. • Civ. 1re, 25 janv. 1989 : *Bull. civ. I, n° 43 ; D. 1989. 253, note Malaurie ; ibid. Somm. 303, obs. Hassler, et 337, obs. Aubert ; JCP 1989. II. 21357, note Paisant* • 6 juin 1990 : *Bull. civ. I, n° 145 ; JCP 1991. II. 21594, note Hassler.* ♦ Mais la clause stipulant que France Télécom ne saurait être tenu pour responsable des conséquences résultant pour l'abonné de l'altération et du fonctionnement défectueux de son matériel ou de la mauvaise utilisation de celui-ci, ne relève pas de l'art. 2 [C. consom., art. R. 132-1], qui ne concerne que la vente. • Civ. 1re, 13 nov. 1996 : *Bull. civ. I, n° 399 ; D. 1997. Somm. 174, obs. Delebecque ; D. Affaires 1997. 46 ; CCC 1997, n° 32, note Raymond.* ♦ L'appréciation du caractère abusif d'une clause ne dépend pas du caractère principal ou accessoire de l'obligation contractuelle. • Civ. 1re, 3 mai 2006 : *Bull. civ. I, n° 213 ; D. 2006. 2743, note Dagorne-Labbe ; RTD com. 2007. 219, obs. Bouloc ; JCP E 2006, n° 23, p. 1015 ; RLDA juin 2006. 68, obs. Méar ; RJDA 2006, n° 1079 ; RDC 2006. 1114, obs. Fenouillet ; ibid. 1225, obs. Carval ; RCA 2006, n° 216.*

II. CLAUSES VISÉES

2. Clause figurant dans les conditions générales. N'est pas abusive la clause limitative de garantie, figurant aux conditions générales d'un contrat d'assurance, dont l'assuré a pris connaissance. • Civ. 1re, 10 avr. 1996 : *Bull. civ. I, n° 177 ; D. Affaires 1996. 739 ; JCP 1996. II. 22694, note Paisant et Claret ; CCC 1996, n° 113, note Raymond.* ♦ Pour une solution inverse lorsque les conditions générales n'ont pas été communiquées au consommateur, V. • Paris, 29 avr. 2003 : *CCC 2003, n° 190, obs. Raymond.*

2 bis. Objet principal du contrat. Ni les

art. 4, § 2, et 8 de la Dir. 93/13/CEE du 5 avr. 1993, ni les art. 2 CE, 3, § 1, sous g), CE et 4, § 1, CE, ne s'opposent à une réglementation nationale qui autorise un contrôle juridictionnel du caractère abusif des clauses contractuelles portant sur la définition de l'objet principal du contrat ou sur l'adéquation entre le prix et la rémunération, d'une part, et les services ou les biens à fournir en contrepartie, d'autre part, même si ces clauses sont rédigées de façon claire et compréhensible. • CJUE 3 juin 2010 : *D. 2011. Pan. 978, obs. Sauphanor-Brouillaud* ; *Dalloz actualité, 25 juin 2010, obs. Delpech ; JCP 2011, n° 61, note Paisant et San Miguel Pradera ; RLDA juill.-août 2010. 54, obs. Anadon ; RDC 2010. 1299, note Aubert de Vincelles ; Europe 2010, n° 290, obs. Simon.* ♦ V. pour la loi française l'al. 7 de l'art. L. 132-1 C. consom.

A. OBJET DE LA CLAUSE

3. Suppression ou réduction du droit à réparation. BIBL. Laithier, *RDC 2009. 1650* (clauses abusives : les clauses de responsabilité). ♦ Doit être déclarée abusive la clause insérée dans des contrats de location de véhicules qui dégage le loueur de toute responsabilité, d'une part, « dans le cadre des limites légales », pour les dommages concernant le locataire et, d'autre part, en cas de préjudice indirect consécutif à des retards de livraison, à des défauts mécaniques ou à « toute autre cause ». • Versailles, 2 juin 1994 : *RJDA 1994 n° 1220 ; BID 1995 ; n° 10, p. 21.* ♦ La clause d'une police d'assurance de véhicule qui subordonne la garantie vol à une soustraction frauduleuse par effraction caractérisée, définie comme nécessitant la trace d'effraction tant pour l'accès au véhicule que pour sa mise en route n'est pas abusive dès lors que la mise en route du véhicule n'a pu se faire, à défaut d'être en possession des clefs de contact, que par une détérioration des appareils électriques et du dispositif de blocage. • Versailles, 6 sept. 2002 : *BICC 2003, n° 743.* ♦ La clause qui prévoit que le preneur d'un emplacement dans un camping s'engage à laisser le professionnel procéder aux travaux nécessaires sans pouvoir réclamer aucune indemnité, et ce quels que soient l'urgence, l'importance, la durée et les troubles qu'ils occasionnent, crée un déséquilibre significatif entre les droits et obligations des parties en ce qu'elle exonère, de manière générale, le professionnel de toute responsabilité. • Civ. 3e, 10 juin 2009 : *cité note 9.*

4. Condition suspensive. Est abusive la clause stipulant que toute commande ne devient définitive qu'après confirmation par la direction, dès lors qu'elle fait dépendre la conclusion du contrat de la seule volonté du vendeur qui se trouve pourtant en état de pollicitation permanente. • Toulouse, 6 déc. 1995 : *D. 1996. IR 87 ; RJDA 1996, n° 840.* – Dans le même sens : V. Recomm. CCA n° 80-03 *(BOCC 8 août 1980)* au **C. consom.**

5. Délais de livraison. Est abusive la clause mentionnant que le délai de livraison n'est donné qu'à titre indicatif et supprimant ou réduisant le droit à réparation du consommateur en cas de dépassement du délai. • Civ. 1re, 16 juill. 1987 : *Bull. civ. I, n° 226 ; D. 1988. 49, note Calais-Auloy ; JCP 1988. II. 21001, note Paisant.* ♦ ... Ou celle figurant au bon de commande qui impose, après un délai de sept ou huit mois à l'acquéreur non-professionnel de ne pouvoir rompre son engagement qu'après un délai supplémentaire de trois mois, intervenant lui-même après une mise en demeure du vendeur ; elle confère au vendeur professionnel un avantage excessif dès lors qu'il peut contraindre son cocontractant à accepter la livraison durant une période anormalement longue, manquant ainsi à l'obligation de délivrance. • Bordeaux, 7 avr. 1994 : *Cah. jurispr. Aquitaine 1995, n° 1, p. 134, note Prud'homme.* ♦ En revanche, cassant un arrêt ayant retenu que la clause prévoyant des majorations de délai en cas d'intempéries et de défaillance d'une entreprise conférait systématiquement les effets de la force majeure à des événements qui n'en présentent pas forcément le caractère, V. • Civ. 3e, 24 oct. 2012 : *Bull. civ. III, n° 152 ; D. 2012. Actu. 2590* ; *RDI 2013. 93, obs. Tournafond* ; *JCP E 2012, n° 1723, note Dupont ; RJDA 2013, n° 71 ; Defrénois 2013. 525, obs. Périnet-Marquet.*

6. Retour de marchandises. N'est pas abusive la clause incluse dans les conditions générales de vente aux termes de laquelle aucun retour de marchandises pour examen ne peut être effectué sans avoir été autorisé par le vendeur. • Paris, 28 juin 1996 : *BRDA 1996, n° 17, p. 11.*

7. Faculté de résiliation. BIBL. Bretzner, *RDC 2009. 1662* (la durée, l'abus et le contrat). ♦ Doit être considérée comme abusive une clause comportant, au seul bénéfice de l'un des contractants, un droit de résiliation à charge d'indemnité, alors que ce droit est expressément refusé à l'autre partie. • Besançon, 10 juin 1994 : *CCC 1995, n° 23, note Raymond ; RJ com. 1995. 286, note Karimi.* ♦ Est abusive la clause de résiliation d'un contrat de télésurveillance imposant au consommateur de rembourser la remise consentie lors de la signature du contrat dès lors que ce remboursement fait peser sur l'exercice de la faculté de résiliation une contrainte excessive. • Civ. 1re, 29 oct. 2002 : *Bull. civ. I, n° 254 ; JCP E 2004, n° 11, p. 424, note Abravanel-Jolly ; JCP 2003. I. 122, n° 25, obs. Sauphanor-Brouillaud ; CCC 2003, n° 46, obs. Raymond ; RTD com. 2003. 357, obs. Bouloc* ; *RDC 2003. 92, obs. Bruschi ;*

RJDA 2003, p. 88, concl. Sainte-Rose.

8. *Indemnité de résiliation.* Est abusive la clause d'un contrat d'enseignement par laquelle l'établissement prévoit que, le contrat devenu définitif dès sa signature, le montant des frais de scolarité reste dû en totalité, aucun motif ne pouvant être retenu pour une éventuelle annulation, dès lors que cette clause procure à l'établissement un avantage excessif puisque le paiement doit être effectué même en cas d'inexécution imputable à l'établissement ou causé par un cas fortuit ou de force majeure. • Civ. 1re, 10 févr. 1998 : *Bull. civ. I, nº 53 ; D. 1998. 539, note Mazeaud ; D. Affaires 1998. 710, obs. S. P. ; CCC 1998, nº 70, note Leveneur ; JCP 1998. I. 155, nº 12, obs. Jamin ; ibid. II. 10124, note Paisant ; JCP E 1999, nº 5, p. 219, obs. Mousseron.* ♦ V. déjà • Civ. 1re, 31 janv. 1995 : *Bull. civ. I, nº 64 ; D. 1995. Somm. 229, obs. Delebecque.* ♦ La clause qui fait supporter au preneur, dans un contrat de location de longue durée, la totalité des risques de perte ou de détérioration de la chose louée, même lorsque ceux-ci sont dus à un événement imprévisible et irrésistible constitutif de la force majeure et qu'aucune faute ne peut être imputée audit preneur, confère au bailleur un avantage excessif. • Civ. 1re, 6 janv. 1994 : *Bull. civ. I, nº 8 ; D. 1994. Somm. 209, obs. Delebecque ; Defrénois 1994. 821, obs. D. Mazeaud ; JCP 1994. II. 22237, note Paisant ; CCC 1994, nº 58, note Raymond.* ♦ Imposant une proportionnalité entre l'indemnité de résiliation et le préjudice réel subi par le professionnel, V. : • Rennes, 17 oct. 2003 : *CCC 2004, nº 85, obs. Raymond.* ♦ Sur l'articulation des dispositions du code civil relatives aux clauses pénales et de l'art. L. 132-1 C. consom., depuis l'intervention de la loi du 1er févr. 1995, V. Paisant, *D. 1995. chron. 223.*

9. *Charge des risques.* En ce sens qu'il résulte de l'art. L. 132-1, dans sa rédaction antérieure à la L. nº 95-96 du 1er févr. 1995, qu'est abusive la clause mettant à la charge du preneur le risque de perte ou de détérioration de la chose louée, même pour cas fortuit ou de force majeure et conférant ainsi au bailleur un avantage excessif. • Civ. 1re, 17 mars 1998 : *Bull. civ. I, nº 116 ; D. 1998. IR 99 ; D. Affaires 1998. 662, obs. S. P. ; CCC 1998, nº 104, obs. Raymond ; JCP E 1999, nº 5, p. 219, obs. Mousseron.* – V. sur renvoi, • Bourges, 23 févr. 2000 : *CCC 2001, nº 15, obs. Raymond.* ♦ La clause qui exclut en termes généraux toute indemnisation du preneur d'un mobil-home dans un camping en cas d'incendie ou de vol le prive de façon inappropriée de ses droits légaux vis-à-vis du professionnel en cas d'exécution défectueuse par celui-ci de ses obligations contractuelles, créant ainsi un déséquilibre significatif entre les droits et obligations des parties. • Civ. 3e, 10 juin 2009 : *Bull. civ. III, nº 140 ; D. 2009. AJ 1685, obs. Delpech ; JCP E 2009, nº 28-29, p. 20 ; CCC 2009, nº 258, obs. Raymond ; RJDA 2009, nº 784 ; Defrénois 2009. 2340, note Savaux ; RDC 2009. 1434, note Fenouillet.*

10. *Compétence.* BIBL. Pataut, *Liber amicorum Calais-Auloy, Dalloz, 2004, p. 807.* – Seraglini, *Gaz. Pal. 2007. 3848* (les parties faibles face à l'arbitrage international : à la recherche de l'équilibre). – Sauphanor-Brouillaud, *LPA 20 juill. 2009* (la clause compromissoire abusive). ♦ Est abusive la clause qui attribue compétence au tribunal de commerce, dès lors qu'elle apporte une dérogation aux règles normales de compétence dont le consommateur peut sous-estimer l'importance, et en ce qu'elle apporte un avantage excessif au professionnel, lequel vise à dissuader le consommateur d'agir devant le juge civil. • Toulouse, 6 déc. 1995 : *préc. note 4* • Versailles, 2 juin 1994 : *BID 1995, nº 6, p. 19.* ♦ V. art. 48 **C. pr. civ.** ♦ Sur l'annulation d'une sentence arbitrale en cas de clause abusive dans la convention d'arbitrage, V. • CJCE 26 oct. 2006 : *D. 2006. Pan. 3027, obs. Clay ; ibid. AJ 2910, obs. Avena-Robardet ; RTD civ. 2007. 113, obs. Mestre et Fages ; ibid. 633, obs. Théry ; JCP E 2007, nº 35, p. 26, obs. Seraglini ; LPA 20 sept. 2007, note Poissonnier et Tricoit ; LPA 31 juill. 2007, obs. Legros ; Gaz. Pal. 2007. 1972, obs. Train ; RLDA mars 2007. 55, note Nourissat ; Europe 2006, nº 378, obs. Idot ; JDI 2007. 581, note Mourre.* ♦ Sur l'examen d'office par le juge national du caractère abusif d'une clause d'arbitrage contenue dans un contrat conclu entre un professionnel et un consommateur, V. • CJCE 6 oct. 2009 : *D. 2009. Pan. 2960, obs. Clay ; ibid. AJ 2548 ; RTD civ. 2009. 684, obs. Remy-Corlay ; JCP E 2010, nº 1608, spéc. nº 1, obs. Seraglini ; CCC 2010, nº 33, obs. G. R. ; Gaz. Pal. 2010. 269, note Poissonnier et Tricoit ; RDC 2010. 648, note Aubert de Vincelles ; Procédures 2009, nº 400, obs. Nourissat ; Europe 2009, nº 469, obs. Idot ; Rev. arb. 2009. 813, note Jarrosson.* ♦ Le compromis d'arbitrage signé, hors toute clause compromissoire insérée à la police d'assurance, entre l'assureur et l'assuré après la naissance d'un litige, ne constitue pas une clause figurant dans un contrat conclu entre un professionnel et un non professionnel ou un consommateur, et n'est donc pas susceptible de présenter un caractère abusif au sens de l'art. L. 132-1. • Civ. 1re, 25 févr. 2010 : *Bull. civ. I, nº 49 ; D. 2011. Pan. 977, obs. Sauphanor-Brouillaud ; RTD civ. 2010. 323, obs. Fages ; Dalloz actualité, 16 mars 2010, obs. Delpech ; JCP 2010, nº 659, note Pélissier ; JCP E 2010, nº 1818, note Helleringer ; ibid., nº 1608, spéc. nº 1, obs. Seraglini ; RJDA 2010, nº 563 ; RLDA avr. 2010. 47, obs. Anadon.*

Le juge national doit prendre d'office des mesures d'instruction afin d'établir si une clause attributive de compétence juridictionnelle territoriale exclusive figurant dans le contrat faisant l'objet du litige dont il est saisi, et qui a été conclu entre un professionnel et un consommateur, entre dans le champ d'application de la Dir. n° 93/13 et, dans l'affirmative, apprécier d'office le caractère éventuellement abusif d'une telle clause. • CJUE 9 nov. 2010 : *BICC 1er mars 2011, n° 210 ; D. 2011. Pan. 983, obs. Poillot* ; *RJDA 2011, n° 88 ; Europe 2011, n° 28, obs. Meister.*

B. OBJET DU CONTRAT

11. Perte de films. Est abusive la clause prévoyant que tout film accepté pour traitement est réputé avoir une valeur qui n'excède pas son prix de tarif et que, par conséquent, la responsabilité du professionnel est limitée au remplacement du film perdu ou détérioré. • Civ. 1re, 25 janv. 1989 : *préc. note 1* • 6 juin 1990 : *ibid.* ♦ De même, doit être réputée non écrite, la clause figurant sur un bulletin de dépôt de diapositives exonérant le laboratoire de toute responsabilité en cas de perte des diapositives, une telle clause procurant un avantage excessif à l'entrepreneur dépositaire, celui-ci, du fait de sa position économique, se trouvant en mesure de l'imposer à sa clientèle. • Civ. 1re, 14 mai 1991 : *Bull. civ. I, n° 153 ; D. 1991. 449, note Ghestin*, *et Somm. 320, obs. Aubert* ; *GAJC II 2008. 137, note Terré et Lequette ; JCP 1991. II. 21763, note Paisant.* ♦ Il en va différemment lorsque le contrat offre la possibilité au client de signaler au moment de l'envoi des pellicules, moyennant une somme supplémentaire, la valeur exceptionnelle qu'il leur attachait, et d'obtenir alors une indemnisation non forfaitaire. • Civ. 1re, 17 juill. 1990 : *D. 1990. IR 209* ; *JCP 1991. II. 21674, note Paisant.* – V. aussi • Paris, 1er déc. 1998 : *D. 1999. IR 64.* ♦ Est abusive la clause limitant la garantie d'un laboratoire photographique, en cas de non-exécution de développement et de tirage, à la remise d'une pellicule vierge et à son tirage gratuit, faute pour le client d'avoir déclaré que les travaux avaient une importance exceptionnelle « afin de faciliter une négociation de gré à gré », expression susceptible de laisser croire au consommateur que seule est autorisée la négociation du prix de la prestation. • Civ. 1re, 19 juin 2001 : *Bull. civ. I, n° 181 ; JCP E 2001, n° 49, p. 1958, note Paisant ; RJDA 2001, n° 1273.*

12. Compte bancaire. BIBL. Raymond, *RD banc. fin. mai-juin 2006. 41* (clauses abusives dans les conventions de compte de dépôt). ♦ Pour des clauses jugées abusives dans une convention de compte bancaire, V. • TGI Paris, 9 nov. 2005 : *D. 2006. AJ 295, obs. Avena-Robardet* ; *RJDA 2006, n° 469* (cité notes 1 ss. art. L. 131-35, 1 ss. art. L. 131-71, 10 ss. art. L. 132-2, 4 ss. art. L. 312-1, 2 ss. art. L. 312-1-1 C. mon. fin., 1 et 2 ss. Arr. 29 juill. 2009, art. 2, v° *Banque et financement de l'entreprise.* – V. aussi • TGI Paris, 13 sept. 2006 : *RJDA 2007, n° 105 ; Banque et Droit juill.-août 2007. 56, obs. Guillot* (partiellement infirmé par : • Paris, 3 avr. 2008 : *cité note 7 ss. C. mon. fin., art. L. 133-15, v° Banque et financement de l'entreprise* ; partiellement censuré par • Civ. 1re, 28 mai 2009 : *eod. loc.*). ♦ Jugeant abusives la clause qui postule l'approbation tacite des relevés de compte dans un délai de trois mois ainsi que la clause qui assimile un compte de dépôt à un compte courant : • Civ. 1re, 8 janv. 2009 : *D. 2010. Pan. 1046, obs. D. R. Martin* ; *RTD com. 2009. 418, obs. Legeais* ; *JCP E 2009, n° 22, p. 12, obs. Mathey ; JCP 2009. I. 138, n° 14, obs. Sauphanor-Brouillaud ; CCC 2009, n° 85, obs. Raymond ; RJDA 2009, n° 783 ; RD banc. fin. 2009, n° 44, obs. Crédot et Samin ; Banque et Droit mars-avr. 2009. 30, obs. Bonneau.*

13. Frais de tenue de compte. BIBL. Routier, *D. 2006. 985* (multiplication des frais et commissions de banque). ♦ V. • Paris, 17 déc. 1990 : *D. 1991. 350, note crit. D. Martin* • TGI Paris, 15 nov. 1993 : *JCP E 1994. I. 376, n° 11, obs. Gavalda et Stoufflet* • TGI Niort, 9 janv. 2006 : *D. 2006. 985, note Routier* ; *CCC 2006, n° 75, obs. Raymond.* ♦ N'est pas abusive la clause par laquelle une banque met en place, en cours d'exécution d'une convention de compte, une commission en cas d'opérations entraînant une irrégularité de fonctionnement du compte, aux motifs que ces frais sanctionnent une anomalie et des erreurs commises par le client. • Paris, 12 oct. 2001 : *RJDA 2002, n° 318 ; Banque et Droit nov.-déc. 2002. 58, obs. Guillot.*

14. Dates de valeur. V. note 3 ss. art. L. 313-2 C. consom., v° *Prêts d'argent – Intérêts des capitaux.* ♦ Compte tenu de la subsistance des délais nécessaires à l'encaissement des chèques, la pratique des dates de valeur pour ce type d'opération ne crée pas un déséquilibre significatif entre les droits et obligations des parties au contrat, l'application d'intérêts aux comptes débiteurs pendant le délai d'encaissement du chèque étant justifiée par le crédit ainsi consenti à son client par la banque dès la remise du chèque. • TGI Paris, 18 mai 2004 : *D. 2004. 2288, note Boujeka (2e et 4e esp.)* ; *Banque et Droit sept.-oct. 2004. 84, obs. Bonneau ; RJDA 2004, n° 1365.* ♦ Il convient de ne pas faire de difference entre la remise de chèques internes ou les remises de chèques provenant d'un autre établissement bancaire. • Paris, 6 janv. 2006 : *RJDA 2006, n° 938 ; Banque et Droit mars-avr. 2007. 65, obs. Guillot.* (conf. par • Com. 11 déc. 2007 : *JCP E 2008, n° 11, p. 19, note Crédot et Samin ; CCC 2008, n° 60, obs. G.*

R. ; RD banc. fin. 2008, n° 3, obs. Crédot et Samin ; RJDA 2008, n° 316 ; RLDA mars 2008. 38, obs. Chemin-Bomben). ♦ Pour les opérations autres que l'encaissement de chèques déposés ou de paiement de chèques étrangers ou les relations avec l'étranger ou en devises et chèques de voyage, l'institution des dates de valeur se trouvant sans cause, elle crée un déséquilibre significatif, la banque percevant, sur les comptes débiteurs de ses clients, des intérêts qui ne sont justifiés par aucune contrepartie. • TGI Paris, 18 mai 2004 : *préc. (1re et 3e esp.).*

15. Dépôt de garantie. La clause d'un bail qui prévoit un dépôt de garantie de six mois, même si elle fait peser sur le preneur une obligation relativement lourde, au demeurant atténuée par le fait qu'aucun terme n'est prévu pour le versement, n'est pas abusive au sens des art. 2, 3 et 4 du Décr. du 24 mars 1978. • Paris, 22 mars 1991 : *Loyers et copr. 1991, n° 291.* – V. Recomm. CCA n° 2000-01 relative aux clauses abusives dans les contrats de location de locaux à usage d'habitation *(BOCC 22 juin)* au **C. consom.** – Sur ce texte, V. aussi Canu, *Rev. loyers 2000. 400 ;* Martin, *Ann. Loyers 2000. 1875.*

16. Crédit à la consommation. BIBL. Lokiec, *RD banc. fin. 2004. 221* (clauses abusives et crédit à la consommation). – Poissonnier, *D. 2006. 370* (clauses résolutoires abusives dans les contrats de crédit à la consommation). ♦ Sont abusives la clause qui stipule que la délivrance de l'information exigée par l'art. L. 311-9 [ancien] C. consom. sera établie par la production de l'enregistrement informatique de l'envoi, et celle qui impose la résiliation du contrat avec paiement d'une indemnité égale au plus à 8 % du capital dû pour un motif autre que celui visé par l'art. L. 311-30 [ancien] du même code, lequel n'envisage que la seule défaillance de la part de l'emprunteur. • Civ. 1re, 1er févr. 2005 : *Bull. civ. I, n° 60 ; D. 2005. AJ 640, obs. Avena-Robardet ; JCP E 2005, n° 11, p. 456 ; CCC 2005, n° 99, obs. Raymond ; BRDA 2005, n° 8, p. 14 ; RDC 2005. 718, note Fenouillet.* – Comp. : • Limoges, 5 avr. 2006 : *D. 2006. AJ 1886, obs. Avena-Robardet.* ♦ L'art. L. 132-1 répute non écrite comme abusive la clause prévoyant l'augmentation du montant du crédit initial sans acceptation par l'emprunteur d'une nouvelle offre de crédit. • Cass., avis, 10 juill. 2006 : *Bull. civ., n° 6 ; BICC 1er nov. 2006, p. 36, rapp. Richard, obs. Petit ; D. 2006. AJ 2313, obs. Avena-Robardet ; RTD com. 2006. 894, obs. Legeais ; JCP E 2006, n° 35, p. 1427 ; CCC 2006, n° 210, obs. Raymond (1re esp.) ; Banque et Droit nov.-déc. 2006. 26, obs. Bonneau ; RJDA 2007, n° 199 ; Dr. et patr. mars 2007. 101, obs. Mattout et Prüm ; RLDA oct. 2006. 43, obs. Pourtau.* ♦ Est abusive la clause du contrat d'ouverture de crédit, qui assimile tout dépassement du découvert autorisé à une demande d'augmentation de celui-ci et qui prévoit que l'attribution du découvert correspondant à la demande vaudra approbation. • Douai, 3 mai 2007 : *JCP 2007. IV. 2655.* ♦ Sur les clauses résolutoires dans les contrats de crédit permanent, V. note 2 ss. art. L. 311-24 C. consom. ♦ Sur les clauses de variation du taux de l'intérêt, V. Recomm. CCA n° 2004-03 *(BOCC 30 sept. 2004)* au **C. consom.**

17. Crédit immobilier. Une clause de déchéance du terme insérée dans un contrat de prêt immobilier pour une défaillance extérieure audit contrat est abusive dès lors que le consommateur se trouve ainsi exposé par une décision unilatérale de l'organisme prêteur, en dehors du mécanisme de la condition résolutoire, à une aggravation soudaine des conditions de remboursement et à une modification majeure de l'économie du contrat de prêt. • Civ. 1re, 27 nov. 2008 : *Bull. civ. I, n° 275 ; D. 2009. Pan. 396, obs. Sauphanor-Brouillaud ; ibid. AJ 16, obs. Avena-Robardet ; RTD com. 2009. 190, obs. Legeais ; RTD civ. 2009. 116, obs. Fages ; JCP E 2009, n° 24, p. 11, obs. Routier ; RD banc. fin. 2009, n° 50, obs. Crédot et Samin ; RJDA 2009, n° 685 ; Dr. et patr. mars 2009. 103, obs. Mattout et Prüm ; RDC 2009. 564, obs. Fenouillet.* – V. aussi : • Montpellier, 7 juin 2007 : *JCP E 2007, n° 51-52, p. 14.*

18. Cartes bancaires. La clause du contrat « porteur » de cartes de paiement prévoyant la responsabilité du porteur pour les opérations de retrait comportant le contrôle du code confidentiel antérieures à l'opposition crée une présomption simple de responsabilité du porteur qu'il peut renverser en rapportant la preuve d'une utilisation frauduleuse de sa carte antérieurement à la date de réception de son opposition. Cette clause, qui n'est pas contraire à la Recomm. CCA n° 94-02 *(BOCC 27 sept. 1994 ; V. **C. consom.**)*, n'est pas abusive. • Paris, 2 mai 1995 : *BRDA 1995, n° 12, p. 13.* – V. aussi • Douai, 19 févr. 1998 : *CCC 1998, n° 120, obs. Raymond.* ♦ N'est pas abusive, la clause prévoyant la possibilité pour une banque de modifier unilatéralement le contrat de carte bancaire, dès lors que ces modifications sont annoncées clairement aux clients, et qu'il est stipulé qu'elles ne produiront effet qu'à l'issue d'un délai raisonnable (en l'espèce un mois), et suffisant pour que le porteur puisse renoncer au bénéfice de ce contrat s'il ne souhaite pas se voir imposer ces modifications. • T. com. Paris, 2 sept. 1997 : *Banque et Droit janv.-févr. 1998. 41, obs. Guillot.* ♦ *Contra*, jugeant ce même délai d'un mois nettement insuffisant, V. • TGI Paris, 9 nov. 2005 : *cité note 2 ss. art. L. 312-1-1 C. mon. fin., v° Banque et financement de l'entreprise.*

19. Mandats de gestion de portefeuille. N'est pas démontré, au sens de l'art. 35 de la L. n° 78-23 du 10 janv. 1978 [C. consom., art. L. 132-1], le caractère abusif d'une clause exonératoire de responsabilité figurant dans un contrat de mandat de gestion de portefeuille ; il n'est pas excessif pour les sociétés de gestion de se prémunir contre les aléas des marchés financiers et ces clauses doivent être admises dès lors qu'elles sont librement acceptées par les clients. • Paris, 23 sept. 1993 : *D. 1994. Somm. 213, obs. Delebecque* ; *D. 1995. Somm. 199, obs. Bon-Garcin* ; *Rev. dr. bancaire 1994. 79, obs. Crédot et Gérard.* ♦ Cependant, ces sociétés engagent leur responsabilité par une simple faute de gestion. • Même arrêt. ♦ Pour une clause attestant la connaissance par l'investisseur des règles de fonctionnement des marchés, de la couverture des positions et des risques inhérents, V. • Paris, 27 oct. 2003 : *Gaz. Pal. 2004. Somm. 1253, obs. Vray.*

20. Multirisque-habitation. Ne sont pas abusives les clauses d'un contrat multirisque-habitation mettant à la charge de l'assuré la preuve qu'un vol a eu lieu dans les conditions de la garantie, dès lors que la souscription d'un tel contrat n'est pas obligatoire et que le consommateur est libre de ne pas y adhérer si les garanties offertes lui paraissent insuffisantes. L'assureur est en droit de déterminer exactement le risque qu'il garantit et son obligation a pour contrepartie le paiement par l'assuré de primes dont le montant est calculé en fonction de l'importance du risque assuré. • Civ. 1re, 7 juill. 1998 : *Bull. civ. I, n° 240 ; D. 1999. Somm. 111, obs. Mazeaud* ; *D. Affaires 1998. 1389, obs. V. A.-R. ; CCC 1998, n° 120, obs. Raymond ; RJDA 1998, n° 1425.*

21. Assurance-décès et invalidité. N'est pas abusive la clause d'un contrat d'assurance-décès et invalidité se bornant à décrire la nature, le montant et la durée de la garantie assurés, dans la mesure où elles ne s'analysent pas comme des clauses relatives à la charge du risque, imposées aux non-professionnels ou consommateurs par un abus de puissance économique de l'autre partie et conférant à cette dernière un avantage excessif, et que les primes réglées avaient pour contrepartie les garanties offertes par l'assureur, garanties dont le souscripteur pouvait avoir une parfaite connaissance au moment de la formation du contrat par la seule lecture des documents contractuels. • Chambéry, 22 nov. 1994 : *JCP 1995. IV. 2066.* ♦ Sur l'influence de l'objet du contrat principal sur le contrat accessoire que constitue l'assurance groupe décès-invalidité, V. • Civ. 2e, 18 mars 2004 : *préc. note 4 ss. art. L. 132-1 C. consom.*

22. Assurances accessoires à des contrats de prêt. Le seul fait qu'un contrat relève de la catégorie des contrats d'adhésion ne suffit pas à démontrer que la clause d'exclusion de garantie en cas de chômage qui surviendrait après l'expiration d'un contrat de travail à durée déterminée, a été imposée par un abus de puissance économique et, la référence aux seuls désavantages subis par l'assuré, sans que soit opérée une comparaison avec les avantages recueillis par l'assureur, ne permet pas, par conséquent, de caractériser l'avantage excessif obtenu par celui-ci au sens de l'art. L. 132-1 dans sa rédaction antérieure à la loi du 1er févr. 1995. • Civ. 1re, 12 mars 2002 : *Bull. civ. I, n° 92 ; D. 2003. Somm. 2927, obs. Willmann* ; *JCP 2002. II. 16163, note Paisant ; RTD com. 2002. 716, obs. Bouloc* ; *RTD civ. 2003. 90, obs. Mestre et Fages* . ♦ Sur l'influence de l'objet du contrat principal sur le contrat accessoire, V. • Civ. 2e, 18 mars 2004 : *préc. note 4 ss. art. L. 132-1 C. consom.*

Sur la validité : des clauses stipulant un délai de carence, s'agissant de l'assurance « perte d'emploi », V. • Nîmes, 19 mars 1998 : *JCP 1999. IV. 1315.* ♦ ... Des clauses subordonnant la mise en jeu d'une garantie d'incapacité temporaire totale à l'écoulement d'un délai de latence, V. • Versailles, 21 nov. 2003 : *BICC 2005, n° 1641.* ♦ ... Des limitations dans la durée des indemnisations au titre de la garantie « perte d'emploi » qui apparaissent raisonnables, qui ont été formellement prévues dès l'origine et librement souscrites sans protestations ni réserves, V. • Versailles, 23 nov. 2001 : *RJDA 2002, n° 442.* ♦ ... De la clause permettant une révision tarifaire des cotisations d'assurance « chômage », V. • Colmar, 16 juin 1995 : *JCP 1995. II. 22532, note Bigot.* ♦ ... Des clauses prévoyant la nullité de l'assurance, en cas de fausse déclaration, s'agissant de l'assurance « décès-invalidité », V. • TGI Paris, 1er mars 1995 : *RJDA 1995, n° 772.* ♦ ... Des clauses conditionnant la garantie au défaut de reprise d'une activité rémunérée ou au versement des allocations uniques dégressives par les ASSEDIC. • Toulouse, 22 sept. 1998 : *Cah. Jurispr. d'Aquitaine 1999, n° 1, p 120.*

En revanche, est abusive en ce qu'elle dénature la garantie-chômage du contrat, la clause prévoyant une franchise de dix-huit mois ininterrompus en cas de chômage, le délai étant exagéré du fait que les indemnités de chômage ne sont perçues que pendant une durée de douze mois. • Nîmes, 19 mars 1998 : *préc.* ♦ Un juge, ayant déclaré cette clause abusive, ne peut juger la garantie franchise applicable dans la limite de douze mois, dans la mesure où lorsqu'une clause est déclarée abusive, elle est réputée non écrite et de ce fait inapplicable au contrat, sans qu'il puisse lui être substitué une autre clause. • Même arrêt. ♦ Est abusive, en raison de son caractère abscons pour un lecteur profane et de la difficulté de mesurer de façon claire et non équivoque sa portée, la clause relative à l'assurance chômage dans un contrat de crédit à la consommation, qui consiste à simplement reporter en fin de prêt les mensualités venant à échéance pendant la période de chômage, car elle crée un déséquilibre significatif entre le professionnel et le consommateur. • Paris, 15 juin 2001 : *CCC 2002, n° 15, obs. Raymond.*

23. Assurance-groupe pour maladie. Constitue une clause abusive et doit être supprimée d'un contrat d'assurance-groupe garantissant le remboursement de la dette en cas de maladie la clause prévoyant qu'en cas de désaccord entre le médecin de l'assuré et le médecin de l'assureur les parties doivent choisir, à leurs frais, un troisième médecin pour les départager avant d'avoir recours à la voie judiciaire pour le règlement des indemnités. • TGI Paris, 18 oct. 1995 : *RJDA 1995, n° 282.* ♦ Pour apprécier si le délai de franchise prévu au contrat d'assurance-groupe auquel un emprunteur avait adhéré à l'occasion d'une ouverture de crédit d'un an renouvelable, avait un caractère excessif, il convient de se référer à la durée convenue du remboursement du crédit et non à la durée réelle de l'ouverture de crédit, la reconduction n'étant qu'éventuelle à la date de formation du contrat, V. • Civ. 1re, 26 févr. 2002 : *Bull. civ. I, n° 71 ; D. 2002. AJ 1346 ; RTD civ. 2003. 90, obs. Mestre et Fages.*

L'adhésion au contrat d'assurance de groupe, bien que conséquence d'une stipulation pour autrui, n'en crée pas moins, entre l'adhérent et l'assureur, qui l'agrée, un lien contractuel direct, de nature synallagmatique, dont les stipulations relèvent, comme telles, des dispositions de l'art. L. 132-1. • Civ. 1re, 22 mai 2008 : *Bull. civ. I, n° 145 ; D. 2008. 1954, note D. R. Martin ; ibid. AJ 1547, obs. Delpech ; D. 2009. Pan. 397, obs. Sauphanor-Brouillaud ; RTD civ. 2008. 477, obs. Fages ; JCP 2008. II. 10133, note Sériaux ; ibid. I. 179, n° 8, obs. Grosser ; Gaz. Pal. 2009. 595, note Ben Hadj Yahia ; Defrénois 2008. 1974, obs. Savaux ; RJDA 2009, n° 579 ; RDC 2008. 1135, obs. D. Mazeaud ; ibid. 1155, obs. Deshayes ; RLDA juill.-août 2008. 45, note Bruschi ; RCA 2008, n° 270, obs. Groutel.* ♦ Sur cet arrêt, V. aussi Goldie-Génicon, *D. 2008. 2447* (l'assurance de groupe à l'épreuve de la législation sur les clauses abusives).

24. Charges des risques mutualistes. N'est pas abusive la disposition du règlement intérieur d'un organisme mutualiste de crédit aux fonctionnaires prévoyant une retenue d'un montant égal à la part du risque supporté par les adhérents, cette somme étant retenue en vertu d'un contrat fondé sur le principe de mutualisation des risques constitués par les prêts non remboursés par les emprunteurs. • Civ. 1re, 26 mai 1993 : *Bull. civ. I, n° 192 ; D. 1993. 568, note Paisant ; D. 1994. Somm. 12, obs. Delebecque ; JCP 1993. II. 22158, note Bazin ; CCC 1993, n° 181, note Raymond ; Defrénois 1994. 351, obs. D. Mazeaud* • 27 avr. 1994 : *LPA 3 mars 1995, note Bazin.*

25. Abonnement à un club sportif. BIBL. Boedels, *Gaz. Pal. 2000. Doctr. 1160.* ♦ V. • Rennes, 26 sept. 2002 : *RJDA 2003, n° 77* • TGI Brest, 21 déc. 1994 : *D. 1995. Somm. 310, obs. Pizzio ; JCP E 1995. Pan. 200 ; BID 1995, n° 6, p. 21* • TGI Bourges, 30 nov. 1995 : *RJDA 1996, n° 979.* – V. aussi Recomm. CCA n° 87-03 *(BOCC 16 déc. 1987)* au **C. consom.**

26. Maisons de retraite. V. • Aix-en-Provence, 18 sept. 1995 : *CCC 1995, n° 190, note Raymond ; Bull. Aix-en-Provence 1995, n° 2, p. 25, note Agostinelli* (illicéité des clauses relatives à : la variabilité du prix ; l'interdiction d'introduire des boissons venant de l'extérieur ; la suppression du droit à réparation). ♦ V. L. n° 90-600 du 6 juill. 1990 (fixation des prix des prestations des établissements assurant l'hébergement des personnes âgées) ; Recomm. CCA n° 85-03 *(BOCC 9 nov. 1985)* ; Recomm. CCA n° 2008-02 *(BOCC 23 avr. 2008)* au **C. consom.**

27. Location saisonnière. Sur l'illicéité de clauses insérées dans les contrats de locations saisonnières, V. • Paris, 7 mai 1998 : *D. Affaires 1998. 1082, obs. S. P.* ♦ V. aussi, s'agissant de clauses relatives au délai de remboursement du dépôt de garantie et aux présomptions résultant du non-établissement de l'état des lieux, • TGI Grenoble, 22 mai 1997 : *RJDA 1997, n° 1553.* ♦ Sur les clauses tendant à interdire la détention d'animaux familiers dans les locaux donnés en location, V. : • Civ. 1re, 3 févr. 2011 : *Bull. civ. I, n° 23 ; D. 2011. Actu. 510, obs. Delpech ; JCP 2011, n° 414, note Paisant ; JCP E 2011, n° 1285, note Dupont ; CCC 2011, n° 102, obs. Raymond ; LPA 13 mai 2011, note Falaise ; RJDA 2011, n° 468.* ♦ Sur les clauses figurant dans un contrat de location longue durée d'un emplacement dans un camping, V. • Civ. 3e, 10 juin 2009 : *cité note 9.* ♦ V. Recomm. CCA n° 94-04 *(BOCC 27 oct. 1994)* au **C. consom.**

28. Séjour linguistique. Sur le caractère abusif d'une clause insérée dans un contrat de séjour linguistique par laquelle le professionnel prévoyait la possibilité de changer, dans un même pays, le lieu de séjour linguistique choisi par l'adhérent sans aucun dédommagement, V. • Paris, 2 oct. 1998 : *D. 1998. IR 238 ; D. Affaires 1998. 1851, obs. V. A.-R. ; RJDA 1998, n° 1424.*

29. Agence de voyages. Sont abusives les clauses figurant dans les conditions générales d'une agence de voyages et prévoyant : l'exonération de responsabilité de l'agence en cas de retour ne s'effectuant pas au même aéroport qu'au départ. • TGI Paris, 7 nov. 2000 : *RJDA 2001, n° 1274*. ♦ ... Que la remise de renseignements bancaires, tout paiement ou toute acceptation de documents émanant de l'agence implique l'approbation et la ratification des conditions générales. • Même décision. ♦ ... De limitation au double du forfait payé par le client les dommages et intérêts pouvant être sollicités en réparation du préjudice subi en cas de modification substantielle du contrat. • Même décision. ♦ Caractère abusif de la clause du contrat d'assurance annulation voyage qui définit la maladie grave comme la maladie interdisant toute activité professionnelle et *interdisant de quitter la chambre*, dans la mesure où cette clause permet d'écarter de la garantie la plupart des maladies. • Chambéry, 21 mars 2006 : *JCP 2006. IV. 2732*. ♦ Recomm. CCA n° 2008-01 (*BOCC 23 avr. 2008*) au **C. consom.**

30. Syndics de copropriété. Ne sont pas abusives la clause qui contraint un copropriétaire à un préliminaire de conciliation et celle qui a pour objet, sans décision judiciaire, d'imputer aux copropriétaires pris individuellement des frais de recouvrement. • Civ. 1re, 1er févr. 2005 : *Bull. civ. I, n° 64 ; D. 2005. AJ 565, obs. Avena-Robardet ; ibid. Pan. 2840, obs. Amrani Mekki ; AJDI 2005. 742, note Capoulade ; JCP E 2005, n° 31-34, p. 1333, note Sauphanor-Brouillaud ; CCC 2005, n° 97, obs. Raymond ; BRDA 2005, n° 7, p. 12 ; Defrénois 2005. 1178, obs. Atias ; RDC 2005. 718, note Fenouillet ; Loyers et copr. 2005, n° 78, obs. Vigneron*. ♦ V. Recomm. CCA n° 96-01 *(BOCC 24 janv. 1996)* et Recomm. CCA n° 2011-01 au **C. consom.** ♦ Pour des exemples de clauses ayant été jugées abusives, V. • TGI Paris, 7 sept. 1999 : *D. 1999. AJ 89, obs. Y. R. ; RJDA 1999, n° 1257*. ♦ V. aussi, appliquant l'art. L. 114-1 C. consom. à un syndicat de copropriété, note 1 ss. cet art.

31. Location de véhicule. La clause d'un contrat de location de véhicule prévoyant que « sauf motif légitime, tout acte de négligence prouvé engagera la responsabilité du preneur auquel sera facturée la valeur du véhicule volé au prix du catalogue diminué de l'amortissement de base mensuel » n'est pas abusive car elle n'entraîne pas de déséquilibre significatif entre les parties dès lors qu'elle permet au preneur de se dégager de sa responsabilité en arguant d'un motif légitime. • Versailles, 21 déc. 2001 : *JCP E 2002, n° 20, p. 786*. ♦ La clause pénale insérée dans un contrat de location de véhicule imposant au locataire de continuer à payer les loyers, même si le véhicule est immobilisé, ne revêt pas un caractère abusif lorsque le loueur s'est engagé à pourvoir au remplacement du véhicule ou à procéder à une diminution de loyer lorsque l'immobilisation est imputable à ses propres faute ou négligence. • Versailles, 4 mars 2003 : *BICC 2003, n° 1423*.

32. Vente de véhicules neufs. V. Recomm. CCA n° 85-02 du 14 déc. 1984 *(BOCC 4 sept. 1985)* et n° 2004-02 du 22 janv. 2004 *(BOCC 6 sept. 2004)* au **C. consom.** ♦ Pour des exemples de clauses jugées abusives, V. • Civ. 1re, 14 nov. 2006 : *Bull. civ. I, nos 488 et 489 ; D. 2006. AJ 2980, obs. Rondey ; RTD com. 2007. 437, obs. Bouloc ; JCP 2007. II. 10056, note Paisant ; CCC 2007. Étude 2, note Raymond ; RJDA 2008, n° 87 ; Lettre distrib. févr. 2007, p. 1, obs. Lafont (4 arrêts)*. ♦ Pour des clauses jugées abusives dans le cadre de la mise en œuvre de la garantie conventionnelle du constructeur, V. • Civ. 1re, 20 mars 2013 : *Dalloz actualité, 3 avr. 2013, obs. Delpech ; D. 2013. Actu. 832 ; JCP 2013, n° 538, note Paisant ; CCC 2013, n° 151, obs. G.R. ; RJDA 2013, n° 555*

33. Téléphonie mobile. BIBL. de Benalcazar, *LPA 4 juin 2003* (hausse tarifaire). – van Eeckhout, *RDC 2007. 515* (communications électroniques). – Gaboriau, *RDC 2009. 1674* (clauses abusives dans le secteur des communications électroniques). ♦ Est abusive et réputée non écrite la clause d'un contrat de téléphonie mobile prévoyant une indemnisation forfaitaire sur demande écrite de l'abonné, en cas de service inaccessible sur la zone de couverture. En effet, même si la clause n'en fait pas mention, une lettre recommandée avec AR est préférable pour des raisons de sécurité or le coût de ce courrier, étant supérieur à l'indemnisation prévue, aboutit à une exclusion de l'indemnisation. • TGI Grenoble, 7 sept. 2000 : *D. 2000. AJ 395, obs. V. A.-R*. ♦ Pour d'autres exemples, V. • TGI Paris, 20 oct. 1998 : *D. Affaires 1999. 850, obs. V. A.-R. ; RJDA 1999, n° 729* • 16 mars 1999 : *ibid.* • TGI Nanterre, 3 mars 1999 : *ibid.* • 17 mars 1999 : *ibid.* • 10 sept. 2003 : *CCC 2004, n° 13, obs. Raymond ; JCP E 2003, n° 43, p. 1694 ; CCE 2003, n° 107, obs. Grynbaum* et sur appel : • Versailles, 4 févr. 2004 : *D. 2004. AJ 635, obs. Avena-Robardet ; Gaz. Pal. 2004. Somm. 3335, obs. Misse et Avignon ; JCP E 2004, n° 27, p. 1083 ; CCC 2004, n° 99, obs. Raymond ; CCE 2004, n° 57, obs. Stoffel-Munck ; RJDA 2004, n° 1055*. ♦ Jugeant que le corps de caractère huit, qui n'est exigé par le code de la consommation que pour les contrats de crédit, ne s'applique pas aux CGV des contrats de téléphonie mobile : • Rennes, 13 nov. 2003 : *JCP E 2004, n° 24, p. 849*. ♦ Ni le maintien du contrat en cas de vol, ni la nécessité pour le client d'acquérir un nouveau portable ne crée un déséquilibre significatif. • Même arrêt.

34. Télévision par satellite. Pour des exemples de clauses jugées abusives dans les contrats d'abonnement à la télévision par satellite, V. • TGI Paris, 10 oct. 2000 : *BRDA 2000, n° 20, p. 11* • TI Béthune, 5 avr. 2007 : *CCE 2007, n° 135, obs. Debet.* – V. aussi Recomm. CCA n° 98-01 *(BOCC 31 déc. 1998)* et n° 2007-01 du 15 févr. 2007 *(BOCC 31 juill. 2007)* au **C. consom.** ♦ Pour les contrats d'abonnement à la télévision par câble et à internet, V. Comm. des clauses abusives, avis n° 05-05 du 29 sept. 2005, *CCE 2005, n° 188, obs. Grynbaum.*

35. Vente via internet. V. Recomm. CCA n° 2007-02 du 24 mai 2007 (*BOCC 24 déc. 2007*) au **C. consom.** ♦ Pour un jugement éradiquant d'un contrat de vente via internet les stipulations par lesquelles le professionnel s'autorisait à modifier unilatéralement les termes du contrat sans raison valable et spécifiée, à s'affranchir de son obligation pré-contractuelle d'information, à ne fixer qu'un délai indicatif de livraison, à restreindre la faculté du consommateur de se rétracter, de vérifier la conformité du produit commandé ou d'obtenir droit à réparation en cas de retard de livraison, V. • TGI Paris, 4 févr. 2003 : *D. 2003. AJ 762, obs. Manara ; JCP 2003. II. 10079, note Stoffel-Munck ; CCE 2003, n° 42, obs. Stoffel-Munck ; Gaz. Pal. 2003. Somm. 2618, obs. Charpentier ; Defrénois 2004. 56, obs. Raynouard ; Dr. et patr. juill.-août 2004. 101, obs. Caprioli.* ♦ N'est en revanche pas illicite la clause d'acceptation figurant en préambule des conditions générales de vente via internet, celle relative à l'obligation de conformité exonérant de sa responsabilité le vendeur en cas de variations minimes dans la représentation des articles, et celle exonératrice de responsabilité s'agissant des difficultés techniques que les clients pourraient rencontrer sur le site. • Même arrêt.

36. Accès à internet. BIBL. van Eeckhout, *RDC 2007. 515* (communications électroniques). – Gaboriau, *RDC 2009. 1674* (clauses abusives dans le secteur des communications électroniques). ♦ Pour des exemples de clauses jugées abusives dans les contrats de fourniture d'accès à internet, V. • Versailles, 15 sept. 2005 : *JCP 2006. II. 10029, note Fages ; CCE 2005, n° 171, obs. Stoffel-Munck* (conf. par • Civ. 1re, 8 nov. 2007 : *RTD civ. 2008. 103, obs. Fages ; JCP 2008. I. 104, n° 12, obs. Grosser ; CCE 2008, n° 7, obs. Debet ; RJDA 2008, n° 333*) • TGI Nanterre, 2 juin 2004 : *D. 2004. 2021 ; JCP 2005. II. 10022, note Fages ; Lettre distrib. juill.-août 2004, p. 1, obs. Lafont ; CCE 2004, n° 121, obs. Grynbaum ; Gaz. Pal. 2005. Somm. 1334, obs. Misse* • TGI Paris, 5 avr. 2005 : *CCE 2005, n° 104, obs. Stoffel-Munck* • 21 févr. 2006 : *D. 2006. 1102, obs. Rondey ; RJDA 2006, n° 965* (et en appel : • Paris, 13 févr. 2009 : *CCC 2009, n° 155, obs. G. R. ; RJDA 2009, n° 684*) • TGI Nanterre, 9 févr. 2006 : *ibid. ; CCE 2006, n° 126, obs. Stoffel-Munck* • TI Cherbourg, 12 juill. 2007 : *CCE 2007, n° 135, obs. Debet.* – V. aussi Recomm. CCA du 26 sept. 2002 *(BOCC 31 janv. 2003)* et n° 2007-01 du 15 févr. 2007 *(BOCC 31 juill. 2007)* au **C. consom.**

37. Services publics. Sur le caractère abusif d'une clause d'un contrat d'abonnement de fourniture d'électricité, excluant totalement la responsabilité d'une régie, V. • Bordeaux, 2 juin 1997 : *BICC 1997, n° 1490.* ♦ ... D'une clause du règlement des eaux exonérant le service des eaux de sa responsabilité relative aux branchements défectueux, V. • TGI Paris, 17 janv. 1990 : *D. 1990. 289, note Ghestin .* ♦ Refusant de retenir le caractère abusif d'une clause figurant dans un contrat d'abonnement d'eau par laquelle était exclue toute réclamation de l'abonné en cas de fuite d'eau dans les installations, au motif que n'est pas établie l'absence de rapport direct dudit contrat avec l'activité professionnelle de l'abonné, V. • Civ. 1re, 5 mars 2002 : *RTD com. 2002. 716, obs. Bouloc ; JCP 2002. IV. 1662 ; Gaz. Pal. 2003. 1. Somm. 1188, obs. Guével,* cassant • Pau, 10 mai 2000 : *JCP 2001. IV. 1241.* – V. aussi • TGI Mâcon, 25 févr. 1991 : *Gaz. Pal. 1992. 2. Somm. 515.*

Art. R. 132-2-1 *(Décr. n° 2009-302 du 18 mars 2009)* I. — Le 3° de l'article R. 132-1 et les 4° et 6° de l'article R. 132-2 ne sont pas applicables :

a) Aux transactions concernant les valeurs mobilières, instruments financiers et autres produits ou services dont le prix est lié aux fluctuations d'un cours, d'un indice ou d'un taux que le professionnel ne contrôle pas ;

b) Aux contrats d'achat ou de vente de devises, de chèques de voyage ou de mandats internationaux émis en bureau de poste et libellés en devises.

II. — Le 3° de l'article R. 132-1 et le 6° de l'article R. 132-2 ne font pas obstacle à l'existence de clauses par lesquelles le fournisseur de services financiers se réserve le droit de modifier le taux d'intérêt dû par le non-professionnel ou le consommateur ou dû à celui-ci, ou le montant de toutes charges afférentes à des services financiers, sans aucun préavis en cas de motif légitime, pourvu que soit mise à la charge du professionnel l'obligation d'en informer la ou les autre parties contractantes dans les meilleurs délais et que celles-ci soient libres de résilier immédiatement le contrat.

III. — Le 8° de l'article R. 132-1 et le 4° de l'article R. 132-2 ne font pas obstacle à l'existence de clauses par lesquelles le fournisseur de services financiers se réserve le droit de mettre fin au contrat à durée indéterminée unilatéralement, et ce sans préavis en cas de motif légitime, à condition que soit mise à la charge du professionnel l'obligation d'en informer la ou les autres parties contractantes immédiatement.

IV. — Le 3° de l'article R. 132-1 et le 6° de l'article R. 132-2 ne font pas obstacle à l'existence de clauses par lesquelles le contrat, lorsqu'il est conclu à durée indéterminée, stipule que le professionnel peut apporter unilatéralement des modifications liées au prix du bien à livrer ou du service à rendre à la condition que le consommateur en ait été averti dans un délai raisonnable pour être en mesure, le cas échéant, de résilier le contrat.

V. — Le 3° de l'article R. 132-1 et le 6° de l'article R. 132-2 ne font pas obstacle à l'existence de clauses par lesquelles le contrat stipule que le professionnel peut apporter unilatéralement des modifications au contrat liées à l'évolution technique, dès lors qu'il n'en résulte ni augmentation de prix, ni altération de la qualité et que les caractéristiques auxquelles le non-professionnel ou le consommateur a subordonné son engagement ont pu figurer au contrat.

Interprétation et forme des contrats

Art. L. 133-1 **En vue d'assurer l'information du contractant non professionnel ou consommateur, les décrets prévus à l'article L. 132-1 peuvent réglementer la présentation des écrits constatant les contrats visés au même article.** — *[L. n° 78-23 du 10 janv. 1978, art. 35, al. 5.] — V. C. consom., art. R. 211-1 à R. 211-3, et Arr. 22 déc. 1987, relatifs à la présentation des écrits constatant les contrats de garantie et de service après vente.* — ***C. consom.***

Art. L. 133-2 *(L. n° 95-96 du 1er févr. 1995)* **Les clauses des contrats proposés par les professionnels aux consommateurs ou aux non-professionnels doivent être présentées et rédigées de façon claire et compréhensible.**

Elles s'interprètent en cas de doute dans le sens le plus favorable au consommateur ou au non-professionnel. Le présent alinéa n'est toutefois pas applicable aux procédures engagées sur le fondement de l'article L. 421-6. — *Comp. C. civ., art. 1162.*

BIBL. ▶ ROCHFELD, *Liber amicorum Calais-Auloy, Dalloz, 2004, p. 981* (les clairs-obscurs de l'exigence de transparence appliquée aux clauses abusives). – LAMOUREUX, *D. 2006. 2848* (l'interprétation des contrats de consommation). – GRYNBAUM, *RDC 2007. 973* (de l'art de la mesure dans la protection du consentement).

Clause ambiguë. Jugeant que la clause définissant le risque invalidité d'un contrat d'assurance de groupe était bien ambiguë de sorte qu'elle devait être interprétée dans le sens le plus favorable au non-professionnel, V. • Civ. 1re, 21 janv. 2003 : *Bull. civ. I, n° 19 ; D. 2003. 2600, note Claret ; ibid. AJ 693, obs. Avena-Robardet ; Dr. et patr. mai 2003, p. 112, obs. Chauvel ; JCP E 2003, n° 25, p. 1043, obs. Courtieu ; RTD com. 2003. 559, obs. Bouloc ; RTD civ. 2003. 292, obs. Mestre et Fages ; RDC 2003. 91, obs. Bruschi* • Civ. 2e, 13 juill. 2006 : *Bull. civ. II, n° 214 ; RTD com. 2007. 435, obs. Bouloc ; JCP E 2006, n° 37, p. 1528 ; Gaz. Pal. 2007. 4036, note Leducq ; CCC 2006, n° 209, obs. Raymond ; RJDA 2006, n° 1196 ; RDC 2007. 347, obs. Fenouillet ; RCA 2006, n° 275.* ♦ Comp., à propos d'une clause similaire, s'agissant de la réglementation des clauses abusives : • Civ. 2e, 18 mars 2004 : *cité note 4 ss. art. L. 132-1 C. consom.* – V. aussi • Civ. 1re, 22 mai 2008 : *cité note 23 ss. art. R. 132-2 C. consom.*

Remise des contrats

Art. L. 134-1 **Les professionnels vendeurs ou prestataires de services doivent remettre à toute personne intéressée qui en fait la demande un exemplaire des conventions qu'ils proposent habituellement.** — *[L. n° 78-23 du 10 janv. 1978 art. 35, al. 4.] — Les* *infractions à l'art. L. 134-1 sont punies des peines d'amendes prévues pour les contraventions de la 5e classe ; en cas de récidive, les peines d'amendes prévues pour la récidive des contraventions de la 5e classe sont applicables (C. consom., art. R. 134-1). — V. art. L. 141-1.*

Art. L. 134-2 *(L. no 2004-575 du 21 juin 2004, art. 27)* **Lorsque le contrat est conclu par voie électronique et qu'il porte sur une somme égale ou supérieure à un montant fixé par décret, le contractant professionnel assure la conservation de l'écrit qui le constate pendant un délai déterminé par ce même décret et en garantit à tout moment l'accès à son cocontractant si celui-ci en fait la demande.** — *V. Décr. no 2005-137 du 16 févr. 2005 (JO 18 févr.) qui fixe à 120 € et 10 ans les montant et délai susvisés. —* ***C. consom.***

Conflit des lois relatives aux clauses abusives

Art. L. 135-1 *(L. no 95-96 du 1er févr. 1995)* **Nonobstant toute stipulation contraire, les dispositions de l'article L. 132-1 sont applicables lorsque la loi qui régit le contrat est celle d'un État n'appartenant pas à l'Union européenne, que le consommateur ou le non-professionnel a son domicile sur le territoire de l'un des États membres de l'Union européenne et que le contrat y est proposé, conclu ou exécuté.**

Reconduction des contrats

Art. L. 136-1 *(L. no 2005-67 du 28 janv. 2005, art. 1er, en vigueur le 28 juill. 2005)* **Le professionnel prestataire de services informe le consommateur par écrit, au plus tôt trois mois et au plus tard un mois avant le terme de la période autorisant le rejet de la reconduction, de la possibilité de ne pas reconduire le contrat qu'il a conclu avec une clause de reconduction tacite.**

Lorsque cette information ne lui a pas été adressée conformément aux dispositions du premier alinéa, le consommateur peut mettre gratuitement un terme au contrat, à tout moment à compter de la date de reconduction. Les avances effectuées après la dernière date de reconduction ou, s'agissant des contrats à durée indéterminée, après la date de transformation du contrat initial à durée déterminée, sont dans ce cas remboursées dans un délai de trente jours à compter de la date de résiliation, déduction faite des sommes correspondant, jusqu'à celle-ci, à l'exécution du contrat. A défaut de remboursement dans les conditions prévues ci-dessus, les sommes dues sont productives d'intérêts au taux légal.

Les dispositions du présent article s'appliquent sans préjudice de celles qui soumettent légalement certains contrats à des règles particulières en ce qui concerne l'information du consommateur.

(L. no 2006-1772 du 30 déc. 2006, art. 66) **« Les trois alinéas précédents ne sont pas applicables aux exploitants des services d'eau potable et d'assainissement. »** *(L. no 2008-3 du 3 janv. 2008, art. 33)* **« Ils sont applicables aux consommateurs et aux non-professionnels. »**

Les dispositions de l'art. L. 136-1 s'appliquent aux contrats en cours et à leur reconduction à la date de promulgation de la loi (L. no 2005-67, 28 janv. 2005, art. 7).

BIBL. ▶ Stoffel-Munck, *CCE 2005, no 45 ; JCP 2005. I. 129* (encadrement de la tacite reconduction depuis la loi Chatel). - Claret, *JCP 2005. I. 140.* - Coelho, *LPA 6 sept. 2005* - Mallet-Bricout, *Dr. et patr. sept. 2005. 38.* - Note de la rédaction, *BRDA 2008, no 2, p. 24* (loi no 2008-3 du 3 janv. 2008). - Rey, *RLDA juill. 2009.* 103 (les difficultés d'application de la loi du 3 janv. 2008 : le non-professionnel en question).

1. Personne physique ou morale. L'art. L. 136-1, dans sa rédaction issue de la loi du 28 janv. 2005 applicable en la cause, qui s'applique exclusivement au consommateur, ne concerne que les personnes physiques (inapplicabilité à un comité d'entreprise). • Civ. 1re, 2 avr. 2009 : ⇧ *JCP 2009, no 38, p. 21, note Paisant ; Gaz. Pal. 2010. 419, obs. S. Piedelièvre ;*

CCC 2009, n° 182, obs. Raymond ; Dr. et proc. 2010, suppl. n° 2, p. 3, obs. Y. Picod. ♦ Les personnes morales ne sont pas exclues de la catégorie des non-professionnels bénéficiant des dispositions de l'art. L. 136-1 dans sa rédaction issue de la loi du 3 janv. 2008, applicables à la reconduction des contrats concernés, dès lors que le délai imparti au prestataire de services par le premier alinéa pour donner l'information requise n'avait pas commencé à courir à la date d'entrée en vigueur de l'art. 33 de cette loi. • Civ. 1re, 23 juin 2011 : *Bull. civ. I, n° 122 ; D. 2011. 2245, note Tisseyre ; RTD com. 2011. 627, obs. Bouloc ; JCP E 2011, n° 1660, note Lemay ; JCP 2011, n° 1080, note Paisant ; CCC 2011, n° 226, obs. Raymond ; LPA 30 sept. 2011, note Claude ; RJDA 2012, n° 154 ; Bull. Joly 2011. 848, note Macorig-Venier ; Rev. loyers 2011. 325, note Bert.*

2. Sociétés commerciales. L'art. L. 136-1, qui s'applique exclusivement au consommateur et au non-professionnel, ne concerne pas les contrats conclus entre sociétés commerciales. • Com. 6 sept. 2011 : *Bull. civ. IV, n° 127 ; D. 2011. Actu. 2198, obs. Delpech ; JCP E 2011, n° 1716, note Bazin ; JCP 2011, n° 1203, obs. Paisant ; CCC 2011, n° 248, obs. Raymond ; RJDA 2012, n° 37 ; RLDA oct. 2011. 3, note Bert.* – V. aussi Mairot, *Dr. sociétés 2011. Alerte 42* (pour une affirmation légale de la qualité de professionnel des sociétés).

3. Date d'effet de la résiliation. Il résulte de l'art. L. 136-1 que la faculté de résiliation ouverte par celui-ci au consommateur prend effet au jour où il l'exerce. • Civ. 1re, 10 avr. 2013 : *D. 2013. Actu. 989 ; BRDA 2013, n° 8, p. 12.*

Prescription

Art. L. 137-1 *(L. n° 2008-561 du 17 juin 2008, art. 4)* **Par dérogation à l'article 2254 du code civil, les parties au contrat entre un professionnel et un consommateur ne peuvent, même d'un commun accord, ni modifier la durée de la prescription, ni ajouter aux causes de suspension ou d'interruption de celle-ci.**

Art. L. 137-2 *(L. n° 2008-561 du 17 juin 2008, art. 4)* **L'action des professionnels, pour les biens ou les services qu'ils fournissent aux consommateurs, se prescrit par deux ans.**

Les dispositions de la L. n° 2008-561 du 17 juin 2008 qui allongent la durée d'une prescription s'appliquent lorsque le délai de prescription n'était pas expiré à la date de son entrée en vigueur (JO 18 juin). Il est alors tenu compte du délai déjà écoulé. — Les dispositions de la L n° 2008-561 du 17 juin 2008 qui réduisent la durée de la prescription s'appliquent aux prescriptions à compter du jour de l'entrée en vigueur de la loi précitée, sans que la durée totale puisse excéder la durée prévue par la loi antérieure. — Lorsqu'une instance a été introduite avant l'entrée en vigueur de la loi n° 2008-561 du 17 juin 2008, l'action est poursuivie et jugée conformément à la loi ancienne. Cette loi s'applique également en appel et en cassation (L. n° 2008-561 du 17 juin 2008, art. 26).

Pouvoirs des agents et actions juridictionnelles

Art. L. 141-1 *(L. n° 2008-3 du 3 janv. 2008, art. 39-IV)* **« I. — Sont recherchés et constatés, dans les conditions fixées par les articles L. 450-1 à L. 450-4, L. 450-7, L. 450-8, L. 470-1 et L. 470-5 du code de commerce, les infractions ou manquements prévus aux dispositions suivantes du présent code :**

« 1° Le chapitre préliminaire du titre II du livre Ier ;

« 2° Les sections I, II, III, VIII, IX et XII du chapitre Ier du titre II du livre Ier ;

« 3° Les sections III, IV et V du chapitre II du titre II du livre Ier ;

« 4° Les sections *(L. n° 2010-737 du 1er juill. 2010, art. 59-III)* **« IX à XI »** *[nouvelles ; ancienne rédaction : V et VII]* **du chapitre Ier du titre Ier du livre III ;**

« 5° La section VII du chapitre II du titre Ier du livre III ;

« 6° Les sections I, III et VI du chapitre III du titre Ier du livre III ;

« 7° La section VII du chapitre IV du titre Ier du livre III ;

« 8° Le chapitre II du titre II du livre III. »

(L. n° 2007-1774 du 17 déc. 2007, art. 13-I) **« II. — Sont recherchés et constatés, dans les mêmes conditions qu'au I, à l'exception des pouvoirs d'enquête de l'article**

L. 450-4 du code de commerce, les infractions ou manquements prévus aux dispositions suivantes du présent code :

« 1° Le chapitre III du titre Ier du livre Ier ;

« 2° Les sections V, VI et XI du chapitre Ier du titre II du livre Ier ;

« 3° Les sections I et II du chapitre II du titre II du livre Ier et l'article R. 122-1 ;

« 4° La section I du chapitre II du titre III du livre Ier ;

« 5° Les chapitres III et VI du titre III du livre Ier ;

« 6° Le chapitre Ier du titre Ier du livre II.

« III. – Sont recherchés et constatés, dans les conditions fixées au I, les infractions ou manquements aux dispositions :

« 1° Du titre III de la loi n° 70-9 du 2 janvier 1970 réglementant les conditions d'exercice des activités relatives à certaines opérations portant sur les immeubles et les fonds de commerce ;

« 2° De l'article 4 de la loi n° 89-462 du 6 juillet 1989 tendant à améliorer les rapports locatifs et portant modification de la loi n° 86-1290 du 23 décembre 1986 ;

« 3° Des sections I et II du chapitre Ier du titre Ier du livre II du code du tourisme ;

« 4° Du titre II de la loi n° 2004-575 du 21 juin 2004 pour la confiance dans l'économie numérique ; »

(L. n° 2011-12 du 5 janv. 2011, art. 11) « 5° Du 1 de l'article 8 du règlement (CE) n° 1371/2007 du Parlement européen et du Conseil du 23 octobre 2007 sur les droits et obligations des voyageurs ferroviaires, et du 3 du même article pour ce qui concerne son application aux dispositions du 1 précité ; »

(L. n° 2012-375 du 19 mars 2012, art. 4) « 6° De l'article 23 du règlement (CE) n° 1008/2008 du Parlement européen et du Conseil, du 24 septembre 2008, établissant des règles communes pour l'exploitation de services aériens dans la Communauté. »

(L. n° 2011-12 du 5 janv. 2011, art. 11) « IV. – Le secret professionnel ne peut être opposé aux agents agissant dans le cadre des pouvoirs qui leur sont conférés par le présent article.

« V. – Les agents habilités à constater les infractions ou manquements aux obligations mentionnées aux I, II et III peuvent, après une procédure contradictoire, enjoindre au professionnel, en lui impartissant un délai raisonnable, de se conformer à ces obligations, de cesser tout agissement illicite ou de supprimer toute clause illicite.

« VI. – L'autorité administrative chargée de la concurrence et de la consommation peut également demander à la juridiction civile ou, s'il y a lieu, à la juridiction administrative d'ordonner, le cas échéant sous astreinte, la suppression d'une clause illicite ou abusive dans tout contrat ou type de contrat proposé ou destiné au consommateur. Elle peut, après en avoir avisé le procureur de la République, agir devant la juridiction civile, pour demander au juge d'ordonner, au besoin sous astreinte, toute mesure de nature à mettre un terme aux manquements à des obligations contractuelles ou aux agissements illicites mentionnés aux I, II et III. Les modalités de mise en œuvre de ces procédures sont fixées par décret en Conseil d'État. »

Les litiges civils nés de l'application du code de la consommation relèvent, lorsque le montant de la demande n'excède pas le taux de compétence en dernier ressort du tribunal d'instance, des règles relatives à la saisine simplifiée du tribunal d'instance fixées par les art. 843 et 844 C. pr. civ. ; ils peuvent faire l'objet de la procédure d'injonction de faire définie par les art. 1425-1 à 1425-9 C. pr. civ. (C. consom., art. R. 142-1 et R. 142-2). – V. ces dispositions au ***C. pr. civ.*** *ou au* ***C. consom.***

BIBL. ▸ Ord. du 1er sept. 2005 : CHEYNEL, *RLC 2005, n° 5, p. 63* (refonte des pouvoirs d'enquête de la DGCCRF en matière de protection du consommateur). ▸ Loi n° 2007-1774 du 17 déc. 2007 : NOTTÉ, *JCP E 2008, n° 6, p. 14.*

Art. L. 141-2 *(L. n° 2008-3 du 3 janv. 2008, art. 39-IV)* « Pour les *(L. n° 2011-1862 du 13 déc. 2011, art. 30-I)* « contraventions, et les délits qui ne sont pas punis d'une peine d'emprisonnement, prévus » aux livres Ier et III ainsi que pour les infractions prévues à l'article L. 121-1, l'autorité administrative chargée de la concurrence et de

la consommation a droit, tant que l'action publique n'a pas été mise en mouvement, de transiger, après accord du procureur de la République, selon des modalités fixées par décret en Conseil d'État. »

(Ord. n° 2005-1086 du 1er sept. 2005, art. 1er-II) **« L'acte par lequel le procureur de la République donne son accord à la proposition de transaction est interruptif de la prescription de l'action publique.**

« L'action publique est éteinte lorsque l'auteur de l'infraction a exécuté dans le délai imparti les obligations résultant pour lui de l'acceptation de la transaction. »

Code de la consommation

Art. R. 141-3 *(Décr. n° 2010-1010 du 30 août 2010, art. 1er)* « I. — L'autorité administrative mentionnée à l'article L. 141-2 est, dans le cadre de leurs compétences respectives, le chef du service national des enquêtes au sein de la direction générale de la concurrence, de la consommation et de la répression des fraudes, le directeur régional des entreprises, de la concurrence, de la consommation, du travail et de l'emploi ou le directeur de la direction départementale chargée de la protection des populations. »

(Décr. n° 2012-839 du 29 juin 2012, art. 1er) « Pour l'application du présent article dans les départements et régions d'outre-mer et dans le Département de Mayotte, les références au "directeur régional des entreprises, de la concurrence, de la consommation, du travail et de l'emploi" et au "directeur de la direction départementale chargée de la protection des populations" sont remplacées par la référence au "directeur des entreprises, de la concurrence, de la consommation, du travail et de l'emploi".

« Pour l'application du présent article à Saint-Pierre-et-Miquelon, la référence au "directeur de la direction départementale chargée de la protection des populations" est remplacée par la référence au "directeur de la cohésion sociale, du travail, de l'emploi et de la population". »

(Décr. n° 2006-513 du 4 mai 2006, art. 2) « II. — L'autorité administrative mentionnée au I transmet la proposition de transaction au procureur de la République dans un délai de trois mois à compter de la clôture du procès-verbal de constatation de l'infraction. Cette proposition précise la somme que l'auteur de l'infraction sera invité à payer au Trésor public, le délai imparti pour son paiement et, s'il y a lieu, les autres obligations résultant pour lui de l'acceptation de la transaction.

« III. — Lorsque le procureur de la République a donné son accord sur la proposition de transaction, *(Décr. n° 2010-1010 du 30 août 2010, art. 1er)* « l'autorité administrative mentionnée au I » notifie cette dernière en double exemplaire à l'auteur de l'infraction. Cette notification comporte une mention précisant que si la personne ne paie pas, dans le délai imparti, la somme indiquée dans la proposition ou qu'elle ne satisfait pas aux autres obligations le cas échéant souscrites par elle, le procureur de la République décidera, sauf élément nouveau, d'engager les poursuites à son égard.

« L'auteur de l'infraction dispose d'un mois, à compter de cette notification, pour y répondre. En cas d'acceptation, l'auteur de l'infraction retourne à l'autorité administrative un exemplaire signé de la proposition.

« Dans l'hypothèse où, au terme du délai mentionné à l'alinéa ci-dessus, l'auteur de l'infraction a refusé la proposition ou n'y a pas répondu, l'autorité administrative en informe sans délai le procureur de la République. Ce dernier est également informé par l'autorité administrative du cas où l'auteur de l'infraction n'aurait pas acquitté la somme indiquée dans la proposition, au terme du délai imparti, ou n'aurait pas satisfait aux autres obligations le cas échéant souscrites par lui. »

Art. L. 141-3 *(Ord. n° 2005-1086 du 1er sept. 2005, art. 5)* **I. — Les dispositions de l'article 11 du code de procédure pénale ou celles relatives au secret professionnel ne font pas obstacle à la communication, par les** *(L. n° 2011-525 du 17 mai 2011, art. 94-XII)* **« agents de la concurrence, de la consommation et de la répression des fraudes »,**

selon les conditions et modalités du règlement CE n° 2006/2004 du Parlement européen et du Conseil du 27 octobre 2004, aux autorités compétentes des États membres de l'Union européenne d'informations et de documents détenus et recueillis dans l'exercice de leurs missions par les agents habilités à constater et rechercher des infractions aux dispositions entrant dans le champ d'application dudit règlement.

II. – Les agents habilités à constater les infractions mentionnées à l'article L. 141-1 et à l'article L. 121-1 du code de la consommation peuvent également coopérer avec les autorités compétentes des pays membres de l'Organisation de coopération et de développement économiques (OCDE), non-membres de l'Union européenne, en vue de prévenir ou de faire cesser des pratiques commerciales transfrontières illicites. Cette coopération consiste en l'établissement de contacts, d'échanges d'informations non couvertes par le secret professionnel ou le secret de l'instruction, et en l'orientation des plaintes des consommateurs dans des pays tiers.

Art. L. 141-4 *(L. n° 2008-3 du 3 janv. 2008, art. 34)* **Le juge peut soulever d'office toutes les dispositions du présent code dans les litiges nés de son application.**

BIBL. ▸ Note de la rédaction, *BRDA 2008, n° 2, p. 27* (pouvoir du juge en droit de la consommation). – RAYMOND, *JCP E 2008, n° 12-13, p. 17, spéc. p. 18 ; CCC 2008. Étude 3* (les modifications au droit de la consommation apportées par la loi n° 2008-3 du 3 janv. 2008). – BAZIN, *Dr. et proc. 2008. 125* (de l'office du juge en droit de la consommation). – CROZE, *Procédures 2008, n° 80* (pouvoir de relever d'office les moyens tirés du code de la consommation). – POISSONNIER, *D. 2008. 1285* (office du juge en droit de la consommation : une clarification bienvenue) ; *CCC 2009. Étude 5* (mode d'emploi du relevé d'office en droit de la consommation). – RZEPECKI, *RLDA juin 2009. 41* (le relevé d'office par le juge des dispositions du code de la consommation : principe et régime). – ALLIEZ, *LPA 2 juill. 2009* (la réforme de l'office du juge en droit de la consommation). – FLORES et BIARDEAUD, *D. 2009. 2227* (l'office du juge et le crédit à la consommation). – BAZIN, *Dr. et proc. 2010. 110* (retour sur l'office du juge en droit de la consommation). – GORCHS, *D. 2010. 1300* (le relevé d'office des moyens tirés du code de la consommation : une qualification inappropriée).

1. Entrée en vigueur. L'art. L. 141-4, issu de la loi du 3 janv. 2008, permettant au juge de soulever d'office les dispositions du code de la consommation, est d'application immédiate. • Colmar, 31 mars 2008 : *JCP E 2008, n° 41, p. 17* (caractère abusif d'une clause du prêt permettant au prêteur de modifier à la hausse ou à la baisse le montant du plafond autorisé). • Paris, 6 mars 2008 : *CCC 2008, n° 249, obs. Raymond* (frais et commissions en matière de crédit à la consommation) • Toulouse, 3 févr. 2009 : *JCP E 2009, n° 15, p. 26* (non-respect de l'anc. art. L. 311-9 C. consom.).

2. Ordre public. La méconnaissance des dispositions d'ordre public du code de la consommation peut être relevée d'office par le juge (absence de visa de l'art. L. 141-4). • Civ. 1re, 22 janv. 2009 : *Bull. civ. I, n° 9 ; D. 2009. 908, note S. Piedelièvre ; ibid. AJ 365, obs. Avena-Robardet ; RTD com. 2009. 421, obs. Legeais ; JCP 2009. II. 10037, note Lagarde ; JCP E 2009, n° 7, p. 21, obs. Gout ; CCC 2009, n° 88, obs. Raymond ; LPA 8 avr. 2009, note Poissonnier ; LPA 12 mai 2009, obs. Gout ; RD banc. fin. 2009, n° 45, obs. Lagarde ; RJDA 2009, n° 382 ; Defrénois 2009. 663, obs. Savaux ; Procédures 2009, n° 84, obs. Raschel ; Dr. et proc. 2009. 159, obs. Bazin.*

3. Pouvoir ou devoir. Jugeant que le juge national est tenu d'examiner d'office le caractère abusif d'une clause contractuelle dès qu'il dispose des éléments de droit et de fait nécessaires à cet effet. • CJCE 4 juin 2009 : *cité note 11 ss. art. L. 132-1 C. consom.*

Art. L. 141-5 *(L. n° 2009-526 du 12 mai 2009, art. 24)* **Le consommateur peut saisir à son choix, outre l'une des juridictions territorialement compétentes en vertu du code de procédure civile, la juridiction du lieu où il demeurait au moment de la conclusion du contrat ou de la survenance du fait dommageable.**

Art. L. 141-6 *(L. n° 2010-1609 du 22 déc. 2010, art. 1er)* **Lors du prononcé d'une condamnation, le juge peut, même d'office, pour des raisons tirées de l'équité ou de la situation économique du professionnel condamné, mettre à sa charge l'intégralité des droits proportionnels de recouvrement ou d'encaissement prévus à l'article** *(Ord.*

nº 2011-1895 du 19 déc. 2011, art. 2, en vigueur le 1er juin 2012; « **L. 111-8 du code des procédures civiles d'exécution** *[ancienne rédaction : 32 de la loi nº 91-650 du 9 juillet 1991 portant réforme des procédures civiles d'exécution]* ». – *V.* **C. pr. civ.**

I Boule de neige (ventes à la)

Code de la consommation

Ventes ou prestations « à la boule de neige »

BIBL. ▶ Dossier, *Gaz. Pal. 1995. 1. Doctr. 60* (vente en réseaux). – Puech, *D. 1995. Chron. 117* (vente multiniveau). – Desurvire, *Rev. huiss. 1995. 657 ; CCC 1995. Chron. 6* (même thème).

Art. L. 122-6 Sont interdits :

1º La vente pratiquée par le procédé dit « de la boule de neige » ou tous autres procédés analogues consistant en particulier à offrir des marchandises au public en lui faisant espérer l'obtention de ces marchandises à titre gratuit ou contre remise d'une somme inférieure à leur valeur réelle et en subordonnant les ventes au placement de bons ou de tickets à des tiers ou à la collecte d'adhésions ou inscriptions ;

2º *(L. nº 2008-3 du 3 janv. 2008, art. 39-III)* « Le fait de proposer à une personne de collecter des adhésions ou de s'inscrire sur une liste en exigeant d'elle le versement d'une contrepartie quelconque et en lui faisant espérer des gains financiers résultant d'une progression du nombre de personnes recrutées ou inscrites plutôt que de la vente, de la fourniture ou de la consommation de biens ou services. »

(L. nº 95-96 du 1er févr. 1995) « Dans le cas de réseaux de vente constitués par recrutement en chaîne d'adhérents ou d'affiliés, il est interdit d'obtenir d'un adhérent ou affilié du réseau le versement d'une somme correspondant à un droit d'entrée ou à l'acquisition de matériels ou de services à vocation pédagogique, de formation, de démonstration ou de vente ou tout autre matériel ou service analogue, lorsque ce versement conduit à un paiement ou à l'attribution d'un avantage bénéficiant à un ou plusieurs adhérents ou affiliés du réseau.

« En outre, il est interdit, dans ces mêmes réseaux, d'obtenir d'un adhérent ou affilié l'acquisition d'un stock de marchandises destinées à la revente, sans garantie de reprise du stock aux conditions de l'achat, déduction faite éventuellement d'une somme n'excédant pas 10 p. 100 du prix correspondant. Cette garantie de reprise peut toutefois être limitée à une période d'un an après l'achat. »

1. Ventes à la boule de neige. Constitue une vente à la boule de neige le fait pour un commerçant de proposer à ses clients la remise gratuite de deux vêtements, le troisième, réglé au moyen de plusieurs chèques, leur étant remboursé par restitution d'une mensualité en contrepartie de chaque nouveau client se présentant de la part du client initial. • T. corr. Versailles, 16 oct. 2000 : *RJDA 2001, nº 819.* ♦ Pour des exemples, V. • Crim. 27 janv. 1966 : *Bull. crim. nº 26* (pelotes de laine à prix réduit) • 4 mai 1966 : *ibid. nº 138* (paires de bas à prix réduit).

2. Parrainage. Pour un parrainage sur internet assimilé à une vente à la boule de neige ou pyramidale au sens de l'art. L. 122-6 (2º), V. • Paris, 15 juin 2001 : *CCC 2002, nº 19, obs. Raymond ; RJDA 2002, nº 444 ; JCP E 2003, nº 4, p. 176, obs. S. A.-D.* • Montpellier, 12 janv. 2006 : *CCC 2006, nº 135, obs. Raymond.*

3. Chaînes d'argent. Se rend coupable du délit prévu à l'art. L. 122-6 (2º) celui qui propose à d'autres personnes, en même temps qu'une opération de vente de produits de nettoyage à un prix inférieur à leur valeur réelle, la remise de vingt exemplaires « complets et originaux » d'un ouvrage avec leurs noms et adresses imprimés afin qu'elles les envoient à vingt personnes de leur choix et puissent ainsi, dans un premier temps, se voir verser par chacune de celles-ci la somme de 50 F (7,62 €), dans un deuxième temps, la même somme par les vingt personnes que chacune de celles-ci auront à leur tour recrutées. • T. corr. Bourg-en-Bresse, 7 juin 1995 : *RJDA 1996, n° 285.*

Sur l'application de l'art. L. 122-6 (2°) à la distribution de produits en recrutant des revendeurs par parrainage d'autres revendeurs, V. • T. corr. Brest, 20 sept. 1994 : *RJDA 1994, n° 1382.* – V. aussi, sur ce jugement, Puech, *Gaz. Pal. 1995. 1. Doctr. 102* (décision annexée). ♦ Pour une « chaîne d'argent » sanctionnée sur le fondement de l'escroquerie, V. • TGI Angers, 29 mai 1991 : *CCC 1992, n° 191, obs. Raymond.*

Art. L. 122-7 Sans préjudice de l'application, le cas échéant, des peines prévues aux articles 313-1, 313-7 et 313-8 du code pénal, toute infraction à la présente section sera punie d'une amende de 4 500 € et d'un emprisonnement de un an. – *Avant la codification de l'art. 2 de la loi du 5 nov. 1953, le taux maximum de l'amende avait été relevé à 6 000 € (40 000 F) par la loi n° 77-1468 du 30 déc. 1977.*

Le délinquant pourra être, en outre, condamné à rembourser à ceux de ses clients qui n'auront pu être satisfaits les sommes versées par eux, sans qu'il puisse avoir recours contre ceux qui ont obtenu la marchandise. – *[L. n° 53-1090 du 5 nov. 1953, art. 2.] – V. C. consom., art. L. 141-1, Dispositions générales.*

II Commissaires-priseurs

RÉP. PR. CIV. v° *Commissaire-priseur*, par MAURICE.

*V. **C. pr. civ.**, App., v^is Officiers publics ou ministériels, Commissaires-priseurs ; Frais et dépens en matière civile (tarif).*

III Condition illicite (ventes sous)

Loi du 27 mai 1942,

Portant interdiction pour les fabricants et commerçants de subordonner la vente des produits à une fourniture d'objets.

Art. 1er Hors le cas où cette remise est ou sera rendue obligatoire par une loi, par un décret, par un arrêté du secrétaire d'État à la production industrielle ou par une décision du répartiteur chef de la section compétente de l'office central de répartition des produits industriels, nul ne peut subordonner la vente d'un produit à la remise par l'acheteur d'un produit industriel, d'un emballage, d'un objet usagé, de déchets et vieilles matières quelconques.

Art. 2 Toute infraction à l'interdiction édictée par la présente loi entraînera l'application des sanctions prévues en matière de répartition des produits industriels. Les infractions aux lois, décrets, arrêtés ou décisions visés à l'article 1er seront punies des mêmes peines, à moins que d'autres sanctions ne soient applicables en vertu de ces textes ou des lois en application desquelles ils sont pris.

***Peuvent dresser* procès-verbal de ces infractions les officiers de police judiciaire, les personnes habilitées conformément à la loi du 9 mars 1941 précitée *[sic]*, à la loi du 18 août 1941 sur la récupération des déchets et vieilles matières, à la loi du 31 décembre 1941 portant création du service général de contrôle économique et à la loi du 25 janvier 1941 relative aux agents du contrôle du ravitaillement, ainsi que toutes personnes prévues par les lois, décrets et arrêtés visés à l'article 1er.**

V. aussi, Dispositions générales, C. consom., art. L. 122-1, relatif au refus et à la subordination de vente ou de prestation de services.

IV Courtiers assermentés

V. C. com., art. L. 131-12 s. et R. 131-1 s.

V Crédit (ventes à)

Décret n° 55-585 du 20 mai 1955,

Relatif aux ventes à crédit.

Art. 1er I. – Les dispositions du présent article s'appliquent aux conditions des crédits consentis par les entreprises et personnes effectuant des ventes à crédit soit directement, soit par l'intermédiaire de groupements de commerçants, de sociétés ou d'organismes. Cette obligation s'impose aussi bien pour les ventes à crédit qui sont faites par des entreprises ou des personnes qui sont assujetties à la déclaration d'activité prévue par l'article 5, dernier alinéa, de la loi du 14 juin 1941 *[abrogé par L. n° 84-46 du 24 janv. 1984, art. 94-I]*, que pour celles qui sont faites par des entreprises ou des personnes qui n'y sont pas assujetties.

II. – Des décrets pris sur le rapport du ministre des finances, du ministre chargé des affaires économiques et du ministre de l'industrie et du commerce, après avis du conseil national du crédit, pourront fixer le montant maximum du crédit susceptible d'être consenti par rapport au prix au comptant du bien vendu ainsi que la durée maximum du crédit. – *V. Décr. n° 56-775 du 4 août 1956. – Sur les sanctions et les poursuites pénales, V. C. consom., anc. art. L. 311-36 (L. n° 93-949 du 26 juill. 1993). –* ***C. consom.***

Art. 2 *Abrogé.*

Décret n° 56-775 du 4 août 1956,

Portant application des dispositions de l'article 1er du décret n° 55-585 du 20 mai 1955 relatif aux ventes à crédit.

Art. 1er Le montant et la durée maximum du crédit susceptible d'être consenti par les entreprises et personnes visées à l'article 1er du décret du 20 mai 1955 à l'occasion de leurs ventes ne peuvent pas dépasser le montant et la durée maximum du crédit susceptible d'être consenti par les *banques* et les *établissements financiers*, en application des *décisions de caractère général du conseil national du crédit* *[comité de la réglementation bancaire et financière]* et des instructions de la Banque de France relatives au financement des ventes et achats à crédit.

Toutefois, un arrêté conjoint du ministre des affaires économiques et financières, du secrétaire d'État à l'industrie et au commerce et du secrétaire d'État aux affaires économiques pourra disposer que des règles particulières seront applicables en ce qui concerne les vendeurs ou les fabricants de certains biens ou matériels, lorsqu'il apparaîtra que ces biens ou matériels ont une valeur familiale ou éducative qui justifie une mesure d'exception. – *V. Arr. 11 janv. 1957 (D. 1957. 42 ; BLD 1957. 72).*

Art. 2 Les décisions du conseil national du crédit *[comité de la réglementation bancaire]* et les instructions de la Banque de France concernant les conditions de montant et de

durée visées à l'article 1er ci-dessus sont publiées au *Journal officiel* au fur et à mesure de leur mise en vigueur. – *V. Avis 29 avr. 1979 (D. et BLD 1979. 189). – Pour les départements d'outre-mer, V. Avis 10 oct. 1975 (JO 21 oct.).*

Sur les ventes à tempérament en droit local d'Alsace et Moselle, V. ***Rép. com.,*** *v° Alsace et Moselle, par Schwob et Haegel.*

Code de la consommation

TITRE PREMIER (du livre III) Crédit

BIBL. GÉN. ▸ STOUFFLET, *Mélanges Gavalda, Dalloz, 2001, p. 287* (propos non conformistes sur la protection du consommateur emprunteur). – GOURIO, *RD banc. fin. 2001. 50* (responsabilité civile du prêteur au titre de l'octroi d'un crédit à un particulier). – POLLAUD-DULIAN, *RD banc. fin. 2002. 341* (devoir d'information du banquier et crédits au consommateur). – BARRET-BARNAY, *D. 2003. 1082* (les systèmes d'enregistrement des crédits dans les États membres de l'Union européenne). – GOURIO, *RD fin. banc. 2003. 128* (nouveau cadre juridique du crédit aux particuliers en Europe). – DJOUDI (ss. la DIR), *RD banc. fin. 2004. 282* (commerce électronique et opérations bancaires). – DE LAENDER, *ibid. 288* (conclusion du contrat de crédit en ligne). – S. PIEDELIÈVRE, *JCP E 2005, n° 30, p. 1268* (nouvelles relations contractuelles entre banquiers et consommateurs). – GAUDEMET et PERRAY, *LPA 30 mai 2006* (« scoring » et protection des données personnelles). – Dossier, *RD banc. fin. mars-avr. 2007. 67* (la rémunération du crédit en Europe). – DJOUDI et BOUCARD, *D. 2008. 500* (la protection de l'emprunteur profane). – ROUTIER, *D. 2008. 2960* (le prêt entre particuliers sur internet : un financement alternatif ?).

CHAPITRE PREMIER *Crédit à la consommation*

(L. n° 2010-737 du 1er juill. 2010)

La rédaction du chapitre Ier est issue de la transposition de la Dir. 2008/48/CE du 23 avr. 2008 par la L. n° 2010-737 du 1er juill. 2010. – Pour l'ancienne rédaction, V. ***C. consom.,*** *éd. 2013, avec le maintien des commentaires.*

Les art. L. 311-1 à L. 311-3, L. 311-7 à L. 311-26, L. 311-28 à L. 311-52 entrent en vigueur le premier jour du dixième mois suivant celui de la publication de la L. n° 2010-737 du 1er juill. 2010 (JO 2 juill.). Ils s'appliquent aux contrats dont l'offre a été émise après la date d'entrée en vigueur (L. préc., art. 61-I).

Les art. L. 311-4, L. 311-5, L. 311-27 et L. 311-28 s'appliquent, selon des modalités fixées par décret, à compter du premier jour du deuxième mois suivant celui de la publication de la L. n° 2010-737 du 1er juill. 2010 (L. préc., art. 61-I ; JO 2 juill.).

RÉP. COM. v° *Crédit à la consommation,* par S. PIEDELIÈVRE.

BIBL. GÉN. ▸ Loi n° 2010-737 du 1er juill. 2010 : VALETTE-ERCOLE, *JCP 2010, n° 779* (vers un crédit responsable ?). – Note de la rédaction, *BRDA 2010, n° 13, p. 14* (adoption de la réforme du crédit à la consommation). – GOURIO, *JCP E 2010, n° 1675* (réforme du crédit à la consommation). – RZEPECKI, *LPA 23 juill. 2010* (même thème). – BOUTEILLER, *RLDA juill.-août 2010. 32* (même thème). – S. PIEDELIÈVRE, *D. 2010. 1952* (même thème). – RAYMOND, *CCC 2010. Étude 11* (même thème). – AUBRY, *RLDC sept. 2010. 57* (la formation du contrat de crédit après la loi portant réforme du crédit à la consommation). – MATHEY, *Dr. et patr. oct. 2010. 42* (présentation générale de la loi). – LAGARDE et MATHEY, *RD banc. fin. 2010. Dossier 23* (réforme du crédit à la consommation). – VIGNEAU et LAURIAT, *Dr. et proc. 2011. 31* (réforme du crédit à la consommation). – BOUTEILLER, *RLDA juill.-août 2011. 52* (premières observations et difficultés quant à la mise en œuvre de la réforme). – Dossier, *RD banc. fin. 2011. Dossier nos 25 à 31* (vers un nouveau droit de la consommation : la réforme du crédit à la consommation). – CLARET, *CCC 2011. Étude 14* (les obligations d'information du prêteur professionnel après la réforme du crédit à la consommation). – LE MASNE, *ibid. 15* (les réponses du juge aux failles de la transposition de la directive crédit).

SECTION I *Définitions et champ d'application*

(L. n° 2010-737 du 1er juill. 2010, art. 3)

Les art. L. 311-1 à L. 311-3 entrent en vigueur le premier jour du dixième mois suivant celui de la publication de la L. n° 2010-737 du 1er juill. 2010 (JO 2 juill.). Ils s'appliquent aux contrats dont l'offre a été émise après la date d'entrée en vigueur (L. préc., art. 61-I).

Art. L. 311-1 Au sens du présent chapitre, sont considérés comme :

1° Prêteur, toute personne qui consent ou s'engage à consentir un crédit mentionné à l'article L. 311-2 dans le cadre de l'exercice de ses activités commerciales ou professionnelles ;

2° Emprunteur ou consommateur, toute personne physique qui est en relation avec un prêteur, dans le cadre d'une opération de crédit réalisée ou envisagée dans un but étranger à son activité commerciale ou professionnelle ;

3° Intermédiaire de crédit, toute personne qui, dans le cadre de ses activités commerciales ou professionnelles habituelles et contre une rémunération ou un avantage économique, apporte son concours à la réalisation d'une opération visée au présent chapitre, sans agir en qualité de prêteur ;

4° Opération ou contrat de crédit, une opération ou un contrat par lequel un prêteur consent ou s'engage à consentir à l'emprunteur un crédit sous la forme d'un délai de paiement, d'un prêt, y compris sous forme de découvert ou de toute autre facilité de paiement similaire, à l'exception des contrats conclus en vue de la fourniture d'une prestation continue ou à exécution successive de services ou de biens de même nature et aux termes desquels l'emprunteur en règle le coût par paiements échelonnés pendant toute la durée de la fourniture ;

5° Coût total du crédit dû par l'emprunteur, tous les coûts, y compris les intérêts, les commissions, les taxes et autres frais que l'emprunteur est tenu de payer pour la conclusion et l'exécution du contrat de crédit et qui sont connus du prêteur, à l'exception des frais d'acte notarié. Ce coût comprend également les coûts relatifs aux services accessoires au contrat de crédit s'ils sont exigés par le prêteur pour l'obtention du crédit, notamment les primes d'assurance. Ce coût ne comprend pas les frais dont l'emprunteur est redevable en cas d'inexécution de l'une de ses obligations prévue au contrat de crédit ;

6° Taux débiteur, le taux d'intérêt exprimé en pourcentage fixe ou variable, appliqué au capital emprunté ou au montant de crédit utilisé, sur une base annuelle. Le taux débiteur est fixe lorsque le contrat de crédit prévoit soit un taux débiteur constant sur toute la durée du contrat de crédit, soit plusieurs taux débiteurs constants appliqués à des périodes partielles prédéterminées ; dans ce dernier cas, le taux est fixe uniquement pour ces périodes partielles, dans les autres cas, le taux débiteur est variable ou révisable ;

7° Montant total dû par l'emprunteur, la somme du montant total du crédit et du coût total du crédit dû par l'emprunteur ;

8° Montant total du crédit, le plafond ou le total des sommes rendues disponibles en vertu d'un contrat ou d'une opération de crédit ;

9° Contrat de crédit affecté ou contrat de crédit lié, le crédit servant exclusivement à financer un contrat relatif à la fourniture de biens particuliers ou la prestation de services particuliers ; ces deux contrats constituent une opération commerciale unique. Une opération commerciale unique est réputée exister lorsque le vendeur ou le prestataire de services finance lui-même le crédit ou, en cas de financement par un tiers, lorsque le prêteur recourt aux services du vendeur ou du prestataire pour la conclusion ou la préparation du contrat de crédit ou encore lorsque le contrat de crédit mentionne spécifiquement les biens ou les services concernés ;

10° Autorisation de découvert ou facilité de découvert, le contrat de crédit en vertu duquel le prêteur autorise expressément l'emprunteur à disposer de fonds qui dépassent le solde du compte de dépôt de ce dernier ;

11° Dépassement, un découvert tacitement accepté en vertu duquel un prêteur autorise l'emprunteur à disposer de fonds qui dépassent le solde de son compte de dépôt ou de l'autorisation de découvert convenue ;

12° Support durable, tout instrument permettant à l'emprunteur de conserver les informations qui lui sont adressées personnellement, d'une manière qui permet de s'y reporter aisément à l'avenir pendant un laps de temps adapté aux fins auxquelles les informations sont destinées et qui permet la reproduction identique desdites informations.

1. Organismes de droit public. Les dispositions de la loi du 10 janv. 1978 [C. consom., art. L. 311-1 s.] sont d'ordre public et ne prévoient aucune exception au profit des organismes prêteurs de droit public. • Paris, 12 oct. 1990 : *D. 1990. IR 258.*

2. Caisses de crédit municipal. V. note 6 ss. art. L. 311-2 C. consom.

Art. L. 311-2 Le présent chapitre s'applique à toute opération de crédit mentionnée au 4° de l'article L. 311-1, qu'elle soit conclue à titre onéreux ou à titre gratuit et, le cas échéant, à son cautionnement.

Pour l'application du présent chapitre, la location-vente et la location avec option d'achat sont assimilées à des opérations de crédit.

Les opérations de prêts sur gage corporel souscrits auprès des caisses de crédit municipal en application de l'article L. 514-1 du code monétaire et financier sont soumises aux dispositions des articles L. 311-4 et L. 311-5.

Un décret fixe le contenu des informations que les caisses mentionnées à l'alinéa précédent doivent mettre à la disposition de leur clientèle préalablement à l'octroi de ce prêt, les conditions dans lesquelles ces informations sont portées à la connaissance du public et les mentions obligatoires devant figurer dans les contrats de crédit. — *Reprise de la substance de l'anc. art. L. 311-2 C. consom. — V. C. mon. fin., art. D. 514-8-1. —* ***C. mon. fin.***

Jurisprudence antérieure à la L. n° 2010-737 du 1er juill. 2010.

1. Notion de crédit. L'application de la L. n° 78-22 du 10 janv. 1978 [C. consom., anc. art. L. 311-1 s.] suppose l'existence d'une opération de crédit par laquelle le prêteur consent à l'emprunteur un délai pour rembourser le prêt ou payer le prix de la vente ou de la prestation de service après livraison du bien ou exécution de cette prestation. • Civ. 1re, 15 déc. 1993 : *Bull. civ. IV, n° 370 ; D. 1994. 297, note Davo ; CCC 1994, n° 38, note Raymond.* ♦ Viole les art. 1er et 2 de cette loi [C. consom., anc. art. L. 311-1 et L. 311-2] la cour d'appel qui, pour annuler un contrat signé par des époux aux fins d'inscription de leur fils à des cours d'enseignement parce que contraire aux dispositions de ce texte, retient qu'il s'agissait d'une prestation de service dont le paiement était échelonné, la cour constatant que les époux avaient payé une partie des frais de scolarité au moment de l'inscription, le solde étant payable en trois versements par trimestre et d'avance, alors qu'il résultait de ces constatations qu'aucun crédit n'était consenti aux époux, même si les prestations étaient payables par versements échelonnés. • Même arrêt. – V. aussi • Civ. 1re, 26 mai 1994 : *Bull. civ. I, n° 188 ; CCC 1994, n° 211, note Raymond ; Rev. huiss. 1995. 76, note Bazin ; D. 1994. IR 153* • 13 févr. 1996 : *CCC 1996, n° 70, note Raymond ; Rev. huiss. 1996. 983, note Bazin.* – Comp. • Colmar, 22 mars 1996 : *BICC 1996, n° 740.* ♦ En revanche, en raison de leur vocation sociale et de l'absence d'objectif de rentabilité, les aides financières accordées par les CAF à leurs allocataires ne peuvent être qualifiées d'opérations de crédit. • Civ. 1re, 10 juill. 2001 : *CCC 2001, n° 166, note Raymond.* ♦ De même, le cautionnement de la dette d'un fils par son père, avec ces circonstances particulières de l'existence entre eux de liens familiaux très proches, et du caractère ponctuel de l'opération destinée à garantir le financement de l'achat d'un véhicule, n'entre pas dans le champ de l'art. L. 311-2 [ancien]. • Paris, 8 oct. 1999 : *D. 2000. AJ 45, obs. C. R.*

2. Opération habituelle. En raison de la multiplicité des prêts consentis par un particulier sur une période de 5 ans et en raison de leur forme (prêts dactylographiés sur la base d'un modèle type dont les blancs sont remplis à la main) il faut considérer que l'intimé avait la qualité de prêteur habituel, ce que ne contredit pas le fait que les bénéficiaires soient tous apparentés. • Colmar, 2 juin 2004 : *JCP E 2005, n° 47, p. 1978, obs. Lassalas-Langlais.* ♦ Pour un arrêt jugeant que, malgré leur multiplicité, des prêts consentis entre particuliers sont, en raison de leur forme simpliste, de la nature des relations existant entre les parties et de la période limitée au cours de laquelle ils sont intervenus, des opérations circonstancielles ne relevant pas à ce titre des art. L. 311-1 s. [anciens], V. • Rennes, 21 févr. 1997 : *CCC 1997, n° 181, obs. Raymond ; RJDA 1998, n° 328.*

3. Découvert bancaire et compte courant. BIBL. Martin et Gérard Godard, *RLDA juin 2011. 78* (souplesse de l'ouverture de crédit et du découvert). ♦ Lorsqu'une banque consent à son client des avances de fonds pendant plus de trois mois, ce découvert en compte constitue une ouverture de crédit soumise aux dispositions d'ordre public de la loi du 10 janv. 1978 [C. consom., anc. art. L. 311-1 s.], sous réserve des exceptions prévues à son art. 3 [C. consom., anc. art. L. 311-3]. • Cass., avis, 9 oct. 1992 : *Bull. civ., n° 1 ; D. 1993. Somm. 188, obs. Julien ; JCP 1993. II. 22024, note Morgan de Rivery-Guillaud* • Civ. 1re, 30 mars 1994 : *Bull. civ. I, n° 126 ; JCP 1995. II. 22405, note Gramaize ; D. 1994. IR 101* • 16 janv. 1996 : *Bull. civ. I, n° 31 ; D. 1996. IR 39 ; D. Affaires 1996. 171 ; RJ com. 1996. 232, note Bruschi.* ♦ Pour bénéficier des art. L. 311-1 s. [anciens], le client doit prouver que son découvert lui a été accordé par le biais d'une convention distincte de celle afférente à l'ouverture du compte, V. • Civ. 1re, 27 févr. 1996 : *JCP E 1997. I. 616 (annexe I), note Riffard* • 18 févr. 1997 : *Bull. civ. I, n° 66* • 26 nov. 2002 : *Bull. civ. I, n° 287 ; JCP E 2003, n° 25, p. 1049, note Bonhomme ; RTD com. 2003. 346, obs. Legeais ; Banque et Droit mars-avr. 2003. 60, obs. Bonneau ; RD banc. fin. 2003, n° 132, obs. Crédot et Gérard ; RJDA 2003, n° 300.* ♦ L'existence d'une convention de découvert est établie lorsque le compte, sur lequel les prélèvements des échéances d'un prêt sont régulièrement effectuées, était débiteur avant même la conclusion de ce prêt. • Civ. 1re, 17 mars 1998 : *Bull. civ. I, n° 118 ; D. Affaires 1998. 757, obs. V. A.-R. ; RTD com. 1998. 906, obs. Bouloc.*

Ayant constaté que la commune intention des parties avait été de s'engager dans une opération complexe, autorisant le fonctionnement à découvert du compte, qualifié de compte courant sur les relevés trimestriels d'intérêts et de commissions, et ayant enregistré des remises d'espèces importantes ainsi que des règlements d'achats auprès de commissaires priseurs, correspondant à l'activité professionnelle du client, la cour d'appel en a exactement déduit que cette convention ne relevait pas des règles applicables au crédit à la consommation. • Civ. 1re, 6 janv. 2011 : *cité note 7 ss. art. L. 311-3 C. consom.*

4. Découvert bancaire et opération de bourse. Un découvert, consenti depuis plusieurs années par une banque, sous forme d'une avance de fonds, s'analyse en une opération de crédit, eût-elle été adossée à un mandat de gestion du patrimoine de titre du titulaire du compte. • Civ. 1re, 3 mai 2007 : *JCP E 2007, n° 46, p. 19, obs. Causse ; CCC 2007, n° 189, obs. Raymond.* ♦ Sur la distinction entre autorisation de découvert et opération d'achat sur le marché à règlement mensuel, V. • Paris, 11 mars 2003 : *Banque et Droit sept.-oct. 2003. 51, obs. de Vauplane et Daigre.*

5. Autres opérations visées. Un contrat de location de véhicule automobile, conclu en même temps qu'est signé un bon de commande de véhicule d'occasion concernant le même véhicule à l'expiration de la période de location, s'analyse en une opération de crédit liée à la vente du véhicule, entrant dans le champ d'application de la loi. • Civ. 1re, 19 juin 1990 : *Bull. civ. I, n° 173 ; D. 1990. IR 198 ; RTD com. 1991. 85, obs. Bouloc.* ♦ La loi du 23 juin 1989, qui avait étendu le champ d'application de la loi du 10 janv. 1978 au cautionnement garantissant une opération de crédit, était une loi interprétative, de sorte qu'elle s'appliquait à un contrat antérieur, même si l'incident qui avait donné naissance à l'action était lui-même antérieur à l'entrée en vigueur de la loi nouvelle. • Civ. 1re, 7 mars 1995 : *Bull. civ. I, n° 117 ; D. 1995. IR 81.* ♦ Le paiement échelonné d'une prestation de service à exécution successive peut être constitutif d'une opération de crédit. • Crim. 24 févr. 2004 : *CCC 2004, n° 131, obs. Raymond.*

6. Opérations exclues. Sur l'inapplicabilité de la loi à une location de longue durée d'un « mobil home » ne comportant pas d'option d'achat en fin de bail, V. • Civ. 1re, 11 oct. 1989 : *Bull. civ. I, n° 327 ; D. 1991. 225, note Ancel ; RTD com. 1990. 244, obs. Bouloc.* – V. aussi • Paris, 27 mars 1995 : *BICC 1996, n° 738 ; Rev. dr. bancaire 1997. 162, obs. Crédot et Gérard.* – Et comp. : • Paris, 9 oct. 1996 *Rev. dr. bancaire 1997. 162, obs. Crédot et Gérard.* ♦ L'opération de crédit-bail n'entre pas dans le champ d'application de la loi. • Paris, 17 janv. 1996 : *BICC 1996, n° 739.* ♦ Les contrats de prêts sur gage consentis par les caisses de crédit municipal sont des contrats de droit privé dont le contentieux relève des tribunaux judiciaires, mais ne sont pas soumis au code de la consommation. • Paris, 7 sept. 2000 : *D. 2000. AJ 425, obs. Avena-Robardet ; RTD com. 2001. 198, obs. Cabrillac.* – V. désormais art. L. 311-2, al. 3 et 4. ♦ La mise à disposition d'une carte accréditive à débit différé n'est pas une opération de crédit soumise aux art. L. 311-1 s. [anciens] C. consom., V. • Paris, 20 oct. 2000 : *D. 2001. AJ 229, obs. crit. Delpech*.

Art. L. 311-3 **Sont exclus du champ d'application du présent chapitre :**

1° Les opérations de crédit destinées à permettre l'acquisition ou le maintien de droits de propriété ou de jouissance d'un terrain ou d'un immeuble existant ou à construire, y compris lorsque ces opérations visent également à permettre la réalisation de travaux de réparation, d'amélioration ou d'entretien du terrain ou de l'immeuble ainsi acquis ; — *Sur la protection des emprunteurs dans le domaine immobilier, V. C. consom., art. L. 312-1 s. —* ***C. consom.***

2° Les opérations dont le montant total du crédit est inférieur à 200 € ou supérieur à 75 000 €, à l'exception de celles, mentionnées à l'article L. 313-15, ayant pour objet le regroupement de crédits ;

3° Les opérations consenties sous la forme d'une autorisation de découvert remboursable dans un délai d'un mois ;

4° Les opérations de crédit comportant un délai de remboursement ne dépassant pas trois mois qui ne sont assorties d'aucun intérêt ou d'aucuns frais ou seulement de frais d'un montant négligeable ;

5° Les opérations mentionnées au 3 de l'article L. 511-6 du code monétaire et financier ;

6° Les opérations mentionnées au 2 de l'article L. 321-2 du même code ;

7° Les contrats qui sont l'expression d'un accord intervenu devant une juridiction ;

8° Les contrats résultant d'un plan conventionnel de redressement mentionné à l'article L. 331-6 du présent code conclu devant la commission de surendettement des particuliers ;

9° Les accords portant sur des délais de paiement accordés pour le règlement amiable d'une dette existante, à condition qu'aucuns frais supplémentaires à ceux stipulés dans le contrat ne soient mis à la charge du consommateur ;

10° Les cartes proposant un débit différé n'excédant pas quarante jours et n'occasionnant aucuns autres frais que la cotisation liée au bénéfice de ce moyen de paiement. — *Reprise de la substance de l'anc. art. L. 311-3 C. consom.*

Jurisprudence antérieure à la L. n° 2010-737 du 1er juill. 2010.

A. SEUILS D'APPLICATION DE LA LOI

1. Montant. Le Décr. du 25 mars 1988 qui a élevé, à compter du 1er juin 1988, à 140 000 F (21 500 €) le seuil d'application de la loi ne s'applique pas aux conventions passées antérieurement. • Civ. 1re, 4 janv. 1995 : *Bull. civ. I, n° 13* • 1er juin 1999 : *Bull. civ. I, n° 187 ; JCP E 1999, n° 35, p. 1315 ; RTD com. 2000. 162, obs. Bouloc*. ♦ Il n'y a pas lieu de prendre en compte le coût global du crédit, la loi ne visant que le montant de la somme prêtée. • Toulouse, 2 avr. 1996 : *BICC 1996, n° 962*. ♦ Dès lors que l'application de la loi est subordonnée au montant du crédit et non au coût total de l'opération, la location d'un véhicule, avec promesse de vente, dont le montant est inférieur à 140 000 F (21 500 €), bénéficie des dispositions protectrices des consommateurs. • Civ. 1re, 28 avr. 1998 : *Bull. civ. I, n° 156 ; D. Affaires 1998. 994, obs. V. A.-R. ; RTD com. 1999. 176, obs. Bouloc ; CCC 1998, n° 121, obs. Raymond*. ♦ Jugeant qu'en application de l'art. L. 311-3, 4° [ancien] une cour d'appel peut refuser de soumettre un prêt immobilier de 100 000 F destiné à financer des travaux d'aménagement d'une maison d'habitation, dans la mesure où devait être pris en considération, en référence au plafond de 140 000 F (21 500 €) établi à l'art. D. 311-2 [ancien] C. consom., l'ensemble des dépenses, chiffrées à 174 536 F, que le prêt avait pour objet de financer, V. • Civ. 1re, 29 oct. 2002 : *JCP E 2002, n° 51-52, p. 2035*. ♦ Jugeant qu'il faut, pour savoir si la limite prévue à l'art. L. 311-2, 2°, [ancien] est ou non dépassée, se référer au montant des dépenses et non au montant du prêt : • Reims, 16 oct. 2003 : *JCP 2004. IV. 2229*. ♦ En cas de cautionnement de deux opérations de crédit distinctes, il convient de rechercher si chaque opération a été consentie pour un montant inférieur ou égal au seuil réglementaire, peu important que le cautionnement ait été donné pour un montant global, V. • Civ. 1re, 13 nov. 1996 : *Bull. civ. I, n° 395 ; D. 1996. IR 265 ; D. Affaires 1997. 149*.

2. Ouverture de crédit indéterminée. En cas d'ouverture de crédit indéterminée, le montant du crédit qu'il convient d'apprécier au regard du plafond de 140 000 F (21 500 €) est celui du découvert atteint à l'issue des trois premiers mois d'utilisation de la faculté ouverte au client, peu important que le découvert ait excédé, à la date de la clôture du compte, ce plafond. • Civ. 1re, 17 juill. 1996 : *Bull. civ. I, n° 331 ; Defrénois 1997. 347, obs. Aubert ; JCP E 1996. Pan. 1083, obs. Bouteiller* • 27 mai 1997 : *Bull. civ. I, n° 174 ; D. Affaires 1997. 791 ; Rev. dr. bancaire 1997. 162, obs. Crédot et Gérard.* – V. aussi • Civ. 1re, 30 sept. 1997 : *CCC 1997, n° 183, obs. Raymond* • 7 oct. 1998 : *Bull. civ. I, n° 289 ; D. 1998. IR 247 ; D. Affaires 1999. 26, obs. C. R. ; RJDA 1998, n° 1403* • 9 oct. 2001 : *Bull. civ. I, n° 250 ; JCP E 2001, n° 46, p. 1790 ; CCC 2002, n° 35, note Raymond* • Com. 20 févr. 2007 : *RJDA 2007, n° 1005 (1re esp.).* ♦ Une nouvelle offre est nécessaire lorsque le montant initial d'un crédit est augmenté dans les limites des 21 500 euros prévus à l'art. D. 311-1 [ancien] C. consom., selon la formule dite du « découvert maximum autorisé ». • Civ. 2e, 27 juin 2006 : *CCC 2006, n° 210, obs. Raymond (2e esp.).* ♦ Si l'ouverture de crédit en compte n'est pas continue, chaque autorisation de découvert doit être considérée comme un nouveau contrat pour lequel il convient d'apprécier si le seuil d'application de la réglementation sur le crédit à la consommation est atteint. • Civ. 1re, 14 nov. 2001 : *Bull. civ. I, n° 279 ; RTD com. 2002. 359, obs. Bouloc ; CCC 2002, n° 53, obs. Raymond.*

3. *Découvert bancaire.* L'existence d'une convention tacite de découvert étant incompatible avec la conclusion préalable d'une convention expresse de découvert d'un montant déterminé sur le même compte, le dépassement du découvert en compte autorisé au-delà du seuil maximal d'application de la réglementation sur le crédit à la consommation ne fait pas échapper à cette réglementation l'ouverture de crédit consentie pour un montant inférieur au seuil maximal d'application, de sorte que seul le montant du découvert autorisé devait être pris en compte pour se prononcer utilement sur l'exception d'incompétence soulevée. • Civ. 1re, 3 mai 2007 : *Bull. civ. I, n° 168 ; D. 2007. AJ 1418, obs. Rondey ; RTD com. 2007. 575, obs. Legeais ; JCP E 2007, n° 46, p. 19, obs. Mathey ; CCC 2007, n° 188, obs. Raymond ; Banque et Droit sept.-oct. 2007. 27, obs. Bonneau ; RJDA 2009, n° 260 ; Procédures 2007, n° 197, obs. H. C.*

4. *Durée.* Une convention de facilité de caisse qui n'a pas donné lieu à un découvert continu et permanent supérieur à trois mois ne peut être assimilée à une ouverture de crédit au sens de la loi du 10 janv. 1978. • Versailles, 12 janv. 2001 : *Gaz. Pal. 2002. 1. Somm. 192.* ♦ Un découvert tacite ne relève des dispositions du crédit à la consommation que dans la mesure où le compte demeure à découvert pendant trois mois consécutifs ; tel n'est pas le cas lorsque le compte a été débiteur pendant une durée de trois mois, interrompue par des périodes où il a été créditeur. • Versailles, 22 févr. 2002 : *BICC 2002, n° 1285.* ♦ En présence d'un compte ouvert en déc. 1989, présentant un solde débiteur à compter de juill. 1990 et dont la banque a interrompu les avances de fonds à compter de sept. 1990, une cour d'appel ne peut exclure l'application de la réglementation relative au crédit à la consommation en retenant que l'augmentation du solde débiteur au-delà du 30 sept. est due aux intérêts de retard et frais de rejet et non d'avance de fonds, dès lors qu'il résulte de ses constatations que le crédit consenti s'était poursuivi pendant une durée supérieure à trois mois. • Civ. 1re, 13 nov. 2002 : *Bull. civ. I, n° 269. JCP E 2003, n° 1, p. 7 ; CCC 2003, n° 47, obs. Raymond ; RJDA 2003, n° 299.* ♦ En cas de vente avec paiement échelonné ou différé, le point de départ du délai de trois mois est constitué par la livraison du bien objet du contrat. • Civ. 1re, 4 mars 2003 : *RJDA 2003, n° 762.*

5. *Nature de l'opération.* Le terme « ceux » figurant au 3e al. de l'art. 3 de la L. n° 78-22 du 10 janv. 1978 [C. consom., anc. art. L. 311-3] désigne l'ensemble des prêts, contrats et opérations de crédit prévus à l'al. précédent et l'art. 1er du Décr. n° 78-322 du 17 mars 1978 [remplacé par le Décr. du 25 mars 1988] doit être interprété par référence à la loi dont il fixe les modalités. • Civ. 1re, 30 mars 1994 : *Bull. civ. I, n° 127 ; D. 1994. IR 101.*

B. OPÉRATIONS EXCLUES

6. *Activité professionnelle de l'emprunteur.* BIBL. Paisant, *JCP 1993. I. 3655 ; Err. 3663 bis.* – Vigneau, *Gaz. Pal. 30 août-3 sept. 2002, p. 3* (trente ans de jurisprudence sur la notion de consommateur). ♦ Un achat à crédit effectué par un commerçant pour son commerce, fût-ce en vue d'en étendre les formes d'activité, ne relève pas du régime spécial de la loi. • Civ. 1re, 23 juin 1987 : *Bull. civ. I, n° 209.* ♦ V. aussi, pour l'exclusion de la loi, s'agissant : de l'acquisition d'un matériel informatique par un agent d'assurance pour la gestion de son entreprise, • Com. 10 mai 1989 : *Bull. civ. IV, n° 148.* ♦ ... D'un « prêt conventionné artisan » destiné à l'achat de matériel et d'un véhicule. • Bordeaux, 24 juin 1997 : *Gaz. Pal. 1998. 1. Somm. 24.* ♦ ... D'un prêt destiné à l'acquisition d'un véhicule à usage professionnel pour l'un des époux débiteurs, le couple se servant également de ce véhicule pour leur usage privé. • Civ. 1re, 4 mai

1999 : *Bull. civ. I, n° 148 ; D. 1999. IR 170 ; D. Affaires 1999. 1073 ; RD bancaire et bourse 1999. 122, obs. Crédot et Gérard ; CCC 1999, n° 165, obs. Raymond ; RTD com. 2000. 161, obs. Bouloc*. ♦ Jugeant que dès lors qu'il est constaté que le prêt a été consenti pour les besoins de l'activité professionnelle d'un époux, le prêt est exclu du champ d'application de la législation relative au crédit à la consommation, peu important que cette activité professionnelle ne corresponde pas à celle de l'autre emprunteur : • Civ. 1re, 18 févr. 2003 : *RJDA 2004, n° 357*. ♦ Sont exclus du champ d'application de la loi des prêts bancaires consentis personnellement à deux emprunteurs associés d'une SARL, à charge pour eux de réinvestir les fonds dans la société. • Com. 20 nov. 1990 : *Bull. civ. IV, n° 283 ; RTD com. 1991. 429, obs. Bouloc*. ♦ En revanche, l'exclusion ne joue pas s'agissant d'un prêt à titre personnel consenti à l'emprunteur pour lui permettre de financer l'acquisition de parts de SCPI et non à ladite société pour les besoins de son activité professionnelle. • Pau, 13 mai 2002 : *JCP E 2002, n° 49, p. 1938*. ♦ L'application de la loi est déterminée par l'objet du prêt et non par la personnalité de ceux qui s'y engagent ; dès lors qu'un prêt a été consenti à une commerçante pour les besoins exclusifs de son activité professionnelle, le conjoint de celle-ci, poursuivi en tant que coemprunteur en remboursement du prêt litigieux, ne peut pas utilement invoquer sa qualité de non-commerçant pour prétendre que ce prêt est soumis à la réglementation sur le crédit à la consommation. • Civ. 1re, 8 juill. 1997 : *D. Affaires 1997. 1319 ; Rev. dr. bancaire 1997. 163, obs. Crédot et Gérard ; BRDA 1997, n° 15/17, p. 11*. ♦ En ce sens que ne relève pas de la loi relative au crédit à la consommation, le crédit consenti par une banque à une association exerçant une activité professionnelle alors même que celle-ci est dépourvue de but lucratif, V. • Civ. 1re, 23 mars 1999 : *Bull. civ. I, n° 106 ; D. 2000. Somm. 41, obs. Pizzio ; RD bancaire et bourse 1999. 71, obs. Crédot et Gérard ; CCC 1999, n° 166, obs. Raymond ; Dr. sociétés 1999, n° 109, note Bonneau ; Bull. Joly 1999. 796, note Alfandari ; LPA 4 mai 2000, obs. Amlon*.

7. *Destination contractuelle.* En présence de découverts sur les comptes tant professionnels que personnels de l'emprunteur et de transferts de fonds du compte personnel au compte professionnel, il faut rechercher la destination contractuelle de chaque opération de crédit pour apprécier l'application de la législation relative au crédit à la consommation. • Civ. 1re, 18 déc. 2001 : *Bull. civ. I, n° 323 ; RTD com. 2002. 354, obs. Cabrillac ; CCC 2002, n° 100, obs. Raymond ; RD banc. fin. 2002, n° 82, obs. Crédot et Gérard ; Banque et Droit mars-avr. 2003. 63, obs. Guillot*. ♦ Pour déterminer si un crédit relève des art. L. 311-1 s. [anciens], à la destination contractuelle du crédit, il convient de se référer à la destination contractuelle du prêt. • Civ. 1re, 22 mai 2002 : *CCC 2002, n° 147, obs. Raymond*. ♦ Jugeant que la destination formelle d'un crédit, même affecté à un compte professionnel, ne peut résulter que d'une stipulation expresse, V. • Civ. 1re, 21 oct. 2003 : *Bull. civ. I, n° 208 ; D. 2003. AJ 2829, obs. Rondey ; JCP E 2003, n° 49, p. 1939 ; CCC 2004, n° 15, obs. Raymond ; RTD com. 2004. 136, obs. Legeais ; LPA 24 juin 2004, note Dagorne-Labbe ; ibid. 11 oct. 2004, obs. Paisant ; Gaz. Pal. 2004. Somm. 2049, obs. Piedelièvre ; RJDA 2004, n° 358 ; RDC 2004. 300, obs. Bruschi ; Dr. et proc. 2004. 110, obs. Bazin*. ♦ La destination professionnelle d'un crédit ne peut résulter que d'une stipulation expresse. • Civ. 1re, 27 mai 2003 : *Bull. civ. I, n° 130 ; JCP 2004. II. 10050, note Bonnet ; CCC 2003, n° 170, obs. Raymond ; Banque et Droit sept.-oct. 2003. 74, obs. Bonneau ; RTD com. 2003. 802, obs. Bouloc ; RJDA 2003, n° 1232 ; Procédures 2003, n° 259, obs. Croze* • 23 mars 2004 : *RD banc. fin. 2004, n° 157, obs. Crédot et Gérard*.

Si la destination professionnelle d'un crédit doit résulter d'une stipulation expresse, les dispositions régissant le crédit à la consommation ne sont pas applicables à la convention de compte courant à vocation professionnelle, ce dernier eût-il fonctionné à découvert. • Civ. 1re, 6 janv. 2011 : *Bull. civ. I, n° 3 ; Dalloz actualité, 17 janv. 2011, obs. Avena-Robardet ; D. 2011. 486, note Routier ; RTD com. 2011. 401, obs. Legeais ; JCP E 2011, n° 1140, note Legeais ; JCP 2011, n° 48, obs. Lasserre Capdeville ; CCC 2011, n° 80, obs. Raymond ; Gaz. Pal. 2011. 1579, note Mekki ; RJDA 2011, n° 345 ; Banque et Droit mars-avr. 2011. 25, obs. Bonneau ; RD banc. fin. 2011, n° 44, obs. Mathey, et Repère 2, par Legeais*. – Sur cet arrêt, V. aussi note 3 ss. art. L. 311-2.

8. *Opérations portant sur des immeubles.* Ne constitue pas une opération de crédit portant sur un immeuble le prêt accordé dans l'attente de la vente d'un immeuble. • Paris, 6 juill. 1994 : *BICC 1994, n° 1175*. ♦ N'est pas une opération portant sur un immeuble l'achat de jouissance en temps partagé d'appartements, dès lors que les associés ont des obligations proches de celles de locataires, ou de bénéficiaires de services hôteliers, que la société reste propriétaire de l'immeuble et que le droit de jouissance ne peut faire l'objet que d'un nantissement, et non d'une hypothèque. • Paris, 9 mars 1995 : *CCC 1995, n° 155, obs. Raymond ; RJDA 1995, n° 1408*. ♦ N'est pas davantage un crédit portant sur un immeuble le prêt accordé pour financer l'acquisition de parts d'une SCPI dans la mesure où l'emprunteur ne retire de l'opération aucun droit personnel de propriété ou de jouissance sur les biens de la société, l'actif social appartenant exclusivement à celle-ci, les droits sociaux seuls acquis demeurant toujours de nature mobilière. • Pau, 13 mai 2002 : *préc. note 6.*

Viole la loi du 10 janv. 1978 [C. consom., anc. art. L. 311-3, 4°, c] la décision qui, pour déclarer ce texte applicable à l'opération de crédit liée à des dépenses visées à cet art., se fonde sur le montant des prêts consentis et non sur celui de la dépense dont ces prêts étaient destinés à financer le complément. • Civ. 1re, 15 déc. 1993 : *Bull. civ. I, n° 371 ; D. 1994. 217, note Davo ; CCC 1994, n° 39, note Raymond* • 29 oct. 2002 : *CCC 2003, n° 48, obs. Raymond.* ♦ Dès lors que les sommes remises à l'emprunteur sont versées à titre de prêt immobilier, ce prêt n'est pas soumis à la réglementation applicable aux crédits à la consommation, peu important l'utilisation faite des sommes versées et ce qui a pu être convenu entre les parties. • Civ. 1re, 26 janv. 1999 : *ibid. 1999, n° 62, note Raymond.*

9. Cautionnement des opérations exclues. La caution d'un prêt consenti pour les besoins exclusifs d'une activité professionnelle ne peut se prévaloir des art. L. 311-1 s. [anciens] • Civ. 1re, 23 mai 2000 : *Bull. civ. I, n° 154.* ♦ La loi du 10 janv. 1978 [C. consom., anc. art. L. 311-1 s.] ne s'applique pas au cautionnement garantissant un prêt consenti pour l'achat d'un véhicule destiné à l'activité d'une société, cette activité ne pouvant être que professionnelle au sens de l'art. 3 [C. consom., anc. art. L. 311-3]. • Com. 4 févr. 1992 : *Bull. civ. IV, n° 61 ; D. 1992. IR 90.*

C. EXTENSION DU CHAMP D'APPLICATION

10. Application conventionnelle. Les parties peuvent valablement convenir de soumettre aux dispositions de la loi : une opération normalement exclue en raison de son montant. • Civ. 1re, 6 juill. 1988 : *JCP 1989. II. 21194, note Taisne* • 3 mars 1993 : *CCC 1993, n° 98, note Raymond* • 3 janv. 1996 : *RJDA 1996, n° 660.* ♦ ... Un prêt destiné à financer les besoins d'une activité professionnelle. • Civ. 1re, 30 mars 1994 : *Bull. civ. I, n° 128 ; D. 1994. IR 129 ; CCC 1994, n° 127, note Raymond* • Versailles, 17 mai 1991 : *RJDA 1991, n° 827.* ♦ Le juge ayant constaté que les parties avaient fait clairement référence aux dispositions de la loi du 10 janv. 1978 dans le contrat, en a justement déduit que la loi était applicable en toutes ses dispositions. • Civ. 1re, 9 déc. 1997 : *Bull. civ. I, n° 364 ; D. Affaires 1998. 192, obs. S. P. ; Rev. dr. bancaire 1998. 59, obs. Crédot et Gérard.*

SECTION II *Publicité*

(L. n° 2010-737 du 1er juill. 2010, art. 4)

Les art. L. 311-4 et L. 311-5 s'appliquent, selon des modalités fixées par décret, à compter du premier jour du deuxième mois suivant celui de la publication de la L. n° 2010-737 du 1er juill. 2010 (JO 2 juill.), sauf pour les catalogues de vente à distance auxquels ils ne s'appliquent qu'à compter du premier jour du quatrième mois suivant celui de cette publication (L. préc., art. 61-I). Les dispositions des art. L. 311-4 et L. 311-5 s'appliquent à compter du premier jour de la quatrième semaine suivant leur date d'entrée en vigueur pour les publicités rendues publiques dans les deux mois précédant cette date (Décr. n° 2010-1005 du 30 août 2010, art. 4).

Pour l'application des art. L. 311-4 et L. 311-5 et jusqu'à l'entrée en vigueur de l'art. 3 de la L. n° 2010-737 du 1er juill. 2010 — fixée au premier jour du dixième mois suivant celui de la publication de la loi (JO 2 juill.) —, les définitions du taux débiteur du montant total du crédit et du montant total dû par l'emprunteur sont celles inscrites à l'art. L. 311-1 C. consom. tel qu'issu de l'art. 3 de la L. du 1er juill. 2010, et le taux annuel effectif global est défini comme le taux effectif global au sens de l'art. L. 313-1 du (Décr. n° 2010-1005 du 30 août 2010, art. 3).

Art. L. 311-4 **Toute publicité, quel qu'en soit le support, qui porte sur l'une des opérations visées à l'article L. 311-2 et indique un taux d'intérêt ou des informations chiffrées liées au coût du crédit mentionne de façon claire, précise et visible les informations suivantes à l'aide d'un exemple représentatif :**

1° Le taux débiteur et la nature fixe, variable ou révisable du taux, sauf pour les opérations de location-vente ou de location avec option d'achat, ainsi que les informations relatives à tous les frais compris dans le coût total du crédit pour l'emprunteur ;

2° Le montant total du crédit ;

3° Le taux annuel effectif global, sauf pour les opérations de location-vente ou de location avec option d'achat ;

4° S'il y a lieu, la durée du contrat de crédit ;

5° S'il s'agit d'un crédit accordé sous la forme d'un délai de paiement pour un bien ou un service donné, le prix au comptant et le montant de tout acompte ;

6° Le montant total dû par l'emprunteur et le montant des échéances.

Pour les crédits mentionnés à l'article L. 311-16, un décret précise le contenu et les modalités de présentation de l'exemple représentatif à l'aide duquel sont fournies les informations sur le coût du crédit. — *V. art. D. 311-3-1 C. consom., ci-dessous.*

Si le prêteur exige qu'un service accessoire soit fourni pour l'obtention du crédit, notamment une assurance, la publicité mentionne de façon claire, précise et visible la nécessité de contracter ce service.

Lorsqu'un prêteur propose habituellement des contrats de crédit assortis d'une proposition d'assurance facultative ayant pour objet la garantie de remboursement du crédit, toute publicité mentionnée au premier alinéa du présent article diffusée pour son compte sur ces contrats indique le coût de l'assurance, exprimé en euros et par mois, et précise si ce montant s'ajoute ou non à l'échéance de remboursement du crédit. — *Reprise de la substance de l'anc. art. L. 311-4 C. consom. — Sur les sanctions, V. C. consom., art. L. 311-49, infra.*

BIBL. ▶ POLLAUD-DULIAN, *RD banc. fin. nov.-déc. 2002, p. 341* (devoir d'information du banquier et crédits au consommateur). ▶ Loi n° 2003-706 du 1er août 2003 : CRÉDOT et GÉRARD, *RD banc. fin. 2003, n° 213.* - LEGEAIS, *RTD com. 2003. 790*. - BOUTEILLER, *JCP E 2004, n° 5, p. 163.* - JALADE, *Gaz. Pal. 2004. Doctr. 951.* - SAUPHANOR-BROUILLAUD, *RD banc. fin. 2004. 284* (démarchage et publicité en ligne du crédit à la consommation). ▶ Loi n° 2010-737 du 1er juill. 2010 : AVIGNON et LANDES-GRONOWSKI, *Gaz. Pal. 2010. 2798* (*vade-mecum* des mentions publicitaires obligatoires depuis la loi portant réforme du crédit à la consommation).

Jurisprudence antérieure à la L. n° 2010-737 du 1er juill. 2010.

1. Crédit à la consommation. Les mentions exigées par l'art. L. 311-4 [ancien] ne le sont que pour des publicités portant sur l'une des opérations de crédit visées à l'art. L. 311-2 [ancien] C. consom. • Civ. 1re, 21 nov. 2006 : *D. 2007. AJ 81, obs. Chevrier ; RTD com. 2007. 211, obs. Legeais ; JCP 2006. IV. 3489 ; Banque et Droit mars-avr. 2007. 31, obs. Bonneau ; RJDA 2009, n° 259 ; RLDA janv. 2007. 35, obs. Nahon.* ♦ Sanctionné pénalement, l'art. L. 311-4 [ancien] doit être appliqué strictement, ce qui exclut que l'action promotionnelle en cause (publicité pour une carte de fidélité) puisse être assimilée, même de manière implicite, à une opération de crédit à la consommation. • Rennes, 11 mars 2005 : *CCC 2005, n° 210, obs. Raymond.*

2. Internet. L'internet constituant un support publicitaire même si l'internaute a une démarche active pour la consultation du site, le message publicitaire diffusé sur ce support doit par conséquent respecter les prescriptions de l'art. L. 311-4 [ancien]. • Rennes, 31 mars 2000 : *D. 2000. AJ 358, obs. Manara ; RD banc. fin. 2000, n° 104, obs. Caprioli* • TI Saint-Malo, 18 déc. 2001 : *CCC 2002, n° 131, obs. Raymond ; JCP E 2003, n° 4, p. 175, obs. V. N. ; CCE 2002, n° 142, obs. Grynbaum.*

3. Informations du consommateur. Les informations prescrites par l'art. L. 311-4 [ancien] doivent pouvoir être lues par ceux à qui elles sont destinées, leur lisibilité et leur compréhension s'appréciant en fonction du support de leur diffusion et des caractéristiques techniques du message. • Paris, 19 févr. 1999 : *D. 1999. IR 96 ; D. Affaires 1999. 706, obs. C. R. ; Gaz. Pal. 23-27 mai 1999, p. 20, obs. Grelier-Lenain ; CCE 1999, n° 10, obs. Galloux.* ♦ V. aussi, jugeant que la régularité formelle ne suffit pas, mais qu'il convient de s'assurer que les messages sont reçus dans des conditions normales de lecture, d'audition ou de visualisation, cette appréciation se faisant *in concreto* en fonction du support utilisé et de la cible visée : • Rennes, 19 déc. 2003 : *CCC 2004, n° 115, obs. Raymond.*

4. Bureau de vérification de la publicité. L'avis favorable émis par le Bureau de vérification de la publicité à la diffusion d'un film publicitaire ne peut valoir certificat de respect de la loi ni décharger l'annonceur de sa responsabilité. • Paris, 19 févr. 1999 : *préc. note 3.*

Code de la consommation Art. D. 311-1 *(Décr. n° 2010-1005 du 30 août 2010, art. 1er)* I. — Pour les crédits mentionnés à l'article L. 311-16, les informations sur le coût du crédit qui doivent être indiquées dans les publicités en application de l'article L. 311-4 doivent être fournies à l'aide d'un exemple représentatif répondant aux caractéristiques suivantes :

1° Un montant de 500 euros ;

2° Un montant de 1 000 euros ;

3° Un montant de 3 000 euros ;

4° La durée de remboursement maximale prévue par l'offre commerciale sur laquelle porte la publicité.

Le prêteur choisit de présenter un ou plusieurs des montants mentionnés aux 1°, 2° et 3° de façon que l'exemple représentatif corresponde au mieux à la nature des crédits dont il fait la publicité.

II. — Lorsque la publicité mentionne un taux promotionnel ou des modalités spéciales d'utilisation qui dérogent au fonctionnement normal du crédit concerné, l'exemple représentatif défini au I illustre les conditions normales d'exécution du contrat de crédit.

III. — L'exemple représentatif doit indiquer, dans la même taille de caractère que celle prévue pour les mentions reprises au premier alinéa de l'article L. 311-5 :

1° Sa nature d'exemple ;

2° Le nombre d'échéances pour chacune des échéances d'un même montant.

IV. — Dans les cas prévus au dixième alinéa de l'article L. 311-4 du code de la consommation, l'exemple représentatif indique, en plus des indications prévues au I et dans la même taille de caractère :

1° Que le montant des échéances est donné "hors assurance facultative"

2° Le coût en euros et par mois de l'assurance facultative ayant pour objet la garantie de remboursement du crédit, sur la base de la cotisation mensuelle la plus élevée prévue par l'offre commerciale sur laquelle porte la publicité. *— Ancien art. D. 311-3-1 (Décr. n° 2011-136 du 1er févr. 2011, art. 1er).*

Jusqu'à l'entrée en vigueur du titre Ier de la L. n° 2010-737 du 1er juill 2010 — fixée au premier jour du dixième mois suivant celui de la publication de la loi (JO 2 juill.) —, les crédits mentionnés au 1er al. du I de l'art. D. 311-3-1 sont ceux mentionnés à l'art. 7 E de la loi précitée (Décr. n° 2010-1005 du 30 août 2010, art. 2). — Sur l'entrée en vigueur, V. aussi note au-dessus de l'art. L. 311-4 C. consom.

Art. L. 311-5 **Dans toute publicité écrite, quel que soit le support utilisé, les informations relatives au taux annuel effectif global, à sa nature fixe, variable ou révisable, au montant total dû par l'emprunteur et au montant des échéances, ainsi que la mention visée au dernier alinéa, doivent figurer dans une taille de caractère plus importante que celle utilisée pour indiquer toute autre information relative aux caractéristiques du financement, notamment le taux promotionnel, et s'inscrire dans le corps principal du texte publicitaire.**

Lorsqu'une publicité est adressée par voie postale ou par courrier électronique, distribuée directement à domicile ou sur la voie publique, le document envoyé au consommateur lui rappelle de façon claire, précise et visible son droit de s'opposer sans frais à l'utilisation de ses données personnelles à des fins de prospection ainsi que les modalités d'exercice de ce droit. Lorsque cette publicité indique un taux d'intérêt ou des informations chiffrées liées au coût du crédit, les informations mentionnées au premier alinéa doivent figurer, sous forme d'encadré, en en-tête du texte publicitaire.

Il est interdit dans toute publicité d'indiquer qu'une opération ou un contrat de crédit, ou une opération de crédit consistant à regrouper des crédits antérieurs peut être consenti sans élément d'information permettant d'apprécier la situation financière de

l'emprunteur, ou de laisser entendre que le prêt améliore la situation financière ou le budget de l'emprunteur, entraîne une augmentation de ressources, constitue un substitut d'épargne ou accorde une réserve automatique d'argent immédiatement disponible sans contrepartie financière identifiable.

Il est interdit également dans toute publicité de mentionner l'existence d'une période de franchise de paiement de loyers ou de remboursement des échéances du crédit supérieure à trois mois. Cette interdiction ne s'applique pas aux prêts aidés par l'État destinés au financement d'une formation à la conduite et à la sécurité routière et aux prêts garantis par l'État destinés au financement de leurs études par les étudiants.

Il est interdit dans toute publicité de proposer sous quelque forme que ce soit des lots promotionnels liés à l'acceptation d'une offre préalable de crédit.

Toute publicité, à l'exception des publicités radiodiffusées, contient, quel que soit le support utilisé, la mention suivante : "Un crédit vous engage et doit être remboursé. Vérifiez vos capacités de remboursement avant de vous engager." — *Sur les sanctions, V. C. consom., art. L. 311-49, infra.*

BIBL. ▶ Arcelin-Lécuyer, *CCC 2011. Étude 9* (la redondance informative ou le bon sens oublié).

Code de la consommation Art. D. 311-2 *(Décr. n° 2011-136 du 1er févr. 2011, art. 2)* Les lots promotionnels liés à l'acceptation d'une offre préalable de crédit mentionnés au cinquième alinéa de l'article L. 311-5 s'entendent des primes en nature de produits ou biens auxquelles la conclusion d'une opération de crédit mentionnée à l'article L. 311-2, immédiatement ou à terme, donne droit ou peut donner droit à titre gratuit.

SECTION III *Information précontractuelle de l'emprunteur*

(L. n° 2010-737 du 1er juill. 2010, art. 5)

Les art. L. 311-6 et L. 311-7 entrent en vigueur le premier jour du dixième mois suivant celui de la publication de la L. n° 2010-737 du 1er juill. 2010 (JO 2 juill.). Ils s'appliquent aux contrats dont l'offre a été émise après la date d'entrée en vigueur (L. préc., art. 61-I).

Art. L. 311-6 **I. — Préalablement à la conclusion du contrat de crédit, le prêteur ou l'intermédiaire de crédit donne à l'emprunteur, par écrit ou sur un autre support durable, les informations nécessaires à la comparaison de différentes offres et permettant à l'emprunteur, compte tenu de ses préférences, d'appréhender clairement l'étendue de son engagement.** — *Sur les sanctions, V. C. consom., art. L. 311-48 et L. 311-49, infra.*

Un décret en Conseil d'État fixe la liste et le contenu des informations devant figurer dans la fiche d'informations à fournir pour chaque offre de crédit ainsi que les conditions de sa présentation. Cette fiche d'informations comporte, en caractères lisibles, la mention visée au dernier alinéa de l'article L. 311-5.

II. — Lorsque le consommateur sollicite la conclusion d'un contrat de crédit sur le lieu de vente, le prêteur veille à ce que la fiche d'informations mentionnée au I lui soit remise sur le lieu de vente.

III. — Lorsque le prêteur offre à l'emprunteur ou exige de lui la souscription d'une assurance, le prêteur ou l'intermédiaire de crédit informe l'emprunteur du coût standard de l'assurance, à l'aide d'un exemple chiffré exprimé en euros et par mois.

BIBL. ▶ Biardeaud et Flores, *D. 2011. 688* (décrets du 1er févr. 2011 et information de l'emprunteur : le compte n'y est pas !). - Mathey, *RD banc. fin. 2011, n° 84* (information précontractuelle et contenu du contrat de crédit à la consommation).

Code de la consommation **Art. R. 311-3** *(Décr. n° 2011-136 du 1er févr. 2011, art. 3, en vigueur le 1er mai 2011)* I. — Pour l'application de l'article L. 311-6, le prêteur ou l'intermédiaire de crédit communique à l'emprunteur des informations concernant :

1° L'identité et l'adresse du prêteur ainsi que, le cas échéant, l'identité et l'adresse de l'intermédiaire de crédit concerné ;

2° Le type de crédit ;

3° Le montant total du crédit et les conditions de mise à disposition des fonds ;

4° La durée du contrat de crédit ;

5° Le montant, le nombre et la périodicité des échéances que l'emprunteur doit verser et, le cas échéant, l'ordre dans lequel les échéances seront affectées aux différents soldes dus fixés à des taux débiteurs différents aux fins du remboursement ;

6° Le montant total dû par l'emprunteur ;

7° En cas de crédit servant à financer l'acquisition de bien ou service déterminé ce bien ou service et son prix au comptant ;

8° En cas de location avec option d'achat, la description du bien loué et le prix à acquitter en cas d'achat ;

9° Le cas échéant, les sûretés exigées ;

10° Sauf en cas de location avec option d'achat, le taux débiteur, les conditions applicables à ce taux et, le cas échéant, tout indice ou taux de référence qui se rapporte au taux initial débiteur, ainsi que les périodes, conditions et procédures d'adaptation du taux. Si différents taux débiteurs s'appliquent en fonction des circonstances, ces informations portent sur tous les taux applicables ;

11° Sauf en cas de location avec option d'achat, le taux annuel effectif global, à l'aide d'un exemple représentatif mentionnant toutes les hypothèses utilisées pour le calcul de ce taux ;

12° Le cas échéant, l'obligation, pour l'obtention même du crédit ou en application des clauses et conditions commerciales, de contracter un service accessoire lié au contrat de crédit, notamment une assurance ;

13° Tous les frais liés à l'exécution du contrat de crédit, et les conditions dans lesquelles ces frais peuvent être modifiés ;

14° Le cas échéant, l'existence de frais de notaire dus par l'emprunteur à la conclusion du contrat de crédit ;

15° Les indemnités en cas de retard de paiement et, le cas échéant, les frais d'inexécution que le prêteur peut demander à l'emprunteur en cas de défaillance, ainsi que les modalités d'adaptation et de calcul de ces indemnités et de ces frais ;

16° Un avertissement relatif aux conséquences d'une défaillance de l'emprunteur ;

17° L'existence du droit de rétractation ;

18° Le droit au remboursement anticipé et, le cas échéant, le droit du prêteur à une indemnité ainsi que le mode de calcul de cette indemnité en application de l'article L. 311-22 ;

19° Le droit de l'emprunteur à se voir remettre, sur demande et sans frais, un exemplaire de l'offre de contrat de crédit si, au moment de la demande, le prêteur est disposé à conclure le contrat de crédit ;

20° La mention que le prêteur doit, dans le cadre de la procédure d'octroi du crédit, consulter le fichier national des incidents de remboursement des crédits aux particuliers ;

21° Le délai pendant lequel le prêteur est engagé par les informations précontractuelles.

II. — Pour l'application du 11° du I, le prêteur tient compte du ou des éléments du crédit que l'emprunteur lui a indiqué privilégier le cas échéant tels que la durée du contrat de crédit et le montant total du crédit.

Pour le calcul du taux effectif global, si le contrat prévoit la possibilité pour l'emprunteur de disposer des sommes disponibles en vertu du contrat de crédit selon des modalités différentes assorties de frais ou de taux débiteurs différents, le prêteur précise la modalité qu'il a prise comme référence conformément à l'hypothèse figurant au 4° de l'annexe à l'article R. 313-1 et indique que les autres modalités peuvent avoir pour conséquence l'application de taux annuels effectifs globaux plus élevés.

III. — Dans le cas d'un contrat de crédit en vertu duquel les échéances n'entraînent pas immédiatement un amortissement correspondant du montant total du crédit, mais servent à reconstituer le capital aux périodes et dans les conditions prévues par le contrat de crédit ou par un contrat accessoire, l'information précontractuelle indique que cette modalité d'exécution ne garantit pas le remboursement du montant total du crédit consenti, sauf si une telle garantie est donnée.

IV. — L'ensemble des informations prévues au présent article est présenté conformément à la fiche d'information mentionnée à l'article L. 311-6 annexée au présent code. *(Décr. n° 2012-609 du 30 avr. 2012, art. 1er-I)* « Avant la remise de cette fiche, et sauf s'il apparaît manifestement que tel n'est pas le cas, le prêteur ou l'intermédiaire de crédit demande à l'emprunteur si l'opération a pour objet le remboursement d'*(Décr. n° 2012-1159 du 17 oct. 2012, art. 1er)* « au moins deux créances antérieures dont un crédit en cours ». » — *V. l'annexe à l'art. R. 311-3. —* ***C. consom.***

V. — Toute information complémentaire apportée à l'emprunteur par le prêteur ou l'intermédiaire de crédit, notamment en cas d'application des règles relatives au démarchage *(Décr. n° 2012-609 du 30 avr. 2012, art. 1er-I)* « ou celles relatives au regroupement de crédits, prévues aux articles R. 313-12 et suivants », figure sur un document distinct, qui peut être annexé à la fiche mentionnée au IV.

Les IV et V de l'art. R. 311-3, dans leur rédaction issue des Décr. n° 2012-609 du 30 avr. 2012 et n° 2012-1159 du 17 oct. 2012, s'appliquent aux opérations de regroupement de crédits dont l'offre est émise à compter du 1er janv. 2013 (Décr. n° 2012-1159 du 17 oct. 2012, art. 4).

Art. L. 311-7 **A sa demande, l'emprunteur reçoit sans frais, si le prêteur est disposé à lui consentir un crédit, outre les informations mentionnées à l'article L. 311-6, un exemplaire de l'offre de contrat.**

Toutes les informations complémentaires que le prêteur souhaite donner à l'emprunteur sont fournies dans un document distinct de la fiche mentionnée à l'article L. 311-6. — *Sur les sanctions, V. C. consom., art. L. 311-49, infra.*

SECTION IV *Explications fournies à l'emprunteur et évaluation de sa solvabilité*

(L. n° 2010-737 du 1er juill. 2010, art. 6-I)

Les art. L. 311-8 à L. 311-10-1 entrent en vigueur le premier jour du dixième mois suivant celui de la publication de la L. n° 2010-737 du 1er juill. 2010 (JO 2 juill.). Ils s'appliquent aux contrats dont l'offre a été émise après la date d'entrée en vigueur (L. préc., art. 61-I).

Un décret en Conseil d'État fixe les conditions dans lesquelles sont applicables progressivement aux contrats de crédit renouvelables en cours à la date d'entrée en vigueur de la L. n° 2010-737 du 1er juill. 2010 les règles prévues à la section IV dans sa rédaction issue de la loi précitée (L. préc., art. 61-II).

Art. L. 311-8 **Le prêteur ou l'intermédiaire de crédit fournit à l'emprunteur les explications lui permettant de déterminer si le contrat de crédit proposé est adapté à ses besoins et à sa situation financière, notamment à partir des informations contenues dans la fiche mentionnée à l'article L. 311-6. Il attire l'attention de l'emprunteur sur les caractéristiques essentielles du ou des crédits proposés et sur les conséquences que ces crédits peuvent avoir sur sa situation financière, y compris en cas de défaut de paiement. Ces informations sont données, le cas échéant, sur la base des préférences exprimées par l'emprunteur.**

Lorsque le crédit est proposé sur un lieu de vente, le prêteur veille à ce que l'emprunteur reçoive ces explications de manière complète et appropriée sur le lieu même de la vente, dans des conditions garantissant la confidentialité des échanges.

Les personnes chargées de fournir à l'emprunteur les explications sur le crédit proposé et de recueillir les informations nécessaires à l'établissement de la fiche prévue à

l'article L. 311-10 sont formées à la distribution du crédit à la consommation et à la prévention du surendettement. L'employeur de ces personnes tient à disposition, à des fins de contrôle, l'attestation de formation mentionnée à l'article L. 6353-1 du code du travail établie par un des prêteurs dont les crédits sont proposés sur le lieu de vente ou par un organisme de formation enregistré. Un décret définit les exigences minimales auxquelles doit répondre cette formation. – *Sur les sanctions, V. C. consom., art. L. 311-48, infra.*

BIBL. ▸ SOUSA, *JCP E 2011, n° 1749* (contenu des devoirs précontractuels du prêteur).

Code de la consommation Art. D. 311-4-3 *(Décr. n° 2011-1871 du 13 déc. 2011, art. 1er)* I. — La formation mentionnée au troisième alinéa de l'article L. 311-8 doit, au minimum, permettre d'acquérir au titre du programme préétabli mentionné à l'article L. 653-1 *[L. 6353-1]* du code du travail :

1° Les connaissances nécessaires à la distribution de crédits à la consommation :

a) La nature et les caractéristiques des différentes formes de crédit à la consommation que la personne en formation est susceptible de commercialiser, en distinguant les besoins de financement auxquels elles sont susceptibles de répondre ;

b) L'analyse des caractéristiques financières d'un crédit à la consommation, notamment : le taux débiteur ; le taux annuel effectif global ; le coût total du crédit ; la durée du crédit ; le montant total dû par l'emprunteur ; le montant total du crédit ; le montant, le nombre et le contenu des échéances ; pour les locations avec option d'achat, le montant des loyers et le prix d'achat en cas d'exercice de l'option ;

c) Les modalités de garantie des crédits et les conditions de fonctionnement de la garantie ;

2° La connaissance, pour les différentes formes de crédit à la consommation que la personne en formation est susceptible de commercialiser, des droits et obligations de l'emprunteur et du conjoint non coemprunteur, en particulier :

a) Entre la formation d'un contrat de crédit et le moment où il devient parfait, notamment en vertu des articles L. 311-8-1, L. 311-11 à L. 311-15 et L. 311-37 à L. 311-41 ;

b) Au cours de l'exécution du contrat de crédit, notamment en vertu des articles L. 311-21 à L. 311-26 et des articles L. 311-16 à L. 311-17-1 ;

3° Les connaissances et diligences à accomplir ainsi que les explications à fournir pour assurer une bonne information de l'emprunteur, notamment :

a) Les explications à fournir à l'emprunteur pour lui permettre de comprendre le contenu de la fiche mentionnée à l'article L. 311-6 ;

b) L'établissement de la fiche mentionnée à l'article L. 311-10, notamment les demandes à adresser à l'emprunteur pour réunir les informations nécessaires à cette fin ;

c) Les explications à fournir au consommateur pour lui permettre de comprendre les caractéristiques essentielles du crédit proposé ainsi que les conséquences que le crédit peut avoir sur sa situation financière, y compris en cas de défaut de paiement ;

d) Les explications ou avertissements qui peuvent être adressés à l'emprunteur en amont de l'analyse de sa solvabilité par le prêteur, en fonction des informations réunies sur le lieu de vente sur ses revenus et charges, afin de lui permettre de s'orienter vers un achat et une demande de financement adaptés à ses besoins, ses préférences et sa situation ;

e) La remise de l'offre de contrat de crédit ainsi que les explications à fournir à l'emprunteur pour lui permettre de comprendre son contenu, en particulier celui de l'encadré mentionné à l'article L. 311-18 ;

f) Les explications à donner au consommateur pour lui faire connaître les droits et obligations mentionnés au *a* et au *b* du 2° et notamment pour l'avertir des conséquences d'un éventuel défaut de paiement ;

4° Les connaissances et les démarches nécessaires à la prévention du surendettement :

a) Une présentation des caractéristiques des situations de surendettement ;

b) Les explications et les avertissements qui peuvent être données *[donnés]* à un consommateur qui présente un risque de surendettement, dans le cas où celui-ci s'interroge sur l'opportunité de formuler une demande de crédit ou de procéder à un achat au comptant, ainsi que sur le type de financement qu'il serait susceptible de demander ;

c) Une présentation des grands principes des procédures de traitement du surendettement, et notamment du risque auquel s'expose le prêteur en cas de surendettement de l'emprunteur, en particulier la possibilité pour les commissions de surendettement d'annuler en tout ou partie les dettes contractées par ce dernier ;

5° La connaissance des infractions et manquements relatifs au non-respect des règles figurant au chapitre Ier du titre Ier du livre III du code de la consommation et de leurs sanctions.

II. — Le contenu de la formation peut être adapté lorsque les personnes concernées justifient auprès de leur employeur de l'obtention d'un diplôme national portant sur les connaissances, diligences et démarches visées par ce même article. Ce diplôme national doit sanctionner un premier cycle d'études supérieures juridiques, économiques, financières ou de gestion, d'un niveau de formation III au sens de la nomenclature des niveaux de formation utilisés par la Commission nationale de la certification professionnelle.

III. — L'employeur veille à ce que les connaissances acquises lors de la formation soient régulièrement mises à jour en cas notamment de changement de la législation ou de la réglementation applicable au crédit à la consommation ou au surendettement.

Au plus tard au 1er juill. 2012, les personnes mentionnées au dern. al. de l'art. L. 311-8 doivent avoir suivi une formation conforme aux dispositions de l'art. D. 311-4-3 (Décr. n° 2011-1871 du 13 déc. 2011, art. 2).

Art. L. 311-8-1 **Lorsqu'un prêteur ou un intermédiaire de crédit propose au consommateur, sur le lieu de vente ou par un moyen de vente à distance, un contrat de crédit pour financer l'achat de biens ou de prestations de services particuliers pour un montant supérieur à un seuil fixé par décret, le consommateur doit disposer de la possibilité de conclure un contrat de crédit amortissable à la place d'un contrat de crédit renouvelable.** *– Seuil fixé à 1 000 € (C. consom., art. D. 311-10-1). — Sur les sanctions, V. C. consom., art. L. 311-49, infra.*

Art. L. 311-9 **Avant de conclure le contrat de crédit, le prêteur vérifie la solvabilité de l'emprunteur à partir d'un nombre suffisant d'informations, y compris des informations fournies par ce dernier à la demande du prêteur. Le prêteur consulte le fichier prévu à l'article L. 333-4, dans les conditions prévues par l'arrêté mentionné à l'article L. 333-5** *(L. n° 2012-387 du 22 mars 2012, art. 116)* **« , sauf dans le cas d'une opération mentionnée au 1 de l'article L. 511-6 du code monétaire et financier ».** *— V. art. L. 333-4 et L. 333-5 préc., reproduits à l'art. L. 313-6 C. mon. fin., v° Banque et financement de l'entreprise. — V. Arr. préc. au* **C. consom.** *ou au* **C. mon. fin.** *— Sur les sanctions, V. C. consom., art. L. 311-48, infra.*

BIBL. ▶ VALETTE-ERCOLE, *JCP 2010, n° 779* (vers un crédit responsable ?). - CATHELINEAU-ROULAUD, *CCC 2011. Étude 6* (banque et surendettement). - SOUSA, *JCP E 2011, n° 1749* (contenu des devoirs précontractuels du prêteur). - AUBRY, *RLDA févr. 2012. 94* (transparence du patrimoine et octroi de crédit). - LEGEAIS, *RD banc. fin. 2012. Dossier 10* (crédit responsable).

Art. L. 311-10 **Lorsque les opérations de crédit sont conclues sur le lieu de vente ou au moyen d'une technique de communication à distance, une fiche d'informations distincte de la fiche mentionnée à l'article L. 311-6 est remise par le prêteur ou par l'intermédiaire de crédit à l'emprunteur. Cette fiche, établie par écrit ou sur un autre support durable, comporte notamment les éléments relatifs aux ressources et charges de l'emprunteur ainsi que, le cas échéant, aux prêts en cours contractés par ce dernier. Ladite fiche est signée ou son contenu confirmé par voie électronique par l'emprunteur et contribue à l'évaluation de sa solvabilité par le prêteur. Les informations figurant dans la fiche doivent faire l'objet d'une déclaration certifiant sur l'hon-**

neur leur exactitude. Si le montant du crédit accordé est supérieur à un seuil défini par décret, la fiche doit être corroborée par des pièces justificatives dont la liste est définie par décret. — *Seuil fixé à 3 000 € (C. consom., art. D. 311-10-2). — Les pièces justificatives, à jour au moment de l'établissement de la fiche d'information, sont tous justificatifs du domicile, du revenu et de l'identité de l'emprunteur (C. consom., art. D. 311-10-3). — Sur les sanctions, V. C. consom., art. L. 311-48, infra.*

Art. L. 311-10-1 Lorsque la conclusion d'une opération mentionnée à l'article L. 311-2 donne droit, ou peut donner droit, à titre gratuit immédiatement ou à terme, à une prime en nature de produits ou biens, la valeur de cette prime ne peut être supérieure à un seuil fixé par arrêté du ministre chargé de l'économie. — *Seuil fixé à 80 euros (Arr. 30 nov. 2010, art. 1er, JO 2 déc.). — Sur les sanctions, V. C. consom., art. L. 311-49, infra.*

SECTION V *Formation du contrat de crédit*

(L. n° 2010-737 du 1er juill. 2010, art. 7-I)

Les art. L. 311-11 à L. 311-17-1 entrent en vigueur le premier jour du dixième mois suivant celui de la publication de la L. n° 2010-737 du 1er juill. 2010 (JO 2 juill.). Ils s'appliquent aux contrats dont l'offre a été émise après la date d'entrée en vigueur (L. préc., art. 61-I).

Un décret en Conseil d'État fixe les conditions dans lesquelles sont applicables progressivement aux contrats de crédit renouvelables en cours à la date d'entrée en vigueur de la L. n° 2010-737 du 1er juill. 2010 les règles prévues à la section V dans sa rédaction issue de la loi précitée (L. préc., art. 61-II). — V. Décr. n° 2011-457 du 26 avr. 2011, ss. art. L. 311-16.

BIBL. ▶ AUBRY, *RLDC sept. 2010. 57* (la formation du contrat de crédit après la loi portant réforme du crédit à la consommation).

Art. L. 311-11 L'offre de contrat de crédit est établie par écrit ou sur un autre support durable. Elle est remise ou adressée en autant d'exemplaires que de parties et, le cas échéant, à chacune des cautions.

La remise ou l'envoi de l'offre de contrat de crédit à l'emprunteur oblige le prêteur à en maintenir les conditions pendant une durée minimale de quinze jours à compter de cette remise ou de cet envoi. — *Reprise de la substance de l'anc. art. L. 311-8 C. consom. — Sur les sanctions, V. C. consom., art. L. 311-48 et L. 311-49, infra.*

BIBL. ▶ POISSONNIER, *CCC 2011. Étude 7* (principales irrégularités des offres préalables de crédit à la consommation).

Jurisprudence antérieure à la L. n° 2010-737 du 1er juill. 2010.

1. *Cautionnement.* **BIBL.** Barret-Barnay, *Gaz. Pal. 19-20 nov. 1999* (sort du cautionnement en cas de non-conformité de l'offre de crédit à la consommation). ♦ Une caution n'ayant pas été informée du prêt personnel consenti à son père par une banque, le cautionnement qu'elle a consenti ne peut s'étendre, en application de l'art. 2015 [désormais art. 2292] C. civ. et de l'art. L. 311-8 [désormais art. L. 311-11] C. consom., au prêt relevant des dispositions de la loi du 10 janv. 1978 [C. consom., art. L. 311-1 s.]. • Civ. 1re, 20 déc. 1994 : *Bull. civ. I, n° 381 ; D. 1995. IR 21.*

2. *Nullité d'ordre public.* La nullité résultant de l'inobservation de la règle d'ordre public édictée par l'art. 5 de la L. n° 78-22 du 10 janv. 1978 [C. consom., anc. art. L. 311-8 s.] ne peut être couverte par la renonciation, même expresse, des parties. • Civ. 1re, 19 janv. 1994 : *CCC 1994, n° 85, note Raymond.*

3. *Répétition de l'indu.* Par application de l'art. 1377, al. 2, C. civ., ne peut être accueillie la demande en répétition engagée contre une banque par une caution qui, après avoir payé la dette de l'emprunteur, conteste la validité de son engagement, au regard de l'art. 5 de la loi du 10 janv. 1978 [C. consom., anc. art. L. 311-8 s.], dès lors qu'une offre de prêt a été adressée à la caution, que celle-ci a réglé la dette de l'emprunteur après avoir reconnu que la somme qui lui était demandée était bien due et que le créancier affirme avoir supprimé son titre par suite du paiement. • Civ. 1re, 22 juin 1994 : *Bull. civ. I, n° 221 ; D. 1994. IR 189.*

Art. L. 311-12 **L'emprunteur peut se rétracter sans motifs dans un délai de quatorze jours calendaires révolus à compter du jour de l'acceptation de l'offre de contrat de crédit comprenant les informations prévues à l'article L. 311-18. Afin de permettre l'exercice de ce droit de rétractation, un formulaire détachable est joint à son exemplaire du contrat de crédit. L'exercice par l'emprunteur de son droit de rétractation ne peut donner lieu à enregistrement sur un fichier.** — *Sur les sanctions, V. C. consom., art. L. 311-48 et L. 311-50, infra.*

En cas d'exercice de son droit de rétractation, l'emprunteur n'est plus tenu par le contrat de service accessoire au contrat de crédit. — *Reprise de la substance de l'anc. art. L. 311-15 C. consom.*

BIBL. ▶ Detraz, *CCC 2004. Chron. 7* (plaidoyer pour une analyse fonctionnelle du droit de rétractation). – Boujeka, *RD banc. fin. 2004. 219* (délai de réflexion et délai de rétractation). – Bazin, *D. 2008. 3028* (le droit de repentir en droit de la consommation).

Jurisprudence antérieure à la L. n° 2010-737 du 1er juill. 2010.

1. Acceptation de l'offre. Aucune disposition de la loi n'interdit que l'offre de prêt soit faite et acceptée le même jour alors qu'en tout état de cause le bénéficiaire n'est pas privé de la possibilité de la rétractation prévue à l'art. 7 de la L. n° 78-22 du 10 janv. 1978 [C. consom., art. L. 311-12]. • Versailles, 10 mars 1995 : *RJDA 1995, n° 871.* ♦ Lorsque l'offre préalable de crédit ne comporte comme seule date que celle de présentation du contrat, ce dernier, conformément aux règles de droit commun du prêt, est réputé accepté et donc définitivement formé, le jour de la remise effective des fonds intervenue durant le délai légal de validité de l'offre. • Bordeaux, 26 juin 1997 : *BICC 1997, n° 1409.*

2. Exercice du droit de rétractation. L'emprunteur peut exercer son droit de rétractation auprès du vendeur s'il a la croyance légitime que celui-ci a pouvoir d'engager l'organisme de crédit et que les circonstances l'autorisent à ne pas vérifier les limites exactes de ce pouvoir. • Civ. 1re, 12 févr. 1991 : *Bull. civ. I, n° 62 ; D. 1992. Somm. 269, obs. A. Penneau* • 2 févr. 1994 : *CCC 1994, n° 84, note Raymond.* ♦ L'emprunteur peut exercer ce droit par d'autres moyens que le formulaire détachable, lequel a pour but tant d'attirer son attention sur ce droit que de lui en faciliter l'exercice. • Civ. 1re, 12 févr. 1991 : *préc.* ♦ La reconnaissance écrite, par l'emprunteur, dans le corps de l'offre préalable, de la remise d'un bordereau de rétractation détachable joint à cette offre laisse présumer la remise effective de celui-ci. Dès lors qu'il est constaté que l'emprunteur avait souscrit une telle reconnaissance, la cour d'appel en a exactement déduit que, faute pour celui-ci de rapporter la preuve de l'absence de remise du bordereau ou, à défaut, de son caractère irrégulier, l'intéressé ne pouvait se prévaloir de la déchéance du droit aux intérêts du prêteur. • Civ. 1re, 16 janv. 2013 : *D. 2013. 1329, note Poissonnier ; JCP E 2013, n° 1093, note Lasserre Capdeville ; RJDA 2013, n° 448 ; Gaz. Pal. 2013. 301, note Prieur ; Dr. et proc. 2013. 86, obs. Bazin.* – V. aussi : • Civ. 1re, 12 juill. 2012 : *Bull. civ. I, n° 169 ; D. 2012. 2567, note Poissonnier ; JCP E 2012, n° 1606, note Bazin ; CCC 2012, n° 288, obs. Raymond ; LPA 5 nov. 2012, obs. Lasserre Capdeville ; RJDA 2012, n° 993.*

3. Bénéficiaire du droit de rétractation. Le bénéfice du délai de rétractation ne peut profiter qu'à l'emprunteur et non à la caution. • Douai, 15 sept. 1994 : *Gaz. Pal. 1996. 1. Somm. 150.*

4. Vice du consentement. Jugeant que le droit commun des contrats s'applique au contrat de crédit à la consommation et que l'engagement de l'emprunteur suppose, pour qu'il soit licite, qu'il comprenne la teneur et la portée du contrat qu'il signe ; que tel n'est pas le cas d'un coemprunteur ne parlant pas et ne comprenant pas le français ce dont il résulte que son consentement n'a pas été donné de manière valable au sens de l'art. 1109 C. civ., V. • Reims, 15 févr. 2001 : *CCC 2002, n° 37, note Raymond.* ♦ Sur l'existence d'une tutelle ou d'une curatelle de l'emprunteur, V. • Aix-en-Provence, 13 mai 2002 : *CCC 2002, n° 178, obs. Raymond* • Bordeaux, 1er avr. 2004 : *CCC 2004, n° 164, obs. Raymond.*

Code de la consommation **Art. R. 311-4** Le formulaire détachable de rétractation prévu à l'article *(Décr. n° 2011-136 du 1er févr. 2011, art. 4, en vigueur le 1er mai 2011)* « L. 311-12 » est établi conformément au modèle type joint en annexe. — *V. cette annexe.* — ***C. consom.***

Il ne peut comporter au verso aucune mention autre que le nom et l'adresse du prêteur. — *[Décr. nº 78-509 du 24 mars 1978, art. 2.]* — *Anc. art. R. 311-7 (Décr. nº 2011-136 du 1er févr. 2011, art. 4).*

Art. L. 311-13 **Le contrat accepté par l'emprunteur ne devient parfait qu'à la double condition que ledit emprunteur n'ait pas usé de sa faculté de rétractation et que le prêteur ait fait connaître à l'emprunteur sa décision d'accorder le crédit dans un délai de sept jours. L'agrément de la personne de l'emprunteur est réputé refusé si, à l'expiration de ce délai, la décision d'accorder le crédit n'a pas été portée à la connaissance de l'intéressé. L'agrément de la personne de l'emprunteur parvenu à sa connaissance après l'expiration de ce délai reste néanmoins valable si celui ci entend toujours bénéficier du crédit. La mise à disposition des fonds au delà du délai de sept jours mentionné à l'article L. 311-14 vaut agrément de l'emprunteur par le prêteur.** — *Reprise de la substance de l'anc. art. L. 311-16 C. consom.*

V. bibl. ss. art. L. 311-12 C. consom.

Jurisprudence antérieure à la L. nº 2010-737 du 1er juill. 2010.

1. Formation du contrat. **BIBL.** Denis-Fatôme, *RD banc. fin. 2004. 217* (l'absence de consentement et le crédit à la consommation). – De Laender, *ibid. 288* (conclusion du contrat de crédit en ligne). – Pain-Masbrenier, *CCC 2006. Chron. 3* (réflexions sur la notion de contrat de prêt et son incidence sur la qualification de l'ouverture de crédit). – Cuperlier, *RTD civ. 2007. 485* (réflexions critiques sur l'insaisissabilité d'une ouverture de crédit). ♦ L'emprunteur ayant accepté et utilisé les fonds mis à sa disposition, bien que la banque ne lui ait pas manifesté son agrément dans le délai de sept jours, le contrat de crédit s'est valablement formé dès lors que l'emprunteur a entendu en bénéficier : • Civ. 1re, 28 nov. 1995 : *Bull. civ. I, nº 439 ; Rev. dr. bancaire 1996. 50, obs. Crédot et Gérard.* ♦ Le caractère consensuel d'un contrat n'imposant pas que les volontés contractuelles soient formulées de manière expresse, le contrat de crédit est valablement formé dès lors qu'en versant les fonds à l'emprunteur, le prêteur a manifesté son agrément et qu'en remboursant les échéances, l'emprunteur a entendu bénéficier du contrat. • Civ. 1re, 4 juin 2002 : *Bull. civ. I, nº 159 ; JCP E 2003, nº 11, p. 466, obs. Stoufflet ; RD banc. fin. 2002, nº 128, obs. Crédot et Gérard ; RTD com. 2003. 154, obs. Bouloc.* ♦ Dans le même sens, V. • Civ. 1re, 9 déc. 1997 : *Bull. civ. I, nº 364 ; D. Affaires 1998. 142, obs. S. P. ; CCC 1998, nº 49, obs. Raymond ; Rev. dr. bancaire 1998. 61, obs. Crédot et Gérard.*

2. Ouverture de crédit. **BIBL.** Martin et Gérard Godard, *RLDA juin 2011. 78* (souplesse de l'ouverture de crédit et du découvert). ♦ L'ouverture de crédit, qui constitue une promesse de prêt, donne naissance à un prêt, à concurrence des fonds utilisés par le client. • Com. 21 janv. 2004 : *Bull. civ. IV, nº 13 ; D. 2004. 1149, note Jamin ; ibid. AJ 498, obs. Avena-Robardet ; LPA 9 févr. 2004, rapp. Cohen-Branche ; JCP E 2004, nº 18, p. 720, note Salati ; JCP 2004. II. 10062, note S. Piedelièvre ; RD banc. fin. 2004. 134, note Martin ; ibid., nº 108, obs. Crédot et Gérard ; Banque et Droit mai-juin 2004. 50, obs Bonneau ; RTD com. 2004. 352, obs. Legeais ; RDI 2004. 367, obs. Heugas-Darraspen* — Sur cet arrêt, V. aussi Tchotourian, *RJDA 2004, p. 731.* ♦ Rappr., jugeant que l'ouverture de crédit en compte courant, à concurrence de sa partie non utilisée, ne constitue qu'une promesse de prêt à une personne dénommée : • Civ. 2e, 18 nov. 2004 : *cité note 21 ss. art. L. 311-33 C. mon. fin., vº Banque et financement de l'entreprise.* ♦ Rappr. aussi, jugeant que l'ouverture de crédit ne peut revêtir le caractère de prêt qu'à compter de la mise en jeu de la garantie (cautionnement), soit du jour de la mise à disposition des fonds : • Civ. 1re, 28 sept. 2004 : *Bull. civ. I, nº 214 ; D. 2004. AJ 2786 ; RD banc. fin. 2005, nº 9, obs. Legeais ; Bull. Joly 2005. 586, note Coquelet ; RDC 2005. 691, obs. Dauriac ; Rev. sociétés 2005. 371, note Legeais.*

3. Renonciation. Si les dispositions de la loi sont d'ordre public, aux termes de l'art. 28 [C. consom., art. L. 313-16], les nullités sanctionnant les irrégularités sont des nullités relatives qui peuvent être confirmées. • Paris, 16 mai 1986 : *D. 1986. 465, concl. Paire.* ♦ Ainsi, il a été jugé que vaut renonciation à se prévaloir des irrégularités résultant du versement d'un acompte avant l'expiration du délai de sept jours, la mise en demeure par le client du vendeur, après expiration dudit délai, de lui livrer la marchandise. • Même arrêt. ♦ Comp. note 3 ss. art. L. 311-48.

4. Notification tardive de l'agrément. Lorsque l'offre préalable stipule que le prêteur se réserve le droit d'agréer la personne de l'emprunteur et que l'agrément ne parvient à la connaissance de celui-ci qu'après l'expiration du délai de sept jours suivant l'acceptation, alors devenue caduque, le contrat de crédit ne devient parfait qu'après que cet emprunteur a manifesté son intention d'en bénéficier. • Civ. 1re, 7 nov. 2006 : *cité note 5.* ♦ L'agrément de l'emprunteur porté à la connaissance de celui-ci plus de sept jours après son acceptation de l'offre de prêt suppose, pour produire effet, que celui dont l'agrément était réputé refusé, manifeste s'il entend toujours bénéficier du crédit. • Toulouse, 15 nov. 1994 : *BICC 1994, n° 1265.*

5. Forclusion. L'agrément n'ayant pas été donné par le prêteur dans le délai légal à partir de l'acceptation de l'offre préalable par l'emprunteur, le contrat de prêt ne peut être définitivement formé et, partant, le délai de forclusion ne commence à courir qu'à compter de la manifestation par cet emprunteur de son intention de bénéficier du crédit qui lui a été finalement consenti. • Civ. 1re, 7 nov. 2006 : *Bull. civ. I, n° 465 ; RTD com. 2007. 212, obs. Legeais ; JCP E 2006, n° 50, p. 2137 ; CCC 2007, n° 30, obs. Raymond ; RJDA 2007, n° 882.*

Art. L. 311-14 Pendant un délai de sept jours à compter de l'acceptation du contrat par l'emprunteur, aucun paiement, sous quelque forme et à quelque titre que ce soit, ne peut être fait par le prêteur à l'emprunteur ou pour le compte de celui-ci, ni par l'emprunteur au prêteur. Pendant ce même délai, l'emprunteur ne peut non plus faire, au titre de l'opération en cause, aucun dépôt au profit du prêteur ou pour le compte de celui-ci. Si une autorisation du prélèvement sur son compte bancaire est signée par l'emprunteur, sa validité et sa prise d'effet sont subordonnées à celles du contrat de crédit. – *Anc. art. L. 311-17 C. consom., modifié.*

BIBL. ▸ RAYMOND, CCC *1997. Chron.* 4 (prélèvements bancaires).

Art. L. 311-15 A compter du jour suivant la mise à disposition des fonds à l'emprunteur et en cas de rétractation, l'emprunteur rembourse au prêteur le capital versé et paye les intérêts cumulés sur ce capital depuis la date à laquelle le crédit lui a été versé jusqu'à la date à laquelle le capital est remboursé, sans retard indu et au plus tard trente jours calendaires révolus après avoir envoyé la notification de la rétractation au prêteur. Les intérêts sont calculés sur la base du taux débiteur figurant au contrat. Le prêteur n'a droit à aucune indemnité versée par l'emprunteur en cas de rétractation.

Art. L. 311-16 Lorsqu'il s'agit d'une ouverture de crédit qui, assortie ou non de l'usage d'une carte de crédit, offre à son bénéficiaire la possibilité de disposer de façon fractionnée, aux dates de son choix, du montant du crédit consenti, l'établissement d'un contrat de crédit est obligatoire pour la conclusion du crédit initial et, dans les mêmes conditions, pour toute augmentation de ce crédit consentie ultérieurement. Tout crédit correspondant à cette définition est désigné dans tout document commercial ou publicitaire par le terme : "crédit renouvelable", à l'exclusion de tout autre. Lorsqu'une carte de crédit est associée au contrat, la mention : "carte de crédit" est spécifiée en caractères lisibles au recto de la carte.

Dans ce cas, le contrat de crédit prévoit que chaque échéance comprend un remboursement minimal du capital emprunté, qui varie selon le montant total du crédit consenti et dont les modalités sont définies par décret. – *V. art. D. 311-4-1 et D. 311-4-2, ci-dessous.*

Il précise que la durée du contrat est limitée à un an renouvelable et que le prêteur devra indiquer, trois mois avant l'échéance, les conditions de reconduction du contrat. Il fixe également les modalités du remboursement, qui doit être échelonné, sauf volonté *contraire du débiteur*, des sommes restant dues dans le cas où le débiteur demande à ne plus bénéficier de son ouverture de crédit.

Avant de proposer à l'emprunteur de reconduire le contrat, le prêteur consulte tous les ans le fichier prévu à l'article L. 333-4, dans les conditions prévues par l'arrêté mentionné à l'article L. 333-5, et, tous les trois ans, il vérifie la solvabilité de l'emprunteur dans les conditions fixées à l'article L. 311-9. – *V. art. L. 333-4 et L. 333-5 préc., reproduits à l'art. L. 313-6 C. mon. fin., v° Banque et financement de l'entreprise. — V. Arr. préc. au* ***C. consom.*** *ou au* ***C. mon. fin.***

Le prêteur peut réduire le montant total du crédit, suspendre le droit d'utilisation du crédit par l'emprunteur ou ne pas proposer la reconduction du contrat lorsque les éléments recueillis en application de l'alinéa précédent le justifient ou, à tout moment, s'il dispose d'informations démontrant une diminution de la solvabilité de l'emprunteur telle qu'elle avait pu être appréciée lors de la conclusion du contrat. Il en informe préalablement l'emprunteur par écrit ou sur un autre support durable.

A tout moment, à l'initiative du prêteur ou à la demande de l'emprunteur, le montant total du crédit peut être rétabli et la suspension du droit d'utilisation du crédit levée, après vérification de la solvabilité de l'emprunteur dans les conditions fixées à l'article L. 311-9.

Pendant la période de suspension du droit d'utilisation du crédit par l'emprunteur ou en cas de non-reconduction du contrat, l'emprunteur est tenu de rembourser, aux conditions fixées par le contrat, le montant du crédit utilisé.

L'emprunteur doit pouvoir s'opposer aux modifications proposées, lors de la reconduction du contrat, jusqu'au moins vingt jours avant la date où celles-ci deviennent effectives, en utilisant un bordereau-réponse annexé aux informations écrites communiquées par le prêteur. Un décret précisera les caractéristiques de ce bordereau ainsi que les mentions devant y figurer. L'emprunteur peut également demander à tout moment la réduction de sa réserve de crédit, la suspension de son droit à l'utiliser ou la résiliation de son contrat. Dans ce dernier cas, il est tenu de rembourser, aux conditions du contrat, le montant de la réserve d'argent déjà utilisé. — *V. art. D. 311-1, ss. C. consom., art. L. 311-4.*

En cas de refus des nouvelles conditions de taux ou de remboursement proposées lors de la reconduction du contrat, l'emprunteur est tenu de rembourser aux conditions précédant les modifications proposées le montant de la réserve d'argent déjà utilisé, sans pouvoir, toutefois, procéder à une nouvelle utilisation de l'ouverture de crédit.

Si, *(L. n° 2010-1249 du 22 oct. 2010, art. 44)* **« pendant deux années consécutives », le contrat d'ouverture de crédit ou tout moyen de paiement associé n'ont fait l'objet d'aucune utilisation, le prêteur qui entend proposer la reconduction du contrat adresse à l'emprunteur, à l'échéance de la deuxième année, un document annexé aux conditions de cette reconduction. Ce document indique l'identité des parties, la nature de l'opération, le montant du crédit disponible, le taux annuel effectif global ainsi que le montant des remboursements par échéance et par fractions de crédit utilisées. A défaut pour l'emprunteur de retourner ce document, signé et daté, au plus tard vingt jours avant la date d'échéance du contrat, ce dernier est résilié de plein droit à cette date. Lorsque l'ouverture de crédit est assortie de l'usage d'une carte de crédit, le prélèvement de la cotisation liée au bénéfice de ce moyen de paiement ne fait pas obstacle à la mise en œuvre du présent alinéa.**

La capitalisation des intérêts est soumise aux dispositions de l'article 1154 du code civil. — *Anc. art. L. 311-9 C. consom., modifié. — Sur les sanctions, V. C. consom., art. L. 311-48 et L. 311-49, infra.*

Les opérations mentionnées à l'art. L. 311-16 ne peuvent donner lieu à un crédit garanti par une hypothèque rechargeable (C. consom., art. L. 313-14, al. 2). — Sur les crédits garantis par une hypothèque rechargeable, V. art. L. 313-14 s. — ***C. consom.***

BIBL. ▶ Flores, *CCC 1999. Chron. 3* (information du consommateur lors du renouvellement du compte permanent). – Pollaud-Dulian, *RD banc. fin. nov.-déc. 2002, p. 341* (devoir d'information du banquier et crédits au consommateur). – Crédot et Gérard, *RD banc. fin. 2003, n° 214* (loi sécurité financière). ▶ Loi n° 2005-67 du 28 janv. 2005 : Stoffel-Munck, *CCE 2005, n° 45.* – Dossier spécial, *RD banc. fin. juill.-août 2005. 75* (discussion sur le crédit renouvelable). – Coelho, *LPA 6 sept. 2005.* – Mallet-Bricout, *Dr. et patr. sept. 2005. 33.* – Gautier, *LPA 17 oct. 2005* (crédit permanent : martyr des juges du fond). – Debet, *D. 2009. 1004* (faut-il interdire le crédit *revolving* ?). – V. Mazeaud, *CCC 2011. Étude 10* (le juge et la clause de double montant du crédit renouvelable). ▶ Loi n° 2010-737 du 1er juill. 2010 : Mendès-Gil, *Dr. et patr. oct.*

2010. 54 (contrats de crédits spéciaux : crédit renouvelable, crédit affecté, regroupement de crédits, crédit gratuit). – Edel, *Dr. et patr. mai 2011. 44* (crédit renouvelable : des quelques choix législatifs en contradiction avec les objectifs affichés). – Delecraz et Chetaille, *RLDA mai 2011. 78* (les dangers du crédit renouvelable). – Biardeaud et Flores, *D. 2011. 1697* (décrets des 22 mars et 26 avr. 2011 : les crédits renouvelables restent des crédits permanents). – Legrand, *D. 2011. 1990* (le crédit renouvelable va-t-il devenir responsable ?).

Jurisprudence antérieure à la L. n° 2010-737 du 1er juill. 2010.

A. OFFRE PRÉALABLE

1. Dispense de réitération. La dispense de réitération de l'offre préalable, prévue à l'art. L. 311-9, al. 1er [ancien ; V. désormais art. L. 311-16], ne s'étend pas aux nouvelles ouvertures de crédit, lesquelles doivent être conclues dans les termes d'une offre préalable (à propos d'un relèvement du découvert autorisé). • Civ. 1re, 3 juill. 1996 : *D. 1996. IR 191 ; D. Affaires 1996. 1122 ; CCC 1996, n° 160, note Raymond* • 17 mars 1998 : *Bull. civ. I, n° 119 ; D. 2000. Somm. 49, obs. Pizzio ; D. Affaires 1998. 840, obs. C. R. ; CCC 1998, n° 122, obs. Raymond ; RTD com. 1998. 907, obs. Bouloc* • 26 oct. 2004 : *RJDA 2005, n° 315.* – V. aussi • Versailles, 10 oct. 1997 : *Gaz. Pal. 1998. 1. Somm. 331.*

2. Modification du crédit. En matière de crédit à la consommation, toute modification du montant ou du taux d'un crédit précédemment accordé doit être conclue dans les termes d'une offre préalable comportant les mentions prescrites par l'art. L. 311-10 [ancien], le défaut d'indication de celles-ci, entraînant, en application de l'art. L. 311-33 [ancien], la déchéance du droit aux intérêts pour le prêteur sur l'ouverture de crédit renégociée. • Civ. 1re, 18 janv. 2000 : *Bull. civ. I, n° 14 ; D. 2000. AJ 134, obs. Rondey ; RD banc. fin. 2000, n° 53, obs. Crédot et Gérard.* ♦ L'augmentation du découvert autorisé dans le cadre d'un contrat initial constitue une nouvelle ouverture de crédit qui doit être conclue dans les termes d'une offre préalable. • Civ. 1re, 16 janv. 2007 : *CCC 2007, n° 107, obs. Raymond* • 5 mars 2009 : *RD banc. fin. 2009, n° 82, obs. Lagarde.*

B. OBLIGATION D'INFORMATION

3. Domaine de l'information – TAEG. Jugeant que la Dir. CEE n° 87/102 du 22 déc. 1986 [abrogée avec effet au 12 mai 2010, remplacée par Dir. 2008/48/CE du 23 avr. 2008. – V. ce texte au **C. consom.**], modifiée, n'impose pas que, préalablement à chaque renouvellement, à des conditions inchangées, d'un crédit reconstituable dont le taux d'intérêt est stipulé variable, le prêteur soit obligé d'informer par écrit l'emprunteur du taux annuel effectif global en vigueur ainsi que des conditions auxquelles ce dernier pourra être modifié : • CJCE 4 mars 2004 : *D. 2004. AJ 1083 ; JCP E 2004, n° 13, p. 491 ; RTD com. 2004. 356, obs. Legeais ; ibid. 631, obs. Luby ; LPA 16 mai 2005, obs. Claret ; RJDA 2004, n° 885 ; RJ com. 2004. 261, obs. Raynouard ; BEEI 2004, n° 3, p. 9.*

4. Modalités de l'information. Un établissement de crédit étant, en tant que professionnel des opérations de crédit, tenu d'un devoir de conseil et d'information envers ses cocontractants profanes, tenu de rapporter la preuve qu'il a informé les coemprunteurs, par écrit et de manière complète et explicite au sujet des conditions de reconduction de leur contrat. Cette information peut se faire par l'envoi d'une lettre simple ou recommandée dont l'établissement de crédit devra démontrer qu'elle a été envoyée, preuve qui n'est pas rapportée lorsque le prêteur fait seulement état de son système informatique ayant enregistré un envoi de « message Neiertz ». • Versailles, 18 sept. 1998 : *D. Affaires 1998. 1947, obs. C. R.* ♦ V. notes ss. C. consom., anc. art. L. 311-9. – **C. consom.**

5. Preuve de l'information. Il incombe au prêteur d'apporter la preuve qu'il a satisfait à l'obligation d'information exigée par l'art. L. 311-9 [ancien ; V. désormais art. L. 311-19]. • Civ. 1re, 28 sept. 2004 : *RJDA 2005, n° 70.* ♦ En raison de l'automaticité de la déchéance d'ordre public, il appartient au prêteur d'établir que l'offre préalable écrite a satisfait aux conditions imposées par les art. L. 311-8 à L. 311-13 [anciens]. • Bordeaux, 30 avr. 1998 : *BICC 1998, n° 1328 ; CCC 1998, n° 138, obs. Raymond.* ♦ La clause qui stipule que, « de convention expresse la délivrance de l'information [exigée par l'art. L. 311-16] sera établie par la production de l'enregistrement informatique de l'envoi », inverse, au détriment du consommateur, la charge de la preuve et crée, à l'encontre de ce dernier, un déséquilibre significatif entre les droits et obligations des parties. • Civ. 1re, 1er févr. 2005 : *cité note 16 ss. art. R. 132-2.*

6. Sanction. La méconnaissance de l'obligation d'informer l'emprunteur n'est pas sanctionnée par la nullité mais par la déchéance du droit aux intérêts sur les sommes prêtées en exécution du contrat reconduit, telle qu'elle est édictée par l'art. L. 311-33 [ancien ; V. désormais art. L. 311-48]. • Cass., avis, 4 oct. 1996 : *préc. note 3.* – V. aussi • Civ. 1re, 18 janv. 2000 : *préc. note 2.*

Décret n° 2011-457 du 26 avril 2011,

Fixant les conditions d'application progressive de la réforme du crédit à la consommation aux contrats de crédit renouvelable en cours.

Art. 1er I. — Le premier alinéa de l'article L. 311-17 du code de la consommation, le premier alinéa de l'article L. 311-17-1 et les articles L. 311-23 et L. 311-26 du même code, dans leur rédaction issue de la loi *[n° 2010-737]* du 1er juillet 2010 susvisée, s'appliquent au 1er mai 2011 aux contrats de crédit renouvelable souscrits avant cette date.

II. — L'article L. 311-16 du même code, à l'exception des deuxième, quatrième et dixième alinéas, les articles L. 311-21, L. 311-22, L. 311-22-2, L. 311-22-3 et L. 311-25-1 du même code, dans leur rédaction issue de la loi du 1er juillet 2010 susvisée, s'appliquent aux contrats de crédit renouvelable souscrits avant le 1er mai 2011 lors de leur première reconduction.

III. — Les quatrième et dixième alinéas de l'article L. 311-16 du même code, dans leur rédaction issue des lois du 1er juillet 2010 et du 22 octobre 2010 *[n° 2010-1249, de régulation bancaire et financière]* susvisées, s'appliquent aux contrats de crédit renouvelable souscrits avant le 1er mai 2011 et dont la première reconduction intervient à compter du 1er août 2011, lors de cette reconduction.

Art. 2 Le deuxième alinéa de l'article L. 311-16 du même code, dans sa rédaction issue de la loi du 1er juillet 2010 susvisée, s'applique aux contrats de crédit renouvelable souscrits avant le 1er mai 2011 et dont la première reconduction intervient à compter du 1er août 2011, lorsque ces derniers ne sont pas conformes à ses dispositions, dans les conditions suivantes :

1° A tout moment avant le 31 décembre 2011 ou au plus tard trois mois avant la date prévue pour la reconduction du contrat, le prêteur adresse à l'emprunteur un avenant qui précise l'identité des parties, le montant total du crédit, le montant des échéances prévues en application du deuxième alinéa de l'article L. 311-16 du code de la consommation, dans sa rédaction issue de la loi du 1er juillet 2010 susvisée, ainsi, le cas échéant, que le montant des échéances prévues par dérogation à cet article en application du 2°. Un bordereau de réponse mentionnant l'acceptation ou le refus y est également annexé.

En cas de refus par l'emprunteur des nouvelles conditions de remboursement proposées, le contrat est résilié de plein droit et l'emprunteur est tenu de rembourser le capital restant dû dans les conditions initialement prévues par le contrat.

A défaut pour l'emprunteur de retourner ce bordereau signé et daté, au plus tard deux mois et dix jours après l'envoi de l'avenant, le contrat est modifié de plein droit à l'issue d'une période de trois mois après cet envoi.

Toutefois, lorsque l'application, à la date de l'envoi de l'avenant, des regles résultant du deuxième alinéa de l'article L. 311-16 du code de la consommation, dans sa rédaction issue de la loi du 1er juillet 2010 susvisée, aboutit à une augmentation superieure à 10 % de la mensualité en cours pour le capital restant dû, et à condition que cette augmentation soit supérieure à 20 euros, le prêteur doit recueillir le consentement explicite de l'emprunteur dans un délai de quatre mois. A défaut d'un tel consentement, le contrat est résilié de plein droit et l'emprunteur est tenu de rembourser le capital restant dû dans les conditions initialement prévues par le contrat.

L'avenant susmentionné informe l'emprunteur des règles de modification ou de résiliation de son contrat prévues au présent 1°.

2° Jusqu'au 1er mai 2014, le contrat peut prévoir des modalités de remboursement qui dérogent aux règles prévues par le deuxième alinéa de l'article L. 311-16 du code de la consommation, dans sa rédaction issue de la loi du 1er juillet 2010 susvisée, à condition que les mensualités correspondantes n'excèdent pas celles résultant de l'application de ces règles pour un même montant de capital restant dû, et sans préjudice de la faculté pour l'emprunteur de procéder à des remboursements anticipés en application de l'article L. 311-22 du même code.

Art. 3 Le présent décret est applicable en Nouvelle-Calédonie, en Polynésie française et dans les îles Wallis-et-Futuna.

Code de la consommation

Art. D. 311-4-1 *(Décr. n° 2011-304 du 22 mars 2011, art. 1er, en vigueur le 1er mai 2011)* I. — Le remboursement minimal du capital emprunté à chaque échéance prévu à l'article L. 311-16 correspond à la formule suivante :

$$R = \alpha \times K$$

Dans cette formule :

R désigne le montant du remboursement minimal du capital ;

K désigne le montant de capital restant dû après la dernière utilisation de l'ouverture de crédit ;

α désigne le pourcentage de remboursement minimal, qui est calculé de la manière suivante :

1° Pour les crédits renouvelables pour lesquels le contrat de crédit prévoit des échéances constantes, le pourcentage de remboursement minimal est calculé selon la formule suivante :

$$\alpha = \frac{1-\frac{1}{(1+r)^{\frac{1}{12}}}}{\frac{1}{(1+r)^{\frac{1}{12}}}\times\left(1-\left(\frac{1}{(1+r)^{\frac{1}{12}}}\right)^{T}\right)}-\left((1+r)^{\frac{1}{12}}-1\right)$$

Dans cette formule :

r désigne le taux annuel effectif global, auquel s'ajoute, dans le cas où le contrat de crédit est assorti d'une assurance facultative ayant pour objet la garantie du remboursement du crédit, à laquelle a souscrit l'emprunteur, le taux correspondant au coût annuel de cette assurance rapporté au capital restant dû ;

T désigne la durée de remboursement total du crédit, fixée dans les conditions suivantes :

a) Pas plus de 36 mois pour les crédits renouvelables dont le montant total est inférieur ou égal à 3 000 euros ;

b) Pas plus de 60 mois pour les crédits renouvelables dont le montant total est supérieur à 3 000 euros ;

2° Pour les crédits renouvelables pour lesquels le contrat de crédit prévoit des échéances variables selon des rythmes de remboursement différents prévus par le contrat de crédit, le pourcentage de remboursement minimal est de :

a) 1 % pour les crédits renouvelables dont le montant total est inférieur ou égal à 3 000 euros ;

b) 0,5 % pour les crédits renouvelables dont le montant total est supérieur à 3 000 euros.

Pour ces crédits, le rythme de remboursement prévu par le contrat de crédit ne peut en aucun cas aboutir à une durée de remboursement du montant de crédit utilisé supérieure à :

a) 36 mois pour les crédits renouvelables dont le montant total est inférieur ou égal à 3 000 euros ;

b) 60 mois pour les crédits renouvelables dont le montant total est supérieur à 3 000 euros.

Dans le cas où le contrat de crédit est assorti d'une assurance facultative souscrite par l'emprunteur ayant pour objet la garantie du remboursement du crédit, le paiement des cotisations d'assurance ne peut en aucun cas conduire au dépassement des durées de remboursement établies dans les conditions fixées aux deux alinéas précédents.

II. — Pour les contrats de crédit mentionnés à l'article L. 311-16, le montant de l'échéance ne peut être inférieur à 15 euros.

Les art. D. 311-4-1 et D. 311-4-2 sont applicables en Nouvelle-Calédonie, en Polynésie française et dans les îles Wallis-et-Futuna (Décr. n° 2011-304 du 22 mars 2011, art. 3).

BIBL. ▶ LEGEAIS, *RTD com. 2011. 399* (remboursement minimal à chaque échéance pour les crédits renouvelables).

Art. D. 311-4-2 *(Décr. n° 2011-304 du 22 mars 2011, art. 2, en vigueur le 1er mai 2011)* I. — Le pourcentage de remboursement minimal établi dans les conditions définies au I de l'article D. 311-4-1 et le montant minimal de l'échéance défini au II du même article correspondent à un rythme de remboursement mensuel. Dans le cas d'une échéance portant sur une période autre qu'une mensualité, le prêteur détermine le pourcentage de remboursement minimal et le montant minimal de l'échéance au prorata de la période couverte par cette échéance.

II. — Par dérogation aux dispositions de l'article D. 311-4-1, le prêteur peut consentir à l'emprunteur :

1° Un report d'échéance, au maximum deux fois par an ;

2° En cas de difficulté financière temporaire ou de dégradation de sa solvabilité, un report d'une partie ou de la totalité d'une ou plusieurs échéances à condition que le droit d'utilisation du crédit par l'emprunteur soit suspendu jusqu'à ce que l'emprunteur ait acquitté la totalité du remboursement en capital contenu dans les échéances reportées.

Les reports d'échéance consentis par le prêteur ne peuvent bénéficier des dispositions ci-dessus que s'ils sont consentis sans autres frais que les intérêts débiteurs et que, le cas échéant, la cotisation relative à l'assurance ayant pour objet la garantie du remboursement du crédit à laquelle a souscrit l'emprunteur.

La période pendant laquelle l'emprunteur n'a pas acquitté d'échéance en application des dispositions ci-dessus n'est pas comptabilisée au titre des durées maximales de remboursement mentionnées au 2° du I de l'article D. 311-4-1.

III. — L'échéance par laquelle l'emprunteur règle le solde permettant de rembourser la totalité du capital restant dû peut déroger aux règles prévues à l'article D 311-4-1.

V. note ss. art. D. 311-4-1.

Art. L. 311-17 **Lorsque le crédit renouvelable mentionné à l'article L. 311-16 est assorti de l'usage d'une carte ouvrant droit à des avantages commerciaux et promotionnels, le bénéfice de ces avantages ne peut être subordonné à l'utilisation à crédit de la carte. Dans ce cas, le prêteur ou l'intermédiaire de crédit a l'obligation de proposer au consommateur la possibilité de payer au comptant avec cette carte. L'utilisation du crédit résulte de l'accord exprès du consommateur exprimé lors du paiement avec la carte ou dans un délai raisonnable, à réception de l'état actualisé de l'exécution du contrat de crédit prévu à l'article L. 311-26.** — *V. Décr. n° 2011-457 du 26 avr. 2011, art. 1er, I, ss. art. L. 311-16.*

La publicité portant sur les avantages commerciaux et promotionnels ouverts par la carte mentionnée au premier alinéa du présent article indique à l'emprunteur les modalités selon lesquelles cette carte offre la possibilité de payer au comptant ou à crédit et l'informe des modalités d'utilisation du crédit.

Outre les informations obligatoires prévues à l'article L. 311-18, le contrat de crédit indique à l'emprunteur les modalités selon lesquelles cette carte offre la possibilité de payer au comptant ou à crédit et l'informe des modalités d'utilisation du crédit. — *Sur les sanctions, V. C. consom., art. L. 311-48 et L. 311-49, infra.*

BIBL. ▶ BOCCARA, *Dr. et patr. oct. 2010. 60* (la nouvelle réglementation des cartes de crédit).

Art. L. 311-17-1 **Lorsqu'une carte de paiement émise par un établissement de crédit est associée à la fois à un compte de dépôt et à un crédit renouvelable, l'utilisation du crédit doit résulter de l'accord exprès du consommateur exprimé lors du paiement avec la carte ou dans un délai raisonnable, à réception de l'état actualisé de l'exécution du contrat de crédit prévu à l'article L. 311-26.** — *V. Décr. n° 2011-457 du 26 avr. 2011, art. 1er, I, ss. art. L. 311-16. — Sur les sanctions, V. C. consom., art. L. 311-48, infra.*

La publicité portant sur la carte mentionnée au premier alinéa du présent article informe le consommateur des modalités d'utilisation du crédit. — *Sur les sanctions, V. C. consom., art. L. 311-49, infra.*

SECTION VI *Informations mentionnées dans le contrat*

(L. n° 2010-737 du 1er juill. 2010, art. 10-I)

Les art. L. 311-18 à L. 311-20 entrent en vigueur le premier jour du dixième mois suivant celui de la publication de la L. n° 2010-737 du 1er juill. 2010 (JO 2 juill.). Ils s'appliquent aux contrats dont l'offre a été émise après la date d'entrée en vigueur (L. préc., art. 61-I).

Un décret en Conseil d'État fixe les conditions dans lesquelles sont applicables progressivement aux contrats de crédit renouvelables en cours à la date d'entrée en vigueur de la L. n° 2010-737 du 1er juill. 2010 les règles prévues à la section VI dans sa rédaction issue de la loi précitée (L. préc., art. 61-II).

Art. L. 311-18 **Le contrat de crédit est établi par écrit ou sur un autre support durable. Il constitue un document distinct de tout support ou document publicitaire, ainsi que de la fiche mentionnée à l'article L. 311-6. Un encadré, inséré au début du contrat, informe l'emprunteur des caractéristiques essentielles du crédit.** — *Sur les sanctions, V. C. consom., art. L. 311-48 et L. 311-49, infra.*

Un décret en Conseil d'État fixe la liste des informations figurant dans le contrat et dans l'encadré mentionné au premier alinéa du présent article.

Jurisprudence antérieure à la L. n° 2010-737 du 1er juill. 2010.

1. Mention du taux effectif global. Doit être cassé, pour violation des art. L. 311-10 et L. 311-33 [anciens], l'arrêt qui, pour juger que le taux effectif global applicable à un contrat est celui de 10,45 %, retient que l'offre préalable indique un taux effectif global variable de 10,45 % à 19,75 %, que le contrat stipule que le taux effectif global résulte de l'addition d'un taux fixe propre à chaque tranche d'utilisation et d'un taux de référence variable, et qu'aucun document contractuel ne permet de connaître la valeur du taux fixe, en sorte que le taux effectif global du contrat doit être ramené au taux initialement conclu dans l'offre préalable, alors qu'il résulte des propres constatations de la cour que l'offre préalable ne comportait pas l'indication du taux effectif global. • Com. 9 déc. 1997 : *D. 1998. IR 29 ; D. Affaires 1998. 194, obs. J.F. ; Gaz. Pal. 20-22 déc. 1998, p. 20, obs. Piedelièvre.* ♦ N'est pas conforme à l'art. L. 311-10 [ancien], l'offre préalable qui ne comporte pas les modalités de calcul du taux effectif global « révisable et dégressif », mais seulement l'indication d'un taux minimum et d'un taux maximum, et renvoie pour son calcul à une annexe qui ne permet pas d'effectuer un calcul précis et rigoureux de celui-ci. • Versailles, 6 mars 1998 : *Gaz. Pal. 24-26 oct. 1999, p. 23.*

2. Reproduction de l'ancien art. L. 311-37 (devenu l'art. L. 311-52). Sur l'obligation faite au prêteur d'établir une offre préalable de crédit tenant compte des modifications législatives, V. • Civ. 1re, 17 juill. 2001 : *Bull. civ. I, n° 233 ; D. 2002. 71, note Mazeau ; RD banc. fin. 2001, n° 218, obs. Crédot et Gérard ; JCP E 2002, n° 2, p. 74, note Lutun ; LPA 16 janv. 2002, note Lasbordes ; Gaz. Pal. 7-9 avr. 2002, p. 17, note Perret-Richard ; RTD civ. 2002. 91, obs. Mestre* • 3 juill. 2008 : *Bull. civ. I, n° 188 ; D. 2009. Pan. 399, obs. Sauphanor-Brouillaud ; D. 2008. AJ 2070, obs. Gallmeister ; JCP E 2008, n° 36, p. 22 ; RJDA 2009, n° 262 ; RD banc. fin. 2008, n° 158, obs. Crédot et Samin ; ibid. 2009, n° 47, obs. Lagarde ; Dr. et proc. 2009. 24, note Bazin ; Defrénois 2008. 1964, obs. Savaux* (cassation de l'arrêt qui avait estimé que compte tenu de la date de signature du contrat, il y avait lieu de considérer que les nouvelles dispositions issues de la loi du 11 déc. 2001 ne pouvaient être immédiatement respectées, alors que la loi entrait en vigueur le 12 déc. 2001).

Code de la consommation

Art. R. 311-5 *(Décr. n° 2011-136 du 1er févr. 2011, art. 5, en vigueur le 1er mai 2011)* I. — Le contrat de crédit prévu à l'article L. 311-18 est rédigé en caractères dont la hauteur ne peut être inférieure à celle du corps huit. Il comporte de manière claire et lisible, dans l'ordre précisé ci-dessous :

1° L'identité et l'adresse géographique des parties contractantes ainsi que, le cas échéant, l'identité et l'adresse de l'intermédiaire de crédit concerné ;

2° L'encadré mentionné à l'article L. 311-18, qui indique en caractères plus apparents que le reste du contrat, dans l'ordre choisi par le prêteur et à l'exclusion de toute autre information :

a) Le type de crédit ;

b) Le montant total du crédit et les conditions de mise à disposition des fonds ;

c) La durée du contrat de crédit ;

d) Le montant, le nombre et la périodicité des échéances que l'emprunteur doit verser et, le cas échéant, l'ordre dans lequel les échéances seront affectées aux différents soldes dus fixés à des taux débiteurs différents aux fins du remboursement. Pour les découverts, il est indiqué le montant et la durée de l'autorisation que l'emprunteur doit rembourser ;

e) Le taux débiteur, les conditions applicables à ce taux, le cas échéant tout indice ou taux de référence qui se rapporte au taux débiteur initial, ainsi que les périodes, conditions et procédures d'adaptation du taux. Si différents taux débiteurs s'appliquent en fonction des circonstances, ces informations portent sur tous les taux applicables.

Lorsqu'il s'agit d'un crédit renouvelable au sens de l'article L. 311-16, la mention suivante est ajoutée : "Ce taux est révisable. Il suivra les variations en plus ou en moins du taux de base que le prêteur applique aux opérations de même nature ou du taux qui figure dans les barèmes qu'il diffuse auprès du public. En cas de révision du taux, vous en serez préalablement informé par courrier avant la date effective d'application du nouveau taux. Vous pouvez, dans un délai de trente jours après réception de cette information, sur demande écrite adressée au prêteur, refuser cette révision. Dans ce cas, votre droit à crédit prend fin et le remboursement du crédit déjà utilisé s'effectuera de manière échelonnée, sauf avis contraire de votre part, aux conditions applicables avant la modification que vous avez refusée" ;

f) Le taux annuel effectif global et le montant total dû par l'emprunteur, calculés au moment de la conclusion du contrat de crédit. Toutes les hypothèses utilisées pour calculer ce taux sont mentionnées ;

g) Tous les frais liés à l'exécution du contrat de crédit, dont, le cas échéant, les frais de tenue d'un ou plusieurs comptes destinés à la mise à disposition des fonds ou au paiement des échéances de crédit et les frais liés à l'utilisation d'un instrument de paiement déterminé, ainsi que les conditions dans lesquelles ces frais peuvent être modifiés ;

h) Les sûretés et les assurances exigées, le cas échéant ;

i) Le cas échéant, l'existence de frais de notaire ;

j) En cas de crédit servant à financer l'acquisition de bien ou service déterminé, ce bien ou ce service et son prix au comptant ;

3° Les modalités de remboursement par l'emprunteur ;

4° L'identité et l'adresse des cautions éventuelles ;

5° Une rubrique sur les conditions d'acceptation ou de rétractation du contrat de crédit qui mentionne notamment, dans l'ordre choisi par le prêteur :

a) Les informations relatives aux conditions de conclusion du contrat, dont l'existence et les modalités d'expression de l'agrément de l'emprunteur conformément à l'article L. 311-13 ;

b) L'existence du droit de rétractation, le délai et les conditions d'exercice de ce droit, l'obligation incombant à l'emprunteur au titre de l'article L. 311-15, le montant de l'intérêt journalier servant au calcul des intérêts cumulés visés à l'article L. 311-15 ;

c) Les dispositions de l'article L. 311-14 ;

d) Le cas échéant, les droits de l'emprunteur d'un crédit affecté ainsi que leurs conditions d'exercice ;

6° Une rubrique sur les informations relatives à l'exécution du contrat qui mentionne notamment, dans l'ordre choisi par le prêteur :

a) Les conditions et modalités selon lesquelles l'emprunteur peut rembourser le crédit par anticipation, ainsi que les conditions et le mode de calcul de l'indemnité de remboursement anticipé que le prêteur peut réclamer en application de l'article L. 311-22 ;

b) Les conditions et modalités selon lesquelles l'emprunteur peut résilier le contrat ;

c) Un avertissement relatif aux conséquences d'une défaillance de l'emprunteur ;

d) Les indemnités en cas de retard de paiement et, le cas échéant, les frais d'inexécution que le prêteur peut demander à l'emprunteur en cas de défaillance, ainsi que les modalités d'adaptation et de calcul de ces indemnités et de ces frais ;

e) Pour les opérations de crédit amortissable à durée déterminée, lesquelles excluent la location-vente et la location avec option d'achat, le droit de l'emprunteur de recevoir un relevé sous la forme d'un tableau d'amortissement, à sa demande et sans frais, à tout moment durant toute la durée du contrat ;

7° Une rubrique sur les informations relatives au traitement des litiges, qui mentionne notamment, dans l'ordre choisi par le prêteur :

a) La procédure de la médiation mentionnée à l'article L. 315-1 du code monétaire et financier et ses modalités d'accès ;

b) Les dispositions de l'article L. 311-52 ;

c) L'adresse de l'Autorité de contrôle prudentiel mentionnée à l'article L. 612-1 du code monétaire et financier et celle de l'autorité administrative chargée de la concurrence et de la consommation, au sens de l'article L. 141-1 du présent code ;

II. — S'il y a paiement de frais et d'intérêts sans amortissement du capital, le contrat comprend un relevé des périodes et conditions de paiement des intérêts débiteurs et des frais annexes récurrents et non récurrents.

Lorsque les échéances versées par l'emprunteur n'entraînent pas immédiatement un amortissement correspondant du montant total du crédit, mais servent à reconstituer le capital aux périodes et dans les conditions prévues par le contrat de crédit ou par un contrat accessoire, et que cette modalité d'exécution ne garantit pas le remboursement du montant total du crédit consenti, le contrat le précise expressément.

III. — Le tableau mentionné au e du 6° du I indique les montants, périodes et conditions des échéances ainsi que la ventilation de chaque échéance entre l'amortissement du capital, les intérêts calculés sur la base du taux débiteur et, le cas échéant, les coûts additionnels. Si le taux d'intérêt n'est pas fixe ou si les coûts additionnels peuvent être modifiés en vertu du contrat de crédit, le tableau indique de manière claire et concise que les données mentionnées dans le tableau ne seront valables que jusqu'à la modification suivante du taux débiteur ou des coûts additionnels.

Art. R. 311-5-1 *(Décr. n° 2011-136 du 1er févr. 2011, art. 5, en vigueur le 1er mai 2011)* En cas de location avec option d'achat, les informations contractuelles prévues à l'article L. 311-18 sont celles qui figurent en annexe au présent code. Le contrat est présenté de manière claire et lisible. Il est rédigé en caractères dont la hauteur ne peut être inférieure à celle du corps huit. — *V. l'annexe préc. au* ***C. consom.***

Art. L. 311-19 **Lorsque l'offre de contrat de crédit est assortie d'une proposition d'assurance, une notice doit être remise à l'emprunteur, qui comporte les extraits des conditions générales de l'assurance le concernant, notamment les nom et adresse de l'assureur, la durée, les risques couverts et ceux qui sont exclus. Si l'assurance est exigée par le prêteur pour obtenir le financement, la fiche d'informations mentionnée à l'article L. 311-6 et l'offre de contrat de crédit rappellent que l'emprunteur peut souscrire une assurance équivalente auprès de l'assureur de son choix. Si l'assurance est facultative, l'offre de contrat de crédit rappelle les modalités suivant lesquelles**

l'emprunteur peut ne pas y adhérer. – *Anc. art. L. 311-12 C. consom., modifié. – Sur les sanctions, V. C. consom., art. L. 311-48 et L. 311-49, infra.*

BIBL. ► Crédot et Gérard, *RD banc. fin. 2003, n° 216* (L. n° 2003-706 de sécurité financière). – Barety, *Banque et Droit janv.-févr. 2004. 28* (assurance groupe : risques encourus par le banquier souscripteur). – Sauvage, *RD banc. fin. mai-juin 2007. 57* (devoir d'information et de conseil du banquier intermédiaire en assurance emprunteurs). – Mayaux, *JCP N 2007, n° 46, p. 31* (la participation aux bénéfices dans les assurances « emprunteurs »). – Riffard, *RD banc. fin. nov.-déc. 2007. 97* (éclairages sur les obligations du banquier en matière d'assurance couvrant la défaillance de l'emprunteur). – Ghueldre et Delevaux, *Dr. et patr. mai 2008. 56* (l'obligation d'information et de conseil des banques en assurances des emprunteurs depuis l'arrêt du 2 mars 2007). – Courtieu, *RCA 2009. Dossier 8* (assurance des emprunteurs : garanties collectives et situations personnelles). – Leblond, *Gaz. Pal. 2010. 2509* (réflexions sur la nature juridique des assurances du crédit : assurance-emprunteurs et assurance-crédit).

Jurisprudence antérieure à la L. n° 2010-737 du 1er juill. 2010.

1. *Assurance groupe.* Le banquier, qui propose à son client auquel il consent un prêt, d'adhérer au contrat d'assurance groupe qu'il a souscrit à l'effet de garantir, en cas de survenance de divers risques, l'exécution de tout ou partie de ses engagements, est tenu de l'éclairer sur l'adéquation des risques couverts à sa situation personnelle d'emprunteur, la remise de la notice ne suffisant pas à satisfaire à cette obligation. • Cass., ass. plén., 2 mars 2007 : *Bull. civ. n° 4 ; R. 2007, p. 443 ; BICC 15 mai 2007, p. 44, rapp. Renard-Payen, avis Main ; D. 2008. Pan. 880, obs. D. R. Martin ; D. 2007. 985, note S. Piedelièvre ; ibid. AJ 863, obs. Avena-Robardet ; JCP E 2007, n° 12, p. 10, obs. Legeais ; ibid., n° 20-21, p. 25, obs. Courdieu ; JCP 2007. II. 10098, note Gourio ; LPA 10 mai 2007, note Markhoff ; LPA 25 mai 2007, note Gossou ; LPA 23 août 2007, note Prigent ; RD banc. fin. 2007, n° 55, obs. Legeais ; ibid., n° 93, obs. Crédot et Samin ; Banque et Droit mai-juin 2007. 43, et les obs. ; ibid. juill.-août 2007. 20, obs. Bonneau ; RJDA 2007, n° 766 ; RCA 2007, Étude 8, par Courtieu* • Civ. 1re, 14 juin 2007 : *JCP E 2007, n° 46, p. 21, obs. Routier ; RD banc. fin. 2007, n° 176, obs. Cerles* • 18 sept. 2008 : *D. 2009. Chron. C. cass. 754, obs. Creton ; D. 2008. AJ 2351, obs. Avena-Robardet ; JCP E 2008, n° 44, p. 11, note Legeais ; RD banc. fin. 2008, n° 164, obs. Legeais ; Banque et Droit nov.-déc. 2008. 22, obs. Bonneau ; ibid. 45, obs. Gossou ; RJDA 2009, n° 409* • Civ. 2e, 2 oct. 2008 : *Bull. civ. II, nos 201 et 202 ; D. 2008. AJ 2499, obs. Avena-Robardet ; D. 2009. Pan. 1054, obs. D. R. Martin , et 1056, obs. Synvet ; JCP E 2008, n° 48, p. 14, note Legeais ; LPA 30 janv. 2009, note Siffrein-Blanc ; RD banc. fin. 2008, n° 164, obs. Legeais ; Banque et Droit nov.-déc. 2008. 22, obs. Bonneau ; RJDA 2009, n° 132 ; RDC 2009. 101, obs. Carval.* ♦ La connaissance par le client des stipulations du contrat d'assurance de groupe auquel il a adhéré ne peut dispenser chacun des banquiers de l'éclairer sur l'adéquation des risques couverts par ces stipulations, fussent-elles claires et précises, à sa situation personnelle d'emprunteur. • Civ. 1re, 22 janv. 2009 : *Bull. civ. I, n° 7 ; D. 2009. AJ 368, obs. Avena-Robardet ; RDI 2009. 306, obs. D. N. ; JCP E 2009, n° 8-9, p. 15 ; RD banc. fin. 2009, n° 128, obs. Djoudi ; Banque et Droit mars-avr 2009. 46, obs. Gossou ; RJDA 2009, n° 573.*

Comp., jugeant que l'obligation de conseil et d'information de l'établissement de crédit, souscripteur d'une assurance groupe, envers l'emprunteur qui adhère à cette assurance ne se limite pas à la remise de la notice lorsque celle-ci ne définit pas de façon claire et précise les risques garantis ainsi que les modalités de mise en jeu de l'assurance. • Civ. 2e, 3 juin 2004 : *Bull. civ. II, n° 261 ; JCP E 2004, n° 48, p. 1884, note Leveneur ; CCC 2004, n° 137, obs. Leveneur ; Dr. et patr. nov. 2004. 86, obs. Saint-Alary ; Banque et Droit nov.-déc. 2005. 87, obs. Guillot ; RJDA 2004, n° 1030 ; RDC 2005. 321, obs. Bruschi.* – V. aussi • Civ. 2e, 13 janv. 2005 : *Bull. civ. II, n° 4 ; D. 2005. IR 456 ; JCP 2005. I. 149, n° 12, obs. Viney ; Banque et Droit mai-juin 2006. 85, obs. Guillot ; RJDA 2005, n° 610* • 5 juill. 2006 : *Bull. civ. II, n° 184 ; D. 2008. Pan. 127, obs. Groutel ; RJDA 2006, n° 1259.* ♦ Sur la responsabilité du banquier à l'égard de la caution, V. • Com. 3 nov. 2004 : *RD banc. fin. 2005, n° 44, obs. Legeais.*

2. *Assurance personnelle.* Le banquier, qui mentionne dans l'offre de prêt que celui-ci sera garanti par un contrat d'assurance souscrit par l'emprunteur auprès d'un assureur choisi par ce dernier, est tenu de vérifier qu'il a été satisfait à cette condition ou, à tout le moins, de l'éclairer sur les risques d'un défaut d'assurance. • Civ. 2e, 14 juin 2007 : *Bull. civ. II, n° 163 ; D. 2007. AJ 1868, obs. Delpech ; RDI 2007. 319, obs. Grynbaum ; JCP E 2007, n° 46, p. 20, obs. Routier ; Banque et Droit sept.-oct. 2007. 30, obs. Bonneau.*

3. *Participation des assurés.* **BIBL.** Bigot,

JCP 2005, n° 47, Actualités (contrats emprunteurs : la bombe à retardement ?). – Rétif, *JCP 2005, n° 31-35, Libres propos* (non, les bénéfices techniques et financiers ne profitent pas aux adhérents des assurances emprunteurs !). – Mayaux, *JCP N 2007, n° 46, p. 31* (la participation aux bénéfices dans les assurances « emprunteurs »). ♦ Sur la question, V. : Rép. min. n° 1891 : *JOAN Q, 20 nov. 2007, p. 7288 ; JCP E 2007, n° 50, p. 20.* ♦ Ce prononçant en faveur de la liberté contractuelle... que le juge doit interpréter, V. : Rép. min. n° 8128 : *JOAN Q, 1er janv. 2008, p. 81 ; D. 2008. 216, obs. Speroni*.

4. Langue française. Aucune disposition n'oblige une banque à fournir à son client étranger la traduction des termes d'un contrat de prêt passé avec lui. Dès lors que la banque a fourni un contrat rédigé en français comme le lui impose l'art. L. 112-3 C. assur., il faut considérer qu'elle n'a pas manqué à son obligation de conseil et d'information. • Civ. 2e, 22 nov. 2007 : *JCP 2008. I. 134, n° 6, obs. Kullmann ; LPA 5 mars 2008, note Boismain ; RCA 2008, n° 76.*

5. Stipulation pour autrui. L'adhésion au contrat d'assurance de groupe, bien que conséquence d'une stipulation pour autrui, n'en crée pas moins, entre l'adhérent et l'assureur, qui l'agrée, un lien contractuel direct, de nature synallagmatique. • Civ. 1re, 22 mai 2008 : *cité note 23 ss. art. R. 132-2, reproduit ss. art. L. 132-1 C. consom.* ♦ L'adhésion au contrat d'assurance de groupe, bien que conséquence d'une stipulation pour autrui, n'en crée pas moins un lien contractuel direct entre l'adhérent et l'assureur, le souscripteur étant alors un tiers par rapport au contrat d'assurance liant l'assureur à l'adhérent assuré. • Com. 13 avr. 2010 : *Bull. civ. IV, n° 76 ; D. 2011. Pan. 1653, obs. D. R. Martin ; D. 2010. Actu. 1208, obs. Delpech ; RD banc. fin. 2010, n° 120, obs. Crédot et Samin ; Banque et Droit mai-juin 2010. 41, obs. Gossou ; RDC 2010. 1228, note Genicon.*

Art. L. 311-20 **Aucun vendeur ni prestataire de services ne peut, pour un même bien ou une même prestation de services, faire signer par un même client un ou plusieurs contrats de crédit, d'un montant total en capital supérieur à la valeur payable à crédit du bien acheté ou de la prestation de services fournie.**

Cette disposition ne s'applique pas aux contrats de crédit renouvelable mentionnés à l'article L. 311-16. — *Anc. art. L. 311-14 C. consom., modifié.*

Jurisprudence antérieure à la L. n° 2010-737 du 1er juill. 2010.

Crédit de restructuration. Une cour d'appel, devant laquelle un emprunteur se prévalait de la nullité du contrat de prêt pour dépassement du plafond de financement, a rejeté ce moyen de défense aux motifs que le prêt consenti pour la part excédant la valeur du véhicule repris ne servait pas à donner à l'intéressé des liquidités utilisables par un détournement du crédit affecté à l'achat d'un bien, ce qu'a voulu prohiber le législateur. En se déterminant ainsi alors que la prohibition édictée par l'art. L. 311-14 [désormais art. L. 311-20] ne souffre aucune exception hors celle que prévoit son alinéa 2, la cour d'appel a violé cet article par refus d'application. • Civ. 1re, 13 mars 2008 : *Bull. civ. I, n° 75 ; D. 2008. AJ 980, obs. Rondey ; RTD com. 2008. 839, obs. Bouloc ; JCP E 2008, n° 20, p. 12 ; CCC 2008, n° 190, obs. Raymond ; RJDA 2008, n° 1047.*

SECTION VII *Exécution du contrat de crédit*

(L. n° 2010-737 du 1er juill. 2010, art. 11-I)

Les art. L. 311-21 à L. 311-26 entrent en vigueur le premier jour du dixième mois suivant celui de la publication de la L. n° 2010-737 du 1er juill. 2010 (JO 2 juill.). Ils s'appliquent aux contrats dont l'offre a été émise après la date d'entrée en vigueur (L. préc., art. 61-I). L'art. L. 311-21 s'applique aux autorisation de découvert à durée indéterminée en cours à compter de l'entrée en vigueur de la loi (L. préc., art. 61-III).

Un décret en Conseil d'État fixe les conditions dans lesquelles sont applicables progressivement aux contrats de crédit renouvelables en cours à la date d'entrée en vigueur de la L. n° 2010-737 du 1er juill. 2010 les règles prévues à la section VII dans sa rédaction issue de la loi précitée (L. préc., art. 61-II). — V. Décr. n° 2011-457 du 26 avr. 2011, ss. art. L. 311-16.

Art. L. 311-21 **En cas de modification du taux débiteur, l'emprunteur en est informé par écrit ou sur un autre support durable, avant que la modification n'entre en vigueur. Cette information indique le montant des échéances après l'entrée en vigueur**

du nouveau taux débiteur ainsi que, le cas échéant, toute modification du nombre ou de la périodicité des échéances.

Lorsque la modification du taux débiteur résulte d'une variation du taux de référence, que le nouveau taux de référence est rendu public par des moyens appropriés et que l'information relative au nouveau taux de référence est également disponible dans les locaux du prêteur, les parties peuvent convenir dans le contrat de crédit que cette information est communiquée périodiquement à l'emprunteur. — *Sur les sanctions, V. C. consom., art. L. 311-48, infra.*

Art. L. 311-22 **L'emprunteur peut toujours, à son initiative, rembourser par anticipation, en partie ou en totalité, le crédit qui lui a été consenti. Dans ce cas, les intérêts et frais afférents à la durée résiduelle du contrat de crédit ne sont pas dus.**

Aucune indemnité de remboursement anticipé ne peut être réclamée à l'emprunteur dans les cas suivants :

1° En cas d'autorisation de découvert ;

2° Si le remboursement anticipé a été effectué en exécution d'un contrat d'assurance destiné à garantir le remboursement du crédit ;

3° Si le remboursement anticipé intervient dans une période où le taux débiteur n'est pas fixe ;

4° Si le crédit est un crédit renouvelable au sens de l'article L. 311-16.

Dans les autres cas, lorsque le montant du remboursement anticipé est supérieur à un seuil fixé par décret, le prêteur peut exiger une indemnité qui ne peut dépasser 1 % du montant du crédit faisant l'objet du remboursement anticipé si le délai entre le remboursement anticipé et la date de fin du contrat de crédit est supérieur à un an. Si le délai ne dépasse pas un an, l'indemnité ne peut pas dépasser 0,5 % du montant du crédit faisant l'objet d'un remboursement anticipé. En aucun cas l'indemnité éventuelle ne peut dépasser le montant des intérêts que l'emprunteur aurait payés durant la période comprise entre le remboursement anticipé et la date de fin du contrat de crédit convenue initialement. — *Seuil fixé à 10 000 € au cours d'une période de douze mois (C. consom., art. D. 311-14).*

Aucune indemnité autre que celle mentionnée au présent article ni aucuns frais ne peuvent être mis à la charge de l'emprunteur en cas de remboursement par anticipation. — *Reprise de la substance du 1er al. de l'anc. art. L. 311-29.*

Jurisprudence antérieure à la L. n° 2010-737 du 1er juill. 2010.

Absence de préavis. Les dispositions de l'art. L. 311-29 [ancien] ne soumettent pas le remboursement anticipé au respect par le consommateur d'un délai entre le moment où il informe l'établissement de crédit de son intention et le moment où il est autorisé à procéder à ce remboursement. Imposer au consommateur un délai de préavis de trois mois constitue dès lors une restriction de nature temporelle à la possibilité qui lui est reconnue par la loi de rembourser le prêt de manière anticipée ; une telle clause doit être déclarée abusive. • TI Roubaix, 15 avr. 2004 : *Gaz. Pal. 2004. 2591, note Tricoit.* ♦ Prononçant le caractère *illicite* de la clause, et non *abusif* (absence de visa de l'art. L. 132-1 C. consom.) : • Civ. 1re, 5 févr. 2009 : *JCP E 2009, n° 24, p. 15, obs. Salgueiro ; CCC 2009, n° 116, obs. Raymond ; LPA 11 juin 2010, note Poissonnier ; RJDA 2009, n° 470*

Art. L. 311-22-1 **L'article L. 311-22 ne s'applique pas aux opérations de location avec option d'achat.** — *Reprise de la substance du 2e al. de l'anc. art. L. 311-29.*

Art. L. 311-22-2 **Dès le premier manquement de l'emprunteur à son obligation de rembourser, le prêteur est tenu d'informer celui-ci des risques qu'il encourt au titre des articles L. 311-24 et L. 311-25 du présent code ainsi que, le cas échéant, au titre de l'article L. 141-3 du code des assurances.**

Cette alerte ne fait pas obstacle à ce que, si les difficultés de remboursement ne sont pas rapidement résolues, le prêteur puisse régler de manière temporaire et pour une durée fixée par lui la cotisation d'assurance du crédit pour lequel des impayés ont été constatés, afin de permettre le maintien de la couverture assurantielle.

Art. L. 311-22-3 Lorsque la souscription d'une assurance a été exigée par le prêteur et que l'emprunteur a souscrit une assurance auprès de l'assureur de son choix, celui-ci est tenu d'informer le prêteur du non-paiement par l'emprunteur de sa prime d'assurance ou de toute modification substantielle du contrat d'assurance.

Art. L. 311-23 Aucune indemnité ni aucuns frais autres que ceux mentionnés aux articles L. 311-24 et L. 311-25 ne peuvent être mis à la charge de l'emprunteur dans les cas de défaillance prévus par ces articles.

Toutefois, le prêteur pourra réclamer à l'emprunteur, en cas de défaillance de celui-ci, le remboursement des frais taxables qui lui auront été occasionnés par cette défaillance, à l'exclusion de tout remboursement forfaitaire de frais de recouvrement.

En cas de défaillance de l'emprunteur, seuls les modes de réalisation du gage autorisés par les articles 2346 et 2347 du code civil sont ouverts aux créanciers gagistes, à l'exclusion du pacte commissoire prévu à l'article 2348 qui est réputé non écrit. — *Anc. art. L. 311-32 C. consom., modifié.*

Jurisprudence antérieure à la L. n° 2010-737 du 1er juill. 2010.

1. Frais de gardiennage. Encourt la cassation l'arrêt qui met à la charge de l'emprunteur défaillant les frais de gardiennage d'un véhicule entre la date de sa restitution à l'établissement de crédit et sa mise en vente. • Civ. 1re, 12 nov. 1987 : *Bull. civ. I, n° 289 ; D. 1988. Somm. 406, obs. Aubert* • Versailles, 10 oct. 1997 : *D. Affaires 1998. 103, obs. V. A-R.*

2. Frais de recouvrement. Jugé que l'exclusion de tout remboursement forfaitaire de recouvrement ne vise pas l'exclusion de l'art. 700 NCPC [renommé C. pr. civ.]. • Nîmes, 19 févr. 1987 : *Gaz. Pal. 1987. 2. 506, note Bey.*

3. Assurance vie. L'art. L. 311-32 [devenu l'art. L. 311-23] ne faisant pas obstacle à ce que le prêteur réclame à l'emprunteur défaillant le paiement d'une créance qu'il peut détenir sur lui à un autre titre, il en résulte que l'emprunteur qui a adhéré au moment de la souscription du prêt à un contrat d'assurance vie est redevable des cotisations afférentes à ce contrat auprès de l'établissement de crédit chargé de recouvrer cette somme pour le compte de l'assureur. • Civ. 1re, 20 oct. 1998 : *Bull. civ. I, n° 308 ; D. 1998. IR 243 ; D. Affaires 1998. 1894, obs. C. R.* • Orléans, 13 oct. 2005 : *JCP E 2006, n° 46, p. 1926.*

4. Capitalisation des intérêts. La règle édictée par l'art. L. 311-32 [ancien], selon lequel aucune indemnité ni aucun coût autres que ceux qui sont mentionnés aux art. L. 311-29 à L. 311-31 [anciens] C. consom. ne peuvent être mis à la charge de l'emprunteur dans les cas de remboursement par anticipation ou de défaillance prévue par ces articles, fait obstacle à l'application de la capitalisation des intérêts prévue par l'art. 1154 C. civ. • Civ. 1re, 9 févr. 2012 : *Bull. civ. I, n° 27 ; D. 2012. 1158, note Poissonnier ; JCP 2012, n° 208, obs. Lasserre Capdeville ; CCC 2012, n° 105, obs. Raymond ; Gaz. Pal. 2012. 795, note Piedelièvre ; RJDA 2012, n° 710 ; RD banc. fin. 2012, n° 76, obs. Mathey.*

Art. L. 311-24 En cas de défaillance de l'emprunteur, le prêteur pourra exiger le remboursement immédiat du capital restant dû, majoré des intérêts échus mais non payés. Jusqu'à la date du règlement effectif, les sommes restant dues produisent les intérêts de retard à un taux égal à celui du prêt. En outre, le prêteur pourra demander à l'emprunteur défaillant une indemnité qui, dépendant de la durée restant à courir du contrat et sans préjudice de l'application des articles 1152 et 1231 du code civil, sera fixée suivant un barème déterminé par décret. — *Anc. art. L. 311-30 C. consom.*

Jurisprudence antérieure à la L. n° 2010-737 du 1er juill. 2010.

1. Déchéance du terme. La sanction prévue par l'art. L. 311-30 [devenu l'art. L. 311-24] étant facultative pour le prêteur et ne se produisant que si celui-ci décide de s'en prévaloir, sont dépourvues de toute valeur les stipulations de l'offre de crédit aux termes desquelles le contrat est résilié de plein droit et sans aucune formalité à l'échéance impayée, ce dont il résulte que les règlements faits par le débiteur après cette échéance impayée permettent une régularisation reportant le premier incident de paiement non régularisé. • Civ. 1re, 7 juill. 1998 : *Bull. civ. I, n° 241 ; D. Affaires 1998. 1527, obs. V. A.-R. ; RJDA 1998, n° 1147.* ♦ Même s'il est établi que le litige entre les parties résulte d'une erreur de compte commise par l'établissement de crédit, la déchéance du terme doit être prononcée pour défaut de paiement des échéances par l'emprunteur, celui-ci ayant consigné les échéances sur le compte CARPA de son avocat sans y avoir été autorisé conformément aux art. 1426 à 1429 C. pr. civ. • Douai, 6 nov. 2003 : *JCP 2004. IV. 3215.*

2. Clauses abusives. La clause qui prévoit que le contrat de prêt peut être résilié après envoi par le prêteur d'une mise en demeure dans le cas de deux mensualités impayées sur l'un quelconque des crédits de l'emprunteur auprès du prêteur, cette résiliation, entraînant le paiement de l'indemnité de résiliation, est abusive en ce que, prévoyant l'application d'une clause pénale à une défaillance extra-contractuelle, elle crée un déséquilibre significatif entre les droits et obligations des parties et est illicite en ce qu'elle impose une sanction financière à l'emprunteur qui ne se justifie, au regard de l'art. L. 311-30 [devenu l'art. L. 311-24], qu'en cas de défaillance de sa part, et non dans le cas d'un crédit qui serait régulièrement honoré. • Civ. 1re, 1er févr. 2005 : *cité note 16 ss. art. R. 132-2, reproduit ss. art. L. 132-1 C. consom.* ♦ Dans la mesure où l'emprunteur a eu connaissance au moment de s'engager de l'échéancier de ses remboursements, la clause de résiliation de plein droit d'un contrat de prêt personnel en cas de non-paiement d'une mensualité n'est pas de nature à créer un déséquilibre significatif entre les droits et obligations des parties au détriments de ce dernier. • Limoges, 5 avr. 2006 : *D. 2006. AJ 1886, obs. Avena-Robardet.* ♦ Sur les clauses résolutoires et leur conformité avec la législation sur les clauses abusives, V. aussi : • CCA, avis, nos 05-01, 05-02 et 05-03 du 24 févr. 2005 : *D. 2005. AJ 1285, obs. Avena-Robardet ; JCP E 2005, no 47, p. 1978, obs. Mathey.*

3. Délais de paiement. L'art. L. 311-30 [devenu l'art. L. 311-24] qui permet d'exiger le remboursement immédiat des sommes qu'il précise n'écarte pas les dispositions de l'art. 1244-1 C. civ. qui permet au juge, compte tenu de la situation du débiteur et en considération des besoins du créancier, de reporter ou échelonner le paiement des sommes dues, dans la limite de deux années. • Paris, 20 juin 1995 : *D. 1995. IR 187.*

4. Intérêts de retard. Jusqu'à la date du règlement effectif, le prêteur a droit au paiement des intérêts au taux conventionnel du prêt auquel ne peuvent être substitués des intérêts au taux légal. • Civ. 1re, 10 janv. 1995 : *Bull. civ. I, no 28 ; D. 1995. IR 27* (cassant • Paris, 29 sept. 1992 : *D. 1992. IR 276*).

5. Clauses pénales. La clause énonçant qu'« au cas où le prêteur serait obligé de recouvrer sa créance par quelque moyen que ce soit et, notamment par voie judiciaire, il aurait droit, outre les frais et dépens éventuels, à une indemnité », n'ayant pas pour objet de faire assurer par l'une des parties l'exécution de son obligation, n'a pas le caractère d'une clause pénale. • Com. 30 mars 2005 : *RD banc. fin. 2005, no 161, obs. Crédot et Gérard.* ♦ Il ne peut être fait application des art. 1152 et 1231 C. civ. dès lors que le taux contractuel n'apparaît pas abusif et qu'il est prévu par les dispositions mêmes de l'art. L. 311-30 que les sommes restant dues produisent jusqu'à la date du règlement effectif des intérêts de retard à un taux égal à celui du prêt et que ceux-ci peuvent se cumuler avec une indemnité fixée par le Décr. no 78-372 du 17 mars 1978 1978 [C. consom., anc. art. D. 311-11] à 8 % du capital restant dû à la date de la défaillance, qui tient compte de l'exécution partielle de l'engagement, telle que prévue par l'art. 1231 C. civ. • Paris, 20 juin 1995 : *préc. note 3* • Versailles, 18 nov. 2003 : *Banque et Droit mai-juin 2005. 76, obs. Guillot.* ♦ L'indemnité légale de 8 % en cas de non-paiement des échéances s'ajoute aux intérêts de retard si elle est stipulée au contrat, mais elle vaut dommages-intérêts pour le prêteur non désintéressé : • Rennes, 18 sept. 2003 : *CCC 2004, no 66, obs. Raymond.*

6. Assurance. Dès lors que la police d'assurance souscrite par l'emprunteur, accessoirement à l'acceptation de l'offre préalable de crédit, prévoit la prise en charge de tout ou partie des mensualités que l'assuré s'est engagé à payer en exécution de l'opération de financement, il ne peut être réclamé à l'assureur de régler le capital restant dû après la déchéance du terme, si celle-ci a été acquise à la suite de la défaillance de l'emprunteur, indépendamment du fait de l'assureur, l'objet d'une telle assurance étant de garantir le règlement des échéances du prêt. • Versailles, 17 avr. 1992 : *JCP 1992. IV. 2258.*

Code de la consommation

Art. D. 311-6 Lorsque le prêteur exige le remboursement immédiat du capital restant dû en application de l'article *(Décr. no 2011-136 du 1er févr. 2011, art. 6 en vigueur le 1er mai 2011)* « L. 311-24 », il peut demander une indemnité égale à 8 % du capital restant dû à la date de la défaillance. — *[Décr. n° 78-373 du 17 mars 1978, art. 2, al. 1er.]* — *Anc. art. D. 311-11 (Décr. n° 2011-136 du 1er févr. 2011, art. 6).*

Art. D. 311-7 Lorsque le prêteur n'exige pas le remboursement immédiat du capital restant dû, il peut demander à l'emprunteur défaillant une indemnité égale à 8 % des échéances échues impayées. Cependant, dans le cas où le prêteur accepte des reports d'échéances à venir, le montant de l'indemnité est ramené à 4 % des échéances reportées. — *[Décr. n° 78-373 du 17 mars 1978, art. 2, al. 2.]* — *Anc. art. D. 311-12 (Décr. n° 2011-136 du 1er févr. 2011, art. 6).*

Art. L. 311-25 En cas de défaillance dans l'exécution, par l'emprunteur, d'un contrat de location assorti d'une promesse de vente ou d'un contrat de location-vente, le prêteur est en droit d'exiger, outre la restitution du bien et le paiement des loyers échus et non réglés, une indemnité qui, dépendant de la durée restant à courir du contrat et sans préjudice de l'application de l'article 1152 du code civil, sera fixée suivant un barème déterminé par décret. — *Anc. art. L. 311-31 C. consom.*

Jurisprudence antérieure à la L. n° 2010-737 du 1er juill. 2010.

1. Défaillance de l'emprunteur. Ne peut être condamné au paiement d'une indemnité de résiliation, le bénéficiaire d'une offre de location avec promesse de vente d'un véhicule, volé moins d'un an après la signature du contrat, dès lors qu'aucune défaillance dans l'exécution de ses obligations n'a été relevée. • Civ. 1re, 16 juill. 1998 : *Bull. civ. I, n° 257 ; D. 1998. IR 206 ; D. Affaires 1998. 1561, obs. C. R.*

2. Intérêts de retard. Les dispositions de l'art. 21 de la L. n° 78-22 du 10 janv. 1978 [C. consom., anc. art. L. 311-31] et de l'art. 3 du Décr. du 17 mars 1978 [C. consom., anc. art. D. 311-13, repris à l'art. D. 311-8, ci-dessous] ne dérogent pas aux dispositions du code civil relatives aux intérêts de droit attachés aux créances de sommes d'argent. • Civ. 1re, 12 nov. 1987 : *Bull. civ. I, n° 289 ; D. 1988. Somm. 406, obs. Aubert ; RTD com. 1988. 669, obs. Bouloc.* ♦ La faculté donnée au juge de modérer une peine convenue ne fait pas perdre à celle-ci son caractère d'indemnité forfaitaire contractuellement prévue en cas d'inexécution, de sorte que les intérêts au taux légal de la somme retenue par le juge sont dus du jour de l'assignation valant sommation de payer. • Même arrêt. ♦ Ce n'est pas la date de la « défaillance » dans l'exécution par l'emprunteur qui doit être prise comme date pour calculer les « loyers échus et non réglés », mais bien celle de la « résiliation du contrat ». • Douai, 16 juin 1994 : *Gaz. Pal. 1. Somm. 156.*

3. Clauses pénales. V. note 5 ss. art. L. 311-24 C. consom.

4. Valeur vénale. L'indemnité de résiliation est calculée en fonction, notamment, de la valeur vénale hors taxes du bien restitué. • Civ. 1re, 17 févr. 1993 : *Bull. civ. I, n° 78.* ♦ C'est par une exacte application de l'art. 3 du Décr. du 17 mars 1978 [C. consom., anc. art. D. 311-13, repris à l'art. D. 311-8, ci-dessous] qu'une cour d'appel retient comme valeur vénale d'un véhicule le montant du prix de vente de ce véhicule. • Civ. 1re, 12 nov. 1987 : *Bull. civ. I, n° 289.*

5. Valeur actualisée des loyers non encore échus. Il résulte des art. L. 311-31 et D. 311-13 [anciens] que pour le calcul de l'indemnité de résiliation, il convient de prendre en considération la valeur actualisée des loyers non encore échus, laquelle doit être calculée pour chaque loyer, selon la méthode des intérêts composés en prenant comme taux annuel de référence le taux moyen de rendement des obligations émises au cours du semestre civil précédant la date de conclusion du contrat, majoré de moitié. • Civ. 1re, 6 juin 2001 : *Bull. civ. I, n° 163 ; CCC 2001, n° 143, obs. Raymond.* ♦ L'intention du législateur dans le cadre de l'art. D. 311-13, repris à l'art. D. 311-8, ci-dessous] étant de permettre la reconstitution du capital restant dû au prêteur par l'emprunteur défaillant, il en résulte que la « valeur actualisée de la somme des loyers hors taxes non encore échus » prévue à cet art. doit s'entendre comme la somme de la valeur actualisée de chaque loyer hors taxes non encore échu, selon son rang propre dans l'échéancier de la location, afin que la totalité des loyers dus à des dates différentes soit ramenée à leur valeur actualisée à la date de réalisation du contrat. • Paris, 13 avr. 1999 : *D. 1999. IR 149.* ♦ En ce sens que c'est chaque loyer qui doit être actualisé, l'indemnité étant alors la somme des loyers ainsi actualisés, V. Rép. min. n° 40441 : *JOAN Q, 23 sept. 1996, p. 5059 ; Rev. dr. bancaire 1996. 237, obs. Crédot et Gérard.*

6. TVA. Sur l'inclusion de la TVA dans le montant de l'indemnité, V., déjà avant l'intervention du Décr. du 21 mai 1987 (dont était issu le texte codifié à l'art. D. 311-13, repris à l'art. D. 311-8, ci-dessous), • Civ. 1re, 15 janv. 1991 : *Bull. civ. I, no 20 ; RTD com. 1991. 632, obs. Bouloc*.

7. Clause reproduisant l'ancien art. D. 311-13. Dès lors qu'une clause, insérée dans une offre préalable conforme au modèle type no 8, est la reproduction littérale de l'art. 3 du Décr. du 17 mars 1978 [C. consom., art. D. 311-13, repris à l'art. D. 311-8, ci-dessous], une cour ne peut la déclarer inopposable à l'emprunteur au motif qu'elle apparaîtrait obscure et inintelligible. • Civ. 1re, 4 avr. 1995 : *RJDA 1995, no 743.*

Code de la consommation **Art. D. 311-8** En cas de défaillance dans l'exécution d'un contrat de location assorti d'une promesse de vente ou de location-vente le bailleur est en droit d'exiger, en application de l'article *(Décr. no 2011-136 du 1er févr. 2011, art. 6, en vigueur le 1er mai 2011)* « L. 311-25 », une indemnité égale à la différence entre, d'une part, la valeur résiduelle hors taxes du bien stipulée au contrat augmentée de la valeur actualisée, à la date de la résiliation du contrat, de la somme hors taxes des loyers non encore échus et, d'autre part, la valeur vénale hors taxes du bien restitué.

La valeur actualisée des loyers non encore échus est calculée selon la méthode des intérêts composés en prenant comme taux annuel de référence le taux moyen de rendement des obligations émises au cours du semestre civil précédant la date de conclusion du contrat majoré de la moitié. La valeur vénale mentionnée ci-dessus est celle obtenue par le bailleur s'il vend le bien restitué ou repris. Toutefois, le locataire a la faculté, dans le délai de trente jours à compter de la résiliation du contrat, de présenter au bailleur un acquéreur faisant une offre écrite d'achat. Si le bailleur n'accepte pas cette offre et s'il vend ultérieurement à un prix inférieur, la valeur à déduire devra être celle de l'offre refusée par lui.

Si le bien loué est hors d'usage, la valeur vénale est obtenue en ajoutant le prix de vente et le montant du capital versé par la compagnie d'assurance.

A défaut de vente ou à la demande du locataire, il peut y avoir évaluation de la valeur vénale à dire d'expert. Le locataire doit être informé de cette possibilité d'évaluation.

Lorsque le bailleur n'exige pas la résiliation du contrat, il peut demander au locataire défaillant une indemnité égale à 8 % des échéances échues impayées.

Cependant, dans le cas où le bailleur accepte des reports d'échéances à venir, le montant de l'indemnité est ramené à 4 % des échéances reportées.

Le montant de l'indemnité est majoré des taxes fiscales applicables. — *[Décr. no 78-373 du 17 mars 1978, art. 3.] — Anc. art. D. 311-13 (Décr. no 2011-136 du 1er févr. 2011, art. 6).*

Art. L. 311-25-1 **Pour les opérations de crédit visées au présent chapitre, à l'exclusion de la location-vente et de la location avec option d'achat, le prêteur est tenu, au moins une fois par an, de porter à la connaissance de l'emprunteur le montant du capital restant à rembourser. Cette information figure, en caractères lisibles, sur la première page du document adressé à l'emprunteur.** — *Sur les sanctions, V. C. consom., art. L. 311-49, infra.*

Art. L. 311-26 **S'agissant du contrat de crédit visé à l'article L. 311 16, le prêteur est tenu de porter à la connaissance de l'emprunteur, par tout moyen, mensuellement et dans un délai raisonnable avant la date de paiement, un état actualisé de l'exécution du contrat de crédit, faisant clairement référence à l'état précédent et précisant :**

— la date d'arrêté du relevé et la date du paiement ;

— la fraction du capital disponible ;

— le montant de l'échéance, dont la part correspondant aux intérêts ;

— le taux de la période et le taux effectif global ;

— le cas échéant, le coût de l'assurance ;

— la totalité des sommes exigibles ;

— le montant des remboursements déjà effectués depuis le dernier renouvellement, en faisant ressortir la part respective versée au titre du capital emprunté et celle versée au titre des intérêts et frais divers liés à l'opération de crédit ;
— la possibilité pour l'emprunteur de demander à tout moment la réduction de sa réserve de crédit, la suspension de son droit à l'utiliser ou la résiliation de son contrat ;
— le fait qu'à tout moment, l'emprunteur peut payer comptant tout ou partie du montant restant dû, sans se limiter au montant de la seule dernière échéance ;
— l'estimation du nombre de mensualités restant dues pour parvenir au remboursement intégral du montant effectivement emprunté, établie en fonction des conditions de remboursement convenues.

Ces informations figurent obligatoirement, en caractères lisibles, sur la première page du document adressé à l'emprunteur. — *Anc. art. L. 311-9-1 C. consom., modifié. — Sur les sanctions, V. C. consom., art. L. 311-49, infra.*

BIBL. ▸ CRÉDOT et GÉRARD, *RD banc. fin. 2003, n° 215* (loi 1er août 2003 de sécurité financière).

SECTION VIII *Crédit gratuit*

(L. n° 2010-737 du 1er juill. 2010, art. 13-I)

BIBL. ▸ ROUBACH, *Gaz. Pal. 1984. 1. Chron. 298.* - GAVALDA, *D. 1984. Chron. 181.* - SOINNE, *ALD 1985. 125.* - LARAIZE, *Gaz. Pal. 1984. 2. Chron. 319.* - Table ronde, *RD banc. fin. mars-avr. 2007. 89* (crédits gratuit et promotionnel : vraies et fausses rémunérations). ▸ Loi n° 2010-737 du 1er juill. 2010 : MENDÈS-GIL, *Dr. et patr. oct. 2010. 54* (contrats de crédits spéciaux : crédit renouvelable, crédit affecté, regroupement de crédits, crédit gratuit).

Art. L. 311-27 Toute publicité, quel qu'en soit le support, qui porte sur une opération de crédit dont la durée est supérieure à trois mois et pour laquelle ne sont pas requis d'intérêts ou d'autres frais, indique le montant de l'escompte sur le prix d'achat éventuellement consenti en cas de paiement comptant et précise qui prend en charge le coût du crédit consenti gratuitement. — *Reprise de la substance de l'anc. art. L. 311-6 C. consom. — Sur les sanctions pénales, V. C. consom., art. L. 311-49, infra.*

L'art. L. 311-27 s'applique, selon des modalités fixées par décret, à compter du premier jour du deuxième mois suivant celui de la publication de la L. n° 2010-737 du 1er juill. 2010 (JO 2 juill.). Il s'applique aux contrats dont l'offre a été émise après la date d'entrée en vigueur (L. préc., art. 61-I).

Art. L. 311-28 Lorsqu'une opération de financement comporte une prise en charge totale ou partielle des frais, le vendeur ne peut demander à l'acheteur à crédit ou au locataire une somme d'argent supérieure au prix le plus bas effectivement pratiqué pour l'achat au comptant d'un article ou d'une prestation similaire, dans le même établissement de vente au détail, au cours des trente derniers jours précédant le début de la publicité ou de l'offre. — *Anc. art. L. 311-7 C. consom., modifié. — Sur les sanctions pénales, V. C. consom., art. L. 311-49, infra.*

L'art. L. 311-28 entre en vigueur le premier jour du dixième mois suivant celui de la publication de la L. n° 2010-737 du 1er juill. 2010 (JO 2 juill.). Il s'applique aux contrats dont l'offre a été émise après la date d'entrée en vigueur (L. préc., art. 61-I). — Toutefois, la suppression de la seconde phrase du 1er al. et du 2e al. s'applique, selon des modalités fixées par décret, à compter du premier jour du deuxième mois suivant celui de la publication de la L. n° 2010-737 du 1er juill. 2010 (JO 2 juill.).

Art. L. 311-29 Toute opération de crédit à titre onéreux proposée concomitamment à une opération de crédit gratuit ou promotionnel est conclue dans les termes d'un contrat de crédit distinct, conforme aux dispositions des articles L. 311-11 à L. 311-19. — *Anc. art. L. 311-7-1 C. consom., modifié. — Sur les sanctions pénales, V. C. consom., art. L. 311-48 et L. 311-49, infra.*

L'art. L. 311-29 entre en vigueur le premier jour du dixième mois suivant celui de la publication de la L. n° 2010-737 du 1er juill. 2010 (JO 2 juill.). Il s'applique aux contrats dont l'offre a été émise après la date d'entrée en vigueur (L. préc., art. 61-I).

SECTION IX *Crédits affectés*

(L. n° 2010-737 du 1er juill. 2010, art. 14-I)

Les art. L. 311-30 à L. 311-41 entrent en vigueur le premier jour du dixième mois suivant celui de la publication de la L. n° 2010-737 du 1er juill. 2010 (JO 2 juill.). Ils s'appliquent aux contrats dont l'offre a été émise après la date d'entrée en vigueur (L. préc., art. 61-I)

BIBL. GÉN. ▶ M.-Th. Calais-Auloy, *JCP 1984. I. 3144* (fondement du lien juridique unissant vente et prêt dans le prêt lié). – Grua et Viratelle, *JCP 1995. I. 3826* (affectation d'un crédit ou d'un dépôt en banque). – Pairault, *LPA 18 juill. 1997* (interdépendance du contrat de prêt et du contrat principal). – Vigneau, *CCC 2006. Étude 19* (le financement à crédit du contrat de consommation). – Routier, *RLDA oct. 2008. 93* (les prêts liés : dans le dédale des solutions). ▶ Loi n° 2010-737 du 1er juill. 2010 : Mendès-Gil, *Dr. et patr. oct. 2010. 54* (contrats de crédits spéciaux : crédit renouvelable, crédit affecté, regroupement de crédits, crédit gratuit).

Art. L. 311-30 Sont soumis aux dispositions de la présente section les contrats de crédit affectés mentionnés au 9° de l'article L. 311-1.

Art. L. 311-31 Les obligations de l'emprunteur ne prennent effet qu'à compter de la livraison du bien ou de la fourniture de la prestation ; en cas de contrat de vente ou de prestation de services à exécution successive, elles prennent effet à compter du début de la livraison ou de la fourniture et cessent en cas d'interruption de celle-ci. Le vendeur ou le prestataire de services doit conserver une copie du contrat de crédit et le présenter sur leur demande aux agents chargés du contrôle. – *Anc. art. L. 311-20 C. consom., modifié.*

Jurisprudence antérieure à la L. n° 2010-737 du 1er juill. 2010.

1. Ordre public. Aucune stipulation d'un contrat de location avec option d'achat ne peut faire obstacle à l'action en résolution de la vente pour vices cachés engagée par le locataire, en raison du caractère d'ordre public de l'art. 9 de la L. n° 78-22 du 10 janv. 1978 [C. consom., anc. art. L. 311-20 et L. 311-21]. • Civ. 1re, 11 févr. 1986 : *Bull. civ. I, n° 27 ; D. 1986. 541, note Gross.* ♦ L'emprunteur ne peut renoncer au bénéfice de l'art. 9, al. 1er [C. consom., anc. art. L. 311-20]. • Civ. 1re, 17 mars 1993 : *Bull. civ. I, n° 116 ; D. 1993. IR 87.* ♦ La Dir. n° 87/102/CEE du 22 déc. 1986 relative au crédit à la consommation [abrogée avec effet au 12 mai 2010, remplacée par Dir. 2008/48/CE du 23 avr. 2008. – V. ce texte au **C. consom.**] doit être interprétée en ce sens qu'elle permet au juge national d'appliquer d'office les dispositions transposant en droit interne l'art. 11 § 2 de celle-ci. • CJCE 4 oct. 2007 : *D. 2008. 458, note Claret ; RTD com. 2008. 403, obs. Legeais ; JCP E 2008, n° 4, p. 40, note Ho-Dac ; JCP 2008. II. 10031, note Paisant ; Gaz. Pal. 2007. 4152, obs. Poissonnier et Tricoit ; RJDA 2008, n° 184 ; Procédures 2008, n° 79, obs. Nourissat ; Europe 2007, n° 352, obs. Rigaux.* ♦ V., depuis la L. n° 2008-3 du 3 janv. 2008, l'art. L. 141-4 C. consom.

2. Crédit affecté. V. note 2 ss. art. L. 311-32 C. consom.

3. Bien ou prestation de services déterminé. Un prêt n'est soumis aux dispositions relatives aux prêts affectés que si l'offre préalable mentionne le bien ou la prestation de services financé. • Civ. 1re, 29 juin 2004 : *Bull. civ. I, n° 188 ; D. 2004. 2565, note Auby (1re esp.) ; RTD com. 2004. 795, obs. Legeais ; JCP 2004. IV. 2803 ; CCC 2004, n° 165, obs. Raymond (2e esp.) ; RJDA 2004, n° 1257 ; RDC 2005. 319, obs. Bruschi* (l'affectation ne saurait être déduite de la simple connaissance qu'a le prêteur de l'utilisation des fonds). ♦ L'offre qui concerne un prêt personnel en vue de l'achat d'un véhicule automobile dont les caractéristiques sommaires ne sont pas indiquées dans l'acte n'est pas soumise aux dispositions de l'art. 9 de la L. n° 78-22 du 10 janv. 1978 [C. consom., anc. art. L. 311-20 et L. 311-21], qui ne visent que l'offre préalable d'un crédit accessoire à l'achat d'un bien déterminé. • Civ. 1re, 26 nov 1991 : *Bull. civ. I, n° 336.* – V. aussi • Civ. 1re, 17 févr. 1998 : *RD bancaire et bourse 1998. 142, obs. Crédot et Gérard.* ♦ Mais l'art. 11 de la Dir. n° 87/102/CEE du 22 déc. 1986 [abrogée avec effet au 12 mai 2010, remplacée par Dir. 2008/48/CE du 23 avr. 2008. – V. ce texte au **C. consom.**] s'oppose à ce que le droit du consommateur d'exercer un recours contre le prêteur soit subordonné à la condition que l'offre préalable de crédit mentionne le bien ou la prestation de services financé. • CJCE 4 oct. 2007 : *préc. note 1.*

4. Déblocage des fonds. La remise, avant la livraison du bien ou la fourniture du service, par les acquéreurs à crédit au fournisseur d'un « bon à payer » permettant à celui-ci d'obtenir le déblocage des fonds prêtés sur ses seules déclarations est de nature à faire obstacle à l'application du principe d'ordre public de l'interdépendance du contrat principal et du contrat de crédit et à permettre au second de produire ses effets sans tenir compte de l'inexécution du premier. • Civ. 1re, 7 juill. 1992 : *Bull. civ. I, n° 224 ; D. 1992. IR 214*. ♦ Il incombe au prêteur, lequel ne peut délivrer les fonds au vendeur ou au prestataire de services qu'au reçu d'un document attestant l'exécution, au moins partielle, du contrat principal, de démontrer cette exécution. • Civ. 1re, 3 mai 1995 : *CCC 1995, n° 175, obs. Raymond* • Versailles, 11 sept. 2001 : *RJDA 2002, n° 84* (insuffisance d'une « attestation de livraison » non signée par le vendeur, non datée et ne comportant aucune mention sur les modalités de règlement du prix par l'emprunteur). ♦ Mais ne commet pas de faute le prêteur qui, ayant consenti à l'acheteur d'un bien un crédit destiné à l'acquisition de ce bien, adresse les fonds au vendeur après signature par l'acheteur d'un bon attestant que la livraison a été effectuée, en sorte que, la livraison ayant été effectuée, l'acheteur est tenu de régler les échéances du crédit sans pouvoir invoquer des malfaçons et non-conformités. • Civ. 1re, 9 juin 1993 : *Bull. civ. I, n° 212 ; D. 1993. IR 204.* ♦ De même, l'emprunteur qui a signé le « certificat de livraison » du bien n'est pas recevable à soutenir ensuite, au détriment du prêteur, que le bien ne lui a pas été livré, dès lors qu'en signant le certificat, il a déterminé le prêteur à verser les fonds au vendeur. • Civ. 1re, 14 nov. 2001 : *Bull. civ. I, n° 280 ; JCP 2002. II. 10078, concl. Jerry-Sainte-Rose ; RTD com. 2002. 359, obs. Bouloc*. ♦ Il ne peut être reproché au prêteur d'avoir commis une faute en délivrant les fonds sans attestation d'acceptation du bien, l'emprunteur ne justifiant pas s'être opposé au déblocage du crédit dès la livraison des éléments de cuisine dont l'installation restait à faire. • Civ. 1re, 10 juill. 1995 : *Bull. civ. I, n° 316 ; CCC 1995, n° 192, note Raymond.* ♦ Comp., jugeant que le seul fait que le prêteur ait pu prélever certaines échéances du prêt sur le compte de l'emprunteur, sans protestation immédiate de la part de celui-ci, n'impliquait pas, à lui seul, que l'intéressé reconnaissait avoir reçu livraison du bien convenu et devoir rembourser le prêt. • Versailles, 7 janv. 2003 : *BICC 2003, n° 1273 ; RJDA 2004, n° 213.* ♦ V. aussi note 10 ss. art. L. 311-32 C. consom.

5. Suspension des obligations de l'emprunteur. La livraison est assimilable à la délivrance de la chose, prévue par l'art. 1615 C. civ., et comprend également l'obligation de livrer ses accessoires et tout ce qui est destiné à son usage (en l'espèce, la carte grise d'un véhicule). • Paris, 29 avr. 1987 : *D. 1987. IR 132.* ♦ Les acheteurs d'un salon à crédit ne peuvent être condamnés à payer le solde dès lors qu'ils contestent la réalité de la livraison et que le vendeur ne produit qu'un « certificat de livraison », document sur lequel il est mentionné expressément qu'il est établi sous la seule responsabilité du vendeur alors qu'il est d'usage qu'au moment d'une livraison le livreur fasse attester par le livré que l'opération a été effectuée. • Douai, 8 sept. 1994 : *BICC 1994, n° 1176 ; Rev. huiss. 1995. 116.* ♦ En cas de contrat à exécution successive, il incombe à l'emprunteur de justifier la suspension du remboursement du crédit en rapportant la preuve de l'interruption des livraisons. • Civ. 1re, 31 mars 1998 : *CCC 1998, n° 93, obs. Raymond.*

6. Absence de forclusion. L'exception de non-livraison opposée par l'emprunteur en défense à la demande de paiement formée par le prêteur, n'est pas soumise à la forclusion biennale de l'ancien art. L. 311-37 [devenu l'art. L. 311-52] C. consom. • Civ. 1re, 12 janv. 1999 : *Bull. civ. I, n° 16 ; D. 1999. IR 37 ; D. Affaires 1999. 287, obs. V. A.-R. ; CCC 1999, n° 45, obs. Raymond ; RD bancaire et bourse 1999. 71, obs. Crédot et Gérard.*

7. Fait de l'emprunteur. Si, en application de l'art. 9 de la L. n° 78-22 du 10 janv. 1978 [C. consom., anc. art. L. 311-20], les obligations de l'emprunteur ne prennent effet qu'à compter de la livraison du bien commandé, il en est autrement dans le cas où l'absence de livraison est imputable au fait de l'emprunteur. • Civ. 1re, 16 avr. 1991 : *Bull. civ. I, n° 140 ; D. 1991. IR 139.*

8. Restitution du capital emprunté. La restitution du capital emprunté malgré le défaut de délivrance du bien financé ne peut être ordonnée aux motifs que l'acheteur à crédit avait toujours la possibilité de se faire garantir par le vendeur fautif. • Civ. 1re, 7 févr. 1995 : *Bull. civ. I, n° 70 ; D. 1995. Somm. 314, obs. Pizzio ; Rev. huiss. 1995. 934, note Bazin ; CCC 1995, n° 156, note Raymond.* ♦ Comp. note 4 et notes 9 et 10 ss. art. L. 311-32 C. consom.

Art. L. 311-32 **En cas de contestation sur l'exécution du contrat principal, le tribunal pourra, jusqu'à la solution du litige, suspendre l'exécution du contrat de crédit. Celui-ci est résolu ou annulé de plein droit lorsque le contrat en vue duquel il a été conclu est lui-même judiciairement résolu ou annulé.**

Les dispositions de l'alinéa précédent ne seront applicables que si le prêteur est intervenu à l'instance ou s'il a été mis en cause par le vendeur ou l'emprunteur. – *Anc. art. L. 311-21 C. consom.*

Jurisprudence antérieure à la L. n° 2010-737 du 1er juill. 2010.

1. Ordre public. Est sans effet la clause d'un contrat de crédit-bail qui prévoit, en cas de résolution de la vente pour vice caché, la restitution du bien au vendeur contre reversement, par celui-ci, après remboursement du prix d'achat au bailleur, de la valeur du bien financé amortie par les termes du loyer déjà versés, sans déduction de toute somme restant due. • Nancy, 13 sept. 1994 : *Gaz. Pal. 1995. 2. Somm. 500.* ♦ V. aussi note 1 ss. art. L. 311-31 C. consom. ♦ Sur la sanction de la fraude à la loi, V. note 2.

2. Crédit affecté. Les dispositions de l'art. L. 311-21 [devenu l'art. L. 311-32], ne pouvant être appliquées qu'aux crédits affectés c'est-à-dire aux crédits destinés à financer un achat préalable, elles ne peuvent pas par conséquent concerner l'ouverture d'un compte de crédit permanent. • Paris, 18 nov. 1997 : *D. Affaires 1998. 59, obs. E.P.* – V. aussi • Aix-en-Provence, 7 juin 2005 : *CCC 2006, n° 10, obs. Raymond* • 14 févr. 2006 : *CCC 2006, n° 251, obs. Raymond (1re esp.).* ♦ Même si le contrat de crédit ne mentionne pas expressément le bien financé, il ressort d'un ensemble d'éléments qu'il s'agit d'un crédit affecté, l'absence de mention de l'objet du financement et la scission apparente du contrat de crédit et du contrat principal n'ayant eu pour but que de tourner les dispositions d'ordre public du code de la consommation. • Paris, 29 juin 2006 : *CCC 2006, n° 251, obs. Raymond (2e esp.).* ♦ Commet une fraude à la loi le prêteur, professionnel du crédit à la consommation, qui fait souscrire une offre de crédit renouvelable à la place d'un crédit affecté en vue d'un abonnement à un club de sport, ce dont il avait parfaitement connaissance. • Civ. 1re, 7 févr. 2006 : *Bull. civ. I, n° 58 ; D. 2007. Pan. 759, obs. D.-R. Martin ; D. 2006. AJ 649, obs. Rondey ; RTD com. 2006. 460, obs. Legeais ; RTD civ. 2006. 308, obs. Mestre et Fages ; JCP E 2006, n° 11, p. 516 ; CCC 2006, n° 55, obs. Raymond ; LPA 12 déc. 2006, obs. Claret ; RJDA 2006, p. 446, avis Sainte-Rose ; RDC 2006. 733, obs. Bruschi ; Banque et Droit juill.-août 2006. 61, obs. Bonneau* (confirmation de • Montpellier, 26 nov. 2003 : *préc.*). – V. note 3 ss. art. L. 311-31 C. consom.

3. Absence de forclusion. Il résulte de l'art. L. 311-21 [devenu l'art. L. 311-32] que la résolution ou l'annulation du contrat de crédit consécutive à celle du contrat principal n'est pas soumise au délai de forclusion prévu par l'art. L. 311-37 [devenu l'art. L. 311-52] C. consom. • Civ. 1re, 27 févr. 1996 : *Bull. civ. I, n° 112 ; D. 1996. IR 79 ; D. Affaires 1996. 385 ; CCC 1996, n° 69, note Raymond* • 18 juin 1996 : *Bull. civ. I, n° 261 ; D. Affaires 1996. 894 ; CCC 1996, n° 161, note Raymond* • 14 juin 2007 : *CCC 2007, n° 287, obs. Raymond ; LPA 2 juin 2008, obs. Claret.*

4. Mise en cause du vendeur. L'acquéreur, n'ayant pas mis le vendeur en cause, ne peut opposer l'absence de livraison du bien financé pour faire échec à la demande en paiement de l'emprunt. • Civ. 1re, 10 mai 1995 : *Bull. civ. I, n° 204 ; D. 1995. IR 142 ; CCC 1995, n° 174, obs. Raymond.* ♦ Comp., jugeant que le prêteur ne peut se prévaloir, par analogie, de l'art. 9, al. 3, de la L. n° 78-22 du 10 janv. 1978 [C. consom., anc. art. L. 311-21, al. 2], pour estimer obligatoire la mise en cause du vendeur à l'instance en suspension engagée contre lui, cet art. n'interdisant pas l'existence d'instances distinctes dès lors que la demande en suspension du contrat de crédit est formée postérieurement à celle portant sur le contrat principal : • Reims, 24 janv. 1991 : *JCP 1992. IV. 1217.* ♦ Sur la nécessité, pour le juge, de rechercher si la résolution du contrat principal a été judiciairement prononcée et si le prêteur est intervenu à l'instance ou a été mis en cause, V. • Civ. 1re, 31 janv. 1995 : *Bull. civ. I, n° 65 ; D. 1995. IR 58.* ♦ V. aussi, considérant que l'emprunteur reste tenu par le contrat de crédit dès lors qu'il ne peut pas se prévaloir d'une contestation de l'exécution du contrat de vente faute d'avoir mis en cause le vendeur, son insatisfaction résidant dans le fait que le produit acheté était en vente sur le marché à un prix dix fois inférieur à celui payé par lui : • Versailles, 1er mars 2002 : *RJDA 2002, n° 797.*

5. Suspension du crédit. Le juge civil saisi d'une action en paiement d'un emprunt doit, en vertu de l'art. 4, al. 2, C. pr. pén., surseoir à statuer si une action publique est exercée contre le vendeur, pouvant aboutir à mettre en cause la validité du contrat de vente, et par voie de conséquence celle du contrat de prêt. • Civ. 1re, 20 déc. 1988 : *Bull. civ. I, n° 371 ; D. 1989. Somm. 341, obs. Aubert.* ♦ Sur la compétence du juge des référés pour prononcer la suspension, V. • Reims, 24 janv. 1991 : *préc. note 4.*

6. État de santé. En l'absence d'interruption de la fourniture des prestations, l'état de santé du débiteur ne lui permettant pas de continuer de bénéficier de ces prestations, ne peut justifier l'interruption du paiement des mensualités.

• Civ. 1re, 15 mai 1990 : *D. 1990. IR 142.*

7. Vol de l'objet vendu. Ne constitue ni un dol, ni une erreur de droit le fait que l'emprunteur ne fût pas informé par le prêteur que le prêt qu'il avait conclu pour l'acquisition d'un véhicule survivrait, le cas échéant, à la disparition de celui-ci. • Civ. 1re, 14 juin 1989 : *Bull. civ. I, n° 240 ; D. 1989. Somm. 338, obs. Aubert ; JCP 1991. II. 21632, note Virassamy.*

8. Anéantissement du contrat de crédit. La résolution du contrat principal entraîne celle du contrat de crédit dès lors que les deux opérations ont été présentées comme liées à l'acheteur, même en l'absence de mention au contrat de crédit. • Com. 19 janv. 1993 : *Bull. civ. IV, n° 26 ; RTD com. 1993. 707, obs. Bouloc.* ♦ Sur l'extension de la nullité du contrat de vente au contrat de prêt, V. • Com. 18 mai 1993 : *CCC 1993, n° 182, note Raymond.* ♦ La circonstance que l'emprunteur n'ait pas recouru aux possibilités offertes par les art. L. 311-21 et L. 311-22 [devenus les art. L. 311-32 et L. 311-33] C. consom., notamment l'annulation ou la résolution judiciaire du contrat principal, ne saurait le priver de la possibilité de se prévaloir des dispositions de l'art. L. 311-20 du même code à l'égard du prêteur qui a payé sans s'assurer de la complète exécution du contrat principal. • Versailles, 9 mars 2001 : *Gaz. Pal. 30-31 janv. 2002, p. 9.*

9. Obligation de remboursement du prêt. En cas d'exécution du contrat de crédit, et sauf faute imputable au prêteur, prêteur et emprunteur doivent se restituer mutuellement les prestations échangées. • Civ. 1re, 16 janv. 1996 : *CCC 1996, n° 47, obs. Raymond.* ♦ La résolution ou l'annulation d'un contrat de crédit en conséquence de l'annulation du contrat constatant la vente qu'il finançait emporte pour l'emprunteur, hors le cas d'absence de livraison du bien vendu ou de faute du prêteur dans la remise des fonds prêtés, l'obligation de rembourser au prêteur le capital prêté, sauf la faculté, pour le prêteur, d'appeler le vendeur en garantie, peu important que le capital eût été versé directement au vendeur par le prêteur et que la faculté ouverte à celui-ci par l'art. L. 311-22 [devenu l'art. L. 311-33] C. consom. n'eût pu être exercée. • Civ. 1re, 9 nov. 2004 : *Bull. civ. I, n° 263 ; D. 2005. AJ 76 ; JCP E 2004, n° 51, p. 2000 ; Banque et Droit mars-avr. 2006. 75, obs. Guillot ; RJDA 2005, n° 316 ; RTD com. 2005. 156, obs. Legeais.* ♦ La résolution du prêt, en conséquence de la résolution de la vente, doit entraîner la restitution des prestations reçues de part et d'autre, et la protection du consommateur tient à la possibilité pour l'emprunteur de se faire garantir par le vendeur du remboursement du capital prêté auquel il est tenu. • Civ. 1re, 2 mai 1989 : *Bull. civ. I, n° 181 ; D. 1989. Somm. 338, obs. Aubert.* ♦ Sur cette garantie de remboursement, V. art. L. 311-33 C. consom. ♦ L'art. 11, § 2 de la Dir. 87/102/CEE du 22 déc. 1986 doit être interprété en ce sens que l'existence d'un accord entre le prêteur et le fournisseur, sur la base duquel un prêt est octroyé exclusivement par ce prêteur aux clients de ce fournisseur, n'est pas une condition nécessaire du droit pour ces clients d'agir à l'encontre dudit prêteur en cas d'inexécution des obligations incombant audit fournisseur afin d'obtenir la résolution du contrat de prêt et la restitution subséquente des sommes versées à l'organisme de financement. • CJCE 23 avr. 2009 : *D. 2009. AJ 1276 ; JCP E 2009, n° 18, p. 10 ; LPA 3 juill. 2009, note Poissonnier ; RLDA juin 2009. 64, obs. Bonnamour ; Europe 2009, n° 252, obs. Simon.* ♦ Une personne ayant, à la suite d'un démarchage, valablement renoncé à sa commande dans le délai de sept jours prévu à l'art. 3 de la L. n° 72-1137 du 22 déc. 1972 [C. consom., art. L. 121-25] sans user de la même faculté de rétractation à l'égard de l'établissement de crédit, l'annulation du contrat principal entraîne de plein droit celle du contrat de crédit, et le prêteur, qui n'a commis aucune faute, est donc fondé à demander à l'emprunteur le remboursement de la somme prêtée, conséquence de l'annulation du contrat de crédit. • Civ. 1re, 8 nov. 1994 : *Bull. civ. I, n° 324 ; D. 1995. Somm. 313, obs. Pizzio.* ♦ V. aussi note 8 ss. art. L. 311-31 C. consom.

10. Faute du prêteur. Dès lors que l'exécution de la prestation en vue de laquelle a été consenti un prêt n'a pas été assurée par la société qui en avait la charge, la faute qu'a commise l'organisme prêteur en versant à cette société la somme prêtée, au vu d'un document établi le jour de l'acceptation de l'offre de crédit attestant que les travaux avaient été exécutés, l'empêche de réclamer à l'emprunteur l'exécution de son obligation de remboursement du prêt, à laquelle il n'est pas tenu avant l'exécution de la prestation. Celle-ci étant devenue impossible à la suite de l'ouverture d'une procédure collective à l'encontre de ladite société, le contrat de prêt doit être considéré comme résolu aux torts de l'organisme prêteur. • Civ. 1re, 28 janv. 1992 : *Bull. civ. I, n° 34.* ♦ Le prêteur qui a délivré les fonds au vendeur ou au prestataire de services sans s'assurer que celui-ci avait exécuté son obligation, commet une faute qui le prive de la possibilité de se prévaloir, à l'égard de l'emprunteur, des effets de la résolution du contrat de prêt, conséquence de la résolution du contrat principal. • Civ. 1re, 8 juill. 1994 : *CCC 1994, n° 213, note Raymond.* – V. aussi • Civ.

1re, 16 janv. 2013 : *D. 2013. 978, note Poissonnier ; RJDA 2013, n° 449.* ♦ Le fait pour le prêteur de se faire remettre un « bon à payer », avant la livraison du bien vendu (cuisine) et son installation, permettant ainsi au vendeur d'obtenir sur ses seules déclarations, le déblocage des fonds, constitue un obstacle à l'application du principe d'ordre public d'interdépendance du contrat principal et du contrat de crédit. Par conséquent, le prêteur ne peut, suite à la résolution du crédit en application de l'art. L. 311-21 [devenu l'art. L. 311-32], prétendre au remboursement des sommes prêtées par les emprunteurs : • Versailles, 6 juin 1997 : *D. Affaires 1997. 1143.* ♦ Mais le déblocage prématuré et imprudent reproché à l'établissement de crédit n'est pas de nature à faire obstacle à la restitution des fonds, par le vendeur, corrélative à la résolution du contrat de prêt consécutive à celle du contrat de vente. • Civ. 1re, 13 nov. 2008 : *Bull. civ. I, n° 260 ; RTD com. 2009. 189, obs. Legeais ; JCP 2008. IV. 2981 ; Dr. et patr. mars 2009. 105, obs. Mattout et Prüm ; RLDA déc. 2008 37, obs. Carolle-Brisson.* ♦ Comp. note 4 ss. art L. 311-31 C. consom.

Art. L. 311-33 **Si la résolution judiciaire ou l'annulation du contrat principal survient du fait du vendeur, celui-ci pourra, à la demande du prêteur, être condamné à garantir l'emprunteur du remboursement du prêt, sans préjudice de dommages et intérêts vis-à-vis du prêteur et de l'emprunteur.** — *Anc. art. L. 311-22 C. consom.*

Jurisprudence antérieure à la L. n° 2010-737 du 1er juill. 2010.

1. Fait du vendeur. L'art. L. 311-22 [devenu l'art. L. 311-33] constitue le vendeur, défaillant dans l'exécution de ses obligations, garant tant à l'égard de l'acquéreur qui doit rembourser le montant du prêt alors qu'il n'a pu obtenir la prestation promise, qu'à l'égard du prêteur dont le contrat est résolu alors qu'il a fidèlement exécuté ses obligations. • Colmar, 7 févr. 1997 : *BICC 1997, n° 1002 ; D. Affaires 1997. 1388.* ♦ Pour une autre application de l'anc. art. L. 311-22, V. • Amiens, 20 sept. 1994 : *Gaz. Pal. 1995. 1. 152, note Vindreau.* ♦ V. aussi note 8 ss. art. L. 311-31 C. consom.

2. Créance de l'emprunteur. La créance de l'emprunteur à l'encontre du vendeur au titre de son obligation à le garantir envers le prêteur du remboursement du prêt par application de l'art. L. 311-22 [devenu l'art. L. 311-33] trouve son origine, non pas dans la conclusion des contrats, mais dans la résolution du contrat de vente par le fait du vendeur et la résiliation consécutive du contrat de crédit. • Civ. 1re, 6 avr. 2004 : *RJDA 2004, n° 1155.*

Art. L. 311-34 **Chaque fois que le paiement du prix sera acquitté, en tout ou partie, à l'aide d'un crédit, et sous peine des sanctions prévues à l'article L. 311-49, le contrat de vente ou de prestation de services doit le préciser, quelle que soit l'identité du prêteur. Aucun engagement ne peut valablement être contracté par l'acheteur à l'égard du vendeur tant qu'il n'a pas accepté le contrat de crédit. Lorsque cette condition n'est pas remplie, le vendeur ne peut recevoir aucun paiement, sous quelque forme que ce soit, ni aucun dépôt.** — *Anc. art. L. 311-23 C. consom., modifié.*

V. note 3 ss. art. L. 311-13 C. consom.

Art. L. 311-35 **Tant que le prêteur ne l'a pas avisé de l'octroi du crédit, et tant que l'emprunteur peut exercer sa faculté de rétractation, le vendeur n'est pas tenu d'accomplir son obligation de livraison ou de fourniture. Toutefois, lorsque par une demande expresse rédigée, datée et signée de sa main même, l'acheteur sollicite la livraison ou la fourniture immédiate du bien ou de la prestation de services, le délai de rétractation ouvert à l'emprunteur par l'article L. 311-12 expire à la date de la livraison ou de la fourniture, sans pouvoir ni excéder quatorze jours ni être inférieur à trois jours. Toute livraison ou fourniture anticipée est à la charge du vendeur qui en supporte tous les frais et risques.** — *Anc. art. L. 311-24 C. consom., modifié.*

Jurisprudence antérieure à la L. n° 2010-737 du 1er juill. 2010.

1. Livraison immédiate. Sur le caractère impératif des conditions de rédaction, énumérées à l'ancien art. R. 311-8 C. consom., de la demande expresse de livraison immédiate, V. • Civ. 1re, 31 mai 1988 : *Bull. civ. I, n° 166 ; D. 1988. Somm. 405, obs. Aubert.* ♦ En ce sens que le défaut de mention particulière relative à la livraison immédiate entraîne la nullité de la vente, V. • Civ. 1re, 19 mai 1992 : *CCC 1992, n° 189, obs. Raymond.* ♦ En l'absence de la mention réglementaire prévue à l'art. R. 311-8 [ancien] C. consom., et alors que l'emprunteur s'est rétracté dans le délai légal, le contrat de crédit doit être considéré comme caduc ; le paiement de quelques échéances ne valant pas validation du contrat. • Dijon, 20 févr. 2004 : *CCC 2005, n° 17, obs. Raymond.*

2. Risque d'une livraison anticipée. Toute obligation de paiement est suspendue tant que le contrat n'est pas définitivement conclu et le vendeur supporte les frais et risques de toute livraison ou fourniture anticipée. • Civ. 1re, 22 juill. 1987 : *Bull. civ. I, n° 259 ; D. 1987. IR 186.*

3. Sanction. Il résulte de l'art. L. 311-24 [devenu l'art. L. 311-35] que le défaut de demande expresse, rédigée, datée et signée de la main même de l'acheteur, entraîne la nullité de la vente en cas de livraison anticipée par rapport à la date d'expiration du délai de rétractation de trois à sept jours. • Versailles, 29 janv. 1999 : *D. Affaires 1999. 549, obs. C. R.* ♦ V. aussi note 1.

Code de la consommation **Art. R. 311-9** *(Décr. n° 2012-1478 du 27 déc. 2012, art. 2, en vigueur le 1er juill. 2013)* L'acheteur qui sollicite la livraison ou la fourniture immédiate du bien ou de la prestation de services en application de l'article L. 311-35 doit apposer sur le contrat de vente une demande rédigée de sa main dans les termes suivants :

"Je demande à être livré(e) immédiatement (ou à bénéficier immédiatement de la prestation de services).

"Le délai légal de rétractation de mon contrat de crédit arrive dès lors à échéance à la date de la livraison (ou de l'exécution de la prestation), sans pouvoir être inférieur à trois jours ni supérieur à quatorze jours suivant sa signature.

"Je suis tenu(e) par mon contrat de vente principal dès le quatrième jour suivant sa signature."

Art. R. 311-10 Le vendeur ou le prestataire de services qui fera souscrire lui-même ou par un préposé agissant pour son compte une demande de livraison ou de fourniture immédiate par l'acheteur, en méconnaissance des dispositions de l'article *(Décr. n° 2011-136 du 1er févr. 2011, art. 6, en vigueur le 1er mai 2011)* « R. 311-9 », sera puni de la peine d'amende prévue pour les contraventions de la troisième classe. — *[Décr. n° 78-509 du 24 mars 1978, art. 4.] — Anc. art. R. 311-9 (Décr. n° 2011-136 du 1er févr. 2011, art. 6).*

Art. L. 311-36 Le contrat de vente ou de prestation de services est résolu de plein droit, sans indemnité :

1° Si le prêteur n'a pas, dans un délai de sept jours à compter de l'acceptation du contrat de crédit par l'emprunteur, informé le vendeur de l'attribution du crédit ;

2° Ou si l'emprunteur a, dans ce même délai de sept jours, exercé son droit de rétractation.

Toutefois, lorsque l'emprunteur, par une demande expresse, sollicite la livraison ou la fourniture immédiate du bien ou de la prestation de services, l'exercice du droit de rétractation du contrat de crédit n'emporte résolution de plein droit du contrat de vente ou de prestation de services que s'il intervient dans un délai de trois jours à compter de l'acceptation du contrat de crédit par l'emprunteur.

Le contrat n'est pas résolu si, avant l'expiration des délais mentionnés au présent article, l'acquéreur paie comptant. — *Reprise de la substance de l'anc.* art. L. 311-25.

Jurisprudence antérieure à la L. n° 2010-737 du 1er juill. 2010.

Charge de la preuve. Il incombe au vendeur de prouver que l'emprunteur, dûment informé de l'obtention du crédit, a laissé passer le délai imparti sans exercer son droit de rétractation. • Paris, 30 janv. 1981 : *D. 1981. IR 346.*

V. aussi note 2 ss. art. L. 311-35.

Art. L. 311-37 Dans les cas de résolution du contrat de vente ou de prestations de services prévus à l'article L. 311-36, le vendeur ou le prestataire de services rembourse, sur simple demande, toute somme que l'acheteur aurait versée d'avance sur le prix. A compter du huitième jour suivant la demande de remboursement, cette somme est productive d'intérêts, de plein droit, au taux de l'intérêt légal majoré de moitié. – *Sur les sanctions, V. C. consom., art. L. 311-50, infra.*

Art. L. 311-38 Lorsque le consommateur exerce son droit de rétractation du contrat de vente ou de fourniture de prestation de services mentionné au 9° de l'article L. 311-1, le contrat de crédit destiné à en assurer le financement est résilié de plein droit sans frais ni indemnité, à l'exception éventuellement des frais engagés pour l'ouverture du dossier de crédit.

Art. L. 311-39 L'engagement préalable de payer comptant en cas de refus de prêt est nul de plein droit. – *Anc. art. L. 311-26 C. consom.*

Art. L. 311-40 Le vendeur ou le prestataire de services ne peut recevoir, de la part de l'acheteur, aucun paiement sous quelque forme que ce soit, ni aucun dépôt, en sus de la partie du prix que l'acheteur a accepté de payer au comptant, tant que le contrat relatif à l'opération de crédit n'est pas définitivement conclu.

Si une autorisation de prélèvement sur compte bancaire est signée par l'acquéreur, sa validité et sa prise d'effet sont subordonnées à celles du contrat de vente.

En cas de paiement d'une partie du prix au comptant, le vendeur ou prestataire de services doit remettre à l'acheteur un récépissé valant reçu et comportant la reproduction intégrale des dispositions de l'article L. 311-36 et de l'article L. 311-37. – *Anc. art. L. 311-27 C. consom. – Sur les sanctions, V. C. consom., art. L. 311-50, infra.*

BIBL. ▸ V. bibl. ss. art. L. 311-14 C. consom.

Jurisprudence antérieure à la L. n° 2010-737 du 1er juill. 2010.

1. Qualité de vendeur. Le prévenu qui est coassocié à 50 % avec le gérant statutaire de l'entreprise, directeur commercial de celle-ci, qui a conduit personnellement l'affaire et qui a exigé le versement d'un acompte sur le prix de vente, puis sur rétractation de l'acquéreur, a refusé de le restituer, a la qualité de vendeur au sens de l'art. 15 de la L. n° 78-22 du 10 janv. 1978 [C. consom., anc. art. L. 311-27]. • Crim. 12 déc. 1991 : *Bull. crim. n° 476 ; JCP 1992. IV. 1039.*

2. Forme de paiement. La simple remise d'un chèque constitue un « paiement sous quelque forme que ce soit ». • Crim. 12 déc. 1991 : *préc. note 1.*

3. Autorisation de prélèvement. L'interdiction faite au démarcheur d'obtenir du client une autorisation de prélèvement, qui résulte de l'art. L. 121-26 C. consom., n'est pas en contradiction avec les dispositions de l'art. L. 311-27 [devenu l'art. L. 311-40] du même code, qui ne concernent pas les ventes à domicile. • Crim. 17 sept. 2002 : *Dr. pénal 2003, n° 9, obs. J.-H. Robert.*

Art. L. 311-41 En cas de vente ou de démarchage à domicile, le délai de rétractation est de quatorze jours calendaires quelle que soit la date de livraison ou de fourniture du bien ou de la prestation de services. Aucun paiement comptant ne peut intervenir avant l'expiration de ce délai. – *Anc. art. L. 311-28 C. consom.*

SECTION X *Opérations de découvert en compte*

(L. n° 2010-737 du 1er juill. 2010, art. 16-I)

Les art. L. 311-42 à L. 311-47 entrent en vigueur le premier jour du dixième mois suivant celui de la publication de la L. n° 2010-737 du 1er juill. 2010 (JO 2 juill.). Ils s'appliquent aux contrats dont l'offre a été émise après la date d'entrée en vigueur (L. préc., art. 61-I). Les dispositions mentionnées à la seconde phrase du premier alinéa et au second alinéa de l'art. L. 311-46 s'appliquent aux autorisation de découvert à durée indéterminée en cours à compter de l'entrée en vigueur de la loi (L. préc., art. 61-III).

BIBL. ▸ BOCCARA, *Dr. et patr. oct. 2010. 63* (la nouvelle réglementation des découverts en compte).

Art. L. 311-42 Pour l'application du présent chapitre, seuls les 1° à 3° de l'article L. 311-4 et les articles L. 311-9, L. 311-10, L. 311-23, L. 311-24, L. 311-30 à L. 311-33, L. 311-38, L. 311-43, L. 311-44, L. 311-48, L. 311-52 s'appliquent aux opérations de crédit consenties sous la forme d'une autorisation de découvert remboursable dans un délai supérieur à un mois et inférieur ou égal à trois mois.

Lorsque le contrat de crédit prévoit un délai de remboursement supérieur à trois mois, l'intégralité du présent chapitre lui est applicable.

Art. L. 311-43 I. — Préalablement à la conclusion d'une opération mentionnée au premier alinéa de l'article L. 311-42, le prêteur donne à l'emprunteur, par écrit ou sur un autre support durable, les informations lui permettant d'appréhender clairement l'étendue de son engagement.

Un décret en Conseil d'État fixe la liste et les conditions de présentation de ces informations.

II. — Si le prêteur est disposé à lui consentir un crédit, l'emprunteur reçoit sans frais, à sa demande, les informations prévues au second alinéa du III.

III. — Le contrat de crédit est établi par écrit ou sur un autre support durable. Il constitue un document distinct de tout support ou document publicitaire.

Un décret en Conseil d'État fixe la liste des informations figurant dans le contrat. — *Sur les sanctions, V. C. consom, art. L. 311-48 et L. 311-49, infra.*

Code de la consommation

Art. R. 311-11 *(Décr. n° 2011-136 du 1er févr. 2011, art. 7, en vigueur le 1er mai 2011)* I. — Pour l'application du I de l'article L. 311-43, le prêteur ou l'intermédiaire de crédit communique à l'emprunteur des informations concernant :

1° L'identité et l'adresse du prêteur ainsi que, le cas échéant, l'identité et l'adresse de l'intermédiaire de crédit concerné ;

2° Le type de crédit ;

3° Le montant de l'autorisation ;

4° La durée du contrat de crédit ;

5° Le taux débiteur, les conditions applicables à ce taux, tout indice ou taux de référence qui se rapporte au taux débiteur initial ;

6° Les frais applicables dès la conclusion du contrat de crédit et, le cas échéant, les conditions dans lesquelles ces frais pourront être modifiés ;

7° Le taux annuel effectif global à l'aide d'un exemple représentatif mentionnant toutes les hypothèses utilisées pour calculer ce taux ;

8° Les conditions et les modalités selon lesquelles le contrat peut être résilié ;

9° Le cas échéant, une indication selon laquelle il peut être demandé à tout moment à l'emprunteur de rembourser le montant total du crédit ;

10° Les frais et les modalités de calcul des frais que le prêteur peut demander à l'emprunteur en cas de défaillance ;

11° Le délai pendant lequel le prêteur est lié par les informations précontractuelles.

II. — Toutes les informations prévues au I ont la même visibilité. Elles peuvent être présentées conformément à la fiche jointe en annexe. — *V. cette annexe au* ***C. consom.***

Art. R. 311-12 *(Décr. n° 2011-136 du 1er févr. 2011, art. 7, en vigueur le 1er mai 2011)* Le contrat de crédit prévu au III de l'article L. 311-43 est rédigé en caractères dont la hauteur ne peut être inférieure à celle du corps huit. Il mentionne de manière claire et lisible :

1° Le type de crédit ;

2° L'identité et l'adresse des parties contractantes, le cas échéant l'identité et l'adresse de l'intermédiaire de crédit concerné ;

3° La durée du contrat de crédit ;

4° Le montant de l'autorisation et les conditions de mise à disposition ;

5° Le taux débiteur, les conditions applicables à ce taux et, le cas échéant, tout indice ou taux de référence qui se rapporte au taux débiteur initial, ainsi que les périodes, conditions et procédures d'adaptation du taux. Si différents taux débiteurs s'appliquent en fonction des circonstances, ces informations portent sur tous les taux applicables ;

6° Le taux annuel effectif global et le montant total du crédit dû par l'emprunteur, calculés au moment de la conclusion du contrat de crédit ; toutes les hypothèses utilisées pour calculer le taux annuel effectif global sont mentionnées ;

7° Une indication selon laquelle il peut être demandé à tout moment à l'emprunteur de rembourser le montant total du crédit ;

8° Les conditions et les modalités selon lesquelles l'emprunteur peut résilier le contrat ;

9° Les informations relatives aux frais applicables dès la conclusion du contrat et les conditions dans lesquelles ces frais peuvent être modifiés le cas échéant.

Art. L. 311-44 Pour les opérations consenties sous la forme d'une autorisation de découvert remboursable dans un délai supérieur à un mois, le prêteur est tenu d'adresser régulièrement à l'emprunteur, par écrit ou sur un autre support durable, un relevé de compte comprenant les informations dont la liste et le contenu sont fixés par décret en Conseil d'État. — *Sur les sanctions, V. C. consom., art. L. 311-49, infra.*

En cas d'augmentation du taux débiteur ou des frais dont il est redevable, l'emprunteur est informé par écrit ou sur un autre support durable avant que ces modifications n'entrent en vigueur.

Lorsque la modification du taux débiteur résulte d'une variation du taux de référence, que le nouveau taux de référence est rendu public par des moyens appropriés et que l'information relative au nouveau taux de référence est également disponible dans les locaux du prêteur, les parties peuvent convenir dans le contrat de crédit que cette information est communiquée dans le relevé de compte susmentionné.

L'emprunteur peut procéder à tout moment et sans frais à la résiliation d'une autorisation de découvert à durée indéterminée, à moins que les parties n'aient convenu d'un délai de préavis. Ce délai ne peut être supérieur à un mois.

Si le contrat de crédit le prévoit, le prêteur a la faculté de résilier l'autorisation de découvert à durée indéterminée moyennant un préavis d'au moins deux mois communiqué à l'emprunteur par écrit ou sur un autre support durable. En cas de motif légitime, cette résiliation peut intervenir sans préavis et, dans ce cas, le prêteur en communique les motifs à l'emprunteur, si possible avant la résiliation.

Code de la consommation Art. R. 311-13 *(Décr. n° 2011-136 du 1er févr. 2011, art. 7, en vigueur le 1er mai 2011)* Le relevé de compte prévu au premier alinéa de l'article L. 311-44 mentionne :

1° La période précise sur laquelle porte le relevé de compte ;

2° La date et le solde du relevé précédent ;

3° La date et le montant des utilisations et des remboursements depuis le relevé précédent ;

4° Le nouveau solde ;

5° Le taux débiteur appliqué depuis le relevé précédent ;

6° Tous les frais ayant été perçus depuis le relevé précédent ;

7° Le cas échéant, le montant minimal à payer pour la prochaine échéance.

Art. L. 311-45 Pour l'application du présent chapitre, seuls les articles L. 311-46 à L. 311-52 s'appliquent aux opérations de crédit consenties sous la forme d'un dépassement mentionné au 11° de l'article L. 311-1.

Art. L. 311-46 Lorsque la convention de compte visée au deuxième alinéa du I de l'article L. 312-1-1 du code monétaire et financier prévoit la possibilité d'un dépassement, cette convention mentionne le taux débiteur, les conditions applicables à ce taux, tout indice ou taux de référence qui se rapporte au taux débiteur initial, les frais applicables et, le cas échéant, les conditions dans lesquelles ces frais peuvent être modifiés. Dans tous les cas, le prêteur fournit ces informations par écrit ou sur un autre support durable à intervalles réguliers.

Dans le cas d'un dépassement significatif qui se prolonge au delà d'un mois, le prêteur informe l'emprunteur, sans délai, par écrit ou sur un autre support durable, du montant du dépassement, du taux débiteur et de tous frais ou intérêts sur arriérés qui sont applicables. — *Sur les sanctions, V. C. consom., art. L. 311-48 et L. 311-49, infra.*

Art. L. 311-47 Lorsque le dépassement se prolonge au delà de trois mois, le prêteur propose sans délai à l'emprunteur un autre type d'opération de crédit au sens de l'article L. 311-2, dans les conditions régies par le présent chapitre. — *Sur les sanctions, V. C. consom., art. L. 311-48, infra.*

SECTION XI *Sanctions*

(L. n° 2010-737 du 1er juill. 2010, art. 18-I)

Les art. L. 311-48 à L. 311-51 entrent en vigueur le premier jour du dixième mois suivant celui de la publication de la L. n° 2010-737 du 1er juill. 2010 (JO 2 juill.). Ils s'appliquent aux contrats dont l'offre a été émise après la date d'entrée en vigueur (L. préc., art. 61-I).

BIBL. ▶ GHELFI-TASTEVIN, *D. Affaires 1998. 1626* (nouveaux aspects de la déchéance du droit aux intérêts). – LEMAÎTRE, *LPA 27 juill. 1999* (sanction de l'offre irrégulière de crédit). – BARRET-BARNAY, *Gaz. Pal. 19-20 nov. 1999* (sort du cautionnement en cas de non-conformité de l'offre de crédit). – POLLAUD-DULIAN, *RD banc. fin. nov.-déc. 2002, p. 341* (sanction de l'irrégularité de l'offre de crédit et devoir d'information du banquier). – BOULOC, *Liber amicorum Calais-Auloy, Dalloz, 2004, p. 81* (la perte du droit aux intérêts). – MAGNIER, *JCP 2004. I. 106* (les sanctions du formalisme informatif). – SOLTNER, *RD banc. fin. sept.-oct. 2007. 82* (les augmentations de découvert : quelle sanction ?). ▶ L. n° 2010-737 du 1er juill. 2010 : LASSERRE CAPDEVILLE, *AJ pénal 2010. 385* (aspects pénaux de la réforme du crédit à la consommation).

Art. L. 311-48 Le prêteur qui accorde un crédit sans communiquer à l'emprunteur les informations précontractuelles dans les conditions fixées par les articles L. 311-6 ou L. 311-43, sans remettre et faire signer ou valider par voie électronique la fiche mentionnée à l'article L. 311-10, ou sans remettre à l'emprunteur un contrat satisfaisant aux conditions fixées par les articles L. 311-11, L. 311-12, L. 311-16, L. 311-18, L. 311-19, L. 311-29, le dernier alinéa de l'article L. 311-17 et les articles L. 311-43 et L. 311-46, est déchu du droit aux intérêts.

Lorsque le prêteur n'a pas respecté les obligations fixées aux articles L. 311-8 et L. 311-9, il est déchu du droit aux intérêts, en totalité ou dans la proportion fixée par le juge. La même peine est applicable au prêteur qui n'a pas respecté les obligations fixées à l'article L. 311-21 et aux deuxième et troisième alinéas de l'article L. 311-44 ou lorsque les modalités d'utilisation du crédit fixées au premier alinéa de l'article L. 311-17 et au premier alinéa de l'article L. 311-17-1 n'ont pas été respectées.

L'emprunteur n'est tenu qu'au seul remboursement du capital suivant l'échéancier prévu, ainsi que, le cas échéant, au paiement des intérêts dont le prêteur n'a pas été déchu. Les sommes perçues au titre des intérêts, qui sont productives d'intérêts au taux de l'intérêt légal à compter du jour de leur versement, sont restituées par le prêteur ou imputées sur le capital restant dû.

Le prêteur qui n'a pas respecté les formalités prescrites au dernier alinéa de l'article L. 311-46 et à l'article L. 311-47 ne peut réclamer à l'emprunteur les sommes correspondant aux intérêts et frais de toute nature applicables au titre du dépassement. — *Reprise de la substance de l'anc. art. L. 311-33.*

Jurisprudence antérieure à la L. n° 2010-737 du 1er juill. 2010.

A. CHAMP D'APPLICATION

1. Opérations visées. L'art. 23 de la L. n° 78-22 du 10 janv. 1978 [C. consom., anc. art. L. 311-33] s'applique aux contrats de location avec promesse de vente. • Civ. 1re, 1er déc. 1993 : *Bull. civ. I, n° 354 ; D. 1994. IR 10 ; CCC 1994, n° 40, note Raymond.* ♦ La sanction de la déchéance du droit aux intérêts, prévue à l'art. L. 311-33 [ancien], ne s'applique qu'au non-respect des dispositions prévues aux art. L. 311-8 à L. 311-13 [ancien] ; dès lors il ne saurait être fait application de cette sanction en raison d'irrégularités affectant le versement du crédit mis à la disposition de l'emprunteur. • Civ. 1re, 10 mai 2000 : *Bull. civ. I, n° 139 ; D. 2000. AJ 317, obs. Rondey ; CCC 2000, n° 166, obs. Raymond.* ♦ Un découvert bancaire consenti pour une durée de plus de trois mois doit faire l'objet d'une offre préalable, à peine de déchéance du droit aux intérêts. • Versailles, 22 févr. 2002 : *BICC 2002, n° 1285.*

2. Mentions concernées. La sanction prévue à l'art. 23 de la L. n° 78-22 du 10 janv. 1978 [C. consom., anc. art. L. 311-33] est applicable à un prêteur dont l'offre de prêt est rédigée en caractère d'une hauteur inférieure à celle du corps huit prescrite par l'art. 1er du Décr. n° 78-509 du 24 mars 1978 [C. consom., anc. art. R. 311-6]. • Lyon, 9 juill. 1992 : *Rev. huiss. 1995. 1144.* – V. aussi • Rennes, 5 nov. 1998 : *D. Affaires 1999. 27 ; CCC 1999, n° 13, obs. Raymond.* ♦ En revanche, n'est pas sanctionné par l'art. L. 311-33 [ancien], le défaut de mention de la date d'acceptation de l'offre préalable. • Bordeaux, 26 juin 1997 : *BICC 1997, n° 1409.* ♦ Dans le même sens, en cas de différence entre le montant de la mensualité avec assurance mentionnée dans l'offre et celui indiqué dans le tableau d'amortissement. • Civ. 1re, 4 juin 2002 : *CCC 2002, n° 148, obs. Raymond ; RD banc. fin. 2002, n° 127, obs. Crédot et Gérard.*

B. DÉCHÉANCE DU DROIT AUX INTÉRÊTS

3. Ordre public. L'art. 5 de la L. n° 78-22 du 10 janv. 1978 [C. consom., anc. art. L. 311-8] est une disposition d'ordre public, et son inobservation ne peut être couverte par la renonciation, même expresse, des parties. • Civ. 1re, 3 mars 1993 : *Bull. civ. IV, n° 95 ; D. 1993. IR 74 ; CCC 1993, n° 98, note Raymond* • 10 avr. 1996 : *D. 1996. 527, note Hassler ; D. Affaires 1996. 578.* ♦ La disposition d'ordre public de l'art. L. 311-33 [ancien] doit recevoir application même dans le cas où un coemprunteur a régulièrement payé les intérêts convenus. • Civ. 1re, 18 févr. 1997 : *Bull. civ. I, n° 66 ; D. 1997. IR 111 ; D. Affaires 1997. 372.*

4. Absence de nullité du prêt. L'irrégularité de l'offre préalable, surchargée et remaniée, ne saurait entraîner la nullité du prêt, mais simplement la déchéance du prêteur du droit aux intérêts, l'emprunteur et la caution n'étant tenus qu'aux intérêts au taux légal depuis la mise en demeure. • Civ. 1re, 28 nov. 1995 : *Bull. civ. I, n° 439.*

5. Portée de la déchéance. Si, pour le prêteur, l'absence d'offre préalable entraîne la déchéance du droit aux intérêts, l'emprunteur n'en reste pas moins tenu aux intérêts au taux légal depuis la mise en demeure. • Civ. 1re, 26 nov. 2002 : *Bull. civ. I, n° 288 ; D. 2003. AJ 273 ; JCP E 2003, n° 4, p. 151 ; Defrénois 2003. 261, obs. Aubert ; RJDA 2003, n° 302* • 27 mai 2003 : *Bull. civ. I, n° 131 ; JCP E 2003, n° 31, p. 1261 ; CCC 2003, n° 169, obs. Raymond ; LPA 8 déc. 2003, obs. Paisant ; RJDA 2003, n° 999.* ♦ La déchéance du droit aux intérêts prévue par l'art. 23 de la L. n° 78-22 du 10 janv. 1978 [C. consom., anc. art. L. 311-33] s'applique à l'ensemble des intérêts courus sur le solde débiteur d'un compte bancaire ayant fonctionné à découvert pendant plus de trois mois. • Cass., avis, 8 oct. 1993 : *Bull. civ., n° 13 ; D. 1993. IR 248.* ♦ Jugeant, sur le fondement de l'art. L. 312-33 C. consom. mais la solution paraît être transposable à l'art. L. 311-33 [ancien], que la déchéance du droit aux intérêts ne s'étend pas aux frais, ni aux intérêts légaux dus après mise en demeure, V. • Civ. 1re, 18 mars 2003 : *Bull. civ. I, n° 84 ; D. 2003. AJ 1036, obs. Rondey ; JCP E 2003, n° 21-22, p. 879 ; CCC 2003, n° 97, obs. Raymond ; RTD com. 2003. 554, obs. Legeais ; LPA 8 déc. 2003, obs. Paisant ; RDC 2003. 95, obs. Bruschi ; RJDA 2003, n° 754 ; RDI 2004. 94, obs. Heugas-Darraspen.* ♦ Le prêteur qui n'a pas présenté au titulaire d'un compte bancaire ayant fonctionné à découvert depuis plus de trois mois une offre préalable de crédit ne peut réclamer que le capital restant dû. Dès lors, en retenant que cette sanction n'avait pas pour conséquence la répétition des frais, commissions et autres accessoires inscrits au compte qui ne sont pas des intérêts auxquels seule la sanction prévue à l'art. L. 311-33 [ancien] s'applique, la cour d'appel a violé le texte susvisé. • Civ. 1re, 31 mars 2011 : *Bull. civ. I, n° 65 ; D. 2011. Chron. C. cass. 2148, obs. Creton ; ibid. Actu. 1069, obs. Avena-Robardet ; RTD com. 2011. 621, obs. Legeais ; CCC 2011, n° 177, obs. Raymond ; Gaz. Pal. 2011. 1560, note Poissonnier ; RJDA 2011, n° 570.*

6. Régularisation. La déchéance n'est pas

encourue lorsque la banque, avant l'expiration du délai de trois mois, présente une offre conforme à l'art. 5 de la L. n° 78-22 du 10 janv. 1978 [C. consom., anc. art. L. 311-8 s.]. • Cass., avis, 8 oct. 1993 : *préc. note 5.* – Dans le même sens • Civ. 1re, 30 mars 1994 : *Bull. civ. I, n° 126 ; D. 1994. IR 101 ; JCP 1995. II. 22405, note Gramaize* • 16 janv. 1996 : *Bull. civ. I, n° 31 ; D. 1996. IR 39 ; D. Affaires 1996. 171 ; RJ com. 1996. 232, note Bruschi.*

7. Forclusion. La déchéance du droit aux intérêts, qui sanctionne les irrégularités commises par le prêteur et, en l'espèce, l'absence de notification du renouvellement du contrat de crédit, trois mois avant l'échéance du contrat initial, s'applique non à compter de la date de formation du contrat, dès lors que la forclusion acquise s'oppose à la remise en question de la régularité de l'offre, mais à compter de celle de son renouvellement. • Montpellier, 29 févr. 2000 : *BICC n° 1121.* ♦ Faute pour le prêteur d'avertir l'emprunteur que ses actions étaient soumises à la forclusion, il ne saurait se prévaloir lui-même de ladite forclusion à l'encontre de l'action de l'emprunteur en déchéance du droit aux intérêts. • TI Sarreguemines, 26 sept. 1996 : *BICC 1997, n° 479.* ♦ Comp. anc. art. L. 311-37, dans sa rédaction issue de L. n° 2001-1168 du 11 déc. 2001.

Art. L. 311-49 Le prêteur qui omet de respecter les formalités prescrites à l'article L. 311-6, au dernier alinéa de l'article L. 311-7, aux articles L. 311-11 et L. 311-16, au dernier alinéa de l'article L. 311-17, aux articles L. 311-18, L. 311-19, L. 311-25-1, L. 311-26, L. 311-29, aux I et III de l'article L. 311-43, au premier alinéa de l'article L. 311-44 et au premier alinéa de l'article L. 311 46 et de prévoir un formulaire détachable dans l'offre de contrat de crédit, en application de l'article L. 311-12, sera puni d'une amende de 1 500 €.

La même sanction est applicable à l'annonceur pour le compte duquel est diffusée une publicité non conforme aux dispositions des articles L. 311-4 et L. 311-5, du deuxième alinéa de l'article L. 311-17, du deuxième alinéa de l'article L. 311-17-1 et de l'article L. 311-27.

Le tribunal pourra également ordonner la publication du jugement et la rectification de la publicité aux frais du condamné.

La sanction prévue au premier alinéa est également applicable au vendeur qui contrevient aux dispositions de l'article L. 311-28 et au prêteur ou à l'intermédiaire de crédit qui contrevient aux dispositions des articles L. 311-8-1 et L. 311-10-1 et de la première phrase du premier alinéa de l'article L. 311-17. – *Anc. art. L. 311-34 C. consom., modifié.*

Jurisprudence antérieure à la L. n° 2010-737 du 1er juill. 2010.

Nature de l'infraction. L'infraction prévue par l'art. L. 311-34 [ancien], punie d'une peine de 12 000 F d'amende, constitue une contravention, en application de l'art. 381 C. pr. pén. • Crim. 10 janv. 1996 : *Bull. crim. n° 12 ; D. Affaires 1996. 577* (application de la loi d'amnistie du 3 août 1995). ♦ V. aussi, se prononçant en faveur de la nature contraventionnelle et déclarant le tribunal correctionnel incompétent, • TGI Angoulême, 15 nov. 1989 : *D. 1990. 351, note Bouloc.*

Art. L. 311-50 Sera puni d'une amende de 30 000 € :

1° Le prêteur ou le vendeur qui, en infraction aux dispositions des articles L. 311-14 et L. 311-40, réclame ou reçoit de l'emprunteur ou de l'acheteur un paiement sous quelque forme que ce soit ;

2° Celui qui fait signer des formules de prélèvements sur comptes bancaires contenant des clauses contraires aux dispositions des articles susvisés ;

3° Celui qui fait souscrire, ou accepter, ou avaliser par l'emprunteur ou l'acheteur des lettres de change ou des billets à ordre ;

4° Celui qui persiste indûment à ne pas payer les sommes visées à l'article L. 311-37 ;

5° Celui qui, en infraction aux dispositions de l'article L. 311-12, enregistre ou fait enregistrer sur un fichier le nom des personnes usant de la faculté de rétractation ;

6° Celui qui fait signer par un même client une ou plusieurs offres de contrat de crédit d'un montant total en capital supérieur à la valeur payable à crédit du bien acheté ou de la prestation de services fournie. — *Anc. art. L. 311-35 C. consom., modifié.*

Art. L. 311-51 Le prêteur est responsable de plein droit à l'égard de l'emprunteur de la bonne exécution des obligations relatives à la formation du contrat de crédit, que ces obligations soient à exécuter par le prêteur qui a conclu ce contrat ou par des intermédiaires de crédit intervenant dans le processus de formation du contrat de crédit, sans préjudice de son droit de recours contre ceux-ci.

SECTION XII *Procédures*

(L. n° 2010-737 du 1er juill. 2010, art. 19-I)

Art. L. 311-52 Le tribunal d'instance connaît des litiges nés de l'application du présent chapitre. Les actions en paiement engagées devant lui à l'occasion de la défaillance de l'emprunteur doivent être formées dans les deux ans de l'événement qui leur a donné naissance à peine de forclusion. Cet événement est caractérisé par :

— le non-paiement des sommes dues à la suite de la résiliation du contrat ou de son terme ;

— ou le premier incident de paiement non régularisé ;

— ou le dépassement non régularisé du montant total du crédit consenti dans le cadre d'un contrat de crédit renouvelable ;

— ou le dépassement, au sens du 11° de l'article L. 311-1, non régularisé à l'issue du délai prévu à l'article L. 311-47.

Lorsque les modalités de règlement des échéances impayées ont fait l'objet d'un réaménagement ou d'un rééchelonnement, le point de départ du délai de forclusion est le premier incident non régularisé intervenu après le premier aménagement ou rééchelonnement conclu entre les intéressés ou après adoption du plan conventionnel de redressement prévu à l'article L. 331-6 ou après décision de la commission imposant les mesures prévues à l'article L. 331-7 ou la décision du juge de l'exécution homologuant les mesures prévues à l'article L. 331-7-1. — *V. lesdits art. L. 331-6, L. 331-7 et L. 331-7-1 C. consom., relatifs aux situations de surendettement, au* **C. consom.** — *Anc. art. L. 311-37 C. consom., modifié.*

L'art. L. 311-52 entre en vigueur le premier jour du dixième mois suivant celui de la publication de la L. n° 2010-737 du 1er juill. 2010 (JO 2 juill.). Il s'applique aux contrats dont l'offre a été émise après la date d'entrée en vigueur (L. préc., art. 61-I).

BIBL. ▶ Loi MURCEF du 11 déc. 2001 : X. LAGARDE, *JCP 2002. I. 106* (la réforme de l'art. L. 311-37 C. consom.). – FLORES et BIARDEAUD, *D. 2002. 876* (vers une restauration du régime de protection de l'emprunteur). – RAYMOND, *CCC 2002, n° 34.* – LAGARDE, *LPA 8 janv. 2003* (mouvement sur la forclusion). – S. PIEDELIÈVRE, *Gaz. Pal. 2003. Doctr. 3528* (point de départ du délai de forclusion). – SOLTNER, *RD banc. fin. 2004. 224* (office du juge et règles protectrices de l'emprunteur). – BAZIN, *Dr. et proc. 2005. 268* (du délai de forclusion en matière de crédit à la consommation). – GAUTIER, *LPA 17 oct. 2005* (crédit permanent : martyr des juges du fond). – VIGNEAU, *Dr. et proc. 2006. 131* (contentieux du crédit à la consommation).

Jurisprudence antérieure à la L. n° 2010-737 du 1er juill. 2010.

1. *Ordre public.* Les dispositions de l'art. 27 de la L. n° 78-22 du 10 janv. 1978 [C. consom., art. L. 311-52] étant d'ordre public, l'emprunteur ne peut, même de façon expresse, renoncer à leur application. • Civ. 1re, 17 nov. 1993 : *Bull. civ. I, n° 333.*

2. *Reproduction de l'ancien art. L. 311-37 dans l'offre préalable.* Sur l'incidence de la rédaction de l'art. 27 de la loi du 10 janv. 1978, après les réformes de 1989, sur l'obligation de reproduire les dispositions de l'ancien art. L. 311-37 [désormais art. L. 311-52] dans l'offre préalable de prêt, V. note 2 ss. art. L. 311-18 C. consom.

I. COMPÉTENCE DU TRIBUNAL D'INSTANCE

3. *Compétence exclusive et impérative.* Selon l'art. L. 311-37 [désormais art. L. 311-52] C. consom., d'application impérative au sens de l'art. 7, al. 2, de la Convention de Rome du 19 juin 1980, le tribunal d'instance est seul compétent en matière de crédit à la consommation quelle que soit la loi applicable. • Civ. 1re, 23 mai 2006 : *Bull. civ. I, n° 258 ; R. 2006, p. 465 ; D. 2007. Chron. C. cass. 1754, obs. Courbe ; ibid. Pan. 2567, obs. Bollée ; D. 2006. 2798, note Audit ; ibid. AJ 1597, obs. Avena-Robardet ; RTD com. 2006. 644, obs. Legeais ; JCP 2007. I. 109, n° 10, obs. Attal ; RJDA 2006, n° 1162 ; Dr. et patr. déc. 2006. 81, obs. M.-E. Ancel ; CCE 2006, n° 143, obs. Chabert ; RDC 2006. 1253, obs. Deumier ; Rev. crit. DIP 2007. 85, note Cocteau-Senn ; JDI 2007. 537, note Sinay-Cytermann.* – Rappr. • Civ. 1re, 19 oct. 1999 : *D. 2000. 765, note Audit ; Rev. crit. DIP 2000. 29, note Lagarde ; JDI 2000. 339, note Racine.* ♦ Il résulte de l'art. 92 NCPC [renommé C. pr. civ.] que le tribunal de grande instance peut se déclarer d'office incompétent, en cas de méconnaissance de la compétence du tribunal d'instance, le texte ne distinguant nullement les notions d'ordre public de direction ou d'ordre public de protection. • Versailles, 5 oct. 1995 : *BICC 1996, n° 421.*

4. Domaine. Relèvent de la compétence du tribunal d'instance tous les litiges concernant les opérations de crédit soumises à la loi et à ses décrets d'application, en particulier le contentieux né de la défaillance de l'emprunteur. • Civ. 1re, 11 juin 1985 : *Bull. civ. I, n° 184 ; D. 1986. 138, note Warembourg-Auque ; Gaz. Pal. 1985. 2. 746, note Moussa* • 9 déc. 1986 : *Bull. civ. I, n° 293.* ♦ L'action introduite par une fédération ayant pour objet de faire juger que les clauses des contrats de crédit proposés par la banque étaient abusives ou illicites en ce qu'elles n'étaient pas conformes aux dispositions de l'art. L. 311-11 [ancien] C. consom. et que les documents publicitaires étaient irréguliers au regard des dispositions de l'art. L. 311-4 [ancien] du même code, il en résulte que le litige était né de l'application des dispositions légales en matière de crédit à la consommation, ce dont il ressortait la compétence du tribunal d'instance. • Civ. 2e, 12 oct. 2006 : *Bull. civ. II, n° 274 ; RTD com. 2007. 213, obs. Legeais ; JCP E 2006, n° 47, p. 1985 ; CCC 2007, n° 29, obs. Raymond ; RJDA 2007, n° 283 ; Dr. et proc. 2007. 154, note Bazin ; RDC 2007. 355, obs. Fenouillet.* ♦ L'art. L. 311-37 [désormais art. L. 311-52] confère au tribunal d'instance une compétence exclusive en matière de litiges nés des contrats de crédit à la consommation ; dès lors et par application de l'art. R. 321-4, 3°, COJ, ce tribunal est compétent pour connaître des demandes en validité de saisies-arrêts. • Civ. 1re, 8 juill. 1997 : *Bull. civ. I, n° 235 ; D. Affaires 1997. 1142.* ♦ Tout litige né de l'interdépendance du contrat principal et du contrat de crédit fait partie de la compétence attribuée par l'art. 27 de la L. n° 78-22 du 10 janv. 1978 [C. consom., art. L. 311-52] au tribunal d'instance pour les litiges nés de l'application de la loi. • TGI Limoges, réf., 12 juill. 1991 : *BICC 1991, n° 1889.* ♦ Doit être infirmée la décision d'un TI qui s'est déclaré incompétent au profit du TGI au motif que le crédit consenti était de nature professionnelle dans la mesure où, en statuant ainsi, le tribunal a fondé sa décision sur le seul caractère professionnel du crédit consenti sans tenir compte du montant de la demande, alors que ce montant excédait le taux de compétence du juge de proximité et n'atteignait pas celui du TGI, de sorte que, sans ressortir de la compétence exclusive du TI car il ne portait pas sur un crédit à la consommation, le litige en relevait au titre de sa compétence générale de droit commun en raison de la nature de l'action (personnelle et mobilière) et de la valeur en cause. • Orléans, 24 mai 2007 : *RJDA 2007, n° 1037.* ♦ Sur la compétence du tribunal d'instance en cas d'action contre la caution, V. note 10.

5. Compétence territoriale. Jugeant que le tribunal d'instance compétent, au regard de l'art. L. 311-37 [désormais art. L. 311-52], est celui du lieu de la remise des fonds, V. • Rennes, 19 sept. 1997 : *CCC 1997, n° 170, note Raymond.* ♦ Pour une application des règles de compétence territoriale des art. 42 et 46 NCPC [renommé C. pr. civ.] en matière de crédit à la consommation, V. • TI Grenoble, 19 juin 2001 : *CCC 2001, n° 165, note Raymond.* ♦ *Contra*, excluant l'application de l'option de compétence ouverte par l'art. 46, al. 2, NCPC [renommé C. pr. civ.], à propos d'un cautionnement commercial : • Com. 22 oct. 1996 : *Bull. civ. IV, n° 245 ; JCP 1997. II. 22821, note Chazal et Vicente.*

6. Juge de l'exécution. Sur la question de la compétence éventuelle du juge de l'exécution, V. • TGI Nancy, JEX, 20 avr. 1993 : *D. 1994. Somm. 336, obs. Julien.*

II. DÉLAI DE DEUX ANS

7. Loi applicable. La loi du 11 déc. 2001 ne s'applique qu'aux contrats conclus à compter de sa promulgation. • Angers, 24 mai 2005 : *JCP 2005. IV. 3160.* ♦ Sur l'application dans le temps de la loi du 11 déc. 2001, V. Lagarde, *JCP 2002. I. 106.* ♦ En ce sens que cette jurisprudence est rendue caduque par la nouvelle rédaction de l'art. L. 311-37 [désormais art. L. 311-52], issue de la loi du 11 déc. 2001, V. Flores et Biardeaud, *D. 2002. 876.*

8. Forclusion relevée d'office. Viole l'art. 125 NCPC [renommé C. pr. civ.] l'arrêt qui s'abstient de relever d'office la fin de non-recevoir tirée de la forclusion instituée par l'art. 27 de la L. n° 78-22 du 10 janv. 1978 [C. consom., art. L. 311-52]. • Civ. 1re, 9 juin 1993 : *Bull. civ. I, n° 211.* ♦ Mais le juge ne peut relever d'office la fin de non-recevoir tirée de la forclusion de l'action du prêteur sans l'avoir préalablement constatée. • Civ. 1re, 19 sept. 2007 : *Bull. civ. I, n° 289 ; D. 2007. AJ 2467 ; JCP E 2007, n° 42, p. 11.* ♦ Si les juges du fond sont tenus de relever d'office la fin de non-recevoir tirée de la forclusion édictée par l'art. L. 311-37 [désormais art. L. 311-52] lorsque celle-ci résulte des faits soumis à leur examen, c'est à la partie intéressée qu'il incombe d'invoquer et de prouver ces faits. • Civ. 1re, 18 sept. 2008 : *Bull. civ. I, n° 207 ; RTD com. 2009. 189, obs. Legeais ; D. 2008. AJ 2499, obs. Avena-Robardet ; JCP E 2009, n° 24, p. 14, obs. Salgueiro ; CCC 2008, n° 280, obs. Raymond ; Gaz. Pal. 2009. 1251, note Poissonnier ; RJDA 2009, n° 471 ; Dr. et proc. 2009. 55* • 13 nov. 2008 : *Bull. civ. I, n° 261 ; JCP E 2009, n° 24, p. 14, obs. Salgueiro ; JCP 2009. II. 10036, note Monachon Duchêne* • 14 mai 2009 : *Bull. civ. I, n° 94 ; D. 2009. AJ 1476, obs. Avena-Robardet ; RTD com. 2009. 608, obs. Bouloc ; JCP E 2009, n° 26, p. 19 ; CCC 2009, n° 206, obs. Raymond ; RJDA 2009, n° 997 ; RDC 2009. 1439, obs. Fenouillet.* ♦ Sur l'obligation d'inviter au préalable les parties à présenter leurs observations, afin de respecter le principe du contradictoire, V. • Civ. 1re, 30 oct. 1995 : *CCC 1996, n° 12, note Raymond.* ♦ Une cour d'appel, saisie d'une requête en omission de statuer sur la demande en paiement formée par un établissement de crédit, retient à bon droit, dès lors qu'il ne résulte pas des énonciations de sa décision complétée que la demande était forclose, que le moyen opposé par l'emprunteur tiré de la forclusion de cette demande est irrecevable faute d'avoir été présenté dans l'instance principale. • Civ. 1re, 20 janv. 1998 : *Bull. civ. I, n° 23.*

9. *Droit communautaire.* Sur la compatibilité du délai de forclusion de l'art. L. 311-37 [désormais art. L. 311-52] avec la Dir. du 5 avr. 1993 relative au crédit à la consommation, V. • TI Vienne, 17 nov. 2000 : *CCC 2001, n° 16, obs. Raymond* • Lyon, 18 déc. 2002 : *BICC 2003, n° 597.* ♦ La Dir. du 5 avr. 1993 s'oppose à une réglementation interne qui, dans une action intentée par un professionnel à l'encontre d'un consommateur, interdit au juge national à l'expiration d'un délai de forclusion de relever, d'office ou à la suite d'une exception soulevée par le consommateur, le caractère abusif d'une clause insérée dans ce contrat. • CJCE 21 nov. 2002 : *D. 2003. 486, note Nourissat ; ibid. 2002. AJ 3339, obs. Avena-Robardet ; RTD com. 2003. 345, obs. Legeais ; CCC 2003, n° 31, obs. Raymond ; JCP E 2003, n° 7-8, p. 321, note Baude-Texidor et Fadlallah ; JCP 2003. II. 10082, note Paisant ; Gaz. Pal. 2003. 1711, note Flores et Biardeaud ; Europe 2003, n° 4, obs. Rigaux.* ♦ V., en droit interne, depuis la L. n° 2008-3 du 3 janv. 2008, l'art. L. 141-4 C. consom.

A. DOMAINE DU DÉLAI

10. *Actions soumises au délai biennal.* Le délai biennal de forclusion fait obstacle à l'action comme à l'exception ; il s'applique à l'emprunteur comme au prêteur et s'impose au juge. • Versailles, 18 mai 2004 : *BICC 2005, n° 1768.* ♦ Le délai s'applique au litige né de la défaillance de l'emprunteur. • Civ. 1re, 24 nov. 1987 : *Bull. civ. I, n° 307 ; D. 1987. IR 250.* ♦ Il s'applique aussi bien en ce qui concerne le débiteur principal que la caution. • Même arrêt • 30 oct. 1995 : *CCC 1995, n° 209, note Raymond* • 26 févr. 2002 : *Bull. civ. I, n° 72 ; D. 2002. AJ 1277 ; JCP E 2002, n° 15, p. 603.* ♦ ... Même au recours personnel de la caution qui a payé le prêteur, contre l'emprunteur. • Civ. 1re, 17 nov. 1993 : *Bull. civ. I, nos 333 et 334.* ♦ ... A l'exception de nullité pour dol invoquée par la caution. • Civ. 1re, 15 déc. 1998 : *Bull. civ. I, n° 365 ; D. Affaires 1999. 330, obs. C. R. ; JCP 1999. II. 10098, note Monachon-Duchêne ; RTD civ. 1999. 619, obs. Mestre.* ♦ L'irrégularité de l'offre préalable distincte de la clause abusive reste soumise au délai de forclusion : • Civ. 1re, 23 nov. 2004 : *Bull. civ. I, n° 287 ; D. 2005. 443, note Tricoit ; D. 2004. AJ 3217 ; RTD com. 2005. 157, obs. Legeais ; JCP E 2005, n° 3, p. 60 ; Gaz. Pal. 2005. Somm. 2139, obs. S. Piedelièvre ; CCC 2005, n° 35, obs. Raymond ; RJDA 2005, n° 752.* – V. sur cet arrêt, Lagarde, *D. 2005. 2222* (distinction entre clause abusive et irrégularité formelle).

11. *Actions échappant au délai biennal.* L'action engagée en vue de contester l'existence du consentement donné à la souscription d'un emprunt s'analyse, non en une action relative aux opérations de crédit régies par les art. L. 311-1 s. C. consom., mais en une action en contestation de l'existence même d'une convention soumise, en tant que telle, à la prescription de droit commun. • Civ. 1re, 1er avr. 2003 : *Bull. civ. I, n° 94 ; D. 2003. AJ 1229, obs. Rondey ; JCP 2003. II. 10109, note Monachon-Duchêne ; RTD com. 2003. 552, obs. Legeais ; Defrénois 2003. 859, obs. Savaux ; ibid. 861, obs. Aubert ; RJDA 2003, n° 763.* ♦ De même, il résulte de l'art. L. 311-21 C. consom. [désormais art. L. 311-32] que la résolution ou l'annulation du contrat de crédit consécutive à celle du contrat principal n'est pas soumise au délai de forclusion prévu par l'art. L. 311-37 [désormais art. L. 311-52]. • Civ. 1re, 27 févr. 1996 : *Bull. civ. I, no 112 ; D. 1996. IR 79 ; D. Affaires 1996. 385 ; CCC 1996, no 69, note Raymond* • 18 juin 1996 : *Bull. civ. I, no 261 ; D. Affaires 1996. 894 ; CCC 1996, no 161, note Raymond* • 14 juin 2007 : *CCC 2007, no 287, obs. Raymond ; LPA 2 juin 2008, obs. Claret.*

L'exception de non-livraison opposée par l'emprunteur en défense à la demande de paiement formée par le prêteur, n'est pas soumise à la forclusion biennale. • Civ. 1re, 12 janv. 1999 : *Bull. civ. I, no 16 ; D. 1999. IR 37 ; D. Affaires 1999. 287, obs. V. A.-R. ; CCC 1999, no 45, obs. Raymond ; RD bancaire et bourse 1999. 71, obs. Crédot et Gérard.* ♦ Le prêteur ne pouvant réclamer à l'emprunteur l'exécution de son obligation de remboursement du prêt avant l'exécution de la prestation et le départ d'exécution de cette prestation constituant un simple moyen de défense au fond à l'action du prêteur, le délai biennal ne peut s'appliquer dans ce cas. • Civ. 1re, 7 janv. 1997 : *Bull. civ. I, no 8 ; D. 1997. IR 34 ; D. Affaires 1997. 181 ; CCC 1997, no 86, obs. Raymond.* ♦ La forclusion biennale n'est pas applicable à l'action en revendication de la chose louée exercée par le crédit-bailleur. • Civ. 1re, 20 déc. 1994 : *Bull. civ. I, no 384 ; D. 1995. IR 23 ; JCP 1995. II. 22423, note Monachon-Duchêne ; CCC 1995, no 93, note Raymond.* ♦ ... Ni aux crédits immobiliers régis par les art. L. 312-1 s. C. consom. • Civ. 1re, 21 oct. 2003 : *CCC 2004, no 86, obs. Raymond ; RJDA 2004, no 610.* ♦ ... Ni aux actions en responsabilité engagées par l'emprunteur pour non-respect par le prêteur de son devoir de mise en garde. • Civ. 1re, 30 mai 2012 : *Bull. civ. I, no 117 ; D. 2012. Actu. 1477, obs. Avena-Robardet ; RTD com. 2012. 601, obs. Legeais ; RJDA 2012, no 891.*

L'établissement public communal qui émet un titre exécutoire pour le recouvrement d'une créance soumise aux dispositions de la L. no 78-22 du 10 janv. 1978 [C. consom., art. L. 311-1 s.] n'est pas tenu d'engager une action devant le tribunal d'instance dans le délai de deux ans institué par l'art. 27 de cette loi [C. consom., art. L. 311-52]. • Cass., avis, 14 juin 1993 : *Bull. civ. no 6.* ♦ Toutefois, l'établissement public demeure tenu, en raison du caractère d'ordre public de l'art. L. 311-37 [désormais art. L. 311-52], d'émettre son titre dans le délai de deux ans prescrit par ce texte, à peine de forclusion. • Civ. 1re, 13 mars 1996 : *Bull. civ. I, no 135 ; D. 1996. IR 124 ; D. Affaires 1996. 513* • 10 avr. 1996 : *Defrénois 1996. 1032, obs. Aubert.* ♦ ... Mais les poursuites faites contre l'un des débiteurs solidaires, fût-ce sur le fondement d'un titre distinct, interrompent la prescription à l'égard de tous. • Civ. 2e, 24 juin 2004 : *Bull. civ. II, no 324 ; JCP E 2004, no 37, p. 1368.* ♦ V. aussi, s'agissant d'une action contre la caution solidaire d'un crédit à la consommation, considérant que si l'établissement public doit émettre son titre exécutoire tous les deux ans, il n'est pas tenu de le notifier dans ce même délai, • Civ. 1re, 23 mars 1999 : *Bull. civ. I, no 107 ; D. 1999. IR 113 ; D. Affaires 1999. 864, obs. C. R.* • 4 déc. 2001 : *Bull. civ. I, no 308.* ♦ Mais tout titre exécutoire émis par une personne morale de droit public (en l'occurrence un crédit municipal) ne peut donner lieu à mesure d'exécution forcée s'il n'a été notifié au débiteur. • Civ. 1re, 18 mars 2003 : *Bull. civ. I, no 82 ; D. 2003. IR 1010 ; JCP E 2003, no 21-22, p. 881 ; AJDA 2003. 640.* – V. CGCT, art. R. 2342-4. – **CGCT.**

12. Fraude. Des organismes de crédit ayant monté une opération illégale et commis une fraude, ne peuvent se prévaloir du délai de forclusion de deux ans. • Civ. 1re, 3 nov. 1993 : *Bull. civ. I, no 312.* – V. aussi • TI Périgueux, 9 févr. 1996 : *CCC 1996, no 48, note Raymond.*

B. NATURE DU DÉLAI

1o CARACTÈRE PRÉFIX DU DÉLAI

13. Affirmation législative. **BIBL.** Trescases, *LPA 30 janv. 2008* (les délais préfix). ♦ La loi du 23 juin 1989, d'où résulte le caractère préfix du délai, s'applique immédiatement même aux contrats conclus avant son entrée en vigueur sans poser la condition que l'incident qui a donné naissance à l'action lui soit postérieur. • Civ. 1re, 3 févr. 1993 : *Bull. civ. I, no 63 ; D. 1993. IR 60.* – Dans le même sens : • Civ. 1re, 17 juill. 1996 : *Bull. civ. I, no 330 ; Defrénois 1997. 347, obs. Aubert ; CCC 1996, no 159, note Raymond.* ♦ V., décidant déjà que la loi nouvelle a un caractère interprétatif, • Civ. 1re, 10 déc. 1991 : *Bull. civ. I, no 348* • 22 avr. 1992 : *ibid., nos 130 à 133 ; D. 1993. 77, note Sultana.* ♦ V. aussi note 5 ss. art. L. 311-2 C. consom. ♦ Les modifications apportées à l'art. 27 de la loi du 10 janv. 1978 [C. consom., art. L. 311-52] par la loi du 23 juin 1989, soumettant à la forclusion biennale les actions nées de conventions conclues antérieurement au 1er juill. 1989, n'ont pas eu pour effet d'y soumettre les contrats conclus avant le 1er juill. 1978, date d'entrée en vigueur de la loi de 1978. • Civ. 1re, 18 déc. 2001 : *Bull. civ. I, no 322.*

V. toutefois • Civ. 1re, 9 juill. 2009 : *cité note 17.*

2o CONSÉQUENCES DU CARACTÈRE PRÉFIX

14. Interruption et suspension. Le délai biennal n'est susceptible ni d'interruption, ni de suspension. • Civ. 1re, 20 janv. 1993 : *Bull. civ. I, n° 28.* ♦ … Et une assignation en référé est sans incidence à cet égard. • Civ. 1re, 23 juin 1993 : *Bull. civ. I, n° 230 ; RJDA 1993, n° 934.* – Sur le référé-provision, V. note 18. ♦ S'agissant d'un délai de forclusion, la reconnaissance de dette pouvant être déduite de la reprise des paiements par voie de prélèvements automatiques effectués sur le compte de l'emprunteur demeure sans effet sur le cours du délai. • Civ. 1re, 17 juill. 1996 : *Bull. civ. I, n° 329.* ♦ S'agissant d'un délai de forclusion, la règle selon laquelle l'exception survit à l'action ne lui est pas applicable. • Cass., avis, 9 oct. 1992 : *Bull. civ., n° 4 ; D. 1992. IR 268 ; JCP E 1993. I. 207, note D. Martin* • Civ. 1re, 30 oct. 1995 : *CCC 1995, n° 209, obs. Raymond.* ♦ V. désormais : • Civ. 1re, 9 juill. 2009 : *cité note 17.*

15. Incidence à l'égard de la caution. La caution solidaire étant privée du bénéfice de discussion ne peut invoquer la forclusion de l'action à l'encontre du débiteur. • Civ. 1re, 8 oct. 1996 : *Bull. civ. I, n° 340 ; D. 1997. Somm. 163, obs. Aynès ; Rev. dr. bancaire 1996. 239, obs. Contamine-Raynaud ; CCC 1996, n° 206, note Raymond.* ♦ La déclaration de créance par la caution à la commission de surendettement saisie par le débiteur principal est inopérante, au regard du calcul du délai de forclusion dans la mesure où la procédure devant la commission n'a pas pour finalité de délivrer un titre exécutoire. • Versailles, 15 janv. 1999 : *JCP 1999. IV. 1957.*

16. Extinction du droit d'agir mais pas de la créance. La forclusion n'a pas pour effet d'éteindre la créance qui peut toujours être légitimement honorée par le débiteur. • Rouen, 22 janv. 1997 : *JCP 1997. IV. 1802.* ♦ Toutefois, le créancier ne peut opposer à son débiteur un deuxième contrat de prêt qu'il lui a fait souscrire de mauvaise foi comme une simple modalité d'exécution du premier prêt dans le but manifeste de tourner les dispositions de la loi en effaçant artificiellement, par une réitération des conventions d'origine, la date initiale des impayés non régularisés, point de départ du délai de forclusion. • Même arrêt.

17. Assignation devant une juridiction incompétente. La forclusion n'est pas acquise lorsque la juridiction compétente est saisie avant l'expiration du délai de deux ans par la décision lui renvoyant la connaissance de l'affaire, prononcée par le tribunal incompétent devant lequel le créancier avait initialement porté son action. • Civ. 1re, 18 janv. 2005 : *Bull. civ. I, n° 30 ; RTD com. 2005. 585, obs. Bouloc ; JCP E 2005, n° 8, p. 303.* ♦ Comp., jugeant que la saisine d'un juge, fût-il incompétent, interrompt le délai de forclusion : • Cass., ch. mixte, 24 nov. 2006 : *Bull. civ. n° 11 ; BICC 15 févr. 2007, p. 17, rapp. Rouzet, avis Cuinat ; D. 2007. 1112, note Wintgen ; D. 2006. AJ 3012, obs. Avena-Robardet ; RTD civ. 2007. 169, obs. Théry ; ibid. 175, obs. Perrot ; JCP 2007. II. 10058, note Pétel-Teyssié ; BRDA 2006, n° 24, p. 11 ; Dr. et patr. févr. 2007. 112, obs. Amrani-Mekki ; Dr. et proc. 2007. 156, note Putman.* ♦ Dans le même sens, jugeant que l'art. 2246 C. civ., aux termes duquel la citation en justice donnée même devant un juge incompétent interrompt la prescription, s'applique à tous les délais pour agir et à tous les cas d'incompétence. • Civ. 1re, 9 juill. 2009 : *Bull. civ. I, n° 174 ; D. 2009. AJ 1962, obs. Delpech ; RTD com. 2010. 413, obs. Bouloc ; Gaz. Pal. 2009. 3224, obs. Bury ; RJDA 2010, n° 70* • 9 juill. 2009 : *CCC 2009, n° 278, obs. Raymond ; RD banc. fin. 2010, n° 48, obs. Mathey.*

18. Référé-provision. L'assignation en référé-provision délivrée devant le tribunal d'instance satisfait à l'exigence de l'art. L. 311-37, al. 1er [désormais art. L. 311-52, al. 1er], selon laquelle les actions engagées devant ce tribunal, qui connaît des litiges en matière de crédit à la consommation, doivent être formées dans le délai de deux ans qui leur a donné naissance sous peine de forclusion. • Civ. 1re, 1er juin 1999 : *Bull. civ. I, n° 185 ; D. 1999. IR 170 ; D. Affaires 1999. 1105, obs. V. A.-R. ; RTD com. 2000. 162, obs. Bouloc ; CCC 1999, n° 164, obs. Raymond.*

19. Injonction de payer. BIBL. Bazin et Roussel, *Gaz. Pal. 1995. 2. Doctr. 956.* – Bazin, *Rev. huiss. 1997. 1393.* ♦ Au sens de l'art. 27 de la L. n° 78-22 du 10 janv. 1978 [C. consom., art. L. 311-37], l'action ne pouvant être tenue pour engagée devant le tribunal d'instance par la présentation d'une requête en injonction de payer, un créancier doit être déclaré forclos dès lors que plus de deux ans se sont écoulés entre la première échéance impayée et non régularisée et la signification de l'ordonnance d'injonction de payer. • Civ. 1re, 3 oct. 1995 : *Bull. civ. I, n° 343 ; D. 1995. IR 225 ; D. Affaires 1995. 82 ; Rev. dr. bancaire 1995. 215, obs. Crédot et Gérard.* ♦ L'action en paiement ne peut être tenue pour engagée au sens de l'art. L. 311-37 [désormais art. L. 311-52] par la présentation d'une requête en injonction de payer mais seulement par la signification au débiteur de l'ordonnance lui enjoignant de payer. • Civ. 1re, 13 févr. 2007 : *CCC 2007, n° 138, obs. Raymond.* ♦ Le délai de forclusion ne peut être interrompu par la signification de l'ordonnance d'injonction de payer rendue par une juridiction incompétente (tribunal de commerce). • Civ. 1re, 22 oct. 1996 : *Bull. civ. I, n° 363 ; CCC 1997, n° 14, obs. Raymond.*

20. Conclusions reconventionnelles. En matière de procédure orale, des conclusions reconventionnelles déposées à une audience par une partie présente ou représentée interrompent, à leur date, la prescription, dès lors que cette partie ou son représentant a comparu et les a reprises oralement lors de l'audience de plaidoirie ultérieure, peu important que la partie adverse n'ait pas elle-même comparu lors de l'audience à laquelle elles ont été déposées. • Civ. 1re, 13 nov. 2008 : *D. 2008. AJ 3007, obs. Avena-Robardet ; JCP 2008. IV. 2980.* ♦ *Contra*, jugeant que si le délai de forclusion prévu par l'art. L. 311-37 [désormais art. L. 311-52] peut être interrompu par une demande reconventionnelle, les conclusions pour avoir cet effet, doivent acquérir date certaine et à cette fin doivent être signifiées ou présentées à l'audience avant l'expiration du délai de deux ans. • Civ. 1re, 22 mai 2001 : *Bull. civ. I, n° 147 ; Procédures 2001, n° 194, obs. Croze.*

21. Procès-verbal de recherches. L'établissement d'un procès-verbal de recherches ayant ultérieurement révélé le nouveau domicile du débiteur ne peut être assimilé à celui dressé en application de l'art. 659 NCPC [renommé C. pr. civ.] (personne sans domicile connu) équivalent à une signification permettant la saisine du tribunal. • Dijon, 30 juin 1995 : *JCP 1996. IV. 177.*

22. Jugement non avenu. S'agissant d'une action engagée dans le délai légal, qui a donné lieu à un premier jugement de condamnation considéré comme non avenu en application de l'art. 478 NCPC [renommé C. pr. civ.], à défaut d'avoir été signifié dans les six mois de sa date, dès lors que la procédure a été reprise, par réitération de l'assignation primitive délivrée dans le délai imparti, l'action est recevable. • Dijon, 3 juin 1993 : *Gaz. Pal. 1994. 2. Somm. 738.*

23. Effet suspensif de l'appel. L'action d'un prêteur ne peut être déclarée éteinte au motif que le rejet de la demande en paiement a mis fin à la suspension du délai de forclusion opérant durant l'instance, alors que, l'action ayant été engagée en temps utile, le litige se poursuit entre les parties tant que le jugement n'a pas été signifié, en raison de l'effet suspensif du délai d'appel et de l'appel. • Civ. 1re, 3 oct. 1995 : *Bull. civ. I, n° 342 ; D. 1995. IR 234 ; D. Affaires 1995, p. 106.*

24. Admission de créance par le juge-commissaire. En ce sens que le créancier ne peut être irrecevable en sa demande, au motif de l'expiration du délai de deux ans, dès lors que la créance avait été admise, par une décision irrévocable du juge-commissaire de la procédure collective du débiteur, ayant autorité de la chose jugée, V. • Com. 20 juin 1995 : *Rev. huiss. 1996. 321, note Vidal.*

25. Procédure devant la commission de surendettement. Il résulte de la combinaison des art. L. 331-7, dern. al., et L. 311-37, al. 1er [désormais art. L. 311-52, al. 1er], que la demande du débiteur adressée à la commission de surendettement de recommander des mesures de redressement, après échec de la tentative de conciliation, interrompt le délai de forclusion prévu au second de ces textes. • Civ. 1re, 19 mai 1999 : *Bull. civ. I, n° 169 ; D. 1999. IR 156 ; D. Affaires 1999. 1150, obs. C. R. ; CCC 1999, n° 170, obs. Raymond ; RTD com. 1999. 991, obs. Paisant.* – Comp., considérant que la saisine de la commission n'a aucune incidence sur le délai de forclusion : • Besançon, 25 oct. 2000 : *CCC 2001, n° 64, obs. Raymond.*

26. Déclaration de créance au redressement judiciaire civil. La saisine du tribunal d'instance par le débiteur en vue de bénéficier d'une mesure de redressement judiciaire civil interrompt le délai de forclusion. • Civ. 1re, 5 déc. 2000 : *Bull. civ. I, n° 316 ; CCC 2001, n° 64, obs. Raymond ; RTD com. 2001. 497, obs. Bouloc.* ♦ L'effet interruptif des délais pour agir résultant, en matière de redressement judiciaire civil, de la déclaration par un créancier du montant des sommes qui lui sont dues, laquelle équivaut à une demande en paiement, subsiste après le jugement tant que celui-ci n'est pas devenu irrévocable. Il s'ensuit que, dès lors que la demande était recevable devant le premier juge, elle ne peut être déclarée irrecevable en appel au motif de l'expiration du délai de deux ans. • Civ. 1re, 28 nov. 1995 : *Bull. civ. I, n° 440 ; D. 1996. IR 8 ; D. Affaires 1996. 73 ; CCC 1996, n° 31, note Raymond.* ♦ L'effet interruptif se prolonge jusqu'à ce qu'une décision irrévocable ait statué sur la vérification des créances. • Civ. 1re, 23 mars 1999 : *Bull. civ. I, n° 109 ; D. Affaires 1999. 865 ; Gaz. Pal. 9-11 mai 1999, p. 18.* ♦ Une cour d'appel qui, ayant relevé que la débitrice ne démontrait pas que le dernier incident de paiement non régularisé se serait produit plus de deux ans avant la déclaration de créance de l'établissement de crédit, en a exactement déduit, sans inverser la charge de la preuve, que la créance n'était pas éteinte. • Civ. 2e, 11 mai 2006 : *Bull. civ. II, n° 129 ; D. 2006. AJ 1598, obs. Rondey.*

C. POINT DE DÉPART DU DÉLAI

1° ACTION CONTRE LE DÉBITEUR PRINCIPAL

27. Premier incident de paiement non régularisé. Le délai de forclusion court à compter du premier incident de paiement non régularisé. • Civ. 1re, 22 avr. 1992 : *préc. note 13*

• 25 oct. 1994 : *Bull. civ. I, n° 307 ; D. 1994. IR 259* • 15 févr. 2000 : *JCP E 2000, n° 6, p. 14.*

28. Prélèvements périodiques. Dès lors qu'une échéance n'est pas honorée mais que les prélèvements périodiques continuent d'être opérés, le délai de forclusion ne commence à courir qu'à compter de l'arrêt définitif desdits prélèvements. • Civ. 1re, 5 oct. 1999 : *CCC 1999, n° 183, obs. Raymond.* ♦ S'agissant d'une ouverture de crédit utilisable par fractions et remboursable par prélèvements mensuels, la date du premier incident de paiement non régularisé doit être fixée au jour de la tentative infructueuse de prélèvement sur le compte du débiteur à la date où celui-ci est opéré. • Versailles, 2 mars 2001 : *Gaz. Pal. 30-31 janv. 2002, p. 9.* ♦ Compte tenu de la règle d'imputation des paiements énoncée par l'art. 1256 C. civ., cette date peut être fixée à celle de la plus ancienne mensualité demeurant impayée. • Civ. 1re, 17 mars 1993 : *Bull. civ. I, n° 117 ; D. 1993. IR 98.* ♦ Ayant constaté que les sommes versées postérieurement au 6 févr. 1993 avaient été affectées, par les parties, au règlement des intérêts de retard et des mensualités échues de mars à sept. 1993, sans que la mensualité de février soit régularisée, une cour d'appel peut décider que l'action, introduite par acte du 3 mai 1995, était irrecevable comme forclose. • Civ. 1re, 29 oct. 2002 : *JCP E 2002, n° 51-52, p. 2034.* ♦ Comp., appliquant l'art. 1254 C. civ. (selon lequel le débiteur d'une dette qui porte intérêt ne peut pas, sans le consentement du créancier, imputer le paiement qu'il fait sur le capital par préférence aux intérêts et le paiement fait sur le capital et les intérêts, qui n'est pas intégral, s'impute d'abord sur les intérêts) : • Civ. 1re, 10 déc. 1996 : *Bull. civ. I, n° 446 ; D. 1997. Somm. 178, obs. Aynès.* – V. aussi • Bordeaux, 22 avr. 1997 : *BICC 1997, n° 1195 ; JCP E 1997. Pan. 1184.* ♦ Sur les prélèvements en compte courant, V. note 32.

29. Régularisation. La sanction prévue par l'art. L. 311-30 [désormais art. L. 311-24] étant facultative pour le prêteur et ne se produisant que si celui-ci décide de s'en prévaloir, sont dépourvues de toute valeur les stipulations de l'offre de crédit aux termes desquelles le contrat est résilié de plein droit et sans aucune formalité à l'échéance impayée, ce dont il résulte que les règlements faits par le débiteur après cette échéance impayée permettent une régularisation reportant le premier incident de paiement non régularisé. • Civ. 1re, 7 juill. 1998 : *Bull. civ. I, n° 241 ; D. Affaires 1998. 1527, obs. V. A.-R. ; RJDA 1998, n° 1147.*

30. Déchéance du terme. La régularisation ne joue pas lorsque le prêteur s'est, conformément aux stipulations contractuelles, prévalu de la déchéance du terme avant les paiements effectués par l'emprunteur, parce que la totalité des sommes dues est devenue immédiatement exigible. • Civ. 1re, 7 févr. 1995 : *Bull. civ. I, n° 77 ; D. 1995. IR 62* • 4 févr. 2003 : *Bull. civ. I, n° 42 ; JCP E 2003, n° 13, p. 539 ; Defrénois 2003. 862, obs. Aubert ; RJDA 2003, n° 629.* ♦ Un prêteur qui s'est prévalu de la déchéance du terme rendant ainsi exigible l'intégralité de sa créance n'est plus fondé à invoquer un rééchelonnement du prêt pour échapper à la forclusion édictée par l'art. L. 311-37 [désormais art. L. 311-52]. • Civ. 1re, 26 janv. 1999 : *Bull. civ. I, n° 31 ; D. 1999. IR 53 ; D. Affaires 1999. 510, obs. C. R.* ♦ Le prêteur ne peut se prévaloir utilement d'exigibilités successives dès lors qu'il a lui-même et précédemment invoqué la déchéance du terme, et admettre qu'il puisse agir par une réduction de sa demande à des échéances postérieures conduirait à lui laisser la maîtrise arbitraire du délai de forclusion. • Civ. 1re, 23 juin 1993 : *Bull. civ. I, n° 231.* ♦ Un créancier ne peut modifier à sa guise la date d'exigibilité de sa créance pour échapper au délai de forclusion biennal ; lorsque le débiteur est assigné moins de deux ans après la sommation de payer, mais plus de deux ans après une mise en demeure valant déchéance du terme, la sommation se référant expressément à cette déchéance, c'est à la date de la mise en demeure que se situe le point de départ du délai de forclusion. • Versailles, 25 sept. 1998 : *BICC 1999, n° 486.*

31. Délais de paiement ou rééchelonnement de la dette. Lorsqu'une ordonnance de référé a accordé des délais de paiement à un emprunteur, le point de départ du délai de forclusion est reporté à la date de cessation des effets de l'ordonnance. • Civ. 1re, 4 avr. 1995 : *Bull. civ. I, n° 160 ; D. 1995. IR 136 ; Defrénois 1995. 754, obs. Aubert ; CCC 1995, n° 154, note Raymond.*

32. Prélèvement en compte courant. Il ne peut être fait échec aux règles d'ordre public relatives à la détermination du délai biennal de forclusion propre au crédit à la consommation par l'inscription en compte courant soit de l'échéance d'un prêt, soit, en cas d'octroi d'un découvert, d'une somme dépassant le montant de celui-ci. • Civ. 1re, 22 janv. 2009 : *Bull. civ. I, n° 10 ; D. 2009. Chron. C. cass. 755, obs. Creton ; ibid. AJ 427, obs. Avena-Robardet ; RTD com. 2009. 420, obs. Legeais ; JCP E 2009, n° 24, p. 14, obs. Salgueiro ; JCP 2009. II. 10036, note Monachon Duchêne ; CCC 2009, nos 86 et 115, obs. Raymond ; Gaz. Pal. 2009. 1249, note S. Piedelièvre ; BRDA 2009, n° 5, p. 11 ; Defré-*

nois 2009. 667, obs. Savaux. ♦ Doit être cassé, pour violation de l'art. L. 311-37 [désormais art. L. 311-52], l'arrêt qui, en l'état d'un prêt remboursable par mensualités prélevées sur un compte courant et d'une convention distincte de découvert sur le même compte, rejette la fin de non-recevoir tirée de la forclusion biennale au motif que la convention de compte courant obéissant à des règles particulières de fonctionnement, la dette ne devient exigible qu'à sa clôture, de sorte que le dépassement du découvert autorisé en compte et le prélèvement des échéances sur ce compte, non immédiatement couvert par des remises de fonds, ne peut constituer le point de départ du délai biennal de forclusion. • Même arrêt.

33. Crédit sous forme de découvert en compte. Ce délai court, dans le cas d'un crédit consenti sous forme de découvert en compte, à compter de la date à laquelle le solde débiteur devient exigible. • Cass., avis, 9 oct. 1992 : *Bull. civ., no 1 ; D. 1992. IR 258 ; JCP 1993. II. 22024, note Morgan de Rivery-Guillaud ; JCP E 1993. I. 207, chron. D. Martin* • Civ. 1re, 30 mars 1994 : *Bull. civ. I, no 126 ; JCP 1995. II. 22405, note Gramaize ; D. 1994. IR 101* • 4 juin 1996 : *Bull. civ. I, no 238 ; D. 1996. IR 159 ; D. Affaires 1996. 1000* • 17 mars 1998 : *Bull. civ. I, no 118.* ♦ Lorsque les parties sont convenues du remboursement d'un crédit à la consommation par prélèvements sur un compte bancaire ou postal, ceux-ci opèrent paiement lorsque le compte fonctionne à découvert conformément à une convention distincte, expresse ou tacite, entre le prêteur et l'emprunteur. • Civ. 1re, 30 mars 1994 : *préc.* • 27 janv. 1998 : *CCC 1998, no 63, obs. Raymond* • 9 juin 1998 : *Bull. civ. I, no 206 ; D. 1998. IR 171 ; D. Affaires 1998. 1438, obs. S. P. ; JCP E 1998, no 31, p. 1233, obs. Bouteiller ; RJDA 1998, no 1281.* – Comp. : • Civ. 1re, 7 janv. 1997 : *CCC 1997, no 52, note Raymond.* ♦ Considérant que la date à laquelle le solde débiteur devient exigible est la date de clôture du compte, V. • Versailles, 30 avr. 1998 : *BICC 1998, no 1247* • 22 mai 1998 : *ibid., no 1248* • 6 mars 1998 : *Gaz. Pal. 24-26 oct. 1999, p. 23.*

34. Découvert consenti tacitement. Dans le cas d'un découvert consenti tacitement et par conséquent, dépourvu de terme, le délai de forclusion ne court qu'à compter de la date à laquelle le solde débiteur devient exigible. • Civ. 1re, 23 mai 2000 : *Bull. civ. I, no 156* • 1er oct. 2002 : *ibid., no 222* • 24 févr. 2004 : *Bull. civ. I, no 62 ; D. 2004. AJ 876, obs. Avena-Robardet ; JCP E 2004, no 18, p. 692 ; RTD com. 2004. 357, obs. Legeais ; RJDA 2004, no 1031.* ♦ Le point de départ du délai à l'expiration duquel une action ne peut plus être exercée, se situant à la date d'exigibilité de l'obligation qui lui a donné naissance, dans le cas d'un crédit tacitement consenti sous forme de découvert en compte, le délai de forclusion prévu à l'art. L. 311-37 [désormais art. L. 311-52] court à partir de la date à laquelle le solde débiteur est devenu exigible, un tel crédit ne pouvant prendre fin que par l'effet de la résiliation à l'initiative de l'une ou l'autre des parties. • Civ. 1re, 1er juin 1999 : *Bull. civ. I, no 186 ; RTD com. 2000. 162, obs. Bouloc.* ♦ ... Alors même qu'aucune opération n'avait été enregistrée sur le compte bien avant la résiliation de la convention d'ouverture de crédit. • Civ. 1re, 10 déc. 2002 : *Bull. civ. I, no 305 ; JCP 2003, no 6, p. 248 ; RJDA 2003, no 427.* ♦ L'existence d'une convention tacite de découvert étant incompatible avec la conclusion préalable d'une convention expresse de découvert d'un montant déterminé sur un même compte, le défaut de remboursement au terme convenu manifeste la défaillance de l'emprunteur et constitue le point de départ du délai biennal de forclusion. • Civ. 1re, 21 févr. 2006 : *Bull. civ. I, no 96 ; D. 2006. AJ 981, obs. Rondey ; RTD com. 2006. 461, obs. Legeais ; Dr. et proc. 2006. 178* • 16 oct. 2008 : *JCP E 2009, no 24, p. 15, obs. Salgueiro ; RJDA 2009, no 133.*

35. Dépassement du découvert autorisé. En raison de la conclusion d'une convention de découvert, dont le montant est limité, le dépassement du découvert maximum convenu doit être tenu pour une échéance impayée manifestant la défaillance de l'emprunteur et constitue le point de départ du délai biennal de forclusion. • Civ. 1re, 23 mai 2000 : *Bull. civ. I, no 157 ; D. 2001. 1164, note Flores et Biardeaud ; ibid. 2000. AJ 306, obs. Rondey ; ibid. 2002. Somm. 641, obs. Martin ; JCP 2000. II. 10419, note Clément ; RTD com. 2000. 999, obs. Bouloc.* – Sur cet arrêt, V. également Bonhomme, *LPA 21 juin 2001* (proposition d'analyse de l'effet de règlement des comptes bancaires). – V. aussi l'arrêt statuant sur renvoi : • Amiens, 10 sept. 2001 : *Banque et Droit nov.-déc. 2002. 59, obs. Guillot,* et • Civ. 1re, 4 juin 2002 : *Bull. civ. I, no 160 ; D. 2002. AJ 2120, obs. Rondey ; JCP E 2003, no 31-35, p. 1340, note Vigneau* • 7 déc. 2004 : *Bull. civ. I, nos 304 et 305 ; D. 2005. AJ 141, obs. Avena-Robardet ; D. 2006. Pan. 165, obs. Martin ; JCP E 2005, no 41, p. 1684, note Clément ; CCC 2005, no 54, obs. Raymond ; RJDA 2005, no 615 ; RTD com. 2005. 158, obs. Legeais ; Dr. et proc. 2005. 148, note Salati* (2 arrêts) • 18 janv. 2005 : *Bull. civ. I, no 31 ; RTD com. 2005. 585, obs. Bouloc ; JCP E 2005, no 8, p. 303 ; CCC 2005, no 55, obs. Raymond.*

36. Ouverture de crédit reconstituable.

Conformément à la règle selon laquelle le point de départ d'un délai à l'expiration duquel une action ne peut plus s'exercer se situe à la date de l'exigibilité de l'obligation qui lui a donné naissance, le délai biennal prévu par l'art. L. 311-37 [désormais art. L. 311-52] court, dans le cas d'une ouverture de crédit reconstituable et assortie d'une obligation de remboursement à échéances convenues, à compter de la première échéance impayée non régularisée. • Cass., ass. plén., 6 juin 2003 : *Bull. civ., n° 6 ; D. 2003. 1905, note Lagarde ; ibid. AJ 1692, obs. Avena-Robardet ; RJDA 2003, p. 799, rapp. Gabet ; JCP E 2004, n° 1-2, p. 41, note Fadlallah ; JCP 2003. II. 10137, note François ; Gaz. Pal. 2004. 3178, note Bigot ; CCC 2003, n° 132, obs. Raymond ; RTD com. 2003. 549, obs. Legeais.* – Sur cet arrêt, V. aussi Bigot, *RD banc. fin. 2004. 55.* ♦ Le délai biennal de forclusion court, dans le cas d'une ouverture de crédit, d'un montant déterminé et reconstituable, assortie d'une obligation de remboursement à échéances convenues, à compter du moment où le montant du dépassement maximum convenu n'est pas régularisé, cette situation constituant un incident qui caractérise la défaillance de l'emprunteur. • Civ. 1re, 30 mars 2005 : *Bull. civ. I, n° 159 ; RTD com. 2005. 575, obs. Legeais ; CCC 2005, n° 141, obs. Raymond ; Gaz. Pal. 2005. 2657, concl. Sainte-Rose.* ♦ Lorsque l'ouverture de crédit s'analyse en un prêt d'un montant déterminé qui doit être intégralement remboursé avant que son bénéficiaire puisse en disposer de nouveau, et alors seulement sous forme de crédit reconductible, le délai biennal de forclusion prévu par l'art. L. 311-37 [désormais art. L. 311-52] court à compter de la première échéance impayée non régularisée. • Civ. 1re, 4 oct. 2000 : *Bull. civ. I, n° 236 ; D. 2002. Somm. 641, obs. Martin ; JCP 2001. II. 10492, note Monachon-Duchêne ; Defrénois 2001. 245, obs. Libchaber ; CCC 2001, n° 31, obs. Raymond.*

Le simple rappel du plafond légal n'emportant pas substitution de celui-ci au montant du crédit octroyé, le dépassement de ce montant constitue, à défaut de restauration ultérieure, le point de départ du délai biennal de forclusion. • Civ. 1re, 15 déc. 2011 : *Bull. civ. I, n° 217 ; Dalloz actualité, 6 janv. 2012, obs. Marrocchella ; D. 2012. Actu. 86 ; RTD com. 2012. 172, obs. Legeais ; JCP E 2012, n° 1056 ; CCC 2012, n° 78, obs. Raymond ; LPA 24 févr. 2012, note Legrand ; Gaz. Pal. 2012. 383, obs. Roussille ; RJDA 2012, n° 527 ; Dr. et proc. 2012. 68, note Bazin.* ♦ La seule souscription d'un avenant modifiant le montant du maximum du découvert autorisé et la fraction disponible ne peut emporter renonciation à se prévaloir de la forclusion édictée par les dispositions d'ordre public de l'art. L. 311-37 [désormais art. L. 311-52], auxquelles il ne peut être renoncé que de façon non équivoque pourvu que le délai soit accompli. • Civ. 1re, 15 déc. 2011 : *Bull. civ. I, n° 218 ; eod. loc.*

37. Redressement judiciaire civil. Le jugement d'ouverture du redressement judiciaire civil, d'arrêt des créances et d'établissement du plan de remboursement, rendu par le juge de l'exécution, ne constituant pas un titre exécutoire mais ayant pour effet de reporter le point de départ du délai de forclusion au premier incident de paiement non régularisé survenant après son prononcé, le créancier a intérêt à agir en justice en vue de la délivrance d'un titre exécutoire établissant sa créance telle qu'elle résulte du jugement de redressement. • Versailles, 27 juin 1997 : *BICC 1998, n° 612 ; Gaz. Pal. 1998. 2. Somm. 524.* ♦ Le point de départ du délai de forclusion étant reporté au premier incident non régularisé après l'adoption du plan conventionnel de redressement ou après décision du juge fixant les modalités du plan, dès lors qu'un tel plan a été mis en place par un jugement et qu'un jugement postérieur n'a fait que constater la défaillance des débiteurs survenus antérieurement, le délai de forclusion part du jour du premier incident de paiement non régularisé intervenu après rééchelonnement de la dette, et non au jour du jugement ayant prononcé la caducité du plan. • Versailles, 2 oct. 1998 : *BICC 1999, n° 913.* ♦ V. déjà, jugeant qu'à la suite d'un plan de redressement, le point de départ du délai de forclusion est le dernier incident de paiement non régularisé après le plan, • TI Niort, 3 juin 1998 : *CCC 1998, n° 123, obs. Raymond.*

2° ACTION CONTRE LA CAUTION

38. Défaillance du débiteur principal. L'événement qui donne naissance à l'action du créancier contre la caution est l'impossibilité pour le débiteur principal de remplir ses propres obligations. • Toulouse, 18 oct. 1994 : *BICC 1995, n° 139 ; RJDA 1995, n° 1128.* ♦ Ainsi, lorsque le débiteur a cessé d'honorer ses remboursements lors de sa mise en liquidation judiciaire, l'obligation de la caution naît de la première échéance impayée, et ce indépendamment de la nécessité pour le créancier de déclarer parallèlement sa créance et de la faire admettre par le juge-commissaire. • Même arrêt.

39. Indétermination de la date de défaillance du débiteur. Les documents produits ne permettant pas de déterminer la date de la première échéance impayée non régularisée, point de départ du délai de forclusion, il appartenait aux cautions, qui invoquaient la fin de non-recevoir, de démontrer que, comme elles le soutenaient, la première échéance impayée et non régularisée se situait à la date qu'elles avançaient. • Civ. 1re, 9 déc. 1997 : *D. Affaires 1998. 142, obs. S. P.* ♦ Comp., faisant peser sur le banquier la charge de la preuve de la date : • Rennes, 19 sept. 1997 : *JCP 1998. IV. 2169* • Versailles, 12 nov. 1999 : *BICC 2000, n° 1005.*

40. *Plan judiciaire de redressement.* De même que la caution ne peut se prévaloir à l'encontre du créancier des mesures prises en faveur du débiteur principal par un plan judiciaire de redressement, de même le créancier forclos ne peut invoquer ce plan pour prétendre qu'un nouveau délai de forclusion lui serait ouvert à compter du premier incident affectant l'exécution dudit plan. • Civ. 1re, 18 oct. 2000 : *Bull. civ. I, n° 258 ; D. 2000. AJ 442, obs. Rondey ; RTD com. 2001. 257, obs. Bouloc ; Defrénois 2001. 251, obs. Savaux.*

41. *Disproportion manifeste de la garantie.* Il résulte de la combinaison des art. L. 311-37 [désormais art. L. 311-52] et L. 313-10 que l'événement, qui fait courir le délai avant l'expiration duquel la caution peut opposer au créancier l'impossibilité de se prévaloir de la garantie, à raison de la disproportion manifeste de celle-ci à ses biens et revenus, est la demande d'exécution du cautionnement faite par le créancier. • Civ. 1re, 23 mai 2000 : *Bull. civ. I, n° 155 ; D. 2001. Somm. 698, obs. Aynès ; RTD com. 2000. 998, obs. Bouloc ; RD banc. fin. 2000, n° 150, obs. Legeais.*

D. EXPIRATION DU DÉLAI

42. *Appréciation à la date de l'assignation.* C'est la date de l'assignation elle-même qu'il convient de prendre en considération pour apprécier si l'action a été engagée dans le délai de deux ans (Cass., rép., *BICC 1er nov. 1992, p. 26*). • Paris, 3 févr. 1998 : *Banque et Droit mai-juin 1998. 37, obs. Guillot.* ♦ Dès lors que l'assignation a été délivrée avant l'expiration du délai biennal, l'action ne peut être déclarée forclose au simple motif que la mise au rôle n'a été effectuée qu'après l'expiration de ce délai : V. • Civ. 1re, 20 oct. 1998 : *Bull. civ. I, n° 307 ; JCP E 1998, n° 49, p. 1901 ; RJDA 1998, n° 1404* • 31 mai 2000 : *CCC 2000, n° 132, obs. Raymond ; RD banc. fin. 2000, n° 145, obs. Crédot et Gérard.* ♦ Considérant qu'il appartient aux juges avant de déclarer forclose l'action en remboursement formée par un prêteur, de rechercher si la date du premier incident de paiement non régularisé est antérieure de moins de deux ans à la date de l'acte introductif d'instance, V. • Civ. 1re, 15 févr. 2000 : *JCP E 2000, n° 6, p. 14.* ♦ Considérant que l'action est formée par l'assignation, sans qu'il y ait lieu de distinguer entre la date de délivrance de cet acte et sa date de remise au tribunal, V. • Versailles, 20 nov. 1998 : *BICC 1999, n° 1306.* ♦ V. aussi note 21.

43. *Saisine d'une juridiction incompétente.* Lorsque la juridiction compétente est saisie de la demande en paiement d'un organisme de crédit par le jugement d'un tribunal incompétent qui ordonne le renvoi devant elle, à une date antérieure à l'expiration du délai de 2 ans, l'action est valablement formée. • Civ. 1re, 17 mars 1993 : *Bull. civ. I, n° 118.* ♦ V. aussi • Versailles, 11 déc. 1998 : *BICC 1999, n° 1384.*

44. *Conclusions devant la juridiction compétente.* Une cour d'appel qui, sur une action relative à un crédit à la consommation, constate que le point de départ du délai de forclusion se situe au 15 mars 1991, date de la résiliation des conventions d'ouvertures de compte, et qui relève que la banque a fait signifier devant elle des conclusions le 19 janv. 1993, tendant à voir confirmer le jugement de grande instance qui avait fait droit à ses prétentions, retient à bon droit qu'une telle demande, contenue dans un acte de procédure déposé devant la cour d'appel compétente pour connaître le fond du litige, manifeste la volonté de son auteur de saisir le juge pour qu'il tranche le litige et s'analyse comme une action en justice, de sorte que l'action, engagée devant la juridiction compétente, moins de deux ans après le point de départ du délai de forclusion, est recevable. • Civ. 1re, 10 déc. 1996 : *Bull. civ. I, n° 446 ; D. 1997. IR 16 ; D. Affaires 1997. 244.* – V. aussi • Civ. 1re, 31 mars 1998 : *Bull. civ. I, n° 136 ; D. 1998. IR 118 ; D. Affaires 1998. 840 ; RTD com. 1998. 906, obs. Bouloc.*

E. RÉAMÉNAGEMENT OU RÉÉCHELONNEMENT DU DÉLAI

45. *Pouvoir souverain des juges du fond.* Sur le pouvoir souverain des juges du fond pour apprécier l'existence d'un rééchelonnement, V. • Civ. 1re, 26 janv. 1999 : *préc. note 30.*

46. *Notion de réaménagement.* Le terme de réaménagement, au sens de la loi du 31 déc. 1989 [C. consom., art. L. 331-1 s.], ne peut s'entendre que d'un accord intervenant à la suite de la défaillance d'un débiteur pour régler toutes les conséquences de cette défaillance quant à la poursuite du contrat. Il ne concerne pas des accords intervenus entre un créancier et son débiteur faisant suite à de nouvelles défaillances du débiteur, dès lors que le versement prévu ne peut permettre au débiteur de se libérer, puisque la somme prévue ne représente même pas l'intérêt sur l'arriéré, augmenté chaque mois d'une somme correspondant à la différence entre le montant des échéances initiales et la somme prélevée. • Paris, 27 nov. 1991 : *D. 1992. IR 67.* ♦ Le terme de « réaménagements » s'entend d'un accord, ayant pour but de régler toutes les conséquences de la défaillance du débiteur y compris la déchéance du terme, que la résiliation maintient l'obligation principale de restitution des fonds prêtés sans novation et qu'en cas de surendettement, le non-respect des plans d'apurement fait revivre les effets du contrat d'origine un temps suspendus, V. • Paris, 17 févr. 1998 : *Banque et Droit mai-juin 1998. 38, obs. Guillot.* ♦ Le contrat de prêt qui n'a pas pour effet de modifier un échéancier convenu et ne contient aucune clause emportant expressément limitation du montant du découvert initialement autorisé ne constitue pas un rééchelonnement ou un réaménagement de la dette résultant de ce découvert. • Civ. 1re, 31 mars 2011 : *Bull. civ. I, n° 64 ; D. 2011. Actu. 1070, obs. Avena-Robardet ; RTD com. 2011. 621, obs. Legeais ; Gaz. Pal. 2011. 1763, obs. Roussille ; RJDA 2011, n° 571 ; RD banc. fin. 2011, n° 86, obs. Mathey ; Banque et Droit juill.-août 2011. 9, obs. Malherbe.*

47. Accords constitutifs d'un réaménagement ou rééchelonnement. Peut constituer un accord valant aménagement du paiement de l'intégralité des sommes dues, la télécopie de l'emprunteur acceptant la proposition de remboursement de la banque. • Civ. 1re, 4 juin 1996 : *Bull. civ. I, n° 237 ; D. Affaires 1996. 835 ; Rev. dr. bancaire 1996. 174, obs. Crédot et Gérard.* ♦ Dès lors que le prêteur, qui se prévaut d'un réaménagement, doit justifier de l'envoi de celui-ci au débiteur et rapporter la preuve de l'accord de ce dernier sur les nouvelles modalités de remboursement, le simple envoi d'un courrier électronique est insuffisant. • Versailles, 20 mars 1998 : *D. Affaires 1998. 800, obs. C. R.* ♦ Constitue un réaménagement, l'avenant par lequel un organisme de crédit consent un nouvel échéancier de règlement des échéances impayées. • Versailles, 7 mai 1998 : *BICC 1999, n° 211.* ♦ Pour d'autres exemples de rééchelonnement reportant le point de départ du délai, V. • Civ. 1re, 22 avr. 1992 : *Bull. civ. I, n° 130 ; Gaz. Pal. 1994. 2. 422, note Monachon-Duchêne* • 27 oct. 1993 : *Bull. civ. I, n° 303 ; D. 1994. IR 4.*

48. Accords non constitutifs d'un réaménagement ou rééchelonnement. Une reconnaissance de dette qui ne précise pas le montant de la somme que l'emprunteur s'engage à verser mensuellement jusqu'à parfait paiement et qui se borne à renvoyer sur ce point à la procédure de redressement judiciaire civil alors en cours ne constitue pas un réaménagement ou rééchelonnement du règlement des échéances impayées. • Civ. 1re, 13 nov. 1996 : *RJDA 1997, n° 239.* ♦ Un réaménagement ou un rééchelonnement de dette implique un accord des parties permettant réellement au débiteur de se libérer de la totalité de sa dette en principal, intérêts et frais, selon un plan d'amortissement défini et annexé à l'accord des parties. Tel n'est pas le cas d'un accord passé entre une banque et son client débiteur dont il ressort que les mensualités ne permettent pas à celui-ci, non seulement de se libérer, lesdites mensualités étant inférieures aux intérêts, mais ont, au surplus, pour effet d'augmenter sa dette. • Versailles, 19 déc. 1997 : *Gaz. Pal. 1998. 2. Somm. 523.* ♦ Il ne saurait y avoir réaménagement ou rééchelonnement convenu entre les parties lorsque le nouvel échéancier a été établi unilatéralement par le prêteur, la circonstance que des prélèvements se soient poursuivis au-delà de la date initialement fixée ne signifiant pas que l'emprunteur a clairement exprimé son accord sur le nouvel échéancier. • Versailles, 22 mars 2002 : *RJDA 2003, n° 179.* ♦ Le report d'une mensualité impayée en fin de crédit n'est pas constitutive d'un « réaménagement » au sens de l'art. L. 311-37 [désormais art. L. 311-52] lorsqu'il résulte d'une décision unilatérale du créancier exclusive de l'accord du débiteur. • Versailles, 6 avr. 2004 : *BICC 2005, n° 644.* ♦ En cas de réaménagement ou de rééchelonnement des modalités de règlement des échéances impayées d'un crédit à la consommation consenti à plusieurs emprunteurs, le report du point de départ du délai biennal de forclusion n'est pas opposable à l'emprunteur, fût-il tenu solidairement, qui n'a pas souscrit l'acte de réaménagement ou de rééchelonnement, à moins qu'il n'ait manifesté la volonté d'en bénéficier. • Civ. 1re, 11 févr. 2010 : *Bull civ. I, n° 36 ; D. 2010. Chron. C. cass. 531, obs. Creton ; ibid. 994, note J. François ; ibid. AJ 498, obs. Avena-Robardet ; JCP 2010, n° 475, note Monachon-Duchêne ; CCC 2010, n° 109, obs. Raymond ; RJDA 2010, n° 996 ; Dr. et proc. 2010. 175, obs. Bazin.* ♦ L'établissement d'un plan conventionnel de redressement est dépourvu d'effet novatoire ; il s'ensuit que lorsque le créancier assigne en paiement le débiteur défaillant après mise en demeure emportant caducité du plan et exigibilité de la créance, il n'a pas à justifier du bien-fondé de sa créance par la production d'un historique du compte depuis l'origine mais seulement de celui résultant du plan conventionnel de redressement qui constitue le point de référence à partir duquel peut être caractérisé le premier incident de paiement non régularisé constitutif du point de départ du délai de forclusion biennal. • Versailles, 19 avr. 2005 : *BICC 2006, n° 1044.* ♦ Sachant que le plan de traitement des situations de surendettement ne produit pas d'effet novatoire et que l'on ne peut renoncer à la forclusion acquise, il en résulte que l'adoption du plan conventionnel de redressement ne peut avoir pour effet de rendre recevable une demande formée plus de deux années après le premier incident de paiement. • Douai, 30 mars 2006 : *JCP 2006. IV. 2876.* ♦ *Contra*, jugeant que l'adoption d'un plan de redressement fait courir un nouveau délai pour agir, quand bien même le délai initial aurait expiré avant l'adoption du plan par suite de l'inaction du créancier : • Paris, 13 nov. 2008 : *JCP E 2009, n° 20-21, p. 12, obs. Raymond ; CCC 2009, n° 152, obs. Raymond.* ♦ Le règlement intégral d'un solde débiteur par l'emprunteur à un moment donné du prêt, qui ne constitue ni un réaménagement, ni un rééchelonnement de ce prêt, ne peut permettre à un débiteur de se prévaloir d'incidents antérieurs de paiement, l'art. 27de la L. n° 78-22 du 10 janv. 1978 [C. consom., art. L. 311-52] ne pouvant dans ce cas être invoqué par celui-ci dès lors que l'événement qui a donné naissance à l'action est différé du fait de la suppression du solde débiteur. • Paris, 5 févr. 1992 : *D. 1992. IR 132.* ♦ Il n'en serait autrement que si le compte était resté en permanence débiteur depuis la date de la première défaillance, auquel cas le créancier ne pourrait que s'en prendre à sa propre négligence s'il n'a pas intenté son action dans le délai de deux ans à compter de la première défaillance. • Même arrêt.

CHAPITRE II *Crédit immobilier*

Art. L. 312-1 à L. 312-36 *V. C. civ. et* **C. consom.**

CHAPITRE III *Dispositions communes aux chapitres Ier et II*

SECTION I *Le taux d'intérêt*

Art. L. 313-1 à L. 313-6 *V. v° Prêts d'argent.*

SECTION II *Les sûretés personnelles*

Art. L. 313-7 à L. 313-10-1 *V.* **C. civ.** *ou* **C. consom.**

SECTION III *Rémunération du vendeur*

Art. L. 313-11 **Tout vendeur,** *(L. n° 2010-737 du 1er juill. 2010, art. 6-III, en vigueur le 1er mai 2011)* **« personne physique, » salarié ou non d'un organisme bancaire ou de crédit, ne peut, en aucun cas, être rémunéré en fonction du taux du crédit** *(L. n° 2010-737 du 1er juill. 2010, art. 6-III, en vigueur le 1er mai 2011)* **« ou du type de crédit » qu'il a fait contracter à l'acheteur d'un bien mobilier ou immobilier.** — *[L. n° 78-22 du 10 janv. 1978, art. 22-1.] — Les sanctions pénales en cas d'infraction à l'art. L. 313-11, visant celui qui rémunère ou fait rémunérer le vendeur ainsi que le vendeur rémunéré, sont la peine d'amende prévue pour les contraventions de la 5e classe et, en cas de récidive, la peine d'amende prévue pour la récidive des contraventions de la 5e classe (C. consom., art. R. 313-10).*

Les dispositions issues de la L. n° 2010-737 du 1er juill. 2010 s'appliquent aux contrats dont l'offre a été émise après la date d'entrée en vigueur (L. préc., art. 61-I).

SECTION IV *Délais de grâce*

Art. L. 313-12 **L'exécution des obligations du débiteur peut être, notamment en cas de licenciement, suspendue par ordonnance du juge d'instance dans les conditions prévues aux articles 1244-1 à 1244-3 du code civil. L'ordonnance peut décider que, durant le délai de grâce, les sommes dues ne produiront point intérêt.**

En outre, le juge peut déterminer dans son ordonnance les modalités de paiement des sommes qui seront exigibles au terme du délai de suspension, sans que le dernier versement puisse excéder de plus de deux ans le terme initialement prévu pour le remboursement du prêt ; il peut cependant surseoir à statuer sur ces modalités jusqu'au terme du délai de suspension. — *[L. n° 78-22 du 10 janv. 1978, art. 8.]*

1. Champ d'application. Les dispositions de l'art. L. 313-12 ne sont applicables qu'en matière de crédit à la consommation et de crédit immobilier, et non au débiteur des ASSEDIC dans le cadre d'une restitution d'indemnités de chômage. • Soc. 27 févr. 2002 : *Gaz. Pal. 19-20 juill. 2002. Pan. 21.*

2. Ordre public. Fait une exacte application de l'art. L. 313-12, al. 2, le juge qui ordonne au profit d'un débiteur la suspension pendant deux ans du remboursement des échéances, l'amortissement des sommes restant dues avant le terme initialement prévu, nonobstant la déchéance du terme dont les effets se trouvent par là même suspendus. • Civ. 1re, 7 janv. 1997 : *Bull. civ. I, n° 9 ; CCC 1997, n° 53, obs. Raymond.* ♦ Sur l'inefficacité d'une clause du prêt stipulant l'exigibilité immédiate des sommes restant dues en cas de défaillance de l'emprunteur, V., à propos d'un crédit immobilier, • Civ. 1re, 24 févr. 1987 : *Bull. civ. I, n° 71.*

SECTION V *Lettres de change et billets à ordre*

Art. L. 313-13 Les dispositions de l'article 114 du code de commerce *[C. com., art. L. 511-5]* **sont applicables aux lettres de change et billets à ordre souscrits ou avalisés par les emprunteurs même majeurs à l'occasion des opérations de crédit régies par le présent titre à l'exception des sections 2, 4, 6 et 7 du chapitre II et des sections 1, 3 et 4 à 8 du présent chapitre.** — *[L. n° 78-22 du 10 janv. 1978, art. 17.] — Sur les sanctions pénales, V. art. L. 311-35 C. consom.*

Champ d'application. Il résulte de l'art. L. 313-13 C. consom. que la nullité prévue par l'art. L. 511-5 C. com. applicable aux lettres de change et billets à ordre souscrits ou avalisés par les emprunteurs à l'occasion des opérations de crédit régies par le titre I du livre III du code de la consommation n'est pas applicable aux effets souscrits ou avalisés à l'occasion du contrat principal financé par un crédit soumis au chapitre II de ce titre. • Civ. 1re, 4 févr. 2003 : *D. 2004. Somm. 2038, obs. Boujeka ; RJDA 2003, n° 1115.* ♦ Par suite, ayant relevé qu'une banque avait demandé, en sa qualité de tiers porteur, le paiement de traites émises pour le remboursement de travaux escompté par elle et non pas pour le remboursement des prêts consentis, une cour d'appel a légalement justifié sa décision de rejeter la demande en nullité de ces lettres formée par le client. • Même arrêt. ♦ Pour une lettre de change souscrite à l'occasion d'une opération de construction et non d'une opération de crédit, V. • Com. 23 juin 2004 : *RJDA 2005, n° 71.*

Pour l'application de l'art. L. 313-13, il importe peu que la souscription d'une lettre de change par un consommateur en remboursement de l'intégralité ou du solde de l'opération de crédit soit contemporaine ou non de l'ouverture de crédit ou du prêt consentis. • Civ. 1re, 30 sept. 1997 : *Bull. civ. I, n° 260 ; D. 1997. IR 215 ; D. Affaires 1997. 1214 ; JCP E 1997. Pan. 1183, obs. Bouteiller ; CCC 1997, n° 182, obs. Raymond ; RTD com. 1998. 181, obs. Cabrillac ; Rev. dr. bancaire 1998. 61, obs. Crédot et Gérard.* ♦ La nullité de cette lettre de change prive, en vertu de l'art. L. 311-37, le tribunal de commerce de toute compétence. • Même arrêt.

SECTION VI *Crédit garanti par une hypothèque rechargeable*

Art. L. 313-14 à L. 313-14-2 *V.* ***C. civ.*** *ou* ***C. consom.***

SECTION VII *Regroupement de crédits*

(L. n° 2010-737 du 1er juill. 2010, art. 22-II)

Art. L. 313-15 *V.* ***C. consom.***

VI Distance (ventes à)

Code de la consommation

Ventes à distance

BIBL. ▸ Paisant, *JCP 1988. I. 3350.* – Van Goethem-Devoluet, *LPA 15 août 1994* (télépaiement) ; *Gaz. Pal. 1993. 1. 173* (numéro spécial : vente par correspondance et à distance). – Espagnon, *JCP 1999. I. 131* (paiement d'une somme d'argent sur internet) ; *RD bancaire et bourse 1999. 7* (ordre de paiement sur internet). – Bouilhol, *Banque et Droit juill.-août 1998. 16* (aspects juridiques du commerce électronique). – Misse, *Gaz. Pal. 18-20 avr. 1999, p. 32* (Internet, un espace commercial). – Caparros et Lolivier, *ibid. 17-18 nov. 1999, p. 4* (pays d'origine et commerce électronique). – Schwerer, *CCC 2000. Chron. 16* (réflexions sur la preuve et la signature dans le commerce électronique). – Passa, *D. 2002. 555* (commerce électronique et protection du consommateur). – Vivant, *D. 2003. 674* (le commerce électronique, défi pour le juge). – Rondeau, *Gaz. Pal. 2003. 1. Doctr. 901* (impact de « l'erreur » dans les contrats de vente passés sur Internet). – Sauphanor-Brouillaud et Cermolacce, *CCE 2003. Chron. 6* (image électronique et consommateur). – Grynbaum, *D. 2003. 1706* (contrats entre absents). – Penneau, *LPA 13 mai 2004* (contrat électronique et protection du cybercontractant). – Grimaux, *CCE 2004. Chron. 10* (détermination de la date de conclusion du contrat par voie électronique). – Bazin-Beust, *LPA 22 juin 2010* (protection du consommateur à distance : mouvements de flux et de reflux ?).

▸ Sur la loi pour la confiance dans l'économie numérique : Verbiest, *CCE 2003. Chron. 4.* – Grynbaum, *D. 2003. 746* . – Verbiest et Wéry, *D. 2004. 2981* (commerce électronique par téléphonie mobile : m-commerce). – V. aussi bibl. ss. L. n° 2004-575 du 21 juin 2004, v^is *Commerce (organisation)* et *Publicité commerciale.*

▸ Sur le projet de loi « consommation » : Legrand, *LPA 4 juin 2013* (contrats conclus à distance et hors établissement).

Contrats ne portant pas sur des services financiers

Art. L. 121-16 *(Ord. n° 2001-741 du 23 août 2001)* **Les dispositions de la présente** *(L. n° 2006-387 du 31 mars 2006, art. 25-III)* **« sous-section » s'appliquent à toute vente d'un bien ou toute fourniture d'une prestation de service conclue, sans la présence physique simultanée des parties, entre un consommateur et un professionnel qui, pour la conclusion de ce contrat, utilisent exclusivement une ou plusieurs techniques de communication à distance.** *(L. n° 2006-387 du 31 mars 2006, art. 25-IV)* **« Toutefois, elles ne s'appliquent pas aux contrats portant sur des services financiers. »**

Sur le stockage et l'utilisation du numéro de carte bancaire dans le secteur de la vente à distance, V. Délibération CNIL n° 2003-034 du 19 juin 2003 (JO 7 août).

1. *Prestation de service.* Pour une application, par le détour de l'art. L. 121-27 C. consom., de l'art. 121-16 C. consom. à la fourniture à distance d'une prestation de service alors que sa rédaction antérieure à l'Ord. du 23 août 2001 ne visait que la vente à distance de produit, V. • Civ. 1re, 29 oct. 2002 : *Bull. civ. I, n° 256 ; CCC 2003, n° 18, obs. Raymond ; RTD com. 2003. 356, obs. Bouloc ; Dr. et patr. févr. 2003, p. 108, obs. Chauvel ; RJDA 2003, n° 329.*

2. *Initiative.* L'art. L. 121-16 ne réserve pas la qualification de contrat à distance au cas où l'initiative des contacts entre le consommateur et le professionnel revient au seul professionnel. • Rouen, 19 mai 2005 : *CCC 2005, n° 176, obs. Raymond.*

3. *Communication à distance.* Il suffit que soit mise en œuvre une technique de commercialisation à distance entre un professionnel et un consommateur ; tel est le cas lorsque le téléphone puis la voie postale a été utilisé, les parties n'ayant jamais été mises physiquement en présence l'une de l'autre. • Rouen, 19 mai 2005 : *préc. note 2.*

4. *Vente entre particuliers.* La transaction litigieuse ayant été réalisée de particulier à particulier, l'acquéreur ne peut bénéficier du droit de rétractation prévu à l'art. L. 121-20 C.

consom., l'art. L. 121-16 prévoyant expressément que cette prérogative de rétractation ne trouve à s'appliquer que lorsque le contrat de vente à distance a été conclu par un consommateur avec un vendeur professionnel. • TI Dieppe, J. prox., 7 févr. 2011 : *CCE 2011, n° 37, obs. Debet.*

Art. L. 121-17 *(Ord. n° 2001-741 du 23 août 2001 ; L. n° 2006-387 du 31 mars 2006, art. 25-V, en vigueur le 1er déc. 2005)* **Ne sont pas soumis aux dispositions de la présente section les contrats :**

1° Conclus par le moyen de distributeurs automatiques ou pour des prestations fournies dans des locaux commerciaux automatisés ;

2° Conclus avec les opérateurs de télécommunications pour l'utilisation des cabines téléphoniques publiques ;

3° Conclus pour la construction et la vente des biens immobiliers ou portant sur d'autres droits relatifs à des biens immobiliers, à l'exception de la location ;

4° Conclus lors d'une vente aux enchères publiques.

Sur la commercialisation à distance des services financiers auprès des consommateurs, V. C. consom., art. L. 121-20-8 s., et Dir. CE n° 2002-65 du 23 sept. 2002 (JOCE L 271 du 9 oct. 2002 ; D. 2002. 2742 ; BEEI 2002, n° 6, p. 11).

Art. L. 121-18 *(Ord. n° 2001-741 du 23 août 2001)* **Sans préjudice des informations prévues par les articles L. 111-1** *(L. n° 2010-853 du 23 juill. 2010, art. 35-II)* **« , L. 111-2 » et L. 113-3 ainsi que de celles prévues pour l'application de l'article L. 214-1, l'offre de contrat doit comporter les informations suivantes :**

1° Le nom du vendeur du produit ou du prestataire de service, *(L. n° 2008-3 du 3 janv. 2008, art. 29-I, en vigueur le 1er juin 2008)* **« des coordonnées téléphoniques permettant d'entrer effectivement en contact avec lui », son adresse ou, s'il s'agit d'une personne morale, son siège social et, si elle est différente, l'adresse de l'établissement responsable de l'offre ;**

2° Le cas échéant, les frais de livraison ;

3° Les modalités de paiement, de livraison ou d'excution ;

4° *(L. n° 2008-3 du 3 janv. 2008, art. 30, en vigueur le 1er juin 2008)* **« L'existence d'un droit de rétractation et ses limites éventuelles ou, dans le cas où ce droit ne s'applique pas, l'absence d'un droit de rétractation ; »**

5° La durée de la validité de l'offre et du prix de celle-ci ;

6° Le coût de l'utilisation de la technique de communication à distance utilisée lorsqu'il n'est pas calculé par référence au tarif de base ;

7° Le cas échéant, la durée minimale du contrat proposé, lorsqu'il porte sur la fourniture continue ou périodique d'un bien ou d'un service.

Ces informations, dont le caractère commercial doit apparaître sans équivoque, sont communiquées au consommateur de manière claire et compréhensible, par tout moyen adapté à la technique de communication à distance utilisée.

En cas de démarchage par téléphone ou par toute autre technique assimilable, le professionnel doit indiquer explicitement au début de la conversation son identité et le caractère commercial de l'appel.

Art. L. 121-19 *(Ord. n° 2001-741 du 23 août 2001)* **I. — Le consommateur doit recevoir, par écrit ou sur un autre support durable à sa disposition, en temps utile et au plus tard au moment de la livraison :**

1° Confirmation des informations mentionnées aux 1° à 4° de l'article L. 121-18 et de celles qui figurent en outre aux articles L. 111-1 *(L. n° 2010-853 du 23 juill. 2010, art. 35-II)* **« , L. 111-2 » et L. 113-3 ainsi que de celles prévues pour l'application de l'article L. 214-1, à moins que le professionnel n'ait satisfait à cette obligation avant la conclusion du contrat ;**

2° Une information sur les conditions et les modalités d'exercice du droit de rétractation ;

3° L'adresse de l'établissement du fournisseur où le consommateur peut présenter ses réclamations ;

4° Les informations relatives au service après vente et aux garanties commerciales ;

5° Les conditions de résiliation du contrat lorsque celui-ci est d'une durée indéterminée ou supérieure à un an.

II. — Les dispositions du présent article ne sont pas applicables aux services fournis en une seule fois au moyen d'une technique de communication à distance et facturés par l'opérateur de cette technique à l'exception du 3°.

(L. n° 2008-3 du 3 janv. 2008, art. 29-II, en vigueur le 1er juin 2008) « III. — Les moyens de communication permettant au consommateur de suivre l'exécution de sa commande, d'exercer son droit de rétractation ou de faire jouer la garantie ne supportent que des coûts de communication, à l'exclusion de tout coût complémentaire spécifique. »

Art. L. 121-20 *(Ord. n° 2001-741 du 23 août 2001)* Le consommateur dispose d'un délai de sept jours francs pour exercer son droit de rétractation sans avoir à justifier de motifs ni à payer de pénalités, à l'exception, le cas échéant, des frais de retour. *(L. n° 2005-841 du 26 juill. 2005, art. 3)* « Le consommateur peut déroger à ce délai au cas où il ne pourrait se déplacer et où simultanément il aurait besoin de faire appel à une prestation immédiate et nécessaire à ses conditions d'existence. Dans ce cas, il continuerait à exercer son droit de rétractation sans avoir à justifier de motifs ni à payer de pénalités. »

Le délai mentionné à l'alinéa précédent court à compter de la réception pour les biens ou de l'acceptation de l'offre pour les prestations de services.

Lorsque les informations prévues à l'article L. 121-19 n'ont pas été fournies, le délai d'exercice du droit de rétractation est porté à trois mois. Toutefois, lorsque la fourniture de ces informations intervient dans les trois mois à compter de la réception des biens ou de l'acceptation de l'offre, elle fait courir le délai de sept jours mentionné au premier alinéa.

Lorsque le délai de sept jours expire un samedi, un dimanche ou un jour férié ou chômé, il est prorogé jusqu'au premier jour ouvrable suivant.

BIBL. ▶ Detraz, *CCC 2004. Chron. 7* (plaidoyer pour une analyse fonctionnelle du droit de rétractation). – Chabert, *CCE 2006, n° 47* (contrat-type de commerce électronique). – Bazin, *D. 2008. 3028* (le droit de repentir en droit de la consommation).

1. Point de départ. Le point de départ du délai de rétractation de sept jours n'est pas la date de l'offre, mais le jour auquel le destinataire de l'offre exprime de façon non équivoque son acceptation. • TI Vanves, 13 janv. 2004 : *D. 2004. AJ 697*. ♦ Lors de la fourniture d'une prestation de service, le délai de 7 jours commence à courir à compter de la signature du contrat. • Civ. 1re, 29 oct. 2002 : *RTD com. 2003. 356, obs. Bouloc ; CCC 2003, n° 18, obs. Raymond ; Dr. et patr. févr. 2003, p. 108, obs. Chauvel ; BRDA 2002, n° 22, p. 11.*

2. Conséquence de la rétractation. L'exercice par l'acquéreur de son droit de rétractation entraîne l'anéantissement du contrat (à propos de l'art. L. 271-1 CCH). • Civ. 3e, 13 févr. 2008 : *D. 2008. 1530, note Dagorne-Labbe ; ibid. Chron. C. cass. 1230, obs. Nési ; JCP E 2008, n° 37, p. 25, obs. Stoffel-Munck ; CCE 2008, n° 91, obs. Stoffel-Munck.*

2 bis. Frais d'expédition. L'art. 6, § 1, premier alinéa, seconde phrase, et 2, de la Dir. 97/7/CE du 20 mai 1997 [abrogée et remplacée par Dir. 2011/83/UE du 25 oct. 2011 ; V. ce texte au **C. consom.**] doit être interprété en ce sens qu'il s'oppose à une réglementation nationale qui permet au fournisseur, dans un contrat conclu à distance, d'imputer les frais d'expédition des marchandises au consommateur dans le cas où ce dernier exerce son droit de rétractation. • CJUE 15 avr. 2010 : *D. 2010. 2132, note Busseuil ; ibid. Actu. 1140, obs. Avena-Robardet ; D. 2011. Pan. 979, obs. Poillot ; JCP 2010, n° 773, note Paisant ; Gaz. Pal. 2010. 2375, obs. Avignon et Landes-Gronowski ; CCE 2010, n° 125, obs. Stoffel-Munck ; RLDA juin 2010. 42, obs. Anadon ; RDC 2010. 1295, note Aubert de Vincelles ; Europe 2010, n° 217, obs. Idot ; RD transp. 2010, n° 130, obs. Ha Ngoc.*

3. Frais de retour. L'acheteur n'est tenu qu'aux frais de retour, à l'exclusion de toute autre somme (à propos d'une indemnité réclamée au motif que l'art. retourné n'était plus dans son état d'origine). • Civ. 1re, 23 juin 1993 : *Bull. civ. I, n° 232 ; CCC 1993, n° 202, note Raymond ; Defrénois 1994. 360, obs. Delebecque.*

3 bis. Indemnité d'usage du bien. Le vendeur ne peut réclamer au consommateur une indemnité compensatrice pour l'utilisation d'un bien acquis par un contrat à distance en cas d'exercice du droit de rétractation dans les délais, sauf à ce qu'il ait été fait usage du bien d'une manière incompatible avec les principes de droit civil, tels que la bonne foi ou l'enrichissement sans cause. • CJCE 3 sept. 2009 : *BICC 15 janv. 2010, n° 9 ; D. 2009. AJ 2161, obs. Avena-Robardet ; JCP E 2009, n° 50, p. 21, note Rousset ; JCP 2009, n° 47, p. 25, note Paisant ; CCC 2009. Alerte 70 ; CCE 2010, n° 64, obs. Stoffel-Munck ; LPA 3 mai 2010, note Busseuil ; RJDA 2009. n° 944 ; RDC 2010. 113, note Pimont ; ibid. 643, note Aubert de Vincelles.*

4. Démarchage par téléphone. V. note 1 ss. art. L. 121-27 C. consom., *VII – Domicile (ventes à).*

5. Paiement. BIBL. Gavalda, *LPA 29 mai 1996.* ♦ Sur le paiement par carte bancaire des achats par correspondance, V. note 19 ss. ancien art. L. 132-2 C. mon. fin., v° *Banque et financement de l'entreprise, ss. art. L. 133-24 C. mon. fin.* ♦ ... Dans le cadre d'une vente à distance transfrontière sur internet, V. • CJCE 16 déc. 2008 : *JCP E 2009, n° 1, p. 24 ; RDC 2009. 1217, note Tenenbaum.*

Art. L. 121-20-1 *(L. n° 2008-3 du 3 janv. 2008, art. 31, en vigueur le 1er juin 2008)* « Lorsque le droit de rétractation est exercé, le professionnel est tenu de rembourser le consommateur de la totalité des sommes versées, dans les meilleurs délais et au plus tard dans les trente jours suivant la date à laquelle ce droit a été exercé. » *(Ord. n° 2001-741 du 23 août 2001)* « Au-delà, la somme due est, de plein droit, productive d'intérêts au taux légal en vigueur. » *(L. n° 2008-3 du 3 janv. 2008, art. 31, en vigueur le 1er juin 2008)* « Ce remboursement s'effectue par tout moyen de paiement. Sur proposition du professionnel, le consommateur ayant exercé son droit de rétractation peut toutefois opter pour une autre modalité de remboursement »

Art. L. 121-20-2 *(Ord. n° 2001-741 du 23 août 2001)* Le droit de rétractation ne peut être exercé, sauf si les parties en sont convenues autrement, pour les contrats :

1° De fourniture de services dont l'exécution a commencé, avec l'accord du consommateur, avant la fin du délai de sept jours francs ;

2° De fourniture de biens ou de services dont le prix est fonction de fluctuations des taux du marché financier ;

3° De fourniture de biens confectionnés selon les spécifications du consommateur ou nettement personnalisés ou qui, du fait de leur nature, ne peuvent être réexpédiés ou sont susceptibles de se détériorer ou de se périmer rapidement ;

4° De fourniture d'enregistrements audio ou vidéo ou de logiciels informatiques lorsqu'ils ont été descellés par le consommateur ;

5° De fourniture de journaux, de périodiques ou de magazines ;

6° De service de paris ou de loteries autorisés.

1. Vente de logiciels. Pour s'appliquer, l'exception prévue au 4° de l'art. L. 121-20-2 suppose que la vente concerne non du matériel informatique mais des logiciels, et que ceux-ci aient été « descellés » par le consommateur ; que si l'on peut admettre le jeu de l'exception à l'égard d'un logiciel, installé et configuré, fourni avec un scanner et permettant sa mise en fonction, rien ne permettait en revanche de refuser le retour et le remboursement du scanner. • T. pol. Les Andelys, 10 déc. 2004 : *CCE 2005, n° 43, obs. Tabaka.*

2. Biens personnalisés. L'immatriculation d'une motocyclette ne modifie pas sa nature ou sa destination, de telle sorte que le bien vendu n'était pas nettement personnalisé, condition nécessaire pour exclure le droit de rétractation. • Civ. 1re, 20 mars 2013 : *D. 2013. Actu. 830, obs. Delpech ; JCP 2013, n° 377 ; CCC 2013, n° 150, obs. Raymond ; BRDA 2013, n° 7, p. 11 ; LPA 14 juin 2013, note Daudet ; CCE 2013, n° 67, obs. Loiseau ; RLDA avr. 2013. 49, obs. de Romanet.*

Art. L. 121-20-3 *(L. n° 2008-3 du 3 janv. 2008, art. 28, en vigueur le 1er juin 2008)* « Le fournisseur doit indiquer, avant la conclusion du contrat, la date limite à laquelle il s'engage à livrer le bien ou à exécuter la prestation de services. A défaut, le fournisseur est réputé devoir délivrer le bien ou exécuter la prestation de services dès la conclusion du contrat. En cas de non-respect de cette date limite, le consommateur peut obtenir la résolution de la vente dans les conditions prévues aux deuxième et troisième alinéas de l'article L. 114-1. Il est alors remboursé dans les conditions de l'article L. 121-20-1. »

(Ord. n° 2001-741 du 23 août 2001) « En cas de défaut d'exécution du contrat par un fournisseur résultant de l'indisponibilité du bien ou du service commandé, le consommateur doit être informé de cette indisponibilité et doit, le cas échéant, pouvoir être remboursé sans délai et au plus tard dans les trente jours du paiement des sommes qu'il a versées. Au-delà de ce terme, ces sommes sont productives d'intérêts au taux légal.

« Toutefois, si la possibilité en a été prévue préalablement à la conclusion du contrat ou dans le contrat, le fournisseur peut fournir un bien ou un service d'une qualité et d'un prix équivalents. Le consommateur est informé de cette possibilité de manière claire et compréhensible. Les frais de retour consécutifs à l'exercice du droit de rétractation sont, dans ce cas, à la charge du fournisseur et le consommateur doit en être informé. »

(L. n° 2004-575 du 21 juin 2004, art. 15-II) « Le professionnel est responsable de plein droit à l'égard du consommateur de la bonne exécution des obligations résultant du contrat conclu à distance, que ces obligations soient à exécuter par le professionnel qui a conclu ce contrat ou par d'autres prestataires de services, sans préjudice de son droit de recours contre ceux-ci.

« Toutefois, il peut s'exonérer de tout ou partie de sa responsabilité en apportant la preuve que l'inexécution ou la mauvaise exécution du contrat est imputable soit au consommateur, soit au fait, imprévisible et insurmontable, d'un tiers au contrat, soit à un cas de force majeure. »

BIBL. ▶ Passa, *LPA 6 févr. 2004* (règles générales du commerce électronique et leur application dans les rapports avec les consommateurs). – Stoffel-Munck, *JCP E 2004, n° 38, p. 1428* (réforme des contrats du commerce électronique). – Hugon, *CCC 2004. Chron. 15* (responsabilité des acteurs de l'internet).

Notion de tiers au contrat. Le prestataire de services auquel le professionnel a recours pour l'exécution des obligations résultant d'un contrat conclu à distance n'est pas un tiers au contrat au sens de l'art. L. 121-20-3. • Civ. 1re, 13 nov. 2008 : *Bull. civ. I, n° 263 ; D. 2009. Pan. 399, obs. Poillot ; D. 2008. AJ 3003, obs. Avena-Robardet ; JCP E 2009, n° 7, p. 38, note Chantepie ; CCC 2008, n° 288, obs. Raymond ; RJDA 2009, n° 838 ; RDC 2009. 515, obs. Deshayes ; ibid. 568, obs. Fenouillet ; RLDC janv. 2009. 12, obs. Maugeri.*

Art. L. 121-20-4 *(Ord. n° 2001-741 du 23 août 2001)* Les dispositions des articles L. 121-18, L. 121-19, L. 121-20 et L. 121-20-1 ne sont pas applicables aux contrats ayant pour objet :

1° La fourniture de biens de consommation courante réalisée au lieu d'habitation ou de travail du consommateur par des distributeurs faisant des tournées fréquentes et régulières ;

2° La prestation de services d'hébergement, de transport, de restauration, de loisirs qui doivent être fournis à une date ou selon une périodicité déterminée.

(L. n° 2004-575 du 21 juin 2004, art. 23) « Les dispositions des articles L. 121-18 et L. 121-19 sont toutefois applicables aux contrats conclu par voie électronique lorsqu'ils ont pour objet la prestation des services mentionnés au 2°. »

1. Prestation de transport. L'art. 3, § 2, de la Dir. 97/7/CE du 20 mai 1997, concernant la protection des consommateurs en matière de contrats à distance [abrogée et remplacée par Dir. 2011/83/UE du 25 oct. 2011 ; V. ce texte au **C. consom.**], doit être interprété en ce sens que la notion de « contrats de fourniture de services de transports » inclut les contrats de fourniture de services de location de voitures. • CJCE 10 mars 2005 : *JCP 2005. II. 10059, note Zarka ; LPA 20 mars 2006, obs. Claret ; RJDA 2005, n° 800 ; Europe 2005, n° 179, obs. Idot ; BEEI 2005, n° 2, p. 12.*

Jugeant que le droit de rétractation n'est pas

applicable à la prestation de service litigieuse consistant à acheter auprès de la SNCF un billet nominatif aller-retour Paris/Amsterdam en utilisant le site internet « Thalys » : • Civ. 1re, 6 déc. 2007 : *CCC 2008, n° 58, obs. Raymond.*

2. Contrat électronique. Selon l'art. L. 121-20-4, le droit de rétractation institué par l'art. L. 121-20 ne s'applique pas aux contrats conclus par voie électronique ayant pour objet la prestation de services d'hébergement, de transport, de restauration, de loisirs qui doivent être fournis à une date ou selon une périodicité déterminée (réservation d'une chambre d'hôtel). • Civ. 1re, 25 nov. 2010 : *Bull. civ. I, n° 244 ; D. 2011. 802, note Dagorne-Labbe ; JCP E 2011, n° 1054, note Brunaux ; CCC 2011, n° 49, obs. Raymond ; RJDA 2011, n° 130 ; CCE 2011, n° 36, obs. Debet.*

Art. L. 121-20-5 *(L. n° 2004-575 du 21 juin 2004, art. 22-II)* **Sont applicables les dispositions de l'article L. 33-4-1 du code des postes et télécommunications, ci-après reproduites :** — *V. cet art. à l'art. 22 de la L. n° 2004-575 du 21 juin 2004, v° Publicité commerciale.*

BIBL. ▶ PASSA, *LPA 6 févr. 2004* (règles générales du commerce électronique et leur application dans les rapports avec les consommateurs). – PENNEAU, *ibid. 13 mai 2004, p. 3* (contrat électronique et protection du cybercontractant). – BARBRY, *Gaz. Pal. 2004. Doctr. 934* (spam et prospection commerciale).

Sur le démarchage par courrier électronique ou SMS, V. Dir. n° 2002/58 du 12 juill. 2002 (JOCE L 201 du 31 juill.).

Art. L. 121-20-6 Les règles relatives à la responsabilité du dirigeant de droit ou de fait d'un service de radiodiffusion sonore ou de télévision sont définies par le II de l'article 3 de la loi n° 88-21 du 6 janvier 1988 relative aux opérations de télépromotion avec offre de vente dites de « téléachat » *[abrogée]* **reproduit ci-après :**

(Abrogé par L. n° 2000-719 du 1er août 2000, art. 25-II) ***« II. — Le dirigeant de droit ou de fait d'un service de radiodiffusion sonore ou de télévision défini à l'article 2 de la présente loi qui aura programmé et fait diffuser ou distribuer une émission en violation des règles fixées en vertu du même article sera puni d'une amende de 75 000 €.***

« Dans le cas de récidive, l'auteur de l'infraction pourra être puni d'une amende de 150 000 €. » — *V. notes ss. art. L. 121-20.*

Cet art. est l'ancien art. L. 121-20-8 ; l'ancien art. L. 121-20-6 est devenu l'art. L. 121-20-15, modifié (Ord. n° 2005-648 du 6 juin 2005, art. 1er-I, 4° et 5°).

Art. L. 121-20-7 Les règles relatives à la fixation des règles de programmation des émissions sont définies par l'article 2 de la loi n° 88-21 du 6 janvier 1988 précitée *[abrogée]* **reproduit ci-après :**

Art. 2 *(Abrogé par L. n° 2000-719 du 1er août 2000, art. 25-II) Le Conseil supérieur de l'audiovisuel fixe les règles de programmation des émissions consacrées en tout ou partie à la présentation ou à la promotion d'objets, de produits ou de services offerts directement à la vente par des services de radiodiffusion sonore et de télévision autorisés en vertu de la loi n° 86-1067 du 30 septembre 1986 relative à la liberté de communication. — V. Décis. n° 88-36 du 4 févr. 1988 (D. et ALD 1988. 154), mod. par Décis. n° 88-261 du 3 juin 1988 (JO 18 juin), Décis. n° 90-922 du 11 déc. 1990 (JO 19 janv. 1991), Décis. n° 92-972 du 20 oct. 1992 (JO 11 nov.), Décis. n° 94-227 du 3 mai 1994 (JO 31 mai), Décis. n° 98-49 du 17 févr. 1998 (JO 7 mars).*

Cet art. est l'ancien art. L. 121-20-9 ; l'ancien art. L. 121-20-7 est devenu l'art. L. 121-20-16 (Ord. n° 2005-648 du 6 juin 2005, art. 1er-I, 4° et 5°).

Les dispositions de la L. n° 88-21 du 6 janv. 1988 relative aux opérations de télépromotion avec offre de vente dites de « télé-achat » ont été abrogées par la L. n° 2000-719 du 1er août 2000 relative à la liberté de communication, art. 25-II (JO 2 août). Sur la fixation des règles de compétence, V. désormais, L. n° 86-1067 du 30 sept. 1986, art. 27 et 33.

Loi n° 86-1067 du 30 septembre 1986,

Relative à la liberté de communication.

Art. 27 *(L. n° 89-25 du 17 janv. 1989)* Compte tenu des missions d'intérêt général des organismes du secteur public et des différentes catégories de services de communication audiovisuelle diffusés par voie hertzienne terrestre ou par satellite, des décrets en Conseil d'État fixent les principes généraux définissant les obligations concernant :

1° *(L. n° 2000-719 du 1er août 2000, art. 25-I)* « La publicité, le télé-achat et le parrainage ;

« 1° *bis* Les services consacrés exclusivement à l'autopromotion ou au télé-achat » ;

....

Art. 33 *(L. n° 2000-719 du 1er août 2000, art. 55)* Un décret en Conseil d'État, pris après avis du Conseil supérieur de l'audiovisuel, fixe, pour chaque catégorie de services de radiodiffusion sonore ou de télévision distribués *(L. n° 2004-669 du 9 juill. 2004, art. 59)* « par les réseaux n'utilisant pas des fréquences assignées par le Conseil supérieur de l'audiovisuel » :

....

3° Les règles applicables à la publicité, au télé-achat et au parrainage ;

4° Les règles applicables aux services consacrés exclusivement à l'autopromotion ou au télé-achat ;

....

(L. n° 2004-669 du 9 juill. 2004, art. 60) « Sous réserve des engagements internationaux de la France, il peut également autoriser les services exclusivement diffusés en dehors du territoire national à déroger aux dispositions qui figurent aux 3° à 10° ».

Sur les règles applicables aux émissions de télé-achat, V. Décr. n° 92-882 du 1er sept. 1992, art. 8-1 à 8-7, 14-1 à 14-5, ajoutés par Décr. n° 95-77 du 24 janv. 1995 (D. et ALD 1995. 97), mod. par Décr. n° 2001-610 du 9 juill. 2001 (JO 11 juill.).

BIBL. ▸ RETTERER, *CCC 1998. Chron. 4* (télé-achat : contrat de vente à distance au regard du droit communautaire) ; *ibid. Chron. 5* (télé-achat : une vente aux apparences publicitaires protégée des réglementations nationales).

Sur l'utilisation du terme « télé-achat », V. note 32 ss. art. 2, L. 2 juill. 1963, v° *Concurrence.*

Contrats portant sur des services financiers

Art. L. 121-20-8 *à* L. 121-20-14 *V. au* ***C. consom.*** *ou au* ***C. mon. fin.***

Dispositions communes

Art. L. 121-20-15 *(Ord. n° 2005-648 du 6 juin 2005, art. 1er-I)* **Lorsque les parties ont choisi la loi d'un État non membre de la Communauté européenne pour régir le contrat, le juge devant lequel est invoquée cette loi est tenu d'en écarter l'application au profit des dispositions plus protectrices de la loi de la résidence habituelle du consommateur assurant la transposition de la directive 97/7/CE du Parlement européen et du Conseil du 20 mai 1997 concernant la protection des consommateurs en matière de contrats à distance et de la directive 2002/65/CE du Parlement européen et du Conseil du 23 septembre 2002 concernant la commercialisation à distance de services financiers auprès des consommateurs, lorsque le contrat présente un lien étroit avec le territoire d'un ou plusieurs États membres de la Communauté européenne ; cette condition est présumée remplie si la résidence des consommateurs est**

située dans un État membre. – *Anc. art. L. 121-20-6, modifié (Ord. n° 2005-648 du 6 juin 2005, art. 1er-I, 4° et 8°).*

BIBL. ▶ DEUMIER, *RDC 2005. 1192* (application dans l'espace du droit de la consommation).

Art. L. 121-20-16 *(Ord. n° 2001-741 du 23 août 2001)* **Les dispositions de la présente section sont d'ordre public.** – *Anc. art. L. 121-20-7 (Ord. n° 2005-648 du 6 juin 2005, art. 1er-I, 4°).*

Art. L. 121-20-17 *Abrogé par Ord. n° 2005-1086 du 1er sept. 2005, art. 4-II.* – *V. art. L. 141-1.*

VII Domicile (ventes à)

Code de la consommation

Démarchage

BIBL. GÉN. ▶ CALAIS-AULOY, *D. 1973. Chron. 266.* – PIZZIO, *RTD com. 1976. 66.* – FERRIER, *D. 1980. Chron. 177.* – DOLL et GUÉRIN, *JCP 1973. I. 2524.* – VASSAUX-VANOVERSCHELDE, *ALD 1990. 51* (réforme du 23 juin 1989). – Numéro spécial, *Gaz. Pal. 1993. 1. Doctr. 179* (vente par correspondance et à distance) ; *ibid. 1995. 1. Doctr. 60* (vente directe à domicile). – Colloque du 13 mai 1998, *Gaz. Pal. 1998. 2. Doctr. 1323* (commerce électronique). – CAPARROS et LOLIVIER, *ibid. 17-18 nov. 1999, p. 4* (pays d'origine et commerce électronique). – SCHWERER, *CCC 2000. Chron. 16* (réflexions sur la preuve et la signature dans le commerce électronique). – PASSA, *D. 2002. 555* (commerce électronique et protection du consommateur). – V. aussi bibl. ss. VI Distance (ventes à).

Art. L. 121-21 Est soumis aux dispositions de la présente section quiconque pratique ou fait pratiquer le démarchage, au domicile d'une personne physique, à sa résidence ou à son lieu de travail, même à sa demande, afin de lui proposer l'achat, la vente, la location, la location-vente ou la location avec option d'achat de biens ou la fourniture de services.

Est également soumis aux dispositions de la présente section le démarchage dans les lieux non destinés à la commercialisation du bien ou du service proposé et notamment l'organisation par un commerçant ou à son profit de réunions ou d'excursions afin de réaliser les opérations définies à l'alinéa précédent. – *[L. n° 72-1137 du 22 déc. 1972, art. 1er.]*

1. Ordre public. Il ne peut être renoncé au bénéfice de la loi du 22 déc. 1972 [C. consom., *art. L. 121-21 s.], dont les dispositions sont d'ordre public.* • Civ. 1re, 16 mars 1994 : *CCC 1994, n° 152, note Raymond.* ♦ Comp. note 8 ss. art. L. 121-23 C. consom. ♦ Sur l'application de la loi française dès lors que le client avait été démarché en tant que consommateur à son domicile en France, lieu où il avait signé le contrat. • Civ. 1re, 12 juill. 2005 : *Bull. civ. I, n° 322 ; D. 2006. Pan. 1498, obs. Courbe ; Rev. crit. DIP 2006. 94, note Lagarde ; JCP E 2005, n° 47, p. 1991 ; Dr. et patr. nov. 2005. 113, obs. Ancel ; CCE 2005, n° 189, obs. Chabert ; JDI 2006. 985, note Sinay-Cytermann.*

A. CHAMP D'APPLICATION QUANT AUX PERSONNES

2. Démarcheurs visés : dirigeants de sociétés. Peut être condamné pour infraction à la loi du 22 déc. 1972 [C. consom., art. L. 121-21 s.], le dirigeant d'une société au profit de laquelle un représentant indépendant a irrégulièrement démarché une personne, ladite loi ne supposant pas nécessairement l'existence d'un contrat de travail dans le rapport entre le démarcheur et la société pour laquelle il travaille. • Crim. 11 janv. 1990 : *Bull. crim. n° 20 ; D. 1990. Somm. 360, obs. Roujou de Boubée.* – Rappr. • Crim. 26 févr.

1998 : *Bull. crim. n° 77 ; D. Affaires 1998. 1045, obs. V. A.-R. ; RSC 1999. 113, obs. Giudicelli*. ♦ Dans le même sens, s'agissant d'un fournisseur pratiquant un démarchage par l'intermédiaire de marchands forains, V. • Crim. 18 janv. 2000 : *Bull. crim. n° 27 ; JCP 2001. II. 10502, note Rebut ; Dr. et patr. juin 2000. 115, obs. Renucci ; RTD com. 2000. 742, obs. Bouloc*. ♦ Le fait d'agir comme organe ou représentant d'une personne morale ne peut exclure les poursuites liées à l'inobservation des règles du démarchage à domicile. • Crim. 26 sept. 2006 : *Bull. crim. n° 236 ; D. 2006. AJ 2732, obs. Rondey ; AJ pénal 2007. 29, obs. Rondey ; RSC 2007. 96, obs. Ambroise-Casterot ; JCP 2007. II. 10022, note Bazin ; Gaz. Pal. 2006. 3408, obs. M. B. ; CCC 2007, n° 31, obs. Raymond ; RJDA 2007, n° 200 ; Dr. pénal 2006, n° 156, obs. J.-H. Robert.* ♦ Pour la condamnation d'un gérant de fait, • Crim. 22 janv. 1997 : *D. Affaires 1997. 503.*

3. Délégataire. Sur la condamnation pour démarchage à domicile illicite du délégataire d'un chef d'entreprise, V. • Crim. 6 mars 2001 : *Dr. pénal 2001, n° 75, obs. J.-H. Robert.*

4. Commerçants ambulants. Les commerçants ambulants sont soumis aux dispositions des art. L. 121-21 s. • Crim. 2 déc. 1998 : *BID 1999, n° 3, p. 43.*

5. Personnes protégées : exclusion des personnes morales. Les dispositions des art. L. 121-1 s. sont sans effet au regard du démarchage accompli auprès d'une personne morale. • Civ. 1re, 15 déc. 1998 : *D. 2000. Somm. 40, obs. Pizzio ; D. Affaires 1999. 413, obs. C. R. ; CCC 1999, n° 80, obs. Raymond* • Toulouse, 19 juin 2003 : *ibid. 2003, n° 171, obs. Raymond.* – Sur cette question, V. aussi Amar, *ibid. Chron.* 5. ♦ ... Serait-elle à but non lucratif. • Dijon, 24 mai 2005 : *CCC 2005, n° 214, obs. Raymond.* ♦ Ainsi une coopérative est, en raison de sa qualité de personne morale, exclue du champ d'application de la réglementation sur le démarchage au domicile. • Crim. 4 août 1998 : *BID 1999, n° 1, p. 30.* ♦ ... Tout comme une société ne saurait se prévaloir des dispositions de la loi. • Com. 8 mars 1977 : *Bull. civ. IV, n° 78 ; JCP 1977. II. 18649 ; RTD com. 1977. 873, obs. Houin* • Crim. 15 mars 1978 : *Bull. crim. n° 99.* ♦ Comp., en ce sens que certaines associations pourraient être considérées comme de simples regroupements de personnes physiques, • DGCCRF avis, n° 95-343 27 oct. 1995 : *BID 1995, n° 12, p. 8. – Contra :* • Paris, 7 nov. 2001 : *RJDA 2002, n° 319.* ♦ Comp., aussi, en cas d'application conventionnelle, V. note 7.

6. Exclusion des relations régulières. Jugeant inapplicable l'art. L. 121-21 à la signature, au domicile des promettants, d'une promesse synallagmatique de vente d'une parcelle de bois, alors que les acquéreurs entretenaient avec les promettants des relations régulières et bonnes, que l'opération faisait suite à une promesse de vente non critiquée et concrétisait l'option d'acquérir de son bénéficiaire, V. • Civ. 3e, 15 janv. 2003 : *JCP E 2003, n° 10, p. 395.*

7. Application conventionnelle. En l'absence de disposition contraire de la loi, les parties sont libres de soumettre, par une manifestation de volonté dépourvue d'équivoque, aux dispositions du code de la consommation relatives au démarchage à domicile, les opérations de commercialisation d'un bien ou d'un service qui n'en relèvent pas. • Civ. 1re, 7 déc. 2004 : *RJDA 2006, n° 71.* ♦ Un contrat de location (de matériel de surveillance) destiné uniquement au professionnel qui porte intégralement le texte de divers articles du code de la consommation, dont l'art. L. 121-23, ainsi qu'un formulaire de rétractation visant l'art. L. 121-23, 7°, constitue la preuve que les parties ont entendu volontairement et sans ambiguïté soumettre leur convention aux dispositions protectrices du code de la consommation. • Bordeaux, 3 janv. 2005 : *JCP 2005. IV. 3046.* ♦ Mais la circonstance que le bon de commande reproduise certaines dispositions des art. L. 121-21 s. ne saurait avoir, par elle seule, pour effet d'entraîner l'application des sanctions pénales édictées par l'art. L. 121-28 lorsque, comme en l'espèce, l'opération ne relève pas de la législation sur le démarchage. • Crim. 27 juin 2006 : *cité note 9.* ♦ Bien qu'aux termes de l'art. L. 121-21 seul le démarchage d'une personne physique soit visé par la loi, les personnes morales peuvent convenir de placer leurs relations contractuelles dans le cadre de cette réglementation (reprise des dispositions de la loi dans les conditions générales de vente et établissement de la commande au nom du gérant de la société). • Paris, 27 nov. 1997 : *RJDA 1998, n° 524* • Rouen, 7 déc. 2000 : *RJDA 2001, n° 513.*

B. CHAMP D'APPLICATION QUANT AUX OPÉRATIONS

8. Démarchage au domicile. Un contrat de commande conclu consécutivement à la réception d'une offre portant sur l'établissement d'un devis gratuit et à son acceptation suivie d'une visite d'un agent commercial à domicile relève des art. L. 121-21 s., sans qu'importe la circonstance qu'un nouveau bon de commande ait été substitué au bon de commande initial dès lors que cette substitution ne constitue qu'une modification du premier contrat. • Versailles, 20 févr. 2004 : *BICC 2006, n° 127 ; JCP E 2004, n° 42,* *p. 1614.* ♦ Mais dès lors que la vente a déjà été conclue, la seule rédaction de l'acte de vente au domicile de l'acheteur n'entre pas dans le champ d'application de la loi. • T. corr. Paris, 13 oct. 1981 : *Gaz. Pal. 1981. 2. 805, note Marchi.*

9. Demande du client. La loi du 22 déc. 1972 [C. consom., art. L. 121-21 s.] est applicable alors même que le démarchage a été effectué à la demande d'un éventuel client, a été accepté au préalable par ce dernier, ou a été précédé de pourparlers au cours desquels aucun engagement n'a été contracté par l'intéressé. • Civ. 1re, 30 mars 1994 : *Bull. civ. I, n° 132 ; D. 1994. IR 108.* ♦ Le fait, pour un serrurier, d'avoir été appelé au domicile d'une personne en vue d'une réparation n'ôte pas le caractère de démarchage à sa proposition de vente d'une nouvelle serrure. • Civ. 1re, 3 mars 1993 : *Bull. civ. I, n° 96 ; D. 1993. Somm. 238, obs. Paisant ; CCC 1993, n° 101, note Raymond* • Paris, 9 nov. 1993 : *BID 1994, n° 11, p. 22* • 11 mars 2002 : *BRDA 2002, n° 12, p. 10.* ♦ Mais le déplacement d'un professionnel au domicile d'un consommateur pour l'étude des lieux et la prise des mesures nécessaires à l'établissement d'un devis envoyé ultérieurement par voie postale, qui n'a donné lieu à aucun engagement du destinataire, ne constitue pas un démarchage. • Crim. 27 juin 2006 : *D. 2007. 484, note Bazin ; JCP E 2007, n° 47, p. 22, obs. Azarian et Saintourens ; CCC 2006, n° 211, obs. Raymond ; RSC 2007. 92, obs. Ambroise-Casterot .*

10. Démarchage au domicile d'un tiers. Pour une application de la législation sur le démarchage à une vente conclue non pas au domicile de la personne démarchée, mais d'un tiers au contrat, dans la mesure où la sollicitation de la personne démarchée s'était déroulée dans un lieu non destiné à la commercialisation du bien proposé au sens du second al. de l'art. L. 121-21, V. • Civ. 1re, 9 juill. 2003 : *Bull. civ. I, n° 171 ; D. 2003. AJ 2236, obs. Rondey ; JCP E 2003, n° 39, p. 1512 ; CCC 2003, n° 172, note Raymond ; Dr. et patr. nov. 2003. 86, obs. Chauvel ; RTD com. 2004. 361, obs. Bouloc ; RJDA 2004, n° 106 ; RDC 2004. 302, obs. Bruschi.*

11. Démarchage sur le lieu de travail. Il n'importe, pour l'application de l'art. L. 121-21, al. 1er, que le démarchage de la personne physique ait été effectué de façon indirecte par le démarcheur (à propos d'un démarcheur qui avait laissé en dépôt à un salarié une mallette de démonstration et revenait ultérieurement recueillir les commandes et remettre les articles contre paiement). • Crim. 4 oct. 1995 : *Bull. crim. n° 294 ; D. Affaires 1996. 36 ; CCC 1996, n° 53, note Raymond.*

12. Démarchage dans les lieux non destinés à la commercialisation. La vente conclue dans un lieu non habituellement affecté au commerce (exposition de porcelaine dans la salle des fêtes d'une commune) avec des personnes invitées à s'y rendre par voie postale ou téléphonique est soumise à la réglementation du démarchage, par application de l'art. L. 121-21, al. 2. • Crim. 18 sept. 1995 : *Bull. crim. n° 271 ; D. Affaires 1996. 11 ; Rev. huiss. 1996. 471, note Bazin ; CCC 1996, n° 54, note Raymond.* ♦ De même, les consommateurs ayant été attirés hors de leur domicile par l'annonce publicitaire reçu dans leur courrier, fût-elle non nominative, pour se rendre dans un lieu non habituellement destiné à la commercialisation du bien proposé, il y a bien démarchage au sens de l'art. L. 121-21, al. 2. • Crim. 4 oct. 2005 : *Bull. crim. n° 249 ; D. 2005. AJ 2941, obs. Chevrier ; RTD com. 2006. 498, obs. Bouloc ; RSC 2006. 88, obs. Ambroise-Castérot ; CCC 2006, n° 12, obs. Raymond ; LPA 14-17 juill. 2006, note Bazin ; RJDA 2006, n° 204 ; Dr. pénal 2005, n° 180, obs. Robert ; RDC 2006. 362, obs. Bruschi.* ♦ En revanche, ne sont pas des « lieux non destinés à la commercialisation », au sens de l'art. L. 121-21, al. 2 : des foires et salons. • Civ. 1re, 10 juill. 1995 : *Bull. civ. I, n° 317 ; D. 1995. IR 191 ; D. Affaires 1995. 65 ; CCC 1995, n° 194, note Raymond ; Defrénois 1995. 1415, obs. Aubert ; Rev. huiss. 1995. 1211, note Bazin.* ♦ ... Le stand implanté au centre d'une allée de la galerie commerciale d'un supermarché. • Paris, 5 mai 1998 : *D. Affaires 1998. 1042.* ♦ La signature, au domicile du consommateur, d'un contrat dont le principe et les conditions essentielles avaient été définitivement arrêtés dans un salon professionnel, lieu destiné à la commercialisation des biens et services en cause, ne procède pas d'un démarchage à domicile. • Crim. 27 juin 2006 : *préc. note 9.*

13. Invitation téléphonique. **BIBL.** Bazin, *Rev. huiss. 1997. 409.* ♦ La vente conclue dans un magasin avec un consommateur invité par téléphone à s'y rendre sous prétexte de retirer un cadeau est soumise à la réglementation du démarchage à domicile par application de l'art. L. 121-21. • Crim. 10 janv. 1996 : *Bull. crim. n° 12 ; D. 1996. IR 120 ; D. Affaires 1996. 577 ; Rev. huiss. 1996. 1141, note Bazin* • 26 oct. 1999 : *JCP E 2000, n° 20, p. 804, note J.-H. Robert* • 7 févr. 2006 : *CCC 2006, n° 121, obs. Raymond.* ♦ Sur cette interprétation du démarchage, V. Chabrux, *CCC 1994. Chron. 6.* ♦ V. aussi, sur cette question : *BID 1996, n° 3, p. 11.*

14. « Boîtage ». En ce sens que la distribution en boîtes aux lettres de documents publicitaires non personnalisés contenant une invitation à venir retirer un cadeau ne peut être assimilée à une opération de démarchage à domicile, V. • Montpellier, 12 janv. 1999 : *CCC 1999, n° 99, obs. Raymond.* ♦ En revanche, l'opération publicitaire par laquelle une société sollicite un client en lui annonçant le gain d'un avoir à valoir sur l'achat d'un ensemble de meubles constitue un acte de démarchage soumis aux art. L. 121-21 s. • Pau, 6 mai 1998 : *Cah. jurispr. Aquitaine 1998, n° 3, p. 40.*

15. Fourniture de services. Le contrat ayant pour objet le ravalement d'une façade constitue une prestation de service au sens de l'art. 1er [C. consom., art. L. 121-21]. • Civ. 1re, 7 févr. 1990 : *Bull. civ. I, n° 40 ; D. 1990. IR 51.* ♦ De même, la fourniture et la pose d'une véranda sur un immeuble constituent la vente d'un bien et la fourniture d'un service entrant dans les prévisions de l'art. L. 121-21. • Crim. 19 janv. 1994 : *Bull. crim. n° 28 ; D. 1994. IR 77.* ♦ Constitue une fourniture de services, une convention d'assistance et de gestion proposée aux accidentés de la circulation ou à leurs ayants droit. • Crim. 26 sept. 2006 : *préc. note 2.*

16. Généalogistes. Le généalogiste qui a fait proposer au domicile de son cocontractant la fourniture d'un service est soumis aux dispositions des art. L. 121-21 s., peu important que le client potentiel soit unique et déterminé à l'avance (à propos d'un contrat de révélation de succession). • Crim. 30 oct. 1996 : *Bull. crim. n° 386 ; D. 1997. IR 44 ; D. Affaires 1997. 306 ; CCC 1997, n° 54, obs. Raymond ; RSC 1998. 122, obs. Giudicelli* • Civ. 1re, 9 juill. 2003 : *CCC 2004, n° 67, obs. Raymond.* – V. Sion, *JCP N 1998, n° 10, p. 354.*

17. Location d'emplacement publicitaire. Jugeant que le contrat de location d'emplacement publicitaire est un contrat de location de bien soumis aux dispositions des art. L. 121-21 s., V. • Montpellier, 16 déc. 2003 : *CCC 2004, n° 116, obs. Raymond.*

18. Implantation d'une station-relais de téléphonie mobile. Le démarchage au domicile du propriétaire en vue de lui proposer de donner à bail un emplacement afin d'y installer une antenne-relais de téléphonie mobile constitue un démarchage en vue de la location d'un bien. • Civ. 1re, 30 mars 2005 : *Bull. civ. I, n° 160 ; D. 2005. AJ 1081, obs. Rondey ; JCP E 2005, n° 23, p. 975 ; CCC 2005, n° 120, obs. Raymond ; RJDA 2006, n° 72 ; RDC 2005. 1056, obs. Fenouillet ; ibid. 1090, obs. Seube ; Gaz. Pal. 2005. 3416, note Bazin* (cassation de • Aix-en-Provence, 20 janv. 2004 : *JCP E 2004, n° 45-46, p. 1761*). ♦ ... Et sur renvoi après cassation, statuant dans le même sens que la haute juridiction : • Nîmes, 15 janv. 2008 : *JCP 2008. II. 10137, note Beroujon.*

19. Agents immobiliers. La loi du 22 déc. 1972 [C. consom., art. L. 121-21 s.] s'applique aux agents immobiliers venant proposer leurs services au domicile des particuliers, s'agissant d'une offre de prestations de services. • Paris, 30 juin 1994 : *CCC 1994, n° 19, note Raymond.* – V. aussi • Paris, 26 févr. 1996 : *CCC 1996, n° 90, obs. Raymond* • Chambéry, 23 mai 1995 : *ibid., n° 174, obs. Raymond* • Toulouse, 16 mai 2005 : *ibid. 2005, n° 213, obs. Raymond.* ♦ Sur le non-respect par l'agent immobilier des règles relatives au démarchage et ses conséquences sur le mandat de vente, V. • Civ. 1re, 17 juin 2010 : *D. 2010. Actu. 1626 ; JCP 2010, n° 786 ; Dr. et patr. oct. 2010. 30, note Gil ; RLDC sept. 2010. 15, obs. Le Gallou.*

20. Vente d'immeubles. Ayant relevé que, précédemment à la signature de la promesse de vente litigieuse, une société spécialisée en viager s'était rendue au domicile d'une personne physique, à la demande de celle-ci, en vue d'une expertise gratuite, et qu'elle avait au cours de cette première entrevue formulé une proposition d'achat de l'appartement, la cour d'appel en a exactement déduit que cette opération de vente immobilière avait été conclue à la suite d'un démarchage à domicile, de sorte qu'elle était soumise aux dispositions des art. L. 121-21 s. • Civ. 1re, 3 juill. 2008 : *Bull. civ. I, n° 189 ; D. 2008. AJ 1991, obs. Gallmeister ; RTD com. 2009. 198, obs. Bouloc ; AJDI 2009. 474, obs. Cohet-Cordey ; JCP 2009. I. 111, n° 7, obs. J.-H. Robert ; JCP N 2009, n° 1-2, p. 27, obs. S. Piedelièvre ; CCC 2008, n° 283, obs. Raymond ; RJDA 2009, n° 479 ; Dr. pénal 2008, n° 143, obs. J.-H. Robert ; RDC 2008. 1217, obs. Fenouillet.* ♦ Sur l'application de la législation du démarchage à domicile à un compromis de vente signé par une personne physique avec un agent immobilier, l'échange de consentement entre les parties sur la chose et le prix s'étant opéré, après la visite du bien vendu, au domicile de l'acquéreur qui a alors signé l'acte, V. • Crim. 28 nov. 2000 : *Bull. crim. n° 355 ; D. 2001. AJ 856, obs. Rouquet ; RTD com. 2001. 529, obs. Bouloc ; Administrer janv. 2003. 58, obs. Duhail.* ♦ Mais ne constitue pas un acte de démarchage la transmission, faite au domicile des vendeurs, d'une offre d'achat, par un agent immobilier auquel ceux-ci avaient précédemment confié un mandat de recherche d'acquéreurs pour le bien considéré. • Civ. 1re, 14 janv. 2010 : *Bull. civ. I, n° 10 ; D. 2010. AJ 262, obs. Chevrier ; AJDI 2010. 743, note Thioye ; RDI 2010. 212, obs. Roujou de Boubée ; JCP E 2010, n° 1163 ; CCC 2010, n° 110, obs. Raymond ; RJDA 2010, n° 1007 ; Dr. pénal 2010, n° 38, obs. J.-H. Robert.* ♦ La conclusion à domicile d'un compromis de vente, dont la signature est recueillie par le propre mandataire du vendeur et non par l'acquéreur, ne constitue pas un acte de démarchage au sens des art. L. 121-21 s. • Civ. 1re, 31 mars 2011 : *Bull. civ. I, n° 66 ; Dalloz actualité, 14 avr. 2011, obs. de La Touanne ; D. 2011. Actu. 1070 ; RTD com. 2011. 656, obs. Bouloc ; JCP E 2011, n° 1354 ; RJDA 2012, n° 215.*

21. Construction de maison individuelle. Dans le cas où le contrat de construction a été établi à domicile, les dispositions de l'art. 20 de la L. n° 89-1010 du 31 déc. 1989 [V. désormais **CCH**, art. L. 271-1 et L. 271-2] accordant un délai de rétractation de sept jours à l'acquéreur non professionnel, sont applicables aussi bien que la loi de 1972 [C. consom., art. L. 121-21 s.] ; le délai de l'art. 20 préc. ainsi que le délai de l'art. 3 de la loi de 1972 [C. consom., art. L. 121-25] peuvent donc être utilisés l'un et l'autre, de même qu'ils peuvent partiellement se confondre (Rép. min. n° 56134 : *JOAN Q, 12 oct. 1992, p. 4732*). – V. aussi • TGI Strasbourg, 10 mars 1994 : *BID 1995, n° 10, p. 22.* ♦ Comp., refusant l'application de la loi de 1972, au motif de son incompatibilité avec la réglementation spéciale applicable au contrat de construction de maison individuelle : • Paris, 19 juin 1985 : *Gaz. Pal. 1985. 2. 628, note Marchi.*

22. Contrat de jouissance à temps partiel. Sur l'application de la Dir. n° 85/577 du Conseil du 20 déc. 1985 concernant la protection des consommateurs dans le cas de contrats négociés en dehors des établissements commerciaux aux contrats portant sur l'acquisition d'un droit d'utilisation à temps partiel d'un bien immobilier et sur la fourniture de services ayant une valeur supérieure à celle du droit d'utilisation du bien immobilier, V. • CJCE 22 avr. 1999 : *D. 1999. IR 134.* – Sur cet arrêt, V. Bernardeau, *JCP E 2000, n° 14, p. 623.*

23. Adhésion à un fonds immobilier. La Dir. 85/577/CEE du 20 déc. 1985 [abrogée et remplacée par Dir. 2011/83/UE du 25 oct. 2011 ; V. ce texte au **C. consom.**] s'applique à un contrat portant sur l'adhésion d'un consommateur à un fonds immobilier fermé constitué sous la forme d'une société de personnes lorsque la finalité d'une telle adhésion est prioritairement non pas de devenir membre de ladite société, mais de faire un placement financier. • CJUE 15 avr. 2010 : *D. 2011. Pan. 979, obs. Poillot ; Europe 2010, n° 218, obs. Idot.* ♦ L'art. 5, § 2, de la Dir. 85/577 ne s'oppose pas à une règle nationale selon laquelle, en cas de révocation de l'adhésion à un fonds immobilier fermé constitué sous la forme d'une société de personnes, effectuée à la suite d'un démarchage non sollicité à domicile, le consommateur peut faire valoir à l'encontre de cette société, sur l'actif net de liquidation, un droit calculé en fonction de la valeur de sa participation à la date de son retrait de ce fonds, et ainsi obtenir éventuellement la restitution d'un montant inférieur à son apport ou être tenu de participer aux pertes dudit fonds. • Même arrêt.

Art. L. 121-22 Ne sont pas soumises aux dispositions des articles L. 121-23 à L. 121-29 les activités pour lesquelles le démarchage fait l'objet d'une réglementation par un texte législatif particulier.

Ne sont pas soumis aux dispositions des articles L. 121-23 à L. 121-28 :

1° Les ventes à domicile de denrées ou de produits de consommation courante faites par des professionnels ou leurs préposés au cours de tournées fréquentes ou périodiques dans l'agglomération où est installé leur établissement ou dans son voisinage, *(Abrogé par L. n° 95-96 du 1er févr. 1995)* ***« ainsi que par les personnes titulaires de l'un des titres de circulation prévus par la loi n° 69-3 du 3 janvier 1969 relative à l'exercice des activités ambulantes et au régime applicable aux personnes circulant en France sans domicile ni résidence fixe ;***

« 2° La vente des produits provenant exclusivement de la fabrication ou de la production personnelle du démarcheur ou de sa famille ainsi que les prestations de services liées à une telle vente et effectuées immédiatement par eux-mêmes ;

« 3° Le service après-vente constitué par la fourniture d'articles, pièces détachées ou accessoires, se rapportant à l'utilisation du matériel principal ; »

4° Les ventes, locations ou locations-ventes de biens ou les prestations de services lorsqu'elles ont un rapport direct avec les activités exercées dans le cadre d'une exploitation agricole, industrielle, commerciale ou artisanale ou de toute autre profession. – *[L. n° 72-1137 du 22 déc. 1972, art. 8, I.]*

1. Réglementation particulière. Le démarchage en vue de donner des consultations ou de rédiger des actes en matière juridique, défini à l'art. 1er du Décr. du 25 août 1972, est pénalement sanctionné par l'art. 66-4 de la loi du 31 déc. 1971 et non par les dispositions du C. consom. relatives au démarchage à domicile. • Crim. 23 janv. 2001 : *Bull. crim. n° 20 ; Dr.*

pénal 2001, n° 62, obs. Robert. ♦ Sur le démarchage funéraire, V. **CGCT**, art. L. 2223-33 et • Crim. 29 juin 2004 : *Bull. crim. n° 175 ; D. 2004. IR 2088 ; JCP 2004. IV. 2784 ; Gaz. Pal. 2005. 1122, note F. A. ; Dr. pénal 2004, n° 148, obs. Robert ; AJ pénal 2004. 368 ; CCC 2004, n° 184, obs. Raymond ; RJDA 2004, n° 1397* • 13 févr. 2007 : *Bull. crim. n° 40 ; AJ pénal 2007. 183, obs. M.-E. C. ; JCP 2007. IV. 1690 ; RJDA 2007, n° 666 ; Dr. pénal 2007, n° 75, obs. J.-H. Robert ; RDC 2007. 787, obs. Fenouillet.* ♦ Seul le démarchage en matière d'assurance sur la vie se trouve réglementé par l'art. L. 132-5-1 C. assur. ; dès lors, les autres branches de l'activité d'assurance, dont celle litigieuse (complémentaire santé), qui ne relèvent pas de dispositions spécifiques, restent régies par le code de la consommation. • Crim. 2 oct. 2007 : *Bull. crim. n° 233 ; R. 2007, p. 470 ; D. 2007. AJ 2871, obs. Rondey ; RTD com. 2008. 435, obs. Bouloc ; AJ pénal 2007. 536 ; RSC 2008. 93, obs. Ambroise-Castérot ; JCP E 2008, n° 16, p. 25, note Séraïche ; CCC 2008, n° 28, obs. Raymond ; LPA 17 janv. 2008, note Gossou ; RJDA 2008, n° 197 ; Dr. pénal 2007, n° 160, obs. J.-H. Robert ; RLDA nov. 2007. 44, obs. Anadon.* – V. et comp., à partir du 1er juill. 2008, C. assur., art. L. 112-9. – **C. consom.** ou **C. assur.**

Le démarchage au domicile du propriétaire pour lui proposer de donner à bail un emplacement afin d'y apposer un panneau publicitaire constituant un démarchage en vue de la location d'un bien visé par l'art. 1er [C. consom., art. L. 121-21], ne faisant l'objet d'aucune réglementation par un texte particulier au sens de l'art. 8-I [C. consom., art. L. 121-22], tombe sous le coup des dispositions de la loi de 1972 [C. consom., art. L. 121-21 s.]. • Crim. 16 juin 1993 : *Bull. crim. n° 215* • Montpellier, 16 déc. 2003 : *CCC 2004, n° 116, obs. Raymond. – Contra*, excluant le contrat de louage d'emplacement publicitaire, en raison de la loi du 29 déc. 1979 [C. envir., art. L. 581-1 s.] : • Paris, 20 sept. 1989 : *D. 1989. IR 255.* – V. ladite loi au C. envir. et spécifiquement l'art. L. 581-25 **C. envir.** également au **C. baux.** ♦ Comp., pour le contrat de construction de maison individuelle : note 21 ss. art. L. 121-21 C. consom. ♦ Pour les ventes à crédit, V. note 5 ss. art. L. 121-23 C. consom.

2. Produits de consommation courante. N'entrent pas dans cette catégorie des reproductions de tableaux par sérigraphie, quel que soit leur prix. • *Crim. 29 oct. 1985 : Bull. crim. n° 333.* ♦ ... Ni des services de table et des ménagères (en porcelaine de Limoges). • Crim. 18 sept. 1995 : *D. Affaires 1996. 11.* ♦ ... Ni des tapis. • Rennes, 8 juin 1995 : *BID 1997, n° 3, p. 27.*

3. Tournée de voisinage. L'art. L. 121-22, 1°, ne peut être invoqué alors qu'il est constaté que les prévenus géraient la société, dont le siège était en Isère, depuis leur domicile personnel situé dans les Hautes-Alpes et que les employés effectuaient des tournées à partir d'un dépôt situé près du siège social de la société, avec des camions immatriculés dans les Hautes-Alpes, pour vendre des denrées alimentaires dans les départements de la Savoie, de la Haute-Savoie, de l'Isère, de la Drôme, du Rhône et de l'Ain. • Crim. 22 mars 2005 : *Bull. crim. n° 99 ; D. 2005. AJ 1349, obs. Chevrier ; RTD com. 2005. 620, obs. Bouloc ; RSC 2006. 88, obs. Ambroise-Castérot ; JCP 2005. IV. 2081 ; RJDA 2005, n° 896 ; RDC 2005. 1057, obs. Fenouillet.*

4. Contrats en rapport direct avec l'activité exercée : appréciation. Le rapport direct existant entre le contrat et l'activité professionnelle du contractant relève de l'appréciation souveraine des juges du fond. • Civ. 1re, 17 juill. 1996 : *Bull. civ. I, n° 331 ; D. Affaires 1996. 1025 ; JCP 1996. II. 22747, note Paisant ; Defrénois 1997. 346, obs. Aubert* • 1er déc. 1998 : *D. Affaires 1999. 117, obs. C. R.* ♦ Les juges du fond peuvent alors, en tenant compte de la technicité et du coût du matériel, estimer que l'acquisition faite a un rapport direct avec l'activité professionnelle, même future, de l'acheteur. • Civ. 1re, 10 juill. 2001 : *Bull. civ. I, n° 209 ; D. 2002. Somm. 932, obs. Tournafond ; RTD civ. 2001. 873, obs. Mestre et Fages ; JCP E 2002, n° 37, p. 1432, note Dagorne-Labbe.* ♦ Le rapport direct peut être apprécié au regard des activités même secondaires du professionnel. • Civ. 1re, 1er févr. 2000 : *BRDA 2000, n° 7, p. 12.*

5. ... illustrations. Un contrat, conclu par un commerçant, pour lui permettre d'exercer une activité commerciale, fût-elle complémentaire, relève de l'exclusion prévue par l'art. L. 121-22 (4°). • Civ. 1re, 9 mai 1996 : *Bull. civ. I, n° 197 ; D. 1996. IR 179 ; D. Affaires 1996. 674 ; CCC 1996, n° 117, note Raymond ; Defrénois 1996. 1375, obs. Aubert.* ♦ ... L'agent d'assurances qui souscrit un contrat de location de journaux lumineux ne peut bénéficier de la protection de la loi. • Civ. 1re, 18 mars 1997 : *RJDA 1997, n° 850.* ♦ Les contrats de prestation de services publicitaires conclus par des commerçants ou artisans afin de faire connaître leur activité commerciale ou artisanale, accroître leur clientèle et augmenter leur marge bénéficiaire, destinés par conséquent à promouvoir et développer une activité professionnelle sont en rapport direct avec celle-ci et ne sont donc pas soumis à la législation sur le démarchage. • Crim. 29 juin 1999 : *Bull. crim. n° 159 ; D. Affaires 1999. 1326 ; RTD com. 2000. 200, obs. Bouloc ;*

JCP 2000. I. 235, n° 7, obs. J.-H. Robert • Civ. 1re, 26 nov. 2002 : *Bull. civ. I, n° 290 ; JCP E 2003, n° 4, p. 152 ; CCC 2003, n° 80, obs. Raymond ; RTD com. 2003. 358, obs. Bouloc ; RJDA 2003, n° 199.* ♦ En revanche, l'acquisition d'un photocopieur couleur par l'exploitant d'un commerce de location de vidéo-cassettes n'a pas de rapport direct avec l'activité exercée. • Civ. 1re, 17 juill. 1996 : *préc. note 4.* ♦ V. aussi, sur l'absence de rapport direct entre la vente d'un logiciel de comptabilité et l'activité de kinésithérapeute, • Civ. 1re, 1er déc. 1998 : *Bull. civ. I, n° 339 ; D. 2000. Somm. 39, obs. Pizzio ; D. Affaires 1999. 117, obs. C. R.*

6. Cautionnement. Le cautionnement conclu par une personne physique n'agissant pas dans le cadre d'une activité professionnelle, dès lors qu'il garantit le remboursement d'une dette contractée par une autre personne agissant, quant à elle, dans le cadre de son activité, est exclu du champ d'application de la Dir. n° 85-577 du 20 déc. 1985 concernant la protection des consommateurs dans le cas de contrats négociés en dehors des établissements commerciaux. • CJCE 17 mars 1998 : *D. Affaires 1998. 708, obs. V. A.-R.*

7. Crédit foncier. La directive n° 85/577 du 20 déc. 1985 sur les contrats négociés en dehors des établissements commerciaux s'applique à un contrat de crédit foncier. • CJCE 13 déc. 2001 : *Europe 2002, n° 70.* – Sur cet arrêt, V. Bernardeau, *JCP 2002. I. 168.*

Art. L. 121-23 Les opérations visées à l'article L. 121-21 doivent faire l'objet d'un contrat dont un exemplaire doit être remis au client au moment de la conclusion de ce contrat et comporter, à peine de nullité, les mentions suivantes :

1° Noms du fournisseur et du démarcheur ;

2° Adresse du fournisseur ;

3° Adresse du lieu de conclusion du contrat ;

4° Désignation précise de la nature et des caractéristiques des biens offerts ou des services proposés ;

5° Conditions d'exécution du contrat, notamment les modalités et le délai de livraison des biens, ou d'exécution de la prestation de services ;

6° Prix global à payer et modalités de paiement ; en cas de vente à tempérament ou de vente à crédit, les formes exigées par la réglementation sur la vente à crédit, ainsi que le taux nominal de l'intérêt et le taux effectif global de l'intérêt déterminé dans les conditions prévues à l'article L. 313-1 ; – *V. ce texte, v° Prêts d'argent – Intérêts.*

7° Faculté de renonciation prévue à l'article L. 121-25, ainsi que les conditions d'exercice de cette faculté et, de façon apparente, le texte intégral des articles L. 121-23, L. 121-24, L. 121-25 et L. 121-26. – *[L. n° 72-1137 du 22 déc. 1972, art. 2, al. 1er à 8.] – Sur les sanctions pénales, V. C. consom., art. L. 121-28.*

BIBL. ► MOYSE, *Administrer mai 2010. 17* (extension de l'art. L. 121-23 aux mandats pris par correspondance).

A. MENTIONS REQUISES

1. Nom du démarcheur. Pour une sanction du non-respect de cette formalité, V. • Civ. 1re, 9 juill. 2003 : *cité note 10 ss. art. L. 121-21 C. consom.*

2. Conditions d'exécution du contrat. Doit être annulé le contrat de vente avec démarchage à domicile qui n'a pas fait l'objet d'une rétractation dans le délai légal, mais ne faisait pas mention des modalités et du délai de livraison, mention prescrite à peine de nullité par l'art. 2, al. 6 [C. consom., art. L. 121-23, 5°], alors que le matériel vendu était détenu à titre de dépositaire par l'acheteur à la suite de la mise à néant d'un précédent contrat consécutive à sa rétractation intervenue dans le délai légal, au cours duquel le matériel avait été livré. • Bordeaux, 20 mars 1995 : *Gaz. Pal. 1995. 2. Somm. 533, obs. Vray.* ♦ V. aussi note 4 ss. art. L. 121-25 et note 6 ss. art. L. 121-26 C. consom. ♦ Ne satisfait pas aux obligations légales le contrat qui ne porte pas d'indication claire sur le délai de livraison, indiquant simplement que si la livraison n'est pas intervenue dans les 60 jours suivants la signature, le contrat sera réputé refusé par le bailleur, et qui pose simplement les obligations du locataire après que cette livraison a été effectuée. • Bordeaux, 3 janv. 2005 : *cité note 7 ss. art. L. 121-21 C. consom.*

3. Prix global à payer. Jugé que doit être annulée en sa totalité la vente à domicile pour un prix global, sans référence à un prix unitaire, de meubles différents, dès lors, d'une part, que le prix unitaire de chacun des meubles constituait une caractéristique essentielle des marchandises et que, d'autre part, l'absence de référence à un prix unitaire interdisait toute comparaison de prix dans le délai légal de rétractation de l'art. 3 [C. consom., art. L. 121-25]. • Colmar, 3 févr. 1995 : *Gaz. Pal. 1995. 2. Somm. 532, obs. Vray.* ♦ Sur la nullité d'un contrat de vente conclu à domicile, le bon de commande n'indiquant pas le prix unitaire de chaque matériel commandé de sorte que toute comparaison des prix était interdite, V. • Pau, 6 mai 1999 : *CCC 2000, n° 33, obs. Raymond.*

4. Modalités de paiement. Dès lors que l'exemplaire du contrat remis à l'acheteur ne fait mention que d'un seul crédit pour le financement d'une alarme, alors que postérieurement à la commande un second crédit a été souscrit par celui-ci, affecté aussi au financement de l'alarme, le contrat ne répond pas aux exigences de l'art. 2 [C. consom., art. L. 121-23], prescrites à peine de nullité. • Lyon, 5 juill. 1995 : *BICC 1996, n° 349 ; Rev. huiss. 1996. 630.*

5. Vente à crédit. Les dispositions de l'art. L. 121-23 (6°) ne distinguent pas selon que l'organisme de crédit est, ou non, le vendeur. • Crim. 21 mai 1997 : *Bull. crim. n° 194 ; D. Affaires 1997. 1215.* ♦ Justifie sa décision faisant droit à l'action en paiement contre l'emprunteur démarché une cour d'appel qui, après avoir constaté que le prêt consenti (pour financer l'achat du bien objet du démarchage) avait fait l'objet d'une offre préalable jointe au contrat proposé à celui-ci par le démarcheur, a relevé que la validité de cette offre n'était pas contesté par l'emprunteur, ce dont il résulte que les renseignements exigés par l'art. L. 121-23, 6°, qui sont au nombre de ceux que doit aussi contenir toute offre de prêt, ont été portés à la connaissance de l'emprunteur à l'occasion du démarchage au cours duquel lui a été proposé le contrat principal, en sorte qu'il a été satisfait aux prescriptions du texte. • Civ. 1re, 3 mai 2007 : *Bull. civ. I, n° 169 ; D. 2008. Pan. 880, obs. D. R. Martin ; D. 2007. AJ 1499, obs. Rondey ; RTD com. 2007. 575, obs. Legeais ; RTD com. 2008. 170, obs. Bouloc ; JCP 2007. II. 10171, note Bazin ; CCC 2007, n° 192, obs. Raymond ; LPA 13 nov. 2007, obs. Paisant ; BRDA 2007, n° 11, p. 7 ; RDC 2007. 1194, obs. Fenouillet.* ♦ Comp., jugeant qu'un contrat de crédit à la consommation, proposé par démarchage à domicile à l'occasion d'une vente de meubles, doit être conforme, non seulement aux dispositions des art. L. 311-1 s. C. consom., mais aussi aux art. L. 121-21 s. • Bordeaux, 25 mars 1996 : *BICC 1996, n° 799.* ♦ Ainsi, par exemple, si le bon de commande ne précise pas le taux effectif global qui sera pratiqué, bien que l'offre préalable de crédit remise aux acheteurs mentionne le montant du crédit et des mensualités, lesdits acheteurs sont en droit de réclamer la nullité de la vente, même si le bon de commande n'a pas été rétracté dans le délai légal de sept jours. • Versailles, 12 avr. 1996 : *BICC 1996, n° 1026 ; Bull. act. Lamy droit économique, oct. 1996, p. 6.*

6. Reproduction des textes. Pour une reproduction de façon insuffisamment apparente du texte des art. 2, 3 et 4 [C. consom., art. L. 121-23, L. 121-24, L. 121-25 et L. 121-26], V. • Com. 23 oct. 1984 : *Bull. civ. IV, n° 279* • Pau, 6 mai 1999 : *CCC 2000, n° 33, obs. Leveneur.* ♦ Les contrats de démarchage à domicile autres que ceux ayant pour objet la souscription d'abonnement à une publication quotidienne ou assimilée ne sont pas soumis à l'exigence de reproduction des al. 2 et 3 de l'art. L. 121-26 qui ne les concerne pas. • Civ. 1re, 27 févr. 2001 : *Bull. civ. I, n° 49 ; D. 2001. AJ 1098, obs. Rondey ; RTD com. 2001. 755, obs. Bouloc.* ♦ Tel est le cas d'un contrat de fourniture et d'installation d'un dispositif de réception d'ondes hertziennes. • Civ. 1re, 18 déc. 2002 : *cité note 8 ss. art. L. 121-26 C. consom.*

7. Charge de la preuve. Il appartient à celui qui réclame l'exécution d'un contrat d'établir sa régularité. • Civ. 1re, 17 févr. 1993 : *Bull. civ. I, n° 79 ; JCP 1994. II. 22217, note Dagorne-Labbe ; CCC 1993, n° 100, note Raymond.*

B. SANCTION

8. Domaine de la nullité. La sanction de nullité prévue par l'art. L. 121-23 doit s'appliquer également au cas où le démarcheur ne respecte pas l'interdiction légale de recevoir une contrepartie quelconque avant l'expiration du délai de réflexion (art. L. 121-26). • Aix-en-Provence, 1er mars 1995 : *BICC 1995, n° 918 ; Rev. huiss. 1995. 1399.* ♦ ... Et le juge doit prononcer la nullité de l'acte pour infraction à l'art. L. 121-26 C. consom. et ce, même si cet argument n'avait pas été soulevé par le client. • Civ. 1re, 18 déc. 2002 : *cité note 8 ss. art. L. 121-26 C. consom.* ♦ Mais en ce sens que le seul défaut de remise du contrat ne constitue pas une cause de nullité de la convention (annulant, en l'espèce, le contrat pour dol), V. • Paris, 30 nov. 1994 : *D. 1995. Somm. 311, obs. Pizzio ; RJDA 1995, n° 365.*

9. Recevabilité de l'action en nullité. L'action en nullité est recevable bien que la personne démarchée ait signé le procès de réception sans avoir reçu le matériel, l'adage *nemo auditur* ne s'opposant pas à la demande en annulation mais seulement, le cas échéant, à l'exercice des actions en restitution subséquentes. • Civ. 1re, 17 juill. 1996 : *Bull. civ. I, n° 331 ; D. Affaires 1996. 1025.* ♦ ... Ou sans qu'il puisse être utilement opposé l'absence de rétractation de l'acquéreur dans le délai de sept jours. • Versailles, 20 févr. 2004 : *cité note 8 ss. art. L. 121-21 C. consom.*

10. Nature de la nullité. L'art. 4 de la Dir. 85/577/CEE du 20 déc. 1985 [abrogée et remplacée par Dir. 2011/83/UE du 25 oct. 2011 ; V. ce texte au **C. consom.**] ne s'oppose pas à ce qu'une juridiction nationale déclare d'office la nullité d'un contrat relevant du champ d'application de cette directive au motif que le consommateur n'a pas été informé de son droit de résiliation, alors même que cette nullité n'a à aucun moment été invoquée par le consommateur devant les juridictions nationales compétentes. • CJUE 17 déc. 2009 : *D. 2010. AJ 146* ; *JCP E 2010, n° 1290, obs. Idot ; JCP 2010, n° 3, p. 44, obs. F. Picod ; Gaz. Pal. 2010. 421, obs. S. Piedelièvre ; CCC 2010, n° 171, obs. Raymond ; RLDA mars 2010. 60, note Combet ; RDC 2010. 652, note Aubert de Vincelles ; Europe 2010, n° 88, obs. Idot.* ♦ En ce sens que la méconnaissance des dispositions de la loi est sanctionnée par une nullité relative, V. • Civ. 1re, 28 nov. 1995 : *CCC 1996, n° 34, note Raymond* • 2 oct. 2007 : *Bull. civ. I, n° 316 ; RTD com. 2008. 407, obs. Bouloc* ; *JCP E 2007, n° 45, p. 34 ; RJDA 2008, n° 198.*

11. Étendue de la nullité. Jugeant que l'annulation du contrat principal doit nécessairement conduire à l'annulation du contrat accessoire, ce dernier contrat se trouvant dépourvu de cause du fait de l'annulation du contrat principal, V. • Toulouse, 6 févr. 2001 : *JCP E 2001, n° 48, p. 1890* (installation d'un système d'alarme et location du matériel).

Art. L. 121-24 **Le contrat visé à l'article L. 121-23 doit comprendre un formulaire détachable destiné à faciliter l'exercice de la faculté de renonciation dans les conditions prévues à l'article L. 121-25. Un décret en Conseil d'État précisera les mentions devant figurer sur ce formulaire.** — *V. C. consom., art. R. 121-3 à R. 121-6.* — ***C. consom.***

Ce contrat ne peut comporter aucune clause attributive de compétence.

Tous les exemplaires du contrat doivent être signés et datés de la main même du client. — *[L. n° 72-1137 du 22 déc. 1972, art. 2, al. 9 à 11.] — Sur les sanctions pénales, V. C. consom., art. L. 121-28.*

Formulaire détachable. Sur sa forme, V. • Angers, 24 sept. 1986 : *Gaz. Pal. 1987. 1. Somm. 143* • Nîmes, 14 mai 1998 : *CCC 1998, n° 168, obs. Raymond* • TGI Lille, 7 avr. 2000 : *BID 2002, n° 2, p. 8.* ♦ Jugeant que le formulaire de rétractation n'est pas facilement détachable de l'ensemble du document remis dans la mesure où son découpage implique une amputation du corps du contrat, V. • Paris, 13 mai 2002 : *BID 2002, n° 12, p. 29.* ♦ Le formulaire détachable destiné à faciliter pour le client la faculté de rétractation doit comporter sur une face, l'adresse exacte et complète à laquelle il doit être envoyé et sur l'autre face, les modalités d'annulation de la commande, aucune autre mention que celles visées par les textes ne pouvant figurer. • Civ. 1re, 21 nov. 2006 : *Bull. civ. I, n° 510 ; D. 2007. AJ 151, obs Rondey* ; *RTD com. 2007. 436, obs. Bouloc* ; *JCP 2007. II. 10090, note Bazin ; CCC 2007, n° 77, obs. Raymond ; RJDA 2007, n° 1159 ; RLDA janv. 2007. 41, obs. Nahon ; RDC 2007. 792, obs. Bruschi.*

Art. L. 121-25 **Dans les sept jours, jours fériés compris, à compter de la commande ou de l'engagement d'achat, le client a la faculté d'y renoncer par lettre recommandée avec accusé de réception. Si ce délai expire normalement un samedi, un dimanche ou un jour férié ou chômé, il est prorogé jusqu'au premier jour ouvrable suivant.**

Toute clause du contrat par laquelle le client abandonne son droit de renoncer à sa commande ou à son engagement d'achat est nulle et non avenue.

Le présent article ne s'applique pas aux contrats conclus dans les conditions prévues à l'article L. 121-27. — *[L. n° 72-1137 du 22 déc. 1972, art. 3 ; L. n° 89-421 du 23 juin 1989, art. 10, II.] — Sur les sanctions pénales, V. art. L. 121-28.*

BIBL. ► CHRISTIANOS, *D. 1993. Chron. 28* . – DETRAZ, *CCC 2004. Chron. 7* (plaidoyer pour une analyse fonctionnelle du droit de rétractation). – BAZIN, *D. 2008. 3028* (le droit de repentir en droit de la consommation).

1. Nature du délai. Le contrat étant formé dès la commande et la faculté de renonciation étant limitée à sept jours à compter de celle-ci, un tribunal ne peut valablement admettre la renonciation à une commande de photos audelà de ce délai au motif que l'annulation du contrat était parvenue dans un délai suffisamment bref pour permettre au photographe d'éviter d'engager des frais inutiles. • Civ. 1re, 10 juin 1992 : *Bull. civ. I, n° 178 ; CCC 1992, n° 195, note Raymond.*

2. Point de départ. Sauf disposition législative contraire, lorsqu'un délai est exprimé en jours, celui de l'acte qui le fait courir ne compte pas. • Crim. 5 oct. 1987 : *Bull. crim. n° 334.*

3. Preuve. Il appartient au consommateur de prouver qu'il a exercé sa faculté de rétractation dans les formes et délais prévus par le texte pour pouvoir prétendre à l'annulation de la commande. • Civ. 1re, 13 mars 1996 : *RJDA 1996, n° 1551.*

4. Nouveau contrat. Lorsqu'une société de démarchage à domicile a livré et installé au domicile des acquéreurs un matériel dont la commande a fait ultérieurement l'objet d'une rétractation régulière, et qu'elle a obtenu aussitôt, dans les mêmes conditions, une seconde commande concernant ce même matériel, c'est à bon droit que les acquéreurs invoquent la nullité de cette seconde vente pour violation des art. 2, al. 6, et 3 [C. consom., art. L. 121-23 (5°) et L. 121-25], car la signature du second contrat a placé les candidats-acquéreurs devant une situation non prévue et génératrice de problèmes de droit liés à l'acceptation ou au refus, et qu'ils auraient à résoudre immédiatement sans en connaître les conséquences, et susceptible d'affecter leur libre réflexion durant le nouveau délai légal de rétractation. • Bordeaux, 20 mars 1995 : *Gaz. Pal. 1995. 2. Somm. 533 ; BICC 1995, n° 727.*

Art. L. 121-26 **Avant l'expiration du délai de réflexion prévu à l'article L. 121-25, nul ne peut exiger ou obtenir du client, directement ou indirectement, à quelque titre ni sous quelque forme que ce soit une contrepartie quelconque ni aucun engagement ni effectuer des prestations de services de quelque nature que ce soit.** – *[L. n° 72-1137 du 22 déc. 1972, art. 4.]*

(L. n° 95-96 du 1er févr. 1995) **« Toutefois, la souscription à domicile d'abonnement à une publication quotidienne et assimilée, au sens de l'article 39 *bis* du code général des impôts, n'est pas soumise aux dispositions de l'alinéa précédent dès lors que le consommateur dispose d'un droit de résiliation permanent, sans frais ni indemnité, assorti du remboursement, dans un délai de quinze jours, des sommes versées au prorata de la durée de l'abonnement restant à courir.**

« En outre, les engagements ou ordres de paiement ne doivent pas être exécutés avant l'expiration du délai prévu à l'article L. 121-25 et doivent être retournés au consommateur dans les quinze jours qui suivent sa rétractation. »

(L. n° 2005-841 du 26 juill. 2005, art. 4) **« Les dispositions du deuxième alinéa s'appliquent aux souscriptions à domicile proposées par les associations et entreprises agréées par l'État ayant pour objet la fourniture de services mentionnés à l'article L. 129-1** *[L. 7231-1 nouv.]* **du code du travail sous forme d'abonnement. »** – *Sur les sanctions pénales, V. art. L. 121-28.*

1. Preuve. Il appartient au consommateur de rapporter la preuve du non-respect du délai sans qu'il puisse se contenter d'invoquer des délais non respectés. • Rennes, 17 oct. 2003 : *CCC 2004, n° 85, obs. Raymond.* ♦ Mais il a été jugé qu'il appartient au démarcheur de prouver que l'autorisation de prélèvement automatique a été signée par le client après l'expiration du délai de rétractation. • Grenoble, 3 mars 2009 : *CCC 2009, n° 210, obs. Raymond.*

2. Acompte. L'infraction résulte du versement d'acomptes par les clients avant l'expiration du délai que la loi leur donne pour renoncer éventuellement à leur commande. • Crim. 16 déc. 1986 : *Bull. crim. n° 373 ; D. 1987. Somm. 457, obs. Aubert* • TGI Mâcon, 12 sept. 2001 : *BID 2002, n° 1, p. 58.* ♦ L'émission d'un chèque d'acompte est prohibée même s'il est démontré que le démarcheur ne l'a pas sollicitée. • Civ. 1re, 22 nov. 1994 : *Bull. civ. I, n° 341 ; D. 1995. Somm. 311, obs. Pizzio.* ♦ ... Et quand bien même le chèque n'aurait pas été encaissé avant l'expiration du délai de réflexion. • Civ. 1re, 18 juin 1996 : *Bull. civ. I, n° 263 ; D. 1996. IR 171 ; CCC 1996, n° 177, note Raymond.* – V. également • Crim. 5 août 1997 : *Dr. pénal 1998, n° 37, note J.-H. Robert* • 5 oct. 1987 : *Bull. crim. n° 334* • 21 avr. 1998 : *BID 1998, n° 12, p. 40* • 23 sept. 2003 : *cité ss. art. L. 121-31 C. consom.* ♦ *Contra*, jugeant que la mention acompte « à percevoir » suffit aux exigences de l'art. L. 121-26 : • Montpellier, 17 déc. 2002 : *CCC 2003, n° 147, obs. Raymond ; JCP 2004. IV. 2345.* ♦ Comp. : Atias, *D. 1995. Chron. 247.*

3. Autorisation de prélèvement. Entre dans le champ d'application de la loi et se trouve interdite l'autorisation de prélèvement sur un compte bancaire, qui serait donnée avant l'expiration du délai de rétractation. • Crim. 6 mars 1984 : *D. 1984. 552, note Pizzio ; Gaz. Pal. 1984. 2. Somm. 344, obs. Doucet* • 7 déc. 1999 : *CCC 2000, nº 134, obs. Raymond.* ♦ ... Alors même que la vente est assortie d'un crédit affecté, l'art. L. 311-27 ne validant la signature d'autorisations de prélèvement qu'à la condition qu'elles ne prennent effet que lorsque la vente est parfaite. • Crim. 17 sept. 2002 : *Dr. pénal 2003, nº 9, obs. Robert.* ♦ Tel est le cas, lorsque l'autorisation de prélèvement est donnée au jour de la réception de la marchandise ou de l'engagement d'achat, malgré la possibilité de révocation de cette autorisation. • Aix-en-Provence, 30 janv. 1997 : *JCP 1997. IV. 2309.* ♦ Ces agissements ne sont, cependant, pas constitutifs d'abus de faiblesse de la part du gérant de la société, dès lors qu'il n'est pas rapporté, qu'il a dicté le comportement de ses représentants. • Même arrêt. ♦ Comp. : note 2 ss. art. L. 121-21, et note 2 ss. art. L. 122-8, *Dispositions générales.*

4. Acceptation d'un crédit. L'art. L. 121-26 ne fait pas obstacle à l'acceptation d'une offre de crédit, assortissant le contrat principal dans les conditions fixées par l'art. L. 121-23, 6º, C. com. • Crim. 22 mars 2005 : *Bull. crim. nº 98 ; RTD com. 2005. 620, obs. Bouloc ; RSC 2006. 91, obs. Ambroise-Castérot ; JCP 2006. I. 113, nº 15, obs. Robert ; CCC 2005, nº 177, obs. Raymond ; RJDA 2005, nº 897 ; AJ pénal 2005. 286, obs. Girault ; Dr. pénal 2005, nº 109, obs. Robert ; RDC 2005. 1058, obs. Fenouillet.* ♦ L'acceptation d'une offre de crédit ne constitue pas, à elle seule, un commencement d'exécution, dès lors qu'une telle offre n'est pas accompagnée de la délivrance d'une autorisation de prélèvement bancaire. • Même arrêt. ♦ Comp. • Civ. 1re, 12 juill. 2007 : *CCC 2007, nº 284, obs. Raymond.* ♦ Une demande de crédit antidatée, privant son signataire de sa faculté de se rétracter dans le délai de sept jours, constitue un engagement au sens de l'art. L. 121-26. • Douai, 24 mai 2005 : *D. 2005. AJ 1694, obs. Rondey.*

5. Honoraires d'un agent immobilier. Il n'est pas possible pour un agent immobilier prestataire de service pour la revente d'un immeuble de faire signer par les vendeurs, dans le délai de réflexion de sept jours prévu à l'art. L. 121-26, une lettre d'opposition au paiement par le notaire du prix de revente de l'immeuble entre les mains des vendeurs pour couvrir le paiement de ses honoraires ; cette lettre d'opposition est un engagement dont l'obtention est prohibée par les dispositions précitées. • Reims, 8 nov. 2006 : *JCP 2007. IV. 1565.* – V. aussi : • Chambéry, 9 janv. 2007 : *JCP E 2007, nº 17, p. 17.* ♦ ... En effet, les dispositions de l'art. L. 121-26 sont applicables quels que soient la nature et le bénéficiaire de l'engagement. • Civ. 1re, 17 janv. 2008 : *Bull. civ. I, nº 15 ; D. 2008. AJ 347, obs. Rondey ; RTD com. 2008. 403, obs. Legeais ; JCP E 2008, nº 7-8, p. 29 ; CCC 2008, nº 119, obs. Raymond ; RJDA 2008, nº 720 ; Defrénois 2008. 718, obs. Savaux ; RLDA mars 2008. 45, obs. Anadon.*

6. Livraison anticipée. Dès lors qu'un contrat de vente et d'installation d'un conditionneur d'eau conclu par démarchage à domicile ne prévoyait pas la livraison avant l'expiration du délai de réflexion, et que la livraison et l'installation effectuées par le vendeur la veille de l'expiration de ce délai ont placé le client dans une situation non prévue et génératrice de problèmes de droit liés à l'acceptation ou au refus, problèmes qu'il devait résoudre immédiatement sans en connaître les conséquences, le comportement du vendeur doit être sanctionné par la nullité du contrat, conformément aux dispositions des art. 2, al. 6, et 4 [C. consom., art. L. 121-23 (5º) et L. 121-26]. • Civ. 1re, 25 nov. 1992 : *Bull. civ. IV, nº 292 ; D. 1993. IR 10.* ♦ Pour une remise, le jour même du démarchage, de la marchandise en contrepartie de la remise des chèques de paiement par les clients démarchés, V. • TGI Grasse, 11 mars 2003 : *Rev. Conc. consom. 2004, nº 138, p. 4.*

7. Abonnement à une publication. L'al. 3 de l'art. L. 121-26 doit être lu comme lié à l'al. 2, tous deux ayant été insérés dans le but d'assouplir, pour la presse écrite, secteur à protéger, le principe posé par l'al. 1er, selon lequel il est interdit au professionnel d'obtenir du client démarché à son domicile, avant l'expiration du délai de réflexion, directement ou indirectement, à quelque titre que ce soit, une contrepartie ou un engagement quelconque. • Crim. 10 janv. 2012 : *Bull. crim. nº 6 ; Dalloz actualité, 20 févr. 2012, obs. Bombled ; D. 2012. Actu. 492 ; RSC 2013. 95, obs. Ambroise-Castérot ; JCP E 2012, nº 1171 ; CCC 2012, nº 139, obs Raymond ; RJDA 2012, nº 536 ; Dr. pénal 2012, nº 39, obs. J.-H. Robert.* ♦ V. aussi note 6 ss. art. L. 121-23 C. consom.

8. Sanction civile. Il résulte de l'art. 6 C. civ. que la méconnaissance des dispositions d'ordre public de l'art. L. 121-26 C. consom. est sanctionnée non seulement pénalement mais encore par la nullité du contrat. • Civ. 1re, 7 oct. 1998 : *Bull. civ. I, nº 290 ; D. 2000. Somm. 45, obs. Pizzio ; D. Affaires 1998. 1850, obs. C. R. ; Rev. huiss. 1999. 417, obs. Bazin ; JCP 1999. II. 1039, note Gervais.* ♦ Le juge doit prononcer la nullité de l'acte pour infraction à l'art. L. 121-26 et ce, même si cet argument n'avait pas été soulevé par le client (qui fondait son action sur l'art.

L. 121-23 pour défaut de mentions obligatoires). • Civ. 1re, 18 déc. 2002 : *Bull. civ. I, n° 315 ; JCP E 2003, n° 7-8, p. 297 ; CCC 2003, n° 79, obs. Raymond ; RTD com. 2003. 358, obs. Bouloc ; RTD civ. 2003. 704, obs. Mestre et Fages ; RDC 2003. 86, obs. Fenouillet ; RJDA 2003, n° 328.* ♦ V. aussi notes 8 s. ss. art. L. 121-23 C. consom.

Art. L. 121-27 **A la suite d'un démarchage par téléphone ou par tout moyen technique assimilable, le professionnel doit adresser au consommateur une confirmation de l'offre qu'il a faite. Le consommateur n'est engagé que par sa signature. Il bénéficie alors des dispositions prévues** *(L. n° 2004-575 du 21 juin 2004, art. 24)* **« aux articles L. 121-18, L. 121-19, L. 121-20, L. 121-20-1 et L. 121-20-3 ».** – *[L. n° 72-1137 du 22 déc. 1972, art. 2 bis.] – V. lesdits art., VI – Distance (ventes à).*

BIBL. ▶ RAYMOND, *CCC 1995. Chron. 1.*

Les personnes physiques ou morales peuvent demander à ne pas faire l'objet de démarchage publicitaire effectué par télex ou télécopie en se faisant inscrire dans un fichier public rassemblant les personnes qui ne souhaitent pas recevoir de telles correspondances. L'inscription dans le fichier est gratuite (L. n° 89-1008 du 31 déc. 1989, art. 10). – Sur l'organisation et le fonctionnement du fichier, V. Décr. n° 91-638 du 9 juill. 1991 (D. et ALD 1991. 305).

1. Démarchage par téléphone. Est légalement justifiée la décision d'un tribunal qui, ayant relevé qu'il ressortait de l'original du bon de commande, sur lequel la case « phoning » avait été cochée et des déclarations des acquéreurs que ceux-ci avaient été démarchés par téléphone, ayant encore constaté que les acquéreurs s'étaient désistés de la commande le 14 sept. 1989 alors que le mobilier n'avait pas été livré, en a déduit, sans dénaturer le bon de commande, que les acquéreurs, dont l'engagement avait été provoqué par l'appel téléphonique, étaient fondés à demander le remboursement de l'acompte versé en application de l'art. 2 *bis* de la L. n° 72-1137 du 22 déc. 1972 [C. consom., art. L. 121-27] et des art. 1er et 3-1 de la L. n° 88-21 du 6 janv. 1988 [C. consom., art. L. 121-16, al. 1er, et L. 121-19, *VI. – Distance (ventes à)*]. • Civ. 1re, 30 mars 1994 : *Bull. civ. I, n° 131 ; D. 1994. Somm. 235, obs. Paisant ; JCP 1994. II. 22302, note Raymond.* ♦ Par application de l'art. L. 121-27, la vente réalisée, après commande verbale, au domicile de l'acheteur, démarché au téléphone, par le vendeur qui livre la marchandise et fait viser le bon de livraison, n'est, en l'absence d'acceptation écrite du client, pas soumise aux art. L. 121-16 et L. 121-19 relatifs à la vente à distance, mais relève de la législation sur le démarchage à domicile. • Crim. 12 oct. 1999 : *Bull. crim. n° 214 ; JCP E 2000, n° 20, p. 804, note J.-H. Robert ; CCC 2000, n° 104, obs. Raymond.*

2. Fichier public. V. : Rép. min. n° 2467 : *JOAN Q, 16 août 1993, p. 2570.*

3. Contact téléphonique suivi d'une vente hors du domicile. V. note 13 ss. art. L. 121-21 C. consom.

4. Envoi d'un courrier. Une proposition de contrat par lettre constitue un démarchage « par tout autre moyen technique assimilable » au téléphone au sens de l'art. L. 121-27. • Civ. 1re, 29 oct. 2002 : *Bull. civ. I, n° 256 ; CCC 2003, n° 18, obs. Raymond ; Dr. et patr. févr. 2003, p. 108, obs. Chauvel ; RJDA 2003, n° 329.* ♦ Le contrat de révélation de succession, dont l'offre et l'acceptation ont eu lieu par courriers, est soumis à l'art. L. 121-16 C. consom. par renvoi de l'art. L. 121-27. • Nancy, 6 févr. 2007 : *JCP 2007. IV. 2581.*

5. Acceptation formelle. En l'absence d'acceptation formelle – écrite ou électronique – des nouvelles conditions contractuelles proposées par démarchage, et *a fortiori* après l'opposition écrite du client, le fournisseur d'accès à internet n'est pas fondé à modifier les conditions d'un abonnement à internet. • TI Vanves, 13 janv. 2004 : *D. 2004. AJ 697.*

Art. L. 121-28 **Toute infraction aux dispositions des articles L. 121-23, L. 121-24, L. 121-25 et L. 121-26 sera punie d'une peine d'emprisonnement de un an et d'une amende de 3 750 € ou de l'une de ces deux peines seulement.** – *[L. n° 72-1137 du 22 déc. 1972, art. 5.] – V. art. L. 121-41 C. consom.*

(L. n° 2008-776 du 4 août 2008, art. 71-II, 2°) **« Les personnes physiques déclarées coupables encourent également à titre de peines complémentaires l'interdiction, suivant les modalités prévues par l'article 131-27 du code pénal, soit d'exercer une fonction publique ou d'exercer l'activité professionnelle ou sociale dans l'exercice ou à l'occasion de l'exercice de laquelle l'infraction a été commise, soit d'exercer une pro-**

fession commerciale ou industrielle, de diriger, d'administrer, de gérer ou de contrôler à un titre quelconque, directement ou indirectement, pour leur propre compte ou pour le compte d'autrui, une entreprise commerciale ou industrielle ou une société commerciale. Ces interdictions d'exercice peuvent être prononcées cumulativement. »

Sur le délit d'abus de faiblesse, V. art. L. 122-8 et L. 122-9 C. consom., Dispositions générales.

1. Nature de l'infraction. Jugé qu'il s'agit d'un délit n'exigeant pas l'élément intentionnel. • Paris, 22 oct. 1975 : *Gaz. Pal. 1975. 2. 775, note D.S.*

2. Action des groupements. Sur l'action civile des associations de consommateurs, V. C. consom., art. L. 132-1 (note 12) et L. 421-1 s. – **C. consom.** ♦ Sur l'action civile des syndicats professionnels, V. • Paris, 30 nov. 1976 : *JCP E 1976. II. 12761, note Guérin.*

3. Responsabilité des dirigeants. V. note 2 ss. art. L. 121-21 C. consom.

4. Responsabilité du commettant. La responsabilité civile du commettant peut être engagée sur le fondement de l'art. 1384, al. 5, C. civ., s'agissant d'un préposé ayant falsifié un bon de commande qu'il avait fait souscrire dans l'exercice de ses fonctions. • Civ. 2e, 8 nov. 1993 : *Bull. civ. II, n° 321 ; CCC 1994, n° 42, note Raymond.*

Art. L. 121-29 **Les dispositions de la loi n° 47-1635 du 30 août 1947** *[abrogée]* **relative à l'assainissement des professions commerciales et industrielles sont applicables aux personnes qui effectuent des opérations de vente à domicile.** – *V. C. com., anc. art. L. 128-1 s., abrogés par L. n° 2008-776 du 4 août 2008 (JO 5 août).*

L'entreprise est civilement responsable des démarcheurs, même indépendants, qui agissent pour son compte. – *[L. n° 72-1137 du 22 déc. 1972, art. 6, al. 1er et 2.]*

Responsabilité pénale. V. note 2 ss. art. L. 121-21 C. consom.

Art. L. 121-30 *Abrogé par Ord. n° 2005-1086 du 1er sept. 2005, art. 4-II. – V. art. L. 141-1 C. consom.*

Art. L. 121-31 **A l'occasion des poursuites pénales exercées en application de la présente section contre le vendeur, le prestataire de services ou le démarcheur, le client qui s'est constitué partie civile est recevable à demander devant la juridiction répressive une somme égale au montant des paiements effectués ou des effets souscrits, sans préjudice de tous dommages-intérêts.** – *[L. n° 72-1137 du 22 déc. 1972, art. 6, al. 3.]*

BIBL. ▸ ATIAS, *D. 1996. Chron. 247.*

Dommages-intérêts. Jugé que méconnaît les art. L. 121-26 et L. 121-31 une cour d'appel qui, pour dire non fondées les demandes de restitution d'acompte et de dommages-intérêts présentées par la partie civile, retient que le préjudice invoqué ne résultait pas de l'infraction sanctionnée dès lors que le chèque d'acompte n'avait pas été encaissé avant l'expiration du délai légal de réflexion, durant lequel la cliente ne s'était pas rétractée. • Crim. 23 sept. 2003 : *Bull. crim. n° 169 ; D. 2003. AJ 2765, obs. Chevrier ; JCP E 2003, n° 48, p. 1894 ; Dr. pénal 2004, n° 9, obs. Robert ; RTD com. 2004. 169, obs. Bouloc ; RJDA 2004, n° 248 ; RSC 2004. 105, obs. Ambroise-Castérot.* ♦ Méconnaît le sens et la portée de l'art. L. 121-31 une cour d'appel qui, pour écarter les demandes d'indemnisation des parties civiles, relève l'absence de lien de causalité entre l'infraction et le préjudice, dès lors qu'aucun des demandeurs n'a allégué avoir eu l'intention de renoncer à son engagement d'achat dans le délai de rétractation prévu par l'art. L. 121-25 C. consom., alors que les demandes des parties civiles étaient nécessairement fondées sur les dispositions de l'art. L. 121-31. • Crim. 4 avr. 2006 : *Bull. crim. n° 103 ; D. 2006. AJ 1444, obs Rondey ; RTD com. 2006. 927, obs. Bouloc ; RSC 2007. 97, obs. Ambroise-Casterot ; RJDA 2006, n° 1080 ; RLDA juin 2006. 69, obs. Méar ; Dr. pénal 2006, n° 103, obs. Robert ; Gaz. Pal. 2006. Somm. 1316, obs. M. B. ; RDC 2007. 335, obs. Fenouillet.* ♦ Comp., refusant d'accorder des dommages-intérêts dès lors qu'il ne s'est ensuivi aucun préjudice résultant de l'encaissement des chèques délivrés en méconnaissance des dispositions de l'art. L. 121-26 C. consom. : • Metz, 25 mars 2004 : *JCP E 2005, n° 4, p. 111.*

Art. L. 121-32 Des décrets en Conseil d'État pourront régler, en tant que de besoin, les modalités d'application de la présente section. – *[L. n° 72-1137 du 22 déc. 1972, art. 9.]*

Art. L. 121-33 Il est interdit de se rendre au domicile d'une personne physique, à sa résidence ou à son lieu de travail pour proposer la vente, la location ou la location-vente de documents ou matériels quelconques tendant à répondre aux mêmes besoins que des prestations de services pour lesquelles le démarchage est prohibé en raison de son objet par un texte particulier.

Toute infraction aux dispositions de l'alinéa précédent entraîne, outre la nullité de la convention, l'application des sanctions prévues à l'article L. 121-28. – *[L. n° 72-1137 du 22 déc. 1972, art. 8, II.]*

(L. n° 94-442 du 3 juin 1994) « Ne sont pas visés par les dispositions des alinéas précédents les supports matériels de connaissance des langues étrangères ou régionales destinés à leur libre apprentissage, sans assistance ou suivi pédagogique, dont la présentation ne fait pas référence à un niveau scolaire, à une activité d'enseignement, à la réussite scolaire, à une formation, à l'obtention d'un diplôme ou d'une situation professionnelle. Dans ce cas, le délai de réflexion de sept jours est prolongé d'un délai supplémentaire expirant quinze jours après la réception du produit par le client pour faire retour de ce produit pour remboursement. En cas d'exercice de ce droit de retour, le matériel est restitué au vendeur sans frais ou indemnités autres que les frais de réexpédition. Le contrat prévu à l'article L. 121-23 doit reproduire en outre le texte du présent alinéa concernant la faculté de résiliation de la commande.

« Les résultats des tests d'aptitude à l'emploi des méthodes de langues effectués par le vendeur ou le fabricant sous le contrôle d'un tiers indépendant doivent être communiqués au consommateur avant la conclusion du contrat. »

Sur les vendeurs à domicile indépendants, V. C. com., art. L. 135-1 s.

1. Compatibilité avec le droit communautaire. Sur la conformité au traité de Rome de l'interdiction du démarchage pour la vente de bijoux en argent, V. • CJCE 23 févr. 2006 : *JDI 2006. 670, obs. Berr.*

2. Méthodes d'auto-apprentissage des langues. La L. n° 94-442 du 3 juin 1994, dont sont issus les al. 3 et 4 de l'art. L. 121-33, s'applique aux faits commis avant son entrée en vigueur et non définitivement jugés. • Crim. 30 nov. 1994 : *Bull. crim. n° 391.*

VIII Objets mobiliers usagés (vente ou échange d')

Code pénal

Art. 321-7 Est puni de six mois d'emprisonnement et de 30 000 € d'amende le fait, par une personne dont l'activité professionnelle comporte la vente d'objets mobiliers usagés ou acquis à des personnes autres que celles qui les fabriquent ou en font le commerce, *(L. n° 92-1336 du 16 déc. 1992)* « d'omettre, y compris par négligence, de tenir » jour par jour, dans des conditions prévues par décret en Conseil d'État, un registre *(L. n° 2011-267 du 14 mars 2011, art. 55)* « indiquant la nature, les caractéristiques, la provenance, le mode de règlement de l'objet et » contenant une description des objets acquis ou détenus en vue de la vente ou de l'échange et permettant l'identification de ces objets ainsi que celle des personnes qui les ont vendus ou apportés à l'échange.

Est puni des mêmes peines le fait, par une personne, à l'exception des officiers publics ou ministériels, qui organise, dans un lieu public ou ouvert au public, une manifestation en vue de la vente ou de l'échange d'objets visés à l'alinéa précédent, *(L. n° 92-1336 du 16 déc. 1992)* « d'omettre, y compris par négligence, de tenir » jour par

jour, dans des conditions prévues par décret en Conseil d'État, un registre permettant l'identification des vendeurs.

Lorsque l'activité professionnelle définie au premier alinéa est exercée par une personne morale, ou que l'organisateur de la manifestation prévue au deuxième alinéa est une personne morale, l'obligation de tenir le registre incombe aux dirigeants de cette personne morale. — *V. C. pén., art. R. 321-1 s. et R. 633-1 s.*

BIBL. ► OTTAWAY, *JCP E 2013, n° 1184* (tour d'horizon sur le registre de police).

1. Tenue irrégulière. Pour un exemple, V. • Crim. 24 nov. 1992 : *CCC 1993, n° 99, note Raymond.*

2. Enregistrement au jour le jour. Sur la nécessité de cette condition, V. • Crim. 18 sept. 1990 : *D. 1990. IR 262.*

3. Lieu public ou ouvert au public. Par ces termes, le législateur a entendu viser les foires à la brocante, kermesses, braderies, bourses d'échanges, au sein desquelles les particuliers comme les professionnels offrent à la vente ou à l'échange des biens qui leur appartiennent (Rép. min. n° 27658 : *JOAN Q, 31 juill. 1995 ; BID 1995, n° 10, p. 29*).

4. Particuliers. Les particuliers peuvent être autorisés, à titre exceptionnel, à vendre dans les lieux publics des objets mobiliers personnels usagés à l'occasion de marchés aux puces et de foires à la brocante. Ils doivent demander au maire une autorisation qui est accordée à titre individuel et non sous la forme d'une autorisation générale ou collective (Rép. min. n° 27658 : *préc. note 3*).

5. Procédure. Les vérifications effectuées sur le fondement des art. L. 321-7 et L. 321-8 C. pén. ne sont pas soumises aux dispositions du C. pr. pén. relatives aux perquisitions et saisies. • Crim. 13 oct. 1998 : *Bull. crim. n° 254.*

Art. 321-8 **Est puni de six mois d'emprisonnement et de 30 000 € d'amende le fait, par une personne visée à l'article précédent, d'apposer sur le registre prévu par cet article des mentions inexactes.**

Est puni des mêmes peines le fait, par cette personne, de refuser de présenter ce registre à l'autorité compétente.

Dispositions relatives aux personnes dont l'activité professionnelle comporte la vente ou l'échange de certains objets mobiliers

Art. R. 321-1 et R. 321-2 *(Déclaration administrative préalable).*

Art. R. 321-3 *(Décr. n° 2012-99 du 26 janv. 2012, art. 1er)* « Le registre d'objets mobiliers prévu au premier alinéa de l'article 321-7 comporte : »

1° Les nom, prénoms, qualité et domicile de chaque personne qui a vendu, apporté à l'échange ou remis en dépôt en vue de la vente un ou plusieurs objets, ainsi que la nature, le numéro et la date de délivrance de la pièce d'identité produite par la personne physique qui a réalisé la vente, l'échange ou le dépôt, avec l'indication de l'autorité qui l'a établie ;

2° Lorsqu'il s'agit d'une personne morale, la dénomination et le siège de celle-ci ainsi que les nom, prénoms, qualité et domicile du représentant de la personne morale qui a effectué l'opération pour son compte, avec les références de la pièce d'identité produite ;

(Décr. n° 2012-99 du 26 janv. 2012, art. 1er) « 3° La nature, la provenance et la description des objets acquis ou détenus en vue de la vente ou de l'échange.

« La description de chaque objet comprend ses caractéristiques ainsi que les noms, signatures, monogrammes, lettres, chiffres, numéros de série, emblèmes et signes de toute nature apposés sur lui et qui servent à l'identifier*[.]*

« Toutefois, les objets dont la valeur unitaire » n'excède pas un montant fixé par un arrêté conjoint du garde des sceaux, ministre de la justice, du ministre de l'intérieur et du ministre chargé du commerce et qui ne présentent pas un intérêt artistique ou historique peuvent être regroupés et faire l'objet d'une mention et d'une description communes sur le registre. — *Montant fixé à 400 F par Arr. 29 déc. 1988 (D. et ALD 1989. 74).*

Art. R. 321-4 Chaque objet exposé à la vente ou détenu en stock est affecté d'un numéro d'ordre.

Les objets mentionnés au dernier alinéa de l'article R. 321-3 peuvent faire l'objet d'un numéro d'ordre commun.

Le numéro d'ordre est porté sur le registre et figure de manière apparente sur chaque objet ou lot d'objets. — *V. art. R. 633-2.*

Art. R. 321-5 Le registre comporte également :

1° Le prix d'achat *(Décr. n° 2012-99 du 26 janv. 2012, art. 2)* « et le mode de règlement de chaque objet ou lot d'objets » ou, en cas d'échange, d'acquisition à titre gratuit ou de dépôt en vue de la vente, une estimation de la valeur vénale de chaque objet ou lot d'objets ;

2° Le cas échéant, l'indication *(Décr. n° 2013-287 du 4 avr. 2013, art. 2)* « de la mesure de protection de l'objet mobilier en application des dispositions du code du patrimoine » *[C. patr., art. L. 611-1 s.]*, lorsqu'il en est donné connaissance au revendeur d'objets mobiliers.

Art. R. 321-6 Les mentions figurant sur le registre sont inscrites à l'encre indélébile, sans blanc, rature ni abréviation.

Le registre est coté et paraphé par le commissaire de police ou, à défaut, par le maire de la commune où est situé l'établissement ouvert au public.

Lorsque les personnes mentionnées à l'article R. 321-1 possèdent plusieurs établissements ouverts au public, un registre est tenu pour chaque établissement.

Lorsque ces mêmes personnes ne possèdent pas d'établissement fixe ouvert au public, le registre est coté et paraphé par un commissaire de police ou un maire.

Le registre est conservé pendant un délai de cinq ans à compter de sa date de clôture. — *V. art. R. 633-3.*

Art. R. 321-6-1 *(Décr. n° 2013-287 du 4 avr. 2013, art. 3)* La tenue du registre au moyen d'un traitement automatisé de données à caractère personnel dispense de la tenue d'un registre physique coté et paraphé.

Le registre tenu au moyen d'un traitement automatisé comporte les mentions prévues aux articles R. 321-3 à R. 321-5.

Le traitement automatisé garantit l'intégrité, l'intangibilité et la sécurité des données enregistrées.

La durée de conservation des données est de dix ans à compter de leur enregistrement dans le traitement.

Art. R. 321-7 Lorsque la personne mentionnée à l'article R. 321-1 est une personne morale, les obligations prévues par la présente sous-section incombent aux dirigeants de celle-ci.

Art. R. 321-8 Le modèle du registre d'objets mobiliers est déterminé par arrêté conjoint du ministre de l'intérieur et du ministre chargé du commerce. — *V. Arr. du 29 déc. 1988 (JO 5 janv. 1989).*

(Décr. n° 2013-287 du 4 avr. 2013, art. 4) « Les modalités de tenue du registre d'objets mobiliers au moyen d'un traitement automatisé de données à caractère personnel prévu à l'article R. 321-6-1 et les obligations techniques devant être respectées par un tel traitement sont déterminées par arrêté conjoint du ministre de l'intérieur et du ministre de la culture. »

Dispositions concernant les manifestations publiques en vue de la vente ou de l'échange de certains objets mobiliers

Art. R. 321-9 Le registre tenu à l'occasion de toute manifestation mentionnée au deuxième alinéa de l'article 321-7 doit comprendre :

1° Les nom, prénoms, qualité et domicile de chaque personne qui offre à la vente ou à l'échange des objets mobiliers usagés ou acquis de personnes autres que celles qui les fabriquent ou en font commerce ainsi que la nature, le numéro et la date de délivrance de la pièce d'identité produite par celle-ci avec l'indication de l'autorité qui l'a établie ;

(Décr. nº 2009-16 du 7 janv. 2009, art. 3) « 2° Pour les participants non professionnels, la mention de la remise d'une attestation sur l'honneur de non-participation à deux autres manifestations de même nature au cours de l'année civile ;

« 3° » Lorsqu'il s'agit d'une personne morale, la dénomination et le siège de celle-ci ainsi que les nom, prénoms, qualité et domicile du représentant de la personne morale à la manifestation, avec les références de la pièce d'identité produite.

Art. R. 321-10 Le registre doit être coté et paraphé par le commissaire de police ou, à défaut, par le maire de la commune du lieu de la manifestation.

Il est tenu à la disposition des services de police et de gendarmerie, des services fiscaux, des douanes ainsi que des services de la concurrence, de la consommation et de la répression des fraudes pendant toute la durée de la manifestation.

Au terme de celle-ci et au plus tard dans le délai de huit jours, il est déposé à la préfecture ou à la sous-préfecture du lieu de la manifestation. – *V. art. R. 633-5 et R. 635-5.*

Art. R. 321-11 Lorsque l'organisateur de la manifestation est une personne morale, les obligations prévues par la présente sous-section incombent aux dirigeants de celle-ci.

Art. R. 321-12 Le modèle du registre est déterminé par arrêté conjoint du ministre de l'intérieur et du ministre chargé du commerce. – *V. Arr. 21 juill. 1992 (JO 31 juill.), mod. par Arr. 15 mai 2009 (JO 10 juin).*

Registre d'objets mobiliers. L'Arr. du 21 juill. 1992, qui a abrogé l'Arr. du 29 déc. 1988, permet l'édition du registre sous la forme de « listing » en supprimant l'exigence de la reliure (Rép. min. nº 10948 : *JOAN Q, 13 juin 1994, p. 3029*).

……………………………………………………………………………………………

Violation des dispositions réglementant la vente ou l'échange de certains objets mobiliers

Art. R. 633-1 *(Sanction pénale des obligations prévues à l'art. R. 321-1).*

Art. R. 633-2 Le fait, par une personne mentionnée à l'article R. 321-1, d'omettre de faire figurer de manière apparente sur un objet ou lot d'objets exposé à la vente ou détenu en stock le numéro d'ordre correspondant, conformément aux prescriptions de l'article R. 321-4, est puni de l'amende prévue pour les contraventions de la 3e classe.

Art. R. 633-3 Le fait, par une personne mentionnée à l'article R. 321-1, d'omettre de faire parapher le registre d'objets mobiliers prévu à l'article R. 321-3, conformément aux prescriptions de l'article R. 321-6, est puni de l'amende prévue pour les contraventions de la 3e classe.

(Décr. nº 2013-287 du 4 avr. 2013, art. 5) « Le fait, par une personne mentionnée à l'article R. 321-1, tenant un registre d'objets mobiliers au moyen d'un traitement automatisé de données à caractère personnel, de ne pas tenir ce registre dans les conditions garantissant l'intégrité, l'intangibilité et la sécurité des données enregistrées telles que définies par l'arrêté prévu au deuxième alinéa de l'article R. 321-8 est puni de l'amende prévue pour les contraventions de la 3e classe. »

Art. R. 633-4 *(Abrogé par Décr. nº 2010-671 du 18 juin 2010, art. 4) Les personnes morales peuvent être déclarées responsables pénalement, dans les conditions prévues par l'article 121-2, des infractions définies aux articles R. 633-1, R. 633-2 et R. 633-3.*

La peine encourue par les personnes morales est l'amende, suivant les modalités prévues par l'article 131-41.

Art. R. 633-5 Le fait, par une personne mentionnée au deuxième alinéa de l'article 321-7, d'omettre de faire parapher le registre prévu par l'article R. 321-9, conformément aux prescriptions de l'article R. 321-10, est puni de l'amende prévue pour les contraventions de la 3ᵉ classe.

(Abrogé par Décr. nº 2010-671 du 18 juin 2010, art. 4) *« Les personnes morales peuvent être déclarées responsables pénalement, dans les conditions prévues par l'article 121-2, de l'infraction définie au présent article.*

« La peine encourue par les personnes morales est l'amende, suivant les modalités prévues par l'article 134-41. »

....

Art. R. 635-3 *(Sanction pénale des obligations prévues aux art. R. 321-1 et R. 321-2).*

Art. R. 635-4 ....

Art. R. 635-5 Le fait, par une personne mentionnée au deuxième alinéa de l'article 321-7, d'omettre de déposer le registre prévu par l'article R. 321-9 auprès des services compétents dans les conditions prévues à l'article R. 321-10 est puni de l'amende prévue pour les contraventions de la 5ᵉ classe.

Art. R. 635-6 *(Abrogé par Décr. nº 2010-671 du 18 juin 2010, art. 4)* ***Les personnes morales peuvent être déclarées responsables pénalement, dans les conditions prévues par l'article 121-2, des infractions définies aux articles R. 635-3, R. 635-4 et R. 635-5.***

La peine encourue par les personnes morales est l'amende, suivant les modalités prévues par l'article 131-41.

Art. R. 635-7 La récidive des contraventions prévues aux articles R. 635-3, R. 635-4 et R. 635-5 est réprimée conformément aux articles 132-11 et 132-15.

IX Primes ou cadeaux (ventes avec)

Code de la consommation

Ventes ou prestations avec primes

Art. L. 121-35 Est interdite toute vente ou offre de vente de produits ou de biens ou toute prestation ou offre de prestation de services faites aux consommateurs et donnant droit, à titre gratuit, immédiatement ou à terme, à une prime consistant en produits, biens ou services sauf s'ils sont identiques à ceux qui font l'objet de la vente ou de la prestation *(L. nº 2011-525 du 17 mai 2011, art. 45)* « *[,]* dès lors que la pratique en cause revêt un caractère déloyal au sens de l'article L. 120-1 ».

Cette disposition ne s'applique pas aux menus objets ou services de faible valeur ni aux échantillons. *(L. nº 2010-788 du 12 juill. 2010, art. 257)* « Dans le cas où ces menus objets sont distribués dans le but de satisfaire à des exigences environnementales, ils doivent être entièrement recyclables qu'il s'agisse de carton recyclable ignifugé ou d'encres alimentaires et d'une valeur inférieure à 7 % du prix de vente net, toutes taxes comprises, du produit faisant l'objet de la vente. Si celui-ci appartient à la catégorie de produits et ingrédients tels que définis à l'article L. 3511-1 du code de la santé publique, les menus objets ne doivent comporter aucune référence, graphisme, présentation ou tout autre signe distinctif qui rappelle un produit ou un ingrédient tel

que défini au même article L. 3511-1. Dans ce cas, les avertissements sanitaires relatifs aux dangers du tabac doivent être mentionnés. Les références de la personne intéressée à l'opération de publicité, la dénomination de la marque, du sigle ou logo, peuvent être apposées sur les menus objets pour autant qu'elles respectent les dispositions restreignant ou encadrant la publicité concernant l'alcool, le tabac et les jeux ou paris en ligne, notamment prévues aux articles L. 3511-3, L. 3511-4 et L. 3323-2 à L. 3323-5 du code de la santé publique. Les modalités d'apposition des références sont définies par décret. »

Cette disposition s'applique à toutes les activités visées au dernier alinéa de l'article L. 113-2 *[C. com., art. L. 410-1]*.

(L. n° 2010-737 du 1er juill. 2010, art. 59-II) **« Les règles relatives aux ventes avec primes applicables aux produits et services proposés pour la gestion d'un compte de dépôt sont fixées par le 2 du I de l'article L. 312-1-2 du code monétaire et financier. »** — *V. cet art., v° Banque et financement de l'entreprise.*

Les infractions aux art. L. 121-35, R. 121-8 et R. 121-10 sont punies des peines d'amende prévues pour les contraventions de la 5e classe ; en cas de récidive, les peines d'amende prévues pour la récidive des contraventions de la 5e classe sont applicables (C. consom., art. R. 121-13).

BIBL. ▸ Greffe et Boespflug, *Gaz. Pal. 1987. 1. Doctr. 160.* – Calais-Auloy, *D. 1987. Chron. 137.* – Raymond, *CCC 2002, n° 34* (loi MURCEF : modifications intéressant le droit de la consommation). – Serinet, *D. 2002. 3252* (ventes ou prestations de services avec primes : d'une prohibition à l'autre). – Pédamon, *Liber amicorum Calais-Auloy, Dalloz, 2004, p. 823* (entre droit de la consommation et droit de la concurrence). – Wilhelm et Ferchiche, *CCC 2009. Étude 8* (le sort des ventes subordonnées et des ventes avec primes en droit français de la consommation, après l'arrêt de la CJCE du 23 avr. 2009). ▸ L. n° 2011-525 du 17 mai 2011 : Voisset et Duperray, *LPA 5 avr. 2011* (promotion des ventes : entre réforme *a minima* et attentisme, l'insécurité juridique subsiste). – Petit, *LPA 23 mai 2011* (promotion des ventes : une loi de simplification pour tout compliquer !). – Note de la rédaction, *BRDA 2011, n° 9, p. 16* (mesure en matière de réglementation économique).

1. Droit transitoire. V. note 2 ss. art. 61 de l'Ord. n° 86-1243 du 1er déc. 1986, reproduit ss. art. L. 470-8 C. com.

2. Droit communautaire. **BIBL.** Wilhelm et Ferchiche, *CCC 2009. Étude 8* (le sort des ventes subordonnées et des ventes avec primes en droit français après l'arrêt du 23 avr. 2009). ♦ La Dir. 2005/29/CE du 11 mai 2005, relative aux pratiques commerciales déloyales des entreprises vis-à-vis des consommateurs, doit être interprétée en ce sens qu'elle s'oppose à une réglementation nationale qui, sauf certaines exceptions et sans tenir compte des circonstances spécifiques du cas d'espèce, interdit toute offre conjointe faite par un vendeur à un consommateur. • CJCE 23 avr. 2009 : *cité note 8 ss. art. L. 122-1 C. consom.* ♦ V. l'ajout apporté par la L. n° 2011-525 du 17 mai 2011 au 1er al. de l'art. L. 121-35, *in fine*.

3. Personne responsable. Le champ d'application de la réglementation des ventes avec primes s'étend à tout producteur qui propose un produit au consommateur, fût-ce par l'intermédiaire d'un revendeur. • Com. 11 mars 2003 : *Bull. civ. IV, n° 45 ; JCP E 2003, n° 20, p. 832 ; CCC 2003, n° 119, obs. Raymond ; Gaz. Pal. 2004. Somm. 4055, obs. Boulet ; RTD com. 2003. 559, obs. Bouloc ; RJDA 2003, n° 889.* ♦ Sur la responsabilité d'un chef de rayon ayant reçu délégation de pouvoirs du chef d'entreprise, V. • Agen, 17 févr. 1994 : *CCC 1995, n° 15, obs. crit. Raymond.* ♦ Sur la délégation de pouvoirs, V. Dreyer, *D. 2004. 937* (les pouvoirs délégués afin d'exonérer pénalement le chef d'entreprise).

4. Primes interdites. Justifie légalement sa décision la cour d'appel qui, pour condamner une société pour avoir méconnu l'interdiction de vente à prime de livres édictée par la L. n° 81-766 du 10 août 1981 (V. art. 6 de cette loi, v° *Concurrence*), retient que les bons d'achat de la société pouvaient donner lieu à la remise gratuite ou à des conditions avantageuses d'un autre objet ou d'un service lors d'un second achat, de sorte que le bon d'achat constituait un avantage définitivement acquis lors de la première vente, quand bien même son obtention se trouvait différée, et qu'il n'était pas seulement destiné à être imputé sur le prix d'autres biens. • Com. 20 nov. 2007 : *Bull. civ. IV, n° 252 ; D. 2008. Pan. 253, obs. Picod ; ibid. AJ 9, obs. Rondey ; RTD com. 2008. 403, obs. Bouloc ; JCP E 2008, n° 14, p. 23, note Mainguy et Bénilsi ; RJDA 2008, n° 580 ; RLDA févr. 2008. 58, obs. Anadon ; RLC avr.-juin 2008. 104, obs. Arcelin-Lécuyer.* ♦ Il n'importe, pour l'application de l'art. L. 121-35, que l'attribution de la prime à laquelle donne droit la vente soit limitée à un nombre restreint de consommateurs. • Crim. 5 avr. 1995 : *Bull. crim. n° 151.* ♦ Sur l'illicéité de l'opération promotionnelle consistant en l'attribution à certaines personnes tirées au sort de deux billets d'avion vers une destination de leur choix, les frais de séjour dans des hôtels sélectionnés par l'organisateur restant à la charge de ces personnes, V. • Rennes, 14 janv. 1993 : *RJDA 1993, n° 849.*

5. Primes autopayantes. L'attribution d'une prime autopayante doit s'analyser, quelle que soit la qualification retenue par les parties, en un contrat de vente, peu important que cette vente soit consécutive à la conclusion préalable d'un autre contrat. • Versailles, 28 janv. 1999 : *D. 1999. IR 71 ; D. Affaires 1999. 449, obs. E. P. ; Cah. dr. entr. 1999, n° 2, p. 36, note Genty et Becquart ; LPA 8 nov. 1999, obs. Etner,* conf. par • Com. 29 janv. 2002 : *D. 2002. AJ 885, obs. Chevrier ; LPA 3 juill. 2003, obs. Etner ; RJDA 2002, n° 696.* ♦ Sur la distinction entre la *prime différée* (produit ou service gratuit pour l'acheteur qui a cumulé un nombre suffisant de preuves d'achat), illicite, et la *prime autopayante* (proposition d'un art. à prix avantageux à tout acheteur d'un produit d'une autre marque), licite, V. • Paris, 3 mars 1992 : *CCC 1992, n° 169, obs. Raymond.* ♦ Le fait de vendre deux produits, l'un à prix « normal » et l'autre au prix symbolique de 1 F (0,15 €), ne constitue pas une vente avec prime illicite, la vente du produit principal ne donnant pas droit à une prime remise « à titre gratuit », interdite par l'art. L. 121-35, texte de nature pénale et par conséquent d'interprétation stricte (Rép. min. n° 15532 : *JOAN Q, 16 nov. 1998, p. 6306*).

6. Prime payante. L'offre de temps de communication gratuit à l'occasion d'un nouvel abonnement s'analyse en une prime payante pour un service identique à celui du contrat principal ; une telle prime n'est pas prohibée par le code de la consommation. • T. com. Nanterre, 6 févr. 2004 : *CCC 2004, n° 117, obs. crit. Raymond.*

7. Réduction de prix. Sur la distinction entre une prime illicite et une réduction de prix, V. • Com. 24 oct. 2000 : *BRDA 2000, n° 21, p. 13.*

8. Produits ou prestations indispensables. La vente avec prime se caractérise par l'incitation à l'achat consistant à attirer le client en lui offrant la perspective d'obtenir, avec un produit ou un service acquis à titre onéreux, un autre objet ou un autre service remis gratuitement ou à des conditions avantageuses. La prime, pour constituer une incitation à l'achat, doit viser un produit ou un service que l'on peut désirer pour lui-même, et que l'on acquiert d'ordinaire à titre onéreux. Le port ou la livraison d'un produit n'a pas de caractère marchand autonome par rapport à ce produit ; dès lors il ne constitue pas un service distinct et détachable de la vente du produit, sa gratuité ne saurait donc constituer une prime. • Paris, 9 avr. 2009 : *D. 2009. AJ 1534 ; Lettre distrib. juill.-août 2009, p. 3.* ♦ ... Rendu sur renvoi d'un arrêt de cassation ayant jugé que la prise en charge par le vendeur du coût afférent à l'exécution de son obligation de délivrance du produit vendu ne constitue pas une prime au sens du code de la consommation. • Com. 6 mai 2008 : *Bull. civ. IV, n° 97 ; D. 2008. 2186, note Feldman ; ibid. AJ 1474, obs. Rondey ; RTD com. 2009. 200, obs. Bouloc ; JCP E 2008, n° 28-29, p. 25, note Prieur ; JCP 2008. Act. 342, obs. Derieux ; CCE 2008, n° 93, obs. Debet ; RJDA 2008, n° 954 ; RDC 2008. 1222, obs. Fenouillet ; RDC 2009. 147, obs. Pimont ; RLDA juill.-août 2008. 51, obs. Anadon.* ♦ ... Cassant l'arrêt qui avait jugé que le transport consistant à la mise à disposition de l'acheteur du produit considéré et étant, à ce titre, nécessairement antérieur à l'utilisation de celui-ci, le vendeur ne peut soutenir, pour bénéficier des dérogations de l'art. R. 121-9 C. consom., que le transport constituait un service indispensable à l'utilisation normale du produit, et donc, exclusif de toute qualification de prime. • Paris, 23 mai 2007 : *D. 2007. 2311, note Feldman ; ibid. AJ 1657 ; D. 2008. Pan. 253, obs. Picod ; JCP E 2008, n° 3, p. 18, obs. Alma-Delettre ; CCC 2007, n° 292, obs. Raymond ; CCE 2007, n° 110, obs. Debet* • TGI Versailles, 11 déc. 2007 : *CCE 2008, n° 22, obs. Debet ; RLDA févr. 2008. 58, obs. Anadon ; RLC avr.-juin 2008. 104, obs. Arcelin-Lécuyer.*

Ne sont pas considérés comme des primes les biens, produits ou prestations indispensables à l'utilisation normale du produit, bien ou service faisant l'objet de la vente, à condition que le prix de ce dernier ne soit pas inférieur au seuil de la revente à perte (à propos de l'offre de l'abonnement à l'acheteur d'un téléphone mobile) : Rép. min. n° 34906 : *JOAN Q, 6 mai 1996, p. 2494.* ♦ Et il n'y a pas de revente à perte lorsque le deuxième produit est offert pour un franc dès lors que globalement l'opération n'est pas inférieure au prix de revient (opération combinant un abonnement au réseau internet et la fourniture de modem) : • Crim 7 mai 2002 : *Bull. crim., n° 109 ; D. 2002. AJ 2050 ; CCC 2002, n° 166, obs. Raymond ; JCP 2003. I. 103, n° 15, obs. Robert ; RTD com. 2002. 738, obs. Bouloc ; RJDA 2003, n° 197.* – V. aussi Serinet, *D. 2002. 3252* ; Courtois-Champenois, *JCP 2003. II. 10047.* – V. C. com., art. L. 442-2 et les notes ss. art. L. 442-4.

Code de la consommation

Art. R. 121-8 La valeur maximale des échantillons, objets et services visés au deuxième alinéa de l'article L. 121-35 est déterminée en fonction du prix de vente net, toutes taxes comprises, des produits, des biens ou des services faisant l'objet de la vente dans les conditions suivantes : 7 % du prix net défini ci-dessus si celui-ci est inférieur ou égal à *(Décr. n° 2001-95 du 2 févr. 2001)* « 80 € ; 5 € » plus 1 % du prix net défini ci-dessus si celui-ci est supérieur à *(Décr. n° 2001-95 du 2 févr. 2001)* « 80 € ».

Cette valeur ne doit en aucun cas dépasser *(Décr. n° 2001-95 du 2 févr. 2001)* « 60 € » et s'entend, toutes taxes comprises, départ production pour des objets produits en France, et franco et dédouanés à la frontière française pour les objets importés. – *[Décr. n° 86-1309 du 29 déc. 1986, art. 23.] – V. note ss. C. consom., art. L. 121-35.*

1. Détermination de la valeur de la prime. Pour la détermination de la valeur de la prime, il y a lieu de prendre en compte le coût intrinsèque de l'objet ou du service offert en prime, ainsi que l'ensemble des coûts nécessaires à l'offre de cet objet ou de ce service au consommateur qui ne seraient pas exposés si cette offre n'était pas consentie (coût du nouveau conditionnement, coût du message d'information...). • Com. 11 mars 2003 : *cité note 3 ss. art. L. 121-35 C. consom.* ♦ L'art. 23 [C. consom., art. R. 121-8] n'impose pas de calculer le prix de vente par rapport à celui de la prime, mais seulement de limiter la valeur de cette dernière en fonction du prix de vente du produit considéré toutes taxes comprises. • Com. 21 mars 1995 : *BRDA 1995, n° 10, p. 14.* – Dans la même affaire, V. • T. com. Nanterre, réf., 10 avr. 1992 : *Gaz. Pal. 1992. 2. 707, note Nemo.*

2. Illustrations. Pour des exemples de détermination de la valeur d'une prime, V. • Lyon, 17 déc. 1999 : *RJDA 2000, n° 725,* conf. par • Com. 11 mars 2003 : *préc. note 1* • T. com. Lyon, 2 mars 1999 : *D. Affaires 1999. 1321, obs. E. P. ; Gaz. Pal. 17-18 nov 1999, p. 49, obs. Vray.*

Art. R. 121-9 Ne sont pas considérés comme primes :

1° le conditionnement habituel du produit, les biens, produits ou prestations de services qui sont indispensables à l'utilisation normale du produit, du bien ou du service faisant l'objet de la vente ;

2° les prestations de service après-vente et les facilités de stationnement offertes par les commerçants à leurs clients ;

3° les prestations de services attribuées gratuitement si ces prestations ne font pas ordinairement l'objet d'un contrat à titre onéreux et sont dépourvues de valeur marchande. – *[Décr. n° 86-1309 du 29 déc. 1986, art. 24.] – V. note ss. C. consom., art. L. 121-35.*

Sur le régime juridique de la consignation des emballages de liquides alimentaires, V. L. n° 89-421 du 23 juin 1989, art. 7 (D. et ALD 1989. 213).

Art. R. 121-10 Les objets mentionnés à l'article R. 121-8 doivent être marqués d'une manière apparente et indélébile du nom, de la dénomination *[,]* de la marque, du sigle ou du logo de la personne intéressée à l'opération de publicité.

X Vente internationale de marchandises

Convention de Vienne du 11 avril 1980,

Sur les contrats de vente internationale de marchandises.

La Convention des Nations unies, faite à Vienne, le 11 avr. 1980, a été publiée au Journal officiel le 27 déc. 1987 par le décret n° 87-1034 du 22 déc. 1987. Elle est entrée en vigueur en France le 1er janv. 1988.

DALLOZ RÉFÉRENCE *Contrats de vente internationale de marchandises*, par SCHLECHTRIEME et WITZ, *Dalloz, 2008, 1re édition.*

BIBL. ▶ PLANTARD, *JDI 1988. 311.* – MOULY, *D. 1991. Chron. 77*. – FADLALLAH, *JDI 1979. 755.* – ZÉNATI, *RTD civ. 1988. 194.* – RÉMERY, *Gaz. Pal. 1992. 1. Doctr. 426* (relations avec la Convention de Rome du 19 juin 1980). – VIDA, *RTD com. 1994. 21* (« vices juridiques » dans la vente internationale de marchandises). – WITZ, *D. 1995. Chron. 143* (Convention de Vienne à l'épreuve de la jurisprudence naissante) ; *Cah. dr. entr. 1997, no 6, p. 5* (droit matériel de la vente internationale : droit national et droit conventionnel) ; *RJ com., no spéc. nov. 1997. 79* (champ d'application de la Convention de Vienne). – AUDIT, *ibid. 112* (ventes internationales hors la Convention de Vienne). – JACQUET, *Cah. dr. entr. 1997, no 6, p. 8* (contentieux de la vente internationale). – HUET, *Mélanges Lagarde, Dalloz, 2005, p. 417* (Convention de Vienne et compétence des tribunaux en droit judiciaire européen). – WITZ, *JDI 2006. 5* (25 ans de la Convention de Vienne : bilans et perspectives). – FERRARI, *ibid. 27* (la Convention de Vienne et le DIP). – KENFACK, *RLDA juin 2006. 78* (brèves réflexions sur la Convention de Vienne) ; *Mélanges le Tourneau, Dalloz, 2008, p. 541* (bref retour sur l'esprit de liberté du droit du commerce international). – GRANIER, *JCP E 2012, no 1203* (pourquoi et comment se référer à la Convention de Vienne ?).

PREMIÈRE PARTIE Champ d'application et dispositions générales

CHAPITRE PREMIER *Champ d'application*

Art. 1er **1. La présente Convention s'applique aux contrats de vente de marchandises entre des parties ayant leur établissement dans des États différents :**

***a*) Lorsque ces États sont des États contractants ; ou**

***b*) Lorsque les règles du droit international privé mènent à l'application de la loi d'un État contractant.**

2. Il n'est pas tenu compte du fait que les parties ont leur établissement dans des États différents lorsque ce fait ne ressort ni du contrat, ni de transactions antérieures entre les parties, ni de renseignements donnés par elles à un moment quelconque avant la conclusion ou lors de la conclusion du contrat.

3. Ni la nationalité des parties ni le caractère civil ou commercial des parties ou du contrat ne sont pris en considération pour l'application de la présente Convention.

1. Notion d'établissement. L'établissement au sens des art. 1 et 10 est le lieu à partir duquel l'activité d'affaires est effectivement et essentiellement exercée, étant précisé que l'établissement doit pouvoir disposer d'une certaine durée et stabilité ainsi que d'une certaine liberté d'action. • T. régional sup. Stuttgart, 28 févr. 2000 : *D. 2002. Somm. 315, obs. Limbach* • Colmar, 24 oct. 2000 : *ibid. 393, obs. Witz*.

2. Application dans le temps. Sur l'application de la Convention à des contrats antérieurs à la date d'entrée en vigueur de la CVIM dans les pays contractants, V. • Amiens, 30 janv. 2001 : *D. 2002. Somm. 323, obs. Witz*.

3. Application implicite. Pour un arrêt admettant l'application implicite de la convention par le juge dans le cadre du contentieux du provisoire, V. • Civ. 1re, 8 janv. 2002 : *Rev. crit. DIP 2002. 343, note Muir Watt* ; *JCP 2003. I. 107, obs. Poillot-Peruzzetto.*

4. Application volontaire. Aux termes de l'art. 93 CVIM, tout État contractant peut décider que ce traité s'appliquera à une ou plusieurs de ses unités territoriales, dans lesquelles des systèmes de droit différents sont en vigueur dans les matières qu'elle régit, par une déclaration faite au secrétaire général des Nations unies désignant expressément les unités territoriales auxquelles elle s'appliquera. Il résulte des pièces versées aux débats que la République populaire de Chine a déposé, le 20 juin 1997, auprès du secrétaire général des Nations unies, une déclaration énonçant, pour les conventions auxquelles la Chine était partie à cette date, celles devant s'appliquer au territoire de Hong-Kong ; que la CVIM, qui ne figure pas sur cette liste, n'a fait l'objet d'aucune déclaration à cette fin par la Chine alors qu'avant la rétrocession à cet État par le Royaume-Uni de ce territoire, cette Convention ne s'y appliquait pas. Dès lors, la République populaire de Chine a accompli auprès du dépositaire de la Convention, une formalité équivalente à celle prévue par son art. 93 de sorte que ce traité n'est pas applicable à la région administrative spéciale de Hong-Kong. • Civ. 1re, 2 avr. 2008 : *Bull. civ. I, n° 96 ; D. 2008. AJ 1141, obs. Gallmeister ; RTD com. 2008. 838, obs. Bouloc ; RTD civ. 2008. 264, obs. Remy-Corlay ; JCP 2008. Actu. 271, obs. crit. Mahinga ; Gaz. Pal. 2008. 1897, obs. Mauro ; RDC 2009. 683, obs. Racine ; RLDC juin 2008. 11, obs. Le Gallou.* – V. aussi • US district court Northern district of Georgia, 17 déc. 2009 : *D. 2012. Pan. 1146, obs. Witz.*

Art. 2 La présente Convention ne régit pas les ventes :

a) De marchandises achetées pour un usage personnel, familial ou domestique, à moins que le vendeur, à un moment quelconque avant la conclusion ou lors de la conclusion du contrat, n'ait pas su et n'ait pas été censé savoir que ces marchandises étaient achetées pour un tel usage ;

b) Aux enchères ;

c) Sur saisie ou de quelque autre manière par autorité de justice ;

d) De valeurs mobilières, effets de commerce et monnaies ;

e) De navires, bateaux, aéroglisseurs et aéronefs ;

f) D'électricité.

Bateaux. Sur l'application de la CVIM à un contrat portant sur des bateaux alors même que la convention l'écarte expressément de son champ d'application, V. • Hof Leenworden, 31 août 2005 : *D. 2007. Pan. 532, obs. Witz.*

Art. 3 1. Sont réputés ventes les contrats de fourniture de marchandises à fabriquer ou à produire, à moins que la partie qui commande celle-ci n'ait à fournir une part essentielle des éléments matériels nécessaires à cette fabrication ou production.

2. La présente Convention ne s'applique pas aux contrats dans lesquels la part prépondérante de l'obligation de la partie qui fournit les marchandises consiste en une fourniture de main-d'œuvre ou d'autres services.

1. Contrat-cadre. En application de l'art. 3, al. 2, échappent au droit uniforme les contrats de distribution, de franchise et autres accords contractuels qui sont conçus pour fixer les obligations globales de livraison et d'approvisionnement. • T. sup. du canton de Lucerne, 8 janv. 1997 : *D. 1998. Somm. 315, obs. Witz.* ♦ En revanche, sont régis par la Convention les contrats individuels de livraison conclus en exécution de ces conventions-cadres. • Même décision. ♦ La CVIM a vocation à s'appliquer aux contrats de vente de marchandises passés entre un vendeur français et un acheteur vénézuélien sans qu'il importe que ces opérations soient intervenues en application d'un contrat-cadre de distribution exclusive, lui-même non soumis à ladite convention. • Com. 20 févr. 2007 : *Bull. civ. IV, n° 52 ; D. 2008. Pan. 2622, obs. Witz ; ibid. 2007. AJ 795, obs. Chevrier ; RTD com. 2007. 586, obs. Bouloc ; RTD com. 2008. 208, obs. Delebecque ; RTD civ. 2007. 302, obs. Remy-Corlay ; JCP 2007. I. 172, n° 1, obs. Nadaud ; RLDA sept. 2007. 75, note Pellegrini ; Lettre distrib. mars 2007, p. 1, obs. P. Mousseron ; RJDA 2007, n° 1219 ; RDC 2007. 1255, obs. Racine ; JDI 2007. 1211, note Hotte.* ♦ Sur la non-application de la CVIM à un accord de distribution, V. aussi • US district court Southern district of New York, 23 juill. 1997 : *D. 1998. Somm. 316, obs. Papanaréou-Deterville.*

2. Livraison. S'agissant d'une obligation de livraison conforme de marchandises, c'est l'art. 3 de la Convention qui s'applique, le requérant n'étant pas fondé à prétendre que la livraison se trouve réalisée par la remise des marchandises au premier transporteur pour acheminement à l'acheteur. • Lyon, 24 juill. 2002 : *JCP E 2003, n° 6, p. 248.*

3. Prestation de services. Sur le caractère prépondérant d'une prestation de service (contrat de fourniture et d'installation de logiciel), V. • Gand, 24 nov. 2004 : *D. 2005. Pan. 2282, obs. Witz.* ♦ Jugeant au contraire que le travail rendu nécessaire par la fabrication et le conditionnement de *flyers* (produits imprimés) ne saurait être considére comme une fourniture de main-d'œuvre ou une prestation de services au sens de l'art. 3, sauf à vider l'al. 1er de son contenu : • Colmar, 26 févr. 2008 : *D. 2010. Pan. 922, obs. Witz.*

Art. 4 La présente Convention régit exclusivement la formation du contrat de vente et les droits et obligations qu'un tel contrat fait naître entre le vendeur et l'acheteur.

En particulier, sauf disposition contraire expresse de la présente Convention, celle-ci ne concerne pas :

***a*) La validité du contrat ni celle d'aucune de ses clauses non plus que celle des usages ;**

***b*) Les effets que le contrat peut avoir sur la propriété des marchandises vendues.**

BIBL. ▶ Missaoui, *JCP 1996. I. 3927* (validité des clauses aménageant la garantie des vices cachés).

1. Champ d'application. La Convention de Vienne régit exclusivement la formation du contrat de vente et les droits et obligations qu'un tel contrat fait naître entre le vendeur et l'acheteur mais ne concerne pas la validité du contrat ni d'aucune de ses clauses (clauses de garantie et exonératoire de responsabilité). • Com. 13 févr. 2007 : *D. 2008. Pan. 2623, obs. Witz ; RTD civ. 2007. 302, obs. Remy-Corday*. ♦ En ce sens que la Convention de Vienne ne règle pas la validité des contrats de livraison (art. 4, al. 2) conclus en application d'un contrat de franchise, V. • C. féd. de justice allemande, 23 juill. 1997 : *D. 1998. Somm. 308, obs. Witz*. ♦ Elle ne s'applique pas aux rapports contractuels entre un fabricant de système frigorifique et un transporteur utilisateur dès lors que, la Convention supposant le transfert de propriété d'une chose moyennant le paiement d'un prix, l'existence d'un contrat de vente n'est pas établie entre les parties. • Civ. 1re, 5 janv. 1999 : *Bull. civ. I, n° 6 ; D. Affaires 1999. 334, obs. S. B. T. ; D. 1999. 383, note Witz ; Rev. crit. DIP 1999. 519, note Heuzé ; CCC 1999, n° 53, obs. Leveneur ; JCP E 1999, n° 22, p. 963, note Leveneur ; JCP 2000. I. 199, n° 19, obs. Viney.* ♦ La remise durable d'un *software* incorporé dans un support de données moyennant paiement d'un prix payable en une seule fois doit être qualifiée de vente d'une chose mobilière. • Cour suprême Autriche, 21 juin 2005 : *D. 2007. Pan. 531, obs. Witz*.

Les règles de la Convention de Vienne sur la preuve ne s'étendent pas au-delà du champ d'application matériel du droit uniforme. Dès lors, la question de savoir quels effets probatoires découlent d'une reconnaissance de fait ne fait pas partie du champ d'application de la CVIM car elle est sans rapport interne avec les aspects de fait et de droit du commerce international de marchandises qui forment l'objet de la réglementation de la CVIM. • C. féd. de justice allemande, 9 janv. 2002 : *D. 2003. Somm. 2362, obs. Limbach*.

2. En raison d'une garantie conventionnelle assumée par un vendeur au profit de l'utilisateur final de l'équipement vendu, qui traduit la volonté du vendeur américain de se placer dans un rapport contractuel direct avec le sous-acquéreur français, il y a lieu d'appliquer la Convention de Vienne à l'action diligentée par le sous-acquéreur contre le vendeur initial. • Grenoble, 15 mai 1996 : *D. 1997. Somm. 221, obs. Witz*. ♦ Comp., jugeant que le texte clair de la CVIM limite son application aux actions entre l'acheteur et le vendeur : • Northern district of Illinois Court, 30 mars 2005 : *D. 2007. Pan. 531, obs. Witz*.

3. Pour la mise en œuvre des dispositions du droit national applicable en matière d'annulation d'un contrat de vente internationale pour erreur en l'absence de compétence de la CVIM, V. • T. féd. Suisse, 22 déc. 2000 : *D. 2002. Somm. 396, obs. Rosch et Spiegel*. – V. aussi : • Rechtbank van Koophandel Hasselt, 19 avr. 2006 : *D. 2007. Pan. 533, obs. Witz*.

4. Sur la distinction entre le délai de prescription non soumis à la CVIM et le délai de dénonciation des vices, V. note 3 *bis* ss. art. 39.

Art. 5 La présente Convention ne s'applique pas à la responsabilité du vendeur pour décès ou lésions corporelles causés à quiconque par les marchandises.

Art. 6 Les parties peuvent exclure l'application de la présente Convention ou, sous réserve des dispositions de l'article 12, déroger à l'une quelconque de ses dispositions ou en modifier les effets.

BIBL. ▶ Witz, *D. 1990. Chron. 107* (exclusion de la convention par la volonté des parties). – Bertrand, Calvo, Claret et Sleigh, *Gaz. Pal. 1992. 1. Doctr. 263 et 266* (clauses limitatives de responsabilité, points de vue français et anglais). – Sinay-Cytermann, *ibid. 2003. 1. Doctr. 234* (l'application d'office de la Convention de Vienne et le respect du principe du contradictoire).

1. Exclusion. La Convention de Vienne constitue le droit substantiel français de la vente internationale de marchandises et à ce titre, s'impose au juge français, qui doit en faire application sous réserve de son exclusion, même tacite, selon l'art. 6, dès lors que les parties se sont placées sous l'empire d'un droit déterminé. • Civ. 1re, 25 oct. 2005 : *Bull. civ. I, n° 381 ; D. 2007. Pan. 533, obs. Witz ; D. 2005. AJ 2872, obs. Chevrier ; RTD com. 2006. 249, obs. Delebecque ; RTD civ. 2006. 268, obs. Rémy-Corlay ; Rev. crit. DIP 2006. 373, note Bureau ; JCP 2006. II. 10086, note Mahinga ; RJDA 2006, n° 895 ; RDC 2006. 515, obs. Deumier ; Dr. et patr. déc. 2006. 78, obs. M.-E. Ancel ; RJ com. 2007. 42, obs. Rueda.* ♦ Comp., jugeant que l'art. 6 s'interprète comme permettant aux parties d'éluder tacitement la convention, en s'abstenant de l'invoquer devant le juge français. • Civ. 1re, 26 juin 2001 : *Bull. civ. I, n° 189 ; D. 2001. AJ 2591, obs. Avena-Robardet ; ibid. Jur. 3607, note Witz ; RTD com. 2001. 1052, obs. Jacquet ; Rev. crit. DIP 2002. 93, note Muir Watt ; LPA 8 févr. 2002, note Malan.* ♦ Une cour d'appel a violé l'art. 16 NCPC [renommé C. pr. civ.] en appliquant d'office la Convention de Vienne, sans inviter les parties à un débat contradictoire sur ce point, • Civ. 1re, 2 oct. 2001 : *Bull. civ. I, n° 237 ; D. 2001. AJ 3195 ; CCC 2002, n° 5, obs. Leveneur ; LPA 30 mai 2002, obs. F. J.*

2. *Exclusion consciente.* La Convention de Vienne constituant le droit substantiel français de la vente internationale de marchandises, il en résulte que les parties qui ont voulu soumettre leur litige « aux lois françaises » n'ont pas eu l'intention d'exclure l'application de la convention puisque celle-ci fait partie du droit français. • Com. 13 sept. 2011 : *D. 2012. Pan. 1147, obs. Witz ; RTD com. 2012. 213, obs. Delebecque ; JCP E 2011, n° 1899, note Leveneur ; CCC 2011, n° 254, obs. Leveneur ; LPA 10 févr. 2012, note Granier ; RJDA 2012, n° 33.* ♦ Pour un arrêt considérant implicitement que l'application de la convention n'est pas écartée par le choix des parties de la loi française, sans autre précision, V. • Com. 17 déc. 1996 : *D. 1997. 337, note Witz ; Rev. crit. DIP 1997. 72, note Rémery.* ♦ Dans le même sens, V. • C. féd. de justice allemande, 23 juill. 1997 : *D. 1998. Somm. 308, obs. Witz.* ♦ V. aussi, considérant qu'une clause contractuelle de droit applicable ne vaut pas exclusion implicite du droit uniforme, • C. féd. de justice allemande, 25 nov. 1998 : *D. 1999. Somm. 356, obs. Witz.* ♦ En ce sens que le choix du droit applicable ne vaut exclusion de la Convention de Vienne que si la volonté des parties est certaine, V. • Cour suprême Autriche, 12 févr. 1998 : *D. 1999. Somm. 359, obs. Niessen.* ♦ En invoquant et en discutant sans réserve la garantie de la chose vendue définie par les art. 1641 s. C. civ., toutes les parties ont, en connaissance du caractère international des ventes qu'elles avaient conclues, volontairement placé la solution de leurs différends sous le régime du droit interne français de la vente. • Civ. 1re, 25 oct. 2005 : *préc. note 1.* ♦ Jugeant que la simple référence des parties au droit interne en cours de procès ne suffit pas pour admettre une exclusion tacite de la Convention, V. • Vigevano, 12 juill. 2000 : *D. 2002. Somm. 395, obs. Spiegel* • Padoue, 25 févr. 2004 : *D. 2005. Pan. 2283, obs. Witz.* ♦ En présence de conclusions invoquant à la fois les dispositions du code civil et celles de la convention de Vienne, une cour d'appel ne peut en déduire la volonté des parties d'exclure l'application de cette convention. • Com. 3 nov. 2009 : *D. 2010. Pan. 924, obs. Witz ; JDI 2010. 496, note Jacquet.*

La mention unilatérale d'une soumission du contrat au droit français apposée sur des bons de commande ne suffit pas à démontrer la commune intention des parties d'user de la faculté d'exclure l'application de la convention de Vienne. • Paris, 6 nov. 2001 : *D. 2002. 2795, note Witz.*

CHAPITRE II *Dispositions générales*

Art. 7 **1. Pour l'interprétation de la présente Convention, il sera tenu compte de son caractère international et de la nécessité de promouvoir l'uniformité de son application ainsi que d'assurer le respect de la bonne foi dans le commerce international.**

2. Les questions concernant les matières régies par la présente Convention et qui ne sont pas expressément tranchées par elle seront réglées selon les principes généraux dont elle s'inspire ou, à défaut de ces principes, conformément à la loi applicable en vertu des règles du droit international privé.

1. *Clauses pénales.* Aucune disposition de la CVIM, pas même celles contenues aux articles 8 et 77, ne fournit de base légale à la réduction d'une clause pénale. • CA Arnhem, 22 août 1995 : *D. 1997. Somm. 223, obs. Papandréou-Deterville.*

2. *Compensation.* N'étant pas réglée par la convention, la question de la compensation doit être tranchée selon la loi désignée par les règles de droit international privé. • T. arrondissement Middelburg, 25 janv. 1995 : *D. 1997. Somm. 223, obs. Papandréou-Deterville.* ♦ V. aussi

• T. régional sup. Munich, 11 mars 1998 : *D. 1999. Somm. 356, obs. Witz* .

3. Restitution du prix de vente. La question du lieu de restitution du prix par le vendeur, après résolution de la vente, n'étant pas réglée par la Convention, et ne pouvant être réglée selon les principes généraux dont s'inspire ce texte, doit être tranchée en se référant à la loi désignée en vertu des règles de droit international privé. • Paris, 14 janv. 1998 : *D. 1998. Somm. 288, obs. Audit* . ♦ Pour un arrêt jugeant que le lieu d'exécution de l'obligation de restitution doit être déterminé grâce à la transposition des obligations primaires par un effet de miroir aux obligations de restitution, ce qui correspond à un principe général de la Convention et ne nécessite pas le recours au droit national, V. • Cour suprême Autriche, 29 juin 1999 : *D. 2002. Somm. 318, obs. Babusiaux* .

4. Bonne foi. La bonne foi est l'un des principes directeurs du commerce international, dont la portée s'apprécie en fonction de son caractère international, indépendamment de la loi du for et les parties ne peuvent ni l'exclure ni le modifier. • Comm. pour la protection du comm. ext., 30 nov. 1998 : *D. 2000. Somm. 449, obs. Rosch* . ♦ L'intégration efficace de conditions d'affaires implique non seulement que la volonté du stipulant soit discernable par le destinataire, mais aussi, eu égard au principe de bonne foi et du devoir de coopération et d'information pesant sur les parties, que le stipulant adresse au destinataire le texte des conditions générales ou les rende accessibles d'une autre manière. • C. féd. de justice allemande, 31 oct. 2001 : *D. 2003. Somm. 2362, obs. Limbach* .

5. Procédure. Sur l'application de la CVIM à la charge de la preuve de l'existence des défauts de conformité au moment du transfert des risques, V. • T. appel Lugano, 15 janv. 1998 : *D. 2000. Somm. 445, obs. Spiegel* .

6. Frais d'avocat. Il n'existe pas de principe au sens de l'art. 7, al. 2, dont il pourrait être déduit que la perte subie [au sens de l'art. 74 CVIM] inclut les frais d'avocat ; aussi cette question doit être laissée à la compétence du droit national déterminé par les règles du droit international privé. • US circuit court of appeal, 19 nov. 2002 : *D. 2003. Somm. 2372, obs. Papandréou-Deterville* .

Art. 8 1. Aux fins de la présente Convention, les indications et les autres comportements d'une partie doivent être interprétés selon l'intention de celle-ci lorsque l'autre partie connaissait ou ne pouvait ignorer cette intention.

2. Si le paragraphe précédent n'est pas applicable, les indications et autres comportements d'une partie doivent être interprétés selon le sens qu'une personne raisonnable de même qualité que l'autre partie, placée dans la même situation, leur aurait donné.

3. Pour déterminer l'intention d'une partie ou ce qu'aurait compris une personne raisonnable, il doit être tenu compte des circonstances pertinentes, notamment des négociations qui ont pu avoir lieu entre les parties, des habitudes qui se sont établies entre elles, des usages et de tout comportement ultérieur des parties.

1. Intention subjective des parties. En raison de relations commerciales se poursuivant depuis au moins plusieurs mois, un vendeur italien lié à un acheteur français savait que les marchandises devaient être commercialisées en France et cette connaissance l'obligeait, ainsi que le stipule l'art. 8, § 1, à interpréter la commande comme portant sur des marchandises devant satisfaire aux règles de commercialisation sur le marché français. • Grenoble, 13 sept. 1995 : *JCP 1996. IV. 712.* ♦ Interprétant les éléments de preuve qui lui étaient soumis au regard de l'art. 8 et notamment de celui selon lequel les contrats doivent s'interpréter de bonne foi, une cour d'appel a pu en déduire que l'accord comportait des obligations réciproques de livrer et d'acheter une marchandise déterminée, à un prix convenu, de sorte qu'il constituait une vente soumise à la CVIM, sans avoir à constater expressément l'obligation pour le fournisseur de transférer la propriété. • Civ. 1re, 30 juin 2004 : *cité note 3 ss. art. 79.*

2. En ce sens que, la règle de droit américain *(parole evidence rule)* selon laquelle une partie à un contrat ne peut chercher à établir que les termes de l'accord sont différents de ceux inscrits dans le contrat écrit n'est pas applicable à un contrat régi par la Convention, • US circuit court of appeal, 29 juin 1998 : *D. 1999. Somm. 367, obs. Papandréou-Deterville* . ♦ V. aussi, jugeant que l'art. 8 qui prévaut sur la *parole evidence rule* veut que le juge prenne en considération les preuves orales relatives aux négociations antérieures dans la mesure où ces preuves révèlent l'intention subjective des parties : • Northern district of Illinois Court, 28 oct. 1998 : *ibid.*

3. Les caractéristiques de la marchandise convenues par les parties et devenues parties intégrantes du contrat nécessitent, le cas échéant, une interprétation objective de la volonté des parties selon les règles de l'art. 8. • T. féd. suisse, 22 déc. 2000 : *D. 2002. Somm. 396, obs. Rosch et Spiegel* ✎.

4. Les conditions générales doivent avoir été un élément de l'offre selon la volonté de la partie déclarante, reconnaissable par le partenaire. Ceci peut résulter du renvoi opéré aux conditions générales ou de manière tacite, sur la base des pourparlers entre les parties, ou d'une pratique suivie entre elles au sens de l'art. 9, al. 1er, de la CVIM. • Cour suprême Autriche, 31 août 2005 : *D. 2007. Pan. 536, obs. Witz* ✎. ♦ Sur l'intégration de conditions générales dans un contrat et le principe de bonne foi, V. note 4 ss. art. 7.

Art. 9 1. Les parties sont liées par les usages auxquels elles ont consenti et par les habitudes qui se sont établies entre elles.

2. Sauf convention contraire des parties, celles-ci sont réputées s'être tacitement référées dans le contrat et pour la formation à tout usage dont elles avaient connaissance ou auraient dû avoir connaissance et qui, dans le commerce international, est largement connu et régulièrement observé par les parties à des contrats de même type dans la branche commerciale considérée.

1. Un usage du commerce international est considéré comme étant connu et régulièrement observé s'il est respecté par la majorité des commerçants actifs dans la branche commerciale considérée et établis dans la zone de diffusion de cette branche ou actifs dans ce lieu et dans la branche concernée. • Cour suprême Autriche, 21 mars 2000 : *D. 2002. Somm. 320, obs. Babusiaux* ✎. ♦ Sous l'empire de la CVIM, l'absence de protestation à une lettre de confirmation ne saurait valoir acquiescement que si celle-ci correspond à une habitude entre les parties ou à des usages internationaux, à la différence de la solution retenue en droit suisse. • Fribourg, 11 oct. 2004 : *D. 2005. Pan. 2285, obs. Witz* ✎ (censuré par : • T. féd. Suisse, 5 avr. 2005 : *D. 2007. Pan. 535, obs. Witz* ✎).

2. Constitue une rupture abusive des relations commerciales le fait pour un fournisseur de refuser de livrer son client au motif qu'il n'était pas agréé par l'entreprise d'affacturage qu'il avait chargée de recouvrer ses créances, alors qu'il avait honoré ses commandes pendant plusieurs mois, sans exiger que sa solvabilité fût établie. • Grenoble, 13 sept. 1995 : *Rev. crit. DIP 1996. 666, note Pardoel* ✎ ; *JCP 1996. IV. 712.* ♦ Jugeant que les parties étant liées par les habitudes qui se sont établies entre elles, selon l'art. 9 CVIM, la clause d'arbitrage contenue dans plusieurs contrats antérieurs continue à régir leur relation d'affaires ultérieure. • Lietuvos apeliacinio teismo Civiliniu, 27 mars 2000 : *D. 2003. Somm. 2369, obs. Foght et Rosch* ✎.

Art. 10 Aux fins de la présente Convention :

a) Si une partie a plus d'un établissement, l'établissement à prendre en considération est celui qui a la relation la plus étroite avec le contrat et son exécution eu égard aux circonstances connues des parties ou envisagées par elles à un moment quelconque avant la conclusion ou lors de la conclusion du contrat ;

b) Si une partie n'a pas d'établissement, sa résidence habituelle en tient lieu.

Sur la notion d'« établissement », V. note ss. art. 1er. ♦ Constatant que les confirmations de commandes du vendeur, les factures ainsi que les livraisons de marchandises ont été faites à partir du siège de la société venderesse en Allemagne et qu'il convient en conséquence de prendre en considération l'établissement dont le siège est dans ce pays, V. • Colmar, 24 oct. 2000 : *D. 2002. Somm. 393, obs. Witz* ✎. ♦ Jugeant au vu des circonstances (déclarations relatives à la description des marchandises faites depuis le Canada, composants fabriqués dans ce pays, quartier général et entrepôts également dans ce pays) que l'établissement qui a la relation la plus étroite avec le contrat et son exécution est le Canada et non la Californie où, pourtant, nombre de ses ingénieurs travaillent, V. • US district court Northern district of California, 27 juill. 2001 : *D. 2003. Somm. 2370, obs. Papandréou-Deterville* ✎.

Art. 11 Le contrat de vente n'a pas à être conclu ni constaté par écrit et n'est soumis à aucune autre condition de forme. Il peut être prouvé par tous moyens, y compris par témoins.

Contrairement à *l'Uniform Commercial Code* qui l'a incorporé, le *Statute of Frauds* ne s'applique pas à la CVIM et les preuves orales sont admissibles pour établir qu'un contrat a été conclu entre les parties. • US district court Southern district of New York, 8 août 2000 : *D. 2002. Somm. 398, obs. Papandréou-Deterville*. ♦ V. aussi • US district court Southern district of New York, 6 avr. 1998 : *D. 1999. Somm. 367, obs. Papandréou-Deterville*.

Art. 12 Toute disposition de l'article 11, de l'article 29 ou de la deuxième partie de la présente Convention autorisant une forme autre que la forme écrite, soit pour la conclusion ou pour la modification ou la résiliation amiable d'un contrat de vente soit pour toute offre, acceptation ou autre manifestation d'intention, ne s'applique pas dès lors qu'une des parties a son établissement dans un État contractant qui a fait une déclaration conformément à l'article 96 de la présente Convention. Les parties ne peuvent déroger au présent article ni en modifier les effets.

Obligation d'un écrit. Pour un exemple d'un État contractant exigeant la forme écrite (législation argentine), V. • Paris, 12 mars 2009 : *RTD com. 2009. 643, obs. Delebecque*.

Art. 13 Aux fins de la présente Convention, le terme « écrit » doit s'entendre également des communications adressées par télégramme ou par télex.

DEUXIÈME PARTIE Formation du contrat

Art. 14 1. Une proposition de conclure un contrat adressée à une ou plusieurs personnes déterminées constitue une offre si elle est suffisamment précise et si elle indique la volonté de son auteur d'être lié en cas d'acceptation. Une proposition est suffisamment précise lorsqu'elle désigne les marchandises et, expressément ou implicitement, fixe la quantité et le prix ou donne des indications permettant de les déterminer.

2. Une proposition adressée à des personnes indéterminées est considérée seulement comme une invitation à l'offre, à moins que la personne qui a fait la proposition n'ait clairement indiqué le contraire.

Sur la nécessité d'un prix « déterminable », V. • Civ. 1re, 4 janv. 1995 : *D. 1995. 289, note Witz*. ♦ Pour la validité d'un contrat prévoyant que le « prix devra être déterminé au cours de la saison », V. • Landgericht Neubrandenburg, 3 août 2005 : *D. 2007. Pan. 536, obs. Witz*.

Art. 15 1. Une offre prend effet lorsqu'elle parvient au destinataire ;

2. Une offre, même si elle est irrévocable, peut être rétractée si la rétractation parvient au destinataire avant ou en même temps que l'offre.

Art. 16 1. Jusqu'à ce qu'un contrat ait été conclu, une offre peut être révoquée si la révocation parvient au destinataire avant que celui-ci ait expédié une acceptation.

2. Cependant, une offre ne peut être révoquée :

a) Si elle indique, en fixant un délai déterminé pour l'acceptation, ou autrement, qu'elle est irrévocable ; ou

b) S'il était raisonnable pour le destinataire de considérer l'offre comme irrévocable et s'il a agi en conséquence.

Art. 17 Une offre, même irrévocable, prend fin lorsque son rejet parvient à l'auteur de l'offre.

Art. 18 1. Une déclaration ou autre comportement du destinataire indiquant qu'il acquiesce à une offre constitue une acceptation. Le silence ou l'inaction à eux seuls ne peuvent valoir acceptation.

2. L'acceptation d'une offre prend effet au moment où l'indication d'acquiescement parvient à l'auteur de l'offre. L'acceptation ne prend pas effet si cette indication ne parvient pas à l'auteur de l'offre dans le délai qu'il a stipulé ou, à défaut d'une telle stipulation, dans un délai raisonnable, compte tenu des circonstances de la transaction et de la rapidité des moyens de communication utilisés par l'auteur de l'offre. Une offre verbale doit être acceptée immédiatement, à moins que les circonstances n'impliquent le contraire.

3. Cependant, si, en vertu de l'offre, des habitudes qui se sont établies entre les parties ou des usages, le destinataire de l'offre peut indiquer qu'il acquiesce en accomplissant un acte se rapportant, par exemple, à l'expédition des marchandises ou au paiement du prix, sans communication à l'auteur de l'offre, l'acceptation prend effet au moment où cet acte est accompli, pour autant qu'il le soit dans les délais prévus par le paragraphe précédent.

Pour une application du principe selon lequel le silence de l'acheteur, à lui seul, ne vaut pas acceptation d'une offre de vente internationale de marchandises, V. • Civ. 1re, 27 janv. 1998 : *D. 1998. Somm. 312, obs. Witz* ; *D. Affaires 1998. 337, obs. S. P.* ♦ Jugeant que la question de la formation du contrat de vente par le jeu d'une lettre de confirmation ne relève pas de la convention, V. • T. régional de l'Est, 23 avr. 1998 : *D. 1999. Somm. 360, obs. Morten Midtgaard Fogt*. ♦ Considérant que dans le cas où le fabricant avait exécuté des commandes sans exprimer son acceptation, l'exécution de nouvelles commandes vaut formation du contrat sans qu'il puisse invoquer à son profit l'art. 18, al. 1er, selon lequel le silence ou l'inaction à eux seuls ne peuvent valoir acceptation. V. • Grenoble, 21 oct. 1999 : *D. 2000. Somm. 441, obs. Witz*. ♦ La Convention de Vienne excluant tout formalisme tant pour la validité que pour la preuve du contrat de vente, il importe peu que l'ensemble des contrats versés aux débats ne soient pas revêtus de la signature du représentant de la société française. • Grenoble, 28 nov. 2002 : *JCP E 2003, n° 30, p. 1215* ; *JCP 2004. I. 111, n° 1, obs. Poillot-Peruzzetto.*

Art. 19 **1. Une réponse qui tend à être l'acceptation d'une offre, mais qui contient des additions, des limitations ou autres modifications, est un rejet de l'offre et constitue une contre-offre.**

2. Cependant, une réponse qui tend à être l'acceptation d'une offre, mais qui contient des éléments complémentaires ou différents n'altérant pas substantiellement les termes de l'offre, constitue une acceptation, à moins que l'auteur de l'offre, sans retard injustifié, n'en relève les différences verbalement ou n'adresse un avis à cet effet. S'il ne le fait pas, les termes du contrat sont ceux de l'offre, avec les modifications comprises dans l'acceptation.

3. Des éléments complémentaires ou différents relatifs notamment au prix, au paiement, à la qualité et à la quantité des marchandises, au lieu et au moment de la livraison, à l'étendue de la responsabilité d'une partie à l'égard de l'autre ou au règlement des différends, sont considérés comme altérant substantiellement les termes de l'offre.

1. Contre-offre. La confirmation de commande du vendeur, qui contient les conditions générales de vente, étant postérieure à la date *de formation du contrat,* ne peut s'analyser comme une contre-offre au sens de l'art. 19 (1). • Paris, 13 déc. 1995 : *JCP 1997. II. 22772, note de Vareilles-Sommières.* ♦ V. aussi, jugeant qu'après la formation du contrat, l'acheteur ne saurait unilatéralement se rétracter, toute proposition émanant de sa part pour renégocier le prix ayant alors la valeur non pas d'une contre-offre, mais d'une offre de novation de contrat sous des conditions modifiées : • T. suprême Espagne, 28 janv. 2000 : *D. 2002. Somm. 322, obs. Rosch*.

2. Acceptation de l'offre. Pour faire droit à la demande en paiement d'un vendeur allemand des marchandises livrées à un acheteur français, une cour d'appel retient souverainement que les parties étaient d'accord sur la chose et sur le prix, y compris sur une révision du prix initial en fonction du marché et sur les modifications apportées à une commande qui avaient fait l'objet de la réponse du vendeur. • Civ. 1re, 4 janv. 1995 : *D. 1995. 289, note Witz*. ♦ La réponse tendant à l'acceptation d'une offre, mais qui contient une stipulation divergente sur le règlement des différends, contient selon l'art. 19 (3) des éléments différents altérant substantiellement les termes de l'offre ; il en résulte qu'elle ne vaut pas acceptation et n'entraîne pas l'application de la clause attributive de compétence contenue dans l'offre initiale. • Civ. 1re, 16 juill. 1998 : *D. 1999. 117, note Witz ; D. Affaires 1998. 1694, obs. S. B.-T. ; RJDA 1998, n° 1203 ; Rev. crit. DIP 1999. 122, obs. Muir Watt ; Gaz. Pal. 19-20 nov. 1999, p. 31, note Mauro.* ♦ Sur des dissentiments partiels ne mettant pas en danger la formation du contrat, V. • C. féd. de justice allemande, 9 janv. 2002 : *D. 2003. Somm. 2362, obs. Limbach.*

Art. 20 1. Le délai d'acceptation fixé par l'auteur de l'offre dans un télégramme ou une lettre commence à courir au moment où le télégramme est remis pour expédition ou à la date qui apparaît sur la lettre ou, à défaut, à la date qui apparaît sur l'enveloppe. Le délai d'acceptation que l'auteur de l'offre fixe par téléphone, par télex ou par d'autres moyens de communication instantanés commence à courir au moment où l'offre parvient au destinataire.

2. Les jours fériés ou chômés qui tombent pendant que court le délai d'acceptation sont comptés dans le calcul de ce délai. Cependant, si la notification ne peut être remise à l'adresse de l'auteur de l'offre le dernier jour du délai, parce que celui-ci tombe un jour férié ou chômé au lieu d'établissement de l'auteur de l'offre, le délai est prorogé jusqu'au premier jour ouvrable suivant.

Art. 21 1. Une acceptation tardive produit néanmoins effet en tant qu'acceptation si, sans retard, l'auteur de l'offre en informe verbalement le destinataire ou lui adresse un avis à cet effet.

2. Si la lettre ou autre écrit contenant une acceptation tardive révèle qu'elle a été expédiée dans des conditions telles que, si sa transmission avait été régulière, elle serait parvenue à temps à l'auteur de l'offre, l'acceptation tardive produit effet en tant qu'acceptation à moins que, sans retard, l'auteur de l'offre n'informe verbalement le destinataire de l'offre qu'il considère que son offre avait pris fin ou qu'il ne lui adresse un avis à cet effet.

Art. 22 L'acceptation peut être rétractée si la rétractation parvient à l'auteur de l'offre avant le moment où l'acceptation aurait pris effet ou à ce moment.

Pour une rétractation inopérante de l'acceptation, V. • T. suprême Espagne : 28 janv. 2000 : *préc. note 1 ss. art. 19.*

Art. 23 Le contrat est conclu au moment où l'acceptation d'une offre prend effet conformément aux dispositions de la présente Convention.

Art. 24 Aux fins de la présente partie de la Convention, une offre, une déclaration d'acceptation ou toute autre manifestation d'intention « parvient » à son destinataire lorsqu'elle lui est faite verbalement ou est délivrée par tout autre moyen au destinataire lui-même, à son établissement, à son adresse postale ou, s'il n'y a pas d'établissement ou d'adresse postale, à sa résidence habituelle.

TROISIÈME PARTIE Vente de marchandises

CHAPITRE PREMIER *Dispositions générales*

Art. 25 Une contravention au contrat commise par l'une des parties est essentielle lorsqu'elle cause à l'autre partie un préjudice tel qu'elle la prive substantiellement de ce que celle-ci était en droit d'attendre du contrat, à moins que la partie en défaut n'ait pas prévu un tel résultat et qu'une personne raisonnable de même qualité placée dans la même situation ne l'aurait pas prévu non plus.

Contravention essentielle. Constitue une contravention essentielle, au sens de l'art. 25, le défaut de livraison à la date fixée par le contrat alors que le vendeur ne pouvait pas avoir de doutes quant à l'importance d'une livraison ponctuelle pour l'acheteur eu égard aux ventes de fin d'année. • CA Milan, 20 mars 1998 : *D. 1999. Somm. 364, obs. Spiegel*. ♦ Le refus d'établir une lettre de crédit au moment prévu par le contrat, à savoir lorsque le vendeur indique à l'acheteur les détails quant au navire affrété, est une contravention essentielle au sens de l'art. 25. • Cour suprême Queensland, 17 nov. 2000 : *D. 2002. Somm. 399, obs. Papandréou-Deterville*.

Art. 26 Une déclaration de résolution du contrat n'a d'effet que si elle est faite par notification à l'autre partie.

Art. 27 Sauf disposition contraire expresse de la présente partie de la Convention, si une notification, demande ou autre communication est faite par une partie au contrat conformément à la présente partie et par un moyen approprié aux circonstances, un retard ou une erreur dans la transmission de la communication ou le fait qu'elle n'est pas arrivée à destination ne prive pas cette partie au contrat du droit de s'en prévaloir.

Art. 28 Si, conformément aux dispositions de la présente Convention, une partie a le droit d'exiger de l'autre l'exécution d'une obligation, un tribunal n'est tenu d'ordonner l'exécution en nature que s'il le ferait en vertu de son propre droit pour des contrats de vente semblables non régis par la présente Convention.

Art. 29 1. Un contrat peut être modifié ou résilié par accord amiable entre les parties.

2. Un contrat écrit qui contient une disposition stipulant que toute modification ou résiliation amiable doit être faite par écrit ne peut être modifié ou résilié à l'amiable sous une autre forme. Toutefois, le comportement de l'une des parties peut l'empêcher d'invoquer une telle disposition si l'autre partie s'est fondée sur ce comportement.

CHAPITRE II *Obligations du vendeur*

Art. 30 Le vendeur s'oblige, dans les conditions prévues au contrat et par la présente Convention, à livrer les marchandises, à en transférer la propriété et, s'il y a lieu, à remettre les documents s'y rapportant.

SECTION I *Livraison des marchandises et remise des documents*

Art. 31 Si le vendeur n'est pas tenu de livrer les marchandises en un autre lieu particulier, son obligation de livraison consiste :

a) Lorsque le contrat de vente implique un transport des marchandises, à remettre les marchandises au premier transporteur pour transmission à l'acheteur ;

b) Lorsque, dans les cas non visés au précédent alinéa, le contrat porte sur un corps certain ou sur une chose de genre qui doit être prélevée sur une masse déterminée ou qui doit être fabriquée ou produite et lorsque, au moment de la conclusion du contrat, les parties savaient que les marchandises se trouvaient ou devaient être fabriquées ou produites en un lieu particulier, à mettre les marchandises à la disposition de l'acheteur en ce lieu ;

c) Dans les autres cas, à mettre les marchandises à la disposition de l'acheteur au lieu où le vendeur avait son établissement au moment de la conclusion du contrat.

Compétence judiciaire. Les contrats internationaux de vente de marchandises sont soumis, pour la détermination des règles de compétence judiciaire, aux dispositions de l'art. 5 du Règl. du 22 déc. 2000, qui désignent comme compétent le tribunal dans le ressort duquel la marchandise a été ou aurait dû être livrée, ce lieu de livraison par le vendeur étant lui-même défini, en l'absence de dispositions contractuelles, par les art. 30 et 31 CVIM comme étant celui du lieu de remise au premier transporteur pour acheminement à l'acheteur ou, en cas de marchandises devant être fabriquées ou produites, du lieu de fabrication. • Lyon, 25 janv. 2007 : *BICC 1er mai 2007, no 951.*

Art. 32 1. Si, conformément au contrat ou à la présente Convention, le vendeur remet les marchandises à un transporteur et si les marchandises ne sont pas clairement identifiées aux fins du contrat par l'apposition d'un signe distinctif sur les marchandises, par des documents de transport ou par tout autre moyen, le vendeur doit donner à l'acheteur avis de l'expédition en désignant spécifiquement les marchandises.

2. Si le vendeur est tenu de prendre des dispositions pour le transport des marchandises, il doit conclure les contrats nécessaires pour que le transport soit effectué jusqu'au lieu prévu par les moyens de transport appropriés aux circonstances et selon les conditions usuelles pour un tel transport.

3. Si le vendeur n'est pas tenu de souscrire lui-même une assurance de transport, il doit fournir à l'acheteur, à la demande de celui-ci, tous renseignements dont il dispose qui sont nécessaires à la conclusion de cette assurance.

Art. 33 Le vendeur doit livrer les marchandises :

a) Si une date est fixée par le contrat ou déterminable par référence au contrat, à cette date ;

b) Si une période de temps est fixée par le contrat ou déterminable par référence au contrat, à un moment quelconque au cours de cette période, à moins qu'il ne résulte des circonstances que c'est à l'acheteur de choisir une date ; ou

c) Dans tous les autres cas, dans un délai raisonnable à partir de la conclusion du contrat.

1. Défaut de livraison à la date fixée. V. note ss. art. 25.

2. Délai raisonnable. Lorsque, en application de l'art. 33 c), la livraison doit intervenir dans un délai raisonnable à partir de la conclusion du contrat, l'acheteur a intérêt à dénoncer une prétendue tardiveté lors de la réception de la marchandise. • C. provinciale Barcelone, 20 juin 1997 : *D. 1999. Somm. 361, obs. Rosch* .

Art. 34 Si le vendeur est tenu de remettre les documents se rapportant aux marchandises, il doit s'acquitter de cette obligation au moment, au lieu et dans la forme prévus au contrat. En cas de remise anticipée, le vendeur conserve, jusqu'au moment prévu pour la remise, le droit de réparer tout défaut de conformité des documents, à condition que l'exercice de ce droit ne cause à l'acheteur ni inconvénients ni frais déraisonnables. Toutefois, l'acheteur conserve le droit de demander des dommages-intérêts conformément à la présente Convention.

SECTION II *Conformité des marchandises et droits ou prétentions des tiers*

Art. 35 1. Le vendeur doit livrer des marchandises dont la quantité, la qualité et le type répondent à ceux qui sont prévus au contrat, et dont l'emballage ou le conditionnement correspond à celui qui est prévu au contrat.

2. A moins que les parties n'en soient convenues autrement, les marchandises ne sont conformes au contrat que si :

a) Elles sont propres aux usages auxquels serviraient habituellement des marchandises du même type ;

b) Elles sont propres à tout usage spécial qui a été porté expressément ou tacitement à la connaissance du vendeur au moment de la conclusion du contrat, sauf s'il résulte des circonstances que l'acheteur ne s'en est pas remis à la compétence ou à l'appréciation du vendeur ou qu'il n'était pas raisonnable de sa part de le faire ;

c) Elles possèdent les qualités d'une marchandise que le vendeur a présentée à l'acheteur comme échantillon ou modèle ;

d) Elles sont emballées ou conditionnées selon le mode habituel pour les marchandises du même type ou, à défaut de mode habituel, d'une manière propre à les conserver et à les protéger.

3. Le vendeur n'est pas responsable, au regard des alinéas *a* et *d* du paragraphe précédent, d'un défaut de conformité que l'acheteur connaissait ou ne pouvait ignorer au moment de la conclusion du contrat.

1. Appréciation de la conformité. L'on ne saurait en principe attendre du vendeur, dans le cadre de l'appréciation de la conformité contractuelle d'une marchandise au sens de l'art. 35, al. 2 (*a* et *b*), qu'il respecte des règles déterminées de droit public du pays de l'acheteur et de celui de commercialisation affectant le caractère revendable de la marchandise. • C. féd. de justice allemande, 8 mars 1995 : *D. 1997. Somm. 217, obs. Witz*. ♦ V. aussi • Eastern district Louisiane, 17 mai 1999 : *D. 1999. Somm. 369, obs. Papandréou-Deterville* • Cour suprême Autriche, 13 avr. 2000 : *D. 2002. Somm. 317, obs. Babusiaux*. ♦ Ce sont, en règle générale, les standards en vigueur dans le pays du vendeur qui déterminent l'aptitude aux usages habituels de la marchandise ; même si l'acheteur a communiqué au vendeur le pays de destination des marchandises, on ne peut en déduire que le vendeur soit obligé de respecter la réglementation de droit public qui y est en vigueur. • Cour suprême Autriche, 25 janv. 2006 : *D. 2007. Pan. 538, obs. Witz*. ♦ Pour une application implicite de la convention de Vienne sans que les juges n'aient à déterminer plus avant le droit applicable au fond, V. • Civ. 1re, 8 janv. 2002 : *Bull. civ. I, n° 6 ; LPA 4 déc. 2002, obs. Chanteloup.*

1 bis. Applications. En livrant du vin chaptalisé, une société n'a pas exécuté son obligation de livrer une marchandise conforme au contrat. • Civ. 1re, 23 janv. 1996 : *Bull. civ. I, n° 38 ; D. 1996. 334, note Witz ; D. Affaires 1996. 205 ; Rev. crit. DIP 1996. 460, note Bureau ; JCP 1996. II. 22734, note Muir Watt ; CCC 1996, n° 77, note Leveneur.* ♦ Cette manipulation ayant, à elle seule, rendu le vin impropre à la consommation, est légalement justifiée la décision prononçant aux torts de cette société la résiliation de la vente. • Même arrêt.

2. En omettant de placer sur les sachets les mentions relatives à la composition et à la date de péremption, le vendeur a livré une marchandise non conforme, au sens de l'art. 35, qui vise spécialement l'emballage. • Grenoble, 13 sept. 1995 : *JCP 1996. IV. 712.*

3. Manque à son obligation de livrer une marchandise conforme au contrat le vendeur qui fait livrer des tissus qui ne sont pas conformes aux échantillons agréés et dont la texture, la largeur et le poids ne correspondent pas aux caractéristiques contractuelles initialement prévues. • T. com. Paris, 4 févr. 1998 : *Gaz. Pal. 15-16 oct. 1999, p. 9.*

4. Preuve. L'acheteur qui réclame des dommages-intérêts pour défaut de conformité doit prouver l'existence du défaut de conformité, le lien de causalité avec le dommage intervenu ainsi que la promptitude de la dénonciation. • Vigevano, 12 juill. 2000 : *D. 2002. Somm. 395, obs. Spiegel*. ♦ Jugeant que c'est sans inversion de la charge de la preuve qu'une cour d'appel, après avoir procédé à une analyse concrète des éléments de fait qui lui ont été soumis, a retenu qu'il était impossible, en l'état des éléments techniques divergents et parcellaires, d'imputer au vendeur les défauts apparus sur la marchandise livrée, V. • Com. 24 sept. 2003 : *Bull. civ. IV, n° 139 ; D. 2005. Pan. 2286, obs. Witz ; ibid. 2003. AJ 2502 ; JCP 2004. I. 111, n° 1, obs. Rueda ; RTD com. 2004. 362, obs. Bouloc ; LPA 9 juin 2004, obs. Brière.* ♦ *Contra*, jugeant qu'en cas de défaut de conformité de la marchandise, il appartient au vendeur, présumé responsable, de prouver la cause de ce défaut : • Grenoble, 15 mai 1996 : *D. 1997. Somm. 221, obs. Witz*.

Art. 36 **1. Le vendeur est responsable, conformément au contrat et à la présente Convention, de tout défaut de conformité qui existe au moment du transfert des risques à l'acheteur, même si ce défaut n'apparaît qu'ultérieurement.**

2. Le vendeur est également responsable de tout défaut de conformité qui survient après le moment indiqué au paragraphe précédent et qui est imputable à l'inexécution de l'une quelconque de ses obligations, y compris à un manquement à une garantie que, pendant une certaine période, les marchandises resteront propres à leur usage normal ou à un usage spécial ou conserveront des qualités ou caractéristiques spécifiées.

La survenance d'une panne intervenue dans un court délai après la livraison établit, nonobstant toute connaissance plus précise du vice, le défaut de conformite du bien voulu. • Grenoble, 15 mai 1996 : *D. 1997. Somm. 221, obs. Witz*. ♦ Comp. : • Com. 24 sept. 2003 : *préc. note 4 ss. art. 35.*

Art. 37 En cas de livraison anticipée, le vendeur a le droit, jusqu'à la date prévue pour la livraison, soit de livrer une partie ou une quantité manquante, ou des marchandises nouvelles en remplacement des marchandises non conformes au contrat, soit de réparer tout défaut de conformité des marchandises, à condition que l'exercice de ce droit ne cause à l'acheteur ni inconvénients ni frais déraisonnables. Toutefois, l'acheteur conserve le droit de demander des dommages-intérêts conformément à la présente Convention.

Art. 38 1. L'acheteur doit examiner les marchandises ou les faire examiner dans un délai aussi bref que possible eu égard aux circonstances.

2. Si le contrat implique un transport des marchandises, l'examen peut être différé jusqu'à leur arrivée à destination.

3. Si les marchandises sont déroutées ou réexpédiées par l'acheteur sans que celui-ci ait eu raisonnablement la possibilité de les examiner et si, au moment de la conclusion du contrat, le vendeur connaissait ou aurait dû connaître la possibilité de ce déroutage ou de cette réexpédition, l'examen peut être différé jusqu'à l'arrivée des marchandises à leur nouvelle destination.

1. Portée de l'obligation. L'obligation qui incombe à l'acheteur d'examiner les marchandises n'est pas une véritable obligation (à ce titre elle ne comporte pas l'engagement de découvrir notamment les vices cachés). • T. com. Ypres, 29 janv. 2001 : *D. 2003. Somm. 2365, obs. Papandréou-Deterville* (l'art. 38-1 impose moins une obligation qu'une incombance).

2. Délai d'examen. Sur la durée moyenne du délai prescrit pour l'examen des marchandises, V. note 3 ss. art. 39.

Art. 39 1. L'acheteur est déchu du droit de se prévaloir d'un défaut de conformité s'il ne le dénonce pas au vendeur, en précisant la nature de ce défaut, dans un délai raisonnable à partir du moment où il l'a constaté ou aurait dû le constater.

2. Dans tous les cas, l'acheteur est déchu du droit de se prévaloir d'un défaut de conformité, s'il ne le dénonce pas au plus tard dans un délai de deux ans à compter de la date à laquelle les marchandises lui ont été effectivement remises, à moins que ce délai ne soit incompatible avec la durée d'une garantie contractuelle.

BIBL. ▸ Witz, *D. 2002. Chron. 2860* (nouveaux délais de prescription du droit allemand applicables aux ventes internationales de marchandises régies par la Convention de Vienne) ; *D. 2009. 1568* (le redoutable délai-butoir de deux ans consacré par la Convention de Vienne). ▸ V. aussi bibl. ss. art. 4.

1. Responsabilité délictuelle. L'acheteur d'une marchandise défectueuse peut agir contre le vendeur sur le terrain de la responsabilité délictuelle alors que la vente est régie par la Convention de La Haye portant loi uniforme sur la vente internationale des objets mobiliers corporels (LUVI). • T. régional sup. Munich, 9 août 1995 : *D. 1997. Somm. 219, obs. Witz*. ♦ Il n'y a pas lieu d'appliquer à l'action en responsabilité délictuelle les dispositions du droit uniforme relatives à la dénonciation des défauts. • Même arrêt.

2. Délai raisonnable. La réclamation écrite de l'acheteur concernant le défaut de conformité des marchandises étant intervenue dans le mois suivant la livraison des fromages doit être considérée comme ayant été faite dans un délai raisonnable au sens de l'art. 39. • Grenoble, 13 sept. 1995 : *JCP 1996. IV. 712* • Colmar, 24 oct. 2000 : *D. 2002. Somm. 393, obs. Witz*. ♦ Pour un arrêt jugeant que n'est plus raisonnable le délai d'une durée de plus d'un mois entre l'échéance du délai d'examen des marchandises et la dénonciation des défauts, V. • T. régional sup. Oldenbourg, 5 déc. 2000 : *D. 2002. Somm. 314, obs. Schneider*. ♦ Même solution pour une dénonciation intervenue quatre mois après la livraison. • Vigevano, 12 juill. 2000 : *D. 2002. Somm. 395, obs. Spiegel*. ♦ ... Ou dans le délai de six semaines. • T. com. Hasselt, 6 janv. 2004 : *D. 2005. Pan. 2282, obs. Witz*. ♦ V., semblant concevoir le délai d'un mois de manière intangible (« un mois maximum ») : • Landgericht Saarbrücken, 2 juill. 2002 : *D. 2003. Somm. 2363,* *obs. Witz* . ♦ Pour des parties à une vente d'articles vestimentaires ayant elles-mêmes fixé le délai raisonnable à dix jours à compter de la réception de la marchandise, V. • Riom, 29 mars 2006 : *JCP E 2006, n° 43-44, p. 1836.*

L'acheteur est déchu du droit de se prévaloir d'un défaut, lorsque tout en ayant connaissance de l'existence du défaut, il ne l'invoque qu'au moment où le vendeur lui réclame le paiement du prix de vente. • C. provinciale Barcelone, 20 juin 1997 : *D. 1999. Somm. 361, obs. Rosch* • Orléans, 21 juill. 2005 : *RJDA 2006, n° 19.* ♦ Pour un arrêt laissant à l'appréciation souveraine des juges du fond la détermination de la durée du délai de dénonciation prévu à l'art. 39, al. 1er, de la CVIM, V. • Civ. 1re, 26 mai 1999 : *D. 2000. 788, note Witz* . ♦ Ne peuvent tenir lieu de dénonciation : l'assignation donnée en référé à l'établissement de crédit ayant accordé le crédit documentaire pour lui interdire de payer le vendeur dès lors que celui-ci n'en a pas été informé et n'a pas été mis en cause. • Orléans, 21 juill. 2005 : *préc.* ♦ ... Les réserves portées à la connaissance du transporteur, sauf stipulations contraires, en raison de l'interdépendance du contrat de vente et du contrat de transport. • Même arrêt.

3. Délai global de dénonciation. Le délai d'examen des marchandises et le délai de dénonciation des défauts se suivent l'un l'autre et forment ensemble le délai global de dénonciation. • T. régional sup. Cologne, 21 août 1997 : *D. 1998. Somm. 311, obs. Witz* . ♦ Dans un souci d'interprétation uniforme de la Convention, il convient de prendre en compte la tradition des États contractants, qui, comme la France, accordent un délai plus long, et devrait donc être retenu un délai ayant une durée globale d'un mois. • Même arrêt. ♦ Dans le même sens, V. • C. féd. de justice allemande, 3 nov. 1999 : *D. 2000. Somm. 434, obs. Witz* . ♦ Rappr., considérant que pour déterminer le délai raisonnable de la notification des défauts par l'acheteur, il faut tenir compte de l'obligation à la charge de l'acheteur d'examiner les marchandises dans un délai aussi bref que possible eu égard aux circonstances : • T. civ. Coni, 31 janv. 1996 : *D. 1997. Somm. 222, obs. Spiegel* . ♦ Si les défauts de la marchandise sont facilement décelables lors d'un examen correct, le délai de notification se trouve par conséquent réduit. • Même jugement. ♦ V. aussi, considérant que le délai raisonnable de dénonciation des défauts de la marchandise livrée, incluant le délai d'examen desdites marchandises, par un acheteur qui aurait pu aisément déceler les défauts grâce à des essais par sondage est au maximum d'un mois. • T. régional sup. Sarrebruck, 3 juin 1998 : *D. 1999. Somm. 356, obs. Witz* . ♦ Comp., s'agissant des défauts de fleurs naturelles, jugeant qu'ils doivent être dénoncés le jour de la réception des marchandises par une description détaillée de la contravention contractuelle : • T. régional sup. Munich, 11 mars 1998 : *ibid.* ♦ V. également, prenant en considération pour apprécier le délai prescrit par l'art. 38, la nature des marchandises, leur empaquetage et leur quantité, • T. sup. du canton de Lucerne, 8 janv 1997 : *D. 1998. Somm. 315, obs. Witz* . ♦ Comp., retenant comme durée moyenne pour l'examen prescrit par l'art. 38, al. 1er, un délai de trois à quatre jours, et considérant que le délai de dénonciation des défauts prévu par l'art. 39, al. 1er, est d'environ huit jours lorsqu'il s'agit de denrées non périssables, • T. régional sup. Karlsruhe, 25 juin 1997 : *D. 1998. Somm. 310, obs. Witz* . ♦ V. aussi, jugeant que si le délai d'examen de biens durables est, en principe, de trois à quatre jours, ce délai peut être plus court selon les circonstances ; il en est ainsi pour les animaux vivants dont l'examen doit se faire dès la livraison ou, au plus tard, le lendemain : • Oberlandesgericht Schleswig, 22 août 2002 : *D. 2003. Somm. 2363, obs. Witz* .

3 bis. Délai de prescription. L'acheteur est déchu du droit de se prévaloir d'un défaut de conformité s'il ne le dénonce pas au plus tard dans un délai de deux ans à compter de la date à laquelle les marchandises lui ont été effectivement remises. • Civ. 1re, 8 avr. 2009 : *D. 2009. 2907, note Witz ; RTD civ 2009. 688, obs. Rémy-Corlay ; CCC 2009, n° 187, obs. Leveneur ; RJDA 2009, n° 943.* ♦ Le délai de deux ans de l'art. 39 CVIM est un délai de dénonciation du défaut de conformité et non un délai pour agir. • Com. 3 févr. 2009 *D. 2009. 2907, note Witz ; RTD com. 2009. 642, obs. Delebecque ; RTD civ. 2009. 688, obs. Remy-Corlay ; JCP E 2009, n° 16-17, p. 30, note Leveneur ; CCC 2009, n° 96, obs. Leveneur ; RDC 2009. 1549, note Racine ; RLDA juin 2009. 62, obs. Combet.* ♦ Il résulte des dispositions de l'art. 39 que l'obligation de dénonciation des défauts de conformité dans un délai raisonnable n'est pas subordonnée à l'introduction d'une action en justice par l'acquéreur, mais requiert seulement de sa part une information claire et précise, donnée au vendeur, des contestations qu'appelle la délivrance de la chose vendue. • Versailles, 29 janv. 1999 : *JCP E 1999, n° 25, p. 1081.* ♦ Comp., jugeant que l'action en justice introduite par l'assureur de l'acheteur, subrogé dans les droits de celui-ci, a été intentée à temps, le délai écoulé entre la dénonciation du sinistre et la mise en œuvre de l'action judiciaire apparaissant raisonnable. • Colmar, 24 oct. 2000 : *préc. note 2.* ♦ Sur la distinction entre délai de dénonciation et délai de prescription, V.

• Paris, 6 nov. 2001 : *D. 2002. 2795, note Witz* ; *RTD com. 2002. 210, obs. Jacquet et Delebecque*.

4. Point de départ du délai de dénonciation. Le délai de l'art. 39.2 CVIM court à compter de la date à laquelle les marchandises ont été effectivement remises à l'acheteur, ce qui suppose de connaître précisément la date de chaque vente en cas de livraisons successives de marchandises. • Com. 27 nov. 2012 : *JCP E 2013, n° 1134, note Nourissat ; CCC 2013, n° 57, obs. N. M. ; RLDA mars 2013. 48, note Nourissat.* ♦ Lorsque le bien livré est atteint d'un défaut caché, le point de départ du délai d'examen et de dénonciation ne commence pas à courir dès le jour de la survenance du dommage dans l'hypothèse où celui-ci a pu avoir d'autres causes que le défaut caché du bien. • C. féd. de justice allemande, 3 nov. 1999 : *préc. note 3*.

5. Renonciation du vendeur. En ce sens que la renonciation du vendeur à se prévaloir du caractère tardif de la dénonciation par l'acheteur du défaut de conformité de la marchandise est en principe admissible selon le droit uniforme de la vente internationale de marchandises, V. • C. féd. de justice allemande, 25 juin 1997 : *D. 1998. Somm. 309, obs. Witz* • 25 nov. 1998 : *D. 1999. Somm. 356, obs. Witz*. ♦ La simple ouverture de négociations au sujet des défauts constatés par l'acheteur ne saurait valoir renonciation du vendeur à se prévaloir du caractère tardif de la dénonciation des défauts. • T. régional sup. Oldenbourg, 5 déc. 2000 : *préc. note 2*.

Art. 40 Le vendeur ne peut pas se prévaloir des dispositions des articles 38 et 39 lorsque le défaut de conformité porte sur des faits qu'il connaissait ou ne pouvait ignorer et qu'il n'a pas révélés à l'acheteur.

1. Mauvaise foi du vendeur. Doit être considéré de mauvaise foi, en vertu de l'art. 40, le vendeur qui, lors de la livraison d'une machine en pièces détachées, alors qu'il ne pouvait ignorer l'éventualité d'une installation incorrecte par l'acquéreur et le risque évident qu'une défaillance sérieuse de la machine se produise, n'accompagne cette livraison d'aucune mise en garde. • Institut d'arbitrage ch. com. Stockholm, 5 juin 1998 : *D. 1999. Somm. 365, obs. Limbach*. ♦ Jugeant qu'il ressortait de la nature des défauts constatés que le vendeur professionnel devait non seulement avoir connu les défauts, mais encore qu'il les connaissait ou ne pouvait les ignorer, V. • Anvers, 27 juin 2001 : *D. 2003. Somm. 2365, obs. Papandréou-Deterville*. ♦ Concluant à la mauvaise foi du vendeur qui, en sa qualité de producteur, ne pouvait pas ignorer les vices du produit et qui les avait même délibérément dissimulés à l'acquéreur en ne lui fournissant pas le certificat d'analyse pourtant prévu au contrat : • Civ. 1re, 4 oct. 2005 : *Bull. civ. I, n° 360 ; D. 2007. Pan. 539, obs. Witz ; RTD civ. 2006. 272, obs. Rémy-Corlay ; JCP E 2005, n° 47, p. 1992 ; RJDA 2006, n° 128.*

2. Garantie conventionnelle. La stipulation d'une garantie conventionnelle de dix-huit mois, susceptible d'être interprétée comme portant dérogation aux art. 38 et 39, n'entraîne pas la mise à l'écart de l'art. 40. • Institut d'arbitrage ch. com. Stockholm, 5 juin 1998 : *préc. note 1*.

3. Charge de la preuve. Jugeant que l'art. 40 a pour fonction entre autres d'alléger la charge de la preuve par l'acquéreur de la mauvaise foi du vendeur, V. • Institut d'arbitrage ch. com. Stockholm, 5 juin 1998 : *préc. note 1*. ♦ Comp., jugeant qu'il appartient à l'acquéreur d'établir que le vendeur avait la connaissance tant de l'usage et de la destination du produit acquis que de la non-conformité alléguée, V. • Paris, 25 févr. 2005 : *D. 2007. Pan. 534, obs. Witz ; RTD com. 2005. 639, obs. Delebecque*.

Art. 41 Le vendeur doit livrer les marchandises libres de tout droit ou prétention d'un tiers, à moins que l'acheteur n'accepte de prendre les marchandises dans ces conditions. Toutefois, si ce droit ou cette prétention est fondé sur la propriété industrielle ou autre propriété intellectuelle, l'obligation du vendeur est régie par l'article 42.

Art. 42 1. Le vendeur doit livrer les marchandises libres de tout droit ou prétention d'un tiers fondé sur la propriété industrielle ou autre propriété intellectuelle, qu'il connaissait ou ne pouvait ignorer au moment de la conclusion du contrat, à condition que ce droit ou cette prétention soit fondé sur la propriété industrielle ou autre propriété intellectuelle :

a) En vertu de la loi de l'État où les marchandises doivent être revendues ou utilisées, si les parties ont envisagé au moment de la conclusion du contrat que les marchandises seraient revendues ou utilisées dans cet État ; ou *b*) Dans tous les autres cas, en vertu de la loi de l'État où l'acheteur a son établissement.

2. Dans les cas suivants, le vendeur n'est pas tenu de l'obligation prévue au paragraphe précédent :

a) Au moment de la conclusion du contrat, l'acheteur connaissait ou ne pouvait ignorer l'existence du droit ou de la prétention ; ou

b) Le droit ou la prétention résulte de ce que le vendeur s'est conformé aux plans techniques, dessins, formules ou autres spécifications analogues fournis par l'acheteur.

Dès lors que l'acheteur ne pouvait, en sa qualité de professionnel, ignorer le caractère contrefaisant d'un élément du produit acheté à une société étrangère, et qu'il a agi en connaissance du droit de la propriété intellectuelle, le vendeur n'est plus tenu à l'obligation de livrer des marchandises libres de tout droit de propriété intellectuelle. • Civ. 1re, 19 mars 2002 : *Bull. civ. I, nº 98 ; D. 2003. Somm. 2366, obs. Witz ; ibid. 2002. AJ 1348 ; JCP 2003 II. 10016, note Raynard ; RTD com. 2002. 717, obs. Bouloc ; LPA 4 déc. 2002, obs. Chanteloup* • Colmar, 13 nov. 2002 : *D. 2003. Somm. 2367, obs. Witz* • Versailles, 28 sept. 2006 : *RJDA 2007, nº 141 ; Lettre distrib. janv. 2007, p. 3.*

Art. 43 1. L'acheteur perd le droit de se prévaloir des dispositions des articles 41 et 42 s'il ne dénonce pas au vendeur le droit ou la prétention du tiers, en précisant la nature de ce droit ou de cette prétention, dans un délai raisonnable à partir du moment où il en a eu connaissance ou aurait dû en avoir connaissance.

2. Le vendeur ne peut pas se prévaloir des dispositions du paragraphe précédent s'il connaissait le droit ou la prétention du tiers et sa nature.

Art. 44 Nonobstant les dispositions du paragraphe 1 de l'article 39 et du paragraphe 1 de l'article 43, l'acheteur peut réduire le prix conformément à l'article 50 ou demander des dommages-intérêts, sauf pour le gain manqué, s'il a une excuse raisonnable pour n'avoir pas procédé à la dénonciation requise.

SECTION III *Moyens dont dispose l'acheteur en cas de contravention au contrat par le vendeur*

Art. 45 1. Si le vendeur n'a pas exécuté l'une quelconque des obligations résultant pour lui du contrat de vente ou de la présente Convention, l'acheteur est fondé à :

a) Exercer les droits prévus aux articles 46 à 52 ;

b) Demander les dommages-intérêts prévus aux articles 74 à 77.

2. L'acheteur ne perd pas le droit de demander des dommages-intérêts lorsqu'il exerce son droit de recourir à un autre moyen.

3. Aucun délai de grâce ne peut être accordé au vendeur par un juge ou par un arbitre lorsque l'acheteur se prévaut d'un des moyens dont il dispose en cas de contravention au contrat.

Dommages-intérêts. Le droit de demander des dommages-intérêts subsiste, en principe, en cas d'exercice du droit de réduire le prix de vente, mais ce droit est exclu en ce qui concerne le dommage résultant directement du défaut de la chose. • T. féd. suisse, 28 oct. 1998 : *D. 2000. Somm. 443, obs. Schneider*.

Art. 46 1. L'acheteur peut exiger du vendeur l'exécution de ses obligations, à moins qu'il ne se soit prévalu d'un moyen incompatible avec cette exigence.

2. Si les marchandises ne sont pas conformes au contrat, l'acheteur ne peut exiger du vendeur la livraison de marchandises de remplacement que si le défaut de conformité constitue une contravention essentielle au contrat et si cette livraison est demandée au moment de la dénonciation du défaut de conformité faite conformément à l'article 39 ou dans un délai raisonnable à compter de cette dénonciation.

3. Si les marchandises ne sont pas conformes au contrat, l'acheteur peut exiger du vendeur qu'il répare le défaut de conformité, à moins que cela ne soit déraisonnable compte tenu de toutes les circonstances. La réparation doit être demandée au moment de la dénonciation du défaut de conformité faite conformément à l'article 39 ou dans un délai raisonnable à compter de cette dénonciation.

Art. 47 1. L'acheteur peut impartir au vendeur un délai supplémentaire de durée raisonnable pour l'exécution de ses obligations.

2. A moins qu'il n'ait reçu du vendeur une notification l'informant que celui-ci n'exécuterait pas ses obligations dans le délai ainsi imparti, l'acheteur ne peut, avant l'expiration de ce délai, se prévaloir d'aucun des moyens dont il dispose en cas de contravention au contrat. Toutefois, l'acheteur ne perd pas, de ce fait, le droit de demander des dommages-intérêts pour retard dans l'exécution.

Délai supplémentaire. L'attitude d'un acheteur consistant à faire preuve d'une grande tolérance à l'égard des retards du vendeur peut être assimilée à la stipulation d'un délai supplémentaire au sens de l'art. 47. • C. provinciale Barcelone, 3 nov. 1997 : *D. 1999. Somm. 363, obs. Rosch* ✐.

Art. 48 1. Sous réserve de l'article 49, le vendeur peut, même après la date de la livraison réparer à ses frais tout manquement à ses obligations, à condition que cela n'entraîne pas un retard déraisonnable et ne cause à l'acheteur ni inconvénients déraisonnables ni incertitude quant au remboursement par le vendeur des frais faits par l'acheteur. Toutefois, l'acheteur conserve le droit de demander des dommages-intérêts conformément à la présente Convention.

2. Si le vendeur demande à l'acheteur de lui faire savoir s'il accepte l'exécution et si l'acheteur ne lui répond pas dans un délai raisonnable, le vendeur peut exécuter ses obligations dans le délai qu'il a indiqué dans sa demande. L'acheteur ne peut, avant l'expiration de ce délai, se prévaloir d'un moyen incompatible avec l'exécution par le vendeur de ses obligations.

3. Lorsque le vendeur notifie à l'acheteur son intention d'exécuter ses obligations dans un délai déterminé, il est présumé demander à l'acheteur de lui faire connaître sa décision conformément au paragraphe précédent.

4. Une demande ou une notification faite par le vendeur en vertu des paragraphes 2 ou 3 du présent article n'a d'effet que si elle est reçue par l'acheteur.

Art. 49 1. L'acheteur peut déclarer le contrat résolu :

a) Si l'inexécution par le vendeur de l'une quelconque des obligations résultant pour lui du contrat ou de la présente Convention constitue une contravention essentielle au contrat ; ou

b) En cas de défaut de livraison, si le vendeur ne livre pas les marchandises dans le délai supplémentaire imparti par l'acheteur conformément au paragraphe 1 de l'article 47 ou s'il déclare qu'il ne les livrera pas dans le délai ainsi imparti.

2. Cependant, lorsque le vendeur a livré les marchandises, l'acheteur est déchu du droit de déclarer le contrat résolu s'il ne l'a pas fait :

a) En cas de livraison tardive, dans un délai raisonnable à partir du moment où il a su que la livraison avait été effectuée ;

b) En cas de contravention autre que la livraison tardive, dans un délai raisonnable :

i) A partir du moment où il a eu connaissance ou aurait dû avoir connaissance de cette contravention ;

ii) Après l'expiration de tout délai supplémentaire imparti par l'acheteur conformément au paragraphe 1 de l'article 47 ou après que le vendeur a déclaré qu'il n'exécuterait pas ses obligations dans ce délai supplémentaire ;

ou

iii) Après l'expiration de tout délai supplémentaire indiqué par le vendeur conformément au paragraphe 2 de l'article 48 ou après que l'acheteur a déclaré qu'il n'accepterait pas l'exécution.

1. Résolution. Le système des remèdes prévu par la Convention de Vienne du 11 avr. 1980 ne consacre pas, en principe, la distinction classique entre la violation de l'obligation de délivrance et la garantie pour les défauts de la chose. • C. féd. de justice allemande, 3 avr. 1996 : *D. 1997. Somm. 218, obs. Spiegel* . ♦ L'acheteur auquel a été livrée une marchandise non conforme doit établir, pour résoudre le contrat, que les conditions de l'art. 49, al. 1er (*a*), sont réunies. • Même arrêt. ♦ Il appartient à l'acheteur, avant de déclarer le contrat résolu, de déterminer, lorsque la contravention résulte de la non-conformité des qualités de la marchandise, si une autre transformation ou revente de cette marchandise dans des conditions normales, même avec réduction du prix, reste possible sans trop de difficultés et dans les limites de l'acceptable. • T. féd. suisse, 28 oct. 1998 : *D. 2000. Somm. 443, obs. Schneider* .

Pour un arrêt considérant qu'il y a lieu à résolution du contrat, dès lors que le manquement du vendeur à son obligation de délivrance est établi et qu'il est démontré que l'acquéreur n'a pu faire l'usage attendu et spécifié du matériel, V. • Versailles, 29 janv. 1998 : *JCP E 1999, no 25, p. 1081.*

2. Délai. En ce sens que, une déclaration de résolution, opérée 7 jours après la livraison, doit être considérée comme tardive faute d'avoir été faite dans le délai raisonnable de l'art. 49, al. (*b*), eu égard à la rapide déperdition de valeur du bien, V. • T. régional de l'Ouest danois, 10 nov. 1999 : *D. 2000. Somm. 438, obs. Fogt* .

Art. 50 **En cas de défaut de conformité des marchandises au contrat, que le prix ait été ou non déjà payé, l'acheteur peut réduire le prix proportionnellement à la différence entre la valeur que les marchandises effectivement livrées avaient au moment de la livraison et la valeur que des marchandises conformes auraient eue à ce moment. Cependant, si le vendeur répare tout manquement à ses obligations conformément à l'article 37 ou à l'article 48 ou si l'acheteur refuse d'accepter l'exécution par le vendeur conformément à ces articles, l'acheteur ne peut réduire le prix.**

Art. 51 **1. Si le vendeur ne livre qu'une partie des marchandises ou si une partie seulement des marchandises livrées est conforme au contrat, les articles 46 à 50 s'appliquent en ce qui concerne la partie manquante ou non conforme.**

2. L'acheteur ne peut déclarer le contrat résolu dans sa totalité que si l'inexécution partielle ou le défaut de conformité constitue une contravention essentielle au contrat.

Art. 52 **1. Si le vendeur livre les marchandises avant la date fixée, l'acheteur a la faculté d'en prendre livraison ou de refuser d'en prendre livraison.**

2. Si le vendeur livre une quantité supérieure à celle prévue au contrat, l'acheteur peut accepter ou refuser de prendre livraison de la quantité excédentaire. Si l'acheteur accepte d'en prendre livraison en tout ou en partie, il doit la payer au tarif du contrat.

CHAPITRE III *Obligations de l'acheteur*

Art. 53 **L'acheteur s'oblige, dans les conditions prévues au contrat et par la présente Convention, à payer le prix et à prendre livraison des marchandises.**

SECTION I *Paiement du prix*

Art. 54 **L'obligation qu'a l'acheteur de payer le prix comprend celle de prendre les mesures et d'accomplir les formalités destinées à permettre le paiement du prix qui sont prévues par le contrat ou par les lois et les règlements.**

Lettre de crédit. En ce sens qu'en refusant d'établir une lettre de crédit au moment prévu par le contrat, l'acheteur ne respecte pas son obligation de payer le prix telle que décrite à l'art. 54, V. • Cour suprême Queensland, 17 nov. 2000 : *D. 2002. Somm. 399, obs. Papandréou-Deterville*.

Art. 55 Si la vente est valablement conclue sans que le prix des marchandises vendues ait été fixé dans le contrat expressément ou implicitement ou par une disposition permettant de le déterminer, les parties sont réputées, sauf indications contraires, s'être tacitement référées au prix habituellement pratiqué au moment de la conclusion du contrat, dans la branche commerciale considérée, pour les mêmes marchandises vendues dans des circonstances comparables.

Art. 56 Si le prix est fixé d'après le poids des marchandises, c'est le poids net qui, en cas de doute, détermine ce prix.

Art. 57 1. Si l'acheteur n'est pas tenu de payer le prix en un autre lieu particulier, il doit payer le vendeur :

a) A l'établissement de celui-ci ; ou

b) Si le paiement doit être fait contre la remise des marchandises ou des documents, au lieu de cette remise.

2. Le vendeur doit supporter toute augmentation des frais accessoires au paiement qui résultent de son changement d'établissement après la conclusion du contrat.

1. Cession du prix. Pour une décision considérant que la cession du prix de vente entraîne le transfert du lieu de paiement à l'établissement du cessionnaire, V. • T. régional sup. Celle, 11 nov. 1998 : *D. 2000. Somm. 437, obs. crit. Rosch*.

2. Compétence territoriale. Sur l'application combinée des art. 5, 1°, de la Convention de Bruxelles fixant la compétence judiciaire territoriale au lieu d'exécution de l'obligation servant de base à la demande et 57 de la Convention de Vienne, V. • Civ. 1re, 26 juin 2001 : *Bull. civ. I, n° 188 ; D. 2001. AJ 2593*. ♦ V. aussi, • Civ. 1re, 26 juin 2001 : *D. 2001. Jur. 3607, note Witz ; ibid. AJ 2592* • T. régional sup. Stuttgart, 28 févr. 2000 : *D. 2002. Somm. 315, obs. Limbach* • Grenoble, 26 juin 1996 : *Rev. crit. DIP 1997. 756, note Sinay-Cytermann*.

Art. 58 1. Si l'acheteur n'est pas tenu de payer le prix à un autre moment déterminé, il doit le payer lorsque, conformément au contrat et à la présente Convention, le vendeur met à sa disposition soit les marchandises soit des documents représentatifs des marchandises. Le vendeur peut faire du paiement une condition de la remise des marchandises ou des documents.

2. Si le contrat implique un transport des marchandises, le vendeur peut en faire l'expédition sous condition que celles-ci ou les documents représentatifs ne seront remis à l'acheteur que contre paiement du prix.

3. L'acheteur n'est pas tenu de payer le prix avant d'avoir eu la possibilité d'examiner les marchandises, à moins que les modalités de livraison ou de paiement dont sont convenues les parties ne lui en laissent pas la possibilité.

Art. 59 L'acheteur doit payer le prix à la date fixée au contrat ou résultant du contrat et de la présente Convention, sans qu'il soit besoin d'aucune demande ou autre formalité de la part du vendeur.

SECTION II *Prise de livraison*

Art. 60 L'obligation de l'acheteur de prendre livraison consiste :

a) A accomplir tout acte qu'on peut raisonnablement attendre de lui pour permettre au vendeur d'effectuer la livraison ; et

b) A retirer les marchandises.

SECTION III *Moyens dont dispose le vendeur en cas de contravention au contrat par l'acheteur*

Art. 61 1. Si l'acheteur n'a pas exécuté l'une quelconque des obligations résultant pour lui du contrat de vente ou de la présente Convention, le vendeur est fondé à :

a) Exercer les droits prévus aux articles 62 à 65 ;

b) Demander les dommages-intérêts prévus aux articles 74 à 77.

2. Le vendeur ne perd pas le droit de demander des dommages-intérêts lorsqu'il exerce son droit de recourir à un autre moyen.

3. Aucun délai de grâce ne peut être accordé à l'acheteur par un juge ou par un arbitre lorsque le vendeur se prévaut d'un des moyens dont il dispose en cas de contravention au contrat.

Art. 62 Le vendeur peut exiger de l'acheteur le paiement du prix, la prise de livraison des marchandises ou l'exécution des autres obligations de l'acheteur, à moins qu'il ne se soit prévalu d'un moyen incompatible avec ces exigences.

Art. 63 1. Le vendeur peut impartir à l'acheteur un délai supplémentaire de durée raisonnable pour l'exécution de ses obligations.

2. A moins qu'il n'ait reçu de l'acheteur une notification l'informant que celui-ci n'exécuterait pas ses obligations dans le délai ainsi imparti, le vendeur ne peut, avant l'expiration de ce délai, se prévaloir d'aucun des moyens dont il dispose en cas de contravention au contrat. Toutefois, le vendeur ne perd pas, de ce fait, le droit de demander des dommages-intérêts pour retard dans l'exécution.

Art. 64 1. Le vendeur peut déclarer le contrat résolu :

a) Si l'inexécution par l'acheteur de l'une quelconque des obligations résultant pour lui du contrat ou de la présente Convention constitue une contravention essentielle au contrat ; ou

b) Si l'acheteur n'exécute pas son obligation de payer le prix ou ne prend pas livraison des marchandises dans le délai supplémentaire imparti par le vendeur conformément au paragraphe 1 de l'article 63 ou s'il déclare qu'il ne le fera pas dans le délai ainsi imparti.

2. Cependant, lorsque l'acheteur a payé le prix, le vendeur est déchu du droit de déclarer le contrat résolu s'il ne l'a pas fait :

a) En cas d'exécution tardive par l'acheteur, avant d'avoir su qu'il y avait eu exécution ; ou

b) En cas de contravention par l'acheteur autre que l'exécution tardive, dans un délai raisonnable ;

i) A partir du moment où le vendeur a eu connaissance ou aurait dû avoir connaissance de cette contravention ; ou

ii) Après l'expiration de tout délai supplémentaire imparti par le vendeur conformément au paragraphe 1 de l'article 63 ou après que l'acheteur a déclaré qu'il n'exécuterait pas ses obligations dans ce délai supplémentaire.

1. Contrats à livraisons successives. En l'absence d'exécution satisfaisante du premier contrat, un vendeur est fondé à rompre les relations contractuelles pour les opérations suivantes assorties des mêmes obligations, alors que l'art. 73, al. 2, de la Convention autorise en effet, dans les contrats à livraisons successives, une partie, victime d'une contravention essentielle pour une livraison, qui a de sérieuses raisons de penser que la méconnaissance des obligations se reproduira, à déclarer le contrat résolu pour l'avenir si elle le fait dans un délai raisonnable permettant au cocontractant de trouver un fournisseur de remplacement. • Grenoble, 22 févr. 1995 : *D. 1995 IR 100.*

2. Notion de contravention essentielle. Dans le cadre d'une vente internationale de marchandises à livraisons successives, la télécopie du vendeur faisant état d'un manque de produit, éclairée le surlendemain d'un message reprochant à l'acheteur de ne pas avoir pris livraison de la marchandise livrée fin août, s'analyse comme une résolution de contrat, laquelle constitue une rupture fautive, l'acheteur n'ayant pu comprendre qu'un retard de quelques jours à prendre livraison constituerait de sa part une contravention essentielle. • Grenoble, 4 févr. 1999 : *D. 1999. Somm. 363, obs. Witz* . ♦ Le refus d'établir une lettre de crédit au moment prévu par le contrat, à savoir lorsque le vendeur indique à l'acheteur les détails quant au navire affrété, est une contravention essentielle au sens de l'art. 64, al. 1er, l'acheteur, par ce refus, ne respectant pas son obligation de payer le prix telle que décrite à l'art. 54. • Cour suprême Queensland, 17 nov. 2000 : *D. 2002. Somm. 399, obs. Papandréou-Deterville* .

Art. 65 1. Si le contrat prévoit que l'acheteur doit spécifier la forme, la mesure ou d'autres caractéristiques des marchandises et si l'acheteur n'effectue pas cette spécification à la date convenue ou dans un délai raisonnable à compter de la réception d'une demande du vendeur, celui-ci peut, sans préjudice de tous autres droits qu'il peut avoir, effectuer lui-même cette spécification d'après les besoins de l'acheteur dont il peut avoir connaissance.

2. Si le vendeur effectue lui-même la spécification, il doit en faire connaître les modalités à l'acheteur et lui impartir un délai raisonnable pour une spécification différente. Si, après réception de la communication du vendeur, l'acheteur n'utilise pas cette possibilité dans le délai ainsi imparti, la spécification effectuée par le vendeur est définitive.

CHAPITRE IV *Transfert des risques*

Art. 66 La perte ou la détérioration des marchandises survenue après le transfert des risques à l'acheteur ne libère pas celui-ci de son obligation de payer le prix, à moins que ces événements ne soient dus à un fait du vendeur.

Clause coût et frêt. Lorsqu'un contrat de vente internationale contient la clause C & F, le vendeur n'est tenu que de remettre la marchandise à bord, de payer les frais de transport et de remettre les documents y afférents, tandis qu'il incombe à l'acheteur de supporter les risques du transport. • Ch. nat. argentine des appels commerciaux, 31 oct. 1995 : *D. 1997. Somm. 225, obs. Rosch* . ♦ Il y a lieu d'appliquer de surcroît les dispositions de la Convention de Vienne sur le transfert des risques (art. 66 s.). • Même décision.

Art. 67 1. Lorsque le contrat de vente implique un transport des marchandises et que le vendeur n'est pas tenu de les remettre en un lieu déterminé, les risques sont transférés à l'acheteur à partir de la remise des marchandises au premier transporteur pour transmission à l'acheteur conformément au contrat de vente. Lorsque le vendeur est tenu de remettre les marchandises à un transporteur en un lieu déterminé, les risques ne sont pas transférés à l'acheteur tant que les marchandises n'ont pas été remises au transporteur en ce lieu. Le fait que le vendeur soit autorisé à conserver les documents représentatifs des marchandises n'affecte pas le transfert des risques.

2. Cependant, les risques ne sont pas transférés à l'acheteur tant que les marchandises n'ont pas été clairement identifiées aux fins du contrat, que ce soit par l'apposition d'un signe distinctif sur les marchandises, par des documents de transport, par un avis donné à l'acheteur ou par tout autre moyen.

Art. 68 En ce qui concerne les marchandises vendues en cours de transport, les risques sont transférés à l'acheteur à partir du moment où le contrat est conclu. Toutefois, si les circonstances l'impliquent, les risques sont à la charge de l'acheteur à compter du moment où les marchandises ont été remises au transporteur qui a émis les documents constatant le contrat de transport. Néanmoins, si, au moment de la conclusion du contrat de vente, le vendeur avait connaissance ou aurait dû avoir connaissance du fait que les marchandises avaient péri ou avaient été détériorées et qu'il n'en a pas informé l'acheteur, la perte ou la détérioration est à la charge du vendeur.

Art. 69 1. Dans les cas non visés par les articles 67 et 68, les risques sont transférés à l'acheteur lorsqu'il retire les marchandises ou, s'il ne le fait pas en temps voulu, à partir du moment où les marchandises sont mises à sa disposition et où il commet une contravention au contrat en n'en prenant pas livraison.

2. Cependant, si l'acheteur est tenu de retirer les marchandises en un lieu autre qu'un établissement du vendeur, les risques sont transférés lorsque la livraison est due et que l'acheteur sait que les marchandises sont mises à sa disposition en ce lieu.

3. Si la vente porte sur des marchandises non encore individualisées, les marchandises ne sont réputées avoir été mises à la disposition de l'acheteur que lorsqu'elles ont été clairement identifiées aux fins du contrat.

Art. 70 Si le vendeur a commis une contravention essentielle au contrat, les dispositions des articles 67, 68 et 69 ne portent pas atteinte aux moyens dont l'acheteur dispose en raison de cette contravention.

CHAPITRE V *Dispositions communes aux obligations du vendeur et de l'acheteur*

SECTION I *Contravention anticipée et contrats à livraisons successives*

Art. 71 1. Une partie peut différer l'exécution de ses obligations lorsqu'il apparaît, après la conclusion du contrat, que l'autre partie n'exécutera pas une partie essentielle de ses obligations du fait :

a) D'une grave insuffisance dans la capacité d'exécution de cette partie ou sa solvabilité ; ou

b) De la manière dont elle s'apprête à exécuter ou exécute le contrat.

2. Si le vendeur a déjà expédié les marchandises lorsque se révèlent les raisons prévues au paragraphe précédent, il peut s'opposer à ce que les marchandises soient remises à l'acheteur, même si celui-ci détient un document lui permettant de les obtenir. Le présent paragraphe ne concerne que les droits respectifs du vendeur et de l'acheteur sur les marchandises.

3. La partie qui diffère l'exécution, avant ou après l'expédition des marchandises, doit adresser immédiatement une notification à cet effet à l'autre partie, et elle doit procéder à l'exécution si l'autre partie donne des assurances suffisantes de la bonne exécution de ses obligations.

Suspension du contrat. Le paiement tardif du prix des marchandises ne justifie pas la suspension du contrat car il ne relève pas une grave insuffisance de solvabilité. • Cour suprême Autriche, 12 févr. 1998 : *D. 1999. Somm. 359, obs. Niessen* ✎. ♦ V. auss : • Cour suprême Autriche, 8 nov. 2005 : *D. 2007. Pan. 540, obs. Witz* ✎ • Com. 20 févr. 2007 : *cité note 1 ss. art. 3.*

Art. 72 1. Si, avant la date de l'exécution du contrat, il est manifeste qu'une partie commettra une contravention essentielle au contrat, l'autre partie peut déclarer celui-ci résolu.

2. Si elle dispose du temps nécessaire, la partie qui a l'intention de déclarer le contrat résolu doit le notifier à l'autre partie dans des conditions raisonnables pour lui permettre de donner des assurances suffisantes de la bonne exécution de ses obligations.

3. Les dispositions du paragraphe précédent ne s'appliquent pas si l'autre partie a déclaré qu'elle n'exécuterait pas ses obligations.

Art. 73 1. Dans les contrats à livraisons successives, si l'inexécution par l'une des parties d'une obligation relative à une livraison constitue une contravention essentielle au contrat en ce qui concerne cette livraison, l'autre partie peut déclarer le contrat résolu pour ladite livraison.

2. Si l'inexécution par l'une des parties d'une obligation relative à une livraison donne à l'autre partie de sérieuses raisons de penser qu'il y aura contravention essentielle au contrat en ce qui concerne des obligations futures, elle peut déclarer le contrat résolu pour l'avenir, à condition de le faire dans un délai raisonnable.

3. L'acheteur qui déclare le contrat résolu pour une livraison peut, en même temps, le déclarer résolu pour les livraisons déjà reçues ou pour les livraisons futures si, en raison de leur connexité, ces livraisons ne peuvent être utilisées aux fins envisagées par les parties au moment de la conclusion du contrat.

V. note ss. art. 64.

SECTION II *Dommages-intérêts*

Art. 74 Les dommages-intérêts pour une contravention au contrat commise par une partie sont égaux à la perte subie et au gain manqué par l'autre partie par suite de la contravention. Ces dommages-intérêts ne peuvent être supérieurs à la perte subie et au gain manqué que la partie en défaut avait prévus ou aurait dû prévoir au moment de la conclusion du contrat, en considérant les faits dont elle avait connaissance ou aurait dû avoir connaissance, comme étant des conséquences possibles de la contravention au contrat.

1. Préjudice réparable. Seule la détérioration de l'image commerciale ayant entraîné un préjudice pécuniaire est réparable en vertu de l'art. 74. • Grenoble, 21 oct. 1999 : *D. 2000. 441, obs. Witz* .

2. Est réparable le préjudice lié au *goodwill* ou résultant de la perte définitive d'un client en raison d'une livraison défectueuse dans la mesure où il peut être prévisible pour le vendeur même en l'absence d'avertissement exprès lorsque l'acheteur agit manifestement en tant qu'intermédiaire dans un marché « sensible », et qu'il lui est, par ailleurs, impossible de livrer à ses clients, à temps et par d'autres moyens, une marchandise conforme. • T. féd. suisse, 28 oct. 1998 : *D. 2000. Somm. 443, obs. Schneider* .

3. La Convention ne prévoyant rien quant au calcul du manque à gagner, peut être appliquée la formule standard employée par la plupart des juridictions américaines, qui consiste à déduire seulement les coûts variables. • CA États-Unis, 6 déc. 1995 : *D. 1997. Somm. 226, obs. Papandréou-Deterville* .

4. Frais d'avocat. Rien dans le contexte de la Convention ne suggère que la perte visée par l'art. 74 est destinée à inclure les frais d'avocat. • US circuit court of appeal, 19 nov. 2002 : *D. 2003. Somm. 2372, obs. Papandréou-Deterville* . – V. aussi, note 6 ss. art. 7.

Art. 75 Lorsque le contrat est résolu et que, d'une manière raisonnable et dans un délai raisonnable après la résolution, l'acheteur a procédé à un achat de remplacement ou le vendeur à une vente compensatoire, la partie qui demande des dommages-intérêts peut obtenir la différence entre le prix du contrat et le prix de l'achat de remplacement ou de la vente compensatoire ainsi que tous autres dommages-intérêts qui peuvent être dus en vertu de l'article 74.

Pour une application de l'art. 75, V. • Grenoble, 4 févr. 1999 : *D. 1999. Somm. 363, obs. Witz* .

Art. 76 1. Lorsque le contrat est résolu et que les marchandises ont un prix courant, la partie qui demande des dommages-intérêts peut, si elle n'a pas procédé à un achat de remplacement ou à une vente compensatoire au titre de l'article 75, obtenir la différence entre le prix fixé dans le contrat et le prix courant au moment de la résolution ainsi que tous autres dommages-intérêts qui peuvent être dus au titre de l'article 74. Néanmoins, si la partie qui demande des dommages-intérêts a déclaré le contrat résolu après avoir pris possession des marchandises, c'est le prix courant au moment de la prise de possession qui est applicable et non pas le prix courant au moment de la résolution.

2. Aux fins du paragraphe précédent, le prix courant est celui du lieu où la livraison des marchandises aurait dû être effectuée ou, à défaut de prix courant en ce lieu, le prix courant pratiqué en un autre lieu qu'il apparaît raisonnable de prendre comme lieu de référence, en tenant compte des différences dans les frais de transport des marchandises.

Art. 77 La partie qui invoque la contravention au contrat doit prendre les mesures raisonnables, eu égard aux circonstances, pour limiter la perte, y compris le gain manqué, résultant de la contravention. Si elle néglige de le faire, la partie en défaut peut demander une réduction des dommages-intérêts égale au montant de la perte qui aurait dû être évitée.

BIBL. ▶ WITZ, *LPA 20 nov. 2002* (l'obligation de minimiser son propre dommage dans les conventions internationales : l'exemple de la Convention de Vienne).

Minimisation du dommage. Retenant qu'il appartient au juge de faire application d'office du principe obligeant la victime à minimiser le dommage prévu à l'art. 77, V. • C. féd. de justice allemande, 24 mars 1999 : *D. 2000. Somm. 435, obs. Witz*. ♦ Pour une application de ce principe et jugeant qu'en cas d'inexécution du contrat par l'acheteur, la proposition de celui-ci d'acquérir la marchandise à moindre prix doit être prise en considération par le vendeur, désireux de se séparer de la marchandise par vente compensatoire, V. • T. suprême Espagne, 28 janv. 2000 : *D. 2002. Somm. 322, obs. Rosch*.

SECTION III *Intérêts*

Art. 78 Si une partie ne paie pas le prix ou toute autre somme due, l'autre partie a droit à des intérêts sur cette somme, sans préjudice des dommages-intérêts qu'elle serait fondée à demander en vertu de l'article 74.

SECTION IV *Exonération*

Art. 79 1. Une partie n'est pas responsable de l'inexécution de l'une quelconque de ses obligations si elle prouve que cette inexécution est due à un empêchement indépendant de sa volonté et que l'on ne pouvait raisonnablement attendre d'elle qu'elle le prenne en considération au moment de la conclusion du contrat, qu'elle le prévienne ou le surmonte ou qu'elle en prévienne ou surmonte les conséquences.

2. Si l'inexécution par une partie est due à l'inexécution par un tiers qu'elle a chargé d'exécuter tout ou partie du contrat, cette partie n'est exonérée de sa responsabilité que dans le cas :

***a*) Où elle l'est en vertu des dispositions du paragraphe précédent ; et**

***b*) Où le tiers serait lui aussi exonéré si les dispositions de ce paragraphe lui étaient appliquées.**

3. L'exonération prévue par le présent article produit effet pendant la durée de l'empêchement.

4. La partie qui n'a pas exécuté doit avertir l'autre partie de l'empêchement et de ses effets sur sa capacité d'exécuter. Si l'avertissement n'arrive pas à destination dans un délai raisonnable à partir du moment où la partie qui n'a pas exécuté a connu ou aurait dû connaître l'empêchement, celle-ci est tenue à des dommages-intérêts du fait de ce défaut de réception.

5. Les dispositions du présent article n'interdisent pas à une partie d'exercer tous ses droits autres que celui d'obtenir des dommages-intérêts en vertu de la présente Convention.

1. Livraison défectueuse. L'art. 79, al. 1er ou 2, ne permet au vendeur, qui supporte les risques de fabrication, de s'exonérer, dans l'hypothèse où les origines de la défectuosité de la marchandise se trouvent dans le domaine du fournisseur, uniquement si la défectuosité repose sur des circonstances se situant en dehors de son propre domaine d'influence et de celui de chacun de ses fournisseurs. • C. féd. de justice allemande, 24 mars 1999 : *D. 2000. Somm. 435, obs. Witz*.

2. État de nécessité. Le cocontractant défaillant qui entend se prévaloir de l'exonération prévue par l'art. 79 est tenu d'établir l'état de nécessité dans lequel il se trouve de rompre le contrat ; il n'en va pas ainsi de la baisse significative de 50 % du prix de revente invoquée par l'acheteur défaillant, cette baisse n'équivalant pas nécessairement à une réduction insurmontable ou que l'on ne pouvait raisonnablement attendre et n'est ni exceptionnelle, ni imprévisible. • Colmar, 12 juin 2001 : *D. 2003. Somm. 2367, obs. Schneider*.

3. Imprévision. Jugeant que dès lors qu'il n'est pas établi le caractère imprévisible d'une modification des conditions de vente – alors qu'il appartient au professionnel, rompu à la pratique des marchés internationaux, de prévoir des mécanismes contractuels de garantie ou de révision –, une cour d'appel a pu en déduire qu'à défaut de telles prévisions, il appartient au professionnel d'assumer le risque d'inexécution sans pouvoir se prévaloir des dispositions de l'art. 79 CVIM : • Civ. 1re, 30 juin 2004 : *Bull. civ. I, n° 192 ; D. 2005. Pan. 2289, obs. Witz ; JCP 2005. I. 110, n° 1, obs. Rueda ; Dr. et patr. nov. 2004. 101, obs. P. Mousseron ; RTD com. 2004. 847, obs. Delebecque ; RJDA 2005, n° 24 ; RTD civ. 2005. 354, obs. Rémy-Corlay ; RDC 2005. 456, note Deumier.* ♦ Un changement de circonstances, non raisonnablement prévisible lors de la conclusion du contrat et de nature à augmenter de manière certaine le poids de l'exécution du contrat de façon disproportionnée, peut constituer, selon les circonstances, un empêchement au sens de l'art. 79 CVIM. • Cass. Belgique, 19 juin 2009 : *D. 2010. Pan. 932, obs. Witz ; RDC 2010. 1405, note Fauvarque-Cosson ; RDC 2011. 963, note Philippe.* ♦ Ainsi, selon les principes généraux qui gouvernent le droit du commerce international, au sens de l'art. 7, al. 2, CVIM, tels qu'incorporés entre autres dans les Principes Unidroit, la partie qui invoque un changement de circonstances perturbant fondamentalement l'équilibre contractuel est en droit de réclamer la renégociation du contrat. • Même arrêt.

Art. 80 Une partie ne peut pas se prévaloir d'une inexécution par l'autre partie dans la mesure où cette inexécution est due à un acte ou à une omission de sa part.

SECTION V *Effets de la résolution*

Art. 81 1. La résolution du contrat libère les deux parties de leurs obligations, sous réserve des dommages-intérêts qui peuvent être dus. Elle n'a pas d'effet sur les stipulations du contrat relatives au règlement des différends ou aux droits et obligations des parties en cas de résolution.

2. La partie qui a exécuté le contrat totalement ou partiellement peut réclamer restitution à l'autre partie de ce qu'elle a fourni ou payé en exécution du contrat. Si les deux parties sont tenues d'effectuer des restitutions, elles doivent y procéder simultanément.

Art. 82 1. L'acheteur perd le droit de déclarer le contrat résolu ou d'exiger du vendeur la livraison de marchandises de remplacement s'il lui est impossible de restituer les marchandises dans un état sensiblement identique à celui dans lequel il les a reçues.

2. Le paragraphe précédent ne s'applique pas :

a) Si l'impossibilité de restituer les marchandises ou de les restituer dans un état sensiblement identique à celui dans lequel l'acheteur les a reçues n'est pas due à un acte ou à une omission de sa part ;

b) Si les marchandises ont péri ou sont détériorées, en totalité ou en partie, en conséquence de l'examen prescrit à l'article 36 ; ou

c) Si l'acheteur, avant le moment où il a constaté ou aurait dû constater le défaut de conformité, a vendu tout ou partie des marchandises dans le cadre d'une opération commerciale normale ou a consommé ou transformé tout ou partie des marchandises conformément à l'usage normal.

Transformation de la marchandise. En ce sens que l'acheteur conserve le droit de déclarer le contrat résolu lorsque la marchandise a été transformée et que cette transformation a été rendue nécessaire par l'examen prescrit par l'art. 38 de la Convention (défaut de conformité), V. • C. féd. de justice allemande, 25 juin 1997 : *D. 1998. Somm. 309, obs. Witz*.

Art. 83 L'acheteur qui a perdu le droit de déclarer le contrat résolu ou d'exiger du vendeur la livraison de marchandises de remplacement en vertu de l'article 82 conserve le droit de se prévaloir de tous les autres moyens qu'il tient du contrat et de la présente Convention.

Art. 84 1. Si le vendeur est tenu de restituer le prix, il doit aussi payer des intérêts sur le montant de ce prix à compter du jour du paiement.

2. L'acheteur doit au vendeur l'équivalent de tout profit qu'il a retiré des marchandises ou d'une partie de celles-ci :

a) Lorsqu'il doit les restituer en tout ou partie, ou

b) Lorsqu'il est dans l'impossibilité de restituer tout ou partie des marchandises ou de les restituer en tout ou en partie dans un état sensiblement identique à celui dans lequel il les a reçues et que néanmoins il a déclaré le contrat résolu ou a exigé du vendeur la livraison de marchandises de remplacement.

SECTION VI *Conservation des marchandises*

Art. 85 Lorsque l'acheteur tarde à prendre livraison des marchandises ou qu'il n'en paie pas le prix, alors que le paiement du prix et la livraison doivent se faire simultanément, le vendeur, s'il a les marchandises en sa possession ou sous son contrôle, doit prendre les mesures raisonnables, eu égard aux circonstances, pour en assurer la conservation. Il est fondé à les retenir jusqu'à ce qu'il ait obtenu de l'acheteur le remboursement de ses dépenses raisonnables.

Art. 86 1. Si l'acheteur a reçu les marchandises et entend exercer tout droit de les refuser en vertu du contrat ou de la présente convention, il doit prendre les mesures raisonnables, eu égard aux circonstances, pour en assurer la conservation. Il est fondé à les retenir jusqu'à ce qu'il ait obtenu du vendeur le remboursement de ses dépenses raisonnables.

2. Si les marchandises expédiées à l'acheteur ont été mises à sa disposition à leur lieu de destination et si l'acheteur exerce le droit de les refuser, il doit en prendre possession pour le compte du vendeur à condition de pouvoir le faire sans paiement du prix et sans inconvénients ou frais déraisonnables. Cette disposition ne s'applique pas si le vendeur est présent au lieu de destination ou s'il y a en ce lieu une personne ayant qualité pour prendre les marchandises en charge pour son compte. Les droits et obligations de l'acheteur qui prend possession des marchandises en vertu du présent paragraphe sont régis par le paragraphe précédent.

Pour une application de l'art. 86, V. • Civ. 1re, 4 janv. 1995 : *D. 1995. 289, note Witz*.

Art. 87 La partie qui est tenue de prendre des mesures pour assurer la conservation des marchandises peut les déposer dans les magasins d'un tiers aux frais de l'autre partie, à condition que les frais qui en résultent ne soient pas déraisonnables.

Art. 88 1. La partie qui doit assurer la conservation des marchandises conformément aux articles 85 ou 86 peut les vendre par tous moyens appropriés si l'autre partie a apporté un retard déraisonnable à prendre possession des marchandises ou à les reprendre ou à payer le prix ou les frais de leur conservation, sous reserve de notifier à cette autre partie, dans des conditions raisonnables, son intention de vendre.

2. Lorsque les marchandises sont sujettes à une détérioration rapide ou lorsque leur conservation entraînerait des frais déraisonnables, la partie qui est tenue d'assurer la conservation des marchandises conformément aux articles 85 ou 86 doit raisonnable-

ment s'employer à les vendre. Dans la mesure du possible, elle doit notifier à l'autre partie son intention de vendre.

3. La partie qui vend les marchandises a le droit de retenir sur le produit de la vente un montant égal aux frais raisonnables de conservation et de vente des marchandises. Elle doit le surplus à l'autre partie.

QUATRIÈME PARTIE Dispositions finales

....

Art. 90 **La présente Convention ne prévaut pas sur un accord international déjà conclu ou à conclure qui contient des dispositions concernant les matières régies par la présente Convention, à condition que les parties au contrat aient leur établissement dans des États parties à cet Accord.**

....

Art. 100 **1. La présente Convention s'applique à la formation des contrats conclus à la suite d'une proposition intervenue après l'entrée en vigueur de la Convention à l'égard des États contractants visés à l'alinéa *a* du paragraphe 1 de l'article 1er ou de l'État contractant visé à l'alinéa *b* du paragraphe 1 de l'article 1er.**

2. La présente Convention s'applique uniquement aux contrats conclus après son entrée en vigueur à l'égard des États contractants visés à l'alinéa *a* du paragraphe 1 de l'article 1er ou de l'État contractant visé à l'alinéa *b* du paragraphe 1 de l'article 1er.

La convention sur la loi applicable aux ventes à caractère international d'objets mobiliers corporels du 15 juin 1955 a été publiée par le décret n° 64-839 du 6 août 1964 (D. 1964. 279 ; Rect. 324 ; BLD 1964. 490 ; Rect. 557).

La convention sur la loi applicable à la responsabilité du fait des produits, faite à La Haye le 2 oct. 1973, a été publiée par le décret n° 77-1210 du 10 oct. 1977 (D. et BLD 1977. 461).

La convention sur la loi applicable aux obligations contractuelles, signée à Rome le 19 juin 1980, a été publiée par le décret n° 91-242 du 28 févr. 1991 (D. et ALD 1991. 171). — V. aussi Décr. n° 91-312 du 20 mars 1991 (JO 27 mars), portant publication de la convention relative à l'adhésion de la République hellénique ; ... Décr. n° 96-223 du 15 mars 1996 (JO 22 mars), portant publication de la convention relative à l'adhésion du Royaume d'Espagne et de la République portugaise.

TABLES

TABLE CHRONOLOGIQUE

NOTA. Avant la table chronologique proprement dite, on trouvera ci-dessous la liste des différents codes, autres que le code de commerce, reproduits en extraits dans le présent ouvrage. Les textes de référence, dont les dispositions ont été codifiées dans la partie législative, réglementaire ou arrêté du code, figurent dans la table chronologique.
Les textes postérieurs à la codification, qui ont modifié, ajouté ou abrogé des articles du code, sont suivis d'un renvoi à l'article concerné. Il en va de même des textes et codes complémentaires reproduits dans l'ouvrage.
Les textes reproduits dans la partie appendice sont suivis d'un renvoi à la rubrique de l'appendice correspondante.
Le picto signale que le texte est accessible intégralement ou partiellement en lien contextuel sur Dalloz.fr et le CD-Rom Code Expert.

Code de l'artisanat
— Art. 4 *bis (compagnon)*, 5 à 33 *(chambres de métiers)*, 74, 75 *(adjudications et marchés)*, 82 *(Haut-Rhin, Bas-Rhin et Moselle)*. — V. App., v° *Artisans*, **p. 2549.**

Code des assurances
— Art. L. 171-1 à L. 171-6, L. 172-1 à L. 172-31, L. 173-1 à L. 173-26, L. 174-1 à L. 174-6, R. 171-1, R. 171-2, R. 172-1 à R. 172-6 *(assurances maritimes)*. — V. App., v° *Commerce maritime*, **p. 2958** et .

Code du cinéma et de l'image animée
— Art. L. 212-6 à L. 212-16 *(aménagement cinématographique)*, L. 212-19 à L. 212-26 *(entente de programmation)*. — V. App., v° *Commerce (organisation)*, **p. 2937.**

Code civil
— Art. 389-8 *(mineur commerçant)*, ss. C. com., art. L. 121-2.
— Art. 1321-1, 1589-2 *(cession de fonds de commerce)*, ss. C. com., art. L. 143-23.
— Art. 1387-1 *(patrimoine professionnel)*, ss. C. com., art. L. 526-4.
— Art. 1792-4-2, 1792-4-3 *(actions en responsabilité contre un sous-traitant)*. — V. App., v° *Sous-traitance*, **p. 3215.**
— Art. 1832 à 1873 *(société)*. — V. App., v° *Sociétés commerciales*, **p. 3192.**
— Art. 2011 à 2031, 2372-1 à 2372-6, 2488-1 à 2488-6. — V. App., v° *Fiducie*, **p. 3123.**
— Art. 2321 *(garantie autonome)*, 2322 *(lettre d'intention)*. — V. App., v° *Garantie autonome (ou indépendante)*, **p. 3131.**

Code de la consommation
— Art. L. 111-1 à L. 111-3, L. 113-1 à L. 113-4, L. 114-1 *(information des consommateurs)*, L. 121-16 à L. 121-20-7 *(ventes à distance)*, L. 121-21 à L. 121-33 *(ventes à domicile)*, L. 121-35, R. 121-8 à R. 121-10 *(ventes avec primes)*, L. 122-1 à L. 122-15, R. 122-1 *(pratiques commerciales illicites)*, L. 132-1 à L. 137-2, R. 132-1 à R. 132-2-1 *(conditions générales des contrats)*, L. 141-1 à L. 141-6, R. 141-3 *(actions juridictionnelles)*, L. 311-1 à L. 311-52, D. 311-1 à R. 311-13 *(crédit à la consommation)*, L. 313-11 *(rémunération du vendeur)*, L. 313-12 *(délais de grâce)*. — V. App., v° *Ventes commerciales*, **p. 3269.**
— Art. 120-1 *(pratiques commerciales déloyales)*. — V. App., v° *Concurrence*, **p. 2963.**

– Art. L. 121-1 à L. 121-15-3 *(pratiques commerciales trompeuses)*, L. 121-36 à L. 121-41, R. 121-11, R. 121-12 *(loterie publicitaire)*, L. 121-80 à L. 121-82 *(appellation de boulanger)*. – V. App., v° *Publicité commerciale*, **p. 3169.**
– Art. L. 121-95, L. 121-96 *(contrat de déménagement)*, ss. C. com., art. L. 133-9.
– Art. L. 313-1 à L. 313-6, R. 313-1 à D. 313-8 *(taux d'intérêt)*. – V. App., v° *Prêts d'argent - Intérêts des capitaux*, **p. 3145.**
– Art. L. 333-7 *(surendettement de l'EIRL)*, ss. C. com., art. L. 680-7.
– Art. L. 341-1 à L. 341-6 *(cautionnement)*. – V. App., v° *Banque et financement de l'entreprise*, **p. 2812.**

Code de la défense
– Art. L. 2213-5 à L. 2213-8 *(intérêt national d'un transport maritime)*. – V. App., v° *Commerce maritime*, **p. 2957** et .

Code disciplinaire et pénal de la marine marchande
– Art. 1er à 86 *(infractions maritimes)*, 87 à 94 *(tribunaux maritimes)*. – V. App., v° *Commerce maritime*, **p. 2959** et .

Code des douanes
– Art. 257 à 260 *(navigation réservée)*. – V. App., v° *Commerce maritime*, **p. 2961** et .

Code de l'entrée et du séjour des étrangers et du droit d'asile
– Art. L. 313-10, L. 314-4, L. 314-15, L. 322-2, L. 322-3, L. 431-1, R. 313-3-1, R. 313-16 à R. 313-17, R. 322-3, D. 331-10 *(commerçant étranger)*. – V. App., v° *Étrangers*, **p. 3105.**

Code de l'environnement
– Art. L. 541-10-1 *(déchets d'imprimés papiers)*, L. 541-34 *(valorisation des déchets)*. – V. App., v° *Publicité commerciale*, **p. 3189.**
– Art. L. 541-10-2 à L. 541-10-8 *(produits générateurs de déchets)*. – V. App., v° *Commerce (organisation)*, **p. 2933.**
– Art. R. 583-2 *(éclairage nocturne des vitrines)*. – V. App., v° *Commerce (organisation)*, **p. 2936.**

Code général des impôts
– Art. 96 F *à* 96 I *bis*, 237 *sexies*, 242 *nonies*, 242 *nonies* A, 289-0, 289, 289 *bis*, 1737. – V. App., v° *Factures*, **p. 3118.**
– Art. 200 *octies (tutorat en entreprise)*, ss. C. com., art. L. 129-1.
– Art. 302 *octies*, 1788 *(commerce non sédentaire)*. – V. App., v° *Commerce (organisation)*, **p. 2932.**
– Art. 1743 *(livre de commerce)*, ss. C. com., art. L. 123-14 (note).
– Art. 1756 *(remise de pénalités)*, ss. C. com., art. L. 680-7.
– Art. 1929 *quater* ; Annexe II, art. 396 *bis* ; Annexe III, art. 416 *bis*, 416 *ter (publicité du privilège du Trésor public)*, ss. C. com., art. L. 680-7.

Code général de la propriété des personnes publiques
– Art. L. 1126-1, L. 1126-3, L. 2222-21, L. 2222-22 *(sommes et valeurs prescrites au profit de l'État)*. – V. App., v° *Banque et financement de l'entreprise*, **p. 2920.**

Code minier
– Art. L. 131-3 *(exploitation des mines)*, ss. C. com., art. L. 110-1.

Code monétaire et financier

– Art. L. 111-1 à L. 113-1, L. 161-1, D. 112-1 à D. 112-4 *(monnaie)*, L. 131-1 à L. 131-87, L. 163-1 à L. 163-12, R. 131-1 à R. 131-51 *(chèque)*, L. 132-1 *(lettre de change)*, L. 132-2 *(billet à ordre)*, L. 133-1 à L. 133-38, D. 133-1 à D. 133-7, R. 163-1 à R. 163-3 *(instruments de paiement)*, L. 211-1 à L. 211-41, D. 211-1 A à D. 211-15 *(instruments financiers)*, L. 212-1 A à L. 212-7, R. 212-1 à R. 212-4 *(titres de capital)*, L. 213-1 A à L. 213-6-2, L. 231-1, D. 213-1 à R. 213-16, R. 231-1 *(titres de créance)*, L. 223-1 à L. 223-4, L. 232-1 *(bons de caisse)*, L. 311-1 à L. 311-4 *(services bancaires)*, L. 312-1 à L. 312-3, L. 351-1, R. 312-1 à D. 312-6, D. 351-1 à R. 351-5 *(comptes et dépôts)*, L. 313-1 à L. 313-6, R. 313-1, D. 312-2 *(crédits)*, L. 313-7 à L. 313-11, R. 313-3 à R. 313-14 *(crédit-bail)*, L. 313-12 à L. 313-12-2, D. 313-14-1 *(crédit d'exploitation)*, L. 313-13 à L. 313-20, R. 313-14-1 *(prêts participatifs)*, L. 313-21 à L. 313-22-1 *(garanties)*, L. 313-23 à L. 313-49, R. 313-15 à R. 313-25 *(mobilisation des créances)*, L. 316-1 *(médiation)*, L. 511-1 à L. 511-33, L. 571-1 à L. 571-9, L. 612-22 *(établissements de crédit)*, L. 515-1 à L. 515-12, L. 571-13, R. 515-1 *(sociétés financières)*, L. 550-1 à L. 550-5, R. 550-1 à R. 550-3 *(intermédiaire en biens divers)*. – V. App., v° *Banque et financement de l'entreprise*, **p. 2651.**

Code du patrimoine

– Art. R. 123-1 à R. 123-8 *(préemption des œuvres d'art)*, ss. C. com., art. R. 321-74.

Code pénal

– Art. 225-12-8 à 225-12-10, 446-1 à 446-4 *(vente à la sauvette)*, ss. C. com., art. L. 442-8.
– Art. 321-7, 321-8, R. 321-3 à R. 321-12, R. 633-2 à R. 633-5, R. 635-5 à R. 635-7 *(vente d'objets mobiliers usagés)*, R. 635-2 *(envois forcés)*. – V. App., v° *Ventes commerciales*, **p. 3386.**
– Art. 431-29, 431-30, R. 642-4 *(distribution d'argent à des fins publicitaires)*. – V. App., v° *Publicité commerciale*, **p. 3190.**
– Art. R. 642-3 *(pouvoir libératoire de la monnaie)*. – V. App., v° *Banque et financement de l'entreprise*, **p. 2656.**

Code des postes et des communications électroniques

– Art. L. 34-5 *(prospection électronique)*. – V. App., v° *Publicité commerciale*, **p. 3168.**

Code de procédure civile

– Art. 145 *(mesures d'instruction)*, 853 à 871 *(tribunal de commerce)*, 872, 873 *(référé commercial)*, 874 à 876 *(ordonnances sur requête)*. – V. App., v° *Tribunaux de commerce*, **p. 3237.**

Code des procédures civiles d'exécution

– Art. L. 231-1, L. 233-1, R. 231-1 à R. 233-9 *(saisie des droits incorporels)*, L. 521-1, L. 522-1, R. 521-1, R. 524-1 à R. 524-6 *(saisies conservatoires)*, L. 531-1, L. 531-2, L. 532-1, L. 533-1, R. 531-1 à R. 533-6 *(sûretés judiciaire)*. – V. App., v° *Banque et financement de l'entreprise*, **p. 2921.**

Code de la propriété intellectuelle

– Art. R. 411-17 *(redevances de procédures perçues par l'INPI)*, ss. C. com., art. R. 123-163.

Code rural et de la pêche maritime

– Art. L. 311-1 *(activités agricoles)*, ss. C. com., art. L. 110-1.
– Art. L. 311-3 *(fonds agricole)*, ss. C. com., art. L. 142-1.

– Art. L. 611-4, L. 611-4-1, L. 692-1, R. 616-4 à D. 616-7, D. 692-1 *(prix des produits alimentaires)*, ss. C. com., art. L. 442-9.
– Art. L. 631-24 à L. 631-26, R. 631-7 à R. 631-14 *(relations commerciales agricoles)*, ss. C. com., art. L. 441-2-1.
– Art. L. 665-3 *(délai de paiement des boissons alcooliques)*, ss. C. com., art. L. 443-1.
– Art. L. 931-1 *(pêche maritime)*, ss. C. com., art. L. 110-1.

Code de la sécurité sociale
– Art. L. 243-4, L. 243-5, L. 651-6, R. 612-4, R. 612-5, D. 243-3 *(privilège de la sécurité sociale)*, ss. C. com., art. L. 680-7.

Code des transports
– Art. L. 1000-1 à L. 1000-3, L. 1411-1 *(dispositions diverses)*, L. 1422-1 à L. 1422-5 *(accès à la profession)*, L. 1431-1, L. 1431-2 *(opération de transport)*, L. 1432-1 à L. 1432-6, L. 1432-12 *(contrat de transport)*, L. 3211-1, L. 3211-2, L. 3221-1 à L. 3221-4, L. 3222-1 à L. 3222-9 *(transport routier)*, L. 3223-1 à L. 3223-3 *(location de véhicule industriel)*, L. 3241-1 à L. 3242-5 *(sanctions)*, L. 3411-1 *(transport public)*, L. 3421-3 à L. 3421-8 *(cabotage routier)*, L. 3441-1 à L. 3441-6 *(coopérative de transport)*, L. 6422-2 à L. 6422-5 *(responsabilité du transporteur aérien)*, ss. C. com., art. L. 133-5.
– Art. L. 1432-7 à L. 1432-11 *(contrat de commission de transport)*, L. 6422-1 *(contrat de transport de marchandise par air)*, ss. C. com., art. L. 132-9.
– Art. 1432-13, L. 3224-1. – V. App., v° *Sous-traitance*, **p. 3207.**
– Art. 1432-14 *(délais de paiement)*, ss. C. com., art. L. 441-6.
– Art. L. 4111-1 à L. 4111-8, L. 4121-1 à L. 4121-4, L. 4122-1 à L. 4122-21, L. 4142-1 à L. 4143-1 *(statut du navire)*, L. 4421-1, L. 4421-2, L. 4451-1 à L. 4453-1, L. 4461-1 à L. 4463-3 *(transport fluvial)*, L. 5000-1 à L. 5000-4 *(définitions)*, L. 5111-1, L. 5111-2, L. 5112-1, L. 5113-1, L. 5113-6, L. 5114-1, L. 5114-5 à L. 5114-7, L. 5114-19, L. 5114-20, L. 5114-29, L. 5114-30, L. 5114-50, L. 5121-1, L. 5121-11, L. 5122-1, L. 5122-24, L. 5122-25 *(statut du navire)*, L. 5131-1 à L. 5133-19 *(accidents de navigation)*, L. 5141-1 à L. 5142-8 *(abandon et épaves)*, L. 5231-1 à L. 5235-1 *(titres de navigation)*, L. 5411-1 à L. 5413-5 *(armement maritime)*, L. 5422-1 à L. 5422-26 *(transport maritime)*, L. 5423-1 à L. 5423-14 *(affrètement maritime)*, L. 5424-1 à L. 5424-11 *(ventes maritimes)*, L. 5425-1 *(assurances maritimes)*, L. 5531-1 à L. 5531-18 *(infractions maritimes)*, L. 5611-1 à L. 5611-4 *(registre international français)*. – V. App., v° *Commerce maritime*, **p. 2959** et .

Code du travail
– Art. L. 3253-2 à L. 3253-21 *(privilèges et assurances en cas de procédure collective)*, ss. C. com., art. L. 625-9.
– Art. L. 7121-11 *(agent artistique)*, L. 7311-2, L. 7311-3, L. 7312-1, L. 7313-1 à L. 7313-18 *(VRP)*, ss. C. com., art. L. 134-17.
– Art. L. 7321-1 s. et L. 7322-1 s. *(gérants de succursales)*, ss. C. com., art. L. 146-4.
– Art. L. 8221-6, L. 8221-6-1 *(travail dissimulé)*. – V. App., v° *Commerce (organisation)*, **p. *2932*.**

Code de l'urbanisme
– Art. L. 111-6-1 *(autorisation d'exploitation commerciale)*, ss. C. com., art. L. 752-1.
– Art. L. 121-4 *(schémas de cohérence territoriale)*, ss. C. com., art. L. 711-2.

– Art. L. 214-1 à L. 214-3, R. 214-1 à R. 214-16 *(préemption commerciale)*, ss. C. com., art. L. 145-60.

– Art. L. 425-7 *(autorisation d'exploitation commerciale)*, L. 425-8 *(exploitation cinématographique)*, ss. C. com., art. L. 752-17.

Livre des procédures fiscales

– Art. L. 246. – V. App., v° *Factures*, **p. 3121.**

1791	2-17 mars	Loi. Suspension de tous les droits d'aides, de toutes les maîtrises et jurandes et établissement des droits de patente. – Art. 7. – V. App., v° *Commerce (organisation)*, **p. 2940.**
1859	12 mars	Décret. Exécution des lois du 28 mai 1858 sur les négociations concernant les marchandises déposées dans les magasins généraux et sur les ventes publiques de marchandises en gros. Abrogé et codifié au C. com.
1863	6 juin	Décret. Ventes publiques de marchandises en gros. Abrogé et codifié au C. com.
1863	29 août	Décret. Portant que les articles 3, 6, 20 à 27 du décret du 12 mars 1859 modifié par le décret du 30 mai 1863 sont applicables aux ventes prévues par la loi du 23 mai 1863. Abrogé et codifié au C. com.
1898	9 avr.	Loi. Chambres de commerce et chambres consultatives des arts et manufactures. Abrogée et codifiée au C. com.
1909	17 mars	Loi. Vente et nantissement des fonds de commerce. Abrogée et codifiée au C. com.
1909	28 août	Décret. Règlement d'administration publique pour l'exécution des lois des 17 mars et 1er avr. 1909 *(vente et nantissement des fonds de commerce)*. Abrogé et codifié au C. com.
1913	8 août	Loi. Warrant hôtelier. – Art. 3. Abrogé et codifié au C. com.
1924	1er juin	Loi. Introduction des lois commerciales françaises dans les départements du Bas-Rhin, du Haut-Rhin et de la Moselle. – Art. 23, ss. C. com., art. L. 628-3.
1928	30 sept.	Décret. Carte d'identité spéciale pour les personnes se livrant à des transactions dans les foires et marchés de bétail. – V. App., v° *Commerce (organisation)*, **p. 2941.**
1932	21 avr.	Loi. Warrants pétroliers. Abrogée et codifiée au C. com.
1935	8 août	Décret-loi. Interdiction et déchéance du droit de gérer et d'administrer une société. – Art. 6, ss. C. com., anc. art. L. 128-1.
1937	31 août	Décret-loi. Échéances des effets de commerce. – Art. 1er et 2, ss. C. com., art. L. 511-81.
1938	14 juin	Décret-loi. Récépissés et lettres de voiture des chemins de fer. – Art. 1er, ss. C. com., art. L. 132-9.
1938	28 sept.	Décret. Organisation des régions économiques. Abrogé et codifié au C. com.
1940	22 oct.	Loi. Règlements par chèques et virements. – Art. 6, ss. C. com., art. L. 123-24 (note).
1940	29 oct.	Loi. Forclusion en matière civile, commerciale et administrative et délai de présentation et de protêt des effets de commerce. – Validée par Ord. du 22 août 1944. – Art. 3, ss. C. com., art. L. 511-26.

1942	27 mai	Loi. Interdiction de subordonner la vente des produits à une fourniture d'objets. – V. App., v° *Ventes commerciales*, **p. 3304.**
1945	6 août	Décret n° 45-1754. Règlement d'administration publique pour l'application de l'ordonnance relative aux magasins généraux. Abrogé et codifié au C. com.
1945	13 oct.	Ordonnance n° 45-2339. Spectacles. – Art. 3, ss. C. com., art. L. 143-23.
1945	2 nov.	Ordonnance n° 45-2658. Entrée et séjour des étrangers en France, codifiée au Code de l'entrée et du séjour des étrangers et du droit d'asile. – V. CESEDA, art. L. 313-10, L. 314-4, L. 322-2, L. 322-3, L. 431-1, App., v° *Étrangers*, **p. 3105.**
1947	30 août	Loi n° 47-1635. Assainissement des professions commerciales. – V. C. com., anc. art. L. 128-1 s. 🏛.
1948	30 oct.	Décret n° 48-1683. Caractéristiques des valeurs mobilières. – V. App., v° *Banque et financement de l'entreprise*, **p. 2928.**
1949	2 août	Loi n° 49-1093. Publicité des protêts. – V. C. com., art. R. 511-7.
1949	10 nov.	Décret n° 49-1470. Forme des valeurs mobilières. – V. App., v° *Banque et financement de l'entreprise*, **p. 2928.**
1949	31 déc.	Loi n° 49-1652. Courtiers en vins, ss. C. com., art. L. 131-11.
1950	6 avr.	Décret n° 50-478. Code général des impôts : – Art. 237 *sexies*, 289, 289 *bis*, 1751, Annexe II, art. 242 *nonies*. – V. App., v° *Factures*, **p. 3113.** – Art. 238 *bis* OA-7. – V. note ss. C. com., art. L. 621-124. – Art. 302 *octies*, 1788. – V. App., v° *Commerce (organisation)*, **p. 2932.** – Art. 1743, ss. C. com., art. L. 123-14 (note). – Art. 1756, 1929 *quater*, ss. C. com., art L 680-7.
1950	24 juin	Décret n° 50-737. Règlement d'administration publique pour l'application de la loi n° 49-1093 du 2 août 1949. Abrogé et codifié au C. com.
1951	17 févr.	Décret n° 51-194. Règlement d'administration publique pour l'application de la loi du 18 janv. 1951. Abrogé et codifié au C. com.
1951	24 mai	Loi n° 51-637. Extension aux départements de la Guadeloupe, de la Guyane française, de la Martinique et de La Réunion de la législation métropolitaine relative aux chambres de commerce. Abrogée et codifiée au C. com.
1952	29 mars	Décret. Extension aux départements de la Guadeloupe, de la Guyane française, de la Martinique et de La Réunion de la législation métropolitaine relative aux chambres de commerce. Abrogé et codifié au C. com.

1952	16 juill.	Décret n° 52-849. Code de l'artisanat. – V. App., v° *Artisans*, **p. 2549.**
1953	19 mars	Arrêté. Commission chargée d'établir le statut administratif des chambres de commerce. Abrogé et codifié au C. com.
1953	30 sept.	Décret n° 53-933. Organismes d'intervention économique de caractère privé. – V. App., v° *Commerce (organisation)*, **p. 2941.**
1953	30 sept.	Décret n° 53-960. Baux de locaux à usage commercial, industriel ou artisanal. Abrogé et codifié au C. com. – Art. 33, ss. C. com., art. R. 145-23.
1953	30 sept.	Décret n° 53-962. Extension et transfert d'établissements commerciaux. – V. App., v° *Commerce (organisation)*, **p. 2944.**
1954	10 avr.	Loi n° 54-404. Réforme fiscale. – Art. 38 *(étranger, cartes)*. – V. App., v° *Étrangers*, **p. 3111.**
1955	4 janv.	Loi n° 55-4. Annonces judiciaires et légales. – Art. 1er. – V. ss. C. com., art. R. 123-209 (note).
1955	20 mai	Décret n° 55-585. Ventes à crédit. – Art. 1er. – V. App., v° *Ventes commerciales*, **p. 3305.**
1956	19 mai	Convention relative au contrat de transport international de marchandises par route (CMR). – V. ss. C. com., art. L. 132-9.
1956	20 juin	Décret n° 56-612. Application aux entreprises de transports publics et de location de véhicules industriels de la loi n° 56-277 du 20 mars 1956 *(location-gérance des fonds de commerce et des établissements artisanaux)*. Abrogé et codifié au C. com.
1956	4 août	Décret n° 56-775. Application de l'art. 1er du décret n° 55-585 du 20 mai 1955 *(ventes à crédit)*. – V. App., v° *Ventes commerciales*, **p. 3305.**
1956	12 nov.	Loi n° 56-1119. Usage des dénominations « Chambre de commerce », « Chambre de commerce et d'industrie », « Chambre de métiers » et « Chambre d'agriculture ». – V. ss. C. com., art. L. 710-1.
1957	25 mars	Traité de Rome. – Art. 81, 82. – Devenus art. 101, 102 du traité sur le fonctionnement de l'Union européenne. – V. App., v° *Concurrence*, **p. 3018.**
1958	23 sept.	Ordonnance n° 58-896. Dispositions d'ordre financier. – Art. 28 *(interruption des services bancaires)*. – V. ss. C. com., art. L. 511-81.
1958	23 déc.	Décret n° 58-1345. Agents commerciaux. Abrogé et codifié au C. com.
1959	13 févr.	Décret n° 59-296. Transferts à titre de garantie intéressant les rentes sur l'État. – Art. 5. – V. ss. C. com., art. L. 521-1.
1959	3 juill.	Décret n° 59-790. Révision des loyers commerciaux. – V. ss. C. com., art. L. 145-38.

1959	7 sept.	Décret n° 59-1053. Simplification de la gestion des titres nominatifs d'emprunts. – V. App., v° *Banque et financement de l'entreprise*, **p. 2929.**
1959	28 déc.	Loi n° 59-1483. Révision des loyers commerciaux. – V. ss. C. com., art. L. 145-38.
1961	3 mai	Décret n° 61-501. Unités de mesure et contrôle des instruments de mesure. – V. App., v° *Unités de mesure*, **p. 3254.**
1961	5 juill.	Décret n° 61-725. Publication de la convention relative au contrat de transport international de marchandises par route (CMR) du 19 mai 1956. – V. Convention ss. C. com., art. L. 132-9.
1962	6 févr.	Règlement CEE n° 17-62. – Art. 9. – V. App., v° *Concurrence*, **p. 3030.**
1963	2 juill.	Loi de finances n° 63-628 rectificative pour 1963. – Art. 2. – V. App., v° *Concurrence*, **p. 2962.**
1964	4 déc.	Décret n° 64-1200. Assemblée des chambres françaises de commerce et d'industrie. Abrogé et codifié au C. com.
1964	30 déc.	Décret n° 64-1362. Chambres de métiers. – V. App., v° *Artisans*, **p. 2568.**
1965	12 mai	Loi n° 65-356. Modification du décret n° 53-960 du 30 sept. 1953 *(baux commerciaux)*. – Art. 17, abrogé et codifié au C. com.
1965	12 juill.	Loi n° 65-566. Imposition des entreprises et des revenus des capitaux mobiliers. – Art. 47. – V. App., v° *Sociétés commerciales*, **p. 3203.**
1966	3 janv.	Décret n° 66-12. Modification du décret n° 53-960 du 30 sept. 1953 *(baux commerciaux)*. – Art. 8 (note), ss. C. com., art. R. 145-23.
1966	7 mars	Décret n° 66-137. Assemblée permanente des chambres de métiers et de l'artisanat. – V. App., v° *Artisans*, **p. 2570.**
1966	30 juill.	Décret n° 66-568. Chambres de commerce et d'industrie. Abrogé et codifié au C. com.
1967	23 mars	Décret n° 67-236. Sociétés commerciales. Abrogé et codifié au C. com.
1967	23 mars	Décret n° 67-238. Institution d'un *Bulletin officiel des annonces civiles et commerciales*. Abrogé et codifié au C. com. – Art. 8, al. 2. – V. ss. C. com., art. R. 123-217.
1967	30 mars	Décrets n°s 67-333 et 67-334. Code de l'aviation civile. Abrogés et codifiés au code des transports. – V. C. transp., art. L. 6422-1, ss. C. com., art. L. 132-9 ; art. L. 6422-2 à L. 6422-5, ss. C. com., art. L. 133-5.
1968	26 juill.	Loi n° 68-678. Communication de documents et renseignements d'ordre économique, commercial, industriel, financier ou technique à des personnes étrangères. – V. App., v° *Étrangers*, **p. 3111.**

1969	18 avr.	Décret n° 69-389. Transfert des registres du commerce et des sociétés et des registres des agents commerciaux. Abrogé et codifié au C. com.
1969	12 août	Décret n° 69-810. Commissaires aux comptes de sociétés. Abrogé et codifié au C. com.
1971	11 août	Décret n° 71-688. Application à la profession de greffier de tribunal de commerce de la loi du 29 nov. 1966 relative aux sociétés civiles professionnelles. Abrogé et codifié au C. com.
1972	3 oct.	Décret n° 72-950. Groupements interconsulaires. Abrogé et codifié au C. com.
1973	14 mars	Décret n° 73-314. Système national d'identification et répertoire des entreprises et de leurs établissements. Abrogé et codifié au C. com.
1973	27 déc.	Loi n° 73-1193. Orientation du commerce et de l'artisanat. – Art. 1er à 3, 36, 47, 52. – V. App., v° *Commerce (organisation)*, **p. 2946.**
1974	6 nov.	Arrêté. Liste des personnes physiques et morales susceptibles d'êtres inscrites sur le répertoire des entreprises et des établissements. Abrogé et codifié au C. com.
1974	17 déc.	Arrêté. Définition des catégories de personnes susceptibles d'être inscrites au répertoire des entreprises et des établissements. Abrogé et codifié au C. com.
1975	7 août	Décret n° 75-786. Publication des conventions internationales concernant le transport des marchandises par chemins de fer (CIM) et le transport des voyageurs et des bagages par chemins de fer (CIV). – V. Conventions, ss. C. com., art. L. 132-9.
1975	5 déc.	Décret n° 75-1123. Nouveau code de procédure civile. – Le NCPC devient le code de procédure civile (L. n° 2007-1787 du 20 déc. 2007, art. 26-III). – Art. 145, 853 à 878 *(procédure devant le tribunal de commerce)*. – V. App., v° *Tribunaux de commerce*, **p. 3237.**
1975	31 déc.	Loi n° 75-1334. Sous-traitance. – V. App., v° *Sous-traitance*, **p. 1412.**
1977	3 janv.	Loi n° 77-4. Modification de l'art. 189 *bis* C. com. *(prescription)*. – Art. 2 à 4. – V. ss. C. com., art. L. 110-4.
1977	20 juill.	Décret n° 77-828. Greffiers des tribunaux de commerce. Abrogé et codifié au C. com.
1977	29 déc.	Loi n° 77-1457. Dispositions en matière de prix. – Art. 11. – V. ss. com., art. L. 145-40.
1978	4 janv.	Loi n° 78-9. Modification du titre IX du livre III du Code civil. – Art. 1er. – V. C. civ., art. 1832 à 1844-17, 1871 à 1873, App., v° *Sociétés commerciales*, **p. 3192.**
1978	16 mars	Décret n° 78-330. Code de l'organisation judiciaire (2e partie : réglementaire). – V. COJ, art. R. 411-1 s., R. 412-16, R. 413-1 s., abrogés et codifiés au C. com.

1978	3 juill.	Décret n° 78-705. Publicité : – Art. 41, 42. – V. Décr. n° 67-238 du 23 mars 1967, art. 8, ss. C. com., art. R. 123-217. – Art. 48. – V. CGI, Annexe II, art. 396 *bis*, ss. C. com., art. L. 680-7.
1980	18 janv.	Loi de finances pour 1980 (n° 80-30). – Art. 67 (*publicité relative aux bons de caisse et titres analogues*). – V. App., v° *Banque et financement de l'entreprise*, **p. 2930.**
1980	11 avr.	Convention des Nations Unies sur les contrats de vente internationale de marchandises. – V. App., v° *Ventes commerciales*, **p. 3393.**
1980	29 avr.	Décret n° 80-307. Fixant le tarif général des greffiers des tribunaux de commerce. Abrogé et codifié au C. com.
1980	9 mai	Convention relative aux transports internationaux ferroviaires. – V. ss. C. com., art. L. 132-9.
1981	10 août	Loi n° 81-766. Prix du livre. – V. App., v° *Concurrence*, **p. 3010.**
1981	15 sept.	Décret n° 81-859. Livre des procédures fiscales. – Art. L. 246. – V. App., v° *Factures*, **p. 3121.**
1981	30 déc.	Loi n° 81-1162. Mise en harmonie du droit des sociétés commerciales avec la deuxième directive du conseil des communautés européennes du 13 déc. 1976 : – Art. 1er. – V. C. civ., art. 1844-5, App., v° *Sociétés commerciales*, **p. 3196.** – Art. 32 (*fonds communs de placement*). – V. ss. C. com., art. L. 231-6.
1982	2 juin	Décret n° 82-460. Harmonisation des dispositions réglementaires du droit français des sociétés anonymes avec la deuxième directive des communautés européennes en matière de droit des sociétés. – Art. 21 (*entrée en vigueur*). – V. la note ss. C. com., art. R. 224-2.
1982	10 juill.	Loi n° 82-596. Conjoints d'artisans et de commerçants. Art. 12 à 14, 20. – V. C. civ., art. 1832-1, 1832-2, 1843-2, App., v° *Sociétés commerciales*, **p. 3203.**
1982	23 déc.	Loi n° 82-1091. Formation professionnelle des artisans. – Art. 2. – V. App., v° *Artisans*, **p. 2579.**
1982	30 déc.	Loi n° 82-1153. Orientation des transports intérieurs. Abrogée et codifiée au code des transports. – V. C. transp., art. L. 1422-1 s., L. 1432-2 s., L. 3421-3 s., ss. C. com., art. L. 133-5.
1983	15 avr.	Décret n° 83-316. Crédit à l'artisanat. – V. App., v° *Artisans*, **p. 2580.** – Art. 18 (*entrée en vigueur*). – V. la note, ss. C. com., art. L. 123-23.
1983	2 mai	Décret n° 83-359. Application de l'art. 94-II de la loi de finances pour 1982 (n° 81-1160 du 30 déc. 1981) (*régime des valeurs mobilières*). – Art. 20 à 23. – V. App., v° *Banque et financement de l'entreprise*, **p. 2930.**

1983	2 mai	Arrêté. Liste des administrations ou organismes habilités à demander l'inscription au répertoire national des entreprises et de leurs établissements. Abrogé et codifié au C. com.
1983	20 juill.	Loi n° 83-657. Développement de certaines activités d'économie sociale. – V. App., v° *Artisans*, **p. 2581.** – Art. 1er à 34 *(coopératives artisanales)*. – V. App., v° *Artisans*, **p. 2581.** – Art. 35 s. *(coopératives de transport)*. – V. C. transp., art. L. 3441-1 s., ss. C. com., art. L. 133-5.
1983	30 août	Arrêté. Répertoire des métiers. – V. App., v° *Artisans*, **p. 2589.**
1983	29 nov.	Décret n° 83-1020. Application de la loi n° 83-353 du 30 avr. 1983 *(obligations comptables)*. Abrogé et codifié au C. com.
1984	1er mars	Loi n° 84-148. Prévention et règlement amiable des difficultés des entreprises : – Art. 30 à 32. – V. ss. C. com., art. L. 612-5. – Art. 48 *[abrogé]*. – V. C. mon. fin., art. L. 313-22, App., v° *Banque et financement de l'entreprise*, **p. 2800.** – Art. 57, 59. – V. App., v° *Sociétés commerciales*, **p. 3203.**
1984	30 mai	Décret n° 84-406. Registre du commerce et des sociétés. Abrogé et codifié au C. com : – Art. 35 à 36-1. – V. ss. C. com., art. R. 123-122. – Art. 71. – V. ss. C. com., art. R. 123-154.
1985	25 janv.	Loi n° 85-98. Redressement et liquidation judiciaires des entreprises. – Art. 106 *[abrogé]*. – V. ss. C. com., art. L. 624-4.
1985	1er mars	Décret n° 85-295. Application de la loi n° 84-148 du 1er mars 1984 *(prévention et règlement amiable)*, ss. C. com., art. L. 612-5 : – Art. 19 à 21, abrogés et codifiés au C. com. – Art. 33, 34 et 57. – V. ss. C. com., art. L. 612-5.
1985	26 mars	Arrêté. Modification de l'arrêté du 30 août 1983 *(répertoire des métiers)*. – V. Arr. mod., art. 6, 9 *ter*, 10, 12, App., v° *Artisans*, **p. 2590.**
1985	23 mai	Arrêté. Immatriculation des caisses d'épargne et de prévoyance au registre du commerce et des sociétés. Abrogé et codifié au C. com.
1985	11 juill.	Loi n° 85-695. Dispositions d'ordre économique et financier. – Art. 13-II et III. – V. App., v° *Banque et financement de l'entreprise*, **p. 2931.**
1985	11 juill.	Loi n° 85-697. Entreprise unipersonnelle à responsabilité limitée. – Art. 1er. – V. C. civ., art. 1832, App., v° *Sociétés commerciales*, **p. 3192.**
1985	12 juill.	Loi n° 85-703. Activités d'économie sociale. – Art. 17, 18. – V. L. n° 83-657 du 20 juill. 1983, art. 6, 32, App., v° *Artisans*, **p. 2582.**

1985	17 déc.	Décret n° 85-1353. – V. CSS, art. L. 243-4, L. 243-5, L. 651-6, R. 612-4, R. 612-5, ss. C. com., art. L. 680-7.
1985	23 déc.	Loi n° 85-1372. Égalité des époux dans les régimes matrimoniaux. – Art. 50. – V. C. civ., art. 1832-1, App., v° *Sociétés commerciales*, **p. 3192.**
1985	27 déc.	Décret n° 85-1389. Administrateurs judiciaires, mandataires judiciaires à la liquidation des entreprises et experts en diagnostic d'entreprise. Abrogé et codifié au C. com.
1985	27 déc.	Décret n° 85-1390. Tarif des administrateurs judiciaires en matière commerciale et des mandataires judiciaires à la liquidation des entreprises. Abrogé et codifié au C. com.
1986	27 janv.	Arrêté. Immatriculation des associations émettrices d'obligations au registre du commerce et des sociétés. Abrogé et codifié au C. com.
1986	14 mars	Décret n° 86-465. Publicité de la location-gérance d'un fonds de commerce ou d'un établissement artisanal. Abrogé et codifié au C. com.
1986	7 juill.	Arrêté. Modification de l'arrêté du 30 août 1983 *(répertoire des métiers)*. – V. Arr. mod., art. 9 *bis*, 9 *ter*, 18, 19 *bis*, App., v° *Artisans*, **p. 2592.**
1986	11 juill.	Loi n° 86-824. Loi de finances rectificative. – Art. 26 *(bon anonyme, moyen de paiement)*. – V. la note ss. C. mon. fin., art. L. 112-8, App., v° *Banque et financement de l'entreprise*, **p. 2658.**
1986	30 sept.	Loi n° 86-1067. Liberté de communication. – Art. 27, 33. – V. App. v° *Ventes commerciales*, **p. 3191** (renvoi) et **p. 3372** (renvoi).
1986	5 nov.	Décret n° 86-1176. Application aux professions d'administrateur judiciaire et de mandataire judiciaire à la liquidation des entreprises de la loi n° 66-879 du 29 nov. 1966 *(sociétés civiles professionnelles)*. Abrogé et codifié au C. com.
1986	1er déc.	Ordonnance n° 86-1243. Liberté des prix et de la concurrence, codifiée ss. C. com., art. L. 410-1 s. – Art. 58, 61. – V. ss. C. com., art. L. 470-8.
1987	13 mars	Décret n° 87-169. Modification du décret n° 67-236 du 23 mars 1967 *(sociétés commerciales)* et du décret n° 85-295 du 1er mars 1985 *(prévention et règlement amiable)*. – Art. 5, 6. – V. Décr. n° 85-295 du 1er mars 1985, art. 34, ss. C. com., art. L. 612-4.
1987	13 mai	Arrêté. Traitement informatisé du système national d'identification et du répertoire des entreprises et établissements créé par le décret n° 73-314 du 14 mars 1973. Abrogé et codifié au C. com.
1987	29 juill.	Décret n° 87-601. Conditions d'accès à la profession de greffier de tribunal de commerce. Abrogé et codifié au C. com.
1987	19 oct.	Décret n° 87-849. Recours contre les décisions du Conseil de la concurrence. Abrogé et codifié au C. com.

1988	5 janv.	Loi n° 88-15. Développement et transmission des entreprises : – Art. 1er à 3. – V. C. civ., art. 1843-5, 1844-5, 1844-7, App., v° *Sociétés commerciales*, **p. 3195.** – Art. 13. – V. L. n° 83-657 du 20 juill. 1983, art. 18, App., v° *Artisans*, **p. 2585.**
1988	13 janv.	Décret n° 88-38. Juridictions commerciales et greffiers des tribunaux de commerce. – Art. 2. – V. COJ, art. R. 411-1 s., abrogés et codifiés au C. com.
1988	2 févr.	Arrêté. Modification de l'arrêté du 30 août 1983 *(répertoire des métiers)*. – V. Arr. mod., art. 1er à 3, 5 à 7, 9 *ter*, 9 *quater*, 18, App., v° *Artisans*, **p. 2589.**
1988	9 févr.	Arrêté. Registre du commerce et des sociétés. Abrogé et codifié, à l'exception de son art. 18, au C. com.
1988	6 mai	Décret n° 88-682. Contrôle des instruments de mesure. – V. Décr. n° 61-501 du 3 mai 1961, art. 11, App., v° *Unités de mesure*, **p. 3255.**
1988	9 mai	Décret n° 88-694. Commissions départementales de conciliation *(baux commerciaux)*. Abrogé et codifié au C. com.
1988	4 oct.	Arrêté. Liste des diplômes reconnus comme équivalents à la licence en droit pour l'exercice de la profession de greffier de tribunal de commerce. Abrogé et codifié au C. com.
1988	28 déc.	Décret n° 88-1192. Modification de l'art. 24 du décret n° 85-295 du 1er mars 1985 *(prévention et règlement amiable)*. – V. art. mod., ss. C. com., art. L. 612-4.
1989	20 juin	Arrêté. Immatriculation des groupements européens d'intérêt économique au registre du commerce et des sociétés. Abrogé et codifié au C. com.
1989	2 août	Loi n° 89-549. Prévention du licenciement économique et droit à la conversion. – Art. 9. – V. ss. C. com., art. L. 611-1 (note).
1989	22 sept.	Arrêté. Ventes en soldes. Abrogé et codifié au C. com.
1989	14 déc.	Arrêté. Pourcentage de variation au-delà duquel une société doit informer à nouveau ses actionnaires du nombre total de droits de vote à prendre en compte pour le calcul des seuils de détention. Abrogé et codifié au C. com.
1989	31 déc.	Loi n° 89-1008. Entreprises commerciales et artisanales : – Art. 9. – V. ss. C. com., art. L. 310-7. – Art. 10. – V. App., v° *Ventes commerciales*, **p. 3384** (note). – Art. 14-I. – V. ss. C. com., art. L. 121-8.
1990	15 févr.	Décret n° 90-145. Actions de développement économique dans l'artisanat. – V. App., v° *Artisans*, **p. 2597.**

1990	31 déc.	Arrêté. Application de l'art. 3-1 du décret n° 87-601 du 29 juill. 1987 relatif aux conditions d'accès à la profession de greffier de tribunal de commerce. Abrogé et codifié au C. com.
1991	21 févr.	Arrêté. Information du consommateur dans le secteur de la franchise. Abrogé et codifié au C. com.
1991	4 avr.	Décret n° 91-337. Application de l'art. 1er de la loi n° 89-1008 du 31 déc. 1989 *(entreprises commerciales et artisanales)*. Abrogé et codifié au C. com.
1991	9 juill.	Loi n° 91-650. Réforme des procédures civiles d'exécution. Abrogée et codifiée au code des procédures civiles d'exécution. – V. C. pr. exéc., art. L. 231-1, L. 233-1, L. 521-1, L. 522-1, L. 531-1, L. 531-2, L. 532-1, L. 533-1, App., v° *Banque et financement de l'entreprise*, **p. 2921.**
1991	18 juill.	Décret n° 91-692. Nombre de juges et de chambres commerciales des tribunaux de grande instance du Bas-Rhin, du Haut-Rhin et de la Moselle et nombre de juges élus des tribunaux mixtes de commerce des départements d'outre-mer. Abrogé et codifié au C. com.
1991	18 juill.	Décret n° 91-739. Chambres de commerce et d'industrie. Abrogé et codifié au C. com.
1991	26 juill.	Loi n° 91-716. Diverses dispositions d'ordre économique et financier. – Art. 45. – V. App., v° *Garantie autonome*, **p. 3143** (note).
1991	3 déc.	Arrêté. Plan comptable applicable aux chambres de commerce et d'industrie. Abrogé et codifié au C. com.
1991	26 déc.	Arrêté. Règles budgétaires, comptables et financières applicables aux chambres de commerce et d'industrie, aux chambres régionales de commerce et d'industrie, à l'assemblée des chambres françaises de commerce et d'industrie et aux groupements interconsulaires. Abrogé et codifié au C. com.
1992	11 juin	Arrêté. Indemnités de frais de mandat dans les chambres de commerce et d'industrie. Abrogé et codifié au C. com.
1992	13 juill.	Loi n° 92-643. Modernisation des entreprises coopératives. – Art. 33 à 40. – V. L. n° 83-657 du 20 juill. 1983, art. 3, 6, 9, 11, 12, 23, 26, 28, App., v° *Artisans*, **p. 2581.**
1992	17 juill.	Loi n° 92-677. Mise en œuvre de directives communautaires relatives à la taxe sur la valeur ajoutée. – Art. 30. – V. CGI, art. 289, App., v° *Factures*, **p. 3113.**
1992	22 juill.	Loi n° 92-685. Livre III du code pénal : – Art. 314-5. – V. C. com., art. L. 521-2 (note). – Art. 321-7, 321-8. – V. App., v° *Ventes commerciales*, **p. 3386.**
1992	28 août	Arrêté. Programme et modalités de l'examen d'aptitude à la profession de greffier de tribunal de commerce. Abrogé et codifié au C. com.

1992	16 déc.	Loi n° 92-1336. Code pénal. – Art. 362. – V. C. pén., art. 321-7, App., v° *Ventes commerciales*, **p. 3386.**
1992	31 déc.	Loi n° 92-1445. Sous-traitance dans le domaine du transport routier de marchandises. Abrogée et codifiée au code des transports. – V. C. transp., art. L. 3221-3, L. 3221-4, L. 3241-1 s., L. 3242-4, L. 3242-5, ss. C. com., art. L. 133-5.
1993	8 janv.	Arrêté. Immatriculation au registre spécial des agents commerciaux. Abrogé et codifié au C. com.
1993	21 janv.	Décret n° 93-86. Application à la profession de greffier de tribunal de commerce de la loi n° 90-1258 du 31 déc. 1990 relative à l'exercice sous forme de sociétés des professions libérales soumises à un statut législatif ou réglementaire ou dont le titre est protégé. Abrogé et codifié au C. com.
1993	22 janv.	Arrêté. Habilitation des fonctionnaires pouvant procéder aux enquêtes nécessaires à l'application des titres V et VII du livre IV du code de commerce. Abrogé et codifié au C. com.
1993	29 janv.	Loi n° 93-122. Prévention de la corruption et transparence de la vie économique et des procédures publiques. – Art. 20 à 28. – V. App., v° *Publicité commerciale*, **p. 3164.**
1993	9 mars	Décret n° 93-306. Autorisation d'exploitation commerciale de certains magasins de commerce de détail et de certains établissements hôteliers. Abrogé et codifié au C. com.
1993	29 mars	Décret n° 93-726. Réforme du Code pénal. – V. C. pén., art. R. 321-3 à R. 321-12, R. 633-1 à R. 633-5, R. 635-3 à R. 635-7, App., v° *Ventes commerciales*, **p. 3387.**
1993	6 juill.	Décret n° 93-892. Application à la profession d'administrateur judiciaire de la loi n° 90-1258 du 31 déc. 1990 *(sociétés d'exercice libéral)*. Abrogé et codifié au C. com.
1993	22 juill.	Loi n° 93-934. Partie législative du livre III (nouveau) du code rural. – V. C. rur., art. L. 311-1 *(activités agricoles à caractère civil)*, ss. C. com., art. L. 110-1.
1993	26 juill.	Loi n° 93-949. Code de la consommation (1re partie : législative) : – Art. L. 111-1 à L. 114-1, L. 122-1 à L. 122-11, L. 132-1 à L. 211-2 *(dispositions générales)*. – V. App., v° *Ventes commerciales*, **p. 3269.** – Art. L. 121-1 à L. 121-7, L. 121-11, L. 121-13 à L. 121-15 et L. 121-36 à L. 121-41. – V. App., v° *Publicité commerciale*, **p. 3169.** – Art. L. 121-21 à L. 121-33 *(démarchage et vente à domicile)*. – V. App., v° *Ventes commerciales*, **p. 3373.** – Art. L. 121-35 *(ventes avec primes)*. – V. App., v° *Ventes commerciales*, **p. 3390.** – Art. L. 313-11 à L. 313-13, L. 313-16 *(crédit)*. – V. App., v° *Ventes commerciales*, **p. 3364.**

		– Art. L. 313-1 à L. 313-6. – V. App., v° *Prêts d'argent – Intérêts des capitaux*, **p. 3145.**
1993	15 sept.	Décret n° 93-1090. Nombres de juges élus des tribunaux mixtes de commerce de Nouméa et de Papeete. Abrogé et codifié au C. com.
1993	20 sept.	Décret n° 93-1112. Application à la profession de mandataire judiciaire à la liquidation des entreprises de la loi n° 90-1258 du 31 déc. 1990 *(sociétés d'exercice libéral)*. Abrogé et codifié au C. com.
1993	30 déc.	Loi n° 93-1353. De finances rectificative pour 1993. – Art. 1er-I-E. – V. CGI, art. 289, App., v° *Factures*, **p. 3113.**
1993	31 déc.	Loi n° 93-1420. Mise en œuvre de l'accord sur l'Espace économique européen et du traité sur l'Union européenne. – Art. 1er. – V. L. n° 81-766 du 10 août 1981, art. 1er, App., v° *Concurrence*, **p. 3010.**
1994	11 févr.	Loi n° 94-126. Initiative et entreprise individuelle : – Art. 1er à 4. – V. ss. C. com., art. R. 123-1 – Art. 47-II. – V. App., v° *Banque et financement de l'entreprise*, **p. 2811.**
1994	3 juin	Loi n° 94-442. Certification des produits industriels et des services. – Art. 6. – V. C. consom., art. L. 121-33 *(démarchage à domicile de méthodes d'apprentissage des langues)*, App., v° *Ventes commerciales*, **p. 3386.**
1994	10 juin	Loi n° 94-475. Prévention et traitement des difficultés des entreprises : – Art. 1er, 30-I, 31-I et 94. – V. CGI, art. 1929 *quarter* et CSS, art. L. 243-5, ss. C. com., art. L. 680-7. – Art. 5-II. – V. L. n° 75-1334 du 31 déc. 1975, art. 12, App., v° *Sous-traitance*, **p. 1412.**
1994	25 juill.	Loi n° 94-638. Saint-Pierre-et-Miquelon et Mayotte. – Art. 33. – V. L. n° 75-1334 du 31 déc. 1975, art. 15-1, App., v° *Sous-traitance*, **p. 3235.**
1994	4 août	Loi n° 94-665. Emploi de la langue française. – Art. 2, 20. – V. App., v° *Ventes commerciales*, **p. 3274** (note).
1994	29 déc.	Loi n° 94-1162. De finances pour 1995. – Art. 69. – V. CGI, art. 1929 *quater*, ss. C. com., art. L. 680-7.
1994	29 déc.	Loi n° 94-1163. De finances rectificative pour 1994. – Art. 16-VII. – V. CGI, art. 289, App., v° *Factures*, **p. 3113.**
1995	1er févr.	Loi n° 95-96. Clauses abusives, présentation des contrats et diverses activités d'ordre économique et commercial : – Art. 1er à 6. – V. C. consom., art. L. 132-1, L. 133-2, L. 135-1 *(clauses abusives, présentation des contrats)*, App., v° *Ventes commerciales*, **p. 3282.** – Art. 7, 8. – V. C. consom., art. L. 121-22, L. 121-26 *(démarchage)*, App., v° *Ventes commerciales*, **p. 3377.**

		– Art. 13. – V. C. consom., art. L. 122-6 *(ventes pyramidales)*, App., v° *Ventes commerciales*, **p. 3303.** – Art. 23-1 à 28 *(opérations de transport routier)*, abrogés et codifiés au code des transports. – V. C. transp., art. L. 3221-2, L. 3222-1 s., L. 3223-3, L. 3241-1 s., ss. C. com., art. L. 133-5.
1995	18 avr.	Arrêté. Modification de l'arrêté du 30 août 1983 *(répertoire des métiers)*. – V. Arr. mod., art. 4, 6, 13, 15, App., v° *Artisans*, **p. 2590.**
1995	2 mai	Décret n° 95-541. Opérations de transport impliquant plusieurs opérations successives de chargement et de déchargement. – V. ss. C. com., art. L. 133-9.
1995	30 déc.	Loi n° 1347. – De finances rectificative pour 1995. – Art. 19-XI. – V. CGI, art. 289, App., v° *Factures*, **p. 3113.**
1996	5 juill.	Loi n° 96-603. Développement et promotion du commerce et de l'artisanat : – Art. 16, 17, 19 à 22, 24. – V. App., v° *Artisans*, **p. 2597.** – Art. 23. – V. L. n° 82-1091 du 23 déc. 1982, art. 2, App., v° *Artisans*, **p. 2579.** – Art. 33. – V. C. consom., art. L. 121-15, App., v° *Publicité commerciale*, **p. 3182.**
1996	5 juill.	Loi n° 96-609. Dispositions relatives à l'outre-mer. – Art. 7. – V. L. n° 75-1334 du 31 déc. 1975, art. 15-2 , 15-3, App., v° *Sous-traitance*, **p. 3235.**
1996	19 juill.	Décret n° 96-650. Centres de formalités des entreprises. Abrogé et codifié au C. com.
1996	14 nov.	Loi n° 96-987. Pacte de relance pour la ville. – Art. 28. – V. ss. C. com., art. L. 752-1 (note).
1996	16 déc.	Décret n° 96-1097. Application de la loi n° 96-603 du 5 juill. 1996 (titre III, chap. Ier). Abrogé et codifié au C. com.
1997	15 janv.	Arrêté. Contenu de la demande d'autorisation d'exploitation des établissements hôteliers. Abrogé et codifié au C. com.
1997	18 mars	Arrêté. Nombre d'agents des greffes des tribunaux de commerce affectés à titre permanent pour assister les présidents des tribunaux de commerce. Abrogé et codifié au C. com.
1997	27 mars	Décret n° 97-298. Code de la consommation (2e partie : réglementaire) : – Art. R. 121-8 à R. 121-10 *(ventes avec primes)*. – V. App., v° *Ventes commerciales*, **p. 3393.** – Art. R. 121-11, R. 121-12 *(loteries publicitaires)*. – V. App., v° *Publicité commerciale*, **p. 3188.** – Art. R. 122-1 *(ventes sans commande préalable)*. – V. App., v° *Ventes commerciales*, **p. 3278.**

		– Art. R. 132-1, R. 132-2 *(clauses abusives)*. – V. App., v° *Ventes commerciales*, **p. 3287.** – Art. R. 313-1 à R. 315-5, D. 313-6 à D. 313-8 *(taux d'intérêt)*. – V. App., v° *Prêts d'argent – Intérêts des capitaux*, **p. 3155.**
1997	16 mai	Décret n° 97-497. Numéro unique d'identification des entreprises. Abrogé et codifié au C. com.
1997	12 déc.	Arrêté. Contenu de la demande d'autorisation d'exploitation de certains magasins de détail. Abrogé et codifié au C. com.
1998	28 janv.	Décret n° 98-58. Carte d'identité de commerçant étranger. Abrogé et codifié au C. com.
1998	6 févr.	Loi n° 98-69. Amélioration des conditions d'exercice de la profession de transport routier. – Art. 14 (note), **p. 122.**
1998	2 avr.	Décret n° 98-246. Qualification professionnelle exigée pour l'exercice des activités professionnelles prévues à l'art. 16 de la loi n° 96-603 du 5 juill. 1996. – V. App., v° *Artisans*, **p. 2603.**
1998	2 avr.	Décret n° 98-247. Qualification artisanale et répertoire des métiers. – V. App., v° *Artisans*, **p. 2609.**
1998	25 mai	Loi n° 98-405. Exercice de la profession d'artisan boulanger *(appellation de boulanger et enseigne de boulangerie)*. – V. C. consom., art. L. 121-80 à L. 121-82, App., v° *Publicité commerciale*, **p. 3188.**
1998	2 juill.	Loi n° 98-546. Diverses dispositions d'ordre économique et financier : – Art. 2. – V. CGI, art. 289 *bis*, App., v° *Factures*, **p. 3115.** – Art. 10. – V. CSS, art. L. 243-5, ss. C. com., art. 680-7.
1998	2 juill.	Décret n° 98-550. Modification du décret n° 84-406 du 30 mai 1984 *(registre du commerce et des sociétés)*. – Art. 35 (note). – V. ss. C. com., art. R. 123-237.
1998	29 juill.	Loi n° 98-657. Lutte contre les exclusions : – Art. 104. – V. L. n° 94-126 du 11 févr. 1994, art. 47-II, App., v° *Banque et financement de l'entreprise*, **p. 2811.** – Art. 113 *(prêt à un mineur)*. – V. App., v° *Prêts d'argent – Intérêts des capitaux*, **p. 3163.**
1999	18 mars	Loi n° 99-198. Modification de l'ordonnance n° 45-2339 du 13 oct. 1945 *(spectacles)*. – V. Ord. mod., art. 3, ss. C. com., art. L. 143-23.
1999	27 mai	Décret n° 99-433. Composition et élection des chambres de métiers. – V. App., v° *Artisans*, **p. 2628.** – Art. 37. – V. C. artisanat, art. 16. – V. App., v° *Artisans*, **p. 2554.**
1999	27 juill.	Loi n° 99-641. Création d'une couverture maladie universelle. – Art. 14-I. – V. CSS, art. L. 243-4 *(recouvrement des cotisations)*, ss. C. com., art. L. 680-7.

1999	30 août	Décret n° 99-752. Transports routiers de marchandises. – V. ss. C. com., art. L. 133-5.
1999	17 nov.	Arrêté. Traitement automatisé d'informations nominatives par les chambres de commerce et d'industrie pour le compte de commissions *ad hoc* en vue de permettre aux préfets de fixer la composition de ces établissements publics. Abrogé et codifié au C. com.
1999	1er déc.	Décret n° 99-1017. Conditions d'accès aux professions judiciaires et juridiques de certains greffiers de tribunal de commerce. Abrogé et codifié au C. com.
1999	22 déc.	Règlement CE n° 2790-1999. Application de l'art. 81 § 3 du traité à des catégories d'accords verticaux et de pratiques concertées.
2000	29 mai	Règlement CE n° 1346-2000. Procédures d'insolvabilité.
2000	10 juill.	Loi n° 2000-642. Réglementation des ventes volontaires de meubles aux enchères publiques. – Art. 52, 54. – V. ss. C. com., art. L. 321-38.
2000	1er août	Loi n° 2000-719. Modifiant la loi n° 86-1067 relative à la liberté de communication. – Art. 55 et 71-X. – V. L. n° 86-1067 du 30 sept. 1986, art. 27 et 33, App., v° *Ventes commerciales*, **p. 3372.**
2000	18 sept.	Ordonnance n° 2000-912. Code de commerce (partie : législative). – Ratifiée par L. n° 2003-7 du 3 janv. 2003.
2000	18 sept.	Ordonnance n° 2000-914. Code de l'environnement (partie : législative). – V. C. envir., art. L. 541-34, App., v° *Publicité commerciale*, **p. 3173.**
2000	13 déc.	Loi n° 2000-1208. Solidarité et renouvellement urbains : – Art. 1er, IV à VII. – V. C. urb., art. L. 121-4, **p. 1421.** – Art. 97. – V. C. com., art. L. 752-6.
2000	14 déc.	Ordonnance n° 2000-1223. Code monétaire et financier (partie : législative) – Ratifiée par L. n° 2003-591 du 2 juill. 2003. – V. App., v° *Banque et financement de l'entreprise*, **p. 2651.**
2000	23 déc.	Loi n° 2000-1257. De financement de la sécurité sociale. – Art. 12-I. – V. CSS, art. L. 651-6, ss. C. com., art. L. 680-7.
2001	16 janv.	Loi n° 2001-43. Portant diverses dispositions d'adaptation au droit communautaire dans le domaine des transports : – Art. 1er-I et 7. – V. C. com., anc. art. L. 131-2, L. 131-4, L. 131-6 à L. 131-10. – Art. 1er-II, 2, 5, 6. – V. ss. C. com., art. L. 131-11.
2001	19 févr.	Loi n° 2001-152. Épargne salariale. – Art. 10-III, 16-VII, 17, 24 à 27, 29. – V. C. com., art. L. 225-23, L. 225-71, L. 225-102, L. 225-106, L. 225-187 à L. 225-197, L. 225-216.
2001	19 avr.	Ordonnance n° 2001-350. Code de la mutualité et transposition des directives 92/49/CEE et 92/96/CEE du Conseil des 18 juin et 10 nov. 1992. – Art. 6-XXVII. – V. C. mon. fin., art. L. 313-13, App., v° *Banque et financement de l'entreprise*, **p. 2796.**

2001	3 mai	Décret n° 2001-387. Contrôle des instruments de mesure. – V. App., v° *Unités de mesure*, **p. 3254.**
2001	4 mai	Arrêté. Observatoires départementaux d'équipement commercial. Abrogé et codifié au C. com.
2001	4 mai	Arrêté. Observatoire d'équipement commercial d'Île-de-France. Abrogé et codifié au C. com.
2001	15 mai	Loi n° 2001-420. Nouvelles régulations économiques : – Art. 1er, 31, 32, 48, 49, 51 à 53, 56, 64 à 84, 86 à 93, 100 à 102, 104 à 120 (I), 121 à 123 (II), 124, 125, 127, 128, 132 – V. C. com., art. L. 123-5-1, L. 124-1, L. 223-7, L. 224-3, L. 225-17, L. 225-21, L. 225-23, L. 225-25, L. 225-30, L. 225-35, L. 225-36-1 à L. 225-43, L. 225-45, L. 225-49, L. 225-51-1, L. 225-53 à L. 225-56, L. 225-61, L. 225-67, L. 225-69, L. 225-72, L. 225-77, L. 225-82, L. 225-83, L. 225-86 à L. 225-88, L. 225-94-1 à L. 225-95-1, L. 225-102, L. 225-102-1, L. 225-103, L. 225-107, L. 225-107-1, L. 225-112, L. 225-119, L. 225-177, L. 225-179, L. 225-184 à L. 225-186, L. 225-231, L. 225-232, L. 225-251 à L. 225-254, L. 226-10, L. 227-1, L. 227-9 à L. 227-11, L. 228-1 à L. 228-3-4 L. 228-39, L. 231-5, L. 233-3, L. 233-7, L. 233-10, L. 233-11, L. 238-1, L. 241-4 (2° et 3°), L. 242-2 (1° à 3°), L. 242-14, L. 242-22, L. 243-2, L. 244-2, L. 245-1, L. 245-2, L. 245-6 à L. 245-8, L. 248-1, L. 420-1, L. 420-2, L. 420-4, L. 420-6, L. 430-1 à L. 430-10, L. 440-1 à L. 441-3, L. 441-6, L. 441-7, L. 442-6, L. 450-3, L. 450-4, L. 461-3, L. 462-8, L. 462-9, L. 463-2, L. 463-8, L. 464-1, L. 464-2, L. 464-5, L. 464-6, L. 470-6, L. 721-1, L. 721-3 à L. 721-6, L. 820-1 à L. 820-7. – Art. 6, 7, 9, 10, 18, 20, 21, 22, 23, 25, 27 (II, III et V), 28, 29 (IV et V), 30, 33, 34, 35, 36, 38, 39, 40, 41, 43, 143. – V. C. mon. fin., art. L. 131-78, L. 213-3, L. 511-6, L. 511-7 L. 511-10, L. 511-12-1, L. 511-13, L. 511-15, App., v° *Banque et financement de l'entreprise*, **p. 2702.** – Art. 94. – V. ss. C. com., art. L. 464-5. – Art. 103, 123 (I) – V. C. civ., art. 1844-5, 1843-3, App., v° *Sociétés commerciales*, **p. 3196.** – Art. 131 (I, II et III). – V. ss. C. com., art. L. 225-21, L. 225-53 (notes).
2001	21 mai	Décret n° 2001-435. Incorporation au CGI de divers textes modifiant et complétant certaines dispositions de ce code. – Art. 1er. – V. CGI, art. 1751, App., v° *Factures*, **p. 3116.**
2001	31 mai	Arrêté. Fixation des cotisations forfaitaires et des assiettes forfaitaires relatives aux personnes assurant la vente de produits et de services à domicile par démarchage de personne à personne ou par réunion en application de l'art. 42 de la loi n° 94-637 du 25 juill. 1994 relative à la sécurité sociale. – V. ss. C. com., art. L. 135-3.
2001	12 juin	Loi n° 2001-504. Renforcement de la prévention et répression des mouvements sectaires portant atteinte aux droits de l'homme et aux libertés fondamentales. – Art. 20. – V. C. pén., art. 223-15-2 (note), App., v° *Ventes commerciales*, **p. 3280.**

2001	17 juill.	Loi n° 2001-624. Portant diverses dispositions d'ordre social, éducatif et culturel. – Art. 36. – V. C. com., art. L. 228-36.
2001	19 juill.	Décret n° 2001-650. Application des art. L. 321-1 à L. 321-38 C. com et relatif aux ventes volontaires de meubles aux enchères. Abrogé et codifié au C. com : – Art. 18. – V. ss. C. com., art. R. 321-21. – Art. 19 et 21 anc. – V. ss. C. com., art. R. 321-22, R. 321-26. – Art. 78. – V. ss. C. com., art. R. 321-74.
2001	9 août	Arrêté. Programme et modalités des épreuves d'aptitude prévues aux art. 47 et 49 du décret n° 2001-650 du 19 juill. 2001 pris en application des art. L. 321-1 à L. 321-38 et relatif aux ventes volontaires de meubles aux enchères publique. Abrogé et codifié au C. com.
2001	23 août	Ordonnance n° 2001-741. Transposition de directives communautaires et adaptation au droit communautaire en matière de droit à la consommation. – Ratifiée par L. n° 2004-1343 du 9 déc. 2004. – Art. 1er à 4, 6 à 16, 20. – V. C. consom., art. L. 121-8 à L. 121-10, L. 121-12 *(publicité comparative)*, **p. 3173** ; art. L. 121-16 à L. 121-20-4, L. 121-20-16 *(ventes à distance)*, **p. 3366** ; art. L. 132-1 *(clause abusive)*, **p. 3282.**
2001	15 nov.	Loi n° 2001-1062. Sécurité quotidienne. – Art. 33-VIII, 34 à 40, 42 et 43. – V. C. mon. fin., art. L. 163-4 à L. 163-6, L. 163-10-1, L. 465-1, App., v° *Banque et financement de l'entreprise*, **p. 2730.**
2001	11 déc.	Loi n° 2001-1168. Mesures urgentes de réformes à caractère économique et financier : – Art. 6 et 7. – V. L. n° 75-1334 du 31 déc. 1975, art. 1er, 5, 6, 14-1, App., v° *Sous-traitance*, **p. 3205.** – Art. 13-I à III, 15, 27, 29 et 31. – V. C. mon. fin., art. L. 131-73, L. 131-75, L. 312-1-1 à L. 312-1-2, L. 351-1, App., v° *Banque et financement de l'entreprise*, **p. 2698.** – Art. 13-IV. – V. C. consom., art. L. 113-3, L. 121-35, L. 122-1, L. 122-4, App., v° *Ventes commerciales*, **p. 3271.** – Art. 26 à 28 et 33. – V. C. com., art. L. 145-33, L. 145-34, L. 145-38, L. 225-22, L. 225-71, L. 225-145, L. 233-3, L. 464-8.
2001	28 déc.	Loi n° 2001-1276. De finances rectificative pour 2001 : – Art. 51-III et 62-III. – V. C. mon. fin., art. L. 112-6, L. 131-82, L. 515-4, App., v° *Banque et financement de l'entreprise*, **p. 2656.** – Art. 85. – V. C. com., art. L. 461-3.
2001	31 déc.	Décret n° 2001-1370. Organisation de la commission d'examen des pratiques commerciales. Abrogé et codifié au C. com.
2002	17 janv.	Loi n° 2002-73. Modernisation sociale : – Art. 25. – V. CSS, art. L. 243-4, ss. C. com., art. L. 680-7. – Art. 122 et 217. – V. C. com., art. L. 225-23, L. 225-71.

2002	8 avr.	Arrêté. Liste des diplômes admis en dispense des diplômes nationaux en droit et en histoire de l'art, arts appliqués, archéologie ou arts plastiques requis pour diriger des ventes volontaires de meubles aux enchères publiques. Abrogé et codifié au C. com.
2002	11 avr.	Arrêté. Formulaires liés aux déclarations de création ou de modification de situation ou à la cessation d'activité de l'entreprise. Abrogé et codifié au C. com.
2002	30 avr.	Décret n° 2002-689. Conditions d'application du livre IV C. com. *(liberté des prix et de la concurrence)*. Abrogé et codifié au C. com.
2002	30 avr.	Arrêté. Définition des informations relatives aux rejets du rapport mentionné à l'art. L. 225-102-1 du code de commerce. Abrogé et codifié au C. com.
2002	6 juin	Décret n° 2002-923. Modification du CGI. – V. CGI, art. 289 *bis*, App., v° *Factures*, **p. 3115.**
2002	10 juin	Décret n° 2002-927. Calcul du TEG applicable au crédit à la consommation. – V. C. consom., art. R. 313-1, App., v° *Prêts d'argent – Intérêts des capitaux*, **p. 3145.**
2002	31 juill.	Règlement CE n° 1400-2002. Application de l'art. 81 § 3 du traité à des catégories d'accords verticaux et de pratiques concertées dans le secteur automobile. – V. App., v° *Concurrence*, **p. 3033.**
2002	29 oct.	Loi n° 2002-1303. Modification de certaines dispositions du code de commerce relatives aux mandats sociaux. – Art. 1er et 2. – V. C. com., art. L. 225-21, L. 225-54-1, L. 225-67, L. 225-77, L. 225-94, L. 225-94-1, L. 225-95-1.
2002	20 nov.	Décret n° 2002-1369. Schémas de développement commercial. Abrogé et codifié au C. com. – Art. 6 et 7. – V. ss. C. com., art. R. 751-20.
2002	16 déc.	Règlement CE n° 1-2003. Mise en œuvre des règles de concurrence prévues aux art. 81 et 82 du traité. – Art. 1er à 3, 5 et 6, 11 à 13, 15, 16, 22, 34, 35, 45. – V. App., v° *Concurrence*, **p. 3022.**
2002	30 déc.	Loi n° 2002-1575. De finances pour 2003. – Art. 116. – V. L. n° 81-766, art. 10. – V. App., v° *Concurrence*, **p. 3014.**
2002	30 déc.	Loi n° 2002-1576. De finances rectificative pour 2002 : – Art. 17 et 20. – V. CGI, art. 237 *sexies*, 289, 289 *bis*, App., v° *Factures*, **p. 3113.** – Art. 82. – V. L. n° 2001-43 du 16 janv. 2001, art. 6, ss. C. com., art. L. 131-11.
2003	3 janv.	Loi n° 2003-7. Modification du livre VIII du code de commerce. – V. C. com., art. L. 123-24, L. 125-18, L. 141-14, L. 145-23, L. 222-12, L. 226-5, L. 231-1, L. 232-11, L. 251-5, L. 442-6, L. 525-16, L. 811-1 à L. 811-6, L. 811-8, L. 811-10 à L. 811-12, L. 811-16, L. 812-1 à L. 812-10, L. 813-1, L. 813-2, L. 814-1 à L. 814-11, L. 946-13.

2003	27 févr.	Décret n° 2003-165. Modification du décret n° 61-501 du 3 mai 1961. – V. Décr. mod., art. 1er, 8, 12, 14 et 17, App., v° *Unités de mesure*, **p. 3254.**
2003	13 mars	Décret n° 2003-247. Application du chapitre Ier du titre Ier de la loi n° 2001-43 du 16 janv. 2001 *(courtiers interprètes et conducteurs de navires)*. – V. L. n° 2001-43 du 16 janv. 2001, ss. C. com., art. L. 131-11.
2003	18 juin	Loi n° 2003-517. Rémunération au titre du prêt en bibliothèque. – V. L. n° 81-766 du 10 août 1981, art. 3, App., v° *Concurrence*, **p. 3012.**
2003	7 juill.	Décret n° 2003-632. Obligations de facturation en matière de TVA. – Art. 1er. – V. CGI, art. 242 *nonies*, 242 *nonies* A, App., v° *Factures*, **p. 3116.**
2003	30 juill.	Loi n° 2003-699. Prévention des risques technologiques et naturels. – Art. 23. – V. C. com., art. L. 225-102-2.
2003	1er août	Loi n° 2003-706. Sécurité financière : – Art. 61, 63, 98 à 112, 114 à 121, 123 à 125, 128 à 134, 138. – V. C. com., art. L. 224-3, L. 225-17, L. 225-21 (note), L. 225-35, L. 225-37 à L. 225-38, L. 225-51, L. 225-68, L. 225-86, L. 225-87, L. 225-94-1, L. 225-95-1, L. 225-102-1, L. 225-105, L. 225-212, L. 225-218 à L. 225-226, L. 225-228, L. 225-235, L. 226-10, L. 227-6, L. 227-10, L. 228-3-4, L. 228-56, L. 228-97, L. 233-7, L. 233-8, L. 233-11, L. 233-14, L. 233-16, L. 238-2, L. 242-9, L. 242-11, L. 242-16, L. 242-18, L. 242-19, L. 245-10, L. 245-14, L. 247-7, L. 612-4, L. 612-5, L. 820-1 à L. 820-3, L. 821-1 à L. 821-3, L. 821-4, L. 821-6 à L. 821-8, L. 821-10 à L. 821-12, L. 822-1 à L. 822-16. – Art. 2 à 14, 16 à 28, 34 à 43, 46, 49, 50, 51, 53 à 60, 62 à 79, 86, 91 à 96, 113, 122, 126, 134. – V. C. mon. fin., art. L. 211-1, L. 213-3, L. 213-4, L. 213-6, L. 312-1-1, L. 312-1-2, L. 312-3, L. 313-27, L. 511-2, L. 511-3, L. 511-4, L. 511-6, L. 511-7, L. 511-11, L. 511-12-1, L. 511-16, L. 511-18, L. 515-1, L. 550-1, App., v° *Banque et financement de l'entreprise*, **p. 2734.** – Art. 135. – V. L. n° 84-148 du 1er mars 1984, art. 30, ss. C. com., art. L. 612-5. – Art. 136. – V. L. n° 85-11 du 3 janv. 1985, art. 13, **p. 938** (note).
2003	1er août	Loi n° 2003-710. Orientation et programmation pour la ville et la rénovation urbaine : – Art. 35. – V. C. mon. fin., art. L. 313-22 (note), App., v° *Banque et financement de l'entreprise*, **p. 2800.** – Art. 37 à 42. – V. C. com., art. L. 670-1 à L. 670-8, L. 930-1, L. 940-1, L. 950-1.
2003	1er août	Loi n° 2003-721. Initiative économique : – Art. 1er à 3, 6, 8 à 10, 20, 53, 54, 58. – V. C. com., art. L. 123-9-1 à L. 123-11-1, L. 127-1 à L. 127-7, L. 143-20, L. 223-2, L. 223-7 (note), L. 223-8, L. 223-14, L. 223-42, L. 241-7, L. 241-9, L. 242-30, L. 244-2, L. 246-1, L. 246-2, L. 526-1 à L. 526-4, L. 611-1.

		– Art. 24, 32. – V. C. mon. fin., art. L. 313-4, L. 313-5-1, L. 313-5-2, L. 313-12, App., v° *Banque et financement de l'entreprise*, **p. 2766.** – Art. 2, 5. – V. L. n° 96-603 du 5 juill. 1996, art. 19, 19-1, App., v° *Artisans*, **p. 2599.** – Art. 11. – V. C. consom., art. L. 341-2 à L. 341-6, ss. C. mon. fin., art. L. 312-22, App., v° *Banque et financement de l'entreprise*, **p. 2812.** – Art. 32. – V. C. consom., art. L. 313-3, App., v° *Prêts d'argent – Intérêts des capitaux*, **p. 3158.**
2003	11 août	Arrêté. Seuil de la valeur des primes visées au I de l'art. L. 312-1-2 C. mon. fin. – V. App., v° *Banque et financement de l'entreprise*, **p. 2762.**
2003	12 nov.	Ordonnance n° 2003-1067. Élection des membres des chambres de commerce et d'industrie. – Ratifiée par L. n° 2004-1343 du 9 déc. 2004. – V. C. com., art. L. 713-1 à L. 713-6, L. 713-12, L. 713-15, L. 713-18.
2003	18 déc.	Loi n° 2003-1199. De financement de la sécurité sociale pour 2004. – Art. 70-IV. – V. CSS, art. L. 243-5, ss. C. com., art. L. 680-7.
2003	30 déc.	Loi n° 2003-1312. De finances rectificative pour 2003. – Art. 37-VIII. – V. CGI, art. 1929 *quater*, ss. C. com., art. L. 680-7
2004	20 janv.	Règlement CE n° 139-2004. Concentration entre entreprises. – V. App., v° *Concurrence*, **p. 3034.**
2004	11 févr.	Loi n° 2004-130. Réforme du statut de certaines professions judiciaires ou juridiques. – Art. 53, 57, 58 et 69. – V. C. com., art. L. 321-17, L. 811-13, L. 812-1, L. 812-2, L. 813-1, L. 813-2, L. 814-1, L. 950-1.
2004	25 févr.	Décret n° 2004-199. Modification du code de la propriété intellectuelle. – V. CPI, art. R. 411-17, ss. C. com., art. R. 123-163.
2004	9 mars	Loi n° 2004-204. Adaptation de la justice aux évolutions de la criminalité. – Art. 23-V. – V. C. com., art. L. 450-8 (note).
2004	25 mars	Ordonnance n° 2004-274. Simplification du droit et des formalités pour les entreprises. – Ratifiée par L. n° 2004-1343 du 9 déc. 2004 : – Art. 1er à 5, 10 à 30, 34 à 49. – V. C. com., art. L. 124-1, L. 124-4, L. 124-6, L. 124-9, L. 124-11, L. 144-3, L. 144-5, L. 223-3, L. 223-8, L. 223-11, L. 223-13, L. 223-14, L. 223-18, L. 223-25, L. 223-27, L. 235-14, L. 238-4, L. 238-5, L. 241-2, L. 242-7, L. 242-12, L. 242-13, L. 245-9, L. 245-13, L. 310-1 à L. 310-3, L. 310-5, L. 430-2, L. 464-6 à L. 464-6-2, L. 464-8, L. 761-1 à L. 761-11, L. 762-1 à L. 762-3, L. 912-1, L. 930-1 (note), L. 932-7, L. 950-1, L. 950-2, L. 952-2, L. 953-1 à L. 953-3. – Art. 6 à 9 et 46. – V. L. n° 83-657 du 20 juill. 1983, art. 6, 6-1, 7, 18, 27, App., v° *Artisans*, **p. 2582.**
2004	25 mars	Ordonnance n° 2004-279. Simplification et adaptation des conditions d'exercice de certaines activités professionnelles. – Ratifiée par L. n° 2004-1343 du 9 déc. 2004. – Art. 6, 7. – V. C. com., art. L. 911-1, L. 921-2.

2004	7 avr.	Règlement CE n° 773-2004. Procédures mises en œuvre par la Commission en application des art. 81 et 82 du traité CE. – V. App., v° *Concurrence*, **p. 3034.**
2004	15 avr.	Ordonnance n° 2004-328. Élection des délégués consulaires et des juges des tribunaux de commerce. – Ratifiée par L. n° 2004-1343 du 9 déc. 2004. – Art. 2 à 8, 10 à 16. – V. C. com., art. L. 713-3 à L. 713-18, L. 722-6, L. 723-1, L. 723-2, L. 723-4, L. 723-6, L. 723-7, L. 723-9, L. 723-14.
2004	15 avr.	Ordonnance n° 2004-330. Système d'échange de quotas d'émission de gaz à effet de serre. – Art. 2. – V. C. mon. fin., art. L. 211-1, App., v° *Banque et financement de l'entreprise*, **p. 2734.**
2004	21 avr.	Règlement CE n° 802-2004. Mise en œuvre du Règlement CE n° 139-2004 du Conseil relatif au contrôle des concentrations entre entreprises. – V. App., v° *Concurrence*, **p. 3035.**
2004	28 mai	Arrêté. Création du comité consultatif du Marché d'intérêt national de Paris-Rungis. Abrogé et codifié au C. com.
2004	17 juin	Ordonnance n° 2004-559. Contrats de partenariat. – Ratifiée par L. n° 2004-1343 du 9 déc. 2004. – Art. 28. – V. C. mon. fin., art. L. 313-29-1, App., v° *Banque et financement de l'entreprise*, **p. 2838.**
2004	21 juin	Loi n° 2004-575. Confiance dans l'économie numérique : – Art. 14 à 19. – V. App., v° *Commerce (organisation)*, **p. 3369.** – Art. 15-II, 20, 22-II, 23, 24 et 27. – V. C. consom., art. L. 121-15-1 à L. 121-15-3, L. 121-20-3 à L. 121-20-5, L. 121-27, L. 134-2, **p. 3182**, **p. 3369**, **p. 3384** et **p. 3298.** – Art. 20 à 24. – V. App., v° *Publicité commerciale*, **p. 3167.**
2004	24 juin	Ordonnance n° 2004-604. Réforme du régime des valeurs mobilières émises par les sociétés commerciales et extension à l'outre-mer de dispositions ayant modifié la législation commerciale. – Ratifiée par L. n° 2004-1343 du 9 déc. 2004 : – Art. 2 à 51, 53, 55, 56 à 66. – V. C. com., art. L. 225-100, L. 225-102-1, L. 225-107-1, L. 225-115, L. 225-127 à L. 225-141, L. 225-143, L. 225-147 à L. 225-176, L. 225-181, L. 225-209, L. 228-1 à L. 228-4, L. 228-6-1 à L. 228-7, L. 228-10 à L. 228-20, L. 228-24, L. 228-25, L. 228-29-1 à L. 228-29-10, L. 228-33 à L. 228-35-11, L. 228-40 à L. 228-42, L. 228-60 à L. 228-61, L. 228-65, L. 228-68, L. 228-91 à L. 228-96, L. 228-98 à L. 228-106, L. 233-7, L. 235-9, L. 236-15, L. 238-1, L. 238-6, L. 245-4, L. 245-11, L. 245-12, L. 245-15, L. 912-4, L. 912-5, L. 922-1, L. 922-4, L. 930-1, L. 932-1 à L. 932-6, L. 932-9, L. 932-11, L. 932-13, L. 938-1, L. 940-1, L. 950-1 (note), L. 951-12, L. 952-1, L. 952-4, L. 952-5, L. 958-2. – Art. 52 et 53. – V. C. mon. fin., art. L. 211-3, L. 211-4, L. 212-3, L. 212-5 à L. 212-6-4, L. 212-7, App., v° *Banque et financement de l'entreprise*, **p. 2735.**

2004	9 juill.	Loi n° 2004-669. Communications électroniques et services de communication audiovisuelle : – Art. 18, 35 et 77. – V. C. com., art. L. 420-1 (note), L. 420-2 (note), L. 430-1 (note), L. 462-1 (note). – Art. 59 et 60. – V. L. n° 86-1067 du 30 sept. 1986, art. 33, App., v° *Ventes commerciales*, **p. 3372.**
2004	29 juill.	Décret n° 2004-799. Élection des délégués consulaires. Abrogé et codifié au C. com.
2004	30 juill.	Arrêté. Opérations électorales pour l'élection des membres des chambres de commerce et d'industrie. Abrogé et codifié au C. com.
2004	30 juill.	Arrêté. Modification de l'arrêté du 26 déc. 1991 fixant les règles budgétaires, comptables et financières applicables aux chambres de commerce et d'industrie, aux chambres régionales de commerce et d'industrie, à l'assemblée des chambres françaises de commerce et d'industrie et aux groupements interconsulaires et détermination des frais admis à remboursement prévus par l'art. 54 du décret du 18 juill. 1991 ainsi que les règles de notification de la démission d'un membre de chambre de commerce et d'industrie. Abrogé et codifié au C. com.
2004	9 août	Loi n° 2004-804. Soutien à la consommation et à l'investissement : – Art. 5 et 23. – V. C. mon. fin., art. L. 112-3, App., v° *Banque et financement de l'entreprise*, **p. 2654.** – Art. 18. – V. C. com., art. L. 750-1, L. 752-6.
2004	9 août	Loi n° 2004-806. Politique de santé publique : – Art. 30. – V. L. 2-17 mars 1791, art. 7 (note), App., v° *Commerce (organisation)*, **p. 3299.** – Art. 41. – V. C. consom., art. L. 141-1, App., v° *Ventes commerciales*, **p. 3299.**
2004	19 août	Ordonnance n° 2004-823. Actualisation et adaptation du droit économique et financier applicable à Mayotte, en Nouvelle-Calédonie, en Polynésie française et dans les îles Wallis-et-Futuna. – Ratifiée par L. n° 2007-224 du 21 févr. 2007. – Art. 3. – V. C. com., art. L. 924-3 à L. 924-6, L. 954-1 à L. 954-7.
2004	26 août	Décret n° 2004-890. Portant diverses dispositions relatives au recouvrement des cotisations et contributions des employeurs, aux régimes des travailleurs indépendants, aux relations financières entre le régime général de sécurité sociale des salariés et le régime des salariés agricoles et modifiant le code de la sécurité sociale (deuxième partie : Décrets en Conseil d'État). – Art. 12. – V. CSS, art. R. 612-5, ss. C. com., art. L. 680-7.
2004	27 août	Décret n° 2004-896. Modification du décret n° 99-433 du 27 mai 1999. – V. Décr. mod., art. 4, 6, 8 à 17, 22 à 33, 37, App., v° *Artisans*, **p. 2628.**
2004	7 sept.	Arrêté. Opérations électorales pour l'élection des délégués consulaires. Abrogé et codifié au C. com.

2004	12 oct.	Arrêté. Application des art. 27 à 32 du décret n° 91-739 du 18 juill. 1991 relatif aux chambres de commerce et d'industrie, aux chambres régionales de commerce et d'industrie, à l'assemblée des chambres françaises de commerce et d'industrie et aux groupements interconsulaires. Abrogé et codifié au C. com.
2004	2 nov.	Décret n° 2004-1164. Fonctionnement des chambres de métiers et de l'artisanat : – Art. 2 à 11. – V. C. artisanat, art. 15, 17, 19, 20, 23, 25, 26, App., v° *Artisans*, **p. 2553.** – Art. 12. – V. Décr. n° 98-247 du 2 avr. 1998, art. 29, App., v° *Artisans*, **p. 2623.** – Art. 13 à 17. – V. Décr. n° 64-1362 du 30 déc. 1964, art. 6 à 12, App., v° *Artisans*, **p. 2568.**
2004	2 nov.	Décret n° 2004-1165. Chambres régionales de métiers et de l'artisanat. – V. App., v° *Artisans*, **p. 2643.**
2004	4 nov.	Ordonnance n° 2004-1173. Adaptation de certaines dispositions du code de commerce au droit communautaire. – V. C. com., art. L. 420-7, L. 450-4, L. 462-6 à L. 462-9, L. 463-1, L. 464-2 à L. 464-4, L. 464-8, L. 470-6.
2004	12 nov.	Ordonnance n° 2004-1201. Surveillance complémentaire des établissements de crédit, des entreprises d'assurance et des entreprises d'investissement appartenant à un conglomérat financier. – Art. 5 à 12. – V. C. mon. fin., art. L. 511-10, L. 511-20, App., v° *Banque et financement de l'entreprise*, **p. 2854.**
2004	24 nov.	Ordonnance n° 2004-1248. Code de l'entrée et du séjour des étrangers et du droit d'asile (partie : législative). – V. CESEDA, art. L. 313-10, L. 314-4, L. 322-2, L. 322-3, L. 431-1, App., v° *Étrangers*, **p. 3105.**
2004	9 déc.	Loi n° 2004-1343. Simplification du droit. – Art. 78 et 83. – V. C. com., art. L. 223-11, L. 223-13, L. 225-129-6, L. 225-149-1, L. 228-13, L. 228-103, L. 233-7, L. 430-3, L. 441-7, L. 464-8, L. 470-6, L. 713-3, L. 713-9, L. 713-10, L. 713-14, L. 713-16, L. 723-2, L. 723-4, L. 723-5.
2004	20 déc.	Ordonnance n° 2004-1374. Partie législative du code de la défense. – V. C. défense, art. L. 2213-5 à L. 2213-8 *(transports maritimes d'intérêt national)*, App., v° *Commerce maritime*, **p. 2957.**
2004	20 déc.	Ordonnance n° 2004-1382. Adaptation de dispositions législatives relatives à la comptabilité des entreprises aux dispositions communautaires dans le domaine de la réglementation comptable. – Art. 1er à 7. – V. C. com., art. L. 221-7, L. 223-26, L. 225-100 à L. 225-100-2, L. 233-24.
2004	23 déc.	Décret n° 2004-1483. Marchés d'intérêt national dont l'État entend organiser l'aménagement et la gestion. Abrogé et codifié au C. com.

2004	30 déc.	Loi n° 2004-1484. De finances pour 2005 : – Art. 35. – V. CGI, art. 237 *sexies*, App., v° *Factures*, **p. 3113.** – Art. 83. – V. C. com., art. L. 225-129-2, L. 225-197-1 à L. 225-197-5, L. 225-208, L. 225-209. – Art. 106. – V. C. mon. fin., art. L. 312-1-1, L. 312-1-2, L. 351-1, App., v° *Banque et financement de l'entreprise*, **p. 2757.**
2005	20 janv.	Ordonnance n° 2005-43. Relative à la chambre de l'agriculture, de la pêche et de l'aquaculture, à la chambre de commerce et d'industrie et à la chambre de métiers et de l'artisanat de Mayotte. – Ratifiée par L. n° 2007-224 du 21 févr. 2007 : – Art. 3. – V. C. com., art. L. 920-6. – Art. 11. – V. L. n° 94-126 du 11 févr. 1994, art. 4-1, ss. C. com., art. R. 123-1. – Art. 12. – V. L. n° 96-603 du 5 juill. 1996, art. 22-1, 24, App., v° *Artisans*, **p. 2602.**
2005	26 janv.	Arrêté. Application du décret n° 2005-39 du 18 janv. 2005 modifiant le décret n° 96-1097 du 16 déc. 1996 pris pour application du titre Ier du livre III du code de commerce et relatif aux ventes en liquidation. Abrogé et codifié au C. com.
2005	28 janv.	Loi n° 2005-67. Tendant à conforter la confiance et la protection du consommateur. – V. C. consom., art. L. 136-1, App., v° *Ventes commerciales*, **p. 3298.**
2005	23 févr.	Loi n° 2005-157. Développement des territoires ruraux : – Art. 32 à 34, 40 et 49. – V. C. com., art. L. 441-2, L. 441-2-1, L. 442-9, L. 752-1. – Art. 35 et 38. – V. C. rur., art. L. 311-1, ss. C. com., art. L. 110-1 ; art. L. 611-4, ss. C. com., art. L. 442-9. – Art. 63. – V. C. trav., art. L. 8221-6 (note), App., v° *Commerce (organisation)*, **p. 2932.**
2005	6 mai	Ordonnance n° 2005-428. Incapacités en matière commerciale et publicité du régime matrimonial des commerçants. – V. C. com., anc. art. L. 128-1 s.
2005	6 mai	Ordonnance n° 2005-429. Modification du code monétaire et financier (partie législative). – Ratifiée par L. n° 2006-387 du 31 mars 2006. Art. 5, 6, 8, 12, 14 à 22, 29 à 35, 40 à 56, 59 à 66, 68 à 84. – V. C. mon. fin., art. L. 111-2, L. 112-8, L. 131-39, L. 211-6, L. 231-1, L. 311-2, L. 312-1, L. 312-1-2, L. 313-42, L. 511-12, App., v° *Banque et financement de l'entreprise*, **p. 2652.**
2005	19 mai	Décret n° 2005-505. Contrat d'appui au projet d'entreprise pour la création ou la reprise d'une activité économique. Abrogé et codifié au C. com.
2005	20 mai	Loi n° 2005-516. Régulation des activités postales : – Art 16. – V. C. mon. fin., art. L. 131-40, L. 131-85 à L. 131-87, L. 163-11, L. 312-1, App., v° *Banque et financement de l'entreprise*, **p. 2686.**

		– Art. 19. – V. CPCE, art. L. 7, L. 8 et L. 10, en notes ss. C. com., art. L. 133-1, L. 133-2, L. 133-6.
2005	20 mai	Décret n° 2005-524. Liste des produits agricoles mentionnés à l'art. L. 441-2-1 C. com. Abrogé et codifié au C. com.
2005	6 juin	Ordonnance n° 2005-648. Commercialisation à distance de services financiers auprès des consommateurs. – Ratifiée par L. n° 2006-387 du 31 mars 2006. – Art. 1er. – V. C. consom., art. L. 121-20-6, L. 121-20-7, L. 121-20-15 à L. 121-20-17, App., v° *Ventes commerciales*, **p. 3366.**
2005	8 juin	Ordonnance n° 2005-658. Obligation d'assurance dans le domaine de la construction. – Art. 2. – V. C. civ., art. 1792-4-2, App., v° *Sous-traitance*, **p. 3215.**
2005	21 juin	Décret n° 2005-684. Autorisant les chambres de commerce et d'industrie à conclure des accords collectifs de travail au bénéfice de leurs personnels relevant du droit du travail. Abrogé et codifié au C. com.
2005	1er juill.	Décret n° 2005-747. Modification des décrets n° 85-295 du 1er mars 1985 et n° 86-221 du 17 févr. 1986. – Art. 1er. – V. Décr. n° 85-295 du 1er mars 1985, art. 33, ss. C. com., art. L. 612-5.
2005	26 juill.	Loi n° 2005-841. Développement des services à la personne et mesures en faveur de la cohésion sociale : – Art. 3 et 4. – V. C. consom., art. L. 121-20, L. 121-26, App., v° *Ventes commerciales*, **p. 3368.** – Art. 35. – V. C. mon. fin., art. L. 112-3, App., v° *Banque et financement de l'entreprise*, **p. 2654.**
2005	26 juill.	Loi n° 2005-842. Pour la confiance et la modernisation de l'économie : – Art. 5 à 9, 11, 24, 27, 33, 42. – V. C. com., art. L. 225-22-1, L. 225-37, L. 225-42-1, L. 225-68, L. 225-79-1, L. 225-82, L. 225-90-1, L. 225-96, L. 225-98, L. 225-99, L. 225-102-1, L. 225-129-6, L. 225-209, L. 225-235, L. 225-245-1, L. 228-65, L. 228-73, L. 229-1 à L. 229-15, L. 233-3, L. 233-7 à L. 233-9, L. 233-13, L. 233-14, L. 238-3-1, L. 244-5, L. 246-2, L. 248-1, L. 910-1, L. 930-1, L. 950-1. – Art. 13, 18, 25, 26, 29 à 32, 34, 51. – V. C. mon. fin., art. L. 313-21-1, L. 511-6, L. 511-13-1, App., v° *Banque et financement de l'entreprise* **p. 2799.**
2005	26 juill.	Loi n° 2005-845. Sauvegarde des entreprises : – Art. 155, 158, 161, 162, 164, 165, 194 à 196. – V. C. com., art. L. 141-12, L. 141-19, L. 221-16, L. 234-1, L. 234-2, L. 234-4, L. 442-4, L. 610-1 s., L. 811-1, L. 811-10, L. 811-11, L. 812-1, L. 812-8, L. 814-6, L. 814-7, L. 822-15, L. 916-1, L. 926-1 à L. 926-3, L. 926-5 à L. 926-7, L. 930-1, L. 936-1, L. 936-2, L. 936-5 à L. 936-12, L. 950-1, L. 956-1 à L. 956-9, L. 958-1.

		– Art. 175. – V. CGI, art. 1929 *quater*, ss. C. com., art. L. 680-7. – Art. 184. – V. CSS, art. L. 243-5, ss. C. com., art. L 680-7. – Art. 186. – V. L. n° 75-1334 du 31 déc. 1975, art. 14-1, App., v° *Sous-traitance*, **p. 3229.** – Art. 189. – V. C. civ., art. 1844-7, App., v° *Sociétés commerciales*, **p. 3196.**
2005	28 juill.	Ordonnance n° 2005-856. Simplification du régime des libéralités consenties aux associations, fondations et congrégations, de certaines déclarations administratives incombant aux associations, et modification des obligations des associations et fondations relatives à leurs comptes annuels. – Ratifiée par L. n° 2009-526 du 12 juin 2009, art. 138-I. – Art. 5. – V. C. com., art. L. 612-4.
2005	2 août	Loi n° 2005-882. En faveur des petites et moyennes entreprises : – Art. 4. – V. L. n° 82-1091 du 23 déc. 1982, art. 2, App., v° *Artisans*, **p. 2579.** – Art. 7. – V. C. consom., art. L. 313-3, App., v° *Prêts d'argent – Intérêts des capitaux*, **p. 2764.** – Art. 7, 11, 27, 39. – V. C. mon. fin., art. L. 112-6, L. 313-5-1, L. 313-7, L. 313-13 à L. 313-15, L. 313-17, App., v° *Banque et financement de l'entreprise*, **p. 2656.** – Art. 12, 14, 19, 21, 24, 26, 30 à 35, 40 à 42, 44 à 53, 55 à 58, 61 à 66. – V. C. com., art. L. 121-4, L. 121-7, L. 123-11-1, L. 124-6, L. 129-1, L. 141-2, L. 145-2, L. 146-1 à L. 146-4, L. 223-1, L. 223-18, L. 223-30, L. 223-31, L. 239-1 à L. 239-5, L. 310-2, L. 420-2, L. 420-5, L. 440-1, L. 441-6, L. 441-7 anc., L. 442-2 anc., L. 442-6, L. 442-10, L. 443-2, L. 470-2, L. 470-4-1 à L. 470-4-3, L. 712-1 à L. 712-10. – Art. 13. – V. C. civ., art. 1387-1, ss. C. com., art. L. 526-4. – Art. 16. – V. L. n° 89-1008 du 31 déc. 1989, art. 14, ss. C. com., art. L. 121-8. – Art. 17, 38. – V. L. n° 96-603 du 5 juill. 1996, art. 16, App., v° *Artisans*, **p. 2597.** – Art. 23. – V. App., v° *Artisans*, **p. 2646.** – Art. 25. – V. ss. C. com., art. L. 129-1. – Art. 58. – V. C. urb., art. L. 214-1 à L. 214-3 ss. C. com., art. L. 145-60. – Art. 60. – V. App., v° *Commerce (organisation)*, **p. 2950.** – Art. 72. – V. ss. C. artisanat, art. 23, App., v° *Artisans*, **p. 2562.**
2005	2 août	Décret n° 2005-1007. Code monétaire financier (partie : réglementaire). – V. App., v° *Banque et financement de l'entreprise*, **p. 2879**. – Art. 4. – V. C. consom., art. D. 313-7, App., v° *Prêts d'argent – Intérêts des capitaux*, **p. 3163.**
2005	25 août	Décret n° 2005-1026. Détermination pour les pépiniéristes et les horticulteurs de la surface consacrée à la vente au détail de produits ne provenant pas de leur exploitation. Abrogé et codifié au C. com.
2005	1er sept.	Ordonnance n° 2005-1086. Instauration d'un règlement transactionnel pour les contraventions au code de commerce et au

		code de la consommation, adaptation des pouvoirs d'enquête et renforcement de la coopération administrative en matière de protection des consommateurs : – Art. 1er. – V. C. com., art. L. 470-4-1. – Art. 1er, 4 et 5. – V. C. consom., art. L. 121-20-17, L. 121-30, L. 122-2, L. 141-2 à L. 141-3, App., v° *Ventes commerciales*, **p. 3373.** – Art. 3 et 4. – V. C. consom., art. L. 121-2, L. 121-40, App., v° *Publicité commerciale*, **p. 3172.**
2005	8 sept.	Ordonnance n° 2005-1126. Commissariat aux comptes. – Ratifiée par L. n° 2009-526 du 12 juin 2009 : – Art. 2 à 8, 10 à 20, 22. – V. C. com., art. L. 221-10, L. 221-11, L. 223-38, L. 223-39, L. 225-100, L. 225-120, L. 225-227 à L. 225-230, L. 225-233 à L. 225-242, L. 233-38, L. 252-13, L. 820-1 à L. 820-4, L. 821-1, L. 821-3-1, L. 821-5-3, L. 822-1-1, L. 822-1-2, L. 822-11 à L. 822-14, L. 822-16 à L. 822-18, L. 823-1 à L. 823-18, L. 932-11, L. 942-9, L. 942-11, L. 952-5. – Art. 21. – V. C. mon. fin., art. L. 550-5, App., v° *Banque et financement de l'entreprise*, **p. 2875.**
2005	23 sept.	Décr. n° 2005-1201. Création du Conseil national des tribunaux de commerce. Abrogé et codifié au C. com.
2005	27 sept.	Arrêté. Application du décret n° 2005-1201 du 23 sept. 2005 portant création du Conseil national des tribunaux de commerce. Abrogé et codifié au C. com.
2005	13 oct.	Ordonnance n° 2005-1278. Organismes de placement collectif immobilier. – Art. 5. – V. C. mon. fin., art. L. 211-1, L. 211-2, L. 211-4, L. 212-3, L. 511-6, App., v° *Banque et financement de l'entreprise*, **p. 2734.**
2005	7 déc.	Ordonnance n° 2005-1512. Simplification en matière fiscale, harmonisation et aménagement du régime des pénalités. – Ratifiée par L. n° 2009-526 du 12 juin 2009, art. 138-I : – Art. 13, 16, 18. – V. CGI, art. 1737, App., v° *Factures*, **p. 3115** ; art. 1756, **p. 1408** ; art. 1788, App., v° *Commerce (organisation)*, **p. 2932.** – Art. 24-I. – V. C. civ., art. 1321-1, 1589-2, ss. C. com., art. L. 143-23.
2005	8 déc.	Ordonnance n° 2005-1516. Échanges électroniques entre les usagers et les autorités administratives et entre les autorités administratives. – Ratifiée par L. n° 2009-526 du 12 juin 2009, art. 138-I. – Art. 3. – V. L. n° 94-126 du 11 févr. 1994, art. 4, ss. C. com., art. R. 123-1.
2005	8 déc.	Ordonnance n° 2005-1527. Permis de construire et autorisations d'urbanisme. Ratifiée par L. n° 2006-872 du 13 juill. 2006, art. 6 : – Art. 6. – V. C. urb., art. L. 111-6-1, ss. C. com., art. L. 752-1. – Art. 15. – V. C. urb., art. L. 425-7, L. 425-8, ss. C. com., art. L. 752-17.

		– Art. 29. – V. C. com., art. L. 145-6, L. 145-18, L. 911-9, L. 921-9, L. 931-12, L. 941-12, L. 951-8.
2005	8 déc.	Ordonnance n° 2005-1528. Création du régime social des indépendants. – Art. 7. – V. CSS, art. L. 243-5, ss. C. com., art. L. 680-7.
2005	8 déc.	Circulaire. Relations commerciales. – V. ss. C. com , art. L. 441-3, .
2005	19 déc.	Décret n° 2005-1595. Marchés d'intérêt national. Abrogé et codifié au C. com.
2005	28 déc.	Décret n° 2005-1677. Application de la loi n° 2005-845 du 26 juill. 2005 *(sauvegarde des entreprises)*. Abrogé et codifié au C. com. – Art. 357. – V. C. pr. civ., art. 425 (2°), en note ss. C. com., art. L. 661-8.
2005	28 déc.	Décret n° 2005-1678. Procédure civile et certaines procédures d'exécution. – Art. 21, 74. – V. C. pr. civ., art. 857, 873-1, App., v° *Tribunaux de commerce*, **p. 3244.**
2005	30 déc.	Loi n° 2005-1720. De finances rectificative pour 2005. – Art. 87. – V. C. envir., art. L. 541-10-2, App., v° *Commerce (organisation)*, **p. 2933.**
2005	30 déc.	Décret n° 2005-1738. Infractions pénales concernant les paiements transfrontaliers en euros. – V. C. mon. fin., art. R. 163-3, R. 351-5, App., v° *Banque et financement de l'entreprise*, **p. 2894.**
2005	30 déc.	Décret n° 2005-1743. Application de l'art. L. 313-12 C. mon. fin. – V. C. mon. fin., art. D. 313-14-1, App., v° *Banque et financement de l'entreprise*, **p. 2911.**
2005	30 déc.	Décret n° 2005-1756. Liste et ressort des juridictions spécialisées en matière de concurrence, de propriété industrielle et de difficultés des entreprises. – V. C. com., art. R. 420-3 à R. 420-5, R. 600-3, R. 600-4.
2006	5 janv.	Loi n° 2006-10. Sécurité et développement des transports. – Art. 26 et 37. – V. C. com., art. L. 441-6, L. 752-2.
2006	5 janv.	Loi n° 2006-11. D'orientation agricole : – Art. 1er. – V. C. rur., art. L. 311-3, ss. C. com., art. L. 142-1. – Art. 47. – V. App., v° *Commerce (organisation)*, **p. 2954.** – Art. 53. – V. C. com., art. L. 441-2-1. – Art. 95. – V. C. mon. fin., art. L. 112-8, App., v° *Banque et financement de l'entreprise*, **p. 2657.**
2006	5 janv.	Décret n° 2006-22. Notification aux comptables publics assignataires des cessions de créances relatives aux contrats de partenariat. – V. C. mon. fin., art. R. 313-17-1, R. 313-17-2, App., v° *Banque et financement de l'entreprise*, **p. 2914.**
2006	13 janv.	Arrêté. Application du décret n° 2005-1595 du 19 déc. 2005 relatif aux marchés d'intérêt national. Abrogé et codifié au C. com.

2006	25 janv.	Décret n° 2006-80. Modification du décret n° 98-247 du 2 avr. 1998 *(qualification artisanale et répertoire des métiers)*. – V. Décr. mod., art. 1er, 2, 9, 10 *bis* à 24, 26, App., v° *Artisans*, **p. 2609.**
2006	27 janv.	Décret n° 2006-85. Régime de déclaration préalable des manifestations commerciales. Abrogé et codifié au C. com.
2006	3 mars	Décret n° 2006-259. Informations devant être fournies au gérant-mandataire. Abrogé et codifié au C. com.
2006	16 mars	Décret n° 2006-309. Schémas directeurs et sectoriels des chambres de commerce et d'industrie. Abrogé et codifié au C. com.
2006	23 mars	Ordonnance n° 2006-346. Sûretés. Ratifiée par L. n° 2007-212 du 20 févr. 2007, art. 10 : – Art. 6 et 7. – V. C. civ., art. 2321, 2322, App., v° *Garantie autonome*, **p. 3131.** – Art. 43 à 49, 56. – V. C. com., art. L. 521-1 à L. 521-3, L. 526-5, L. 527-1 s., L. 622-7, L. 624-16 à L. 624-18, L. 632-1. – Art. 54. – V. L. n° 89-1008 du 31 déc. 1989, art. 14, ss. C. com., art. L. 121-8 ; C. com., art. L. 526-1 ; C. consom., art. L. 341-3, **p. 2814** ; C. mon. fin., art. L. 313-47, App., v° *Banque et financement de l'entreprise*, **p. 2842.** – Art. 55. – V. l'*Avertissement* en début d'ouvrage. – Art. 57. – V. notes ss. C. com., art. L. 925-6, L. 935-9, L. 955-7. – Art. 58. – V. note ss. C. com., art. L. 525-18.
2006	24 mars	Décret n° 2006-356. Incorporation au code général des impôts de divers textes modifiant et complétant certaines dispositions de ce code. – V. CGI, art. 1929 *quater*, ss. C. com., art. L. 680-7.
2006	27 mars	Décret n° 2006-379. Chambre de commerce et d'industrie et chambre des métiers et de l'artisanat de Mayotte : – Art. 8. – V. Décr. n° 64-1362 du 30 déc. 1964, art. 13, App., v° *Artisans*, **p. 2570.** – Art. 10. – V. Décr. n° 98-247 du 2 avr. 1998, art. 29, App., v° *Artisans*, **p. 2623.** – Art. 11. – V. Décr. n° 99-433 du 27 mai 1999, art. 36 à 37, App., v° *Artisans*, **p. 2641.**
2006	29 mars	Décret n° 2006-375. Application de l'Ord. n° 2005-1528 du 8 déc. 2005 *(régime social des indépendants)*. – Art. 3. – V. CSS, art. R. 612-5, ss. C. com. art. L. 680-7.
2006	31 mars	Loi n° 2006-387. Offres publiques d'acquisition. – Ratification des Ord. n° 2005-429 du 6 mai 2005 et n° 2005-648 du 6 juin 2005 : – Art. 1er à 3, 5, 22, 25, 26. – V. C. mon. fin., art. L. 131-1, L. 213-6-1, L. 213-6-2, App., v° *Banque et financement de l'entreprise*, **p. 2659.** – Art. 4, 6, 11 à 23. – V. C. com., art. L. 225-100-3, L. 225-125, L. 225-129-3, L. 233-10-1, L. 233-32 à L. 233-40, L. 235-2-1.

		– Art. 25. – V. C. consom., art. L. 121-16, L. 121-17, App., v° *Ventes commerciales*, **p. 3366.** – Art. 26-XIII. – V. L. n° 84-148 du 1er mars 1984, art. 30, ss. C. com., art. L. 612-5.
2006	31 mars	Loi n° 2006-396. Égalité des chances. – Art. 36. – V. C. com., art. L. 752-16, L. 752-17.
2006	10 avr.	Décret n° 2006-423. Pris pour l'application du deuxième aliéna du 4° du I de l'article L. 720-5 C. com. *(équipement commercial)*. Abrogé et codifié au C. com.
2006	14 avr.	Loi n° 2006-436. Parcs nationaux, parcs naturels marins et parcs naturels régionaux. – Art. 25. – V. C. urb., art. L. 121-4, ss. C. com., art. L. 711-2.
2006	14 avr.	Loi n° 2006-437. Portant diverses dispositions relatives au tourisme. – Art. 7. – V. C. com., anc. art. L. 128-1 .
2006	21 avr.	Ordonnance n° 2006-460. Code général de la propriété des personnes publiques (partie : législative). – Ratifiée par L. n° 2009-526 du 12 juin 2009, art. 138-I : – V. CGPPP, art. L. 1126-1 s., L. 2222-21, L. 2222-22. App., v° *Banque et financement de l'entreprise*, **p. 2920.** – – Art. 2 et 7. – V. L. n° 77-4 du 3 janv. 1977, art. 2, ss. C. com., art. L. 110-4.
2006	21 avr.	Ordonnance n° 2006-461. Réformant la saisie immobilière. – Ratifiée par L. n° 2010-1609 du 22 déc. 2010 : – Art. 14. – V. C. com., art. L. 642-18. – Art. 15. – V. C. mon. fin., art. L. 313-3, App., v° *Banque et financement de l'entreprise*, **p. 2764.**
2006	4 mai	Décret n° 2006-513. Application des art. L. 470 C. com et L. 216-11 C. consom., art. L. 470-4-1 et C. consom., art. L. 141-2, L. 216-11 : – Art. 1er, abrogé et codifié au C. com. – Art. 2. – V. C. consom., art. R. 141-3, App., v° *Ventes commerciales*, **p. 3301.**
2006	23 mai	Ordonnance n° 2006-594. Adaptation de la législation relative aux céréales. – Ratifiée par L. n° 2009-526 du 12 juin 2009, art. 138-I. – Art. 3. – V. C. mon. fin., art. L. 112-8, App., v° *Banque et financement de l'entreprise*, **p. 2657.**
2006	23 mai	Décret n° 2006-595. Attribution du label « entreprise du patrimoine vivant ». – V. App., v° *Artisans*, **p. 2646.**
2006	7 juin	Décret n° 2006-665. Réduction du nombre et simplification de la composition de diverses commissions administratives. – Art. 39. – V. C. artisanat, art. 23, **p. 2560** ; Décr. n° 98-247 du 2 avr. 1998, art. 4, App., v° *Artisans*, **p. 2611.**

2006	8 juin	Ordonnance n° 2006-673. Portant refonte du code de l'organisation judiciaire et modifiant le code de commerce. – Ratifiée par L. n° 2009-526 du 12 juin 2009, art. 138-I. – V. Livre VII du code de commerce, **p. 1417**. – Art. 2, 9. – V. C. com., art. L. 713-3, L. 713-4, L. 713-9, L. 713-15, L. 721-1 à L. 762-3, L. 930-1, L. 937-1 à L. 937-13, L. 940-1, L. 947-1 à L. 947-13, L. 950-1.
2006	12 juin	Arrêté. Régime de déclaration préalable des manifestations commerciales. Abrogé et codifié au C. com.
2006	14 juin	Décret n° 2006-697. Application de l'art. L. 313-13 C. mon. fin. – V. C. mon. fin., art. R. 313-14-1, App., v° *Banque et financement de l'entreprise*, **p. 2911.**
2006	23 juin	Loi n° 2006-728. Réforme des successions et des libéralités. – Art. 35. – V. C. com., art. L. 321-2.
2006	29 juin	Décret n° 2006-768. Plafond de valeur des marchandises proposées à la vente sur place et destinées à l'usage personnel de l'acquéreur à l'occasion d'un salon professionnel. Abrogé et codifié au C. com.
2006	7 juill.	Décr. n° 2006-817. Titres de créances négociables. – Art. 1er à 4. – V. C. mon. fin., art. D. 213-2, D. 213-3, D. 213-13, D. 213-14, App., v° *Banque et financement de l'entreprise*, **p. 2899.**
2006	13 juill.	Loi n° 2006-872. Engagement national pour le logement : – Art. 4. – V. C. urb., art. L. 121-4, ss. C. com., art. L. 711-2. – Art. 36. – V. L. n° 85-695 du 11 juill. 1985, art. 13, App., v° *Banque et financement de l'entreprise*, **p. 2931.** – Art. 45. – V. C. com., art. L. 145-4, L. 145-23-1. – Art. 97. – V. L. n° 70-9 du 2 janv. 1970, art. 4, ss. C. com., art. L. 134-1.
2006	24 juill.	Loi n° 2006-911. Immigration et intégration : – Art. 12. – V. CESEDA, art. L. 313-10, App., v° *Étrangers*, **p. 3105.** – Art. 22. – V. C. com., art. L. 122-1 à L. 122-4.
2006	1er août	Loi n° 2006-961. Droit d'auteur et droits voisins dans la société de l'information. – Art. 14. – V. C. com., art. L. 462-5 (note).
2006	1er août	Décret n° 2006-966. Conjoint collaborateur. Abrogé et codifié au C. com. – Art. 6. – V. Décr. n° 98-247 du 2 avr. 1998, art. 14, App., v° *Artisans*, **p. 2617.**
2006	1er août	Décret n° 2006-975. Code des marchés publics : – Art. 106 s. – V. C. com., art. L. 521-1 (note). – Art. 108. – V. C. mon. fin., art. R. 313-17 (note), App., v° *Banque et financement de l'entreprise*, **p. 2913.** – Art. 110, 112 s. – V. L. n° 75-1334 du 31 déc. 1975, art. 3 (note 3) et 4 (note), App., v° *Sous-traitance*, **p. 3209.**
2006	24 août	Arrêté. Catégories de prêts servant de base à l'application de l'art. L. 313-3 C. consom. et de l'art. L. 313-5-1 C. mon. fin., relatifs à l'usure. – V. App., v° *Prêts d'argent – Intérêts des capitaux*, **p. 3160.**

2006	5 sept.	Décret n° 2006-1115. Pris pour l'application de l'art. 16 de la loi n° 2005-516 du 20 mai 2005 relative à la régulation des activités postales. – Art. 3. – V. C. mon. fin., art. R. 131-1-1, R. 131-2, R. 313-16, App., v° *Banque et financement de l'entreprise*, **p. 2880.**
2006	25 sept.	Arrêté. Programme et modalités de l'examen d'accès au stage requis pour diriger des ventes volontaires de meubles aux enchères publiques. Abrogé et codifié au C. com.
2006	25 sept.	Arrêté. Programme et modalités de l'examen d'aptitude prévu à l'art. 17 du décret n° 2001-650 du 19 juill. 2001 pris en application des art. L. 321-1 à L. 321-38 du C. com. et relatif aux ventes volontaires de meubles aux enchères publiques. Abrogé et codifié au C. com.
2006	5 oct.	Ordonnance n° 2006-1225. Coopératives agricoles. – Ratifiée par L. n° 2009-526 du 12 mai 2009, art. 139-I. – Art. 6-III. – V. C. com., art. L. 612-1.
2006	7 nov.	Arrêté. Création d'un traitement automatisé relatif aux manifestations commerciales. Abrogé et codifié au C. com.
2006	14 nov.	Décret n° 2006-1378. Code de l'entrée et du séjour des étrangers et du droit d'asile (partie réglementaire). – V. CESEDA, art. R. 322-3, D. 331-10, App., v° *Étrangers*, **p. 3110.**
2006	15 déc.	Circulaire. Relative au règlement n° 1346-2000 du 29 mai 2000 (procédures d'insolvabilité) 🏛.
2006	21 déc.	Loi n° 2006-1640. De financement de la sécurité sociale pour 2007 : – Art. 18. – V. CGPPP, art. L. 1126-1, L. 2222-21, App., v° *Banque et financement de l'entreprise*, **p. 2920.** – Art. 38. – V. C. mon. fin., art. L. 213-3 App., v° *Banque et financement de l'entreprise*, **p. 2747.** – Art. 39-III et IV. – V. CSS, art. L. 243-5, ss. C. com., art. L. 680-7.
2006	21 déc.	Loi n° 2006-1666. De finances pour 2007 : – Art. 69. – V. C. envir., art. L. 541-10-3, App., v° *Commerce (organisation)*, **p. 2934.** – Art. 116. – V. C. com., art. L. 741-2.
2006	22 déc.	Décret n° 2006-1655. Autorisation donnée à l'Agence centrale des organismes de sécurité sociale d'émettre des billets de trésorerie. – V. C. mon. fin., art. D. 213-1, D. 213-7, App., v° *Banque et financement de l'entreprise*, **p. 2899.**
2006	23 déc.	Décret n° 2006-1803. Gage des stocks. Abrogé et codifié au C. com.
2006	23 déc.	Décret n° 2006-1804. Publicité du gage sans dépossession. – V. C. com., art. L. 743-12-1 (note).
2006	30 déc.	Loi n° 2006-1770. Développement de la participation et de l'actionnariat salarié. – Art. 23, 32, 39 à 41, 62, 72. – V. C. com.,

		art. L. 225-23, L. 225-71, L. 225-129, L. 225-177, L. 225-180, L. 225-185, L. 225-197-1 à L. 225-197-3, L. 225-209, L. 932-1 (note), L. 952-1 (note).
2006	30 déc.	Loi n° 2006-1772. Eau et milieux aquatiques. – Art. 66. – V. C. consom., art. L. 136-1, App., v° *Ventes commerciales*, **p. 3298.**
2007	5 févr.	Décret n° 2007-153. Application de l'art. L. 626-6 C. com. Abrogé et codifié au C. com.
2007	5 févr.	Décret n° 2007-154. Désignation des autorités compétentes au sein des administrations financières pour statuer sur les demandes de remise présentées en application de l'art. L. 626-6 C. com., **p. 1993.**
2007	19 févr.	Loi n° 2007-211. Instituant la fiducie : – Art. 1er. – V. C. civ., art. 2011 s., App., v° *Fiducie*, **p. 3123.** – Art. 18. – V. C. com., art. L. 233-10, L. 632-1.
2007	20 févr.	Décret n° 2007-232. Modification du décret n° 99-433 du 27 mai 1999 (*composition et élection des chambres de métiers*). – V. Décr. mod., art. 5, App., v° *Artisans*, **p. 2631.**
2007	21 févr.	Loi n° 2007-224. Dispositions statutaires et institutionnelles relatives à l'outre-mer. – Art. 20-I. – V. C. com., art. L. 927-1.
2007	5 mars	Loi n° 2007-290. Instituant le droit au logement opposable et portant diverses mesures en faveur de la cohésion sociale. – Art. 70. – V. C. mon. fin., art. L. 131-73, L. 312-1-1, App., v° *Banque et financement de l'entreprise*, **p. 2698.**
2007	5 mars	Loi n° 2007-297. Prévention de la délinquance. – Art. 40. – V. L. n° 2004-575 du 21 juin 2004, art. 18, App., v° *Publicité commerciale*, **p. 2949.**
2007	12 mars	Ordonnance n° 2007-329. Partie législative du code du travail. – Ratifiée par L. n° 2008-67 du 21 janv. 2008, art. 1er. – V. C. trav., art. L. 3253-2 s., **p. 1139** ; art. L. 7121-11 *(agent artistique)*, L. 7311-2 s. *(VRP)*, ss. C. com., art. L. 134-17 ; art. L. 8221-6 *(travail dissimulé)*, App., v° *Commerce (organisation)*, **p. 2932.**
2007	25 mars	Décret n° 2007-431. Partie réglementaire du code de commerce. – Art. 4, **p. 1981.**
2007	29 mars	Décret n° 2007-478. Application de l'art. L. 129-1 C. com. (*tutorat en entreprise*). – V. ss. C. com., art. L. 129-1.
2007	12 avr.	Ordonnance n° 2007-544. Marchés d'instruments financiers. – V. C. mon. fin., art. L. 211-1, App., v° *Banque et financement de l'entreprise*, **p. 2734.**
2007	17 avr.	Décret n° 2007-568. Modalités de mise en œuvre de la publicité du privilège du Trésor pour les créances mentionnées à l'art. 1929 *quater* CGI et aux art. 379 et 379 *bis* C. douanes. – Art. 1er. – V. CGI, Annexe II, art. 396 *bis*, ss. C. com., art. L. 680-7.

2007	19 avr.	Décret n° 2007-574. Modalités de tutelle exercée par l'État sur les établissements du réseau des chambres de commerce et d'industrie. – V. C. com., art. R. 711-9, R. 711-10, R. 711-16, R. 711-17, R. 711-22, R. 711-23, R. 711-30, R. 711-31, R. 711-52, R. 711-67, R. 712-2 à R. 712-37, R. 927-2 à R. 927-4.
2007	23 avr.	Arrêté. Pris pour l'application des art. R. 123-23 et R. 123-26 C. com. relatifs aux centres de formalités des entreprises. – Abrogé et codifié au C. com.
2007	27 avr.	Décret n° 2007-638. Modification du décret n° 98-246 du 2 avril 1998 relatif à la qualification professionnelle exigée pour l'exercice des activités prévues à l'art. 16 de la loi n° 96-603 du 5 juillet 1996 relative au développement et à la promotion du commerce et de l'artisanat. – V. annexe au Décr. mod., App., v° *Artisans*, **p. 2609.**
2007	9 mai	Décret n° 2007-745. Solvabilité des établissements de crédit et des entreprises d'investissement et relatif aux sociétés de crédit foncier. – V. C. mon. fin., art. R. 313-20, R. 313-21, R. 313-23, R. 313-24, App., v° *Banque et financement de l'entreprise*, **p. 2915.**
2007	9 mai	Décret n° 2007-750. Relatif au registre du commerce et des sociétés et modifiant le code de commerce (partie réglementaire) – Art. 2 à 40. – V. C. com., art. R. 122-1 à R 122-17, R. 123-37 à R. 123-39, R. 123-42, R. 123-45, R. 123-46, R. 123-49, R. 123-51 à R. 123-54, R. 123-58 (annexe 1-3), R. 123-60, R. 123-68, R. 123-69, R. 123-73, R. 123-77, R. 123-78, R. 123-82, R. 123-103, R. 123-111, R. 123-121-1, R. 123-122, R. 123-125, R. 123-128, R. 123-133, R. 123-135, R. 123-135-1, R. 123-157, R. 123-159, R. 123-168, R. 123-169-1, R. 123-171-1, R. 123-237, R. 134-5, R. 210-9, R. 225-73, R. 225-138, R. 225-160, R. 228-19, R. 236-8, R. 910-1, R. 920-1, R. 930-1, R. 950-1. – Art. 41. – V. Décr. n° 84-406 du 30 mai 1984, art. 36-1, ss. C. com., art. R. 123-122 ; art. 81, ss. C. com., art. R. 123-81.
2007	9 mai	Décret n° 2007-751. Modification des décrets n° 99-752 du 30 août 1999 relatif aux transports routiers de marchandises et n° 90-200 du 5 mars 1990 relatif à l'exercice de la profession de commissionnaire de transport. – V. Décr. du 30 août 1999, art. 12, 12-1, 17, 19, 20, ss. C. com., art. L. 133-5.
2007	10 mai	Décret n° 2007-812. Tarif des greffiers des tribunaux de commerce et modification du code de commerce (partie réglementaire) : – Art. 1er, 2, 4, 6 à 8 – V. C. com., art. R. 232-10, R. 612-4, R. 663-3, R. 663-31, R. 743-140 à R. 743-157. – Art. 4. – V. ss. C. com., art. R. 743-145.
2007	14 mai	Décret n° 2007-862. Bourse commune des greffiers des tribunaux de commerce. – V. C. com., art. D. 741-24.
2007	15 mai	Décret n° 2007-893. Domiciliation des personnes sans domicile stable. – V. C. mon. fin., art. R. 312-2, App., v° *Banque et financement de l'entreprise*, **p. 2904.**

2007	15 mai	Décret n° 2007-904. Application de l'ordonnance n° 2007-544 du 12 avril 2007 relative aux marchés d'instruments financiers. – V. C. mon. fin., art. D. 211-1 A, App., v° *Banque et financement de l'entreprise*, **p. 2895.**
2007	15 mai	Décret n° 2007-912. Étrangers souhaitant exercer une activité commerciale, industrielle ou artisanale sur le territoire français. – V. CESEDA, art. R. 313-3-1, R. 313-16 à R. 313-16-4, App., v° *Étrangers*, **p. 3105.**
2007	15 mai	Décret n° 2007-986. Reconnaissance des personnes veillant au respect des conditions du commerce équitable. – V. Art. 1er, 6 à 8, App., v° *Commerce (organisation)*, **p. 2951.**
2007	15 mai	Décret n° 2007-987. Conditions d'exercice des missions du réseau des chambres de commerce et d'industrie. – V. C. com., art. D. 711-9, D. 711-10, D. 711-34-1 à D. 711-34-3, D. 711-41-1, D. 711-56-1 à D. 711-56-3, D. 711-67 à D. 711-67-8.
2007	4 juill.	Arrêté. Modèle d'attestation de la délivrance de l'information donnée à son conjoint sur les conséquences des dettes contractées dans l'exercice d'une profession commerciale sur les biens communs aux époux. Abrogé et codifié au C. com.
2007	11 juill.	Règlement CE n° 864/2007. Loi applicable aux obligations non contractuelles (« Rome II »). – Art. 4, 6, 14 à 16, 26, 31 et 32. – V. App., v° *Concurrence*, **p. 3008.**
2007	13 juill.	Décret n° 2007-1104. Modification de l'annexe 7-2 au livre VII du code de commerce relative au nombre de juges des tribunaux de commerce. – V. cette annexe, ss. C. com., art. D. 721-3.
2007	17 juill.	Arrêté. Application du décret n° 2005-1595 du 19 déc. 2005 relatif aux marchés d'intérêt national. Abrogé et codifié au C. com.
2007	26 juill.	Décret n° 2007-1141. Application de l'art. L. 122-1 C. com. relatif aux étrangers exerçant une profession commerciale, industrielle ou artisanale sur le territoire français sans y résider. – V. C. com., art. D. 122-1 à D. 122-4.
2007	20 août	Décret n° 2007-1231. Modification de l'annexe 7-2 au livre VII du code de commerce relative au nombre de juges des tribunaux de commerce. – V. cette annexe, ss. C. com., art. D. 721-3.
2007	21 août	Loi n° 2007-1223. En faveur du travail, de l'emploi et du pouvoir d'achat. – Art. 17. – V. C. com., art. L. 225-22-1, L. 225-42-1, L. 225-79-1, L. 225-90-1, L. 823-10.
2007	24 août	Décret n° 2007-1267. Modification des missions des chambres régionales des métiers. – V. Décr. n° 2004-1165 du 2 nov. 2004, art. 6-1, 6-2, 8-1 à 8-7, App., v° *Artisans*, **p. 2643.**
2007	29 août	Arrêté. Base d'aide logicielle à l'inventaire commercial. Abrogé et codifié au C. com.

2007	30 août	Décret n° 2007-1292. Autorisation provisoire de séjour pour l'exercice d'une mission provisoire en France et certaines cartes de séjour temporaire. – Art. 2. – V. CESEDA, art. R. 313-17, App., v° *Étrangers*, **p. 3109.**
2007	5 sept.	Décret n° 2007-1308. Composition de la chambre régionale de commerce et d'industrie et modification de l'art. R. 711-47 C. com. – V. C. com., art. R. 711-68.
2007	12 sept.	Arrêté. Documents à produire pour la délivrance de la carte de séjour temporaire autorisant l'exercice d'une activité commerciale, industrielle ou artisanale. – V. App., v° *Étrangers*, **p. 3106.**
2007	1er oct.	Arrêté. Commission de coordination des centres de formalités des entreprises. Abrogé et codifié au C. com.
2007	29 oct.	Loi n° 2007-1544. Lutte contre la contrefaçon. – Art. 41. – V. C. mon. fin., art. L. 163-3, L. 163-4 ancien et L. 163-5, App., v° *Banque et financement de l'entreprise*, **p. 2727.**
2007	15 nov.	Décret n° 2007-1611. Plafonnement des frais bancaires applicables aux incidents de paiement. – V. C. mon. fin., art. D. 131-25, App., v° *Banque et financement de l'entreprise*, **p. 2885.**
2007	20 nov.	Loi n° 2007-1631. Maîtrise de l'immigration, intégration et asile. – Art. 18 et 45. – V. CESEDA, art. L. 314-4, L. 322-3, App., v° *Étrangers*, **p. 3110.**
2007	30 nov.	Arrêté. Fixant les seuils mentionnés aux art. R. 711-74-1, R. 712-7, dern. al., et R. 712-30 C. com. Abrogé et codifié au C. com.
2007	17 déc.	Loi n° 2007-1774. Portant diverses dispositions d'adaptation au droit communautaire dans les domaines économique et financier : – Art. 7, 8. – V. C. mon. fin., art. L. 312-3, L. 351-2, L. 351-3, App., v° *Banque et financement de l'entreprise*, **p. 2763.** – Art. 10. – V. C. com., art. L. 233-7, L. 233-8, L. 233-13. – Art. 13. – V. C. consom., art. L. 141-1, App., v° *Ventes commerciales*, **p. 3299.**
2007	20 déc.	Loi n° 2007-1787. Simplification du droit. – Art. 26. – V. C. com., art. L. 133-6, L. 523-8 ; CGI, art. 1751, App., v° *Factures*, **p. 3116** ; C. pr. civ., art. 145, 853 s., App. v° *Tribunaux de commerce*, **p. 3237.**
2007	21 déc.	Ordonnance n° 2007-1801. Adaptation à Mayotte de diverses dispositions législatives. – Ratifiée par L. n° 2009-594 du 27 mai 2009, art. 66-I. – Art. 13. – V. L. n° 81-766 du 10 août 1981, art. 11-1, App., v° *Concurrence*, **p. 3014.**
2007	24 déc.	Loi n° 2007-1822. De finances pour 2008 : – Art. 86. – V. C. com., art. L. 821-1, L. 821-3-1, L. 821-5. – Art. 84. – V. C. envir., art. L. 541-10-1, App., v° *Publicité commerciale*, **p. 3189.**

2007	25 déc.	Loi n° 2007-1824. De finances rectificative pour 2007. – Art. 59. – V. CGI, art. 289, App., v° *Factures*, **p. 3113.**
2007	26 déc.	Décret n° 2007-1827. Droit de préemption des communes sur les fonds de commerce, les fonds artisanaux et les baux commerciaux. – V. C. urb., art. *R. 214-1 s., ss. C. com., art. L. 145-60.
2007	26 déc.	Décret n° 2007-1851. Modifiant le code de commerce et relatif au tarif des huissiers de justice. – V. C. com., art. R. 123-28, R. 123-75-1, R. 123-120-1, R. 123-237, R. 225-60, R. 225-89, R. 233-15, R. 631-31, R. 641-31, R. 652-1 *[abrogé]*, R. 663-13, R. 663-31, R. 743-140 (tableau I de l'annexe 7-5), R. 812-4, R. 910-1, R. 920-1, R. 930-1, R. 950-1.
2008	3 janv.	Loi n° 2008-3. Développement de la concurrence au service des consommateurs : – Art. 1er, 2, 4 à 10. – V. C. com., art. L. 441-2-1, L. 441-5, L. 441-6, L. 441-7, L. 442-2, L. 442-3, L. 442-6, L. 442-9, L. 442-10, L. 443-1, L. 443-3. – Art. 24. – V. C. mon. fin., art. L. 312-1-1, App., v° *Banque et financement de l'entreprise*, **p. 2757.** – Art. 28 à 34, 39. – V. C. consom., art. L. 120-1, **p. 2963** ; art. L. 121-1 à L. 121-3, L. 121-5 à L. 121-7, L. 121-15-2, **p. 3169** ; art. L. 121-18, L. 121-19, L. 121-20-1, L. 121-20-3, L. 122-6, L. 122-11 s., L. 136-1, L. 141-1, L. 141-2, L. 141-4, **p. 3367.** – Art. 29 et 39. – V. L. n° 2004-575 du 21 juin 2004, art. 19, **p. 2949** et art. 20, **p. 3167.**
2008	3 janv.	Décret n° 2008-12. Conditions dans lesquelles les établissements du réseau des chambres de commerce et d'industrie peuvent transiger et compromettre. – V. C. com., art. R. 711-74 s.
2008	3 janv.	Décret n° 2008-21. Bourse commune des greffiers des tribunaux de commerce. – V. tableau 1 de l'annexe 7-4-1, ss. C. com., art. D. 741-24.
2008	21 janv.	Loi n° 2008-67. Ratification de l'Ord. n° 2007-329 du 12 mars 2007 relative à la partie législative du code du travail. – V. C. trav., art. L. 3253-14 à L. 3253-17, L. 3253-20, L. 3253-21, **p. 1151** ; art. L. 7311-2 s., L. 7121-11, ss. C. com., art. L. 134-17 ; art. L. 8221-6, **p. 2932.**
2008	30 janv.	Loi n° 2008-89. Mise en œuvre des dispositions communautaires concernant le statut de la société coopérative européenne et la protection des travailleurs salariés en cas d'insolvabilité de l'employeur. – Art. 11. – V. C. trav., art. L. 3253-18-1 à L. 3253-18-9, ss. C. com., art. L. 625-9.
2008	13 févr.	Loi n° 2008-126. Réforme de l'organisation du service public de l'emploi. – Art. 16-II, 17. – V. C. trav., art. L. 3253-14, L. 3253-21, ss. C. com., art. L. 625-9.

2008	15 févr.	Décret n° 2008-146. Modification du siège et du ressort des tribunaux de commerce. – V. Annexe 7-1, ss. C. com., art. D. 721-2 (note), R. 721-5 (note), Annexe 7-3, ss. C. com., art. D. 732-1 (note).
2008	13 mars	Décret n° 2008-258. Publication de l'information financière réglementée. – V. C. com., art. R. 225-83, R. 225-120, R. 225-126, R. 228-51, R. 228-57 à R. 228-59, R. 232-9 à R. 232-16, R. 247-1, R. 247-2.
2008	1er avr.	Décret n° 2008-294. Incorporation au code général des impôts de divers textes modifiant et complétant certaines dispositions de ce code. – V. CGI, art. 289 *bis* (II, al. 2), 1751, App., v° *Factures*, **p. 3115.**
2008	24 avr.	Arrêté. Redevances de procédures perçues par l'Institut national de la propriété industrielle. – V. ss. C. com., art. R. 123-163.
2008	7 mai	Décret n° 2008-448. Pris pour l'application des art. L. 225-42-1 et L. 225-90-1 C. com. et relatif à la publicité des rémunérations différées. – V. C. com., art. R. 225-34-1, R. 225-60-1.
2008	7 mai	Décret n° 2008-449. Calcul du taux effectif global pour les avances réalisées dans le cadre d'un contrat d'affacturage. – V. C. consom., art. R. 313-1-1, App., v° *Prêts d'argent – Intérêts des capitaux*, **p. 3157.**
2008	22 mai	Décret n° 2008-484. Procédure devant la Cour de cassation. – Art. 22. – V. C. com., art. R. 123-141, R. 123-148, R. 143-23, R. 145-28, R. 229-8, R. 464-10, R. 464-22, R. 464-26, R. 464-31, R. 527-16.
2008	30 mai	Ordonnance n° 2008-507. Transposition de la directive n° 2005/36/CE du Parlement européen et du Conseil du 7 sept. 2005 relative à la reconnaissance des qualifications professionnelles : – Art. 16. – V. L. n° 96-603 du 5 juill. 1996, art. 17 , 17-1, App., v° *Artisans*, **p. 2599.** – Art. 17. – V. L. n° 82-1091 du 23 déc. 1982, art. 2, App., v° *Artisans*, **p. 2579.** – Art. 20. – V. C. com., art. L. 321-18, L. 321-24.
2008	2 juin	Décret n° 2008-522. Refonte de la partie réglementaire du code de l'organisation judiciaire : – Art. 1er et 2. – V. C. com., art. R. 722-5, R. 743-1. – Art. 3. – V. notes ss. C. com., art. D. 721-2, D. 721-3, D. 731-1, D. 732-1. – Art. 9. – V. C. pr. civ., art. 878-1, App., v° *Tribunaux de commerce*, **p. 3253.** – Art. 12. – V. note ss. C. com., art. L. 721-2.
2008	5 juin	Décret n° 2008-534. Fixant les conditions définissant la situation de forte hausse des cours de certaines matières premières agricoles ainsi que la liste des produits concernés. – V. ss. C. com., art. L. 442-9.
2008	5 juin	Décret n° 2008-535. Liste des produits agricoles visée au III de l'article L. 442-10 du code de commerce. – V. ss. C. com., art. L. 442-10.

2008	11 juin	Décret n° 2008-551. Modification de l'art. R. 123-223 du code de commerce. – V. C. com., art. R. 123-223.
2008	12 juin	Arrêté. Composition des catégories professionnelles des chambres de commerce et d'industrie. Abrogé et codifié au C. com.
2008	13 juin	Ordonnance n° 2008-556. Transposant la directive n° 2005/68/CE du Parlement européen et du Conseil du 16 nov. 2005 relative à la réassurance et réformant le cadre juridique des fonds communs de créances. – Ratifiée par L. n° 2009-526 du 12 mai 2009, art. 138-I. – Art. 6 et 16. – V. C. mon. fin., art. L. 211-1, L. 211-2, L. 213-3, L. 313-42, L. 511-6, App., v° *Banque et financement de l'entreprise*, **p. 2734.**
2008	16 juin	Décret n° 2008-563. Fixant le nombre des juges et le nombre des chambres des tribunaux de commerce. – V. annexe 7-2, ss. C. com., art. D. 721-3, annexe 7-4, ss. C. com., art. D. 731-3 et D. 732-2.
2008	17 juin	Loi n° 2008-561. Réforme de la prescription en matière civile : – Art. 1er. – V. C. civ., art. 1792-4-2, 1792-4-3, App., v° *Sous-traitance*, **p. 3215.** – Art. 4. – V. C. consom., art. L. 137-1, L. 137-2, App., v° *Ventes commerciales*, **p. 3299.** – Art. 9, 15. – V. C. com., art. L. 110-4, L. 321-17.
2008	17 juin	Décret n° 2008-565. Modification du décret n° 98-247 du 2 avr. 1998 relatif à la qualification artisanale et au répertoire des métiers. – V. Décr. préc., art. 7 (note) et annexe ss. art. 30, App., v° *Artisans*, **p. 2612.**
2008	17 juin	Règlement CE n° 593/2008. Loi applicable aux obligations contractuelles (« Rome I »). – Art. 5, ss. C. com., art. L. 132-9.
2008	30 juin	Règlement CE n° 622-2008. Modification du règlement CE n° 773-2004 en ce qui concerne les procédures de transaction engagées dans les affaires d'entente. – V. Règl. préc., art. 2, 6, 10 à 12, 15, 17, App., v° *Concurrence*, **p. 3034.**
2008	3 juill.	Loi n° 2008-649. Adaptation du droit des sociétés au droit communautaire : – Art. 1er, 8 à 12, 26 à 29, 31. – V. C. com., art. L. 225-37, L. 225-68, L. 225-235, L. 225-245-1, L. 226-10-1, L. 229-2, L. 229-4, L. 229-9, L. 236-2, L. 236-10, L. 236-11, L. 236-23, L. 236-25 à L. 236-32, L. 743-14. – Art. 19. – V. C. mon. fin., art. L. 511-13-2, App., v° *Banque et financement de l'entreprise*, **p. 2857.**
2008	10 juill.	Arrêté. Nomenclature d'activités française du secteur des métiers et de l'artisanat. – V. App., v° *Artisans*, **p. 2627.**
2008	11 juill.	Ordonnance n° 2008-697. Application à Saint-Pierre-et-Miquelon de la loi n° 2005-882 du 2 août 2005 en faveur des petites et moyennes entreprises et réformant la chambre interprofessionnelle

		de Saint-Pierre-et-Miquelon. – Ratifiée par L. n° 2009-594 du 27 mai 2009, art. 66-I : – Art. 1er. – V. C. com., art. L. 912-1-1, L. 912-7, L. 914-1, L. 917-1 à L. 917-5. – Art. 2. – V. notes au-dessus de C. com., art. L. 917-1.
2008	28 juill.	Loi n° 2008-735. Contrats de partenariat. – Art. 42. – V. C. mon. fin., art. L. 313-29-1, App., v° *Banque et financement de l'entreprise*, **p. 2838.**
2008	1er août	Loi n° 2008-757. Responsabilité environnementale et diverses dispositions d'adaptation au droit communautaire dans le domaine de l'environnement. – Art. 10. – V. C. envir., art. L. 541-10-2, App., v° *Commerce (organisation)*, **p. 2933.**
2008	4 août	Loi n° 2008-776. Modernisation de l'économie : – Art. 8, 9, 10, 14, 16, 21, 22, 24, 37, 42 à 47, 53, 54, 56, 57, 59, 61, 69 à 71, 76, 77, 92 à 96, 98, 100, 102. – V. C. com., art. L. 121-4, L. 121-8, L. 123-1-1, L. 123-10, L. 123-28, L. 123-29 à L. 123-31, L. 128-1 à L. 128-6, L. 129-1, L. 135-1 à L. 135-3, L. 141-1, L. 145-1, L. 145-2, L. 145-5, L. 145-8 à L. 145-10, L. 145-12, L. 145-26, L. 145-29, L. 145-34, L. 145-38, L. 210-5, L. 223-1, L. 223-27, L. 223-31, L. 225-25, L. 225-72, L. 225-124, L. 225-178, L. 225-209-1, L. 227-1, L. 227-2, L. 227-9, L. 227-9-1, L. 227-10, L. 228-11, L. 228-15, L. 228-98, L. 236-10, L. 249-1, L. 310-2, L. 310-3, L. 310-5, L. 430-2 à L. 430-10, L. 440-1, L. 441-2-1, L. 441-6, L. 441-6-1, L. 441-7, L. 442-4, L. 442-6, L. 443-1, L. 461-1 à L. 461-5, L. 526-1, L. 526-2, L. 526-3, L. 611-7, L. 626-26, L. 643-11 (note), L. 653-11 (note), L. 654-5, L. 713-3, L. 713-9, L. 713-12, L. 723-2, L. 750-1, L. 750-1-1, L. 751-1, L. 751-2, L. 751-3, L. 751-6, L. 751-7, L. 751-9, L. 752-1, L. 752-2, L. 752-3-1, L. 752-4 à L. 752-11, L. 752-13 à L. 752-26, L. 823-12-1, L. 933-2, L. 937-5, L. 943-2. – Art. 8-II. – V. L. n° 96-603 du 5 juill. 1996, art. 19, 24, App., v° *Artisans*, **p. 2599.** – Art. 8-IV. – V. L. n° 82-1091 du 23 déc. 1982, art. 2, App., v° *Artisans*, **p. 2579.** – Art. 8-V. – V. L. n° 94-126 du 11 févr. 1994, art. 2, ss. C. com., art. R. 123-1. – Art. 11. – V. C. trav., art. L. 8221-6, L. 8221-6-1, App., v° *Commerce (organisation)*, **p. 2932.** – Art. 18. – V. C. civ., art. 2014, 2015, 2018 à 2018-2, 2022, 2027, 2029 à 2031, App., v° *Fiducie*, **p. 3124.** – Art. 23. – V. C. rur., art. L. 665-3, ss. C. com., art. L. 443-1. – Art. 35, 40, 47, 75, 78, 81, 96, 105, 140, 145 à 151, 154 à 159, 173. – V. C. mon. fin., art. L. 112-2, L. 112-3, L. 131-85, L. 312-1, L. 511-4, L. 511-6, L. 511-33, L. 571-4, App., v° *Banque et financement de l'entreprise*, **p. 2652.** – Art. 51. – V. App., v° *Commerce (organisation)*, **p. 2954.**

		– Art. 68, 71, 81, 83 à 86. – V. C. consom., art. L. 120-1, App., v° *Concurrence*, **p. 2963** ; art. L. 121-1, L. 121-1-1, L. 121-2, L. 121-6, v° *Publicité commerciale*, **p. 3169** ; art. L. 121-28, L. 122-8, L. 122-11, L. 122-11-1, L. 132-1, L. 313-5, v° *Ventes commerciales*, **p. 3384.** – Art. 82. – V. L. n° 83-657 du 20 juill. 1983, art. 6, 23, App., v° *Artisans*, **p. 2582.** – Art. 101, 105. – V. C. urb., art. L. 214-1, L. 214-2, ss. C. com., art. L. 145-60 ; art. L. 111-6-1, ss. C. com., art. L. 752-1 ; art. L. 425-7, L. 425-8, ss. C. com., art. L. 752-17. – Art. 124. – V. CESEDA, art. L. 314-15, App., v° *Étrangers*, **p. 3110.**
2008	5 août	Arrêté. Usage de la dénomination « Chambres de commerce étrangères en France ». – V. ss. C. com., art. L. 710-1.
2008	18 août	Décret n° 2008-786. Greffiers des tribunaux de commerce. – V. C. com., art. R. 741-3, R. 742-33, R. 742-35, R. 743-158, R. 743-163, R. 743-168.
2008	29 août	Décret n° 2008-876. Haut Conseil du commissariat aux comptes. – V. C. com., art. L. 821-5 (note), R. 233-15, R. 821-1 à R. 821-1-2, R. 821-13, R. 821-14-1 à R. 821-14-19, R. 821-31.
2008	20 oct.	Règlement CE n° 1033-2008. Mise en œuvre du règlement CE n° 139-2004 du Conseil relatif au contrôle des concentrations entre entreprises. – V. Règl. préc., art. 18, 20, 20 *bis*, annexes I à IV, App., v° *Concurrence*, **p. 2393.**
2008	4 nov.	Décret n° 2008-1139. Indice national trimestriel des loyers commerciaux. – V. C. mon. fin., art. D. 112-2, App., v° *Banque et financement de l'entreprise*, **p. 2879.**
2008	6 nov.	Ordonnance n° 2008-1145. Actions de préférence. – Ratifiée par L. n° 2009-526 du 12 mai 2009, art. 138-I. – V. C. com., art. L. 228-11, L. 228-20.
2008	12 nov.	Décret n° 2008-1162. Détermination du nombre des assesseurs des chambres commerciales des tribunaux de grande instance des départements de Bas-Rhin, du Haut-Rhin et de la Moselle et du nombre des juges élus des tribunaux mixtes de commerce. – V. C. com., art. D. 731-3, D. 732-2.
2008	13 nov.	Ordonnance n° 2008-1161. Modernisation de la régulation de la concurrence. – Ratifiée par L. n° 2009-526 du 12 mai 2009, art. 139-I. – V. C. com., art. L. 450-1, L. 450-3 à L. 450-8, L. 461-3, L. 462-4, L. 462-5, L. 462-7, L. 462-8, L. 463-2 à L. 463-5, L. 463-7, L. 464-1, L. 464-2, L. 464-8, L. 464-9, L. 470-7-1.
2008	24 nov.	Décret n° 2008-1212. Aménagement commercial. – V. C. com., art. R. 751-1 à R. 752-54.
2008	3 déc.	Loi n° 2008-1258. Revenus du travail. – Art. 22. – V. C. com., art. L. 225-184, L. 225-185, L. 225-186-1, L. 225-197-1, L. 225-197-4, L. 225-197-6.

2008	8 déc.	Ordonnance n° 2008-1278. Commissaires aux comptes. – Ratifiée par L. n° 2009-526 du 12 mai 2009, art. 138-I. – Art. 1er à 14, 19, 21. – V. C. com., art. L. 821-1, L. 821-3, L. 821-5-1 à L. 821-5-3, L. 821-7, L. 821-9, L. 821-13, L. 822-1-3, L. 822-9, L. 822-14, L. 822-15, L. 823-3, L. 823-16, L. 823-19, L. 823-20.
2008	18 déc.	Ordonnance n° 2008-1345. Réforme du droit des entreprises en difficulté. – Ratifiée par L. n° 2009-526 du 12 mai 2009, art. 138-I : – Art. 1er à 166 – V. livre VI mod. (partie législative). – Art. 160 à 162, 170 à 172. – V. C. com., art. L. 811-1, L. 811-2, L. 811-11-3, L. 812-1, L. 812-2, L. 926-3 à L. 926-5, L. 936-5, L. 936-8 à L. 936-10, L. 940-1, L. 956-4 à L. 956-6, L. 956-8. – Art. 167. – V. C. trav., art. L. 3253-8, ss. C. com., art. L. 625-9. – Art. 173 (entrée en vigueur), **p. 924.**
2008	18 déc.	Décret n° 2008-1342. Relatif aux soldes et pris en application de l'art. L. 310-7 C. com. – V. C. com., art. R. 310-15, R 310-15-1.
2008	18 déc.	Décret n° 2008-1343. Relatif aux soldes et modifiant la section III du titre 1er du livre III de la partie réglementaire du code de commerce. – V. C. com., art. D. 310-15-2, D. 310-15-3.
2008	18 déc.	Décret n° 2008-1354. Critères permettant de déterminer la catégorie d'appartenance d'une entreprise pour les besoins de l'analyse statistique et économique. – V. App., v° *Commerce (organisation)*, **p. 2954.**
2008	19 déc.	Décret n° 2008-1405. Application de l'art. 9 de la loi n° 2008-776 du 4 août 2008. – V. C. com., art. D. 123-205-1.
2008	19 déc.	Décret n° 2008-1419. Statuts types des sociétés à responsabilité limitée dont l'associé unique, personne physique, assume personnellement la gérance. – V. C. com., art. D. 223-2.
2008	22 déc.	Décret n° 2008-1467. Application de l'art. L. 752-25 C. com. – V. C. com., art. D. 752-55.
2008	22 déc.	Décret n° 2008-1484. Actes de gestion du patrimoine des personnes placées en curatelle ou en tutelles. – V. notes au-dessus de C. com, art. L. 141-1 ss. C. com., art. L. 144-5, L. 526-1 notes ss. C. mon. fin., art. L. 131-11, L. 211-1, App., v° *Banque et financement de l'entreprise*, **p. 2667** ; note ss. C. civ., art. 2011, App., v° *Fiducie*, **p. 3123.**
2008	27 déc.	Loi n° 2008-1425. De finances pour 2009 : – Art. 126, 127. – V. C. envir., art. L. 541-10-1, App., v° *Publicité commerciale*, **p. 3189** ; art. L. 541-10-4, App., v° *Commerce (organisation)*, **p. 2934.** – Art. 141. – V. C. rur., art. L. 632-14 en note ss. C. com., art. L. 420-4. – Art. 147. – V. note ss. C. com., art. L. 441-6 *(délai de paiement dans le secteur du livre)*.
2008	30 déc.	Décret n° 2008-1470. Application de l'art. L. 750-1-1 C. com. – V. ss. cet art.

2008	30 déc.	Décret n° 2008-1475. Application de certaines dispositions de l'art. L. 750-1-1 C. com. – V. ss. cet art.
2008	30 déc.	Arrêté. Application du décret n° 2008-1475 du 30 déc. 2008 pris pour l'application de certaines dispositions de l'art. L. 750-1-1 C. com. – V. ss. cet art.
2008	30 déc.	Décret n° 2008-1487. Commissaires aux comptes. – V. C. com., art. R. 123-198, R. 233-14, R. 821-1, R. 822-21-1.
2008	30 déc.	Décret n° 2008-1488. Portant diverses mesures destinées à favoriser le développement des petites entreprises, pris en application des art. 8, 14, 16, 56 et 59 de la loi n° 2008-776 du 4 août 2008 de modernisation de l'économie : – Art. 1er à 10. – V. C. com., art. R. 121-6, R. 123-3, R. 123-7, R. 123-32-1, R. 123-37, R. 123-46, R. 123-55, R. 123-155, R. 123-159, R. 123-167, R. 123-168, R. 123-211, R. 123-220, R. 123-224, R. 123-237-1, R. 526-1, R. 526-2, R. 761-15. – Art. 11. – V. Décr. n° 98-247 du 2 avr. 1998, art. *7 bis*, 9 à 10 *bis*, 14, 26, App., v° *Artisans*, **p. 2612.**
2008	30 déc.	Décret n° 2008-1492. Application de l'art. L. 441-6-1 C. com. – V. C. com., art. D. 441-4, D. 823-7-1.
2008	30 déc.	Décret n° 2008-1544. Fixation de seuils d'inscription obligatoire du privilège de sécurité sociale. – V. CSS, art. D. 243-3, ss. C. com., art. L. 680-7.
2009	5 janv.	Décret n° 2009-11. Fusions transfrontalières de sociétés. – V. C. com., art. R. 123-74-1, R. 229-2, R. 236-13 à R. 236-20.
2009	7 janv.	Décret n° 2009-16. Ventes au déballage et application de l'art. L. 310-2 C. com : – Art. 1er et 2. – V. C. com., art. R. 310-8 à R. 310-14, R. 310-19. – Art. 3. – V. C. pén., art. R. 321-9, App., v° *Ventes commerciales*, **p. 3388.**
2009	8 janv.	Ordonnance n° 2009-15. Instruments financiers. – Ratifiée par L. n° 2009-526 du 12 mai 2009, art. 138-I : – Art. 1er, 2, 4 à 6. – V. C. mon. fin., art. L. 112-1, L. 112-3, L. 112-3-1, L. 211-1 à L. 211-41, L. 212-1 A, L. 212-3, L. 213-1 A, L. 213-1, L. 213-2, L. 511-7, App., v° *Banque et financement de l'entreprise*, **p. 2652.** – Art. 7. – V. C. com., art. L. 225-100-1, L. 228-1, L. 228-2, L. 233-7.
2009	8 janv.	Arrêté. Déclaration préalable des périodes complémentaires de soldes. – V. ss. C. com., art. R. 310-15.
2009	9 janv.	Arrêté. Déclaration préalable des ventes au déballage. – V. ss. C. com., art. R. 310-8.
2009	14 janv.	Arrêté. Partie Arrêtés du code de commerce, **p. 2393.**

2009	22 janv.	Ordonnance n° 2009-79. Création de l'Autorité des normes comptables. – Ratifiée par L. n° 2009-526 du 12 mai 2009, art. 138-I. – V. C. com., art. L. 123-15, L. 123-27, L. 233-20.
2009	22 janv.	Ordonnance n° 2009-80. Appel public à l'épargne. – Ratifiée par L. n° 2009-526 du 12 mai 2009, art. 138-I : – Art. 2, 3, 5. – V. C. mon. fin., art. L. 213-3, L. 550-2, App., v° *Banque et financement de l'entreprise*, **p. 2900.** – Art. 7 à 11, 29. – V. C. com., art. L. 223-11, L. 224-2, L. 225-12, L. 225-37, L. 225-68, L. 225-96, L. 225-98, L. 225-99, L. 225-129-4, L. 225-131, L. 225-136, L. 225-145, L. 225-228, L. 225-231, L. 226-10-1, L. 227-2, L. 228-23, L. 228-43, L. 228-47, L. 228-51, L. 229-11 à L. 229-13, L. 232-7, L. 232-8, L. 232-14, L. 233-5, L. 242-1, L. 244-3, L. 247-2, L. 247-3, L. 252-10, L. 612-1, L. 821-3, L. 821-5, L. 821-8, L. 821-9, L. 822-14, L. 822-16, L. 823-6, L. 823-7. – Art. 15. – V. C. civ., art. 1841, App., v° *Sociétés commerciales*, **p. 3194.** – Art. 24. – V. L. n° 84-148 du 1er mars 1984, art. 30, ss. C. com., art. L. 612-5.
2009	26 janv.	Décret n° 2009-94. Modification du décret n° 98-246 du 2 avr. 1998 relatif à la qualification professionnelle exigée pour l'exercice des activités prévues à l'art. 16 de la loi n° 96-603 du 5 juill. 1996 relative au développement et à la promotion du commerce et de l'artisanat – V. Décr. mod., art. 1er à 3-3, 4-1 à 4-4, App., v° *Artisans*, **p. 2603.**
2009	30 janv.	Ordonnance n° 2009-104. Prévention de l'utilisation du système financier aux fins de blanchiment de capitaux et de financement du terrorisme. – Ratifiée par L. n° 2009-526 du 12 mai 2009, art. 140-I : – Art. 1er à 8. – V. C. mon. fin., art. L. 112-6, L. 112-7, L. 112-8, L. 112-8 anc., L. 161-1, App., v° *Banque et financement de l'entreprise*, **p. 2656.** – Art. 9 et 10. – V. C. com., art. L. 123-11, L. 123-11-2 à L. 123-11-8, L. 321-18, L. 821-12-1, L. 823-12.
2009	30 janv.	Ordonnance n° 2009-105. Rachats d'actions, déclarations de franchissement de seuils et déclarations d'intention. – Ratifiée par L. n° 2009-1255 du 19 oct. 2009. – V. C. com., art. L. 225-209 à L. 225-212, L. 233-7, L. 233-9, L. 233-14.
2009	30 janv.	Ordonnance n° 2009-107. Sociétés d'investissement à capital fixe, fonds fermés étrangers et instruments financiers. – Ratifiée par L. n° 2009-1255 du 19 oct. 2009 : – Art. 2. – V. C. com., art. L. 233-9. – Art. 4 et 5. – V. C. mon. fin., art. L. 211-5, L. 211-20, L. 211-36, L. 211-36-1, App., v° *Banque et financement de l'entreprise*, **p. 2735.**
2009	30 janv.	Ordonnance n° 2009-112. Fiducie. – Ratifiée par L. n° 2009-526 du 12 mai 2009, art. 138-I : – Art. 1er, 2, 5 et 7. – V. C. civ., art. 2012, 2017, 2372-2 s., 2488-2 s., App., v° *Fiducie*, **p. 3124.**

		– Art. 11, 12. – V. C. com., art. L. 611-6, L. 621-4, L. 622-6-1, L. 626-25, L. 631-3, L. 640-3, L. 654-8.
2009	9 févr.	Décret n° 2009-143. Accès des ressortissants d'un État membre de la Communauté européenne ou d'un autre État partie à l'accord sur l'Espace économique européen à l'activité de ventes volontaires de meubles aux enchères publiques. – V. C. com., art. R. 321-18, R. 321-19, R. 321-44, R. 321-57 à R. 321-67.
2009	10 févr.	Décret n° 2009-139. Modification de la partie réglementaire du livre IV du C. com. – V. C. com., art. R. 430-1 à R. 430-10, R. 450-1, R. 450-2, R. 461-3, R. 461-5, R. 461-7, R. 461-8, R. 462-4, R. 463-12, R. 464-8, R. 464-28, R. 464-29.
2009	10 févr.	Décret n° 2009-140. Application de l'art. L. 464-9 C. com. – V. C. com., art. R. 464-9-1 s.
2009	10 févr.	Décret n° 2009-141. Représentation de l'Autorité de la concurrence par son président. – V. C. com., art. R. 461-1, R. 461-2, R. 464-19, R. 464-21.
2009	10 févr.	Décret n° 2009-142. Application de l'art. L. 463-4 C. com. relatif à la protection du secret des affaires devant l'Autorité de la concurrence. – V. C. com., art. R. 463-13 à R. 463-15-1.
2009	11 févr.	Décret n° 2009-159. Régime indemnitaire du président, des membres, du secrétaire général et du secrétaire général adjoint du Haut Conseil du commissariat aux comptes. – V. C. com., art. R. 821-14.
2009	12 févr.	Décret n° 2009-160. Application de l'ordonnance n° 2008-1345 du 18 déc. 2008 portant réforme du droit des entreprises en difficulté : – Art. 1er à 122. – V. Livre VI mod. (partie réglementaire). – Art. 154. – V. C. com., art. R. 940-3, Annexes 9-2 et 9-3, ss. C. com., art. R. 916-1. – Art. 155-I (entrée en vigueur), **p. 1937.**
2009	17 févr.	Loi n° 2009-179. Accélération des programmes de construction et d'investissement publics et privés : – Art. 12. – V. C. mon. fin., art. L. 313-29-1, App., v° *Banque et financement de l'entreprise*, **p. 2838.** – Art. 20. – V. C. com., art. L. 626-6.
2009	17 févr.	Décret n° 2009-185. Publicité des décisions en matière de pratiques anticoncurrentielles. – V. C. com., art. R. 464-8.
2009	17 févr.	Décret n° 2009-186. Décisions en matière de concentration devant être rendues publiques. – V. C. com., art. D. 430-8.
2009	18 févr.	Décret n° 2009-194. Exercice des activités commerciales et artisanales ambulantes. – V. C. com., art. R. 123-208-1 à R. 123-208-8.

2009	18 févr.	Décret n° 2009-195. Modalités de mise en œuvre de la publicité du privilège du Trésor pour les créances mentionnées à l'art. 1929 *quater* CGI et aux art. 379 et 379 *bis* C. douanes. – Art. 1er. – V. CGI, Annexe II, art. 396 *bis*, ss. C. com., art. L. 680-7.
2009	18 févr.	Décret n° 2009-197. Mise en œuvre de la publicité du privilège du Trésor pour les créances mentionnées à l'art. 1929 *quater* CGI et aux art. 379 et 379 *bis* C. douanes. – Art. 1er, 2. – V. CGI, Annexe III, art. 416 *bis*, 416 *ter*, ss. C. com., art. L. 680-7.
2009	25 févr.	Décret n° 2009-234. Mesures destinées à simplifier le fonctionnement de certaines formes de société et pris en application des art. 56 et 59 de la loi n° 2008-776 du 4 août 2008 de modernisation de l'économie. – V. C. com., art. R. 123-205, R. 123-206, R. 223-20-1, R. 223-24, R. 225-98, R. 227-1, D. 823-22.
2009	2 mars	Arrêté. Homologation de la norme d'exercice professionnel relative à la certification des comptes annuels des entités mentionnées à l'art. L. 823-12-1 C. com. – V. C. com., art. A. 823-27-1.
2009	9 mars	Décret n° 2009-267. Obligations comptables des sociétés commerciales. – V. C. com., art. R. 123-197, R. 123-197-1, R. 123-198, R. 123-199-1, R. 233-14.
2009	16 mars	Décret n° 2009-295. Application de l'ordonnance n° 2009-15 du 8 janv. 2009 relative aux instruments financiers : – Art. 1er et 3. – V. C. mon. fin., art. R. 211-1 à R. 211-9, App., v° *Banque et financement de l'entreprise*, **p. 2896.** – Art. 4. – V. C. com., art. R. 225-6, R. 225-71, R. 225-77, R. 225-84 R. 225-85, R. 225-88, R. 225-112, R. 225-122, R. 225-158, R. 228-1, R. 228-2, R. 228-12, R. 228-24, R. 228-71.
2009	16 mars	Décret n° 2009-297. Application de l'ordonnance n° 2009-15 du 8 janv. 2009 relative aux instruments financiers. – Art. 1er et 2. – V. C. mon. fin., art. D. 211-1 A, D. 211-10 à D. 211-15, App., v° *Banque et financement de l'entreprise*, **p. 2895.**
2009	18 mars	Décret n° 2009-302. Application de l'art. L. 132-1 C. consom. – V. C. consom., art. R. 132-1 à R. 132-2-1, App., v° *Ventes commerciales*, **p. 3287.**
2009	20 mars	Décret n° 2009-311. Délais dont dispose l'Autorité de la concurrence pour prendre la direction des investigations souhaitées par le ministre chargé de l'économie et se saisir du résultat de ces investigations. – V. C. com., art. D. 450-3.
2009	20 mars	Décret n° 2009-312. Publicité des décisions en matière de pratiques anticoncurrentielles. – V. C. com., art. D. 464-8-1.
2009	23 mars	Arrêté. Modification du code de commerce (partie Arrêtés). – V. C. com., art. A. 822-28-1 à A. 822-28-19.

2009	25 mars	Loi n° 2009-323. Mobilisation pour le logement et la lutte contre l'exclusion. – Art. 8 et 114. – V. C. com., art. L. 225-43, L. 225-91, L. 752-23, L. 952-3.
2009	26 mars	Décret n° 2009-335. Modalités d'intervention du conseiller auditeur auprès de l'Autorité de la concurrence. – V. C. com., art. R. 461-9.
2009	6 avr.	Décret n° 2009-385. Application de l'art. L. 626-6 C. com. – V. C. com., art. D. 626-9 à D. 626-15.
2009	22 avr.	Décret n° 2009-452. Évolution des professions juridiques et judiciaires. – Art. 14. – V. C. com., art. R. 742-21, R. 742-28, R. 743-32, R. 743-33, R. 743-44, R. 743-45, R. 743-100, R. 743-115, R. 743-126, R. 743-130, R. 743-131, R. 743-137 à R. 743-139.
2009	24 avr.	Arrêté. Reconnaissance du caractère international des manifestations commerciales. – V. ss. C. com., art. A. 762-1.
2009	12 mai	Loi n° 2009-526. Simplification et clarification du droit et allègement des procédures : – Art. 10, 138. – V. C. civ., art. 1839, App. v° *Sociétés commerciales*, **p. 3193** ; art. 2372-1, 2372-5, 2372-6, 2488-1, 2488-5, 2488-6, App., v° *Fiducie*, **p. 3128.** – Art. 24. – V. C. consom., art. L. 141-5, App., v° *Ventes commerciales*, **p. 3302.** – Art. 46, 47, 54, 122, 125, 138 à 140. – V. C. com., art. L. 122-2, L. 225-8, L. 225-235, L. 226-10-1, L. 229-3, L. 239-1, L. 310-5, L. 310-6, L. 321-15, L. 450-4, L. 461-3, L. 461-4, L. 622-26, L. 631-9, L. 631-14, L. 752-1, L. 752-4, L. 752-23, L. 762-1, L. 821-12-1, L. 822-14. – Art. 80. – V. L. n° 96-603 du 5 juill. 1996, art. 16, App., v° *Artisans*, **p. 2597.** – Art. 121. – V. CGPPP, art. L. 1126-3, App., v° *Banque et financement de l'entreprise*, **p. 2920.** – Art. 125, 138, 140. – V. C. mon. fin., art. L. 163-10-1, L. 211-38, L. 351-1, L. 571-1, App., v° *Banque et financement de l'entreprise*, **p. 2733.**
2009	14 mai	Ordonnance n° 2009-537. Extension et adaptation à Mayotte, dans les îles Wallis-et-Futuna, en Polynésie française, dans les Terres australes et antarctiques françaises et en Nouvelle-Calédonie de diverses dispositions de nature législative. – Art. 10. – V. C. com., art. L. 930-1, L. 934-1 à L. 934-5.
2009	15 mai	Arrêté. Modification de l'arrêté du 21 juillet 1992 fixant les modèles de registres prévus par le décret n° 88-1040 du 14 nov. 1988 relatif à la vente ou à l'échange de certains objets mobiliers et de l'arrêté du 30 déc. 2008 pris pour l'application du décret n° 2008-1475 du 30 déc. 2008 pris pour l'application de certaines dispositions de l'art. L. 750-1-1 C. com. – Art. 2. – V. Arr. 30 déc. 2008, ss. C. com., art. L. 750-1-1.

2009	19 mai	Décret n° 2009-557. Offre au public, déclarations de franchissement de seuils et déclarations d'intentions : – Art. 1er. – V. C. mon. fin., art. R. 550-1, App., v° *Banque et financement de l'entreprise*, **p. 2874.** – Art. 2 à 5. – V. C. com., art. R. 123-103, R. 123-107, R. 123-115 à R. 123-117, R. 210-6, R. 210-7, R. 225-1, R. 225-13, R. 225-67, R. 225-72, R. 225-73, R. 225-120, R. 225-133, R. 225-153, R. 228-61, R. 228-67, R. 228-79, R. 228-92, R. 229-3, R. 229-5, R. 229-9, R. 229-10, R. 229-14, R. 229-15, R. 229-18, R. 229-20, R. 229-24, R. 233-1, R. 233-1-1, R. 236-2, R. 237-2, R. 237-8, R. 237-16, R. 330-1, R. 821-5, R. 821-14-6, R. 821-26, R. 821-32, R. 821-45, R. 823-1, R. 823-21. – Art. 11. – V. Décr. n° 85-295 du 1er mars 1985, art. 33, ss. C. com., art. L. 612-5.
2009	19 mai	Décret n° 2009-558. Application de l'ordonnance n° 2009-80 du 22 janv. 2009 relative à l'appel public à l'épargne et portant diverses dispositions en matière financière. – Art. 1er. – V. C. mon. fin., art. D. 213-8, App., v° *Banque et financement de l'entreprise*, **p. 2900.**
2009	19 mai	Décret n° 2009-559. Modification de certaines dispositions relatives à l'organisation de la commission d'examen des pratiques commerciales. – V. C. com., art. D. 440-2, D. 440-11, D. 440-13.
2009	20 mai	Arrêté. Homologation de la norme d'exercice professionnel relative au rapport du commissaire aux comptes établi en application de l'art. L. 225-235 C. com. sur le rapport du président. – V. C. com., art. A. 823-29.
2009	12 juin	Loi n° 2009-669. Favorisant la diffusion et la protection de la création sur internet. – Art. 18. – V. C. com., art. L. 462-1.
2009	16 juin	Décret n° 2009-704. Modification du décret n° 2008-1343 du 18 déc. 2008 relatif aux soldes. – V. Annexe ss. C. com., art. D. 310-15-3.
2009	18 juin	Loi n° 2009-715. Organe central des caisses d'épargne et des banques populaires. – Art. 2. – V. C. com., art. A. 123-56.
2009	22 juin	Décret n° 2009-753. Droit de préemption sur les terrains portant ou destinés à porter des commerces d'une surface de vente comprise entre 300 et 1 000 mètres carrés. – V. C. urb., art. *R. 214-1, *R. 214-3 à R. 214-4-3, *R. 214-7 à R. 214-12, *R. 214-15, ss. C. com., art. L. 145-60.
2009	23 juin	Décret n° 2009-768. Compte affecté aux fonds détenus par les greffiers des tribunaux de commerce pour le compte de tiers. – V. C. com., art. R. 743-178 s.
2009	23 juin	Arrêté. Compte affecté aux fonds détenus par les greffiers des tribunaux de commerce pour le compte de tiers. – V. C. com., art. A. 743-1 s.

2009	23 juin	Décret n° 2009-780. Transport de bois ronds. – Art. 3. – V. Décr. n° 99-752 du 30 août 1999, art. 17, ss. C. com., art. L. 133-5.
2009	15 juill.	Ordonnance n° 2009-865. Application à Saint-Barthélemy, à Saint-Martin, à Saint-Pierre-et-Miquelon, à Mayotte, en Nouvelle-Calédonie, en Polynésie française et dans les îles Wallis-et-Futuna de l'Ord. n° 2009-104 du 30 janv. 2009 relative à la prévention de l'utilisation du système financier aux fins de blanchiment de capitaux et de financement du terrorisme. – Ratifiée par L. n° 2010-1487 du 7 déc. 2010. – Art. 9. – V. C. com., art. L. 931-1-1, L. 931-1-2, L. 941-2-1, L. 951-1-1, L. 951-1-2.
2009	15 juill.	Ordonnance n° 2009-866. Conditions régissant la fourniture de services de paiement et portant création des établissements de paiement. – Ratifiée par L. n° 2010-737 du 1er juill. 2010 : – Art. 1er à 15. – V. C. mon. fin., art. L. 112-6, L. 112-8, L. 112-11, L. 112-12, L. 131-45, L. 131-71, L. 131-85, L. 132-1, L. 132-2, L. 133-1 à L. 133-28, L. 163-3, L. 163-4, L. 163-4-1, L. 163-4-2, L. 163-5, L. 163-8, L. 163-10-1, L. 163-11, L. 311-1 à L. 311-4, L. 312-1-1 à L. 312-1-2, L. 315-1, L. 316-1 à L. 316-3, L. 351-1, L. 511-4, L. 511-6, L. 511-7, L. 511-15, L. 511-16, L. 511-18, L. 571-5, App., v° *Banque et financement de l'entreprise*, **p. 2656.** – Art. 16. – V. C. consom., art. L. 113-3, L. 121-35, L. 122-1, App., v° *Ventes commerciales*, **p. 3271.** – Art. 17. – V. C. com., art. L. 110-1, L. 623-2, L. 651-4.
2009	21 juill.	Loi n° 2009-879. Réforme de l'hôpital. – Art. 30. – V. note ss. C. com., art. L. 441-6.
2009	22 juill.	Loi n° 2009-888. Développement et modernisation des services touristiques. – Art. 16, 34. – V. C. com., art. L. 133-3, L. 145-7-1.
2009	24 juill.	Ordonnance n° 2009-896. Actualisation du droit commercial et du droit pénal applicables en Nouvelle-Calédonie et dans les îles Wallis-et-Futuna. – Ratifiée par L. n° 2010-1487 du 7 déc. 2010. – Art. 6, 7. – V. C. com., art. L. 930-1, L. 931-11, L. 931-15, L. 950-1, L. 951-7, L. 951-11.
2009	24 juill.	Ordonnance n° 2009-897. Évaluation prudentielle des acquisitions et des augmentations de participation dans des entités du secteur financier. – Art. 1er. – V. C. mon. fin., art. L. 511-10, L. 511-12-1, App., v° *Banque et financement de l'entreprise*, **p. 2854.**
2009	24 juill.	Ordonnance n° 2009-901. Partie législative du code du cinéma et de l'image animée. – Ratifiée par L. n° 2011-525 du 17 mai 2011 : – Art. 1er et 9. – V. CCIA, art. L. 212-6 à L. 212-13, App., v° *Commerce (organisation)*, **p. 2937.** – Art. 2. – V. C. com., art. L. 751-1, L. 752-1, L. 752-3-1, L. 752-7, L. 752-22.

2009	29 juill.	Décret n° 2009-934. Conditions régissant la fourniture de services de paiement et portant création des établissements de paiement. – V. C. mon. fin., art. D. 133-1 s., App., v° *Banque et financement de l'entreprise*, **p. 2892.**
2009	20 août	Décret n° 2009-985. Conditions d'octroi du sursis de paiement prévu à l'art. L. 277 LPF et modifiant le décret n° 2007-568 du 17 avr. 2007 (*modalités de mise en œuvre de la publicité du privilège du Trésor pour les créances mentionnées à l'art. 1929 quater CGI et aux art. 379 et 379 bis C. douanes*). – Art. 3-I. – V. CGI, Annexe II, art. 396 bis, ss. C. com., art. L. 680-7.
2009	21 août	Arrêté. Contenu de la demande d'autorisation d'exploitation de certains magasins de commerce de détail. – V. C. com., art. A. 752-1 et Annexe 7-8.
2009	2 sept.	Décret n° 2009-1087. Obligations de vigilance et de déclaration pour la prévention de l'utilisation du système financier aux fins de blanchiment de capitaux et de financement du terrorisme. – V. C. mon. fin., art. R. 312-2, App., v° *Banque et financement de l'entreprise*, **p. 2904.**
2009	23 sept.	Arrêté. Composition du dossier accompagnant la demande de reconnaissance des qualifications professionnelles et organisation des mesures de compensation prévues aux art. R. 321-66 et R. 321-67 C. com. – V. C. com., art. A. 321-27 s.
2009	25 sept.	Décret n° 2009-1150. Informations figurant au registre du commerce et des sociétés. – V. C. com., art. R. 123-101-1, R. 123-152 à R. 123-152-2, R. 741-5.
2009	7 oct.	Décret n° 2009-1193. Livre foncier et son informatisation dans les départements du Bas-Rhin, du Haut-Rhin et de la Moselle : – Art. 69. – V. ss. C. com., art. R. 123-220. – Art. 101. – V. C. com., art. R. 670-6.
2009	8 oct.	Arrêté. Modification de l'art. A. 450-1 C. com. – V. cet art.
2009	19 oct.	Loi n° 2009-1255. Tendant à favoriser l'accès au crédit des petites et moyennes entreprises et à améliorer le fonctionnement des marchés financiers : – Art. 1er, 2, 5, 17. – V. C. mon. fin., art. L. 131-1-1, L. 313-12 à L. 313-12-2, App., v° *Banque et financement de l'entreprise*, **p. 2659.** – Art. 8, 11. – V. C. com., art. L. 232-1, L. 233-7-1.
2009	28 oct.	Arrêté. Procédure de reconnaissance des qualifications professionnelles d'un professionnel ressortissant d'un État membre de la Communauté européenne ou d'un autre État partie à l'accord sur l'Espace économique européen. – V. App., v° *Artisans*, **p. 2647.**
2009	3 nov.	Arrêté. Homologation de la norme d'exercice professionnel relative aux travaux du commissaire aux comptes relatifs au rapport de gestion et

		aux autres documents adressés aux membres de l'organe appelé à statuer sur les comptes en application de l'art. L. 823-10 C. com. – V. C. com., art. A. 823-29-1.
2009	5 nov.	Ordonnance n° 2009-1358. Modification du code du cinéma et de l'image animée. – Ratifiée par L. n° 2011-525 du 17 mai 2011 : – Art. 1er. – V. CCIA, art. L. 212-19 s., App., v° *Commerce (organisation)*, **p. 2939.** – Art. 8. – V. C. com., art. L. 751-2, L. 751-6.
2009	11 nov.	Décret n° 2009-1384. Spécialisation des juridictions en matière de pratiques restrictives de concurrence. – V. C. com., art. D. 442-3, D. 442-4, D. 914-2, D. 924-2.
2009	13 nov.	Arrêté. Application des art. R. 751-13 et R. 751-17 C. com. – V. C. com., art. A. 751-1 s.
2009	1er déc.	Décret n° 2009-1466. Publication du traité de Lisbonne modifiant le traité de l'Union européenne et le traité instituant la Communauté européenne, signé le 13 déc. 2007. – V. Traité de Rome, art. 101, 102, App., v° *Concurrence*, **p. 3018.**
2009	8 déc.	Loi n° 2009-1503. Organisation et régulation des transports ferroviaires et dispositions relatives aux transports : – Art. 27. – V. notes ss. C. com., art. L. 420-2, L. 462-1, R. 463-9. – Art. 34, 40. – V. C. com., art. L. 133-3, L. 133-8, L. 133-9. – Art. 40. – V. C. consom., art. L. 121-95, L. 121-96, ss. C. com., art. L. 133-9.
2009	14 déc.	Décret n° 2009-1559. Contrôle de légalité de la constitution de la société européenne par voie de fusion. – V. C. com., art. D. 229-13 s.
2009	15 déc.	Décret n° 2009-1568. Indice national du coût de la construction. – V. ss. C. mon. fin., art. L. 112-2, App., v° *Banque et financement de l'entreprise*, **p. 2652.**
2009	18 déc.	Arrêté. Modification de l'article A. 123-7 du code de commerce.
2009	23 déc.	Décret n° 2009-1629. Modification du siège et du ressort des tribunaux de commerce. – V. Annexe 7-1 ss. C. com., art. D. 721-2 et Annexe 7-3 ss. C. com., art. D. 732-1.
2009	28 déc.	Décret n° 2009-1661. Frais de justice en matière commerciale : – Art. 1er, 7, 8. – V. C. com., art. R. 626-20 (note), R. 661-1, R. 663-19. – Art. 2 à 4. – V. C. com., art. R. 743-143, R. 743-146 et Annexe 7-5 ss. C. com., art. R. 743-140.
2009	30 déc.	L. n° 2009-1673. Loi de finances pour 2010. – Art. 2, 7. – V. CGI, art. 1929 *quater*, ss. C. com., art. L. 680-7.

2009	30 déc.	Loi n° 2009-1674. Loi de finances rectificative pour 2009 : – Art. 67-III. – V. L. n° 82-1091 du 23 déc. 1982, art. 2, App., v° *Artisans*, **p. 2579.** – Art. 67-IV. – V. L. n° 96-603 du 5 juill. 1996, art. 19, App., v° *Artisans*, **p. 2599.** – Art. 83. – V. C. envir., art. L. 541-10-1, App., v° *Publicité commerciale*, **p. 3189.** – Art. 99. – V. C. com., art. L. 821-5, L. 821-6-1.
2009	30 déc.	Décret n° 2009-1695. Agrément des domiciliaires d'entreprises soumises à l'immatriculation au registre du commerce et des sociétés ou au répertoire des métiers. – V. C. com., art. R. 123-166-1 à R. 123-166-5.
2009	30 déc.	Décret n° 2009-1700. Activités commerciales et artisanales ambulantes. – V. C. com., art. R. 123-208-3.
2009	30 déc.	Décret n° 2009-1774. Chambre d'agriculture, de commerce, d'industrie, de métiers et de l'artisanat de Saint-Pierre-et-Miquelon : – Art. 1er et 5. – V. C. com., art. R. 121-5 (note), R. 910-1, R. 910-2, D. 917-1 s. – Art. 2 et 3. – V. ss. C. com., art. D. 917-10. – Art. 4. – V. Décr. n° 98-247 du 2 avr. 1998, art. 29-1, App., v° *Artisans*, **p. 2624.**
2010	6 janv.	Décret n° 2010-9. Application de l'Ord. du 30 janv. 2009 relative à la prévention de l'utilisation du système financier aux fins de blanchiment de capitaux et de financement du terrorisme aux sociétés de ventes volontaires. – V. C. com., art. R. 321-40-1.
2010	21 janv.	Ordonnance n° 2010-76. Fusion des autorités d'agrément et de contrôle de la banque et de l'assurance. – Ratifiée par L. n° 2010-1249 du 22 oct. 2010 : – Art. 1er, 3, 5. – V. C. mon. fin., art. L. 312-1, L. 511-4, L. 511-6, L. 511-10, L. 511-15, L. 515-3, L. 571-4, App., v° *Banque et financement de l'entreprise*, **p. 2752.** – Art. 15. – V. C. com., art. L. 821-2, L. 821-8.
2010	21 janv.	Arrêté. Carte permettant l'exercice d'une activité commerciale ou artisanale ambulante. – V. C. com., art. A. 123-80-1 s. et Annexe 1-1 ss. C. com., art. A. 123-50.
2010	27 janv.	Loi n° 2010-97. Délais de paiement des fournisseurs dans le secteur du livre. – V. ss. C. com., art. L. 441-6.
2010	10 févr.	Décret n° 2010-131. Modification du code de déontologie de la profession de commissaires aux comptes. – Art. 7. – V. C. com., art. R. 821-6.
2010	11 févr.	Ordonnance n° 2010-137. Adaptation du droit des contrats relevant de la commande publique passés par l'État et ses établissements publics en Nouvelle-Calédonie, en Polynésie française et dans les îles

		Wallis-et-Futuna. – Ratifiée par L. n° 2010-1487 du 7 déc. 2010. – V. L. n° 75-1334 du 31 déc. 1975, art. 15-4, App., v° *Sous-traitance,* **p. 3236.**
2010	1er mars	Décret n° 2010-210. Centres de formalités des entreprises. – V. C. com., art. R. 123-1 s.
2010	1er mars	Arrêté. Application du III de l'art. R. 123-1 C. com. – V. ss. cet art.
2010	2 mars	Décret n° 2010-219. Traitement automatisé de données à caractère personnel dénommé « Registre national des fiducies ». – V. ss. C. civ., art. 2020, App., v° *Fiducie,* **p. 3126.**
2010	9 mars	Loi n° 2010-237. De finances rectificative pour 2010. – Art. 16. – V. CGI, art. 289, App., v° *Factures,* **p. 3113.**
2010	11 mars	Décret n° 2010-249. Modification du décret n° 98-247 du 2 avr. 1998 relatif à la qualification artisanale et au répertoire des métiers et son Annexe. – V. Décr. mod., art. 7 *quater*, 30 (annexe), App., v° *Artisans,* **p. 2613.**
2010	12 mars	Décret n° 2010-257. Application de l'ordonnance n° 2009-866 du 15 juill. 2009 relative aux conditions régissant la fourniture de services de paiement et portant création des établissements de paiement. – Art. 1er. – V. C. mon. fin., art. R. 131-43, App., v° *Banque et financement de l'entreprise,* **p. 2889.**
2010	19 mars	Arrêté. Régime de déclaration préalable des manifestations commerciales. – V. C. com., art. A. 762-1, Annexes à l'art. A. 762-2, A. 762-3 et ses Annexes, Annexes à l'art. A. 762-4, Annexe à l'art. L. 762-9, .
2010	14 avr.	Arrêté. Modification des articles A. 123-81 et A. 123-85 C. com. – V. ces art.
2010	19 avr.	Décret n° 2010-389. Cabotage dans les transports routiers et fluviaux : – Art. 1er et 2. – V. Décr. n° 99-752 du 30 août 1999, art. 12 (et note), **p. 131.** – Art. 6. – V. C. transp., art. L. 3421-8 (note), ss. C. com., art. L. 133-5.
2010	20 avr.	Règlement UE n° 330-2010. Application de l'article 101, paragraphe 3, du traité sur le fonctionnement de l'Union européenne à des catégories d'accords verticaux et de pratiques concertées. – V. App., v° *Concurrence,* **p. 3035.**
2010	20 avr.	Arrêté. Registre du commerce et des sociétés. – V. C. com., art. A. 123-53.
2010	20 avr.	Arrêté. Homologation de la norme d'exercice professionnel relative aux obligations du commissaire aux comptes relatives à la lutte contre le blanchiment des capitaux et le financement du terrorisme. – V. C. com., art. A. 823-37.

2010	23 avr.	Décret n° 2010-403. Modification des dispositions du code de commerce relatives à l'aménagement commercial et prorogation provisoire du délai de validité des autorisations d'exploitation commerciale et des autorisations prévues à l'art. L. 212-7 du code du cinéma et de l'image animée. – V. C. com., art. R. 752-27 (note), R. 752-30 à R. 752-32.
2010	23 avr.	Arrêté. Modification de la partie Arrêtés du livre IV du code de commerce. – V. C. com., art. A. 450-1, A. 450-4, A. 450-5.
2010	26 avr.	Décret n° 2010-406. Contrats de concession de travaux publics et portant diverses dispositions en matière de commande publique. – Art. 38-I. – V. C. com., art. R. 821-14-19.
2010	26 avr.	Décret n° 2010-407. Modification du décret n° 2008-1475 du 30 déc. 2008 pris pour l'application de certaines dispositions de l'art. L. 750-1-1 du code de commerce. – V. ss. cet art.
2010	26 avr.	Arrêté. Modification de l'arrêté du 30 déc. 2008 pris pour l'application du décret n° 2008-1475 du 30 déc. 2008 pris pour l'application de certaines dispositions de l'art. L. 750-1-1 du code de commerce. – V. ss. cet art.
2010	27 avr.	Ordonnance n° 2010-420. Adaptation de dispositions résultant de la fusion de la direction générale des impôts et de la direction générale de la comptabilité publique. – Art. 102. – V. C. com., art. L. 712-8.
2010	6 mai	Ordonnance n° 2010-459. Modification des livres I, V et VI du code rural. – Art. 5. – V. C. rur., art. L. 665-3, ss. C. com., art. L. 443-1.
2010	6 mai	Ordonnance n° 2010-462. Création d'un livre IX du code rural relatif à la pêche maritime et à l'aquaculture. – Art. 7. – V. C. com., art. R. 713-7.
2010	27 mai	Règlement UE n° 330-2010. Application de l'article 101, paragraphe 3, du traité sur le fonctionnement de l'Union européenne à des catégories d'accords verticaux et de pratiques concertées dans le secteur de l'automobile. – V. App., v° *Concurrence*, **p. 3035.**
2010	10 juin	Ordonnance n° 2010-638. Suppression du régime des conservateurs des hypothèques. – Art. 13. – V. C. com., art. L. 526-1, L. 526-2, L. 526-9 (note).
2010	11 juin	Décret n° 2010-651. Composition des chambres régionales de métiers et de l'artisanat et des chambres de métiers et de l'artisanat et élection de leurs membres : – Art. 2 à 28. – V. Décr. n° 99-433 du 27 mai 1999, art. 2 à 4, 6, 7, 9, 8, 13, 18 à 28, 30 à 34, 36-1, App., v° *Artisans*, **p. 2628.** – Art. 31. – V. C. artisanat, art. 15, App., v° *Artisans*, **p. 2554.**
2010	15 juin	Loi n° 2010-658. Entrepreneur individuel à responsabilité limitée : – Art. 1er, 2, 11. – V. C. com., art. L. 121-2, L. 223-9, L. 526-6 à L. 526-21.

		– Art. 2. – V. C. civ., art. 389-8, ss. C. com., art. L. 121-2. – Art. 3. – V. L. n° 96-603 du 5 juill. 1996, art. 19, App., v° *Artisans*, **p. 2799.** – Art. 10. – V. C. mon. fin., art. L. 313-21, App., v° *Banque et financement de l'entreprise*, **p. 2799.**
2010	16 juin	Loi n° 2010-662. Application de l'art. L. 112-6, relatif à l'interdiction du paiement en espèces de certaines créances. – V. C. mon. fin., art. D. 112-3, App., v° *Banque et financement de l'entreprise*, **p. 2879.**
2010	18 juin	Décret n° 2010-671. Signature électronique et numérique en matière pénale et modification de certaines dispositions de droit pénal et de procédure pénale. – Art. 4. – V. C. pén., art. R. 633-4, R. 633-5, R. 635-6, v° *Ventes commerciales*, **p. 3390** ; art. R. 642-3, ss. C. mon. fin., art. L. 112-5, App. v° *Banque et financement de l'entreprise*, **p. 2655.**
2010	23 juin	Décret n° 2010-684. Droits des actionnaires de sociétés cotées. – V. C. com., art. R. 210-20, R. 225-69, R. 225-73, R. 225-73-1, R. 225-79, R. 225-106-1, R. 228-33.
2010	28 juin	Décret n° 2010-720. Exercice du monopole de la vente au détail des tabacs manufacturés. – Art. 4. – V. ss. C. com., art. L. 144-1.
2010	29 juin	Décret n° 2010-733. Dispense d'immatriculation au répertoire des métiers. – V. Décr. n° 98-247 du 2 avr. 1998, art. 7, App., v° *Artisans*, **p. 2612.**
2010	1er juill.	Loi n° 2010-737. Réforme du crédit à la consommation : – Art. 1er, 12. – V. C. consom., art. L. 313-1, L. 313-3, App., v° *Prêts d'argent – Intérêts des capitaux*, **p. 2763.** – Art. 2 à 7, 10 à 11, 13 à 16, 18, 19, 22, 59, 62. – V. C. consom., art. L. 121-35, L. 132-1, L. 141-1, L. 311-1 à L. 311-52, App., v° *Ventes commerciales*, **p. 3364.** – Art. 16, 17, 24 à 26, 29 à 31, 36 à 38, 51, 59, 60. – V. C. mon. fin., art. L. 131-1-1, L. 131-72, L. 131-73, L. 131-75 à L. 131-78, L. 133-1, L. 133-1-1, L. 133-2, L. 133-14, L. 133-18, L. 133-24, L. 163-11, L. 312-1, L. 312-1-1, L. 313-22-1, L. 316-1, L. 351-1, L. 511-6, App., v° *Banque et financement de l'entreprise*, **p. 2659.** – Art. 47. – V. CGI, art. 1756, ss. C. com., art. L. 680-7. – Art. 52. – V. C. com., art. L. 670-6.
2010	12 juill.	Loi n° 2010-788. Engagement national pour l'environnement : – Art. 191, 193, 198 à 200, 205. – V. C. envir., art. L. 541-10-2, L. 541-10-4 s., App., v° *Commerce (organisation)*, **p. 2933.** – Art. 203, 225. – V. C. mon. fin., art. L. 112-6, App., v° *Banque et financement de l'entreprise*, **p. 2656.** – Art. 225, 226, 227. – V. C. com., art. L. 225-2 (note), L. 225-102-1, L. 233-5-1. – Art. 257. – V. C. consom., art. L. 121-35, App., v° *Ventes commerciales*, **p. 3390.**

2010	14 juill.	Décret n° 2010-821. Conseil national des tribunaux de commerce. – V. C. com., art. R. 721-8, R. 721-15.
2010	23 juill.	Loi n° 2010-853. Réseaux consulaires, commerce, artisanat et services : – Art. 1er à 7, 20, 30, 35, 41, 42. – V. C. com., art. L. 146-1, L. 430-2, L. 441-6, L. 462-1, L. 710-1, L. 711-1 à L. 711-16, L. 712-1 à L. 712-3, L. 712-5 à L. 712-7, L. 712-10 à L. 712-12, L. 713-1 à L. 713-5, L. 713-11, L. 713-12, L. 713-14 à L. 713-18, L. 761-1, L. 761-4 à L. 761-8. – Art. 12 à 14. – V. C. artisanat, art. 5-1 à 5-8, 7, 19 *ter*, App., v° *Artisans*, **p. 2550.** – Art. 32. – V. note ss. L. n° 68-678 du 26 juill. 1968, art. 1er, App., v° *Étrangers*, **p. 3112.** – Art. 35. – V. C. consom., art. L. 111-1 à L. 111-3, L. 121-18, L. 121-19, App., v° *Ventes commerciales*, **p. 3269.** – Art. 37. – V. L. n° 94-126 du 11 févr. 1994, art. 1er, ss. C. com., art. R. 123-1. – Art. 45. – V. ss. C. artisanat, art. 5-2, App., v° *Artisans*, **p. 2551.** – Art. 48. – V. L. n° 96-603 du 5 juill. 1996, art. 16, App., v° *Artisans*, **p. 2597.**
2010	27 juill.	Loi n° 2010-874. Modernisation de l'agriculture et de la pêche : – Art. 12, 15, 19, 54, 59. – C. rur., art. L. 311-1, ss. C. com., art. L. 110-1 ; art. L. 311-3, ss. C. com., art. L. 142-1 ; art. L. 611-4, L. 611-4-1, L. 692-1, ss. C. com., art. L. 442-9 ; art. L. 631-24 à L. 631-25, ss. C. com., art. L. 441-2-1. – Art. 13, 14, 17, 40. – V. C. com., art. L. 310-2, L. 441-2 à L. 441-2-2, L. 441-3-1, L. 442-6, L. 526-6, L. 526-7, L. 924-3, L. 954-3.
2010	3 août	Décret n° 2010-924. Composition et régime électoral des chambres de commerce et d'industrie : – Art. 3 à 63. – V. C. com., art. R. 711-3, R. 711-12, R. 711-18, R. 711-19, R. 711-21, R. 711-47 à L. 711-51, R. 711-54, R. 711-57, R. 711-59, R. 711-68, R. 713-1 à R. 713-6, R. 713-8 à R. 713-10, R. 713-12 à R. 713-14, R. 713-16 à R. 713-18, R. 713-24, R. 713-27 à R. 713-29, R. 713-32, R. 713-34, R. 713-35, R. 713-37 à R. 713-43, R. 713-46 à R. 713-51, R. 713-56, R. 713-58, R. 713-63, R. 713-66 à L. 713-70. – Art. 65. – V. Décr. n° 99-433 du 27 mai 1999, art. 3, App., v° *Artisans*, **p. 2629.**
2010	13 août	Arrêté. Opérations électorales pour l'élection des membres des chambres de commerce et d'industrie territoriales et de région et pour l'élection des délégués consulaires. – V. C. com., art. A. 713-1 à A. 713-10, A. 713-14, A. 713-16, A. 713-18, A. 713-20 à A. 713-22-1, A. 713-27 à A. 713-29.

2010	26 août	Décret n° 2010-962. Modification de l'annexe 7-2 du livre VII du code de commerce fixant le nombre des juges et le nombre des chambres des tribunaux de commerce. – V. l'annexe préc., ss. C. com., art. D. 721-3.
2010	26 août	Arrêté. Extension et adaptation à la Nouvelle-Calédonie, à la Polynésie française et aux îles Wallis-et-Futuna de l'arrêté du 29 juill. 2009 relatif aux relations entre les prestataires de services de paiement et leurs clients en matière d'obligations d'information des utilisateurs de services de paiement et précisant les principales stipulations devant figurer dans les conventions de compte de dépôt et les contrats-cadres de services de paiement. – V. Arr. préc., art. 9-1 et titre III (intitulé), ss. C. mon. fin., art. L. 312-1-1, App., v° *Banque et financement de l'entreprise*, **p. 2757.**
2010	30 août	Décret n° 2010-1005. Contenu et modalités de présentation de l'exemple représentatif utilisé pour les publicités portant sur des crédits renouvelables prévu à l'art. L. 311-4 C. consom. – V. C. consom., art. L. 311-4 (note), D. 311-1, App., v° *Ventes commerciales*, **p. 3313.**
2010	30 août	Décret n° 2010-1010. Désignation des autorités administratives compétentes pour transiger ou saisir la juridiction civile ou administrative en matière de consommation et de concurrence et représenter le ministre chargé de l'économie pour l'application de l'art. L. 470-5 C. com : – Art. 1er. – V. C. consom., art. R. 141-3, App., v° *Ventes commerciales*, **p. 3301.** – Art. 4, 5. – V. C. com., art. R. 470-1-1 à R. 470-1-3, R. 470-5, R. 470-7.
2010	31 août	Décret n° 2010-1026. Taxe sur les surfaces commerciales. – V. C. com., art. R. 752-10.
2010	1er sept.	Décret n° 2010-1042. Inscription au registre du commerce et des sociétés et au répertoire national mentionné à l'art. R. 123-220 C. com. – V. C. com., art. R. 123-97, R. 123-220, R. 123-227.
2010	24 sept.	Arrêté. Suppléance des représentants du ministre chargé de l'économie désignés en application de l'art. L. 470-5 C. com. – V. ss. C. com., art. R. 470-1-1.
2010	30 sept.	Loi n° 2010-1149. Équipement numérique des établissements de spectacles cinématographiques. – Art. 5. – V. C. com., art. L. 145-36.
2010	1er oct.	Décret n° 2010-1165. Conciliation et procédure orale en matière civile, commerciale et sociale. – Art. 7. – V. C. pr. civ., art. 855, 860-1 à 863, 865, App., v° *Tribunaux de commerce*, **p. 3244.**
2010	4 oct.	Arrêté. Modification de l'arrêté du 1er mars 2010 pris en application du III de l'art. R. 123-1 C. com. – V. ss. cet art.
2010	5 oct.	Décret n° 2010-1175. Chambre de commerce et d'industrie de région de Corse et dispositions transitoires pour le scrutin organisé en 2010

		en vue de l'élection des membres des chambres de commerce et d'industrie territoriales et de région. – V. C. com., art. R. 711-47, R. 711-53.
2010	11 oct.	Décret n° 2010-1203. Date des soldes d'été. – V. C. com., art. D. 310-15-2.
2010	11 oct.	Arrêté. Opérations électorales pour l'élection des membres des chambres de commerce et d'industrie territoriales et de région et pour l'élection des délégués consulaires. – V. C. com., art. A. 713-7, A. 713-15, A. 713-17, A. 713-20, A. 713-22, A. 713-22-1.
2010	22 oct.	Loi n° 2010-1249. Régulation bancaire et financière : – Art. 1er, 8, 10, 12 à 17, 19 à 22, 27 à 29, 32, 36, 45, 46, 59, 65, 66, 71, 72, 76, 78, 92. – V. C. mon. fin., art. L. 211-17, L. 211-36, L. 211-36-1, L. 213-1 A, L. 213-4-1, L. 312-1, L. 312-1-1, L. 313-29-1, L. 313-29-2, L. 511-10, L. 511-35, L. 511-38, L. 511-41-1 A, L. 511-46, L. 515-13, L. 515-15, L. 515-17-1, L. 515-17-2, L. 515-21-1, L. 515-29, L. 515-32-1, L. 541-1, L. 541-1-1, L. 541-2, L. 541-4, L. 541-8-1, L. 544-1, L. 544-3 à L. 544-6, L. 545-4 à L. 545-5-1, App., v° *Banque et financement de l'entreprise*, **p. 2737.** – Art. 31, 32, 35, 48, 49, 50, 55, 57, 58. – V. C. com., art. L. 225-102-1, L. 225-126, L. 233-7, L. 233-8, L. 233-10, L. 626-5, L. 626-18, L. 626-21, L. 626-30-2, L. 626-31, L. 628-1 à L. 628-7, L. 821-3, L. 823-19. – Art. 44. – V. C. consom., art. L. 311-16, App., v° *Ventes commerciales*, **p. 3324.**
2010	25 oct.	Décret n° 2010-1270. Haut Conseil du commissariat aux comptes. – V. C. com., art. R. 821-14-4, R. 821-14-7, R. 821-14-7-1, R. 821-14-8, R. 821-14-11, R. 822-63, R. 822-64.
2010	26 oct.	Décret n° 2010-1282. Date d'entrée en fonction des chambres de métiers et de l'artisanat de région dans les régions comportant un seul département et des chambres de métiers et de l'artisanat départementales rattachées à une chambre régionale de métiers et de l'artisanat. – V. C. artisanat, art. 5-2 (note), App., v° *Artisans*, **p. 2550.**
2010	28 oct.	Ordonnance n° 2010-1307. Partie législative du code des transports. – Ratifiée par L. n° 2012-375 du 19 mars 2012, art. 1er : – Art. 3. – V. C. transp., art. L. 1432-7 à L. 1432-11 *(commission de transport)* et L. 6422-1 *(lettre de transport aérien)*, ss. C. com., art. L. 132-9. – V. art. L. 1000-1 à L. 1000-3 *(dispositions communes)*, L. 1411-1 *(conditions d'exercice)*, L. 1422-1 à L. 1422-5 *(accès à la profession)*, L. 1431-1 à L. 1432-12 *(contrat et opérations de transport)*, L. 3211-1, L. 3221-1 à L. 3223-3 *(transport routier)*, L. 3241-1 à L. 3242-5 *(sanctions)*, L. 3441-1 à L. 3441-6 *(coopérative de transport)*, L. 6422-2 à L. 6422-5 *(transport aérien de marchandises)*, ss. C. com., art. L. 133-5. – V. art. L. 1432-14 *(délai de paiement)* ss. C. com.,

		art. L. 441-6. – V. art. L. 3224-1 *(sous-traitance en matière de transport)*, ss. L. n° 75-1334 du 31 déc. 1975, art. 1er, App., v° *Sous-traitance*, **p. 3207.** – Art. 4. – V. C. com., art. L. 133-5. – Art. 7. – V. L. n° 2001-43 du 16 janv. 2001, art. 1er, ss. C. com., art. L. 131-11.
2010	28 oct.	Décret n° 2010-1301. Observatoire de la formation des prix et des marges des produits alimentaires. – V. ss. C. com., art. L. 442-9.
2010	29 oct.	Décret n° 2010-1304. Procédures de traitement des situations de surendettement. – Art. 11. – V. C. mon. fin., art. R. 131-21-1, R. 131-22, App., v° *Banque et financement de l'entreprise*, **p. 2884.**
2010	2 nov.	Décret n° 2010-1310. Registre spécial des agents commerciaux. – V. C. com., art. R. 134-6, R. 134-7 (anc.), R. 134-15.
2010	11 nov.	Décret n° 2010-1356. Mise en œuvre de la réforme du réseau des chambres de métiers et de l'artisanat : – Art. 1er à 17, 23. – V. C. artisanat, art. 5-8 (note), 6, 15, 17, 19, 19 *quater*, 19 *quinquies*, 20, 20-1, 21, 23 à 23-3, 27, 30 à 33, 82, 82-1, App., v° *Artisans*, **p. 2553.** – Art. 18 et 19. – V. Décr. n° 64-1362 du 30 déc. 1964, art. 8 *bis*, 13, App., v° *Artisans*, **p. 2568.** – Art. 20. – V. Décr. n° 2004-1165 du 2 nov. 2004, art. 1er, 2, 5, 6, 6-1, 7 à 10, App., v° *Artisans*, **p. 2643.** – Art. 21. – V. Décr. n° 66-137 du 7 mars 1966, art. 1er à 20, App., v° *Artisans*, **p. 2570.** – Art. 24. – V. Décr. n° 98-247 du 2 avr. 1998, art. 7 *ter*, App., v° *Artisans*, **p. 2613.** – Art. 27. – V. ss. C. artisanat, art. 5-2, App., v° *Artisans*, **p. 2550.**
2010	30 nov.	Décret n° 2010-1461. Liste des pièces justificatives prévues à l'art. L. 311-10 C. consom. – V. C. consom., art. D. 311-10-3, en note ss. C. consom., art. L. 311-10, App., v° *Ventes commerciales*, **p. 3321.**
2010	1er déc.	Décret n° 2010-1463. Mise en œuvre de la réforme du réseau des chambres de commerce et d'industrie. – V. C. com., art. R. 711-1, R. 711-2, R. 711-4, D. 711-5, R. 711-7, R. 711-8, D. 711-10 à R. 711-11-1, R. 711-13 à R. 711-15, R. 711-19, R. 711-22, R. 711-23, R. 711-25 à R. 711-27, R. 711-31 à D. 711-34-3, R. 711-37 à R. 711-39, D. 711-41 à R. 711-50, R. 711-52, R. 711-55, R. 711-55-1, D. 711-56-1, R. 711-56-4, R. 711-58 à R. 711-60, R. 711-63, R. 711-64, D. 711-67-1, D. 711-67-4, D. 711-67-7, D. 711-67-8, R. 711-68 à D. 711-71-1, R. 712-1-1 à R. 712-3, R. 712-4-1, R. 712-5, R. 712-7 à R. 712-11-1, R. 712-13, R. 712-14 à R. 712-15-1, R. 712-16, R. 712-18 à R. 712-19, R. 712-20-1 à R. 712-26, R. 712-36, R. 713-6, R. 713-8, R. 713-9, R. 713-12, R. 713-44, R. 713-71.
2010	7 déc.	Loi n° 2010-1487. Département de Mayotte. – Art. 18. – V. C. com., art. L. 920-1.

2010	9 déc.	Ordonnance n° 2010-1511. Transposition de la directive 2007/36/CE du 11 juill. 2007 concernant l'exercice de certains droits des actionnaires de sociétés cotées. – V. C. com., art. L. 225-105 à L. 225-106-3, L. 225-108.
2010	9 déc.	Ordonnance n° 2010-1512. Adaptation du droit des entreprises en difficulté et des procédures de traitement des situations de surendettement à l'entrepreneur individuel à responsabilité limitée. – Ratifiée par L. n° 2012-387 du 22 mars 2012, art. 114 : – Art. 1er à 8. – V. C. com., art. L. 611-1, L. 611-2, L. 611-4, L. 611-10-2, L. 611-13, L. 620-2, L. 621-1, L. 621-2, L. 621-4, L. 622-6, L. 622-14, L. 624-19, L. 626-13, L. 631-2, L. 631-11, L. 632-1, L. 640-2, L. 641-4, L. 641-9, L. 641-12, L. 641-15, L. 642-3, L. 642-5, L. 643-11, L. 651-1 à L. 651-4, L. 653-3, L. 653-6, L. 654-9, L. 654-14, L. 661-1, L. 680-1 à L. 680-7. – Art. 9. – V. C. consom., art. L. 333-7, ss. C. com., art. L. 680-7. – Art. 10. – V. C. mon. fin., art. L. 131-86-1, App., v° *Banque et financement de l'entreprise*, **p. 2705.**
2010	17 déc.	Ordonnance n° 2010-1579. Adaptation au droit de l'Union européenne dans le domaine des déchets. – Art. 9, 18. – V. C. envir., art. L. 541-10-2, L. 541-10-3, L. 541-10-6, App., v° *Commerce (organisation)*, **p. 2933** ; art. L. 541-34, ss. C. consom., art. L. 121-7, App., v° *Publicité commerciale*, **p. 3173.**
2010	17 déc.	Arrêté. Conditions de présentation d'une comptabilité analytique par l'Assemblée permanente des chambres de métiers et de l'artisanat. – V. ss. Décr. n° 66-137 du 7 mars 1966, art. 19, App., v° *Artisans*, **p. 2578.**
2010	17 déc.	Arrêté. Seuils en matière d'emprunt et d'ouverture d'une ligne de trésorerie au-dessous desquels l'autorisation du ministre n'est pas requise par l'Assemblée permanente des chambres de métiers et de l'artisanat. – V. ss. Décr. n° 66-137 du 7 mars 1966, art. 10, App., v° *Artisans*, **p. 2574.**
2010	20 déc.	Loi n° 2010-1594. De financement de la sécurité sociale pour 2011. – Art. 122. – V. CSS, art. L. 243-5, ss. C. com., art. L. 680-7.
2010	21 déc.	Arrêté. Reconnaissance du caractère international des manifestations commerciales. – V. Arr. 24 avr. 2009, art. 3, ss. C. com., art. A. 762-1.
2010	22 déc.	Loi n° 2010-1609. Exécution des décisions de justice, conditions d'exercice de certaines professions réglementées et experts judiciaires : – Art. 1er. – V. C. consom., art. L. 141-6, App., v° *Ventes commerciales*, **p. 3302.** – Art. 9, 30, 31. – V. C. com., art. L. 721-7 L. 743-12, L. 743-12-1, L. 743-15.
2010	23 déc.	Décret n° 2010-1619. Droits des actionnaires de sociétés cotées. – V. C. com., art. R. 225-71 à R. 225-74, R. 225-81, R. 225-82-1 à R. 225-83, R. 626-3.

2010	28 déc.	Décret n° 2010-1648. Tarif des actes déposés par l'entrepreneur individuel à responsabilité limitée au répertoire des métiers. – V. ss. C. com., art. L. 526-19.
2010	29 déc.	Loi n° 2010-1657. De finances pour 2011. – Art. 28. – V. C. envir., art. L. 541-10-6, App., v° *Commerce (organisation)*, **p. 2935.**
2010	29 déc.	Décret n° 2010-1669. Intervention d'un commissaire aux apports dans les sociétés à responsabilité limitée. – V. C. com., art. D. 223-6-1.
2010	29 déc.	Décret n° 2010-1706. Entrepreneur individuel à responsabilité limitée : – Art. 2 à 17.– V. C. com., art. R. 123-3, R. 123-24, R. 123-30 (annexe 1-1), R. 123-37, R. 123-42, R. 123-45, R. 123-46, R. 123-52, R. 123-77, R. 123-83, R. 123-121-2 à R. 123-121-4, R. 123-126-1, R. 123-237, R. 123-237-1, R. 134-5 à R. 134-7, R. 134-12, R. 134-13, R. 526-3 à R. 526-24. – Art. 19 à 28. – V. Décr. n° 98-247 du 2 avr. 1998, art. 7 *ter*, 7 *quater*, 10 *bis*, 12, 15 *bis*, 17, 19 *bis*, 21, 21 *bis*, 23 *bis*, App., v° *Artisans*, **p. 2612.**
2010	29 déc.	Arrêté. Entrepreneur individuel à responsabilité limitée : – Art. 2 et 3. – V. C. com., art. A. 123-41, A. 526-1 à A. 526-4. – Art. 4. – V. ss. Décr. n° 98-247 du 2 avr. 1998, art. 17, App., v° *Artisans*, **p. 2617.**
2010	30 déc.	Décret n° 2010-1753. Application de l'art. L. 631-24 C. rur. dans le secteur laitier. – V. C. rur., art. R. 631-7 à R. 631-10, ss. C. com., art. L. 441-2-1.
2010	30 déc.	Décret n° 2010-1754. Application de l'art. L. 631-24 C. rur. dans le secteur des fruits et légumes. – V. C. rur., art. R. 631-11 à R. 631-14, ss. C. com., art. L. 441-2-1.
2010	31 déc.	Décret n° 2010-1774. Modification du siège et du ressort des tribunaux de commerce. – V. annexe 7-1, ss. C. com., art. D. 721-2.
2010	31 déc.	Décret n° 2010-1775. Modification du ressort des tribunaux de commerce de Salon-de-Provence et d'Aix-en-Provence. – V. annexe 7-1, ss. C. com., art. D. 721-2.
2010	31 déc.	Arrêté. Répertoire des métiers. – V. ss. Décr. n° 98-247 du 2 avr. 1998, art. 21, App., v° *Artisans*, **p. 2620.**
2011	5 janv.	Loi n° 2011-12. Adaptation de la législation au droit de l'Union européenne : – Art. 10. – V. C. transp., art. L. 3211-1, L. 3211-2, ss. C. com., art. L. 133-5. – Art. 11. – V. C. consom., art. L. 141-1, App., v° *Ventes commerciales*, **p. 3299.**

2011	13 janv.	Décret n° 2011-55. Dispense de l'obligation d'établir un rapport de gestion des sociétés à responsabilité limitée et des sociétés par actions simplifiées dont l'associé unique, personne physique, assume personnellement la gérance ou la présidence. – V. C. com., art. R. 232-1-1.
2011	20 janv.	Ordonnance n° 2011-91. Partie législative du code minier. – V. C. minier, art. L. 131-3, ss. C. com., art. L. 110-1.
2011	25 janv.	Loi n° 2011-94. Réforme de la représentation devant les cours d'appel : – Art. 21. – V. C. com., art. L. 742-1 (note), R. 321-21 (note), R. 742-3 (note).
2011	27 janv.	Loi n° 2011-103. Représentation équilibrée des femmes et des hommes au sein des conseils d'administration et de surveillance et égalité professionnelle. – Art. 1er à 5, 8. – V. C. com., art. L. 225-1 (note), L. 225-17, L. 225-18-1, L. 225-20, L. 225-24, L. 225-27, L. 225-28, L. 225-37, L. 225-37-1, L. 225-45, L. 225-68, L. 225-69, L. 225-69-1, L. 225-76, L. 225-78, L. 225-79, L. 225-82-1, L. 225-83, L. 225-102-1, L. 226-1 (note), L. 226-4, L. 226-4-1, L. 226-9-1.
2011	27 janv.	Décret n° 2011-114. Application de l'art. L. 112-6 C. mon. fin. relatif à l'interdiction du paiement en espèces des créances portant sur les transactions de métaux ferreux et non ferreux. – V. C. mon. fin., art. D. 112-4, App., v° *Banque et financement de l'entreprise*, **p. 2879.**
2011	1er févr.	Décret n° 2011-135. Modalités de calcul du taux effectif global. – V. C. consom., art. R. 313-1, R. 313-2, App., v° *Prêts d'argent – Intérêts des capitaux*, **p. 2908.**
2011	1er févr.	Décret n° 2011-136. Information précontractuelle et conditions contractuelles en matière de crédit à la consommation. – V. C. consom., art. D. 311-1 s., App., v° *Ventes commerciales*, **p. 3315.**
2011	11 févr.	Décret n° 2011-172. Modification de l'art. R. 743-140 C. com. relatif au tarif général des greffiers des tribunaux de commerce. – V. tableau 2 de l'annexe 7-5, ss. C. com., art. R. 743-140.
2011	16 févr.	Directive 2011/7/UE. Lutte contre le retard de paiement dans les transactions commerciales. – V. ss. C. com., art. L. 441-6.
2011	2 mars	Arrêté. Application du décret n° 2008-534 du 5 juin 2008 visé à l'art. L. 442-9 C. com. fixant les conditions définissant la situation de forte hausse des cours de certaines matières premières agricoles ainsi que la liste des produits concernés. – V. Décr. préc., art. 2 (note), ss. C. com., art. L. 442-9.
2011	3 mars	Décret n° 2011-236. Application des art. 57 et 58 de la loi n° 2010-1249 du 22 oct. 2010 (*régulation bancaire et financière*). – V. C. com., art. R. 611-38-1, R. 621-1, R. 626-7, R. 626-8, R. 626-33, R. 626-58, R. 626-61, R. 626-61-1, R. 628-1 à R. 628-14, R. 631-1.
2011	4 mars	Décret n° 2011-243. Modification des dispositions du code monétaire et financier relatives aux incidents de paiement de chèques. – V. C.

		mon. fin., art. R. 131-16, R. 131-17, R. 131-19 à R. 131-24, R. 131-26, R. 131-34, R. 131-46, App., v° *Banque et financement de l'entreprise*, **p. 2884.**
2011	14 mars	Loi n° 2011-267. Orientation et programmation pour la performance de la sécurité intérieure : – Art. 3. – V. C. mon. fin., art. L. 163-4-2, App., v° *Banque et financement de l'entreprise*, **p. 2730.** – Art. 50. – V. C. pén., art. 431-29, 431-30, App., v° *Publicité commerciale*, **p. 3190.** – Art. 51, 52. – V. C. pén., art. 225-12-8 à 225-12-10, 446-1 à 446-4, ss. C. com., art. L. 442-8. – Art. 55. – V. C. pén., art. 321-7, App., v° *Ventes commerciales*, **p. 3386.**
2011	17 mars	Arrêté. Détermination du nombre de voix des présidents des chambres de commerce et d'industrie de région à l'assemblée générale de l'assemblée des chambres françaises de commerce et d'industrie. – V. ss. C. com., art. R. 711-63.
2011	18 mars	Décret n° 2011-286. Marchés d'intérêt national. – V. C. com., art. R. 761-10 à R. 761-12-7.
2011	18 mars	Arrêté. Marchés d'intérêt national. – V. C. com., art. A. 761-9 à A. 761-14.
2011	18 mars	Arrêté. Composition de la commission paritaire nationale des chambres de commerce et d'industrie. – V. C. com., art. A. 711-1.
2011	18 mars	Arrêté. Conditions d'accès à la profession de greffier de tribunal de commerce. – V. C. com., art. A. 742-2 à A. 742-7.
2011	22 mars	Décret n° 2011-304. Modalités du remboursement minimal du capital emprunté à chaque échéance pour les crédits renouvelables. – V. C. consom., art. D. 311-4-1, D. 311-4-2, App., v° *Ventes commerciales*, **p. 3328.**
2011	22 mars	Arrêté. Montants qui définissent les catégories de prêts servant de base à l'application du régime de l'usure. – V. Arr. 24 août 2006, art. 1er, App., v° *Prêts d'argent – Intérêts des capitaux*, **p. 3160.**
2011	24 mars	Ordonnance n° 2011-322. Extension et adaptation en Nouvelle-Calédonie, dans les îles Wallis-et-Futuna, à Mayotte, à Saint-Pierre-et-Miquelon, à Saint-Barthélemy et à Saint-Martin de la législation relative à l'entrepreneur individuel à responsabilité limitée. – Ratifiée par L. n° 2011-884 du 27 juill. 2011, art. 15-V. – V. C. com., art. L. 526-9 (note), L. 526-11 (note), L. 915-6, L. 920-2, L. 925-7, L. 930-2, L. 935-10, L. 950-2, L. 955-8, L. 960-1.
2011	28 mars	Loi n° 2011-331. Modernisation des professions judiciaires ou juridiques et certaines professions réglementées : – Art. 10. – V. C. mon. fin., art. L. 112-6-1, L. 112-7, App., v° *Banque et financement de l'entreprise*, **p. 2657.**

		– Art. 20, 23, 27, 34 à 36. – V. C. com., art. L. 732-3, L. 741-2, L. 744-1, L. 744-2, 811-4, L. 811-14, L. 812-2-2, L. 811-11, L. 813-1, L. 814-2, L. 814-12, L. 814-13, L. 958-1.
2011	29 mars	Ordonnance n° 2011-337. Organisation judiciaire dans le département de Mayotte. – V. C. com., art. L. 420-7, L. 430-2, L. 462-1, L. 920-2, L. 924-3, L. 924-5.
2011	29 mars	Décret n° 2011-338. Organisation judiciaire dans le département de Mayotte. – V. C. com., art. D. 732-1 (annexe 7-3), D. 732-2 (annexe 7-4), R. 914-1 (annexes 9-4 et 9-5), D. 914-2 (annexes 9-6 et 9-7), R. 916-1 (annexes 9-2 et 9-3), R. 920-1, R. 920-2, R. 924-1, D. 924-2, R. 926-1.
2011	30 mars	Décret n° 2011-350. Application de la réforme des chambres de métiers et de l'artisanat. – Art. 1er à 3. – V. C. artisanat, art. 18, 21, 82-1, App., v° *Artisans*, **p. 2554.**
2011	22 avr.	Décret n° 2011-451. Application de la loi du 25 janv. 2011 portant réforme de la représentation devant les cours d'appel. – Art. 1er, 3 et 4. – V. C. com., art. L. 742-1 (note), R. 321-21 (et note), R. 742-3 (note).
2011	26 avr.	Décret n° 2011-457. Conditions d'application progressive de la réforme du crédit à la consommation aux contrats de crédit renouvelable en cours. – V. ss. C. consom., art. L. 311-16, App., v° *Ventes commerciales*, **p. 3324.**
2011	17 mai	Loi n° 2011-525. Simplification et amélioration de la qualité du droit : – Art. 45 et 67. – V. C. consom., art. L. 121-8, L. 121-36, App., v° *Publicité commerciale*, **p. 3173** ; art. L. 121-35, L. 122-1, L. 122-3, L. 122-11-1, App., v° *Ventes commerciales*, **p. 3390** ; art. L. 313-6, App., v° *Prêts d'argent – Intérêts des capitaux*, **p. 3162.** – Art. 47, 48, 55, 58 à 64, 94, 135, 159, 177 et 178. – V. C. com., art. L. 123-16, L. 123-16-1, L. 123-17, L. 123-25, L. 145-34, L. 145-38, L. 225-39, L. 225-87, L. 225-115, L. 225-129-6, L. 225-135, L. 227-11, L. 232-6, L. 234-1, L. 234-2, L. 236-9, L. 236-11, L. 236-11-1, L. 236-16, L. 236-17, L. 242-30, L. 244-1, L. 310-3, L. 463-1, L. 522-2, L. 522-8, L. 522-11, L. 522-19, L. 522-39, L. 526-6, L. 612-3, L. 670-1, L. 670-4, L. 751-6, L. 761-8, L. 820-4, L. 820-7. – Art. 52 et 63. – V. C. mon. fin., art. L. 112-2, L. 112-3, L. 312-1, App., v° *Banque et financement de l'entreprise*, **p. 2652.** – Art. 59. – V. CGI, art. 1743, ss. C. com., art. L. 123-14 (note). – Art. 90. – V. CSS, art. L. 243-5, ss. C. com., art. L. 680-7. – Art. 175. – V. C. artisanat, art. 4, App., v° *Artisans*, **p. 2549.** – Art. 177. – V. L. n° 93-122 du 29 janv. 1993, art. 25, App., v° *Publicité commerciale*, **p. 3166.**
2011	20 mai	Décret n° 2011-553. Accords de modération des marges de distribution dans le secteur des fruits et légumes frais – V. C. rur., art. R. 616-4 à D. 616-7, ss. C. com., art. L. 442-9.

2011	24 mai	Décret n° 2011-574. Partie réglementaire du code du patrimoine. – V. C. patr., art. R. 123-1 à R. 123-8, ss. C. com., art. R. 321-74.
2011	25 mai	Décret n° 2011-579. Redevance pour les prestations fournies par le greffe du tribunal mixte de commerce de Nouméa. – V. C. com., art. R. 937-10.
2011	26 mai	Loi n° 2011-590. Prix du livre numérique. – V. App., v° *Concurrence*, **p. 3014.**
2011	9 juin	Décret n° 2011-644. Composition des chambres de métiers et de l'artisanat de région et de leurs sections, des chambres régionales de métiers et de l'artisanat et des chambres de métiers et de l'artisanat départementales et élection de leurs membres : – Art. 2 à 28. – V. Décr. n° 99-433 du 27 mai 1999, art. 1er à 4, 6, 7, 9, 10, 13, 14, 18 à 20, 25, 26, 29-3, 29-4, 30 à 33, 35 à 37, App., v° *Artisans*, **p. 2628.** – Art. 29 à 31. – V. C. com., art. R. 711-59, D. 711-69 (note).
2011	9 juin	Décret n° 2011-645. Incorporation au code général des impôts de divers textes et modification de certaines dispositions de ce code. – Art. 1er. – V. CGI, art. 237 *sexies*, App., v° *Factures*, **p. 3113.**
2011	9 juin	Règlement UE n° 583-2011. Modification des listes des procédures d'insolvabilité, des procédures de liquidation et des syndics figurant aux annexes A, B et C du règlement (CE) n° 1346-2000 (*procédures d'insolvabilité*) et codification des annexes A, B et C de ce règlement. – V. Règl. CE n° 1346-2000 🏛.
2011	16 juin	Loi n° 2011-672. Immigration, intégration et nationalité : – Art. 9. – V. C. com., art. L. 225-102-1. – Art. 30. – V. CESEDA, art. L. 314-15, App., v° *Étrangers*, **p. 3110.**
2011	20 juin	Arrêté. Composition de la commission paritaire nationale des CCI. – V. C. com., art. A. 711-1.
2011	21 juin	Arrêté. Homologation de la norme d'exercice professionnel relative à l'audit des comptes réalisé par plusieurs commissaires aux comptes. – V. C. com., art. A. 823-3.
2011	21 juin	Arrêté. Homologation de la norme d'exercice professionnel relative à la connaissance de l'entité et de son environnement et à l'évaluation du risque d'anomalies significatives dans les comptes. – V. C. com., art. A. 823-7.
2011	21 juin	Arrêté. Homologation de la norme d'exercice professionnel relative aux consultations entrant dans le cadre de diligences directement liées à la mission de commissaire aux comptes portant sur le contrôle interne relatif à l'élaboration et au traitement de l'information comptable et financière. – V. C. com., art. A. 823-36-1.
2011	21 juin	Arrêté. Homologation de la norme d'exercice professionnel relative aux consultations entrant dans le cadre de diligences directement liées à la mission de commissaire aux comptes. – V. C. com., art. A. 823-33.

2011	21 juin	Arrêté. Homologation de la norme d'exercice professionnel relative aux déclarations de la direction. – V. C. com., art. A. 823-14.
2011	21 juin	Arrêté. Homologation de la norme d'exercice professionnel relative aux événements postérieurs à la clôture de l'exercice. – V. C. com., art. A. 823-19.
2011	21 juin	Arrêté. Homologation de la norme d'exercice professionnel relative à l'examen limité de comptes intermédiaires en application de dispositions légales ou réglementaires. – V. C. com., art. A. 823-28.
2011	21 juin	Arrêté. Homologation de la norme d'exercice professionnel relative à la communication des faiblesses du contrôle interne. – V. C. com., art. A. 823-5-2.
2011	21 juin	Arrêté. Homologation de la norme d'exercice professionnel relative à la prise en considération de la possibilité de fraudes lors de l'audit des comptes. – V. C. com., art. A. 823-15.
2011	21 juin	Arrêté. Homologation de la norme d'exercice professionnel relative au rapport du commissaire aux comptes établi en application des art. L. 225-235 et L. 226-10-1 C. com., sur le rapport du président. – V. C. com., art. A. 823-29.
2011	21 juin	Arrêté. Homologation de la norme d'exercice professionnel relative aux communications avec les organes mentionnés à l'art. L. 823-16 C. com. – V. C. com., art. A. 823-5-1.
2011	21 juin	Arrêté. Homologation de la norme d'exercice professionnel relative aux principes spécifiques applicables à l'audit des comptes consolidés. – V. C. com., art. A. 823-2-1.
2011	21 juin	Arrêté. Homologation de la norme d'exercice professionnel relative aux relations et transactions avec les parties liées. – V. C. com., art. A. 823-18-1.
2011	21 juin	Arrêté. Homologation de la norme d'exercice professionnel relative à la prise en compte du risque d'anomalies significatives dans les comptes résultant du non-respect des textes légaux et réglementaires. – V. C. com., art. A. 823-16.
2011	21 juin	Arrêté. Homologation de la norme d'exercice professionnel relative aux attestations entrant dans le cadre de diligences directement liées à la mission de commissaire aux comptes. – V. C. com., art. A. 823-30.
2011	4 juill.	Arrêté. Composition du dossier accompagnant la demande de reconnaissance des qualifications professionnelles prévues à l'art. R. 321-66 C. com. – V. C. com., art. A. 321-27.
2011	5 juill.	Loi n° 2011-803. Droits et protection des personnes faisant l'objet de soins psychiatriques et modalités de leur prise en charge. – V. C. com., art. L. 144-5.

2011	8 juill.	Ordonnance n° 2011-821. Adaptation à Saint-Pierre-et-Miquelon et à Mayotte de la loi n° 2010-853 du 23 juill. 2010 relative aux réseaux consulaires, au commerce, à l'artisanat et aux services. – Ratifiée par L. n° 2012-1270 du 20 nov. 2012. – V. C. com., art. L. 910-1, L. 917-2 à L. 917-4, L. 920-2, L. 927-1 à L. 927-3.
2011	11 juill.	Arrêté. Homologation du règlement intérieur du Haut Conseil du commissariat aux comptes. – V. C. com., art. A. 821-1.
2011	20 juill.	Loi n° 2011-850. Libéralisation des ventes volontaires de meubles aux enchères publiques. – V. C. com., art. L. 131-2, L. 131-11 à L. 131-35, L. 320-1, L. 320-2, L. 321-1 à L. 321-22, L. 321-27 à L. 321-38, L. 322-2 à L. 322-10, L. 322-12, L. 322-13, L. 322-15, L. 521-3, L. 524-10, L. 524-11, L. 525-14, L. 622-6-1, L. 663-1, L. 913-1, L. 920-1-1, L. 923-2 et L. 953-3.
2011	28 juill.	Loi n° 2011-893. Développement de l'alternance et sécurisation des parcours professionnels. – Art. 44-I. – V. C. trav., art. L. 3253-8, L. 3253-18-5, L. 3253-21, ss. C. com., art. L. 625-9.
2011	29 juill.	Loi n° 2011-900. De finances rectificative pour 2011 : – Art. 51. – V. C. mon. fin., art. L. 112-6, App., v° *Banque et financement de l'entreprise*, **p. 2656.** – Art. 63. – V. C. com., art. L. 823-16-1.
2011	1er août	Ordonnance n° 2011-915. Organismes de placement collectif en valeurs mobilières et modernisation du cadre juridique de la gestion d'actifs. – Art. 26. – V. C. com., art. L. 225-95-1, L. 225-138-1, L. 239-1, L. 820-1.
2011	24 août	Ordonnance n° 2011-1012. Communications électroniques. – Art. 32. – V. C. consom., art. L. 121-15-1, App., v° *Publicité commerciale*, **p. 3182.**
2011	9 sept.	Décret n° 2011-1091. Modification du décret n° 2006-595 du 23 mai 2006 relatif à l'attribution du label « entreprise du patrimoine vivant ». – V. Décr. mod., art. 1er, 2, 4, 5, App., v° *Artisans*, **p. 2646.**
2011	15 sept.	Décret n° 2011-1108. Modification du décret n° 2010-1754 du 30 déc. 2010 pris pour l'application de l'art. L. 631-24 C. rur. dans le secteur des fruits et légumes. – V. C. rur., art. R. 631-11, R. 631-14, ss. C. com., art. L. 441-2-1.
2011	28 sept.	Décret n° 2011-1202. Droit affecté au fonds d'indemnisation de la profession d'avoué près les cours d'appel et contribution pour l'aide juridique. – Art. 9. – V. C. com., art. R. 663-1-1.
2011	28 sept.	Arrêté. Entrepreneur individuel à responsabilité limitée. – V. C. com., art. A. 526-3 à A. 526-5.
2011	3 oct.	Décret n° 2011-1230. Formation professionnelle continue de certaines professions judiciaires ou juridiques réglementées. – Art. 3. – V. C. com., art. R. 742-39, R. 742-40.

2011	3 oct.	Arrêté. Composition du dossier présenté par les personnes sollicitant la reconnaissance de la Commission nationale du commerce équitable. – V. App., v° *Commerce (organisation)*, **p. 2952.**
2011	11 oct.	Décret n° 2011-1270. Greffiers des tribunaux de commerce salariés. – V. C. com., art. R. 741-13, R. 743-61, R. 743-139-1 à R. 743-139-20.
2011	14 oct.	Décret n° 2011-1303. Modification de certaines dispositions relatives aux procédures de recouvrement mises en œuvre par la direction générale des finances publiques. – Art. 12. – V. CGI, Annexe III, art. 416 *ter*, ss. C. com., art. L. 680-7.
2011	oct.	Communication CE. Bonnes pratiques relatives aux procédures d'application des art. 101 et 102 TFUE. – V App., v° *Concurrence*, **p. 3018.**
2011	28 oct.	Arrêté. Modification de l'arrêté du 1er mars 2010 pris en application du III de l'art. R. 123-1 C. com. – V. ss. C. com., art. R. 123-1.
2011	7 nov.	Arrêté. Modification de l'arrêté du 31 déc. 2010 relatif au répertoire des métiers. – V. Arr. du 31 déc. 2010, art. 2, App., v° *Artisans*, **p. 2620.**
2011	9 nov.	Décret n° 2011-1473. Formalités de communication en matière de droit des sociétés. – V. C. com., art. R. 225-63, R. 225-77, R. 225-79, R. 225-81, R. 225-89, R. 225-92, R. 225-95, R. 236-1 à R. 236-3-1, R. 236-5, R. 236-8.
2011	10 nov.	Décret n° 2011-1499. Application de la loi n° 2011-590 du 26 mai 2011 relative au prix du livre numérique. – V. App., v° *Concurrence*, **p. 3016.**
2011	15 nov.	Décret n° 2011-1541. Application à la profession de greffier de tribunal de commerce de la loi du 31 déc. 1990 relative à l'exercice sous forme de sociétés des professions libérales soumises à un statut législatif ou réglementaire ou dont le titre est protégé. – V. C. com., art. R. 743-32, R. 743-44, R. 743-45, R. 743-120, R. 743-130, R. 743-131, R. 743-139-21 à R. 743-139-31.
2011	16 nov.	Arrêté. Approbation du règlement national du Conseil national des greffiers des tribunaux de commerce. – V. C. com., art. L. 741-2 (note).
2011	28 nov.	Décret n° 2011-1662. Conditions d'approbation et de publication des comptes des établissements du réseau des chambres de métiers et de l'artisanat : – Art. 1er, 2. – V. C. artisanat, art. 28 à 28-3, 82-1, App., v° *Artisans*, **p. 2563.** – Art. 4, 5. – V. Décr. n° 66-137 du 7 mars 1966, art. 1er, 18 à 18-2, App., v° *Artisans*, **p. 2570.**
2011	29 nov.	Décret n° 2011-1660. Application des 1°, 2° et 4° de l'art. 20 de la loi n° 2011-331 du 28 mars 2011 *(modernisation des professions judiciaires*

		ou juridiques et certaines professions réglementées). – V. C. com., art. L. 811-2 (note), L. 812-2 (note), R. 811-33, R. 811-34, R. 811-36, R. 811-37, R. 811-57, R. 812-20, R. 814-2.
2011	5 déc.	Décret n° 2011-1772. Magasins généraux. – V. C. com., art. R. 522-4 à R. 522-7, R. 522-11, R. 920-1.
2011	7 déc.	Décret n° 2011-1836. Radiations d'office du RCS en matière de plans de sauvegarde et de redressement : – Art. 1er, 2. – V. C. com., art. R. 123-135, R. 123-135-1. – Art. 3. – V. Décr. n° 84-406 du 30 mai 1984, art. 36-1, ss. C. com., art. R. 123-122.
2011	13 déc.	Loi n° 2011-1862. Répartition des contentieux et allègement de certaines procédures juridictionnelles : – Art. 4, 30-II, 55. – V. C. com., art. L. 310-6-1, L. 670-1-1, L. 721-3-1, L. 722-3-1. – Art. 30-I. – V. C. consom., art. L. 141-2, App., v° *Ventes commerciales*, **p. 3300.**
2011	13 déc.	Décret n° 2011-1871. Exigences minimales auxquelles doit répondre la formation mentionnée au troisième alinéa de l'art. L. 311-8 C. consom. – V. C. consom., art. D. 311-4-3, App., v° *Ventes commerciales*, **p. 3319.**
2011	14 déc.	Décret n° 2011-1877. Organisation judiciaire en Guyane. – Art. 6. – V. C. com., art. R. 420-3 (annexe 4-2), R. 420-4 (annexe 4-1).
2011	14 déc.	Décret n° 2011-1878. Création de la cour d'appel de Cayenne. – Art. 4. – V. C. com., art. D. 442-3 (annexe 4-2-1), D. 442-4 (annexe 4-2-2), D. 732-1 (annexe 7-3), D. 732-2 (annexe 7-4).
2011	14 déc.	Décret n° 2011-1892. Application à la profession de commissaire aux comptes de l'art. 31-1 de la L. n° 90-1258 du 31 déc. 1990 *(exercice sous forme de sociétés des professions libérales soumises à un statut législatif ou réglementaire ou dont le titre est protégé et sociétés de participations financières de professions libérales).* – V. C. com., art. R. 822-149 à R. 822-162.
2011	14 déc.	Arrêté. Conditions de tenue, de mise à jour et de publicité de la liste des sociétés de participations financières de profession libérale de commissaires aux comptes. – V. C. com., art. A. 822-34.
2011	19 déc.	Ordonnance n° 2011-1895. Partie législative du code des procédures civiles d'exécution : – V. C. pr. exéc., art. L. 231-1, L. 233-1, L. 521-1, L. 522-1, L. 531-1, L. 531-2, L. 532-1, L. 533-1, App., v° *Banque et financement de l'entreprise*, **p. 2921.** – Art. 2 et 3. – V. C. com., art. L. 322-1, L. 524-12, L. 721-7, L. 741-2, L. 933-5, L. 943-5, L. 953-2.

2011	20 déc.	Décret n° 2011-1908. Application du 3° de l'art. 20 de la L. n° 2011-331 du 28 mars 2011 *(modernisation des professions judiciaires ou juridiques et certaines professions réglementées)*. – V. C. com., art. D. 811-40-1, D. 814-3-1.
2011	21 déc.	Loi n° 2011-1906. De financement de la sécurité sociale pour 2012. – Art. 125. – V. C. trav., art. L. 8221-6, App., v° *Commerce (organisation)*, **p. 2932.**
2011	28 déc.	Décret n° 2011-2045. Accès à la profession de transporteur routier et à l'accès au marché du transport routier. – V. Décr. n° 99-752 du 30 août 1999, art. 1er à 12, 14, 15, 17 à 19, 21, 22-1, ss. C. com., art. L. 133-5.
2011	29 déc.	Décret n° 2011-2028. Indice des loyers des activités tertiaires : – Art. 1er à 5. – V. ss. C. mon. fin., art. L. 112-2, App., v° *Banque et financement de l'entreprise*, **p. 2652.** – Art. 6. – V. C. mon. fin., art. D. 112-2, App., v° *Banque et financement de l'entreprise*, **p. 2879.**
2011	30 déc.	Décret n° 2011-2058. Contenu de l'annexe environnementale mentionnée à l'art. L. 125-9 du code de l'environnement – V. C. com., art. D. 145-34.
2012	5 janv.	Ordonnance n° 2012-11. Clarification et simplification des procédures d'élaboration, de modification et de révision des documents d'urbanisme. – Art. 7. – V. C. com., art. L. 752-1, L. 752-4.
2012	17 janv.	Décret n° 2012-52. Organisation de la commission d'examen des pratiques commerciales. – V. C. com., art. D. 440-2.
2012	26 janv.	Décret n° 2012-99. Registre tenu par les personnes dont l'activité professionnelle comporte la vente ou l'échange de certains objets mobiliers. – V. C. pén., art. R. 321-3, R. 321-5, App., v° *Ventes commerciales*, **p. 3387.**
2012	30 janv.	Décret n° 2012-120. Application de la L. n° 2011-350 du 20 juill. 2011 de libéralisation des ventes volontaires de meubles aux enchères publiques. – V. C. com., art. R. 131-1 à R. 131-40, R. 321-1 à R. 321-4, R. 321-12 à R. 321-17, R. 321-33 R. 321-35, R. 321-38, R. 321-39, R. 321-41 à R. 321-45, R. 321-49-1, R. 321-56, R. 321-58, R. 321-61, R. 321-65, R. 321-68 à R. 321-73.
2012	30 janv.	Décret n° 2012-122. Entrepreneur individuel à responsabilité limitée : – Art. 1er-I à 4. – V. C. com., art. R. 123-48, R. 526-3, R. 526-3-1, R. 526-10-2. – Art. 1er-II. – V. Décr. n° 98-247 du 2 avr. 1998, art. 10 *bis*, App., v° *Artisans*, **p. 2609.**
2012	30 janv.	Décret n° 2012-146. Infractions à la loi n° 2011-590 du 26 mai 2011 relative au prix du livre numérique. – V. App., v° *Concurrence*, **p. 3016.**

2012	1er févr.	Arrêté. Déclaration préalable des périodes complémentaires de soldes. – V. Arr. 8 janv. 2009 (annexe), ss. C. com., art. R. 310-15.
2012	6 févr.	Arrêté. Conditions de tenue, de mise à jour et de publicité de la liste des sociétés de participations financières de profession libérale de greffiers des tribunaux de commerce. – V. C. com., art. A. 743-7.
2012	21 févr.	Arrêté. Approbation du recueil des obligations déontologiques des opérateurs de ventes volontaires de meubles aux enchères publiques. – V. ss. C. com., art. L. 321-18.
2012	12 mars	Loi n° 2012-346. Mesures conservatoires en matière de procédures de sauvegarde, de redressement judiciaire ou de liquidation judiciaire et biens qui en font l'objet. – V. C. com., art. L. 621-2, L. 631-10-1, L. 631-10-2, L. 651-4, L. 663-1-1.
2012	14 mars	Loi n° 2012-354. De finances rectificative pour 2012. – Art. 6. – V. C. com., art. L. 225-209, L. 225-209-2, L. 225-211, L. 225-213, L. 225-214.
2012	14 mars	Arrêté. Courtiers de marchandises assermentés. – V. C. com., art. A. 131-1, A. 131-2.
2012	19 mars	Loi n° 2012-375. Organisation du service et information des passagers dans les entreprises de transport aérien de passagers. – Art. 3 et 4. – V. C. consom., art. L. 113-3, L. 141-1, App., v° *Ventes commerciales*, **p. 3271.**
2012	19 mars	Arrêté. Ventes volontaires de meubles aux enchères publiques. – V. C. com., art. A. 321-1 à A. 321-37.
2012	22 mars	Loi n° 2012-387. Simplification du droit et allègement des démarches administratives : – Art. 1er à 22, 25, 28, 30, 58, 71, 88, 119, 120. – V. C. com., art. L. 123-3 à L. 123-5, L. 124-1, L. 124-15, L. 128-1 à L. 128-5, L. 131-11, L. 141-1, L. 141-12, L. 143-21, L. 145-2, L. 145-8, L. 145-9, L. 145-10, L. 145-12, L. 145-16, L. 145-34, L. 214-1, L. 223-26, L. 223-27, L. 223-32, L. 223-33, L. 225-8, L. 225-8-1, L. 225-11-1, L. 225-16-1, L. 225-18, L. 225-21-1, L. 225-44, L. 225-75, L. 225-100, L. 225-102-1, L. 225-103, L. 225-109, L. 225-114, L. 225-121, L. 225-129-6, L. 225-147, L. 225-147-1, L. 225-149-3, L. 225-150, L. 225-197-1, L. 225-204, L. 225-209, L. 225-209-1, L. 225-211 à L. 225-213, L. 228-9, L. 228-35-9, L. 232-21 à L. 232-24, L. 233-7 à L. 233-9, L. 233-14, L. 233-17-1, L. 236-6-1, L. 237-3, L. 237-23, L. 237-25, L. 237-30, L. 238-2, L. 238-3, L. 241-1, L. 241-5, L. 241-6, L. 242-1, L. 242-3, L. 242-4, L. 242-10, L. 242-15, L. 242-17, L. 242-23, L. 242-24, L. 242-29 à L. 242-31, L. 244-1, L. 245-3 à L. 245-5, L. 247-4, L. 247-6, L. 247-7, L. 247-10, L. 251-17, L. 251-23, L. 252-11, L. 252-12, L. 441-3, L. 441-6, L. 441-6-1, L. 626-32, L. 628-1, L. 628-5, L. 821-9, L. 823-8-1, L. 931-3.

		– Art. 4. – V. C. urb., art. L. 214-2, ss. C. com., art. L. 145-60. – Art. 17. – V. C. mon. fin., art. L. 212-2, App., v° *Banque et financement de l'entreprise*, **p. 2744.** – Art. 27. – V. L. n° 83-657 du 20 juill. 1983, art. 5, App., v° *Artisans*, **p. 2581.** – Art. 31. – V. L. n° 96-603 du 5 juill. 1996, art. 19, 21, 24, App., v° *Artisans*, **p. 2599.** – Art. 32. – V. C. civ., art. 389-8, ss. C. com., art. L. 121-2. – Art. 84. – V. C. rur., art. L. 631-24, L. 631-25, ss. C. com., art. L. 441-2-1. – Art. 91. – V. C. transp., art. L. 3211-1, ss. C. com., art. L. 133-5. – Art. 101. – V. L. n° 55-4 du 4 janv. 1955, art. 1er, ss. C. com., art. R. 123-209 (note). – Art. 115. – V. L. n° 2010-853 du 23 juill. 2010, art. 45, App., v° *Artisans*, **p. 2551.** – Art. 116. – V. C. consom., art. L. 311-9, App., v° *Ventes commerciales*, **p. 3320.**
2012	23 mars	Décret n° 2012-403. Sociétés civiles professionnelles et sociétés de participations financières des professions judiciaires et juridiques réglementées. – Art. 1er. – V. C. com., art. R. 743-84, R. 743-111.
2012	28 mars	Décret n° 2012-423. Professions de commissaire-priseur judiciaire, huissier de justice et greffier de tribunal de commerce. – Art. 7. – V. C. com., art. R. 742-2.
2012	30 mars	Décret n° 2012-439. Greffe des tribunaux mixtes de commerce. – V. C. com., art. R. 732-6 à R. 732-8, R. 741-10, R. 743-158, R. 743-173.
2012	13 avr.	Décret n° 2012-489. Dématérialisation de la déclaration d'intention d'aliéner. – Art. 3. – V. C. urb., art. *R. 214-4, *R. 214-5, *R. 214-7, *R. 214-10-1, ss. C. com., art. L. 145-60.
2012	19 avr.	Décret n° 2012-517. Annexe environnementale mentionnée à l'art. L. 125-9 C. envir. – V. C. com., art. D. 145-34.
2012	19 avr.	Décret n° 2012-527. Conseils de la formation institués auprès des chambres de métiers et de l'artisanat de région, des chambres régionales de métiers et de l'artisanat et de la chambre de métiers et de l'artisanat de Mayotte : – Art. 1er. – V. C. artisanat, art. 23, App., v° *Artisans*, **p. 2560.** – Art. 2 et 3. – V. Décr. n° 2004-1165 du 2 nov. 2004, art. 6-1, 8-1, App., v° *Artisans*, **p. 2560.**
2012	20 avr.	Décret n° 2012-536. Application aux professions de greffier de tribunal de commerce, d'administrateur judiciaire et de mandataire judiciaire de la loi n° 90-1258 du 31 déc. 1990 (*exercice sous forme de sociétés des professions libérales soumises à un statut législatif ou réglementaire ou*

		dont le titre est protégé et aux sociétés de participations financières de professions libérales). – V. C. com., art. R. 743-121, R. 814-145, R. 814-146, R. 814-158 à R. 814-169, R. 950-1, R. 958-1.
2012	20 avr.	Arrêté. Conditions de tenue et de mise à jour de la liste des sociétés de participations financières de professions libérales d'administrateurs judiciaires ou de mandataires judiciaires. – V. C. com., art. A. 814-7.
2012	24 avr.	Décret n° 2012-557. Obligations de transparence des entreprises en matière sociale et environnementale. – V. C. com., art. R. 225-104 à R. 225-105-2.
2012	26 avr.	Ordonnance n° 2012-578. Application à Mayotte du code de commerce. – Ratifiée par L. n° 2012-1270 du 20 nov. 2012. – V. C. com., art. L. 920-1, L. 920-3, L. 921-1, L. 921-3, L. 921-5, L. 921-7, L. 921-9, L. 921-12, L. 921-14, L. 922-2, L. 922-3, L. 922-5, L. 922-6, L. 922-9, L. 922-10, L. 923-1, L. 924-1, L. 924-2, L. 924-6, L. 925-2, L. 925-3, L. 925-5, L. 925-6, L. 927-1.
2012	27 avr.	Arrêté. Modification de l'arrêté du 30 déc. 2008 pris pour l'application du décret n° 2008-1475 du 30 déc. 2008 pris pour l'application de certaines dispositions de l'art. L. 750-1-1 C. com. – V. ss. C. com., art. L. 750-1-1.
2012	30 avr.	Décret n° 2012-607. Procédures de contrôle, d'inscription, de discipline et de contestation d'honoraires applicables à la profession de commissaire aux comptes et extension à la Nouvelle-Calédonie et aux îles Wallis-et-Futuna de certaines dispositions du titre II du livre VIII du code de commerce relatif à cette profession. – V. C. com., art. R. 123-54, R. 821-1-3, R. 821-24, R. 821-25, R. 822-1, R. 822-10, R. 822-12, R. 822-15, R. 822-20, R. 822-21-1, R. 822-22, R. 822-24, R. 822-29, R. 822-30, R. 822-37, R. 822-40, R. 822-41, R. 822-43, R. 822-44, R. 822-47 à R. 822-50, R. 822-52, R. 822-64, R. 822-75, R. 822-79, R. 822-82, R. 823-18, R. 823-19, R. 930-1, R. 950-1.
2012	30 avr.	Décret n° 2012-609. Information de l'emprunteur lors de la conclusion d'opérations de regroupement de crédits. – Art. 1er et 2. – V. C. consom., art. R. 311-3, App., v° *Ventes commerciales*, **p. 3310.**
2012	30 avr.	Décret n° 2012-610. Mesure d'organisation des enquêtes réalisées par les agents de la concurrence, de la consommation et de la répression des fraudes. – V. ss. C. com., art. L. 450-1.
2012	3 mai	Décret n° 2012-634. Fusion des professions d'avocat et avoué près les cours d'appel. – Art. 21. – V. C. com., art. R. 123-141, R. 123-148, R. 321-53, R. 442-1, R. 464-25, R. 470-1, R. 527-16, R. 611-26, R. 611-42, R. 742-33, R. 742-35, A. 123-50 (annexe 1-1).
2012	9 mai	Décret n° 2012-721. Diverses dispositions relatives à la participation des employeurs à l'effort de construction pris en application de l'art. L. 313-36 CCH. – Art. 6-1°. – V. C. com., art. R. 612-1.

2012	30 mai	Décret n° 2012-783. Partie réglementaire du code des procédures civiles d'exécution : – Art. 1er. – V. C. pr. exéc., art. R. 231-1 à R. 233-9, R. 521-1, R. 524-1 à R. 524-6, R. 531-1 à R. 533-6, App., v° *Banque et financement de l'entreprise*, **p. 2922.** – Art. 2. – V. C. mon. fin., art. R. 312-4, App., v° *Banque et financement de l'entreprise*, **p. 2907.** – Art. 5-I. – V. C. com., art. R. 642-27, R. 642-29-1, R. 642-29-2.
2012	31 mai	Arrêté. Création d'un service de la déclaration des périodes complémentaires de soldes. – V. ss. C. com., art. R. 310-15.
2012	26 juin	Arrêté. Taux d'intérêt des sommes versées par les greffiers des tribunaux de commerce sur leurs comptes de dépôt obligatoire ouverts à la Caisse des dépôts et consignations. – V. ss. C. com., art. A. 743-4.
2012	29 juin	Décret n° 2012-831. Modification de l'annexe 7-2 du livre VII du code de commerce fixant le nombre des juges et le nombre des chambres des tribunaux de commerce. – V. annexe 7-2, ss. C. com., art. D. 721-3.
2012	29 juin	Décret n° 2012-839. Désignation des autorités administratives compétentes pour transiger ou saisir la juridiction civile ou administrative en matière de consommation et de concurrence et représenter le ministre chargé de l'économie pour l'application de l'art. L. 470-5 C. com. dans les départements et régions d'outre-mer, le département de Mayotte et à Saint-Pierre-et-Miquelon : – Art. 1er. – V. C. consom., art. R. 141-3, App. v° *Ventes commerciales*, **p. 3301.** – Art. 4 à 6. – V. C. com., art. R. 470-1-1, R 470-5, R. 914-3.
2012	29 juin	Décret n° 2012-840. Recours exercés devant la cour d'appel de Paris contre les décisions de l'Autorité de la concurrence. – V. C. com., art. R. 464-11, R. 464-19, R. 464-21, R. 464-28.
2012	4 juill.	Décret n° 2012-849. Assurances en matière de transport. – Art. 3 à 6, 9. – V. C. assur., art. R. 171-1, R. 171-2, R. 172-2, R. 172-6, App., v° *Commerce maritime*, **p. 2958.**
2012	19 juill.	Arrêté. Homologation de la norme d'exercice professionnel relative à l'application de la notion de caractère significatif lors de la planification et de la réalisation d'un audit. – V. C. com., art. A. 823-6.
2012	19 juill.	Arrêté. Homologation de la norme d'exercice professionnel relative à l'évaluation des anomalies relevées au cours de l'audit. – V. C. com., art. A. 823-6-1.
2012	31 juill.	Décret n° 2012-928. Registre du commerce et des sociétés. – Art. 2 à 19. – V. C. com., art. R. 123-38, R. 123-53, R. 123-80, R. 123-84, R. 123-98, R. 123-102 à R. 123-105, R. 123-110 à R. 123-113, R. 123-118, R. 123-130, R. 123-138, R. 123-168, R. 921-3, R. 931-3, R. 951-3.

2012	31 juill.	Arrêté. Registre du commerce et des sociétés. – Art. 2 à 13. – V. C. com., art. A. 123-27, A. 123-28, A. 123-30 à A. 123-34, A. 123-40, A. 123-44, A. 123-46, A. 123-48, A. 123-50 (annexe 1.1), A. 123-57, A. 123-58, A. 123-60.
2012	3 août	Arrêté. Approbation de la convention du 23 sept. 2012 conclue entre la direction générale des finances publiques et le Conseil national des greffiers des tribunaux de commerce aux fins de transfert de compétence des centres de formalités des entreprises mis en place par la direction générale des finances publiques. – V. ss. C. com., art. R. 123-3.
2012	7 août	Arrêté. Modification de l'arrêté du 24 sept. 2010 organisant la suppléance des représentants du ministre chargé de l'économie désignés en application de l'art. L. 470-5 C. com. – V. Arr. préc., art. 3, 4, ss. C. com., art. R. 470-1-1.
2012	13 sept.	Décret n° 2012-1047. Suppression des tribunaux de commerce de Lille et de Roubaix-Tourcoing et création du tribunal de commerce de Lille Métropole : – Art. 2. – V. annexe 7-1, ss. C. com., art. D. 721-2. – Art. 3. – V. Annexe 6-1, ss. C. com., art. R. 600-3.
2012	13 sept.	Décret n° 2012-1048. Nombre des juges et des chambres du tribunal de commerce de Lille Métropole. – V. annexe 7-2, ss. C. com., art. D. 721-3.
2012	20 sept.	Décret n° 2012-1071. Application du 2° du I de l'art. 28 de la loi n° 2012-387 du 22 mars 2012 *(simplification du droit et allégement des démarches administratives)*. – V. C. com., art. D. 628-2-1.
2012	27 sept.	Décret n° 2012-1087. Nombre des juges du tribunal de commerce de Gap. – V. annexe 7-2, ss. C. com., art. D. 721-3.
2012	2 oct.	Décret n° 2012-1115. Montant de l'indemnité forfaitaire pour frais de recouvrement dans les transactions commerciales prévue à l'art. L. 441-6 C. com. – V. C. com., art. D. 441-5.
2012	17 oct.	Décret n° 2012-1159. Information de l'emprunteur lors de la conclusion d'opérations de regroupement de crédits. – V. C. consom., art. R. 311-3, App., v° *Ventes commerciales*, **p. 3317**.
2012	24 oct.	Arrêté. Accréditation des organismes de contrôle des caractéristiques chiffrées des manifestations commerciales. – V. C. com., art. A. 762-2 et ses annexes, A. 762-3 et ses annexes, A. 762-4 et ses annexes, A. 762-9 et son annexe, A. 762-12, A. 762-15.
2012	*25 oct.*	Décret n° 2012-1190. Application de la loi n° 2012-346 du 12 mars 2012 *(mesures conservatoires en matière de sauvegarde, de redressement judiciaire ou de liquidation judiciaire)*. – V. C. com., art. R. 621-8-2, R. 631-7-1, R. 631-14-1, R. 641-1, R. 651-5, R. 661-1, R. 662-1-1, R. 662-1-2, R. 662-17, R. 663-29, R. 663-45.

2012	31 oct.	Arrêté. Seuils mentionnés aux art. R. 712-7 et R. 712-30 C. com. – V. C. com., art. A. 712-7 à A. 712-17.
2012	2 nov.	Ordonnance n° 2012-1218. Réforme pénale en matière maritime. – Ratifiée par L. n° 2013-431 du 28 mai, art. 38-II : – Art. 1er, 2, 8, 12, 15. – V. L. du 17 déc. 1926 art. 1er à 38, App., v° *Commerce maritime*, **p. 2959.** – Art. 5, 9 et 11. – V. C. transp., art. L. 5111-2 à L. 5111-4, L. 5531-14-1, L. 5531-14-2, App., v° *Commerce maritime*, **p. 2960.**
2012	7 nov.	Décret n° 2012-1247. Adaptation de divers textes aux nouvelles règles de la gestion budgétaire et comptable publique : – Art. 25. – V. C. com., art. R. 711-55-2. – Art. 78. – V. Décr. n° 66-137 du 7 mars 1966, art. 18-3, App., v° *Artisans*, **p. 2570.** – Art. 196. – V. Décr. n° 2004-1165 du 2 nov. 2004, art. 8-2, 8-3, 8-6, App., v° *Artisans*, **p. 2643.**
2012	8 nov.	Décret n° 2012-1242. Transposition de la directive 2010/73/UE du 24 nov. 2010 modifiant la directive 2003/71/CE concernant le prospectus à publier en cas d'offre au public de valeurs mobilières ou en vue de l'admission de valeurs mobilières à la négociation et la directive 2004/109/CE sur l'harmonisation des obligations de transparence concernant l'information sur les émetteurs dont les valeurs mobilières sont admises à la négociation sur un marché réglementé. – V. C. com., art. R. 228-72.
2012	8 nov.	Décret n° 2012-1243. Transposition de la directive 2010/73/UE du 24 nov. 2010. – Art. 1er. – V. C. mon. fin., art. D. 213-11, App., v° *Banque et financement de l'entreprise*, **p. 2901.**
2012	20 nov.	Loi n° 2012-1270. Régulation économique outre-mer : – Art. 1er, 5 à 13, 15, 19, 20, 23, 31. – V. C. com., art. L. 123-6, L. 410-3 à L. 410-5, L. 420-2-1, L. 420-3, L. 420-4, L. 430-2, L. 441-1, L. 441-6, L. 443-1, L. 450-5, L. 462-1, L. 462-3, L. 462-5, L. 462-6, L. 462-7, L. 464-2, L. 464-8, L. 464-9, L. 752-6-1, L. 752-26, L. 752-27, L. 910-1 A à L. 910-1 J, L. 954-1 (note). – Art. 4. – V. App., v° *Commerce (organisation)*, **p. 2955.** – Art. 11. – V. C. consom., art. L. 113-3, App., v° *Ventes commerciales*, **p. 3271.** – Art. 22. – V. ss. C. com., art. L. 410-3. – Art. 24. – V. ss. C. com., art. L. 441-7.
2012	27 nov.	Décret n° 2012-1311. Dates de début des périodes de soldes. – V. Annexe à l'art. D. 310-15-3 C. com.
2012	20 déc.	Arrêté. Homologation de la norme d'exercice professionnel relative à la certification des comptes des organismes nationaux de sécurité sociale. – V. C. com., art. A. 823-27-2.

2012	24 déc.	Décret n° 2012-1444. Modification des annexes relatives aux tribunaux de commerce figurant aux livres IV et VII de la partie réglementaire du code de commerce : – Art. 1er. – V. annexe 4-2-1, ss. C. com., art. D. 442-3. – Art. 2. – V. annexe 7-1, ss. C. com., art. D. 721-2.
2012	24 déc.	Décret n° 2012-1451. Expertise et instruction des affaires devant les juridictions judiciaires : – Art. 12. – V. C. pr. civ., art. 861, 861-3 à 871, App., v° *Tribunaux de commerce*, **p. 3245.** – Art. 13. – V. C. com., art. R. 661-6.
2012	26 déc.	Décret n° 2012-1459. Accords annuels de modération de prix de produits de grande consommation. – V. ss. C. com., art. L. 410-5.
2012	26 déc.	Décret n° 2012-1462. Application de l'ordonnance n° 2010-638 du 10 juin 2010 *(suppression du régime des conservateurs des hypothèques et adaptation de la publicité foncière)*. – Art. 35. – V. C. com., art. R. 642-23, R. 642-24, R. 643-3, R. 643-4, R. 643-9, R. 670-5 ; C. mon. fin., art. R. 313-12 ; C. pr. exéc., art. R. 532-1, R. 533-2, App., v° *Banque et financement de l'entreprise*, **p. 2910.**
2012	28 déc.	Décret n° 2012-1547. Insertion des annonces légales portant sur les sociétés et fonds de commerce dans une base de données numérique centrale. – Art. 1er. – V. ss. C. com., art. R. 123-209 (note).
2012	29 déc.	Loi n° 2012-1509. De finances pour 2013. – Art. 20. – V. C. envir., art. L. 541-10-1, App. v° *Publicité commerciale*, **p. 3189** ; art. L. 541-10-4, L. 541-10-6, L. 541-10-8, App., v° *Commerce (organisation)*, **p. 2934.**
2012	29 déc.	Loi n° 2012-1510. De finances rectificative pour 2012. – Art. 62. – V. CGI, art. 289-0, 289, 289 *bis*, App., v° Factures, **p. 3113.**
2013	24 janv.	Arrêté. Modification de l'arrêté du 17 mars 2011 relatif à la détermination du nombre de voix des présidents des chambres de commerce et d'industrie de région à l'assemblée générale de l'assemblée des chambres françaises de commerce et d'industrie. – V. Arr. mod., ss. C. com., art. R. 711-63.
2013	25 janv.	Ordonnance n° 2013-79. Adaptation du code monétaire et financier à la départementalisation de Mayotte et du droit des chèques dans les collectivités d'outre-mer et en Nouvelle-Calédonie. – V. C. mon. fin., art. L. 131-85, L. 133-1, L. 133-1-1, L. 133-14, L. 316-1, App., v° *Banque et financement de l'entreprise*, **p. 2704.**
2013	25 janv.	Arrêté. Éclairage nocturne des bâtiments non résidentiels. – V. App., v° *Commerce (organisation)*, **p. 2936.**
2013	28 janv.	Loi n° 2013-100. Adaptation de la législation au droit de l'Union européenne en matière économique et financière : – Art. 1er, 2, 5, 7, 9, 14, 36. – V. C. mon. fin., art. L. 112-6, L. 112-8, L. 131-45, L. 131-71, L. 131-85, L. 133-1, L. 133-25, L. 133-29 à

		L. 133-38, L. 211-17-1, L. 311-2, L. 311-3, L. 316-1, L. 317-1 à L. 317-3, L. 351-1, L. 511-4, L. 511-6, L. 511-7, L. 511-15, L. 571-5, App., v° *Banque et financement de l'entreprise*, **p. 2656.** – Art. 22. – V. C. com., art. L. 110-1, L. 622-6, L. 623-2, L. 651-4. – Art. 23. – V. C. consom., art. L. 113-3, L. 122-1, App., v° *Ventes commerciales*, **p. 3270.**
2013	7 févr.	Arrêté. Abrogation de l'article A. 711-2 du code de commerce. – V. C. com., art. A. 711-2.
2013	14 févr.	Décret n° 2013-142. Clarification et simplification des procédures d'élaboration, de modification et de révision des documents d'urbanisme. – Art. 13. – V. C. com., art. R. 751-18, R. 752-30, R. 752-32.
2013	5 mars	Décret n° 2013-192. Formation des commissaires aux comptes. – V. C. com., art. R. 822-2 à D. 822-7-1, R. 822-61-1, R. 822-61-2, R. 823-22 (note), R. 930-1, R. 950-1.
2013	5 mars	Arrêté. Modalités d'accès à la profession de commissaire aux comptes. – V. C. com., art. A. 822-1 à A. 822-2-1, A. 822-4, A. 822-5, A. 822-8, A. 822-8-1, A. 822-10 à A. 822-12, A. 822-14, A. 822-19 à A. 822-21.
2013	5 mars	Arrêté. Programme du certificat d'aptitude aux fonctions de commissaire aux comptes et du certificat préparatoire aux fonctions de commissaire aux comptes : – V. Annexe 8-7, ss. C. com., art. A. 822-6. – V. Annexe 8-9, ss. C. com., art. A. 822-1.
2013	20 mars	Décret n° 2013-232. Paiements effectués ou reçus par un notaire pour le compte des parties à un acte reçu en la forme authentique et donnant lieu à publicité foncière. – Art. 1er. – V. C. mon. fin., art. R. 112-5, App., v° *Banque et financement de l'entreprise*, **p. 2879.**
2013	4 avr.	Décret n° 2013-287. Registre tenu par les personnes dont l'activité professionnelle comporte la vente ou l'échange de certains objets mobiliers. – V. C. pén., art. R. 321-5, R. 321-6-1, R. 321-8, R. 633-3, App., v° *Ventes commerciales*, **p. 3388.**
2013	24 avr.	Loi n° 2013-344. Prorogation du mécanisme de l'éco-participation répercutée à l'identique et affichée pour les équipements électriques et électroniques ménagers. – V. C. envir., art. L. 541-10-2, App., v° *Commerce (organisation)*, **p. 2933.**
2013	24 avr.	Décret n° 2013-346. Obligations de facturation en matière de TVA et stockage des factures électroniques. – V. CGI, Ann. II, art. 242 *nonies*, 242 *nonies* A, App., v° *Factures*, **p. 3116.**
2013	25 avr.	Décret n° 2013-350. Factures transmises par voie électronique en matière de TVA. – V. CGI, Ann. III, art. 96 F à 96 I *bis*, App., v° *Factures*, **p. 3118.**
2013	3 mai	Décret n° 2013-381. Réseau des chambres de commerce et d'industrie. – V. C. com., art. R. 711-13, R. 711-28, R. 711-46, R. 711-48,

		R. 711-59, R. 711-61, R. 711-64, R. 711-65, R. 711-68, R. 712-7, R. 712-11, R. 712-12, R. 712-15, R. 712-16, R. 712-19, R. 712-22, R. 712-22-1, R. 712-23, R. 712-24, R. 712-26, R. 712-29, R. 712-31, R. 712-36.
2013	13 mai	Arrêté. Modalités dans lesquelles l'organisme tiers indépendant conduit sa mission. – V. C. com., art. A. 225-1 à A. 225-4.
2013	23 mai	Décret n° 2013-420. Suppression de commissions administratives à caractère consultatif. – Art. 10 et 56. – V. C. com., art. L. 750-1-1, R.*712-8, R. 712-29.
2013	28 mai	Loi n° 2013-431. Infrastructures et services de transports : – Art. 11. – V. C. mon. fin., art. L. 112-3, App., v° *Banque et financement de l'entreprise*, **p. 2654.** – Art. 16, 17. – V. C. transp., art. L. 3221-2, L. 3222-3, L. 3223-3, L. 3242-3, ss. C. com., art. L. 133-5. – Art. 28, 31, 32, 37. – V. C. transp., art. L. 5111-2, L. 5111-3, L. 5122-25 à L. 5122-30, L. 5141-1, L. 5141-2-1, L. 5141-3 à L. 5141-4-2, L. 5141-6, L. 5142-7, L. 5531-19 🏛, App., v° *Commerce maritime*, **p. 2960.** – Art. 38. – V. L. du 17 déc. 1926, art. 2, 30 à 37 🏛, App., v° *Commerce maritime*, **p. 2959.**
2013	30 mai	Décret n° 2013-448. Commissions nationale et régionales des sanctions administratives dans le domaine du transport routier. – Art. 21. – V. Décr. n° 99-752 du 30 août 1999, art. 7, 18, 19, ss. C. com., art. L. 133-5.
2013	14 juin	Loi n° 2013-504. Sécurisation de l'emploi : – Art. 9, 18-XXIII. – V. C. com., art. L. 225-22, L. 225-25, L. 225-27-1, L. 225-28, L. 225-29, L. 225-30, L. 225-30-1, L. 225-30-2, L. 225-31, L. 225-32, L. 225-33, L. 225-34, L. 225-44, L. 225-72, L. 225-79-2, L. 225-80, L. 226-5-1, L. 631-17, L. 631-19, L. 641-4, L. 642-5. – Art. 18-XXI et XXII. - V. C. trav., art. L. 3253-8, L. 3253-13, ss. C. com., art. L. 625-9.

TABLE ALPHABÉTIQUE

NOTA. Les nombres renvoient aux articles du code, non aux pages. Les nombres précédés du mot « art. » renvoient aux articles d'un texte non codifié. Quand il est renvoyé à une page, le nombre est précédé de la lettre « p. ».
La lettre J. entre parenthèses indique que l'on renvoie aux annotations de JURISPRUDENCE (sur deux colonnes). Exemples : L. 442-6 (J. 3 s.) signifie que l'on renvoie aux numéros 3 et suivants des annotations de jurisprudence situées sous l'article L. 442-6 du code de commerce ; L. n° 93-122 du 29 janv. 1993, art. 20 (J. 3), correspond au numéro 3 des annotations de jurisprudence figurant sous l'article 20 de la loi n° 93-122 du 29 janv. 1993.
Les caractères italiques indiquent un mot de renvoi. Ceux de ces mots qui sont en caractères gras et précédés d'une flèche rouge renvoient à un autre mot en caractères gras de la table, les autres, en caractères maigres et sans flèche rouge, renvoient à une autre subdivision du même mot en caractères gras.
Le picto signale que le texte est accessible intégralement ou partiellement en lien contextuel sur Dalloz.fr.
Il est rappelé qu'un tableau explicatif des abréviations figure au début de l'ouvrage.

A

Abus,
- Conditions de règlement, L. 442-6 I-7°.
- Obtention d'avantage sans contrepartie proportionnée, L. 442-6 I-2°.
- Prix
  - ▸ V. *Prix.*
- Puissance de vente, L. 442-6 I-2°.
- Relation de dépendance, L. 442-6 I-2°.
- Rupture de relations commerciales, L. 442-6 (4° et 5°), L. 442-6 (J. 17 s.).

▸ V. ***Abus de faiblesse, Abus de dépendance économique, Abus de position dominante, Achat.***

Abus de dépendance économique
▸ V. ***Position dominante, Relations commerciales (rupture de).***

Abus de faiblesse
▸ V. ***Ventes commerciales.***

Abus de position dominante
▸ V. ***Position dominante.***

Acceptation,
- Chèque, C. mon. fin., art. L. 131-5, **p. 2663.**
- Lettre de change, L. 511-15 s.
  - acceptation par intervention, L. 511-66.
  - lettre de change relevé papier, L. 511-15 (J. 3).
  - refus, L. 511-39.

Accord de principe
▸ V. ***Contrats d'affaires (généralités).***

Achalandage, L. 141-5 (J. 4).
▸ V. ***Fonds de commerce (vente de), Nantissement de fonds de commerce.***

Achat,
- Abus de puissance d'achat, L. 442-6 I-2°.
- Commercialité,
  - achat pour revendre, L. 110-1.
- Conditions d'achat abusives, L. 442-6 (3°).
  - ▸ V. *Refus d'achat.*
- Preuve, L. 110-3.

▸ V. ***Ventes commerciales.***

Actes de commerce, L. 110-1, L. 110-2.
- Actes mixtes
  - ▸ V. *Actes mixtes.*
- Agriculture, C. rur, art. L. 311-1, ss. L. 110-1 ; L. 110-1 (J. 37 s.).
- Artisans, L. 110-1 (J. 41 s.).
- Enseignement, L. 110-1 (J. 47 s.).
- Mine,
  - exploitation, C. minier, art. L. 131-3, ss. L. 110-1.
- Preuve, L. 110-3.

Actes mixtes,
- Compétence juridictionnelle, L. 721-3 (J. 8 s.).
- Preuve, L. 110-3 (J. 3).

Action en comblement de passif, L. 651-1 s., R. 651-1 s.

Actions concertées,
- Prohibition, L. 420-1 s., R. 420-1 s.

Action oblique
▸ V. *Contrats d'affaires (généralités), Sauvegarde, redressement et liquidation judiciaires (L. 26 juill. 2005).*

Action en responsabilité pour insuffisance d'actif, L. 651-1 s., R. 651-1 s.

Actions de société, L. 228-1 s., R. 228-8 s.
- Achat par la société, L. 225-111, L. 225-206 s., R. 225-153 s.
- Action d'apport, L. 225-3, L. 225-147, L. 228-7, L. 242-1.
- Action d'autocontrôle, L. 233-31.
- Action de capital, L. 225-122, L. 225-200.
- Action à dividende prioritaire sans droit de vote, L. 228-35-2 s.
  - • infractions, L. 245-3 s.
- Action gratuite, L. 225-197-1 s.
- Action indivise, L. 225-110, L. 225-118, R. 225-68, R. 225-87.
- Action de jouissance, L. 225-122, L. 225-198.
- Action de numéraire, L. 225-3 s., L. 228-7, L. 228-9 s., L. 228-27 s.
- Actions obligatoires, L. 225-25, L. 225-72.
- Action de préférence, L. 228-11 s.
- Action de priorité, L. 228-35-1.
- Action à vote double, L. 225-123 s.
- Apport en industrie, L. 225-3.
- Certificats d'investissement, L. 228-30 s., R. 228-33 s.
- Cession,
  - • agrément, L. 228-23 s., R. 228-23 s.
- Détenteurs,
  - • identification, L. 228-1 s.
  - • *intermédiaires* inscrits pour le compte d'autrui, L. 228-1 s., R. 228-1 s.
- Distribution,
  - • salariés d'entreprises industrielles et commerciales, L. n° 80-834 du 24 oct. 1980, **p. 3203.**
- Droit préférentiel de souscription, L. 225-132 s., R. 225-114 s.
- Émission, L. 225-2 s., L. 225-127 s., L. 242-1, R. 225-114 s.
- Forme, L. 225-109, L. 226-12, L. 228-1, L. 228-9, L. 247-4 ; Décr. 10 nov. 1949, **p. 2928.**
- Infractions, L. 242-1, L. 242-3 s., L. 245-1 s.
- Libération, L. 225-3, L. 225-127, L. 225-144 s., R. 225-134.
  - • défaillance, L. 228-27 s., R. 228-24 s.
- Location, L. 239-1 s.
- Montant minimum, L. 228-8.
- Nantissement, L. 228-26.
- Négociabilité, L. 228-10 s., L. 242-3 s.
  - • promesse d'actions, L. 228-10, L. 242-3.
- Personnes bénéficiant d'informations privilégiées, L. 225-109, L. 226-12, L. 247-4, R. 225-110 s.
- Personnel salarié,
  - • options de souscription ou d'achat d'actions, L. 225-177 s., R. 225-137 s.
- Prise en gage par la société, L. 225-215.
- Saisie
  ▸ V. *Saisie.*
- Salariés,
  - • actions réservées,
  - * émission et achat en bourse, L. 225-187 s. *[abrogés].*
  - • participation au capital social des sociétés anonymes, L. 225-23, L. 225-71, L. 225-102.
- Souscription, L. 225-2 s., L. 225-132 s., L. 225-206 s., R. 225-3 s.
- Sûretés judiciaires
  ▸ V. *Sûretés judiciaires.*
- Usufruit, L. 225-110, L. 225-118, L. 225-140, L. 225-149, R. 225-123.
- Vente de titres non réclamés, L. 228-6, R. 228-11, R. 228-12.

▸ V. *Cession de parts sociales, Obligations de société, Instruments financiers, Sociétés anonymes, Sociétés par actions simplifiées (SAS), Valeurs mobilières.*

Administrateurs judiciaires, L. 811-1 s., R. 811-1 s., R. 811-40 s., R. 814-1 s., A. 811-1 s., A. 814-1 s.
- Délit de diffamation, L. 811-1 (J.).
- Délit de malversation, L. 654-12.
- Prise illégale d'intérêts, L. 621-4 (J. 12).

Administrateurs judiciaires *(suite)*
- Rémunération, L. 663-2, R. 663-3 s., R. 663-32 s.
- Responsabilité civile, L. 621-4 (J. 5 s.), L. 626-9 (J. 6).
- Sociétés civiles professionnelles, R. 814-59 s., R. 814-109 s.
- Sociétés d'exercice libéral, R. 814-59 s., R. 814-145 s.
- Sociétés en participation, R. 814-155 s.
- Sociétés de participations financières, R. 814-158 s., A. 814-7.

▸ V. ***Sauvegarde, redressement et liquidation judiciaires (L. 26 juill. 2005).***

Administrateurs de société anonyme, L. 225-17 s., R. 225-15 s.
- Actions appartenant aux administrateurs de sociétés cotées, L. 225-109, R. 225-110 s.
- Actions détenues, L. 225-25.
- Contrat de travail, L. 225-22, L. 225-23.
- Convention avec la société, L. 225-38, L. 225-42 s., R. 225-30 s.
- Cumul de sièges, L. 225-21, L. 225-94 s.
- Décès ou démission, L. 225-24.
- Élection par salariés, L. 225-27.
- Fonctions,
  - durée, L. 225-18, R. 225-15.
- Infractions
  ▸ V. ***Sociétés anonymes.***
- Jetons de présence, L. 225-45, R. 225-33.
- Limite d'âge, L. 225-19.
- Nomination, L. 225-7, L. 225-16, L. 225-18, L. 225-24.
- Personne morale, L. 225-20 s.
  - rapport, L. 225-102-1, R. 225-16 s.
- Rémunération, L. 225-44 s., R. 225-33.
- Représentation, R. 225-19.
- Responsabilité civile, L. 225-249 s., R. 225-167 s.
- Révocation, L. 225-18.

Affacturage, L. 511-12 (J. 5), L. 621-124 (J. 7), L. 626-2 (J. 2) ; C. mon. fin., art. L. 313-22 (J. 4 et 6), L. 313-27 (J. 17 s.), **p. 2801** ; L. n° 75-1334 du 31 déc. 1975, art. 12 (J. 14), **p. 3221.**
- Opération de crédit, C. mon. fin., art. L. 313-1 (J.), **p. 2764.**

Agence,
- Entreprise, L. 110-1.

▸ V. ***Agence matrimoniale, Agents d'affaires, Agents artistiques, Agents de change, Agents commerciaux, Agents de voyages.***

Agence matrimoniale,
- Commercialité, L. 110-1 (J. 17).

Agents d'affaires,
- Commercialité, L. 110-1.
- Fonds de commerce
  - opérations, L. n° 70-9 du 2 janv. 1970, ss. l. 134-1.

Agents artistiques,
- Commercialité, C. trav., art. L. 7121-11, ss. L. 134-17.

Agents de change

▸ V. ***Prestataires de services d'investissement, Sociétés de bourse.***

Agents commerciaux, L. 134-1 s., R. 134-1 s.
- Agent immobilier, L. n° 70-9 du 2 janv. 1970, art. 4, ss. L. 134-1.
- Clause de non-concurrence, L. 134-14.
- Commission, L. 134-5 s., R. 134-3, R. 134-4.
- Définition, L. 134-1.
- Immatriculation, R. 134-5 s., A. 134-1 s.
- Incapacités, anc. L. 128-6 🏛.
- Obligation d'information, R. 134-1 à R. 134-4.
- Pénalités, R. 134-14 s.

Agents de voyages, L. 110-1 (J. 16).

Agrès, L. 110-2.

Agriculture,
- Caractère civil, L. 110-1 (J. 39) ; C. rur., art. L. 311-1, ss. L. 110-1.
- Registre de l'agriculture, **p. 30** (note).

▸ V. ***Sauvegarde, redressement et liquidation judiciaires (L. 26 juill. 2005).***

AGS, L. 625-9 ; C. trav., art. L. 3253-14 s., ss. L. 625-9.

Alerte

▸ V. ***Procédure d'alerte.***

Aliments,
- Redressement judiciaire, L. 631-11, R. 631-15.

Alimentation
- ▸ V. *Denrées alimentaires, Boulangerie.*

Alsace-Moselle,
- Procédures collectives, L. 670-1 s., R. 670-1 s.
- Tribunaux de commerce, L. 731-1 s.

Aménagement commercial, L. 750-1 s., R. 751-1 s.
- Avis, L. 752-4, R. 752-29 s.
- Commission départementale, L. 751-1 s., R. 751-1 s.
  - décision, L. 752-6 s., R. 752-6 s.
  - recours, L. 752-17 s., R. 752-45 s.
- Commission d'orientation du commerce de proximité, L. 750-1-1 ; Décr. n° 2008-1475 du 30 déc. 2008, art. 11, ss. L. 750-1-1.
- Commission nationale, L. 751-5, R. 751-8.
- Conseil stratégique du commerce de proximité, L. 750-1-1 ; Décr. n° 2008-1475 du 30 déc. 2008, art. 10, ss. L. 750-1-1.
- Demande d'autorisation, R. 752-6 s., A. 752-1, A. 752-2.
- Fonds d'intervention pour le commerce, L. 750-1-1 ; Décr. nos 2008-1470 et 2008-1475 du 30 déc. 2008, ss. L. 750-1-1.
- Inventaire commercial, A. 750-1 s.
- Observatoire d'aménagement commercial, L. 751-9, R. 751-12 s., A. 751-1 s.
- Position dominante, L. 752-5, L. 752-26.
- Procédure d'autorisation, R. 752-16 s.
- Projet soumis à autorisation, L. 752-1 s., R. 752-1 s.
- Recours, L. 752-17 s., R. 752-45 s.
- Sanctions, L. 752-23, R. 752-53, R. 752-54.
- Schémas de développement commercial, R. 751-18 s.
- ▸ V. *Équipements commerciaux.*

Antichrèse-bail, L. 521-2 (J. 8).

Apparaux, L. 110-2.

Apport
- ▸ V. *Sociétés anonymes, Sociétés à responsabilité limitée.*

Approvisionnement,
- Approvisionnement exclusif, L. 330-1 s.
- Cessation,
  - abus de droit, L. 420-2 (J. 8), L. 442-6 (1° et 5°).

Arbitrage, L. 721-3.
- Convention européenne, Décr. 26 janv. 1968, **p. 1441** (note).
- International, C. pr. civ., art. 1492 s., **p. 1441** (note).
- Litiges entre associés de sociétés de professions libérales, L. 721-5.
- ▸ V. *Sauvegarde, redressement et liquidation judiciaires (L. 26 juill. 2005).*

Artisans, C. artisanat, **p. 2549.**
- Actes de commerce, L. 110-1 (J. 42 s.).
- Actions de développement économique, Décr. n° 90-145 du 15 févr. 1990, **p. 2597.**
- Activité ambulante, L. 123-29 s., R. 123-208-1 s.
- Adaptation des entreprises,
  - reconversion, L. n° 73-1193 du 27 déc. 1973, art. 47 s., **p. 2946.**
- Artisan,
  - qualité d'artisan, L. n° 96-603 du 5 juill. 1996, art. 21 et 24, **p. 2601.**
- Artisan d'art, L. n° 96-603 du 5 juill. 1996, art. 21 et 24, **p. 2601** ; Décr. n° 98-247 du 2 avr. 1998, art. 2 et 20, **p. 2610.**
- Artisan boulanger, C. consom., art. L. 121-80 s., **p. 3188.**
- Bail, L. 145-1 s.
- Brevet de maîtrise, Décr. n° 98-247 du 2 avr. 1998, art. 3, **p. 2610.**
- Brevet professionnel, C. artisanat, art. 4 *bis* (J. 2).
- Capacité professionnelle, Décr. n° 98-247, art. 1er, **p. 2609.**
- Chambres de métiers
  - ▸ V. *Chambres de métiers et de l'artisanat.*
- Coiffeur, **p. 2599** (note).
- Commission des qualifications, Décr. n° 98-247 du 2 avr. 1998, art. 4, **p. 2611.**
- Compagnon, C. artisanat, art. 4 *bis.*
- Conjoint,
  - chambres de métiers et de l'artisanat,
    * accès, Décr. n° 99-433 du 27 mai 1999, art. 6, **p. 2631.**
  - conjoint collaborateur ou associé, R. 121-1 s. ; L. n° 96-603 du 5 juill. 1996,

Artisans *(suite)*
art. 21, **p. 2601** ; Décr. n° 98-247 du 2 avr. 1998, art. 14, **p. 2617.**
• consentement pour actes divers, L. 121-5.
• mandat,
* présomption, L. 121-6.
• prélèvement successoral, L. n° 89-1008 du 31 déc. 1989, art. 14-I, ss. L. 121-8.
– Coopérative d'artisans, C. artisanat, art. 74 s. ; L. n° 83-657 du 20 juill. 1983, art. 1er à 34, **p. 2581.**
– Coopérative de transport, C. transp., art. L. 3441-1 s., ss. L. 133-5.
– Crédit artisanal, Décr. n° 83-316 du 15 avr. 1983, **p. 2580.**
– Définition, L. n° 96-603 du 5 juill. 1996, art. 19, **p. 2599** ; Décr. n° 98-247 du 2 avr. 1998, art. 1er, **p. 2609.**
– Diplômes, L. n° 96-603 du 5 juill. 1996, art. 16, **p. 2597** ; Décr. n° 98-247 du 2 avr. 1998, art. 1er s., **p. 2609.**
– Fonds artisanal,
• nantissement, L. n° 96-603 du 5 juill. 1996, art. 22, **p. 209** (note).
– Formation professionnelle, L. n° 82-1091 du 23 déc. 1982, art. 2, **p. 2579.**
– Immatriculation
► V. *Répertoire des métiers.*
– Location-gérance, L. 144-1 s.
– Maître-artisan, L. n° 96-603 du 5 juill. 1996, art. 21 et 24, **p. 2601.**
• titre, Décr. n° 98-247 du 2 avr. 1998, art. 3, **p. 2610.**
– Marchés publics,
• réservation, C. artisanat, art. 74 s.
– Marque,
• protection, Décr. n° 98-247 du 2 avr. 1998, art. 6, **p. 2611.**
– Nomenclature d'activités française, Arr. du 10 juill. 2008, **p. 2627.**
– Profession réglementée, Décr. n° 98-247 du 2 avr. 1998, art. 1er, **p. 2609.**
– Propriété commerciale
V. *Bail.*
– Qualification professionnelle, L. n° 96-603 du 5 juill. 1996, art. 16, 17, 17-1 et 24, **p. 2597** ; Décr. n° 98-246 du 2 avr. 1998, art. 1er s., **p. 2603** ; Arr. du 28 oct. 2009, **p. 2647.**
– Répertoire des métiers
► V. *Répertoire des métiers.*
– Sanctions pénales, L. n° 96-603 du 5 juill. 1996, art. 24, **p. 2602.**
– Sauvegarde, redressement et liquidation judiciaires, L. 620-2, L. 631-2 L. 640-2.
– Sociétés coopératives, L. n° 83-657 du 20 juill. 1983, art. 1er à 34, **p. 2581.**
– Titre,
• usage, L. n° 96-603 du 5 juill. 1996, art. 21 et 24, **p. 2601.**
– Travail dissimulé, C. trav., art. L. 8221-6, **p. 2932.**
► V. ***Chambres de métiers et de l'artisanat, Répertoire des métiers.***

Assemblées générales
► V. ***Sociétés par actions simplifiées (SAS), Sociétés anonymes, Commandite par actions (sociétés en), Sociétés à responsabilité limitée.***

Associations,
– Actionnaires des sociétés cotées, L. 225-120.
– Activité économique,
• obligations,
* émission, C. mon. fin., art. L. 213-8 s., **p. 2931** (note).
– Commercialité, L. 121-1 (J. 4).
– Compétence juridictionnelle, L. 721-3 (J. 7).
– Consommateurs,
• actions en justice, C. consom., art. L. 132-1 (J. 12), **p. 3286.**
– Immatriculation au registre du commerce et des sociétés, L. 123-1 (J. 1).
– Location-gérance de fonds de commerce, L. 144-3 (J. 3).
– Obligations comptables
► V. ***Personnes morales non commerçantes.***
– Organisations professionnelles, L. 420-1 (J. 10), L. 470-7.
– Statuts,
• ventes, prestations de services, R. 442-2.
– Subventions publiques, L. 612-4.
► V. ***Personnes morales non commerçantes, Sauvegarde, redressement et liquidation judiciaires (L. 26 juill. 2005).***

Associations en participation
► V. ***Sociétés en participation.***

Assurance,
– Commercialité, L. 110-1.

Assurances sociales,
- Redressement judiciaire,
  - • cotisations, CSS, art. L. 243-4, L. 243-5, R. 612-4, R. 612-5, ss. L. 680-7.

Auto-entrepreneur, L. 123-1-1, L. 123-28, R. 123-3, R. 123-32-1, R. 123-220, R. 123-224, R. 123-237-1.
- Présomption de non-salariat, C. trav., art. L. 8221-6, **p. 2932.**

Autorité de contrôle prudentiel,
- Concentrations, C. mon. fin., art. L. 612-22, **p. 2848.**

Autorité de la concurrence, L. 461-1 s., R. 461-1 s.
- Attribution, L. 462-1 s.
- Auto-saisine, L. 462-5.
- Avis, L. 462-1, L. 462-4.
- Concentration économique, L. 430-2 s.
- Consultation, L. 462-1 à L. 462-3.
- Décisions, L. 464-1 s.
- Mesures conservatoires, L. 464-1.
- Organisation, L. 461-1 s.
- Prescription, L. 462-7.
- Procédure, L. 463-1 s.
- Recours, L. 464-7, L. 464-8, R. 464-10 s.
- Saisine, L. 462-5.
- Sanctions, L. 464-2 s.
- Transaction, L. 464-2, L. 470-4-1, R. 470-5 à R. 470-7.

Autorité des normes comptables, L. 123-15, L. 123-16, L 123-27, L. 233-20.

Aval,
- Aval manifestement disproportionné, L. 511-21 (J. 33).
- Billet à ordre, L. 512-4.
- Chèque, C. mon. fin., art. L. 131-28 s., **p. 2672.**
- Lettre de change, L. 511-21.

Avances à moyen terme,
- *Mobilisation, C. mon. fin., art. L. 313-36 s.,* **p. 2840.**

Aviation,
- Contrat de transport, C. transp., art. L. 6422-1, ss. L. 132-9.
- Lettre de voiture, C. transp., art. L. 6422-1, ss. L. 132-9.
- Responsabilité du transporteur, C. transp., art. L. 6422-2 s., ss. L. 133-5.
  - • prescription, C. transp., art. L. 6422-5, ss. L. 133-5.

Avitaillement, L. 110-2.

Avoir, L. 441-3 à L. 441-5 (J. 14).

B

Bail

▸ V. ***Baux commerciaux.***

Banques (établissements de crédit), C. mon. fin., art. L. 311-1 s. et L. 511-1 s., **p. 2750**, R. 312-1 à R. 312-3, **p. 2907.**
- Activités différentes, C. mon. fin., art. L. 511-3.
- Agrément, C. mon. fin., art. L. 511-9 s.
  - • exemption, C. mon. fin., art. L. 511-7.
  - • retrait, C. mon. fin., art. L. 511-15 s.
- Année bancaire, C. consom., art. R. 313-1 (J. 2), **p. 3156.**
- Banques étrangères, C. mon. fin., art. L. 511-13, L. 511-19.
- Bons et cartes, C. mon. fin., art. L. 511-7 (J. 2).
- Capital minimum, C. mon. fin., art. L. 511-11.
- Catégories, C. mon. fin., art. L. 511-9.
- Chèques
  - ▸ V. ***Chèques.***
- Clientèle,
  - • relations, C. mon. fin., art. L. 312-1, R. 312-1 s.
- Commissaires aux comptes, C. mon. fin., art. L. 571-5.
- Comptes en banque
  - ▸ V. ***Comptes en banque.***
- Comptes courants
  - ▸ V. ***Comptes courants.***
- Concours financier
  - V. *Crédit d'exploitation aux entreprises.*
- Concurrence,
  - • application du livre IV du code de commerce, C. mon. fin., art. L. 511-4, L. 511-12-1.
  - • ententes illicites, L. 420-1 (J. 16).

Banques (établissements de crédit) *(suite)*

– Concurrence déloyale entre banques, L. n° 63-628 du 2 juill. 1963, art. 2 (J. 49), **p. 2981.**
– Conglomérat financier
► V. ***Conglomérat financier.***
– Consommateurs,
• information, C. consom., art. L. 113-3, **p. 3271.**
– Crédit abusif, C. mon. fin., art. L. 313-12 (J. 28 s.).
– Crédit d'exploitation aux entreprises, C. mon. fin., art. L. 313-12 (et la note).
• entreprises individuelles, C. mon. fin., art. L. 313-21.
– Définition, C. mon. fin., art. L. 511-1.
– Dénomination, raison sociale, publicité,
• protection, C. mon. fin., art. L. 511-8.
– Dépôts de fonds,
• intérêts, C. mon. fin., art. L. 312-3, L. 351-2, L. 351-3.
• opération ou réclamation,
* absence pendant dix ans, L. n° 77-4 du 3 janv. 1977, art. 2, ss. L. 110-4.
– Direction, C. mon. fin., art. L. 511-13.
– Dissolution anticipée, C. mon. fin., art. L. 511-16.
– Droit communautaire, C. mon. fin., art. L. 511-4 (J. 4).
– Droit au compte, C. mon. fin., art. L. 131-73, L. 312-1, D. 312-5, D. 312-6.
– Ententes illicites, abus de position dominante, L. 420-1 (J. 16) ; C. mon. fin., art. L. 511-4.
– Exclusions bancaires (lutte contre), C. mon. fin., art. L. 131-73, L. 312-1.
– Exercice illégal, C. mon. fin., art. L. 511-5.
– Filiales, C. mon. fin., art. L. 511-20.
– Frais bancaires,
• plafonnement, C. mon. fin., art. L. 133-26, D. 131-25, D. 133-5, D. 133-6.
• récapitulatif, C. mon. fin., art. L. 312-1-1.
– Groupe
► V. ***Conglomérat financier.***
– Incident de paiement,
• plafonnement des frais bancaires, C. mon. fin., art. L. 133-26, D. 131-25, D. 133-5, D. 133-6.
– Interdictions professionnelles, C. mon. fin., L. 511-5 s.
– Intérêts des dépôts, C. mon. fin., art. L. 312-3, L. 351-2, L. 351-3.
– Obligations de vigilance,
• falsification de chèque, C. mon. fin., art. L. 131-38 (J. 12 et 17).
– Offre publique,
• obligation d'information du gouverneur de la Banque de France, C. mon. fin., art. L. 511-10.
– Opérations de banque C. mon. fin., art. L. 311-1 s., L. 312-1 s., L. 313-1 s.
• commercialité, L. 110-1.
• interdictions, C. mon. fin., art. L. 511-5 s.
– Opérations connexes, C. mon. fin., art. L. 311-2.
– Pénalités, C. mon. fin., art. L. 571-1 s.
– Prêts
V. *Crédit abusif, Crédit d'exploitation aux entreprises.*
► V. ***Prêts d'argent***
– Prix,
• réglementation, C. mon. fin., art. L. 511-4.
– Refus de crédit, C. mon. fin., art. L. 511-4 (J. 1).
– Renseignements bancaires, C. mon. fin., art. L. 511-33 (J. 9).
– Responsabilité du banquier,
• crédits abusifs ou rupture de crédits, C. mon. fin., art. L. 313-12, D. 313-14-1.
• procédures collectives, L. 650-1.
• renseignements bancaires, C. mon. fin., art. L. 511-33 (J. 9).
► V. ***Chèques.***
– Sanctions pénales, C. mon. fin., art. L. 571-1 s.
– Secret professionnel,
• dirigeants et personnel, C. mon. fin., art. L. 511-33 s.
– Services bancaires,
• facturation, C. mon. fin., art. R. 312-1.
• vente avec prime, vente subordonnée, C. mon. fin., art. L. 312-1-2, L. 351-1.
– Sociétés européennes, C. mon. fin., art. L. 511-13-1.
– Surveillance complémentaire, C. mon. fin., art. L. 511-10.
V. *Conglomérat financier.*
– Virements transfrontaliers,
• Infraction pénale, C. mon. fin., art. R. 163-3, R. 351-5.

Banque de France,
- Fichier national des incidents de paiement, C. mon. fin., art. L. 313-6, **p. 2767.**
- Titres de créances négociables, C. mon. fin., art. L. 213-4, **p. 2747.**

▸ V. *Chèques.*

Banqueroute, L. 654-1 s., R. 654-1.

Baux commerciaux, L. 145-1 s.
- Action en justice, R. 145-23 s.
  - prescription, L. 145-60.
- Activité connexe ou complémentaire, L. 145-47.
- Activité nouvelle, L. 145-48 s.
- Artisan, L. 145-1.
- Artiste, L. 145-2.
- Bail emphytéotique, L. 145-3.
- Caisse d'épargne et de prévoyance, L. 145-2.
- Cessation de l'exploitation, L. 145-17, L. 145-47.
- Cession de bail, L. 145-16, L. 145-51.
- Champ d'application, L. 145-1 s.
- Clause résolutoire, L. 143-2, L. 145-41 s.
- Commission départementale de conciliation, L. 145-35, D. 145-12 s.
- Communautés européennes,
  - ressortissants, L. 145-13, L. 145-23.
- Commune, L. 145-2, L. 145-26 s. ; C. urb., art. L. 214-1 s., *R. 214-1 s., ss. L. 145-60.
- Congé, L. 145-4, L. 145-9.
- Créancier inscrit, L. 143-2.
- Crédit-bail, L. 144-13 ; C. mon. fin., art. L. 313-7, **p. 2767.**
- Département, L. 145-2, L. 145-26.
- Déspécialisation, L. 145-47 s.
  - autorisation judiciaire, L. 145-52.
  - départ à la retraite, L. 145-4, L. 145-51.
  - préjudice, L. 145-50.
  - renonciation, L. 145-47 s.
- Droit au bail,
  - élément du fonds de commerce, L. 141-5 (J. 10 et 11).
- Droit de préemption, L. 145-2 ; C. urb., art. L. 214-1 s., *R. 214-1 s., ss. L. 145-60.
- Droit de repentir, L. 145-58, L. 145-59.
- *Droit de reprise*
  V. *Reprise.*
- Durée, L. 145-4 s., L. 145-12.
- Échelle mobile, L. 145-39, R. 145-22.
- Entreprise publique, L. 145-2.
- Étranger, L. 145-13, L. 145-23.
- Expertise, L. 145-28, L. 145-58, R. 145-32.
- Exploitation,
  - dispense,
    * stage professionnel, L. 145-43.
- Expropriation, L. 145-54.
- Facteurs locaux de commercialité, L. 145-38, R. 145-6.
- Faillite et liquidation judiciaire, L. 145-45.
  ▸ V. ***Sauvegarde, redressement et liquidation judiciaires (L. 26 juill. 2005).***
- Fusion de sociétés, L. 145-16.
- Hôtellerie, L. 1er juill. 1964, ss. R. 145-10 (note).
- Immeuble dangereux ou insalubre, L. 145-17.
- Indemnités,
  - de dépossession, L. 145-7.
  - d'éviction, L. 145-14, L. 145-18, L. 145-22, L. 145-25 s., L. 145-58 s.
  - d'éviction temporaire, L. 145-21.
  - de plus-value, L. 145-46.
- Indice du coût de la construction, L. 145-34, L. 145-38 ; C. mon. fin., art. L. 112-2, **p. 2652** ; Décr. n° 2009-1568 du 15 déc. 2009, **p. 2653.**
- Juge des baux commerciaux, R. 145-23.
- Local accessoire, L. 145-1.
- Local d'habitation accessoire,
  - droit de reprise, L. 145-22, L. 145-23-1.
- Location-gérance, L. 145-1, L. 145-46.
- Location saisonnière, L. 145-5.
- Loyer, L. 145-33 s., R. 145-3 s.
  - activité connexe,
    * modification, L. 145-47.
  - activité nouvelle,
    * modification, L. 145-50.
  - fixation judiciaire, R. 145-21.
  - révision, L. 145-11, L. 145-33 s., L. 145-37 s., R. 145-3, R. 145-20 ; Décr. 3 juill. 1959, **p. 265.**
  - valeur locative, L. 145-33, R. 145-3.
- Maintien dans les lieux, L. 145-28.
- Meublé, L. 145-22.
- Occupants,
  - protection,
    * droit de préemption urbain et zones d'aménagement différé, L. 145-60 (note).
- Plus-value, L. 145-38, L. 145-46, L. 145-54.
- Prescription, L. 145-60.
- Priorités,
  - rachat
  V. *Rachat.*

Baux commerciaux *(suite)*
• reconstruction, L. 145-17, L. 145-19, L. 145-20.
– Procédure, R. 145-23 s. ; Décr. 3 janv. 1966, **p. 265** (note).
– Quittance, L. n° 77-1457 du 29 déc. 1977, art. 11, **p. 266.**
– Rachat,
• priorité, L. 145-51.
– Reconstruction, L. 145-4, L. 145-17 à L. 145-20.
– Redressement judiciaire
▸ V. *Sauvegarde, redressement et liquidation judiciaires (L. 26 juill. 2005).*
– Référé, L. 145-58.
– Refus de renouvellement, L. 145-10, L. 145-14 s.
– Renouvellement, L. 145-8 s., L. 145-34, L. 145-35, L. 145-47.
• opération de crédit-bail, C. mon. fin., art. L. 313-9, **p. 2775.**
– Rénovation urbaine, L. 145-18 s., L. 145-53 s.
– Reprise,
• pour construire, L. 145-24, L. 145-53.
• pour habiter, L. 145-22, L. 145-53.
• pour reconstruire, L. 145-18, L. 145-53.
• pour travaux, L. 145-6, L. 145-7, L. 145-18, L. 145-53.
– Résiliation, L. 145-4.
• résiliation par le propriétaire,
* exploitation d'un fonds de commerce, L. 143-2.
– Restauration immobilière, L. 145-4, L. 145-6, L. 145-7, L. 145-18, L. 145-53, L. 145-60 (note).
– Service public, L. 145-2.
– Société coopérative, L. 145-2.
– Sous-location, L. 145-31 s.
– Surélévation, L. 145-4, L. 145-21.
– Tacite reconduction, L. 145-9.
– Terrain nu, L. 145-1, L. 145-24, R. 145-9.
– Transformation d'activité, L. 145-48 s.
– Tribunal compétent, R. 145-23.
– Valeur locative, L. 145-33, L. 145-38, R. 145-3 s.
– Visite des lieux, R. 145-30.
– Zones d'aménagement différé, L. 145-60 (note).

Bétail sur pied
▸ V. *Délai de paiement.*

Bilan, L. 123-13.

Billets de banque,
– Distribution à des fins publicitaires, C. pén., art. 431-29, 431-30, **p. 3190.**

Billets à ordre, L. 512-1 s.
– Aval, L. 512-2 (J. 6), L. 512-4.
– Billet de fonds, L. 512-1 (J. 3).
– Caractère civil ou commercial, L. 721-4.
– Consignation, R. 511-1.
– Consommateur, (note), **p. 828.**
– Créances hypothécaires à long terme,
• mobilisation, C. mon. fin., art. L. 313-42 s., R. 313-20 s., **p. 2840.**
– Délai de présentation et de protêt, L. 29 oct. 1940, ss. L. 511-26.
– Endossement, L. 512-2 (J. 4), L. 512-3.
– Énonciations, L. 512-1 s.
– Mauvaise foi du porteur, L. 512-3 (J. 5).
– Protêt, L. 512-3.
• publicité, L. 511-56 s., R. 511-2 s.
– Provision, L. 512-3 (J. 1).
– Rapport fondamental, L. 512-4.
– Redressement judiciaire du souscripteur, L. 512-7 (J. 2).
▸ V. *Sauvegarde, redressement et liquidation judiciaires (L. 26 juill. 2005).*
– Support publicitaire, C. mon. fin., art. R. 162-3 ; C. pén., art. R. 642-4, **p. 3191.**
– Utilisation,
• règlement,
* délai, L. 512-8.
– Visa, L. 512-7.
▸ V. *Lettres de change.*

Billets de trésorerie
▸ V. *Titres de créances négociables.*

Boissons alcooliques
▸ V. *Délai de paiement.*

Bons anonymes
▸ V. *Paiement.*

Bons de caisse, C. mon. fin., art. L. 223-1 s., L. 232-1 s., **p. 2748.**
– Prescription, L. 110-4 (J. 4) ; C. mon. fin., art. L. 223-1 (J. 1).
▸ V. *Sauvegarde, redressement et liquidation judiciaires (L. 26 juill. 2005).*

Bons d'institutions financières spécialisées
► V. *Titres de créances négociables.*

Bons à moyen terme négociables
► V. *Titres de créances négociables.*

Bordereaux
► V. *Créances professionnelles.*

Boulangerie, C. consom., art. L. 121-80 s., **p. 3188.**

Boule de neige (Vente à la), C. consom., art. L. 122-6, L. 122-7, **p. 3303.**

Bourses de commerce,
– Courtiers de marchandises assermentés, L. 131-24.

Bourses de marchandises
► V. *Bourses de commerce.*

Bourses de valeurs,
– Sociétés de bourse
► V. *Sociétés de bourse.*
– Sociétés des bourses françaises,
► V. *Marchés financiers.*

Boycottage, L. 420-1 (J. 34 s.).

Brevet de maîtrise,
– Artisan, L. n° 96-603 du 5 juill. 1996, art. 21 et 24, **p. 2601.**

Brocante, C. pén., art. 321-7, 321-8 et R. 321-1 s., **p. 3386.**

Bruit (lutte contre le),
– Vente ou location d'objets ou de dispositifs, (note), **p. 3270.**

Bulletin officiel des annonces civiles et commerciales, R. 123-209 s.
– Fonds de commerce,
• vente, cession, R. 123-211, R. 123-212.
– Inscription modificative, R. 123-217.
– Nouvelle immatriculation, R. 123-213.
– Registre du commerce et des sociétés,
• immatriculation, R. 123-210.

C

Cagnotte (technique de la), L. 442-6 (J. 4).

Carte d'identité,
– Étranger,
• artisan, commerçant, L. 122-1 s., R. 122-1 s. ; CESEDA, art. L. 314-4, **p. 3110** ; L. 10 avr. 1954, **p. 3111.**
– Négociant des foires et marchés de bétail, Décr. 30 sept. 1928, **p. 2941.**

Cartes de paiement ou de crédit, C. mon. fin., art. L. 133-1 s., L. 163-4 s., **p. 2730.**
– Contrefaçon et falsification, C. mon. fin., art. L. 163-4 s.
– Incapables, C. mon. fin., art. L. 133-6 (note).
– Incident de paiement,
• plafonnement des frais bancaires, C. mon. fin., art. L. 133-26, D. 133-5, D. 133-6, **p. 2725.**
– Paiement obligatoire, C. mon. fin., art. L. 112-6.
– Sanctions pénales, C. mon. fin., art. L. 163-4 s.
• confiscation, C. mon. fin., art. L. 163-5.
• personne morale, C. mon. fin., art. L. 163-10-1.
– Signature informatique, C. mon. fin., art. L. 133-4 (J. 1).

Cassettes, L. 420-5.

Caution mutuelle (sociétés de), L. 126-1 ; C. mon. fin., art. L. 515-4 s., **p. 2871.**
– Administrateurs,
• responsabilité, C. mon. fin., art. L. 515-11.
– Capital, C. mon. fin., art. L. 515-4, L. 515-8.
– Caractère commercial, C. mon. fin., art. L. 515-5.
– Objet, C. mon. fin., art. L. 515-4.
– Publicité, C. mon. fin., art. L. 515-10.

Cautionnement,
– Disqualification d'un aval cambiaire, L. 511-21 (J. 6).

Cautionnement *(suite)*
- Distinction de l'engagement de payer la dette d'autrui, (J. 44), **p. 3143.**
- Distinction de la garantie autonome, C. civ., art. 2321 (J. 3 s., 8 et 9), **p. 3135.**
- Engagement disproportionné, C. consom., art. L. 341-4, **p. 2814.**
- Entreprises individuelles, L. n° 94-126 du 11 févr. 1994, art. 47-II, **p. 2811** ; C. mon. fin., art. L. 313-21, **p. 2799.**
- Information de la caution, C. mon. fin., art. L. 313-22, **p. 2800** ; L. n° 94-126 du 11 févr. 1994, art. 47-II, **p. 2811** ; C. consom., art. L. 341-1, L. 341-6, **p. 2812.**
- Mention manuscrite, C. consom., art. L. 341-2 s., **p. 2812.**
- Nature civile ou commerciale, L. 110-1 (J. 29 s.).
- Preuve, L. 110-3 (J. 4).
- Redressement et liquidation judiciaires
  ▸ V. *Sauvegarde, redressement et liquidation judiciaires (L. 26 juill. 2005).*
- Sociétés anonymes, L. 225-35.

Centrales d'achat et de référencement, L. 132-1 (J. 6 s.).
- Boycottage de produits, L. 420-1 (J. 34).
- Déréférencement, L. 420-1 (J. 12), L. 420-2, L. 442-6 (4° et 5°).
- Facturation, L. 441-3 (J. 8 et 9).

Centres de formalités des entreprises, R. 123-1 s., A. 123-1 s. ; L. n° 94-126 du 11 févr. 1994, art. 2, ss. R. 123-1.
- Chambres de commerce, L. 711-3.

Certificats de dépôt
▸ V. *Titres de créances négociables.*

Certificats d'investissement
▸ V. *Actions de société.*

Certification,
- Chèque, C. mon. fin., art. L. 131-14, **p. 2667.**

Cessation des paiements
▸ V. *Sauvegarde, redressement et liquidation judiciaires (L. 26 juill. 2005).*

Cession de créance
▸ V. *Créances professionnelles, Fonds communs de titrisation, Mobilisation de créances.*

Cession de parts sociales,
- Assimilation à cession de fonds de commerce, L. 141-13 (J. 5), L. 141-1 (J. 3).
- Compétence juridictionnelle, L. 721-3 (J. 5).

▸ V. *Sociétés à responsabilité limitée.*

Chaînes d'argent, C. consom., art. L. 122-6, **p. 3303.**

Chambres de commerce et d'industrie, L. 710-1, L. 711-1 s., L. 713-1 s., R. 711-1 s., A. 711-1 s.
- Accords collectifs, D. 711-5.
- Administration, L. 712-1 s.
- Aéroport, L. 711-3, L. 711-7.
- Appellation,
  • réglementation, L. n° 56-1119 du 12 nov. 1956, ss. L. 710-1.
- Arbitrage, D. 711-75 s.
- Assemblée des chambres françaises, L. 711-15, L. 711-16, R. 711-54 s., R. 711-68 à R. 712-8, R. 712-13, R. 712-14.
- Attributions, L. 711-2 s.
  • aménagement commercial L. 711-3, L. 711-7 ; C. urb., art. L. 121-4, **p. 1421.**
  • formation professionnelle, L. 711-4, L. 711-9.
- Budget, L. 712-1, L. 712-5, L. 712-8, R. 712-15 s., A. 712-19 s.
- Bureau, R. 711-13 s.
- Candidature, R. 713-3 s., A. 713-4 s.
- Catégories professionnelles, L. 713-11, L. 713-13, R. 713-65 s., A. 713-26.
- Centre de formalité des entreprises, L. 711-3.
- Chambres de région, L. 711-6 s., L. 712-5, R. 711-46 s.
- Clause compromissoire, D. 711-75 s.
- Commissaires aux comptes, L. 712-6.
- Commission provisoire, L. 712-9.
- Compagnies consulaires, R. 711-68 à R. 712-8.
- Composition, R. 713-65 s.
- Compromis, D. 711-75 s.
- Comptes annuels, L. 712-1, L. 712-6.
- Contrôle, L. 712-7 s
- Création, L. 711-1, L. 711-6, L. 711-11.
- Délégations, R. 711-18 s.
- Délégués consulaires, L. 713-6 s., R. 713-31 s., A. 713-14 s.

Chambres de commerce et d'industrie *(suite)*

- Délibération, L. 712-7.
- Développement du territoire, L. 711-3.
- Dispositions communes, R. 711-68 s.
- Dissolution, L. 712-9, R. 711-17.
- Durée des fonctions, L. 713-1, R. 711-68.
- Élections, L. 713-1 s., R. 713-1 s., A. 713-1 s.
- Éligibilité, L. 713-4.
- Équipements commerciaux, L. 711-3.
- Emprunts, L. 712-4, R. 712-15 s., A. 712-7 s.
- Fonctionnement, R. 711-12 s., A. 711-3.
- Formation professionnelle, L. 711-4, L. 711-9.
- Frais de propagande, R. 713-12, A. 713-6.
- Groupements interconsulaires, R. 711-22 s., R. 712-12, R. 712-15.
- Île-de-France, L. 711-1, L. 711-11 s.
- Incapacités électorales, L. 713-3.
- Listes électorales, R. 713-1 s., R. 713-70, A. 713-1 s., A. 713-18 s.
- Membres,
  • associés, R. 711-3, R. 711-4.
  • démission, L. 712-9.
  • faute grave, L. 712-9.
- Nature juridique, L. 710-1 (J. 1).
- Opérations électorales, R. 713-6, R. 713-11 s.
- Organisation, R. 711-46 s.
- Paris, L. 711-11 s.
- Plan locaux d'urbanisme, L. 711-2.
- Port maritime, L. 711-3.
- Règlement intérieur, L. 712-1.
- Renouvellement, L. 713-1, R. 713-66.
- Représentant légal, L. 712-1.
- Réseau, L. 710-1, L. 711-8, L. 711-16, A. 712-1 s.
- Ressources, L. 712-2, R. 712-11 s.
- Schémas de cohérence territoriale, L. 711-2.
- Schéma directeur, L. 711-3, L. 712-4, R. 711-35 s., R. 711-45.
- Schéma sectoriel, L. 711-3, D. 711-41, D. 711-56.
- Services communs, R. 712-17.
- *Service aux entreprises*, L. 711-3, L. 711-7.
- Transaction, R. 711-74, R. 711-74-1.
- Trésorier, L. 712-1, L. 712-8.
- Tutelle, L. 712-10, R. 712-2 s., A. 712-7 s.
- Union européenne, L. 711-15.
- Vote,
  • modalités, R. 713-16 s., A. 713-8 s.

Chambres de compensation

▸ V. *Chèques, Lettres de change, Marchés financiers.*

Chambres de métiers et de l'artisanat, C. artisanat, art. 5 s., **p. 2550** ; Décr. n° 64-1362 du 30 déc. 1964, **p. 2568** ; Décr. n° 99-433 du 27 mai 1999, **p. 2628.**

- Appellation,
  • réglementation, L. n° 56-1119 du 12 nov. 1956, ss. L. 710-1.
- Assemblée générale, C. artisanat, art. 20.
- Assemblée permanente, C. artisanat, art. 5-7 et 5-8 ; Décr. n° 66-137 du 7 mars 1966, **p. 2565.**
- Attributions, C. artisanat, art. 23.
  • équipements commerciaux, L. n° 2005-882 du 2 août 2005, art. 72, **p. 2562.**
  • fonds d'assurance-formation, L. 711-7.
  • urbanisme commercial, C. urb., art. L. 121-4, ss. L. 711-2.
- Budget, Décr. 30 déc. 1964, art. 10.
- Bureau, C. artisanat, art. 19.
- Catégories professionnelles, Décr. n° 99-433 du 27 mai 1999, art. 1er.
- Chambres de métiers et de l'artisanat départementales, C. artisanat, art. 5-1 s.
- Chambres de métiers et de l'artisanat de région, C. artisanat, art. 5-1 s.
- Chambres régionales de métiers et de l'artisanat, C. artisanat, art. 5-1 s. ; Décr. n° 2004-1165 du 2 nov. 2004, **p. 2643.**
- Commissions permanentes, Décr. 30 déc. 1964, art. 8 *bis*.
- Composition, Décr. n° 99-433 du 27 mai 1999, art. 1er s.
- Conjoints,
  • accès, Décr. n° 99-433 du 27 mai 1999, art. 6.
- Dissolution, C. artisanat, art. 17.
- Droit de préemption urbain, L. n° 2005-882 du 2 août 2005, art. 72, **p. 2562.**
- Élections, C. artisanat, art. 19 s. ; Décr. n° 99-433 du 27 mai 1999.
- Électorat, Décr. n° 99-433 du 27 mai 1999, art. 5.
- Éligibilité, Décr. n° 99-433 du 27 mai 1999, art. 6 s.
- Fonds de réserve, C. artisanat, art. 29.

Chambres de métiers et de l'artisanat *(suite)*
- Formation, Décr. n° 2004-1165 du 2 nov. 2004, art. 1er, 6-1, 6-2, 8-1 s., **p. 2643.**
- Membres associés, C. artisanat, art. 21.
- Organisation, C. artisanat, art. 5-1 s.
- Réseau des chambres de métiers et de l'artisanat, C. artisanat, art. 5-1 s.
- Ressources, C. artisanat, art. 25 s.
- Secrétaire général, Décr. 30 déc. 1964, art. 8 *bis*.
- Section, C. artisanat, art. 6.
- Services communs, Décr. 30 déc. 1964, art. 12.
- Transfert, C. artisanat, art. 6.
- Zone d'aménagement différé, L. n° 2005-882 du 2 août 2005, art. 72, **p. 2562.**

▸ V. ***Artisans, Répertoire des métiers.***

Change,
- Commercialité, L. 110-1.

Chemins de fer,
- Récépissé,
  • mention, Décr.-L. 14 juin 1938, ss. L. 132-9.
- Transports internationaux,
  • conventions, ss. L. 132-9.

Chèques, C. mon. fin., art. L. 131-2 s., R. 131-1 s., R. 163-1, R. 312-2, **p. 2659.**
- Acceptation, C. mon. fin., art. L. 131-5.
- Acquittement, C. mon. fin., art. L. 131-37.
- Action,
  • prescription, C. mon. fin., art. L. 131-59 s.
- Allonge, C. mon. fin., art. L. 131-19.
- Altération, C. mon. fin., art. L. 131-58.
- Aval, C. mon. fin., art. L. 131-28 s.
- Avis de non-paiement, C. mon. fin., art. L. 131-49.
  • Banque de France, C. mon. fin., art. L. 131-84, R. 131-26 s.
- Banque de France,
  • attributions, C. mon. fin., art. L. 131-85 s.
  • déclarations, C. mon. fin., art. R. 131-26 s.
  • diffusion des incidents de paiement et des interdictions judiciaires, C. mon. fin., art. L. 131-85, L. 163-11, R. 131-38 à R. 131-45.
  • information à l'autorité judiciaire, C. mon. fin., art. R. 131-38 à R. 131-45.
  • information des banquiers, C. mon. fin., art. R. 131-42 s.
  • informations sur la régularité des chèques, C. mon. fin., art. L. 131-86, L. 163-12, R. 131-5 à R. 131-9, R. 163-2.
- Banquier,
  • responsabilité, C. mon. fin., art. L. 131-31 (J. 9), L. 131-37 (J. 2), L. 131-38 (J. 1 s.), L. 131-67 (J. 3 *bis*), L. 131-70, L. 131-81 s., L. 163-1.
- Barrement, C. mon. fin., art. L. 131-44 s.
  • barrement d'avance, C. mon. fin., art. L. 131-71.
- Bénéficiaire, C. mon. fin., art L. 131-6 s.
  • falsification, C. mon. fin., art. L. 131-38 (J. 9).
- Bordereau falsifié, C. mon. fin., art. L. 131-38 (J. 21).
- Caution, C. mon. fin., art. L. 131-40, L. 131-43.
- Certificat de non-paiement, C. mon. fin., art. L. 131-73, L. 312-1, R. 131-46 s.
- Certification, C. mon. fin., art. L. 131-14.
  • fausse certification, C. mon. fin., art. L. 163-3 (J. 3), R. 131-2.
- Cession, C. mon. fin., art. L. 131-16, L. 131-27.
- Chambre de compensation, C. mon. fin., art. L. 131-34.
- Chèque de banque, C. mon. fin., art. L. 131-5 (J.), L. 131-71 (J. 6).
- Chèque barré, C. mon. fin., art. L. 131-44 s.
- Chèques cadeaux
  ▸ V. ***Chèques cadeaux.***
- Chèque en blanc, C. mon. fin., art. L. 131-6 (J. 1).
- Chèque de casino, C. mon. fin., art. L. 131-3 (J. 4), L. 131-25 (J. 5 à 8).
- Chèque de dépannage, C. mon. fin., art. L. 131-70 (J. 1).
- Chèque falsifié, C. mon. fin., art. L. 131-31 (J. 9), L. 131-38 (J. 1 s.), L. 163-3, L. 163-5.
- Chèque de garantie, C. mon. fin., art. L. 131-31 (J. 10), L. 131-35 (J. 11), L. 131-79 (J. 2).

Chèques *(suite)*

– Chèque muté,
• euro, C. mon. fin., art. L. 131-2 (J. 7).
– Chèque sur papier libre, C. mon. fin., art. L. 131-2 (J. 1).
– Chèque périmé, C. mon. fin., art. L. 131-59 (J. 10).
– Chèque au porteur, C. mon. fin., art. L. 131-6.
– Chèque sans provision, C. mon. fin., art. L. 131-72 s., R. 131-11 s.
• compétence pénale, C. mon. fin., art. L. 163-2, L. 163-7.
• compte collectif, C. mon. fin., art. L. 131-80.
• émission,
* interdiction, C. mon. fin., art. L. 131-72 s., L. 163-2, L. 163-6, L. 163-7, R. 131-33 s.
• formules,
* restitution, C. mon. fin., art. L. 131-72 s.
• information de la Banque de France, C. mon. fin., art. L. 131-84, R. 131-26 s.
• pénalité libératoire, C. mon. fin., art. L. 131-75, R. 131-16 s.
• plafonnement des frais bancaires, C. mon. fin., art. D. 131-25.
• porteur,
* droits, C. mon. fin., art. L. 163-9.
• régularisation, C. mon. fin., art. L. 131-73 s., R. 131-15 s.
• sanctions pénales, C. mon. fin., art. L. 163-2 s.
• tiré,
* obligation de payer, C. mon. fin., art. L. 131-81 s.
– Chéquier,
• délivrance
V. *Formules.*
– Clause « retour sans frais » ou « sans protêt », C. mon. fin., art. L. 131-50.
– Compétence civile, C. mon. fin., art. L. 131-79.
– Compétence pénale, C. mon. fin., art. L. 163-2, L. 163-7.
– Compte
► V. ***Comptes en banque.***
– Compte clôturé, C. mon. fin., art. L. 131-4 (J. 2 *bis*), R. 131-18 (J.).
– Contrefaçon, C. mon. fin., art. L. 163-3, L. 163-5.
– Contre-passation, C. mon. fin., art. L. 131-47 (J. 1 et 2), L. 131-73 (J. 5).
– Date, C. mon. fin., art. L. 131-2, L. 131-27, L. 131-31, L. 131-33, L. 131-69.
– Date de valeur, C. mon. fin., art. L. 131-1-1 ; C. consom., art. L. 313-2 (J. 3), **p. 3149.**
– Délais,
• calcul, C. mon. fin., art. R. 131-3, R. 131-4.
• prorogation, C. mon. fin., art. L. 131-66.
– Disqualification, C. mon. fin., art. L. 131-3 (J. 8).
– Domiciliation, C. mon. fin., art. L. 131-8.
– Don manuel, C. mon. fin., art. L. 131-67 (J. 4).
– Emploi obligatoire, C. mon. fin., art. L. 112-6 s.
– Endossement, C. mon. fin., art. L. 131-16 s.
• caractère translatif, C. mon. fin., art. L. 131-20 (J. 1 s.).
• endossement sans date, C. mon. fin., art. L. 131-27.
• non-transmissibilité par endossement, C. mon. fin., art. L. 131-71.
– Énonciations, C. mon. fin., art. L. 131-2, L. 131-3, L. 131-10.
– Erreur du tireur, C. mon. fin., art. L. 131-67 (J. 5).
– Escompte, C. mon. fin., art. L. 131-73 (J. 5).
V. *Endossement.*
– Exceptions,
• opposition, C. mon. fin., art. L. 131-25.
– Exemplaires,
• pluralité, C. mon. fin., art. L. 131-56 s.
– Faculté de régularisation, C. mon. fin., art. L. 131-73 s., R. 131-15 s.
– Falsification, C. mon. fin., art. L. 163-3, L. 163-5.
V. *Banquier.*
– Faux, C. mon. fin., art. L. 131-11, L. 131-46.
– Fichier central des chèques,
• fichier national des chèques irréguliers, V. *Banque de France.*
– Forme, C. mon. fin., art. L. 131-2, L. 131-3, L. 131-10.
– Formules, C. mon. fin., art. L. 131-70 s., R. 131-44, R. 131-50.
• délivrance,
* refus, C. mon. fin., art. L. 131-71 s.

Chèques *(suite)*

• gratuité, C. mon. fin., art. L. 131-71.
• mentions, C. mon. fin., art. L. 131-71.
• restitution, C. mon. fin., art. L. 131-71 s.
– Garantie,
• endosseur, C. mon. fin., art. L. 131-21.
• tireur, C. mon. fin., art. L. 131-13.
– Incapables, C. mon. fin., art. L. 131-11, L. 131-36.
– Incidents de paiement, C. mon. fin., art. L. 131-72 s., R. 131-11 s.
• compte collectif, C. mon. fin., art. L. 131-80.
• diffusion par la Banque de France, C. mon. fin., art. L. 131-85, L. 163-12, R. 131-38 à R. 131-45.
• information de la Banque de France, C. mon. fin., art. L. 131-84, R. 131-26 s.
V. *Chèque sans provision.*
– Infractions, C. mon. fin., art. L. 163-2 s., R. 163-1.
• compétence, C. mon. fin., art. L. 163-2, L. 163-7.
– Injonction du banquier, C. mon. fin., art. L. 131-73, R. 131-15 s.
– Interdiction bancaire ou judiciaire d'émission, C. mon. fin., art. L. 131-72, L. 163-2, L. 163-6, L. 163-7, R. 131-33 s.
• diffusion par la Banque de France, C. mon. fin., art. L. 131-85, R. 131-38 à R. 131-45.
– Intérêts, C. mon. fin., art. L. 131-8, L. 131-52 s.
– Lieu d'émission, C. mon. fin., art. L. 131-2, L. 131-32, L. 131-33, L. 131-69.
– Lieu de paiement, C. mon. fin., art. L. 131-2, L. 131-32, L. 131-33.
– Mainlevée de l'opposition, C. mon. fin., art. L. 131-35 (J. 20 s.).
– Mandataire, C. mon. fin., art. L. 131-12, L. 131-72 s.
– Mesures conservatoires, note ss. C. mon. fin., art. L. 131-68.
– Modulo-chèque, C. mon. fin., art. L. 131-19 (J. 2).
– Monnaie étrangère, C. mon. fin., art. L. 131-39.
– Montant, C. mon. fin., art. L. 131-10.
• euros, C. mon. fin., art. L. 131-2 (J. 7).
• falsification, C. mon. fin., art. L. 131-38 (J. 12).
• monnaie étrangère, C. mon. fin., art. L. 131-39.
– Non-paiement, C. mon. fin., art. L. 131-47 s., R. 131-11 s.
V. *Avis de non-paiement.*
– Novation, C. mon. fin. art. L. 131-67.
– Opposition, C. mon. fin., art. L. 131-35, L. 163-1, R. 131-51.
– Ouverture d'un compte, C. mon. fin., art. R. 312-2.
– Paiement, C. mon. fin., art. L. 131-31 s.
• partiel, C. mon. fin., art. L. 131-37.
• refus, C. mon. fin., art. L. 131-47 s.
V. *Répétition de l'indu.*
– Paiement par chèque, C. mon fin., art. L. 131-67.
• interdiction, C. mon. fin., art. L. 131-72 s., L. 163-6, L. 163-7.
• obligatoire, C. mon. fin., art. L. 112-6 s.
• pièce d'identité, C. mon. fin., art. L. 131-15.
– Pénalités, C. mon. fin., art. L. 163-2 s., R. 163-1.
• tiré, C. mon. fin., art. L. 131-70, L. 163-1, L. 163-2, L. 163-10.
• tireur, C. mon. fin., art. L. 131-69, L. 163-2.
– Pénalité libératoire, C. mon. fin., art. L. 131-75 s., R. 131-16 s.
– Perte, C. mon. fin., art. L. 131-24, L. 131-35, L. 131-40, L. 131-43.
• responsabilité, C. mon. fin., art. L. 131-15 (J. 1 s.), L. 131-38 (J. 1 s.).
– Pièce d'identité, C. mon. fin., art. L. 131-15, R. 312-2.
– Porteur, C. mon. fin., art. L. 131-6, L. 131-22, L. 131-26 (J. 1 *bis*).
• droits, C. mon. fin., art. L. 163-9.
– Prescription, C. mon. fin., art. L. 131-59 s.
– Présentation, C. mon. fin., art. L. 131-31 s.
• délai, C. mon. fin., art. L. 131-32, R. 131-3, R. 131-4.
• empêchement de force majeure, C. mon fin., art. L. 131-55.
• jour férié, C. mon. fin., art. R. 131-4.
– Procuration, C. mon. fin., art. L. 131-26.
– Protêt, C. mon. fin., art. L. 131-47 s., L. 131-61 s.
• délai, C. mon. fin., art. L. 131-48, L. 131-55.
• dispense, C. mon. fin., art. L. 131-50.
• jour férié, C. mon. fin., art. R. 131-4.

Chèques *(suite)*
• publicité, L. 511-56 s., R. 511-2 s.
– Provision, C. mon. fin., art. L. 131-4.
• blocage,
* retrait, C. mon. fin., art. L. 131-35 (J. 16), L. 163-1, L. 163-2.
• compte clôturé, C. mon. fin., art. L. 131-4 (J. 2 *bis*).
• défaut ou insuffisance, C. mon. fin., art. L. 131-72 s.
V. *Chèque sans provision.*
– Rapport fondamental, C. mon. fin., art. L. 131-25 (J. 4), L. 131-59 (J. 7), L. 131-67.
– Recours, C. mon. fin., art. L. 131-47 s.
– Redressement ou liquidation judiciaires du bénéficiaire, C. mon. fin., art. L. 131-35.
► V. ***Sauvegarde, redressement et liquidation judiciaires (L. 26 juill. 2005).***
– Référé, C. mon. fin., art. L. 131-35.
• référé-provision, C. mon. fin., art. L. 131-35 (J. 13, 25).
– Refus de paiement,
• enregistrement par le tiré, C. mon. fin., art. R. 131-11 s.
– Régularisation,
• injonction, C. mon. fin., art. L. 131-73, R. 131-15 s.
• pénalité libératoire, C. mon. fin., art. L. 131-75 s., R. 131-16 s.
• sauvegarde, redressement ou liquidation judiciaires, L. 626-13, L. 643-12.
– Régularité,
• vérification, C. mon. fin., art. L. 131-86, L. 163-12, R. 131-5 à R. 131-9, R. 163-2.
– Remise du chèque,
• effets, C. mon. fin., art. L. 131-67.
– Répétition de l'indu, C. mon. fin., art. L. 131-4 (J. 8), L. 131-38 (J. 22), L. 131-67 (J. 5).
– Représentant d'une société, C. mon. fin., art. L. 131-72 (J.).
– Saisie-attribution, C. mon. fin., art. L. 131-20 (J. 3), L. 131-35 (J. 13).
– Saisie-conservatoire, C. mon. fin., art. L. 131-68.
– Sanctions pénales
V. *Pénalités.*
– Séquestre, C. mon. fin., art. L. 131-35 (J. 12).
– Signature, C. mon. fin., art. L. 131-11, L. 131-12.
• endosseur, C. mon. fin., art. L. 131-19.
– Société en formation, C. mon. fin., art. L. 131-6 (J. 3, 7).
– Solidarité, C. mon. fin., art. L. 131-51.
– Somme,
• chiffres et lettres, C. mon. fin., art. L. 131-10.
– Sûreté judiciaire, C. mon. fin., art. L. 131-68 (note).
– Tiré, C. mon. fin., art. L. 131-4.
• incidents de paiement,
* information de la Banque de France, C. mon. fin., art. L. 131-84, R. 131-26 s.
• obligation de payer, C. mon. fin., art. L. 131-81 s.
V. *Banquier.*
– Transmission, C. mon. fin., art. L. 131-16.
• non-transmissibilité par endossement, C. mon. fin., art. L. 131-71.
– Utilisation frauduleuse, C. mon. fin., art. L. 131-35.
– Vérification de la régularité, C. mon. fin., art. L. 131-86, L. 163-12, R. 131-5 à R. 131-9, R. 163-2.
– Visa, C. mon. fin., art. L. 131-5.
– Vol, C. mon. fin., art. L. 131-35.
V. *Perte.*

Chèques cadeaux, C. mon. fin., art. L. 131-3 (J. 10), L. 311-3 (J.), **p. 2661.**

Chèques postaux
► V. *Chèques.*

Chèques de voyage, C. mon. fin., art. L. 131-3 (J. 9), **p. 2661.**

Cinéma,
– Entente, CCIA, art. L. 212-19 s., **p. 2939.**
– Équipements cinématographiques, CCIA, art. L. 212-6 s., **p. 2937** ; C. urb., art. L. 111-6-1, ss. L. 752-1.

Clauses abusives,
– Associations de consommateurs,
• actions en justice, C. consom., art. L. 132-1 (J. 12), **p. 3286.**
– Clauses grises, C. consom., art. R. 132-2, **p. 3288.**
– Clauses noires, C. consom., art. R. 132-1, **p. 3287.**
– Protection des consommateurs, C. consom.,

Clauses abusives *(suite)*
art. L. 132-1 s., R. 132-1, R. 132-2, R. 132-2-1, **p. 3282.**

Clauses attributives de compétence, L. 721-3 (J. 33 s.).

Clauses compromissoires, L. 721-3 ; C. civ., art. 2061, **p. 2827** (note).
– Transmission, C. mon. fin., art. L. 313-27, (J. 11), **p. 2827.**

Clauses de conciliation et de médiation, L. 721-3 (J. 41 s.).

Clauses d'exclusivité, L. 330-1 s.
► V. *Franchise.*

Clauses de non-concurrence
► V. *Concurrence.*

Clauses de réserve de propriété, L. 624-16, L. 624-18, R. 624-13 s.

Code-barres
► V. *Couponnage croisé.*

Code de commerce,
– Codification, Ord. n° 2000-912 du 18 sept. 2000, **p. 1.**
– Portée, **p. 2** (bibl.).

Code de la consommation
► V. *Clauses abusives, Information des consommateurs, Prêts d'argent, Ventes commerciales.*

Code de procédure civile,
– Instruction *in futurum*, C. pr. civ., art. 145, **p. 3237.**
– Tribunal de commerce,
  • procédure, C. pr. civ., art. 853 s., **p. 3243.**

Coffre-fort (location), C. mon. fin., art. L. 312-1-2 (J.), **p. 2761.**

Comité consultatif du secteur financier,
– Compte en banque, C. mon. fin., art. L. 312-1-1 s, **p. 2757.**

Comité de la réglementation bancaire et financière
► V. *Ministre chargé de l'économie.*

Commandite par actions (sociétés en), L. 224-1 s., L. 226-1 s., R. 226-1 s.
– Actions
  ► V. *Actions de société.*
– Assemblée générale ordinaire, L. 226-4 s.
– Capital, L. 224-2.
  ► V. *Sociétés anonymes.*
– Conseil de surveillance, L. 226-4, L. 226-9, L. 226-13.
  • membres,
  * limite d'âge, L. 226-5.
– Constitution, L. 226-1 s., R. 226-1 s.
– Dénomination sociale, L. 224-1, L. 246-1, R. 123-238.
– Gérant,
  • conventions avec la société, L. 226-10, R. 226-2.
  • limite d'âge, L. 226-3.
  • nomination, L. 226-2.
  • pouvoirs, L. 226-7.
  • rémunération, L. 226-8.
  • responsabilité civile, L. 226-12.
  • révocation, L. 226-2.
– Infractions, L. 242-1 s., L. 243-1 s., L. 246-1 s.
– Obligations de société
  ► V. *Obligations de société.*
– Publicité, L. 232-23, R. 232-9 s.
– Statuts, L. 226-11, R. 224-1 s.
– Transformation, L. 226-14.
► V. *Commandite simple (sociétés en), Sociétés anonymes, Sociétés commerciales.*

Commandite simple (sociétés en), L. 222-1 s., R. 222-1 s.
– Dénomination sociale, L. 222-3.
– Infractions, L. 247-1 s.
► V. *Sociétés commerciales.*

Commerçants,
– Acte de commerce, L. 110-1 s.
– Activité clandestine, C. trav., art. L. 8221-6, **p. 2932.**
– Agent artistique, C. trav., art. L. 7121-11, ss. L. 134-17.
– Agent commercial, L. 134-1 s., R. 134-1 s.
  ► V. *Agents commerciaux.*
– Baux
  ► V. *Baux commerciaux.*
– Commerçants détaillants,
  • société coopérative, L. 124-1 s.
– Comptabilité, L. 123-13 s.

Commerçants *(suite)*
– Compte bancaire ou de chèques postaux, L. 123-24.
– Conjoint,
• centre de formalités des entreprises, R. 121-5.
• collaborateur, L. 121-4, R. 121-1 s.
• consentement pour des actes divers, L. 121-5.
• mandat,
* présomption, L. 121-6.
• prélèvement successoral, L. n° 89-1008 du 31 déc. 1989, art. 14-I, ss. L. 121-8.
– Définition, L. 121-1.
– Femme commerçante, L. 121-3.
– Forains
► V. ***Marchands ambulants et forains.***
– Incapacités professionnelles, anc. L. 128-1 s. .
► V. ***Incapacités professionnelles.***
– Livres de commerce
V. *Comptabilité.*
– Magasins collectifs
► V. ***Magasins collectifs.***
– Mineur émancipé, L. 121-2.
– Pacte civil de solidarité, L. 121-8.
– Registre du commerce et des sociétés, L. 123-1, R. 123-31 s., A. 123-12 s.
► V. ***Registre du commerce et des sociétés.***
– Représentant de commerce
► V. ***Représentants de commerce.***
– Sauvegarde, redressement et liquidation judiciaires, L. 620-2, L. 631-2, L. 631-3, L. 631-5, L. 640-2, L. 640-3, L. 640-5.
► V. ***Sauvegarde, redressement et liquidation judiciaires (L. 26 juill. 2005).***

Commerce (organisation), L. 750-1 s. (aménagement commercial), et **p. 1483.**
– Adaptation des entreprises,
• crédit, L. n° 73-1193 du 27 déc. 1973, art. 47, **p. 2946.**
– Alimentation, Décr. n° 53-962 du 30 sept. 1953, **p. 2941.**
► V. ***Denrées alimentaires.***
– Assainissement, anc. L. 128-1 s. .
– Centres de formalités des entreprises, R. 123-1 s.
– Chambres de commerce et d'industrie
► V. ***Chambres de commerce et d'industrie.***
– Commerce équitable, L. n° 2005-882 du 2 août 2005, art. 60, **p. 2950** ; Décr. n° 2007-986 du 15 mai 2007, **p. 2951.**
– Commerce électronique
► V. ***Commerce électronique.***
– Commerce de proximité, L. 750-1-1 ; Décr. n°s 2008-1470 et 2008-1475 du 30 déc. 2008 ; Arr. du 30 déc. 2008, ss. L. 750-1-1.
– Groupements d'intérêt économique, L. 251-1 s.
► V. ***Groupements d'intérêt économique.***
– Identification et répertoire des entreprises, R. 123-220 s.
– Intervention économique,
• organismes privés, Décr. n° 53-933 du 30 sept. 1953, **p. 2941.**
– Liberté du commerce, L. 2-17 mars 1791, art. 7, **p. 2940.**
– Magasins collectifs
► V. ***Magasins collectifs.***
– Marchés d'intérêt national, L. 761-1 s., R. 761-1 s.
– Observatoire d'aménagement commercial, L. 751-9, R. 751-12 s., R. 751-12 s. anciens.
– Observatoire national de commerce, R. 751-26 ancien.
– Professions non sédentaires, CGI, art. 302 *octies*, 1788, **p. 2932.**
– Reconversion d'activité,
• aide, L. n° 73-1193 du 27 déc. 1973, art. 47, 52, **p. 2946.**
– Registre du commerce
► V. ***Registre du commerce et des sociétés.***
– Renseignements à des personnes étrangères, L. n° 68-678 du 26 juill. 1968, **p. 3111.**
– Schémas de développement commercial, R. 751-18 s., R. 751-19 s. anciens.
– Urbanisme commercial, L. 750-1, L. 752-1 s., R. 751-1 s., R. 751-1 s. anciens ; C. urb., art. L. 111-6-1, ss. L. 752-1.

Commerce électronique,
– Définition, L. n° 2004-575 du 21 juin 2004, art. 14, **p. 2948.**
– Écrit, C. consom., art. L. 134-2, **p. 3298.**
– Enchère à distance,
• concurrence, L. 442-6, I, 5°, L. 442-10, L. 443-2.
– Exercice, L. n° 2004-575 du 21 juin 2004, art. 16, 18, **p. 2948.**
– Information, L. n° 2004-575 du 21 juin

Commerce électronique *(suite)*
2004, art. 19, 28, **p. 2949** ; C. consom., art. L. 121-20-4, **p. 3370.**
– Loi applicable, L. n° 2004-575 du 21 juin 2004, art. 17, **p. 2949.**
– Publicité électronique, L. n° 2004-575 du 21 juin 2004, art. 20, 22, **p. 3167** ; C. consom., art. L. 121-15-1 s., L. 121-20-5, **p. 3182.**
– Responsabilité, L. n° 2004-575 du 21 juin 2004, art. 15-I, **p. 2948** ; C. consom., art. L. 121-20-3, **p. 3369.**

Commerce équitable, L. n° 2005-882 du 2 août 2005, art. 60, **p. 2950.**
– Commission nationale, Décr. n° 2007-986 du 15 mai 2007, art. 1er, **p. 2951.**
– Critère, Décr. n° 2007-986 du 15 mai 2007, art. 6, **p. 2951.**
– Dossier, Arr. 3 oct. 2011, **p. 2952.**
– Reconnaissance, Décr. n° 2007-986 du 15 mai 2007, art. 6, **p. 2951.**

Commerce maritime, **p. 2956** 🏛.

Commissaires aux apports, L. 223-9, L. 225-8, L. 225-14, L. 225-147, L. 225-224 *[abrogé]*, R. 223-6, R. 225-7 s., R. 225-14, R. 225-136, R. 236-7.
– Fonctions,
• augmentation de capital, L. 225-147.
• constitution, L. 223-9, L. 225-8, L. 225-14, R. 225-9.
• fusion, L. 236-23, R. 236-7.
– Incompatibilités, L. 225-224 *[abrogé]*, L. 242-5.
– Nomination, L. 223-9, L. 225-8, L. 225-14, R. 223-6, R. 225-7.
– Responsabilité civile
► V. *Commissaires aux comptes.*
– Responsabilité pénale, L. 241-3, L. 242-2.

Commissaires aux comptes, L. 225-218 s., L. 820-1 s., R. 821-1 s., A. 821-1 s.
– Associations ayant reçu des subventions publiques, L. 612-4.
– Chambres de commerce et d'industrie, L. 712-6.
– Chambre régionale de discipline, L. 822-7, R. 822-35 s.
– Commissions d'inscription, L. 822-2, L. 822-6, R. 822-8 s.
– Communication des documents, L. 223-39, L. 232-1, L. 823-14, R. 223-28, R. 232-1, R. 823-4.
– Compagnie nationale des commissaires aux comptes, L. 821-6, R. 821-28 s.
• cotisation, L. 821-6-1, R. 821-14-7-1.
– Conseil national, R. 821-41 s.
– Contrôles, L. 821-7 s., R. 821-23 s.
– Délai de paiement, L. 441-6-1, D. 441-4, D. 823-7-1.
– Dénomination,
• usage abusif, L. 820-5.
– Déontologie, L. 822-9 s., R. 822-60 s.
• code de déontologie, L. 822-16, R. 822-60 s.
– Désignation judiciaire, L. 823-4, R. 823-3.
– Discipline, L. 822-6 s., R. 822-32 s.
– Droit d'alerte, L. 234-1 s., R. 234-1 s.
– Durée du mandat, L. 823-3.
– Entreprises publiques, L. n° 84-148 du 1er mars 1984, art. 30 s., ss. L. 612-5 ; Décr. n° 85-295 du 1er mars 1985, art. 33 s., ss. L. 612-5.
– Fonctions, L. 823-9 s., R. 823-7 s.
– Formation professionnelle, L. 822-4, R. 822-61 s., A. 822-28-1 s.
– Groupements d'intérêt économique, L. 251-12 s., R. 251-1 s.
– Haut Conseil du commissariat aux comptes, L. 821-1 s., R. 821-1 s.
– Honoraires, L. 820-3, L. 823-18, R. 823-11 s.
– Incompatibilités, L. 820-6, L. 822-10 s.
– Inscription, L. 822-1 s., R. 822-1 s., A. 822-1 s.
– Inspections, L. 821-7 s., R. 821-23 s.
– Liste, L. 822-1 s., R. 822-1 s.
– Nomination, L. 823-1 s., R. 823-1 s.
• sanctions, L. 820-4.
• société anonyme, L. 225-7, L. 225-16, L. 225-228.
• société en commandite par actions, L. 226-6.
• sociétés en nom collectif, L. 221-9 s., R. 221-5 s.
• société à responsabilité limitée, L. 223-35 s., R. 223-27.
– Normes d'exercice professionnel, L. 823-12-1, R. 823-22, A. 823-1 s.
– Organisation de la profession, L. 821-1 s., R. 821-28 s.

Commissaires aux comptes *(suite)*
– Personnes morales non commerçantes,
• activité économique, L. 612-1, L. 612-3, R. 612-1, R. 612-2, R. 612-4.
– Procédure d'alerte, L. 234-1, L. 234-2, R. 234-1 s.
• groupements d'intérêt économique, L. 251-15, R. 251-3.
– Récusation, L. 225-230, L. 823-6, R. 823-5.
– Relèvement, L. 225-233, L. 823-7, R. 823-6.
– Réseau, L. 820-3.
– Responsabilité civile, L. 822-17, L. 822-18, R. 822-70, R. 822-71, A. 822-29 s.
– Responsabilité pénale, L. 242-20, L. 242-26 s., L. 245-12, L. 820-4 s.
– Sanction disciplinaire, L. 822-8, R. 822-32 s., R. 822-52 s.
– Secret professionnel, L. 822-15.
– Serment, L. 822-3.
– Société de commissaires aux comptes, L. 811-7.
• absorption, L. 823-5.
• société civile professionnelle, R. 822-72 s., R. 822-109 s.
• société d'exercice libéral, R. 822-72 s., R. 822-135 s.
• société en participation, R. 822-145 s.
• société de participations financières, R. 822-149 s., A. 822-34.
– Statut, L. 820-1 s.
– Suspension provisoire, L. 821-10.
– Transformation de société, L. 224-3, R. 224-3.

Commissaires à la fusion, L. 236-10, L. 236-23, R. 236-6.

Commissaires-priseurs (renvoi), p. 3304.

Commissaires à la transformation, L. 224-3, R. 224-3.

Commission d'examen des pratiques commerciales, L. 440-1, D. 440-1 s.

Commission des opérations de bourse
► V. *Ministre chargé de l'économie, Valeurs mobilières.*

Commission d'orientation du commerce de proximité, L. 750-1-1 ; Décr. n° 2008-1475 du 30 déc. 2008, ss. L. 750-1-1.

Commissionnaires, L. 132-1 s.
– Caractère commercial, L. 110-1.
– Coopérative de transport, C. transp., art. L. 3441-6, ss. L. 133-5.
– Définition, L. 132-1.
– Délai de paiement, L. 441-6.
– Privilège, L. 132-2.
– Transports, L. 132-3 s., R. 132-1.

Compagnons, C. artisanat, art. 4 *bis*, **p. 2549.**

Compétence commerciale, L. 721-3.
– Acte de commerce, L. 110-1, L. 110-2.
– Clause abusive, C. consom., art. R. 132-2 (J. 10), **p. 3290.**
– Code de commerce,
• portée de l'abrogation, L. 721-3 (J. 1, 1 *bis*).
– Sociétés de professions libérales, L. 721-5.
– Tribunaux de commerce, L. 721-1 s., R. 721-5.
– Tribunaux de grande instance, L. 721-2, R. 721-5, **p. 1440.**

Composition pénale, L. 470-4-2.

Compromis, L. 721-3.

Comptabilité des commerçants, L. 123-12 s., R. 123-172 s.
– Amortissements, R. 123-179, R. 123-186 s.
– Annexe, L. 123-13 s., R. 123-195 s.
– Autorité des normes comptables, L. 123-15, L. 123-16, L. 123-27, L. 233-20.
– Bénéfices, L. 123-20.
– Biens,
• enregistrement et évaluation, L. 123-18, R. 123-178, R. 123-208.
– Bilan, L. 123-13 s., R. 123-180 s.
– Capitaux propres, R. 123-191.
– Charges,
• exercice ultérieur, R. 123-189.
– Comité de réglementation comptable, L. n° 98-261 du 6 avr. 1998, art. 1er à 5, **p. 45** (note).
– Communication, L. 123-23.

Comptabilité des commerçants *(suite)*
– Compensation, L. 123-19.
– Comptes annuels, L. 123-12 s., R. 123-177, R. 123-180.
– Compte de résultat, L. 123-13 s., R. 123-180, R. 123-192 s.
– Conservation, L. 123-22.
– Dépréciation, R. 123-179, R. 123-190, R. 123-193, R. 123-195 s., R. 123-200 s.
– Documents informatiques, R. 123-173.
– Établissement des comptes, L. 123-15 s., R. 123-174 s., R. 123-178 s.
– Euros, L. 123-22.
– Fidélité, L. 123-14.
– Force probante, L. 123-23, R. 123-173.
– Image fidèle, L. 123-14.
– Inventaire, L. 123-12, R. 123-177.
– Livres comptables, R. 123-173 s.
– Livre recettes, L. 123-28.
– Participations, R. 123-184.
– Personnes physiques, L. 123-25 s., R. 123-205, R. 123-206.
– Pertes, L. 123-20.
– Petites entreprises individuelles, L. 123-25 s., R. 123-205, R. 123-206.
– Présentation simplifiée, L. 123-16, R. 123-200 s.
– Preuve, L. 123-23, R. 123-173.
– Principes,
• d'annuité, L. 123-21.
• de continuité, L. 123-17.
• de prudence, L. 123-20.
– Procédure et organisation comptables,
• document, R. 123-172.
– Provisions, R. 123-179.
– Prudence, L. 123-20.
– Registre d'achats, L. 123-28.
– Remboursements d'emprunts,
• primes, R. 123-185.
– Risques, L. 123-20.
– Situation,
• changement, L. 123-17.

Comptes en banque,
– Clôture,
• absence d'opération ou réclamation pendant dix ans, L. n° 77-4 du 3 janv. 1977, ss. L. 110-4.
• notion de provision, C. mon. fin., art. L. 131-4 (J. 2), **p. 2661.**
– Commerçant,
• obligation, L. 123-24.
– Compte à vue,
• rémunération, C. mon. fin., art. L. 312-3 (et la note), L. 351-2, L. 351-3, **p. 2763.**
– Convention de compte de dépôt, C. mon. fin., art. L. 312-1-1, L. 351-1, **p. 2757.**
– Droit au compte, C. mon. fin., art. L. 312-1, **p. 2752.**
– Gestion, C. mon. fin., art. L. 312-1-1, **p. 2757.**
• infractions, C. mon. fin., art. L. 351-1, **p. 2844.**
– Litiges,
• médiation, C. mon fin., art. L. 316-1, **p. 2843.**
– Ouverture,
• refus, C. mon. fin., art. L. 131-73, L. 312-1, R. 312-1, **p. 2698.**
• vérification d'identité, C. mon. fin., art. R. 312-2, **p. 2904.**
– Plafonnement des frais bancaires, C. mon. fin., art. D. 131-25, L. 133-26, D. 133-5, D. 133-6, **p. 2885.**
▸ V. *Banques (établissements de crédit), Comptes courants, Prêts d'argent.*

Comptes consolidés
▸ V. *Sociétés commerciales.*

Comptes courants, C. mon. fin., art. L. 312-2, **p. 2762.**
– Découvert, C. mon. fin., art. L. 313-12 (J. 3).
• application des dispositions relatives au crédit à la consommation, C. consom., art. L. 311-2 (J. 3), L. 311-52 (J. 32), **p. 3309.**
• taux d'intérêt, C. consom., art. L. 313-2 (J. 6, 12, 21), **p. 3150.**
– Saisie-arrêt ou saisie-attribution, C. mon. fin., art. L. 131-35 (J. 12), **p. 2678.**

Compte de résultat, L. 123-13.

Concentration économique,
– Communauté européenne,
• Traité de Rome du 25 mars 1957, art. 101, 102, **p. 3018** ; Règl. CEE n° 17-62 du 6 févr. 1962, art. 9, **p. 3030** ; Règl. CE n° 139-2004 du 20 janv. 2004, **p. 3034** ; L. 470-6, A. 450-3.
– Droit interne, L. 430-1 s., R. 430-1 s.
– Ministre de l'économie, L. 430-7-1.
– Outre-mer, L. 430-2.
– Publicité des décisions, D. 430-8.

Concentration économique *(suite)*
- Secret des affaires, L. 430-10, R. 463-15-1.
- Secteur bancaire, C. mon. fin., art. L. 511-4 (J. 2, 3), L. 511-12-1, L. 612-22, **p. 2847.**

Concession automobile, L. 330-2 (J. 81 s.) ; Règl. CE n° 1400-2002 du 31 juill. 2002 🏛 ; Règl. UE n° 461/2010 du 27 mai 2010, **p. 3040.**

Concession exclusive, L. 330-2 (J. 14 s.) ; Règl. UE n° 330-2010 du 20 avr. 2010, **p. 3035** ; Règl. CE n° 2790-1999 du 22 déc. 1999 🏛.

Conciliation, L. 611-4 s., R. 611-22 s.
- Voies de recours, R. 611-26-1, R. 661-1 s.

Concurrence,
- Autorité de la concurrence, L. 461-1 s., R. 461-1 s., R. 464-10 s.
- Citation à personne, L. 470-4-3.
- Clause d'exclusivité, L. 330-1 s.
- Clause de non-concurrence, L. n° 63-628 du 2 juill. 1963, art. 2 (J. 83 s.), **p. 2999** ; L. 420-1 (J. 24), L. 330-2 (J. 23).
  • agents commerciaux, L. 134-14.
- Commission d'examen des pratiques commerciales, L. 440-1, D. 440-1 s.
- Composition pénale, L. 470-4-2.
- Concurrence déloyale ou illicite,
  • action des organisations professionnelles, L. 470-7.
  • action en réparation, L. n° 63-628 du 2 juill. 1963, art. 2 (J. 64 s.), **p. 2992.**
  • distribution parallèle à un réseau de distribution sélective, L. 330-2 (J. 68 s.), L. 442-6 (6°).
- Délégation de pouvoir, L. 443-1 (J. 7).
- Établissements de crédit, C. mon. fin., art. L. 511-4, **p. 2846.**
- Libre concurrence, L. 410-1 s.
- Livre IV du code de commerce,
  • champ d'application,
  * activités concernées, L. 410-1.
  * établissements de crédit, C. mon. fin., art. L. 511-4, **p. 2846.**
- Loi applicable, Règl. CE n° 864/2007 du 11 juill. 2007, art. 6, **p. 3008.**
- Personnes morales,
  • responsabilité pénale, L. 442-2 s., L. 441-6, L. 443-3.
- Personnes publiques, L. 410-1.
  • concurrence déloyale, L. n° 63-628 du 2 juill. 1963, art. 2 (J. 53), **p. 2983.**
- Pouvoirs d'enquêtes, L. 450-1 s., R. 450-1 s., A. 450-1 s.
- Pratiques anticoncurrentielles, L. 420-1 s., R. 420-1 s.
- Traité de Rome, art. 101, 102, **p. 3018** ; Règl. CEE n° 17-62 du 6 févr. 1962, art. 9, **p. 3030** ; Règl. CE n° 1-2003 du 16 déc. 2002, **p. 3020** ; L. 470-6, A. 450-3.
- Transaction, L. 464-2, L. 470-4-1, R. 470-5 à R. 470-7.

► V. *Concentration économique, Distribution sélective, Livre, Marques de fabrique, de commerce ou de service, Publicité comparative.*

Concurrence déloyale, L. n° 63-628 du 2 juill. 1963, art. 2, **p. 2962.**
- Action en réparation, L. n° 63-628 du 2 juill. 1963, art. 2 (J. 64 s.).
- Clause de non-concurrence, L. n° 63-628 du 2 juill. 1963, art. 2 (J. 83 s.).
- Clause de non-sollicitation, L. n° 63-628 du 2 juill. 1963, art. 2 (J. 94).
- Clause de respect de clientèle, L. n° 63-628 du 2 juill. 1963, art. 2 (J. 95).
- Confusion, L. n° 63-628 du 2 juill. 1963, art. 2 (J. 26 s.).
- Débauchage, L. n° 63-628 du 2 juill. 1963, art. 2 (J. 44 s.).
- Dénigrement, L. n° 63-628 du 2 juill. 1963, art. 2 (J. 15 s.).
- Désorganisation, L. n° 63-628 du 2 juill. 1963, art. 2 (J. 38 s.).
- Éléments constitutifs, L. n° 63-628 du 2 juill. 1963, art. 2 (J. 8 s.).
- Fondement juridique, L. n° 63-628 du 2 juill. 1963, art. 2 (J. 5).
- Loi applicable, Règl. CE n° 864/2007 du 11 juill. 2007, art. 6, **p. 3008.**
- Parasitisme, L. n° 63-628 du 2 juill. 1963, art. 2 (J. 54 s.).
- Pratiques commerciales déloyales, C. consom., art. L. 120-1, **p. 2963.**

Condamnation

► V. *Incapacités professionnelles.*

Conformité des produits et services,
- Pratiques restrictives, L. 442-6, I, 8°.

Conglomérat financier,
- Définition, C. mon. fin., art. L. 511-20, **p. 2859.**

Conjoint du commerçant, L. 121-3.
- Centre de formalités des entreprises, R. 121-5.
- Collaboration, L. 121-4, L. 121-6, L. 121-7, R. 121-1 s., R. 123-37, R. 123-55, R. 123-88.
- Consentement pour des actes divers, L. 121-5.
- Divorce, C. civ., art. 1387-1, ss. L. 526-4.
- Pacte civil de solidarité, L. 121-8.
- Prélèvement successoral, L. n° 89-1008 du 31 déc. 1989, art. 14-I, ss. L. 121-8.
- Protection, L. 526-1 s.
- ▸ V. *Artisans.*

Conseil d'administration (de société anonyme), L. 225-17 s., R. 225-15 s.
- Composition, L. 225-17, L. 225-95.
- Convocation, L. 225-36-1.
- Délibération, L. 225-37, R. 225-19 s.
- Directeur général, L. 225-51-1 s., R. 225-28.
- Directeur général délégué, L. 225-53, L. 248-1.
- Pouvoirs, L. 225-35 s., L. 225-38 s., R. 225-28 s.
- Président, L. 225-47 s., R. 225-26, R. 225-28, R. 225-30, R. 225-38.
  - directeur général, L. 225-51-1 s.
  - fonctions, L. 225-51 s.
  - limite d'âge, L. 225-48.
- ▸ V. *Administrateurs de société anonyme, Sociétés anonymes.*

Conseil de la concurrence
- ▸ V. *Autorité de la concurrence, Concurrence.*

Conseil national des courtiers de marchandises, L. 131-33, L. 131-34.

Conseil stratégique du commerce de proximité, L. 750-1-1 ; Décr. n° 2008-1475 du 30 déc. 2008, ss. L. 750-1-1.

Conseil de surveillance (de société anonyme), L. 225-68 s., R. 225-35 s.
- Commandite par actions, L. 226-4 s., R. 226-1 s.
- Composition, L. 225-69, L. 225-71.
- Convocation, R. 225-45.
- Délibération, L. 225-82, R. 225-45, R. 225-47 s.
- Fonctions, L. 225-68, L. 225-86, R. 225-53 s.
- Membres,
  - actions obligatoires, L. 225-72.
  - contrat de travail, L. 225-85.
  - conventions avec la société, L. 225-86 s., R. 225-57 s.
  - cumul, L. 225-77, L. 225-94 s.
  - élection par salariés, L. 225-79.
  - incompatibilités, L. 225-74.
  - limite d'âge, L. 225-70.
  - nomination, L. 225-75 s., L. 225-78, R. 225-37.
  - personne morale, L. 225-76, R. 225-42 s.
  - rémunération, L. 225-83 s., R. 225-60.
  - représentation, R. 225-46.
  - responsabilité civile, L. 225-257.
  - responsabilité pénale, L. 242-30, L. 245-17, L. 247-9.
- Président, L. 225-81.

Conseil des ventes volontaires de meubles aux enchères publiques
- ▸ V. *Ventes aux enchères publiques.*

Consignation des emballages de liquides alimentaires, **p. 716** (note).

Consommation, C. consom , art. L. 111-1 s., **p. 3269.**
- ▸ V. *Clauses abusives, Crédit à la consommation (L. 1er juill. 2010), Information des consommateurs, Prêts d'argent, Ventes commerciales.*

Constitut
- ▸ V. *Engagement de payer la dette d'autrui.*

Contrats (conditions générales), C. consom., art. L. 131-1 s., **p. 3282.**
- ▸ V. *Contrats d'affaires (généralités).*

Contrats d'affaires (généralités), **p. 3043.**
- Accord de principe, (J. 23).
- Action directe en paiement, (J. 176).
- Action oblique, (J. 191 s.).
- Action paulienne, (J. 180 s.).
- Capacité, (J. 16 s.)

Contrats d'affaires (généralités) *(suite)*
- Cause, (J. 83 s.).
- Cession de contrat, (J. 234 s.).
- Clause pénale, (J. 273 s.).
- Conditions générales, (J. 37 s.).
- Contrats entre absents, (J. 33).
- Délégation, (J. 229 s.).
- Dol, (J. 55 s.).
- Droit international privé, (J. 9 s.).
- Durée, (J. 140 s.).
- Effet relatif, (J. 156 s.).
- Erreur, (J. 43 s.).
- Force majeure, (J. 249 s.).
- Irrévocabilité, (J. 142 s.).
- Lettre d'intention, (J. 24, 242).
- Novation, (J. 225 s.).
- Nullité, (J. 114 s.).
- Objet, (J. 73 s.).
- Opposabilité, (J. 167 s.).
- Pacte de préférence, (J. 27 s.).
- Promesse de contrat, (J. 25 s.).
- Promesse de porte-fort, (J. 193 s.).
- Responsabilité, (J. 177 s.).
  • clauses limitatives de responsabilité, (J. 269).
  • obligation de moyens, résultat et résultat atténuée, (J. 238 s.).
  • principe de non-cumul, (J. 237 s.).
- Silence des parties, (J. 32).
- Simulation, (J. 186 s.).
- Stipulation pour autrui, (J. 165 s.).
- Tacite reconduction, (J. 40 s.).
- Violence, (J. 67 s.).

Contrat d'appui, L. 127-1 s., R. 127-1 s.
- Immatriculation au répertoire des métiers, Décr. n° 98-247 du 2 avr. 1998, art. 10 *bis*, **p. 2614.**
- Immatriculation au RSC, R. 123-37 (7°), R. 123-53 (10°), R. 123-237 (5°).

Contrat de bière, L. 330-1, L. 330-2 (J. 5, 7, 10, 42) ; Règl. CEE n° 17 du 6 févr. 1962, art. 9 (J. 5), **p. 3033** ; Règl UE n° 330-2010 du 20 avr. 2010, **p. 3035** ; Règl. CE n° 2790-1999 du 22 déc. 1999 🏛.

Contrat-cadre, L. 330-2 (J. 1 s.).

Contrat d'édition,
- Élément du fonds de commerce, L. 141-5 (J. 22).

Contrat de mariage,
- Commerçant,
  • registre du commerce, R. 123-37, R. 123-46.

Contrat à terme, C. mon. fin., art. L. 211-1, **p. 2734.**

Contrat de transport, L. 132-3 s., R. 133-1, R. 133-2 ; C. transp., art. L. 1432-1 s., ss. L. 133-5.
- Action directe, L. 132-8 (J. 5).
- Caractère commercial, L. 110-1.
- Carburant, C. transp., art. L. 3211-1, L. 3221-4, L. 3222-1, L. 3222-2, ss. L. 133-5.
- Clause limitative de responsabilité, L. 132-5 (J. 9 s.), L. 133-1 (J. 14 s.), L. 133-8.
- Commissionnaire, L. 132-3 s., R. 132-1.
  ▸ V. *Commissionnaires.*
- Commissionnaire intermédiaire, L. 132-6.
- Convoyeur, L. 133-1 (J. 1).
- Délai de paiement, L. 441-6.
- Ferroutage, L. 133-1 (J. 1).
- Lettre de voiture, L. 132-4 s., L. 132-8 s.
- Manutention, L. 132-8 (J. 1), L. 133-6 (J. 17 *bis*).
- Tractionnaire, L. 133-1 (J. 1).
- Transports internationaux,
  • conventions, ss. L. 132-9, L. 132-8 (J. 6).
- Voiturier, L. 133-1 s.
  • actions,
  * prescription, L. 133-6.
  • responsabilité, L. 133-1, L. 133-8.

▸ V. *Transports.*

Contrôles (sociétés contrôlées), L. 233-3 s.

Coopération commerciale, L. 441-7 ; Circ. du 8 déc. 2005 🏛, ss. L. 441-3.
- Nouveaux instruments promotionnels (NIP), L. 441-7.

Coopératives

▸ V. *Artisans, Banques (établissements de crédit), Transports.*

Cote

▸ V. *Bourses de valeurs, Marchés financiers, Sociétés de bourse, Valeurs mobilières.*

Coupons
▸ V. *Valeurs mobilières.*

Couponnage croisé, L. n° 63-628 du 2 juill. 1963, art. 2 (J. 50), **p. 2982.**

Courtage,
– Caractère commercial, L. 110-1.
▸ V. *Courtiers, Courtiers de fret fluvial, Courtiers interprètes et conducteurs de navires, Courtiers de marchandises, Courtiers de transport.*

Courtiers, L. 131-1 s.
– Activité commerciale, L. 110-1.
– Cumul de fonctions, L. 131-3 s.
– Intérêt personnel, L. 131-11.
▸ V. *Courtiers assermentés, Courtiers interprètes et conducteurs de navires, Courtiers de marchandises, Courtiers de transport.*

Courtiers assermentés
▸ V. *Courtiers de marchandises.*

Courtiers de fret fluvial, L. 131-1 (note).
– Délai de paiement, L. 441-6.

Courtiers interprètes et conducteurs de navires, L. n° 2001-43 du 16 janv. 2001, art. 1er, 2, 5, 6, ss. L. 131-11.

Courtiers de marchandises, L. 131-1, L. 131-12 s., R. 131-1 s.
– Accès à la profession, L. 131-13 s., R. 131-1 s.
– Assermentation, L. 131-12 s., R. 131-1 s.
– Assurance, L. 131-15, R. 131-7 s.
– Autre activité, L. 131-20.
– Cautionnement, R. 131-7 s.
– Compétence territoriale, L. 131-23.
– Conseil national, L. 131-33, L. 131-34, R. 131-24 s.
– Cours,
• constatation, L. 131-25.
– Délai de paiement, L. 441-6.
– Dénomination, L. 131-18, L. 131-19.
– Discipline, L. 131-32, R. 131-18 s.
– Examen d'aptitude, R. 131-14 s.
– Fonctions, L. 131-23 s.
– Gage commercial, L. 131-28, L. 521-3.
– Honoraires, L. 131-31.
– Honorariat, L. 131-18, R. 131-6.
– Intérêt personnel, L. 131-30.
– Justificatif, L. 131-14, L. 131-15.
– Liste, L. 131-12 s., R. 131-1 s.
– Magasins généraux, L. 131-27.
– Nantissement de l'outillage, L. 525-14.
– Radiation, L. 131-22.
– Serment, L. 131-21, R. 131-4.
– Vente publique,
• intervention, L. 131-28 s.
– Vins, L. 31 déc. 1949, ss. L. 131-11.
– Warrant agricole, L. 131-29.
– Warrant pétrolier, L. 524-10, L. 524-11.

Courtiers de transport, L. 131-1, L. 131-3.

Créances commerciales
▸ V. *Affacturage, Fonds communs de titrisation, Subordination des créances, Titres de créances négociables.*

Créances hypothécaires,
– Long terme,
• mobilisation, C. mon. fin., art. L. 313-42 s., R. 313-20 s., **p. 2840.**
– Transmission,
• copie exécutoire à ordre, L. n° 76-519 du 15 juin 1976, **p. 2930.**

Créances professionnelles, C. mon. fin., art. L. 313-23 s., R. 313-15 s., **p. 2912.**
– Bordereaux,
• date, C. mon. fin. art. L. 313-25.
• droits attachés, C. mon. fin., art. L. 313-27.
• mentions obligatoires, C. mon. fin., art. L. 313-23.
• opposabilité, C. mon. fin., art. L. 313-27.
• signature, C. mon. fin., art. L. 313-25.
• transmission, C. mon. fin., art. L. 313-26.
– Cautionnement,
• cession d'actions, C. mon. fin., art. L. 313-28 (J. 2).
– Cession, C. mon. fin., art. L. 313-23 s.
• interdiction de cession,
* nullité, L. 442-6, II.
• interdiction de payer, C. mon. fin., art. L. 313-28, R. 313-15 s.
– Compensation, C. mon. fin., art. L. 313-28 (J. 14 s.).
– Conflits,
• entre banquier cessionnaire et banquier réceptionnaire, C. mon. fin., art. L. 313-27 (J. 23 s.).

Créances professionnelles *(suite)*
• entre cessionnaire et bénéficiaire d'une clause de réserve de propriété, C. mon. fin., art. L. 313-27 (J. 27 s.).
• entre cessionnaire et créancier bénéficiaire d'un avis à tiers détenteur, C. mon. fin., art. L. 313-27 (J. 13).
• entre cessionnaire et porteur d'un billet à ordre, C. mon. fin., art. L. 313-27 (J. 22).
• entre cessionnaire et porteur d'une traite, C. mon. fin., art. L. 313-27 (J. 20).
• entre cessionnaire et sous-traitant, C. mon. fin., art. L. 313-27 (J. 24 s.).
• entre cessionnaires successifs, C. mon. fin., art. L. 313-27 (J. 14 s.).
– Contrat de partenariat, C. mon. fin., art. L. 313-29-1, R. 313-17-1, R. 313-17-2.
– Escroquerie, C. mon. fin., art. L. 313-23 (J. 6).
– Exceptions, C. mon. fin., art. L. 313-29.
– Faux en écriture de commerce, C. mon. fin., art. L. 313-23 (J. 5).
– Mobilisation des crédits, C. mon. fin., art. L. 313-30 s., R. 313-19.
– Nantissement, C. mon. fin., art. L. 313-23 s.
• interdiction de payer, C. mon. fin., art. L. 313-28, R. 313-15 s.
• temporaire, C. mon. fin., art. L. 313-24 (J. 2).
– Notification, C. mon. fin., art. L. 313-28, R. 313-15 s.
– Paiement direct, C. mon. fin., art. L. 313-29.
• solidarité, C. mon. fin., art. L. 313-24.
– Personnes de droit public, C. mon. fin., art. L. 313-35 (J.).
– Porteurs successifs, C. mon. fin., art. L. 313-30 s.
– Redressement judiciaire du cédant, C. mon. fin., art. L. 313-24 (J. 3), L. 313-27 (J. 28).
► V. ***Sauvegarde, redressement et liquidation judiciaires (L. 26 juill. 2005).***
– Titres de mobilisation, C. mon. fin., art. L. 313-30 s., R. 313-19.
– Transfert,
• de la créance, C. mon. fin., art. L. 313-24.
• des sûretés, C. mon. fin., art. L. 313-27.
► V. ***Affacturage.***

Crédit
► V. ***Banques (établissements de crédit), Crédit artisanal, Crédit-bail, Crédit à la consommation (L. 1er juill. 2010), Crédit documentaire, Crédit aux entreprises, Crédit gratuit, Crédit hypothécaire, Crédit immobilier, Crédit revolving, Prêts d'argent, Surendettement des particuliers, Ventes commerciales.***

Crédit artisanal, Décr. n° 83-316 du 15 avr. 1983, **p. 2580.**

Crédit-bail, C. mon. fin., art. L. 313-7 s., L. 515-2 s., L. 571-13, **p. 2767.**
– Crédit-bail adossé, C. mon. fin., art. L. 313-7 (J. 5).
– Dol, C. mon. fin., art. L. 313-7 (J. 18, 19).
– Engagement de rachat du fournisseur, C. mon. fin., art. L. 313-7 (J. 42).
– Garantie à première demande, **p. 3132** (J. 4 s.).
– Logiciels, C. mon. fin., art. L. 313-7 (J. 16).
– Publicité, C. mon. fin., art. L. 313-10, R. 313-3 s.
– Redressement judiciaire
► V. ***Sauvegarde, redressement et liquidation judiciaires (L. 26 juill. 2005).***
– Résiliation, C. mon. fin., art. L. 313-7 (J. 26 s.).
– Taux d'intérêt,
• usure, C. consom., art. L. 313-3 (J. 7), **p. 3159.**

Crédit à la consommation (L. 1er juill. 2010), C. consom., art. L. 311-1 s., **p. 2750.**
– Champ d'application, C. consom., art. L. 311-2, L. 311-3.
– Contenu du contrat, C. consom., art. L. 311-18 s.
– Crédit affecté, C. consom., art. L. 311-30 s.
– Crédit gratuit, C. consom., art. L. 311-27 s.
– Découvert en compte, C. consom., art. L. 311-42 s.
– Défaillance de l'emprunteur, C. consom., art. L. 311-22-2, L. 311-23 s.
– Définition, C. consom., art. L. 311-1.
– Délai biennal de forclusion, C. consom., art. L. 311-52.
– Exclusion, C. consom., art. L. 311-3.
– Exécution du contrat, C. consom., art. L. 311-21 s., L. 311-26.

Crédit à la consommation (L. 1er juill. 2010) *(suite)*
- Formation du contrat, C. consom., art. L. 311-11 s.
- Information précontractuelle, C. consom., art. L. 311-6, L. 311-7.
- Offre, C. consom., art. L. 311-11 s.
- Procédure, C. consom., art. L. 311-52.
- Publicité, C. consom., art. L. 311-4, L. 311-5.
- Remboursement anticipé, C. consom., art. L. 311-22.
- Rétractation, C. consom., art. L. 311-12.
- Sanctions, C. consom., art. L. 311-48 s.
- Solvabilité, C. consom., art. L. 311-9.

Crédit documentaire, **p. 3135** (J. 9 et 25).

Crédit aux entreprises,
- Fournisseurs de crédits non banquiers, L. 330-2 (J. 33).

▸ V. ***Banques (établissements de crédit), Créances professionnelles.***

Crédit gratuit, C. consom., art. L. 311-27 s., **p. 3340.**

Crédit hypothécaire,
- Crédit à la consommation, C. consom., art. L. 311-3, **p. 2751.**
- Recherche d'infraction, C. consom., art. L. 141-1, **p. 3299.**

Crédit immobilier,
- Emprunteurs,
  - information, protection, C. consom., art. L. 312-1 s., **p. 3364.**

Crédit revolving, C. consom., art. L. 311-16, L. 311-52 (J. 33), **p. 3360.**

D

Dates de valeur, C. consom., art. L. 313-2 (J. 3), **p. 3149**, R. 132-1 (J. 7 *bis*), **p. 3291.**

Déballage (ventes au), L. 310-2, L. 310-5 s., R. 310-8 s.

Déchets,
- Équipement électrique, C. envir., art. L. 541-10-2, **p. 2933.**
- Imprimé publicitaire, C. envir., art. L. 541-10-1, **p. 3189.**
- Produits chimiques, C. envir., art. L. 541-10-4, **p. 2934.**
- Sac plastique, L. n° 2006-11 du 5 janv. 2006, art. 47, **p. 2954.**
- Textile, C. envir., art. L. 541-10-3, **p. 2934.**

Déclarations administratives, L. n° 94-126 du 11 févr. 1994, art. 1er à 4, ss. R. 123-1.
- Centres de formalités des entreprises, R. 123-1 s.

Délai de paiement,
- Commissaires aux comptes, L. 441-6-1, D. 441-4, D. 823-7-1.
- Commissionnaire, L. 441-6.
- Conditions de règlement manifestement abusives, L. 442-6, I, 7°.
- Denrée alimentaire, L. 443-1.
- Facture,
  - mention, L. 441-3.
- Produits et services de consommation courante, L. 441-7.
- Livre, L. n° 2010-97 du 27 janv. 2010, ss. L. 441-6.
- Transport, L. 441-6.

Délégation

▸ V. ***Contrats d'affaires (généralités).***

Délégués consulaires, L. 713-6 s., R. 713-31 s., A. 713-14 s.

Démarchage,
- Matériel pédagogique, C. consom., art. L. 121-33, **p. 3386.**
- Téléphone, télex ou télécopie, C. consom., art. L. 121-27, L. 122-9, **p. 3384** et **p. 3279.**
- Ventes à domicile, L. 135-1 s. ; C. consom., art. L. 121-21 s., **p. 3373.**

▸ V. ***Démarchage financier.***

Démarchage financier, C. mon. fin., art. L. 341-1 s, **p. 2844.**
- Vente à distance de services financiers, C. consom., art. L. 121-20-8 s., **p. 3372.**

Déménagement (entreprise de), L. 132-3 (J. 7), L. 133-3, L. 133-6 (J. 2, 11, 12), L. 133-9 ; C. consom., art. L. 121-95, L. 121-96, **p. 150.**

Dénigrement, L. n° 63-628 du 2 juill. 1963, art. 2 (J. 15 s.), **p. 2967.**
► V. *Publicité comparative.*

Denrées alimentaires,
– Coopération commerciale, L. 441-2-1, D. 441-2.
– Crise conjoncturelle, L. 442-9.
– Délai de paiement, L. 443-1, L. 441-7.
– Enchère à distance inversée, L. 442-10 ; Décr. n° 2008-535 du 5 juin 2008, **p. 722.**
– Fonds de commerce,
  • conditions techniques, Décr. n° 53-962 du 30 sept. 1953, **p. 2941.**
– Matières premières, L. 442-9 ; Décr. n° 2008-534 du 5 juin 2008, art. 2, **p. 721.**
– Prix abusivement bas, L. 442-9.
– Publicité mentionnant une réduction de prix ou un prix promotionnel, L. 441-2.
– Remise, rabais, ristourne, L. 441-2-1, D. 441-2.
– Revente à perte, L. 442-2 s.

Déréférencement, L. 420-2, L. 442-6, **p. 601.**
– Productions régionales,
  • surface de vente, L. n° 2012-1270 du 20 nov. 2012, art. 4, **p. 2955.**
► V. *Centrales d'achat et de référencement.*

Difficultés des entreprises,
– Groupements de prévention agréés, L. 611-1, D. 611-1 s.
► V. *Conciliation, Mandat ad hoc, Sauvegarde, redressement et liquidation judiciaires (L. 26 juill. 2005).*

Directoire, L. 225-57 s., R. 225-35 s.
► V. *Sociétés anonymes.*

Disques, L. 420-5.

Distribution,
– Contrats de distribution,
  • transmission, L. 141-5 (J. 26).
– Sac plastique, L. n° 2006-11 du 5 janv. 2006, art. 47, **p. 2954.**
► V. *Distribution exclusive, Distribution sélective.*

Distribution exclusive
► V. *Clauses d'exclusivité, Distribution sélective.*

Distribution sélective, L. 420-1 (J. 39 s.), L. 330-2 (J. 48 s.).
– Concession automobile, L. 330-2 (J. 81 s.).
– Violation de l'interdiction de revente hors réseau, L. 442-6.

Documents commerciaux, R. 123-237.

Dol
► V. *Contrats d'affaires (généralités).*

Domaine public,
– Utilisation,
  • ventes, prestations de services, L. 442-8, R. 442-2.

Domiciliation,
– Centre de domiciliation, L. 123-10.
– Chèque, C. mon. fin., art. L. 131-9, **p. 2666.**
– Entreprises, L. 123-10 s., R. 123-167 s.
– Lettre de change
  ► V. *Lettres de change.*

Droit de préemption,
– Baux commerciaux,
  • protection des occupants, L. 145-60 (note).
– Préemption commerciale, C. urb., art. L. 214-1 s., *R. 214-1 s., ss. L. 145-60.

Ducroire (commissionnaire), L. 132-1 (J. 12 s.).

E

Échange d'objets mobiliers usagés, C. pén., art. 321-7, 321-8, R. 321-1 s., R. 633-1 s., R. 635-3 s., **p. 3386.**

Échelle mobile
► V. *Baux commerciaux.*

Effets de commerce, L. 511-1 s.

Effets de commerce *(suite)*

– Billets à ordre, L. 512-1 s.
– Chèques, C. mon. fin., art. L. 131-2 s., **p. 2659.**
– Lettres de change, L. 511-1 s.
– Sauvegarde, redressement et liquidation judiciaires, L. 624-15, L. 632-1, L. 632-3.
– Warrants,
▸ V. *Warrants.*

Effet relatif

▸ V. *Contrats d'affaires (généralités).*

Emballages,

– Consignation, **p. 716** (note).

Enchères,

– Concurrence, L. 442-6, L. 442-10, L. 443-2.
▸ V. *Ventes aux enchères publiques.*

Endossement,

– Billets à ordre, L. 512-3.
– Chèques, C. mon. fin., art. L. 131-16 s., **p. 2668.**
– Gage, L. 521-1.
– Lettres de change, L. 511-8 s.
  • en blanc, L. 511-8 s.
  • effets, L. 511-9 s.
  • exceptions opposables, L. 511-13.
  • forme, L. 511-8.
  • procuration, L. 511-13.
– Titres de mobilisation d'avances à moyen terme, C. mon. fin., art. L. 313-38, **p. 2840.**

Engagement de payer la dette d'autrui, **p. 3143** (J. 44).

Engagement de racheter un matériel, **p. 3143** (J. 45).

Enquêtes,

– Concurrence et prix,
  • pouvoirs, L. 450-1 s., L. 470-6, R. 450-1 s., A. 450-1 s.

Enseignes,

– Élément du fonds de commerce, L. 141-5 (J. 18).
– Enseignes de boulangerie, C. consom., art. L. 121-80 s., **p. 3188.**

Enseignement,

– Acte civil, L. 110-1 (J. 47 s.).

Ententes économiques, L. 420-1 s., R. 420-1 s.

– Banque, C. mon. fin., art. L. 511-4, **p. 2846.**
– Cinéma, CCIA, art. L. 212-19 s., **p. 2939.**

Entrepreneur individuel à responsabilitée limitée, L. 526-6 s., R. 526-3 s.

– Acte notarié, L. 526-9.
– Actif, L. 526-6, L. 526-10 s.
– Ayant droit, L. 526-16.
– Comptabilité, L. 526-13 s.
– Déclaration, L. 526-7 s., R. 526-3 s.
– Dénomination, L. 526-6, L. 526-20.
– Formalisme, L. 526-9.
– Indivision, L. 526-11.
– Opposabilité, L. 526-12, R. 526-10.
– Patrimoine d'affection, L. 526-6.
– Renonciation, L. 526-15, R. 526-12.
– Registre spécial, R. 526-15 s.
– Revenu d'activité, L. 526-18.
– Sauvegarde, redressement ou liquidation judiciaires, L. 680-1 s.
– Surendettement, C. consom., art. L. 333-7, ss. L. 680-7.
– Transmission, L. 526-16, L. 526-17, R. 526-13.

Entreprises, L. 110-1, L. 110-2.

– Aide à la création, L. 127-1 à L. 127-7.
– Centres de formalités, R. 123-1 s.
– Centre de domiciliation, L. 123-10.
– Classification, L. n° 2008-776 du 4 août 2008, art. 51, **p. 2954.**
– Domiciliation, L. 123-10 s., R. 123-167 s.
– Entreprise du patrimoine vivant, L. n° 2005-882 du 2 août 2005, art. 23, **p. 2646** ; Décr. n° 2006-595 du 23 mai 2006, **p. 2646.**
– Entreprises unipersonnelles,
  • responsabilité limitée, L. 223-1, L. 223-4.
  • statuts types, L. 223-1.
– Tutorat en entreprise, L. 129-1 ; Décr. n° 2007-478 du 29 mars 2007, ss. L. 129-1.
▸ V. *Difficultés des entreprises, Formalités administratives.*

Entreprises individuelles,
– Cautionnement, L. n° 94-126 du 11 févr. 1994, art. 47-II, **p. 2811.**
– Comptabilité, L. 123-25 s.
– Concours financiers des établissements de crédit, C. mon. fin., art. L. 313-21, **p. 2799.**
– EIRL, L. 526-6 s.
▸ V. *Entrepreneur individuel à responsabilitée limitée.*
– Insaisissabilité de la résidence principale, L. 526-1 s.
– Livre recettes, L. 123-28.
– Registre d'achats, L. 123-28.
▸ V. *Entreprises unipersonnelles à responsabilité limitée.*

Entreprises d'investissement,
– Groupe, C. mon. fin., art. L. 511-20, **p. 2859.**
▸ V. *Prestataires de services d'investissement.*

Entreprises publiques,
– Information financière,
• contrôle des comptes, L. n° 84-148 du 1er mars 1984, art. 30 s., ss. L. 612-5 ; Décr. n° 85-295 du 1er mars 1985, art. 33 s., ss. L. 612-5.
▸ V. *Concurrence.*

Entreprises unipersonnelles à responsabilité limitée
▸ V. *Sociétés à responsabilité limitée.*

Envois forcés
▸ V. *Ventes commerciales.*

Équipage,
– Salaire,
• prescription, L. 110-4.

Équipements commerciaux, C. urb., art. L. 121-4, ss. L. 711-2.
▸ V. *Aménagement commercial.*

Erreur
▸ V. *Contrats d'affaires (généralités).*

Escompte
▸ V. *Lettres de change.*

Espace publicitaire
▸ V. *Publicité commerciale.*

Établissements de crédit
▸ V. *Banques (établissements de crédit).*

Étrangers, **p. 3105.**
– Capacité, Décr.-L. 17 juin 1938, **p. 3111.**
– Carte d'identité,
• artisan, commerçant, L. 122-1 s., R. 122-1 s. ; CESEDA, art. L. 314-4, L. 322-3, R. 322-3, **p. 3110** ; L. 10 avr. 1954, **p. 3111.**
– Condamnations, anc. L. 128-3.
– Contribution économique exceptionnelle, CESEDA, art. L. 314-15, **p. 3110.**
– Déclaration, L. 122-1, D. 122-1 s.
– Propriété commerciale, L. 145-13, L. 145-23.
– Registre du commerce, R. 123-35, R. 123-37 et R. 123-112 s.
– Regroupement familial, CESEDA, art. L. 431-1, **p. 3111.**
▸ V. *Banques (établissements de crédit), Prestataires de services d'investissement.*

Euros,
– Chèques mutés, C. mon. fin., art. L. 131-2 (J. 7), **p. 2660.**
– Comptabilité, L. 123-22.
– Continuité des relations contractuelles, C. mon. fin., art. L. 113-1, **p. 2658.**
– Frais de conversion bancaire en euros, C. mon. fin., art. L. 312-1 (J. 1), **p. 2752.**
– Unité monétaire, C. mon. fin., art. L. 111-1 s., **p. 2651.**

Exclusivité (clause d'), L. 330-1 s.
– Information précontractuelle, L. 330-3, R. 330-1, R. 330-2.

Expéditions maritimes, L. 110-2.

Experts en diagnostic d'entreprise, L. 813-1 s.

Exploitation agricole
▸ V. *Agriculture, Sauvegarde, redressement et liquidation judiciaires (L. 26 juill. 2005).*

Expropriation,
– Baux commerciaux, L. 145-54.

F

Factoring
▸ V. *Affacturage.*

Factures, L. 441-3 s., L. 470-2 s., R. 441-3 ; CGI, art. 237 *sexies*, 289-0, 289, 289 *bis*, 1737, 1751, Annexe II, art. 242 *nonies*, 242 *nonies* A, Annexe III, art. 96 F, **p. 3113** ; LPF, art. L. 246, **p. 3121** ; Circ. 8 déc. 2005 🏛, ss. L. 441-3.
- Conditions d'escompte,
  • mention, L. 441-3.
- Date du règlement,
  • mention, L. 441-3.
- Factures de complaisance, CGI, art. 1737, **p. 3115.**
- Factures d'importation, L. 441-5 (J. 4 *bis*).
- Factures électroniques, CGI, annexe III, art. 96 F, **p. 3118.**
- Langue française, L. n° 94-665 du 4 août 1994, art. 2, **p. 3121.**
- Mention du numéro d'identification, R. 123-237.
- Mode de preuve, L. 110-3 (J. 9).
- Télétransmission, CGI, art. 289, annexe III, art. 96 F, **p. 3115.**

Faillite
▸ V. *Sauvegarde, redressement et liquidation judiciaires (L. 26 juill. 2005).*

Fax
▸ V. *Télécopies et télex.*

Femmes mariées,
- Activité commerciale, L. 121-3.

Fichier des incidents de paiement, C. mon. fin., art. L. 313-6, **p. 2797.**

Fiducie, C. civ., art. 2011 s., 2372-1 s., 2488-1 s., **p. 3123.**
- Action de concert, L. 233-10.
- Incapables, C. civ., art. 2011 (note).
- Propriété immobilière, C. civ., art. 2488-1 s.
- Propriété mobilière, C. civ., art. 2372-1 s.
- Redressement judiciaire, L. 632-1.
- Registre, C. civ., art. 2020 ; Décr. n° 2010-2109 du 2 mars 2010, **p. 3126.**

Filiales
▸ V. *Sociétés (dispositions générales).*

FISAC, L. 750-1-1 ; Décr. n°s 2008-1470 et 2008-1475 du 30 déc. 2008 ; Arr. 30 déc. 2008, ss. L. 750-1-1.

Foires et salons, C. consom., art. L. 122-9, **p. 3279,** L. 121-21 (J. 12), **p. 3375.**
- Manifestation commerciale, L. 762-1 s., R. 762-1 s., A. 762-1 s.

Fonctionnaires, L. 121-1 (J. 6 *bis*).

Fonds agricole, C. rur., art. L. 311-3, ss. L. 142-1.

Fonds artisanal, L. n° 96-603 du 5 juill. 1996, art. 22, ss. L. 142-1.
- Commune, C. urb., art. L. 214-1 s., *R. 214-1 s., ss. L. 145-60.
- Droit de préemption C. urb., art. L. 214-1 s., *R. 214-1 s., ss. 145-60.
- Gérant-mandataire, L. 146-1 s.

Fonds de commerce L. 141-1 s.
- Agriculteur, C. rur., art. L. 311-3, ss. L. 142-1.
- Alimentation,
  • conditions techniques, Décr. n° 53-933 du 30 sept. 1953, **p. 2941.**
- Apport en société, L. 141-21 s.
- Artisans, L. n° 96-603 du 5 juill. 1996, art. 22, ss. L. 142-1.
- Attribution par partage, L. 141-12 s.
- Baux commerciaux
  ▸ V. *Baux commerciaux.*
- Commune, C. urb., art. L. 214-1 s., *R. 214-1 s., ss. L. 145-60.
- Créancier inscrit, L. 143-2
- Crédit-bail, C. mon. fin., art. L. 313-7, **p. 2767.**
- Droit de préemption, C. urb., art. L. 214-1 s., *R. 214-1 s., ss. L. 145-60.
- Éléments, L. 141-5 (J. 1 s.).
- Entreprise de spectacles, Ord. 13 oct. 1945, art. 3, ss. L. 143-23.
- Gérant-mandataire, L. 146-1 s.
- Location-gérance, L. 144-1 s., R. 144-1, D. 144-2 s.
  ▸ V. *Location-gérance.*
- Matériel et outillage,
  • nantissement, L. 525-1 s.

Fonds de commerce (*suite*)

– Nantissement, L. 142-1 s.
 ► V. ***Nantissement.***
– Prix,
 • dissimulation, C. civ., art. 1321-1, ss. L. 143-23.
– Promesse d'achat,
 • commercialité, L. 110-1 (J. 27).
– Promesse de vente, C. civ., art. 1589-2, ss. L. 143-23.
– Résiliation du bail de l'immeuble,
 • notification, L. 143-2.
– Saisie
 ► V. ***Saisie.***
– Sûretés judiciaires
 ► V. ***Sûretés judiciaires.***
– Transactions, L. 2 janv. 1970, ss. L. 143-21 (note).
– Vente
 ► V. ***Fonds de commerce (vente de).***

Fonds de commerce (vente de),

L. 141-1 s., R. 141-1, R. 141-2, R. 143-1 s.
– Acte de vente, L. 141-1 s.
– Action résolutoire, L. 141-6 à L. 141-11.
– Apport à société, L. 141-21 s.
– Avis à tiers détenteur, ss. L. 141-14 (bibl.).
– Bulletin officiel des annonces commerciales, L. 141-12 s.
– Clause de non-rétablissement, L. 141-5 (J. 9).
– Commune, C. urb., art. L. 214-1 s., *R. 214-1 s., ss. L. 145-60.
– Consignation du prix, L. 141-20.
– Déplacement du fonds, L. 143-1.
– Droit de préemption, C. urb., art. L. 214-1 s., *R. 214-1 s., ss. L. 145-60.
– Droits de propriété industrielle, L. 143-17, R. 143-11, R. 143-20 s.
– Éléments,
 • consentement du conjoint, L. 121-5.
– Enchères publiques, L. 141-10.
– Entreprise de spectacles, Ord. 13 oct. 1945, art. 3, ss. L. 143-23.
– Garantie du vendeur, L. 141-3 s.
– Insertions, L. 141-12 s.
– Intermédiaires, L. n° 70-9 du 2 janv. 1970, **p. 2941** (note).
 • incapacités, anc. L. 128-1 s. 🏛.
 • responsabilité, L. 141-3.
– Liquidation judiciaire
 V. *Sauvegarde, redressement et liquidation judiciaires.*
– Livres de commerce, L. 141-2.
– Logiciels, R. 143-22.
– Mentions obligatoires, L. 141-1.
– Obligation de délivrance, L. 141-3 (J. 7).
– Opposition au paiement, L. 141-14 s.
– Paiement, L. 141-5.
– Privilège du vendeur, L. 141-5 s.
 • droit de suite, L. 143-12.
 • durée, L. 143-19.
 • inscription, L. 141-6 s., L. 143-16 s., R. 143-6 s.
– Prix, L. 141-5.
 • consignation, L. 141-20.
 • dissimulation, C. civ., art. 1321-1, ss. L. 143-23.
 • opposition, L. 141-14 s.
 • répartition, L. 143-21.
– Promesse unilatérale, C. civ., art. 1589-2, ss. L. 143-23.
– Prostitution,
 • confiscation, L. 143-22.
– Publicité, L. 141-12 s.
– Purge, L. 143-17, R. 143-2.
– Résolution, L. 141-6 s.
– Saisie-exécution,
 • conversion, L. 143-3 s.
– Sauvegarde, redressement et liquidation judiciaires, L. 141-13 (J. 3), L. 141-19 (J. 4), L. 642-19 (J. 2), L. 624-9 (J. 13), L. 642-1 (J. 18).
 • radiation des inscriptions, R. 642-10, R. 642-38.
 ► V. ***Sauvegarde, redressement et liquidation judiciaires (L. 26 juill. 2005).***
– Succursales, L. 141-18.
– Surenchère,
 • du 6e, L. 141-1.
 • du 10e, L. 143-13 s.
– Taxe professionnelle,
 • cession du fonds, L. 141-5 (J. 28).
 • location-gérance, L. 144-1 (J. 20).
– Vente judiciaire, L. 143-3 s.
 • Trésor public, LPF, art. L. 268, **p. 222** (note).

Fonds communs de placement

► V. ***Organismes de placement collectif en valeurs mobilières.***

Fonds communs de titrisation,
- Instruments financiers, C. mon. fin., art. L. 211-2, **p. 2735.**
- Titres de créances négociables, C. mon. fin., art. L. 213-3, **p. 2747.**
- ▸ V. *Organismes de placement collectif en valeurs mobilières.*

Fonds d'intervention pour les services, l'artisanat et le commerce, L. 750-1-1 ; Décr. n°s 2008-1470 et 2008-1475 du 30 déc. 2008, ss. L. 750-1-1.

Forains
- ▸ V. *Marchands ambulants et forains.*

Formalités administratives, D. 123-235, D. 123-236 ; L. n° 94-126 du 11 févr. 1994, art. 1er à 4, ss. R. 123-21.
- Centres de formalités des entreprises, R. 123-1 s.

Fournitures,
- Entreprise,
  - commercialité, L. 110-1.

Franchise,
- Clauses restrictives de la concurrence, L. 420-1 (J. 40).
- Commercialité, L. 110-1 (J. 45).
- Droit communautaire, (J. 17).
- Information du consommateur, A. 441-1.
- Information précontractuelle, L. 330-3, R. 330-1, R. 330-2.
- Location-gérance, L. 144-4 (J. 2).
- Régime, L. 330-3 (J. 16 s.).
- ▸ V. *Clauses d'exclusivité, Sauvegarde, redressement et liquidation judiciaires (L. 26 juill. 2005).*

Fraudes,
- Banqueroute
  - ▸ V. *Banqueroute.*
- Livres de commerce, CGI, art. 1743, ss. L. 123-14 (note).
- Publicité mensongère, C. consom., art. L. 121-1 s., **p. 3169.**

Fusions
- ▸ V. *Sociétés (dispositions générales).*

G

Gage, L. 521-1 s.
- Assurance-vie, L. 521-1 (J. 20 s.), L. 521-2 (J. 7).
- Constitution, L. 521-1.
- Créances, L. 521-1 (J. 12 s.), L. 521-2 (J. 6).
- Crédit à la consommation, C. consom., art. L. 311-23, **p. 3336.**
- Destruction ou détournement, C. pén., art. 314-5, **p. 883** (note).
- Espèces, L. 521-1 (J. 15 s.).
- Prêt sur gages
  - ▸ V. *Prêts d'argent.*
- Réalisation, L. 521-3.
- Sauvegarde, redressement ou liquidation judiciaires
  - ▸ V. *Sauvegarde, redressement et liquidation judiciaires (L. 26 juill. 2005).*
- Stocks, L. 527-1 s., R. 527-1 s.
- Titres de créances négociables, C. mon. fin., art. L. 213-2, **p. 2746.**
- Valeurs mobilières
  - ▸ V. *Valeurs mobilières.*
- Véhicules automobiles, L. 521-1 (J. 23 s.).

Garanties,
- Revitalisation du bassin d'emploi, C. mon. fin., art. L. 313-21-1, L. 511-6, **p. 2799.**

Garantie autonome, p. 3131.
- Définition, C. civ., art. 2321, **p. 3131.**
- Vente à crédit, C. consom., art. L. 313-10-1 (note), **p. 3364.**

GEIE
- ▸ V. *Groupements européens d'intérêt économique.*

Gérance libre, L. 144-1 s.
- ▸ V. *Location-gérance.*

Gérants-mandataires, L. 146-1 s., D. 146-1, D. 146-2.

Gérants salariés,
- Qualité de commerçant, L. 121-1 (J. 3).

Gérants de société,
- Sociétés en commandite par actions, L. 226-2 s., R. 226-3.

Gérants de société *(suite)*
- Sociétés en commandite simple, L. 222-2.
- Sociétés en nom collectif, L. 221-3 s.
- Sociétés à responsabilité limitée,
  • conventions avec la société, L. 223-19 s., R. 223-16 s.
  • infractions, L. 241-2 s.
  • nomination, L. 223-18.
  • responsabilité civile, L. 223-10, L. 223-22 s., L. 223-33.
  • révocation, L. 223-25.

GIE
▸ V. *Groupements d'intérêt économique.*

Grandes surfaces commerciales,
- Productions régionales,
  • surface de vente, L. n° 2012-1270 du 20 nov. 2012, art. 4, **p. 2955.**
▸ V. *Concurrence, Déréférencement, Urbanisme commercial.*

Greffiers de tribunal de commerce, L. 741-1 s., R. 741-1 s., A. 741-1 s.
- Accès, L. 742-1, R. 742-1 s., A. 742-1 s.
  • professions judiciaires et juridiques, L. 742-2, R. 742-33 s.
- Administration provisoire, R. 743-16 s.
- Aptitude, R. 742-16, A. 742-8 s.
- Bourse commune, D. 741-24.
- Comptabilité, L. 743-14, R. 743-178 s., A. 743-1 s.
- Conseil national, L. 741-2, R. 741-10.
- Contrat de travail, R. 743-139-1 s.
- Discipline, L. 743-2 s., R. 743-5 s.
- Émoluments, L. 743-13, R. 743-140 s.
- Examen, R. 742-16 s., A. 742-8 s.
- Exercice, L. 743-12, R. 743-29.
- Formation professionnelle continue, L. 743-15, R. 742-39, R. 742-40.
- Honorariat, R. 742-32.
- Inspection, L. 743-1, R. 743-1 s.
- Missions, R. 741-1 s.
- Nomination, R. 742-18 s.
- Ressort des juridictions,
  • modification, R. 743-158 s.
- Salarié, R. 743-139-1 s.
- Société, R. 743-29.
  • société civile professionnelle, R. 743-81 s.
  • société d'exercice libéral, R. 743-120 s.
  • société en participation, R. 743-135 s.
  • société de participations financières de profession libérale, R. 743-139-21 s.
- Stage, R. 742-7 s.
- Statut, L. 741-2.
- Suspension provisoire, R. 743-22 s.
- Tarif, L. 743-13, R. 743-140 s.

Groupements européens d'intérêt économique, L. 252-1 s.
- Comptabilité, L. 252-7, L. 252-13.
- Décisions, L. 252-4.
- Gérant, L. 252-5, L. 252-6.
- Immatriculation, L. 252-1 s.
- Membres, L. 252-4.
- Nullité, L. 252-9 s.
- Personnalité juridique, L. 252-1.
- Responsabilité, L. 252-5.
- Sanction, L. 252-11 à L. 252-13. V. *Nullité.*
- Transformation, L. 252-8.

Groupements d'intérêt économique, L. 251-1 s.
- Administration, L. 251-11 s.
- Assemblée des membres, L. 251-10.
- Compétence juridictionnelle, L. 721-3 (J. 7 *bis*).
- Constitution, L. 251-1.
- Contrat,
  • mentions, L. 251-8.
- Dissolution, L. 251-19 s.
- Information comptable, L. 251-13 s., R. 251-1 s.
- Nullité, L. 251-5.
- Obligation aux dettes, L. 251-6.
- Personnalité morale, L. 251-4.
- Profession libérale, L. 251-2.
- Protection de l'appellation, L. 251-23.
- Sauvegarde, redressement ou liquidation judiciaires
  ▸ V. *Sauvegarde, redressement et liquidation judiciaires (L. 26 juill. 2005).*
- Transformation, L. 251-18.
▸ V. *Groupements européens d'intérêt économique.*

Groupements de prévention agréés, L. 611-1 s., D. 611-1 s.

H

Hôtellerie,
- Baux commerciaux, R. 145-10 (note).
- Warrant hôtelier, L. 523-1 s., R. 523-1.
  ▸ V. ***Warrants hôteliers.***

Hypothèques,
- Hypothèque rechargeable,
  • Résidence principale, L. 526-5.

▸ V. ***Sauvegarde, redressement et liquidation judiciaires (L. 26 juill. 2005).***

I

Idées publicitaires
▸ V. ***Publicité commerciale.***

Immeubles,
- Transactions,
  • commercialité, L. 110-1.

Incapacités professionnelles, anc. L. 128-1 s. 🏛.
- Agents commerciaux, anc. L. 128-6 🏛.
- Assainissement
  V. *Commerce et industrie.*
- Commerce et industrie,
  • assainissement, anc. L. 128-1 s. 🏛.
- Interdictiction de gérer, L. 128-1 s.
- Représentants de commerce, anc. L. 128-6 🏛 ; C. trav., art. L. 7312-1, ss. L. 134-17.

Information des consommateurs,
- Caractéristiques essentielles du bien ou du service et disponibilité des pièces indispensables, C. consom., art. L. 111-1, L. 111-2, **p. 3269.**
- Date de livraison du bien ou d'exécution de la prestation, C. consom., art. L. 114-1, **p. 3272.**
- Établissements de crédit, C. consom., art. L. 113-3, **p. 3271.**
- Langue française, emploi obligatoire, L. n° 94-665 du 4 août 1994, art. 2, **p. 3274** (note).
- Objets ou dispositifs de lutte contre le bruit, **p. 3270** (note).
- Présentation des contrats, C. consom., art. L. 133-1, L. 134-1, **p. 3297.**
- Prix,
  • limitation de responsabilité et conditions particulières, C. consom., art. L. 113-3, **p. 3271.**
- Ventes à crédit, C. consom., art. L. 311-4 s., L. 311-49, **p. 3352.**
- Ventes à distance, C. consom., art. L. 121-18, L. 121-19, **p. 3367.**
- Ventes de voyages ou de séjours, **p. 3270** (note).
  ▸ V. ***Ventes commerciales.***

Infrastructures essentielles, L. 420-2 (J. 29).

Instruments financiers, C. mon. fin., art. L. 211-1 s., **p. 2734.**
- Adjudication, C. mon. fin., art. L. 211-21.
- Cession de créances, C. mon. fin., art. L. 211-36, L. 211-37.
- Compensation, C. mon. fin., art. L. 211-36.
- Contrat financier, C. mon. fin., art. L. 211-35.
- Définition, C. mon. fin., art. L. 211-1.
- Euros, C. mon. fin., art. L. 113-1 (bibl.).
- Garantie, C. mon. fin., art. L. 211-38.
- Incapables, C. mon. fin., art. L. 211-1 (note).
- Indexation, C. mon. fin., art. L. 112-1, L. 112-2, L. 112-3-1, D. 112-1.
- Inscription en compte, C. mon. fin., art. L. 211-3 s.
- Instruments financiers à terme, C. mon. fin., art. L. 211-1.
- Instruments financiers étrangers, C. mon. fin., art. L. 211-41.
- Marchés réglementés (admission, radiation, suspension)
  ▸ V. ***Marchés financiers.***
- Monopole de négociation et cession
  ▸ V. ***Valeurs mobilières.***
- Nantissement, C. mon. fin., art. L. 211-20.
- Pension, C. mon. fin., art. L. 211-27 s.
- Prêt, C. mon. fin., art. L. 211-22 s.
- Produits dérivés
  V. *Instruments financiers à terme.*
- Titre financier, C. mon. fin., art. L. 211-1, L. 211-2 s.
- Transmission, C. mon. fin., art. L. 211-14 s.

Instruments de mesure, Décr. n° 61-501 du 3 mai 1961, art. 12 s., **p. 3255.**

Instruments de paiement,
- Billet à ordre, C. mon. fin., art. L. 132-2.
  ▸ V. *Billets à ordre.*
- Chèques
  ▸ V. *Chèques.*
- Date de valeur, C. mon. fin., art. L. 131-1-1, L. 133-14.
- Définition, C. mon. fin., art. L. 133-3.
- Faible montant, C. mon. fin., art. L. 133-28, D. 133-7.
- Frais, C. mon. fin., art. L. 133-26 s., D. 133-5, D. 133-6.
- Lettre de change, C. mon. fin., art. L. 132-1.
  ▸ V. *Lettres de change.*
- Monnaie électronique, C. mon. fin., art. L. 133-29 s.
- Obligation des parties, C. mon. fin., art. L. 133-15 s., D. 133-3.
- Opération de paiement,
  • autorisation, C. mon. fin., art. L. 133-6 s., D. 133-1.
  • exécution, C. mon. fin., art. L. 133-9 s., D. 133-2.
  * délai, C. mon. fin., art. L. 133-12 s.
- Remboursement, C. mon. fin., art. L. 133-25 s.
- Responsabilité, C. mon. fin., art. L. 133-18 s., D. 133-4.

Interdictions et déchéances
▸ V. *Incapacités professionnelles, Sauvegarde, redressement et liquidation judiciaires (L. 26 juill. 2005).*

Interdiction de gérer,
- Fichier national, L. 128-1 s.
  ▸ V. *Sauvegarde, redressement et liquidation judiciaires (L. 26 juill. 2005).*

Intérêt des capitaux, C. consom., art. L. 313-1 s., **p. 3145**, R. 313-1 s., **p. 3155**, D. 313-6, **p. 3163** ; Arr. du 24 août 2006, **p. 3160.**
- Dépôt de fonds, C. mon. fin., art. L. 312-3, L. 351-2, L. 351-3.
- Euros,
  • continuité des indices, C. mon. fin., art. L. 113-1, **p. 2658.**
- Frais et commissions, C. consom., art. L. 313-1.
- Intérêts conventionnels, C. consom., art. L. 313-1 s., D. 313-6 s. ; Arr. du 24 août 2006.
- Intérêt légal, C. mon. fin., art. L. 313-2 s., **p. 3148.**
- Prêt usuraire, C. mon. fin., art. L. 313-5-1, L. 313-5-2, **p. 3161.**
- Taux effectif,
  • calcul, C. consom., art. L. 313-1, R. 313-1 s.
  • mention obligatoire, C. consom., art. L. 313-2.
  • publicité, C. consom., art. L. 311-4.
- Usure, C. consom., art. L. 313-1 s. ; C. mon. fin., art. L. 313-5 s., **p. 3161** ; Arr. du 24 août 2006.

▸ V. *Comptes courants.*

Intervention,
- Billets à ordre, L. 512-3.
- Lettres de change, L. 511-65 s.

Intervention économique,
- Organismes privés, Décr. n° 53-933 du 30 sept. 1953, **p. 2941.**

Inventaire, L. 123-12.
- Sauvegarde, redressement et liquidation judiciaires, L. 622-6, L. 622-6-1, R. 622-4, R. 622-4-1.
- Sociétés, L. 232-1, R. 232-1 s.

J

Jours fériés,
- Chèques, C. mon. fin., art. R. 131-4, **p. 2661.**
- Lettres de change, L. 511-79 s. ; Décr.-L. 31 août 1937, ss. L. 511-81.

Juge-commissaire
▸ V. *Sauvegarde, redressement et liquidation judiciaires (L. 26 juill. 2005).*

Juges consulaires, L. 722-1 s., L. 723-1 s., L. 724-1 s., D. 721-3, R. 721-4, R. 723-1 s.
- Démission, L. 722-8.
- Discipline, L. 724-1 s.
- Élection, L. 722-6, L. 722-7, L. 723-1 s., R. 723-1 s.

Juges consulaires *(suite)*
- Fonctions,
  - cessation, L. 722-8 s.
  - durée, L. 722-6, L. 722-7, L. 722-11 s.
  - gratuité, L. 722-16.
  - juge-commissaire, L. 722-14.
- Juge unique, L. 722-1.
- Nombre, L. 722-1.
- Scrutin et opérations électorales, R. 723-6 s.
- Serment, L. 722-7.
- Vote par correspondance, R. 723-9 s.
- Vote électronique, R. 723-16 s.

▶ V. ***Tribunaux de commerce.***

L

Label,
- Entreprise du patrimoine vivant, L. n° 2005-882 du 2 août 2005, art. 23, **p. 2646** ; Décr. n° 2006-595 du 23 mai 2006, **p. 2646.**
- Pratique restrictive de concurrence, L. 420-1 (J. 41).

Langue française, L. n° 94-665 du 4 août 1994, art. 2, **p. 3274** (note).

Leasing, C. mon. fin., art. L. 313-7 s., L. 515-2, L. 515-3, L. 571-13, **p. 2767.**
- Publicité, C. mon. fin., art. R. 313-3 s.

Lettres de change, L. 511-1 s.
- Acceptation, L. 511-15 s.
  - conditions, L. 511-17.
  - immobilisation de la provision, L. 511-7 (J. 14).
  - par intervention, L. 511-66.
  - présomption d'existence de la provision, L. 511-7 (J. 5).
  - refus,
    * recours, L. 511-38 s.
- Acquittement, L. 511-27.
- Acte de commerce, L. 121-1 (J. 2).
- Actions,
  - prescription, L. 511-78.
- Altérations, L. 511-77.
- Aval, L. 511-21.
- Avis de non-paiement, L. 511-42.
- Avis du tiré au banquier domiciliataire, L. 511-2 (J. 9).
- Bénéficiaire, L. 511-1 (J. 8, 12, 14).
- Capacité, L. 511-5.
- Caution, L. 511-33 s. L. 511-37.
- Cession, L. 511-8.
- Cessionnaire de créance,
  - conflit avec le porteur, L. 511-7 (J. 16).
- Chambre de compensation, L. 511-26 (J. 5).
- Clause « retour sans frais » ou « sans protêt », L. 511-43.
- Commercialité, L. 110-1.
- Consignation, L. 511-30.
- Consommateur, **p. 828** (note).
- Contrepassation, L. 511-45 (J. 9 s.).
- Copies, L. 511-75 s.
- Date, L. 511-1 (J. 10, 15, 19, 23).
- Déchéance, L. 511-49.
- Délais,
  - calcul, L. 511-81.
  - force majeure, L. 511-50.
  - jours fériés, L. 511-79 s.
  - prorogation, L. 511-61 ; Ord. 23 sept. 1958, ss. L. 511-81.
- Domiciliation, L. 511-2 (J. 7 s.), L. 511-26 (J. 2 et 8), L. 511-27 (J. 2 s.), L. 511-45 (J. 9), L. 511-52 (J. 1)
- Échéance, L. 511-22 s.
  - délais,
    * calcul, L. 511-24 s., L. 511-79 s.
  - prorogation conventionnelle, L. 511-38 (J. 3).
- Effet de complaisance, L. 511-17 (J. II).
- Émission,
  - lieu, L. 511-1.
- Endossement, L. 511-8 s.
  - caractère translatif, L. 511-9.
  - endossement pignoratif, L. 511-13 (J. B).
  - postérieur à l'échéance, L. 511-14.
  - procuration, L. 511-13 (J. A).
- Énonciations, L. 511-1.
- Escompte, L. 511-8 (J. 7 s.). V. *Endossement.*
- Exceptions, L. 511-12.
- Exemplaires,
  - pluralité, L. 511-72 s.
- Falsification grossière, L. 511-26 (J. 9).
- Faux, L. 511-5, L. 511-17 (J. 12).
- Fichier des incidents de paiement de la Banque de France, L. 511-26 (J. 8).
- Force majeure, L. 511-50
- Forme, L. 511-1.
- Garantie, L. 511-6.

Lettres de change *(suite)*
- Incapable, L. 511-5.
- Injonction de payer, L. 511-12 (J. 6).
- Intérêts, L. 511-3.
- Intervention, L. 511-65 s.
- Jour férié ou non ouvrable, L. 511-79 s. ; Décr.-L. 31 août 1937, ss. L. 511-81.
- Lettre de change de garantie, L. 511-23 (J. 2).
- Lettre de change-relevé, L. 511-1 (J. 12), L. 511-2 (J. 10), L. 511-26 (bibl., J. 8), L. 511-42 (J. 2).
  - acceptation, L. 511-15 (J. 3).
- Lieu,
  - d'émission, L. 511-1, L. 511-25.
  - de paiement, L. 511-1, L. 511-25, L. 511-29.
- Mandat, L. 511-4.
- Mentions, L. 511-1.
- Mesures conservatoires, L. 511-51 (note).
- Mineur, L. 511-5.
- Monnaie étrangère, L. 511-29.
- Montant, L. 511-4.
- Opposition, L. 511-31.
- Paiement, L. 511-26 s.
  - anticipé, L. 511-28.
  - par chèque ou virement, L. 511-40 s.
  - par intervention, L. 511-67 s.
  - partiel, L. 511-27.
  - refus, L. 511-39.
- Perte, L. 511-11, L. 511-31 s.
- Porteur de bonne foi, L. 511-12.
- Porteur légitime, L. 511-11.
- Prescription, L. 511-78.
- Présentation, L. 511-26 ; L. 29 oct. 1940, art. 3, ss. L. 511-26.
- Prodigue, L. 511-5 (J. 3).
- Protêt, L. 511-39 s., L. 511-68 s.
  - délai, L. 511-49 s.
  - dispense, L. 511-43.
  - publicité, L. 511-56 s., R. 511-2 s.
- Provision, L. 511-7.
- Rapport fondamental, L. 511-12, L. 511-34 (J. 1), L. 511-45 (J. 4).
- Rechange, L. 511-62 s.
- Recours, L. 511-38 s.
- Redressement et liquidation judiciaires
  ▸ V. *Sauvegarde, redressement et liquidation judiciaires (L. 26 juill. 2005).*
- Répétition de l'indu, L. 511-12 (J. 18).
- Retraite, L. 511-62.
- Saisie, L. 511-31 (J. 2).
- Saisie-conservatoire, L. 511-51.
- Séquestre, L. 511-31 (J. 3).
- Solidarité, L. 511-44.
- Sous-traitant,
  - conflit avec le porteur, L. 511-7 (J. 15).
- Sûreté judiciaire, note ss. L. 511-51.
- Tirage par mandataire, L. 511-2 (J. 2 s.).
- Traite non acceptée, L. 511-7 (J. 8), L. 511-15 (J. 1).
- Traite pro forma, L. 511-15 (J. 1).
- Transfert à l'étranger, L. 511-29 (J. 3).
- Transmission, L. 511-8 s.

Lettre de crédit (ou lettre accréditive), C. mon. fin., art. L. 112-6 (J. 2), **p. 2657.**

Lettre d'intention, C. civ., art. 2322, **p. 3144** et **p. 3051** (J. 24, 242).
▸ V. *Sauvegarde, redressement et liquidation judiciaires (L. 26 juill. 2005).*

Lettres de voiture, L. 132-8 s.
- Transport aérien, C. transp., art. L. 6422-1, ss. L. 132-9.

▸ V. *Voituriers.*

Liberté du commerce, L. 2-17 mars 1791, art. 7, **p. 2940.**

Licence de marque,
- Exclusivité,
  - entrave à la concurrence, L. 420-1 (J. 25).

Liquidation, L. 310-1, L. 310-5, L. 310-6, R. 310-1 s., A. 310-1 s.
▸ V. *Sociétés commerciales.*

Liquidation judiciaire
▸ V. *Sauvegarde, redressement et liquidation judiciaires (L. 26 juill. 2005).*

Livre,
- Délai de paiement, L. n° 2010-97 du 27 janv. 2010, ss. L. 441-6.
- Livre numérique, L. n° 2011-590 du 26 mai 2001, **p. 3014** ; Décr. n° 2011-1499 du 10 nov. 2011, **p. 3016.**
- Prix, L. n° 81-766 du 10 août 1981, **p. 3010.**
- Vente par club de livres, L. 420-2 (J. 5).

Livres de commerce
▸ V. *Comptabilité des commerçants.*

Location d'actions ou de parts sociales, L. 239-1 s., L. 223-18.

Location-gérance, L. 144-1 s., R. 144-1, D. 144-2 s.
– Conditions, L. 144-1 (J. 4 s.).
– Conjoint,
• consentement, L. 121-5.
– Contrat,
• nullité, L. 144-10.
• résiliation, L. 144-9 (J).
– Incapables, L. 144-5 (note).
– Taxe professionnelle, L. 144-1 (J. 20).
– Taxe sur la valeur ajoutée, L. 144-1 (J. 19).
▸ V. *Sauvegarde, redressement et liquidation judiciaires (L. 26 juill. 2005).*

Location-vente
▸ V. *Ventes commerciales.*

Loteries
▸ V. *Publicité commerciale.*

Louage
▸ V. *Baux commerciaux.*

M

Magasins collectifs, L. 125-1 s.
– Administration, L. 125-10 s.
– Apports, L. 125-5 s.
– Définition, L. 125-1.
– Fonds de commerce,
• apport, L. 125-5 s.
• location-gérance, L. 125-6, L. 125-14 s.
– Forme, L. 125-2.
– Litige, L. 125-16.
– Membre,
• décès, L. 125-12, L. 125-17 s.
• exclusion, L. 125-15 s.
• règlement judiciaire, L. 125-19.
– Parts sociales, L. 125-4.
• cession, L. 125-12.
• vente forcée, L. 125-13.
– Règlement intérieur, L. 125-10 s.
• infraction, L. 125-15.

Magasins généraux, L. 522-1 s., R. 522-1 s.
– Agrément, L. 522-1 s., R. 522-1 s.
• retrait, L. 522-39, R. 522-25.
– Cautionnement, L. 522-12, R. 522-10, R. 522-11.
– Cessation d'exploitation, L. 522-4.
– Cession, L. 522-3.
– Courtiers de marchandises assermentés, L. 131-27.
– Création, L. 522-1, R. 522-1 s.
– Garanties, L. 522-14 s.
– Récépissé, L. 522-24 s., R. 522-20 s.
• endossement, L. 522-26 s.
• perte, L. 522-36 s.
– Responsabilité, L. 522-14 s.
– Secret professionnel, L. 522-21.
– Vente publique, L. 522-31 s., L. 522-10, R. 522-14, R. 522-23.
– Warrant
▸ V. *Warrants.*

Magasins d'usine, L. 310-4 s., R. 310-18.

Maître-artisan
▸ V. *Artisans.*

Mandat,
– Présomption,
• conjoint de commerçant ou d'artisan, L. 121-6.

Mandat *ad hoc*, L. 611-3 s., R. 611-18 s.
– Voies de recours, R. 611-20, R. 661-1 s.

Mandataires judiciaires, L. 812-1 s., R. 812-1 s., R. 814-1 s., A. 812-1 s., A. 814-1 s.
– Délit de diffamation, L. 811-1 (J.).
– Délit de malversation, L. 654-12.
– Prise illégale d'intérêts, L. 621-4 (J. 12).
– Rémunération, L. 663-2, R. 663-18 s., R. 663-32 s.
– Sociétés civiles professionnelles, R. 814-59 s., R. 814-109 s.
– Sociétés d'exercice libéral, R. 814-59 s., R. 814-145 s.
– Sociétés en participation, R. 814-155 s.
– Sociétés de participations financières, R. 814-158 s., A. 814-7.
▸ V. *Sauvegarde, redressement et liquidation judiciaires (L. 26 juill. 2005).*

Mandataires de justice
▸ V. *Administrateurs judiciaires, Mandat ad hoc, Mandataires judiciaires.*

Manifestation commerciale, L. 762-1 s., R. 762-1 s., A. 762-1 s.
– Internationale, Arr. 24 avr. 2009, ss. A. 762-1.
– Parc d'exposition, L. 762-1, A. 762-2 s.
– Salon professionnel, L. 762-2.
 • publicité, C. consom., art. L. 121-15, **p. 3182.**
 • sanction, L. 310-5.
– Vente au déballage, L. 310-2.

Manufacture, L. 110-1.

Marchands ambulants et forains,
– Activité ambulante, L. 123-29 s., R. 123-208-1 s.
– Administration fiscale (déclaration à l'), CGI, art. 302 *octies*, 1788, **p. 2932.**

Marchands de bestiaux,
– Carte d'identité, Décr. 30 sept. 1928, **p. 2941.**

Marchandises (vente internationale)
▸ V. *Ventes commerciales.*

Marchés financiers,
– Euros, C. mon. fin., art. L. 113-1 (bibl.), **p. 2658.**
– Instruments financiers
 ▸ V. *Instruments financiers.*
– Prestataires de services d'investissement
 ▸ V. *Prestataires de services d'investissement.*
– Spéculation,
 • acte de commerce, L. 121-1 (J. 2), L. 110-1 (J. 1).

Marchés d'intérêt national, L. 761-1 s., R. 761-1 s., A. 761-1 s.
– Fonds de commerce,
 • nantissement, L. 761-9.
– Périmètre de référence, L. 761-4 s., A. 761-9 s.
 • installation, L. 761-5 s., R. 761-10 s., A. 761-11 s.
– Port, L. 761-6.

Marques de fabrique, de commerce ou de service,
– Langue française,
 • emploi, **p. 3274** (note).
– Produit sous marque de distributeur, L. 442-6 (J. 23).

Matériel et outillage
▸ V. *Nantissement de l'outillage et du matériel.*

Mesures, p. 3254.

Mesures conservatoires
▸ V. *Saisie, Sauvegarde, redressement et liquidation judiciaires (L. 26 juill. 2005), Sûretés judiciaires.*

Mesures d'instruction *in futurum*, C. pr. civ., art. 145, **p. 3237.**

Meubles,
– Achat pour revendre et entreprise de location,
 • commercialité, L. 110-1.
– Revendication, L. 624-9 s., R. 624-13 s.

Mines,
– Exploitation,
 • commercialité, C. minier, art. L. 131-3, ss. L. 110-1.

Mineurs,
– Chèque, C. mon. fin., art. L. 131-11, **p. 2666.**
– Commerce, L. 121-2.
– Lettre de change, L. 511-5.
– Valeurs mobilières,
 • gestion, Décr. n° 65-961 du 5 nov. 1965, **p. 2930.**

Ministre chargé de l'économie,
– Établissement de crédit, C. mon. fin., art. L. 511-1 s., **p. 2845.**
– Micro-pratique anticoncurrentielle, L. 464-9, R. 464-9-1 s.
– Sociétés financières, C. mon. fin., art. L. 515-1, **p. 2870.**

Mobilisation de créances,
– Créances hypothécaires à long terme, C. mon. fin., art. L. 313-42, R. 313-20 s., **p. 2840.**
– Créances professionnelles,

Mobilisation de créances *(suite)*
• cession et nantissement, C. mon. fin., art. L. 313-23 s., R. 313-15 s., **p. 2817.**
► V. *Créances professionnelles.*
– Crédit à moyen terme, C. mon. fin., art. L. 313-36 s., **p. 2840.**
► V. *Créances professionnelles, Titres de créances négociables.*

Monnaie, C. mon. fin., art. L. 111-1 s., **p. 2651.**
– Distribution à des fins publicitaires, C. pén., art. 431-29, 431-30, **p. 3190.**
– Monnaie électronique, C. mon. fin., art. L. 133-29 s., **p. 2726.**
– Support publicitaire, C. mon. fin., art. R. 162-3, **p. 3190** ; C. pén., art. R. 642-4, **p. 3191.**

N

Nantissement
► V. *Gage.*

Nantissement de créances professionnelles
► V. *Créances professionnelles.*

Nantissement du fonds agricole, C. rur., art. L. 311-3, ss. L. 142-1.

Nantissement du fonds artisanal, L. n° 96-603 du 5 juill. 1996, art. 22, ss. L. 142-1.

Nantissement de fonds de commerce, L. 142-1 s., R. 143-1 s.
– Agriculteur, C. rur., art. L. 311-3, ss. L. 142-1.
– Déplacement du fonds, L. 143-1.
• marché d'intérêt national, L. 761-9.
– Dispositions communes à la vente et au nantissement, L. 143-1 s.
► V. *Fonds de commerce (vente de).*
– Droit de propriété industrielle, L. 142-2, L. 143-17, R. 143-11, R. 143-20 s.
– Droit de suite, L. 143-12.
– Éléments, L. 142-2.
– Forme, L. 142-3.
– Inscription, L. 142-4, R. 143-6 s.
• durée, L. 143-19.
– Logiciels, R. 143-22.
– Marché d'intérêt national,
• droit d'occupation privative, L. 761-9.
– Purge, L. 143-12, R. 143-2.
– Radiation, L. 143-20, R. 143-18 s.
– Rang des créanciers, L. 142-5.
– Sociétés en formation, R. 143-17 (J. 3).
– Surenchère du 10e, L. 143-13 s.
– Sûretés judiciaires, C. pr. exéc., art. L. 531-1 à L. 533-1, R. 531-1 s., **p. 2922.**
– Vente judiciaire, L. 143-5 s.

Nantissement de marché, L. n° 75-1334 du 31 déc. 1975, art. 9, 13-1, **p. 3220.**

Nantissement de l'outillage et du matériel, L. 525-1 s., R. 525-1 s.
– Acquéreur non commerçant, L. 525-16, R. 525-1 s.
– Apposition d'une plaque, L. 525-4.
– Attribution judiciaire, L. 525-14 (J. 3).
– Droit de préférence, L. 525-9.
– Droit de suite, L. 525-7.
– Durée, L. 525-11.
– Fraude, L. 525-4, L. 525-19
– Inscription, L. 525-10 s., R. 525-1 s.
– Matériel exclu, L. 525-18.
– Publicité, L. 525-3, L. 525-7.
– Réalisation, L. 525-14 s.
– Redressement judiciaire du débiteur, L. 525-14 (J. 3).

Navigation aérienne
► V. *Aviation.*

Nolissement, L. 110-1.

Nom collectif (sociétés en)
► V. *Sociétés en nom collectif.*

Nom commercial,
– Élément du fonds de commerce, L. 141-5 (J. 15).

Nouveau code de procédure civile
► V. *Code de procédure civile.*

Nouveaux instruments promotionnels (NIP), L. 441-7.

Novation
► V. *Chèques, Contrats d'affaires (généralités).*

Numéro unique d'identification des entreprises, D. 123-235, D. 123-236 ; L. n° 94-126 du 11 févr. 1994, art. 3, ss. R. 123-1.

O

Objets mobiliers usagés
▸ V. *Ventes commerciales.*

Objet publicitaire
▸ V. *Publicité commerciale.*

Obligations de société, L. 228-38 s., R. 228-57 s. ; C. mon. fin., art. L. 213-5, **p. 2748.**
- Achat par la société, L. 228-74.
- Assemblée générale des obligataires,
  • composition, L. 228-61.
  • convocation, L. 228-57 s., R. 228-65 s.
  • feuille de présence, L. 228-60, R. 228-73 s.
  • majorité, L. 228-65.
  • nu-propriétaire, L. 228-66.
  • ordre du jour, L. 228-60.
  • pouvoirs, L. 228-65.
  • présidence, L. 228-64.
  • procès-verbal, R. 228-73.
  • quorum, L. 228-65.
  • représentation, L. 228-62 s., R. 228-74 s.
  • vote, L. 228-66 s.
- Charges des obligataires,
  • modification, L. 228-68.
- Droit préférentiel de souscription, R. 225-117.
- Émission,
  • conditions, L. 228-39 s.
  • décision, L. 228-40.
  • notice, L. 228-43, R. 228-57 s.
  • prospectus, R. 228-59.
- Emprunts garantis par l'État, L. 228-90.
- Faillite ou redressement judiciaire, L. 228-83 s., R. 228-84 s.
- Forme, L. 228-1 ; C. mon. fin., art. L. 213-5.
- Fusion, L. 236-13, R. 236-11 s.
- Gage,
  • interdiction, L. 228-44.
- Garanties,
  • sûretés, L. 228-77 s., R. 228-81.
- Information, L. 228-69 s., R. 228-64, R. 228-76 s.
  • injonction de faire, L. 238-1, L. 238-2.
- Infractions, L. 245-9 s.
- Masse des obligataires, L. 228-46 s., L. 228-61.
  • représentants de la masse, L. 228-47 s., L. 228-83 s., R. 228-60 s., R. 228-84.
- Obligations avec bons de souscription d'actions, R. 225-117.
- Obligations échangeables, R. 225-117.
- Obligations à lot, L. 228-45 s., L. 228-74 ; C. mon. fin., art. L. 213-6.
- Remboursement, L. 228-72 s., R. 228-79 s.
  • anticipé, L. 228-75.
  • dissolution de la société, L. 228-76.
  • garanti, L. 228-82.
- Scission, L. 236-20.
- Société avec offre au public, L. 228-43, L. 228-51, R. 228-57 s.
- Tirage au sort, L. 228-45.
- Titres participatifs, L. 228-36, R. 228-49 s.
- Transformation, L. 225-244.
- Vente de titres non réclamés, L. 228-6, R. 228-11, R. 228-12.

▸ V. *Instruments financiers, Valeurs mobilières.*

Observatoire des prix et des marges, C. rur., art. L. 692-1, D. 692-1, ss. L. 442-9.

Observatoire des prix, des marges et des revenus, L. 910-1 A s.

Offres publiques d'acquisition, L. 233-32 s.

Opérations de banque
▸ V. *Banques (établissements de crédit).*

Opérations de bourse
▸ V. *Agents de change, Bourses de commerce, Bourses de valeurs, Change, Instruments financiers, Sociétés de bourse, Valeurs mobilières.*

Opérations de change manuel
▸ V. *Change.*

Opposition,
- Carte de paiement, C. mon. fin., art. L. 133-17, **p. 2715.**
- Chèque, C. mon. fin., art. L. 131-35, **p. 2676.**

Opposition *(suite)*
- Lettres de change, L. 511-31.
- ► V. *Fonds de commerce (vente de), Marques de fabrique, de commerce ou de service.*

Or,
- Transaction (note), **p. 2658.**

Ordonnances de référé ou sur requête, C. pr. civ., art. 872 s., **p. 3247.**

Organisations professionnelles,
- Actions en justice, L. 470-7.
- Procédures d'adhésion, L. 420-1 (J. 10).

Organismes de placement collectif en valeurs mobilières,
- Parts ou actions : instruments financiers, C. mon. fin., art. L. 211-1, **p. 2734.**
- ► V. *Fonds communs de titrisation.*

Outillage et matériel,
- Nantissement, L. 525-1 s., R. 525-1 s.
- ► V. *Nantissement de l'outillage et du matériel.*

P

Pacte commissoire, L. 521-3 (J. 7 s.).

Pacte de préférence
- ► V. *Contrats d'affaires (généralités).*

Paiement,
- Ordre de paiement,
  - • cartes de paiement,
    - * irrévocabilité, opposition, C. mon. fin., art. L. 133-17, **p. 2715.**
- Paiement obligatoire par chèque, virement ou carte de paiement, C. mon. fin., art. L. 112-6, L. 112-7, **p. 2656.**
- ► V. *Délai de paiement.*

Papier commercial, R. 123-237.

Paracommercialité, L. 121-1 (J. 6), L. 442-7, L. 442-8.

Parapharmacie, L. n° 63-628 du 2 juill. 1963, art. 2 (J. 32, 62), **p. 2973.**

Parasitisme, L. n° 63-628 du 2 juill. 1963, art. 2 (J. 54 s.), **p. 2984.**

Parfumerie
- ► V. *Distribution sélective.*

Participation
- ► V. *Sociétés (dispositions générales), Sociétés en participation.*

Parts
- ► V. *Cession de parts sociales, Location d'actions ou de parts sociales, Saisie, Sociétés en nom collectif, Sociétés à responsabilité limitée, Sûretés judiciaires.*

Parts de fondateur,
- Interdiction, L. 228-4.
- Régime, L. 228-4.

Période d'observation
- ► V. *Sauvegarde, redressement et liquidation judiciaires (L. 26 juill. 2005).*

Période suspecte, L. 632-1 s.

Personnes morales non commerçantes,
- Activité économique
  - • information comptable, L. 612-1 s., R. 612-1 s.

Pertes
- ► V. *Prix.*

Plan de cession, plan de redressement, plan de sauvegarde
- ► V. *Sauvegarde, redressement et liquidation judiciaires (L. 26 juill. 2005).*

Poids et mesures, Décr. n° 61-501 du 3 mai 1961, **p. 3254.**

Pompistes de marques
- ► V. *Stations-service.*

Ports de commerce,
- Chambres de commerce, L. 711-4, L. 711-10.
- Marchés d'intérêt national, L. 761-6.

Position dominante, L. 420-2 s., R. 420-1.
- Aménagement commercial, L. 752-5, L. 752-26.

Position dominante *(suite)*
– Communauté européenne, Traité de Rome, art. 102, **p. 3020** ; Règl. CEE n° 17-62 du 6 févr. 1962, art. 9, **p. 3030** ; Règl. CE n° 1-2003 du 16 déc. 2002, **p. 3030** ; L. 470-6, A. 450-3.

Pratiques anticoncurrentielles, L. 420-1 s., R. 420-1 s.
– Communauté européenne, Traité de Rome, art. 101, **p. 3018** ; Règl. CEE n° 17-62 du 6 févr. 1962, art. 9, **p. 3030** ; Règl. CE n° 1-2003 du 16 déc. 2002, **p. 3030** ; L. 470-6, A. 450-3.
– Juridiction judiciaire, L. 420-7, R. 420-3 s.

Pratiques commerciales agressives, C. consom., art. L. 122-11 s., **p. 3280.**

Pratiques commerciales déloyales, C. consom., art. L. 120-1, **p. 2963.**
– Concurrence déloyale, L. n° 63-628 du 2 juill. 1963, art. 2, **p. 2962.**
► V. *Concurrence déloyale.*

Pratiques commerciales trompeuses, C. consom., art. L. 121-1 s., **p. 3169.**

Pratiques restrictives, L. 442-1 s., R. 442-1 s.
– Juridiction compétente, D. 442-3, D. 442-4.

Prédation, L. 420-1 (J. 32), L. 420-2 (J. 19), L. 464-1 (J. 4).
– Hausse ou baisse artificielle du prix, L. 443-2.
– Prix de vente abusivement bas, L. 420-5, L. 442-9.

Prescription (droit commercial),
– Biens et services fournis au consommateur, C. consom., art. L. 137-2, **p. 3299.**
– Chèques, C. mon. fin., art. L. 131-59 s., **p. 2691.**
– Contrat de transport, L. 133-6.
– Droit de la consommation, C. consom., art. L. 137-1, L. 137-2, **p. 3299.**
– Lettres de change, L. 511-78.
– Obligations nées à l'occasion du commerce, L. 110-4 ; L. n° 77-4 du 3 janv. 1977, art. 3 s., ss. L. 110-4.
– Valeurs mobilières, CGPPP, art. L. 1126-1, **p. 2920.**
• absence de réclamation pendant dix ans, L. n° 77-4 du 3 janv. 1977, art. 2, ss. L. 110-4.

Presse,
– Souscription à domicile d'abonnement à un quotidien, C. consom., art. L. 121-26, **p. 3382.**

Prestataires de services d'investissement,
– Monopole,
• matières métalliques, L. 131-5.

Prêts d'argent, C. consom., art. L. 313-1 s., **p. 3145**, R. 313-1, **p. 3155**, D. 313-6 s., **p. 3163** ; Arr. du 24 août 2006, **p. 3160.**
– Affectation des fonds,
• contrôle, C. mon. fin., art. L. 313-12 (J. 37, 51), **p. 2779.**
– Consommateurs,
• information, protection, C. consom., art. L. 311-6, **p. 3316.**
– Crédits d'exploitation
► V. *Banques (établissements de crédit).*
– Découvert en compte, C. consom., art. L. 313-2 (J. 5 s., 12, 21).
– Euros,
• continuité des indices, C. mon. fin., art. L. 113-1, **p. 2658.**
– Immobilier,
• emprunteurs,
* information, protection, C. consom., art. L. 312-1 s., **p. 3364** (renvoi).
– Intérêt conventionnel, C. consom., art. L. 313-1 s.
– Intérêt légal, C. mon. fin., art. L. 313-2 s, **p. 2764.**
– Prêt à un mineur, L. n° 98-657 du 29 juill. 1998, art. 113, **p. 3163.**
– Prêt participatif, C. mon. fin., art. L. 313-13 s., **p. 2796.**
– Revitalisation du bassin d'emploi, C. mon. fin., art. L. 313-21-1, L. 511-6, **p. 2799.**
– Taux effectif global, C. consom., art. L. 313-1 s., R. 313-1 s. ; C. mon. fin., art. L. 313-4, **p. 2766.**
• détermination, C. consom., art. L. 313-1.
– Usure, C. consom., art. L. 313-1 s., D. 313-6 s. ; Arr. du 24 août 2006 ; C. mon. fin., art. L. 313-5 s., **p. 2766.**

Prêts d'argent *(suite)*
– Vente à tempérament, C. consom., art. L. 313-3.

Preuve, L. 110-3.
– Qualité de commerçant, L. 121-1 (J. 5).

Prévention des difficultés des entreprises
▸ V. *Conciliation, Difficultés des entreprises, Mandat ad hoc.*

Primes,
– Produits d'épargne, C. mon. fin., art. L. 312-1-2, L. 351-1, **p. 2761.**
– Référencement, L. 442-6.
– Vente, C. consom., art. L. 121-35, **p. 3390**, R. 121-8 s., **p. 3393.**
• vente de livres, L. n° 81-766 du 10 août 1981, art. 6, **p. 3013.**
• vente de livres numériques, L. n° 2011-590 du 26 mai 2011, art. 4, **p. 3015.**

Privilèges (droit commercial),
– Commissionnaire de transport, L. 132-2.
– Fonds de commerce,
• inscription, L. 143-17 s., R. 143-6 s.
– Redressement ou liquidation judiciaires, L. 622-16, L. 622-30, L. 624-11, L. 643-2 s.
▸ V. *Sauvegarde, redressement et liquidation judiciaires (L. 26 juill. 2005).*
– Trésor public,
• publicité, CGI, art. 1929 *quater*, Ann. II, art. 396 *bis*, **p. 1409**, Ann. III, art. 416 *bis*, **p. 1412.**
– Voiturier, L. 133-7.

Prix,
– Cassettes, L. 420-5, R. 462-3, R. 464-8.
– Crise conjoncturelle, L. 442-9.
– Détermination du prix, L. 330-2 (J. 10).
– Disques, L. 420-5, R. 462-3, R. 464-8.
– Fixation, **p. 3065** (J. 77 s.).
– Hausse ou baisse artificielle, L. 443-2, L. 443-3.
– Indexation, C. mon. fin., art. L. 112-1 à L. 112-3-1, D. 112-1, D. 112-2, **p. 2652.**
– Liberté, L. 410-2.
– Livre, L. n° 81-766 du 10 août 1981, **p. 3010.**
– Vente de livres numériques, L. n° 2011-590 du 26 mai 2011, art. 4, **p. 3015.**
– Matières premières, L. 442-9 ; Décr. n° 2008-534 du 5 juin 2008, art. 2, ss. L. 442-9.
– Pratiques anticoncurrentielles, L. 420-1 s.
– Prix abusivement bas,
• denrées alimentaires, L. 442-9.
• transports routiers, C. transp., art. L. 3221-1, L. 3242-2, ss. L. 133-5.
• vente, L. 420-5, R. 462-3, R. 464-8.
▸ V. *Prédation.*
– Prix minimal, L. 442-5.
– Produits alimentaires,
• publicité de réduction du prix ou de prix promotionnel, L. 441-2.
– Publicité des prix, C. consom., art. L. 113-3, **p. 3271.**
– Réduction de prix,
• mention sur facture, L. 441-3.
• publicité, L. 310-7, L. 441-2, R. 441-1 (produits alimentaires).
– Revente à perte, L. 442-2 ; Circ. 8 déc. 2005 🏛, ss. L. 441-3.
– Sur-offre ou sous-offre, L. 443-2.
– Vidéogrammes, L. 420-5.

Procédure d'alerte,
– Groupements d'intérêt économique, L. 251-15, R. 251-3.
– Personnes morales non commerçantes ayant une activité économique, L. 612-3, R. 612-4.
– Sociétés anonymes, L. 234-1, R. 234-1 s.
• autres sociétés, L. 234-2, R. 234-5 s.

Procédures civiles d'exécution, C. pr. exéc., art. L. 231-1, R. 231-1 s., **p. 2921.**

Procédure commerciale,
– Tribunal de commerce, C. pr. civ., art. 853 s., **p. 3243.**

Procédure d'insolvabilité, Règl. CE n° 1346-2000 du 29 mai 2000 🏛 ; Circ. 15 déc. 2006 🏛.

Produits alimentaires
▸ V. *Denrées alimentaires.*

Produits dérivés
▸ V. *Instruments financiers.*

Produits d'épargne,
– Bons de caisse

Produits d'épargne *(suite)*

► V. *Bons de caisse.*
– Vente à prime, vente subordonnée, C. mon. fin., art. L. 312-1-2 s., L. 351-1, **p. 2761.**

Professions commerciales et industrielles

► V. *Commerçants.*

Promesse de porte-fort

► V. *Contrats d'affaires (généralités).*

Promesse de vente,

– Distinction promesse unilatérale ou synallagmatique, **p. 3051** (J. 25).
– Forme, C. civ., art. 1589-2, **p. 234.**

Promotion

► V. *Publicité commerciale.*

Propriété commerciale, L. 145-1.

► V. *Baux commerciaux.*

Protection des consommateurs, C. consom., art. L. 111-1 s., **p. 3269.**

► V. *Clauses abusives, Crédit à la consommation (L. 1er juill. 2010), Information des consommateurs, Ventes commerciales.*

Protêts,

– Banques,
• interruption des services, Ord. 23 sept. 1958, art. 28, ss. L. 511-81.
– Billets à ordre, L. 512-3.
– Chèques, C. mon. fin., art. L. 131-61 s., **p. 2693.**
► V. *Chèques.*
– Jours fériés ou non ouvrables, Décr.-L. 31 août 1937, ss. L. 511-81.
– Lettres de change, L. 511-39 s.
► V. *Lettres de change.*
– Publicité, L. 511-56 s., R. 511-2 s.

Publicité commerciale,

– Boulangerie, C. consom., art. L. 121-80 s., **p. 3188.**
– Crédit gratuit ou crédit promotionnel, C. consom., art. L. 311-27 s., **p. 3340.**
– Documents publicitaires,
• mention du numéro d'identification, R. 123-237.
• valeur contractuelle, **p. 3056** (J. 36).
– Espace publicitaire,
• vente,
V. *Prestations de publicité.*
– Franchise, A. 441-1.
• publicité fausse, L. 330-3 (J. 42).
– Idées publicitaires,
• protection, L. n° 63-628 du 2 juill. 1963, art. 2 (J. 35), **p. 2975.**
– Langue française obligatoire, L. n° 94-665 du 4 août 1994, art. 2, **p. 3274** (note).
– Loteries publicitaires, C. consom., art. L. 121-36 s., **p. 3183** ; R. 121-11, R. 121-12, **p. 3188.**
– Matériaux récupérés, C. envir., art. L. 531-34, **p. 3173.**
– Objets publicitaires,
• prime, C. consom., art. L. 121-35, **p. 3390** ; R. 121-8 s., **p. 3393.**
• argent, C. pén., art. 431-29, 431-30, **p. 3190.**
– Opérations non autorisées ou illégales, C. consom., art. L. 121-15, **p. 3182.**
– Pratiques commerciales déloyales, C. consom., art. L. 120-1, **p. 2963.**
– Pratiques commerciales trompeuses, C. consom., art. L. 121-1 s., **p. 3169,**
– Prestations de publicité, L. n° 93-122 du 29 janv. 1993, art. 20 à 28, **p. 3164.**
– Prix,
• annonces de réduction, L. 310-7.
– Produits alimentaires,
• réduction de prix ou prix promotionnel, L. 441-2.
– Publicité comparative, C. consom., art. L. 121-8 s., **p. 3173.**
– Publicité de nature à induire en erreur, C. consom., art. L. 121-1 s., **p. 21.**
– Publicité par voie électronique
► V. *Commerce électronique.*
– Vente de livres, L. n° 81-766 du 10 août 1981, art. 7, **p. 3013.**
► V. *Prix.*

Publicité comparative, C. consom., art. L. 121-8 s., **p. 3173.**

R

Récépissé

► V. *Chemins de fer, Magasins généraux.*

Rechange,

– Billets à ordre, L. 512-3.

Rechange *(suite)*
– Lettres de change, L. 511-62 s.

Redressement judiciaire civil, p. 940 (note).

Redressement et liquidation judiciaires (régime antérieur à L. 26 juill. 2005),
– Action en comblement de passif,
• titulaires du droit d'agir, ancien L. 624-6, ss. L. 651-3.
– Associés indéfiniment et solidairement responsables du passif social, ancien L. 624-1, ss. L. 651-1.
– Cessation de l'activité, ancien L. 621-27, ss. L. 622-10.
– Créances postérieures, ancien L. 621-32, ss. L. 622-17.
– Créances antérieures,
• admission, Décr. n° 2007-431 du 25 mars 2007, art. 4, **p. 1981.**
• déclaration, ancien L. 621-43, ss. L. 622-24, ancien L. 621-46, ss. L. 622-26.
* délai, Décr. n° 85-1388 du 27 déc. 1985, ancien art. 66, **p. 1969**, ancien art. 119, **p. 1972.**
– Dirigeants de personne morale,
• extension de la procédure, ancien L. 624-5, ss. L. 652-1, ancien L. 624-6, ss. L. 651-3.
– Faillite personnelle, ancien L. 625-4, ss. L. 661-4, ancien L. 625-5, ss. L. 653-5.
– Juge-commissaire,
• admission des créances, Décr. n° 2007-431 du 25 mars 2007, art. 4, **p. 1981.**
• ordonnances, Décr. n° 85-1388 du 27 déc. 1985, ancien art. 25, **p. 1958.**
– Liquidation judiciaire,
• clôture de la procédure, ancien L. 622-30, ss. L. 643-9.
* droit de poursuite individuelle, ancien L. 622-32, ss. L. 643-11.
– Plan de cession,
• clôture des opérations, ancien L. 621-95, ss. L. 643-9.
• créanciers,
* droit de poursuite individuelle, ancien L. 621-95, ss. L. 643-9.
• gestion de l'entreprise cédée, ancien L. 621-89, ss. L. 642-8.
• prix de cession,
* défaut de paiement ancien L. 621-93, ss. L. 642-11.
* répartition, ancien L. 621-95, ss. L. 643-9.
• unités de production, ancien L. 622-17, ss. L. 642-19.
– Plan de continuation, ancien L. 621-70, ss. L. 626-1.
• résolution, ancien L. 621-82, ss. L. 626-27.
– Voies de recours,
• Jugements et ordonnances,
* exécution provisoire, Décr. n° 85-1388 du 27 déc. 1985, ancien art. 155, **p. 2053.**
• ordonnances du juge-commissaire, Décr. n° 85-1388 du 27 déc. 1985, ancien art. 25, **p. 1958.**
* admission des créances, Décr. n° 2007-431 du 25 mars 2007, art. 4, **p. 1981.**
* jugement sur recours, ancien L. 623-4, ss. L. 661-4.
► V. ***Sauvegarde, redressement et liquidation judiciaires (L. 26 juill. 2005).***

Référé commercial, C. pr. civ., art. 872 s., **p. 3247.**

Référencement
► V. ***Centrales d'achat et de référencement, Déréférencement, Primes.***

Refus d'achat, L. 420-2 (J. 8).
► V. ***Rupture de relations commerciales.***

Refus de vente,
– Entre un professionnel et un consommateur, C. consom., art. L. 122-1, **p. 3274.**
– Entre professionnels, L. 420-2 (J. 9).

Régime matrimonial,
– Commerçants,
• registre du commerce, Décr. n° 84-406 du 30 mai 1984, art. 71-5°, ss. R. 123-154.

Registres,
– Registre de l'agriculture, L. 123-1 (note).
– Vente d'objets mobiliers usagés, C. pén., art. 321-7, 321-8, R. 321-3 s., R. 633-2 s., R. 635-5 s., **p. 3386.**
► V. ***Livres de commerce.***

Registre du commerce et des sociétés,
L. 123-1 s., R. 123-31 s., A. 123-12 s.
– Actes,
• communication, R. 123-150 s.
• dépôt,
* effets, L. 123-7 s.
– Activités agricoles, L. 123-1 (note, J. 2).
– Annexe,
• dépôt,
* actes et pièces, R. 123-102 s., A. 123-55 s.
– Annonces,
• publication, R. 123-155 s.
– Associations, L. 123-1 (J. 1).
– Assujettis, L. 123-1, R. 123-32 s.
– Bulletin officiel des annonces civiles et commerciales
► V. ***Bulletin officiel des annonces civiles et commerciales.***
– Centres de formalités des entreprises, R. 123-1 s., R. 123-83.
– Cessation de paiements,
• mention, R. 123-122.
– Comité de coordination, R. 123-81, A. 123-34 s.
– Conjoint collaborateur, R. 123-37, R. 123-55, R. 123-237.
– Contentieux, L. 123-3, R. 123-139 s.
– Contenu, R. 123-82.
– Contrat d'appui, R. 123-37 (7°), R. 123-53 (10°), R. 123-237 (5°).
– Déclarations, R. 123-32 s., A. 123-12 s.
• États, collectivités, établissements publics étrangers, R. 123-76.
• présentation, R. 123-84 s., A. 123-12 s.
– Demandes d'inscription,
• contrôle et enregistrement, R. 123-92 s.
• présentation, R. 123-84 s., A. 123-42 s.
– Diffusion par voie télématique, L. 123-1 (J. 3).
– Dispense, L. 123-1-1.
– Documents comptables,
• dépôt, R. 123-111, R. 123-112.
– Domiciliation des entreprises, L. 123-10, L. 123-11, L. 123-11-2 s., R. 123-166-1 s., R. 123-171.
– Faillite personnelle,
• mention, Décr. n° 84-406 du 30 mai 1984, art. 36-1, ss. R. 123-122.
– Fonds de commerce d'alimentation, Décr. n° 53-962 du 30 sept. 1953, art. 2, **p. 2945.**
– Formalités,
• taxes, émoluments et dépens, R. 123-163 s.
– Frais, R. 123-163 s. ; CPI, art. R. 411-17 et Arr. 24 avr. 2008, ss. R. 123-63.
– Gérant-mandataire, L. 146-1.
– Groupements d'intérêt économique, R. 123-36, R. 123-60.
– Immatriculation, L. 123-1, R. 123-32 s., R. 123-76, R. 123-77, A. 123-42 s.
• effets, L. 123-7 s.
• insertion,
* BODACC, R. 123-155 s.
• refus, R. 123-143 s.
• secondaire, R. 123-42, R. 123-64.
– Infractions, L. 123-4 s. ; Ord. 27 déc. 1958, **p. 34** (note).
– Inscriptions, R. 123-84 s., A. 123-42 s.
• communication, R. 123-150 s.
• effets, L. 123-7 s.
• refus, R. 123-97, R. 123-143 s.
• signalisation, R. 123-155 s., R. 123-237.
– Inscriptions complémentaires, R. 123-44, R. 123-68.
– Inscription électronique, R. 123-78, R. 123-172.
– Inscriptions d'office, Décr. n° 84-406 du 30 mai 1984, art. 35 s., ss. R. 123-122.
– Inscriptions modificatives, R. 123-45 s., R. 123-66 s. ; Décr. n° 84-406 du 30 mai 1984, art. 35 s., ss. R. 123-122.
– Langue, R. 123-75-1, R. 123-120-1.
– Local d'habitation, R. 123-32, R. 123-38, R. 123-48, R. 123-53, R. 123-171.
– Papiers d'affaires,
• mentions, R. 123-237.
– Pièces à fournir, Arr. 9 févr. 1988, art. 18.
– Procédure d'insolvabilité, Règl. CE n° 1346-2000 du 29 mai 2000 🏛 ; Circ. 15 déc. 2006 🏛.
– Publicité, R. 123-150 s.
– Radiations, R. 123-75, R. 123-50 s.
– Radiations d'office, R. 123-127 s.
– Redressement judiciaire, Décr. n° 84-406 du 30 mai 1984, art. 36-1, ss. R. 123-122.
► V. ***Sauvegarde, redressement et liquidation judiciaires (L. 26 juill. 2005).***
– Résidence principale,
• insaisissabilité, R. 123-46.
– Ressort de juridiction,
• modification, R. 743-158 s.
– Second original, R. 123-80.

Registre du commerce et des sociétés *(suite)*
- Siège social situé à l'étranger, R. 123-54, R. 123-112 s., R. 123-237.
- Siège social situé dans le local d'habitation, R. 123-32, R. 123-38, R. 123-48, R. 123-53, R. 123-171.
- Société européenne, L. 229-1, L. 229-2, R. 123-38, R. 123-74, R. 123-118 s., R. 123-127.
- Sociétés étrangères V. *Siège social situé à l'étranger.*
- Surveillance, R. 123-79.
- Suspension provisoire des poursuites,
  • mention, Décr. n° 84-406 du 30 mai 1984, art. 36-1, ss. R. 123-122.
- Tenue, L. 123-6, R. 123-79.
- Territoires d'outre-mer, R. 921-2 s., R. 931-2 s., R. 951-2 s.

Règlement amiable
▸ V. *Conciliation.*

Règlement obligatoire par chèque, virement ou carte de paiement, L. 123-24 ; C. mon. fin., art. L. 112-6, L. 112-7, **p. 2656.**

Relations commerciales (rupture de), L. 420-2 (J. 8), L. 442-6 (4° et 5°).
- rupture brutale, L. 442-6 (5°) (J. 17).

Renseignements à des personnes étrangères, L. n° 68-678 du 26 juill. 1968, **p. 3111.**

Répertoire des entreprises, R. 123-220 s.

Répertoire des métiers, L. n° 96-603 du 5 juill. 1996, art. 19 s., **p. 2599** ; Décr. n° 98-247 du 2 avr. 1998, **p. 2609** ; Arr. 30 août 1983 (ancien régime), **p. 2589.**
- Activités concernées, L. n° 96-603 du 5 juill. 1996, art. 19.
- Alsace et Lorraine, Décr. 2 avr. 1998, art. 24 s.
- Commission du répertoire des métiers, Décr. 2 avr. 1998, art. 16, 18.
- Communauté européenne, Décr. 2 avr. 1998, art. 11 *bis*.
- Congé parental, Décr. 2 avr. 1998, art. 12.
- Conjoint, Décr. 2 avr. 1998, art. 14.
- Contrat d'appui, Décr. 2 avr. 1998, art. 10 *bis*.
- Décès, Décr. 2 avr. 1998, art. 13.
- Dirigeant, Décr. 2 avr. 1998, art. 15.
- Établissement secondaire, Décr. 2 avr. 1998, art. 11, 11 *bis*.
- Gérant-mandataire, L. 146-1.
- Immatriculation, L. du 5 juill. 1996, art. 19 ; Décr. 2 avr. 1998, art. 7 s.
- INPI, Décr. 2 avr. 1998, art. 21 *bis*.
- Internet, Décr. 2 avr. 1998, art. 19.
- Local d'habitation, Décr. 2 avr. 1998, art. 9.
- Pénalités, L. du 5 juill. 1996 art. 24.
- Qualité d'artisan, d'artisan d'art ou de maître artisan, L. du 5 juill. 1996, art. 21, 24 ; Décr. 2 avr. 1998, art. 1er à 3, 6.
- Radiation, Décr. 2 avr. 1998, art. 13, 14, 17 à 18.
- Redevances, Décr. 2 avr. 1998, art. 29.
- Redressement et liquidation judiciaires,
  • mention, Décr. 2 avr. 1998, art. 23.
- Renseignements,
  • communication, Arr. 30 août 1983, art. 18 s.
  • diffusion, Décr. 2 avr. 1998, art. 21 *ter*.
  • modification, Décr. 2 avr 1998, art. 15 *bis*.
- Résidence principale, Décr. 2 avr. 1998, art. 10 *bis*.
- Salariés,
  • nombre, Décr. 2 avr. 1998, art. 8, 12.
- Second original, Décr. 2 avr. 1998, art. 21 *bis*.
- Situation,
  • modification, Décr. 2 avr. 1998, art. 12.
- Sociétés coopératives artisanales, Décr. 2 avr. 1998, art. 20.
- Tenue, Décr. 2 avr. 1998, art. 19 s.
- Transfert, Décr. 2 avr. 1998, art. 12.

▸ V. *Artisans, Chambres de métiers et de l'artisanat.*

Représentants de commerce,
- Incapacités, C. trav., art. L 7312-1, ss. L. 134-17.
- Statut, C. trav., art L. 7311-2 s., ss. L. 134-17.

Représentant des créanciers
▸ V. *Mandataires judiciaires.*

Résidence principale,
- Bien foncier, L. 526-1, L. 526-2.

Résidence principale *(suite)*
- Hypothèque rechargeable, L. 526-5.
- Immatriculation,
  • registre du commerce, R. 123-46.
  • répertoire des métiers, Décr. n° 98-247 du 2 avr. 1998, art. 10 *bis*, **p. 2614.**
- Incapables, L. 526-1 (note).
- Insaisissabilité, L. 526-1 s.

Responsabilité limitée (sociétés à)
▸ V. *Sociétés à responsabilité limitée.*

Retraite,
- Lettre de change, L. 511-62.

Revendication,
- Sauvegarde, redressement et liquidation judiciaires, L. 624-9 s., R. 624-13 s.

Reventes à perte, L. 442-2 s., L. 470-2 s.

Rupture de relations commerciales
▸ V. *Relations commerciales (rupture de).*

S

Saisie,
- Bien foncier, L. 526-1, L. 526-2.
- Droits incorporels, C. pr. exéc., art. L. 231-1, L. 233-1, R. 231-1 s., **p. 2921.**
  • saisie conservatoire, C. pr. exéc., art. L. 521-1, L. 522-1, R. 521-1, R. 524-1 à R. 524-6, **p. 2921.**
- Fonds de commerce, L. 143-1 s.
- Résidence principale, L. 526-1 s.
- Valeurs mobilières
  V. *Droits incorporels.*

▸ V. *Sauvegarde, redressement et liquidation judiciaires (L. 26 juill. 2005), Sûretés judiciaires.*

Salaires
▸ V. *Sauvegarde, redressement et liquidation judiciaires (L. 26 juill. 2005).*

Salons
▸ V. *Foires et salons, Manifestation commerciale.*

Sauvegarde, redressement et liquidation judiciaires (L. 26 juill. 2005), L. 620-1 s., R. 621-1 s.
- Abus de biens sociaux, L. 651-2 (J. 40 *bis*).
- Actif,
  • réalisation,
  * liquidation judiciaire, L. 642-1 s., R. 642-1 s.
  * unités de production, ancien art. L. 622-17, ss. art. L. 642-19.
- Action en distraction, L. 624-9 (J. 26).
- Action oblique, L. 622-20 (J. 5), L. 622-21 (J. 21 *bis*), L. 641-4 (J. 3), L. 641-9 (J. 14 *bis*).
- Action paulienne, L. 621-2 (J. 37 *bis*), L. 622-20 (J. 5), L. 622-21 (J. 21), ancien L. 621-46 (J. 35), ss. L. 622-26, L. 626-25 (J. 8), L. 632-1 (J. 1), L. 632-4 (J. 3, 3 *bis*), L. 642-18 (J. 7).
- Action publique,
  • banqueroute, infractions diverses, L. 654-16.
- Action en répétition de l'indu, L. 622-21 (J. 16 *quater*).
- Administrateurs judiciaires,
  • contrats en cours, L. 622-13.
  • désignation, L. 621-4, L. 621-5.
  • mission, L. 622-1, L. 622-4 s.
  * modification, L. 661-6, R. 622-1.
  * plan de sauvegarde, L. 626-24.
  * redressement judiciaire, L. 631-12 s.
  • rapport sur l'entreprise, L. 623-1 s.
  • remplacement et administrateurs supplémentaires, L. 621-7.
  ▸ V. *Administrateurs judiciaires.*
- Administration de l'entreprise
  V. *Période d'observation (redressement judiciaire).*
- Admission des créances,
  • liquidation judiciaire, L. 641-4, L. 641-5, L. 641-14, R. 641-27 s.
  • redressement judiciaire, L. 631-18 (renvoi), R. 631-29.
  • sauvegarde, L. 624-2 s., R. 624-3 s.
- Agriculteur
  V. *Exploitations agricoles.*
- AGS, L. 625-9 ; C. trav., art. L. 3253-6 s., ss. L. 625-9.
- Alsace-Moselle, L. 670-1 s., R. 670-1 s.
- Amnistie, L. 653-2 (J. 3), L. 654-2 (note).
- Appel, L. 661-1 s., L. 661-11, R. 661-3 s.
  • appel-nullité, L. 661-1 (J. 1 *octies*, 2),

Sauvegarde, redressement et liquidation judiciaires (L. 26 juill. 2005) *(suite)*
L. 661-4 (J. 8 s.), L. 661-5 (J. 3), anc. L. 661-6 (J. 17 s.), R. 661-3 (J. 3).
– Apurement du passif,
• liquidation judiciaire, L. 643-1 s., R. 643-1 s.
• plan de sauvegarde, L. 626-18 s., R. 626-33 s.
• sauvegarde, L. 624-1 s., R. 624-1 s.
– Arbitrage, L. 622-21 (J. 17), L. 622-22 (J. 11), ancien L. 621-43 (J. 8 *quinquies*), ss. L. 622-24, ancien art. L. 621-46 (J. 9 *quinquies*), ss. L. 622-26, L. 624-2 (J. 11).
– Artisans,
• liquidation judiciaire, L. 640-2.
• redressement judiciaire, L. 631-2.
• sauvegarde, L. 620-2.
– Associations, L. 620-2 (J. 18).
• dirigeants, L. 653-1 (J. 8), L. 653-8 (J. 1).
– Associations recevant des subventions publiques, L. 612-4.
– Associé de société civile, ancien L. 621-46 (J. 25), ss. L. 622-26.
– Associé de société en nom collectif,
• effets de l'ouverture de la procédure à l'égard de la société, ancien L. 624-1, ss. L. 651-1.
– Assurances,
• action directe, ancien L. 621-43 (J. 21), ss. L. 622-24.
• attribution de l'indemnité, ancien L. 621-43 (J. 21 *bis*), ss. L. 622-24, L. 642-12 (J. 10).
• réserve de propriété, L. 624-16 (J. 7), L. 632-1 (J. 8).
– Assurance maladie,
• continuation des contrats, L. 622-13 (J. 5).
• non-salariés des professions non agricoles, CSS, art. R. 612-4 s., ss. L. 680-7.
– Assurance vie, L. 622-21 (J. 25 *bis*), ancien L. 621-43 (J. 11 *nonies*), ss. L. 622-24, L. 641-9 (J. 18).
– Avis à tiers détenteur, L. 622-7 (J. 6), L. 622-13 (J. 30), ancien L. 621-32 (J. 13, 30, 39), ss. L. 622-17, L. 622-21 (J. 34, 40), L. 632-1 (J. 20), L. 632-2, al. 2, L. 662-1 (J. 1 *quater*, 2), R. 662-3 (J. 1 *ter*).
– Banqueroute, L. 654-1 s., R. 654-1.
– Banques,
• complicité de banqueroute, L. 654-2 (J. 19).
• crédits d'exploitation,
* maintien après le jugement d'ouverture, L. 622-13 (J. 1 s.).
V. *Crédit abusif.*
– Baux,
• cession des contrats, L. 641-12, L. 642-7, R. 642-7, R. 661-3, al. 3.
• congé avec refus de renouvellement, L. 622-21 (J. 29).
• continuation des contrats, L. 622-13 (J. 1 *ter*), L. 622-14 s., R. 622-13.
• droit au bail,
* cession, L. 642-7 (J. 4).
• liquidation judiciaire, L. 641-12, R. 641-21.
– Bilan économique, social et environnemental,
• élaboration, L. 623-1 s., R. 623-1, R. 623-2, A. 623-1.
• redressement judiciaire, L. 631-18 (renvoi), R. 631-28.
– Billets à ordre
V. *Effets de commerce.*
– Bons de caisse, L. 622-7 (J. 24 *bis*).
• revendication, L. 624-9 (J. 14 *bis*).
– Caisse des dépôts et consignations,
• dépôt obligatoire des fonds,
* administrateur et mandataire judiciaire, L. 622-8.
* commissaire à l'exécution du plan, L. 626-25.
* liquidateur, L. 641-8.
* syndic, L. 662-5.
• insaisissabilité des fonds, L. 662-1.
– Capital social,
• libération, L. 622-7 (J. 17), L. 632-2 (J. 2 *bis*), L. 643-1 (J. 2).
• modification, L. 626-3, L. 627-3, al. 3, R. 626-1 s.
– Cautions et coobligés, L. 622-31 s., L. 626-11, L. 631-20.
• arrêt du cours des intérêts, L. 622-28, L. 631-14.
• cession de contrat,
* cession judiciaire, L. 642-7 (J. 14 *ter*).
* maintien du cautionnement, L. 642-7 (J. 20).
• compensation, L. 622-7 (J. 20 *bis*).
• créance,

Sauvegarde, redressement et liquidation judiciaires (L. 26 juill. 2005) *(suite)*

* admission, L. 624-2 (J. 24), R. 624-3 (J. 4 *bis*).
* contestation, R. 624-3 (J. 4 *bis*) ; Décr. n° 2007-431 du 25 mars 2007, art. 4 (J. 7), ss. R. 624-7.

• décharge, L. 622-7 (J. 26), L. 622-21 (J. 26), L. 626-2 (J. 2), L. 642-12 (J. 4 *ter*, 6 *bis*), L. 624-9 (J. 21), L. 624-16 (J. 1 *bis*).

• déchéance du terme, L. 622-29 (J.).

• déclaration des créances, ancien L. 621-43 (J. 1 *bis*, 15 s.), ss. L. 622-24, ancien L. 621-46, ss. L. 622-26 (J. 5 *bis*).

• extinction de la créance,
* opposabilité, ancien L. 621-46 (J. 12 s.), ss. L. 622-26.

• inopposabilité des créances non déclarées, L. 622-26, L. 631-14.

• liquidation judiciaire,
* clôture pour insuffisance d'actif, L. 641-4 (J. 8).
* poursuite après clôture, L. 643-11, R. 643-20.

• plan de cession,
* effets sur la caution du débiteur, L. 642-11 (J. 2).

• recours anticipé, ancien L. 621-43 (J. 16), ss. L. 622-24.

• recours après paiement, ancien L. 621-32 (J. 23 *bis*), ss. L. 622-17.

• résolution du plan de redressement, ancien L. 621-82 (J. 7 *bis*), ss. L. 626-27.

• restitution amiable par le créancier après nullité de droit,
* opposabilité, L. 632-4 (J. 7).

• solidarité,
* effets, Décr. n° 2007-431 du 25 mars 2007, art. 4 (J. 7), ss. R. 624-7.

• suspension des poursuites, L. 611-10-2, L. 621-10, L. 622-28, R. 622-26.

• transaction, ancien L. 621-46 (J. 16 *bis*), ss. L. 622-26.

– Caution de retenue de garantie, ancien L. 621-46 (J. 29), ss. L. 622-26.

– Cautionnement pénal, L. 622-21 (J. 14 *bis*), L. 641-9 (J. 22).

– Cautionnement réel, ancien L. 621-43 (J. 5 *ter*, 15 *bis*) ss. L. 622-24, L. 643-1 (J. 1).

– Cessation des paiements, L. 611-4, L. 620-1, L. 621-12, L. 626-27, L. 631-1, L. 631-8, L. 631-20-1, L. 640-1, L. 641-1, R. 611-22, R. 631-1, R. 631-2.

• actes ultérieurs,
* nullité, L. 632-1 s.

• cas particuliers, L. 631-3, L. 640-3, R. 631-5 s.

• déclaration, L. 631-4, L. 640-4.

• effets en cas de procédure de sauvegarde, L. 621-12.

• omission de déclaration, L. 653-8, R. 653-1.

• report de la date, L. 631-8, L. 641-1, R. 631-13, R. 641-9.

– Cession des actifs, L. 626-23, L. 642-18 s., R. 642-22 s., R. 642-39, R. 642-40.

• voies de recours, ancien L. 623-4, ss. L. 661-4 (J. 3), L. 661-5 *[abrogé]*.

V. *Cession de l'entreprise.*

– Cession du bail rural, L. 642-1, al. 3.

– Cession de créance,

• acte de gestion courante, L. 622-3 (J. 1 *ter*).

• arrêt des poursuites individuelles, L. 622-21 (J. 17 *bis*).

• conflit entre cessionnaire et vendeur sous réserve de propriété, L. 624-18 (J. 6).

• déclaration des créances, ancien L. 621-46 (J. 21 *bis*), ss. L. 622-26.

• nullités de la période suspecte, L. 632-1 (J. 2 *quater*, 5 s.).

– Cession de l'entreprise,

• liquidation judiciaire, L. 642-1 s., L. 642-22 s., R. 642-1 s., R. 642-40.

• plan de sauvegarde, L. 626-1.

• redressement judiciaire, L. 631-13, L. 631-22, R. 631-39 s.

– Cession forcée des contrats, L. 642-7, R. 642-7, R. 642-8, R. 661-3, al. 3.

– Chèques,

• émission par le débiteur dessaisi, L. 641-9 (J. 15 *ter*).

• interdiction d'émission, L. 631-12.

• levée de l'interdiction d'émission, L. 611-10-2, L. 626-13, R. 611-45, R. 626-24.

• suspension de l'interdiction d'émission, L. 643-12, R. 643-22, R. 643-23.

V. *Effets de commerce.*

– Clause d'inaliénabilité en cas de cession, L. 642-10, R. 642-12 s.

• sanction pénale, L. 654-8.

– Clauses pénales, L. 622-13 (J. 25).

Sauvegarde, redressement et liquidation judiciaires (L. 26 juill. 2005) *(suite)*

– Clauses de réserve de propriété
V. *Réserve de propriété.*
– Clauses résolutoires, L. 622-13 (J. 27), L. 622-14 (J. 2).
– Clause de retour à meilleure fortune, ancien L. 621-43 (J. 18 *nonies*), ss. L. 622-24, L. 626-5 (J. 6).
– Clôture des opérations de liquidation judiciaire, L. 643-9 s., R. 643-16 s.
– Clubs de football, L. 651-2 (J. 12 *bis*).
– Codébiteurs solidaires, ancien L. 621-46 (J. 20 s.), ss. L. 622-26.
– Comité d'entreprise, L. 621-4, L. 621-7, L. 623-3, L. 626-6, L. 631-6, L. 640-6, L. 661-1, L. 661-10, L. 662-4, R. 621-1 s., R. 621-26, R. 623-1, R. 626-17, R. 626-21, R. 626-45, R. 626-59, R. 631-1, R. 631-36, R. 661-5.
– Comités de créanciers, L. 626-29 s., R. 626-52 s.
– Commerçants, L. 620-2, L. 631-2, L. 640-2.
– Commissaire à l'exécution du plan, L. 626-25 s., R. 626-25 s.
• délit de malversation, L. 654-12.
• rémunération, L. 663-2, R. 663-14 s., R. 663-32 s.
– Commissaire aux comptes,
• rémunération, ancien L. 621-32 (J. 29 *bis*), ss. L. 622-17.
• secret professionnel, L. 811-11-3.
– Compensation,
• après jugement d'ouverture, L. 622-7.
• période suspecte, L. 632-1 (J. 3, 4).
– Compétence juridictionnelle, L. 621-2, R. 600-1.
• renvoi de l'affaire, L. 662-2, R. 662-7, R. 662-8.
• tribunal de la procédure, R. 662-3 s.
– Comptabilité (défaut ou irrégularité), L. 653-5, L. 654-2.
– Comptes annuels,
• injonction de dépôt des comptes, L. 611-2 (II), R. 611-13 s.
• personnes morales de droit privé ayant une activité économique, L. 612-1, L. 612-2 , R. 612-1 s.
– Conciliation,
• échec, L. 631-4, L. 640-4.
– Concours bancaires
V. *Crédit abusif.*
– Confusion des patrimoines
V. *Extension de la procédure.*
– Conjoint du débiteur, L. 624-5 s., R. 624-12 s.
• arrêt des poursuites individuelles, L. 622-21 (J. 8 s.).
• créancier du conjoint,
* déclaration, ancien L. 621-46 (J. 9), ss. L. 622-26.
• hypothèque sur bien commun, L. 622-30 (J. 4), L. 632-1 (J. 16).
• liquidation judiciaire, L. 641-14 (renvoi), R. 641-30.
* dessaisissement, L. 641-9 (J. 4 s.).
• plan de redressement,
* opposabilité aux créanciers du conjoint, L. 626-11 (J. 1 *quinquies*)
• redressement judiciaire, L. 631-18, R. 631-30.
– Conseil des prud'hommes, L. 625-1 s., R. 662-3 (J. 5).
– Constitution de partie civile L. 622-21 (J. 6, 14 *quater*), L. 641-9, L. 654-17, R. 654-1.
– Continuation de l'entreprise
V. *Plan de sauvegarde.*
– Contrats en cours,
• continuation, L. 622-13 s., L. 624-9, L. 627-2, L. 641-11-1, R. 622-13, R. 641-21.
• revendications, L. 624-10-1.
– Contrats publiés,
• avertissement d'avoir à déclarer la créance, L. 622-24, R. 622-21.
• dispense de revendication, L. 624-10, R. 624-14, R. 624-15.
– Contrats de travail,
• cession ou poursuite, ancien L. 622-17 (J. 11), ss. L. 642-19, L. 631-22 (J. 5 *quater*).
• créances,
* vérification, L. 625-1 s., R. 625-1 s.
• information de l'administrateur, L. 622-6.
• paiement des salaires,
* assurance, L. 625-9 ; C. trav., art. L. 3253-6, ss. L. 625-9.
* créances postérieures à la liquidation judiciaire, L. 641-13.
* créances postérieures à l'ouverture de la sauvegarde, L. 622-15.
– Contribution sociale de solidarité à la charge des sociétés, CSS, art. L. 651-6, ss. L. 680-7.

Sauvegarde, redressement et liquidation judiciaires (L. 26 juill. 2005) *(suite)*

– Contrôleur, L. 621-10, L. 621-11, L. 622-20, L. 641-1, R. 622-18.
– Courrier du débiteur, L. 641-15, R. 641-40.
– Créances,
• compensation, L. 622-7, L. 632-1 (J. 3, 4).
• créances alimentaires, L. 622-7, L. 622-24.
• créances garanties,
* substitution, L. 622-8, L. 626-22, R. 622-8, R. 626-35, R. 626-36.
• créances postérieures à l'ouverture de la sauvegarde, L. 622-7, L. 622-17, L. 622-24, ancien L. 621-46 (J. 57), ss. L. 622-26, R. 622-14, R. 622-15, R. 622-21 s.
• créances postérieures au jugement de liquidation judiciaire, L. 641-13, R. 641-22, R. 641-39.
• déclaration, L. 622-24 s., R. 622-21 s.
• état des créances, R. 624-8 s.
• paiement des créances antérieures au jugement, L. 622-7.
• paiement provisionnel, L. 622-8, L. 643-3, R. 622-7, R. 643-2.
• vérification et admission, L. 624-1 s., R. 624-1 s.
V. *Créanciers, Salariés.*
– Créanciers,
• cession de l'entreprise, L. 642-12, R. 642-19, R. 642-20.
• comités, L. 626-29 s., R. 626-52 s.
• consultation,
* plan de sauvegarde, L. 626-5 s., R. 626-7, R. 626-8.
• droit de poursuite individuelle, L. 611-10-1, L. 622-21 s., L. 643-2 s., R. 622-19, R. 622-20, R. 643-1 s.
• information, R. 621-19.
• période d'observation, L. 622-20 s., R. 621-19.
• plan de sauvegarde,
* délais et remises, L. 626-18 s., R. 626-33, R. 626-34.
• règlement,
* *liquidation judiciaire*, L. 643-1 s., R. 643-1 s.
• reprise des poursuites après clôture de la procédure, L. 643-11, R. 643-20.
• responsabilité du fait des concours consentis, L. 650-1.
• saisine sur assignation, L. 631-5, L. 640-5, R. 631-2, R. 640-1.
V. *Créances, Créanciers postérieurs à l'ouverture de la procédure, Mandataires judiciaires.*
– Créancier consignataire, L. 622-25 (J. 3 *ter*).
– Créanciers gagistes
V. *Gage, Nantissement.*
– Créanciers postérieurs à l'ouverture de la procédure,
• liquidation judiciaire, L. 641-13, R. 641-22, R. 641-39.
• redressement judiciaire, L. 631-14 (renvoi).
• sauvegarde, L. 622-17, R. 622-14, R. 622-15.
– Crédit abusif, L. 626-25 (J. 8), L. 641-4 (J. 1), L. 650-1 ; C. mon. fin., art. L. 313-12 (J. 14 s.), **p. 2782.**
– Crédit-bail,
• cession de contrat, L. 642-7, R. 642-7, R. 642-8, R. 662-3, al. 3.
• délais de paiement et remises, L. 626-18, al. 4.
• levée d'option, L. 622-7.
• restitution et revendication, L. 624-10, R. 624-14, R. 624-15.
– Crédit-bail immobilier, L. 622-13 (J. 7), L. 622-14 (J. 1 *bis*), ancien L. 621-43 (J. 5 *bis*), ss. L. 622-24.
– Débiteur,
• actes nuls, L. 632-1 s.
• activités interdites, L. 641-9 (III).
• audition, L. 621-1, L. 626-8.
• dessaisissement, L. 641-9, R. 641-37.
• période d'observation, L. 622-1, L. 622-3, L. 627-1 s.
– Décès du débiteur, L. 631-3, L. 640-3, R. 631-5.
– Déchéance du terme, L. 622-29, L. 643-1.
– Déclaration des créances, L. 622-24 s., R. 622-21 s.
• clients d'une banque,
* confusion des patrimoines, L. 621-2 (J. 15).
• liquidation judiciaire, L. 641-3, al. 2, R. 641-25, R. 641-26.
• redressement judiciaire, L. 631-14 (renvoi), R. 631-27.
– Délit de malversation, L. 654-12.
– Dépôt de bilan
V. *Cessation des paiements.*

Sauvegarde, redressement et liquidation judiciaires (L. 26 juill. 2005) *(suite)*

– Dessaisissement
V. *Débiteur*.
– Détournement d'actif, L. 653-4, L. 654-2.
– Dirigeants sociaux,
• cession de titres, L. 631-10, L. 631-19-1, R. 631-14, R. 631-15, R. 631-34-3.
• convocation par le président du tribunal (prévention), L. 611-2, R. 600-2 s.
• extension de la procédure, L. 621-2 (J. 2, 13), ancien L. 624-5, ss. L. 652-1.
• mesures conservatoires, L. 631-10-1, L. 651-4, R. 631-14-1, R. 651-5.
• obligation aux dettes sociales, L. 652-1 s., R. 652-1, R. 652-2 *[abrogés]*.
• personnes morales ayant une activité économique, L. 651-1.
• remplacement, L. 631-19-1, R. 631-34-1, R. 631-34-2.
• rémunération, L. 631-11, R. 631-15.
• responsabilité fiscale (art. L. 267 LPF), L. 643-11 (J. 7), L. 651-2 (J. 28).
• responsabilité pour insuffisance d'actif, L. 651-2 s., R. 651-1 s.
– Dispositions transitoires, L. n° 2005-845 du 26 juill. 2005, art. 190 s., **p. 924.**
– Dissimulation d'actif, L. 654-2.
– Divorce,
• nullités de la période suspecte, L. 632-1 (J. 1 *bis*).
– Donation immobilière,
• clause de retour, L. 622-30 (bibl).
– Droit de poursuite individuelle, L. 611-10-1, L. 622-21 s., L. 643-2, R. 622-19, R. 622-20, R. 643-1.
– Droit de préemption, L. 642-5, L. 642-18 (J. 2), ancien L. 622-17 (J. 3 *bis* s.), ss. L. 642-19.
– Droit de rétention, L. 622-7, L. 624-9 (J. 3 *bis*), L. 624-14, L. 641-3, L. 642-12, L. 642-20-1.
V. *Gage, Nantissement*.
– Effets de commerce, L. 622-7 (J. 3, 13), ancien L. 621-43 (J. 9), ss. L. 622-24, L. 624-15, L. 632-1, L. 632-3.
– Emploi de moyens ruineux, L. 654-2.
– Entrepreneur individuel à responsabilité limitée, L. 680-1 s.
– Époux
V. *Conjoint du débiteur*.
– Établissements de crédits,
• comités de créanciers, L. 626-29 s., R. 626-52 s.
► V. ***Banques (établissements de crédit)***.
– État des créances, L. 624-3-1, R. 624-8 s.
– EURL, L. 621-2 (J. 13).
– Exécution provisoire, R. 661-1.
– Experts, L. 621-4, L. 621-5, L. 621-9, R. 621-17, R. 651-5 (J. 5).
• désignation par le juge-commissaire, L. 621-9 (J. 6, 7).
– Experts en diagnostic d'entreprise, L. 813-1 s.
– Exploitations agricoles,
• délai de grâce,
* maison d'habitation, L. 642-18, R. 642-37.
• désignation d'un conciliateur, L. 631-5, L. 640-5.
• liquidation judiciaire, L. 640-2, L. 640-5, L. 641-10, L. 642-1, L. 642-18, R. 642-37.
• plan de sauvegarde, L. 626-12.
• redressement judiciaire, L. 631-2.
• reprise du bail rural, L. 642-1, al. 3, R. 661-3, al. 3.
• sauvegarde, L. 620-2, L. 621-3.
– Expulsion, L. 622-21 (J. 42).
– Extension de la procédure, L. 621-2, R. 621-8-1, R. 641-7, R. 621-8-1, R. 641-7.
• voies de recours, L. 661-1.
– Faillite internationale, L. 620-2 (J. 22 s.), ancien L. 621-43 (J. 27 *ter*), ss. L. 622-24, ancien L. 621-46 (J. 57), ss. L. 622-26, L. 624-16 (J. 33), R. 600-1 (J. 5 *bis*, 5 *ter*) ; C. trav., art. L. 3253-6 (J. 5, 6), ss. L. 625-9.
• droit européen, Règl. CE n° 1346-2000 du 29 mai 2000 ; Circ. 15 déc. 2006
– Faillite personnelle, L. 653-1 s., R. 653-1 s.
– Fictivité de la personne morale
► V. ***Extension de la procédure***.
– Fiducie, L. 622-7, L. 622-13 (VI), L. 622-23-1, L. 624-16, L. 626-33, L. 632-1, L. 641-11-1, L. 641-12-1, L. 642-7.
– Fonds de commerce,
• cession, L. 642-1 (J. 18 s.), L. 642-8, L. 642-19 (J. 8), ancien L. 622-17 (J. 1 *bis*, 2), ss. L. 642-19.
• radiation des inscriptions, R. 642-10, R. 642-38.
V. *Location-gérance*.
– Forclusion

Sauvegarde, redressement et liquidation judiciaires (L. 26 juill. 2005) ***(suite)***
V. *Déclaration des créances.*
– Frais de procédure, L. 663-1 s., R. 663-1 s.
• créance postérieure privilégiée, L. 622-17, L. 641-13.
– Franchise, L. 642-7 (J. 9), L. 651-2 (J. 10).
– Gage, L. 622-4, L. 622-7, L. 622-21 (J. 41), L. 622-30, L. 626-22, L. 642-12, L. 642-20-1, L. 643-2, R. 622-7.
V. *Nantissement.*
– Garantie autonome, L. 622-7 (J. 16 *ter*), ancien L. 621-43 (J. 16 *bis*), ss. L. 622-24, ancien L. 621-46 (J. 19 *ter*), ss. L. 622-26, L. 631-1 (J. 5).
– Groupements agricoles d'exploitation en commun, L. 626-11 (J. 4).
– Groupements d'intérêt économique, L. 620-2 (J. 20), L. 642-7 (J. 12), ancien L. 624-1 (J. 1 *quater*), ss. L. 651-1.
– Groupements de prévention agréés, L. 611-1, D. 611-1 s.
– Hypothèques, L. 622-4, L. 622-7, L. 622-8, L. 622-30, L. 632-1, L. 641-13.
• cession de bien grevé, L. 642-12, R. 642-19, R. 642-20.
• cession de rang, L. 611-7, L. 626-6.
• droit de poursuite individuelle, L. 643-2, R. 643-1 s.
• extinction de la créance, ancien L. 621-46 (J. 9), ss. L. 622-26.
– Impôts
V. *Trésor public.*
– Inaliénabilité des biens,
• plan de sauvegarde, L. 626-14, R. 626-25, R. 626-31.
• plan de cession, L. 642-10, R. 642-12 s.
– Indivision, L. 622-21 (J. 11 *quater*), ancien L. 621-43 (J. 30 *septies*), ss. L. 622-24, L. 626-14 (J. 2), L. 641-9 (J. 9 *quinquies*), L. 642-18 (J. 5), anc. L. 661-6 (J. 27 *bis*).
– Information du tribunal, R. 621-2 s.
– Infractions, L. 654-1 s., L. 654-8 s., R. 654-1.
– Inscriptions,
• interdiction, L. 622-30.
– *Insuffisance d'actif,*
• action contre les dirigeants, L. 651-1 s., R. 651-1 s.
• clôture de la liquidation judiciaire, L. 643-11 s., R. 643-20.
– Interdiction bancaire
V. *Chèques.*
– Interdictions, déchéances ou incapacités, anc. L. 128-1 s., L. 653-1 s., R. 653-1 s.
• interdiction de gérer, L. 653-8, R. 653-1.
– Intérêts,
• arrêt, L. 622-28.
– Inventaire du patrimoine, L. 621-4, L. 621-12, L. 622-6, L. 622-6-1, L. 622-10, L. 631-9, L. 641-1, L. 663-1, R. 622-4, R. 622-4-1.
– Juge-commissaire,
• attributions, L. 621-9, R. 621-21 s.
• créances,
* admission, L. 624-2, R. 622-15, R. 622-25, R. 624-2, R. 624-8.
• décisions,
* recours, R. 621-21, R. 621-22.
• désignation, L. 621-4, L. 621-5, R. 621-10.
• fin des fonctions, R. 621-25.
• information, L. 621-8, R. 621-20.
• rapport, R. 662-12.
• récusation, L. 621-4 (J. 1 *bis*).
• remplacement, L. 621-9.
– Jugement d'ouverture,
• publicité, R. 621-8.
V. *Ouverture de la procédure.*
– Lettres de change
V. *Effets de commerce.*
– Licenciements,
• liquidation judiciaire, L. 641-4.
• période d'observation (redressement judiciaire), L. 631-17, R. 631-26.
• plan de cession, L. 642-5, R. 642-3.
• plan de redressement, L. 631-19, R. 631-36.
• représentant des salariés, L. 662-4, R. 621-16.
– Liquidateur
V. *Liquidation judiciaire, Mandataires judiciaires.*
– Liquidation judiciaire, L. 640-1 s., R. 640-1 s.
• admission des créances, L. 641-4, L. 641-5, L. 641-14, R. 641-27 s.
• agriculteurs, L. 640-2, L. 642-1, L. 642-18, R. 642-37.
• apurement du passif, L. 643-1 s., R. 643-1 s.
• cession de l'entreprise, L. 642-1 s., R. 642-1 s.
• clôture, L. 643-9 s., R. 643-16 s.

Sauvegarde, redressement et liquidation judiciaires (L. 26 juill. 2005) *(suite)*
• comptes annuels, L. 641-3.
• conditions d'ouverture, L. 640-1 s., R. 640-1, R. 640-2.
• conversion d'une procédure de redressement judiciaire, L. 631-15, R. 631-23, R. 631-24.
• conversion d'une procédure de sauvegarde, L. 622-10, L. 622-11, R. 622-10, R. 622-11.
• créances postérieures, L. 641-13, R. 641-22, R. 641-39.
• date de cessation des paiements, L. 641-1 (IV), R. 641-9.
• déclaration de créance, L. 641-3, al. 2, R. 641-25, R. 641-26.
• dessaisissement du débiteur, L. 641-9.
* comptes bancaires et postaux, R. 641-37.
• dissolution des sociétés, C. civ., art. 1844-7 (7°), **p. 3196** ; L. 641-9 (II).
• jugement de liquidation judiciaire, L. 641-1 s., R. 641-1 s.
• liquidateur, L. 641-1, L. 641-1-1, L. 641-3, R. 641-11, R. 641-12, R. 641-14 s.
• maintien de l'activité, L. 641-10, R. 641-18 s.
• mesures conservatoires, L. 641-4, R. 641-14 s.
• organes de la procédure, L. 641-1, R. 641-11 s.
• procédure simplifiée, L. 641-2, L. 641-2-1, L. 644-1 s., D. 641-10, R. 644-1 s.
• produit,
* répartition, L. 643-4 s.
• rapport sur la situation du débiteur, L. 641-2.
• réalisation de l'actif, L. 642-1 s., R. 642-1 s.
• revendications et restitutions, L. 641-14 (renvoi), R. 641-31, R. 641-32.
• tribunal,
* saisine et décision, L. 640-3 s., R. 641-1 s.
• unicité de la procédure, L. 640-2, al. 2.
V. *Plan de cession.*
– Liquidation judiciaire simplifiée, L. 641-2, L. 641-2-1, L. 644-1 s., D. 641-10, R. 644-1 s.
– Liste des créanciers, L. 622-6, R. 622-5.
– Location-gérance,
• extinction de la créance,
* effets pour le loueur, ancien L. 621-46 (J. 21), ss. L. 622-26.
• plan de cession, L. 642-13 s., R. 642-21.
– Logement familial,
• vente forcée, L. 642-18 (J. 4).
– Loi nouvelle,
• entrée en vigueur, L. n° 2005-845 du 26 juill. 2005, art. 190 s., **p. 924.**
– Mandataires judiciaires,
• attributions,
* période d'observation, L. 622-20.
• délit de malversation, L. 654-12.
• désignation, L. 621-4, L. 621-5.
• remplacement, L. 621-7, R. 621-17, R. 621-18.
• rémunération, L. 663-2, R. 663-18 s., R. 663-32 s.
• responsabilité, L. 622-20 (J. 13), L. 624-1 (J. 4).
• vérification et admission des créances, L. 624-1 s., R. 624-1 s.
► V. ***Mandataires judiciaires.***
– Marchés publics, L. 622-13 (J. 8).
– Mesures conservatoires,
• cession du bien, L. 663-1-1, R. 662-17.
• frais de procédure, L. 663-1, L. 663-1-1, R. 663-29, R. 663-45.
• liquidation judiciaire, L. 641-4, R. 641-14 s.
• mise en œuvre, R. 662-1-1, R. 662-1-2.
• redressement judiciaire, L. 631-10-1, L. 631-10-2, L. 631-14, R. 631-7-1, R. 631-14-1, R. 631-18.
• responsabilité pour insuffisance d'actif, L. 651-4, R. 651-5.
• sauvegarde, L. 621-2, L. 622-4 s., R. 621-8-1, R. 622-2 s.
• voies de recours, R. 661-1.
– Meubles,
• revendication, L. 624-9 s., R. 624-13 s.
– Modification du capital, L. 626-3, L. 626-15 s., L. 627-3, al. 3, R. 626-1 s.
– Mutuelles, L. 620-2 (J. 17).
– Nantissement, L. 622-4, L. 622-7, L. 622-30, L. 632-1.
• cession de bien grevé, L. 642-12, R. 642-19, R. 642-20.
• droit de poursuite individuelle, L. 643-2, R. 643-1 s.
V. *Gage.*

Sauvegarde, redressement et liquidation judiciaires (L. 26 juill. 2005) *(suite)*

– Notifications,
 • forme, R. 662-1.
– Nullité,
 • actes accomplis en période suspecte, L. 632-1 s.
 • personne morale,
 * ouverture de la procédure, L. 620-2 (J. 20).
– Obligataires, L. 626-31 s., R. 626-60 s.
– Obligation aux dettes sociales, L. 652-1 s., R. 652-1, R. 652-2 *[abrogés]*.
– Offres de reprise, L. 631-13, L. 642-2 s., R. 642-1.
– Organes de la procédure
 V. *Liquidation judiciaire, Redressement judiciaire, Sauvegarde.*
– Ouverture de la procédure,
 • liquidation judiciaire, L. 640-1 s., R. 640-1 s.
 • redressement judiciaire, L. 631-1 s., R. 631-1 s.
 • sauvegarde, L. 620-1 s., R. 621-1 s.
 • voies de recours, L. 661-1, L. 661-2, R. 661-1 s.
– Pacte commissoire, L. 622-7.
– Pacte de préférence, L. 642-7 (J. 22 *bis*), ancien L. 622-17, ss. L. 642-19 (J. 3 *bis*).
– Patrimoine de l'entreprise, L. 624-1 s., R. 624-1 s.
– Pénalités fiscales, L. 622-21 (J. 14 *quinquies*) ; CGI, art. 1756, ss. L. 680-7.
– Péremption d'instance, L. 624-2 (J. 26), ancien L. 622-30 (J. 5), ss. L. 643-9.
– Période d'observation (redressement judiciaire), L. 631-14 s., R. 631-17 s.
– Période d'observation (sauvegarde), L. 622-1 s., R. 622-1 s.
 • administration de l'entreprise, L. 622-1 s., R. 622-6 s.
 • cautions et coobligés, L. 622-28 s., R. 622-26.
 • cessation de l'activité, L. 622-10, L. 622-11, R. 622-10, R. 622-11.
 • *clôture, L. 622-12, R. 622-12.*
 • cours des intérêts, L. 622-28.
 • déchéance du terme, L. 622-29.
 • durée, L. 621-3, R. 621-9.
 • inscriptions,
 * interdiction, L. 622-30.
 • mesures conservatoires, L. 622-4 s., R. 622-2 s.
 • nouvelle période après appel, L. 661-9, R. 661-1.
 • poursuite de l'activité, L. 622-9 s., R. 622-9 s.
 • procédure sans désignation d'un administrateur, L. 621-4, L. 627-1 s., R. 621-11, R. 627-1.
 • situation des créanciers, L. 622-20 s.
 • situation des salariés, L. 625-1 s.
– Période suspecte (nullités de la), L. 632-1 s.
– Personnes de droit public,
 • comblement de passif, L. 651-2 (J. 13 *bis*, 13 *ter*).
– Plan de cession, L. 642-1 s., R. 642-1 s.
 • location-gérance, L. 642-13 s., R. 642-21.
 • modification, L. 642-6, R. 642-5, R. 642-6.
 • recours, L. 661-6 s.
 • redressement judiciaire, L. 631-13, L. 631-22, R. 631-39 s.
 • réserve de propriété, L. 624-16 (J. 23).
 • résolution, L. 642-11, L. 661-6 (J. 16 *bis*), R. 642-18.
 • substitution de cessionnaire, L. 642-9.
 V. *Cession forcée des contrats.*
– Plan de redressement, L. 631-19 s., R. 631-35 s.
 • voies de recours, L. 661-1, L. 661-3.
– Plan de sauvegarde, L. 626-1 s., R. 626-1 s.
 • inexécution, L. 626-27, R. 626-47 s.
 • jugement arrêtant le plan, L. 626-9 s., R. 626-17 s.
 • modification, L. 626-26, R. 626-45, R. 626-46.
 • projet, L. 623-1 s., L. 626-2, R. 626-1 s.
 * procédure sans administrateur, L. 627-3, L. 627-4.
 • réserve de propriété, L. 624-16 (J. 23).
 • résolution, L. 626-27, R. 626-47 s.
 • voies de recours, L. 661-1, L. 661-3.
– Poursuite de l'activité, L. 622-9 s., R. 622-9 s.
 • créances nouvelles, L. 622-17, R. 622-14, R. 622-15.
– Poursuites individuelles,
 • arrêt, L. 611-10-1, L. 622-21 s., L. 643-2, R. 622-19, R. 622-20, R. 643-1.
– Pourvoi en cassation, L. 661-1 s., R. 661-8.

Sauvegarde, redressement et liquidation judiciaires (L. 26 juill. 2005) *(suite)*
– Président du tribunal,
• missions de prévention, L. 611-2 s., R. 600-2 s.
– Prêts participatifs, C. mon. fin., art. L. 313-16 (J. 1), **p. 2797.**
– Prévention des difficultés, L. 610-1 s., R. 600-1 s.
– Privilège de procédure, L. 621-11, L. 622-17, L. 641-13, R. 611-40, R. 622-15, R. 641-22.
– Privilèges,
• assurance maladie des travailleurs non salariés, CSS, art. R. 612-4 s., ss. L. 680-7.
• bailleur d'immeuble, L. 622-14.
• cession de bien grevé, L. 642-12, R. 642-19, R. 642-20.
• cession de rang, L. 611-7, L. 626-6.
• contribution sociale de solidarité à la charge des sociétés, CSS, art. L. 651-6, ss. L. 680-7.
• droit de poursuite individuelle, L. 643-2, R. 643-1.
• période d'observation, L. 622-30.
• salariés, L. 622-17, L. 625-7 s. ; C. trav., art. L. 3253-2 s., ss. L. 625-9.
• sécurité sociale, CSS, art. L. 243-4 s., **p. 1412.**
• Trésor public,
* publicité des créances privilégiées, CGI, art. 1929 *quater*, **p. 1409**, Ann. II, art. 396 *bis*, **p. 1409**, Ann. III, art. 416 *bis*, **p. 1412.**
• vendeur de fonds de commerce, L. 622-30.
• vendeur de meubles, L. 624-11 s.
– Procédure, L. 661-1 s., R. 661-1 s.
• banqueroute et infractions diverses, L. 654-16 s.
• durée excessive, ancien L. 622-30 (J. 4), ss. L. 643-9.
– Procédures d'exécution, L. 622-21, L. 622-23.
– Procédure d'insolvabilité, Règl. CE n° 1346-2000 du 29 mai 2000 ; Circ. 15 déc. 2006.
– Procédures d'ordre, R. 643-6 s.
– Profession libérale,
• cession de l'entreprise, L. 642-1.
• conciliation, L. 611-5, R. 621-22.
• liquidation judiciaire, L. 640-2, L. 640-3, R. 641-15, R. 641-36.
• ordre professionnel,
* représentation, R. 662-11.
• redressement judiciaire, L. 631-2, R. 631-1.
• sauvegarde, L. 620-2, L. 621-1, R. 621-1.
– Publicité des débats, L. 662-3, R. 662-9.
– Réalisation de l'actif, L. 642-1 s., R. 642-1 s.
– Recours en révision, L. 661-1 (J. 13 *bis*, 15), L. 661-7 (J. 9, 10).
– Redressement judiciaire, L. 631-1 s., R. 631-1 s.
• administrateur,
* mission, L. 631-12, R. 631-17.
• clôture de la procédure, L. 631-16, R. 631-25, R. 631-43.
• date de cessation des paiements, L. 631-8, R. 631-13.
• dirigeants sociaux, L. 631-10, L. 631-11, R. 631-14, R. 631-15.
• licenciements, L. 631-17, L. 631-19, R. 631-26.
• nullités de la période suspecte, L. 632-1 s.
• organes de la procédure, L. 631-9 (renvoi), R. 631-16.
• ouverture de la procédure, L. 631-1 s., R. 631-1 s.
• plan de cession, L. 631-22, R. 631-39 s.
* offres, L. 631-13.
• plan de redressement, L. 631-19 s., R. 631-34 s.
• poursuite de l'activité, L. 631-15, R. 631-20 s.
• procédure sans administrateur, L. 631-21, R. 631-38.
– Redressement judiciaire civil, L. 620-2 (J. 10 s.), L. 651-2 (J. 37 *quater*).
– Régime matrimonial,
• changement, L. 632-1 (J. 1 *ter*).
• liquidation, ancien L. 621-43 (J. 18 *sexies*), ss. L. 622-24, L. 632-1 (J. 1 *quater*, 2), L. 632-2 (J. 5 *quater*).
– Registre du commerce,
• défaut de radiation, L. 631-5 (J. 7).
– Relevé de déchéance, L. 653-11, R. 653-4.
– Relevé de forclusion, L. 622-26, R. 622-25.
• convocation, L. 624-2 (J. 21).
• recours, ancien L. 623-4 (J. 1 *bis*), ss. L. 661-4, R. 621-21, R. 624-2.

Sauvegarde, redressement et liquidation judiciaires (L. 26 juill. 2005) *(suite)*

– Remplacement des dirigeants, L. 631-19-1, R. 631-34-1, R. 631-34-2.
– Renvoi de l'affaire, L. 662-2, R. 662-7, R. 662-8.
– Répertoire des métiers,
• défaut de radiation, L. 631-5 (J. 11).
– Représentant des salariés,
• contrats de travail,
* relevé des créances, L. 625-1, L. 625-2, R. 625-1.
• désignation, L. 621-4 s., R. 621-14, R. 621-15.
• licenciement, L. 662-4, R. 621-16.
• remplacement, L. 621-7.
– Reprise du bail rural, L. 642-1, al. 3.
– Reprise de l'entreprise
V. *Cession de l'entreprise, Plan de cession.*
– Réserve de propriété, L. 622-6, L. 624-16 s., R. 622-4, R. 624-13 s.
• cession de marchandises comprises dans le plan de cession, ancien L. 621-32 (J. 25), ss. L. 622-17.
• déclaration de créance, L. 622-25 (J. 4).
• nullités de la période suspecte, L. 632-1 (J. 17).
– Responsabilité pour insuffisance d'actif, L. 651-1 s., R. 651-1 s.
– Restitution et revendications, L. 622-6, L. 624-9 s., R. 624-13 s.
– Retrait litigieux, L. 622-7 (J. 9 *bis*).
– Saisies
V. *Voies d'exécution.*
– Saisine du tribunal,
• liquidation judiciaire, L. 640-4 s., R. 640-1.
• redressement judiciaire, L. 631-4 s., R. 631-1 s.
• sauvegarde, L. 620-1, R. 621-1.
– Salaires,
• non-paiement,
* assurance, L. 625-9 ; C. trav., art. L. 3253-6, ss. L. 625-9.
– Salariés,
• déclaration de créance, ancien L. 621-43 (J. 20), ss. L. 622-24.
• paiement, L. 625-1 s., R. 625-1 s.
* assurance, L. 625-9 ; C. trav., art. L. 3253-6 s., ss. L. 625-9.
* liquidation judiciaire, L. 641-13, L. 641-14, R. 641-33 s.
* redressement judiciaire, L. 641-13, R. 631-32, R. 631-33.
• période d'observation, L. 625-2 s.
• privilèges, L. 625-7 s.
V. *Licenciements, Représentant des salariés.*
– Sanctions pénales, L. 654-1 s., R. 654-1.
– Sauvegarde, L. 620-1 s., R. 621-1 s.
• actes et documents,
* communication, L. 621-8.
• clôture de la procédure, L. 622-12, R. 622-12.
• cessation de l'activité, L. 622-10, R. 622-10.
• conversion en liquidation judiciaire, L. 621-10, L. 622-11, R. 622-11.
• conversion en redressement judiciaire, L. 621-12, L. 622-10, R. 621-26, R. 622-11.
• organes de la procédure, L. 621-4 s., R. 621-10 s.
• ouverture de la procédure, L. 621-1 s., R. 621-1 s.
• période d'observation, L. 622-1 s., R. 622-1 s.
• procédure sans désignation d'un administrateur, L. 621-4, L. 627-1 s., R. 621-11, R. 627-1.
• sauvegarde financière accélérée, L. 628-1 s., R. 628-1 s.
• unicité de la procédure, L. 620-2, al. 2.
V. *Période d'observation (redressement judiciaire), Plan de sauvegarde.*
– Sécurité sociale,
• cotisations,
* admission des créances, L. 622-24, al. 3.
• privilège, CSS, art. L. 243-4 s., D. 243-3, ss. L. 680-7.
• remise de dette, L. 626-6, D. 626-9 s.
– Séquestre, L. 622-7 (J. 17 *ter*), L. 622-21 (J. 16, 43), ancien L. 621-43 (J. 12), ss. L. 622-24.
– Siège social,
• compétence, R. 600-1.
– Société,
• dissolution, C. civ., art. 1844-7 (7°), **p. 3196.**
* effets, C. com., art. L. 641-9 (II).
– Sociétés absorbées, L. 620-2 (J. 16).
– Sociétés de caution mutuelle, ancien L. 621-46 (J. 27), ss. L. 622-26.
– Sociétés civiles immobilières,
• confusion des patrimoines, L. 621-2 (J. 6).

Sauvegarde, redressement et liquidation judiciaires (L. 26 juill. 2005) ***(suite)***

– Sociétés en formation, L. 620-2 (J. 13, 14).
– Sociétés non immatriculées, L. 620-2 (J. 15).
– Sociétés en participation, L. 642-7 (J. 13).
– Sous-location, L. 642-7 (J. 7).
– Sous-traitance,
 • action directe, L. n° 75-1334 du 31 déc. 1975, art. 12, **p. 3221** ; ancien L. 621-43 (J. 22), ss. L. 622-24, ancien L. 621-46 (J. 29 *bis*), ss. L. 622-26.
 • contrats en cours, L. 622-13 (J. 1 *quater*).
– Superprivilège des salariés, L. 622-17, L. 625-7 s., L. 626-20, L. 641-13.
– Suspension des poursuites individuelles V. *cautions et coobligés, Créanciers.*
– Suspension provisoire des poursuites,
 • cautions, L. 611-10, L. 622-28, R. 622-26.
 • conciliation, L. 611-10.
– Syndicats de copropriétaires, ancien L. 621-32 (J. 29 *nonies*), ss. L. 622-17, ancien L. 621-46 (J. 4), ss. L. 622-26, L. 624-2 (J. 7), R. 662-3 (J. 3 *bis*).
– Technicien,
 • désignation, L. 621-9, R. 621-23.
– Tierce opposition, L. 661-2 s., anc. L. 661-6 (J. 18), L. 661-7, R. 661-2.
– Transaction, L. 622-7, ancien L. 621-46 (J. 16 *bis*), ss. L. 622-26, L. 632-1 (J. 1 *octies*, 2), L. 642-24, L. 651-2 (J. 37 *bis*), R. 622-6, R. 642-41.
– Trésor public,
 • admission des créances, L. 622-24, al. 3, R. 624-2.
 • droit de poursuite individuelle,
 * liquidation judiciaire, L. 643-2, R. 643-1.
 • pénalités fiscales, CGI, art. 1756, **p. 1408.**
 • publicité des créances privilégiées, CGI, art. 1929 *quater*, **p. 1409**, Ann. II, art. 396 *bis*, **p. 1409**, Ann. III, art. 416 *bis*, **p. 1412.**
 • remise de dette, L. 626-6, D. 626-9 s. ; Décr. n° 2007-154 du 5 févr. 2007, **p. 1993.**
 V. *Avis à tiers détenteur.*
– Unicité de la procédure, L. 620-2, al. 2, L. 631-2, al. 2, L. 640-2, al. 2.
– Unités de production,
 • cession, ancien L. 622-17, ss. L. 642-19.
 • recours, anc. art. L. 623-4, ss. L. 661-4 (J. 3).
– Universalité de la « faillite », L. 620-2 (J. 22).
– Vendeur de meubles,
 • droits, L. 624-11 s.
– Vente d'un bien grevé, L. 622-8, L. 626-22, L. 642-12, R. 622-7, R. 626-35, R. 626-36, R. 642-19, R. 642-20.
– Vérification des créances, L. 624-1 s., R. 624-1 s.
 • contrats de travail, L. 625-1 s., R. 625-1 s.
– Viager, L. 622-7 (J. 9 *ter*), L. 622-13 (J. 1 *bis*), L. 622-21 (J. 23 *bis*), L. 622-25 (J. 1).
– Vices cachés, L. 622-21 (J. 19), ancien L. 621-43 (J. 8), ss. L. 622-24.
– Victimes d'infractions
 V. *Constitution de partie civile.*
– Voies d'exécution, ancien L. 621-32 (J. 39 s.), ss. L. 622-17, L. 622-21, L. 622-23, L. 632-2.
– Voies de recours, L. 661-1 s, R. 661-1 s.
 • recours-nullité, ancien L. 623-4 (J. 8 s.), ss. L. 661-4, anc. L. 661-6 (J. 17 s.).
– Warrant agricole, L. 622-8 (J. 2).
► V. ***Redressement et liquidation judiciaires (régime antérieur à L. 26 juill. 2005).***

Savoir-faire,
– Entreprise du patrimoine vivant, L. n° 2005-882 du 2 août 2005, art. 23, **p. 2646** ; Décr. n° 2006-595 du 23 mai 2006, **p. 2646.**
► V. ***Franchise.***

Secret des affaires, L. 463-4.
– Commissaire aux comptes,
 • secret professionnel, L. 811-11-3, L. 822-15.
– Magasins généraux,
 • secret professionnel, L. 522-21.

Secret bancaire, C. mon. fin., art. L. 511-33 s., L. 571-4, **p. 2860.**

Sécurité sociale,
– Redressement judiciaire,
 • assurance maladie des travailleurs non salariés, CSS, art. R. 612-4 s., **p. 1414.**
 • contribution sociale de solidarité à la

Sécurité sociale *(suite)*
charge des sociétés, CSS, art. L. 651-6, **p. 1414.**
• cotisations, CSS, art. L. 243-4 s., **p. 1412.**

Services bancaires de base, C. mon. fin., art. L. 131-73, L. 312-1.

SICAF
▸ V. *Sociétés d'investissement à capital fixe.*

SICAV
▸ V. *Organismes de placement collectif en valeurs mobilières.*

Simulation
▸ V. *Contrats d'affaires (généralités).*

SIRENE, R. 123-220 s., A. 123-81 s.

Sociétés (dispositions générales), C. civ., art. 1832 s., **p. 3192.**
– Action sociale, C. civ., art. 1843-5.
– Apports, C. civ., art. 1843-3.
• apport de fonds de commerce, L. 141-21 s.
• apports en industrie, C. civ., art. 1843-2.
• apports en nature soumis à publicité, C. civ., art. 1843-1.
– Bénéfices,
• participation, C. civ., art. 1844-1.
– Clause léonine, C. civ., art. 1844-1.
– Constitution irrégulière,
• responsabilité, C. civ., art. 1840.
– Décisions collectives,
• part sociale indivise, C. civ., art. 1844.
• participation, C. civ., art. 1844.
– Définition, C. civ., art. 1832.
– Dispositions générales,
• application aux diverses sociétés, C. civ., art. 1834.
– Dissolution, C. civ., art. 1844-7 s.
– Droits sociaux,
• proportionnalité aux apports, C. civ., art. 1843-2.
• valeur,
* détermination, C. civ., art. 1843-4.
– Durée, C. civ., art. 1838.
– Fin, C. civ., art. 1844-7.
– Fusion, C. civ., art. 1844-4.
– Hypothèque, C. civ., art. 1844-2.
– Immatriculation, C. civ., art. 1842.
– Liquidation, C. civ., art. 1844-8.
– Location d'actions, L. 239-1 s.
– Loi française applicable, C. civ., art. 1837.
– Nullité, C. civ., art. 1844-10 s.
– Objet licite, C. civ., art. 1833.
– Offre au public de titres financiers, C. civ., art. 1841.
– Partage, C. civ., art. 1844-9.
– Personnalité morale, C. civ., art. 1842.
– Pertes,
• contribution, C. civ., art. 1832, 1844-1.
– Profits,
• participation, C. civ., art. 1844-1.
– Prorogation, C. civ., art. 1844-6.
– Régularisation, C. civ., art. 1839.
– Responsabilité civile,
• action sociale, C. civ., art. 1843-5.
– Réunion des parts en une seule main, C. civ., art. 1844-5.
– Scission, C. civ., art. 1844-4.
– Siège statutaire, C. civ., art. 1837.
– Sociétés créées de fait, C. civ., art. 1873.
– Sociétés en formation,
• actes accomplis pour son compte, C. civ., art. 1843.
– Sociétés entre époux, C. civ., art. 1832-1 s.
– Statuts, C. civ., art. 1835.
• modification, C. civ., art. 1836.
• modification irrégulière,
* responsabilité, C. civ., art. 1840.
– Transformation, C. civ., art. 1844-3.

Sociétés par actions simplifiées (SAS), L. 227-1 s., L. 244-1 s.
– Actions,
• cession, L. 227-13 s., L. 227-18.
• inaliénabilité, L. 227-13.
• réunion en une seule main, L. 227-4.
– Action de concert,
• présomption, L. 233-10, L. 223-10-1.
– Assemblées, L. 227-9.
– Associé,
• exclusion, L. 227-16 s.
• unique, L. 227-1.
– Cession d'actions, L. 227-13 s., L. 227-18.
• cession forcée, L. 227-16.
– Changement de contrôle d'un associé, L. 227-17.
– Commissaire aux comptes, L. 227-10 s.

Sociétés par actions simplifiées (SAS) *(suite)*

- Conventions entre la société et ses dirigeants ou actionnaires disposant de plus de 5 % des droits de vote, L. 227-10 s.
- Décisions collectives, L. 227-9, L. 227-19, L. 237-18, L. 237-27.
- Dénomination sociale, L. 244-2.
- Direction, L. 227-5.
- Dispositions applicables, L. 227-1, al. 2.
- Établissements publics, L. 227-1.
- Exclusion d'un associé, L. 227-16 s., L. 227-17.
- Liquidation, L. 237-18, L. 237-27.
- Offre au public de titres financiers, L. 227-2, L. 244-3.
- Personne morale dirigeant, L. 227-7.
- Président, L. 227-6.
- Responsabilité des dirigeants, L. 227-7, L. 227-8.
  • responsabilité pénale, L. 244-1 s.
- Sanctions pénales, L. 244-1 s.
- Sociétés unipersonnelles, L. 227-1 à L. 227-4, L. 227-9, L. 227-10, L. 227-20.
- Statuts, L. 227-5, L. 227-6, L. 227-9, L. 227-13, L. 227-14 à L. 227-19.
- Transformation en SAS, L. 227-3.

► V. ***Sociétés commerciales.***

Sociétés anonymes, L. 224-1 s., L. 225-1 s., R. 224-1 s., R. 232-1 s.

- Actions
  ► V. ***Actions de société.***
- Action sociale
  V. *Actionnaires.*
- Actionnaires,
  • action sans droit de vote, L. 228-11.
  • action sociale, L. 225-252 s., R. 225-169, R. 225-170.
  • associations d'actionnaires de sociétés admises aux négociations sur un marché réglementé, L. 225-120.
  • attribution d'actions gratuites, L. 225-197-1 s.
  • information, L. 225-108, L. 225-115 s., R. 225-83, R. 225-88 s., R. 225-109, R. 225-120, R. 225-124 s.
  * injonction de faire, L. 238-1 s.
  • participation aux assemblées, L. 225-113, L. 228-12, R. 225-85 s.
  • représentation, L. 225-106.
  • responsabilité, L. 225-1, L. 225-249.
  • vote, L. 225-110 s., L. 225-122 s., L. 225-125.
  * conventions, sanction, L. 242-9.
- Administrateurs
  ► V. ***Administrateurs de société anonyme.***
- Apports en nature, L. 225-8, L. 225-14, L. 225-147, L. 225-148, R. 225-136.
  ► V. ***Actions de société, Commissaires aux apports.***
- Assemblées générales,
  • acquisition d'un bien d'un actionnaire par la société,
  * évaluation, L. 225-101, R. 225-89, R. 225-103.
  • assemblée constitutive, L. 225-7 s., R. 225-10 s.
  • assemblée extraordinaire, L. 225-96 s.
  • assemblée ordinaire, L. 225-98, L. 225-100, R. 225-64, R. 225-100 s.
  • convocation, L. 225-103, R. 225-18, R. 225-62, R. 225-63, R. 225-65 s.
  • état de la participation des salariés au capital social,
  * rapport, L. 225-102.
  • feuille de présence, L. 225-114, R. 225-95.
  • infractions, L. 242-9 s.
  • majorité, L. 225-96, L. 225-98.
  • nullité, L. 225-121, L. 225-227 *[abrogé]*, L. 235-2-1.
  • ordre du jour, L. 225-105, R. 225-71 s., R. 225-74.
  • présidence, R. 225-100.
  • procès-verbal, R. 225-106.
  • publicité, R. 225-73.
  • quorum, L. 225-96, L. 225-98, L. 225-107 s.
  • rémunération et avantages versés aux mandataires sociaux,
  * rapport, L. 225-102-1.
  • représentation, L. 225-106, R. 225-79 s., R. 225-91 s.
  • vote par correspondance, L. 225-107 s. R. 225-66, R. 225-75 s.
  * visioconférence, L. 225-107, R. 225-97 s.
- Assemblées spéciales, L. 225-99.
  • actions à dividende prioritaire sans droit de vote, L. 228-15, R. 225-73, R. 228-40 s.
  • amortissement du capital, L. 225-202.
  • fusion, L. 236-9.
- Associations d'actionnaires de sociétés cotées, L. 225-120.

Sociétés anonymes *(suite)*
– Avantages particuliers, L. 225-8, L. 225-14, L. 225-147, L. 225-148, R. 225-136.
▸ V. ***Commissaires aux apports.***
– Capital,
• amortissement, L. 225-198 s., R. 225-146 s.
• augmentation, L. 225-127 s., L. 242-17 s., R. 225-113 s.
• montant minimum, L. 224-2.
• perte de la moitié, L. 225-248, R. 225-166 s.
• redressement judiciaire, L. 626-3, L. 626-15, R. 626-1 s.
• réduction, L. 225-204 s., L. 242-23 s., R. 225-150 s.
V. *Souscription.*
– Commissaires aux apports, L. 225-8, L. 225-14, L. 225-147, L. 242-5, R. 225-7 s.
– Commissaires aux comptes
▸ V. ***Commissaires aux comptes.***
– Commissaires à la fusion, L. 236-10, R. 236-6.
– Commissaires à la transformation, L. 224-3, R. 224-3.
– Comptes consolidés, L. 233-16 s., R. 233-3 s.
– Comptes sociaux, L. 232-1 s., R. 232-1 s.
• publicité, L. 232-23, R. 232-9 s., R. 232-21.
– Conseil d'administration
▸ V. ***Conseil d'administration (de société anonyme).***
– Conseil de surveillance
▸ V. ***Conseil de surveillance (de société anonyme).***
– Constitution,
• avec offre au public, L. 225-2 s., R. 225-2 s.
* notice, R. 225-3 s.
• sans offre au public, L. 225-12 s., R. 225-13.
– Contrôle, L. 225-218 s., R. 823-3 s.
▸ V. ***Commissaires aux comptes.***
– Conventions,
• avantage dû en raison de la cessation des *fonctions, L. 225-22-1, L. 225-42-1,* L. 225-79-1, L. 225-90-1, L. 225-102-1.
• avec un actionnaire ayant plus de 5 % des droits de vote, L. 225-38.
• avec un administrateur, L. 225-38 s., R. 225-30.
• avec un membre du conseil de surveillance ou du directoire, L. 225-86 s., R. 225-57 s.
– Copropriétaires d'actions indivises, L. 225-110, L. 225-118, R. 225-68, R. 225-87.
– Créanciers,
• réduction de capital,
* opposition, L. 225-205, R. 225-152.
– Déclaration de conformité, L. 236-6.
– Délégué temporaire, L. 225-50, R. 225-34.
– Directeur général, L. 225-51 s., R. 225-26, R. 225-38.
• cumul de mandats, L. 225-54-1.
• cumul de sièges, L. 225-94 s.
• directoire,
* directeur général unique, L. 225-59, L. 225-61, L. 225-66 s.
• limite d'âge, L. 225-54, L. 225-60.
• pouvoirs, L. 225-56.
• responsabilité civile, L. 225-249 s.
• responsabilité pénale, L. 242-1 s.
• révocation, L. 225-55.
– Directeur général délégué, L. 225-53 s., L. 248-1.
• limite d'âge, L. 225-54.
• nomination, L. 225-53.
– Directoire,
• composition, L. 225-58 s., R. 225-35 s.
• durée, L. 225-62.
• limite d'âge, L. 225-60.
• membres, L. 225-59 s., L. 225-67, R. 225-37 s.
• pouvoirs, L. 225-64 s.
• président, L. 225-59, L. 225-61, L. 225-66.
• responsabilité civile, L. 225-256.
• responsabilité pénale, L. 242-30, L. 245-17.
– Dissolution, L. 225-246 s., L. 242-29, R. 210-15, R. 225-166 s.
– Expertise, L. 225-231, R. 225-163.
• *in futurum*, C. pr. civ., art. 145, **p. 3237.**
– Fondateurs,
• obligations, L. 225-2, L. 225-7 s.
• responsabilité civile, L. 225-249 s.
• responsabilité pénale, L. 242-1 s.
– Fonds,
• dépôt, L. 225-5, L. 225-144, R. 225-6, R. 225-129 s.
• retrait, L. 225-11, L. 225-144, R. 225-11.
– Fusion, L. 236-8 s., L. 236-2, R. 236-1 s.

Sociétés anonymes (*suite*)
– Information des actionnaires, L. 225-108, L. 225-115 s., R. 225-83, R. 225-88 s., R. 225-109, R. 225-120, R. 225-124 s.
• consultation écrite, président du conseil d'administration ou directoire, L. 225-231 s.
• injonction de faire, L. 238-1, L. 238-2.
– Infractions,
• actions, L. 242-1, L. 242-3, L. 245-3 s., L. 245-17.
• assemblées, L. 242-9 s.
• constitution, L. 242-1 s.
• dénomination sociale, L. 246-1.
• direction et administration, L. 242-6 s., L. 242-30.
• dissolution, L. 242-29.
• gestion de fait, L. 246-2, L. 245-16.
• obligations, L. 245-9 s., L. 245-17.
– Masse des obligataires
▸ V. *Obligations de société.*
– Nationalité, L. 225-97.
– Obligations
▸ V. *Obligations de société.*
– Offres publiques d'acquisition, L. 225-125, L. 233-32 s.
– Parachute doré, L. 225-42-1, L. 225-90-1, R. 225-34-1, R. 225-60-1.
– Parts de fondateur, L. 228-4.
▸ V. *Parts de fondateur.*
– Personne morale,
• représentant permanent, L. 225-20 s., L. 225-76, R. 225-16 s., R. 225-42 s.
– Président du conseil d'administration
▸ V. *Conseil d'administration (de société anonyme).*
– Procédure d'alerte, L. 234-1, R. 234-1 s.
– Prospectus, R. 225-4, R. 225-126, R. 228-59.
– Rachat par les sociétés de leurs propres actions, L. 225-206 s.
– Redressement ou liquidation judiciaires, L. 225-52, L. 225-93, L. 225-255 s., L. 228-83 s., R. 228-84 s.
– Rémunérations différées, L. 225-42-1, L. 225-90-1, R. 225-34-1, R. 225-60-1.
– Responsabilité civile,
• administrateur, L. 225-251, L. 225-254 s., R. 225-167 s.
• directeur général, L. 225-49 s.
• fondateur, L. 225-249 s.
• membre du conseil de surveillance, L. 225-257.
• membre du directoire, L. 225-256.
– Salariés,
• options de souscription ou d'achat d'actions, L. 225-177 s., R. 225-137 s.
• participation au capital social, L. 225-23, L. 225-71, L. 225-102.
▸ V. *Administrateurs de société anonyme, Conseil de surveillance (de société anonyme).*
– Scission, L. 236-2, L. 236-8 s.
– Siège social,
• transfert, L. 225-36, L. 225-65, L. 225-97.
– Société européenne
▸ V. *Sociétés européennes.*
– Souscription, L. 225-2 s., R. 225-5 s., R. 225-135.
• bulletin, L. 225-4, R. 225-5.
• certificat du dépositaire des fonds, L. 225-6.
– Statuts,
• modification, L. 225-7, L. 225-96, R. 210-9.
• projet, L. 225-2, R. 225-2.
– Transformation, L. 225-243 s., R. 225-165.
• société européenne, L. 225-245-1, L. 229-10.
– Usufruit,
• actions,
* exercice des droits, L. 225-110, L. 225-118, L. 225-140, L. 225-149, L. 228-66, R. 225-68, R. 225-123, R. 228-75.
▸ V. *Sociétés par actions simplifiées (SAS).*

Société anonyme à participation ouvrière, L. 225-258 s.
– Actions, L. 225-26 s.
– Assemblée générale, L. 225-263.
– Capitaux propres inférieurs à la moitié du capital social, L. 225-270
– Conseil d'administration, L. 225-268.
– Dénomination sociale,
• mention, L. 225-259.
• infraction, L. 242-31.
– Dissolution, L. 225-269 s.
– Représentant, L. 225-22, L. 225-268.

Sociétés d'auteurs,
– Concurrence, L. 410-1 (J. 12).
– Nature, L. 110-1 (J. 19).

Sociétés de bourse,
– Bourses de valeurs
► V. *Bourses de valeurs.*
– Monopole,
• matières métalliques, L. 131-5.
► V. *Prestataires de services d'investissement.*

Sociétés commerciales, L. 210-1 s., R. 210-1 s.
– Amortissements, L. 232-9 s.
– Bénéfices, L. 232-10 s.
• paiement en actions, L. 232-18 s.
– Bilan, L. 232-1 s., R. 232-1 s.
– Commercialité, L. 210-1.
– Compétence juridictionnelle, L. 721-3.
– Comptes consolidés, L. 233-16 s., R. 233-3 s.
– Comptes sociaux, L. 232-1 s., R. 232-1 s.
– Constitution,
• publicité, L. 210-4 s., R. 210-3 s.
• régularisation, L. 210-7, R. 210-12 s.
– Déclaration de conformité, L. 236-6, al. 3.
– Dirigeants
V. *Représentants.*
– Dispositions générales, L. 210-1 s., R. 210-1 s. ; C. civ., art. 1832 s., **p. 3192.**
– Dividendes, L. 232-12 s., R. 232-17.
– Domiciliation, L. 123-10 s., R. 123-167 s.
– Durée, L. 210-2, R. 210-2.
– Filiales et participations, L. 233-1 s., L. 247-1 s., R. 233-1 s.
– Fondateurs,
• obligations, L. 210-7.
• responsabilité, L. 210-6, L. 210-8.
– Fusion, L. 236-1 s., R. 236-1 s.
– Immatriculation au registre du commerce, L. 210-6, R. 210-1 s.
– Information comptable et financière, L. 232-1 s., R. 232-1 s.
– Infractions, L. 247-1 s.
– Inventaire, L. 232-1, R. 232-1 s.
– Liquidation,
• dispositions générales, L. 237-1 s., R. 237-1, R. 237-4 s., R. 247-4.
• dissolution judiciaire, L. 237-14 s., R. 237-10.
• infractions, L. 247-6 s.
• publicité, R. 237-2 s.
– Nullités, L. 235-1 s., R. 235-1 s.
– Offres publiques d'acquisition, L. 233-32 s.
– Participation, L. 233-1 s., R. 233-1 s.
– Personnalité morale, L. 210-6.
– Primes de fidélité, L. 232-14.
– Procédure d'alerte, L. 234-2, R. 234-5 s.
– Provisions, L. 232-9 s.
– Publicité, L. 247-4, R. 210-16 s.
– Registre du commerce et des sociétés, R. 123-35 s. ; Arr. 9 févr. 1988, ss. R. 123-154.
– Représentants,
• qualité de commerçants, L. 121-1 (J. 5).
– Scission, L. 236-1 s., R. 236-1 s.
– Siège social, L. 123-10 s., L. 210-2 s.
• transfert, R. 210-11.
– Sociétés à capital variable, L. 231-1 s. ; L. n° 81-1162 du 30 déc. 1981, art. 32, ss. L. 231-6.
• actions, L. 231-4.
• associés,
* retrait, L. 231-6.
• capital, L. 231-3.
* réduction, L. 231-5.
• dénomination sociale,
* infraction, L. 247-10.
* mention spéciale, L. 231-2.
• dissolution, L. 231-8.
• représentation en justice, L. 231-7.
– Sociétés contrôlées, L. 233-3 s.
– Sociétés créées de fait, C. civ., art. 1873, **p. 3203.**
– Sociétés d'exercice libéral, L. n° 90-1258 du 31 déc. 1990, **p. 3204** (renvoi).
– Statuts,
• contenu, L. 210-2.
• modification, L. 210-7, R. 210-9 s.
– Transformation,
• société anonyme,
* évaluation des biens, L. 224-3, R. 224-3.
► V. ***Commandite par actions (sociétés en), Commandite simple (sociétés en).***

Sociétés coopératives
► V. ***Artisans, Banques (établissements de crédit), Baux commerciaux.***

Sociétés européennes, L. 229-1 s., R. 123-238, R. 229-1 s.
– Action, L. 229-11, L. 229-12, L. 229-14, R. 229-6 s.
– Administration, L. 229-7, R. 229-23.
– Administration centrale, L. 229-1, L. 229-9.
– Assemblée générale, L. 228-65, L. 229-6, L. 229-8, L. 229-10.
– Associé unique, L. 229-6.

Sociétés européennes *(suite)*
- Banque, C. mon. fin., art. L. 511-13-1, **p. 2857.**
- Certificat, L. 229-3.
- Autorité de contrôle prudentiel, C. mon. fin., art. L. 511-13-1, **p. 2857.**
- Commissaire,
  • aux comptes, L. 244-5.
  • à la constitution d'une société européenne holding, L. 229-5, R. 123-118, R. 229-16 s.
  • à la transformation en société anonyme, L. 229-10, R. 229-25.
  • à la transformation en société européenne, L. 225-245-1, R. 229-21.
- Convention réglementée, L. 229-7.
- Dénomination, L. 238-3, L. 238-3-1, R. 123-238.
- Directeur général délégué, L. 248-1.
- Direction, L. 229-7, R. 229-23.
- Directoire, L. 229-7, R. 229-23.
- Dissolution, L. 229-3, R. 229-14.
- Droits non pécuniaires,
  • suspension, L. 229-12, L. 229-13.
- EURL, L. 229-6.
- Fusion, L. 229-3, L. 229-4, R. 123-118, R. 229-2, D. 229-13 s.
  • banque, C. mon. fin., art. L. 511-13-1, **p. 2857.**
- Gestion de fait, L. 246-2.
- Holding, L. 229-5, R. 123-118, R. 229-15 s.
- Immatriculation, L. 229-1, L. 229-2, L. 229-3, R. 229-1, D. 229-13-1.
- Infraction, L. 244-5, L. 246-2.
- Liquidation, L. 229-3.
- Notaire, L. 229-2, L. 229-3, R. 229-2, R. 229-12, D. 229-13-1.
- Procureur de la République, L. 229-4, L. 229-9.
- Publicité,
  • dissolution, L. 229-3, R. 229-14.
  • holding, L. 229-5, R. 229-15.
  • transfert du siège social, L. 229-2, R. 229-2 s.
  • transformation, L. 229-10, R. 229-20 s.
- Registre du commerce et des sociétés, L. 229-1, L. 229-2, R. 123-54, R. 123-74, R. 123-118 s., R. 123-127, R. 229-3, R. 229-15, R. 229-20, R. 229-24.
- Responsabilité pénale, L. 244-5.
- Salarié,
  • implication, L. 229-3, L. 229-7, R. 229-12, D. 229-13-1.
- Sanction, L. 244-5.
- SARL, L. 229-6.
- Siège social, L. 228-65, L. 229-1, L. 229-4, L. 229-9, R. 123-118 s., R. 229-2.
  • banque, C. mon. fin., art. L. 511-13-1, **p. 2857.**
- Société européenne unipersonnelle, L. 229-6.
- Statuts, L. 229-11 s.
- Transformation,
  • en société anonyme, L. 229-10, R. 229-24 s.
  • en société européenne, L. 225-245-1, R. 229-20 s.
- Tribunal de commerce,
  • greffier, L. 229-3

Sociétés d'exercice libéral, L. n° 90-1258 du 31 déc. 1990, **p. 3204** (renvoi).
- Compétence des tribunaux civils, L. 721-5.
- Immatriculation au registre du commerce et des sociétés, **p. 1626.**

Sociétés d'investissement à capital fixe, L. 233-9.

Sociétés en nom collectif, L. 221-1 s., R. 221-1 s.
- Assemblées,
  • pouvoirs, L. 221-6 s.
  • procès-verbal, R. 221-2 s
- Associés,
  • information, L. 221-7 s., R. 221-7 s.
  * injonction de faire, L. 238-1, L. 238-2.
  • pouvoirs, L. 221-5 s.
  • responsabilité, L. 221-1, R. 221-10.
  • SARL et sociétés par actions, L. 232-21, R. 232-19.
- Commissaires aux comptes
  ▸ V. *Commissaires aux comptes.*
- Comptes sociaux,
  • publicité, L. 232-21, R. 232-19.
- Conjoint survivant, L. 221-15.
- Consultation écrite, L. 221-6, R. 221-2.
- Décès, L. 221-15.
- Dénomination sociale, L. 221-2.
  • mention obligatoire sur les documents sociaux, R. 123-238.
- Dissolution, L. 221-12, L. 221-15 s.

Sociétés en nom collectif (*suite*)
- Gérants,
  • désignation, L. 221-3.
  • pouvoirs, L. 221-4 s.
  • responsabilité, L. 221-5.
  • révocation, L. 221-12.
- Héritiers, L. 221-15.
- Incapacités, L. 221-16.
- Infractions, L. 247-1 s.
- Mineurs, L. 221-15.
- Parts sociales, L. 221-13 s., R. 221-9.
  ► V. ***Cession de parts sociales.***
- Personne morale, L. 221-3.
- Redressement ou liquidation judiciaire, L. 221-16.
- Responsabilité,
  • associé, L. 221-1.
  • gérant, L. 221-5.

► V. ***Sociétés commerciales.***

Sociétés en participation, C. civ., art. 1871 s., **p. 3202.**

Société de participations financières de profession libérale,
- Administrateurs et mandataires judiciaires, R. 814-158 s., A. 814-7.
- Commissaires aux comptes, R. 822-149 s., A. 822-34.
- Greffiers des tribunaux de commerce, R. 743-139-21 s.

Sociétés professionnelles, Décr. n° 53-933 du 30 sept. 1953, art. 9 s., **p. 2943.**

Sociétés à responsabilité limitée, L. 223-1 s., R. 223-1 s.
- Action sociale, L. 223-22 s., R. 223-31 s.
- Apports, L. 223-7.
  • apport en nature, L. 223-9, L. 223-33, L. 241-3.
- Assemblées,
  • compétence, L. 223-26 s., L. 223-30, L. 223-34, L. 223-42 s.
  • convocation, L. 223-27, L. 241-5, R. 223-20.
  • majorité, L. 223-29 s., L. 223-43.
  • ordre du jour, R. 223-20.
  • présidence, R. 223-23.
  • procès-verbal, R. 223-24.
  • représentation, L. 223-28, R. 223-21.
- Associés,
  • consultation écrite, L. 223-27, R. 223-22.
  • convention avec la société, L. 223-19 s., R. 223-16 s.
  • incapable, L. 223-41.
  • information, L. 223-26 s., R. 223-14 s., R. 223-18 s.
  • faillite, L. 223-41.
  • nombre, L. 223-3.
  • responsabilité civile, L. 223-1, L. 223-9 s.
  • responsabilité pénale, L. 241-1.
  • vote, L. 223-28.
- Capital,
  • augmentation, L. 223-30, al. 3, L. 223-32 s.
  • montant minimum, L. 223-2.
  • perte de la moitié, L. 223-42, L. 241-6, R. 223-36.
  • redressement judiciaire, L. 626-3, L. 626-15, R. 626-1 s.
  • réduction, L. 223-34, R. 223-33 s.
- Commissaires aux apports, L. 223-9, R. 223-6.
- Commissaires aux comptes, L. 223-38 s., R. 223-27 s.
  ► V. ***Commissaires aux comptes.***
- Constitution, L. 223-6 s.
  ► V. ***Sociétés commerciales.***
- Créanciers,
  • opposition, L. 223-34, R. 223-35.
- Déclaration de conformité, L. 236-6, al. 3.
- Dénomination sociale, L. 223-1, R. 123-238.
- Dissolution judiciaire,
  • compétence, R. 210-15.
  ► V. ***Sociétés commerciales.***
- Dividendes,
  • fictifs,
  * distribution, L. 241-3.
  • répétition, L. 223-40.
- Engagements avant constitution, L. 210-6, R. 210-5.
- Entreprise unipersonnelle, L. 223-1, L. 223-4 s., L. 223-9, L. 223-19, L. 223-31, L. 232-22, R. 223-25, R. 223-26.
- Fonds,
  • dépôt, R. 223-3.
  • retrait, L. 223-8, L. 223-32, R. 223-4 s.
- Fusion, L. 236-23, L. 236-24.
  ► V. ***Sociétés commerciales.***

Sociétés à responsabilité limitée *(suite)*

- Gérants,
  • conventions avec la société, L. 223-19 s., R. 223-16 s.
  • infractions, L. 241-2 s.
  • nomination, L. 223-18.
  • pouvoirs, L. 223-18 s.
  • responsabilité civile, L. 223-10, L. 223-22 s., L. 223-33.
  • révocation, L. 223-25.
- Infractions, L. 241-1 s.
- Location de parts sociales, L. 239-1 s., L. 223-18.
- Nationalité,
  • changement, L. 223-30.
- Nullité, L. 223-10.
  ▸ V. *Sociétés (dispositions générales).*
- Obligations nominatives,
  • émission, L. 223-11.
- Parts sociales,
  • achat par la société, L. 223-34, R. 223-34.
  • cession, L. 221-14, L. 223-13 s., R. 223-11 s.
  • forme, L. 223-12 s.
  • nantissement, L. 223-15, R. 223-11.
  • souscription, L. 223-7.
  ▸ V. *Cession de parts sociales.*
- Presse,
  • sociétés, L. 223-25.
- Procédure d'alerte, L. 223-36 s., R. 223-29 s.
- Redressement et liquidation judiciaires, L. 223-24, L. 223-41.
- Scission
  V. *Fusion.*
- Statuts,
  • modification, L. 223-30.
  • sous seing privé, R. 223-1.
  • statuts types, L. 223-1, D. 223-2.
- Transformation, L. 223-43.
- Valeurs mobilières,
  • émission,
  * prohibition, L. 223-11, L. 241-2.

▸ V. *Sociétés commerciales.*

Soldes, L. 310-3, L. 310-5 s., R. 310-15 s., A. 310-7 s.

Solidarité,

- Chèques, C. mon. fin., art. L. 131-51, **p. 2689.**
- Lettres de change, L. 511-44.

Sous-traitance, L. n° 75-1334 du 31 déc. 1975, **p. 3205.**

- Action directe, L. 31 déc. 1975, art. 12 s.
- Conflit avec porteur d'une traite, L. 511-7 (J. 15).
- Construction de maison individuelle, **p. 3208** (note).
- Droit de la concurrence, L. 420-1 (J. 23 s.), L. 410-1 (J. 14).
- Paiement direct, L. 31 déc. 1975, art. 5 s.
- Prescription, C. civ., art. 1792-4-2, 1792-4-3, **p. 3215.**
- Transport routier de marchandises, C. transp., art. L. 1432-13, L. 3224-1, **p. 3207**, L. 3221-3, L. 3221-4, L. 3241-1 s., L. 3242-4, L. 3242-5, ss. L. 133-5.
- Travail dissimulé, C. trav., art. L. 8221-6, **p. 2932.**

Spéculation illicite, L. 443-2, L. 443-3.

Spectacles,

- Agent artistique,
  • activité commerciale, C. trav., art. L. 7121-11, ss. L. 134-17.
- Baux,
  • autorisation, Ord. 13 oct. 1945, ss. L. 143-23.

Stations-service,

- Abus de dépendance économique, L. 420-2 (J. 32).
- Commissionnaires, L. 132-1 (J. 1).
- Contrat d'approvisionnement exclusif
  ▸ V. *Exclusivité (clause d').*
- Gérants salariés, L. 121-1 (J. 3).
- Location-gérance, L. 144-1 (J. 18), L. 144-5 (J.).

Stipulation pour autrui

▸ V. *Contrats d'affaires (généralités).*

Subordination des créances, p. 2796 (bibl.).

Surendettement des particuliers,

- Entrepreneur individuel à responsabilité limitée, C. consom., art. L. 333-7, **p. 1415.**

Surendettement des particuliers *(suite)*

- Fichier national des incidents de paiement, C. mon. fin., art. L. 313-6, **p. 2767.**
- Procédures,
  - champ d'application, **p. 928** et **p. 940** (notes).
- ► V. *Ventes commerciales.*

Sûretés

► V. *Cautionnement, Clauses de réserve de propriété, Gage, Garantie autonome, Nantissement, Sûretés judiciaires.*

Sûretés judiciaires, C. pr. exéc., art. L. 531-1 à L. 533-1, R. 531-1 s., **p. 2922.**

Suspension provisoire des poursuites individuelles

► V. *Sauvegarde, redressement et liquidation judiciaires (L. 26 juill. 2005).*

Système métrique, Décr. n° 61-501 du 3 mai 1961, art. 1er, **p. 3254.**

Système national d'identification, R. 123-220 s., A. 123-81 s.

T

Taux d'intérêt

► V. *Intérêt des capitaux, Usure.*

Taxe sur la valeur ajoutée,

- Factures, CGI, art. 237 *sexies*, 289, Ann. II, art. 242 *nonies* et 242 *nonies* A, **p. 3113.**
- ► V. *Factures.*

Télé-achat, C. consom., art. L. 121-16 s., **p. 3366** ; L. n° 86-1067 du 30 sept. 1986, art. 27, 33, **p. 3372.**

- Utilisation du terme, L. n° 63-628 du 2 juill. 1963, art. 2 (J. 32), **p. 2973.**

Télécopies et télex,

- Aval par acte séparé, L. 511-21 (J. 11).
- Déclarations administratives, L. n° 94-126 du 11 févr. 1994, art. 4, ss. R. 123-1.
- Démarchage, C. consom., art. L. 121-27, L. 122-9, **p. 3384** et **p. 3279.**
- Factures, CGI, art. 289, Annexe III, art. 96 F, **p. 3115.**
- Mode de preuve, L. 110-3 (J. 8).

Téléphone,

- Démarchage, C. consom., art. L. 121-27, L. 122-9, **p. 3384** et **p. 3279.**

Timbre-prime,

- Vente, C. consom., art. L. 121-35, **p. 3390**, R. 121-8 s., **p. 3393.**

Titre

► V. *Actions de société, Obligations de société, Instruments financiers, Valeurs mobilières.*

Titres de créances négociables, C. mon. fin., art. L. 213-1 A s., D. 213-1 s., **p. 2746.**

- Instruments financiers, C. mon. fin., art. L. 211-1.

Titres de mobilisation de crédit

► V. *Créances professionnelles.*

Titres participatifs

► V. *Obligations de société.*

Titrisation

► V. *Fonds communs de titrisation.*

Traites, L. 511-1 s.

► V. *Lettres de change.*

Transports, L. 132-3 s., R. 133-1, R. 133-2 ; C. transp., art. L. 1000-1 s., ss. L. 133-5 ; Ord. n° 86-1243 du 1er déc. 1986, art. 58, ss. L. 470-8.

- Cabotage, C. transp., art. L. 3421-3 s., ss. L. 133-5.
- Carburant, C. transp., art. L. 3211-1, L. 3221-4, L. 3222-1, L. 3222-2, ss. L. 133-5.
- Charge des risques, L. 132-7.
- Chemin de fer, Décr.-L. 14 juin 1938, ss. L. 132-9.
  - conventions internationales, ss. L. 132-9.
- Commercialité, ss. L. 110-1.
- Commissionnaire, L. 132-3 s., R. 132-1.
  - ► V. *Commissionnaires.*
- Commissionnaire intermédiaire, L. 132-6.
- Coopérative, C. transp., art. L. 3441-1 s., ss. L. 133-5.
- Délai de paiement, L. 441-6.

Transports *(suite)*
- Entreprises de transport public,
  • location-gérance, D. 144-2 s.
- Lettres de voiture, L. 132-4, L. 132-5, L. 132-8 s.
- Récépissé, note ss. L. 132-9.
- Transports internationaux,
  • conventions, ss. L. 132-9.
  • loi applicable, Règl. CE n° 593/2008 du 17 juin 2008 (Rome I), art. 5, ss. L. 132-9.
- Voituriers, L. 133-1 s.
  ▸ V. *Voituriers.*
▸ V. *Transports aériens, Transports maritimes, Transports routiers.*

Transports aériens, C. transp., art. L. 6422-2 s., ss. L. 133-5.
- Contrat de transport, C. transp., art. L. 6422-1, ss. L. 132-9.
- Lettres de voiture, C. transp., art. L. 6422-1, ss. L. 132-9.
- Responsabilité du transporteur, C. transp., art. L. 6422-2 s., ss. L. 133-5.
  • prescription, art. L. 6422-5, ss. L. 133-5.

Transports maritimes,
- Commercialité, L. 110-2.

Transports routiers, C. transp., art. L. 1000-1 s., ss. L. 133-5.
- Sous-traitance, C. transp., art. L. 1432-13, L. 3224-1, **p. 3207**, L. 3221-3, L. 3221-4, L. 3241-1 s., L. 3242-4, L. 3242-5, ss. L. 133-5 ; Décr. n° 99-752 du 30 août 1999, art. 15 s., ss. L. 133-5.
- Transports routiers de marchandises pour compte d'autrui, R. 133-1 ; Décr. n° 95-541 du 2 mai 1995, ss. L. 133-5 ; Décr. n° 99-752 du 30 août 1999, art. 1er s., ss. L. 133-5.
  • offre ou pratique de prix abusivement bas, C. transp., art. L. 3221-1, L. 3242-2, ss. L. 133-5.

Travail dissimulé,
- Preuve, C. trav., art. L. 8221-6, **p. 2932.**
▸ V. *Sous-traitance.*

Travail indépendant,
- Présomption, C. trav., art. L. 8221-6-1, **p. 2933.**

Travail maritime,
- Salaires,
  • prescription, L. 110-4.

Tribunaux de commerce, L. 721-1 s., R. 721-1 s., A. 721-1 s. ; C. pr. civ., art. 853 s., **p. 3243.**
- Alsace et Moselle, L. 731-1 s.
- Bourse commune, D. 741-24.
- Collégialité, L. 722-1.
- Compétence, L. 721-1 L. 721-3 s.
  • entrée en vigueur, L. n° 2001-420 du 15 mai 2001, art. 127, **p. 1441** (note).
  ▸ V. *Compétence commerciale*
- Composition, L. 721-1.
  • redressement judiciaire, L. 722-2, L. 722-15.
- Conseil national, R. 721-7 s., A. 721-1 s.
- Délégués consulaires, L. 713-6, R. 713-31 s.
- Discipline, L. 724-1 s., R. 724-1 s.
- Élection, L. 722-6, L. 722-7, L. 723-1 s., R. 723-1 s.
- Fonctionnement,
  • empêchement, L. 722-4, L. 722-5, L. 722-10.
- Formation de jugement, L. 722-3, R. 741-1.
- Greffe, L. 741-1 s., R. 741-1 s., A. 741-1 s.
  • Société européenne, L. 229-9.
  ▸ V. *Greffiers de tribunal de commerce.*
- Juges consulaires
  ▸ V. *Juges consulaires.*
- Mesures d'instruction *in futurum*, C. pr. civ., art. 145, **p. 3237.**
- Ministère public, R. 722-5.
- Organisation, L. 722-1 s.
- Présidence, L. 722-11 s.
  • pouvoirs du président, C. pr. civ., art. 872 s., **p. 3247.**
- Procédure, C. pr. civ., art. 853 s., **p. 3243.**
- Référé, C. pr. civ., art. 872 s., **p. 3247.**
- Renouvellement, L. 722-6, L. 722-7, L. 723-11.
- Requête, C. pr. civ., art. 874 s., **p. 3252.**
- Ressort,
  • modification, R. 721-5.
- Scrutin et opérations électorales, R. 723-6 s.
- Siège, D. 721-2.
- Outre-mer, L. 732-1 s.
- Vote par correspondance, R. 723-9 s.
- Vote électronique, R. 723-16 s.

Tribunaux de commerce *(suite)*
► V. *Juges consulaires.*

Tribunaux de grande instance,
– Compétence commerciale, L. 721-3.
– Ressort,
• modification, R. 721-5.

Tutorat, L. 129-1 ; Décr. n° 2007-478 du 29 mars 2007, ss. L. 129-1.

U

Unités de mesure, Décr. 3 mai 1961, **p. 3254** ; Décr. n° 2001-387 du 3 mai 2001, **p. 3256.**

Urbanisme commercial, L. 750-1 s., R. 751-1 s., R. 751-1 s. anciens ; C. urb., art. L. 111-6-1, ss. L. 752-1.
– Chambres de commerce et chambres de métiers,
• attributions, C. urb., art. L. 121-4, ss. L. 711-2.
– Productions régionales,
• surface de vente, L. n° 2012-1270 du 20 nov. 2012, art. 4, **p. 2955.**

Usages commerciaux,
– Usage général et usage particulier, ancien L. 621-107 (J. 6 *ter* et 6 *quater*) ; Contrats d'affaires (J. 133 s.), **p. 3076.**

Usure, C. consom., art. L. 313-3 s., **p. 3158**, D. 313-6 s., **p. 3163** ; Arr. du 24 août 2006, **p. 3160.**
– Découvert en compte, C. mon. fin., art. L. 313-5-1, **p. 2766.**
– Perceptions excessives, C. mon. fin., art. L. 313-5-2, **p. 2766.**
– Sanction, C. consom., art. L. 313-5.
– Taux effectif global,
• calcul, C. consom., art. L. 313-1 s., R. 313-1 s.

V

Valeurs mobilières,
– Actions,
• forme, Décr. 10 nov. 1949, **p. 2928.**
– Bons de caisse, C. mon. fin., art. L. 223-1 s., L. 232-1 s., **p. 2748.**
– Caractéristiques, Décr. 30 oct. 1948, **p. 2928.**
– Comptes,
• inscription, C. mon. fin., art. L. 211-3, **p. 2735**, R. 211-1 s., **p. 2896.**
• saisie, C. mon. fin., art. L. 211-11, L. 211-12, **p. 2736.**
• teneurs de comptes,
* redressement judiciaire, C. mon. fin., art. L. 211-10, **p. 2736.**
– Coupons,
• prescription, CGPPP, art. L. 1126-1, **p. 2920.**
– Définition, C. mon. fin., art. L. 211-2, **p. 2735.**
– Forme, Décr. 10 nov. 1949, **p. 2928.**
– Forme nominative obligatoire,
• titres non cotés, C. mon. fin., art. L. 212-3, **p. 2744.**
– Gage
V. *Comptes, Nantissement.*
– Instruments financiers
► V. ***Instruments financiers.***
– Mineurs,
• gestion, Décr. n° 65-961 du 5 nov. 1965, **p. 2930.**
– Nantissement, L. 521-1 (J. 5 s.).
V. *Comptes.*
– Obligations,
• forme, Décr. 10 nov. 1949, art. 3, **p. 2929.**
• numéro, Décr. n° 59-1053 du 7 sept. 1959, **p. 2929.**
► V. ***Obligations de société.***
– Prescription au profit de l'État, CGPPP, art. L. 1126-1, **p. 2920.**
• absence de réclamation pendant dix ans,
* dépôt, L. n° 77-4 du 3 janv. 1977, art. 2, ss. L. 110-4.
– Publicité,
• bons de caisse et titres analogues,
* anonymat, L. n° 80-30 du 18 janv. 1980, art. 67, **p. 2930.**
– Registre à souche d'actions et d'obligations, Décr. 10 nov. 1949, **p. 2928.**
– Saisie, C. pr. exéc., art. L. 231-1, L. 233-1, L. 521-1, L. 522-1, R. 231-1 s., R. 521-1, R. 524-1 à R. 524-6, R. 531-1 s., **p. 2921.**
– Sûretés judiciaires, C. pr. exéc., art. L. 531-1 à L. 533-1, R. 531-1 s., **p. 2922.**
– Titre nominatif,
• titre d'emprunt,

Valeurs mobilières *(suite)*
* numéro, Décr. n° 59-1053 du 7 sept. 1959, **p. 2929.**
– Valeurs mobilières composées, L. 228-91 s., R. 225-117.
► V. ***Actions de société, Agents de change, Bourses de valeurs, Obligations de société, Prestataires de services d'investissement, Sociétés de bourse, Titres de créances négociables.***

Vendeur à domicile, L. 135-1 s.

Vente abusive, C. consom., art. L. 122-8, **p. 3278.**

Ventes commerciales, p. 3269.
– Abus de dépendance, L. 442-6, I-2°.
– Abus de faiblesse, C. consom., art. L. 122-8 s., **p. 3278.**
– Barèmes et conditions de vente,
• communication, L. 441-6.
– Chaînes
V. *Ventes «à la boule de neige».*
– Clauses abusives,
• protection des consommateurs, C. consom., art. L. 132-1 s., R. 132-1 s., **p. 3287.**
– Clauses d'exclusivité, L. 330-1 s.
– Commande préalable (ventes sans), C. consom., art. L. 122-3 s., **p. 3277,** R. 122-1, **p. 3278.**
– Commerce électronique
► V. ***Commerce électronique.***
– Conformité des marchandises, L. 442-6, I, 8°.
– Conditions générales des contrats, C. consom., art. L. 131-1 s., **p. 3282** (renvoi).
– Conditions particulières,
• responsabilité contractuelle,
* limitation, C. consom., art. L. 113-3, **p. 3271.**
– Conditions de règlement manifestement abusives, L. 442-6, I-7°.
– Conventions internationales,
• convention de Vienne du 11 avr. 1980, **p. 3393.**
• autres conventions, **p. 3420** (note).
– Déballage
V. *Ventes au déballage.*
– Délai de livraison du bien ou d'exécution de la prestation, C. consom., art. L. 114-1, **p. 3272.**
– Délit d'abus de faiblesse, C. consom., art. L. 122-8 s., **p. 3278.**
– Domicile
V. *Ventes à domicile.*
– Envois forcés, C. consom., art. L. 122-3, R. 122-1, **p. 3277.**
– Espace publicitaire, L. n° 93-122 du 29 janv. 1993, art. 20 à 28, **p. 3164.**
– Exclusivité, L. 330-1.
– Information des consommateurs
► V. ***Information des consommateurs.***
– Langue française,
• emploi obligatoire, L. n° 94-665 du 4 août 1994, art. 2, **p. 3274** (note).
– Liquidation, L. 310-1, L. 310-5, L. 310-6, R. 310-1 s., A. 310-1 s.
– Livres, L. n° 81-766 du 10 août 1981, **p. 3010.**
– Livres numériques, L. n° 2011-590 du 26 mai 2011, art. 4, **p. 3015.**
– Magasins d'usine, L. 310-4 à L. 310-6, R. 310-18.
– Objets mobiliers usagés, C. pén., art. 321-7, 321-8, R. 321-1 s., R. 633-1 s., R. 635-3 s., **p. 3386.**
– Paiement,
• délai, L. 443-1, L. 441-7.
– Perte
V. *Prix abusivement bas.*
– Pratiques discriminatoires, L. 420-2, L. 442-6.
– Prescription, C. consom., art. L. 137-1, L. 137-2, **p. 3299.**
– Preuve, L. 110-3.
– Prix abusivement bas, L. 420-5.
► V. ***Prédation.***
– Protection des consommateurs
► V. ***Protection des consommateurs.***
– Publicité
► V. ***Publicité commerciale.***
– Puissance de vente,
• abus, L. 442-6, I-2°.
– Reconduction des contrats, C. consom., art. L. 136-1, **p. 3298.**
– Refus de vente, L. 420-2 ; C. consom., art. L. 122-1, **p. 3274.**
– Réserve de propriété,
• effets, L. 624-16 s.
– Reventes à perte, L. 442-2 s., L. 470-2 s.

Ventes commerciales *(suite)*

– Soldes, L. 310-3, L. 310-5 à L. 310-7, R. 310-15 s., A. 310-7 s.
– Ventes « à la boule de neige », C. consom., art. L. 122-6, L. 122-7, **p. 3303.**
– Ventes par correspondance V. *Ventes à distance.*
– Ventes à crédit, Décr. 20 mai 1955, **p. 3305** ; Décr. 4 août 1956, **p. 3305.**
  • crédit à la consommation, C. consom., art. L. 311-1 s., **p. 3307.**
  • taux d'intérêt, C. consom., art. L. 313-1 s., R. 313-1 s., **p. 3145.**
  ▸ V. ***Crédit à la consommation (L. 1er juill. 2010).***
– Ventes au déballage, L. 310-2, L. 310-5, L. 310-6, R. 310-8 s.
– Ventes directes aux consommateurs, L. 310-4 à L. 310-6, R. 310-18.
– Ventes à distance, C. consom., art. L. 121-16 s., **p. 3366.**
  • champ d'application, art. L. 121-16, L. 121-17.
  • délai de rétractation, art. L. 121-20 s.
  • offre de contrat,
  * information du consommateur, art. L. 121-18, L. 121-19.
  • prospection, art. L. 121-20-5.
  • services financiers, art. L. 121-20-8 s.
  • vente aux enchères, L. 321-3.
– Ventes à domicile, L. 135-1 s. ; C. consom., art. L. 121-21 s., **p. 3373.**
– Vente internationale de marchandises, convention de Vienne du 11 avr. 1980, **p. 3393.**
– Ventes jumelées, L. 420-2, L. 442-6 ; C. consom., art. L. 122-1, **p. 3274.**
– Ventes à perte V. *Prix abusivement bas.*
– Ventes avec primes, C. consom., art. L. 121-35, R. 121-8 s., **p. 3390.**
  • vente de livres, L. n° 81-766 du 10 août 1981, art. 6, **p. 3013.**
  • vente de livres numériques, L. 2011-590 du 26 mai 2011, art. 4, **p. 3015.**
– Ventes pyramidales ou multi-niveaux, C. consom., art. L. 122-6, L. 122-7, **p. 3303.**
– Vente à la sauvette, L. 442-8, R. 442-2 ; C. pén., art. 225-12-8 à 225-12-10, 446-1 à 446-4, ss. L. 442-8.
▸ V. ***Fonds de commerce (vente de).***

Ventes aux enchères publiques, L. 320-1 s., R. 321-1 s., A. 321-1 s.
– Conseil des ventes volontaires de meubles aux enchères publiques, L. 321-18 s., R. 321-36 s.
– Experts, L. 321-29 s., R. 321-68 s.
– Libre prestation de services des ressortissants de l'Union européenne et des États parties à l'EEE, L. 321-24, R. 321-56, R. 321-63 s.
– Opérateurs de ventes volontaires de meubles aux enchères publiques,
  • assurance et cautionnement, L. 321-6, R. 321-10.
  • conditions d'exercice, L. 321-4.
  • déclaration, L. 321-4.
  • responsabilité civile, L. 321-14.
  • responsabilité pénale, L. 321-15.
– Préemption des œuvres d'art, C. patr., art. R. 123-1 s., ss. R. 321-74.
– Stage, R. 321-20 s., A. 321-10 s.

Ventes publiques de marchandises en gros, L. 322-14 s., R. 322-1 s.
– Armes et munitions, L. 322-8.
– Courtier de marchandises assermenté, L. 131-12 s.
– Produits de l'agriculture et de la pêche, Décr. 28 juin 1958, ss. L. 322-16 (note).
– Salle de vente, R. 322-1 s.
– Vente sur autorisation de justice, L. 322-14 s.
– Vente volontaire, L. 322-8 s.

Vérification des créances, L. 624-1 s., L. 625-1 s., R. 624-1 s., R. 625-1 s.

Vidéogrammes, L. 420-5.

Violence
▸ V. ***Contrats d'affaires (généralités).***

Virement,
– Céréales, C. mon. fin., art. L. 112-8, **p. 2657.**
– Incident de paiement,
  • plafonnement des frais bancaires, C. mon. fin., art. L. 133-26, D. 133-5, D. 133-6, **p. 2725.**
– Ordre de virement, C. mon fin., art. L. 312-1 (J. 4), **p. 2753.**
– Paiement obligatoire, C. mon. fin., art. L. 112-6 s., **p. 2656.**

Visa,
- Billet à ordre, L. 512-7.
- Chèque, C. mon. fin., art. L. 131-5, **p. 2663.**

Vitrines,
- Éclairage nocturne, Arr. du 25 janv. 2013, **p. 2936.**

Voies d'exécution
▸ V. *Procédures civiles d'exécution, Sauvegarde, redressement et liquidation judiciaires (L. 26 juill. 2005).*

Voiture,
- Voiture publique,
  • entrepreneur,
  * responsabilité, L. 133-5.

Voituriers, L. 133-1 s.
- Action,
  • prescription, L. 133-6.
- Expertise, L. 133-4.
- Privilège, L. 133-7.
- Réclamations,
  • délais, L. 133-3.
- Responsabilité, L. 133-1, L. 133-8.
  • prescription de l'action, L. 133-6.
- Retard, L. 133-2.

Voyageurs de commerce
▸ V. *Représentants de commerce.*

W

Warrants, L. 522-24 s., R. 522-20 s.
- Définition, L. 522-25.
- Demande d'agrément, R. 522-1 s.
- Endossement, L. 522-26 s.
- Escompte, L. 522-35.
- Perte, L. 522-36 s.
- Privilège, L. 522-32, L. 522-34.
- Recours du porteur, L. 522-33.
- Vente publique de la marchandise, L. 522-31 s.

▸ V. *Warrants agricoles, Warrants hôteliers, Warrants pétroliers.*

Warrants agricoles, L. 524-21 (note).
▸ V. *Sauvegarde, redressement et liquidation judiciaires (L. 26 juill. 2005).*

Warrants hôteliers, L. 523-1 s., R. 523-1.
- Bailleur,
  • privilège, L. 523-2, L. 523-11.
- Endossement, L. 523-4 s.
- Escompte, L. 523-9.
- Fraude, L. 523-13.
- Privilège, L. 523-11 s.
  • conflit de privilèges, L. 523-2.
- Réalisation, L. 523-11 s.

Warrants pétroliers, L. 524-1 s., R. 524-1.

Z

Zones d'aménagement différé,
- Baux commerciaux,
  • protection des occupants, L. 145-60 (note).

Photocomposé, traité sur ordinateur par :
JOUVE, 1 rue du Docteur Sauvé - 53100 MAYENNE

Achevé d'imprimer sur les presses de
LEGO S.p.A.
Dépôt légal : juillet 2013
712878 – OSB- P 30 g – JOU – (HCH)
Imprimé en Italie